あ 1	い 157	う 295	え 375	お 463	
か 596	き 846	く 1003	け 1099	こ 1183	
さ 1395	し 1529	す 1901	せ 1983	そ 2096	
た 2163	ち 2305	つ 2388	て 2438	と 2533	
な 2659	に 2725	ぬ 2776	ね 2785	の 2810	
は 2839	ひ 2992	ふ 3108	へ 3250	ほ 3299	
ま 3393	み 3465	む 3526	め 3556	も 3587	
や 3633		ゆ 3676		よ 3715	
ら 3760	り 3786	る 3837	れ 3846	ろ 3871	
わ 3900	ゐ 3932		ゑ 3932	を 3932	ん 3932

大辞泉

【第二版】

上巻

あ―す

小学館

監修
松村 明……………東京大学名誉教授

編集委員
池上秋彦
金田 弘
杉崎一雄
鈴木丹士郎
中嶋 尚
林 巨樹
飛田良文

編集協力
曽根 脩

ブックデザイン
鈴木一誌

序——第二版刊行にあたって

21世紀の今日、インターネットやテレビ・新聞・雑誌などを通じて、人類の歴史上これまでにない速度で新しい言葉が生まれ、広がり、使われるようになっています。また、人々を取り巻く社会情勢が急速に変化し、政治・経済に影響して制度・体制・組織・法律なども大きく変転しています。これらの推移を「辞書」の上で捉えるために大辞泉は2006年にデータベースを用いたデジタル編集システムを開発し、新語の追加、既存項目への加筆・修正を始めました。

本格的なデータ更新の開始とともに、『デジタル大辞泉』は電子辞書・ウェブ辞書・携帯電話向けの辞書として広く活用されるようになりました。さらに電子書籍端末に内蔵され、スマートフォンで使えるアプリケーションに進化し、今や日本に限らず世界中で利用される日本語辞書となっています。

今回、こうして蓄積した厖大なデータを『第二版』として結晶させます。

初版との大きな違いは「横組み」としたところです。第二版に収録する25万項目のうち約４万語の表記欄でアルファベットが使われています。また、解説には数式や化学式など、縦組みでは表すことのできない要素が数多くあります。これらを踏まえ、第二版では「横組み」を採用し、併せて文字の間隔を詰め、言葉の一覧性や視認性を高めて読みやすくしました。

——ヒッグス粒子は発見されたのか？——

現時点では未発見とされていますが、明日にでも存在が認められるかもしれません。辞典には時間が経過しても変化しない事柄と、経過とともに古くなる事柄とが混在しています。特に、自然科学・医学・時事用語などの専門語は不確定な要素を多く含んでいます。

書籍の場合、古くなった内容をすぐには修正できないという解決の困難な問題があります。『大辞泉第二版』では付属するDVDデータを更新することで、この難題を克服しようと考えました。2015年まで毎年、本文・画像・地図データの更新を行います。既存項目の修正に加え、新規項目を追加することで最終的には28万語を超える辞書データとなる予定です。これによって、ある時点までの情報の集積であった辞書が、より長い期間、最新の状態で利用できるようになります。

1995年に『大辞泉』を刊行して以来、多数の読者諸賢のご声援とご批正を賜りました。この場を借りて心より御礼を申し上げます。『大辞泉』はこの第二版において書籍とデジタルの融合・発展を目指す新しい試みに取り組みます。この試みが読者の皆様に受け入れられ、これまで以上に活用される辞典になることを祈念してやみません。

2012年9月

小学館 大辞泉編集部

序——第一版

『大辞泉』の刊行にあたって

一口に国語または日本語といっても、それはなかなか複雑な様相をもっている。現代の日本語についてみても、いろいろ相違した面をもつ言葉が含まれている。まず、地方地方でそれぞれ異なった言葉が行われている。このような土地によって異なった言葉は方言といわれる。日本語にはきわめて多くの方言がある。また、職業や階層の相違、あるいは男女や老幼の差などによっても、それぞれ特色のある言葉が行われている。このような、地域または階層によって異なる言語に対して、全国共通に、かつあらゆる階層を通じて行われているものとして、いわゆる共通語がある。これらは実際の談話に用いられる言語、すなわち話し言葉における言語の種々相である。

これに対して、主として文章に用いられる言語、すなわち書き言葉には、また、話し言葉とは異なったものが行われている。最も普通には、現代の共通語式の話し言葉にもとづいている口語文と、もっぱら文字に書く場合の言語として前代から伝えられた特殊な言葉である文語文とがある。その文語文にも、明治以後実用文として一般に用いられるようになった普通文、書簡文としての候文や、江戸時代およびそれ以前の文章である古文など、種々の文体のものがある。

このように、現代の国語には、いろいろの言葉が行われている。そして、これらの言語は、それぞれに、何らかの意味で、前の時代から行われてきた言葉にもとづいている。そして、さらに、現代以前の国語にも、それぞれの時代や時期において、これまた、多様な言語が複雑な相をなして行われているのである。このように、一口に国語または日本語といっても、その姿はなかなか複雑であり、過去の国語と現代の国語とでは、いろいろの相違が見られる。つまり、言語は時とともに移り変わるものであって、時代により複雑な相をなしつつ、さまざまに変遷してきているのである。

本書は、このような複雑な様相をもっている国語についての基本的な辞典である。それは、現代語を中心にして、上代から近世に至る古語をはじめ、人名・地名などの固有名詞や各種分野の専門用語など、多くの百科語をも含めた総合的な国語辞典である。一般の国語語彙に関しては、まず現代語を中心にして、その語義・用法などをできるだけ細かに記述し、それを基にして、現代語の基盤になっている、古い時代から今日までの各時代・各時期における主要な語の語義・用法の変遷に関する歴史的な記述を必要に応じて加えていくようにした。また、百科語に関しては、現代生活に必要な項目に重点を置き、できるだけ新しい知識を簡潔に記述するように努めた。

このように、本書は現代語を中心とする辞典であるから、現代語に関しては特にていねいに扱い、その語義・用法などはなるべく細かに記述するようにした。

ただ語義・用法を記述するだけでなく、現代語においても多くの適切な用例を添えて、その語が実際にどのように使われるかが理解できるように配慮した。その用例は、原則として作例をもって示したが、やや古風な語義・用法については出典付きの文例を掲出することにした。

現代語を中心とした国語辞典といっても、現代語の範囲は広く、老人から若い人まで、その言葉の使い方や理解のしかたには相当の差異が見られる。語義や用法の細かな記述だけでなく、基本的な語については、類似の言葉の使い分けの実態を理解してもらうことも必要と思われる。そのような見地から、本書においては、日本語の表現に役立つように、編集上の新しい工夫をいろいろ加えるようにした。日本語の表現に役立つような国語辞典ということをも目指しているのである。

筆者が本書の編集を委嘱されてから今日まで、ほぼ30年に近い歳月が経過しようとしている。辞書の編集にある程度の時間がかかることは已むを得ないにしても、これほど多くの年月がかかろうとは当時としては思ってもみないことであった。振り返ってみれば、コンピューターによる組版・製版と多色印刷というようなすべて新しい試みの導入など、編集作業をめぐってはいろいろのことがあり、そのために余計多くの時間がかかってしまったのであるが、各界・各方面の多くの方々からの御協力・御援助を得て、ようやくここに完成をみるに至ったのである。

この間、国語関係の諸項目をはじめ、固有名詞や各種分野の専門用語など、多くの百科項目に関しては、原稿の執筆・校閲・整理等のことにつき、いろいろと御協力・御援助をいただいた。これら多くの方々に対しては、深く感謝を表する次第である。また、本書の編集委員・編集協力者の各位や、小学館と『大辞泉』編集部の方々の御努力・御協力にも敬意を表するものである。

この辞書が、広く利用され、読者諸賢の叱正を仰ぎつつ、さらに成長していくことを願ってやまない。

1995年8月　　松村　明

凡例

編集の基本方針

1 本書には、現代の日本で用いられている語を中心に、古語、専門用語、時事用語、外来語、地名・人名その他の固有名詞など、総項目数25万余語を収めた。項目を立てるにあたっては、上代から現代までの文献を検して語彙・用例を採集するとともに、新聞・放送・インターネットなどの情報媒体にも着意して、広く世に行われる語彙・語法を積極的に採録した。

2 本書は、学校・職場また家庭の中で、より多くの人の使用に応えるために、なるべく平易・簡潔な記述をするよう心掛けた。解説の文章および用字は、常用漢字表を基準として、難字・専門用語などにはふりがなを付けるようにした。

3 本書は、言葉の意味を解説するにとどまらず、それが実際にどう使われるかという観点から、用例をふんだんに入れるようにした。

4 語義の解説にあたっては、現在通行している意味や用法を先にし、古語としての解説をあとに記述した。また、広く一般的に用いられる語義を先に、特定の分野で行われる語義や、限られた形での用法などはあとに記した。それ以外については、原義から転義へと時代を追って記述した。

5 文法の扱いは、現在の学校教育で広く行われているものに従った。文法用語の使用も一般的な範囲にとどめて、なるべく専門的な記述に傾かないようにした。

6 本書では、記述が平板に終わることを避け、できるだけ多角的に言葉をとらえることをめざした。基本的な語においては、表現を豊かにする「類語」欄、いわゆる逆引き辞典の機能をもつ「下接句」「下接語」欄、言葉の微妙な差異を明らかにする「用法」欄を設けた。また、語義解説の補足的な説明を施す「補説」欄を設けた。

7 言葉と生活・文化との関わりを重視して、関連する情報をなるべく多く添えるように心掛けた。たとえば、季語とその俳句例などを積極的に入れるようにした。

8 「漢字項目」においては、字義解説に加えて、実際的な用途を考え、人名に用いる読みを集めた「名付」欄、読みにくい熟語などを収めた「難読」欄も設けた。

9 巻末には、活用表、常用漢字一覧、人名用漢字一覧を収めた。

見出し

1 見出しの表示のしかた

①和語・漢語はひらがな、外来語はかたかなのゴシック体で示した。

②和語・漢語については、古語・現代語の別なく現代仮名遣いによることを原則とした。

③外来語は普通に行われている書き表し方によって、長音符号「ー」や小字の「ァ・ィ・ゥ・ェ・ォ」などを用いた。

ティーン〖teen〗

ウェブ〖web〗

④同じ見出し・表記の地名が複数あるときは、一つの見出しにまとめ、㊀㊁㊂…の番号をつけて解説した。

みなと【港】㊀東京都の区名… ㊁名古屋市の区名… ㊂大阪市の区名…

⑤慣用句・ことわざの類は、親見出しと共通する部分を省略せず、全形を漢字かな交じりで立てるようにした。また、同じ意味の別表現は《「　」とも》で示した。

つち【土｜▽地】

土にな・る《「土となる」とも》

⑥見出しの語構成は、その語の成り立ちを説明しうる最終的な結合箇所に「‐」を入れた。原則として二分するものであるが、結合関係によってそれ以上の場合もある。

ば‐しょ【場所】

い‐ばしょ【居場所】

な‐の‐はな【菜の花】

アイ‐エス‐ディー‐エヌ〖ISDN〗

⑦活用する語には、活用語尾の前に「・」を入れた。

およ・ぐ【泳ぐ｜×游ぐ】〔動ガ五(四)〕

ただし・い【正しい】〔形〕図ただ・し〔シク〕

語幹と語尾とが区別できない語には入れていないが、それが下に付く複合語には、語間に「・」を入れた。

みる【見る｜▽視る｜▽観る】〔動マ上一〕図〔マ上一〕

ゆめ・みる【夢見る】〔動マ上一〕図〔マ上一〕

⑧語幹と語尾との区別のない活用語を含む連語・慣用句には、それらの活用語の前に「◦」を入れた。

おもほえ◦ず【思ほえず】〔連語〕

足元を◦見る

⑨「‐」が「・」「◦」と重なるときは、「‐」を省略した。

こころ・える【心得る】

かえり・みる【顧みる】

2　活用語の見出し

①活用語は原則として終止形を見出しとした。

②口語形を見出しとし、文語形が存在するものはそのあとに示した。

むく・いる【報いる┊▽酬いる】〘動ア上一〙文むく・ゆ〘ヤ上二〙

たか・い【高い】〘形〙文たか・し〘ク〙

③形容動詞および本書で〘ト・タル〙と示した語は、語幹を見出しとした。

しず-か【静か┊▽閑か】しづ〘形動〙文〘ナリ〙

かっ-こ【確固┊確×乎】カク〘ト・タル〙文〘形動タリ〙

④名詞・副詞から派生したサ変動詞は、もとになる見出しに統合し、その品詞に「スル」を添えて表示した。ただし、漢字一字に「する」が付くものは独立の見出しとした。

うん-どう【運動】〘名〙スル

びっくり〘副〙スル

ろん・ずる【論ずる】〘動サ変〙文ろん・ず〘サ変〙

ひがし・する【東する】〘動サ変〙文ひがし・す〘サ変〙

3　見出しの配列

①見出しは、五十音順に配列した。一字目が同じものは二字目のかなの五十音順とし、以下も同様に扱った。長音符号「ー」は、直前のかなの母音と同じとして扱った。

②同じかなのときは、以下の基準を設けて配列した。

⑴清音・濁音・半濁音の順。

ハート　→　ハード　→　バード　→　パート

⑵拗音・促音は、直音の前。

ひょう【表】　→　**ひ-よう**【費用】

はっ-か【薄荷】　→　**はつ-か**【二-十-日】

⑶品詞の順。すなわち、名詞→代名詞→動詞→形容詞→形容動詞→ト・タル→連体詞→副詞→接続詞→感動詞→助動詞→助詞→接頭語→接尾語→語素→連語→枕詞　の順。

⑷和語・漢語　→　外来語　の順。

めい【×姪】　→　**メイ**〖May〗

⑸表記欄のない語　→　表記欄のある語　の順

はやぶさ　→　**はや-ぶさ**【×隼】

⑹漢字表記のあるときは、㋐一字目の漢字の画数の少ないものが前、㋑一字目の漢字の画数が同じときは部首順、㋒一字目の漢字が同じときは二字目以下の漢字の画数による。

か-しょう【火傷】　→　**か-しょう**【仮称】　→

か-しょう【仮象】　→　**か-しょう**【▽和尚】

表記

1　漢字表記

①見出しに当てられる漢字表記を【　】の中に示した。

②漢字の字体はJIS漢字コード第１水準漢字および第２水準漢字を基本とした。常用漢字は内閣告示の字体によったが、一部デザインの差異として許容されている字体はその字体を使った。繰り返し記号「々」などは原則的に用いていない。

はく-せい【剝製】

でき-あい【溺愛】

もり-おうがい【森鷗外】

かんかん-がくがく【×侃×侃×諤×諤】

③ひらがな・かたかな、またローマ字で書く部分を含む語は、それらを含めて示した。

ごった-に【ごった煮】

と-がき【ト書(き)】

エックス-せん【X線】

④漢字表記が二つ以上考えられる場合は、原則として広く用いられるものを先に掲げた。

あか・い【赤い┊▽紅い】

ほり【堀┊×濠┊×壕】

⑤意味による漢字の使い分けが明確な語は、項目を別にした。また、同一項目内でも、ある特定の意味について用字が慣用化されている場合には、その語義区分の初めに（　）でその用字を示した。

あかし【▽灯】《動詞「明かす」の連用形から》

あかし【▽証】《「灯あかし」と同語源》

か・く【書く┊描く┊▽画く】　……　❶(書く)……　❷(書く)……　❸(描く・画く)……

か・ける【掛ける┊懸ける】　……　❸……　㋐(「架ける」とも書く)

⑥作品名などでは、その原題や邦題の表記を示した。

あいびき【あひゞき】

ベニスのしょうにん【ベニスの商人】ーのシヤウニン《原題、The Merchant of Venice》

2　常用漢字

①見出しに相当する漢字で、常用漢字表にない漢字には「×」、常用漢字音訓表にない読みの場合には「▽」を左肩に付した。

②常用漢字表の「付表」に掲げる語は、常用漢字に準じて扱った。

③固有名詞、また中国語・朝鮮語など外来語の漢字表記には常用漢字の基準は適用せず、「×」「▽」の類は付さないこととした。

いかるが【斑鳩】

ギョーザ【餃子】《中国語》

チョンガー【総角】《朝鮮語》

④国語審議会報告や、法令用語、公用文の書き表し方などで、慣用として認められるものを多く採用した。

にっ-しょく【日食┊日×蝕】

き-りつ【規律┊紀律】

⑤漢字熟語に和語を当てた、いわゆる熟字訓は、常用漢字表の「付表」にあるものには「 - 」、ないものには「 = 」によって、そのまとまりを示した。

お-じ【伯-父┊叔-父】

あき-なす【秋茄=子】

3　送りがな

①送りがなは、内閣告示『送り仮名の付け方』によることを原則とした。古語についてもこれに準じたが、仮名遣いは歴史的仮名遣いを用いた。

かま・える【構える】かまへる

おもい-かま・う【思ひ構ふ】おもひかまふ

②省略することが許容されているものには当該のかなを（　）で囲み、補った形が許容されているときは語全体を〔　〕で囲って示した。

いい-おと・す【言(い)落(と)す】いひ―

おこな・う【行う〔行なう〕】おこなふ

③専門的な用語については、その分野などで慣用とされている書き表し方によった。

とりもどし-けん【取戻権】

あずかり-どころ【預所】あづかり―

さし-じきい【指敷居┊差敷居】―じきゐ

4　外来語

①外来語については、日本に直接伝来したと考えられる原語を〘　〙内に掲げ、その言語名を付記した。ギリシャ語・ペルシア語・ロシア語などはローマ字綴りに翻字して掲げた。また、英語の場合は、原則として言語名の付記を省略した。

ウオツカ〘ロシア vodka〙

ランプ〘オランダ・英 lamp〙

アーケード〘arcade〙

②地名・人名などの固有名詞には、原則として言語名は記さなかった。ただし、現地での呼称とは異なる地名や、普通名詞などと熟した呼称には、言語名を記すものもある。

チャーチル〘Winston Leonard Spencer Churchill〙

イギリス〘ポルトガル Inglês〙

エコール-ド-パリ〘フランス École de Paris〙

③外国人で同姓の人名が複数あるときには、「親子」「兄弟」「夫婦」「王位」などの繋がりのある人名を一つの見出しにまとめた。〘　〙内には姓のみを記し、各々の解説の冒頭に名の綴りを示して、姓の部分は「～」を用いて省略した。前記のような関係のない同姓の人名はそれぞれ独立した項目として掲げた。

ブッシュ〘Bush〙㊀(George Herbert Walker ～) ―― ㊁(George Walker ～)

キュリー〘Curie〙㊀(Pierre ～) ―― ㊁(Marie ～)

④漢字を当てる習慣のある外来語については、一般的な語に限り、原綴りのあとに掲げた。それ以外のものについては必要に応じて補説として記すようにした。

ガス〘オランダ・英 gas〙【瓦斯】

カナリア〘ポルトガル canaria〙 ―― 補説「金糸雀」とも書く。

⑤原語音から著しく転訛した語や、外国語に擬して日本でつくったいわゆる洋語（和製語）には、〘　〙に綴りを示さず、語義解説の《　》内でその成り立ちを示した。

カレー-ライス《curry and riceから》

ハイ-ティーン《和 high＋teen》 ―― 補説英語ではlate teens

⑥ローマ字略語は、〘　〙にローマ字を示し、さらにもとになった綴りを《　》内に記した。

アイ-エヌ-エス〘INS〙《information network system》

ナトー〘NATO〙《North Atlantic Treaty Organization》

5　歴史的仮名遣い

①見出しの仮名遣いと異なる歴史的仮名遣いは、漢字表記欄もしくは見出しのあとに、２行割りの小字で示した。その際、「 - 」や「・」「。」は省略した。

あい-しらい あひしらひ

おおき・い【大きい】おほきい

きら。う【▽霧らふ】きらふ

②見出しに語構成を示す「 - 」が入るものは、その単位で分けて考え、歴史的仮名遣いが見出しの仮名遣いと一致する部分は省略して「―」で示した。

にわ-の-おしえ【庭の▽訓】には―をしへ

じょう-にん【常任】ジヤウ―

③歴史的仮名遣いは、和語はひらがな、漢語はかたかなで示すことを原則とした。

きのう【昨-日】きのふ

い-にょう【囲×繞】ヰネウ

④漢字表記が複数あり、それぞれの歴史的仮名遣いが異なるときは、いちいちの漢字表記のあとに示すようにした。

こう-ほう【広報】クワウ―・【×弘報】コウ―

⑤同じ漢字表記でも、語義の違いに対応して歴史的仮名遣いが異

なるときは、それぞれの語義区分の冒頭に示すようにした。

こう-どう【講堂】❶(カウダウ) ―― ❷(コウダウ) ――

品詞

①見出し語の品詞などの表示には略号を用いた。(xviページ「記号・約物一覧」参照)

②名詞は品詞の表示を省略した。ただし、同一項目の中で他品詞の用法もあるときには、それと区別して〔名〕と示した。固有名詞については表示を省略した。

ぜん-たい【全体】㊀〔名〕 ―― ㊁〔副〕 ――

じ-ゆう【自由】ジイウ〔名・形動〕

③動詞は、活用する行と活用の種類とを示した。

かえ・る【返る｜▽反る】かへる〔動ラ五(四)〕

か・える【変える】かへる〔動ア下一〕図か・ふ〔ハ下二〕

④「する」が付いてサ変動詞となるものには、もとの品詞に「スル」を添えて示した。

けん-てい【検定】〔名〕スル

うっとり〔副〕スル

⑤形容詞・形容動詞の文語形には活用の種類を示した。

かる・い【軽い】〔形〕図かる・し〔ク〕

こころ-はずか・し【心恥づかし】一はづかし〔形シク〕

あき-らか【明らか】〔形動〕図〔ナリ〕

しょう-ぜん【昭然】セウ一〔形動タリ〕

⑥文語のタリ活用の形容動詞で、口語においては「―と」の形で副詞に、また「―たる」の形で連体詞に用いられるものは、品詞表示を〔ト・タル〕とした。

へい-ぜん【平然】〔ト・タル〕図〔形動タリ〕

⑦助詞は、格助詞・接続助詞・副助詞・係助詞・終助詞・間投助詞・並立助詞・準体助詞の別を示した。

は〔係助〕

から ㊀〔格助〕 ―― ㊁〔接助〕 ―― ㊂〔準体助〕 ――

⑧助動詞には、語義解説の前に活用する語形を掲げた。

れる〔助動〕〔れ｜れ｜れる｜れる｜れれ｜れろ(れよ)〕

⑨連語については、名詞を格助詞「の」「つ」でつなげたような、体言型のものには〔連語〕の表示を省略した。

語源語誌

①語義記述の前に、語の成り立ち、語源・語誌の説明、および故事・ことわざの由来などを必要に応じて《 》で記した。

いん-ねん【因縁】一エン《「いんえん」の連声れんじょう》

しい-か【詩歌】《「しか(詩歌)」の慣用読み》

そう・ず【▽請ず】サウず〔動サ変〕《「そう」は「しょう」の直音表記》

かえで【×楓｜槭=樹】かへで《「かえるで(蛙手)」の音変化》

うしゃあが・る〔動ラ四〕《「うせあがる」の音変化。近世江戸語》

しか◦なり【▽然なり】〔連語〕《副詞「しか」+断定の助動詞「なり」》

朝に道を聞かば夕べに死すとも可なり 《「論語」里仁りじんから》

②見出し語に対する、仮名遣い、清濁の差異については《 》で触れた。この場合の小異の語形は、見出し語と同じ意味・用法として扱った。

むずかし・い【難しい】むづかしい〔形〕図むづか・し〔シク〕《―― 「むつかしい」とも》

もみじ【紅-葉｜黄=葉】もみぢ〔名〕スル《―― 上代は「もみち」》

③品詞欄で示しきれなかった説明などは《 》で補った。

もうさ-く【申さく｜▽白さく】まうさく《動詞「もうす」のク語法》

④見出し語が翻訳によって生じたことが明らかなときは、その原語を《 》に掲げた。梵語の場合は音写か訳語かの別も示した。

しゅう-きょう【宗教】一ケウ《religion》

まんだら【×曼×荼羅｜×曼×陀羅】《梵 maṇḍalaの音写。――》

⑤外来語で、日本語としての意味と外国語本来の意味との間に著しい差異があるときなどには、本来の意味を《 》に示した。

アルバイト〘ドイツ Arbeit〙〔名〕スル《労働・仕事・研究の意》

⑥邦訳された外国の作品名には、原題を《 》内に示した。

つみとばつ【罪と罰】《原題、ロシア Prestuplenie i nakazanie》

語義解説

1 意味・用法の記述

①一般の国語語彙に関しては、まず現代の意味・用法を記述し、それをもとに古い時代の意味・用法の変遷を記述するようにした。

②百科語、時事用語に関しては、最新の情報・学説を取り入れつつ、現代生活に密接した内容を簡潔に記述するようにした。

③同一項目内において意味・用法を分けて解説する場合、必要に応じて以下の記号を用いた。

(1)品詞、およびそれに準じる区分には㊀㊁を用いた。

あじ【味】あぢ㊀〔名〕 ―― ㊁〔形動〕図〔ナリ〕 ――

すく・む【×竦む】㊀〔動マ五(四)〕 ―― ㊁〔動マ下二〕 ――

(2)意味・用法の区分を示す標準的な記号としては❶❷を用い、その下位の区分としては㋐㋑を用いた。

た・つ【立つ】㊀〔動タ五(四)〕❶―― ㋐―― ㋑――

また、区分が多数・煩雑になる場合に限り、❶❷の上位区分として㊀㊁を用いた。

い・う【言う｜×云う｜×謂う】いふ〔動ワ五(ハ四)〕㊀―― ❶―― ㊂―― ❶―― ㋐――

(3)固有名詞の区分には、㊀㊁を用いた。

ふちゅう【府中】㊀東京都―― ㊁広島県――

エリザベス〘Elizabeth〙㊀(1世) ―― ㊁(2世)――

⑷語義解説の末尾には対義語・対語を⇔で示した。

あが・る【上がる¦揚がる¦挙がる】 ―― ⇔さがる/おりる。

だい-じょう【大乗】 ―― ⇔小乗。

⑸参照する項目などについては、語義解説の末尾に➡で項目を示し、漢字項目参照は➡漢で示した。また、当該項目に表があるときは語義解説の末尾に➡表で示した。

うお【魚】うを ―― ➡魚類

あん【案】 ―― ➡漢「あん(案)」

アカデミー-しょう【アカデミー賞】ーシャウ ―― ➡表

⑹語義解説のすべてを別の項目にゆだねるときは、►を用いてその見出しを示した。

きゃく-し【客思】►かくし(客思)

こくさい-ろうどうきかん【国際労働機関】ーラウドウキクワン ►アイ-エル-オー(ILO)

⑺人名の項目には［　］を用いて生没年を西暦で記した。

たかすぎ-しんさく【高杉晋作】［1839～1867］

2　用例

①一般の国語項目には、意味・用法を理解する一助となるように用例を入れた。特に活用する語には必ず入れることを原則とした。

②現代語には、用法を想定した例(作例)を入れることを原則とした。現在では古めかしくなっている語には、近代・現代の文献から用例を引くようにした。

③古語には、その語が最も使用された時代の代表的な古典から用例を引くようにした。この場合の仮名遣いは歴史的仮名遣いを用いた。

④用例文は「　」でくくり、見出し語に当たる箇所は「―」で略した。活用語の場合は、語幹の部分を「―」で示し、活用語尾は「・」のあとに記した。「。」を含む連語・慣用句の場合もこれに準じた。

かん-どう【感動】〔名〕スル ―― 「深い―を覚える」「名曲に―する」

うね・る〔動ラ五(四)〕 ―― 「山道が―・る」「帰りには二三間―・って、植込の陰を書斎の方へ戻って来た」〈漱石・虞美人草〉

あらせ・られる【有らせられる】〔連語〕 ―― 「御壮健で―。られる」

語幹と語尾との区別のつかない語は「―」を用いず、太字で該当箇所を示した。

える【得る】〔動ア下一〕図う〔ア下二〕 ―― 「そうせざるを**え**ない」

みたいだ〔助動〕 ―― 「お寺**みたいな**建物」

また、清濁を明らかにしたり、異なる語形を掲げたりするときには省略していない。

てる〔連語〕 ―― 「いま考え**て**ところだ」「話はだいぶ進んで**る**はずです」

跡を垂たれ**る** ―― 「弥陀次郎が跡垂れて発心もならざれば」〈浮・永代蔵・五〉

⑤文献からの引用に際しては、〈　〉内に出典を示した。途中の部分を省略した箇所は「…」で示した。また、文意を明らかにするために（　）で補ったり、語義を（＝　）で加えたりした。

そ-らい【×徂×徠】〔名〕スル ―― 「さまざまな幻が、…ひっきりなく―すると」〈芥川・偸盗〉

ひそ-か【▽密か¦▽窃か¦▽私か】〔形動〕図〔ナリ〕 ―― 「(清盛ハ)ほしいままに国威を―にし」〈平家・四〉

おぼ-めか・し〔形シク〕 ―― 「そのかた(＝和歌ノ方面)に―・しからぬ人」〈枕・二三〉

⑥名詞・形容動詞をまとめた語義区分では、形容動詞連体形の作例に「(の)」を補って名詞にも同様の用法があることを示した。また、見出し語のままの形でも助詞「と」を伴った形でも用いる副詞には、「(と)」を補って両様があることを示した。

せい-しき【正式】〔名・形動〕 ―― 「―な(の)名称」

びっしり〔副〕 ―― 「予定が―(と)詰まっている」

⑦出典の表示では、異称のある文献は一つの名称に統一し、また適当に簡略化した。巻名・巻数・部立て・説話番号などは、文献に応じて適宜付した。万葉集には旧『国歌大観』番号を用いた。（xページ「古典出典一覧」参照）

あいだち-な・し〔形ク〕 ―― 「心よからず―・きものに思ひ給へる」〈源・夕霧〉

き-でん【貴殿】 ―― 「六波羅の―へも参ずべし」〈盛衰記・一〇〉

ひき-ほ・す【引き干す】〔動サ四〕 ―― 「小垣内をかきつの麻を―・し」〈万・一八〇〇〉

⑧訓点資料や漢文体で書かれた文献は、読み下した形のテキストを使用した。また、ローマ字資料をかたかなで示す以外は、原則として漢字ひらがな交じり文とした。

にい-ばり【新▽治¦新▽墾】にひー ―― 「―の十握とつかの稲しねの穂」〈顕宗紀〉

あっぱれ【▽天晴(れ)¦×遖】 ―― 「―獅子ワ臆病ナモノカナ」〈天草本伊曽保・驢馬と獅子〉

⑨古辞書類では、単に書名だけを掲げて語義の典拠としたものもある。

こう【×鵠】こふ ハクチョウの古名。〈和名抄〉

⑩近代・現代の出典の表示には、筆者名に、姓・名・号などの略称を用いたものもある。（xivページ「近代作家略称一覧」「俳号一覧」参照）

補説・派生語など

①語義解説の補足的な事柄、また諸説のある問題点などについては、語義解説の末尾に(補説)として記した。◆は同名の項目が別にあることを示す。

うきよ-どこ【浮世床】 ―― ◆書名別項。

②同一項目内において、意味・用法によってアクセントが異なるときは、語義解説の末尾に [アク] として注記するようにした。語形をかたかな書きにして、高く発音する部分を太字にしてある。

がた-がた [一]〔副〕スル …… [二]〔形動〕 …… [アク][一]は**ガ**タガタ、[二]はガ**タガタ**。

③俳句において季語とされている見出し語には、**(季 春) (季 花=夏)** のように示し、代表的な句例を添えるようにした。

④歌枕とされている地名には、[歌枕] と示し、適宜和歌例を添えた。

⑤可能動詞は、独立の見出しとして立てず、もとになる動詞の解説末尾に[可能]として太字で掲げた。ただし、複合動詞には表示を省略した。

よ・む【読む┊詠む】[一]〔動マ五(四)〕 …… [可能]**よめる**

⑥現代語の形容詞・形容動詞に接尾語「がる」「げ」「さ」「み」が付いた派生語は、項目の解説末尾に[派生]として太字で掲げた。

つよ・い【強い】〔形〕[文]つよ・し〔ク〕 …… [派生]**つよがる**〔動ラ五〕**つよげ**〔形動〕**つよさ**〔名〕**つよみ**〔名〕

しん-けん【真剣】 …… [二]〔形動〕[文]〔ナリ〕 …… [派生]**しんけんさ**〔名〕**しんけんみ**〔名〕

⑦基本的な語には、表現に役立つ実際的な資料として、次のような欄を設けた。

(1)見出し語と意味・用法が似ていて微妙に異なる語を[用法]欄に取り上げ、その相違を解説するようにした。

うま・い【▽旨い┊▽甘い】 ……

[用法]**うまい・おいしい**―― ……

(2)見出し語に似た意味の語句を[類語]として集め、語義区分や用法によってグループに分けて示した。類語の範囲はできるだけ広くし、対義語の類も含めた。

き・く【聞く┊聴く】 ……

[類語](❶)耳にする/(❷)傾聴する…… /(❸)仄聞(そくぶん)する…… (謙譲)伺う…… /(❺)尋ねる……

(3)見出し語が下に付く複合語・連語の類を「下接語」([…語]と表示)として集めた。

いわい【祝(い)┊▽斎】いはひ ……

[…語]内祝い・産(う)ぶ祝い・産衣(うぶぎ)の祝い・快気祝い……

(4)見出し語が下に付く慣用句・ことわざの類を「下接句」([…句]と表示)として集めた。

く・う【食う┊×喰う】くふ ……

[…句]泡を食う・一杯食う・犬も食わぬ……

漢字項目

①音読みの熟語を多くつくる漢字を特に選び出し、本文とは別に「漢字項目」として解説した。字音をもとに、本文の該当する音を収めるページに近いところに置いた。その漢字に複数の字音がある場合は、一つの字音の項目でまとめて解説した。

②字体について、常用漢字は「常用漢字表」に則り、デザインの差異として許容されている字体はその字体を使用した。常用漢字表に康熙字典体として添えられているものは〔　〕内に、許容字体として併記されているものは（　）内に掲げた。常用漢字以外は、JIS漢字の字体に準じた。

③学習漢字には、[学]の印を付し、学年配当を数字で示した。

④常用漢字表にない漢字には「×」を付し、人名漢字として認められているものには「人」の印を付した。

⑤音訓は、常用漢字音訓表にあるものはゴシック体で、表外のものは明朝体で示した。

⑥字音には、呉音[呉]、漢音[漢]、唐音(唐宋音)[唐]、慣用音[慣]　の別を示した。

⑦解説にあたっては、音訓が複数あるときはまずその別を示し、そのあとに漢字の意味と熟語の例を掲げるようにした。熟語の配列は、その漢字が上に付く語と下に付く語とに分け、それぞれを五十音順に並べた。

⑧解説の末尾には、人名に用いられる音訓を[名付]として集めた。また、熟語として読みにくいものを[難読]としてまとめた。

その他

①年号を記す場合には、原則として日本の国内に関する事柄には和暦、それ以外は西暦を用いた。

②日本の都市の人口を記す場合は、総務省統計局『平成22年国勢調査人口速報集計結果』、および外国の人口に関するものは『Demographic Yearbook, United Nations』(国連世界人口統計年鑑、2008年)などに基づいた。

古典出典一覧

◉出典表示に略称を用いたすべての作品と、
例として引いた作品のうちの主要なものの名称を五十音順に列挙した。
◉作品の名称の次に、大まかな分類と成立した時代を示した。

あ

赤染衛門集　私家集［平安］
赤人集〈山部赤人〉　私家集［平安］
顕輔集〈藤原顕輔〉　私家集［平安］
朝忠集〈藤原朝忠〉　私家集［平安］
明日香井集〈飛鳥井雅経〉　私家集［鎌倉］
吾妻鏡　歴史書［鎌倉］
吾妻問答　連歌書［室町］
天草本伊曽保＝伊曽保物語　キリシタン版［安土桃山］
天草本平家＝平家物語　キリシタン版［安土桃山］
曠野　俳諧［江戸］

い

生玉万句　俳諧［江戸］
十六夜日記　紀行［鎌倉］
和泉式部集　私家集［平安］
和泉式部日記　日記［平安］
伊勢＝伊勢物語　物語［平安］
伊勢集　私家集［平安］
伊勢大輔集　私家集［平安］
一言芳談　仏教書［鎌倉］
一枚起請文　仏教書［鎌倉］
一遍上人語録　仏教書［鎌倉］
田舎荘子　談義本［江戸］
田舎之句合　俳諧［江戸］
犬筑波集　俳諧［室町］
今鏡　歴史物語［平安］
色葉字類抄　辞書［平安］

う

浮＝浮世草子［江戸］
　商人軍配団
　一代男＝好色一代男
　一代女＝好色一代女
　色三味線＝傾城色三味線
　歌三味線＝傾城歌三味線
　栄花一代男＝浮世栄花一代男
　永代蔵＝日本永代蔵
　桜陰比事＝本朝桜陰比事
　沖津白波
　置土産＝西鶴置土産
　親仁形気＝浮世親仁形気
　織留＝西鶴織留
　曲三味線＝風流曲三味線
　近代艶隠者
　禁短気＝傾城禁短気
　元禄大平記
　好色貝合
　好色盛衰記
　御前義経記
　五人女＝好色五人女
　芝居気質＝当世芝居気質
　諸艶大鑑
　諸国ばなし＝西鶴諸国ばなし
　新永代蔵＝日本新永代蔵
　新可笑記
　新色五巻書
　世間猿＝諸道聴耳世間猿
　俗つれづれ＝西鶴俗つれづれ
　丹前能＝女大名丹前能
　忠義太平記＝忠義太平記大全
　長者気質＝世間長者気質
　常々草＝新吉原常々草
　妾気質＝世間妾気質
　伝来記＝武道伝来記
　名残の友＝西鶴名残の友
　男色大鑑
　男色十寸鏡
　二十不孝＝本朝二十不孝
　敗毒散＝好色敗毒散
　武家義理＝武家義理物語
　懐硯
　文反古＝万の文反古
　万金丹＝好色万金丹
　三所世帯＝色里三所世帯
　子息気質＝世間子息気質
　娘気質＝世間娘気質
　胸算用＝世間胸算用
　椀久一世＝椀久一世の物語
右京大夫集＝建礼門院右京大夫集　私家集［鎌倉］
宇治拾遺＝宇治拾遺物語　説話集［鎌倉］
鶉衣　俳諧［江戸］
宇津保＝宇津保物語　物語［平安］

え

栄花＝栄花物語　歴史物語［平安］
詠歌大概　歌学書［鎌倉］
永久百首＝永久四年百首　和歌集［平安］
恵慶集（恵慶法師集）　私家集［平安］
犬子集　俳諧［江戸］
延喜式　法令［平安］
宴曲集　歌謡［鎌倉］
燕石雑志　随筆［江戸］
艶道通鑑　談義本［江戸］

お

おあむ物語　軍記［江戸］
笈日記　紀行［江戸］
笈の小文　紀行［江戸］
往生要集　仏教書［平安］
大鏡　歴史物語［平安］
大句数　俳諧［江戸］
大坂独吟集　俳諧［江戸］
興風集〈藤原興風〉　私家集［平安］
おきく物語　軍記［江戸］
翁草　随筆［江戸］
奥の細道　紀行［江戸］
落窪＝落窪物語　物語［平安］
御湯殿上日記　日記［室町〜江戸］
おらが春　俳諧［江戸］
折たく柴の記　自伝［江戸］
音曲口伝＝音曲声出口伝　能楽書［室町］

か

仮＝仮名草子［江戸］
　伊曽保＝伊曽保物語
　狗張子
　浮世物語
　薄雪＝薄雪物語
　恨の介
　御伽婢子
　可笑記
　清水物語
　似我蜂＝似我蜂物語
　他我身の上
　竹斎
　露殿＝露殿物語
　田夫物語
　東海道名所記
　仁勢物語
　夫婦宗論＝夫婦宗論物語
　尤の双紙
　元のもくあみ
　倭二十四孝
貝おほひ　俳諧［江戸］
歌意考　歌学書［江戸］
海道記　紀行［鎌倉］
懐風藻　漢詩集［奈良］
河海抄　注釈書［室町］
花鏡　能楽書［室町］
神楽＝神楽歌　歌謡［平安］
花月双紙　随筆［江戸］
かげろふ＝蜻蛉日記　日記［平安］
花伝＝風姿花伝　能楽書［室町］
兼輔集〈藤原兼輔〉　私家集［平安］
兼盛集〈平兼盛〉　私家集［平安］
賀茂女集（賀茂保憲女集）　私家集［平安］
閑吟集　歌謡［室町］
菅家後集　漢詩集［平安］
菅家文草　漢詩集［平安］
寛平后宮歌合＝寛平御時后宮歌合　歌合［平安］

き

黄＝黄表紙［江戸］
　艶気樺焼＝江戸生艶気樺焼
　栄花夢＝金々先生栄花夢
　鸚鵡返＝鸚鵡返文武二道
　金生木＝莫切自根金生木
　義女英＝敵討義女英
　孔子縞＝孔子縞于時藍染
　高漫斎＝高漫斎行脚日記
　御存商売物
　千禄本＝大悲千禄本
　即席耳学問
　卵角文字＝遊妓寔卵角文字
　早染草＝心学早染草
　人心両面摺
　万石通＝文武二道万石通
　見徳一炊夢
　無益委記
　桃太郎発端＝桃太郎発端話説
伎＝歌舞伎［江戸］
　青砥稿＝青砥稿花紅彩画
　浅間嶽＝傾城浅間嶽
　吾嬬鑑＝傾情吾嬬鑑
　東文章＝桜姫東文章
　天羽衣＝けいせい天羽衣
　阿波のなると＝けいせい阿波のなると
　伊賀越＝伊賀越乗掛合羽
　伊勢音頭＝伊勢音頭恋寝刃
　上野初花＝天衣紛上野初花
　浮名横櫛＝与話情浮名横櫛
　色読販＝お染久松色読販
　絵本合法衢
　幼稚子敵討
　韓人漢文＝韓人漢文手管始
　勧進帳
　桑名屋徳蔵＝桑名屋徳蔵入船物語
　小袖曽我＝小袖曽我薊色縫
　五大力＝五大力恋緘
　児手柏＝善悪両面児手柏
　三人吉三＝三人吉三廓初買
　暫
　助六＝助六由縁江戸桜
　隅田川続俤
　伊達競＝伊達競阿国戯場
　一寸徳兵衛＝謎帯一寸徳兵衛
　天竺徳兵衛＝天竺徳兵衛韓噺
　業平河内通
　二河白道＝一心二河白道
　覗機関＝勧善懲悪覗機関

初買曽我＝男伊達初買曽我
仏の原＝傾城仏の原
壬生大念仏＝けいせい壬生大念仏
名歌徳＝名歌徳三升玉垣
四谷怪談＝東海道四谷怪談
紀＝日本書紀　歴史書[奈良]
記＝古事記　歴史書[奈良]
義経記　軍記物語[室町]
鳩翁道話　思想書[江戸]
九州問答　連歌書[室町]
嬉遊笑覧　随筆[江戸]
狂＝狂言記[室町]
虎清狂＝大蔵虎清本狂言
虎明狂＝大蔵虎明本狂言
虎寛狂＝大蔵虎寛本狂言
天正狂＝天正狂言本
狂言記(絵入狂言記)
続狂言記(絵入続狂言記)
狂言記拾遺(絵入狂言記拾遺)
粟田口　今参
入間川　靭猿
伯母が酒　柿山伏
蟹山伏　鬮罪人
腰祈　昆布売
猿座頭　止動方角
秀句傘　末広がり
墨塗　太刀奪
釣狐　井礑
鍋八撥　抜殻
禰宜山伏　萩大名
髭櫓　二人大名
仏師　連歌盗人
玉塵抄　抄物[室町]
玉葉　古記録[平安～鎌倉]
玉葉集＝玉葉和歌集　勅撰集[鎌倉]
清輔集〈藤原清輔〉　私家集[平安]
清正集〈藤原清正〉　私家集[平安]
去来抄　俳諧[江戸]
金槐集＝金槐和歌集〈源実朝〉　私家集[鎌倉]
近代秀歌　歌学書[鎌倉]
公忠集〈源公忠〉　私家集[平安]
公任集〈藤原公任〉　私家集[平安]
金葉＝金葉和歌集　勅撰集[平安]

く

愚管抄　歴史書[鎌倉]
孔雀楼筆記　随筆[江戸]
国基集〈津守国基〉　私家集[平安]

け

桂園一枝〈香川景樹〉　私家集[江戸]
経国集　漢詩文集[平安]
下官集　歌学書[鎌倉]
月清集＝秋篠月清集〈藤原良経〉　私家集[鎌倉]
毛吹草　俳諧[江戸]
源＝源氏物語　物語[平安]
兼好集(兼好法師集)　私家集[室町]
兼載雑談　歌学・連歌書[室町]
幻住庵記　俳諧[江戸]

こ

後紀＝日本後紀　歴史書[平安]
合＝合巻[江戸]
正本製
田舎源氏＝偐紫田舎源氏
航米日録　洋学書[江戸]
甲陽軍鑑　軍学書[江戸]
幸若(幸若舞曲)[室町]
入鹿　烏帽子折
景清　信太
しづか　大織冠
高館　富樫
那須の与一　堀川夜討
満仲　屋島
夜討曽我　和田酒盛
古今＝古今和歌集　勅撰集[平安]
古今六帖＝古今和歌六帖　類題和歌集[平安]
古語拾遺　歴史書[平安]
小侍従集　私家集[平安]
古事談　説話集[鎌倉]
後拾遺＝後拾遺和歌集　勅撰集[平安]
後撰＝後撰和歌集　勅撰集[平安]
小大君集　私家集[平安]
滑＝滑稽本[江戸]
浮世床
浮世風呂
虚誕計＝人間万事虚誕計
客者評判記
旧観帖
古今百馬鹿
指面草
七偏人
続膝栗毛
大師めぐり
八笑人＝花暦八笑人
膝栗毛＝東海道中膝栗毛
古朽木
国歌八論　歌学書[江戸]
琴後集　歌文集[江戸]
後鳥羽院御口伝　歌学書[鎌倉]
古本説話集　説話集[鎌倉]
小町集〈小野小町〉　私家集[平安]
古来風体抄　歌学書[鎌倉]
是則集〈坂上是則〉　私家集[平安]
今昔＝今昔物語集　説話集[平安]
こんてむつすむん地　キリシタン版[安土桃山]

さ

西鶴大矢数　俳諧[江戸]
斎宮女御集　私家集[平安]
最勝王経古点＝金光明最勝王経古点　訓点資料[平安]
催馬楽　歌謡[平安]
嵯峨日記　日記[江戸]
狭衣＝狭衣物語　物語[平安]
ささめごと　連歌書[室町]
讃岐集〈二条院讃岐〉　私家集[平安]
讃岐典侍日記　日記[平安]
信明集〈源信明〉　私家集[平安]
実方集〈藤原実方〉　私家集[平安]
更級＝更級日記　日記[平安]
申楽談儀　能楽書[室町]
猿蓑　俳諧[江戸]
山家集〈西行〉　私家集[平安]
三帖和讃　歌謡[鎌倉]
三冊子　俳諧[江戸]
三蔵法師伝古点＝大慈恩寺三蔵法師伝古点　訓点資料[平安]
三代実録＝日本三代実録　歴史書[平安]
散木＝散木奇歌集〈源俊頼〉　私家集[平安]

し

詞花＝詞花和歌集　勅撰集[平安]
至花道　能楽書[室町]
四河入海　抄物[室町]
史記抄＝史記桃源抄　抄物[室町]
色道大鏡　評判記[江戸]
重之集〈源重之〉　私家集[平安]
地蔵十輪経元慶点　訓点資料[平安]
順集〈源順〉　私家集[平安]
七十一番職人歌合　歌合[室町]
十訓抄　説話集[鎌倉]
洒＝洒落本[江戸]
一盃記言＝通客一盃記言
田舎芝居
卯地臭意
自惚鏡
駅舎三友
角鶏卵
郭中奇譚
軽井茶話＝変通軽井茶話
京伝予誌
妓者呼子鳥
月花余情
古契三娼
柳巷方言＝虚実柳巷方言
三人酩酊
仕懸文庫
繁千話
四十八手＝傾城買四十八手
品川楊枝
跖婦人伝
世説新語茶
船頭深話
辰巳之園
辰巳婦言
通言総籬
通人講釈＝弁蒙通人講釈
浪花色八卦
南閨雑話
南江駅話
南遊記
にゃんの事だ
箱枕
百花評林
瓢金窟
深川新話
二筋道＝傾城買二筋道
遊子方言
吉原楊枝
沙石集　説話集[鎌倉]
拾遺＝拾遺和歌集　勅撰集[平安]
拾遺愚草〈藤原定家〉　私家集[鎌倉]
周易抄　抄物[室町]
拾玉集〈慈円〉　私家集[室町]
浄＝浄瑠璃[江戸]
藍染川
朝顔話＝生写朝顔話
蘆屋道満＝蘆屋道満大内鑑
安達原＝奥州安達原
油地獄＝女殺油地獄
阿波の鳴門＝傾城阿波の鳴門
阿波鳴渡＝夕霧阿波鳴渡
伊賀越＝伊賀越道中双六
生玉心中
井筒業平＝井筒業平河内通
今川本領＝今川本領猫魔館
今川了俊
今国性爺＝唐船噺今国性爺
今宮の心中
妹背山＝妹背山婦女庭訓
歌軍法＝持統天皇歌軍法
歌祭文＝新版歌祭文
歌念仏＝五十年忌歌念仏
卯月の潤色
卯月の紅葉
浦島年代記
烏帽子折＝源氏烏帽子折
扇八景＝曽我扇八景
応神天皇＝応神天皇八白幡
近江源氏＝近江源氏先陣館
大磯虎＝大磯虎稚物語
大塔宮＝大塔宮曦鎧
おぐり判官
姨捨山＝信州姨捨山
お初天神記
女楠＝吉野都女楠
女腹切＝長町女腹切
女舞衣＝艶容女舞衣
会稽山＝曽我会稽山
凱陣八島
娥歌かるた

加賀見山＝加賀見山旧錦絵
賀古教信＝賀古教信七墓廻
重井筒＝心中重井筒
加増曽我
合邦辻＝摂州合邦辻
桂川連理柵
兜軍記＝壇浦兜軍記
鎌倉三代記〈紀海音〉
鎌田兵衛＝鎌田兵衛名所盃
川中島＝信州川中島合戦
河原達引＝近頃河原達引
関八州繋馬
鬼一法眼＝鬼一法眼三略巻
傾城三度笠
傾城酒呑童子
兼好法師＝兼好法師物見車
源氏鏡＝伊豆院宣源氏鏡
源氏供養
国性爺＝国性爺合戦
国性爺後日＝国性爺後日合戦
五人兄弟＝曽我五人兄弟
碁盤太平記
五枚羽子板＝雪女五枚羽子板
嫗山姥
根元曽我
薩摩歌
島原蛙合戦＝傾城島原蛙合戦
出世景清
聖徳太子＝聖徳太子絵伝記
白石噺＝碁太平記白石噺
新薄雪＝新薄雪物語
墨染桜＝西行法師墨染桜
蝉丸
先代萩＝伽羅先代萩
千本桜＝義経千本桜
千両幟＝関取千両幟
曽根崎＝曽根崎心中
大経師＝大経師昔暦
太功記＝絵本太功記
大職冠
袂の白絞
団扇曽我
丹波与作＝丹波与作待夜の小室節
忠臣蔵＝仮名手本忠臣蔵
手習鑑＝菅原伝授手習鑑
天鼓
天智天皇
天の網島＝心中天の網島
浪花鑑＝夏祭浪花鑑
難波丸金鶏
二十五年忌＝三勝半七二十五年忌
廿四孝＝本朝廿四孝
二枚絵草紙＝心中二枚絵草紙
女護島＝平家女護島
布引滝＝源平布引滝
寿の門松＝山崎与次兵衛寿の門松
博多小女郎＝博多小女郎波枕
孕常盤
反魂香＝傾城反魂香
彦山権現＝彦山権現誓助剣
百日曽我
盛衰記＝ひらかな盛衰記
双生隅田川
双蝶蝶＝双蝶蝶曲輪日記
二つ腹帯＝心中二つ腹帯
嫩軍記＝一谷嫩軍記
振袖始＝日本振袖始
堀川波鼓
堀川夜討＝御所桜堀川夜討
松風村雨＝松風村雨束帯鑑
万年草＝心中万年草
源頼家源実朝鎌倉三代記
女夫池＝津国女夫池
冥途の飛脚
刃は氷の朔日＝心中刃は氷の朔日
八百屋お七
矢口渡＝神霊矢口渡
日本武尊＝日本武尊吾妻鑑
鑓の権三＝鑓の権三重帷子
百合若大臣＝百合若大臣野守鏡
宵庚申＝心中宵庚申
用明天王＝用明天王職人鑑
世継曽我
淀鯉＝淀鯉出世滝徳
椀久末松山
松翁道話　思想書[江戸]
常山紀談　随筆[江戸]
成尋母集＝成尋阿闍梨母集　私家集[平安]
盛衰記＝源平盛衰記　軍記物語[鎌倉〜室町]
正徹物語　歌学書[室町]
正法眼蔵　仏教書[鎌倉]
正法眼蔵随聞記　仏教書[鎌倉]
将門記　軍記物語[平安]
続紀＝続日本紀　歴史書[平安]
続後紀＝続日本後紀　歴史書[平安]
続古今＝続古今和歌集　勅撰集[鎌倉]
続後拾遺＝続後拾遺和歌集　勅撰集[鎌倉]
続後撰＝続後撰和歌集　勅撰集[鎌倉]
続詞花＝続詞花和歌集　私撰集[鎌倉]
続拾遺＝続拾遺和歌集　勅撰集[鎌倉]
続千載＝続千載和歌集　勅撰集[鎌倉]
新古今＝新古今和歌集　勅撰集[鎌倉]
新後拾遺＝新後拾遺和歌集　勅撰集[室町]
新後撰＝新後撰和歌集　勅撰集[鎌倉]
新猿楽記　随筆[平安]
新拾遺＝新拾遺和歌集　勅撰集[室町]
新続古今＝新続古今和歌集　勅撰集[室町]
新千載＝新千載和歌集　勅撰集[室町]
新撰字鏡　辞書[平安]
新撰髄脳　歌学書[平安]
新撰菟玖波集　連歌集[室町]
新撰万葉＝新撰万葉集　私撰集[平安]
新撰朗詠集　詩歌集[平安]
新撰六帖(新撰六帖題和歌)　類題和歌集[鎌倉]
新撰和歌(新撰和歌集)　私撰集[平安]
信長記　軍記[江戸]
信長公記　伝記[安土桃山]
新勅撰＝新勅撰和歌集　勅撰集[鎌倉]
神道集　説話[室町]
神皇正統記　歴史書[室町]
新葉＝新葉和歌集　準勅撰集[室町]
親鸞消息　仏教書[鎌倉]

す

炭俵　俳諧[江戸]
住吉＝住吉物語　物語[鎌倉]
駿台雑話　随筆[江戸]

せ

性霊集＝遍照発揮性霊集　漢詩文集[平安]
節用集　辞書[室町〜江戸]
千五百番歌合　歌合[鎌倉]
千載＝千載和歌集　勅撰集[平安]
選択集＝選択本願念仏集　仏教書[鎌倉]

そ

雑談集　説話[鎌倉]
曽我＝曽我物語　軍記物語[室町]
続古事談　説話[鎌倉]
続猿蓑　俳諧[江戸]
素性集　私家集[平安]
曽丹集〈曽禰好忠〉　私家集[平安]

た

戴恩記　歌学書[江戸]
太閤記(甫庵太閤記)　伝記[江戸]
大唐西域記長寛点　訓点資料[平安]
大唐三蔵玄奘法師表啓古点　訓点資料[平安]
太平記　軍記物語[室町]
隆信集〈藤原隆信〉　私家集[平安]
篁物語　物語[平安]
竹取＝竹取物語　物語[平安]
忠見集〈壬生忠見〉　私家集[平安]
忠岑集〈壬生忠岑〉　私家集[平安]
玉勝間　随筆[江戸]
たまきはる　日記[鎌倉]
玉くしげ　国学書[江戸]
玉の小櫛＝源氏物語玉の小櫛　注釈書[江戸]
為兼卿和歌抄　歌学書[鎌倉]
為忠家百首　歌集[平安]
胆大小心録　随筆[江戸]
歎異抄　仏教書[鎌倉]

ち

千里集〈大江千里〉　私家集[平安]
父の終焉日記　日記[江戸]
池亭記〈慶滋保胤〉　随筆[平安]
中華若木詩抄　抄物[室町]
長秋詠藻〈藤原俊成〉　私家集[平安]
長明集〈鴨長明〉　私家集[鎌倉]
著聞集＝古今著聞集　説話[鎌倉]
塵袋　事典[鎌倉]

つ

月詣集＝月詣和歌集　私撰集[平安]
菟玖波集　連歌集[室町]
筑波問答　連歌書[室町]
堤＝堤中納言物語　物語[平安]
経信集〈源経信〉　私家集[平安]
貫之集〈紀貫之〉　私家集[平安]
徒然＝徒然草　随筆[鎌倉]

て

亭子院歌合　歌合[平安]
天徳四年内裏歌合　歌合[平安]

と

東関紀行　紀行[鎌倉]
童子問　思想書[江戸]
当世穴さがし　談義本[江戸]
多武峰少将＝多武峰少将物語　物語[平安]
伽＝御伽草子[室町]
秋夜長＝秋夜長物語
あきみち
一寸法師
浦島太郎
瓜姫＝瓜姫物語
御曹子島渡
唐糸さうし
熊野の御本地
猿源氏＝猿源氏草子
三人法師
酒呑童子
のせ猿＝のせ猿草紙
鉢かづき
蛤の草紙
福富長者(福富草子)
文正＝文正草子
梵天国
物くさ太郎
常盤屋之句合　俳諧[江戸]
独吟一日千句　俳諧[江戸]
徳和歌後万載集　狂歌集[江戸]
土佐＝土佐日記　日記[平安]
俊忠集〈藤原俊忠〉　私家集[平安]
都氏文集　漢文集[平安]
敏行集〈藤原敏行〉　私家集[平安]
俊頼髄脳　歌学書[平安]
どちりなきりしたん　キリシタン版[安土桃山]
とはずがたり　日記[鎌倉]
都鄙問答　思想書[江戸]

友則集〈紀友則〉　私家集[平安]
とりかへばや＝とりかへばや物語　物語[平安]

な

中務集　私家集[平安]
中務内侍日記　日記[鎌倉]
難波鉦　評判記[江戸]
南留別志　随筆[江戸]

に

新学異見　歌学書[江戸]
日蓮消息　仏教書[鎌倉]
日葡＝日葡辞書　辞書[江戸]
日本紀竟宴和歌　歌集[平安]
人＝人情本[江戸]
　梅児誉美＝春色梅児誉美
　梅美婦禰＝春色梅美婦禰
　英対暖語＝春色英対暖語
　閑情末摘花
　清談松の調
　清談若緑
　辰巳園＝春色辰巳園
　春告鳥
　娘節用＝仮名文章娘節用
　恵の花＝春色恵の花

ね

根無草　談義本[江戸]

の

能因集(能因法師集)　私家集[平安]
野ざらし紀行　紀行[江戸]
祝詞[奈良～平安]

は

葉隠　思想書[江戸]
咄＝咄本[江戸]
　あられ酒＝軽口あられ酒
　鹿の子餅
　聞上手
　きのふはけふ＝きのふはけふの物語
　御前男＝軽口御前男
　私可多咄
　鹿の巻筆
　醒睡笑
　鯛の味噌津
　露がはなし＝軽口露がはなし
　無事志有意
浜松＝浜松中納言物語　物語[平安]
春の日　俳諧[江戸]

ひ

ひさご　俳諧[江戸]
人丸集〈柿本人麻呂〉　私家集[平安]
ひとりね　随筆[江戸]

ふ

風雅＝風雅和歌集　勅撰集[室町]
風俗文選　俳諧[江戸]
風葉集＝風葉和歌集　私撰集[鎌倉]
風来六部集　談義本[江戸]
風流志道軒伝　談義本[江戸]
風土記　地誌[奈良]
夫木＝夫木和歌抄　私撰集[鎌倉]
冬の日　俳諧[江戸]
文華秀麗集　漢詩集[平安]

へ

平家＝平家物語　軍記物語[鎌倉]
平治＝平治物語　軍記物語[鎌倉]
平中＝平中物語　物語[平安]
下手談義＝当世下手談義　談義本[江戸]
遍昭集　私家集[平安]
弁内侍日記　日記[鎌倉]

ほ

保元＝保元物語　軍記物語[鎌倉]
方丈記　随筆[鎌倉]
北越雪譜　随筆[江戸]
法華経玄賛淳祐点　訓点資料[平安]
法華義疏長保点　訓点資料[平安]
発心集　説話[鎌倉]
堀河百首　歌集[平安]
本朝文粋　漢詩文集[平安]

ま

毎月抄　歌学書[鎌倉]
枕＝枕草子　随筆[平安]
増鏡　歴史物語[室町]
松の葉　歌謡[江戸]
松屋筆記　随筆[江戸]
松浦宮＝松浦宮物語　物語[平安～鎌倉]
万＝万葉集　歌集[奈良]
万載狂歌集　狂歌集[江戸]
万代集＝万代和歌集　私撰集[鎌倉]

み

水鏡　物語[平安～鎌倉]
躬恒集〈凡河内躬恒〉　私家集[平安]
水無瀬三吟(水無瀬三吟何人百韻)　連歌[室町]
壬二集〈藤原家隆〉　私家集[鎌倉]
耳嚢　随筆[江戸]
名義抄＝類聚名義抄　辞書[平安]

む

武玉川　俳諧[江戸]
宗于集〈源宗于〉　私家集[平安]
無名抄　歌学書[鎌倉]
無名草子　物語論書[鎌倉]
紫式部集　私家集[平安]
紫式部日記　日記[平安]

も

蒙求抄　抄物[室町]
毛詩抄　抄物[室町]
元輔集〈清原元輔〉　私家集[平安]
基俊集〈藤原基俊〉　私家集[平安]
文徳実録＝日本文徳天皇実録　歴史書[平安]

や

家持集〈大伴家持〉　私家集[平安]
役者論語　演劇書[江戸]
柳多留＝誹風柳多留　川柳[江戸]
大和＝大和物語　物語[平安]

ゆ

雪まろげ　俳諧[江戸]

よ

謡＝謡曲[室町]
　葵上
　安宅
　敦盛
　綾鼓
　一角仙人
　井筒
　浮舟
　歌占
　江口
　大原御幸
　杜若
　葛城
　通小町
　祇王
　砧
　清経
　源氏供養
　恋重荷
　高野物狂
　西行桜
　実盛
　白髭
　墨染桜
　隅田川
　蝉丸
　千手
　草子洗小町
　竜田
　玉葛
　張良
　定家
　野宮
　羽衣
　半蔀
　芭蕉
　花筐
　班女
　檜垣
　百万
　二人静
　船橋
　船弁慶
　松風
　三井寺
　三輪
　紅葉狩
　盛久
　夕顔
　遊行柳
　熊野
　楊貴妃
　夜討曽我
　吉野静
　頼政
　弱法師
　羅生門
能宣集〈大中臣能宣〉　私家集[平安]
読＝読本[江戸]
　稲妻表紙＝昔話稲妻表紙
　雨月＝雨月物語
　唐錦＝今古小説唐錦
　近世説美少年録
　胡蝶物語＝夢想兵衛胡蝶物語
　西山＝西山物語
　八犬伝＝南総里見八犬伝
　英草紙
　春雨＝春雨物語
　弓張月＝椿説弓張月
頼政集〈源頼政〉　私家集[平安]
夜の寝覚　物語[平安]

ら

蘭学階梯　洋学書[江戸]
蘭東事始　洋学書[江戸]

り

立正安国論　仏教書[鎌倉]
隆達節　歌謡[安土桃山]
霊異記＝日本国現報善悪霊異記　説話集[平安]
凌雲集　漢詩集[平安]
梁塵秘抄　歌謡[平安]
林葉累塵＝林葉累塵集　私撰集[江戸]

れ

連理秘抄　連歌書[室町]

ろ

六百番歌合　歌合[鎌倉]

わ

和歌九品　歌学書[平安]
和漢朗詠＝和漢朗詠集　詩歌集[平安]
和名抄＝和名類聚抄　辞書[平安]
わらんべ草　能楽書[江戸]

近代作家略称一覧

●出典表示に用いた近代作家の略称を五十音順に配列し、その姓名・筆名の全形を示した。

芥川＝芥川竜之介
有島＝有島武郎
一葉＝樋口一葉
井伏＝井伏鱒二
内村＝内村鑑三
円地＝円地文子
円朝＝三遊亭円朝
鴎外＝森鴎外
大岡＝大岡昇平
小山内＝小山内薫
大仏＝大仏次郎
織田＝織田純一郎
葛西＝葛西善蔵
梶井＝梶井基次郎
花袋＝田山花袋
荷風＝永井荷風
上司＝上司小剣
嘉村＝嘉村礒多
寒村＝荒畑寒村
鏡花＝泉鏡花
倉田＝倉田百三
黒島＝黒島伝治
賢治＝宮沢賢治
紅葉＝尾崎紅葉
紅緑＝佐藤紅緑
犀星＝室生犀星
朔太郎＝萩原朔太郎
左千夫＝伊藤左千夫
実篤＝武者小路実篤
椎名＝椎名麟三
志賀＝志賀直哉
子規＝正岡子規
秋水＝幸徳秋水
秋声＝徳田秋声
逍遥＝坪内逍遥
雪嶺＝三宅雪嶺
漱石＝夏目漱石
高見＝高見順
滝井＝滝井孝作
多喜二＝小林多喜二
田口＝田口卯吉
啄木＝石川啄木
武田＝武田麟太郎
太宰＝太宰治
谷崎＝谷崎潤一郎
宙外＝後藤宙外
兆民＝中江兆民
樗牛＝高山樗牛
鉄腸＝末広鉄腸
透谷＝北村透谷
藤村＝島崎藤村
徳永＝徳永直
独歩＝国木田独歩
寅彦＝寺田寅彦
長塚＝長塚節
中村＝中村正直
長与＝長与善郎
西田＝西田幾多郎
白鳥＝正宗白鳥
浜田＝浜田広介
葉山＝葉山嘉樹
眉山＝川上眉山
火野＝火野葦平
美妙＝山田美妙
百閒＝内田百閒
風葉＝小栗風葉
福沢＝福沢諭吉
二葉亭＝二葉亭四迷
抱月＝島村抱月
泡鳴＝岩野泡鳴
真山＝真山青果
万太郎＝久保田万太郎
三重吉＝鈴木三重吉
未明＝小川未明
宮本＝宮本百合子
康成＝川端康成
柳田＝柳田国男
横光＝横光利一
竜渓＝矢野竜渓
柳北＝成島柳北
柳浪＝広津柳浪
緑雨＝斎藤緑雨
魯庵＝内田魯庵
蘆花＝徳冨蘆花
露伴＝幸田露伴
魯文＝仮名垣魯文
若松＝若松賤子
和辻＝和辻哲郎

俳号一覧

●句例の末尾に掲げた俳号を五十音順に配列し、姓を付して示した。

秋を＝加倉井秋を
朱鳥＝野見山朱鳥
敦＝安住敦
綾子＝細見綾子
亜浪＝臼田亜浪
惟然＝広瀬惟然
一茶＝小林一茶
越人＝越智越人
桜磈子＝安斎桜磈子
王城＝田中王城
大江丸＝大伴大江丸
乙字＝大須賀乙字
鬼貫＝上島鬼貫
温亭＝篠原温亭
赤黄男＝富沢赤黄男
荷兮＝山本荷兮
かな女＝長谷川かな女
寒々＝宮武寒々
其角＝宝井其角
鬼城＝村上鬼城
几董＝高井几董
杞陽＝京極杞陽
暁台＝加藤暁台
虚子＝高浜虚子
去来＝向井去来
許六＝森川許六
欣一＝沢木欣一
草田男＝中村草田男
句仏＝大谷句仏
圭岳＝岡本圭岳
鶏二＝橋本鶏二
桂郎＝石川桂郎
月舟＝原月舟
月草＝伊東月草
月斗＝青木月斗
憲吉＝楠本憲吉
耕衣＝永田耕衣
鴻村＝太田鴻村
古郷＝村山古郷
古白＝藤野古白
言水＝池西言水
西鶴＝井原西鶴
才麿＝椎本才麿
三允＝中野三允
三鬼＝西東三鬼
山頭火＝種田山頭火
杉風＝杉山杉風
子規＝正岡子規
梓月＝籾山梓月
重頼＝松江重頼
支考＝各務支考
しづの女＝竹下しづの女
秋桜子＝水原秋桜子
楸邨＝加藤楸邨
狩行＝鷹羽狩行
松宇＝伊藤松宇
湘子＝藤田湘子
丈草＝内藤丈草
松浜＝岡本松浜
白雄＝加舎白雄
水巴＝渡辺水巴
素十＝高野素十
澄雄＝森澄雄
霽月＝村上霽月
誓子＝山口誓子
青々＝松瀬青々
青邨＝山口青邨
静塔＝平畑静塔
成美＝夏目成美
青畝＝阿波野青畝
青峰＝島田青峰
青嵐＝永田青嵐
石鼎＝原石鼎
節子＝野沢節子
禅寺洞＝吉岡禅寺洞
宗因＝西山宗因
爽雨＝皆吉爽雨
宋淵＝中川宋淵
草城＝日野草城
素逝＝長谷川素逝
素堂＝山口素堂
曾良＝河合曾良
太祇＝炭太祇
多佳子＝橋本多佳子
たかし＝松本たかし
鷹女＝三橋鷹女
斌雄＝中島斌雄
蛇笏＝飯田蛇笏
立子＝星野立子
辰之助＝石橋辰之助
稚魚＝岸田稚魚
蝶衣＝高田蝶衣
樗良＝三浦樗良
汀女＝中村汀女
悌二郎＝篠田悌二郎
貞徳＝松永貞徳
兜太＝金子兜太
冬葉＝吉田冬葉
東洋城＝松根東洋城
時彦＝草間時彦
年尾＝高浜年尾
敏郎＝清崎敏郎
登四郎＝能村登四郎
吐天＝内藤吐天
土芳＝服部土芳
友二＝石塚友二
信子＝桂信子
野風呂＝鈴鹿野風呂
波郷＝石田波郷
泊雲＝西山泊雲
泊月＝野村泊月
麦人＝星野麦人
白水郎＝大場白水郎
麦南＝西島麦南
白葉女＝柴田白葉女
芭蕉＝松尾芭蕉
波津女＝山口波津女
花蓑＝鈴木花蓑
久女＝杉田久女
秀野＝石橋秀野
風生＝富安風生
不器男＝芝不器男
不死男＝秋元不死男
蕪村＝与謝蕪村
普羅＝前田普羅
碧梧桐＝河東碧梧桐
碧童＝小沢碧童
茅舎＝川端茅舎
梵＝篠原梵
凡兆＝野沢凡兆
みどり女＝阿部みどり女
六林男＝鈴木六林男
鳴雪＝内藤鳴雪
守武＝荒木田守武
八束＝石原八束
野坡＝志太野坡
夜半＝後藤夜半
也有＝横井也有
夕爾＝木下夕爾
余子＝小杉余子
耒井＝林原耒井
闌更＝高桑闌更
嵐雪＝服部嵐雪
竜太＝飯田竜太
蓼太＝大島蓼太
蓼汀＝福田蓼汀
林火＝大野林火
零雨＝宇田零雨
零余子＝長谷川零余子
露月＝石井露月

御執筆・御協力いただいた方々

第一版

本書が編集に着手してから四半世紀以上が経過した。活字組版からコンピューター組版への製作方法の変化や、急速に進んだ情報化社会への対応など、『大辞泉』が完成に至るまでに費やした時間は、時代の変動と歩みをともにし、現代にふさわしい大型国語辞典となるべく形を整えるのに必要な時間であった。

ここに至るまで、監修をお願いした松村明先生をはじめ、編集委員の諸先生方には、編集方針の根幹を作り上げていただき、専門の分野ごとの項目を執筆・校閲していただいたほか、社会情勢の変化に即応した編集上の数多くの工夫を紙面に反映させるべく御指示をいただいた。また、国語項目のほか多くの百科項目について、それぞれの分野を専門とする先生方の御協力を賜った。項目の選定、原稿の執筆と校閲、度重なる内容調整に快く応じて下さった諸先生の寛闊なるお心に深く感謝申し上げる次第である。

本書では六千点に上るカラー図版を掲載するため、通常の大型国語辞典よりもさらに広い領域の方々の御協力を仰いだ。類を見ない図版の充実は、作画や写真提供を快諾して下さった方々の御支援の賜である。

具体的な編集作業段階での御協力をも含めて、『大辞泉』の完成に至るまでお力添えいただいた方々のお名前をここに記し、深く謝意を表するものである。

1995年11月　　小学館『大辞泉』編集部

国語・漢字項目の執筆・校閲

浅野三平	岩下裕一	鬼武千鶴子	神村　誠	小林美恵子	滋野雅民	鈴木二三雄	富高義男	樋渡　登	宮田圀典	渡邊了好
荒木雅実	梅津彰人	小野正弘	苅田敏夫	小林保夫	渋谷　孝	関　宦市	永尾章曹	福島行一	村山昌俊	
安藤和三郎	遠藤織枝	柏谷嘉弘	川瀬生郎	五味淵光弘	島田昌彦	瀬戸　仁	中田悌之輔	古田東朔	望月　真	
石井秀夫	遠藤友良	春日正三	河田聡美	斎藤仁男	下河部行輝	高橋　巌	中野　将	本田義彦	山口年臣	
磯貝市右衛門	太田克己	片山貞美	川本栄一郎	斎藤　正	進藤咲子	高橋秀治	那須操子	本堂　寛	山崎孝雄	
稲垣滋子	大津山国夫	加藤彰彦	木下哲生	佐田智明	杉本妙子	武井弘継	野口元大	前田実英	山中宏樹	
井上　章	大野邦男	加藤一郎	工藤力男	佐藤武義	杉山康彦	武田　孝	野田　登	松井利彦	山本捨三	
井上親雄	大矢武師	金子　良	桑島禎夫	佐藤宣男	助川徳是	田中　伸	迫　徹朗	松本　宙	横井忠夫	
今西浩子	小笠原昭一	加納喜光	古瀬順一	佐藤亮一	鈴木　忍	千勝三喜男	羽原弘視	三井昭子	米川明彦	
岩井憲幸	小田原栄	紙尾康彦	小林國雄	佐橋陽二	鈴木敏幸	土佐　亨	林謙太郎	宮田和子	渡部圭介	

人文・社会科学項目の執筆・校閲

浅野秀治	井上順孝	沖山明徳	河原崎弘	佐藤隆夫	須崎昭三	月村辰雄	中村廣治郎	古田紹欽	三友量順	山下俊介
淡路雅夫	今泉淑夫	鏡味明克	菊池勇夫	佐藤孝之	須崎夕美	辻村　明	中村誠登	増渕宗一	三根谷徹	横山則孝
粟田義彦	今道友信	風間喜代三	北原章男	佐藤徹哉	田沢恭二	戸沢義夫	西村克彦	松下ゆう子	三宅守常	吉田一正
飯坂良明	岩間雅久	柏原宗一	木原健太郎	佐藤洋一	田中克佳	登張正實	西本晃二	松田慎也	宮崎　章	渡辺良智
五十嵐一	榎原雅治	片岡美佐子	気賀健生	佐原　眞	田中　渉	冨倉光雄	根岸一美	松村一男	村井　実	
池沢　優	大内義一	片山　明	小林　勝	沢柳　宏	棚橋正博	中田正夫	根本誠二	松村孝雄	柳川啓一	
石崎秀和	大江一道	加藤賢三郎	斎藤昭男	白石克巳	玉城康四郎	長神　悟	樋口清之	松本　憲	森　秀樹	
石田瑞麿	大原征而	釜谷武志	坂本是丸	清水希益	圭室文雄	永野重史	古川義雄	三橋　健	矢部誠一郎	

自然科学・科学技術・産業などの項目の執筆・校閲

青木国夫	今井秀孝	加藤清志	北岡　馨	小菅貞男	高橋慎一	西尾茂文	久田迪夫	三島良績	山口梅太郎
青木淳一	今泉吉典	加藤雄志	黒木伸明	小宮輝之	辻　哲夫	入戸野康彦	兵藤充利	三井邦男	山崎柄根
秋月源二	今島　実	加藤良信	桑田　悦	小森　厚	豊田博慈	根本和成	平田　賢	宮田正信	山田廸生
阿南惟敬	上田満男	金井弘夫	小泉袈裟勝	近藤新治	中冨信夫	根本敬久	松井孝爾	森岡弘之	山本洋輔
阿部正敏	江頭靖郎	加納　巌	河野　収	斎藤　勝	中西正和	根本瑞夫	松浦啓一	矢島　稔	渡邊忠男
新井泰司	岡　重吉	川合淳郎	河野次男	菅原国香	中野昭一	野口栄太郎	真柳　誠	安井久善	
井上　浩	岡本紀久	桐敷真次郎	幸保文治	芹沢勝助	中原勝儼	葉賀七三男	三浦基弘	柳下徳雄	

芸術・文化・生活・スポーツなどの項目の執筆・校閲

愛川正一	池田理英	海老原伸明	清川紫洋	佐々木秀幸	鈴木敬三	田口栄一	永田泰弘	平野裕子	宮沢正幸	渡辺倫太
青木和富	石岡久夫	大滝　緑	久保武郎	佐々木正純	扇田昭彦	田原　久	野沢要助	広田修平	宮丸凱史	
赤沢英二	石山　彰	岡本茂子	桑田忠親	佐藤成明	鯛谷　隆	佃　一可	早川和義	藤本やす	森　直幹	
朝井一男	井関　真	海野　孝	河野友美	重　友徳	高島　実	東畑朝子	早川淳之助	北條明直	諸井くみ子	
朝倉治彦	稲垣吉彦	数江教一	郷守重蔵	柴田義晴	高田倭男	敏蔭敬三	林　譲治	松本太刀雄	山田徳兵衛	
新井秀一郎	岩本憲児	兼坂弘道	小滝紘一	新藤武弘	高野　亮	鳥山　拡	氷田作治	皆川達夫	吉野みね子	
飯島　正	榎本由喜雄	北潟喜久	坂本　満	杉山通敬	高橋伍郎	豊田直平	平尾行蔵	宮尾與男	渡辺長治	

原稿整理・校正

天野　亮	一ノ瀬美江	栗原靖子	清水良平	中野清吉	山根敬生	三友社	綜記社
石塚寿子	楠目高明	黒羽千秋	菅井建吉	望月通治	玄黄社	樹林出版	日正社

編集作業協力

青山博之	内海真理	小尾博昭	北村武士	佐々木淳子	清水香代子	高橋永行	田中　洋	長谷川由美	三好理英子
赤塚雅己	内村和至	折橋　学	君島弘道	佐藤道彦	清水めぐみ	滝本典子	鶴橋俊宏	半田真由美	諸橋なみえ
新里尚子	梅田素子	兼坂壮一	近　安里	鹿倉　糸	徐　恵芳	武井美幸	十束順子	平田　愛	吉田暁子
岩渕雅明	遠藤勝代	喜寿谷仁志	佐久間俊輔	鹿倉秀典	世良靖子	武田比呂男	並木与志夫	松下兎雪	吉村夕佳

第二版

編集

WAYBLE	ディジタルアシスト	岩田涼子	北原清彦	藏前侯江	佐藤美香	竹形和弘	永田健児	野尻優子	宗形　康	山根敬生
オルガネラ	日本レキシコ	大島輝則	吉川康美	倉持七奈	宍田こずえ	田島早苗	中根久寧	速水　鮮	村田健治	吉田暁子
玄冬書林	ネットアドバンス	太田正人	木下紀美子	桑島修一	城市　創	田中政司	名越　誠	樋口健一	村山のぞみ	吉田陽子
ジェイクリエイト	圷　直樹	笠井照子	木下倫明	後藤沙希	鈴木雄志	田中素樹	納谷奈穂子	藤島郁夫	矢島一子	吉田憙弘
小学館クリエイティブ	阿部みち子	勝又由香	木全英彦	佐藤　桂	鈴木初江	田中　裕	西村尚子	船水啓吾	山口美貴子	脇坂やよい
せきれい舎	石岡さくよ	河口　章	藏前勝也	佐藤久美子	瀬賀真佐子	中嶋伸吾	野口章太郎	逸見明則	山崎　亮	渡邉欽治

本文・図表デザイン

杉山さゆり	鈴木朋子

小学館

阿部慶輔	板倉　俊	大江和弘	金川　浩	川又繁夫	小林浩一	速水健司	前原富士夫	山本春秋
池田　靖	浦城朋子	大木由起夫	苅谷直子	後藤昌弘	中嶋　健	福島真実	森　雅彦	

記号・約物一覧

漢字表記

×■	常用漢字表にない漢字
▽■	常用漢字表にない音訓
■=■	熟字訓
■-■	常用漢字表「付表」の熟字訓
（ ）	送りがなの省略を許容
〔 〕	送りがなを補った形を許容

品詞

〔名〕	名詞
〔代〕	代名詞
〔動五〕	動詞五段活用
〔動五(四)〕	動詞口語五段活用、文語四段活用
〔動四〕	動詞四段活用
〔動上一〕	動詞上一段活用
〔動上二〕	動詞上二段活用
〔動下一〕	動詞下一段活用
〔動下二〕	動詞下二段活用
〔動カ変〕	動詞カ行変格活用
〔動サ変〕	動詞サ行変格活用
〔動ナ変〕	動詞ナ行変格活用
〔動ラ変〕	動詞ラ行変格活用
〔動特活〕	動詞特殊活用
〔形〕	形容詞
〔形ク〕	形容詞ク活用
〔形シク〕	形容詞シク活用
〔形動〕	形容動詞
〔形動タリ〕	形容動詞タリ活用
〔形動ナリ〕	形容動詞ナリ活用
〔ト・タル〕	「―と」の形で副詞、「―たる」の形で連体詞
〔連体〕	連体詞
〔副〕	副詞
〔接〕	接続詞
〔感〕	感動詞
〔助動〕	助動詞
〔格助〕	格助詞
〔接助〕	接続助詞
〔副助〕	副助詞
〔係助〕	係助詞
〔終助〕	終助詞
〔間助〕	間投助詞
〔並助〕	並立助詞
〔準体助〕	準体助詞
〔 〕スル	サ行変格活用の動詞となる
〔接頭〕	接頭語
〔接尾〕	接尾語
〔語素〕	語素
〔連語〕	連語
〔枕〕	枕詞
文	文語形

語義解説

►	その項目を見よ
➡	参照せよ
➡漢	漢字項目を参照せよ
⇔	対義語・対語
補説	語誌・表記などの補説
	アクセント表示
〔季 〕	季語
歌枕	歌枕
可能	可能動詞
派生	派生語
類語	類語表示
…句	その語が下に付いてできる句
…語	その語が下に付いてできる語
用法	用法の使い分け
➡表	表あり
◆	同名の別項目あり

漢字項目

学	学習漢字（数字は学年配当）
音	字音
訓	字訓
慣	慣用音
呉	呉音
漢	漢音
唐	唐音（唐宋音）
名付	人名に用いる訓
難読	難読語
人■	人名用漢字
〔 〕	康熙字典体
（ ）	内閣告示による許容字体

あ　❶五十音図ア行の第1音。五母音の一。後舌の開母音。[a] ❷平仮名「あ」は「安」の草体、片仮名「ア」は「阿」の偏から変化したもの。

あ【▽足】《上代語》あし。「―の音せず行かむ駒もが」〈万・三三八七〉補説 多くは「あがき(足掻き)」「あゆい(足結)」など、他の語と複合して用いる。

あ【×阿】梵語の第1字母 a の音写。➡阿吽(あうん) ➡漢「あ(阿)」

あ【×痾】病気。特に、こじれて長引く病気。「家居して―を養い」〈竜渓・経国美談〉➡漢「あ(痾)」

あ【×吾┆▽我】〔代〕一人称の人代名詞。わたし。われ。わ。「―を待つと君が濡れけむ」〈万・一〇八〉補説 主に上代に用いられ、平安時代には「あが」の形を残すだけになった。

あ【▽彼】〔代〕遠称の指示代名詞。あれ。「雲立つ山を―はとこそみれ」〈大和・一四五〉

あ〔感〕❶何かを急に思い出したりしたときに思わず発する語。あっ。「―、しまった」❷呼びかけに用いる語。「主人―と言へば、郎等さと出づべき体なり」〈盛衰記・六〉❸応答に用いる語。はい。「いかがはせんとて、ただ―と、言請(ことう)けをしゐたり」〈古本説話集・六七〉

アー〖(ドイツ) A┆a〗音楽で、音名の一。イ音。エー。

ああ〔副〕❶話し手と聞き手の双方が知っている他の場面をさしていう語。あのように。「―高くては手が出ない」「―まで言わなくてもいいのに」❷(「こう」と並べ用いて)口に出して言ったり、心の中で考えたりしている内容を漠然とさしていう語。「―だこうだと文句ばかり言う」「―でもない、こうでもないと思い悩む」
類語 あんな・あのよう・ああいう

ああ言えばこう言う　人が意見や忠告などを言っても、いろいろ理由や理屈を言って従わない。

ああ【嗚=呼┆×噫】〔感〕❶物事に深く感じたり驚いたりした気持ちを直接表す語。「―、わが故郷の山々よ」❷呼びかけに用いる語。「―君、君」❸同意したり肯定したりする応答の語。「―、わかったよ」

ああ-いう(ーいふ)〔連体〕あのような。あんな。ああした。「―文章はなかなか書けない」
類語 あんな・あのよう・ああ

アーウィー-の-どうくつ【アーウィーの洞窟】《Aillwee Cave》アイルランド西部、クレア州の北西部に広がるバレン高原にある洞窟。石灰岩台地で見られる典型的なカルスト地形の一。観光客向けに一般公開されている。アルウィーの洞窟。

アー-エル-デー〖ARD〗《(ドイツ) Arbeitsgemeinschaft der öffentlich-rechtlichen Rundfunkanstalten der Bundesrepublik Deutschland》►ドイツ放送連盟

アー-オー-セー〖AOC〗《(フランス) appellation d'origine contrôlée》フランスワインの原産地統制名称。d'origineの部分にそれぞれの原産地名が入る。ワイン法による品質規格制度に基づいて、ワイン銘醸地の細かい指定と厳しい規制によって統制管理された高品質のワインに付与される称号。約400種類あって、ワインのラベルに表示されている。

アーカート-じょう【アーカート城】(ージャウ)《Urquhart Castle》英国スコットランド北西部、ネス湖のほとりにある城。13世紀に建造。スコットランド随一の規模と堅固さを誇る城だったが、イングランドとの戦いで破壊、17世紀末以降、廃墟となった。ウルクハート城。

アーカイバー〖archiver〗《書庫の意のarchivesから》パソコンで、複数のファイルを一つにまとめるプログラム。通常、まとめるときにファイルを圧縮し、また使用するときに復元する。

アーカイブ〖archive〗❶《archives》公文書。古文書。公文書保管所。❷コンピューターで、複数のファイルを一つにまとめたファイルのこと。通常は圧縮されている。また、インターネット上で公開されたファイルの保管庫を意味する場合もある。

アーガイル〖argyle〗数色からなる連続のひし形の柄。靴下・セーターなどに多く使用。

アーカディア-こくりつこうえん【アーカディア国立公園】(ーコクリツコウヱン)《Acadia National Park》米国メーン州にある国立公園。マウントデザート島と周囲の島々、本土のスクーディック半島の一部を含む。ニューイングランド地方唯一の国立公園。花崗岩質の海岸線をはじめ、氷河の浸食で独特な地形になっており、森や湖などの多様な自然景観が見られる。

アーカンソー〖Arkansas〗米国南部の州。州都リトルロック。製材業・綿花栽培が盛ん。➡表「アメリカ合衆国」

アーキー〖Archie〗インターネット上のAnonymous(アノニマス)FTPサーバーにあるファイルのリストを検索し、ダウンロードするためのソフトウエア。アーチー。

アーキテクチャー〖architecture〗❶建築学。また、建築様式。❷構造。構成。組織。❸コンピューターの特性を決定するデータの形式やハードウエアの機能分担などを含めた、コンピューターシステムの基本構造。

アーキテクト〖architect〗建築家。また、設計者。「ランドスケープ―」

アーキビスト〖archivist〗公文書の収集、分類や保管にあたる担当者。公文書館などで調査研究にあたる専門職員。

アーキペンコ〖Alexander Archipenko〗[1887〜1964]米国の彫刻家。ロシア生まれ。アクリル・ブリキ・ガラスなど、さまざまな材料を用いて、彫刻におけるモダニズム運動を展開。

アーク〖arc〗❶円弧。❷二つの電極間の放電によってつくられる光の円弧。電弧。

アーク-こうげん【アーク光源】(ークワウゲン)アーク放電の光を利用する光源の総称。キセノンガスの場合は紫外から赤外域にかけて高光度・高輝度で幅広い連続スペクトルが得られ、水銀蒸気の場合は紫外域から可視光にかけて強い輝線が得られる。

アーク-スペクトル《arc spectrumから》アーク灯が発する、またはアーク放電で生じる光のスペクトル。大部分は気体中の中性原子が発する。弧光スペクトル。

アーク-とう【アーク灯】アーク放電を利用した光源。探照灯・映写機・製版などに利用。弧灯。弧光灯。アークライト。

アーク-ほうでん【アーク放電】(ーハウデン)弧状に見える、気体中の放電の一種。電流密度が大きく、電極間の気体と両電極が高温となり強い光を発する。電弧放電。

アーク-ようせつ【アーク溶接】電気溶接の一。アーク放電によって生じる高熱を利用して金属を溶接する方法。

アークライト〖Richard Arkwright〗[1732〜1792]英国の発明家・企業家。1769年、水力紡績機械を発明。産業革命期の代表的企業家となった。

アーク-ろ【アーク炉】アーク放電を利用した電気炉の一。高熱を得やすく温度制御も容易なため、融点が高い金属の溶解や合金の製造などに使用。電弧炉。

アーケイック〖archaic〗〔形動〕「アルカイック」に同じ。「―スマイル」

アー-ゲー〖AG〗《(ドイツ) Aktiengesellschaft》株式会社。例えば、ドイツの自動車メーカーであるフォルクスワーゲン社はVolkswagen AGと表記する。

アーケード〖arcade〗❶洋風建築で、アーチ形の天井をもつ構造物。また、その下の通路。拱廊(きょうろう)。❷歩道にかける屋根のような覆い。また、それを設けた商店街。類語 回廊・廊下・渡り廊下・コンコース

漢字項目　あ

亜〔亞〕　音ア㊥　訓つぐ‖①上位や主たるものに次ぐ。次位の。準ずる。「亜将・亜聖・亜流・亜熱帯」②化合物中で酸化の程度の低いものを表す語。「亜硝酸・亜硫酸」③生物学で、生物分類上の基本単位である門・綱・目・科・属・種などの、それぞれの下位単位を表す語。「亜種・亜門」④アジア。「欧亜・東亜」⑤(「堊(あ)」の代用字)白い土。「白亜」名付 つぎ　難読 亜細亜(アジア)・亜米利加(アメリカ)・亜剌比亜(アラビア)・亜爾然丁(アルゼンチン)

人**阿**　音ア㊤㊥　訓くま、おもねる、お‖①山や川の曲がって入りくんだ所。「山阿」②自分の意志を曲げて人に従う。「阿世・阿諛(あゆ)」③人を呼ぶ語に冠して親しみを表す語。「阿兄・阿父・阿母・阿蒙(あもう)」④梵語の第1字母 a の音写。「阿吽(あうん)・阿字」⑤アフリカ。「南阿」⑥阿波(あわ)国。「阿州」難読 阿闍梨(あじゃり)・四阿(あずまや)・阿弗利加(アフリカ)・阿弥陀(あみだ)・阿国歌舞伎(おくにかぶき)

×**唖**　音ア㊥‖言葉が話せない。「唖者・唖然/盲唖・聾唖(ろうあ)」

×**堊**　音ア㊃　アク㊤㊥‖壁などに塗るための白い土。しっくい。「白堊」補説「亜」を代用字とすることがある。

×**蛙**　音ア㊃　訓かえる、かわず‖㊀〈ア〉両生類の名。カエル。「蛙声/井蛙(せいあ)」㊁〈かえる(がえる)〉「青蛙・赤蛙・雨蛙」

×**痾**　音ア㊤㊥‖やまい。こじれた病気。「旧痾・宿痾・沈痾」補説「疴」は異体字。

×**鴉**　音ア㊥　訓からす‖鳥の名。カラス。「寒鴉・暁鴉」

アーケード-ゲーム《和 arcade＋game》コインを入れて遊ぶピンボールやビデオゲーム。ゲーム機が多くアーケード街に設置されるのでいう。

アーケシュフース-じょう【アーケシュフース城】(ージャウ)《Akershus slott》ノルウェーの首都、オスロにある城。13世紀末、オスロの防衛を目的としてホーコン5世マグヌソン王により建造。17世紀初頭、デンマーク王クリスチャン4世により、ルネサンス様式の宮殿風に改築。19〜20世紀のノルウェー王室に関わりのある人物が埋葬されている。アケルスス城。

アーサ〖ASA〗《American Standards Association》►アサ(ASA)

アーサー〖Chester Alan Arthur〗[1830〜1886]米国の政治家。第21代大統領。在任1881〜1885。第20代大統領のガーフィールドが暗殺されたことに伴い、副大統領から大統領に就任。共和党。公務員制度の改革などに尽力。➡クリーブランド(人名)

アーサーおう-でんせつ【アーサー王伝説】(ーワウー)《Arthurian Legend》英国の先住民族ケルト族の古伝説。ウェールズの武将、のちにブリトン人の王となったアーサーに関する伝説で、5〜6世紀のサクソン侵入のころ形成され、アーサーの武勇と功績、円卓騎士団の活躍、騎士ランスロットと王妃グィネビアの恋物語などからなる。12世紀以降フランス・ドイツなどにも伝わり、聖杯伝説やトリスタン伝説と混合し、多くの韻文・散文の題材に用いられた。

アーシー〖earthy〗〔形動〕土の香りのするような感じだ。どろ臭い。主に黒人音楽のリズム-アンド-ブルース・ゴスペル・ソウルなどの野性的で素朴なサウンドを形容するのに用いる。「骨太で―なロック」

ああ-した〔連体〕あのような。ああいった。「父は―性格なので、外出を好まない」

アース〖earth〗❶電気装置を大地につなぎ、電位を等しくすること。また、その接続線。装置の保護、感電防止のために行う。接地。❷地球。大地。

アース-カラー〖earth color〗地球の自然がもつ色合い。大地のような褐色や、空・海の青色、草木の緑色など。

アースクエーク〖earthquake〗地震。

アース-コンシャス〖earth conscious〗地球環境

問題が深刻になり、人々の間に芽生えてきた、この地球を大切にしようという意識と行動。

アース-ダム〘earth dam〙土を台形に盛り上げて造ったダム。土堰堤(どえんてい)。空海が築造したといわれる、香川県の満濃池(まんのういけ)は、この形式。

アース-デー〘Earth Day〙地球を環境破壊・汚染から守るために行動する日。4月22日。1970年に米国で提唱、毎年国際的な取り組みが行われている。

アースワーク〘earthworks〙大地そのもの、または表現手段として自然物を用いた芸術。その多くは人里離れた場所で創作され、もっぱら写真やビデオで鑑賞される。ランドアート。

アーダ〘ERDA〙《Energy Research and Development Administration》米国のエネルギー研究開発局。1975年設立。77年、新設のエネルギー省に統合。

アーチ〘arch〙❶建造物で、上方へ弓形に曲がった梁(はり)。半円・尖頭形・馬蹄形などがあり、窓・入り口・門・橋などに用いる。迫持(せりもち)。❷祝祭典の会場に設ける記念門。上部を弓形にして、杉・ヒノキなどの青葉で包むように飾る。緑門(りょくもん)。❸弓形のもの。「虹(にじ)の—」❹野球で、本塁打のこと。「逆転の—をかける」[類語]門(もん)・門(かど)・正門・表門・裏門・ゲート

アーチー〘Archie〙▶アーキー

アーチーズ-こくりつこうえん【アーチーズ国立公園】(―コクリツコウエン)《Arches National Park》米国ユタ州東部モアブ近郊にある国立公園。風化・浸食により形成された2000以上の天然のアーチがある。

アーチェリー〘archery〙西洋式の弓。洋弓。また、それを用い、的を射て得点を競う競技。

アーチスト〘artist〙《「アーティスト」とも》芸術家。特に美術家や演奏家・歌手をいう。

アーチスト-ブック〘artist book〙表現手段として本という形をとった芸術作品。

アーチ-ダム〘arch dam〙上流側にアーチ状に張り出した形のダム。水圧を両岸で支える。

アーツ〘ERTS〙《Earth Resources Technology Satellite》地球資源技術衛星。ランドサットの旧称。

アーツーン〘artoon〙《art(美術)+cartoon(漫画)から》漫画の要素を取り入れた、通俗性のある新しい表現形式。アートーン。

アーティキュレーション〘articulation〙音楽で、おのおのの音の区切り方やつなぎ方のこと。通常、レガート・スタッカート・テヌートなどの用語で表現。楽譜上では、特定の記号で表記される。

アーティスティック〘artistic〙〔形動〕芸術の。芸術的な。また、趣のある。優雅な。

アーティスティック-インプレッション〘artistic impression〙シンクロナイズドスイミングなどで、自由演技のときの採点基準の一つ。プログラム構成、音楽との適合、演技、独創性など芸術的側面を採点する。芸術点。

アーティスト〘artist〙▶アーチスト

アーティチョーク〘artichoke〙キク科の多年草。高さ1.5〜2メートル。夏、紫色のアザミに似た花をつける。つぼみの花托を食用とする。地中海沿岸の原産。食用あざみ。朝鮮あざみ。

アーティフィシャル〘artificial〙〔形動〕❶人工的なさま。人為的なさま。「—な臓器」「—な空間」「—ネイル」❷わざとらしいさま。「—スマイル」

アーティフィシャル-インテリジェンス〘artificial intelligence〙「人工知能」に同じ。

アーティフィシャル-リアリティー〘artificial reality〙1970年代に米国のマイロン=クルーガーが提唱した、音響や映像によって人工的に作られる現実感。バーチャルリアリティーとほぼ同じ意味で用いられる。人工現実。AR。➡バーチャルリアリティー

アート〘art〙❶芸術。美術。「ポップ—」❷「アート紙」の略。

アート-イベント〘art event〙絵画、彫刻、建築、文学などについての展示会。

アートーン〘artoon〙▶アーツーン

アート-クラフト〘art craft〙陶芸、紙すきなど伝統的な技術を表現手段とする創作的工芸。

アート-し【アート紙】《art paper》紙面に鉱物性白色顔料を塗り、滑らかさとつやを出した印刷用紙。高品質の写真版印刷などに用いられる。➡コート紙 ➡光沢紙 ➡半光沢紙 ➡マット紙

アート-シアター〘art theater〙芸術的、実験的価値の高い映画を優先して上映する映画館。

アート-スーパーバイザー〘art supervisor〙広告制作部門の中で、デザイン関連の管理責任者。主として外資系広告会社で用いられる呼称。

アート-タイトル〘art title〙映画・テレビで、背景を絵画・写真などで飾った字幕。

アート-ディレクター〘art director〙❶映画・演劇・テレビなどにおける美術監督。❷広告制作で、企画からの全工程の作業を統括する人。❸印刷物のデザインやレイアウトなどを担当する人。

アート-デザイナー《和 art+designer》実用性だけでなく、芸術性を重視して品物や建造物、車体などのデザインをする専門職。建物や車両の形、壁面の図象デザインなどを行う。

アート-ニット〘art knit〙編み地に大胆な抽象柄、幾何柄、動物柄など絵画的な模様が編み込まれたニット製品の総称。

アート-フラワー《和 art+flower》布地を使った造花の一。材質や色を選び、できるだけ自然の草花に近づけるもの。料理研究家でもある飯田深雪が開発。

アート-プリント〘art print〙ファッションで、アートを基にした感覚のプリント柄のこと。特に20世紀前半の抽象的な感覚のモダンアートがプリント柄のモチーフとして使われる。

アート-マネージメント〘art management〙公的機関や企業の文化支援についての新しい考え方。音楽や演劇などの芸術の世界に、企業経営の手法を取り入れようというもので、より質の高い演劇や音楽を多くの人々が楽しめることを目的とした運営活動。芸術経営。

アートマン〘梵 ātman〙《我(が)と訳す》インド哲学用語。もとは呼吸の意味。次いで自我・霊魂を意味するようになった。のちにウパニシャッド哲学では、宇宙原理ブラフマン(梵(ぼん))と同一視された。

アート-メーク〘art make〙眉や目元の真皮組織に好みの色を注入する美容技術。一度定着させると数年間、洗っても落ちない。パーマネントメイキング。

アート-メディア《和 art+media》絵画・彫刻・写真などを従来と異なる手法を使って制作し、広く世間に新しい芸術性を訴える媒体として使用すること。

アートワーク〘artwork〙❶手工芸品。❷美術・工芸の製作活動。❸印刷物で、本文以外のさし絵・図版など。

アーネスト-サトー〘Ernest Mason Satow〙▶サトー

アーネム〘Arnhem〙▶アルンヘム

アーノルド〘Arnold〙㊀(Thomas〜)[1795〜1842]英国の教育家。古典学偏重を廃し、数学や近代語導入などの教育改革を行った。㊁(Matthew〜)[1822〜1888]英国の詩人。批評家。㊀の長男。主著「批評論集」「教養と無秩序」。

アーノルドキアリ-きけい【アーノルドキアリ奇形】《Arnold-Chiari deformity》小脳の奇形で、小脳扁桃が下垂して大孔を通り、第四脳室さらには脊髄管内に突出するもの。内水頭症を伴い、ときに二分脊椎も合併する。アーノルドキアリ症候群。

アーバニスト〘urbanist〙❶都市計画の専門家。❷都市に住み、都会の生活を楽しんでいる人。

アーバニズム〘urbanism〙都市的環境でつくり出される人間の行動様式一般をいう。農村的環境と対比したときの用語。都市性。

アーパネット〘ARPANET〙《Advanced Research Projects Agency Network》1960年代末に米国国防総省の高等研究計画局(ARPA)が構築したコンピューターネットワーク。現在普及しているインターネットの原型とされる。アルパネット。

アーバン〘urban〙多く複合語の形で用い、都市の、都会的な、の意を表す。[反]ルーラル。

アーバン-ウエア〘urban wear〙都会、町中で着られることを目的とした服のこと。

アーバン-スプロール〘urban sprawl〙「スプロール」に同じ。

アーバン-デザイン〘urban design〙都市設計。都市計画全体を、造形・自然・歴史などの諸要素を総合して具体的に設計したもの。

アーバン-ヒート〘urban heat〙エアコンや自動車・地下鉄などから出される人工的な熱や、上空の大気汚染物質による温室効果などによる都市に特有の熱。気温と海水温を上昇させて都心部の夏の熱帯夜を増やし、環境問題ともなっている。都市熱。➡ヒートアイランド

アーバン-ライフ〘urban life〙都市生活。

アービタックス〘Erbitax〙結腸癌(けっちょうがん)・直腸癌(ちょくちょうがん)の分子標的治療薬「セツキシマブ」の商品名。

アービトラージ〘arbitrage〙取引用語で、さや取り。最近では、株式、証券、相場商品の現物と先物の価格差を利用して利益を得る裁定取引をさす。

アービトラージャー〘arbitrager｜arbitrageur〙取引用語で、さや取引をする人。株価の安い時に株を買っておき、高騰する時に売って利ざやをかせぐのを専門にする取引人・業者などをいう。

アービトレーション〘arbitration〙コンピューターの周辺機器や拡張ボードが、一つのバスを占有しないよう調停すること。

アービラ〘Ávila〙▶アビラ

アービング〘Washington Irving〙[1783〜1859]米国の随筆家・小説家。代表作「スケッチブック」。

アープ〘Wyatt Berry Stapp Earp〙[1848〜1929]米国の西部開拓時代のガンマン。各地で保安官をつとめた。アリゾナ州トゥームストンでの「OK牧場の決闘」で知られる。ワイアット=アープ。

アーベル〘Niels Henrik Abel〙[1802〜1829]ノルウェーの数学者。五次以上の一般の方程式が解けないことを証明。楕円関数を研究。代数方程式に可換群(アーベル群)を導入した。

アーベル〘Othenio Abel〙[1875〜1946]オーストリアの古生物学者。動物の器官の退行的な特殊化を研究し、また、生痕(せいこん)から古生態復元をめざした。著「脊椎動物古生物学綱要」など。

アーベル-しょう【アーベル賞】(―シャウ)年に1回、優れた数学者に贈られる賞。名称は数学者アーベルにちなみ、ノルウェー科学人文アカデミーが2003年から授与している。数学のノーベル賞ともいわれる。

アーペルドールン〘Apeldoorn〙オランダ、ヘルデルラント州北部の都市。オランダ王室ゆかりのヘットロー宮殿がある。デホーヘフェルウェ国立公園への観光拠点の一。アペルドールン。

アーヘン〘Aachen〙ドイツ西部、ノルトライン-ウェストファーレン州の都市。ベルギー、オランダとの国境近くに位置する。ローマ時代から温泉地として知られ、後にフランク王国カール大帝が王宮を置いた。現在は交通の要地で工業も盛ん。旧市街に世界遺産(文化遺産)に登録されたアーヘン大聖堂がある。フランス語名はエクス-ラ-シャペル。

アーヘン-だいせいどう【アーヘン大聖堂】(―ダイセイダウ)《Aachener Dom》ドイツ西部、ノルトライン-ウェストファーレン州の都市、アーヘンにある大聖堂。805年にフランク王国カール大帝の宮廷付属教会として建造、1414年にゴシック様式の内陣部が増築。10世紀から16世紀まで神聖ローマ帝国皇帝の戴冠式が行われた。1978年、世界遺産(文化遺産)に登録。

アーベント〘ドイツ Abend〙《夕方・晩の意》夕方から始まる音楽会・映画会・講演会などの催し物。…の夕べ、の意で用いる。「ワグナー—」

アーヘン-の-わやく【アーヘンの和約】1748年、オーストリア継承戦争の結果として、ドイツ西部の都

市アーヘン(Aachen)で結ばれた和約。
アーボレータム〖arboretum〗樹木園。森林公園。
アーマー〖Armagh〗英国、北アイルランド東部、アーマー州の町。同州の州都。聖パトリックがケルト人にキリスト教を布教するための拠点として5世紀半ばに教会を創設。これが現在の聖パトリック大聖堂(アイルランド国教会)になった。西郊にナバンフォートという、ケルト人が築いた古代遺跡がある。
アーマチュア〖armature〗電機子。
アーミー〖army〗軍隊。または、陸軍。「—ナイフ」
アーミー-ナイフ〖army knife〗1本のボディーにナイフの刃のほか、ドライバー・つめ切り・はさみ・やすり・栓抜き・のこぎりなどを納めた、折りたたみ式の多機能ナイフ。十徳ナイフ。キャンピングナイフ。➡サバイバルナイフ
アーミー-ルック〖army look〗軍隊風のファッション。ミリタリールック。
アーミッシュ〖Amish〗プロテスタントのメノナイト派から独立した宗派。また、その信徒。スイスのアマン(J.Ammann[1644ころ〜1730ころ])が創始。アメリカ・カナダの農村に集団的に住み、規律に基づき電気・自動車などを使わない生活様式を守っている。
アーミド〖Amed〗トルコ南東部の都市ディヤルバクルの旧称。
アーミュア〖armure〗《よろい具足の意。織物の組織や模様がよろいの鎖帷子に似ていることから》梳毛織物の一種。横うねあるいは綾地にジャカード機で模様を浮き出させた織物。➡ジャカード
アーミン〖ermine〗ヨーロッパ産のオコジョのこと。また、その白い冬毛の毛皮。エルミン。
アーム〖arm〗❶腕。腕の形をしたもの。「いすの—」❷「トーンアーム」の略。
アーム〖ARM〗《Advanced RISC Machines》英国のマイクロプロセッサーメーカー。または同社が開発したリスク(RISC)型マイクロプロセッサーのアーキテクチャーをさす。
ああむじょう【噫無情】 黒岩涙香の翻案小説。ユゴーの「レ・ミゼラブル」が原作。明治35年〜36年(1902〜1903)に「万朝報」に連載。
アームズ-コントロール〖arms control〗軍備管理。国際紛争の原因・誘因を減じ、また、発生した紛争の局限化を図るための政策で、軍事力の開発、実験、生産、配備、使用などを国際的に規制・抑制しようとする諸措置。
アームストロング〖Daniel Louis Armstrong〗[1900〜1971]米国のジャズトランペット奏者・歌手。スキャットの創始者。愛称サッチモ。
アームストロング〖Edwin Howard Armstrong〗[1890〜1954]米国の電気工学者。無線技術を研究し、周波数変調方式(FM)を発明。また、ラジオ受信機の改良に貢献した。
アームストロング〖Neil Alden Armstrong〗[1930〜2012]米国の宇宙飛行士。1969年、アポロ11号により、E=E=オルドリンとともに人類初の月面着陸に成功した。➡アポロ計画
アームストロング〖William George Armstrong〗[1810〜1900]英国の企業家。水力発動機・アームストロング砲などを発明。
アームストロング-ほう【アームストロング砲】 W=G=アームストロングが1855年に発明した速射砲。米国の南北戦争や日本の戊辰戦争などで使用。
アームズレングス-ルール〖arm's length rule〗独立当事者間原則。税制や通商法などで、互いに支配・従属関係にない当事者間において成立するであろう取引条件や価格を基準とする考え方。
アームチェア〖armchair〗肘掛けいす。安楽いす。
アームチェア-ディテクティブ〖armchair detective〗推理小説に出てくる探偵の一類型。現場捜査をせず、書斎の肘掛け椅子に座ったまま情報を分析し、居ながらにして難しい事件を解決してしまう探偵のこと。安楽椅子探偵。
アームチェア-トラベラー〖armchair traveler〗ガイドブック、時刻表、観光ビデオなどを見て、家にいながら旅行や観光の気分を楽しむ人。
アームバンド〖armband〗腕に巻く帯状のひも。腕章。
アームホール〖armhole〗洋服の袖付け。袖ぐり。また、袖ぐり寸法。
アーム-リフター〖arm lifter〗レコードプレーヤーで、トーンアームの上げ下げをワンタッチで行うレバー。
アーム-リング〖arm ring〗腕輪。手首にするブレスレットのことを主にいうが、腕の上腕部につけるリングのこともいう。
アームレスト〖armrest〗座席の肘掛け。
アーム-レスリング〖arm wrestling〗腕相撲。
アームレット〖armlet〗上腕にはめる腕輪。腕飾り。
アームロック〖armlock〗レスリングの技の一。相手の腕を動かないようにきめてしまうこと。
アーメダバード〖Ahmedabad〗インド北西部の工業都市。古くから綿織物工業が盛ん。アーマダバード。人口、行政区352万(2001)、都市圏453万(2001)。
アーメン〖amen ヘブライ ʼāmēn〗(感)キリスト教で、祈り・賛美歌などの最後に唱える言葉。まことに、確かに、そうなりますように、の意。エイメン。
アーモンド〖almond〗バラ科の落葉高木。葉は長楕円形。果実は桃に似るが、扁平で、種子の苦いもの(苦扁桃)と甘いものとがある。苦扁桃油はせきどめに、甘いものは菓子や料理に使う。アジア西部の原産。扁桃。巴旦杏。アマンド。アメンドウ。
アーユルベーダ〖梵 āyurveda〗《生命の知識の意》インドの伝承医学。生理機能のバランスを整え、自然治癒力を高めることに主眼を置く。エステティックサロンなどでも取り入れられている。
アーラーパナ〖梵 ālāpana〗インド音楽において、楽曲に先立って演奏される導入部分のこと。拍節感のない自由なリズムで、即興的にラーガの特性を提示していく。(補説)南インドでの呼称。北インドではアーラープという。➡ラーガ
アーラープ〖ヒンディー alap〗「アーラーパナ」に同じ。
アーライシ-こ【アーライシ湖】《Āraišu ezers》ラトビア、ビゼメ地方の町ツェーシス南郊にある湖。ラトガレ人の9世紀ころの集落が発見された。現在は湖上の住居などが復元され、野外博物館として公開されている。
アーラン〖Erlang〗通信回線や設備の利用(トラフィック)に関する国際単位の一。単位時間あたりの単位回線(設備)の占有量を表す。単位時間あたりの平均使用回数と平均占有時間の積でも表される。通信トラフィック工学の創始者、デンマークのアグナー=アーランの名にちなむ。ERL, erlとも表記する。
アーランガー〖Joseph Erlanger〗[1874〜1965]米国の生理学者。陰極線オシログラフを用いた神経の活動電位の測定に成功し、電気生理学の基礎を築いた。1944年、ノーベル生理学医学賞受賞。
アーリア-じん【アーリア人】《梵 āryaは、高貴な、の意》インド-ヨーロッパ語族の人々の総称。特に、インドやイランに定住した一支派をさす。アリアン。
アーリー〖early〗多く複合語の形で用い、早い、初期の、の意を表す。「—アメリカンスタイル」
アーリー-アメリカン〖Early American〗多く複合語の形で用い、アメリカの英国植民地時代風の、植民地(西部開拓)時代様式の、の意を表す。建物・家具・工芸品などについていう。
アーリーアメリカン-スタイル〖Early American style〗アメリカの英国植民地時代や西部開拓時代の風俗・流行・ファッションを基にしたスタイル。素朴さや土っぽいたくましさが特徴。
アーリー-ハーベスト〖early harvest〗早期実施。早期解決。早期決着。
アーリマン〖Ahriman〗▶アフリマン
アーリントン〖Arlington〗米国バージニア州北部の郡。国立墓地・国防総省(ペンタゴン)がある。
アーリントン-こくりつぼち【アーリントン国立墓地】《Arlington National Cemetery》米国バージニア州北部、アーリントンにある国立墓地。アメリカ独立革命、南北戦争、第一次、第二次世界大戦、ベトナム戦争、湾岸戦争など、建国以来の戦争で戦死した軍人や政府高官などが埋葬されている。
アーリントン-ぼち【アーリントン墓地】《Arlington National Cemetery》▶アーリントン国立墓地
アール〖フランス are〗メートル法の面積の単位。1アールは100平方メートル。記号a
アール〖R｜r〗❶英語のアルファベットの第18字。❷〈R〉《right》右を表す記号。野球では右翼手を表す。⇔L。❸〈r・R〉《radius》半径を表す記号。道路のカーブの強さをこの記号を使って表す。130Rは半径が130メートルの円を描くカーブのこと。数値が小さくなるほど急カーブとなる。また、ギターのフィンガーボード(=指で弦を押さえる部分)など、さまざまなカーブの形状を表すときにも用いる。「—がきつい」「緩やかな—をつける」❹《❸から転じて》曲線。曲面。カーブ。また、曲線や曲面の曲がり具合。「—のついたキッチンカウンター」「複雑な—のついた壁面」❺〈R〉《right angle》直角を表す記号。❻〈r〉《ratio》割合・比を表す記号。❼〈R〉気体定数を表す記号。❽〈R〉《ドイ Röntgen》X線の照射線量を表す単位レントゲンの記号。❾〈R〉《restricted》映画鑑賞の年齢制限を表す記号。➡R指定 ❿〈R〉《run》野球で、得点を表す記号。⓫〈R〉《Rare》▶希少種
アール-アール〖RR〗《rear engine, rear wheel drive》自動車の、後部エンジン後輪駆動。
アール-アール〖RR〗《railroad》米国で、鉄道。
アール-アールエヌエー〖rRNA〗《ribosomal RNA》リボゾームアールエヌエー。リボゾームリボ核酸。
アール-アイ〖RI〗《Rotary International》国際ロータリー。世界各国のロータリークラブの国際的連合組織。1912年創設。事務局は米国のイリノイ州エバンストン。
アール-アイ〖RI〗《radioisotope》ラジオアイソトープ。➡放射性同位体
アール-アイ〖RI〗《Rehabilitation International》国際リハビリテーション協会。障害者とリハビリテーション専門家との交流をはかる国際NGO。1922年設立。
アール-アイ-アイ-エー〖RIIA〗《Royal Institute of International Affairs》英国王立国際戦略研究所。1920年設立。元英首相、大ピット(チャタム伯爵)の屋敷に集まったところから、チャタムハウスの通称がある。本部はロンドン。
アール-アイ-エー〖RIA〗《Robotic Industries Association 創設時の名称はRobot Institute of America》米国ロボット工業会。ロボット業界の全米団体。1974年設立。本部はミシガン州のアンアーバー。
アール-アイ-エヌ〖RIN〗《フランス Rassemblement pour l'Indépendance nationale》民族独立連合。カナダからの分離独立を求めるケベック州のフランス系住民の政党。1960年創設。68年内部の意見対立によりFLP(人民解放戦線)派とPQ(ケベック党)派に分裂。
アール-アイ-シー〖RIC〗《Royal Institute of Chemistry》英国王立化学研究所。1877年設立。1980年、英国化学会、英国分析化学会、ファラデー協会と統合し王立化学協会(RSC)となる。
アールアイ-じっけんしつ【RI実験室】▶ホットラボ
アールアイ-でんち【RI電池】▶原子力電池
アール-アイ-ビー-エー〖RIBA〗《Royal Institute of British Architects》英国王立建築家協会。1834年設立。建築家と建築に興味をもつ人が会員。本部はロンドン。
アール-アンド-アール〖R&R〗《rock'n'roll》ロックンロール。1950年代に米国で盛んになった、カントリーとリズムアンドブルースの影響を受けた大衆音楽。
アール-アンド-エー〖R&A〗《Royal and Ancient Golf Club of St. Andrews》英国スコットランドのゴルフコースであるセントアンドルーズの正式名。R&Aという場合は、英国ゴルフ協会の意で用いられる。

1754年創設の世界で最も古いゴルフクラブ。R&Aと全米ゴルフ協会が世界のゴルフルールを決定。

アール-アンド-ティー〖R&T〗《research and technology》研究と技術。

アール-アンド-ディー〖R&D〗《research and development》研究開発。新製品をつくるための基礎研究とその応用研究。

アールアンドディー-レシオ【R&Dレシオ】《R&D ratio》1株当たりの研究開発費を株価で割った比率。

アール-アンド-ビー〖R&B〗《rhythm and blues》リズムアンドブルース。1940年代ごろから流行した、米国黒人の大衆音楽。

アール-イー〖RE〗《rotary engine》▶ロータリーエンジン

アール-イー〖RE〗《reverse engineering》▶リバースエンジニアリング

アール-イー-エックス-エス〖REXS〗《Radio Exploration Satellite》▶でんぱ

アール-イー-ティー-アイ-オー〖RETIO〗《Real Estate Transaction Improvement Organization》「不動産適正取引推進機構」の略称。

アール-イー-ビー〖REB〗《relativistic electron beam》相対論的電子ビーム。500KeV以上の高エネルギー電子ビーム。

アール-イー-ブイ〖REV〗《reentry vehicle》大気圏再突入体。複数の弾頭を収めたミサイルの先端部のこと。➡マーブ(MARV) ➡マーブ(MIRV)

アール-いんし【R因子】《resistance factor》薬品に対する耐性を生じさせる細菌中の物質。

アール-エー〖RA〗《repurchase agreement》▶買い戻し契約

アール-エー〖RA〗《Royal Academy of Arts》▶ロイヤルアカデミー

アール-エー-エス〖RAS〗《reliability, availability, serviceability》コンピューターの能力評価の主要素。信頼度・利用可能度・保守可能度。

アール-エー-エヌ-ディー〖RAND〗《Research and Development Corporation》米国のランド研究所。国防に関連ある分野を研究する米国政府系のシンクタンク。1946年設立。本部は、カリフォルニア州サンタモニカ。

アール-エー-エム〖RAM〗《Royal Academy of Music》英国王立音楽院。英国王立音楽アカデミー。1822年設立の音楽教育機関。ロンドン所在。

アール-エー-シー〖RAC〗《Royal Automobile Club》英国の王立自動車クラブ。事故や故障の車に対する応急処理サービス、モータースポーツの後援など、自動車に関する業務を行う。1907年エドワード7世の支援を受け設立。前身のクラブの設立は1897年にさかのぼる。本部はロンドン。

アール-エー-ダブリュー〖RAW〗《read after write》▶リードアフターライト

アール-エー-ディー-エー〖RADA〗《Royal Academy of Dramatic Art》英国の王立演劇学校。俳優、監督をはじめ、舞台美術家など広く演劇人の養成を行う。1904年創立。ロンドン所在。

アール-エス〖RS〗《remote sensing》▶リモートセンシング

アール-エス〖RS〗《Royal Society》王立学士院。英国最古の科学協会。1660年設立。本部はロンドン。

アール-エス-アイ〖RSI〗《relative strength index》株式や為替の相場をテクニカル分析するためのチャートの一。一定期間で、値上がり、値下がりの傾向がどれぐらい強かったかを曲線にしたもの。

アール-エス-アイ〖RSI〗《rationalization, standardization, interoperability》合理化と標準化を推進すれば相互運用性に至るという概念。アメリカが盟友国との軍事協力には不可欠としているもの。

アールエス-ウイルス【RSウイルス】《respiratory syncytial virus》かぜの原因ウイルスの一。冬期に流行し、2歳までにほぼ100パーセントの子供が初感染する。新生児や乳幼児が感染すると細気管支炎・肺炎・中耳炎などを引き起こし、また、乳幼児突然死症候群(SIDS)の原因の一つとも考えられている。ワクチンや特効薬はなく、対症療法が中心。

アール-エス-エー〖RSA〗▶RSA暗号

アール-エス-エー〖RSA〗《Royal Society of Arts》英国王立芸術協会。正式名称はthe Royal Society for the Encouragement of Arts, Manufactures and Commerce。美術工芸産業の水準向上を目的に、1754年設立。本部はロンドン。

アールエスエー-あんごう【RSA暗号】〔アン ゴウ〕インターネットで広く使われている、暗号化アルゴリズムの一。公開鍵暗号方式を採用している。(補説)RSAは、考案者であるリベスト(Rivest)、シャミア(Shamir)、エーデルマン(Adleman)の3人の頭文字から。

アールエスエーあんごう-アルゴリズム【RSA暗号アルゴリズム】〔アン ゴウ〕▶RSA暗号

アールエスエーあんごう-けい【RSA暗号系】〔アン ゴウ〕▶RSA暗号

アールエスエーあんごう-ほうしき【RSA暗号方式】〔アンゴウ ハウシキ〕▶RSA暗号

アール-エス-エス〖RSS〗《RDF Site Summary, Rich Site Summary, Really Simple Syndication》ウェブサイトの見出しや要約を記述したXMLベースのフォーマット。サイトの更新情報の公開に使われる。RSS 1.0(RDF site summary)、RSS 0.91(Rich Site Summary)、RSS 2.0(Really Simple Syndication)など、複数のバージョンがある。➡RDF

アールエスエス-アグリゲーター【RSSアグリゲーター】《RSS aggregator》▶アールエスエス(RSS)リーダー

アールエスエス-こうこく【RSS広告】〔クワウ コク〕《RSS advertising》RSSによる記事とともに配信される広告。記事の内容に関連した広告を表示するコンテンツ連動型広告などで利用される。

アールエスエス-リーダー【RSSリーダー】《RSS reader》ウェブサイトの見出しや要約、更新情報を記述したRSSを巡回・受信し、一覧表示するソフトウエアの総称。RSSアグリゲーター。

アール-エス-エフ〖RSF〗《フランス Reporters Sans Frontières》▶国境なき記者団

アール-エス-エル〖RSL〗《Royal Society of Literature》王立文学協会。英国の文筆家の団体。1820年、ジョージ4世によって設立。本部はロンドン。

アール-エス-ケー〖RSK〗《ドイツ Reaktorsicherheitskommission》ドイツの原子炉安全委員会。連邦政府の諮問機関。1958年設立。本部はボン。

アール-エス-シー〖RSC〗《referee stop contest》アマチュアボクシングの試合で、技量に差がありすぎるとか、負傷して試合続行不可能と判断したとき、レフェリーが行う勝敗宣告のこと。プロボクシングのテクニカルノックアウト(TKO)に相当する。

アール-エス-シー〖RSC〗《Royal Society of Chemistry》英国王立化学協会。1980年、英国化学会、英国分析化学会、英国王立化学研究所、ファラデー協会が統合し設立。化学に関する研究の補助、教育や出版を行う。本部はロンドン。

アール-エス-シー〖RSC〗《Royal Shakespeare Company》ロイヤルシェークスピア劇団。1879年、シェークスピア記念劇場が開場。やがて常駐劇団が生まれ、1925年ジョージ5世の勅許によって公的な運営となる。61年、エリザベス2世の勅許を得て劇団名をロイヤルシェークスピア劇団と改称。英国のストラトフォード-アポン-エーボン所在。

アール-エス-ジェー〖RSJ〗《Robotics Society of Japan》日本ロボット学会。昭和58年(1983)創立。

アールエス-にさんに-シー〖RS-232C〗《recommended standard 232 versionC》米国電子工業会(EIA)が標準化した、シリアルインターフェースの規格の一。パソコンと周辺機器の接続に用いられる。

アール-エス-ピー-シー-エー〖RSPCA〗《Royal Society for the Prevention of Cruelty to Animals》王立動物虐待防止協会。動物愛護思想の普及と、動物虐待の防止を目的とする団体。1824年設立。本部は英国のホーシャム。

アール-エス-ブイ〖RSV〗《Rous sarcoma virus》ラウス肉腫ウイルス。癌ガンウイルスの一種。

アール-エックス〖Rx〗《recipe》処方箋。

アール-エッチ〖RH〗《relative humidity》▶相対湿度

アール-エッチ〖RH〗《right half》サッカーなどで、ライトハーフ。中衛の右翼。また、その選手。

アール-エッチ〖Rh〗《rhesus monkey》アカゲザルのこと。

アール-エッチ-アイ〖RHI〗《range height indicator》距離高度指示装置。

アールエッチ-いんし【Rh因子】アカゲザルの赤血球中に発見された抗原。この因子のある人を陽性(+)、ない人を陰性(−)とする。(補説)Rhはアカゲザルの英語名rhesusから。

アールエッチしき-けつえきがた【Rh式血液型】血液型の一。Rh因子の有無によってRh(+)とRh(−)とに分類。日本人の約99.3パーセントはRh(+)。胎児は父親のRh因子を受け継ぐので、父親がRh(+)、母親がRh(−)のときは母子間血液型不適合となって、新生児溶血性黄疸を起こす危険がある。

アール-エヌ-エー〖RNA〗《ribonucleic acid》▶リボ核酸

アールエヌエー-ウイルス【RNAウイルス】《RNA virus》RNAを遺伝子として持つウイルスの総称。➡DNAウイルス (補説)ウイルス粒子の中で逆転写酵素によって遺伝子RNAをDNAに変換するRNAウイルスをレトロウイルスという。

アールエヌエー-ごうせいこうそ【RNA合成酵素】〔ガフセイ カウソ〕▶RNAポリメラーゼ

アールエヌエー-ポリメラーゼ【RNAポリメラーゼ】《RNA polymerase》RNAを合成・複製する酵素の総称。4種のヌクレオシド(アデノシン・ウリジン・グアノシン・シチジン)を重合させ、鋳型とする核酸(DNA・RNA)に対して相補的な塩基配列を持つRNAを合成する。DNAポリメラーゼとは異なり、プライマーを必要としない。鋳型となる核酸を必要としないもの(ポリヌクレオチドホスホリラーゼ)もある。RNA合成酵素。

アール-エフ〖r.f.〗《radio frequency》無線周波(数)。高周波。

アール-エフ〖RF〗《right fielder》野球で、ライト。右翼手。

アール-エフ〖RF〗《right forward》サッカーなどで、ライトフォワード。前衛の右翼。また、その選手。

アール-エフ-アイ-ディー〖RFID〗《radio frequency identification》電波の送受信により、非接触でICチップの中のデータを読み書きする技術。ICタグの中核技術。商品などの識別、管理に利用される。

アールエフアイディー-タグ【RFIDタグ】《radio frequency identification tag》▶ICタグ

アール-エフ-オー〖RFO〗《Readjustment of Facilities for insured persons and beneficiaries Organization》▶年金・健康保険福祉施設整理機構

アールエフ-タグ【RFタグ】▶ICタグ

アール-エフ-ピー〖RFP〗《request for proposal》システム開発時に、使用者側が必要とする性能を満たす設計案の提出を開発側に求めること。また、その仕様書。提案依頼書。提案要求書。

アール-エフ-ピー〖RFP〗《reverse field pinch》逆磁場ピンチ装置。核融合の研究のためにプラズマを閉じ込めるための装置。

アール-エム〖RM〗《record management》経営管理用語で、記録管理。文書記録に関して、保存スペースの節約や、情報の効果的な利用法を扱う。

アール-エム-アール〖RMR〗《relative metabolic rate》エネルギー代謝率。

アール-エム-エー〖RMA〗《random multiple access》任意多重同時交信方式。一つの通信衛星によって、複数の局が同時に交信する方式。

アール-エム-エー〔RMA〕《Rice Millers' Association》全米精米業者協会。1899年設立。

アール-エム-エス〔RMS〕《remote manipulator system》遠隔操作システム。スペースシャトルのオービターに装備する遠隔操作用ロボット腕。

アール-エム-エス〔RMS〕《root mean square》二乗平均平方根。個々の数値を二乗したうえで平均値を出し、平方根に開いたもの。数値のばらつきを表す。➡RMS粒状度

アールエムエス-りゅうじょうど【RMS粒状度】《root mean square granularity》写真用フィルムや印画紙など露光後の感光材料における、感光粒子の粒状性を客観的に評価する指標。粒状の濃度のばらつきを、平均濃度からの偏差の二乗平均平方根で表す。

アールエム-けいしき【RM形式】►リアルメディア

アール-エム-シー〔RMC〕《Radiomedical Center》ラジオメディカルセンター。放射医学センター。医療用放射性廃棄物の処理を行う。

アールエム-でんち【RM電池】►水銀電池

アール-エム-ビー-エス〔RMBS〕《residential mortgage-backed securities》►住宅ローン担保証券

アール-オー〔RO〕《reverse osmosis operation》逆浸透法。水は通すが、無機塩類は通さない半透膜を用いて、海水の淡水化、無機成分を含む排水処理、水中の細菌の除去などを行う方法。

アール-オー-アイ〔ROI〕《return on investment》投資額に対し、一定期間に稼いだ収益の割合。企業の収益性を測る指標の一つで、数字が大きければ収益性が高くなる。税引き後の営業利益を投下資本で除して表す。投下資本利益率。ROIC(return on invested capital)。➡イービットディーエー(EBITDA) ➡ROE

アール-オー-アイ-シー〔ROIC〕《return on invested capital》►アール-オー-アイ(ROI)

アール-オー-アイ-ピー〔RoIP〕《radio over IP》►IPラジオ

アール-オー-イー〔ROE〕《return on equity》企業の収益性を見る指標の一つで、当期純利益を自己資本で除したもの。自己資本がどれだけ効率的に使われているかを見るもので、これが高いほど収益力が高いことになる。自己資本利益率。かつて株主資本利益率ともいった。➡ROA

アール-オー-イー〔ROE〕《rules of engagement》交戦規定。軍隊などが、どのような場面でどのような武器を使用するか、応戦のためにどのような手順を取るかなどを定めたもの。日本の自衛隊の場合は、部隊行動基準と呼ぶ。

アール-オー-エー〔ROA〕《return on assets》企業の収益性を見る指標の一つで、当期純利益を総資産で除したもの。総資産がどれだけ効率的に使われているかを見るもので、これが高いほど収益力が高いことになる。リターンオンアセット。総資産利益率。➡ROE

アール-オー-エッチ〔ROH〕《Royal Opera House》英国ロンドンにある王立オペラハウス。1858年開館。所在地の地名からコベントガーデンとも呼ばれる。ロイヤルオペラとロイヤルバレエ団の本拠地。

アール-オー-エッチ-オー〔ROHO〕《remote office home office》SOHOとほぼ同義語。遠隔地勤務と在宅勤務をもじって略語としたもの。➡スモールオフィスホームオフィス

アール-オー-シー〔ROC〕《Republic of China》中華民国(台湾)。

アール-オー-ダブリュー〔ROW〕《right of way》通行権。

アール-オー-ティー-シー〔ROTC〕《Reserve Officers' Training Corps》予備士官訓練所。米国の一般大学内の予備役将校養成訓練機関。

アール-オー-ピー〔ROP〕《Retinopathy of prematurity》►未熟児網膜症

アール-オー-ピー-エム-イー〔ROPME〕《Regional Organization for the Protection of Marine Environment》湾岸海洋環境保護機構。ペルシア湾の汚染防止のための機関。1978年設立。本部はクウェート市。

アール-オー-ブイ〔ROV〕《remotely-operated vehicle》遠隔操作ビークル。無人式の海中作業装置。

アール-キュー〔RQ〕《respiratory quotient》呼吸商。呼吸の際、単位時間内に生じた二酸化炭素量と消費された酸素量の比率。生体外で食品について、また、人体すべてについて測定できる。呼吸に利用される栄養物のことを呼吸基質といい、その種類によりRQの値は異なる。炭水化物は1.00、脂肪は0.70、たんぱく質は0.80。

アール-グレイ〔Earl Grey〕《英国のグレイ伯爵が紹介したことから》ベルガモットで風味をつけた紅茶。独特の香りがあり、アイスティーなどに利用される。

アール-ケー-オー〔RKO〕《Radio Keith Orpheum》米国の映画会社。1928年成立。「キングコング」「ターザン」「市民ケーン」など多彩な作品を世に送り出し、ハリウッドの5大映画会社となったが、その後、経営不振から53年に映画製作を中止、57年に倒産した。

アール-シー〔RC〕《reinforced concrete》鉄筋コンクリート。

アール-シー〔RC〕《Red Cross》赤十字社。

アール-シー〔RC〕《remote control》►リモートコントロール

アール-ジー〔RG〕《right guard》アメリカンフットボールで、ライトガード。攻撃側のチームでセンターの隣の位置を占める選手。

アール-シー-エー〔RCA〕《root certificate authority》►ルート認証局

アールシーエー-コネクター【RCAコネクター】《RCA connector》►ピンジャック

アールシーエー-ジャック【RCAジャック】《RCA jack》►ピンジャック

アールシーエー-たんし【RCA端子】《RCA interface》►ピンジャック

アール-シー-エス〔RCS〕《remote computing service》リモートコンピューティングサービス。遠隔情報処理サービス。スーパーコンピューターを通信回線で結び時間貸しをする事業。

アール-シー-エム〔RCM〕《radar countermeasures》レーダー妨害。

アール-シー-エム〔RCM〕《Royal College of Music》英国王立音楽大学。1883年設立。

アール-シー-エム〔RCM〕《restrictive cardiomyopathy》►拘束型心筋症

アール-シー-シー〔RCC〕《reinforced carbon-carbon》強力カーボン材。スペースシャトルの機首部などに用いる耐熱材。

アール-シー-シー〔RCC〕《Resolution and Collection Corporation》「整理回収機構」の略称。

アール-ジー-ビー〔RGB〕《red-green-blue》コンピューターで利用される色の表現形式の一。光の三原色である赤(red)、緑(green)、青(blue)を組み合わせて表現する。

アールジービー-いろくうかん【RGB色空間】《RGB color space》►アール-ジー-ビー(RGB)

アール-ジー-ビー-エー〔RGBA〕《red-green-blue-alpha》コンピューターで利用される色の表現形式の一。光の三原色である赤(red)、緑(green)、青(blue)を組み合わせたRGBに透明度(alpha)を加えて表現する。RGBAカラーモデル。

アールジービーエー-カラーモデル【RGBAカラーモデル】《RGBA color model》►アール-ジー-ビー-エー(RGBA)

アールジービー-カラースペース【RGBカラースペース】《RGB color space》►アール-ジー-ビー(RGB)

アールジービー-カラーモデル【RGBカラーモデル】《RGB color model》►アール-ジー-ビー(RGB)

アールジービー-しんごう【RGB信号】《red, green, blueから》カラーテレビやビデオの色信号。被写体の色をカメラで赤・緑・青に分解し三つの信号として伝送し、受像機で、この信号から色を合成・再現する。➡RGB

アール-シー-ファイブ〔RC5〕《Rivest's cipher 5》共通鍵暗号の一。暗号化するデータのサイズや暗号鍵の長さを、比較的自由に設定できる。

アール-シー-ユー〔RCU〕《respiratory care unit》呼吸器疾患集中治療室。呼吸器病患者のための集中強化治療室(ICU)。

アール-ジェー-イー〔RJE〕《remote job entry》►リモートジョブエントリー

アール-してい【R指定】《Rはrestrictedの略》映画観覧の際に年齢制限が設けられていること。また、その区分。【補説】日本の映倫規定では、15歳以上が観覧できるとするR15+と、18歳以上が観覧できるとするR18+がある。また、12歳未満は保護者の助言・指導が必要とするPG12の区分もある。➡表「映倫」

アール-じゅうご〔R15+〕映画観覧の年齢制限の区分の一。15歳以上が観覧できる。➡R指定

アール-じゅうはち〔R18+〕映画観覧の年齢制限の区分の一。18歳以上が観覧できる。➡R指定

アールスメア〔Aalsmeer〕►アルスメール

アール-ゼロ〔R0〕《Rは、再生産を意味するreproductionの頭文字》►基本再生産数

アール-ダブリュー〔RW〕《right wing》サッカーなどで、ライトウイング。

アールダブリュー-エム〔R/WM〕《read/write memory》消去再書き込み型メモリー。

アール-ダブリュー-ディー〔RWD〕《rear wheel drive》後輪駆動の自動車。

アール-ダブリュー-ディー〔RWD〕《rewind》テープレコーダーなどの、巻き戻し。

アール-ダブリュー-ビー〔RWB〕《Reporters without Borders》►国境なき記者団

アールダラム-どうくつ【アールダラム洞窟】《Għar Dalam》地中海中央部の島国、マルタ共和国にある洞窟。東部の町ビルゼブジャ近郊に位置。マルタ語で「暗闇の洞窟」を意味する。約7400年前の同島最古とされる人の居住した痕跡が見つかっている。また、50万年以上前の地層から小形のゾウ、カバ、鳥などの化石が発掘され、隣接する博物館に展示。

アール-ティー〔RT〕《radio television》ラジオとテレビの同時放送番組。➡サイマル放送

アール-ティー〔RT〕《right tackle》アメリカンフットボールで、ライトタックル。

アール-ディー〔R/D〕《refer to drawer》(不渡手形などの)振出人回し。

アール-ティー-エー〔RTA〕《reciprocal trade agreement》互恵通商条約。➡互恵条約

アール-ディーエーエヌ〔R-DAN〕《Radioactivity-Disaster Alarm Net》核放射能災害警報ネット。原発事故などによる放射能の異常を、自分たちの手でいち早くキャッチしようという市民運動。

アール-ディー-エス〔RDS〕《respiratory distress syndrome》呼吸窮迫症候群。新生児、特に早産児にみられる呼吸障害症候群。

アール-ティー-エス-ピー〔RTSP〕《real time streaming protocol》インターネットなどのTCP/IPネットワークにおいて、リアルタイムで音声や映像などを配信するためのプロトコル。

アール-ティー-エフ〔RTF〕《rich text format》►リッチテキストフォーマット

アール-ディー-エフ〔RDF〕《refuse derived fuel》►塵芥固形燃料

アール-ディー-エフ〔RDF〕《radio direction finder》無線方向探知機。無線方位測定機。

アール-ディー-エフ〘RDF〙《resource description framework》ウェブサイトを利用する異なるアプリケーションソフトどうしが、データ交換を可能にするための枠組み。WWWコンソーシアムで標準化がはかられている。

アール-ティー-エフ-ジェー〘RTFJ〙《rich text format Japanese》米国マイクロソフト社が策定し、仕様を公開している文書ファイル形式、リッチテキストフォーマットで、日本語環境に対応したもの。

アール-ティー-シー〘RTC〙《Resolution Trust Corporation》整理信託公社。経営難から、自主的再建は困難とされるS&L(貯蓄貸付組合)を管理下におき救済するために、1989年に設立された米国の時限的な政府機関。1995年に業務を終了し解散した。日本の整理回収機構のモデルとなった組織。

アール-ティー-ダブリュー〘rtw.〙《ready-to-wear》▶レディーツーウエア

アール-ディー-ビー〘RDB〙▶リレーショナルデータベース

アール-ディー-ビー〘RDB〙▶レッドデータブック

アール-デコ〘(フランス) art déco〙《装飾美術の意》1910年代から30年代にフランスを中心に流行した美術工芸の様式。単純・直線的なデザインが特徴。

アールトール〘RTOL〙《reduced takeoff and landing》アールトール機。短距離離着陸機。

アール-ヌーボー〘(フランス) art nouveau〙《新芸術の意》19世紀末から20世紀初めにフランスを中心に欧州で流行した芸術様式。植物模様や流れるような曲線が特徴。ミュシャ・マッキントッシュらが代表。日本では日露戦争後に流行。➡ユーゲントシュティール

アール-ビー〘RB〙《running back》アメリカンフットボールで、ランニングバック。ライン後方にいてボールを受け取り走る選手の総称。

アール-ビー〘RB〙《right back》サッカーなどで、ライトバック。後衛の右翼。また、その選手。右サイドバック。

アール-ピー〘RP〙《Received Pronunciation》容認発音。英国の容認標準語(RS/Received Standard)の発音。パブリックスクールのアクセント、BBC英語などをさし、これを話す人は教養ある人と一般に認められる。

アール-ピー〘RP〙《repurchase agreement》▶買い戻し契約

アール-ピー〘RP〙《Radio Press》▶ラジオプレス

アール-ビー-アイ〘RBI〙《run batted in, runs batted in》野球で、打点。

アール-ビー-イー〘RBE〙《relative biological effectiveness》X線の効果を1としたときの、他の放射線の効果の値。生物学的効果比率。

アール-ピー-エス〘RPS〙《retail price survey》小売物価統計調査。消費生活上重要な商品の小売価格、サービスの料金及び家賃を毎月調査するもので、昭和25年(1950)6月から行われている。消費者物価指数(CPI)などの基礎資料とされる。

アールピーエス-せいど【RPS制度】電気事業者に対して、各社が毎年販売する電気量の一定割合以上に、新エネルギー等によって発電した電気の利用を義務付ける制度。エネルギーを安定的かつ適切に供給するとともに新エネルギーの普及促進を図るため、新エネルギー等利用法に基づいて施行される。(補説)対象となるエネルギーは風力・太陽光・地熱・中小水力(1000キロワット以下)・バイオマス。新エネルギー等発電設備は経済産業大臣が認定する。

アールピーエス-ほう【RPS法】(ハウ)《RPSは、Renewable Portfolio Standard の略》▶新エネルギー利用特別措置法

アール-ピー-エム〘RPM│r.p.m.〙《revolutions per minute》1分間当たりの回転数。回転毎分。

アール-ピー-エム〘RPM〙《resale price maintenance》再販売価格維持。➡再販売価格維持契約

アール-ピー-オー-エー〘RPOA〙《recognized private operating agencies》認められた私企業。政府から公認された電気通信事業者。現在の国際通信社会においては、政府機関かRPOA以外のものは国際通信事業者として認められていない。日本ではNTT・NHK・民放連など。

アール-ビー-シー〘RBC〙《red blood cell》赤血球。

アール-ピー-シー〘RPC〙《remote procedure call》▶リモートプロシージャコール

アール-ピー-ジー〘RPG〙《role-playing game》▶ロールプレーイングゲーム

アール-ピー-ブイ〘RPV〙《remotely piloted vehicle》無人遠隔操縦機。

アールピーロム〘RPROM〙《reprogrammable read only memory》ユーザーが自分で再プログラム可能なコンピューター読み出し専用記憶装置。

アール-ブイ〘RV〙《recreational vehicle》レクリエーション用自動車。米国ではSUV(sports utility vehicle)という言い方が一般的。

アール-ブイ〘RV〙《reactor vessel》原子炉格納容器。

アール-ブイ〘RV〙《reentry vehicle》大気圏再突入体。REVとも。

アール-ブリュット〘(フランス) art brut〙生(き)の芸術。フランスの画家デュビュッフェにより提唱。美術教育を受けていない人などが、既成の表現法にとらわれず自由に制作した作品をいう。アールブリュト。➡アウトサイダーアート

アール-マーク【Rマーク】《reprography》複写権マーク。著作権者に代わって複写に関する権利を一括管理する日本複写権センターに委託された出版物であることを示すマーク。

アール-ユー-ティー-エフ〘RUTF〙《Ready to use therapeutic food》そのまま食べられる栄養食品。栄養価が高く、調理や容器の必要がなく、長期保存、携帯しやすいなどの特長がある。水に溶かす必要がないので飲用水の確保が困難な地域での援助に使用されている。

ああん ㊀〔副〕大きく口を開けるさま。名詞的にも用いる。「―をしてごらん」㊁〔感〕❶大声で泣くときに発する語。❷目下の者にいばって問いかけるときなどに発する語。「―、その態度はなんだ」

アーンショー-の-ていり【アーンショーの定理】真空中の静電界に帯電体が置かれた場合、電気力以外の外力無しでは安定したつり合いの状態を保てないという定理。静磁界と磁性体においても成り立つ。19世紀英国の牧師、数学者、サミュエル=アーンショーが導出した。

アーント〘aunt〙おば。おばさん。

アーンドラ-おうちょう【アーンドラ王朝】(ワウテウ)《Āndhra》古代インドの王朝。前3世紀末、ドラビダ系の一種族がマウリヤ朝の衰退に乗じて創始。デカン高原を中心に東西の海岸に及ぶ地域を支配。ローマ帝国との海上貿易などで栄えたが、後3世紀前半に滅亡。多くの仏教遺跡を残す。サータバーハナ朝。

アーンド-ラン〘earned run〙野球で、自責点。

あい【会ひ|▽遇ひ|×逢ひ】(あひ) あうこと。対面。「夢(いめ)の―は苦しかりけり覚(おどろ)きてかき探れども手にも触れねば」〈万・七四一〉

あい【合(い)】(あひ) ❶(「間」とも書く)「合い着」「合い服」の略。「―の服」❷名詞の下に付いて接尾語的に用いる。㋐互いにある動作をすることを表す。「話し―」「触れ―」㋑様子・調子などの意を表す。「色―」「風(ふ)―」㋒それに近いこと、そのあたり、の意を表す。「意味―」「沖―」「横―」

あい【相】(あひ)《「合い」と同語源》㊀〔名〕❶二人で互いに槌(つち)を打ち合わすこと。あいづち。〈和名抄〉❷共謀の仲間。ぐる。「むむ、さては―ぢゃの」〈浄・女楠〉❸相手をすること。また、相手。「―には愚僧が行かいでたまるものか」〈伎・韓人漢文〉㊁〔接頭〕❶名詞・動詞に付く。㋐一緒に、ともに、の意を表す。「―弟子」「―伴う」㋑互いに、の意を表す。「―四つ」「―憐れむ」❷動詞に付いて、語勢や語調を整える。現代語では、改まったときや手紙文などで使われる場合が多い。「―成る」「―変わらず」

あい【×埃】数の単位。1の100億分の1。➡表「位(くらい)」➡漢「あい(埃)」

あい【▽間】(あひ) ❶物と物とのあいだ。「―の小門(こかど)を開けて」〈木下尚江・良人の自白〉❷ひと続きの時間。あいま。「喜ぶ―は少なくて」〈露伴・日ぐらし物語〉❸「間駒(あいごま)」の略。❹「間狂言(あいきょうげん)」の略。❺人と人との仲。「二人ノ―ガ悪ウゴザル」〈日葡〉❻酒席で、二人が酒を飲んでいる中に第三者が入って、一方に代わって杯を受けて飲むこと。「杯の回りも覚え、―するといふ事も知るぞ」〈浮・一代男・四〉❼「間(あい)の宿(しゅく)」の略。❽間食(かんしょく)をいう女房詞。

あい【愛】❶親子・兄弟などがいつくしみ合う気持ち。また、生あるものをかわいがり大事にする気持ち。「―を注ぐ」❷異性をいとしいと思う心。男女間の、相手を慕う情。恋。「―が芽生える」❸ある物事を好み、大切に思う気持ち。「芸術に対する―」❹個人的な感情を超越した、幸せを願う深く温かい心。「人類への―」❺キリスト教で、神が人類をいつくしみ、幸福を与えること。また、他者を自分と同じようにいつくしむこと。➡アガペー ❻仏教で、主として貪愛(とんあい)のこと。自我の欲望に根ざし解脱(げだつ)を妨げるもの。➡漢「あい(愛)」

(用法)愛・愛情――「親と子の愛(愛情)」「夫の妻に対する愛(愛情)」などでは、相通じて用いられる。◇「愛」は、「国家への愛」など、広く抽象的な対象にも向けられる。◇「愛情」は、主に肉親・親しい異性に対して用いられ、「幼なじみにあわい愛情を抱きはじめた」などという。◇類似の語に「情愛」がある。「情愛」は「愛情」と同じく肉親・異性間の感情を表すが、「絶ちがたい母子の情愛」のように、「愛情」よりも思いやる心が具体的である。

(類語)恋愛・愛恋(あいれん)・恋・恋情(れんじょう)・恋慕(れんぼ)・思慕(しぼ)・眷恋(けんれん)・色恋(いろこい)・慕情(ぼじょう)・ラブ・アムール・ロマンス

愛に愛持(も)つ かわいい上にかわいらしい、愛敬たっぷりなさまの表現。愛に愛らし。

愛は惜しみなく与う 真の愛は、自分の持つすべてのものを相手に与えても惜しいものではない。

愛は惜しみなく奪う 《「愛は惜しみなく与う」をもとにした言葉》人を愛するということは、相手のすべてを奪って自己のものにしようとすることである。有島武郎が評論「惜みなく愛は奪ふ」で主張。

あい【藍】(あゐ) ❶タデ科の一年草。高さ50～80センチ。茎は紅紫色で、葉は長楕円形。秋、穂状に赤い小花をつける。葉・茎から藍染めの染料をとり、京都・大坂・阿波(徳島)が産地として知られた。果実は漢方で解熱・解毒に使う。古く中国から渡来したとされる。たであい。あいたで。(季 花=秋)「この村に減りし土蔵や―の花/秋郷」❷濃青色の天然染料の一。❶や木藍(きあい)などの葉や幹から得られる。インジゴ。❸藍色(あいいろ)。(類語)青・真っ青・青色(せいしょく)・青藍(せいらん)・紺青(こんじょう)・紺碧(こんぺき)・群青(ぐんじょう)・紺・瑠璃(るり)色・縹(はなだ)色・花色・露草色・納戸色・浅葱(あさぎ)・水色・空色・ブルー・インジゴ・コバルト・シアン・ウルトラマリン・マリンブルー・スカイブルー

アイ〘eye〙目。目の形をしたもの。目の役をするもの。「―ライン」「マジック―」(類語)目・眼

アイ〘I│i〙❶英語のアルファベットの第9字。❷〈I〉ローマ数字の「一」。❸〈I〉〈iodine〉沃素(ようそ)の元素記号。❹〈i〉数学で、虚数単位。2乗して－1になる数。❺〈I〉英語の代名詞で、私の意。

アイ-アール〘IR〙《information retrieval》情報検索。

アイ-アール〘IR〙《investor relations》投資家向け広報活動。個人株主、機関投資家向けのディスクロージャー(情報開示)より詳しい情報を公開し、企業と株主間の理解を深めるのが目的。

アイ-アール〘IR〙《infrared》赤外線のこと。インフラレッド。

アイ-アール〘IR〙《isoprene rubber》イソプレンゴム。合成天然ゴムの一種。

アイ-アール-アール-アイ〘IRRI〙《International Rice Research Institute》国際稲研究所。ロックフェラーとフォード両財団が出資して設置。世界最大の農業開発機関。1960年設立。本部はマニラ近郊。

アイ-アール-アイ〘IRI〙《Industrial Research Institute, Japan》工業開発研究所。昭和34年(1959)発足、平成元年(1989)産業創造研究所に改称、平成19年(2007)解散。

アイ-アール-アイ〖IRI〗《Institute Research and Innovation》産業創造研究所。民間企業が単独では行えない基盤技術の調査研究や開発研究を行う財団法人。昭和34年(1959)工業開発研究所として発足、平成元年(1989)改称、同19年解散。

アイ-アール-イー〖IRE〗《Investigative Reporters and Editors》米国の調査報道記者編集者会。公的調査の遅れている事件を独自に調査・分析して報道する、新聞・雑誌・放送記者、編集者の組織。

アイ-アール-イー-エヌ-エー〖IRENA〗《International Renewable Energy Agency》再生可能エネルギーの世界的な利用促進を目的とした国際機関。再生可能エネルギー分野における技術・知識の移転や展開、能力向上支援、政策面での条件整備・強化の助言・支援などを行う。国際再生可能エネルギー機関。(補説)2009年1月、ドイツのボンで設立文書の調印が行われ、日本は、同年6月の第2回会合でIRENA憲章に署名し、同機関に参加。2012年7月現在、署名国・地域159(うち加盟国・地域101)。

アイ-アール-エー〖IRA〗《Irish Republican Army》アイルランド共和国軍。北アイルランドの英国からの分離独立を目指すカトリック系住民の反英武力闘争の中心となっている地下組織。1998年、カトリック系とプロテスタント系、英国政府との間で和平合意が成立、IRAは武装闘争放棄を表明。

アイ-アール-エス〖IRS〗《Internal Revenue Service》内国歳入庁。米国の連邦政府機関。日本の国税庁に相当。

アイ-アール-エス〖IRS〗《incident reporting system》OECD-NEAによる原子力事故の通報システム。1982年運用開始。

アイ-アール-エス-エス〖IrSS〗《IrSimpleShot》赤外線通信を利用した近距離データ通信の規格であるアイアールシンプルを簡略化したもの。送信側が一方的にデータを送る片方向通信を行う。アイアールシンプルショット。

アイ-アール-エス-ジー〖IRSG〗《International Rubber Study Group》国際ゴム研究会。ゴムの需給関係などについて議論する。各国政府とゴム関連企業を会員とする。1944年発足。本部はロンドン。

アイ-アール-エヌ-エー〖IRNA〗《Islamic Republic News Agency》イスラム共和国通信。日本では一般に、国営イラン通信と呼ばれる。1934年Pars Agencyとして設立。81年現在の名称に変更。

アイ-アール-エル〖IRL〗《Indy Racing League》アメリカ独特のモーターレース、インディ500を中心とするレースシリーズの総称。1996年にCARTを締め出してスタートした。2010年より「インディカー(IndyCar)」に改称。

アイ-アール-オー〖IRO〗《International Refugee Organization》国際難民機関。1948年に設立された、国連の専門機関の一つ。国連難民高等弁務官(UNHCR)の前身。

アイ-アール-オー〖IRO〗《Inland Revenue Office》英国の国税局。2005年、HMCE(関税消費税庁)と合併し、HMRC(歳入税関庁)となる。➡HMRC

アイ-アール-キュー〖IRQ〗《interrupt request》キーボードやマウス、周辺機器などのハードウエアからCPU(中央処理装置)に対して送られる処理要求の信号、または識別番号。割り込み要求。

アイ-アール-シー〖IRC〗《Internet relay chat》インターネットやイントラネットでのチャットシステム。リアルタイムで複数ユーザーの文字によるコミュニケーションが可能。

アイ-アール-シー〖IRC〗《International Red Cross》国際赤十字社。赤十字国際委員会(ICRC)、国際赤十字・赤新月社連盟(IFRC)の総称。

アイアールシンプル〖IrSimple〗赤外線通信を利用した近距離データ通信の規格。NTTドコモ、シャープ、ITXイーグローバレッジ(現イーグローバレッジ)、早稲田大学により共同開発。平成17年(2005)に業界団体IrDAにより標準化された。➡IrSS

アイアールシンプルショット〖IrSimpleShot〗►アイ-アール-エス-エス(IrSS)

アイ-アール-ディー-エー〖IrDA〗《Infrared Data Association》赤外線通信を利用した近距離データ通信の技術仕様の規格。携帯電話やノートパソコン、携帯情報端末のデータ通信に利用される。また、同規格を策定した業界団体。1993年設立。

アイ-アール-ビー〖IRB〗《International Rugby Board》国際ラグビーボード(評議会)。世界のラグビー協会の統括組織。4年に1回開かれるワールドカップなどラグビーの各種国際大会を組織、運営。1886年、IRFB(International Rugby Football Board)として創設。1997年、改称。本部はダブリン。

アイ-アール-ビー〖IRB〗《Institutional Review Board》施設内倫理委員会。臓器移植などの倫理的妥当性を審議するために大学や病院内に設置。

アイ-アール-ピー-エー〖IRPA〗《International Radiation Protection Association》国際放射線防護学会。放射線防護活動の国際的交流が目的。電磁界曝露限界値などの科学的データベースを提供する。1964年設立。本部は、フランスのフォントネー-オ-ローズ。

アイ-アール-ビー-エム〖IRBM〗《intermediate range ballistic missile》中距離弾道ミサイル。射程が2400〜6000キロの戦略核ミサイル。

あい-あい【相合(い)┊相相(あいあい)】《「あいやい」とも》❶互いに優劣のないこと。「少しのものも—にほどこして」〈倉田・出家とその弟子〉❷物事を一緒にすること。二人以上で、一つの物を所有し使用すること。「仏壇の御あかしと—で夜業(よなべ)するのぢゃ」〈松翁道話・五〉

アイ-アイ〖aye-aye〗《その鳴き声から》アイアイ科の原始的な猿。頭胴長40センチくらいで、尾が長い。長い指は鉤爪(かぎづめ)をもち、樹皮下の昆虫を掘り出して食う。マダガスカル島にのみ生息。指猿(ゆびざる)。

あい-あい【哀哀】〘ト・タル〙図〘形動タリ〙深く悲しむさま。悲しく哀れなさま。「歌う声—として野づらに散りぬ」〈蘆花・不如帰〉

あい-あい【曖曖】〘ト・タル〙図〘形動タリ〙うす暗くて、はっきりしないさま。また、おぼろにかすんでいるさま。「この—たる日光に浴していると」〈芥川・煙草と悪魔〉

あい-あい【×藹×藹】〘ト・タル〙図〘形動タリ〙❶草木がこんもりと茂っているさま。「—たる樹林」❷「あいあい(靄靄)❷」に同じ。

あい-あい【×靄×靄】〘ト・タル〙図〘形動タリ〙❶雲やもやが集まり、たなびくさま。「朝もやの—と立ちこめた高原」❷なごやかな気が満ちているさま。藹藹(あいあい)。「和気—」「あの先生の—たる顔を思う時」〈長与・竹沢先生と云ふ人〉

アイ-アイ-イー〖IIE〗《Institute of International Education》国際教育協会。米国と外国との教育についての協力を進めたり、学問の自由の保護を行う。1919年設立。本部はニューヨーク。

アイ-アイ-イー〖IIE〗《Institute of Industrial Engineers》米国工業技術者協会。工業技術者の世界最大の協会。技術者のトレーニングや研究・開発などを行う。1948年設立。本部はジョージア州ノークロス。

アイ-アイ-エス-アイ〖IISI〗《International Iron and Steel Institute》国際鉄鋼協会。各国の製鋼業者や鉄鋼協会・研究機関が会員。1967年設立。本部はベルギーのブリュッセル。2008年に名称変更し、現在の名称はWorld Steel Association。

アイ-アイ-エス-イー-イー〖IISEE〗《International Institute of Seismology and Earthquake Engineering》国際地震工学センター。地震の基礎的研究や地震災害の軽減・防止に関する研究などを行っている。独立行政法人建築研究所に属する。昭和37年(1962)設立。本部は、茨城県つくば市。

アイ-アイ-エス-エス〖IISS〗《International Institute for Strategic Studies》国際戦略研究所。世界の安全保障問題や軍事力分析などを専門に行う英国のシンクタンク。世界の軍事情勢を分析した年次報告書「ミリタリーバランス」を発行。1958年設立。

漢字項目　あい

【×穢】►わい

哀　音アイ(呉)(漢)　訓**あわれ、あわれむ**、かなしい‖①せつなくて胸がつまる。「哀歓・哀愁・哀悼/悲哀」②かわいそうに思う。「哀憐(あいれん)」③あわれっぽくする。泣きつく。「哀願・哀訴」(難読)可哀相(かわいそう)

×埃　音アイ(呉)(漢)　訓ほこり‖ちり。ごみ。ほこり。「塵埃(じんあい)」(難読)埃及(エジプト)

挨　音アイ(漢)‖①うしろからおす。おし進める。「挨拶」②近づく。

愛　(学)4　音アイ(呉)(漢)　訓いとしい、めでる、かなしい、おしむ‖①かわいがりいつくしむ。思いこがれる。いとおしいと思う気持ち。「愛妻・愛情・愛人・愛憎/恩愛・求愛・敬愛・最愛・自愛・慈愛・情愛・親愛・仁愛・相愛・寵愛(ちょうあい)・溺愛(できあい)・熱愛・博愛・偏愛・盲愛・恋愛」②対象を気に入って楽しむ。「愛好・愛読・愛用」③二つとない対象を大切にする。「愛顧・愛護」④大事なものを手放したくないと思う。おしむ。「愛惜/割愛」(名付)あき・さね・ちか・ちかし・つね・なり・なる・のり・ひで・めぐむ・やす・よし・よしみ・より (難読)愛蘭(アイルランド)・愛宕(あたご)・愛子(あやし)・愛子(いとしご)・愛媛(えひめ)・他愛(たわい)ない・愛弟子(まなでし)

×隘　音アイ(漢)　訓せまい‖道や土地などがふさがって細い。「隘路/狭隘」

曖　音アイ(漢)‖①くらい。うすぐらい。「曖曖」②はっきりしない。「曖昧」

×靄　音アイ(呉)(漢)　訓もや‖①もや。「晩靄(ばんあい)」②雲やかすみがたなびくさま。「靄靄」

アイ-アイ-エッチ-エフ〖IIHF〗《International Ice Hockey Federation》国際アイスホッケー連盟。各国のアイスホッケー団体が会員。1908年設立。本部はスイスのチューリヒ。

アイ-アイ-エフ〖IIF〗《International Information Flow》国際情報流通。国境を越えたデータ通信によるデータ流通と、それに含まれる諸問題を総称していう。

アイ-アイ-エフ〖IIF〗《Institute of International Finance》世界の大手民間金融機関が参加する国際的な組織。1983年設立。本部はワシントン。国際金融システムの安定を維持するため、ソブリンリスクを含む金融リスク管理の支援、規制・基準の策定などを行う。国際金融協会。(補説)現在は途上国を含む70以上の国や地域から商業銀行・投資銀行・証券会社・保険会社・投資顧問会社など450社以上が参加している(2012年7月現在)。

アイ-アイ-エル-エス〖IILS〗《International Institute for Labour Studies》国際労働科学研究所。1960年に設立されたILOの研究機関。本部はジュネーブ。

あいあい-がさ【相合(い)傘】(あいあいがさ)❶二人で1本の傘を差すこと。多く、男女の場合についていう。相傘(あいがさ)。最合(もあ)い傘。❷男女の仲を示すいたずら書きの一種。簡単な線書きの傘の柄の両側に二人の名前を書くもの。

アイ-アイ-サー〖aye aye sir〗〘感〙《米国軍隊などでの上官への返事として》了解。かしこまりました。

アイ-アイ-シー〖IIC〗《International Institute for Conservation of Historic and Artistic Works》文化財保存国際研究所。歴史的で希少性のある作品や建物を保護、維持・保守を目的とする株式会社。1950年設立。本部はロンドン。

アイ-アイ-シー〖IIC〗《International Institute of Communications》世界通信放送機構。各国の放送局、通信会社が会員。1968年設立。本部はロンドン。

あいあい-し・い【愛愛しい】〘形〙図あいあい・し〘シ

ク】❶かわいらしい。愛らしい。「―・い、仇気ない微笑であったけれども」〈鏡花・婦系図〉❷愛想がいい。なれなれしい。「先づ遣方へと―・しく」〈読・八犬伝・九〉

アイ-アイ-ピー〖IIP〗《Bureau of International Information Programs》国際情報計画局。米国国務省内の部局の一つ。米国の政策に関する海外広報活動を行う。1999年文化情報局(USIA)の国務省への統合にともなって設立。

アイ-アイ-ピー〖IIP〗《idiopathic interstitial pneumonia》▶特発性間質性肺炎

アイ-アイ-ピー〖IIP〗《Indices of Industrial Production》▶鉱工業生産指数❶

アイ-アプリ〖iアプリ〗《i-appli》NTTドコモが提供するi-mode対応の携帯電話で利用できるアプリケーションソフト。プログラムはJavaで記述される。

アイアン〖iron〗❶鉄。また、鉄のようにかたいもの。❷ゴルフの、頭部が金属でできているクラブ。アイアンクラブ。➡ウッド❷

アイアンブリッジ-きょうこく【アイアンブリッジ峡谷】《Ironbridge》英国バーミンガムの西約50キロメートル、産業革命の発祥地コールブルックデールにある峡谷。この峡谷に、1779年に世界で初めて鉄橋(アイアンブリッジ)が架けられた。橋は、全長60メートル、幅約7メートルのシングルアーチ橋。当時の溶鉱炉や工場跡も博物館として残され、1986年、世界遺産(文化遺産)に登録された。

アイアンマン-レース〖iron-man race〗鉄人レース。トライアスロンの別名。➡トライアスロン

アイ-イー〖IE〗《Internet Explorer》▶インターネットエクスプローラー

アイ-イー〖IE〗《industrial engineering》▶インダストリアル-エンジニアリング

アイ-イー-イー-イー〖IEEE〗▶アイトリプルイー(IEEE)

アイ-イー-エー〖IEA〗《International Economic Association》国際経済学協会。1950年創立。事務局はパリ。

アイ-イー-エー〖IEA〗《International Energy Agency》国際エネルギー機関。石油を中心とするエネルギーの安全保障を目的とするOECD(経済協力開発機構)の下部機関。石油消費国側の機構で、OPEC(石油輸出国機構)に対抗する目的のもの。第一次石油危機後の1974年、キッシンジャー米国務長官の提唱で設立。事務局はパリ。

アイ-イー-エル〖IEL〗《inorganic electroluminescence》▶無機EL

アイ-イー-シー〖IEC〗《International Electrotechnical Commission》国際電気標準会議。電気製品の規格や測定方法を定める。日本のJIS規格もIECの規格に従っている。1906年設立。本部はスイスのジュネーブ。

アイ-イー-ディー〖IED〗《improvised explosive device》容易に入手できる材料で作られる手製の簡易な仕掛け爆弾。ゲリラ・過激派組織などが、手榴弾・砲弾・地雷などを流用して製作し、占領軍・駐留軍などを攻撃するために使用する。路肩爆弾・自動車爆弾などがある。即製爆発装置。即席爆弾。簡易爆弾。

あい-いく【愛育】〔名〕スル　かわいがって育てること。「此詩体を―したる諸君に向って感謝の意を表する者なり」〈独歩・独歩吟〉

類語 育児・子育て・保育・養育・訓育・守り・育てる

アイーダ〖Aida〗ベルディ作曲のオペラ。1871年、カイロの歌劇場の柿落としで初演。エジプト軍に捕らえられたエチオピアの王女アイーダと、エジプトの武将ラダメスとの悲恋が主題。

アイーナ〖Aigina〗▶エギナ

アイーナ-とう【アイーナ島】《Aigina》▶エギナ島

アイール-と-テネレ-の-しぜんほごく【アイールとテネレの自然保護区】《Air and Ténéré》ニジェール中部の自然保護区。サハラ砂漠南部のアイール山地とテネレ砂漠にまたがる。絶滅危惧種を含むさまざまな生物が確認されており、また山中の岩盤には多くの岩絵が残る。1991年に世界遺産(自然遺産)に登録されたが、保護区内に住む遊牧民族トゥアレグ族が独立を求めたことから内戦の舞台となり、1992年、危機遺産リストに登録された。

あい-いれ◦ない【相▽容れない】〔連語〕互いの主張や立場が相反していて両立しない。「―◦ない関係」

あい-いろ【藍色】藍で染めた色。濃い青色。

あい-いん【合(い)印】別の帳簿や書類と対照したしるしに押す印。合い判。あいじるし。

類語 捨て印・契印・割り印・検印・消印・烙印・合い判・朱印・証印・連判・調印

あい-いん【愛飲】〔名〕スル　いつも好んで飲むこと。

アイウエア〖eyewear〗眼鏡や、サングラス・伊達めがね・コンタクトレンズなど、目元を飾るもの。

あい-うち【相打ち｜相撃ち】❶双方が同時に相手をうつこと。転じて、勝ち負けのないこと。あいこ。❷(「相討ち」と書く)一人の敵を二人または数人で討つこと。

あい-う◦つ【相打つ｜相撃つ】〔動タ五(四)〕力を尽くしてうち合う。互いに戦う。「竜虎―◦つ」

あい-え【藍絵】藍色の濃淡ですった浮世絵版画。藍のほか、紅などをごく少量用いた版画も含む。藍摺り。藍摺り絵。

アイ-エー-アール-シー〖IARC〗《International Agency for Research on Cancer》国際癌研究機関。WHO(世界保健機関)の下部機構。種々の化学物質や、粉じん・喫煙などの環境がおよぼす発がん性のリスクについて調査・発表する。

アイ-エー-アール-ユー〖IARU〗《International Amateur Radio Union》国際アマチュア無線連盟。各国のアマチュア無線協会の連合体。1925年設立。

アイ-エー-アイ〖IAI〗《International Aluminium Institute》国際アルミニウム協会。アルミニウムの生産者団体。IPAI(International Primary Aluminium Institute)として創設。本部はロンドン。

アイ-エー-アイ-エス〖IAIS〗《International Association of Insurance Supervisors》▶保険監督者国際機構

アイ-エー-イー-エー〖IAEA〗《International Atomic Energy Agency》▶国際原子力機関

アイ-エー-エー〖IAA〗《International Advertising Association》国際広告協会。1938年設立。本部はニューヨーク。

アイ-エー-エー〖IAA〗《International Academy of Astronautics》国際宇宙航行アカデミー。1960年設立。シンポジウムや会議、専門委員会の作業を通じて国際的な科学協力をはかる。本部はパリ。

アイ-エー-エー-エフ〖IAAF〗《International Association of Athletics Federation》国際陸上競技連盟。国際陸連。国際スポーツ界最大の組織。1912年設立。2001年にInternational Amateur Athletics Federationから改称。本部はモナコ。

アイ-エー-エス〖IAS〗《International Accounting Standards》国際会計基準。1973年に設立された国際会計基準委員会(IASC)が定めた財務諸表作成に関する国際的会計基準のこと。現在ではIASCを改組した国際会計基準審議会(IASB)が公表する国際財務報告基準(IFRS)に引き継がれた。

アイ-エー-エス-シー〖IASC〗《International Accounting Standards Committee》国際会計基準委員会。1973年に設立された会計基準(IAS)を設定する民間機関。2001年、国際会計基準審議会(IASB)に改組。➡IFRS

アイ-エー-エス-シー〖IASC〗《International Arctic Science Committee》北極研究科学委員会。1990年設立。本部はスウェーデンのストックホルム。

アイ-エー-エス-ビー〖IASB〗《International Accounting Standards Board》国際会計基準審議会。2001年、国際会計基準委員会(IASC)を改組して設立。本部はロンドン。国際的な会計基準である国際財務報告基準(IFRS)を設定する。

アイ-エー-エフ〖IAF〗《International Astronautical Federation》国際宇宙航行連盟。1950年に発足した非政府機関。本部はパリ。

アイ-エー-エム〖IAM〗《International Association of Machinists and Aerospace Workers》国際機械工労働組合。1888年創立の産業別労働組合。本部はアメリカのメリーランド州マールバロ。

アイ-エー-ディー-ビー〖IADB〗《Inter-American Defense Board》米州防衛評議会。

アイ-エー-ディー-ビー〖IADB〗《Inter-American Development Bank》▶IDB

アイ-エー-ピー〖IAP〗《internet access provider》▶プロバイダー

アイ-エー-ピー-エッチ〖IAPH〗《International Association of Ports and Harbors》国際港湾協会。国際海事機関(IMO)の非政府諮問機関。1955年設立。本部は東京。

アイ-エー-ビー-ジー〖IABG〗《International Association of Botanic Gardens》国際植物園連合。希少植物種の収集、交換などを進める植物園の国際組織。1954年設立。本部はオーストラリアのアデレード植物園。

アイ-エー-ビー-ピー〖IABP〗《Intra-aortic balloon pumping》▶大動脈内バルーンパンピング

アイ-エー-ユー〖IAU〗《International Astronomical Union》▶国際天文学連合

アイ-エー-ユー〖IAU〗《International Association of Universities》国際大学協会。ユネスコの諮問機関。1950年設立。

あい-えき【愛液】女性が性的に興奮したとき、その性器内部から分泌する粘液のこと。

アイ-エス〖I/S〗《income statement》損益計算書。P/Lとも。

アイ-エス-アール〖ISR〗《intelligence, surveillance and reconnaissance》情報・監視・偵察。米軍で、戦闘に必要とされる三つの活動。

アイ-エス-アール-ディー〖ISRD〗《International Society for Rehabilitation of the Disabled》国際障害者リハビリテーション協会。1922年設立。1972年国際リハビリテーション協会(RI)と改称。

アイ-エス-アイ〖ISI〗《International Statistical Institute》国際統計協会。各国政府の統計主管部局長および統計学者が構成員となっている。1885年設立。本部はオランダのボールブルグ。

アイ-エス-アイ-エス〖ISIS〗《International Satellite for Ionospheric Studies》国際電離層研究衛星。NASAとカナダが1969年と71年に打ち上げた科学衛星。電離層がどのように太陽放射によって変化するかについて11年間観測した。

アイ-エス-アイ-エム〖ISIM〗《International Society of Internal Medicine》国際内科学会。内科医の国際横断組織。1948年設立。事務局はスイスのランゲンタール。

アイ-エス-アイ-シー〖ISIC〗《International Standard Industrial Classification of All Economic Activities》国際標準産業分類。各種の統計調査結果を産業別に表示する際に用いられる国際的に設定された産業分類。1948年に国連統計委員会が作成した。

アイ-エス-アイ-ジェー〖ISIJ〗《Iron and Steel Institute of Japan》日本鉄鋼協会。鉄鋼に関する学術研究団体。1915年設立。

アイ-エス-エー〖ISA〗《International Sociological Association》国際社会学会。各国社会学会の統合組織。1949年設立。事務局はマドリード。

アイ-エス-エー〖ISA〗《International Shakespeare Association》国際シェークスピア協会。

アイ-エス-エー〖ISA〗《Industry Standard Architecture》▶アイサ

アイ-エス-エー-エフ〖ISAF〗《International Sailing Federation》国際セーリング連盟。ヨット競技の統括機構。1907年に国際ヨット競技連盟として設立。96年、現名称に変更。本部は英国サウサンプトン。

アイ-エス-エス〖ISS〗《Ionosphere Sounding Satellite》電離層観測衛星。昭和51年(1976)に打ち上げられた日本最初の実用衛星。同53年には2号(ISS-b)が打ち上げられた。58年運用終了。愛称「うめ」。

アイ-エス-エス〖ISS〗《International Social Service》国際社会事業団。こどもや難民など社会的弱者の福祉や人権を守る国際ネットワーク。1924年設立。本部はスイスのジュネーブ。

アイ-エス-エス〖ISS〗《International Space Station》▶国際宇宙ステーション

アイ-エス-エス-シー〖ISSC〗《International Social Science Council》国際社会科学協議会。世界の社会科学系学会の統括組織。ユネスコの支援を受け、1952年に創設。本部はパリのユネスコ本部内。

アイ-エス-エス-シー-シー〖ISSCC〗《International Solid-State Circuits Conference》国際固体素子回路会議。半導体に関する世界最大の国際会議。半導体の最新の技術に関する発表が行われる。IEEE(米国電気電子学会)の主宰で年1回開催。

アイ-エス-エス-ジェー〖ISSJ〗《International Social Service Japan》日本国際社会事業団。国際社会事業団の日本での組織。1952年創立。本部は、東京都目黒区。

アイ-エス-エフ〖ISF〗《International Shipping Federation》国際船舶連盟。海事関連の経営者を会員とする。1909年設立。本部はロンドン。

アイ-エス-エフ-シー〖ISFC〗《International Society and Federation of Cardiology》国際心臓連合。世界心臓連合(WHF)の旧称。➡WHF

アイ-エス-エム〖ISM〗《The Institute of Statistical Mathematics》▶統計数理研究所

アイ-エス-エム-イー〖ISME〗《International Society for Mangrove Ecosystems》国際マングローブ生態系協会。マングローブの保全・再生による環境保護と地域住民による持続可能な利用を目指す非政府機関(NGO)。1990年設立。事務局は沖縄。

アイ-エス-エム-エス〖ISMS〗《Information Security Management System》企業・官公庁などが、情報の流出、紛失を防ぎ、適切に管理するために構築する、総括的な枠組み。日本情報処理開発協会が認定する。基準となる規格は「JIS X 5080」。情報セキュリティーマネージメントシステム。

アイエスエム-バンド【ISMバンド】《industrial, scientific and medical applications band》産業・科学・医療機器用に割り当てられた電波周波数帯。一般に電子レンジなどの電子機器が使用する、2.4GHz近辺の周波数帯を指す。無線LANなどにも利用されている。産業科学医療用バンド。

アイエス-エルエム-ぶんせき【IS-LM分析】財市場と貨幣市場が同時に均衡する利子率と国民所得の組み合わせを求める、マクロ経済学の分析手法。財政政策や金融政策の効果を分析することができる。ケインズの理論をもとにヒックスが考案。

アイ-エス-オー〖ISO〗《International Organization for Standardization》▶イソ(ISO)

アイエスオー-きゅうろくろくまる〖ISO9660〗1988年にISO(国際標準化機構)が定めたCD-ROMの記録フォーマット。ハイシエラフォーマットをベースにしている。

アイエスオー-コード▶イソコード

アイ-エス-シー〖ISC〗《International Society of Cardiology》国際心臓学会。1950年設立。78年、国際心臓連盟と合併し国際心臓連合(ISFC)となる。98年、世界心臓連合(WHF)と改名。

アイ-エス-シー-エス-シー〖ISCSC〗《International Society for the Comparative Study of Civilizations》国際比較文化研究学会。1961年設立。事務局所在地は、アメリカのフロリダ州サラソタ。

アイ-エス-シー-エム〖ISCM〗《International Society for Contemporary Music》国際現代音楽協会。現代音楽に関連する各国の団体や個人が会員。1922年設立。事務局所在地はアムステルダム。

アイ-エス-シー-シー-ピー〖ISCCP〗《International Satellite Cloud Climatology Project》国際衛星雲気候計画。5個の静止気象衛星と2個の極軌道衛星を用いて地球の輝度・雲量に関するデータを収集。1983年から5年間にわたって実施。集められたデータは気候予測の基礎資料となっている。

アイ-エス-ディー-アール〖ISDR〗《International Strategy for Disaster Reduction》国連の防災に関する基本戦略。国連が定めた「国際防災の10年」(1990〜99年)を継承するプログラムとして2000年に発足。自然災害や環境現象による損失を減らすための国際的活動の枠組みを提供し、戦略・政策の提言も行う。国際防災戦略。➡UN/ISDR

アイ-エス-ディー-エヌ〖ISDN〗《integrated services digital network》電話・テレックス・ファクシミリなど各種の通信サービスを一本に統合して扱うデジタル通信網。日本のINSなど。

アイ-エス-ディー-ビー〖ISDB〗《Integrated Services Digital Broadcasting》日本のデジタルテレビ放送の規格。NHKが中心となって開発。デジタル衛星放送向けのISDB-S、地上デジタルテレビ放送向けのISDB-T、CATV向けのISDB-Cなどの規格がある。また移動体通信機器向けのワンセグ放送はISDB-Tの周波数帯域の一部分(1セグメント)を割り当てて行われる。

アイエスディービー-エス〖ISDB-S〗《Integrated Services Digital Broadcasting-Satellite》日本のデジタル衛星放送の規格。搬送波にシングルキャリアの変調方式TDMを使用する。➡ISDB

アイエスディービー-シー〖ISDB-C〗《Integrated Services Digital Broadcasting for Cable》日本のCATV向けのデジタルテレビ放送の規格。日本CATV技術協会が中心となって策定。伝送方式としてトランスモジュレーション方式、同一周波数パススルー方式の2種類がある。➡ISDB

アイエスディービー-ティー〖ISDB-T〗《Integrated Services Digital Broadcasting-Terrestrial》日本の地上デジタルテレビ放送の規格。映像圧縮にMPEG-2、搬送波にマルチキャリアの変調方式OFDMを使用。日本以外では、ISDB-Tを改良したSBTVD-T規格がブラジル・ペルー・アルゼンチンをはじめとする南米諸国で採用されている。➡ISDB ➡ATSC ➡DVB-T

アイエスディービー-ティービー〖ISDB-TB〗《Integrated Services Digital Broadcasting-Terrestrial Brazil》▶エス-ビー-ティー-ブイ-ディー(SBTVD)

アイ-エス-ピー〖ISP〗《Internet service provider》▶プロバイダー

アイ-エス-ピー-エー〖ISPA〗《International Society for the Protection of Animals》国際動物愛護協会。1959年設立。81年、WFPA(世界動物保護連盟)と統合し、WSPA(世界動物保護協会)となる。➡WFPA

アイ-エス-ビー-エヌ〖ISBN〗《International Standard Book Number》出版物の流通合理化を目的として、図書・資料につける国際標準図書番号。国別記号・出版者記号・書名記号・チェック数字からなる、合計13けたの数字で構成される。日本の国別記号は4。このほかに分類コードや価格コードを加えた日本図書コードとして昭和56年(1981)から実施。

アイ-エス-ブイ〖ISV〗《independent software vendor》特定のコンピューターメーカー、ゲーム機メーカー、OSメーカーの傘下にない、独立系ソフトウエア開発・販売企業のこと。

アイ-エス-ブイ〖ISV〗《International Scientific Vocabulary》国際科学用語。

アイ-エス-ユー〖ISU〗《International Skating Union》国際スケート連盟。1892年創設。本部はスイスのローザンヌ。

アイ-エス-ワイ〖ISY〗《International Space Year》国際宇宙年。1992年。コロンブスのアメリカ発見500年、スプートニク打ち上げおよび国際地球観測年35年に当たる。

あい-えつ【哀▽咽】〔名〕スル 悲しんでむせび泣くこと。悲しみで声をつまらせること。

アイ-エックス〖IX〗《Internet exchange》インターネット上の相互接続拠点。プロバイダー(ISP)同士やネットワーク管理組織の間を結ぶ。インターネットエクスチェンジ。インターネット相互接続点。IXP(Internet exchange point)。

アイ-エックス-ピー〖IXP〗《Internet exchange point》▶アイ-エックス(IX)

アイ-エッチ〖IH〗《induction heating》▶誘導加熱

アイ-エッチ-アール〖IHR〗《International health regulations》▶国際保健規則

アイ-エッチ-エフ〖IHF〗《International Handball Federation》国際ハンドボール連盟。1946年創設。本部はスイスのバーゼル。

アイ-エッチ-エフ〖IHF〗《International Hospital Federation》国際病院連盟。1931年、国際病院協会として設立。第二次世界大戦での活動の中断を経て、47年再結成。本部は、フランスのフェルネー-ボルテール。

アイ-エッチ-オー〖IHO〗《International Hydrographic Organization》国際水路機関。1967年に採択された国際水路機関条約に基づき、70年に設立。水路の測量、海図の国際的統一などを行う。前身である1921年設立のIHB(国際水路局)がIHOの事務局となり、所在地はモナコ。

アイエッチ-ちょうりき【IH調理器】《IHは、induction heating(誘導加熱)の略》調理器内部の渦巻きコイルから発生する磁力線によって、上に置いた鍋底に渦電流が生じ、電流が熱に変わる方式の調理器。高温が得られる、炎が出ない、手入れが簡単などの利点がある。渦電流の発生には導体が必要となるため、使用する鍋は金属製に限られる。

アイ-エッチ-ディー〖IHD〗《Ischemic Heart Disease》▶虚血性心疾患

アイ-エッチ-ビー〖IHB〗《International Hydrographic Bureau》国際水路局。1970年に新たに上部機構として国際水路機関(IHO)が設立され、国際水路局はその事務局となり、モナコに置かれている。

アイ-エッチ-ブイ〖IHV〗《independent hardware vendor》ハードウエア分野におけるサードパーティーのこと。コンピューター本体を製造している特定の企業やその系列以外の、独立系ハードウエアメーカー。

アイ-エヌ-アール-オー〖INRO〗《International Natural Rubber Organization》国際天然ゴム機関。1999年、国際天然ゴム協定終了のため解消。

アイ-エヌ-アイ-エス〖INIS〗《International Nuclear Information System》国際原子力情報システム。IAEA(国際原子力機関)が中心となり、加盟国の協力により原子力文献情報データベースを作成し、共同利用を図ることを目的とし、1970年に発足した情報システム。

アイ-エヌ-エス〖INS〗《information network system》電話・電信・データ通信・ファクシミリなどを一本化した高度情報通信システム。NTTが昭和63年(1988)にサービス開始。

アイ-エヌ-エス〖INS〗《inertial navigational system》慣性航法装置。

アイ-エヌ-エス〖INS〗《Immigration and Naturalization Service》移民帰化局。ビザや永住権、市民権取得の申請業務を担当した米国の政府機関。2003年の国土安全保障省(DHS)新設にともない、移民帰化局は司法省から国土安全保障省に移管、米国市民権・移民業務局(USCIS)に改められた。

アイ-エヌ-エス〖INS〗《International News Service》国際通信社。米国の旧通信社。1958年にUPに吸収合併されUPIとなった。

アイ-エヌ-エフ〔INF〕《intermediate-range nuclear force》中距離核戦力。射程500～5500キロの核ミサイル兵器の総称。

アイ-エヌ-エル-エー〔INLA〕《Irish National Liberation Army》アイルランド民族解放軍。北アイルランドのカトリック過激派。IRAの分派で、IRAよりさらに過激といわれる。1974年設立。

アイ-エヌ-ジー-オー〔INGO〕《International Non-Governmental Organization》非政府間国際機構。国際社会にまたがって活動するNGO(非政府組織)。

アイ-エヌ-シー-ジェー〔INCJ〕《Innovation Network Corporation of Japan》▶産業革新機構

アイ-エヌ-シー-ビー〔INCB〕《International Narcotics Control Board》国際麻薬統制委員会。国際連合の経済社会理事会に属する。1961年設立。1991年に国連麻薬部、UNFDAC(国連薬物乱用統制基金)と統合され、新たにUNDCP(国連薬物統制計画)が発足。

アイ-エヌ-ディー〔IND〕《investigational new drug》治験薬。動物実験を終えて、薬物取締機関が臨床試験の研究用として認めた薬。研究用新薬。

アイ-エヌ-ティー-エー〔INTA〕《International Trademark Association》国際登録商標協会。1878年設立。1993年、全米登録商標協会(USTA)から改称。

アイ-エヌ-ティー-エー-ピー〔INTAP〕《Interoperability Technology Association for Information Processing, Japan》情報処理相互運用技術協会。情報処理における相互運用技術に関する研究開発および普及、啓発などを行う。1985年設立。

アイ-エヌ-ピー〔INP〕《index number of prices》物価指数。

アイ-エフ〔IF〕《interferon》▶インターフェロン

アイ-エフ〔IF〕《International Federation》国際競技連盟。国際オリンピック委員会(IOC)の承認を受けた各種競技の国際連盟の総称。IFsとも。

アイ-エフ〔IF〕《intermediate frequency》中波。

アイ-エフ-アール〔IFR〕《instrument flight rules》計器飛行方式。有視界飛行方式(VFR)に対していう。

アイ-エフ-アール-エス〔IFRS〕《International Financial Reporting Standards「アイファース」「イファース」とも》国際財務報告基準。財務諸表作成に関する国際的会計基準のこと。2001年に、IASC(国際会計基準委員会)を改組してIASB(国際会計基準審議会)となった際に、IAS(国際会計基準)を含む基準として設定されたもの。2005年からEU(欧州連合)域内の上場企業で導入が義務づけられ、欧州を中心に世界100か国以上で採用されている。〘補説〙米国・日本の会計基準は会計処理に関する規則を詳細に定めているが、IFRSは原則のみ規定し、個別の処理や解釈は企業に委ねられる。

アイ-エフ-アール-シー〔IFRC〕《International Federation of Red Cross and Red Crescent Societies》国際赤十字・赤新月社連盟。各国の赤十字社、赤新月社(イスラム圏)の連合体として1919年に赤十字社連盟を設立。91年、現名に改称。本部はスイスのジュネーブ。

アイ-エフ-アール-ビー〔IFRB〕《International Frequency Registration Board》国際周波数登録委員会。ITU(国際電気通信連合)の一機関。

アイ-エフ-アイ-エー-エス〔IFIAS〕《International Federation of Institutes for Advanced Studies》国際高等研究機関連合。1972年に設立された非営利の非政府・民間国際研究機関。1998年に活動停止。

アイ-エフ-アイ-ピー〔IFIP〕《International Federation for Information Processing》国際情報処理学会連合。ユネスコの後援により1957年に発足した、情報処理に関する研究団体。

アイ-エフ-エー-ダブリュー〔IFAW〕《International Fund for Animal Welfare》国際動物愛護基金。商業捕鯨反対運動や災害時の動物救助など動物の保護活動を行う。1969年設立。本部は、アメリカのマサチューセッツ州ヤーマスポート。

アイ-エフ-エー-ピー〔IFAP〕《International Federation of Agricultural Producers》国際農業生産者連盟。1946年設立。本部はパリ。

アイ-エフ-エッチ-ピー〔IFHP〕《International Federation for Housing and Planning》国際住宅・都市計画連合。住宅の改善、都市計画の理論などを研究し、また、その知識を共有しあうための国際組織。1913年設立。本部はオランダのハーグ。

アイ-エフ-エヌ〔IFN〕《interferon》▶インターフェロン

アイ-エフ-エフ〔IFF〕《identification, friend or foe》敵味方識別装置。暗号化された電波を出し、相手からの反応により自動的に敵味方を識別する。

アイ-エフ-エフ〔IFF〕《International Finance Facility》▶国際金融ファシリティー

アイ-エフ-エフ-アイ-エム〔IFFIm〕《International Finance Facility for Immunisation》▶予防接種のための国際金融ファシリティー

アイ-エフ-エム〔IFM〕《Innovative Financing Mechanisms》▶革新的資金メカニズム

アイ-エフ-エル-エー〔IFLA〕《International Federation of Library Associations and Institutions》国際図書館連盟。国際的な図書館および図書館関係者の組織。1927年創設。本部はハーグ。

アイ-エフ-オー〔IFO〕《if done, one cancel the other order》FX取引における注文の方法の一つ。IFDとOCOを組み合わせたもの。新規の指し値注文と、そのポジションの利益確定の指し値注文、損切りの逆指し値注文のすべてを同時に行う。IFDO。IFD-OCO。

アイ-エフ-オー〔IFO〕《identified flying object》確認飛行物体。㊀UFO。

アイ-エフ-シー〔IFC〕《International Finance Corporation》国際金融公社。世界銀行グループの一。開発途上国の民間企業に融資や投資を行う国際金融機関。1956年設立。世界銀行の活動を補助。

アイ-エフ-ジェー〔IFJ〕《International Federation of Journalists》国際ジャーナリスト連盟。

アイ-エフ-ディー-オー〔IFDO〕《if done,one cancel the other order》▶アイ-エフ-オー(IFO)

アイ-エフ-ピー〔IFP〕《Inkatha Freedom Party》▶インカタ

アイ-エム〔IM〕《instant messenger》▶インスタントメッセンジャー

アイ-エム〔IM〕《intercept missile》迎撃ミサイル。

アイ-エム-アール〔IMR〕《infant mortality rate》乳児死亡率。

アイ-エム-アール-ティー〔IMRT〕《Intensity Modulated Radiation Therapy》▶強度変調放射線治療

アイ-エム-アイ-エス〔IMIS〕《Integrated Motorist Information System》総合運転者情報システム。コンピューターを利用した交通整理システム。米国ニューヨーク州内のハイウエーの一部で実施。

アイ-エム-イー〔IME〕《Input Method Editor》米国マイクロソフト社がウインドウズで採用している文字入力システムの名称。代表的な日本語入力システムにはジャストシステム社のATOK(エートック)、マイクロソフト社のMS-IMEなどがある。

アイ-エム-イー-ケー-オー〔IMEKO〕《ドイツ Internationale Messtechnische Konföderation》国際計測協会。計測に関する情報交換、科学者・技術者の協力関係促進などを行う。1958年設立。本部はハンガリーのブダペスト。

アイ-エム-エス〔IMS〕《intelligent manufacturing system》知的生産システム。日・米・欧等の先進工業国の産学官による国際共同研究プロジェクトとして開発が進められている次世代の高度生産システム。知能化された機械と人間の融合を図ることにより、受注、設計、生産、販売までのプロセスを柔軟に統合・運用し、生産性を向上させることを目指す。

アイ-エム-エス〔IMS〕《integrated manufacturing system》総合生産管理システム。コンピューター制御による工場全体の自動化・無人化システム。

アイ-エム-エス〔IMS〕《inventory management system》在庫管理システム。

アイ-エム-エフ〔IMF〕《International Monetary Fund》国際通貨基金。国際連合の専門機関の一。為替相場の安定と自由化、および国際収支の均衡を図ることを目的に、ブレトンウッズ協定に基づいて1945年に設立された国際金融機関。本部はワシントン。日本は1952年(昭和27)に加盟。

アイ-エム-エフ〔IMF〕《International Metalworkers' Federation》国際金属労働組合連合。100か国余の金属関連労働組合を会員とする世界最大の労働組合。1893年設立。本部はジュネーブ。

アイ-エム-エフ-シー〔IMFC〕《International Monetary and Financial Committee》国際通貨金融委員会。国際的な通貨・金融システムの運営について、IMF総務会に助言・報告を行う組織。前身のIMF暫定委員会を改組して1999年に設立。通常は年2回開催。世界経済に影響を及ぼす懸念事項などについて議論し、共同声明を発表する。

アイ-エム-エフ-ジェー-シー〔IMF-JC〕《Japan Council of Metalworkers' Unions》全日本金属産業労働組合協議会。金属労協。1964年結成。1975年に国際金属労連日本協議会から現在の名称に変更。英文名もInternational Metalworkers' Federation-Japan Councilから現名に変更したが、英語の略称は従来のIMF-JCを継承している。

アイエムエフ-マニュアル【IMFマニュアル】《IMF manual》▶国際収支マニュアル

アイ-エム-エル〔IML〕《International Marching League》国際マーチングリーグ。ウオーキング運動推進を目的とする国際組織。歩け歩け大会やウオーキング大会などを各国で組織、運営。1987年結成。2006年IML Walking Associating(IML国際ウオーキング協会)に改称し、略称もIMLWAに変更。

アイ-エム-エル〔IML〕《International Microgravity Laboratory》国際微小重力実験。NASA宇宙科学応用局が推進している計画。スペースラブ(宇宙実験室)を利用して国際協力によって行う無重力状態での各種の実験のこと。

アイ-エム-オー〔IMO〕《International Maritime Organization》国際海事機関。船の航路・交通規則・港の施設などを国際的に統一するための審議などを行う国際連合の専門機関。本部はロンドン。

アイ-エム-オー〔IMO〕《International Mathematical Olympiad》国際数学オリンピック。優秀な数学者の育成を目的に毎年参加各国の持ち回りで行われている国際コンテスト。参加資格は大学入学以前の生徒で、国内の予選を経て数名のチームで参加。1959年開始。

アイ-エム-オー〔IMO〕《International Meteorological Organization》国際気象機関。1873年創立。1950年にWMO(世界気象機関)へと発展。

アイエム-クライアント【IMクライアント】▶インスタントメッセンジャー

アイ-エム-シー〔IMC〕《International Music Council》国際音楽評議会。音楽の多様性の活性化や芸術に関する権利の補助を行う。1949年、ユネスコにより設立。本部はパリ。

アイ-エム-シー〔IMC〕《International Monetary Conference》▶国際金融会議❷

アイエムティー-にせん〔IMT-2000〕《international mobile telecommunication 2000》ITU(国際電気通信連合)が定めた第三世代携帯電話サービスの標準化仕様。日本ではW-CDMA、CDMA2000が採用されている。

アイ-エム-ビー〔IMB〕《International Maritime Bureau》国際海事局。国際商業会議所(ICC)の下部組織。海事詐欺、海賊行為など海上貿易における犯罪を防止し、取り締まる目的で1981年に発足。本部はロンドン。クアラルンプールに「海賊情報センター」を設置している。補説IMBの年次報告書によると、2008年にソマリア周辺海域で発生した海賊事件は111件で、前年の2.5倍に急増。日本は、2009年3月、ソマリア沖・アデン湾における海賊対処のため、自衛隊法82条に基づく海上警備行動として、海上自衛隊の護衛艦「さざなみ」と「さみだれ」を派遣した。

アイ-エム-ユー〖IMU〗《International Mathematical Union》国際数学連合。4年に一度国際数学者会議(ICM)を主催し、会議では数学分野のノーベル賞といわれるフィールズ賞受賞者が選定される。1920年結成。1932年に解散したが、1951年に再結成された。

アイ-エル〖IL〗《interleukin》インターロイキン。

アイ-エル-アイ〖ILI〗《index of linguistic insecurity》言語的不安定度指数。言語学で、自分の話す言葉に対する自信のなさの度合いを表す指数。ある社会の最上流層のすぐ下の階層の人々において最も高くなるとされる。

アイ-エル-エー〖ILA〗《International Law Association》国際法協会。法学者、法律家を会員とする国際学術団体。1873年設立。本部はロンドン。

アイ-エル-エス〖ILS〗《instrument landing system》計器着陸装置。

アイ-エル-オー〖ILO〗《International Labor Organization》国際労働機関。1919年にベルサイユ条約に基づいて、国際連盟の一機構として設立。第二次大戦後は国際連合の専門機関。加盟国の政府および労使の代表で構成され、各国政府に対して労働条件の改善や社会福祉の向上に関する勧告・指導を行う。本部はジュネーブ。➡国際労働憲章

アイエルオー-じょうやく【ILO条約】ILOの総会が採択する、条約形式の国際的な労働基準。加盟国がこれを批准すると、その国に対して国際労働法としての拘束力をもつ。国際労働条約。

アイ-エル-シー〖ILC〗《International Labor Conference》►国際労働会議

アイ-エル-シー〖ILC〗《International Law Commission》国際法の法典化・起草を行う国連総会の下部機関。1947年設置。外交・領事関係条約、海洋法4条約、国際刑事裁判所規程など重要な国際法の草案を作成している。国連国際法委員会。

アイ-エル-ティー-エフ〖ILTF〗《International Lawn Tennis Federation》国際テニス連盟(ITF)の旧称。1977年にLawnを外した。

アイ-エル-ワイ〖ILY〗《International Literacy Year》国際識字年。1990年。国連が識字についての啓蒙と教育、識字率向上をはかるために設定。

あい-えん【合(い)縁¦相縁】・【愛縁】❶気心がよく合う縁。❷(愛縁)恩愛の縁。〈文明本節用集〉

あい-えん【哀×婉】〔形動〕〔文〕〔ナリ〕あわれで美しく、しとやかなさま。「一な恋情」

あい-えん【哀艶】〔形動〕〔文〕〔ナリ〕美しさの中に悲しみの感じられるさま。「あわただしき花の名残の一なるかたも」〈藤村・雅言と詩歌〉

あいえん-か【愛煙家】タバコを好んで吸う人。タバコ好き。

あいえん-きえん【合(い)縁奇縁¦相縁機縁】人と人との気心が合うも合わないも、不思議な因縁によるということ。

あい-おい【相生】❶一緒に生育すること。❷一つの根元から二つ幹が分かれて伸びること。また、2本の幹が途中で一緒になっていること。❸「相生挿し」の略。❹「相老」に同じ。

あいおい【相生】兵庫県南西部、播磨灘に面する市。天然の良港に恵まれ、造船工業地として発展。人口3.1万(2010)。

あい-おい【相老】《「相生」の「生い」に「老い」の意を掛けた語》夫婦が仲よく連れ添って長命であること。

あいおい-ざし【相生挿(し)】生け花で、雄松(黒松)と雌松(赤松)を花器に生けて、根締めに藪柑子を飾るもの。結婚式の飾りものなどに多く用いる。

あいおい-し【相生市】►相生

あいおいじし【相生獅子】長唄。7世杵屋喜三郎作曲。作詞者未詳。本名題、風流相生獅子。享保19年(1734)江戸中村座初演。現存する石橋物で最古のもの。

あいおい-の-まつ【相生の松】雄松と雌松の幹が途中で合わさったもの。夫婦の契りの深さにたとえる。兵庫県高砂市の高砂神社のものが有名。

あいおい-むすび【相生結び】ひもの装飾用の結び方の一。女結びにして、その一端をさらにその結び目に通したもの。

アイ-オー〖I/O〗《input/output》入出力。特に、コンピューターの入出力装置。

アイ-オー-アール〖IOR〗《イタ Instituto per le Opere di Religione》宗教事業協会。ローマ教皇庁、バチカン市国の財政を管理する機関。通称、バチカン銀行。神の銀行。

アイ-オー-イー〖IOE〗《International Organization of Employers》国際経営者団体連盟。1920年創立。本部はジュネーブ。

アイ-オー-エス〖iOS〗米国アップル社が開発したiPhone、iPod touch、iPad向けのオペレーティングシステム。タッチパネルによる操作、音声認識、本体の動きや傾きを感知する加速度センサーなどのユーザーインターフェース、マルチタスク機能に対応する。2010年6月に公開されたバージョン4.0(iOS4)において、iPhone OSから改称。11年10月にiCloudやツイッターとの連携強化などを図るiOS5が公開された。

アイオーエス-フォー〖iOS4〗►アイ-オー-エス(iOS)

アイ-オー-エフ〖IOF〗《International Orienteering Federation》国際オリエンテーリング連盟。1961年設立。事務局所在地は、フィンランドのスル。

アイ-オー-エム〖IOM〗《International Organization for Migration》国際移住機関。難民・避難民の輸送支援、移民支援、人的資源の移転移動等を扱う国際機関。1951年、暫定欧州移民移動政府間委員会として設立。89年、移住政府間委員会(ICM)から改編。本部はスイスのジュネーブ。

アイ-オー-シー〖IOC〗《International Olympic Committee》►国際オリンピック委員会

アイ-オー-シー〖IOC〗《Intergovernmental Oceanographic Commission》ユネスコ政府間海洋学委員会。海洋の自然現象および海洋資源に関する科学的調査を促進することを目的として、1960年に設立されたユネスコの委員会。

アイ-オー-シー〖IOC〗《input-output controller》コンピューターで、入出力制御装置。

アイ-オー-シー-エス〖IOCS〗《input-output control system》コンピューターで、入出力制御システム。

アイ-オー-シー-ユー〖IOCU〗《International Organization of Consumers Unions》国際消費者機構。1960年発足、95年Consumers International (CI)に改称。➡国際消費者機構

アイ-オー-ジェー〖IOJ〗《International Organization of Journalists》国際ジャーナリスト機構。

アイ-オー-ディー〖IOD〗《Indian Ocean Dipole》►ダイポールモード現象

アイ-オー-ディー-ピー〖IODP〗《Integrated Ocean Drilling Program》►統合国際深海掘削計画

アイ-オー-ピー-シー-エフ〖IOPCF〗《International Oil Pollution Compensation Fund》国際油濁補償基金。タンカー等船舶からの油の流排出による沿岸国の被害に対して、原因者による損害賠償が不十分な場合に補足的な補償を行う国際基金。本部はロンドン。

アイオー-ポート【I/Oポート】《I/O port》コンピューターのCPUが周辺機器とデータの送受信をするための窓口。

アイオス-ニコラオス〖Agios Nikolaos〗►アギオスニコラオス

アイオナ-しゅうどういん【アイオナ修道院】《Iona Abbey》英国スコットランド西岸、インナーヘブリディーズ諸島のアイオナ島にある修道院。6世紀にアイルランド出身の修道僧、聖コルンバが創建。スコットランドやイングランド北部への布教の拠点とした。キリスト教に帰依した初期のスコットランド王などが埋葬されている。

アイオナ-とう【アイオナ島】《Isle of Iona》英国スコットランド西岸、インナーヘブリディーズ諸島の小島。マル島の西方、約1.6キロメートルに位置する。6世紀にアイルランド出身の修道僧、聖コルンバがアイオナ修道院を建て、スコットランドやイングランド北部への布教の拠点とした。

あいおもい-ぐさ【相思ひ草】タバコのこと。「これもまた、行方も知らぬ一」〈浄・曾根崎〉

アイオライト〖iolite〗鉄・アルミニウム・マグネシウムを含む珪酸塩鉱物菫青石の宝石名。

あいおれ-くぎ【合(い)折れ×釘】直角に曲がり、両端がとがっている釘。襖や屏風の縁を取り付けるときなどに隠し釘として用いる。

アイオロス〖Aiolos〗ギリシャ神話の風の神。ポセイドンの子。

アイオワ〖Iowa〗米国中北部の州。州都デモイン。農業地帯で、東をミシシッピ川、西をミズーリ川が流れる。➡表「アメリカ合衆国」

あい-おん【哀音】悲しげな音や声。「一悲調」

あい-か【哀歌】悲しい気持ちを表した歌。悲歌。エレジー。類語エレジー・悲歌

あい-が【愛河】仏語。愛欲などの執着が人をおぼれさせるのを河にたとえた語。

アイガー〖ドイツ Eiger〗スイス中部、アルプスの高峰。標高3970メートル。北壁は困難な登頂ルートとして知られる。

アイガーグレッチャー〖Eigergletscher〗スイス中南部、アルプスのベルナーオーバーラントの高峰、アイガーの山腹にある展望地。標高2320メートル。眼前にアイガー氷河を臨む。クライネシャイデックとユングフラウヨッホを結ぶユングフラウ鉄道の同名の駅がある。

アイガー-ひょうが【アイガー氷河】《Eigergletscher》スイス中南部、アルプスのベルナーオーバーラントの高峰、アイガーから流れる氷河。2007年、「スイス-アルプス ユングフラウ-アレッチ」の名称で世界遺産(自然遺産)に拡大登録された範囲に含まれる。

アイガイ〖Aigai〗古代マケドニア王国の首都。現代名エゲス。現在のギリシャ北部、マケドニア地方の町ベルギナにあったとされる。

あい-がえし【藍返し】小紋などの模様のある上から、さらに藍で染め返したもの。

あい-がかり【相懸(か)り】❶将棋の序盤で、両方とも同じ駒の陣形を作って攻め合うこと。❷敵味方が同時に攻めかかること。「東西より一に懸かって」〈太平記・三一〉

あい-かぎ【合(い)鍵】その錠に合う別の鍵。複製の鍵や親鍵(マスターキー)など。類語鍵・錠・錠前・キー・南京錠

あい-がき【合欠¦相欠】梁や根太などを接ぐときに、それぞれの材の一端を同形に欠いて重ね合わせること。

あい-かご【相×駕▽籠】二人で一つの駕籠に相乗りすること。あいあいかご。「あの子をせめて一で、いざおぢやと抱き寄するを」〈浄・阿波鳴渡〉

あい-かた【合方】❶能楽で、謡の伴奏をする大鼓・小鼓・太鼓・笛による演奏。❷邦楽で、唄と唄との間をつなぐ、三味線の合いの手の特に長いもの。長唄に多い。❸歌舞伎の下座音楽で、三味線を主とし唄を伴わないもの。

あい-かた【相方】❶一緒に物事をする人。相手。相棒。❷(「敵娼」とも書く)遊里で、客から見て相手の遊女。類語相手・相棒

あい-がた【藍型】藍一色または藍の濃淡で文様

を染め出した型染め。沖縄のものが有名。➡紅型びんがた

アイがた-こう【I形鋼】コウ 形鋼の一。断面がI字形をした鋼材。

あい-かたら・う【相語らふ】あひかたらふ〔動ハ四〕❶互いに語る。語り合う。「仏師のもとに行きて―・ひて」〈今昔・四・一六〉❷親しく交わる。また、男女が親しい関係になる。「ねむごろに―・ひける友だち」〈伊勢・一六〉❸自分の仲間に引き入れる。「自国、他国の軍勢を―・ひ、七千余騎を率して」〈太平記・一一〉

あい-がたり【▽間語り】あひ 能の間狂言あいきょうげんのうち、特に語り間あいのこと。

アイカッパビー-ゼータ〘I kappa B-zeta｜IκB-ζ〙免疫の過剰反応を引き起こす、たんぱく質の一種。平成22年(2010)、東京医科歯科大グループによりリウマチの原因物質の一つとして特定された。

アイカップ〘eyecup〙カメラのファインダー接眼部に装着して、接眼部から光が入らないようにしたゴム製・軟プラスチック製のカバー。

あい-かまえて【相構へて】あひかまへて〔副〕❶よく注意して。十分に用心して。「彼の塔に行きて、―戸を開きて入りぬ」〈今昔・二・一九〉❷(あとに禁止の語を伴って)必ず。決して。「―深く嘆き給ふべからず」〈曽我・一一〉

あい-がみ【▽間紙】あひ ❶傷や汚れがつかないように、物と物との間に挟む紙。あいし。❷ ▶あいし(間紙)❶

あい-がみ【藍紙】あゐ ❶ ▶青花紙あおばながみ ❷藍色に染めた紙。昔、写経・写本などに用いた。あおがみ。あいし。

あい-がめ【藍×甕】あゐ 染料の藍汁をためておくかめ。藍壺あいつぼ。

アイ-カメラ〘eye camera〙角膜に光を投射し、その反射光によって眼球の動きをとらえる装置。自動車の運転者の目の動きの分析などに使用。

あい-がも【▽間×鴨｜合×鴨】あひ アヒルの一品種。マガモと青首アヒルとの雑種。肉用。なきあひる。

あいかわ【相川】あひかは 新潟県佐渡市の地名。江戸幕府直轄の金鉱町として繁栄。無名異焼むみょういやきの産地。

あい-かわ【藍革】あゐかは 鹿のもみ革を藍で染めたもの。多く太刀の革緒かわおや甲冑かっちゅうの威毛おどしげなどに用いる。藍韋あいなめし。

あいかわ-おんど【相川音頭】あひかはおんど 佐渡市の民謡。平家物語に取材した口説くどき形式の歌詞による盆踊り歌。

あいかわ-よしすけ【鮎川義介】あいかは [1880〜1967]《「あゆかわぎすけ」とも》実業家。山口の生まれ。東大卒。久原房之助の義兄。日産自動車・日立製作所などを傘下に収める、日産コンツェルンを築く。戦後は、参議院議員として政界にも進出。

あい-かわらず【相変(わ)らず】あひかはらず〔副〕今までと変わったようすが見られないさま。以前と同じように。「―貧乏暇なしだ」

(類語)やはり・依然・やっぱり・なおかつ・なおも・まだ・いまだ・いまだに・なお・今なお・今もって

あい-かん【哀感】もの悲しい感じ。悲しみや哀れを誘う感じ。「―が漂う」「―を込める」

(類語)ペーソス・哀愁・悲哀・哀れ

あい-かん【哀歓】クワン 悲しみと喜び。「人生の―を共にする」(類語)一喜一憂・悲喜

あい-がん【哀願】グワン〔名〕スル 事情を述べて相手の同情心に訴え、ひたすら頼むこと。「助命を―する」

(類語)懇願・嘆願・熱願・懇請・懇望・泣き付く・訴える・直訴・直願・哀訴・泣訴・愁訴・掻かき口説くどく

あい-がん【愛玩｜愛×翫】グワン〔名〕スル 大切にし、かわいがること。多く、小さな動物についていう。また、いつくしみ楽しむこと。「―犬」(類語)愛護

あいがんどうぶつようしりょうあんぜんせいかくほ-ほう【愛玩動物用飼料安全性確保法】アイグワンドウブツヨウシレウアンゼンセイカクホハフ《「愛がん動物用飼料の安全性の確保に関する法律」の略称》犬や猫などのペットの健康保護を目的として制定された法律。ペットフードの安全を確保するため、製造・輸入・販売に規制を設けている。平成21年(2009)施行。ペットフード法。

(補説)平成19年(2007)、有害物質のメラミンが混入した中国産ペットフードが原因となって米国で多数の犬・猫が死亡。日本にも同様のペットフードが輸入されていたことから、同20年に農林水産省・環境省が共管で法案を提出。同年に成立・公布された。

あい-き【愛機】日ごろ好んで使い、大事にしている写真機などの機器。また、愛用の飛行機。

あい-き【×噯気】げっぷ。おくび。

あい-ぎ【合(い)着｜▽間着】あひ ❶「合い服」に同じ。❷上着と下着との間に着る衣服。(類語)合い服

あい-ぎ【愛×妓】かわいがっている芸者や娼妓しょうぎ。

アイギ〘Gennadiy Nikolaevich Aygi〙[1934〜2006]ロシアの詩人。少数民族チュバシ人で、初期にはチュバシ語で詩作したが、パステルナークのすすめにより、ロシア語でも詩作をはじめた。難解な作風ながら、西欧を中心に評価が高い。詩集「庭の雪」「いまやいつも雪」など。

あいき-どう【合気道】あひきダウ 古流柔術の一派、大東流柔術の流れをくむ武術。関節の弱点を利用した押さえ技や投げ技を特色とする。

アイギナ〘Aigina〙《「アイーナ」とも》ギリシャ南部、サロニコス湾に浮かぶエギナ島にあった古代ギリシャ時代のポリス(都市国家)。紀元前6世紀頃まで海上交通の要地として栄えたが、紀元前5世紀前半に競合関係にあったアテネとの争いで敗れ、衰退した。紀元前5世紀に建造されたアフェア神殿、アポロン神殿などが残っている。

アイギナ-とう【アイギナ島】タウ《Aigina》▶エギナ島

あい-きゃく【相客】あひ ❶同じ場所で、たまたまそこに来合わせた客。❷旅館などで、他の客と相部屋になること。また、その客どうし。

アイ-キャッチャー〘eye catcher〙《人目を引くもの、の意》広告用の絵や写真など、一目で商品やその広告主を連想させるもの。

アイキャット〘ICCAT〙《International Commission for the Conservation of Atlantic Tunas》大西洋マグロ類保存国際委員会。大西洋マグロ類保存条約に基づき、1969年に設立。本部はマドリード。

アイキャン〘ICANN〙《Internet Corporation for Assigned Names and Numbers》IPアドレス、ドメイン名など、インターネット上のアドレス資源の割り当て、管理、調整を行っている民間の非営利組織。

あい-きゅう【哀求】キウ〔名〕スル 事情を述べ、相手の同情に訴えて願い求めること。「『そんなら何か食物を売ってくれないか、銭はあるが…』と僕は―した」〈蘆花・思出の記〉

あい-きゅう【哀泣】キフ〔名〕スル 悲しんで泣くこと。

アイ-キュー〘IQ〙《intelligence quotient》知能指数。

アイ-キュー〘IQ〙《improved quality》品質向上。労資が協調して生産物の品質向上について話し合い、互いに協力しあうこと。

アイキュー-せい【IQ制】《import quota system》輸入割当制度。

あい-きょう【哀叫】ケウ〔名〕スル 悲しそうに泣き叫ぶこと。「また一種名状し難い一怒号を加えて荒れ廻るのを」〈中里・大菩薩峠〉

あい-きょう【愛郷】キャウ 生まれ故郷を愛すること。「―の精神」

あい-きょう【愛×嬌】ケウ・【愛▽敬】キャウ《古くは「あいぎょう」》❶にこやかで、かわいらしいこと。「―のある娘」「口もとに―がある」❷ひょうきんで、憎めない表情・しぐさ。「―たっぷりに話す」❸相手を喜ばせるような言葉・振る舞い。「―を振りまく」❹(多く「御愛嬌」の形で)座に興を添えるもの。ちょっとしたサービス。座興。「ご―に一差し舞う」「これもご―。へたな歌でも一曲」(補説)「あいぎょう(愛敬)❷」が清音化し、キャウ・キョウの区別が失われたのち、意味に対応して「嬌」の字が近世以降に当てられるようになった。❸の用例「愛嬌を振りまく」はこれが本来の言い方であるが、文化庁が発表した平成17年度「国語に関する世論調査」では、「愛嬌を振りまく」を使う人が43.9パーセント、間違った言い方「愛想を振りまく」を使う人が48.3パーセントという逆転した結果が出ている。

(用法)愛嬌・愛想――「愛嬌」は、あるものに備わった、かわいらしさ、ひょうきんで憎めないようすを表しているのに対し、「愛想」は、「愛想がよい」「愛想笑い」などのように、人にいい感じを与えるために示す態度や動作である。◆「愛嬌」は「愛嬌のある顔」のように、その人にもともと身についたものをいうことが多いが、「愛想」は、「お愛想を言う」のように、意識的な動作や態度をいう。◆したがって「愛嬌(愛想)のない人」のように相通じて用いられることもあるが、「愛想が尽きる」とはいっても、「愛嬌が尽きる」とはいえない。

あい-ぎょう【愛▽敬】ギャウ《仏語の「愛敬相」から。室町以降「あいきょう」とも》❶親愛と尊敬の念をもつこと。人から愛され敬われること。あいけい。「この女子にょしに、―、富を得しめ給へ」〈今昔・一六・八〉❷顔つき・振る舞い・性格などが、優しく愛らしいこと。あいきょう。「かたち、すがた、をかしげなり。―めでたし」〈宇治拾遺・一〇〉

あい-ぎょう【愛▽楽】ゲウ〔名〕スル《「楽」は好む、願う意》❶仏語。仏の教えを願い求めること。あいらく。❷愛好すること。好意を持つこと。「人に―せられずして衆にまじはるは恥なり」〈徒然・一三四〉

あいきょう-げ【愛×嬌毛】アイケウ 女性が、顔にかわいらしさを添えるために頬のあたりに数本垂らした髪の毛。

あい-きょうげん【▽間狂言】あひキャウゲン ❶能1曲を演じる場合、狂言方が加わって受け持つ部分。また、その役柄。語り間あい・会釈間あしらいあいなどがある。能間のうあい。間あい。間の狂言。❷「間あいの狂言❷」に同じ。

あいきょう-しょうばい【愛×嬌商売】アイケウシャウバイ 愛嬌を振りまくことが繁盛に結びつく商売。芸人や料理屋などの類。

あいぎょう-そう【愛▽敬相】アイギャウサウ 仏語。仏・菩薩の、優しく情け深く、穏やかな容貌や態度。

あいきょう-づ・く【愛×嬌付く】アイケウ〔動カ五(四)〕愛嬌のあるようすになる。表情などがかわいらしくなる。「次の女の子が、少しずつ―・いて来るにつれて」〈秋声・黴〉

あいぎょう-づ・く【愛▽敬付く】アイギャウ〔動カ四〕かわいらしさが備わる。「口つき―・きて、少し匂ひたる気けつきたり」〈落窪・一〉

あいきょう-び【愛▽敬日】アイキャウ ▶恩恵日おんけいび

あいきょう-べに【愛×嬌紅】アイケウ 女性が、かわいらしさを増すために、目じりや耳たぶなどにつける紅。

あいきょう-ぼくろ【愛×嬌黒＝子】アイケウ 顔に愛嬌を添えるほくろ。

あいきょう-もの【愛×嬌者】アイケウ ひょうきんで人々にかわいがられる人や動物。

あいきょう-らし・い【愛×嬌らしい】アイケウ〔形〕❶かわいらしい。あいそがいい。「かぎやの小ぢょくめらも―・い」〈滑・膝栗毛・五〉❷おもしろみがある。こっけいである。「―・い野暮助様ぢゃわいな」〈伎・幼稚子敵討〉

あいきょう-わらい【愛×嬌笑い】アイケウわらひ 相手によい印象や好感を与えようとして浮かべる、ちょっとした笑い。愛想笑い。

あいぎょくし【愛玉子】▶オーギョーチー

あい-ぎん【▽間銀】あひ 手数料。周旋料。口銭こうせん。間銭あいせん。「毎年の暮れに借入かしれの肝煎きもいりして、この―を取り」〈浮・胸算用・四〉

あい-ぎん【愛吟】〔名〕スル 好きな詩歌などを折にふれて口ずさむこと。

あい-ぐう【愛遇】〔名〕スル 心をこめてもてなすこと。

あいく-おう【阿育王】ワウ ▶アショカ王

あいくおう-ざん【阿育王山】アイクワウ 中国、浙江せっこう省東部の山。281年、西晋の劉薩訶りゅうさつかが阿育王の舎利塔を建立した地。宋代には広利寺として五山の一。育王山。

あい-くぎ【合い×釘｜▽間×釘】あひ 両端のとがった釘。板と板とを継ぎ合わせるのに用いる。

あ

あい-ぐ・す【相具す】あひ〔動サ変〕❶連れていく。伴う。「我をいざなひて一・して、いづくとも覚えぬ所に行きにし」〈今昔・三一・九〉❷夫婦になる。連れ添う。「宰相殿と申す女房に一・して」〈平家・四〉

あい-ぐすり【合(い)薬】あひ 飲む人の体質・病状などに合っていて、効き目の顕著な薬。適薬。

あい-くち【合(い)口】あひ ❶(「匕首」と書く)鍔つばのない短刀。九寸五分くすんごぶ。「ふところに一をのむ」❷人と何かをするときの相性。「彼とは一がいい」❸互いに話が合い、気心の合うこと。また、その間柄。「同じ年頃の婦人たちの中では姉と一であり」〈野上・真知子〉❹物と物とが合わさるところ。❺「合い端ば❶」に同じ。(類語)相性

あい-ぐま【藍×隈】あゐ 歌舞伎の隈取りの一つで、藍で青く顔を隈取るもの。怨霊や公家悪くげあくなどの役柄に用いる。青隈。

アイ-クリーム〘eye-cream〙目のまわりの小じわを防ぐためのクリーム。

あい-くるし・い【愛くるしい】〔形〕(文)あいくる・し〔シク〕子供や小動物などの、愛嬌あいきょうがあって、かわいらしいさま。「一・いしぐさ」(派生)あいくるしげ〔形動〕あいくるしさ〔名〕(類語)いとおしい・いとしい・愛らしい・可愛い・あどけない・いじらしい・しおらしい・めんこい・可憐かれん・キュート・いたいけ・しとやか

アイグン-じょうやく【愛琿条約】アイグンデウヤク 1858年、中国黒竜江省の愛琿(現、愛輝あいき)でロシアと清しんとの間に結ばれた条約。ロシアは清に、黒竜江(アムール川)左岸の割譲、松花江(ウスリー川)以東を2国の共同管理地区とすることなどを認めさせた。

アイケア-グラス《和 eye-care＋glass》目と目の周辺の皮膚の保護とファッション性を兼ねそなえたサングラスの一種。

あい-けい【愛敬】〔名〕スル 親しみ敬うこと。敬愛。「一の念」「秋田豊は大いに彼の久松菊雄を一して」〈菊亭香水・世路日記〉

アイ-ケー-オー〘ICAO〙《International Civil Aviation Organization》▶イカオ

あい-けん【愛犬】❶かわいがって飼っている犬。❷犬をかわいがること。「一家」

あい-こ【相こ】あひ 互いに勝ち負けや損得のないこと。五分と五分。相持ち。(補説)「相子」とも書く。
(類語)引き分け・ドロー・預かり・持

あい-こ【愛顧】〔名〕スル 目をかけ引き立てること。引き立てられる側からいう語。ひいき。「今後ともいっそうの御一を賜りますよう」
(類語)ひいき・えこひいき・判官贔屓ほうがんびいき・身びいき

あい-ご【相碁】あひ 囲碁の腕前が同等なこと。また、その人。

あい-ご【愛語】《梵 priya-vāditāの訳》菩薩が他者に対して心のこもった優しい言葉をかけること。人々を救いに導く実践行である四摂事ししょうじの一。

あい-ご【愛護】〔名〕スル ❶かわいがって庇護すること。「動物一」❷《「愛護の若」の役に用いたところから》歌舞伎の稚児ちご用のかつらの一。
(類語)愛玩・保護

あい-ご【藍子】あゐ スズキ目アイゴ科の海水魚。全長約55センチ。体は楕円形で側扁し、淡褐色の地に小白点がある。背びれ・しりびれ・腹びれのとげに毒がある。本州中部以南の沿岸にすむ。冬季に美味。

あい-こう【愛好】アイカウ〔名〕スル その事が好きで楽しむこと。「美術を一する」「バロック音楽一家」(類語)愛する・好む・好く・愛でる・好み・嗜好・好尚・同好

あい-こう【愛校】アイカウ 自分の出身校または在学する学校を愛すること。「一心」

あい-ごう【哀号】アイガウ〔名〕スル 人の死を悲しんで大声で泣き叫ぶこと。また、その泣き声。

あい-こく【哀×哭】〔名〕スル 声をあげて泣き悲しむこと。

あい-こく【愛国】自分の国を愛すること。

あいこくがくえん-だいがく【愛国学園大学】アイコクガクヱン 千葉県四街道市にある私立大学。昭和13年(1938)創立の愛国女子商業学校を前身とする。平成10年(1998)開設。人間文化学部の単科大学。

あいこく-こうとう【愛国公党】アイコクコウタウ ❶明治7年(1874)板垣退助らを中心に結成された日本最初の政党。天賦人権論・自由思想を唱え、自由民権運動の口火を切ったが、佐賀の乱後消滅。❷明治23年(1890)大同団結運動の分裂後、板垣退助が組織した政党。同年、立憲自由党に発展。

あいこく-しゃ【愛国社】明治8年(1875)、高知県の立志社を母体に各地の民権政社を結集して組織された政治結社。自由民権運動の中核となった。

あいこく-しん【愛国心】自分の国を愛し、国の名誉・存続などのために行動しようとする心。祖国愛。

あいこく-ふじんかい【愛国婦人会】アイコクフジンクワイ 明治34年(1901)、奥村五百子おくむらいおこの創設した婦人団体。戦死者の遺族や傷痍しょうい軍人の救護を主な目的とした。昭和17年(1942)大日本婦人会に統合。

あい-ことな・る【相異なる】あひ〔動ラ五(四)〕互いに違っている。「一・る意見」「一・る二つの命題」

あい-ことば【合(い)言葉】あひ ❶前もって打ち合わせておいて、味方どうしであることを確認する合図の言葉。❷仲間うちの信条・目標としていつも掲げる言葉。モットー。

アイコノクラズム〘iconoclasm〙偶像破壊。

あいごのわか【愛護の若】説経節の曲名。また、その主人公。万治4年(1661)以前に成立。長谷観音はせかんのんの申し子の愛護の若は、継母により盗人の汚名を着せられ自殺するが、のち、山王権現としてまつられる。この題材は浄瑠璃や歌舞伎などの一系統として発展した。

あい-ごま【▽間駒｜合(い)駒】あひ 将棋で、自分の駒を守るために相手の駒のきき筋に打つ駒。間遮あいしゃ。間あい。間馬あいま。

アイコン〘icon〙❶コンピューターで、ファイルの内容やプログラムの機能などを絵文字にしてディスプレー上に表示したもの。❷偶像。あこがれや崇拝の的となるもの。イコン。「ファッション一」「時代の一となる」

アイ-コンタクト〘eye contact〙視線を合わせること。特にサッカーなどのスポーツで、次のプレーの意思表示として選手どうしが行うもの。

アイコンプ〘iCOMP〙《Intel comparative microprocessor performance》米国インテル社が提唱した、マイクロプロセッサーの能力指標。演算速度、グラフィックス処理などを計測し、数値化したもの。

あい-さ【▽秋沙】《「あきさ」の音変化》カモ科アイサ属の鳥の総称。くちばしは細長く、縁が鋸歯きょし状。潜水が巧みで、魚を捕食。日本では冬鳥だが、北海道で繁殖するものもある。ウミアイサ・カワアイサ・ミコアイサの3種がみられる。のこぎりばがも。あいさがも。

アイサ〘ISA〙《Industry Standard Architecture》初期のIBM PC/ATおよびその互換機で業界標準として採用されていた古いバス規格。現在では、転送速度などに優れたPCIバスが一般的になっている。

あい-ざ【▽間座】あひ ▶狂言座

あいさい【愛西】愛知県西端の市。市域のほとんどが海抜0メートル以下で、西部を木曽川・長良川が天井川として流れる。平成17年(2005)4月に佐屋町、立田村、八開はちかい村、佐織町が合併して成立。人口6.5万(2010)。

あい-さい【愛妻】❶愛し、大切にしている妻。「一弁当」❷妻を大事にすること。「一家」(類語)恋女房

あいさい-し【愛西市】▶愛西

あい-ざかり【愛盛り】幼児のかわいらしい盛り。「いっそ(＝本当ニ)一だ」〈滑・浮世風呂・二〉

あい-さく【▽間作】あひ ▶かんさく(間作)

あい-ざしき【相座敷】あひ 同じ座敷に居合わせること。「一に勧進比丘尼の美しき者が二人泊まってゐる」〈浮・御前義経記・三〉

アイサス〘ISAS〙《Institute of Space and Astronautical Science》宇宙科学研究所。昭和39年(1964)東京大学宇宙航空研究所として設立。同56年全国の大学の共同利用機関となり、宇宙科学研究所に改組。平成15年(2003)航空宇宙技術研究所(NAL)、宇宙開発事業団(NASDA)と統合され、独立行政法人・宇宙航空研究開発機構(JAXA)として新たに発足。

あい-さつ【挨拶】〔名〕スル《「挨」は押す、「拶」は迫る意で、本来、禅家で門下の僧に押し問答して、その悟りの深浅を試すこと》❶人に会ったときや別れるときなどに取り交わす礼にかなった動作や言葉。「一を交わす」「時候の一」❷会合の席や集会で、改まって祝意や謝意などを述べること。また、その言葉。「来賓が一する」❸相手に対して敬意や謝意などを表すこと。また、その動作や言葉。「転勤の一」「なんの一もない」❹(「御挨拶」の形で)相手の非礼な言葉や態度を皮肉っていう語。「これは御一だね」❺やくざや不良仲間で、仕返しをいう語。❻争い事の中に立って仲裁すること。また、その人。「一は時の氏神」❼応答のしかた。口のきき方。「馴れたる一にて」〈浮・一代男・二〉❽人と人との間柄。仲。「中川殿とこな様との一が」〈浄・五枚羽子板〉

挨拶切・る 縁を切る。関係を断つ。「一・ると取り交はせしその文を反古ほうごにし」〈浄・天の網島〉

挨拶は時ときの氏神うじがみ 争い事が起きた時、仲裁をしてくれる人は氏神様のようにありがたいのだから、その調停には従うべきであること。仲裁は時の氏神。

あいさつ-にん【挨拶人】仲裁人。「大郭にして囲職の女郎は、上職の一」〈色道大鏡・二〉

アイサ-バス【ISAバス】《ISA bus》IBM PCおよびその互換機で使用されている16ビット幅の外部拡張バス(信号路)。最大データ転送速度は4MB/秒。16ビットCPUである80286を前提に設計されているため、現在では拡張ボードの接続にはPCIバスの利用が主流になっている。ATバス。

アイザフ〘ISAF〙《International Security Assistance Force》▶国際治安支援部隊

アイサム〘ISAM〙《Indexed Sequential Access Method》コンピューターで、索引順アクセス法。インデックスを利用して効率よくディスクのデータファイルにアクセスする手法の一つ。

あい-ざめ【藍×鮫】あゐ ❶ツノザメ科アイザメ属の海水魚の総称。日本では、アイザメ・オキナワヤジリザメ・ゲンロクザメ・タロウザメの4種が太平洋側の深海にすむ。全長約1メートル。❷藍色を帯びる鮫皮。刀剣の柄や鞘さやの装飾に使用。

あいざわ-じけん【相沢事件】あひざは 昭和10年(1935)8月、皇道派の陸軍中佐相沢三郎が、統制派の陸軍省軍務局長永田鉄山少将を斬殺した事件。翌年の二・二六事件の伏線となった。永田事件。

あいざわ-せいしさい【会沢正志斎】あひざは〔1782～1863〕江戸後期の思想家。水戸藩士。名は安やすし。藩主徳川斉昭なりあきを擁立し、藩政改革・尊王攘夷そんのうじょうい運動を推進、水戸学の発展に努めた。主著「新論」。

あい-さん【愛×餐】キリスト教会で信徒が共にする食事。アガペー。

アイ-さんはちろく〘i386〙米国インテル社が開発した同社初の32ビットマイクロプロセッサーの製品名。後継の製品としてi486がある。

あい-し【哀史】悲しい出来事をつづった物語。悲しい歴史。「吉野朝一」

あい-し【哀思】ものがなしい気持ち。「夜ふけて灯前独り坐す一悠々堪ゆべからず」〈独歩・独坐〉

あい-し【哀詩】悲しい事柄や心を詠んだ詩。

あい-し【相仕｜相▽衆】あひ ❶一緒に仕事をする者。「九右衛門、一ら招き寄せ、小声になって」〈浄・博多小女郎〉❷組になって客に呼ばれる芸者。特に、江戸新吉原で、二人一組で客の席に出る芸者が互いに相手のことをこう呼んだ。

あい-し【▽間紙】あひ ❶印刷しおわった紙の間に挟んで、インクの汚れを防ぐ紙。あいがみ。❷▶あいがみ(間紙)❶

あい-じ【愛児】親がかわいがっている子。いとしご。(類語)愛し子・愛息・愛娘まなむすめ・秘蔵っ子・寵児ちょうじ・子供・子こ・子女しじょ・児女・子弟・子息・息男そくなん・息女・息

子(むすこ)・娘・倅(せがれ)・子種・子宝・二世・お子さま・令息・令嬢・お坊ちゃん・お嬢さん・お嬢さま

アイ-シー〘IC〙《integrated circuit》「集積回路」に同じ。

アイ-シー〘IC〙《informed consent》▶インフォームドコンセント

アイ-シー〘IC〙《interchange》高速道路のインターチェンジ。

アイ-シー〘IC〙《independent contractor》「独立業務請負人」に同じ。

アイ-ジー〘Ig〙《immunoglobulin》免疫グロブリン。

アイ-シー-アール〘ICR〙《International Congress of Radiology》国際放射線医学会議。放射線医学専門家の国際会議。1924年、第1回を英国で開催した。

アイ-シー-アール-シー〘ICRC〙《International Committee of the Red Cross》▶赤十字国際委員会

アイ-シー-アール-ピー〘ICRP〙《International Commission on Radiological Protection》国際放射線防護委員会。放射線の人体・生物などに対する影響とその防護に関する勧告・報告を目的とする国際組織。1928年、国際X線およびラジウム防護委員会として設置。1950年、現称に変更。対象とする放射線の範囲をX線とラジウムだけでなく、すべての電離放射線にまで拡大した。事務局はオタワ。

アイ-シー-アール-ユー〘ICRU〙《International Commission on Radiation Units and Measurements》国際放射線単位および測定委員会。1924年、英国で開催された国際放射線医学会議(ICR)において、放射線の単位と測定に関する国際的な活動の必要性から設置。

アイ-シー-アイ〘ICI〙《International Commission on Illumination》国際照明委員会。➡CIE

アイ-シー-アイ〘ICI〙《Imperial Chemical Industries Ltd.》英国に本拠を置く、世界有数の総合化学会社。1926年設立。2008年オランダの化学メーカー「アクゾ・ノーベル」の傘下に入った。

アイ-シー-イー〘ICE〙《(ドイツ) InterCity Express》▶イー-ツェー-エー(ICE)

アイ-シー-イー〘ICE〙《Intercontinental Exchange》▶インターコンチネンタル取引所

アイ-シー-イー-アール-ディー〘ICERD〙《International Convention on the Elimination of All Forms of Racial Discrimination》▶人種差別撤廃条約

アイシーイー-さきものとりひきじょ【ICE先物取引所】インターコンチネンタル取引所(ICE)が運営する先物取引市場。ICEフューチャーズヨーロッパ(旧・ロンドン国際石油取引所)、ICEフューチャーズU.S.(旧・ニューヨーク商品取引所)など。

アイシーイーフューチャーズ-ユーエス【ICEフューチャーズU.S.】《ICE Futures U.S.》農産品・外国為替・株価指数の先物・オプションを上場する、インターコンチネンタル取引所(ICE)傘下の電子取引所。デリバティブ取引所として米国第2位の規模。本拠地はニューヨーク。ニューヨーク商品取引所(NYBOT)が前身。

アイシーイーフューチャーズ-ヨーロッパ【ICEフューチャーズヨーロッパ】《ICE Futures Europe》エネルギー関連の先物・オプションを上場する、インターコンチネンタル取引所(ICE)傘下の電子取引所。エネルギー先物取引所として欧州で最大、世界で第2位の規模。本拠地はロンドン。ロンドン国際石油取引所が前身。

アイ-シー-エー〘ICA〙《International Cartographic Association》国際地図学協会。地図分野の国際学術団体。2年ごとに国際地図学会議を開催する。1959年設立。

アイ-シー-エー〘ICA〙《International Cooperation Administration》国際協力局。米国国務省の一機関。現在はAID(国際開発庁)と改称。

アイ-シー-エー〘ICA〙《International Co-operative Alliance》国際協同組合同盟。協同組合の国際的な中央組織。1895年、設立。本部はジュネーブ。

アイ-シー-エー〘ICA〙《International Coffee Agreement》国際コーヒー協定。世界のコーヒー価格と需要を安定させるための政府間協定。1959年に輸出国のみによる国際コーヒー協定が締結されたが、62年に輸出入国双方の参加による国連コーヒー会議が開催され、「62年協定」が成立した。

アイ-シー-エー〘ICA〙《intermediate certificate authority》▶中間認証局

アイ-ジー-エー〘IGA〙《International Grains Agreement》国際穀物協定。穀物貿易規約と食糧援助規約とからなる。1995年に国際小麦協定に変わるものとして締結。世界の穀物輸出国および輸入国26か国と欧州共同体が加入。

アイジーエー-じんしょう【IgA腎症】(ジンシヤウ)《IgA Nephropathy》腎臓の糸球体にIgAという免疫グロブリン(抗体)が沈着することで起こる慢性の腎炎。

アイ-ジー-エス〘IGS〙《Information Gathering Satellite》▶情報収集衛星

アイ-シー-エス-アイ-ディー〘ICSID〙《International Centre for Settlement of Investment Disputes》国際投資紛争解決センター。世界銀行グループの一。国際投資紛争の調停と仲裁を行う。

アイ-シー-エス-ダブリュー〘ICSW〙《International Conference on Social Welfare》国際社会福祉会議。1928年から2年に1回開かれている社会福祉および社会開発に関する国際会議。オランダのユトレヒトに事務局を置く非政府民間組織、国際社会福祉協議会(ICSW, International Council on Social Welfare)が主催。

アイ-シー-エス-ディー〘ICSD〙《International Committee of Sports for the Deaf》国際ろう者スポーツ委員会。デフリンピックの開催などを通じて、聴覚障害者のスポーツ振興を目的とする。本部は米国。

アイ-シー-エヌ〘ICN〙《infection control nurse》▶感染管理看護師

アイ-シー-エヌ-エヌ-ディー〘ICNND〙《International Commission on Nuclear Non-proliferation and Disarmament》▶国際賢人会議

アイ-ジー-エフ-エー〘IGFA〙《International Game Fish Association》国際ゲームフィッシュ協会。ゲームフィッシングの普及や振興などを目的とする国際組織。1939年発足。本部は米国のフロリダ。

アイ-シー-エフ-ティー-ユー〘ICFTU〙《International Confederation of Free Trade Unions》国際自由労働組合連盟。国際自由労連。1949年、WFTU(世界労連)を脱退したTUC(英国労働組合会議)とAFL(米国労働総同盟)を中心に結成。反共的な労働組合の国際組織。本部はベルギーのブリュッセル。2006年、WCL(国際労働組合連合)などとともにICTU(国際労働組合総連合)に統合。

アイ-シー-エム〘ICM〙《image color management》米国マイクロソフト社のオペレーティングシステムが搭載するカラーマネージメント機能。

アイ-シー-エム〘ICM〙《Intergovernmental Committee for Migration》移住政府間委員会。1952年に設置された、移民や難民の国際的移動に関する援助や計画を推進している政府間委員会。89年、国際移住機関(IOM)と改称。➡IOM

アイ-シー-エム〘ICM〙《International Congress of Mathematicians》国際数学者会議。国際数学連合(IMU)の4年ごとの大会。1897年にチューリヒで第1回を開催。フィールズ賞を授与する。

アイ-シー-エム〘ICM〙《inner cell mass》▶内部細胞塊

アイ-シー-エム〘ICM〙《imaging cytometry》▶イメージングサイトメトリー

アイ-シー-エム-ティー〘ICMT〙《infection control microbiological technologist》▶感染制御認定臨床微生物検査技師

アイ-ジー-エム-ピー〘IGMP〙《internet group management protocol》特定の複数の相手に同じデータを送信するプロトコル、IPマルチキャストに対応し、データを受信する側の制御を行うプロトコル。

アイ-シー-エル-イー-アイ〘ICLEI〙《International Council for Local Environmental Initiatives》国際環境自治体協議会。環境保全のための地方自治体の国際的組織。本部はカナダのトロント。2003年、ICLEI Local Governments for Sustainabilityに改称。

アイ-シー-エル-エー〘ICLA〙《International Comparative Literature Association》国際比較文学会。各国の比較文学会の連合体。1954年設立。

アイ-シー-オー〘ICO〙《International Commission for Optics》国際光学委員会。光学分野の国際学術団体。1947年創立。

アイ-シー-オー〘ICO〙《International Coffee Organization》国際コーヒー機関。1963年設立。本部はロンドン。

アイ-ジー-オー〘IGO〙《intergovernmental organization》政府間組織。多数の国家が共通の目的を達成するために形成する国際団体。

アイシー-カード【ICカード】《ICは、integrated circuit(集積回路)の略》ICを組み入れたカード。キャッシュカードやクレジットカード、プリペイドカードなどに利用される。従来の磁気カードに比べ、大量の情報を記録でき、また偽造されにくいという特徴をもつ。データの読み書きには専用の端末を必要とし、カードの接点を通じて行われる。また、カードに記録されたデータを電波で送受信する非接触型ICカードも、交通機関の定期券や身分証などで広く普及している。スマートカード。

アイシー-キャッシュカード【ICキャッシュカード】《ICは、integrated circuit(集積回路)の略》小型・大容量の集積回路を組み込んだキャッシュカード。記録された情報の盗み取り予防効果があり、クレジットカード機能や静脈を使ったバイオメトリックス認証機能などを搭載することもできる。

アイ-シー-キュー〘ICQ〙《I seek you》複数のコンピューターで、リアルタイムにメッセージのやり取りをするインスタントメッセンジャーのソフトウエア名。米国AOL社が買収したイスラエルのミラビリス社が開発。

アイ-シー-シー〘ICC〙《International Chamber of Commerce》国際商業会議所。

アイ-シー-シー〘ICC〙《International Criminal Court》▶国際刑事裁判所

アイ-シー-ジー〘ICG〙《indocyanine green》インドシアニングリーン。肝臓機能検査用注射剤として用いる色素。

アイ-シー-シー-エー〘ICCA〙《International Cocoa Agreement》国際ココア協定。ココア価格の安定が目的。輸出入国ともに加入。1972年採択。

アイ-シー-ジェー〘ICJ〙《International Court of Justice》▶国際司法裁判所

アイ-シー-ジェー〘ICJ〙《International Commission of Jurists》国際法律家委員会。国際的な民間の人権擁護団体。1952年設立。本部はジュネーブ。

アイシー-じょうしゃけん【IC乗車券】鉄道・バスなどの乗車券として使えるICカード。Suica(スイカ)、ICOCA(イコカ)、PASMO(パスモ)などがある。

アイシー-タグ【ICタグ】《IC tag タグは「荷札」の意》小さな無線ICチップ。商品に貼付し、電波の送受信で商品の識別、管理などに利用される。バーコードよりも多くの情報を記録できる。無線ICタグ。RFIDタグ。RFタグ。電子タグ。➡RFID

アイ-シー-ダブリュー〘ICW〙《International Council of Women》国際婦人連合。民間婦人団体の国際組織で、婦人の地位向上、差別撤廃、人権擁護などの運動を通して世界平和に貢献することを目標とする。1888年設立。本部はパリ。

アイ-シー-ティー〘ICT〙《information and communication technology》情報通信技術。(補説)ITとほぼ同義。日本では、情報処理や通信に関する技術を総合的に指す用語としてITが普及したが、国際的にはICTが広く使われる。

アイ-シー-ティー〘ICT〙《infection control team》▶感染対策チーム

アイ-シー-ディー〘ICD〙《International Statistical Classification of Diseases and Related Health Problems》疾病及び関連保健問題の国際統計分類。WHO(世界保健機関)が作成する、死因・疾病に関する統計と分類。1990年に発表された第10版はICD-10とよばれる。

アイ-シー-ディー〘ICD〙《Implantable cardioverter-defibrillator》▶植え込み型除細動器

アイ-シー-ディー〘ICD〙《infection control doctor》▶インフェクションコントロールドクター

アイ-シー-ティー-アール〘ICTR〙《International Criminal Tribunal for Rwanda》▶ルワンダ国際刑事法廷

アイシーディーせいど-きょうぎかい【ICD制度協議会】〔ｾｲﾄﾞｹﾌｷﾞｸﾜｲ〕インフェクションコントロールドクター(ICD)の養成・認定を行う組織。平成11年(1999)発足。日本感染症学会・日本環境感染学会・日本細菌学会・日本ウイルス学会など、病院感染の制御に関連の深い学会・研究会が加盟している。

アイ-シー-ビー-エム〘ICBM〙《intercontinental ballistic missile》大陸間弾道ミサイル。射程が6400キロ以上の核ミサイル兵器の総称。

アイ-シー-ビー-エル〘ICBL〙《International Campaign to Ban Landmines》▶地雷禁止国際キャンペーン

アイ-シー-ピー-オー〘ICPO〙《International Criminal Police Organization》国際刑事警察機構。

アイ-シー-ビー-ピー〘ICBP〙《International Council for Bird Preservation》国際鳥類保護会議。1922年に設立された国際的な自然保護団体。1994年バードライフインターナショナル(BLI)に改組。

アイシー-ブルー〘icy blue〙氷を思わせるような、淡い水色。

アイ-シー-ユー〘ICU〙《intensive care unit》重症患者を収容し、熟練した医師・看護師が必要な医療設備を駆使して連続看護・処置を行う治療室。集中治療室。

アイ-シー-ユー〘ICU〙《interface control unit》コンピューターの、インターフェース制御装置。

アイ-シー-ユー〘ICU〙《International Christian University》国際基督教大学の略称。

アイ-ジー-ユー〘IGU〙《International Geographical Union》国際地理学連合。1922年創設。

アイ-ジー-ユー〘IGU〙《International Gas Union》国際ガス連合。各国のガス協会やガス関連産業が会員。1931年設立。事務局は、デンマークのファスホルム。

アイシー-りょけん【IC旅券】▶電子旅券

アイシー-レコーダー【ICレコーダー】《IC recorder ICはintegrated circuit(集積回路)の略》録音機器の一。音声データをデジタル化して圧縮し、フラッシュメモリーなどの記憶媒体に記録する。カセットテープやMDを使うものに比べ、録音時間が長く、機器本体のサイズを小さくできる。

アイ-シー-ワイ〘ICY〙《International Cooperation Year》国際協力年。国連憲章調印20周年に当たる1965年。

アイ-ジー-ワイ〘IGY〙《International Geophysical Year》▶国際地球観測年

アイ-ジェー-エフ〘IJF〙《International Judo Federation》国際柔道連盟。1952年結成。本部はパリ。

アイシェード〘eyeshade〙強い光から目を保護するための、庇(ひさし)とバンドからなる帽子。

あい-した【藍下】〔あゐ〕反物を黒や紺に染めるとき、藍で下染めをすること。

あい-じつ【愛日】❶《「春秋左伝」文公七年の注「冬日愛すべし、夏日畏るべし」から》冬の日光。⇔畏日(いじつ)。❷《「揚子法言」孝至の「孝子は日を愛(を)しむ」から》時間を惜しむこと。また、日時を惜しんで父母に孝養を尽くすこと。

あいし-てる【愛してる】〔連語〕「愛している」の音変化。➡てる〔連語〕

あいじ-ほけん【愛児保険】新生児が低体重児または双子(3児以上を含む)であったり、生後1年以内に障害が発見された場合に、扶養義務者が負担する費用を填補する目的の保険。

あい-しゃ【▽間遮】〔あひ〕「間駒(あいごま)」に同じ。

あい-しゃ【愛社】自分の勤務する会社を大切に思うこと。「—精神」

あい-しゃ【愛車】日ごろ好んで乗って、大事にしている自動車やバイク・自転車。

あい-じゃく【相酌】〔あひ〕互いに酌をしあって酒を飲むこと。

あい-じゃく【愛▽惜】〔名〕スル「あいせき(愛惜)❶」に同じ。

あい-じゃく【愛着｜愛▽著】〔ヂャク〕❶仏語。欲望にとらわれて離れられないこと。愛執(あいしゅう)。❷「あいちゃく(愛着)」に同じ。

あいじゃく-じひしん【愛着慈悲心】〔アイヂャク〕仏語。仏道の妨げとなる、愛着(あいじゃく)❶から生じる慈悲の心。

あい-じゃくや【相借家】〔あひ〕同じ棟の中にともに借家すること。また、その住人。相店(あいだな)。「—の内儀がそなたを肝煎(きもい)りくられて」〈浮・子息気質・二〉

あい-じゃくり【合い▽決り】〔あひ〕板を接(は)ぎ合わせるときに、双方の端を厚さの半分ずつ欠き取って張り合わせること。

アイ-シャドー〘eye shadow〙目もとに陰影をつけるための化粧品。

あい-じゃみせん【相三味線｜合三味線】〔あひ〕浄瑠璃・長唄などで、ある一人の太夫や唄方(うたかた)といつも組んで演奏する三味線奏者。あいさみせん。

あい-しゅう【哀愁】〔シウ〕寂しくもの悲しい気持ち。もの悲しさ。ペーソス。「—を帯びた調べ」
〔類語〕ペーソス・哀感・悲哀・哀れ

あい-しゅう【愛執】〔シフ〕愛するものに心がとらわれて離れられないこと。愛着(あいじゃく)。「—の念を断つ」

あい-しょ【愛書】❶本が好きで、大切にすること。「—家」❷好きな本。愛読書。

あい-しょう【哀傷】〔シヤウ〕〔名〕スル❶心に深く感じて物思いに沈むこと。❷人の死を悲しみ嘆くこと。
〔類語〕悲しみ・悲嘆・傷心・愁嘆・痛哭(つうこく)・感傷

あい-しょう【相性｜合(い)性】〔あひシヤウ〕❶男女の生まれを暦の干支(えと)や九星などに当てて相生(そうじょう)・相克を知り、二人の縁を定めること。中国の五行(ごぎょう)思想から出た考え方。➡五行 ❷互いの性格・調子などの合い方。「上司と—が悪い」「—のいい対戦相手」〔補説〕「相性が合う(合わない)」とは言わない。〔類語〕合い口

あい-しょう【愛▽妾】〔セフ〕気に入りのめかけ。

あい-しょう【愛称】親しみを込めてよぶ呼び名。ニックネーム。ペットネーム。

あい-しょう【愛唱】〔シヤウ〕〔名〕スル ある歌を、日ごろ好んでうたうこと。

あい-しょう【愛×誦】〔名〕スル ある詩歌や文章などを好んで口ずさむこと。

あい-じょう【哀情】〔ジヤウ〕悲しく思う心。悲心。「—を催す」

あい-じょう【愛情】〔ジヤウ〕❶深く愛し、いつくしむ心。「—を注ぐ」❷異性を恋い慕う心。「ひそかな—をいだく」➡愛〔用法〕
〔類語〕情愛・愛着(あいじゃく)・愛着(あいちゃく)・情け

あい-じょう【愛嬢】〔ヂヤウ〕かわいがっている大切な娘。まなむすめ。他人の娘についていう。⇔愛息。

あいしょう-か【哀傷歌】〔アイシヤウ〕❶人の死を悲しむ歌。❷古今集以後の勅撰和歌集で、部立ての一。万葉集の挽歌(ばんか)にあたる。

あいしょう-か【愛唱歌】〔アイシヤウ〕好んでよくうたう歌。よくうたわれる歌。「国民的な—」

アイ-ショット【iショット】《i-shot》カメラ付き携帯電話で撮影した画像を、電子メールを通じて送受信するNTTドコモのサービスの名称。

あい-しらい〔あひしらひ〕《「あえしらい」の音変化》❶応対すること。また、取り扱うこと。もてなし。「聟(むこ)を入りして、しうとの—も常のごとく」〈虎明狂・折紙聟〉❷程よい取り合わせ。「細やかなる—はなけれども」〈連理秘抄〉❸能・狂言で、相手役の演技に応じて動くこと。「脇の為手(して)に花を持たせて—のやうに」〈花伝・一〉❹能・狂言で、演技の相手となる役者。「—を目がけて、細かに足手を使ひて」〈花伝・二〉

あい-しら-う〔あひしらふ〕〔動ハ四〕《「あえしらう」の音変化で、「あしらう」の元の形》❶応対する。「おほかたは、まことしく—・ひて」〈徒然・七三〉❷適当に取り扱う。「あのやうなものを悪う—・へば、後にあたをする物ぢゃ」〈虎明狂・察化〉❸程よく取り合わせる。「けいせいにざっと柳を—・ひ」〈柳多留・一〇〉

あい-しる【藍汁】〔あゐ〕アイの葉を発酵させ、石灰乳を混和して、藍染めの材料の青藍(せいらん)を沈殿させた液。

あい-し-る【相知る】〔あひ〕〔動ラ五(四)〕❶互いに知る。知り合う。「余と—・る頃より、余が借しつる書を読みならいて」〈鷗外・舞姫〉❷深い契りを結ぶ。言い交わす。「在原なりける男の、まだいと若かりけるを、この女—・りたりけり」〈伊勢・六五〉

あい-じるし【合(い)印】〔あひ〕❶器物などの組み合わせが紛れないように、それぞれにつけておくそろいのしるし。❷他と区別するためのしるし。特に戦場で敵味方の区別をするために、兜(かぶと)や袖(そで)の一部につけた一定の標識。❸(「合い標」とも書く)裁縫で、二枚以上の布を縫い合わせるとき、合わせ目につけておくしるし。❹「あいいん(合い印)」に同じ。

あい-しん【愛心】いつくしみ愛する心。「母の—、兄弟が身にこたへ胸にしみ」〈浄・会稽山〉

あい-じん【愛人】❶愛するいとしい人。特別の関係にある異性。情婦。情夫。情人。❷人を愛すること。「必竟—の本心より出て」〈福沢・文明論之概略〉➡恋人〔用法〕
〔類語〕恋人・情人・いろ

あいしんかくら【愛新覚羅】《満州語のアイシンギョロに漢字を当てたもの。アイシンは金の意、ギョロは旧家であることを示す》中国、清朝王室の姓。

アイシング〘icing〙❶粉砂糖に卵白を加えて練ったもの。ケーキなどの表面に塗る。❷アイスホッケーで、センターラインの後方からパスまたはシュートしたパックがノータッチで直接相手のゴールラインを越えること。アイシング-ザ-パック。➡フェースオフ ❸炎症の鎮静や疲労回復などのために、身体の一部を氷などで冷やすこと。❹▶着氷❶

アイス〘ice｜ドイ Eis〙❶氷。❷氷で冷やすこと。また、冷やしたもの。⇔ホット。❸「アイスクリーム」「アイスキャンデー」の略。❹《アイスクリームの訳語「氷菓子」と同音であるところから》高利貸しのこと。明治時代の語。「此奴(こいつ)が君、我々の一世紀前に鳴らした—で」〈紅葉・金色夜叉〉❺覚醒剤を指す隠語。
〔類語〕(❶)氷・氷塊・氷片・氷柱(ひょうちゅう)・氷柱(つらら)・氷層・堅氷(けんぴょう)・薄氷(はくひょう)・薄ら氷(ひ)・流氷・氷雪・氷霜(ひょうそう)・薄氷(うすごおり)・初氷/(❺)ヒロポン・しゃぶ・スピード・エス

あい・す【愛す】㊀〔動サ五〕「あいする」(サ変)の五段化。「—・さずにはいられない」〔可能〕あいせる ㊁〔動サ変〕「あいする」の文語形。

あいず【会津】〔あひづ〕▶あいづ(会津)

あい-ず【合図｜相図】〔あひヅ〕〔名〕スル身ぶりなどで知らせること。前もって取り決めた方法で物事を知らせること。また、その方法や信号。「—を送る」「手を振って—する」
〔類語〕信号・シグナル・サイン・手招き・目配せ・ウインク

アイス-アックス〘ice ax〙ピッケルのこと。

あいす-かげりゅう【愛×洲陰流】〔カゲリウ〕剣術の流派の一。室町中期に日向(ひゅうが)の愛洲移香(いこう)が創始。のち新陰流・柳生新陰流など多くの分派を形成。陰流。

あいずかわ-し【愛づかはし】〔形シク〕魅力がある。おもしろみがある。「御笛(みふえ)の音(ね)も—・しく」〈今鏡・二〉

アイスキネス〘Aischinēs〙〔前390ころ～前315ころ〕古代ギリシャの雄弁家。論敵デモステネスと争った。

アイス-キャンデー《和 ice＋candy》果汁などを容器に入れ、中心に木の柄を挿して凍らせた氷菓子。(季 夏)「貧しき通夜一嚙み舐めて/三鬼」

アイス-キューブ〘ice cube〙冷蔵庫でつくられる角砂糖形の氷片。

アイスキュロス〘Aischylos〙[前525ころ〜前456ころ]古代ギリシャの三大悲劇詩人の一人。現存する作品に「ペルシア人」「縛られたプロメテウス」、三部作「オレステイア」などがある。➡ギリシャ悲劇

アイス-クライミング〘ice climbing〙山中の氷壁をよじ登るスポーツ。

アイス-クリーム〘ice cream〙牛乳・砂糖・卵黄に香料を加えて凍らせた氷菓子。(季 夏)

アイス-コーヒー〘iced coffee〙氷で冷たくしたコーヒー。

アイス-ショー〘ice show〙アイススケートをしながらダンス・軽演劇などを演じるショー。氷上ショー。

アイス-スケート〘ice-skate〙▶スケート

アイス-スマック《和 ice＋smack》チョコレートや、その他の衣で包んだアイスクリーム。スマック。

アイス-スレッジ〘ice sledge〙スケートの刃が底についたそり。アイススレッジホッケーなどに用いる。

アイススレッジ-スピードレース《ice sledge speed racingから》アイススレッジに乗り、2本のストックで氷をかき、スピードを競う競技。

アイススレッジ-ホッケー〘ice sledge hockey〙パラリンピックで行われるアイスホッケー。アイススレッジに乗り、短い2本のスティックを使用する以外はアイスホッケーに同じ。➡アイスホッケー

アイス-せんりょう【アイス染料】ーセンレウ 不溶性のアゾ染料。繊維にアルカリ水溶液を染みこませ、氷で冷やしながら染着する。冷染染料。

アイス-ダンシング〘ice dancing〙▶アイスダンス

アイス-ダンス《ice dancingから》フィギュアスケート競技の一部門。男女ペアのスケーティング。特にダンスリズムの表現が要求され、滑走中の組み方・ステップ・姿勢などが採点される。(補説)規定の音楽とステップを滑走するコンパルソリーダンス(CD)、規定のリズムで自由演技をするオリジナルダンス(OD)、自由な音楽と構成で演技をするフリーダンス(FD)の3種目があったが、2010年のルール改正でコンパルソリーダンスとオリジナルダンスは廃止され、パターンダンスとショートダンスが新設された。世界選手権、グランプリシリーズ、オリンピックは、ショートダンスとフリーダンスの総合得点で順位が決まる。

アイス-ティー〘iced tea〙氷で冷たくした紅茶。

アイス-トング〘ice tongs〙砕いた氷をはさむ器具。氷ばさみ。

アイス-ノン《和 ice＋non》不凍液・ゲル化剤などを密封した保冷効果のある枕の商標名。冷凍庫で冷やしたのち、頭部などに当てて発熱を抑える。(補説)「冷却枕」などと言い換える。

アイス-ハーケン〘ドイツ Eishaken〙▶ハーケン

アイスバーン〘ドイツ Eisbahn〙積雪の表面が凍って氷のようになった状態。また、その場所。

アイスバイル〘ドイツ Eisbeil〙登山用具の一。ピッケルに似た形で、柄の部分が短い。ピックは氷に刺さりやすい形に作られており、氷壁登攀(とうはん)に用いる。

アイスバイン〘ドイツ Eisbein〙ドイツ料理の一。塩漬け・冷蔵しておいた豚の脚肉をゆでたもの。

アイス-ハンマー《和 ice＋hammer》登山用具の一。アイスハーケンを打ち込むハンマー。打撃面の反対側がピッケルのピックのような形をしている。氷壁登攀(とうはん)に用いる。

アイス-ピック〘ice pick〙氷を小さく割るための、錐(きり)の形をした道具。

アイスフィールド-パークウエー〘Icefields Parkway〙カナダ、アルバータ州西部と南部を結ぶ国道93号線の別称。ジャスパーとルイーズ湖を結ぶカナディアンロッキーの代表的な観光ルート。コロンビア氷原から流れ出す六つの氷河が見られる。

アイスフォール〘icefall〙氷河の傾斜部が滝のようになっている所。氷瀑(ひょうばく)。

アイス-プラント〘ice plant〙ハマミズナ科の塩生植物。葉や茎の表面に塩分を隔離するための透明な水泡があり、霜が降りたように見えることからの名。南アフリカ原産。食用。(補説)「ソルトリーフ」「クリスタルリーフ」「プッチーナ」などは商標。

アイス-ペール〘ice pail〙砕いた氷を入れて卓上に置く容器。

アイスボックス〘icebox〙氷を用いて冷やす冷蔵庫。また、携帯用の冷蔵箱。

アイス-ホッケー〘ice hockey〙氷上競技の一。全身を防具で固めスケート靴を履いた1チーム6人ずつの競技者が、木製のスティックでパック(たま)を相手側ゴールに入れて得点を争う競技。(季 冬)
(類語)ウインタースポーツ・スキー・スケート

あい-ずみ【相住み】あひ 同居すること。また、同居人。「一にも、忍びやかに心よくものし給ふ御方なれば」〈源・玉鬘〉

あい-ずみ【藍墨】あゐ「青墨❶」に同じ。

アイス-ミルク〘ice milk〙❶《iced milkから》冷やした、または氷片を入れたミルク。❷アイスクリーム類のうち、乳固形分10パーセント以上、乳脂肪分3パーセント以上のものをいう。

あい-す・む【相済む】あひ〘動マ五(四)〙《「すむ」の改まった言い方》❶物事が終わる。かたがつく。「式は滞りなく一・みました」❷義理や義務が果たせる。多く打消しの形で謝罪や感謝の意を表す。「これでは、私の気持ちが一・みません」「一・みません。本日はこれで閉店です」

アイス-モンスター《和 ice＋monster　怪物めいた形からの名》樹氷のこと。東北地方の蔵王、八甲田山が有名。

アイス-ヨット〘ice yacht〙船底にスケートに似た金属製の滑走具を取り付け、帆を張って氷上を走らせるヨット。また、それによって行うスポーツ。

アイスランド〘Iceland〙大西洋北部のアイスランド島を占める共和国。首都レイキャビク。漁業が盛ん。氷河・火山・温泉が多い。デンマーク領から1918年にデンマークの連合国として独立、1944年共和国となる。人口31万(2010)。イースランド。(補説)「愛斯蘭」とも書く。

アイスランド-ポピー〘Iceland poppy〙ケシ科の一年草。高さ約60センチ。春、白・黄・赤色などの4弁花をつける。アジア北部の山地に分布。切り花用に栽培。シベリアひなげし。

あい-ずり【藍×摺り】あゐ ❶藍を用いて、紙や絹布に花鳥などの模様を青くすり出したもの。また、その布製の衣服。あおくさずり。あおずり。❷「藍絵」に同じ。

アイス-リンク〘ice rink〙アイススケート場。スケートリンク。

あい・する【愛する】〘動サ変〙文あい・す〘サ変〙❶かわいがり、いつくしむ。愛情を注ぐ。「我が子を一・する」❷異性を慕う。恋する。「一・する人と結ばれる」❸とりわけ好み、それに親しむ。「音楽を一・する」❹かけがえのないものとして、それを心から大切にする。「祖国を一・する」❺機嫌をとる。あやす。「よしよし、しばし一・せよ」〈平家・九〉❻気に入って執着する。「六趣に輪廻(りんゑ)することは、ただ一塵のたくはへをむさぼり一・するゆゑなり」〈今昔・五・一五〉
(類語)(❶)いとおしむ・かわいがる・愛でる・寵愛(ちょうあい)する/(❷)慕う・愛慕する・思慕する・恋慕する・惚(ほ)れる・見初める・焦がれる・思う/(❸)好む・好(す)く・愛(め)でる・愛好する

あい-せい【愛婿】気に入りの娘婿。

あい-せき【哀惜】〘名〙スル 人の死など、帰らないものを悲しみ惜しむこと。「一の念に堪えない」
(類語)哀悼・追悼・愁傷

あい-せき【相席┊合(い)席】あひ〘名〙スル 飲食店などで、見知らぬ客と同じ席につくこと。

あい-せき【愛惜】〘名〙スル ❶愛して大切にすること。あいじゃく。「一する本」❷名残惜しく思うこと。「過ぎ去った青春を一する」(類語)物惜しみ・未練

あい-せつ【哀切】〘名・形動〙非常に哀れでもの悲しいこと。また、そのさま。「一を極めた物語」「子供のほしい女の一な願望も強いようだった」〈康成・山の音〉
(派生)あいせつさ〘名〙(類語)悲しい・うら悲しい・せつない・つらい・痛ましい・悲愴(ひそう)・悲痛・沈痛・もの憂い・苦しい・憂(う)い・耐えがたい・しんどい・苦痛である・やりきれない・たまらない・遣(や)る瀬ない

あい-ぜつ【哀絶】〘名・形動〙非常に悲しいこと。また、そのさま。「凄絶(せいぜつ)一なる啼声を放ちて声声相和す」〈志賀重昂・日本風景論〉

あい-せっ・する【相接する】あひ〘動サ変〙文あひせっ・す〘サ変〙❶互いに触れる。接し合う。「二つの曲線が一・する点」❷つきあう。交際する。「唯人と人と一・して其心に思う所を言行に発露するの機会」〈福沢・文明論之概略〉

アイゼナハ〘Eisenach〙ドイツ中部の工業都市。チューリンゲン山脈の北東麓にある。作曲家バッハの生地。ワルトブルク城がある。

アイセル-こ【アイセル湖】《Ijssel》オランダ北西部の人工湖。ゾイデル海を堤防でせき止めて1932年につくられた淡水湖。

あい-せん【相先】あひ ▶互い先(せん)

あい-せん【▽間銭】あひ「間銀(あいぎん)」に同じ。「はや一取りてただは通さず」〈浮・胸算用・四〉

あい-ぜん【愛染】仏語。❶愛に執着すること。愛着(あいじゃく)。「故郷の肉親に対する断ち難き一は」〈嘉村・業苦〉❷「愛染法」の略。❸「愛染明王」の略。

アイゼン《「シュタイクアイゼン」の略》登山用具の一。氷雪上を登降する際に靴底につける滑り止めの金具。鉄枠に鉄の爪(つめ)をつけたもの。鉄(かな)かんじき。クランポン。

あい-ぜん【哀然】〘ト・タル〙文〘形動タリ〙悲しげなさま。

あい-ぜん【×靄然┊×藹然】〘ト・タル〙文〘形動タリ〙❶雲・霞(かすみ)などがたなびいたり、もやが立ちこめるさま。「一たる暁霞(ぎょうか)」❷気分などが穏やかでやわらいださま。「掻(か)き乱されし胸の内は一として頓(とみ)に和ぎ」〈紅葉・金色夜叉〉

あいぜんかつら【愛染かつら】川口松太郎原作、野田高梧脚本、野村浩将監督の映画の題名。医師津村浩三と看護婦高石かつ枝の愛を描く。昭和13年(1938)松竹作品。主題歌「旅の夜風」もヒット。

あい-ぜんご・する【相前後する】あひ〘動サ変〙文あひぜんご・す〘サ変〙❶物事の順序が逆になる。「説明が一・しますが」❷事柄が間をおかずに続く。「二人は一・して出発した」

アイゼンシュタット〘Eisenstadt〙オーストリア東部、ブルゲンラント州の都市。同州の州都。ライタ山地の南麓に位置し、ワインの生産が盛ん。第一次世界大戦までハンガリー王国の一部だった。作曲家ハイドンのゆかりの地としても知られる。

アイゼンハワー〘Dwight David Eisenhower〙[1890〜1969]米国の軍人・政治家。第34代大統領。在任1953〜1961。共和党。第二次大戦では北アフリカとヨーロッパ連合軍最高司令官。➡ケネディ

あいぜん-ほう【愛染法】ーボフ 密教で、愛染明王を本尊として敬愛・息災・増益・降伏(ごうぶく)などを祈願して行う修法。愛染明王法。愛染王法。

あいぜん-まんだら【愛染×曼×荼羅】愛染明王を本尊として描いた曼荼羅。愛染法を修するときに用いる。

あいぜん-みょうおう【愛染明王】ーミヤウワウ《梵 Rāga-rājaの訳》密教の神。愛欲などの迷いがそのまま悟りにつながることを示し、外見は忿怒(ふんぬ)暴悪の形をとるが、内面は愛をもって衆生(しゅじょう)を解脱させる。三目六臂(ろっぴ)で、種々の武器を手にした姿に表す。愛染王。

アイゼンメンゲル-しょうこうぐん【アイゼンメンゲル症候群】ーシヤウコウグン ▶アイゼンメンジャー症候群

アイゼンメンジャー-しょうこうぐん【アイゼンメンジャー症候群】ーシヤウコウグン《Eisenmenger syndrome》心室中隔欠損などの疾患により肺高血圧症が亢進し、静脈血が動脈側に流れ込み、チアノーゼが現れる

状態。小児慢性特定疾患の一。アイゼンメンゲル症候群。

あい-そ【哀訴】〔名〕スル 同情をひくように、強く嘆き訴えること。哀願。「減刑を一する」
類語 訴える・直訴・直願・嘆願・哀願・泣訴・愁訴・泣き付く・掻かき口説くどく

あい-そ【愛想】《「あいそう」の音変化》❶人に接するときの態度。また、人当たりのいい態度。「店員の一のいい店」「一のない返事」❷人に対する好意・信頼感。「一を尽かす」❸(多く「お愛想」の形で) ㋐相手の機嫌をとるための言葉・振る舞い。「一を言う」「お一で食事に誘う」㋑客などに対するもてなし・心遣い。「何の一もなくてすみません」㋒飲食店などの勘定。「お一願います」補説「愛想をふりまく」という言い方について➡愛嬌あいきょう補説 ➡愛嬌あいきょう用法

愛想が尽つ・きる 好意や信頼が持てなくなる。「あのなまけ者には一・きる」

愛想も小想こそも尽つき果・てる 《「こそ」は口調をよくするために添えたもの》あきれ果てて、全く好意が持てなくなる。

愛想を尽つか・す あきれて好意や親愛の情をなくす。見限る。「放蕩ほうとう息子に一・す」

アイソ〖ISO〗《International Organization for Standardization》►イソ

あい-そう【愛想】アイサウ「あいそ(愛想)」に同じ。

あい-ぞう【愛憎】愛することと憎むこと。「一の念が入り混じる」「一相半ばする」

あい-ぞう【愛蔵】アイザウ〔名〕スル いつくしんで大切に所蔵すること。「一版」類語 秘蔵・珍蔵・私蔵・死蔵・蔵する・取って置き・箱入り・虎の子

あい-そく【愛息】かわいがっている大切な息子。他人の息子についていう。㊥愛嬢。
類語 愛児・愛し子・愛娘・秘蔵っ子・寵児ちょうじ

アイソクロナス-てんそう【アイソクロナス転送】《isochronous transfer》コンピューターと周辺機器などを接続するデータ転送方式の一。単位時間当たりの最低データ転送量を保証し、データの途切れなどがない。USBやIEEE1394などがこの方式を採用。

アイソクロナス-でんそう【アイソクロナス伝送】《isochronous transfer》►アイソクロナス転送

アイソザイム〖isozyme〗同一の生物種にあって同一の反応を触媒するが、化学構造が異なる酵素。同位酵素。イソ酵素。イソチーム。

アイソスタシー〖isostasy〗地表の高低に関係なく、地球内部のある一定の深さで圧力が等しくなっていて、全体として均衡が保たれているという考え。地殻は、海に浮かぶ氷山のように、マントルの上に浮かんでいると考えられる。地殻均衡説。

アイソタイプ〖ISOTYPE〗《International System of Typographic Picture Education》国際絵言葉。視覚言語としての機能を持つ図形。言語やグラフの数値などを絵で表示する。オーストリアの教育者、オットー・ノイラートが1925年に考案。

あいそ-づかし【愛想尽かし】❶相手に対して好意や愛情をなくすこと。また、それを示す言葉や態度。「一を言う」❷浄瑠璃や歌舞伎の世話物における類型的場面の一つで、女が義理のため、愛する男と無理に縁を切るというもの。また、その演出様式。

アイソック〖ISOC〗《Internet Society》インターネット関係者による国際的な団体。企業、学術機関、個人が集まり、インターネット技術の研究開発、標準化などを推進。インターネット学会(協会)。

アイソトープ〖isotope〗「同位体」に同じ。

アイソトープ-でんち【アイソトープ電池】《radioisotope battery》►原子力電池

アイソトーン〖isotone〗►同中性子体

アイソトニック-いんりょう【アイソトニック飲料】イン レウ《isotonic drink》水にミネラル類や糖分を配合し、体液に近い状態にした飲料。

アイソバー〖isobar〗►同重体

アイソポス〖Aisōpos〗イソップのギリシャ語名。

あい-ぞめ【藍染(め)】あゐ 藍で糸や布を染めること。また、染めたもの。

アイソメトリックス〖isometrics〗特定の筋肉を強化するためのトレーニング法。壁などを強く押しつづけたり、静止したまま身体各部に力を入れたり緩めたりすることを繰り返して筋力を養う。

アイソレーショニズム〖isolationism〗他国と同盟関係を結ばず、国際政治に関与しない立場をとる政策。孤立主義。

アイソレーション〖isolation〗❶隔離。分離。❷孤立感。「一症候群」

アイソレーター〖isolator〗❶振動・騒音の絶縁装置。特に、基礎構造物と建物の間に置かれる、ゴム・金属・ばねを組み合わせた隔離物などの耐震構造物をいう。❷絶縁体。断路器。

あいそ-わらい【愛想笑い】ワラヒ 人の機嫌を取るための笑い。おせじわらい。

あい-そん【愛孫】かわいい大切な孫。他人の孫についていう。

あいだ【間】あひ だ ❶二つのものに挟まれた部分や範囲。あいま。「雲の一から日がさす」「東京と横浜の一を走る電車」❷ものとものとを隔てる空間、または時間。間隔。あいま。「一をあけて植える」「雷鳴が一をおいて聞こえる」❸ある範囲の一続きの時間。「眠っている一に雨はやんでいた」❹物事・現象などの相対するものの関係。「夢と現実の一に大きなへだたりがある」❺人と人との相互の関係。間柄。仲。「夫婦の一がうまくいかない」「労資の一をとりもつ」❻ある限られた集合や範囲。…の中。「社員の一にうわさが広まる」❼ある範囲内における双方からみた中間。「一をとって三万円にしよう」❽(接続助詞のように用いて)原因・理由を表す。現代では文語文の手紙などに用いる。ゆえに。から。ので。「平穏に暮らし居り候一御休心くだされたく」
類語 (❶)あわい・はざま・すきま・隙ひま・間隙かんげき/(❷)隔たり・間ま・間合い・距離・時間・インターバル/(❸)間かん・間ま・うち・最中さいちゅう・期間/(❺)関係/(❼)中・中程なかほど・真ん中・中間

間に立た・つ 当事者の間に入って、交渉や話し合いをとりまとめる。仲介する。間を取り持つ。

アイ-ターン【Iターン】《和 I＋turn》都会生まれの人が、地方に移住すること。➡Jターン ➡ユーターン

あい-たい【相対】あひ ❶当事者どうしがさし向かいで事をなすこと。「一で話をつける」❷対等であること。対等で事を行うこと。「一よりも少し自分を卑下したお辞儀をした」〈有島・星座〉❸合意すること。互いに納得した上であること。「男と一にて乳母に出でける」〈浮・織留・六〉❹連歌・俳諧で、前句に相対して同じ趣向で句をつけること。春に秋、山に野でつける類。相対付け。類語 対・差し向かい・差し・真向かい

あい-たい【×靉×靆】㊀〔ト・タル〕図〔形動タリ〕❶雲や霞かすみなどがたなびいているさま。「真直まっすぐに立ち上る香の煙、一と棚引き薫じて」〈木下尚江・良人の自白〉❷気持ちや表情などの晴れ晴れしないさま。陰気なさま。「主人側の男たちは一として笑った」〈岡本かの子・河明り〉㊁〔名〕眼鏡。「めがねを一と云ふ」〈養生訓・五〉

あいたい-うり【相対売(り)】アヒタイ ►相対売買

あいたい-がい【相対買(い)】アヒタイ ►相対売買

あいたい-じに【相対死に】アヒタイ 男女二人が申し合わせて自殺すること。江戸幕府の法制上の用語。情死。心中。

あいたい-ずく【相対▽尽く】アヒタイ ヅク 互いに承知して事を決めること。相談ずく。

あいたいすまし-れい【相対済令】アヒタイスマシ 江戸中期、享保の改革で発布された法令の一。金銭貸借の訴訟は当事者間で解決させることとしたもの。

あい-たい・する【相対する】あひ〔動サ変〕図あひたい・す〔サ変〕❶互いに向かい合う。また、直面する。「テーブルをはさんで一・して座る」❷反対の立場に立つ。対立する。「一・する意見」
類語 向き合う・対する・面する・向かう

あいたい-そうば【相対相場】アヒタイ サウバ 相対売買で成立した相場。

あいたい-とりひき【相対取引】アヒタイ ►相対売買

あいたい-ばいばい【相対売買】アヒタイ 各一人の売り手と買い手とが、双方の合意により価格・数量・決済方法を決めて取引し、売買契約を締結する方法。相対取引。➡競売買きょうばいばい

あいだ-がら【間柄】あひ だ ❶親類・血族などのつながりの関係。「親子の一」❷つきあい。仲。「あいさつを交わす程度の一」類語 関係・仲・恋仲

あいだ-ぐい【間食い】あひだ ぐひ 食事と食事との間に物を食べること。かんしょく。類語 間食・おやつ・三時

あい-たけ【藍×茸】あゐ ベニタケ科のキノコ。夏から秋に山林・原野に生える。傘は藍緑色で、もろい。食用。なつあいたけ。

あいた-しゅぎ【愛他主義】《altruism; フランス altruisme》他人の幸福・利益を第一の目的として行動する考え方。利他主義。

あい-たずさ・える【相携える】あひたづ さへる〔動ア下一〕図あひたづさ・ふ〔ハ下二〕互いに手をつなぐ。連れ立つ。「二人は一・えて国境を越えた」

あいだち-な・し〔形ク〕❶おもしろみがない。無愛想である。「心よからずー・きものに思ひ給へる」〈源・夕霧〉❷遠慮がない。ぶしつけだ。「世を思ひ給へ乱ることなむまさりにたると一・くぞうれへ給ふ」〈源・宿木〉補説 語源は「愛立つことなし」の意か。一説に「あいだち」は間隔の意の「あひだち(間立ち)」ともいう。

あい-たで【藍×蓼】あゐ アイの別名。

あい-だて【藍建て】あゐ 藍染めで、水に溶解しない藍玉あいだまをアルカリ溶液で還元させ、水に溶ける白藍しろあいにし、染色できる状態にすること。

あいだて-な・い〔形〕図あいだてな・し〔ク〕《「あいだちなし」の音変化か。近世語》❶無作法である。ぶしつけである。「これは一・い。盃を出させられた」〈和泉流狂言・庵の梅〉❷分別がない。「子を寵愛の一・く、時の座興の深戯ふかざれも」〈浄・鑓の権三〉❸不相応である。とんでもない。「さてもさても。一・いことをかき入れておかれたは」〈続狂言記・荷文〉

あいた-どころ【▽朝所】「あいたんどころ」に同じ。

あい-だな【相▽店】あひ「相借家あいじゃくや」に同じ。「我ら一の指物さしもの細工いたされ候人にて」〈浮・文反古・一〉

アイ-ダブリュー-アール-エー-ダブリュー〖IWRAW〗《International Women's Rights Action Watch》国際女性の権利監視協会。女性差別撤廃条約(CEDAW)に基づいて、国際的な女性の人権状況を監視する米国の非政府組織(NGO)。1985年結成。事務局はミネソタ州ミネアポリス。

アイ-ダブリュー-エー〖IWA〗《International Whaling Agreement》国際捕鯨条約。正式には国際捕鯨取締条約(International Convention for the Regulation of Whaling)。1937年の国際捕鯨協定を引き継ぎ48年発効。日本は51年加入。

アイ-ダブリュー-エー〖IWA〗《International Wheat Agreement》国際小麦協定。小麦の価格安定化を図るための国際商品協定。最初の国際小麦協定は需給調節を目的として1933年に成立。95年成立の国際穀物協定(IGA)に引き継がれた。

アイ-ダブリュー-エス〖IWS〗《International Wool Secretariat》国際羊毛事務局。1937年設立。97年ザ・ウールマーク・カンパニーに改称。2008年オーストラリアン-ウール-イノベーション(AWI)と経営統合。ウールマークの認証を行う。

アイ-ダブリュー-シー〖IWC〗《International Whaling Commission》►国際捕鯨委員会

アイ-ダブリュー-シー〖IWC〗《International Wheat Council》国際小麦理事会。1949年成立の国際小麦協定(IWA)により設立。95年の国際小麦協定失効により解消。

アイ-ダブリュー-ダブリュー〖IWW〗《Industrial Workers of the World》世界産業労働者組合。米国最初の産業労働者組合連合体。1905年結成。第一次世界大戦後解散。

アイ-ダブリュー-ティー-オー〖IWTO〗《International Wool Textile Organization》国際羊毛機構。各国の牧羊業者、羊毛商社、加工業者、紡績業者、織物業者、服飾関係者などを会員とする。1927年設立。本部はベルギーのブリュッセル。

アイ-ダブリュー-ワイ〖IWY〗《International Women's Year》国際婦人年。1975年。

アイダホ〖Idaho〗米国北西部の州。州都ボイシ。銀・鉛などを産出。林業や農業も盛ん。➡表「アメリカ合衆国」

あい-だま【藍玉】アイの葉を発酵させ、つき砕いて固めたもの。たまあい。

あいだ-やすあき【会田安明】[1747〜1817]江戸後期の和算家。出羽の人。号は自在亭。最上流の祖。関流の学者と論争した。著「算法天生法指南」。

あい-だ・る〔動ラ下二〕甘える。「いと若やかになまめき、―・れて物し給ひし」〈源・柏木〉

あいたん-どころ【朝所】《「あしたどころ」の音変化》大内裏太政官正庁の北東隅にあった殿舎の名。参議以上の者が会食をし、また、政務にも用いられた。あいたどころ。

あいち【愛知】中部地方南西部、太平洋に面する県。もとの尾張・三河の2国にあたる。県庁所在地は名古屋市。人口740.8万(2010)。

あいち-いかだいがく【愛知医科大学】愛知県長久手市にある私立大学。昭和47年(1972)に開設。平成12年(2000)に看護学部を設置した。

あいちがくいん-だいがく【愛知学院大学】愛知県日進市岩崎町に本部のある私立大学。明治9年(1876)創設の曹洞宗専門支校に始まり、昭和28年(1953)新制大学として発足。

あいち-がくせんだいがく【愛知学泉大学】愛知県豊田市などにある私立大学。昭和41年(1966)に愛知女子大学として開設され、同43年安城学園大学に改称、57年に現校名となった。

あいち-きょういくだいがく【愛知教育大学】愛知県刈谷市にある国立教員養成大学。愛知第一師範学校・愛知第二師範学校・愛知青年師範学校を統括、昭和24年(1949)新制大学として発足。

あいち-けん【愛知県】▶愛知

あいち-けんりつげいじゅつだいがく【愛知県立芸術大学】愛知県長久手市にある公立大学。昭和41年(1966)設立。平成19年(2007)公立大学法人となる。

あいち-けんりつだいがく【愛知県立大学】愛知県長久手市にある公立大学。愛知県立女子専門学校から愛知県立女子短期大学を経て、昭和32年(1957)愛知県立女子大学に昇格。同41年男女共学の現校名に改称。平成19年(2007)公立大学法人となる。

あいち-こうかだいがく【愛知工科大学】愛知県蒲郡市にある私立大学。平成12年(2000)に開設された工学部の単科大学。同20年に大学院を設置した。

あいち-こうぎょうだいがく【愛知工業大学】愛知県豊田市にある私立大学。昭和34年(1959)に名古屋電気大学として開設され、翌35年に現校名に改称した。

あいちこうげん-こくていこうえん【愛知高原国定公園】愛知県北東部の高原地帯を北西から南東に延びる東海自然歩道沿いの国定公園。猿投山・段戸高原などのほか香嵐渓・勘八峡などの渓谷が含まれる。

あいち-さんぎょうだいがく【愛知産業大学】愛知県岡崎市にある私立大学。平成4年(1992)に造形学部の単科大学として開学したが、同12年に経営学部を設置した。

あいち-しゅくとくだいがく【愛知淑徳大学】名古屋市などにある私立大学。明治38年(1905)設立の愛知淑徳女学校を母体として、昭和50年(1975)に開学した。平成7年(1995)に男女共学制に移行。

あいち-しんしろおおたにだいがく【愛知新城大谷大学】愛知県新城市にある私立大学。平成16年(2004)の開設。社会福祉学部の単科大学。

あいち-ターゲット【愛知ターゲット】生物多様性の保全に向けて世界各国が連携して取り組む目標。平成22年(2010)に名古屋市で開催された生物多様性条約第10回締約国会議(COP10、通称国連地球生きもの会議)で採択された決議の一つ。2020年までの短期目標として、生物多様性の損失を止めるための行動を起こすことを掲げ、陸域の17パーセント、海域の10パーセントを保護地域に設定するなど20の個別目標を採択した。愛知目標。➡名古屋議定書

あいち-だいがく【愛知大学】愛知県豊橋市に本部のある私立大学。昭和21年(1946)旧制大学として設立され、同24年新制大学に移行。

あいち-とうほうだいがく【愛知東邦大学】名古屋市にある私立大学。平成13年(2001)に東邦学園大学として開設。同19年に現校名に改称した。

あいち-ぶんきょうだいがく【愛知文教大学】愛知県小牧市にある私立大学。平成10年(1998)に開学した。

あいち-みずほだいがく【愛知みずほ大学】愛知県豊田市にある私立大学。平成5年(1993)に開学した。人間科学部の単科大学。

あいち-もくひょう【愛知目標】▶愛知ターゲット

あい-ちゃく【愛着】〔名〕スル なれ親しんだものに深く心が引かれること。あいじゃく。「―がわく」「―を深める」「古いしきたりに―する」類語 愛情・情愛・情け

あいちゃく-しょうがい【愛着障害】乳幼児期に長期にわたって虐待やネグレクト(放置)を受けたことにより、保護者との安定した愛着(愛着を深める行動)が絶たれたことで引き起こされる障害の総称。適切な環境で継続的に養育することで大幅な改善が期待でき、その点で広汎性発達障害と明確に区別される。➡反応性愛着障害

アイチューンズ〖iTunes〗米国アップルコンピューター社(現アップル社)が提供する、動画や音声などのマルチメディアコンテンツを再生するためのソフトウエア。音楽CDのデータをパソコンのハードディスクに保存し、同社のiPod・iPhone・iPadシリーズなどと連動して楽曲データを一元管理できる。また、同社が開設したコンテンツ配信サービス、iTunes Storeから動画や音楽のデータや種々のアプリケーションソフトをダウンロードして管理する機能もある。商標名。

アイチューンズ-ストア〖iTunes Store〗米国アップルコンピューター社(現アップル社)が開設したコンテンツ配信サービス。同社提供のソフトウエア、iTunesで動画や音楽などのマルチメディアコンテンツや種々のアプリケーションソフトのダウンロードと管理が行えるほか、同社のiPod・iPhone・iPadシリーズなどで再生・利用することができる。

あい-ちょう【哀調】詩・歌・音楽などにただようもの悲しい調子。「―を帯びた旋律」

あい-ちょう【愛重】〔名〕スル 愛して大事にすること。「天道を敬畏するの心と人類を―するの心と」〈中村訳・西国立志編〉

あい-ちょう【愛鳥】鳥をかわいがること。特に、野鳥を愛護すること。

あい-ちょう【愛寵】特別に目をかけてかわいがること。寵愛。「一比無き李夫人の兄たる弐師将軍」〈中島敦・李陵〉

あいちょう-しゅうかん【愛鳥週間】5月10日から16日までの野鳥愛護のために設けられた週間。昭和22年(1947)に4月10日を愛鳥の日(バードデー)としたのを、同25年に改めたもの。バードウイーク。(季 夏)

あいち-ようすい【愛知用水】岐阜県南部の木曽川の兼山取水口から知多半島の先端に及ぶ用水路。長さ113キロ。昭和36年(1961)完成。上水道・工業用水・農業用水・水力発電に利用。

あ-いつ【彼奴】〔代〕《「あやつ」の音変化》❶三人称の人代名詞。第三者を軽蔑して、または親しみの気持ちを込めてぞんざいに言う語。あのやつ。やつ。「―はそういう奴だ」❷遠称の指示代名詞。遠くのもの、または話し手・聞き手がすでに知っているものをさして、ややぞんざいに言う語。あれ。「―をとってくれ」類語 そいつ

あいづ【会津】福島県西部の会津盆地を中心とする地域。北部に喜多方市、南部に会津若松市がある。➡中通り ➡浜通り

あいつい-で【相次いで】〔副〕あとに続いて。次々と。「各国首脳が―来日する」

あい-つう【哀痛】〔名〕スル 心から悲しみ嘆くこと。「下に立つ運命に会える者少なからざるを見て、―に堪えず候」〈蘆花・思出の記〉

あい-つう・じる【相通じる】〔動ザ上一〕「あいつうずる」(動サ変)の上一段化。「二人には何か―・じるものを感じる」

あい-つう・ずる【相通ずる】〔動サ変〕文 あひつう・ず〔サ変〕❶共通する。似ている。「二人の作風には―・ずるものがある」❷理解しあう。わかり合う。「気持ちが―・ずる」❸互いに連絡する。つながりをもつ。「敵方と―・ずる」「気脈を―・ずる」
類語 似る・似寄る・似つく・似通う・通う・類する・紛う・類似する・相似する・近似する・酷似する・肖似する・あやかる

あい-つ・ぐ【相次ぐ／相継ぐ】〔動カ五(四)〕❶物事があとからあとから続いて起こる。「―・ぐ惨事」❷受け継ぐ。伝えていく。また、相続する。「はかばかしう―・ぐ人もなくて」〈源・松風〉
類語 続く・度重なる・重なる・継起する・続発する・連発する・続出する

あいづ-ごよみ【会津暦】江戸時代、会津若松の諏訪神社の神官によって作られた地方暦。

あいづ-じょう【会津城】会津若松市にある会津藩松平氏の城。会津戦争の際に奥羽越列藩同盟の拠点となり、落城。若松城。鶴ヶ城。

あいづ-せんそう【会津戦争】慶応4年(1868)、戊辰戦争の中で、新政府軍と、これに抵抗する奥羽越列藩同盟の中心となった会津藩との戦い。1か月後の9月(明治元年)、会津藩の降服・開城により終結。この間、白虎隊員が自刃した。➡白虎隊

あいった【阿逸多】《梵 Ajitaの音写》弥勒菩薩の異称。

あいづ-だいがく【会津大学】福島県会津若松市にある公立大学。平成5年(1993)に開学した、コンピュータ理工学部の単科大学。同18年、公立大学法人となる。

あい-づち【相槌／相鎚】❶鍛冶で、二人の職人が交互に槌を打ち合わすこと。あいのつち。❷相手の話にうなずいて巧みに調子を合わせること。「聞く人なげに遠慮なき高声、福も一例の調子に」〈一葉・われから〉

相槌を打・つ 相手の話に調子を合わせて、受け答えをする。「友人の主張に―・つ」補説「合いの手を入れる」と混同して、「相槌を入れる」とするのは誤り。

アイット-ベン-ハドゥ〖Aït-Ben-Haddou〗モロッコ中央部の都市ワルザザート近郊にある集落。アトラス山脈の南に点在する要塞村の一つ。丘の斜面に日干し煉瓦で築かれている。1987年「アイット-ベン-ハドゥの集落」の名で世界遺産(文化遺産)に登録された。アイト-ベン-ハッドゥ。

あい-つと・める【相勤める】〔動マ下一〕文 あひつと・む〔マ下二〕「勤める」の改まった言い方。「骨身を惜しまず―・めます」

あいづ-ぬり【会津塗】会津地方産の漆器の総称。天正年間(1573〜1592)より興り、古くは漆絵による会津盆、現代では消し粉蒔絵の日用品が多い。

あいづ-ね【会津嶺】磐梯山の異称。

あいづのうしょ【会津農書】近世前期の農書。陸奥国会津郡幕内村(会津若松市)肝煎佐瀬与次右衛門著。3巻。貞享元年(1684)成立。会津地方の農業経営について記録したもの。

あいづ-の-こてつ【会津小鉄】[1845〜1885]

江戸末期の侠客きょうかく。本名、上坂仙吉。会津藩主松平容保まつだいらかたもりが京都守護職の時、その配下に属して人夫徴集や雑用の請負に当たった。

あいづ-ばんだいさん【会津磐梯山】あひづ― ㊀磐梯山のこと。会津嶺。会津富士。㊁会津地方の民謡。もと盆踊り歌で、昭和初期から全国に広まった。

あいづ-ふじ【会津富士】あひづ― 磐梯ばんだい山の異称。

あいづ-ぼんち【会津盆地】あひづ― 福島県西部の盆地。中心都市は会津若松市。旧称、居平いだいら。

あい-づま【合×褄┊相×褄】あひ― 和服で、襟先の位置の衽おくみ。また、そこで計る衽の幅。合褄幅。

あいづ-やいち【会津八一】あひづ― [1881〜1956]美術史学者・歌人・書家。新潟の生まれ。号は秋艸道人しゅうそうどうじん・渾斎こんさい。早大教授。歌集に「鹿鳴集」など。

あいづ-やき【会津焼】あひづ― 会津地方産の磁器。江戸前期の正保年間(1644〜1648)に開窯。日用品が多い。本郷焼。若松焼。

あいづや-はちえもん【会津屋八右衛門】あひづやハチエモン [?〜1836]江戸後期の廻船問屋。石見いわみの人。竹島(現在の鬱陵島うつりょうとう)を拠点に密貿易を行ったが、幕府に探知され死罪となった。

あいづ-ろうそく【会津×蝋×燭】あひづラフソク 会津地方産の蝋燭。上質・純白で、絵模様のあるのが特色。絵蝋燭。

あいづわかまつ【会津若松】あひづわかまつ 福島県中西部の市。もと松平氏の城下町。北東の飯盛山いいもりやまに白虎隊の墓碑がある。若松市から昭和30年(1955)改称。平成16年(2004)北会津村を、翌年に河東かわひがし町を編入。人口12.6万(2010)。

あいづわかまつ-し【会津若松市】あひづわかまつ― ▶会津若松

あい-て【相手】あひ― ❶一緒になって物事をする、一方の人。「孫の―をする」「話し―」❷その行為の対象となるもの。「交渉の―」「―の出方を見る」「子供―の商売」❸対抗して勝負を争う人。「―にとって不足はない」「―にならない」「手ごわい―」

類語(❶)相棒・相方あいかた・仲間・パートナー・同輩・朋輩ほうばい・同僚・同志・同人・友・メート・同士・常連・一味・一派・徒党・味方・翰林・盟友・同腹/(❷)向こう/(❸)敵てき・敵かたき・ライバル・好敵手・仇敵きゅうてき・難敵・宿敵

相手変われど主ぬし変わらず　相手が変わっても、こちらは相変わらず同じことを繰り返している。

相手のさする功名こうみょう　自分の力によるのではなく、相手の弱さや失策などで思いがけなく立てる手柄。

相手のない喧嘩けんかは出来できぬ　喧嘩は相手がなくてはできない。喧嘩を売られても相手になるなという戒め。相手なければ訴訟そしょうなし。

相手見てからの喧嘩声けんかごえ　相手が自分より弱そうだとわかってから、急に威圧するような態度で声を出す、からいばりの行為。

アイデア〖idea〗《「アイディア」とも》❶思いつき。新奇な工夫。着想。「―が浮かぶ」❷イデア。観念。理念。類語名案・良案

アイデア〖IDEA〗《international data encryption algorithm》1992年にスイス工科大学で考案された共通鍵暗号方式の一。128ビット長の鍵を使って8重の暗号化を施すことにより安全性を向上させている。

アイデア-パッド〖IdeaPad〗中国のレノボ社が製造・販売するノートパソコンのブランド名。米国IBM社から継承したThinkPadシリーズがビジネス向けのブランドであるのに対し、一般消費者向けのブランドとして位置づけられている。

アイデア-マン〖idea man〗次々とよいアイデアを出す人。

アイデアリスト〖idealist〗❶観念論者。❷理想主義者。理想家。

アイデアリズム〖idealism〗❶観念論。❷理想主義。

アイデアル〖ideal〗〔形動〕理想的。また、観念的。「―な人物」「―に過ぎる」

アイディア〖idea〗▶アイデア

アイ-ティー〖IT〗《inclusive tour》包括旅行。パック旅行。

アイ-ティー〖IT〗《information technology》情報技術。コンピューター・インターネット・携帯電話などを使う、情報処理や通信に関する技術を総合的に指していう語。国際的には、ほぼ同じ意味でICT(情報通信技術)が広く使われる。➲ICT

アイ-ディー〖ID〗《identification》身分証明。また、識別番号、暗証番号。

アイ-ディー〖ID〗《industrial design》工業デザイン。

アイ-ディー〖ID〗《industrial designer》工業デザイナー。家具・機械などの工業製品を美的・合理的にデザインする専門家。

アイ-ディー〖ID〗《identification》局名告知。ステーションブレークに放送局名や周波数を放送すること。

アイ-ディー〖iD〗NTTドコモによるクレジット決済サービス。主に携帯電話を利用した電子マネーサービスを提供。

アイ-ディー-アール〖IDR〗《international depositary receipt》国際預託証券。ベルギーのブリュッセルで発行される預託証券の一種。

アイ-ティー-アイ〖ITI〗《Information Technology Industry Council》米国情報技術工業協議会。1916年、全国事務機器工業協会として設立。94年、計算機事務機械製造工業協会(CBEMA)から改称。

アイ-ティー-アイ〖ITI〗《International Theater Institute》国際演劇協会。ユネスコの外郭団体。1948年設立。本部はパリ。

アイ-ディー-イー〖IDE〗《integrated drive electronics》ハードディスクがパソコンのISAバスに直接接続するためのインターフェース。現在販売されているパソコンにはIDE方式を拡張したEIDEが広く採用されている。

アイ-ディー-イー〖IDE〗《Institute of Developing Economies》アジア経済研究所。昭和33年(1958)財団法人として設立、昭和35年(1960)特殊法人に改組。平成10年(1998)、ジェトロと統合。平成15年(2003)独立行政法人日本貿易振興機構アジア経済研究所(IDE-JETRO)となる。

アイ-ディー-イー〖IDE〗《integrated development environment》▶開発環境

アイ-ティー-イー-イー〖ITEE〗《Information Technology Engineers Examination》▶情報処理技術者試験

アイディーイー-ジェトロ〖IDE-JETRO〗《Institute of Developing Economies, Japan External Trade Organization》開発途上国の研究・調査を行う独立行政法人。平成10年(1998)にIDEとジェトロが統合して発足、平成15年(2003)より独立行政法人。本部は千葉市。日本貿易振興機構アジア経済研究所。アジ研。

アイ-ティー-エー〖ITA〗《initial teaching alphabet》幼児用アルファベット。英語を母語とする子供たちが英語を読むため、イギリスのJ=ピットマンが発明。1961年から実践される。42から44の、それぞれ1音を表す「サウンドシンボル」を使って文をつづる。

アイ-ティー-エー〖ITA〗《International Tin Agreement》国際錫協定。国際商品協定の一つ。第1次協定は1956年発効。

アイ-ティー-エー〖ITA〗《Independent Television Authority》独立テレビジョン公社。イギリスの商業放送の規制監督機関。1954年設立。商業ローカルラジオ開設のためのラジオ放送法の施行に伴い、72年英国独立放送協会(IBA)と改称。

アイ-ディー-エー〖IDA〗《International Development Association》国際開発協会。開発途上国の開発援助のために融資を行う国際金融機関。1960年設立。IBRD(国際復興開発銀行)よりも融資条件が緩い。本部はワシントン。IBRDと合わせて世界銀行ともいう。➲世界銀行

アイ-ティー-エー-エー〖ITAA〗《Information Technology Association of America》アメリカ情報工学協会。1961年設立。91年、コンピューターデータ処理業協会(ADAPSO)から改称。インターネット技術の標準化と普及を目的として設立した業界団体。本部はバージニア州アーリントン。

アイ-ティー-エス〖iTS〗《iTunes Store》▶アイチューンズストア

アイ-ティー-エス〖ITS〗《Intelligent Transport Systems》最先端の情報通信技術を用い、渋滞や交通事故といった道路交通問題の解決を目指す次世代の交通システム。日本や欧米で国家的プロジェクトとして推進されており、ナビゲーションの高機能化(VICS)、自動料金収受システム(ETC)など九つの分野で、開発、実用化が進められている。高度道路交通システム。

アイ-ディー-エス〖IDS〗《intrusion detection system》コンピューターネットワークを監視して、不正侵入を検知・通報するシステム。

アイ-ディー-エヌ〖IDN〗《international domain name》さまざまな言語の表記を利用できるドメイン名、またはその技術仕様。国際化ドメイン名。多言語ドメイン名。

アイ-ティー-エフ〖ITF〗《International Tennis Federation》国際テニス連盟。デビスカップやフェドカップなどテニスの国際大会を主催。1913年創設。本部は英国のローハンプトン。

アイ-ティー-エフ〖ITF〗《international trade fair》国際見本市。

アイ-ティー-エフ〖ITF〗《International Transport Workers' Federation》国際運輸労連。交通運輸労組の世界的組織。1896年結成。本部はロンドン。

アイ-ディー-エル〖IDL〗《international date line》国際日付変更線。太平洋のほぼ中央を南北に通る経度180度を基準とした仮想線。

アイ-ティー-エル-オー-エス〖ITLOS〗《International Tribunal for the Law of the Sea》▶国際海洋法裁判所

アイディー-カード【IDカード】《identity card; identification card》身分証明書。

アイティー-きほんほう【IT基本法】―キホンハフ 「高度情報通信ネットワーク社会形成基本法」の通称。

アイティー-コンソリデーション【ITコンソリデーション】《IT consolidation》▶コンソリデーション

アイ-ティー-シー〖ITC〗《International Trade Commission》米国国際貿易委員会。米国の独立政府機関。対米貿易に関するダンピング、不公正貿易などの排除を目的とする。

アイ-ティー-シー〖ITC〗《integrated traffic control system》集中列車制御システム。列車の発着を指示する信号取り扱い装置やポイントの切り替え装置などを指令室にまとめ、線区の列車の位置および進路の状況を監視しながら列車の運行を集中的に制御するシステム。

アイ-ティー-シー〖ITC〗《International Trade Centre》国際貿易センター。途上国の一次産品輸出を促進する国際機関。本部はスイスのジュネーブ。

アイ-ティー-シー〖ITC〗《inclusive tour charter》包括旅行チャーター。不特定多数の旅客を集めた航空機の貸し切り方式。

アイ-ティー-シー〖ITC〗《Independent Television Commission》独立テレビ委員会。英国にあった民放テレビ局監督機関。BBC以外のテレビ放送事業の許認可などを行っていた。英国独立放送協会(IBA)を改組して1990年に設立。2004年、英国放送基準委員会(BSC)などとともに英国情報通信庁(Ofcom)に統合された。

アイ-ディー-シー〖IDC〗《Internet data center》大量のサーバーを収容し、インターネット接続サービスや保守・運用サービスを提供する施設。インターネットデータセンター。データセンター。➲サーバーファーム

アイ-ディー-シー-ジェー〖IDCJ〗《International Development Center of Japan》国際開発センター。開発・国際協力分野を専門とするシンクタンク。

昭和46年(1971)設立。本部、東京都品川区。

アイディースリー-タグ【ID3タグ】《ID3 tag》ファイル記述規格の一。MP3形式のファイルに楽曲データなどの情報を追加記録するために用いる。

アイティー-ちょうじゃ【IT長者】 最新の情報技術(IT)を応用した企業を興して成功し、莫大な利益を手に入れた人。

アイ-ティー-ティー〘ITT〙《International Telephone & Telegraph Corp.》国際電話電信会社。米国のかつてのコングロマリット企業。1920年に国際電話会社として出発、異業種企業の吸収合併を通じ、通信機器、エレクトロニクス、自動車部品、保険などさまざまな事業部門を抱えるコングロマリットに発展。その後、1980年代後半に通信部門を売却、さらに1995年に三つの会社に分割され、現在その一つであるITT Corporationがポンプやバルブ、軍事電子機器、電子部品などのメーカーとして事業を引き継いでいる。

アイ-ティー-ティー-エフ〘ITTF〙《International Table Tennis Federation》国際卓球連盟。1926年結成。本部はスイスのローザンヌ。

アイ-ディー-ディー-エム〘IDDM〙《insulin dependent diabetes mellitus》►一型糖尿病

アイ-ティー-ティー-オー〘ITTO〙《International Tropical Timber Organization》国際熱帯木材機関。熱帯林資源の保全、利用、取引に関する国際的協議機関。1986年設立。事務局は横浜。

アイ-ディー-ティー-ブイ〘IDTV〙《improved definition television》高解像度テレビの一つ。地上波アナログカラーテレビ放送で、信号処理方式(NTSC)を変えずにテレビ受像機を改良したもので、従来のテレビより5割がた画像が鮮明なテレビ。ほかにEDTV、HDTVなどの方式がある。

アイティー-とうせい【IT統制】《IT control》ITによるコーポレートガバナンス。企業内で、組織ぐるみの不祥事などを防ぐためにITの内部統制を利用すること。IT部門の業務を統制することも含む。

アイ-ティー-ピー〘ITP〙《Idiopathic thrombocytopenic purpura》►特発性血小板減少性紫斑病

アイ-ディー-ビー〘IDB〙《Inter-American Development Bank》米州開発銀行。中南米・カリブ海諸国の経済・社会発展支援を目的に設立された国際開発金融機関。1959年設立。本部はワシントン。IADB。

アイ-ディー-ビー〘IDB〙《Industrial Development Board》工業開発理事会。ユニド(国連工業開発機関)の執行機関。1966年設立。

アイ-ディー-ビー〘IDB〙《Islamic Development Bank》イスラム開発銀行。加盟国に対し資金援助をしたり生産的プロジェクトを行う企業に融資する。イスラム諸国蔵相会議により、1975年設立。本部は、サウジアラビアのジッダー。

アイ-ディー-ピー〘IDP〙《integrated data processing》コンピューターで、集中データ処理。

アイ-ディー-ピー〘IDP〙《international driving permit》国際運転免許証。

アイ-ディー-ピー-エフ〘IDPF〙《International Digital Publishing Forum》米国の電子出版業界の標準化団体。電子書籍用のファイル規格EPUBを策定した。同規格はアップルのiPad用の閲覧ソフトiBooks、ソニーの電子書籍リーダー、グーグルの書籍全文検索サービスGoogle Booksなどで採用されている。国際デジタルパブリッシングフォーラム。国際電子出版フォーラム。

アイ-ディー-ピー-エフ〘IDPF〙《International Drug Purchase Facility》►ユニットエイド(UNITAID)

アイ-ティー-ブイ〘ITV〙《industrial television》工業用テレビ。工場・店舗などで防犯・監視のために用いられるテレビシステム。

アイ-ティー-ユー〘ITU〙《International Telecommunication Union》国際電気通信連合。国際連合の専門機関の一。電波の国際的管理、通信の世界的拡充と円滑化を目的とする。1865年に設立された国際電信連合を1947年に改称したもの。日本は1949年(昭和24)に加盟。本部はジュネーブ。

アイ-ティー-ユー〘ITU〙《intensive therapy unit》病院の集中治療部。

アイ-ティー-ユー〘ITU〙《International Triathlon Union》国際トライアスロン連合。1989年設立。本部はカナダのバンクーバー。

アイ-ディー-ユー〘IDU〙《International Democrat Union》国際民主同盟。各国保守政党による国際組織。1983年結成。本部はロンドン。(補説)主な加盟政党は、セヌリ党(韓国)・中国国民党(台湾)・国民運動連合(フランス)・キリスト教民主同盟(ドイツ)・キリスト教社会同盟(ドイツ)・保守党(イギリス)・共和党(アメリカ)など。日本の自由民主党もかつて加盟していた。

アイディタロッド〘Iditarod〙米国アラスカ州アンカレジ〜ノーム間1900キロを走る世界最長の犬ぞりレース。1973年に始まり、毎年3月の第1土曜日にスタートする。1位でも、2週間前後かかる。

あいて-かた【相手方】《「あいてがた」とも》❶相手の側。また、その人。❷法律で、契約・事件などの一方の当事者。売り主に対する買い主、原告に対する被告など。(類語)向こう・相手・先方・先様

あいてさきブランド-せいぞう【相手先ブランド製造】►オー-イー-エム(OEM)

あい-でし【相弟子】 同じ師について学んだり、修業したりする人どうし。兄弟弟子。

あいて-しだい【相手次第】 相手の出方によって自分の行動や結果が決まること。

あいて-ど・る【相手取る】〔動ラ五(四)〕交渉や争いの相手とする。訴訟の相手とする。「公害問題で企業を―・って訴訟を起こす」(類語)渡り合う・戦う

アイテナラリー〘itinerary〙旅程。旅行日程表。

アイテム〘item〙❶項目。条項。品目。また、品物。❷必要とされるもの。「都会人の―」

あいて-やく【相手役】 演劇などで、役柄の上で相手となる人。また一般に、何かを一緒に行う一方の人。

あい-てら・す【相照らす】〔動サ五(四)〕互いに照らし合う。相互に効果を与え合う。「二つの文献を―・してみると」「肝胆―・す」

アイデル〘Ayder〙トルコ北東部、カチカル山脈の山岳地帯にある村。カフカス系の少数民族が遊牧を営む。古くから温泉保養地として知られるほか、周辺の山々への登山拠点になっている。

アイデンティティー〘identity〙❶自己が環境や時間の変化にかかわらず、連続する同一のものであること。主体性。自己同一性。「―の喪失」❷本人にまちがいないこと。また、身分証明。

アイデンティティー-クライシス〘identity crisis〙自己喪失。若者に多くみられる自己同一性の喪失。「自分は何なのか」「自分にはこの社会で生きていく能力があるのか」という疑問にぶつかり、心理的な危機状況に陥ること。

アイデンティファイ〘identify〙〔名〕 同一であること。本人に相違ないと認めること。

アイデンティフィケーション〘identification〙❶同一であることの確認、証明。❷広告で、広告表現・看板・サインなどのコミュニケーション表現要素に統一性をもたせ、より効果的なコミュニケーション活動を行うための方法を表す言葉。

あい-とう【哀悼】〔名〕 人の死を悲しみ悼むこと。「―の意を表する」「友の夭折を―する」
(類語)追悼・哀惜・愁傷

あい-とう・ずる【相投ずる】〔動サ変〕文あひとう・ず〔サ変〕互いに一致する。ぴったり合う。「初対面だが、たちまちに意気―・じた」

アイドカ-の-ほうそく【アイドカの法則】《アイドカは、AIDCA。attention(注目)、interest(関心)、desire(欲求)、conviction(確信)、action(行動)の頭文字を並べたもの》広告に接触してから購買に至るまでの消費者の心理的段階を分析したもの。(補説)convictionをmemory(記憶)に置き換えて「アイドマの法則」とも。

あい-どく【愛読】〔名〕 特定のものを好んでよく読むこと。「鴎外の作品を―する」「―書」

アイドグラフ〘ドイ Eidograph〙製図用具。図面を縮小、または拡大するのに用いる。

あい-どこ【相床】 一つの部屋に並べて敷かれた床。また、その隣り合わせの床。遊里では間を屏風などで仕切る。「足のさはるも互ひに御免と、枕も定めず―をきけば伊賀の上野の米屋」〈浮・一代男・二〉

あい-どし【相年】 互いに同じ年齢であること。

アイトス〘ITOS〙《Improved TIROS Operational Satellite》改良型タイロス実用衛星。1970年に第1号が打ち上げられた米国の気象衛星。2号からNOAA(ノア)と名称が変更された。

あいとにんしきとのしゅっぱつ【愛と認識との出発】倉田百三の論文集。大正10年(1921)刊。若者が自利と他利との対立に悩み、思想的精進の結果、宗教的ヒューマニズムに至る過程を描く。

アイトネ〘Aitne〙木星の第31衛星。2001年に発見。名の由来はギリシャ神話の女神。非球形で平均直径は約3キロ。

あい-どの【相殿】 同じ社殿に2柱以上の神を合わせて祭ること。また、その社殿。あいでん。

アイドホール〘ドイ Eidophor〙テレビの映像を、大型スクリーンに投写する装置。商標名。

あい-ともな・う【相伴う】〔動ワ五(ハ四)〕❶あわせ持つ。「名実―・う」❷一緒に行動する。連れていく。「弟子を―・って旅に出る」

あい-どり【相取り】《「あいとり」とも》❶「捏ね取り」に同じ。❷物事を一緒にすること。また、その人。「何れをも、人々―に誦しけり」〈著聞集・五〉

アイトリプルイー〘IEEE〙《Institute of Electrical and Electronics Engineers》米国電気電子学会(米国電気電子技術者協会)。電気、電子工学、コンピューターなどの分野における技術の標準規格を定めており、その多くはISO(国際標準化機構)により国際標準として採用されている。1963年創設。本部はニューヨーク。

アイトリプルイー-いちさんきゅうよん〘IEEE1394〙 パソコンと周辺機器を結ぶインターフェース規格の一。100Mbps、200Mbps、400Mbpsなどのデータ転送速度が規格化されている。米国アップル社のFireWire、ソニーのi.LINKも同じもの。

アイトリプルイー-いちにはちよん〘IEEE1284〙IEEE(米国電気電子学会)が制定した、パラレルポートのインターフェース規格。主にプリンター用。

アイトリプルイー-はちまるにてんいちろく-イー〘IEEE802.16e〙►モバイルワイマックス

アイトリプルイー-はちまるにてんいちろく-エー〘IEEE802.16a〙►ワイマックス(WiMAX)

アイトリプルイー-はちまるにてんいちろく-きかく【IEEE802.16規格】《IEEE802.16 standard》►ワイマックス(WiMAX)

アイトリプルイー-はちまるにてんご〘IEEE802.5〙►トークンリング

アイドリング〘idling〙機械や自動車のエンジンを、負荷をかけずに低速で空回りさせること。

アイドリング-ストップ《和 idling＋stop》交差点などでの停車時に自動車のエンジンを止めること。二酸化炭素を含む排気ガスの排出を減らし、地球温暖化防止に効果があるとされる。

アイドリングストップ-きのう【アイドリングストップ機能】自動的にアイドリングストップを行う機能。車両が停止するとエンジンが自動的に停止し、ブレーキペダルを離すなど発進動作を行うとエンジンが再始動する。

アイドル〘idle〙機械・工場などが使用されないでいる状態。また、コンピューターで、電源は入っているが作動していない状態。

アイドル〘idol〙❶偶像。❷崇拝される人や物。❸

あこがれの的。熱狂的なファンをもつ人。「一歌手」
アイドル-ギア〖idle gear〗遊び歯車。二つの伝動軸間に入れる中間の歯車で、回転方向を合わせる場合や、軸間距離が長い場合に用いる。
アイドル-コスト〖idle cost〗企業の設備・労働力などが十分用いられないことから生じる損失。遊休費。不働費。
アイドル-タイム〖idle time〗交通機関や店などがすいている時間帯。また、機械・工場などで一部の機能・設備が稼働していない時間。特に、コンピューターのCPUが作動していない時間。遊休時間。➡ピークタイム
アイ-トロン〖ITRON〗《Industrial TRON》組込みシステム用リアルタイムオペレーティングシステムの技術仕様。TRONのサブプロジェクトの一つとして策定。
アイナ〖INAH〗《isonicotinic acid hydrazide》イソニコチン酸ヒドラジド。結核に対する薬品。
あい-なか【相中｜相仲】あひ ❶物と物との間。中間。「いつ迄人と馬の一に寝ていたかわれは知らぬ」〈漱石・草枕〉❷気の合っている仲。「お父様とお母様と己との一をつつき」〈円朝・怪談牡丹灯籠〉
あい-なかば・する【相半ばする】あひ〔動サ変〕文 あひなかば・す〔サ変〕互いに半分ずつである。同じくらいである。「功罪一・する」
あい-な・し〔形ク〕❶感心できない。気にくわない。「親の、今は一・きよし、いひにやらむと」〈更級〉❷おもしろみがない。つまらない。あじけない。「梨の花…葉の色よりはじめて、一・く見ゆるを」〈枕・三七〉❸調和に欠けている。そぐわない。「老人の事をば、人も笑はず、衆に交りたるも、一・く見ぐるし」〈徒然・一五一〉❹どうにもならない。むだである。「誰も誰もあやしう一・きことを思ひ騒ぎて」〈源・東屋〉❺(連用形を副詞的に用い)程度がはなはだしいさま。むやみに。やたらに。「上達部、上人なども一・く目をそばめつつ」〈源・桐壺〉(補説)歴史的仮名遣いは「あい」か「あひ」か不明。語源についても「愛無し」「あひ(間・合)なし」、さらに「あやなし」「あへなし」の音変化など、諸説ある。
あいな-だのみ【あいな頼み】あてにならない頼み事。「過ぎにし方のやうなる一の心おごりをだに」〈更級〉(補説)一説に、分に過ぎた期待の意とも。
あい-なめ【×鮎▽魚女｜×鮎▽並】カサゴ目アイナメ科の海水魚。全長約40センチ。体側に5本の側線がある。岩礁域に多く、体色は黄褐色から紫褐色まで場所によって変わる。北海道以南に分布。煮物・焼き物にする。あぶらこ。あぶらめ。(季 春)「一は息吐く焼いてしまふべし/ひろし」
あい-なめし【藍×韋】あゐ「藍革あいかわ」に同じ。
あいなめ-の-まつり【相×嘗の祭】あひなめ 古代、陰暦11月初めの卯うの日に、新嘗祭にいなめさいに先立って畿内71の神社に新穀を供えた神事。あいにえのまつり。あいんべのまつり。
あい-な・る【相成る】あひ〔動ラ五(四)〕「なる」の改まった言い方。「いかが一・りましょうか」
あいにえ-の-まつり【相×嘗の祭】あひにへ ►あいなめのまつり
あい-にく【▽生憎】《「あやにく」の音変化》❶〔形動〕文〔ナリ〕期待や目的にそぐわないさま。都合の悪いさま。「一な空模様」「一ですが、もう売り切れました」❷〔副〕折あしく。ぐあい悪く。「彼を訪ねたが、一留守だった」
アイヌ《アイヌ語で人の意》北海道を中心に日本列島北部、樺太からふと(サハリン)・千島(クリル)列島などに居住する民族。伝統的に狩猟・漁労・採集を主とする自然と一体の生活様式をもち、吟誦形式の叙事詩ユーカラが伝わる。室町時代から和人との交渉が生じ、江戸時代には松前藩や商人などに従属を余儀なくされ、明治以後は、同化政策のもとで言語など固有の慣習や文化の多くが破壊され、人口も激減した。(補説)平成9年(1997)北海道旧土人保護法を廃止してアイヌ文化振興法が成立。同19年先住民族の権利に関する国際連合宣言を採択。20年6月、政府にアイヌの人々を先住民族として認めることを求めた国会決議が衆参両院で採択される。
アイヌ-ご【アイヌ語】アイヌの言語。文字をもたず、系統には諸説ある。母音は日本語と同じ五母音で、子音は少なく、有声・無声の対立はない。時制の区別はなく、動詞や名詞に人称を示す接辞がつく。
アイヌ-しんぽう【アイヌ新法】―シンパフ ►アイヌ文化振興法
アイヌ-たちつぼすみれ【アイヌ立×壺×菫】スミレ科の多年草。タチツボスミレの近縁種。高さ約20センチ。葉は心臓形。初夏、紫色の花が咲く。北海道、本州北部に分布。
アイヌぶんか-しんこうほう【アイヌ文化振興法】―ブンクワシンコウハフ《「アイヌ文化の振興並びにアイヌの伝統等に関する知識の普及及び啓発に関する法律」の通称》アイヌの民族としての誇りを尊重し、アイヌ語、その音楽・舞踊・文学・工芸などの振興を図り、かつそれらについての調査研究、知識の普及を目的とする法律。平成9年(1997)成立、施行。これに伴い、明治32年(1899)制定の北海道旧土人保護法は廃止。アイヌ新法。
アイネイアス〖Aineiās〗ギリシャ-ローマ神話でトロイア方の英雄。女神アフロディテを母とする。ギリシャ軍に敗れてのち諸国を流浪、イタリアに渡ってローマ建国の礎を築いたという。ラテン語名アエネアス。➡アエネイス
あい-ねずみ【藍×鼠】あゐ 藍色がかったねずみ色。藍気鼠あいけねずみ。あいねず。
あい-ねん【愛念】❶非常にいとしく思うこと。深く愛する気持ち。「その温かな一も、幸福な境界きょうがいも」〈二葉亭・浮雲〉❷男女の愛情。
あいのうしょう【壒嚢鈔】アイナウセウ 室町中期の百科事典。僧行誉ぎょうよの編。7巻。文安3年(1446)成立。事物の起源、和漢の故事、国字・漢字の語源や語義などを解説。➡塵添壒嚢鈔じんてんあいのうしょう
あい-の-かぜ【あいの風】日本海沿岸で、沖から吹く夏のそよ風。あい。あゆ。あえのかぜ。(季 夏)
あいのがっこう【愛の学校】アイノガクカウ「クオレ」の邦訳題名。
あい-の-きょうげん【▽間の狂言】あひ―キヤウゲン ❶「間狂言あいきょうげん❶」に同じ。❷人形浄瑠璃で、段と段との間または浄瑠璃の間のつなぎに演じる小品歌舞や、のろま人形のこっけい寸劇。間あいの物。あいきょうげん。❸歌舞伎で、冬の顔見世狂言と翌年正月の二の替わりとの間に上演される狂言。
あい-の-くさび【▽間の×楔】あひ ❶木材などの継ぎ目を固定するために打ち込むくさび。❷きまった仕事の合間に、他の仕事をすること。また、その合間の仕事。あいのつなぎ。❸物事の流れが途切れないように、他のものを挿入して間まをもたせること。また、そのもの。「おれを一に一席伺わせる気なんだな」〈漱石・坊っちゃん〉
あい-の-けっしょう【愛の結晶】―ケツシヤウ 愛情で結ばれた男女の間にできた子。
あい-の-こ【合(い)の子｜▽間の子】あひ ❶混血児。❷異種生物の間に生まれた子。❸二つのものの特質を備えていて、どちらともつかない中間のもの。(類語)混血児・ハーフ・ダブル
あいのこ-ぶね【▽間の子船】あひのこ― 日本式と西洋式とをとりまぜてつくった木造帆船。明治後半から大正期にかけて沿岸航路用の荷船として使われた。
あいのこ-べんとう【▽間の子弁当】あひのこ―ベンタウ 米飯に西洋風の副食物を添えた弁当。
あい-の-しゅく【▽間の宿】あひ 近世、宿場と宿場との中間に設けられた、休憩のための宿しゅく。宿泊は禁じられていた。
あい-の-す【愛の巣】相愛の男女が二人だけで生活している住まい。「一を営む」
あいの-だいがく【藍野大学】あゐの― 大阪府茨木市にある私立大学。平成16年(2004)に開学した。医療保健学部の単科大学。
あい-の-たけ【間ノ岳】あひ― 長野・静岡・山梨の県境、赤石山脈の主峰北岳と農鳥のうとり岳の間にある山。標高3189メートルで日本第4位の高峰。
あい-の-つち【相の×槌】あひ―「相槌あいづち」に同じ。
あい-の-つちやま【間の土山】あひ― 旧東海道鈴鹿越えの宿場町であった土山(滋賀県甲賀市)のこと。鈴鹿峠の西の山あいにあるので、こうよばれた。
あい-の-て【合(い)の手｜相の手｜▽間の手】あひ― ❶邦楽で、歌と歌の間に、三味線などの伴奏楽器だけで演奏する部分。❷歌や踊りの調子に合わせて入れる手拍子や囃子詞はやしことば。❸相手の動作や話の合間に挟む別の動作や言葉。「一を入れる」(補説)「相槌を打つ」と混同して、「合いの手を打つ」とするのは誤り。(類語)手拍子・拍手
あい-の-ま【▽間の間｜相の間】あひ― ❶主要な二つの部屋の間にある部屋。❷神社建築で、本殿と拝殿との間にある部屋。権現造りや八幡造りなどにみられる。石の間ま。❸柱間はしらまの寸法の一。京間きょうまと田舎間いなかまとの中間の広さ。
あい-の-むち【愛の×鞭】愛するがゆえに厳しく叱りつけること。その人のためを思ってする叱責。
あい-の-もの【▽間の物】あひ― ❶四度入りの土器製の杯。普通の大きさ(三度入り)と大形(五度入り)の中間のもので、「四し」の音を避けた言い方。あいもの。❷「間あいの狂言❷」に同じ。
あい-の-やま【間の山】あひ― ㊀三重県伊勢市の地名。伊勢神宮の内宮と外宮との間にある丘陵。近世は遊里もあった。㊁「間の山節」の略。
あいのやま-ぶし【間の山節】あひのやま― 江戸時代、間の山で、代々、お杉・お玉と名のる女性が簓ささら・三味線に合わせて歌った俗謡。
あい-のり【相乗り】あひ―〔名〕スル ❶本来は別々に利用する人たちが、一つの乗り物に同乗すること。「タクシーの一」❷他で進めている事業に加わること。また、共同で行うこと。「一広告」❸国政で対立する与野党が、地方の首長選挙などで同じ候補者を支持すること。(類語)同乗・乗り合い・便乗
あい-ば【合(い)端】あひ― ❶石積み工事で、積み上げる石と石との接合する部分。合い口ぐち。❷鉄道で、レールとレールとの継ぎ目に残してあるすきま。高温の季節に鉄が伸長することを予想してあけてある。
あい-ば【愛馬】かわいがって大事にしている馬。
アイ-パー「アイロンパーマネント」の略。
アイバク〖Aibak〗►クトゥブッディーン=アイバク
あい-ばさみ【相挟み】あひ― 数人で一つのものを箸はしで挟み合うこと。また、箸から箸へ受け渡すこと。火葬の骨揚こつあげのときの習慣で、日常はこれを忌む。
アイ-パッチ〖eye patch〗眼帯。
アイパッド〖iPad〗米国アップル社が開発したタブレット型端末のシリーズ名。2010年4月に初代モデルを発売。9.7インチのマルチタッチ対応の液晶ディスプレーを搭載し、オペレーティングシステムとしてiOSを採用(初期搭載OSはiPhone OS)。インターネット、電子メール、音楽や動画の再生が可能なほか、iTunes Storeを通じてさまざまなコンテンツやアプリケーションソフトを購入できる。また、iBookstoreからダウンロードした電子書籍データを閲覧する電子書籍リーダーとしても利用できる。2011年3月に第二世代モデルのiPad 2が発売。続いて2012年3月に第三世代モデルが発売され、新型のマイクロプロセッサーApple A5X、画素密度が高いRetinaディスプレー(2048×1536ピクセル)、顔認識AFと電子式手ぶれ補正機能をもつ裏面照射型CMOSイメージセンサー採用の5メガピクセルカメラ、会話型アシスタント機能Siriを搭載。また、LTE、DC-HSDPA、HSPA+などの高速データ通信規格に対応した。
アイパッド-ツー〖iPad 2〗米国アップル社が開発したタブレット型端末の一。iPadの第二世代モデルとして、2011年3月に発売。9.7インチのマルチタッチ対応の液晶ディスプレーとビデオ通話が可能な二つのカメラを搭載し、オペレーティングシステムとしてiOSを採用。旧モデルに比べて3割薄く、1割以上の軽量化が図られ、新型のマイクロプロセッサーApple A5に

より処理速度が大幅に向上。後継として12年3月に第三世代モデルが発売された。

あい-は・てる【相果てる】〔動タ下一〕図あひは・つ〔タ下二〕「果てる」の改まった言い方。死ぬ。終わる。「みずから—・てる」

あい-ばな【藍花】❶ツユクサの別名。❷染料の藍汁にできる泡。

あい-はん【合(い)判┊相判】《「あいばん」とも》❶「合い印」に同じ。❷二人以上の者が連帯で押す印。連判。(類語)捨て印・契印・割り印・検印・消印・烙印・合い印・朱印・証印・連判・調印

あい-ばん【合(い)判┊相判┊間判】❶紙の大きさの一。縦7寸(約21センチ)、横5寸(約15センチ)のもの。多く帳面に用いられた。❷写真乾板で、小判と中判との間の大きさ。縦約13センチ、横約10センチ。❸浮世絵版画の大きさの一。縦1尺1寸(約33センチ)、横7寸5分(約23センチ)のもの。

アイ-バンク〖eye bank〗角膜移植のため、眼球提供者の登録を受け、死後に眼球の摘出・保存・斡旋などを行う機関。日本では昭和38年(1963)以来各地に設立。角膜銀行。眼球銀行。

あい-はん・する【相反する】〔動サ変〕図あひはん・す〔サ変〕互いに反対の関係にある。一致しない。対立している。「—・する対応」
(類語)矛盾・撞着・自家撞着・齟齬・牴牾・二律背反・背反・背理・不整合・不一致・扞格・対立・相克・食い違う

アイバンホー〖Ivanhoe〗ウォルター=スコットの長編歴史小説。1819年刊。リチャード1世の騎士アイバンホー、伝説的英雄ロビン=フッドなどが登場する恋と冒険の物語。

あい-び【合(い)火】喪など忌み事のある家の火を用いること。一般には「合い火を食う」といってきらった。➡別火

アイ-ビー〖IB〗《International Baccalauréat》国際共通大学入学資格。1968年スイスのジュネーブに設立されたインターナショナルバカロレア機構(IBO)によって提供される国際的な教育プログラム。IBOに許可、登録された学校で、その課程を履修して認定証書(ディプロマ)を取得すれば、世界各国の大学で正規の入学資格として認められる。日本でも、1979年から大学入学資格として認められるようになった。

アイビー〖ivy〗❶ウコギ科の常緑低木。蔦の一種で、日陰でもよく育つ。観葉植物。西洋木蔦。❷「アイビースタイル」の略。

アイ-ピー〖IP〗《industrial policy》産業政策。政府が特定の産業を重点的に保護、育成する政策。

アイ-ピー〖IP〗《information provider》情報提供者。インターネットや携帯電話のiモードなどを通じ、オンラインでコンテンツを提供する会社や個人。

アイ-ピー〖IP〗《internet protocol》プロトコル❸の一種。インターネット上でコンピューター同士が通信するために定めた通信規約(プロトコル)。コンピューターにIPアドレスを割り振り、パケットを使って通信する。

アイ-ビー-アール-エス〖IBRS〗《International Business Reply Service》国際郵便料金受取人払。あらかじめ郵便物の表面に表示をし、配達郵便支店長の承認を得ることによって、国外からの郵便物の郵便料金を受取人が負担する制度。日本国内では日本郵便が行う。

アイ-ビー-アール-ディー〖IBRD〗《International Bank for Reconstruction and Development》国際復興開発銀行。国際連合の専門機関の一。第二次大戦後の復興・開発のための融資を目的に、ブレトンウッズ協定によって設立された国際金融機関。1946年開業。現在では開発途上国の工業開発のための融資が中心。本部はワシントン。IDA(国際開発協会)と合わせて世界銀行ともいう。➡世界銀行

アイ-ピー-アイ〖IPI〗《International Press Institute》国際新聞編集者協会。1951年結成。本部はスイスのチューリヒ。

アイ-ピー-アイ〖IPI〗《Industrial Produce Index》►鉱工業生産指数❷

アイピー-アドレス【IPアドレス】《IP address》インターネット上のコンピューターや通信機器を識別するための番号。➡IP

アイ-ビー-イー〖IBE〗《International Bureau of Education》ユネスコ国際教育局。国際的な教育情報の交換や教育問題研究のためのUNESCOの下部機関。1925年設立。

アイ-ピー-イー〖IPE〗《International Petroleum Exchange》►ロンドン国際石油取引所

アイ-ビー-エー〖IBA〗《Independent Broadcasting Authority》英国独立放送協会。民放ラジオ・テレビ局を管理・運営する。1972年ITA(独立テレビジョン公社)に代わって発足。1990年、ITC(独立テレビ委員会)となる。

アイ-ビー-エー〖IBA〗《International Bauxite Association》国際ボーキサイト連合。1974年結成。94年解散。事務局はジャマイカのキングストンにあった。

アイ-ビー-エー〖IBA〗《International Baseball Association》►アイ-ビー-エー-エフ(IBAF)

アイ-ビー-エー〖IBA〗《International Bar Association》国際法曹協会。

アイ-ピー-エー〖IPA〗《International Publishers Association》国際出版連合。世界各国の出版社の国際的組織。1896年創設。事務局はジュネーブ。

アイ-ピー-エー〖IPA〗《International Phonetic Association》国際音声学協会。国際音声記号(IPA)は同協会が1888年に定めた。1886年創設。

アイ-ピー-エー〖IPA〗《icosapentaenoic acid》イコサペンタエン酸。元は、エイコサペンタエン酸と呼ばれた。

アイ-ピー-エー〖IPA〗《isopropyl alcohol》►イソプロピルアルコール

アイ-ピー-エー〖IPA〗《information process analysis》情報処理分析。

アイ-ピー-エー〖IPA〗《Information-technology Promotion Agency, Japan》►情報処理推進機構

アイ-ピー-エー〖IPA〗《International Phonetic Alphabet》►国際音声記号

アイ-ピー-エー-アイ〖IPAI〗《International Primary Aluminium Institute》国際アルミニウム協会(IAI; International Aluminium Institute)の旧称。

アイ-ビー-エー-エフ〖IBAF〗《International Baseball Federation》国際野球連盟。1938年設立。本部はスイスのローザンヌ。2000年にInternatioal Baseball Association(IBA)から改称。

アイ-ビー-エス〖IBS〗《irritable bowel syndrome》►過敏性腸症候群

アイ-ピー-エス〖IPS〗《International Plutonium Storage》国際プルトニウム貯蔵。核拡散防止と原子力平和利用のために、余剰プルトニウムを国際的に管理する制度。

アイ-ピー-エス-エー〖IPSA〗《International Political Science Association》世界政治学会。1949年、ユネスコの援助にて設立。本部はモントリオール。

アイピーエス-えきしょう【IPS液晶】《in-plane switching liquid crystal》液晶パネルの作動方式の一。平成7年(1995)に日立製作所が発表。液晶分子をガラス基板と平行に寝かせ、その面内で横方向回転させることで光量を制御する。見る方向による明るさや色の変化が少ないという特徴をもつ。IPS方式。

アイピーエス-さいぼう【iPS細胞】《induced pluripotent stem cell》万能細胞の一種。ES細胞と同様に増殖して各種の細胞へと分化することが可能な細胞。ES細胞は受精卵から採取して作るため倫理的に問題があるが、この細胞は皮膚細胞などから作り出すことができる。自分の体細胞から臓器などを作れば拒絶反応を回避できるため、再生医療への応用が期待される。誘導多能性幹細胞。新型万能細胞。人工多能性幹細胞。

アイピーエス-ほうしき【IPS方式】《in-plane switching》►IPS液晶

アイ-ピー-エヌジーエヌ〖IP NGN〗《IP next generation network》►エヌ-ジー-エヌ(NGN)

アイ-ビー-エフ〖IBF〗《International Boxing Federation》国際ボクシング連盟。米国ボクシング協会(USBA)が中心となり、世界ボクシング協会(WBA)から分裂して1983年に設立。

アイ-ビー-エフ〖IBF〗《International Badminton Federation》世界バドミントン連盟(BWF; Badminton World Federation)の旧称。

アイ-ビー-エフ〖IBF〗《international banking facilities》1981年にニューヨークに開設されたオフショア市場。預金金利の上限規制・預金準備率・預金保険制度などの規制を回避するためユーロ市場などに流出していた米銀の国際銀行業務を国内に引き戻すために創設された。

アイ-ピー-エフ〖IPF〗《idiopathic pulmonary fibrosis》►特発性肺線維症

アイ-ビー-エム〖IBM〗《International Business Machines Corporation》米国のコンピューターメーカー。汎用機、サーバーなどのハードウエアおよびソフトウエアの大手メーカー。2005年、パソコン部門を中国のレノボに売却。1914年創立。本社はニューヨーク州アーモンク。

アイ-ピー-エム〖ipm〗《image per minute》スキャナーやプリンターの性能指標。1分当たりに入力または出力できる枚数のこと。イメージ毎分。

アイ-ピー-エル〖IPL〗《initial program loader》コンピューターの電源投入時に起動するプログラム。オペレーティングシステムの読み込みなどを行う。

アイ-ピー-オー〖IPO〗《initial public offering》►株式公開

アイピーオー-かぶ【IPO株】《IPOはinitial public offeringの略》►株式公開

アイビー-カット〖ivy cut〗アイビーリーグの大学生の間で流行したヘアスタイル。七三に分けたショートヘアで前髪を上げて、全体に清潔でスポーティーなイメージがある。

アイピー-カルチャー【IPカルチャー】《IPは、intellectual propertyの略》►知的財産文化

アイビー-カレッジ〖Ivy college〗アイビーリーグを構成する大学。

アイピー-コールセンター【IPコールセンター】《IP call center》►IPコンタクトセンター

アイピー-コンタクトセンター【IPコンタクトセンター】《IP contact center》IPネットワークを基盤とする企業の顧客対応窓口。電話を中心とする従来のコールセンターに対し、テレビ電話を含むIP電話、電子メール、ウェブサイトを通じて顧客に対応する。IPコールセンター。

アイピー-さいそうしん【IP再送信】インターネットのIP技術を利用してテレビ映像を配信するIPTVサービスの一。放送事業者が放送するテレビ番組を、特定した複数のユーザーに対してリアルタイムで配信することを指す。➡IPマルチキャスト放送

アイピーサイマル-はいしん【IPサイマル配信】《simulcast over IP》►IPサイマル放送

アイピーサイマル-ほうそう【IPサイマル放送】《simulcast over IP》一つの放送局が、電波による放送と同内容のものを、インターネットなどのIPネットワーク上で同じ時間帯に配信すること。元の放送媒体がテレビ放送の場合はIPサイマルテレビ放送、ラジオ放送の場合はIPサイマルラジオ放送とも呼ぶ。IPサイマル配信。➡サイマル放送

アイ-ビー-シー〖IBC〗《Iraq Body Count》►イラクボディーカウント

アイ-ピー-シー〖IPC〗《interprocess communication》動作中のプログラムの間でデータの交換をすること。プロセス間通信。

アイ-ピー-シー〖IPC〗《International Paralympic Committee》国際パラリンピック委員会。障害者スポーツ団体を統括する国際的な組織。4年に1回開

かれる世界的な障害者スポーツ競技大会・パラリンピックを主催。1989年創設。本部はドイツのボン。

アイ-ピー-シー〘IPC〙《International Patent Classification》国際特許分類。

アイ-ピー-シー-シー〘IPCC〙《Intergovernmental Panel on Climate Change》気候変動に関する政府間パネル。人間の活動の拡大によって起こった大気の循環の変化が、気候・食糧・エネルギー・水資源などに重大な影響を及ぼしているという共通認識のもとに、国際的な取り組みを検討する会議。ユネップ(国連環境計画)とWMO(世界気象機関)が呼びかけ、約80か国の政府関係者と科学者が参加し、1988年に設置。90年に最初の報告書をまとめた。

アイピー-じせだいネットワーク【IP次世代ネットワーク】《IP next generation network》▶エヌ-ジー-エヌ(NGN)

アイピース〘eyepiece〙❶接眼レンズ。特に、望遠鏡に用いるものをいう。❷カメラのファインダーの接眼部。

アイビー-スタイル《和 ivy＋style》アイビーリーグの男子学生風の服装。上着はなで肩で三つボタン、短い折り返し襟、ズボンは細め。アイビールック。

アイピー-スプーフィング【IPスプーフィング】《IP spoofing》IPアドレスを偽って攻撃対象となるホストコンピューターに侵入すること。⇒成り済まし❷

アイピーセック〘IPsec〙《security architecture for IP ; IP security protocol》インターネットで暗号通信を行うためのプロトコル群。⇒IP

アイピー-せつぞく【IP接続】《IP connection》コンピューターをネットワークに接続する標準的な方式。プロトコルとしてTCP/IPが使われる。⇒IP

アイビー-ゼラニウム〘ivy geranium〙フウロソウ科の低木。ゼラニウムの一種で、枝はつる状になって地面をはう。ツタバテンジクアオイ。

アイ-ビー-ダブリュー-エム〘IBWM〙《International Bureau of Weights and Measures》国際度量衡局。⇒BIPM

アイ-ビー-ディー〘IBD〙《inflammatory bowel disease》▶炎症性腸疾患

アイ-ピー-ティー-シー〘IPTC〙《International Press Telecommunications Council》国際新聞電気通信評議会。各国の新聞社、通信社、新聞協会などが参加する国際的な協議機関。記事や写真、音声、動画など、異なるニュース素材を配信するためのフォーマットの標準化技術を開発、普及させることを目的としている。1965年設立。本部はロンドン。

アイ-ピー-ティー-ピー〘IPTP〙《Institute for Posts and Telecommunications Policy》郵政研究所。昭和63年(1988)設立。平成13年(2001)、省庁改編により管轄が郵政省から総務省へと変更。その後、同15年の日本郵政公社設立に伴い、電気通信部門は総務省情報通信政策研究所に、郵政事業部門は日本郵政公社の一組織として郵政総合研究所に移管された。同19年の郵政民営化による日本郵政公社解散に伴い、郵政総合研究所は閉鎖された。

アイ-ピー-ティー-ブイ〘IPTV〙《Internet protocol television》IP放送の一。インターネットのIP技術を利用してテレビ映像を配信するサービスの総称。また、その専用の受像機のこと。光ケーブルやADSLなど、ブロードバンド回線の専用IP網により、有線放送に類似した通信サービスを提供する。放送事業者によるテレビ番組をリアルタイムで配信するIP再送信、視聴者の要求に合わせて個別に配信するビデオオンデマンドも含む。IPテレビ。TVoIP。

アイピー-テレビ【IPテレビ】▶アイ-ピー-ティー-ブイ(IPTV)

アイピー-テレフォニー〘IP telephony〙▶IP電話

アイピー-でんわ【IP電話】一般の加入電話のような回線交換を使用せず、パケット通信を利用する通話サービス。VoIP技術を用い、音声データの送受信を行う。データ通信にインターネットを使う場合はインターネット電話という。IPホン。⇒IP

アイピーでんわ-サービス【IP電話サービス】▶IP電話

アイ-ビー-ピー〘IBP〙《International Biological Program》国際生物学事業計画。国際自然保護連合(IUCN)の国際的協力活動。1974年に終了した。

アイ-ピー-ビー〘IPB〙《International Peace Bureau》国際平和ビューロー。国際的な平和運動組織。1892年設立。本部はスイスのジュネーブ。

アイ-ピー-ピー〘IPP〙《internet printing protocol》インターネットなどのTCP/IPネットワークを通じて離れた場所にあるプリンターで印刷したり、プリンターを制御したりするためのプロトコル。

アイ-ピー-ピー〘IPP〙《Independent Power Producer》▶卸供給事業者

アイ-ピー-ピー-エヌ-ダブリュー〘IPPNW〙《International Physicians for the Prevention of Nuclear War》核戦争防止国際医師会議。医師の立場から核の脅威を研究し、核戦争に反対する組織。1980年設立。85年ノーベル平和賞受賞。

アイ-ピー-ピー-エフ〘IPPF〙《International Planned Parenthood Federation》国際家族計画連盟。国連の諮問機関の一つ。1952年設立。

アイ-ビー-ビー-ワイ〘IBBY〙《International Board on Books for Young People》国際児童図書評議会。子供の権利条約に則り、子供のための本の出版や普及を奨励する。1953年チューリヒで設立。現在の本部はスイスのバーゼル。イビー。⇒JBBY

アイ-ピー-ブイ-シックス〘IPv6〙《Internet protocol version 6》インターネットのプロトコル。IPv4の次世代規格。従来のIPv4では、コンピューターなどに割り当てられるIPアドレスは32ビットで管理されていたが、スマートホンや情報家電などが普及するにつれ、アドレス資源の枯渇が指摘されていた。これに備えるため、128ビット表記でアドレス管理をすることで、実質上無限ともいえるアドレスの割り当てが可能になった。また、パケット通信の暗号化方式IPsecを導入し、セキュリティーの強化が図られている。⇒IP

アイピー-ブイピーエヌ〘IP-VPN〙《internet protocol-virtual private network》VPNの一。TCP/IPネットワーク上で仮想的に構築される専用回線網。

アイ-ピー-ブイ-フォー〘IPv4〙《Internet protocol version 4》インターネットで使われるプロトコル。32ビット表記のアドレスで管理する。アドレス資源の枯渇に備え、128ビット表記でアドレス管理をするIPv6が開発された。⇒IP

アイビー-フォールド〘ivy fold〙ポケットチーフのさし方の一つ。チーフの中央をつまんで指でしごき、先を中にして無造作に胸ポケットに入れるもの。

アイピー-ほうそう【IP放送】《IP broadcasting》インターネットのIP技術を利用して動画や音声を配信すること。光ケーブルやADSLなど、ブロードバンド回線の専用IP網により、有線放送に類似した通信サービスを提供する。⇒IPTV ⇒IPラジオ

アイピー-ホン【IPホン】《IP phone》▶IP電話

アイピー-マルチキャスト〘IP multicast〙TCP/IPネットワークにおいて、特定の複数の相手に対して同じデータを送信するためのプロトコル。⇒IP

アイピーマルチキャスト-ほうそう【IPマルチキャスト放送】《IP multicast broadcasting》インターネットを通じて、特定の複数の視聴者に対しマルチキャスト形式でテレビ映像などを一斉に配信すること。プロトコルにIPマルチキャストを使い、IPTVをはじめとするIP放送に用いられる。⇒IP再送信

アイ-ビーム〘I-beam〙断面がI字形の棒状の鋼材。

アイ-ピー-ユー〘IPU〙《Inter-Parliamentary Union》▶列国議会同盟

アイピー-ラジオ【IPラジオ】《Internet protocol radio》IP放送の一。専用のIP網を通じて音声を配信するサービスの総称。また、その専用の受信機のこと。有線放送に類似した通信サービスを提供する。RoIP(radio over IP)。

アイビー-リーグ〘Ivy League〙《校舎が、蔦でおおわれているところから》米国東部の名門大学の一群。エール・ハーバード・プリンストン・コロンビア・ダートマス・コーネル・ペンシルベニア・ブラウンの8大学。

アイビー-ルック《和 Ivy＋look》「アイビースタイル」に同じ。

アイヒェンドルフ〘Joseph Freiherr von Eichendorff〙[1788～1857]ドイツの詩人・小説家。後期ロマン派に属し、素朴平明な叙情詩を多作。小説「愉しい放浪児」など。

あいびき【あひゞき】 二葉亭四迷の翻訳小説。明治21年(1888)発表。ツルゲーネフの「猟人日記」の一節を逐語訳した、ロシア文学紹介の先駆作。

あい-びき【合い×挽き】 豚肉と牛肉とを混ぜ合わせて挽いた肉。

あい-びき【相引き｜合(い)引き】❶歌舞伎の小道具の一。演技中、俳優が用いる方形の腰掛け。❷俳優のかつらにつけたひも。内側の左右にあり、後頭部で結ぶ。❸袴の両脇の前後を縫い合わせた部分。❹引き合うこと。引っ張り合い。「足首つかんで兄弟が、大の男を―に」〈浄・今国性爺〉❺敵味方の双方が引き揚げること。「敵御方―に京白河へぞ帰りにける」〈太平記・三三〉❻互いに弓を引いて、矢を射ること。応戦すること。「敵射るとも―すな」〈平家・四〉

あい-びき【×逢い引き｜×媾×曳き】〔名〕スル 相愛の男女が人目を避けて会うこと。密会。江戸後期から使われ始めた語。「深夜に公園で―する」〖類語〗密会・忍び逢い・逢瀬

あい-ひとし-い【相等しい】〔形〕図あひひと・し〔シク〕互いに同じである。互いに等しい。「―・い二辺」

アイヒマン〘Karl Adolf Eichmann〙[1906～1962]ドイツのナチス親衛隊中佐。第二次大戦中のユダヤ人大量虐殺の責任者。大戦後アルゼンチンへ逃亡したが、イスラエル秘密警察に誘拐・逮捕され、エルサレムで裁判ののち処刑された。

あい-びょう【愛猫】❶かわいがって大切にしている猫。❷猫をかわいがること。「―家」

あい-びん【哀×憫｜哀×愍】悲しみ哀れむこと。ふびんに思うこと。あいみん。「―の念」

あい-ふ【合(い)符】 鉄道などで、旅客の手荷物託送を引き受けたときの引換券。

あい-ぶ【愛×撫】〔名〕スル なでさすっていつくしむこと。「赤ん坊を―する」〖類語〗こする・さする・撫でる・擦る・撫で下ろす・撫で上げる・逆撫で

アイファース〘IFRS〙《International Financial Reporting Standards》▶アイ-エフ-アール-エス(IFRS)

アイ-ファイ〘Eye-Fi〙無線LAN機能を内蔵したSDメモリーカード。デジタルカメラで撮影した写真や動画を記録し、ケーブルを使用せずにパソコンに転送したり、オンラインアルバムにアップロードしたりできる。

アイ-ブイ-エッチ〘IVH〙《intravenous hyperalimentation》中心静脈栄養法。上大静脈に点滴で高カロリー溶液を注入し、栄養を摂取する方法。

アイ-ブイ-エフ〘IVF〙《in vitro fertilization》試験管内受精。体外受精。

アイ-フォーメーション〘I formation〙アメリカンフットボールの攻撃隊形の一。クオーターバックがセンターバックに密着して立ち、その後ろにバックスが縦に並ぶもの。

アイフォーン〘iPhone〙米国アップル社が開発したスマートホンのシリーズ名。本体表面のディスプレーにタッチパネルを搭載し、音楽のほかに静止画や動画の再生に適する。無線LANを内蔵し、インターネットの接続や電子メールも可能。日本においては平成20年(2008)7月に第三世代携帯電話対応のiPhone 3Gが発売。続いて同21年6月に動画対応のカメラを搭載してより高速化を図ったiPhone 3GS、同22年6月に高解像度のRetinaディスプレー、マルチタスク対応のオペレーティングシステムiOS4を

搭載したiPhone 4、同23年10月にカメラ機能とグラフィック性能を強化したiPhone 4Sが発売された。

アイフォーン-オーエス〘iPhone OS〙米国アップル社が開発したiPhone、iPod touch、iPad向けのオペレーティングシステムの旧称。2010年6月に公開されたバージョン4.0より、iOSに改称された。

アイフォーン-フォー〘iPhone 4〙米国アップル社が開発したスマートホン。第三世代携帯電話対応のiPhone 3G、iPhone 3GSに続いて、2010年6月に発売。旧機種に比べ4倍の高解像度を実現したディスプレー、マルチタスク対応のオペレーティングシステムiOS4、500万画素のカメラを搭載する。

あい-ぶぎょう【合奉行】あひぶぎやう 鎌倉幕府・室町幕府の職名。本奉行を補佐し、訴訟手続きに違反がないかどうかを監査した。論人(ろんにん)奉行。

あい-ふく【合(い)服|▽間服】あひ《寒暑の間に着る服の意》春・秋の季節に着る衣服。合い着。

あい-ふだ【合(い)札】あひ ❶品物を預かった証拠に渡す札。❷銀行などで、順番待ちや現金を受け取るときの番号札。❸割符(わりふ)。

アイブック〘iBook〙米国アップルコンピューター社(現アップル社)が1999年に発表したノート型パソコン。商標名。

アイブックス〘iBooks〙2010年に米国アップル社が発表した、iPadで電子書籍を閲覧するためのアプリケーションソフト。同社の電子書籍オンライン配信サービスiBookstoreを通じて、EPUB形式の電子書籍データのダウンロードと管理を行う。

アイブックストア〘iBookstore〙米国アップル社が開設した電子書籍のオンライン配信サービス。電子書籍閲覧ソフトiBooksでEPUB形式の電子書籍データのダウンロードと管理を行うほか、同社のタブレット型端末であるiPadなどで閲覧できる。

アイブラウ〘eyebrow〙▶アイブロー

アイブロー〘eyebrow〙《「アイブラウ」とも》眉。「―ペンシル」

アイブロー-ペンシル〘eyebrow pencil〙鉛筆状の眉墨。眉墨鉛筆。

あい-べつ【哀別】〔名〕スル 別れを悲しむこと。また、悲しい別れ。「―の情」

アイベックス〘ibex〙高山の岩場にすむ野生のヤギの総称。アルプスアイベックス・シベリアアイベックスなど。角は、雄のものは大きくて後方に湾曲し、表面に竹のような節がある。

あいべつり-く【愛別離苦】仏語。八苦の一。愛する者と別れる苦しみ。

あい-べや【相部屋】あひ ❶旅館などで、同じ部屋に他の客と泊まること。❷寮や病院などで、二人以上が同じ部屋になること。

あい-べら【合い×箆】あひ 布を重ね合わせて縫う部分の両方に箆(へら)で印をつけること。

あい-ぼ【哀慕】〔名〕スル 愛する人の死を悲しみ、その人を慕うこと。

あい-ぼ【愛慕】〔名〕スル 愛して、懐かしみ慕うこと。「―の情」「英国の風を―し」〈織田訳・花柳春話〉
(類語)愛する

アイ-ポイント〘eye point〙❶目の位置。❷▶アイレリーフ

あい-ぼう【相棒】あひ ❶駕籠(かご)やもっこなどを一緒にかつぐ相手。❷一緒に仕事などをする相手。仲間。パートナー。(類語)相手・相方

あい-ぼう【藍棒】あゐ ▶藍蝋(あいろう)

アイホール〘eyehole〙❶目のくぼみ。眼窩(がんか)。特に、アイシャドーを塗る上まぶたをいう。❷仮面などののぞき穴。❸糸・ひもなどを通すための穴。

あい-ぼし【相星】あひ《相撲用語から》対戦する競技者どうしの勝敗数が同じであること。

アイポッド〘iPod〙米国アップルコンピューター社(現アップル)が開発した携帯音楽プレーヤー。商標名。

アイポッド-タッチ〘iPod touch〙米国アップル社が開発した携帯音楽プレーヤー。商標名。名称の由来は、本体表面のディスプレーにタッチパネルを搭載し、操作の大部分を指先で直接触れて行うことから。

アイボリー〘ivory〙❶象牙(ぞうげ)。また、象牙色。❷厚くて光沢のある象牙色の洋紙。アイボリー板紙。
(類語)白・白色(はくしょく)・白妙(しろたえ)・純白・雪白(せっぱく)・雪色(せっしょく)・乳色(にゅうしょく)・乳白色(にゅうはくしょく)・ミルク色・灰白色(かいはくしょく)・象牙色(ぞうげいろ)・ホワイト・オフホワイト・真っ白

アイボリー-ブラック〘ivory black〙象牙を焼いてつくる黒色顔料。

アイボリー-ペーパー〘ivory paper〙両面に白土を塗布して光沢をつけた最上質の板紙。

アイボルト〘eyebolt〙頭部にワイヤロープなどを通す穴のあるボルト。主に機械に取り付けてつり上げるのに用いる。つりボルト。

あい-ぼれ【相×惚れ】あひ 男女が互いに思いを寄せ合うこと。相思相愛。「ミツさんは今でも、あの男と―かね」〈武田泰淳・森と湖のまつり〉

あい-ま【合間】あひ ❶物事のとぎれる間の時間。あいだ。ひま。絶え間。「勉強の―に仕事を手伝う」❷物と物との間。
(類語)間・あいだ・あわい・はざま・すきま・隙(ひま)・間隙(かんげき)・距離・時間

合間を縫・う　続いている物事がとぎれた短い時間を活用する。また、つながっている物事の切れ目を抜けて行く。「人ごみの―・って走る」

あい-まい【相舞|合舞】あひまひ 能・狂言で、二人以上が同じ型で一緒に舞うこと。連れ舞。

あい-まい【曖昧】〔名・形動〕❶態度や物事がはっきりしないこと。また、そのさま。あやふや。「―な答え」❷怪しくて疑わしいこと。いかがわしいこと。また、そのさま。「―宿」(派生)あいまいさ〔名〕
(用法)あいまい・あやふや――「あいまいな(あやふやな)態度」「あいまいな(あやふやな)返事」の場合は、相通じて用いられる。◆「あいまい」は「責任をあいまいにする」「あいまいな説明でごまかす」のように、意識的に物事をはっきりさせないでおく場合にも用いる。これを「あやふや」で置き換えると不自然である。◆「あやふや」は「あやふやな気持ち」「あやふやな答弁」のように、本人自身が言葉や態度をはっきりさせられずにいる場合に用いることが多い。
(類語)不確か・うやむや・あやふや・漠然・おぼろげ・煮え切らない・どっちつかず・要領を得ない

あいまい-アクセント【曖昧アクセント】日本語の諸方言におけるアクセントの一。型の区別があるにはあるが非常に曖昧で、一型(いっけい)アクセントへ移行する寸前のものと考えられている。石川県能登地方など主として一型アクセントの周辺にみられる。⇒一型アクセント

あいまい-けんさく【曖昧検索】《fuzzy search》サーチエンジンやデータベースの機能またはサービスの一。検索するキーワードと完全に一致していなくても、表記の異なりや同義語も含め、柔軟に解釈して検索すること。ファジー検索。類似検索。

あいまい-ぢゃや【曖昧茶屋】「曖昧屋」に同じ。

あいまい-もこ【曖昧模×糊】〔ト・タル〕図〔形動タリ〕物事の内容・意味がはっきりせず、ぼんやりしているさま。「―とした状態」

あいまい-や【曖昧屋】料理屋・茶屋・旅館などに見せかけて売春をする家。曖昧茶屋。曖昧宿。

あい-まご【相孫】あひ 同じ祖父母をもつ、いとこどうし。互いに孫どうしであること。

アイ-マスク《和 eye＋mask》目を覆うマスク。明るい場所でも睡眠をとれるようにするためのもの。

アイ-マック〘iMac〙米国アップルコンピューター社(現アップル社)が初心者向けに開発したディスプレー一体型パソコンのシリーズ名。

アイマックス〘IMAX〙カナダのアイマックス社が開発した、大型スクリーンを用いる映写システム。通常の映画では35ミリフィルムを縦方向に送るが、この方式では70ミリフィルムを水平方向に送って大型スクリーンに映写する。

アイマックス-スリーディー〘IMAX 3D〙カナダのアイマックス社が開発した立体映画の映写システム。2台の映写機を使って左右別々の直線偏光の映像を投影するもので、観客は偏光フィルターの眼鏡をかけて鑑賞する。専用の上映設備を必要とする。IMAXデジタル3D。

アイマックス-デジタルスリーディー【アイマックスデジタル3D】《IMAX digital 3D》▶アイマックス-スリーディー(IMAX 3D)

あい-まって【相×俟って】あひ〔副〕いくつかの要素が重なり合って。互いに作用し合って。一緒になって。「実力と運とが―合格した」「両々―」

アイマップ〘IMAP〙《internet messaging access protocol》メールサーバーからメールを読み込むためのプロトコル。

あいみ-たがい【相身互い】あひみたがひ《「相身互い身」の略》同じ境遇にある者どうしが同情し、助け合うこと。また、その間柄。「武士は―」(類語)互助・内助

あい-みつ あひ「あいみつもり」の略。「―を取る」

あい-みつ【靉光】[1907～1946]洋画家。広島の生まれ。本名、石村日郎。初め靉川光郎と名のり、のち略して靉光。東洋絵画に学んだ独自の内省的シュールレアリスム風の作品を描いた。作「眼のある風景」など。

あい-みつもり【合(い)見積(も)り|相見積(も)り】あひ 複数の取引先などに同条件で見積もりを提出させ、比較すること。あいみつ。

あい-みどろ【藍▽水泥】あゐ ユレモの別名。

あい-みる【相見る|×逢い見る】あひみる〔動マ上一〕図〔マ上一〕❶互いに相手を見る。対面する。「二人はこの人世で―・みることもなかっただろう」〈康成・千羽鶴〉❷男女が情を交わす。「それにぞあなるとは聞けど―・みるべきにもあらで」〈伊勢・六五〉

あい-みるちゃ【藍海×松茶】あゐ 染め色の名。茶色が濃く黒ずんで藍色がかったもの。

あい-みん【哀×憫|哀×愍】▶あいびん(哀憫)

あい-むこ【相婿|相×聟】あひ 姉妹の夫どうし。⇔相嫁(あいよめ)。

あい-むしろ【相×筵】あひ 男女が共寝をすること。同衾(どうきん)。「死出の門出の―」〈浄・二つ腹帯〉

アイ-メイト《和 eye＋mate》盲導犬。

アイ-メーク《和 eye＋make》目もとの化粧。アイライン・アイシャドー・マスカラなど。

アイモ〘Eyemo〙携帯用35ミリ映画カメラの商標名。多くニュース撮影に用いられた。

アイモード【iモード】NTTドコモが提供する、携帯電話向けのインターネット接続サービス。商標名。携帯電話のブラウザでウェブページを閲覧したり、電子メールの送受信をしたりすることができる。i-mode。⇒EZweb(イージーウェブ)

アイモードフェリカたいおう-けいたいでんわ【iモードFeliCa対応携帯電話】NTTドコモのおサイフケータイサービスに対応した携帯電話の正式名称。

あい-も-かわら◦ず【相も変(わ)らず】あひもかはらず〔連語〕「相変わらず」を強めた言い方。多く、軽いあざけりや卑下の気持ちを込める。「―◦ぬ通勤地獄」

あい-もち【相持ち】あひ ❶数人で一つの物を一緒に所有すること。共有。❷費用などを等分に出し合うこと。❸双方に優劣のないこと。

あい-もの【相物|合(い)物|▽間物】あひ ❶塩魚や干し魚類の総称。❷「間(あい)の物❶」に同じ。

あいもの-ざ【相物座】あひもの 鎌倉時代の七座の一。干し魚や塩魚を扱う商人の組合。

あい-もん【合(い)紋|合(い)文】あひ ❶そろいの紋。❷一致すること。符合。「何心なき話の―、一々胸にこたゆる十兵衛」〈浄・伊賀越〉❸符丁。「仲間で―の言葉をつかひ」〈浮・一代男・五〉

あ-いや〔感〕❶人を呼び止めたり、軽く制したりする語。あ、ちょっと。「―、しばらくお待ちくだされ」❷否定の意や不本意ながらも承知する意を表す。「―、さうではないは」〈狂言記・柿売〉

あい-やき【藍焼(き)】あゐ ▶青焼き

あい-やく【相役】あひ 同じ役目に就いている者。同

役。同僚。相番(あいばん)。「一が自分の顔を見ぬようにして見るのがわかる」〈鴎外・阿部一族〉

あい-やく【藍役】(あゐ) 中世以降、藍の栽培農民に課せられた税。その銭納を藍代(あいだい)とよぶ。

あい-やけ【相×舅】(あひ) 婿の親と嫁の親との間柄。「娘小浪をいひなづけ致したからは、お前なり私なり、一同士(どし)」〈浄・忠臣蔵〉

あい-やど【相宿】(あひ) 同じ宿屋や部屋に他の客と泊まり合わせること。また、その人。同宿。

アイ-ユー〖IU〗《international unit》国際単位。

アイ-ユー-アール〖IUR〗《International Union of Railways》世界鉄道連合。➡UIC

アイ-ユー-アイ〖IUI〗《intrauterine insemination》▶子宮内人工授精

アイ-ユー-エフ〖IUF〗《International Union of Food, Agricultural, Hotel, Restaurant, Catering, Tobacco and Allied Workers' Associations》国際食品関連産業労働組合連合会。国際食品労連とも。本部はスイスのプチランシー。

アイ-ユー-エム-アイ〖IUMI〗《International Union of Marine Insurance》国際海上保険連合。海上保険団体と業者が会員。事務局はチューリヒ。

アイ-ユー-オー-ティー-オー〖IUOTO〗《International Union of Official Travel Organizations》官設観光機関国際同盟。公的旅行機関国際連盟。観光分野における国際協力の促進を目的に1925年に設立。75年にWTO(世界観光機関)に改組され、2003年に国連の専門機関となる。

アイ-ユー-シー-エヌ〖IUCN〗《International Union for Conservation of Nature and Natural Resources》国際自然保護連合。地球的規模での、自然資源と環境の保全を目的とする。レッドデータブックを発行。1948年設立。本部はスイスのグラン。

アイ-ユー-シー-ディー〖IUCD〗《intrauterine contraceptive device》子宮内避妊リング。IUDとも。

アイ-ユー-ディー〖IUD〗《intrauterine device》子宮リングなどの子宮内避妊器具。

アイ-ユー-パック〖IUPAC〗《International Union of Pure and Applied Chemistry》▶アイ-ユー-ピー-エー-シー(IUPAC)

アイ-ユー-パップ〖IUPAP〗《International Union of Pure and Applied Physics》▶アイ-ユー-ピー-エー-ピー(IUPAP)

アイ-ユー-ピー-エー-シー〖IUPAC〗《International Union of Pure and Applied Chemistry》化学者の国際学術機関の一。1919年設立。事務局は米国ノースカロライナ州リサーチトライアングルパーク。国際純粋・応用化学連合。国際純正・応用化学連合。国際純正および応用化学連合。➡IUPAP

アイ-ユー-ピー-エー-ビー〖IUPAB〗《International Union for Pure and Applied Biophysics》国際純粋・応用生物物理学連合。通称、国際生物物理学会。1961年設立。

アイ-ユー-ピー-エー-ピー〖IUPAP〗《International Union of Pure and Applied Physics》1923年に設立された物理学全般に関する国際的な連合組織。同分野の発展と国際協力、物理定数の合意形成を目的とする。国際純粋・応用物理学連合。国際純正および応用物理学連合。➡IUPAC

アイ-ユー-ピー-エス〖IUPS〗《International Union of Physiological Sciences》国際生理学連合。1889年国際生理学会として設立。1953年改称。

アイ-ユー-ピー-エッチ-エー-アール〖IUPHAR〗《International Union of Pharmacology》国際薬理学連合。1966年設立。2006年にInternational Union of Basic and Clinical Pharmacologyに改称。

アイユーブ-ちょう【アイユーブ朝】(テウ)《Ayyūb》1169年、シーア派のファーティマ朝を倒して、サラディンが建国した、スンニー派のイスラム王朝。カイロを首都として、エジプトとシリアを支配し、十字軍勢力に対抗。1250年マムルーク朝の成立で滅亡。

あい-よう【愛用】〔名〕(スル) 好んでいつも使用すること。使いつけること。「故人が一した品」(類語)公用・共用・専用・常用・占用・日用・運用・使用・利用・活用・所用・盗用・悪用・転用・流用・通用・引用・援用・応用・逆用・供用・誤用・充用・試用・善用・適用・乱用

あい-よく【愛欲｜愛×慾】❶異性への性的な欲望。「一におぼれる」❷仏語。欲望に執着すること。
(類語)性欲・情欲・色欲・肉欲・淫欲

あい-よつ【相四つ】(あひ) 相撲で、双方の力士の得意な差し手が同じであること。「左の一に組み合う」⇔喧嘩(けんか)四つ。

あい-よみ【相読み】(あひ) ❶一緒に読むこと。また、読み合わせ。「これへ寄らせませ、一せう」〈狂言記・文山立〉❷証人。「一なければ是非もなし」〈浄・歌念仏〉

あい-よめ【相嫁】(あひ) 兄弟の妻どうし。⇔相婿(あいむこ)。

アイ-よんはちろく〖i486〗米国インテル社が開発した32ビットマイクロプロセッサーの製品名。同社のi386の後継にあたる。

あいら【姶良】鹿児島県中部にある市。鹿児島市の北に隣接し同市のベッドタウンとして発達するほか、タバコ栽培や養鶏・窯業などが盛ん。平成22年(2010)3月に加治木町・姶良町・蒲生町が合併して成立。人口7.5万(2010)。

あい-ら【▽彼▽等】〔代〕三人称の人代名詞。あいつら。やつら。人を卑しめていう語。「ここな者一風情を相手にして」〈浄・用明天王〉

アイライナー〖eyeliner〗アイラインを入れるための化粧品。液状または、固形ペンシル型で、黒・茶・グレーなどがある。

アイ-ライン《和 eye＋line》目を大きく見せるため、目の縁に描く線。

あい-らく【哀楽】悲しみと楽しみ。「喜怒一」

アイラグ《モンゴル airag》馬乳を発酵させてつくる馬乳酒。

あいら-し【姶良市】▶姶良

あいらし-い【愛らしい】〔形〕(文)あいら・し〔シク〕愛すべきようすである。かわいらしさ・可憐(かれん)さ・いとおしさが感じられるようすである。「口元が一・い」(派生)あいらしげ〔形動〕あいらしさ〔名〕
(類語)いとおしい・いとしい・愛くるしい・可愛い・可愛らしい・あどけない・いじらしい・しおらしい・めんこい・可憐(かれん)・キュート・いたいけ・しとやか

アイラス〖IRAS〗《infrared astronomical satellite》赤外線天文衛星。1984年、米国・英国・オランダが共同で打ち上げた天文観測衛星。ベガの輪や六つの彗星の発見を含む35万件のデータを収集。

アイラッシュ〖eyelash〗まつげ。

アイラッシュ-カーラー〖eyelash curler〗まつげを挟んで上向きにそらせる化粧具。ビューラー。

アイラ-とう【アイラ島】(タウ)《Isle of Islay》英国スコットランド西岸、インナーヘブリディーズ諸島の南端の島。中心地はボウモア。モルトウイスキーの名産地であり、漁業と観光業が盛ん。

アイラモラーダ〖Islamorada〗《スペイン語で紫色の島の意》米国フロリダ州南部、フロリダ半島の先端に連なるフロリダキーズ諸島の島。同諸島中屈指の海釣りの拠点として知られ、毎年スポーツフィッシングのフェスティバルが催される。

アイランド〖island〗島。「リゾートー」「パールー」
(類語)島・島嶼(とうしょ)・諸島・群島・列島

アイランド-キッチン《和 island＋kitchen》部屋の中央に、流し・レンジなどを置く形式の台所。

アイリス〖iris〗❶アヤメ科アヤメ属の単子葉植物の総称。アヤメ・ハナショウブ・カキツバタなど。一般にはジャーマンアイリス・ダッチアイリスなどの園芸種をいう。❷眼球の虹彩(こうさい)。❸カメラの絞り。

アイリス〖IRIS〗《Infrared Imaging Surveyor》▶あかり(衛星)

アイリス-アウト〖iris-out〗映画・テレビで、画面の一点へまるく閉じながら全画面を消す技法。

アイリス-イン〖iris-in〗映画・テレビで、画面の一点からまるく開きながら全画面を映し出す技法。

アイリス-にんしょう【アイリス認証】《iris recognition》▶虹彩認証

アイリッシュ〖Irish〗❶アイルランド人。❷多く複合語の形で用い、アイルランドの、アイルランド風の、の意を表す。「一コーヒー」「一リネン」

アイリッシュ-ウイスキー〖Irish whiskey〗アイルランド地方産のウイスキー。

アイリッシュ-ウルフハウンド〖Irish wolfhound〗アイルランド原産の大型犬。性質がおとなしく、威厳があり、主人に忠実なことから、家庭犬としても飼われる。体高は犬の中では最大で、最低が雄で77.5センチ、雌で70センチ。

アイリッシュ-コーヒー〖Irish coffee〗アイルランド風のコーヒー。濃いめのホットコーヒーにウイスキー・砂糖を加えて、上に生クリームを浮かせる。

アイリッシュ-ハープ〖Irish harp〗中世起源のアイルランドのハープ。現在では、主として20世紀以降から使用されている小型ハープをさす。

アイリッシュ-ミュージック〖Irish music〗狭義にはアイルランドの伝統音楽をさす。野性的かつ叙情的な土着のケルト文化の影響を色濃く感じさせる、アイルランド出身のポピュラーミュージシャンたちの音楽に関していうことが多くなっている。

アイリッシュ-リネン〖Irish linen〗アイルランドを原産とする亜麻から取った繊維でつくられた織物。水や摩擦に強く夏物衣料に多く使われる。

あいりん　大阪市西成区北東部の萩之茶屋一帯の名称。簡易宿泊所が多く集まる。旧称は釜ヶ崎で、昭和41年(1966)に愛隣の意で改称された。

アイリンク〖i.LINK〗パソコンと周辺機器を結ぶインターフェース規格IEEE1394のこと。ソニーの登録商標。

アイリンク-ティーエス〖i.LINK(TS)〗インターフェース規格のIEEE(アイトリプルイー)1394のうち、デジタルテレビ放送の受信機器などに用いられる規格のこと。➡i.LINK(アイリンク)

アイルランド〖Ireland〗㊀英国本土の西にある島。南部のアイルランドと、英国領の北アイルランドとからなる。面積8万2100平方キロメートル。㊁アイルランド島の大部分を占める立憲共和制の独立国。首都ダブリン。住民はケルト系で、カトリック教徒が多い。1649年以降英国に統治されたが、1922年アイルランド自由国となり、37年エール(アイレ)共和国の名で独立宣言、49年英連邦を離脱して完全独立し、現国名となる。主産業は酪農畜産と製造工業。人口462万(2010)。(補説)「愛蘭」とも書く。

アイルランド-ご【アイルランド語】インド-ヨーロッパ語族のケルト語派に属する言語。アイルランド共和国の第1公用語。アイルランド-ゲール語。➡ゲール語

アイレット〖eyelet〗《小さい目の意》❶小穴。ひも穴。鳩目(はとめ)穴。手芸用具の目打ちや鳩目金のこともいう。❷「アイレットワーク」の略。

アイレット-ワーク〖eyelet work〗目打ちで生地に穴をあけ、その周囲を糸でかがる刺繍(ししゅう)の技法。

アイ-レベル〖eye-level〗人が立った状態での目のあたりの高さ。住まいにおける視線の高さ、カメラを構える位置、遠近法や透視図法における消失点の高さなどを指す。

アイ-レリーフ〖eye relief〗カメラ・双眼鏡・望遠鏡などにおける、接眼部から目までの距離。目距離。アイポイント。

あい-れん【哀×憐】〔名〕(スル) 悲しみ哀れむこと。ふびんに思うこと。哀憫(あいびん)。(類語)憐憫・愛憐・哀れ・情け

あい-れん【愛恋】〔名〕(スル) 愛して、慕いこがれること。「其人を一した故で」〈若松訳・小公子〉
(類語)恋愛・恋・愛・恋情(れんじょう)・恋慕(れんぼ)・思慕(しぼ)・眷恋(けんれん)・色恋(いろこい)・慕情(ぼじょう)・ラブ・アムール・ロマンス

あい-れん【愛×憐】〔名〕(スル) 哀れみ、いつくしむこと。「互に一する男女の間にても」〈鉄腸・花間鶯〉

あ-いろ【▽文色】《「あやいろ」の音変化》模様。また、物のようす。多くあとに打消しの語を伴う。文目(あやめ)。「ものの一もわかたないほどに暮れかけたが」〈里見

弾・多情仏心〉
あい-ろ【×隘路】❶狭くて通行の困難な道。❷物事を進める上で妨げとなるものや条件。支障。難点。ネック。「予算枠が―となって計画が中断した」
(類語)崖道・岨道そばみち・険路
あい-ろう【藍×蝋】あゐラフ 藍甕あいがめの縁についた藍汁の泡を集めて棒状に固めたもの。現在は多く古い藍染めの布に苛性かせいソーダなどを加えて煮出してつくる。絵の具などに使用。藍棒あいぼう。
アイ-ローション〖eye lotion〗洗眼化粧液。
アイロニー〖irony〗《「イロニー」とも》❶皮肉。あてこすり。❷反語。逆説。❸修辞学で、反語法。❹ソクラテスの問答法。無知を装いながら、知者を自認する相手と問答を重ね、かえって相手が無知であることをあらわにし、その知識が見せかけのものでしかなかったことを悟らせる。(類語)反語
アイロニカル〖ironical〗〘形動〙皮肉な。皮肉っぽい。「―なものの言い方」
アイロン〖iron〗《鉄の意》❶布や衣服に押し当てて熱を伝え、しわを伸ばし、形を整える金属製のこて。現在は、電気アイロンが普通。❷整髪用のこて。
(類語)鏝こて・火熨斗ひのし
アイロン-パーマネント《iron permanent waveから》カーラーを使わず、アイロンの熱で頭毛にウエーブをつけるパーマのこと。主に男性のショートヘアに用いられる。アイパー。
あい-わ【哀話】哀れで悲しい物語。悲話。
アイワーク〖iWork〗米国アップル社が販売するマッキントッシュ向けのビジネス用アプリケーションソフト。ワープロ、表計算、プレゼンテーションなど、ビジネス分野で利用頻度の高いソフトウエアをひとつにまとめている。
アイ-ワイ-アール-ユー〖IYRU〗《International Yacht Racing Union》国際セーリング連盟(ISAF; International Sailing Federation)の旧称。
アイ-ワイ-エッチ-エフ〖IYHF〗《International Youth Hostel Federation》国際ユースホステル連盟。本部は、イギリスのウェリン-ガーデン-シティ。HI(Hostelling International)とも。
アイ-ワイ-エフ〖IYF〗《International Year of the Family》国際家族年。国際年の一つで、1994年が当てられた。家族問題に対する認識を高める活動が行われた。
あい-わ-す【相和す】あひ ㊀〘動サ五〙「あいわする」(サ変)の五段化。「夫婦―・す」「琴瑟きんしつ―・す」㊁〘動サ変〙「あいわする」の文語形。
あい-わ-する【相和する】あひ〘動サ変〙図あひわ・す〘サ変〙❶互いに親しみ合う。仲よくする。「兄弟―・する」❷一つに交じり合う。調和する。「森と湖が―・している眺望」❸互いに声を合わせる。「一同―・して校歌を歌う」
アイワルク〖Ayvalık〗トルコ西部の港町。エーゲ海に面し、沖合にギリシャ領レスボス島が浮かぶ。近隣には白い砂浜が広がり、海岸保養地として有名。
アインザッツ〖ドイツ Einsatz〗《入れることの意》音楽で、声や楽器の音の出だし、声部の入りなどの意。
アインジーデルン〖Einsiedeln〗スイス北部、チューリヒ州にあるカトリックの巡礼地。スペインの聖地、サンティアゴデコンポステラに向かう巡礼路にあり、10世紀創建のベネディクト派修道院を起源とする。18世紀前半に建造されたバロック様式の修道院には、「黒い聖母像」があることで知られる。
アインシュタイン〖Albert Einstein〗[1879〜1955]理論物理学者。ユダヤ系ドイツ人。光量子説・ブラウン運動・特殊相対性理論・一般相対性理論を発表。1921年、ノーベル物理学賞を受賞。1933年にナチスに追われて渡米。マンハッタン計画に参画したが、第二次大戦後は、世界政府を提唱するなど、平和運動に尽力。
アインシュタイン-うちゅう【アインシュタイン宇宙】ウチウ アインシュタインが一般相対性理論から推論した宇宙モデル。半径が変わらず星雲の分布も密度も一定の静的宇宙。
アインシュタイン-リング〖Einstein ring〗巨大質量をもつ天体が光の経路を曲げる重力レンズ効果により、地球から見て背後にあるクエーサーなどの遠方の天体の像が円環状または弧状に見える現象。1936年、アインシュタインが一般相対性理論に基づき、この現象が起こることを提唱した。
アインスタイニウム〖einsteinium〗アクチノイドに属する超ウラン元素の一。熱核爆発実験中に発見された人工放射性元素で、アインシュタインを記念して命名。元素記号Es　原子番号99。
アイントーフェン〖Willem Einthoven〗►エイントーフェン
アインフュールング〖ドイツ Einfühlung〗感情移入。
あいんべ-の-まつり【相×嘗の祭】あひんべ ►あいなめのまつり
あ-う【会う｜遭う｜▽遇う｜×逢う】あふ〘動ワ五(ハ四)〙《「合う」と同語源》❶(会う・逢う)㋐互いに顔を向かい合わせる。場所を決めて対面する。「客に―・う」「明日、いつもの場所で―・おう」㋑たまたま人と出あう。「駅でばったり知人と―・った」❷(遭う・遇う)好ましくないことに出あう。「事故に―・う」「強い反対に―・う」❸立ち向かう。戦う。「決勝戦で―・うチームは強敵だ」❹ある時期にめぐりあう。「天地あめつちの栄ゆる時に―・へらく思へば」〈万・九九六〉❺夫婦になる。「この世の人は男は女に―・ふことをす」〈竹取〉❻対する。向かう。「傍かた(=カタワラノ人)に―・ひて、御子はおはすやと問ひしに」〈徒然・一四二〉(可能)あえる
(類語)(❶㋐)面会する・会見する（謙譲）お目にかかる・まみえる・拝顔する・拝眉する・拝謁する/(❶㋑)出くわす・行き合う・巡り合う・出会しゅっかいする・邂逅かいこうする・遭遇する・鉢合わせする・来合わせる・再会する
逢うは別れの始め《白居易「和夢遊春詩一百韻」の「合うは離るるの始め」から》会った人とはいつか必ず別れなければならない。無常のたとえ。
逢あうた時に笠かさを脱げ《知人に出会ったら、すぐ笠をとってあいさつをせよ、の意から》よい機会は逃さず利用せよということ。
あ-う【合う】あふ《「会う」と同語源》㊀〘動ワ五(ハ四)〙❶二つ以上のものが近寄って、一つになる。くっつく。「いくつもの川が―・って大きな流れとなる」❷よく調和する。適合する。「配色がよく―・う」「和室に―・った装飾」❸二つのものが一致する。くい違いがない。合致する。「息が―・う」「気が―・わない」「話が―・う」❹ある基準と一致する。「寸法が―・わない」「答えが―・う」「道理に―・う」❺それだけのことをするかいがある。引き合う。「―・わない商売」❻動詞の連用形に付いて複合語をつくる。㋐互いに…する。「助け―・う」「取り―・う」㋑一緒になる。「落ち―・う」㊁〘動ハ下二〙❶他のものに合わせる。また、合わせまじえる。「母刀自おもとじも玉にもがもや戴きてみづらの中に―・へ巻かまくも」〈万・四三七七〉❷重ね合わせる。まじえる。「鶺鴒まなばしら尾行き―・へ」〈記・下・歌謡〉
(一句)息が合う・馬が合う・気が合う・口に合う・反そりが合わない・算盤そろばんが合う・手に合わない・歯の根が合わない・箸はしが合わぬ・肌が合う・平仄ひょうそくが合わない・間尺ましゃくに合わない・目が合う・割に合う
(類語)合わせる・適かなう・揃う・適する・沿う・そぐう・当てはまる・適当する・合致する・即応する・ぴったりする
合うも不思議合わぬも不思議《「合わぬも不思議」は口調を整えるために添えた言葉》夢や占いは、当たるのがそもそも不思議なのだということ。
あ-う【▽和ふ｜×韲ふ】あふ〘動ハ下二〙「あえる」の文語形。
あ-う【▽敢ふ】あふ〘動ハ下二〙❶耐える。持ちこたえる。「秋風に―・へず散りにしならしばのむなしき枝に時雨すぐなり」〈秋篠月清集〉➡敢あえなむ ❷おして…する。しとげる。➡敢えて ❸(他の動詞の連用形に付いて)すっかり…する。…しつくす。「天雲に雁そ鳴くなる高円たかまとの萩の下葉はもみち―・へむかも」〈万・四二九六〉➡敢えず (補説)現代では副詞化した「あえて」のほか「あえず」の形で用いられる。
あ-う【×饗ふ】あふ〘動ハ下二〙飲食物をととのえてもてなす。ごちそうする。「高麗の客まらうどを朝みかどに―・へ給ふ」〈前田本仁徳紀〉
アウェイ〖away〗►アウェー
アウェー〖away〗《「アウェイ」とも》サッカーなどで、相手の本拠地。また、そこで戦うこと。➡ホーム
アウェー-ゲーム〖away game〗サッカーなどで、相手チームの本拠地で行う試合。➡ホームゲーム
アウクシタイティヤ-こくりつこうえん【アウクシタイティヤ国立公園】コクリツコウヱン《Aukštaitijos nacionalinis parkas》リトアニア東部にある国立公園。旧称リトアニア-ソビエト社会主義共和国国立公園。首都ビリニュスの北東約110キロメートルに位置する。1974年にイグナリナ景観保護地区とアジュビンチャイ植物・動物保護区が統合され、同国初の国立公園に指定。大小100を超える湖や18世紀建造の木造教会、標高176メートルのラダカルニス山がある。
アウグスティーナ-きょうかい【アウグスティーナ教会】ケウクワイ《Augstinerkirche》オーストリアの首都、ウィーンの旧市街、王宮内にある、14世紀前半に創設されたアウグスティヌス会の教会。マリア=テレジアとロートリンゲン公フランツ=シュテファン(フランツ1世)、フランツ=ヨーゼフ1世とエリーザベトなど、ハプスブルク家の多くの婚礼が行われた。地下の納骨堂にはハプスブルク家の人々の心臓が納められている。
アウグスティヌス〖Aurelius Augustinus〗[354〜430]初期キリスト教の西方教会最大の教父で、正統的信仰教義の完成者。青年期にマニ教を信奉し、次いで新プラトン学派哲学に傾倒、32歳でキリスト教に回心した。異端・異教との論争の中で、神の恩寵おんちょうのみによる救いと教会の絶対性などを展開。著「告白録」「神の国」「三位一体論」。
アウグストゥス〖Augustus〗《尊厳者の意》前27年オクタビアヌスがローマ元老院から受けた称号。
アウグストゥス-しんでん【アウグストゥス神殿】㊀《Augustov hram》クロアチア西部の港湾都市プーラにある古代ローマ時代の神殿。紀元1世紀初頭、初代ローマ皇帝アウグストゥス(オクタビアヌス)を称えるために建造。教会や倉庫として使われた。第二次大戦で破壊されたが、戦後に再建。現在はイストラ考古学博物館の別館として使用され、古代ローマ時代の彫刻などを展示している。㊁《Augustus Tapınağı》トルコの首都アンカラにある神殿。紀元前2世紀に、アナトリア地方の地母神やフリギア人の月の神を祭るために建造。その後、初代ローマ皇帝アウグストゥス(オクタビアヌス)を祭る神殿になった。
アウグストゥスブルク-きゅうでん【アウグストゥスブルク宮殿】《Schloß Augustusburg》►アウグストゥスブルク城
アウグストゥスブルク-じょう【アウグストゥスブルク城】ジヤウ《Schlösser Augustusburg》ドイツ西部、ケルン近郊の町、ブリュールにあるロココ様式の城館。18世紀、ケルン大司教クレメンス=アウグスト=フォン=バイエルンにより建造。バロック様式のシュロス庭園、鷹狩のための宮殿として建造されたファルケンルストとともに、1984年、世界遺産(文化遺産)に登録。アウグストスブルク城。アウグストゥスブルク宮殿。
アウグスブルク〖Augsburg〗ドイツ南部、バイエルン州の工業都市。中世・近世を通じて交通・商工業の中心地として繁栄。富豪フッガー家の住居、大聖堂などの歴史的建造物が多い。アウクスブルク。
アウグスブルク-だいせいどう【アウグスブルク大聖堂】ダイセイダウ《Augsburger Dom》ドイツ南部、バイエルン州の都市、アウグスブルクにある大聖堂。9世紀から11世紀にかけてのロマネスク様式と14世紀以降に改築されたゴシック様式が併存する。11世紀後半に製作されたステンドグラス「預言者の窓」は、完全な形で残る世界最古のものといわれている。アウクスブルク大聖堂。
アウグスブルク-の-わぎ【アウグスブルクの和議】1555年9月、アウグスブルクの帝国議会で、神聖ローマ皇帝以下のカトリック諸侯と、プロテスタント諸

侯との間で結ばれた和議。ルター派(ルーテル派)を認めるなど両派の講和は成立したが、不徹底であったため、三十年戦争の一因となった。

あうさわに 〘副〙すぐに。軽率に。「山背(やましろ)の久世の若子(わくご)が欲しと言ふ我(わ)一我を欲しと言ふ山背の久世」〈万・二三六二〉 (補説)一説に、逢う時の意の「あふさ」に、急にの意の「あわに」の付いた「あふさあわに」の音変化で、会うとすぐに、の意という。

アウシュビッツ 〘ドイツ Auschwitz〙ポーランド南部の都市オシフィエンチムのドイツ語名。第二次大戦中、ナチス-ドイツのユダヤ人強制収容所がつくられ、数百万人のユダヤ人とポーランド人が虐殺された。同施設は、1979年にビルケナウの施設とともに「アウシュビッツ-ビルケナウ　ナチスドイツ強制絶滅収容所(1940〜1945)」として世界遺産(文化遺産)に登録された。

アウステルリッツ 〘ドイツ Austerlitz〙チェコの南東、ブルノの東の町スラフコフ-ウ-ブルナのドイツ語名。

アウステルリッツ-の-たたかい 【アウステルリッツの戦い】 1805年、ナポレオン1世のフランス軍が、フランツ1世とアレクサンドル1世のオーストリア・ロシア連合軍に大勝した戦い。この結果、第三回対仏大同盟は崩壊した。三人の皇帝が参戦したことから三帝会戦ともいう。

アウストラロピテクス 〘ラテン Australopithecus〙《南の猿の意》猿人の一属で、世界最古の化石人類。1924年、南アフリカでR=ダートにより発見された。頭蓋(ずがい)の容量はゴリラとほぼ同じで、直立歩行した。生存年代は約300万年以上前〜100万年前と推定されている。オーストラロピテクス。

アウストロアジア-ごぞく 【アウストロアジア語族】 ▶南アジア語族

アウストロネシア-ごぞく 【アウストロネシア語族】 ▶マレーポリネシア語族

アウスビールギ 〘Ásbyrgi〙アイスランド北東部にある渓谷。バトナヨークトル国立公園内に位置し、高さ約100メートルの断崖が馬蹄(ばてい)型を成す。バトナヨークトル氷河を源とする火山噴火に伴う大洪水によって形成されたと考えられている。

あう-せ 【×逢う瀬】 ▶おうせ

あうだ 【簆＝輿】 ▶あんだ

アウター 〘outer〙「アウターウエア」の略。

アウター-アイランズ 〘Outer Islands〙英国スコットランド北部から西部にかけて、北海と大西洋上に浮かぶ島々の総称。シェトランド諸島、オークニー諸島、アウターヘブリディーズ諸島を含む。

アウターウエア 〘outerwear〙上着類。カーディガン・スーツ・コートなど、上にはおる衣類。アウター。アウトウエア。➡インナーウエア

アウターヘブリディーズ-しょとう 【アウターヘブリディーズ諸島】《Outer Hebrides》英国スコットランド北西岸に連なるヘブリディーズ諸島のうち、ルイス島、ハリス島、ノースウイスト島、サウスウイスト島、ベンベキュラ島、バラ島などからなる島々。8世紀にバイキングの定住がはじまってノルウェーの属領になり、13世紀にスコットランド王国に割譲された。

アウター-マーカー 〘outer marker〙飛行場の滑走路端から7000メートルの地点に設置される飛行機の計器着陸装置。地上から電波が発射され、機上の受信機がこれを受けるとランプがついて直上通過を知り、滑走路までの距離が分かる。

アウタルキー 〘ドイツ Autarkie〙自給自足経済。一国または一定の経済圏が、その国内または域内で必需物資を自給自足している経済状態。

アウト 〘out〙❶スポーツ用語。㋐野球で、打者が打席に、走者が塁にいる権利を失うこと。⇔セーフ。㋑テニス・卓球などで、ボールが規定の線より外に出ること。⇔イン。㋒ゴルフで、18ホールで構成されているコースの前半9ホール。アウトコース。⇔イン。❷ぐあいが悪いこと。不成功なこと。「こんなに暑くちゃ一だよ」「今回の試験は完全に一だ」❸多く複合語の形で用い、外の、外側の、などの意を表す。「一ドア」

アウト-イン-アウト 〘out-in-out〙自動車レースで、速くコーナリングする方法。コーナーの入り口では外側から入り、頂点で内側をかすめ、再び外側へ抜ける走法。

アウト-インテリア 《和 out＋interior》門・扉・庭など、屋外の装飾やそのための調度品。アウテリア。エクステリア。

アウト-ウエア 《outerwearから》「アウターウエア」に同じ。

アウト-オブ-デート 〘out-of-date〙〔名・形動〕時代遅れであること。旧式であること。また、そのさま。「一な慣習」⇔アップツーデート。

アウト-オブ-バウンズ 〘out-of-bounds〙❶バレーボールでボールが、バスケットボールでボールやボールを持つ競技者が、境界線を越えてコートの外に出たり、コート外の物体に触れたりすること。❷ゴルフで、競技コース外の区域。また、そこへボールが入ること。ふつう、白杭(しろくい)で標示してある。OB。

アウト-オブ-ファッション 〘out of fashion〙流行遅れ。流行はずれ。

アウト-オブ-プレー 〘out of play〙サッカーなどで、プレーが一時停止された状態。⇔インプレー。

アウト-オブ-ポジション 〘out of position〙六人制バレーボールで、ポジションやローテーションが正しくないこと。多く、サーブ時に選手が正しい守備位置にいないこと。サーブ権を得たチームは、各プレーヤーが右回りにポジションを一つずつ移動して、前衛右端の選手が後衛右端に移ってサーブを行うが、その順番が守られていない状態をいう。反則となる。ポジショナルフォールト。

アウト-カウント 〘out count〙野球で、無死か一死か二死かという、アウトの数。

アウト-カム 〘out come〙成果。結果。「政策の一が厳しく問われる」

アウト-コース 《和 out＋course》❶野球で、ホームベースの、打者に遠い側を通る球道。⇔インコース。❷トラック競技・スピードスケートなどで、外側の走路。⇔インコース。❸▶アウト❶㋒

(類語)外角・アウトサイド・アウトコーナー

アウト-コーナー 《和 out＋corner》野球で、ホームプレートの、打者に遠い方の角のあたり。外角。⇔インコーナー。(補説)英語ではoutside corner

(類語)外角・アウトコース・アウトサイド

アウトサイダー 〘outsider〙❶集団・組織の外部の人。部外者。⇔インサイダー。❷社会常識の枠にはまらない独自の思想の持ち主。⇔インサイダー。❸《「アウトサイダー組合」の略》法律上、労働組合とは認められない組合。法外組合。⇔インサイダー。

アウトサイダー-アート 〘outsider art〙主流から外れた芸術活動の総称。美術に関する教育を受けていない独学者や知的障害者などが、既成概念にとらわれず自由に表現するものをいう。デュビュッフェの提唱したアールブリュットに代表される。

アウトサイド 〘outside〙❶外側。外面。⇔インサイド。❷テニス・卓球などで、コートの境界線の外側。また、そこにボールが落ちること。アウトサイドボール。⇔インサイド。❸「アウトコーナー」に同じ。⇔インサイド。

(類語)外角・アウトコース・アウトコーナー

アウトサイド-キック 〘outside kick〙サッカーで、足の甲の外側でボールを蹴ること。

アウトシュタット 〘Autostadt〙ドイツ中北部、ハノーバーの近郊の町、ウォルフスブルクにあるテーマパーク。ドイツ有数の自動車メーカー、フォルクスワーゲンが運営する本社工場の敷地内に、歴史的名車を展示する博物館やアトラクション施設などがある。

アウトソーシング 〘outsourcing〙社外から生産に必要な部品・製品を調達したり、業務の一部を一括して他企業に請け負わせる経営手法。社外調達。外部委託。

アウトテーク 〘outtake〙《「アウトテイク」とも》❶映画・テレビなどで、撮影後カットされ上映されなかった場面。最終版でカットされた部分。❷録音されたがボツになり、レコード・CDに収録されなかった演奏。

アウトドア 〘outdoor〙屋外。野外。「一スポーツ」⇔インドア。

(類語)外・表(おもて)・屋外・戸外・室外・野外・窓外

アウトドア-スポーツ 〘outdoor sports〙ゴルフ・スキー・サーフィンなど、屋外で行う運動。⇔インドアスポーツ。

アウトドア-ライフ 〘outdoor life〙屋外での生活。キャンプ・山登りなど自然に親しむ生活。

アウトノエ 〘Autonoe〙木星の第28衛星。2001年に発見。名の由来はローマ神話の女神。非球形で平均直径は約4キロ。

アウトバーン 〘ドイツ Autobahn〙ドイツとオーストリアにまたがる、自動車専用の高速道路網。建設は1933年にヒトラーが着手。

アウトバウンド 〘outbound〙❶外国行きの、出て行く、の意。❷転じて、勧誘・案内などの電話を外へかけること。「一業務」❸コンピューターネットワークや通信分野における、中から外へ、の意。(補説)❷は日本語での用法。

アウトバウンド-データ 〘outbound data〙コンピューターネットワークや通信分野において、外部へ転送されるデータのこと。アウトバウンドトラフィック。➡インバウンドデータ

アウトバウンド-トラフィック 〘outbound traffic〙 ▶アウトバウンドデータ

アウトバウンド-リンク 〘outbound link〙他のウェブサイトにリンクすること。➡インバウンドリンク

アウトバック 〘outback〙奥地。沿岸地方に対する内陸地。特にオーストラリアの内陸地方をさす。

アウトフィールド 〘outfield〙野球で、外野。⇔インフィールド。

アウトフィット 〘outfit〙旅行などのための支度品。必要な品一式。

アウト-フォーカス 《和 out＋focus》写真や映画で、意識的に焦点をぼかす技法。

アウトプット 〘output〙〔名〕(スル) 出力。特にコンピューターで、データを画面に表示したり、印字などで取り出したりすること。⇔インプット。

アウトブレーク 〘outbreak〙病気の感染が爆発的に広がること。急激な患者の増加。病気の集団発生。感染多発。

アウトプレースメント 〘outplacement〙再就職斡旋業の一種。従業員の解雇を予定する企業の依頼により会社と従業員の間に入って、解雇に伴う諸手続きや労使紛争の処理、再就職の斡旋などを代行する形態のビジネス。

アウト-ボクシング 《和 out＋boxing》ボクシングで、足を使って絶えず相手選手と距離をとりながら戦うこと。⇔インファイト。

アウト-ボックス 〘out-box〙メールソフトが一時的に送信メールを保管するフォルダー。➡インボックス

アウトライト-とりひき 【アウトライト取引】《outright transaction》外国為替取引で、買い戻し・売り戻しの条件をつけずに、売りまたは買いだけを行うこと。➡スワップ取引

アウトライン 〘outline〙❶輪郭。外郭。❷あらまし。大要。「企画の一を説明する」❸テニスで、コートの外周の線。(類語)大枠・あらまし・大筋・大要・枠組み・フレーム・骨格・大局・大綱・骨組み・目安

アウトライン-きのう 【アウトライン機能】《outline function》▶アウトラインプロセッサー

アウトライン-ステッチ 〘outline stitch〙刺繍(ししゅう)で、輪郭や線をあらわす縫い方。表に出る縫い目の約半分を斜めに返し縫いにする。ステムステッチ。

アウトライン-フォント 〘outline font〙コンピューターで用いる、輪郭線で表現する書体。点(ドット)でなく、座標を文字の生成データとして保持するので、種々の大きさに対応する。

アウトライン-プロセッサー 〘outline processor〙コンピューターで、データに階層構造をもたせることができるソフトウエア。ワープロと組み合わせて使うと、章、節、項などの階層構造を見通しながら、細部を編集することができる。

アウトリガー〖outrigger〗❶カヌーや小型ボートなどで、舷外に腕木を張り出して取り付ける安定用の浮材。❷競走用ボートの舷外に、腕木状に張り出したオール受け。また、そのボート。

アウトルック〖outlook〗見晴らし。眺望。また、物事の見通し。展望。

アウトルック-エクスプレス〖Outlook Express〗米国マイクロソフト社が開発したメールソフト。OE。

アウトレージ〖outrage〗❶(侮蔑に対する)激怒。❷不法行為。暴行。乱暴。
(類語)(❶)激怒・怒り/(❷)暴行・乱暴・虐待・非道

アウトレット〖outlet〗《出口・はけ口の意》商品の販路。販売店。「ファクトリー—(=工場直販)」

アウトレット-ストア〖outlet store〗売れ残りの在庫品を大量に仕入れて、安売りをする店。

アウトレット-てん【アウトレット店】▶アウトレットストア

アウトレット-モール〖outlet mall〗複数のアウトレットストアを中心につくられたショッピングセンター。(補説)日本での本格的な営業は、平成5年(1993)埼玉県ふじみ野市で開業したものに始まるとされる。

アウトロー〖outlaw〗法の保護や秩序の外にある者。無法者。

アウフタクト〖(ドイツ) Auftakt〗音楽で、楽句が弱拍で開始すること。上拍。弱起。

アウフヘーベン〖(ドイツ) Aufheben〗ヘーゲル弁証法の基本概念の一。あるものを否定しつつも、より高次の統一の段階で生かし保存すること。止揚。揚棄。➡アン-ウント-フュール-ジッヒ ➡弁証法

あ-うら【▽足▽占】古代の占法の一。一歩一歩吉凶の言葉を交互に唱えながら進み、目標に達したときの言葉によって占ったとも、あるいは、足音の強弱で占ったともいう。あしうら。

アウラ〖(ラテン) aura〗《微風・香り・輝きの意》ある人や物の辺りに漂っている独特の雰囲気。霊気。➡オーラ

アウラングゼーブ〖Muḥyī al-Dīn Muḥammad Aurangzīb〗[1618〜1707]インドのムガル帝国第6代皇帝。在位1658〜1707。帝国の領土を最大にしたが、厳格なスンニー派イスラム教徒として他教徒を弾圧したため反乱を招き、財政を破綻(はたん)させ、帝国を衰退させた。

アウル〖owl〗フクロウ。

アウレリウス〖Aurelius〗▶マルクス=アウレリウス=アントニヌス

アウロス〖(ギリシャ) aulos〗古代ギリシャの管楽器。2本の管からなり、リードが二つあり、同時に吹く。

アウロラ〖Aurora〗ローマ神話の曙(あけぼの)の女神。ばら色の肌、ブロンドの美女とされ、太陽神アポロンの妹。ギリシャ神話のエオスに当たる。オーロラ。

アウロラ〖Aurora〗ルーマニア南東部、黒海に面する海岸保養地。ジュピテルとベヌスの間に位置する。社会主義政権下の1970年代に開発され、近隣のネプトゥン、オリンプ、ジュピテル、ベヌス、サトゥルヌとともに、同国有数の保養地群を形成する。

あ-うん【×阿×吽|×阿×呍】《梵語の a と hūṃ の音写。「阿」は口を開いて出す音声、「吽」は口を閉じて出す音声》❶梵字の12字母の、初めにある阿と終わりにある吽。密教では、この2字を万物の初めと終わりを象徴するものとし、菩提心と涅槃(ねはん)などに当てる。❷仁王(におう)や狛犬(こまいぬ)などにみられる、口を開いた阿形(あぎょう)と、口を閉じた吽形(うんぎょう)の一対の姿。❸吐く息と吸う息。呼吸。❹相対・対比など相対する二つのものにいう語。

アウン-サン〖Aung San〗[1915〜1947]ビルマの独立運動指導者。第二次大戦中、独立のため日本軍に協力、のち抗日運動を指導。戦後は英国からの独立達成に尽力したが、暗殺された。オン=サン。

アウン-サン-スー-チー〖Aung San Suu Kyi〗[1944〜]アウン=サンの長女。ミャンマーの民主化運動指導者。もと、国民民主連盟(NLD)総書記長。軍事政権により、1989年から2010年まで、断続的に自宅軟禁下に置かれた。1991年ノーベル平和賞受賞。2012年の連邦議会補選に当選。

あうん-の-こきゅう【×阿×吽の呼吸】(コキフ) 二人以上で一緒に物事を行うときの、互いの微妙な気持ち。また、それが一致すること。

あえ【▽和え|×韲え】(あへ) あえたもの。あえもの。「なすのごま—」

あえ【×饗】(あへ) ごちそう。供応。「御—を奉りき」〈播磨風土記〉

アエーデ〖Aoede〗▶アオエデ

あえか(形動)(文)(ナリ) か弱く、頼りないさま。きゃしゃで弱々しいさま。「—に咲く花」「まだいと—なる程もうしろめたきに」〈源・藤裏葉〉

あえぎ【×喘ぎ】(あへぎ) ❶あえぐこと。また、あえぐ声。❷喘息(ぜんそく)。〈和名抄〉

あえ・ぐ【×喘ぐ】(あへぐ)(動ガ五(四))《古くは「あえく」》❶苦しそうに、せわしく呼吸する。息を切らす。「急な坂を—・ぎながら登る」❷重圧や貧困などに苦しみ悩む。「不況に—・ぐ」

あえくに-じんじゃ【敢国神社】(あへくに) 三重県伊賀市にある神社。祭神は敢国津神(あえくにつかみ)。伊賀国一の宮。

あえ-ごろも【▽和え衣|×韲え衣】(あへ) 和え物を作るときに、材料と混ぜ合わせる調味料。豆腐・大根おろし・芥子(からし)・味噌などがある。

あえ-しらい(あへしらひ)「あいしらい❶」に同じ。「かく異なる事なき—ばかりを慰めにては」〈源・若菜下〉

あえ-しら・う(あへしらふ)(動ハ四)❶「あいしらう❶」に同じ。「煩はしとて、ことに—・はず」〈紫式部日記〉❷「あいしらう❷」に同じ。「言少(ことずく)なに言ひて、をさをさ—・はず」〈源・若紫〉❸「あいしらう❸」に同じ。「切り大根(だいこ)物の汁して—・ひて」〈かげろふ・上〉

あえ-ず【▽敢えず】(あへ)(連語)《動詞「あ(敢)う」の未然形＋打消しの助動詞「ず」が固定して用いられたもの》❶(動詞の連用形に付いて)十分にしおえることができないで。…しきれないで。「涙もせき—語り続ける」「取るものも取り—駆けつける」❷(動詞の連用形に係助詞「も」が付いた形に付いて)…しきらないうちに。…するや否や。「涙を拭(ぬぐ)いも—静かに床からすべり出た」〈有島・クララの出家〉

あえ-づくり【▽和え作り|×韲え作り】(あへ) 小さく切った魚肉などをあえて作る料理。ぬたあえの類。

あえ-て【▽敢えて】(あへ)(副)《動詞「あ(敢)う」の連用形＋接続助詞「て」から》❶やりにくいことを押しきってするさま。無理に。「言いにくいことを—言おう」❷(あとに打消しの語を伴って)㋐特に取り立てるほどの状態ではないことを表す。必ずしも。「—驚くにはあたらない」㋑打消しを強める。少しも。全く。「—然(さ)うで無いです」〈鏡花・日本橋〉
(類語)強いて・押して・たって・むりやり・無理

あえ-な・い【▽敢え無い】(あへ)(形)(文)あへな・し(ク)❶もろく、はかない。あっけない。「—・い最期を遂げる」「—・く負ける」❷どうしようもない。しかたがない。「みづから額髪(ひたひがみ)をかきさぐりて、—・く心細ければ、うちひそみぬかし」〈源・帚木〉❸張り合いがない。手ごたえがない。「—・きまで御前(おまへ)許されたるは」〈枕・一八四〉(類語)死ぬ

敢え無くな・る　死ぬことを婉曲(えんきょく)にいう語。「我らがもとにも尋ねて見えないところから見て、若(も)しや—・ったのではないかと」〈犀星・山吹〉

あえ-なむ【▽敢へなむ】(あへ)(連語)《動詞「あ(敢)う」の連用形＋完了の助動詞「ぬ」の未然形＋推量の助動詞「む」》がまんしよう。差し支えはないだろう。よかろう。「赤からむは—」〈源・末摘花〉

アエネイス〖Aeneis〗古代ローマの詩人ウェルギリウスの未完の長編叙事詩。12巻が現存。英雄アイネイアスを描く。

あえば-こうそん【饗庭篁村】(あへばクワウソン)[1855〜1922]小説家・劇評家。江戸の生まれ。本名、与三郎。号は竹の屋主人。江戸戯作文学系の作家。小説「当世商人気質」、「竹の屋劇評集」など。

あえ-もの【▽肖え者】❶感化されて似ているもの。「妙法寺の別当大徳(だいとこ)の、産屋(うぶや)に侍りける、—となむ嘆き侍りたうびし」〈源・常夏〉❷似せたいと思うもの。あやかりもの。手本。「年ごろ持たせ給へりける(物ヲ)取り出でさせ給ひて、やがて—にもとて奉らせ給ふを」〈大鏡・師輔〉

あえ-もの【▽和え物|×韲え物】(あへ) 野菜・魚介などを、味噌・酢・ごま・からしなどでまぜ合わせた料理。

あ・える【▽和える|×韲える】(あへる)(動ア下一)(文)あ・ふ(ハ下二)《他と合わせる意の「合う㊁」から》❶野菜や魚介などに酢・味噌・ごま・からしなどをまぜ合わせる。「青菜をごまで—・える」❷まぜかえす。ごたごたする。「かりそめの事もお目出度いお目出度いで—・へる」〈咄・機嫌嚢・一〉

アエロバイオロジー〖aerobiology〗空気中の生物および生命現象を研究する分野。空中生物学。エアロバイオロジー。

あ-えん【亜鉛】亜鉛族元素の一。単体は銀白色の金属で、湿った空気中では灰白色となる。酸にもアルカリにも溶解する。乾電池の陰極、鉄板にめっきしてトタン板として、また、真鍮(しんちゅう)や洋銀などの合金に使われる。元素記号Zn原子番号30。原子量65.39。ジンク。

あえん-か【亜鉛華】(クワ) ▶酸化亜鉛

あえんか-なんこう【亜鉛華軟×膏】(アエンクワナンカウ) 亜鉛華を10〜20パーセント含む軟膏。湿疹(しっしん)など皮膚病に用いる。

あえん-てっぱん【亜鉛鉄板】トタン板のこと。

あえん-とっぱん【亜鉛凸版】亜鉛板を写真製版法により硝酸で腐食して画像を出した凸版。ジンク凸版。

あえん-ばん【亜鉛版】亜鉛を材料とする印刷版。写真凸版やオフセット印刷に使用。ジンク版。

あお【青】(あを) ㊀(名)❶色の名。三原色の一つで、晴れた空のような色。藍(あい)系統の色から、黄みを加えた緑系統の色までを総称する。また、公家の染織衣服や襲(かさね)の色目では、緑色を意味する。❷馬の毛色で、青みがかったつやのある黒。また、その馬。「—に乗って、峠を越すと」〈漱石・草枕〉❸「青信号」の略。❹「青短(あおたん)」の略。㊁(接頭) 名詞や形容詞に付いて、未熟な、若い、などの意を表す。「—二才」「—くさい」「—侍」(類語)(㊀❶)真っ青・青色(せいしょく)・藍(あい)・青藍(せいらん)・紺青(こんじょう)・紺碧(こんぺき)・群青(ぐんじょう)・紺・瑠璃(るり)色・縹(はなだ)・花色・露草色・納戸色・浅葱(あさぎ)・水色・空色・ブルー・インジゴ・コバルト・シアン・ウルトラマリン・スカイブルー

青は藍(あい)より出(い)でて藍より青し　《「荀子」勧学から》青色の染料は草の藍からとるが、それはもとの藍草よりももっと青い。弟子が師よりもすぐれていることのたとえ。出藍(しゅつらん)の誉れ。

あお【×襖】(アヲ)《「襖」の字音「あう」の音変化》❶両方の脇(わき)をあけたままで、縫い合わせず、襴(らん)のない古代の上着。位階相当の色によるものを位襖(いあお)といい、武官の礼服や朝服に用いた。わきあけのころも。闕腋(けってき)の袍(ほう)。❷《「狩襖(かりあお)」の略》狩衣(かりぎぬ)。❸袷(あわせ)の衣。綿を入れたものもある。襖子(あおし)。

あお-あえ【青▽和え|青×韲え】(あをあへ) ゆでてすりつぶした青豆で海参(いりこ)をあえた料理。

あお-あお【青青|×蒼×蒼|×碧×碧】(あをあを)(副)(スル) いかにも青いさま。また、一面に青いさま。「若葉が—(と)茂る」「—(と)した海原」(類語)青い・蒼然

あお-あざ【青×痣|青×黶】(あを) 打撲(だぼく)による皮下出血などで生じた青黒い斑紋(はんもん)。

あお-あし【青×葦|青×蘆|青×葭】(あを) 水辺に青々と茂るアシ。あおよし。(季 夏)

あおあし-しぎ【青足×鷸】(あをあし) シギ科の鳥。全長約35センチ。脚が灰青色、背面が淡灰褐色で腹面が白い。ユーラシア北部で繁殖、冬はオーストラリアなどへ渡る。日本では、春・秋に河口などでみられる。

あお-あらし【青嵐】(あを) 初夏の青葉を揺すって吹き渡るやや強い風。せいらん。(季 夏)「—定まる時や苗の色/嵐雪」

あお-あん【青×餡】(あを) 白餡(しろあん)に、青粉や碾(ひ)き茶の粉などをまぜ合わせた緑色の餡。

あおい【×葵】(あふひ) ㊀❶㋐アオイ科のフヨウ属・アオイ属に含まれる植物の総称。タチアオイ・モミジアオイ・トロ

ロアオイ・ゼニアオイ・フユアオイなど。《季 夏》㋑アオイ科の双子葉植物の総称。温帯から熱帯にかけて分布し、75属1500種ほどある。フヨウ・ムクゲなど。㋒フユアオイの別名。㋓ウマノスズクサ科のフタバアオイのこと。❷紋所の名。フタバアオイを図案化したもので、種類が多い。❸《徳川氏の紋が「葵巴」であったところから》江戸幕府の象徴。❹襲の色目の名。表は薄青、裏は薄紫。陰暦4月に用いた。❺蕎麦をいう女房詞。㊁源氏物語第9巻の巻名。光源氏21歳から22歳。葵の上と六条御息所との車争い、夕霧の誕生、御息所の生き霊にとりつかれた葵の上の急逝、源氏と紫の上との結婚を描く。

あおい【葵】 静岡市の区名。駿府公園(静岡城)周辺の官公庁街から、南アルプスの大井川源流部まで、同市の大半を占める。

あお-い【青い】〔形〕図あを・し〔ク〕❶(「碧い」とも書く)青色をしている。広く緑系統の色にもいう。「―・い空」「―・いリンゴ」❷(「蒼い」とも書く)顔に血の気がない。赤みが足りない。「顔が―・い」❸《果実などの未熟なものが青いところから》人格・技能や振る舞いなどが未熟である。「考えが―・いよ」《派生》あおさ〔名〕あおみ〔名〕

《類語》(❶)青青・蒼然/(❸)若い・子供っぽい・青臭い・乳臭い・幼い・未熟・幼稚・嘴が黄色い

青くな・る 心配や恐怖などで顔に血の気がなくなる。「財布をなくして―・った」

あおい-がい【葵貝】 アオイガイ科のタコ。温・熱帯の海洋を浮遊する。雌は貝殻をもち、殻は扁平で直径10〜25センチ、白色で放射状のひだがある。雄は体長約1.5センチで、殻をつくらない。かいだこ。

あおい-かずら【葵鬘】 賀茂の祭に参列する諸役人の冠・烏帽子に挿し、また牛車のすだれなどにも掛けた飾り。葵(フタバアオイ)の葉と桂の枝を組み合わせたものを諸鬘、葵だけのものを片鬘という。

あおいき-といき【青息吐息】 困って苦しいときなどに、弱りきって吐くため息。また、そのため息の出る状態。「物価高で―だ」《類語》虫の息

あおい-く【葵区】 ▶葵(静岡市)

あおい-ぐさ【葵草】 フタバアオイの別名。

あおい-ざ【葵座】 兜の天辺にある穴の外縁を覆う装飾的な重ねのいちばん下の金具。周囲が葵の葉の形をしている。葵葉座。

あおいさんみゃく【青い山脈】 石坂洋次郎の小説。昭和22年(1947)発表。第二次大戦後まもない地方の町を舞台に、高校生らの男女交際などを通して解放された青春の姿を明るくユーモラスに描く。同24年に今井正監督で映画化。

あお-いし【青石】 ❶青または緑色の岩石。緑泥片岩などで、庭石に使う。秩父青石・伊予青石などが有名。❷青みを帯びた凝灰岩。室内装飾や建物の外装などに使う。

あおい-しもさか【葵下坂】 越前福井の刀工下坂市之丞康継が製作した刀剣をいう。初代康継は徳川家の御用鍛冶職となり、刀の中子の部分に葵紋を切ることを許されたのでこの名がある。

あおい-すみれ【葵菫】 スミレ科の多年草。山野や路傍の湿地に生える。葉は根生し、心臓形。早春、淡紫色の花を開く。ひなぶき。

あおい-づき【葵月】 陰暦6月の異称。

あおい-つば【葵鍔】 太刀の鍔の一。四つ葉形で形が葵の葉に似ている。

あお-いととんぼ【青糸蜻=蛉】 トンボ目アオイトトンボ科のトンボ。湿原に多くみられ、体長3.8センチくらい。金属光沢のある緑色で、白粉を帯びる。イトトンボに似るが、翅の脈が細かい。

あおい-どもえ【葵巴】 紋所の名。葵(フタバアオイ)の葉3枚を巴形にかたどったもの。徳川氏の紋。三つ葉葵。

あおいとり【青い鳥】 ㊀《原題、L'Oiseau Bleu》メーテルリンク作の戯曲。1908年初演。翌年刊。チルチルとミチルの兄妹が、幸福の象徴「青い鳥」を妖精に導かれて探し歩き、最後にわが家で見つけるという童話劇。㊁身近にありながら気がつかない幸福。また、希望。「―をさがす」

あおいのうえ【葵の上】 ㊀源氏物語の主人公の一人。光源氏の最初の妻。六条御息所の生き霊に苦しめられ、夕霧を出産後、急死。㊁謡曲。四番目物。源氏物語による。世阿弥が古作を改作。

あおいはな【青い花】《原題、Heinrich von Ofterdingen》ノバーリスの未完の小説。1802年刊。無限へのあこがれの象徴としての青い花を求めて旅をする物語。ドイツロマン派の詩の精神と愛を象徴する語となった。

あおい-ぼん【葵盆】 鉋の削り跡を残した板に、薄黄色の漆を塗った盆。

あおい-まつり【葵祭】 「賀茂の祭」に同じ。《季 夏》「桐の花―はあすとかや/碧梧桐」

あおい-よきお【青井鉞男】［1872〜1937］野球選手。栃木の生まれ。一高の投手として活躍。日本初の国際野球で外国人チームを連破。初めて野球ルールを翻訳し、用具の改良にも努力した。

あお-いろ【青色】 ❶青系統の色。青い色。❷装束の色の名。染め色では、紫根と刈安を染料として染めた灰色がかった黄緑色。織り色では、縦糸を青、横糸を黄として織った色をいう。青白橡。麴塵や山鳩色を指すこともある。❸「青色の袍」の略。

あおいろ-エルイーディー【青色LED】 ▶青色発光ダイオード

あおいろ-じぎょうせんじゅうしゃ【青色事業専従者】 青色申告を行う個人事業主と生計を一にする配偶者や15歳以上の親族で、年間6か月以上その事業にもっぱら従事している人。

あおいろ-しんこく【青色申告】《納税申告用紙が青色であるところから》所定の帳簿書類を備えている納税者に、専従者控除などの特典を与える申告納税制度。所得税および法人税に導入されている。税務署長の承認が必要。

あおいろ-すがた【青色姿】 青色の袍を着た姿。「いみじき公達なれど、えしも着給はぬ綾織物を、心にまかせて着たる、―などめでたきなり」〈枕・八八〉

あおいろ-の-ほう【青色の袍】 束帯の袍で、青色❷のもの。天皇が略儀の際に着用した袍。また、蔵人が拝領した場合、着用することが許された。麴塵の袍。青白橡の袍。

あおいろ-はっこうダイオード【青色発光ダイオード】 発光ダイオードのうち、青色の光を発するもの。平成5年(1993)に世界に先駆け、当時、日亜化学工業に勤めていた中村修二が開発、実用化に成功。すでに実用化されていた赤と緑の発光ダイオードと併せて光の三原色がそろい、発光ダイオードのさまざまな分野での用途が広がった。青色LED。

あ-おう【亜欧】 亜細亜(アジア)と欧羅巴(ヨーロッパ)。欧亜。

あお-うきくさ【青浮草|青萍】 ウキクサ科の多年草。水田・池・沼の水面に群がって浮く。非常に小さく、茎は葉のように平たい。1本の細い根を水中に下ろす。夏、小さな白い花をつける。

あおう-こうみょうじ【粟生光明寺】 京都府長岡京市粟生にある西山派浄土宗の本山。山号は報国山、院号は念仏三昧院。建久9年(1198)、法然を請じて開山とし、熊谷直実が創建。法然の廟所。光明寺。

あおうどう-でんぜん【亜欧堂田善】［1748〜1822］江戸後期の洋風画家。岩代の人。本名、永田善吉。画僧月僊・谷文晁に師事、松平定信の御用絵師となる。江戸で洋風画法や銅版画を学び、江戸名所風景の連作に腕をふるった。

あお-うなばら【青海原】 一面に青く広々とした海。大海。あおうみ。

《類語》海・海洋・大洋・大海・海原・領海・公海・大海原・内海・内海・外海・外海・わたつみ

あお-うま【青馬|白馬】 ❶濃い青みを帯びた黒馬。青毛の馬。また、淡青色や淡灰色の馬。あおごま。「水鳥の鴨の羽の色の―を今日見る人は限りなしといふ」〈万・四四九四〉❷年初の節会の引き馬とする白馬、または葦毛の馬。「春霞まづ引き渡る―をあしげなりとは誰か見ざらむ」〈経信集〉❸「白馬の節会」の略。

あおうま-の-せちえ【白馬の節会】 宮中の年中行事の一。陰暦正月7日、左右馬寮から白馬を紫宸殿の庭に引き出し、天覧ののち、群臣に宴を賜った。この日に青馬を見ると年中の邪気が除かれるという中国の故事による。もと青馬を用い、のちには白馬または葦毛の馬を用いたことから、文字は「白馬」と書くようになった。あおうま。

あお-うみ【青海】 青々とした海。青海原。

あお-うみがめ【青海亀】 ウミガメ科のカメ。甲長約1メートル、背面は青みがかった暗褐色、腹面は淡黄色。暖海に広く分布。正覚坊。うみぼうず。

あお-うめ【青梅】 ❶まだよく熟さない、青くて硬い梅の実。実梅。《季 夏》「―に眉あつめたる美人かな/蕪村」❷香の名で、沈香の一。酸っぱく苦い感じの香りで、青梅の風味があるところからいう。

あおうめ-づけ【青梅漬(け)】 青梅をその青色を失わないように塩またはみりんで漬けたもの。

あおえ-しもさか【青江下坂】 葵下坂を、戯曲や民謡でよびかえた名称。

アオエデ〖Aoede〗 木星の第41衛星。2003年に発見。名の由来はギリシャ神話の女神でゼウスの娘。非球形で平均直径は4キロ。アエーデ。

あおえ-もの【青江物】 備中国青江(岡山県倉敷市)の刀工が製作した刀剣。平安末期から南北朝時代にかけて多くの名刀が作られた。刀工安次、その子守次を祖とする。

あお-えんどう【青豌豆】 グリンピース。

あお-おに【青鬼】 仏教、陰陽道に基づく想像上の怪物。人間の形をして、頭には角を生やし、全身が青い。地獄に住むという。➡鬼㊀❶

あお-がい【青貝】 ❶螺鈿の材料に用いる貝。ヤコウガイ・オウムガイ・アワビなど。また、それらの貝殻を用いた細工。❷ユキノカサガイ科の巻き貝。海岸の岩礁にすむ。貝殻は楕円形の笠形で、殻径約3センチ。表面は暗緑色、内面は光沢のある青緑色。

あお-がえる【青蛙】 ❶アマガエル・トノサマガエルなど緑色のカエル。《季 夏》「―おのれもペンキ塗りたてか/竜之介」❷無尾目アオガエル科のカエルの総称。日本ではシュレーゲルアオガエル・モリアオガエルなどが分布。

あお-かき【青垣】《「あおがき」とも》周囲を取り巻いている山々を、青い垣に見立てた語。古代、国褒めの慣用語。青垣山。「たたなづく―山ごもれる大和しうるはし」〈記・中・歌謡〉

あお-が-しま【青ヶ島】 伊豆諸島の、八丈島の南約70キロにある火山島。面積5.2平方キロメートル。東京都に属する。

あお-かずら【青葛】 ❶アワブキ科の蔓性の落葉低木。他の木にからみついて伸び、葉は卵形。春、黄色の小花が咲き、実は青色。中国・四国・九州の山野に自生。❷ツヅラフジの別名。

あお-かび【青黴】 不完全菌類モニリア目アオカビ属(ペニシリウム属)のカビの総称。外観が青・緑色を呈し、パンなどの食品や皮革製品に生える。酵素やペニシリンの生産、チーズの熟成に利用される種もある。

あお-かみきりもどき【青擬=天=牛】 カミキリモドキ科の甲虫。体長13ミリくらい。頭胸部は橙黄色、前翅は緑色で金属光沢がある。つぶすなどして体液が身体につくと激しい皮膚炎を起こす。

あお-がり【青刈(り)】 飼料や肥料にするため、作物をまだ青いうちに刈り取ること。

あおがり-しりょう【青刈(り)飼料】 飼料作物や牧草などを、青刈りにして飼料としたもの。

あおがり-だいず【青刈(り)大豆】 豆の収穫を目的とせず、茎や葉を飼料や緑肥に使用する大豆。

あお-がれ【青枯れ】あを 植物が青いまま急にしおれて枯れること。

あおがれ-いろ【青枯色】あをがれ 襲の色目の名。表は黄、裏は浅葱色。

あおがれ-びょう【青枯(れ)病】あをがれ 根から侵入した細菌によって、ナス・トマト・タバコなどの葉が、急にしおれて青いまま枯死する病害。高温時に多く発生。

あお-き【青木】あを ❶青々としている樹木。生木。❷ミズキ科の常緑低木。暖地の森林に自生。葉は厚くつやがある。雌雄異株。春、緑色あるいは褐色の小花をつけ、冬、橙赤色で楕円形の実を結ぶ。庭木とされ、品種も多い。桃葉珊瑚。(季 花=春｜実=冬)「雪降りし日も幾度よ—の実/汀女」

あおき-が-はら【青木ヶ原】あを 山梨県、富士山北西麓に広がる大原生林。貞観6年(864)の大噴火による溶岩流上に形成。青木ヶ原樹海。

あおき-こ【青木湖】あを 長野県北西部、大町市にある湖。フォッサマグナ沿いの断層湖。中綱湖・木崎湖とともに仁科三湖の一。

あおき-こんよう【青木昆陽】あをき [1698〜1769]江戸中期の蘭学者。江戸の人。初め伊藤東涯に師事。甘藷(サツマイモ)を救荒作物として普及に尽力し、甘藷先生とよばれた。著「和蘭文字略考」「蕃薯考」など。

あおき-しげる【青木繁】あを [1882〜1911]洋画家。久留米の生まれ。西欧世紀末芸術の影響を受けて伝説・神話に取材した作品が多い。放浪のうちに夭折。代表作は「海の幸」「わだつみのいろこの宮」

あおき-しゅうぞう【青木周蔵】あをき [1844〜1914]外交官。山口の生まれ。ドイツ公使、山県・松方内閣の外務大臣を歴任。不平等条約の改正に尽力。大津事件により失脚。

あおき-しゅうひつ【青木周弼】あをき [1803〜1863]江戸末期の医学者。周防の人。江戸・長崎で蘭学を学び、のちに長州藩医として種痘を実施。著「袖珍内外方叢」「察病論」など。

あお-ぎす【青×鱚】あを キス科の海水魚。全長約40センチ。体色は青みを帯びる。やぎす。

あお-ぎた【青北】あを 西日本で8月から9月ごろにかけて、晴天の日に吹く北寄りの涼しい風。あおげたならい。(季 秋)「—や目のさまよへば巌ばかり/稚魚」

あおぎ-た・てる【▽扇ぎ立てる｜×煽ぎ立てる】あふぎ〔動タ下一〕図あふぎた・つ〔タ下二〕❶盛んに風を起こす。むやみにあおぐ。「炭火を—・てる」❷扇動する。たきつける。「好奇心を—・てる」

あお-ぎっぷ【青切符】あを ❶《薄青色をしていたところから》もと、国鉄の二等乗車券。❷ ►交通反則切符

あお-きなこ【青黄な粉】あを《「あおぎなこ」とも》青大豆をいって粉末にした食品。

あおき-まさる【青木正児】あを [1887〜1964]中国文学者。山口の生まれ。京大卒。東北大・京大などで中国文学を講じ、中国の文学や戯曲などのほか書画・飲食・風俗に関する論考を残す。著書に「支那文学思想史」「支那近世戯曲史」「中華名物考」「琴棊書画」「華国風味」など。

あおぎ-みる【仰ぎ見る】あふぎ〔動マ上一〕図〔マ上一〕❶上方に目を向けて見る。見上げる。「時計台を—・みる」❷尊敬する。敬う。「師と—・みる」

あおき-もくべい【青木木米】あを [1767〜1833]江戸後期の陶工・南画家。京都の人。後年、聾米と号す。煎茶器にすぐれ、交趾・染め付けなどを得意とした。

あお-ぎり【青×桐】あを アオギリ科の落葉高木。樹皮は緑色。葉は大形で手のひら状に三〜五つに裂け、柄は長い。夏に、淡黄色の雄花と雌花がまじって咲き、果実は、種子のついた舟形のさやが放射状につく。庭木・街路樹とし、材は楽器・家具用。梧桐。(季 夏)「—の向ふの家の煙出し/素十」

あおき-ろすい【青木鷺水】あを [1658〜1733]江戸中期の俳人・浮世草子作者。京都の人。作品は「お伽百物語」「近代因果物語」など。

あお-きん【青金】あを 金と銀との合金で、銀を20パーセント程度含むもの。青色を帯び、美術品・装身具などに使用。➡赤金

あお・ぐ【仰ぐ】あふ〔動ガ五(四)〕❶上を向く。上方を見る。あおむく。「星空を—・ぐ」❷尊敬する。敬う。「師と—・ぐ」❸教え・援助などを求める。請う。「指示を—・ぐ」「助力を—・ぐ」❹あおむいてひと息に飲む。あおる。「毒を—・ぐ」(可能)あおげる

(類語)敬う・尊ぶ・崇める・敬する・畏敬・崇拝・敬愛・慕う・敬慕・敬仰・景仰・崇敬・私淑・傾倒・心酔・心服・敬服・尊敬・頼む・願う・求める

仰いで天に愧じず 《「孟子」尽心上「仰いで天に愧じず、俯して人に怍じざるは、二の楽しみなり」から》心に少しもやましいところがない。俯仰天地に愧じず。

仰いで天に愧じず、俯して地に怍じず ►仰いで天に愧じず

あお・ぐ【▽扇ぐ｜×煽ぐ】あふ〔動ガ五(四)〕うちわなどを動かして風を起こす。「—・いで火を起こす」(可能)あおげる (類語)あおる

あお-くげ【青▽公家】あを ❶身分の低い公家。また、公家を卑しめていう語。❷歌舞伎で、藍隈をして出てくる悪役の公家。

あお-くさ【青草】あを 青々とした草。夏草。(季 夏)

あお-くさ・い【青臭い】あを〔形〕図あをくさ・し〔ク〕❶青草から発するようなにおいがする。「薬草の—・い絞り汁」❷人格や言動などが未熟である。「—・いことを言う」(派生)あおくささ〔名〕

(類語)若い・うら若い・若若しい・若やか・若やぐ・若気・ういういしい・みずみずしい・いとけない・幼い・溌剌・子供っぽい・青い・乳臭い・幼い・未熟・幼稚・嘴が黄色い

あおくさ-かめむし【青臭亀虫】あをくさ カメムシ科の昆虫。体は緑色。稲・野菜・果樹の汁を吸う害虫。

あおくさ-ずり【青草×摺り】あをくさ「藍摺り❶」に同じ。

あお-くちば【青朽葉】あを ❶染め色の名。青みを帯びた朽葉色。❷襲の色目の名。表は青、裏は黄または朽葉色。また一説に、表は薄萌葱、裏は青朽葉ともいう。

あお-くび【青首｜青×頸】あを ❶「青首家鴨」の略。❷マガモの雄。頭部が緑色をしているのでいう。

あおくび-あひる【青首家=鴨】あをくび アヒルの一品種。羽色は原種のマガモとほとんど同じ。

あおくび-だいこん【青首大根】あをくび 根の上部が緑色をした大根。

あお-ぐま【青×隈】あを「藍隈」に同じ。

あお-くも【青雲】あを《「あおぐも」とも》青みを帯びた灰色の雲。「—のたなびくきはみ、白雲のおりゐ向伏かす限り」〈祝詞・祈年祭〉

あおくも-の【青雲の】あをくも〔枕〕❶雲がわき出る意から、「出づ」にかかる。「—出で来吾妹子」〈万・三五一九〉❷雲の色から、「白」にかかる。「—白肩の津」〈記・中〉

あお-ぐろ【青黒】あを ❶青みがかった黒い色。❷襲の色目の名。表は濃い青、裏は青。❸馬の毛色の名。黒に青みを帯びたもの。

あお-ぐろ・い【青黒い｜×黝い】あを〔形〕図あをぐろ・し〔ク〕青みを帯びた黒色である。「腕に—・いあざをつくる」

あお-げ【青毛】あを 馬など獣の毛色の名。濃い青みを帯びた黒色。

あお-げいとう【青鶏頭】あを アオビユの別名。

あお-げら【▽緑啄=木=鳥】あを キツツキ科の鳥。全長約30センチ。背が緑色で、頭が赤いが、雌は後頭部のみ赤い。日本の特産種で本州から屋久島・種子島まで分布。

あお-こ【青粉】あを ❶青海苔を粉末にしたもの。❷クロオコックス科の藍藻。単細胞で寒天質中に群をなし、沼などに繁殖して藍青色を示す。❸湖沼などに繁殖して水を緑色に濁らせる微小な藻類。藍藻・珪藻・クロレラなど。➡水の華

あお-さ【石=蓴】あを アオサ科の緑藻。海岸の岩石に着生し、濃緑色で平たく、ところどころに穴がある。あなあおさ。(季 春)「—つく石にかなしや海苔のつかず/虚子」

アオザイ〔ベトナムaosai〕《長い服の意》ベトナム女性の民族衣装。上衣は体にぴったりして丈が長くわきに腰までのスリットがあり、クアンというゆったりしたズボンを組み合わせる。正装は白色。

あお-ざかな【青魚】あを 背の色の青い魚。サンマ・イワシ・サバなど。

あお-さぎ【青×鷺】あを ❶サギ科の鳥。全長約95センチ。背面が青灰色、目の後方と冠羽が黒い。水田や湖沼で魚・ザリガニ・カエルなどを食べ、木の上に巣をつくる。(季 夏)「夕風や水—の脛をうつ/蕪村」❷馬の毛色の名。薄青色の毛。

あお-ざし【青×緡｜青×緍｜青差】あを 青く染めた麻縄の銭差し。また、それに差した銭。江戸時代、特に公儀から下賜するときに用いた。

あお-さび【青×錆】あを 緑青。

あお-さぶらい【青▽侍】あをさぶらひ ❶身分の低い若侍。あおざむらい。「一重に薄き—通りかかるを走り寄り」〈浄・彦山権現〉❷《青色の袍を着たところから》公家に仕える六位の侍。あおざむらい。〈日葡〉

あお-ざめ【青×鮫】あを ネズミザメ科の海水魚。全長約4メートル。尾びれは半月形。体色は暗青色。性質は獰猛。太平洋・インド洋・大西洋の暖海域に分布。肉はかまぼこなどの材料。かつおざめ。

あお-ざ・める【青×褪める｜×蒼×褪める】あを〔動マ下一〕図あをざ・む〔マ下二〕青くなる。特に、顔色が青白くなる。「恐怖で—・める」(類語)蒼白・青白い

あお-し【×襖子】アヲ「襖❸」に同じ。

あお-じ【青地】あを 織物などの地色の青いもの。

あお-じ【青磁｜青×瓷】あを 平安時代に焼かれた、緑色の釉を表面にほどこした陶器。

あお-じ【青×鵐｜蒿=雀】あを ホオジロ科の鳥。全長16センチくらい。背面は緑褐色で、腹面は黄色。北海道・本州の山地で繁殖し、冬季は平地に下りてくる。あおしとど。(季 夏)「一鳴き新樹の霧の濃く淡く/秋桜子」

あお-しお【青潮】あをしほ 赤潮のうち、比較的緑色に見えるもの。また、有機物の分解に酸素が消費され、酸素の乏しくなった海水が水面に上昇し、青白く見えるもの。水生生物に被害を与える。

あお-しぎ【青×鷸】あを シギ科の鳥。全長約30センチ。上面は黒褐色。日本には冬鳥として渡来し、山間部の渓流などにみられる。ぼとしぎ。

あお-じく【青軸】あをぢく 梅の一品種。枝・若葉・萼が緑色をし、花は一重または八重で純白。

あお-じそ【青紫×蘇】あを シソの一品種。葉は両面とも緑色で、花は白色。葉と実は香りがいいので、日本では刺身のつまなどに用いる。西洋では観賞用。(季 夏)

あお-しば【青×柴】あを 葉の青々とした柴。生柴。

あお-しま【青島】あを 宮崎市南東の小島。奇岩「鬼の洗濯板」やビロウなどの亜熱帯植物の群落がある。周囲約1.2キロ。

あお-じま【青×縞】あを 紺色で無地の木綿織物。法被・腹掛け・足袋などに用いる。

あおしま-ゆきお【青島幸男】あをしま [1932〜2006]政治家・小説家・俳優。東京の生まれ。放送作家・テレビタレントとして人気を博し、昭和43年(1968)には参議院議員となる。「人間万事塞翁が丙午」で直木賞受賞。他に「蒼天に翔る」「極楽トンボ」「繁盛にほんばし弁菊」など。平成7年(1995)東京都知事となり、退任後はタレント活動を再開。

あお-じゃしん【青写真】あを ❶露光により青色に発色する鉄塩類などを塗った感光紙に、原図をのせて焼き付ける複写技術。また、それで得られる青地に白の印画。図面の複写、印刷の際の青焼きなどに利用。❷《❶が設計図に用いられるところから》おおよその計画。また、未来の構想。「都市計画の—」

(類語)計画・プラン・構想・筋書・手の内・プロジェクト・もくろみ・企て・はかりごと・一計・企図・企画・案・

立案・設計・予定
あお-しょせい【青書生】年が若く、学問や技芸などが未熟な書生。また、学生を軽蔑していう語。
あお-じる【青汁】❶青い汁。生の緑葉野菜のしぼり汁。❷ほうれんそうなどをゆでてすりつぶし、白味噌をまぜてこし、煮出し汁で伸ばした汁。
あお-じろ・い【青白い|×蒼白い】〔形〕文あをじろ・し〔ク〕❶青みがかって白い。「―・い月の光」❷血の気がない顔色である。「―・い顔」
類語 蒼白・青ざめる
青白きインテリ　理屈ばかり多くて、実行力に乏しい知識人をあざけっていう言葉。昭和10年(1935)ごろ流行。
あお-しろつるばみ【青白×橡】❶装束の色の名。染め色では、紫根と刈安を染料として染めた灰色がかった黄緑色。織り色では、縦糸を青、横糸を黄として織った色をいう。青色。❷襲の色目の名。表は青色、裏は黄色。
あお-しんごう【青信号】❶進行しても安全であることを示す、青または緑の交通信号。❷安全であるしるし。事を進めてよいというしるし。「建設計画に―が出る」⇔赤信号。
あお-ず【青酢】ゆでた青菜をすって、酢・みりん・砂糖・塩などをまぜて裏ごしにした調味液。
あお-すげ【青×菅】カヤツリグサ科の多年草。丘陵や低地に生える。高さ10〜40センチ。葉・茎は青緑色。春から夏にかけて淡黄白色の穂をつける。
あお-すじ【青筋|青▽条】❶青い色の筋。❷皮膚の下に透けて見える静脈。類語 血管・血筋
青筋を立・てる　顔面に静脈が浮き出るほど、ひどく怒ったり、興奮したりする。
あおすじ-あげは【青▽条揚羽】アゲハチョウ科のチョウ。翅は黒色で、中央に青色の斑紋が連なる帯がある。幼虫はクスノキやタブノキの葉を食べる。岩手・秋田両県から南に分布。くろたいまい。
あお-すそご【青裾濃】青色で、上の方を薄く、裾の方になるほど濃く染めたもの。
アオスタ〖Aosta〗イタリア北西部の都市。アペニン山脈、モンテビアンコ(モンブラン)、モンテチェルビノ(マッターホルン)など4000メートル級の山々に囲まれたドーラバルテア川沿い、アオスタ渓谷に位置する。古代ローマ時代にサンベルナール峠に抜ける交通の要衝として軍事拠点が置かれ、その時代の遺跡や中世の歴史的建造物が残る。スキーや登山客が訪れる観光地。特産はチーズ・ワイン。
あお-すだれ【青×簾】❶青竹を細く割って編んだ新しいすだれ。季夏「一髪にさはりて強からず/才麿」❷牛車にかける、青糸で編んだすだれ。
あお-ずみ【青墨】❶藍蝋を墨の形に作ったもの。藍墨。❷青みを加えた墨。せいぼく。
あお-ず・む【青ずむ】〔動マ五(四)〕青みをおびる。青くなる。「―・んだ冬の空が」〈独歩・武蔵野〉
あお-ずり【青×摺り】❶「藍摺り❶」に同じ。❷「青摺りの衣」の略。
あおずり-の-きぬ【青×摺りの▽衣】❶物忌みのしるしとして、白地に山藍の葉などで模様を青く型摺りにした衣。❷祭礼などに東遊びの舞を奉仕する舞人の着用する装束。
あお-せん【青線】❶青い色の線。❷「青線区域」の略。
あおせん-くいき【青線区域】営業許可なしに売春を行っていた飲食店街。特別地区として警察などの地図に青線で示されていた。昭和27年(1952)ころから同31年にかけて使われた語。青線地帯。⇒赤線区域
あお-そ【青×麻|青×苧】❶《茎が青いところから》麻のこと。❷麻の茎の粗皮。麻縄などを作る。❸(青苧)麻の茎の皮をはいで白くさらし、細く裂いたもの。奈良晒の原料とする。真苧。
あお-そこひ【青底×翳】緑内障の俗称。
あお-ぞら【青空】❶晴れ上がって、青々と見える空。蒼天。碧空。「抜けるような―」❷他の語に付いて、屋外、露天、の意を表す。「―市場」
類語 蒼穹・青天井・空・天・天空・天穹・穹窿・太虚・上天・天球・宙・空・空中・虚空・中空・中天・上空・大空
あおぞら-きょうしつ【青空教室】屋外での授業。特に、第二次大戦直後、戦火で校舎が焼失したため、屋外で行った授業。
あおぞら-ぶんこ【青空文庫】インターネット上で無料で公開されている電子図書館。著作権の切れた作品や作者から無償で提供された作品などを電子化。テキスト形式、XHTML形式などで読める。
あお-た【青田】稲の苗が生育して青々としている田。また、まだ稲の実っていない7月下旬ごろの田。季夏「山々を低く覚ゆる―かな/蕪村」⇒黒田 ⇒白田
あお-だ【箯=輿】《「あおた」「あうだ」とも》「あんだ(箯輿)」に同じ。
あお-だいしょう【青大将】ナミヘビ科の無毒の蛇。全長1.5〜2.5メートルで、日本では最大。背面は青みがかった灰緑色で、脱皮前には2〜4本の黒い縦線が現れる。人家付近にすみ、ネズミなどを捕食する。ねずみとり。さとめぐり。やしきまわり。
あおた-うり【青田売り】稲の収穫前に、その田の収穫量を見越して先売りすること。季夏「せんすべもなくてわらへり―/楸邨」
あおた-がい【青田買い】❶稲の収穫前に、その田の収穫量を見越して先買いすること。❷企業が人材確保のため、卒業予定の学生の採用を早くから内定すること。補説 ❷は、卒業前の学生を実る前の稲に、能力を収穫量に例えた語。「青田刈り」と言うのは誤り。文化庁が発表した平成16年度「国語に関する世論調査」では、「会社が学生を―する」という場合に、本来の言い方である「青田買い」を使う人が29.1パーセント、間違った言い方「青田刈り」を使う人が34.2パーセントという逆転した結果が出ている。
あおた-がり【青田刈(り)】❶稲が未熟なうちに刈り取ること。❷「青田買い❷」の誤用。
あお-だけ【青竹】《「あおたけ」とも》❶幹が青々としている竹。❷染め色の名。鮮やかな緑色。❸笛。「―を雲の上人吹きたてて春の鶯さへづらすなり」〈夫木・三二〉
あおだけ-ふみ【青竹踏み】《「あおたけふみ」とも》二つに割った竹の上に土踏まずを乗せ、足踏みする健康法。足の裏に多くあるツボを刺激し、疲れを取り、代謝機能を高める効果があるという。
あお-だたみ【青畳】❶表が新しくて青々として見える畳。❷波の静かな青々とした海面などのたとえ。「―敷く相模灘の上を」〈蘆花・自然と人生〉
あお-だち【青立ち】稲の穂が実らないまま立ち枯れになっていること。また、その稲。
あおた-のぼる【青田昇】[1924〜1997]プロ野球選手・監督。兵庫の生まれ。昭和17年(1942)巨人に入団。戦後は阪急(現オリックス)に数年在籍ののち、巨人に復帰。強打で知られ、巨人の黄金時代に貢献した。引退後は阪神などのコーチ・監督を歴任。また野球解説者としても人気を博した。
あおた-ばいばい【青田売買】稲の成熟する前の青田のうちから、その収穫高を見越して米の売買をすること。⇒黒田売買 ⇒白田売買
あお-だも　コバノトネリコの別名。
あお-たん【青短|青丹】花札で、青色の短冊に牡丹・菊・紅葉がそれぞれ組み合わされて描かれた札。また、その3枚がそろった役。あお。⇒赤短
あお-たん【青×緂】白と青を交互に配した染め色や織り色。狩衣や小直衣の袖括りの組緒、几帳や壁代のひもなどに用いる。
あおち【×煽ち】風が吹きあおること。また、その風。「―に売り場の火も消えて」〈浄・油地獄〉
あおち-かぜ【×煽ち風】吹きあおる風。「蚊帳打ちあくる―」〈浄・薩摩歌〉
あおち-びんぼう【×煽ち貧乏】扇であおられるように、いつも貧乏に追われていること。いくら稼いでも抜けられない貧しい状態。「これかや―といふなるべし」〈浮・胸算用・五〉
あお-ちゃ【青茶】❶一夜のあいだ灰汁に漬けたのち蒸し上げた下等な茶。❷青みがかった茶色。
あおち-りんそう【青地林宗】[1775〜1833]江戸後期の蘭学者。松山藩医の子。幕府天文方訳員を経て水戸藩医となった。主著「気海観瀾」は日本最初の物理学書。
あお・つ【×煽つ】〔動タ四〕❶あおいで風を起こす。「大うちはで―・ちのけるがごとくで」〈狂言記・粟田口〉❷燃える気持ちをあおりたてる。そそのかす。「きやつは定業が―・つ」〈虎明狂・鼻取相撲〉❸風のために火や薄い物が揺れ動く。ばたばたする。「屏風をたたむ如くにて、二、三度四、五度―・つと見えしが」〈浄・源頼家源実朝鎌倉三代記〉
あお-づけ【青漬(け)】野菜を生の青みを失わないように漬けたもの。
あお-つづら【青▽葛】❶ツヅラフジの別名。❷「つる」を繰るところから「くる」「くるし」「くるる」などを導く序詞を構成する語。「山がつの垣ほに這へる―人は来れども言伝てもなし」〈古今・恋四〉
あおつづら-ふじ【青▽葛藤】カミエビの別名。
あおっ-ぱな【青っ×洟】「あおばな(青洟)」の音変化。
あおっ-ぽ・い【青っぽい】〔形〕❶青みがかっている。「―・いセーター」❷若くて世間に慣れていない。未熟である。「いい年をしてまだ―・いことを言う」派生 あおっぽさ〔名〕
あお-でい【青泥】青金の粉をにかわでまぜて泥状にした彩色の材料。青金泥。
あお-てる【青照る】歌舞伎などで、幽霊の出るときなどに舞台を青白く見せるために燃やす薬品。また、その青白い火。⇒赤照る
あお-でんしゃ【青電車】終電車の一つ前に運行する路面電車。前後部の行き先標識を青電球で照明するところからいう。青電。⇒赤電車
あお-てんじょう【青天井】❶青い空を天井に見立てた語。❷取引で、相場の上限のないこと。
類語 青空・蒼穹・空・天・天空・天穹・穹窿・太虚・上天・天球・宙・空・空中・虚空・中空・中天・上空・大空
あお-と【青×砥】色が青く、きめの細かい粘板岩で作った砥石。中研ぎに用いる。
あお-どうしん【青道心】❶出家したばかりで仏道にうとい者。今道心。新発意。「炮烙頭巾の―、墨の衣の玉襷」〈浄・天の網島〉❷よく考えもせずに起こした信仰心。なま道心。「それを申すぞよ、末も通らぬ―」〈義経記・四〉
あお-とかげ【青蜥=蜴】トカゲの子。尾部が青緑色をしている。季夏
あお-どさ【青土佐】土佐から産出する和紙の名。青色で紙質が厚く、箱の目張りなどに用いた。
あおとぞうしはなのにしきえ【青砥稿花紅彩画】歌舞伎狂言。世話物。5幕。河竹黙阿弥作。文久2年(1862)江戸市村座初演。通称、弁天小僧・白浪五人男。別外題、弁天娘女男白浪。
あおと-ふじつな【青砥藤綱】鎌倉中期の武士。上総の人。北条時頼に仕え、評定頭となる。鎌倉滑川に落とした銭10文を50文を使って捜させたという逸話がある。生没年未詳。
あおとふじつなもりょうあん【青砥藤綱模稜案】読本。10巻。曲亭馬琴著。葛飾北斎画。文化8〜9年(1811〜12)刊。日本や中国の裁判記録を題材に、青砥藤綱の名裁判で事件が解決する形式に脚色したもの。
あお-どろ【青泥】大陸棚の堆積物で、硫化鉄などを含む青色の泥。珪酸を60パーセント以上含む。
あお-な【青菜】❶緑色の葉菜。カブ・コマツナ・ホウレンソウなど。❷カブの古名。〈新撰字鏡〉類語 若菜
青菜に塩　青菜に塩を振りかけるとしおれるように、人が元気がなくしょげるようすをいう。
あお-ナイル【青ナイル】ナイル川支流の一。エ

チオピアのタナ湖に源を発し、スーダンのハルツームで、西の白ナイルと合流するまでの川。⇒白ナイル

あお-に【青▽丹】《「に」は土の意》❶青黒い土。❷緑色の顔料の土。岩緑青のこと。❸染め色の名。濃い青に黄の加わった色。❹襲の色目の名。表裏ともに濃い青に黄を加えた色。

あお-に【青煮】緑色をした野菜の色を生かして煮上げること。また、そのように煮たもの。

あお-にさい【青二才】《「にさい」は「にいせ(新背)」の音変化という》経験の浅い年若い男。あざけりや謙遜の気持ちを込めていう。「この—が何を言うか」「まだ—の私ですが」
(類語)若輩・若造・未成年・子供・豎子・小僧っ子・洟垂らし・世間知らず・ひよこ・ねんね

あお-にび【青▽鈍】染め色の名。青みがかった薄墨色。仏事や喪中のときに用いた。

あお-にょうぼう【青女房】年若く物慣れない身分の低い女官。「近習の人々、—に至るまで」〈太平記・二〉

あおに-よし【青▽丹よし】〔枕〕❶「奈良」にかかる。奈良坂で顔料の青土を産したところからという。「—奈良の都は」〈万・三二八〉❷「国内」にかかる。「—国内ことごと見せましものを」〈万・七九七〉

あお-ぬた【青×饅】芥子菜をすりつぶし、酒かす・味噌・酢を加えてすり合わせ、魚や野菜をあえたもの。また、ゆでた芥子菜や浅葱を酢味噌であえたもの。早春の料理。(季春)

あおね-おんせん【青根温泉】宮城県、蔵王山の東麓にある温泉。泉質は単純温泉・炭酸水素塩泉・硫酸塩泉。仙台藩伊達家の湯治場であった。

あお-ねぎ【青×葱】▶葉葱

あおねこ【青猫】萩原朔太郎の詩集。大正12年(1923)刊。人生の不安定さ、無為と倦怠の情をうたっている。

あお-のうれん【青▽暖×簾】紺色に染めたのれん。近世、上方の遊里で局女郎という下等な遊女のいる門口に掛けた。あおのれん。

あお-の-く【▽仰のく】㊀〔動カ五(四)〕あおむく。「大きく—・いて伸びをする」㊁〔動カ下二〕「あおのける」の文語形。

あお-のけ【▽仰のけ】「あおむけ」に同じ。「—に、死んだようになって」〈藤村・春〉

あおのけ-ざま【▽仰のけ様】上に向いた状態。あおむけざま。「—にひっくり返る」

あお-の-ける【▽仰のける】〔動カ下一〕図あふの・く〔カ下二〕上に向ける。あおむける。「顔をぐいと—・ける」

あおの-すえきち【青野季吉】[1890～1961]文芸評論家。新潟の生まれ。早大卒。「種蒔く人」「文芸戦線」の同人。初期プロレタリア文芸理論確立のため活躍した。著「転換期の文学」「文学五十年」など。

あおの-そう【青野聡】[1943～]小説家。東京の生まれ。青野季吉の三男。早大中退後渡欧、各国を放浪する。「愚者の夜」で芥川賞受賞。「人間のいとなみ」で芸術選奨。他に「母よ」「女からの声」など。

あお-の-どうくつ【青の洞窟】海食洞の一。洞窟の狭い入口から差し込む太陽光線が海底に反射し、水面が青く輝く現象が見られる。イタリアのカプリ島、マルタ、沖縄などのものが有名。

あお-の-どうもん【青の洞門】大分県中津市本耶馬渓町の山国川右岸にある洞穴道。18世紀中期に僧禅海が三十余年かかって掘削したと伝えられ、菊池寛が小説「恩讐の彼方に」の題材とした。

あお-のり【青海=苔】アオサ科アオノリ属の緑藻の総称。海岸や河口付近の岩などに生える。食用。(季春)「—や石の窪みのわすれ汐/几董」

あお-ば【青羽|青×翅】鳥や昆虫の青いはね。

あお-ば【青葉】㊀緑色をした草木の葉。特に、若葉のころを過ぎて、青々と茂った木の葉。(季夏)「心よき—の風や旅姿/子規」㊁㊀雅楽の横笛の名器。平敦盛が熊谷直実に討たれた時に所持していたといわれる。㊁高倉天皇秘蔵の横笛。
(類語)若葉・緑・翠色・青翠・万緑・新緑

あおば【青葉】㊀仙台市の区名。市の中央部や青葉城を含む。㊁横浜市北西部の区名。遊園地「こどもの国」がある。

あおば-ありがたはねかくし【青×翅×蟻形隠=翅=虫】ハネカクシ科の甲虫。体長7ミリくらい。アリに似た形で、前翅は青藍色。河原などにすむ。体液がつくと皮膚炎を起こす。

あお-ばえ【青×蠅|×蒼×蠅】クロバエ科のうち、緑色や青色のハエの俗称。キンバエなど。(季夏)「—やみそぎに捨る瓜の皮/宗因」

あおはか【青墓】岐阜県大垣市にある地名。赤坂と青野の間にある。古代の宿駅で、源義朝や源頼朝が逗留した所と伝える。長塚古墳・大塚古墳などがある。おおはか。

あお-ばかま【×襖×袴】狩襖を着るときにはく括り袴。幅が狭い。狩袴。

あおば-く【青葉区】▶青葉

あおば-じょう【青葉城】仙台城の別称。

あおば-ずく【青葉木=菟】フクロウ科の鳥。全長29センチくらい。全体に黒褐色。東アジアに分布。日本では夏鳥として渡来し、神社の境内などにある大木のうろなどに巣を作る。(季夏)

あおば-せせり【青×翅×挵】セセリチョウ科のチョウ。開張約4.5センチ。青緑色を帯び、後ろ翅の後縁は橙色。幼虫の食草はアワブキなど。

あお-はだ【青肌】❶髪の毛、ひげなどをそったあとの青々と見える肌。❷モチノキ科の落葉高木。山地に自生。樹皮の外皮は薄くて灰白色、内皮は緑色。葉は卵形。雌雄異株。初夏、緑白色の花が集まってつき、秋に丸くて赤い実を結ぶ。材は細工物に利用。まるばうめもどき。

あお-ばと【青×鳩|▽緑×鳩】ハト科の鳥。全長約35センチ。背面は暗緑色で、胸は黄緑色。山地の森林にすみ、北海道や本州北部では夏鳥。屋久島以南に分布する同属のズアカアオバトは、これよりやや大きく、尺八のような鳴き声を出す。

あお-ばな【青花】❶ツユクサの別名。❷ツユクサの花弁からとった染料。

あお-ばな【青×洟】子供などが垂らす青い鼻汁。あおっぱな。

あおばな-がみ【青花紙】ツユクサの花の青い絞り汁をしみこませた和紙。すぐ脱色できることから、友禅・描き更紗・絞り染めなどの下絵描きに用いる。藍紙。藍花紙。縹紙。

あおば-はごろも【青×翅羽衣】半翅目アオバハゴロモ科の昆虫。前翅は淡緑色、後ろ翅は乳白色。広葉樹の樹液を吸う。幼虫は白色の蝋状物質を分泌し、「しらこばば」とよばれる。

あお-はぶ【青波布】クサリヘビ科の毒蛇。全長約50センチ。頭は三角形で大きく、黄緑または青緑色で尾端は赤褐色。樹上性。アジア南部に分布。

あお-ば-む【青ばむ】〔動マ五(四)〕青みを帯びる。青みがかる。「草木が—・む」「野山が—・む」

あおば-もの【青葉者|▽白歯者】雑兵。歩卒。こっぱ武者。また、具足を着けたことのない中間・小者の類。「—を一人討っては槍先に血をつけ」〈甲陽軍鑑・二四〉

あおば-やま【青葉山】㊀京都府舞鶴市と福井県高浜町との境にある山。標高693メートル。西国三十三所第29番札所の松尾寺がある。丹後富士。㊁仙台市にある小丘。青葉城跡がある。

あお-はんみょう【青斑▽猫】ツチハンミョウ科の昆虫のミドリゲンセイのこと。⇒芫青

あお-び【青火】鬼火。幽霊火。燐火。

あお-びかり【青光り】〔名〕スル 青く光ること。また、青色を帯びた光や光沢。「—する鉱石」

あお-ひげ【青×髯】❶濃いひげをそったあと。❷歌舞伎で、敵役などの顔の化粧法。もみあげからあごにかけて青黛を塗ってひげをそったあとのように見せるもの。

あおひげ【青髯】《原題、(フランス)Barbe-Bleue》17世紀フランスの詩人シャルル=ペローの童話。また、その主人公。六人の妻を次々に殺す青ひげの男。

あお-ひとぐさ【青人草】《古くは「あおひとくさ」》人民。蒼生。国民。民草。「葦原中国に有らゆるうつしき—の」〈記・上〉(補説)人が増えるのを草が生い茂るのにたとえた語という。

あお-びゆ【青×莧】ヒユ科の一年草。道端に生え、高さ1～2メートル。葉はひし形に近い長卵形。夏の終わりに、緑色の小花を穂状につける。熱帯アメリカ原産で、明治時代に日本に渡来。あおげいとう。

あお-ひょう【青票】▶せいひょう(青票)

あお-びょうし【青表紙】❶青い色の表紙。特に、濃紺の染め紙を用いた表紙。❷《表紙の色から》㋐儒学の経書。㋑浄瑠璃のけいこ本。㋒青表紙本。㋓青本。

あおびょうし【青標紙】江戸時代、武家の制規・法令集。2編。大野広城著。前編は天保11～12年(1840～41)刊。武家諸法度・御定書をはじめ、軍役・衣服など、武家に必要な規則を記したもの。

あおびょうし-ぼん【青表紙本】藤原定家による源氏物語の校訂本。また、その系統の諸本。

あお-びょうたん【青×瓢×箪】❶初秋の、まだ熟していない青いヒョウタン。青ふくべ。青ひさご。❷やせて顔色の青白い人をあざけっていう語。うらなり。青箪。

あお-び-れる【青びれる】〔動ラ下一〕図あをび・る〔ラ下二〕青みを帯びる。青くなる。「弱々しい星影が七つ八つ—・れて瞬いていた」〈啄木・鳥影〉

あお-ふくべ【青×瓢】「青瓢箪❶」に同じ。(季秋)「—地をするばかり大いさよ/久女」

あお-ぶくれ【青膨れ】〔名・形動〕スル 顔や皮膚が青ずんでむくむこと。また、そのさま。「—な顔」「ぶつけたところが—する」

あお-ぶさ【青房】相撲で、土俵上のつり屋根の北東の隅に垂らす青(緑)色の房。春と青竜を表す。⇒赤房 ⇒黒房 ⇒白房

あお-ふしがき【青×柴垣】青葉のついた柴で編んだ垣根。「天の逆手を—に打ちなして、隠りき」〈記・上〉

あお-ふだ【青札】青い札。特に、天正カルタの青色の札12枚。ハウ。あお。

あお-ふどう【青不動】京都青蓮院蔵の不動明王画像の通称。平安中期の作。全身が青色で彩色されているのでこの名がある。赤不動・黄不動とともに三不動の一。

あお-へど【青▽反吐】吐いたばかりの生々しいへど。「—をつきてのたまふ」〈竹取〉

あお-べら【青×遍羅】海魚キュウセンの雄。また、ニシキベラのこと。

あお-ぼうず【青坊主】髪の毛をそった、青々とした頭。丸刈りにした頭。また、そうした人。

あお-ほん【青本】《「あおぼん」とも》❶江戸中期、享保ごろから赤本のあとを受けて黒本とともに婦女子の間に流行した草双紙の一。萌葱色の表紙であるところからよばれる。絵入りで、内容は浄瑠璃・歌舞伎・軍記物などを翻案・簡略化したもの。❷黄表紙のこと。

あお-まつむし【青松虫】マツムシ科の昆虫。体長約2.5センチで、全体に緑色。樹上で暮らし、秋にリーリーと甲高い声で鳴く。原産地は中国大陸の南岸といわれる。明治期に渡来、帰化。

あお-まめ【青豆】❶大豆の一品種。実は緑色で粒が大きい。枝豆などにして食べる。あおだいず。❷青えんどう。グリーンピース。

あお-み【青み】❶青がかった色。また、青い度合い。「—を帯びる」❷吸い物・刺身・焼き魚などに付け合わせて風味や彩りを添える緑色の野菜。

あお-みず【青みず】イラクサ科の一年草。湿地に自生。高さ30～50センチ、茎はみずみずしい緑色をしている。葉は卵形で縁に粗いぎざぎざがあり、対生。秋、淡緑色の小花が集まって咲く。

あお-みずひき【青水引】中央から半分を白、もう一方を紺に染めた凶事用の水引。
あお-みどり【青緑】❶青みを帯びた緑色。❷アオミドロの古名。〈日葡〉
あお-みどろ【青味泥|水=綿】ホシミドロ科の緑藻の総称。水田・沼・池などに、長さ1メートルに及ぶ濃緑色の糸状体をつくり、もつれあって浮かぶ。(季 夏)「一浮巣の卵孵からむと/誓子」
あお-みなづき【青▽水無月】《青葉の茂るころの意から》陰暦6月の異称。(季 夏)「戸口から一の月夜かな/一茶」
あお・む【青む】〔動マ五(四)〕❶青くなる。また、緑色を呈する。草木が青々と茂る。「月は明るかった。深く射しこんで畳が冷たく一・むようであった」〈康成・雪国〉❷顔色が青白くなる。青ざめる。「いといたく痩せ痩せに一・みて」〈源・若菜下〉
あお-むき【▽仰向き】あおむくこと。また、その状態。あおむけ。「一に泳ぐ」⇔俯き。
あお-むぎ【青麦】穂が出る前の、青々とした麦。(季 春)
あお-む・く【▽仰向く】■〔動カ五(四)〕天を仰ぐように、顔や物の前面が上を向く。あおのく。「一・くと空に虹が架かっていた」⇔俯く。■〔動カ下二〕「あおむける」の文語形。
あお-むけ【▽仰向け】あおむけること。また、その状態。あおのけ。あおむき。「病人を一に寝かせる」⇔俯け。
あお-む・ける【▽仰向ける】〔動カ下一〕図あふむ・く〔カ下二〕顔や物の表面を上に向ける。あおのける。「顔を一・ける」⇔俯ける。
あお-むし【青虫】チョウやガの幼虫のうち、体に長い毛がなく、緑色をしているものの総称。螟蛉。(季 秋)
あお-むらさき【青紫】青みを帯びた紫色。
あお-め【青目|青▽眼】眼球の虹彩の青みがかったもの。白人に多くみられる。碧眼。
あおめ-えそ【青▽眼狗=母=魚|青▽眼×鰧|青▽眼×鱚】アオメエソ科に属する海水魚。胴体は円筒形で細長い。体長は10〜15センチ。本州中部以南の水深100〜300メートルで漁獲される。目が大きく、反射光で黄緑色に光って見えるため「メヒカリ」の別名がある。白身の魚で、刺身や唐揚げ、塩焼きにして食す。➡エソ
あお-もの【青物】❶《女房詞から》青色の野菜。蔬菜。「一市場」❷背の青い魚。青魚。
(類語)野菜・蔬菜・青果・洋菜・果菜・花菜・根菜・葉菜
あおもの-いち【青物市】野菜類を競り売りする卸市場。
あおもの-や【青物屋】野菜や果物などを売る店。八百屋。➡青物❶
あお-もみじ【青紅-葉】❶まだ紅葉しないカエデ。❷襲の色目の名。表は萌葱、裏は朽葉色。秋に用いた。
あおもり【青森】㊀東北地方最北端の県。もとの陸奥の大半を占める。県庁所在地は青森市。人口137.3万(2010)。㊁青森県中央部の市。県庁所在地。青森湾に臨み、江戸廻米の積み出し港として発展。8月に行われるねぶた祭は東北三大祭りの一。人口29.9万(2010)。
あおもり-けん【青森県】►青森㊀
あおもりけんりつ-ほけんだいがく【青森県立保健大学】青森市にある公立大学。平成11年(1999)に設置された、保健医療・福祉サービスに従事する人材の育成をめざす単科大学。同20年、公立大学法人となる。
あおもり-こうりつだいがく【青森公立大学】青森市にある公立大学。青森地域広域事務組合が設置主体となって平成5年(1993)に開学。同9年に大学院を設置。同21年、公立大学法人となる。
あおもり-し【青森市】►青森㊁
あおもり-だいがく【青森大学】青森市にある私立大学。昭和43年(1968)の開学。平成11年(1999)に大学院を設置。
あおもり-ちゅうおうがくいんだいがく【青森中央学院大学】青森市にある私立大学。平成10年(1998)開学。同16年に大学院を設置。
あおもり-とどまつ【青森×椴松】オオシラビソの別名。
あおもり-へいや【青森平野】青森県中央部、青森湾に臨んで弓状に広がる平野。主に沖積平野で、西側は海岸平野。中心地は青森市。
あおもり-わん【青森湾】青森県中央部、津軽半島と夏泊半島にはさまれた湾。陸奥湾西部の支湾。湾の奥に青森平野が広がる。
あお-や【青屋】中世・近世、藍染めを業とした家。賤民視され、京都町奉行に属し、牢屋の監視や掃除なども勤めた。
あお-やか【青やか】〔形動ナリ〕青々としているさま。「築地の上の草一なるも」〈和泉式部日記〉
あお-やき【青焼(き)】青写真。特に、オフセットやグラビアの印刷で、校正に用いる淡青色の地に濃青色の印画。藍焼き。
あお-やぎ【青▽柳】❶青々と葉をつけた柳。あおやなぎ。(季 春)❷バカガイのむき身。(季 春)❸襲の色目の名。表裏とも濃い青、または表は青、裏は薄青。春に用いた。
あおやぎ【青柳】㊀催馬楽の曲名。㊁箏曲。八重崎検校作曲。
あおやぎ-そう【青▽柳草】ユリ科の多年草。本州中部以北の山地に自生。高さ50〜90センチ。葉は細長い楕円形。夏、緑色または淡紫色の花が円錐状につく。根茎は有毒。
あおやぎ-の【青▽柳の】〔枕〕《青柳の糸のような枝を鬘にかける意から》「いと」「かずら」などにかかる。「一いと定めなき人の心を」〈拾遺・恋三〉
あお-やま【青山】草木が青々と茂っている山。青嶺。
あおやま【青山】東京都港区の地名。江戸初期、青山常陸介忠成の屋敷があった。南部に青山霊園がある。
あおやまがくいん-だいがく【青山学院大学】東京都渋谷区に本部があるキリスト教メソジスト系の私立大学。耕教学舎・東京英和学校・青山学院などを経て、昭和24年(1949)に大学となる。
あおやま-こうげん【青山高原】三重県中西部に広がる高原。布引山地中にある約16キロメートル続く高原状の準平原をいう。標高600〜800メートル。高原全体に風力発電機が20基ほど建てられ、風力発電施設としては国内最大級。室生赤目青山国定公園に属する。
あおやま-しんじ【青山真治】[1964〜]映画監督・小説家。福岡の生まれ。「Helpless」で商業映画監督デビュー。「EUREKA」で国内外から評価を受ける。他に「レイクサイドマーダーケース」「サッドヴァケイション」など。また、自身の監督作品のノベライズなど、小説家としても活躍する。
あおやま-すぎさく【青山杉作】[1889〜1956]演出家・俳優。新潟の生まれ。築地小劇場・松竹少女歌劇団で活躍し、千田是也らと俳優座を結成。
あおやま-ただとし【青山忠俊】[1578〜1643]江戸初期の老中。武蔵岩槻城主。徳川秀忠に近侍し、のち家光の補導役となったが、諫言が勘気にふれて改易された。
あおやま-たねみち【青山胤通】[1859〜1917]医学者。岐阜の生まれ。東大教授。伝染病研究所長。癌研究会を設立。
あおやま-ななえ【青山七恵】[1983〜]小説家。埼玉の生まれ。旅行会社に勤務するかたわら創作活動を続ける。筑波大学在学中に書いた「窓の灯」でデビュー。「ひとり日和」で芥川賞受賞。
あおやま-のぶゆき【青山延于】[1776〜1843]江戸後期の儒学者。水戸藩士。号、拙斎。彰考館総裁として「大日本史」の編纂に従事。著「皇朝史略」など。
あお-やまぶき【青山吹】襲の色目の名。表は青、裏は黄色。春に用いた。
あお-よし【青×葦|青×蘆|青×葭】►あおあし
あおり【×煽り】❶あおること。また、強い風にあおられて起こる動揺や衝撃。「突風の一で塀が倒れた」❷ある物事に強く働く勢い。また、その及ぼす影響。余勢。「ストの一で客足が伸びない」❸そそのかしたりおだてたりして、ある行為を起こさせること。「周りの一に乗る」❹カメラで、レンズの光軸とフィルム面(デジタルカメラではイメージセンサー)との角度を変えること。像の歪みの補正や遠近感の調整に用いられる。PCレンズという専用の特殊レンズもある。❺歌舞伎劇場などで、木戸番が扇を開いて客を呼び立て招くこと。❻前を走る車両に、進路を譲るよう強要するため、極端に車間距離を詰めた運転。❼「煽り返し」の略。(類語)刺激・作用・響く・差し響く・跳ね返る・祟る・災いする・反響・反映・反応・反動・反作用・波紋・余波・累・皺寄せ・とばっちり・巻き添え・そばづえ
煽りを食・う ❶強い風の衝撃をまともに身に受ける。❷まわりの状況の変化で思わぬ災難や影響を受ける。「不況の一・う」
あおり【障=泥|泥=障】馬具の付属具。鞍橋の四緒手に結び垂らして、馬の汗や蹴り上げる泥を防ぐ。下鞍の小さい大和鞍や水干鞍に用い、毛皮や皺革で円形に作るのを例とするが、武官は方形として、「尺の障泥」と呼んで用いた。
障泥を打・つ 《「障泥」は、馬腹の両脇を覆う泥よけの馬具》鐙で障泥を蹴って、馬を急がせる。
あおり-あし【×煽り足】横泳ぎや抜き手で、両足をからだの前後に開き、前足の足裏と後ろ足の甲とで挟むように水をける動作。
あおり-いか【障=泥烏=賊】ジンドウイカ科のイカ。胴長約45センチ。ひれは胴の左右全体に及び、幅広い。名は、ひれを動かすさまを障泥に見立てたもの。食用。みずいか。もいか。
あおり-いた【障=泥板】屋根の大棟の両脇下に設ける、雨押さえの板。
あおり-がい【×煽り買い】相場をつり上げるために盛んに買いまくること。
あおり-かえし【×煽り返し】芝居の大道具で、張り物を縦に二等分する線を軸に、蝶番で別の張り物を取り付けておき、それを左右に折り返して場面転換などをすること。
あおり-た・てる【×煽り立てる】〔動タ下一〕図あふりた・つ〔タ下二〕❶風が物をひどく揺り動かす。「木戸が強風に一・てられる」❷盛んにあおる。扇動する。「功名心を一・てる」
あおり-つ・ける【×煽り付ける】〔動カ下一〕図あふりつ・く〔カ下二〕❶盛んにおだてる。おだてあげる。「一・けて幹事役を押しつける」❷(「呷り付ける」と書く)酒などを勢いよく続けて飲む。一気に飲む。「冷酒を一・ける」
あおり-どめ【×煽り止め】開いた扉が風にあおられないようにする留め金具。
あおり-まど【×煽り窓】窓枠と窓の上框または下框を蝶番で留め、外側へ開くようにした窓。
あお・る【×煽る】〔動ラ五(四)〕❶うちわなどで風を起こす。また、風が火の勢いを強める。「うちわで一・って火をおこす」❷風が物を揺り動かす。また、風を受けて物が動く。「強風にテントが一・られる」「通路の扉が一・っているので」〈紅葉・多情多恨〉❸おだてたりして、相手がある行動をするように仕向ける。たきつける。扇動する。「競争心を一・る」❹物事に勢いをつける。「人気を一・る」❺(「呷る」と書く)酒などをひと息に飲む。「毒を一・る」❻写真で、煽り❹を上向きにして写す。また、低い位置から上向きに写す。❼相場の高騰をねらって、意図的に大量に買う。❽前を走る車の後ろにぴったり付いて走る。❾鐙で障泥をけって馬を急がせる。「馬をいたく一・りければ、馬くるひて落ちぬ」〈宇治拾遺・一三〉(類語)(❶)あおぐ/(❸)けしかける・たきつける/(❺)飲み干す
あ-おんそく【亜音速】音速よりもおそい速度。マッ

ハ数1未満。

あおんそく-りゅう【亜音速流】ﾘｳ 高速気流のうち、速度が音速未満のもの。

あ-か【亜科】ｸﾜ 生物分類学上の単位の一。必要な場合に、科と属の間に設けられる。ヒタキ科をウグイス亜科・ツグミ亜科・ヒタキ亜科に分けるなど。

あか【赤】㊀〔名〕❶色の名。三原色の一つで、新鮮な血のような色。また、その系統に属する緋ひ・紅・朱・茶・桃色などの総称。❷《赤ペンで直すところから》校正・添削の文字や記号。赤字。「—を入れる」❸《革命旗が赤色であるところから》共産主義・共産主義者の俗称。❹(「あかの」の形で)全くの、明らかな、の意を表す。「—の他人」「—の嘘」❺「赤信号」の略。❻「赤字❷」の略。❼「赤短あかたん」の略。❽「赤味噌あかみそ」の略。❾《「あかがね」の略》銅。❿「赤米あかごめ❶」の略。⓫赤小豆あかあずきをいう女房詞。あかあか。㊁〔接頭〕名詞に付いて、全くの、明らかな、の意を表す。「—裸」「—恥」
(類語)(㊀❶)真っ赤・赤色せきしょく・紅色こうしょく・真紅しんく・鮮紅せんこう・緋色・朱しゅ・朱あけ・丹に・茜あかね色・薔薇ばら色・小豆あずき色・臙脂えんじ・暗紅あんこう・唐紅からくれない・レッド・スカーレット・バーミリオン・マゼンタ・ローズ・ワインレッド

あか【×垢】❶汗・脂・ほこりなどがまざり合って皮膚の表面につく汚れ。「—を落とす」❷水中の含有物が器物などに付着したもの。水あか・湯あかなど。❸心身に宿ったけがれ。「俗世の—」❹欠点。未熟さ。「稽古の劫こう入りて、—落ちぬれば」〈花伝・三〉
垢が抜・ける ❶「あかぬける」に同じ。❷汚名が晴れる。「祝言させねば、娘の—・けぬ」〈浄・万年草〉

あか【×淦】《仏語の「閼伽あか」から出た語という》船底にたまった水。船湯ふなゆ。あかみず。

あか【×閼×伽】《梵arghaの音写。価値の意。功徳水くどくすいと訳す》❶仏に手向ける水。閼伽水あかみず。閼伽の水。❷仏前に供える水を入れる器。閼伽坏あかつき。閼伽器。

あ-が【×吾が】〔連語〕《一人称の人代名詞「あ」＋格助詞「が」》❶《「が」は主格を表す》私が。「一世ひとよにはふたたび見えぬ父母を置きてや長く—別れなむ」〈万・八九一〉❷《「が」は連体格を表す》私の。「白栲しろたへの—衣手を取り持ちて斎いはへ我が背子ただに逢ふまでに」〈万・三七七八〉

あか-あか【赤赤】㊀〔副〕非常に赤いさま。真っ赤なさま。「—と燃えさかる火の手」㊁〔名〕赤小豆あかあずきをいう女房詞。あか。(類語)赤い

あか-あか【明明】〔副〕非常に明るいさま。「—とネオンがともる」(類語)明るい・うらうら・燦燦さんさん・燦然さんぜん・皓皓こうこう・煌煌こうこう・耿耿こうこう

あか-あざ【赤×痣】血管に異常があって皮膚に生じた赤い斑紋はんもん。先天的なもの。

あかあし-しぎ【赤足×鷸】シギ科の鳥。全長28センチくらい。全体に灰褐色に見え、くちばしの基部と脚が赤い。日本には春・秋に海岸などに飛来し、北海道では繁殖もする。あかがねしぎ。

あか-あまだい【赤甘×鯛】あかあまだひ アマダイの一種。全長約45センチ。体色の赤みが強い。味噌漬けや干物にする。

あか-あり【赤×蟻】赤褐色または黄褐色のアリ。

あ-かい【亜×槐】ｸﾜｲ《三槐(三公)に亜つぐ意》大納言の唐名。亜相あしょう。

あか-い【×閼×伽井】ゐ 閼伽水をくむ井戸。

あか・い【赤い｜▽紅い】〔形〕図あか・し〔ク〕《「明あかし」と同語源》❶赤色をしている。赤黄色から深赤色までを含めていう。「—・い夕日」❷左翼的思想をもっている。共産主義者である。「—・く染まった学生」❸美しい。きれいだ。「—・いべべ織りて着せうの」〈浄・百合若大臣〉(派生)あかさ〔名〕あかみ〔名〕(類語)赤赤
赤い糸いとで結むす・ばれる 《結ばれる運命の男女は「赤い糸」でつながっているという俗信から》結婚する運命にある。
赤い着物を・着る 《もと、受刑者が赤い着物を着せられたところから》入獄する。刑務所で服役する。明治・大正期に使った言葉。
赤きは酒さけのとが 《「とが」は罪の意。顔の赤いのは酒のせいで自分の罪ではない、ということから》責任逃れをすること。

あがい【×贖ひ｜▽購ひ】あがひ《平安時代ごろまでは「あかい」》つぐない。あがない。「酒、くだものなど取り出ださせて—せん」〈宇治拾遺・一一〉

アカイア-じん【アカイア人】《ギリシャ Achaioi》前2000年ごろから、ペロポネソス半島北部に住したギリシャ人。クレタ文明を受けつぎ、ミケーネ文明を生んだ。

あかい-えか【赤家蚊】あかいへか 蚊の一種。赤褐色の、最も普通にみられる蚊。夜間に活動し、人畜から吸血する。日本脳炎を媒介するといわれ、またバンクロフト糸状虫などの中間寄主。あかまだらか。

あかいし-さんみゃく【赤石山脈】山梨・長野・静岡の3県にまたがり南北に走る山脈。最高峰は北岳で、標高3193メートル。南アルプス。

あかいし-だけ【赤石岳】赤石山脈の主峰の一。標高3120メートル。長野・静岡県境にある。

あかい-しんにょ【赤い信女】《亡夫の墓碑に、生存中の妻が自分の戒名を並べて刻み込むとき朱を入れておく習慣から》未亡人。後家。

あかいと-おどし【赤糸▽威】をどし 鎧よろいの威の一。茜あかねまたは蘇芳すおうで染めた糸を用いた威。

あかいとげ-の-くるま【赤糸毛の車】糸毛の車の一。赤色の縒より糸で車体を飾った牛車ぎっしゃ。賀茂かもの祭の女の使者の乗用とした。

あかい-とり【赤い鳥】児童文芸雑誌。大正7年(1918)創刊。昭和11年(1936)廃刊。鈴木三重吉主宰。芥川竜之介の「蜘蛛の糸」をはじめ、有島武郎・北原白秋らの創作童話・童謡を掲載。

あかいとり-ぶんがくしょう【赤い鳥文学賞】ぶんがくしやう 文学賞の一。年に1回、優れた児童文学作品に贈られる。昭和46年(1971)創設。➡赤い鳥

あかい-はね【赤い羽根】毎年10月に行われる共同募金運動。また、寄付した人に渡される、赤く染めた小さな羽根。昭和22年(1947)にフラナガン神父の勧めで始められた募金運動で、翌年から赤い羽根が街頭募金の寄付済証として配られるようになった。愛の羽根。(季 秋)

あかい-ひろば【赤い広場】《Krasnaya ploshchad'》►赤の広場

あか-いろ【赤色】❶赤い色。また、朱色・緋色など赤系統の色。あか。❷古代・中世の染め色の名。茜あかねと櫨はぜとで染めた、赤に黄みが加わった色。禁色きんじきの一。赤白橡あかしらつるばみ。❸襲かさねの色目の名。諸説があり、表が赤、裏が二藍ふたあい、また、表が蘇芳すおう、裏が縹はなだ。❹織り色の名。縦糸が紫、横糸が蘇芳のもの。縦糸・横糸ともに赤とも。❺「赤色の袍ほう」の略。

あかいろ-の-ほう【赤色の×袍】ハウ 赤色❷に染めた袍。太上だいじょう天皇が束帯を着用する時に用いた。地は綾、文様は八重菊・菊唐草が普通。赤色の御衣おんぞ。

あかいわ【赤磐】あかいは 岡山県中東部にある市。モモ・ブドウの果樹栽培が盛ん。南西隣の岡山市のベッドタウン化が進む。平成17年(2005)3月に山陽町、赤坂町、熊山町、吉井町が合併して成立。人口4.3万(2010)。

あかいわ-し【赤磐市】あかいはし ►赤磐

あか-いわし【赤×鰯】❶塩漬けにし、または干して、油脂が酸化し赤茶けた鰯。❷赤くさびたなまくらな刀のたとえ。「きさまたちの—で、なに、切れるものか」〈滑・膝栗毛・四〉

あか・う【×贖ふ｜▽購ふ】あかふ〔動ハ四〕《「あがなう」の古形。「あがう」とも》❶金品などを提供して罪などを償う。「その料ぬを—・ひてのちは、また天上に帰り来たるべきなり」〈唐物語〉❷買い求める。「銭十万を以て此れを—・ふに」〈今昔・九・三九〉

あか-うお【赤魚】うを ❶アコウダイの別名。❷フサカサゴ科の海水魚。東北地方以北に分布。全長約50センチ。味噌漬けや粕漬けにしたものが「あこうだい」の名で売られている。❸ハゼ科の魚。河口にすむ。全長約15センチ。体は細長く、赤色。食用としない。❹アカムツ・ウグイ・カサゴ・ヒメジなどの別名。

あか-うきくさ【赤浮草】アカウキクサ科の常緑の多年生シダ。関西地方の沼や水田にみられ、水面に広がって増える。形はヒノキの葉に似て、紅色を帯びる。関東では別種のオオアカウキクサが多い。

あか-うし【▽褐牛】「褐毛あか和種」の通称。

あか-うしあぶ【赤牛×虻】アブの一種。体長約3センチ。夏、渓流沿いの登山道や牧場で多くみられるが、平地にもいる。牛などから吸血する。

あか-うに【赤海=胆】オオバフンウニ科のウニ。水深4、5メートルの岩場にすむ。直径7センチくらいで、やや平たい。ふつう暗赤色をしている。卵巣は食用。

あか-うま【赤馬】❶赤毛の馬。❷火事または放火をいう語。❸月経をいう花柳界の語。

あか-うみがめ【赤海亀】ウミガメ科のカメ。甲長約1メートル、背面は赤褐色。世界の暖海に分布。夏、日本南部の砂浜でも産卵する。

アカウンタビリティー〖accountability〗❶説明の義務・責任。❷政府や公務員が政策やその執行について国民の納得できるように説明する義務をもつこと。説明責任。❸企業が出資者から委託された資金を適正に運用して保全し、その状況を出資者に報告する義務をもつこと。会計責任。❹多額の資金援助を受ける科学技術研究者は、その研究の意義を説明する義務・責任を負うとする考え方。

アカウンティング〖accounting〗❶会計。経理。会計報告。決算。❷コンピューターシステムの使用料金を、運転時間・利用度などに応じて算出すること。

アカウント〖account〗❶貸借の勘定。計算。また、勘定書。計算書。❷コンピューターやコンピューターネットワークを利用する権利。または、利用者を識別する上で必要な符号や文字列のこと。

アカウント-エグゼクティブ〖account executive〗広告会社での営業職。顧客からの業務を受け、広告の制作・計画立案・媒体の買い付けなど全体を取り仕切る。AE。➡アカウントスーパーバイザー

アカウント-スーパーバイザー〖account supervisor〗広告会社で、営業職の責任者の名称。アカウントエグゼクティブ(AE)の上司として営業部門全般についてのマネージメントを行う。

アカウント-プランニング〖account planning〗調査などから、消費者が何を知りたいのか、何が欲しいのかなどを理解し、広告活動に反映させること。

あか-え【赤絵】ゑ ❶赤色を主として彩色を施した陶磁器。また、その絵。中国では五彩という。中国の宋赤絵・金襴手きんらんで赤絵・万暦ばんれき赤絵・呉須ごす赤絵、日本の伊万里いまり赤絵・九谷赤絵の類。❷江戸末期、疱瘡ほうそうよけに用いた赤1色刷りの版画。疱瘡の子に赤いおもちゃを持たせておくと病気が軽くすむという俗信から起こった。疱瘡絵。

あか-えい【赤×鱝】あかえひ エイ目アカエイ科の海水魚。全長約1メートル。体形は扁平なひし形で、背面は灰褐色。尾に有毒のとげをもつ。函館以南の沿岸の海底にすむ。卵胎生。夏季に美味。(季 夏)

あか-えそ【赤狗=母=魚】エソ科の海水魚。全長約25センチ。背から体側に赤色の横線がある。南日本に多い。かまぼこなどの原料。

あかえぞふうせつこう【赤蝦夷風説考】あかえぞフウセツカウ 江戸後期の地誌。2巻。工藤平助著。天明元〜3年(1781〜1783)成立。赤蝦夷はカムチャツカのこと。日本における最初のロシア研究書。上巻でロシアとの通商・蝦夷地開発を説く。下巻はロシアの地誌。

あか-えぞまつ【赤蝦=夷松】マツ科の常緑高木。樹皮は赤褐色でうろこ状に裂け、球果は紫紅色から褐色に変わる。北海道に分布し、材はパルプ用・建築材料などにする。しんこまつ。

あかえ-ばく【赤江瀑】[1933〜2012]小説家。山口の生まれ。本名、長谷川敬たかし。ラジオ・テレビの放送作家から小説家に転じ、「ニジンスキーの手」でデビュー。「海峡」「八雲が殺した」の2作で泉鏡花文学賞を受賞。他に「オイディプスの刃やいば」「罪喰い」など。

あか-えび【赤×蝦】クルマエビ科のエビ。体長約10センチで、赤色。むきえびなどにして食用。

あか-えぼし【赤×烏▽帽子】赤色の烏帽子。烏帽

子はふつう黒塗りであるところから、変わったものを好むことのたとえ。「亭主の好きなー」

あか-えり【赤襟】❶赤い色の襟、または赤色の半襟。❷《赤色の半襟をかけたところから》年の若い芸妓。半玉。

あか-おおかみ【赤×狼】ドールの別名。

あか-おおくち【赤大口】赤い大口袴。紅大口。

あか-おどし【赤▽威】鎧の威の一。赤色の糸または革を用いた威。

あか-おに【赤鬼】仏教、陰陽道に基づく想像上の怪物。人間の形をして、頭には角を生やし、全身が赤い。地獄に住むという。➡鬼㊀❶

あか-おび【赤帯】柔道で、九段以上の者が締める赤色の帯。

あか-おまな【赤▽御真▽魚】《身が赤いところから》鮭・鱒などをいう女房詞。あかまな。

あ-が-おもと【×吾が▽御▽許】〔連語〕宮仕えの女房などを親しんで呼ぶ語。「ー、はやくよきさまに導ききこえ給へ」〈源・玉鬘〉

あか-がい【赤貝】❶フネガイ科の二枚貝。内湾の泥底にすむ。貝殻は厚く膨らみ、殻長12センチくらい。殻表には42本ほどの放射肋があり、黒褐色の毛状の殻皮で覆われる。肉は赤く、すし種などにする。きさがい。(季 春) ❷女性の性器をいう語。

あか-がえる【赤×蛙】❶アカガエル科の両生類。体長4～7センチ。背面は赤褐色で、目の後方からのびて体側を走る一対の背側線はほとんど曲がらない。日本のカエル類では最も早い2月ごろに産卵。本州・四国・九州の平地に分布。にほんあかがえる。❷無尾目アカガエル科のカエルの総称。世界に約600種、日本には約20種が分布。アカガエル・エゾアカガエル・ツシマアカガエルなど。

あか-かがち【赤酸=漿】ホオズキの古名。あかがち。「眼は一のごとし」〈神代紀・上〉

あか-かき【×垢×掻き】江戸時代、風呂屋で客の垢を落とすことを業とした女。多くは私娼を兼ねていた。垢掻き女。湯女。

あかがき-げんぞう【赤垣源蔵】赤穂義士の赤埴源蔵の、講談・浪曲・歌舞伎などにおける名。

あか-がさ【赤×瘡】麻疹の古名。あかもがさ。「日頃ーよりして…いみじう弱らせ給へるに」〈栄花・楚王の夢〉

あか-がし【赤×樫】ブナ科の常緑高木。本州中部以南の山地に生える。葉は楕円形。材は赤色で堅く、船具・農具に用いる。かたぎ。おおがし。おおばがし。くまかし。

あか-がしら【赤頭】❶能楽や歌舞伎で使うかつらの一。赤毛で長く、獅子・猩々などに使う。➡黒頭 ➡白頭 ❷赤茶けた頭髪。「一の子どもを」〈浮・男色大鑑・八〉❸ヒドリガモの別名。

あか-がしわ【赤×柏】❶アカメガシワの別名。❷《もと、柏の葉に飯を盛ったところから、柏が飯の異称となった》陰暦11月1日に炊いて祝う赤飯。あずきめし。

あか-ガッパ【赤ガッパ】柿渋で赤く染めた桐油紙製のカッパ。江戸時代、下級の武士などが雨や雪のときに用いた。

あか-がね【▽銅】《赤金の意》銅。あか。

あかがね-いろ【▽銅色】銅のように、赤黒くつやのある色。赤銅色。「ーに焼けた肌」

あかがね-かいどう【銅街道】江戸時代、今の栃木県にあった足尾銅山から産出した銅を運び出した街道。足尾から渡良瀬川に沿って群馬県に入り、花輪、大間々を経て平塚からは利根川の舟運を利用した。

あかかび-びょう【赤×黴病】植物病害の一。主にフザリウム属菌の感染により麦類などの植物の種子や穂に赤かびを生じさせる。冒された穀物を摂取すると、かび毒のため人畜に障害をおこす。各国で厳しい検査規格(日本では0.049パーセント以下)を設けている。

あか-かぶ【赤×蕪】根が赤色または赤紫色のカブ。あかかぶら。(季 冬)

あか-がみ【赤紙】《紙の色が赤いところから》❶展示中の商品の売約済みを示す札。❷差し押さえの貼り紙の俗称。❸もと、軍の召集令状の俗称。

あか-がり【赤狩(り)】国家権力が共産主義者や社会主義者を弾圧したり検挙したりすること。

あ-かがり【×皸・×皹】《「あ」は足、「かがり」は、ひびが切れる意の「かかる」の連用形から。元来は足についていったか》あかぎれ。(季 冬)「ーをかくして母の夜伽かな／一茶」

あか-がれ【赤枯れ】草木の葉や小枝が、赤茶けてきて枯れること。

あか-がわ【赤川】山形県北西部を流れる川。新潟県との県境にある以東岳(標高1771メートル)北西麓の大鳥池に源を発し、庄内平野南部を北流して酒田市で日本海に注ぐ。長さ約70キロ。雪溶け水が豊富で、庄内平野の水田の灌漑に利用される。上流部を大鳥川とも呼ぶ。

あか-がわ【赤革】赤く染めたなめし革。

あが-がわ【阿賀川】福島県西部を流れる川。栃木県との県境にある荒海山(標高1581メートル)に源を発する大川が阿賀川となり、会津盆地で日橋川と合流。長さ123キロ。尾瀬に源を発する只見川と合流して阿賀野川となり日本海に注ぐ。

あかがわ-おどし【赤革▽威】鎧の威の一。茜や蘇芳で染めた革を用いた威。あかおどし。

あかがわ-じろう【赤川次郎】［1948～　］推理作家。福岡の生まれ。「幽霊列車」で作家デビュー。軽妙でユーモラスなライトミステリーを数多く手がける。「三毛猫ホームズ」シリーズはベストセラー。他に「三姉妹探偵団」シリーズ、「セーラー服と機関銃」「晴れ、ときどき殺人」「探偵物語」など。平成18年(2006)功績により日本ミステリー文学大賞受賞。

あか-かんじょう【×閼×伽×灌頂】密教で、仏教修行者の頭上に香水を注いでその修行の功を証明する儀式。

あか-ぎ【赤木】❶皮をはぎ取ったままの木。➡黒木 ❷材が赤い木。梅・紫檀・蘇芳・花梨など。❸トウダイグサ科の常緑高木。熱帯に多く、高さは20メートル以上になる。葉は3枚の小葉からなる複葉。雌雄異株。冬、緑色の小花をつけ、翌冬、赤褐色の実を結ぶ。赤く堅い材は紫檀の代用。かたん。

あかぎ【赤城】群馬県中部、渋川市の地名。旧村名。赤城山の西斜面にある。➡渋川

あ-がき【▽足×掻き】❶苦しまぎれにじたばたすること。「最後のー」「悪ー」❷手足を動かすこと。手足の動き。「しばらくもがいているうちに、ふとーが自由になる」〈二葉亭・平凡〉❸馬などが前足で地をかくこと。また、馬の歩み。「馬のーを早めけり」〈竜渓・経国美談〉❹子供がいたずらをして暴れること。「昼のーに草臥れて」〈浄・艶狩剣本地〉

足掻きが取れ◦ない　動作が自由にならない。取るべき方法がない。

あかぎ-こ【赤城湖】群馬県中東部、赤城山の地蔵岳の北側にある大沼のこと。地蔵岳の南にもう一つの火口湖、小沼がある。

あか-ぎっぷ【赤切符】❶《赤い色をしていたところから》もと、国鉄の三等乗車券。また、その乗客。❷►交通切符

あか-ぎぬ【赤▽衣】《古くは「あかきぬ」とも》❶赤色に染めた衣服。❷緋色の袍。五位の官人の服装。あけごろも。❸検非違使などの下級役人が着る赤い色の狩衣。

あ-が-きみ【×吾が君】〔連語〕❶自分の主人、また、上位の貴人を敬って呼ぶ語。御主人様。あなた様。「ーは、なにの御位にかおはしますらむ」〈宇津保・春日詣〉❷親しみを込めて相手を呼ぶ語。わたしのお方。あなた。わがきみ。「ー、生き出で給へ」〈源・夕顔〉

あかぎ-やま【赤城山】群馬県中東部にある二重式火山。最高峰は外輪山の黒檜山で標高1828メートル。中央火口丘の地蔵岳がある。妙義山・榛名山とともに上毛三山の一。あかぎさん。

あか-ぎれ【×皸・×皹】《「あかがり」の「あか」を「赤」と意識してできたものか》冬、寒さなどのため手足の皮膚が乾燥して裂ける状態。あかがり。「ーが切れる」(季 冬) (類語)皹

あか-きん【赤金】赤みを帯びた金の合金。主に、銅を25～50パーセント含むものをいう。装飾品に使用。

あ-が-・く【▽足×掻く】〔動カ五(四)〕❶手足を振り動かしてもがく。じたばたする。「水面に浮かび上がろうとー・く」❷活路を見いだそうとして必死になって努力する。あくせくする。「今さらー・いてもしかたがない」❸馬などが前足で地面をかく。また、そのようにして進む。「馬はー・いた。(馬車ノ)車輪は廻らぬままで、…石ころの上を引きずり出した」〈伊藤整・馬喰の果て〉❹いたずらをして暴れ回る。ふざける。「禿どもも、ー・いたら遣手に告げて叱らすぞ」〈浄・博多小女郎〉(類語)悶える・のた打つ・のた打ち回る・身悶え

あか-ぐされ【赤腐れ】❶養殖中のノリが病原菌に冒され、淡赤色に変色する病害。暖冬に多く発生。❷木材が濃い茶色に変色し、ぼろぼろに腐ること。

あか-ぐそく【赤具足】小札を赤漆で塗り、赤糸または赤革で威した具足。

あか-くちば【赤朽葉】❶染め色の名。赤みの多い朽葉色。❷襲の色目の名。表は赤みを帯びた朽葉、裏は黄色。秋に着用する。

あか-ぐつ【赤靴・赤苦津】アンコウ目アカグツ科の海水魚。全長約30センチ。体形はアンコウに似て頭は大きく円形で平たく、体表にとげが密生し、全身赤色。東北地方以南の太平洋およびインド洋に分布。

あか-ぐま【赤熊】ヒグマの別名。

あか-くみ【×淦×汲み】船底にたまった水をくみ取ること。また、それに用いるひしゃく・手桶など。あかとり。

あかくら-おんせん【赤倉温泉】㊀新潟県妙高山東麓にある温泉。文化12年(1815)高田藩主榊原氏の開湯に始まるといわれる。泉質は炭酸水素塩泉・硫酸塩泉。スキー場がある。㊁山形県北東部、最上町にある温泉。泉質は硫酸塩泉。

あか-くらげ【赤水=母】オキクラゲ科のクラゲ。傘は直径12センチくらい。触手の刺細胞が乾燥して粉になったものが鼻に入るとくしゃみが出るので、ハクションクラゲともよばれる。

あか-くりげ【赤×栗毛】馬の毛色の名。赤みを帯びた茶色。

あか-ぐろ・い【赤黒い】〔形〕文あかぐろ・し〔ク〕赤みを帯びた黒色である。「日に焼けたー・い肌」

あか-げ【赤毛】❶赤みがかった髪の毛。❷動物の毛色の名。赤みがかった茶色。(類語)金髪・ブロンド

あかげ-ざる【赤毛猿】オナガザル科の猿。ニホンザルと近縁。毛色は灰褐色で腰が橙赤色。インドから中国南部にかけて分布。リーサスモンキー。ベンガルざる。インドざる。

あか-ゲット【赤ゲット】《「ゲット」は「ブランケット」の略》田舎から都会見物に来た人。お上りさん。明治初期、東京見物の旅行者が赤い毛布を羽織っていたところからいった。慣れない洋行者にもいう。

あか-げら【赤啄=木=鳥】キツツキ科の鳥。全長24センチくらいで、黒・白・赤の配色をしている。北海道・本州・対馬の森林にすむ。(季 秋)「ーはほむらのごとく幹めぐる／敦」

あかげ-わしゅ【▽褐毛和種】和牛の一品種。毛色が赤褐色で、角をもつ。熊本県・高知県が主産地。かつげわしゅ。あか牛。

あか-ご【赤子・赤▽児】❶《からだが赤みを帯びているところから》生まれて間もない子。赤ん坊。みどりご。❷イトミミズの別名。(類語)(❶)赤ん坊・赤ちゃん・ベビー・みどりご・嬰児・乳児・乳飲み子

赤子の手を捻る　力が弱くて抵抗しない者はやすやすと扱うことができる。物事がきわめて容易にできることのたとえ。赤子の腕を捩じる。

あかご-づか【赤子塚】村境にあり、中から赤子の泣き声が聞こえてくると伝えられる塚。死んでも幼児の霊は遠くに行かず、村境の道祖神の付近にとどま

ると信じられた。

あか-こっこ【赤こっこ】ヒタキ科ツグミ亜科の鳥。全長23センチくらい。頭部は黒く、胸とわきは栗色。伊豆七島の特産種。天然記念物。

あか-ごはん【赤御飯】赤飯せきはんのこと。

あか-ごめ【赤米】❶赤みを帯びた古い米。あか。❷稲の古い品種の一。小粒で細長く、種皮にカテキンが含まれ赤色をなす。祭りの供物にも用いられた。大唐米だいとうまい。唐法師とぼし。あかまい。

あかざ【×藜】アカザ科の一年草。空き地や路傍に生え、高さ約1.5メートル。茎は堅い。葉はひし形に近い卵形で、縁は波形。若葉は紅色をし、食べられる。晩夏、黄緑色の小花が穂状に密生する。中国の原産。近縁種にシロザがある。アカザ科の双子葉植物は、草原、荒地、塩分の多い土地などに生育し、ホウレンソウ・アリタソウなども含まれる。〘季 夏|実=秋〙「宿りせむ―の杖になる日まで/芭蕉」

あかざ-えび【×藜海=老】十脚目アカザエビ科のエビ。房総半島以南の太平洋沿岸に分布。食用。体長約25センチ。大きなはさみ脚をもち、黄赤色。

あかさか【赤坂】㊀東京都港区の地名。もと東京市の区名で、青山まで含まれた。大使館が多い。㊁岐阜県大垣市の地名。中山道の美江寺・垂井間の宿駅として栄えた。㊂東海道五十三次の宿場の一。現在の愛知県豊川市音羽地区の地名。㊃大阪府南河内郡千早赤阪村の地名。

あかさか-じょう【赤坂城】ジャウ 鎌倉末期に楠木正成くすのきまさしげが築いた城。大阪府南河内郡千早赤阪村にその跡がある。

あかさか-やっこ【赤坂▽奴】江戸の大名や旗本に仕え、槍やり持ち・挟み箱持ちなどを勤め、男だてを誇った中間ちゅうげん・若党わかとうの称。山の手奴。

あかさか-りきゅう【赤坂離宮】東京都港区元赤坂にあった離宮。明治42年(1909)バッキンガム宮殿にならった石造の西洋建築として完成。第二次大戦後は国会図書館を経て迎賓館となる。

アガサ-クリスティ〘Agatha Christie〙►クリスティ

あか-ざけ【赤酒】灰持酒あくもちざけの一。腐敗を防ぐため、発酵後、しぼる前に灰汁あくを加えてつくる赤い酒。甘みが強く、祝い事の酒や屠蘇とそとして飲むほか、調味料にする。熊本県の特産。灰酒あくざけ。

あか-ざとう【赤砂糖】ザタウ 赤茶色の砂糖。赤ざらめ、中白糖、精製していない粗糖など。

あかざ-の-あつもの【×藜の×羹】アカザを実にした吸い物。粗末な食物のたとえ。「一鉢の設け、―、いくばくか人の費ついえをなさん」〈徒然・五八〉

あかざ-の-つえ【×藜の×杖】ツヱ アカザの茎を乾燥させて作ったつえ。軽いので老人が用いた。

あか-さび【赤×錆】鉄などに生じる赤茶色のさび。また、その色。

あかざわ-やま【赤沢山】あかざはー 静岡県伊東市南部の山。曽我兄弟の父河津祐泰かわづすけやすが、工藤祐経くどうすけつねの家臣に殺された所。

あか-さんご【赤×珊×瑚】サンゴ科の腔腸こうちょう動物。群体をなし、赤褐色の扁平な樹枝状で、四国・九州・小笠原などの深海底の岩礁に着生。赤くて硬い骨軸は装飾品の材料にする。

あかし【▽灯】《動詞「明かす」の連用形から》❶ともし火。明かり。灯火。「町の―が其処にも此処にも見える」〈花袋・田舎教師〉❷神仏に供えるともし火。灯明。みあかし。

あかし【明石】㊀兵庫県南部、明石海峡に面する市。もと山陽道・四国街道の分岐点の宿駅で、松平氏の城下町。日本標準時子午線の東経135度が通る所に天文科学館がある。人口29.1万(2010)。㊁源氏物語第13巻の巻名。光源氏27歳から28歳。須磨から明石への移住、明石の上との恋、帰京を描く。

あかし【▽証】《「灯あかし」と同語源》ある事柄が確かであるよりどころを明らかにすること。証明。証拠。「身の―を立てる」

〘類語〙証しょう・しるし・証左・証憑しょうひょう・徴憑ちょうひょう・徴証・明証・確証・実証・傍証・根拠・裏付け

あか・し【明し】〘形ク〙❶明るい。「月もいと限りなく―・くて出でたるを」〈大和・一五六〉❷まじりけがない。心が清い。「然らば汝の心の清く―・きはいかにして知らむ」〈記・上〉

あか-じ【赤地】ヂ ❶織物の地色の赤いもの。また、その織物。❷地色が赤いもの。

あか-じ【赤字】❶赤色の文字。赤いインクなどで書いた文字。❷《簿記で不足額を表す数字を赤色で記入するところから》支出が収入より多いこと。欠損。赤。⇔黒字。❸《ふつう赤色で書き込むところから》校正などで、訂正・補筆した文字や記号。朱。赤。「―を入れる」

〘類語〙(❷)損・不利益・損失・損害・損亡そんもう・実損・差損・出血・持ち出し・採算割れ・実害

アカシア〘acacia〙《「アカシヤ」とも》❶マメ科アカシア属の常緑樹の総称。葉は羽状複葉。花は黄色、まれに白色で、多数集まって穂状に咲く。オーストラリアを中心に約650種が分布。ギンヨウアカシア・アラビアゴムノキなどが含まれる。❷ハリエンジュの俗称。花は白い。にせアカシア。〘季 花=夏〙

あか-しお【赤潮】ーしほ 海水中のプランクトンが異常増殖して、海水が変色する現象。魚介類に大きな害を与える。苦潮にがしお。厄水やくみず。〘季 春〙

あか-しか【赤鹿】シカの一種。大形で体高1.2〜1.5メートル。全体に赤褐色。広くユーラシア大陸の森林に分布。おおじか。

あかし-かいきょう【明石海峡】ーカイケフ 兵庫県明石市と淡路島との間にある幅が約4キロの海峡。大阪湾と播磨灘はりまなだをつなぐ。古くから海上交通の要衝。両岸は白砂青松の景勝地として知られた。平成10年(1998)に明石海峡大橋が神戸市・淡路市間に架橋された。明石大門あかしのおおと。明石の門と。

あかしかいきょう-おおはし【明石海峡大橋】あかしカイケフおほはし 本州四国連絡橋ルートの一。明石海峡に架かる吊り橋で、兵庫県淡路市と兵庫県神戸市とを結ぶ。吊り橋としては世界最長の中央支間長(塔と塔との間の距離1991メートル)で、全長3911メートル。平成10年(1998)完成。➡本州四国連絡高速道路株式会社

あかし-かくいち【明石覚一】[1300ころ〜1371]南北朝時代の平曲家。一方いちかた流の祖、如一にょいちの弟子。平家物語の詞章・曲節を改訂し、平曲の基礎を築いた。

あかし-くら・す【明かし暮(ら)す】〘動サ五(四)〙夜をあかし、日を過ごす。月日を送る。毎日を過ごす。「悲しみのうちに―・す」〘類語〙過ごす・送る・費やす・暮らす・明け暮れる・消光する

あかし-げんじん【▽明▽石原人】兵庫県明石市西八木海岸で、昭和6年(1931)直良信夫なおらのぶおによって発見された左側腰骨により、かつて日本に住んでいたと主張された原人。更新世前期のものとされたが、標本が戦災で失われたため、確証はない。

あかじ-こうさい【赤字公債】►赤字国債

あかじ-こくさい【赤字国債】国が一般会計の赤字補塡ほてんのために発行する国債。特例国債。➡建設国債

あかじ-ざいせい【赤字財政】歳出が租税・印紙収入などの経常収入を超え、その一部が公債や借入金によってまかなわれているような財政状態。

あかし-し【明石市】►明石㊀

あかし-しがのすけ【明石志賀之助】初代横綱とされる力士。宇都宮藩士の子で、寛永年間(1624〜1644)に活躍したとされるが、実在の確証はない。➡綾川五郎次(第2代横綱)

あか-しじみ【赤小=灰=蝶】シジミチョウ科のチョウ。前翅ぜんしは橙赤とうせき色で外縁が黒色。雑木林に多く、夕方飛ぶ。幼虫はコナラ・クヌギなどの新芽や若葉を食べる。

あかし-じょう【明石城】ジャウ 兵庫県明石市にある旧明石藩の城。元和4年(1618)小笠原忠真が新築、同6年完成。櫓やぐらが現存。喜春城。錦江城。

あか-じそ【赤紫×蘇】シソの、葉が暗紫色のもの。梅干しの色づけなどに用いる。

あかし-だま【▽明▽石玉】兵庫県の明石から産する、人造のサンゴ。珊瑚珠さんごじゅに似せて作った練り物。ふつう紅色であるが、白・紫・藍あいなどのものもある。装飾品に用いる。模造珊瑚。

あかし-ちぢみ【▽明▽石縮】縮の絹織物。縦に生糸、横に右縒よりの強い練り糸を用いた、女性の夏の高級着尺きじゃく地。寛文年間(1661〜1673)堀次郎将俊まさとし(明石次郎)が明石で始めたという。現在は、京都西陣・新潟十日町の産。

あか-しで【赤四手】カバノキ科の落葉高木。山地に生え、若葉は赤い。材は堅く、家具用。そろのき。しでのき。

あかし-の-うえ【明石の上】ーうへ 源氏物語の登場人物。須磨に退居していた光源氏に愛されて、明石の姫君(明石の中宮)を産み、のち娘とともに上京、大堰おおいの邸に住む。明石の君。

あかし-の-ちゅうぐう【明石の中宮】源氏物語の登場人物。光源氏と明石の上との娘。今上帝の中宮となり、匂宮におうみやらを産む。明石の姫君。明石の女御にょうご。

あかじのにしき-の-ひたたれ【赤地の錦の▽直垂】あかぢのにしきー 赤地の錦で作った直垂。大将級の武将が鎧よろいの下に着用した。「木曽左馬頭さまのかみ、その日の装束には、―に唐綾威からあやおどしの鎧着て」〈平家・九〉

あかし-の-にゅうどう【明石の入道】ーニフダウ 源氏物語の登場人物。須磨に退居していた光源氏を明石の浦の自邸に迎える。明石の上の父。

あかし-びと【▽証人】事実を証明する人。しょうにん。「其を救う為の一個ひとつの―にならねばならぬ」〈木下尚江・火の柱〉

あかし-ぶね【▽明▽石船】近世、大坂・明石間を往来していた小型の乗合帆船。

あかし-ぶみ【▽証文】神仏に向かって祈誓する文章。願文がんもん。「御み―など書きたる心ばへ」〈源・玉鬘〉

あか-じ・みる【×垢染みる】〘動マ上一〙垢が染みついて汚れる。「―・みた身なり」〘類語〙油染みる

アカシヤ〘acacia〙►アカシア

あかじ-ゆうし【赤字融資】金融機関が企業の赤字による資金不足を補うために融資すること。十分な債権保全の措置を講じたうえで行われる。

あか-しょうびん【赤翡=翠】カワセミ科の鳥。全長28センチくらい。全体に鮮やかな赤褐色。日本では夏鳥として渡来し、森林の渓流でみられ、サワガニ・カエルなどを食べる。冬に東南アジアへ渡る。みずこいどり。みやましょうびん。

あかしろ-けいせき【赤白×珪石】鉄分を含んだ赤いチャートと白い石英とがまじった、まだらの珪石。耐火煉瓦れんがの原料。

あか-しろつるばみ【赤白×橡】❶古代・中世の染め色の名。茜あかねと櫨はぜとで染めた、赤に黄みが加わった色。禁色きんじきの一。赤色あかいろ。❷襲かさねの色目の名。表が蘇芳すおうで裏が縹はなだのもの。あかいろ。

あか-しんごう【赤信号】ーシンガウ ❶危険や停止を示す赤色の交通信号。❷憂慮すべき事態が迫っているというしるし。「会の運営に―がともる」⇔青信号。

あか-しんぶん【赤新聞】扇情的な暴露記事を主とする低俗な新聞。明治中期、大衆紙「万朝報よろずちょうほう」が赤みを帯びた用紙で、暴露摘発記事を載せたことによる。➡イエロージャーナリズム

あか・す【明かす】〘動サ五(四)〙❶物事をはっきりさせる。今まで隠していたことを明るみに出す。「理由を―・す」「手品の種を―・す」「身の上を―・す」「胸の内を―・す」❷(「証す」と書く)疑わしい点をはっきりさせる。証明する。あかしを立てる。「身の潔白を―・す」❸眠らず夜を過ごして、朝を迎える。「まんじりともせず一夜を―・す」❹明るくする。「海原の沖辺にともしいざる火は―・してともせ大和島見ゆ」〈万・三六四八〉〘可能〙あかせる

〘類語〙(❶)証明・話す・立証・実証・例証・論証・検証・挙証・証言・証か・裏付け・裏書き・立証・裏打ち(―する)証しょうする・裏付ける・証拠立てる/(❸)宵っ張り・徹夜・夜明かし・夜を徹して

あか・す【飽かす】㊀〔動サ五(四)〕❶(多く「…にあかして」の形で)ありあまっているものを十分に使う。ふんだんに使う。「金と暇に—・して収集する」❷飽きさせる。「聴衆を—・さない話」㊁〔動サ下二〕「あかせる」の文語形。

あか-ず【赤酢】❶よく熟成した酒かすを原料として作った色の濃い酢。主に鮨に用いられる。❷赤梅酢のこと。➡梅酢

あか-ず【飽かず|×厭かず】〔連語〕《動詞「あ(飽)く」の未然形＋打消しの助動詞「ず」の連用形。副詞的に用いる》❶飽きないで。いつまでも嫌にならないで。「恋人の写真を—(に)見つめていた」❷満足せず。もの足りなく。「心やいかがあらむと—思ひけれど」〈落窪・四〉

あかすか-べえ 「あかんべい」に同じ。「その時にゃあ、—だらう」〈滑・浮世風呂・前〉

あかずきん【赤頭巾】ヨーロッパ各地の民話。赤頭巾の少女が祖母の家へ使いに行き、食い殺した祖母に化けた狼に食われてしまう話。グリムの童話集では猟師が二人を助け出す話が加わる。

あか-ずな【赤砂】金剛砂のこと。

あかず-の-ふみきり【開かずの踏(み)切(り)】列車の運行数が多いために遮断機が長時間降りたままになり、横断することが困難な踏切。補説国土交通省では、ピーク1時間当たりの遮断時間が40分以上になるものと定義している。

あかず-の-ま【開かずの間】禁忌などの理由で、ふだんは開けることを禁じられている部屋。また、特別の場合のほかは使用が禁じられている部屋。あけずのま。

あかず-の-もん【開かずの門】►開けずの門

あか-ずみ【赤墨】朱の粉末をにかわで練り固めた墨。また、その色。朱墨。

あか-すり【×垢擦り】入浴の際に垢をこすり落とすこと。また、それに用いる道具。ヘチマの実の繊維、軽石、ナイロンたわしなど。

あかせがわ-げんぺい【赤瀬川原平】[1937〜]美術家・小説家。神奈川の生まれ。本名、克彦。千円札を模した作品を制作・発表し、通貨及証券模造取締法違反に問われ有罪となる。「朝日ジャーナル」「ガロ」誌などにイラストを連載。また、尾辻克彦の名で小説を執筆し、「父が消えた」で芥川賞を受賞する。直木賞作家の赤瀬川隼は実兄。

あかせがわ-しゅん【赤瀬川隼】[1931〜]小説家。三重の生まれ。本名、隼彦。赤瀬川原平の兄。銀行員などを経て作家活動に入る。「白球残映」で直木賞受賞。他に「球は転々宇宙間」「潮もかなひぬ」「ホモ・アピアランス」など。

あか・せる【飽かせる】〔動サ下一〕文あか・す〔サ下二〕❶「飽かす㊀❶」に同じ。「金に—・せて建てた豪邸」❷満足させる。「暑預粥に未だ飽かずと仰せらるれば、—・せ奉らんとて」〈今昔・二六・一七〉

あか-せん【赤線】❶赤い線。❷「赤線区域」の略。

あかせん-くいき【赤線区域】売春を目的とする特殊飲食店街。警察などの地図にその地域が赤線で示されていた。昭和21年(1946)公娼制度が廃止された時、特例措置として地域を限って置かれたが、同33年廃止。赤線地帯。➡青線区域

あか-センマイ【赤センマイ】►ギアラ

あか-そ【赤×麻|赤▽苧】イラクサ科の多年草。山地に多く、高さ60〜80センチ。葉は対生で、縁にぎざぎざがあり、先が三つに裂ける。茎は赤みを帯び、夏、淡黄色の雄花と淡紅色の雌花とを穂状につける。

あか-ぞなえ【赤備え】すべての将兵の武具を赤色にした軍勢。徳川の臣で関ヶ原の戦いで武功をたてた井伊直政の手勢など。

あかぞめ-あきこ【赤染晶子】[1974〜]小説家。京都の生まれ。平成16年(2004)「初子さん」で文学界新人賞を受賞し作家デビュー。「乙女の密告」で芥川賞受賞。

あかぞめ-えもん【赤染衛門】[960ころ〜1040ころ]平安中期の女流歌人。藤原道長の妻倫子と上東門院彰子に仕え、のち大江匡衡と結婚。家集に「赤染衛門集」。

あかだ【×阿×伽×陀|×阿▽掲×陀】《梵agadaの音写。無病・健康・不死などの意》❶あらゆる病気を治すという霊妙な薬。阿伽陀薬。❷《百薬の長というところから❶に通わせて》酒。

あがた【▽県】❶大化の改新以前、諸国にあった大和政権の地方組織。また、県主が統治した地域とも。❷平安時代の国司の任国。また、その国司。❸地方。いなか。「田面なるわら屋の軒の蘆簾これや—のしるしなるらん」〈夫木・三〇〉

あがた-ありき【▽県▽歩▽行】律令制下の地方官が、任国から任国へ転々と勤務して回ること。

あか-だい【赤×鯛】赤い色をした鯛。マダイ・キダイ・チダイなど。

あがたいぬかい-の-たちばな-の-みちよ【県犬養橘三千代】[?〜733]奈良前期の女官。美努王に嫁して橘諸兄を産み、藤原不比等に再嫁して光明皇后を産んだ。文武・聖武天皇の養育にあたり、橘姓を賜って権勢を振るった。橘三千代。

あがたい-は【▽県居派】江戸後期、賀茂真淵を中心とする和歌の流派。「県居」は賀茂真淵の号。歌風はおおむね万葉調。

あか-だけ【赤岳】山梨県北部・長野県東部の県境にある円錐状の火山。八ヶ岳連峰の最高峰で、標高2899メートル。山頂には高山植物が見られ、中腹は針葉樹林で覆われる。南東麓にはレンゲツツジが群生。八ヶ岳中信高原国定公園に属する。名の由来は、山肌が酸化し赤褐色をしていることから。

あか-だし【赤出し】赤味噌、特に八丁味噌で作った味噌汁。元来は関西地方での呼び名。

あか-だすき【赤×襷】❶若い女性などが斜め十文字に掛ける赤いたすき。❷召集令状を受けて入隊する者が、肩から斜めに掛けた太く赤いたすき。

あか-たては【赤蛺=蝶】タテハチョウ科のチョウ。前翅は黒色で、中央に逆「山」字形の赤色の斑紋、上端部に数個の白斑がある。後ろ翅は暗褐色で、外縁に橙赤色の帯がある。

あか-だな【×閼×伽棚】閼伽桶・閼伽坏や花などを置く棚。

あか-だに【赤×蜱】ハダニの別名。

あがた-ぬし【▽県主】大化の改新以前、県を統治した首長。朝廷直轄地の長とも、国造の支配下ともいう。祭祀もつかさどった。のちに姓の一となる。

あがた-の-いど【県の井戸】平安京大内裏の西隅(現在の京都市上京区)にあった県宮の井戸。また、その辺りの地名。山吹と蛙の名所。歌枕「かはづ鳴く—に春暮れて散りやしぬらん山吹の花」〈続後撰・春下〉

あか-だま【赤玉|赤▽珠】❶赤色の玉。また、明るく輝く玉。❷琥珀。❸赤褐色をした碧玉。水にぬれると赤みを増すので、庭石や水石などとして珍重される。佐渡などに産する。赤石。赤玉石。❹江戸時代の売薬の名。赤色の丸薬で、癪・二日酔いに使われた。神教丸。

あかだま-の-き【赤玉の木】ヤブコウジの別名。

あがた-めし【▽県召】「県召の除目」の略。

あがためし-の-じもく【▽県召の除目】国司などの地方官を新たに任命する公事。毎年正月以降の春に行われた。春の除目。外官の除目。➡司召の除目

あか-たん【赤短|赤丹】花札で、赤色の短冊に松・梅・桜がそれぞれ組み合わされて描かれた札。また、その3枚がそろった役。あか。➡青短

あかち-だ【▽班田】「はんでん(班田)」に同じ。「戸籍、計帳、—収め授くる法」〈孝徳紀〉

あか-ちゃ【赤茶】赤みを帯びた茶色。赤茶色。

あかちゃ・ける【赤茶ける】〔動カ下一〕日に焼けたり、染料が色あせたりして赤みがかった茶色になる。「—・けた土」「—・けたカーテン」

あか-ちゃん【赤ちゃん】赤ん坊を親しみをこめていう語。あかご。類語赤ん坊・赤子・ベビー・みどりご・嬰児・乳児・乳飲み子

あかちゃん-がえり【赤ちゃん返り】幼児が、ミルクを欲しがる、おむつをしたがるなど、赤ん坊に戻ったかのような行動をとること。多く、母親など周囲の大人の気を引こうとして行うとされる。

あかちゃん-ことば【赤ちゃん言葉】幼児語のうち特に言葉を覚え始めた赤ちゃんの使う言葉。喃語。

あかちゃん-ポスト【赤ちゃんポスト】新生児・乳児の養育を放棄したい親が、病院などに匿名で子を託すための設備。多く、小さな扉から屋内の保育器などに子を入れる仕組みで、利用があると、センサーが作動し係員に知らせる。託された子は乳児院や児童養護施設に引き取られる。補説子の養育に行き詰まった親による虐待や育児放棄を防ぐ目的で、それに至る前の親に「逃げ道」を与えるための設備だが、法的な問題点も指摘されている。2000年、ドイツのハンブルクが初の例で、日本では平成19年(2007)熊本の慈恵病院が最初に設置。

あか-ちょうちん【赤▽提▽灯】《「あかぢょうちん」とも》店先に赤い提灯をつるした、安く酒を飲ませる大衆向けの店。一杯飲み屋。「—で一杯やる」

あか-チン【赤チン】マーキュロクロム水溶液の俗称。赤いヨードチンキの意でいうが、成分は違う。

あかチン-さいがい【赤チン災害】労災関係で、赤チンを塗る程度の軽い傷をいう隠語。度重なると重傷になるという意味もある。また転じて、軽微な事故として扱うことで重大事故を報告せずにすませること。

あか・つ【▽分つ|▽頒つ】〔動タ四〕❶分かち配る。あちこちに割り当てる。「秦の民—・ち、臣連等おのおの欲のままに」〈前田本雄略紀〉❷分けて派遣する。「駅使を四方に—・ちて」〈記・中〉

あかつか-ふじお【赤塚不二夫】[1935〜2008]漫画家。満州の生まれ。本名、藤雄。強烈な個性を持つキャラクターが登場するギャグ漫画で幅広い人気を得る。数々の流行語を生み出し、子供のみならず、大人にも多大な影響を与えた。代表作は「おそ松くん」「天才バカボン」「もーれつア太郎」「ひみつのアッコちゃん」など。

あかつき 平成22年(2010)5月JAXA(宇宙航空研究開発機構)が打ち上げた日本初の金星探査機PLANET-Cの愛称。同年12月に金星の周回軌道への投入を試みたが失敗、6年後の再投入を目指している。

あか-つき【×垢付き】垢のついた着古した衣服。死者が生前に用いていた衣服や所持品を形見として分けるときにいう語。

あか-つき【暁】《「あかとき(明時)」の音変化》❶太陽の昇る前のほの暗いころ。古くは、夜半から夜の明けるころまでの時刻の推移を「あかつき」「しののめ」「あけぼの」と区分し、「あかつき」は夜深い刻限をさして用いられた。夜明け。明け方。❷待ち望んでいたことが実現する、その際。「当選の—には」◆金星探査機は別項。類語明け方・夜明け・曙・未明・朝まだき・明け・黎明

あか-つき【×閼×伽×坏】閼伽の水を盛る器。多く銅製。

あかつき-おき【暁起き】❶夜明け前に起きること。「置く霜の—を思はずは君が夜殿に夜離れせましや」〈後撰・恋五〉❷夜明け前に起きて勤行すること。「—の袖の上、山路の露もしげくして」〈平家・灌頂〉

あかつき-がた【暁方】夜明けに近いころ。「—の風のけはひさへぞ心ことなる」〈紫式部日記〉

あかつき-づくよ【暁▽月夜】夜明け方に出ている月。有明の月。あかときづくよ。「夜深き—の、えもいはず霧りわたれるに」〈源・賢木〉

あかつき-の-ちゃじ【暁の茶事】茶事七式の一。1、2月の厳寒期の午前4時から5時にかけて席入りをする茶会。残灯の茶事。残月の茶事。夜込み。

あかつき-の-わかれ【暁の別れ】女の家に泊まった男が、暁に別れて帰ること。「あな、苦しや。—や」〈源・総角〉

あかつき-やみ【暁闇】夜明け前、月がなく辺りが

暗いこと。陰暦で、1日から14日ごろまで、月が上弦のころの現象。あかときやみ。「うば玉の—の暗き夜に何を明けぬと鳥の鳴くらん」〈続後撰・雑中〉

あか-づ・く【×垢付く】〔動カ五(四)〕《「あかつく」とも》垢がついて汚れる。垢じみる。「—いた服」

あがっ-たり【上がったり】〔名・形動〕《動詞「あがる」の連用形＋完了の助動詞「たり」から》商売や仕事がふるわないで、どうにもしようがなくなること。また、そのさま。「こう不景気では商売も—だ」

あか-つち【赤土│×赭土】❶鉄分を多く含んだ赤色の粘土。❷関東ローム層のような風化して褐色となった火山灰層の土。❸赤黒色の絵の具。

あがつま-がわ【吾妻川】(がは) 群馬県中西部を流れる川。長野県上田市との県境にある鳥居峠付近に源を発し、東流して渋川市で利根川に合流する。長さ76キロ。上・中流に渓谷があり、国指定名勝の吾妻峡がある。中・下流は河岸段丘が発達している。

あか-つめくさ【赤詰草】マメ科の多年草。原野や路傍に生え、葉は3枚の長楕円形の小葉からなる複葉で、白い斑がある。夏、赤紫色の小花が集まって球状に咲く。ヨーロッパの原産で、明治初めに渡来。牧草や緑肥にする。むらさきつめくさ。

あか-つら【赤面│×赭面】《「あかづら」とも》❶赤い顔。あからがお。あかっつら。❷歌舞伎の化粧法の一つで、顔を赤いとのこで塗ること。また、その役柄。勇猛と奸悪の二様の性格を表したが、のちには敵役(かたきやく)の称となった。赤塗(あかぬ)り。あかっつら。

あかて-がに【赤手×蟹】イワガニ科のカニ。海岸の河口近くの湿地にすむ。甲幅3センチほど、暗青緑色で、はさみ脚が赤い。

あか-てつ【赤鉄】アカテツ科の常緑高木。葉は卵形で柄をもつ。花は釣鐘状で、実は黒くつやがある。九州・沖縄・小笠原に分布。くろてつ。

アカデミア-ばし【アカデミア橋】《Ponte dell'Accademia》イタリア北東部の都市ベネチアにある、大運河(カナルグランデ)に架かる橋。サンステファノ広場とアカデミア美術館を結ぶ。19世紀半ばに建造の鉄橋があったが、老朽化により現在の木製の橋が建設。スカルツィ橋とほぼ同時期の1933年に開通。

アカデミー〖academy│(フランス) académie〗《プラトンが前387年ころアテネの郊外に設立したアカデメイア Akadēmeiaという学園に由来する》❶西洋近代諸国で、学問・芸術に関する指導者・権威者の団体。学士院。翰林院(かんりんいん)。❷学芸に関する教育・研究機関の称。

アカデミー-しょう【アカデミー賞】(シャウ) アメリカ映画芸術科学アカデミーが最優秀映画作品・俳優・監督などを選んで毎年与える賞。1927年創始。受賞者に贈られる彫像の名から、オスカー賞ともいう。➡表

アカデミー-フランセーズ〖(フランス) Académie française〗フランス学士院を構成するアカデミーの一。1635年リシュリューが創設。フランス語の保存と純化を目的とし、1694年より「アカデミー-フランセーズ国語辞典」の編集・改訂を主な仕事としている。

アカデミシャン〖academician〗❶学士院・芸術院などの会員。❷学者タイプの人。学究肌の人。

アカデミズム〖academism〗❶大学などでの、理論を重視し、学問・芸術の純粋性・正統性を守ろうとする立場。ジャーナリズムに対比して用いられることがある。❷学問・芸術の、保守的、形式主義的傾向。官学風。

アカデミック〖academic〗〔形動〕❶学問の分野で正統的で堅実なさま。学究的。「—な研究書」❷伝統的、格式的で、新しさや生気に乏しいさま。「—な芸術」

アカデミック-イヤー〖academic year〗大学や高校など、学校の年度。学年度。スクールイヤー。

アカデミック-ハラスメント《和 academic＋harassment》大学内で、権力や地位を利用して教員や学生にいやがらせをすること。アカハラ。

アカデミック-ライセンス〖academic license〗►サイトライセンス

あか-てる【赤照る】歌舞伎などで、火事場や日の出などの場面に舞台を赤く見せるために燃やす薬品。また、その赤い火。➡青照る

あか-てん【赤点】《赤い色で記すことから》落第点。「テストで—を取る」

あか-でんしゃ【赤電車】その日の最終の路面電車。前後部の行き先標識を赤電球で照明して示すところからいう。赤電。➡青電車

あか-でんわ【赤電話】主に店頭などに設置してある赤色の電話。また一般に、公衆電話の通称。委託公衆電話。

あか-とき【▽暁】《「明時(あかとき)」の意で、「あかつき」の古形》夜半から明け方までの時刻。また、夜明け方。「秋の夜は—寒し白たへの妹(いも)が衣手着むよしもがも」〈万・三九四五〉

あかとき-くたち【▽暁▽降ち】《「くたち」は動詞「くたつ」の連用形から》夜がその盛りを過ぎて、明け方近いころ。「今夜(こよひ)の—鳴く鶴(たづ)の思ひは過ぎず恋こそまされ」〈万・二二六九〉

あかとき-づくよ【▽暁▽月夜】「あかつきづくよ」に同じ。「しぐれ降る—紐解かず恋ふらむ君と居らましものを」〈万・二三〇六〉

あかとき-やみ【▽暁闇】「あかつきやみ」に同じ。「夕月夜—の朝影にあが身はなりぬ汝(な)を思ひかねて」〈万・二六六四〉

あかとくろ【赤と黒】《原題、(フランス) Le Rouge et le Noir》スタンダールの長編小説。1830年刊。貧しい青年ジュリアン=ソレルの野望と恋愛の一生を通じて、軍人か僧侶になるしか出世の道がなかった王政復古期の社会を批判的に描く。

あか-とり【×垢取り】❶櫛(くし)の歯の間にたまった垢を取る道具。❷馬の垢を取る道具。馬櫛(うまぐし)。❸(「赤鳥」とも書く)女性が馬に乗るとき、馬の汗で衣服が汚れるのを防ぐため、尻繋(しりがい)の下に掛ける布。

あか-とり【×淦取り】船底にたまった水を取ること。また、その道具。すっぽん。淦取り杓(びしゃく)。

あか-とんぼ【赤蜻=蛉】❶トンボ科アカネ属(アカトンボ属とも)のトンボの総称。アキアカネ・ナツアカネなど。体は赤または橙褐(とうかつ)色で、特に雄は成熟すると真っ赤に色づく。ショウジョウトンボなどを含めていうこともある。あかねとんぼ。あかね。あかえんば。あかとんぼう。(季 秋) ❷もと、海軍の複葉練習機の俗称。機体の赤色と複葉を赤とんぼに見立てていった。(補説)アクセントはアカトンボ。昭和初期まではアカトンボ。

あがない【×贖い】(あがなひ) あがなうこと。また、そのことに差し出す金品など。

あがな・う【×贖う│▽購う】(あがなふ)〔動ワ五(ハ四)〕《「あかう」から》❶(贖う)罪のつぐないをする。「死をもって罪を—・う」❷(購う)あるものを代償にして手に入れる。また、買い求める。「大金を投じて古書を—・う」(可能)あがなえる

(類語)(❷)買う・購入・購買・買い取る・買い上げる・買い入れる・買い込む・買い受ける・買い切る・買い戻す・買い漁(あさ)る・買い叩く・仕入れる

あか-なくに【飽かなくに】〔連語〕《動詞「あ(飽)く」の未然形＋打消しの助動詞「ず」のク語法＋格助詞「に」》❶(詠嘆の意で)満足しないのになあ。あきたりないのになあ。「明けぬべく千鳥しば鳴く白たへの君が手枕(たまくら)いまだ—」〈万・二八〇七〉❷(逆接の意で)満ち足りないのに。十分と思わないのに。「—まだきも月のかくるるか山の端(は)にげて入れずもあらなむ」〈伊勢・八二〉

あか-なす【赤茄=子】トマトの別名。

あか-にきび【赤面=皰】►にきび (補説)

あか-にし【赤×螺】❶アッキガイ科の巻き貝。殻高約15センチ。貝殻はこぶし状で厚く、表面は淡褐色、殻口の内側は朱赤色。暖海の砂泥地にすみ、カキやほかの貝を捕食。卵嚢(らんのう)は「なぎなたほおずき」とよばれる。肉は食用、殻は貝細工にする。❷《ふたを固く閉じた❶を、金を握って離さないようすに見立てて》けちな人をあざけっていう語。「わたしへ割がたった一両、旦那(だんな)も随分—だねえ」〈伎・上野初花〉

あか-ぬけ【×垢抜け】〔名〕(スル) あかぬけること。洗練されていること。「—したデザイン」

あか-ぬ・ける【×垢抜ける】〔動カ下一〕容姿・動作や技芸などが洗練されている。いきですっきりしている。「—・けた着こなし」(類語)洗練・ソフィスティケート

あか-ぬり【赤塗(り)】❶赤色に塗ること。また、赤く塗ったもの。❷「赤面(あかつら)❷」に同じ。

あか-ね【×茜】《「赤根」の意》❶アカネ科の蔓性(つるせい)の多年草。本州以南の山野に多い。茎は四角柱でとげがある。葉は心臓形で先がとがり、4枚ずつ輪生するように見えるが、2枚は托葉(たくよう)。晩夏、多数の淡黄緑色の小花を円錐状につける。根は染料や薬用。アカネ科の双子葉植物にはヤエムグラ・クチナシなども含まれる。(季 秋)「—の実つぶせし指を妻示す/秋を」❷❶の根からとった赤色の染料。成分はアリザリン。❸「茜色」の略。

あかね-いろ【×茜色】アカネの根で染めた色。沈んだ黄赤色。暗赤色。「夕陽が西の空を—に染める」

(類語)赤・真っ赤・赤色(せきしょく)・紅色(こうしょく)・紅(くれない)・紅(べに)・真紅(しんく)・鮮紅(せんこう)・緋(ひ)・緋色・朱(しゅ)・朱(あけ)・丹(に)・薔薇(ばら)色・小豆(あずき)色・臙脂(えんじ)・暗紅(あんこう)・唐紅(からくれない)・レッド・スカーレット・バーミリオン・マゼンタ・ローズ・ワインレッド

あかね-ぐも【×茜雲】朝日や夕日を浴びて茜色に照り映える雲。

あかね-さし【×茜さし】〔枕〕「茜さす」と同意で、連用形として動詞「照る」にかかる。「—照れる月夜(つくよ)に」〈万・二三五三〉

あかね-さす【×茜さす】〔枕〕茜色に鮮やかに照り映える意から、「日」「昼」「紫」「君」などにかかる。「—日は照らせれど」〈万・一六九〉「—紫野行き標野(しめの)行き」〈万・二〇〉

あか-ねずみ【赤×鼠】日本の代表的な野ネズミ。背は赤褐色、腹は白く、ハツカネズミよりやや大きい。

あかね-すみれ【×茜×菫】スミレ科の多年草。日の当たる山野に自生。高さ約10センチ。葉は心臓形で、根元から束になって出る。春、紅紫色の花をつける。

あかね-ぞめ【×茜染(め)】アカネで赤く染めること。また、その染め物。

あかね-とんぼ【×茜蜻=蛉】アカトンボの別名。

あがの【阿賀野】新潟県中北部にある市。五頭(ごず)連峰から広がる扇状地で稲作が盛ん。平成16年(2004)安田町、京ヶ瀬村、水原(すいばら)町、笹神(ささかみ)村が合併して成立。人口4.6万(2010)。

あがの-がわ【阿賀野川】(がは) 福島・新潟の両県にまたがって流れる川。猪苗代(いなわしろ)湖に源を発する日橋(にっぱし)川と尾瀬沼に発する只見(ただみ)川とが合流し、新潟市東部で日本海に注ぐ。長さ210キロ。発電所が多い。

あか-の-きゅうでん【赤の宮殿】《Palazzo Rosso》イタリア北西部の都市ジェノバにある宮殿。17世紀後半、ブリニョーレ=サーレ家の邸宅として建造。名称はファサードの赤い石材による切石装飾に由来する。現在はファン=ダイクやデューラーなどのフランドル絵画を展示する美術館になっている。同宮殿があるガリバルディ通りは16世紀から17世紀にかけて整備された「レ-ストラーデヌオーベ」(新しい街路群)の一つであり、当時の富裕貴族が建てた多くの宮殿が立ち並ぶ。2006年に「ジェノバのレ-ストラーデヌオーベとパラッツィ-デイ-ロッリ制度」の名称で世界遺産(文化遺産)に登録された。ロッソ宮殿。➡白の宮殿

あか-の-ごはん【赤の御飯】赤飯(せきはん)のこと。

あがの-し【阿賀野市】►阿賀野

あか-の-たにん【赤の他人】《「赤」は明白の意》全く縁もゆかりもない他人。完全に無関係な人。

あか-の-ひろば【赤の広場】《Krasnaya ploshchad'》ロシア連邦の首都モスクワの中心部、クレムリンの北東側にある広場。15世紀末、モスクワ大公イワン3世がクレムリンを改築した際に広場として整備。旧ソ連時代には毎年メーデーと革命記念日にパレードが行われた。レーニン廟、聖ワシリー大聖堂、国立歴史博物館、グム百貨店、カザンの聖母聖堂がある。1990年、「モスクワのクレムリンと赤の広場」の名称で世界

遺産(文化遺産)に登録。赤い広場。クラスナヤ広場。

あか-の-まんま【赤の▽飯】❶赤飯。あかごはん。あかのごはん。❷イヌタデの別名。赤い花やつぼみが飯粒に似るのでいう。あかまんま。あかのまま。(季 秋)

あがの-やき【上野焼】豊前(福岡県)上野産の陶器。遠州七窯の一。文禄の役・慶長の役のときに渡来した朝鮮の陶工尊楷(日本名、上野喜蔵)の創始。

あか-はげ【赤×禿】❶頭髪がすっかり抜け落ちていること。❷山に草木がなく地肌が見えていること。

あか-はじ【赤恥】人の前で受けるひどい恥。あかっぱじ。「—をかく」(類語)恥・不名誉・不面目・名折れ・面汚し・羞恥・生き恥・死に恥

あかはし-こう【▽朱×嘴×鶴】シュバシコウの別名。

あか-はた【赤羽太】スズキ目ハタ科の海水魚。全長約30センチ。体色は朱赤色で、やや濃い横帯が数条ある。南日本以南の沿岸に分布。食用。

あか-はた【赤旗】❶赤色の旗。❷革命派の旗。共産党や労働者が掲げる旗。❸危険信号の旗。❹競技などで、失敗・無効を示す旗。❺平氏の旗。源氏の白旗に対する。

あかはた【赤旗】日本共産党中央機関紙。昭和3年(1928)2月創刊。

あか-はだ【赤肌】❶皮がむけて赤くなった肌。❷山の、草木がない赤い地肌。「—の山」❸まるはだか。すっぱだか。「その古傷を再び—にする、これは考えてもたまらない事だ」〈志賀・暗夜行路〉

あか-はだか【赤裸】❶完全に裸であること。まるはだか。すっぱだか。全裸。❷家財を取られるなどして、何もない状態。「借財の支払いで—になる」

あかはた-じけん【赤旗事件】明治41年(1908)6月、東京神田の錦輝館で、社会主義者山口義三の出獄歓迎会を開いた際、荒畑寒村・大杉栄らが「無政府共産」と書いた赤旗を掲げて屋外行進をしようとして検挙された事件。錦輝館事件。

あかはだ-やき【赤▽膚焼】奈良市の五条山(赤膚山)付近で作られる陶器。遠州七窯の一。天正年間(1573～1592)に始まるが、茶陶としては寛政以後。

あか-はつたけ【赤初×茸】ハラタケ科のキノコ。別種のハツタケよりも紅がかった色で、質はもろく、傷口が緑色に変わる。食用。

あか-はとり【明▽衣】神事・儀式に用いる浄衣。もとは天皇の御湯殿に奉仕する蔵人が用いた湯帷子をさした。あけのころも。あかは。

あか-はな【赤鼻】《「あかばな」とも》赤い色の鼻。特に飲酒・病気などで、赤くなった鼻。

あか-ばな【赤花】❶アカバナ科の多年草。湿地に生え、高さ約15～90センチ。葉は長楕円形で縁にぎざぎざがある。夏、淡紅紫色の4弁花が咲く。アカバナ科の双子葉植物にはオオマツヨイグサなども含まれる。❷染め色の名。紅花で染めた赤色。❸襲の色目の名。表は赤、裏は青みがかった紫。

あかばね【赤羽】東京都北区の地名。西部の台地は大住宅団地。荒川本流と隅田川とを分ける岩淵水門がある。

あか-ば・む【赤ばむ】〔動マ五(四)〕赤みを帯びる。赤みがさす。赤らむ。「—・んだ日影の色に目をとめた」〈三重吉・桑の実〉

あか-はら【赤腹】❶ヒタキ科ツグミ亜科の鳥。背は暗緑褐色、腹は橙黄色。本州中部以北の山地で繁殖し、冬、暖地に移る。(季 夏)「窓近く—鳴けり樅の芽に/秋桜子」❷ウグイの別名。生殖期に腹部が赤くなる。❸ニホンイモリの別名。あかはらいもり。❹赤痢のこと。

アカ-ハラ「アカデミックハラスメント」の略。

アカバ-わん【アカバ湾】《Aqaba》シナイ半島とアラビア半島との間にある湾。湾口のティラン海峡で紅海に続く。

あか-パンかび【赤パン×黴】子嚢菌類、アカパンカビ科のカビ。焼いたパンやトウモロコシの表面に多く生える。遺伝学の研究材料にする。

アガパンサス〖agapanthus〗ユリ科の多年草。高さ50～100センチ。葉は根際から多数出る。6月ごろ、紫色または白色の花が咲く。南アフリカの原産。紫君子蘭。アフリカンリリー。

あか-びかり【×垢光り】〔名〕スル 衣服などが垢や手ずれで光ること。「—した袖口」

あかひき-の-いと【赤引の糸】神御衣を織るのに用いる、赤みを帯びてつやのある糸。伊勢神宮の陰暦6月と12月の月次の祭に奉納する。あからひきのいと。

あか-ひげ【赤×髭｜赤×鬚】❶赤や茶色のひげ。また、そのひげの人。❷欧米人をいう俗語。❸ヒタキ科ツグミ亜科の鳥。全長14センチくらい。背面が赤褐色で、雄は腹が白色でのどが黒い。習性や鳴き声はコマドリに似る。薩南諸島・琉球諸島に分布。天然記念物。

アカビット〖デンマーク・スウェーデン akvavit〗▶アクアビット

あか-ひとで【赤海=星】ホウキボシ科のヒトデ。浅海の岩礁にすむ。5本の腕をもち、直径約10センチ。表面は滑らかで朱赤色。

あか-ひも【赤×紐】❶赤い色のひも。❷大嘗祭などの神事のとき、小忌衣の右肩につけて前後に垂れ下げた赤色のひも。古くは赤1色、のちには蝶や鳥を描いた赤色と黒色のひも。❸舞人が青摺りの小忌衣の左肩につけたひも。

あかびら【赤平】北海道中部、空知川流域の市。石狩炭田北部の炭鉱町として発展。人口1.3万(2010)。

あかびら-かわ【赤平川】埼玉県北西部を流れる川。荒川の支流の一。両神山北方に源を発し、薄川を合わせて赤平川となり、秩父盆地北東部の秩父郡皆野町で荒川に合流。長さ31キロ。

あかひら-こんごう【赤平金剛】岩手県東部、陸中海岸中部にある断崖。船越半島先端部の霞露ヶ岳(標高504メートル)の東斜面が太平洋に急に落ち込んだ、高さ300メートルを超す赤褐色の絶壁。景勝地の一。

あかびら-し【赤平市】▶赤平

あかふく-もち【赤福餅】小餅に小豆のこしあんをまぶした、伊勢の名菓。あんにつけた波形模様は、五十鈴川のせせらぎを表すという。あかふく。

あか-ぶさ【赤房】相撲で、土俵上のつり屋根の南東の隅に垂らす赤い房。夏と朱雀を表す。➡青房 ➡黒房 ➡白房

あか-ふじ【赤富士】雲・霧と朝日との関係で、晩夏から初秋にかけての早朝に、富士山が赤く見える現象。北斎の「富嶽三十六景」の一つとしても知られる。(季 夏)「—に露滂沱たる四辺かな/風生」

あか-ふじょう【赤不浄】出産・月経をけがれとして忌むこと。出漁や神もうでなどを避ける。➡黒不浄

あか-ふだ【赤札】赤い紙の札。特に、その品物が売約済みや特価品であることなどを示すためにつける赤い札。また、その品物。

あか-ふどう【赤不動】高野山明王院蔵の不動明王画像の通称。平安後期から鎌倉前期の作。全身が赤色で彩色されているのでこの名がある。智証大師(円珍)が感得したものを図にしたという伝説がある。青不動・黄不動とともに三不動の一。

あか-ぶどうしゅ【赤×葡×萄酒】皮の色の濃いブドウを果皮・種子ごとつぶして発酵させてつくった、赤色で酸味と渋みのある葡萄酒。赤ワイン。バンルージュ。➡白葡萄酒 ➡ロゼ

あか-ふね【赤船】江戸後期、蝦夷の産物を江戸・大坂に運んだ、幕府直営の運送船。船体を赤く塗装。

ア-カプリッチョ〖イタリア a capriccio〗音楽で、発想標語の一。形式や拍子にとらわれず、自在に、の意。

アカプルコ〖Acapulco〗メキシコ南部、太平洋に面する観光・保養都市。東洋貿易の港として発達。

あか-べ【赤▽目】「あかんべい」に同じ。

アガペー〖ギリシャ agapē〗❶真の愛。神的愛。❷神の、人間に対する自発的、無条件的絶対愛。新約聖書の中でのイエス=キリストの受難と復活に象徴的に示される愛。エロスと区別される。❸キリスト教会で信徒が共にする食事。愛餐。

[アカデミー賞] アカデミー賞を受賞した日本人・日本映画

受賞回(年度)	受賞者・作品	部門
第24回(1951)	「羅生門」(黒沢明監督)	名誉賞
第27回(1954)	「地獄門」(衣笠貞之助監督)	名誉賞
	和田三造(「地獄門」)	衣装デザイン賞
第28回(1955)	「宮本武蔵」(稲垣浩監督)	名誉賞
第30回(1957)	ナンシー梅木(「サヨナラ」)	助演女優賞
第58回(1985)	ワダエミ(「乱」)	衣装デザイン賞
第60回(1987)	坂本龍一(「ラストエンペラー」)	作曲賞
第62回(1989)	黒沢明	名誉賞
第65回(1992)	石岡瑛子(「ドラキュラ」)	衣装デザイン賞
第71回(1998)	「ザ・パーソナルズ」(伊比恵子監督)	短編ドキュメンタリー賞
第75回(2002)	「千と千尋の神隠し」(宮崎駿監督)	長編アニメーション賞
第81回(2008)	「つみきのいえ」(加藤久仁生監督)	短編アニメーション賞
	「おくりびと」(滝田洋二郎監督)	外国語映画賞

あか-べこ【赤べこ】《「べこ」は東北方言で牛の意》福島県会津若松市でつくられる郷土玩具。赤く塗った張り子の首振り牛。疱瘡除けや子育ての縁起物。

あか-べら【赤▽遍羅】魚キュウセンの雌。

ア-カペラ〖イタリア a cappella〗《礼拝堂ふうに、の意》楽器の伴奏を伴わない合唱曲。また、その様式。パレストリーナなどの宗教的合唱曲など。転じて、無伴奏で歌うこと。無伴奏の合唱・独唱の意でも用いられる。

あか-ぼう【赤帽】鉄道駅で、乗客の手荷物を運ぶのを職業とする人。赤い帽子をかぶるところからいう。(類語)強力・ポーター

あかぼう-くじら【赤坊鯨】クジラ目アカボウクジラ科のハクジラ。体長約7メートル以下。体は紡錘形で短い吻がある。

あか-ぼうふら【赤孑=孑】ユスリカ類の幼虫。体は細長く赤色。釣りのえさにする。あかむし。

あか-ぼし【明星｜赤星】❶明け方に東の空に見える金星。明けの明星。❷さそり座のアンタレス。

あかぼし-の【明星の】〔枕〕明星が明け方に出るところから「明く」または同音の「飽く」にかかる。「—明くる朝は」〈万・九〇四〉

あかぼし-びょう【赤星病】ナシ・リンゴ・タバコなどの葉の表面に銹病菌などが寄生し、黄紅色の斑点をつくり、落葉させる病害。

あ-が-ほとけ【×吾が仏】❶自分が信仰する仏。念持仏。「一顔くらべせよ極楽の面おこしは我のみぞせむ」〈仲文集〉❷自分の信頼し敬っている人や僧に呼びかける語。「—(=横河僧都)京に出で給はばこそあらめ」〈源・手習〉❸自分の大切にかわいがっている人に呼びかける語。「—、おろかなるになおぼしそ」〈宇津保・俊蔭〉

吾が仏尊し　自分の信じるものだけが何がなんでも尊いとする、他を顧みない偏狭な心をいう。わが仏尊し。

あかぼり-しろう【赤堀四郎】[1900～1992]生化学者。静岡の生まれ。阪大学長。たんぱく質の研究で業績をあげた。文化勲章受章。

あか-ほん【赤本】《「あかぼん」とも》❶草双紙の一。江戸中期、延宝から享保にかけて流行した子供向けの絵本。表紙が赤いところからよばれる。お伽話物が多い。➡青本 ➡黒本 ❷明治時代の少年向きの講談本。口絵・表紙が赤を主とした極彩色のものが多かった。❸内容が低級で粗雑な本。

あか-ま【×淦間】和船で、淦のたまる、船体の中ほどの一段低くなっている所。

あか-まい【赤米】▶あかごめ(赤米)❷

あかま-いし【赤間石】山口県宇部市周辺で産する輝緑凝灰岩。赤褐色・紫色の緻密な岩石。硯石にする。

あがま・う【▽崇まふ】〔動ハ下二〕尊び敬う。「今まで様に様を付け—・へた娘御に」〈浄・曽根崎〉

あか-まえだれ【赤前垂れ】主に近世、宿屋・料理屋・茶屋などの接客の女がつけた赤い前垂れ。また、それをつけた女。

あかま-が-せき【赤間関】山口県下関の古称。

あかま-じんぐう【赤間神宮】山口県下関市にある神社。旧官幣大社。祭神は安徳天皇。赤間宮。

あかまた-くろまた　沖縄県八重山地方で、陰暦6月の豊年祭に現れる二神。また、その神を迎える行事。仮面姿の仮装者が家々を訪れ、祝福する。

あかまだら-か【赤▽斑蚊】アカイエカの別名。

あか-まつ【赤松】マツ科の常緑高木。山野に自生。樹皮は赤褐色で裂け目がある。葉は針状で2枚が対になってつき、柔らかい。材は建築・家具用、樹脂はテレビン油や香料の原料となる。雌松。

あかまつ【赤松】㊀姓氏の一。㊁室町時代の守護大名。鎌倉初期、播磨佐用郡の在地領主としておこり、後に四職家の一。

あかまつ-かつまろ【赤松克麿】[1894〜1955]社会運動家。山口の生まれ。東大在学中、新人会を創立。日本共産党創立に参加。弾圧にあい転向。社会民衆党書記長となるが、国家社会主義に転じ、のち大政翼賛会企画部長。

あかまつ-のりむら【赤松則村】[1277〜1350]南北朝時代の武将。法名は円心。元弘の変では天皇方に属して討幕に参加。建武の中興後は足利尊氏を助けて北軍で活躍。播磨の守護となった。

あかまつ-みつすけ【赤松満祐】[1381〜1441]室町中期の武将。則村の曽孫。播磨・備前・美作の守護。嘉吉の乱で将軍足利義教を殺して領国播磨に帰り追討軍に攻められて自害。

あかまつ-よしのり【赤松義則】[1358〜1427]南北朝・室町初期の武将。則祐の子。明徳の乱で山名氏追討に戦功をあげ、旧領美作を回復、播磨・備前と合わせて三国の守護職を兼ねた。また、侍所の所司となって四職の一つとなった。

あか-まんぼう【赤翻＝車＝魚】アカマンボウ目アカマンボウ科の海水魚。全長約2メートル。体は著しく側扁した楕円形。体色は背が赤紫色で、ひれは鮮紅色。頭や体側に銀白色の斑点が散在。温・熱帯の外洋の表層を遊泳。食用。まんだい。

あか-まんま【赤▽飯】イヌタデの別名。あかのまんま。《季 秋》「一墓累々と焼けのこり/鷹女」

あか-み【赤み】赤がかった色。また、赤い度合い。「顔に—がさす」「—がかった茶色」

あか-み【赤身】❶動物、特に魚の肉の赤い部分。㊉白身。❷木材の中心部の赤みを帯びた堅いところ。心材。㊉白太。

あ-が-み【×吾が身】〔代〕二人称の人代名詞。目下の相手に親しみを込めて呼びかける語。近世、女性が用いた。そなた。おまえ。「京の詞にそなたといふ事を—といふ」〈男重宝記・五〉

あか-みず【×閼×伽水】「閼伽❶」に同じ。

あか-みそ【赤味×噌】赤みがかった色の味噌。大豆に、米・大麦または大豆の麹と食塩とを混合して熟成させたもの。辛口が多い。仙台味噌・田舎味噌・江戸味噌など。あか。➡白味噌

あかみとり【朱鳥】▶しゅちょう(朱鳥)

あかみみ-がめ【赤耳亀】ヌマガメ科のカメ。甲長約30センチで、黄や緑色の斑紋があり、目の後方に赤い模様をもつ。北アメリカに分布。子亀はみどりがめとよばれる。

あか・む【赤む】㊀〔動マ四〕赤みがさす。赤らむ。「もえいでたる葉末の—・みて」〈枕・四〇〉㊁〔動マ下二〕「あかめる」の文語形。

あが・む【▽崇む】〔動マ下二〕「あがめる」の文語形。

あか-むけ【赤▽剝け】皮膚などが擦りむけて赤くなっていること。また、その部分。

あか-むし【赤虫】❶ビクイソメ科の環形動物。海岸の砂泥底に深く潜ってすむ。ゴカイに似るが、体長90センチに達し、濃い橙紅色。釣りのえさにする。❷アカボウフラの別名。❸イワムシの別名。

あか-むつ【赤×鯥】❶スズキ科の海水魚。全長約30センチ、ムツに似るが朱紅色。やや深い海にすむ。美味。あかうお。❷カワムツの雄。

あか-むらさき【赤紫】赤みを帯びた紫色。

あか-め【赤目｜赤▽眼】❶疲れ・病気などのため、赤く充血した目。❷虹彩の色素が少なくて、眼底の血の色が透けて赤く見える目。白ウサギの目など。❸フラッシュを使って撮影した写真で、瞳が赤く写ること。また、そのように赤く写った瞳。暗がりで大きく開いた瞳孔を通って網膜にある毛細血管に強い光が届くために起こる。赤目現象。❹「あかんべい」に同じ。❺スズキ目アカメ科の汽水魚。全長約1メートル。体は側扁し、銀白色で目は赤い。食用。❻ヒガイ(鰉)の別名。❼メナダの別名。

あか-め【赤芽】植物の赤みを帯びた新芽。

あかめ-いも【赤芽芋】里芋の一品種。葉の根元が紫色を帯びた赤色で、芋はぬめりが少ない。

あかめ-がしわ【赤芽×柏】トウダイグサ科の落葉高木。幹は生長が早く、葉は卵円形で、若芽は鮮紅色。雌雄異株で、夏、黄色の雄花、赤褐色の雌花を円錐状につける。本州以西に多い。昔、葉に食物をのせたので御菜葉ともよばれる。あかがしわ。

あかめけいげん-きのう【赤目軽減機能】フラッシュを使って撮影する際の赤目現象を軽減または防止するための機能。撮影前にフラッシュを予備発光させ、あらかじめ瞳孔を閉じさせてから撮影する。赤目軽減フラッシュ。赤目防止フラッシュ。

あかめけいげん-フラッシュ【赤目軽減フラッシュ】▶赤目軽減機能

あかめ-げんしょう【赤目現象】▶赤目❸

あかめ-しじゅうはったき【赤目四十八滝】三重県名張市南西部、丈六川の支流滝川にかかる多数の滝。赤目不動尊がある。紅葉の名所。

あかめ-ふぐ【赤目河＝豚】フグ科の海水魚。全長27センチくらい。目が赤く、体色は明るい褐色で小黒紋が散在する。内臓の毒は強いが肉は無毒。日本固有種で、房総半島から四国までの太平洋岸に分布。

あかめぼうし-フラッシュ【赤目防止フラッシュ】▶赤目軽減機能

アガメムノン〖Agamemnōn〗ギリシャ神話の英雄。ミケーネ王。ヘレネの夫スパルタ王メネラオスの兄。ギリシャ軍の総大将としてトロイア戦争に勝ったが、帰国後、妃クリュタイムネストラとその情夫アイギストスにより暗殺された。

アガメムノン-の-はか【アガメムノンの墓】《Tafos tou Agamemnona》▶アトレウスの宝庫

あかめ-もち【赤芽×黐】バラ科の常緑小高木。暖地の山野に自生。カナメモチともいい、生け垣などに用いる。葉は長楕円形で表面につやがあり、裏面は黄緑色。若葉は赤い。初夏、白色の小花を多数つける。

あかめ-やなぎ【赤芽柳】❶ヤナギ科の落葉高木。山野に自生。若葉は紅褐色の毛で覆われるが、のちに毛がなくなり、表面は緑色で裏面は銀白色になる。雌雄異株で、春、黄色の花が咲く。まるばやなぎ。❷フリソデヤナギの別名。

あか・める【赤める】〔動マ下一〕図あか・む〔マ下二〕赤くする。赤らめる。「かすかに顔を—・める」

あが・める【▽崇める】〔動マ下一〕図あが・む〔マ下二〕❶きわめて尊いものとして敬う。崇敬する。「救世主と—・める」❷大事に扱う。寵愛する。「昨日まで高き親の家に—・められかしづかれし人の娘の」〈源・若菜上〉➡敬う〔用法〕

〔類語〕尊敬・尊ぶ・仰ぐ・敬する・畏敬・崇拝・敬愛・慕う・敬慕・敬仰・景仰・私淑・傾倒・心酔・心服・敬服

あか-もがさ【赤疱＝瘡】麻疹の古名。「四、五月ばかりより—といふ事出で来て」〈栄花・布引の滝〉

あか-もく【赤藻×屑】ホンダワラ科の褐藻。海岸の干潮線以下に生え、細長く、羽状に切れ込み、円柱状の気泡がある。雌雄異株。

あか-もず【赤×鵙】モズ科の鳥。全長約20センチ。上面は赤みのある褐色で、下面は白い。日本には中部地方以北に夏鳥として渡来。

あか-もの【赤物】ツツジ科の常緑小低木。高山に生え、高さ10〜30センチ。葉は卵形で先がとがり、毛がある。夏、柄の長い釣鐘状の白い花が咲く。実は熟すと赤くなり、食べられる。いわはぜ。

あが-もの【×贖物】《「あかもの」とも》❶祓えに用いる具。身のけがれや災厄を代わりに負わせて、川などに流す装身具や調度品。形代。❷罪をつぐなうために出す財物。

あか-もん【赤門】㊀朱塗りの門。江戸時代、将軍家の娘を奥方に迎えた大名が建造。御守殿門。㊁㊀東京大学にある朱塗りの門。もと加賀藩前田家上屋敷の御守殿門。文政10年(1827)、将軍徳川家斉の娘溶姫が前田家に嫁いだ時に建てられた。㊁東京大学の俗称。「—出」

あかもん-かい【赤門会】「赤門学友会」の略称。また、その下部組織である地域・職域などごとの東京大学卒業生の同窓会。

あかもん-がくゆうかい【赤門学友会】東京大学の学生・卒業生・教職員らによる親睦団体。地域や職域ごとの同窓会を束ねる上部組織としての役割も果たす。

あかもん-は【赤門派】雑誌「帝国文学」で活躍した東京大学出身の作家・詩人の一派。高山樗牛・大町桂月ら。

あか-やか【赤やか】〔形動〕図〔ナリ〕赤い色であるさま。「—な空の色」「ほらほらと燃ゆる火の映りて顔—に」〈露伴・いさなとり〉

あか-やがら【赤矢柄｜赤簳＝魚】ヤガラ科の海水魚。全長約1.5メートル。体は非常に細長く、口はパイプ状。体色は橙赤色。本州中部以南に分布。

あか-やまあり【赤山×蟻】アリの一種。山地に普通にみられ、体は赤っぽい。乾いた草原などに針葉樹の葉を集め、蟻塚を作る。

あか-ゆき【赤雪】極地や高山の氷河・残雪の表面に、微小な藻類が多量に繁殖して赤色になったもの。また、火山の噴煙や、春先に中国大陸からの黄砂に混じって降る雪。紅雪。せきせつ。

あから【赤ら】㊀〔名〕❶《飲めば顔が赤くなるところから》酒。あか。「一呑め」〈浮・二十不孝・五〉❷他の語の上に付いて複合語をつくる。㋐赤みを帯びているさまを表す。「—顔」㋑《上代語》つやつやと赤みを帯びて、美しいさまを表す。「—おとめ」「—たちばな」㊁〔形動ナリ〕赤みを帯びて美しいさま。「脣口は—に好きこと頻黎の色の如し」〈金光明最勝王経平安初期点〉

あから-おとめ【赤ら▽少女】ばら色の肌をした美しい少女。「—を誘ささば良らしな」〈記・中・歌謡〉

あから-おぶね【赤ら小舟】赤く塗った舟。「沖行くや—につと遣らばけだし人見て開き見むかも」〈万・三八六八〉

あから-か【赤らか】〔形動ナリ〕赤みを帯びたさま。赤く照り輝くさま。「紅といふものいと—にかいつけて、髪けづりつくろひ給へる」〈源・常夏〉

あから-がお【赤ら顔｜×赭ら顔】赤みを帯びた顔。日焼け・酒焼けなどで赤らんだ顔、また血色のいい顔などにいう。

あから-がしわ【赤ら×柏】❶葉が赤みを帯びた柏。供物を盛る具。❷《供物を❶に盛るところから》京都の北野天満宮の11月1日の祭り。6月には青柏祭がある。

あから-く【赤楽】楽焼きの一。素地に酸化鉄の粘土を塗って赤色をつけ、透明の釉をかけて焼いたもの。古くは、赤土に白釉をかけて焼いた。

あから-け・し【赤らけし】〔形ク〕赤みを帯びているさま。〔補説〕「あからけみ」の用例しかみられない。

あからけ-み【赤らけみ】《形容詞「赤らけし」の語幹に「み」の付いたもの》赤みを帯びているので。「初土は膚—」〈記・中・歌謡〉

あから-さま〔形動〕図〔ナリ〕❶包み隠さず、明らかなさま。また、露骨なさま。「―に非難する」「―な敵意を示す」❷物事が急に起こるさま。にわかなさま。「嗔猪(いかりゐ)、草中より―に出でて人を逐(お)ふ」〈雄略紀〉❸一時的なさま。ほんのちょっと。「をかしげなる稚児(ちご)の、―にいだきて遊ばしうつくしむほどに」〈枕・一五一〉❹(「あからさまにも」の形で、あとに打消しの語を伴って)かりそめにも。まったく。「―にもあどなき事をばすまじき事なり」〈著聞集・二〇〉〔類語〕あらわ・露骨・むきだし

あから・し〔形シク〕胸のしめつけられる思いである。ひどい。「などか来ぬ、とはぬ、憎し、―・しとて」〈かげろふ・下〉

アカラシア〖achalasia〗食道や胃の噴門部の筋肉が弛緩せず、飲食物が通過しなくなる症状。食道アカラシア。

あから-ひく【赤ら引く】〔枕〕❶明るく照り映える意から「日」「朝」にかかる。「―日も暮るるまで」〈万・六一九〉❷赤みを帯びる意から「色」「肌」にかかる。「―肌も触れずて」〈万・二三九九〉

あから・む【赤らむ】㊀〔動マ五(四)〕❶果実・つぼみなどが、赤みを帯びる。「柿の実が―・む」❷恥ずかしさ・興奮などで、顔が赤くなる。「照れてほおが―・む」㊁〔動マ下二〕「あからめる」の文語形。
〔類語〕赤らめる・紅潮

あから・む【明らむ】〔動マ五(四)〕明け方になって空が明るくなる。「東の空が―・む」

あから-め【あから目】❶一時、ほかへ目をそらすこと。よそ見。わき見。「獅子(しし)は前に猿の二の子を置きて―もせず守りゐたる」〈今昔・五・一四〉❷一時、ほかの異性に心を移すこと。浮気。「いみじき色好みを、かく―せさせ奉らぬこと」〈宇津保・俊蔭〉❸急に姿が見えなくなること。「わが宝の君は、いづくに―せさせ給へるぞや」〈栄花・花山尋ぬる中納言〉

あから・める【赤らめる】〔動マ下一〕図あから・む〔マ下二〕顔などを赤くする。赤める。「ぽっとほおを―・める」〔類語〕赤らむ・紅潮

あか-ランプ【赤ランプ】赤い灯火。
赤ランプが点(とも)・る　危険を知らせる合図の赤ランプがつく。物事が悪い方向に緊迫している状態のたとえ。「膨大な負債で経営に―・る」

あかり　平成18年(2006)2月に打ち上げられた日本初の赤外線天文衛星ASTRO-Fの愛称。JAXA(ジャクサ)(宇宙航空研究開発機構)が開発。先行のIRAS(アイラス)衛星に比べ、数倍から数十倍という高感度・高解像度の赤外線観測が可能。宇宙初期に誕生した原始銀河の探索、原始惑星系円盤と系外惑星の観測、新彗星の発見などを行った。同23年5月に観測運用終了。IRIS(Infrared Imaging Surveyor)。

あかり【明(か)り】❶光。明るさ。「―がさす」❷ともしび。灯火。「―を消す」❸潔白であることの証明。疑いを晴らす証拠。あかし。「なに、―を立てねば帰られぬ」〈伎・青砥稿〉❹その時期が過ぎること。あけ。「諒闇(りやうあん)今朝御―なり」〈御湯殿上日記・天文五年〉
〔…語〕薄明かり・川明かり・月明かり・面(つら)明かり・時明かり・西明かり・初明かり・花明かり・星明かり・榾(ほた)明かり・窓明かり・夕明かり・雪明かり
〔類語〕灯・灯火・ライト・ともし火・光・輝き・煌(きら)めき・光線・光明(こうみょう)・光輝(こうき)・光耀(こうよう)・光彩・光芒(こうぼう)・閃光(せんこう)
明かりが立(た)・つ　《「明かり」は証(あかし)のこと》潔白が証明される。疑いが晴れる。

あがり【上がり┊揚がり】㊀〔名〕❶位置・地位・値段などが高くなること。「物価の―が激しい」❷売上高。収入額。または、収穫高。「家賃の―で暮らす」❸でき上がること。できぐあい。仕上がり。「―がかんばしくない」「一丁―」❹物事の終わり。「今日は五時で―にする」❺双六(すごろく)で、駒が最終の所に進んで勝つこと。また、トランプやマージャンなどで、役ができて勝つこと。❻「上がり花」の略。㊁〔接尾〕❶名詞や動詞の連用形に付いて、その状態が去った後の間もないこと、その名残があるさまを表す。「雨―」「病み―」❷名詞に付いて、もとそういう身分や職業であったことを表す。「役人―」「教員―」

上がりを請(う)・く　安値の時に買い込んで相場の上がった時に売って利益を得る。上がりを得る。「金持ちといふは…米の―・け」〈浮・諸艶大鑑・六〉

あがり-うま【上がり馬┊▽騰馬】前足を上げて跳ねる癖のある馬。暴れ馬。跳ね馬。騂馬(かん)。「兼時は宮城(みやぎ)といふ高名の―にぞ乗りたりける」〈今昔・二三・二六〉

あがり-おり【上がり下り】上がることと下りること。上がったり下りたりすること。「階段の―」

あがり-がまち【上がり×框】玄関などの上がり口に取り付けた横木、あるいは板。

アガリクス〖(ラテン) Agaricus〗ハラタケ科のキノコの一種。和名カワリハラタケ。マッシュルームに似た形で、傘は茶色。含有成分の多糖体に免疫機能を活性化する作用があるとされる。食用、薬用として栽培。ブラジル原産。〔補説〕このキノコの乾燥品から抽出した成分として顆粒・液剤・錠剤の形で健康食品が市販されている。免疫を高め、ガンの予防に効くとされるが、厚生労働省から一部の製品には発ガンの促進作用があるという動物実験結果が発表されている。

あがり-ぐち【上がり口】❶土間から座敷などに上がる所。❷階段や坂などののぼり口。

あがり-こ・む【上がり込む】〔動マ五(四)〕人の家の中などに入って座ってしまう。おかまいなしに、上がる。「―・んで長話をする」

あがり-さがり【上がり下がり】〔名〕(スル)❶成績・地位などが上がったり下がったりすること。「業績の―が激しい」❷音・値段・価値などが高くなったり低くなったりすること。「株価が―する」

あかり-さき【明(か)り先】光のさす方向。または、明かりの前方。「―に立つ」

あがり-ざしき【揚がり座敷】江戸時代、五百石以下御目見(おめみえ)以上の旗本の未決囚を収容していた幕府の牢屋(ろうや)。監房は独居制で、江戸小伝馬町の牢屋敷の一隅にあった。➡揚がり屋

あかり-しょいん【明(か)り書院】(ショ ヰン)➤付け書院

あかり-しょうじ【明(か)り障子】(シャウ ジ)格子に組んだ枠の片面だけ白い紙などを張り、明かりの取り入れやすい障子。現在普通にいう障子。あかりそうじ。

あがり-ぜん【上がり膳】人が食べおわって台所へ下げてきた膳。また、神仏へ供えた物を下げた膳。「不断行儀強く(=正シク)育つる故に、仮にも―に気を移さず」〈浮・禁短気・二〉

あがり-だか【上がり高】収入。収穫。売上高。

あがり-たる-よ【上がりたる世】〔連語〕遠い昔。古代。上がりての世。「時ならぬ霜雪を降らせ、雲雷(うんらい)を騒がしたる例(ため)、―にはありけり」〈源・若菜下〉

あがり-だん【上がり段】高い所に上るための階段。

あがり-ち【上がり知┊上がり地】江戸時代、幕府や藩に召し上げられた土地。あげち。

あかり-とり【明(か)り取り】❶光を取り入れるための窓。明かり窓。❷外の光の取り入れぐあい。採光。「―の好い、風通の好さそうな二階よ」〈紅葉・二人女房〉

あがり-なまず【上がり×鯰】(なまづ)《死んだ鯰がぬめりを失う意から》遊蕩に金銭を使い果たした者をいう遊里語。「やがて買ひ手を―にせんといへる響きあるぞゆゆしき」〈仮・浮世物語・一〉

あがり-ば【上がり場】❶海や川などの、船から上陸する所。❷浴場の、衣服を脱いだり着たりする所。脱衣場。揚がり屋。

あがり-はな【上がり▽端】《「あがりばな」とも》❶家に上がってすぐの所。あがりばた。❷物価や威勢などの上がりはじめたところ。「値の―」

あがり-ばな【上がり花】料理屋などで、入れたての茶。また、一般に茶。

アカリファ〖(ラテン) Acalypha〗トウダイグサ科エノキグサ属の多年草。熱帯・亜熱帯産。園芸では、観葉植物として、温室栽培する数種の植物の総称。

あがり-ふじ【上がり藤】(ふぢ)紋所の名。二房の藤の花を、上向きに抱き合わせて輪にした形。➡下がり藤

あかり-まど【明(か)り窓】「明かり取り❶」に同じ。

あがり-め【上がり目】❶目じりのつり上がった目。「一下がり目、ぐるっと回って猫の目」⇔下がり目。❷物事の上がりはじめの時。また、そのような状態や兆候。⇔下がり目。

あがり-もの【上がり物】❶神仏への供え物。❷飲食物を丁寧にいう語。召し上がり物。❸田畑などから収穫した物。❹家賃・地代などの収入。「貸長屋の百軒も持ちて、―ばかりに」〈一葉・大つごもり〉❺官公庁に没収されたもの。

あがり-や【揚がり屋】❶江戸時代、御目見(おめみえ)以下の武士、僧侶・医師・山伏などの未決囚を収容した牢屋。江戸小伝馬町の牢屋敷にあった。➡揚がり座敷 ❷「上がり場❷」に同じ。

あがり-やしき【上がり屋敷】江戸時代、犯罪などにより幕府または藩に没収された屋敷。

あがり-ゆ【上がり湯】風呂から上がるときに、からだに浴びたりする、湯舟の湯とは別にわかした湯。また、その湯の入った浴槽。陸湯(おかゆ)。かかり湯。

あか・る【▽別る┊▽散る】〔動ラ下二〕ちりぢりになる。ばらばらに別れる。「人々―・れて、宿求むる」〈更級〉

あか・る【赤る】〔動ラ四〕赤らむ。赤くなる。赤く映える。「島山に―・る橘」〈万・四二六六〉

あか・る【明る】〔動ラ四〕❶明るくなる。光を放つ。「やうやうしろくなり行く、山ぎは少し―・りて」〈枕・一〉❷光沢がある。つやがある。「御服(みそ)は―・る妙(たへ)、照る妙」〈祝詞・祈年祭〉

あか・る【開かる】〔動ラ五〕閉まっていたものがひらく。また、隔てるものなどが除かれる。あく。「まだ―・らなくって」〈漱石・三四郎〉

あが・る【上がる┊揚がる┊挙がる】〔動ラ五(四)〕❶そのものの全体または部分の位置が低い所から高い方へ動く。㋐低い所から高い所に移る。「二階に―・る」⇔おりる。㋑物の位置が高い所へ移る。「遮断機が―・る」「幕が―・る」⇔さがる/おりる。㋒物が動き進んで高い空間に移る。「火の手が―・る」「夜空に花火が―・る」㋓水上や水中から外に移る。「船から陸(おか)に―・る」「風呂から―・る」㋔履物をぬいで家の中に入る。「座敷に―・る」㋕遊女屋に入って遊ぶ。「妓楼(ぎろう)に―・る」㋖《御所が北にあったところから、京都の町で》北に行く。「新烏丸(からすま)通り竹屋町―・る」⇔さがる。❷所有者や高位の者の手元に収められる。㋐収益がある。「純益が―・る」㋑(挙がる)検挙される。「犯人が―・る」❸上の段階や等級へ進む。「学校に―・る」「地位が―・る」⇔さがる。❹程度が高まる。㋐他と比較して高い状態にある。「右肩が―・っている」⇔さがる。㋑今までより高い状態になる。「血圧が―・る」「気温が―・る」⇔さがる。㋒(「騰る」とも書く)値段が前より高くなる。「物価が―・る」⇔さがる。㋓いちだんと望ましい状態になる。「男ぶりが―・る」「腕前が―・る」㋔勢いがつく。盛んになる。「意気が―・る」「調子が―・る」㋕声が高く発せられる。「歓声が―・る」❺《血が頭にのぼる意から》のぼせて平常心を失う。「初舞台で―・る」❻物事が終わりとなる。㋐完成する。仕上がる。「仕事が―・る」㋑双六(すごろく)などで、駒が最終の場所に進んで勝つ。また、トランプ・マージャンなどで役ができて勝つ。「役満で―・られた」㋒雨がやむ。「夕立が―・る」㋓その範囲内でまかなえる。「思ったより安く―・った」㋔脈・乳・月経などが止まる。「つわりが―・る」㋕魚・貝・虫などが死ぬ。草木が枯れる。「ウリの蔓(つる)が―・る」㋖すたれる。だめになる。「車のバッテリーが―・る」❼人の目についたり、広く知られたりするようになる。㋐掲げられる。「表彰の額が―・る」㋑有名になる。「名が―・る」㋒(挙がる)表し示される。「証拠が―・る」㋓効果や実績が現れる。「成果が―・る」❽(揚がる)揚げ物ができる。「天ぷらが―・る」❾神仏や敬うべき人などに、ある行為がなされる。㋐神仏に供えられる。「灯明が―・る」㋑使用人として仕える。「お屋敷に―・る」⇔さがる。㋒「食う」「飲む」「吸う」の尊敬語。召し上がる。「先生は酒を少しも―・りません」㋓「行く」「訪ねる」の謙譲語。参上する。「お話を伺いに―・ります」❿昔へさかのぼる。「なほ―・りての人には、あたるべくもあらじをや」〈源・若菜下〉⓫馬が跳ね

る。「馬の―・りさわぐなどもいとおそろしう見ゆれば」〈枕・三〉⑫髪が逆立つ。「汗のあゆれば、つくろひたてたる髪なども、みな―・りやしたらむとおぼゆ」〈枕・二七八〉⑬動詞の連用形のあとに付いて複合語をつくる。㋐その動作が終わる意を表す。しおわる。「新聞が刷り―・る」㋑いきつくところまでいっている状態を表す。すっかり…する。「晴れ―・る」「おどされて震え―・る」㋒さげすみ、ののしる意を表す。しくさる。しやがる。「おおい、まち―・れ」〈滑・膝栗毛・五〉【可能】あがれる

【用法】あがる・のぼる――「坂を上がる(登る)」「石段を上がる(登る)」「煙が上がる(昇る)」などでは相通じて用いる。◆「舞台に上がる」「座敷に上がる」などには「登る」は使わない。◆「山に登る」「木に登る」「はしごを登る」では「登る」を使う。◆「上がる」も「登る」も下から上への空間的移動であるが、「はしごを登って、屋根に上がった」「山道を登って、見晴らし台に上がった」などの例からもわかるように、「登る」は途中経過、経由する所を意識していう場合が多いのに対し、「上がる」は到達点ととらえることが多い。「煙が上がる」「煙が昇る」では相通じて用いられるが、「狼煙(のろし)」の場合は「狼煙が上がる」であって「狼煙が昇る」とはいわない。双六(すごろく)の終着点は「あがり」であって「のぼり」ではない。

【…句】頭が上がらない・意気が揚がる・梲(うだつ)が上がらない・オクターブが上がる・口が上がる・此処(ここ)を踏んだらあちらが上がる・蛸(たこ)の糞(くそ)で頭に上がる・手が上がる・枕(まくら)が上がらない・脈が上がる

【類語】上る・上昇・訪れる・訪ねる・訪問・訪(と)う・見舞う・伺う・お邪魔・訪(おとな)う・歴訪

あかる・い【明るい】〔形〕【文】あかる・し〔ク〕❶光が十分にあり、また光が強く差して、物がよく見える状態である。「―・い月」「東の空が―・くなってきた」【対】暗い。❷将来などに希望や喜びがもてる状態である。「―・い未来」「見通しが―・い」【対】暗い。❸性格や表情・雰囲気などが朗らかである。陽気だ。明朗だ。「―・い人柄」「―・い職場」【対】暗い。❹公明正大で後ろ暗いところがない。「―・い政治」【対】暗い。❺色が澄んで華やかである。「―・い青」【対】暗い。❻(「…にあかるい」の形で)その物事・方面によく通じている。経験が豊富だ。「この辺の地理に―・い」「コンピューターに―・い人」【対】暗い。【派生】あかるさ〔名〕あかるみ〔名〕

【類語】(❶)輝かしい・明らか・晴れやか・うららか・さやか・澄明(ちょうめい)(明るいようすを表す語)明明(めいめい)・うらうら・燦燦(さんさん)・燦然(さんぜん)・皓皓(こうこう)・煌煌(こうこう)・耿耿(こうこう)/(❸)朗らか・明朗・快活・活発・精彩・晴れやか/(❻)詳しい

あかる-み【明るみ】❶明るい所。❷表立った所。公の場。世間。「悪事が―に出る」【補説】❷の意味で「明るみになる」と言うのは誤り。

【類語】明け渡る・明るむ

あかる・む【明るむ】〔動マ五(四)〕明るくなる。あからむ。「部屋の中まで―・んで来たか、女の赤い頬が目立って来た」〈康成・雪国〉【類語】明け渡る・明るみ

あかれ【▽別れ・▽散れ】❶集まっていた人々が、あちこちにわかれ散ること。散会。「弘徽殿(こきでん)の御―ならむ、と見給へつる」〈源・花宴〉❷所属するもの。分(わ)け。「桜萌黄(さくらもえぎ)などは、女院の御―」〈増鏡・老のなみ〉

あかれ-あかれ【▽別れ▽別れ】〔副〕(多く「に」を伴って)あちこちに分散しているさま。別々に。散り散りに。「をとこ君達の御母、みな―におはしましき」〈大鏡・為光〉

あか-ワイン【赤ワイン】▶赤葡萄酒

あがわ-ひろゆき【阿川弘之】(あがわ)[1920～　]小説家。広島の生まれ。戦後、志賀直哉に師事。海軍予備学生の体験や広島を描いた作品が多い。「春の城」で昭和27年度(1952)読売文学賞受賞。他に「雲の墓標」「暗い波濤(はとう)」「山本五十六」など。芸術院会員。平成11年(1999)文化勲章受章。

あかん【阿寒】北海道東部、釧路市の地名。旧町名。タンチョウが生息。

あか-ん【明かん】〔連語〕《「埒(らち)が明かぬ」を略した「あかぬ」の音変化》多く、関西地方で、物事が思うようにならないとき、また行為などを禁止するときに言う語。だめだ。「こりゃ―わ」「タバコは―」

あかん-こ【阿寒湖】北海道東部、雌阿寒岳のカルデラ湖。ヒメマスの原産地の一。特別天然記念物マリモの生育地。面積13平方キロメートル。最大深度44.8メートル。湖面標高420メートル。平成17年(2005)ラムサール条約に登録された。

あかん-こくりつこうえん【阿寒国立公園】(コクリツコウエン)北海道東部にある国立公園。阿寒・屈斜路(くっしゃろ)・摩周(ましゅう)の三つのカルデラ湖や小湖沼群、雌阿寒岳・雄阿寒岳等の火山群がある。

アカンサス〖acanthus〗❶キツネノマゴ科ハアザミ属の常緑多年草の総称。アザミに似て葉にとげがある。初夏、1.5メートルくらいの茎の先に唇形の花を穂状につける。地中海沿岸の原産。【季 夏】❷西洋古典主義の建築・美術で、装飾文様に用いた❶の葉形。アカントス。➡コリント式

あ-かんたい【亜寒帯】気候帯の一。温帯と寒帯の中間の地帯。冷帯。

あかんたい-きこう【亜寒帯気候】亜寒帯の寒冷な気候。最寒月の平均気温はセ氏零下3度以下、最暖月は10度以上。気温の年較差が大きく、長く寒い冬と、比較的高温な短い夏をもつ。冷帯気候。

あかんたい-りん【亜寒帯林】亜寒帯に成立する森林。エゾマツ・トドマツなどの針葉樹が主。タイガ。

あかん-たれ　関西地方で、駄目な人、意気地のない人をののしっていう言葉。

アカントアメーバ〖Acanthamoeba〗アメーバの一種。湿地や水中にすみ、髄膜脳炎や、失明の恐れのある角膜炎を起こすことがある。淡水湖での水浴などにより感染することがある。

あかん-べい《「あかめ(赤目)」の音変化》指で下まぶたを押し下げ、裏の赤い部分を見せる動作。また、そのときに言う言葉。軽蔑(けいべつ)や拒絶の気持ちを表す。あかんべえ。あっかんべえ。あかんべ。あかべ。

あかん-ぼう【赤ん坊】(バウ)❶生まれて間のない子供。また、胎児や乳児期の子供をもいう。あかご。あかちゃん。❷世間知らずの子供っぽい人。【類語】ベビー・みどりご・嬰児(えいじ)・乳児・乳飲み子

あき【安芸】㊀旧国名の一。ほぼ現在の広島県西半分にあたる。芸州(げいしゅう)。㊁高知県東部の土佐湾に面する市。戦国時代、安芸氏が居城。武家屋敷が多く残る。瓦(かわら)・陶器を特産。人口2万(2010)。㊂広島市の区名。市の東部に位置する。

あき【空き・明き】❶物が詰まっていないこと。すきま。空間。余地。余白。「本棚を置く―を作る」「行間の―を大きくとる」❷欠員があること。「定員に二名の―がある」❸ひま。「―の時間を利用して本を読む」❹使っていないこと。「傘の―があったら貸してください」「―部屋」【類語】(❶)空間・スペース/(❸)ひま・暇(いとま)・閑暇・小暇(しょうか)・小閑(しょうかん)・寸暇・寸閑・余暇(よか)

あき【阿騎・安騎】奈良県宇陀(うだ)市大宇陀地区あたりの古名。上代の猟場。【歌枕】「み雪降る―の大野に」〈万・四五〉

あき【秋】❶四季の第三。夏と冬の間で、9・10・11月をいう。暦の上では立秋から立冬の前日まで(陰暦の7月から9月まで)をいい、天文学では、秋分から冬至まで。昼が短く、夜が長くなる。この季節は涼しくさわやかで五穀や果物が実り、「秋たけなわ」「食欲の秋」などといわれる。しかし、一方では台風や前線の影響で雨が降りやすく、「秋の空」など変わりやすいことのたとえにされる。やがて木々は紅葉し、草花は枯れて、冬へ向かう。【季 秋】「一深き隣は何をする人ぞ/芭蕉」❷盛りを過ぎること。終わりに近づいていること。「天下の―」「人生の―」❸和歌などで、男女の仲の冷める意味で「飽き」に掛けて用いる。「かりそめにおく露とこそ思ひしか―にあひぬる我が袂(たもと)かな」〈山家集・下〉【補説】特別重要な時期の意で用いられる「危急存亡の秋」などの場合は「秋」を「とき」と読む。

【類語】秋季・秋期

秋立・つ　暦の上で、秋の季節になる。秋に入る。【季 秋】「―・つやら素湯(さゆ)香ばしき施薬院/蕪村」

秋の鹿(しか)は笛(ふえ)に寄る　《発情期である秋の鹿は鹿笛にもすぐに近寄ってくるところから》弱点につけ込まれて利用されやすいことのたとえ。

秋の日(ひ)は釣瓶(つるべ)落(お)とし　秋の日が急に沈むことを、井戸に落とす釣瓶にたとえていう言葉。

あき【飽き・×厭き】あきること。嫌になること。「―のこない味」【補説】和歌などでは「秋」に掛けていうことが多い。

あぎ【×阿×魏】セリ科の多年草。イラン・アフガニスタン原産。茎からしみ出した樹脂を固めたものを、漢方で鎮静薬に用いる。

あぎ【×腭・▽顎】あご(顎)の古名。あぎと。〈和名抄〉

あ-ぎ【×吾▽君】〔代〕二人称の人代名詞。親しみを込めて相手を呼ぶ語。あぎみ。あがきみ。「いざ―振熊(ふるくま)が痛手負はずは」〈記・中・歌謡〉

アギア-エカテリニ-きょうかい【アギアエカテリニ教会】(ケウクワイ)《Agia Aikaterini》ギリシャ南部、クレタ島の港湾都市イラクリオンにある教会。旧市街のアギアエカテリニ広場に建つ。16世紀の建造。ビザンチン美術以降のイコン画で重要な役割を果たしたクレタ派の美術学校を兼ねていた。現在は、エル=グレコの師ミハイル=ダマスキノスのイコンなどを展示する美術館になっている。

あき-あかね【秋×茜】日本で最もよくみられるトンボ。体長約4センチ、黄褐色で、雄は成熟すると赤色になる。初夏に山地へ行き、秋になると平地に群れて帰る。あかとんぼ。【季 秋】

アギア-ガリニ〖Agia Galini〗ギリシャ南部、クレタ島の村。同島南岸に位置する海岸保養地。海水浴客が多く訪れるほか、ヨットハーバーがある。

あき-あき【飽き飽き】〔名〕(スル)十分すぎたりくどかったりして、すっかり嫌になること。うんざりすること。「長い祝辞に―した」

【類語】うんざり・げんなり・懲り懲り・飽きる・倦(う)む・倦怠(けんたい)・食傷・退屈・辟易(へきえき)・閉口・まっぴら・鼻に付く

あき-あげ【秋上げ】❶稲を収穫したあとに行う祝い。秋収め。❷不作のため、秋になって米相場の上がること。秋高。【対】秋落ち。

あき-あじ【秋味】(アヂ)《秋を代表する味の意から》北海道で、秋に産卵のため川をのぼってくるサケ。また、一般に塩鮭(しおざけ)。➡時知らず❷

あき-あじ【秋×鰺】(アヂ)秋にとれるアジ。【季 秋】「―に遊行(ゆぎょう)寺通り早日暮れ/かな女」

アギア-ソフィア〖Agia Sophia〗▶アヤソフィア

アギアソフィア-きょうかい【アギアソフィア教会】(ケウクワイ)《Agia Sophia》ギリシャ、ペロポネソス半島南部の廃墟の町ミストラにあるギリシャ正教の教会。東ローマ帝国時代に同地を治めたマヌイル=カンダクジノス侯により、14世紀にギリシャ十字式の平面構成で建造。本堂と鐘楼、二つの礼拝堂をもつ。キリストや聖母マリアを描いたフレスコ画が残っている。

アギアソフィア-せいどう【アギアソフィア聖堂】(セイダウ)《Agia Sophia》ギリシャ北部の港湾都市テッサロニキにあるギリシャ正教の教会。8世紀の建造とされ、バシリカ式とギリシャ十字式の中間的な平面構成をもつ。また、聖像禁止令の影響が強い、いわゆる暗黒時代のビザンチン建築の数少ない作例の一つ。9世紀、および12世紀に作られたモザイクが残っている。オスマン帝国時代にはモスクとして使用。1988年に「テッサロニキの初期キリスト教とビザンチン様式の建造物群」の名称で世界遺産(文化遺産)に登録。

アギア-トリアダ-しゅうどういん【アギアトリアダ修道院】(シウダウヰン)《Moni Agias Triadas》ギリシャ中部、テッサリア地方のメテオラにある修道院。14世紀に修道士ドメティウスにより建造。15世紀に改築された。高さ565メートルの岩山の頂に位置し、麓の町カランバカからトレッキングコースがある。内部の教会には17世紀から18世紀頃に描かれた壁画がある。

アギア-トリアダ-だいせいどう【アギアトリアダ大聖堂】(ダイセイダウ)《Kathedrikos Naos Agias Triadas》ギリシャ南部の港湾都市ピレエウスにあるビザンチン様式の大聖堂。主港カンタロスの近く、テミストクレウス広場の隣に位置する。第二次大戦中に空襲で破

壊され、戦後に再建された。

アギア-マリナ〖Agia Marina〗ギリシャ南部、サロニコス湾に浮かぶエギナ島の東部にある海岸保養地。約500メートルの白い砂浜が広がる観光地。

あき-いえ【空き家¦明き家】ニヘ「あきや」に同じ。

アギイ-テオドリ-せいどう【アギイテオドリ聖堂】セイドウ《Agioi Theodori》ギリシャ、ペロポネソス半島南部の廃墟の町ミストラにあるギリシャ正教の教会。13世紀末に建てられ、ミストラに現存する最古の聖堂であり、ギリシャ十字式の平面構成をもつ。中央部の8本の柱で支えられたドームは、ビザンチン帝国時代における初期の教会堂建築の代表例として知られる。

あき-うえ【秋植え】ニウヱ 秋に植えること。また、そういう種類の植物。

あきう-おおたき【秋保大滝】ニオホタキ 宮城県中央部、仙台市の西部にある滝。名取川上流にあり、高さ55メートル、幅6メートルの景観を誇る。

あきう-おんせん【秋保温泉】ニヲンセン 宮城県仙台市西部名取川中流にある温泉。泉質は塩化物泉。奥州三名湯の一。名取の御湯。

あき-うど【▽商▽人】▶あきゅうど

アギウ-パウル-しゅうどういん【アギウパウル修道院】シウダウヰン《Moni Agiou Paulou》ギリシャ北部、ハルキディキ半島にある東方正教会の聖地アトス山の修道院。半島南西部の急峻きゅうしゅんな谷間に位置する。10世紀頃の創設とされる。東ローマ帝国滅亡後はセルビアなどの寄進を受けた。現在の主聖堂は19世紀の建造。油を流すという生神女マリアのイコンがある。アギウパブル修道院。

アギウ-パブル-しゅうどういん【アギウパブル修道院】シウダウヰン《Moni Agiou Pavlou》▶アギウパウル修道院

アギウ-パンテレイモノス-しゅうどういん【アギウパンテレイモノス修道院】シウダウヰン《Moni Agiou Panteleimonos》ギリシャ北部、ハルキディキ半島にある東方正教会の聖地アトス山の修道院。半島南西岸の海沿いに位置する。聖パンテレイモンを祭り、ロシア正教会に帰属する。11世紀初頭の創設とされ、建物の多くは18世紀、主聖堂は19世紀の建造で、ロシア風のフレスコ画が描かれている。現在も共住修道士らが初期キリスト教の原始共産制的な共同生活を営んでいる。アギウパンテレイモン修道院。

アギウ-パンテレイモン-しゅうどういん【アギウパンテレイモン修道院】シウダウヰン《Moni Agiou Panteleimonos》▶アギウパンテレイモノス修道院

あき-おさめ【秋収め】ニヲサメ 秋の取り入れ。秋の収穫。また、その終了祝い。秋仕舞い。秋上げ。《季 秋》「門庭の賑はふ月夜―/月斗」

アギオス-アンドレアス-きょうかい【アギオスアンドレアス教会】ケウクワイ《Agios Andreas》ギリシャ、ペロポネソス半島北西部の港湾都市パトラにあるギリシャ正教の教会。キリスト十二使徒でパトラの守護聖人であるアンデレを祭り、聖遺物として頭蓋骨を保存。1908年に建設が始まり、74年完成。バルカン諸国にあるビザンチン様式の教会建築中で最大級。

アギオス-エレフテリオス-きょうかい【アギオスエレフテリオス教会】ケウクワイ《Agios Elefrherios》ギリシャの首都アテネの中心部、プラカ地区の教会。12世紀に建造のビザンチン様式の元主教座教会で、生神女福音大聖堂に隣接。ミクリミトロポリ教会。

アギオス-ゲオルギオス-きょうかい【アギオスゲオルギオス教会】ケウクワイ《Ieros Naos Agiou Georgiou》ギリシャ北部の港湾都市テッサロニキの市街中心部にある建物。アギオスゲオルギオスのロトンダ、または通称ロトンダと呼ばれる。4世紀初頭、古代ローマ皇帝ガレリウスの霊廟として建造。5世紀にキリスト教の教会に改築され、オスマン帝国時代には尖塔が加わりイスラム寺院として使われた。現在は美術館になっている。ガレリウスの凱旋門とともに、テッサロニキ最古の建造物として知られ、1988年に「テッサロニキの初期キリスト教とビザンチン様式の建造物群」の名称で世界遺産(文化遺産)に登録された。

アギオス-ゲオルギオス-の-ロトンダ《Rotontatou Agiou Georgiou》▶アギオスゲオルギオス教会

アギオス-ステファノス-しゅうどういん【アギオスステファノス修道院】シウダウヰン《Moni Agiou Stefanou》ギリシャ中部、テッサリア地方のメテオラにある尼僧院。高さ575メートルの岩山の頂に位置する。14世紀に創設。二つの付属教会があり、14世紀建造の教会には金箔が施された木彫や美しい壁画があることで知られ、18世紀末の教会には2世紀の殉教聖者ハランボスの聖遺物が安置されている。

アギオス-スピリドナス-きょうかい【アギオススピリドナス教会】ケウクワイ《Agios Spyridonas》ギリシャ西部、ケルキラ島の中心都市ケルキラ(コルフ)の旧市街にあるギリシャ正教の教会。同島の守護聖人スピリドンを祭り、聖遺物を納めた銀製の棺を安置する。16世紀末に建造。聖スピリドン教会。

アギオス-ディミトリオス-きょうかい【アギオスディミトリオス教会】ケウクワイ《Agios Dimitrios》ギリシャ北部、テッサロニキの市街中心部にあるギリシャ正教の教会。テッサロニキの守護聖人ディミトリオスが殉教した場所に、5世紀に建造。1916年に火災に遭ったが、焼け残った資材を利用して再建。祭壇下のクリプト(地下室)にはディミトリオスが幽閉された古代ローマ時代の浴場遺構が残る。同国最大級のバシリカ式聖堂で、初期ビザンチン建築の代表例。1988年に「テッサロニキの初期キリスト教とビザンチン様式の建造物群」の名称で世界遺産(文化遺産)に登録。

アギオス-ディミトリオス-せいどう【アギオスディミトリオス聖堂】セイダウ《Ieros Naos Agiou Dimitriou》ギリシャ、ペロポネソス半島南部の廃墟の町ミストラにあるギリシャ正教の教会。14世紀初頭にバシリカ式の平面構成で建造。15世紀に改築されて五つのドームが加えられた。内部には聖ディミトリオスの生涯やキリストの奇跡を描いたフレスコ画が残り、博物館を併設する。

アギオス-ニコラオス〖Agios Nikolaos〗《「アイオスニコラオス」とも》ギリシャ南部、クレタ島の港町。同島北東岸、ミラベル湾に面する。ドリス人が築いた植民都市ラトプロスカマラに起源する。現在は同島有数の高級リゾート地として知られる。

アギオス-ニコラオス-アナパフサス-しゅうどういん【アギオスニコラオスアナパフサス修道院】シウダウヰン《Moni Agiou Nikolaou Anapafsa》ギリシャ中部、テッサリア地方のメテオラにある修道院。通称アギオスニコラオス修道院。14世紀に創設。16世紀前半に現在の修道院が建造された。クレタ派の画家テオファネスが描いたフレスコ画がある。

アギオス-ニコラオス-しゅうどういん【アギオスニコラオス修道院】シウダウヰン《Moni Agiou Nikolaou》アギオスニコラオスアナパフサス修道院の通称。

アギオス-ニコラオス-ようさい【アギオスニコラオス要塞】エウサイ《Agios Nikolaos》ギリシャ東部、エーゲ海に浮かぶロードス島の都市ロードスにある要塞。新市街のマンドラキ港にある堤防の先端に位置する。15世紀、聖ヨハネ騎士団により建造。要塞の脇と港の対岸にロードスのシンボルとして知られる鹿の像がある。セントニコラス要塞。

アギオス-ミナス-だいせいどう【アギオスミナス大聖堂】ダイセイダウ《Agios Minas》ギリシャ南部、クレタ島の港湾都市イラクリオンにある大聖堂。旧市街のアギアエカテリニ広場に建つ。ギリシャ独立間もない19世紀後半に建造され、同島最大の規模。聖堂内の天井画は1980年代のもの。

あき-おち【秋落ち】❶秋になって、予想より米の収穫が少ないこと。❷豊作のため、秋になって米相場の下がること。秋下げ。秋落ち相場。㊀秋上げ。

アギオン-オロス〖Agion Oros〗ギリシャ北部、マケドニア地方南部のハルキディキ半島先端部にあるアトス山の尊称。ギリシャ語で「聖なる山」の意。

あき-がい【秋買ひ】ニガヒ 冬に売る品物を秋に仕入れておくこと。「先も見えぬ―に、十五貫目の前銀取り」〈浄・万年草〉

あき-かぜ【秋風】❶秋に吹く風。秋になって吹いてくる涼しい風。しゅうふう。《季 秋》「―や干魚をかけたる浜庇/蕪村」❷「秋」を「飽き」に掛けて、男女間の愛情が冷めることのたとえ。(類語)秋風しゅうふう

秋風が立・つ ❶秋風が吹く。❷男女間の愛情が冷める。「二人の間に―・つ」

あきかぜ-づき【秋風月】陰暦8月の異称。《季 秋》

あきかぜ-の【秋風の】〔枕〕地名の「吹上ふきあげ」「山吹やまぶき」「千江ちえ」などにかかる。秋風の吹く実景を表す要素が強い。「一千江の浦廻うらみの」〈万・二七二四〉

あきかぜのきょく【秋風の曲】箏曲そうきょく。光崎検校みつざきけんぎょう作曲、蒔田雁門まきたがんもん作詞により、天保年間(1830～1844)に成立。段物と唄物とを併せた新形式で、歌詞は白居易の「長恨歌」に取材。

あき-がた【飽き方】嫌気が差してくること。飽きがきはじめた状態。「色好みける女、―になる男のもとに」〈伊勢・一三一〉

あき-がら【空き殻】❶肉のない貝殻。❷中身のなくなった入れ物。

あき-からまつ【秋唐松】キンポウゲ科の多年草。山野に生え、高さ1～1.5メートル。茎は先のほうで枝分かれし、葉は浅く裂けた多数の小葉からなる複葉でカラマツに似る。夏の終わりごろ、薄い黄白色の小花が群がって咲く。

あき-がわ【秋川】ガハ 東京都西部の川。関東山地の三頭山みとうさんを源として東流し、あきる野市の南東方で多摩川に合流する。上流部の渓谷は自然公園。

あきがわ-けいこく【秋川渓谷】アキガハ 東京都西部、多摩川上流の秋川にある渓谷。秋川のうち、西多摩郡檜原ひのはら村からあきる野市網代あじろ付近まで西東に発達した谷。各所に景勝地があり、渓流はアユ・ヤマメなどの宝庫。秩父多摩甲斐国立公園に属する。

あき-かん【空き缶】ニクワン 中に何も入っていない缶。「―公害」

あきかん-じょうれい【空き缶条例】アキクワンデウレイ 道路や観光地などに散乱する空き缶による公害を追放するための条例案。昭和48年(1973)東京都の町田・三鷹の両市が、メーカーに空き缶回収を義務づける条例を制定したのが最初。

あき-き【秋×葱】秋のネギ。一つの皮に2本の茎が包まれているところから、「ふたごもり」とともに用いる。「―のいや双納ふたごもりを思惟おもふべし」〈仁賢紀〉

あき-きょうげん【秋狂言】ニキャウゲン 歌舞伎の秋季興行。また、その演目。江戸時代、通例は陰暦9月9日から10月15日まで行われた。俳優の契約切れを控えた年度末興行なので、お名残狂言ともいう。

あき-ぎり【秋×桐】シソ科の多年草。山地の木陰に生え、高さ20～50センチ。葉は三角形で、基部は矛ほこ形。秋、紅紫色の唇形の花をつける。花が黄色のものはキバナアキギリで、同属別種。

あき-ぎり【秋霧】秋に立つ霧。「春霞かすみて去いにし雁かりが音は今ぞ鳴くなる―の上に」〈古今・秋上〉

あき-く【安芸区】▶安芸㊂

あき-くさ【秋草】秋に花が咲く草の総称。《季 秋》「―をごったにつかね供へけり/万太郎」

あきくさ-の【秋草の】〔枕〕上代の呪術じゅじゅつ信仰の一つとして草を結んで幸福を祈るところから、「結ぶ」にかかる。「一結びしひもを解くは悲しも」〈万・一六一二〉

あき-ぐち【秋口】秋の初め。秋になったばかりのころ。《季 秋》「―のすはやとおもふ通り雨/蛇笏」

あき-ぐみ【秋茱＝萸】グミ科の落葉低木。高さ約3メートル。葉は銀白色の鱗片りんぺんで覆われる。初夏に黄色の花をつける。実は秋に赤く熟し、食用。《季 秋》

あき-ぐるま【空き車】人や物をのせていない車。からぐるま。くうしゃ。

あき-ご【秋▽蚕】7月下旬以降に飼育される蚕。しゅうさん。《季 秋》

あき-ごえ【秋肥】8月から10月ごろまでに施す肥料。

あき-さく【秋作】❶秋に栽培する作物。❷秋に収穫する作物。特に、稲。

あき-ざくら【秋桜】コスモスの別名。《季 秋》

あき-さば【秋×鯖】秋から冬にかけて、脂がのって美味となったサバ。(季 秋)

あき-さ・ぶ【秋さぶ】〔動バ上二〕めっきり秋らしくなる。秋めく。(季 秋)「夕日さす外山の梢—・びて麓の小田も色づきにけり」〈風雅・秋中〉

あき-さむ【秋寒】秋になって感じはじめる寒さ。秋冷。(季 秋)「—や行く先々は人の家/一茶」

あき-さめ【秋雨】秋に降る雨。しゅうう。(季 秋)「—や水底の草を踏み渡る/蕪村」(類語)秋霖(しゅうりん)

あきさめ-ぜんせん【秋雨前線】9月中旬から10月中旬にかけて日本の南岸沿いに現れる停滞前線。秋の長雨をもたらす。秋霖(しゅうりん)前線。

あき-さ・る【秋さる】〔動ラ四〕《「さる」は移動する意》秋が来る。秋になる。「—・らば見つつしのへと妹(いも)が植ゑし屋前(やど)の石竹花(なでしこ)咲きにけるかも」〈万・四六四〉

あき-され【秋され】《「あきざれ」とも》秋になること。秋が深まること。あきさり。(季 秋)「頃しも今は—や稲葉(いなば)そよぎて露こぼす」〈浄・八花形〉

あき-し【安芸市】▶安芸㊁

あき-じい【明き▽盲】(じい)《「あきしい」とも》「あきめくら❶」に同じ。「二つの眼—なり。観音に帰敬し…眼の闇を明かさむとす」〈霊異記・下〉

アキシーノ〖axino〗▶アクシーノ

アキシオン〖axion〗▶アクシオン

あき-しぐれ【秋時-雨】秋の末に降るしぐれ。(季 秋)「—いつもの親子すずめかな/万太郎」

あきしの【秋篠】奈良市の地名。霧の名所として知られた。新古今集の歌人藤原良経の号、秋篠月清の由来地。(歌枕)「—や外山(とやま)の里やしぐるらむ伊駒(いこま)のたけに雲のかかれる」〈新古今・冬〉

あきしのげっせいしゅう【秋篠月清集】(あきしのゲッセイシフ) 鎌倉時代の私家集。藤原良経自撰。元久元年(1204)成立。歌数1600余首。六家集の一。月清集。

あきしの-でら【秋篠寺】奈良市秋篠町にある寺。開山は善珠、開基は光仁(こうにん)天皇。はじめ法相宗、次いで真言宗、近世には浄土宗西山派の寺。現在は単立宗教法人。今は国宝の本堂を残すのみ。伎芸天(ぎげいてん)立像が有名。

あきしの-の-みや【秋篠宮】宮家の一。平成2年(1990)今上天皇の第2皇子文仁親王が創立。

あきしま【昭島】東京都西部の市。第二次大戦中、軍需工場ができて発展。昭和29年(1954)昭和町と拝島(はいじま)村とが合併。人口11.2万(2010)。

あきしま-し【昭島市】▶昭島

あき-じめり【秋湿り】秋の長雨。また、秋の長雨で冷えて湿りがちなこと。(季 秋)

あき-しょう【飽(き)性¦×厭き性】(シャウ) 物事に飽きやすい性質。(類語)移り気・多情・浮気・気まぐれ・むら気・むら・気移り・お天気

あき-しろ【明き白¦空き代】文字などを書いた紙の、上下左右の余白。

あき-す【空き巣¦明き巣】❶鳥のいない巣。❷人のいない家。❸「空き巣狙(ねら)い」の略。

あきず【秋津¦蜻=蛉】(あきづ) ▶あきつ

あきず-しま【秋津島】(あきづ) ▶あきつしま

あきす-ねらい【空き巣狙い】(ねらひ) 家人の留守をねらって盗みに入ること。また、その人。

あき-ぜみ【秋×蝉】秋になってなお鳴いている蝉。また、ヒグラシなど秋になって鳴く蝉。(季 秋)

あき-た【秋田】稲の実っている田。「植ゑて往(い)にし—刈るまで見えこねば今朝初雁の音(ね)にぞ鳴きぬる」〈古今・恋五〉

あきた【秋田】㊀東北地方北西部の県。県庁所在地は秋田市。かつての羽後の大半と陸中の一部を占める。人口108.6万(2010)。㊁秋田県中西部、雄物(おもの)川下流の市。県庁所在地。もと佐竹氏の城下町。旧名、久保田。8月に行われる竿灯(かんとう)祭は東北三大祭りの一。人口32.3万(2010)。

あき-だいこん【秋大根】晩夏から初秋に種をまき、晩秋から初冬にかけて収穫する大根。品質・収量ともによい。

あきた-いぬ【秋田犬】日本犬の一品種。秋田県大館(おおだて)市付近の原産。体高約60センチ、体重約50キロに達する。元来は狩猟犬。天然記念物。あきたけん。

あきた-うじゃく【秋田雨雀】[1883〜1962]劇作家・児童文学者。青森の生まれ。本名、徳三。島村抱月の門下。のちプロレタリア芸術運動に参加。戯曲「埋れた春」「国境の夜」など。

あきた-おばこ【秋田おばこ】《「おばこ」は娘の意》秋田県の民謡。

あきた-おり【秋田織】秋田地方から産する畝織(うねおり)・八丈などの絹織物。

あきた-おんど【秋田音頭】秋田県の民謡。地口(じぐち)風のこっけいな歌詞で、軽快な囃子(はやし)の踊り歌。地口音頭。御国(おくに)音頭。仙北音頭。

あき-だか【秋高】「秋上げ❷」に同じ。

あきた-がい【秋田貝】(がひ) ホタテガイの別名。

あきたかた【安芸高田】広島県中北部の市。平成16年(2004)に吉田町、八千代町、美土里(みどり)町、高宮町、甲田(こうだ)町、向原(むかいはら)町が合併して成立。戦国期に毛利元就(もうりもとなり)が本拠とした。人口3.1万(2010)。

あきたかた-し【安芸高田市】▶安芸高田

あきた-かんごふくしだいがく【秋田看護福祉大学】秋田県大館市にある私立大学。平成8年(1996)開設の秋田桂城短期大学を改組して、同17年に開学した看護福祉学部の単科大学。

あきた-くうこう【秋田空港】(クウカウ) 秋田県秋田市にある空港。特定地方管理空港の一。昭和56年(1981)新秋田空港として開港し、同年、現名称に変更。➡拠点空港

あきた-けん【秋田県】▶秋田㊀

あきた-けんりつだいがく【秋田県立大学】秋田市にある公立大学。平成11年(1999)に開学した。同18年、公立大学法人となる。

あきたこまち　稲の一品種。秋田県で冷害と病気に強い「奥羽292号」と「こしひかり」をかけあわせて作られた。昭和59年(1984)同県の奨励品種に指定。味がよく、東北から九州まで広く栽培。秋田31号。

あきた-し【秋田市】▶秋田㊁

あきた・し【飽きたし】〔形ク〕《「あ(飽)きいたし」の音変化。「いたし」は、はなはだしい意》ひどく嫌な気がする。やめにしたい気持ちだ。「事の乱れ出で来ぬるのち、我も人も憎げに—・しや」〈源・夕霧〉

あきた-じけん【秋田事件】明治14年(1881)6月、自由民権運動を唱える秋田立志会の企てた武力蜂起計画が事前に発覚した事件。

あきた-しゅんけい【秋田春慶】▶能代(のしろ)春慶

あきた-じょう【秋田城】(ジャウ) 秋田市寺内にあった古代の城。出羽柵(でわのき)を移して天平5年(733)設置。以後、平安時代に至るまで東北経営の拠点となった。

あきたじょう-の-すけ【秋田城▽介】(あきたジャウ) 古代の秋田城鎮衛司令官。平安中期ごろ出羽介が兼任、後期以後は空職化したが、武門の名誉とされた。

あきた-しんかんせん【秋田新幹線】盛岡と秋田を結ぶミニ新幹線。平成9年(1997)開業。列車名称は「こまち」。全長127.3キロ。

▷**秋田新幹線の駅**
(盛岡駅以西):盛岡—雫石—田沢湖—角館—大曲—秋田

あきた-じんく【秋田甚句】秋田県の民謡。盆踊り歌・酒盛り歌としてうたわれる。

あきた-すぎ【秋田杉】秋田県、米代(よねしろ)川流域を主産地とする杉。木曽檜(ひのき)・吉野杉と並び称される建築用の良材。

あきた-だいがく【秋田大学】秋田市にある国立大学法人。秋田鉱山専門学校・秋田師範学校・秋田青年師範学校が合併し、昭和24年(1949)新制大学として発足。鉱山系研究施設に特色がある。平成16年(2004)国立大学法人となる。

あき-だな【空き▽店¦明き▽店】人の住んでいない家。また、あいている貸し家。

空き店の恵比須(えびす)　だれもいないのに、ひとりで悦に入っていること。

あきた-ぶき【秋田×蕗】フキの変種。葉柄が1メートル以上にもなる。本州北部から北海道に自生。秋田県を中心に栽培され、葉柄を砂糖漬けにする。

あきた-ふじ【秋田富士】鳥海山の異称。

あきた-へいや【秋田平野】秋田県中西部、日本海に面して広がる平野。雄物川の下流域で、河口に秋田市がある。農業が発達し、日本で有数の米作地帯。

あきた-みのる【秋田実】[1905〜1977]漫才作家。大阪の生まれ。本名、林広次。東大中退。横山エンタツ・花菱アチャコの漫才台本を執筆、ミヤコ蝶々・南都雄二を育てるなど、上方漫才の育成に貢献。著作に「私は漫才作者」など。

あきたら◦ない【飽(き)足らない】〔連語〕《動詞「あきたる」の未然形＋打消しの助動詞「ない」》▶飽き足りる

あきた-らんが【秋田×蘭画】(ラングワ) 江戸中期に秋田地方で興った洋風画の一派。平賀源内の指導により、秋田藩主佐竹曙山(しょざん)や小田野直武らが始めたもの。江戸後期には滅びた。秋田派。

あきたり◦ない【飽(き)足りない】〔連語〕《動詞「あきたりる」の未然形＋打消しの助動詞「ない」》▶飽き足りる

あき-た・りる【飽(き)足りる】〔動ラ上一〕《動詞「あきたる」(四段)の上一段化。多く「あきたりない」の形で用いる》十分に満ち足りる。満足する。「彼の煮えきらない態度に—・りないものを感じた」

あき-た・る【飽(き)足る¦×慊る】〔動ラ五(四)〕《古くは「あきだる」とも。多く「あきたらない」の形で用いる》「飽き足りる」に同じ。「平凡な生活に—・らない」

あき-ち【空き地¦明き地】建物が建っていなかったり、耕作を放棄したままほうっておかれたりしている土地。使われていない土地。(類語)空地・広場

あき-ちょうじ【秋丁子】(チャウジ) シソ科の多年草。山地の日陰に生え、葉は長楕円形で対生。秋、青紫色の細長い唇形の花を多数つける。

あきつ【秋津¦蜻=蛉】《古くは「あきづ」》トンボの別名。(季 秋)「いくもどりつばさそよがす—かな/蛇笏」

あきづ【秋津】奈良県吉野郡宮滝付近の古称。奈良時代に吉野離宮のあった所。「吉野の園の花散らふ—の野辺に」〈万・三六〉

あき-ついり【秋入=梅¦秋黴=雨】《「あきつゆいり」の音変化という》梅雨のように降り続く秋の雨。(季 秋)「はてもなく瀬のなる音や—/史邦」〈猿蓑〉

あき-つ-かみ【▽現つ神】現世に姿を現している神。多くは天皇を敬っていう。現人(あらひと)神。「—わが大君(おほきみ)の天の下八島の中に」〈万・一〇五〇〉

あきづき【秋月】福岡県朝倉市北部の地名。もと秋月藩の城下町。

あきづき-の-らん【秋月の乱】明治9年(1876)10月、旧秋月藩士、宮崎車之助(みやざきしゃのすけ)らが起こした反乱。政府の対韓政策を批判して、熊本の神風連(じんぷうれん)の乱に呼応して挙兵したが、小倉鎮台兵に鎮圧された。

あき-づ・く【秋付く】〔動カ四〕秋の気配が感じられるようになる。秋めく。「—・けば尾花が上に置く露の消(け)ぬべくも我は思ほゆるかも」〈万・一五六四〉

あきつ-くに【秋津国】「秋津島㊀」に同じ。「島の外も波をさまれる—に」〈夫木・三〇〉

あきつ-しま【秋津島¦秋津洲¦蜻蛉洲】《古くは「あきづしま」》㊀大和(やまと)国の異称。また、広く日本をさす。あきつくに。あきつしまね。あきつす。「そらみつ大和の国を—とふ」〈記・下・歌謡〉㊁〔枕〕「大和」にかかる。「うまし国そ—大和の国は」〈万・二〉(類語)日の本・八洲国(やしまぐに)・大八洲(おおやしま)・敷島・葦原(あしはら)の中つ国・豊葦原(とよあしはら)・瑞穂(みずほ)の国・和国(わこく)・日東・東海・扶桑(ふそう)・神州・本邦・本朝・ジャパン・ジパング

あきつ-は【蜻=蛉羽】トンボの翅(はね)。また、そのように薄く美しい布。

あきつ-ひれ【蜻=蛉領=巾】トンボの翅のように、薄くて美しい領巾。「わが持てる真澄鏡(まそかがみ)に—負ひ並(な)め持ちて馬買へわが背」〈万・三三一四〉

あきっ-ぽ・い【飽きっぽい】〔形〕やることが長続きせず、すぐに飽きてしまうさま。飽きやすい。「移り気で—・い性質」(派生)あきっぽさ〔名〕

あき-つ-みかみ【▽現つ▽御神】「現(あき)つ神」に同じ。「かけまくもかしこき―と大八島国知ろしめす天皇命(すめらみこと)」〈祝詞・出雲国造神賀詞〉

あき-て【明き手┊空き手】❶《ふだん使わずあいている手の意から》左手。また、左のほう。「おもしろし―の方へ松が見え」〈柳多留・二三〉❷用を割り当てられずに、手があいていること。また、手のあいている人。手あき。「―のものは大道具を錺(かざ)り付け」〈滑・八笑人・四〉

あき-でみず【秋出水】―でみづ 秋の大水。〔季 秋〕「音も無く殖えて悲しや―/虚子」

あぎ-と【▽顎▽門┊▽顎┊×鰓】❶あご。おとがい。「毒竜の―に噛まれるもの」〈芥川・地獄変〉❷(鰓)魚のえら。

あぎとい あぎとひ 片言を言うこと。「高行く鵠(くぐひ)の声を聞きて、始めて―し給ひき」〈記・中〉

あぎと・う あぎとふ〔動ハ四〕❶幼児が片言を言う。「天皇則ち皇子の鵠(くぐひ)を見て―・ふことを」〈垂仁紀〉❷魚が水面近くに浮いて、口をぱくぱくする。「魚(いを)皆浮き出で、水のまにまに―・ふ」〈熱田本神武紀〉

あき-ない【商い】―なひ ❶売り買いすること。商売。「小口の―」❷売り上げ。「―が少ない」

〔類語〕売り買い・売買・商業・商売・小商い・商う・取引・営業・商事・ビジネス・営利事業・経営・商行為・業務・外商・外交・セールス・稼ぐ

商い三年 商売での利益を上げるまでには3年かかる、3年は辛抱せよということ。

商いは牛の涎(よだれ) 商売は、牛のよだれが切れ目なく長く垂れるように、気長く努力せよということ。

商いは草の種(たね) 商売には種類が多いということ。

あきない-がみ【商い神】あきなひ― 商人の守り神。恵比須(えびす)。

あきない-ぐち【商い口】あきなひ― ❶商品を売り込む所。得意先。「協力して―をふやす」❷物を商うための巧みな話しぶり。「―利(き)きて、親のゆづり銀をへらさぬ人ならば」〈浮・永代蔵・一〉

あきない-ば【商場】あきなひ― 江戸時代に蝦夷、渡島(おしま)半島の松前藩とアイヌが交易を行った場所。藩主直営のほか、家臣に交易権として与えられるものもあった。

あきない-みょうが【商い冥加】あきなひミャウガ「商い冥利(みょうり)❶」に同じ。

あきない-みょうり【商い冥利】あきなひミャウリ ❶神仏の加護によって、商売が繁盛すること。また、その加護。商い冥加。「―に尽きる」❷(商人の誓いの言葉として副詞的に用いて)決して。「男冥利―虚言(きょこん)ござらぬ」〈浄・博多小女郎〉

あきない-もの【商い物】あきなひ― 売り買いする品物。商品。〔類語〕売り物・商品・売品・非売品・品・代物・製品

あき-な・う【商う】―なふ〔動ワ五(ハ四)〕商品を仕入れて売る。品物を売買する。「酒を―・う」「早朝から―・う店」〔可能〕あきなえる

〔類語〕商売・売り買い・商(あきな)い・小商い・営業・売買・取引・商業・商事・ビジネス・営利事業・経営・商行為・業務・外商・外交・セールス・稼ぐ

あぎ-なし【▽顎無】オモダカ科の多年草。沼地に生え、高さ30〜80センチ。夏から秋に白い3弁花を開く。葉の付け根に無数の小さなむかごができる。

あき-なす【秋茄=子】秋の末になるナス。小粒で実がしまり、甘みがある。あきなすび。〔季 秋〕

秋茄子は嫁に食わすな 秋なすは特に味がよいので、憎い嫁に食わすなの意で、しゅうとめの嫁いびりをいったもの。一説には、からだが冷えるので大切な嫁に食わすなの意とも。また、種子が少ないので、子種が少なくなるから嫁に食わすなの意とも。

あき-なだ【安芸灘】広島県南西部・山口県南東部と愛媛県北西部の間の海域。瀬戸内海の一部。東西45キロメートル、南北30キロメートル、平均深度36メートル。東が倉橋島・上蒲刈(かみかまがり)島・下蒲刈島・大崎下島、南東が愛媛県高縄半島で区切られる。本州と四国を結ぶ航路がいくつもあり、船の交通量の多いところ。漁業も盛ん。東部を斎(いつき)灘という。

あき-なり【秋成り】収穫の一部をあてる秋の年貢。

アギナルド〖Emilio Aguinaldo〗[1869〜1964]フィリピン独立運動の指導者。スペイン支配に抵抗し、1899年、共和国大統領となる。植民地化をめざす米国と対立して失敗。1901年、政界から引退。

あぎに【阿耆尼】▶アグニ

あき-にれ【秋×楡】ニレ科の落葉高木。本州中部以西に分布。葉は楕円形で縁に切れ込みがあり、堅い。秋に黄色の小花をつける。街路樹・盆栽とし、材は挽(ひ)き物細工などに使用。いしけやき。かわらけやき。

アキノ〖Aquino〗㊀(Benigno Servillano 〜 Jr.)[1932〜1983]フィリピンの政治家。1967年に上院議員に当選。1972年、マルコス大統領の戒厳令下で逮捕・投獄される。1980年から渡米していたが、帰国時にマニラ空港で暗殺された。㊁(Corazon 〜)[1933〜2009]フィリピンの政治家。大統領。在任1986〜1992。㊀の妻。反マルコスの象徴であった夫の遺志を継ぎ、1986年大統領選挙に出馬し当選。フィリピン初の女性大統領となる。

あき-の-いろ【秋の色】秋らしい風物の感じ。秋光。秋景色。〔季 秋〕「―ぬかみそつぼもなかりけり/芭蕉」

あきのいろくさ【秋色種】長唄。弘化2年(1845)初演。大名の南部利済(なんぶとしなり)が、作曲者を困らせようとして作った歌詞に、10世杵屋六左衛門が曲をつけたものという。

あき-の-うなぎつかみ【秋の×鰻×攫み】タデ科の一年草。湿地に自生し、半ば蔓状(つるじょう)になる。秋に淡紅色の小花が咲く。あきのうなぎづる。

あきのうみ-せつお【安芸ノ海節男】―セツヲ[1914〜1979]力士。第37代横綱。広島県出身。本名、永田節男(たかお)。入幕後初の春場所で双葉山の70連勝を阻止し、一躍英雄となる。引退後、年寄不知火(しらぬい)を経て藤島を襲名。➡羽黒山政司(第36代横綱) ➡照国万蔵(第38代横綱)

あき-の-おうぎ【秋の扇】―あふぎ ❶秋になり使わなくなった扇。あきおうぎ。❷《漢の宮女、班婕妤(はんしょうよ)が君寵を失った自分を秋の扇にたとえ詩を作った故事から》男の愛を失い捨てられた女のたとえ。団雪(だんせつ)の扇。

あき-の-か【秋の香】❶秋をしみじみと感じさせる、菊などの香り。「―漂う文化の日」❷松茸(まつたけ)の香り。また、松茸。「高松のこの峰も狭(せ)に笠立てて満ち盛(さか)りたる―のよさ」〈万・二二三三〉

あき-の-かた【明きの方】「恵方(えほう)」に同じ。〔季 新年〕「大雪や出入りの穴も―/一茶」

あきのきょく【秋の曲】箏曲(そうきょく)。吉沢検校作曲。安政年間(1854〜1860)に成立。歌詞に古今集の秋の歌6首を使う。古今調子という独特の調弦。➡古今組(こきんぐみ)

あき-の-きりんそう【秋の×麒×麟草】―キリンサウ キク科の多年草。日当たりのよい山地に生え、高さ30〜80センチ。葉は細長く、先がとがる。夏の終わりから秋に、黄色の小花が穂状に密生。金花。あわだちそう。

あきのくる-かた【秋の来る方】《秋は方角で西にあたり、建物が近衛府の西方にあったところから》右衛門府のこと。

あき-の-くれ【秋の暮れ】❶秋の夕暮れ。秋の夕べ。〔季 秋〕「枯枝に鳥のとまりたるや―/芭蕉」❷秋の末ごろ。晩秋。

あき-の-こえ【秋の声】―こゑ もの寂しい秋を感じさせる風雨・木の葉・砧(きぬた)などの音。秋声(しゅうせい)。〔季 秋〕「帛(きぬ)を裂く琵琶の流れや―/蕪村」

あき-の-しも【秋の霜】❶晩秋に降りる霜。〔季 秋〕「生涯に一度の旅程―/蛇笏」❷白髪のたとえ。「数ふれば四十あまりの―身のふり行かむ果てを知らばや」〈後拾遺・雑秋〉❸《「秋霜(しゅうそう)」を訓読みにした語》鋭い刀剣のたとえ。「―のきらめけるも、見るより身もひえ」〈名語記・六〉

あき-の-じもく【秋の除目】―ヂモク《秋に行われるところから》司召(つかさめし)の除目。➡春の除目

あき-の-しらべ【秋の調べ】秋にふさわしい雅楽の調子。平調(ひょうじょう)。「―は弾(ひ)くものこそあなれ」〈宇津保・内侍督〉

あき-の-そら【秋の空】❶秋のころの高く澄み渡った空。〔季 秋〕「にょっぽりと―なる不尽(ふじ)の山/鬼貫」❷《秋の天気が変わりやすいところから》人の心や愛情などが変わりやすいことにたとえる。「男心(女心)と―」

あき-の-たむらそう【秋の田村草】―たむらサウ シソ科の多年草。本州以西の山野に多く、高さ30〜80センチ。葉は3〜7枚の小葉からなる羽状複葉。夏から秋にかけ、茎の先や葉の付け根に、数段にわたって薄紫色の唇形の小花をつける。紫参。

あき-の-ちぎり【秋の契り】❶秋に会おうという約束。特に、男女の約束。「天の川―の深ければ夜半(よは)にぞ渡す鵲(かささぎ)の橋」〈続後拾遺・秋上〉❷(「秋」に「飽き」を掛けて)さめてきた男女間の情。「互ひに―とはなさざりし」〈謡・夕顔〉

あき-の-ななくさ【秋の七草】秋を代表する七つの草花。萩・尾花・葛(くず)・撫子(なでしこ)・女郎花(おみなえし)・藤袴(ふじばかま)・桔梗(ききょう)。〔季 秋〕➡春の七草〔補説〕万葉集の山上憶良の歌では、桔梗の代わりに朝顔を入れるが、この朝顔が何であるかについては諸説がある。

あき-の-なぬか【秋の七日】陰暦7月7日。七夕。「天の川岩こす波の立ちゐつつ―の今日をしぞ待つ」〈後撰・秋上〉

あき-の-のげし【秋の野×芥子】キク科の越年草。山野に生え、高さ1.5〜2メートル。葉は細長い楕円形で深く切れ込み、秋、黄色の花を多数つける。

あき-の-はな【秋の花】菊のこと。

あきのひ【秋の日】江戸後期の俳諧集。加藤暁台(かとうきょうたい)編。1冊。安永元年(1772)刊。蕉風(しょうふう)の中興を目ざし、「冬の日」にならって編集された。

あき-の-みや【秋の宮】《中国で、皇后の御殿を長秋宮(ちょうしゅうきゅう)と呼んだことから》皇后の住む御殿。また、皇后。

あきのみや-おんせんきょう【秋ノ宮温泉郷】―ヲンセンキャウ 秋田県南部、役内(やくない)川上流にある温泉地。鷹(たか)の湯・稲住(いなずみ)・荒湯・湯の岱(たい)などからなる。

あきのよ【秋の夜】端唄(はうた)・歌沢・小唄の曲名。作詞・作曲者未詳。

あきのよのながものがたり【秋夜長物語】室町初期の物語。作者未詳。1巻。瞻西上人(せんさいしょうにん)が、石山観音の変化(へんげ)梅若を愛することにより成道したという稚児(ちご)物語。御伽草子(おとぎぞうし)の先駆。

あきは【秋葉】新潟市の区名。旧新津市域・旧小須戸町域を占める。

あき-ば【秋場】秋の時節。秋のころ。

あきば【秋葉】《「あきはばら(秋葉原)」の略。読みは「あきは」ではなく「あきば」となる。「アキバ」と書くことが多い》コンピューター店・アニメ店・ゲーム店などに独自のファッションの若者が集まる土地である、東京の秋葉原をいう。「―系」

あき-はぎ【秋×萩】萩のこと。秋に花が咲くところからいう。

あきはぎじょう【秋萩帖】あきはぎデフ 平安中期の書の巻子本(かんすぼん)。小野道風筆と伝えられる。万葉集などの和歌48首と王羲之(おうぎし)の手紙を、草書体の万葉仮名で書いたもの。書名は巻頭の歌「あきはぎの…」による。秋萩歌巻。

あきは-く【秋葉区】▶秋葉(あきは)

あき-ばこ【空き箱】中に何も入っていない箱。からばこ。

あき-ばしょ【秋場所】秋に行われる大相撲の本場所。東京で行われる。九月場所。〔季 秋〕「―や退(の)かぬ暑さの人いきれ/万太郎」

あきば-じんじゃ【秋葉神社】静岡県浜松市天竜区にある神社。祭神は火之迦具土神(ほのかぐつちのかみ)。全国の秋葉神社の総本社。防火の神として信仰される。秋葉山本宮秋葉神社。旧称、秋葉大権現。

あき-は・つ【飽き果つ┊×厭き果つ】〔動タ下二〕すっかり飽きてしまう。「きびしきうき世のあたりをも―・てて、こもりゐ給ひたれば」〈夜の寝覚・二〉

あきは-づき【秋初月】陰暦7月の異称。〔季 秋〕

あきはばら【秋葉原】東京都千代田区の地名。京浜東北線・総武線・山手線の交差する秋葉原駅を中

心とし、周辺は第二次大戦後、電気製品商店街として発展。明治時代にまつった秋葉神社に由来する名で、もとは「あきばはら」。

あきば-はんさく【秋場半作】秋場の天候が、稲の収穫の半ば以上を決めること。秋日和半作。

あき-ばれ【秋晴(れ)】秋の、よく澄んで晴れ渡っている空のようす。秋の快晴。(季 秋)「―や宇治の大橋横たはり/風生」(類語)秋日和

あき-び【空き日｜明き日】からだのあいている日。特に、遊女の、客がなくて暇な日。「お敵の方から―を頼み」〈浮・禁短気・五〉

あき-びと【▽商人】「あきんど」に同じ。「いはば―の良ききぬ着たらむがごとし」〈古今・仮名序〉

あきひと-しんのう【彰仁親王】[1846～1903]幕末から明治時代の皇族。伏見宮邦家親王の第8王子。陸軍大将・元帥。維新後、東伏見宮と称し、さらに小松宮と改称。議定・軍事総裁・参謀総長などを務めた。

あき-びより【秋日-和】秋の、よく晴れて、さわやかな天気。(季 秋)「刈株の後ろの水や―/一茶」(類語)秋晴れ

あき-びん【空き瓶｜空き×壜】中に何も入っていない瓶。からびん。

あき-ふつか【秋二日】秋、名月をめでる日という、陰暦8月15日(仲秋の名月)と9月13日(後の月)の2日。

あきふゆ-もの【秋冬物】(衣料品業界で)秋・冬用の衣服。「―ファッションショー」「―のジャケット」

あき-べや【空き部屋｜明き部屋】使っていない部屋。また、貸し間・旅館などで客のない部屋。あきま。

あき-ほ【秋穂】秋の、実った稲穂。

あき-ま【空き間｜明き間】❶人の住んでいない、または使用していない部屋。あきべや。❷物と物との間のすきま。くうかん。

あき-まき【秋×蒔き】植物の種子を秋にまくこと。また、そのような植物。「―小麦」

あき-まつり【秋祭(り)】秋に行われる神社の祭礼。秋の収穫を神に供えて感謝する祭り。(季 秋)

あき-まどぼたる【秋窓蛍】ホタルの一種。前胸部は橙黄色で、一対の窓状の透明な部分がある。対馬などに分布。

あき-まめ【秋豆】大豆の別名。

あ-ぎみ【×吾君】〔代〕「あぎ」に同じ。「叩頭みて、―といふ」〈崇神紀〉

あき-みせ【空き店｜明き店】人の住んでいない店。また、商品を置いていない店。

あきみち　御伽草子。1巻。作者未詳。成立年代は室町中期以降。父を盗賊に殺されたあきみちという主人公が、妻の貞操を犠牲にして敵討ちに成功する。

あき-み・つ【飽き満つ】〔動タ四〕満ち足りる。満腹する。「着るもの、食物に―・ちて」〈宇治拾遺・一〇〉

あき-め・く【秋めく】〔動カ五(四)〕秋らしくなる。身に秋を感じるようになる。秋づく。「日ごとに―・いてきた」(季 秋)「鮎むしる箸も―・く日なりけり/万太郎」

あき-めくら【明き▽盲】❶外見は正常な目と同じであるが、実際は物の見えない目。❷文字の読めない人。文盲。

アキメネス〖ラテン Achimenes〗イワタバコ科アキメネス属の多年草の総称。中南米の原産で、園芸品種が多い。高さ20～30センチ。夏、赤・紫・青・白色などの花が咲く。はなぎりそう。

あきもと-こ【秋元湖】福島県中北部にある堰止め湖。明治21年(1888)磐梯山の爆発で吾妻の山々に源を発する川がせき止められてできた。周囲24キロメートル、面積3.6平方キロメートル、最大深度36メートル。磐梯朝日国立公園に属する。吾妻湖。

あきもと-ふじお【秋元不死男】[1901～1977]俳人。横浜の生まれ。本名、不二雄。「氷海」を創刊、主宰。俳句「もの」説で反響を呼ぶ。句集「街」「瘤」など。

あきもと-まつよ【秋元松代】[1911～2001]劇作家。神奈川の生まれ。秋元不死男の妹。三好十郎に師事。売春婦問題を扱った「もの云わぬ女たち」のほか、主な作品に「常陸坊海尊」「かさぶた式部考」「七人みさき」「近松心中物語」など。

あき-もの【▽商物】品物を商うこと。また、商品。「汝の夫は―のために、故郷に行くなり」〈折たく柴の記・下〉

あき-や【空き家｜空き屋｜明き家】人の住んでいない家。あきいえ。

あき-やしき【空き屋敷｜明き屋敷】❶人の住んでいない屋敷。❷建物の建っていない宅地。

あき-やすみ【秋休み】二学期制の学校で、一学期終了後に設定される休暇。日数は学校により異なる。(補説)かつて農村の学校にあった秋の収穫期の農繁期休暇を秋休みということもあった。

あき-やま【明山】江戸時代、藩の管理する山のうち、一般の領民に対しても制限付きで立ち木の伐採や利用を許した山林。⇒留山

あき-やま【秋山】秋の季節の山。秋の山。(季 秋)

あきやま-ぎょくざん【秋山玉山】[1702～1763]江戸中期の儒学者。豊後の人。名は儀、字は子羽。通称、儀右衛門。昌平黌に学び、のち熊本藩に仕えた。時習館建設を進言。著「玉山詩集」など。

あきやま-ごう【秋山郷】新潟県西部と長野県北部にまたがる山村。信濃川支流の中津川沿いに位置する。平家落人の郷として知られる。日本有数の豪雪地帯。

あきやま-さねゆき【秋山真之】[1868～1918]海軍中将。愛媛の生まれ。日露戦争で東郷平八郎連合艦隊司令長官の参謀。「天気晴朗なれども波高し」などの戦報の名文で知られる。

あきやま-ていすけ【秋山定輔】[1868～1950]政治家。岡山の生まれ。明治26年(1893)「二六新報」を創刊。日露戦争のときロシアのスパイの嫌疑を受けて、衆議院議員を辞職。孫文らと親交を重ね、その革命運動を支援。

あきやま-の【秋山の】〔枕〕秋山の紅葉が美しく照り映える意から、赤く色づいている意の「したふ」「色なつかし」にかかる。「―したへる妹」〈万・二一七〉

あきやま-のぼる【秋山登】[1934～2000]プロ野球選手・監督。岡山の生まれ。明大でアンダースローの投手として活躍。昭和31年(1956)大洋(現横浜DeNA)に入団。その年から9年連続の二桁勝利を記録。引退後、同球団の監督を務めた。

アキュー〖ACU〗《Asian Currency Unit》►アジア通貨単位

あきゅうせい-こうかせい-ぜんのうえん【亜急性硬化性全脳炎】►エス-エス-ピー-イー(SSPE)

あキューせいでん【阿Q正伝】魯迅の中編小説。1921年発表。辛亥革命を背景に、阿Qという放浪農民の行状を風刺的かつ悲劇的に描き、当時の中国社会の病根を鋭く浮き彫りにした。

あきゅうど【▽商▽人】《「あきびと」の音変化》あきんど。しょうにん。あきうど。〈日葡〉

アキュムレーター〖accumulator〗❶圧力をエネルギー源として利用するため、流体を加圧状態で蓄えておく容器。蒸気蓄圧器・水力だめなど。❷コンピューターのレジスターの一。四則演算の結果やデータを一時的に記憶する。データレジスター。累算器。

あ-きょう【×阿×嬌】《「阿」は親しみを表す語、「嬌」は漢の武帝の蕭皇后の幼名》美しい女の人。「五人の―が手早く杯盤を片寄す所に」〈蘆花・黒潮〉

あ-きょう【×阿×膠】中国、山東省東阿県で作られる上質の膠。接合のほか、漢方薬などに用いる。

あ-ぎょう【あ行｜ア行】五十音図の第1行。あ・い・う・え・お。

あきよし-ぞうざんうんどう【秋▽吉造山運動】中生代初期に起こった、本州日本海側の地域を中軸とする地殻変動。秩父古生層が波状に押し曲げられ、一部は変成岩になり、褶曲山脈を形成。本州造山運動。

あきよし-だい【秋吉台】山口県西部にある石灰岩台地。狭義には秋吉台国定公園の地域をさす。秋芳洞・大正洞などの鍾乳洞があり、日本最大のカルスト地形。鍾乳洞内の地下水系は、平成17年(2005)ラムサール条約に登録された。

あきよしだい-こくていこうえん【秋吉台国定公園】秋吉台の中央を流れる厚東川から東を占める国定公園。秋芳洞などを含む。

あきよし-どう【秋芳洞】►しゅうほうどう

あき-らか【明らか】〔形動〕〔文〕〔ナリ〕❶光が満ちて、明るく物を照らしているさま。曇りなく明るいさま。「水の中に―な光線がさし透って」〈花袋・田舎教師〉「夜深き月の―にさし出でて」〈源・椎本〉❷はっきりとしていて疑う余地のないさま。明白なさま。「火を見るよりも―だ」「失敗は―に彼の責任だ」「論点を―にする」❸道理に通じているさま。賢明である。「まして―ならん人の、まどへる我等を見んこと」〈徒然・一九四〉❹心が晴れやかなさま。ほがらかである。「むつかしくものおぼし乱れず、―にもてなし給ひて」〈源・若菜下〉
(類語)はっきり・ありあり・まざまざ・さやか・定か・明るい・確か・確実・正確・的確・明確・精確・安全・明白・確・確固・確然・必至・必然・必定・最右翼・本命

あきら-け・し【明らけし】〔形ク〕❶明白である。はっきりしている。「すでに天のうけざるところ―・し」〈保元・上〉❷汚れや濁りがなく、清らかである。「―・き名に負ふ伴の緒心努めよ」〈万・四四六六〉❸賢明である。賢い。「智り―・し」〈今昔・一五・四九〉

あきら・む【明らむ】㊀〔動マ四〕物事が明らかになる。確かめられる。〈日葡〉㊁〔動マ下二〕「あき(明)らめる」の文語形。

あきら・む【諦む】〔動マ下二〕「あきら(諦)める」の文語形。

あきらめ【諦め】あきらめること。断念すること。「―がつく」「―の悪い人」

あきら・める【明らめる】〔動マ下一〕〔文〕あきら・む〔マ下二〕❶事情や理由を明らかにする。はっきりさせる。「自ら真相を―・めるというには至らずして」〈二葉亭・浮雲〉❷心を明るく楽しくする。気持ちを晴れやかにする。「いぶせう侍る事をも―・め侍りにしがな」〈源・賢木〉

あきら・める【諦める】〔動マ下一〕〔文〕あきら・む〔マ下二〕もう希望や見込みがないと思ってやめる。断念する。「助からぬものと―・めている」「どしゃ降りで、外出を―・めた」(類語)思い切る・断念・観念・往生
(用法)あきらめる・おもいきる――「進学をあきらめる(思い切る)」「あの人のことはなかなかあきらめられない(思い切れない)」のような場合は、相通じて用いられる。◆「あきらめる」は「優勝はあきらめる」「あきらめてすごすご帰る」のように、望んでもかなわないことがわかって、望むのをやめる意。これらの場合、「思い切る」は用いない。◆「思い切る」は、「思い切って発言する」「思い切ったデザイン」のように、積極的に行う、覚悟して行うの意がある。また、名詞形「思い切り」の形で「四十代半ばで会社をやめるとは思い切りがいい」のようにも用いる。これらの場合に「あきらめる」は用いない。◆類似の語に「断念する」がある。「法案の提出を断念する」のように、周囲の状況が悪くなったりして実行に移すのをやめる意で用いる。

あき・る【×呆る｜×惘る】〔動ラ下二〕「あきれる」の文語形。

あ・きる【飽きる｜×厭きる｜×倦きる】〔動カ上一〕《動詞「あ(飽)く」(四段)の上一段化。近世後期、江戸で使われはじめた語》❶多すぎたり、同じことが長く続いたりして、いやになる。「勉強に―・きた」「彼の長話に―・きた」❷十分に味わったり経験したりして、それ以上欲しくなくなる。「牛肉を―・きるほど食べたい」❸動詞の連用形に付いて、いやになるほど十分に…するの意を表す。「見―・きる」「聞き―・きる」⇒飽く (類語)(❶)倦む・飽き飽きする・うんざりする・食傷する・退屈する・倦怠する・鼻につく・げんなりする・懲り懲りする・辟易する・閉口する・まっぴら

あきるの【あきる野】東京都西部の市。秋川が市域を貫流する。平成7年(1995)秋川市と五日市町が合併して成立。人口8.1万(2010)。

あきるの-し【あきる野市】▶あきる野

あきれ【×呆れ|×惘れ】あきれること。

呆れが宙返りを・する 《「あきれかえる」をおどけていったもの》ひどくあきれる。「―・して、茸屋町川岸へ軽わざを出さあ」〈洒・辰巳婦言〉

呆れが礼に・来る ひどくあきれることを誇張した言い方。あきれが宙返りをする。

呆れも・しない 《打消しの語を付けて意味を強めた表現》ひどくあきれて言いようもない。「…自慢らしい。―・ねえといふことさ」〈滑・浮世風呂・二〉

アキレア〘ラテン Achillea〙キク科アキレア属(ノコギリソウ属)の多年草の総称。特に観賞用のセイヨウノコギリソウをさし、夏に花が咲く。

あきれ-いた・し【×呆れ▽甚し】〔形ク〕意外のことに驚きあきれるさま。ひどくあきれる。「よろづうきうきと我も人も―・くて」〈増鏡・むら時雨〉

アキレウス〘Achilleus〙ホメロスの叙事詩「イリアス」の主人公。ペレウスと女神テティスの子。トロイア戦争に参加、敵の総大将ヘクトルを討った。不死身であったが、唯一の弱点のかかとをパリス(一説にアポロン)に矢で射られて死ぬ。アキレス。

あきれ-かえ・る【×呆れ返る】〔動ラ五(四)〕途方もないことに出あい、非常に驚く。あっけにとられる。「あまりの無謀さに―・る」類語 呆れる・度肝を抜かれる

あきれ-がお【×呆れ顔】あきれた顔つき。

アキレジア〘aquilegia〙キンポウゲ科オダマキ属の一年草または多年草。また、その中の渡来種をいう。セイヨウオダマキ。

アキレス〘Achilles〙アキレウスのラテン語名。

アキレス-けん【アキレス×腱】❶ふくらはぎにある腓腹筋・平目筋を、かかとの骨に付着させる、人体中最大の腱。踵骨腱。❷《神話アキレウスの故事から》いちばんの弱点。「相手の―をつく」

あきれ-は・てる【×呆れ果てる】〔動タ下一〕図あきれは・つ〔タ下二〕❶すっかりあきれてしまう。「―・てて返す言葉もない」❷どうしてよいかわからないで、茫然とする。途方にくれる。「あとに兵庫は―・て…どっかと座して男泣き」〈浄・矢口渡〉

あき・れる【×呆れる|×惘れる】〔動ラ下一〕図あき・る〔ラ下二〕あまりに意外なことに驚く。あっけにとられる。唖然とする。「―・れてものが言えない」「―・れるほどよく食べる」類語 呆れ返る・呆気にとられる・度肝を抜かれる・驚く・びっくりする・どきっとする・ぎくっとする・ぎょっとする・たまげる・仰天する・動転する・喫驚する・驚愕する・驚倒する・一驚する・驚嘆する・瞠目する・恐れ入る・唖然とする・愕然とする・目を疑う・目を丸くする・目を見張る・息をのむ・肝をつぶす・腰を抜かす

あきんど【▽商▽人】《「あきびと」の音変化》商いを仕事とする人。しょうにん。あきゅうど。

商人の空誓文 商人の言動は、駆け引きが多くて信用できないことのたとえ。

商人は腹を売り客は下より這う 売買にあたって、商人は最初の言い値からだんだんに下げていくが、客は最初安い値を言っても、だんだんに値を上げられて買うのがならわしである。

あきんど-かたぎ【▽商▽人気=質】利益に敏感な、また、信用を大切にするなど、商人らしい気性。しょうにんかたぎ。

あきんど-やど【▽商▽人宿】主に行商人を泊める宿屋。あきんどはたご。

あく【灰=汁】❶植物を焼いた灰を水に浸して得る上澄み液。アルカリ性を示し、古来、洗剤・漂白剤として、また染色などに用いる。❷山菜や野草などに含まれる、渋み・えぐみなどのもとになる成分。「ウドの―を抜く」❸肉などを煮たときに、煮汁の表面に浮き出る白く濁ったもの。「スープの―をすくい取る」❹独特のしつこさや粘っこさなどがあって、なじみにくい個性。「―の強い人」

灰汁が抜・ける 人の性質・趣味・容姿などに嫌みやあくどさがなくなる。さっぱりして洗練されたものになる。あかぬけがする。

あく【悪】㊀〔名〕❶わるいこと。人道・法律などに反すること。不道徳・反道徳的なこと。「―に染まる」「―の道に走る」「―の張本人」⇔善。❷芝居などで、敵役。「実―」「色―」㊁〔接頭〕人名・官名などに付いて、性質・能力・行動などが、あまりにすぐれているのを恐れていう意を表す。「―七兵衛景清」➡漢「あく(悪)」類語 悪人・悪者・悪漢・悪党・悪玉・悪・罪・咎・過ち・罪悪・罪科・罪過・犯罪・罪障・罪業・悪徳・背徳・不道徳・不徳・不仁・不義・不倫・破倫・悪行・悪事・違犯

悪に強いは善にも強い 大悪人がいったん改心すると、非常な善人となるものだ。

あく【×幄】「幄舎」に同じ。➡漢「あく(幄)」

あ・く【明く|開く|空く】㊀〔動カ五(四)〕❶(開く)㋐隔て・仕切り・覆いなどが、動かされて除かれる。閉じていたものがひらく。「窓が―・く」「鍵が―・かない」⇔閉まる。㋑営業が始まる。営業が行われる。「店は何時まで―・いていますか」⇔閉まる。㋒開票がはじまる。「票が―・く」❷(明く)㋐衣服の襟などが、ひらかれている。「この服は襟ぐりが―・きすぎている」㋑閉じていた目や口がひらいた状態になる。「小犬の目が―・く」㋒物忌みや契約などの、一定の期間が終わる。「喪が―・く」「年季が―・く」❸(空く)今までそこを占めていたもの、ふさいでいたものが、除かれたり、なくなったりする。㋐穴ができる。「胃壁に穴が―・く」㋑そこにいた者やあった物がなくなり、からになる。「―・いている部屋はありますか」「席が―・く」㋒空間・空白・余地ができる。間隔が広がる。「行間が―・いている」㋓器の中のものが全部使われてからになる。「瓶が―・く」「―・いた銚子をかたづける」㋔仕事が終わり、暇になってゆとりができる。「からだが―・く」「手が―・く」㋕用が済んで、当面使わなくなる。「―・いたら貸してください」㋖欠員になる。「課長のポストが―・く」❹(開く)あける。「口を―・く」補説 ❷㋑は「開く」、❸は「明く」とも書く。㊁〔動カ下二〕「あける」の文語形。類語 (㊀)開く・開ける・始める・起こす・創始する・開業する・始業する/(❸)すく

句 穴のあくほど・片目が明く・地獄の釜の蓋も開く・手が空く・手が空けば口が開く・幕が開く・水が空く・埒が明く

開いた口が塞がらぬ 驚きあきれてものが言えないさま。

開いた口へ餅 思いがけなく幸運が到来すること。棚からぼた餅。

あ・く【飽く|×厭く|×倦く】〔動カ五(四)〕❶十分になってもうたくさんだと思う。いやになる。「―・くことを知らぬ金銭欲」「菜の葉にとまれ。菜の葉に―・いたら桜にとまれ」〈野村秋足・蝶々〉❷満たされた気持ちになる。満ち足りる。満足する。「恥ぢらひ給ひける御さま、―・かぬ所なし」〈源・葵〉❸動詞の連用形に付いて、十分に…する、…することにあきあきする、の意を表す。「繰り返して読んでも読んでも読み―・かなかった」〈二葉亭・平凡〉補説 現代、共通語では一般に「あきる」(上一)を用い、「あく」は文章語的な表現。また、「飽くまで」のような形で用いられる。

あぐ【×鐖|逆=鉤】釣り針の先に、逆の方向に取り付けたかぎ。かえし。あご。

あ・ぐ【上ぐ|揚ぐ|挙ぐ】〔動ガ下二〕「あげる」の文語形。

アクア〘aqua〙多く複合語の形で用い、水、の意を表す。「―ポリス」「―マリン」

アクアエクササイズ〘aquaexercise〙水の中で行う体操の総称。水の中で歩いたり、腕を振り回したり、ジャンプしたり、いろいろな動きをする。水には浮力があるため、地上で行う運動より腰や膝への負担が軽い。ウオーターエクササイズ。

アクアチント〘aquatint〙腐食銅版の技法の一。銅板の表面に松脂の粉末などを塗って多孔質の地を作り、白くしたい部分に防食剤を塗って腐食液に浸すもの。防食剤を塗る時間をずらすことによって、面の微妙な濃淡の調子が得られる。エッチングと併用されることが多い。

漢字項目 あく

悪〔惡〕 学3 音アク(呉)(漢) オ(ヲ)(漢) 訓わるい、あし、にくむ ‖ ㊀〈アク〉①正しくない。わるいこと。「悪意・悪質/改悪・害悪・旧悪・凶悪・極悪・最悪・罪悪・邪悪・醜悪」②不快な。いやな。「悪臭・悪感情」③よい状態にない。上等でない。「悪衣・悪食・悪筆/粗悪・劣悪」㊁〈オ〉①不快に思う。にくむ。「嫌悪・好悪・憎悪」②気分がむかむかする。「悪寒・悪阻」㊂〈わる〉「悪気・悪口/性悪」難読 悪戯・悪阻

×**幄** 音アク(呉)(漢) 訓とばり ‖ 上からかぶせる幕。テント。「幄舎/帷幄」

握 音アク(呉)(漢) 訓にぎる ‖ ①にぎる。「握手・握力/一握」②しっかり自分のものにする。「掌握・把握」名付 もち

人 **渥** 音アク(呉)(漢) ‖ 手厚い。ねんごろ。「優渥」名付 あつ・あつし・ひく 難読 渥美

アクアトロン《和 aqua(水)+tron(装置)からの造語》水産動植物用の人工環境調節装置。海水などの温度・塩分濃度・酸素量・光量を人工的に調節し、魚や海藻などの成長を促進または抑制する栽培漁業の手法の一つ。

アクア-パッツァ〘イタリア acqua pazza〙イタリア料理の一。白身魚や貝類を水と白ワインで煮込んだもの。アックアパッツァ。

アクアビクス《和 aquabics》水中運動法の一種。音楽に合わせて水中でいろいろなスタイルで泳いだり、身体を動かして全身を鍛えるもの。

アクアビット〘デンマーク・スウェーデン akvavit〙《ラテン語で命の水の意》スカンジナビア産の蒸留酒。ジャガイモなどを原料に、キャラウェーなどで香りをつける。アカビット。

アクアプレーニング〘aquaplaning〙「ハイドロプレーニング」に同じ。

アクアポリス《和 aqua(ラテン)+polis(ギリシャ)》人工の海上都市。昭和50年(1975)の沖縄国際海洋博覧会で設置された海洋浮遊構造物の名称にされた。

アクアマリン〘aquamarine〙緑柱石のうち、青緑色で透明なもの。宝石にする。藍玉。また、その色。

あく-あらい【灰=汁洗い】〔名〕スル 柱・天井・縁側・板塀などの汚れを灰汁で洗って取り除くこと。

アクアラング〘aqualung〙《水中の肺の意》水中で呼吸するための潜水用具の商標名。➡スキューバ 補説「簡易潜水具」などと言い換える。

アクアリウム〘aquarium〙❶水生生物を飼育する水槽。❷水族館。

あく-い【悪衣】粗末な衣服。粗衣。あくえ。「―悪食」

あく-い【悪意】❶他人を憎み、害を加えようとする気持ち。わるぎ。「―を抱く」「―に満ちた眼差し」⇔善意。❷よくない意味。「発言を―に取る」⇔善意。❸法律上の効力に影響を及ぼす事情を知っていること。道徳的な意味での善悪とは異なる。⇔善意。類語 悪気・意趣・悪感情

あぐい【安居院】京都市上京区にあった寺。比叡山東塔竹林院の里坊。鎌倉時代に聖覚が居住した。

あくい-がわ【鮎喰川】徳島県中東部を流れる川。吉野川の一支流。剣山地の川井峠(標高約740メートル)付近に源を発して東北流し、徳島市北部で吉野川に合流。長さ49キロ。上流は剣山地を蛇行し、中流は渓谷をつくる。下流域は自然堤防や後背湿地が発達し、国分寺・国分尼寺があり条里制遺構なども見られるなど、かつての阿波国の中心地。

あくい-せんゆう【悪意占有】所有権などの本権のないことを知りながら、またはその有無に疑いをもちながら占有していること。⇔善意占有。

アクイレイア〘Aquileia〙イタリア北東部、スロベニア国境に近い古代ローマの都市遺跡。紀元前181年にローマ人が造った軍事的植民都市がその起こりで、その後も商業都市として栄えた。5世紀半ばにフン族の侵入によって壊滅したが、4世紀創建の初期キリスト教遺構、バシリカ総主教聖堂が11世紀に再建

されている。1998年「アクイレイアの遺跡地域と総主教聖堂バシリカ」として世界遺産(文化遺産)に登録。

あく-いろ【灰汁色】灰汁❶の、灰色がかった黄色。

あく-いん【悪因】仏語。よくない結果をもたらす原因。⇔善因。

あくいん-あっか【悪因悪果】悪い行為が原因となって悪い結果が生じること。⇔善因善果。

アクインクム〖Aquincum〗古代ローマ帝国時代の属州パンノニアの都。現在のブダペスト、オーブダ地区に位置する。2世紀頃の円形劇場、教会、住居、浴場などの遺跡や、出土品を展示するアクインクム博物館がある。

あく-いんねん【悪因縁】悪い結果をもたらす因縁。悪因と悪縁。

あぐう《多く「アグー」と書く》沖縄在来種の豚。14世紀に中国から持ち込まれた品種とバークシャーを交配したもので、全身黒色。体長約1メートル、体重約100キログラム。島豚。➡あよお

あ-くうかん【亜空間】通常の物理法則が通用しないという想像上の空間。物理学ではなく、SF用語。

あく-うん【悪運】❶悪いことをしても報いを受けず、かえって栄えるような運。「―が強い」❷運の悪いこと。不運。「―続きに泣く」

あく-えいきょう【悪影響】悪い影響。よくない影響。「青少年に―を与える雑誌」

あく-えき【悪疫】悪性の流行病。コレラ・ペストなど。「―がはやる」

あくえき-しつ【悪液質】癌・結核・マラリアなどの末期にみられる著しい衰弱状態。全身がやせて皮膚は生気を失い、まぶたや足にむくみが現れる。

あく-えん【悪縁】❶仏語。よくない縁。悪い結果をもたらす条件。❷好ましくない人間関係。また、関係を断とうとしても断つことのできない男女の縁など。腐れ縁。

あく-おけ【灰汁×桶】洗濯や染め物に使う灰汁を取る桶。灰と水を入れ、桶の下の口から灰汁が落ちる仕掛けになったもの。

アクオス〖AQUOS〗《aqua(水)とquality(品質)からの造語》シャープが販売する液晶テレビおよび映像関連機器のブランド名。平成12年(2000)より使用されている。HDDレコーダーやブルーレイディスクレコーダーなどの録画機器のほか、ワンセグ放送に対応した同社の携帯電話AQUOSケータイにも使われる。

アクオス-けいたい《「AQUOSケータイ」と書く》シャープが販売するワンセグ放送に対応した一部の携帯電話の通称。液晶部分が90度回転して横画面にできるサイクロイド機構を採用している。

あく-か【悪化】〔名〕スル ➤あっか(悪化)

あく-か【悪果】➤あっか(悪果)

あく-か【悪貨】➤あっか(悪貨)

あく-がた【悪形|悪方】歌舞伎で、悪人の役。また、それを専門に演じる俳優。敵役。悪人形。

あくがら・す【▽憧らす】〔動サ四〕❶落ち着きを失わせる。心を浮き立たせる。「心をそらに―・して」〈夜の寝覚・四〉❷さまよわせる。「煩はしげに思ひまつはす気色見えましかば、かくも―・さざらまし」〈源・帚木〉

あくが・る【▽憧る】〔動ラ下二〕「あくがれる」の文語形。

あくがれ-あり・く【▽憧れ▽歩く】〔動カ四〕何かに心をひかれ、家を出てさまよう。浮かれまわる。「かかる空のけしきにより、風のさきに―・き給ふもあはれに見ゆ」〈源・野分〉

あくが・れる【▽憧れる】〔動ラ下一〕文あくが・る〔ラ下二〕《本来は、あるべき所から離れる意》❶いる所を離れてふらふらさまよう。「自分の魂が―・れ出して、…水の面を高く低く、揺られて行く」〈谷崎・細雪〉❷物事に心が奪われる。うわの空になる。「山林に身を苦しめ雲水に魂を―・れさせて」〈露伴・二日物語〉❸胸を焦がす。思い焦がれる。「其写真に煩悶して―・れ」〈紅葉・金色夜叉〉❹気持ちが離れる。疎遠になる。「おもておこしに思ひし君は、ただ―・れに―・る」〈落窪・二〉

あく-かん【悪感】➤あっかん(悪感)

あく-かん【悪漢】➤あっかん(悪漢)

あく-かんじょう【悪感情】人に対して抱く不愉快な感情。「―を抱く」類語悪気・意趣・悪意

あく-き【悪鬼】➤あっき(悪鬼)

あく-ぎ【悪戯】たちの悪いいたずら。わるふざけ。

あくき-がい【悪鬼貝】➤あっきがい(悪鬼貝)

あく-ぎゃく【悪逆|悪虐】❶人道に外れた、ひどい悪事・悪行。❷律の八虐の一。主君や尊属を殺そうとする罪。❸悪いいたずら。乱暴。「酒に酔うては―仕りたるが」〈虎明狂・悪太郎〉

あくぎゃく-むどう【悪逆無道】〔名・形動〕度の過ぎた悪逆であること。道に背いたひどい行いであること。また、そのさま。あくぎゃくぶとう。「―な振る舞い」

あく-ぎょう【悪行】人の道に外れた悪い行い。あっこう。「―の限りを尽くす」類語悪事・凶行・旧悪・罪・咎・過ち・罪悪・罪科・罪過・犯罪・罪障・罪業・悪徳・背徳・不徳・不仁・不義・不倫・破倫・悪・違犯

あく-ぎょう【悪業】悪いしわざ。よくない職業。➡あくごう(悪業)

あく-ぎん【悪銀】多量の銅を混ぜた品質の悪い銀貨。また、偽金。わるがね。「三匁五分の豆板―」〈浮・永代蔵・五〉

あく-げつ【悪月】❶陰陽道で、凶の月。❷運の悪い月。めぐり合わせのよくない月。❸《中国で5月を凶事の多い月とし、また、5月5日の出生を凶としたところから》陰暦5月の異称。

あく-げん【悪言】人をあしざまにののしる言葉。悪口。あくごん。「―を吐く」

あく-げんた【悪源太】源義平の異名。

あく-ごう【悪業】仏語。悪い行為。転じて、前世で悪事をしたことによる悪い報い。⇔善業。

悪業の猛火 悪事の報いが大きいことを、燃えさかる火にたとえたもの。

あく-ごん【悪言】「あくげん(悪言)」に同じ。「推参なる―かな」〈浄・頼光跡目論〉

アクサ〖ACSA〗《Acquisition and Cross-Servicing Agreement》❶米国軍が同盟国の軍隊との間で物資や役務の相互利用を行う枠組みを定める二国間協定の米国内法上の名称。物品役務相互提供協定。❷❶の日米間の協定。日米間では平成8年(1996)、日米共同訓練・国連平和維持活動(PKO)・人道的国際救援活動を対象とする日米物品役務相互提供協定を締結。同11年、周辺事態に対応する活動も対象に加えられた。日米間では、武力攻撃事態・武力攻撃予測事態の場合のみ弾薬を提供できるが、武器は対象外。❸日本の自衛隊と豪州国防軍との間で物品や役務を相互に提供するための枠組み。平成22年(2010)締結。共同訓練・PKO・人道的国際救援活動・大規模災害への対処・緊急事態における自国民の輸送等を対象とし、武器・弾薬の提供は実施しないとしている。日豪物品役務相互提供協定。

アクサーコフ〖Sergey Timofeevich Aksakov〗[1791～1859]ロシアの小説家。貴族の出身。故郷の自然や人々の暮らしを徹底した写実により描いた。作「家族の歴史」「孫バグローフの幼年時代」など。

あく-さい【悪才】悪事をする才能。悪知恵。「―にたける」

あく-さい【悪妻】夫にとって好ましくない妻。⇔良妻。

悪妻は六十年の不作 悪妻をもつと、夫は一生不幸であるということ。悪妻は百年の不作。

あく-ざいりょう【悪材料】❶相場が下がるような要因。弱材料。売り材料。下げ材料。⇔好材料。❷一般に悪い結果をもたらす要因。

あく-さく【×齷×齪|×偓▽促】〔副〕スル「あくせく(齷齪)」に同じ。「蓋し彼れ本より一斗筲の才にして」〈東海散士・佳人之奇遇〉

あく-ざけ【▽灰酒】➤赤酒

あく-さつ【悪札】へたな書き物。自分の手紙をへりくだっていう語。

あく-さふ【悪左府】藤原頼長の異称。

アクサン〖フランス accent〗❶アクセント。❷フランス語で、母音の長短・開閉を示し、また同綴りで意味の異なる語を区別するために母音の上に置く記号。「´」(アクサン-テギュaccent aigu)、「`」(アクサン-グラーブaccent grave)、「^」(アクサン-シルコンフレックスaccent circonflexe)の3種。

あく-じ【悪事】❶道徳や法律などに背いた行為。悪い行い。「―を働く」「―が露見する」❷わが身に降りかかる、災い。災難。「―が重なる」
類語凶行・悪行・旧悪・罪・咎・過ち・罪悪・罪科・罪過・犯罪・罪障・罪業・悪徳・背徳・不徳・不仁・不義・不倫・破倫・悪・違犯

悪事千里を走る 《「北夢瑣言」の「好事門を出でず、悪事千里を行く」から》悪い行いはすぐに世間に知れ渡る。

アクシーノ〖axino〗《「アキシーノ」とも》素粒子物理学の超対称性理論から導かれる未知の超対称性粒子。クォーク同士を結びつける強い相互作用を説明する量子色力学において、その存在が予想される粒子アクシオンの超対称性パートナー。アクシオン、アクシーノともに未発見。

アクシオン〖axion〗《「アキシオン」とも》クォーク同士を結びつける強い相互作用を説明する量子色力学において、その存在が予想される未発見の粒子。また、宇宙論における冷たい暗黒物質の候補の一として挙げられている。

あく-じき【悪食】〔名〕スル ❶普通には食べない物を食べること。いかものぐい。あくしょく。❷粗末な物を食べること。❸仏教で、禁じられている獣肉を食べること。類語いかもの食い・げてもの食い

あく-しちびょうえ【悪七兵衛】平景清の異称。

あく-しつ【悪疾】たちが悪くて、治りにくい病気。
類語難病・業病・死病

あく-しつ【悪質】〔名・形動〕❶品物などが粗悪なこと。また、そのさま。「―な貨幣」⇔良質。❷たちが悪いこと。また、そのさま。「―ないたずら」類語粗悪・不良

あくしつ-しょうほう【悪質商法】「悪徳商法」に同じ。

あくしつ-せい【悪質性】悪質であること。たちが悪いこと。「―の高い交通違反」

アクシデンタル〖accidental〗〔形動〕偶然の。偶発的な。不測の。「―な事故が重なっての大惨事」

アクシデント〖accident〗不意の出来事。思わぬ故障。事故。類語事故・奇禍・災難

あく-しば【灰汁×柴】ツツジ科の落葉低木。山地に生え、高さ20～80センチ。枝は緑色で、葉は卵形で柄がない。初夏に淡紅白色の花を下向きにつけ、実は丸く、熟すと赤い。

あく-しゃ【×幄舎】四隅に柱を立て、棟・檐を渡して布帛で覆った仮小屋。祭儀などのときに、臨時に庭に設けるもの。幄。幄の屋。あげばり。

あく-しゅ【悪手】囲碁・将棋などで、その場面で打つべきでないまずい手。

あく-しゅ【悪酒】品質の劣る酒。味の悪い酒。

あく-しゅ【悪趣】仏語。現世で悪事をした結果、死後におもむく苦悩の世界。地獄・餓鬼・畜生を三悪趣という。悪道。⇔善趣。

あく-しゅ【握手】〔名〕スル ❶互いに手を握り合うこと。あいさつや、親愛の情、喜びの表現として行う。「初対面の―を交わす」❷仲直りをすること。また、協力すること。「新薬開発のため両社が―する」類語敬礼・一礼・答礼・御辞儀・礼・一揖・会釈・黙礼・目礼・最敬礼・叩頭・叩首・低頭・拝礼

あく-しゅう【悪臭】不快感を催すようなにおい。嫌なにおい。「―が漂う」「―芬々」
類語異臭・臭気・臭み・激臭・腐臭

あく-しゅう【悪習】悪い風習。悪い習慣。悪弊。「―に染まる」類語悪風・悪弊・弊風・弊習・陋習

あくしゅう-ぼうしほう【悪臭防止法】工場などから発生する悪臭を規制し、生活環境の保全、

国民の健康の保護を目的とする法律。昭和46年(1971)施行。➡臭気判定士

あく-しゅみ【悪趣味】〔名・形動〕俗悪な趣味。また、人のいやがることを平気でやること。また、そのさま。「―な飾りつけ」

あく-じゅんかん【悪循環】ある事柄が他の悪い状態を引き起こし、それがまた前の事柄に悪影響を及ぼす関係が繰り返されて、事態がますます悪くなること。「―を繰り返す」
(類語)負のスパイラル・負の連鎖

あく-しょ【悪所】❶山道・坂道などの険しい所。難所。❷江戸時代、遊里と芝居町をいった語。悪所場。❸生あるものが現世の悪業のむくいで死後行くところ。「皆々御心の向けやうによりて、善所へも行き、―へも生まるるなり」〈仮・竹斎・上〉(類語)難所・悪場

あく-しょ【悪書】❶内容が俗悪で、読者や社会、特に青少年読者に悪影響を及ぼす本。❷文字を書くのがへたなこと。悪筆。「商戸なれば…書に心なし。故に―なる事人のみるところなり」〈胆大小心録〉

あく-じょ【悪女】❶性質・気だてのよくない女。❷器量の悪い女。醜い女。
(類語)(❶)毒婦・あばずれ/(❷)不美人・ぶおんな・しこめ・醜女・醜婦・ぶす・おかちめんこ
悪女の深情け　醜い女のほうが美人に比べて情が深いということ。また、ありがた迷惑のたとえ。

あく-しょう【悪性】〔名・形動〕悪い性質。たちのよくないこと。また、そのさま。特に、酒色にふけりたがる性質などをいう。「―な男を、此の内には一日もならぬ」〈浮・禁短気・四〉

あく-じょう【悪尉】能面の一。強く恐ろしい表情をした尉(老翁)の面。多く老神・怨霊などに用いる。

あくしょう-がね【悪性金】「悪所金」に同じ。「使うても使うても止まりの知れぬ―」〈浄・氷の朔日〉

あく-じょうけん【悪条件】物事の成功や成立を阻むような条件。「―が重なる」

あくしょう-もの【悪性者】道楽者。浮気者。「わぬしも―ぞと町所にも知りたれば」〈色道大鏡・五〉

あくしょ-おち【悪所落ち】遊里へ行くこと。「礼場(=葬儀場)よりすぐに―の内談」〈浮・一代女・三〉

あくしょ-おとし【悪所落とし】馬に乗って険しい坂道を走り降りること。また、それに巧みな人。「究竟の荒馬のり、―」〈平家・九〉

アクショーノフ〖Vasiliy Pavlovich Aksyonov〗[1932～2009]ロシアの小説家。ソ連時代に長編「星の切符」などで反逆的な若者を大胆に描き、1960年代の青春文学の旗手となった。1980年には米国に移住。他に「月への道半ば」「モスクワ物語」など。

あくしょ-がね【悪所金】遊里などで使う金。遊興費。悪性金。「小者、―の使ひやうを見おぼえ」〈都鄙問答・二〉

あくしょ-がよい【悪所通い】遊里に通うこと。

あく-しょく【悪食】「あくじき(悪食)」に同じ。〈日葡〉

あくしょ-ぐるい【悪所狂い】遊里に入りびたって酒色にふけること。

あくしょ-ついほう【悪書追放】青少年に有害な雑誌を追放しようとする小売書店の運動。昭和38年(1963)10月、山梨県の甲府書籍雑誌共同組合が始め、全国各地に広がった。

あくしょ-ば【悪所場】「悪所❷」に同じ。

アクション〖action〗❶動作。活動。「―を起こす」❷俳優の所作・演技。特に、動きの激しい演技。「―スター」「―シーン」
(類語)振り・身振り・所作・しぐさ・素振り・思わせ振り・風・様子・体・格好・演技・ジェスチャー・ポーズ

アクション-ドラマ《和 action＋drama》格闘や立ち回りなどの動きを中心にした劇・映画。活劇。

アクション-プラン〖action plan〗ある政策や企画を実施するための基本方針。また、行動計画。アクションプログラム。「食の安全推進のための―」

アクション-プログラム〖action program〗▶アクションプラン

アクション-ペインティング〖action painting〗第二次大戦後、ニューヨークを中心にして起こった前衛絵画。制作行為そのものを重要視する。米国の画家ポロックが代表的。

あく-しん【悪心】恨みを抱き、悪事をしようとするよこしまな心。(類語)出来心

あく-じん【悪神】人に災いや害を与える神。

アクス〖ACTH〗《adrenocorticotropic hormone》▶副腎皮質刺激ホルモン

あく-すい【悪水】❶飲用・灌漑などに適さない水。❷汚れた水。汚水。

アクスム〖Aksum〗エチオピア北部、エリトリアとの国境付近にある町。1世紀前後に建国されたアクスム王国の首都。ステッレと呼ばれるオベリスク(石造の記念碑)などの史跡が残る。1980年、世界遺産(文化遺産)に登録された。

あく-する【握する】〔動サ変〕文あく・す〔サ変〕にぎる。手にする。

あく-せ【悪世】悪い世の中。特に、仏法の衰えた時代。末法の世。末世。「末代―に及ばんまで、この仏を一称一礼せん人は」〈今昔・一一・一五〉

アクセ「アクセサリー」の略。

あく-せい【悪声】❶悪い声。耳障りな声。⇔美声。❷悪い評判。悪評。悪口。(類語)(❶)声・音声・発声・美声・金切り声・だみ声・どら声・胴間声・鼻声・裏声・小声・猫撫で声/(❷)悪名・汚名・札付き

あく-せい【悪性】たちが悪いこと。特に、病気などの性質が悪く、治療や処置が困難なこと。「―の風邪」⇔良性。

あく-せい【悪政】民意に添わない政治。⇔善政。
(類語)虐政・苛政・暴政・圧政・軍政

あく-ぜい【悪税】不公平が是正されない税。道理に合わないことで、評判の悪い税。

あくせい-インフレ【悪性インフレ】《「悪性インフレーション」の略》経済・社会全体を混乱に陥れるようなインフレ。ハイパーインフレーション。

あくせい-こくしょくしゅ【悪性黒色腫】メラニンをつくる色素細胞や母斑細胞を形成する細胞に生じる悪性腫瘍。手足の皮膚や眼球などに黒色のほくろ・いぼ状のものができ、他の皮膚癌に比べて転移が早い。メラノーマ(melanoma)。

あくせい-しゅよう【悪性腫瘍】腫瘍のうち、細胞が変異して限りなく増殖を続け、周囲の正常な組織を破壊するもの。癌腫と肉腫とに分けられる。悪性新生物。

あくせい-しんせいぶつ【悪性新生物】▶悪性腫瘍

あくせい-ひんけつ【悪性貧血】赤血球を成熟させるのに必要なビタミンB_{12}または葉酸の欠乏によって起こる貧血。

あくせい-リンパしゅ【悪性リンパ腫】リンパ節を構成する細胞が無制限に増殖する悪性腫瘍。ホジキン病とそれ以外のものとに大別される。

あく-せく【齷齪／偓促】〔副〕《「あくさく」の音変化》細かいことを気にして、落ち着かないさま。目先のことにとらわれて、気持ちがせかせかするさま。「―(と)働く」「つまらないことに―する」(類語)営営・せっせと・こつこつ・汲汲・孜孜

アクセサリー〖accessory〗❶装飾品。衣服を引き立てるための装身具の類。ブローチやネックレスなど。❷機械類の本体以外の付属品。「カー―」❸「アクセサリーソフト」の略。(類語)装身具

アクセサリー-ゲーム《和 accessory＋game》コンピューターで、オペレーティングシステムやソフトなどに付属するシンプルな機能のゲーム。また、軽量小型で持ち運べる単機能ゲーム機のことをさす場合もある。

アクセサリー-シュー〖accessory shoe〗カメラの付属品の取り付け部。通常、カメラ上部に位置し、ストロボやファインダーなどが取り付けられる。ストロボとのシンクロ接点を有するものはホットシューという。

アクセサリー-ソフト《accessory softwareから》コンピューターのデスクトップ上で手軽に利用できる小規模なソフトウエア。電卓、メモ帳、カレンダーなどがあり、多くはオペレーティングシステムやアプリケーションソフトにあらかじめ付属。ガジェット。ウィジェット。

アクセシビリティー〖accessibility〗近づきやすいこと。物を得やすいこと。また、道具などの使いやすさ、情報やサービスに対する利用のしやすさ。➡ウェブアクセシビリティー

アクセス〖access〗〔名〕スル ❶接近すること。また、交通の便。「―の良い場所」❷コンピューターで、メモリーや記憶装置に対してデータの読み出しや書き込みを行うこと。❸ネットワークや通信回線などを使って他のコンピューターに接続すること。❹(Access)▶マイクロソフトオフィスアクセス

アクセス-カウンター〖access counter〗そのウェブページが何回閲覧されたかを表示するプログラム。

アクセス-けん【アクセス権】❶公文書の閲覧・謄写など、公の情報を入手し利用する権利。❷マスメディアに受け手側の市民が送り手として参加する権利。反論の機会を要求したり、意見広告を載せたりする権利。❸コンピューターネットワークやサーバー、またはコンピューターのファイルにアクセスする権限、および可能な作業範囲に関する権限のこと。

アクセス-じかん【アクセス時間】▶アクセスタイム

アクセス-タイム〖access time〗コンピューターの記憶装置にデータの呼び出し、または書き込みを命令してから、その動作が完了するまでにかかる時間。

アクセス-チャージ〖access charge〗電話やインターネットなど、通信回線の接続料。相互接続料金。電気通信事業において、NTTなど市内通信事業者の回線に、新規参入の市外通信事業者の回線が接続されるとき、市外通信事業者から市内通信事業者に支払われる接続料などをいう。また一般利用者が、インターネット接続サービスに対して支払う利用料金のことも指す。

アクセス-どうろ【アクセス道路】空港や港と都心または内陸部の物資流通基地とを結ぶ高速道路。

アクセス-ばんぐみ【アクセス番組】《access program》単なる視聴者参加番組ではなく、一定の条件下ではあるが視聴者みずからが企画制作し、メディアを利用して意見や批判、あるいは表現活動を自由に行おうとする放送番組。英米に多くみられる。

アクセス-プロバイダー〖access provider〗▶プロバイダー

アクセス-ポイント〖access point〗ネットワークで、ホストコンピューターと端末を接続するための中継点。接続点。AP。サービスポイント。

アクセソワリスト〖フランス accessoiriste〗《劇場や映画の小道具係の意》ファッションの写真撮影やショーの際、アクセサリーの選択や服のコーディネートを担当する人のこと。日本ではスタイリストと呼ばれる職業がこれにあたる。

アクセプター〖acceptor〗半導体の結晶に混ぜられる、原子価のより小さい不純物。新しいエネルギー準位をつくり、半導体の電気伝導率を増加させる。

アクセプタンス-テスト〖acceptance test〗▶受け入れテスト

アクセプト〖accept〗申し込みなどを受諾すること。受け入れること。

アクセラレーター〖accelerator〗加速装置。特に、パソコンに装着して処理速度を向上させるハードウエアやソフトウエアのこと。グラフィックスアクセラレーター、3Dグラフィックスアクセラレーターなど。

アクセル〖Axel〗「アクセルジャンプ」の略。

アクセル《acceleratorの略》自動車などの加速装置。このペダルを踏むと、キャブレター(気化器)の絞り弁が開き、エンジンの回転数が増す。アクセルペダル。加速ペダル。

アクセル-ジャンプ〖Axel jump〗フィギュアスケートのジャンプの一。前向きの姿勢で踏み切り、空中で回転し、後ろ向きに着氷する。他のジャンプに比べて半回転多くなるため、難易度が高い。ノルウェーのスケート選手アクセル＝パウルゼンが考案した。アクセル。アクセルパウルゼンジャンプ。

アクセルパウルゼン-ジャンプ〖Axel Paulsen jump〗▶アクセルジャンプ

アクセル-ペダル《accelerator pedalから》▶アクセル

アクセレレーター〖accelerator〗▶アクセラレーター

あく-せん【悪戦】〔名〕スル 不利な苦しい戦い。苦戦。「家庭の犠牲となって是非なく社会に―する」〈木下尚江・良人の自白〉

あく-せん【悪銭】❶悪いことをして手に入れた金。あぶく銭。❷品質の低い貨幣。悪貨。

悪銭身につかず 盗み・賭け事などで得た金銭は、むだに使われてすぐになくなってしまう。

あくせん-くとう【悪戦苦闘】〔名〕スル ❶強敵に対して非常に苦しい戦いをすること。❷困難な状況の中で、苦しみながら努力すること。「少ない予算で―する」(類語)苦戦・苦闘

アクセント〖accent〗❶個々の語について、社会的慣習として決まっている相対的な音の高低または強弱の配置。言語体系の違いによって、音の高低によるもの(高さアクセント)と音の強弱によるもの(強さアクセント)とがある。日本語は高さアクセント、英語などは強さアクセント。❷話し方の調子。イントネーション。❸音楽で、拍子の強く演奏される部分。強勢部。❹デザイン・文章などで、強調したい部分や人目を引きつけようとする点、変化をつける点。「ベルトで―をつけた服」(類語)プロミネンス・イントネーション

アクセント-カラー〖accent color〗室内・室外および商品の色彩計画において、主調色であるメインカラーとともに用いられ、メインカラーの効果を強めたり、また補完したりする色のこと。

あく-そう【悪相】サウ ❶恐ろしくて気味の悪い顔つき。醜い人相。❷不吉な兆し。縁起の悪い現象。「天より悪事の物降り、様々の―を現ず」〈今昔・一・一三〉

あく-そう【悪僧】❶僧でありながら戒律を守らない者。❷武勇に秀でた荒々しい僧。荒法師。「落ち行く―の太刀、長刀を奪ひ取って」〈太平記・一七〉

あく-ぞく【悪俗】好ましくない習わしや、しきたり。悪習。「弊風―」(対)美俗。

あくぞ-もくぞ「あくたもくた」に同じ。「さだめておれが―を店(たな)おろしするであらう」〈鳩翁道話・下〉

あくた【×芥】ごみ。くず。かす。転じて、つまらないもの。「塵(ちり)―のごとく扱われた」

アクタ〖ACTA〗《Anti Counterfeiting Trade Agreement》▶模倣品・海賊版拡散防止条約

アクダ【阿骨打】[1068〜1123]中国の金の初代皇帝。在位1115〜1123。完顔(ワンヤン)部の首長として女真(じょしん)族を統一。のち中国北部を平定。1115年、都を会寧に定め、国号を大金国とし、自ら皇帝と称した。

アクター〖actor〗男の俳優。男優。(対)アクトレス。

あく-たい【悪態】憎まれ口をきくこと。悪口。あくたいぐち。「―の限りを尽くす」(類語)悪口(わるくち)・陰口・誹謗(ひぼう)・謗り・中傷・悪口(あっこう)・雑言・罵詈(ばり)・罵詈雑言(ばりぞうごん)

悪態をつ・く 口汚くののしったり、けなしたりする。憎まれ口をたたく。「悔し紛れに―・く」

あくたい-まつり【悪態祭(り)】参詣人が悪口を言い合い、言い勝った者が福運を得るとされる祭り。悪口(わるくち)祭り。

あくたい-もくたい「あくたもくた」に同じ。「自分から撞突(つきあた)って置きながら、居るが悪いと―つけつけと言った揚句」〈緑雨・門三味線〉

あくた-がわ【芥川】ガは ㊀大阪府高槻(たかつき)市を流れる川。明神岳に源を発し、淀川に合流。長さ22キロ。また、その流域にある地名。(歌枕)「―みくづとなりし昔より流れもやらぬ物をこそ思へ」〈散木集・九〉㊁狂言。大蔵・和泉流。道連れになった体の不自由な男どうしが、互いにそれを隠そうとするが、露見。脛薑(すねはじかみ)。

あくたがわ-しょう【芥川賞】あくたがはシヤウ 芥川竜之介を記念し、昭和10年(1935)菊池寛の提唱で、直木賞とともに創設された文学賞。同20年中絶、同24年復活。毎年2回、新人作家の小説に授賞。芥川竜之介賞。

あくたがわ-やすし【芥川也寸志】あくたがは [1925〜1989]作曲家。東京の生まれ。東京音楽学校卒。芥川竜之介の三男、比呂志の弟。橋本国彦らに師事し、多彩な作品を発表。昭和28年(1953)、団伊玖磨(いくま)、黛敏郎(まゆずみとしろう)と「三人の会」を結成。代表作に「交響三章」「エローラ交響曲」、歌劇「暗い鏡」、映画音楽「砂の器(うつわ)」など。著作に「音楽の旅」など。

あくたがわ-りゅうのすけ【芥川竜之介】あくたがは [1892〜1927]小説家。東京の生まれ。第三次・第四次「新思潮」同人。大正5年(1916)「鼻」で夏目漱石に認められて作家として登場。新技巧派の代表作家とされる。昭和2年(1927)自殺。命日は河童忌という。作「羅生門」「地獄変」「河童」「侏儒(しゅじゅ)の言葉」「歯車」「或阿呆の一生」など。

あくたがわりゅうのすけ-しょう【芥川竜之介賞】▶芥川賞

あくた-たけお【芥田武夫】[1903〜1987]野球選手・監督。兵庫の生まれ。早大野球部で活躍。卒業後、満鉄に入社し、都市対抗野球で優勝。のち朝日新聞社に入り、戦後、全国中等学校野球連盟(現日本高野連)の結成に貢献。近鉄パールス(現オリックス)の監督も務めた。

あく-だま【悪玉】❶悪事をする者。悪人。悪いやつ。江戸時代、草双紙の挿絵で円の中に「悪」の字を書いて顔とし、悪人を表したのに基づく。(対)善玉。❷芝居や映画で悪人の役。悪役。
(類語)悪人・悪者・悪漢・悪党・悪(あく)・悪(わる)・悪役・敵役

あくだま-きん【悪玉菌】人の腸内に存在する細菌のうち、その活動によって生み出される代謝物が人の健康維持に害をなすもの。大腸菌・ウェルシュ菌・ブドウ球菌など。

あくだま-コレステロール【悪玉コレステロール】▶LDLコレステロール

アクダマル-とう【アクダマル島】タウ《Akdamar Adası》トルコ東部にある同国最大の湖、バン湖に浮かぶ島。10世紀建造のアルメニア教会がある。教会の外壁には旧約聖書などを題材とした多種多様な浮き彫りが施され、堂内にはわずかにフレスコ画が残っている。

あくた-もくた【×芥もくた】《「もくた」は「もくず(藻屑)」が「あくた」に引かれて音変化したものという》❶何の役にも立たない、つまらないもの。無用なもの。「何のかのいふ―を、さらりとちくらが沖へ流して」〈おらが春〉❷人の欠点や短所。また、それをあげつらう言い方。あくぞもくぞ。あくたいもくたい。「充満坪(じゅうまんつぼ)の煤(すす)はきするやうに、―をまけ出して」〈洒・船頭部屋〉

あく-たれ【悪たれ】悪たれること。また、その者。「―小僧」

あくたれ-ぐち【悪たれ口】悪たれたものの言い方。憎まれ口。「―をたたく」

あくたれ-もの【悪たれ者】悪たれ口をきく者。また、乱暴者。

あく-た・れる【悪たれる】〔動ラ下一〕理屈に合わないことや反抗的なこと、いやがらせなどを言う。すねた態度をとる。「酔って同僚に―・れる」

あく-たろう【悪太郎】ラウ ❶いたずらな子供をののしっていう語。悪たれ小僧。「八字髯(ひげ)の主人すら七八歳の―同様にしかり飛ばすくらいで」〈蘆花・思出の記〉❷荒々しい男、乱暴者を人名めかしていう語。「私は―と申して、日来大酒をこのみ悪逆を致いて御ざるが」〈虎寛狂・悪太郎〉(類語)悪童

あくたろう【悪太郎】アクタラウ 狂言。無頼者の悪太郎が伯父に酒をふるまわせ、泥酔するが、その間に伯父に頭の毛をそられ、非行を悔いて仏道に入る。

あ-くち《「あぐち」とも》❶ひな鳥のくちばしの根もとの黄色い部分。〈日葡〉❷幼児の口のまわりにできる小さなできもの。〈日葡〉

あくちも切れぬ 世間知らずの、年少の者をあざけっていう語。「―ぶんざいで、矢を望まんとは不敵不敵」〈浄・矢口渡〉

あく-ち【悪地】雨水の浸食で生じた小谷が無数に刻まれ、通行困難な地形。米国サウスダコタ州西部のものが代表的で植生がほとんどない。バッドランド。悪地地形。

あく-ち【悪血】病毒を含んだ血。悪い血。〈日葡〉

あ-ぐち【▽開口】《「あ(開)きくち(口)」の音変化》足袋・すね当て・靴などの、足を入れる口。

あく-ちしき【悪知識/悪×智識】仏語。悪法・邪法を説いて悪に誘い込む人。悪い師や友。(対)善知識。

あぐち-だか【▽開口高】〔形動ナリ〕開口を上の方へ引き上げて深く履くさま。「断悪修善の脛当(すねあて)を―にしっかりとはき」〈浄・女護島〉

アクチニウム〖actinium〗アクチノイドに属する放射性元素の一。単体は銀白色の金属。閃(せん)ウラン鉱のウランを除いた残留分から発見された。元素記号Ac 原子番号89。天然に存在する同位体は質量数227と228がある。

アクチニウム-けいれつ【アクチニウム系列】ウラン235からアクチニウムを経て鉛207に至る天然放射性核種の崩壊系列。この系列の核種の質量数は$4n+3$(nは整数)で表される。アクチノウラン系列。

アクチニド〖actinide〗《アクチニウムに似たものの意》「アクチノイド」に同じ。

アクチニド-げんそ【アクチニド元素】▶アクチノイド

アクチノイド〖actinoid〗原子番号89のアクチニウムから103のローレンシウムまでの15の元素の総称。いずれも放射性元素で、物理的、化学的に極めてよく似た性質をもつ。

アクチノウラン〖(ドイツ) Aktinouran〗ウランの同位体の一つ。ウラン235。アクチニウム系列に属す最初の放射性核種で、核燃料として用いられる。記号AcU

アクチノウラン-けいれつ【アクチノウラン系列】▶アクチニウム系列

アクチノマイシン〖actinomycin〗抗生物質の一。アクチノマイシンDは小児の悪性腫瘍(しゅよう)の特効薬。

アクチノメーター〖actinometer〗「日射計」に同じ。

アクチノン〖actinon〗アクチニウム系列に属する気体の放射性核種。記号An 質量数219.01。86番元素ラドンの同位体で^{219}Rnとも書く。

アクチブ〖(ロシア) aktiv〗《「アクチーフ」とも》政党や労働組合の中で先頭に立って活動する人。積極分子。

アクチブ〖active〗〔名・形動〕▶アクティブ

アクチュアリー〖actuary〗保険会社で危険率・保険料率などの算出を業務とする人。保険計理人・保険計理士・保険数理士などと訳される。最近では信託銀行などの年金業務にも進出している。

アクチュアリティー〖actuality〗現実性。現実み。現実。「―をもたないプラン」

アクチュアル〖actual〗〔形動〕現実に当面しているさま。現実的。時事的。「―なテーマ」

アクチュエーター〖actuator〗機械・装置などで、エネルギーの供給を受けて、最終的な機械的仕事に変換する機械要素。サーボモーター・油圧シリンダー・空圧シリンダー・油圧モーターなど。

アクチン〖actin〗筋肉を構成する主要たんぱく質の一。ミオシンとともに筋肉の収縮に直接関与する。筋線維以外の細胞にも、細胞骨格の成分として存在し、細胞の分裂・運動・形態の調節などに関与している。

アクティウム-の-かいせん【アクティウムの海戦】紀元前31年、ギリシャ北西岸のアクティウム(Actium)岬の沖で、オクタビアヌスが、アントニウスとエジプト女王クレオパトラの連合軍を破った海戦。アクチウムの海戦。

アクティ-はんとう【アクティ半島】ハンタウ《Akte》▶アトス半島

アクティビスト〖activist〗《原義は、行動主義者の意》❶日本では、財政支出(政府投資)拡大で内需振興を主張する積極財政論者のこと。財政再建優先のノンアクティビストに対していう。❷▶物言う株主

アクティビティ〖activity〗活気。活動。特に、リゾート地などでのさまざまな遊びについていう。

アクティブ〖active〗《「アクチブ」とも》㊀〔名〕能動態。㊁〔形動〕自分から進んで働きかけるさま。活動的。積極的。能動的。「―な若者層」(対)パッシブ。

アクティブ-ウインドー〖active window〗パソコ

ンのディスプレー上で複数のウインドーを表示するマルチウインドー環境において、キーボードからの入力やマウスのクリックなど、ユーザーの操作の対象となっているウインドーを指す。通常は一つだけであり、複数が重複している場合、一番手前に表示される。

アクティブ-うんよう【アクティブ運用】投資信託などの運用方法の一つ。ファンドマネージャーが個別銘柄や市場などを分析し、銘柄選択や組み入れ比率を判断して運用するもの。➡パッシブ運用

アクティブ-エックス〖ActiveX〗米国マイクロソフト社が開発したインターネット関連技術の総称。主にブラウザーで利用できるさまざまなコンポーネント技術で構成される。

アクティブエックス-コントロール〖ActiveX control〗►アクティブエックス

アクティブがた-アールエフアイディータグ【アクティブ型RFIDタグ】《active RFID tag》►アクティブタグ

アクティブがた-アイシータグ【アクティブ型IC タグ】《active IC tag》►アクティブタグ

アクティブシャッター-ほうしき【アクティブシャッター方式】ﾒｶﾞﾈ ｼｷ《active shutter glasses》遠近感を伴う映像を表示する立体テレビやコンピューターのディスプレーなどの方式の一。左眼用と右眼用の映像を交互に表示するもの。映像の切り替えと同期して左右交互に遮光する液晶シャッターを備えた眼鏡を用いると、立体視が可能となる。左右別々の映像(フレーム)を連続的に表示することから、フレームシーケンシャル方式ともいう。液晶シャッター方式。

アクティブ-スクリプト〖active script〗米国マイクロソフト社のブラウザー、Internet Explorerが搭載する機能の一。JavaScriptやVBScriptなどのスクリプト言語を実行できる。

アクティブ-スピーカー〖active speaker〗増幅器(アンプ)内蔵型のスピーカー。パソコンやデジタルオーディオプレーヤーなどに接続して使うことが多い。

アクティブ-セル〖active cell〗スプレッドシート(表計算ソフト)における操作対象となるセル(升目)のこと。

アクティブ-ソーラー〖active solar〗太陽エネルギーを利用する住居設計方法の一種。反射鏡・太陽電池・ポンプ・ファンなどの能動的機器を活用して、太陽エネルギーを冷暖房や電力供給に利用する。

アクティブ-タグ〖active tag〗ICタグの一種。電池を内蔵し、数十メートルという長距離で電波の送受信が可能。アクティブ型ICタグ。アクティブ型RFIDタグ。➡セミアクティブタグ ➡パッシブタグ

アクティブ-デスクトップ〖Active Desktop〗米国マイクロソフト社のオペレーティングシステムにおける、デスクトップとウェブページを統合した作業環境。Windows 98で搭載され、Windows Vistaで廃止された。

アクティブ-バース〖active birth〗自由分娩(ぶんべん)。産婦が自然な体位など、自由に希望する姿勢で行う分娩。

アクティブ-ファンド〖active fund〗《「ファンド」は投資信託のこと》証券投資信託の一種。目標として証券市場の平均値を上回る運用をめざす。目標は、国内株であればTOPIX(東証株価指数)、日経平均株価を用いる。指標の株価指数が対象とする全体の銘柄を購入して運用するインデックスファンドと異なり、運用者が自らの方針で投資銘柄を決める。

アクティブ-ホーミング〖active homing〗►アクティブレーダーホーミング

アクティブマトリックス-えきしょう【アクティブマトリックス液晶】ｴｷｼｮｳ 液晶ディスプレーの作動方式の一。ディスプレーを構成する1ドット毎に電圧のオン・オフを制御する素子を配したもの。速い応答速度や高いコントラストなどの特徴をもつ。

アクティブマトリックス-ほうしき【アクティブマトリックス方式】ﾎｳｼｷ ►アクティブマトリックス液晶

アクティブレーダー-ホーミング〖active radar homing〗飛翔体が自らレーダー波を目標に照射し、その反射波を感知して目標を追尾(ホーミング)するミサイル誘導方式。ARH。

アクティブ-レンジャー《和 active＋ranger》環境省所属の非常勤の国家公務員。自然保護官(パークレンジャー)を助け、国立公園などの保護管理、利用者指導、自然解説などを担当する。自然保護官補佐。平成17年(2005)より導入。

アクティベーション〖activation〗《「アクチベーション」とも》❶活発にすること。促進すること。活性化。機能の有効化。❷「プロダクトアクティベーション」の略。

アクティング〖acting〗俳優の演技・所作。

アグテレック-カルスト〖Aggtelek Karst〗ハンガリーとスロバキア国境にまたがる大規模なカルスト地形の、ハンガリー側。国立公園に指定されている。地下には両国あわせて700以上の洞窟(どうくつ)が密集し、中でもスロバキア側につながる全長25キロメートルの洞窟はヨーロッパ最大。洞窟内にある「コンサートの広間」と呼ばれる大空間では演奏会なども開催。1995年に「アグテレックカルストとスロバキアカルストの洞窟群」として世界遺産(自然遺産)に登録。2000年と08年には登録範囲が拡大された。アッグテレクカルスト。アグテレクカルスト。➡スロバキアカルスト

あく-てん【悪天】よくない天気。悪天候。「一をついて出発した」⇔好天。〘類語〙荒天・雨天・雨空

あく-てん【悪点】物事を悪く批評すること。「ただ通人の口まねをして、一をのみ楽しみとなし」〈洒・辰巳婦言〉

あく-てんこう【悪天候】風雨などがひどく、荒れ模様の天候。悪天。「一のため豊作が危ぶまれる」

あく-と【悪徒】わるもの。また、その仲間。悪党。

アクト〖act〗❶行為。行動。❷劇の一幕。

あくど・い〘形〙文あくど・し〘ク〙❶程度を超えてどぎつい。やり方が行きすぎてたちが悪い。「一・い宣伝」「一・い商売」❷色や味などがしつこい。「化粧が一・い」「柄(がら)がけばけばしくて一・い」〘派生〙あくどさ〘名〙〘類語〙こすい・こすっからい・ずるい

あく-とう【悪投】〘名〙ｽﾙ 野球で、相手の野手が取れないようなまずい球を投げること。悪送球。

あく-とう【悪党】ｱｸﾄｳ ❶悪事を働く者の仲間。❷悪人。悪者。❸中世、特に南北朝時代、荘園領主や幕府に反抗した荘民とその集団。〘類語〙悪人・悪者・悪漢・悪玉・悪(わる)・悪(わる)

あく-どう【悪童】いたずらがはなはだしく、手に負えない子供。〘類語〙悪太郎

あく-どう【悪道】ｱｸﾄﾞｳ ❶「悪趣(あくしゅ)」に同じ。⇔善道。❷悪い行い。酒色にふけること。「子としては親を善に導くべきを、反(かへ)って一へ陥れしむること有るべきや」〈都鄙問答〉

あく-とく【悪徳】道義に外れた言行。「一商人」⇔美徳。〘類語〙罪・咎(とが)・過ち・罪悪・罪科・罪過・犯罪・罪障・罪業・背徳・不徳・不仁・不義・不倫・破倫・悪(あく)・悪行(あくぎょう)・悪事・違犯

あくとく-しょうほう【悪徳商法】ｼｮｳﾎｳ 高額の利息が付くとか、有利な資格が取れるなどと言って客から金銭をだまし取るやり方。訪問販売、電話販売、など方法は多種多様。悪質商法。問題商法。➡クーリングオフ

アクトビラ〖acTVila〗インターネットのブロードバンド回線を利用したテレビ向けのオンデマンド型の動画配信サービス。パソコンは使用せず、同サービスに対応したテレビや、専用のセットトップボックスを一般のテレビに接続して視聴する。

アクトミオシン〖actomyosin〗筋肉を構成する主要たんぱく質のミオシンとアクチンとが結合したもの。これとATP(アデノシン三燐酸)との相互作用によって筋肉が収縮する。

アクトレス〖actress〗女の俳優。女優。⇔アクター。

あく-なき【飽く無き】〘連体〙飽きることのない。いつまでも満足することのない。「一挑戦」

あく-に【灰＝汁煮】〘名〙ｽﾙ 灰汁❶を加えて野菜などを煮ること。あく抜きができ、煮えにくいものが煮えやすくなる。

アグニ〖梵 Agni〗古代インド神話で火の神。人間と神の媒介者で、太陽・稲妻などになって、暗黒と邪悪を滅ぼす。仏教では火天(かてん)をいう。阿耆尼(あぎに)。

あく-にち【悪日】❶暦の上で、物事をするのによくないとされている日。凶日(きょうじつ)。あくび。➡四日(しにち)の悪日(あくにち) ❷運の悪い日。運のない日。あくび。〘類語〙凶日・厄日

あく-にん【悪人】心のよくない人。悪事を働く人。悪漢。⇔善人。〘類語〙悪者・悪党・悪玉・悪(わる)・悪(わる)

あくにん-がた【悪人形】「悪形(あくがた)」に同じ。

あくにんしょうき-せつ【悪人正機説】ｱｸﾆﾝｼｮｳｷｾﾂ 阿弥陀仏(あみだぶつ)の本願は悪人を救うためのものであり、悪人こそが、救済の対象だという考え方。親鸞(しんらん)の念仏思想の神髄とされる。

あく-ぬき【灰＝汁抜き】〘名〙ｽﾙ 野菜などの渋みやえぐみをとること。「ゴボウを一する」

あく-ぬけ【灰＝汁抜け】〘名〙ｽﾙ ❶野菜などのあくがぬけること。❷いやみがなく洗練されていること。あかぬけ。「一した人物」❸取引で、悪材料が出尽くして、相場の下落が一段落すること。

あくね【阿久根】鹿児島県北西部の市。東シナ海に面し、交通の要地。漁業・水産加工業が盛ん。ミカン・ボンタン・エンドウなどを栽培。人口2.3万(2010)。

アクネ〖acne〗にきび。「一クリーム」

アクネ-かんきん【アクネ×桿菌】►アクネ菌

アクネ-きん【アクネ菌】皮膚の毛包内に生息する微生物の一。にきびや吹き出物の原因を作り出す。

アクネ-けしょうひん【アクネ化粧品】ｹｼｮｳﾋﾝ にきび専用の化粧品。

あくね-し【阿久根市】►阿久根

あく-ねり【灰＝汁練り】わら灰を水に浸して出したうわ水で絹を練ること。

あぐ・ねる【×倦ねる】〘動ナ下一〙いろいろ努力しても思うような結果が得られないで困ってしまう。もてあます。「今朝から美登利の機嫌が悪くて皆な一・ねて困って居ます」〈一葉・たけくらべ〉〘補説〙現代では、「考えあぐねる」「探しあぐねる」のように、多く動詞の連用形に付けて用いる。

あく-ねん【悪念】悪事をたくらむ心。悪心。

あくのはな【悪の華】《原題、ﾌﾗﾝｽ Les Fleurs du Mal》ボードレールの詩集。1857年刊。詩人の誕生から死に至る魂の遍歴を新しい詩風で描き、近代詩の源流となった。

あく-の-や【×幄の屋】「幄舎(あくしゃ)」に同じ。

あく-は【握把】〘名〙ｽﾙ ❶握って持つこと。把握。❷銃把や、刀剣の握り持つ部分。柄(え)。〘類語〙把握・グリップ

あく-ば【悪馬】癖の悪い馬。癖(くせ)の強い馬。あくめ。

あく-ば【悪婆】❶心のよくない老女。意地の悪い老女。❷歌舞伎の役柄の一つで、悪事を働く中年女の役。毒婦の性格をもつ。生世話(きぜわ)狂言を特色づけた役柄で、扮装・演出にも定型がある。

あく-ば【悪罵】〘名〙ｽﾙ 口汚くののしること。また、その言葉。「聴衆の面前で一する」〘類語〙罵倒・痛罵・面罵・嘲罵・冷罵・漫罵・面詰・ののしる・毒突く

あくはつ-とほ【握髪吐哺】《周公は賢者の訪問に対し、洗髪中でも洗いかけの髪を握りながら、食事中でも口中の物を吐き出して、すぐに面接したという、「韓詩外伝」三や「史記」魯周公世家にある故事から》為政者が人材を得ることに熱心なたとえ。吐哺握髪。

アクバル〖Jalāl al-Dīn Muḥammad Akbar〗[1542〜1605]インドのムガル帝国第3代の皇帝。在位1556〜1605。帝国の基礎の確立者。寛容な宗教政策によって、イスラム・ヒンズー両教徒の融和に努めた。アクバル大帝。

あくび【欠＝伸・▽欠】《動詞「あく(欠)ぶ」の連用形から》❶眠いとき、疲れたときなどに思わず口が大きく開いて息を深く吸い込み、やや短く吐き出す呼吸運動。❷(欠)漢字の旁(つくり)の一。「欧」「歌」などの「欠」の称。吹き旁(づくり)。

欠伸を噛(か)み殺・す 出そうなあくびを、口を閉じて

出さないようにがまんする。退屈なことをがまんする場合にいう。
あく-び【悪日】▶あくにち(悪日)
あくび-がた【欠=伸形】花器の一。一節50センチくらいの太い竹に、長方形の穴をあけて生け口としたもの。
あく-ひき【灰=汁引き】卵白を使って砂糖蜜やスープの不純物を除くこと。
あく-ひつ【悪筆】へたな字。また、字がへたなこと。「生来の—」(類語)乱筆
あく-ひょう【悪評】悪い評判。悪い批評。「—を買う」⇔好評。(類語)不評・不人気
あく-びょう【悪病】たちの悪い病気。悪疾。
あく-びょうどう【悪平等】〔名・形動〕何もかも一律に平等に扱うこと。形の上だけ平等にして、かえって不公平になっていること。また、そのさま。「頭割りでは—な仕事だ」
あく-ふ【悪婦】性質のよくない女。
あく-ふ【握×斧】旧石器時代の打製石器の一。アーモンド形で、手で直接握って使ったと考えられている。主にアフリカ・ヨーロッパ・西アジアなどでみられる。ハンドアックス。
あく・ぶ【▽欠ぶ】〔動バ四〕あくびをする。「ねぶたげにうちー・びつつ」〈堤・逢坂越えぬ権中納言〉
あく-ふう【悪風】❶悪い風俗や習慣。「—に染まる」⇔美風。❷害をもたらす風。暴風。
(類語)悪習・悪弊・弊風・弊習・陋習
あく-ぶん【悪文】へたでわかりにくい文章。文脈が混乱して、まとまりのない文章。
(類語)拙文・乱文・駄文・文章
あく-へい【悪弊】悪い習わし。悪習。悪風。「—を断ち切る」(類語)悪風・悪習・弊風・弊習・陋習
あく-へき【悪癖】悪いくせ。よくない習慣。
(類語)習癖・持病・奇癖
あく-へん【悪変】〔名〕スル　形勢・状態・関係などが、悪いほうに変わること。悪化。
あく-ほう【悪法】❶(ハフ)㋐悪い方法。㋑国民のためにならない悪い法律。「—に苦しむ国民」❷(ホフ)人を惑わす悪い宗教。「—をとく釈迦ならば何とて提婆は似せけるやらん」〈浄・用明天王〉
悪法も又法なり　たとえ悪い法律であっても、法は法であるから、廃止されない限りは、守らなければならない。
あく-ほう【悪報】❶悪い知らせ。凶報。❷仏語。悪事に対する報い。⇔善報。
(類語)応報・報い・祟り・業報・果報
あく-ま【悪魔】❶残虐非道で、人に災いをもたらし、悪に誘い込む悪霊。また、そのような人間。❷仏道修行を妨げる悪神の総称。魔。魔羅。❸キリスト教で、神の創造した世界に対する破壊的で攪乱的な要素。悪への誘惑者。地獄に落ちた天使という解釈もある。サタン。
(類語)鬼・化け物・お化け・妖怪・怪物・通り魔
あくま-しゅぎ【悪魔主義】《diabolism; フランス satanisme》19世紀末にヨーロッパで起こった、悪魔的なものの中に美を求める文芸上の主張。耽美主義が極端に進んだもの。ボードレールやオスカー=ワイルドなどが代表作家。
あく-まで【飽く×迄】〔副〕《動詞「あ(飽)く」の連体形＋副助詞「まで」から》❶物事を最後までやりとおすさま。徹底的に。「—(も)自説を貫く」❷どこまでも。全く。「—(も)青い海」(類語)頑として
あくまのじてん【悪魔の辞典】《原題、The Devil's Dictionary》米国の作家ビアスの警句集。新聞・雑誌に載せた警句を、1906年「冷笑家用語集」として刊行。1911年、増補改題して現書名となった。辛辣な風刺的内容で知られる。
あくま-の-ふたご【悪魔の双子】《Evil Twin》ワイフィッシングのこと。エビルツイン。(補説)正規のものにそっくりな偽のアクセスポイントを設置し、そこにユーザーをアクセスさせて通信内容を盗むことから。
あくま-ばらい【悪魔払い】祈祷などによって悪魔を追い払うこと。
あく-みょう【悪名】❶「あくめい(悪名)」に同じ。❷悪事を働いた者。また、その悪事。「是も新九郎一にまぎれなく」〈浮・武家義理・六〉
あく-む【悪夢】❶いやな恐ろしい夢。また、不吉な夢。「—にうなされる」❷夢としか思えないような、思い出すのもいやで恐ろしい現実のたとえ。「戦争の—」
悪夢から覚・める　今まで自覚せずに行ってきた悪いことに気づく。
あ-ぐ・む【▽足組む】〔動マ四〕足を組む。あぐらをかく。「其の剣の前に—・み坐して」〈記・上〉
あぐ・む【×倦む】〔動マ五(四)〕その事をしつづけてもよい結果が出ないので、どうしたらよいかほとほと困る。また、いやになる。もてあます。あぐねる。「アノ人ノ長話ニハー・ンダ」〈和英語林集成〉(補説)現代では「考えあぐむ」「攻めあぐむ」など動詞の連用形に付けて用いる。
あく-め【悪目】❶悪い事情。落ち目。「如何なる家の—ぞや、諸神諸仏も見はなしたまうか」〈逍遥・桐一葉〉❷他人に悪く見える点。欠点。落ち度。「何を—に離別とは」〈浄・会稽山〉❸刀にできる縦の裂け目。「—の出で来ぬべきに、見わづらひ侍る」〈仮・仁勢物語・下〉
アクメ【フランス acmé】性交時の興奮の絶頂。オルガスムス。
あく-めい【悪名】悪い評判。よからぬうわさ。あくみょう。「—が高い」(類語)汚名・悪声・札付き
あくもち-ざけ【▽灰持(ち)酒｜灰=汁持(ち)酒】発酵したもろみに灰を混ぜて造る日本酒。熊本特産の赤酒などがある。⇒赤酒
あくもの-ぐい【悪物食い】「如何物食い」に同じ。
アクモラ【Akmola】中央アジアのカザフスタン共和国の首都アスタナの旧称。
あく-やく【悪役】❶映画や芝居などの悪人の役。敵役。悪形。❷(比喩的に)人に憎まれる役回り。「—にまわる」(類語)敵役・悪玉
あく-ゆう【阿久悠】[1937〜2007]作詞家・小説家。兵庫の生まれ。本名、深田公之。広告代理店勤務の後、放送作家を経て作詞家となる。代表作は「また逢う日まで」「ジョニィへの伝言」「勝手にしやがれ」「津軽海峡・冬景色」など。小説に「瀬戸内少年野球団」など。
あく-ゆう【悪友】❶交際していてためにならない友人。悪いことを共にする仲間。⇔良友。❷特に仲のよい友人や遊び仲間を親しんでよぶ言い方。「学生時代からの—」(類語)益友・良友
あく-よう【悪用】〔名〕スル　本来の用途とは違って、悪い目的に利用すること。「他人の名刺を—する」
(類語)利用・盗用・転用・流用・引用・逆用・誤用・乱用
アクラ【Accra】ガーナ共和国の首都。カカオの輸出港として発達。黄熱病の研究中に同地で没した野口英世の像がある。人口、行政区166万(2000)。
あ-ぐら【胡=床｜胡=坐】❶(胡坐)両ひざを左右に開き、両足を組んで座ること。こざ。「—を組む」❷貴族の着座する、床の高い台。あごら。❸材木を組んで高い所へ上れるようにつくった足場。「—を結ひあげて」〈竹取〉❹一種の腰掛けで、脚を交差させて折り畳めるようにしたもの。「—どもを召したり」〈源・胡蝶〉
(類語)横座り・立て膝・割り膝
胡坐をか・く　❶あぐらを組んで座る。❷のんきにかまえて、何の努力もしないことのたとえ。「名門意識の上に—・く」
アグラ【Agra】インド北部の都市。ムガル帝国の首都。タージマハル廟堂がある。人口、行政区128万(2001)、都市圏133万(2001)。
あく-らつ【悪辣】〔名・形動〕情け容赦もなく、たちが悪いこと。あくどいこと。また、そのさま。「—な手段」
(派生)あくらつさ〔名〕
(類語)奸悪・邪悪・奸佞・陰険・性悪
あぐらなべ【安愚楽鍋】仮名垣魯文の滑稽小説。明治4〜5年(1871〜72)刊。牛鍋店に出入りする客を描き、文明開化期の風俗を風刺したもの。
あぐら-なべ【胡=坐鍋】あぐらをかき、鍋でものを煮ながら食べること。また、その鍋。
アクラネース【Akranes】アイスランド西部の港町。漁業とセメント工業が盛ん。1998年、フバルフィヨルズル湾を通る全長約5.8キロメートルの海底トンネルが開通し、首都レイキャビクまでの時間が大幅に短縮した。
あぐら-ばな【胡=坐鼻】あぐらをかいたように、鼻翼の広がっている鼻。
アグリ【agri】多く複合語の形で用い、農業の、農業関連の、の意を表す。「—事業」
あぐり-あみ【▽揚繰(り)網】巻き網の一。帯状の網で、イワシなどの魚群を包囲し、網の裾から繰り上げて捕らえる。
アクリーション-ディスク【accretion disk】▶降着円盤
アグリーメント【agreement】❶同意。承諾。「—を与える」❷契約。協定。
(類語)約束・取り決め・申し合わせ・契り・誓い・固め・指切り・約す・約定・契約・アポイントメント・アポイント
アグリカルチャー【agriculture】農業。農学。
アグリケミカル【agrichemical】農薬。農業で使用される除草剤や生長促進剤、化学肥料など。アグロケミカル。
アグリコラ【Georgius Agricola】[1494〜1555]ドイツの鉱山学者。医師のかたわら鉱山学を研究し、鉱山・冶金学の書「デ-レ-メタリカ」を著した。鉱山学の父とよばれる。
アグリジェント【Agrigento】シチリア島南西部の都市。紀元前6世紀にギリシャの植民都市として建設、前5世紀にカルタゴに破壊される。地中海を見下ろす丘に、ゼウス神殿やジュノーネラチニア神殿など、20余のドリス式神殿が建てられ、今もその遺構がほぼ完全に残っている。1997年「アグリジェントの遺跡地域」として世界遺産(文化遺産)に登録された。
アクリジン【acridine】弱塩基性有機化合物の一。淡黄色の無色針状結晶。アクリジン染料・殺菌剤・医薬品などの原料。
アグリッパ【Marcus Vipsanius Agrippa】[前63ころ〜前12]古代ローマの将軍・政治家。アクティウムの海戦で活躍。属州統治や大土木事業にもすぐれた業績を残した。
アクリノール【acrinol】殺菌消毒薬の一。黄色の粉末で、水溶性。軟膏などに使用。乳酸エタクリジン。
アグリビジネス【agribusiness】農業を中心に農産物加工、貯蔵、流通販売、農機具・肥料製造などを含めた産業としての農業。また、それら産業の総称。
アグリ-ミニマム《和 agri＋minimum》将来の人口にとって最低限必要と考えられる、耕地・山林の面積。農業最低基準。
あく-りょう【悪霊】人にたたりをする霊魂。物の怪。怨霊。あくれい。
(類語)怨霊・物の怪・死霊・生き霊
あくりょう【悪霊】《原題、ロシア Besï》ドストエフスキーの長編小説。1870〜72年に発表。無神論的革命思想に憑かれた人々の破滅を描く。
あく-りょく【握力】物を握り締める手の力。
あくりょく-けい【握力計】握力の強弱を測る器具。握る力に応じて指針がキログラム単位で示される。
アクリル【acryl】「アクリル樹脂」「アクリル繊維」などの略。
アクリル-アミド【acrylic amide】アクリロニトリルの加水分解などによって得られる無色の結晶。重合体は接着剤・塗料・合成繊維に用いる。
アクリル-えのぐ【アクリル絵の具】アクリル樹脂の乳化液を練り合わせ材として用いた絵の具。速乾性で、乾くと耐水性にすぐれる。
アクリル-が【アクリル画】《acrylic painting》アクリル樹脂を用いて作った絵の具で描いた絵画。水彩・油彩に比べて速乾性があり、輝度にすぐれる。

アクリル-ガラス《和 acryl＋glas(ｵﾗﾝﾀﾞ)》アクリル樹脂で作った有機ガラス。透明度・耐候性がよく、加工しやすく航空機・自動車の風防ガラスやレンズなどに使用。

アクリル-ゴム《和 acrylic＋gom(ｵﾗﾝﾀﾞ)》アクリル酸およびアクリロニトリルの重合物から作った合成ゴムの総称。

アクリル-さん【アクリル酸】代表的な不飽和カルボン酸。刺激臭のある無色の液体。工業的には石油から得られるプロピレンを原料として作られる。水溶性で重合しやすく、アクリル樹脂の原料。化学式CH_2=CHCOOH

アクリル-じゅし【アクリル樹脂】代表的なプラスチックの一種。アクリル酸・メタクリル酸、およびそれらの誘導体を重合して作る合成樹脂の総称。透明度が高く硬いが、すり傷がつきやすい欠点がある。ガラスなどに使用。

アクリル-せんい【アクリル繊維】アクリロニトリルを主成分とする重合体から作った合成繊維。羊毛に似た手触りで軽く、保温性がよい。

アクリル-たわし【アクリル▽束子】アクリル繊維の毛糸を編んで作るたわし。アクリルの細かい繊維が汚れをかき落とすため、洗剤を使わずに食器などが洗える。

アクリル-フィルター〖acrylic filter〗▶シートフィルター

アクリル-ボード《和 acrylic＋board から》アクリル樹脂を原料に作った板。

アクリロニトリル〖acrylonitrile〗無色で特有の臭みのある猛毒の液体。重合しやすく、合成繊維や合成ゴムの原料。化学式CH_2=CHCN

あくる【明くる】〔連体〕《動詞「あ(明)く」の連体形から》夜・月・年などが明けての。次の。翌。「一四月一日」

あくる-あさ【明くる朝】次の日の朝。翌朝。
(類語)翌朝よくあさ・翌朝よくちょう・明朝

アクルックス〖Acrux〗南十字座のα星。明るさは0.8等で、距離320光年。三重連星であり、角度で約4秒離れて準巨星と主系列星が並び、前者は公転周期76日の分光連星であると考えられている。

あくる-とし【明くる年】次の年。翌年。
(類語)来年・明年・翌年

あくる-ひ【明くる日】次の日。翌日。
(類語)明日あした・明日あす・明日あす・翌日

アクレ〖Acre〗㊀ブラジル北西部の州。元はボリビア領だったが独立運動とブラジルの介入の末、1903年にブラジルに購入された。ゴム栽培が盛ん。州都はリオ-ブランコ。㊁▶アッコ

あく-れい【悪例】慣習となっているよくない例。悪い先例。「将来に一を残す」

あく-れい【悪霊】▶あくりょう(悪霊)

アクレイリ〖Akureyri〗アイスランド北部の都市。エイヤッフィヨルズル湾の奥に位置する同国第4の都市。9世紀にスカンジナビア半島から移住したバイキングの集落に起源し、18世紀に交易により発展。現在は漁業が盛ん。大聖堂、植物園があるほか、市街南部に18世紀当時の古い街並みが残っている。

アグレッシブ〖aggressive〗〔形動〕言動の攻撃的なさま。積極的なさま。「一な生き方」

アグレマン〖ﾌﾗﾝｽ agrément〗《同意・承諾の意》一国が外交使節を派遣する際に、任命する人物について前もって相手国に求める承認。

あく-ろ【悪路】悪い道路。ひどい道。(類語)難路・泥道

アクロ〖acro〗フリースタイルスキーの一種目。短めのスキーを使い、音楽に合わせて回転やスピンなどを組み込んで斜面を滑降する。

アグロケミカル〖agrochemical〗▶アグリケミカル

アクロコリンソス〖Akrokorinthos〗▶アクロコリント

アクロコリント〖Akrokorinthos〗ギリシャ南部の都市コリントにあるアクロポリス。古代都市コリント遺跡の南西に位置する標高575メートルの小高い山を指す。ビザンチン帝国・ベネチア共和国・オスマン帝国など、さまざまな時代に城砦として利用された。ギリシャ正教の教会やイスラム寺院も点在する。アクロコリントス。アクロコリンソス。

アクロティリ-いせき【アクロティリ遺跡】《Akrotiri》ギリシャ南東部、エーゲ海に浮かぶティラ島(サントリーニ島)の南端にある、クレタ文明時代の古代都市遺跡。紀元前1500年頃の大噴火による火山灰で埋没したと考えられている。1967年の発掘調査で保存状態のよいフレスコ壁画をはじめ、土器・青銅器などが発見され、高度な文明が明らかになった。

アクロテリオン〖ｷﾞﾘｼｬ akrōtērion〗ギリシャ・ローマなどの建造物の、破風はふの頂や隅すみを飾る彫像。神・人間・怪物などの単身像、あるいは群像。

アクロナフプリア-ようさい【アクロナフプリア要塞】《Akronafplia》ギリシャ、ペロポネソス半島北東部の都市ナフプリオンの旧市街南部にある要塞跡。中世、ベネチア共和国時代に築かれた。

アクロバチック〖acrobatic〗〔形動〕曲芸のようであるさま。軽業かるわざ的。「一なダンス」

アクロバット〖acrobat〗❶曲芸。軽業かるわざ。また、それをする人。軽業師。❷▶アドビアクロバット
(類語)曲芸・芸当・軽業・離れ業・曲技・サーカス

アクロバット-ひこう【アクロバット飛行】曲技飛行のこと。

アクロポリス〖ｷﾞﾘｼｬ akropolis〗《高い町の意》古代ギリシャの都市国家の中心部となる丘。守護神の神殿が設けられ、緊急の際には避難所や要塞ともなった。特にアテネのものが有名。

アクロマート〖achromat〗▶アクロマチックレンズ

アクロマチック-レンズ〖achromatic lens〗二つの波長に対して色収差を補正したレンズ。色消しレンズ。アクロマート。

アクロメガリー〖acromegaly〗▶先端巨大症

アクロレイン〖acrolein〗刺激臭のある無色の液体。空気中では酸化されてアクリル酸になる。化学式CH_2=CHCHO　アクリルアルデヒド。

あけ【▽朱｜×緋】❶赤い色。特に、朱・緋ひ・紅。また、赤く染められたもの。❷馬の毛色で、黄がかった赤。赤毛。❸「緋袍あけのころも」の略。
(類語)赤・真っ赤・赤色せきしょく・紅色こうしょく・紅くれない・紅べに・真紅しんく・鮮紅せんこう・緋ひ・緋色・朱しゅ・丹に・茜あかね色・薔薇ばら色・小豆あずき色・臙脂えんじ・暗紅あんこう・唐紅からくれない・レッド・スカーレット・バーミリオン・マゼンタ・ローズ・ワインレッド
朱に染ま・る　血まみれになる。血だらけになる。

あけ【明け】❶夜が明けること。明け方。夜明け。「一の空」⇔暮れ。❷明けて新しい年・月・日が始まること。「一の年」❸ある時期・季節が終わること。また、終わったすぐあと。「休み一」「梅雨一」(類語)(❶)明け方・夜明け・曙あけぼの・未明・朝まだき・暁・黎明れいめい

あけ【開け】開始したばかりであること。他の語と複合して用いられる。「ロー」「幕一」

あげ【上げ】❶下にあるものを高い所に移すこと。「格一」「地一」⇔下げ。❷船の積み荷を陸上に移すこと。「荷一」❸相場が高くなること。騰貴。「一一服」⇔下げ。❹衣服が長すぎるとき、肩や腰などの部分を縫い上げてひだをつくり、からだに合うように短くすること。また、そのひだ。縫い上げ。❺能楽や邦楽などで、高い調子の声を出す部分。❻「上げ田」の略。

あげ【揚げ】❶油で揚げること。また、揚げたもの。他の語と複合して用いられる。「さつま一」「精進一」「一玉」❷「油揚げ」の略。❸客が芸妓・娼妓を一昼夜通して買うこと。「一の日は半時も側に置かねば損のやうに」〈浄・生玉心中〉

あげ-あし【揚(げ)足｜挙(げ)足｜上(げ)足】❶相撲・柔道などで、宙に浮き上がった足。浮き足。❷鳥獣が地面をかいたり休んだりするために、片足をあげること。また、その足。❸(上げ足)相場が上昇していくこと。⇔下げ足。❹一方の足を折り曲げ、他方の足のひざの上にのせること。腰掛けるときや、あぐらをかくときにする。「御前近くも無遠慮に、縁先に一して」〈浄・丹波与作〉
揚げ足を取・る　《技を掛けようとした相手の足を取って倒すところから》人の言いまちがいや言葉じりをとらえて非難したり、からかったりする。

あげ-あぶら【揚(げ)油】揚げ物に使う油。ごま油・菜種油・大豆油やショートニング、ラードなど。

あけ-あわ・す【開け合はす】〔動サ下二〕あちらの戸とこちらの戸をともに開ける。両方の戸を開ける。「局つぼねの隔てなる遣り戸を一・せて物語などし暮らす日」〈更級〉

あ-けい【×阿兄】兄を親しんでいう語。

あげ-いし【上(げ)石】囲碁で、囲んで盤面から取り上げた相手の石。揚げ浜。浜。

あげ-いた【上(げ)板｜揚(げ)板】❶床下に物などを入れるために、くぎ付けにしないで、自由に取り外しできるようにした床板。あげぶた。❷江戸時代の歌舞伎劇場で、舞台の前縁にあった横長の板敷き部分。❸風呂場などの流しに敷く簀すの子の板。

アゲイン〖again〗▶アゲーン

あげ-うた【挙(げ)歌｜上(げ)歌】❶上代歌謡で、高い調子でうたう歌。「こは夷振ひなぶりの一なり」〈記・下〉❷謡曲で、高い音域から始まり低い音域で終わる、拍子に乗った謡の部分。⇒下げ歌

あげ-うま【上(げ)馬｜揚(げ)馬】❶神事の際に、競べ馬や騎射を行うこと。また、その馬。❷流鏑馬やぶさめなどのとき、騎手が最後に乗って走る馬。

あげ-うら【上(げ)裏】❶日本建築で、軒の裏側などの、下から直接見える部分。❷《「仕上げ裏打ち」の略》軸物や額などを表装するとき、最後の仕上げとしてする裏打ち。

あげ-えん【揚(げ)縁】商家の店先などに、つり上げられるようにつくられた縁。夜には、それを上げて戸の代わりとする。

アゲーン〖again〗《「アゲイン」とも》❶再び。再度。❷テニス・卓球などで、ジュースのあと、さらにジュースを重ねること。

あげお【上尾】埼玉県中東部の市。もと中山道の宿場町。第二次大戦後工場が進出し、住宅団地も増加した。人口22.4万(2010)。

あげ-お【上緒】冠が脱げないように左右につけ、引き上げて髻もとどりの根にくくり結ぶためのひも。巾子こじの根の前方に縫いつけることもある。

あげ-おうぎ【上扇】能の型で、開いた扇を顔の前から頭上に上げ、右脇に下ろすもの。扇はからだの前で右手で立てて持ち、ゆっくり上げて顔をおおうようにする。

あげおし【上尾市】▶上尾

あげ-おとり【上げ劣り】元服して髪を上げて結ったとき、顔かたちが以前に比べて見劣りすること。「きびはなるほどは、一やと、疑はしく思おぼされつるを」〈源・桐壺〉⇔上げ優まさり。

あげ-おろし【上げ下ろし】❶上げたり下ろしたりすること。あげさげ。「箸はしの一にもうるさく言う」❷車や船などの荷物を積むことと下ろすこと。積み下ろし。❸人を褒めたりけなしたりすること。あげさげ。(類語)上げ下げ・上下

あげ-がい【揚貝】戦場の本陣で、軍勢引き揚げの合図として吹かれる法螺貝ほらがい。

あげ-かじ【上げ×舵】航空機・潜水艦などを上昇・浮上させるための舵の取り方。⇔下げ舵。

あげ-かす【揚げ×滓】揚げ物をしたあとに油の中に残るかす。

あけ-がた【明け方】夜の明けようとするころ。夜明け方。黎明れいめい。払暁ふつぎょう。⇔暮れ方。
(類語)夜明け・明け・曙あけぼの・未明・朝まだき・暁

あけがらす【あけ烏】江戸後期の俳諧集。高井几董きとう編。1冊。安永2年(1773)刊。蕪村一派の撰集の中で新風宣言の意義をもつ書。

あけ-がらす【明け×烏】㊀明け方に鳴くカラス。また、その声。夜明け烏。男女の交情の夢を破る、つれないものの例として用いられる。㊁(明烏)新内節「明烏夢泡雪あけがらすゆめのあわゆき」の通称。

あけがらすゆめのあわゆき【明烏夢泡雪】新内節。2巻。初世鶴賀若狭掾つるがわかさのじょう作詞・作曲。安永元年(1772)成立。江戸三河島であった情死事件を、

吉原の遊女浦里と春日屋時次郎の情話として脚色したもの。新内節の好評によって、清元・常磐津ときわず・義太夫節でも作曲された。

あげ-きん【上金】江戸時代、幕府・大名に上納された献金。富裕層からの「御用金」に対して、一般庶民からの献金をいう。

あげ-く【挙(げ)句¦揚(げ)句】❶連歌・連句の最後の七・七の句。➡発句ほっく ❷終わり。結果。末すえ。「苦労した—が失敗とは情けない」❸(副詞的に用いて)結局のところ。その結果として。現在では、連体修飾語を上に付けて用いることが多い。「さんざん迷った—買ってしまった」**類語**結果・末・果て

挙げ句の果て 「挙げ句❷」を強めた言い方。最後の最後には。とどのつまり。「口論が続き、—殴り合いのけんかになった」

あげ-くだし【上げ下し】食べたものを、吐いたり下痢したりすること。吐き下し。吐瀉としゃ。

あげ-くび【盤=領¦上×頸】袍ほう・襖あおのような盤領まるえりの形式。頸上くびかみのひもを懸けてとめる。➡垂領たりくび

あけ-くら・す【明け暮らす】〔動サ四〕夜を明かし、日を暮らす。毎日の生活を送る。「秋は紅葉を眺めて—・す」〈宇津保・俊蔭〉

あけ-くれ【明け暮れ】〔名〕スル ❶夜明けと夕暮れ。朝と晩。❷あることに絶えず専念すること。「勉強に—する」❸(副詞的に用いて)明けても暮れても。いつも。しょっちゅう。「—物思いに沈む」

あけ-ぐれ【明け▽暗れ】夜が明けきる前の、薄暗い時分。未明。「さやかならぬ—のほど」〈源・野分〉

あけ-く・れる【明け暮れる】〔動ラ下一〕図あけく・る〔ラ下二〕❶夜が明け、日が暮れる。月日が過ぎる。一日一日が過ぎ去る。「毎日が平穏無事に—・れる」❷熱中して終始そのことをする。ある物事に没頭する。「勉強に—・れる」
類語送る・費やす・暮らす・明かし暮らす・消光する・過ごす・専念・専心・没頭・没入・傾注・打ち込む

あけ-ごろも【×緋×袍¦×緋衣】五位の者の着る赤い色の袍ほう。また、五位の官人のこと。あけ。あけのころも。

あげ-さげ【上げ下げ】〔名〕スル ❶上げることと下げること。上げ下ろし。「手を—して合図する」❷物価の上がることと下がること。あがりさがり。騰落。❸褒めたりけなしたりすること。「人を—する」❹布団・膳ぜんなどを、出したりかたづけたりすること。❺潮が満ちることと引くこと。❻やりくりして物事を運ぶこと。始末をつけること。「こっちの—さへてんやわやと来て居るものを」〈黄・桃太郎発端〉❼質物しちもつを請け出すことと預け入れること。「—をして皮羽織を引き出さにゃあならねえ」〈洒・辰巳婦言〉**類語**上げ下ろし・上下

あけ-さ・る【明けさる】〔動ラ四〕《「さる」は移動する意》夜が明けていく。朝方になる。「—・れば浜風寒み己妻おのづまを呼ぶも」〈万・一一九八〉

あけし・い〔形〕晴れ晴れとした気分である。ゆとりのある気持ちになる。「帰って来る、直ちに傍近の私塾へ通わせると言うのだから、—・い間がない」〈二葉亭・浮雲〉

あげ-しお【上(げ)潮】しほ ❶満ちてくる潮。満ち潮。差し潮。⇔下げ潮。❷興隆・充実していく勢いにあること。また、その時期。「事業が—に乗る」

あげしお-は【上(げ)潮派】あげしほ 経済成長・景気対策を優先し、企業が収益を伸ばして税収が自然に増加することで赤字国債の発行が不要となり、財政再建やプライマリーバランス(基礎的財政収支)の健全化が実現すると考える一派。経済成長を促すため、金融緩和や増税の先送り、歳出削減などを主張する。

あげ-じとみ【上げ×蔀】上部を蝶番ちょうつがいで留め、つり上げて開閉できるようにした蔀しとみ。

あけ-しめ【開け閉め】〔名〕スル 窓や戸などを開けたり閉めたりすること。**類語**開け閉たて・開閉

あげ-しょうもん【上証文】江戸時代、裁判で原告・被告双方が判決に服する旨を書いて提出した書面。請証文うけしょうもんに比べて詳しく記され、地所出入り・水論など重要な訴訟に用いられた。

あげ-ず【上げず】〔連語〕(多く「三日にあげず」の形で用いる)間をおかず。ほとんど毎日のように。「三日に—酒場に通う」

あけ-すけ【明け透け】〔名・形動〕あけっぴろげで、露骨なこと。包み隠しのないこと。また、そのさま。「—にものを言う」「—な性格」**類語**開けっ広げ・開けっ放し・ざっくばらん・単刀直入

あげ-すど【揚げ×簾戸】❶門柱に楣まぐさを渡して竹製の編み戸をつり、上へ突き上げて開くようにつくった門。主に茶室の露地に中門ちゅうもんとして用いる。❷上へ突き上げて開くようにつくった竹製の編み戸。城門などに用いた。

あけず-の-ま【開けずの間】▶開かずの間

あけず-の-もん【開けずの門】❶特別な場合のほかは開けない門。また、開けることを禁じられた門。あかずのもん。❷偉鑒門いかんもんの異称。花山天皇が出家の時にこの門から出て、以後開けなかったところからいう。

あげ-せん【上げ銭¦揚げ銭】❶手数料。賃貸料。「一月の—が積もったら大きな事だらう」〈滑・浮世床・二〉❷労働に対する代金。賃金。「—の残りも今日はすっきりと取って」〈浄・二枚絵草紙〉❸芸者や遊女と遊ぶ代金。揚げ代。「—、大夫を昼夜七十四匁。格子こうしは五十二匁なり」〈浮・諸艶大鑑・二〉

あげ-ぜん【上(げ)膳】自分では何もせずに座ったままで、食事の膳を出してもらうこと。また、そのような恵まれた境遇。「—据え膳」

あげ-ぞこ【上(げ)底】箱・桶おけなどの底を少し上げて、外見からは実際より中身が多く見えるように作ったもの。「—の菓子箱」

あけ-そ・める【明け初める】〔動マ下一〕図あけそ・む〔マ下二〕夜が明け始める。

あげ-た【上げ田】高い所にあって、水はけのよい田。上げ。「その兄—を作らば、汝命いましみことは下田くぼたを営つくりたまへ」〈記・上〉

あげ-だい【揚(げ)代】遊女や芸者を呼んで遊ぶときの代金。揚げ銭。玉代ぎょくだい。花代はなだい。

あげ-だか【上(げ)高】❶売り上げ高。❷仕上がり高。出来高。

あげ-だし【揚(げ)出し】豆腐・ナスなどを、衣をつけずに軽く油で揚げた料理。

あげだし-どうふ【揚(げ)出し豆腐】豆腐に片栗粉をまぶして軽く油で揚げ、だし汁をかけた料理。

あげ-だたみ【上げ畳】貴人の座所や寝所の畳の上に、さらに重ねて敷く畳。両面に畳表と縁へりがつく。

あけ-た・つ【明け立つ】〔動タ四〕夜が明ける。「御行ひもうち忘れて、—・てばわたり給ひて御琴教へ奉り」〈夜の寝覚・五〉

あけ-たて【開け▽閉て】〔名〕スル 戸・障子などを開けたり閉めたりすること。あけしめ。**類語**開け閉め・開閉

あげ-だま【揚(げ)玉】❶てんぷらを揚げたときに油の中に散った衣のくず。天かす。❷(「上げ玉」とも書く)兜かぶとの頂上の穴の周りにある飾り金物。

あげ-ち【上知¦上地】江戸時代、幕府や藩が知行ちぎょう地を没収すること。また、その土地。あがり地。じょうち。

あけち-ひでみつ【明智秀満】[1537～1582]安土桃山時代の武将。明智光秀の女婿とも従弟ともいわれる。別名、左馬助さまのすけ光春。光秀の先陣として本能寺を攻める。のち安土で敗れ、坂本城に逃れ自害。

あけち-みつひで【明智光秀】[1528ころ～1582]安土桃山時代の武将。織田信長に仕え、近江おうみ坂本城主。天正10年(1582)京都の本能寺に主君信長を襲い自害させたが、まもなく山崎で羽柴秀吉に敗れ、敗走の途中で農民に殺された。➡本能寺の変へん

あげ-ちょう【揚(げ)超】テウ《「引き揚げ超過」の略》国の財政資金対民間収支で、政府収入が支出を上回る場合のこと。⇔散超。

あげち-れい【上知令】天保の改革の法令の一。江戸・大坂の近隣にある大名・旗本の領地を返上させて幕領に編入し、代地を与えようとしたもの。多くの反対を受け、実施されないまま撤回された。

あげ-つぎ【揚(げ)接ぎ】接ぎ木で、台木を掘りあげて接ぐ方法。接いでから移植する。ナシ・リンゴ・ブドウなど活着しやすいものに適用。➡居接ぎ

あげつち-もん【上(げ)土門】平安時代、平らな屋根の上に土をのせて造った門。後世には檜皮葺ひわだぶきのものもできた。安土あづち門。

あけっ-ぱなし【開けっ放し¦明けっ放し】〔名・形動〕《「あけはなし」の音変化》❶戸・窓などを開けたままにしておくこと。また、すっかり開けること。「—のドア」❷心の中や物事を包み隠さないこと。ありのままの姿を見せること。また、そのさま。あけっぴろげ。「—な性格」
類語開けっ広げ・ざっくばらん・明け透け・単刀直入

あけっ-ぴろげ【開けっ広げ¦明けっ広げ】〔名・形動〕《「あけひろげ」の音変化》❶戸や窓などをすっかり開け広げておくこと。また、そのさま。「座敷を—にしておく」❷心の中や物事を包み隠さず、すべてを明らかにすること。また、そのさま。あけっぱなし。「—に話す」
類語開けっ放し・ざっくばらん・明け透け・単刀直入

あげ-つぼ【揚げ×壺】さいころ賭博とばくで、壺を不正な仕方で開閉すること。転じて、だますこと。ごまかし。「こいつあ一番—を食った」〈伎・小袖曽我〉

あげ-づめ【揚げ詰め】遊女を連日揚げ続けること。「島屋の客と張り合ひ、五月より以降このかた、大方は—」〈浄・冥途の飛脚〉

あげ-つらい【▽論い】らひ 物事の理非・善悪などを論ずること。また、些細ささいな欠点などを取り上げて言い立てること。

あげ-つら・う【▽論う】らふ〔動ワ五(ハ四)〕物事の理非、可否を論じ立てる。また、ささいな非などを取り立てて大げさに言う。「人の欠点をいちいち—・う」**可能** あげつらえる
類語批判・論難・弁難・批難・批正・酷評・否定・駁論ばくろん・反論・反対(—する)難ずる・駁ばくする・非を打つ

あけ-て【明けて】〔副〕新しい年を迎えたあとの年齢・年数をいう語。年が変わると。「—八〇歳」「—七年め」

あげ-て【挙げて】〔副〕❶多くの物事を全部含めていうときに用いる。残らず。ことごとく。「国を—祝う」❷一つ一つ取り上げて。いちいち。「—数えるまでもない」**類語**挙こぞって

あげ-ど【揚(げ)戸】❶縦溝に沿って上下に開閉する戸。❷戸の上端に蝶番ちょうつがいなどを取り付け、つり上げて開ける戸。

あげ-どうふ【揚(げ)豆腐】豆腐を油で揚げたもの。

あげ-どき【揚げ×斎】❶最終年忌の法事。とむらいあげ。❷遺族が寺に出向いて経をあげてもらう簡単な法事。揚げ法事。

あげ-どころ【上(げ)所】手紙などの宛名を書く所。また、宛名の上部に書く「謹上」「進上」などの語。

アゲナ〖Agena〗▶ハダル

あげ-なべ【揚(げ)鍋】揚げ物に使う鍋。

あけ-に【明け荷】❶竹またはむしろで作った、旅行用のつづら。角や縁に割り竹をつけて開閉しやすくしてある。❷相撲で、関取が場所入りのとき、化粧まわしなどを入れて支度部屋へ運ぶつづら。

あげ-に【揚(げ)荷】船舶から陸揚げされる荷物。

あげ-に【揚(げ)煮】〔名〕スル 野菜や魚などを油で揚げてから煮る調理法。また、その料理。

あけに-うま【明け荷馬】婚礼のときに嫁を乗せる馬。ふつう、婿方で準備して、明け荷を馬の背の両側につけ、その上に布団を敷く。

あけ-の-かね【明けの鐘】❶明け六つ(午前6時ごろ)に寺で鳴らす鐘の音。❷(明の鐘)長唄。恋しい男との別れを惜しむ女心をうたったもの。手ほどきの曲として用いられる。

あけの-が-はら【明野ヶ原】三重県東部、伊勢市北西部にある台地。宮川河口近くの左岸にあり、古い扇状地が隆起してできた。標高5～10メートル。畑地が多く、ダイコン・葉タバコなどの栽培が盛ん。

あけ-のこ・る【明け残る】〔動ラ四〕夜が明けても、月や星が空に残っている。「—・る星の数ぞ消えゆく」〈風雅・雑中〉

あけ-の-ころも【明けの衣】►明衣あかはとり

あけ-の-ころも【×緋の衣】►緋袍あけごろも

あけ-の-はる【明けの春】年の始め。新春。新年を祝っていう語。〔季 新年〕「ほのぼのと鶴を夢見て—/紅葉」

あけ-の-ひ【明けの日】❶あくる日。翌日。「—から、真知子は毎日病院に米子を見舞った」〈野上・真知子〉❷宿直などをした翌日。

あけのべ-こうざん【明延鉱山】ークワウザン 兵庫県養父やぶ市にあった鉱山。錫すず・亜鉛・銅などを産出。昭和62年(1987)に閉山。

あけ-の-みょうじょう【明けの明星】ーミヤウジヤウ 明け方に東の空に輝く金星。⇔宵の明星。

あげ-は【上(げ)端┊上(げ)羽】謡曲のクセの中程で、シテなどが上音じょうおんで謡う部分。

あげ-は【揚羽】「揚羽蝶」の略。

あげ-ば【揚(げ)場┊上(げ)場】❶船荷を陸揚げする場所。❷鉱山で、立坑と水平坑の連絡する場所。

あげは-ちょう【揚羽×蝶┊鳳=蝶】ーテフ ❶アゲハチョウ科のチョウ。翅はねの開張8〜12センチ、黄色に黒色のすじや斑点がある。幼虫はミカン・サンショウなどの葉を食べ、柚子坊ゆずぼうとよばれる。なみあげは。❷鱗翅りんし目アゲハチョウ科のチョウの総称。大形で、多くは後ろ翅に長い突起がある。クロアゲハ・キアゲハ・アオスジアゲハなど。〔季 夏〕「我が来たる道の終りに—/耕衣」

あけ-はなし【開け放し┊明け放し】〔名・形動〕「あけっぱなし」に同じ。「穴だらけというより寧むしろ—と評するのが適当な位に」〈漱石・こゝろ〉

あけ-はな・す【開け放す┊明け放す】〔動サ五(四)〕窓や戸などを、すっかり開ける。また、開けたままにしておく。あけはなつ。「窓を—・す」
〔類語〕開け放つ・開放・開け払う

あけ-はな・つ【開け放つ┊明け放つ】〔動タ五(四)〕「あけはなす」に同じ。「表門を—・つ」

あけ-はな・れる【明け離れる】〔動ラ下一〕図あけはな・る〔ラ下二〕夜がすっかり明ける。明け渡る。「元日の朝が—・れるまで」〈康成・浅草〉

あげは-の-ちょう【揚羽の×蝶】ーテフ 紋所の名。アゲハチョウの側面を図案化したもの。

あげ-はま【揚(げ)浜】❶海水をくみ上げ、日光や風で水分を蒸発させて塩をとる塩田。揚げ浜式塩田。⇔入り浜。❷「上げ石」に同じ。

あげは-もどき【擬=鳳=蝶=蛾┊揚羽▽擬】鱗翅りんし目アゲハモドキガ科のガ。翅はねの開張6センチくらい。ジャコウアゲハに似て全体に黒色、後ろ翅に赤黄色の斑紋がある。

あけ-はら・う【明け払う┊開け払う】ーはらふ〔動ワ五(ハ四)〕❶戸・窓などを、すっかり開ける。あけはなす。「窓を—・って涼風を入れる」❷家・部屋などの中の物をすっかり運び出し、立ち退く。明け渡す。「アパートを—・う」〔類語〕開け放す・開け放つ・開放

あげ-ばり【×幄】《「揚げ張り」の意》「幄舎あくしゃ」に同じ。「色々の錦の—に、御簾みすいと青くかけわたし」〈枕・二七八〉

あけ-ばん【明け番】❶当番の勤務を終わること。また、その人。下班。下番かばん。❷宿直などを勤務した翌日の休み。また、それに当たっている人。❸一晩二交代の勤務で夜半から明け方にかけての勤務。また、それに当たっている人。
〔類語〕日勤・夜勤・半ドン・夜業・夜なべ・昼夜兼行

あけび【通=草┊木=通】アケビ科の蔓性つるせいの落葉低木。山野に生え、葉は長楕円形の小葉が5枚手のひら状につく複葉。春、淡紫色の雄花と雌花とが咲く。秋、長楕円形で淡紫色の実がなり、熟すと裂け、果肉は甘く食べられる。木部を漢方で木通もくつうといい、薬用。蔓でかごを編む。近縁種にミツバアケビ・ゴヨウアケビがある。〔季 秋 花=春〕「一夜さに棚で口あく—かな/一茶」

あけび-このは【通=草木の葉】ヤガ科のガ。翅はねの開張約10センチ、前翅は褐色で枯れ葉に似る。翅を開くと、橙黄だいおう色の地に巴ともえ形の黒紋のある後ろ翅が現れる。夜、果実に集まり、汁を吸う。幼虫は芋虫で、アケビ・ムベなどの葉を食べる。

あげ-ひばり【揚げ雲=雀】空高く舞い上がって鳴くヒバリ。〔季 春〕「朝凪やただ一すぢに—/蓼太」

あけ-ひろ・げる【開け広げる┊明け広げる】〔動ガ下一〕図あけひろ・ぐ〔ガ下二〕閉ざされていたものをすっかり開いて広げる。「扉を—・げる」

あげ-ふ【揚げ×麩】油で揚げた麩。精進料理などに用いる。

あげ-ぶた【上(げ)蓋】「上げ板❶」に同じ。

あげ-ぶたい【揚(げ)舞台】(関西地方で)二重舞台のこと。

あげ-ぼうし【揚(げ)帽子】江戸時代の武家・庶民の上流婦人が用いたちりよけのかぶり物。形が蝶に似ているところから揚羽帽子ともいう。明治以降、婚礼用の角隠しへと変化した。

あけぼの　平成元年(1989)2月に打ち上げられた科学衛星EXOS-Dエクソスディーの愛称。宇宙科学研究所(現JAXAジャクサ、宇宙航空研究開発機構)が開発。オーロラに関連する磁気圏の観測を目的とする。オーロラの発生原因となる荷電粒子の加速機構、低高度プラズマ圏の熱的構造などの解明に寄与した。

あけ-ぼの【×曙】❶ほのぼのと夜が明けはじめるころ。「朝ぼらけ」より時間的に少し前をさす。夜明け。東雲しののめ。❷新しく事態が展開しようとする時。「日本歴史の—」〔類語〕明け方・夜明け・明け・未明・朝まだき・暁・黎明れいめい

あけぼの-いろ【×曙色】黄みを帯びた淡紅色。東雲しののめ色。

あけぼの-しゅすらん【×曙×繻子×蘭】ラン科の常緑多年草。山林に生え、地上をはう。葉は楕円形で厚い。秋、葉に接して桃色がかった紫色の花をつける。

あけぼの-すぎ【×曙杉】メタセコイアの別名。

あけぼの-そう【×曙草】ーサウ リンドウ科の越年草。山野の水辺に多く、高さ60〜90センチ。葉は長楕円形で対生。夏から秋に、花びらの先に2個の濃緑色の斑紋と黒紫色の細い斑点のある白い花が咲く。

あけぼの-ぞめ【×曙染(め)】曙の空のように、上部を紅・紫・黒などで濃く、裾すそを淡くぼかす染め色。

あけぼの-たろう【曙太郎】ータラウ［1969〜　］力士。第64代横綱。米国ハワイ州出身。英語名、ローウェン=チャド=ジョージ=ハヘオ。外国人初の横綱。得意の突っ張りで若乃花、貴乃花らと名勝負を演じた。平成8年(1996)日本国籍を取得。同13年引退。優勝11回。➡旭富士正也(第63代横綱)➡貴乃花光司(第65代横綱)

あけぼの-つつじ【×曙躑=躅】ツツジ科の落葉高木。山地に生え、葉は枝先に5枚輪生し、葉柄にひげ状の毛がある。花は葉の出る前に咲き、淡紅色で上面に黄褐色の斑点がある。

あげ-まい【上米】江戸時代、幕府の財政窮乏を救うための政策。享保7〜16年(1722〜1731)に実施。大名から石高1万石について百石ずつの米を上納させ、代わりに、諸大名が参勤交代で江戸に在住する期間を半年に短縮した。

あげ-まき【揚巻┊総=角】㊀❶古代の少年の髪の結い方の一。髪を左右に分け、両耳の上に巻いて輪を作る。角髪みずら。❷「揚巻結び」の略。❸鎧よろいの背の逆板さかいたに打ちつけた環に通して揚巻結びをした飾りひも。❹歌舞伎で、傾城けいせいに扮する女形おやまが用いるかつら。揚巻結びの飾りの房を背面につけた立兵庫たてひょうごのかつら。❺女性の束髪の一。明治18年(1885)ごろから中年以上に流行した。西洋揚巻。❻アゲマキガイの別名。㊁(総角)㊀源氏物語第47巻の巻名。薫大将、24歳。薫の求愛を拒み、匂宮と結ばれた中の君の将来を案じつつ病死する大君おおいぎみを描く。㊁神楽歌の一。小前張こさいばりの歌に属する。㊂催馬楽さいばらの一。奔放な愛の歌。

あげまき【揚巻】㊀歌舞伎舞踊。長唄。助六を主人公とした五変化舞踊「助六姿裏梅すけろくすがたのうらうめ」の通称。安政4年(1857)江戸中村座で初演。㊁歌舞伎の助六物で、助六の愛人となる遊女。

あげまき-がい【揚巻貝】ーがひ ナタマメガイ科の二枚貝。貝殻は長方形で、殻長約10センチ、殻高約3センチで、両端は少し開き、殻表には黄褐色の殻皮をかぶる。有明海の泥底に多く、食用。ちんだがい。

あげまき-むすび【揚巻結び】ひもの結び方の一。輪を左右に出し、中を石畳いしだたみに結び、房を垂らす。文箱ふばこや御簾みすなどの飾りに使う。

あげ-まく【揚(げ)幕】❶能舞台で、鏡の間と橋懸かりとの境に掛ける幕。❷歌舞伎で、花道、時には上手かみて・下手しもての出入り口に掛ける幕。紺地に劇場の紋を白抜きにする。〔類語〕緞帳どんちょう・黒幕・引き幕・定式幕

あげ-まさり【上げ▽優り】元服して髪上げした顔かたちが、以前に増してりっぱに見えること。「一の宮の御—のゆゆしさ(=スバラシサ)は」〈狭衣・四〉⇔上げ劣り。

あけまして-おめでとう【明けましておめでとう】ーおめでたう〔連語〕正月のあいさつ語。年明けを無事に迎えられたことを祝う言葉。丁寧に言う場合には「ございます」を付けて「明けましておめでとうございます」と言う。〔補説〕「おめでとう」は「御目出度う」「御芽出度う」と書くこともある。

あげまつ【上松】長野県木曽郡の地名。もと中山道の宿場町。木曽桟道跡や寝覚ねざめの床とこが近くにある。木材集散地。木曽駒ヶ岳の登山口。

あげまつ-まち【上松町】►上松

あげ-まど【揚(げ)窓】突き上げ窓。

あげ-まり【上げ×鞠】蹴鞠けまりで、けり始めの作法。懸かりの木や人に当たらないように、人の目の高さほどにけり上げる。貴人や名人が務めた。「御門みかども御鞠に立たせ給へり。二条関白良実—し給ひき」〈増鏡・おりゐる雲〉

あけ-むつ【明け六つ】昔の時刻名で、明け方の六つ時。今の午前6時ころ。また、その時刻に鳴らす鐘。⇔暮れ六つ。

アケメネス-ちょう【アケメネス朝】ーテウ《ギリシャ Achaimenēs; ペルシャ Hakhamanish》前6世紀半ば、族長アケメネスを祖とし、キュロスが創始した、古代ペルシアの王朝。ダリウス1世のときに全オリエントを支配。前330年、アレクサンドロス大王に征服されて滅亡。

あげ-もち【揚(げ)餅】油で揚げた餅。

あげ-もの【揚(げ)物】野菜や魚介などを油で揚げたもの。てんぷら・フライ・から揚げなど。

あげ-や【揚屋】江戸時代、客が太夫たゆう・天神などの高級な遊女を呼んで遊興した店。

あげや-いり【揚屋入り】遊女が客に呼ばれて置屋から揚屋に行くこと。また、その儀式。太夫たゆう道中。

あげや-まち【揚屋町】遊里の中で揚屋が集まっている区域。京都島原、江戸新吉原の町名となった。

あけ-やら-ぬ【明け▽遣らぬ】〔連語〕《動詞「あ(明)く」(下二)の連用形＋補助動詞「や(遣)る」の未然形＋打消しの助動詞「ず」の連体形》まだ夜が明けきっていない。「まだ—東の空」

あけら-かん〔副〕「あっけらかん」に同じ。「—と頤おとがいを垂れて」〈鏡花・義血侠血〉

あけら-かんこう【朱楽菅江】ークワンカウ［1740〜1800］江戸後期の狂歌師・洒落本作者。江戸の人。幕臣で本名は山崎景貫やまざきかげつら。大田南畝おおたなんぽ・唐衣橘洲からごろもきっしゅうとともに、天明狂歌壇の中心的人物の一人。著「故混馬鹿集」「狂歌大体」など。

アゲラタム〖ラテ Ageratum〗キク科の多年草。メキシコ原産で、日本では春まき一年草に用いられる。夏から秋に、青紫色や白色などの小花を多数つける。

あ・ける【明ける┊開ける┊空ける】〔動カ下一〕図あ・く〔カ下二〕❶(明ける)あるひと続きの時間・期間・状態が終わって、次の時間・期間・状態になる。㋐朝になる。「夜が—・ける」⇔暮れる。㋑年が改まる。「年が—・ける」⇔暮れる。㋒ある期間が終わる。「喪が—・ける」「梅雨つゆが—・ける」❷(空ける)今までそこを占めていたもの、ふさいでいたものを、取り除いたり、なくしたりする。㋐穴をつくる。「錐きりで穴を—・ける」㋑使っていた場所から他へ移り、そのまま使わ

ないでおく。あったものを出し、新たに入れないで、からの状態にする。「一〇時までに部屋を—・けてください」㋒すいている空間や空白をつくる。間隔を置いたり、広げたりする。「間を—・ける」「一行—・けて書く」㋓器の中のものを出したり、他の器や他の場所へ移したり、また、使い尽くしたりしてからにする。「水筒の水をバケツに—・ける」「大ジョッキを—・ける」㋔ある時間を、拘束なしに使えるようにしておく。暇な時間をつくる。「その日は君のために—・けておく」㋕留守にする。「旅行で家を—・ける」❸(開ける)㋐隔てや仕切りになっているものを取り除く。閉じていたものを開く。「窓を—・ける」「封を—・ける」「鍵(かぎ)を—・ける」「目を—・ける」⇔閉める。㋑営業を始める。営業を行う。「午前一〇時に店を—・ける」⇔閉める。
[補説]❷は「明ける」とも書く。
[用法]あける・ひらく——「窓を開ける(開く)」は相通じて用いられる。◆「開ける」は空間をふさいでいる仕切りや覆いなどを取り除く意で、「ふたを開ける」「かばんを開ける」のように用いる。◆「開く」は「包みを開く」「本を開く」のように、重ねて結び合わせたり、折り畳んだりしてあるものを広げて、中が見えるようにすること。◆「開く」はまた、「運命を開く」「心を開く」など物事をよい方向に進めていこうとする意で比喩的に用いられることもある。◆「口を開ける」「目を開ける」は、上下の唇やまぶたを離し広げることであるが、また「話しはじめる」「自覚する、知識を得る」の意にもなる。また、「道をあける」は邪魔になるものを除いて通れるようにすることだが、「道を開く」は新しく道を作ることであり、さらに「問題解決への道を開く」のようにも用いられる。
[一句]穴をあける・風穴(かざあな)を開ける・手を空ける・泣く子も目を開(あ)け・年季が明ける・蓋(ふた)を開ける・水をあける・夜も日も明けない・埒(らち)を明ける
[類語]開(あ)く・開(ひら)く・始める・起こす・創始する・開業する・始業する
開けて悔(くや)しい玉手箱(たまてばこ) 《浦島太郎の伝説から》期待外れの結果を見て、がっかりすることのたとえ。開けて悔しき浦島の子。
明けても暮れても 飽きもせず、同じことを毎日続けるさま。年がら年じゅう。よいこととして評価される事柄にはあまり使わない。「航海中—目にするものは海ばかり」
あ・げる【上げる|揚げる|挙げる】〔動ガ下一〕[文]あ・ぐ〔ガ下二〕❶そのもの全体または部分の位置を低い所から高い方へ動かす、また、移す。㋐物の位置を低い所から高い所に移す。「箱を棚に—・げる」「幕を—・げる」「すだれを—・げる」⇔下ろす。㋑方向を高い方へ移す。「顔を—・げてにらむ」「目を—・げる」㋒垂れた髪を上の方で結う。「前髪を—・げる」㋓地上から伸ばしたり飛ばしたりして、空中に浮かべる。「凧(たこ)を—・げる」「花火を—・げる」㋔水上や水中から陸上に移す。「船を浜辺に—・げる」⇔下ろす。㋕高い場所に、形を成すようにつくりおく。「棟を—・げる」㋖家の中に入れる。「客間に—・げる」㋗芸者などを宴席に呼ぶ。「芸者を—・げてどんちゃん騒ぎ」㋘《「アップロード」から》インターネットなどで、通信回線を介してデータをホストコンピューターに送信する。「サーバーに圧縮ファイルを—・げる」❷所有者や高位の者の手元に収める。㋐好ましい結果を得る。「収益を—・げる」㋑(挙げる)検挙する。「犯人を—・げる」❸上の段階や等級へ進ませる。「息子を大学に—・げる」❹程度を高める。㋐他と比較して高い状態になる。「右肩を—・げる」「潮が—・げてくる」㋑今までより高い状態にする。「地位を—・げる」「家賃を—・げる」⇔下げる。㋒褒める。「—・げたり下げたり」⇔下げる。㋓いちだんと望ましい状態にする。「男ぶりを—・げる」「腕を—・げる」⇔下げる。㋔勢いをつける。盛んにする。「気勢を—・げる」「調子を—・げる」㋕声を高く発する。「悲鳴を—・げる」❺㋐《「頭に血を上げる意から》のぼせて夢中になる。「血道を—・げる」㋑吐く。戻す。「酒を飲みすぎて—・げる」❻物事を終わりにする。㋐仕上げる。完成する。「仕事を—・げる」㋑その範囲内でまかなう。「会費を安く—・げる」㋒(挙げる)力などを出し尽くす。「全力を—・げる」「町を—・げて応援する」㋓(挙げる)子を得る。「男子を—・げる」❼人の目についたり、広く知られるようにする。㋐(上げる・揚げる)掲げる。「国旗を—・げる」㋑有名にする。「名を—・げる」㋒(挙げる)事を起こす。「兵を—・げる」㋓(挙げる)執り行う。「結婚式を—・げる」㋔(挙げる)表し示す。「例を—・げる」「証拠を—・げる」㋕効果や実績を現す。「成果を—・げた」㋖(挙げる)推挙する。「候補者を—・げる」❽(揚げる)揚げ物を作る。「てんぷらを—・げる」❾神仏や敬うべき人などに、ある行為がなされる。㋐神仏に供える。「供物を—・げる」⇔下げる。㋑「与える」「やる」を、その相手を敬っていう語。「洋服を—・げる」❿地方から都に行く。上京する。「京にとく—・げ給ひて」〈更級〉⓫戸や格子を上部に開きあける。「格子なども—・げながら冬の夜を居明かして」〈枕・一七九〉⓬勢いよく馬をはねあがらせる。「中道口を外(はず)させて—・げけり」〈著聞集・一〇〉⓭動詞の連用形のあとに付いて複合語をつくる。㋐その動作が終わる意を表す。「仕事を早くし—・げる」「一日で織り—・げる」㋑十分に、しっかり、などの意を添える。「丁稚(でっち)からたたき—・げる」「調べ—・げる」㋒他に分かるようにはっきりと言葉で示す。「共同宣言としてうたい—・げる」㋓(「申す」「存ずる」などに付いて)へりくだった意味を表す。「お願い申し—・げます」「右のように存じ—・げております」⓮(補助動詞)動詞の連用形に接続助詞「て」が付いた形に付いて、主体が動詞の表す行為を他者に対し恩恵として行う意を表す。「てやる」の丁寧な言い方。「仕事を手伝って—・げる」「君のかわりに行って—・げよう」[補説]❾㋑は本来、敬うべき対象に物をさし上げるの意で、「犬にえさをあげる」のような言い方はしなかった。現在では「与える・やる」の丁寧語として使う人が増えている。[類語](❶)持ち上げる/(❷)逮捕・召し捕る・手が後ろに回る・捕まえる・捕る・捕らえる・引っ捕らえる・取り押さえる・生け捕る・搦(から)め取る・引っ括(くく)る・捕(とっ)まえる・捕獲する・拿捕(だほ)する・捕縛する・検束する・ぱくる・しょっぴく/(❾)与える・授ける・恵む・施す・やる・差し上げる・くれる・くださる・賜る・供する・供与・提供・授与・恵与
[一句]頭を上げる・アドバルーンを揚げる・団扇(うちわ)を上げる・腕を上げる・海老(えび)波を揚げず・得手(えて)に帆を揚げる・追風(おいて)に帆を上げる・男を上げる・凱歌(がいか)を揚げる・気炎を揚げる・軍配を上げる・呱々(ここ)の声をあげる・腰を上げる・順風に帆を上げる・尻(しり)を上げる・棚に上げる・血道を上げる・手を上げる・床(とこ)を上げる・名を揚げる・名乗りを上げる・音(ね)を上げる・熱を上げる・狼煙(のろし)を上げる・旗を揚げる・ピッチを上げる・一旗(ひとはた)揚げる・兵を挙げる・星を挙げる・御輿(みこし)を上げる・味噌(みそ)を上げる・三日にあげず・メートルを上げる・諸手(もろて)を挙げる・櫓(ろ)を上げる・槍玉(やりだま)に挙げる・世(よ)を挙げて
上げたり下げたり 褒めたりけなしたり。「何のかんのと—、人をばかにするな」
アケルスス-じょう【アケルスス城】(ジャウ)《Akershus slott》▶アーケシュフース城
アケルナル〖Achernar〗エリダヌス座のα(アルファ)星。「川の終わり」を意味するアラビア語に由来。明るさは0.5等で、距離144光年。10月中旬に南中するが、日本では鹿児島以南から南の地平線近くに見られる。
あげろ-の-やま【上路の山】新潟県糸魚川(いといがわ)市にある山。麓の海辺に難所として知られる親不知(おやしらず)がある。
あけ-わたし【明け渡し】建物や土地などを立ち退いて人の手に渡すこと。「家の—に応じない」
あけ-わた・す【明け渡す】〔動サ五(四)〕今まで住んでいた建物や土地などを立ち退いて人の手に渡す。「店を—・す」「城を—・す」
あけ-わた・る【明け渡る】〔動ラ五(四)〕夜がすっかり明ける。また、雲や霧などが晴れて明るくなる。「ようやく夜が—・る」「—・った空」[類語]明るむ
アゲンスト〖against〗《…に対して、…に逆らって、の意から。「アゲインスト」とも》ゴルフなどで、向かい風であること。逆風。⇔フォロー。
あ-こ【▽下▽火|▽下×炬】《唐音》禅宗で、火葬のときに導師が遺体を焼く燃料に火をつけること。のちには偈(げ)を唱えてしぐさをするだけになった。秉炬(ひんこ)。
あ-こ【×吾子】《古くは「あご」》㊀〔名〕わが子。自分の子。「—の、御宿世(すくせ)にて覚えぬことのあるなり」〈源・須磨〉㊁〔代〕❶二人称の人代名詞。子供や乳母などを親しみを込めて呼ぶ語。おまえ。「—はらうたけれど、つらきゆかりにこそ、え思ひはつまじけれ」〈源・空蝉〉❷一人称の人代名詞。中世から近世にかけての幼児語。「児聞いて、—はそれなら食はう」〈咄・醒睡笑・六〉
あ-こ【▽彼▽処|▽彼▽所】〔代〕「あそこ」に同じ。「わしゃ—ではえらうきれるがな」〈滑・膝栗毛・五〉[補説]現代でも京阪地方などで用いる。
あご トビウオの別名。
あ-ご【▽網子】網を引く人。あみこ。「網引(あびき)すと—ととのふる海人(あま)の呼び声」〈万・二三八〉
あご【顎|×頤|×腭】❶人など動物の口の上下にあり、下のほうが動いて、食物をかみ砕いたり声を出したりするのに役立つ器官。あぎ。あぎと。❷下あご。おとがい。「—がとがった顔」「—ひげ」❸釣り針の先に逆向きにつけた返しのこと。あぐ。❹食事または食事の費用。「—付き」「玉を落としたり—を引かれたりして見ねえ勘定迄に商内を仕詰めにゃあいかねえわな」〈洒・部屋三味線〉❺物言い。おしゃべり。『たはごとぬかすとひっぱたくぞ』『えらい—ぢゃな』」〈滑・膝栗毛・五〉[類語]頤(おとがい)
顎が落・ちる 食物の味の非常によいことのたとえ。ほっぺたが落ちる。[補説]「顎を外す」と混同して、「大笑いをする」の意で使うのは誤り。
顎が食い違・う 見込み違いになる。当てがはずれる。「女郎(ぢょろう)の言ふことを当てにしていると、いつでも—・ふよ」〈洒・角鶏卵〉
顎が干上(ひあ)が・る 収入がなくなって、生活ができなくなる。「失業して—・る」
顎で使・う 高慢な態度で、意のままに人を使う。「親を—・う」
顎で蠅(はえ)を追・う ハエを手を使わないであごを動かして追い払う。体力が衰えたさまにいう。
顎振り三年 ▶首振り三年ころ八年
顎を出・す ひどく疲れて、足が動かず、あごだけが前に出る。疲れ切ってどうにもならない状態をたとえていう。
顎を撫(な)・でる 得意げなようすをいう。
顎を外(はず)・す 大笑いをすることのたとえ。
あごあし-つき【顎足付(き)】食事代と交通費を先方が負担すること。「—の接待旅行」
あ-こう【亜綱】(カウ)生物分類学上の単位の一。必要な場合に、綱と目との間に設けられる。昆虫綱を有翅(ゆうし)亜綱と無翅亜綱とに分けるなど。
あこう【▽赤▽魚】(あか)アコウダイの別名。
あこう【赤穂】(あか)兵庫県南西端の市。千種(ちくさ)川河口にある。もと浅野・森氏の城下町。赤穂義士ゆかりの史跡が多い。赤穂塩の産地。人口5.1万(2010)。
あ-こう【×阿衡】(カウ)《「阿」は頼みよる、「衡」ははかりの意》摂政・関白の異称。中国の殷(いん)の湯王が宰相の伊尹(いいん)をこう称したところからいう。一説に、伊尹の号とも。
あこう【雀=榕|▽赤▽秀】クワ科の常緑高木。本州南西部の暖地に自生。幹の直径は1メートルに達し、周囲に気根を出す。葉は大きな長楕円形で、春に落葉してただちに新しい葉をつける。雌雄異株。春にイチジクに似た花をつける。あこぎ。あこのき。
あ-ごう【×阿号】(ガウ)「阿弥陀(あみだ)号」の略。
あこう-ぎし【赤穂義士】(あか)元禄15年(1702)12月14日、主君の浅野内匠頭長矩(あさのたくみのかみながのり)の恥辱をそそぐため、吉良上野介義央(きらこうずけのすけよしなか)を討った旧赤穂藩士47名のこと。翌年2月4日、幕府の命により切腹、泉岳寺に葬られた。赤穂浪士。四十七士。寺坂吉右衛門が討ち入りの途中から姿を消したので四十

六士ともいう。

あこうぎじんろく【赤穂義人録】 赤穂義士の仇討ちの一件を漢文で記した書。室鳩巣著。元禄16年(1703)の自序。

あ-こうざんたい【亜高山帯】 植物の垂直分布帯の一。高山帯と山地帯との間。本州中部の山岳地方では標高1700～2500メートルに相当し、シラビソ・コメツガなどの常緑針葉樹が主に生育。

あこう-し【赤穂市】 ▶赤穂

あこう-じけん【阿衡事件】 仁和3年(887)、宇多天皇即位の際、藤原基経を関白とする勅書の「よろしく阿衡の任を以て、卿の任となすべし」の語について、基経が阿衡は位のみで職掌を伴わないとして政務を行わず、ついに天皇が勅書を書き改めた事件。

アコウスティック〘acoustic〙〔形動〕 ➡アコースティック

あこう-だい【赤魚鯛】 フサカサゴ科の海水魚。全長約50センチ。体は鮮紅色で、深海にすむ。冬季に美味。あこう。➡赤魚

あ-こうぼく【亜高木】 高木と低木との中間の高さをもつ樹木。亜喬木。

あこう-ろうし【赤穂浪士】 ▶赤穂義士

アゴー〘ago〙 以前。ずっと前。「ロングロング―」

アコースティック〘acoustic〙〔形動〕《音響的な、の意》電気的な機器・装置を使わない、楽器本来の響きをもつさま。生の。「―なサウンド」「―ギター」

アコースティック-カプラー〘acoustic coupler〙 ▶音響カプラー

アコースティック-ギター〘acoustic guitar〙 電気的な増幅をしない自然な音を出すギター。生ギター。

アコーディオン〘accordion〙 リード楽器の一。蛇腹を伸縮させながらボタンや鍵盤を押して音を出す。手風琴。

アコーディオン-カーテン〘accordion curtain〙 「アコーディオンドア」に同じ。

アコーディオン-ドア〘accordion door〙 アコーディオンの蛇腹のように伸縮して開閉するカーテン状の仕切りや扉。

アコーディオン-プリーツ《和 accordion＋pleats》アコーディオンの蛇腹のように細かく、立体的に折り畳んだひだ。主にスカートに使われる。

あこが・る【憧る|憬る】〔動ラ下二〕「あこがれる」の文語形。

あこがれ【憧れ|憬れ】 あこがれること。理想とする物事に強く心が引かれること。憧憬。「―をいだく」「未知への―」「―のまと」〔類語〕憧憬

あこが・れる【憧れる|憬れる】〔動ラ下一〕 図あこが・る〔ラ下二〕《「あくがる」の音変化》❶理想とする物事や人物に強く心が引かれる。思い焦がれる。「名声に―・れる」「都会生活に―・れる」❷気をもむ。気が気でなくなる。「此方は地を離て沖る事が出来ず、只徒らに―・れて両手を延ばすのみ」〈二葉亭・めぐりあひ〉❸いる所を離れてふらふらさまよう。さまよい歩く。「そこともしらず―・れ行く」〈平家・六〉

あこぎ【阿漕】〔名・形動〕《禁漁地である阿漕ヶ浦で、ある漁師がたびたび密漁をして捕らえられたという伝説から》❶しつこく、ずうずうしいこと。義理人情に欠けあくどいこと。特に、無慈悲に金品をむさぼること。また、そのさま。「―な商売」「―なまねをする」❷たび重なること。「阿漕のあまの―にも過ぎにし方を思ひ出でて」〈浄・丹波与作〉〔類語〕欲張り・欲深・貪欲・がめつい・胴欲・慳貪・強欲

あこぎ【阿漕】 ㊀「阿漕ヶ浦」の略。㊁謡曲。四番目物。世阿弥作という。旅僧が、阿漕ヶ浦で密漁をして海に沈められた漁師の霊から懺悔物語を聞く。

あこぎ-が-うら【阿漕ヶ浦】 三重県津市東部一帯の海岸。伊勢神宮に供える魚をとる漁場として、殺生禁断の地であった。〔歌枕〕「いかにせん―のうらみても度かさなれば変はる契りを」〈新千載・恋五〉

あこぎ-の-へいじ【阿漕の平次】 阿漕ヶ浦で、母の病のために禁を破って魚をとり、簀巻きにされたという伝説上の漁師。謡曲・浄瑠璃などの題材となる。

あこぎ-やき【阿漕焼】 三重県津市から産する陶器。万古焼の分派である安東焼を、嘉永6年(1853)再興したのが始まり。

あこだ【阿古陀】 ❶「阿古陀瓜」の略。❷「阿古陀形」の略。❸アコダウリの形に似ている古代の香炉。雲煙の形を透かし彫りにした火屋を掛けたもの。阿古陀香炉。

あこだ-うり【阿古陀瓜】 ウリ科の蔓性の一年草。秋の初め、光沢があって赤色の平たくて丸い実がなり、飾りにする。金冬瓜の一種。

あこだ-なり【阿古陀形】《アコダウリのような丸い形をしているところから》❶青磁などの平たくて丸い形の器。❷丸形で頂上がややくぼんだ兜の鉢。

あご-つき【顎付き】 ❶あごの格好。❷仕事に伴って、食事・食費が支給されること。

アコニチン〘aconitine〙 トリカブトの根に含まれるアルカロイドの一。猛毒で神経麻痺作用がある。

アコニット〘オランダ akoniet〙 キンポウゲ科トリカブト属の植物。主に薬学での呼び名。トリカブト・レイジンソウ・ハナカズラなど、いずれも有毒で、薬用ともなる。

あご-はぜ【顎沙魚】 ハゼ科の海水魚。全長7センチくらい。潮だまりにみられる。だぼはぜ。

あご-ひげ【顎鬚】 下あごに生えるひげ。

あご-ひも【顎紐】 学生帽・作業帽などについていて、飛ばないようにあごに掛けるひも。

あこめ【衵|袙】 ❶中古の男子の中着。束帯のときは下襲と単との間に、衣冠・直衣のときには袍・直衣と単との間に着用した。打衣。❷女子の中着。表着と単との間に着用した。❸女児が上着として着用した、袿より裾を短く仕立てた衣服。〔補説〕「あいこめ」の略で、衣服の間に込めて着る衣の意という。

あこめ-おうぎ【衵扇】 宮廷の女房が礼装のときに用いた檜扇。草木や人物などの絵を描き、切り箔・砂子などを散らした。近世以降は、両端の親骨の上部に糸花をつけ、色糸を長く垂らす。

あこめ-すがた【衵姿】 女児が表衣を着ないで衵だけを着ている姿。「童など、をかしき―うちとけて」〈源・野分〉

アコモデーター〘accommodator〙 紛争中の、または対立する国家間の調停者。

アコモデート〘accommodate〙 ❶資金などを融通すること。❷適応させること。調整すること。

あこや【阿古屋】 ㊀愛知県半田市付近、知多半島の東海岸の古地名。㊁山形市郊外の千歳山の古称。山上の松が有名であった。

あこや【阿古屋】 平景清の愛人。京都五条坂の遊女で、近松門左衛門作「出世景清」や文耕堂・長谷川千四合作「壇浦兜軍記」などに登場する。

あこや-がい【阿古屋貝】《知多半島の阿古屋の浜で多くとれたところから》ウグイスガイ科の二枚貝。貝殻はほぼ方形で、殻長約9センチ。内面は真珠色の光沢がある。養殖真珠の母貝とする。本州中部以南に広く分布し、奄美大島まで及ぶ。真珠貝。

あこや-だま【阿古屋珠】 真珠のこと。「伊勢の海のあまのしわざの―とりての後も恋の繁けむ」〈古今六帖・三〉

あこや-の-ことぜめ【阿古屋の琴責】 浄瑠璃「壇浦兜軍記」の三段目口の通称。平景清の行方を探す鎌倉方の畠山重忠が遊女の阿古屋に琴・三味線・胡弓を弾かせ、その音色が乱れていないことから、うそをついていないことを知る。琴責。

アゴラ〘ギリシャ agora〙 古代ギリシャの都市国家の公共広場。アクロポリスの麓にあって神殿・役所などの公共建築物に囲まれ、市民の集会や談論・裁判・交易などの場となった。

ア-コルーニャ〘A Coruña〙 ▶ラ-コルーニャ

あご-わん【英虞湾】 三重県志摩半島南部にある湾。典型的なリアス式海岸。真珠養殖が盛ん。伊勢志摩国立公園の中心。

あごん【阿含】《梵 āgamaの音写。来ることの意》❶《万法の帰するところの意から》釈迦の説いた教え。経典。❷小乗仏教の異称。

アコンカグア〘Aconcagua〙 アルゼンチン中西部にある山。アンデス山脈の主峰で、南米大陸の最高峰。標高6960メートル。1897年、英国登山隊が初登頂。

あごん-きょう【阿含経】 小乗仏教の根本経典。阿含部経典の総称。漢訳経典では長・中・雑・増一の四阿含、または小阿含を加えた五阿含。

アコンドライト〘achondrite〙 ▶エイコンドライト

あさ【麻】 ❶クワ科の一年草。高さ1～2.5メートル。茎はまっすぐに伸び、葉は手のひら状の複葉で対生。雌雄異株。夏、黄緑色の小花を穂状につけ、秋に実が熟す。中央アジアの原産で、熱帯から温帯にかけて栽培され、茎の皮から繊維をとり、麻糸にする。種子からは油をとる。大麻。あおそ。〔季 夏〕「ゆり出だす緑の波や―の風/惟然」❷茎の靭皮から繊維をとる麻・亜麻・苧麻・黄麻や、葉から繊維をとるマニラ麻・サイザル麻などの総称。また、それらから製した繊維や織物。〔類語〕木綿・絹・羊毛

麻の如・し 《麻糸がもつれ乱れているようだ、の意から》世の中の状態などがひどく乱れているさま。「天下―・く乱れる」

麻の中の蓬 《「荀子」勧学の「蓬麻中に生ずれば扶けざるも直し」から》蓬のように曲がりやすいものでも、まっすぐな性質の麻の中に入って育てば曲がらずに伸びる。人は善良な人と交われば自然に感化を受け、だれでも善人になるというたとえ。麻につるる蓬。

あさ【朝】 夜が明けて間もない時。また、夜明けから正午ごろまでの間。「―が来る」「―から夜まで」〔類語〕あした・モーニング

アサ〘ASA〙《American Standards Association》❶米国規格協会。また、そこで定める工業製品の規格。現在はANSI(American National Standards Institute 米国国家規格協会)。❷▶アサ感度

あざ【字】 市町村内を細分した区画の名。大字の中に、さらに小字がある。

あざ【痣|黶】 皮膚に生じた赤や青などの斑紋の俗称。先天性のものは母斑で、後天性のものは皮下出血や紫斑。

あさ-あけ【浅緋】 薄い緋色。五位の者の着た袍の色。また、その袍。うすあけ。

あさ-あけ【朝明け】 朝、空が明るくなること。また、その時分。あさけ。

あさ-あさ【浅浅】〔副〕 ❶色などが薄いさま。うっすら。「―と萌初めた麦畠は」〈藤村・破戒〉❷考えが浅いさま。軽々しいさま。「気軽な男の、気も―に連れ添へば」〈浄・艶狩剣本地〉

あざ-あざ【鮮鮮】〔副〕 鮮やかなさま。はっきりとしたさま。「大海の摺裳の、水のいろはなやかに、―として」〈紫式部日記〉

あざあざ・し【鮮鮮し】〔形シク〕 鮮やかである。はっきりしている。「神の御事を―・しくは申さねども」〈謡・賀茂〉

あさあさし・い【浅浅しい】〔形〕 図あさあさ・し〔シク〕あさはかで軽々しい。奥深くない。「政さんなんかに気取られるようなそんな―・いおとよさんではない」〈左千夫・隣の嫁〉

アサード〘スペイン asado〙《「焼く」の意》アルゼンチン料理の一種で、牛肉の炭火焼き。羊肉も使う。

あさ-あめ【朝雨】 朝の雨。朝に降りだす雨。

朝雨馬に鞍置け 朝の雨はすぐにあがるから外出の用意をせよ。

朝雨に傘要らず 朝の雨はすぐにあがるから傘の用意は要らない。

朝雨は女の腕捲り 朝の雨はすぐにあがるから、女の腕まくりと同じようにこわくない。

あさ-あらし【朝嵐】 朝吹く強い風。

アザーン〘アラビア adhān〙 1日に5回、イスラム教の信徒に対して礼拝の時刻を告げる呼び声。定まった文句によって詠唱される。

あさ-い【朝寝】「あさね」に同じ。「女どちは、しどけな

〈―し給へらむかし〉〈源・宿木〉

あさ‐い【浅い】〔形〕図あさ・し〔ク〕❶表面から底まで、また入り口から奥までの距離が短い。深さが少ない。「―・い池」「―・い鍋(なべ)」「―・い洞窟(どうくつ)」⇔深い。❷物事の程度や分量、また、かかわりなどが少ない。「傷は―・い」「経験が―・い」「眠りが―・い」「つきあいが―・い」⇔深い。❸その状態になってから日数や時間が少ししかたっていない。「勤めてから日が―・い」「春まだ―・い」「夜もまだ―・い時刻」❹色が薄い。淡い。「―・い緑」⇔深い。❺香りが淡い。「―・からず染(し)めたる紫の紙に」〈源・明石〉❻位や家柄が低い。「九条殿の君達は、まだ御位ども―・ければ」〈栄花・月の宴〉❼情愛がうすい。「当時の博士、あはれ―・く貪欲深くして」〈宇津保・祭の使〉派生あささ〔名〕あさみ〔名〕

アサイー〖acai｜ポルトガル açaí〗ブラジル、アマゾン川流域原産のヤシ科の常緑高木。暗紫色の果実は食用で、ジュースなどにする。アサイ椰子(やし)。

あさ‐いち【朝一】朝の業務の始まった直後をいう。「―でお届けします」➡午後一

あさ‐いち【朝市】朝開く魚・野菜などの市。類語市・市場・河岸・バザール・マーケット・取引所・競り市・年の市・草市・蚤(のみ)の市・バザー

あさい‐ちゅう【浅井忠】［1856～1907］洋画家。江戸の生まれ。フォンタネージに師事。明治美術会を創立。褐色を主調とした穏和な写実主義の作風を示す。フランス留学から帰国後は京都に住み、後進の指導に尽力。

あさ‐いと【麻糸】麻の繊維から作った糸。

あさいな【朝比奈】►あさひな

あさい‐ながまさ【浅井長政】［1545～1573］戦国時代の武将。近江(おうみ)小谷城主。織田信長の妹お市を妻として織田家と同盟を結んだが、のち信長と対立。元亀元年(1570)姉川の戦いに敗れ、さらに本拠の小谷城を攻められて自刃。

あさ‐いり【浅煎り】コーヒー豆などを浅めに焙煎(ばいせん)すること。酸味が楽しめる。⇔深煎り。

あさい‐りょうい【浅井了意】［1612ころ～1691］江戸前期の仮名草子作者。武士から浄土真宗の僧となった。号は瓢水子、松雲。著作に「御伽婢子(おとぎぼうこ)」「狗張子(いぬはりこ)」「東海道名所記」など。

アサイン〖assign〗〔名〕(スル)物事を割り当てること。あてがうこと。また、任命すること。

アサインメント〖assignment〗割り当て。割り当てられた仕事。課題。

あさ・う【浅ふ】〔動ハ下二〕❶身分、地位が低い状態にある。「まだ位なども―・へたる程を」〈源・竹河〉❷考えが不十分な状態にある。あさはかである。「さやうに―・へたる事は、かへりて軽々しきもどかしさなども立ち出でて」〈源・幻〉

あざ・う【▽糾ふ】〔動ハ下二〕組み合わせる。より合わせる。あざなう。「膝を地に着けて二の手を―・へて地に伏して」〈今昔・一・二九〉

あさ‐うたい【朝謡】朝、謡曲をうたうこと。

朝謡は貧乏の相(そう)　朝から仕事をせず謡などをうたうようでは、今にきっと貧乏になる、との戒め。

あさ‐うら【麻裏】「麻裏草履」の略。

あさうら‐ぞうり【麻裏草履】草履の裏に、麻糸を平たく編んだひもをとじつけたもの。

あさ‐うり【浅×瓜】シロウリの別名。

あさ‐えびす【朝恵比須】❶恵比須神社に朝参りすること。❷商家で、早朝の客を恵比須神に見立てて、その日の縁起を祝っていう語。

あさお【麻生】神奈川県川崎市北西部の区名。丘陵地にある。

あさ‐お【麻×苧】麻の繊維を原料として作った糸。麻糸。

あさ‐おき【朝起き】〔名〕(スル)朝早く起きること。また、その人。早起き。類語早起き

朝起きは三文(さんもん)の徳　《「徳」は「得」とも書く》早起きをすれば、必ずいくらかの利益がある。早起きは三文の徳。

あさお‐く【麻生区】►麻生

あさ‐おり【麻織(り)】麻で織ること。また、その織物。麻織物。

あさ‐おりもの【麻織物】麻糸で織った織物。服地のほか、蚊帳・帆布などにも用いられる。

あさか【安積｜浅香】福島県郡山市の地域名。古くは郡山盆地の大部分をさし、阿尺(あさか)国と称した。大化の改新後、陸奥(みちのく)の一部に、のち岩代(いわしろ)に属す。

あさか【朝霞】埼玉県南部の市。もと川越街道の膝折(ひざおり)宿として栄えた。第二次大戦後は住宅都市として発展。自衛隊駐屯地がある。人口13万(2010)。

あさ‐かい【朝会】「朝の茶事」に同じ。

あさ‐がえり【朝帰り】〔名〕(スル)❶よそで夜を過ごし、朝になって家に帰ること。❷遊郭や妾宅(しょうたく)に泊まって、翌朝、家に帰ること。

あさ‐がお【朝顔】㊀❶ヒルガオ科の蔓性(つるせい)の一年草。茎は左巻き。葉は大きな切れ込みがある。夏の朝、らっぱ状の花を開く。種子は漢方で牽牛子(けんごし)といい、緩下剤などに用いる。東アジアの原産で、奈良時代に薬用植物として中国から渡来。江戸初期より園芸植物として栽培され、多くの品種が作られた。牽牛花。槿花(きんか)。しののめぐさ。(季 秋)「―や昼は錠おろす門の垣/芭蕉」❷キキョウの別名。〈新撰字鏡〉❸ムクゲの別名。〈名義抄〉❹カゲロウ(蜉蝣)の別名。❺朝顔の花の形をしたもの。漏斗状の器物や、管楽器の先端部。また特に、男子用便器のこと。❻朝起きたばかりの顔。「ねくたれの御―見るかひありかし」〈源・藤裏葉〉❼襲(かさね)の色目の名。表裏とも縹(はなだ)色。❽焼き麩(ふ)をいう女房詞。㊁源氏物語第20巻の巻名。また、その巻の女主人公の名。光源氏32歳。朝顔との恋愛、紫の上の嫉妬(しっと)を描く。

朝顔の花一時(ひととき)　物事の衰えやすいことのたとえ。槿花(きんか)一日(いちじつ)の栄(えい)。

あさがお‐あわせ【朝顔合(わ)せ】朝顔の品評会。種々の朝顔を持ち寄り、花や葉の優劣を競う遊び。江戸時代に流行。

あさがお‐いち【朝顔市】鉢植え朝顔を売る市。東京入谷(いりや)の鬼子母神(きしもじん)で7月上旬に開かれるものが有名。(季 夏)「おしめりや―に人減らず/桂郎」

あさがお‐がい【朝顔貝】アサガオガイ科の巻き貝。殻高約2センチ。貝殻はカタツムリ形でごく薄く、紫色。足から粘液を分泌して泡状の浮き袋とし、海上を浮遊。クラゲを食べる。

あさがお‐ざる【朝顔×笊】上部が開き下部がすぼまった、朝顔の花の形をしたざる。

あさがお‐せんべい【朝顔煎餅】元禄(1688～1704)の頃の江戸名物。朝顔の花の形のせんべい。

あさがお‐ぞめ【朝顔染(め)】朝顔の花の模様を紺または紫色で所々ぼかし染めにした染め模様。元禄ごろに流行。

あさがお‐なり【朝顔▽形】茶碗・かごなどの形が朝顔の花に似ているもの。

あさがおにっき【朝顔日記】浄瑠璃「生写朝顔話(しょううつしあさがおばなし)」の通称。

あさがお‐にんぎょう【朝顔人形】朝顔の花や蔓(つる)で作った人形。

あさがお‐の【朝顔の】〔枕〕朝顔の花は「穂(ほ)に咲き出(い)づ(＝目立ツヨウニ咲キ出ル)」意から、「穂」にかかる。「―穂には咲き出(で)ぬ恋もするかも」〈万・二二七五〉

あさがお‐ひめ【朝顔姫】織女星(しょくじょせい)の異称。

あさ‐かげ【朝影】❶朝日の光。「―にはるかに見れば山のはに残れる月もうれしかりけり」〈宇津保・春日詣〉❷朝、水や鏡などに映った姿。「―見つつをとめらが手に取り持てるまそ鏡」〈万・四一九二〉❸《朝日が人影を細長く映すところから》恋のためにやせ細っている人の姿。「―にあが身はなりぬ韓衣(からころも)裾(すそ)のあはずて久しくなれば」〈万・二六一九〉

あさ‐がけ【朝駆け｜朝×駈け】〔名〕(スル)❶朝早く馬を走らせること。❷朝早く不意に敵陣を襲うこと。⇔夜討ち。❸新聞記者などが、朝早く予告なしに取材先に出向くこと。「夜討ち―の取材」❹物事の容易なことのたとえ。「左衛門が足軽十騎ばかり差し向けば、―に生け捕って」〈浄・五枚羽子板〉

朝駆けの駄賃(だちん)　朝早く走らせる馬は元気よく、少しくらいの荷物はなんとも思わないということ。たやすいことのたとえ。

あさか‐ごんさい【安積艮斎】［1791～1860］江戸後期の儒学者。別号、見山楼。岩代(いわしろ)の人。佐藤一斎・林述斎に学び、のち昌平黌(しょうへいこう)教授。著「艮斎文略」「見山楼詩集」など。

あさか‐し【朝霞市】►朝霞

あさか‐しゃ【浅香社】短歌の結社。明治26年(1893)落合直文(おちあいなおぶみ)を主宰者として結成。機関誌はなかったが、鮎貝槐園(あゆかいかいえん)・大町桂月・与謝野鉄幹らが参加、短歌革新を推進した。

あさ‐がすみ【朝×霞】㊀〔名〕朝に立つ霞。(季 春)「茶を呑めと鳴子引なり―/一茶」㊁〔枕〕❶八重に立ちこめ物がはっきり見えない意、また霞の立つ春の意から「八重」「ほのか」「春日(はる)」にかかる。「―ほのかにだにや妹(いも)に逢はざらむ」〈万・三〇三七〉❷鹿火(かひ)(蚊火)の煙が霞のようにたなびく意から「かひ」にかかる。「―鹿火屋(かひや)が下に鳴くかはづ」〈万・二二六五〉

あさ‐かぜ【朝風】❶朝吹く風。❷日の出後、気圧の関係で陸から海へ、また、山頂から谷へ吹く風。⇔夕風。

あさか‐そすい【安積疎水】福島県、郡山盆地を灌漑(かんがい)するための用水路。明治15年(1882)通水。新水路は昭和26年(1951)完成。ともに猪苗代(いなわしろ)湖から取水し、阿武隈(あぶくま)川に注ぐ。

あさ‐がた【朝方】朝のうち。朝のあいだ。早朝のころ。「―の雨」「―地震があった」類語早朝・朝っぱら

あさ‐がた【朝型】朝早く起きて、午前中から活動し、夜は早く寝る生活習慣をいう。➡夜型

あさか‐たんぱく【安積澹泊】［1656～1737］江戸中期の儒学者。名は覚(さとる)。水戸藩士。彰考館総裁として「大日本史」の編纂(へんさん)に従事。主著「大日本史賛藪(さんそう)」。

あさ‐かつ【朝活】《「朝活動」の略》始業前の朝の時間を、勉強や趣味などの活動に当てること。平成20年(2008)ごろからの流行語。

あさか‐の‐うら【浅香の浦】大阪府堺市東部の浅香山町付近の古称。歌枕「夕さらば潮満ち来なむ住吉の―に玉藻刈りてな」〈万・一二一〉

あさか‐の‐ぬま【安積の沼｜浅香の沼】安積山の麓にあったといわれる沼。歌枕「野辺はいまだ―にかる草のかつみるままに茂る頃かな」〈新古今・夏〉

あさか‐の‐みや【朝香宮】旧宮家の一。明治39年(1906)久邇宮朝彦(くにのみやあさひこ)親王の第八王子鳩彦(やすひこ)王が創立。昭和22年(1947)宮号廃止。

あさ‐がみしも【麻上下】麻布で作った単(ひとえ)の裃(かみしも)。江戸時代の武士の、出仕用の通常の礼装。

あさか‐やま【安積山｜浅香山】福島県郡山市日和田にある山。葛城王(かずらきのおおきみ)と采女(うねめ)との伝説の地。同市片平の額取(ひたいとり)山との異説も。歌枕「―影さへ見ゆる山の井の浅き心を吾が思はなくに」〈万・三八〇七〉

あさ‐がゆ【朝×粥】朝、食べる粥。

あさ‐がら【麻殻｜白＝辛＝樹】エゴノキ科の落葉高木。本州中部以西の山地に自生。葉は広楕円形。初夏、白い花が多数垂れて咲く。実から油をとる。材は軽くて柔らかい。あさぎ。

あさ‐がら【麻▽幹｜麻殻】「おがら(麻幹)」に同じ。

あさ‐がれい【朝×餉】❶天皇の日常の食事。儀式的な大床子(だいしょうじ)の御膳(おもの)に対していう。朝夕2回あった。朝餉の御膳(おもの)。「―の気色ばかり触れさせ給ひて」〈源・桐壺〉❷「朝餉の間(ま)」の略。

あさがれい‐の‐ま【朝餉の間】清涼殿の西庇(にしびさし)にある、天皇が食事をする部屋の名。

あさかわ‐かんいち【朝河貫一】［1873～1948］歴史学者。福島の生まれ。東京専門学校卒。イェール大学教授。日本とヨーロッパを比較した封建制度史の研究で業績をあげた。英文の著作・論文が多数あり、「入来文書(The Documents of Iriki)」は世界的に著名。他に「日露衝突」など。

あさかわ‐まき【浅川マキ】［1942～2010］歌

手。石川の生まれ。寺山修司の舞台に出演し、高い評価を得る。ジャズやブルースなどの影響を受けた独特の歌唱と黒い衣装で「アングラの女王」と称された。代表作「かもめ」「夜が明けたら」など。

アサ-かんど【ASA感度】米国規格協会(ASA)が定めた、感光材料の感光度の規格。アサ。アーサ。➡感度❸

あさ-かんのん【朝観音】ークワンオン 朝早く観音に参詣すること。特に、観音の縁日の毎月18日朝の参詣。

朝観音に夕薬師(やくし)　江戸時代の信仰で、毎月18日の観音の縁日には朝に、8日の薬師の縁日には夕方に参詣すること。

あさ-かんむり【麻冠】漢字の冠の一。「麾(き)」「麿(まろ)」などの「麻」の称。

あさ-ぎ【浅木】節の多い、粗末な材木。「東屋の一の柱我ながらいつふしなれて恋しかるらむ」〈千載・恋三〉

あさ-ぎ【浅黄】薄い黄色。淡黄色。

あさ-ぎ【浅×葱】《薄いネギの葉の色の意。「葱」を「黄」と混同して「浅黄」とも書く》❶緑がかった薄い藍色(あいいろ)。❷《着用する袍(ほう)の色が浅葱であるところから》六位の人の称。❸「浅葱裏(あさぎうら)」の略。❹「浅葱幕(あさぎまく)」の略。〘類語〙青・真っ青・青色(せいしょく)・藍(あい)・青藍(せいらん)・紺青(こんじょう)・紺碧(こんぺき)・群青(ぐんじょう)・紺・瑠璃(るり)色・縹(はなだ)・花色・露草色・納戸色・水色・空色・ブルー・インジゴ・コバルト・シアン・ウルトラマリン・マリンブルー・スカイブルー

あさぎ-いろ【浅×葱色】「浅葱❶」に同じ。

あさぎ-うら【浅×葱裏】❶着物の裏地で浅葱色のもの。また、その裏地をつけた着物。❷《多く浅葱裏の着物を着たところから》遊里で、江戸勤番に出てきたやぼな田舎武士をあざけっていう語。「まだ出来ぬ顔へしかける一」〈柳多留・八〉

あさぎ-おどし【浅×葱▽威】ーをどし 鎧(よろい)の威(おどし)の一。浅葱色の糸でおどしたもの。浅葱糸威。

あさぎ-ざくら【浅×葱桜】サトザクラの一品種。花は白いが、萼(がく)が鮮緑色なので全体に薄緑に見える。

あさぎ-じま【浅×葱×縞】浅葱色の糸で織った縞の織物。

あさぎ-ずみ【浅木炭】浅木が材料の、質の悪い炭。

あさきた【安佐北】広島市北部の区名。旧安佐郡の北部にあたる。

あさ-きた【朝北】朝吹く北風。「一の出でこぬさきに綱手はやひけ」〈土佐〉

あさきた-く【安佐北区】▶安佐北

あさ-ぎぬ【麻▽衣】❶麻布で作った粗末な着物。「勝鹿(かつしか)の真間の手児名(てごな)が一に青衿(あをくび)着け」〈万・一八〇七〉❷喪中に着る白い麻の衣服。あさごろも。あさのきぬ。「たへの穂の一着(け)れば夢かも現(うつ)つかもと」〈万・三三二四〉

あさぎ-まく【浅×葱幕】歌舞伎に用いる浅葱色の無地の幕。引き幕の内側につる。

あさぎ-まだら【浅黄斑=蝶】マダラチョウ科のチョウ。翅(はね)の開張約10センチ。前翅は黒色、後ろ翅は茶色で、それぞれ淡青色の透明な斑紋がある。幼虫の食草はガガイモ科植物。日本からヒマラヤに分布。

あさ-ぎよめ【朝清め┊朝▽浄め】朝の掃除。「主殿寮(とのもりづかさ)のしもべ一つかうまつることなければ」〈大鏡・師尹〉

あさ-ぎり【朝霧】朝方に立つ霧。〘季 秋〙「一や村千軒の市の音/蕪村」

あさぎり-こうげん【朝霧高原】ーカウゲン 静岡県東部、富士山西麓に広がる高原。標高500～900メートル。全国でも有数の酪農・畜産地帯。鎌倉時代、源頼朝が富士の巻狩を行った所。名の由来は、高冷地のために朝霧が多く発生するところから。三里が原。

あさぎり-そう【朝霧草】ーサウ キク科の多年草。東北地方から北の高山や海岸に自生。高さ約50センチ。全体に銀白色の絹毛がある。葉は糸状の小葉からなる羽状複葉。秋、黄白色の小花を穂状につける。観賞用に栽培。〘季 秋〙

あさぎり-の【朝霧の】〔枕〕❶朝霧の中でぼんやりとしか見えない意から「おほに」「乱る」「思ひまどふ」にかかる。「一おほに相見し人ゆゑに」〈万・五九九〉❷朝霧が八重に立つ意から「やへ」「立つ」にかかる。「一八重山越えて」〈万・一九四五〉

あさぎ-わん【浅×葱×椀】黒漆塗りの上に、浅葱色の漆で花鳥を描いた椀。あさぎごき。

あさくさ【浅草】東京都台東区の地名。浅草寺(せんそうじ)の門前町として発達。仲見世・新仲見世の商店街、旧浅草公園を区分した際の六区の興行街などがある。三社祭・ほおずき市・羽子板市など江戸以来の行事が多い。もと東京市の区名。

あさくさ-オペラ【浅草オペラ】大正時代、東京の浅草六区で上演されたオペラやミュージカルの総称。

あさくさ-がみ【浅草紙】古紙・ぼろきれなどを材料にして漉(す)き返した下等の紙。落とし紙や鼻紙などに用いる。元禄年間(1688～1704)に浅草の山谷(さんや)辺りで多く製造されたところからいう。

あさくさ-かんのん【浅草観音】ークワンオン 東京都台東区にある浅草寺(せんそうじ)の通称。

あさくさ-じま【浅草×縞】縦糸にくずの生糸、横糸に木綿糸を用いた紬(つむぎ)織り。武蔵の八王子付近から産した。

あさくさ-たんぼ【浅草▽田×圃】江戸、浅草新吉原(台東区)の後方にあった水田地帯。吉原田圃。

あさくさ-でら【浅草寺】▶せんそうじ(浅草寺)

あさくさ-のり【浅草海=苔】❶ウシケノリ科の紅藻。アマノリ類の代表種。紅紫色で、冬から春にかけて生育する。食用として養殖。名は、江戸初期に浅草あたりの海辺からとれたからという。むらさきのり。❷生のアマノリを刻み、枠に流して漉(す)き、日光で乾燥させたもの。干しのり。

あさくさ-ぶんこ【浅草文庫】㊀明治8年(1875)に浅草蔵前に設けられた官立の公開図書館。昌平坂学問所・和学講談所などの蔵書約11万冊を受け継いだ。現在、その大部分は国立公文書館内閣文庫に保存。㊁江戸時代、浅草居住の医師板坂卜斎(ぼくさい)、大名堀田正盛、御家人木村重助らの私設文庫。また、明治・大正の学者大槻如電(おおつきじょでん)が設けた文庫。

あさくさ-まつり【浅草祭】「三社祭」の別称。

あさくち【浅口】岡山県南西部にある市。寄島港ではワタリガニ・カキなどの漁業が多い。金光(こんこう)教本部がある。倉敷市や広島県福山市のベッドタウン化が進む。平成18年(2006)3月に金光町・鴨方町・寄島町が合併して成立。人口3.6万(2010)。

あさくち-し【浅口市】▶浅口

あさ-ぐつ【浅×沓┊浅▽履】公卿(くぎょう)や殿上人(てんじょうびと)などが用いた浅い沓。多くは桐(きり)製黒漆塗りで皮革製もあった。内部に布を張り、足の甲の部分に絹製の綿入れを入れた。➡深沓(ふかぐつ)

あさ-ぐも【朝蜘=蛛】朝方に出てくるクモ。吉兆といわれる。

あさ-ぐもり【朝曇(り)】❶朝方、空が曇ること。❷暑さのきびしくなる日の朝、もやなどがこめて空が曇っているように見えること。〘季 夏〙「一墓前の土のうるほひぬ/蛇笏」

あさくら【朝倉】㊀福岡県中部、筑後川中流の北岸にある市。北東の山岳部には複数のダムがあり福岡市などの水源地。平野部では花卉栽培が盛ん。平成18年(2006)3月に甘木市・杷木(はき)町・朝倉町が合併して成立。人口5.6万(2010)。㊁斉明天皇の行宮(あんぐう)が置かれた所。今の福岡県朝倉市須川とも同市山田ともいわれる。㊂雄略天皇の皇居のあった地。今の奈良県桜井市東部にあたる。

あさくら-ざんしょう【朝倉山×椒】ーザンセウ サンショウの一品種。茎にはとげがなく、実は大粒で、香りが強い。兵庫県養父(やぶ)市八鹿(ようか)町朝倉に多く産した。なるはじかみ。ふさはじかみ。

あさくら-し【朝倉市】▶朝倉㊀

あさくら-たかかげ【朝倉孝景】[1428～1481]室町中期の武将。敏景(としかげ)ともいう。斯波(しば)氏に仕えていたが、内紛に乗じ越前を領し、一乗谷(いちじょうだに)に築城。応仁の乱で斯波氏に代わって越前守護となった。

あさくらたかかげ-じょうじょう【朝倉孝景条々】ーデウデウ 戦国時代の朝倉氏の分国法。孝景が制定し、人材登用、家臣団の統制、節倹などの要点を17条に規定したもの。朝倉敏景十七箇条。

あさくら-としかげ【朝倉敏景】▶朝倉孝景(あさくらたかかげ)

あさくらとしかげ-じゅうしちかじょう【朝倉敏景十七箇条】ージフシチカデウ ▶朝倉孝景条々(あさくらたかかげじょうじょう)

あさくらのたちばなのひろにわ-の-みや【朝倉橘広庭宮】あさくらのたちばなのひろにはー 福岡県朝倉市須川(あるいは山田とも)に置かれたとされる斉明天皇の行宮(あんぐう)。天皇は百済(くだら)救援のためみずから九州に下り、661年、ここで崩御。朝倉宮(あさくらのみや)。朝倉木丸殿(あさくらきのまろどの)。

あさくら-ふみお【朝倉文夫】ーふみを [1883～1964]彫刻家。大分の生まれ。官展で活躍。写実主義の作品をつくる。文化勲章受章。

あさくら-やま【朝倉山】福岡県朝倉市、鳥屋山の南にある山々。〘歌枕〙「昔見し人をぞわれはよそに見し一の雲井はるかに」〈夫木・二〇〉

あさくら-よしかげ【朝倉義景】[1533～1573]戦国時代の武将。元亀元年(1570)浅井氏とともに、近江(おうみ)姉川で織田信長と戦って敗れ、のち、居城一乗谷で自刃。

あさ-ぐろ・い【浅黒い】〔形〕〘文〙あさぐろ・し〔ク〕薄黒い。特に、皮膚の色が少し褐色を帯びている。「日焼けした一・い肌」〘派生〙あさぐろさ〔名〕

〘類語〙黒い・黒黒・黒ずむ・どす黒い・色黒・真っ黒け

あさけ【朝▽明】《「あさあけ」の音変化》夜明け。「一の姿は、げに人のめで聞えむも」〈源・夕顔〉

あさ-げ【朝×餉┊朝▽食】《古くは「あさけ」》朝の食事。あさめし。〘類語〙朝食・朝御飯・朝飯(あさめし)・朝飯(あさはん)

あさ-げいこ【朝稽古】早朝にするけいこ。

あざけり【嘲り】あざけること。「一を受ける」

〘類語〙揶揄(やゆ)・愚弄・嘲弄

あざけ・る【嘲る】〔動ラ五(四)〕❶ばかにして悪く言ったり笑ったりする。「人の失敗を一・る」❷風月に心ひかれて声を上げて詩歌を吟じる。「月に一・り、風にあざむくこと絶えず」〈後拾遺・序〉〘類語〙見下す・見くびる・侮る・見下げる・卑しめる・蔑む・貶(おとし)める

あさご【朝来】兵庫県中央部にある市。播磨(はりま)と但馬(たじま)を結ぶ古くからの街道上にあり、現在も播但連絡道路が通る。平成17年(2005)4月に生野町、和田山町、山東町、朝来町が合併して成立。人口3.3万(2010)。

あさご-し【朝来市】▶朝来

あさ-ごはん【朝御飯】あさめしを丁寧にいう語。

あさ-ごみ【朝込み】早朝、遊郭の開門と同時に入り込んで遊ぶこと。「一の床の内には、明け渡る鳥の声をかこち」〈浮・万金丹・一〉

あさ-ごろも【麻衣】「あさぎぬ」に同じ。「使はしし御門の人も白たへの一着て」〈万・一九九〉

あさざ【莕=菜┊荇=菜】《古くは「あざさ」》ミツガシワ科の水生の多年草。葉は沼などの水面に浮かび、円形で、表面は緑色、裏面は茶色がかった紫色。夏、水面より高く花茎を伸ばして黄色の花をつける。〘季 夏〙「天竜寺一いっぱい咲きわたり/青畝」

あさ-ざ【朝座】法華八講などで、朝の読経や説教。➡夕座

あさ-ざくら【朝桜】朝、露を受けて咲いている桜。〘季 春〙「一みどり児に言ふさやうなら/草田男」

あさ-ざけ【朝酒】朝から酒を飲むこと。また、その酒。「一は門田(かどた)を売っても飲め」

あさ-さなだ【麻▽真田】マニラ麻の繊維を真田に編んだ織物。婦人帽の材料。

あさ-さむ【朝寒】晩秋の朝方寒さを感じること。〘季 秋〙「一やひとり墓前にうづくまる/子規」

あさ-さらず【朝去らず】〔連語〕朝ごとに。毎朝。「一霧立ち渡り」〈万・四〇〇三〉⇔夕去らず。

あさざわ-おの【浅沢小野】あささはをの 大阪市住吉区にあった低湿地。カキツバタの名所。浅沢沼。〘歌枕〙「住吉(すみのえ)の一のかきつはた衣に摺り付け着む日知らずも」〈万・一三六一〉

あさ-じ【浅×茅】ーぢ まばらに生えた、または丈の低いチガヤ。文学作品では、荒涼とした風景を表すことが

多い。(季 秋)

あさ-じ【朝事┊朝▽勤】❶浄土真宗で、毎朝行う勤行ごんぎょう。❷「朝事参り」の略。

あさじ-う【浅×茅▽生】あさぢ 浅茅の生えている所。あさじはら。あさじ。「いとどしく虫の音ねしげき━に露おきそふる雲の上人」〈源・桐壺〉

あさじう-の【浅×茅▽生の】あさぢふ〔枕〕浅茅の生えている野の意から「小野をの」にかかる。「━小野の篠原しのぶれど余りてなどか人の恋しき」〈後撰・恋一〉

あさじう-の-やど【浅×茅▽生の宿】あさぢふ 浅茅が一面に生えて、荒れ果てた住まい。あさじがやど。「雲のうへも涙にくるる秋の月いかですむらむ━」〈源・桐壺〉

あさ-しお【朝潮】あさしほ 朝、満ちてくる潮。朝の満ち潮。⇔夕潮。

あさしお-たろう【朝潮太郎】あさしほたらう［1929～1988］力士。第46代横綱。鹿児島県出身。本名、米川文敏。優勝5回。大阪場所で4回優勝したため「大阪太郎」と呼ばれた。引退後、年寄高砂たかさご。➡若乃花幹士(第45代横綱) ➡柏戸剛(第47代横綱)

あさじ-が-はら【浅×茅が原】あさぢ 浅茅の生えた野原。荒れ果てた野原。あさじはら。「かかる━を移ろひ給はでは侍りなんや」〈源・蓬生〉◆地名別項。

あさじ-が-はら【浅茅ヶ原】あさぢ ㊀奈良市奈良公園にある丘。〔歌枕〕「春日野の━におくれ居て時そとも無しわが恋ふらくは」〈万・三一九六〉㊁江戸時代、東京都台東区橋場付近にあった野原。

あさじ-が-やど【浅×茅が宿】あさぢ「あさじうのやど」に同じ。「━に昔をしのぶこそ、色好むとは言はめ」〈徒然・一三七〉

あさじ-はら【浅×茅原】あさぢ ㊀〔名〕「あさじがはら」に同じ。「━かり標しめさして」〈万・二七五五〉㊁〔枕〕❶「小野をの」「茅生ちふ」にかかる。「━小野に標結ひ」〈万・二四六六〉「━茅生に足踏ふみ」〈万・三〇五七〉❷「茅」は古く「つ」とも言ったところから「つばらつばら」にかかる。「━つばらつばらにもの思へば」〈万・三三三〉

あさじ-まいり【朝事参り】まゐり 浄土真宗で、信徒が朝早く行われる勤行ごんぎょうに参ること。

あさ-じめり【朝湿り】朝、露などで物がしっとりぬれていること。「━のした街道の土を踏んで」〈藤村・破戒〉

あさ-しも【朝霜】《後世「あさじも」とも》朝、降りている霜。朝の霜。(季 冬)「━や茶湯の後のくすり鍋/丈草」

あさしも-の【朝霜の】〔枕〕日光に消えやすいところから「消け」「消え」にかかる。「━消けなば消ぬべく思ひつつ」〈万・二四五八〉

あさ-シャン【朝シャン】《「シャン」はシャンプーの略》朝、髪を洗うこと。〔補説〕昭和62年(1987)の、化粧品会社のコマーシャルから。

あさしょうりゅう-あきのり【朝青龍明徳】あさしやうりう［1980～ ］力士。第68代横綱。モンゴル出身。本名、ドルゴルスレン＝ダグワドルジ。平成15年(2003)モンゴル出身力士では初の横綱に昇進した。平成22年(2010)に引退。優勝25回。➡武蔵丸光洋(第67代横綱) ➡白鵬翔(第69代横綱)

あさ-すおう【浅×蘇▽芳】すはう 薄い蘇芳色。

あさ-すず【朝涼】夏、朝のうちの涼しいこと。また、その時分。(季 夏)「━や肌すべらして脱ぐ寝間着/草城」

あさ-すずみ【朝涼み】夏の朝の涼しいころ。あさすず。「まだ━のほどにわたり給はむとて」〈源・若菜下〉

あさ-せ【浅瀬】川や海などの浅い所。〔類語〕川瀬・瀬

浅瀬に仇波あだなみ 《古今集・恋四の「底ひなき淵やは騒ぐ山川の浅き瀬にこそあだ波は立て」から》思慮の浅い者ほど大騒ぎをすることのたとえ。

あさだ カバノキ科の落葉高木。春、黄褐色の雄花と雌花とが尾状につく。材は堅く光沢があって耐久性に富み、床板・家具・器具に使用。

あさ-だ【浅田】泥の深くない田。⇔深田ふかだ。

あさ-たいし【阿佐太子】百済くだらの王子。推古天皇5年(597)来朝し、聖徳太子に会うや救世ぐせ観音の化身であると合掌したと伝えられる。

あさ-だいもく【朝題目】天台宗で、朝、法華経を読んで行う法華懺法ほっけせんぼうのこと。

朝題目に宵念仏よいねんぶつ 天台宗で、朝、法華懺法を行い、夕に念仏を唱える例時作法を修すること。転じて、定見のないことのたとえ。朝題目に夕念仏。

あさだ-ごうりゅう【麻田剛立】がうりう［1734～1799］江戸中期の天文学者。豊後ぶんごの人。初め医学を学び、のち大坂で暦学を研究。ケプラーの法則にも通じた。

あさだ-じろう【浅田次郎】じらう［1951～ ］小説家。東京の生まれ。本名、岩戸康次郎。自衛隊などさまざまな職業を経て作家に。ピカレスク小説、歴史小説など多彩な作風で人気。「鉄道員ぽっぽや」で直木賞受賞。他に「地下鉄メトロに乗って」「壬生義士伝」「憑神つきがみ」など。

あさだ-そうはく【浅田宗伯】［1815～1894］幕末・明治の漢方医。信濃の人。名は惟常これつね。幕府の奥医師、維新後は東宮侍医。せき止めの浅田飴あさだあめの創始者。

あさ-だち【朝立ち】〔名〕スル 朝、家を出ること。朝早い旅立ち。「━して昼までに目的地に着く」〔類語〕早立ち

あさ-だ・つ【朝立つ】〔動タ四〕朝早く旅立つ。「旅衣━・つ人はたゆむなり霧に曇れる明け暮れの空」〈風雅・旅〉

あさだ-てつや【阿佐田哲也】▶色川武大いろかわたけひろ

あさ-ぢえ【浅知恵】ぢゑ あさはかな考え。〔類語〕猿知恵

アザチオプリン〘azathioprine〙免疫反応抑制剤として、広く使用される薬剤。抗腫瘍しゅよう薬である6メルカプトプリンの誘導体で、臓器移植時に用いられる。

あさ-ちゃ【朝茶】《「あさぢゃ」とも》❶「朝の茶事」の略。❷朝食として食べる茶がゆ。茶の子。❸朝、特に朝食前に飲む茶。これを飲むと、その日の災害を免れ、福を得るといわれる。〈日葡〉

あさ-つき【浅×葱┊糸=葱】❶ユリ科の多年草。地下茎はラッキョウに似る。葉は淡緑色の筒状でネギに似る。食用として栽培。せんぼんわけぎ。せんぶき。(季 春)「━よ香をなつかしみ妹が里/紫里」❷葉ネギを若いうちに収穫したもの。小葱。

あさつき-なます【浅×葱×膾】アサツキをゆで、貝のむき身などとともに酢味噌であえた料理。古来、3月3日の桃の節句に作る習わしがあった。

あさ-づきよ【朝月夜】▶あさづくよ

あさづく-ひ【朝付く日】朝方の日。朝日。「━さすや岡べの草の葉に」〈拾玉集・一〉⇔夕付く日。

あさ-づくよ【朝▽月夜】❶月が残っている明け方。「━明けまく惜しみ」〈万・一七六一〉❷明け方まで残っている月。有明の月。あさづきよ。「━さやかに見れば」〈万・七九〉

あさ-づけ【浅漬(け)】❶短時日漬けること。また、漬けた物。大根・なす・きゅうりなどを塩やぬかで漬け、生漬け・早漬け・一夜漬けなどともいう。❷「べったら漬け」に同じ。

あさって【明=後=日】《「あさて」の音変化》明日の次の日。みょうごにち。
〔類語〕明後日・しあさって・やのあさって

あさっ-ぱら【朝っ腹】《「あさはら」の促音添加》早朝。きわめて朝早く。「あさっぱらから」の形で、もっと遅く起こるべき事柄が朝早く起こってしまった、というような非難する意を含めていうことが多い。「━から何の用だ」〔類語〕早朝・朝方

アサップ〘ASAP┊asap〙《as soon as possible》▶エー・エス・エー・ピー(ASAP)

あさづま【朝妻】滋賀県米原市朝妻筑摩あさづまちくま付近の古名。琵琶湖の東岸。

あさづま-ぶね【朝妻船】❶朝妻と大津を往来した渡し船。古代から江戸初めまで、東国からの旅客が利用した。遊女が乗って旅人を慰めることもあった。❷英一蝶はなぶさいっちょうの描いた、遊女が烏帽子えぼし・水干すいかんをつけ、船にさおさしている図。この絵を題材にして長唄や舞踊などが作られた。

あさ-づみ【朝摘み】その日の朝に摘みとること。「━のイチゴ」

あさ-つゆ【朝露】朝、降りている露。消えやすいので、古くは、はかないもの、命などにたとえた。(季 秋)「━や膝より下の小松原/几董」

あさつゆ-の【朝露の】〔枕〕❶朝露の消えやすく、はかない意から「消け」「いのち」「わが身」にかかる。「━消やすき我あが身」〈万・八八五〉「━いのちは生けり恋は繁けど」〈万・三〇四〇〉❷露がおく意から「おく」にかかる。「━置きてし行けばけぬべき物を」〈古今・離別〉

あさて【明=後=日】「あさって」に同じ。「━ばかりに(出立ト)なりて」〈源・明石〉

あさ-で【浅手┊浅▽傷】軽い傷。うすで。⇔深手。〔類語〕軽傷・薄手・無傷・かすり傷・軽症

あさ-で【朝出】朝早く出かけること。特別に朝早くから仕事にかかること。はやで。

あさ-と【朝戸】朝開ける戸。「━あくれば見ゆる霧かも」〈万・三〇三四〉

あざと・い〔形〕〔文〕あざと・し〔ク〕❶やり方があくどい。「━・い商法」❷小利口である。思慮が浅い。あさはかだ。「━・き方便てだてに討たれさせ給ひしは」〈浄・矢口渡〉〔派生〕あざとさ〔名〕

あさ-どくしょ【朝読書】小・中・高等学校で、毎朝始業前の10分程度を利用して行う読書活動。読書を習慣づけることを目的にしたもので、教材ではなく、各自で用意した好みの本を黙読する。朝読あさどく。

あさと-で【朝戸出】朝、戸を開けて外に出ること。朝、外出すること。「━の君が姿をよく見ずて長き春日はるひを恋ひや暮らさむ」〈万・一九二五〉⇔夜戸出よとで。

あさどや-ゆんた【安里屋ユンタ】民謡の一。沖縄県八重山列島の竹富島で、江戸時代中ごろに生まれた叙事詩体の作業歌。「マタハーリヌチンダラカヌシャマヨ(去りゆくかわいい女ひとよ)」の一節を用いて、第二次大戦中には替え歌が流行。

あさとり-の【朝鳥の】〔枕〕朝、飛び立つ鳥が、鳴いて行き通う意から「朝立ち」「音ねのみなく」「通ふ」にかかる。「━朝立ちしつつ」〈万・一七八五〉「━通はす君が」〈万・一九六〉

あざ-な【▽字】❶昔、中国で成人男子が実名以外につけた名。日本でも学者・文人がこれをまねて用いた。例えば、菅原道真の菅三。❷実名以外に、呼び習わされた名。あだな。❸町・村の小区画。あざ。

あさな-あさな【朝な朝な】〔副〕毎朝。朝ごとに。あさなさな。

あざな・う【▽糾う】あざなふ〔動ワ五(ハ四)〕糸をより合わせる。縄をなう。絡ませるようにして交え合わせる。「禍福は━・える縄のごとし」

あさ-なぎ【朝×凪】海岸地方で、陸風から海風に交代する朝方に、一時無風状態になること。(季 夏)「━や渡島づとめの造船工/不死男」⇔夕凪ゆうなぎ。

あさな-けに【朝な▽日に】〔副〕「あさにけに」に同じ。「━見べき君とし頼まねば」〈古今・離別〉

あさな-さな【朝な▽朝な】〔副〕「あさなあさな」の音変化。「━上がるひばりになりてしか都に行きてはや帰り来む」〈万・四四三三〉

あさ-なべ【浅鍋】底の浅い土鍋。焙烙ほうろく。

あさな-ゆうな【朝な夕な】ゆふな〔副〕朝に夕に。朝晩。いつも。「━愛唱する歌」

あさ-なわ【麻縄】なは 麻糸をより合わせた縄。

あさに-けに【朝に▽日に】〔副〕朝に昼に。いつも。あさなけに。「━見まく欲ほりするその玉を」〈万・四〇三〉

あさ-にじ【朝虹】朝に立つ虹。雨の降る前兆。「━は雨、夕虹は晴れ」(季 夏)

アサニャ〘Manuel Azaña y Díaz〙［1880～1940］スペインの政治家・文学者。1931年、共和党左派の指導者として共和制樹立に参加、首相として諸改革を行った。36年の人民戦線の勝利により再び首相、次いで大統領となったが、内戦に敗れて39年にフランスに亡命。アサーニャ。

あさ-ぬの【麻布】麻糸で織った布。あさふ。

あさぬま-いねじろう【浅沼稲次郎】いねじらう［1898～1960］社会運動家・政治家。東京三宅島の生まれ。労農運動に活躍し、昭和35年(1960)日本社会党委員長に就任。同年10月、日比谷公会堂で立会演説中に右翼少年に刺殺された。著「わが言論闘争録」。

あさ-ね【朝寝】〔名〕スル 朝遅くまで寝ていること。あさ

い。「休日なので―してしまった」(季 春)「旅にあることも忘れて―かな/虚子」(類語)寝坊・朝寝坊

あさね-がみ【朝寝髪】朝、起きたときの乱れた髪。「―我は梳(けず)らじうるはしき君が手枕(たまくら)触れてしものを」〈万・二五七八〉

あさね-ぼう【朝寝坊】(名)スル 朝寝すること。また、その人。「宵っぱりの―」(類語)寝坊・朝寝

あさねぼう-むらく【朝寝坊夢楽】[1777～1831]江戸後期の落語家。本名、里見晋兵衛。三笑亭可楽の弟子。人情話を得意とした。

あさの-そういちろう【浅野総一郎】[1848～1930]実業家。富山の生まれ。渋沢栄一の助力を得て官営深川セメント工場の払い下げを受け、浅野セメントを設立。海運・炭鉱・造船など事業を多角化し、浅野財閥を築いた。

あさ-の-ちゃじ【朝の茶事】茶の湯で、茶事七式の一。盛夏の朝の涼しいうちに催す茶会。朝会。朝茶。

あさの-ながこと【浅野長勲】[1842～1937]幕末・維新期の安芸広島藩主。薩長両藩と討幕挙兵を盟約し、大政奉還運動にも参加。維新後、議定・参与を経て元老院議官・イタリア公使などを歴任。

あさの-ながのり【浅野長矩】[1667～1701]江戸中期の播磨(はりま)国赤穂(あこう)藩主。内匠頭(たくみのかみ)。元禄14年(1701)3月14日、勅使接待役となったが、吉良義央(きらよしなか)を江戸城中で傷つけたため即日切腹、領地は没収された。

あさの-ながまさ【浅野長政】[1547～1611]安土桃山時代の武将。はじめ織田信長に仕え、のち豊臣秀吉に重用されて甲斐(かい)22万石を領し、五奉行の一人となる。関ヶ原の戦いには徳川方に属した。

あさ-の-は【麻の葉】❶麻の葉の形に似た幾何学的文様。❷麻の葉をかたどった紋所。

あさのは-かえで【麻の葉×楓】カエデ科の落葉高木。関東以西の深山に生える。葉は五つに裂けていて麻の葉に似る。雌雄異株。春に淡黄色の小花が総状につく。実には2枚の翼片がある。

あさ-の-ま【朝の間】朝のうち。あさま。

あさ-の-み【麻の実】麻の果実。黒色で丸く、かみつぶすとよい香りと辛みがある。七味唐辛子に使用。苧(お)の実。(季 秋)「―を身近きものの如く見る/夜半」

あさの-よしなが【浅野幸長】[1576～1613]江戸初期の武将。長政の子。はじめ父とともに豊臣秀吉に仕えたが、関ヶ原の戦いには徳川方に属し、功により紀伊37万石を領した。

あさ-ば【浅場】❶岸の近くや川の瀬などで、水深の浅い場所。❷カレイ科の海水魚。全長約30センチ。目のある側は紫褐色の地に白点が散在。北日本のやや深海にすみ、産卵期には浅場に集まってくる。食用。あさばがれい。

あさ-はか【浅はか】(形動)(文)(ナリ)❶思慮の足りないさま。「―な考え」「―にも口車に乗ってしまった」❷空間的に奥行きの浅いさま。「―なる廂(ひさし)の軒は」〈源・夕霧〉❸深みがなく、あっさりしているさま。軽々しいさま。「よろづに思ひ乱るれど、ひたぶるに―ならむもてなし」〈源・宿木〉(補説)「浅墓」と書くのは当て字。
(派生)あさはかさ(名)
(類語)軽薄・浮薄・単純・軽佻(けいちょう)・馬鹿・愚か・愚かしい・馬鹿らしい・馬鹿馬鹿しい・阿呆らしい・下らない・愚劣・無思慮(むしりょ)・無考え・浅薄(せんぱく)・軽はずみ・軽率

あさばしょう【阿娑縛抄】台密における教相や事相を集大成した図像集。227巻、または233巻。小川承澄の編で建治元年(1275)完成とも、門下の尊澄の編で正元元年(1259)完成ともいわれる。二百巻抄。

あさは-どり【浅羽鳥】ホトトギスの別名。

あさ-はなだ【浅×縹】❶薄い縹色。❷養老の衣服令で、初位の人の袍(ほう)の色。

あさ-はふ・る【朝羽振る】(動ラ四)朝、鳥が羽ばたくように、風や波が激しく立つ。「―・る風こそ寄せめ」〈万・一三一〉(対)夕羽振る。

あさ-はら【朝腹】❶朝食前の空腹。「―ノ事ナレバ吐却スレドモ」〈天草本伊曽保・イソポが生涯〉❷早朝。あさっぱら。「なま年よって―から碁の打ちたさうな面(つら)な」〈咄・露がはなし・五〉❸きわめてたやすいこと。朝飯前。「そんな事は―、―」〈浄・鬼一法眼〉

朝腹の丸薬(あさはらのがんやく) すき腹に丸薬を飲んでも、腹の足しにならないこと。なんら益することのないたとえ。「朝腹の茶漬け」などともいう。

あさ-はん【朝飯】あさめし。(類語)朝食・朝御飯・朝餉(あさげ)

あさ-ばん【朝晩】❶朝と晩。朝夕。❷(副詞的に用いて)いつも。明け暮れ。「―神様にお祈りする」
(類語)朝夕(あさゆう)・朝夕(ちょうせき)・旦夕

あさひ【旭】㊀千葉県北東部、九十九里平野北部の市。農村市場として発達。平成17年(2005)7月、干潟町・海上町・飯岡町と合併。人口6.9万(2010)。㊁横浜市北西部の区名。昭和44年(1969)保土ケ谷区から分離。㊂大阪市北東部の区名。昭和7年(1932)東成区から分離。同18年城東区、都島区を分離して現区域となる。

あさ-ひ【朝日|×旭】❶朝、東から昇る太陽。また、その光。「―が昇る」「―が差し込む」❷稲・リンゴ・ナシの一品種。(類語)旭日

あさひがおか【旭が丘】ロシア連邦サハリン州ユジノサハリンスクにある山の空気展望台の、日本領時代の名称。

あさひ-かげ【朝日影】朝日の光。「―にほへる山に照る月の」〈万・四九五〉

あさひ-がに【×旭×蟹】十脚目アサヒガニ科のカニ。甲が縦長で、甲長約20センチ。腹節が背面から見える。全身赤橙色。歩脚の平たい指節を使って後退しながら砂に潜る。相模湾以南から沖縄にかけて分布。食用。

あさひ-かまぼこ【朝日×蒲×鉾】上面を食紅で染めたかまぼこ。

あさひかわ【旭川】北海道中央部、上川盆地にある市。上川総合振興局所在地。屯田兵により開拓された道央・道北の交通の中心地。パルプ・木材・醸造などの工業が盛ん。人口34.7万。(補説)市内を流れる忠別川は、もとアイヌ語で「チウ-ペッ」(波の川)または「チュク-ペッ」(秋の川)だったのを「チュプ-ペッ」(太陽の川)と解し、旭川と訳した。

あさひ-がわ【旭川】岡山県中部を南流する川。蒜山(ひるぜん)に源を発し、岡山市東部で児島(こじま)湾に注ぐ。長さ142キロ。

あさひかわ-いかだいがく【旭川医科大学】北海道旭川市にある国立大学法人。昭和48年(1973)設立。平成16年(2004)国立大学法人となる。

あさひかわ-くうこう【旭川空港】北海道上川郡東神楽町にある空港。特定地方管理空港の一。昭和41年(1966)開港。旭川市の中心部から約15キロメートル南東の丘陵地帯に位置。➡拠点空港

あさひかわ-し【旭川市】▶旭川

あさひかわ-だいがく【旭川大学】北海道旭川市にある私立大学。昭和43年(1968)に北日本学院大学として開設され、同45年現在の校名に改称。

あさひ-く【旭区】▶旭㊁㊂

あさひ-ぐし【朝日×櫛】❶蘇芳(すおう)で赤く染めたシカの角で作った櫛。元禄(1688～1704)ごろに流行。❷朱塗りの木製の櫛。

あさひ-こ【朝日子】《「こ」は親しみの意を表す接尾語》朝日。「―がさすや岡辺の松が枝のいつとも知らぬ恋もするかな」〈古今六帖・一〉

あさひこ-しんのう【朝彦親王】[1824～1891]江戸末期から明治時代の皇族。粟田宮・中川宮などと称した。公武合体派として文久3年(1863)の政変の中心となり、明治維新後は久邇宮(くにのみや)と改称して伊勢神宮祭主となった。尊融法親王。

あさひ-さんち【朝日山地】山形・新潟県境一帯を占める山地。主峰は朝日岳。磐梯(ばんだい)朝日国立公園の一部。

あさひ-し【旭市】▶旭㊀

あさひ-しょうぐん【朝日将軍】源義仲(みなもとのよしなか)の異称。

あさひ-しんぶん【朝日新聞】朝日新聞社が発行する日刊全国紙。同社の登記上の本社は大阪市北区中之島だが、事実上の本社機能は東京都中央区築地。明治12年(1879)創刊の「大阪朝日新聞」と同21年創刊の「東京朝日新聞」が、昭和15年(1940)に現紙名に統合。1面のコラム「天声人語」が有名。朝刊販売部数は約767万部(平成24年上期平均)。

あさひ-だいがく【朝日大学】岐阜県瑞穂(みずほ)市にある私立大学。昭和46年(1971)に岐阜歯科大学として開設され、同60年に現校名に改称した。

あさひ-だけ【旭岳】北海道中央部、大雪火山群の主峰。道内の最高峰で、標高2291メートル。

あさひ-だけ【朝日岳】朝日山地の主峰。標高1871メートル。大朝日岳。

あさひな【朝比奈】姓氏の一。中世・近世は「あさいな」とも。

あさひな【朝比奈】狂言。閻魔(えんま)王が六道の辻で亡者を待っていると、朝比奈三郎が来るが、逆に負かされ、極楽浄土に案内させられる。

あさひなしまめぐりのき【朝夷巡島記】読本。6編29巻。曲亭馬琴著。歌川豊広画。文化12年～文政10年(1815～27)刊。中国の小説「快心編」に学び、安房(あわ)で育った木曽義仲の子朝夷三郎の一代記を描いたもの。あさいなじゅんとうき。

あさひな-たかし【朝比奈隆】[1908～2001]指揮者。東京の生まれ。昭和15年(1940)新交響楽団(現NHK交響楽団)を指揮してデビュー。同22年関西交響楽団(現大阪フィルハーモニー交響楽団)を創立、常任指揮者となる。ベルリンフィルハーモニー管弦楽団、シカゴ交響楽団などのオーケストラに多数客演、大阪フィルハーモニー交響楽団を率いて欧州公演を行うなど、海外でも成功を収めた。昭和50年度芸術院賞受賞、平成6年(1994)文化勲章受章。

あさひな-ちせん【朝比奈知泉】[1862～1939]政治評論家。新聞記者。茨城の生まれ。「東京日日新聞」の主筆として活躍。条約改正、遼東(りょうとう)半島還付問題などで政府側を代弁した。

あさひな-やすひこ【朝比奈泰彦】[1881～1975]薬学者。東京の生まれ。欧州に留学。地衣類の成分など、植物化学・生薬学の分野の独創的な研究で業績をあげた。文化勲章受章。著「地衣類」など。

あさひな-よしひで【朝比奈義秀】鎌倉初期の武将。和田義盛の子。建保元年(1213)父とともに北条氏と戦い、安房(あわ)に敗走。豪勇で知られる。生没年未詳。朝比奈三郎。

あさひ-の-みはた【朝日の▽御旗】日の丸の旗。日章旗。

あさひ-の-みや【朝日宮】伊勢神宮の内宮(ないくう)。皇大神宮。

あさひ-ひょうもん【×旭豹=紋=蝶】タテハチョウ科のチョウ。開張35ミリくらいで、翅(はね)の表面は黄褐色の地に黒褐色の斑紋がある。極地性で、日本では大雪山群の高山帯に分布。幼虫はキバナシャクナゲを食べる。天然記念物。

あさひふじ-せいや【旭富士正也】[1960～]力士。第63代横綱。青森県出身。本名、杉野森正也。優勝4回。引退後、年寄安治川。➡大乃国康(第62代横綱)➡曙太郎(第64代横綱)

あさひ-まんじゅう【朝日×饅▽頭】食紅で赤く染めたまんじゅう。

あさひ-やき【朝日焼】慶長(1596～1615)のころ、山城(京都府)宇治の朝日山で作られた陶器。「朝日」の銘印がある。奥村次郎右衛門(藤作)の創始。正保(1644～1648)ごろ小堀遠州の指導で茶器を焼いた。遠州七窯の一。

あさひ-やま【朝日山】京都府宇治市にある山。(歌枕)「ふもとをば宇治の川霧立ちこめて雲居に見ゆる―かな」〈新古今・秋下〉

あさひやま-どうぶつえん【旭山動物園】北海道旭川市にある日本最北の動物園。昭和42年(1967)7月1日開園。展示に独特の工夫が凝らされており、動物の生き生きとした生態が見られる。旭川市旭山動物園。

あさ-びらき【朝開き】朝、船が港を出ること。朝の

船出。「世の中を何にたとへむ—漕(こ)ぎ去(い)にし船の跡なきごとく」〈万・三五一〉

あさ-ふ【麻布】「あさぬの」に同じ。

あざぶ【麻布】東京都港区の地名。江戸時代は大名屋敷・寺社が、明治以降は外国の公館が多い。もと東京市の区名。

麻布で気が知れぬ　江戸の麻布には六本木という地名があるが、それにあたる木がないところから、「木が知れぬ」に「気が知れぬ」を通わせたしゃれ。

あさぶき-まりこ【朝吹真理子】[1984～]小説家。東京の生まれ。慶應義塾大学在学中に「流跡」を発表し作家デビュー。「きことわ」で芥川賞受賞。

あさ-ぶさ【朝普茶】朝食前に食べる菓子の類。「二人の子供が—前、忘れず、必ず桑山(=薬ノ名)呑(の)ませて下され」〈浄・天の網島〉

あさ-ぶすま【麻×衾】麻布で作った粗末な夜具。「寒くしあれば—引きかがふり」〈万・八九二〉

あざぶ-だいがく【麻布大学】神奈川県相模原市にある私立大学。明治23年(1890)開設の東京獣医講習所に始まる。昭和25年(1950)麻布獣医科大学として発足。同55年現校名に改称。

あさ-ぶろ【朝風呂】朝入浴すること。また、朝から沸いている風呂。朝湯。

朝風呂丹前(たんぜん)長火鉢(ながひばち)　朝湯に入り、丹前を着て、長火鉢の前に座る意。遊び人などの気楽な生活をいう。

あさ-ぼらけ【朝ぼらけ】夜のほのぼのと明けるころ。夜明け方。「あけぼの」より少し明るくなったころをいうか。

あさ-ま【朝間】朝のうち。朝のあいだ。朝。「—の寒い風が吹き通って」〈秋声・あらくれ〉

あさま【朝熊】三重県伊勢市の地名。

あさ-ま【浅ま】〔形動ナリ〕❶浅いさま。奥深くなくむき出しのさま。「忍ぶ姿も現れて、—になりぬさりながら」〈謡・玉井〉❷簡単で粗末なさま。「是程に—なる平城(ひらじろ)に、主上、上皇を籠め進(まゐ)らせて」〈太平記・九〉❸考えの足りないさま。浅はかであるさま。「いづ方も、よく見ゆる由しりて出でたるも、—なる事なるべし」〈おきく物語〉

あさ-まいり【朝参り】(…まゐり) 朝早く社寺に参ること。

あさま-おんせん【浅間温泉】(…ヲンセン) 長野県松本市の北東部にある温泉。泉質は単純温泉。

あさまし・い【浅ましい】〔形〕図あさま・し〔シク〕《動詞「あさ(浅)む」の形容詞化》❶品性が卑しい。さもしい。下劣だ。「—・い了見」「—・い根性」❷見苦しく情けない。嘆かわしい。「—・い世の中」❸身分や姿形が卑しい。みすぼらしい。「—・い姿」❹予想と違った結果に驚きあきれる気持ちをいう。㋐意外だ。あきれる。驚くべきさまだ。「取りがたき物をかく—・しくもて来る事をねたく思ひ」〈竹取〉㋑興ざめである。がっかりして、あきれかえる。「物うちこぼしたる心地いと—・し」〈枕・九七〉㋒あまりにもひどい。程度がはなはだしい。「—・しく貧しき山国にて」〈読・春雨・海賊〉❺(「あさましくなる」の形で)思いがけないことになる。死んでしまう。「かひなくて、三月二十日、終にいと—・しくならせ給ひぬ」〈増鏡・春の別れ〉[派生]あさましがる〔動ラ五〕あさましげ〔形動〕あさましさ〔名〕

[類語]下品・さもしい

あさま-じんじゃ【浅間神社】▶せんげんじんじゃ(浅間神社)

あさ-まだき【朝まだき】夜の明けきらないころ。早朝。「—より怒鳴り立つるに」〈柳浪・黒蜥蜴〉

[類語]明け方・夜明け・曙(あけぼの)・未明・明け・暁・黎明(れいめい)

あさま-つげ【朝▽熊黄=楊】ツゲの別名。朝熊山に多く産するところからいう。

あさ-まつりごと【朝政】❶天皇が朝早く正殿に出て政務を執ること。❷朝廷の政務。

あさま-の-たけ【浅間岳】▶浅間山

あさま-ぶどう【浅間×葡×萄】(…ブダウ) クロマメノキや、その果実のこと。浅間山付近でいう。

あさま-もの【浅間物】歌舞伎舞踊の一系統。「傾城浅間嶽(けいせいあさまがだけ)」から、巴之丞と傾城奥州との情話が独立したもの。

あさま-やま【浅間山】群馬・長野両県にまたがる三重式活火山。標高2568メートル。天明3年(1783)の大爆発では多数の死者を出し、溶岩流は鬼押出(おにおしだ)しなどを形成した。あさまのたけ。[歌枕]

あさま-やま【朝熊山】伊勢市南東部にある山。標高553メートル。山頂に金剛証寺がある。近世は伊勢参宮の巡拝地の一つとしてにぎわった。朝熊ヶ岳。あさくまやま。

あさ-み【浅み】❶川などの、浅い所。⇔深み。❷歌舞伎のかつらの一。僧侶の役に用いる。

あざみ【×薊】キク科アザミ属の多年草の総称。葉に多くの切れ込みやとげがある。花は、多数の細い管状の紅紫色の小花からなる頭状花。ノアザミ・フジアザミなど多くの種類がある。刺草(しそう)。(季 夏)「妻が持つ—の棘(とげ)を手に感ず/草城」

あざみ-うま【×薊馬】アザミウマ目の昆虫の総称。体長0.5～8ミリで、細長い。翅(はね)は退化して細く、周縁にふさ毛を列生する。ネギアザミウマなど野菜の害虫も含まれる。総翅(そうし)類。

あさみ-けいさい【浅見絅斎】[1652～1711]江戸中期の儒学者。近江(おうみ)の人。名は安正。別号、望楠楼。山崎闇斎に学び、佐藤直方・三宅尚斎とともに崎門(きもん)三傑の一人。勤王を唱え、著書「靖献遺言(せいけんいげん)」がある。

あざみ-げし【×薊×芥子】ケシ科の一年草。高さ約70センチ。葉はアザミに似て深く切れ込み、縁のぎざぎざの先がとげになり、葉面に白い斑がある。夏、ケシに似た黄色い花を開く。メキシコの原産で、江戸時代に渡来した。観賞用。(季 夏)

あさ-みどり【浅緑】❶薄い緑色。❷養老の衣服令で、七位の人の袍(ほう)の色。

[類語]緑・グリーン・エメラルドグリーン・黄緑・深緑・緑色(りょくしょく)・翠緑(すいりょく)・深緑(しんりょく)・草色(くさいろ)・萌葱(もえぎ)色・柳色・松葉色・利休色・オリーブ色・エメラルド

あさみなみ【安佐南】広島市北部の区名。旧安佐郡の南部にあたる。

あさみなみ-く【安佐南区】▶安佐南

あさ・む【浅む】〔動マ四〕《近世以後「あざむ」とも》❶意外なことに驚く。あきれかえる。「あな、あさましとぞ—・みける」〈保元・中〉❷さげすむ。あなどる。「—・み笑ひ、あざける者どももあり」〈更級〉

あざむ・く【欺く】〔動カ五(四)〕❶言葉巧みにうそを言って、相手に本当だと思わせる。言いくるめる。だます。「敵を—・く」「まんまと—・く」➡騙(だま)す[用法] ❷(「…をあざむく」の形で)…と負けずに張り合うほどである。…と紛れる。「昼をも—・く月光」「雪を—・く肌」❸軽く扱う。ばかにする。「この虚言の本意をはじめより心得て、少しも—・かず」〈徒然・一九四〉❹そしる。あれこれ非難する。「もし教へすすむる人あれば、かへってこれを—・く」〈発心集〉❺詩歌を吟ずる。興をそそられる。「月にあざけり、風に—・く事たえず」〈後拾遺・序〉[可能]あざむける

[類語]騙す・ごまかす・偽る・たばかる・騙(かた)る・誑(たぶら)かす・はぐらかす・化かす・一杯食わす

あさむし-おんせん【浅虫温泉】(…ヲンセン) 青森市北東部、青森湾に面する温泉。泉質は塩化物泉・硫酸塩泉。

あさ-むらさき【浅紫】❶薄い紫色。❷養老の衣服令で、二位・三位の人の袍(ほう)の色。

あさ-め【浅め】比較的浅いと感じる程度・状態。「バックホームに備えて—に守る」⇔深め。

あさ-めし【朝飯】朝の食事。朝食。あさはん。

[類語]朝御飯・朝飯(あさはん)・朝餉(あさげ)

あさめし-まえ【朝飯前】(…まへ)〔名・形動〕❶朝食をとる前。❷朝飯を食べるわずかな時間でできるような、たやすいこと。また、そのさま。「それぐらいは—だ」

[類語]簡単・容易・安易・平易・軽易・手軽(てがる)・楽・手っ取り早い・容易(たやす)い・易(やさ)しい・易(やす)い・平たい・造作(ぞうさ)ない・訳(わけ)ない・訳無い・お茶の子さいさい・屁(へ)の河童(かっぱ)

あさ-も【麻×裳】麻布で作った裳。

あさ-もや【朝×靄】朝、立ちこめるもや。

あさ-もよい【朝▽催ひ】(…もよひ) 朝食のしたく。また、朝食どき。「—とは、朝(あした)に物食ふ時を言ふなり」〈今昔・三〇・一四〉

あさも-よし【麻×裳よし】〔枕〕《「よ」「し」は間投助詞か》麻を紀伊の特産とするところから「紀」「紀人(きひと)」「紀路(きぢ)」「城上(きのへ)(地名)」などにかかる。「—紀へ行く君が」〈万・一六八〇〉「—紀路に入り立ち」〈万・五四三〉

あざ-やか【鮮やか】〔形動〕図〔ナリ〕《「あざ」は新鮮の意》❶ものの色彩・形などがはっきりしていて、目立つさま。「—な若葉の緑」「印象—な短編小説」❷技術・動作などがきわだって巧みであるさま。「—な包丁さばき」❸容姿などがきわだって美しいさま。「いと—に男々しきさまして」〈源・真木柱〉❹鮮度が高いさま。生き生きとしたさま。「童子、かの浦に行きて—なる鯔(なよし)八隻(はっせき)を買ひ取りて」〈今昔・一二・二七〉[派生]あざやかさ〔名〕

[類語]鮮明・くっきり・綺麗・はっきり・ありあり・まざまざ・確(しか)と・明らか・際(きわ)やか・定か・さやか・明瞭(めいりょう)・分明・顕著・顕然・歴然・歴歴・瞭然(りょうぜん)・亮然(りょうぜん)・判然・画然(かくぜん)・截然(せつぜん)

あざ-や・ぐ【鮮やぐ】㊀〔動ガ四〕❶はっきり目に見える。鮮やかに見える。「侍従も、あやしき褶(しびら)着たりしを、—・ぎたれば」〈源・浮舟〉❷きりっとしている。てきぱきしている。「物々しく—・ぎて、心ばへもたをやかなる方はなく」〈源・宿木〉㊁〔動ガ下二〕鮮やかにする。はっきりさせる。「宮達の御衣(おんぞ)ばかりをぞ、—・げさせ給ひて」〈栄花・ゆふしで〉

あさ-やけ【朝焼け】日の出のころに東の空が赤く染まって見えること。(季 夏)「—のけふ何ごとかあるらしき/万太郎」

あさやま-にちじょう【朝山日乗】▶日乗(にちじょう)(人名)

あさ-ゆ【朝湯】朝、入浴すること。また、朝から沸かしてある風呂。朝風呂。

あさ-ゆう【朝夕】(…ゆふ) ❶朝と夕方。朝と晩。❷(副詞的に用いて)いつも。常々。「—通る道」「—勉学にいそしむ」❸《朝晩の食事の意から》暮らし。生計。「—にせまり、かかる侘びしき営みを仕(つかまつ)る」〈浄・出世景清〉

[類語]朝晩・朝夕(ちょうせき)・旦夕

あざ-らか【鮮らか】〔形動ナリ〕魚肉などが新鮮なさま。生き生きとしているさま。「ある人、—なるもの持て来たり」〈土佐〉

あざら-け・し【鮮らけし】〔形ク〕魚肉などが新鮮である。生き生きとしている。「紀伊の国の海辺に至り、—・き鯔(なよし)八隻(はっせき)を買ひて」〈霊異記・下〉

あざらし【海=豹】鰭脚(ききゃく)目アザラシ科の哺乳類の総称。陸上では、後肢が後方向きのまま、前肢で体を引きずり前進。クラカケアザラシ・ゴマフアザラシ・ゾウアザラシなど約20種が、世界各地の海洋、特に北洋に多く、淡水湖にも分布。シール。かいひょう。(季 春)

あざらしし-しょう【海=豹肢症】(…シャウ) 手足の長骨の欠損や発育不全のままで生まれる形態異常。妊娠初期のサリドマイド服用で起こるものが知られる。短肢症。

あさり【浅×蜊】マルスダレガイ科の二枚貝。淡水の流れ込む浅海の砂泥地にすむ。殻長約4センチ。殻表は粗い布目状で、模様は変化に富む。食用。あさりがい。(季 春)

あさり【歯=振】のこぎりの歯の先端を、一歯ごとに左右に開くこと。また、その広がり。挽(ひ)き道の幅を広げて、のこ身の摩擦を少なくしたり、おがくずを出やすいようにしたりする。

あさり【▽漁り】❶探し求めること。「資料—」❷えさを探すこと。また、魚介類をとること。「—する海人の子供と人は言へど見るに知らえぬうま人の子と」〈万・八五三〉

あざり【×阿×闍▽梨】▶あじゃり(阿闍梨)

あさ・る【▽漁る】〔動ラ五(四)〕❶動物がえさや獲物を探し求める。「野良猫がごみ箱を—・る」❷魚介・海藻などを探し求める。漁をする。「小さな磯を—・っている此人をじっと眺めていた」〈独歩・忘れえぬ人々〉❸物や人を探し回る。「古本を—・る」❹(動詞の連用形に付いて)何かを求めて、その動作を諸所で行う。…してまわる。「株を買い—・る」

[類語]探る・探す・まさぐる

あざ・る【▽戯る】㊀〔動ラ下二〕❶たわむれる。乱れ

騒ぐ。ふざける。「酔ひあきて、いとあやしく、潮海のほとりにて、—・れあへり」〈土佐〉❷(多く助動詞「たり」を伴って)打ち解ける。くだけた態度である。「寄りゐ給へるさま、いと—・れたり」〈源・蛍〉❸しゃれる。風雅である。「返しはつかうまつりけがさじ。—・れたり」〈枕・八七〉㊁〘動ラ四〙ふざける。たわむれる。「その折の首尾を少しも隠さず、いちいち—・りて言ふ類なり」〈難波物語〉

あざ・る【×鯘る┊×餒る】〘動ラ下二〙「あざれる」の文語形。

アサルト-ライフル〘assault rifle〙近接戦闘用歩兵銃の一。突撃銃。

アザレア〘azalea〙ツツジ類の園芸品種の総称。葉柄がサツキより長く、花は大形で、白・紅・肉色などさまざま。中国の四川(しせん)・雲南地方の原種からヨーロッパで改良され、150以上の品種がある。アゼリア。せいようつつじ。(季 春)

あざれ-がま・し【▽戯れがまし】〘形シク〙ふざけたようすである。ふまじめである。「すきずきしう—・しき今様の人の」〈源・胡蝶〉

あざれ-ば・む【▽戯ればむ】〘動マ四〙ふざけているような態度をとる。好色めいたふるまいをする。「例は、かやうに長居して—・みたる気色(けしき)も見え給はぬを」〈源・夕霧〉

あざ・れる【×鯘れる┊×餒れる】〘動ラ下一〙文あざ・る〘ラ下二〙❶魚肉などが腐る。「—・れた象の皮をかぶったような、傾斜の緩い砂山が」〈啄木・漂泊〉「海人の苞苴(おほむへ)、往還(かよ)ふみちのあひだに—・れぬ」〈仁徳紀〉❷荒れすさむ。荒れ果てる。「千尺二千尺ぐらいの—・れた山脈から」〈中勘助・銀の匙〉［類語］傷(いた)む・饐(す)える・腐敗する・酸敗する・腐乱する・発酵する

あさ-れん【朝練】学校のクラブ活動などで、朝、始業前に行う練習。

あざ-わら・う【▽嘲笑う】(—わらふ)〘動ワ五(ハ四)〙❶人をばかにして笑う。せせら笑う。あざけり笑う。嘲笑(ちょうしょう)する。「人の失敗を—・う」❷大声で笑う。「翁二人見かはして—・ふ」〈大鏡・序〉［類語］笑う・薄笑う・せせら笑う

あざわ・る【▽糾はる】(あざはる)〘動ラ四〙絡みつく。もつれあう。まつわる。あざなわる。「我が手をば妹(いも)にまかしめ真栄葛(まさきづら)手抱(たた)き—・り」〈継体紀・歌謡〉

あさんか-ちっそ【亜酸化窒素】(アサンクヮー)弱い香気のある無色の気体。吸入すると顔の筋肉が痙攣(けいれん)し、笑っているように見えるところから笑気(しょうき)ともいう。麻酔剤に使用。化学式N_2O

あさんか-どう【亜酸化銅】(アサンクヮー)▶酸化銅❶

アサンブラージュ〘フランス assemblage〙《組み合わせの意》現代美術の手法の一。既製品や廃品、また、その断片を寄せ集めて美術作品を作ること。ダダイスムに端を発し、1960年代に一般化した。

あし【足┊脚┊▽肢】❶㋐動物の、胴体から分かれ、からだを支えたり歩行に使ったりする部分。「—が長い」㋑くるぶしから先の部分。「—が大きい」❷物の下・末にあたる部分。㋐物の本体を支える、突き出た部分。また、地面に接する部分。「机の—」㋑(脚)漢字を構成する部分で、上下の組み合わせからなる漢字の下側の部分。「照」の「灬(れっか)」、「志」の「心(したごころ)」など。㋒数学で、ある一点から直線または平面に垂線をおろしたときの、その直線・平面と垂線との交点。㋓船の、水につかる部分。❸㋐歩くこと。走ること。また、その能力。「—を速める」「—の速い選手」㋑雨・雲・風などの動くようすを足に見立てていう語。「細い雨の—」❹行くこと。また、来ること。「客の—がとだえる」❺移動の手段としての交通機関。乗りもの。「—の便がいい」❻《「晋書」魯褒伝の「足無くして走る」から》金銭。ぜに。多く「おあし」の形で用いる。「お—が足りない」「多くの—を賜ひて」〈徒然・五一〉❼餅(もち)などの粘り。「—の強い餅」❽損失。欠損。また、借金。「おっしゃる通り—だらけで江戸に居られず」〈伎・音聞浅間幻灯画〉❾足金物(あしかなもの)。❿(足)過去の相場の動きぐあい。［補説］哺乳動物には2本の前肢と2本の後肢があるが、ヒトでは上肢(手)、下肢(足)という。骨盤の下から足首までを「脚」(leg)、くるぶしから先を「足」(foot)と書いて区別することがある。

［類語］(❶)あんよ/(❸)歩み・歩・歩行・徒歩・あんよ

足が有・る　❶速く走る能力がある。「あの選手は打撃はだめだが—・る」❷交通手段がある。

足が重(おも)・い　❶足がだるい。「一日中歩き回って—・い」❷出かけたりするのがいやだ。気がすすまない。「友を訪ねる—・い」

足が竦(すく)・む　恐怖や緊張のために足がこわばり自由に動かなくなる。「初めての舞台は—・んだ」

足が地に着か・ない　❶緊張や興奮のため心が落ち着かない。❷考え方や行動が浮ついて、しっかりしていない。

足が付・く　❶犯人の身元や逃亡者の行方がわかる。犯罪事実が明らかになる。「残された指紋から—・く」❷たちのよくない情夫ができる。「げい子にゃ又しても—・く」〈滑・膝栗毛・八〉

足が出る　❶予算または収入よりも出費が多くなる。赤字になる。「旅行は運賃値上げ分だけ—出た」❷隠しごとが現れる。ぼろがでる。

足が遠の・く　今までよく行っていた所に行かなくなる。足が遠くなる。「両親が死んでからは、実家へはすっかり—・いた」

足が鈍(にぶ)・る　歩く力や走る力が低下する。

足が早・い　❶食物などが腐りやすい。「鯖(さば)は—・い」❷商品などの売れ行きがよい。

足が棒にな・る　長く立ったり歩いたりして疲れ果て、足の筋肉がこわばる。「一日中立ちっ放しで—・ってしまった」

足が向・く　知らず知らずその方へ行く。「なじみの店に—・く」

足に任・せる　特に目的を決めないで、気の向くままに歩く。また、足の力の続く限り歩く。「—・せて全国各地を旅する」

足の踏み場もな・い　足を下ろすだけのわずかなすき間もないほど、物が散らかっている。

足参・る　貴人の足をもみ、さする。「御—・れと候へば、参り候ひつる」〈今昔・二六・一七〉

足を洗・う　悪い仲間から離れる。好ましくない生活をやめる。職業・仕事をやめる場合にも用いる。「やくざな稼業から—・う」

足を入・れる　ある場所、ある世界に入る。「芸能界に—・れる」

足を奪・う　事故などが交通機関を止めて、人の移動を不可能にする。「大雪が市民の—・う」

足を限りに　足の続く限り。歩ける限り。

足を重ねて立ち目を側(そば)だてて視(み)る　《「史記」汲黯(きゅうあん)伝から》両足をくっつけて立ち、うつむいて横目でうかがう。非常に恐れるさまをいう。

足を掬(すく)・う　相手のすきをついて失敗させる。「ライバルの—・う」［補説］文化庁が発表した平成19年度「国語に関する世論調査」では、本来の言い方である「足をすくわれる」を使う人が16.7パーセント、間違った言い方「足下をすくわれる」を使う人が74.1パーセントという逆転した結果が出ている。

足を掬(すく)わ・れる　▶足を掬う［補説］

足を擂(す)り粉木(こぎ)に・する　足がすりこぎのようにすりへるまで歩きまわる。

足を空(そら)に　足が地につかないほどあわて急ぐさま。「ことごとしくののしりて—惑ふが」〈徒然・一九〉

足を出・す　予算または収入を超える金額を使う。赤字にする。「—・さずに切り盛りする」

足を使(つか)・う　活発に動き回る。「—・って情報を集める」

足を付・ける　手がかりやきっかけを作る。「饅頭(まんぢゅう)一つ、隣さじきの子供にやる。これにて—・けて酒を飲まうといふ下ごころなり」〈滑・膝栗毛・七〉

足を取ら・れる　❶道の状態が悪いときや酒に酔ったときなどに、思うように足を動かせず、歩行・走行が困難になる。「ぬかるみに—れる」❷交通機関が止まり、それを利用できなくなる。「脱線事故のため—れる」

足を抜・く　好ましくない関係を打ち切る。不本意な環境から抜け出す。

足を延ば・す　いま来ている所より、さらに遠くまで行く。「出張のついでに郷里へ—・す」

足を運・ぶ　あることのために、わざわざ出向く。「何度も—・んでいただき、申し訳ありません」

足を引っ張・る　人の成功や前進をじゃまする。また、妨げとなる。「チームの—・る」

足を踏み入・れる　入り込む。また、新たに関係するようになる。「未知の分野に—・れる」

足を棒に・する　くたくたに疲れるまであちこち歩きまわる。あることのために奔走するたとえ。「一日中—して職を探し回る」

足を向・ける　❶その方向へ行く。❷(「足を向けて寝られない」の形で)ある人に感謝・尊敬の気持ちを表すときに用いる。

あし【×葦┊×蘆┊×葭】イネ科の多年草。根茎は地中をはい、沼や川の岸に大群落をつくる。高さは2〜3メートルになり、茎は堅く、円柱形で、細長い葉が互生する。穂は秋に出て紫色から紫褐色に変わる。若芽は食用になり、茎ですだれを作る。よし。(季 秋)「日の暮れや—の花にて子をまねく/一茶」

葦をふくむ雁(かり)　海を渡って遠くへ飛ぶとき、海上で羽を休めるために、枯れ葦を口にくわえていくという雁。⇒雁風呂(がんぶろ)

あ・し【▽悪し】〘形シク〙(「よし」に対して)物事のありさまがよくない。また、不快な感じをもつさま。❶本性・本質・気分・状態などについていう。㋐快くない。「このもとの女—・しと思へるけしきもなくて」〈伊勢・二三〉㋑不都合だ。「ここには弓場(ゆみば)なくて—・しかりぬべしとて」〈かげろふ・中〉㋒容姿が悪い。みにくい。「よき女といへど、ひとりあるは、—・しき二人に劣りたるものなれば」〈宇津保・吹上上〉㋓貧しい。「いかにしてあらむ。—・しうてやあらむ、よくてやあらむ」〈大和・一四八〉㋔粗末だ。粗悪だ。「下衆(げす)女のなり—・しきが子負ひたる」〈枕・一二二〉㋕不適当だ。ふさわしくない。「かかる御ありきし給ふ、いと—・しきことなり」〈大和・二〉㋖(技能などが)へただ。まずい。「中納言、—・しく探ればなきなり、と腹立ちて」〈竹取〉㋗(自然状況が)険悪だ。「けふ、風雲のけしき、はなはだ—・し」〈土佐〉❷(正・善に対して)よくない。不正だ。「昔の犯しの深さによりて、—・しき身を受けたり」〈宇津保・俊蔭〉❸(吉に対して)運・縁起などが凶だ。「例の所には方—・しとてとどまりぬ」〈かげろふ・中〉❹(動詞の連用形に付いて)…することがいやだ。…しにくい。「他国(ひとくに)は住み—・しとそいふ速(すむ)けくはや帰りませ恋ひ死なぬとに」〈万・三七四八〉［補説］(1)現代語では、「よし」と対を成す形で「よしあし」「よかれあしかれ」「よきにつけあしきにつけ」などの語句の中にみられるほか、連体形「あしき」の形で「あしき前例を残す」など文章語的に用いられ、また、「あしからずご了承ください」「折あしく出張中だった」のような語形に用いられる。(2)口語形「あしい」は、中世に生じたが今は用いられない。⇒悪(あ)しい

あじ【味】(あぢ)㊀〘名〙❶舌の味覚神経が飲食物に触れたときの感じ。甘味・酸味などや温度の総合した感じ。「—をつける」「スープの—が濃い」「あっさりした—」「他店より—が落ちる」❷そのもののもっている趣。含蓄。よさ。「—のある絵」「演技に—が出る」❸物事を経験したあとでの感じ。「当選の—」「夜遊びの—」❹相場の動きの状態。❺囲碁・将棋で、のちに影響の出そうな指し手。「—が悪い手」㊁〘形動〙文〘ナリ〙一風変わって、おもしろいさま。また、気のきいているさま。しゃれているさま。おつ。「縁(え)は異(い)なもの—なもの」「—な趣向」

［…語］秋味・後味・薄味・大味・書き味・隠し味・切れ味・小味・塩味・下味・剃(そ)り味・乗り味・一(ひと)味・持ち味

［類語］(❶)味わい/(❷)興・醍醐味・曲(くせ)・持ち味

味な事をや・る　気のきいたことをする。

味も素(そ)っ気(け)もな・い　無味乾燥で趣や潤いに欠けるさま。「—・い説明」

味を覚・える　一度体験をすることでその物事のおもしろみがわかるようになる。「ぜいたくな—・える」

味を占・める　一度うまくいったことからその妙味を

知り、暗に次にも同様のことを期待する。「株でもうけて一・める」

味をや・る ❶うまくやる。うまいことをする。❷気のきいたことをする。味なことをする。「ほんに室町の阿呆(あほう)が一・るぞ」〈浮・禁短気・二〉

あ-じ【×阿字】梵語(ぼんご)字母の第一。密教ではこの字に特殊な意義を認め、宇宙万有を含むと説く。

あ-じ【×按司】明治維新前、琉球(りゅうきゅう)の位階の一。古くからの系譜をもつ地域の支配者で、のちに国王の任命する位階名となった。あんじ。あんず。

あじ【×䳑】(あぢ)トモエガモ、地方によっては、シマアジの別名。あじがも。

あじ【×鰺】(あぢ)スズキ目アジ科の海水魚の総称。側線に沿ってぜんごとよぶ硬いうろこがある。マアジ・シマアジ・ムロアジ・カイワリなどがあるが、普通はマアジをさすことが多い。(季 夏)

アジ「アジテーション」の略。「一演説」

アジア〘Asia〙六大州の一。ユーラシア大陸の東部と中部、および付近の島々からなる。ウラル山脈・カスピ海・カフカス山脈・黒海・ボスポラス海峡を結ぶ線でヨーロッパと画され、スエズ地峡でアフリカと接する。世界陸地の約3分の1を、また世界人口の2分の1以上を占める。(補説)「亜細亜」とも書く。

アジアアフリカ-かいぎ【アジアアフリカ会議】(―クワイギ)1955年4月、インドネシアのバンドンで開かれたアジア・アフリカの29か国の会議。「世界平和と協力の促進」の共同宣言(バンドン十原則)を決議し、民族解放、国際連帯の運動に寄与。バンドン会議。AA会議。

アジアおうしゅう-かいぎ【アジア欧州会議】(―オウシウクワイギ)▶アセム(ASEM)

アジア-カー《(和)Asia＋car》日本の自動車メーカーが、アジアの開発途上国市場向けに開発し、現地で組み立て販売している自動車。使用目的が広い、値段が安いなどの特徴がある。

アジア-かいはつぎんこう【アジア開発銀行】(―カイハツギンカウ)《Asian Development Bank》1966年、アジアの経済開発促進を目的として設立された国際銀行。本店はマニラ。ADB。

アジアかいはつぎんこう-けんきゅうじょ【アジア開発銀行研究所】(―カイハツギンカウケンキウジョ)アジア開発銀行の関係機関の一。アジア地域の開発途上国を対象に、各国の社会・経済状況を分析し、適切な開発戦略を研究・策定、各国内の開発関係機関の能力向上を支援する。平成9年(1997)に東京に設置された。ADBI(Asian Development Bank Institute)。

アジア-かぜ【アジア風-邪】1957年4月に香港から流行が始まり、東南アジアなどを経て全世界で流行したインフルエンザ。日本でも約5700人が死亡した。

アジア-きょうぎたいかい【アジア競技大会】(―キヤウギタイクワイ)アジア諸国の友好と平和促進とを目的としたスポーツ大会。第1回は1951年にインドで開催。原則としてオリンピックの中間年に行われる。主催はアジア・オリンピック評議会。

アジア-けいばれんめい【アジア競馬連盟】▶エー・アール・エフ(ARF)

アジア-ごう【あじあ号】(―ガウ)満州国の大連・ハルビン間を縦貫して運行していた、南満州鉄道の特急列車。昭和9年(1934)に大連・新京間で運行開始。翌年にハルビンまで延伸。第二次世界大戦中の同18年に休止し、再開されなかった。

アジア-すいぎゅう【アジア水牛】(―スイギウ)▶インド水牛

アジア-ぞう【アジア象】(―ザウ)象の一種。体高約3メートル、体重約5トン。雌の牙(きば)はごく小さいが、雄のものは3メートルにもなる。インド・スリランカから東南アジアにかけて分布。人になれやすく、運搬などに使う。インド象。➡アフリカ象

アジア-だいがく【亜細亜大学】東京都武蔵野市に本部のある私立大学。昭和16年(1941)創設の興亜専門学校が前身。同25年に新制大学として設立。

アジアたいへいよう-きょうぎかい【アジア太平洋協議会】(―タイヘイヤウケフギクワイ)《Asian and Pacific Council》1966年6月に、ソウルで開催されたアジア太平洋閣僚会議で設けられた地域協力機関。73年に自然消滅。アスパック(ASPAC)。

アジアたいへいよう-けいざいきょうりょく【アジア太平洋経済協力】(―タイヘイヤウケイザイケフリョク)▶エーペック(APEC)

アジアたいへいよう-けいざいきょうりょくかいぎ【アジア太平洋経済協力会議】(―タイヘイヤウケイザイケフリョククワイギ)▶エーペック(APEC)

アジアたいへいよう-けいざいしゃかいいいんかい【アジア太平洋経済社会委員会】(―タイヘイヤウケイザイシャクワイヰヰンクワイ)《Economic and Social Commission for Asia and the Pacific》国連のECAFE(アジア極東経済委員会)が1974年に改称・改組されたもの。アジア太平洋地域諸国の経済開発・社会開発を目的とする。日本は79年に正式加盟。本部はバンコク。エスカップ(ESCAP)。

アジアたいへいよう-じゆうぼうえきけん【アジア太平洋自由貿易圏】(―タイヘイヤウジイウボウエキケン)▶エフ・ティー・エー・エー・ピー(FTAAP)

アジアたいへいよう-せんそう【アジア太平洋戦争】(―タイヘイヤウセンサウ)太平洋戦争の別称。また、昭和6年(1931)の満州事変から始まる十五年戦争の別称。アジアから太平洋にかけての広い地域で行われた戦争であることからの名称。

アジア-ダラー〘Asian dollar〙シンガポールなど東南アジアの主要為替・金融市場に集まるドル資金。

アジア-つうかたんい【アジア通貨単位】(―ツウクワタンヰ)アジア開発銀行が2007年3月から公表している、東南アジア諸国連合10か国と日本・中国・韓国の通貨の加重平均値。組み込み比率を参加各国のGDPや貿易額を参考に決める、数字上の共通通貨に相当するもの。為替管理の指標となる。ドル依存からの脱却を図り、アジア地域での資金調達を容易にすることをめざす。ACU(エーシーユー)(Asian Currency Unit)。AMU(Asian Monetary Unit)。➡エキュー(ECU)

アジアてき-せいさんようしき【アジア的生産様式】(―セイサンヤウシキ)マルクスが『経済学批判』の序言で、経済的社会構成体の前進的諸時期の最初においた語。この概念の理解をめぐって、原始共同体的生産様式の別名とする説や奴隷制の古代アジア的形態とみる説など諸説がある。

あし-あと【足跡】❶人や動物が歩いたあとに残る足の形。❷立ち寄った道筋。逃げた行方。足どり。❸業績。そくせき。「研究に偉大な一を残す」

アジア-ハイウエー〘Asian Highway〙アジア各国を結ぶ高規格道路網。1959年、国連採択でプロジェクトが発足。国連アジア太平洋経済社会委員会(ESCAP(エスカップ))が中心になって推進。1号線は東京を起点にし、中国、インドを経てトルコに至る。

アジアパラ-きょうぎたいかい【アジアパラ競技大会】(―キヤウギタイクワイ)《Asian Para Games》アジア各国の代表による障害者スポーツの大会。アジアパラリンピック委員会が主催。1975年から開催のフェスピックを引き継いで、2010年に中国の広州で初開催された。

アジアばん-ジーセブン【アジア版G7】《G7は、Group of Seven(先進7か国財相会議)の略》日本・米国・中国・香港・オーストラリア・シンガポールの6か国・地域の次官級の国際金融会議の俗称。アジアの金融・為替市場の安定のため日本が提唱。平成9年(1997)3月に東京で初会合。➡ジーセブン(G7)

アジア-ビジョン〘Asiavision〙アジア・太平洋放送連合(ABU)において衛星によるニュース交換を行うためのネットワーク。1984年1月発足。A・B・Cの3ゾーンに分かれ、Aゾーンのセンターは東京にある。

あし-あぶり【足×焙り】蓋(ふた)付きの火桶(ひおけ)のような鋳物製の器で、灰を入れ炭火を埋めて、足を温める道具。足温(そくおん)め。足炉。(季 冬)

アジア-マネー〘Asian money〙❶日本以外のアジア経済、あるいは経済力をさしていう語。❷アメリカにおいてアジア系企業から受けた献金、あるいは献金疑惑のこと。

あし-あらい【足洗い】(―あらひ)❶足を洗うこと。また、足を洗うたらい。足だらい。❷物を足で踏みつけて洗うこと。

アジアンタム〘adiantum〙イノモトソウ科アジアンタム属(クジャクシダ属)のシダの総称。熱帯から温帯にかけて分布。観葉植物とし、園芸品には南アメリカ原産のものが多い。葉柄は紫褐色または黒色で堅く、つやがあり、葉は薄く、縁が反り返る。

アジアン-ポップス〘Asian pops〙アジアの大衆音楽。特に、東アジアおよび東南アジアのポピュラーミュージックをさす場合が多い。

あし・い【▽悪しい】〘形〙図あ・し〘シク〙わるい。よくない。「心にかかって一・い」〈虎寛狂・抜殻〉(補説)文語「あし」の口語形で、室町時代から近世にかけて用いられた。➡悪あし

あじ-いし【×庵治石】(あぢ―)香川県高松市庵治町で産出する石。黒雲母(くろうんも)のまざった青灰色の花崗岩(かこうがん)で、高級な墓石などに使用。

アジール〘(ドイツ)Asyl〙犯罪人や奴隷・債務者などが、報復などの制裁から保護を受けられるように慣習的に認められた場所。中世ヨーロッパにおける教会・聖地・自治都市などが代表的な例で、法体系の整備とともに消滅した。聖庇。

あしいれ-こん【足入れ婚】❶婚姻成立祝いをしただけで嫁は実家に帰って、婿が泊まりに通う妻問(つまど)い婚の形を一定期間とったのち、嫁が婿方の家へ移るもの。あしいれ。❷内祝言の後、嫁が婿方に移り住む風習。あしいれ。

あし-うち【足打ち】❶足が付いている道具。足付き。「一膳」❷刀の柄糸(つかいと)や下げ緒(お)を組むこと。❸「足打ち折敷(おしき)」の略。

あしうち-おしき【足打ち×折敷】(―をしき)折敷に足を取り付けたもの。足打ち。足付き。足付き折敷。

あし-うら【足▽占】「あうら」に同じ。

あし-うら【足裏・×蹠】足の裏。

あじ-うり【味×瓜】(あぢ―)マクワウリの別名。

アジェンダ〘agenda〙❶計画。予定表。議事日程。協議事項。特に、政治・政策的な分野で、検討課題、行動計画、の意で用いることが多い。❷スケジュール帳。備忘録。❸教会の礼拝定式。

アジェンダ-にじゅういち【アジェンダ21】(―ニジフイチ)《Agenda 21》21世紀に向けての環境保全行動計画。開発と環境保護を両立させるため、各国がなすべきことをまとめた行動計画(アジェンダ)。1992年6月の「地球サミット」で採択され、人口問題、砂漠化の防止措置、大気汚染防止など幅広いテーマが40章115項目にわたって盛り込まれている。

アジェンデ〘Salvador Allende〙[1908〜1973]チリの政治家。1970年、人民連合の候補者として大統領に当選。在任1970〜1973。産業国有化・土地改革などの平和革命を推進したが、軍部・警察のクーデターにあい、戦闘中に死亡。

あしお【足尾】(あしを)栃木県西部、上都賀郡にあった町。平成18年(2006)3月、今市市・栗山村・藤原町とともに日光市に合併。➡日光

あし-お【足緒】(―を)❶鷹狩りに使うタカの足につけるひも。足革(あしかわ)。❷太刀を腰に帯びるため、太刀の足金物(あしかなもの)につける帯取りのひも。足革(あしかわ)。

あしお-さんち【足尾山地】(あしを―)栃木県北西部から群馬県北東部に広がる山地。北は大谷(だいや)川・中禅寺湖、西は渡良瀬川、東と南は関東平野で囲まれる。最高峰の夕日岳(標高1526メートル)をはじめ、1000〜1500メートル級の山が南北に連なる。渡良瀬川に面する西斜面は急で、東斜面は緩やか。一部は日光国立公園に属する。

あし-おと【足音・×跫】❶歩いたり走ったりするときに出る足の音。「一を立てる」「一が遠くなる」❷あるものの近づいてくる気配。「春の一」

あしお-どうざん【足尾銅山】(あしを―)日光市足尾町にあった銅山。もと江戸幕府の直轄。明治に入り古河鉱業が経営。昭和48年(1973)閉山。

あしおどうざん-こうどくじけん【足尾銅山鉱毒事件】(あしをどうざんクワウドクジケン)明治中期、足尾銅山の廃液が原因

で起きた公害事件。汚染した渡良瀬川流域の被害農民らの再三の請願や、田中正造の天皇への直訴で、政治・社会問題となったが、政府の弾圧と切り崩し策で運動は衰退。日本公害運動の原点とされる。

あし-おどり【足踊(り)】あおむけに寝て、足に衣装・かつらをつけ、人形のように踊らせる芸。

あしか【海=驢|×葦鹿】❶アシカ科の海獣。オットセイに似るが、やや大形で体長約2メートル、暗褐色。太平洋に分布。近縁のアザラシとは異なり、陸上では四肢で体を支えて歩行する。うみおそ。うみうそ。みち。❷鰭脚目アシカ科の哺乳類の総称。トド・オットセイなども含まれる。

あじか【×簣】竹・わらやアシなどを編んで作ったかご、ざるの類。「草刈りをのこにやつれつつ、竹の一を肩にかけ」〈太平記・二九〉

あじ-が-うら【阿字ヶ浦】茨城県中東部、ひたちなか市にある海岸。長さ約2キロメートル。遠浅のため、夏は海水浴場としてにぎわう。景勝地。

あしかが【足利】栃木県南西部の市。もと宿場町。足利氏発祥の地で、史跡が多い。中世末以来、絹織物の主要産地。現在は繊維工業のほか、機械・化学工業も盛ん。人口15.4万(2010)。

あしかが【足利】姓氏の一。源義家の孫、義康が下野足利荘を本拠として称した氏。

あしかが-うじみつ【足利氏満】[1359～1398]南北朝時代の武将。基氏の子。鎌倉公方。将軍義満を除こうとしたが、執事上杉憲春の諫死により中止。以後は関東・奥羽の支配に努めた。

あしかが-おり【足▽利織】足利市付近で織られる織物の総称。特に銘仙は有名。

あしかが-がっこう【足利学校】足利市昌平町にあった学問所。創設者には諸説がある。室町期に上杉憲実が再興。武士・僧侶・医師に儒書・易書・医書などを講述した。天文～慶長・元和(1532～1624)ごろが最盛期で「坂東の学校」と称され、明治初年まで存続した。現在、敷地内に足利学校遺跡図書館があり、宋版など貴重な典籍群を所蔵。

あしかが-こうぎょうだいがく【足利工業大学】栃木県足利市にある私立大学。昭和42年(1967)に開学した単科大学。平成2年(1990)に大学院を設置した。

あしかが-し【足利市】▶足利

あしかが-しげうじ【足利成氏】[1434～1497]室町中期の武将。鎌倉公方となり、享徳3年(1454)管領上杉憲忠を殺して幕府と対立。翌年下総古河に移り、古河公方と称した。

あしかが-じだい【足利時代】室町時代のこと。

あしかが-たかうじ【足利尊氏】[1305～1358]室町幕府初代将軍。在職1338～1358。初め高氏と称し、後醍醐天皇の諱尊治の一字を賜って改名。元弘の変で六波羅を攻め落としたが、のち天皇に背き、持明院統の光明天皇を立てて北朝を興した。延元3=暦応元年(1338)に征夷大将軍となり、室町幕府を創始。

あしかが-ただふゆ【足利直冬】南北朝時代の武将。尊氏の子。直義の養子。高師直に追われ九州に逃れたが勢力を回復。直義の死後南朝に帰順。一時入京したが間もなく奪回され、以後中国地方を転々とした。生没年未詳。

あしかが-ただよし【足利直義】[1306～1352]南北朝時代の武将。尊氏の弟。尊氏とともに建武の中興に参加したが、のちに不和となり、毒殺された。錦小路殿。

あしかが-ばくふ【足利幕府】▶室町幕府

あしかが-まさとも【足利政知】[1435～1491]室町中期の武将。義教の子。初め天竜寺の僧。足利成氏征討のため還俗、伊豆堀越(静岡県伊豆の国市)にとどまり、堀越公方と称して古河公方成氏と対立。

あしかが-もちうじ【足利持氏】[1398～1439]室町前期の武将。鎌倉公方。永享10年(1438)関東管領上杉憲実と対立。幕府軍と戦って敗れ、鎌倉で自刃。➡永享の乱

あしかが-もとうじ【足利基氏】[1340～1367]南北朝時代の武将。尊氏の子。初代の鎌倉公方となり、東国に室町幕府の勢力を確立した。

あしかが-よしあき【足利義昭】[1537～1597]室町幕府第15代将軍。在職1568～1573。初め奈良一乗院に入り覚慶と称したが、還俗して義秋、のち義昭と改めた。織田信長に擁立されて将軍となったが、のち、信長を討とうとして京都を追われ、室町幕府は滅亡した。諸国を流浪した後、大坂で死去。

あしかが-よしあきら【足利義詮】[1330～1367]室町幕府第2代将軍。在職1358～1367。尊氏の子。尊氏の名代として、新田義貞の鎌倉攻めに参加。尊氏の死後、正平13=延文3年(1358)将軍に。

あしかが-よしかず【足利義量】[1407～1425]室町幕府第5代将軍。在職1423～1425。義持の子。17歳で将軍となったが、2年後病死。

あしかが-よしかつ【足利義勝】[1434～1443]室町幕府第7代将軍。在職1442～1443。義教の子。嘉吉2年(1442)8歳で家督を継いだが、2年後病死。

あしかが-よしずみ【足利義澄】[1480～1511]室町幕府第11代将軍。在職1494～1508。足利政知の子で、義政の養子。細川政元に擁立されて将軍となったが、永正5年(1508)前将軍義稙に将軍職を追われた。

あしかが-よしたね【足利義稙】[1466～1523]室町幕府第10代将軍。義視の子。延徳2年(1490)将軍となり、明応2年(1493)細川政元に追われたが、永正5年(1508)再び将軍となった。大永元年(1521)管領細川高国の乱により淡路に逃れた。島公方。流れ公方。

あしかが-よしてる【足利義輝】[1536～1565]室町幕府第13代将軍。在職1546～1565。義晴の子。三好・松永氏らの勢力が強く、将軍職は有名無実であった。松永久秀に攻められて敗死。

あしかが-よしのり【足利義教】[1394～1441]室町幕府第6代将軍。在職1429～1441。義満の子。初め義円と称し天台座主であったが、義持の死後、鬮で後継者に選ばれて還俗し、永享元年(1429)将軍となった。永享の乱で鎌倉公方足利持氏を滅ぼしたが、赤松満祐に殺された。➡嘉吉の乱

あしかが-よしはる【足利義晴】[1511～1550]室町幕府第12代将軍。在職1521～1546。義澄の子。細川高国に擁立され将軍となったが実権がなく、天文15年(1546)、将軍職を子の義輝に譲った。

あしかが-よしひさ【足利義尚】[1465～1489]室町幕府第9代将軍。在職1473～1489。義政の子。母は日野富子。文明5年(1473)将軍となる。叔父義視との継嗣争いが応仁の乱の一因となった。近江の六角高頼の討伐中に病没した。

あしかが-よしひで【足利義栄】[1540～1568]室町幕府第14代将軍。永禄11年(1568)三好氏に迎えられて将軍となったが、同年織田信長が義昭を立てて入京したので摂津に逃れ、病没。

あしかが-よしまさ【足利義政】[1436～1490]室町幕府第8代将軍。在職1449～1473。義教の子。初め弟義視を養子としたが、実子の義尚が生まれるとこれを将軍にしようとして応仁の乱の一因となった。芸術の愛好保護、銀閣の建立などにみられるこの時代の文化を東山文化とよぶ。東山殿。

あしかが-よしみ【足利義視】[1439～1491]室町中期の武将。義教の子。義政の弟。兄の養子となって将軍後継者に擬せられたが、義尚が生まれてから継嗣争いが起こり、応仁の乱を誘発した。今出川殿。

あしかが-よしみつ【足利義満】[1358～1408]室町幕府第3代将軍。在職1368～1394。義詮の子。南北朝合一を果たし、明と勘合貿易を開いて室町幕府の最盛期を現出。能楽の保護、金閣の建立などのこの時代の文化を北山文化とよぶ。北山殿。

あしかが-よしもち【足利義持】[1386～1428]室町幕府第4代将軍。在職1394～1423。義満の子。応永元年(1394)9歳で将軍となる。父の死後、日明勘合貿易を中止するなど独自の政策が目立った。

あし-がかり【足掛(か)り】❶高い所へ登るとき、足を掛けて助けとする所、また、物。足場。❷物事をする場合のきっかけ。糸口。「出世の一をつかむ」
(類語)手掛かり・よすが

あし-がき【×葦垣】《古くは「あしかき」》葦で作った垣根。「一の隈処に立ちて我妹子が袖もしほほに泣きしそ思はゆ」〈万・四三五七〉

あしがき-の【×葦垣の】〔枕〕❶葦垣は古びて見え、乱れやすく、また、その結び目は間が近いところから、「古る」「乱る」「間近し」などにかかる。「一古りにし里と」〈万・九二八〉「一ま近けれども逢ふよしのなき」〈古今・恋一〉❷垣は内外の隔てとするところから「ほか」にかかる。「一外に嘆かふ吾し悲しも」〈万・三九七五〉❸葦を「よし」ともいうところから「吉野」にかかる。「一吉野の山の花のさかりは」〈続後撰・春中〉

あし-かけ【足掛(け)】❶足を掛けること。また、足を掛けるもの。❷年・月・日を数える場合、1年・1月・1日に満たない前後の端数をそれぞれ1として数える数え方。例えば、ある年の12月から翌々年の1月までなら「足掛け三年」と数える。➡丸　➡満　❸《「あしがけ」とも》柔道などで、相手の足に自分の足を掛けて倒す技。❹「足掛け上がり」の略。

あしかけ-あがり【足掛(け)上(が)り】鉄棒運動で、片方のひざの後ろ側を両手の間または外で鉄棒に掛け、もう片方の足を後ろへ強く振って上方にあがること。

あじ-かげん【味加減】食物の味のよしあし。

あじがさわ【鰺ヶ沢】青森県西部、西津軽郡にある町。日本海に面し、もと津軽藩の要港で、米の積出し港として繁栄。

あじがさわ-じんく【鰺ヶ沢甚句】民謡の一。鰺ヶ沢町を中心に歌われる盆踊り歌。昭和40年代に全国に広まった。

あじがさわ-まち【鰺ヶ沢町】▶鰺ヶ沢

あし-かし【足×枷】《「あしがし」とも》「あしかせ」に同じ。「手かし一に入れられたと」〈史記抄・李斯伝〉

あし-かせ【足×枷】《「あしがせ」とも》❶2枚の厚い板に足首大の半円をあけ、前後から罪人の足をはさんで、足の自由を束縛する刑具。あしかし。➡手かせ ❷自由な行動を妨げるもの。足手まといになるもの。「家族が行動の一となる」

あし-がた【足形|足型】《「あしかた」とも》❶踏んだあとに残る、足の形。あしあと。❷(足型)靴・足袋などを作るのに使う、足の形をした木型。

あし-がため【足固め】❶登山・旅行などに備えて、足を慣らすこと。足慣らし。❷物事をする準備。基礎固め。「県議選の一をする」❸床下で、柱と柱との間に取り付ける横木。

あし-が-ちる【×葦が散る】〔枕〕難波一帯には、葦が多かったところから「難波」にかかる。「一難波の三津に」〈万・四三三一〉

あし-がなえ【足×鼎】足のついたかなえ。

あし-かなもの【足金物】太刀の鞘の上部にある、帯取りの革緒を通す一対の金具。足金。足。

あし-がね【足金】「足金物」に同じ。

アシガバード〘Ashgabad〙トルクメニスタンの首都。イランとの国境近くにあり、繊維工業が盛ん。アシハバード。

あし-かび【×葦▽牙】葦の若芽。「一のごとく萌えあがるものによりてなれる神の名は」〈記・上〉

あし-がま【足釜|脚釜|×錡】足のついた釜。

あし-がも【×葦×鴨】《葦の生えている所にいるところから》鴨のこと。(季 冬)

あじ-がも【×鶴×鴨】トモエガモの別名。

あしがも-の【×葦×鴨の】〔枕〕群れ飛ぶ意から「うちむれ」にかかる。「一うちむれてこそわれは来にけれ」〈土佐〉

あしがら【足柄】神奈川県西部、小田原市・南足柄市を中心とする地方名。

あし-がら【足×搦】「足搦み」に同じ。「一をかけて向へ倒してやった」〈漱石・坊っちゃん〉

あしから-ず【▽悪しからず】〔連語〕相手の希望や意向に添えない場合などに用いる語。悪く思わないで。気を悪くしないで。「どうか―御了承ください」

あしがら-の-せき【足柄の関】足柄山東麓にあった関所。かつての交通の要所。

あし-がらみ【足×搦み】足に足をからめること。特に、相撲や柔道で、相手の足に自分の足をからめ、攻撃を防いだり相手を倒したりする技。あしがら。

あしがら-やま【足柄山】神奈川・静岡県境にある足柄峠を中心とする山地。古くは金時山を含めた山々の総称。坂田金時(金太郎)の伝説の地。〔歌枕〕

あし-かり【×葦刈(り)|×蘆刈(り)】葦を刈ること。また、その人。〔季 秋〕「―のそこらさまよふ一人かな/素十」

あしかり【蘆刈】謡曲。四番目物。零落して葦売りをしている難波浦の住人日下左衛門が、都へ上って立身した妻と再会する。

あし-がる【足軽】《足軽くよく走る兵の意》中世・近世、ふだんは雑役を務め、戦時には歩兵となる者。戦国時代には弓・槍・鉄砲などの部隊の兵士として活躍。江戸時代には諸藩の歩卒をいい、士分と区別された。

あし-かわ【足革】「足緒」に同じ。

あじ-がわ【安治川】淀川の分流の一。大阪市中之島から南流して大阪湾に注ぐ。貞享年間(1684〜1688)河村瑞軒が開削した運河。

あじ-かん【×阿字観】仏語。密教で、阿字に自己を含めて一切の事象をおさめ、一切がそれ自体において本来、生滅がないという理を観ずる瞑想法。

あしき【▽悪しき】〔連体〕《形容詞「あ(悪)し」の連体形から》悪い。よくない。いけない。「業界の―慣習」⇒悪し〔補説〕(1)

あじ-きき【味聞き】酒などの味のよしあしを試すこと。また、その人。

アしき-しゅうきゅう【ア式蹴球】アソシエーション-フットボールの日本での呼称。サッカーのこと。

あじき-な・い【味気無い】〔形〕〔文〕あぢきな・し〔ク〕《「あずきなし」の音変化。「味気」は当て字》❶「あじけない」に同じ。「―・い世の中」❷乱暴である。不当である。「汝甚だ―・し」〈神代紀・上〉❸努力するかいがない。無益である。「愚かなる人の目を喜ばしむる楽しみ、また―・し」〈徒然・三八〉❹耐え難い。やるせない。「―・く、一つ心なる人に向ひたる心地して」〈狭衣・一〉〔派生〕あじきなげ〔形動〕あじきなさ〔名〕

あし-ぎぬ【×絁】《悪し絹の意》太い糸で織った粗末な絹布。太絹。「五色の―一連なりき」〈常陸風土記〉⇒縑

あしき-みち【▽悪しき道】《「悪道」を訓読みにした語》「悪道❶」に同じ。「なま浮かびにては、かへりて―にも漂ひぬべくぞおぼゆる」〈源・帚木〉

あし-きり【足切り】〔名〕スル ❶子供の遊びの一。二人の足切り役が棒または綱の端を持って1列縦隊の前から後へ走る。列の者はひっかからないよう飛び上がって避ける。ひっかかった者は代わって足切り役となる。❷選抜試験などで、一定の基準に達しない者を、予備試験などにより切り捨てること。

あじ-きり【×鯵切り】「鯵切り包丁」の略。

あじきり-ぼうちょう【×鯵切り包丁】刃渡り18センチ以下の、小形の出刃包丁。

あしく・す【▽悪しくす】〔動サ変〕けしからんと思う。憎らしいと思う。「この大将殿の中将は大臣をや―・し給ふ」〈落窪・二〉

あし-くせ【足癖】❶歩き方や足の動かし方のくせ。「―の悪い馬」❷相撲で、けたぐり・け返しなど、足を多く使う技のこと。〔類語〕手癖・寝癖

あしくば【阿閦婆】►阿閦仏

あし-くび【足首|足×頸】足のくるぶし。また、その上の少し細くなった部分。

あしくぼ-ちゃ【足久保茶|×蘆×窪茶】静岡市足久保付近で生産される香りのすぐれた茶。江戸幕府への献上品として有名。現在の本山茶。あしくぼ。

アシクロビル〖aciclovir〗抗ウイルス剤の一。単純ヘルペスウイルスおよび、水痘・帯状疱疹ウイルスによる単純疱疹・水痘・帯状疱疹、脳炎・髄膜炎の治療薬。

あし-げ【足蹴】❶足で蹴ること。❷他人にひどいことをすること。「人を―にする」〔類語〕蹴る・蹴飛ばす・蹴上げる・蹴り上げる・キックする

あし-げ【×葦毛】馬の毛色の名。栗毛・青毛・鹿毛の毛色に、年齢につれて白い毛がまじってくるもの。白葦毛・黒葦毛・連銭葦毛などに分ける。

あし-げ【▽悪しげ】〔形動ナリ〕見た目にいかにも形の悪いさま。ぶざまなさま。「―なる柚や梨などを」〈かげろふ・上〉

あし-げい【足芸】あおむけに寝て、足だけでする曲芸。樽やたらいなどを回したりする。足業。

あじけ-な・い【味気無い】〔形〕〔文〕あぢけな・し〔ク〕おもしろみや魅力がなくつまらない。あじきない。「―・い話」「―・い人生」〔補説〕「味気」は当て字。〔派生〕あじけなさ〔名〕

あしげ-ひばり【×葦毛雲＝雀】馬の毛色の名。白と黄の毛のまじった葦毛。

あし-こ【▽彼▽処|▽彼▽所】〔代〕遠称の指示代名詞。場所を示す。あそこ。「―に立てる何人ぞ」〈梁塵秘抄・二〉

あし-ごい【×葦五位】ヨシゴイの別名。

あし-こし【足腰】足と腰。下半身。

あし-ごしらえ【足×拵え】歩きやすいように履物などを整えて、身支度をすること。

あじさい【紫＝陽＝花】ガクアジサイから日本で改良された園芸品種。高さ1〜1.5メートルの落葉低木。葉は大きな楕円形。初夏、淡青色から淡紫紅色に変わる萼のある小花が、球状に集まって咲く。庭木にする。八仙花。しちへんげ。しようか。〔季 夏〕「―や藪を小庭の別座敷/芭蕉」

あじ-さし【×鰺刺】❶カモメ科アジサシ亜科の鳥の総称。カモメに比べて体が細い。群れで生活し、水中に突入して魚を捕らえる。アジサシ・コアジサシ・キョクアジサシなど。〔季 夏〕「―の搏つたる嘴のあやまたず/秋桜子」❷アジサシ亜科の鳥の一種。全長約35センチ。頭が黒く、上面は灰色。日本では旅鳥として春・秋に海岸でみられる。

あし-さばき【足×捌き】足の運び。フットワーク。「軽やかな―」

あし-ざま【▽悪し様】〔形動〕〔文〕〔ナリ〕相手を実際よりも悪く、また、いかにも悪いものとして扱うさま。「人を―に言う」

あじさわう〔枕〕「目」「夜昼」にかかる。「―目の乏しかる君」〈万・二五五五〉「―夜昼知らず」〈万・一八〇四〉〔補説〕一説に、「あじ」は水鳥の鴨、「さわう」はさえぎる意とし、水鳥をさえぎる網の目の意から「目」にかかり、また網は昼夜を分かたず張るので「夜昼」にかかるともいう。

あし-ざわり【足触り】足にふれる感じ。「手触り―」

あし-ざわり【足障り】歩くのにじゃまになるもの。

あし-しげく【足▽繁く】〔副〕たびたび行くさま。頻繁に。「治療に―通う」

あじ-しま【網地島】宮城県東部、牡鹿半島先端の南西5キロメートルにある島。周囲18.3キロメートル、面積6.6平方キロメートル。南三陸金華山国定公園に属する。

あし-しろ【足代】❶「足場❶」に同じ。「―と云ふ物に…木どもを横様に結ひ付けて」〈今昔・一九〉❷「足場❷」に同じ。「用水桶を―にひらりと飛び下り」〈伎・鼠小紋東君新形〉❸「足場❸」に同じ。「人は芸を以て山の―とし」〈風来六部集・放屁論後編〉

あしじろ-の-たち【足白の太刀】足金物を銀で作った太刀。

アジス-アベバ〖Addis Ababa〗《新しい花の意》エチオピア人民民主共和国の首都。同国中央部、標高約2400メートルの高原に位置し、森の中にあるため気候は涼しい。人口、行政区265万(2002)。

あし-すだれ【×葦×簾】❶葦を編んで作ったすだれ。よしず。❷鈍色の布でへりをつけたすだれ。天皇が喪に服している仮屋に掛けた。

アシスタンス-サービス〖assistance service〗旅行代理店やカード会社などが提供する医療中心の援助サービス。海外で病気にかかったとき、救急車を手配してくれたり病院を紹介してくれる。

アシスタント〖assistant〗仕事の補佐をする人。助手。「―パーサー」「―プロデューサー」〔類語〕助役・副使・助手・片腕・助っ人

アシスト〖assist〗〔名〕スル ❶人の仕事を手伝うこと。「社長を―する秘書」❷サッカーやアイスホッケーなどで、適切なパスを送り味方選手にシュートの機会を与え、ゴールを助けるプレー。また、それを行った選手。

アシスト-じてんしゃ【アシスト自転車】►電動アシスト自転車

あし-ずもう【足相-撲】二人向かい合ってあぐらをかき、互いに片足だけで押したり払ったりして相手を倒す遊び。⇒脛押し

あし-ずり【足×摺り】身をもがき、じだんだを踏むこと。とりかえしのつかないことを悔やむときの動作。「されば翁は―をして罵りわめく」〈芥川・奉教人の死〉〔補説〕本来は、倒れた状態で足をすりあわせて泣き嘆くことをいった。

あし-ずり【足擦り】ハエやハムシなどの昆虫が、脚を擦り合わせる行動。脚の先端部に生えた剛毛を毛づくろいすることで、滑りやすい場所にとまったり自由に動き回ったりできると考えられている。

あしずりうわかい-こくりつこうえん【足摺宇和海国立公園】愛媛県の宇和海から高知県の足摺岬にわたる国立公園。滑床渓谷・竜串海域公園や亜熱帯植物の群落、海鳥の群生がある。

あしずり-みさき【足摺岬】高知県南西部、四国最南端の岬。突端には四国八十八箇所第38番の金剛福寺がある。蹉跎岬。

あし-せん【阿私仙】㊀インドの聖仙。釈迦誕生にあたりその相を見て、出家すれば大慈悲の聖師となり、俗にあれば理想的国王とされる転輪王となると予言した。阿私陀。阿私。㊁釈迦が前世で法華経を聞くために仕えたという仙人。阿私陀。阿私。

あしぞこ-けんまくえん【足底×腱膜炎】►そくていけんまくえん

あし-ぞろえ【足×揃え】❶人や馬の足並みをそろえること。❷陰暦5月5日の賀茂の競べ馬の予行演習。5月1日に行われた。

アジソン〖Joseph Addison〗[1672〜1719]英国の随筆家・政治家。18世紀随筆文学の興隆の祖。スティールと共同で「スペクテーター」紙を創刊。

アジソン〖Thomas Addison〗[1793〜1860]英国の病理学者。アジソン病の発見とその研究で有名。

アジソン-びょう【アジソン病】副腎皮質ホルモンの不足によって起こる病気。皮膚が黒ずみ、疲労感、体重低下などが主な症状。1855年、T＝アジソンが発表。慢性副腎皮質不全症。

あした【明＝日】《「あした(朝)❷」から転じた語》今日の次の日。あす。みょうにち。

〔用法〕あした・あす――「あした」は「あした天気になあれ」「あしたはあしたの風が吹く」のように、最も日常的に用いられる。◇「あす」は由来の古い語であるが、「あすは北寄りの風、晴れでしょう」などと用いるほか、「あすは我が身」「あすの世界を担うのは君たちだ」のように、近い将来の意でも用いる。◇類似の語に「明日」があるが、「明日、御報告にうかがいます」「明日の御予定はいかがでしょうか」など改まった場合、あるいは文章の中で用いる。

〔類語〕明日・明日・翌日・明くる日

明日は明日の風が吹く　明日はまた、別の成り行きになるのだから、くよくよするな、の意。

あした【▽朝】❶夜の明けるころ。あさ。「吾を呼び醒ませし―の使は彼なりけるよ」〈蘆花・不如帰〉⇔夕べ。❷次の日の朝。翌朝。「野分の―こそをかしけれ」〈徒然・一九〉〔類語〕朝・モーニング

朝には紅顔ありて夕べには白骨となる　《和漢朗詠集・下の「朝に紅顔あって世路に誇れども、暮

に白骨となって郊原に朽ちぬ」から》この世は無常で、人の生死は予測できないことをいう。

朝に道を聞かば夕べに死すとも可なり　《「論語」里仁(りじん)から》朝に人としての大切な道を聞いて悟ることができれば、その晩に死んでも心残りはないとの意。

朝に夕べを謀(はか)らず　《「春秋左伝」昭公元年から》朝にその日の夕方のことを考えないの意から、先のことを考えない、また、考える余裕がないことをいう。朝に夕べを慮(おもんぱか)らず。

あし-だ【足駄】雨の日などに履く、高い歯の下駄(げた)。歯は差し歯で、磨り減ると差し替える。高下駄。男物は歯が厚く、女物は薄い。雨、雪の日は爪革(つまかわ)を掛ける。(補説)旧制の高校生が好んで履いた。「守貞漫稿」によると、近世の上方には「足駄」の語がなく「高下駄」を使ったという。(類語)下駄・駒下駄・ぽっくり

足駄を履いて首っ丈(たけ)　《「くびったけ」を強めた言い方。足駄をはいても首のあたりまで深みにはまる意から》異性にほれ込んで夢中になること。

足駄を履・く　実際の値段より高い値をつけて、差額を稼ぐ。「売り物買(け)え物の度に只は通さねえ。是非—・くやつだ」〈滑・浮世床・初〉

あしだ【阿私陀】《梵 Asitaの音写》▶阿私仙(あしせん)

アジタート〖イタリア agitato〗音楽で、発想標語の一。激情的に、急速に、の意。

あし-だい【足代】外出のとき乗り物にかかる費用。交通費。「—がかかる」(類語)交通費・車代・運賃

あしだ-えのすけ【芦田恵之助】―ゑのすけ［1873～1951］国語教育家・教師。兵庫生まれ。国語科の読み方教育と綴り方教育に独自の理論を展開。著「綴り方教授」「読み方教授」。

あし-だか【足高┊脚高】〔名・形動ナリ〕《「あしたか」とも》足の長いこと。また、そのように見えるさま。「白き鳥どもの—にて立てまつるも」〈栄花・根合〉

あしだか-ぐも【足高蜘=蛛】クモの一種。足が長く、人家などにすみ、ゴキブリなどを捕食する。網は張らない。関東地方以南の暖地に分布。

あしだ-がけ【足駄掛(け)】足駄を履いて歩くこと。

あしたか-やま【愛鷹山】静岡県、富士山の南東にある火山。標高1188メートル。また、広くは位牌(いはい)岳・呼子岳・越前岳(1504メートル)などからなる愛鷹連峰をさす。古くは「足高山」と書いた。

あしだ-がわ【芦田川】―がは　広島県東部を流れる川。三原市大和(だいわ)町蔵宗(くらむね)に源を発して東流し、府中市を経て福山市北部で南に方向を変え瀬戸内海に注ぐ。長さ86キロ。県東部では最大の河川。農業用水・工業用水・都市用水として利用される。河口中州に鎌倉～室町時代にあった中世集落「草戸千軒(くさどせんげん)町遺跡」がある。

あし-たず【×葦田▽鶴】―たづ《葦の生える水辺にいるところから》鶴(つる)の別名。「湯の原に鳴く—は我(あ)がごとく妹(いも)に恋ふれや時わかず鳴く」〈万・九六一〉

あしたず-の【×葦田▽鶴の】あしたづ―〔枕〕「音(ね)になく」にかかる。「—ねに泣かぬ日はなし」〈古今・恋五〉

あした-てんき【明=日天気】子供の遊戯の一。下駄(げた)などの履物を蹴り上げて、落下して表が出れば晴れ、裏が出れば雨として、翌日の天気を占うもの。雨か日和(ひより)か。

あした-どころ【▽朝所】「あいたんどころ」に同じ。「事(=豊明ノ節会)果てて、高御座(たかみくら)より—へなりぬ」〈中務内侍日記・下〉

あした-の-つゆ【▽朝の露】朝、草葉に置いた露。はかない人生のたとえに用いる。「—に異ならぬ世を」〈源・夕顔〉

あした-の-はら【朝原】奈良県北西部、北葛城郡王寺町から香芝町にかけての丘陵。「片岡の朝の原」と続けて詠まれた歌が多い。[歌枕]「明日からは若菜つまむと片岡の—は今日ぞ焼くめる」〈拾遺・春〉

あした-ば【明=日葉┊鹹=草】セリ科の多年草。海岸近くに生え、高さ約1メートル。茎や葉を切ると黄色い汁が出る。葉は複葉で厚く、冬でも緑色。秋、多数の黄色い小花が集まって咲く。葉を摘んでも翌日若葉が出てくるほど強いので、この名がある。若葉を食用とし、八丈島などで栽培。八丈草。あしたぐさ。(季 夏)

あしだ-ひとし【芦田均】[1887～1959]政治家。京都の生まれ。日本民主党総裁として昭和23年(1948)に連立内閣を組織したが、昭和電工疑獄事件で政界を引退。著「革命前後のロシア」など。➡吉田茂

あし-だま【足玉】足首に巻きつけた装飾用の玉。「—も手玉(ただま)もゆらに織る服(はた)を」〈万・二〇六五〉

あし-だまり【足×溜まり】❶しばらく足を止める所。行動の根拠地。「白河家を—にして、京都の公卿たちの間に遊説を思い立つものがある」〈藤村・夜明け前〉❷足を掛けて支える所。足場。足掛かり。

あしたれ-ぼし【足垂れ星】二十八宿の一、尾宿(びしゅく)の和名。➡尾(び)

あし-ぢか・い【足近い】〔形〕(文)あしぢか・し〔ク〕間をおかず訪れる。しばしば訪れる。「縁談が始まって居そうな中へ、急に—・くは我ながら気が咎める」〈鏡花・婦系図〉

あし-ついで【足▽序で】外出したついで。

あし-つ-お【足津緒】―を ❶琴の弦の端を組み糸で結びかがったもの。「夏来れば東(あづま)の琴の—に縒(よ)りかけてける藤浪の花」〈新撰六帖・五〉❷いろいろな色に染めた麻でよりあわせた縄。牛馬を引いたり、装束を掛けたりする。「やり縄などいふものも、—なんどにや縒り合はせたる」〈今鏡・二〉

あし-づかい【足遣い】―づかひ 操り人形で、人形の足を専門に操作する人。

あし-つき【足付き┊脚付き】❶歩く格好。歩くようす。あしどり。「酒に酔ったような—」❷道具や器物に足が付いていること。また、そのもの。「—のお膳(ぜん)」

あし-つき【×葦付】ネンジュモ科の藍藻(らんそう)。淡水藻で、葦の根、芝地などの土の表面に生える。細胞が1列に連なって寒天質に包まれ、糸状になる。食用。あしつきのり。

あし-つぎ【足継ぎ】高くて手の届かないときに台にする物。踏み台。踏み継ぎ。「椅子とは—の下に箱を置いただけのこと」〈独歩・非凡なる凡人〉

あしつき-おしき【足付き▽折敷】―をしき「足打ち折敷」に同じ。

あじ-つけ【味付け】あぢ― 味をつけること。また、味をつけた食品。

あじつけ-ごはん【味付け御飯】あぢつけ― ▶味付け飯

あじつけ-のり【味付け海=苔】あぢつけ― 醤油・唐辛子などで味をつけた干しのり。

あじつけ-めし【味付け飯】あぢつけ― 味をつけて炊いた飯。茶飯・鳥飯など。

アシッド〖acid〗❶「酸(さん)」に同じ。❷麻薬、特にLSDをいう。

アシッド-ジャズ〖acid jazz〗1980年代、ロンドンのクラブから流行しはじめた新しいジャズの受容形態。古い演奏にリミックスを施してディスコ風のビートを加えたり、ジャズにラップやファンクを混在させて演奏したりする。

あし-づの【×葦角】《角のように先がとがっているところから》葦の新芽。「—の生(お)ひ出でし時に天地(あめつち)と人との品(しな)は定まりにけり」〈古今六帖・六〉

あし-て【足手】《「あしで」とも》足と手。てあし。また、からだ。「—を見れば、すき、くはのごとし」〈宇津保・俊蔭〉

あし-で【×葦手】❶装飾文様の一種で、文字を絵画的に変形し、葦・水鳥・岩などになぞらえて書いたもの。平安時代に始まり、中世を通じて行われた。葦手書き。❷「葦手絵」の略。

あしで-え【×葦手絵】―ゑ 樹木・草花・岩などの一部に文字を装飾的に組み込んだ絵。料紙の下絵や蒔絵(まきえ)などに用いられた。

アジテーション〖agitation〗強い調子の文章や演説などによって人々の気持ちをあおり、ある行動を起こすようにしむけること。扇動。アジ。

アジテーター〖agitator〗❶扇動者。❷攪拌機(かくはんき)。かきまぜる装置。

アジテート〖agitate〗〔名〕スル 扇動すること。ある目的のために活動すること。

あしで-がき【×葦手書(き)】「葦手❶」に同じ。

あして-かげ【足手影】❶人の姿。面影。「都の人の—もなつかしう候へば」〈謡・隅田川〉❷人の往来が盛んな所。「諸国の城下、または入り舟の湊(みなと)などは、人の—にて」〈浮・織留・三〉

あして-まとい【足手×纏い】―まとひ〔名・形動〕《「あしでまとい」とも》手足にまつわりついて自由な活動の妨げとなること。また、そのようなさま。あしてがらみ。「—の女房持つは厭と」〈露伴・いさなとり〉

あしで-もじ【×葦手文字】葦手書きにした文字。

アジト《agitating pointから》労働争議・革命運動・ゲリラ活動などを指導する秘密の指令所。非合法運動や犯罪者の隠れ家にもいう。

アシドーシス〖acidosis〗血液中の酸と塩基との平衡が乱れ、酸性側に傾いた状態。腎不全・糖尿病が原因で重炭酸(アルカリ)が失われたときなどにみられる。酸血症。酸毒症。酸性血症。アチドーゼ。➡アルカローシス

あじ-どころ【味所┊味▽処】あぢ― 味自慢の飲食店。大衆的な和食店が店名に冠して用いることもある。味覚処。「伊豆の—、○○寿司」

アジドチミジン〖azidothymidine〗エイズ(後天性免疫不全症候群)の治療薬。1960年代に抗癌(こうがん)剤として開発された。エイズの根本的治療薬とはならないが、臨床試験で延命効果が確認。AZT。

アシドフィルス-きん【アシドフィルス菌】《ラテン Lactobacillus acidophilus》桿状乳酸菌の一種。整腸作用をもつとされる。サワークリームや乳酸菌ミルクを作るために使われる。

あし-どまり【足止(ま)り┊足留(ま)り】❶しばらく足をとどめる所。ある行動のための根拠地。あしだまり。❷滑り止めの足がかり。足を掛ける所。あしだまり。

あし-どめ【足留(め)】〔名〕スル ❶外出や通行を禁じること。禁足。また、不測の事態で、その場から移動できなくなること。「大水で—を食う」❷足留め薬で染色のむらを防ぐこと。(類語)禁足

あしどめ-ぐすり【足留(め)薬】染色の速度を遅くさせ、色むらになるのを防ぐ薬品。炭酸ナトリウム・酢酸・硫酸ナトリウムなど。

あし-とり【足取り】❶《「あしどり」とも》相撲のきまり手の一。相手の足を両手で抱え上げ、引き倒すか土俵の外へ出す技。一寸反(いっすんぞ)り。❷レスリングで、相手の足を取ってマットに倒す技。

あし-どり【足取り】❶歩くときの足の運び方。歩調。「軽い—」❷人の通った道筋。特に、犯罪者の逃げた経路。「—を追う」❸過去の相場の動きぐあい。

あしどり-ひょう【足取表】―へう ▶蝋燭足(ろうそくあし)

あじ-な・い【味無い】あぢ―〔形〕(文)あぢな・し〔ク〕❶味が薄い。また、味が悪い。「風邪ヒイテ食べ物ガ—・イ」〈和英語林集成〉❷「あじけない」に同じ。「我が夫(つま)よとも我が子とも、いはれぬ様な—・い縁が世界に又あらうか」〈浄・彦山権現〉

あし-なえ【×蹇┊×跛】―なへ 足に障害があって歩行の不自由なこと。

あし-なか【足半】走りやすいように、かかとの部分のない短い草履(ぞうり)。足半草履。

あし-なが【足長】〔名・形動〕❶足の長いこと。❷足がきわめて長い、想像上の人間。「(清涼殿ノ御障子ニハ)手長 —などをぞ描(か)きたる」〈枕・二三〉❸遠方まで足をのばすこと。行動範囲が遠いこと。また、そのさま。「我が国よりはるばる—に出て陣取るなり」〈蒙求抄・九〉

あしなが-ぐも【足長蜘=蛛】アシナガグモ科のクモ。体は細長く、脚が長い。山野や水辺にすみ、円形の網を張る。

あしなが-ばち【足長蜂】スズメバチ科アシナガバチ属のハチの総称。体は細く、後脚が長い。人家の軒下などに巣を作る。

あしなし-いもり【足無井守】―ゐもり ▶無足類(むそくるい)

あしなし-とかげ【足無蜥=蜴】有鱗(ゆうりん)目アシナシトカゲ科のうち、四肢が退化して蛇形になったトカゲの総称。全長0.4～1メートル。耳孔があり、尾が長

く、自切じせつしても再生する。オーストラリアを除く世界の熱帯・亜熱帯などに分布。へびとかげ。

あしなずち【脚摩乳｜足名椎】あしなづち 日本神話で、出雲の国つ神大山祇神おおやまつみのかみの子。妻は手摩乳てなづち。末娘の奇稲田姫くしなだひめは、素戔嗚尊すさのおのみことの妻となる。

あし-なべ【足鍋】足のついた鍋。ふつう、3本足。

あし-なみ【足並(み)】❶複数の人や馬の足の運びのそろいぐあい。歩調。「―をそろえて歩く」❷考え方や行動のそろいぐあい。「野党の―がそろう」❸(「に」を伴って副詞的に)一歩進むごとに。「―に轡くつわをひたして」〈謡・八島〉

あしな-もりうじ【蘆名盛氏】もりうじ［1521～1580］戦国時代の武将。会津黒川城主。号、止々斎ししさい。近隣に勢力を拡大し、蘆名氏の全盛期を築いた。

あし-ならし【足×馴らし】❶歩く、または走るため前もってする練習。足固め。❷うまくできるかどうか、試しにしてみること。準備活動。下準備。「本格操業の―」

あし-に【脚荷】航海に適した喫水にするため、船底に積み込む荷物。底荷。バラスト。

あし-ぬき【足抜き】〔名〕スル ❶芸妓や娼妓などが前借り金を清算しないで逃げること。あしぬけ。「―でもされてはと思ってんのかな」〈高見・人間〉❷つらい状況・境遇などから抜け出すこと。「―がならぬさうにぞみらるる浅香の沼にはまり給ひて」〈古今夷曲集・九〉❸「抜き足」に同じ。「五郎も―してたちけるが」〈曽我・四〉

アシヌ-きょうかい【アシヌ教会】ケウクワイ《Panagia tis Asinou》キプロス中西部、トロードス山脈の中腹、ニキタリ村にある教会。12世紀初めに建造。12～19世紀のフレスコ画は、東ローマ帝国および以降の時代の優れた作例として知られ、1985年「トロードス地方の壁画聖堂群」の名称で世界遺産(文化遺産)に登録。

あし-ぬぐい【足拭い】ぬぐひ 足をふくこと。また、足をふくもの。足ふき。

アジネッリ-の-とう【アジネッリの塔】タフ《Torre Asinelli》ボローニャの斜塔の一。

アシネトバクター〖Acinetobacter〗土壌・河川・下水などに生息するグラム陰性の好気性細菌。通常は無害。病院内にも存在し、院内感染や日和見感染の原因となることがある。

アジノール〖adinole〗泥質の岩石が塩基性の岩脈による変成作用を受けてできた淡緑色・半透明の岩石。

あし-の-かりね【×葦の仮寝】《「葦を刈る」の「刈る」を「仮寝」の「仮」に言い掛けたもの》かりそめに寝ること。仮寝。「夏刈なつがりの―もあはれなり玉江の月のあけがたの空」〈新古今・羇旅〉

あし-の-け【脚の気】脚部の病気。特に脚気かっけをいう。「―ののぼりたる心地す」〈源・夕霧〉

あし-の-こ【芦ノ湖】神奈川県、箱根山上の火口原湖。面積6.89平方キロメートル。最大深度40.6メートル。湖面の標高725メートル。箱根用水の水源。

あしのね-の【×葦の根の】〔枕〕❶「ね」の音の繰り返しで「ねもころ」にかかる。「―ねもころ思ひて」〈万・一三二四〉❷葦の根は泥ひぢの中にあり、節よが短く、分かれる意から「うき」「よ」「短し」「分く」にかかる。「―憂うき身のほどと知りぬれば」〈後拾遺・恋四〉「―分けても人にあはむとぞ思ふ」〈後撰・恋二〉

あし-の-ほわた【×葦の穂綿】葦の穂の、綿のように見える細毛。綿の代用にした。(季 秋)「子ばかりのふとんに―かな/宗鑑」〈おらが春〉

あしのまき-おんせん【芦ノ牧温泉】ヲンセン 福島県会津若松市南部の温泉。泉質は単純温泉・塩化物泉。

あし-の-まろや【×葦の▽丸屋】葦で葺ふいた粗末な小屋。葦の屋。「夕されば門田の稲葉音づれて―に秋風ぞ吹く」〈金葉・秋〉

あじ-の-もと【味の素】あぢ― グルタミン酸ナトリウムを主成分とする調味料。明治41年(1908)、池田菊苗いけだきくなえが昆布のうまみ成分として抽出し、商品化。商標名。(補説)「うまみ調味料」などと言い換える。

あし-の-や【×葦の矢】葦の茎で作った矢。朝廷で大晦日おおみそかの追儺ついなの式に、桃の木の弓につがえて鬼払いの具として用いた。

あし-の-や【×葦の屋】「葦の丸屋まろや」に同じ。「―の灘なだの塩焼きいとまなみつげの小櫛をぐしも挿さず来にけり」〈伊勢・八七〉

あしのゆ【芦ノ湯｜芦之湯】神奈川県足柄下郡箱根町の温泉。泉質は単純温泉・硫黄泉。箱根七湯の一。

あし-ば【足場】❶足を踏みたてる所。足元のぐあい。足掛かり。「―が悪くて力が入らない」❷足を掛ける所。特に、高所での作業のため丸太や鋼管などで組み立てたもの。「―を組む」❸物事をするときの基盤とする所。立脚地。土台。「―を固める」❹交通の便のぐあい。「通うのに―が悪い」
(類語)拠点・本拠・根拠地

あしはな-げ【×葦花毛】馬の毛色の名。黄色の毛のまじった葦毛あしげ。

アシハバード〖Ashkhabad〗▶アシガバード

あし-ばや【足早】〔名・形動〕❶歩くのが速いこと。また、そのさまやそういう人。「―に通りすぎる」❷(比喩的に)時がすばやく経過すること。また、そのさま。「桜の季節が―に通り過ぎていく」

あし-はら【×葦原】葦の多く生えている所。あしわら。(季 秋)

あし-ばらい【足払い】ばらひ 柔道で、足で相手の足を払って倒す技。

あしはら-がに【×葦原×蟹】イワガニ科のカニ。河口の葦原などにすむ。甲幅3.5センチくらいで、全体に暗緑色。はさみ脚で音を出す。

あしはら-すなお【芦原すなお】すなほ［1949～　］小説家。香川の生まれ。本名、蔦原直昭つたはらなおあき。ユーモアとパロディに満ちた筆致で多彩な題材を描き、若年層の人気を集める。「青春デンデケデケデケ」で直木賞受賞。他に「スサノオ自伝」「松ヶ枝町サーガ」など。

あしはら-の-くに【葦原の国】日本の国の異称。「草木みなことやめよとて―へ立ちにしいさをなりけり」〈日本紀竟宴和歌〉

あしはらのちいおあき-の-みずほのくに【葦原の千五百秋の瑞穂の国】あしはらのちいほあき―みづほのくに 日本の国の美称。穀物がいつも豊かにみのる国の意。「―は、是、吾が子孫うみのこの王きみたるべき地くになり」〈神代紀・下〉

あしはら-の-なかつくに【葦原の中つ国】日本の国の異称。「中つ国」は、高天原たかまがはらと黄泉よみの国の中間にある地上の世界の意。「―に有らゆるうつくしき青人草の、苦しき瀬に落ちて」〈記・上〉(類語)日本・大和やまと・日の本・八洲国やしまぐに・大八洲おおやしま・秋津島・敷島・豊葦原とよあしはら・瑞穂みずほの国・和国わこく・日東・東海・扶桑ふそう・神州・本邦・本朝・ジャパン・ジパング

あしはら-の-みずほのくに【葦原の瑞穂の国】―みづほのくに 日本の国の美称。「―を天降り知らしめける皇祖すめろきの」〈万・四〇九四〉

あしび【馬=酔=木】アセビの別名。(季 春)

あしび【馬酔木】㊀短歌雑誌。明治36年(1903)創刊。同41年廃刊。伊藤左千夫編集。正岡子規没後の根岸短歌会の機関誌。➡アララギ ㊁俳句雑誌。昭和3年(1928)「破魔弓はまゆみ」を改題して創刊。水原秋桜子主宰。山口誓子・加藤楸邨しゅうそん・石田波郷らが参加。新興俳句運動の口火を切った。

あし-び【×葦火】干した葦を燃やすたき火。(季 秋)「忽に燃えほそりたる―かな/虚子」

あしひき-の【足引きの】〔枕〕❶「山」および「山」を含む語「山田」「山鳥」などにかかる。「―山の雫しづくに妹いも待つと」〈万・一〇七〉「―山鳥の尾のしだり尾の」〈拾遺・恋三〉❷「峰を」「八峰やつを」「岩根いはね」などにかかる。「―峰の上への桜」〈万・四一五一〉(補説)後世、「あしびきの」と濁る。語義には、足を引いてあえぎつつ登る意、山すそを長く引く意など諸説がある。

あし-びょうし【足拍子】ビャウシ 足を踏んでとる拍子。能楽・舞踊・文楽などでは、足の裏全体で床を強く踏んで音を立てる。リズム感や型のきまりの効果を強調するもの。

アジ-びら【アジ▽片】アジテーション用に、激しい言葉を用いて人々をあおりたてる宣伝びら。扇動びら。

アジピン-さん【アジピン酸】《adipic acid》白色の結晶性固体。工業的にはシクロヘキサンを酸化して製する。エタノールや熱水に溶ける。ナイロンなどの合成原料。化学式$HOOC(CH_2)_4COOH$

あし-ぶえ【×葦笛】葦の葉を丸く巻いて作った笛。あしのはぶえ。

あし-ふき【足拭き】足についた水や汚れをぬぐい取るための布やマット。あしぬぐい。

あし-ぶね【×葦舟】❶葦や藺草いぐさなどを束ねてつくった小さい舟。最も原始的な舟で、古代のエジプト・インド・中国などで用いられた。日本でも古事記に水蛭子ひるこをこの舟に乗せて流した話がある。ペルーとボリビアとの国境にあるチチカカ湖では、今も漁などに使用。❷刈り取った葦を載せた舟。あしかりおぶね。❸水面に浮いた葦の葉を舟にたとえていう語。

あし-ぶみ【足踏み】〔名〕スル ❶立ち止まったまま両足で交互に地面や床の同じ所を踏むこと。「―ミシン」❷物事の進行が止まって、同じような状態が続くこと。停滞。「工事は―している」❸舞楽・能楽などで、足を上げ下げする動作。❹弓術で、的に向かったときに左右の足を規定どおり踏み開く構え。(類語)踊り場・横ばい・停滞・渋滞・難航・難渋・停頓・とどまる

あしぶみ-オルガン【足踏みオルガン】▶リードオルガン

あしぶみ-ミシン【足踏みミシン】踏み板を踏む力をベルトの回転を通して伝え、動力源としたミシン。

アジ-プロ《和 agitation＋propagandaの略》扇動と宣伝。扇動的宣伝。「―演劇」

あし-べ【×葦辺｜×蘆辺】葦の茂っている水辺。

あしべ-おどり【×蘆辺踊(り)】をどり 大阪難波新地(南地)の芸妓げいぎの舞踊会。毎年4月ごろに行われる。明治15年(1882)創始。(季 春)

あしべつ【芦別】北海道中央部の市。明治中ごろから開拓が始まり、昭和初期には石狩炭田北部の中心地として発展。面積の9割が国有林。メロン・ユリ根などが特産物。人口1.7万(2010)。

あしべつ-し【芦別市】▶芦別

あしべつ-だけ【芦別岳】北海道にある夕張山地のほぼ中央に位置する山。標高1726メートルで、夕張山地の最高峰。

あし-へん【足偏】漢字の偏の一。「路」「跡」などの「⻊」の称。あとへん。

あし-ぼそ【脚細】イネ科の一年草。原野に生え、高さ60～90センチ。茎は細く、下部は枝分かれして横にはい、節から根を出す。葉は線状。秋、緑色の花穂をつける。

あし-ぼね【足骨】❶足の骨。❷足の力。脚力。「―が強い」

あじ-ほんぷしょう【×阿字本不生】―ホンプシャウ 仏語。密教の根本思想の一。一切諸法の本源が不生不滅である、すなわち空くうであることを、阿字が象徴しているという考え。

あし-ま【×葦間】葦の茂みのあいだ。「―より見ゆる長柄ながらの橋柱昔のあとのしるべなりけり」〈拾遺・雑上〉

あし-まいり【足参り】まゐり 貴人の足をもんだりさすったりすること。また、その人。「右近を御―に召す」〈源・玉鬘〉

あし-まかせ【足任せ】❶行く先を前もって決めないで、気の向くままに歩くこと。「旅は気任せ―」❷足の力の続くかぎり歩くこと。あししだい。

あし-まとい【足×纏い】まとひ〔名・形動〕足に物がからみついて自由に動けないこと。また、そのさま。転じて、邪魔になる物事や人。「独身ひとりになれば、何うしようと、―がなくなって結句気楽じゃありませんか」〈近松秋江・別れた妻に送る手紙〉

あじま-なおのぶ【安島直円】なほのぶ［1739～1798］江戸中期の数学者。出羽新庄藩士の子。号、南山。関せき流数学などを学び、円理や方程式などの研究をした。著「不朽算法」はその業績を集大成したもの。

あし-まめ【足忠=実】〔名・形動〕めんどうがらないで、気軽に出歩くこと。また、そのさまや、そういう人。「―にどこへでも行く」

あじ-まめ【×藊豆】あぢ― フジマメの古名。〈新撰字鏡〉

あし-まわり【足回り】まはり ❶足のまわり。足もと。ま

た、足ごしらえ。❷自動車などで、車輪を支持する装置。「一を点検する」

あじ-み【味見】あぢ〘名〙スル 飲食物の味加減を調べること。味きき。「煮物を一する」(類語)試食・試飲

アシミレーション〖assimilation〗「同化」に同じ。

あじ-むら【ˣ鶴群】あぢ アジガモの群れ。「山の端にー騒き行くなれど我はさぶしゑ君にしあらねば」〈万・四八六〉

あじむら-の【ˣ鶴群の】あぢむら〘枕〙アジガモが群がって鳴き騒ぐ意から「かよふ」「さわく」にかかる。「ーさわき競ひて」〈万・四三六〇〉

アシメトリー〖asymmetry〗►アシンメトリー

あし-もと【足元｜足下｜足▽許】❶足が地についている所。また、その周り。「暗いからーに注意して下さい」「ーに犬がうずくまる」❷足の下部。「ーに泥はねを上げる」「ーが寒い」❸ある人の、ごく身近な所。身辺。「まずーを固めて仕事にかかる」❹足の運び方。歩きぶり。足どり。「ーがふらつく」「ーがおぼつかない」❺苦しい立場。差し迫った状況。弱点。弱み。「ーにつけ込む」❻物事を行うためのよりどころ。立脚地。足掛かり。足場。「事業のーを固める」❼家屋の地面に近い部分。縁の下や土台など。❽近いこと。直近。最近。「ー金利の安定」「ーの企業業績は好調」「ーの搭乗率は平均でも5割程度」❾「足元瓦あしもとがわら」の略。(補説)「足を掬すくう」との混同で、「足下を掬う」とするのは誤り。(類語)側・傍ら・近く・近辺・付近・わき・はた・許もと・手元

足元が軽・い 喜びなどで、歩くときの足の運びが弾むように軽快なさま。足どりが軽い。

足元から鳥が立・つ ❶身近な所で意外なことが起こる。❷急に思いたってあわただしく物事を始める。「ー・つように帰って行った」

足元に付け込・む 相手の弱点を見抜いて、それを利用する。弱みに乗じる。「人のー・んで金を巻き上げる」

足元に火がつ・く 危険が身辺に迫っていることをいう。「経営不振でー・く」

足元にも及ば・ない 相手がすぐれていて、比べものにならない。足元へも寄りつけない。「語学力ではー・ない」

足元の明るい中うち 《日が暮れて足元が見えなくならないうち、の意から》自分が不利な状態にならないうち。「ーに手を引きなさい」

足元へも寄りつけ・ない 「足元にも及ばない」に同じ。「あの人の頭のよさには私なんかー・ない」

足元を・見る 相手の弱みにつけこむ。「ー・見られて高い値をつけられる」

あしもと-がわら【足元瓦】がはら 鬼瓦の左右に置かれて、鬼瓦を支える飾り瓦。雲・波・渦・若葉などの模様が多い。鰭ひれ。

あし-もの【脚物】食堂用テーブル・学習机・座卓・椅子など脚のある家具。脚物家具。➡箱物

あじ-もの【味物】あぢ 味のよい食べ物。うまい物。

アシモフ〖Isaac Asimov〗[1920～1992]米国の作家・生化学者。ロシア生まれ。SF界の第一人者で、ロボットをテーマにしたものや宇宙進出を果たした人類の未来史を描く。作「わたしはロボット」「銀河帝国の興亡」「鋼鉄都市」など。

あしゃ【阿遮】《梵 Acalaの音写「阿遮羅」の略》不動明王ふどうみょうおう。

あ-しゃ【ˣ唖者】口のきけない人。

あしや【芦屋】㊀兵庫県南東部、六甲山の南斜面にある市。住宅地。古くは葦屋あしやといった。菟原処女うないおとめや、在原行平と松風・村雨の姉妹など、恋物語の伝説の地。人口9.3万(2010)。➡松風㊀ ㊁福岡県北部、遠賀おんが川河口にある町。江戸時代、米・石炭の積み出し港として栄えた。航空自衛隊の基地がある。

アジヤ〖Asia〗►アジア

あしゃ-いちげい【ˣ阿遮一ˣ睨】不動明王が左の目を閉じ、右の目でにらむ、忿怒ふんぬを表す形相。転じて、威徳があって勇猛なようす。

アジャイル-かいはつ【アジャイル開発】《agile development》ソフトウエアやコンピューターシステムの開発手法の一。顧客の要求案件や経営環境の変化に対し、俊敏かつ柔軟に対応することに主眼を置く。アジャイルソフトウエア開発。

アジャイルソフトウエア-かいはつ【アジャイルソフトウエア開発】《agile software development》►アジャイル開発

あしや-がま【ˣ蘆屋釜｜ˣ芦屋釜】茶の湯の釜で、室町時代を中心に、現在の福岡県北部の芦屋で作られたものの総称。特に、永正えいしょう以前のものは古蘆屋とよび、珍重される。

アジャクシオ〖Ajaccio〗地中海西部にあるフランス領の島、コルシカ島の南西部にある港湾都市。コルス-デュ-シュド県の県都。バスチアと並ぶ同島の経済と流通の拠点。ナポレオン1世の生地として知られ、ナポレオンの生家、市庁舎内のナポレオン記念館のほか、イタリア絵画のコレクションを有するフェッシュ美術館がある。

あしや-し【芦屋市】►芦屋㊀

アジャスター〖adjuster〗❶機械の調整装置。❷調停者。調整者。❸自動車事故が起きた際、保険会社から委託を受けて自動車の損傷状態を調査し、損害額の認定を行う専門家。また、物損事故調査員として、弁護士の指示で示談交渉の補助業務も行う。

アジャスタブル〖adjustable〗〘形動〙調節できるさま。加減ができるさま。可調。

アジャスト〖adjust〗〘名〙スル ❶調整すること。調節すること。❷争いなどを調停すること。

あし-やすめ【足休め】〘名〙スル 疲れた足を休めること。「少しーして、また登りだす」

あじゃせ【阿闍世】《梵 Ajātaśatruの音写》前5世紀ごろのインドのマガダ国王。父の頻婆娑羅びんばしゃら王を殺して王位に就いたが、のち釈迦の教えに従い、仏教教団の保護者になった。

あしや-だいがく【芦屋大学】兵庫県芦屋市にある私立大学。昭和39年(1964)に開学した。

アシャッフェンブルク〖Aschaffenburg〗ドイツ中西部、バイエルン州の工業都市。フランクフルトの南東約40キロメートル、マイン川沿いに位置する。中世よりマインツ大司教に統治され、1814年からバイエルン領。マインツ大司教の居館として建造されたヨハネスブルク城がある。

あしや-どうまん【蘆屋道満】だうまん 平安中期の陰陽家。藤原道長のころ、安倍晴明と法力を争ったと宇治拾遺物語にある。生没年未詳。

あしやどうまんおおうちかがみ【蘆屋道満大内鑑】あしやだうまんおほうちかがみ 浄瑠璃。時代物。五段。竹田出雲作。享保19年(1734)大坂竹本座初演。信太しのだの森の白狐しろぎつねが安倍保名あべのやすなの妻となった伝説に取材したもの。通称「葛の葉」「保名」。

あしや-の-うないおとめ【葦屋菟原処女】うなひをとめ ►うないおとめ(菟原処女)

あじゃ-ぱあ《「あじゃじゃあ」にして「ぱあ」でございます」を縮めた語。元は俳優伴淳三郎のギャグ。普通「アジャパー」と書く》驚きあきれたときに発する声。

あしや-まち【芦屋町】►芦屋㊁

あじゃら【ˣ戯】おどけ。たわむれ。冗談。かりそめ。「ーが誠になるわいな」〈伎・幼稚子敵討〉

あじゃら-こう【▽戯講】堅苦しいことをぬきにして、ふざけたりして楽しむ会。無礼講。「秋の夜はーして膳を出す/友雪」〈両吟一日千句〉

あじゃり【ˣ阿ˣ闍▽梨】《梵 ācāryaの音写「阿闍梨耶あじゃりや」の略。教授・軌範・正行などと訳す》❶弟子たちの模範となる高僧の敬称。あざり。❷密教で、修行を完了し、伝法灌頂でんぽうかんじょうを受けた僧。また、伝法灌頂の職位を受けた、天台宗・真言宗の僧。あざり。❸勅旨によって修せられる法会を執行する僧。(類語)和尚・上人・大師・三蔵・猊下げいか

アジャンタ〖Ajanta〗インド中部、ムンバイ北東のマハラシュトラ州の地名。前2世紀から後8世紀ごろにかけての大小30の仏教石窟せっくつがあり、仏教説話や仏・菩薩を描いた壁画が多く残存。1983年「アジャンタ石窟群」の名称で世界遺産(文化遺産)に登録。

アシャンティ-ぞく【アシャンティ族】《Ashanti》アフリカ西部、ガーナ共和国の一部に住む民族。母系制親族集団を構成する。17世紀に連合王国を形成し、奴隷貿易などで繁栄した。

あ-しゅ【亜種】生物分類学上の単位の一。必要な場合に、種の下に設けられる。トラを、アムールトラ・ベンガルトラ・スマトラトラ・ジャワトラ他に分けるなど。

あし-ゆ【足湯】足の疲れや凝りをとるため、ひざから下を湯につけること。脚湯きゃくとう。足浴そくよく。

アシュアランス〖assurance〗❶確信。保証。❷保険。

あしゆい-の-くみ【足結ひの組】あしゆひ 覆いや敷物などが外れないように、机や台の足に結び付ける組みひも。装飾用ともいわれる。「ー、花足けそくの心ばへなど今めかし」〈源・絵合〉

あ-しゅう【阿州】アシウ 阿波あわ国の異称。

あしゅく-ぶつ【阿閦仏】《梵 Akṣobhyaの音写。瞋いからないの意》東方の阿比羅提国あびらだいこくに出現した大日如来のもとで発願・修行して成仏し、現在もその国土で説法しているとされる仏。「阿閦仏国経」2巻に説かれている。また、密教で、金剛界の五仏の一。東方に住み、五智の一つ、大円鏡智を表す。阿閦如来。あしく。あしくば。

アシュケナジム〖Ashkenazim〗ヨーロッパ中部・東部に定住したユダヤ人、また、その子孫の総称。イディッシュ語を使用。

アジュダ-きゅうでん【アジュダ宮殿】《Palácio Nacional da Ajuda》ポルトガルの首都リスボンの南西部アジュダ地区にある新古典様式の宮殿。19世紀にブラガンサ王朝の王宮として、イギリスのバッキンガム宮殿を手本に建造。1910年のクーデターで王政が廃止され、現在は迎賓館。

アシュタルテ〖Ashtarte〗►イシュタル

アジュディケーション〖adjudication〗裁決。裁定。審判。司法の判断。(類語)判決・決定・裁判・決まり・本決まり・確定・画定・議決・決議・論決・評決・議定・取り決め・断だん・断案・決けつ・決断・判断・断定

アシュトン〖Catherine Margaret Ashton〗[1956～]英国の政治家。反核運動などさまざまな活動を展開してキャリアを積み、1999年、慈善活動の功績により一代貴族として上院議員に任命された。通商担当欧州委員を経て、2009年、欧州理事会の外務・安全保障上級代表に就任。

アシュフォード-じょう【アシュフォード城】ジャウ《Ashford Castle》アイルランド西部ゴールウエー州のコングにある城。コリブ湖の北岸に位置。13世紀の建造。現在は同国有数の高級ホテル。アッシュフォード城。

アジュマン〖Ajman〗アラブ首長国連邦を構成する7首長国の一つ。ペルシア湾岸の都市と内陸部の飛び地からなり、面積は連邦最小。アジュマーン。

あしゅら【阿修羅】《梵 asuraの音写。非天などと訳す》㊀㊀インド神話で、不思議な力を備えていた神々の称。のちに、悪神とされて、常にインドラ神と争う悪魔・鬼神とされた。仏教では、仏法を守護する天竜八部衆の一。修羅。㊁「阿修羅王」の略。㊂「阿修羅道」の略。(類語)夜叉やしゃ・羅刹

あしゅら-おう【阿修羅王】ワウ 阿修羅の長。修羅王。

あしゅら-どう【ˣ阿修羅道】ダウ 六道の一。阿修羅の住む、争いや怒りの絶えない世界。また、そういう生存のあり方。修羅道。修羅界。

アシュランド〖Ashland〗米国オレゴン州南部の町。1935年に始まったシェークスピアフェスティバルをはじめ、演劇の町として知られる。

あ-しょう【亜相】シャウ《丞相じょうしょうに亜つぐ意》大納言の唐名。

あ-しょう【亜将】シャウ《大将に亜つぐ意》近衛中将・少将の唐名。

あじ-よう【味良う】あぢ〘副〙《「あじよく」のウ音便》うまく。手際よく。「おまいさん、じっとしてゐなされ、わたしがーするわいな」〈滑・膝栗毛・六〉

あ-しょうさん【亜硝酸】セウサン 水溶液としてだけ存在する弱酸。分解しやすく、加熱すると一酸化窒素を

発生して硝酸になる。化学式HNO_2

あしょうさん-アンモニウム【亜硝酸アンモニウム】亜硝酸鉛に硫酸アンモニウムを反応させるなどして得られる、無色で潮解性の結晶。加熱すると窒素と水に分解する。化学式NH_4NO_2

あしょうさん-えん【亜硝酸塩】亜硝酸の水素をアンモニウムあるいは金属で置換したもの。酸化剤としても還元剤としても使われる。

あしょうさん-カリウム【亜硝酸カリウム】硝酸カリウムを鉛で還元すると得られる無色の結晶。性質・用途などは亜硝酸ナトリウムによく似る。化学式KNO_2

あしょうさん-きん【亜硝酸菌】土壌中のアンモニアを亜硝酸に酸化する細菌。土中の窒素循環に重要な役割を果たす。

あしょうさん-ナトリウム【亜硝酸ナトリウム】硝酸ナトリウムを熱分解して得られる無色の結晶。水に溶けやすい。アゾ染料の製造などに利用。化学式$NaNO_2$

アショカ-おう【アショカ王】《梵 Aśoka》前3世紀ごろ、古代インドのマウリア王朝第3世の王。カリンガ国を征服し、ほぼ全インドを統一。仏教を保護・奨励し、第3回の経典結集を行う。阿育王。阿輸迦王。

あし-よく【足浴】►そくよく(足浴)

あし-よわ【足弱】〘名・形動〙足が丈夫でないこと。歩く力の弱いこと。また、そのさま。「—な子供連れには歩くのは無理な距離だ」

あしよわ-ぐるま【足弱車】車輪が堅固でない車。一説に、足弱の牛が引く歩みの遅い車。「一門は気を失ひ力を落として、—のすごすごと」〈謡・清経〉

あしらい ❶応対すること。あつかい。もてなし。「ひどい—を受けた」❷組み合わせて趣を添えること。また、そのもの。取り合わせ。「—にパセリを添える」❸(「会釈」とも書く)芸能の型。また、手法。㋐能で、相手役に向き直って応対する型。㋑能の囃子の一。㋒狂言に奏する囃子。狂言アシライ。㋓長唄で、間拍子に合わせて、自由な形で即興演奏する手法。❹連句の付合手法の一。前句の事物を取り入れた付け方。➡七名八体

あしら・う〘動ワ五(ハ四)〙《「あいしらう」の音変化》❶応対する。応答する。「好みの違う客を巧みに—・う」❷相手を軽んじた扱いをする。みくびって適当に応対する。「鼻で—・う」❸素材や色などをうまく取り合わせる。配合する。「帽子に花を—・う」「松に梅を—・う」(可能)あしらえる

(類語)扱う・遇する・処遇する・待遇する

あじ-らん【亜字欄】建物などの欄干で、「亞」の字の形に切り込んだ中国風のもの。

アジリティー〖agility〗❶機敏。軽快。敏捷さ。鋭敏さ。❷人と犬が組になって行う障害物競走。

アジ・る〘動ラ五〙《「アジテーション」の略「アジ」の動詞化》扇動する。「ストライキに向けて労働者を—・る」

あ-じろ【▽網代】《網の代わりの意》❶定置網の漁場。また、いつも魚群が集まってくる場所。❷湖や川に柴や竹を細かく立て並べ、魚を簀の中へ誘い込んでとる仕掛け。冬の宇治川の氷魚漁が古くから有名。(季 冬)「鳥鳴て水音くるる—かな/蕪村」❸杉・檜・竹などの細い薄板を、互い違いにくぐらせて編んだもの。天井・垣根・笠などに使用。❹「網代車」の略。

あじろ-あみ【▽網代編み】❶網代❸を編むこと。そのような形に編むこと。また、その編んだもの。網代組み。❷編みもので、網代形に交差させる編み方。また、その模様。

あじろ-うちわ【▽網代団=扇】檜の経木や細く割った竹などを網代形に編んで作ったうちわ。

あじろ-がき【▽網代垣】細い竹や割り竹を網代形に組んで作った垣根。沼津垣。

あじろ-がさ【▽網代×笠】竹を薄く削ったものを網代に編んだかぶり笠。

あじろ-がた【▽網代形】網代❸のように編んだ形。編み目が斜めに表されたものをいうことが多い。

あじろ-ぎ【▽網代木】《「あじろき」とも》網代❷に用いる杭。網代杭。(季 冬)「朝ぼらけ宇治の河霧絶え絶えにあらはれわたる瀬々の—」〈千載・冬〉

あじろ-ぐるま【▽網代車】牛車の一。車の屋形に竹または檜の網代を張ったもの。四位・五位・少将・侍従は常用で、大臣・納言・大将は略儀や遠出用。

あじろ-ごし【▽網代×輿】竹や檜の網代を屋根や両わきに張り、黒塗りの押し縁をつけた輿。近世、親王・摂家・清華家で常用した。

あじろ-てんじょう【▽網代天井】杉や檜を網代に編んで張った天井。主に茶室に用いられる。

あじろ-ど【▽網代戸】木や竹を網代形に編んで作った戸。主に門の戸や、日本式庭園の木戸に用いる。編み戸。

あじろびさし-の-くるま【▽網代×庇の車】唐破風造りの屋根と庇をつけた網代車。親王・摂関・大臣・大将などの乗用。ひさしのくるま。

あじろ-びょうぶ【▽網代×屏風】網代❸を張った屏風。「山里びたる—などの、ことさらに事そぎて」〈源・椎本〉

あじろ-ひろのり【足代弘訓】[1784〜1856]江戸後期の歌人・国学者。伊勢外宮の神官。号は寛居。晩年に尊王を説き、古典の類聚編纂に努めた。歌集に「海士の囀」がある。

あじ-わい【味わい】❶飲食物が舌に与える感じ。風味。「新茶には独特の香りと深い—がある」❷おもむき。妙味。「—のある言葉」

(類語)興味・味・興・醍醐味・曲・持ち味

あじ-わ・う【味わう】〘動ワ五(ハ四)〙❶飲食物を口に入れて、そのうまみを十分に感じとる。味を楽しむ。「よくかんで—・って食べる」❷物事のおもしろみや含意を考えて、感じとる。玩味する。「詩を—・って読む」❸身にしみて経験する。体験する。「人生の悲哀を—・う」(可能)あじわえる

(類語)噛み分ける・噛み締める・食べる・食らう・食う・頂く・召し上がる・食する・突つく・啄む

あし-わけ【×葦分け】〘名・形動ナリ〙舟が葦の生い茂ったところを押し分けて進むこと。また、物事をするのに障害があるさまにたとえていう。「過ぎぬる夜は—なることのありしなり。今夜は必ず待て」〈頼政集・詞書〉

あしわけ-おぶね【×葦分け小舟】葦の中をこぎ分けて進む小舟。多く、物事に差し障りの多いことをたとえていう。「湊入りの—障り多みいま来む吾をよどむと思ふな」〈万・二九九八〉

あし-わざ【足技｜足業】❶相撲・柔道などで、足を使って相手を倒す技。❷「足芸」に同じ。

あし-わら【×葦原】►あしはら

アシンメトリー〖asymmetry〗《「アシメトリー」とも》非対称。不均衡。「左右—のドレス」

アシンメトリー-ファッション〖asymmetry fashion〗左右非対称のファッション。左右の裾が非対称だったり、長さが極端に違うジャケットなど。

アシンメトリック〖asymmetric〗〘形動〙非対称的な。不均整の。

あす【明-日】❶今日の次の日。あした。みょうにち。副詞的にも用いる。「—お宅に伺います」❷近い将来。未来。「—の世界に希望をかける」「—を担う若人」➡あした(用法)

(類語)明日・明日・翌日・明くる日

明日の事を言えば鬼が笑う 未来のことは前もって知ることはできないというたとえ。気の早いことを言うな、とからかいの気持ちを含めていう。

明日の百より今日の五十 あてにならないものに期待するより、たとえ少なくても確実なものの方がよいということ。末の百両より今の五十両。聞いた百文より見た一文。

明日は淵瀬 《古今集・雑下の「世の中はなにか常なる飛鳥川昨日の淵ぞ今日は瀬になる」から》人の身の上は明日はどうなるかわからないこと。将来どう変わってゆくかわからないこと。「明日の淵瀬」とも。

明日は我が身 よくないことが、いつ自分自身にふりかかってくるかわからないということ。

あ・す【▽塡す】〘動サ四〙いっぱいにする。満たす。一説に、浅くする、残す、の意とも。「献り来し御酒ぞ—・さず飲せ」〈記・中・歌謡〉

あ・す【×褪す｜▽浅す】〘動サ下二〙「あ(褪)せる」の文語形。

あす-あさって【明-日明=後-日】《古くは「あすあさて」》あしたとあさって。また、近日中。「—のうちには伺います」「重傷で—の命だ」

アズーリ〖Azzurri〗《伊 azzurro(青色)の複数形》スポーツの国際試合での、イタリア代表チームの愛称。ユニホームの色が青いことから。アッズッリ。

アズーロ〖伊 azzurro〗青色。空色。アッズッロ。➡アズーリ

あすか〖ASCA〗《Advanced Satellite for Cosmology and Astrophysics》平成5年(1993)2月に打ち上げられたX線天文衛星ASTRO-Dの愛称。宇宙科学研究所(現JAXA、宇宙航空研究開発機構)がぎんがの後継として開発。幅広いエネルギー領域のX線に対応するX線望遠鏡、広視野のX線撮像装置を搭載。ブラックホール周囲の降着円盤の内側から放射されるドップラー効果を伴うX線、宇宙のX線背景放射、M81銀河に出現したばかりの超新星の観測などを行った。同13年3月に運用完了。

あすか【飛鳥｜明日香】奈良県高市郡明日香村のこと。また、その付近一帯の称。推古朝以来百余年、都が置かれ、橘寺・石舞台古墳・高松塚古墳など史跡が多い。(補説)「飛鳥」の表記は、「あすか」にかかる枕詞「とぶとりの」の「とぶとり」を当てたもの。

アスカ〖ASCA〗《Asian Students Cultural Association》アジア学生文化協会。日本への留学生へ宿舎を提供したり、日本語教育を行ったりする。1957年設立。東京都文京区所在。

アスカ〖ASCA〗《Advisory Specialist for Consumers' Affairs》消費生活アドバイザー。消費者相談を受けてアドバイスしたり、消費者の意向を企業に伝えたりして、消費者と企業の橋渡しを担う。経済産業大臣の認可資格。

あすかい【飛鳥井】姓氏の一。藤原北家から出た難波頼経の子である雅経に始まる。

あすかい-まさあり【飛鳥井雅有】[1241〜1301]鎌倉末期の歌人。雅経の孫。家集に「隣女和歌集」など。

あすかい-まさちか【飛鳥井雅親】[1417〜1490]室町中期の歌人。号は柏木。家集に「亜槐和歌集」があり、書道飛鳥井流の祖。

あすかい-まさつね【飛鳥井雅経】[1170〜1221]鎌倉初期の歌人。藤原定家らとともに新古今和歌集を撰した。蹴鞠にもすぐれ、歌鞠二道の飛鳥井家の祖となる。家集に「明日香井和歌集」がある。藤原雅経。

あすかい-まさよ【飛鳥井雅世】[1390〜1452]室町中期の歌人。新続古今和歌集の撰者。著書に「富士紀行」がある。

あすかい-りゅう【飛=鳥井流】❶室町中期に飛鳥井雅親が開いた書道の流派。栄雅流。❷鎌倉前期に飛鳥井雅経が開いた蹴鞠の流派。

あすか-がわ【飛鳥川】㊀奈良県中部を流れる川。高取山に源を発し、畝傍山と天香具山の間を流れ、大和川に注ぐ。昔は流れの変化が激しかったので、定めなき世のたとえとされた。また、同音の「明日」の掛け詞や枕詞としても用いた。(歌枕)「世の中はなにか常なる—昨日の淵ぞ今日は瀬になる」〈古今・雑下〉「—明日も渡らむ石橋の遠き心は思ほえぬかも」〈万・二七〇一〉㊁謡曲。四番目物。金剛・喜多流。世阿弥作。母に生き別れた少年友若は、飛鳥川のほとりで尋ねる母に再会する。

あすかきょう-あと【飛鳥京跡】明日香村(奈良県高市郡)にある飛鳥時代の遺跡。6世紀末から7世紀にかけて歴代の天皇が営んだ宮を中心とする地区で、豊浦宮・小墾田宮・飛鳥岡本宮・飛鳥板蓋宮・飛鳥川辺行宮・飛鳥川原宮・後飛鳥岡本宮・飛

鳥浄御原宮などがあったとされる。明日香村法による歴史的風土保存地区に指定。飛鳥宮跡。

あすかきよみはら-りつりょう【飛鳥浄御原律令】天武天皇10年(681)編集を命じ、持統天皇3年(689)に施行した法令。令22巻は大宝律令の基礎となった。律は巻数・施行時期とも不明。浄御原令きよみはらりょう。➡律令

あすか-じだい【飛鳥時代】6世紀末から7世紀にかけて、飛鳥地方を都とした推古朝を中心とする時代。➡推古時代

あすか-だいぶつ【飛鳥大仏】明日香村の安居院あんごいんにある金銅製丈六の釈迦如来像。推古天皇14年(606)元興寺がんごうじ金堂の本尊として鞍作止利くらつくりのとりが製作。

あすか-たかし【飛鳥高】[1921〜]推理作家。山口の生まれ。本名、烏田専右からすだせんすけ。建設会社の研究所に勤務するかたわら「犯罪の場」で作家デビュー。「細い赤い糸」で日本探偵作家クラブ賞を受賞。他に「疑惑の夜」「青いリボンの誘惑」など。

あすか-でら【飛鳥寺】明日香村にあり、元興寺・法興寺などと呼ばれた寺。推古天皇4年(596)蘇我馬子そがのうまこの建立と伝えられる。平城遷都に伴い平城京に元興寺建立後は本元興寺と呼ばれた。現在、安居院と飛鳥大仏が残る。

あすか-の-いたぶきのみや【飛鳥板蓋宮】明日香村にあったとされる、皇極・斉明天皇の皇居。大化の改新で蘇我入鹿そがのいるかが殺害された場所。

あすか-の-おかもとのみや【飛鳥岡本宮】明日香村にあったとされる、舒明じょめい・斉明天皇の皇居。

あすか-の-かわらのみや【飛鳥川原宮】明日香村にあったとされる、斉明天皇の皇居。

あすか-の-きよみはらのみや【飛鳥浄御原宮】明日香村にあったとされる、天武天皇の皇居。

あすかのみや-あと【飛鳥宮跡】►飛鳥京跡

あすか-の-みやこ【飛鳥京】古代、明日香地方に置かれた都の総称。允恭いんぎょう・顕宗けんぞう両朝、および推古朝(593〜628)から、孝徳・天智・弘文3天皇の時代を除いて、文武もんむ朝(697〜707)までの都。

あすか-ぶんか【飛=鳥文化】飛鳥時代、推古朝を中心に栄えた日本最初の仏教文化。法隆寺などの建物・文化財などから、朝鮮を経由して伝えられた中国六朝りくちょう文化の影響が強くみられ、西域文化の影響もうかがえる。

あすかべ-の-つねのり【飛鳥部常則】平安中期、村上天皇のころの宮廷絵師。生没年未詳。作品は現存しないが、源氏物語にその名がみえ、唐風に代わる日本的な絵画の発展に寄与したとされる。

あすかほぞん-ほう【明日香保存法】►明日香村法

あすかむら-ほう【明日香村法】《「明日香村における歴史的風土の保存及び生活環境の整備等に関する特別措置法」の略称》明日香村全域に高松塚古墳をはじめとする重要な歴史的文化遺産が多数集積していることから、地域住民の生活と調和を図りながら歴史的風土を保存するため、昭和55年(1980)に制定された。村全域が歴史的風土保存地区に指定され、現状の変更が規制・抑制される一方、明日香村整備計画に基づく事業は国庫補助率の特例が認められている。同法制定以前は、古都保存法に基づいて歴史的風土保存区域および歴史的風土特別保存地区に指定されていた。明日香保存法。

あすか-やま【飛鳥山】東京都北区にある台地。江戸時代からの桜の名所で、明治6年(1873)公園に。

あずかり【預(か)り】❶人や物などを預かること。「一物」「保護一」❷預かり証。「一筆一を書く」❸物事の決着をつけないで持ち越すこと。特に相撲などで、勝負をつけないままにすること。「その件は次回まで一としよう」❹引き受けてめんどうをみること。また、その人。担任者。管理者。留守番。「なにがしの院におはしまし着きて、一召し出づるほど」〈源・夕顔〉❺平安時代、役人の長の一。院の御厨子所みずしどころ、進物所の奉行など。❻中世、荘官しょうかんの一。➡預所あずかりどころ

(類語)引き分け・ドロー・持・あいこ

あずかり-きん【預(か)り金】❶預かった金。預け金を受託者の側からいう。❷《「借りる」ことを「預かる」というところから》借金。江戸では金本位なので「あずかりきん」、上方では銀本位なので「あずかりぎん(預かり銀)」といった。「講中の一も晦日みそかにゃあ揃そろへて」〈人・辰巳園・初〉

あずかりきんはらいもどし-せいど【預(か)り金払(い)戻し制度】➡デポジット方式

あずかり-しさん【預(か)り資産】証券会社などの金融機関が顧客から預託を受けた、株式・債券・投資信託・現金などの資産のこと。または、そうした資産の評価額。預かり資産の総額は、その金融機関の顧客の規模を示す指標として見ることができる。

あずかり-しょ【預(か)り所】《「あずかりじょ」とも》❶委託に応じて物品などを預かる所。「手荷物一」❷「あずかりどころ❶」に同じ。❸「預地あずかりち」に同じ。

あずかり-しょう【預(か)り証】金品などを預かったという証拠として渡す書き付け。預かり書。

あずかり-しょうけん【預(か)り証券】倉庫業者が貨物寄託者の請求により、貨物保管の証として、質入れ証券とともに貨物寄託者に渡す証券。預かり手形。

あずかり-しょうもん【預(か)り証文】金品を預かった証拠に渡す文書。

あずかりし-る【▽与り知る】〔動ラ五(四)〕(多く打消しの語を伴って用いる)その事に関係して知っている。関知する。関与する。「当方の一・るところではない」

あずかり-ち【預地】江戸時代、諸藩や名主などが管理を委託された幕府直轄地。預かり所。あずけち。

あずかり-てがた【預(か)り手形】❶「預かり証券」に同じ。❷江戸時代、両替商が預金者に対して発行した手形。

あずかり-どころ【預所】❶平安末期以後の荘園制で、荘官しょうかんの一。領主に代わって下司げし・公文くもんなどの下級荘官を指揮し、年貢徴集や荘地の管理などにあたった職。上司じょうし。あずかりしょ。❷「預かり地」に同じ。

あずかり-にん【預(か)り人】❶「預かり主」に同じ。❷人の身柄を引き受けて監視や世話をする人。

あずかり-ぬし【預(か)り主】金品・土地などを預かっている人。預かり人。

あずかり-もの【預(か)り物】他人から預かっている品物。

あずか-る【▽与る・▽関る】〔動ラ五(四)〕《「預かる」と同語源》❶物事にかかわりをもつ。関係する。関与する。「条約案起草に一・る」「事業に一・って力がある」❷主に目上から、好意の表れとしてあることを受ける。こうむる。「お褒めに一・る」「お招きに一・る」(可能)あずかれる (類語)関与・かかずらう・関係・関連・連関・連係・相関・交渉・係かかわり・繋つながり・結び付き・掛かり合い・引っ掛かり・絡み・関する・係かかわる・係かかる・まつわる・絡む

与って力ちからがあ・る あることの実現に、多大な貢献をする。

あずか-る【預かる】〔動ラ五(四)〕❶頼まれて人の身柄や物品を引き受けてその保管や世話をする。「貴重品を一・る」「留守を一・る」❷物事の管理・運営を任される。「経理面を一・る」❸勝負や争いごとなどの間に入って、一切の処理を任せてもらう。「この場は私が一・る」❹発表などを差し控える。保留して公にしない。「氏名の公表はしばらく一・る」(可能)あずかれる

あずき【小-豆】マメ科の一年草。高さ30〜50センチ。葉は3枚の小葉からなる複葉。茎・葉に毛がある。夏、黄色い花を開く。種子はふつう暗赤色。古く中国から渡来し、各地で栽培され、種子を餡あんなどに用いる。しょうず。(季 秋)

あずき-アイス【小-豆アイス】小倉おぐらアイス。(季 夏)

アスキア-ふんぼ【アスキア墳墓】《Tom beau des Askia》マリ東部の都市ガオにある遺跡。高さ17メートルのピラミッド状の墓は、15世紀から16世紀に金と塩の交易で栄えたソンガイ帝国の初代皇帝アスキア=ムハンマド1世の墓といわれる。付近一帯には、他にモスクや野外集会場などが残る。2004年、世界遺産(文化遺産)に登録。2012年、地域紛争による破壊などを理由に危機遺産に登録された。

アスキー〖ASCII〗《American Standard Code for Information Interchange》米国規格協会によって定められた、コンピューターの情報交換用の標準コード。アルファベット・数字・記号などを1文字当たり7ビットで表す。イソコードもこれに準拠して制定されている。

アスキー-アート〖ASCII art〗コンピューターで、文字のみを用いて作成した絵。元はASCII体系に含まれる英数字や記号だけで表す絵を指したが、日本語の文字コードを用いた絵のことも含めていう。電子メールのシグネチャーやBBSの書き込みなどに用いられることが多い。テキストアート。AA。➡顔文字

アスキー-コード〖ASCII code〗►アスキー

あずき-いろ【小-豆色】小豆の色に似た暗赤色。(類語)赤・真っ赤・赤色せきしょく・紅色こうしょく・紅くれない・紅べに・真紅しんく・鮮紅せんこう・緋ひ・緋色・朱しゅ・朱あか・丹に・茜あかね色・薔薇ばら色・臙脂えんじ・暗紅あんこう・唐紅からくれない・レッド・スカーレット・バーミリオン・マゼンタ・ローズ・ワインレッド

あずき-おり【小-豆織(り)】赤と藍との小さな格子縞の織物。

あずき-がゆ【小-豆×粥】小豆を入れて煮た粥。邪気を除くといわれ、1月15日の朝、餅もちを入れて食べる。桜粥。望粥もちがゆ。(季 新年)「貧乏も師匠ゆづりや一/万太郎」

あずき-がわ【小-豆革】小豆色に染めた、しわのあるなめし革。昔、オランダから輸入されたもの。

アスキス〖Herbert Henry Asquith〗[1852〜1928]英国の政治家。自由党総裁。内相・蔵相を経て、1908〜16年首相。

あずき-ぞうむし【小-豆象虫】マメゾウムシ科の甲虫。豆のさやまたは豆粒に産卵し、幼虫は小豆の害虫。まめぞう。なみまめぞう。あずきむし。

あずき-なし【小-豆梨】バラ科の落葉高木。山地に生え、枝は紫黒色で白色の斑点があり、秤はかりの目のように見える。初夏、白色の花が咲き、長楕円形の実が赤く熟す。はかりのめ。

あずき-な-し〖形ク〗《「あじきなし」の上代語形》満足できない。ふさわしくない。無益だ。「なかなかに黙もだもあらましを一・く相見そめてもあれは恋ふるか」〈万・二八九九〉

あずき-ねずみ【小-豆×鼠】小豆色がかったねずみ色。

あずき-むし【小-豆虫】アズキゾウムシの別名。

あずき-めし【小-豆飯】小豆を前もって煮ておき、その煮汁とともに白米にまぜて炊いた赤色の飯。あかのめし。あかのごはん。赤飯。

あずき-もち【小-豆餅】小豆の餡あんを外側にまぶしつけた餅。あんもち。あんころもち。

アスキャップ〖ASCAP〗《American Society of Composers, Authors and Publishers》米国作曲家作詞家出版者協会。1914年設立。本部はニューヨーク。

あず-く【預く】〔動カ下二〕「あずける」の文語形。

アスクレピオス〖Asklēpios〗ギリシャ神話で、医術の神。アポロンの子。死者の蘇生を行ったためゼウスに雷で殺されて星となった。

アスクレピオス-の-いせき【アスクレピオスの遺跡】《Asklepieion》►アスクレピオン

アスクレピオン〖Asklepieion〗㊀ギリシャ東部、エーゲ海に浮かぶコス島の北東部にある遺跡。古代ギリシャの医術の神アスクレピオスの聖域であり、医師ヒポクラテスが創設した治療院・医学校があった場所と考えられている。ドリス式・イオニア式の神殿のほか、古代ローマ時代に造られた浴場の跡などが残っている。アスクレピオスの遺跡。㊁トルコ西部の都

市ベルガマ(古代都市ペルガモン)にある遺跡。古代ギリシャの医術の神アスクレピオスの聖域であり、治療院・劇場・図書館などがあったと考えられている。

あずけ【預け】あづけ ❶金や品物などを他人に渡し、その保管を頼むこと。「一時―」「―主(ぬし)」 ❷江戸時代の刑罰の一。罪人を預けて、一定期間謹慎させること。預かる人によって、大名預け・町預け・村預け・親類預けなどの種類があった。

あずけ-あい【預け合い】あづけあひ 株式会社の設立や新株発行に際して、発起人または取締役が株式払込取扱銀行と通謀し、個人的借金をしてその借入金を会社の預金に振り替えることによって株式の払い込みがあったように仮装し、同時にこの借入金を返済するまでは預金の引き出しをしないことを約束する行為。会社法により禁止されている。

あずけ-い・れる【預け入れる】あづけ〔動ラ下一〕図あづけい・る〔ラ下二〕銀行または他の金融機関などに預金する。「ボーナスをそのまま銀行に―・れる」

あずけ-ぎん【預け銀】あづけ 江戸時代、いつでも返済の請求ができるという契約で貸した金。あずけがね。「売り掛け―に損すること」〈浮・敗毒散・一〉

あずけ-にん【預け人】あづけ ❶金や品物などを他人に渡し、その保管を頼んだ人。預け主。❷身柄を第三者に預けられて監視を受ける人。また、罪人の監視を委託されて預かる人。

あずけ-もの【預け物】あづけ 他人に保管を頼んだ品物。

あず・ける【預ける】あづける〔動カ下一〕図あづ・く〔カ下二〕❶金品や身柄を人に頼んで、その保管や世話を頼む。「荷物を―・ける」「銀行に金を―・ける」❷物事の処理を人にゆだねる。「店を―・ける」「帳場を―・ける」❸からだをもたせかける。「上体を―・ける」❹紛争や勝負の決着を第三者に一任する。「勝負を―・ける」❺茶の湯の点前(てまえ)で、茶道具を仮置きする。❻関係させる。「花の賀に召し―・けられたりけるに」〈伊勢・二九〉 類語 (❶❷)託する・委(ゆだ)ねる・任せる・寄託する・預託する・信託する・委託する・委任する・付託する・言付ける・頼む・嘱(しょく)する・依託する・委嘱する・依嘱する・嘱託する・やってもらう/(❸)もたせかける・もたせる・寄せかける

あす-こ【▽彼▽処┊▽彼▽所】〔代〕「あそこ」の音変化。「また、―へ行こう」

アスコーナ〖Ascona〗スイス南部、ティチーノ州の町。マッジョーレ湖の北岸に面する観光保養地。旧市街にはイタリアの影響を色濃く残す歴史的建造物が多い。1920年代から30年代には、各国から芸術家が集まり「大熊」という芸術家集団を結成した。夏から秋にかけて、スイスのイタリア語圏最大のクラシック音楽祭、アスコーナ音楽週間が開催される。

アスコジャ〖ASCOJA〗《ASEAN Council of Japan Alumni》ASEAN元日本留学生評議会。ASEAN各国の元日本留学生会同士の交流を目的として1977年に設立。

アスコット-タイ〖ascot tie〗結んだときにスカーフのように見える幅の広いネクタイ。英国のアスコット競馬場で流行したのに始まる。アスコット。

アスコルビン-さん【アスコルビン酸】《ドイツ Askorbinsäure》ビタミンCの化学物質名。

あずさ【×梓】あづさ ❶㋐ヨグソミネバリの別名。古くは弓を作るのに用いられた。(季 花=春) ㋑キササゲの別名。㋒アカメガシワの別名。❷「梓弓(あずさゆみ)㊀」の略。❸「梓巫女(あずさみこ)」の略。❹《昔の中国で❶㋐を使ったところから》木版印刷に用いる版木。➡上梓(じょうし)

梓に鏤(ちりば)・める 版木に刻む、すなわち出版する。上梓(じょうし)する。梓に刻む。梓(し)に上(のぼ)す。

あずさ-がわ【梓川】あづさがは 長野県中西部を流れる川。槍ヶ岳に源を発し、上高地を経て松本盆地で奈良井川と合流して犀川(さいがわ)となる。長さ77キロ。

あずさ-みこ【×梓巫＝女】あづさ 梓弓(あずさゆみ)の弦を打ち鳴らして神霊・生き霊・死霊などを呼び寄せ、自分の身にのりうつらせて託宣をする女。いちこ。口寄せ。

あずさ-ゆみ【×梓弓】あづさ ㊀〔名〕❶梓の木で作った弓。❷梓巫女(あずさみこ)が用いる小さな弓。㊁〔枕〕弓に関係のある、「引く」「張る」「射る」「反(か)へる」「寄る」「音」「本(もと)」「末(すゑ)」などにかかる。「―末は知らねど」〈万・三一四九〉「―はるかに見ゆる山の端(は)を」〈拾遺・雑下〉

アスター〖aster〗キク科アスター属(シオン属)の植物の総称。シオン・ミヤコワスレなどがあり、園芸では特に、エゾギクをさす。(季 夏) ➡蝦夷菊(えぞぎく)

アスタイル〖Astile〗石油アスファルト・石綿・合成樹脂・顔料などを加熱、混合して薄い板状に固めた建築材料。床材として使用。

アスタチン〖astatine〗ハロゲン族に属する放射性元素の一。化学的性質は沃素(ようそ)に似るが、金属性がより強い。最も寿命の長い同位体(半減期8.3時間)で質量数210。元素記号At 原子番号85。

アスタナ〖Astana〗カザフスタン共和国の首都。1997年12月、最大の都市アルマトゥイから遷都。旧称ツェリノグラード、アクモラ。人口、行政区60万(2008)。

アスタリスク〖asterisk〗►アステリスク

あずち【×垜┊×堋┊▽安土】あづち 弓場で、的をかけるために、土または細かい川砂を土手のように固めた盛り土。南山(なんざん)。的山(まとやま)。射垜(あむつち)。

あずち-まくら【×垜枕】あづち 上が狭く底が広い、垜の形に似た箱の上に細長いくくり枕をのせたもの。近世、女性が多く用いた。箱枕。

あずち-もん【×垜門】あづち 上げ土(つち)門。

あずち-や【×垜屋】あづち 風雨などを防ぐため、垜の上を覆った仮の小屋。

アスチルベ〖ラテン Astilbe〗ユキノシタ科の多年草。中央アジア・北アメリカの原産で、日本には17種が分布。花壇・切り花に用いる。

アズデ〖ASDE〗《airport surface detection equipment》空港面探知レーダー。滑走路や誘導路など空港の地表面を移動する航空機や車両などの動きを監視し、移動の安全を図るためのレーダー。

アステア〖Fred Astaire〗[1899〜1987]米国のダンサー・映画俳優。タップダンスの名手として知られ、ミュージカル映画に一時代を画した。代表作「トップ-ハット」「イースター-パレード」など。

アスティパレア-とう【アスティパレア島】―タウ《Astypalaia》ギリシャ南東部、エーゲ海に浮かぶ島。イタリア語名スタンパリア島。ドデカネス諸島中、最も西に位置する。主な町はアスティパレア(通称ホラ)。都市国家メガラの植民地に起源し、中世を通じてビザンチン帝国に属した。13世紀から15世紀にかけてベネチア共和国領となり、軍事上の要衝として城塞が築かれた。続いて、オスマン帝国の支配下に置かれ、1912年よりイタリア領、1947年にギリシャ領に復帰。

アステカ〖スペイン Azteca〗14世紀から16世紀にかけて、メキシコ中央高原に栄えた民族。中米の先進文化を継承し、ティノチティトランを首都とする統一国家を建設。神政を行い、政治的・軍事的に複雑な社会組織を構成。言語はナワトル語、文字は絵文字・象形文字を用いた。1521年、スペイン人コルテスに滅ぼされた。アズテク。

アステリ「アステリスク」の略。

アステリスク〖asterisk〗記述符号の一つで、注・参照・疑義などを示すしるし。「＊」の符号。コンピューターのプログラミング言語やアプリケーションソフトで乗算を意味する「×」として用いられたり、CUIのオペレーティングシステムなどで、任意の文字列を表す記号として使われたりする。星印。アステリ。アスタリスク。

アステロイド〖asteroid〗❶►星芒形(せいぼうけい) ❷►小惑星

アステロイド-ベルト〖asteroid belt〗►小惑星帯

アストゥリアス〖Asturias〗スペイン北西部にある自治州。州都はオビエド。8世紀、この地でのイスラム勢力への反乱により、レコンキスタが始まった。

アストゥリアス〖Miguel Ángel Asturias〗[1899〜1974]グアテマラの小説家。1967年、ノーベル文学賞受賞。作「緑の法王」「グアテマラの週末」など。

アストラカン〖astrakhan〗アストラハン市特産の巻き毛の小羊の毛皮。また、それに似せて作ったビロード織りの一種。帽子・コートなどに使用。

アストラハン〖Astrahan'〗ロシア連邦南西部、アストラハン州の都市。同州の州都。カスピ海に注ぐボルガ川の三角州上にある河港都市で、羊の毛皮(アストラカン)や魚類・木材などの集散・加工が盛ん。13世紀に建設された集落アシタルハンに起源し、15世紀半ばよりアストラハンハン国の首都が置かれた。16世紀半ばにロシアに併合。16世紀のクレムリン、18世紀のウスペンスキー教会などの歴史的建造物が残っている。人口、行政区50万(2008)。

アストリア〖Astoria〗米国オレゴン州北西端、コロンビア川の河口に面する町。1811年に入植が始まり、現在でも19世紀の街並みが残されている。開拓を記念するアストリアコラム、同州とワシントン州を結ぶアストリアブリッジなどがある。

アストリオニクス〖astrionics〗宇宙空間で利用される電子技術を研究開発する境界領域の学問。宇宙電子工学。

アストリンゼン《astringent lotionから》肌を引き締めるのに使う化粧水。アストリンゼント。

アストリンゼント〖astringent〗►アストリンゼン

アストルガ〖Astorga〗スペイン、カスティーリャ-イ-レオン州、レオン近郊の都市。サンティアゴ-デ-コンポステラへの巡礼路にあり、司教座が置かれた。古代ローマ時代の遺跡、15世紀創建のゴシック様式の大聖堂のほか、ガウディ設計による司教館がある。

アストロ-イーツー〖ASTRO-E Ⅱ〗►すざく

アストロ-エー〖ASTRO-A〗►ひのとり

アストロ-エフ〖ASTRO-F〗►あかり

アストロ-シー〖ASTRO-C〗►ぎんが

アストロ-ディー〖ASTRO-D〗►あすか

アストロノート〖astronaut〗宇宙飛行士。特に米国の宇宙飛行士。

アストロノミー〖astronomy〗天文学。

アストロ-ビー〖ASTRO-B〗►てんま

アストロラーベ〖astrolabe〗アラビアやヨーロッパで中世に用いられた天文観測器械。円環上に刻まれた目盛りによって、二星間の角距離や星の高度などを測るもの。

アストロロジー〖astrology〗占星術。

アストン〖Francis William Aston〗[1877〜1945]英国の物理学者・化学者。同位元素の発見者。質量分析器を発明。1922年、ノーベル化学賞を受賞。

アストン〖William George Aston〗[1841〜1911]英国の外交官。駐日英国公使館の通訳として来日、日本文化を研究。英訳「日本書紀」、著「日本文学史」「日本口語文典」など。

あすなろ【翌＝檜】ヒノキ科の常緑高木。日本特産。山地に生え、高さ10〜30メートル。樹皮は灰褐色で縦に裂け、葉はうろこ状。5月ごろ、青色で楕円形の雄花と鱗片(りんぺん)に覆われた雌花とをつける。材は建築・土木・船舶などに利用。名は、俗に「明日は檜(ひのき)になろう」の意という。あすひ。あすなろう。

あすば・す【▽遊ばす】〔動サ四〕《「あそばす」の音変化》❶「する」の尊敬語。なさる。「お孫さまが疱瘡(おやく)を―・したさうでございますね」〈滑・浮世風呂・三〉❷(補助動詞)動詞の連用形に接頭語「お」の付いた形に付いて、尊敬の意を添える。…なさる。「是をお浴び―・してお上り―・せ」〈滑・浮世風呂・二〉 補説 多く女性が使う。

アスパック〖ASPAC〗《Asian and Pacific Council》アジア太平洋協議会。

あす-は-ひのき【明-日は×檜】アスナロの別名。「―、この世に近くも見え聞こえず」〈枕・四〇〉

アスパラガス〖asparagus〗ユリ科の多年草。高さ約1.5メートル。葉はうろこ状で、茎が伸びると脱落する。主茎から多数の枝を出し、さらに節に細い葉のような枝が数個集まってつく。雌雄異株。夏、黄緑色で釣鐘形の小花をつける。ヨーロッパの原産で、多肉で太い若茎を食用にする。オランダきじかくし。まつばうど。アスパラ。(季 春)

アスパラギン〖asparagine〗アミノ酸の一。最初アスパラガスから発見された。植物界に広く存在し、特に

発芽したマメ類やジャガイモには遊離した形で多量に存在する。加水分解によりアスパラギン酸を生じる。

アスパラギン-さん【アスパラギン酸】《aspartic acid》アミノ酸の一。多くのたんぱく質に含まれ、生体内代謝に重要な役割を果たす。

アズハル-だいがく【アズハル大学】《al-Azhar University》エジプトのカイロにある大学。970年設立。シーア派のモスクに由来する世界最古の大学の一つで、イスラム研究の中心。1961年、国立大学に。イスラム圏からの留学生も多い。アル-アズハル大学。

アスパルテーム〖aspartame〗アスパラギン酸と、フェニルアラニンとから合成した甘味料。砂糖の180〜200倍の甘みがあるがカロリーは少ない。

アスピーテ〖ドイツ Aspite〗ドイツの火山学者シュナイダーによる火山の分類で、楯状(たてじょう)火山のこと。

アスピック〖フランス aspic〗スープストックをゼラチンでゼリー状に固めたもの。または、肉・野菜などをゼリーを流した型に入れて固めたもの。

アスピリン〖ドイツ Aspirin〗アセチルサリチル酸の薬品名。解熱・鎮痛薬で、もとは商標名。

アスピリン-スノー《和 aspirin＋snow》アスピリンの結晶のような、ひとつひとつの粒が小さい、さらさらした雪のこと。気温が低いときの新雪にみられる。

アスピリン-ぜんそく【アスピリン×喘息】アスピリンなどの非ステロイド性抗炎症薬によって発作が引き起こされる喘息。風邪薬・解熱鎮痛薬の多くが原因となる。食品に含まれる合成着色料(タートラジン)や防腐剤(安息香酸ナトリウム)によって発作が誘発される場合もある。

アスピレーター〖aspirator〗減圧状態を作り出すための器具。流体として水を利用し、ベンチュリ効果により減圧を行う。この用途のための小型の水流ポンプを指すこともある。

あす・ぶ【▽遊ぶ】〔動バ五(四)〕「あそぶ」の音変化。「卒業してから三年になるが、まだ―・んでるぜ」〈漱石・野分〉

アスプ〖asp〗エジプト・リビア地方にすむコブラ科の毒ヘビの一種。エジプトコブラ。

アスファルト〖asphalt〗炭化水素を主成分とする黒色の固体または半固体。天然にも産するが、ほとんどは石油精製過程で得られる。道路舗装のほか絶縁材・塗料などに利用。地瀝青(ちれきせい)。土瀝青(どれきせい)。

アスファルト-コンクリート〖asphalt concrete〗砂・砂利などに、結合材としてアスファルトを加熱混合したもの。道路舗装用。

アスファルト-ジャングル〖asphalt jungle〗生存競争の激しい、索漠(さくばく)とした大都会をジャングルにたとえていう語。

アスファルト-フェルト〖asphalt felt〗古紙に繊維くずをまぜ入れて作った原紙に、アスファルトをしみ込ませた防水紙。屋根・壁の下地、包装などに用いる。

アスプロニシ-とう【アスプロニシ島】《Aspronisi》ギリシャ南東部、エーゲ海の無人島。キクラデス諸島の最南部、大小五つの島からなるサントリーニ島で最も小さく、主島ティラ島より、中央の火山島ネアカメニ島・パレアカメニ島を挟んで、西側に位置。紀元前1500年頃の大噴火で島の中央が沈み、外輪山部分が島として残った。周囲はダイビングスポット。

アスペクト〖aspect〗❶外観。様相。❷文法で、継続・反復・完了など、動詞が表す行為の様相。態。相。

アスペクト-ひ【アスペクト比】《aspect ratio》矩形のものの長辺と短辺の比。テレビ・コンピューターのディスプレー、映画のスクリーンなどの場合は画面アスペクト比ともいう。紙の寸法、カメラの撮影画像についてもいう。アスペクトレシオ。縦横比。➡画面アスペクト比

アスペクト-レシオ〖aspect ratio〗▶アスペクト比

アスベスト〖オランダ asbestos〗石綿(いしわた)のこと。

アスペリティー〖asperity〗《原義は荒々しさの意》断層面やプレートの境界面のうち、通常は強く固着しているが、地震が起こった際に大きなすべりを生じ、震源域となって強い地震波を出す箇所。

アスペルガー-しょうこうぐん【アスペルガー症候群】広汎性発達障害の一種。知的障害や言語障害を伴わないで、対人関係への無関心、同一動作の繰り返しなど自閉症の症状を示すものをさす。オーストリアの小児科医H=アスペルガー(1906〜1980)がこの症例を初めて報告。

アスペルギルス〖ラテン Aspergillus〗コウジカビの学名。

アスペン〖Aspen〗米国コロラド州、ロッキー山脈にある町。全米屈指のスキーリゾートとして知られる。アスペンマウンテン・スノーマス・バターミルク・アスペンハイランズの四つのスキー場がある。

アスペンドス〖Aspendos〗小アジアにあった古代都市。現在のトルコ南西部の都市アンタリヤの東約50キロメートルに位置する。紀元前1000年頃からギリシャ人が移住し、古代ローマ時代はパンフィリア地方の主要都市として栄えた。紀元2世紀に建造された円形劇場は、小アジアに現存する最も保存状態が良いものとされ、現在もコンサートやバレエ公演などに利用される。

あ-ずま【×吾妻｜×吾×嬬】わが妻。私の妻。「三たび嘆かして、―はやと詔云(の)りたまひき」〈記・中〉

あずま【▽東｜×吾妻｜×吾×嬬】❶東の方。東方。❷「東琴(あずまごと)」の略。❸「東下駄(あずまげた)」の略。❹上代、都から東方の諸国の総称。東国。「いにしへは相模(さがむ)国足柄の岳坂(みさか)より東の諸(もろもろ)の県(あがた)はすべて―の国といひき」〈常陸風土記〉❺中世、京都からさして、鎌倉、また鎌倉幕府をいう。「―の主(ぬし)(＝鎌倉幕府ノ将軍)になしきこえてん」〈増鏡・内野の雪〉❻近世、上方(かみがた)からみて、江戸をいう。「都では芸子と名付け―では踊らぬ時も踊り子のすんとして」〈浄・矢口渡〉(補説)日本武尊(やまとたけるのみこと)が東征の帰途、碓氷(うすい)峠(景行紀による。古事記では足柄(あしがら)山)から諸国を眺め、犠牲となって投身した妃(きさき)の弟橘媛(おとたちばなひめ)をしのんで「あづまはや」と呼びかけたという地名起源説話がある。また、東国の範囲については、時代・文献により異同が多く、(1)現在の関東地方、(2)三河以東、陸奥(むつ)を含む、(3)伊勢・尾張を含む、などの説がある。

東男に京女(あずまおとこにきょうおんな)　男は男らしくいきな江戸の男がよく、女は優しく美しい京の女がよい。

あずま-あそび【▽東遊び】古く東国地方で、風俗歌に合わせて行われた民俗舞踊。平安時代から、宮廷・貴族・神社の間で神事舞の一つとして演じられた。歌方(うたかた)は笏拍子(しゃくびょうし)を持ち、笛・篳篥(ひちりき)・和琴(わごん)の伴奏で歌い、四人または六人の舞人が近衛(このえ)の武官の正装などをして舞う。現在は宮中や神社の祭礼で行われる。東舞(あずままい)。

あずま-うた【▽東歌】上代、東国地方で作られた民謡風の短歌。万葉集巻14と古今集巻20の一部に収められる。

あずま-うど【▽東▽人】「あづまびと」の音変化。「あやしの―なりとも、賑はしきにつきて」〈徒然・二四〇〉

あずま-えびす【▽東×夷】京都からみて、東国の人、特に無骨で粗野な東国武士をあざけっていった語。東夷(とうい)。

あずま-おとこ【▽東男】❶関東生まれの男。特に、美しくしとやかな京女に対して、気立てに張りがあり、さっぱりしている江戸の男をいう。❷東国の男子。「鶏(とり)が鳴く―の妻別れ悲しくありけむ年の緒長み」〈万・四三三三〉❸田舎くさく言語動作が粗野な関東武士などをいう。「荒ましき―の」〈源・宿木〉

あずま-おどり【▽東踊(り)】東京新橋の芸者連が、毎年春に新橋演舞場で催す舞踊の会。大正14年(1925)に始まり、戦争で一時中絶し、昭和23年(1948)復活。京都祇園の都踊りにならったもの。(季 春)

あずまかがみ【吾妻鏡｜東鑑】鎌倉時代の歴史書。鎌倉幕府の家臣の編纂(へんさん)。52巻(巻45欠)。治承4年(1180)源頼政の挙兵から、文永3年(1266)までの87年間を変体漢文の日記体で記す。

あずま-からげ【▽東▽絡げ】着物の裾を腰の両わきにからげて帯に挟むこと。東折り。あずまばしょり。「いざや潮を汲まんとして…―の潮衣」〈謡・融〉

あずま-ぎく【▽東菊】❶キク科の多年草。本州中・北部の山地の草原に生え、葉はへら状で毛がある。4〜6月ごろ、周辺が淡紅紫色で中央が黄色の頭状花をつける。(季 春)❷ミヤコワスレの別名。

あずま-くだり【▽東下り】京都から東国へ行くこと。中世・近世には、もっぱら鎌倉・江戸へ行くことをさす。海道下り。

あずま-げた【×吾妻下▽駄】台に畳表を張った桐(きり)の薄歯の女性用の下駄。江戸初期に吾妻という遊女が履いたので名づけられたという。

あずま-コート【×吾妻コート】被布襟(ひふえり)で、長さが裾まである、女性の和服用コート。明治の中ごろ、東京から流行した。

あずま-ごと【▽東琴】和琴(わごん)の異称。

あずま-ことば【▽東言葉】東国地方の言葉。関東方言。

あずま-ざさ【▽東×笹】イネ科の植物。本州の中北部の山野に生える。高さ約2メートル。葉は3〜5枚つく。

あずま-じ【▽東路】京都から東国へ行く道。東海道・東山道をさす。また、一般に東国地方。

あずま-しょうじ【▽東障子】❶障子紙の代わりにガラスをはめた障子。❷縦の組子を密にした障子。

あずま-じょうるり【×吾妻浄瑠璃】❶▶江戸浄瑠璃 ❷常磐津節(ときわづぶし)の分派として寛政年間(1789〜1801)に始まる吾妻国太夫(あずまくにだゆう)派の浄瑠璃。

あずま-そだち【▽東育ち】東国地方、特に江戸で育つこと。また、その人。「品やさしきはおのづから、―の隅田川」〈人・梅児誉美・三〉

あずまっ-こ【▽東っ子】東国の男子。江戸っ子。江戸の町人が自負していう語。「これんばかしもいざあ言ったことのねえ―だ」〈滑・浮世風呂・前〉

あずま-つづれ【▽東×綴れ】明治の末に、栃木県足利(あしかが)地方で織り出したつづれ織り。女性用の帯地にする。

あずま-なまり【▽東×訛り】東国地方の言葉のなまり。京言葉に比べて下品なものとされた。東声(あずまごえ)。

あずま-にしき【▽東錦】❶金魚の一品種。オランダシシガシラとキャリコ出目金の雑種で、体形は前者に、体色は後者に似る。❷アズマニシキガイの別名。

あずま-にしきえ【▽東錦絵】《上方の錦絵に対して、江戸で刊行された錦絵の意》浮世絵の一。明和年間(1764〜1772)鈴木春信の創始による。多色、木版刷り。江戸絵。東絵。

あずまにしき-がい【▽東錦貝】イタヤガイ科の二枚貝。潮間帯から水深20メートルまでの岩石に足糸で着生する。貝殻はホタテガイに似た形で、殻長7センチくらい。色は赤・紫など。殻表には大小の放射状の肋(ろく)がある。食用。あかざらがい。

あずま-ねざさ【▽東根▽笹】イネ科の常緑または半常緑性の植物。群生し、葉は小枝の先に6、7枚つき先が鋭くとがる。穂は緑色か紫。竹の子は細長く、皮は暗緑色または紫色。関東や東北地方に分布。

あずま-ばし【吾妻橋】隅田川に架かる橋の一。東京都台東区浅草と墨田区向島とを結ぶ。安永3年(1774)に初めて架けられ、大川橋とも呼ばれた。

あずまはっけい【吾妻八景】長唄。文政12年(1829)4世杵屋六三郎(きねやろくさぶろう)が作曲。江戸の名所と四季の風物とをうたった、お座敷長唄の名曲。

あずま-びと【▽東人】東国の人。田舎者の意を含んでもいう。あずまうど。あずまど。「破(わ)り子や何やと、こなたにも入れたるを、―どもにも食はせ」〈源・宿木〉

あずま-ひゃっかん【▽東百官】戦国時代以後、関東の武士が京都朝廷の官名をまねて用いた通称。多門(たもん)・左内(さない)・伊織(いおり)・左膳(さぜん)・右膳(うぜん)・数馬(かずま)・頼母(たのも)など。

あずまふじ-きんいち【東富士欽壱】[1921〜1973]力士。第40代横綱。東京都出身。本名、井上謹一。「怒濤(どとう)の寄り」といわれた速攻相撲を得意とした。優勝6回。➡前田山英五郎(第39代横綱)➡千代の山雅信(第41代横綱)

あずま-むすび【▽東結び｜×吾妻結び】ひもの

結び方の一。輪を左右に出して、中を三巻きにしたもの。几帳・守り袋・すだれなどのひもを結ぶときに用いる。

あずまもんどう【吾妻問答】室町中期の連歌論書。宗祇著。1巻。応仁元年(1467)か文明2年(1470)の成立。連歌の歴史と、作句の技術・心構えを実例を挙げて問答体で述べたもの。

あずま-や【▽東屋｜四＝阿｜阿＝舎】㊀❶庭園などに設けた四方の柱と屋根だけの休息所。亭。❷寄せ棟造りの建物のこと。➡真屋 ㊁㊀催馬楽の曲名。㊁(東屋)源氏物語第50巻の巻名。薫大将、26歳。左近少将との婚約に失敗した浮舟に、薫と匂宮の二人が思慕の情を燃やす。

(類語)庵・庵・草庵・草堂・庵室

あずまや-さん【四阿山】群馬県吾妻郡と長野県須坂市・上田市との境にある円錐状火山。標高2354メートル。西麓に菅平がある。吾妻山。

あずま-やま【吾妻山】福島・山形県境の火山群の総称。最高峰の西吾妻山(2035メートル)、中吾妻山・東吾妻山・吾妻小富士・一切経山などからなる。中腹には温泉が多く、吾妻十湯とよばれる。

あずまりゅう-にげんきん【▽東流二弦琴】八雲琴を実用的に改良した二弦琴。明治の初め、初世藤舎蘆船が考案。主として家庭内で俗曲に使用された。

あずま-わらわ【▽東豎＝子｜▽東×孺】行幸のとき、馬に乗って供をした内侍司の女官。唐衣・裳に指貫を着用した。姫大夫。姫松。

アスマンスハウゼン〖Assmannshausen〗ドイツ中西部、ヘッセン州、リューデスハイム近郊の町。黒ぶどうのシュペートブルグンダー種を栽培し、ドイツワインには珍しい赤ワインの産地として知られる。

あずみ-の【安曇野】㊀長野県安曇野市を中心に、松本盆地の梓川以北、大町市付近までの地域名。湧水を利用したワサビ田で知られる。安曇平。㊁▶安曇野

あずみ-の-ひらふ【阿曇比羅夫】飛鳥時代の武将。滅亡直前の百済の救援に赴き活躍したが、白村江で唐の水軍に敗れた。生没年未詳。

あすら【阿修羅】▶あしゅら(阿修羅)

アスリート〖athlete〗運動選手。スポーツマン。特に、陸上・水泳・球技などの競技選手をいう。「トップ—が集まった国際大会」

アスリート-ファンド〖athlete's fund〗国際陸上競技連盟が1982年に認めた制度で、選手が得た賞金や出場料を各国の陸連が基金として管理し、選手に強化費として還元するもの。

アスレチック〖athletic〗体育。運動競技。アスレチックス。「—クラブ」「フィールド—」

アスローン〖Athlone〗アイルランド中部、ロスコモン州とウエストミース州にまたがる町。シャノン川が町の中央の州境を流れる。古くから戦略上重要な地域であり、現在も交通の要所として知られる。13世紀建造のアスローン城、初期キリスト教の修道院跡であるクロンマクノイズなどの歴史的建造物が残っている。

アスローン-じょう【アスローン城】《Athlone Castle》アイルランド中部、ロスコモン州とウエストミース州にまたがる町、アスローンにある城。シャノン川に面する。古くから戦略上重要な地域だった同地に、13世紀にノルマン人が建造。高い城壁と多くの砲門をもち、同国で最も堅固な城の一つとして知られる。ボイン川の戦いでイングランド-オランダ連合軍に敗れたジェームズ2世が、1691年にこの城でアイルランド-フランス連合軍とともに再起を賭けて戦いに臨んだが、激戦の末、撤退を余儀なくされた。

アスロック〖ASROC〗《anti-submarine rocket》米海軍の開発した対潜水艦攻撃用の自動追尾魚雷。

アスロン〖Athlon〗米国AMD社が1999年に発売した32ビットマイクロプロセッサーの商標名。

あすわ-がわ【足羽川】福井県北部、福井平野の南東を流れる川。福井・岐阜両県の県境にある冠山北麓に源を発し、北流して福井市内を流れ九頭竜川支流の日野川に合流する。長さ63キロ。下流域は扇状地を形成する。福井市内の足羽川堤防は桜並木の名所。

アスワン〖Aswan〗エジプト南部、ナイル川中流の東岸にある都市。アスワン-ハイ-ダムの建設後、工業が発展。古代遺跡が多い。

アスワン-ダム〖Aswan Dam〗ナイル川第1瀑布に建設された灌漑・洪水防止用のダム。アスワン市街の南5キロにある。1902年完成。

アスワンハイ-ダム〖Aswan High Dam〗アスワン-ダムの上流7キロの地点に建設された灌漑・発電用ダム。1960年着手、71年完成。堤長3600メートル、貯水量1570億立方メートル。

アスンシオン〖Asunción〗パラグアイ共和国の首都。パラグアイ川に臨む貿易都市。人口、行政区52万、都市圏245万(2008)。

あせ【汗】❶皮膚の汗腺から分泌される液。水と、微量の食塩・尿素などからなり、皮膚の乾燥を防ぎ、また、体温の調節をする。興奮・恐怖などの精神的影響からも手のひらや足の裏などに分泌する。「—が吹き出す」「—にまみれる」「—をぬぐう」「—が引く」「手に—を握る激しいレース」(季 夏)❷物の表面に、内部からにじみ出たり、空中の水蒸気が凝結したりしてつく水滴。(類語)汗水・脂汗・冷汗・寝汗・盗汗

(下接語)脂汗・大汗・玉の汗・血の汗・寝汗・鼻汗・一汗・冷や汗

汗にな・る ❶働いたり動き回ったりして汗を流す。「日夜—・って動き回る」❷汗の出るほど、恥ずかしさ、恐ろしさを感じる。「恐ろしき物語どもをして、おどされしかば、まめやかにみな—・りつつ」〈右京大夫集・詞書〉

汗の結晶 努力・苦労をして得られた成果。「血と—」

汗を入・れる ひと休みして汗の出るのを抑える。また、ひと休みして汗をふく。「さあさあ済んだと…皆々—・れにける」〈浄・妹背山〉

汗をか・く ❶汗が出る。❷冷や汗が出る。はらはらする。❸自分から進んで行動する。「人任せにせず、—・くことが必要だ」❹物の表面に水滴が生じてぬれる。「冷えたビール瓶が—・く」❺食物などが腐りかけたために表面がべとつく。「ハムが—・く」

汗を流・す ❶一生懸命に身体を動かす。労苦をいとわず働く。「被災者救護に—・す」❷湯や水を浴びて汗を洗い落とす。「一風呂浴びて—・す」

汗を握・る 「手に汗を握る」に同じ。

あ-せ【×吾▽兄】〘代〙二人称の人代名詞。女子が男子を親しんで呼ぶ語。上代では多く間投助詞「を」を伴って、歌の囃子詞に用いた。「尾津の崎なる一つ松、—を」〈記・中・歌謡〉

あぜ【×畦｜▽畔】❶水田と水田との間に土を盛り上げてつくった小さな堤。水をためるとともに、境界・通路とする。くろ。❷敷居や鴨居の、溝と溝との中間にある仕切り。

あぜ【×綜】機織り機で、縦糸の順序を正しくし、また、縦糸を上下に分けて横糸を通すすきまをつくる用具。綜絖。

アセアナポール〖Aseanapol〗《Asean Chiefs of Police》東南アジア諸国連合(ASEAN)加盟国間の警察機関の交流促進を目的とする国際的枠組み。1981年に結成。ASEAN加盟10か国で構成され、オブザーバーとして、日本・中国・韓国・オーストラリア・ニュージーランドおよび国際刑事警察機構(インターポール)が参加。テロ・殺人・密輸など国際犯罪への対応等について協議する。ASEAN警察長官会合。

あぜ-あみ【×畦編み】表目と裏目とを交互に編む編み方。表目が縦に通って畦のように見える。ゴム編み。リブ編み。

アセアン〖ASEAN〗《Association of Southeast Asian Nations》東南アジア諸国連合。1967年、タイ・インドネシア・マレーシア・フィリピン・シンガポールの5か国によって設立された地域協力機構。1984年にブルネイが、1995年にベトナム、1997年にラオス、ミャンマー、1999年にカンボジアが加盟。本部はジャカルタ。➡表「エーペック」

アセアン-けいさつちょうかんかいごう【ASEAN警察長官会合】▶アセアナポール

アセアン-ちいきフォーラム【アセアン地域フォーラム】▶エー-アール-エフ(ARF)

あ-せい【亜聖】《「亜」は次ぐ意》❶聖人に次ぐりっぱな人。大賢人。❷《聖人とされる孔子に次ぐ人として》孟子または顔回をいう。

あ-せい【×阿世】世間の人におもねること。世俗にこびへつらうこと。「売文—以て当世の寵児たるを争う鄙心を」〈魯庵・「破垣」発売停止に就き当路者及江湖に告ぐ〉➡曲学阿世

あぜ-いと【×綜糸】機織り機で、縦糸を上下に分けて横糸を通すすきまをつくる糸製の用具。また、その糸。綾糸。掛け糸。

アゼールリドー-じょう【アゼールリドー城】《Château d'Azay-le-Rideau》フランス中西部、アンドル-エ-ロアール県、ロアール川の支流アンドル川の中州にある城。16世紀に建造された初期フランスルネサンス様式の傑作として知られる。ロアール川流域の古城の一つとして、2000年に「シュリーシュルロアールとシャロンヌ間のロアール渓谷」の名称で世界遺産(文化遺産)に登録された。

あぜ-おり【×畦織(り)】縦糸または横糸に太糸と細糸をまぜて、織り地に高低を表した織物。琥珀織・博多織などに用いる。畝織り。

あせ-かき【汗×掻き】普通の人よりも汗の多く出る体質。また、その人。あせっかき。

あぜ-がやつり【×畦蚊-帳×吊】カヤツリグサ科の一年草。あぜや湿地に生え、高さ30〜70センチ。茎は三角柱で細く堅い。葉は細長く、基部は鞘になって茎を囲む。夏、穂状の淡黄色の花をつける。

あぜ-き【▽校木】校倉造りの外壁として組み上げる木材。

あせ-くさ・い【汗臭い】〘形〙図あせくさ・し〘形ク〙からだや衣服などが、汗でいやなにおいがする。「—・いシャツ」

アセクシャル〖asexual〗〘形動〙▶アセクシュアル

アセクシュアル〖asexual〗〘形動〙《無性の、性別のないの意》ファッションで、男女の性別のはっきりしないさま。アセクシャル。「—なデザイン」

あぜ-くら【▽校倉】三角形・四角形または台形の断面をした木材を井桁に組んで外壁とした倉。甲倉。叉倉。

あぜくら-づくり【▽校倉造(り)】校倉風の建築構造。東大寺の正倉院や唐招提寺の宝蔵・経蔵など。

アセザ-かん【アセザ館】《Hôtel d'Assézat》フランス南西部、アキテーヌ地方、オート-ガロンヌ県の都市ツールーズにある豪商の館。ルネサンス期に藍染料や穀物の交易で財を成した豪商ピエール＝アセザによって建てられた。現在はバンベルグ財団の美術館で、クラナッハ・ボナール・モネなどの絵画を所蔵。

あせ-しずく【汗×雫】汗がしずくのように滴り落ちること。また、その汗。

あせ-じ・みる【汗染みる】〘動マ上一〙図あせじ・む〘マ上二〙❶汗で肌がじっとりとする。汗にぬれる。汗ばむ。「わきの下が—・みる」❷汗が衣服などに染みる。衣服が汗で汚れる。「—・みた作業衣」(類語)汗まみれ・汗みずく・汗みどろ・汗だく

あせ-ジュバン【汗ジュバン】汗が着物に染み通らないように着る肌着。汗取り。あせジバン。➡ジュバン

あせ-しらず【汗知らず】汗を吸収させ乾燥させるために用いる微粉末の散布薬。天花粉・ベビーパウダー・シッカロールなど。もと商標名。(季 夏)「一打つや青々子の臀/東洋城」

アセス 「アセスメント」の略。

あぜ-すげ【×畦×菅】カヤツリグサ科の多年草。湿地に生え、高さ20〜60センチ。枝が地をはう。葉は細長く、縁がざらつく。春、茶褐色の雄花穂と黒褐色の雌花穂をつける。

アセスメント〖assessment〗査定。事前影響評価。

アセス。「環境―」➡環境アセスメント

あせ・する【汗する】〔動サ変〕文あせ・す〔サ変〕汗をかく。懸命に努力することなどにいう。「額に―・して働く」「彼は満身に―・して居た」〈長塚・土〉
(類語)汗ばむ・発汗・流汗

アセスルファム-カリウム〖Acesulfam-Kalium〗人工甘味料の一。砂糖の200倍の甘さをもつがカロリーはゼロ。アセスルファムK。化学式$C_4H_4KNO_4S$

アセタール-じゅし【アセタール樹脂】《acetal》ホルムアルデヒドが高度に重合した樹脂。耐摩耗性にすぐれ、変形しにくく、耐熱温度が高いので、歯車・ねじ・ファスナーなどに使用。

あせ-だく【汗だく】〔形動〕《「汗だくだく」の略》汗があとからあとから流れるさま。汗びっしょりのさま。汗まみれ。「―になって駆けつけた」
(類語)汗まみれ・汗みずく・汗みどろ・汗染みる

あぜ-たけ【×綜竹】「綾竹(あやだけ)❶」に同じ。

アセタミプリド〖acetamiprid〗ネオニコチノイド系殺虫剤。日本では平成7年(1995)11月に農薬として登録され、野菜・果実に広く使われているが、稲(米)への使用は禁止されている。輸入米のアセタミプリド残留基準は0.01ppm。(補説)平成20年(2008)9月に発覚した米販売会社による事故米転売問題では、基準値をこえるアセタミプリドが検出されたベトナム産米を食用に偽装していたことが明らかになった。

あぜち【×按▽察▽使】令外(りょうげ)の官。奈良時代、国司の施政や諸国の民情などを巡回視察した官。平安時代には陸奥(むつ)・出羽だけを任地とし、大・中納言の名目上の兼職となった。あんさつし。

アセチル〖acetyl〗酢酸から誘導されるCH_3CO-で表される一価の基。アセチル基。

アセチルコリン〖acetylcholine〗動植物に広くみられる塩基性物質。特に、運動神経や副交感神経で刺激を伝達する物質として重要。体内ではコリンから生合成される。

アセチルサリチル-さん【アセチルサリチル酸】《acetylsalicylic acid》サリチル酸を無水酢酸でアセチル化して得られる白色針状の結晶。水に溶けにくい。解熱・鎮痛剤として用いる。アスピリンともいう。

アセチル-セルロース〖acetyl cellulose〗セルロースと酢酸のエステル。プラスチック成形品・アセテート人絹・フィルム・塗料などに使用。酢酸繊維素。

アセチレン〖acetylene〗炭化水素の一。無色の可燃性気体。燃えると強い光と熱を出す。合成化学工業原料のほか、アセチレン灯・酸素アセチレン炎などにも利用。化学式$CH \equiv CH$　エチン。アセチリン。

アセチレンけい-たんかすいそ【アセチレン系炭化水素】(タンカスイソ)炭素間に三重結合をもつ鎖式不飽和炭化水素の総称。一般式C_nH_{2n-2}で表され、nが2のアセチレンが最も簡単なもの。アルキン。

アセチレン-とう【アセチレン灯】アセチレンを燃料とする照明具。筒に入れたカーバイトに水を加え、発生したアセチレンガスにパイプの先で点火する。独特の臭いがある。

アセチレン-ようせつ【アセチレン溶接】アセチレンと高圧酸素とを混合して点火し、その3000度にもなる火炎で金属溶接や切断を行う方法。

あせっ-かき【汗っ×掻き】「あせかき」に同じ。

アセックス〔形動〕《asexualから》▶アセクシュアル

アセット〖asset〗資産。財産。

アセット-アロケーション〖asset allocation〗資産を、国債などの債券・株式・不動産投資信託(REIT)・投資信託・生命保険・デリバティブ・定期預金等の各種金融商品や不動産などへバランスよく配分して運用すること。分散投資。資産配分。資金配分。

アセットバック-しょうけん【アセットバック証券】《asset-backed securities》▶資産担保証券

アセット-マネージメント〖asset management〗投資家から委託された金融資産を効率的に管理・運用すること。資産運用。

アセテート〖acetate〗アセチルセルロースを原料とする半合成繊維。絹に似た光沢と感触とをもち、吸湿性が小さく、熱に弱い。服地・下着類などに使用。アセテート人絹。

アセトアニリド〖acetanilide〗アニリンに無水酢酸を反応させて得られる無色の板状の結晶。染料中間体として重要。また、アンチフェブリンの商品名で解熱剤に用いられたが、現在は使用されていない。化学式$C_6H_5NHCOCH_3$

アセトアルデヒド〖acetaldehyde〗刺激臭のある無色の液体。エチルアルコールを酸化すると得られ、工業的にはエチレンを酸化して作る。酢酸など多くの工業薬品の原料、またプラスチックや合成ゴムの中間原料。化学式CH_3CHO　アルデヒド。

アセトニトリル〖acetonitrile〗酢酸(さくさん)のニトリルに相当する化合物。無色の液体で、有毒。有機合成・溶剤に使用される。シアン化メチル。

あせ-とり【汗取り】汗を吸い取らせるために着ける肌着。(季 夏)「―や弓に肩ぬぐ袖のうち/太祇」
(類語)下着・肌着・下ばき

アセトン〖acetone〗特有のにおいのある無色・揮発性の液体。引火性がある。工業的にはプロピレンを酸化するなどして作る。溶剤に用い、またメタクリル樹脂・医薬品などの原料。化学式CH_3COCH_3

あぜ-な【×畦菜】ゴマノハグサ科の一年草。畦や道端に生えて、茎は四角柱。葉は卵円形で葉脈が目立つ。夏から秋にかけて淡紅紫色の小花をつける。

アセナフチレン〖acenaphthylene〗芳香族の縮合環炭化水素の一種。放射線に対して安定。電線被覆材などの原料として用いられる。

あぜ-ぬり【×畦塗(り)】田の水の漏れるのを防ぐために、壁土状にした土を鋤(すき)などで畦に塗って固めること。くろぬり。(季 春)「―の深田踏みぬく音ひびく/林火」

アセノスフェア〖asthenosphere〗地球表面を覆う硬いリソスフェアの下の軟らかい層。上部マントルにあり、岩石が部分的に融解していると考えられている。上部は地震波伝播(でんぱ)の低速度層。岩流圏。➡リソスフェア

あせ-ば・む【汗ばむ】〔動マ五(四)〕汗がにじみ出てからだがじっとりする。「―・むほどの陽気」「―・んだ額」(季 夏)「ほのかなる少女の髭(ひげ)の―・める/誓子」
(類語)汗する・発汗・流汗

あせび【馬=酔=木】ツツジ科の常緑低木。乾燥した山地に自生。早春、多数の白い壺(つぼ)形の花が総状につく。有毒。葉をせんじて殺虫剤にする。「馬酔木」は、馬がこの葉を食べると脚がしびれて動けなくなるのによる。どくしば。あしび。あしみ。あせみ。あせぼ。(季 春)

あぜ-び【×畦火】早春、害虫駆除のために田畑の畦を焼く火。(季 春)

あぜ-ひき【×畦引(き)】江戸時代、検地の際に、畦幅1尺(約30センチ)と畦の左右両わき1尺ずつを除いて測量し、その分だけ年貢を免除したこと。

あせ-ふき【汗拭き】汗をふくための手ぬぐい・ハンカチ・化粧紙など。汗ぬぐい。(季 夏)

あせぼ【馬=酔=木】アセビの別名。

あせ-まみれ【汗▽塗れ】〔名・形動〕汗で、からだや顔がびっしょりとぬれていること。また、そのさま。汗みどろ。「―になって動き回る」
(類語)汗だく・汗みずく・汗みどろ・汗染みる

あぜ-まめ【×畦豆】田の畦につくる大豆。(季 秋)「―に鼬(いたち)の遊ぶ夕べかな/鬼城」

あせみ【馬=酔=木】アセビの別名。

あせ-みず【汗水】(―みづ)盛んに流れ出る汗。また、汗びっしょりになること。「―たらして働く」(季 夏)
(類語)汗・脂汗・冷や汗・寝汗・盗汗
汗水を流・す　労苦をいとわず一生懸命に働く。

あせ-みずく【汗▽水漬く】(―みづく)〔名・形動〕からだじゅうが汗でびっしょりになること。また、そのさま。汗みどろ。「―になって走る」
(類語)汗だく・汗まみれ・汗みどろ・汗染みる

あぜ-みち【×畦道|▽畔道】田と田の間の細い道。
(類語)農道・田圃(たんぼ)道

あせ-みどろ【汗みどろ】〔名・形動〕「汗みずく」に同じ。「―な(の)奮闘」

アセム〖ASEM〗《Asia-Europe Meeting》アジア欧州会合。アジアとヨーロッパの関係強化を目的とした首脳および閣僚レベルの協議体。アジアからはアセアン諸国のほか日本、中国、韓国、インドなどが、ヨーロッパからは英国・ドイツ・フランスなどEU(欧州連合)加盟国が参加。2年に1回、アジアとヨーロッパの持ち回りで首脳会合が開かれるほか、外相や財務相・経済閣僚などの閣僚級会合も行われる。第1回首脳会合は1996年バンコクで開催。アジア欧州会議。アジア-ヨーロッパ首脳会議。

あぜ-むしろ【×畦×蓆】ミゾカクシの別名。

あせ-も【汗×疹】夏季や発熱時に、汗が十分排出されず、表皮内に残ったときに皮膚にできる小さな赤い丘疹(きゅうしん)。汗瘡(かんそう)。かんしん。あせぼ。(季 夏)「―して娘(こ)は青草のにほひかな/蛇笏」

あせり【焦り】あせること。いらいらする気持ち。焦慮。焦燥。「―の色を隠せない」

アゼリア〖azalea〗▶アザレア

あせ・る【焦る】〔動ラ五(四)〕❶早くしなければならないと思っていらだつ。気をもむ。落ち着きを失う。気がせく。「勝負を―・る」「―・ってしくじる」❷いらだって暴れる。手足をばたばたさせる。「かの女房…狂ひ踊り―・りけれ」〈荏柄天神縁起〉(類語)せく

あ・せる【×褪せる|▽浅せる】〔動サ下一〕文あ・す〔サ下二〕❶(褪せる)もとの色やつやが薄くなる。色がさめる。退色する。「日に焼けて染色が―・せる」❷(褪せる)盛んだったものが衰える。もとの勢いが失せる。「才気が―・せる」「―・せた思い出」❸(浅せる)川や海などの水がかれる。「山は裂け海は―・せなん世なりとも君にふた心わがあらめやも」〈金槐集〉
(用法)あせる・さめる――「カーテンの色があせて(さめて)しまった」などでは相通じて用いられる。◆「あせる」は「花の色があせた」「色あせた恋」のように、光線や時間のために、色彩などが薄らぐことをいう。これらの場合は、「さめる(褪める)」と置き換えられない。◆「さめる」は「色のさめた制服」「夏の日焼けもようやくさめた」のように、染色などが薄くなり、地色に近くなることをいう。「日焼け」などでは「あせる」は用いない。
(類語)色褪せる・褪める

アゼルバイジャン〖Azərbaycan〗㊀南西アジアのカフカス山脈南部、カスピ海南西岸の地域。アゼルバイジャン共和国とイラン領アゼルバイジャン州とに分かれている。㊁南西アジア、カフカス地方の共和国。首都バクー。石油の産出が多い。1991年、ソ連の解体に伴い独立。人口830万(2010)。

アセロラ〖(スペイン) acerola〗キントラノオ科の常緑低木。南アメリカ・アマゾン流域原産。果実は直径2センチほどで、濃紅色に熟す。果肉はビタミンCを多量に含む。

あ-ぜん【×唖然】〔ト・タル〕文〔形動タリ〕思いがけない出来事に驚きあきれて声も出ないさま。あっけにとられるさま。「意外の出来事に―とする」「―たる面持ち」(類語)呆然(ぼうぜん)・驚く・びっくりする・どきっとする・ぎくっとする・ぎょっとする・たまげる・仰天する・動転する・喫驚(きっきょう)する・驚愕(きょうがく)する・驚倒する・一驚する・驚嘆する・瞠目(どうもく)する・恐れ入る・あきれる・愕然(がくぜん)とする・呆気(あっけ)にとられる・目を疑う・目を丸くする・目を見張る・息をのむ・肝(きも)をつぶす・腰を抜かす

アセンブラー〖assembler〗コンピューターで、人間が理解しやすいように記号化した言語で書かれたプログラムを、機械語に翻訳するプログラム。

アセンブリー〖assembly〗❶集会。会合。❷機械・建材などの、最終的な組み立て。

アセンブリー-げんご【アセンブリー言語】《assembly language》コンピューターで、機械語の命令を分かりやすいように記号化した言語。機械語と1対1の対応をしており、機械語の命令などをより細かく記述できる。記号言語。

アセンブリー-ご【アセンブリー語】▶アセンブリー言語

あせん‐やく【×阿仙薬】インド産のアカネ科植物ガンビルの葉から製した暗褐色の塊状エキス。主成分はカテキン。収斂しゅうれん・止血薬や染料・皮なめし用。

あそ【阿蘇】熊本県北東部にある市。阿蘇カルデラの北半を占める。稲作と高原野菜栽培が盛ん。平成17年(2005)2月に一の宮町、阿蘇町、波野村が合併して成立。人口2.8万(2010)。

アゾ〖azo〗《窒素の意》-N=N-で表される二価の基。

あそう【麻生】あさふ 狂言。麻生の某の召使い下六(源六)が、主人の宿がわからなくなり、迎えに来た藤六と囃子物はやしもので探し当てる。

あそうぎ【×阿僧×祇】《梵 asaṃkhyaの音写。無数・無央数と訳す》❶数えられないほど大きな数。❷数の単位。10の56乗。一説に、10の64乗。➡表「位くらい」

あそうぎゃ【阿僧伽】《梵 Asaṅgaの音写》無著むじゃく菩薩のこと。

あそう‐たろう【麻生太郎】あさふタラウ[1940〜]政治家。福岡県の生まれ。祖父は吉田茂、父の麻生太賀吉も元衆議院議員。昭和48年(1973)父の跡を継ぎ、セメント会社の代表取締役社長に就任。同54年衆議院議員に当選。平成8年(1996)経済企画庁(現内閣府)長官。経済財政政策担当大臣、総務大臣、外務大臣などを経て同20年9月首相に就任。翌年、総選挙での自民党大敗の責任を取って辞任。➡鳩山由紀夫 (補説)昭和51年開催のモントリオールオリンピックに、クレー射撃の日本代表として出場。

あそう‐は【麻生派】あさふ 自由民主党の派閥の一。為公いこう会の通称。会長は麻生太郎。

あそう‐ひさし【麻生久】あさふ[1891〜1940]政治家。大分の生まれ。社会運動家から日本労働総同盟幹部となり、のち、日本労農党を結成。衆議院議員当選後は新体制運動に参加。著「濁流に泳ぐ」など。

あそう‐ゆたか【麻生豊】あさふ[1898〜1961]漫画家。大分の生まれ。報知新聞の漫画記者として、日本初の新聞連載四コマ漫画「ノンキナトウサン」を書いた。他に「赤ちゃん閣下」「只野凡児」など。

アソートメント〖assortment〗各種類を詰め合わせたもの。詰め合わせ。盛り合わせ。

アソーレス‐しょとう【アソーレス諸島】‐シヨタウ《Açores》➤アゾレス諸島

あそ‐かい【阿蘇海】京都府北部、宮津湾南西奥にある内海。天橋立あまのはしだての砂嘴さしによって区切られたもので、周囲16キロメートル、面積4.8平方キロメートル、水深14メートル。最南端の文殊もんじゅと対岸の天橋立との間にある狭い水道(文殊の切戸きれと)で宮津湾に通じている。丹後天橋立大江山国定公園に属する。与謝よさの海。

アゾ‐かごうぶつ【アゾ化合物】‐クワガフブツ アゾ基をもつ化合物の総称。有色のものが多く、特に芳香族アゾ化合物はすべて色をもつのでアゾ色素ともいう。

アゾ‐き【アゾ基】➤アゾ

あ‐ぞく【亜族】元素の周期表中、Ⅰ族からⅦ族までの元素を、それぞれの族の中でさらに二つに分けたもの。前半をA亜族、後半をB亜族という。

あそくじゅう‐こくりつこうえん【阿蘇くじゅう国立公園】あそくぢゆうコクリツコウエン 熊本・大分両県にまたがる山岳国立公園。阿蘇山を中心に、九重山・由布岳ゆふだけ・鶴見岳などを含む。

あそくまもと‐くうこう【阿蘇くまもと空港】‐クウカウ 熊本空港の愛称。

あそ‐こ【▽彼▽処・▽彼▽所】〔代〕❶遠称の指示代名詞。話し手と聞き手の双方が承知している場所や状況、人などをさす。㋐あの場所、または、例の場所。あすこ。「一に見える店」「また一で待ってるよ」㋑あのような程度。あれほど。「一まで仲が悪いとは思わなかった」❷三人称の人代名詞。あの人。彼。「此の事一と少将ともろ心に」〈宇津保・嵯峨院〉

あそこ‐いら【▽彼▽処いら】〔代〕「あそこら」に同じ。

あそこ‐ら【▽彼▽処ら】〔代〕遠称の指示代名詞。「あそこ」よりもやや広い範囲の場所を漠然とさす。あすこら。あそこいら。「一は最近開けてきた所だ」

あそ‐さん【阿蘇山】九州中央部の活火山。外輪山と数個の中央火口丘からなり、外輪山は南北24キロ、東西18キロで、世界最大級のカルデラ。最高峰は高岳たかだけで、標高1592メートル。南麓には名水として知られる白川水源がある。

あそ‐し【阿蘇市】➤阿蘇

アソシエーション〖association〗❶共通の目的や関心をもつ人々が、自発的に作る集団や組織。学校・教会・会社・組合など。しばしばコミュニティーに対置される。❷心理学で、連合。連想。
(類語)団体・組織・結社・法人・組合・連盟・協会・ユニオン・ソサエティー

アソシエーション‐フットボール〖association football〗サッカーのこと。ア式蹴球しゅうきゅう。

アソシエート〖associate〗➤アフィリエートプログラム

アソシエート‐エキスパート〖associate expert〗専門家になるための研修や実地体験を行っている者。特に、国際機関で働く専門家予備軍をいう。

アソシエート‐プログラム〖associate program〗➤アフィリエートプログラム

あそ‐じんじゃ【阿蘇神社】熊本県阿蘇市にある神社。主祭神は健磐竜命たけいわたつのみこと。御田植祭は有名。肥後国一の宮。

アゾ‐せんりょう【アゾ染料】‐センレウ アゾ基をもつ染料の総称。合成染料の半分以上を占める。コンゴーレッドなど。ナフトール染料。

アゾトバクター〖azotobacter〗土壌中にすむ好気性細菌。空気中などの窒素を土壌中に固定し、自然界における窒素循環の役割を果たす。

あそば・す【遊ばす】〔動サ五(四)〕㊀《動詞「あそぶ」の未然形＋使役の助動詞「す」から》❶遊ぶようにする。遊びをさせる。遊ばせる。「子供を公園で一・す」❷人材・場所・道具などを活用しないままでおく。「不況で機械を一・している」「一・してある土地」㊁《動詞「あそぶ」の未然形＋尊敬の助動詞「す」から》❶「する」の尊敬語。「いかが一・しましたか」❷遊猟・音楽・詩歌など、遊芸をする意の尊敬語。㋐音楽をなさる。楽器を演奏なさる。「昔の殿上人は…御箏、御琵琶など常に弾きなどしつつ一・しけるに」〈今昔・一九・一七〉㋑詩歌をお詠みになる。「和歌も一・しけるにこそ」〈大鏡・良房〉㋒字や文をお書きになる。「御書一・いて賜たうだりけり」〈平家・六〉❸(補助動詞)「お…あそばす」「ご(御)…あそばす」の形で用いて、尊敬の意を表す。「お読み一・せ」「御免一・せ」「いろいろ御苦労一・すそうで」(類語)為る・為なす・遣やる・行う・営む (尊敬)される・なさる (謙譲)致す・仕つかまつる

あそばせ‐ことば【遊ばせ言葉】「御免あそばせ」「お出かけあそばせ」のように、文末などに「…あそばせ」を用いる女性の言葉遣い。転じて、女性のきわめてていねいな、上品ぶった口のきき方。

あそび【遊び】❶遊ぶこと。「一に興じる」❷酒色にふけったり、賭け事をしたりすること。遊興。「一で身を持ち崩す」❸仕事がないこと。仕事ができなくてひまなこと。「受注がなくて当分一だ」❹物事にゆとりのあること。「芸に一がある」❺機械などで、急激な力の及ぶのを防ぐため、部品の結合にゆとりをもたすこと。「ハンドルの一」❻文学上の立場で、対象を理性的に突き放してみる傍観者的な態度。森鷗外が示したもの。❼「遊び紙」の略。❽詩歌・音楽・舞い・狩猟などを楽しむこと。「一は夜。人の顔見えぬほど」〈枕・二一四〉❾遊び女め。「一どもの集ひ参れる」〈源・澪標〉❿《「神遊び」の略》神を祭るための舞楽。神楽。「豊の一をするが楽しさ」〈神楽・篠〉
(類語)(❶)遊戯・戯たわむれ・遊すさび・気晴らし・慰み事・娯楽・遊技・ゲーム・プレー・レジャー・レクリエーション/(❷)遊興・遊蕩ゆうとう・遊楽・道楽・放蕩・豪遊・清遊

あそび‐あか・す【遊び明かす】〔動サ五(四)〕❶夜が明けるまで遊ぶ。夜通し遊ぶ。「盛り場で一・す」❷夜通し詩歌・管弦などの遊びをする。「夜もすがら一・し給ふ」〈源・胡蝶〉

あそび‐うた【遊び歌】わらべ歌の一。子供たちが遊ぶ時に歌う歌。手まり歌や縄跳び歌など。

あそび‐がたき【遊び敵】遊び相手。「図らず妹を得たりしかば、よき一できたりとて」〈逍遥・当世書生気質〉

あそび‐がね【遊び金】有効な使い道がないため、むだにしておく金。寝かしてある金。

あそび‐がみ【遊び紙】《flyleaf》書物の巻頭・巻末の見返し紙と本文との間に入れる白紙。

あそび‐ぐさ【遊び▽種】遊びの材料。また、遊び相手。「いとをかしううち解けぬ一に、誰も誰も思ひ聞こえ給へり」〈源・桐壺〉

あそび‐ぐせ【遊び癖】仕事や勉強を怠ける習慣。また、遊興にふけりやすい癖。「一がつく」

あそび‐くら・す【遊び暮(ら)す】〔動サ五(四)〕一日中遊んで過ごす。また、何もせず毎日遊んで過ごす。

あそび‐ぐるま【遊び車】❶二軸間に動力を伝えるベルトを導くための車。二つの車の間にあって、緩みを防いだり、方向を変えたりする。❷回転方向を変えるため、二つの歯車の間に入れる歯車。

あそび‐ごころ【遊び心】❶遊びたいと思う気持ち。また、遊び半分の気持ち。❷ゆとりやしゃれけのある心。「まじめ一方で一がない」❸音楽を好む心。「みかど、いみじう一おはしませど」〈栄花・鶴の林〉

あそび‐ごと【遊び事】❶遊び。遊戯。❷遊び半分の物事。気慰みにすること。❸勝負事。

あそび‐ことば【遊び言葉】話しはじめや話のつなぎとしてさしはさむ、内容には直接関係のない言葉。「あのう」「ええと」の類。

あそび‐ごま【遊び駒】将棋で、その局面の攻防に有効に働いていない駒。

あそび‐たべ【遊び食べ】乳幼児が食事中に食べ物や食器などで遊ぶこと。離乳食をとり始めるなどして、食事行為に興味をもつ年齢に多く見られる。

あそび‐たわむ・れる【遊び戯れる】‐たはむれる〔動ラ下一〕図あそびたはむ・る〔ラ下二〕おもしろそうに遊ぶ。遊び興じる。「子犬と一・れる」

あそび‐て【遊び手】遊び好きな人。遊び上手な人。

あそび‐どうぐ【遊び道具】‐ダウグ 遊ぶ時に使用する道具。おもちゃ。

あそび‐ともだち【遊び友達】「遊び仲間」に同じ。

あそび‐なかま【遊び仲間】いっしょになって遊ぶ友達。遊び相手。(補説)遊ぶことだけで結びついている友達という意味で使うこともある。

あそび‐にん【遊び人】❶定職がなくぶらぶらと暮らしている人。❷遊興を好み、遊び慣れている人。遊び好き。放蕩者ほうとうもの。❸ばくち打ち。(類語)遊民

あそび‐はんぶん【遊び半分】〔名・形動〕いいかげんな気持ちで物事に取り組むこと。また、そのさま。「一に受験する」

あそび‐びと【遊び人】宮中などで音楽を演奏する人。楽人。伶人れいじん。「例の一たち数を尽くして」〈宇津保・嵯峨院〉

あそび‐ほう・ける【遊び×呆ける】〔動カ下一〕他のことをかえりみないで、遊びに熱中する。「仕事を忘れて一・ける」

あそび‐め【遊び女】管弦・歌舞などで、酒席などの興を取り持ち、また、売春する女。白拍子しらびょうし・遊女の類。浮かれ女め。遊び者。

あそび‐もの【遊び物】❶遊び道具。おもちゃ。「をかしき絵、一ども」〈源・若紫〉❷楽器。「多くの一の音」〈源・常夏〉

あそび‐もの【遊び者】「遊び女め」に同じ。「静と云ふ一を置かれたり」〈義経記・四〉

あそ・ぶ【遊ぶ】〔動バ五(四)〕❶スポーツ・趣味など好きなことをして楽しい時間を過ごす。「野球をして一・ぶ」「よく学び、よく一・べ」❷何もしないでぶらぶらして時を過ごす。決まった仕事・職がなく暇でいる。「失業して一・んでいる」❸飲酒・色事・ギャンブルなどに身を入れる。遊興する。「一・ぶ金欲しさに盗みをはたらく」❹労力・機械・土地などが有効に使われずに捨て置かれる。「手が一・んでいる」「一・んでいる資本」❺(「…にあそぶ」の形で)見物や勉学のために他の土地へ行く。旅行する。遊学する。「京都に一・ぶ」「三年間パリに一・ぶ」❻野球で、投手が打者のねらいをさぐったり、打ち気をそらしたりするために、わざ

とボールになる球を投げる。「ツーストライクのあと一球—・ぶ」❼相手をもてあそぶ。からかう。「力が違いすぎて、すっかり—・ばれてしまった」❽詩歌・管弦などを楽しむ。「をとこは、うけきらはず呼び集へて、いとかしこく—・ぶ」〈竹取〉 可能 あそべる

あそぶ-いと【遊糸】《「遊糸(ゆうし)」の訓読みから》陽炎(かげろう)。いとゆう。「曇りなくなぎたる空に—に琴柱(ことじ)をたてて帰る雁(かりがね)」〈夫木・五〉

アゾフ-かい【アゾフ海】《Azov》黒海北東部にある内湾。ドン川が注ぎ、ケルチ海峡で黒海に通じる。

アゾベンゼン〖azobenzene〗二つのベンゼン環がアゾ基で結合した芳香族アゾ化合物。シス型、トランス型の異性体がある。シス型は一般的に不安定。トランス型は橙色の結晶で、エーテルやアルコールに溶け、水に溶けにくい。トランス型に光を照射すると一部がシス型に異性化する。この性質を利用して光の照射によって変形するフィルムが作られた。

あそみ【▽朝▽臣】天武天皇が制定した八色(やくさ)の姓(かばね)の第二位。初めは、皇族から降下した有力氏族に与えられたが、平安時代以後は皇子・皇孫にも与えられ、姓の第一位となった。あそ。あそん。

アソム〖Asom〗▶アッサム

アゾレス-しょとう【アゾレス諸島】(ポルトガル)《Azores》北大西洋中部にある諸島。ポルトガル領。主島はサンミゲル島。欧米を結ぶ交通の要地で、また気候温和な保養地。アソレシュ。アソーレス。

あそん【▽朝▽臣】《「あそみ」の音変化。中・近世は「あっそん」とも》❶「あそみ(朝臣)」に同じ。❷平安時代、五位以上の人につける敬称。三位以上は姓の下につけ、四位は名の下につけ、五位は姓名の下につけたという。「藤原—」「信隆(のぶたか)—」「在原業平(ありわらのなりひら)—」❸(代名詞的に用いて)平安時代、宮廷貴族間で使われた、男子に対する呼び方。「—や、御休み所もとめよ」〈源・藤裏葉〉

あた【×咫】上代の長さの単位の一。親指と中指とを広げた長さ。「その鼻の長さ七—」〈神代紀・下〉

アタ〖ATA〗▶エー-ティー-エー(ATA)

あた〔副〕《「あだ」とも》不快・嫌悪の気持ちを表す語に付いて、その程度がはなはだしいという意を表す。あった。「—めんだうなとつきたふせば」〈浄・傾城三度笠〉 補説「あたがましい」のように、連濁を伴って接頭語的にも用いる。「五十両に足らぬ金あたがしましう言ふまい」〈浄・冥途の飛脚〉

あだ【×仇・×寇】《室町時代までは「あた」》❶仕返しをしようと思う相手。敵。かたき。「親の—を討つ」❷恨みに思って仕返しをすること。また、その恨み。「恩を—で返す」❸害をなすもの。危害。「親切のつもりが—となる」❹攻めてくる敵兵。侵入してくる外敵。「しらぬひ筑紫(つくし)の国は—守る押への城(き)そと」〈万・四三三一〉 類語 恨み・怨恨(えんこん)・怨嗟(えんさ)・意趣・私怨(しえん)・遺恨(いこん)・怨念(おんねん)・宿意・宿怨(しゅくえん)・宿恨・積怨(せきえん)・旧怨(きゅうえん)・憎しみ・復讐心(ふくしゅうしん)・逆恨み・恨めしい

仇は情け ひどい仕打ちが励みとなって、かえってよい結果になること。

仇を恩で報(むく)・いる 恨むべき人に対して、かえって情けをかける。⇔恩を仇で返す。

仇をな・す ❶恨みに思う。かたきとみる。❷仕返しをする。また、害を及ぼす。「我夫婦に—・す悪漢なりと思えば」〈鉄腸・花間鶯〉

あだ【▽徒】〔形動〕文〔ナリ〕❶実を結ばずむなしいさま。無益なさま。むだ。「せっかくの好意が—になる」❷浮ついたさま。不誠実で浮気っぽいさま。「—なる恋にはあらで、女夫(めおと)の契を望みしなり」〈紅葉・金色夜叉〉❸一時的ではかないさま。かりそめ。「なかなかに—なる花は散りぬともまつを頼まぬ人のあらめや」〈為頼集〉❹いいかげんなさま。粗略だ。「まだしき時に方さまの御心づかひゆゑと、それはそれは—に存ぜぬに候」〈浮・文反古・五〉

徒や疎(おろそ)か 「あだおろそか」に同じ。「小事とはいえ—に扱えない」

あ-だ【×婀×娜】㊀〔形動〕文〔ナリ〕❶女性の色っぽくなまめかしいさま。「—な年増(としま)」❷美しくたおやかなさま。「花の色を—なる物といふべかりけり」〈古今・物名〉㊁〔ト・タル〕文〔形動タリ〕㊀❷に同じ。「—たるその姿態は能(よ)く鉄石の心をも蕩(とろ)かすといわれていた」〈中島敦・悟浄出世〉 類語 なまめかしい・色っぽい・あだっぽい・コケットリー・コケティッシュ

アダージェット〖(イタリア) adagietto〗音楽で、速度標語の一。アダージョよりやや速く、の意。

アダージョ〖(イタリア) adagio〗音楽で、速度標語の一。緩やかに、の意。アダジオ。

あだあだ・し【▽徒▽徒し】〔形シク〕❶誠実でない。無責任だ。「人の、ふみを—・しく散らすと聞きて」〈風雅・恋三・詞書〉❷浮気だ。好色がましい。「たはぶれに—・しき御心なし」〈栄花・さまざまの喜び〉❸内容が空虚で、いいかげんである。「抑(そもそ)も仏の教へは、—・しき事のみぞかし」〈読・春雨・二世の縁〉

あたい【価・値】(あたひ) ❶価格。値段。また、代価。「商品に—をつける」「質屋の使の…尋ね来(こ)ん折には—を取らすべきに」〈鴎外・舞姫〉❷物の値打ち。価値。「一顧の—もない」❸(値)数学で、文字や式・関数などがとる数値。「比の—」

類語 (❶)価格・値段・値(ね)・物価・金額・単価/(❷)価値・値打ち・意義・真価(しんか)・有用性・バリュー・メリット

あたい【▽直・▽費】(あたひ)「あたえ(直)」に同じ。

あたい【▽私】〔代〕《「あたし」の音変化》一人称の人代名詞。主に東京下町の婦女や小児が用いる。

類語 あたし・あたくし

あたい・する【値する・価する】(あたひ)〔動サ変〕文あたひ・す〔サ変〕(「…にあたいする」の形で)それをするだけの値打ちがある。ふさわしい価値がある。相当する。「称賛に—・する」 類語 堪(た)える

あたい-せんきん【価千金・値千金】(あたひ) 千金の値打ちがあること。高い価値のあること。「春宵一刻—」「酔い醒めの水は—」

あ-たいりく【亜大陸】❶大きな半島などのように、大陸の一部で、地理的に他の部分と区別される一区画。「インド—」❷大陸ではないが、島の中でも比較的大きなもの。グリーンランドなど。

あた・う【与ふ】(あたふ)〔動ハ下二〕「あたえる」の文語形。

あた・う【▽能う】(あたふ)〔動ワ五(ハ四)〕《もと必ず打消しを伴い、活用語の連体形に「こと」や助詞「に」を付けて「…にあたわず」「…ことあたわず」の形で多く用いられたが、明治以後は肯定の言い方もみられる》❶可能の意を表す。なしうる。できる。「行くこと—・わず」「味については議論するに—・わず」「危きに臨めば平常なし—・わざる所のものを為し—・う」〈漱石・吾輩は猫である〉❷理にかなう。納得がいく。「—・はぬことなり。はや出だし奉れ」〈竹取〉❸適する。相当する。「此れ汝が着る物に—・はず」〈今昔・二三・一八〉 補説 ❶の肯定の言い方は、欧米語の可能の助動詞の翻訳として広まった。

あだ・う【▽徒ふ】(あだふ)〔動ハ下二〕ふざける。戯れる。「若やかなる人こそ、物の程知らぬやうに—・へたるも罪ゆるさるれ」〈紫式部日記〉

あだ-うち【×仇討ち】❶主君・親兄弟などを殺した者を討ち取って恨みを晴らすこと。江戸時代、武士階級で慣習として公認されていたが、明治6年(1873)禁止された。かたきうち。❷仕返しをすること。「けんかに負けた弟の—をする」 類語 仕返し・報復・返報・復讐・しっぺ返し・お礼参り・敵討ち・雪辱

あだうち-もの【×仇討ち物】浄瑠璃・歌舞伎・講談などで、仇討ちを主題にしたもの。かたきうちもの。

あたえ【▽直・▽費】(あたへ) 古代の姓(かばね)の一。朝廷に服した地方の国造(くにのみやつこ)に多く与えられた。5、6世紀ごろ成立。あたい。

あた・える【与える】(あたへる)〔動ア下一〕文あた・ふ〔ハ下二〕❶自分の所有物を他の人に渡して、その人の物とする。現在ではやや改まった言い方で、恩恵的な意味で目下の者に授ける場合に多く用いる。「子供におやつを—・える」「賞を—・える」❷相手のためになるものを提供する。「援助を—・える」「注意を—・える」❸ある人の判断で人に何かをさせる。㋐相手に何かができるようにしてやる。配慮して利用することを認める。「発言の自由を—・える」「口実を—・える」㋑割り当てる。課する。「宿題を—・える」「役割を—・える」❹影響を及ぼす。㋐相手に、ある気持ち・感じなどをもたせる。「感銘を—・える」「いい印象を—・える」「苦痛を—・える」㋑こうむらせる。「損害を—・える」 補説 室町時代以降はヤ行にも活用した。⇒与ゆ

類語 (❶❷)遣(や)る・遣(つか)わす・取らせる・授ける・贈る・施す・恵む・くれる・授与する・賜与する・付与する・譲与する・贈与する・供与する・提供する・供給する・給付する・支給する・給する・あげる・差し上げる・供する・恵与する (尊敬)賜る・下さる・下される/(❸❹)あてがう・課する/(❹)及ぼす・もたらす

あだ-おろそか【▽徒▽疎か】〔形動〕文〔ナリ〕(多く「あだおろそかに」の形で、あとに否定の語を伴って用いる)軽々しく粗末にするさま。いいかげん。あだやおろそか。「親の恩を—にはできない」

あたか【安宅】㊀石川県小松市西部の地名。北陸道の宿駅。㊁謡曲。四番目物。観世小次郎信光作。奥州へ落ちる義経主従は、途中、安宅の関で富樫(とがし)に見とがめられるが、弁慶の機転で無事通過する。

あだ-がたき【×仇敵】《古くは「あたかたき」》憎い相手。きゅうてき。

あたか-の-せき【安宅の関】石川県小松市にあった鎌倉初期の関所。謡曲「安宅」、歌舞伎「勧進帳」の舞台。

あたか-の-まつ【安宅松】歌舞伎舞踊。長唄。本名題「隈取安宅松(くまどりあたかのまつ)」。初世富士田吉治作曲。明和6年(1769)江戸市村座初演。弁慶が安宅の松のもとで、草刈り童に奥州平泉への道を教えてもらう。

アタカマ-さばく【アタカマ砂漠】《Atacama》チリ北部の南北に長大な砂漠。銅・銀・チリ硝石を産出。

あたか-も【×恰も・▽宛も】〔副〕《「あだかも」とも》❶(多くあとに「のようだ」「のごとし」などを伴って)あるものが他によく似ていることを表す。まるで。まさしく。ちょうど。「—自分が体験したように語る」❷ちょうどその時。「時—芸術の秋である」 類語 まるで・ちょうど・さながら

恰もよし ちょうどよいことには。まことにぐあいよいことには。「—、山手に寄った家の若い者が五六人、駈けつけて来た」〈蘆花・自然と人生〉

あたがわ-おんせん【熱川温泉】(あたがはヲンセン) 静岡県賀茂郡東伊豆町の温泉。泉質は塩化物泉。温泉を利用したバナナ園・ワニ園、洋ラン研究所がある。

あだ・く【▽徒く】〔動カ下二〕浮気なことをする。うわつく。「うち—・けすきたる人の」〈源・朝顔〉

あたくし【▽私】〔代〕《「わたくし」の音変化》一人称の人代名詞。主に女性が用いる。 類語 あたし・あたい

あだ-ぐち【▽徒口】むだぐち。実意のない言葉。「笑いながら—に空耳を貸して」〈魯庵・社会百面相〉

あだ-くらべ【▽徒比べ・▽徒競べ】❶男女が互いに、相手を浮気だと言い合うこと。「—かたみにしける男女の」〈伊勢・五〇〉❷はかなさを競い合うこと。「—とや月の夜の雨、花盛りの風」〈浮・男色大鑑・四〉

あだ-け【▽徒気】《動詞「あだく」の連用形から。「気」は当て字》浮気な行為。浮気心。「その古(かみ)よりせぬ—こそは、いとうしろめたけれ」〈源・若菜上〉

あたけ-ぶね【▽安▽宅船・×阿×武船】戦国時代から江戸初期に建造された大型軍船。紀伊の安宅氏の創始とされ、大砲を備えたものもあった。あたけ。

あたけ-まる【安宅丸】江戸時代、3代将軍徳川家光のときにつくられた大型軍船。実用に適さず半世紀で解体された。

あた・ける〔動カ下一〕《「あだける」とも》暴れ騒ぐ。「家鹿(やか)の為に起こされた。や—・けて—・けてどうもならぬ」〈滑・浮世床・初〉

あたご【愛宕】「愛宕山」の略。

あたご-ごけ【▽愛×宕×苔】クラマゴケの別名。

あだ-ごころ【▽徒心】移りやすい心。浮気心。あだしごころ。「深き心も知らで、—つきなば」〈竹取〉

あたご-じんじゃ【愛宕神社】㊀京都市右京区にある神社。祭神は、本宮に稚産日命(わくむすびのみこと)ほか四神、若宮に雷神(いかづちのかみ)ほか二神。防火の神として信仰

される。全国愛宕神社の総本社。愛宕権現。㊁東京都港区にある神社。慶長8年(1603)に京都の愛宕神社の分霊を勧請(かんじょう)。芝愛宕山。

あだ-ごと【▽徒言】実(じつ)のないあてにならない言葉。うそ。「たはぶれにても、人の御―など、聞こえ給ふべくなむあらぬ」〈宇津保・藤原の君〉

あだ-ごと【▽徒事】❶真心のこもらないその場かぎりのこと。たわむれごと。「はかなき―をも、まことの大事をも」〈源・帚木〉❷無意味なこと。むだなこと。「さればとて勧むる薬剤(くすり)に、功能なくは―なり」〈読・弓張月・続〉

あたご-びゃくさん【▽愛×宕白山】〘感〙《「山城の愛宕権現と、加賀の白山(はくさん)権現よ、照覧あれ」の意》固い決意を表す誓いの言葉。あたごはくさん。「一、指もささば堪忍せぬと詰めかくる」〈浄・百日曽我〉

あたご-まいり【▽愛×宕参り】(まゐり) 愛宕神社に参詣すること。

あたご-やま【愛宕山】㊀京都市右京区にある山。標高924メートル。東の比叡山(ひえいざん)と相対する。山頂に愛宕神社がある。あたごさん。㊁東京都港区芝公園北方の小丘陵。標高26メートル。山頂にある愛宕神社への石段は、曲垣平九郎(まがきへいくろう)が馬で上下した講談で知られる。大正14年(1925)日本最初のラジオ放送局が開設された地。㊂千葉県南部、鴨川市と南房総市の境にある山。房総丘陵南部にあり、標高408メートルで千葉県の最高峰。

あたご-れんが【愛宕連歌】天正10年(1582)5月27日、明智光秀が織田信長を本能寺に襲う前、愛宕山で催した連歌の会での百韻。光秀が、発句「時は今天が下知るさつきかな」でその野望をひそかにのべたことで有名。

あだ-ざくら【▽徒桜】散りやすい桜の花。はかないもののたとえ。「知れぬ浮世の―」〈伎・小袖曽我〉

あたし【▽私】〘代〙《「わたし」の音変化》一人称の人代名詞。「わたし」よりもくだけた言い方。男女ともに用いたが、現在では主に女性が用いる。
[類語]あたくし・あたい

あだし【▽他し|▽異し】〘語素〙《「あたし」とも》名詞の上に付いて、他の、よその、違っている、の意を表す。「逢ひがたき君に逢へる夜ほととぎす―時ゆは今こそ鳴かめ」〈万・一九四七〉[補説]一説に、シク活用形容詞ともされるが、「あだしく」「あだしき」などの確例はなく、「あだし妻」「あだし国人」など、他の名詞と合して用いられる。

あだし【▽徒し|▽空し】〘語素〙名詞の上に付いて、むなしい、実(じつ)がない、変わりやすい、の意を表す。「―情けの世を頼み」〈浄・冥途の飛脚〉[補説]一説にシク活用形容詞ともされるが、「あだしく」「あだしき」などの確例はなく、「あだし心」「あだし言葉」など、他の名詞と合して用いられる。ただ、後世には、形容詞に活用させた用例も時にみられる。

アダジオ〘イタ adagio〙▶アダージョ

あだし-おとこ【▽他し男】(をとこ) (多く、夫以外の)ほかの男。別の男。

あだし-おとこ【▽徒し男】(をとこ) 浮気な男。薄情な男。

あだし-おんな【▽他し女】(をんな) (多く、妻以外の)ほかの女。別の女。

あだし-おんな【▽徒し女】(をんな) 浮気な女。好色な女。

あたじけ-な・い〘形〙図あたじけな・し〘ク〙欲が深い。けちだ。しみったれだ。「暮しは贅沢といえない迄も、―・く切り詰めた無弾力性のものではなかった」〈漱石・こゝろ〉[派生]あたじけなさ〘名〙

あだし-ごころ【▽徒し心】浮気な心。あだごころ。「君をおきて―を我が持たば末の松山波もこえなむ」〈古今・東歌〉

あだし-ごと【▽他し事】ほかの事。余事。「―はさておき」

あだし-ことば【▽徒し言葉】口先だけで誠意のない言葉。「―の人ごころ」〈謡・班女〉

あだし-ちぎり【▽徒し契り】口先だけのはかない約束。「人はいさ―の言の葉をまこと顔にや待ち更けぬらん」〈風雅・恋二〉

あだし-な【▽徒し名】浮き名。恋の評判。「世に広がりし―を」〈浄・今宮の心中〉

あだし-の【徒野|仇野|化野】㊀京都市右京区嵯峨、小倉山の麓の野。中古、火葬場があり、東山の鳥辺山(とりべやま)と併称された。名は「無常の野」の意で、人の世のはかなさの象徴としても用いられた。[歌枕]㊁墓地。「暁、灰よせなりとて、おのおの卯木(うつぎ)の箸折りて、―にむかふ」〈父の終焉日記〉

あだし-よ【▽徒し世】はかない世。無常の世。「明日知らぬみ室の岸の根無草何―に生ひ始めけん」〈千載・雑中〉

あたしん-ち【▽私ん▽家】〘連語〙《「あたしのうち」の音変化》わたしのいえ。

あだ・する【×仇する|×寇する】〘動サ変〙図あだ・す〘サ変〙《「あたする」とも》❶害を及ぼす。また、損なう。「人に―・する猿」「罪なきを―・すれば、忽ちに現罰あるか」〈開目鈔〉❷敵対する。また、攻め入る。「こは―・するかとひとすぢに、思ひたがへし愚さよ」〈読・弓張月・前〉

あたたか【暖か|温か】〘形動〙図〘ナリ〙❶(暖か)暑すぎもせず、寒くもなく、程よい気温であるさま。あったか。「―な小春日和」(季 春)「―な雨がふるなり枯葎(かれむぐら)/子規」❷(温か)物が冷たくなく、熱すぎもせず、程よい温度であるさま。「―なスープ」❸(温か)思いやりのあるさま。「―な家庭」❹(暖か)金銭が十分にあるさま。「懐が―だ」❺(暖か)色合いが、赤・黄系統で柔らかい感じのするさま。「壁の色が―だ」❻穏やかなさま。すなおだ。「銀(ぎん)も見ずに―に請取をせうわいなあ」〈浄・生玉心中〉❼ずうずうしいさま。いい気なさま。「―な事言はれなと声をとがらし申しける」〈浄・文武五人男〉[派生]あたたかげ〘形動〙あたたかさ〘名〙あたたかみ〘名〙[類語]あたたかい・温暖・生あたたかい・ほかほか・ぽかぽか・温和・優しい・あったか・ほやほや・温(ぬく)い・ぬくい・生ぬるい・ぬくぬく・ぬくもり

あたたか・い【暖かい|温かい】〘形〙図あたたか・し〘ク〙《形容動詞「あたたか」の形容詞化》❶(暖かい)寒すぎもせず、暑すぎもせず、程よい気温である。あったかい。「―・い部屋」「―・い地方」(季 春)「―・きドアの出入となりにけり/万太郎」❷(温かい)物が冷たくなく、また熱すぎもせず、程よい状態である。「―・い御飯」❸(温かい)思いやりがある。いたわりの心がある。「―・くもてなす」⇔冷たい。❹(暖かい)金銭が十分にある。「今日は懐が―・い」⇔寒い。❺(暖かい)色感がやわらかく、冷たい感じがしない。「―・い色調の壁紙」[補説]気温のようにからだ全体で感じるあたたかさに、「寒い」に対して「暖かい」、部分で感じたり心で感じたりするあたたかさに、「冷たい」に対して「温かい」と書くのが普通。[類語](❶❷)あたたか・あったか・生あたたかい・温暖・温和・ほかほか・ぽかぽか・ほやほや・温(ぬく)い・ぬくい・優しい・ぬくぬく・生ぬるい・ぬくもり/(❸)優しい・情け深い・手厚い・細やか・懇(ねんご)ろ・親切・懇篤(こんとく)・温厚

あたたま・る【暖まる|温まる】〘動ラ五(四)〙❶熱を受けて程よい温度になる。あったまる。「風呂に入って―・る」「スープが―・る」❷(温まる)心が満ち足りてほのぼのと和やかになる。「心の―・る言葉」❸(暖まる)金回りがよくなる。「懐が―・る」
[類語]熱する・あたためる・ほてる

あたた・む【暖む|温む】〘動マ下二〙「あたためる」の文語形。

あたた・める【暖める|温める】〘動マ下一〙図あたた・む〘マ下二〙❶程よい温度に高める。あたたかくする。あっためる。「冷えた手を―・める」「ミルクを―・める」❷(温める)㋐卵がひなにかえるまで大事にかかえる。「卵を―・める」㋑自分の手元にしまっておく。温存する。「―・めていた論文を発表する」㋒絶えていた人との交際を以前に戻す。「旧交を―・める」❸登場する機会がなくて控えている。暇である。「席を―・める」「ベンチを―・める」❹自分だけで利益を独占する。また、こっそり自分のものにする。「拾った金を―・める」[類語]熱する・あたたまる・ほてる

あだたら-まゆみ【▽安太多▽良真弓|▽安▽達太▽郎×檀弓】古代、陸奥(むつ)国安達郡(福島県)から産出した弓。安達の真弓。

あだたら-やま【安達太良山】福島県中北部の火山。標高1700メートル。麓に岳(だけ)など温泉が多い。

あだち【足立】東京都北東部の区名。荒川・隅田川と中川にはさまれ、北は綾瀬川の支流の毛長川をはさんで埼玉県と接する。人口68.4万(2010)。

あだち-かげもり【安達景盛】[?～1248]鎌倉前期の武将。執権北条時頼の外祖父として権勢をふるい、宝治元年(1247)時頼と謀って三浦氏を滅ぼした。

あだち-が-はら【安達ヶ原】㊀福島県二本松市、阿武隈川東岸の称。また、安達太良山(あだたらやま)東麓(とうろく)ともいう。昔、鬼婆が住んでいたという伝説がある。[歌枕]㊁謡曲。「黒塚」の観世流における名称。

あだち-く【足立区】▶足立

あだち-けんぞう【安達謙蔵】(―ケンザウ)[1864～1948]政治家。熊本の生まれ。立憲同志会・憲政会・民政党の幹部。選挙の神様といわれた。逓相・内相を歴任。

あだち-しき【▽安▽達式】生け花の流派の一。大正初期、安達潮花が池坊から独立して始めた。装飾的な盛り花、投げ入れが特徴。

あだち-みつる【あだち充】[1951～]漫画家。群馬の生まれ。本名、安達充。思春期の登場人物がスポーツと恋に悩むストーリー展開と、柔らかく独特なタッチの画風で、若年層の圧倒的な支持を得る。代表作は「みゆき」「タッチ」「H2(エイチツー)」など。

あだち-やすもり【安達泰盛】[1231～1285]鎌倉中期の武将。秋田城介・引付衆・評定衆などを歴任して勢威を誇ったが、内管領平頼綱と争い、一族とともに滅んだ。

アタチュルク〘Atatürk〙▶ケマル=アタチュルク

アタチュルク-しんりんのうえん【アタチュルク森林農園】(―シンリンノウエン)《Atatürk Orman Çiftliği》トルコの首都アンカラの西郊にある公園。動物園、農園、レストランなどのほか、ギリシャのテッサロニキにあった初代大統領ケマル=アタチュルクの生家の複製がある。アタチュルクの森。

アタチュルク-の-もり【アタチュルクの森】《Atatürk Orman Çiftliği》▶アタチュルク森林農園

アタチュルク-びょう【アタチュルク廟】(―ベウ)《Anıtkabir》トルコの首都アンカラにある初代大統領ケマル=アタチュルクの霊廟。市街南東部の丘の上に、1953年に建造。アタチュルクの墓のほか、ゆかりの品々を所蔵する博物館がある。アヌトゥカビル。

アタッカ〘イタ attacca〙音楽で、ある楽章または部分の終止の後に、休みなく次の部分を演奏すること。

アタッカー〘attacker〙バレーボールで、スパイクしてポイントを取ることを役目とする選手。スパイカー。
[補説]日本語での用法で、英語ではspiker

アタッキング-ゾーン〘attacking zone〙アイスホッケーのリンクのうち、相手側のゴールのある3分の1の区域をいう。

アタック〘attack〙〘名〙(スル) ❶スポーツで、攻撃すること。❷登山で、登頂や困難な登攀(とうはん)に挑戦すること。「アイガー北壁に―する」❸困難な物事にいどむこと。「難関に―する」❹声明・合奏などで、最初の出だし。❺バレーボールで、ボールを相手コートに打ち返すこと。特にスパイクを指すことが多い。アタックヒット。
[類語]攻撃・襲撃・急襲・強襲・突撃・攻略・襲う・襲いかかる・攻める・攻めかかる

あだ-つ・く【▽徒つく】〘動カ四〙❶浮気心を起こしてそわそわする。「女郎衆が―・いてならぬ故(ゆゑ)」〈黄・艶気樺焼〉❷いちゃつく。じゃらつく。「奥座敷の女郎が東洲に―・いた」〈洒・遊子方言〉

アタック-ヒット〘attack hit〙▶アタック❺

アタック-ライン〘attack line〙❶ラグビーで、ライン攻撃を行う際に敷く陣形。❷六人制バレーボールで、コートの中央から3メートルの位置に引かれた線。後衛選手がこれを踏み越えてスパイクすると反則となる。➡バックアタック

アタッシェ〘フランス attaché〙大使館・公使館で、軍事・科学・経済などの専門分野を担当する館員。

アタッシェ-ケース〖attaché case〗小さくて薄いトランク型の書類かばん。アタッシュケース。
(類語)かばん・バッグ・手提げ・トランク・スーツケース

アタッチド-カラー〖attached collar〗ボタン・スナップなどで留められて、取り外しのできるようになっている襟のこと。

アタッチメント〖attachment〗器具・機械類の付属装置。カメラの補助レンズ、ミシンの付属品など。

アタッチメント-リング《和 attachment＋ring》他の指輪と組み合わせて使える指輪。

あだっ-ぽ・い【×婀×娜っぽい】〔形〕女性の容姿や身のこなしが、なまめかしく、美しい。色っぽい。「—・い浴衣姿」(派生)あだっぽさ〔名〕(類語)なまめかしい・色っぽい・あだ・コケットリー・コケティッシュ

あだて 目当て。当て。また、方法・手段。「牢ろうを出しは出したれ共何を—に何とせう」〈浄・丹波与作〉

あだ-な【▽徒名】❶男女関係についてのうわさ。浮き名。「—が立つ」❷事実無根の評判。「急ぎ首取り御分ごぶんが—を清めてくれよ」〈浄・主馬判官盛久〉
(類語)艶聞・浮き名

あだ-な【×渾名¦×綽名】《「あだ」は他・異の意》本名とは別に、その人の容姿や性質などの特徴から、他人がつける名。ニックネーム。あざな。

アダナ〖Adana〗トルコ南部の工業都市。トロス山脈の南、セイハン川・ジェイハン川がつくる三角州に広がるチュクルオバ平原に位置する。周辺は肥沃な農業地帯であり、同国最大の綿の産地。古代ローマ時代、ポンペイウスにより建設され、その後衰退。8世紀にアッバース朝のハールーン=アッラシードにより再興した。16世紀初めよりオスマン帝国領。2世紀建造の石造橋や、16世紀初めに建造されたウルモスクがある。

あだ-な・い〔形〕(文)あだな・し〔ク〕《中世・近世語》❶はかない。「夢まぼろしのうき世—・い命と存ずるによりて」〈狂言六義・魚説法〉❷「あどない」の音変化。「物腰になまりあって、—・いところがかはゆらしいと」〈浮・御前義経記・八〉

あだ-なさけ【▽徒情け】その時かぎりの、気まぐれな恋愛。また、一時の親切。

アタナシウス〖Athanasius〗[298ころ～373]初期キリスト教の教父。アレクサンドリアの司教。325年のニカイア公会議で、アリウス派を論駁ろんばく。三位一体説を主張し、正統派神学の祖となった。

あだ-なみ【▽徒波¦▽徒▽浪】たいした風もないのに立つ波。変わりやすい人の心、軽々しい行為などをたとえていう語。「音にだに立てじと思ひし—のあだなる名をも流しつるかな」〈新葉・恋二〉

あだ-の-おおの【阿太の大野】奈良県五條市北東部、吉野川沿岸の地域。萩はぎの名所。(歌枕)「ま葛原なびく秋風吹くごとに—の萩の花散る」〈万・二〇九六〉

あだ-ばな【▽徒花】❶咲いても実を結ばずに散る花。転じて、実じつを伴わない物事。むだ花。「—を咲かす」「—に終わる」❷季節はずれに咲く花。❸はかなく散る桜花。あだざくら。「風をだに待つ程もなき—は枝にかかれる春の淡雪」〈夫木・四〉

アタピー〖ATAPI〗《ATA packet interface》パソコンとハードディスク、CD-ROMドライブなどの周辺機器を接続するインターフェース規格。米国国家規格協会(ANSI)により標準化。アタピ。➡ATA

あだ-びき【▽徒弾き】琴や三味線などを、正式でなく慰みに弾くこと。

あだ-びと【▽他人】ほかの人。別の人。「など—の手にやしなわるべき」〈樗牛・わが袖の記〉

あだ-びと【▽徒人】❶浮気者。移り気な人。「この君もいとものうくして、すきがましき—なり」〈源・帚木〉❷風流を解する人。「—と樽を枕まくらに呑のみほさん/重五」〈冬の日〉

アタプエルカ-いせき【アタプエルカ遺跡】《Atapuerca》スペイン北部アタプエルカ山脈の洞窟どうくつにある遺跡。ヨーロッパ最古と考えられる人類の化石が多く発掘され、約80万年前の原人「ホモ-アンテセソール」などが発見されている。2000年「アタプエルカの古代遺跡」として世界遺産(文化遺産)に登録。

あだ-ぶし【▽徒×臥し】❶独り寂しく寝ること。あだね。「そま人のまきの仮屋の—におとするものはあられなりけり」〈山家集・上〉❷その場かぎりの男女の交わり。あだまくら。「かの—の因果めが煩悩を起こさせますと」〈浄・薩摩歌〉

アダプソ〖ADAPSO〗《Association of Data Processing Service Organizations》米国の、コンピューターデータ処理業協会。1961年設立、91年、ITAA(Information Technology Association of America)に改称。

あた-ふた〔副〕(スル)慌てて騒ぐさま。「支度もそこそこに—(と)家を出た」「—するな」(類語)そそくさ

アダプター〖adapter〗規格や機能の異なる機器を接続したり、別の用途に使用したりするときに用いる付属品。接続器具。

アダプテーション〖adaptation〗❶適応。順応。調整。❷小説・戯曲などを改作すること。脚色。

アダプト〖adapt〗〔名〕(スル)❶適応・順応すること。また、適合させること。❷翻案・脚色すること。

あた-ぼう〔形動〕あたりまえ、の意の近世の俗語。「あたりまえだ、べらぼうめ」をつづめて言ったものという。「そりゃあたよ、—と言ふだらうが」〈洒・京伝居士談〉

あだ-ぼれ【▽徒×惚れ】❶浮気心からする恋。「このほど—あそばし是非に誓紙書けとて」〈浮・置土産・四〉❷思いをかけても、かなわない恋。「石車にのって—するは男の屑の葛餅」〈浄・松風村雨〉

あたま【頭】❶動物の体の上端または前端の部分で、脳や目・耳・鼻などの重要な感覚器官のある部分。㋐首から上の部分。かしら。こうべ。「—を深く下げる」㋑人間では、頭髪の生えた部分。動物では頭頂のあたり。「—をかく」「犬の—をなでてやる」❷脳の働き。思考力。考え。「—の回転が速い」「—に入れておく」「—を切り替える」❸髪。頭髪。髪の形。「—が白くなる」「—を刈る」❹物の先端、上端。てっぺん。「釘の—」❺物事のはじめ。最初。はな。「来月の—から始める」❻うわまえ。「—をはねる」❼主だった人。人の上に立つ者。首領。長。かしら。「—に据える」❽人数。頭かず。「—がそろう」❾(「ひとり」の下に付き、接尾語的に用いて)人を単位とすることを表す。…あたり。「ひとり—千円を集める」❿相場の最高点。天井。「—つかえ」⓫「頭金あたまきん」の略。
(下接語)毬栗いがぐり頭・石頭・大頭・金槌かなづち頭・金柑きんかん頭・慈姑くわい頭・芥子けし頭・外法げほう頭・孔子頭・才槌さいづち頭・散切ざんぎり頭・白髪頭・擂すり粉木頭・茶瓶ちゃびん頭・禿はげ頭・ビリケン頭・坊主頭・本多頭・薬缶やかん頭・野郎頭
(類語)(❶)頭かしら・頭部・こうべ・つむり・かぶり・おつむ・ヘッド・雁首/(❹)先・先端・突端・先っぽ・ヘッド・はじめ・端はな・端はしっこ・突先とっさき・突端とったん・一端いったん/(❽)人数・員数・人員・頭数・定員・人口

頭が上がら◦ない ❶引け目を感じて対等な関係に立てない。「借金があるので—◦ない」❷病気が重くて枕まくらから頭を起こせない。

頭が痛・い ❶頭痛がする。❷解決のむずかしい問題などで、心配したり悩んだりするさま。「資金繰りで—・い」

頭が重・い ❶頭が重苦しく感じられ、すっきりしない。「寝不足で—・い」❷悩みごとがあって、気分が晴れない。気が重い。

頭が固・い 考え方が柔軟でない。融通がきかない。

頭が切・れる 物の考え方が鋭い。問題をみごとにすばやく解決できる。頭の回転が速い。

頭隠して尻しり隠さず 悪事・欠点の一部を隠して全部を隠したつもりでいる愚かさをあざける言葉。

頭が下が・る 敬服する。感服する。「彼の勤勉ぶりには—・る」

頭が低・い 他人に対して、謙虚で、ていねいである。腰が低い。「社長になっても—・い」

頭が古ふる・い 考え方が古臭い。

頭から水を浴びたよう 突然の出来事に、驚き恐れてぞっとするさま。

頭から湯気ゆげを立・てる かんかんになる。非常に怒るようすをいう。

頭剃そるより心を剃れ 頭を剃って形だけ僧になっても、心が伴わなければだめだ。形式よりも精神が大事だということ。かしら剃るより心を剃れ。

頭でっかち尻しりすぼり はじめが大きく、終わりは小さいこと。はじめは勢いがよく、終わりがだらしないこと。竜頭蛇尾。頭でっかち尻つぼみ。

頭と尻尾しっぽは呉くれてやれ 相場格言の一つ。相場では、底値で買って最高値で売り抜けようとねらうが、なかなかうまくいかないので、上がり始めに買って下がる前に売ってしまい、ある程度の利益で満足すべきという教訓のたとえ。➡利食い千人力

頭に入い・れる しっかりと記憶にとどめる。「道順を—・れてから出かける」

頭に◦来る ❶怒りで興奮する。かっとなる。「ばかにされて—◦来た」❷酔いや病毒が頭に回る。また、気が変になる。

頭に血が上・る 興奮する。かっとなる。

頭の上の蠅はえを追・う 人のおせっかいをする前に、まず自分自身の始末をする。

頭の黒い鼠ねずみ 食物などをかすめ取る身近な人をネズミにたとえた語。

頭の天辺てっぺんから足の爪先つまさきまで からだの最上部から最下部まで。からだ全部。「にわか雨で—ずぶぬれになる」

頭の中が白くな・る あたまの中が空白になる。何も考えられなくなる。「ショックで—・る」

頭を上・げる 他の者を抑えて勢力を伸ばす。頭角を現す。台頭する。「新人候補が—・げてきた」

頭を痛・める ある事を考えて、いろいろと心配したり悩んだりする。「子供の進学問題に—・める」

頭を抱かか・える 心配な事や悩み事などがあって、思案に暮れる。「山積する課題に—・える」

頭を掻か・く 思わず頭に手をやって軽くかく。恥ずかしく思ったり、てれたりしたときのしぐさ。

頭を下・げる ❶おじぎをする。❷謝る。わびる。「あいつにだけは—・げたくない」❸敬服する。感服する。「彼の努力には—・げずにはいられない」

頭を搾しぼ・る できる限り頭を働かせて考える。知恵をしぼる。「新商品のネーミングに—・る」

頭を突っ込・む 仕事や仲間・グループなどに加わる。かかわりをもつ。首を突っ込む。「やっかいな問題に—・む」

頭を悩ま・す あれこれ考えて苦しむ。思い悩む。「人間関係に—・す」

頭を撥は・ねる 人の取り分の一部を自分のものにする。ピンはねする。「日当の—・ねる」

頭を捻ひね・る ❶いろいろと思いをめぐらす。工夫する。「試験問題の作成に—・る」❷疑問に思う。首をひねる。「高すぎる見積もりの数字に—・る」

頭を冷や・す 興奮した気持ちをおさえる。気持ちを冷静にする。「—・して話し合う」

頭を丸・める 髪をそる。また、髪をそって僧となる。出家する。「—・めてわびる」

頭を擡もた・げる ❶隠れていたこと、押さえていたことが、考えや思いに浮かぶ。「ふとした疑念が—・げる」❷少しずつ勢力を得て現れてくる。台頭する。「急進派が—・げる」

あたま-うち【頭打ち】❶物事が限界に達してこれ以上には向上しえない状態になること。「生産量が—になる」❷上昇を続けてきた相場が、それ以上上がらなくなること。

あたま-かず【頭数】人の数。人数。「—に入れる」
(類語)人数・員数・人員・頭数・定員・人口

あたま-がち【頭勝ち】〔名・形動〕❶からだのわりに頭の大きいこと。また、そのさま。頭でっかち。「菖蒲を生けた—の花瓶」〈上司・太政官〉❷頭ずが高いこと。いばること。また、そのさま。傲慢ごうまん。「天竺てんじくの誑うそつきは、唯我独尊と—の脳味噌を上げ」〈根無草・後〉

あたま-かぶ【頭株】人の上に立って中心となる人物。かしらぶん。

あたま-から【頭から】〔副〕❶ためらうことなく。はじ

めから。いきなり。「一文句を言う」❷全く。まるで。「一信用しない」「一嫌う」

あたま-きん【頭金】分割払いなどで、最初に支払うある程度まとまった金銭。(類語)手付け・内金

あだ-まくら【▽徒枕】❶愛人と別れ、独り寝すること。「ああ現ᵘᵗᵘなや一、遠くも来ぬるものかなと」〈松の葉・二〉❷その場限りの共寝。かりそめの契り。仮枕ᵏᵃʳⁱᵐᵃᵏᵘʳᵃ。「かりそめの夢も浮き寝の一」〈長唄・遅桜手爾葉七字〉

あたま-ごし【頭越し】❶人の頭上を越して何かの動作をすること。「前の人の一に切符を渡す」❷間に立つものをさしおいて、直接働きかけること。「一に交渉が行われる」

あたま-ごなし【頭ごなし】相手の言い分を聞かず、最初からきめつけた態度をとること。「一にしかりつける」(類語)高飛車・高圧的・居丈高

あたま-じらみ【頭×虱】ヒトジラミ科のシラミ。体長2〜3ミリで暗褐色。頭髪などに寄生し、血を吸う。

あたま-だし【頭出し】録音・録画のテープやレコードなどのある部分を再生したいとき、その始まりを探し出すこと。

あたま-つき【頭付き】❶頭の形。❷髪の結いぐあい。髪かたち。

あたま-でっかち【頭でっかち】〔名・形動〕❶からだの他の部分に比べて、頭が大きいこと。また、そういう人や、そのさま。あたまがち。❷上の部分が下の部分に比べて、ふつりあいに大きかったり多かったりすること。また、そのさま。「一の花瓶」「一な組織」❸知識や理論が先走って行動が伴わないこと。また、そういう人やそのさま。「一な若者」

あたま-の-さら【頭の皿】❶脳天の平たいところ。頭蓋ᶻᵘᵍᵃⁱ。あたまのはち。❷河童ᵏᵃᵖᵖᵃの頭にあるという皿状のもの。ここの水がこぼれると力を失うとされる。

あたま-の-はち【頭の鉢】「頭の皿❶」に同じ。「顔色の悪い、一の開いた、妙な子だ」〈志賀・網走まで〉

あたま-の-もの【頭の物】女性の髪を飾るもの。櫛ᵏᵘˢʰⁱやかんざしなどの類。

あたま-わり【頭割(り)】金品の拠出・分配や仕事の配分をする場合に、人数に応じて均等に割り当てること。(類語)割り当て・割り振り・割り勘

あたみ【熱海】静岡県東部、相模湾に面した市。古くからの温泉保養地・観光地。泉質は硫酸塩泉・塩化物泉・単純温泉など。人口4.0万(2010)。

あたみ-し【熱海市】▶熱海

あた・む【×仇む】〔動マ四〕敵視する。恨む。憎む。「この監ᵍᵉⁿに一・まれては、いささかの身じろきせむも、所せくなむあるべき」〈源・玉鬘〉

アダム〖Adam〗《ヘブライ語で人の意》旧約聖書における人類の始祖。神が創造した最初の人間(男性)。妻はイブ。神から禁じられていた善悪を知る樹の実を食べて、楽園エデンの園から追われた。

アダムサイト〖adamsite〗催吐性・くしゃみ性の毒ガス、ジフェニルアミンクロルアルシンの通称。発明者の米国の化学者R=アダムズ少佐にちなむ。DM。

アダム-シャール〖Johann Adam Schall von Bell〗[1591〜1666]ドイツのイエズス会宣教師。漢名、湯若望ᵗᵒᵘʲᵃᵏᵘᵇᵒᵘ。1622年、明朝のころの中国に渡り、伝道。西洋天文学による「崇禎暦書ˢᵘᵘᵗᵉⁱʳᵉᵏⁱˢʰᵒ」を完成し、清代には欽天監ᵏⁱⁿᵗᵉⁿᵏᵃⁿ監正に任じられた。

アダムズ〖Adams〗㊀(John 〜)[1735〜1826]米国建国期の政治家。第2代大統領。在任1797〜1801。独立宣言起草委員になるなど、アメリカ独立革命で活躍。➡ジェファーソン ㊁(John Quincy 〜)[1767〜1848]米国の政治家。第6代大統領。㊀の長男。国務長官などを経て大統領に就任。在任1825〜1829。➡ジャクソン(A.)

アダムズ〖Jane Addams〗[1860〜1935]米国の女性社会事業家。1889年、米国最初のセツルメントのハルハウスをシカゴに設立。第一次大戦中は平和運動に貢献し、1931年、ノーベル平和賞受賞。

アダムズ〖John Couch Adams〗[1819〜1892]英国の天文学者。天王星の運動の不規則さから海王星の存在を推論。

アダムズ〖Walter Sydney Adams〗[1876〜1956]米国の天体物理学者。恒星のスペクトル線から巨星と矮星ʷᵃⁱˢᵉⁱとを区別。重力による赤方偏移を検出して、白色矮星の高密度を実証した。

アダムズ〖William Adams〗▶三浦按針ᵐⁱᵘʳᵃᵃⁿʲⁱⁿ

アダムス-ストークス-しょうこうぐん【アダムスストークス症候群】ᶜᵒᵘᵏᵒᵘᵍᵘⁿ心臓の拍動に異常があって脳へ流れる血液が不足するために起こる意識障害。19世紀、英国の外科医アダムス(R.Adams)と内科医ストークス(W.Stokes)がそれぞれ報告。(補説)洞不全症候群・房室ブロック・心室細動・心室頻拍などの不整脈に伴って出現する。

アダム-スミス〖Adam Smith〗▶スミス

アダムミツキェビッチ-こうえん【アダムミツキェビッチ公園】ᴷᵒᵘᵉⁿ《Park Adama Mickiewicza》ポーランド中西部の都市ポズナニにある公園。同国を代表するロマン派詩人アダム=ミツキェビッチの名を冠する。1956年に起きた反政府・反ソ連の民衆暴動の記念碑がある。

あだ-め・く【×婀×娜めく】〔動カ五(四)〕女がなまめかしく色っぽく見える。色めいた感じを与える。「一・いた目つき」

あだ-や【▽徒矢】的に命中しない矢。むだ矢。「射る矢は悉ᵏᵒᵗᵒᵍᵒᵗᵒᵏᵘく一になって」〈漱石・硝子戸の中〉

あだ-やか【×婀×娜やか】〔形動〕〔文〕〔ナリ〕(女性の)美しく色っぽいさま。あでやか。「一な笑顔」

あた・ゆ【与ゆ】〔動ヤ下二〕《「あたう」が室町時代以降ヤ行に転じた語。終止形は「あたゆる」となる例が多い》「与える」に同じ。「一つに寝さして、その上で恥辱を一・ゆる仕様あり」〈浮・禁短気・三〉

あたら【可=惜・▽惜】〔副〕《形容詞「あたら(可惜)し」の語幹から》惜しくも。残念なことに。あったら。「一好機を逃した」(類語)惜しい・もったいない・残念

アタラクシア〖ᵍⁱʳⁱˢʰᵃ ataraxia〗哲学で、心の平静・不動の状態。ヘレニズム時代の人生観。エピクロスはこの境地の実現が哲学の目標であると説いた。

あたら・し【可=惜し・▽惜し】〔形シク〕❶《それに相当するだけの価値がある、というところから》そのままにしておくには惜しいほどりっぱだ。すばらしい。「求めて得し玉かも拾ʰⁱʳⁱひて得し玉かも一・しき君が老ゆらく惜ᵒˢʰⁱしも」〈万・三二四七〉❷それにふさわしい扱い方をしないのは惜しい。もったいない。「溝を埋むるは地を一・しとこそ」〈記・上〉

あたらし・い【新しい】〔形〕〔文〕あたら・し〔シク〕《上代の「あら(新)たし」が「あたら(可惜)し」と混同して音変化し、平安初期から生じた語》❶その状態になってからあまり時間が経過していない。㋐初めてである。「一・く事業を興す」㋑できて間もない。使い始めて間もない。「空き地に一・く家が建つ」「一・いステレオ」⇔古い。❷以前のものと違っている。「顔ぶれが一・くなる」「原稿を一・く書き直す」「一・い制度」「一・い年を迎える」⇔古い。❸現代的である。進歩的である。また、奇抜である。「一・い感覚」「一・い技術」⇔古い。❹㋐食べ物などが、新鮮である。「一・い魚」「一・く採れた野菜」⇔古い。㋑まだ生き生きとしている。また、初めてで新鮮である。「記憶に一・い事件」「耳に一・い話」(派生)あたらしがる〔動ラ五〕あたらしげ〔形動〕あたらしさ〔名〕あたらしみ〔名〕

(類語)(❶❷)新ᵃˡᵃた・新規 (連体修飾語として)新ˢʰⁱⁿの・新調の・新型の・新式の・新来の・新手ᵃʳᵃᵗᵉの/(❸)斬新・新奇・現代的・先端的・モダン・アップツーデート・真新しい・最新・目新しい/(❹)瑞瑞ᵐⁱᶻᵘᵐⁱᶻᵘしい・新鮮・生鮮・生新・清新・フレッシュ (事件、情報などについて)生生ⁿᵃᵐᵃⁿᵃᵐᵃしい・ホット

新しい女 明治44年(1911)から大正5年(1916)にかけて、雑誌「青鞜ˢᵉⁱᵗᵒᵘ」を出した女流文学者のグループ(平塚らいてう・伊藤野枝ら)が中心となって主張した、近代的自我に目覚めた進歩的女性のこと。封建的な因襲を打破し、社会的にも家庭的にも、新しい地位を獲得しようとする女性。

新しい酒を古い革袋ᵏᵃʷᵃᵇᵘᵏᵘʳᵒに入れる 《新約聖書「マタイによる福音書」第9章から》新しい内容を古い形式に盛り込む。多く内容も形式もともに生きないことにいう。

あたらしいにほんをつくる-こくみんかいぎ【新しい日本をつくる国民会議】ᴷᵒᵏᵘᵐⁱⁿ ᴷᵃⁱᵍⁱ ▶二十一世紀臨調

あたらし-がり【新しがり】新しさをありがたがり、流行などを次から次へと取り入れること。また、そういう性向の人。「一屋」

あたらしがり-や【新しがり屋】ことさらに流行を追い、最新のものを良しとする人。

あたらしき-むら【新しき村】武者小路実篤ᵐᵘˢʰᵃⁿᵒᵏᵒᵘʲⁱˢᵃⁿᵉᵃᵗˢᵘが人道主義的理想の実現を意図し、大正7年(1918)宮崎県児湯ᵏᵒʸᵘ郡木城ᵏⁱʲᵒᵘ村に設けた農業共同体。のちに、埼玉県入間ⁱʳᵘᵐᵃ郡毛呂山ᵐᵒʳᵒʸᵃᵐᵃ町に移転。

あたらしもの-ずき【新し物好き】目新しいものや新奇なものを好むこと。また、その人。

あたら-もの【可=惜物】惜しむべきもの。惜しいこと。あったらもの。「一を。我がために塵ばかりのわざすな」〈宇津保・藤原の君〉

あたら-よ【可=惜夜】明けてしまうのが惜しい夜。「玉くしげ明けまく惜しき一を衣手離ᵏᵃれてひとりかも寝む」〈万・一六九三〉

あたり【辺り】❶ある地点の周囲。ある範囲の場所。付近。周り。「一に気を配る」「この一は静かな住宅地だ」「一かまわず泣きだす」「一一面が火の海だ」❷場所・時・人・事柄・数量などをはっきり示さずに、婉曲に言い表す語。多く、名詞の下に付いて接尾語的に用いる。㋐そのへん。一帯。近所。「六本木一で遊ぶ」㋑そのころ。その時分。「あした一行ってみよう」㋒たとえば…など。「部長にかみつく一、けっこう気が強い」「山田君一に代わってもらおう」㋓その程度。「県代表一までなれるだろう」「千円一の品物」

(類語)(❶)周辺・近辺・四辺・周囲・まわり・近く・付近・界隈ᵏᵃⁱʷᵃⁱ・近傍・一帯・辺ʰᵉⁿ

辺りを払・う ❶他の者を近くに寄せつけない。「一・って密談する」❷そばに寄りつけないほど堂々としている。また、威勢がある。「一・う威容」

あたり【当(た)り・▽中り】㊀〔名〕❶あたること。㋐ぶつかること。「立ち合いの一が強い」㋑命中すること。的中。「福引で一を出す」⇔はずれ。㋒催しや企画などが思ったとおりになること。成功。「一の商品」⇔はずれ。㋓野球などの打撃の調子。「四番打者に一が戻る」❷接触すること。触れること。㋐舌や手にさわった感じ。舌ざわり。手ざわり。「一がなめらかだ」㋑手掛かり。見当。「犯人の一がついた」㋒人に接する態度。交際のぐあい。「一が柔らかい人」㋓釣りで、魚がえさに食いつくこと。また、その瞬間に釣り人の受ける感触。魚信。「一はあるが、かからない」㋔からだに害となること。中毒。多く他の語と複合して用いられる。「食一」「暑気一」❸果物の傷やいたんだ部分。「一のあるリンゴ」❹囲碁で、あと一手で相手方の石が取れる状態。❺仕返し。返報。「謀られたる一とぞ云ひける」〈宇治拾遺・五〉❻むごい扱い。仕向け。「茂兵衛殿への一は皆悋気ʳⁱⁿᵏⁱから起こった事」〈浄・大経師〉㊁〔接尾〕「一」または単位を表す語に付いて、それに対しての割り当て・割合の意を表す。「一石ᵏᵒᵏᵘ一の米価」「一人一千円」(類語)的中・命中・百発百中

(一語)大当たり・風当たり・口当たり・小当たり・心当たり・作当たり・差し当たり・暑中ᵃᵗᵃり・暑気中り・食当たり・総当たり・体当たり・突き当たり・手当たり・戸当たり・毒当たり・場当たり・馬鹿当たり・罰ᵇᵃᶜʰⁱ当たり・日当たり・冷え中り・一当たり・人当たり・不当たり・船ᶠᵘⁿᵃ中り・紛ᵐᵃᵍⁱれ当たり・水中り・八つ当たり・湯中り・行き当たり・嫁当たり

当たりを付ᵗ・け・る 見当を付ける。「一・てから取り組む」

当たりを取・る ❶興業・商売などで、企画したことが好評を得て成功する。「人情喜劇で一・る」❷およその見当をつける。「お熊が亭主といふことは、一・って置いたのだ」〈伎・灯籠菊桐〉

アダリア〖Adalia〗トルコ南西部の都市アンタリヤの古代名。

あたり-あい【当たり合ひ】ちょうどその場にあること。ありあわせ。ありあい。「一の枕引き寄せ、大いびきして」〈浮・俗つれづれ・一〉

あたり-あたり【辺り辺り】そのあたり、このあたり。ここかしこ。「ものはかなげなる小柴垣を大垣にて、板屋ども、一いとかりそめなり」〈源・賢木〉

あたりき〔形動〕「当たり前」をしゃれていった語。ぞんざいな口調で用いる。「一よ、これしきのこと」

あたりきしゃりき車引き あたりまえであるということの語呂合わせ。

あたり-ぎ【当(た)り木】「擂(す)り粉木(こぎ)」の忌み詞。「すり」を嫌っていう。

あたり-きょうげん【当(た)り狂言】評判がよく、客の入りのよい芝居狂言。

あたり-きんじょ【辺り近所】そこに近い所。辺り近辺。「一の嫌われ者」

あたり-くじ【当(た)り×籤】❶くじ引きなどで、当たったくじ。❷くじ引きで、大物景品が当たる特定のくじ。

あたり-げい【当(た)り芸】その俳優が演じると、いつも好評を博する芸。

あたり-さわり【当(た)り障り】他に悪い影響を与える事柄。差し障り。「一のない話題を選ぶ」【補説】多くは「当たり障りがない」「当たり障りのない」の形で使う。

あたり-ちら・す【当(た)り散らす】〔動サ五(四)〕不快感や不満を自分の胸に収めかねて、関係のない周囲につらく当たったり、怒ったりする。八つ当たりをする。「部下に一・す」

あたり-どし【当(た)り年】❶農作物の収穫量の特に多い年。「桃の一」❷特によいことが多く、思いどおりになる年。「結婚はする、課長にはなる、全く君の一だ」【補説】❷は、よいことの多くある年について言うのが本来の使い方だが、近年では「台風の当たり年」などと言うこともある。

あたり-ばこ【当(た)り箱】「硯箱(すずりばこ)」の忌み詞。「すずり」の「すり」を嫌っていう。

あたり-はずれ【当(た)り外れ】予想や予報などが当たることと外れること。また、物事が成功したり、失敗したりすること。「一の少ない商売」

あたり-ばち【当(た)り鉢】「擂(す)り鉢」の忌み詞。「すり」を嫌っていう。

あたり-び【当たり日】何かが起こるその日。その事に出くわす日。「わらはやみをして、一(＝発熱ノ日)に侍りつれば」〈大鏡・序〉

あたり-ぼう【当(た)り棒】「擂(す)り粉木(こぎ)」の忌み詞。「すり」を嫌っていう。

あたり-まえ【当(た)り前】〔名・形動〕《「当然(とうぜん)」の当て字「当前」を訓読みにして生まれた語》❶そうあるべきこと。そうすべきこと。また、そのさま。「怒って一だ」❷普通のこと。ありふれていること。また、そのさま。並み。ありきたり。「ごく一の人間」「一の出来」【類語】無論・もっとも・普通・一般・一般的・尋常・通常・平常・通例・標準・標準的・平均的・平凡・在り来(きた)り・日常茶飯事・ノーマル・レギュラー・スタンダード

あたり-み【当(た)り身】「擂(す)り身」の忌み詞。「すり」を嫌っていう。

あたり-め【当(た)りめ】「鯣(するめ)」の忌み詞。「する」を嫌っていう。

あたり-もの【当(た)り物】❶思いどおりになったもの。成功した催しなどをいう。❷(「中り物」とも書く)食べて中毒を起こしたもの。

あたり-や【当(た)り屋】❶運がよくて人気を得た人や、大もうけをした店。❷野球で、よくヒットの出るバッター。❸故意に走行中の自動車などにぶつかって、治療費や補償金をゆすり取る者。❹理髪店をいう忌み詞。ひげを「す(剃)る」を嫌ったもの。

あたり-やく【当(た)り役】ある俳優が特に評判を取った役。

アダリン〖ドイツ Adalin〗催眠・鎮静薬の一種。白色で粉末状の結晶。化学名はブロムジエチルアセチル尿素。商標名。

あた・る【当(た)る|▽中る】〔動ラ五(四)〕❶物事や人が直面、接触する。㋐動いて来たものがぶつかる。また、動きのあるものが触れる。「ボールが顔に一・る」「雨がフロントガラスに一・る」㋑断続的に触れる。さわる。「堅いカラーが首筋に一・る」㋒光・熱・風などを受ける。「日がよく一・る部屋」「ストーブに一・る」「冷たい風に一・る」㋓人に接する。人を待遇する。現在では、ひどく扱う場合に用いる。「つらく一・る」「家族に一・る」㋔対抗する。対応する。「強敵に一・る」「勢い一・るべからずだ」❷物事がその状態である。相当する。㋐そのような関係にある。「伯父に一・る人」㋑その方角にある。「東の方角に一・る家」㋒他と比べて、それに当てはまる。「人の手に一・る部分」㋓結果としてそういうことになる。「今日は結婚記念日に一・る」「失礼に一・る」❸物事がふさわしい状態になる。ねらいや予想などに当てはまる。㋐ねらいや予想のとおりになる。的中する。「天気予報が一・る」「山が一・る」㋑催しや企画などが成功する。「商売が一・る」㋒くじなどで選ばれる。当籤(とうせん)する。「賞品としてテレビが一・る」㋓適合する。合っている。「彼の批評は一・っている」❹物事に探りを入れる。ようすを見る。確かめてみる。「原本に一・る」「他の店を一・ってみよう」❺受けとめる。担当する。㋐身に引き受ける。従事する。「あえて難局に一・る」㋑割り当てられる。指名される。「当番に一・る」❻身体などにぐあいの悪い触れ方をする。㋐よくないことが身に及ぶ。「罰が一・る」㋑からだに害を受ける。「暑さに一・る」「河豚(ふぐ)に一・る」㋒果物などが傷む。「この桃はところどころ一・っている」❼(「…にあたらない」などの形で)…するに及ばない。「驚くに一・らない」「腹をたてるには一・りません」❽(多く「…にあたり」「…にあたって」の形で)何かを行う時・場合になる。「新年を迎えるに一・り」「友達を選ぶに一・っては」❾野球で、打者がよくヒットを打つ。「あのバッターはよく一・っている」❿釣りで、釣り針のえさに魚が食いついた感触がある。「四投目のキャスティングで一・る」⓫《「する」が失う意に通じるところから、それを忌み嫌っていう》ひげなどを、する。そる。「顔を一・る」【可能】あたれる【類語】ぶつかる・突き当たる・行き当たる・衝突・激突・調べる・触れる

【一句】犬も歩けば棒に当たる・肯綮(こうけい)に中(あた)る・事に当たる・図に当たる・時に当たる・下手な鉄砲も数打てば当たる・耳に当たる・胸に当たる

当たって砕けろ 成功するかどうかわからなくても、思いきってやってみよということ。

当たらず触(さわ)らず 差し障りがないように気をつけて何かをするさま。「一の回答」

当たらずと雖(いえど)も遠からず 《「礼記」大学から》ぴったり当たっていなくても、それほど見当が外れてはいないようす。【補説】「当たらずとも遠からず」とするのは誤り。

当たるも八卦(はっけ)当たらぬも八卦 占いは当たる場合もあれば、当たらない場合もあるということ。

当たるを幸い 手に当たるのを幸いに。手当たりしだいに。「一なぎ倒す」

アダルト〖adult〗〔名・形動〕成人。おとな。また、成人に適するさま。「一なムード」「一ファッション」

アダルト-グッズ〖adult goods〗性的興味をそそるような商品の総称。性具・催淫(さいいん)剤など。大人のおもちゃ。

アダルト-サイト〖adult site〗性的興味をそそる画像や動画などを成人向けに配信するウェブサイト。

アダルト-ショップ《和 adult＋shop》アダルトビデオ・性具などアダルトグッズを売る店。

アダルト-チルドレン〖adult children〗子供のころの家族関係などが原因で、精神的に不安定な状況で育ち、成人後も生き方に悩んでいる人。元来は米国で、アルコール依存症の親のもとで育った人をいう。【補説】子供の状態から抜け出せないでいる大人の意味で用いるのは誤り。➡ピーターパンシンドローム

アダルト-ビデオ〖adult video〗露骨な性描写を主とした成人向けのビデオソフト。ポルノビデオ。

あ-たん【亜炭】褐炭の一種で、炭化の程度が低く、発熱量の小さいもの。

あ-だん【あ段|ア段】五十音図の第一段に並び、ア母音を含む音節の総称。「あ・か・さ・た・な・は・ま・や・ら・わ」のこと。あ列。

あ-だん【×阿×檀】タコノキ科の常緑低木。高さ約6メートル。幹の途中から太い支柱根を出す。熱帯性で、沖縄・台湾に自生し、潮風に強い。葉でパナマ帽やかごを、茎で弦楽器の胴を、根でキセルを作る。

アダン-ド-ラ-アル〖Adam de la Halle〗[1235ころ〜1285ころ]中世フランスの吟遊詩人・劇作家。戯曲「葉蔭の劇」「ロバンとマリオンの劇」など。

あ-ち【▽彼▽方】〔代〕遠称の指示代名詞。あっち。あちら。「畠主、一へまはり、こちへまはりして」〈虎明狂・竹の子〉

アチーブメント〖achievement〗達成。業績。

アチーブメント-テスト〖achievement test〗教科の学習効果を客観的に判定するためのテスト。学力テスト。

アチェ-どくりつふんそう【アチェ独立紛争】インドネシアのスマトラ島北西端に位置するアチェ州の独立紛争。石油・天然ガス資源の権益を中央政府が握り、州に十分還元されないことへの不満などから、1976年に独立武装組織「自由アチェ運動」(GAM)が独立を宣言。79年にスウェーデンに亡命政府を樹立。武力紛争に発展したが、2004年のスマトラ沖地震を契機にGAMは政府と和解、05年8月に和平協定が成立、約30年に及んだ紛争は終結した。

あちき【阿直岐】4、5世紀ごろの百済(くだら)の王子。応神天皇の代に渡来し、皇子菟道稚郎子(うじのわきいらつこ)に経典を教えたと伝えられる。

あち-こち【▽彼▽方×此▽方】㊀〔代〕指示代名詞。いろいろの場所や方向をさす。あちらこちら。あっちこっち。「一から寄付が集まる」「一歩き回る」㊁〔形動〕文〔ナリ〕物事の順序や位置が逆になっているさま。あべこべ。「話が一になる」「靴下を一にはく」【類語】そこかしこ・ここかしこ・あちらこちら・おちこち

あち-こち・する【▽彼▽方×此▽方する】〔動サ変〕文あちこち・す〔サ変〕❶あちらへ行ったりこちらへ行ったりする。いろいろな場所を回り歩く。❷順序が入り乱れる。「話が一・する」

アチソン〖Edward Goodrich Acheson〗[1856〜1931]米国の発明家。電気炉を研究。人造ダイヤの合成実験中に、炭化珪素(けいそ)・人造黒鉛などの製法を発見。

アチドーゼ〖ドイツ Azidose〗➤アシドーシス

あち-の-おみ【阿知使主】4、5世紀ごろ、応神天皇の時の渡来人。東漢氏(やまとのあやうじ)の祖と伝えられる。

あちゃらか ふざけた、こっけいなしぐさで客を笑わせる芝居。昭和初期に流行。どたばた喜劇。

アチャラ-づけ【×阿茶羅漬(け)】《ポルトガル achar は野菜・果物の漬物の意》蓮根(れんこん)・大根・蕪(かぶ)などを細かく刻み、唐辛子(とうがらし)を加えて、甘酢で漬けた食品。アジャラづけ。

あちら【▽彼▽方】〔代〕❶遠称の指示代名詞。話し手・聞き手から離れた方向・場所・物をさす。㋐あの方向。むこう。「皆さま、一をごらんください」「一からだれか来る」㋑遠く離れた場所。外国、特に、欧米諸国。「一には五年ほどおりました」「一仕込みの流暢(りゅうちょう)な英語」㋒あの物。あれ。「それとも一になさいますか」❷三人称の人代名詞。あの人。あのかた。「一の御都合を伺ってから決めます」「一がお父さまですか」【類語】(❶㋐)そちら・そっち・あっち・かなた・向こう/(❶㋑)西洋・欧米・泰西(たいせい)・西欧・欧州・西方・南蛮(なんばん)・ヨーロッパ

彼方立てれば此方(こちら)が立たぬ 一方によいようにすれば他方には悪く、両方によいことが同時にできないさまをいう。

あちら-こちら【▽彼▽方×此▽方】㊀〔代〕「あちこち㊀」に同じ。「一の名所を訪ね歩く」㊁〔形動ナリ〕「あちこち㊁」に同じ。「一なる事を申してさまざまに難儀させ」〈浮・織留・六〉

アチンスク〖Achinsk〗ロシア連邦中部、クラスノヤ

ルスク地方の都市。チュルイム川沿いに位置し、シベリア鉄道が通る。付近にカンスク-アチンスク炭田がある。

あっ〔感〕❶驚いたり感動したりしたときなどに思わず発する語。「—、忘れた」「—、雪だ」❷承諾したことを示す応答の語。はい。「少し存ずる旨むねあれば、急に—とも申されず」〈浄・国性爺〉

あっと言いう間ま ほんのわずかな時間。瞬時。「—に見えなくなる」「—の出来事」

あっと言いわ・せる 人の意表を突いて驚かせる。目をみはらせる。「世界を—・せた大発見」

あっ【圧】押さえつける力。圧力。「—をかける」➡漢「あつ(圧)」

あ・つ【当つ】〔動タ下二〕「あてる」の文語形。

あつ-あげ【厚揚(げ)】「生揚げ❷」に同じ。

あつ-あつ【熱熱】〔名・形動〕❶料理などができたてで熱いこと。また、そのさま。「焼きたての—」「—な(の)うちに召し上がれ」❷熱中すること。また、そのさま。特に、男女が熱烈に愛し合っているさま。「—な(の)カップル」

類語 いちゃつく・べたべた

あつ・い【厚い｜▽篤い】〔形〕文あつ・し〔ク〕❶(厚い)物の両方の面の隔たりが大きい。厚みがある。「—・い板」「—・い雲におおわれる」「ファン層が—・い」⇔薄い。❷心入れの程度が大きい。いたわりの心が強い。「—・いもてなし」「情に—・い」「信仰に—・い」❸(篤い)病気が重い。容体が悪い。「師の病の—・いことを知った」❹(厚い)囲碁で、石の配置が堅固で容易に攻略されないさま。⇔薄い。❺富んでいる。金持ちだ。「至って—・き御身上の御方はいかが侍らん」〈仮・東海道名所記・六〉❻厚かましい。「鼻もうごかさず、さりとは—・い口上」〈浮・曲三味線・一〉 派生 **あつさ**〔名〕**あつみ**〔名〕 類語 厚ぼったい・分厚い・厚手

あつ・い【暑い】〔形〕文あつ・し〔ク〕《「熱い」と同語源》気温が著しく高い。「今年の夏は異常に—・い」「—・い盛り」「—・い部屋」⇔寒い。派生 **あつがる**〔動ラ五〕**あつげ**〔形動〕**あつさ**〔名〕

類語 蒸し暑い・暑苦しい

あつ・い【熱い】〔形〕文あつ・し〔ク〕❶温度が著しく高く感じられる。「—・いお茶」「からだ中が—・くなる」⇔冷たい。❷感情が高まった状態である。㋐異性に夢中になるさま。男女が深く愛し合うさま。「憧れの人に—・い眼差しをそそぐ」「お—・い仲」㋑感情が激しく燃え上がるさま。「—・くなって論じ合う」「—・いものがこみあげる」「目頭が—・くなる」㋒熱心である。熱意がある。「届け、—・い声援」「仕事への—・い思い」㋓程度がはなはだしい。「水面下で—・い争いを展開する」㋔好調である。また、人々が関心を寄せる。「ご当地メニューが—・い」「IT業界が—・い」❸(「身があつい」の形で)せっぱ詰まって困るさま。「必ず用心さっしゃれ、身が—・ければどのような事せうも知れぬ」〈浄・生玉心中〉派生 **あつがる**〔動ラ五〕**あつげ**〔形動〕**あつさ**〔名〕

熱いものが込こみ上あ・げる 感動して、涙があふれ出そうになる。「旧友と再会して、—・げる」

あつい-あんこくぶっしつ【熱い暗黒物質】宇宙の大半の質量を占めていると考えられる暗黒物質の存在形式の一。質量エネルギーに比べ運動エネルギーが大きく、宇宙の構造形成の鍵となる密度ゆらぎをならすはたらきをもつ。ニュートリノが候補の一として挙がっている。熱暗黒物質。ホットダークマター。HDM(hot dark matter)。⇔冷たい暗黒物質。

あつい-せんそう【熱い戦争】ーセンサウ《hot war》武力による戦争。「冷たい戦争」に対していう。

あつ-いた【厚板】❶厚みのある板。⇔薄板うすいた。❷厚地織物の一。生糸を横糸、練り糸を縦糸として、模様を織り出した絹織物。多く帯地に用いる。厚絹。厚板織り。❸能装束の一。❷の生地や唐織りを用いた小袖物。男体なんたいの着付けに用いる。❹チャセンシダ科の常緑、多年生のシダ。暖地の山林に自生。葉には切れ込みがなくて厚く、長さ10〜30センチ。葉柄は太く、褐色の鱗片りんぺんが密生。あついたしだ。

あつ-えん【圧延】〔名〕スル 圧延機に金属を通して棒・板などに引き延ばすこと。

あつえん-き【圧延機】回転する二つのロールの間に常温または高熱の金属を通して圧延する機械。

あっ-か【悪化】アククワ〔名〕スル しだいに悪くなること。「国情が—する」⇔好転。類語 増悪・進行・低下・劣化

あっ-か【悪果】アククワ 仏語で、悪い報い。あくか。「悪因—」⇔善果。

あっ-か【悪貨】アククワ 質の悪い貨幣。貨幣としての品質の劣るもの、地金じがねの価格が法定価格より低いもの、すり減ったものなど。⇔良貨りょうか。

悪貨は良貨りょうかを駆逐くちくする ►グレシャムの法則

アッカーマン-きこう【アッカーマン機構】自動車の前車軸の両輪がキングピンを中心に首を振る仕組み。カーブを円滑に回れる。1818年に英国のアッカーマン(Ackerman)が発明。

あつかい【扱い】あつかひ ❶操作すること。処理すること。「この器具は—が難しい」「小荷物—所」❷待遇・応対のしかた。「—が公平だ」「客の—がうまい」❸ある身分・役割・状態にあるものとして接すること。「部長—」「子供—」「機密—」❹紛争・訴訟などの仲裁をすること。また、その調停者。仲裁。調停。「よいところへ—がはいったと云ってよろこぶ者もあり」〈谷崎・盲目物語〉❺看護すること。介抱すること。「対の方のわづらひける頃は、なほ、その—に、と聞こしめしてだに」〈源・若菜下〉

あつ-がい【厚飼い】ーがひ 蚕などを、標準よりも高い飼育密度で飼うこと。密飼い。

あつかい-ぐさ【扱ひ▽種】あつかひ ❶世話をする対象。養育すべき子供など。「一条の宮の、さる—持もち給へらで、さうざうしきに」〈源・匂宮〉❷話題。うわさの種。「この君達の御ことを—にし給ふ」〈源・椎本〉

あつか・う【扱う】あつかふ〔動ワ五(ハ四)〕❶道具・機械などを、使ったり操作したりする。取り扱う。「壊れやすいので丁寧に—・う」「旋盤を—・う」❷物事をとりさばく。仕事として処理する。「事務を—・う」「輸入品を—・う店」❸人をもてなす。世話をする。「大ぜいの客を—・う」❹ある身分・役割・状態にあるものとして遇する。「大人として—・う」「欠席として—・う」❺特に取り上げて問題にする。「環境問題を—・った番組」「新聞で大きく—・われる」❻調停する。仲裁する。「けんかを—・う」❼看護する。「病者のことを思う給へ—・ひ侍るほどに」〈源・夕顔〉❽持て余す。処置に困る。「皆この事を—・ひて議するに」〈今昔・一〇・五〉❾うわさをする。「人々も、思ひの外なることかなと—・ふめるを」〈源・紅葉賀〉可能 **あつかえる**

類語 (❶)使う・操る・取り扱う・計らう・使用する・操作する・運転する・操縦する/(❷)受け持つ・手がける・取り仕切る・捌さばく・処理する・こなす・切り回す・取りさばく・処する・律する・担当する・管掌する/(❹)遇する・処遇する・待遇する・あしらう

あつか・う【熱かふ】あつかふ〔動ハ四〕❶熱に苦しむ。「火の神かぐつちを生まむとする時に、—・ひ悩なやむ」〈神代紀・上〉❷もだえ苦しむ。思い煩う。「妃、床に臥して涕泣ていきふし、—・ひて」〈継体紀〉

あっ-かく【圧覚】皮膚感覚の一つで、触点が外部からやや強く刺激されると感じる圧迫感。

アッカド〔Akkad〕㊀古代メソポタミア地方の地名・民族名。都市名アガデ(Agade)に由来。㊁前2350年ごろ、セム系民族のサルゴン1世がシュメール人を征服して建てたメソポタミア最初の統一王朝。前2150年ごろ、グチ族によって滅ぼされた。

あっか-どう【安家洞】岩手県岩泉町にある鍾乳洞。竜泉洞の北、約20キロ。総延長は23.7キロで国内最長。入り口は一つで多くの支洞があり、主洞の一部は公開されている。国の天然記念物。

アッカド-ご【アッカド語】古代メソポタミアの言語。セム語族の言語のうち最も古いもので、アッシリア語・バビロニア語の二方言に分かれる。主として楔形くさびがた文字を使用。

あつ-かまし・い【厚かましい】〔形〕文あつかま・し〔シク〕行動や態度に慎みがない。ずうずうしく遠慮がない。「—・い人」「—・いお願いで恐縮です」派生 **あつかましげ**〔形動〕**あつかましさ**〔名〕類語 図図ずうずうしい・ふてぶてしい・おこがましい・えげつない

あつ-がみ【厚紙】❶厚い紙。㋐厚くはり合わせた紙。帳簿などの表紙に用いる。板目紙いためがみ。㋑厚く漉すいた和紙。㋒ボール紙。❷鳥の子紙の古名。厚葉あつよう。〈下学集〉

あつ-がり【暑がり】〔名・形動〕暑さを感じる度合いが普通の人以上であること。また、その人。あつがりや。「—な人」⇔寒がり。

あつ-かわ【厚皮】ーがは〔名・形動〕❶皮の厚いこと。また、その皮。❷《面の皮の厚い意から》厚かましいこと。また、そのさま。恥知らず。厚顔こうがん。「平気でこんな事が出来る程—な女ではない」〈小山内・大川端〉

あつかわ・し【扱はし】あつかはし〔形シク〕《動詞「あつか(扱)う」の形容詞化》あれこれと世話をしたい。めんどうがみたい。「人知れず—・しくおぼえ侍れど」〈源・総角〉補説 一説に、「暑かわし」と同語源で、事の処置が定めがたく困る状態をいう。

あつかわ・し【暑かはし｜熱かはし】あつかはし〔形シク〕《動詞「あつ(熱)かう」の形容詞化》❶暑苦しい。「この生絹すずしだにいと所せく—・しく、取り捨てまほしかりしに」〈枕・一九八〉❷煩わしい。うっとうしい。「いとあまり—・しき御もてなしなり」〈源・蛍〉

あつかわ-づら【厚皮面】あつかはー〔名・形動〕《近世語》厚かましいこと。また、そのさまや、その人。鉄面皮。「—な、昼日中…目利きの家へ偽者を」〈浄・女腹切〉

あっ-かん【圧巻】ークワン《「巻」は、昔の中国の官吏登用試験の答案。最優等者のものをいちばん上にのせたところから》書物の中で最もすぐれた詩文。作中最もすぐれた部分。転じて、全体の中で、最もすぐれた部分。出色しゅっしょく。「恋人との別離の場面は—だ」

あっ-かん【悪感】アクー 不愉快な感じ。悪感情。

あっ-かん【悪漢】アクー 悪事を働く男。わるもの。

類語 悪人・悪者・悪党・悪玉・悪あく・悪わる

あつ-かん【熱×燗】《古くは「あつがん」》酒の燗を普通よりも熱めにすること。また、その酒。季冬「—に応へて鳴くや腹の虫/草城」

類語 冷や酒・冷酒・燗酒・燗冷まし

あっ-かんじょう【悪感情】アクカンジヤウ ►あくかんじょう(悪感情)

あっかん-しょうせつ【悪漢小説】アクカンセウセツ《picaresque novel; スペイン novela picaresca》16世紀、スペインにおこった小説の一形式。下層階級出身で悪知恵に富む主人公の体験や生活を、諧謔かいぎゃくと風刺をもって描く。作者不明の「ラサリーリョ=デ=トルメスの生涯」に始まり、ル=サージュの「ジル=ブラス物語」などがある。ピカレスクロマン。

あっかん-べえ「あかんべい」に同じ。

あっ-き【悪鬼】アク ❶たたりをする恐ろしい妖怪。❷仏法に敵対する心の邪悪な鬼神。

あつぎ【厚木】神奈川県中部、相模川西岸の市。米軍の厚木航空基地は県内の綾瀬・大和両市にある。人口22.4万(2010)。

あつ-ぎ【厚着】〔名〕スル 防寒の目的で衣類を何枚も重ねて着ること。重ね着。季冬 ⇔薄着うすぎ。

あっき-がい【悪鬼貝】アクキがひ アッキガイ科の巻き貝。暖海の水深20〜50メートルの砂泥底にすむ。殻高17センチくらい。貝殻は円錐形で下部に長く水管が伸び、長大で鋭いとげが3列ある。肉は食用、殻は観賞用。あくきがい。

あつぎ-し【厚木市】►厚木

あつ-ぎぬ【厚絹】厚い織り地の絹。厚板あついた。

あつ-ぎり【厚切り】厚く切ること。また、厚く切ったもの。「—のベーコン」⇔薄切り。

あっ-く【悪口】アク 仏語。十悪の一。人をあしざまに言うこと。また、その罪。

アック〔ACK〕《acknowledgement》確認応答。コンピューターネットワークにおけるデータ送受信の確認を意味する信号のこと。

アックス〔ax〕❶斧おの。❷「アイスアックス」の略。

アックス〔AX〕《JOAX-DTV》日本テレビ放送網。

東京に本社がある日本の放送事業者。国から受けた無線局免許のコールサインJOAX-DTVから。

あっ-くつ【圧屈】〔名〕スル 力ずくで従わせること。「武力で隣国を―する」「かうした事態の下に於て、いかに詩人が―され」〈朔太郎・詩の原理〉

アッグテレク-こくりつこうえん【アッグテレク国立公園】コクリツコウヱン《Aggteleki Nemzeti Park》▶アグテレックカルスト

あつ-くるし・い【暑苦しい】〔形〕文あつくる・し〔シク〕❶気温や湿度が高く熱気がこもったようで息苦しい。「満員で―・い車内」❷いかにも暑そうに見える。「―・い服装」類語暑い・蒸し暑い

あっ-け【×呆気】（多く「あっけにとられる」の形で）意外な事に出会い、驚きあきれる状態。「突然走り出した彼を―にとられながら見送った」

類語呆(あき)れ返る・呆れる・度肝を抜かれる・驚く・びっくりする・たまげる・仰天する・喫驚する・驚愕(きょうがく)する・驚倒する・一驚する・驚嘆する・瞠目(どうもく)する・唖然(あぜん)とする・目を疑う・目を丸くする・目を見張る・息をのむ

あつ-け【暑気】❶夏の暑さ。しょき。「涼しくも衣手かろしみそぎ川―はらひてかへるさの森」〈為忠集〉❷暑さのために病気になること。あつさあたり。しょきあたり。「かたへは―などにやとて見給へ侍る」〈宇津保・国譲中〉

あっ-けい【悪計】アク 邪悪な計略。奸計(かんけい)。わるだくみ。「―をめぐらす」

あっけし-こ【厚岸湖】北海道南東部にある海跡湖(かいせきこ)。砂嘴(さし)の発達によって厚岸湾の一部が湖となった。周囲25キロメートル、面積32.3平方キロメートル。最大深度11メートル。カキ漁業が行われる。湖畔にはアッケシソウの群落がある。平成5年（1993）別寒辺牛(べかんべうし)湿原とともにラムサール条約に登録された。

あっけし-そう【厚▽岸草】サウ アカザ科の一年草。海岸に生え、高さ約20センチ。茎は多肉で、多くの枝が対生し、多数の節がある。節間の両側のくぼみに3個の小花をつける。秋に全草が紅紫色に変わる。北海道東部の厚岸町で発見された。谷地珊瑚(やちさんご)。

あつ-げしょう【厚化粧】ゲシヤウ〔名〕スル おしろい・口紅などを、厚くけばけばしく塗った化粧。濃い化粧。↔薄化粧。類語化粧・作り・お作り・粉黛(ふんたい)・脂粉・メーキャップ・メーク・若作り・拵(こしら)え

あっけし-わん【厚岸湾】北海道南東部にある湾。砂嘴(さし)の発達によって厚岸湖をつくる。湾入り口の大黒島は海鳥の繁殖地。

あっけ-な・い【×呆気ない】〔形〕文あっけな・し〔ク〕思ったより内容が貧弱または単純で、おもしろみがない。期待外れでもの足りない。「―・い結末」「―・く敗れる」派生あっけなさ〔名〕

あっけら-かん〔副〕《「あけらかん」の音変化》❶驚いたりあきれたりして、ぼんやりしているさま。「―と眺めていた」❷何もなかったように平気でいるさま。何事もあまり気にせず、けろっとしているさま。「注意されても―としている」類語けろりと

アッコ〖Akko〗イスラエル北部の都市。古代よりフェニキア人の港として栄え、中世以降も十字軍、アイユーブ朝、マムルーク朝などに次々と支配された。旧市街の街並みはオスマン帝国時代後期（18〜19世紀）に整備され、現在の姿になった。十字軍が築いたトンネルや教会、オスマン朝のイスラム寺院や隊商宿があり、2001年に「アッコの旧市街」の名称で世界遺産（文化遺産）に登録。アッコー。アッカー。アクレ。

あっ-こう【悪口】アク〔名〕スル 人を悪く言うこと。悪態をつくこと。また、その言葉。わるくち。「―を浴びせる」「ゆるりと磔柱(はりき)にかかって、休まるる体じゃと―し」〈芥川・さまよへる猶太人〉➡あっく（悪口）類語陰口・誹謗(ひぼう)・謗(そし)り・中傷・悪態・雑言・罵詈(ばり)・罵詈雑言

あっ-こう【悪行】アクカウ ▶あくぎょう（悪行）

あっこう-ぞうごん【悪口雑言】アクコウザフゴン さんざん悪口を言うこと。いろいろののしること。また、その言葉。罵詈(ばり)雑言。

あっこう-まつり【悪口祭(り)】アクコウ―「わるくちまつり」に同じ。

あつ-ご・ゆ【厚肥ゆ】〔動ヤ下二〕厚くふくらむ。厚ぼったくなる。「みちのくに紙の―・えたるに、匂ひばかりは深うしめ給へり」〈源・末摘花〉

あつ-さ【暑さ】気温の高いこと。暑い度合い。また、暑い季節。季夏「石も木も眼(まなこ)に光る―かな/去来」↔寒さ。

類語猛暑・暑気・酷暑・極暑・激暑・厳暑・炎暑・大暑・暑熱・炎熱・酷熱・温気・向暑・残暑

暑さ寒さも彼岸(ひがん)まで 残暑も秋の彼岸になれば衰え、余寒も春の彼岸になれば薄らぐ。

暑さ忘れて陰(かげ)忘る 暑さが去るとともに木陰のありがたみを忘れる。苦しいときに人から受けた恩も楽になるとすぐ忘れてしまうことのたとえ。

あつさ-あたり【暑さ▽中り】「暑気(しょき)中り」に同じ。季夏

あっ-さい【圧砕】〔名〕スル おしつけて砕くこと。

アッサイ〖イタリア assai〗音楽の速度標語の一。演奏速度を指示する語のあとに付けて、非常に、きわめて、の意を表す。「アレグロ―」

あっさい-がん【圧砕岩】変成岩の一。岩石が高圧のもとで破砕され、構成鉱物が縞状の微粒集合体に変わったもの。マイロナイト。ミロナイト。

あっ-さく【圧搾】〔名〕スル ❶強くおしつけてしぼること。「大豆を―する」❷強い圧力を加えて、物質の密度を大にすること。圧縮。類語収縮・萎縮(いしゅく)・縮小・縮み・短縮・凝縮・濃縮・圧縮・凝結・凝固・縮める

あっさく-き【圧搾機】果実・種子・茎などをおしつぶして液や油をしぼりとる機械。

あっさく-くうき【圧搾空気】▶圧縮空気

あつさ-しのぎ【暑さ×凌ぎ】夏の暑さを忘れようと気分を紛らすこと。また、その物や方法。

あっ-さつ【圧殺】〔名〕スル ❶おしつぶして殺すこと。❷無理やりに押さえつけて抵抗力を奪うこと。「反対派の意見を―する」類語絞殺・刺殺・射殺・銃殺・薬殺・毒殺・扼殺(やくさつ)・殴殺・撲殺・斬殺・轢殺(れきさつ)

アッサム〖Assam〗インド北東部の州。州都ディスプル。ヒマラヤ山脈南東に位置し、モンスーン気候で雨量が多く、世界的な茶の産地。アソム。

アッサム-じしん【アッサム地震】ヂシン インドのアッサム地方に多発する地震。インド大陸とアジア大陸とが衝突する場所で、ヒマラヤ周辺には、1897年、1950年の地震に代表される巨大地震が多く発生。1950年の地震では、道路・鉄道・建物などが破壊され、地すべりなどの被害も多く、約4000人の死者が出た。

あっさり〔副〕スル ❶人の性質や事物の状態などがしつこくないさま。複雑でないさま。さっぱり。「―(と)した味つけ」「―(と)している人」❷時間や手間をかけずに物事が行われるさま。簡単に。「―(と)犯行を認めた」類語淡泊・さっぱり・からっと・さばさば・簡単

アッサンブラージュ〖フランス assemblage〗▶アサンブラージュ

あっ-し【圧死】〔名〕スル おしつぶされて死ぬこと。「倒れたブロック塀の下敷きになって―した」

あっ-し【×遏止】〔名〕スル さえぎり止めること。押しとどめること。「此の議案を―せらるるか」〈竜渓・経国美談〉

あっし【▽私】〔代〕一人称の人代名詞。「わたし」のくだけた言い方。男性、特に職人などが多く用いる、いなせな感じの言い方。

類語おれ・僕・わし・おいら・おら・こちとら

あつし【厚司｜厚子】《アイヌ語から》❶オヒョウなどの樹皮を細く裂いて織った布。また、それで作ったアイヌの衣服。背・袖口・裾に独特の模様を刺繍する。❷平織りまたは綾織りの厚い木綿織物。紺無地(こんむじ)、または単純な縞柄で、仕事着として用いる。季冬

あつ・し【▽篤し】〔形シク〕《古くは「あづし」》病気で弱っているさま。病気がちである。「いたうわづらひ給ひし御心地の後、いと―・しくなり給ひて」〈源・御法〉

あつ-じ【厚地】ヂ 織物で厚みのあるもの。↔薄地。

アッシェ〖フランス haché〗料理で、みじん切り。

アッシジ〖Assisi〗イタリア中部の都市。聖フランチェスコの生誕地として知られる。ジョットやマルティーニの壁画で有名なサンフランチェスコ聖堂がある。関連する遺跡群を含めて、2000年に世界遺産（文化遺産）に登録された。

漢字項目　あつ

圧〔壓〕 学5 音アツ慣 訓おさえる、おす、へす ‖ ①おさえつける。「圧縮・圧倒・圧迫・圧力／威圧・指圧・制圧・弾圧・鎮圧・抑圧」②おさえつける力。圧力。「気圧・血圧・高圧・重圧・水圧・電圧・風圧・変圧」③「血圧」の略。「降圧剤」難読圧状(おうじょう)

×軋 音アツ漢 訓きしる、きしむ ‖ 車輪などがこすれあって音をたてる。「軋轢(あつれき)」

×遏 音アツ漢 訓とどめる ‖ 押しとどめる。さえぎりとめる。「禁遏・防遏」

アッシュ〖ash〗ヨーロッパ北・中部や中央アジアに産するセイヨウトネリコのこと。材は硬く、弾力性に富み、家具・スキー板や野球のバットなどに使用。

アッシュ〖ASH〗《Action on Smoking and Health》禁煙健康増進協会。喫煙の危険を訴える広告キャンペーンなどを展開している。1967年設立。本部はワシントン。

あっ-しゅく【圧縮】〔名〕スル ❶物質に圧力を加えて容積を縮小すること。圧搾。「空気を―する」❷規模を小さくすること。数量や割合を減らすこと。「予算枠を―する」「人件費を―する」「削減率を―する」「赤字―」❸コンピューターで、ファイルを加工または変換して、その容量を小さくすること。「複数のファイルを―してメールに添付する」「原音を―せずに記録する」➡解凍 ❹文章などを要約して短くすること。

類語収縮・萎縮(いしゅく)・縮小・縮み・短縮・凝縮・濃縮・圧搾・凝結・凝固・縮める・約(つづ)める・詰める・切り詰める・狭める・約する・縮約

あっしゅく-き【圧縮機】気体を圧縮して必要な高圧状態にする機械。コンプレッサー。圧縮ポンプ。

あっしゅく-きちょう【圧縮記帳】キチヤウ 国庫補助金・工事負担金などの交付を受けて固定資産を取得した場合、その国庫補助金などに相当する金額を資産の取得原価から控除して帳簿価額とすること。税法によって認められ、課税延期の効果をもつ。

あっしゅく-くうき【圧縮空気】圧力を加えて圧縮した空気。空気ブレーキ、塗料吹きつけ器、扉の自動開閉装置などに利用。圧搾空気。

あっしゅく-さんそ【圧縮酸素】液化しない程度に常温で圧縮した酸素。ボンベに詰め、溶接や高圧酸素療法などに利用。

あっしゅくせい-りゅうたい【圧縮性流体】リウタイ 流体力学で流体の運動を扱う際、圧力や温度による密度の変化が大きい流体のこと。音速と同程度かそれ以上の流速をもつ気体や、超音速や衝撃波などは、圧縮性流体として扱う必要がある。一方、圧力や温度による密度の変化が無視できるほど小さい場合は、非圧縮性流体と見なすことができる。縮む流体。

あっしゅく-ソフト【圧縮ソフト】コンピューターのデータから冗長性を取り除き、内容を保ったまま容量を減らすソフトウエア。ファイル圧縮ソフト。圧縮されたファイルを元に戻す場合、展開ソフトを使う。

あっしゅく-ソフトウエア【圧縮ソフトウエア】▶圧縮ソフト

あっしゅく-ファイル【圧縮ファイル】《compressed file》コンピューターで、データの内容を保持したまま、容量を圧縮して保存したファイル。圧縮したファイルを元に戻す処理を解凍という。

あっしゅく-ポンプ【圧縮ポンプ】圧縮機のこと。

あっしゅく-りつ【圧縮率】物体に及ぼされる圧力が変化したときの、体積変化の割合。気体の圧縮率は、固体の圧縮率よりはるかに大きい。

あっ-しゅつ【圧出】〔名〕スル 力を加えて押し出すこと。

アッシュビル〖Asheville〗米国ノースカロライナ州北西部の都市。1880年の鉄道開通にともない発展。避暑地としても知られ、グレートスモーキー山脈国立公園の観光拠点になっている。

あっ-しょう【圧勝】〔名〕スル 競技・選挙などで、他を

大きく引き離して一方的に勝つこと。また、そのような勝ち方。「初戦で―して勢いがつく」
[類語]大勝・楽勝・快勝・完勝・辛勝

あつ‐じょう【圧条】ﾃﾞｳ 木の枝を押し曲げて土に埋め、そこから根が出るのを待って親木から切りはなし、新しい苗木をとる方法。取り木。

アッシリア〖Assyria〗西アジア、チグリス川上流アッシュールを中心とする地域の古称。また、前3000年ごろからこの地に繁栄したセム族の王国名。前671年、オリエント最初の大帝国となったが、前612年、カルデア・メディア連合軍によって滅亡。

アッズッリ〖ｲﾀﾘｱ Azzurri〗►アズーリ

アッズッロ〖ｲﾀﾘｱ azzurro〗►アズーロ

あっ・する【圧する】〔動サ変〕[文]あっ・す〔サ変〕❶強い力を加えて物を押さえつける。「接合部分を―・して固定する」❷力で相手を押さえつける。制圧する。圧倒する。「他を―・する軍事力」「彼の気迫に―・せられる」

あっ‐せい【圧制】〔名・形動〕権力などを使って、他の者の言動を押さえつけたり、人に強制したりすること。また、そのさま。「そんな―な媒妁(なこうど)はないわ」〈蘆花・思出の記〉
[類語]抑圧・弾圧・威圧・強圧・暴圧・圧迫

あっ‐せい【圧政】権力などで人民を押さえつける政治。圧制政治。「―に苦しむ」
[類語]悪政・虐政・苛政(かせい)・暴政・軍政

あつぜつ‐し【圧舌子】►舌圧子(ぜつあつし)

あっ‐せん【×斡旋】〔名〕ｽﾙ《「斡」は、まわす意》❶間に入って双方をうまく取り持つこと。周旋。「職を―する」❷労働関係調整法による労働争議の解決方法の一。労働委員会が指名した斡旋員が労使間を取りなして、争議の解決を図ること。❸行政法上、公益事業用地の取得をめぐる当事者間の紛争を解決するために行われる手続き。➡仲裁 ➡調停
[類語]世話・周旋・口添え・口入れ・取り持ち・口利き・仲立ち・肝煎(きもい)り・紹介・仲介

アッセン〖Assen〗オランダ北東部、ドレンテ州の都市。同州の州都。印刷業、繊維業、観光業が盛ん。中世に建てられたシトー派修道院を町の起源とする。郊外に二輪車ロードレースの世界選手権が開催されるサーキットがある。

あっせん‐しゅうわいざい【×斡旋収賄罪】 公務員が請託を受け、他の公務員に不正な職務行為の遂行や、するべき職務をしないよう斡旋し、見返りとして賄賂を収受・要求・約束する罪。刑法第197条の4が禁じ、5年以下の懲役に処せられる。

アッセンブラー〖assembler〗►アセンブラー

アッセンブリー〖assembly〗►アセンブリー

アッソス〖Assos〗古代ギリシャ時代、小アジアにあった都市。現在のトルコ西部の村ベフラムカレの近郊に位置する。紀元前4世紀頃、学術都市として隆盛し、アリストテレスが3年ほど滞在したほか、同地出身のストア学派の哲学者クレアンテスがゼノンを継いで学頭になった。現在も、円形劇場、アゴラ、アテナ神殿などの遺跡がある。アソス。

あっそん【▽朝▽臣】►あそん

あつた【熱田】名古屋市南部の区名。熱田神宮の門前町として発展し、江戸時代には東海道最大の宿場町で、宮宿(みやじゅく)とよばれた。現在は工業地。

アッター‐こ【アッター湖】《Attersee》オーストリア中部、ザルツカンマーグート地方にある湖。南北約20キロメートルの細長い形をしており、同地方最大の面積がある。湖の周辺は避暑地として有名。画家グスタフ＝クリムトや作曲家グスタフ＝マーラーが過ごした村がある。アッターゼー。

アッターゼー〖Attersee〗►アッター湖

あったか【▽暖か｜▽温か】〔形動〕「あたたか」に同じ。「―な春の日」[派生]あったかげ〔形動〕あったかさ〔名〕

あったか・い【▽暖かい｜▽温かい】〔形〕「あたたかい」に同じ。「―・い部屋」

あつた‐く【熱田区】►熱田

あつた‐じんぐう【熱田神宮】名古屋市熱田区にある神社。主祭神は、草薙剣(くさなぎのつるぎ)を神体とする熱田大神。他に五神を祭る。熱田の宮。熱田神社。

あった‐ぼこしゅもな・い〔形〕《近世語》おもしろくもない。ばかばかしい。「やれやれやれ、ありさまたち(＝アンタガタ)は―・い」〈浄・丹波与作〉

あったま・る【▽暖まる｜▽温まる】〔動ラ五(四)〕「あたたまる」に同じ。「風呂でよく―・る」

あった・める【▽暖める｜▽温める】〔動マ下一〕「あたためる」に同じ。「スープを―・める」

あったら【可＝惜｜▽惜】〔副〕「あたら」の音変化。「―短い青春を棒に振る」

あったら‐もの【可＝惜物】「あたらもの」に同じ。「今殺すは―」〈浄・烏帽子折〉

アッタリア〖Attalia〗►アッタレイア

アッタレイア〖Attaleia〗トルコ南西部の都市アンタリヤの古代名。アッタリア。

あっ‐ち【▽彼▽方】〔代〕《「あち」の音変化》遠称の指示代名詞。「あちら」よりもくだけた感じの語。「―を見てごらん」[類語]こちら・こっち・そちら・そっち・あちら・かなた・向こう

あづち【安土】滋賀県近江八幡市東部の地名。旧安土町は平成22年(2010)に同市と合併。安土城跡がある。

アッチェレランド〖ｲﾀﾘｱ accelerando〗音楽で、速度標語の一。しだいに速く、の意。[⇔]ラレンタンド/リタルダンド。

あっち‐おり【▽彼▽方織り】外国産の織物。特に、唐織物。「―の中幅、前に結び」〈浮・一代男・二〉

アッチカ〖Attiki〗►アッティカ

あっち‐こっち【▽彼▽方×此▽方】〔代〕「あちこち❶」に同じ。「―の知人宅を泊まり歩く」

あつち‐じに【あつち死に】《「あつち」は、跳ね回る意の動詞「あつつ」の連用形からか》身もだえし、跳ね回って死ぬこと。「悶絶躃地(もんぜつびゃくぢ)して、遂に―ぞし給ひける」〈平家・六〉

あづち‐しゅうろん【安土宗論】天正7年(1579)5月、織田信長の命によって安土城下浄厳院で行われた浄土宗と日蓮宗の宗論。浄土宗側の勝ちとされ、日蓮宗側は詫び証文を出し、厳しく処罰された。日蓮宗を弾圧するためのものとされる。

あづち‐じょう【安土城】ﾆﾔｳ 安土に織田信長が築いた城。天正4年(1576)に着工。天守閣を中心とする本格的な近世の城の最初のもの。天正10年(1582)、本能寺の変ののち焼失。

あっち‐もの【▽彼▽方者】❶外国人。「日本の地を離れて、―とぞなりけり」〈浮・色三味線・五〉❷あの世の者。死者。また、死ぬと決まった者。「孫めが親と一緒に、―になりをらうかと悲しさに」〈浄・盛衰記〉

あづちももやま‐じだい【安土桃山時代】織田信長がはじめて入京した永禄11年(1568)から、また一説に天正元年(1573)から、徳川家康が関ヶ原の戦いに勝った慶長5年(1600)までの約30年間。美術史上でも一時代を成す。織豊(しょくほう)時代。➡桃山文化

アッチャカトゥーラ〖ｲﾀﾘｱ acciaccatura〗音楽の装飾音の一種。17～18世紀の鍵盤(けんばん)音楽では、装飾されるべき音とそれに音階的に隣接する装飾音を同時に演奏し、装飾音のほうを即座に止めた。19世紀以降は、ごく短いアッポジャトゥーラをさす。

あっ‐ちゃく【圧着】〔名〕ｽﾙ 強く押しつけて、接着すること。「金箔(きんぱく)を―する」

アッチラ〖Attila〗►アッティラ

あっつう‐てん【圧痛点】内臓の病気や神経痛などの際に、からだを指先で押して強く痛みを感じる点。

あつ‐づくり【厚作り｜厚造り】分厚く切った刺身。[⇔]薄作り。

アッツ‐とう【アッツ島】ﾀｳ《Attu》アリューシャン列島西端の火山島。米国領。第二次大戦での日米間の激戦地。

あつ‐で【厚手】〔名・形動〕紙・布・陶器などの地の厚いこと。また、そのさま。「―な(の)鍋(なべ)」[⇔]薄手(うすで)。
[類語]厚い・厚ぼったい・分厚い

アッティカ〖Attiki〗ギリシャ南部の半島。首都アテネがある。

アッティラ〖Attila〗[406?～453]フン族の王。在位433～453。中部ヨーロッパに大帝国をつくり、西ローマ帝国をおびやかした。

アッテネーター〖attenuator〗オーディオで、音量レベルを減衰するためのスイッチや可変抵抗器。音量調整器と異なり半固定的に使う。減衰器。

あっ‐てん【圧点】皮膚感覚のうち、軽い刺激は触覚として、強い圧力は圧覚として感じる点。

あつ‐でんき【圧電気】圧電効果によって結晶の表面に生じる電気。ピエゾ電気。

あつでん‐こうか【圧電効果】ｶｳｸﾜ 水晶・ロッシェル塩などの結晶に圧力を加えると、その表面に誘電分極によって電気が起こる現象。機械的変化と電気的変化との交換ができるのでマイクロホン・ガス点火装置・電子時計などに利用。

あつでん‐そし【圧電素子】圧電効果を利用した電気素子。振動や圧力などの変化を電気的な変化にしたり、逆に電気的振動を機械的振動に変換したりするものがある。前者はマイクロホン、ガス点火装置、後者はスピーカーなどに利用。ピエゾ素子。ピエゾ電気素子。

あつでん‐たい【圧電体】圧電効果を示す物質の総称。

アット〖atto〗►アト

アット〖@〗《at》❶単価…で、…につきの意を表す記号。単価記号。❷電子メールのアドレスで、ユーザー名とドメイン名を区切る符号。アットマーク。

あっ‐とう【圧倒】ﾀｳ〔名〕ｽﾙ ❶きわだってすぐれた力をもっていること。また、その力で相手を押さえつけること。「彼の語学力は他を―している」❷力を見せつけて他を恐れさせること。「剣幕に―される」
[類語]飲まれる・気圧(けお)される

あっとう‐てき【圧倒的】ｱｯﾀｳ〔形動〕他より非常に勝っているさま。「―に強い」「―な支持を得る」

アット‐バット〖at bat〗野球で、打数。また、攻撃側の選手が打席に着くこと。

アット‐ホーム〖at home〗〔形動〕自分の家にいるようにくつろげるさま。家庭的。「―な会合」

アット‐マーク〖at mark｜@ mark〗►アット [補説]「@」を「アットマーク」と呼ぶのは日本語の用法。

アット‐ランダム〖at random〗〔形動〕►アトランダム

アットロー〖ﾌﾗﾝｽ attereau〗銀の飾り串(アトレット)に材料を刺し、これにビルロワソースをかけたうえ、パン粉をまぶして揚げた料理。アットロ。

あつ‐にゅう【圧入】ﾃﾞﾌ〔名〕ｽﾙ 強い圧力を加えて物を押し込むこと。

アッパー〖upper〗❶靴の、足の甲をおおう部分。❷「アッパーカット」の略。「―を食う」❸多く複合語の形で用い、上の、上方の、の意を表す。「―スイング」

アッパーカット〖uppercut〗ボクシングで、下から突き上げる打ち方。

アッパーカナダ‐ビレッジ〖Upper Canada Village〗カナダ、オンタリオ州南東部の都市、キングストンの近郊にある歴史村。教会、農場、学校のほか、パンやチーズの生産施設など、18世紀末から19世紀半ばにかけて同州にあったイギリスの植民地、アッパーカナダの街並みや暮らしを再現している。

アッパー‐クラス〖upper class〗上流階級。

アッパー‐スイング《和 upper＋swing》野球で、バットを下から上にすくい上げるように振る打ち方。

アッバース‐ちょう【アッバース朝】ﾃﾞｳ《ｱﾗﾋﾞｱ ʻAbbās》ウマイヤ朝に続くスンニー派イスラム王朝。750年、ムハンマドの伯父アッバースの子孫アブー＝アッバースがウマイヤ朝を倒し、クーファで即位。のちに第2代カリフ、マンスールがバグダッドを首都として建設。全盛期は初期の100年間で、アラビア語とイスラム教による独自の文化が開花。1258年、モンゴル軍の侵入により滅亡。アッバス朝。

アッパー‐スバネティ〖Upper Svaneti〗グルジア北西部、カフカス山脈とスバネティ山脈に挟まれた地

域であるスバネティの、西側部分。古代よりスバン族が住む。周辺民族との抗争のために要塞化した建造物と、中世に建てられた聖堂などのキリスト教建築物が混在する町並みは、1996年に世界遺産(文化遺産)に登録された。上スバネティ。

アッパー-デッキ〘upper deck〙❶船の上甲板。❷旅客機の2階席。

アッパー-ミドル〘upper-middle〙中流階級の上位層。

あっ-ぱく【圧迫】〔名〕スル ❶強くおしつけること。「胸を一する」❷武力や権力などで押さえつけること。威圧。「大国の軍拡は近隣諸国を一する」❸押さえつけて規模を縮小させること。「物価高で家計が一される」(類語)抑圧・弾圧・威圧・強圧・暴圧・圧制

あっぱく-ほうたい【圧迫包帯】ハウタイ 局部を圧迫し、止血やヘルニア・内臓下垂の予防などを目的として行う包帯。

アッパショナート〘イタリア appassionato〙《アパッショナート」とも》音楽の発想標語の一。「熱情的に」の意。

あっぱっぱ　女性が夏に着る家庭用のワンピース。通気性をよくするように、ゆったりと作る。大正末から昭和初期にかけて大阪地方で言い始めた語。

あっぱらぱあ《俗語》能天気な浪費家で、お調子乗りで今の自分を存分に楽しんでいる人。意見されると怒り出すのも特徴。(補説)語源未詳。「アッパラパー」と書くことが多い。

あっぱれ【▽天晴(れ)|×遖】《「あわ(哀)れ」の音変化》㊀〔形動〕[文]〔ナリ〕驚くほどりっぱであるさま。みごとなさま。「敵ながら一な働き」㊁〔感〕❶ほめたたえる気持ちを表すときに発する語。すばらしい。みごとである。「一、よくやった」❷すっかり感心したり、強く驚いたりしたときに発する語。ああ。「一獅子ワ臆病ナモノカナ」〈天草本伊曽保・驢馬と獅子〉(補説)「天晴れ」は当て字。「遖」は国字。

あつ-び【圧尾】物事の終わり。最後。結末。

あつ-び【熱火】盛んに燃えている火。烈火。

熱火子に払う　火に焼かれそうなときは、最愛のわが子の方へ火を払ってでも逃れようとする。危急の際には極端な利己心が現れるたとえ。

アッピア-かいどう【アッピア街道】カイダウ《ラテン Via Appia》ローマ最古の石舗装の軍用路。前312年、監察官アッピウス=クラウディウスが、ローマと南方のカプアとの間に建設。前3世紀ごろまでにブルンディシウム(現在のブリンディジ)まで延長された。全長約560キロ。現存する部分は今も使用可能。

アッピール〘appeal〙〔名〕スル ►アピール

あっぴ-こうげん【安比高原】カウゲン 岩手県北西部、八幡平はちまんたい東部にある高原。キャンプ場・スキー場などとして一年中にぎわう。

あつ-びたい【厚額】ビタヒ 前額部の縁の部分が高い冠。古くは、壮年で高位の者が用いた。⇔薄額。

あつ-ひめ【篤姫】徳川家定の正室天璋院てんしょういんが、島津斉彬なりあきらの養女となって改名した折の敬称。

あつ-びん【厚×鬢】江戸時代の男の髪形の一。月代さかやきを狭くそり、両鬢を広くふっくらと結うもの。上品とされた。神官などに多い。⇔薄鬢。

アップ〘up〙〔名〕スル ❶上がること。上げること。「レベルが一する」「ベースー」「イメージー」⇔ダウン。❷終了すること。「あと一か月で撮影が一する」「クランクー」「タイムー」❸「アップスタイル」の略。「一が似合う」❹「クローズアップ」の略。「一で撮る」❺ゴルフのマッチプレーや球技などで、リードしていること。「ワンゲームー」⇔ダウン。❻「ウオーミングアップ」の略。「午後のレースに向けて一を始める」❼「アップロード」の略。「TSVデータをデータベースに一する」

あっぷ-あっぷ〔副〕スル ❶水におぼれて苦しんでいるさま。「深みで一ともがく」❷物事がうまくいかないでひどく苦しんでいるさま。「不景気で一している」

アップ-アンド-アンダー〘up and under〙ラグビーで、高くボールを蹴り上げて、受け止めようとする相手めがけて殺到し、ボールを取って攻撃するプレー。キックアンドラッシュ。

あっ-ぷく【圧伏|圧服】〔名〕スル 力で押さえつけて服従させること。「遂ついにスパルタの為ためにー せられ」〈竜渓・経国美談〉(類語)支配・統治・君臨・独裁・専制・制覇・制圧・征服・制する・領する・牛耳ぎゅうじる

アップ-クオーク〘up quark〙第1世代に属するクオークで、電荷が＋2/3のもの。記号はu。6種類あるクオークの中で最も軽い。1964年、M=ゲルマンとG=ツワイクが提唱したクオーク模型において予言され、すでにその存在を示す証拠が見つかっている。クオーク理論によれば、アップクオークはダウンクオークとともに核子を構成し、陽子は2個のアップクオークと1個のダウンクオーク、中性子は1個のアップクオークと2個のダウンクオークで構成される。

アップグレード〘upgrade〙品質を良くすること。特にパソコンなどで、旧型機種の本体の一部やソフトウエアを最新のものにかえて、性能を向上させること。

あつ-ぶさ【厚▽総】馬具で、面繫おもがい・胸繫むながい・尻繫しりがいの各部につけた糸の総を特に厚く垂らしたもの。

アップザイレン〘ドイツ abseilen〙►アプザイレン

アップスキャン-コンバーター〘up-scan converter〙►スキャンコンバーター

アップ-スケール〘upscale〙《地位の高い、名声のある、高級(高価)な、の意》高級化。流通業界で用いる語で、店のインテリアやサービスなどの質を高め、店や扱っている商品のイメージを高めること。

アップ-スタイル《和 up＋style》襟足を見せるように髪をなで上げ、頭頂または後頭部でまとめる女性の髪形。アップ。(補説)英語ではupdo; upsweep

アップ-ストア〘App Store〙米国アップル社が運営する、iPhoneまたはiPod touch用アプリケーションソフトの配信サービス。携帯電話のデータ通信や無線LAN機能、またパソコンからiTunesを使いアプリケーションソフトのデータをダウンロードして利用する。

アップ-ストリーム〘up-stream〙❶核燃料の準備工程で、鉱石の採掘にはじまって原子炉で燃やすまでの段階をいう。⇔ダウンストリーム。❷通信回線における上流方向のこと。またはその伝送路のこと。インターネットなどのコンピューターネットワークの場合、通信事業者の基地局やバックボーンを、衛星通信の場合は通信衛星を上流とする。

アップセット〘upset〙競技・選挙などで、絶対的に強いとみられていた方が負けること。番狂わせ。

アップ-セル〘up sell〙ある商品の購入を考えている客に対し、希望よりも上位で高い商品を勧める販売方法。または、従来からの顧客に、上位で高い商品への買い換えを勧める販売方法。➡クロスセル

アップタウン〘uptown〙住宅地区。山の手。➡ダウンタウン

アップ-ダウン〘up-and-down〙❶道などが、上がったり下がったりすること。また、特にゴルフコースの起伏。❷物事の状態や調子の浮き沈み。「株価の一が激しい」

アップ-ツー-デート〘up-to-date〙〔名・形動〕時勢に乗り最も新しいこと。また、そのさま。最新。斬新ざんしん。「一な服装」⇔アウトオブデート。(類語)斬新・新奇・現代的・先端的・モダン・最新

アップデート〘update〙コンピューターで、ソフトウエアの内容を、より新しいものに変更すること。不具合の修正や小規模の機能追加を目的として、ソフトウエアのメーカーや作成者が提供するソフトウエアの一部をインストールすることを指す。一般的に、大幅な更新の場合はアップグレードという。

アップ-テンポ〘up-tempo〙音楽で、曲のテンポが速いこと。特にジャズやポピュラー音楽についていう。

アップビート〘upbeat〙音楽用語で、上拍。弱拍。⇔ダウンビート。

アップライト〘upright〙〔名・形動〕❶直立していること。また、そのさま。「一スタイル」❷「アップライトピアノ」の略。❸ゴルフのスイングで、クラブの軌道面が地面に対して垂直に近いこと。また、そのさま。「一な打ち方」

アップライト-スピン〘upright spin〙フィギュアスケートで、上体を起こし、直立した姿勢を保って回転する技。

アップライト-ピアノ〘upright piano〙直立した共鳴箱の中に弦を縦に張ったピアノ。竪型たてがたピアノ。

アップリケ〘フランス appliqué〙手芸で、いろいろな形に切り抜いた布を地の布に縫いつけたり、はりつけたりする技法。また、その模様。アプリケ。

アップリンク〘uplink〙通信回線の上り方向、またはその通信速度や使用する周波数帯域のこと。➡ダウンリンク

アップル〘apple〙りんご。

アップル〘Apple Inc.〙米国のコンピューター会社。1976年、スティーブ=ジョブズ、スティーブ=ウォズニアクがアップルコンピュータを設立。2007年、現社名に変更。Macintosh、PowerMac、iMacなどパーソナルコンピューターのシリーズや、デジタルオーディオプレーヤーのiPod、スマートホンのiPhone、タブレット型端末のiPadなどで知られる。また、iTunes Storeを通じて動画や音楽などのマルチメディアコンテンツやアプリケーションソフトの販売を行っている。

アップル-コンピュータ〘Apple Computer, Inc.〙米国のコンピューター会社アップルの旧社名。2007年、現社名に変更。

アップル-ティーブイ〘Apple TV〙米国アップル社が販売する、テレビに接続して映像・音楽・写真などを視聴するためのセットトップボックス。iTunesを用いてパソコン内にあるコンテンツをテレビで見ることができるほか、単体でインターネットに接続し、iTunes Storeからコンテンツを購入することも可能。

アップルトン〘Edward Victor Appleton〙[1892～1965]英国の物理学者。電離層を研究して、E層の存在を立証。F層(アップルトン層とも)を発見した。1947年、ノーベル物理学賞を受賞。

アップル-パイ〘apple pie〙砂糖煮にしたりんごを詰めて天火で焼いたパイ。

アップロード〘upload〙〔名〕スル インターネットなどで、通信回線を介してまとまったデータをホストコンピューターに送信すること。アップ。⇔ダウンロード。

あっぷん-じしん【圧粉磁心】強磁性体を微細な粉末にし、その表面を絶縁被膜で覆い、圧縮して固めた鉄心。高周波コイル・変圧器などに利用。ダストコア。圧粉鉄心。

あっぷん-てっしん【圧粉鉄心】►圧粉磁心

アッベ〘Ernst Abbe〙[1840～1905]ドイツの物理学者・光学技術者。イエナ大教授。光学機器メーカーのカール-ツァイス社の共同経営者となり、ツァイスとともに、同社の光学機器を開発。ツァイスの死後は社長に就任。顕微鏡の改良などに寄与した。

あつべつ【厚別】札幌市の区名。平成元年(1989)に白石区から分区。

あつべつ-く【厚別区】►厚別

アッヘン-こ【アッヘン湖】《Achensee》オーストリア西部、チロル州にある同地方最大の湖。海抜929メートル。19世紀後半には鉄道が敷かれ、観光遊覧船の運航が始まった。水質が良く透明度がとても高いことで知られる。アッヘンゼー。

アッヘンゼー〘Achensee〙►アッヘン湖

アッペンツェル〘Appenzell〙スイス北東部、アッペンツェルインナーローデン準州の州都。牧畜と酪農が盛ん。アッペンツェラーチーズの産地。ランツゲマインデという伝統的な直接民主制の野外州民議会があり、1991年に初めて女性の参加が認められた。

アッポジャトゥーラ〘イタリア appoggiatura〙音楽の装飾音の一種。装飾される音の直前に付けられ、その音価は場合によって一定しない。

あつ-ぼった・い【厚ぼったい】〔形〕紙や布地などが厚みがあって重く感じさせるさま。「一・いコート」(派生)あつぼったさ〔名〕(類語)厚い・分厚い・厚手

あつ-まく【厚膜】►こうまく(厚膜)

あつまり【集まり】❶集まること。また、集まったもの。「客の一が悪い」❷共通の目的で人が大ぜい寄り合うこと。集会。会合。寄り合い。「身内の一」

(類語)会・会合・会議・集会・寄り合い・ミーティング・座談会・集い・まどい・団欒

あつま・る【集まる】〔動ラ五(四)〕❶多くの人や物が一つところに寄る。「友は類をもって―・る」「野鳥が―・る公園」「募金が―・る」❷人々の気持ちなどが集中する。注がれる。「世間の同情が―・る」(可能)あつまれる

(用法)あつまる・つどう――「教会に集まる(集う)信者たち」「同窓生たちは年に一度母校に集まる(集う)」などでは相通じて用いられる。◆「集う」には、「共通の意志をもった者が」の意があり、今日では多く人に限って用い、やや文章語的である。人以外では「寄付が集まる」「花に虫が集まる」のように、「集まる」が用いられる。◆類似の語に「群がる」「たかる」がある。「群がる」は「野次馬が群がる」「花に群がる蜂」のように用いて一か所に群れのように集まっているようすをいい、「たかる」は「蟻が砂糖にたかる」のように、集中的に群がっているようすをいう。

(類語)集う・群がる・群れる・屯する・駆け付ける・殺到・すだく・たかる・固まる・参集・揃う

あつ-み【厚み】❶厚さの程度。厚いという感じ。「―がある」❷深み。奥行き。「―のある語り口」❸囲碁で、容易に攻略されない堅固な石の配置。(類語)厚さ

あつみ-きよし【渥美清】［1928～1996］映画俳優。東京の生まれ。本名、田所康雄。「男はつらいよ」シリーズ(全48作)の主人公、フーテンの寅こと車寅次郎役で人気を得、本人も作品も「寅さん」の愛称で呼ばれる。没後、国民栄誉賞受賞。

あつみ-しんのう【敦実親王】［893～967］宇多天皇の第8皇子。宇多源氏の祖。法名は覚真。和歌・音楽などの諸芸に通じた。仁和寺宮。

あづみの【安曇野】長野県中西部にある市。犀川が縦貫し、ワサビ・ソバなどの栽培が盛ん。平成17年(2005)10月に明科町・豊科町・穂高町・三郷村・堀金村が合併して成立。人口9.6万(2010)。

(補説)新市名では「あずみの」ではなく、歴史的仮名遣いである「あづみの」が使われることとなった。

あづみの-し【安曇野市】▶安曇野

あつみ-はんとう【渥美半島】愛知県南東部にある半島。知多半島とともに三河湾を囲み、突端に伊良湖岬がある。

あつみ-わん【渥美湾】愛知県南東部、三河湾の東部を占める湾。渥美半島に囲まれる。湾の東岸は埋め立てが進み、背後には豊橋市が位置する。浅海部はノリ・アサリの養殖や、沿岸漁業が発達している。三河湾国定公園の一部。

あつ・む【集む】〔動マ下二〕「あつめる」の文語形。

あつ-むぎ【熱麦】熱くして食べるうどん・そうめん。煮麺。

あつめ-じる【集め汁】大根・牛蒡などの野菜や豆腐・串鮑・干し魚など、種々の材料を取り合わせて煮込んだ味噌汁、またはすまし汁。邪気を払うとして5月5日に食べるものとされた。(季 夏)「巻昆布の中に魚頭や―/桜磈子」

あつ・める【集める】〔動マ下一〕図あつ・む〔マ下二〕❶多くの人や物を一つところにまとめる。「聴衆を―・める」「切手を―・める」❷興味・関心などを引きつける。集中させる。「注目を―・める」「人望を―・める」「全神経を―・める」(類語)寄せ集める・駆り集める・掻き集める・呼び集める・溜める

あつ-もの【厚物】花びらがまり状に厚く盛り上がって咲く菊。厚物咲き。

あつ-もの【×羹】《「熱物」の意》魚・鳥の肉や野菜を入れた熱い吸い物。

羹に懲りて膾を吹く　《「楚辞」9章から》熱い吸い物を飲んでやけどをしたのにこりて、冷たいなますも吹いてさますという意。前の失敗にこりて必要以上の用心をすることのたとえ。(補説)「熱い物に懲りて膾を吹く」ではない。

あつもり【敦盛】㊀▶平敦盛　㊁幸若舞曲。平家物語などの、熊谷直実が平敦盛を討ち、無常を感じて出家した話に取材。㊂謡曲。二番目物。世阿弥作。平敦盛の菩提を弔うため一ノ谷に来た蓮生の前へ、敦盛の霊が現れて物語をする。

あつ-もり【熱盛(り)】「熱盛り蕎麦」の略。

あつもり-そう【×敦盛草】ラン科の多年草。日当たりのよい山中の草地などに生え、高さ30～50センチ。茎の中ほどに幅広の大きな葉が数枚互生する。初夏に大きな袋状の花を1個開き、花色は紅紫色のほか淡紅色・白色がある。名は、花の形を平敦盛の背負った母衣に見立てたもの。(季 夏)

あつもり-そば【熱盛(り)蕎=麦】熱湯をくぐらせた温かい盛り蕎麦。熱いつけ汁に刻みネギを添える。

あつ-やき【厚焼(き)】卵焼き・煎餅などを、厚く焼くこと。また、そのもの。

あつやき-たまご【厚焼(き)卵】厚めに焼いた卵焼き。多く、四角い専用の鍋を使い、箱形に仕上げる。

あつ-ゆ【熱湯】普通よりも熱めにわかした風呂。

あつ-よう【厚様】・【厚葉】厚手の鳥の子紙・雁皮紙。また、一般に厚手の和紙。⇔薄様

あつ-よく【圧抑】〔名〕スル 無理におしつけること。権力や武力によって無理に押さえつけること。抑圧。「政法の群下を―するものは、人民をして扶助を失い」〈中村訳・西国立志編〉

アッラー〔アラビア Allāh〕イスラム教における全知全能の唯一神。天地万物の創造主。聖典コーランには人的表現もみられるが、その図像化は厳しく禁止されている。「アラー」は訛った言い方。

あつら・う【×誂ふ】〔動ハ下二〕「あつらえる」の文語形。

あつらえ【×誂え】❶注文して作らせること。また、そうした品物。⇔出来合い。❷歌舞伎の大道具や下座音楽などで、作者や役者の好みによって特別に注文して作ること。また、そのもの。

あつらえ-むき【×誂え向き】〔名・形動〕(多く「おあつらえむき」の形で)注文どおりであること。希望どおりであること。また、そのさま。「開会式にお―な上天気」(類語)うってつけ・格好・頃合い・持って来い・ぴったり・好個・好適

あつらえ-もの【×誂え物】注文して作らせた物。

あつら・える【×誂える】〔動ア下一〕図あつら・ふ〔ハ下二〕❶自分の思いどおりに作らせる。注文して作らせる。「洋服を―・える」「寿司を―・える」❷人に頼んでさせる。「佐用氏にゆきて老母の介抱を苦に―・へ」〈読・雨月・菊花の約〉

(類語)作る・拵える・仕立てる・形作る・作り出す・作り上げる

あつ-らか【厚らか】〔形動ナリ〕厚くふっくらしたさま。「練り色の衣の、綿―なる三つばかりを着て」〈今昔・二九・三六〉

あつ-りょく【圧力】❶押さえつける力。気体・液体または固体が、ある面を境にして、その両側から垂直に押し合う力。単位はパスカルのほか、アト、水銀柱メートルなどを用いる。❷威圧して服従させようとする力。「大国の―に屈する」(類語)プレッシャー・外圧

圧力を掛・ける　❶圧力を加える。❷自己の意に従わせようとして、権力・財力・武力などで相手を圧迫する。「無言の―・ける」

あつりょく-かくへき【圧力隔壁】航空機の胴体の前後に設けられた隔壁。機内に一定の圧力を与えておくためのもので、外気圧とそれより高い機内圧との圧力差に耐えられるように作られている。

あつりょく-がま【圧力釜】▶圧力鍋

あつりょく-けい【圧力計】気体や液体の圧力を測定する器械。使用目的によって気圧計・高圧計・真空計などとよぶ。マノメーター。

あつりょくさ-けい【圧力差計】▶示差圧力計

あつりょく-だんたい【圧力団体】政治上の目的を実現するために、外部から政府や議会・政党などに働きかける集団。利益集団。

あつりょく-ていこう【圧力抵抗】流体中を物体が動くとき、物体表面に直角にかかる応力の合力として得られる抵抗。流線形ではほとんど零となる。

あつりょく-なべ【圧力鍋】パッキングつきのふたをねじで締めて密閉し、高圧・高温で煮炊きできるようにした鍋。固い材料を短時間で柔らかく調理できる。圧力釜。

あつりょく-ようき【圧力容器】❶内部を一定の圧力に保つことができる容器。ガスボンベやボイラーなどに利用される。❷▶原子炉圧力容器

あつりょくよくせい-しつ【圧力抑制室】▶サプレッションプール

あつりょくよくせい-プール【圧力抑制プール】▶サプレッションプール

あつ-れき【×軋×轢】《車輪がきしる意から》仲が悪くなること。「―を生じる」

あつ-わた【厚綿】歌舞伎衣装の一。綿を厚く入れた着付けで、荒事や時代物の奴などに用いる。

あて【当て・宛】㊀〔名〕❶行動の目当て。目標。目的。「―もなくうろつく」❷将来に対する見通し。先行きの見込み。「借金を返す―がない」❸心の中で期待している物事。頼り。「父からの援助は―にできない」❹借金のかた。抵当。「此指環…を―に少し貸して頂戴な」〈魯庵・社会百面相〉❺(他の語の下に付いて)㋐保護するためにあてがうもの。「ひじ―」「すね―」㋑ぶつけあうこと。「鞘―」㊁〔接尾〕(宛)名詞・代名詞に付く。❶配分する数量・割合を表す。あたり。「ひとり―二個」❷送り先・差し出し先を示す。「下宿―に荷物を送る」(類語)望み・脈

当てが外・れる　見込みが違う。期待に反する。「もっと客が入ると思ったが、―・れた」

あて【▽私】〔代〕一人称の人代名詞。わたし。わて。京阪地方の庶民の用語で、主に女性が用いる。

あて【▽貴】〔形動ナリ〕❶身分が高いさま。「世界の男、―なるも卑しきも」〈竹取〉❷上品で美しいさま。「頭つき様体細やかに―なる程は」〈源・宿木〉

あで【▽艶】〔形動〕図〔ナリ〕《「あて(貴)」の音変化》色っぽくなまめかしいさま。あでやか。「香り高く蘭が―に咲く」「―姿」

アデア〔Adare〕アイルランド南西部、リムリック州の村。リムリックの郊外、メイグ川沿いに位置する。13世紀にキルデア伯が設立した修道院とともに栄えた。19世紀に建てられた色とりどりの石造の民家やダンラーバン伯の邸宅があり、観光客に人気がある。

あて-あて【当て当て】宛宛】それぞれに割り当てること。分担。「由ある受領などをえりて、―に催し給ふ」〈源・澪標〉

あ-てい【×阿弟】弟を親しんでいう語。

アディオス〔スペイン adios〕〔感〕さようなら。

アディクション〔addiction〕▶嗜癖

アディクト〔addict〕❶麻薬などの常用者。中毒患者。❷スポーツなどに熱中している者。大のファン。

アディショナル-タイム〔additional time〕▶ロスタイム❷

アティチュード〔attitude〕《「アチチュード」とも》態度。姿勢。

アティック〔attic〕▶ロフトアティック

アティックス〔ATICS〕《automobile traffic information and control system》自動交通情報システム。光学式の感知器などによって車両の通行量を検知し、渋滞を防ごうとするもの。

あ-ていぼく【亜低木】ごく丈の低い木で、幹の根元が木質、先は草質であるようなもの。亜灌木。

あて-うま【当て馬】❶牝馬に発情を促したり、発情の有無を調べたりするための牡馬。❷相手の反応やようすを探るために、仮の者を表面に出してみること。また、その者。「―の候補を立てる」

あて-え【当て絵】見る人に、それが表す寓意を当てさせる目的で描かれた絵。

あて-おこない【充行】宛行】所領や俸禄を給与すること。あてがい。

あておこない-じょう【充行状】中世、武将が家臣に土地・所職などを与える際に渡した文書。あてがいじょう。あてぶみ。

あて-おこな・う【充て行ふ】宛行ふ】〔動ハ四〕❶仕事などを割り当てる。「とかくせさすべきこと―・

ふとても」〈落窪・四〉❷所領や俸禄を与える。「知行ヲ—・ウ」〈日葡〉

あて-がい【宛てがい┊宛▽行┊充▽行】あてがい ❶適当に割り当てること。また、その物。「—の制服」❷禄や所領を割り当てること。また、その禄や所領。❸取り計らい。配慮。「珍しくし替ふるやうならんずる—を持つべし」〈花伝・七〉

あてがい-ぶち【宛てがい扶▽持】あてがい 与える側で適当にみはからって渡す金や物。または、そうした与え方。(補説)近世に主君や雇い主が家臣や雇い人に与えた扶持米ふちまいに始まり、現在は給与などにいう。「宛行扶持」「充行扶持」とも書く。

あて-が・う【宛てがう┊充てがう】あてがう〔動ワ五（ハ四）〕❶物と物とをぴったりとくっつける。添え当てる。「聴診器を胸に—・う」「添え木を—・う」❷割り当てて与える。相手の求めによらないで、こちらで適当に与える。「仕事を—・う」「子供におもちゃを—・う」(可能)あてがえる

(類語)割り当てる・振り当てる・割り振る・振り分ける・賦する・与える・やる

あて-がき【宛書(き)┊充て書(き)】❶封書・葉書などの表に記す相手の住所および氏名。宛名。上書き。❷古文書で、文書の末尾または書き出しに書かれた相手の名。あてどころ。

あて-ぎ【当て木】物に添え当てる木。

あて-ぎれ【当て切れ】補修用に当てる布。

あて-くち【当て口】当てつけた言葉。あてこすり。

あて-こすり【当て▽擦り】あてこすること。また、その言葉。あてつけ。(類語)皮肉・毒舌・嫌味・揚げ足取り

あて-こす・る【当て▽擦る】〔動ラ五（四）〕他の事にかこつけて、それとなくわかるように悪口や皮肉を言う。あてつける。「笑い話にかこつけて、人の失敗を—・る」

あて-こと【当て言】❶あてこすり。皮肉。「其の月毛に此の馬が歩み負けた—な」〈浄・鑓の権三〉❷遠まわしにそれとなくいう言葉。「将棋にことよせ、…命助けよといふ—」〈浄・寿の門松〉

あて-こと【当て事】❶頼りにしていること。当てにしていること。❷なぞなぞなどで、隠してあることを言い当てること。

当て事と畚褌ふんどしは先さきから外はずれる 越中褌が前から外れやすいように、自分の方で当てにしていたことは先方の都合でだめになることが多い。

当て事も無・い 《予想外だ、の意から》とんでもない。途方もない。「—・い邪推」〈二葉亭・浮雲〉

あて-こみ【当て込み】❶当てにすること。期待。「豊印とよくにを—にして、牛屋へやってくる客があっても」〈逍遥・当世書生気質〉❷演劇などで、客に受けるように、最近のニュースなどを脚本・せりふ・しぐさなどに取り入れること。場当たり。

あて-こ・む【当て込む】〔動マ五（四）〕よい結果を期待して行動する。当てにする。「ボーナスを—・んで背広を新調する」(類語)見込む・見積もる

あて-さき【宛先】手紙や荷物などを受け取る先方、または、場所。「—不明」

あて-じ【当て字┊宛字】日本語を漢字で書く場合に、漢字の音や訓を、その字の意味に関係なく当てる漢字の使い方。狭義には、古くから慣用の久しいものについていう。「目出度めでたし」など。借り字。

あて-じょう【宛状】あてジャウ 直接相手に差し出すことをはばかって、宛名を特定せず、「各位」「御中」などの脇付わきづけをした披露状の一種。あてぶみ。

あて-しょく【充て職】（官公庁用語）ある職に就いている人に他の職を兼任させること。または、ある職に就いている人の身分・地位をそのままに他の職に従事させること。例えば、県知事が関連団体の理事長を兼ねる、また、裁判官が法務省で法務行政に従事するなど。(補説)会則などに「本会の理事長は県知事を以て充てる」などと記す。

アデス〖ADESS〗《automatic data editing and switching system》気象台から入ってくる各種の気象資料をコンピューターで編集処理し、必要な情報を再び外部に送り出すシステム。気象資料自動編集中継装置。

あて-ずいりょう【当て推量】あてズイリャウ 確かな根拠もなく事実を推しはかること。憶測。あてずっぽう。

あで-すがた【▽艶姿】女性の色っぽく美しい姿。

あて-ずっぽう【当てずっぽう】〔名・形動〕いいかげんな見通しで事を行うこと。また、そのさま。「—に指さす」(類語)当て推量・心当て・憶測・邪推・勘ぐる

アテスト〖attest〗ゴルフで、競技終了後マーカーが各ホールの打数が正しいことを証明するためにスコアカードにサインすること。➡アプルーブド

あて-つけ【当て付け】あてつけること。あてこすり。「冗談めかして—を言う」「彼への—に他の男性と親しげに話す」(類語)皮肉・毒舌・嫌味・揚げ足取り

あてつけ-がまし・い【当て付けがましい】〔形〕文あてつけがま・し〔シク〕あてつけるような態度が露骨に表れているさま。「相席の人が—・くタバコの煙をはらった」

あて-つ・ける【当て付ける】〔動カ下一〕文あてつ・く〔カ下二〕❶他にかこつけて相手の悪口や皮肉などを言う。また、皮肉な態度をとる。あてこする。「兄に—・けて弟をほめる」❷仲のよさを見せつける。「新婚の夫婦に目の前で—・けられる」❸割り当てる。あてがう。「村人水を論じて…おほゐ子が田には—・けざりける時」〈著聞集・一〇〉

あてっ-こ【当てっこ】〔名〕スル ❶わかっていないことを当て合うこと。「彼が来るかどうか—する」❷だれが的にうまくぶつけるかを競うこと。また、その遊び。

あて-ど【当て▽所】❶目当てにしている所。目標。「—もない旅に出る」❷当てる所。当てるべき所。「涙にくれて太刀の—も覚えねば」〈保元・上〉

アテトーシス〖athetosis〗主に手や顔面に起こる、ゆっくりとしたくねるような不随意運動。脳の線条体の変性が原因。アテトーゼ。

アテトーゼ〖ドイツ Athetose〗「アテトーシス」に同じ。

あて-どころ【宛所┊充て所┊当て所】❶郵便物などの送付先の所書き。宛先。❷「宛書き❷」に同じ。❸意図するところ。目的。

あて-な【宛名】手紙や書類などに書く、先方の氏名。また、住所と氏名。名宛。

アテナ〖Athēnā〗ギリシャ神話で、技術・学芸や戦いなどをつかさどる女神。ゼウスの頭から武装した姿で生まれたとされる。パラス(Pallas)とも呼ばれる処女神で、英雄たちの守護者。梟ふくろうを聖鳥とする。ローマ神話ではミネルバ。

アテナイ〖Athēnai〗►アテネ

アテナイオス〖Athēnaios〗2世紀ごろのギリシャの文人。その著書「博士の饗宴きょうえん」は今に伝わる最古の料理大全と呼ぶべきもので、当時の日常生活を知るうえでの貴重な資料。生没年未詳。

アデナウアー〖Konrad Adenauer〗[1876〜1967]ドイツの政治家。第二次大戦後、キリスト教民主同盟の党首となる。1949年、ドイツ連邦共和国(西ドイツ)初代首相となり、米国の強力な軍事的、政治的支援の下に復興を進めた。➡エアハルト

あて-なし【当て無し】目当てのないこと。頼るもののないこと。「顔を外向そむけて—に見開き居る眼」〈露伴・いさなとり〉

アテナ-ニケ-しんでん【アテナニケ神殿】《Naos tis Athinas Nikis》ギリシャの首都アテネ、アクロポリスの入口にある神殿。パルテノン神殿が建つ聖域への入口にあたる前門「プロピライア」の右手前に位置する。紀元前5世紀、ペルシア戦争の勝利を記念し、建築家カリクラティスの設計で建造。勝利の女神ニケにより翼を切られたアテナの像が置かれていた。イオニア式の美しい列柱が有名。

あて-にげ【当て逃げ】自動車・船舶などが、ほかの自動車・船舶などに衝突して損害を与え、そのまま逃げてしまうこと。

アデニン〖adenine┊ドイツ Adenin〗核酸を構成する塩基の一。DNAではチミンと、RNAではウラシルと塩基対をつくる。

あて-ぬの【当て布】❶布地の補強や物の保護などのためにあてがう布。❷アイロンをかける場合、布地を損じないように、衣服などの上にのせる布。

アテネ〖ラテン Athenae〗ギリシャ共和国の首都。アッティカ半島の西側にある。前8世紀ごろ都市国家を形成、古代ギリシャ文化の中心地。パルテノン神殿などの古代遺跡が残るアクロポリスは、1987年、世界遺産(文化遺産)に登録された。人口、行政区79万(2001)。アテナイ。

アテネ〖Athēnē〗►アテナ

アテネ-こくりつていえん【アテネ国立庭園】アテネコクリツテイエン《Ethnikos Kipos》ギリシャの首都アテネの中心部にある公園。19世紀半ば、ギリシャ王国初代国王オソン(オットー)1世と王妃アマリアの王宮付属の庭園として造られた。

アテネじん-の-ほうこ【アテネ人の宝庫】《Thisauros ton Athinaion》ギリシャ中部、パルナソス山麓の古代都市デルフォイにある宝庫。アテネがマラトンの戦いでペルシアに勝利したことを記念して献納。ドリス式の建物で、正面には戦いの様子を描いたレリーフが施されている。20世紀初頭にほぼ完全な姿に復元された。

アテネ-フランセ〖フランス Athénée Français〗東京都千代田区にある外国語教育の専門学校。大正2年(1913)東大講師ジョゼフ=コットが創始。フランス語を中心に、英語・ギリシャ語・ラテン語を教える。

アデノイド〖adenoids〗咽頭扁桃へんとうが病的に肥大した状態。子供に多く、鼻詰まり・口呼吸・いびき・難聴・注意力低下などが現れる。腺様増殖症。

アデノウイルス〖adenovirus〗人間の扁桃とうの細胞に寄生しやすいウイルス。かぜに似た感染症や目の病気などを起こす。

アデノシン〖adenosine〗アデニンとリボース(糖)とが結合したもの。核酸(DNA・RNA)を構成するヌクレオシドの一つ。

アデノシン-いちりんさん【アデノシン一×燐酸】アデノシンのリボース(糖)に1分子の燐酸がついた化合物。生体の代謝に重要な役目を果たす。AMP。アデニル酸。

アデノシン-かんじょういちりんさん【アデノシン環状一×燐酸】アデノシンカンジャウイチリンサン ►サイクリック-エーエムピー

アデノシン-さんりんさん【アデノシン三×燐酸】アデノシンのリボース(糖)に3分子の燐酸がついて、2個の高エネルギー燐酸結合をもつ化合物。生体内に広く分布し、燐酸1分子が離れたり、結合したりすることで、エネルギーの放出・貯蔵、また、物質の代謝・合成に重要な役目を果たす。ATP。

アデノシン-デアミナーゼ〖adenosine deaminase〗アデノシンを脱アミノ化してイノシンを生成する酵素。免疫の主役であるTリンパ球の増殖に必要で、これの欠損により重症複合免疫不全症となる。

アデノシン-にりんさん【アデノシン二×燐酸】アデノシン三燐酸の燐酸1分子が取れた化合物。エネルギーが与えられると、再び燐酸と結合する。ADP。

あて-のみ【当て飲み】他人の懐を当てにして酒を飲むこと。「舌を吐きつつ口に手を、—は現げに盗跖とうせき上戸」〈読・八犬伝・三〉

あて-はか【▽貴はか】〔形動ナリ〕「あてやか」に同じ。「心うつくしく—なることを好みて」〈伊勢・一六〉

あて-はずれ【当て外れ】あてはづれ 予想や期待がはぐらかされること。期待外れ。見込み違い。

あて-はま・る【当て×嵌まる】〔動ラ五（四）〕物事にぴったり合う。適合する。適応する。「条件に—・る」「そのまま自分にも—・る」

(類語)適う・適する・合う・沿う・そぐう・適合する・適当する・合致する・即応する・ぴったりする

あて-は・める【当て×嵌める】〔動マ下一〕文あては・む〔マ下二〕❶うまく合うようにする。適用する。「この数式に—・めれば解が出る」「校則に—・めて処分する」❷見込んでおく。当てにする。「七百町を主ぬしづかんと、—・めて置いたもの」〈浄・反魂香〉

あて-びと【▽貴人】高貴な人。上品な人。貴族。「かかる筋(＝男女関係)のもの憎みは一も(下人モ変ワリノ)なきものなり」〈源・東屋〉

あて・ぶ【▽貴ぶ】〔動バ上二〕品があるように振る舞う。貴人らしくする。「若き君達とて、すきずきしく一・びてもおはしまさず」〈源・東屋〉

あて-ぶみ【宛文｜充て文】❶その人にあてた公文書。❷遺産分配の遺言状。❸「充行状あておこないじょう」に同じ。❹「宛状あてじょう」に同じ。

あて-ぶり【当て振り】踊りで、歌詞の意味を適当に身ぶりで表すこと。

あて-み【当て身】柔道で、ひじ・拳こぶし・足先などで相手の急所を打ったり突いたりする技。危険なので試合などでは禁止されている。当て技。

あて-みや【貴宮】宇津保物語の登場人物。源正頼の九女で絶世の美人といわれる。東宮の強引な求婚でその妃となり、多くの求婚者たちを失望させる。

アデム〖ADEM〗《acute disseminated encephalomyelitis》麻疹・水痘・ムンプス(流行性耳下腺炎)・インフルエンザなどのウイルス感染や、狂犬病・種痘などのワクチン接種の後、まれに発症する脳神経系の病気。脱髄疾患の一。頭痛・発熱・嘔吐・意識障害・痙攣、あるいは対麻痺(両下肢麻痺)などの運動障害が現れる。ステロイド剤などの投与で完全に回復することが多い。急性散在性脳脊髄炎。(補説)マウス脳由来の日本脳炎ワクチン接種後にADEMを発症した事例が報告されたため、厚生労働省は平成17年(2005)から接種の積極的勧奨を控え、事実上中止されていたが、同21年に乾燥組織培養法による新型ワクチンが承認され、接種が再開。同22年、新型ワクチンについて積極的勧奨を再開した。

あて-もの【当て物】❶隠してある物を言い当てること。❷駄菓子屋などで売られている懸賞付きのくじ。❸物を切ったり打ったりするときにあてがうもの。❹射芸の一。草木の葉や貝などを的にして射当てるもの。「この様の一などは今は箭やの落つるところもおぼえ候はず」〈今昔・二五・六〉

あて-やか【▽貴やか】〔形動ナリ〕優雅で美しいさま。気品のあるさま。あてはか。「一に心にくき人にはあらじ」〈源・紅葉賀〉

あで-やか【▽艶やか】〔形動〕〔文〕〔ナリ〕《「あて(貴)やか」の音変化》女性の容姿がなまめかしいさま。美しくて華やかなさま。「一にほほえむ」「一な衣装」(派生)あでやかさ〔名〕
(類語)妖艶ようえん・艶麗・豊麗・婉然えんぜん・妖美・綺麗きれい・秀麗・端麗・美麗・流麗・壮麗・端整・佳麗・艶美

アデュー〖フランス adieu〗〔感〕長い別れを告げるあいさつの語。さようなら。ごきげんよう。

あて-られる【当てられる】〔連語〕《「られる」は受身の助動詞》❶毒などのためにからだに害を受ける。「暑さに一られる」❷男女の仲のよいのを見せつけられたり、のろけ話を聞かされたりして悩まされる。「隣の新婚夫婦に一られる」

アデリー-ペンギン〖Adelie penguin〗ペンギン科の鳥。中形で全長76センチくらい。夏、小石を集めて巣を作り、2個の卵を産む。南極圏に分布。

あ・てる【当てる｜充てる｜宛てる】〔動タ下一〕〔文〕あ・つ〔タ下二〕❶あるものを他のものに触れるようにする。直面させる。㋐ある物にぶつける。「ボールを頭に一・てる」「的に一・てる」㋑光・熱・風などに触れさせる。さらす。「日に一・てて布団を乾かす」「鉢植えを夜露に一・てないようにする」㋒密着させる。あてがう。「額に手を一・てる」「継ぎを一・てる」「座布団を一・ててください」㋓対抗させる。「練習試合で強豪に一・てて実力を試す」❷期待やねらいどおりの状態にする。㋐くじなどで賞を得る。「一等賞を一・てる」㋑催しや企画などが成功する。「株で一山一・てる」「芝居で一・てる」㋒正しく推測する。「彼の年齢を一・てる」「小説の途中で犯人を一・てる」❸他のものに合わせる。うまく振り分ける。㋐対応させてつける。「外来語に漢字を一・てる」㋑仮にあてはめる。「わが身に一・てて考える」㋒(充てる)全体の一部をそのために使う。「余暇を読書に一・てる」「ボーナスを旅費に一・てる」㋓指名してやらせる。「先生に一・てられる」㋔仕事や役などを割り振る。「重要なポストに新人を一・てる」㋕(宛てる)相手に向ける。「母に一・てて手紙を書く」➡当てられる (類語)ぶつける

アテルイ【阿弖流為】[?〜802]平安初期の蝦夷の族長。北上川流域一帯を支配し、延暦8年(789)、征東大将軍紀古佐美軍を破る。延暦21年、征夷大将軍坂上田村麻呂に降伏、河内国杜山で処刑された。

アデレード〖Adelaide〗オーストラリア南東部の港湾都市。サウスオーストラリア州の州都。羊毛・小麦などを輸出。人口、行政区117万(2008)。

あて-レコ【当てレコ】「吹き替え❹」に同じ。「アフレコ」を模して「あ(当)てる」と「レコーディング」から作った語。

アテローム〖ドイツ Atherom〗皮膚にできるはれもの。豆粒大から鶏卵大で、中に悪臭のあるかゆ状のものがたまる。粉瘤ふんりゅう。粥腫じゅくしゅ。

アテロームけっせんせい-こうそく【アテローム血栓性梗塞】ニウコウソク 頭蓋内外の頸動脈など比較的太い動脈のアテローム硬化を原因とする脳梗塞。血管の中で粥状に固まったコレステロールが動脈の血栓や硬化を引き起こす。高血圧や糖尿病などの生活習慣病が危険因子とされる。失語・失認などの高次脳機能障害や、感覚障害、半身麻痺(純運動性不全片麻痺)などの症状を伴うことが多い。(補説)食生活の欧米化により、日本でもアテローム血栓症が増加。脳梗塞だけでなく、心筋梗塞や虚血性脳卒中などの原因にもなることから、コレステロール値の管理、生活習慣病予防が重要視されている。

アテロスクレローシス〖atherosclerosis〗動脈壁がコレステロールの沈着や線維の増殖により肥厚した状態。狭心症や脳卒中の原因となる。粥じゅく状動脈硬化症。

あて-わざ【当て技】「当て身」に同じ。

アデン〖Aden〗旧南イエメンの首都。アラビア半島南西部、アデン湾に面する港湾都市。古くから経済や通商の要地。➡イエメン

アテンがた-しょうわくせい【アテン型小惑星】ニセウワクセイ ▶アテン群

アテン-ぐん【アテン群】地球近傍小惑星の分類の一。火星より内側の地球近傍に軌道をもち、軌道長半径が1天文単位以下で、遠日点が0.983天文単位より遠い小惑星を指す。公転軌道の一部が地球軌道の外側に出る。名称は1976年にこの群で最初に発見された小惑星アテンにちなむ。地球近傍小惑星のうち、約1割を占める。アテン型小惑星。

アテンション〖attention〗注意。留意。特に、車内放送などで注意を引くために言う語。「一プリーズ」

アテンション-バリュー〖attention value〗広告のターゲットを引きつける強さ、注目度。

アテンダント〖attendant〗付き添い人。お供。また、ホテルなどの接客係。

アテンド〖attend〗〔名〕スル 付き添って世話すること。接待すること。

ア-テンポ〖イタリア a tempo〗音楽で、速度標語の一。もとの速度で、の意。

あと【後】《「跡」と同語源》❶人の背中の向いている方向。後ろ。後方。「子犬が一からついてくる」「郷里の町を一にする」❷ある時点からのち。㋐以後。「転んでから一のことは覚えていない」「一で悔やむ」「二年一には完成する」「問題の解決を一へ回す」⇔先。㋑終了後。「番組の一で視聴者プレゼントがあります」㋒死後。「一に残された子供」「一を弔う」❸ある時点より前。以前。「四五日一、おれが処へ来て何といった」〈魯文・西洋道中膝栗毛〉❹連続するものの中で、次にくるもの。㋐ある基準で並べた順番の、終わりの方。「名簿の一の方」⇔先。㋑次の代わりのもの。「お一は何にしますか」「電車が一から一からやってくる」㋒後継者。後任。「宣伝部長の一を決める」㋓子孫。後胤こういん。「一が絶える」㋔後妻。「一をもらう」❺物事が終わってから残ったもの。㋐残った部分。残された余地。「一の始末をつける」「一は次の機会に譲る」「追いつめられて一がない」㋑なごり。あとあとまで心に残るもの。特に、思い出。遺徳。「一を引く」「祖父の一をしのぶ」❻(副詞的に用いて)まだ余地のある状態を表す。今からさらに。「一一年任期が残る」「一三分で終了します」❼(接続詞的に用いて)それから。「一、気付いたことはありませんか」(補説)❷㋒の「後を弔う」では「跡」とも書く。(類語)(❶)後ろ・後方・しりえ・背後・後部・後面・直後/(❷)のち・後ご・事後・その後ご・以後・爾後じご・以降・今後・後後あとあと・後後のちのち/(❻)もう

後がな・い　もうこれ以上、後ろにはさがれない。これ以上は負けられない。「一・い立場に立たされる」

後から後から　ある事柄が次々と続いて起こるようす。「一問題が発生する」

後に引け・ない　やめられない。また、譲歩できない。「自分で言い出した手前、一・なくなった」

後にも先さきにも　以後にも以前にも。珍しいことを強調する言葉。「一聞いたことがない」

後の雁かりが先さきになる　後輩が先輩を追い越して出世したり、若い者が先に死んだりするなど、あとのものが先のものを追い越すことにいう。

後は野のとなれ山となれ　目先のことさえなんとか済めば、あとはどうなってもかまわない。

後へも先さきへも行かぬ　動きがとれない。どうすることもできない。にっちもさっちも行かぬ。

後を引・く　❶余波がいつまでも続いて、きまりがつかない。尾を引く。「三年前の事故が一・く」❷いつまでも欲しい感じが残る。「ピーナッツは食べだすと一・く」

あと【跡｜×迹】《「足あ所と」の意》❶何かが通っていったしるし。「靴の一」「船の通った一」「頬ほおを伝う涙の一」「犯人の一を追う」❷以前に何かが行われたしるし。痕跡。形跡。「消しゴムで消した一」「手術の一」「苦心の一が見受けられる」「水茎みずぐきの一」❸以前に何かが存在したしるし。「太古の海の一」「寺院の一」❹家の跡目。家督。「父の一を継ぐ」❺先人の手本。先例。「古人の一にならう」❻足のあたり。足もと。「太神宮の御方を、御一にせさせ給ふこと、いかが」〈徒然・一三三〉(補説)❷で傷には「痕」とも、❸で建造物には「址」とも書く。
(下接)足跡・雨跡・家跡・窯かま跡・刈り跡・傷跡・靴跡・城跡・剃そり跡・爪痕つめあと・鳥の跡・波跡・食はみ跡・人跡・筆の跡・船ふな跡・水茎の跡・焼け跡
(類語)痕跡・形跡・跡形/(❹)跡目・跡式・家督

跡訪と・う　❶行方をたずねる。「浜千鳥のほかは一・ふものもなかりけり」〈平家・三〉❷死後を弔う。「おのづからのこりて、一・ふ人もさすがあるらめど」〈右京大夫集・詞書〉

跡を追・う　❶追いかけていく。❷関係の深かった人の死に続いて死ぬ。また、亡くなった人を慕って自らも命を絶つ。「愛する人の一・う」❸先人の手本に従う。「師の一・う」(補説)「後を追う」とも書く。

跡を隠・す　❶行方が知れないようにする。「一・す師の行き方や暮れの秋」〈蕪村句集〉❷死骸を葬る。「我空しくなるならば、…御僧に刀脇差し参らせて、一・せ」〈仮・竹斎・下〉

跡を暗くら・ます　逃げた先がわからないようにする。行方をくらます。「忽然こつぜんと一・す」

跡を絶・つ　ある事がすっかり起こらなくなる。絶えてしまう。「その種の事故は一・った」「訪れる人が一・たない」

跡を絶・ゆ　❶世間をのがれる。姿を隠す。「深き山に一・えたる人だにも」〈源・澪標〉❷人の行き来や便りがとだえる。「雪深みみ山の道は晴れずともなほふみかよへあとたえずして」〈源・薄雲〉

跡を垂た・る　❶《「垂迹すいじゃく」を訓読みにした語》仏や菩薩ぼさつが衆生しゅじょうを救うため、仮に神の姿になって現れる。「南には八幡大菩薩、男山に一・れ」〈保元・上〉❷模範を示す。また、模範とする。「弥陀次郎が跡垂れて発心もならざれば」〈浮・永代蔵・五〉

跡をつ・ける　❶痕跡こんせきをとどめる。跡を残す。❷

人・車などのあとを悟られないようについて行く。尾行する。「怪しい人物の―・ける」

跡を弔・う 何らかの因縁のある人の死後の供養をする。補説「後を弔う」とも書く。

跡を濁・す 立ち去ったあとに醜い状態を残す。「立つ鳥―・さず」

跡を踏・む 先人の事跡を手本にして行う。「わが山のさかゆく道を尋ねつついかで昔の―・ままし」〈続拾遺・雑上〉

跡を守・る ❶留守の間を守る。❷親や夫、あるいは師の死後、故人の業を受け継ぎ、それを絶やさないようにする。

アト〖atto〗《「アット」とも》国際単位系(SI)で、単位の上に付けて100京分の1(10^{-18})を表す語。記号a

あど ❶(ふつう「アド」と書く)狂言で、主役であるシテ(またはオモ)に対する相手役。❷話し手に調子を合わせる応答。相づち。「老いの繰り言細やかに、詞の―も針を持つ」〈浄・二つ腹帯〉

あどを打・つ 相手の話に調子を合わせて受け答えする。あどうつ。「わざと顔をかくし下女に―・たせ、よそながら物語を聞き給ふ」〈浮・御前義経記・八〉

アド 「アドレス」の略。

アド〖ad〗《advertisementの略》広告。「―マン」

あど〔副〕《上代東国方言といわれる》❶疑問を表す。どのように。いかに。「高麗錦紐解き放さけて寝るが上へに―せろとかもあやにかなしき」〈万・三四六五〉❷(あとに係助詞「か」を伴って)反語を表す。どうして…なのか。「上野の安蘇のま麻群かき抱き寝れど飽かぬを―か我がせむ」〈万・三四〇四〉

あと-あがり【後上がり|跡上がり】「後ろ上がり❷」に同じ。「風俗律義に、あたまつき―に」〈浮・永代蔵・一〉⇔後下がり。

あと-あし【後足|後脚】❶獣・昆虫などの後ろの足。うしろあし。❷芝居で、馬の後ろ足となる役。

後足で砂をか・ける 恩義のある人を裏切るばかりか、去りぎわにさらに迷惑をかけることのたとえ。

あと-あじ【後味】❶飲食のあと、口の中に残る味。あとくち。❷物事が済んだあとに残る感じや気分。「事件は解決したが、―が悪い」

あと-あと【後後】将来。のちのち。「―のために蓄えておく」

類語 後・のち・後ご・事後・その後ご・以後・爾後・以降・今後・先・後後・先先・直後

あとあと-げつ【後後月】先月の前の月。先々月。

あといれさきだし-ほう【後入先出法】《last-in, first-out method》❶棚卸資産の評価方法の一。最も新しく取得されたものから払い出しが行われ、期末棚卸品は最も古く取得されたものからなるとみなして価額を算定する方法。国際会計基準(IAS)では認められていないことから、日本でも会計基準が改正され、平成22年度(2010)4月以降、棚卸資産の評価に適用できなくなった。LIFO。➡先入先出法❶ ❷コンピュータープログラミングのスタックと呼ばれるデータ構造で、最後に格納したデータが最初に取り出される方式。LIFO。➡先入先出法❷

アド-イン〖add-in〗➤アドインソフト

アドイン-ソフト《add-in softwareから》コンピューターで、特定のソフトに組み込んで、ソフトの機能を拡張させるユーティリティーソフト。アドオン。

アド-インパクト〖ad impact〗広告の消費者に対する刺激の強さ、衝撃度、影響度。インパクトが強い広告ほど、消費者の注目度が高い。

あと・う【×誂ふ|×聘ふ】〔動ハ下二〕❶結婚を申し込む。妻として迎える。「黒媛を妃とせむと欲ほして、―・ふること既にをはりて」〈履中紀〉❷誘う。「廬城の河に武彦を―・へ率ゐて」〈雄略紀〉❸あつらえる。注文する。「ほととぎす春を鳴けとも―・ふとも」〈古今六帖・四〉

アドゥイゲ〖Adïgeya〗ロシア連邦にある21の共和国の一つ。カフカス山脈西部北麓に位置する。首都はマイコプ。基幹民族はイスラム教徒のアドゥイゲ人だが多数派ではない。アディゲ。

アドウエア〖adware〗コンピューターソフトウエアの一。操作画面に広告を強制的に表示する代わりに、無料で利用できる。

あどう-がたり【あどう語り】「あど語り」に同じ。「―の心をとりてかくなむ申すめる」〈後撰・雑四・詞書〉

あと-うた【後歌|後唄】地歌や箏曲歌で、手事(長い間奏)のあとに演奏される歌の部分。手事が二か所あるときは、二つ目の手事のあとに演奏される部分。⇔前歌。

あとうだ-たかし【阿刀田高】[1935〜]小説家。東京の生まれ。都会的なブラックユーモアと風刺をきかせた短編で評価される。短編集「ナポレオン狂」で直木賞受賞。他に「冷蔵庫より愛をこめて」「新トロイア物語」「だれかに似た人」など。平成19年(2007)より、日本ペンクラブ会長。

あど-う・つ【あど打つ】〔動タ四〕「あどを打つ」に同じ。「よく聞かむと―・つめりし」〈大鏡・序〉

アドゥヤマン〖Adıyaman〗トルコ南東部の都市。紀元前1世紀頃、コンマゲネ王国の支配下の町の一つとして栄えた。世界遺産(文化遺産)に登録されたネムルトダウの麓に位置し、観光拠点になっている。

あと-えつけ【後絵付け】完成した焼き物に、さらに絵付けをしたもの。また、後世の商人が古い素地に絵付けしたもの。あとえ。

あと-おい【後×笈】山伏などが背に負う笈。

あと-おい【跡追い|後追い】〔名〕スル❶後ろから追うこと。❷人の行為や作品などをまねること。「―企画」

あとおい-しんじゅう【跡追い心中】死んだ恋人や夫または妻を慕って自殺すること。

あと-おさえ【後押(さ)え】軍列や行列などの最後にあって後方を警護する役。また、その人。

あと-おし【後押し】〔名〕スル❶荷車などを後ろから押して助けること。また、そうする人。❷助力すること。後ろだて。後援。「銀行が―してくれる」

類語 手助け・力添え・肩入れ・加勢・助太刀・後ろ盾・助勢・援助・応援・支援・守り立てる・バックアップ

アドオン〖add-on〗❶付属品。追加機器。累算額。❷➤アドインソフト

アドオン-きんり【アドオン金利】《add-on loan》元金全額に対して貸出期間分の利息を計算し、その元利金合計額を割賦回数で割って毎回の返済額を決める方式(アドオン方式)で用いられる表面金利。実質金利負担はこれより大きくなる。

アドオン-ソフト《add-on softwareから》➤アドインソフト

アドオン-でんわ【アドオン電話】《add-on telephone》多数の人が同時に通話できる電話。簡易電話会議にも使える。

アドオン-ほうしき【アドオン方式】《add-on system》貸付金の返済を割賦方式で行う場合の利息計算方式の一。借入金額に利率と期間を掛けて算出した利息額を借入金額に加え、これを融資金額として均等に分割して返済する方式。利息額は借入金額が減らないものとして計算されているので、実質金利は表面金利より高くなる。

あと-がえり【後▽覆り】後ろ向きに空中転回すること。とんぼがえり。

あと-がき【後書(き)】手紙や文章・著書などの終わりに書き添える言葉。跋。⇔端書き/前書き。

類語 後記・跋・跋文・末筆・奥書・後付け・奥付

あと-かた【後肩】「後棒」に同じ。

あと-かた【跡形】もと何かがあった証拠として残っているしるし。形跡。痕跡。類語 跡・痕跡・形跡

跡形も無・い ❶痕跡が全くない。「―・く消えうせる」❷根拠がない。根も葉もない。「おかちに入り婿取るといふは―・いこと」〈浄・油地獄〉

あと-かたづけ【後片付け|跡片付け】〔名〕スル 事がすんだあとを整理すること。後始末。「ざっと―してから出かけましょう」

あとかた-な・い【跡形無い】〔形〕文あとかたな・し〔ク〕❶以前そこにあった事物がすっかりなくなっているさま。跡形もない。「―・く焼失した」❷わけがわからない。また、根拠がない。「あはれ、これ程―・き事を仰せ候御事は候はず」〈義経記・七〉

あど-がたり【あど語り】人の話に調子を合わせて、相づちを打つこと。あどうがたり。「知れるどちこそ―もすなれ」〈宇津保・藤原の君〉

あと-がま【後釜】❶前の人に代わって、その地位に就く人。後任者。「人を陥れて―にすわる」❷のち添いの妻。後妻。類語 後任

あど-がわ【安曇川】《「あとかわ」とも》京都府・滋賀県を流れる淀川水系の川。京都市左京区北東部の花脊峠(標高769メートル)付近の山中に源を発し、大津市・高島市を流れて琵琶湖西岸に注ぐ。長さ52キロ。上流は大川と呼ばれ、「近江耶馬渓」といわれる峡谷の景勝地。下流のデルタ地帯は早場米の産地。

アド-キャラクター《和 ad＋character》広告表現に登場し、その広告表現のシンボルとなるような人物・動物・アニメキャラクターなど。

アド-キャンペーン〖ad campaign〗一定の期間、集中的に行う広告活動。

あと-ぎよめ【後▽浄め】葬式で、出棺後、室内をはらい清めること。あとばらえ。

あと-きん【後金】❶品物を受け取ったあとで代金を支払うこと。⇔前金。❷代金のうち、手付け金や内金を払った残りの金。残金。あとがね。

アトキンソン〖Robert William Atkinson〗[1850〜1929]英国の化学者。明治7年(1874)東京開成学校に招かれて来日。のち東京大学理学部教師として、日本の化学の育成に貢献。日本酒の醸造過程の研究でも知られる。著「日本醸酒編」。

あと-くされ【後腐れ】《「あとぐされ」とも》物事がすんだあとでもすっきりと解決せず、問題があとを引くこと。また、その事柄。「―のないようにする」

あと-ぐすり【後薬】《病人が死んだあとの薬の意から》物事がすんでから処置しても意味のないことのたとえ。

あと-くち【後口】❶飲食したあと口の中に残っている味や感じ。あとあじ。❷自分の言動のあとの気分。あとあじ。「けんか別れになって―が悪い」❸申し込みなどの、あとの順番。あとに待っているもの。「―が控えている」⇔先口。

あと-げつ【後月】先月。前の月。「―二一日お泊番の時」〈円朝・怪談牡丹灯籠〉

あどけ-な・い〔形〕文あどけな・し〔ク〕無邪気でかわいい。無心である。「―・い寝顔」補説「あどない」に「け(気)」が加わったものか。派生 あどけなげ〔形動〕あどけなさ〔名〕類語 いたいけ・可憐・可愛い・可愛らしい・愛おしい・愛しい・愛らしい・愛くるしい・いじらしい・めんこい・キュート

あと-こうしゃく【後講釈】結果がわかってから、もっともらしく説明を加えること。

アド-コード〖ad-code〗新聞広告倫理綱領。新聞広告の掲載について、日本新聞協会が昭和33年(1958)に制定した綱領。

あと-ごし【後×輿】輿の轅の後方を担ぐこと。また、その人。後肩。「兄弟の男子に先輿―舁かれて」〈浄・油地獄〉

あと-ざ【後座】能舞台で、舞台後方の幅3間・奥行き1間半の、横に板を張った部分。

あと-さがり【後下がり|跡下がり】「うしろさがり❷」に同じ。「月代をすりすまして―の頭つき」〈浮・俗つれづれ〉⇔後上がり。

あと-さき【後先】❶ある場所の前と後ろ。前後。「―を見回す」❷ある時点の前と後。過去と将来。前後の事情。「―の考えもなく着手する」❸物事の順序。また、筋道。「―を取り違える」類語 前後ろ・後ろ前

後先無し 自分の行動とその結果についての思慮がない。「―に予算を使う」

後先にな・る ❶後になったり、先になったりする。❷後のものが先になり、先のものが後になる。順序が逆になる。「話が―・る」

後先見ず　前後の事情を考えず無分別に振る舞うようす。「一の行動」「一に突進する」

あと-さく【後作】作物を収穫した後の田畑に他の作物を栽培すること。また、その作物。⇔前作

アトサヌプリ《アイヌ語で「裸の山」の意》北海道東部、弟子屈町にある標高512メートルの火山。屈斜路カルデラに生じた火山群の一。噴気口から絶えず硫黄を噴出しているため、硫黄山ともいう。

あと-ざん【後産】胎児が産み出されたあと、胎盤や卵膜などが排出されること。また、その排出されたもの。のちざん。こうざん。

あと-しき【跡式｜跡▽職】《鎌倉時代以後の語。「後職」の意から》先代の家督・財産を相続すること。また、その家督・財産。跡目。〈類語〉跡・跡目・家督

あと-じさり【後▽退り】〘名〙ｽﾙ《「あとしざり」「あとしさり」とも》❶「あとずさり❶」に同じ。「一して唐紙に背を靠せた」〈高見・如何なる星の下に〉❷「あとずさり❷」に同じ。「いざ結婚となると何時も一していたものが」〈白鳥・泥人形〉❸《すり鉢状の巣を作るとき、後方に進むところから》アリジゴクの別名。❹カニムシの別名。

あと-じさ・る【後▽退る】〘動ラ五(四)〙《「あとしざる」とも》❶「あとずさる❶」に同じ。「私はたじろき気味に、…一歩一・ったが」〈嘉村・秋立つまで〉❷「あとずさる❷」に同じ。「未ほんとうに知らねえものと此れには困りて一・るを」〈緑雨・門三味線〉

あと-じまい【後仕舞(い)】ｽﾙ「後始末」に同じ。「毎日、朝の一を済ますと」〈花袋・生〉

あと-しまつ【後始末｜跡始末】〘名〙ｽﾙ　物事のすんだあとをかたづけること。また、事後処理をすること。あとじまい。「宴会の一」「後輩のけんかの一」「たき火を一する」

あとしょり-ひよう【後処理費用】❶物事の後処理にかかる費用。中心的な作業の後に行う処理にかかる費用。❷特に、原子力発電にかかる費用のうち、発電後に必要な費用。使用済み燃料の保管費用、再処理費用、放射性廃棄物の処分費用など。

あと-じり【後尻】後ろのほう。しり。「総理大臣に御なりの時分は、御勝手に人民の一を御追いになるが宜しい」〈蘆花・黒潮〉

あと-ずさり【後▽退り】〘名〙ｽﾙ《「あとすさり」とも》❶恐れたり警戒したりして、前を向いたまま少しずつ後退すること。あとじさり。「犬に出くわして、思わず一した」❷ためらって消極的になること。あとじさり。〈類語〉後退・逆行・逆流・逆走・あと戻り・逆戻り・後進・退歩・退行・遡行・後ろ向き

あと-ずさ・る【後▽退る】〘動ラ五(四)〙❶驚きや恐れなどのために、前を向いたままうしろへさがる。あとじさる。「用心しながらゆっくりと一・る」❷ためらって消極的になる。あとじさる。「一・って会長職を引き受けない」

アトス-さん【アトス山】《Athos》ギリシャ北部、ハルキディキ半島の最先端にある山。標高2033メートルで、東方正教会の聖地。7世紀頃から修道士が住み始め、10世紀に修道士アタナシウスがメギスティラブラ修道院をつくった。現在も20の修道院があり、約2000人の修道士が女人禁制の禁欲的な生活を送る。1988年に世界遺産(複合遺産)に登録。

アトス-はんとう【アトス半島】《Athos》ギリシャ北部、ハルキディキ半島先端部にある半島。古代名アクティ半島。ギリシャ語でアギオンオロス(聖なる山)とも呼ばれる、東方正教会の聖地アトス山がある。半島の根元にあるイエリッソス、ウラノポリスなどの町がアトス山への観光拠点になっている。

あと-ずり【後刷(り)】木版画などで、初刷りした版木で再び刷ること。また、その印刷物。後版。のちずり。

あと-ぜめ【後攻め】「後攻」に同じ。

あと-ぞなえ【後備え】本隊の後方に待機して自軍の後方を守る軍勢。後陣。のちぞなえ。〈類語〉後陣・先陣・先備え

あと-ぞめ【後染(め)】白生地に織り上げてから染色すること。また、染めたもの。友禅・小紋・絞りなどで行う。⇔先染め。

あと-だし【後出し】じゃんけんなどで、人に遅れて手を示すこと。後出しじゃんけん。

あとだし-じゃんけん【後出しじゃんけん】❶じゃんけんで、他の人が出した後に手を出すこと。後出し。❷成り行きをみて態度を決めたり変えたりすること。また、今後の趨勢を決めるような重大な事実があとから出てくること。「規格争いの結果を見ての生産決定は一だ」

あと-だのみ【後頼み】後の事を依頼すること。また、将来に望みを託すこと。

あと-ち【跡地】建物・施設を取り壊したあとの土地。「一利用」〈補説〉普通は更地にした状態をいうが、大規模店舗の中に出店していた商店が閉店したあとの空間をいうこともある。

あと-ぢえ【後知恵】物事が終わってしまってから出てくる知恵。「下種の一」

あと-つぎ【跡継(ぎ)｜後継(ぎ)】❶家督を引き継ぐこと。また、その人。跡取り。世継ぎ。後嗣。❷師の学問や芸などを引き継ぐこと。また、その人。後継者。❸前任者に続いて、その地位に就くこと。また、その人。後任。〈類語〉跡取り・嗣子

あと-つけ【後付け｜跡付け】❶江戸時代、客の乗った馬の後方に荷をつけること。また、その荷。武士の乗る場合は多く刀箱であった。「一あけて路銀のうち十両、当分入り用に使ひ給へと渡せば」〈浮・新可笑記・五〉❷芸者が付き添いに持たせる三味線箱。❶の刀箱に形が似ていたところからいう。「一を持たせて芸者舟へ来る」〈柳多留・一四〉❸遊女の後方から見張りとしてついて行く男。妓夫。「置き手拭ひして、一の男を待ち合はせ」〈浮・一代男・三〉❹ある人の詠じた詩歌の末の字を最初の字として他の人が詩歌を作ること。

あと-づけ【後付(け)】〘名〙ｽﾙ❶書籍の最後につける、付録・付図・索引・後書きなど。⇔前付け。❷後から付け足すこと。「一の周辺装置」「理由を一する」〈類語〉後記・跋・跋文・末筆・奥書・後書き・奥付

あと-づ・ける【跡付ける】〘動カ下一〙物事の移り変わっていった跡をたどって調べる。証拠づける。「街道の変遷を一・ける」

あと-づれ【後連れ】後添い。「一の子の花二郎、せめて法師にせんものを」〈浄・賀古教信〉

あと-とり【後取り】「捏ね取り」に同じ。

あと-とり【跡取り】家督を継ぐこと。また、その人。跡継ぎ。世継ぎ。〈類語〉跡継ぎ・嗣子

あど-な・い〘形〙図あどな・し〘ク〙無邪気である。子供っぽい。あだない。〈和英語林集成〉「形も乱れ気も乱れ、乱れ心の一・くも」〈浄・八百屋お七〉

あと-な・し【跡無し】〘形ク〙❶跡形もない。はかない。「しるべせよ一・き浪にこぐ舟のゆくへも知らぬやへの潮かぜ」〈新古今・恋一〉❷人の往来がない。「かよひこし宿の道芝かれがれに一・き霜にむすぼほれつつ」〈新古今・恋四〉❸根拠がない。事実無根である。「犬の足(ヲ切ッテ食ワセタ話)は一・きことなり」〈徒然・一二八〉❹比べるものがないほどすぐれている。「一・き俳優見るやうに」〈おらが春〉

アトニー〘ﾄﾞｲﾂ Atonie〙筋肉などの緊張力が弱まったり消失したりすること。緊張減退症。「胃一」

アドニス〘Adōnis〙ギリシャ神話で、女神アフロディテに愛された美青年。イノシシの牙にかかって死んだ彼の血からアネモネの花が生えたという。死後によみがえる植物神として説明される。

あと-ねり【後練り】生糸を織ったあとでよく練ること。また、その絹織物。羽二重・縮緬など。⇔先練り。

あと-の-つき【後の月】先月。あとげつ。

あと-の-まつり【後の祭(り)】❶祭りのすんだ翌日。また、その日、神饌を下ろして飲食すること。後宴。❷祭りのあとの山車のように、時機遅れで、むだなこと。手遅れ。「今さら悔やんでも一だ」〈類語〉遅い・手遅れ

あと-のり【後乗り】❶行列の最後尾を騎馬で行くこと。また、その人。⇔先乗り。❷後陣となって最後に城に乗り入れること。❸ワンマンバスなどで、後ろの乗降口を乗り口にすること。「一前降り」

あと-ば【後歯】❶下駄の後ろの歯。⇔前歯。❷前の歯と台は同じ材で作り、後ろの歯を差し入れた女性用の下駄。

アドバートリアル〘advertorial〙《advertisement(広告)＋editorial(論説)から》論説型の広告。一見編集記事風に作られたPR広告。

アドバイザー〘adviser〙忠告者。助言者。顧問。

アドバイザリー-スタッフ《和 advisory＋staff》❶特定の運動具メーカーから商品の無料提供を受けるかわりに、商品開発の助言や商品 PR のかたちでそのメーカーの利益に貢献する契約を結んだスポーツ選手。❷保健機能食品や健康食品について、成分や活用方法などの情報を消費者に提供したり、消費者からの相談を受けたりする人。

アドバイザリー-ボード〘advisory board〙顧問委員会。監査役会。

アドバイス〘advice〙〘名〙ｽﾙ　忠告や助言をすること。また、その言葉。「先輩として一する」

あとはか-な・し〘形ク〙❶手がかりがない。行方が知れない。「男も、尋ね給はむに一・くはあらねど」〈源・花宴〉❷心細く頼りない。はかない。「いと一・き心地して、うつぶし臥し給へり」〈源・玉鬘〉

あと-ばこ【後箱】大名行列で、馬や駕籠のあとに続く、調度品や小道具を入れた挟み箱。⇔先箱。

アドバタイザー〘advertiser〙広告主。法人・個人を問わず、広告料を支払って、広告活動を実施することを依頼する主体。

アドバタイジング〘advertising〙広告活動。〈類語〉広告・宣伝・PR・コマーシャル・CM・プロパガンダ・触れ込み・アナウンス・周知・コピー

アドバタイジング-エージェンシー〘advertising agency〙広告会社。広告主の依頼により広告計画、広告表現の制作、広告調査、イベントの実施、販売促進業務などを行う。

アドバタイズメント〘advertisement〙広告表現。広告作品。

あと-ばら【後腹】❶産後の腹痛。❷事がすんだあとに生じる、出費などの障害・苦痛。❸後妻の産んだ子。⇔先腹。

後腹が病・める　事がすんだあとに、出費がかさんだり、障害が生じたりして苦しむ。「それは利害に打算して、跡腹の病めないものは無い」〈鷗外・妄想〉

あと-ばらい【後払い】品物を先に受け取り、あとで代金を支払うこと。ごばらい。⇔先払い/前払い。〈類語〉後納・追納

アド-バルーン〘ad balloon〙広告をつり下げて空中に揚げる係留気球。昭和6年(1931)ごろから流行した。広告気球。

アドバルーンを揚・げる　計画などを事前にもらして、世間の反響をみる。

あと-はん【後版】「後刷り」に同じ。

アドバンシング-カラー〘advancing color〙進出色。背景から浮き上がってみえる赤や橙などの色。⇔リシーディングカラー。

アドバンス〘advance〙前払い。特に、契約の手金として支払う金。

アドバンストスーパーブイ-えきしょう【アドバンストスーパーV液晶】《advanced super view liquid crystal》▶エーエスブイ(ASV)液晶

アドバンスト-フォトシステム〘advanced photo system〙▶エー-ピー-エス(APS)

アドバンテージ〘advantage〙《有利・優越の意》❶テニス・卓球で、ジュースのあと1ポイントをリードすること。バンテージ。❷ラグビー・サッカーなどで、反則行為があっても、罰することで反則を犯した側がかえって有利になると主審が認めた場合、プレーを続行させること。

アドバンテージ-ルール〘advantage rule〙▶アドバンテージ

あと-び【後火｜跡火】❶嫁に行く娘を生家から送り出したあと、門前でたく火。❷葬式を出したあとに門

前でたく火。送り火。「一の火箸といふこと、などてか、世になきことならねど」〈枕・一四一〉
アドビ-アクロバット〘Adobe Acrobat〙電子文書のファイル形式であるPDFの作成・閲覧のためのソフトウエア。米国アドビシステムズ社が開発。商標名。
アトピー〘atopy〙生まれつき、特定の物質を抗原として感じやすく、過敏症を起こす傾向。
アトピーせい-ひふえん【アトピー性皮膚炎】《atopic dermatitis》アトピー体質の人に生じる湿疹しっ。乳児型は顔や頭に湿潤性の湿疹ができ、かゆい。小児型はひじ・ひざの屈側部に乾燥性の湿疹ができるもの、四肢の伸側部にできるものがあり、成人型ではさらに頸部けい・額ひた・まぶた・前胸部・手関節部などにもできる。
あと-ひき【後引き】飽きることなく、次々に物を欲しがること。多く酒についていう。
あと-びき【後引き】酒などをつぐとき、銚子ちょの口を伝って滴ること。また、その滴り。
あとひき-じょうご【後引き上戸】ジャウゴ 飲みはじめると、際限なく酒を欲しがる癖のある人。
あとひき-まめ【後引き豆】《食べ始めるときりがないことから》落花生の異称。
あと-びさり【後びさり】〘名〙スル ❶「あとずさり」に同じ。「蟹なら横に這う所だが今年の気候は一をするんですよ」〈漱石・吾輩は猫である〉❷アリジゴクの別名。❸カニムシの別名。
アドビ-フラッシュ〘Adobe Flash〙▶フラッシュ(Flash)
あと-ピン【後ピン】写真で、ピント(焦点)が被写体より後ろにずれていること。⇔前ピン。
あと-ぶつ【×阿×堵物】金銭。お金。〘補説〙中国六朝りくちょう時代の俗語で、このもの、の意。晋の王衍おうえんが金銭を忌んで呼んだところからという。
あと-ふところ【後懐¦跡懐】実の親にかわって、養い親が子を大切に育てること。「一で生おほし立てて、心の底までよくよく知って候」〈平家・四〉
あと-ぶね【後船】❶後から入港する船。❷江戸時代の劇場で、2階正面の桟敷さじの後方の席。
あと-べ【後▽方¦▽脚辺】《古くは「あとへ」》❶(後方)後ろの方。「鉄柵よりは数尺ばかりも、一に立ち」〈竜渓・経国美談〉❷寝るときの足の方。「頭辺まくらに匍匐はらひ、一に匍匐ひ」〈神代紀・上〉
あと-へん【▽足偏】❶▶あしへん ❷《「跡」が足偏であるところから》㋐あとの祭り。手遅れ。「残暑の桃湯(=アセモヲ防グ湯)一なるべし」〈滑・浮世風呂・二〉㋑以前。過去。「昔はものを思はざりけり。せんぐりせんぐり一が恋しうなる」〈鳩翁道話・二〉
アドベンチスト〘Adventist〙キリスト再臨派の信徒。➡再臨
アドベンチャー〘adventure〙冒険。〘類語〙アバンチュール
アドベンチャー-ゲーム《和 adventure + game》テレビゲームの一種。ある物語にそって、展開のしかたを推理して順次その画面を選択しながら結末に行き着くもの。AVG。
アドベント〘Advent〙▶待降節たいこうせつ
アドベント-カレンダー〘Advent calendar〙 待降節カレンダー。降臨節カレンダー。12月に子供に与え、クリスマスイブまでの毎日、小さな日めくり部分をめくっていくカレンダー。
あと-ぼう【後棒】駕籠かごや輿こしの担ぎ棒の後ろのほうを担ぐ者。後肩あとかた。⇔先棒さきぼう。
　後棒を担かつ・ぐ　首謀者の手助けとして加わる。
アドボカシー〘advocacy〙支持すること。また、擁護すること。
アドボカシー-アドバタイジング〘advocacy advertising〙主張広告。企業や団体、個人が、自らの主義・主張を広く社会に伝達することを目的として行う広告の総称。
アドホクラシー〘adhocracy〙《ad hoc(臨時の、その場限りの)と-cracy(制度、体制)からの造語》その時々の状況に応じて柔軟に対処する姿勢。または、そのような主義。1970年代、米国の未来学者アルビン=トフラーが、ビューロクラシー(官僚制)に対する語として広めた。
あと-ぼけ【後×暈け】写真で、被写体に焦点を合わせたときに後景がぼけること。また、そのぼけを効果的に利用すること。➡前暈け
アド-ホック〘ラテ ad hoc〙《「臨時の」「暫定的な」「特定の目的のための」の意》❶特定の目的のために委員会などが設置されること。「一委員会」❷若者好みの専門店やレストランを1か所に集めた総合店舗。❸「アドホックモード」の略。
アドホック-オーソリティー〘ad hoc authority〙事務組合。交通・上下水道などの事業を行うために地方自治体が共同で設立する法人。
アドホック-ネットワーク〘ad hoc network〙 パソコン・携帯電話・PDAなどの無線でネットワークに接続できる端末のみで構成され、アクセスポイントや基地局に依存しないネットワーク。多数の端末が自律分散的にルーターと同様の役割を担い、数珠じゅずつなぎのように通信を実現する。自立分散型無線ネットワーク。〘補説〙通信経路の決定、無線周波数の帯域や出力などの技術的課題が残るものの、基地局インフラが不要なため、低コストのネットワーク構築や災害時の通信確保への応用が期待されている。
アドホック-ビルド〘ad hoc build〙米国アップル社のiPhone・iPad用アプリケーションの開発工程で、他の端末に配布してテストするため、実行可能なアプリケーションを作成すること。または、その実行ファイル。あらかじめ登録された最大100台までの端末にインストールし、テスト機として使用することができる。
アドホック-モード〘ad hoc mode〙無線LANの通信方式の一。端末のコンピューター同士がアクセスポイントを経由せずに通信を行うこと。インデペンデントモード。➡インフラストラクチャーモード
アトマイザー〘atomizer〙噴霧装置。殺虫剤をまいたり、香水を振りかけたりするのに用いる。霧吹き。
あと-まく【後幕】❶芝居で、次に演じられる狂言。❷次にする仕事。「よくよくこの一をこころみ給へ」〈洒・辰巳婦言〉
あと-まくら【後枕】寝たときの足の方と頭の方。足もとと枕もと。「男女の君達一にさし集ひて、いかにせんと嘆き悲しみ給へども」〈平家・六〉
　後枕も知ら◦ず　物の前後がわからない。どうしてよいかわからない。後枕も覚えず。「頼基よりもと入道も病つきて、一◦ずまどひながら」〈増鏡・秋のみ山〉
あと-まわし【後回し】マハシ 順番を変えてあとに遅らせること。「宿題を一にする」
アドマン〘adman〙広告業務に従事する人。
あと-み【跡見】「跡見の茶事」の略。
アトミウム〘Atomium〙1958年、ベルギーのブリュッセルで開催された万国博覧会のために造られたモニュメント。鉄の結晶構造(体心立方格子)を1650億倍に拡大したもの。高さは103メートル。博覧会跡地のヘイゼル公園にある。
あとみがくえん-じょしだいがく【跡見学園女子大学】アトミガクエンヂョシダイガク 埼玉県新座にいざ市などにある私立大学。昭和40年(1965)に開学した。明治8年(1875)開学の日本人創設の最も古い女子教育機関、「跡見学校」以来の伝統を誇る。
あとみ-かけい【跡見花蹊】クワケイ［1840～1926］女流教育家。大阪の生まれ。名は滝野。父の私塾を継ぎ、また京都に開塾。のち東京に移り、明治8年(1875)跡見学校(現在の跡見学園女子大学)を創立。
アトミズム〘atomism〙原子説。また、原子論。
アドミタンス〘admittance〙交流回路における電流の流れやすさを表す量。回路に加えられる電圧で流入する電流値を割ったもの。インピーダンスの逆数。単位はジーメンス。
アトミック〘atomic〙多く複合語の形で用い、原子の、原子力の、の意を表す。「一エナジー」「一エージ」
アトミック-クロック〘atomic clock〙▶原子時計
アトミック-ソルジャー〘atomic soldiers〙 1945～60年代初めの原水爆実験・演習に参加し、放射線に被曝ひばくした米軍兵士たち。残留放射能汚染による被曝の後遺症で、癌がんや白血病に悩まされる者が多く存在するとされる。
アトミック-ベテランズ〘Atomic Veterans〙 全米被曝退役軍人会。1945～63年にわたる核実験に参加し被曝した兵士が、被曝の後遺症による癌がんや白血病などの放射能障害に対する補償を要求し、組織したもの。
アドミッション〘admission〙❶入場・入会・入団・入国などを許可すること。❷入場料。入会金。
アドミッション-オフィス〘admissions office〙大学で、学生の募集から選抜までの実質的な業務を遂行する入学事務局。高校での成績、テストの成績、文化・スポーツ活動やボランティア活動の実績などの情報を収集・検討し多面的な選抜を行う。AO。
アドミッション-ポリシー〘admission policy〙大学の入学者受け入れ方針。自校の特色や教育理念などに基づき、どのような学生像を求めるかをまとめたもの。
アドミッタンス〘admittance〙▶アドミタンス
アドミニストレーター〘administrator〙コンピューターやコンピューターネットワークの管理者。
あとみ-の-ちゃじ【跡見の茶事】茶事七式の一。茶会のあとで、参会できなかった希望者に、その道具の取り合わせや趣向などを見せるために行う会。
アドミラル〘admiral〙❶海軍の将官・提督。❷海軍大将。
アドミラルズカップ-レース〘Admiral's Cup Race〙英国で1957年から1年おきに行われていた外洋帆航海ヨットレース。1か国3艇でチームを組み、合計得点の多い国が優勝となる。出場国数の減少などから、2003年を最後に開催されていない。
アドミン〘admin〙「アドミニストレーター」の略。
アトム〘atm〙《atmosphereの略》気圧を表す記号。
アトム〘atom〙《ギリシャ語で、これ以上分割できない物の意のatomosから》原子。
あと-むかし【後昔】▶のちむかし
アトム-きゅう【アトム級】キフ《atomweigth アトムは原子の意》ボクシングなどの体重別階級の一。女子プロボクシングでは102ポンド(46.27キロ)以下。団体によって呼称が異なり、ライトミニマム級・ストロー級なども呼ばれる。
あと-め【後▽妻】後添のちぞいの妻。ごさい。
あと-め【跡目】❶家長としての身分。家督。「一を継ぐ」❷家督を継ぐこと。また、その人。跡取り。跡継ぎ。「一を立てる」❸先代の地位を継ぐこと。また、その地位。その地位を継ぐ人。後継者。「派閥の一を争う」〘類語〙跡・跡式・家督
アト-メイダヌ〘At Meydanı〙《トルコ語で馬の広場の意》イスタンブールにある古代ローマ時代の遺跡ヒッポドロームのこと。
あとめ-そうぞく【跡目相続】サウゾク 跡目を受け継ぐこと。
あど-も-う【▽率ふ】あども〘動ハ四〙かけ声をかけて引き連れる。連れて行く。「もののふの八十伴やそとものの男をを召し集へ一◦ひ給ひ」〈万・四七八〉
アトモスフィア〘atmosphere〙《「アトモスフェア」とも》❶空気。大気。❷雰囲気。〘類語〙気分・感じ・様子・気配けはい・ムード・佇たたずまい・気色・におい
アトモスフェア〘atmosphere〙▶アトモスフィア
あと-もどり【後戻り】〘名〙スル ❶来た方へ引き返すこと。「もう一度一して捜す」❷よい状態を保っていた物事が、また悪くなること。「病状が一する」〘類語〙逆行・逆流・逆走・あとずさり・逆戻り・後進・後退・退行・遡行・後ろ向き・退歩・退化・悪化・進む・冷える・進行
あと-やく【後厄】厄年の次の年。厄年に次いで注意しなければならないといわれる年。⇔前厄まえやく。
あと-やく【後役】前の人の役職を受け継ぐこと。また、その人。後任者。
あと-やま【後山¦跡山】❶(後山)鉱山で、採掘作業

を行う鉱員を助けて、石炭や鉱石を運搬する作業員。⇔先山。❷沿岸を航海中に、船の後方に見えて目標となる山。⇔先山。

アドラー〖Alfred Adler〗[1870～1937]オーストリアの精神医学者。精神異常の原因を性的異常に求めるフロイトの説に反対し、過度の優越への欲求が原因であると主張。

アド-ライター〖ad writer〗►コピーライター

アトラクション〖attraction〗❶人を引き付けるもの。❷催事などで、人寄せのため余興として行われる出し物。❸遊園地などの遊戯設備。観覧車やジェットコースターなど。〘類語〙座興・余興・即興・お慰み

アトラクティブ〖attractive〗〘形動〙人を引き付けるさま。魅力的。「―なアイデア」

アトラス〖Atlās〗㊀ギリシャ神話で、巨人神の一。プロメテウスの兄弟。オリンポスの神々と戦って敗れ、世界の西の端で天空を双肩で支える罰を科せられた。大西洋(the Atlantic Ocean)の名もアトラスに由来する。㊁(Atlas)土星の第15衛星。1980年に発見。名は㊀に由来。土星に3番目に近く、環のすぐ外側の軌道を公転する。非球形で平均直径は約30キロ。㊂(atlas)地図帳。初期の地図書に天空を支えるアトラス像を載せたところからいう。

アトラス〖ATLAS〗《A Toroidal LHC Apparatus》CERN(欧州合同原子核研究機関)のLHC加速器による陽子衝突実験に用いられる粒子検出器の一。LHCの地下トンネル上に設置されている。直径25メートル、長さ46メートル、総重量7000トン。実験には世界38か国から174の大学・研究機関が参加。素粒子に質量を与える役割を果たす粒子として標準理論で存在が予言されながら未発見のヒッグス粒子や、超対称性粒子など標準理論を超える新しい素粒子の発見が期待されている。〘補説〙日本からは高エネルギー加速器研究機構(KEK)や東京大学など15機関が参加。LHCには、ATLASとは別の地点に同種の装置CMSが設置されている。2011年12月、ATLASとCMSの両実験グループがヒッグス粒子の存在を示唆する解析結果を発表した。

アトラス-さんみゃく【アトラス山脈】アフリカ北西部、モロッコ・アルジェリア・チュニジアにかけてほぼ東西に走る山脈。ギリシャ神話のアトラスの郷土とされる。最高峰はトゥブカル山で、標高4165メートル。

アドラステア〖Adrastea〗木星の第15衛星。すべての衛星のうち2番目に木星に近く、輪の中の軌道を回る。1979年にボイジャー2号が撮影した写真から発見された。名の由来はギリシャ神話の女神。非球形で平均直径は約16キロ。

アトラック〖ATRAC〗《adaptive transform acoustic coding》ソニーが開発した音声データの圧縮技術の一。

アトラック-スリー〖ATRAC3〗《adaptive transform acoustic coding 3》音声データの圧縮技術の一。ソニーが開発。ATRACを改良し、CDと同等の音質で約10分の1の容量に圧縮できる。

アトランタ〖Atlanta〗米国ジョージア州の州都。合衆国南東部の中心地で、金融業や工業が盛ん。南北戦争の激戦地で、小説「風と共に去りぬ」の舞台。人口、行政区54万(2008)。

アト-ランダム〖at random〗〘形動〙《「アットランダム」とも》無作為にするさま。任意に選び出すさま。手当たりしだい。「―にアンケートをとる」

アトランティス〖Atlantis〗プラトンが対話篇「ティマイオス」と「クリティアス」で述べている伝説上の島。ジブラルタル海峡の西にあったが、大地震と洪水のため一日一夜にして海底に没したという。

アトランティック-シティー〖Atlantic City〗米国ニュージャージー州南東部、大西洋に面するアブスコン島にある観光都市。カジノの街として有名。ニューヨーク、フィラデルフィアからの日帰り行楽客も多い。

アトランテス〖ギリシャ atlantes〗古代ギリシャ建築で、男性像をかたどった支柱。天空を支えるアトラスにちなむ。男像柱。➡カリアティード

あとり【花鶏・獦子鳥】スズメ目アトリ科の鳥。スズメよりやや大きい。頭部と背は黒く、胸とわきは黄褐色、腹は白い。日本には秋から冬にかけて渡来する。アトリ科にはヒワ・マシコやカワラヒワ・ウソなども含まれる。〘季 秋〙「小苦きもあはれに木曽の―かな/青々」

アドリア-かい【アドリア海】《Adriatic Sea》地中海の北部、イタリア半島とバルカン半島にはさまれた海。古来、重要な海上交易路。

アドリアノープル〖Adrianople〗トルコ北西部の都市エディルネの旧称。

アドリアマイシン〖adriamycin〗塩酸ドキソルビシンを主成分とする抗悪性腫瘍薬。商標名。

アトリー〖Clement Richard Attlee〗[1883～1967]英国の政治家。1935年、労働党党首。第二次大戦中はチャーチル挙国一致内閣に参加。45年から51年まで首相を務め、重要産業の国有化と社会保障の充実に尽くした。

アトリウム〖atrium〗三方または四方を建物で囲まれた中庭。吹き抜け。特に、ホテルや高層建築などの建物に囲まれた大規模な中庭をもつ建築様式。

アトリエ〖フランス atelier〗画家・彫刻家・工芸家などの仕事場。画室。工房。スタジオ。〘類語〙画室・工房

アトリエ-スタンプ〖atelier stamp〗遺作公認スタンプ。作者が署名していない絵画・彫刻などの作品に、作者の没後に押す遺作であることを公認するスタンプ。

アトリエ-セール《和 atelier(フランス)＋sale》ファッションデザイナーが主宰するアパレルの工房やスタジオを会場とし、特定の顧客を対象に行う特別価格の販売。

アド-リビトゥム〖ラテン ad libitum〗《随意に、の意》音楽の発想標語の一。速度の選択、声部や楽器の加除を演奏者の自由に任せること。略号ad lib.

アトリビュート〖attribute〗❶《特性・属性の意》絵画や彫刻などで、神あるいは人の役目・資格などを表すシンボル。例えば、王の冠と笏。❷►属性❸

アド-リブ〖ad lib〗《「アドリビトゥム」の略》台本や楽譜などにない、即興のせりふ・演技や演奏など。

アドルノ〖Theodor Wiesengrund Adorno〗[1903～1969]ドイツの哲学者・社会学者・美学者。ナチスに追われて米国に亡命。著「権威主義的パーソナリティー」でファシズムを分析。帰国後、フランクフルト大学教授。人間疎外などに悩む近代文明批判を展開。

アトレウス〖Atreus〗ギリシャ神話で、ミケーネ王。王位をめぐって弟のテュエステスと争った。これが後に子孫のアガメムノン・オレステス・エレクトラらの悲劇を招くもととなった。

アトレウス-の-ほうこ【アトレウスの宝庫】《Thisauros tou Atrea》ギリシャ、ペロポネソス半島東部にある古代都市遺跡ミケーネにある墳墓。九つある墓地の一でアガメムノンの墓とも呼ばれる。紀元前13世紀頃のものとされる。高さ約13メートル、直径約15メートルの石積みのドーム状墳墓で、内壁には貴金属や青銅の装飾が施されていたとみられる。

アドレス〖address〗❶郵便物の宛名。住所。所番地。アド。❷ゴルフで、クラブフェースをボールにそわせて打つ構えに入ること。❸コンピューターで、記憶装置内などに割り当てる識別番号。番地。インターネットで、メールアドレス、またはURLを意味する語として使われることもある。〘類語〙住所・番地・所番地・居所・住居・居住地・現住所・現住地・所書き

アドレス-くうかん【アドレス空間】《address space》►メモリー空間

アドレス-ちょう【アドレス帳】❶住所録。氏名を五十音順などに並べ、住所・電話番号などを一覧できるようにしたもの。❷電子メールのソフトウエアにおける電話帳機能。送信先の氏名・名称とメールアドレスを関連付けたものを指す。

アドレス-レジスター〖address register〗コンピューターのレジスターの一。実行中の命令や演算処理中のデータを格納している、主記憶装置上のアドレスを記憶する。

アドレナリン〖adrenaline〗副腎髄質から分泌されるホルモンの一。交感神経の作用が高まると分泌され、血糖量の上昇、心拍数の増加などを起こす。明治34年(1901)高峰譲吉が初めて結晶化した。強心剤や血圧上昇剤などに利用。エピネフリン。エピレナミン。➡ノルアドレナリン

アトロピン〖atropine〗アルカロイドの一。チョウセンアサガオ・ハシリドコロ・ヒヨス・ベラドンナなどの根や葉に含まれる。劇薬。副交感神経の興奮を抑制する作用があり、軽症では口が渇き、脈拍が速くなる。重症では顔が赤くなり、めまい、躁狂状態から瞳孔散大を引き起こし、人事不省に陥る。散瞳剤・止汗剤に用いられる。

あと-わ【後輪】❶後方の車輪。❷馬具で、鞍橋の後ろの高くなっている部分。しずわ。

アドワーズ〖AdWords〗►グーグルアドワーズ

あな【穴・孔】❶反対側まで突き抜けている空間。「針の―」❷深くえぐりとられた所。くぼんだ所。「道に―があく」「耳の―」❸㋐金銭の損失。欠損。「帳簿に―があく」㋑必要な物や人が抜けて空白になった所。「人員に―があく」㋒不完全な所。欠点。弱点。「下位打線が―だ」「彼の論理は―だらけだ」❹他人が気づかない、よい場所や得になる事柄。穴場。❺競馬・競輪などで、番狂わせの勝負。配当金が多い。「―をねらう」❻世間の裏面。うら。「世間の―を能く知って堺町とは気づいたり」〈根無草・三〉

〘下接語〙蟻穴・息衝き穴・岩穴・埋め穴・鰓孔・大穴・落とし穴・鍵穴・隠れ穴・風穴・気抜き穴・切り穴・錐穴・毛穴・獣穴・縦穴・塚穴・抜け穴・螺子穴・鼠穴・覗き穴・墓穴・人穴・一つ穴・節穴・枘穴・洞穴・焼け穴・雪穴・横穴

〘類語〙穴ぼこ・窪み・ホール・壕

穴があったら入りたい　身を隠したいくらいに恥ずかしい。

穴のあくほど　じっと見つめるようすをいう。

穴をあ・ける　❶金を使い込む。欠損を生じさせる。「家計に―・ける」❷事故などで事の進行に支障をきたし、空白をつくる。「舞台に―・ける」「文集のページに―・ける」

穴を穿つ　人の知らない重要な点や欠陥を、裏面からとらえたり指摘したりする。

穴を埋・める　❶金銭や人員などの損失、欠損を補う。「新人がレギュラーの―・める」❷事故などによって生じた空白の時間や間の抜けた場面をうまく補う。「予備の原稿で―・める」

アナ　❶「アナウンサー」の略。❷「アナーキスト」「アナーキズム」の略。

あな〘感〙喜び、悲しみ、うれしさ、怒りなどを強く感じて発する語。ああ。あら。「―ふしぎ」「―おそろしとおどろきて」〈枕・八〉

アナーキー〖anarchy〗〘名・形動〙無政府・無秩序な状態であること。また、そのさま。無統治状態。「―な考え方」

アナーキスト〖anarchist〗《「アナキスト」とも》アナーキズムを信奉する人。無政府主義者。アナ。

アナーキズム〖anarchism〗《「アナキズム」とも》一切の政治的、社会的権力を否定して、個人の完全な自由と独立を望む考え方。プルードンやバクーニンなどがその代表的な思想家。無政府主義。アナ。

あなあき-せん【穴明き銭】中央に丸または四角の穴のあいている硬貨。特に、江戸時代の銅銭。

アナール-がくは【アナール学派】《フランス École des Annales》現代フランスの歴史学の主流をなす学派。1929年、ブロックとフェーブルの二人が創刊した「社会経済史年報Annales d'histoire économique et sociale」にちなむ呼称。事件史を中心とした伝統的な歴史学に対して、人間の生活文化のすべてを視野に収めた総合的歴史学をめざす。アナール派。➡社会史

あ-ない【案内】《「あんない」の撥音の無表記から》「あんない(案内)」に同じ。「此家の―を知り居たれ

ば」〈竜渓・経国美談〉
あない〔形動〕（関西・四国地方などで）あんな。あのよう。「よう―なことが言えるな」
あないち【天=名=地=鎮】神代文字の一。1、2、3などの数字と、直線と点の組み合わせによって単音を表す47の表音文字とからなるもの。今日ではその存在が否定されている。➡神代文字
あな-いち【穴一】近世の子供の遊び。地面に小さな穴をあけ、約1メートル離れた線の外から銭などを投げ入れて勝負を競う。穴打ち。銭打ち。（季 新年）「―の筋引すてつ梅が下/太祇」
あな-いと【穴糸】ボタンつけや穴かがりなどに用いる、縒りのかかった太めの絹糸。
あな-うさぎ【穴×兎】ウサギ科の哺乳類。飼いウサギの原種。体長35〜45センチ。少数の群れで地下に複雑な穴を掘り暮らす。ヨーロッパ・北アフリカに分布。
あな-うち【穴打ち】▶穴一
あな-うま【穴馬】競馬で、番狂わせで勝ちをおさめそうな馬。ダークホース。⇔本命。
あな-うめ【穴埋め】〔名〕スル ❶穴をうずめること。❷欠損や損害を償うこと。不足を補うこと。「赤字を―する」「失策の―をする」❸都合の悪い余白や空きが生じたとき、代わりのもので補うこと。「中止になった番組の―に音楽を流す」
(類語)補給・補填・塡補・増補・充塡・拾遺・補遺
アナウンサー〖announcer〗❶テレビやラジオで、ニュースを報じたり、番組の司会、スポーツの実況放送などをしたりする人。アナ。❷劇場・競技場・駅頭などで、マイクで放送する係。アナ。(類語)鶯嬢
アナウンス〖announce〗〔名〕スル《「告知する」の意》放送によってニュースや案内などを告げること。また、その放送。「到着時刻を―する」「場内―」
アナウンスメント-こうか【アナウンスメント効果】《announcement effect》政府の経済計画などが公にされた場合、民間がその計画に刺激を受けて、結果として計画以上の実績が上がること。また、選挙の際に、事前の世論調査を公開することなどからの影響で、結果が事前予測と異なること。
あな-かがり【穴×縢り】ボタン穴やひもを通す穴のへりを糸でかがること。
あな-かしこ〔連語〕《感動詞「あな」＋形容詞「かしこし」の語幹》❶恐れ多く存じます、の意で、手紙文の終わりに用いて相手に敬意を表す語。多く女性が用いる。❷ああ、恐れ多い。「―とて箱に入れ給ひて」〈竹取〉❸呼びかけの語。恐れ入りますが。「―、このわたりに若紫やさぶらふ」〈紫式部日記〉❹（あとに禁止の語を伴って副詞的に用いて）決して。ゆめゆめ。「―、道にて斬られたりとは申すべからず」〈平家・一二〉(補説)「穴賢」と当てて書くこともある。
あながち【▽強ち】㊀〔副〕（あとに打消しの語を伴う）❶断定しきれない気持ちを表す。必ずしも。一概に。「―(に)うそとは言いきれない」❷強い否定の意を表す。決して。「範頼、義経が申し状、一御許容あるべからず」〈平家・一〇〉㊁〔形動ナリ〕❶強引なさま。無理やり。「父大臣の―にしはべりしことなれば」〈大鏡・道長上〉❷いちずなさま。ひたむき。「などかく、この御学問の―ならん」〈源・少女〉❸身勝手なさま。わがまま。「おろかに過ぎにし方さへくやしうおぼさるるも―なり」〈和泉式部日記〉(類語)必ずしも・まんざら
アナカプリ〖Anacapri〗イタリア南部、ナポリ湾の南に浮かぶカプリ島西部の一地区。同島の最高峰ソラーロ山の麓に位置し、頂上との間を結ぶリフトがある。マジョリカという色絵陶器のタイル絵で旧約聖書の楽園追放を床一面に描いた、サンミケーレアルカンジェロ教会がある。
あな-かま〔連語〕《「あな」は感動詞、「かま」は形容詞「かま(囂)し」の語幹か》「ああ、やかましい。静かに」と制止する語。「―とまねき制すれども」〈枕・三〉
　あなかま給え　やかましい、静かになさい。「いで、―。みな聞きて侍り」〈源・若菜上〉
あな-がま【穴窯】焼き物窯の古い形式の一。斜面を掘って天井だけを構築したものと、地中を掘り抜いたものとがある。
アナカン ❶《unaccompanied childから》大人が同伴しない、小児旅客。通常、空港や機内で特別に配慮されたサービスを受け、空港での見送り人と出迎え人を必要とする。❷《unaccompanied baggageから》別送手荷物。超過手荷物料金より安い料金で貨物として別便または同一便で運送される手荷物。国際線での通関は入国時に申告すれば旅具扱い。
あな-かんむり【穴冠】漢字の冠の一。「空」「究」などの「穴」の称。
アナキスト〖anarchist〗▶アナーキスト
アナキズム〖anarchism〗▶アナーキズム
アナクサゴラス〖Anaxagorās〗［前500ころ〜前428ころ］古代ギリシャの哲学者。万物の根底をなす無数の元素をスペルマタ(種子)と名づけ、その混沌状態にヌース(精神・理性)が運動を与えて、秩序ある世界が形成されたと説いた。
アナクシマンドロス〖Anaximandros〗［前610ころ〜前547ころ］古代ギリシャの哲学者。万物の根源は不生不滅で永遠に運動するアペイロン(無限なるもの)であり、このアペイロンから無数の世界が生成すると説いた。
アナクシメネス〖Anaximenēs〗［前585ころ〜前528ころ］古代ギリシャの哲学者。万物はその根源としての空気の濃厚化と希薄化とによって生成すると説いた。
あな-ぐま【穴熊】❶イタチ科の哺乳類。体長50〜90センチ。タヌキに似るが、爪が長く、クマのようにかかとを地面につけて歩く。夜行性で雑食。ヨーロッパとアジアの温帯地方に分布。日本では本州・四国・九州の山林に深い穴を掘ってすむ。ささぐま。まみ。むじな。あなほり。（季 冬）❷将棋で、端の香車を一間上げ、そのあとへ王将を入れて金将・銀将で囲む形。岩屋囲い。
あな-ぐも【穴蜘=蛛】ジグモの別名。
あな-ぐら【穴蔵｜穴倉】❶地中に穴を掘って、物を蓄えるようにした所。❷地下室。
アナグラム〖anagram〗つづり字の位置を変えて、別の語句をつくること。また、その遊び。「evil(悪)」が「live(生きる)」になるなど。字なぞ遊び。
アナグリフ〖anaglyph〗❶立体感のある浅い浮き彫りを施したもの。カメオなどの装飾品に用いられる。❷立体的な映像を得るための方式の一。両眼による視差の原理を応用し、左右で異なる角度から撮影された映像を赤と青のフィルターをかけて投影し、左右に赤と青のフィルターをつけた眼鏡をかけて鑑賞する。
あな-ぐ・る【▽探る｜▽索る】〔動ラ四〕さがし求める。さぐる。「わづかにまなび読む事あれば、これを―・りもとめて、事を言ひ添へ」〈為兼卿和歌抄〉
アナクレオン〖Anakreōn〗［前570ころ〜前480ころ］古代ギリシャの叙情詩人。恋と酒を歌った快楽派詩人として名高い。後世に「アナクレオン風」という詩風を残す。
アナクロ〔名・形動〕❶「アナクロニズム」の略。❷時代に遅れたり逆行していたりするさま。「―な思想」
アナクロニズム〖anachronism〗その時代の傾向と食い違っていたり時代遅れであったりすること。時代錯誤。
あな-ご【穴子】ウナギ目アナゴ科の海水魚の総称。ウナギに似て、うろこ・腹びれがない。マアナゴ・クロアナゴ・ギンアナゴなどは食用。夏に美味。（季 夏）
あな-ごもり【穴籠もり】動物が土の穴や木のほらの中にこもって冬を越すこと。冬ごもり。
あなごん【×阿那▽含】《梵 anāgāminの音写。不還・不来と訳す》仏語。声聞の四向四果の第三位。欲界の迷いを断じ終わって、再び欲界に戻ることがなくなった状態。
アナコンダ〖anaconda〗ボア科の無毒のヘビ。全長約9メートル、黄緑色に黒色の斑紋が並ぶ。卵胎生。ほとんど水中で過ごす。南アメリカ北部に分布。
アナザー〖another〗多く複合語の形で用い、もう一つの、別の、の意を表す。「―ワールド」
あな-さがし【穴探し】人が見過ごしている事実や人の欠点・過失を好んで探し出すこと。あらさがし。
あなじ　西日本で、船の航行を妨げる冬の北西風。あなぜ。（季 冬）
あな-じ【穴×痔】➡痔瘻の俗称。
あな-じゃくし【穴×杓子】たくさんの細かい穴をあけたお玉杓子。汁から具だけをすくうのに使う。
あ-な-すえ【▽足末】《「あ」は「あし(足)」の古形。「な」は「の」の意の格助詞》❶足の先。つま先。「頭より―ただにあやにしきをたちきりて」〈宇津保・忠こそ〉❷子孫。末裔。「同じ帝の母后の御―にて」〈平中・一〉
アナスチグマート〖ﾄﾞｲﾂ Anastigmat〗非点収差と像面の曲がりとを補正してあるレンズ。ほとんどの写真レンズに使用。
あなずらわ・し【▽侮らはし】〔形シク〕《動詞「あなずる」の形容詞化》❶軽蔑したい。尊敬・尊重する価値がない。「いとかくやつれたるに―・しきにや」〈源・明石〉❷気軽に心を許せるさま。気のおけないさま。「右近をば、睦まじう―・しき方にてと上の思し召して」〈栄花・浦々の別〉
あなずり【▽侮り】あなどること。「笑ひはすれど―はせず」〈菟玖波集・雑体〉
あなず・る【▽侮る】〔動ラ四〕《「あなどる」の古形》軽蔑する。「かの国の人にも、すこし―・られて」〈源・若紫〉
あな-ぜ▶あなじ
あ-な-た【▽彼▽方】〔代〕❶遠称の指示代名詞。㋐離れた場所・方向などをさす。向こう。あちら。「山の―の空遠く」〈上田敏訳・海潮音・山のあなた〉「北の障子の―に人の気配するを」〈源・帚木〉㋑以前。昔。「昨日今日とおぼすほどに、三年の―にもなりにける世かな」〈源・朝顔〉❷三人称の人代名詞。対等または上位者に用いる。あちらのかた。あのかた。「―にも語らひのたまひければ」〈源・藤裏葉〉(補説)❶㋐から❷を経て、近世中期に上位者に用いる二人称人代名詞「あなた(貴方)」の用法が生まれた。
(類語)向こう・あちら・あっち・彼方・こちら・こっち・そちら・そっち・彼岸
あ-な-た【貴=方】〔代〕《「彼方」から》二人称の人代名詞。❶対等または目下の者に対して、丁寧に、または親しみをこめていう。「―の考えを教えてください」❷妻が夫に対して、軽い敬意や親しみをこめていう。「―、今日のお帰りは何時ですか」(補説)現代語では敬意の程度は低く、学生が先生に、また若者が年配者に対して用いるのは好ましくない。
(類語)貴君・貴下・お前・お宅・汝
あなた-おもて【▽彼▽方面】あちら側。向こう側。「飽かずして月の隠るる山もとは―ぞ恋ひしかりける」〈古今・雑上〉
あなた-がた【▽彼▽方方】㊀〔名〕あちらのほう。向こう側。「宮の辺(=オソバノ人々)には、ただ―に言ひなして」〈枕・一四三〉㊁〔代〕三人称の人代名詞。あのかたたち。「―の旅宿を尋ね、ひたすらお頼み申し上げましたれば」〈浄・忠臣蔵〉
あなた-がた【貴=方方】〔代〕「あなた」の複数形。「あなたたち」よりも、やや敬意が高い。「―はどちらからおいでになりましたか」
あなた-こなた【▽彼▽方×此▽方】〔代〕指示代名詞。あちらこちら。あれこれ。「君の御身には、かの一節の別れより、―もの思ひとて」〈源・若菜下〉
あなた-ざま【▽彼▽方様】「彼方方㊀」に同じ。「―の御仲らひには(加ワレズニ)さし放たれ給ひにければ」〈源・橋姫〉
あなた-まかせ【▽彼▽方任せ】❶他人の意のままにすること。❷阿弥陀仏の力に任せること。他力本願。(類語)言いなり・一任・他人任せ・人任せ
あな-つぎ【穴継ぎ】衣服などにできた穴に布を当ててつくろうこと。
あな-つばめ【穴×燕】アマツバメ科アナツバメ属の鳥の総称。全長9〜17センチ。主に南アジアに分布し、洞窟内の壁に唾液などを固めて巣を作る。巣は

中国料理の高級なスープの材料として珍重される。

あな-づり【穴釣(り)】❶穴の中にえさをつけた釣り針を差し入れ、ひそんでいるウナギを釣ること。❷湖面の氷に穴をあけ、ワカサギを釣ること。

あなと【穴門|穴戸】関門海峡の古称。また、長門国の古称。「穴な門と」と読んだという説もある。

あなとうと【安名尊】催馬楽の曲名。

アナトール-フランス〘Anatole France〙▶フランス

アナトキシン〘anatoxin〙▶トキソイド

あなとのとよら-の-みや【穴門豊浦宮】山口県下関市にあったとされる、仲哀天皇の九州遠征時の行宮。あなとのとゆらのみや。

あなどり【侮り】あなどること。軽蔑。さげすみ。「―を受ける」

アナトリア〘Anatolia〙小アジアの異称。東ローマ帝国以来の称。

あなど-る【侮る】〔動ラ五(四)〕人を軽くみてばかにする。軽蔑する。見下す。「―・って油断するな」「―・りがたい敵」〔可能〕あなどれる

〔類語〕嘲る・見下す・見くびる・見下げる・卑しめる・蔑む・貶める

アナドル-ヒサル〘Anadolu Hisarı〙トルコ北西部の都市イスタンブールにある要塞。ボスポラス海峡の幅が狭くなる部分のアジア側に位置し、対岸のルメリヒサルと対をなす。14世紀末、オスマン帝国のバヤジット1世が東ローマ帝国のコンスタンチノープルを攻略するために建造。現在は塔と城壁の一部が残っている。アナドル要塞。

アナドル-ようさい【アナドル要塞】《Anadolu Hisarı》▶アナドルヒサル

あなない　助けること。支えること。特に、高い所に登るための足場。あぐら。「―にあげ据ゑられたり」〈竹取〉

アナナス〘ananas〙パイナップル科アナナス属の植物の総称。特に観葉植物とするものをいう。サンゴアナナス・インコアナナスなど。〔季 夏〕

あな-に〔感〕強い感動を表す語。ああ、まことに。「桜の花のにほひはも―」〈万・一四二九〉

あなに-えや〔感〕《「え」「や」は感動の助詞》まあ、すばらしい。「―えをとこを」〈神代紀・上〉

あな-にく【あな憎】〔連語〕《感動詞「あな」＋形容詞「にく(憎)し」の語幹》ああ憎い。こ憎らしいことだ。「―、ことごとしや」〈源・蓬生〉

あなに-やし〔感〕《「やし」は間投助詞》ああ、なんとすばらしいことよ。「―えをとこを」〈記・上〉

あな-ねらい【穴狙い】競馬・競輪などで、番狂わせによる高い配当金をねらって賭けること。

あな-ば【穴場】❶一般の人にあまり知られていない、いいところ。あな。「釣りの―」❷競馬・競輪などで、馬券・車券など投票券の売り場。

アナバ-かぜ【アナバ風】「アナバチック風」の略。

あな-ばち【穴蜂】ジガバチ科アナバチ属の蜂の総称。地中に穴を掘ったり竹筒を利用したりして巣を作り、キリギリスなどの虫を捕らえて幼虫のえさに蓄える。ゆするばち。

アナバチック-かぜ【アナバチック風】《anabatic wind》山の斜面に沿って谷底から吹き上げる風。谷風がその例。斜面上昇風。滑昇風。アナバ風。➡カタバチック風

アナバルザ〘Anavarza〙小アジアにあった古代都市。現在のトルコ南部の都市アダナの北東約70キロメートルに位置する。古代ローマ帝国の属州キリキアの都市の一つで、2世紀から3世紀頃にかけて隆盛した。6世紀に大地震に見舞われた後、アッバース朝のカリフ、ハールーン＝アッラシードが再建したが、14世紀にマムルーク朝により破壊されて廃墟になった。古代ローマ時代の劇場、城壁、水道などの遺跡がある。

あな-ばん【穴番】歌舞伎劇場の舞台下にいて、回り舞台やせり出しなどの仕事をする人。奈落番。

アナフィ-とう【アナフィ島】《Anafi》ギリシャ南東部、エーゲ海に浮かぶ島。キクラデス諸島の南東端に位置する。中心地はホラ。8世紀頃のドリス人の都市遺跡やベネチア共和国時代の城塞跡がある。毎年9月、ゾードホスピギ修道院において、聖母マリアの誕生を祝う祭が催され、数多くの巡礼者が訪れる。

アナフィラキシー〘anaphylaxis〙《防御の消失した状態の意》アレルギーのうちで、特に症状の激しいもの。薬物ショックなど。

アナフィラキシー-ショック《anaphylactic shockから》アナフィラキシーの激しい場合で、じんましん・呼吸困難・下痢・低血圧などが起こり生命の危険をともなうもの。虫刺されやペニシリンなどの薬物によって起こることがある。急性アレルギーショック。

あな-ふさぎ【穴塞ぎ】❶穴をふさぐこと。あなふたぎ。❷損失や不足を補うこと。穴埋め。

あな-ぼこ【穴ぼこ】穴・くぼみをいう俗語。「―だらけのグラウンド」〔類語〕穴・窪み・ホール・壕

あな-ほり【穴掘り】❶穴を掘ること。また、その人。❷埋葬のとき、墓穴を掘ること。❸「穴掘り大工」の略。❹アナグマの別名。

アナポリス〘Annapolis〙米国メリーランド州中央部の都市。同州の州都。チェサピーク湾に注ぐセバーン川の河口に面し、海軍士官学校がある。同国最古の州議事堂であるメリーランド州議事堂やセントアンズ教会など、18～19世紀の歴史的建造物が多い。

アナボリズム〘anabolism〙「同化❸」に同じ。

あなほり-だいく【穴掘(り)大工】鑿で木材に穴を掘ることくらいしかできない大工。未熟な大工。

アナボリック-ステロイド〘anabolic steroid〙たんぱく質合成を促進するステロイドホルモンの総称。アンドロゲン(男性ホルモン)に作用が強く、筋肉増強剤となる。

アナボル-ろんそう【アナボル論争】大正時代、無政府主義者(アナルコ-サンジカリスト)とマルクス主義者(ボルシェビスト)との間で行われた論争。特に、労働運動の組織論をめぐり、政党の指導を排除する自由連合論をとるアナ派に対し、ボル派は中央集権的組織論を主張。まもなくアナ派は衰退した。

アナムネーシス〘ギリシャ anamnēsis〙《想起の意》プラトンの説く真理認識に至る過程。人間の魂は、肉体に宿る前に天界で眺めていたイデアを想起することによって真理を認識するというもの。想起説。

あなもり-いなり【穴守稲荷】東京都大田区羽田にある稲荷神社。祭神は豊受大神。文化2年(1805)創建。新田開拓の時、風浪により堤防に大穴があいたので、稲荷大神を勧請したものという。

アナモルフォーシス〘anamorphosis〙美術で、歪像、または歪像を表現するための描法。対象の高さ・幅などの割合を異常に引き伸ばした像や、凸面鏡・凹面鏡に映った像のようにゆがめられた映像で表現する。アナモルフォーズ。

アナモルフォーズ〘フランス anamorphose〙▶アナモルフォーシス

あな-もん【穴門|×埒門】築地や石垣などを切り開いて設けた小さな門。

あな-や〔感〕驚いたときに発する語。ああ。「鬼はや一口に食ひてけり。―と言ひけれど」〈伊勢・六〉

あなやま-ばいせつ【穴山梅雪】［1541～1582］戦国時代の武将。甲斐武田氏の一族。名は信君。駿河江尻城主。武田氏滅亡の際、徳川家康に内通し、織田信長に降伏。上洛のおり本能寺の変にあい、帰国の途次に一揆勢に殺された。

アナライザー〘analyzer〙キーまたはボタンを押した反応を記録、分析する装置。映画・テレビなどの視聴者の反応や、授業中の生徒の反応の分析調査に用いられる。

アナライズ〘analyze〙分析すること。分析。

あ-なり〔連語〕連語「あんなり」の撥音の無表記。「男の嫁ども今も―なる」〈大和・一四七〉

アナリーゼ〘ドイツ Analyse〙音楽の諸要素について分析すること。アナリシス。

アナリシス〘analysis〙❶分析。分解。❷解析。

アナリスト〘analyst〙❶精神分析医。❷企業や産業界の動向を調査・分析し、投資に役立つ情報を提供する専門家。証券分析家。❸社会情勢分析家。❹バレーボールで、試合状況や相手チームなどを調査・分析し、コーチや選手に情報を提供する専門家。

アナリスト-カード《和 analyst＋card》情報を集めて分析・整理するための情報整理カード。

アナリスト-レポート〘analyst report〙アナリストが株式・為替・債券などの担当分野ごとに分析を行い、騰落の予想を立てたレポート。投資家向けの情報として提供される。

アナル〘anal〙肛門。

アナルコ-サンジカリスム〘フランス anarcho-syndicalisme〙労働組合を中心として革命を起こし、革命後の新社会の産業管理は社会主義国家によらず、労働組合によるとする思想。無政府主義を特徴とし、19世紀末から20世紀初頭にフランス・スペインで唱えられた。

アナログ〘analog|analogue〙数値を、長さ・回転角・電流などの連続的に変化する物理量で示すこと。⇔デジタル。

アナログ-いどうたいつうしん【アナログ移動体通信】《analog mobile communication》▶第一世代携帯電話

アナログ-かいせん【アナログ回線】データや音声をアナログ信号で送受信する回線。デジタル回線と対比して用いられる。

アナログ-けいさんき【アナログ計算機】数値を連続的に変化する物理量に置き換えて演算する計算機。アナログコンピューター。

アナログ-けいたいでんわ【アナログ携帯電話】▶第一世代携帯電話

アナログ-しんごう【アナログ信号】連続した量の大小で表される信号。一般的に電圧、電流、周波数、圧力などの連続的な物理量を用いる。デジタル信号に対していう。

アナログ-ていは【アナログ停波】日本国内における地上デジタルテレビ放送への移行に伴い、従来のアナログ方式のテレビ放送(地上アナログテレビ放送)が終了すること。平成23年(2011)7月24日、東日本大震災で特に大きな被害を受けた岩手・宮城・福島の3県を除く全国で行われた。同3県も同24年3月31日に停波、地上デジタルテレビ放送へ移行した。

アナログ-テレビ〘analog television〙アナログ方式のテレビ放送(地上アナログテレビ放送)に対応したテレビ。〔補説〕日本では平成23年(2011)7月のアナログ停波に伴い、アナログ放送は地上デジタルテレビ放送へ移行された。停波後も地上デジタル放送チューナーなどを取り付ければ視聴できるが、HDTVと同等の高画質や画面の縦横比で視聴できるかどうかは、テレビ受像機そのものの性能や接続方法に依存する。

アナログ-ほうそう【アナログ放送】映像・音声・データを、アナログ信号で伝送する放送。デジタル放送に対していう。➡地上アナログテレビ放送

アナロジー〘analogy〙❶類似。❷類推。類比。

あなん【阿南】徳島県東部の市。小島の多い橘湾は古く阿波水軍の根拠地。水産業・製紙業が盛ん。平成18年(2006)3月、那賀川町・羽ノ浦町を編入。人口7.6万(2010)。

アナン〘Kofi Atta Annan〙［1938～　］ガーナの外交官、政治家。1962年国連事務局に入る。WHO(世界保健機関)やUNHCR(国連難民高等弁務官事務所)などの業務を経て、97年には第7代国連事務総長に就任。2001年、人権保護活動や国際テロ防止への取り組みなどが評価され、国際連合とともにノーベル平和賞受賞。06年、任期満了により国連事務総長を退任。

アナンケ〘Ananke〙木星の第12衛星。他の多くの衛星と逆行する公転軌道を持つ。1951年に発見。名の由来はギリシャ神話の女神。非球形で平均直径は約30キロ。

あなん-し【阿南市】▶阿南

あなんだ【阿難陀】《梵 Ānandaの音写》釈迦の十

大弟子の一人。師の説法を最も多く聞き、多聞第一とよばれた。記憶力にすぐれ、経典の第一結集けつじゅうの際に多くの経説を復唱したという。阿難。

あに【兄】 ❶きょうだいのうち、年上の男。⇔弟。❷《「義兄」とも書く》妻や夫の兄。また、姉の夫。義兄ぎけい。❸(「あにさん」などの形で)年配者が若い男を親しんでいう語。

アニ〘Ani〙トルコ北東部の遺跡。グルジア、アルメニアとの国境近くに位置する。10世紀にバグラト朝アルメニア王国の首都がカルスから同地に遷都され発展。アルメニア正教会の主教座が置かれ、多数の教会が建設された。11世紀にセルジュークトルコが同地を支配し、教会の一部がイスラム寺院に転用された。13世紀のモンゴル来襲、14世紀の大地震により徐々に衰退し、現在は廃墟になっている。

あに【×豈】〔副〕❶あとに推量を表す語を伴って、反語表現を作る。どうして…か。「価なき宝といふとも一坏ひとつきの濁れる酒に一まさめやも」〈万・三四五〉❷あとに打消しの語を伴って、強い否定の気持ちを表す。決して…ない。「夏蚕なつごの蝱ひむしの衣二重着て隠み宿だりは一良くもあらず」〈仁徳紀・歌謡〉

豈図あにはからんや　(多く文末を「とは」で結ぶ)全く思いがけないことが起こったという気持ちを表す。意外にも。「一彼が犯人であったとは」

あにい【兄い】❶あに。❷勇み肌の若者。また、その若者を呼ぶ語。「いなせな一」

あに-うえ【兄上】こう 兄を敬っていう語。

アニオン〘anion〙陰イオンのこと。⇔カチオン。

あに-がわ【阿仁川】がわ 秋田県中央北部を流れ、日本海に注ぐ米代よねしろ川の支流の一。森吉山に源を発し、鷹巣盆地西部で米代川に合流する。長さ64.2キロ。かつて中流域に金・銀・銅などの鉱山があった。

あに-き【兄貴】❶兄を敬って、または、親しんでいう語。❷若者・職人・やくざなどの間で、勢力があり、頭株かしらかぶに推される者。「一分」❸年上の男。「君は僕より一だし、経験にも富んどるし」〈紅葉・多情多恨〉(補説)「あにぎみ」の音変化か。「貴」は当て字。
(類語)兄さん・あんちゃん

あに-ぎみ【兄君】兄を敬っていう語。

あに-ご【兄御】兄を敬っていう語。あにごぜ。「一は何とかおはする」〈曽我・三〉⇔弟御。

あに-ごぜ【兄御▽前】「あにご」に同じ。「いかに一聞こしめせ」〈謡・望月〉

アニサキス〘ラテ Anisakis〙回虫目アニサキス科アニサキス属の線虫。クジラ類の胃に寄生し、体長5～8センチ。第1中間宿主はオキアミ類、第2中間宿主は魚・イカなどで、これを刺身などで生食した人間の胃壁などに侵入し激痛を起こすことがある。

あに-さん【兄さん】❶兄を親しみ敬っていう語。❷芸人や職人が先輩を呼ぶ語。

あに-じゃ【兄者｜兄じゃ】ぢゃ「兄者人」の略。(補説)「者」は当て字。

あにじゃ-ひと【兄者人】あにぢゃ《兄である人の意》兄を敬っていう語。兄上。「はて、一をまちがへてよいものか」〈伎・助六〉

アニス〘anise〙セリ科の一年草。5月ごろ白い小花をつける。実は卵形をし、灰色または黄褐色で、ソースや製菓用の香辛料に利用。ギリシャ・エジプトの原産で、地中海地方で栽培される。

アニス-ゆ【アニス油】アニスの実を水蒸気蒸留して得られる油。甘い香りがあり、香料として、石鹸せっけん・ポマードやリキュール酒などに使用。

アニ-ソン《「アニメソング」の略》アニメ作品の主題歌や挿入歌。

アニチコフ-きゅうでん【アニチコフ宮殿】《Anichkov dvorets》ロシア連邦北西部、レニングラード州の都市サンクトペテルブルグにある宮殿。18世紀半ば、エリザベータ女帝によりバロック様式で建造され、愛人だったアレクセイ＝ラズモフスキーに贈られた。アニーチコフ宮殿。

アニチコフ-ばし【アニチコフ橋】《Anichkov most》ロシア連邦北西部、レニングラード州の都市サンクトペテルブルグにあるフォンタンカ川に架かる橋。ネフスキー通りの中ほどに位置する。19世紀半ばに建造、20世紀初頭に再建。橋の四隅の馬像は彫刻家ピョートル＝クロットによるもの。

アニック〘Alnwick〙英国イングランド北東部、ノーサンバーランド州の町。スコットランドとの国境近くに位置。ノーサンバーランド公爵の居城であるアニック城を中心に発展し、現在も歴史的な町並みが残る。

アニック-ガーデン〘Alnwick Garden〙英国イングランド北東部、ノーサンバーランド州の町アニックにある庭園。アニック城に隣接。第12代ノーサンバーランド公夫人により整備され、2002年に一般公開。

アニック-じょう【アニック城】ジャウ《Alnwick Castle》英国イングランド北東部、ノーサンバーランド州の町アニックにある城。11世紀に造られたスコットランドに対する防備のための要塞に起源する。14世紀初頭、ノーサンバーランド公パーシー家により増改築が繰り返され、18世紀に現在見られる姿になった。軍事博物館、考古学博物館のほか、2002年に開園したアニックガーデンがある。

あに-でし【兄弟子】自分より先に同じ師や親方についた人。同門の先輩。⇔弟弟子。

あに-どうざん【阿仁銅山】秋田県北秋田市南部の銅山。古くは金銀を産出、のち銅山として栄えた。昭和45年(1970)休山。

アニバーサリー〘anniversary〙(ある出来事の)毎年の記念日。結婚記念日などにいう。

アニビエ-たに【アニビエ谷】《Val d'Anniviers》スイス南西部、バレー州、ローヌ川から南方のワリスアルプスに伸びる谷の一。サンリュック、ツィナール、シャンドラン、ベルコランなどの村が点在。山岳観光の拠点として知られ、ワイン生産が盛ん。バルダニビエ。

あに-ぶん【兄分】❶仮に兄と定めた人。兄貴分。⇔弟分。❷男色関係で、年上の者。念者ねんじゃ。「一への義理を立ててはこの山出づる事なし」〈浮・御前義経記・一〉

アニマ〘ラテ anima〙❶魂。霊魂。❷精神医学者ユングの用語。男性の無意識の中にある女性的な面。

アニマート〘イタ animato〙音楽で、発想標語の一。活気をもって、の意。

アニマティクス〘animatics〙►アニマティック

アニマティズム〘animatism〙霊魂や精霊が認知される以前に、自然界の諸事物に生命を認める段階があったとする説。アニミズムに対して、英国の人類学者マレットが提唱。プレアニミズム。

アニマティック〘animatic〙映画製作の準備段階において、従来の絵コンテに相当する各カットの画面構成などを、簡単なコンピューターグラフィックスで映像化したもの。撮影前にスタッフと出演者が最終的な画面構成について共通認識をもち、カメラのレンズの種類や、セットの大きさや範囲などを知ることができるため、撮影段階で大幅な効率化を図れる。アニマティクス。プレビジュアライゼーション。プレビズ。

アニマリズム〘animalism〙既成の道徳や倫理にとらわれず、本能的欲望の充足を追求しようとする文芸上の思想。日本では岩野泡鳴などの作品に見受けられる。

アニマル〘animal〙❶動物。❷獣けだもののような人の意で、一つの行動に本能のように専念する人を軽蔑していう語。「エコノミック一」(類語)けもの・けだもの・獣じゅう・獣類・畜類・畜生・野獣・百獣・鳥獣・禽獣きんじゅう

アニマルアシステッド-セラピー〘animal assisted therapy〙動物との交流による心理療法。病院や介護施設、障害者施設などで、動物とのふれあいによる精神的影響を治療に役立てること。アニマルセラピー。動物介在療法。

アニマル-スピリット〘animal spirit〙企業家の投資行動の動機となる、将来に対する主観的な期待。英国の経済学者ケインズが「雇傭・利子および貨幣の一般理論」のなかで使用した用語。経済活動の多くは合理的動機に基づいているが、一方で、将来の収益を期待して事業を拡大しようとする、合理的には説明できない不確定な心理によって左右されるとし、その心理を呼んだ。「血気」「野心的意欲」「動物的な衝動」などと訳される。(補説)米国の経済学者ジョージ＝アカロフとロバート＝シラーは2009年に発表した共著「アニマルスピリット」の中で、人の心理が世界金融危機に及ぼした影響を分析し、アニマルスピリットを取り込んだマクロ経済学の必要性を説いている。

アニマル-セラピー　「アニマルアシステッドセラピー」の略。

アニマル-トラッキング〘animal tracking〙野生動物の跡を追い、その生態を観察すること。

アニマル-トレーナー〘animal trainer〙映画・テレビ・各種イベントなどに出演する動物を調教、訓練する人。

アニマル-プリント〘animal print〙シャツ・ブラウスなどの生地に、シマウマ・ヒョウ・トラなど特色のある動物の表皮模様を捺染なっせん技法で表現したもの。

アニマル-ライト〘animal rights〙動物の権利。1983年、アメリカの哲学者T＝レーガンが「動物権の問題」の中で、人権の考え方をさらにおしすすめて、動物も保護され、公平に扱われる権利があると提唱した語。アニマルライツ。

アニミスティック〘animistic〙〔形動〕精霊崇拝的な。アニミズムを信奉するさま。「一な生活を送っていた民族」

アニミズム〘animism〙自然界の諸事物に霊魂・精霊などの存在を認め、このような霊的存在に対する信仰。英国の人類学者タイラーは、これを宗教の起源とした。➡アニマティズム

アニムス〘ラテ animus〙精神医学者ユングの用語。女性の無意識の中にある男性的な面。

アニメ「アニメーション」の略。

アニメーション〘animation〙絵や人形などを少しずつ位置・形をずらして一こまずつ撮影し、映写すると動いているように見える映画。動画。アニメ。

アニメーション-ジフ【アニメーションGIF】《animation GIF》GIF画像の拡張仕様の一。複数のGIF画像を連続的に表示し、アニメーションのような動画表示を可能とする。

アニメーター〘animator〙アニメーションの絵を描く人。

アニメ-ソング　アニメーション作品の主題歌や挿入歌。アニソン。

アニュアル〘annual〙〔形動〕例年の。毎年の。年1回の。「一な出版物」「一レポート」

アニュス-デイ〘ラテ Agnus Dei〙《神の子羊の意》ミサ典礼の式文の一。イエス＝キリストに平安を求める祈り。平和の賛歌。アグヌスデイ。➡ミサ曲

あに-よめ【兄嫁｜×嫂】兄の妻。

アニリン〘aniline｜ドイ Anilin〙特異な臭気をもつ無色油状の液体。空気や光に触れると褐色になる。有毒。インジゴの乾留生成物から発見された。ニトロベンゼンを錫すずまたは鉄と塩酸とで還元して得られ、合成染料の原料として重要。化学式$C_6H_5NH_2$

アニリン-えん【アニリン塩】アニリンと塩化水素または硫酸とが結合した塩。板状の結晶。アニリンブラックなどの染料の原料。

アニリン-せんりょう【アニリン染料】センレウ アニリンの誘導体で作った合成染料。初期の合成染料の多くはアニリンを原料としていた。

アニワ〘Aniva〙ロシア連邦、サハリン州(樺太)南部の町。アニワ湾に面する。19世紀末、ロシア人によりリュートガ村として建設。1945年(昭和20)以前の日本領時代には留多加るたかと称した。

アヌイ〘Jean Anouilh〙［1910～1987］フランスの劇作家。純粋さと世俗的なものとの対立というテーマを新鮮な手法で描く。作「泥棒たちの舞踏会」「アンチゴーヌ」「ひばり」など。

アヌシー〘Annecy〙フランス南東部、ローヌ-アルプ地方、オート-サボア県の都市。同県の県都。アヌシー湖の北岸に位置し、市街をチウー運河が流れる。旧市街にはアヌシー城、かつての宮殿で一時牢獄だっ

たパレ-ド-リル、ジャン=ジャック=ルソーゆかりのサンピエール大聖堂など、12世紀から18世紀に建てられた歴史的建造物が残っている。
アヌシー-こ【アヌシー湖】《Lac d'Annecy》フランス南東部の都市、アヌシーにある湖。ヨーロッパ屈指の透明度を誇り、スイス国境の山々を一望する風光明媚な観光保養地として知られる。
アヌス〘ラテン anus〙肛門こうもん。
アヌトゥカビル〘Anıtkabir〙▶アタチュルク廟びょう
あね【姉】❶きょうだいのうち、年上の女。⇔妹。❷《「義姉」とも書く》妻や夫の姉。また、兄の妻。義姉ぎし。❸(「あねさん」などの形で)女性を親しんでいう語。
アネアロビクス〘anaerobics〙無酸素性運動。100メートルのダッシュや重量挙げのように短時間で全エネルギーを使い果たす運動で、強い筋力やパワーをつけることをめざす。
あね-うえ【姉上】ニウヘ 姉を敬っていう語。
あねがこうじ-きんとも【姉小路公知】あねがこうぢ― [1839～1863]幕末の公家。三条実美と親しく、安政五か国条約調印の勅許に反対、尊攘派公家の中心的存在となった。宮中から退出の際、暗殺された。
あねがこうじしき【姉小路式】あねがこうぢ― 「てにをは」研究の初期の語学書。室町時代ごろ成立か。著者未詳。13巻。
あね-かとく【姉家督】第2子以下に男子があっても第1子である長女に家督相続させる慣行。東北地方の農漁村で行われた。
あね-がわ【姉川】―がは 滋賀県北東部を流れる川。伊吹山に源を発し、草野川・高時川と合流、琵琶湖びわこへ注ぐ。
あねがわ-の-たたかい【姉川の戦い】あねがはのたたかひ 元亀元年(1570)織田信長・徳川家康の連合軍と浅井長政・朝倉義景の連合軍とが、姉川の流域で争った合戦。織田勢が大勝し、浅井・朝倉両氏滅亡のきっかけとなった。
あね-き【姉貴】❶姉を敬って、または、親しんでいう語。❷遊び人仲間などで、年上の女を敬っていう語。〔補説〕「あねぎみ」の音変化か。「貴」は当て字。
〔類語〕姉さん・姉御
あね-ぎみ【姉君】姉を敬っていう語。
アネクドート〘anecdote〙逸話。秘話。
アネクメーネ〘ドイツ Anökumene〙▶アネクメネ
アネクメネ〘ドイツ Anökumene〙地球上で、人類が永続的に住んでいない地域。現在では両極地方・砂漠・高山など。非居住地域。⇔エクメネ。
あね-ご【姉御|×姐御】❶姉を敬っていう語。❷博徒などの親分・兄貴分の妻や情婦。また、女親分。
〔類語〕姉貴・姉さん
あね-ごぜ【姉御▽前】姉を敬っていう語。「母上も一も」〈謡・竹雪〉
あねご-はだ【姉御肌|×姐御肌】思い切りがよく、さっぱりしていて面倒見がよい女性の気性。
あねざき-まさはる【姉崎正治】[1873～1949]宗教学者・評論家。東大教授。京都の生まれ。号は嘲風ちょうふう。著「宗教学概論」「切支丹伝道の興廃」など。
あね-さま【姉様】❶姉を敬っていう語。❷若い女性を親しんでいう語。❸「姉様人形」の略。
あねさま-ごと【姉様事】女の子が姉様人形を並べて遊ぶこと。姉様ごっこ。
あねさま-にんぎょう【姉様人形】―ニンギヤウ 縮緬紙ちりめんがみで髪を作り、千代紙・布などで作った衣装を着せて、ままごとに使う花嫁姿の人形。
あね-さん【姉さん】❶姉を親しみ敬っていう語。❷やくざなどの親分・兄貴分の妻を呼ぶ語。また、女親分。
あねさん-かぶり【姉さん▽被り】女性の手ぬぐいのかぶり方の一。手ぬぐいの中央を額に当て左右の端を後頭部へ回し、その一端を上に折り返すか、その角を額のところへ挟むかする。あねさまかぶり。
あねさん-にょうぼう【姉さん女房】―ニヨウバウ 夫より年上の妻。あねにょうぼう。
あね-じゃ【姉者|姉じゃ】―ぢや 「姉者人」の略。〔補説〕「者」は当て字。
あねじゃ-ひと【姉者人】あねぢや― 《姉である人の意》姉を敬っていう語。姉上。「それ一に汁代へて進ぜ」〈浮・新色五巻書・三〉
あね-じゅうと【姉×姑】―じうと 夫の姉。
アネックス〘annex〙❶付録。❷別館。離れ。
あ-ねったい【亜熱帯】気候帯の一。熱帯と温帯との中間の地域で、緯度でほぼ20～30度の間にある。
あねったい-きこう【亜熱帯気候】亜熱帯に固有な気候。温暖であるが、低温期もあり、雨の少ない所が多い。
あねったい-こうあつたい【亜熱帯高圧帯】―カウアツタイ 大気大循環で下降気流がある地域に相当し、温暖高気圧が連なった地帯。中緯度高圧帯。
あねったい-こうきあつ【亜熱帯高気圧】―カウキアツ 南北両半球の緯度30度付近に、ほぼ一年中存在する温暖高気圧。特に、夏の海洋上で発達する。日本付近では、北太平洋高気圧がこれに当たる。
あねったい-しょくぶつ【亜熱帯植物】亜熱帯地域に分布する植物。
あねったい-りん【亜熱帯林】亜熱帯にみられる森林。シイ・カシ・ビロウ・クスノキなどからなる。
アネトール〘ドイツ Anethol〙大茴香油だいういきょうゆ・アニス油などの精油中に含まれている香料成分。香料・健胃剤・去痰きょたん剤などに用いる。
あね-にょうぼう【姉女房】―ニヨウバウ 「姉さん女房」に同じ。
あねは-づる【姉羽鶴】ツル科の鳥。全長約95センチ。全身が淡青灰色で、のどと首の前部は黒い。ユーラシア大陸の中央部で繁殖し、冬にインドなどへ渡る。日本では迷鳥。
あねは-の-まつ【姉歯の松】宮城県栗原市金成姉歯かんなりあねはにあった松。小野小町の姉または松浦佐用姫まつらさよひめの姉の墓上に植えた五葉松という。〔歌枕〕「栗原の一をさそひても都はいつと知らぬ旅かな」〈夫木・二九〉
あね-ぶん【姉分】仮に姉と定めて敬う人。
あね-むこ【姉婿】姉の夫。
アネモネ〘ラテン Anemone〙キンポウゲ科の多年草。高さ15～20センチ。葉は羽状複葉。早春に一つの球根から数本の茎が出て、先に1個ずつ花をつける。花は一重と八重とがあり、色も赤・白・桃・紫など多様。地中海沿岸地方の原産で、観賞用。ぼたんいちげ。〔季 春〕「一のむらさき画会謝絶中/波郷」
アネモメーター〘anemometer〙風速計。
アネルギー〘anergy〙抗原が与えられても抗原抗体反応が起こらない状態。アレルギーに対する語。
アネロイド-きあつけい【アネロイド気圧計】《aneroidは非液体の意》気圧計の一。内部を真空にした円板状の金属製容器の表面が、気圧変化によって上下するのを、てこで指針に伝える。高度計としても使用。空盒くうごう気圧計。
あ-の【▽彼の】㊀〔連体〕《代名詞「あ」＋格助詞「の」から》❶話し手・聞き手の双方から離れた人や物をさしていう。「一帽子を取ってください」❷話し手も聞き手もすでに知っている人や事柄をさしていう。例の。「一男がまた来たよ」「一件はどうなりましたか」㊁〔感〕話のきっかけをつけるとき、言葉に詰まったときなどに発する語。「一、ちょっとお尋ねしたいんですけど」「それは、一、つまり」
〔類語〕これ・それ・あれ・どれ・この・その・どの・かの
アノア〘anoa〙ウシ科の哺乳類。スラウェシ島の森林にだけ生息する小形の水牛で、角は短くまっすぐ後方に伸びる。国際保護動物。山水牛。
あのう【賀名生】あなふ 奈良県五條市の丹生川中流の地区。南北朝時代、後醍醐・後村上天皇の行宮あんぐうがあった。梅の名所。古くは「穴生」「加名生」などと書いた。
アノード〘anode〙陰イオンの流れ込む電極。真空管・電解槽の陽極、電池の陰極をいう。真空管の場合は特にプレートという。⇔カソード。
アノール〘anole〙イグアナ科アノール属に含まれるトカゲの総称。165種ほどがある。最大の種でも全長が40センチほど。雄ののどには色彩豊かな袋状の飾りがあり、テリトリーを守るためにこの飾りを他の雄に誇示して威嚇する。南北アメリカ大陸とその周辺の島々に分布する。
あの-かた【▽彼の方】〔代〕三人称の人代名詞。話し手・聞き手から離れた場所にいる人を敬っていう。「一はどなたですか」
あのく-かんのん【阿耨観音】―クワンオン 三十三観音の一。海上に漂流して竜や鬼にあったとき、この観音に祈ると救われるという。
あのくだっ-ち【阿耨達池】《梵 Anavataptaの音写。清涼・無熱悩と訳す》ヒマラヤの北にあるという想像上の池。岸は金・銀など四宝よりなり、阿耨達竜王が住み、四方に河が流れ出して、人間のいる贍部洲せんぶしゅうを潤すという。無熱悩池。
あのくたら-さんみゃく-さんぼだい【×阿×耨多羅三×藐三×菩▽提】《梵 anuttara samyak saṃbodhiの音写。無上正等覚などと訳す》仏語。仏の悟り。一切の真理をあまねく知った最上の智慧ちえ。真理を悟った境地。
あの-こ【▽彼の子】〔代〕❶三人称の人代名詞。幼児や若い女性をさす。❷二人称の人代名詞。近世、遊女屋の主あるじや姉女郎が禿かむろに呼びかける語。「一や、茶一つたも」〈洒・郭中奇譚〉
あの-さん【▽彼のさん】〔代〕❶三人称の人代名詞。あのおひと。あのかた。近世、主に遊里で用いられた。「一には逢ひともない」〈浄・冥途の飛脚〉❷二人称の人代名詞。このおかた。「一は、私わしが事を相談すりゃ、お前の事をまんがちな」〈浄・双蝶蝶〉
あのつ【安濃津】三重県津市、または津港の古称。博多津はかたのつ・坊津ぼうのつとともに三津さんしんの一。あののつ。
アノテーション〘annotation〙本文につけた注釈。注解。〔類語〕注釈・注解
あのて-このて【▽彼の手×此の手】〔連語〕さまざまな手段・方法。「一で口説き落とす」
アノニマス〘anonymous〙㊀〔形動〕作者不詳の。匿名の。また、無名の。㊁(Anonymous)インターネット上で政治的意図をもってハッカー活動をする集団の一つ。匿名掲示板などを通じて緩やかに結びついた個人で構成され、組織の体は成していない。言論の自由とインターネットの公正利用を標榜する。2010年末から2011年にかけてアラブ世界で起きた反政府デモや騒乱の際、情報統制をする当該政府に対し、分散型サービス拒否攻撃などをしかけたことで知られる。
アノニマス-エフティーピー〘anonymous FTP〙インターネット上で公開されたFTPサーバー。ユーザーは登録することなしにサービスを受けることができる。
アノニマス-エフティーピーサーバー〘Anonymous FTP server〙▶アノニマス-エフティーピー
アノニマス-ファッション〘anonymous fashion〙プロのデザイナーによって提供される受け身のファッションではなく、街の中で若者たちによって作り出されたような無名性を特徴とするファッション。
アノニム〘anonym〙匿名。匿名者。また、匿名の著作物。
あの-ね〔感〕親しみをこめて呼びかけるときに使う語。また、話のはじめや間にはさんで、言葉をつなぐ語。あのねえ。「一、お母さん」
あの-ひと【▽彼の人】〔代〕❶三人称の人代名詞。話し手・聞き手から離れた人をさす。女性から自分の恋人や夫をさしてもいう。❷二人称の人代名詞。近世、対等以下の人をさして用いた。「これこれ、一一荷皆買ふが幾らだ」〈伎・色読販〉
アノフェレス〘ラテン Anopheles〙ハマダラカの学名。
アノマリー〘anomaly〙❶変則。例外。また、矛盾。逸脱。❷変則的事実。理論では説明できない株価の規則的な現象。❸特異点。また、重力異常。磁気異常。
アノミー〘フランス anomie〙❶社会的規範が失われ、社会が乱れて無統制になった状態。ある社会の解体

期に発生する。社会学者デュルケームが用い始めた語。❷高度に技術化・都市化した社会で、親密感が欠けることによって起こる疎外感。

あの-よ【▽彼の世】死んでから行くという世界。冥途(めいど)。来世。⇔此(こ)の世。
(類語)後の世・後世・後生・来世・冥土・冥府・冥界・幽冥・幽界・黄泉(よみ)・黄泉(こうせん)・霊界
彼の世千日(あのよせんにち)此(こ)の世一日(いちにち)　死後の千日の楽しみよりも、この世の一日を楽しむほうがいい。

あの-よう【▽彼の様】(ヤウ)〘形動〙図〘ナリ〙ああいうふう。あのとおり。あんな。「—な事件は珍しい」
(類語)あんな・ああいう・ああ

アノラック〖anorak〗《エスキモー語から》登山やスキーなどで着るフードつきの防寒・防風用の上着。パーカ。ウインドヤッケ。(季 冬)

あのり-ざき【安乗崎】三重県志摩半島の岬。的矢湾(まとやわん)の入り口をなす。岩礁・断崖が多い景勝の地で、灯台がある。

アノレキシア〖anorexia〗食欲不振。若い女性に多い神経性食欲不振では拒食症となり、生命に危険な体重減少をもたらすこともある。

あ-ば【▽網端|浮=子】❶漁網の縁。❷漁網の上縁につける、中空のガラス玉などの浮き。

アバーコンウィ-ハウス〖Aberconwy House〗英国ウェールズ北部の町コンウィにある商家。13世紀から14世紀にかけて建てられた、木組みに漆喰(しっくい)を塗った伝統的な建物。

アパーチャー-グリル〖aperture grill〗ブラウン管の方式の一。電子銃が発したビームが、アパーチャーグリルと呼ばれる縦方向のスリットを通り、蛍光面に当たる。シャドーマスク方式に比べ、コントラストが高く画面が明るい。ソニーのトリニトロン、三菱電機のダイヤモンドトロンなどがこの方式をとる。

アパート《apartment houseの略》1棟の建物をいくつかの独立した住居に仕切ったもの。また、その個々の住居。集合住宅。共同住宅。アパルトマン。
(類語)長屋・マンション・コーポラス・ハイツ・レジデンス

あば・う(あば)〘動ハ四〙かばう。「群がれる虎にあひて、…錫杖(しゃくじょう)にて—・へりければ」〈撰集抄・六〉

アバウト〖about〗〘形動〙いいかげんなさま。おおまかなさま。「あいつは—なやつだ」

アバカ〖abaca〗バショウ科の多年草。熱帯地方で広く栽培。高さ6～7メートルでバナナによく似る。葉は長楕円形。葉の繊維からマニラ麻が作られる。

アバカス〖abacus〗そろばん。

アバガベニー〖Abergavenny〗英国ウェールズ南部の町。ウスク川に沿う。ブレコンビーコンズ国立公園の南東端に位置し、観光拠点の一つとして知られる。アバガベニー城、アバリスウィス城、ビューマリス城など、中世に建てられた城の廃墟が残っている。

アバカン〖Abakan〗ロシア連邦中部、ハカス共和国の首都。旧称ウスチアバカンスコエ。1931年より現名称。シベリア南部、エニセイ川とアバカン川の合流点に位置する。17世紀後半に築かれた砦に起源する。河港、空港、鉄道の分岐点もある交通の要地。

あばき-た・てる【暴き立てる】〘動タ下一〙「暴く❷」を強めていう語。「脱税の実態を—・てる」

あば・く【暴く|▽発く】〘動カ五(四)〙❶土を掘って取り出す。「墓を—・く」❷人が隠していること、気づかないでいることを探り出して公にする。暴露する。「正体を—・く」「不正を—・く」❸ずたずたに切る。切り開く。「剣をぬきてこれを—・くに」〈著聞集・一七〉(可能)あばける
(類語)暴露・ばらす・すっぱ抜く・さらけ出す・現れる

あば・く【×褫く】〘動カ下二〙《「あわく」とも》❶はげる。崩れる。「塗れる金—・け落つ」〈霊異記・中〉❷気が緩む。油断する。「よも渡らじ、船も通はじなんど思ひて、うち解け—・けたらんところへ」〈盛衰記・四二〉

アパシー〖apathy〗❶▶アパテイア ❷政治的無関心。❸心理学で、感情鈍麻。普通なら感情が動かされる刺激対象に、何の反応も示さないこと。

アバシュ-きょうかい【アバシュ教会】(ケウクワイ)《Avasi templom》ハンガリー北東部の都市ミシュコルツにある改革派の教会。市街南西部、アバシュの丘の中腹に位置する。16世紀にゴシック式で建造された。

アバシュ-の-おか【アバシュの丘】(をか)《Avas-hegy》ハンガリー北東部の都市ミシュコルツにある丘。市街南西部に位置する。アバシュ教会があるほか、中腹には800もの穴が掘られ、ワイン貯蔵に利用されている。また、市街を一望できる展望台がある。

あばしり【網走】㊀北海道北東部の旧支庁名。平成22年(2010)4月、オホーツク総合振興局に名称変更された。㊁北海道東部の市。オホーツク総合振興局所在地。オホーツク海に面し、北洋漁業の根拠地。水産加工業・畜産業が盛んで、観光地としても有名。網走刑務所・モヨロ貝塚がある。人口4.1万(2010)。

あばしり-がわ【網走川】(がは)北海道北東部を流れる川。阿寒山系に源を発し網走湖を経て、オホーツク海に注ぐ。長さ115キロ。

あばしり-こ【網走湖】北海道北東部にある海跡湖(かいせきこ)。周囲39キロメートル、面積32.3平方キロメートル。網走川が南から流れ込み、北から流出している。湖水の上部は淡水層、下部は塩水層となっている。南岸の湖畔にミズバショウの大群生地があり、天然記念物に指定されている。

あばしり-こくていこうえん【網走国定公園】(コクテイコウヱン)北海道北東部、オホーツク海に面する国定公園。サロマ湖・網走湖などの湖沼や、海岸砂丘・原生花園がある。

あばしり-し【網走市】▶網走㊁

あばしり-しちょう【網走支庁】(シチヤウ)オホーツク総合振興局の旧称。

アバス〖Havas〗1835年、シャルル=アバスがパリに設立した世界最古の通信社。AFPの前身。

アバスチン〖Avastin〗結腸癌(けっちょうがん)・直腸癌(ちょくちょうがん)の治療薬「ベバシズマブ」の商品名。

あば-ずれ【×阿婆擦れ】悪く人ずれしていて、厚かましいこと。また、そういう女。すれっからし。もとは男女いずれにも使った。(補説)「阿婆」は当て字。
(類語)悪女・毒婦

あばた【痘=痕】《梵 arbudaの音写。皮膚の水疱(すいほう)の意》痘瘡(とうそう)が治ったあとの皮膚に残る小さなくぼみ。じゃんこ。
痘痕も靨(えくぼ)　恋する者の目には、相手のあばたでもえくぼのように見える。ひいき目で見れば、どんな欠点でも長所に見えるということのたとえ。

アバター〖avatar〗コンピューターネットワーク上の仮想的な空間において、自分の分身として表示されるキャラクターのこと。

アパタイト〖apatite〗▶燐灰石(りんかいせき)

アバダン〖Abadan〗イラン南西部の港湾都市。ペルシア湾に注ぐシャッタル-アラブ川の東岸に位置し、大製油所がある。石油の積み出し港として有名。アバダーン。

アパッシュ〖(フランス) apache〗《アパッチ族のような、の意から》パリなどの、ならず者。無頼漢。

アパッショナート〖(イタリア) appassionato〗▶アッパショナート

アパッチ〖Apache〗❶アメリカ先住民の一部族。アサバスカン諸族のうち、アリゾナ州・ニューメキシコ州からテキサス州にかけて住む諸族の総称。農耕も行うが、元来は狩猟民である。❷UNIX系のオペレーティングシステムで幅広く利用されるウェブサーバーのソフトウエア。

アパテイア〖(ギリシャ) apatheia〗《パトスのない、の意》人間が情念や欲情に支配されないで超然として生きる状態。ストア学派は、この境地を生活の理想とし、哲学的訓練の目標とした。アパシー。⇨パトス

アバディーン〖Aberdeen〗英国スコットランド北東部の港湾都市。漁業・造船が盛ん。また、北海油田の補給基地。

アパトサウルス〖(ラテン) Apatosaurus〗竜盤目の恐竜。北アメリカ・ヨーロッパのジュラ系地層から化石が産出。全長25メートル、体重30トン以上。首と尾が長く、頭骨は小さい。4脚歩行し、草食。⇨ブロントサウルス

あ-はなち【▽畔放ち】田のあぜを壊して、水を放出すること。素戔嗚尊(すさのおのみこと)が高天原(たかまがはら)で犯した天(あま)つ罪の一つ。「生剝(いきはぎ)、逆剝(さかはぎ)、—、溝埋め…の罪のたぐひを」〈記・中〉

アバノス〖Avanos〗トルコ中央部、カッパドキア地方にある町。同国最長の川、クズル川の上流部に位置する。ヒッタイト時代より窯業が盛んで、クズル川の粘土質の土から作られる素焼きの陶器が有名。

あはは〘感〙いかにもおかしそうに、口を開けて明るく笑う声。あっはっは。

あば-よ〘感〙「さようなら」のぞんざいな言い方。

あばら【×肋】「肋骨(あばらぼね)」の略。

あばら【▽荒ら|▽疎ら】㊀〘形動〙図〘ナリ〙❶荒れ果てたさま。「女はそのまま—な板敷のうえにいつまでも泣き伏していた」〈堀辰雄・曠野〉❷すきまだらけのさま。まばら。「うしろ—になりにければ、力及ばで引き退く」〈平家・七〉㊁〘名〙「荒ら屋❷」に同じ。〈新撰字鏡〉

あばら-だるき【▽疎垂木】▶まばらだるき(疎垂木)

アパラチア-さんみゃく【アパラチア山脈】《Appalachian Mountains》米国東部の山脈。複雑に褶曲(しゅうきょく)した数列の山脈からなり、北端はカナダに達する。石炭・石油・鉄など地下資源が豊富。

アハラノフボーム-こうか【アハラノフボーム効果】(カウクワ)《Aharanov-Bohm effect》電場や磁場はないが、ベクトルポテンシャルがある場合に、ベクトルポテンシャルから電子が受ける量子学的効果。Y=アハラノフとD=ボームによって検証された。AB効果。

あばら-ぼね【×肋骨】《疎(あばら)なる骨の意》胸の左右に胸郭をつくる骨。ろっこつ。

あばら-や【▽荒ら屋】❶荒れ果てた家。破屋(はおく)。やぶれや。粗末な家の意で、自分の家をへりくだってもいう。❷四方を吹き放した休憩用の小さな建物。あずまや。亭(ちん)。

アバランシ-フォトダイオード〖avalanche photodiode〗《avalancheは、雪崩の意》光入力を高感度で電気出力に変換するダイオード。ダイオードのpn接合に光を照射すると、電子・正孔対を発生し、pn接合を逆バイアスすると電子・正孔を外部に電気出力として取り出すことができる。この逆バイアスを一層強めて、電子・正孔を加速し、衝突電離により雪崩的に電子・正孔対を発生させ、外部に電気出力として取り出すように工夫したダイオード。APD。

あ-ばり【▽網針】▶網結針(あみすばり)

あば・る【▽荒る】〘動ラ下二〙荒れ果てる。荒廃する。「女の一人住む所は、いたく—・れて」〈枕・一七八〉

あば・る【暴る】〘動ラ下二〙「あばれる」の文語形。

アハル-テキン〖Akhal-teke〗ウマの品種の一。ロシア原産の美しい馬で、乗馬用。

アパルトヘイト〖(アフリカーンス) apartheid〗《分離・隔離の意》南アフリカ共和国で行われてきた、白人支配者層による有色人種に対する人種差別・隔離政策。1948年に法制化されて以来、強力に推進されたが、国内の差別撤廃闘争の激化とともに激しい国際的非難を浴び、オリンピック参加拒否・貿易禁止などの制裁を受け、91年、法的には廃止された。

アパルトマン〖(フランス) appartement〗アパート。特に、家具付きのアパート。

あばれ【暴れ】❶暴れること。さわぎまわること。❷歌舞伎などの囃子(はやし)で、太鼓を主とした演奏。荒事の出端(では)や立ち回りなどに使用。

あばれ-うま【暴れ馬】気性の激しい馬。暴れ狂っている馬。悍馬(かんば)。

あばれ-がわ【暴れ川】(がは)雨が降ったりするとすぐ氾濫(はんらん)する川。

あばれ-ぐい【暴れ食ひ】(ぐひ)むやみに食うこと。暴食。「寒(さむ)いからぶっかけを食ひてえのと、さんざっぱら—をして」〈滑・浮世風呂・二〉

あばれ-たんぜん【暴れ丹前】❶歌舞伎で、暴れ者に扮(ふん)する役者の着る丹前。また、暴れ者の役。❷歌舞伎の下座音楽で、❶の出端(では)のときなどに笛と太

鼓で奏する囃子。
あばれ-まわ・る【暴れ回る】〔動ラ五(四)〕❶そこらじゅうで乱暴な行いをする。「瀬戸内海を―・った海賊」❷思う存分活躍する。「リーグ戦で―・る」
あばれ-もの【暴れ者】❶乱暴な行動をする人。❷ある社会での異端者。「政界の―」
(類語)暴漢・暴れん坊・暴徒
あば・れる【暴れる】〔動ラ下一〕図あば・る〔ラ下二〕❶乱暴な行動をする。被害が出るほど乱暴に動く。「やけになって―・れる」「増水で川が―・る」❷勇ましく大胆な行動をする。「議会活動で大いに―・れる」❸むやみに飲み食いをする。暴飲暴食する。「釣りたるはぜを丸焼きにして、数食ふ事を手柄におのおの―・れける中にも」〈浮・織留・三〉
アパレル〖apparel〗衣服。衣装。服装。
アパレル-さんぎょう【アパレル産業】衣料品産業。特に、既製服製造業の総称。
アパレル-メーカー〖apparel maker〗既製服製造業者。
あばれん-ぼう【暴れん坊】手に負えないくらい乱暴な人。暴れ者。
(類語)暴漢・暴れ者・暴徒
アバン-ギャルド〖フランス avant-garde〗《軍隊用語で、前衛・尖兵の意》❶第一次大戦後、欧州に興った芸術革新運動。抽象芸術・シュールレアリスムなどに代表される。前衛派。❷前衛芸術。
アバン-ゲール〖フランス avant-guerre〗《戦前の意》❶第一次大戦前の芸術思潮。自然主義・現実主義・印象主義などをさした。❷戦前派。特に、第二次大戦前の思想・習慣・生活態度などを持ちつづけている人々。⇔アプレゲール。
アバン-タイトル《和 avant(フランス)＋title「アバン」は前に、の意》映画、テレビ番組などで、タイトルが出る前の部分に置かれるシーン。
アバンチュール〖フランス aventure〗冒険。特に、恋の冒険。火遊び。(類語)冒険・アドベンチャー
アバン-ポップ〖avant-pop〗前衛性と軽み・大衆性を兼ね備えた現代文芸の風潮を表す語。
あび【×阿比】アビ目アビ科の鳥。全長63センチくらい。背面は灰黒色で小白斑がある。くちばしは細長く鋭い。冬に日本海域に飛来し、遊泳・潜水が巧みで、魚などを捕食。アビ科にはオオハム・シロエリオオハムなどが含まれる。へいけどり。
あび【×阿鼻】《梵 avīciの音写。無間と訳す》阿鼻地獄。
アピア〖Apia〗南太平洋、サモア独立国の首都。ウポル島の北岸に位置し、「宝島」の著者スチーブンソンの墓がある。人口、行政区4万(2001)。
アピアランス〖appearance〗❶出演すること。出場すること。❷外観。うわべ。様子。体裁。また、人の容貌。風采。
アピアランス-マネー〖appearance money〗有力選手に対して主催者が支払う賞金とは別の参加料。顔見せ料。
アピーズメント-ポリシー〖appeasement policy〗融和政策。外交問題を相手国とある程度の妥協を図りつつ解決しようとする政策。
アピール〖appeal〗〔名〕スル《「アッピール」とも》❶人々や世論などに広く訴えること。また、その訴え。「反核を―する」❷人々に受け入れられること。また、人を引きつける魅力。「セックス―」❸運動競技で、選手が審判に抗議・要求をすること。
(類語)訴える・呼び掛ける・直訴・直願・嘆願
アビー-ロード-スタジオ〖Abbey Road Studios〗英国、ロンドンのウエストミンスターにある録音スタジオ。1931年開設。オーケストラや映画音楽のほか、ビートルズなどロック音楽の収録にも多く使用されたことで有名。
アビエーション〖aviation〗《「エイビエーション」とも》航空。航空学。航空機産業。また、航空機。
アビエーター〖aviator〗《飛行士の意。「エイビエーター」とも》飛行士の服をまねたデザインの衣服。大きな襟、斜めジッパー、フロントジッパーなどが特徴。
アビオニクス〖avionics〗《aviation(飛行術)＋electronics(電子工学)から》電子工学を応用した航空工学と宇宙飛行学の両分野にまたがる学術。航空電子工学。
あ-びき【▽網引き】網を引いて漁をすること。「大宮の内まで聞こゆ―すと網子ととのふる海人の呼び声」〈万・二三八〉
あび-きょうかん【×阿鼻叫喚】❶仏語。阿鼻地獄と叫喚地獄とを合わせた語。地獄のさまざまの責め苦にあって泣き叫ぶようすにいう。❷悲惨な状況に陥り、混乱して泣き叫ぶこと。「一瞬の事故で車中は―の巷と化す」
あびこ【我孫子】千葉県北西部の市。手賀沼北に位置し、水戸街道の宿場町として発展。人口13.4万(2010)。
あびこ-し【我孫子市】▶我孫子
あ-ひさん【亜×砒酸】❶三酸化二砒素が水に溶けたときに生じ、水溶液としてのみ存在する弱酸。❷三酸化二砒素のこと。⇒酸化砒素
あび-じごく【×阿鼻地獄】八大地獄の第八。五逆と謗法の大悪を犯した者が落ちる所。諸地獄を一としてその一千倍の責め苦を受けるという。無間地獄。阿鼻獄。阿鼻。
アビシニア〖Abyssinia〗エチオピアの旧称。
アビシニアン〖Abyssinian〗家猫の一品種。エチオピア高原の原産とされる。短毛で、1本の毛が色違いになっていて、毛先ほど色が濃い。
アビジャン〖Abidjan〗アフリカ西部、コートジボワール共和国の前首都。ギニア湾に面する港湾都市。人口334万(2003)。
あび・す【浴びす】〔動サ下二〕「あびせる」の文語形。
アビスコ-こくりつこうえん【アビスコ国立公園】《Abisko National Park》スウェーデン北部、ラップランド地方のノルウェー国境近くにある国立公園。「王様の散歩道」と呼ばれる全長約450キロメートルのトレッキングコースの起点。ニューラ山、リッサヤウレ湖があり、氷河が刻んだ渓谷や美しい山岳景観で知られる。
アビスパ-ふくおか【アビスパ福岡】日本プロサッカーリーグのクラブチームの一。ホームタウンは福岡市を中心とする福岡全県。藤枝ブルックス(静岡県)が平成7年(1995)に福岡市に移転し、翌年にJリーグ加入。(補説)「アビスパ(avispa)」はスペイン語で熊ん蜂(スズメバチ)の意。
あびせ-か・ける【浴びせ掛ける】〔動カ下一〕図あびせか・く〔カ下二〕激しく浴びせる。また、勢いよく次々と浴びせる。「冷水を―・ける」「矢つぎばやに質問を―・ける」
あびせ-たおし【浴びせ倒し】相撲の決まり手の一。自分のからだを相手に預けて押しつぶすようにして倒す技。
あび・せる【浴びせる】〔動サ下一〕図あび・す〔サ下二〕❶物を上から注ぎかけるようにする。㋐水・湯などを勢いよくかける。「熱湯を―・せる」㋑細かいものや光などを一面に降り注ぐ。「砲弾を―・せる」「いきなりライトを―・せる」㋒相撲で、相手にからだをのしかける。「体を―・せる」❷打撃を与えるような、ある行為を仕掛ける。「一太刀―・せる」「パンチを―・せる」❸感情的な言葉や質問などを続けざまに投げかける。「非難を―・せる」「勝者に質問を―・せる」
アビセンナ〖Avicenna〗▶イブン=シーナー
アビタシオン〖フランス habitation〗《住居の意》中高層の分譲住宅の名称に用いる語。
あびだつま【×阿×毘達磨】《梵 abhidharmaの音写。対法・大法・無比法と訳す》❶仏の教えを整理・注釈・研究した聖典。論書。❷原始仏教で、三蔵の一つである論蔵のこと。❸小乗仏教で、論部のこと。
アビツーア〖ドイツ Abitur〗《「アビトゥア」とも》ドイツの高校卒業資格試験。また、その合格者に与えられる卒業資格。大学入学資格でもある。
アピック〖APIC〗《Association for Promotion of International Cooperation》国際協力推進協会。政府または民間がおこなう国際協力についての情報を提供・公開する機関。昭和50年(1975)設立。本部は東京都文京区。
アビトゥア〖ドイツ Abitur〗▶アビツーア
アピトン〖マレー apitong〗フィリピンやボルネオ産のフタバガキ科の常緑高木の材。材質は堅く、家具・床板・板壁などに使用。
アビニョン〖Avignon〗フランス南部、ローヌ川下流に臨む古都。ボークリューズ県の県都で商業・工業が発達。中世の遺跡も多く、教皇宮殿やサンベネゼ橋、ロシェデドン公園などを含む地区は1995年に「アビニョン歴史地区：教皇宮殿、大司教座の建造物群、およびアビニョン橋」の名称で世界遺産(文化遺産)に登録された。
アビニョン-ばし【アビニョン橋】《Pont d'Avignon》▶サンベネゼ橋
アビニョン-ほしゅう【アビニョン捕囚】1309年から77年にかけて、ローマ教皇庁と対立したフランス国王が教皇庁を強制的にアビニョンに移し、教皇をその支配下に置いた事件。バビロン捕囚になぞらえて「教皇のバビロン捕囚」ともいう。
アビモア〖Aviemore〗英国スコットランド北部の町。ハイランド地方のスペイ渓谷に位置し、ケアンゴーム国立公園内にある。登山、ハイキング、スキーなどの観光拠点として知られる。
アビラ〖Ávila〗スペイン中部の都市。マドリードの西方に位置する。11世紀に建設された古都で、城壁に囲まれ、古い教会や修道院が多い。1985年「アビラの旧市街と城壁外の教会群」の名で世界遺産(文化遺産)に登録された。アービラ。
あびらうんけん【×阿×毘羅×吽▽欠】「阿毘羅吽欠蘇婆訶」の略。
あびらうんけん-そわか【×阿×毘羅×吽▽欠×蘇▽婆×訶】大日如来に祈るときの呪文。「阿毘羅吽欠」は、梵 a, vi, ra, hūṃ, khaṃの音写で、地水火風空を表し、「蘇婆訶」は、梵 svāhāの音写で、成就の意を表す。
アビラ-だいせいどう【アビラ大聖堂】《Catedral del Salvador de Ávila》スペイン中部の都市アビラにある大聖堂。12世紀から16世紀にかけて建造され、ロマネスク・ゴシック両様式が見られる。かつて旧市街を取り囲む城壁の一部として防備の役割を担った。1985年「アビラの旧市街と城壁外の教会群」の名で世界遺産(文化遺産)に登録。アービラ大聖堂。
アヒリオン-きゅうでん【アヒリオン宮殿】《Achilleion》ギリシャ西部、ケルキラ島にある宮殿。中心都市ケルキラ(コルフ)の南約10キロメートル、ガストゥリ地区に位置する。19世紀末、オーストリア帝国皇妃エリーザベトが避寒を目的として建造、息子を亡くした晩年に隠遁生活を送った。
アビリティー〖ability〗能力。技量。
アビリンピック〖Abilympic〗《ability＋Olympicから》身体障害者が製図・旋盤・ラジオの修理などの技能を競い、職業能力を人々に示そうとする大会。昭和47年(1972)に第1回大会が行われた。全国障害者技能競技大会。
あひる【家=鴨|×鶩】マガモを飼いならしてつくられた家禽。紀元前に中国とヨーロッパで別々に家禽化されたという。肉用・卵用・卵肉兼用など、20種ほどの品種がある。
家鴨の火事見舞い　背の低い人が尻を振りながらあわてて歩く姿をたとえていう。
家鴨の脚絆　アヒルの足が短いところから、物の短いことのたとえ。
あ・びる【浴びる】〔動バ上一〕図あ・ぶ〔バ上二〕❶上から注がれた物を身に受ける。㋐水・湯などを勢いよくからだに受ける。「シャワーを―・びる」「ひと風呂―・びる」「―・びるほど酒を飲む」㋑細かいものや光などを全体に受ける。「車の舞い上げた土ぼこりを―・びる」「砲火を―・びる」「夕日を―・びる」❷(打撃

となるような)ある行為を受ける。「強烈な一発を一・びて倒れる」❸感情的な言葉や質問などを続けざまに受ける。「罵声ばせいを一・びる」「喝采かっさいを一・びる」「視線を一・びる」
(用法)あびる・かぶる――どちらも、水・ほこりなどを全身に受けることを表すが、「かぶる」のほうが頭からくまなく覆い尽くす意味合いが強い。◆「水を浴びる」「ひと風呂浴びる」は、からだをきれいにしたり、くつろぐことを目的にからだに水をかけたり湯に入ったりすることである。「水をかぶる」は水垢離みずごりのように頭から多量の水をかけることで、「稲が水をかぶる」は水中に没するという意に使われる。◆「日差しを浴びる」「非難を浴びる」とはいうが、「かぶる」とはいわない。「波をかぶる」「責任をかぶる」とはいうが、「浴びる」とはいわない。

あ-ふ【亜父】《「史記」項羽本紀から》父に次いで尊敬する人。

あ-ふ【×阿父】❶父を親しんでいう語。⇔阿母。❷おじを親しんでいう語。また、おじの自称。
(類語)父・父親・男親・てて・てて親・お父さん・おやじ・ちゃん・父じゃ人・乃父だいふ・慈父・パパ

あ-ふ【×阿付】へつらい付き従うこと。「一迎合」

あぶ【×虻|×蝱】双翅そうし目アブ科の昆虫の総称。ハエより大形で、体は黄褐色、複眼は大きい。雌には人畜から吸血するものがある。ウシアブ・メクラアブなどがあり、また、近縁のツリアブ・ミズアブ・ムシヒキアブなどを含めていうこともある。(季 春)「一翔かけて静臥の宙を切りまくる/誓子」

あ・ぶ【浴ぶ】〔動バ上二〕「あびる」の文語形。

アファーマティブ-アクション〖affirmative action〗米国の積極的差別解消策。黒人・少数民族や社会的弱者への差別を実質的に解消するために、大学への優先入学や企業に対する一定数以上の雇用義務づけを行う。

アファイア-しんでん【アファイア神殿】《Naos tis Aphaias》▶アフェア神殿

アファナーシエフ〖Aleksandr Nikolaevich Afanas'ev〗[1826～1871]ロシアの民俗学者。ロシア神話学派の代表者の一人。600編以上の民話を収録した「ロシア民話集」の編纂へんさんで知られる。他に「スラブ人の詩的自然観」など。

あぶ-あぶ〔副〕❶おぼれかかって苦しんでいるさま。あっぷあっぷ。「水を食らうて一と浮き上がれば」〈浄・天神記〉❷危ぶみ気づかうさま。ひやひや。はらはら。「襖ふすま開けるとすり足し、わき目もふらず源之助、屋敷の内も一と」〈浄・先代萩〉

アフィニティー-うんちん【アフィニティー運賃】《affinity group fare》旅行以外を目的とするクラブ・協会・会社などの団体の中で構成されたグループに対しての割引運賃。既成団体運賃。

アフィニティー-クロマトグラフィー〖affinity chromatography〗酵素などの生体物質を単離・精製するための生化学的手法の一つ。生体物質の親和性を利用しているため、物理化学的手法で分離できない物質に対し有効である。

アフィリエート〖affiliate〗▶アフィリエートプログラム

アフィリエート-プログラム〖affiliate program〗インターネットを利用した広告の手法の一。ウェブサイトやブログの運営者が広告主と提携し、成果報酬型の広告を掲載すること。具体的には、掲載された商品情報や広告を通じて第三者が商品を購入したり資料請求をした場合に、広告主から運営者に対し手数料が支払われる仕組みを指す。アソシエートプログラム。成果報酬型広告。成功報酬型広告。

アブー-バクル〖Abū Bakr〗[573ころ～634]イスラム教の初代正統カリフ。在位632～634。預言者ムハンマド没後の教団分裂の危機を乗り切り、のちの発展の基礎をつくった。

アフェア〖affair〗❶仕事。職務。❷出来事。事件。❸性的な関係。情事。ラブアフェア。

アフェア-しんでん【アフェア神殿】《Naos tis Aphaias》ギリシャ南部、サロニコス湾に浮かぶアイギナ島にある神殿。紀元前6世紀末から紀元前5世紀にかけて建造。24本のドリス式の石柱が残る。古代ギリシャの神殿の中でも保存状態が良く、アルカイック期の代表的な神殿として知られる。アファイア神殿。

アフェランドラ〖ラテ Aphelandra〗キツネノマゴ科アフェランドラ属の植物の総称。南アメリカに約60種が分布。葉は幅広く、脈状に黄色い斑が入り、茎の頂の苞葉ほうようは黄金色。観葉植物とする。

アフェンティコ-きょうかい【アフェンティコ教会】《Aphentiko》ギリシャ、ペロポネソス半島南部の廃墟の町ミストラにあるギリシャ正教の教会。14世紀初頭に建造され、下部はバシリカ式、上部はギリシャ十字式という独特な建築様式をもつ。内部には聖母子や聖人を描いたフレスコ画が残っている。

アフォリズム〖aphorism〗物事の真実を簡潔に鋭く表現した語句。警句。金言。箴言しんげん。

アプガー-しすう【アプガー指数】《Apgar score》新生児の生後1分から数分後の活力を表す指数。心拍数、呼吸数、筋緊張、刺激による反射、皮膚の色より算出する。アメリカの麻酔学者の名にちなむ。

アフガーニー〖Jamāl al-Dīn al-Afghānī〗[1839～1897]イスラム諸国の近代的改革運動の唱道者・組織者。イラン生まれで、アフガン人と自称。

アフガニスタン〖Afghanistan〗アジア南西部のイスラム共和国。首都カブール。内陸国で、砂漠と高山が多い。住民は主にイスラム教徒。農業・牧畜が主産業。1919年、英国の保護領から独立。73年、王制から共和制となる。のちに共産化し、これに反するイスラム勢力を抑圧するため、79年ソ連軍が侵攻。89年撤退するも民族間の内戦となる。96年イスラム原理主義勢力タリバーンが国土の大半を制圧したが、2001年米国同時多発テロの犯行グループをかくまったとして米軍の攻撃を受け崩壊。04年、初の選挙による政権が成立した。人口2912万(2010)。アフガン。(補説)「亜富汗斯坦」とも書く。

アフガン〖Afghan〗❶アフガニスタンの、の意を表す。「一人」❷「アフガニスタン-イスラム共和国」の略。❸(afghan)アフガン編みの羊毛製の柔らかい毛布・ローブなどの総称。

アフガン-あみ【アフガン編み】手編みの一種。先が鉤かぎになった棒針(アフガン針)で、棒針編みと鉤針編みとを一緒にしたような編み方で、往復の二動作を繰り返して立体的に編む。畳編み。

アフガン-しんこう【アフガン侵攻】1979年12月の、ソ連軍によるアフガニスタンへの侵攻。ソ連は78年調印の友好協力善隣条約に基づく、アフガニスタン政府の要請によるとしたが、反政府派の激しい抵抗と、強い国際的非難にあい、88年に全面撤退。

アフガン-せんそう【アフガン戦争】英国とアフガニスタンとの、1838年から1919年にかけての3回にわたる戦争。19年、ラワルピンディ条約でアフガニスタンの独立が承認された。

アフガン-ハウンド〖Afghan hound〗犬の一品種。アフガニスタンの原産で、狩猟用・愛玩用。大形で鼻先がとがり、脚が長く、毛は絹糸状で長い。

あぶく【▽泡】「あわ」の俗な言い方。
(類語)泡・水泡

あぶく-ぜに【▽泡銭】労せずして、また不当に得た金。悪銭あくせん。

あぶくま-がわ【阿武隈川】福島県の旭岳付近に源を発し、北流して宮城県南部で太平洋に注ぐ川。長さ239キロ。

あぶくま-こうち【阿武隈高地】東北地方南部から関東地方北部にかけて広がる高原状山地。最高峰は大滝根山で標高1192メートル。阿武隈山地。

あぶくま-どう【あぶくま洞】福島県田村市にある鍾乳洞しょうにゅうどう。カルスト台地の仙台平野南部にあり、昭和44年(1969)石灰岩採石場跡で発見。洞内には鍾乳石・石筍せきじゅんが多く見られ、観光地としてにぎわう。

あふご【×朸】▶おうご

アブサイジン-さん【アブサイジン酸】《abscisic acid》▶アブシジン酸

アプザイレン〖ドイ abseilen〗〔名〕スル《「アップザイレン」とも》登山用語。懸垂下降のこと。

あふさ-きるさ【×逢ふさ来るさ】〔名・形動〕▶おうさきるさ

アブサン〖フラ absinthe〗ニガヨモギで味つけした、アルコール分70パーセント前後の緑色のリキュール。毒性があるため、現在はアニスなどで味つけした低アルコール度のものをいう。アブサーント。

アブシジン-さん【アブシジン酸】《abscisic acid》植物ホルモンの一。葉や果実の老化・離脱に関与するとともに、種子や芽の休眠を誘導する。ABA。アブサイジン酸。

アブジャ〖Abuja〗ナイジェリア連邦共和国の首都。同国中部、サバンナ地帯にある。1991年、それまでのラゴスに替わり新首都となる。

アブシンベル-しんでん【アブシンベル神殿】《Abu Simbel》ナイル川上流、ヌビアのアブシンベル村にある古代エジプトの岩窟がんくつ神殿の遺跡。創建者ラムセス2世と諸神の座像が並ぶ大神殿と、ハトール女神の小神殿とがある。アスワン-ハイ-ダムの建設のため遺跡全体が西寄りの丘に移築。1979年「アブシンベルからフィラエまでのヌビア遺跡群」の一部として、世界遺産(文化遺産)に登録された。

あぶ・す【×溢す】〔動サ四〕余す。残す。「さしも深き御志なかりけるをだに落とし一・さず」〈源・玉鬘〉

アプス〖apse〗西洋建築で、聖堂などの建物・部屋から突出した半円形の内部空間。

アブストラクト〖abstract〗㊀〔名〕❶「アブストラクトアート」の略。❷抜粋。摘要。㊁〔形動〕抽象的な。観念的な。「一な彫刻」

アブストラクト-アート〖abstract art〗抽象芸術。

アブセンティズム〖absenteeism〗企業に勤める従業員の常習的な欠勤や無断欠勤。

アブソーバー〖absorber〗❶吸収装置。吸収材。衝撃などの緩和装置。また、放射線を吸収させる物質をさすこともある。❷(比喩的に)ショック吸収装置の役目を果たすもの。

アブソリューティズム〖absolutism〗▶絶対主義

アブソルバン〖フラ absorbant〗《吸収性の、の意》絵の具の油を吸収、絵の光沢を消す白亜質のカンバス。

アフタ〖AFTA〗《ASEAN Free Trade Area》アセアン自由貿易地域。1994年の第4回アセアン(東南アジア諸国連合)首脳会議で合意された域内自由貿易圏構想。農産品等を除く主要貿易品目の域内関税を0～5パーセントに引き下げるなどを内容とする。

アフタ〖aphtha〗口内炎の一。胃腸障害があるようなとき、口中の粘膜にできる白い膜に覆われた潰瘍かいよう。アフタ性口内炎。

あぶだ【×頞浮×陀】《梵 arbudaの音写。もがさの意》八寒地獄の一。厳寒のため、ここへ落ちると全身に水疱すいほうが生じるとされる。頞浮陀地獄。

アフター〖after〗多く複合語の形で用い、あとの、のちの、などの意を表す。「一シェービング」

アフターケア〖aftercare〗❶疾病の回復期の患者や各種の身体障害者に対して行われる健康管理および社会復帰のための指導。後療法。後保護。❷「アフターサービス」に同じ。

アフター-コンベンション〖after convention〗見本市・シンポジウム・博覧会など、コンベンションのあとの催しや懇親会。

アフター-サービス《和 after＋service》商品販売後にその維持・修理などについて、業者が購買者に提供する奉仕。(補説)英語ではafter-sales service

アフターシェービング-クリーム〖after shaving cream〗ひげそりあとの皮膚の手入れに用いるクリーム。

アフターシェービング-ローション〖after shaving lotion〗ひげそりあとの肌をひきしめ整える化粧水。

アフター-スキー《和 after＋ski》❶スキーをしたあとの遊び。アプレスキー。❷《「アフタースキー-ウエア」の略》スキー場のロッジなどで着る遊び着。セータースタイルなど。

アフター‐スクール〖after school〗放課後。

アフター‐ダーク〖after dark〗《ダークは夕方の意》夕方以降に着る服のこと。カクテルドレスやイブニングドレスなど。

アフターヌーン〖afternoon〗▶アフタヌーン

アフターバーナー〖afterburner〗航空機のジェットエンジンなどで、排気管内に燃料を噴射して排気ガスを再燃焼させる装置。

アフター‐ビジネス《和 after＋business》「アフターマーケット」に同じ。

アフター‐ファイア〖after fire〗内燃機関で、不完全燃焼したガスが、下流のマフラー内などで燃焼すること。

アフター‐ファイブ〖after-five〗❶午後5時以降。仕事が終わったあとの個人的な時間。❷夕方からの集まりに着るきちんとした服装。アフターダーク。

アフターファイブ‐ボランティア〖after-five volunteer〗会社の仕事が終わった午後5時以降、ボランティア活動に参加すること。

アフター‐ブーツ《和 after＋boots》スキーで、宿舎やスキー場への往復のときにはく防水靴。

アフターマーケット〖aftermarket〗製品を販売したあと、その使用に付随するサービス需要をビジネス化した市場。

アフター‐レコーディング《和 after＋recording》「アフレコ」に同じ。補説英語ではpostrecording

アフタヌーン〖afternoon〗❶午後。アフターヌーン。❷「アフタヌーンドレス」の略。
類語午後・昼過ぎ・昼下がり

アフタヌーン‐ティー〖afternoon tea〗午後のお茶。通例は紅茶。また、そのための時間。

アフタヌーン‐ドレス〖afternoon dress〗午後の外出、パーティーなどに着る婦人服。

アブダビ〖Abū Dhabi〗アラブ首長国連邦を構成する7首長国の一つ。ペルシア湾の島にある同名の都市部とアラビア半島の砂漠からなる。面積が連邦中最大でその中西部を占め、都市部は連邦の首都も兼ねる。首長は連邦の大統領も兼務する。石油資源が豊富。

あふち【×楝|×樗】▶おうち

あぶつ‐に【阿仏尼】[?〜1283]鎌倉中期の女流歌人。平度繁(たいらののりしげ)の養女。出家して阿仏尼、また北林禅尼とも。安嘉門院に仕え、安嘉門院四条ともいった。藤原為家(ふじわらのためいえ)の後妻となり、為相(ためすけ)・為守を産む。著「十六夜日記」「夜の鶴」「うたたねの記」など。

アプト〖Apt〗フランス南東部、プロバンス地方、ボークリューズ県の町。デュランス川の支流カラボン川に沿う。リュベロン地方自然公園の中心に位置する観光拠点。果物の砂糖漬け「フリュイコンフィ」が有名。

アブド‐アッラフマーン〖'Abd al-Raḥmān〗㊀(1世)[731〜788]後ウマイヤ朝の始祖。在位756〜788。スペインのコルドバを中心にウマイヤ朝を再建、フランク王国カール大帝の遠征軍を破って王国の基礎を固めた。㊁(3世)[889〜961]後ウマイヤ朝第8代の君主。在位912〜961。国内の諸勢力を制圧し、929年、カリフを称した。産業を振興し、学芸を奨励、王朝の最盛期を現出し、コルドバは西欧随一の都となって繁栄。

アプト‐しき【アプト式】急勾配(きゅうこうばい)の鉄道線路で列車が滑らないよう、2本のレールの中央に歯車でかみ合う軌条を取り付けた方式。スイスのアプト(R.Abt[1850〜1933])が考案。日本では大井川鐵道井川線の一部で採用されている。アプト式鉄道。

アプトしき‐てつどう【アプト式鉄道】(テツダウ) ▶アプト式

あぶな【危な】《形容詞「あぶなし」の語幹》危ないこと。「あな―やとよ」〈保元・中〉

あふな‐あふな〔副〕分相応に。身の程にふさわしく。「一思ひはすべしなぞへなく高く卑しき苦しかりけり」〈伊勢・九三〉補説「おおなおおな」との異同は未詳。

あぶな‐あぶな【危な危な】〔副〕恐る恐る。こわごわ。「身も震ふほどに―かかり」〈役者論語・あやめぐさ〉

あぶな‐い【危ない】〔形〕文あぶな・し〔ク〕❶災いが起こりそうである。危険だ。「―・い遊び」「―・い目に遭う」❷すぐにだめになりそうである。消滅・破産・死などの状態が近い。「経営が―・くなる」「命が―・い」❸見通しが暗い。あてにならない。「明日の天気は―・いようだ」❹信頼の度が薄い。不確かだ。「その話は―・いなあ」❺不安定だ。「―・い足どり」
派生あぶながる〔動ラ五〕あぶなげ〔形動〕あぶなさ〔名〕類語危うい・危険・危難・危機・危殆(きたい)・危地・虎口(ここう)・ピンチ・物騒・剣呑(けんのん)
用法あぶない・あやうい――「危ない」は、「夜のひとり歩きは危ない」のように悪い結果になる可能性が高い場合に使われ、「危険だ」も同じ意味で使われる。◆「危ない」には、信頼度が低い、確実ではない、の意もある。「合格できるかどうか危ないものだ」など。◆「危うい」には、気がかりだ、不安だ、の気持ちが込められる。「危うい立場」と「危ない立場」には微妙なニュアンスの違いがみられる。◆「ところ」などを付けた形「危ないところを助かった」「危ういところを助かった」の場合では、両者とも用いられる。

危ない橋を渡・る　危険な手段をとる。特に、承知で法律に違反するような行為を行う。

あぶな‐え【危な絵】(ヱ) 浮世絵美人画の一。女性の日常的な入浴・納涼などの場面を描いて、肌をのぞかせ、色気を漂わせたきわどい絵。

あぶなく【危なく】〔副〕❶やっとのことで。かろうじて。「一落第を免れた」❷まかりまちがえば。もう少しのところで。「一正面衝突するところだった」補説「あやうく」よりも口頭語的。

あぶな‐げ【危な気】〔名・形動〕みるからに危なそうなこと。確実さに乏しく安心ができないこと。また、そのさま。「―のないピッチング」「―ない運転」「幼児の―な歩き方」

あぶなっかし‐い【危なっかしい】〔形〕いかにも危ない感じがするさま。「―・い手つき」補説「あぶない」に比べて、わきで見ている者の主観的判断が強く含まれている。派生あぶなっかしがる〔動ラ五〕あぶなっかしげ〔形動〕あぶなっかしさ〔名〕
類語心細い・心もとない・おぼつかない・不安・心配・懸念・危惧(きぐ)・危懼(きぐ)・疑懼(ぎく)・恐れ・胸騒ぎ・気がかり・心がかり・不安心・憂い・怖い

アブノーマル〖abnormal〗〔形動〕異常なさま。病的。「―な性格」対ノーマル。

あぶ‐の‐め【×虻の▽眼】ゴマノハグサ科の一年草。湿地に生え、高さ15〜20センチ。葉は長楕円形。夏から秋にかけて、淡紫色の小花を開く。実がアブの目を思わせるので、この名がある。また、茎をつぶしたときの音から、ぱちぱちぐさともいう。

アブハジア〖Abkhazia〗グルジア西部、黒海沿岸に位置する地域。中心都市スフミ。オスマン帝国支配を経て19世紀に帝政ロシアが領有。ロシア革命後、グルジアに属する自治共和国となる。ソビエト連邦崩壊後の1992年にグルジアからの独立を宣言。ロシア連邦など数か国が承認するも、グルジアとの紛争が続いている。

あぶ‐はち【×虻蜂】アブとハチ。

虻蜂取らず　二つのものを同時に取ろうとして両方とも得られないこと。欲を出しすぎると失敗することのたとえ。

アフマド‐イブン‐ハンバル〖Ahmad Ibn Hanbal〗[780〜855]イスラム法学者・伝承学者。スンニー派四法学派の一、ハンバリー派の祖。

あ‐ぶみ【×鐙】《「足(あ)踏み」の意》❶馬具の一。鞍(くら)の両脇につるして、乗り手が足を踏みかけるもの。❷登山用具の一。足場に乏しい岩壁・氷壁の登攀(とうはん)に用いる1〜4段の短い縄ばしご。

あぶみ‐いた【▽足踏み板】工事場などで、足場として仮に渡す板。

あぶみ‐がわ【×鐙革】(ガハ) 鐙を鞍につるす細い革帯。力革(ちからがわ)。

あぶみ‐がわら【×鐙瓦】(ガハラ) 軒丸瓦(のきまるがわら)のこと。

あぶみ‐こつ【×鐙骨】耳小骨のうち、最も内耳の近くにある鐙形の小骨。音を内耳に伝える。とうこつ。

あぶみ‐ずり【×鐙×摺】❶馬の脇腹の、鐙が当たる部分。また、鐙が当たってできたたこ。❷鎧(よろい)の脛当(すねあ)ての内側下部。かこずり。❸播磨革(はりまがわ)などで作った簡単な障泥(あおり)。❹馬の鐙がすれるほど、道幅の狭い箇所。あぶずり。

アブ‐メナ〖Abu Mena〗エジプト北部、アレクサンドリアの南西に位置するエジプト最古のキリスト教都市遺跡。ローマ帝国のキリスト教弾圧によって滅ぼされた聖者メナスを祭った場所。原始キリスト教の一派コプト教の聖地として栄えたが、9世紀にイスラム教徒の侵略により滅びた。20世紀初頭、砂に埋もれた遺跡が発掘される。1979年、世界遺産(文化遺産)に登録されたが、2001年には周辺地域の干拓の影響で地下水が上昇、地面の軟弱化による遺跡崩壊の危機から、危機遺産リストに登録された。アブミナ。

あぶやま‐こふん【阿武山古墳】大阪府高槻市の阿武山の丘陵部にある7世紀後半の古墳。石室内部から男性の遺体を納めた夾紵(きょうちょ)棺が発見された。藤原鎌足の墓とする説が有力。

あぶら【油|脂|×膏】❶水に溶けず、水よりも軽い可燃性物質の総称。動物性・植物性・鉱物性があり、食用・灯火用・燃料用・化学工業の原料など用途が広い。㋐動物の肉についている脂肪分。脂身(あぶらみ)。「―の多い切り身」㋑皮膚から分泌する脂肪。「汗と―の結晶」㋒植物の種子などからとれる液体。菜種油・ごま油など。「―で揚げる」㋓原油を精製したもの。重油・軽油・灯油など。㋔髪油。ポマードやチック類もいう。「―でなでつける」❷活力のみなもと。特に酒をさすことが多い。「疲れたから―を補給しよう」❸《火に油を注ぐとよく燃えるところから》おせじ。へつらい。うれしがらせ。「えらい―言ひなます」〈滑・膝栗毛・八〉補説一般に、常温で液体のものを「油」、固体のものを「脂」、肉のあぶらを「膏」と書き分ける。
下接語揚げ油・荏(え)の油・牡蠣(かき)油・固(かた)油・樺(かば)の油・蝦蟇(がま)の膏(あぶら)・髪油・榧(かや)の油・機械油・木の実油・桐(きり)油・胡桃(くるみ)油・黒油・芥子(けし)油・漉(こ)し油・胡麻(ごま)油・米油・差し油・白油・梳(す)き油・種油・椿(つばき)油・灯(とぼ)し油・菜種(なたね)油・匂(にお)い油・鯡(にしん)油・糠(ぬか)油・鼻脂(はなあぶら)・鬢(びん)付け油・松脂(まつやに)油・豆油・水油・密陀(みつだ)の油・綿油
類語脂肪・脂肪油・油脂

油が切・れる　活動の原動力がなくなる。「―・れて元気が出ない」

脂が乗・る　❶魚や鳥などが季節によって脂肪が増え、味がよくなる。「よく―・ったブリ」❷調子が出て仕事や勉強がはかどる。「演技に―・ってきた」

油に水　「水と油」に同じ。

油を売・る　《近世、髪油の行商人が、客を相手に世間話をしながら売ることが多かったことから》むだ話などをして仕事を怠ける。

油を絞(しぼ)・る　❶過ちや失敗を厳しく責める。「さんざん―・られた」❷ひどい苦労をする。「親が身の―・って獲(え)た金を」〈二葉亭・平凡〉

油を注(そそ)・ぐ　《火に油を注げば火勢が強くなることから》感情や行動などをさらに勢いづかせる。

油を流したよう　海・湖などの水面が、波が立たず穏やかなさま。

あぶら‐あげ【油揚(げ)】❶薄く切った豆腐を植物油で揚げた食品。薄あげ。あぶらげ。あげ。❷野菜や魚肉を油で揚げたもの。揚げ物。

あぶら‐あし【脂足】脂性(あぶらしょう)の足。

あぶら‐あせ【脂汗】じっとりとにじみ出る汗。特に、緊張しているとき、苦しいときなどに出る汗。「―を流す」類語汗水・汗・冷や汗・寝汗・盗汗(ねあせ)・盗汗(とうかん)

アプライ〖apply〗〔名〕(スル) 応募すること。志願すること。「もう一度オリンピック候補地として―(を)する」

アプライアンス〖appliance〗《器具・器械の意》特定の用途や機能専用のコンピューターのこと。家庭用ゲーム機やネットワークサーバーがこれに相当する。

アプライアンス‐サーバー〖appliance server〗ある特定の用途に機能を絞り込んだサーバー。管理・運用が容易で低コストという特徴をもつ。ファイルサーバーやメールサーバーなどがある。

あぶら-いし【油石】❶黒茶色または黄色をした油のような光沢のある石。❷米の中にまじっている油色の小石。❸石炭。

あぶら-いため【油×炒め】材料を油でいためる調理法。また、その料理。あぶらいり。

あぶら-いど【油井戸】石油をくみ上げるために掘った井戸。油井(ゆせい)。

あぶら-いり【油×炒り】あぶらいため。

あぶら-いろ【油色】黄に赤みを帯びた、透きとおるような色。菜種油の色。

アプラヴァシ-ガート〘Aapravasi Ghat〙▶アプラバシガート

あぶら-うり【油売り】❶近世、灯火用の油を売り歩いた商人。❷怠け者。

あぶら-え【油絵】油絵の具で描いた絵。油彩(ゆさい)。

あぶら-えのぐ【油絵の具】油絵を描くときに使う絵の具。主として鉱物性の顔料を、亜麻仁油(あまにゆ)・ケシ油などで練った絵の具。

あぶら-かす【油×粕┊油×糟】❶大豆やアブラナ・アマなどの種子から油をしぼりとった残りのかす。肥料や家畜の飼料用。❷(油かす)牛の内臓肉を時間をかけて油で揚げ、小さく切り分けたもの。中が柔らかく、外側がかりっとしていて香ばしい。➡かすうどん

あぶらかす【油糟】江戸前期の俳諧論書「新増犬筑波集」の上巻。松永貞徳著。寛永20年(1643)刊。山崎宗鑑の「犬筑波集」の前句に付句をし、自派の付合(つけあい)の方法や作風を示したもの。➡淀川(よどがわ)(書名)

アブラカダブラ〘abracadabra〙《ラテン語から》病気や災いを払う呪文(じゅもん)や護符に用いる語。

あぶら-がみ【油紙】桐油(とうゆ)または荏(え)の油を厚手の和紙に塗ったもの。防水用。桐油紙(とうゆがみ)。油紙(ゆし)。

油紙へ火が付いたよう　ぺらぺらよくしゃべるさま。油に火がついたよう。

あぶら-がや【油×茅┊油×萱】カヤツリグサ科の多年草。山地などの湿地に生え、高さ約1メートル。長い線形の葉が互生する。秋、茶褐色で油のにおいのする穂をつける。なきり。かにがや。

あぶら-ぎ【油木】❶アブラギリの別名。❷シロダモの別名。❸シラキの別名。

あぶら-ぎく【油菊】キク科の多年草。関西以西の山地に自生。茎は紫黒色を帯び、葉は五つに裂けている。秋、黄色い頭状花が咲き、花を油に漬けて薬用にする。はまかんぎく。しまかんぎく。いわやぎく。

あぶら-ぎり【油×桐】トウダイグサ科の落葉高木。葉は卵円形で、柄の付け根に2個の蜜腺(みつせん)がある。初夏に紅がかった白い花を群生。種子は平たく、有毒。種子からしぼった油を桐油(とうゆ)という。材は箱や下駄の材料。中国の原産で、暖地で栽培される。やまぎり。いぬぎり。あぶらぎ。

あぶら-ぎ・る【脂ぎる】〔動ラ五(四)〕❶表面に脂が浮かび出て、ぎらぎらする。「—・ったスープ」❷精力的でしつこい感じがする。「—・った中年男」

あぶら-ぐすり【脂薬┊×膏薬】種々の薬物を脂で練りあわせた薬。塗り薬・貼り薬とする。こうやく。

あぶら-ぐち【油口】滑りのよいよくしゃべる口。巧みな口先。「弁舌に和(わ)を入れてとろりとだます—」〈浄・聖徳太子〉

あぶら-け【油気┊脂気】《「あぶらっけ」とも》❶物の中に含まれている油分。❷脂肪分を多く含むこと。「—の多い肉」

あぶらげ【油▽揚】「あぶらあげ」の音変化。

あぶら-こ【油子】❶(北海道で)アイナメのこと。❷(高知地方で)メダカのこと。

あぶら-こうもり【油蝙=蝠】ヒナコウモリ科のコウモリ。日本で最も普通にみられ、体長4〜5センチ、翼を広げた長さは約20センチ。人家の瓦の間などにすみ、夕方に飛び回って蚊などを捕食。いえこうもり。

あぶら-こし【油×漉し】揚げ物をしたあとの油をこしてかすをとる、金網つきの道具。

あぶら-ざ【油座】鎌倉・室町時代、主としてエゴマを原料とする灯油を製造・販売した商人の座。

あぶらざか-とうげ【油坂峠】岐阜・福井県境、九頭竜(くずりゅう)川源流部に位置する峠。標高780メートル。西方に九頭竜ダムがある。冬はスキー場としてにぎわう。

あぶら-さし【油差(し)】❶機械などに油をさすのに用いる、細長い口のついた道具。また、油をさすこと。❷行灯(あんどん)などの油皿に油を補給するための容器。油つぎ。

あぶら-ざめ【油×鮫】❶アブラツノザメの別名。❷エドアブラザメの別名。❸フトツノザメの別名。

あぶら-ざら【油皿】行灯(あんどん)などで、灯火用の油を入れる小さい皿。灯蓋(とうがい)。油坏(あぶらつき)。

あぶら-じ・みる【油染みる】〔動マ上一〕文あぶらじ・む〔マ上二〕油が染みついて汚れる。「—・みた作業衣」類語 垢(あか)染みる

あぶら-しめぎ【油▽搾め木】果実や種子から油をしぼりとるために使う木製の器械。しめぎ。

あぶら-しょう【脂性】皮膚の表面がいつも脂ぎっている体質。⇔荒れ性。

あぶら-しょうじ【油障子】雨などを防ぐため油紙を張った障子。雨障子(あましょうじ)。

あぶら-じょうもん【油証文】江戸時代、子供どうしが約束をたがえないしるしに、髪の油を指につけて柱などに押したこと。「今度から中のいいやうに—しな」〈滑・浮世風呂・前〉

あぶら-すぎ【油杉】マツ科の常緑高木。日の当たる山地に生え、樹皮は灰褐色で縦に裂け目がある。葉は細く扁平で、左右に斜めにつく。材は油を多く含む。台湾および中国南部に産する。ゆさん。

あぶら-ずさ【油×苆】漆喰(しっくい)に混ぜる、菜種油のしぼり袋の廃物をほぐして作ったすさ。

あぶら-すすき【油▽薄】イネ科の多年草。山野に生え、高さ約1メートル。茎に油分があり、線状の葉が互生する。秋、穂状の花が垂れ下がる。

あぶら-すまし【油▽清▽汁】醤油と味噌とをすりまぜたものに、一度煮て冷ましたごま油を加えた煮汁。そばなどにかける。

あぶら-ずみ【油墨】固油(かたあぶら)に油煙の粉を混ぜ、練って作った墨。役者が、まゆ毛やひげをかくのに用いる。くろあぶら。

あぶら-ぜみ【油×蝉】セミの一種。夏、最も普通にみられ、体長は翅(はね)の先まで約5.5センチ。翅は赤褐色で、油の染みたような紋がある。幼虫は地中で育ち、7年目に地上に出て羽化し、成虫の寿命は1、2週間。あかぜみ。あきぜみ。じいじいぜみ。(季 夏)「大地いましづかに揺れよ—/赤黄男」

あぶら-そば【油蕎=麦】中華麺をスープに入れず、醤油だれや食用油・酢などであえた料理。焼き豚・メンマ・ネギなどの具をのせる。昭和30年代に東京の多摩地方のラーメン店が始めた。

あぶら-だま【油玉】油が玉のようになって水の上などに浮かんだもの。

あぶら-チャン【油チャン】クスノキ科の落葉低木。山地に生え、樹皮は灰褐色で油を多く含む。雌雄異株。早春に淡黄色の小花が集まってつく。黄色の実は裂けて種子を出す。種子から油をとる。むらだち。ずさ。じしゃ。

あぶら-つき【油×坏】「油皿」に同じ。

あぶら-つぎ【油▽注ぎ】「油差し❷」に同じ。

あぶら-づ・く【脂付く】〔動カ四〕からだに脂肪分が多くつく。肌の色つやがよくなる。「手足、はだへなどのきよらに肥え、—・きたらむは」〈徒然・八〉

あぶら-づけ【油漬(け)】イワシ・ニシンなどの魚肉を塩に漬けるか蒸すかしたのち、オリーブ油などに漬けること。また、その食品。多く缶詰・瓶詰とする。

あぶらっ-こ・い【脂っこい┊油っこい】〔形〕❶食品などのあぶら気が強い。「—・い料理」❷性質・態度などがあっさりしていず、しつこい。「—・い語り口」派生 あぶらっこさ〔名〕

アフラット〘Ahlat〙トルコ東部の町。同国最大の湖、バン湖の北西岸に位置する。近郊に高さ2メートルあまりの墓石が林立する墓地があり、その多くは17世紀から18世紀のものとされる。

あぶら-つのざめ【油角×鮫】ツノザメ科の海水魚。全長約1.5メートル。体色は青みを帯びた濃褐色で、幼時には小白点が散在する。寒流に乗って回遊。練り製品の材料とし、肝油をとる。油鮫。

あぶら-つぼ【油×壺】❶油を入れておく壺。特に、髪油用の小形の壺。あぶらがめ。❷石油ランプの石油を入れておく部分。❸機械に常時油をさすために取りつけておく小さな容器。オイルカップ。❹油絵の道具の一。油絵の具を溶く油を入れる小さい壺。

あぶらつぼ【油壺】神奈川県三浦市、三浦半島南西部にある湾。水族館・国土地理院検潮所などがある。ヨットハーバーとしても利用。

あぶら-で【油手┊脂手】《「あぶらって」「あぶらて」とも》❶(脂手)脂性(あぶらしょう)の手。❷油で汚れている手。油のついた手。「前髪を理(なお)して、延紙で—を拭いて」〈紅葉・二人女房〉

あぶら-でり【油照り】風がなく、薄日がじりじりと照りつけて、じっとしていても汗のにじみ出るような天気。(季 夏)「大阪や埃(ほこり)の中の—/月斗」

あぶら-といし【油×砥石】きめの細かい硬質砥石。水の代わりに油で研ぐ。あぶらと。

あぶら-どおし【油通し】〔名〕スル 食材を熱した油にさっとくぐらせること。「牛肉を—する」

アフラトキシン〘aflatoxin〙ピーナツなどに生えるコウジカビの一種が生成する毒素。肝臓障害を起こす発癌(はつがん)性の物質。

あぶら-とり【脂取り】顔に浮き出した脂をぬぐい取ること。また、そのための紙。

あぶらとり-がみ【脂取り紙】顔に浮き出した脂をぬぐい取るための紙。

あぶら-な【油菜】アブラナ科の越年草。高さ約1メートル。葉は裏面が白みを帯びる。春、花びら4枚が十字形に並ぶ黄色の花が総状に咲く。実は細長いさやで、中に黒褐色の小粒の種子があり、これから菜種油をとる。中国から渡来したとみられ、古くから栽培されたが、現在、採油用に栽培されるのはセイヨウアブラナという品種。アブラナ科の双子葉植物は約3200種が北半球の温帯から寒帯にかけて分布。ダイコン・キャベツ・カブなども含まれる。

あぶら-なぎ【油×凪】海面が、油を流したように波が立たない状態。べたなぎ。

あぶら-ぬき【油抜き】油で揚げたものを、油の臭みがとれるよう、熱湯をかけたり、くぐらせたりすること。

あぶら-ねずみ【油×鼠】油で揚げたねずみ。きつね捕りのえさにする。「罠(わな)のと知りつつ、—の側を去られん老狐(ふるぎつね)の如くに」〈二葉亭・浮雲〉

あぶら-ねんど【油粘土】工作などに用いる、油をまぜて練った粘土。

あぶら-の-つかさ【▽主油▽司】律令制で、宮内省に属し、諸国から調(みつぎ)の副物(そわりもの)として貢納された膏油(こうゆ)のことをつかさどった役所。寛平8年(896)主殿寮(とのもりょう)に併合。

アプラバシ-ガート〘Aapravasi Ghat〙モーリシャスの首都ポートルイスにある、契約労働者のために使われてきた建造物群の総称。1834年から主にインドからの契約労働者の迎え入れに使われた。波止場・入り口の門・病院・出入国管理局などの遺構が残る。2006年、世界遺産(文化遺産)に登録された。

あぶら-はね【油跳ね】油がはねて周囲にとび散ること。特に、料理で、水分の多い材料を揚げるときに油が勢いよくとび散ること。

アブラハム〘Abraham〙《多くの人々の父の意》旧約聖書に記されるイスラエルの民の祖。コーランでは、アラブ族の祖。初めアブラムと称した。

あぶら-はや【油×鮠】コイ科の淡水魚。全長約20センチ、黄褐色で体表がぬるぬるしている。本州琵琶湖以東の山間の渓流にすむ。

あぶら-び【油火】油に灯心を浸してともす火。ともしび。

あぶら-ひき【油引き】油を塗ること。また、油を塗る刷毛(はけ)。

あぶら-びれ【脂×鰭】サケ・マス・アユなどの背びれと尾びれとの間にある肉質状の特殊なひれ。
あぶら-ふ【油×麸】麸の生地を植物油で揚げたもの。宮城県北部登米付近の特産。
あぶら-ぶとり【脂太り｜脂▽肥り】からだの脂肪分が多くなって肥え太ること。また、そのような人。脂肪太り。
あぶら-ペイント【油ペイント】顔料に乾性油を入れて練った塗料。油性塗料。
あぶら-べに【油紅】梳き油に紅をまぜたもの。芝居で、血に見せかけるのに用いる。
あぶら-ぼうず【油坊主】❶仏前の灯明に油をさす役目の僧。❷ギンダラ科の海水魚。全長1メートルを超え、頭が丸く、体は暗灰色。北太平洋北部の深海にすむ。肉は脂肪に富み、旬は冬季。
アフラ-マズダー〘Ahura Mazdā〙《アフラは主、マズダーは賢明の意》ゾロアスター教の最高神。光明の神で、あらゆる善・秩序の創造神。悪神アフリマンと対立し、滅ぼす。
あぶら-み【脂身】肉の、脂肪の多い部分。脂肪の多い肉。
あぶら-みせ【油店】江戸時代、髪油や化粧品を売る店。役者が内職に開くことが多かった。
あぶら-むし【油虫】❶(「蚜虫」とも書く)半翅目アブラムシ科の昆虫の総称。体は5ミリ以下でやわらかい。翅のあるものとないものとがある。草木に群れて汁を吸う。春・夏は雌のみの単為生殖で雌の幼虫を胎生する。秋になると雄を生み、有性生殖で卵を産む。排泄物は甘く、他の昆虫が好み、種類によりアリと共生するのでアリマキともいう。❷ゴキブリの別名。《季 夏》「ねぶたさがからだとらへぬ―/汀女」❸人につきまとってただで遊興・飲食をするものをあざけっていう語。「―といふは、虫にありてにくまれず、人にありてきらはる」〈鶉衣・百虫譜〉❹遊里で、冷やかしの客。「本名は素見あざ名は―」〈柳多留・三七〉
アブラムツェボ〘Abramtsevo〙ロシア連邦西部、モスクワ州にある芸術村。首都モスクワの北東約60キロメートルに位置する。元は作家セルゲイ=アクサーコフの領地。19世紀末に鉄道王サバ=マーモントフの支援の下でアブラムツェボ派と呼ばれる芸術運動の拠点となった。
あぶら-め【油女｜油▽魚】アイナメの別名。
あぶら-もの【油物】油で揚げた食べ物。
あぶら-や【油屋】❶油を作ったり売ったりする人。また、その店。❷《近世、油売りの風俗から》子供用の、胸当てのある前掛け。あぶらやさん。
あぶらや-おこん【油屋お紺】歌舞伎狂言「伊勢音頭恋寝刃」の女主人公。伊勢古市油屋の遊女。愛人福岡貢が探している名刀の鑑定書を得るために、貢に心にもない愛想づかしを言う。思い違いをした貢は油屋で殺傷事件を起こす。
あぶら-やけ【油焼け】〔名〕スル 魚類の干物などが古くなったりして脂肪分が酸化し、赤茶けて味が悪くなること。
あぶら-やし【油×椰子】❶実から油をとるヤシ。アメリカアブラヤシなど。❷ヤシ科の常緑高木。葉は羽状複葉で幹の頂に集まってつく。実から油をとる。アフリカアブラヤシ。
あぶら-わた【油綿】綿を香油に浸しておいて髪のつや出しに用いたもの。
あぶら-ワニス【油ワニス】樹脂を乾性油で溶いたワニス。建具などの塗料。油ニス。
アプリ「アプリケーションソフト」の略。
ア-プリオリ〘ラテ a priori〙〔名・形動〕《より先なるものから、の意》中世スコラ哲学では、因果系列の原因あるいは原理から始める認識方法をいい、カント以後の近代認識論では、経験に依存せず、それに先立っていることをさす。⇔アポステリオリ。
アフリカ〘Africa〙六大州の一。ヨーロッパの南方に位置する大陸。北は地中海、東はインド洋、西は大西洋に囲まれ、スエズ地峡でアジアと接する。赤道が中央部を横断。19世紀以降、大部分をヨーロッパ諸国が植民地としたが、第二次大戦後、民族解放運動が盛んになり、独立国が相次いで誕生。特に独立が集中した1960年は「アフリカの年」とよばれる。補説「阿弗利加」とも書く。
アフリカーナ〘Afrikaner〙▶ボーア人
アフリカーンス-ご【アフリカーンス語】《Afrikaans》南アフリカ共和国の公用語の一。オランダ系白人などに用いられている。オランダ語を母体に、周辺の言語のまざったもの。
アフリカ-かいはつかいぎ【アフリカ開発会議】《Tokyo International Conference on African Development》アフリカ諸国の開発を支援するため、日本が国際連合や世界銀行などと共同で開催する国際会議。1993年にアフリカ諸国の元首を東京へ招き第1回会議が催され、以降5年おきに首脳級会合が開かれている。アフリカ各国の経済成長の加速化、貧困の撲滅と世界経済への統合、平和の定着、持続可能な開発のための環境とエネルギーに関する国際協力などが議論される。TICAD。
アフリカ-かいはつぎんこう【アフリカ開発銀行】《African Development Bank》アフリカ諸国の経済・社会開発を促進する目的で、1964年に設立された地域金融機関。加盟国は域内の独立国に限られていたが、82年から域外国も加わり、日本は83年に加盟。本部はコートジボワールのアビジャン。ADB。AfDB。
アフリカ-すみれ【アフリカ×菫】セントポーリアの別名。
アフリカ-ぞう【アフリカ象】ゾウ 象の一種。現存する陸生動物では最大で、体高約3.5メートル、体重約7.5トン。牙は前方に伸び、4メートルにも達する。アジアゾウに比べ、耳が大きく前肢が長い。性質は荒く人に慣れにくい。アフリカのサバンナに生息。
アフリカとういつ-きこう【アフリカ統一機構】《Organization of African Unity》アフリカ諸国が1963年に設立した国際機構。アフリカの統一、連帯と協力の促進などを目的とする。南アフリカ共和国を除く全独立国31か国で創設。のちモロッコを除く全アフリカ諸国53か国・地域で構成(モロッコは84年脱退)。本部はアジスアベバ。2002年7月にアフリカ連合が発足したことで消滅。OAU。
アフリカ-まいまい【アフリカ舞舞】アフリカマイマイ科の陸生の巻き貝。細長いカタツムリで、殻高約13センチに達する。野菜の害虫で、広東住血線虫の中間宿主。東アフリカの原産で、アジアの熱帯地方、小笠原・奄美・沖縄の島々にもすむ。
アフリカ-みんぞくかいぎ【アフリカ民族会議】《African National Congress》南アフリカ共和国の政党。前身は1912年に結成された黒人解放運動組織南アフリカ先住民民族会議(SANNC)。23年に現呼称に改称。アパルトヘイト反対の中心的な組織として活動。90年に合法化され、アパルトヘイト撤廃後の94年に行われた初の全人種参加総選挙で勝利し、議長のネルソン=マンデラが大統領に就任した。ANC。
アフリカ-れんごう【アフリカ連合】《African Union》アフリカ統一機構(OAU)のあとを受け、2002年7月に発足した地域機関。EU(欧州連合)をモデルとし、OAUよりも強力な機構を目ざしたもの。域内の政治的・経済的・社会的な統合の加速化、貧困撲滅、債務削減、世界市場への接近などを目標とする。本部はアジスアベバ。AU。
アフリカン-アメリカン〘African-American〙アフリカ系アメリカ人。アフロアメリカン。
アプリケ〘フラ appliqué〙▶アップリケ
アプリケーション〘application〙❶適用。応用。また、実用化。「―テクノロジー」❷「アプリケーションソフト」の略。
アプリケーションかいはつ-フレームワーク【アプリケーション開発フレームワーク】《application development framework》▶アプリケーションフレームワーク
アプリケーション-キー〘application key〙米国マイクロソフト社のオペレーティングシステムを搭載したコンピューターのキーボードに配されているキーの一。このキーを押すと、操作中のアプリケーションソフトや選択したフォルダーのコンテクストメニューが表示される。マウスの右クリックに同じ。
アプリケーション-サーバー〘application server〙クライアントサーバーシステムにおいて、ユーザーが利用するブラウザーなどを通じ、データベースなどの業務処理を行う機能をもつサーバー。ウェブアプリケーションサーバー。
アプリケーション-サービス-プロバイダー〘application service provider〙▶エー-エス-ピー(ASP)
アプリケーション-ソフト《application softwareから》特定の用途や目的のために作られた、コンピューターのソフトウエア。ワープロソフト、表計算ソフト、メールソフト、ブラウザーなどが含まれる。オペレーティングシステム上で動作し、コンピューターの基本的な利用環境を共有する。アプリケーションソフトウエア。アプリケーションプログラム。応用ソフト。応用プログラム。アプリ。
アプリケーション-ソフトウエア〘application software〙「アプリケーションソフト」に同じ。
アプリケーション-フレームワーク〘application framework〙特定のオペレーティングシステム・プラットホーム・アプリケーションソフトで動作するソフトウエアを開発する際に必要なクラスやライブラリーをひとまとめにしたもの。多く、開発者の手間を省いて効率よく開発できるよう、汎用性の高いものが用意されている。ウェブアプリケーションを構築するためのものを特にウェブアプリケーションフレームワークという。アプリケーション開発フレームワーク。
アプリケーション-プログラム〘application program〙「アプリケーションソフト」に同じ。
あぶり-こ【×焙り▽籠｜×炙り子】❶炭火の上に置いて、衣類などを掛けて乾かす竹のかご。あぶりかご。伏せ籠。❷餅などを焼く鉄製の網。
アプリコット〘apricot〙❶杏。また、その実。❷杏色。赤みがかった黄色。
あふり-じんじゃ【阿夫利神社】神奈川県伊勢原市大山にある神社。祭神は大山祇命。江戸時代以来、大山詣でにぎわう。
あぶり-だし【×焙り出し｜×炙り出し】乾くと消える明礬水などで紙に字や絵をかいておき、火であぶるとそれが現れるようにしたもの。
あぶり-だ・す【×焙り出す｜×炙り出す】〔動サ五(四)〕❶火であぶって、隠されていた文字や絵を浮き出させる。「火鉢で―・す」❷周囲の状況、関連する事柄などから推測して、隠されている事実を明らかにする。「地道な捜査が事件の真相を―・す」
アフリマン〘Ahriman〙ゾロアスター教で、善神アフラ=マズダーに対立し、滅ぼされる悪神。アングラ=マイニュ。アーリマン。
あぶり-もの【×焙り物｜×炙り物】火であぶったもの。特に、焼き魚。やきもの。
あふ・る【×溢る】〔動ラ下二〕「あふれる」の文語形。
あふ・る【×煽る】〔動ラ五(四)〕「あおる」の俗な言い方。「人気を―・る」補説「あおる」の歴史的仮名遣い「あふる」を、そのまま読んだもの。
あぶ・る【×焙る｜×炙る】〔動ラ五(四)〕❶火に当てて、暖めたり、乾かしたりする。「たき火で手を―・る」❷火に当てて軽く焼く。「海苔を―・る」類語焼く
あぶ・る【×溢る】〔動ラ下二〕「あぶれる」の文語形。
アプルーブド〘approved〙ゴルフで、アテストされたスコアカードにプレーヤー本人が署名し承認すること。⇒アテスト
アプルーブド-カー〘approved car〙認定中古車。ディーラーが下取りした中古車を整備・点検し、保証をつけて販売するもの。
アブルッツォ〘Abruzzo〙イタリア中南部の州。イタリア半島の東側にありアドリア海に面する。州都はラ

クイラ。キエーティ県・テーラモ県・ペスカーラ県・ラクイラ県がある。

あぶれ【×溢れ】仕事にありつけないこと。また、その人。

アプレ〘フランス après〙《後との意》「アプレゲール」の略。

アプレイウス〘Lucius Apuleius〙2世紀のローマの作家。その著「変身物語」(別名「黄金のろば」)は古典ラテン語の唯一の完全な小説として有名。

アプレ-ゲール〘フランス après-guerre〙《戦後の意》❶第一次大戦後、フランスなどに興った芸術上の新傾向。日本では第二次大戦後、新文学の創造を試みた野間宏・中村真一郎などが代表。➡戦後派文学 ❷戦後派。特に第二次大戦後、従来の思想・道徳に拘束されず行動する若い人々。⇔アバンゲール。

アフ-レコ《「アフターレコーディング」の略》映画やテレビで、先に画面だけを撮影しておき、それに合わせて音声を録音すること。

アプレ-スキー〘フランス après-ski〙「アフタースキー」に同じ。

アフレスコ〘イタリア affresco〙「フレスコ」に同じ。

アプレット〘applet〙小規模なアプリケーションソフト。Java 言語で記述されたソフトをさす場合が多い。

あふれ-でる【×溢れ出る】〔動ダ下一〕入りきらなくて、内から外へこぼれ出る。「排水溝から—・出た汚水」「体内から—・出る精気」(類語)滲じみ出る

あぶれ-もの【×溢れ者】❶職を失った者。浪人。❷無頼漢。ならず者。無用者。

あふ-れる【×溢れる】〔動ラ下一〕図あふ・る〔ラ下二〕❶水などがいっぱいになって外にこぼれる。「コップに—・れるほど注ぐ」「川が—・れる」「涙が—・れる」❷人や物が入りきらないではみだす。また、入りきらないほど多くある。「通路まで人が—・れる」「スタンドに—・れる観衆」❸感情・気力・才気などがいっぱいに満ちている。「意欲—・れる作品」「夢と希望に—・れる青春」➡零こぼれる(用法)

あぶ-れる【×溢れる】〔動ラ下一〕図あぶ・る〔ラ下二〕《「あふれる」と同語源。余ってはみ出る意》❶仕事にありつけなくなる。「雨で仕事に—・れた」❷狩猟や釣りで、獲物がない状態になる。「今日は—・れて一匹も釣れない」❸はみ出て、散らばっている。「大原、静原、芹生の里と—・れゐたるつはものども」〈平家・二〉❹落ちぶれてさまよう。零落する。「また見苦しきさまにて世に—・れむも」〈源・東屋〉

(類語)失業・解雇・馘首かくしゅ・首切り・くび・失職・食い上げ・お払い箱

アフロ〘Afro〙❶「アフロヘア」の略。❷多く複合語の形で用い、アフリカ風の、アフリカ系の、の意を表す。「—ビート」

アフロ-アメリカン〘Afro-American〙「アフリカンアメリカン」に同じ。

アプローズ〘applause〙拍手喝采かっさい。称賛。

アプローチ〘approach〙〔名〕スル ❶近づくこと。接近。❷対象とするものに迫ること。また、その方法。「宗教研究に社会学的に—する」❸建物・施設への導入路。❹陸上やスキーのジャンプ競技で、スタートから踏み切りまでの間。また、その助走。❺ゴルフで、グリーン近くからの寄せ打ち。❻登山口、または登攀とうはんルートの取り付きまでの行程。

アプローチ-ショット〘approach shot〙❶テニスで、ネットプレーに出ていくときに放つ打球。相手コート深くに打ち込む。❷ゴルフで、ホールにボールを近づけようとして打った球。

アプローチ-ライト〘approach light〙夜間、飛行場に着陸しようとする航空機に対して、滑走路への正しい進入路を示した白色不動光の灯列。

アフロ-キューバン〘Afro-Cuban〙ジャズで、黒人色の濃いキューバ音楽。また、ラテンアメリカのリズムを取り入れた演奏様式。

アフロディシアス〘Aphrodisias〙小アジアにあった古代都市。現在のトルコ西部の村ゲイレ近郊に位置する。紀元前1世紀に、美と愛の女神アフロディテを祭る神殿が建造され、古代ローマ皇帝ハドリアヌス治下の後2世紀初めに増築された。3万人を収容するというローマ式競技場などの遺跡がある。

アフロディテ〘Aphrodītē〙ギリシャ神話で、美と愛の女神。ゼウスとディオネの子とも、また、泡から生まれたともいう。愛神エロスは軍神アレスとの子。ローマ神話のビーナスにあたる。

アプロプリエート-テクノロジー〘appropriate technology〙技術移転を行う場合、相手国などの社会・経済的条件、技術水準などからみて、移転して最も効果のある工業技術。

アフロ-ヘア《Afro hairstyleの略》パーマで細かく縮らせて丸くふくらませた髪形。1960年代に米国の黒人が自由のシンボルとして始めた。

あべ-いそお【安部磯雄】いそお［1865～1949］政治家。早大教授。福岡の生まれ。キリスト教社会主義者として、明治34年(1901)片山潜・幸徳秋水らと社会民主党を結成、即日禁止。日露戦争には一貫して非戦論を堅持。学生野球の普及にも尽力。著「社会問題概論」「土地国有論」など。

あべいちぞく【阿部一族】森鷗外の短編歴史小説。大正2年(1913)発表。許されぬ殉死に端を発した、肥後藩士阿部弥一右衛門一族の悲劇を描く。

アベイラビリティー〘availability〙❶(商品・部品などの)入手のしやすさ。❷コンピューターやネットワークシステムの壊れにくさのこと。システムの障害・停止・破損が発生しにくく、それらの不具合が生じた際にも速やかに復旧できる場合、「アベイラビリティーが高い」という。可用性。稼働性。

アベイロ〘Aveiro〙ポルトガル西部の港湾都市。ブーガ川河口の潟湖せきこと運河や水路で結ばれる。古くから製塩業と漁業で栄えた。16世紀創建の大聖堂、旧イエズス会修道院を改装した美術館がある。

アペイロン〘ギリシャ apeiron〙《限り無きもの、他から限定を受けぬもの、の意》古代ギリシャの哲学者アナクシマンドロスの用語で、宇宙の始源としての根源的物質をさす。

アペール〘Nicolas Appert〙［1749～1841］フランスのコック長・製菓業者。缶詰の発明者。固形ブイヨン・ゼラチンの製法なども発明。

あべ-かずしげ【阿部和重】［1968～　］小説家。山形の生まれ。映画監督を目指し上京、自主映画製作のかたわら小説を書き始める。「グランド・フィナーレ」で芥川賞受賞。他に「アメリカの夜」「ABC戦争」「無情の世界」など。

あ-べか◦めり〔連語〕《「あるべかるめり」の音変化形「あんべかんめり」の撥音の無表記》あるようである。ありそうに思われる。「人のそねみ—◦めるを、いかで、塵ちりも据ゑたてまつらじ」〈源・若菜上〉

あべ-かわ【安倍川】かわ ㊀静岡市を南流する川。山梨県との境にある安倍峠に源を発し、駿河湾に注ぐ。長さ51キロ。㊁「安倍川餅もち」の略。

あべかわ-もち【▽安▽倍川餅】あべかわ 焼いた餅を湯に浸し、砂糖をまぜたきな粉をまぶしたもの。江戸時代、安倍川の渡しの茶店で供されたのに始まるという。

あべ-こうぼう【安部公房】コウボウ［1924～1993］小説家・劇作家。東京の生まれ。本名、公房きみふさ。前衛的手法で現代文学に新生面を開いた。小説「砂の女」「他人の顔」「燃えつきた地図」、戯曲「友達」など。

あべ-こべ〔名・形動〕位置・順序・方向などが通常の状態とは反対であること。また、そのさま。さかさま。逆。「—な(の)意見」「手順が—だ」

(類語)反対・逆・逆様・裏腹・逆さ・裏返し・裏表うらおもて・右左みぎひだり・上下うえした・後ろ前

あ◦べし〔連語〕連語「あんべし」の撥音の無表記。「少納言の乳母めのとといふ人—◦べし」〈源・若紫〉

あべ-しょうおう【阿部将翁】シャウオウ［?～1753］江戸中期の本草学者。盛岡の人。通称、友之進。幕命により、全国の薬草を調査。主著「採薬使記」。

あべ-じろう【阿部次郎】ジロウ［1883～1959］哲学者・評論家。山形の生まれ。夏目漱石の門下。個人主義的理想主義を追求。著「三太郎の日記」「倫理学の根本問題」「人格主義」など。

あべ-しんぞう【安倍晋三】シンザウ［1954～　］政治家。東京の生まれ。父は元外相晋太郎、母方の祖父は元首相岸信介。父の死後、山口の地盤を継いで平成5年(1993)衆議院議員に当選。小泉純一郎政権時の同15年に自由民主党幹事長、同17年に内閣官房長官を歴任。北朝鮮問題への強硬姿勢などで頭角を現し、同18年に首相就任。教育基本法を改正し日本国憲法の改正も目指したが、年金記録の不備や閣僚の事務所費問題などで支持を失い、翌19年の参院選で大敗して辞任した。➡福田康夫

アベスター〘ペルシア Avestā〙ゾロアスター教の聖典。長い間、口承されてきたものを、ササン朝ペルシア期の6世紀ごろに最終的に編集。約4分の1が現存。

アペタイザー〘appetizer〙食欲を促すもの。食前酒や前菜の類。

あべ-ただあき【阿部忠秋】［1602～1675］江戸初期の老中。武蔵国忍おし城主。松平信綱らとともに将軍徳川家光・家綱を補佐。

あべ-ちゃ【▽安▽倍茶】静岡県安倍川流域産の茶。

アベック〘フランス avec〙《…とともに、の意》❶男女の二人連れ。❷二人または二つのものが行動をともにすること。「—飛行」(類語)コンビ・番つがい・カップル・夫婦

アペックス-うんちん【アペックス運賃】《APEX fare　APEXは、advance purchase excursion の略》事前購入型割引航空運賃。出発日の一定期日前までに予約、購入を完了しなければならない。旅程変更はできず、途中降機や取り消し、払い戻しの条件も厳しい。➡PEXペックス

アヘッド〘ahead〙《先んじて、の意》野球などの試合の中途で、勝ち越していること。リード。

あべ-ともじ【阿部知二】［1903～1973］小説家・評論家。岡山の生まれ。小説「冬の宿」「風雪」「日月の窓」、評論「主知的文学論」など。

アベナ-テスト〘Avena test〙アベナ(エンバク)の芽生えの伸長を利用した、オーキシンの微量定量法。

アベナリウス〘Richard Avenarius〙［1843～1896］ドイツの哲学者。経験批判論を主唱、論理実証主義の確立に影響を与えた。著「純粋経験批判」など。

アベニュー〘avenue｜Ave.〙大通り。並木道。

アペニン-さんみゃく【アペニン山脈】《Apennines》イタリア半島を縦走する山脈。長さ約1350キロ。最高峰は中部にあるコルノ山で、標高2912メートル。

あべの【阿倍野｜阿部野】大阪市南部の区名。昔の熊野街道に沿う。南部の北畠は北畠顕家あきいえ戦死の地といわれる。阿部野橋駅は天王寺駅とともに同市の南玄関をなす。区名は「阿倍野」と書く。

あべの-く【阿倍野区】➤阿倍野

あべ-の-くらはしまろ【阿倍倉梯麻呂】［?～649］大化の改新政府の廷臣。名は内麻呂とも。改新後左大臣に任ぜられた。

あべ-の-さだとう【安倍貞任】さだたふ［1019～1062］平安中期の陸奥むつの豪族。頼時の子。厨川次郎くりやがわのじろうともいう。前九年の役で源頼義・義家父子と戦い、敗死。

あべの-じんじゃ【阿部野神社】大阪市阿倍野区北畠にある神社。祭神は北畠親房・顕家あきいえ。明治15年(1882)創建。

あべ-の-せいめい【安倍晴明】［921～1005］平安中期の陰陽家おんようけ。土御門つちみかど家の祖。彼の占いや予言をたたえた説話は今昔物語集・宇治拾遺物語などにみられる。著「占事略决」。

あべ-の-なかまろ【阿倍仲麻呂】［698～770］奈良時代の学者。遣唐留学生として入唐。玄宗皇帝に重く用いられ、朝衡と称した。乗船が難破して帰国できず、唐の地で没。

あべ-の-ひらふ【阿倍比羅夫】古代の武将。7世紀中ごろ、斉明天皇の時日本海沿岸の蝦夷えぞを討ち、天智天皇の時百済くだら救援のため唐・新羅しらぎと戦ったが、白村江はくすきのえの戦いで敗れた。生没年未詳。

あべ-のぶゆき【阿部信行】［1875～1953］軍人・政治家。石川の生まれ。陸軍大将。昭和14年(19

39)首相。第二次大戦への不介入、日中戦争の早期解決を声明したが実践できず、4か月余りで内閣総辞職。

あべ-の-むねとう【安倍宗任】平安中期の陸奥の豪族。頼時の子。貞任の弟。鳥海三郎ともいう。前九年の役で源頼義・義家父子と戦い、降伏して伊予に流刑。生没年未詳。

あべ-の-やすな【安倍保名】浄瑠璃「蘆屋道満大内鑑」の登場人物。➡葛の葉

あべ-の-よりとき【安倍頼時】[?～1057]平安中期の陸奥の豪族。子の貞任・宗任とともに、前九年の役で源頼義・義家父子と戦い、敗死。

あべ-は【安倍派】自由民主党にあった派閥の一。清和会(のちの清和政策研究会)の昭和61年(1986)から平成3年(1991)における通称。会長は安倍晋太郎。➡三塚派

アベ-プレボー〘abbé Prévost〙《アベはフランス語で神父の意》フランスの小説家プレボーの通称。

アベベ〘Abebe Bikila〙[1932～1973]エチオピアの軍人・長距離走者。1960年のローマ、64年の東京での両オリンピックで、マラソン史上初めて連続優勝した。はだしのマラソンランナーとして有名。

あべ-まき【あべ×槙】ブナ科の落葉高木。山陽地方の山地に多く、樹皮に厚いコルク層が発達する。葉はクヌギに似るが、裏面は灰白色。雌雄異株で、5月ごろ、黄褐色の尾状の雄花、多数の苞をもつ雌花をつける。果実はどんぐり状。わたくぬぎ。

あべ-まきお【阿部牧郎】[1933～]小説家。京都の生まれ。官能小説や評伝、野球小説など多彩なジャンルで活躍し、「それぞれの終楽章」で直木賞受賞。他に「蛸と精鋭」「ドン・キホーテ軍団」など。

あべ-まさひろ【阿部正弘】[1819～1857]江戸末期の老中。備後福山藩主。幕末開国のときの老中首座として和親条約を締結。

アベ-マリア〘ラテン Ave Maria〙❶聖母マリアをたたえ、神へのとりなしを願うカトリック教会の祈りの言葉。天使祝詞。❷❶の祈祷文に基づく声楽曲。シューベルトやグノーらの作品が有名。

あべ-よししげ【安倍能成】[1883～1966]哲学者・教育家・評論家。愛媛の生まれ。夏目漱石の門下。一高校長。第二次大戦後、文部大臣、学習院院長を歴任。著「カントの実践哲学」「西洋近世哲学史」など。

アベラール〘Pierre Abélard〙[1079～1142]フランスのスコラ哲学者・神学者。教会の権威や伝統を大胆に批判。女弟子エロイーズとの恋愛は有名。

アベラシオン〘フランス aberration〙収差。光学系によって結像するとき、像の理想像からの幾何光学的なずれ。球面収差・コマ収差・非点収差・像面湾曲・ディストーション・色収差がある。アベレーション。

アベリア〘ラテン Abelia〙スイカズラ科の常緑低木。中国でつくられた園芸種。枝は多数に分かれ、鮮紅色でつやがあり、葉は卵形で対生する。花は釣鐘形で赤みのある白色。6月から11月ごろまで連続して咲く。はなつくばねうつぎ。

アペリチフ〘フランス apéritif〙《「アペリティフ」とも》食欲を増進するために食前に軽く飲む酒。食前酒。㊀ディジェスチフ。

アペリティフ〘フランス apéritif〙►アペリチフ

アベレージ〘average〙❶平均。平均値。❷「バッティングアベレージ」の略。(類語)平均・均等・均分・等分・平準・標準・均す・押し均す・揃う

アベレージ-ゴルファー〘average golfer〙ゴルフで、ハンディキャップが18前後の平均的実力の人。

アベレージ-ヒッター〘average hitter〙❶野球で、コンスタントに平均以上の打率をかせぐ打者。❷一般に、グループ内で平均以上の水準に達している人。

アベロエス〘Averroës〙イブン＝ルシュドのラテン語名。

あへん【×阿片｜×鴉片】《英 opiumの中国の音訳から》❶ケシの未熟な果実からとれる乳液を乾燥させた茶褐色の粉末。モルヒネを多量に含み、代表的麻薬の一種。鎮痛・催眠作用がある。常用すると中毒となり廃人同様となる。麻薬及び向精神薬取締法などにより、一般には売買も使用も禁止されている。オピウム。❷正常な精神を麻痺させるものをたとえていう語。「宗教はかくて民衆を陶酔せしめる—となる」〈田辺元・懺悔道としての哲学〉

あへんえんきゅうしょくおよびばしょていきょう-ざい【×阿片煙吸食及び場所提供罪】阿片を吸引・摂取する罪。また、そのための場所を提供して利益を図る罪。刑法第139条が禁じ、前者は3年以下の、後者は6か月以上7年以下の懲役に処せられる。阿片煙吸食場所提供罪。阿片煙吸食罪。(補説)現在、薬物犯罪については大麻取締法や覚醒剤取締法などが適用されることが多く、刑法第139条の適用は少ない。

あへんえんきゅうしょくきぐゆにゅうとう-ざい【×阿片煙吸食器具輸入等罪】阿片を吸入・摂取する器具を輸入・製造・販売や販売目的で所持する罪。刑法第137条が禁じ、3か月以上5年以下の懲役に処せられる。阿片煙吸食器具輸入罪。

あへんえんとうしょじ-ざい【×阿片煙等所持罪】阿片や、その吸引・摂取のための器具を所持する罪。刑法第140条が禁じ、1年以下の懲役に処せられる。

あへんえんゆにゅうとう-ざい【×阿片煙輸入等罪】阿片を輸入・製造・販売したり、販売目的で所持したりする罪。刑法第136条が禁じ、6か月以上7年以下の懲役に処せられる。阿片煙輸入罪。

あへん-くつ【×阿片窟】阿片を吸飲させる秘密の場所。

あへん-せんそう【阿片戦争】1840年から42年にかけ、清国の阿片輸入禁止によってイギリスと清国との間に起こった戦争。清国は敗北して南京条約を結び、香港を割譲したほか、広東・上海など5港を開港。➡南京条約

あへん-タバコ【×阿片タバコ】阿片入りのタバコ。

あへん-ちゅうどく【×阿片中毒】阿片吸飲の常習により起こる中毒。➡麻薬中毒

アベンティーノ-の-おか【アベンティーノの丘】《Monte Aventino》イタリアの首都ローマにある丘。ローマの七丘の一。チルコマッシモを挟みパラティーノの丘の南側に位置する。マルタ騎士団の団長の館やマルタ騎士団広場がある。高級住宅街としても知られる。

アペンディックス〘appendix〙《添えられたものの意》書籍などの付録や補遺。

アベンド〘abend〙《abnormal end》►アボート

あへん-ほう【×阿片法】阿片を医療・学術研究用に限定して適正に供給し、乱用を取り締まるために定められた法律。阿片の輸出・輸入・買取・受渡は国が行い、原料となるけしの栽培を許可制とし、阿片の採取、阿片・けしがらの輸出入・譲渡・譲受・所持・吸食などの行為を禁止し、違反行為に対する罰則を定める。昭和29年(1954)施行。薬物四法の一。

あ-ほ【×阿×呆】〔名・形動〕「あほう」に同じ。

あ-ぼ【×阿母】母を親しんでいう語。㊀阿父。(類語)母・母親・女親・お母さん・お母さま・おっかあ・お袋・母じゃ人・母じゃ・慈母・ママ

アポ「アポイントメント」の略。

アポイ-だけ【アポイ岳】北海道中南部、日高山脈の南端にある山。橄欖岩からできている。標高811メートル。高山植物群落は、特別天然記念物に指定されている。

アポイント「アポイントメント」の略。

アポイントメント〘appointment〙面会の約束。予約。アポイント。アポ。「—をとって訪問する」

アポイントメント-セールス《和 appointment＋sales》電話などで面会の予約をして商品を売る販売のやり方。

あ-ほう【×阿×呆｜×阿▽房】〔名・形動〕愚かなこと。愚かな人。また、そのさま。人をののしるときにも用いる。あほ。「この—めが」「全く—な話だ」(補説)「阿呆」「阿房」は当て字。(派生)あほうさ〔名〕

(類語)馬鹿・まぬけ・たわけ・とんま・馬鹿者・馬鹿野郎・馬鹿たれ・与太郎・抜け作・おたんこなす・おたんちん・あんぽんたん・べらぼう

阿呆に付ける薬なし「馬鹿に付ける薬はない」に同じ。

阿呆の足下使い　愚かな者は足下の物を取るのにも人を使うということ。つまらないことに、いちいち人を使う愚かさをいう。

阿呆の三杯汁　汁のお代わりを3杯もするのは作法を知らないばか者であるということ。また、ばか者にかぎって大食をすることのたとえ。

阿呆の話食い　愚か者は人の話を聞くと、自分の力量も考えずに、すぐ実行しようとすること。

阿呆の一つ覚え「馬鹿の一つ覚え」に同じ。

あ-ぼう【×阿防｜×阿傍】地獄の獄卒。牛頭で、胴と手は人、脚は牛に似ており、山を抜くほど力が強い。羅刹のように暴悪という。阿防羅刹。

あぼう-きゅう【阿房宮】中国の秦の始皇帝が、渭水の南に建てた大宮殿。秦を滅ぼした項羽が火を放ったが、3か月燃え続けたという。遺跡は、西安市の西方に残る。

あほう-くさ・い【×阿×呆臭い】〔形〕いかにもばかげている。あほくさい。「—・い考え」

あほう-ぐち【×阿×呆口】ばかげたおしゃべり。むだぐち。「よい酒のんで—たたき」〈浮・万金丹・四〉

あほう-づら【×阿×呆面】間の抜けた、愚かな顔つき。馬鹿面。

あぼう-とうげ【安房峠】長野・岐阜の県境、焼岳と安房山の間にある峠。標高1812メートル。松本と高山を結ぶ古い交通路で、国道158号が通る。

あほう-どり【信＝天＝翁｜×阿▽房鳥】❶アホウドリ科の鳥。全長90センチくらいで、翼を広げると2メートルを超える。海上の風を利用して羽ばたかずに飛ぶ。羽毛採取の乱獲で減少し、現在の繁殖地は主に伊豆諸島の鳥島。特別天然記念物。国際保護鳥。❷ミズナギドリ目アホウドリ科の鳥の総称。14種が知られ、日本近海には❶のほかコアホウドリ・クロアシアホウドリなどがいる。繁殖期以外は海洋上で生活。アルバトロス。

あほう-ばらい【×阿▽房払い】江戸時代の刑罰の一。武士の両刀を取り上げて、また、裸にして追放した刑。

アボーション〘abortion〙人工妊娠中絶。

アボート〘abort〙コンピューターで、実行中のプログラムを中断すること。プログラムの実行中に起こる、何らかの不具合による異常終了や強制終了をさす。アベンド。

アボカド〘avocado〙クスノキ科の常緑高木。淡黄緑色の小花を多数円錐状につける。果実は球形・卵形・洋ナシ形などで、熟すと果肉がバター状となり、生食される。熱帯アメリカの原産。わになし。(補説)濃厚な味わいと脂肪分が豊富なことから「森のバター」ともいう。

アボガドロ〘Amedeo Avogadro〙[1776～1856]イタリアの物理学者・化学者。アボガドロの法則を発表。

アボガドロ-すう【アボガドロ数】►アボガドロ定数

アボガドロ-ていすう【アボガドロ定数】物質1モル中に含まれる粒子数。質量数12の炭素(^{12}C)の12グラム中に含まれる炭素原子の数で定義される。記号N_Aで表し、$6.022045 \times 10^{23} mol^{-1}$の値をもつ。従来、アボガドロ数と呼ばれていたが、1969年に国際純正および応用化学連合(IUPAC)により、アボガドロ定数に改称された。モル分子数。

アボガドロ-の-ほうそく【アボガドロの法則】すべての気体は、同温・同圧では、同体積中に同数の分子を含むという法則。分子の概念を導入し、分子説のもととなった。1811年、アボガドロが提唱。

あほ-くさ・い【×阿×呆臭い】〔形〕「あほうくさい」に

同じ。「━・くて話にならない」

アポクリファ〖Apocrypha〗《隠されたもの、の意》聖書正典に対する外典がいてん。

アポクリン-かんせん【アポクリン汗腺】▶アポクリン腺

アポクリン-せん【アポクリン腺】《apocrine》汗腺かんせんの一。わきの下、乳首、下腹部、肛門の周囲などにあり、思春期以後に発達する。分泌物は体臭のもとになる。アポクリン汗腺。

アポクロマート〖apochromat〗3色の波長について、色収差を補正した色消しレンズ。超望遠レンズ・大口径レンズ・製版用レンズに使用。アポクロマット。

アポクロマット〖apochromat〗▶アポクロマート

アポ-こうそ【アポ酵素】《apoenzyme》ビタミン類などの補酵素を含む複合酵素のうち、たんぱく質の部分。複合酵素全体はホロ酵素と呼ばれる。

アボジ《朝鮮語》父。父親。⇔オモニ。

アポジー〖apogee〗▶遠地点

アポジー-エンジン〖apogee engine〗▶アポジーモーター

アポジー-キックモーター〖apogee kick motor〗▶アポジーモーター

アポジー-モーター〖apogee motor〗静止衛星に搭載される小型ロケットエンジン。静止軌道への投入前、静止トランスファー軌道から静止ドリフト軌道に上げる際に必要な秒速約3キロメートルの軌道速度にするための推力を与える。アポジーキックモーター。アポジーエンジン。

あぼ-しんのう【阿保親王】[792〜842]平城へいぜい天皇の皇子。在原業平ありわらのなりひらの父。薬子くすこの変に連座して大宰権帥だざいのごんのそちに左遷。のち許されて帰京、その子らに在原の姓を賜った。

ア-ポステリオリ〖ラテン a posteriori〗〘名・形動〙《より後なるものから、の意》中世スコラ哲学では、因果系列の結果あるいは帰結から原因や原理へ向かう認識方法をいい、近代認識論では、経験に基づくことをさす。⇔アプリオリ。

アポストロ〖ポルトガル apostolo〗キリシタン用語。使徒。キリストの12人の直弟子。

アポストロフィー〖apostrophe〗❶英語などで、縮約形(can not→can't)や所有格(boy's, boys')を表す「 ' 」の符号。❷ローマ字書きで、撥音を読み違えないように示す「 ' 」の符号。tan'i(単位)など。

あほ-だら【×阿×呆×陀羅】❶(関西で)「あほう」を強めていう語。あほんだら。❷「阿呆陀羅経」の略。

あほだら-きょう【×阿×呆×陀羅経】《上方語「あほだら」と「陀羅尼経だらにきょう」とをかけた語》時事を風刺したこっけいな俗謡。願人坊主がんにんぼうずが小さな2個の木魚をたたき、または扇子で拍子をとりながら歌い歩き、銭を乞うた。江戸中期、大坂に始まる。

あほ-たれ【×阿×呆たれ】ばか者。愚か者。

アボッツフォード-ハウス〖Abbotsford House〗英国スコットランド南東部の町メルローズにある大邸宅。スコットランドを代表する詩人・小説家、ウォルター=スコットが20年間暮らした。現在は記念館として公開、9000冊の蔵書や武具コレクションなどがある。

アポ-でん【アポ電】《「アポ」は「アポイントメント」の略》❶面会の約束などを電話ですること。また、その電話。❷「アポ電詐欺」の略。

アポでん-さぎ【アポ電詐欺】《「アポ」は「アポイントメント」の略》振り込め詐欺の一。身内の者になりすまし、1回目の電話では自身の電話番号が変わったことだけを伝え、やや時間をおいて2回目の電話で金銭を要求するもの。

アポトーシス〖apoptosis〗個体の組織の成長の過程で、プログラム化された細胞死をいう。胎児の指が、指と指のあいだの細胞が死ぬことで生ずるのがその例。自然現象であって、事故による細胞の壊死えしと区別される。

あぼ-の-おおかみ【阿菩大神】大和三山の争いを仲裁するために出雲から出かけたという神。途中、播磨はりま国揖保いぼ郡上岡の里で争いの終わったことを聞き、この地に鎮座。伊保大明神。

アボメイ〖Abomey〗ベナン南部にある町。17世紀初頭、フォン族が築いたアボメイ王国(のちダホメイ王国に改称)の首都であった。歴代王の王宮群の遺構が残り、1985年「アボメイの王宮群」の名で世界遺産(文化遺産)に登録。竜巻によって大きな被害を受けたことから同時に危機遺産リストにも登録されたが、2007年に解除された。

あほ-らし・い【×阿×呆らしい】〘形〙図あほら・し〘シク〙いかにもばかげている。ばからしい。あほくさい。「━・くてやってられない」派生あほらしげ〘形動〙あほらしさ〘名〙類語馬鹿・愚か・愚かしい・馬鹿らしい・馬鹿馬鹿しい・下らない・愚劣・ナンセンス

アポリア〖ギリシャ aporia〗《道のないこと、の意》❶アリストテレス哲学で、一つの問いに対する答えとして相反する二つの見解が等しく成立する場合をさす。❷一般に、解決の糸口を見いだせない難問。

アボリジニー〖aborigine〗《先住民の意》オーストラリア大陸の先住民。伝統的に狩猟・採集生活を営み、父系的氏族社会を構成してきた。1967年に市民権が与えられた。言語系統は未詳。アボリジン。

アポリネール〖Guillaume Apollinaire〗[1880〜1918]フランスの詩人。ダダイスムやシュールレアリスムなどの前衛派の先駆者。詩集「アルコール」「カリグラム」など。

アポロ〖Apollo〗㊀アポロンのラテン語名。㊁小惑星の一。1932年にドイツのカール=ラインムートにより発見され、しばらくの間見失われていたが、73年に再発見。名称はギリシャ神話の神アポロンに由来する。直径約1.5キロメートル。軌道長半径は1.47天文単位。公転周期は約1.8年。地球近傍小惑星のアポロ群の中で最初に発見され、地球の公転軌道を横断することが初めて確認された。2005年、レーダー観測により衛星が存在することがわかった。

アポロ-アモール-アテンがた-しょうわくせい【アポロアモールアテン型小惑星】▶地球近傍小惑星

アポロ-エピクリオス-しんでん【アポロエピクリオス神殿】《Apollo Epicurius》ギリシャ南部、ペロポネソス半島中央部のバッサイ山中に残された神殿遺跡。紀元前420年頃に建てられたもので、市街地でなく山中に、また北向きに建てられていること、柱の数が通常より2本多いことなど、謎の多い神殿として知られる。1986年に「バッサイのアポロエピクリオス神殿」として世界遺産(文化遺産)に登録された。

アホロートル〖スペイン axolotl〗有尾目アンビストマ科の両生類。メキシコ南部の湖にすむメキシコサンショウウオが、水質により幼形成熟し、三対の外えらを消失しないまま繁殖したもの。補説「ウーパールーパー」は日本での俗称。

アポロがた-しょうわくせい【アポロ型小惑星】▶アポロ群

アポロギア〖ギリシャ apologia〗弁明。弁解。

アポロ-キャップ〖apollo cap〗アメリカ航空宇宙局で用いられた作業帽の名。野球帽型で、ひさしが長い。アポロ計画から名づけられた。

アポロ-ぐん【アポロ群】地球近傍小惑星の分類の一。火星より内側の地球近傍に軌道をもち、軌道長半径が1天文単位以上で、近日点が1.017天文単位以下の小惑星をさす。名称は1932年にこの群で最初に発見(73年に再発見)された小惑星アポロにちなむ。地球近傍小惑星のうち、約5割を占め、有名な小惑星として、イカルス、イトカワ、ファエトンなどがある。アポロ型小惑星。

アポロ-けいかく【アポロ計画】NASA(アメリカ航空宇宙局)の有人月飛行計画。1962年5月に始まり、69年7月20日にアポロ11号が「静かの海」への軟着陸に成功。72年の17号終了までに計12人が月面へ軟着陸した。

アポロジー〖apology〗謝ること。陳謝。また、正当性を主張すること。

アポロ-ちょう【アポロ×蝶】《ラテン Parnassius apollo》アゲハチョウ科のチョウ。白いはねに赤い斑紋がある。ヨーロッパから天山山脈に分布。

アポロ-てき【アポロ的】〘形動〙ニーチェが「悲劇の誕生」で説いた芸術衝動の一つで、主知的傾向をもち、静的で秩序や調和ある統一を目ざすさま。アポロン的。⇔ディオニュソス的。

アポロニア〖Apollōniā〗㊀アルバニア西部にあった古代都市。紀元前7世紀、古代ギリシャの植民都市として建設。古代ローマ時代には学問の町として知られ、後に初代ローマ皇帝となったオクタビアヌスが軍学を学んだ。現在は劇場、宮殿、会議場、街道などの遺跡が残る。㊁ブルガリア東部の町ソゾポルの、古代ギリシャ時代における名称。

アポロニウス〖Apollōnios〗[前295ころ〜前215ころ]古代ギリシャの詩人。著「アルゴナウティカ」。アポロニオス。

アポロニウス〖Apollōnios〗[前250ころ〜前190ころ]古代ギリシャの数学者。小アジアのペルゲの人。幾何学、特に楕円・放物線・双曲線などの円錐曲線を研究した。アポロニオス。

アポロニウス-の-えん【アポロニウスの円】二定点からの距離の比が1ではない一定値である点の軌跡がつくる円。古代ギリシャの数学者アポロニウスによる。

アポロン〖Apollōn〗ギリシャ神話で、光明・医術・音楽・予言をつかさどる若く美しい神。ゼウスとレトの子で、女神アルテミスの双子の兄。デルフォイの神殿で下したという託宣は特に名高い。理知的で明るいギリシャ精神を代表する神。ローマ神話では、アポロ。

アポロン-しんでん【アポロン神殿】《Naos tou Apollona》㊀ギリシャ中部、パルナソス山麓の古代都市デルフォイにある神殿。紀元前6世紀に建造。火災や地震の被害を受けて、その都度再建された。現在は紀元前370年頃の遺構があり、6本の柱が復元されている。幅23メートル、長さ60メートルのドリス式の神殿で、古代ギリシャで最も重要な神託所となった。1987年に「デルフォイの考古遺跡」として世界遺産(文化遺産)に登録。㊁ギリシャ南東部、エーゲ海に浮かぶデロス島にある神殿跡。ギリシャ神話の太陽神アポロンを祭る。紀元前5世紀から紀元前2世紀にかけて建造。同島の大理石を使ったドリス式の神殿だったが、現在は土台の一部のみが残る。この神殿跡をはじめとする数多くの遺跡があり、1990年にデロス島が世界遺産(文化遺産)に登録された。

アポロン-てき【アポロン的】〘形動〙▶アポロ的

あほん-だら【×阿×呆×陀羅】(関西で)「あほう」を強めていう語。あほだら。

あま 愛知県西部にある市。名古屋市の西に隣接しベッドタウン化が進む。戦国期には蜂須賀正勝・福島正則・豊臣秀次らを輩出した。七宝焼き工芸が盛ん。平成22年(2010)に海部あま郡の七宝町・美和町・甚目寺じもくじ町が合併して成立。人口8.8万(2010)。

あま【天】《「あめ(天)」の古形》てん。そら。あめ。「あをによし奈良の都にたなびける━の白雲見れど飽かぬかも」〈万・三六〇二〉補説複合語を作ったり、「あまつ」「あまの」の形で体言にかかったりする場合に多く用いられる。➡天あまつ ➡天あまの

あま【尼】《発音は梵 ambā(母)からといい、表記は「比丘尼びくに」の「尼」を用いたもの》❶仏門に入った女性。比丘尼。❷キリスト教で、修道院に入った女性。修道女。❸(「阿魔」とも書く)女性をののしっていう語。❹平安時代以後、肩の辺りで切りそろえた❶の髪形。また、その髪形をした少女。「━に削そぎたる児ちごの目に髪のおほひたるを」〈能因本枕・一五五〉類語(❶)尼僧/(❷)修道女・シスター・巫女みこ/(❸)女・女性・女子・婦女・婦女子・おなご・おみな・たおやめ・女史・雌・婦人・女人にょにん・女人にょうにん・ウーマン

あま【安摩｜案摩】雅楽の舞曲。唐楽。壱越いちこつ調の曲。二人舞(時に一人舞)で、舞人は笏しゃくを持ち、巻纓冠けんえいかんに安摩の面おもてをつける。答舞とうぶの「二の舞」を伴う。安摩の舞。➡二の舞

あ-ま【亜麻】アマ科の一年草。高さ約1メートル。葉

は小さく、線形で互生する。夏、青紫色または白色の5弁花を開く。果実は丸く、中に長楕円形で平たい黄褐色の種子がある。種子から亜麻仁油を絞り、茎から繊維をとる。中央アジアの原産で、各地で栽培。ぬめごま。（季 花=夏|実=秋）「一の花日ざし治まくつゆ涵だす/汀花」

あま【海=人|海-士|海-女|×蜑】❶海に潜って貝類や海藻をとるのを仕事とする人。男を「海士」、女を「海女」と書く。（季 春）「流木を火となし母の一を待つ/三鬼」❷海辺に住み、魚介や海藻をとるのを業とする者。漁師。「打麻を麻続王一なれや伊良虞の島の玉藻刈ります」〈万・二三〉

あま【海人|海士】謡曲。五番目物。藤原房前は讃岐国志度の浦で、わが子のために命に代えて宝珠を奪い返した母の霊に会い、供養する。

アマ「アマチュア」の略。㊀プロ。

アマ〘amah|ポルトガル ama〙もと東アジア在住の外国人家庭に雇われていた、現地人のメイド。（補説）「阿媽」とも書く。

あま-あい【雨▽間】雨がやんでいる間。

あま-あがり【雨上(が)り】「あめあがり」に同じ。

あま-あし【雨脚|雨足】《「雨脚」の訓読》❶線状に見える、降り注ぐ雨。あめあし。「一が強い」❷雨の通り過ぎるようす。あめあし。「一が遠のく」
（類語）降雨・ひと雨・雨降り

アマービレ〘イタリア amabile〙音楽の発想標語の一。「愛らしく」の意。

あま・い【甘い】〔形〕図あま・し〔ク〕❶砂糖や蜜のような味である。「あっちの水は苦いぞ、こっちの水は一・いぞ」➡五味 ❷塩けが少ない。辛くない。「味つけが幾分一・かったようだ」㊀辛い。❸口当たりが穏やかで、刺激が少ない。酒の味などにいう。「一・いワイン」㊀辛い。❹(味覚以外の感覚に転じて) ㋐蜜のようなにおいがする。「香水の一・い香り」㋑話しぶりが巧みで、人をたぶらかすさま。うまい。「一・い言葉で誘う」㋒耳に快い。「一・い声で囁く」㋓男女の仲がよく、幸せそうなさま。「一・い新婚生活」❺㋐やさしすぎるさま。厳しさに欠けているさま。「一・い親」㋑評価の基準が厳格でない。「一・い採点」㊀辛い。㋒しっかりした心構えができていない。「そんな一・い考えでは世間は渡れない」❻楽しく、快いさま。「酸いも一・いも嚙み分ける」❼物事の機能が本来あるべき状態より衰えているさま。「このナイフの切れ味は少し一・い」「ねじが一・くなる」❽株価の動きが鈍く低落気味だ。「一・い相場」（派生）あまがる〔動ラ五〕あまさ〔名〕あまみ〔名〕
（類語）(❶)甘ったるい・甘口・甘美/(❺)手ぬるい・生ぬるい・甘っちょろい・安易・いいかげん
甘い汁を吸・う 他人を利用して、自分は苦労せずに利益を得る。「幹部連中が一・う」

あま-いと【亜麻糸】アマの繊維から紡いだ糸。リネンの原料。

あま-いろ【亜麻色】亜麻糸の色。黄色がかった薄茶色。

あま-うけ【雨▽承け】雨垂れを受けるもの。雨樋など。あめうけ。

あま-うり【甘×瓜】マクワウリの別名。

あまえ【甘え】人の好意をあてにする気持ち。「考え方に一が残る」

あまえ-いた・し【甘え▽甚し】〔形ク〕甘えすぎて、気恥ずかしい。「今は一・くて、まかり帰らむことも難かるべきここちしける」〈かげろふ・中〉

あまえっ-こ【甘えっ子】何かというと親や身近の人に甘える子供。甘えん坊。

あま-えび【甘海=老】ホッコクアカエビのこと。

あま・える【甘える】〔動ア下一〕図あま・ゆ〔ヤ下二〕❶かわいがってもらおうとして、まとわりついたり物をねだったりする。甘ったれる。「子供が親に一・える」❷相手の好意に遠慮なくよりかかる。また、なれ親しんでわがままに振る舞う。甘ったれる。「お言葉に一・えてお借りします」❸甘ったるい感じや香りがする。「いと一・えたる薫物の香を」〈源・常夏〉❹恥ずかしがる。はにかむ。「一・えて爪食ふべき事にもあらぬを」〈源・竹河〉（類語）甘ったれる

あまえん-ぼう【甘えん坊】よく甘える子供。また、他人に甘える気持ちの強い人。甘ったれ。

あま-おおい【雨覆い】❶雨を防ぐために覆いかぶせたり、衣服の上に着用したりするもの。あまよけ。❷建物の突き出した部分、あるいは木口などを雨水から防ぐための設備。❸鳥の風切り羽の根元を覆っている短い羽毛。❹太刀の鞘の峰の方を覆う金具。➡股寄せ

あま-おさえ【雨押(さ)え】壁と庇、屋根と煙突との間などに取り付けて、雨の浸入を防ぐ板。

あま-おち【雨落ち】❶雨垂れの落ちる所。雨打ち。❷歌舞伎劇場で、舞台際の客席。かぶりつき。

あまおち-いし【雨落ち石】雨垂れで地面がくぼむのを防ぐため、軒下に置き並べた石。雨垂れ石。

あま-おと【雨音】降る雨が物に触れて立てる音。

あま-おとめ【天▽少女】天人。天女。あまつおとめ。「われも数ある一、月の桂の身を分けて」〈謡・羽衣〉

あま-おとめ【海=人▽少女|×蜑乙女】年若い海女。「藻塩焼きつつ一ありとは聞けど」〈万・九三五〉

あま-おぶね【海=人小舟|×蜑小舟】㊀〔名〕❶海人の乗る小舟。「白波の八重折るがうへに一はららに浮きて」〈万・四三六〇〉❷アマオブネガイの別名。㊁〔枕〕船が停泊することを「泊つ」ということから、「はつ」にかかる。「一泊瀬の山に降る雪の」〈万・二三四七〉

あまおぶね-がい【×蜑小舟貝】アマオブネガイ科の巻き貝。潮間帯にみられ、貝殻は半球形で、殻径3センチくらい。殻表は黒く、白斑がある。殻口は半月形で石灰質のふたで閉じる。

あま-がい【×蜑貝】アマオブネガイ科の巻き貝。潮間帯の岩礁にすむ。貝殻は球形で、殻径約1センチ。表面は黒く、三角形の白斑が散在する。ふたは石灰質。殻は貝細工に用いる。

あま-がいとう【雨外×套】雨天用の防水外套。レーンコート。

あま-がえる【雨×蛙】❶アマガエル科の両生類。体長3〜4センチ。体色は黄緑・灰褐色など周囲に応じて変化する。指には吸盤が発達。草原・林にすみ、湿度に敏感で雄は夕立前によく鳴く。あまごいむし。あまごいびき。あまびき。日本あまがえる。（季 夏）「火を打てば軒に鳴合ふ一/丈草」❷無尾目アマガエル科の両生類の総称。ハロウエルアマガエルなど。

あま-がき【甘柿】木になっているままで甘くなる柿。御所柿・富有柿など。（季 秋）

あま-が・ける【天×翔る】〔動ラ四〕《古くは「あまかける」》神や人などの霊魂が空を飛び走る。「ひさかたの天のみ空ゆ一・り見渡したまひ」〈万・八九四〉
（類語）飛ぶ・翔る・飛翔する・飛行する・高翔する・滑翔する・舞う・飛来する・滑空する

あま-がさ【雨×笠】雨降りの際に頭にかぶる笠。

あま-がさ【雨傘】雨降りの際にさす傘。（類語）傘・洋傘・唐傘・番傘・蝙蝠傘・蛇の目傘・日傘・パラソル

あまがさき【尼崎】兵庫県南東部の市。古くからの港で、源義経が船出した大物浦跡がある。もと松平氏の城下町。海岸は工業地。人口45.4万（2010）。

あまがさき-し【尼崎市】►尼崎

あまがさ-ばんぐみ【雨傘番組】（放送局で）悪天候で運動競技の試合が中止になり、中継できなくなったときに放送する代わりの番組。レーンコート番組。

あまがさ-へび【雨傘蛇】コブラ科の毒蛇。全長1〜2メートルで、藍黒色と灰白色の輪紋がある。水辺や人家近くにすみ、夜行性。アジア南部に分布。

あまかざり-やま【雨飾山】新潟県西部、糸魚川市と長野県北安曇郡小谷村との境にある山。標高1963メートル。鐘状火山で、頂上南面はロッククライミングに好適。晴れた日には日本海が望める。上信越高原国立公園に属する。

あまかし-の-おか【甘樫岡】《「甘樫丘」とも書く》奈良県高市郡明日香村にある丘。允恭天皇が姓氏の乱れを正すため諸氏を集めて盟神探湯を行った地。また、蘇我蝦夷・入鹿の邸宅があったといわれる。うまかしのおか。

あま-かす【甘×粕|甘×糟】❶酒のしぼりかすの甘いもの。❷固練りの甘酒。

あまかす-じけん【甘粕事件】大正12年(1923)関東大震災の直後、憲兵大尉甘粕正彦らが、無政府主義者大杉栄・伊藤野枝夫妻と甥の橘宗一を、憲兵隊司令部で殺した事件。

あまがたり-うた【天語り歌】上代歌謡の一。長編の宮廷寿歌。天語連が伝えたとも、伊勢の海人語部が伝えたともいう。

あま-がつ【天▽児|天×倪】形代として幼児のそばに置き、災厄を移し負わせる人形。後世は、幼児のはう姿をかたどった這子をもいう。「ちごうつくしみし給ふ御心にて一など御手づから作り」〈源・若菜上〉

あま-ガッパ【雨ガッパ】雨天のときに着るカッパ。

あま-が-べに【天が紅】残照に赤く染まった雲。夕焼け雲。おまんがべに。「下紅葉空にうつすや一/朝慶」〈玉海集〉

あま-がみ【甘×嚙み】〔名〕スル 飼い犬や飼い猫などが、人の指などを軽くかむこと。

あま-から【甘辛】甘さと辛さのまじりあった味。特に、砂糖と醬油で味付けをしたもの。

あま-から・い【甘辛い】〔形〕図あまから・し〔ク〕甘さと辛さの両方が感じられる味である。「一・い煮付け」

あまから-せんべい【甘辛煎餅】砂糖を溶かした醬油を塗った煎餅。また、砂糖の衣をつけた塩煎餅。

あまから-に【甘辛煮】砂糖と醬油とで甘辛く煮つけたもの。

あまかわ【天川】中国広東省のマカオを、室町末期から江戸初期にかけて日本で呼んだ名。日明貿易の中継地。阿媽港。

あま-かわ【甘皮】❶木や果実の表皮の内側にある薄い皮。あまはだ。❷爪の根元を包む薄い皮。

あま-かわ【雨皮】《「あまがわ」とも》❶牛車・輿などの雨覆い。表は練り絹で油をひき、裏は生絹。公卿以上に用いた。❷桐油をひいた厚紙で作った雨具。山伏などが着用した。

あまかわ-もち【雨皮持ち】貴人の行列のとき、雨皮の管理をする役。

あま-かんむり【雨冠】►あめかんむり

あまぎ【甘木】福岡県中部にあった市。甘木氏の寄進による安長寺の門前町に始まり、のち宿場町・市場町として栄えた。平成18年(2006)3月、杷木町・朝倉町と合併して朝倉市となる。➡朝倉㊀

あま-ぎ【雨着】衣服の上に着て雨を防ぐもの。

あまぎ-さん【天城山】静岡県伊豆半島中東部の火山群。最高峰は万三郎岳で標高1405メートル。杉・檜などが茂り、江戸時代は幕府の御料地。

あまぎ-し【甘木市】►甘木

あまぎ-とうげ【天城峠】伊豆半島中央部、伊豆市と河津町との境にある峠。標高840メートル。北伊豆と南伊豆とを結ぶ交通の要所で、峠の下に新旧2本の天城トンネルが通じる。旧トンネルは川端康成の小説「伊豆の踊子」の舞台となった。

あま-ぎぬ【雨▽衣】衣服の上に羽織って雨などを防いだ衣。古くは、表に油をひいた白絹で製したという。あまごろも。

あま-ぎみ【尼君】尼僧を敬っていう語。あまうえ。「吉野山に住む一を思ひやる」〈更級〉

あま-ぎら・う【天▽霧らふ】〔連語〕《動詞「あまぎる」の未然形＋反復継続の助動詞「ふ」。上代語》雲や霧などで空一面が曇る。「一・ひ降り来る雪の消なめども君に逢はむと流らへ渡る」〈万・二三四五〉

あま-ぎり【雨霧】小雨のような霧。また、霧のように細かい小雨。

あま-ぎ・る【天▽霧る】〔動ラ四〕雲や霧などのために空が曇る。「かきくもり一・る雪の古郷をつもらぬさきに訪ふ人もがな」〈新古今・冬〉

あま-ぐ【雨具】雨天の外出のとき使う、雨を防ぐものの総称。傘・長靴・レーンコートなど。
あまくさ【天草】㊀熊本県西部、天草上島・下島の大半を占める市。天草学林跡などキリシタンの遺跡が多い。水産加工が盛ん。平成18年(2006)3月に本渡市・牛深市・有明町・御所浦町・倉岳町・栖本町・新和町・五和町・天草町・河浦町が合併して成立。人口8.9万(2010)。㊁「天草諸島」の略。
あまくさ-いし【天草石】熊本県天草下島で採掘され、陶磁器の原料となる良質の陶石。天草陶石。
あまくさ-いっき【天草一揆】▶島原天草一揆
あまくさ-し【天草市】▶天草㊀
あまくさ-しだ【天草羊歯】イノモトソウ科の常緑、多年生のシダ。千葉県以西の暖地の山中に自生。葉は根茎から束になって生え、柄は細く赤褐色でつやがある。
あまくさ-しょとう【天草諸島】熊本県宇土半島の南西にある島々。上島・下島・大矢野島を主島とし百余の島からなり、地理上は鹿児島県の長島なども含めていう。室町時代末にキリスト教が広まり、隠れキリシタンや殉教者の多くの遺跡がある。雲仙天草国立公園の一部。
あまくさ-しろう【天草四郎】[1621〜1638]江戸初期のキリスト教信者。本名、益田時貞。16歳で島原天草一揆の首領に推され、原城で90日間籠城の末、敗死。
あまくさ-ど【天草砥】熊本県天草に産する上質の砥石。
あまくさ-とうせき【天草陶石】▶天草石
あまくさ-なだ【天草灘】熊本県天草下島の西方一帯の海。イワシ・アジなどの漁場。
あまくさ-の-らん【天草の乱】▶島原天草一揆
あまくさ-ばん【天草版】16世紀末から、九州天草のイエズス会が刊行した活字版の本。「伊曽保物語」「平家物語」などがある。天草本。➡キリシタン版
あま-くだり【天下り｜天降り】〔名〕スル ❶天上界から地上に降りてくること。また、その人。❷上役からの、官庁から民間への強制的な命令や押し付け。❸退職した高級官僚などが外郭団体や関連の深い民間企業の相当の地位に就任すること。「所轄官庁から—する」
あまくだり-びと【天降り人】天上界から地上に降りてきた人。天人。「いづこなりし—ならむとこそ見ゆれ」〈枕・八八〉
あま-くだ・る【天下る｜天降る】〔動ラ五(四)〕❶天上界から地上に降りる。「金色の十字架の—・るさまを夢のように眺め候よし」〈芥川・糸女覚え書〉❷高級官僚が退職して外郭団体や民間企業の相当の地位に再就職する。「関連会社に—・る」
あま-くち【甘口】〔名・形動〕❶比較的甘みの強い、または塩分や辛みをおさえた味加減。また、そのもの。「—の酒」⇔辛口。❷甘いものを好むこと。また、その人。甘党。⇔辛口。❸人の気にいるような口ぶり。口先だけのうまい言葉。甘言。「—に乗せられる」❹穏やかに言うこと。なまぬるい言い方。また、そのさま。「—な批評」❺思慮が浅く、間が抜けていること。また、そのさま。「つりこまれるといふやうな—な事があるものか」〈滑・八笑人・四〉〔類語〕甘み・甘味・甘い
あま-ぐつ【雨靴】雨などが降った日に履く、ゴム製などの靴。レーンシューズ。
あまくに【天国】8世紀初めごろ大和にいたという刀工。刀工の祖とされる。また、その製した刀剣。
あま-ぐみ【阿麻組｜疎組】日本建築で、柱上だけに斗栱を置く形式。柱間には蟇股などを入れる。➡詰め組
あま-くも【天雲】《「あまぐも」とも》空の雲。「—に近く光りて鳴る神の見れば恐し見ねば悲しも」〈万・一三六九〉
あま-ぐも【雨雲】雨や雪を降らせる雲。また、俗に乱層雲のこと。〔類語〕雷雲・むら雲・雲海
あまくも-の【天雲の】〔枕〕雲が浮かび漂うところから、「たゆたふ」「ゆくらゆくら」「別る」などにかかる。「—たゆたひやすき心あらば」〈万・三〇三一〉
あま-ぐもり【雨曇(り)】今にも雨が降りそうな曇り方。〔類語〕曇り・薄曇り・花曇り・曇天
あま-ぐり【甘栗】❶栗の実を熱した小石の中に入れ、糖液を加えて蒸し焼きにしたもの。中国産の小粒の栗を用いる。❷平安時代、新任の大臣の大饗のとき、天皇から賜る搗か栗。
あまぐり-の-つかい【甘栗の使】平安時代、大臣の大饗のとき、甘栗❷を賜るための勅使。六位の蔵人が務めた。
あま-ぐるま【雨車】芝居で雨の音を出すのに用いる道具。紙などを張った中空の箱車の中に、小豆や砂利を入れて回転させる。
あまくろ-つばめ【雨黒燕】アマツバメの別名。
あま-け【甘気】甘い程度。甘み。甘さ。
あま-け【雨気】雨の降りそうな気配。雨模様。
あま-げしき【雨景色】❶雨の降っている風景。❷雨の降りそうな気配。雨模様。
あま-ご【甘子】サケ科の淡水魚。全長約30センチ。ヤマメに似るが、体側に朱点が散在する。日本特産種で、神奈川県酒匂川以西の本州太平洋側、四国・九州の瀬戸内海側の河川の上流にすむ。琵琶湖・諏訪湖産のビワマスの陸封型といわれる。美味。えのは。あめ。あめご。
あま-ごい【雨乞い】日照りが続いたとき、雨が降るように神仏に祈ること。〔季 夏〕「—も甲斐なき月の小村かな/句仏」
あまごい-うた【雨乞い歌｜雨乞い唄】雨乞いのときにうたう歌。民謡として各地に伝わる。
あまごい-おどり【雨乞い踊(り)】雨乞いのために神仏に奉納する踊り。鉦・太鼓を打ち鳴らして踊る。
あまごい-こまち【雨乞い小町】小野小町が勅命で雨乞いの和歌を詠み、その功徳で雨が降ったという伝説。長唄・浄瑠璃・歌舞伎などの題材。
あまごい-の-つかい【祈雨使】雨乞いのための五竜祭を行うとき、神泉苑や諸社に遣わされる勅使。
あま-こう【尼講】女性の仏教信者の集会。
あまこう【阿媽港｜亜媽港】「天川」に同じ。
あま-ゴート【雨ゴート】雨天のときに着る和服用のコート。
あまこ-かつひさ【尼子勝久】[1553〜1578]戦国時代の武将。経久の曽孫。毛利氏に滅ぼされた尼子家を再興したが、のち毛利軍と戦って敗死。
あま-ごさん【尼五山】▶尼寺五山
あまこ-じゅうゆうし【尼子十勇士】尼子氏滅亡後、勝久を擁して尼子氏再興に尽くした10人の勇士。山中鹿之助・秋宅庵之介・横道兵庫之介・早川鮎之介・尤道理之介・寺本生死之介・植田早稲之介・深田泥之介・藪中荊之介・小倉鼠之介。
あま-ごしょ【尼御所】▶比丘尼御所
あま-ごぜ【尼御前】「あまごぜん」に同じ。「—、何事をかくはのたまふぞ」〈徒然・四七〉
あま-ごぜん【尼御前】尼を敬っていう語。あまごぜ。あまぜ。「—とはかしづき呼ばはれけるを」〈盛衰記・一二〉
あまこ-つねひさ【尼子経久】[1458〜1541]戦国時代の武将。出雲の守護代であったが、室町幕府軍に追われ、のち山陰各地を攻略して、大内氏・毛利氏と対立。
あまこ-はるひさ【尼子晴久】[1514〜1562]戦国時代の武将。経久の孫。永禄元年(1558)毛利軍を破り、石見銀山を手に入れて尼子氏の全盛期を迎えた。出雲など8か国の守護。
あま-ごもり【雨隠り｜雨籠もり】〔枕〕雨に降られて隠る笠の意から、「三笠」にかかる。「—三笠の山を高みかも」〈万・九八〇〉
あま-ごろも【雨衣】㊀〔名〕「あまぎぬ」に同じ。㊁〔枕〕「田蓑」にかかる。「—たみのの島に鶴鳴きわたる」〈古今・雑上〉
あま-さえ【剰へ】〔副〕《「あまっさへ」の促音の無表記》「あまつさえ」に同じ。「—うき恥の限りこそ見せつれ」〈落窪・四〉
あま-さかる【天離る】〔枕〕《「あまざかる」とも》空のむこうに遠く離れている意から、「ひな」「向かふ」にかかる。「—夷にはあれど」〈万・二九〉
あま-さぎ【尼鷺｜甘鷺】サギ科の鳥。全長50センチくらい。羽色は白色で、繁殖期には頭・首・背などがきつね色になる。くちばしは黄、足は黒色。日本では夏鳥で、水田や湿地帯でみられる。猩猩鷺。
あま-ざけ【甘酒｜醴】白米の固めのかゆに米こうじをまぜ、発酵させてつくる甘い飲み物。もと、神事用につくられ、一夜酒・醴酒ともいう。また、酒かすを湯に溶かして甘みをつけた飲み物。〔季 夏〕「—を煮つつ雷聞ゆなり/挿雲」
あまざけ-まつり【甘酒祭(り)】甘酒をつくって神に供え、また客にふるまうことを特色とする祭り。各地の秋祭りに多い。
あまざけ-まんじゅう【甘酒饅頭】小麦粉に甘酒を加えて発酵させた皮で餡を包んだまんじゅう。甘酒皮饅頭。酒饅頭。
アマサス〖Amathous〗キプロス南部にあった古代都市。レメソスの東約10キロメートルに位置する。紀元前8世紀頃に港が建造され、海上交易の拠点として栄えた。紀元前9世紀から紀元7世紀頃までの各時代の遺跡が見つかっている。
あま-ざらし【雨曝し｜雨晒し】おおいをしないで、雨にぬれるままにほうっておくこと。
あま-し【あま市】▶あま
あま-じ【天路｜天道】❶天上にあるという道。また、天へ昇る道。「夕星も通ふ—をいつまでか仰ぎて待たむ月人をとこ」〈万・二〇一〇〉❷仏教でいう六道の一。天上にあるとされる世界。天上界。また、天上界へ通じる道。「布施置きて我は乞ひ禱むあざむかず直に率て行きて—知らしめ」〈万・九〇六〉
あま-じお【甘塩】塩味の薄いこと。また、魚などに薄い塩味をつけること。薄塩。「—の鮭」〔類語〕塩味・塩味・薄塩・塩気
アマジグ〖Amazigh〗ベルベル人の自称。
あま-しずく【雨雫】「あめしずく」に同じ。
あま-じたく【雨支度】外出の際、雨にぬれないよう雨具を調えること。また、その雨具。
あま-じまい【雨仕舞(い)】雨水が建物内部に入らないようにすること。また、その施工方法。
あま-じみ【雨染み】雨水で濡れたあとにつく汚れ。あめじみ。
あまし-もの【余し物｜余し者】❶いらなくなって残されている物。余り物。❷のけ者にされている人。〈文明本節用集〉
あま-しょうぐん【尼将軍】源頼朝の妻政子の異称。夫の死後、尼の身で幕政を動かしたことからいう。➡北条政子
あま-しょうじ【雨障子】「油障子」に同じ。
あま-しょく【甘食】甘く味つけした円錐形のパン。
あま-じょっぱ・い【甘塩っぱい】〔形〕甘味と塩味がともに感じられる味であるさま。あまからい。「—・い筑前煮」
あま・す【余す】〔動サ五(四)〕❶余分なものとして残す。余らせる。「料理が多すぎて—・してしまった」❷限度に達するまでの余地を残す。「今年も—・すところあと三日」❸(主に受身の形で用いる)持て余す。手に余る。「天の原朝行く月のいたづらによに—・さるる心地こそすれ」〈頼政集〉❹こぼす。満ちあふれるようにする。「憐みとる蒲公英茎短うして乳を—・せり」〈春風馬堤曲〉〔可能〕あませる〔類語〕残す・余る・浮かす
余すところなく　残らず。すべて。「練習の成果を—発揮する」
あま-ず【甘酢】砂糖・みりんなどをまぜて甘みを強くした酢。
あま-ずっぱ・い【甘酸っぱい】〔形〕❶甘みと酸味のまじった味やにおいである。「オレンジの—・い香り」❷楽しさと物悲しさとが入りまじった気持ちである。「—・い初恋の思い出」

アマスヤ〘Amasya〙トルコ北部の都市。黒海とアナトリア高原の間の山間部を流れるイェシル川沿いに位置する。古代名アマセイア。紀元前3世紀頃にポントス王国の都市として栄え、古代ローマ時代には地理学者ストラボンらを輩出した。オスマン帝国時代にはアナトリアにおける教育の中心地となり、のちにスルターンになった多くの者が学んだ。市街を見下ろす岩山の上にはポントス王国の岩窟墳墓があるほか、オスマン時代の伝統的な家屋が多く残っている。リンゴ、タバコの生産が盛ん。

あま-ずら【甘▽葛】ーづら ❶つる草の一種。アマチャヅルのことという。❷秋から冬に❶の茎を切り、切り口から出る汁を煮詰めた甘味料。甘葛煎(あまずらせん)。「一つには蜜(みち)、一つには一入れて」〈宇津保・蔵開上〉

あま-ぜ【尼▽前】「あまごぜん(尼御前)」の略。「一、我をばいづちへ具して行かんとするぞ」〈平家・一一〉

アマセイア〘Amaseia〙トルコ北部の都市アマスヤの古代名。

あま-そうぞく【雨装束】ーサウゾク 雨を防ぐための身じたく。あましょうぞく。「迎への人、蓑笠(みのかさ)ありとて…一などして」〈檜垣嫗集・詞書〉

あま-そぎ【尼▽削ぎ】❶尼になった女性が、髪を首か肩の辺りで切りそろえること。そぎあま。❷昔の女児の髪形の一。尼のように髪を首か肩の辺りで切りそろえたもの。「生(お)ほす御髪(みぐし)、一のほどにてゆらゆらとめでたく」〈源・薄雲〉

あま-そそぎ【雨注ぎ】《古くは「あまそそき」とも》雨垂れ。雨のしずく。「東屋(あづまや)のあまりほどふる一かな」〈源・東屋〉

あま-そそ・る【天×聳る】〔動ラ四〕空に高くそびえ立つ。「白雲の千重を押し別け一・り高き立山冬夏と分くこともなく」〈万・四〇〇三〉

アマゾナイト〘amazonite〙アマゾン石。青緑色の長石の一種。

アマゾナス〘Amazonas〙ブラジル北西部、アマゾン川上流のセルバス地帯の大半を占める州。面積は同国最大。農・鉱業が産業の中心だが、州都マナウス周辺では工業も盛ん。

アマゾニア〘Amazonia〙アマゾン川流域のブラジル・ベネズエラ・コロンビア・エクアドル・ペルー・ボリビアにまたがる地域の総称。南アメリカ大陸の熱帯雨林地帯。

アマゾネス〘フランス Amazones〙▶アマゾン

あま-ぞら【雨空】今にも雨の降りだしそうな空。また、雨の降っている空。(類語)荒天・雨天・悪天

アマゾン〘Amazōn〙ギリシャ神話で、女性ばかりからなる部族。勇猛で、弓を引くのに右の乳房がじゃまになるとして切り取ったという。また転じて、女傑・女丈夫の意に用いる。アマゾネス。(補説)通俗語源説ではギリシャ語で「乳なし」の意。南アメリカのアマゾン川も、その流域に女のみの部族がいると伝えられたことから、名づけられた。

アマゾン-がわ【アマゾン川】ーがは 南アメリカ大陸アンデス山脈に源を発し、ブラジル北部の大密林地帯を東に流れて大西洋に注ぐ大河。長さ約6300キロ。河口の幅は約300キロ。長さでは世界第二。流域面積では世界一。

アマゾン-キンドル〘Amazon Kindle〙米国アマゾンドットコム社が販売する、電子書籍を閲覧する携帯端末機器。米国では携帯電話の通信網を利用し、パソコンを介さずに電子書籍や新聞記事のデータをダウンロードすることができる。キンドル。

アマゾンキンドル-ディーエックス〘Amazon Kindle DX〙米国アマゾンドットコム社が販売する、電子書籍を閲覧する携帯端末機器。アマゾンキンドルの後継として開発され、従来の約2倍半(9.7インチ)の大きさのディスプレーを搭載する。PDF形式のファイルの閲覧も可能。キンドルDX。

アマゾン-ドットコム〘Amazon.com〙米国最大手のオンラインショッピングのウェブサイト。また、そのサイトを運営する企業。インターネット上の書店として開業し、その後CD、DVD、電化製品などさまざまな商品を取り扱う。日本では、日本法人のアマゾンジャパン社がウェブサイトを運営している。

アマゾン-ドット-シーオー-ドット-ジェーピー〘Amazon.co.jp〙アマゾンドットコムの日本版サイト。➡アマゾンドットコム

あま-た【数=多】〔副〕❶数量の多いさま。たくさん。多く。名詞的にも用いる。「一の判例を集積する」「引く手一」❷程度のはなはだしいさま。非常に。はなはだしく。「たぶてにも投げ越しつべき天の川隔てればかも一すべなき」〈万・一五二二〉(類語)幾多・たくさん・多く・数数(かずかず)・多数・数多(すうた)・無数・多量・大量・大勢(おおぜい)・いっぱい・多多・いくらも・いくらでも・ざらに・ごろごろ・どっさり・たっぷり・十二分に・豊富に・ふんだんに・腐るほど・ごまんと・わんさと・しこたま・たんまり・うんと・たんと・仰山(ぎょうさん)・なみなみ・十分

あま-だい【甘×鯛】ーだひ スズキ目アマダイ科の海水魚の総称。前頭部は丸く、全長は約30センチで側扁する。南日本のやや深海にすむ。アカアマダイ・キアマダイ・シロアマダイの3種がある。美味。おきつだい。(季 冬)

あまた-かえり【数=多返り】ーかへり〔副〕同じことを何度も繰り返すさま。たびたび。「御文は、あくる日毎に、一づつ、奉らせ給ふ」〈源・総角〉

あまだ-ぐあん【天田愚庵】[1854～1904]歌人。福島の生まれ。本名、甘田久五郎、のち五郎と改名。諸国を流浪。万葉調の歌を作って正岡子規に影響を与えた。

あまた-たび【数=多度】〔副〕何度も。たびたび。「姫の息促(せま)りて苦しげなれば、一休みて」〈鴎外・文づかひ〉

あま-だな【天棚】❶炉の上に天井からつるした棚。火棚。天皿(あまざら)。火天(ひあま)。火高。あまだ。❷天井の上。転じて、2階。あまだ。あまごこ。

あまだな【尼店┆尼棚】東京都中央区日本橋室町1丁目付近の江戸時代の通称。塗り物問屋が多数あった。尼ヶ崎店。

あま-たら◦す【天足らす】〔連語〕《「す」は上代の尊敬の助動詞》天いっぱいに満ち満ちておられる。「大君の御寿(みいのち)は長く一◦したり」〈万・一四七〉

あま-だり【雨垂り】❶あまだれ。「簷端(のきば)を繞(めぐ)る一も何と無く物凄じく」〈鉄腸・花間鶯〉❷軒の雨だれが落ちる所。「坊主が秘蔵の水瓶を、一の石に打ち当ててうち割りて置きつ」〈沙石集・八〉

あま-たる・い【甘たるい】〔形〕文あまたる・し〔ク〕《「あまだるい」とも》「あまったるい」に同じ。「一・い強い香が」〈漱石・それから〉

あま-だれ【雨垂れ】❶軒先などから滴り落ちる雨水。雨滴(うてき)。あましずく。❷感嘆符「！」のこと。
(類語)雨粒・雨滴・余滴

雨垂れ石を穿(うが)つ　《「漢書」枚乗伝から》小さな努力でも根気よく続けてやれば、最後には成功する。点滴石を穿つ。

あまだれ-おち【雨垂れ落ち】雨垂れが落ちて当たる所。あまおち。

あまだれ-びょうし【雨垂れ拍子】ービヤウシ ❶雅楽や謡曲で、拍子を雨垂れのように一定の間隔でとること。❷物事の進行がとぎれがちで、はかどらないこと。「仕事が一になって出来べきものも仕損(しそこな)う道理」〈露伴・五重塔〉

あま-た・れる【甘たれる】〔動ラ下一〕「あまったれる」に同じ。「『いやだあ』と一・れたように言う」〈紅葉・二人女房〉

あまち-しゅんいち【天知俊一】[1903～1976]野球選手・審判員・監督。兵庫の生まれ。明大野球部で活躍。卒業後、東京六大学専属審判員となる。昭和24年(1949)中日の監督に就任。同29年にチームを初の日本一に導いた。

あま-ちゃ【甘茶】❶ヤマアジサイの変種。山地に生え、高さ約70センチ。夏、周囲に数個の装飾花をもつ花をつける。葉は乾かすと甘みが出るので飲用にする。こあまちゃ。あまくさ。❷アマチャまたはアマチャヅルの葉を乾燥させて煎じ出した飲み物。4月8日の灌仏会(かんぶつえ)に、甘露になぞらえ釈迦像の頭に注ぎ、また飲む風習がある。(季 春)「ゆれ合へる一の杓をとりにけり/素十」

甘茶でかっぽれ塩茶でかっぽれ　俗謡「かっぽれ」の囃子詞(はやしことば)。「かっぽれかっぽれ」に続く文句。

あまちゃ-づる【甘茶×蔓】ウリ科の蔓性(つるせい)の多年草。山中に生え、巻きひげで他にからみつく。葉はふつう5枚の小葉からなり、複葉。雌雄異株。晩夏から初秋に黄緑色の小花をつける。果実は丸く、熟すと黒緑色。葉は乾かして甘茶にする。つるあまちゃ。

あま-ちゃん【甘ちゃん】考え方がしっかりしていない人。対応のしかたに厳しさの欠ける人。

アマチュア〘amateur〙芸術・スポーツなどを、職業としてではなく、趣味として愛好する人。愛好家。しろうと。アマ。⇔プロフェッショナル。
(類語)素人・アマ・ノンプロ・とうしろう

アマチュア-むせん【アマチュア無線】愛好者間で楽しむ、短波を用いた無線通信。開局には国の免許が必要。➡ハム

アマチュアリズム〘amateurism〙スポーツなどを、営利を目的とせず、趣味として純粋に愛好しようとする考え方。アマチュア精神。

アマチュア-レスリング〘amateur wrestling〙▶アマレス

あま-ちょろ・い【甘ちょろい】〔形〕「あまっちょろい」に同じ。「一・い意見」

あま-つ【天つ】〔連語〕《「つ」は「の」の意の格助詞》天の。天空の。➡国つ

あま-つ-おとめ【天つ▽少女】ーをとめ ❶天女。「富士のねの風にただよふ白雲を一が袖かとぞ見る」〈夫木・三五〉❷五節(ごせち)の舞姫。「豊の明り一の袖までも代々の跡をば返してぞみん」〈新葉・冬〉

あま-つ-かぜ【天つ風】大空を吹く風。「一雲の通ひ路吹き閉ぢよをとめの姿しばしとどめむ」〈古今・雑上〉

あま-つ-かみ【天つ神】高天原(たかまがはら)の神。また、その系列の神。「一は天の磐門(いはと)を押しひらきて」〈祝詞・六月晦大祓〉➡国つ神

あまつかみ-の-よごと【天つ神の▽寿▽詞】「中臣(なかとみ)の寿詞(よごと)」に同じ。

あまつくめ-の-みこと【天津久米命】日本神話の神。天孫降臨に際し、天忍日命(あまのおしひのみこと)とともに先駆けを務めた。久米直(くめのあたい)の祖神。

あま-づけ【甘漬(け)┆▽味漬(け)】❶塩を少なめにして漬けた漬物。❷浅漬け。

あまっ-こ【尼っ子】女子をののしっていう語。あまっちょ。

あまっ-さえ【▽剰へ】ーさへ〔副〕《「あまりさえ」の音変化》❶「あまつさえ」に同じ。「中納言、大納言に経^あがって一丞相(しょうじょう)の位に至る」〈平家・一〉❷驚いたことに。事もあろうに。「判官一封をもとかず、急ぎ時忠卿のもとへ送られけり」〈平家・一一〉

あまつ-さえ【▽剰え】ーさへ〔副〕《「あまっさへ」の「っ」を、促音でなく読んでできた語》別の物事や状況が、さらに加わるさま。多く、悪い事柄が重なるときに用いる。そのうえ。おまけに。「吹雪は止まず、一日も暮れてしまった」(類語)更に・然(しか)も・且つ・かてて加えて

あま-つ-しるし【天つ印┆天つ▽表】❶天上界にある、越えてはならない境界線。天の川のこと。「ひさかたの一と水無(みな)川へだてておきし神代し恨めし」〈万・二〇〇七〉❷(「天つ璽」と書く)天つ神の子であることを示す品。皇位のしるし。「長髄彦(ながすねひこ)、その一を見て、ますますおそれかしこまることを」〈神武紀〉

あま-つ-そら【天つ空】❶大空。天上の世界。また、手の届かない遠い所。「ひさかたの一にも住まなくに人はよそにぞ思ふべらなる」〈古今・恋五〉❷皇居。宮中。また、天皇。「言の葉を一まで聞こえあげ」〈古今・雑体〉❸心が落ち着かぬこと。うわのそら。「立ちて居てたどきも知らずあが心一なり土は踏めども」〈万・二八八七〉

あま-づた・う【天伝ふ】ーづたふ〔動ハ四〕《「あまつたう」とも》大空を伝い渡る。「ひさかたの一・ひ来る雪じも

の」〈万・二六一〉

あま-づたう【天伝ふ】(づたふ)〔枕〕「日」にかかる。「一日笠(ひがさ)の浦に波立てり見ゆ」〈万・一一七八〉

あまっ-たる・い【甘ったるい】〔形〕❶味や香りが度を超して甘い。嫌になるほど甘い。「一・いケーキ」❷声や態度が、ひどく甘えていると感じられる。「一・い声でささやきかける」❸性格や考え方がしっかりしていない。「そんな一・い考えでどうなる」㊎あまったるさ〔名〕㊎甘い・甘口(あまくち)・甘美(かんび)

あまっ-たれ【甘ったれ】〔名・形動〕ひどく甘えること。また、そのさまや、その人。「一な駄々っ子」

あまっ-た・れる【甘ったれる】〔動ラ下一〕かわいがってもらおうとして、ひどく甘える。また、自立心がなく、他人に頼る。「甘える」のよくない面を強調した言い方。「一・れた声」「一・れた気持ち」㊎甘える

あまっ-ちょ【尼っちょ】「尼っ子」に同じ。

あまっ-ちょろ・い【甘っちょろい】〔形〕性格や考え方などがいいかげんである。安易だ。あまちょろい。「一・い考え方」㊎あまっちょろさ〔名〕
㊎甘い・手ぬるい・生ぬるい・安易・いいかげん

あま-つ-つみ【天つ罪】❶天上界で素戔嗚尊(すさのおのみこと)が犯した畔放(あはなち)ちのような、農耕と祭りに関する罪。「許多(ここだく)の罪を一と法別(のりわ)けて」〈祝詞・六月晦大祓〉➡国つ罪 ❷朝廷の命令による罰。「恭(つつし)みて一を行へ」〈継体紀〉

あま-つ-のりと【天つ祝-詞】祝詞を褒めたたえていう語。「一の太祝詞事(ふとのりとごと)を宣(の)れ」〈祝詞・六月晦大祓〉

あま-つばめ【雨×燕】❶アマツバメ目アマツバメ科の鳥の総称。ツバメに似るが、大形で、翼が著しく長く、体が細長い。全体に黒褐色で、腰が白い。アマツバメ・ハリオアマツバメ・アナツバメなど。主に暖帯から熱帯にかけて分布。❷アマツバメ科の鳥。全長約20センチ。日本では夏鳥として断崖(だんがい)などで繁殖し、冬に東南アジア、オーストラリアへ渡る。あまくろつばめ。あまどり。(季 夏)「一雲の遠(をち)より明けそめて/たかし」

あまつひこひこほのににぎ-の-みこと【天津彦彦火瓊瓊杵尊】►瓊瓊杵尊(ににぎのみこと)

あま-つ-ひつぎ【天つ日▽嗣】皇位を継承すること。また、皇位。あまのひつぎ。「天つ神の御子の一知らしめす」〈記・上〉

あま-つぶ【雨粒】雨滴。あめつぶ。
㊎雨垂れ・余滴

あま-つ-みず【天つ水】(づ) ㊀〔名〕天の水。天から降る水。雨。「みどり子の乳乞ふがごとく一仰ぎてそ待つ」〈万・四一二二〉㊁〔枕〕日照りに雨を待ち望む意から、「仰ぎて待つ」にかかる。「一仰ぎて待つに」〈万・一六七〉

あま-つ-やしろ【天つ社】天つ神を祭った神社。「一、国つ社と」〈祝詞・祈年祭〉

あま-づら【▽安摩面】舞楽「安摩」の答舞「二の舞」に用いる腫面(はれおもて)の女面。また、器物の取っ手などで、それをかたどったもの。

あま-でら【尼寺】❶尼僧の住む寺。比丘尼寺(びくにでら)。❷カトリックで修道女が住む修道院。

あまでら-ごさん【尼寺五山】室町時代に、禅宗五山の制度にならって定められた、京都と鎌倉の各5か所の禅宗の尼寺。京都の景愛寺・通玄寺・檀林(だんりん)寺・護念寺・恵林(えりん)寺、鎌倉の東慶寺・太平寺・国恩寺・護法寺・禅明寺。明治以後は廃止。尼五山。

あまてら◦す【天照らす】〔連語〕《「す」は尊敬の助動詞。古くは「あまでらす」とも》❶天に光り輝いておいでになる。「一◦す神の御代より」〈万・四一二五〉❷天下を治めていらっしゃる。「平らけく安らけく一◦し治め聞こしめす故は」〈三代実録・三八〉

あまてらす-おおみかみ【天照大神┊天照大御神】(おほみかみ) 日本神話で、高天原(たかまがはら)の主神。伊弉諾尊(いざなぎのみこと)の娘。太陽神であり、また、皇室の祖神として伊勢神宮の内宮に祭られている。大日孁貴(おおひるめのむち)。あまてるかみ。

あま-て・る【天照る】〔動ラ四〕空に光る。天に輝く。「ひさかたの一・る月の隠りなば何になそへて妹を偲はむ」〈万・二四六三〉

あまてる-かみ【天照神】天照大神(あまてらすおおみかみ)の異称。

あま-ど【雨戸】窓や縁側などの外側に立てる戸。風雨を防ぎ、また防犯のためのもの。

あま-どい【雨×樋】(どひ) 雨水を軒先で受けて地上に流すために取り付ける細長い樋。

あま-とう【甘党】(タウ) 酒よりも、甘い菓子類を好む人。㊀辛党(からとう)。

あま-どうふく【雨胴服】「雨羽織(あまばおり)」に同じ。

あま-どころ【甘野=老】ユリ科の多年草。山野に生え、高さ40〜70センチ。茎を斜めに出し、長楕円形の葉を互生する。初夏、緑白色で筒形の花を下向きにつける。根茎はトコロに似て甘みがある。萎蕤(いずい)。えみぐさ。

あま-と・ぶ【天飛ぶ】〔動バ四〕大空を飛ぶ。「ひさかたの一・ぶ雲にありてしか君をあひ見む落つる日なしに」〈万・二六七六〉

あまとぶ-や【天飛ぶや】〔枕〕❶空を飛ぶ雁の意から「かり」、また地名の「かる」にかかる。「一軽(かる)の路(みち)は」〈万・二〇七〉❷うち振る領巾(ひれ)が空飛ぶ雲に似るところから、「ひれ」にかかる。「ひさかたの天の川原に一領巾片敷き」〈万・一五二〇〉

あま-な【甘菜】ユリ科の多年草。日当たりのよい原野に生える。卵形の鱗茎(りんけい)から広線形の葉が2枚出る。春、約20センチの茎の先に白い花を1個開く。鱗茎を食用とする。むぎぐわい。まつばゆり。

あま-な・う【▽和ふ┊甘なふ】(なふ)〔動ハ四〕❶同意する。承知する。「しかれども、玖賀媛(くがひめ)一・はず」〈仁徳紀〉❷甘んじて受け入れる。与えられたものに満足する。「清貧を一・ひて」〈読・雨月・菊花の約〉❸人の心に合うようにする。機嫌をとる。「言(こと)ヲ一・イ面ヲヘツラウ」〈日葡〉

あま-なつ【甘夏】大分県で改良された、ナツダイダイの変種。酸味が少なく甘い。甘夏柑(あまなつかん)。

あま-なっとう【甘納豆】アズキ・ササゲ・インゲンマメなどの豆を糖蜜で煮詰め、砂糖をまぶした菓子。

あま-に【甘煮】甘く煮ること。また、甘く煮た物。

あま-に【亜麻仁】アマの種子。あまにん。

あまに-ゆ【亜麻仁油】アマの種子から絞った乾性油。黄色、半透明で、空気中で固まり、耐水性が強い。塗料・ワニス・印刷インキなどの原料。あまにんゆ。

あま-にゅう【甘にゅう】セリ科の多年草。本州中部以北の山地に自生。高さ2〜3メートル。葉は三つに裂けていて、それぞれは卵状三角形をしている。夏、多数の白い小花が集まって咲く。茎に甘みがある。

あま-にゅうどう【尼入道】(ニフダウ) 在家のまま剃髪(ていはつ)して仏門に入った女性。尼女房。

あまねく【▽遍く┊▽普く】〔副〕《形容詞「あまねし」の連用形から》もれなくすべてに及んでいるさま。広く。一般に。「世間に一知れわたる」
㊎概して・総じて・一般・大抵・普通・全般に・多く・おしなべて・おおむね・大概・通例・通常・一体に・総体・およそ・広く

あまね・し【▽遍し┊▽普し】〔形ク〕すみずみまで広く行き渡るさま。残すところがないさま。くまない。「改め変はる事なく、一・き親心に仕うまつり給ふにも」〈源・匂宮〉

あまの【天野】大阪府河内長野市の地名。天野山金剛寺がある。

あま-の【天の】〔連語〕❶天(てん)の。❷高天原(たかまがはら)の。❸神聖な。補説「あめの」より古く、熟合度が高いが、語によっては「あめの」と読まれるものもある。➡天(あめ)の

あま-の-いのち【天の命】天から授かった大切な命。「さてもさても危ない目に逢うた、一を拾うた」〈謡・夜討曽我〉補説「天命(てんめい)」を訓読みにした語か。

あま-の-いわと【天の岩戸┊天の×磐戸】(いはと) 天の岩屋の堅固な戸。高天原(たかまがはら)の入り口にあったという。天の岩屋戸。「一を引き開け天(あめ)の八重雲を排分(おしわ)け」〈神代紀・下〉

あまのいわとわけ-の-かみ【天石門別神】(あまのいはとわけのかみ) 日本神話で、天照大神(あまてらすおおみかみ)が隠れた天(あま)の岩戸を神格化した神。または、岩戸の守護神。櫛石窓(くしいわまど)の神。豊石窓(とよいわまど)の神。

あま-の-いわふね【天の岩船┊天の×磐船】(いはふね) ❶日本神話で、空中を飛ぶ石の船。❷天の川に浮かぶという空想上の船。

あま-の-いわや【天の岩屋】(いはや) 高天原(たかまがはら)にあったという岩室。天照大神(あまてらすおおみかみ)が弟素戔嗚尊(すさのおのみこと)の乱暴な行いに怒り、こもったとされる。「一に入りまして、磐戸(いはと)を閉(さ)してこもりましぬ」〈神代紀・上〉

あま-の-いわやど【天の岩屋戸】(いはやど)「天の岩戸(いわと)」に同じ。

あま-の-うきはし【天の浮き橋】高天原(たかまがはら)と地上との間に架かっていたという橋。「一の上に立たして」〈神代紀・上〉

あまのうずめ-の-みこと【天鈿女命┊天宇受売命】日本神話で、天照大神(あまてらすおおみかみ)が天(あま)の岩屋に隠れた際、その前で踊り、大神を誘い出した女神。天孫降臨に五伴緒神(いつとものおのかみ)として従い、天の八衢(やちまた)にいた猿田彦神に道案内をさせた。猿女君(さるめのきみ)の祖神。

あまのおしひ-の-みこと【天忍日命】日本神話の神。天孫降臨に際し、天津久米命(あまつくめのみこと)とともに先駆けを務めた。大伴氏の祖神。

あまのおしほみみ-の-みこと【天忍穂耳尊】日本神話で、瓊瓊杵尊(ににぎのみこと)の父。天照大神(あまてらすおおみかみ)と素戔嗚尊(すさのおのみこと)が誓約(うけい)をしたときに生まれた神。正哉吾勝勝速日(まさかあかつかちはやひ)天忍穂耳尊。

あま-の-おもて【▽安摩の面】❶舞楽「安摩」に用いる仮面。長方形の厚紙に薄絹を張り、墨で様式化した人の顔を描いたもの。➡蔵面(ぞうめん) ❷矢羽根の斑(ふ)の一。上に黒い山形、下に黒いうろこ形の斑のあるワシの白羽。あまのめ。

あま-の-かぐやま【天香山┊天香具山】㊀高天原(たかまがはら)にあったといわれる山。㊁奈良県橿原(かしはら)市の山。標高152メートル。畝傍(うねび)山・耳成(みみなし)山とともに大和三山の一。香具山。あめのかぐやま。歌枕「大和には群山あれどとりよろふ一」〈万・二〉

あまのかるも【海人の刈藻】㊀平安末期から鎌倉初期にかけて成立した物語。4巻。作者不詳。権大納言と藤壺の女御との悲恋を描く。㊁大田垣蓮月(おおたがきれんげつ)の歌集。明治3年(1870)発表。閑雅な詩境が平明に歌われている。

あま-の-がわ【天の川┊天の河】(がは) 晴れた夜空に帯状に見える無数の恒星の集まり。夏から秋に最もよく見える。中国の伝説に、牽牛星(けんぎゅうせい)と織女星(しょくじょせい)とが7月7日にこの川を渡って、年に一度だけ出会うという。銀河。銀漢。雲漢。天漢。河漢。(季 秋)「荒海や佐渡に横たふ一/芭蕉」

あまのがわ【天の川】(あまのがは) 俳句雑誌。大正7年(1918)創刊、昭和36年(1961)廃刊。富安風生・横山白虹らが出た。昭和10年ころより無季俳句、戦後は口語俳句運動を推進。

あまの-がわ【天野川┊天之河】(がは) 大阪府交野(かたの)・枚方(ひらかた)両市域を流れる川。淀川に注ぐ。また、その川沿いにあった枚方市禁野付近の地名。歌枕「一遠き渡りになりにけり交野のみのの五月雨(さみだれ)のころ」〈続後撰・夏〉

あまのがわ-ぎんが【天の川銀河】(あまのがは) 銀河系のこと。「天の川」は地球から銀河系の内側を見た眺め。➡銀河系

あま-の-かわら【天の河-原】(かはら) ❶天の川の河原。「霞立つ一に君待つとい行きかへるに裳の裾ぬれぬ」〈万・一五二八〉❷高天原(たかまがはら)にある天安河(あまのやすかわ)の河原。「ひさかたの一に八百万(やほよろづ)千万神の神集(かむつど)ひ」〈万・一六七〉◆地名別項。

あまのかわら【天の河原】(あまのかはら) 大阪府枚方(ひらかた)市禁野の古称。また、そこを流れる天野川の古称。

あま-の-こ【海=人の子】❶漁師の娘。「漁(すなど)りする一どもと人は言へど見るに知らえぬ良人(うまひと)の子と」〈万・八五三〉❷《船上で世を過ごすところから》遊女。「白浪の寄するなぎさに世を過ぐす一なれば宿も定めず」〈和漢朗詠・下〉

あまのこやね-の-みこと【天児屋命】日本神話で、

天照大神あまてらすおおみかみが天の岩屋に隠れたとき、祝詞のりとを奏した神。天孫降臨に従った五伴緒神いつとものおのかみの一。中臣なかとみ氏・藤原氏の祖神。

あま-の-さかて【天の逆手】まじないをするときに、普通とは違った打ち方をする柏手かしわで。具体的な打ち方は未詳。「—を打ちてなむ呪のろひ居をるなる」〈伊勢・九六〉

あま-の-さかほこ【天の逆×鉾】「天の瓊矛ぬぼこ」の後世の呼び名。

あま-の-さぐめ【天探女】天照大神あまてらすおおみかみの命で天稚彦あめわかひこの問責に来た雉きじを、天稚彦に射殺させた邪心の女神。後世の「あまのじゃく」はこの女神のことともいう。

あまの-ざけ【天野酒】天野山金剛寺でつくられた酒。中世以降品質のよいことで有名だったが、明暦年間(1655〜1658)に製造を中止。昭和46年(1971)に地元の酒造業者が復活させた。

あま-の-ざこ【天の▽邪▽鬼】「あまのじゃく」に同じ。〈日葡〉

あまの-さだかげ【天野信景】[1663〜1733]江戸中期の国学者。尾張藩士。随筆に「塩尻」がある。

あま-の-じゃく【天の邪▽鬼】《❷が原義》❶わざと人に逆らう言動をする人。つむじまがり。ひねくれ者。❷民間説話に出てくる悪鬼。物まねがうまく、他人の心を探るのに長じる。あまんじゃく。❸毘沙門天びしゃもんてんの鎧よろいの腹の辺りにある鬼の面。また仏像で、仁王などの仏法守護神に踏みつけられている小鬼。

あま-の-じゃこ【天の邪▽鬼】「あまのじゃく」に同じ。「一重きに耐へし我が身も音をこそ泣かめ人は恨みじ」〈仮・仁勢物語・下〉

あまの-そうほ【天野宗歩】[1816〜1859]江戸末期の棋士。江戸の人。11代大橋宗桂に入門。近代将棋の定跡の基礎を築いた。七段。後世、棋聖と仰がれる。著に定跡集「将棋精選」がある。

あまのたぢからお-の-みこと【天手力男命】あまのたぢからをのみこと 日本神話で、天照大神あまてらすおおみかみの隠れた天の岩屋の戸を手で開けた大力の神。天孫降臨に従った。

あまの-だる【天野×樽】❶天野酒を入れた、片側に柄のついた樽。❷柄樽えだるのこと。

あまの-ていゆう【天野貞祐】テイイウ [1884〜1980]哲学者・教育者。神奈川の生まれ。京大教授。一高校長・文相などを歴任。カントの「純粋理性批判」を訳す。著「道理の感覚」など。

あま-の-と【天の戸|天の▽門】❶「天の岩戸」に同じ。「ひさかたの—開き高千穂の岳に天降あもりし」〈万・四四六五〉❷日月の渡る空の道。大空。「秋風に声をほにあげて来る舟は—渡る雁かりにぞありける」〈古今・秋上〉❸天の川の川門かわと。「たなばたの—渡る今宵さへ遠方おちかた人のつれなかるらむ」〈後撰・秋上〉

あまのとこたち-の-かみ【天常立神】日本神話で天地ができる時、天空に生じたという神。天常立尊。➡国常立尊くにのとこたちのみこと

あま-の-ぬぼこ【天の×瓊矛】日本神話で、伊弉諾いざなぎ・伊弉冉いざなみの二神が国産みに用いたという、玉で飾った矛。あまのさかほこ。「すなはち—を賜ふ」〈丹鶴本神代紀・上〉

あま-の-はごろも【天の羽衣】❶天人が着て空を飛ぶという、軽く美しい衣。「天人の中に持たせたる箱あり。—入れり」〈竹取〉❷天皇が大嘗会だいじょうえなどの祭事で沐浴もくよくするときにつける湯かたびら。

あまのはしだて【天橋立】京都府北部、日本海の宮津湾にある砂嘴さし。全長約3.3キロ、幅40〜100メートル。これに区切られてできた潟湖を阿蘇あそ海とよぶ。日本三景の一。砂嘴にある磯清水は、古来歌に詠まれた名水。北岸の成相なりあい山中腹に股またのぞきで知られる傘松公園がある。[歌枕]「恋ひわたる人に見せばや松の葉のしたもみぢする—」〈金葉・恋下〉

あま-の-はら【天の原】㊀〔名〕❶広々とした大空。「—ふりさけ見れば大君の御寿みいのちは長く天足らしたり」〈万・一四七〉❷日本神話で、天上界のこと。高天原たかまがはら。「—石門いわとを開き神上がり」〈万・一六七〉㊁〔枕〕「富士」にかかる。「—富士の柴山木の暗くれの」〈万・三三五五〉

あまのふとだま-の-みこと【天太玉命】➤太玉命ふとだまのみこと

あまのほあかり-の-みこと【天火明命】日本神話で、天忍穂耳尊あまのおしほみみのみことの子。尾張連おわりのむらじの祖神。

あまのほひ-の-みこと【天穂日命】日本神話で、天照大神あまてらすおおみかみの子。天孫降臨に先立って、葦原あしはらの中つ国に遣わされたが、大国主命に味方して復命しなかった。出雲国造いずものくにのみやつこらの祖神。天菩比神。

あまのみくまり-の-かみ【天水分神】➤水分神みくまりのかみ

あまのみなかぬし-の-かみ【天御中主神】日本神話で、天地開闢かいびゃくのとき、高天原たかまがはらに最初に出現した神。造化の三神の一。中国で天の中心にいるという元始天尊の思想からつくられたとされる。

あまのみはしら-の-かみ【天御柱神】国御柱神くにのみはしらのかみとともに、奈良県生駒いこま郡三郷町にある竜田大社の祭神。風神。

あま-の-むらくものつるぎ【天叢雲剣】三種の神器の一。日本神話で、素戔嗚尊すさのおのみことが出雲国の簸川ひのかわ上流で八岐大蛇やまたのおろちを退治したときに、その尾から出たという剣。のちに、熱田神宮に祭られる。別称、草薙剣くさなぎのつるぎ。➡草薙剣

あまのや-りへえ【天野屋利兵衛】リヘヱ [?〜1727]江戸中期の大坂商人。赤穂義士のために武具を準備して助け、追放になったといわれる。「仮名手本忠臣蔵」では天川屋義平。

あま-のり【甘海=苔】ウシケノリ科アマノリ属の紅藻の総称。アサクサノリ・スサビノリなど。冬から春、海水のかかる岩の上に生える。紫紅色で平たい。食用。

アマパ〖Amapá〗ブラジル北部、アマゾン川河口左岸にある州。マンガンが採掘される。州都はマカパ。

あま-ばおり【雨羽織】雨降りのときに着る、ラシャ・木綿などの羽織。雨胴服あまどうぶく。

あま-ばかま【雨×袴】雨降りのときにはく袴。油をひいた絹または紙で作った。

あま-はけ【雨×捌け】雨水がたまったり詰まったりせずに流れること。「—がよい」

あま-ばしり【雨走り】近世、兜かぶとの眉庇まびさしのこと。

あま-はだ【甘肌】❶木や果実の甘皮。❷舟・桶などの水漏れを防ぐ材として用いる檜ひのきなどの薄い皮。槙肌まいはだ。

あまはた-いし【雨畑石】山梨県南巨摩郡早川町雨畑で産する黒色の粘板岩。硯すずりにする。

あまはらし-かいがん【雨晴海岸】富山県高岡市と氷見ひみ市の境にある海岸。富山湾に臨み、岩礁がんしょう・白砂青松の続く景勝地で万葉集にも詠まれる。夏は海水浴場となる。近くの桜谷の丘には国指定史跡の桜谷古墳がある。能登半島国定公園の一部。名は、源義経主従の一行が奥州に落ちのびる時、にわか雨にあい、晴れるのを待ったという伝説から。

あま-びこ【天×彦】やまびこ。こだま。一説に、天人とも。「—よ雲のまがきに言づてん恋の蛍は燃え果てぬべし」〈夫木・八〉

あま-びこ【雨×彦】《雨後に出てくるところから》ヤスデの古名。「いなごまろ、—なむなど付けて、召し使ひ給ひける」〈堤・虫めづる姫君〉

あまびこ-の【天×彦の】〔枕〕「おと」にかかる。「—音羽おとわの山の」〈古今・雑体〉

あま-びたい【尼額】ビタヒ 髪を尼削あまそぎにしたときの額。「さだ過ぎたる—の見つかぬに」〈源・手習〉

あま-ひめぎみ【尼姫君】浜松中納言物語の登場人物。左大将の長女で、中納言と結婚、女児を産む。のち、夫が唐へ渡っているうちに出家し尼となる。

あま-ぶた【雨蓋】❶雨よけのために設ける覆い。塀の笠木かさぎの類。❷洋服のポケットの口を覆う垂れ蓋。フラップ。

あまぶた-がわら【雨蓋瓦】がはら 屋根の隅棟すみむねの端で瓦の合する所を覆う瓦。

あま-ぶね【海=人舟】漁師の乗る舟。「鮪しび釣ると—騒き塩焼くと人そ多さはにある」〈万・九三八〉

あま-べ【余▽戸】「あまりべ」に同じ。

あま-べ【▽海▽部|海=人▽部】上代、海産物を上納し、航海技術をもって朝廷に仕えた部民。阿曇連あずみのむらじの領有支配を受け、淡路・阿波・吉備・紀伊などにいた。➡山部

あま-ほうし【尼法師】ホフシ 出家した女性。尼。尼僧。

あま-ぼし【甘干し】❶甘くするために、渋柿の皮をむいて少し日に干すこと。また、その柿。甘干し柿。(季 秋)❷魚を生干しにしたもの。

あま-ま【雨間】雨が降りやんでいる間。あまあい。「—というものがすこしもなく」〈藤村・夜明け前〉

あままゆ-の-くるま【雨眉の車】屋形の軒が唐破風からはふに似たつくりの牛車ぎっしゃ。上皇・親王・摂政・関白などが、直衣のうしを着たときに乗る。雨庇車あまびさしのくるま。

あま-み【甘み|甘味】❶甘い味。甘さの程度。甘さ。「この梨は—がある」❷甘い味の食べ物。特に菓子。かんみ。「—に目がない」[補説]「味」は当て字。

[類語]甘味かんみ・甘口・甘い

あまみ【奄美】㊀鹿児島県、奄美大島にある市。大島紬おおしまつむぎの主産地。黒糖焼酎造りも盛ん。平成18年(2006)3月に名瀬市・住用村・笠利町が合併して成立。旧笠利町は龍郷たつごう町をはさんだ飛び地。人口4.6万(2010)。㊁「奄美群島」「奄美大島」の略。

あまみ-おおしま【奄美大島】オホシマ 奄美群島の主島。➡大島㊃

あまみきゅ 沖縄の開闢かいびゃく神話に登場する始祖神。女神。男神「しねりきゅ」とともに天降り、沖縄の国土を形成。また、海のかなたの楽土「ニライカナイ」から稲の種子をもたらし、栽培法を伝えたとされる。

あまみ-ぐんとう【奄美群島】グンタウ 鹿児島県薩南諸島の南部を占める島々。大島を主島として、喜界きかい島・徳之島・沖永良部おきのえらぶ島・与論よろん島などからなる。古くは大陸や琉球との交易の要路。慶長14年(1609)に琉球領から島津領となった。第二次大戦後の約8年間は米軍の軍政下に置かれ、昭和28年(1953)、日本に復帰。奄美諸島。

あまみぐんとう-こくていこうえん【奄美群島国定公園】グンタウコクテイコウヱン 鹿児島県、奄美群島に広がる国定公園。奄美大島南部のリアス式海岸・喜界きかい島の隆起サンゴ礁地形・沖永良部おきのえらぶ島の鍾乳洞群・与論よろん島の海岸地形などさまざまな地形がみられる。

あまみ-し【奄美市】➤奄美㊀

あまみ-しょとう【奄美諸島】シヨタウ ➤奄美群島

あま-みず【雨水】ミヅ 降る雨の水。また、雨が降ってたまった水。天水てんすい。うすい。

あま-みそ【甘味×噌】塩を少なめにした味噌。⇔辛味噌からみそ。

あま-みだい【尼▽御台】「尼御台所あまみだいどころ」の略。

あま-みだいどころ【尼▽御台所】大臣・大将・将軍の妻で、出家した人。

あまみ-どころ【甘味所|甘味▽処】➤かんみどころ

あまみ-の-くろうさぎ【×奄美の黒×兎】ウサギの一種。ウサギ科の中では最も原始的な種類。体長約45センチ。耳は小さく、毛色は黒褐色。穴居性で夜間活動する。奄美大島と徳之島の特産で、特別天然記念物。

あまみ-はぎ【火=斑剝ぎ】《「あまみ」はたき火にあたって足にできる斑点のこと》東北・北陸地方の正月行事。小正月に、鬼などの姿をした若者が各戸を回り、火にあたってばかりいる怠け者をいさめたり、子供をおどしたりするもの。秋田のなまはげも同系統の行事。あまめはぎ。(季 新年)

あま-みや【尼宮】出家して仏門に入った皇女。「故朱雀院の、とりわきてこの—の御事をば聞こえおかせ給ひしかば」〈源・宿木〉

あま-め【甘め】〔名・形動〕❶甘さがやや強いこと。また、そのさま。「—に味をつける」❷判定の基準や物事の度合いがややゆるいこと。また、そのさま。「—のカーブをねらい打つ」「—な採点」

あま-も【甘藻】ヒルムシロ科の多年草。砂の多い浅い海底に群生。根茎に甘みがある。茎は扁平で枝が分かれ、淡緑色。葉は線形で長さ0.5〜1メートル。初夏、へら状のさやの中に雄花と雌花が交互に並ん

でつく。莕(あさざ)は黄色。藻塩草(もしおぐさ)。味藻(あじも)。うみやなぎ。竜宮の乙姫の元結(もとゆい)の切り外し。

あま-もや【雨×靄】雨降りのときに立ちこめる靄。

あま-もよ【雨▽催】「あめもよ」に同じ。

あま-もよい【雨▽催い】(もよひ) 今にも雨が降りだしそうな空のようす。雨模様。あめもよい。

あま-もよう【雨模様】(もやう)「あめもよう」に同じ。

あま-もり【雨漏り】〔名〕(スル) 雨水が屋根の穴などから漏れて家の中に滴り落ちること。(類語)水漏れ・漏水

あまもり-ぢゃわん【雨漏り茶×碗】高麗(こうらい)茶碗の一。長年使っているうちに茶が釉(うわぐすり)の気泡にしみ込んでできた、紫鼠色のしみがあるもの。雨漏り手。

あま-やか【甘やか】〔形動〕図〔ナリ〕甘い感じのするさま。「―な声」

あまやか・す【甘やかす】〔動サ五(四)〕子供などを厳しくしつけないで、わがままにさせておく。「末っ子を―・して育てる」(類語)ちやほやする

あま-やどり【雨宿り】〔名〕(スル) 雨を避けるために、軒下などにしばらく身を寄せること。

あま-やみ【雨▽止み】❶雨が降りやむこと。「一人の下人が、羅生門の下で―を待っていた」〈芥川・羅生門〉❷雨のやむのを待つこと。雨宿り。

あま・ゆ【甘ゆ】〔動ヤ下二〕「あまえる」の文語形。

あま-よ【雨夜】雨の降る夜。

あま-よけ【雨▽除け|雨▽避け】❶雨にぬれるのを防ぐために覆いにするもの。あまおおい。「―の天幕」❷雨宿り。

あまよ-の-しなさだめ【雨夜の品定め】源氏物語の帚木(ははきぎ)の巻で、五月雨の一夜、光源氏や頭中将(とうのちゅうじょう)たちが女性の品評をする場面。雨夜の物語。また一般に、人物を品評すること。

あまよ-の-つき【雨夜の月】雨雲に隠れた月。想像するだけで目には見えないもののたとえ。

あまよ-の-ほし【雨夜の星】雨雲に隠れた星。あっても見えないもの、めったにないもののたとえ。

あま-より【甘×縒り】糸などの縒りがよくかかっていないこと。また、その糸。

あま-よろこび【雨喜び】ひでり続きに雨が降ったのを喜び、仕事を休んで祝うこと。雨降り正月。雨祝い。あめよろこび。

アマランサス〖(ラテン) Amaranthus〗►アマランス❶

アマランス〖amaranth〗❶ヒユ科ヒユ属の植物の総称。特にそのうちのハゲイトウをさす。アマランサス。❷酸性アゾ染料で、酸溶液に溶けて紫色または淡紅色になるもの。羊毛・絹の染色、食料品の着色などに使用。

アマランテ〖Amarante〗ポルトガル北部の都市。市街を流れるタメガ川にかかる石造橋が有名。縁結びで知られる守護聖人ゴンサーロを祭るサンゴンサーロ教会があり、毎年6月に良縁を求める女性で賑わうサンゴンサーロ祭が催される。

あまり【余り】㊀〔名〕❶使ったり処理したりしたあとになお残ったもの。残り。余剰。「―の布切れ」「シチューの―を冷凍する」❷割り算で割り切れずに残った数。❸(感情などを表す連体修飾語を上に付けて副詞的に用いる)程度がはなはだしくて引き起こされた結果として。「うれしさの―に涙が出る」「案件の成立を急ぐ―委員会が混乱した」㊁〔形動〕図〔ナリ〕❶程度のはなはだしいさま。予想を超えているさま。「値段が―に高い」「―な剣幕に恐れをなす」❷話にならないほど度が過ぎてひどいさま。あんまり。「―な仕打ちに怒る」㊂〔副〕❶度を越しているさま。過度に。あんまり。「―勉強するとからだを壊すよ」❷(あとに打消しの語を伴って)特に取り立てていうほどでないさま。それほど。あんまり。「―出来はよくない」㊃〔接尾〕❶数量を表す語に付いて、それよりも少し多い意を表す。以上。「百名―の従業員」❷(「余り」のあとにもさらに数詞がきて)その数にあとの数だけ余分に加わっているという意を表す。「二十日(はつか)―八日。よもすがら雨やまず」〈土佐〉

(類語)㊀(1)残り・残余・余剰・剰余・余分・余計・端数・おこぼれ/㊁(1)度外れ・桁(けた)外れ・桁違い・極度・異常・法外・箆棒(べらぼう)・途方もない・途轍(とてつ)もない/㊂(1)過度に・やたらに・むやみに/㊂(2)大して・さほど・さして・さまで・そう・それほど・そんなに・さしたる

余りと言えば 程度がひどいさま。常識を超えてひどく。あまりにも。「―厳しい仕打ち」

余り物に福がある 「残り物に福がある」に同じ。

アマリアス-おおどおり【アマリアス大通り】(おほどほり)〖Leoforos Amalias〗ギリシャの首都アテネの中心部にある大通り。アテネ国立庭園に面し、北のシンタグマ広場および無名戦士の墓から、南のハドリアヌスの門までを結ぶ。

あまり-あ・る【余り有る】〔連語〕❶さらに十分な余裕がある。十分である。「功績が過失を償って―・る」❷どんなに…してもまだ十分でない。「彼の死は惜しんでも―・ることだ」

アマリーナウ〖Amalienau〗ロシア連邦西部の都市カリーニングラードの一地区。市街中心部の西側の高台に位置する。第二次大戦中、大きな被害を受けなかったため、プロイセン時代の古い街並みが残る。

アマリエンボー-きゅうでん【アマリエンボー宮殿】〖Amalienborg Slot〗デンマークの首都、コペンハーゲンにあるロココ様式の宮殿。1760年建造。94年、王室の居城だったクリスチャンスボー城が炎上し、同宮殿に移転。クリスチャン8世宮殿、フレデリック8世宮殿、クリスチャン7世宮殿、クリスチャン9世宮殿があり、クリスチャン8世宮殿を博物館として一般公開している。

あまり-ごと【余り事】余分なこと。また、分に過ぎたこと。「―をぞ思ひてのたまふ」〈源・真木柱〉

あまり-さえ【▽剰へ】(さへ)〔副〕《「さえ」は副助詞》「あまつさえ」に同じ。「―疫癘(えきれい)うち添ひて」〈方丈記〉

あまり-ちゃ【余り茶】茶筒に使い残した茶。また、茶碗に飲み残した茶。「―には福がある。呑んでお休みなされ」〈浄・盛衰記〉

あまり-べ【余り▽戸】律令制下の村落制度で、50戸を「里」としたとき、それに満たない小集落。あまべ。あまるべ。

あまり-もの【余り物】❶不必要になった物。いらない物。❷食べ残した物。残り物。

あまり-もの【余り者】まわりの人からもてあまされている者。邪魔者。厄介者。

あま-りょう【雨▽竜|×螭▽竜】中国の想像上の動物。竜の一種。トカゲに似た大きなからだで、角はなく、尾が細長い。全身青黄色という。あまりゅう。

アマリリス〖amaryllis〗❶ヒガンバナ科ヒペアストルム属の植物を交配した園芸品種の総称。花の色は赤・淡紅・白色、縞(しま)模様などがある。暖地では夏に開花。南アメリカの原産。ジャガタラずいせん。(季 夏)「温室(むろ)ぬくし女王の如き―/久女」❷ヒガンバナ科ベラドンナ属の多年草。一属一種。葉は広線形で、叢生(そうせい)。9月ごろ、芳香のある淡紅色の6弁花を数個つける。南アフリカの原産で、観賞用。本アマリリス。(季 夏)

アマル〖(アラビア) Amal〗《希望の意》レバノンのイスラム教シーア派の政治・軍事組織。1975年にムーサー=サドルによって結成された。

あま・る【余る】〔動ラ五(四)〕❶多すぎて残りが出る。使いきれずに残る。「―・った小遣いは貯金する」「人手が―・る」❷(多く「…にあまる」の形で)㋐数量などがある基準を超える。「身の丈六尺に―・る大男」「五万人に―・る観客」㋑程度や力などが、ある程度以上にはなはだしくなる。「勢い―・って転倒する」「目に―・る言動」「身に―・る重責」❸割り算で、割り切れないで残りが出る。❹いっぱいになってあふれる。「忍び給へど、御袖より(涙ガ)―・るも、所せうなむ」〈源・須磨〉

(用法)あまる・のこる――「余る」はある基準の量を超えて何かがあること。「旅館の支払いが済んでも金が余る」「身に余る光栄」「自分の手に余る難しい問題」「一〇を三で割ると三が立って一が余る」などと用いる。◇「残る」は、なくならないで、まだある場合に用いる。「金が使いきれずに残る」「十分考えたが、まだ疑問が残っている」「一〇から八引くと二残る」◇「御飯のおかずが余った」は、四人の食事に六人分のおかずがあって食べきれなかったというような場合。四人分用意されていたのに、全部は食べきれなかったときは「おかずが残った」となる。

(類語)残す・余す・浮かす

アマルガム〖amalgam〗❶水銀と他の金属との合金。白金・鉄・コバルト・ニッケル・マンガンなどを除く、ほとんどの金属と合金を作る。汞和金(こうわきん)。❷融合したもの。入りまじったもの。

アマルガム-ほう【アマルガム法】(ハフ) 鉱石中に含まれる金や銀を水銀とのアマルガムにして抽出し、のち水銀を蒸発させて金や銀を回収する製錬法。混汞法(こんこうほう)。

アマルテア〖Amalthea〗木星の第5衛星で、すべての衛星のうち3番目に木星に近い軌道を回る。1892年に発見。名の由来はギリシャ神話の女神。氷と岩石による非球形の塊。平均直径は約190キロ。

アマルナ-もんじょ【アマルナ文書】〖Amarna letters〗エジプトのテル-エル-アマルナにあるアメンホテプ4世(イクナートン)の王宮跡で発見された約370枚の粘土板文書。前14世紀、メソポタミア・シリア地方の諸国王から送られた書簡で、当時の国際語であるアッカド語で書かれ、世界最古の外交文書とされる。

アマルフィ〖Amalfi〗イタリア南部、カンパニア州の小都市。ソレント半島南岸に位置し、世界遺産に登録されたアマルフィ海岸の観光拠点として知られる。東ローマ帝国の宗主権下における海洋都市国家アマルフィ公国が、10世紀から11世紀にかけて地中海貿易を支配して発展したが、12世紀のノルマン人支配により衰退。イタリア半島で最も早く製紙法が伝わったため、13世紀に製紙業が始まり、現在も特産品として手漉(てす)き紙が知られる。

アマルフィ-かいがん【アマルフィ海岸】〖Costiera Amalfitana〗イタリア南部、ソレント半島南岸のソレントからサレルノまでの約30キロメートルにおよぶ海岸。複雑な海岸線、垂直に海に落ち込む断崖で知られる。ノルマン様式の大聖堂と鐘楼が残る天然の良港アマルフィ、高級リゾート地ポジターノなどの小さな町が海岸線に点在する。1997年、世界遺産(文化遺産)に登録された。アマルフィターナ海岸。

アマルフィターナ-かいがん【アマルフィターナ海岸】〖Costiera Amalfitana〗►アマルフィ海岸

アマルフィ-だいせいどう【アマルフィ大聖堂】(ダイセイダウ)〖Duomo di Amalfi〗イタリア南部、カンパニア州の小都市アマルフィにある大聖堂。9世紀(6世紀末の説もある)の創建。13世紀初頭にアラブ-ノルマン様式で再建された。ファサードの破風(はふ)は金色のモザイクの装飾を施され、天国の回廊と呼ばれる、ムーア様式の交差アーチをもつ回廊がある。

あまる-べ【余る▽戸】►あまりべ

あまるべ【余部】兵庫県北部、美方(みかた)郡香美(かみ)町北西部の地名。日本海に臨む漁港。➡余部鉄橋

あまるべ-てっきょう【余部鉄橋】(テツケウ) 兵庫県北部、美方(みかた)郡香美(かみ)町余部にあった鉄橋。山陰本線の鎧(よろい)と余部の間に位置し、橋脚の高さ約41メートル、長さ約310メートル。明治45年(1912)完成、これにより山陰本線が全線開通した。平成22年(2010)、コンクリート橋への架け替え工事にともない解体。

アマ-レス《「アマチュアレスリング」の略。「プロレス」に対していう》「レスリング」に同じ。

あまん・じる【甘んじる】〔動ザ上一〕「あまんずる」(サ変)の上一段化。「薄給に―・じる」

あまん・ずる【甘んずる】〔動サ変〕図あまん・ず〔サ変〕《「あまみす」の音変化》❶与えられたものをそのまま受け入れる。しかたがないと思ってがまんする。「清貧に―・ずる」「―・じて罰を受け入れる」❷満足する。たのしむ。「一たびは坐してまのあたり奇景を―・ず」〈奥の細道〉(類語)安んずる・満足・満悦・充足・飽満・自足・自得・会心・自己満足・本望・満ち足りる・心行く・堪能(たんのう)する・満喫する・安住する

アマンド〖(フランス) amande〗「アーモンド」に同じ。

あみ【網】❶糸・縄・針金などを方形・ひし形に目を透かして編んで作ったもの。魚や鳥などを捕らえる道具や焼き網、囲い、建具などに用いる。❷捕らえたり、取り締まったりするために張りめぐらしたもの。「捜査の—にかかる」「法の—をくぐる」

[下接語]揚繰(あぐり)網・鰯(いわし)網・受け網・打瀬(うたせ)網・打ち網・追い網・置き網・落とし網・垣網・霞(かすみ)網・金網・被(かぶ)せ網・救助網・巾着(きんちゃく)網・小鳥網・刺し網・叉手(さで)網・敷き網・地引き網・掬(すく)い網・底引き網・袖(そで)網・鯛(たい)網・台網・高網・焚(た)き入れ網・叩(たた)き網・建て網・建て切り網・玉網・攩(たも)網・坪網・定置網・手繰り網・投(と)網・鳥網・トロール網・流し網・投げ網・張り網・引き網・袋網・棒受け網・捕虫網・巻き網・枡(ます)網・待ち網・身網・餅(もち)網・焼き網・八つ手網・夜網・四つ手網

網呑舟(どんしゅう)の魚(うお)を漏らす 《「史記」酷吏伝から》網の目が粗いために、舟をのむほどの大魚までも逃す。法律が大まかであるために大罪人を逃してしまうことのたとえ。

網無くて淵(ふち)をのぞくな 《「淮南子(えなんじ)」説林訓から》網の用意がなくては、淵をのぞいても魚はとれない。十分な努力や用意なしには成功はおぼつかないことをいう。網持たずに海をのぞくな。

網を張・る ❶魚・鳥などを捕るために網を仕掛ける。❷犯人を捕らえたり、目的の人物をつかまえたりするために、手配をして待ち構える。「立ち回り先に—・る」「報道陣が—・る」

あみ【醤=蝦】アミ目の甲殻類の総称。体長約1センチ。体形はエビに似る。日本近海にはイサザアミ・コマセアミなどが分布し、プランクトンとして魚のえさとなる。塩辛・佃煮(つくだに)など食用にする。あみざこ。

アミ〘フランス ami(男性)┊amie(女性)〙友人。恋人。

あみ-あげ【編(み)上げ】「編み上げ靴」の略。

あみあげ-ぐつ【編(み)上(げ)靴】靴の上面をひもで編み上げて締める深靴。レースブーツ。

[類語]靴・シューズ・短靴・長靴・雨靴・ブーツ・軍靴・スパイク・パンプス・ハイヒール・ローヒール

あみ-あ・げる【編(み)上げる】〔動ガ下一〕[文]あみあ・ぐ〔ガ下二〕❶編み物を編み終える。また、下から上へ編み進む。「幾日もかかって—・げたセーター」❷計画などを一つ一つ吟味し、組み合わせて作り上げる。「我々の—・げた旅程も」〈漱石・行人〉

あみ-あぶら【網脂】牛・豚などの内臓のまわりについている網状の脂。包み揚げなどの料理で材料を包むのに用いる。

アミアン〘Amiens〙フランス北東部、ソンム県の都市。ソンム川沿いにあり、同県の県都。古代ローマ時代からピカルディー地方の中心地。1802年、ナポレオン戦争中にアミアンの和約が結ばれた地。18世紀から19世紀にかけて繊維産業が発展、現在も諸工業が盛ん。第一次、第二次世界大戦で大きな被害を受けたが、同国屈指のゴシック聖堂であるアミアン大聖堂は破壊を免れた。

アミアン-だいせいどう【アミアン大聖堂】(ダイセイダウ)《Cathédrale Notre-Dame d'Amiens》フランス北東部の都市、アミアンにある13世紀に建造された大聖堂。身廊の高さは42メートルあり同国で最も高い。シャルトル大聖堂、ランス大聖堂に並ぶ同国屈指のゴシック式の聖堂として知られ、1981年、世界遺産(文化遺産)に登録された。ノートルダム大聖堂。

あみ-あんどん【網行▽灯】まわりの枠に金網を張った行灯。あみあんどう。

アミアン-の-わやく【アミアンの和約】ナポレオン戦争中の1802年3月に、フランス北東部のアミアンで英仏が結んだ講和条約。両者は互いの占領地を返還し、第二回対仏大同盟は解消した。

アミーゴ〘スペイン amigo〙友。親友。

あみ-いし【網石】魚網のおもしにする石。沈子(いわ)。

あみ-いた【編板】「箯輿(あんだ)」に同じ。〈和名抄〉

あみ-いと【網糸】網用の糸。亜麻(あま)・麻・木綿・絹・棕櫚(しゅろ)などの糸。今日では多く化学繊維を使用。

あみ-いと【編(み)糸】編み物に使う糸。毛糸やレース糸など。

アミーバ〘amoeba〙▶アメーバ

あみいり-ガラス【網入(り)ガラス】金網を中に入れて作ったガラス。比較的割れにくく、また割れても破片が飛ばない。

アミール〘アラビア amīr〙《指揮者・司令官の意》イスラム世界で支配者や王族の称号。首長。

あみ-うち【網打ち】❶投網(とあみ)で魚をとること。また、その人。❷相撲のきまり手の一。相手の差し手を両手でとり、投網を打つように投げる技。

アミエル〘Henri-Frédéric Amiel〙[1821～1881]スイスの哲学者・文学者。生前は無名であったが、死後、三十数年間にわたる「日記」の一部が出版され、広く知られるようになった。

あみ-がさ【編み×笠】藺草(いぐさ)・菅(すげ)・わらなどで編んだ笠。種類・形が多く、主として日よけ用。[季 夏]「—や扇で受ける報謝銭/松宇」

編み笠一蓋(いっかい) 編み笠一つのほか何も持たないこと。身軽なこと、また無一物の身の上のたとえ。

あみがさ-そう【編×笠草】(サウ) エノキグサの別名。

あみがさ-たけ【編×笠×茸】アミガサタケ科のキノコ。春、雑木林に生える。傘は褐色で、全面に網目状のくぼみがあり、柄は太くて中空。フランスでは食用にする。モリーユ。

あみがさ-ぢゃや【編み×笠茶屋】近世、遊郭に入る客に、顔を隠す編み笠を貸した茶屋。京都島原の丹波口や江戸吉原の大門外にあった。「入り口の茶屋に二歩(ぶ)、泥町の—に一歩(ぶ)」〈浮・諸艶大鑑・二〉

あみがさ-ゆり【編×笠百=合】ユリ科の多年草。高さ約50センチ。春、薄い黄緑色で鐘形の花を下向きにつけ、内面に紫色の網状の模様がある。地下茎は厚い鱗片(りんぺん)からなり、漢方で貝母(ばいも)といって薬用。有毒。はるゆり。

あみ-がしら【網頭】【×罔頭】漢字の冠の一。「罪」「署」「罕(かん)」などの「罒」や「⺳」の称。

あみ-き【編(み)機】編み物をするための機械。

あみ-ぎぬ【網▽衣】網のように目の粗い布で作った衣服。僧尼の衣服や経帷子(きょうかたびら)にする。

あみ-ぎょぎょう【網漁業】(ギョゲフ) 網を使って魚をとる漁業の総称。

あみ-ぐみ【網組】漁船・漁網や労働力などを出し合ってつくる網漁業の組織。

あみ-こ【網子】魚をとる網を引く漁師。また主として江戸時代に、網主(網元)に雇われ、漁業に従事した者。あご。あんご。

あみ-こ・む【編(み)込む】〔動マ五(四)〕編み物で、模様を入れて編む。また、異なる素材を入れて編む。「金糸を—・む」

あみじ-ぐさ【網地草】(あみぢ) アミジグサ科の褐藻。海岸の岩などに付着し、長さ5～30センチ。扁平で多数の枝に分かれ、表面は黄褐色で、網目模様がある。

あみじま【網島】大阪市都島(みやこじま)区の地名。淀川と寝屋川との合流点付近に位置する。近松門左衛門の「心中天の網島」の舞台で知られる。

あみ-じゃくし【網×杓子】細かい金網でできた杓子。てんぷらの揚げかすなどをすくうのに用いる。

あみ-シャツ【網シャツ】網目状に織った布地のシャツ。夏の肌着に用いる。[季 夏]

あみ-ジュバン【網ジュバン】❶綿糸・麻糸で亀甲(きっこう)形に編み上げた汗取り用のジュバン。❷歌舞伎衣装の一。黒糸を編んで筒袖に仕立てたもので、鎖帷子(くさりかたびら)を表す。武士・盗賊に用いる。

あみじょう-こうぶんし【網状高分子】(アミジヤウカウブンシ) 分子(単量体)が網状に結合し、三次元的な構造をもった高分子(高重合体)。加硫ゴム、フェノール樹脂、アルキド樹脂などがある。⇔鎖状(さじょう)高分子。

あみじょう-せいうん【網状星雲】(アミジヤウ) 白鳥座にあって、薄いレースを広げたように見える星雲。数万年前に爆発した超新星の残骸で、放出されたガスは現在も膨張しつづけている。

あみ-すき【網▽結き】漁網を編むこと。また、編む人。

あみすき-ばり【網▽結針】漁網を編むのに用いる針。竹・木や鯨の骨などで作る。あばり。あみばり。

あみすて-かご【編(み)捨(て)籠】中央部だけを籠形に編んで、周囲は編みかけにしたままの竹籠。魚を煮るときに形を崩さないために用いる。

あみだ【阿弥陀】[一]「阿弥陀仏」に同じ。[二]❶「阿弥陀笠」の略。❷「阿弥陀籤(くじ)」の略。❸「阿弥陀被(かぶ)り」の略。「帽子が額をすべって、やけに—となる」〈漱石・草枕〉

阿弥陀の光も金次第(かねしだい) 《「阿弥陀の光」は、阿弥陀如来のありがたい御利益(ごりやく)》仏様の御利益も賽銭(さいせん)の多寡で決まるの意で、金の威光の大きさをいう。地獄の沙汰も金次第。阿弥陀も銭ほど光る。

阿弥陀も銭(ぜに)ほど光る 阿弥陀仏の御利益も賽銭(さいせん)の多少に影響される。金銭の威力をいう。

アミダ〘Amida〙トルコ南東部の都市ディヤルバクルの旧称。

あみ-だいく【網大工】網を作ったり修理したりすることを職業とする人。

あみだ-がさ【×阿×弥×陀×笠】笠の前を上げて、あみだかぶりにかぶること。「後しぶきに降る雨は、かたげて急ぐ—」〈浄・冥途の飛脚〉

あみだ-が-たき【阿弥陀ヶ滝】岐阜県中西部、長良(なが)川支流の最上流大日(だいにち)川にある滝。落差約60メートルで東海一の名瀑といわれる。滝の裏側に阿弥陀如来の石仏がならび、西側に絶壁、東側に洞窟が見られる。古くから白山信仰の霊場。長滝。

あみだ-かぶり【×阿▽弥▽陀▽被り】《阿弥陀仏の光背のさまから》帽子などを、前を上げて斜めに傾けてかぶること。

あみだ-が-みね【阿弥陀ヶ峰】京都市東部、東山三十六峰の一。もと山腹と山麓に阿弥陀堂があった。山頂に豊臣秀吉の墓がある。

あみだ-きょう【阿弥陀経】(キヤウ) 大乗経典。浄土三部経の一。1巻。402年ごろ、鳩摩羅什(くまらじゅう)が漢訳。釈迦が阿弥陀仏の西方浄土をたたえて、その名号(みょうごう)を唱えて浄土に往生することを勧め、諸仏がこれを証したと説くもの。小経。

あみだ-くじ【×阿▽弥×陀×籤】出費する人数に合わせて引いた平行線の一端に異なる金額を書いて隠しておき、各自が引き当てた金額を出し合う仕組みのくじ。今日では平行線の間に横線を入れることが多い。[補説]阿弥陀仏の功徳(くどく)が平等であるからとも、もと、くじの図形が放射線状で阿弥陀仏の後光に似ているからとも。

[類語]くじ・おみくじ・宝くじ・福引き・空くじ・貧乏くじ

あみ-たけ【網×茸】イグチ科のキノコ。夏から秋、松林に群生。高さ4～6センチ。傘は赤褐色ないし黄褐色で、裏には浅い大小ふぞろいの穴が多数あって網目のように見える。食用。

あみだ-こう【×阿▽弥×陀講】阿弥陀仏の功徳をたたえ、その来迎(らいごう)を願う法会。迎え講。往生講。

あみだ-ごう【×阿▽弥×陀号】(ガウ) 中世以降、浄土宗・時宗の僧や画工・仏師・能役者などの名の下に「阿弥陀仏」「阿弥」「阿」などと付けたもの。世阿弥・行阿(ぎょうあ)など。阿号。

あみだ-ごま【×阿▽弥×陀護摩】「阿弥陀法」に同じ。

あみだ-さんぞん【阿弥陀三尊】阿弥陀仏と、その脇侍(きょうじ)として控える左の観世音菩薩と右の勢至(せいし)菩薩の3体の仏像。弥陀三尊。

あみだ-じ【阿弥陀寺】[一]山口県下関市阿弥陀寺町にあった真言宗の寺。安徳天皇が葬られ、中世までは浄土宗。明治8年(1875)、寺を廃して赤間宮となる。▶赤間神宮 [二]山口県防府(ほうふ)市牟礼(むれ)にある真言宗御室派の寺。山号は華宮山。文治3年(1187)、東大寺大勧進重源(ちょうげん)が別所として建立。近世初期まで浄土宗であった。

あみ-だ・す【編(み)出す】〔動サ五(四)〕❶編みはじめる。「セーターを—・す」❷工夫して、新しい方法やものを独自に作り出す。「新技術を—・す」

あみだ-どう【×阿▽弥▽陀堂】(ダウ) ❶阿弥陀仏を本尊として安置する堂。❷利休好みの茶の湯釜の一。

豊臣秀吉の供で有馬温泉へ出かけた千利休が、阿弥陀堂で大きな湯釜を見つけ、それをかたどり作らせたという。

あみ-だな【網棚】電車・バスなどの座席の上方に、乗客の携帯品をのせるために設けた網張りの棚。

あみだ-にょらい【阿弥陀如来】阿弥陀仏の尊称。

あみだのむねわり【阿弥陀胸割】古浄瑠璃。本地物。六段。六字南無右衛門作といわれ、慶長19年(1614)上演の記録がある。他人の難病を治すため、娘が自分の生き肝をささげようとすると、阿弥陀が身代わりになって、その胸から血を流す。

あみだ-ひじり【阿弥陀聖】㊀空也上人の異名。㊁平安末期から鎌倉期にかけて、阿弥陀仏の名を唱えて、人々を勧化した法師。あみだのひじり。

あみだ-ぶ【阿弥陀仏】「あみだぶつ」の音変化。

あみだ-ぶつ【阿弥陀仏】《梵 Amitābha(無量光仏と訳)Amitāyus(無量寿仏と訳)の音写から》西方浄土の教主。すべての衆生を救おうと48の誓いを立てた仏。浄土宗・浄土真宗では本尊とし、念仏による極楽往生を説く。弥陀。阿弥陀。阿弥陀如来。

あみだ-ほう【×阿▽弥×陀法】密教で、阿弥陀仏を本尊として、和合・滅罪、また死者の救いを祈るために行う修法。阿弥陀護摩。

あみだ-ぼとけ【阿弥陀仏】「あみだぶつ」に同じ。

あみだ-まんだら【×阿▽弥×陀×曼×荼羅】阿弥陀仏を中心として構成された曼荼羅。

あみだ-わり【×阿▽弥×陀割(り)】阿弥陀仏の後光のように、町の中央部から放射線状に道路を設けるやり方。

あみ-てん【網点】印刷で、規則的に並んだ小さな点。点の大小で濃淡を表現する。➡網版

あみ-ど【網戸】虫を侵入させずに涼をとるために窓や出入り口に取り付ける、網を張った戸。(季 夏)

あみ-ど【編(み)戸】細い竹や木などを編んだ戸。

アミド〘amide〙❶アミノ基$-NH_2$とアシル基RCO−とが結合したRCONH−で表される基。❷アンモニアNH_3の水素原子1個をアシル基RCO−で置換した化合物。酸アミド。❸アンモニアの水素原子1個を金属原子で置換した化合物。金属アミド。

あみ-ぬし【網主】「網元」に同じ。

あみの【網野】京都府北部、京丹後市の地名。丹後半島の付け根にあり、日本海に臨む。離湖・琴引浜などの景勝地がある。昭和2年(1927)の奥丹後地震でできた郷村断層は天然記念物。

アミノ〘amino〙$-NH_2$で表される一価の基。アミノ基。

アミノ-き【アミノ基】▶アミノ

アミノグリコシドけい-こうせいぶっしつ【アミノグリコシド系抗生物質】《amino-glycoside antibiotics》アミノ基と配糖体を有する抗生物質の総称。ストレプトマイシン・カナマイシン・ゲンタマイシンなど。

アミノ-さん【アミノ酸】分子内にアミノ基とカルボキシル基とをもつ有機化合物の総称。カルボキシル基の結合している炭素原子にアミノ基のついたものをαアミノ酸といい、ふつうはこれをさす。動植物に見いだされるアミノ酸は約80種あり、そのうちたんぱく質を構成するのはすべてαアミノ酸で、約20種ある。

アミノさん-しょうゆ【アミノ酸×醤油】脱脂大豆などを化学的に分解したアミノ酸を主にしてつくった醤油。また、アミノ酸を加えた醤油。

アミノ-じゅし【アミノ樹脂】アミノ基をもつ化合物とホルムアルデヒドとの縮合反応によって得られる合成樹脂の総称。ユリア樹脂・メラミン樹脂など。

アミノピリン〘aminopyrine〙解熱・鎮痛剤の一。白色、可溶性の粉末。ピリン剤の一種。発癌性があるため、内服では使われなくなった。

あみ-の-め【網の目】❶網の糸と糸とのすきまの部分。あみめ。❷網のように編まれた模様や形。「—のタイツ」❸細かく張り巡らされているもののたとえ。「—のように運河が広がる」「電線を—のように張り巡らす」「捜査の—をかいくぐる」「—のような電脳空間」

網の目から手　求める人、望み手が多いこと。引く手あまた。

網の目に風とまらず　網を張っても風は防げない。むだなことのたとえ。蜘蛛の網に風たまらず。

網の目を潜る　❶張り巡らされた捜査網からうまく逃れる。「—って海外へ逃亡する」❷法律・規則の盲点をついて悪事をはたらく。違法行為とならない方法であくどいことを行う。

あみの-よしひこ【網野善彦】[1928〜2004]歴史学者。山梨の生まれ。渋沢敬三の創設した日本常民文化研究所に勤務し、漁村資料の収集を行う。海民・職人など非農業民の世界に着目、従来の農民偏重の歴史学に一石を投じた。著「中世荘園の様相」「無縁・公界・楽」「日本中世の非農業民と天皇」「日本中世の百姓と職能民」など。

あみ-のりもの【網乗り物】近世、士分以上の重罪人の護送に用いた、網を掛けた駕籠。

あみ-は【×阿▽弥派】室町幕府の同朋衆で、水墨画を制作した能阿弥・芸阿弥・相阿弥の3代とその周辺の画家。

あみ-ば【網場】魚や鳥をとるために網を仕掛ける場所。また、網を干す場所。

あみ-ばり【網針】▶網結針

あみ-ばり【編(み)針】編み物に使う竹・金属などの針。棒針・鉤針・アフガン針など。編み棒。

あみ-はん【網版】写真または絵画の複製印刷で、原画の濃淡を網目状の点の大小で再現する製版方法。網目版。写真版。あみ。

あみ-びと【網人】網を使って漁をする人。漁師。あみうど。「浦風に霞を結ぶ—は春の空にや心ひくらん」〈雲葉・一〉

あみ-ぶね【網船】網を打ったり、引いたりして魚をとる船。(季 夏)

あみ-ぼう【編(み)棒】❶「編み針」に同じ。❷手編み用の細い棒状の編み針。片方の端に玉のついたもの、両端のとがったものなどがある。棒針。

あみ-ぼし【網星】二十八宿の一、亢宿の和名。➡亢

あみ-みどろ【網みどろ】アミミドロ科の緑藻。湖沼や水田などに生える。長さ約10センチの袋状で、円柱状の細胞が規則正しく結合し、網目をなす。

あみ-め【網目】「網の目」に同じ。

あみ-め【編(み)目】❶編み物の単位になる、糸を編んだからみ目。「—を数える」❷糸や竹などを編み合わせたときにできるすきま。「—の粗い竹垣」

あみめ-おり【網目織(り)】平織りや縞織り・斜文織りなどの無地布の上に、別の縦糸と横糸で網目柄を織り出した織物。和服・ドレス・コートなどに用いる。

あみめ-かげろう【網目蜻=蛉】アミメカゲロウ目(脈翅目)の昆虫の総称。翅の脈は網目状。ひらひらと飛び、灯火に来ることもある。➡脈翅類

あみめ-ばん【網目版】▶網版

あみ-もと【網元】漁網・漁船などを所有し、網子(漁師)を雇って漁業を営む者。網主。

あみ-もの【編(み)物】毛糸・綿糸などを編み棒・編み機などで編んで衣類・装飾品などを作ること。また、作ったもの。(類語)仕立て・裁縫・縫い物・針仕事・繕い物・手芸・刺繍

あみもようとうろのきくきり【網模様灯籠菊桐】歌舞伎狂言。世話物。5幕。河竹黙阿弥作。安政4年(1857)江戸市村座初演。七之助に犯され娼婦となった奥女中滝川と、本能のままに動く七之助の悪事を描く。通称「小猿七之助」。

あみ-やき【網焼(き)】魚・肉・野菜などを金網にのせて焼くこと。また、その料理。

アミューズメント〘amusement〙娯楽。楽しみ。

アミューズメント-スペース〘amusement space〙娯楽場。特に、ゲームセンターのこと。

アミューズメント-パーク〘amusement park〙遊園地。

アミューズメント-ロボット〘amusement robot〙娯楽用に作られたロボット。コンピューターを組み込まれ複雑な運転が可能。

アミラーゼ〘ドイ Amylase〙でんぷん・アミロースやグリコーゲンなどを加水分解し、麦芽糖やグルコースを生成する酵素の総称。生物界に広く分布し、動物では消化酵素の一。飴・ビールの製造などに利用。ジアスターゼ。

アミル-アルコール〘amyl alcohol〙脂肪族飽和アルコールの一。糖分が発酵するとき、エチルアルコールとともに生じる無色の液体。フーゼル油の主成分。有毒。酢酸アミルの原料・溶剤などにする。ペンタノール。

アミロイド〘amyloid〙でんぷん類似物質。セルロースを硫酸で処理すると得られ、また、病的に脳・腎臓・脾臓などに生じることもある。アルツハイマー病の原因物質とされる。類でんぷん体。

アミロイドーシス〘amyloidosis〙代謝異常により、たんぱく質の変性したアミロイドが血管壁や心臓・腎臓などに沈着する疾患。原因不明の原発性のものと、結核や癌などに続発するものとがあり、難病。アミロイド症。

アミロイドベータ-たんぱくしつ【アミロイドベータ×蛋白質┊アミロイドβ×蛋白質】《amyloid beta protein》たんぱく質の一種。脳内で過剰に生産され蓄積すると、老人斑とよばれる凝集体が形成される。アルツハイマー型認知症の患者の脳に多数の老人斑がみられることから、アルツハイマー病の原因物質と考えられている。アミロイドβ。βアミロイド蛋白質。Aβ。(補説)アミロイドβたんぱく質は39〜43個のアミノ酸残基からなるペプチドで、42または43個のアミノ酸残基からなるもの(Aβ42・Aβ43)は神経細胞に対して強い毒性をもつ。アミロイドβの「β」は、このたんぱく質がβシート構造を形成していることから。

アミロース〘amylose〙でんぷん粒を構成する主成分の一。グルコースが長い鎖状に連なったもので、水に溶ける。沃素を加えると青藍色になる。

アミロプシン〘amylopsin〙アミラーゼの一。膵臓・膵液中に含まれる消化酵素。膵液アミラーゼ。

アミロペクチン〘amylopectin〙でんぷん粒を構成する主成分の一。グルコースの鎖が複雑に分枝・結合したもの。もち米には特に多く含まれ、沃素を加えると赤紫色となる。

アミン〘amine〙アンモニアNH_3の水素原子を炭化水素基で置換した化合物の総称。置換の数により第1アミン・第2アミン・第3アミンと分類。生体内では、ホルモンや神経伝達物質として多く存在する。

あむ【×虻】アブの古名。「蜻蛉来て、その—をくひて飛びき」〈記・下〉

あ・む【▽浴む】〔動マ上二〕湯や水を浴びる。「隠れたる方にて水—・み给ひて」〈栄花・本の雫〉

あ・む【編む】〔動マ五(四)〕❶糸・竹・籐・針金・髪などを互い違いに組み合わせて、一つの形に作り上げる。そのようにして、ある物を作り上げる。「藺草でござを—・む」「髪をお下げに—・む」❷いろいろの文章を集めて書物を作る。編集する。「論文集を—・む」❸計画を組み立てる。編成する。「日程表を—・む」(可能)あめる

アムール〘フラ amour〙❶愛。愛情。恋愛。❷愛人。(類語)恋・恋愛・愛恋・愛・恋情・恋慕・思慕・眷恋・色恋・慕情・ラブ・ロマンス

アムール-がわ【アムール川】《Amur》モンゴル高原に源を発し、ロシア連邦と中国の国境をなして流れる大河。間宮海峡に注ぐ。長さ4350キロ。中国では黒竜江と呼ぶ。

アムールがわ-てっきょう【アムール川鉄橋】《Amurskiy most》▶ハバロフスク橋

アムール-とら【アムール虎】ネコ科の哺乳類。トラの亜種で、ロシア沿海州、中国東北地方北部などに生息する。トラの仲間では最大で、雄は体長3メートル前後、体重200キロにもなる。絶滅危惧種に指定。シベリア虎。満州虎。

アムール-ばし【アムール橋】《Amurskiy most》

▶ハバロフスク橋
アム-がわ【アム川】▶アムダリア
アムシュタインホフ-きょうかい【アムシュタインホフ教会】《Kirche am Steinhof》オーストリアの首都、ウィーンの西部郊外、ウィーンの森の精神病院敷地内にある教会。ウィーン旧市街の郵便貯金局とともに、建築家オットー=ワグナーの設計によるユーゲントシュティール建築の代表例として知られる。シュタインホフ教会。
あむ・す【浴むす】㊀〔動サ四〕湯や水を浴びせる。「さし鍋に湯沸かせ子ども…狐に―・さむ」〈万・三八二四〉㊁〔動サ下二〕㊀に同じ。「湯わかして、―・せ奉らんとて」〈宇治拾遺・一三〉
アムステルダム〖Amsterdam〗オランダの憲法上の首都。アムステル川がアイセル湖に注ぐ位置にある。環状・放射状の運河網が発達し、16世紀以来ヨーロッパ有数の商業都市として繁栄。人口、行政区75万、都市圏103万(2008)。⇒ハーグ
アムステルダム-インターナショナル〖Amsterdam International〗▶国際労働組合連盟
アムステルダム-じょうやく【アムステルダム条約】EU(欧州連合)の基本条約。マーストリヒト条約をさらに進め、加盟各国のアイデンティティーを尊重しながら、政治的・経済的・社会的により密接に統合された単一欧州の実現を目指すもの。1999年5月発効。(補説)正式名称は、Treaty of Amsterdam amending the Treaty on European Union, the Treaties establishing the European Communities and certain related Acts.
アムステルダム-の-ディフェンスライン《Defence Line of Amsterdam》アムステルダムを取り囲む防衛ライン。1920年に完成した。市街を取り囲む半径15～20キロの環状の堤防を築き(総延長136キロ)、そこに45の要塞を築いたもの。有事には水門を開くと、堤防の外側3～10キロ幅にわたって深さ1メートル近くまで浸水し、敵を防ぐ仕組みとなっていた。1996年、世界遺産(文化遺産)に登録。
アムダ〖AMDA〗《Association of Medical Doctors of Asia》アジア・アフリカ・中南米などの開発途上諸国の恵まれない人々への医療支援活動などを行っている国際医療ボランティア組織。アジア医師連絡協議会として1984年設立。本部は岡山市。
アム-ダリア〖Amu-Dar'ya〗《ダリアはトルコ語で川の意》中央アジア、ヒンズークシ山脈に源を発し、北西流しアラル海に注ぐ大河。長さ約2500キロ。アム川。
あむ-つち【射=垜】▶あずち
アムトラック〖Amtrak〗《American travel by track》全米鉄道旅客輸送公社(National Railroad Passenger Corporation)の通称。本社はワシントン。全米各地の鉄道会社を統括。1971年設立。
アムネスティ〖amnesty〗大赦。恩赦。また、特に設けた救済措置。⇒アムネスティインターナショナル
アムネスティ-インターナショナル〖Amnesty International〗《「アムネスティ」は大赦の意》投獄された政治犯・思想犯の釈放、待遇改善、死刑廃止などを目的とする国際的な人権擁護組織。1961年設立。本部はロンドン。77年、ノーベル平和賞受賞。
アムラーム〖AMRAAM〗《advanced medium-range air-to-air missile》米国の海軍と空軍が共同開発し、1989年に実用化した、中距離レーダー誘導式空対空ミサイル。
アムリツァル〖Amritsar〗インド北西部、パンジャブ州の商工業都市。パキスタンへ通じる交通の要衝。シク教の本山ゴールデンテンプル(黄金寺院)がある。人口、行政区97万、都市圏100万(2001)。
アムンゼン〖Roald Amundsen〗[1872～1928]ノルウェーの探検家。1911年、スコット隊に先んじて最初に南極点へ到達。のち、北極海で遭難したノビレ探検隊を救助に行き、行方不明となる。
あめ【天】❶地に対して、空。「み園生の百木の梅の散る花し―に飛び上がり雪と降りけむ」〈万・三九〇六〉❷天にあって神や天人の住む所。天上界。「かばかり守る所に―の人にも負けむや」〈竹取〉
あめ【雨】❶大気中の水蒸気が冷えて雲ができ、雲の中で成長した水滴が地上に落ちてくる現象。また、その水滴。氷晶を含む雲から降る冷たい雨のほか、熱帯地方などの氷晶を含まない雲から降る暖かい雨もある。「―が上がる」❷雨の降る日。雨天。「明日は―らしい」❸絶え間なく降り注ぐ、または、落ちてくるもののたとえ。「涙の―」「爆弾の―」「血の―を降らせる」(類語)霙・氷雨・雪・霰・雹
雨が降ろうが槍が降ろうが　どんな困難があってもやりとげるという強い決意のたとえ。石にかじりついても。
雨車軸の如し　雨脚を車軸に見立てて、大粒の雨が激しく降るさまをいう。⇒車軸を流す
雨塊を破らず　《「塩鉄論」水旱から》降る雨が静かに土を壊さずしみ込む意から、世の中がよく治まっているさまをたとえていう。
雨に沐い風に櫛る　《「荘子」天下の「甚雨に沐い、疾風に櫛り、万国を置てたり」から》雨や風に身をさらす意で、苦労することのたとえ。櫛風沐雨。
雨につけ風につけ　雨が降っても風が吹いても。どんな時でも。
雨に濡れて露恐ろしからず　大難に出あった者は小難を恐れないことをいうたとえ。
雨の宮風の宮　《「雨の宮」「風の宮」は伊勢神宮の末社。伊勢参りの案内人が多くの末社にやたらに賽銭を出させるところから》出費の多いこと。また、出費がかさむ原因となる取り巻き連中のこと。「―どもを大勢腰にひっつけて」〈滑・続膝栗毛・一―〉
雨晴れて笠を忘る　苦難のときに受けた恩を、その時が過ぎると忘れてしまうことのたとえ。
雨降って地固まる　もめごとなど悪いことが起こったあとは、かえって基盤がしっかりしてよい状態になることのたとえ。
あめ【飴】もち米・サツマイモなどのでんぷんを麦芽や酸の作用によって糖化させた、粘りけのある甘い食品。また広く、砂糖を煮つめて香料・着色料などを加えて固めたキャンディーも含めていう。
飴と鞭　支配や指導の方法で、甘い扱いをして譲歩する一方で厳しく締めつけることのたとえ。社会保険制度で労働者を優遇するとともに社会主義者鎮圧法を制定して支配した、ドイツのビスマルクの政策を評した言葉。
飴をしゃぶら・せる　大きな利を得るために、相手に小利を与える。また、人の喜びそうなことを言って相手を乗り気にさせる。飴をねぶらせる。「係員に―・せて便宜を図ってもらう」
飴を舐ら・せる　「飴をしゃぶらせる」に同じ。
あめ【鯇】アマゴの別名。
あめ-あがり【雨上(が)り】雨がやんだすぐあと。雨後。あまあがり。(類語)雨後
あめ-あし【雨脚|雨足】「あまあし」に同じ。
あめ-あと【雨跡】❶雨が降った跡。❷雨垂れで岩石面などにできたくぼみ。
あめ-あられ【雨霰】矢・弾丸などが、雨やあられのように絶え間なく激しく降りそそぐことをたとえていう語。「―と飛び来る弾丸」
あめい-せんそう【蛙鳴蟬噪】《韓愈「平淮西碑評」から。蛙や蟬がやかましく鳴き騒ぐ意》❶がやがやと、やかましくしゃべりたてること。❷内容のない文章や議論をあざけっていう語。
あめ-いちばん【雨一番】北国で、立春以後初めて、雪がまじらないで降る雨のこと。(補説)札幌付近で、3月中旬ころに降ることが多い。
あめ-いろ【飴色】水飴のような色。透明な黄褐色。「―の瓶」
あめ-うし【黄牛】《「あめうじ」とも》飴色の毛色の牛。古くはりっぱな牛として貴ばれた。
あめ-うり【飴売り】飴を売り歩く行商人。近世からあり、チャルメラなどを吹いて売り歩いた。
アメージング〖amazing〗驚かせるほどであること。驚くほど見事なこと。「―ストーリー」
アメージング-グレース〖Amazing Grace〗《驚くべき恩寵の意》キリスト教の賛美歌の一。作詞者は英国人ジョン=ニュートン、作曲者は不詳。18世紀につくられた。
アメーバ〖amoeba〗肉質類の原生動物の総称。単細胞で、大きさは0.02～0.5ミリ。増殖は分裂による。たえず形を変え、仮足とよばれる原形質の突起を伸ばし運動・捕食する。淡水・海水・土壌中に広くすみ、また寄生性で病原性をもつものもある。アミーバ。
アメーバ-うんどう【アメーバ運動】アメーバなどにみられる細胞体の変形運動。仮足を出し、その中に原形質が流れこむことにより移動する。リンパ球・白血球などにも同様の運動がみられる。
アメーバ-せきり【アメーバ赤痢】赤痢アメーバの経口感染によって大腸に潰瘍ができ、粘血便の下痢や腹痛などが起こる病気。しばしば慢性化し、再発を繰り返す傾向がある。
あめ-おとこ【雨男】その人が外出したり何かしようとしたりすると雨降りになるといわれる男性をひやかしていう語。⇒晴れ男
あめ-おんな【雨女】その人が外出したり何かしようとしたりすると雨降りになるといわれる女性をひやかしていう語。⇒晴れ女
アメ-カジ「アメリカンカジュアル」の略。
あめ-がし【飴菓子】菓子としての飴。また、飴を材料とする菓子。
あめ-が-した【天が下】「あめのした❶」に同じ。「春の日は限り無き―を照らして」〈漱石・草枕〉「―には隠れがもなし」〈太平記・三〉
あめ-かぜ【雨風】❶雨と風。「―にさらす」❷雨まじりの風。吹き降り。風雨。❸《江戸末期の上方落語から》酒も甘い物も両方好むこと。両刀遣い。
あめかぜ-しょくどう【雨風食堂】(大阪地方で)菓子・飯・酒・めん類など、さまざまな飲食物を扱っている食堂。
あめ-がち【雨勝ち】〔形動〕〔文〕〔ナリ〕一定期間内に雨の降る日が多いさま。「―な天気が続く」
あめ-かんむり【雨冠】漢字の冠の一。「雲」「電」などの「雨」の称。あまかんむり。
あめ-きんごく【雨禁獄】白河法皇が、法勝寺行幸を雨のために三度も妨げられ、また行幸当日も雨が降ったので、怒って雨を器に入れ獄に下したという故事。「古事談」にみえる。
あ-め・く【叫く】〔動カ四〕《「あ」は擬声語、「めく」は接尾語》大声を出す。さけぶ。わめく。「そこら集まりたる大衆、異口同音に―・きて」〈宇治拾遺・五〉
アメ-コミ《和 American＋comicsから》アメリカ漫画。
あめ-ざいく【飴細工】❶晒し飴で人・鳥・獣・草花などの形を作ったもの。❷見かけだけ美しくて実質のないもの。また、その場限りの粗雑な仕事。
あめ-しずく【雨雫】雨のしずく。また、涙を流して泣くさまのたとえ。あましずく。「かきくらし晴れぬ思ひの暇なさに―ともなかれけるかな」〈拾玉集・一〉
アメシスト〖amethyst〗《「アメジスト」とも》紫水晶のこと。
アメジスト〖amethyst〗▶アメシスト
あめ-じみ【雨染み】▶あまじみ(雨染み)
アメ-しゃ【アメ車】《アメは、Americaの略》アメリカ製の自動車。
アメ-しょん《アメリカに小便をしに行ったようなものだ、の意》ちょっとアメリカへ行ってきただけの人。昭和初期の語。昭和25年(1950)ごろに復活・流行した。
あめ-しら・す【天知らす】〔連語〕《「す」は上代の尊敬の助動詞》天にのぼられて、お治めになる。貴人の死をいう。「ひさかたの―・しぬる君ゆゑに日月も知らず恋ひわたるかも」〈万・二〇〇〉
あめ-たいふう【雨台風】風が吹くよりも主として雨が強く降る台風。⇒風台風
アメダス〖AMeDAS〗《Automated Meteorological Data Acquisition System》気象庁の地域気象観測システム。日本で昭和49年(1974)から使用。

全国千三百余か所に設置したロボット気象計を、東京のセンターがコンピューターで管理し、雨量などの観測データを集計、配信する。

あめ-だま【ˣ飴玉】球状に丸めた固形の飴。

あめ-ちまき【ˣ飴ˣ粽】《「あめぢまき」とも》色が飴色のちまき。

あめ-ちょこ【ˣ飴ちょこ】《「ちょこ」は小さい意》小粒の飴玉。

アメックス〖AMEX〗《American Stock Exchange》米国証券取引所。ニューヨーク証券取引所に次ぐアメリカ第2の証券取引所。ニューヨークカーブ取引所を1953年に改称したもの。

あめ-つち【天▽地】❶天と地。全世界。てんち。「一は広しといへど、我がためは狭くやなりぬる」〈万・八九二〉❷天地の神々。「いざ子ども狂わざなせそ一の堅めし国そ大和島根は」〈万・四四八七〉(類語)天地・乾坤・自然・山河・山水・山川草木

あめつち-の-ことば【天▽地の▽詞】平安初期の、手習いの教材。仮名48文字を重複しないように使って作ったもの。「あめ(天)つち(地)ほし(星)そら(空)やま(山)かは(川)みね(峰)たに(谷)くも(雲)きり(霧)むろ(室)こけ(苔)ひと(人)いぬ(犬)うへ(上)すゑ(末)ゆわ(硫黄)さる(猿)おふせよ(生ふせよ)えのえを(榎の枝を)なれゐて(慣れ居て)」という。あめつちのうた。(補説)榎と枝はア行とヤ行の「え」を区別したと考えられ、この点から「たゐに」「いろは歌」より古いとされる。

あめつち-の-ふくろ【天▽地の袋】女子が、新年に幸福を多く取り入れるようにと上下を縫い合わせて作る祝いの袋。春袋。天地袋。「一の数し多かれば」〈一条大納言家歌合〉

あめ-つゆ【雨露】雨と露。うろ。「一をしのぐ」

あめ-に【ˣ飴煮】小魚やクルミの実などを、みりん・水飴・醤油などを煮汁として甘くつやよく煮上げること。また、その煮たもの。あめだき。

アメニティー〖amenity〗環境などの快適さ。特に都市計画で、建物・風景などの快適性にいう。

アメニティー-グッズ《和 amenity＋goods》旅館・ホテルなどの客室や浴室に備えてある石鹸やシャンプー、歯ブラシ、櫛などの用品。バスアメニティー。

あめ-の【天の】〘連語〙❶天の。❷高天原の。❸神聖な。➡天の

あめ-の-うお【ˣ鯇】ビワマスの別名。(季 秋)「瀬田降って志賀の夕日や一/蕪村」

あめ-の-した【天の下】❶《空の下、高天原の下の意から》天下。日本全国。あめがした。「一すでに覆ひて降る雪の光を見れば貴くもあるか」〈万・三九二三〉❷(「天の下の」の形で)非常な。とんでもない。「一の空言ならむと思へば」〈かげろふ・中〉

あめ-の-ひ【天の火】天から降る神秘的な火。「君が行く道の長手を繰り畳ね焼きほろぼさむ一もがも」〈万・三七二四〉

あめ-の-みかど【天の▽御門】朝廷。皇居。また、天皇。皇室。「恐きや一をかけつれば音のみし泣かゆ朝夕にして」〈万・四四八〇〉

あめのもり-ほうしゅう【雨森芳洲】〔1668〜1755〕江戸中期の儒学者。近江の人。名は俊良、字は伯陽。朝鮮語・中国語をよくし、対馬藩に仕えて文教・外交に活躍。著「橘窓文集」「たわれ草」など。

あめ-の-わかひこ【天若日子┊天稚彦】日本神話で、天孫降臨に先だち、高天原から葦原の中つ国の平定に遣わされた神。出雲に降ったまま復命せず、詰問の使者として雉が派遣されてくるとこれを射殺したが、高御産巣日神にその矢を射返されて死んだ。あめわかひこ。

あめ-ばち【ˣ飴蜂】膜翅目ヒメバチ科のうち、寄生バチの総称。腹部が淡褐色のものが多い。害虫の幼虫に寄生する重要な種類もある。➡寄生蜂

あめ-ひと【天人】《「天人」を訓読みにした語》❶天上界の人。「高麗錦ひも解き交はし一の妻問ふ宵ぞ我もしのはむ」〈万・二〇九〇〉❷都の人。「天離る鄙の奴に一しかく恋ひすらば生けるしるしあり」〈万・四〇八二〉

アメ-フト「アメリカンフットボール」の略。

あめ-ふらし【雨＝虎┊雨降】腹足綱アメフラシ科の軟体動物。潮間帯にみられ、体長約40センチ。ナメクジに似て軟らかく、体内に薄い貝殻をもつ。体色は黒褐色で白斑がある。刺激すると紫色の汁を出す。春先、「海ぞうめん」とよばれるひも状の卵を産む。近縁にアマクサアメフラシ・ジャノメアメフラシなど。

あめ-ふり【雨降り】❶雨が降ること。雨の降っている間。雨天。❷古い映画フィルムについた傷のため、映写すると画面に筋が何本も入り、雨が降っているかのように見えること。(類語)降雨・ひと雨・雨脚

あめふり-しょうがつ【雨降り正月】「雨喜び」に同じ。

あめふり-ぼし【雨降り星】二十八宿の一、畢宿の和名。➡畢

あめ-ほうびき【ˣ飴宝引】江戸時代、子供相手の飴売りが、飴を景品にして引かせた福引。

あめ-ます【雨ˣ鱒┊ˣ鯇ˣ鱒】サケ科の魚。全長約60センチ。若魚は川を下って海で成長し、再び川へ戻って産卵する。東北地方以北に分布。エゾイワナはこの陸封型。

あめ-まだら【ˣ飴ˣ斑】牛の毛色の名。飴色の地に黒い斑点のあるもの。

あめ-もよ【雨▽催】雨の降っている時。あまもよ。「山の程も一にいと恐ろしげなれど」〈源・椎本〉

あめ-もよい【雨▽催い】「あまもよい」に同じ。

あめ-もよう【雨模様】❶雨の降りそうな空の様子。あまもよう。「一の雲」❷雨が降っているらしいようす。あまもよう。「山間部は一らしい」(補説)❶が本来の意味。❷は新しい意味で、近年はさらに「現に雨が降っている」意にも使う。文化庁が発表した平成22年度「国語に関する世論調査」では、「外は雨模様だ」を、「**雨が降りそうな様子**」の意味で使う人が43.3パーセント、「**小雨が降ったりやんだりしている様子**」の意味で使う人が47.5パーセントという結果が出ている。(類語)雨催い

あめ-やま【天山】《天や山のように高く大きい意から》❶多大なこと。「平家の御恩を一と被ったれば」〈平家・四〉❷(副詞的に用いて)この上もなく。大いに。はなはだ。「一かたじけなく候へども」〈仮・竹斎・上〉

あめ-ゆ【ˣ飴湯】麦芽を糖化した液か水飴を湯に溶かし、少量のおろし生姜を加えたもの。腹の薬、また暑気払いのための夏の飲み物。(季 夏)「一のむ背に負ふ千手観世音/茅舎」

あめ-ゆう【ˣ飴ˣ釉】陶磁器にかける鉄分を含んだ釉薬。焼き上がりは光沢のある黄褐色(飴色)で濃淡はいろいろある。

あめ-よこ【アメ横】東京都台東区、JR御徒町駅と上野駅との間の商店街の通称。第二次大戦直後、飴屋やアメリカ進駐軍の放出物資・横流し品を扱う店が多かった。アメ屋横丁。

アメ-ラグ《「アメリカンラグビー」の略》アメリカンフットボール。

アメラシアン〖Amerasian〗米国人とアジア人の混血児。特に、米国兵とアジア人女性の間に生まれた混血児。

あ。めり〘連語〙連語「あんめり」の撥音の無表記。「いかなるかへりごとにか、かく一。めりき」〈かげろふ・下〉

アメリア-とう【アメリア島】《Amelia Island》米国フロリダ州北東端の島。中心地はフェルナンディナビーチ。18世紀に建造されたクリンチ砦と周辺地域が州立公園に指定されている。

アメリカ〖America〗㊀北アメリカと南アメリカの総称。南北アメリカ。㊁「アメリカ合衆国」の略。(補説)コロンブスより少し遅れて渡航したアメリゴ=ベスプッチの名にちなむ。「亜米利加」とも書く。

アメリカーナひゃっかじてん【アメリカーナ百科事典】《Encyclopedia Americana》米国の百科事典。1829〜33年、フランシス=リーバーが、ブ

[アメリカ合衆国] アメリカ合衆国の州

＊印は独立宣言時の13州

アーカンソー	コロラド	ハワイ
アイオワ	サウスカロライナ＊	フロリダ
アイダホ	サウスダコタ	ペンシルベニア＊
アラスカ	ジョージア＊	マサチューセッツ＊
アラバマ	テキサス	ミシガン
アリゾナ	テネシー	ミシシッピ
イリノイ	デラウェア＊	ミズーリ
インディアナ	ニュージャージー＊	ミネソタ
ウィスコンシン	ニューハンプシャー＊	メーン
ウエストバージニア	ニューメキシコ	メリーランド＊
オクラホマ	ニューヨーク＊	モンタナ
オハイオ	ネバダ	ユタ
オレゴン	ネブラスカ	ルイジアナ
カリフォルニア	ノースカロライナ＊	ロードアイランド＊
カンザス	ノースダコタ	ワイオミング
ケンタッキー	バージニア＊	ワシントン
コネティカット＊	バーモント	

ロックハウス百科事典の7版をもとに編集。以降、改訂版が刊行されている。アメリカ大百科事典。

アメリカ-インディアン〖American Indian〗南北アメリカ大陸に住む先住民をさす。エスキモー・アレウト族などを除く。黄色人種で、目・頭髪は黒い。ネイティブアメリカン。(補説)「インディアン」はコロンブスがアメリカをインドと誤認したところからの称。中南米諸国では、スペイン語でインディオという。

アメリカインディアン-しょご【アメリカインディアン諸語】南北アメリカ大陸および西インド諸島で話されている先住民の諸言語。

アメリカ-えいご【アメリカ英語】アメリカ合衆国で話されている英語。イギリス英語とは発音・単語に多少の相違があり、綴りが異なる語もわずかながらある。

アメリカ-かがくかい【アメリカ化学会】►エー-シー-エス(ACS)

アメリカ-がっしゅうこく【アメリカ合衆国】《United States of America》北アメリカ大陸中央部の48州にアラスカ・ハワイを加えた50州と首都地区(コロンビア特別区)からなる連邦共和国。首都ワシントン。1776年東部13の植民地が英国からの独立を宣言、83年承認された。人口3億1023万(2010)。米国。USA。➡表

アメリカ-こうくううちゅう-きょく【アメリカ航空宇宙局】►ナサ(NASA)

アメリカ-こくぼうそうしょう【アメリカ国防総省】►国防総省

アメリカ-ざりがに【アメリカ蝲＝蛄】ザリガニ科のエビ。体長約10センチ、赤褐色。大きなはさみ脚をもつ。昭和5年(1930)米国から食用ガエルのえさ用に輸入されたものが水田や川にすみつき、農作物や水生動物に害を与えるようになった。えびがに。

アメリカ-しろひとり【アメリカ白灯＝蛾】ヒトリガ科の蛾。全体に白色で、翅に黒点が散在。幼虫は長く白い毛をもち、葉を集めた巣をつくって生息する。桜・プラタナスなどの害虫。第二次大戦後、北アメリカから東京付近に侵入し、広がった。

アメリカズ-カップ〖America's Cup〗国別対抗のマッチレースで争われる国際外洋ヨットレース。1851年に始まり、ほぼ4年ごとに開催される。

アメリカ-すぎ【アメリカ杉】ヒノキ科の常緑高木。北アメリカ西海岸地方に産し、建築・土木用材として輸入。米杉。アメリカネズコ。

アメリカ-すずかけのき【アメリカˣ篠懸の木】スズカケノキ科の落葉高木。葉は大きくて切れ込みがあり、柄が長い。初夏、淡黄緑色の小花が球状に集まって咲く。北アメリカの原産。庭木・街路樹とする。ボタンノキ。

アメリカスペイン-せんそう【アメリカスペイン戦争】1898年、スペイン領キューバの独立戦争に介入した米国とスペインの戦争。米国が勝利を収め、キューバは独立。スペイン領のプエルトリコ・グアム・フィリピンは米国領となった。米西戦争。

アメリカ-そう【アメリカ草】マツバボタンの別名。

アメリカ-だちょう【アメリカˣ駝鳥】レアの別名。

アメリカ-ちしつちょうさじょ【アメリカ地質調査所】▸ユー-エス-ジー-エス(USGS)

アメリカ-ちちゅうかい【アメリカ地中海】中部アメリカ・西インド諸島・南アメリカに囲まれた海域。カリブ海とメキシコ湾の総称。

アメリカ-でいご【アメリカ×梯×姑｜アメリカ×梯×梧】マメ科の落葉高木。ブラジル原産で、日本では観賞用として栽植される。葉は長楕円形の3枚の小葉からなる。夏、濃紅色の蝶形の花が穂状に集まって咲く。アメリカデイコ。海紅豆。➡デイゴ

アメリカどうじたはつテロ-じけん【アメリカ同時多発テロ事件】2001年9月11日のほぼ同時刻に、アラブ系グループに乗っ取られた4機の米国民間航空機のうち2機がニューヨークのワールドトレードセンタービル2棟に、1機がアーリントンの国防総省本庁舎に突っ込み、爆発炎上した事件。1機はペンシルベニア州で墜落。4機とも乗客・乗員は全員死亡。ワールドトレードセンタービルは崩壊し、多数の死傷者を出した。その後にセンター敷地内の他のビルも崩壊した。死者総数は推定で約3000人。犯人はオサマ=ビンラディン率いるテロ組織アルカイダとされる。九・一一事件。ナイン-イレブン。

アメリカ-どくりつかくめい【アメリカ独立革命】米国の13植民地が英国の重商主義政策に対して自治権を求め、独立を獲得した革命。1775年の武力衝突に始まり、76年独立宣言、ヨーロッパ諸国、特にフランスの支援を得て英国軍を破り、83年のパリ条約で独立が承認された。アメリカ独立戦争。

アメリカ-どくりつせんそう【アメリカ独立戦争】▸アメリカ独立革命

アメリカナイズ〖Americanize〗〔名〕スル 米国風にすること。または、米国風になること。「―された生活様式」

アメリカ-なでしこ【アメリカ×撫子】ナデシコ科の多年草。初夏、赤や白色の花が多数咲く。ヨーロッパの原産で、江戸末期に渡来。観賞用。びじょなでしこ。ひげなでしこ。

アメリカニズム〖Americanism〗❶米国人特有の習慣や気質。米国風。❷アメリカ英語に特有な語法。米国語法。

アメリカニゼーション〖Americanization〗米国化すること。また、米国に帰化すること。

アメリカ-ねり　オクラの別名。

アメリカ-のうぜんかずら【アメリカ凌=霄=花｜アメリカ紫=葳】ノウゼンカズラ科の蔓性の落葉樹。6月ころ、枝の先に橙赤色のじょうご形の花がまとまって咲く。花は細長く、ノウゼンカズラよりも小振り。アメリカ中南部原産。このうぜんかずら。

アメリカ-の-こえ【アメリカの声】▸ブイ-オー-エー(VOA)

アメリカ-バイソン〖American bison〗ウシ科の哺乳類。北アメリカに分布。体長約3.8メートル、体重450～800キロ。数が激減し、現在では保護対象。

アメリカ-はなみずき【アメリカ花水木】ミズキ科の落葉小高木。樹皮は灰黒色。葉は楕円形で、秋に紅葉する。4、5月ごろ、4枚の紅または白色の苞のある花を開き、実は赤く熟す。北アメリカの原産。明治45年(1912)に贈った桜の返礼として、大正4年(1915)に米国から贈られたのが日本へ来た初めといわれる。はなみずき。アメリカ山法師。

アメリカ-ひこぞう【アメリカ彦蔵】▸浜田彦蔵

アメリカ-ぼうふう【アメリカ防風】セリ科の越年草。高さ約1メートル。夏、黄色の小花が傘状に集まって咲く。ヨーロッパ・シベリアの原産。根や若葉を食用とするため栽培される。パースニップ。

アメリカ-まつ【アメリカ松】マツ科の常緑高木。高さ100メートルに達する。材はややもろいが、建築材・杭木用。米国北西部に産する。米松。ダグラスもみ。アメリカとがさわら。オレゴンパイン。

アメリカメキシコ-せんそう【アメリカメキシコ戦争】米国とメキシコとの間で行われた戦争。1846年、米国のテキサス併合後、国境紛争から開戦。圧勝した米国は、カリフォルニア・ニューメキシコを得た。米墨戦争。

アメリカものがたり【あめりか物語】永井荷風の短編小説集。明治41年(1908)刊。

アメリカ-れんごうこく【アメリカ連合国】《Confederate States of America》南北戦争直前の1861年に、アメリカ合衆国を脱退した南部諸州が結成した国。1865年に首都リッチモンドが合衆国軍により陥落し、戦争終結と同時に崩壊した。CSA。

アメリカン〖American〗❶アメリカ人。❷アメリカンコーヒーのこと。❸多く複合語の形で用い、アメリカ合衆国の、米国風の、の意を表す。「―スタイル」

アメリカン-カジュアル〖American casual〗米国をイメージしたカジュアルファッションの総称。スタジアムジャンパー・ジーンズに代表される明るく開放的なイメージが特徴。アメカジ。

アメリカン-キルト〖American quilt〗米国風またはカントリー風のキルトのこと。

アメリカン-コーヒー《和 American＋coffee》浅く、炒った豆で薄く入れたコーヒー。アメリカン。

アメリカン-ショートヘア〖American Shorthair〗ネコの一品種。北米で改良された短毛種で、体格が大きく、特徴的な縞模様をもつ。

アメリカン-ソース〖American sauce〗▸アメリケーヌソース

アメリカン-チェリー〖American cherry〗サクランボの一品種。大粒で果皮が鮮やかな赤紫色をしている。アメリカの西海岸側でよく栽培される。

アメリカン-ドッグ《和 American＋dog》棒に挿したソーセージに甘いバターミックス粉を溶いた衣を付け、サラダ油で揚げたもの。米国ではコーンを原料とした生地を使うので「コーンドッグ」という。

アメリカン-ドリーム〖American dream〗アメリカの夢。米国建国の理想で、自由・平等・民主主義に立脚する。出身や階級に関係なく、自らの努力で成功をつかむことができるという考え。

アメリカン-ナチュラル〖American natural〗男性の服、特にテーラードスーツのスタイルの一種。肩のラインは自然肩で、胴から腰にかけてはあまり絞らず、全体にスリムなシルエットが特徴。ビジネススーツに適し、最もオーソドックスなスタイル。

アメリカン-ニューシネマ〖American New Cinema〗▸ニューシネマ

アメリカン-ピットブルテリア〖American Pit Bull Terrier〗イギリスの闘犬スタフォードシャーブルテリアを先祖として、アメリカで改良された犬。毛は短くて硬く、密生して光沢がある。体はがっしりとして力強い。体高は雄で45～48センチ。

アメリカン-フットボール〖American football〗米国で考案された球技。1チーム11人で争い、楕円形のボールを敵陣に持ち込み、また、キックでゴールを越すと得点になる。防具を身につけ、自由に体当たりできる。米式蹴球。アメフト。アメラグ。

アメリカン-プラン〖American plan〗ホテルの料金計算方式の一。室料と3食の食事料・サービス料を合算する方式。➡コンチネンタルプラン ➡ヨーロピアンプラン

アメリカン-ブレックファースト〖American breakfast〗米国風の朝食。紅茶・コーヒー・ジュースなどの飲み物、パン、卵料理、ベーコンやハムなどの肉料理、フルーツなどを組み合わせる。パンケーキやワッフルを供することもある。➡イングリッシュブレックファースト ➡コンチネンタルブレックファースト

アメリカン-マインド〖American mind〗米国人の自由で開放的な精神。

アメリカン-リーグ〖American League〗米国のプロ野球メジャーリーグの一。1900年に結成、現在14球団が加盟。AL。➡ナショナルリーグ

アメリカン-ワイヤーヘア〖American Wirehair〗ネコの一品種。アメリカンショートヘアに似ているが、被毛は縮れて堅く、毛先が立っている。

アメリケーヌ-ソース《フランス sauce américaineから。アメリケーヌはアメリカ風の意》オマールなど甲殻類の殻にトマト、ワイン、香味野菜などを入れて煮込み、こして作ったソース。エビ料理やパスタなどに使われる。アメリカンソース。

アメリゴ-ベスプッチ〖Amerigo Vespucci〗▸ベスプッチ

アメリシウム〖americium〗アクチノイドに属する超ウラン元素の一。プルトニウムに中性子を照射してつくられた人工放射性元素で、アメリカ大陸にちなんで命名。元素記号Am 原子番号95。最も半減期の長い同位体は質量数243。

アメン〖Amen〗▸アモン

アメンチア〖ラテン amentia〗中毒や伝染病などによって意識が混濁した状態。当人が意識障害を自覚して困惑するのが特徴。

アメンドウ〖ポルトガル amendoa〗❶アーモンドの別名。江戸時代にポルトガルから渡来したときの呼び名。アメンドース。❷カラモモの別名。

あめんぼ【水=黽｜水=馬｜×飴▽坊】半翅目アメンボ科の昆虫。中脚と後脚が体長より長い。池などの水面を滑走し、水面に落ちた昆虫を捕食。体は飴のにおいがする。みずぐも。かわぐも。あしたか。あめんぼう。(季 夏)「夕焼の金板の上―ゆく/青邨」

あめん-ぼう【×飴ん棒】《「ん」は格助詞「の」の音変化》❶棒状の飴。❷理髪店の看板で、赤・白・青で螺旋状に彩った棒。

アメンホテプ〖Amenhotep〗▸イクナートン

あも【▽母】「はは」をいう上代語。おも。「―にこそ聞こえずあらめ」〈雄略記・歌謡〉

アモイ〖Amoy〗中国福建省南東部、台湾海峡に面する港湾都市。古くから貿易港として発展。17世紀ごろよりポルトガルなどの商人が往来、20世紀に入って華僑の流出港として知られた。シヤメン。人口、行政区205万(2000)。(補説)「廈門」「厦門」とも書く。

あ-もう【×阿×蒙】▸呉下の阿蒙

あもう-とうげ【天生峠】岐阜県北部にある峠。標高1290メートル。峠周辺にはミズバショウなどの自生する高層湿原が点在している。白山などの眺望がよい。泉鏡花の「高野聖」の舞台として有名。

アモールがた-しょうわくせい【アモール型小惑星】▸アモール群

アモール-ぐん【アモール群】地球近傍小惑星の分類の一。火星より内側の地球近傍に軌道をもち、軌道長半径が1天文単位以上で、近日点が1.017から1.3天文単位の間にある小惑星をさす。名称は1932年に発見された小惑星アモールにちなむ。地球近傍小惑星のうち約4割を占め、有名な小惑星として米国の小惑星探査機NEARシューメーカーが軟着陸したエロスがある。アモール型小惑星。

あ-もく【亜目】生物分類学上の単位の一。必要な場合に、目と科の間に設けられる。齧歯目をリス亜目・ヤマアラシ亜目・ネズミ亜目に分けるなど。

あも-しし【▽母▽父】「はは・ちち」をいう上代語。おもちち。「月日夜は過ぐは行けども―が玉の姿は忘れせなふも」〈万・四三七八〉

アモス〖Amos〗紀元前8世紀中ごろのイスラエルの預言者。旧約聖書の「アモス書」はその預言集。

あ-もと【▽足元｜▽足下】その人の家柄や身分。「―アル者チャ」〈日葡〉

あもと-ふもと【▽足元▽踏元】同韻の語を重ねて「あもと」の意を強めた語。「―もご存知なく、夫婦とは誠しからず」〈浄・天鼓〉

アモホストス〖Ammochostos〗キプロス北部の町ファマグスタのギリシャ語名。

あもり-つく【▽天▽降り付く】〔枕〕香具山が天上から降ったという伝説から、「天の香具山」「神の香具山」にかかる。「―天の香具山霞立つ」〈万・二五七〉

アモル〖Amor〗ローマ神話の恋の神クピドの別名。ギリシャ神話のエロスにあたる。

あ-も-る【▽天▽降る】〔動ラ上二〕《「あまおる」の音変化》❶天から下界へ降りる。「―りましけむ五百万千万神の」〈万・三二二七〉❷行幸する。「和射見が

が原の行宮に━・りいまして〈万・一九九〉

アモルザス-とう【アモルゴス島】《Amorgos》ギリシャ南東部、エーゲ海に浮かぶ島。キクラデス諸島の最東部に位置する。中心地はアモルゴス(またはホラ)。白壁の家並みや教会、粉ひき風車などで知られる。白い砂浜が広がる美しい海岸も多い。

アモルファス〖amorphous〗原子や分子が不規則に密集している状態。また、その物質。ガラス・ゴムなど。非晶質。無定形物質。

アモルファス-か【アモルファス化】〔名〕スル 産業の成熟化に伴い、商品の区別が無定形化すること。無定形化によって区別が困難になること。

アモルファス-きんぞく【アモルファス金属】《amorphous metal》金属が、溶けている状態から急冷し、原子配列が不規則のまま固体となったもの。非結晶金属。非晶質金属。

アモルファス-ごうきん【アモルファス合金】《amorphous alloy》合金でアモルファスとなっているもの。非晶質合金。

アモルファス-こうぶんし【アモルファス高分子】►非結晶性高分子

アモルファス-シリコン〖amorphous silicon〗原子配列が結晶のような規則性をもたないアモルファス半導体の一。珪素を主体とし、太陽電池の素子や光センサー、薄膜トランジスター、光メモリー素子に利用される。非結晶シリコン。非晶質シリコン。➡アモルファスシリコン太陽電池

アモルファスシリコン-たいようでんち【アモルファスシリコン太陽電池】《amorphous silicon solar cell》珪素(シリコン)を基板上に非結晶質状態で薄膜形成して作る太陽電池。工程が簡単で、膜の厚さが単結晶シリコンの300分の1ですむが、光電変換率は単結晶シリコンの場合よりも劣る。

アモルファス-デバイス〖amorphous device〗アモルファス相(原子配列が不規則であるが、熱力学的には準安定な状態)を積極的に使った電子デバイス。アモルファスシリコンは、結晶半導体と同様にn型およびp型の価電子制御が可能で、太陽電池に利用する。アモルファス相と結晶相の転移を用いたメモリーデバイスもある。

アモルファス-はんどうたい【アモルファス半導体】原子配列が結晶のような規則性をもたない半導体。アモルファスシリコンなど。薄膜の形成・加工が容易で、太陽電池の素子、光センサー・薄膜トランジスター・光メモリー素子に利用。非晶質半導体。

アモレイラ-の-すいどうきょう【アモレイラの水道橋】《Aqueduto da Amoreira》ポルトガル東部の都市エルバスにあるイベリア半島最長の水道橋。全長約7キロメートル。15世紀末から17世紀にかけて建造。リスボンのベレンの塔を建てたフランシスコ=デ=アルダの設計。現在も使用されている。

あ-もん【亜門】生物分類学上、必要な場合に、門と綱の間に設けられる単位。原索動物門を尾索動物亜門・頭索動物亜門に分けるなど。

アモン〖Amon〗古代エジプトで最も広く崇拝された神。テーベの守護神でもあり、しばしば太陽神ラーと結合してアモンラーとよばれる。アメン。

アモントン-の-ほうそく【アモントンの法則】►摩擦の法則

あや【文・綾】❶物の表面に現れたさまざまな形や模様。特に、線が斜めに交わった模様。❷特に苦心した、文中の言い回し。含みのある表現や微妙なニュアンス。「言葉の━」❸表面的には見えないが、たどると見えてくる社会や世の中の入り組んだ仕組み。裏表。「人生の━」❹(綾)いろいろな模様を織り出した絹織物。あやおり。あやおりもの。
(類語)模様・文様・紋・文目・地紋・柄・紋柄・図柄・絵柄・図様・図案・意匠・パターン・デザイン・プリント

あや【漢】►漢氏

あ-や〔感〕ひどく驚いたときに発する声。あっ。「弁慶が大長刀を打ち流して、手並みのほどは見しかば、━と肝を消す」〈義経記・三〉

あや-いがさ【綾藺笠】藺草を綾織りに編み、裏に布を張った笠。中央に髻を入れる巾子形という突出部があり、その周囲に藍革と赤革の帯を垂らして飾りとする。武士が狩猟・旅行・流鏑馬などの際に着用した。あやがさ。

あや-いと【綾糸】❶綾取り遊びに使う糸。❷美しいいろどりの糸。❸「綜糸」に同じ。

あやいと-おり【綾糸織】「一楽織」に同じ。

あやう・い【危うい】〔形〕図あやふ・し〔ク〕❶危険が迫っている。あぶない。「━・いところを助かった」➡危ない(用法) ❷気掛かりである。心もとない。不安だ。「世のうけひくまじきことなれば、中々━・くおぼし憚りて」〈源・桐壺〉(補説)中世以降、シク活用化した例やその口語形「あやうしい」の例も認められる。「さはらば落ちん其の風情、しほらしくも又あやふしし」〈浄・井筒業平〉(派生)あやうがる〔動ラ五〕あやうげ〔形動〕あやうさ〔名〕
(類語)危ない・危険

あやうく【危うく】〔副〕《形容詞「あやうい」の連用形から》❶やっとのことで。かろうじて。「━間にあった」❷まかりまちがえば。もう少しのところで。「━大けがをするところだった」

あや-うじ【漢氏】古代、中国から渡来した氏族。東漢氏と西漢氏がある。姓は直であったが、のち連となる。あや。

あや-おどし【綾威】鎧の威の一。綾を切って細く畳み、芯に麻を入れた緒でおどしたもの。

あや-おどり【綾踊り】綾織り竹を持って踊る民俗芸能。滋賀・静岡・千葉などの各地に分布。

あや-おり【綾織(り)】❶綾を織ること。また、その人。❷「綾織物」に同じ。❸「斜文織り」に同じ。❹曲芸の一。数本の竹の管や鞠などを交互に投げ上げて手玉にとる芸。

あやおり-だけ【綾織(り)竹】竹に色紙を螺旋形に巻き、端に同色の房をつけたもの。踊りに、また、綾織りの曲芸に使う。綾竹。

あや-おりもの【綾織物】いろいろな模様を浮き出すように織った織物。あやおり。

あや-がさ【綾笠】「綾藺笠」に同じ。

あやかし❶船が難破する時に海上に現れるという化け物。❷不思議なこと。また、そのもの。妖怪。❸コバンザメの別名。❹(「怪士」と書く)能面の一。男の怨霊を表す面。❺愚か者。「人の聞きて、我を━と言はん」〈咄・醒睡笑・二〉(類語)(❷)不思議・不可思議・不可解・不審・奇妙・面妖・妙・変・異・謎・怪・奇・奇異・奇怪・幻怪・怪奇・怪異・神秘・霊妙・霊異・玄妙・ミステリー・ミステリアス・奇天烈・摩訶不思議・けったい・おかしい

あやかり-しょうひん【肖り商品】有名人・キャラクター・名所や、話題となっている出来事に関連した商品。「定額給付金━」「坂本竜馬━」

あやかり-もの【肖り者】他の人があやかりたいと思うほどの幸せな人。また、同じ果報にめぐりあった幸せ者。

あやか・る【肖る】〔動ラ五(四)〕❶影響を受けて同様の状態になる。感化されてそれと同じようになる。ふつう、よい状態になりたい意に用いられる。「彼の幸運に━・りたい」❷影響を受けて変化する。動揺する。「風速み峰のくず葉のともすれば━・りやすき人の心か」〈拾遺・雑恋〉(可能)あやかれる
(類語)(❶)似る・似寄る・似つく・似通う・通う・相通ずる・類する・紛う・類似する・相似する・近似する・酷似する・肖似する

あや-がわ【綾川】香川県中央部を流れる川。県最長の川で、長さ38キロ。讃岐山脈最高峰の竜王山北麓に源を発して北流し、坂出市で瀬戸内海に注ぐ。上流の綾歌郡綾川町に長柄ダム、下流の坂出市に府中ダムがあり治水・灌漑や工業用水などとして利用されている。

あやがわ-ごろうじ【綾川五郎次】[1703?～1765]江戸中期の力士。初代横綱明石志賀之助と同様に伝説的な力士で、第2代横綱とされているが、確証はない。➡明石志賀之助(初代横綱)➡丸山権太左衛門(第3代横綱)

あや-ぎぬ【綾絹】綾織りの絹。あやけん。

あやぎり【綾切】雅楽の舞曲。高麗楽。高麗壱越調。四人舞。本来は女舞で、のちに男舞となる。愛妓女。

あや-ぎれ【文切れ・紋切れ】発音などがはっきりしていること。歯切れがよいこと。「言葉の━せぬことのみ多し」〈浮・一代女・一〉

あやぐ 沖縄県宮古諸島の歌謡の総称。狭義にはその民謡をさすが、広義には、はやり歌からわらべ歌まで、歌謡全般をさす。

あや-こまい【綾子舞】新潟県柏崎市女谷の下野・高原田両地区に伝わる民俗芸能。踊り・囃子舞・狂言からなり、初期歌舞伎踊りの姿を今日に残すものとして貴重。重要無形民俗文化財。

あや-ゴロ【綾ゴロ】綾織りのゴロフクレン。

あや-じ【綾地】綾織りの布地。

あやし・い【怪しい】〔形〕図あや・し〔シク〕《感動詞「あや」の形容詞化》普通ではない事物、正体のはっきりしない事物に対する不可解な気持ちを表す。❶(「妖しい」とも書く)不思議な力がある。神秘的な感じがする。「━・い魅力」「宝石が━・く光る」❷不気味な感じがする。気味が悪い。「━・い鳴き声」❸㋐行動や状況が不審である。疑わしい。「━・い男がうろつく」㋑男女の間に、隠された関係があるらしいさま。「あの二人は近ごろ━・いね」❹よくないほうに変わりそうである。不安である。「雲行きが━・くなる」❺全面的には信用できない。疑う余地がある。「その説はちょっと━・い」「彼の英語は━・いものだ」❻事物の状態が普通でない。見慣れない。珍しい。「━・しくおもしろき処どころ多かりけり」〈伊勢・八一〉❼普通と違って粗末である。見苦しい。「あないみじや。いと━・しきさまを人や見つらむ」〈源・若紫〉❽礼儀にはずれていて不都合である。けしからぬ。見苦しい。「遣戸をあらくたてあくるもいと━・し」〈枕・二八〉❾《貴族から見て、その状況が理解しにくいものというところから》身分が低い。いやしい。「━・しき家の見所もなき梅の木などには」〈枕・四一〉(派生)あやしがる〔動ラ五〕あやしげ〔形動〕あやしさ〔名〕
(用法)あやしい・うたがわしい――「怪しい」は、何であるか、どうであるかはっきりせず、不気味であったり、信用できなかったりという、受け手の気持ちを表す。「疑わしい」は何らかの根拠があって、確かではない、疑わざるをえないという判断を示す。◆「明日は晴れるかどうか怪しい」は、はっきりしない空模様から、晴れるということに対して信用できない気持ちを表す。この場合、「疑わしい」といえば、現在の天候や天気図から、明日は晴れそうもないと判断したことになる。◆「怪しい人影」「雲行きが怪しい」などの「怪しい」は、「疑わしい」で置き換えることはできない。「疑わしきは罰せず」は「あやしき」で置き換えることができない。
(類語)(❸㋑)お安くない/(❺)疑わしい・いぶかしい・いかがわしい・胡散臭い

あやし-ば・む【怪しばむ】〔動マ四〕怪しそうに見える。うさんくさい感じがする。「この辺に━・うだる旅人のとどまったる所やある」〈平家・一二〉

あやし-び【怪し火】❶原因がわからない火事。不審火。❷化け物や怪物が発するという不思議な火。鬼火・人魂の類。怪火。

あやし・ぶ【怪しぶ】〔動バ四〕「あやしむ㊀」に同じ。「相人驚きて、あまたたび傾き━・ぶ」〈源・桐壺〉

あやし・む【怪しむ】㊀〔動マ五(四)〕《形容詞「あやし」の動詞化》変だと思う。疑わしく思う。いぶかる。「人に━・まれる」「成功するかどうか━・む」㊁〔動マ下二〕怪しいものと認める。とがめる。「此の勢一所に集まらば、人に━・めらるべしとて」〈太平記・二四〉
(類語)疑う・いぶかる・疑る・怪訝

あや・す〔動サ五(四)〕機嫌をとってなだめすかす。「赤ん坊を━・す」(可能)あやせる

あや・す【零す】〔動サ四〕血・汗などを滴らせる。流

す。こぼす。「血を―・して婆羅門に飲ましめ」〈今昔・四・一七〉

あや-すぎ【ˣ綾杉】❶サワラの園芸品種ヒムロの別名。❷エンコウスギの別名。❸杉の薄板を網代あじろのように編んだ垣。❹鼓や三味線の胴の内部に彫る、ジグザグ模様。

あや-すじ【ˣ綾筋】すぢ 屋根瓦の獅子口ししぐちに付けた山形の筋。締筋。

あやせ【綾瀬】㊀神奈川県中部の市。米軍の厚木航空基地がある。人口8.3万(2010)。㊁東京都足立区の地名。綾瀬川の下流。江戸時代は鷹狩りの場。

あやせ-がわ【綾瀬川】がは 埼玉県東部を南東に流れる川。北足立郡伊奈町北方が水源。草加そうか市付近から南流して東京都足立区に入り中川に合流する。長さ約48キロ。上流付近は農業用水として利用されている。

あやせ-し【綾瀬市】▶綾瀬㊀

アヤソフィア〖Ayasofya〗《「アギアソフィア」「ハギアソフィア」とも》㊀トルコ北西部の都市イスタンブールにある大聖堂。4世紀、東ローマ皇帝コンスタンティヌス1世の時代に建立された聖堂に起源し、2度の大火で焼失した後、6世紀にユスティニアヌス1世によって建造。コンスタンチノープルの陥落以降、オスマン帝国のスルターン、メフメット2世によってイスラム寺院に転用され、ミフラーブ(壁龕へきがん)と4本の尖塔が加わり、モザイク画が漆喰しっくいで塗りつぶされた。現在は博物館になっている。1985年に「イスタンブール歴史地区」として世界遺産(文化遺産)に登録された主要な歴史的建造物の一つであり、ビザンチン建築の傑作と称される。聖ソフィア大聖堂。㊁トルコ北東部の都市トラブゾンにある後期ビザンチン様式の教会。5世紀の創建。13世紀に東ローマ皇帝マヌエル1世により改築された。オスマン帝国時代にイスラム寺院に転用されたが、現在は博物館になっている。

あや-だけ【ˣ綾竹】❶機織り機で、縦糸のもつれを防ぎ、順序を正しくするために、その間に入れる細い竹の棒。綜竹あぜだけ。❷引き窓の引き縄を掛けるため横に渡した竹。❸「綾織り竹」に同じ。

あや-だすき【ˣ綾ˣ襷】背中でX字形になるように結んだ、たすき。

あ-やつ【▽彼▽奴】〔代〕三人称の人代名詞。ののしったり、あなどったりするときのやや古めかしい言い方。あいつ。きゃつ。「―にできる訳がない」

あやっ-こ【ˣ綾っ子】生まれた子を初めて宮参りさせるとき、鍋墨なべずみや紅で額に×印や「犬」の字などを書く風習。魔よけや子の成長を願うためという。

あやつり【操り】❶操ること。また、そのしかけ。「かくして奇怪なる運命の―によって」〈長与・青銅の基督〉❷操り人形。また、操り芝居。

あやつり-きょうげん【操り狂言】キャウゲン ❶操り芝居のこと。❷人形浄瑠璃を歌舞伎化したもの。義太夫狂言。丸本まるほん歌舞伎。

あやつり-ざ【操り座】操り芝居を上演する劇団。また、その劇場。

あやつりさんば【操三番】歌舞伎舞踊。長唄。本名題「柳糸引御摂やなぎのいとひくやごひいき」。嘉永6年(1853)江戸河原崎座で初演。翁おきな・千歳せんざいをぜんまい人形、三番叟さんばそうを糸操りの所作で演じたが、のち、翁と千歳は普通の所作になった。操三番叟。

あやつり-しばい【操り芝居】シバヰ 文楽など、操り人形を用いてする芝居。操り狂言。

あやつり-じょうるり【操り浄瑠璃】ジャウルリ ❶三味線を伴奏とした浄瑠璃に合わせて、人形を操る芝居。文楽など。操り芝居。人形浄瑠璃。❷操り芝居で語る浄瑠璃。特に、義太夫節。

あやつり-にんぎょう【操り人形】ニンギャウ ❶操り芝居に用いる人形。糸操りと手遣いとがある。❷他人の言うとおりに、どうにでも動く人。傀儡かいらい。「彼は社長の―にすぎない」

あやつ・る【操る】〔動ラ五(四)〕❶物を動かして使う。操作する。「櫓ろを―・る」「人形を―・る」❷うまく取り扱う。巧みに使いこなす。「楽器を―・る」「三か国語を―・る」❸意のままに人を動かす。特に、自分は陰にいてうまく人を利用する。「マスコミを―・る」「黒幕に―・られる」(可能)あやつれる

(類語)運転・操作・操縦・扱う

アヤテクラ〖Ayatekla〗トルコ南部の都市シリフケ近郊にある原始キリスト教の聖地。市街の南方約4キロメートルに位置する。使徒パウロによりキリスト教に帰依し、殉教した聖テクラが隠れ住んだという岩山がある。東ローマ帝国時代に教会が建てられたが、現在は建物の一部のみが残り、洞窟内に祭壇が置かれている。

あや-とり【ˣ綾取り】❶長さ50〜60センチの糸を輪にし、両手首や指に掛け、橋・川などの形を作りながら糸を掛け替えていく遊び。糸取り。(季冬)❷竹に綱をつけ、投げ上げては受け止める曲芸。また、その芸人。

あやとり-の-し【▽挑▽文師】律令制で大蔵省織部司おりべのつかさに属した官。錦にしき・綾あやなどの高級織物の製作にあたった。あやのし。あやとり。

あや-ど・る【ˣ綾取る｜▽操る】〔動ラ五(四)〕❶美しく飾る。特に、文章に修飾を施す。「華麗に―・られた文体」❷たすきなどを斜め十文字に結ぶ。「紅い襷―・りながら」〈木下尚江・良人の自白〉❸巧みに扱う。あやつる。「奔すると云ふは、機を―・るやうな心ぞ」〈中華若木詩抄・中〉

あや-な・し【▽文無し】〔形ク〕❶筋道が通らない。不条理だ。わけがわからない。「春の夜の闇やみはあや―・し梅の花色こそ見えね香やは隠るる」〈古今・春上〉❷むだである。かいがない。無意味だ。「思へども―・しとのみ言はるれば夜の錦にしきの心地こそすれ」〈後撰・恋二〉❸判別がつかない。「夜半の空星さへ雲におほはれて、道も―・く物すごき」〈浄・盛衰記〉

あや-な・す【ˣ綾なす】〔動サ五(四)〕❶さまざまの美しいいろどりを示す。美しい模様をつくる。「錦にしき―・す木々」❷(「操す」と書く)巧みに扱う。あやつる。「いろいろな男を―・した経験で」〈荷風・つゆのあとさき〉

アヤ-ナパ〖Agia Napa〗キプロス南東部の町。美しい砂浜が広がり、地中海有数の海岸保養地として知られる。また、市庁舎内に同国初の自然博物館である海洋生物博物館がある。

あや-に【▽奇に】〔副〕《感動詞「あや」に、下の動詞を状態的に修飾する格助詞「に」が付いて副詞化した語》言葉に表せないほど。なんとも不思議に。むやみに。「柵越しに麦食はむ小馬のはつはつに相見し児らし―かなしも」〈万・三五三七〉

あや-にく【▽生憎】《感動詞「あや」＋形容詞「にくし」の語幹から》㊀〔副〕意に反し不都合なことが起こるさま。あいにく。「―眼が冴えて昨夕よりは却って寝苦しかった」〈漱石・それから〉㊁〔形動ナリ〕目前の事柄が、予想や期待に反していて好ましくないさま。❶意地が悪い。「惜しめばや花の散るらむ―にものも言はでぞ見るべかりける」〈躬恒集〉❷不都合だ。間まが悪い。「―に睦びきこえ給へば、え忍び敢え給はず」〈栄花・衣の珠〉❸予想以上に厳しい。過酷だ。「さらに知らぬ由を申ししに、―に強ひ給ひしこと」〈枕・八四〉

あやにく-が・る【▽生憎がる】〔動ラ四〕思いどおりにならずに、いやがる。いかにも迷惑そうな態度をとる。「舞をせさせ奉らむとて、習はせ給はむほども、―・り、すまひ(＝拒ミ)給へど」〈大鏡・道兼〉

あやにく-ごころ【▽生憎心】意地の悪い心。憎らしく思われる心。強情な心。「けしからぬ御―なりかし」〈源・行幸〉

あやにく-だ・つ【▽生憎だつ】〔動タ四〕身勝手なことをして人を困らせる。だだをこねる。「―・ちてものとり散らしそこなふを」〈枕・一五二〉

あや-にしき【ˣ綾錦】❶綾と錦。❷美しい衣服や紅葉などをたとえていう語。「―をまとった秋の山々」❸コノハノリ科の紅藻。本州中部以南の静かな海の岩上にみられ、扇形に広がり、水中では白っぽい藍緑色、乾くと鮮紅色になる。

あや-ぬの【ˣ綾布】綾織りの布。倭文しず。

あやのつづみ【綾鼓】謡曲。四番目物。宝生ほうしょう・金剛流。女御に対するかなわぬ恋に絶望して死んだ庭掃きの老人の妄執を描く。➡恋重荷こいのおもに

あや-はとり【▽漢▽織】《「はとり」は「はたおり」の音変化》古代、中国から渡来した綾織りの技術者。「―、呉織くれはとりを将ゐて」〈前田本雄略紀〉➡呉織くれはとり

あや-ひがき【ˣ綾ˣ檜垣】檜ひのきの薄板で網代あじろに編んだ垣根。

あや-ひと【▽漢人】古代、中国から渡来したといわれる人。また、その子孫。多くは大陸の学芸・技術をもって朝廷に仕え、東漢氏やまとのあやうじの下で漢部あやべの管理者となった。村主すぐりの姓かばねをもつ。あや。

あやぶ・む【危ぶむ】㊀〔動マ五(四)〕事の成り行きが、悪い結果になるのではないかと不安に思う。あぶないと思う。「交渉の成立を―・む」「卒業が―・まれる」㊁〔動マ下二〕あやうくする。苦しめる。「国家を既に―・めんとす」〈平家・七〉

あや-ふや〔形動〕〔文〕〔ナリ〕物事がはっきりしないさま。あてにならないさま。曖昧あいまい。不確か。「―な返事」「―な気持ち」➡曖昧(用法)

(類語)不確か・曖昧・うやむや・漠然・おぼろげ・煮え切らない・どっちつかず・要領を得ない

あや-ふり【ˣ綾振り】❶女児の遊びの一。数個のお手玉を順に投げ上げて受け取る動作を繰り返す。綾揺ゆり。❷生糸を枠に巻き取るときに、全体に平均して巻きつくようにすること。

あやべ【綾部】京都府中西部、福知山盆地にある市。江戸時代は九鬼氏の城下町。古代には、綾織りを職とする漢部あやべが居住していた。繊維・機械工業が盛ん。大本教おおもときょう発祥の地。人口3.6万(2010)。

あやべ-し【綾部市】▶綾部

あや-まき【ˣ綾巻(き)】砧きぬたで布を打つとき、布を巻く棒。

あやまち【過ち｜▽誤ち】❶まちがい。失敗。「―を恐れず試みる」❷犯してしまった罪。過失。「―を償う」❸男女間の不倫。不義。❹けが。負傷。「―すな。心して降おりよ」〈徒然・一〇九〉

(類語)間違い・誤り・錯誤・誤謬ごびゅう・罪・咎とが・罪悪・罪科・罪過・犯罪・罪障・罪業ざいごう・悪徳・背徳・不徳・不仁・不義・不倫・破倫・悪あく・悪行あくぎょう・悪事・違犯

過ちの功名こうみょう 「怪我けがの功名」に同じ。

過ちを文かざる 《「論語」子張の「小人の過つや、必ず文る」から》過ちを改めず、とりつくろって、よいように見せかける。

過ちを観みて斯ここに仁じんを知る 《「論語」里仁から》人の犯した過失の種類や傾向をよく観察すると、その人の人徳の程度がわかる。

あやま・つ【過つ｜▽誤つ】〔動タ五(四)〕❶やりそこなう。しくじる。「ねらいを―・たず射る」❷(「あやまって」の形で)うっかりしてよくないことをしでかす。過失を犯す。「―・って相手にけがを負わせた」❸悪事を働く。罪を犯す。「重く―・ちたる者の」〈今鏡・二〉❹見まちがえる。取りちがえる。「み吉野の山べに咲ける桜花雪かとのみぞ―・たれける」〈古今・春上〉❺だめにする。そこなう。㋐健康を害する。「瘟病おんびょうは人を―・つ物と聞こゆるから」〈読・雨月・菊花の約〉㋑殺傷する。「このたび我は―・たれなんとする」〈今昔・二三・一五〉(類語)失敗・しくじる・し損ずる・し損なう・やり損なう・抜かる・誤る・とちる

過ちて改めざる是これを過ちという 《「論語」衛霊公から》過ちはだれでも犯すが、本当の過ちは、過ちと知っていながら悔い改めないことである。

過ちては改むるに憚はばかること勿なかれ 《「論語」学而から》過ちを犯したら、ためらわないで改めよ。

過ちては則すなわち改あらたむるに憚はばかること勿なかれ ▶過ちては改むるに憚ること勿れ

あやまり【誤り｜▽謬り】❶正しくないこと。まちがい。「記憶の―」「―を正す」❷やりそこない。失敗。失策。「計算の―」「書き―」❸正しくない行為。まちがった行為。特に、男女間の不倫。「いささかの事の―もあらば、軽々かろがろしきそしりをや負はむ」〈源・梅枝〉❹心が異常な状態になること。「御心地の―にこそはありけれ」〈源・蜻蛉〉(類語)間違い・過ち・錯誤・誤謬ごびゅう

あやまり【謝り】失敗や無礼などをわびること。「—の手紙」

あやまり-ていせい【誤り訂正】《error correction》デジタルデータの送受信や記憶メディアへの書き込みの際に発生した誤りを検出し訂正すること。データにあらかじめ冗長性がある誤り訂正符号を付与する手法がよく用いられる。エラー訂正。

あやまり-ていせいふごう【誤り訂正符号】《error correcting code》コンピューターネットワークや記録メディア上にあるデジタル情報の誤りを、自動的に訂正するための符号。

あやまりていせい-プロトコル【誤り訂正プロトコル】《error correction protocol》デジタルデータの送受信時に発生した誤りを検出し訂正するプロトコル。データにあらかじめ冗長性がある誤り訂正符号を付与する手法が用いられる。エラー訂正プロトコル。

あやま・る【誤る|×謬る】〔動ラ五(四)〕❶やりそこなう。失敗する。「機械の操作を—・る」❷まちがった判断や予測をする。思いちがいをする。「進むべき道を—・る」❸正しくない方向に導く。「後人を—・るような言動」❹道理や正しい判断からはずれる。当を得ない。まちがう。「—・った認識」「—・れる優越感」❺約束を破る。「契れること—・れる人に」〈伊勢・一二二〉❻正気でなくなる。心が乱れる。「心弱からむ人は、—・りぬべき心地して胸走る」〈栄花・初花〉➡間違える(用法)

(類語)間違う・間違える・違える・失敗る・しくじる・し損ずる・し損なう・やり損なう・抜かる・過つ・とちる

あやま・る【謝る】〔動ラ五(四)〕《「誤る」と同語源》❶悪かったと思って相手に許しを願う。わびる。「すなおに—・りなさい」❷困る。閉口する。まいる。「あいつの押しの強さには—・る」❸困って断る。辞退する。「めんどうなことは—・るよ」(可能)あやまれる

(用法)あやまる・わびる——「心から謝る(わびる)」「頭を下げて謝る(わびる)」などの場合には相通じて用いられる。◆「謝る」は、「謝ってすむ問題ではない」「平謝りに謝る」のように、率直に許しをこうときなど、日常の口語として多く用いられる。◆「わびる」は、「非礼をわびる」「過ちをわびる」のように、自分の困惑の情を表す意が強く、改まった言い方。重大な過失の許しを得る場合や、文章語として用いられる。◆「御無沙汰をおわび申し上げます」の「おわび」を「お謝り」には換えられず、「ごめん、ごめん、謝るよ」の「謝る」は、「わびる」に置き換えられない。

(類語)わびる・謝する・わび・わび言・平謝り・陳謝・謝罪・多謝・恐縮

あや・む【▽危む】〔動マ下二〕「あやめる」の文語形。

あや・む【▽怪む】〔動マ下二〕不審に思う。あやしむ。「おきてゆく涙のかかる草まくら露しげしとや人の—・めむ」〈千載・恋三〉

あや-むしろ【×綾×筵】模様を織り出したむしろ。「独り寝と薦朽ちめやも一緒になるまでに君をし待たむ」〈万・二五三八〉

あや-め【▽文目】❶織物や木目などに現れた模様。いろどり。あや。❷(多くはあとに「知らず」「分かず」「見えず」などの語を伴って用いる)㋐物の区別。見分け。けじめ。「—も知れない闇の中から、硫黄が丘の山頂…空中に現われ出る」〈有島・生れ出づる悩み〉㋑物事の筋。道理。条理。分別。「何の—も知らぬ賤しの男をも」〈源・胡蝶〉(類語)模様・文様・紋・文・地紋・柄・紋柄・図柄・絵柄・図様・図案・意匠・パターン・デザイン・プリント

文目も分か・ず　❶暗くて物の模様や区別がはっきりしないさま。「—・ぬ暗の夜なれば、ここを何処とするよしなけれど」〈逍遥・当世書生気質〉❷物事の分別がつかないさま。「あらはれていとど浅くも見ゆるかな—・ず泣かれける音の」〈源・蛍〉

あやめ【菖=蒲】❶アヤメ科アヤメ属の多年草。日当たりのよい乾燥した草地に生える。高さ30〜60センチ。葉は細長く剣状。初夏、花茎の先に黄色い筋のある紫または白色の花を開く。多くの栽培品種がある。アヤメ属には、カキツバタ・シャガなども含まれる。古来、アヤメと呼んだショウブはサトイモ科。(季 夏)「片隅に—咲きたる門田かな／子規」❷ショウブの古名。「五月まつ、—ふくころ」〈徒然・一九〉

あや-め【▽漢女】古代、大陸からの渡来人のうち、機織り・裁縫などに従事した女性。

あやめ-いろ【菖=蒲色】アヤメの花のような色。明るい赤紫色。

あやめ-がさね【菖=蒲▽襲】襲の色目の名。表は萌葱、裏は濃紅梅。陰暦4〜6月に用いる。しょうぶがさね。

あやめ-かずら【菖=蒲×鬘】中古、ショウブで作った、頭につける飾り。端午の節会に、邪気を払うものとして、男性は冠につけ、女性は髪にさした。しょうぶかずら。

あやめ-がたな【菖=蒲刀】端午の節句に、ショウブの葉を刀に見立てて男児が腰に差したもの。後世は飾り物として節句に飾った木太刀。しょうぶがたな。あやめだち。

あやめ-ぐさ【菖=蒲草】ショウブの別名。(季 夏)「一足に結ばん草鞋の緒／芭蕉」

あやめ-ざけ【菖=蒲酒】ショウブの根を細かく刻んで浸した酒。邪気を払うため、端午の節句に飲んだ。しょうぶざけ。(季 夏)

あやめ-の-かずら【菖=蒲の×鬘】▶あやめかずら

あやめ-の-かぶと【菖=蒲の×兜】▶菖蒲兜

あやめ-の-くろうど【菖=蒲の▽蔵▽人】平安時代、端午の節会に、糸所から献上したショウブ・ヨモギなどの薬玉を、親王や公卿に分けて配る女蔵人。

あやめ-の-こし【菖=蒲の×輿】中古、端午の節会のとき、ショウブを盛って宮中の御殿の軒先に飾った輿。近世では、ショウブで作った輿をさす。あやめの御殿。あやめの車。

あやめ-の-せっく【菖=蒲の節句】軒にショウブをさしたりするところから、5月5日の端午の節句のこと。しょうぶのせっく。

あやめ-の-つくえ【菖=蒲の机】端午の節会に、典薬寮から宮中に奉るショウブをのせて運んだ机。

あやめ-の-まくら【菖=蒲の枕】端午の節句の夜、邪気を払うまじないに、ショウブを薄紙に包み枕元に置くこと。また、その枕。(季 夏)「きぬぎぬにとくる—かな／青々」

あやめ-の-ゆ【菖=蒲の湯】▶しょうぶゆ(菖蒲湯)

あやめ-ぶき【菖=蒲×葺き】端午の節句の前夜、邪気払いのため軒にショウブをさすこと。

あやめ-ゆかた【菖=蒲浴-衣】端午の節句に着た浴衣。しょうぶゆかた。◆曲名別項。

あやめゆかた【菖蒲浴衣】長唄。2世杵屋勝三郎・3世杵屋正次郎作曲。安政6年(1859)初演。勝三郎と5世芳村伊三郎との和解を記念し、また浴衣の宣伝もかねて作られたという。

あや・める【▽危める】〔動マ下一〕図あや・む〔マ下二〕❶危害を加える。「脅すだけで—・める気はなかった」❷(「殺める」とも書く)殺す。「我が子を—・める大罪を犯す」

あゆ【東=風】「あいのかぜ」に同じ。「英遠の浦に寄する白波いや増しに立ちしき寄せ来—をいたみかも」〈万・四〇九三〉

あ-ゆ【×阿×諛】〔名〕スル顔色を見て、相手の気に入るようにふるまうこと。追従。「—迎合」

(類語)おもねる・へつらう・こびる・取り入る・ごますり・おためごかし・卑屈

あゆ【×鮎|年=魚|香=魚】サケ目アユ科の淡水魚。全長20〜30センチ。体は細長く紡錘形で、脂びれをもつ。背側は緑褐色、腹部は銀白色、胸びれ上方に黄金色の斑紋がある。秋、川の中流域で産卵。稚魚は海へ下って越冬し、春、川を上り、藻類を食べて成長する。夏に美味。あい。こうぎょ。(季 夏)「—の香や膳の上なる千曲川／東洋城」(補説)寿命が1年であるので「年魚」、香りがあるので「香魚」と書く。

あ・ゆ【▽肖ゆ】〔動ヤ下二〕似る。あやかる。「長き契りにぞ—・えまし」〈源・帚木〉

あ・ゆ【▽零ゆ】〔動ヤ下二〕❶実などが、落ちる。落ちこぼれる。「生ふる橘玉に貫く五月を近み—・えぬがに」〈万・一五〇七〉❷汗や血などが、流れ出る。滴り流れる。「すずろに汗—・ゆる心地ぞする」〈枕・二三〉

あ-ゆい【▽足結|▽脚結】❶動きやすいように、袴のひざの下の辺りをくくり結ぶひも。あしゆい。あよい。「若草の—手づくり」〈万・四〇〇八〉❷江戸時代に富士谷成章の用いた文法用語。今日の助詞・助動詞などを示した。

あゆいしょう【脚結抄】江戸後期の国語文法書。富士谷成章著。5巻6冊。安永7年(1778)刊。単語を品詞に分類し、そのうちの助詞・助動詞・接尾語などについて研究したもの。➡挿頭抄

あ-ゆ・う【▽足結ふ】〔動ハ四〕旅行や労働などの際、行動しやすいように、袴の裾をひもでくくり結ぶ。「湯種まくあらきの小田を求めむと—・ひ出で濡れぬこの川の瀬に」〈万・一一一〇〉

あゆかけ-ばり【×鮎掛け×鉤】鮎の掛け釣りに用いるはり。錨のような形で、えさはつけずに水中を引き回して鮎をひっかける。

あゆが・す【▽揺がす】〔動サ四〕ゆり動かす。「はし鷹の置き餌にせむと構へたるおし(=ネズミ取り)—・すなねずみ捕るべく」〈拾遺・物名〉

あゆかわ-ぎすけ【鮎川義介】▶あいかわよしすけ

あゆかわ-てつや【鮎川哲也】[1919〜2002]推理作家。東京の生まれ。本名、中川透。本名のほか那珂川透などの名義で作品を発表。昭和31年(1956)「黒いトランク」から現筆名を使用する。他に「黒い白鳥」「憎悪の化石」など。平成2年(1990)長編推理小説の新人賞、鮎川哲也賞が創設。

あゆかわ-のぶお【鮎川信夫】[1920〜1986]詩人・評論家。東京の生まれ。本名、上村隆一。「荒地」創刊に参加。作詩と詩論の両面にわたり、戦後詩の代表者の一人となる。

あゆ・く【▽揺く】〔動カ四〕ゆれる。ゆらぐ。「かりかやの穂に出でてものを言はねども—・く草葉にあはれとぞ思ふ」〈夫木・一一〉

あゆ-くみ【×鮎×汲み】春、海で育った若鮎が川をさかのぼってくるのを網などですくってとること。(季 春)「—や喜撰が岳に雲かかる／几董」

あゆ-こ【×鮎子】鮎の愛称。また、鮎の幼魚ともいう。若鮎。「春されば我家の里の川門には—さ走る」〈万・八五九〉

あゆ-ずし【×鮎×鮨】開いて酢でしめた鮎をすし飯の上にのせた姿ずし。また、鮎の腹を裂いて塩をし、酢につけて飯を詰め、押しをかけたすし。(季 夏)

アユタヤ〖Ayutthaya〗タイ中部の古都。バンコクの北方、メナム川支流の中の島にある。稲作が盛ん。

アユタヤ-ちょう【アユタヤ朝】アユタヤを首都としたタイ族の王朝。1350年建国、1767年、ビルマのアラウンパヤ朝の攻撃により滅亡。山田長政はこの王朝のもとで活躍。シャムロ。中国名、暹羅。

あゆち【年魚市|吾湯市】《「あゆぢ」とも》尾張国愛知郡の古称。

あゆち-がた【年魚市潟】名古屋市南区辺りの、かつては入り海であった一帯。(歌枕)「桜田へ鶴鳴き渡る—潮干にけらし鶴鳴き渡る」〈万・二七一〉

あゆ-ついしょう【×阿×諛追従】相手に気に入られようと、大いに媚びへつらうこと。「上役に—する」

あゆ・ぶ【▽歩ぶ】〔動バ四〕「あゆむ」に同じ。「杖に懸かりてつかれ—・ぶ」〈今昔・一・三〉「今夜あたりゃあ中洲が賑やかだらう。—・ばねえか」〈洒・卯地臭意〉

あゆみ【歩み】❶あるくこと。歩行。「—を止める」「牛の—」❷歩く調子。歩調。「—をそろえる」「—を速める」❸物事の進行、または進歩発達の過程。推移。沿革。歴史。「近代日本の—」❹等間隔で並んでいる物のおのおのの中心間の距離。例えば、ねじの山と山との距離など。❺和船で艪をこぐ所。また、和船の上部構造の部材で、帆柱の受材の所から船尾にかけて渡す2本の並行材。❻「歩み板❷」に同じ。

類語（❶❷）歩・歩行・足・徒歩・あんよ／（❸）歴史・来歴・由来・由緒ゆいしょ・縁起・沿革・変遷・道程・歴程・足跡そくせき・年輪

あゆみ-あい【歩み合い】あひ―「歩み寄り」に同じ。

あゆみ-あし【歩み足】足の運び方の一。柔道・剣道・なぎなたで、後足を先に踏み出して前進したり、前足から先に引いて後退したりするもの。

あゆみ-あり・く【歩み▽歩く】〘動カ四〙あちらこちらを歩く。歩き回る。「思ふ事なげにて―・く人見るこそいみじううらやましけれ」〈枕・一五八〉

あゆみ-いた【歩み板】❶人が渡るため、物と物との間に架け渡した板。建築・土木工事の足場の板、船と岸との間に渡した板など。❷芝居小屋で、見物席の土間を仕切った枡形ますがたの木を、幅広くして歩けるようにした所。あゆみ。

あゆみ-より【歩み寄り】意見・主張の違う双方が互いに譲り合うこと。歩み合い。

あゆみ-よ・る【歩み寄る】〘動ラ五(四)〙❶歩いていって近寄る。また、互いに近く寄る。「相手に二、三歩―・る」❷意見や主張の違う双方が、条件などを譲り合う。折れ合う。「労使が―・ってストは回避された」類語 折れる・譲歩する・妥協する・折り合う・片付く・纏まとまる・締め括くくる・纏める

あゆ・む【歩む】〘動マ五(四)〙❶足を交互に動かして前に行く。歩を運ぶ。歩く。「野道を―・む」❷月日を経る。人生を送る。「いばらの道を―・む」❸物事が進行する。進展する。「破局に向かって―・む」❹出かける。行く。「ありくべき事あれば、みづから―・む」〈方丈記〉可能 あゆめる 類語 歩く・歩行する・てくる

あゆ-もどき【×鮎▽擬】ドジョウ科の淡水魚。全長12センチくらい。鮎に似るが、口に6本のひげをもつ。琵琶湖・淀川と岡山県下の河川に生息。天然記念物。うみどじょう。

あよお《多く「アヨー」と書く》沖縄在来種の豚。アグーに似るが体に白黒の斑ぶちがある。唐豚。

あよ・く【▽揺く】〘動カ四〙ゆらぐ。ゆれる。「群玉むらたまの枢くるに釘刺し固めとし妹が心は―・くなめかも」〈万・四三九〇〉

あよ・ぶ【▽歩ぶ】〘動バ四〙「あゆむ」に同じ。「鬼は―・び帰りぬ」〈宇治拾遺・九〉

あら【荒┊粗】㊀〘名〙❶魚などの肉のよい部分を除いた残りの骨や頭。「ブリの―」❷米のぬか。また、もみ。❸人の言動や作品のよくないところ。おちど。欠点。「―を探す」㊁〘接頭〙名詞に付く。❶細かでない、すきまがある、の意を表す。「―垣」「―塗り」❷自然のままの、の意を表す。「―がね」❸おおよその、簡略な、の意を表す。「―すじ」類語 デメリット・欠点・ぼろ

あら【×鯇】❶スズキ科の海水魚。全長約1メートル。体色は紫がかった灰色。北海道以南の日本各地、および中国・フィリピンのやや深海にすむ。冬に美味。おきすずき。❷海水魚ハタの別名。

あら〘感〙物事に感動したり、驚いたり、意外なことに気がついたりしたときに発する語。ああ。まあ。現代では主に女性が使う。「―、お久しぶり」

あら【現】〘接頭〙名詞に付いて、目に見える形をもつ、現にこの世に存在する、の意を表す。「―人神ひとがみ」「―神がみ」

あら【新】〘接頭〙名詞に付いて、新しい、という意を表す。「―所帯」「―盆」

アラー〘アラビア Allāh〙▶アッラー

アラアッディン-ジャーミー〘Alaeddin Camii〙▶アラアッディンモスク

アラアッディン-モスク〘Alaeddin Mosque〙トルコ中南部の都市コンヤの市街中心部、アラアッディンの丘の頂上部にあるイスラム寺院。13世紀初め、ルームセルジューク朝のカイクバード1世の時代に完成。古代ローマや東ローマ帝国時代の石柱を用い、堂内は色大理石やタイルで装飾されている。セルジュークトルコ時代の典型的な建築様式として知られる。アラアッディンジャーミー。

アラート〘alert〙❶警報。❷警戒、待機の姿勢にあること。

アラービー-パシャ〘Aḥmad ‘Arābī Pasha〙[1841〜1911]エジプトの軍人・民族運動指導者。ヨーロッパ列強による内政干渉に抵抗する国民運動を指導し、1882年に武力蜂起したが、英軍に鎮圧され、セイロンに流刑された。アフマド＝アラービー。

アラーム〘alarm〙❶警報。警報器。❷目覚まし時計。また、時計に組み込まれた注意信号を出す機能。「―クロック」

アラーム-デジタル《和 alarm＋digital》アラーム装置付きデジタル腕時計。

あら-あら【荒荒】〘副〙《形容詞「あら(荒)し」の語幹を重ねた形》荒々しく振る舞うさま。乱暴なさま。「―と申して追っ帰して候」〈謡・春栄〉

あら-あら【粗粗】〘副〙《形容詞「あら(粗)し」の語幹を重ねた形》詳細、ていねいではなく、大ざっぱに行うさま。だいたい。ざっと。「事情は―申し述べた通り」

あら-あら〘感〙《感動詞「あら」を重ねた語》感動したり驚いたりしたときに発する語。多く女性が使う。「―、こんなに泥んこになって」

あらあら-かしこ《粗略で意を尽くさず恐縮です、の意から》女性が書いた手紙、または女性宛の手紙の最後に書き添える語。かしこ。

あらあら・し【粗粗し】〘形シク〙作り方が雑である。粗末である。「布の帽額もかう―・しく、御調度どもおろそかに」〈徒然・二八〉

あらあらし・い【荒荒しい】〘形〙文 あらあら・し〘シク〙❶物事のようす、人の行動や気性などが、並外れて激しい。ひどく荒っぽい。非常に乱暴だ。「―・く風が吹きまくった」「―・い声」「―・く席を立つ」❷手触りがごつごつしている。「大きなる木の根のいと―・しきによりゐて」〈源・手習〉❸いかにも粗雑・粗野である。「はかなう造りたる家なりけり。まだいと―・しきに」〈源・浮舟〉派生 あらあらしげ〘形動〙あらあらしさ〘名〙類語 荒い・荒っぽい・乱暴・がさつ・野蛮・手荒・手荒い・粗野・激しい

あらい【洗い】あらひ ❶洗うこと。洗濯。「―のきく布地」「灰汁あく―」❷《「洗膾」「洗魚」とも書く》新鮮なコイ・コチ・スズキなどを薄く刺身に作り、冷水で洗って身を縮ませた料理。季 夏「中食や鮒ふなの―をよきものに／白水郎」

あらい【新井】あらゐ 新潟県南西部にあった市。近世は北国街道と飯山街道の分岐点の宿場町、また上越米の集散地として発展。電気機械工業が盛ん。平成17年(2005)妙高高原みょうこうこうげん町、妙高村を編入し市名を妙高市に変更。➡妙高

あらい【新居】あらゐ 静岡県湖西市南東部の地名。浜名湖西岸にある。もと東海道の宿駅。

あら・い【荒い】〘形〙文 あら・し〘ク〙《「粗い」と同語源》❶動きが大きく激しい。「波が―・い」「呼吸が―・い」❷性格や言動にやさしさがなく粗暴である。激しい。「気性の―・い馬」「言葉が―・い」❸けじめがない。度をこしている。「金遣いが―・い」「人使いが―・い」❹荒れはてている。ととのえられないままになっている。「岩が根の―・き島根に宿する君」〈万・三六八八〉派生 あらさ〘名〙類語 荒っぽい・荒荒しい・乱暴・がさつ・野蛮・手荒・手荒い・粗野

あら・い【粗い】〘形〙文 あら・し〘ク〙《「荒い」と同語源》❶すきまが大きい。また、粒が大きくざらざらしている。細かでない。「目の―・い網」「粉のひき方が―・い」⇔細かい。❷手触りがなめらかでない。すべすべしていない。「きめの―・い肌」❸粗雑である。大ざっぱである。大まかである。「表現が―・い」「経費を―・く見積もる」派生 あらさ〘名〙

あらい-あ・げる【洗い上げる】あらひ〘動ガ下一〙文 あらひあ・ぐ〘ガ下二〙❶洗いおわる。「山のような洗濯物を―・げる」❷十分に洗う。洗い立てる。「まっ白に―・げる」❸残すところなくすっかり調べ上げる。「容疑者の身元を―・げる」類語 流す・濯すすぐ・濯すすぐ・晒さらす・洗う・洗い立てる・洗い直す

アライアンス〘alliance〙連合。提携。同盟。

あらい-おけ【洗い×桶】あらひをけ 食器などを洗うための容器。また、浴室でからだを洗う湯を入れる容器。

アライオロス〘Arraiolos〙ポルトガル中南部の町。エボラの北方約20キロメートルに位置する。17世紀以来、じゅうたんの産地として知られる。町の中央の丘に、14世紀初めにポルトガル王ディニス1世が建造した城が残っている。

あらい-がき【洗い柿】あらひ 染め色の名。薄い柿色。薄柑子うすこうじ。

あらい-かた【洗い方】あらひ ❶物を洗う方法。また、その程度。❷料理屋などで、使った食器などを洗う下働き。また、その人。

あらい-がみ【洗い髪】あらひ 洗ったままで、まだ調えてない女性の髪。季 夏「―かわく間月の籐椅子に／久女」

あらい-かわ【洗い革】あらひかは 薄紅色に染めた鹿のなめし革。「―の鎧着て」〈平家・一一〉補説 もんで柔らかくした白いなめし革ともいう。

あらい-かんぽう【荒井寛方】あらゐくわんぱう [1878〜1945]日本画家。栃木の生まれ。本名、寛十郎。水野年方に歴史画を学び、文展、院展で活躍。インドのアジャンタ壁画や法隆寺金堂壁画の模写事業に加わった。

あらい-ぎぬ【洗い▽衣】あらひ ㊀〘名〙洗った衣服。㊁〘枕〙洗った衣服に取り替える意から、地名の「とりかひがは(取替川・鳥養川)」にかかる。「―取替川の川淀の」〈万・三〇一九〉

あらい-ぐま【洗熊┊×浣熊】あらひ 食肉目アライグマ科の哺乳類。タヌキに似るが、尾に黒の輪模様がある。木登りがうまく、巣は木の洞につくる。食物を水に浸して食べる習性がある。南北アメリカの森林地帯に分布。

あらい-こ【洗い粉】あらひ 物の汚れを洗い落とすために使う粉。近世、米ぬかなどが広く用いられ、明治以後は、小麦粉などに石鹸せっけん・硼酸ほうさん・重曹などを混ぜたものが用いられた。

あらい-ごい【洗い×鯉】あらひごひ コイの洗い。季 夏

あらい-ざらい【洗い×浚い】あらひざらひ〘副〙残したり隠したりせず、すべてを出すさま。何から何まで全部。残らず。「やったことを―話す」類語 残らず・くまなく・根こそぎ・虱潰しらみつぶし・全て・皆・何もかも・ことごとく・なべて・悉皆しっかい・余す所なく・漏れなく・逐一ちくいち・すっかり・そっくり・一から十まで

あらい-ざらし【洗い×晒し】あらひ 何度も洗ったため、衣類などの染色が薄れて、白っぽくなること。また、その衣類。「―のジーパン」類語 退色

あらい-ざら・す【洗い×晒す】あらひ〘動サ五(四)〙何度も洗って染め色が薄くなる。「―・したTシャツ」

あら-いし【荒石】掘り出したり切り出したりしたままで、加工していない石。野面石のづらいし。

あらい-し【新井市】あらゐ ▶新井

あらい-しゅ【洗い朱】あらひ《「あらいじゅ」とも》❶黄みを帯びた、丹色にいろに近い朱。❷いくらかの朱をまぜた漆で塗り、刷毛目はけめをつけた漆器。

あらい-ず【洗い酢】あらひ 魚介の肉を洗ったり、下味をつけたりするのに使う場合の酢。下酢。捨て酢。

あらい-すすぎ【洗い▽濯ぎ】あらひ 洗ってすすぐこと。洗濯。類語 洗濯・浣衣かんい・濯すすぎ物・洗い物・丸洗い・解ときき洗い・クリーニング・洗浄・ドライクリーニング

あらい-ぜき【洗い×堰】あらひ 川をせき止め、その上を水があふれて流れるようにしたもの。川の水量を適当に保ち、または、流れを変えたり、取水口としたりするために築く。

あら-いそ【荒×磯】波の荒い海岸。また、岩石の多い海岸。ありそ。

あらいそ-なみ【荒×磯波】荒磯に打ち寄せる波。ありそなみ。「袖ぬるる―と知りながら」〈更級〉

あら-いた【粗板】かんなをかけていない板。

あらい-だし【洗い出し】あらひ ❶たたきや壁などで、表面が乾かないうちに水洗いして、小石を浮き出させたもの。❷板の表面をこすり、洗って木目もくを浮き出させたもの。❸煉瓦れんがや石の壁の表面を、漆喰しっくいやモルタルで塗らないで生地のままにしておくこと。❹調べて、表面に現れていない事柄を明らかにすること。「問題点の―」

あらい-だ・す【洗い出す】(あらひ)〔動サ五(四)〕❶洗って、余分な土や汚れを取り去り、模様などが現れるようにする。「土器の文様を―・す」❷詳しく調べあげて、事実を明らかにする。「問題点を―・す」「容疑者の行動を―・す」❸洗い始める。「母に言われて娘が皿を―・す」

あらい-たて【洗い立て】(あらひ)洗って間もないこと。洗濯したばかりのもの。

あらい-だて【洗い立て】(あらひ)《「あらいたて」とも》他人の欠点・失敗または秘密などを、ことさらにあばくこと。

あらい-た・てる【洗い立てる】(あらひ)〔動タ下一〕文あらひた・つ〔タ下二〕❶繰り返し十分に洗う。「取り入れた野菜を―・てる」❷内情や真相、特に他人の悪事や不品行をあばき出す。ほじくり出す。「身辺を―・てた暴露記事」「旧悪を―・てる」〘類語〙流す・濯(ゆす)ぐ・濯(すす)ぐ・晒(さら)す・洗い上げる・洗う・洗い直す

あらい-なお・す【洗い直す】(あらひなほ)〔動サ五(四)〕❶もう一度洗う。「食器を―・す」❷いろいろの角度から調べ直す。再び検討する。「計画を―・す」〘類語〙流す・濯(ゆす)ぐ・濯(すす)ぐ・晒(さら)す・洗い上げる・洗い立てる・洗う

あらい-なが・す【洗い流す】(あらひ)〔動サ五(四)〕❶水を流して、汚れやごみなどをすっかり取り除く。また、雨などが物をすっかり流し去る。「湯あかを―・す」❷心のわだかまりなどをすっかり取り除く。「過去のいさかいを―・す」

あらい-の-せき【新居の関｜荒井の関】(あらゐ)江戸時代、新居に設けられた関所。箱根の関とともに東海道の要所。建物が唯一現存する。今切(いまぎれ)の関。

あらい-ば【洗い場】(あらひ)❶(物干し場に対して)洗濯する所。❷(料理屋などの板場(いたば)に対して)食器を洗う所。❸浴室でからだを洗う所。

あらい-はくせき【新井白石】(あらゐ)［1657～1725］江戸中期の儒学者・政治家。名は君美(きんみ)。木下順庵の高弟。6代将軍徳川家宣(いえのぶ)に仕えて幕政に参与し、朝鮮通信使の待遇簡素化、貨幣改鋳などに尽力。著に「藩翰譜」「読史余論」「西洋紀聞」「古史通」「折たく柴の記」など。

あらい-はり【洗い張り】(あらひ)着物を解いて洗い、のりをつけて広げた布を、張り板に固着させたり、伸子(しんし)で張ったりして乾かす方法。

アライバル〖arrival〗到着。⇔デパーチャー。

アライブ〖ARIB〗《Association of Radio Industries and Businesses》一般社団法人電波産業会。通信・放送分野における電波利用システムに関する標準規格の策定などを行う。総務省の所管。平成7年(1995)、放送技術開発協議会(BTA)と電波システム開発センター(RCR)が合併して設立された。

あらい-まるた【洗い丸太】(あらひ)砂とシュロの毛でこすって磨き、つやを出した杉の丸太。床柱などに用いる。磨き丸太。

あらい-まん【新井満】(あらゐ)［1946～　］小説家。新潟の生まれ。本名、満(みつる)。「尋ね人の時間」で芥川賞受賞。他に「ヴェクサシオン」「カフカの外套(がいとう)」など。シンガーソングライターとしても知られ、作者不詳とされる英語詩「Do not stand at my grave and weep」を訳し、曲をつけた「千の風になって」がある。

あら-いみ【荒忌(み)｜▽散▽斎】祭祀(さいし)の際、神事に従事する者が真忌(まいみ)の前後に行う物忌み。大忌(おおいみ)。さんさい。

あらい-もとこ【新井素子】(あらゐ)［1960～　］小説家。東京の生まれ。本姓、手嶋。高校在学中に「あたしの中の…」で第1回奇想天外SF新人賞に佳作入選し作家デビュー。女学生の話し言葉を取り入れた独特の文体で注目される。「チグリスとユーフラテス」で日本SF大賞受賞。他に「グリーン・レクイエム」「ネプチューン」「おしまいの日」など。

あらい-もの【洗い物】(あらひ)食器・衣類などで、洗うことになっているもの。また、それを洗うこと。「―がたまる」〘類語〙洗濯・洗(あら)い濯(すす)ぎ・浣衣(かんい)・濯(すす)ぎ物・丸洗い・解(と)き洗い・クリーニング・洗浄・ドライクリーニング

あらい-や【洗い矢】(あらひ)銃腔(じゅうこう)内を掃除する金属棒。先端に刷毛(はけ)・布などがついている。

あらい-やくし【新井薬師】(あらゐ)薬王寺㊁の通称。

あらい-よね【洗い▽米】(あらひ)神前や仏前に供えるために洗い清めた白米。洗米(せんまい)。

アラインメント〖alignment〗調整すること。特に、自動車の前輪・後輪の取り付け具合を調整すること。この調整で、走行時の安定性やタイヤの摩耗の状態が変わる。ホイールアラインメント。アライメント。

あら-う【荒×鵜】❶鵜飼いで、まだ慣れきらず野性の残っている鵜。〘季 夏〙「舟梁(ふなばり)に細きぬれ身や―共／太祇」❷気負い立った鵜。〘季 夏〙

あら・う【洗う】(あらふ)〔動ワ五(ハ四)〕❶水などを使って汚れを取り去る。「食事の前に手を―・う」「雨に―・われて新緑が美しい」❷海や川の水が打ち寄せて物にかかる。「大波に甲板が―・われる」❸隠れている事柄を調べあげる。「身元を―・う」❹心をすがすがしくする。「心が―・われる」❺(「足をあらう」の形で)今までかかわっていた好ましくない仕事などを、きっぱりとやめる。「足を―・ってかたぎになる」〘可能〙あらえる

〘用法〙あらう・すすぐ――「洗う」は水の中で、こすり、もみ、石鹸(せっけん)をつけるなどして、汚れを落とす意。「すすぐ」は水をかけたり、そのものの中に水を入れたりして汚れを流す意。「顔を洗う」とはいうが、「顔をすすぐ」とはいわない。「口をすすぐ」とはいえるが、ふつう「口を洗う」とはいわない。◆「洗濯物を洗う」は、洗剤を使って汚れを落とし、さらにその洗剤を洗い流すこと全体をいうが、「すすぐ」は最後に洗剤を落とすことについていう。◆「すすぐ」には「汚名をすすぐ」のような抽象的な用法があり、この場合、類似の語「そそぐ」と置き換えられるが、「洗う」では置き換えられない。◆類似の語に「ゆすぐ」があり、「洗い物をすすぐ(ゆすぐ)」と相通じて用いられる。

〘類語〙(❶)流す・濯(ゆす)ぐ・濯(すす)ぐ・晒(さら)す・洗い上げる・洗い立てる・洗い直す／(❸)調べる

アラウィー-は【アラウィー派】《アラビア Alawī》イスラム教シーア派イスマーイール派の一分派。シリアを支配するバース党の中核をなす。

あら-うち【荒打ち】〔名〕スル 土蔵などの壁を作るのに、まず荒木田土(あらきだつち)と苆(すさ)とをまぜたものを木舞(こまい)の間に塗りつけ、壁の下地を作ること。

あら-うま【荒馬】性質が荒々しく、乗りこなすのがむずかしい馬。暴れ馬。悍馬(かんば)。

あら-うま【新馬】1歳の馬。当歳馬。

あら-うみ【荒海】波が立って荒れている海。

あらうみ-の-そうじ【荒海の障子】(サウジ)清涼殿の東の広庇(ひろびさし)の北にあった絹張りの衝立(ついたて)障子。表には荒海のほとりに立つ手長・足長の怪人図、裏には宇治の網代(あじろ)で氷魚(ひお)をとる図が描かれている。

アラウンド〖around〗❶周りを囲んでいるさま。周辺。周囲。「―サーティー(➡アラサー)」❷一周するさま。ずっと続いているさま。「―ザ・クロック(＝24時間連続で)」

アラウンパヤ-ちょう【アラウンパヤ朝】(テウ)《Alaungpaya》1752年、アラウンパヤが創始したビルマ最後の王朝。1885年、イギリス軍の侵略により滅亡。コンバウン朝。➡イギリスビルマ戦争

あら-えびす【荒×夷】《都の人が東国人を卑しめて呼んだ語》荒々しい東国人。また、勇猛な東国武士。あずまえびす。「ひたすらの―のやうなれども従ひ奉りて」〈平家・八〉

あら-えみし【荒蝦＝夷】上代、朝廷に服属しなかった粗暴な蝦夷。⇔熟蝦夷(にぎえみし)。

あらお【荒尾】(あらを)熊本県の市。炭鉱町として発展。果樹栽培・海苔(のり)の養殖が盛ん。人口5.5万(2010)。

あら-おこし【粗起(こ)し｜荒起(こ)し】稲作の準備として、田を大まかに掘り起こすこと。

あらお-し【荒尾市】(あらを)▶荒尾

あら-おだ【荒小田】(をだ)荒れた田。一説に、新しく切り開いた田。「―に細谷(ほそたに)川をまかすればひく注連縄(しめなは)にもりつつぞゆく」〈金葉・春〉

あらお-だけ【荒雄岳】(あらを)宮城県北西部にある山。標高984メートル。南麓付近に、特別天然記念物の雌釜(めがま)・雄釜(おがま)の間欠泉があるほか、鳴子ダム、温泉群、鳴子峡などがある。栗駒国定公園の一部。

あら-おり【粗織(り)】粗末な糸で目を粗く織ること。また、その織物。

あら-か【▽殿｜▽舎】《「在(あ)り処(か)」の意》御殿。宮殿。「出雲国の多芸志(たぎし)の小浜に、天(あめ)の御―をつくりて」〈記・上〉

あらがい【▽争ひ｜×諍ひ】(あらがひ)言い争うこと。口論すること。「たれがしを御使ひにてめされて候ひしは、よも御―は候はじ」〈著聞集・八〉

争い木登(きのぼ)り川渡(かわわた)り　争い、木登り、川で泳ぐことは、危険だから避けよという戒め。争うことの愚を、他の二つを並べて諭したもの。

あらが・う【▽抗う｜▽争う｜×諍う】(あらがふ)〔動ワ五(ハ四)〕❶従わないであらそう。抵抗する。逆らう。「運命に―・う」「権勢に―・う」❷負けずに言い返す。言いたてる。言い争う。「つひにあるべき事と思せば、ことに―・はず」〈源・夕霧〉❸賭け事で人と張り合う。「言ひそめてむ事とて、かたう―・ひつ」〈枕・八七〉〘可能〙あらがえる〘類語〙戦う・立ち向かう・抗する・格闘する

あら-がき【荒垣｜荒×籬】《「あらかき」とも》❶すきまの大きい垣根。❷神社の外側を囲う目の粗い垣根。

あらがき-の【荒垣の】〔枕〕垣は内外を隔てるところから、「よそ(外)」にかかる。「里人の言寄せ妻を―よそにや我が見む」〈万・二五六二〉

あら-かし【粗×樫】ブナ科の常緑高木。本州中部以南の山地に自生。樹皮は緑がかった灰色。葉は堅く、楕円形で先半分の縁にぎざぎざがある。春、尾状の雄花と上向きの雌花とをつける。実はどんぐり。材は家具や木炭にする。くまかし。

あらかじめ【▽予め】〔副〕物事の始まる前に、ある事をしておくさま。前もって。「―調べておく」

あら-かせぎ【荒稼ぎ】〔名〕スル ❶手段を選ばないで、一度に大金を稼ぐこと。「土地ころがしで―する」❷強引な方法で不当に金品を奪うこと。また、その者。強盗や追いはぎなど。

あら-かた【粗方】㊀〔名〕❶全部とまではいかなくても、ほぼそれに近い部分。大部分。「クラスの―が進学希望だ」❷(副詞的に用いて)㋐大部分。およそ。「仕事は―かたづいた」㋑だいたいの数量をいうときに用いる。おおよそ。ざっと。あらあら。「参加人員は―五〇人だ」㊁〔形動ナリ〕手の入れ方などが細かいところまで行き届いていないさま。粗雑である。「次公が注は―なり」〈四河入海・五〉

〘類語〙おおよそ・おおむね・あらまし・たいてい

あら-がね【粗金｜▽鉱】《「あらかね」とも》❶採掘したままで、精錬していない金属。鉱石。❷鉄の異称。

あらがね-の【粗金の】〔枕〕粗金が土中にあるところから、また一説に、金属を打ちきたえる鎚(つち)の縁で同音の「つち」にかかる。「―土のうへより」〈宇津保・祭の使〉

あら-かべ【荒壁｜粗壁】つなぎにわらなどを入れた土を塗っただけの壁。仕上げ塗りの下地となる。

あら-がみ【荒神】霊験のあらたかな神。「かかる尊き―の氏子と生まれし身を持ちて」〈浄・天の網島〉

ア-ラ-カルト〖フランス à la carte〗《献立表によって、の意》食堂などで、客が自由に選んで注文できる一品料理。「―メニュー」⇔ターブルドート。

あら-かわ【荒川】(かは)㊀関東平野を流れる川。秩父(ちちぶ)山地の甲武信(こぶし)岳に源を発し、埼玉県川越市辺りで入間(いるま)川と合流、東京都北区岩淵で荒川放水路と隅田川に分かれて東京湾に注ぐ。長さ169キロ。㊁山形県の朝日岳に源を発し、小国盆地、新潟県北部を流れ、日本海に注ぐ川。長さ73キロ。㊂東京都の区名。隅田川西岸にあり、水運を利用した工業地帯として発展。人口20.5万(2010)。

あら-かわ【粗皮】(かは)❶樹木や米穀類、竹の子などの表皮。❷獣類の皮で、まだなめしていないもの。

あらかわ-きょう【荒川峡】(あらかはケフ)新潟県北部、岩船郡関川村にある峡谷。山形県中西部の朝日岳に源を発し、新潟県北部を東西に貫流して日本海に注ぐ荒

川の中流に位置する。山形県境から越後下関(しもせき)まで約20キロメートルにわたり美しい渓谷が続く。磐梯朝日国立公園に属する。

あらかわ-く【荒川区】あらかわ ▶荒川㊂

あらかわ-しゅうさく【荒川修作】あらかわ シウサク［1936～2010］美術家。愛知の生まれ。第二次大戦後の前衛美術を牽引した一人で、図形や記号などを取り入れた絵画様式を確立。のち、建築など立体作品に移行。平成7年(1995)、妻で詩人のマドリン＝ギンズとともに、岐阜県養老町に体験型の作品「養老天命反転地」を制作。紫綬褒章受章。

あらかわ-せん【荒川線】あらかわ 東京都荒川区の三ノ輪橋から王子駅前を経て、新宿区の早稲田に至る都電。全長12.2キロ。明治44年(1911)、王子電気軌道が大塚から飛鳥山に至る路面電車を開業、昭和17年(1942)に東京市が買収して市電(翌年より都電)となる。

あらかわ-だけ【荒川岳】あらかわ 長野・静岡県境にある山。赤石山脈の主峰の一。山頂は最高峰の東(ひがし)岳(別名悪沢岳、標高3141メートル)・中岳(3083メートル)・前岳(3068メートル)の3峰からなる。頂上付近に高山植物が、山頂北側にはカール(圏谷(けんこく))が見られる。南アルプス国立公園に属する。荒川三山。

あらかわ-とよぞう【荒川豊蔵】あらかわ トヨザウ［1894～1985］陶芸家。岐阜の生まれ。北大路魯山人に師事。志野焼の窯跡を発見し、古志野・瀬戸黒などの復興に努力した。文化勲章受章。

あらかわ-ほうすいろ【荒川放水路】あらかわはう スイロ 荒川を東京都北区岩淵で分流させた水路。下流の水害を防ぐため明治44年(1911)着工、昭和5年(1930)完成。現在は荒川の本流で、旧本流を隅田川とよぶ。長さ25キロ。

あらかん【×阿羅漢】《梵 arhatの音写。応供(おうぐ)と訳す。尊敬を受けるに値する人の意》❶仏のこと。仏の十号の一。❷小乗仏教の最高の悟りに達した聖者。もはや学ぶことがないという意味で、無学ともいう。羅漢。

あら-かんな【荒×鉋】材木を粗削りするためのかんな。➡仕上げ鉋

あら-き【荒木｜粗木】山から切り出したままの木。製材していない皮つきのままの木。

あら-き【荒▽城｜×殯】貴人の死体を、墳墓が完成するまで仮に納めて置いたこと。また、その所。おおあらき。かりもがり。もがり。

あら-き【新▽墾】新しく開墾すること。また、その土地。「湯種蒔(ゆだねま)く—の小田を求めむと足結(あゆひ)出で濡れぬこの川の瀬に」〈万・一一一〇〉

アラキ〖オランダ arak〗ナツメヤシの樹液などを発酵・蒸留させてつくった酒。エジプトや東南アジア・インド地方で常用。日本には江戸時代にオランダ人によって伝えられた。アラキ酒。アラック。[補説]「阿剌吉」とも書く。

あらき-かんぽ【荒木寛畝】―クワンポ［1831～1915］日本画家。江戸の生まれ。文晁(ぶんちょう)派、のちには洋画を学び、写実的花鳥画を得意とした。

あらき-こどう【荒木古童】［1823～1908］尺八演奏家。2世。近江の生まれ。豊田古童・久松風陽に師事。普化(ふけ)宗廃止後の尺八界の混乱期に活躍した。琴古(きんこ)流中興の祖。現在まで5世を数える。

あらき-さだお【荒木貞夫】―さだを［1877～1966］軍人。陸軍大将。東京の生まれ。精神主義的反共論で皇道派の雄となる。二・二六事件に同調し、事件後予備役(よびえき)。陸相・文相を歴任。第二次大戦後、A級戦犯として終身刑。

あらき-じっぽ【荒木十畝】［1872～1944］日本画家。長崎の生まれ。寛畝(かんぽ)に学び、のち養子となる。文展・帝展で活躍した旧派系の代表的画家。代表作「寂光」。

あらき-そうたろう【荒木宗太郎】―ソウ タラウ［?～1636］江戸初期の朱印船貿易商。肥後の人。豊臣秀吉の朱印を受けシャムなどに渡航。安南王女を妻とした。

あらきだ【荒木田】もと、東京荒川沿いの荒木田原に産した粘着力の強い茶褐色の土。相撲の土俵用。現在では産地に関係なく同種の土をいい、土壁や園芸などに用いる。荒木田土。

あらきだ【荒木田】姓氏の一。伊勢神宮の神主一族の名。

あらき-だ【新▽墾田】新しく切り開いた田。新小田(あらおだ)。「—の鹿猪田(ししだ)の稲を倉に上げて」〈万・三八四八〉

あらきだ-ひさおゆ【荒木田久老】［1746～1804］江戸後期の国学者・歌人。伊勢内宮神官。号、五十槻園(いつきぞの)。賀茂真淵(かものまぶち)に学び、のち、同門の本居宣長と対立。著「万葉考槻の落葉」「日本紀歌解」など。

あらきだ-もりたけ【荒木田守武】［1473～1549］室町後期の連歌・俳諧師。伊勢内宮の神官。宗祇(そうぎ)、猪苗代兼載(いなわしろけんさい)に連歌を学び、連歌から俳諧を独立させる基を作った。著「俳諧独吟百韻」「守武千句」など。

あらきだ-れいじょ【荒木田麗女】―レイヂョ［1732～1806］江戸後期の女流文学者。伊勢の人。本名、隆。号は紫山。著に歴史物語「池の藻屑(もくず)」「月の行方(ゆくえ)」など。

アラキドン-さん【アラキドン酸】《arachidonic acid》1分子内に4個の二重結合をもつ不飽和脂肪酸。動物の脂質中に含まれ、プロスタグランジンなどの生合成の原料となる必須脂肪酸の一。

あらき-の-みや【×殯の宮】「あらき」のための仮の御殿。もがりのみや。

あらき-またえもん【荒木又右衛門】―またヱモン［1599～1637］江戸前期の剣客。伊賀国荒木村の人。寛永11年(1634)伊賀上野で妻の弟源太夫のかたきを討つ。伊賀越えの仇討(あだう)ちとして有名。

あらき-むらしげ【荒木村重】［?～1586］安土桃山時代の武将・茶人。摂津の人。織田信長に従ったが、背いて地位を失った。のち、道薫(どうくん)と号し、茶道に専念。茶人として豊臣秀吉に仕えた。利休高弟七人の一。

あら-ぎも【荒肝】荒々しい心。また、きも。きもったま。

　荒肝を抜・く　相手を非常に驚かす。びっくりさせ恐れさせる。度胆(どぎも)を抜く。荒肝を拉(ひし)ぐ。「自分は先ず—・かれてしまった」〈独歩・画の悲み〉

　荒肝を拉(ひし)・ぐ　「荒肝を抜く」に同じ。「赤シャツの—・いでやろうと考え付いた」〈漱石・坊っちゃん〉

あら-ぎょう【荒行】―ギャウ 僧や山伏などが激しい苦しみに耐えて行う修行。

あら-ぎり【粗切り｜荒切り】❶粗く大ざっぱに切ること。また、切ったもの。❷戦陣で、先頭の兵士が敵を切りたてながら進むこと。「いでいで武蔵—せん、跡をばこなせ若武者ども」〈幸若・高館〉❸粗く刻んだタバコ。特に、安永(1772～1781)ごろにはやった国分(こくぶ)タバコを五分切りにした上等品。

あらき-りゅう【荒木流】―リウ ❶馬術の流派の一。室町末期の荒木元清を祖とする。❷柔術の流派の一。室町末期の荒木無人斎秀縄(ひでつな)を祖とする。拳法・捕り手・居合・小具足などの術を含む。無人斎流。

あら・く【▽散く｜粗く】〔動カ下二〕「あらける」の文語形。

あら-ぐし【粗×櫛】歯の並び方の粗い櫛。髪のもつれをとくのに用いる。ときぐし。

あら-くち【新口】新しく醸造した酒を初めて桶(おけ)から出して飲むこと。初飲み。

あら-くま・し【荒くまし】〔形シク〕❶ごつごつしている。「枝ざしなどは、いと手触れにくげに—・しけれど」〈枕・四〇〉❷荒っぽい。粗暴だ。あらくもしい。「物言ひなども—・しい」〈浄・鎌田兵衛〉

あら-くもし・い【荒くもしい】〔形〕《中世から近世にかけての口語》「あらくまし」に同じ。「あの—・い弁慶と判官殿のお契りやった事があるぞ」〈虎明狂・今参〉

あら-く・る【荒くる】〔動ラ下二〕「あらくれる」の文語形。

あらくれ【あらくれ】徳田秋声の長編小説。大正4年(1915)発表。勝気なお島が、本能の赴くままに生きようと男から男へと渡り歩き傷ついていく流転の半生を、写実的に描く。

あら-くれ【荒くれ】気性や振る舞いが荒々しいこと。また、その人。「—男」[類語]乱暴・狼藉(ろうぜき)・無法・乱行(らんぎょう)・蛮行(ばんこう)・暴状・暴挙・暴行・暴力・腕力沙汰(ざた)・粗暴・凶暴・狂暴・猛悪・野蛮

あらくれ-た【荒くれた】〔連語〕《動詞「荒くれる」の連用形＋完了の助動詞「た」》「荒くれる」に同じ。「—船乗り」

あらくれ-もの【荒くれ者】気性が荒く、振る舞いの乱暴な者。

あら-く・れる【荒くれる】〔動ラ下一〕[文]あらく・る〔ラ下二〕(多く「あらくれた」の形で用いる)気質が荒く、乱暴に振る舞う。「—・れた男たちの集まり」

あらくろ-ずり【荒くろ×摺り】東北地方で小正月に行う予祝行事の一。雪の上で、田植えのときに行う代田(しろた)を摺(す)る作業のまねをし、豊作を祈るもの。➡杁摺(えぶり)ずり

あら-けずり【粗削り｜荒削り】―けづり〔名・形動〕スル ❶木などをざっと削ること。また、そのもの。「—した材木」❷物事の質や内面などが洗練されていないこと。仕事の出来上がりなどが大まかなこと。また、そのさま。「—の新人選手」「—な原稿」

あらけ-な・い【荒気ない】〔形〕[文]あらけな・し〔ク〕《「ない」は意味を強める接尾語》ひどく荒々しい。粗暴である。「屯所(とんしょ)へ引ゆかんと—・くも引立られ」〈久保田彦作・鳥追阿松海上新話〉

あら・ける【▽散ける｜粗ける】〔動カ下一〕[文]あら・く〔カ下二〕❶間を離す。ちらばらせる。特に、火や灰などをかき広げる。「ぷすぷすけぶる雑木を大火箸で—・け」〈藤村・千曲川のスケッチ〉❷道や場所をあける。〈日葡〉❸離れ離れになる。ちりぢりになる。「兵三百余人討たれにければ、東西に—・けて」〈太平記・一九〉

あら・げる【荒げる】〔動ガ下一〕「あららげる(荒らげる)」の誤用。

あら-こ【粗粉】粒の粗いみじん粉。干菓子の材料とする。

あら-こ【粗▽籠】編み目の粗いかご。「まめならむ人ひとりを—に乗せすゑて」〈竹取〉

アラゴ〖Dominique François Jean Arago〗［1786～1853］フランスの物理学者・天文学者。偏光を発見し、光の波動説の確立に貢献。渦電流による電磁誘導を測定する「アラゴの円板」を発明。

アラゴアス〖Alagoas〗ブラジル北東部にある州。州都マセイオが保養地として観光客を集めている。

あら-ごし【粗×漉し】〔名〕スル ❶目の粗い水こし。❷粗い目でこすこと。また、こしたもの。

あら-ごと【荒事】❶歌舞伎で、武士や鬼神などの荒々しさを誇張して演じること。また、その演出様式やそれを演じる狂言。創始者とされる初世団十郎以来市川家のお家芸で、江戸歌舞伎の特色。➡和事(わごと) ➡実事(じつごと) ❷荒々しい行為のたとえ。「—で結着がつく」

あらごと-し【荒事師】❶歌舞伎で、荒事を得意とする役者。❷荒っぽい仕事をする人。

アラゴナイト〖aragonite〗▶霰石(あられいし)

あら-ごなし【荒ごなし｜粗ごなし】〔名〕スル ❶細かい粉にする前に、まず粗めに砕くこと。❷本格的に取りかかる前に、おおまかに処理しておくこと。「審議前に問題点を—しておく」

アラゴネーゼ-じょう【アラゴネーゼ城】―ジャウ《Castello Aragonese》▶アラゴン城

アラゴ-の-えんばん【アラゴの円板】―ヱンバン 銅やアルミの円板に磁石を近づけ、磁石を回転すると円板も回転する現象。逆に、回転する円板の上に磁針をかざすと、磁針もまた回転する。渦電流の存在を示す実験として知られ、1824年にフランスのF＝アラゴが発見した。一般的な積算電力計で用いられる。アラゴの回転板。

アラゴ-の-かいてんばん【アラゴの回転板】―クワイテンバン ▶アラゴの円板

あら-ごま【荒駒】馴(な)らされていない馬。また、気の荒い馬。

あら-ごも【粗▽薦｜荒▽薦】粗く編んだこもむしろ。祭礼神事にも使う。

アラゴン〖Aragon〗スペイン北東部にある自治州。州都はサラゴサ。11世紀前期にアラゴン王国が成立。1479年、カスティーリャ王国と合併してスペイン王国を形成した。ムデハル様式建造物が多く残り、世界遺産(文化遺産)に登録されている。

アラゴン〖Louis Aragon〗[1897〜1982]フランスの詩人・小説家。ダダイスム・シュールレアリスム運動を経て共産主義に転じ、第二次大戦中は対独抵抗運動に参加。詩集「断腸」、小説「レ-コミュニスト」など。

アラゴン-じょう【アラゴン城】ジャウ《Castello Aragonese》㊀イタリア南部、プーリア州の都市タラントにある城。東ローマ帝国支配下の10世紀初頭、サラセン人とベネチア共和国の攻撃を防ぐために築かれた要塞に起源する。15世紀にアラゴン家のフェルナンド2世により改築された。現在はイタリア海軍の施設。アラゴネーゼ城。㊁イタリア南部、ティレニア海に浮かぶイスキア島にある城。紀元前5世紀に本島から離れた小島に築かれた要塞に起源し、古代ローマ、西ゴート、東ゴート、ノルマン人などの支配を受けて増改築が繰り返された。15世紀にアラゴン家のアルフォンソ1世により本島と小島が橋で結ばれた。アラゴネーゼ城。

アラ-サー《around thirtyの略》30歳前後の人。➡アラフォー 補説 平成18年(2006)ごろからの流行語。もともとは1990年代半ばを高校・大学で過ごした30歳前後の女性をさした。ルーズソックス、茶髪、プリクラなどが流行する中で育った世代で、特徴的な性向に着目したファッション業界が名づけたといわれる。

あら-さがし【粗捜し|粗探し】〔名〕スル 他人の欠点や過失を、ことさらにさがし出すこと。また、そうして悪口を言うこと。「―して言いふらす」

アラザン〖フランス argent〗《銀の意》ケーキなどの表面につける飾り用の銀色の粒。

あらし【荒(ら)し】(名詞の下に付き、接尾語的に用いて)無法な行いや強引な振る舞いなどで、損害を与えたり迷惑をかけたりすること。また、その者。「道場―」「ビル―」

あら-し【嵐】❶荒く激しく吹く風。雨・雪・雷を伴う場合にもいう。暴風。暴風雨。「花に―」❷激しく乱すもの。また、事態や社会を揺るがす重大事。「拍手の―」「革新の―」「不況の―が吹き荒れる」
〔一覧〕青嵐・朝嵐・小夜嵐・地嵐・磁気嵐・砂嵐・初嵐・花嵐・鼻嵐・春嵐・山嵐・夕嵐・雪嵐・夜嵐
類語 雷雨・暴風雨
嵐の前の静けさ 暴風雨が襲来する前に辺りが一時静まり返るところから、変事が起こる前の不気味な静けさをいう。

あらし【嵐】島崎藤村の小説。大正15年(1926)発表。母を失った子供たちの成長と巣立ちを見守る作者の心境を描く。

あ◦らし〔連語〕《動詞「あり」に推量の助動詞「らし」の付いた「あるらし」の音変化》あるらしい。「飼飯(けひ)の海の庭よく―◦らし刈薦(かりこも)の乱れて出づ見ゆ海人(あま)の釣り船」〈万・二五六〉補説 一説に、動詞「あり」の形容詞化ともいう。

あらし-お【荒し雄|荒し▽男】ヲ 強い男。勇敢な男。「せむすべのたどきを知らにかくしてや―すらに嘆き伏せらむ」〈万・三九六二〉補説 この語の「あらし」のように、ク活用形容詞の終止形が体言と複合するのは上代の特殊用法。

あら-しお【粗塩】シホ《「あらじお」とも》結晶の粗い、精製してない塩。

あらしがおか【嵐が丘】あらしがをか《原題、Wuthering Heights》エミリー=ブロンテの小説。1847年刊。嵐が丘という屋敷で養育された捨て子のヒースクリフを主人公とした、恋と復讐の物語。

あらし-かんじゅうろう【嵐寛寿郎】クワンジユラウ [1903〜1980]映画俳優。京都の生まれ。本名、高橋照市。「鞍馬天狗(くらまてんぐ)」「右門捕物帖」などの時代劇で活躍し、「あらかん」のニックネームで呼ばれた。ほかに「神々の深き欲望」「網走(あばしり)番外地」などに出演。

あらし-ぐさ【嵐草】ユキノシタ科の多年草。高山の草地に自生。葉は手のひら状に裂けている。夏、黄緑色の小花が集まって咲く。

あらし-こ【荒し子】武家で主に力仕事を受け持つ身分の低い男子。雑兵・中間(ちゅうげん)・小者など。また、農家の使用人などをもいった。「厳しき詞(ことば)におぢ恐れ、遠慮会釈も―共に引っ立てられて」〈浄・浪花鑑〉

あら-しこ【荒仕子|粗仕子|粗×鉋】木材を粗く削るためのかんな。➡中仕子(ちゅうしこ) ➡上仕子(じょうしこ)

あら-しごと【荒仕事】❶骨の折れる力仕事。激しい肉体労働。❷強盗や殺人などの、荒っぽい犯罪。
類語 (❶)肉体労働・重労働・力仕事・手仕事・作業

あらし-さんえもん【嵐三右衛門】サンヱモン 歌舞伎俳優。初世[1635〜1690]は摂津国西宮の人。やつし事と六方の名人。11世を数え、代々上方を中心に活躍。

あらしま-だけ【荒島岳】福井県東部にある山。標高1523メートル。大野盆地南東部の火山岩からなる円錐状の火山で、山容の美しさから大野富士と呼ばれる。北東麓に九頭竜(くずりゅう)峡がある。山頂に荒島神社があり、山岳信仰の山となっている。

あら◦しめる【有らしめる】〔連語〕あるようにさせる。存在を示すようにさせる。「不屈の努力が彼の今日を―◦しめた」

アラジャホユック〖Alacahöyük〗トルコの首都アンカラの東約150キロメートルに位置する村アラジャにある遺跡。青銅器時代、ヒッタイト帝国時代など、何層もの遺跡が重なっており、神殿、地下通路、浮き彫りが施されたスフィンクス門などが残る。出土品の多くはアンカラのアナトリア文明博物館が所蔵する。

あらし-やま【嵐山】㊀京都市西部にある山。大堰(おおい)川南岸に位置し、標高381メートル。桜・紅葉の名所。㊁謡曲。脇能物。金春禅鳳(こんぱるぜんぽう)作。勅使が吉野から移された嵐山の桜をたたえると、蔵王権現と木守・勝手の夫婦神が現れ、御代をことほぎ舞をまう。

あら-しょうりょう【新精霊】シヤウリヤウ 死後、新盆に祭られる死者の霊。あらぼとけ。

あら-じょたい【新所帯|新▽世帯】結婚して新しく構えた家庭。しんじょたい。あらぜたい。

あら-じる【粗汁】魚のあらを入れて作った汁。

あら-しろ【荒代|粗代】田植えのために行う最初の代掻(しろか)き。植え代の前に行うもの。

あら・す【荒らす】〔動サ五(四)〕❶乱雑な状態にする。「子供に机の中を―・される」❷建物・土地などを手入れせずにほうっておく。「長く留守にして庭を―・す」❸傷つけたり壊したりする。いため傷つける。「薬品で手を―・す」「戦火が国土を―・す」❹他の領域に侵入して権益を侵す。また、盗み取る。「縄張りを―・す」「留守宅を―・す」可能 あらせる

あら◦ず【▽非ず】〔連語〕❶そうではない。違う。「さに―◦ず」「それとも言ひ、―◦ずとも口々申せば」〈枕・九〉❷打ち消す意で応答するときに言う語。いや、なんでもない。「いかにと人々聞こゆれば、―◦ずと言ひまぎらはし給へり」〈栄花・浦々の別〉

あら-すいぎょう【荒水行】スイギヤウ 修行者が寒中に水を浴びてする、激しい修行。

アラスカ〖Alaska〗北アメリカ大陸北西端にある米国の州。州都ジュノー。もとロシア領で、1867年に買収、1959年に49番目の州となる。面積は50州中最大。➡表「アメリカ合衆国」

アラスカ-じしん【アラスカ地震】ヂシン アラスカ周辺で多発する地震。この地域では太平洋プレートが北アメリカプレートの下に潜り込むことによって地震が多く発生する。1964年3月28日にはマグニチュード9.2の地震が発生し、被害域は13万平方キロメートルに及んだ。➡表「地震」

アラスカ-はんとう【アラスカ半島】ハンタウ アラスカ州南西の半島。アリューシャン列島に続く。火山が多い。

アラスカ-ひょうじゅんじ【アラスカ標準時】ヘウジユンジ 標準時の一。米国アラスカで使われる。協定世界時より9時間遅く、日本標準時より18時間(夏時間の場合17時間)遅い。AKST(Alaska standard time)。

あら-すさ【粗×苆】わらを3センチほどの長さに切ったもの。壁土にまぜてつなぎとする。➡苆(すさ)

あら-すじ【粗筋|荒筋】スヂ およその筋道。あらまし。概略。特に、小説・演劇・映画などのだいたいの内容。梗概(こうがい)。「前号までの物語の―」
類語 大筋・概略・概要・大要・あらまし・概括

あらず-もがな〔連語〕《「もがな」は願望の終助詞》むしろ、ないほうがよい。なくもがな。「―の発言」
類語 余計・余分・蛇足(だそく)・不必要・不要・不用・無用・無益・無駄(むだ)・無くもがな

あらせいとう アブラナ科の多年草ストックの別名。季 春

あら-ぜに【荒銭】劇場で、毎日の収入金。また、一般に毎日の収入。日銭(ひぜに)。あらせん。

あらせ◦られる【有らせられる】〔連語〕《動詞「ある」の未然形に尊敬の助動詞「せる」と「られる」が付いたもの》❶「ある」「いる」「おる」の尊敬の言い方。「陛下は開会式に行幸―◦られる」❷(「…であらせられる」の形で補助動詞的に用いて)「…である」の尊敬の言い方。「御壮健で―◦られる」

あら-そ【粗▽麻】精製してない麻糸。

あらそい【争い】あらそひ 争うこと。いさかい。闘争。けんか。競争。「源平の―」「首位―」
類語 喧嘩(けんか)・紛争・闘争・諍(いさか)い・いがみ合い・立ち回り・大立ち回り・抗争・暗闘・争闘・共闘・ゲバルト
争い果ててのちぎり木 《けんかが終わったあとになってそれに用いる棒を持ってくる意から》時機に遅れて役立たないことのたとえ。

あらそい-ご【争い碁】あらそひ 対局者が地位・名誉を懸けて勝負を争う碁。

あらそ・う【争う】あらそふ〔動ワ五(ハ四)〕❶相手にまさろうとして、また、何かを得ようとして張り合う。競争する。「優勝を―・う」「先を―・う」「一、二を―・う名騎手」❷敵対する。戦う。けんかする。いさかいをする。「労使が―・う」「相続問題で兄弟が―・う」❸少しの時間をも得ようとして忙しくする。急を要する意にいう。「手術は一刻を―・う」「寸秒を―・う問題」❹自分の言い分を、正しいとして押し通す。「裁判で―・う」「黒白を―・う」❺抵抗する。こばむ。「春雨に―・ひかねてわが宿の桜の花は咲きそめにけり」〈万・一八六九〉➡争えない 可能 あらそえる
用法 あらそう・きそう――「争う」には、「敵と争う」「労使が争う」「兄弟が遺産をめぐって争う」のように、互いに戦う、対立する、いさかいをする意味がある。この場合は「競う」は使えない。◆互いに張り合い、勝とうとする意味では両語とも使われるが、「首席を争う」「優勝を争う」など、ある目的のために張り合う場合は、ふつう「争う」が用いられる。◆「競う」は、「腕を競う」「技を競う」「カラオケ大会でのどを競う」「美しさを競う」のように、能力の優劣、物事の程度などを対象とする場合に多く使われる。◆「品質の優劣を争う(競う)」「勝敗を争う(競う)」「争って(競って)新製品を開発する」などの場合は相通じて用いられる。
〔…句〕甍(いらか)を争う・頸木(くびき)を争う・黒白(こくびゃく)を争う・先を争う・年は争えない・軒(のき)を争う・分秒を争う
類語 揉(も)める・競争・比べる・戦う・渡り合う・切り結ぶ・交戦する・合戦(かっせん)する・会戦する・衝突する・激突する・戦闘する・一戦を交える・砲火を交える・兵刃(へいじん)を交える・干戈(かんか)を交える・奮戦する・奮闘する

あらそう◦べからざる【争うべからざる】あらそふべからざる〔連語〕《「べから」は可能の助動詞「べし」の未然形》議論する余地がない。否定することができない。明らかな。「―◦べからざる事実」

あらそえ◦ない【争えない】あらそへない〔連語〕《「あらそう」の可能動詞「あらそえる」の未然形＋打消しの助動詞「ない」》ある事実がはっきり現れていて、隠すことも否定することもできない。あらそわれない。「年は―◦ない」「血筋は―◦ない」

あら-ぞめ【荒染(め)|退=紅】❶紅花(べにばな)で染めた薄紅色。あらいぞめ。❷薄紅に染めた短い布狩衣(ぬのかりぎぬ)。仕丁(じちょう)が着用した。

あらそわれ◦ない【争われない】あらそはれない〔連語〕「あらそえない」に同じ。「―◦ない証拠」

あら-た【荒田】長い間耕されないので荒れている

田。あれた。「ますげ生ふる―に水をまかすれば嬉し顔にも鳴く蛙(かはづ)かな」〈風雅・春下〉

あら-た【新田】 新しく切り開かれた田。新開墾の田。しんでん。「昔の道人、あるいは種を蒔き、―をすきしがごとし」〈沙石集・五〉

あらた【×灼た】〔形動ナリ〕《「新た」と同語源》❶はっきりと見えるさま。鮮やか。「すべらぎの跡もつぎつぎ隠れなく―に見ゆるふる鏡かも」〈大鏡・後一条院〉❷霊験が著しいさま。あらたか。「―なる神の御心寄せとは、さだかに聞きながら」〈狭衣・四〉

あらた【新た】〔形動〕図〔ナリ〕❶新しいさま。今までなかったさま。「―な局面を迎える」「―な感動を呼ぶ」「―な力がわく」「冬過ぎて春の来(きた)れば年月(としつき)は―なれども人は古(ふ)り行く」〈万・一八八四〉❷(「あらたに」の形で)改めて行うさま。「認識を―にする」
[類語]新しい・真新しい・最新・目新しい・斬新

新たなる月 《白居易の詩句「三五夜中新月色」の「新月」の訓読から》鮮やかな光を放つ月。特に、中秋の名月。「今宵(こよひ)の―の色には、げになほ我が世のほかまでこそ、よろづ思ひ流さるれ」〈源・鈴虫〉

新たに沐(もく)する者は必ず冠(かんむり)を弾(はじ)く 《「楚辞」漁父から》髪を洗ったばかりの人は、ちりを払ってから冠をかぶるという意から、潔白な人ほど汚れたものを避けることをいう。

あら-たえ【荒▽妙｜粗×栲】(たへ) ❶上代、木の皮の繊維で織った、織り目の粗い布の総称。➡和妙(にぎたえ) ❷平安時代以降、麻織物のこと。

あらたえ-の【荒▽妙の】(あらたへ)〔枕〕藤を「あらたえ」の材料とするところから、「藤」にかかる。「―藤原が上に食(を)す国を」〈万・五〇〉

あらた-か【×灼たか】〔形動〕図〔ナリ〕《形容動詞「あら(灼)た」から》神仏の利益(りやく)が際立ってあるさま。あらた。いやちこ。「霊験―な神」

あらた-し【新たし】〔形シク〕《「あら(新)た」の形容詞化で、「あたら(新)し」の意の上代語。特に新年をいう場合が多い》新しい。もののはじめである。けがれがない。「―・しき年の始めの初春の今日降る雪のいやしけ吉事(よごと)」〈万・四五一六〉

アラタ-たい【アラタ体】《(ラテン) corpora allata》昆虫の頭部にある内分泌器官。脱皮のほか、多くの生理現象を支配するアラタ体ホルモンを分泌する。

あら-だ-つ【荒立つ】㊀〔動タ五(四)〕❶荒々しくなる。荒れる。「波が―・つ」「気が―・つ」❷物事がもつれて面倒になる。また、もつれた結果が表沙汰になる。「事が―・っては困る」㊁〔動タ下二〕「あらだてる」の文語形。

あら-だ-てる【荒立てる】〔動タ下一〕図あらだ・つ〔タ下二〕❶荒々しくさせる。「風が波を―・てる」「声を―・てる」❷物事をもつれさせ面倒にする。「事を―・てる」❸怒らせる。「いま少し―・てて惑はし給へ」〈落窪・一〉

あら-だな【新棚】 新仏(あらぼとけ)を迎えて供養するために設ける盆棚。

あら-たま【粗玉｜新玉｜荒玉｜×璞】❶掘り出したままで、まだ磨いていない玉。❷その真価や完成された姿をまだ発揮していないが、素質のある人。「爺いさんの記憶にあるお玉の姿は、まだ―の儘(まま)であった」〈鴎外・雁〉❸(新玉)《枕詞「あらたまの」が「年」にかかるところから「新玉の年」の意》年の始め。新年。正月。(季 新年)「―の春のマスクや楽屋入/万太郎」

あらたま-の【新玉の｜荒玉の】〔枕〕「年」「月」「春」「来経(きへ)」などにかかる。かかり方未詳。一説に、年月の改まる意からとも。「―年は果つれど」〈万・二四一〇〉「―来経往(きへゆ)く年の」〈万・八八一〉

あらたま-る【改まる】〔動ラ五(四)〕❶新しくなる。古いもの、旧来のものが新しいものと入れ替わる。「年が―・る」「法規が―・る」❷悪い点、不備な点などがよいほうへ変わる。改善される。「性根(しょうね)が―・ってきた」「生活態度が―・らない」❸ふだんとは違った、堅苦しい態度になる。他人行儀な態度をとる。「―・った顔つき」❹(「革まる」とも書く)病状が急に重くなる。「容態が―・る」[類語]変わる

あらた-む【改む】〔動マ下二〕「あらためる」の文語形。

あらため【改め】❶改めること。新しいものに替えること。「菊之助―七代目菊五郎」❷(多く、他の語のあとに付いて)取り調べること。「関所―」「宗門―」

あらため-て【改めて】〔副〕❶再び新しく行うさま。もう一度。別の機会に。「後日―書面を出します」❷初めて経験するように感じるさま。事新しく。今さらのように。「親が死んで―ありがたさを知った」

あらた-める【改める】〔動マ下一〕図あらた・む〔マ下二〕❶新しくする。古いもの、旧来のものを新しいものと入れ替える。「日を―・める」「第一項は次のように―・める」❷悪い点、不備な点をよいほうへ変える。改善する。「態度を―・める」「悪習を―・める」❸服装や態度をきちんとする。「居ずまいを―・めて拝聴する」❹正しいかどうか詳しく調べて確かめる。吟味する。「罪状を―・める」「財布の中身を―・める」
[補説]❶〜❸は「革める」、❹は「検める」とも書く。電話をかけて相手が不在であると「では、改めます」と言う人がいるが、これはおかしい。「では、改めてお電話します(いたします)」と言う方がよい。平成10年代半ば頃からの言い方か。➡直す[用法]
[類語]改良・検査・調べる・検する・閲(けみ)する・閲(えつ)する・点検する・検分する・吟味する・実検する・臨検する・検閲する・査閲する・監査する・チェックする・直す

あらた-よ【新た代｜新た世】 新しく変わった世。新時代。「くすしき亀も―と泉の川に」〈万・五〇〉

あらた-よ【新た夜】《1日1日と新しく変わっていく夜の意から》夜ごと夜ごと。毎夜。「―の一夜もおちず夢に見えこそ」〈万・二八四二〉

あらち-の-せき【愛発の関】 福井県愛発山辺りにあった古代の関所。伊勢の鈴鹿、美濃の不破とともに三関の一。延暦8年(789)廃止。

あら-ちゃ【荒茶】 摘みたての葉を蒸気で加熱し乾燥しただけで、まだ精製していない茶。

あらち-やま【愛発山｜有乳山｜荒血山】 福井県敦賀市の南部の山塊。奈良時代、愛発関(あらちのせき)があった。[歌枕]「八田の野の浅茅色づく―峰の沫雪寒く降るらし」〈万・二三三一〉

あら-づくり【粗造り】 念入りにでなく、ざっとつくること。仕上げ前の段階として、大まかにつくること。また、そのもの。「―の小屋」

アラッシオ〘Alassio〙 イタリア北西部、リグリア州の町。リビエラ海岸西部(リビエラ-ディ-ポネンテ)の海岸保養地の一。中世の漁村に起源し、19世紀頃から英国をはじめとする各国の上流階級の別荘が建てられた。著名人のサイン入りのタイルが並ぶムレット地区が有名。

あらっしゃ-る【有らっしゃる】〔動ラ五(四)〕《「あらせらる」の音変化》(「…であらっしゃる」の形で補助動詞的に用いて)「…である」の尊敬の言い方。「御迷惑で―・いましょうから」〈漱石・吾輩は猫である〉

あら-つち【荒土｜粗土】❶荒い土。細かくこなれていない土。❷荒壁を塗るのに用いる土。

あらっぽ-い【荒っぽい｜粗っぽい】〔形〕❶言動や性質などが荒々しい。乱暴である。「荷物を―・くほうり投げる」「―・い口調」❷細かい所まで注意がゆきとどかず、大まかである。粗雑だ。「―・い仕上げ」「仕事が―・い」[派生]あらっぽさ〔名〕[類語]荒い・荒荒しい・乱暴・がさつ・野蛮・手荒・手荒い・粗野

あら-づもり【粗積(も)り】 だいたいの見積もり。あらましの見当。概算。

あら-て【新手】❶戦いや試合などにまだ参加していない元気な軍勢、また、選手。「―を繰り出す」❷新しくその仲間に入った人。新顔。「―の業者」⇔古手。❸今までと違う新しい方法や手段。「―の犯罪」「―を編み出す」⇔古手。[類語](❶)後詰め/(❷❸)新しい・新(あら)た・新規・新(さら)・新調・新型・新式・新来

あらて-あみ【荒手網】 漁網の袖網(そであみ)の部分につける目の粗い網。

アラディ〘ALADI〙《(スペイン) Asociación Latinoamericana de Integración》ラテンアメリカ統合連合。前身のLAFTA(ラテンアメリカ自由貿易連合)を改組して、1981年発足。事務局はモンテビデオ。

あら-てつがい【荒手▽番｜荒手▽結】(あらてつがひ) 平安時代、正月の賭弓(のりゆみ)、5月の騎射(うまゆみ)の前に、衛府の射手が行っていた予行演習。➡真手番(まてつがい) ➡手番

あら-と【粗×砥｜荒×砥】 きめの粗い砥石(といし)。刃物などの粗研ぎに用いる。➡中砥(なかと) ➡仕上げ砥(と)

アラド〘Arad〙 ルーマニア西部の都市。ハンガリーとの国境に近く、ムレシュ川沿いに位置する。16世紀半ばから17世紀末までオスマン帝国領。旧市街には、オーストリアハンガリー帝国時代のバロック様式や新古典主義様式の建造物が数多く残る。同国西部における交通の要衝であり、商業、製造業が盛ん。

あら-どう【粗銅】 精製されていない銅。そどう。

あら-どうぐ【荒道具】(あらだうぐ) ❶雑用品。荒物。❷鉈(なた)・手斧(ちょうな)・鉞(まさかり)など、やや大型の刃物。

あら-とぎ【粗研ぎ｜荒研ぎ】 粗砥(あらと)で研ぐこと。仕上げ前の粗い研ぎ。

あら-なくに〔連語〕《動詞「あり」の未然形＋打消しの助動詞「ず」のク語法＋格助詞「に」》❶ないことだなあ。ないことよ。「乎布(をふ)の崎漕ぎたもとほりひねもすに見とも飽くべき浦に―」〈万・四〇三七〉❷ないことなのに。いないのに。「神風(かむかぜ)の伊勢の国にもあらましをなにしか来けむ君も―」〈万・一六三〉

あら-なみ【荒波】❶荒れ狂う波。激しい波。激浪。❷世の中の激しさ、厳しさ、辛さのたとえ。「世間の―にもまれる」[類語]大波・高波・波濤(はとう)・激浪・怒濤

あら-なわ【荒縄｜粗縄】(なは) わらで作った太い縄。

あら-に【荒荷】❶木材・石材・石炭・鉄材・砂など、資材として用いる重量のある貨物。❷江戸時代の海運貨物のうち、油・砂糖など重要とされた9種の貨物以外の雑貨類。畳表・糠(ぬか)など。

あら-に【粗煮】 魚のあらを醤油・みりん・砂糖などで煮つけた料理。あらだき。

アラニン〘alanine〙 アミノ酸の一。たんぱく質の構成成分で、生体内ではピルビン酸から合成される。

あら-ぬ【有らぬ】〔連体〕《動詞「あり」の未然形＋打消しの助動詞「ず」の連体形から。そうあるはずではない事柄をさしていう》❶違った。別の。無関係の。「―方向に走り去る」❷意外な。思いもかけない。「―うわさを立てられる」❸あってはならない。不都合な。「―横恋慕」

あら-ぬか【粗×糠】 もみがら。もみぬか。

あらぬ-かた【有らぬ方】〔連語〕とんでもない別の方向。「―を見やる」

あらぬ-こと【有らぬ事】〔連語〕❶思いもよらないこと。「―を口走る」❷あってはならないこと。よからぬこと。「―を想像する」

あらぬ-さま【有らぬ様】〔連語〕❶事実や普通と違っているようす。「いたう―に書きかへ給ひて」〈源・夕顔〉❷望ましくないようす。「甲冑をよろひ、弓箭を帯し、―なるよそほひにまかりなって候へば」〈平家・七〉

あら-ぬの【粗布】 織り目の粗い布。粗末な布。

あらぬ-もの【有らぬ物】〔連語〕違うもの。別のもの。「見し時よりもおとなびまさりて、―にめでたく見ゆ」〈今昔・二二・七〉

あらぬ-よ【有らぬ世】〔連語〕この世と全く違った世界。別世界。また、死後や過去の世界。「―の心ちして」〈右京大夫集・詞書〉

あら-ぬり【粗塗(り)｜荒塗(り)】 壁などを、最初にざっと塗ること。下塗り。

あら-ねつ【粗熱】 煮たり焼いたりした直後の、手でさわれない熱さ。[補説](多く「粗熱を取る」の形で用いる)素材を加熱調理した直後の熱い鍋やフライパンなどを、濡れ布巾の上に置く、氷水につける、そのまま放置するなどして、次の調理がしやすくなるよう、大ざっぱに素材を冷ます。

あらの【阿羅野｜曠野】 江戸中期の俳諧集。山本荷兮(かけい)編。3冊。元禄2年(1689)刊。芭蕉をはじめとする発句735句と、歌仙10巻を収める。芭蕉晩年の特徴である「軽み」の兆しがみられる。俳諧七部集の一。曠野集。

あら-の【荒野¦×曠野】荒れ果てている野。人けもなくて寂しい野原。あれの。

あらば-こそ〔連語〕❶（助詞「も」に付いて）あろうはずはない。まったくない。「遠慮会釈も―、ずかずかと部屋に上がりこんできた」❷もし…であるなら…であろうが、実際はそうではないから、の意を表す。「天地あめつちの神なきものに―我あが思ふ妹に逢はず死にせめ」〈万・三七四〇〉補説❶は、次に反対の内容を表す文がくる。「ない」よりも強い否定を表す。

あら-ばしり【新走り】新米で醸造した酒。新酒しんしゅ。季秋

アラバスター〖alabaster〗大理石の一。半透明で縞目がある。古代エジプトなどで、彫刻・容器の材料として用いられた。雪花石膏せっかせっこう。

あら-はだ【荒肌¦荒▽膚】きめの粗い肌。ざらざらと荒れている肌。あれはだ。

あらはた-かんそん【荒畑寒村】［1887〜1981］社会運動家。横浜の生まれ。本名、勝三。明治37年(1904)横浜平民結社を組織、社会主義宣伝のための伝道行商を行う。赤旗事件・人民戦線事件などで数度入獄。労農派として活動し、第二次大戦後、日本社会党結成に参加。著「谷中村滅亡史」「寒村自伝」など。

あら-ばたらき【荒働き】激しい力仕事。荒仕事。

あら-ばち【新鉢】《「鉢」は、すり鉢のこと》処女。また、処女の陰部。「嫁入りの時に着たる衣裳を取り出して…、もとの―の姿あり」〈咄・きのふはけふ・下〉

アラバマ〖Alabama〗米国南東部の州。州都モントゴメリー。綿花栽培・牧畜が盛ん。鉄鉱石を産し、工業も行われる。➡表「アメリカ合衆国」

アラバル〖Fernando Arrabal〗［1932〜 ］フランスの劇作家・小説家。スペインの生まれ。自らの劇を「パニック演劇」と呼び、「迷路」「建築家とアッシリアの皇帝」「戴冠式」など不条理かつグロテスクな舞台を創作した。他に「二人の死刑執行人」など。

アラビア〖Arabia〗アジア大陸南西部、ペルシア湾・アラビア海・紅海に囲まれた世界最大の半島。大部分は砂漠地帯。石油埋蔵量が豊富。補説「亜剌比亜」とも書く。

アラビアータ〖イタリア all'arrabbiata〗料理で、唐辛子を使って辛味をきかせたものの意。また、唐辛子、ニンニクなどの入った辛いトマトソース。「ペンネ―」

アラビア-うま【アラビア馬】「アラブ❷」に同じ。

アラビア-かい【アラビア海】インド半島とアラビア半島に囲まれた海域。

アラビア-ご【アラビア語】セム語族に属する言語で、アラブ諸国の共通語。イラク・シリアやアラビア半島・北アフリカなどで広く使用される。長いあいだ中近東世界の国際語であったため、ペルシア語をはじめ周辺の諸言語に大きな影響を与えた。

アラビア-ゴム《gum arabicから》アラビアゴムノキの樹液。また、その乾燥したもの。糊・錠剤・乳化剤の製造に利用。

アラビアゴム-の-き【アラビアゴムの木】マメ科アカシア属の常緑高木。樹皮はすべすべして灰白色。葉は羽状複葉。花は淡黄色または白色で芳香がある。熱帯アフリカに産し、日本には大正の初めに渡来。樹液からアラビアゴムをとる。

アラビア-じん【アラビア人】►アラブ人

アラビア-すうじ【アラビア数字】0123…9の10個の数字。インドで考案され、アラビアを経てヨーロッパに伝わった。インド数字。算用数字。
類語ローマ数字・漢数字

アラビア-のり【アラビア×糊】アラビアゴムから作った、粘着力の強い糊。

アラビア-はんとう【アラビア半島】アラビア ►アラビア

アラビア-もじ【アラビア文字】アラム文字から発達した表音文字。4〜5世紀ごろ成立。子音文字28個、母音は文字の上下に符号をつけて表す。右から左へ横書きにする。アラビア語・ペルシア語・マレー語などに使用。

アラビアン-ナイト〖Arabian Nights〗アラビア地方を中心とした民間伝承説話を集大成したもの。成立年代・作者未詳。大臣の娘シェエラザードが王のために物語を千一夜続けるという体裁で、冒険談・犯罪談・旅行談・神仙談などからなる。千一夜物語。千夜一夜物語。

アラビアン-ライト〖Arabian light〗サウジアラビア産の軽質原油。原油価格をきめる際の基準として使われる。

アラビカ〖arabica〗コーヒー豆の品種の一。ブラジル・エチオピア・インドネシアなど世界各地で栽培。

あら-びき【粗×挽き】〔名〕スル 穀物・食肉などを普通よりも粗めにひき砕くこと。また、そうしたもの。「―のソーセージ」「胡椒こしょうを―する」

あら-ひじり【荒▽聖】荒行をする僧。また、乱暴な僧。荒法師。「文覚は、天性てんせい不敵第一の―なり」〈平家・五〉

アラビスト〖Arabist〗アラビア学者。アラビア語研究家。

あらひと-がみ【現人神¦荒人神】❶《この世に人間の姿をして現れた神の意から》天皇の称。あきつかみ。あきつみかみ。❷随時、姿を現して、霊験あらたかな神。特に住吉や北野の神などをいう。

あら・びる【荒びる】〔動バ上一〕《動詞「あらぶ」(上二段)の上一段化》❶気持ちがすさむ。「何の彼のと感情が―・びて来て仕方がないものですから」〈秋声・仮装人物〉❷暴れる。乱暴する。「陸奥国の―・びる蝦夷えみし等を」〈続紀宣命・六二詔〉

アラブ〖Arab〗❶アラブ人、またアラブ諸国の総称。➡アラブ人 ❷馬の一品種。均整のとれた体つきで、近代の競走馬の母体となった乗用馬。アラビア馬。

あら・ぶ【荒ぶ】〔動バ上二〕❶暴れる。荒れる。「―・ぶる蝦夷えみしどもを言向ことむけ」〈記・中〉❷気持ちが離れる。疎遠になる。「島の宮上の池なる放ち鳥―・びな行きそ君いまさずとも」〈万・一七二〉

アラファト〖Yāsir 'Arafāt〗［1929〜2004］パレスチナ解放機構(PLO)の指導者。エルサレムの生まれ。1969年にPLO議長に就任。イスラエルとの間でパレスチナ人の暫定自治を実現させ、94年ノーベル平和賞を受賞。

アラフエラ〖Alajuela〗コスタリカ中部、首都サンホセの北西約20キロメートルにある国内第2の都市。アラフエラ県の県都。国民的英雄、フアン＝サンタマリアの出身地で、彼の名を冠した国際空港がある。

アラ-フォー《around fortyの略》40歳前後の人。➡アラサー 補説ファッション業界で使われていたアラサーをもじった語。もともとは1980年代半ばを高校・大学で過ごした40歳前後の女性をさした。平成20年(2008)に放送されたテレビ番組名から流行した語。

あら-ぶき【荒吹き】日本固有の銅製錬法で、銅鉱石を溶解して硫化物のまじった銅の鈹かわを製する工程。

あら-ぶし【荒節】《「あらふし」とも》カツオの本節や亀節を煮たあと、いぶして寝かせるという作業を繰り返したもの。煮熟によってたんぱく質を凝固させ、煙でいぶすことで雑菌の侵入を防ぐ。黒くタールで覆われた表面を削り落としてから、削り節にしたり、黴かびを付けした鰹節の材料として用いる。➡鰹節補説

アラブしゅちょうこく-れんぽう【アラブ首長国連邦】ニッポンチャウコクレンパウ《United Arab Emirates》アラビア半島東部の七つの首長国からなる連邦国家。首都アブダビ。もと英国の保護下にあり、トルーシャルオマーンとよばれた。1971年、アブダビ・ドバイ・シャルジャ・アジュマン・ウムアルカイワイン・フジャイラの6国が連邦を結成して独立、翌年、ラスアルハイマが加わる。石油の産出が多い。人口498万(2010)。UAE。アルイマーラト。

アラブ-じん【アラブ人】元来は、アラビア半島に居住しアラビア語を母語とするセム系の民族。イスラム教の発展に伴って、現在では西アジアから北アフリカ各地にかけて住み、アラビア語を母語とする人々をいう。アラビア人。

アラブせきゆゆしゅつこく-きこう【アラブ石油輸出国機構】►オアペック(OAPEC)

あらふね-やま【荒船山】群馬県南西部、長野県との境にある火山。標高1423メートル。山頂は溶岩台地で、荒船山神社がある。あらふねさん。

アラブ-ボイコット〖Arab boycott〗アラブ連盟の所属国による対イスラエル経済制裁。イスラエルと交易のある外国企業をボイコットするなど、イスラエルの国力を間接的に弱体化させることを目的とし、連盟所属のボイコット委員会が作成する企業リストなどに基づいて行われる。

アラフラ-かい【アラフラ海】《Arafura》オーストラリア・インドネシア・ニューギニアに囲まれた海域。水深が浅く、真珠貝が採取される。

あらぶる-かみ【荒ぶる神】〔連語〕荒々しく乱暴な神。天皇の支配に服さない神。「東の方十二道の―」〈記・中〉

アラ-ブレーベ〖イタリア alla breve〗《「アラブレーヴェ」とも》音楽で、二分音符を拍の単位とする2拍子。¢で表す。2分の2拍子。

アラブ-れんめい【アラブ連盟】アラブ諸国の独立と主権擁護を目的として、1945年にエジプト・シリア・レバノン・イラク・ヨルダン・サウジアラビア・イエメンの7か国で結成した同盟。のち、パレスチナ解放機構(PLO)も含め加盟国は22となったが、90年のイラクのクウェート侵攻で分裂。本部はカイロ。

アラベスク〖フランス arabesque〗❶アラビア風の装飾模様。文字・蔓草つるくさ・幾何学図形などを図案化したもの。唐草模様。❷装飾的、幻想的な内容の楽曲。❸クラシックバレエの基本体勢の一。右手を斜め上に、左手を斜め下に、右足で体重を支え、左足は斜め後方に上げる。

あら-ほうし【荒法師】ホフシ 荒々しい僧。乱暴な僧。

あら-ぼとけ【新仏】死後初めての盆に供養される死者の霊。新精霊あらじょうりょう。新霊あらたま。しんぼとけ。

あら-ぼり【粗彫(り)¦荒彫(り)】〔名〕スル 彫刻で、ざっと粗く彫ること。また、その彫ったもの。

あら-ぼん【新盆】「にいぼん」に同じ。季秋

あら-まあ〔感〕軽い驚きや思いがけなさを表すときに発する語。多く女性が使う。「―、どうしたの」

あら-まき【荒巻¦新巻¦苞＝苴】❶《もと、荒縄で巻いたところから》内臓を取って甘塩にするか薄い塩水に浸した鮭さけ。暮れの贈答品として用いる。あらまきざけ。季冬 ❷わら・葦あしや竹の皮などで魚を巻いたもの。つと。すまき。「鯛の―四、五巻ばかり、今朝持て来りて」〈今昔・二八・三〇〉

あらまき-あつし【荒巻淳】［1926〜1971］プロ野球選手。大分の生まれ。昭和25年(1950)毎日(現千葉ロッテ)に入団、投手として活躍し、26勝をあげてパリーグの初代新人王。同28年、米国メジャーリーグのチームを相手に、日本のプロ野球選手として初の完投勝利を収めた。「火の玉投手」の異名を持つ。

あら-まさひと【荒正人】［1913〜1979］文芸評論家。福島の生まれ。雑誌「近代文学」創刊に参加。政治と文学論で中野重治と論争するなど、攻撃的な評論活動を続けた。夏目漱石の研究でも知られる。著「第二の青春」「市民文学論」「漱石研究年表」など。

あら-まさめ【粗×柾目】木目もくの粗いこと。粗い柾目。⇔糸柾目。

あらまし　㊀〔名〕❶事柄のだいたいのところ。概略。「事件の―を話す」❷前もって先のことをあれこれ考えること。予想。予定。「かねての―みな違たがひゆくかと思ふに」〈徒然・一八九〉㊁〔副〕❶おおかた。おおよそ。「普請は―出来上がった」❷前もって。かねてから。「心の限り仕うまつらむと、―おぼされつるに」〈増鏡・春の別れ〉類語概略・概要・大要・大筋・概括・粗筋・およそ・大枠・枠組み・アウトライン・フレーム・骨格・大局・大綱・骨組み・目安

あらま・し【荒まし】〔形シク〕自然の状態や、人の振る舞い・性格が荒々しい。「風の音なひも―・しうて」〈狭衣・四〉

あらまし-ごと【あらまし事】前もって、こうなるだろうと推測されること。将来の予想、または計画や希望。「今ゆく末の―をおぼすに」〈源・澪標〉

あらま・す〔動サ四〕《名詞「あらまし」の動詞化》事前に、そのことについてあれこれ思い巡らす。予想する。「さまざま―・すほどに夜も明け方になりぬ」〈弁内侍日記〉

あらまた-ひろし【荒俣宏】[1947～]翻訳家・評論家・小説家。東京の生まれ。「別世界通信」「世界幻想作家事典」「本朝幻想文学縁起」などを著し、幻想文学、博物学の研究に尽力。伝奇小説「帝都物語」で日本SF大賞受賞。他に「世界大博物図鑑」など。

あらまつり-の-みや【荒祭の宮】伊勢皇大神宮の別宮。古来、別宮の第一とされる。天照大神の荒御魂を祭る。

あら-まほ・し〔形シク〕《連語「あらまほし」の一語化》望ましい。好ましい。理想的である。「物語などせさせ給ふけはひなどの、いと―・しくのどやかに心深きを」〈源・総角〉

あら◦まほし〔連語〕《動詞「あり」の未然形＋希望の助動詞「まほし」》❶居たい。ありたい。「かかるついでにしばし―◦まほしくおぼしたり」〈源・若菜上〉❷あってほしい。居てほしい。「少しのことにも先達はー◦まほしき事なり」〈徒然・五二〉

あら-み【新身】新しく鍛えた刀。新刀。⇔古身。

あら-みさき【荒▽御×鋒・荒▽御裂き】❶軍の先頭に立つという勇猛な神。❷男女の仲を裂くというやきもち焼きの女神。あらみかげ。あらみさきひめ。「―とは、人の中をさくる神を云ふ」〈能因歌枕〉

あら-みぞ【荒溝】❶水のない溝。から堀。❷灌漑溝・堰などを掃除・修理すること。溝さらえ。

あら-みたま【荒▽御▽魂】荒々しく勇猛な神霊。「―をおきて軍の先鋒になし」〈北野本神功紀〉⇔和御魂。

あら-みたま【新▽霊】「新仏」に同じ。

アラミド-せんい【アラミド繊維】《aramid》主鎖に芳香族環をもつ、ポリアミドの合成繊維の商品名。強度・弾性率・耐熱性にすぐれ、ゴム・プラスチック・セメントなどの補強材料として、またロープ・織物・不織布として用いる。

アラム-ご【アラム語】《Aramaic》セム語族に属する言語。古代西アジアの共通語として広く使用され、イエス＝キリストの母語でもあった。現在でもトルコ・イラン・イラク・シリアなどに話し手がいる。

あら-むしゃ【荒武者】❶荒々しい武者。勇猛な武士。❷乱暴とみえるほどに意気盛んな者。がむしゃらな者。「政界の―」

あら-むしろ【粗×筵・荒×筵】編み目の粗いむしろ。

アラム-もじ【アラム文字】《Aramaic letter》北セム系の表音文字。子音だけを表す22文字からなり、アラビア・ヘブライ・シリア、さらにソグド・ウイグル・モンゴルなど各文字の母体となった。

あら-め【荒▽布】コンブ科の褐藻。外洋のやや深い海に生える。葉は羽状でカジメに似るが、両面にしわがあり、暗褐色で、乾くと黒くなる。食用や肥料とする。(季 春)

あら-め【荒目・粗目】〔名・形動〕❶やや粗いこと。特に、編み目・織り目・木目などが普通より粗いこと。また、そのもの。❷荒々しいさま。また、きびしいさま。「―ナ人」〈日葡〉❸「荒目網」の略。❹「荒目威」の略。

あらめ-あみ【荒目網】編み目の粗い網。

あらめ-おどし【荒目▽威】甲冑の札に幅広の緒を用いて粗めにおどしたもの。

アラモ〖Alamo〗米国テキサス州サンアントニオ市にある教会跡。テキサス独立戦争中の1836年、アメリカ人義勇兵が立てこもり、メキシコ軍と戦い全滅した。

ア-ラ-モード〖フランス à la mode〗《流行の、の意》❶最新流行。また、その型。「秋の―」❷洋菓子などにアイスクリーム・生クリーム・果物などを添えたもの。「プリン―」

あら-もの【荒物】《粗末なもの、雑なものの意から》ほうき・ちり取り・ざるなど、簡単なつくりの家庭用品。(類語)小間物・雑貨・日用品・備品・消耗品

あらもの-や【荒物屋】家庭用の雑貨類を売る商売。また、その店。雑貨屋。

あらや-しき【×阿▽頼×耶識】《梵 ālaya-vijñāna の音写と訳との合成》仏語。唯識説で説く八識の第八。宇宙万有の展開の根源とされる心の主体。万有を保って失わないところから無没識、万有を蔵するところから蔵識、万有発生の種子を蔵するところから種子識ともいわれる。

あら-やすり【粗×鑢・荒×鑢】目の粗いやすり。

あら-やま【荒山】険しく、人けのない寂しい山。

あら-ゆ【新湯】沸かしたばかりで、まだ人が入っていない風呂。さらゆ。「―は年寄りには毒だ」

あら-ゆる〔連体〕《動詞「あり」の未然形＋上代の可能の助動詞「ゆ」の連体形から。ありうる、の意》あるかぎりの。すべての。「―角度から検討する」「―可能性」(補説)古く「所有」「所在」などと書いた。(類語)凡て・皆・有る限りの・有りっ丈の・有りとあらゆる

あら-よ【荒世】6月・12月の大祓のとき、神祇官から天皇の贖物として献じた衣服の一。あらよのみそ。⇔和世。

あら-よ【荒▽節】祓の式の節折の儀で、天皇の身長を測る竹の一。⇔和節。

あら-ら〔感〕驚いたときなどに発する語。

あらら〔接頭〕《「あらあら(粗粗)」の音変化》名詞に付いて、まばらなさまを表す。「―松」「彼方の―松原松原に渡り行きて」〈神功紀・歌謡〉

あら-らか【荒らか】〔形動〕図〔ナリ〕荒々しいさま。激しいさま。「声も―に呼ばわりました」〈芥川・邪宗門〉

あら-らか【粗らか】〔形動〕図〔ナリ〕❶大ざっぱなさま。こまやかでないさま。「青総の髪―に、紅玉の膚色消え」〈樗牛・滝口入道〉❷粗雑・粗末なさま。「ただ―なる東絹どもを」〈源・東屋〉

あららぎ【アララギ】短歌雑誌。明治41年(1908)蕨真一郎が「阿羅々木」として創刊。翌年、「アララギ」と改め、伊藤左千夫を中心に編集、古泉千樫・斎藤茂吉・島木赤彦・土屋文明らが参加。万葉調の写生を重んじる歌風で、近代短歌の発展に貢献した。

あららぎ【▽塔】斎宮でいう、「仏塔」の忌み詞。

あららぎ【×蘭】❶イチイの別名。❷ノビルの古名。「一根の―を採りて」〈北野本允恭紀〉

あららぎ-は【アララギ派】短歌雑誌「アララギ」で活躍した歌人の一派。➡アララギ

あらら・ぐ【荒らぐ】〔動ガ下二〕「あららげる」の文語形。

あらら・げる【荒らげる】〔動ガ下一〕図あらら・ぐ〔ガ下二〕声や態度などを荒くする。荒々しくする。「言葉を―・げる」(補説)近年「声をあらげる」とすることもあるが、誤り。文化庁が発表した平成22年度「国語に関する世論調査」では、本来の言い方である「声をあららげる」を使う人が11.4パーセント、間違った言い方「声をあらげる」を使う人が79.9パーセントであった。

あらら-せんにん【阿羅邏仙人】《阿羅邏は、梵 Ālāra Kālāmaの音写「阿羅邏迦蘭」の略》釈迦が出家して最初に解脱の道を尋ねた人。毘舎離城の付近に住んでいた仙人。

アララト〖Ararat〗トルコ東部、アルメニア高原にある火山。標高5165メートル。「旧約聖書」創世記にノアの方舟の漂着地と伝える。

あら-り【粗利】「粗利益」の略。

あら-りえき【粗利益・荒利益】売上高から売上原価を差し引いた額。大まかに示される利益。売上総利益。粗利。

あら-りょうじ【荒療治】〔名〕スル ❶患者の苦痛などにかまわず、手荒く治療すること。❷物事を立て直すための思い切った処置や改革を行うこと。「―して組織の立て直しを図る」

あら◦る〔連語〕《動詞「あり」の未然形＋可能の助動詞「る」》ありうる。いることができる。「あしよしを思ひわくこそ苦しけれただあらざれば―◦れける身を」〈山家集・下〉

アラル-かい【アラル海】《Aral》中央アジアのカザフスタン・ウズベキスタンにまたがる塩湖。面積6.6万平方キロメートル。最大深度68メートル。湖面標高53メートル。アムダリアとシルダリアが流入する。

アラルコン〖Pedro Antonio de Alarcón y Ariza〗[1833～1891]スペインの小説家。地方色豊かな中・短編を得意とした。作「三角帽子」「醜聞」など。

あられ【×霰】❶雲の中で雪に微小な水滴が凍りつき、白色の小さい粒となって降ってくるもの。雪霰と氷霰とがある。気象用語では直径5ミリ未満が霰、5ミリ以上が雹。(季 冬)「呼かへす鮒売見えぬ―かな/凡兆」❷料理で、小さく賽の目に切ること。また、切ったもの。「―に刻む」❸干飯を煎ったもの。❹「霰餅」に同じ。❺「霰小紋」に同じ。「―地の織物」❻「霰蕎麦」に同じ。
(類語)雨・霙・氷雨・雪・雹

あられ-いし【×霰石】炭酸カルシウムからなる鉱物。成分は方解石と同じであるが、結晶構造が異なる。多く柱状・塊状・豆粒状で、白色。斜方晶系。アラゴナイト。

あられ-がすり【×霰×絣】あられのような小さな正方形の文様の絣。

あられ-がま【×霰釜】茶の湯釜の一。胴の地紋につぶつぶを鋳出したもの。

あられ-がゆ【×霰×粥】タイ・スズキなどの魚肉を細かくほぐしたものを入れたかゆ。

あられ-かん【×霰×羹】賽の目に切ったヤマノイモをまぜて作ったようかん。

あられ-こもん【×霰小紋】あられのような細かい文様を一面に染め出したもの。

あられ-ざけ【×霰酒】あられ餅を、焼酎につけて干すことを数回繰り返してから、みりんの中に入れて密封・熟成させた酒。奈良の特産。みぞれ酒。(季 冬)「炉びらきや雪中庵の―/蕪村」

あられ-じ【×霰地】細かい正方形を連続させた地文様を織り出した織物。

あられ-しょうが【×霰生×姜】ショウガを細かく刻んだもの。なますなどの上にかけて薬味とする。

あられ-そば【×霰蕎＝麦】細かく刻んだ貝柱と海苔をのせた、かけそば。

あられ-どうふ【×霰豆腐】賽の目に切った豆腐。また、それを油でさっと揚げたもの。

あられ-ぬ〔連語〕《連語「あらる」＋打消しの助動詞「ず」の連体形》あるまじき。とんでもない。「山林に入りても餓ゑを助け、嵐を防ぐよすがなくては―わざなれば」〈徒然・五八〉

あられ-ばい【×霰灰】茶の湯で、あられのようにつぶつぶに作った灰。炉の蒔灰に使う。

あられ-ばしり【踏＝歌・×阿▽良▽礼走】❶踏歌の異称。終わりに「万年あられ」と繰り返しながら退出したことからいう。❷練歩の一。節会のとき、内弁などが足早に去る歩き方。

あられ-ふり【×霰降り】〔枕〕あられの降る音がかしましい意、また、その音を「きしきし」「とほとほ」と聞くところから、地名の「鹿島」「杵島」「遠江」にかかる。「―鹿島の崎を波高み」〈万・一一七四〉

あられ-ぼし【×霰星】兜・茶釜・鉄瓶などの外側に一面に鋳出した、細かな突起。

あられ-まつばら【霰松原・安良礼松原】大阪市住之江区安立付近にあった松原。「あらら松原」の変化したものか。(歌枕)「霰打つ―住吉の弟日娘と見れど飽かぬかも」〈万・六五〉

あられ-もち【×霰餅】のし餅を賽の目に切って干したもの。煎って醤油・塩・砂糖などで味をつけて食べる。(季 冬)

あられ-も-な・い〔形〕図あられもな・し〔ク〕《動詞「ある」の未然形に可能の助動詞「れる」が付いた「あられる」の名詞形「あられ」に、係助詞「も」、形容詞「ない」が付いてできた語。ありうべくもない、の意》❶あるはずがない。考えられない。とんでもない。「―・い疑いをかけられる」❷そうあってはならない。ふさわしくない。はしたない。特に、女性の態度や振る舞いについていう。「―・い寝姿」

あられ-もん【×霰文】細かい正方形を縦横に連続させた文様。

あらわ【▽露・▽顕】〔形動〕図〔ナリ〕❶むき出しであ

るさま。はっきりと見えるさま。「肌も―な服」❷物事が公になるさま。表面化するさま。「矛盾が―になる」「内情が―になる」❸気持ちなどを、隠さずに公然と示すさま。無遠慮だ。露骨だ。「―に嫌悪の気持ちを表す」「敵意を―にする」❹はっきりしているさま。明白だ。紛れもない。「なかなかたづね知るべきかた―なるを」〈源・若菜上〉(類語)あからさま・露骨・むきだし

あら-わざ【荒技】柔道・相撲などで、強く激しい大きな技。力技。

あら-わざ【荒業】荒々しい仕事。荒仕事。「多年―に身を揉み寒熱に無理堪えせし身体だけに」〈露伴・いさなとり〉

あら-わし【荒×鷲】❶荒々しい鷲。(季冬)❷勇猛な戦闘機、その搭乗員のたとえ。

あらわし-ごろも【著し衣】あらはし《喪中を表す衣の意》喪服。「この御―の色なくは」〈源・藤袴〉

あらわ・す【現す〔現わす〕|表す〔表わす〕|▽顕す】あらはす〔動サ五(四)〕❶(現す)今まで見えなかったものを外に出して見えるようにする。実態を明らかにする。「姿を―・す」「正体を―・す」❷(表す)心に思っていること、考えていることなどを、表情・言葉・絵などで示す。表現する。「喜びを顔に―・す」「言葉に―・すのは難かしい」❸(表す)ある特定の意味を伝え示す。意味する。「花言葉で黄色いバラが―・すのは嫉妬だ」❹(現す)持っている力をはっきり表に出す。「頭角を―・す」❺(顕す)何かの形で、善行などを広く世間に知らせる。「記念碑に刻してその徳を―・す」(可能)あらわせる (類語)(❶)出す/(❷)表現・表出・体現・具現・表明・表白・名状・筆舌/(❸)示す
(…句)頭角を現す・名は体を表す・馬脚を露わす・化けの皮を現す

あらわ・す【著す〔著わす〕】あらはす〔動サ五(四)〕《「現す」と同語源》書物を書いて出版する。著作する。「社史を―・す」

あらわ・る【現る|表る|▽顕る】あらはる〔動ラ下二〕「あらわれる」の文語形。

あらわれ【現れ〔現われ〕|表れ〔表われ〕|▽顕れ】あらはれ あらわれること。また、あらわれたもの。「日ごろの努力の―だ」「素朴な地方色の―」
(類語)出現・発現・現出・実現・発祥・再現・輩出

あらわ・れる【現れる〔現われる〕|表れる〔表われる〕|▽顕れる】あらはる〔動ラ下一〕図あらは・る〔ラ下二〕❶(現れる)今までなかったものが姿を見せる。「彗星のごとく―・れる」「雲間から太陽が―・れる」❷(表れる)隠れていたものが表面に出てくる。感情・思想などが表面から知られる状態になる。「怒りが顔に―・れる」「彼の考えがよく―・れた文章」❸(現れる)隠れていたものが際立って見えてくる。知れわたる。「真価が世に―・れる」❹(顕れる)よくないことが公になる。発覚する。「悪事が―・れる」(類語)(❶)出現する・現出する・登場する・現前する・顕現する・生ずる・現ずる・覗く/(❷)発現する・発露する・流露する・出る・にじみ出る/(❹)発覚する・露見する・暴露する・ばれる・すっぱ抜く・さらけ出す

アラン〘Alain〙[1868～1951]フランスの哲学者・モラリスト。本名、エミール＝オーギュスト＝シャルチエ(Émile Auguste Chartier)。合理主義の立場から、哲学のみならず道徳・芸術・教育・政治などの諸分野で人間性を称揚。著「精神と情熱に関する81章」「幸福論」「人間論」など。

あらん-かぎり【有らん限り】〔連語〕あるだけ全部。可能なかぎり。精いっぱい。「―の力を出す」

アラン-しょとう【アラン諸島】《Aran Islands》アイルランド西部、ゴールウエー湾に浮かぶ島々。イニシュモア島、イニシュマーン島、イニシィア島の3島からなる。ケルト文化を色濃く残す地として知られ、今もゲール語が話される。先史時代や初期キリスト教時代の遺跡が多い。アランセーターの産地としても有名。

アラン-セーター〘Aran sweater〙防水・防寒用のセーターの一種で、脱脂していない素朴な粗い糸を使い手編みで編んだもの。アイルランドの西にあるアラン諸島の名前にちなむ。

アランダム〘Alundum〙酸化アルミニウムから作った研磨材。耐火物の原料にもする。本来は商品名。人造コランダム。

アラン-とう【アラン島】《Isle of Arran》英国スコットランド、クライド湾に浮かぶ島。中心の町はブロディック。本島とは連絡航路で結ばれる。観光業が盛んで、スコッチウイスキーやビールの産地としても知られる。先史時代の環状列石やバイキング時代の遺跡、ハミルトン公爵の居城ブロディック城などがある。

あらんにゃ【×阿×蘭▽若】《梵 araṇyaの音写。寂静処・遠離処と訳す》❶仏語。もとは森林の意。静かな、修行に適する所。練若。❷寺。庵。「いきどほる心おさへて相模野にわれの寂しき―を置く」〈吉井勇・人間経〉

アランフェス〘Aranjuez〙スペインの首都マドリードの南約40キロメートル、タホ川のほとりにある町。15世紀以降は王室の避暑地として発展し、16世紀半ばには王宮の建設が始められた。王宮と、タホ川に沿う広大な庭園は、2001年に「アランフェスの文化的景観」として世界遺産(文化遺産)に登録された。

アラン-フルニエ〘Alain-Fournier〙[1886～1914]フランスの小説家。本名、アンリ＝アルバン＝フルニエ(Henri Alban Fournier)。第一次大戦で戦死した。作品に「モーヌの大将」など。

アランヤ〘Alanya〙トルコ南部の港湾都市。地中海に面する。旧称カロノロス。古代ギリシャ時代に建設された植民都市に起源する。紀元前2世紀に海賊の拠点になり、前1世紀より古代ローマ帝国に支配された。13世紀、セルジュークトルコのスルターン、カイクバード1世が同地を征服して現名称に改称し、アランヤ城と見張り塔クズルクレを建造した。現在は同国有数の海岸保養地として知られる。

アランヤ-じょう【アランヤ城】《Alanya Kalesi》トルコ南部の都市アランヤにある城跡。13世紀、セルジュークトルコのスルターン、カイクバード1世により冬の居城として建造された。周囲約8キロメートルの城壁に囲まれ、イスラム寺院や教会などの遺跡がある。

あり【在り】あること。存在すること。多く「の」を伴って「ありの…」の形で用いられる。➡ありのことごと ➡ありのすさび ➡ありのまま

あり【×蟻】❶膜翅目アリ科の昆虫の総称。体は小形で、黒色または赤褐色。頭・胸・腹部の間がくびれている。1匹の女王アリ、少数の雄アリ、多数の働きアリで集団生活を営む。地中や樹木に巣を作り、時に巨大な蟻塚を作る。日本にはクロヤマアリ・クロオオアリ・サムライアリなど100種以上が知られる。(季夏)「睡蓮の乾きたる葉に―遊ぶ/年尾」❷木材の先端に作る、先が広がった鳩尾形。継ぎ手・仕口などに用いる。

蟻が鯛なら芋虫ゃ鯨　「ありがたい」の「あり」を蟻に、「たい」を鯛にかけたしゃれ。

蟻が十なら芋虫ゃ二十　「ありがとう」と礼を言われたときにまぜっかえしていう言葉。蟻が十なら蚯蚓が二十。

蟻の穴から堤も崩れる　《「韓非子」喩老の「天下の難事は必ず易きよりなり、…千丈の堤も螻蟻の穴を以て潰ゆ」から》ほんのわずかな不注意や油断から大事が起こることのたとえ。

蟻の甘きにつくが如し　利益のあるほうに、人が群がり集まることのたとえ。

蟻の思いも天に登る　弱小な者でも一心に念じれば望みが達せられることのたとえ。蟻の思いも天に届く。

蟻の熊野参り　多くの人がぞろぞろ列を作って行くことを、参詣人を引き合いに出したたとえ。

蟻の這い出る隙もない　少しのすきまもないほど、警戒が厳重なことのたとえ。(補説)「蟻の這い入る隙もない」とするのは誤り。

あ・り【有り|在り】〔動ラ変〕「あ(有)る」の文語形。

アリア〘伊 aria〙❶オペラ・オラトリオ・カンタータなどで歌われる旋律的な魅力に富んだ独唱曲。詠唱。❷歌謡的、叙情的な器楽曲。「G線上の―」

あり-あい【有り合い】ありあひ たまたまそこにあること。ありあわせ。「何か肴は―でいいや」〈円朝・怪談牡丹灯籠〉

あり-あ・う【有り合う|在り合う】ありあふ〔動ワ五(ハ四)〕❶たまたまそこにある。ありあわせる。「幸い―・う茶碗でそっと舷外の水をすくって」〈蘆花・思出の記〉❷ちょうどそこに居合わせる。「至れりし国にてぞ、子産めるものども―・へる」〈土佐〉❸出会う。行き会う。「路の程などに夜行の夜などもおのづから―・ふらむ」〈栄花・初花〉

あり-あけ【有明】❶陰暦16日以後、月が空に残りながら夜が明けること。また、その月。ありあけのつき。ありあけづき。「―の空」(季秋)「―や浅間の霧が膳を這ふ/一茶」❷広く、夜明けをいう。明け方。❸「有明行灯」の略。❹「有明桜」の略。

ありあけ-あんどん【有明行▽灯】夜明けまで、夜通しつけておく行灯。

ありあけ-かい【有明海】九州西部、長崎・佐賀・福岡・熊本4県に囲まれた海域。不知火の名所。干満の差が激しく、広大な干潟にはムツゴロウやワラスボなどが生息。筑紫潟。

ありあけ-ざくら【有明桜】桜の一品種。サトザクラの仲間で、花は淡紅色で香りが強く、花弁の周縁部の色が濃い。有明。(季春)「断礎一片―ちりかかる/漱石」

ありあけ-づき【有明月】「有明の月」に同じ。

ありあけ-づくよ【有明▽月夜】「有明の月」に同じ。「みなづきの―つくづくと思へば惜しきこの世なりけり」〈桂園一枝〉

ありあけ-なつお【有明夏夫】[1936～2002]小説家。大阪の生まれ。本名、斎藤義和。ユーモアに満ちた作風が特徴。明治初期の大阪の庶民を描いた「大浪花諸人往来」で直木賞受賞。他に「幕末早春賦」「俺たちの行進曲」など。

ありあけ-の-つき【有明の月】陰暦16日以後、夜が明けかけても、空に残っている月。ありあけづき。ありあけづくよ。ありあけ。(季秋)「―になりけり母の影/其角」

ありあけ-はま【有明浜】香川県西部、観音寺市にある砂浜。燧灘に臨み、南北2キロメートルにわたり白砂青松の続く景勝地。周囲345メートルにおよぶ砂文字「寛永通宝」の銭形は有名。瀬戸内海国立公園に属する。

ありあけ-わん【有明湾】志布志湾の別名。

アリアドネ〘Ariadnē〙ギリシャ神話で、クレタ島の王ミノスの娘。怪物退治に迷宮へ入るテセウスに、脱出用の糸を与えたことから、難問を解決する鍵を「アリアドネの糸」という。

あり-あな【×蟻穴】木材の継ぎ手で、蟻枘を収める穴。

あり-あま・る【有り余る】〔動ラ五(四)〕必要以上にたくさんある。余るほどある。「力が―・っている」「―・る財産」

あり-あり【有り有り|在り在り】〔副〕❶はっきりと外に現れるさま。明らかに。「顔に不満の色が―(と)見えた」❷まるで現実であるかのようにはっきりと見えるさま。鮮やかに。「なき友の姿が―(と)目に浮かぶ」(類語)明らか・はっきり・まざまざ・さやか・定か・くっきり・確と・際やか・鮮やか・明瞭・鮮明・分明・顕著・顕然・歴然・歴歴・瞭然・亮然・判然・画然・截然

ありあり・し【有り有りし|在り在りし】〔形シク〕❶事実そのままらしい。ありのままである。「心深く大人のやうにおはすれば、―・しうは世にのたまはじ」〈宇津保・楼上下〉❷当然あるべきさまである。望ましいさまだ。「―・シイ体ニデゴザル」〈日葡〉❸いかにも本当らしい。「―・しく言へば、若気ゆゑまことと思ひ」〈信長公記・一二〉

ありあり-て【有り有りて|在り在りて】〔副〕❶ずっとこのようにしていて。「―後も逢はむと思へども人の言こそ繁き君にあれ」〈万・三一一三〉❷結局。とどのつまり。「―、をこがましき名をとるべきかな」〈源・夕顔〉

あり-あわ・す【有り合(わ)す┆在り合(わ)す】はす ㊀〔動サ五(四)〕「ありあわせる」(下一)の五段化。「一・した材料で食事をつくる」㊁〔動サ下二〕「ありあわせる」の文語形。

あり-あわせ【有り合(わ)せ】はせ 特に準備したのではなく、たまたまその場にあること。また、そのもの。ありあい。「一の菓子をすすめる」類語 その場逃れ・その場しのぎ・当座逃れ・当座しのぎ・一時逃れ・一時しのぎ・糊塗・間に合わせ・仮・姑息

あり-あわ・せる【有り合(わ)せる┆在り合(わ)せる】はせる〔動サ下一〕文ありあは・す〔サ下二〕❶たまたまそこにある。「一・せた紙に書く」❷ちょうどその場にいる。居あわせる。「折節御前に、豊田隼人といふ大目付一・せ」〈浮・伝来記・三〉

アリアン〖Aryan〗►アーリア人

アリアンス-ひろば【アリアンス広場】《Place d'Alliance》フランス北東部、ロレーヌ地方、ムルト-エ-モーゼル県の都市、ナンシーの中心部にある広場。フランス語で「同盟広場」を意味し、ロレーヌ公国とフランスの同盟に由来する。18世紀中頃、ポーランド国王の座を追われて亡命しロレーヌ公となったルイ15世の義父スタニフワス(スタニスラス)=レシチニスキーが、大規模な都市開発を行った際につくった広場の一。同市出身の建築家エマニュエル=エレが設計し、金具工芸師ジャン=ラムールがロココ様式の装飾を手がけた。他の広場とともに、1983年に「ナンシーのスタニスラス広場、カリエール広場及びアリアンス広場」の名称で世界遺産(文化遺産)に登録された。

アリアントス〖Alianthos〗►パルキザ

アリアン-ロケット〖Arian Rocket〗イーサ(欧州宇宙機関)が開発した衛星打ち上げ用ロケット。一号機の打ち上げは1979年。

アリー〖'Alī〗[600ころ〜661]イスラムの第4代正統カリフ。在位656〜661。その就任をめぐる紛争の中で殺害された。ムハンマドのいとこで、娘婿。シーア派では初代イマームとされる。

ア-リーグ「アメリカンリーグ」の略。

アリーナ〖arena〗《古代ローマの円形闘技場の意から》❶室内競技場。また、円形劇場。アレナ。❷野球場・体育館などを使う興行で、本来の観客席とは別に、グラウンド内に特設された席。

アリウープ〖alley-oop〗►アリウプ

アリウス〖Arius〗[250ころ〜336]アレクサンドリアの司祭。正統派の三位一体説に対し、キリストの神性を否定してその被造者性を主張。ニカイア公会議で異端者として追放された。

あり-うち【有り内】世間によくあること。ありがち。「偶中まぐれあたりという事は随分一の事と見えて」〈逍遥・当世書生気質〉

アリウプ〖alley-oop〗《「アリウープ」とも》バスケットボールで、攻撃側の一人が相手側のリングの近くに高いパスを出し、別の一人がジャンプして受け、そのまま空中でボールをリングの上から入れるプレー。

アリウム〖allium〗ユリ科アリウム属(ネギ属)の植物の総称。ネギ・ニラ・ニンニクなど。園芸上は観賞用のオオハナニラ・ギガンチウムなどをいう。

あり・うる【有り得る】〔動ア下二〕文あり・う〔ア下二〕❶起こる可能性がある。当然考えられる。「すでに手遅れということも一・うる」「事故の発生は一・うることだ」❷世の中にあることができる。生きていくことができる。「しましくもひとり一・うるものにあれや島のむろの木離れてあるらむ」〈万・三六〇一〉補説 文語「ありう」の連体形「ありうる」が終止形にも用いられ、変則的な下二段活用になっている。

アリエスカ〖Alyeska〗米国アラスカ州南部、アンカレジ近郊のアリエスカ山にあるスキーリゾート。アラスカ最大規模のものとして知られる。

アリエル〖Ariel〗►エアリエル

ありおう【有王】ありわう 平家物語や源平盛衰記などの登場人物。俊寛僧都の下僕で、鬼界ヶ島に流された主人を訪ね、その死をみとる。

ありおう-ざん【有王山】ありわうざん 京都府南部、綴喜つづき郡井手町の東部にある山。後醍醐ごだいご天皇が笠置かさぎ山から落ち延びた所。

アリオスト〖Ludovico Ariosto〗[1474〜1533]イタリアのルネサンス期の詩人。豊かな想像力と、スタイルの美しさで知られる。騎士物語詩「狂乱のオルランド」など。

あり-おとし【×蟻落(と)し】「蟻掛け」に同じ。

あり-か【在り▽処┆在り▽所】物のある場所。人のいる場所。所在。居所。「財宝の一」「敵の一」

あり-か【在り香】❶よいにおい。香り。「五月闇さつきやみ花たちばなの一をば風のつてにぞ空に知りける」〈後忠集〉❷嫌なにおい。臭気。「夜の宿り一ことにして」〈東関紀行〉❸体臭。わきが。「おのづから一などある人」〈伽・乳母の草子〉

アリカ〖Arica〗チリ最北端、太平洋岸に面する港湾都市。アリカ-イ-パリナコタ州の州都。植民地時代より鉱産物の積出港として発展。アサパ渓谷の山腹に描かれた地上絵やボリビア国境近くにあるラウカ国立公園への観光拠点になっている。

あり-がお【有り顔】ありがほ いかにも何かがありそうな顔つきやようす。もっともらしい態度。「うつくしうおはすと、一に聞こえなして」〈栄花・衣の珠〉

あり-かけ【×蟻掛(け)】木材の先端に蟻枘ありほぞを作り、他方の木材の蟻穴にはめ込む仕口。蟻落とし。

あり-かず【有り数】人がこの世に生きる年の数。「わたつうみの浜のまさごを数へつつ君が千歳ちとせの一にせむ」〈古今・賀〉

あり-かた【在り方┆有り形】❶ある物事の、当然そうでなければならないような形や状態。物事の、正しい存在のしかた。「会議の一」「福祉の一」❷現にある、存在のしかた。ありさま。ありがたち。「その消息せうそこ及び地形ありかたの一を伺ふ」〈景行紀〉

あり-がた【有(り)難】《形容詞「ありがたし」の語幹》めったにないこと。また、かたじけないこと。「をかしうも一の世やとも思ひ居給へり」〈源・蜻蛉〉

あり-がた・い【有(り)難い】〔形〕文ありがた・し〔ク〕《あることがむずかしい、の意から》❶人の好意などに対して、めったにないことと感謝するさま。「一・い助言」「一・く頂戴する」❷都合よく事が進んでうれしく思うさま。「一・いことに雨がやんだ」「社にとっては一・くない状況だ」❸またとないくらい尊い。もったいない。「一・い仏様」「一・いお言葉」❹存在しがたい。珍しい。めったにない。「一・きもの、舅にほめらるる婿」〈枕・七五〉❺むずかしい。困難だ。「前車の轍てつを見る事は誠に一・き習ひなりけむかし」〈神皇正統記・後醍醐〉❻世に生きることがむずかしい。生活しにくい。「世の中は一・く、むつかしげなるものかな」〈源・東屋〉派生 ありがたがる〔動ラ五〕ありがたげ〔形動〕ありがたさ〔名〕ありがたみ〔名〕類語 (1)かたじけない・うれしい・もったいない・おそれ多い・恐縮・幸甚/(2)うれしい・好都合・御の字

あり-がたち【有り形】《「ありかたち」とも》そのままのありさま。現在ある形。ありかた。「自然を歪ゆがめずに、一のまま玩具おもちゃにする」〈里見弴・多情仏心〉

ありがた-なみだ【有(り)難涙】ありがたく、もったいないと感じて流す涙。感謝の喜びにあふれる涙。感涙。

ありがた-めいわく【有(り)難迷惑】〔名・形動〕人の親切や好意が、それを受ける人にとっては、かえって迷惑となること。また、そのさま。「一な話」

ありがた-や【有(り)難屋】❶神仏をむやみに信仰する人。特に、門徒衆をいうことがある。❷権威者の言うことを無批判に尊ぶ人。

ありがた-やま【有(り)難山】「ありがたい」の意をしゃれて言った語。多くは、「ありがた山桜」とか「ありがた山のとんびからす」とか続けて用いる。

あり-がち【有り勝ち】〔形動〕文〔ナリ〕よく似た例がたくさんあるさま。「こんな失敗は一な話だ」

ありが-ちょうはく【有賀長伯】ありがちやうはく [1661〜1737]江戸中期の歌人。京都の人。主著は歌の手引書「和歌世世の栞しをり」。

あり-がとう【有(り)難う】ありがたう〔感〕《形容詞「ありがたい」の連用形「ありがたく」のウ音便》感謝したり、礼を言ったりするときに用いる言葉。ありがと。「おみやげ一」補説 丁寧に言うときは「ございます」を付ける。関西地方では「おおきに」。

ありが-ながお【有賀長雄】ありがながを [1860〜1921]法学者・社会学者。大阪の生まれ。ドイツに留学しシュタインに師事。その著「社会学」は、日本で最初の体系的な社会学書。他に「国法学」「国家学」など。

あり-がね【有り金】現在手元にある金。持っている全部の現金。「一をはたいて買う」
類語 キャッシュ・現金・現生げんなま

ありかべ-なげし【×蟻壁▽長▽押】天井の回り縁ぶちと内法うちのり長押との間に取り付けた長押。この長押上方の壁を蟻壁という。

あり-がほ・し【在りが欲し】〔形シク〕ありたい。いたい。「一・し住みよき里の荒るらく惜しも」〈万・一〇五九〉

あり-がよ・う【有り通ふ】ありがよふ〔動ハ四〕通いつづける。しきりに通う。「やすみししわが大君の一・ふ難波なにはの宮はいさな取り」〈万・一〇六二〉

アリカンダ〖Arycanda〗小アジアにあった古代都市。現在のトルコ南西部の村アイクルチャイ近郊に位置する。古代リキア王国の最古の都市とされ、その起こりは紀元前2000年頃と考えられている。紀元前5世紀頃のリキア最古の貨幣が発掘されたほか、公衆浴場、劇場、墓所などの遺跡がある。

アリカンテ〖Alicante〗スペイン南東部、バレンシア州、地中海に面する港湾都市。物流の要地で工業も盛ん。白い砂浜が続くコスタブランカの中心的な海浜保養地として知られる。旧市街の北東部ベナカンティル山の上に、9世紀にイスラム教徒が築いたサンタバルバラ城がある。

ありき【▽歩き】《動詞「あり(歩)く」の連用形から》あちこち動きまわること。出歩くこと。外出。「一の人の御一」〈枕・八八〉

ありき-がみ【▽歩き神】「あるきがみ」に同じ。

ありき-ぞめ【▽歩き初め】「あるきぞめ」に同じ。「同じ中将の、子を一につかはしたる手本の包み紙に」〈拾遺愚草・下・詞書〉

あり-きたり【在り来り】〔名・形動〕《元からあることの意から》珍しくないこと。ありふれていること。また、そのさま。「一な(の)意見」
類語 平凡・並・凡俗・俗・ありふれる・普通・一般・一般的・尋常・通常・平常・通例・標準・標準的・平均的・常・只・当たり前・常並み・世間並み・十人並み・日常茶飯事・ノーマル・レギュラー・スタンダード

あり-きり【有り▽限り】《「ありぎり」とも》❶あるもの全部。あるだけ。ありったけ。ありっきり。副詞的にも用いる。「品物を一買い占める」❷ある範囲内。「この一に五人口を過ぎよ」〈浮・永代蔵・二〉

あり-ぎれ【有り切れ】有り合わせの布地。

あり・く【在り来】〔動カ変〕年月を経て現在に至る。その状態で経過してきている。「白妙に雪は降り置きて古いにしへゆ一・きにければ」〈万・四〇〇三〉

あり・く【▽歩く】〔動カ四〕❶あちこち歩きまわる。出歩く。「月のいとあかきに一・きて」〈枕・二七三〉❷車や舟などであちこちをまわる。「舟に乗りて海ごとに一・き給ふに」〈竹取〉❸動詞の連用形に付いて用いる。㋐…してまわる。「人の物ともせぬ所に惑ひ一・けども」〈竹取〉㋑…して過ごす。「いとほしと思ひ一・くに」〈宇治拾遺・一〇〉補説「あるく」と同じく、あちこち移動してまわるのが原義で、徒歩とは限らない。上代から用いられている「あるく」に対し、「ありく」は平安以降、近世ごろまで用いられた。

あり-くい【×蟻食┆食=蟻=獣】ありくひ 貧歯目アリクイ科の哺乳類の総称。体長20〜120センチ。口先が長く、歯は退化し、細長い舌でアリを捕食。前肢に4本、後肢に5本ある爪は長く鋭い。オオアリクイ・コアリクイ・ヒメアリクイの3属4種が中南米に分布。

アリクーディ-とう【アリクーディ島】ーダウ《Alicudi》イタリア南部、シチリア島の北、ティレニア海に浮かぶエオリア諸島の島。同諸島中最も西に位置し、標高675メートルの休火山フィーロデッラルパ山がある。オ

リーブ、ケーパー、ブドウの産地。エオリア諸島は2000年に世界遺産(自然遺産)に登録された。

ありくに【有国┊在国】[?～1019]平安中期の刀工。山城または信濃の人という。三条宗近の門人。渡辺綱が羅生門で鬼の腕を切った刀の作者といわれる。

あり-ぐも【×蟻蜘=蛛】ハエトリグモ科のクモ。体長6ミリくらい、赤褐色または黒色で、頭胸部と腹部の間は細くくびれ、アリに似る。網は張らず、木の葉の上をはい回って昆虫を捕らえる。

あり-げ【有り気】〘名・形動〙多く名詞を受けて、その事柄がありそうなようすである意を表す。…があるようだ。「意味—な笑い」「自信—なそぶり」「何の心ばせ—もなく」〈源・夕顔〉

アリゲーター〖alligator〗ワニ目アリゲーター科の爬虫類の総称。長い口の先端は丸みを帯びる。口を閉じたときに下あごの第4歯が隠れ、腹面の各鱗板に小孔がない。ミシシッピーワニ・クロカイマンなど7種がある。

ありげ-けみ【有毛▽検見】江戸時代の年貢検見法の一。田地の上中下の位付けを無視し、一坪当たりの田の平均収量から耕地の収穫量を算出した。

あり-ける【有りける┊在りける】〘連語〙《動詞「あり」の連用形＋過去の助動詞「けり」の連体形。連体詞的に用いる》さっきの。例の。「—女童なむ、この歌を詠める」〈土佐〉

ありさか-なりあきら【有坂成章】[1852～1915]技術家・陸軍中将。山口の生まれ。明治31年(1898)有坂式速射砲を発明。

ありさか-ひでよ【有坂秀世】[1908～1952]言語学者・国語学者。広島の生まれ。一般音韻論および国語音韻史の研究にすぐれた業績を残した。著「音韻論」「国語音韻史の研究」「上代音韻攷」など。

あり-さし【×蟻差(し)】板材のそりを防ぐため、木目と直角に鳩尾形の溝を掘って、吸い付き桟をはめこむこと。

あり-さま【有(り)様】❶物事の状態。ありよう。「世の中の—」「事故の—」「こんな—では完成しない」❷身分。境遇。「数ならぬ—なめれば、必ず人笑へに憂きこと出で来むものぞ」〈源・宿木〉➡様子 用法
類語 状態・様子・動静・様相・模様・態様・様態・具合・状況・概況・情勢・形勢・容体・気配・調子・始末

あり-さま〘代〙《近世上方語》二人称の人代名詞。おまえさん。あれさま。「いや、—に人の先祖あらためてくだされいといふか」〈浮・織留・四〉

アリザリン〖alizarin〗アカネ・西洋アカネの根から得られ、古代から知られていた紅色色素。水には溶けず、アルコール・エーテルなどに溶ける。現在はアントラキノンから合成される。

ありさわ-ひろみ【有沢広巳】[1896～1988]経済学者・統計学者。高知の生まれ。東大卒。同教授。戦後復興期の経済政策立案に当たり、傾斜生産方式を提唱。著作に「世界経済図説」など。昭和56年(1981)文化功労者。

あり-さん【阿里山】台湾中部にある山。標高2481メートル。良質のヒノキを産する。アーリーシャン。

あり-さん【×蟻桟】「吸い付き桟」に同じ。

あり-し【在りし】〘連語〙《動詞「あり」の連用形＋過去の助動詞「き」の連体形》❶(連体詞的に用いる)㋐以前の。昔の。「—よき日」㋑亡くなった。生前の。「—妻のおもかげ」❷過ぎ去った事柄や時。以前の状態。昔。「—に勝る繁栄」

あり-じごく【×蟻地獄】❶ウスバカゲロウ類の幼虫。体長約1センチ。鎌状の大あごをもち、乾燥した土をすり鉢状に掘って巣を作り、底にひそんで、落ちたアリなどを捕らえる。あとじさり。すりばちむし。季夏「一見て光陰をすごしけり/茅舎」❷❶の作ったすり鉢状の穴。脱け出せない苦しい状況のたとえにもいう。「—からはい上がれない」

あり-し-ながら【在りしながら】〘連語〙《「ながら」は接続助詞》昔のとおり。元のまま。「—の我が身ならば」〈源・空蝉〉

あり-し-ひ【在りし日】〘連語〙❶過ぎ去った日。以前。昔。❷死んだ人の生きていた時。生前。「—のおもかげをしのぶ」
類語 昔・過去・往時・当時・いにしえ・往年・旧時・一昔・昔年・往日・昔日・昔時・往昔・往古・古昔

ありしま-いくま【有島生馬】[1882～1974]洋画家・小説家。横浜の生まれ。本名、壬生馬。武郎の弟。里見弴の兄。欧州留学中に後期印象派の影響を受け、帰国して「白樺」の創刊に参加、セザンヌを初めて紹介。また、二科会・一水会を創立。

ありしま-たけお【有島武郎】[1878～1923]小説家。東京の生まれ。有島生馬・里見弴の兄。「白樺」の創刊に参加。大正12年(1923)「宣言一つ」に自己の立場を表明したのち、愛人と情死。作「或る女」「生れ出づる悩み」「カインの末裔」「惜みなく愛は奪ふ」など。

あり-しょくぶつ【×蟻植物】アリと共生関係にある植物。茎内部の空洞にアリをすまわせ、害虫から身を守る。アリノストリデ・アリノスアカシアなどで、南アメリカや東南アジアに多くみられる。

あり-すい【×蟻吸】キツツキ科の鳥。全長、約18センチ。全体に灰褐色。くちばしは弱く、地上などでアリを食べる。北海道および本州北部で繁殖する。

ありす-がわ【有栖川】㊀京都市北区紫野を南流した川。船岡山の東麓を源とし、堀川に注いでいたといわれる。㊁京都市右京区嵯峨野の斎宮の森の東を流れて桂川に注ぐ川。歌枕「千早ぶるいつきの宮の—松とともにぞ影はすむべき」〈千載・賀〉

ありすがわ-の-みや【有栖川宮】四親王家の一。後陽成天皇の皇子好仁親王が寛永2年(1625)高松宮を創立したのに始まり、一時絶えたが後西天皇の皇子幸仁親王が寛文7年(1667)再興、同12年に有栖川宮と改称。大正2年(1913)威仁親王死去により廃絶。

ありすがわのみやたるひと-しんのう【有栖川宮熾仁親王】[1835～1895]有栖川宮9代親王。幕末に攘夷論を主張。王政復古とともに総裁職に就任した。戊辰戦争で東征大総督。のち、参謀総長などを歴任。

アリスタルコス〖Aristarchos〗[前310ころ～前230]古代ギリシャの天文学者。サモスの人。地動説を提唱、コペルニクスに強い暗示を与えた。

アリスタルコス〖Aristarchos〗[前217～前145]アレクサンドリアの文献学者。サモトラケの人。ホメロスなどの注解をした。

アリスティッポス〖Aristippos〗[前435ころ～前355ころ]古代ギリシャの哲学者。ソクラテスに師事。快楽主義を説いた。キュレネ学派の祖。

アリストクラシー〖aristocracy〗❶貴族制。貴族政治。❷貴族。貴族社会。

アリストクラティック〖aristocratic〗〘形動〙貴族的。「—な生活」

アリストテレス〖Aristotelēs〗[前384～前322]古代ギリシャの哲学者。プラトンの弟子。プラトンがイデアを超越的実在と説いたのに対し、それを現実在に形相として内在するものとした。アテネに学校リュケイオンを開いてペリパトス学派(逍遥学派)の祖となる。「オルガノン」(論理学書の総称)「自然学」「動物誌」「形而上学」「ニコマコス倫理学」「政治学」「詩学」などを著し、古代で最大の学問体系を樹立した。

アリストテレス-しゅぎ【アリストテレス主義】アリストテレスの思想を受け継ぐ哲学上の立場。スコラ学を経て、現在もカトリック思想の中に存続している。

アリストテレス-の-ちょうちん【アリストテレスの▽提▽灯】ウニ類の口部にある咀嚼器官。アリストテレスが、古代ギリシャ製の提灯に似た形のものとして初めて記載。

アリストファネス〖Aristophanēs〗[前445ころ～前385ころ]古代ギリシャの喜劇詩人。ペロポネソス戦争前後のアテナイ(アテネ)を風刺した作品が多い。作「雲」「平和」「女の平和」など。

アリストファネス〖Aristophanēs〗[前257ころ～前180ころ]アレクサンドリアの文献学者。ホメロス・エウリピデスなどの校訂をした。

あり-すん【有り寸】木材の実際の寸法。実寸。

ありそ【▽荒×磯】《「あらいそ」の音変化》荒波の打ち寄せる、岩石の多い海岸。「み立たしの島の—を今見れば生ひざりし草生ひにけるかも」〈万・一八一〉

ありそうみ【有磯海】富山県高岡市伏木から氷見市までの海岸の古称。また、富山湾のこと。

ありそ-うみ【▽荒×磯海】岩石が露出し波の荒い海辺。ありそみ。「—の浜の真砂と頼めしは忘るることの数にぞありける」〈古今・恋五〉

アリゾナ〖Arizona〗米国南西部の州。州都フェニックス。山と砂漠が多く、銅などを産出。グランドキャニオン国立公園がある。メキシコ領を経て、1912年、48番目の州となる。➡表「アメリカ合衆国」

ありそ-なみ【▽荒×磯波】㊀〘名〙「あらいそなみ」に同じ。㊁〘枕〙同音の繰り返しで「あ(有・在)り」にかかる。「—ありても見むと」〈万・三二五三〉

ありた【有田】佐賀県中西部、西松浦郡の地名。有田焼の産地。

ありだ【有田】和歌山県西部の市。有田川河口にある。紀州有田ミカンの集散地。蚊取り線香の主産地。人口3.1万(2010)。

アリダード〖alidade〗平板測量に用いる器具。平板上に載せて地上の目標の方向を定め、また、距離と高低差を求めることができる。➡平板測量

あり-だか【有り高】現在ある総量・総数。現在高。

ありだ-がわ【有田川】和歌山県北部を流れる川。高野山に源を発し、有田市で紀伊水道に注ぐ。長さ67キロ。

あり-たけ【有り丈】《「ありだけ」とも》㊀〘名〙「ありったけ㊀」に同じ。「—の懐中物を帯の間から取出して見ると」〈有島・或る女〉㊁〘副〙「ありったけ㊁」に同じ。「白い髯を—生やしているから年寄と云う事だけは別かる」〈漱石・夢十夜〉類語 万事・一切・万・一切合切

あり-たけ【×蟻×茸】❶担子菌類のキノコ。ブラジルの森林内に自生。傘は白色で黒紫色の鱗片がある。ハキリアリが巣で培養して食料にするといわれる。❷子嚢菌類のキノコ。アリに寄生して、その死後に体上に発生する。ありやどりたけ。

ありだ-し【有田市】▶有田

ありた-そう【有田草】❶アカザ科の一年草。高さ約70センチ。多数の枝に分かれ、葉は長楕円形で両端がとがる。夏から秋に緑色の小花を穂状につける。独特のにおいがあり、茎や葉は駆虫薬の原料。メキシコの原産。ルーダ草。❷シソ科の一年草。高さ約60センチ。全体に強い香りがある。夏、淡紅白色の唇形の小花を多数つける。漢方で荊芥といい、発汗や風邪の薬に使用。中国の原産。

ありた-ちょう【有田町】▶有田

あり-た-つ【在り立つ┊有り立つ】〘動タ四〙立ち続けている。ずっと立っている。「八十島の島の崎々—てる花橘を」〈万・三二三九〉

ありた-やき【有田焼】佐賀県有田地方産の磁器。元和2年(1616)朝鮮からの渡来人李参平の創始。伊万里港から出荷したので、伊万里焼ともいう。

あり-づか【×蟻塚┊×垤】アリが地中に巣を作るために掘り出した土でできた塚状のもの。また、木の枝や土を積み上げて作った巣。蟻封。蟻垤。蟻の塔。季夏

ありづか-むし【×蟻塚虫】甲虫目アリヅカムシ科の昆虫の総称。蟻塚でアリと共生する種や、落ち葉や石の下にすむ種がある。

あり-つかわ・し【有り付かはし】〘形シク〙《動詞「ありつく」の形容詞化》その場に合っていて感じがよい。「姿ありさま—・しく」〈住吉・上〉

あり-つき【有り付き┊在り付き】❶生活の糧。生計を得る道。「此後の身の—に包物を賜わりて」〈一葉・暁月夜〉❷仕官・奉公などによって生活を安定させる道を得ること。また、仕官口。奉公口。「丁稚はいりませぬかと、自分其身の—を願へば」〈浮・手代気質・一〉

あり-つぎ【×蟻継(ぎ)】一方の木材に蟻枘を作

り、他方の木材に蟻穴を作ってはめ込む継ぎ手。

ありつき-がお【有り付き顔】ガホ 慣れた顔つき。物慣れたようす。「慣れたる人は、こよなく、何事につけても―に」〈更級〉

ありっ-きり【有りっ▽限り】「ありきり❶」に同じ。「ふところに―の銭が両国までの汽車賃にたりなくて」〈宇野浩二・苦の世界〉

あり-つ・く【有り付く】㊀〔動カ五(四)〕❶求めていたものをやっとの思いで手に入れる。㋐お金や食物などが手に入る。「小遣い銭に―・く」「思いがけないご馳走に―・く」㋑働き口が見つかる。「割のいい仕事に―・く」❷住みつく。安住する。「女どちは…さるかたに、したたかなるさまに―・きたり」〈夜の寝覚・一〉❸異性と一緒に住む。結婚する。「三人はみなみな―・き給ふ」〈伽・鉢かづき〉❹似合う。ぴったりする。板につく。「さし縫ひ着つつ、―・かずとり繕ひたる姿ども」〈源・総角〉❺ある身分や境遇に生まれつく。「もとより―・きたるさ様の並々の人は」〈源・蓬生〉㊁〔動カ下二〕住みつかせる。また、仕官などさせて生活の道を得させる。身を固めさせる。「殿ばら、今まで―・けざるこそ心にかかり候へども」〈曽我・四〉

アリッサム〖alyssum〗アブラナ科の一年草または多年草。高さ約15センチ。全体に白みがかる。葉は線形。夏、白い4弁花を多数つける。ヨーロッパやアジア西部の原産。香りがあり、観賞用。にわなずな。

ありっ-たけ【有りっ丈】《「ありたけ」の音変化》㊀〔名〕あるだけ全部。「―の声を張り上げる」「資金の―をつぎ込む」㊁〔副〕可能な限り多く。できるだけ。思う存分。「力を―出す」

〔類語〕凡すべて・万事・一切・万よろず・有りたけ・一切合切

アリッチャ〖Ariccia〗イタリアのローマ南東部、カステリロマーニ地方の町の一。ベルニーニ設計のキージ宮殿(現在はバロック絵画の美術館)や、ローマ教皇ピウス9世の命で19世紀に建造された水道橋がある。

あり-つつ-も【在りつつも】〔連語〕いつも変わらず。このままでずっと。「安太多良あだたらの嶺ねに伏すしし の―我わは至らむ寝処ねどな去りそね」〈万・三四二八〉

あり-つる【有りつる】〔連語〕《動詞「あり」の連用形＋完了の助動詞「つ」の連体形》前に一度述べたことをさしていう。先ほどの。さっきの。「―ところにかへりて」〈かげろふ・上〉

あり-てい【有り体】〔名・形動〕❶ありのまま。うそ偽りのないこと。「―に言えば」❷世間並み。ひととおり。「―の礼儀をのべて」〈浮・置土産・二〉

〔類語〕率直・ありのまま・フランク

あり-と-あらゆる【有りと有らゆる】〔連語〕(連体詞的に用いる)「あらゆる」を強めた語。ある限りすべての。ありとある。「―手段を尽くす」

〔類語〕凡すべて・有る限りの・有りっ丈たけの・あらゆる

あり-と-ある【有りと有る】〔連語〕(連体詞的に用いる)存在するすべての。ありとあらゆる。「一毛が悉ことごとく根こぎにされて」〈漱石・草枕〉

あり-どおし【×蟻通｜虎=刺】ドホシ アカネ科の常緑小低木。山地の樹陰に生え、高さ30～60センチ。細い枝が変化した1～2センチの針が多数ある。初夏、白い漏斗ろうと状の花をつける。実は丸く、赤く熟す。

ありどおし【蟻通】ドホシ 謡曲。四番目・準脇能物。世阿弥ぜあみ作で、貫之集などに取材。紀貫之が蟻通明神を乗馬のまま通行して神の怒りに触れるが、和歌の徳により許される。

ありどおし-みょうじん【蟻通明神】ありどほしミャウジン 大阪府泉佐野市長滝にある神社。祭神は大名持命おおなもちのみこと。枕草子に、その由来がみえる。蟻通神社。

あり-どころ【在り▽処｜有り所】「ありか」に同じ。「いもうとの―申せ」〈枕・八四〉

アリナ〖Arñna〗▶クサントス

あり-なし【有り無し】㊀〔名〕あることとないこと。あるかないか。有無うむ。「経験の―は問わない」㊁〔形動ナリ〕❶あるかないかわからないほどに、かすかなさま。「小山田の庵にたく火の―にたつ煙もや雲となるらむ」〈千載・雑中〉❷いるかいないかわからないほどに、軽視するさま。「殿様我を―にあそばし」〈浮・一代女・三〉

あり-なら・う【在り習ふ】ナラフ〔動ハ四〕慣れ親しむ。習慣になる。ありなる。「かの君は我だに同じ所に―・ひて」〈宇津保・蔵開上〉

あり-な・る【在り×馴る】〔動ラ下二〕「在り習う」に同じ。「―・れたる人のあやしさを」〈浜松・四〉

あり-に【在り荷】売約していない品物。在庫品。

あり-にく・し【在り▽悪し】〔形ク〕生きるのがむずかしい。生きていにくい。「世の中の―・くのみ思ひ給へらるれば」〈狭衣・四〉

ありね-よし〔枕〕《「ありね」は語義未詳。「よし」は間投助詞》「対馬つしま」にかかる。「―対馬のわたり海中わたなかに幣ぬさ取り向けて早帰り来ね」〈万・六二〉

あり-の-ことごと【有りの×悉】ある限り。ありったけ。「布肩ぎぬ―着襲きそへども」〈万・八九二〉

あり-の-すさび【在りの▽遊び】生きているのに慣れていいかげんに過ごすこと。なおざりに暮らすこと。ありのすさみ。「ある時は―に語らはで恋しきものと別れてぞ知る」〈古今六帖・五〉

あり-の-とう【×蟻の塔】タフ「蟻塚ありづか」に同じ。〔季 夏〕

ありのとう-ぐさ【×蟻の塔草】ありのタフ アリノトウグサ科の多年草。山野に生え、高さ15～25センチ。葉は卵円形で小さく、縁にぎざぎざがあり、対生。夏から秋、黄褐色の小花が、多数下向きに咲く。のみとりぐさ。

あり-の-とわたり【×蟻の▽門渡り】❶蟻が列を作ってはっていること。蟻の熊野参り。〔季 夏〕❷陰部と肛門こうもんの間。会陰えいん。❸両側が切り立った崖となっている所。長野県の戸隠山のものが有名。

あり-の-ひふき キキョウの古名。「桔梗はきちかう…さりとて―といふ名えよまじ」〈胆大小心録〉

あり-の-まま【有りの×儘】実際にあるとおり。偽りのない姿。ありてい。「―の話」「―を見せる」

〔類語〕率直・有体・フランク・事実・真実・真相・現実・実情・実態・実際・本当・有り様よう・実まこと

あり-の-み【有りの実】《「梨なし」が「無なし」と音が通じるところから》「梨の実」の忌み詞。〔季 秋〕

アリバイ〖alibi〗《もとラテン語で、他の所に、の意》被疑者・被告人が、犯罪の行われた時に現場以外の場所にいたという証明。現場不在証明。「―を崩す」

アリバイ-こうさく【アリバイ工作】❶犯人が犯罪現場にいなかったと見せるための行動を取ったり、偽の証言を用意したりすること。「綿密な捜査で―を崩す」❷(比喩的に)問題に取り組んでいると見せかける、上辺だけの発言や行動。「政府の対応は国民無視の―だと批判が噴出する」

あり-ばしょ【在り場所】人や物が存在する所。現にいる場所。ありか。

あり-は・つ【在り果つ】〔動タ下二〕❶いつまでも生きながらえる。「つひにはかくても―・つまじきを」〈浜松・四〉❷同じ状態を最後まで続ける。「心清くも―・つべき」〈源・藤袴〉

ありはら【在原】▶ありわら

あり・ふ【在り▽経】〔動ハ下二〕生きて年月を送る。ある状態で月日を過ごす。「ことさわがしき心地して―・ふる中に」〈かげろふ・中〉

ありふれ-た【有り触れた】〔連語〕《動詞「有り触れる」の連用形＋完了の助動詞「た」》「有り触れる」に同じ。「―話」

あり-ふ・れる【有り触れる】〔動ラ下一〕図ありふ・る〔ラ下二〕(多く「ありふれた」「ありふれている」の形で)どこにでもある。ざらにある。普通であって珍しくない。「―・れた事件」

〔類語〕平凡・並・凡俗・俗・ありきたり・普通

あり-べかかり〔形動ナリ〕《「あるべきかかり」の音変化》❶通り一遍であるさま。型どおり。おざなり。「親を養ふこと―にて、さのみ孝行とは云ひ難し」〈浮・今様廿四孝〉❷ありのまま。「―に言ふことは善き者なり」〈都鄙問答・二〉❸手当たりしだい。やたらむしょう。「それ煙草盆たばこぼん、お盃さかずきと、―に立ち騒ぐ」〈浄・曽根崎〉

アリベデルチ〖イタ arrivederci〗〔感〕さようなら。

あり-ほぞ【×蟻×枘】木材の先端を、他の木材にはめ込むため、鳩尾はとお状に突出させた枘。

ありま【有馬】神戸市北区の地名。六甲山北麓の温泉地。

ありま-おんせん【有馬温泉】ヲンセン 神戸市北区有馬にある温泉。畿内最古の温泉で、日本書紀にも記載がある。泉質は二酸化炭素泉・塩化物泉・含鉄泉・放射能泉など。

あり-まき【×蟻巻｜蚜=虫】アブラムシ❶の別名。〔季 夏〕「妻に憎まれつつ―の淡きみどり／楸邨」

ありま-きねん【有馬記念】日本の競馬の重賞レースの一。ファン投票によって選ばれた馬を中心に、毎年12月に行われる。元農相の有馬頼寧よりやすを記念して命名。有馬記念競走。

あり◦ます〔連語〕❶「ある」の丁寧な表現。「庭には大きな木が―◦ます」❷(「ある」が補助動詞の場合、多く「…であります」の形で)丁寧な断定を表す。「本日は当社の創立記念日で―◦ます」

ありま-すげ【有馬×菅】有馬の付近で産したスゲ。和歌では同音の「あり」を導く序詞として用いられる。「大君の御笠に縫へる―ありつつ見れどことなき吾妹わぎも」〈万・二七五七〉

ありまつ-しぼり【有松絞】名古屋市緑区有松町・鳴海なるみ町付近から産する木綿の絞り染め。浴衣地が多い。鳴海絞なるみしぼり。

ありま-の-みこ【有間皇子】[640～658]孝徳天皇の皇子。謀反をはかったとされて処刑された。このときの哀歌2首が万葉集にある。

ありま-はるのぶ【有馬晴信】[1567～1612]安土桃山時代のキリシタン大名。肥前日野江城主。洗礼名、ジョアン＝プロタシオ。天正10年(1582)大友宗麟そうりんらと天正遣欧使節をローマに派遣した。

ありま-ふで【有馬筆】有馬特産の筆。5色の絹糸で軸を巻き、内部に人形を仕込んである。有馬の人形筆。

ありま-やま【有馬山｜有間山】有馬付近の山々の称。〔歌枕〕「しながの鳥猪名野いなのを来れば―夕霧立ちぬ宿やどはなくて」〈万・一一四〇〉

ありま-よりちか【有馬頼義】[1918～1980]小説家。東京の生まれ。頼寧よりやすの子。推理小説ブームの一翼を担い、「終身未決囚」で直木賞受賞。昭和45年(1970)には文芸雑誌「早稲田文学」の編集長となる。他に「四万人の目撃者」など。映画「兵隊やくざ」シリーズの原作者としても知られる。

ありま-よりやす【有馬頼寧】[1884～1957]政治家。東京の生まれ。頼義よりちかの父。東京帝大卒業後、農商務省に入り、大正13年(1924)衆議院議員、昭和4年(1929)貴族院議員。同12年農林大臣。プロ野球球団東京セネタース創立に参画。戦後は中央競馬会理事長となり、「有馬記念」にその名を残す。

ありま-りゅう【有馬流】リウ 剣術の流派の一。室町末期に有馬乾信あきのぶが興したといわれる。有馬神道流。

ありみね-こ【有峰湖】富山県南東部、常願寺川の支流和田川上流にある人造湖。発電用有峰ダムの建設によりせき止められてできた貯水池。面積5.1平方キロメートル、最大貯水量2.2億立方メートル。湖畔にはキャンプ場がある。薬師岳の登山基地。

あり-もどき【擬=蟻｜×蟻▽擬】外見がアリに似る甲虫。サツマイモに食い入るアリモドキゾウムシ、松の害虫を捕食するアリモドキカッコウムシなど。

あり-もの【有り物】ありあわせの物。「―のなかから、出来そうなもんを見つけて」〈里見弴・安城家の兄弟〉

ありゃ〔感〕❶驚いたときに発する語。あら。「―、いけねえ」❷民謡などの囃子はやし詞。

ありゃ-ありゃ〔感〕❶驚いた時に発する語。ありゃりゃ。❷歌舞伎のかけ声。㋐捕り方が犯人をおどかすためのかけ声。㋑荒事で、大勢が主役に対してかける声。

ありゃ-こりゃ〔名・形動〕《「あれやこれや」の意から》あべこべ。反対。「―に人の前にすえた膳」〈藤村・夜明け前〉

ありや-なしや【有りや無しや】〔連語〕❶あるかないか。あるかないかわからないくらい目立たないさま。「―の細かい模様」「入り日のなかに立つけぶり―とただほのか」〈佐藤春夫・海べの恋〉❷真実であるかないか。「人の心の一は、誰か測り、誰か知る」〈樗牛・滝口入道〉❸生きているかいないか。無事かどうか。「名にし負はばいざ言問はむ都鳥わが思ふ人は一と」〈伊勢・九〉

あ-りゅう【亜流】《流れを亜ぐ意》❶学問・芸術などで、同じ流派に属する人。❷第一流の人に追随するだけで、独創性のない人。まねるだけで新味のないこと。追随者。エピゴーネン。
〔類語〕二流・三流・B級・三等

あ-りゅうさん【亜硫酸】二酸化硫黄を水に溶かすと生じる酸。水溶液としてだけ存在。酸化により硫酸になる。化学式H_2SO_3

ありゅうさん-えん【亜硫酸塩】亜硫酸の水素を金属で置換して生じる塩。亜硫酸ナトリウムなど。

ありゅうさん-ガス【亜硫酸ガス】二酸化硫黄の気体。刺激臭があり、有毒。火山ガスや石油・石炭中の硫黄酸化物の燃焼によって生じ、酸性雨や湖沼の酸性化の原因となる。

ありゅうさん-ソーダ【亜硫酸ソーダ】亜硫酸ナトリウムのこと。

ありゅうさん-ナトリウム【亜硫酸ナトリウム】亜硫酸水素ナトリウムの水溶液に、炭酸ナトリウムを加えて蒸発させると得られる無色の結晶。強い還元剤。写真現像薬や染料製造・漂白剤などに使用。化学式Na_2SO_3　亜硫酸ソーダ。

ありゅうさん-パルプ【亜硫酸パルプ】木材片を亜硫酸と亜硫酸塩との混合液で処理して製造した化学パルプ。上質紙やレーヨン・アセテートの原料。

アリューシャン〖Aleutian〗《アレウト族の、の意》「アリューシャン列島」の略。

アリューシャン-かいこう【アリューシャン海溝】北太平洋北部、アリューシャン列島の南側に連なる海溝。延長約3700キロ、最深部7679メートル。

アリューシャン-ていきあつ【アリューシャン低気圧】アリューシャン列島の海域にほぼ定常的に存在する大きな低気圧。冬に最も発達し、夏は弱まる。

アリューシャン-れっとう【アリューシャン列島】アラスカ半島とカムチャツカ半島東方のコマンドル諸島との間に弧状に連なる火山列島。米国アラスカ州に属する。アレウト列島。

アリュージョン〖allusion〗❶間接的な言及。ほのめかし。❷引喩。

アリュート〖Aleut〗アリューシャン列島やアラスカ西部に住む先住民族。アレウト。

アリュメット〖フランス allumette〗野菜などをマッチの軸のように細く切る切り方。

あり-よう【有り様】❶物事の状態。ようす。ありさま。「世の中の一に疑問を感じる」❷ありのままの姿。実情。ありてい。「事の一を申し上げましょう」❸あるべきわけ。あるわけ。「うまい解決策なんて一がない」
〔類語〕事実・真実・真相・現実・実情・実態・実際・本当・有りのまま・実

ありよし-さわこ【有吉佐和子】[1931～1984]小説家。和歌山生まれ。東京女子大短大卒。「恍惚の人」「複合汚染」などで現代の社会問題を描く。「華岡青洲の妻」で女流文学賞、「出雲の阿国」で芸術選奨。作「紀ノ川」「和宮様御留」など。

アリラン《朝鮮語。伝説上の峠の名という》朝鮮民謡の一。朝鮮半島各地にあり、哀調を帯びた節回しで、失恋を歌ったものが多い。

アリル〖allyl〗$CH_2=CHCH_2-$で表される不飽和炭化水素の一価の基。プロペンから水素原子1個を除いた残りの原子団。〔補説〕芳香族炭化水素から誘導されるアリール(aryl)とは異なる。

アリル-アルコール〖allyl alcohol〗刺激臭のある無色の液体。酸化によりアクロレインになる。合成樹脂・化学薬品などの製造中間体として利用。化学式$CH_2=CHCH_2OH$

あり-わた・る【在り渡る】〔動ラ四〕ある状態のままでいつづける。「解き衣の恋ひ乱れつつ浮き砂生きても我れは一・るかも」〈万・二五〇四〉

あり-わ・ぶ【在り×侘ぶ】〔動バ上二〕生きているのがつらくなる。住みにくく思う。「京に一・びて、あづまに行きけるに」〈伊勢・七〉

ありわら【在原】姓氏の一。平城天皇の皇子阿保親王の子に賜った姓。

ありわら-でら【在原寺】奈良市にある不退寺の別称。⇒石上寺

ありわら-の-しげはる【在原滋春】平安前期の歌人。業平の第2子。その歌は古今集・新勅撰集に収録。大和物語の作者との説もある。在次の君。生没年未詳。

ありわら-の-なりひら【在原業平】[825～880]平安前期の歌人。六歌仙・三十六歌仙の一人。阿保親王の第5子。情熱的で詠嘆の強い和歌を残し、伊勢物語の主人公とされる。美男子の代表といわれる。在五中将。

ありわら-の-ゆきひら【在原行平】[818～893]平安前期の歌人。阿保親王の第2子。業平の兄。子弟教育のために奨学院を創立。古今集・後撰集などに歌がある。

あ-りんさん【亜×燐酸】ホスホン酸の俗称。化学式H_2PO_3と考えられての称。

あり。んす〔連語〕「あります」の音変化。江戸新吉原の遊女が用いた語。「なんだか、ご法事にあふやうで一。んす」〈黄・無益委記〉

ありんす-こく【ありんす国】江戸新吉原の異称。

アル【二】《中国語》数の2。二つ。

あ・る【×生る】〔動ラ下二〕神など神聖なものが出現する。天皇の御子などが生まれる。「橿原の日知の御代ゆ一・れましし神のことごと」〈万・二九〉

あ・る【有る｜在る】〔動ラ五〕図あ・り〔ラ変〕㊀❶事物が存在する。「庭には池が一・る」「重大な欠陥が一・る」❷その場所に存在する。位置する。「本社は東京に一・る」「沖ノ鳥島は日本最南端に一・る」❸ある事柄がはっきり認められる。また、ある状態に置かれていると認められる。「非は先方に一・る」「土地は高値安定の傾向に一・る」「大国の影響下に一・る」❹それによって決まる。それ次第である。左右される。「解決の糸口は相手の出かたに一・る」❺(その存在を客観的、抽象的なものとして捉え)人が存在する。居る。「昔々、おじいさんとおばあさんが一・りました」「異を唱える人も一・る」❻この世に生きている。生存している。「世に一・る間」❼ある場所に身を置く。また、特定の位置・状態にいる。「現場に一・って指揮に当たる」「長年、会長の職に一・った」「病床に一・る」「逆境に一・ってもくじけない」❽自分のものや付属として持っている。所持・所有している。「財産が一・る」「投票権が一・る」「バラにはとげが一・る」❾身に付いたものとして持っている。中に持つ。備わる。含まれる。「教養が一・る」「貫禄が一・る」❿ある考え・気持ち・感覚などを持っている。「お願いが一・る」「言いたいことが一・る」「かすかな痛みが一・る」⓫時間的、空間的に、その数量であることを表す。「開幕まで一週間一・る」「彼は一八〇センチ一・る」⓬事が起こる。事柄が発生する。出来する。また、物事が行われる。「昨夜、地震が一・った」「土砂崩れの一・った現場」「これから重大発表が一・る」「一言、謝罪が一・ってもいいだろう」⓭時間がたつ。「やや一・って口を開いた」⓮特定の語句と結び付いた形全体で、種々の意味を表す。㋐(引用の「と」を受けた「とある」の形で)…と書いてある。…という。…ということだ。「メモには午後二時に来社すると一・る」「命令と一・ればしかたがない」「死んだと一・ればあきらめもつく」㋑(「とあって」の形で)状況・結果がそうであるので。…ということなので。「行楽シーズンと一・って道路が相当混む」「合意の上と一・っては反対もできない」㋒(「だけある」「だけのことはある」の形で)それにふさわしい状態・結果が得られることを表す。「自慢するだけ一・ってよくできている」「さすが特訓しただけのことは一・る」㋓(「ことがある」の形で)場合によっては…する、…の経験をしている、などの意を表す。「季節によってメニューの一部を変更することが一・ります」「富士には何回も登ったことが一・る」㋔(「にあって」の形で)その範囲で、…において、の意を表す。「わが党に一・って随一の政策通だ」㊁(補助動詞)❶動詞の連用形に接続助詞「て」を添えた形に付いて用いる。㋐ある動作や行為などの結果が現在まで引き続いている意を表す。「花が生けて一・る」「ドアが閉めて一・る」㋑何かに備えてすでに用意がなされていることを表す。「軍隊を待機させて一・る」「彼女には前もって伝えて一・る」㋒(「…にしてある」の形で)そうなっていないが、そうなったものとみなしていることを表す。「心配をかけないように、元気でいることにして一・る」❷動詞の連用形に接続助詞「つつ」を添えた形に付いて、動作・作用が継続して現在も行われていることを表す。「梅のつぼみがほころびつつ一・る」「月がのぼりつつ一・る」❸名詞に助動詞「だ」の連用形「で」を添えた形に付いて、事柄の説明で、そのような性質をもっている、そのような状態・事態である、と判断する意を表す。「人間は考える葦で一・る」「トマトはナス科植物で一・る」❹形容詞・形容動詞の連用形、または、その連用形に助詞を添えた形に付いて、そういう性質をもっている、そういう状態であることを言い定める意を表す。「常に美しく一・りたいと願う」「悲しくは一・るが、じっと耐えよう」❺動詞の連用形や動作性の漢語名詞などに付いて、多く「お…ある」「御…ある」の形で、その動作をする人に対する尊敬を表す。「おいで一・れ」「御笑覧一・れ」
〔補説〕(1)「ある」は、広く、五感などを通して、空間的、時間的に事物・事柄の存在が認められる意がおおもと。古くは「昔、男ありけり」〈伊勢・二〉のように、人に関しても用いたが、現在ではふつう人間・動物以外の事物についていい、人間・動物については「いる」を用いる。しかし、「予想外の参加者があった」「強い味方がある」など、人に関しても「ある」が用いられることがあり、この場合は人が概念化・抽象化した立場でとらえられていたり、所有の意識が認められていたりする。(2)補助動詞としての「つつある」㊁❷は英語などの進行形の直訳的表現。文語の補助動詞「あり」は一部の副詞「かく」「しか」「さ」などや、助動詞の「ず」「べし」の連用形に付いて用いられることがある。「けり」「たり」「なり」「めり」などのラ変型活用の助動詞および形容詞語尾「かり」、形容動詞語尾「たり」「なり」などは、いずれも「あり」が他の要素と結合してできたもの。ふつう、存在する意の場合は「在」を、所有する意の場合は「有」の字を当てるが、かな書きにすることも多い。なお、「ある」の打消しは文語では「あらず」であるが、口語では「あらない」とはいわず、形容詞の「ない」を用いる。〔類語〕居る・いらっしゃる・おる・居合わせる・控える・おられる・おいでになる・おわす・おわします・まします・存在
〔一句〕余り物に福がある・上には上がある・腕に覚えがある・裏には裏がある・気がある・二度ある事は三度ある・残り物に福がある・花も実もある・一癖も二癖もある・身に覚えがある・脈がある・一年の計は元旦にあり・遠慮なければ近憂あり・壁に耳あり・烏に反哺の孝あり・国破れて山河あり・心ここに在らず・沈む瀬あれば浮かぶ瀬あり・死生命あり・信あれば徳あり・捨てる神あれば拾う神あり・生ある者は必ず死あり・積悪の家には必ず余殃あり・積善の家には必ず余慶あり・男子家を出ずれば七人の敵あり・爪に爪なく瓜に爪あり・敵は本能寺にあり・人間到る所青山あり・初め有るものは必ず終わり有り・鳩に三枝の礼有り・待てば海路の日和あり・待てば甘露の日和あり・身を捨ててこそ浮かぶ瀬もあれ・楽あれば苦あり・我思う故に我在り

有りき　名詞などに付いて、そのことが既に存在した、また、かつてそこにあったの意を表す文語的表現。「初めに言葉一」「故宮ここに一」〔補説〕「結論ありきの審議会」などの用法は、結論は既に決まっており審議会は形式に過ぎないの意である。

有るが中に　数多くある中で特別に。とりわけて。「老女一人、一ここち悪しみして」〈土佐〉

有るにも有ら。ず　生きているのかどうかもわからないような状態。また、気が転倒して正気を失った状

態をいう。無我夢中だ。「さりともと思ふらむこそ悲しけれ—◦ぬ身を知らずして」〈伊勢・六五〉

あ・る【荒る】〔動ラ下二〕「あれる」の文語形。

あ・る【▽散る|▽離る】〔動ラ下二〕離れる。ちりぢりになる。遠ざかる。「さまに従ひて、ここをば—・れはてじ、となむ思ふを」〈源・早蕨〉

ある【×或る】〔連体〕《動詞「あり」の連体形から》はっきり名を挙げずに物事をさす語。また、漠然と物事をさしていう語。「—所」「—日」「—人」

あるあほうのいっしょう【或阿呆の一生】あるアハウのイッシヤウ 芥川竜之介の短編小説。昭和2年(1927)発表。51章よりなる自伝的小説。

アル-イドリーシー〘al-Idrīsī〙▶イドリーシー

ある-い-は【×或いは】《動詞「あり」の連体形＋副助詞「い」＋係助詞「は」から。本来は、「ある人は」「ある場合は」などの意の主格表現となる連語》㊀〔副〕❶同類の事柄を列挙していろいろな場合のあることを表す。一方では。「—歌をうたい、—笛を吹く」❷ある事態が起こる可能性があるさま。ひょっとしたら。「—私がまちがっていたかもしれない」「明日は—雨かもしれない」㊁〔接〕同類の物事の中のどれか一つであることを表す。または。もしくは。「みりん、—酒を加える」[補説]歴史的仮名遣いで「あるひは」と書く習慣は誤り。[類語](❶)または・もしくは・ないし・それとも/(❷)もしかすると・ひょっとすると・もしかして

[用法]あるいは・または——「多くの主婦が、外で働き、あるいは(または)学習に励んでいる」「明日は雨あるいは(または)雪になるでしょう」のように、二つのうちのどちらかということを表す場合は、「あるいは」「または」の両方が使える。◆「会議は五時終了の予定だが、あるいは、三〇分ほど延びるかもしれない」のような「もしかすると」の意の副詞用法では、「または」は使えない。◆類似の語に「それとも」がある。「それとも」は「進学するか、それとも就職するか、まだ決めていない」のように疑問の形の文をつなぐときに用いる。この場合、「あるいは」も「または」も使えるが、「それとも」が最も話し言葉的である。

アルウィー-の-どうくつ【アルウィーの洞窟】《Aillwee Cave》▶アーウィーの洞窟

あるおんな【或る女】あるをんな 有島武郎ありしまたけおの長編小説。大正8年(1919)刊。自我に目覚めた女、早月葉子さつきようこが、旧弊な周囲に反抗して奔放に生き、ついに自滅する姿を描く。

アルカイスム〘フランス archaïsme〙❶文体上の擬古趣味。擬古体。アーケイズム。❷古代人の素朴な表現にならおうとする文学・芸術上の主義。復古主義。

アルカイック〘フランス archaïque〙〔形動〕古風で素朴なさま。特に初期ギリシャ美術にみられる若々しさと原始性の残る芸術様式をいう。アーケイック。

アルカイック-スマイル《和 archaïque(フランス)+smile》ギリシャのアルカイック彫刻にみられる、口もとに微笑を浮かべた表情。中国六朝りくちょう時代や日本の飛鳥あすか時代の仏像の表情をもいう。

ある-かぎり【有る限り】〔連語〕❶あるだけ全部。ありったけ。「—の力を出しきる」❷その場にいる人のすべて。全員。「走り打ちて逃ぐれば、—笑ふ」〈枕・三〉❸生きている間。「女親といふ人、—はありけるを」〈かげろふ・上〉[類語]凡すべて・あらゆる・有りとあらゆる

アルカサル〘Alcázar〙《スペイン語で王宮、王城の意。元は宮殿、城砦じょうさい、要塞を意味するアラビア語に由来する。》㊀《Alcázar de Sevilla》スペイン南西部、アンダルシア州の都市セビリアにある宮殿。14世紀にカスティーリャ王ペドロ1世がイスラム教徒支配時代の要塞兼居城を改築。ムデハル様式を主として、ゴシック、ルネサンス様式が混在する。1987年、「セビリアの大聖堂、アルカサルとインディアス古文書館」の名称で世界遺産(文化遺産)に登録された。㊁《Alcázar de Córdoba》スペイン南部、アンダルシア州の都市コルドバにある城。14世紀、カスティーリャ王アルフォンソ11世がイスラム支配時代の要塞跡に建造。カトリック両王の時代は異端尋問を行う宗教裁判所として使われた。旧市街に残るメスキータやカラオーラの塔とともに、1984年「コルドバ歴史地区」の名称で世界遺産(文化遺産)に登録された。㊂《Alcázar de Toledo》スペイン中央部、カスティーリャ-イ-ラマンチャ州の都市トレドにある城。11世紀にレオン-カスティーリャ王アルフォンソ6世が同地をイスラム教徒から奪還し、古代ローマ時代の宮殿があった場所に要塞として建造。現在は軍事博物館になっている。1986年、「古都トレド」の名称で旧市街全域が世界遺産(文化遺産)に登録された。㊃《Alcázar de Segovia》スペイン、カスティーリャ-イ-レオン州の都市セゴビアにある城。11世紀にレオン-カスティーリャ王アルフォンソ6世により建造。19世紀の火災で被害を受け、20世紀になり現在見られる姿に修復された。ディズニー映画「白雪姫」の城のモデルになったことで知られる。古代ローマ時代の水道橋やセゴビア大聖堂などの歴史的建造物とともに、1985年「セゴビア旧市街とローマ水道橋」の名称で世界遺産(文化遺産)に登録された。

アルカション〘Arcachon〙フランス南西部、ジロンド県の都市ボルドー近郊の町。大西洋岸のアルカション湾に面し、19世紀後半より海岸保養地として発展。カキの産地としても知られる。ヨーロッパ最大のピラ砂丘がある。

アルカス〘Arkas〙ギリシャ神話で、ゼウスとニンフのカリストの子。アルカディア人の祖。熊に変えられた母を、それと知らずに狩ろうとしてゼウスに救われ、母子ともに天に上って大熊座・小熊座の2星座になった。また、牛飼座のαアルファ星アルクトゥルスになったとする伝承もある。

アルガゼル〘Algazel〙ガザーリーのラテン語名。

あるが-ちょうはく【有賀長伯】アルガチヤウハク ▶ありがちょうはく(有賀長伯)

アルカディア〘Arkadia〙ギリシャ南部、ペロポネソス半島の中央部の高原地帯。高い山や峡谷により他から孤立し、古代ギリシャでは理想郷とされ、17世紀の絵画や文芸などに影響を与えた。

アルカディウス〘Arcadius〙[377ころ〜408]東ローマ帝国の初代皇帝。在位395〜408。父テオドシウス1世の死後、弟のホノリウスとローマ帝国を東西に分離、自分は東半分を統治した。

アルカトラズ-とう【アルカトラズ島】―タウ《Alcatraz Island》米国カリフォルニア州、サンフランシスコ湾にある島。周辺の潮流が速く、海水温が低いため、かつて連邦刑務所が置かれた。現在は国立公園局が管理し、一般公開されている。

あるか-なきか【有るか無きか】〔連語〕❶あるのかないのかわからないほどに、かすかなようす。また、存在が意識されないほど存在価値のないようす。「—の傷」「会社では—の人物だが」❷存在するかしないか。「あやまちの—を知らぬ身はいとふに似たる心地こそすれ」〈拾遺・雑恋〉❸生きているのかどうかわからないほど衰えているようす。「—に消え入りつつものし給ふを」〈源・桐壺〉

あるか-なし【有るか無し】〔連語〕あるのかないのかわからないほど、ごくわずかであるようす。「—の汚れ」

アル-カポネ〘Al Capone〙アルフォンス＝カポネの通称。

アルカラ-デ-エナレス〘Alcalá de Henares〙スペインの首都マドリードから東約30キロメートルにある都市。15世紀末、枢機卿シスネロスによって大学都市の建設が始まり、16世紀には世界初の4か国対訳聖書が刊行されるなど、キリスト教と学術の中心地として発展した。現在も、中心施設の一つであったサンイルデフォンソ学院のほか、多数の歴史的建造物が残る。また、セルバンテスの生地としても知られている。1998年に「アルカラ-デ-エナレスの大学と歴史地区」として世界遺産(文化遺産)に登録された。

アルカリ〘alkali〙《もとアラビア語で、海の草の灰の意》水に溶けて塩基性を示す物質の総称。ふつう、アルカリ金属・アルカリ土類金属の水酸化物をいう。

アルカリ-かんでんち【アルカリ乾電池】電解液にアルカリ水溶液を用い、電極に二酸化マンガンや亜鉛を用いた乾電池。アルカリマンガン乾電池。

アルカリきんぞく-げんそ【アルカリ金属元素】周期表1(ⅠA)族のリチウム・ナトリウム・カリウム・ルビジウム・セシウム・フランシウムの6元素の総称。元素中で最も電気陽性が強く、単体はすべて軟らかい銀白色の金属。アルカリ金属。

アルカリ-こつざいはんのう【アルカリ骨材反応】―ハンオウ コンクリートに含まれるアルカリ性の水溶液と骨材中の成分が化学反応を起こし、その生成物の膨張によってコンクリートがひび割れを起こしたり、劣化したりする現象。

アルカリ-しょくぶつ【アルカリ植物】アルカリ性土壌に生育する植物。クモノスシダ・ジャガイモなど。

アルカリ-せい【アルカリ性】物質が水溶液中で塩基性を示すこと。赤色リトマスを青く変え、フェノールフタレインを赤くし、酸を中和する。⇔酸性。

アルカリせい-しょくひん【アルカリ性食品】食品を燃焼して得た灰の成分中、カリウム・ナトリウム・カルシウムなどアルカリ性を示す元素を多く含むもの。野菜・果物・海藻類など。

アルカリせい-ひりょう【アルカリ性肥料】―ヒレウ ▶塩基性肥料

アルカリ-セルロース〘alkali cellulose〙セルロースを水酸化ナトリウム水溶液などのアルカリで処理したもの。ビスコース法による人造絹糸製造の中間体。アルカリ繊維素。

アルカリ-せん【アルカリ泉】「炭酸水素塩泉」に同じ。

アルカリ-ちくでんち【アルカリ蓄電池】電解液に水酸化カリウム水溶液などのアルカリを用い、電極にニッケルおよび水酸化ニッケルを用いた二次電池。負極に鉄を用いたエジソン電池、カドミウムを用いたユングナー電池、およびこれを小形化したニッカド電池などがある。

アルカリ-ちょうせき【アルカリ長石】―チヤウセキ カルシウムをほとんど含まず、カリウム・ナトリウムを含む長石。カリ長石や曹長石など。

アルカリ-ど【アルカリ度】アルカリ性である度合い。水質測定での尺度の一。指示薬を用い、調べる水を強酸で中和滴定するときの酸の使用量で表す。

アルカリ-どじょう【アルカリ土壌】―ドジヤウ 塩類を多量に含み、アルカリ性反応を示す土壌。主として乾燥地帯に分布。アルカリ土。

アルカリどるいきんぞく-げんそ【アルカリ土類金属元素】周期表2(ⅡA)族のベリリウム・マグネシウム・カルシウム・ストロンチウム・バリウム・ラジウムの6元素の総称。単体はいずれも灰白色の金属。

アルカリマンガン-かんでんち【アルカリマンガン乾電池】▶アルカリ乾電池

アルカロイド〘alkaloid〙植物体に存在する、窒素を含む特殊な塩基性成分の総称。一般に、少量で動物に対して強い生理作用をもつ。ニコチン・モルヒネ・コカイン・アコニチン・キニーネなど。植物塩基。

アルカローシス〘alkalosis〙血液中の酸と塩基との平衡が乱れ、アルカリ側に傾いている状態。高山病で呼吸過多となり二酸化炭素が多く失われたときや、嘔吐おうとで胃から大量の塩酸が失われたときなどにみられる。アルカリ血症。➡アシドーシス

アルカン〘alkane〙▶メタン系炭化水素

アルガンあんしょう-こくりつこうえん【アルガン暗礁国立公園】―アンセウコクリツコウヱン ▶バンダルギン国立公園

あるき【歩き】❶歩いて行くこと。徒歩。「駅前まで—だと二〇分かかる」❷江戸時代、庄屋などの雑用や使い走りに使われた者。小使い。「村中をかけ廻る—がにょっと門口から」〈浄・盛衰記〉

あるき-がみ【歩き神】人をそぞろ歩きや旅に誘い出すという神。ありきがみ。「指の先なる拙神ぶこつがみ、足の裏なる—」〈梁塵秘抄・二〉

アルキジンナジオ-きゅうでん【アルキジンナジオ宮殿】《Palazzo della Archiginnasio》イタリア北東部、エミリアロマーニャ州の都市ボローニャにある宮殿。17世紀に建造され、19世紀初頭までボローニ

ャ大学の本部が置かれた。世界初の人体解剖が行われた大教室があることで知られる。現在、一部は市立図書館として使われている。

あるき-ぞめ【歩き初め】幼児が初めて歩きだすこと。また、その時にする祝い。ありきぞめ。

あるき-タバコ【歩きタバコ】歩きながらタバコを吸うこと。特に道路や広場など屋外で歩行中に喫煙すること。

あるき-つき【歩き付き】歩く時のようす。あるきぶり。

あるき-づめ【歩き詰め】休まずに歩きつづけること。あるきどおし。「一に歩く」

あるき-とお・す【歩き通す】〘動サ五(四)〙ある期間や区間を、最後まで歩く。「目的地まで—・す」

アルキド-じゅし【アルキド樹脂】《alkyd》多価アルコールと多塩基酸との縮合反応によって生じるポリエステルからなる合成樹脂。塗料として多用。

アルギニン〘ドイツ Arginin〙塩基性アミノ酸の一。たんぱく質、特に魚類の精核を構成するプロタミンに多く含まれ、生合成される。オルニチン回路の重要な一員で、酵素アルギナーゼの作用によってオルニチンと尿素とに分解される。

あるき-ぶり【歩き振り】歩く時の態度やようす。あるきつき。

あるき-まわ・る【歩き回る】〘動ラ五(四)〙あちらこちら歩く。「室内を—・る」「山野を—・る」

あるき-みこ【歩き巫=女】各地を巡回して祈祷・占い・口寄せなどを行う巫女。

アルキメデス〘Archimēdēs〙[前287ころ〜前212ころ]古代ギリシャの数学者・物理学者。積分法の先駆となる放物線・円・球などの求積法、アルキメデスの原理の発見、揚水器の発明、てこ・重心の原理の解明など多方面にわたって活躍。

アルキメデス-の-げんり【アルキメデスの原理】流体の中で静止している物体は、それが押しのけた流体の重さだけ軽くなる、すなわち浮力を受けるという原理。

アルキル〘alkyl〙メタン系炭化水素(アルカン)から水素原子一つを除いた残りの原子団の総称。一般式C_nH_{2n+1}−で表される基。メチル基CH_3−、エチル基C_2H_5−など。アルキル基。

アルキルか-ざい【アルキル化剤】《alkylating agents》有機化合物の水素原子をアルキル基で置換させる化合物のこと。この化合物の一部は、癌細胞のDNAをアルキル化し細胞増殖を妨げるため、抗癌剤として用いられる。

アルキル-き【アルキル基】▶アルキル

アルキル-すいぎん【アルキル水銀】水銀のアルキル化合物。メチル水銀やエチル水銀など。水銀中毒の原因物質となる。

アルキル-フェノール〘alkyl phenol〙フェノールにアルキル基のついた化合物。油溶性樹脂の製造原料。

アルキルベンゼン〘alkylbenzene〙ベンゼン環にアルキル基が結合した化合物の総称。ふつうは合成洗剤原料になる、アルキル基の炭素数10〜15のものをさす。

アルキルベンゼンスルホンさん-えん【アルキルベンゼンスルホン酸塩】《alkylbenzene sulfonate》アルキルベンゼンを発煙硫酸でスルホン化して作る、陰イオン界面活性剤の一。合成洗剤の主成分で、硬水や酸に対しても安定していて、洗浄力が強い。ソープレスソープ。ABS。

アルキン〘alkyne〙▶アセチレン系炭化水素

アルギン-さん【アルギン酸】《alginic acid》乾燥させた海藻からとれる粘性の強い酸。接着剤・のり・フィルム製造や食品添加剤などに使用。

ある・く【歩く】〘動カ五(四)〙❶足を動かして前に進む。歩行する。あゆむ。「—・いて帰る」「野山を—・く」❷あちこち動き回る。移動する。必ずしも徒歩と限らず、乗り物などで外出する場合にもいう。「得意先を—・く」「世界を股にかけて—・く」❸野球で、打者が四死球で塁に出る。「怖いバッターを—・かせる」❹月日を経る。過ごす。あゆむ。「—・いてきた半生を振り返る」❺(他の動詞の連用形に付いて)あちこちで…してまわる。「尋ね—・く」「酒場を飲み—・く」(可能)あるける (類語)(❶)歩む・てくる/(❷)ぶらつく・ほっつく・散歩する・散策する・逍遥する・漫歩する・漫遊する・巡歴する・行脚する・跋渉する

アルクイン〘Alcuin〙[730ころ〜804]英国の神学者。カール大帝の招きでアーヘンに宮廷学校を開き、フランク王国における学問復興の基を築いた。

アルクトゥルス〘ラテン Arcturus〙牛飼座のα星。光度0.0等、距離30光年。直径が太陽の24倍の赤色巨星。6月下旬の午後8時ごろ南中。アークトゥルス。

アルクマール〘Alkmaar〙オランダ、ノルトホラント州の都市。アムステルダムに通じる北ホラント運河に沿い、同地方の農産物、畜産物の集散地として発展。毎週、チーズ市が開かれることで知られる。

アルケ〘Arche〙木星の第43衛星。他の多くの衛星とは逆方向に公転している。2002年に発見。名の由来はギリシャ神話の女神でゼウスの娘。非球形で平均直径は3キロ。

アルゲーロ〘Alghero〙イタリア半島の西方、サルデーニャ島、サルデーニャ自治州の港町。同島北西部に位置し、14世紀半ばから約400年にわたりアラゴン王国に支配された歴史的経緯から、現在もカタルーニャ語の方言が話されている。城壁に囲まれた旧市街には、その一部にカタルーニャ-ゴシック様式が残るアルゲーロ大聖堂やサンフランチェスコ教会があるほか、周辺には先史時代に築かれた巨石建造物ヌラーゲが点在する。海岸保養地であり、サンゴの産地としても知られる。

アルケオロジー〘フランス archéologie〙▶考古学

アルケスナン-おうりつせいえんじょ【アルケスナン王立製塩所】《Saline Royale d'Arc-et-Senans》フランス東部、ドゥー県の都市ブザンソン近郊の町、アルケスナンにある旧製塩所。18世紀後半、ルイ16世の時代にフランス新古典主義の建築家クロード=ニコラ=ルドゥーが設計した。理想的な工業都市の中心的建築物として建設されたが、工場経営の悪化のため都市計画は中断。製塩所は19世紀末に操業を停止した。18世紀の画期的な工業都市計画をしのばせる建造物として評価され、1982年、世界遺産(文化遺産)に登録された。

アルゲダス〘José María Arguedas〙[1911〜1969]ペルーの作家・文化人類学者。幼少期をケチュア系先住民と暮らし、長じて先住民復権運動を推進した。インディオの言語や視点を小説に反映させインディヘニスモ文学の新しい地平をひらいたほか、フォークロアの採集にも努め、民族学・文化人類学の分野でも足跡を残した。ピストルで自殺。著「国民文化の形成」、小説に「深い川」など。

アルゲニー〘algeny〙生物の遺伝的性質を人為的に変えたり、他の生物の遺伝子を移植する手術。遺伝子工学をいう場合もある。

アルケミー〘alchemy〙西洋中世の錬金術のこと。

アルケン〘alkene〙▶エチレン系炭化水素

アルゴ〘Argō〙ギリシャ神話で、英雄イアソンをはじめ黄金の羊の皮を求める五十余人の冒険者たち(アルゴナウタイ)を乗せたという巨船。

アルコーブ〘alcove〙洋式建築物で、部屋・廊下・ホールなどの壁面の一部をくぼませて造った小部屋。寝室・書斎・書庫に使われる。

アルコール〘オランダ・英 alcohol〙❶炭化水素の水素原子を水酸基で置換した形の化合物の総称。エステル・油脂や蝋として自然界に多く存在し、また糖の発酵によって生じ、合成もされる。メチルアルコール・エチルアルコールなど。特に、エチルアルコールをさす。❷アルコール飲料。酒類。

アルコール-いそんしょう【アルコール依存症】長期にわたって酒類を飲みつづけた結果、飲酒が習慣となり、やめると禁断症状が現れ、精神的にも身体的にも酒類への依存がみられる状態。➡アルコール中毒

アルコール-いんりょう【アルコール飲料】アルコールを含む飲み物。日本酒・ビール・ワイン・ウイスキーなど。製造法では発酵酒・蒸留酒・混成酒の3種に分けられる。酒類。

アルコール-おんどけい【アルコール温度計】着色したアルコールの、温度による体積変化を利用した液体温度計。

アルコール-じどうしゃ【アルコール自動車】エタノール・メタノールなどのアルコールを燃料として走る自動車。現在のガソリン(ディーゼル)エンジンの小改良ですむが、ガソリンなどに比べて熱エネルギーが小さく、出力が低い。

アルコールタバコかきとりしまり-きょく【アルコール・タバコ・火器取締局】▶エー-ティー-エフ(ATF)

アルコール-ちゅうどく【アルコール中毒】多量の飲酒から生じるエチルアルコールの中毒。急性はアルコール飲料を一時に多量に飲んだときに起こり、人事不省、糞尿の失禁、いびき、瞳孔散大などを呈し、死亡することもある。慢性はアルコール依存症といい、持続力・意志力などの衰え、肝臓の障害が生じ、禁断症状として手指のふるえや幻覚がみられる。アル中。

アルコール-づけ【アルコール漬け】❶保存のために動植物をアルコールに漬けておくこと。❷俗に、酒びたりになるさま。「宴会続きで—の状態だ」

アルコール-はっこう【アルコール発酵】酵素の作用で糖類がエチルアルコール(エタノール)と二酸化炭素(炭酸ガス)に分解する反応。酵母などの無気呼吸によって起こる。古くから酒造に利用。酒精発酵。(補説)近年、バガスや藁、廃材などのバイオマスを発酵させてアルコールを作り、燃料として用いる方法が研究されている。➡バイオマス燃料

アルコール-ハラスメント《和 alcohol+harassment》酒席でのいやがらせ。酒が飲めない体質の人に、無理やり酒を飲ませようとすること。アルハラ。

アルコール-フリー〘alcohol-free〙食品・飲料や化粧品などに、アルコールが含まれていないこと。「—ドリンク」

アルコール-ランプ《和 alcohol+lamp》アルコールを燃料とするランプ。科学実験などに使用。(補説)英語ではspirit lamp。

アルゴ-ざ【アルゴ座】ギリシャ神話にみえる巨船アルゴにちなんだ南天の星座。あまりに大きすぎるので、竜骨座・艫座・帆座・羅針盤座の4星座に分割された。

アルゴス〘Argos〙《ギリシャ神話で、多くの目を持った王子の名》データ収集衛星システム。地上を動く物体につけた発信器からの電波を人工衛星が受信し、その位置を追跡するもの。海流や動物の行動調査などに使用。

アルコス-デ-ラ-フロンテラ〘Arcos de la Frontera〙スペイン南西、アンダルシア州の都市ヘレス近郊の村。グアダレーテ川に沿う。岩山の上に白壁の家が並ぶアンダルシア独特の村落景観で知られる。

アルコ-ダ-ビラ〘Arco da Vila〙ポルトガル南部の港湾都市ファロの旧市街北側入口にある門。ポルトガル語で「市の門」を意味する。18世紀に司教フランシスコ=ゴメスにより建造。ファロのシンボル。

あること-ないこと【有る事無い事】〘連語〙本当のことと、実際にはなかったこと。「—言い触らす」(類語)真偽・虚実

アルコバサ〘Alcobaça〙ポルトガル西部の町。アルコア川とバサ川の合流点に位置する。1989年にアルコバサ修道院が世界遺産(文化遺産)に登録された。ワインの産地で、国立ワイン博物館がある。

アルコバサ-しゅうどういん【アルコバサ修道院】《Monasteiro de Santa Maria de Alcobaça》ポルトガル西部の町アルコバサにあるシトー会修道院。正式名称はサンタマリア修道院。12世紀にポルトガル王アフォンソ1世により建造。彫刻が施されたペドロ1世の石棺はゴシック様式の傑作として名高い。

2階部分のマヌエル様式の回廊は14世紀に増築、バロック様式の正面入口は18世紀に改築されたもの。1989年、世界遺産(文化遺産)に登録された。

アルコホリック〖alcoholic〗アルコール中毒。また、アルコール中毒患者。アル中。

アルゴリズム〖algorithm〗ある特定の問題を解いたり、課題を解決したりするための計算手順や処理手順のこと。これを図式化したものがフローチャートであり、コンピューターで処理するための具体的な手順を記述したものがプログラムである。イランの数学者・天文学者、アル゠フワーリズミーにちなむ。

アルゴリズム-とりひき【アルゴリズム取引】コンピューターシステムが、株価の動き、出来高を分析し、最適と判断した時期、株価、数量で自動的に売買注文を繰り返す取引。(補説)米国で始まり、平成17年(2005)に日本にも移入。

アルゴル〖ALGOL〗《algorithmic language》コンピューターで、科学技術計算用のプログラミング言語の一。アルゴリズムの記述用で、数学的に整った構造をもつ。

アルゴル〖Algol〗《アラビア語で、悪魔の星の意》ペルセウス座のβ星。食変光星で、2.867日の周期で2.1等から3.4等に変光する。距離は80光年。

アルゴルがた-へんこうせい【アルゴル型変光星】食変光星のうち、ほぼ一定の明るさが長く続き、時々暗くなるもの。アルゴルが代表星。

アルコロジー-うんどう【アルコロジー運動】《アルコロジーは、歩く＋ecology(生態学)からの造語》バイコロジーにならって、自分の足で歩くことを通して自然と接し、人間性を回復しようとすること。「日本歩け歩け協会」が推進する市民運動。

アルゴン〖ドイ Argon〗希ガス元素の一。単体は不活性の無色・無臭の気体。白熱電球の充塡ガス、溶接用ガス、蛍光ランプの放電用気体などに用いる。元素記号Ar　原子番号18。原子量39.95。

アルゴンイオン-レーザー〖argon ion laser〗
►アルゴンレーザー

アルゴンキン-しゅうりつこうえん【アルゴンキン州立公園】《Algonquin Provincial Park》カナダ、オンタリオ州東部、マスコーカ地方にある同州最古の州立公園。広大な森林地帯に大小2000以上の湖沼がある。ヘラジカ、オジロジカが生息し、アメリカアカオオカミの保護増殖が進められている。

アルゴン-レーザー〖argon laser〗アルゴンイオンのガスを用いる気体レーザー(イオンレーザー)。青色または緑色の光を発する。水に吸収されにくく、血液の赤色に吸収されやすいため、レーザーメスなどに用いられる。アルゴンイオンレーザー。

アルザス-ロレーヌ〖Alsace-Lorraine〗フランス北東部、ドイツ国境に近いライン川西岸の地域。鉄の産地。両国間の歴史的係争地で、第二次大戦後フランス領。ドイツ名エルザス-ロートリンゲン。

アル-サロ「アルバイトサロン」の略。

あるじ【主】❶一家の長。主人。「旧家の—」❷集団を統括する人。「一国一城の—」❸持ち主。「部屋の—」❹「饗設(あるじもう)け」に同じ。「方違(かたたが)へに行きたるに、—せぬ所」〈枕・二五〉
(類語)(❶)主人・主/(❸)店主・主人・おやじ・マスター

アルジェ〖Alger〗アルジェリアの首都。地中海に臨み、オスマン帝国やフランスの植民地として発展。旧市街のカスバ(城郭都市)は、1992年、世界遺産(文化遺産)に登録。人口、行政区179万(2004)。

アルジェリア〖Algeria〗アフリカ北西部、地中海に面する民主人民共和国。首都アルジェ。地中海沿岸は農業・工業が、サハラ砂漠地方では鉄鉱石・天然ガス・石油の採掘が盛ん。フランス領から1962年に独立。人口3459万(2010)。(補説)「阿爾及」とも書く。

あるじ-かんぱく【主関白】《古くは「あるじかんぱく」》家庭内で、主人が絶対の権力を持つこと。亭主関白。「—と申す事の候へば、まづ飲み候べしとて」〈伽・文正〉

あるじ-もうけ【饗設け】客を迎えてごちそうすること。もてなし。供応(きょうおう)。あるじ。「その日は—したりける」〈伊勢・一〇一〉

アル-ジャジーダ〖El Jadida〗モロッコ西部、大西洋沿岸の港湾都市。16世紀初頭からポルトガル領マサガンとして発展。1769年、モロッコ人によりポルトガルが駆逐され、のちに町の名が現名に改称された。1912年から56年のモロッコ独立まではフランス保護領。現在は多文化が行き交う観光都市。旧市街はポルトガル領時代に築かれた巨大な城塞で、2004年「マサガン(アル-ジャジーダ)のポルトガル都市」の名称で世界遺産(文化遺産)に登録。アル-ジャディーダ。

アル-ジャジーラ〖Al Jazeera〗カタールを本拠地とする衛星テレビ局。1996年に同国首長の資金により設立。アフガニスタン戦争やイラク戦争で、現地に食い込んだ取材と、欧米系メディアとは異なる視点で注目される。

アルシン〖arsine〗砒化(ひか)水素、およびその水素を有機基で置換した化合物の総称。猛毒。

アルス〖ラテ ars〗《術の意》芸術。アート。

ある-ず【有る図】〔名・形動〕《近世語》世間によくあること。ありふれていること。また、そのさま。「郭へちょっとなりともお出では御無用、御身のため悪しといふも—なやつ」〈黄・雁取帳〉

アルスター〖Ulster〗アイルランド島北部の地方名。東半が英国の北アイルランドに、西半がアイルランド共和国に所属。

アルスター-こ【アルスター湖】《Alster》ドイツ北部の都市ハンブルクの中心部にある中世の人造湖。エルベ川の支流、アルスター川を堰(せ)き止めて造られた。大小二つの湖があり、大きい方は外アルスター(アウセンアルスター)湖、小さい方は内アルスター(ビンネンアルスター)湖と呼ばれる。

アルスター-コート〖ulster coat〗トレンチコートの原型とされる、ダブルで、ベルト付きの丈の長いコートのこと。アイルランドのアルスター産の生地で作られたことから。

アルス-ノバ〖ラテ ars nova〗《新技法、新芸術の意》㊀フランスのフィリップ゠ド゠ビトリ著の音楽理論書。新しい記譜法体系を提唱した。㊁14世紀フランス音楽に現れた新しい傾向。また、その音楽の総称。㊀の題名に由来する。広義にはイタリア音楽を含むヨーロッパ音楽全体をさす場合がある。

アルスフェルト〖Alsfeld〗ドイツ中部、ヘッセン州の町。旧市街には、後期ゴシック様式の市庁舎、ワルプルギス教会、木組み造りの民家などがあり、中世の面影が色濃く残っている。メルヘン街道沿いの町の一。

アルスメール〖Aalsmeer〗オランダの首都、アムステルダム近郊の町。世界最大規模の花卉(かき)・観賞用植物の取引所であるアルスメール生花中央市場がある。アールスメア。アールスメール。

アルゼンチン〖Argentine〗南アメリカ南部、大西洋に面する共和国。首都ブエノスアイレス。中央部の草原地帯では牧畜が盛ん。1816年、スペインから独立。人口4134万(2010)。アルヘンティナ。(補説)「亜爾然丁」とも書く。

アルゼンチン-タンゴ〖Argentine tango〗アルゼンチン風のタンゴ。コンチネンタルタンゴに対していう。情熱的で歯切れのいいリズムが特色。

アルタ〖Alta〗ノルウェー北部、アルタフィヨルドの湾奥にある町。紀元前4200年から紀元前500年頃に描かれた岩絵群があり、1985年に「アルタのロックアート」の名称で世界遺産(文化遺産)に登録された。

アルダー〖Kurt Alder〗[1902〜1958]ドイツの化学者。ディールス-アルダー反応として知られるジエン合成法を開発。1950年に師ディールスとともにノーベル化学賞受賞。

アルタイ〖Altay〗ロシア連邦にある21の共和国の一つ。アルタイ山脈北西部に位置し、モンゴル・中国・カザフスタンと国境を接する。基幹民族はアルタイ人だが多数派ではない。首都はゴルノ-アルタイスク。

アルタイ-さんみゃく【アルタイ山脈】《Altay》中国・モンゴル・ロシア連邦にまたがる全長約2000キロメートルの大山脈。最高峰は標高4506メートルのベルーハ山。金・銀などの鉱物資源が豊富。ロシアに属する一部地域が1998年に「アルタイのゴールデンマウンテン」の名称で世界遺産(自然遺産)に登録された。

アルタイ-しょご【アルタイ諸語】《Altaic》トルコ・中央アジア・中国・モンゴル・シベリアなどの地域に分布する、チュルク語(トルコ語)族・モンゴル語族・ツングース語族の総称。母音調和があり、語頭にｒの音が立たず、膠着語(こうちゃくご)的特徴がある。朝鮮語・日本語もこれに属するとの説もある。

アルタイ-の-ゴールデンマウンテン《Zolotïe gory Altaya》中国・モンゴル・ロシア連邦にまたがるアルタイ山脈のロシア領内の一部地域。アルタイ自然保護区とテレツコエ湖、カトゥン自然保護区とベルーハ山、ウコク高原を含み、ステップ、タイガから高山帯にいたる多様な自然環境に恵まれている。ユキヒョウをはじめとする希少な野生生物の生息地としても知られ、1998年に世界遺産(自然遺産)に登録された。アルタイの黄金山地。

アルタイル〖Altair〗鷲(わし)座のα星。光度0.8等、距離16光年。夏の夜、天の川を隔てて琴座の織女星(ベガ)と相対する。牽牛(けんぎゅう)。彦星(ひこぼし)。

アルダブラ-かんしょう【アルダブラ環礁】《Aldabra》セイシェルのマヘ島から南西約1000キロメートルのインド洋上にある環礁。サンゴ礁が隆起してできた四つの島からなる。アルダブラゾウガメの生息地、タイマイ・アオウミガメの産卵地として有名。1982年、世界遺産(自然遺産)に登録された。

アルタミラ〖Altamira〗スペイン北部、サンタンデル市の西方にある洞窟(どうくつ)。1879年に発見された旧石器時代の壁画で知られる。1985年、世界遺産(文化遺産)に登録された。

アルタ-モーダ〖イタ alta-moda〗高級衣装店。高級注文服。➡オートクチュール

アルダン〖Aldan〗ロシア連邦東部、サハ共和国の都市。エニセイ川の支流アルダン川沿いに位置する。1920年代より金と雲母の採掘で知られる。

アルタン-ハン〖Altan Khan〗[1507〜1582]内モンゴル族トゥメト部の長。ダヤン゠ハンの孫。1570年、明(みん)と和睦して、順義王の号を受けた。また、チベットに遠征し、ダライ゠ラマを招いてモンゴルにラマ教を移入した。(補説)「俺答汗」とも書く。

アルタンブラク〖Altanbulag〗《黄金の泉の意》モンゴル北部の商業都市。国境をはさんでロシア連邦のキャフタと相対する。1727年にロシアと清(しん)との間で締結されたキャフタ条約後、両国間の貿易地となる。旧称マイマイチェン(買売城)。

アルチザン〖フラ artisan〗❶職人。技工。❷職人的芸術家。技術は優秀であるが、芸術的感動をよばない制作をする人を批判的にいう語。

アルチメータム〖ultimatum〗「最後通牒❶」に同じ。

アル-ちゅう【アル中】「アルコール中毒」の略。

アルチュセール〖Louis Althusser〗[1918〜1990]フランスの哲学者。マルクス主義理論を構造主義的にとらえなおし、斬新な理論構築を企てた。著「甦(よみがえ)るマルクス」「資本論を読む」。

アルチョム〖Artyom〗ロシア連邦東部、沿海地方の都市。ウラジオストクの北東約50キロメートル、ムラビヨフアムールスキー半島の基部に位置する。1920年代より採炭地として発展。

アルツィバーシェフ〖Mikhail Petrovich Artsïbashev〗[1878〜1927]ロシアの小説家。帝政末期の近代主義的潮流の中で、虚無的で、性におぼれた人間を描いた。十月革命後ポーランドに亡命。作「サーニン」「最後の一線」。

アルツハイマーがた-しょろうきにんちしょう【アルツハイマー型初老期認知症】►アルツハイマー病

アルツハイマーがた-にんちしょう【アルツハイマー型認知症】認知症の約半数を占める疾患。脳内に異常なたんぱく質が蓄積し、神経細胞が

変性・脱落して脳が萎縮していく。ひどい物忘れや時間・場所の見当識障害などの症状に始まり、高度の認知症となる。初老期(65歳未満)に発症するアルツハイマー病(AD)、老年期(65歳以上)に発症するアルツハイマー型老年認知症(SDAT)、家族性アルツハイマー病(FAD)などがある。DAT(dementia of Alzheimer type)。AD(Alzheimer's disease)。(補説)アミロイドベータのペプチドが老人斑を形成して脳神経細胞を死滅させるとする説や、アミロイドベータのオリゴマーが神経細胞のシナプスの機能を阻害し、認知機能を低下させるとする説がある。

アルツハイマーがた-ろうねんにんちしょう【アルツハイマー型老年認知症】アルツハイマー型認知症のうち、老年期(65歳以上)に発症するタイプのもの。進行は遅い。SDAT(senile dementia of Alzheimer type)。

アルツハイマー-びょう【アルツハイマー病】アルツハイマー型認知症のうち、初老期(65歳未満)に発症するタイプのもの。進行が速い。ドイツの精神医学者アルツハイマー(A.Alzheimer)が1906年に初めて報告。アルツハイマー型初老期認知症。AD(Alzheimer's disease)。(補説)アルツハイマー型認知症のことをアルツハイマー病という場合もある。

アルディージャ ►大宮アルディージャ

アルティメータム〘ultimatum〙最終提案。最後通牒。

アルティメット〘ultimate〙フリスビーを使った競技の一種。各チーム七人ずつで、縦100メートル、横40メートルのコートでパスをしながら前進し、エンドゾーンの選手にパスが通れば得点になる。

アルデバラン〘Aldebaran〙牡牛座のα星。赤橙色で光度0.8等、距離60光年の巨星。冬の夜空に輝く。

アルデヒド〘aldehyde〙❶アルデヒド基–CHOをもつ化合物の総称。ホルムアルデヒド・アセトアルデヒドなど。❷–CHOで表される一価の基。酸化されてカルボキシル基–COOHになりやすい。

アルデヒド-き【アルデヒド基】《aldehyde group》カルボニル基に1個の水素原子が結合した基–CHOをいう。

アルテ-ブリュッケ〘Alte Brücke〙《ドイツ語で古い橋の意》カールテオドール橋のこと。

アルテ-ポベラ〘イタリア arte povera〙《貧しい芸術の意》1960年代にイタリアのトリノで興った芸術運動。素材の物質性に注目し、さまざまな素材どうしの結びつき、環境との結びつきを通して表現を行った。

アルテミス〘Artemis〙ギリシャ神話で、狩猟の女神。ゼウスとレトの子で、アポロンの双生の妹。若く美しい処女の狩人で、月の神。

アルテミス-しんでん【アルテミス神殿】《Artemis Tapınağı》トルコ西部の町セルチュク(古代都市エフェス)にあった神殿。紀元前6世紀半ば、豊穣の神アルテミスを祭る神殿として建造。アテネのパルテノン神殿の倍近くの規模を誇り、その壮麗さから古代世界七不思議の一つに数えられた。ギリシャの歴史家ストラボンは、7回破壊され7回再建されたと記している。現在は復元された柱が1本だけ立つ。

アル-デンテ〘イタリア al dente〙《歯ごたえのある、の意》スパゲッティのゆで上がりの状態を表す言葉。めんの中心部にわずかに芯が残るゆで加減をいう。

アルテンプス-きゅうでん【アルテンプス宮殿】《Palazzo Altemps》イタリアの首都ローマにある宮殿。ナボーナ広場の近くに位置する。現在はローマ国立博物館の主な展示施設の一つとして、古代ローマ時代の彫刻などを所蔵。

アルト〘イタリア alto〙《高いの意で、テノールより音域が高いところから》❶女声の最低音域。また、その声域の歌手。コントラルト。❷楽曲で、上から2番目の声部。❸同一属の楽器の中で、声のアルトに相当する音域をもつもの。アルトサックスなど。

アルトゥン-ハ-いせき【アルトゥンハ遺跡】《Altun-Ha》中央アメリカ、ベリーズ北東部のオレンジウォーク州にあるマヤ文明の遺跡。首都のベルモパンより北東約70キロメートルに位置する。

アルトー〘Antonin Artaud〙[1896〜1948]フランスの詩人・俳優・演出家。バリ島の演劇に霊感を受け、演劇理論書「演劇とその分身」を発表。その理論は1960年代以降の演劇に影響を与えた。

アルト-キー【Altキー】《alternate key》►オルトキー

アルト-きごう【アルト記号】五線の第3線を一点ハ音とするハ音記号の一種。今日では主にビオラの楽譜に用いる。

あるとき-しょうぶ【有る時勝負】金銭を持っているときに、思いきった勝負などをすること。

あるとき-ばらい【有る時払い】品物の代金や借金などを、期限を決めないで、お金のあるときに支払うこと。「一の催促なし」

有る時払いの催促なし 借金の返済について、お金の余裕があるときに返せばよく、催促もいっさいしないということ。最も寛大な返済条件をいう。

アルト-サックス〘alt sax〙サキソホンのうち、アルトに相当する音域をもつ楽器。アルトサキソホン。アルトサキソフォン。アルトサクソフォン。

アルドステロン〘aldosterone〙副腎皮質ホルモンの一。コレステロールから生合成され、アンギオテンシンによって分泌が促進される。腎臓の尿細管などに作用して、ナトリウム・水分の再吸収、カリウム再吸収の抑制、燐酸の排泄などを促し、体液の浸透圧調節に関与。

アルドステロン-しょう【アルドステロン症】アルドステロンが過剰に分泌されて高血圧やアルカローシスをきたす疾患。副腎の腫瘍が原因で起こる原発性のものは、発見者の名からコン症候群ともいう。他の病気から二次的に起こる続発性のものもある。

アルト-ドウロ〘Alto Douro〙ポルトガル北部の山岳地帯を流れるドウロ川の上流地域の名称。標高1000メートルを超える山の斜面の川沿いにブドウ畑が広がり、世界的に有名なポートワインの産地として知られる。2001年、「アルトドウロのワイン生産地域」として世界遺産(文化遺産)に登録。アルトドーロ。

アルトドルファー〘Albrecht Altdorfer〙[1480ころ〜1538]ドイツの画家・版画家・建築家。ルネサンス期に活躍。ドナウ派の代表者の一人。風景描写に優れ、神秘的な表現で知られる。作「ドナウ風景」など。

アルト-ハイデルベルク〘ドイツ Alt-Heidelberg〙マイヤーフェルスターの戯曲。5幕。1901年ベルリンで初演。学生皇太子ハインリヒと給仕女ケーティーとの恋の哀歓をうたった青春恋愛劇。

アルニカ〘ラテン Arnica〙キク科の多年草。ヨーロッパの高山に生え、高さ25〜60センチ。ウサギギクによく似る。夏から秋に黄色い花が咲く。乾かした花や根を民間薬とする。

アルニコ-ごうきん【アルニコ合金】《alnico》鉄にアルミニウム(Al)・ニッケル(Ni)・コバルト(Co)などを加えた合金。永久磁石などの材料。

アルニコ-じしゃく【アルニコ磁石】アルニコ合金でできた永久磁石。実用化されている磁石の中では比較的強い磁力をもつが、保磁力はあまり強くない。スピーカー、エレクトリックギターのピックアップなどに利用される。

アルニム〘Ludwig Achim von Arnim〙[1781〜1831]ドイツの詩人・小説家・劇作家。後期ロマン派を代表。ブレンターノと共編で民謡集「少年の魔法の角笛」を刊行。

アルネム〘Arnhem〙►アルンヘム

ある-は【×或は】〘接〙《動詞「あり」の連体形＋係助詞「は」から》❶(「あるは…、あるは…」の形で)ある者は。ある場合は。「一年ごとに鏡のかげに見ゆる雪と浪とをなげき…、一昨日は栄えおごりて時を失ひ」〈古今・仮名序〉❷あるいは。または。「逢坂山に至りて手向けを祈り、一春夏秋冬にも入らぬくさぐさの歌をなむ撰ばせ給ひける」〈古今・仮名序〉

アルパ〘イタリア・スペイン arpa〙❶►ハープ ❷ラテンアメリカの主にインディオ系の民俗楽器としてのハープの総称。

アルハーゼン〘Alhazen〙イブン＝アル＝ハイサムのラテン語名。

アルバータ〘Alberta〙カナダ西部の州。州都エドモントン。南西部はロッキー山脈がそびえ、観光地が多い。大油田がある。

アルバート-どおり【アルバート通り】《Ulitsa Arbat》モスクワの中心部、クレムリンの西側にある通り。全長約1キロメートル。15世紀以前から続くモスクワ有数の古い街路の一つで、現在は歩行者天国。レストラン、カフェ、高級ブランド店が並ぶ繁華街。プーシキンの家博物館とベールイの家博物館がある。

アルバート-ドック〘Albert Dock〙英国イングランド北西部の港湾都市リバプールにあるドック(船渠)の一。1846年に開設。世界初の耐火性倉庫を有し、水圧を利用した貨物用昇降機が設置された。1920年代以降は、物流の主役を陸運にゆずり、倉庫としてのみ使われた。1980年代に再開発が進められ、現代美術館テートリバプール、マージーサイド海事博物館、博物館ビートルズストーリーなどが集まる観光スポットになった。海港としての歴史を伝える他の地域とともに、2004年に「リバプール海商都市」の名称で世界遺産(文化遺産)に登録された。

アルバイシン〘Albayzín〙スペイン南部、アンダルシア州の都市グラナダの一地区。アルハンブラ宮殿よりダーロ川を挟む北側の丘一帯をさし、旧市街の中で最も古く、イスラム教徒の居住区だった。同地方特有の白壁の家並みが続く。1994年に「グラナダのアルハンブラ、ヘネラリーフェ、アルバイシン地区」の名称で世界遺産(文化遺産)に登録された。

アルバイター〘ドイツ Arbeiter〙《勤労者・労働者の意》アルバイトをする人。

アルバイト〘ドイツ Arbeit〙〘名〙スル《労働・仕事・研究の意》❶本業や学業のかたわら、収入を得るための仕事をすること。また、その仕事をする人。内職。バイト。「書店で一する」「学生一」❷パートタイム労働法に定める短時間労働者に分類される雇用形態。臨時雇い。パート。バイト。➡フリーター ❸学問上の作業。業績。(類語)常勤・非常勤・パートタイム・内職・手間仕事・賃仕事

アルバイト-サロン《和 Arbeit(ドイツ)＋salon(フランス)》素人のアルバイトという触れ込みで女性が客の飲食の相手をする店。主に関西でいう。アルサロ。

アルパイン〘alpine〙❶高山の。深山の。❷(Alpine)アルプスの。

アルパイン-スタイル《和 alpine＋style》ヒマラヤ登山で、極地法を用いずに、装備一式を背負って登ること。アルプスを登るようなやり方であるところからいう。アルプススタイル。➡極地法

アルパカ〘alpaca〙❶ラクダ科の哺乳類。南米のアンデス山中で飼われ、毛をとる。❷❶の毛を紡いだ糸。また、それで織った織物。

アルバ-こう【アルバ公】《Duque de Alba》[1508〜1582]スペインの将軍。フランドル総督となり、「血の審判所」を設け、エグモント伯らプロテスタントを厳しく弾圧。オランダ独立戦争のきっかけを作った。

アル-バッターニー〘al-Battānī〙►バッターニー

アルバ-とう【アルバ島】《Aruba》カリブ海南部、ベネズエラ沖にあるオランダ自治領の島。1816年に同国領となり近隣の島々とアンティル自治領を形成していたが、1986年に単独の自治領となる。サンゴ礁が発達し、主に米国からの観光客でにぎわう。人口10万(2010)。

アルバトロス〘albatross〙❶信天翁。❷ゴルフで、そのホールを基準打数(パー)より3打少ない打数で終了すること。ダブルイーグル。

アルバナシ〘Arbanasi〙ブルガリア中北部の村。ベリコタルノボの北約4キロメートルに位置する。オスマン帝国支配下の17〜18世紀に豪商や富豪の建てた民族復興様式の邸宅が多いことで知られる。

アルバニア〘Albania〙《ラテン語のalbus(白い)か

らで、白い山の意》バルカン半島南西部の共和国。首都チラナ。国土の大半が高原状山地の農業国。1912年にトルコから独立、1939～44年イタリアに併合、46年に人民共和国となり、91年アルバニア共和国に改称した。人口299万(2010)。シュキペリア。

アルバニア-ご【アルバニア語】インド-ヨーロッパ語族に属する言語。アルバニアの公用語。セルビア・モンテネグロ・イタリア南部・ギリシャなどにも話し手がいる。

アルパネット〘ARPANET〙《Advanced Research Projects Agency Network》►アーパネット

アルハフェリア-きゅうでん【アルハフェリア宮殿】《Palacio de la Aljafería》スペイン北東部、アラゴン州のサラゴサにある宮殿。イスラム支配時代の11世紀に建造。レコンキスタ後は教会に改築されたが、14～15世紀にはアラゴン王、カトリック両王の居城。イスラム文化を取り入れた中世スペイン建築の傑作として、2001年に「アラゴン州のムデハル様式の建造物」の名称で世界遺産(文化遺産)に登録された。

アルバム〘album〙❶写真・切手などを整理・保存する帳面。写真帳・切手帳・サイン帳など。❷写真などを印刷・製本したもの。❸一連のレコードをブック型ケースに収めたもの。❹複数の曲を収めたLPレコードやコンパクトディスク。

アル-ハラ「アルコールハラスメント」の略。

アルハンゲリスキー-だいせいどう【アルハンゲリスキー大聖堂】ダイセイドウ《Arkhangel'skii sobor》ロシア連邦の首都モスクワの中心部、クレムリンにあるロシア正教会の大聖堂。16世紀初頭、イワン3世によりイタリアの建築家アレビシオ=ノービの設計で建造。歴代のモスクワ大公とロシア皇帝の納骨堂になった。イコノスタシス(教会内陣の障壁)には、14世紀の画家フェオファン=グレッグ(ギリシャのテオファネス)によるイコンが残っている。アルハンゲリスキー寺院。

アルハンゲリスク〘Arkhangel'sk〙ロシア連邦北西部、アルハンゲリスク州の都市。同州の州都。白海のドビナ湾奥、ドビナ河口に臨む港湾都市。1584年に開かれたロシア最初の海港として知られる。木材の加工・輸出が盛ん。

アルハンブラ〘Alhambra〙《アラビア語の、「赤い城」の意を表す語から》スペイン南部、グラナダにあるイスラム時代の宮殿。13世紀ナスル朝のムハンマド1世が造営を開始し、14世紀にかけて建築、その後も増改築が行われた。大理石・タイル・彩色漆喰しっくいを用い、イスラム建築の粋を集める。1984年、世界遺産(文化遺産)に登録された。アランブラ。

アルビ〘Albi〙フランス南部、タルン県の都市。同県の県都で、タルン川沿いに位置する。中世に織物業、皮革業、藍染料の交易で発展。10世紀に築造されたタルン川に架かる赤レンガの橋や13世紀から15世紀にかけて建造されたゴシック様式のサントセシル大聖堂がある。画家ロートレックの生地。

アルヒーフ〘ドイツ Archiv〙「アーカイブ❶」に同じ。

アル-ビールーニー〘al-Bīrūnī〙►ビールーニー

アルビオリックス〘Albiorix〙土星の第26衛星。2000年に発見。名の由来はケルト神話の神。非球形で平均直径は約32キロ。

アルビオン〘Albion〙《ラテン語のalbus(白い)から》英国ブリテン島の雅称。古代ローマ人が同島南岸の白亜の崖を見て呼んだ名。

アルピグレン〘Alpiglen〙スイス中西部、ベルン州、ベルナーオーバーラントにある村。標高1616メートル。「ユングフラウ、アレッチ、ビーチホルン」の名称で世界遺産に登録された地域に含まれる。グリンデルワルトとラウターブルネンを結ぶ登山鉄道、ベンゲルンアルプ鉄道の駅がある。

アルビチア〘ラテ Albizia〙マメ科ネムノキ属の高木、または低木。木材、家畜の飼料、観賞などに利用される有用植物が多い。

アルピニア〘ラテ Alpinia〙ショウガ科ハナミョウガ属の観葉植物。アジアの熱帯・亜熱帯産。ゲットウ(月桃)やフイリゲットウ(斑入り月桃)が代表的。

アルピニスト〘alpinist〙《アルプス登山者の意》登山家。特に、高度な技術を要する登山を行う人。

アルピニズム〘alpinism〙登山。特に近代スポーツとしての登山の方法・技術や精神を総合していう。

アルビノ〘albino〙白化はくかした動物。白子しら。

アルビノーニ〘Tomaso Albinoni〙[1671～1751]イタリア、バロック期の作曲家・バイオリン奏者。ベネチア楽派の一人。上品な作風で知られ、オーボエ協奏曲をはじめとする器楽作品が有名。

アルビレックス-にいがた【アルビレックス新潟】ニイガタ 日本プロサッカーリーグのクラブチームの一。ホームタウンは新潟市、聖籠せいろう町。地元のクラブチームなどを母体に平成8年(1996)に活動を開始。同11年にJリーグに参加。補説「アルビレックス」は白鳥座の恒星の名とラテン語の王をあわせた造語。

アルプ〘ドイツ Alp｜フランス alpe〙アルプス山脈中腹の草原地帯。

アルプ〘Hans Arp〙[1887～1966]ドイツからフランスに帰化した彫刻家・画家・詩人。簡潔な曲線を用いた有機体を思わせる具体美術(アールコンクレ)を作り出した。ジャン=アルプ。

アルファ〘A｜α｜alpha〙❶〈Α・α〉ギリシャ語アルファベットの第1字。❷物事の最初。「━からオメガまで」❸〈α〉ある未知数。また、ある数量に付け加えられるわずかな量。「プラス━」❹〈A〉㋐野球で、後攻チームが最終回の攻撃をしないで、または終えないで勝ちが決まったとき、その得点につける記号。現在ではXを用いる。スコアブックに記された x を α と読み違えたところからという。㋑走り高跳び・棒高跳びで、次の高さに挑戦しないで試技を終えたとき、それまでの記録につける符号。「二メートル━」❺〈α〉金属・合金などで相を示す記号の一。❻〈α〉有機化合物の炭素原子の位置を示す記号の一。

アルファにしてオメガ 《新約聖書「ヨハネの黙示録」から》最初にして最後であること。全部。すべて。「アルファでありオメガである」とも。

アルファ-か【アルファ化｜α化】アルファ ベータでんぷんをαでんぷんに変えること。➔アルファでんぷん ➔ベータでんぷん

アルファ-かいへん【アルファ壊変｜α壊変】アルファカイヘン ►α崩壊

アルファ-ギーク〘alpha geek｜α-geek〙►ギーク❷

アルファ-ケンタウリ〘alpha Centauri｜α Centauri〙►リギルケンタウルス

アルファ-せい【アルファ星｜α星】一つの星座の中で、最も明るい星。首星。➔ベータ星 ➔ガンマ星

アルファ-せん【アルファ線｜α線】放射線の一。放射性元素のα崩壊で放出されるα粒子の流れ。人工的には、サイクロトロンなどを用いてヘリウムイオンを加速して発生させる。ベータ線・ガンマ線より電離作用が強く、透過力は小さい。数センチメートルの空気の層や紙一枚で容易に遮蔽することができるが、α線を放出する放射性物質を体内に取り込んだ場合、内部被曝ひばくにより人体に悪影響をもたらす。

アルファ-テスト〘alpha test｜α-test〙アルファ版と呼ばれる製品開発の最も初期段階にあるハードウエアやソフトウエアを、関係者や希望するユーザーにテスト目的で配布し、基本的な動作確認や性能評価をしてもらうこと。

アルファ-でんぷん【アルファ×澱粉｜α×澱粉】でんぷん分子が比較的規則的に並んでいるベータでんぷんに水を加えて熱するなどし、崩れた状態になったもの。酵素作用を受けやすく、消化がよい。

アルファニューメリック〘alphanumeric〙コンピューターで使われる、アルファベット・数字・特殊文字の総称。アルファメリック。

アルファ-は【アルファ波｜α波】〘alpha wave〙脳波の一。8ヘルツ以上13ヘルツ未満の波をいう。成人の覚醒・安静時の標準の脳波である。

アルファ-バージョン〘alpha version｜α-version〙►アルファ版

アルファ-ばん【アルファ版｜α版】《alpha version, α-version》製品開発の最も初期段階にあるハードウエアやソフトウエアのこと。アルファテストを行い、その結果を参考にしてベータ版が作られる。アルファリリース。アルファバージョン。

アルファ-フェトプロテイン〘alpha fetoprotein｜α-fetoprotein〙胎児の血清に含まれる糖たんぱく質。成人では微量に存在し、肝臓癌かんぞうがんなどで増加がみられるので、血液検査による癌診断の一助として用いられる。α胎児たんぱく。AFP。

アルファ-ブロガー〘alpha blogger〙ブロガーの中でも、多数の支持者がいて大きな影響力を持った人。

アルファベット〘alphabet〙《ギリシャ文字の αアルファ、βベータから》字母表。特にラテン文字(ローマ字)の字母表。本来は西ギリシャ系の文字で、それが徐々に西欧世界に使用されるに至った。ABC。➔字母表

アルファ-ほうかい【アルファ崩壊｜α崩壊】アルファホウカイ 放射性元素の原子核がα粒子を放出して、ほかの原子核に転換する現象。その際、原子番号は2、質量数は4だけ減少する。α壊変。

アルファマ〘Alfama〙ポルトガルの首都リスボン中央部の一地区。バイシャポンバリーナ地区の東側、テジョ川とサンジョルジェ城の間をさす。1755年の大地震で大きな被害を受けなかったため、リスボン大聖堂、サンビセンテ-デ-フォーラ教会、サンタエングラシア教会をはじめ、歴史的建造物が数多く残っている。

アルファ-まい【アルファ米｜α米】でんぷんをアルファでんぷんとした米を水分8パーセント以下まで熱風乾燥したもの。インスタント食品などに使用される。

アルファメリック〘alphameric〙►アルファニューメリック

アルファリノレン-さん【アルファリノレン酸｜α-リノレン酸】必須脂肪酸の一。人間の体内でエイコサペンタエン酸やドコサヘキサエン酸を生成する。荏えの油あぶら、菜種油などに多く含まれる。ALA(alpha-linolenic acid)。

アルファ-りゅうし【アルファ粒子｜α粒子】アルファリュウシ 高速で運動しているヘリウムの原子核。2個の陽子と2個の中性子からなり、放射性元素のα崩壊に際して放出される。

アルファ-リリース〘alpha release｜α-release〙►アルファ版

アルファルファ〘alfalfa〙マメ科の多年草。高さ30～90センチ。葉は3枚の小葉からなる複葉で、縁にぎざぎざがある。夏、淡紫色の蝶形の花が多数咲く。最古の飼料作物の一。もやしはサラダなどにして食べる。ルーサン。むらさきうまごやし。

アルフィエーリ〘Vittorio Alfieri〙[1749～1803]イタリアの劇作家。イタリア悲劇の創始者。作「サウル」「ミルラ」など。

アルプス〘Alps〙㊀ヨーロッパ中南部の褶曲しゅうきょく大山脈。フランス・スイス・イタリア・オーストリアにまたがり、長さ1200キロ。最高峰モンブランの標高4808メートルをはじめ、マッターホルン・ユングフラウなど四千メートル級の高峰がそびえる。㊁㊀にならって、山脈状に連なる高山の称。日本アルプス・ニュージーランドアルプスなど。

アルプス-さんみゃく【アルプス山脈】►アルプス㊀

アルプス-スタンド《和 Alps＋stand》兵庫県西宮市の甲子園球場の内野席と外野席の間にある大観覧席。漫画家岡本一平の造語とされる。

アルプス-ぞうざんうんどう【アルプス造山運動】ゾウザンウンドウ 中生代中ごろから新生代にかけて起こった造山運動。その主な地域はアルプス山脈などの地中海地域からヒマラヤ山脈に至る地帯と、ロッキー山脈からアンデス山脈に至る環太平洋地域で、合わせてアルプス造山帯という。

アルプバッハ〘Alpbach〙オーストリア西部、チロル州、イン川の支流沿いにある村。テラスを花で飾り立てた木造建築の民家が多く、「オーストリアで一番美し

い村」と「ヨーロッパで一番美しい花の村」に選出された。スキーリゾートとしても知られる。

アルブフェイラ〘Albufeira〙ポルトガル南部の港町。アラビア語で「海上の城」を意味し、イスラム支配時代には城塞が築かれた。漁業が盛んで、現在はアルガルベ地方を代表する海岸保養地の一つ。

アルブフェラ-こ【アルブフェラ湖】《La Albufera》スペイン東部の都市バレンシア南郊にある湖。同国最大の湖で水鳥が集まる湿地帯が広がり、国立公園に指定。周辺では稲作が盛んで、湖畔の町エルパルマールはスペイン料理パエーリャ発祥の地とされる。

アルプホルン〘ドイツ Alphorn〙►アルペンホルン

アルブミン〘albumin〙単純たんぱく質で水によく溶けるものの総称。熱やアルコールで凝固する。生体に広く含まれ、動物では卵白・血清などに多い。

アルフレッド〘Alfred〙[849～899]イングランドの王。在位871～899。デーン人の侵攻に対抗して南イングランドを統一。教育の振興、ラテン書英訳など文化的事業にも業績が多い。アルフレッド大王。

アルブレヒト-じょう【アルブレヒト城】〘ドイツ〙《Albrechtsburg》ドイツ東部、マイセンの旧市街、エルベ川を見下ろす丘の上にある城。15世紀建造の後期ゴシック様式の城で、1710年にザクセン選帝侯フリードリヒ＝アウグスト1世の下、王立磁器製作所が開設された。1864年まで、中国や日本の磁器を模倣したマイセン磁器の製作が続けられた。アルブレヒトブルク城。

アル-フワーリズミー〘al-Khwārizmī〙►フワーリズミー

アルヘイ〘ポルトガル alfeloa〙【有平】《砂糖菓子の意》「有平糖」の略。

アルヘイ-ぐま【有平×隈】歌舞伎の隈取りの一。有平糖の模様のように紅で隈取りをするもの。

アルヘイ-とう【有平糖】〘ダウ〙砂糖に水飴(みずあめ)を加えて煮詰め、冷やして引き伸ばしたり彩色したりした菓子。棒状のもののほか、花・果物の形に細工して飾り菓子にする。室町時代にヨーロッパから伝来。アリヘイ糖。アルヘイ。

アルヘイ-ぼう【有平棒】《有平糖のような棒の意から》理髪店が看板に使う、赤・白・青の螺旋(らせん)模様の棒。昔の西洋では理髪師を兼ねた医師の看板であったものが、明治初年に日本に伝来。

アルベーン-は【アルベーン波】プラズマなどの電気伝導性の流体中を伝播する磁気流体波の一。磁場に垂直な方向に振動し、磁場に沿って伝わる横波。磁束密度B、透磁率μ、プラズマの質量密度ρの場合、伝達速度は$V=B/(\mu\rho)^{1/2}$で表される。1942年、スウェーデンの物理学者H＝アルベーンが発見した。アルベン波。アルフベン波。

ある-べか-し【有るべかし】〘形シク〙《動詞「あり」の連体形に推量の助動詞「べし」が付いたものの形容詞化》そのようであるのがふさわしい。それ相応のさまだ。理想的だ。「御厨子所など—・しき事どもを」〈源・手習〉

ある-べき【有るべき】〘連語〙《動詞「あり」の連体形＋推量の助動詞「べし」の連体形。連体詞的に用いる》そうあるのが当然の。「教師として—姿」

アルペジオ〘イタリア arpeggio〙►アルペッジョ

アルヘシラス〘Algeciras〙スペイン南部、アンダルシア州の港湾都市。ジブラルタル海峡に面し、8～14世紀の間イスラム教徒の支配下にあった。北アフリカのタンジールやセウタへの定期航路がある。海岸保養地としても知られる。アラビア語名エルジェジラ。

アルペッジョ〘イタリア arpeggio〙《「アルペジオ」とも》装飾的な分散和音の一。和音の各音を同時に奏しないで、下または上の音から順次奏していく演奏法。

アルペ-ディ-シウジ〘Alpe di Siusi〙イタリア北部、南チロル地方のドロミティ山地にある台地。平均標高1850メートル。周囲をガルデーナ、イサルコ、ティレスの三つの渓谷に囲まれ、ヨーロッパ最大級の山岳牧草地が広がる。ドロミティ山地の山々を望む展望地として知られ、山岳保養地も多い。

アルベド〘albedo〙惑星や衛星に入射する太陽光のエネルギーと、反射光のエネルギーとの割合。一般に大気が多いほど大きく、地球は0.30、月は0.07。反射能。

アルベニス〘Isaac Manuel Francisco Albéniz〙[1860～1909]スペインの作曲家・ピアニスト。19世紀から興ったスペイン音楽の民族主義運動の代表者。ピアノ組曲「イベリア」など。

アルベルタ-どおり【アルベルタ通り】〘ラトビア〙《Alberta iela》ラトビア共和国の首都リガの新市街にある通り。エリザベテス通りとともに、20世紀初めのユーゲントシュティール様式の建物が多い。装飾性豊かな初期の様式の建物の中には、建築家ミハイル＝エイゼンシュテイン(映画監督セルゲイ＝エイゼンシュテインの父)が手がけたものもある。また、画家ローゼンタールスと作家ブラウマニスの旧居は、博物館として公開。

アルベルティ〘Leon Battista Alberti〙[1404～1472]イタリアの建築家。近世建築様式の創始者。詩人・哲学者・画家・音楽家としても有名。著に「家族論」「絵画論」など。

アルベルトゥス-マグヌス〘Albertus Magnus〙[1193ころ～1280]ドイツのスコラ学者・神学者・自然科学者。ドミニコ会修道士。アリストテレスの学説を取り入れて、理性と信仰の領域を区別した。トマス＝アクィナスの師。

アルベロベッロ〘Alberobello〙イタリア南部にある村。トゥルッリと呼ばれる円錐形の屋根をもつ住居で知られる。建物は16世紀半ばから約100年間、開拓農民用住居としてつくられたもので、石を積み石灰を塗って仕上げた壁と、部屋ごとに一つずつ載った円錐形の屋根が特徴。1996年「アルベロベッロのトゥルッリ」として世界遺産(文化遺産)に登録された。

アルペン〘ドイツ Alpen〙《アルプス山脈の意から》❶「アルペン種目」の略。❷他の語の上に付いて、高山の、山岳の、の意を表す。「—クラブ」

アルベンガ〘Albenga〙イタリア北西部、リグリア州の町。リビエラ海岸西部(リビエラ-ディ-ポネンテ)の海岸保養地の一。同地方におけるケルト人の中心的な居住地であり、古代ローマ時代に交通の要地となった。13世紀にジェノバ共和国に支配されるまで海運により栄えた。13世紀建造のロマネスク様式の大聖堂が残っている。

アルペンシュトック〘ドイツ Alpenstock〙先端にとび口状の金具、末端に石突きをつけた柄の長い登山用の杖。アルペンストック。

アルペン-しゅもく【アルペン種目】スキー競技で、滑降・回転・大回転・スーパー大回転の4種目とそれらの複合競技の総称。1936年からオリンピック種目となる。アルペン競技。➡ノルディック種目

アルペンスキー〘ドイツ Alpenski〙❶アルプス地方で発達したスキー術。また、その用具。ビンディングで爪先とかかとを固定する。➡アルペン種目 ❷登山用のスキー術。また、その用具。山岳スキー。

アルヘンティーナ〘La Argentina〙[1888～1936]スペインの女流舞踊家。アルゼンチン生まれ。民族舞踊を芸術舞踊に高め、20世紀最大のスペイン舞踊家といわれる。

アルヘンティナ〘Argentina〙《銀の意の「Argentum」より》「アルゼンチン」のスペイン語による呼称。

アルペンホルン〘ドイツ Alpenhorn〙アルプス地方に伝わる原始的なホルン。羊の群れを呼び集めたり、遠くから呼び交わしたりするのに用いた。木製または皮製で、管の長さは1メートル内外から4、5メートルのものまである。アルプホルン。

アルペンローゼ〘ドイツ Alpenrose〙ツツジ科の常緑低木。葉は楕円形で、裏面は暗褐色。夏、紅色の漏斗状の花をつける。アルプス・ピレネー山脈の高地の原産。

アルボア〘Arbois〙フランス東部、ジュラ県の町。ジュラワインの代表的な産地の一。中世に建造されたペコー城が現在フランシュコンテワイン博物館になっている。19世紀フランスの化学者・細菌学者、ルイ＝パスツールが少年期を過ごした地として知られ、彼の業績を紹介する記念館がある。アルボワ。

アルボース〘ドイツ Arbos〙薄黄色の固体。水に溶けやすく消毒剤として用いる。

アルボーレ-しゅうどういん【アルボーレ修道院】〘ルーマニア〙《Mănăstirea Arbore》ルーマニア北東部の村アルボーレにある修道院。16世紀初頭にモルドバ公国の貴族ルカ＝アルボーレにより創設。ブコビナ地方南部を代表する五つの修道院の中では最も規模が小さいが、外壁に描かれたフレスコ画の保存状態がよいことで知られる。1993年に「モルドバ地方の教会群」の一つとして世界遺産(文化遺産)に登録された。

アルボワ〘Arbois〙►アルボア

アルマ-アタ〘Alma-Ata〙カザフスタンの都市アルマトイの旧称。

アルマーニ〘Giorgio Armani〙[1934～　]イタリアの服飾デザイナー。1975年ジョルジオ-アルマーニ社を創立。美しいシルエットと着心地のよさを追求し、イタリアを代表するファッションブランドに成長させた。ハリウッドスターなど世界の著名人が顧客に名を連ねる。

アルマイト《和 Alumite》アルミニウムを陽極として電解により酸化させて、表面に酸化アルミニウムの耐食性皮膜を作ったもの。大正12年(1923)ごろ、理化学研究所で発明されたときの商標名。米国ではアルミライト、ドイツではエロクサールなどという。

アルマグロ〘Almagro〙スペイン、カスティーリャ-イ-ラ-マンチャ州南部の町。13世紀、レコンキスタを戦ったカラトラバ騎士団の本拠地が置かれ、16世紀にフッガー家がアルマデン水銀鉱山の採掘権を得て居住した。マヨール広場は同国きっての美しさで知られる。毎年7月に国際的な古典演劇祭が催される。

アルマゲスト〘Almagest〙2世紀のギリシャの天文学者プトレマイオスの著した天文学書。13巻。離心円・周転円を用いて天体の動きを説明し、16世紀まで天動説に基づく宇宙論の典拠となった。

ある-まじき【有るまじき】〘連語〙《動詞「あり」の連体形＋打消し推量の助動詞「まじ」の連体形。連体詞的に用いる》あってはならない。不都合である。とんでもない。「指導者に—振る舞い」

アルマジロ〘armadillo〙貧歯目アルマジロ科の哺乳類の総称。背面は骨質の甲羅で覆われ、前肢に丈夫な爪をもつ。歯はあるが不完全で、主に昆虫を食べる。ミツオビアルマジロなど20種以上が中南米に分布。よろいねずみ。

アルマトイ〘Almaty〙中央アジアのカザフスタン共和国の1997年までの首都。天山山脈の北麓に位置し、シルクロードの一地点。機械工業が盛ん。旧称アルマアタ。アルマティ。➡アスタナ

アルマナック〘almanac〙暦(こよみ)。年鑑。

アルマニャック〘フランス armagnac〙フランス南西部のアルマニャック地方産のブランデー。

アルマビル〘Armavir〙ロシア連邦南西部、クラスノダール地方の都市。カフカス山脈の北麓、クバン川沿いに位置する。19世紀半ばに建設。名称はアルメニアの同名の古都にちなむ。ロストフ、バクーへの鉄道が通る。工業が盛ん。

アルマ-マータ〘ラテン alma mater〙《恵みの母の意。古代ローマ人が、大地母神ケレスを呼んだ呼称》母校。出身校。

アルマンド〘フランス allemande〙16世紀中頃にあらわれた舞曲。中庸な速度の4分の4拍子で短いアウフタクトで開始する。

アルミ「アルミニウム」の略。

アルミ-きん【アルミ金】►アルミニウム青銅

アルミ-サッシ《aluminium sashから》アルミニウムやその合金で作られた窓枠。

アルミ-ダイカスト《aluminium die castingから》溶かしたアルミニウム合金を鋳型に入れ、高圧を掛けて鋳造する方法。また、その製品。精密で薄肉、大量生産に向く。ミシン・自動車の部品などの製造に利用される。アルミダイキャスト。➡ダイカスト

アルミナ〘alumina〙酸化アルミニウムの通称。耐

火・耐熱工業材、アルミニウムの製造原料。天然にはコランダム・ルビー・サファイアとして産出。

アルミナ-せっけん【アルミナ石×鹸】脂肪酸などと酢酸アルミニウム液を混合して作った石鹸。織物などの防水剤に使用。

アルミナ-セメント〖alumina cement〗アルミナと石灰石を焼成して作ったセメント。主成分はアルミン酸カルシウム。短時間で硬化し、耐食性にすぐれる。

アルミニウム〖aluminium〗硼素(ほうそ)族元素の一。銀白色の軟らかく軽い金属で、展延性に富み、熱・電気の良導体。種々のアルミノ珪酸塩(けいさんえん)として岩石・土壌中に存在する。日用品・建築材・電線・軽合金材料など用途は広い。元素記号Al　原子番号13。原子量26.98。アルミ。

アルミニウム-けいごうきん【アルミニウム軽合金】アルミニウムを主成分とした軽合金。ジュラルミン・シルミン・Y合金など。

アルミニウム-せいどう【アルミニウム青銅】銅を主成分とし、これに少量のアルミニウムを加えた合金。黄金色で耐食性があるので、模造金として装飾品・機械部品に使用。偽金(ぎきん)。アルミ金。

アルミノ-けいさんえん【アルミノ×珪酸塩】《alumino-silicate》珪素の一部がアルミニウムで置き換わった珪酸塩。多くの岩石の主成分で、雲母・長石・沸石などとして広く分布。

アルミノテルミー-ほう【アルミノテルミー法】►テルミット法

アルミノテルミット-ほう【アルミノテルミット法】►テルミット法

アルミ-はく【アルミ×箔】アルミニウムを紙状に薄く延ばしたもの。薬品や食品の包装などに用いる。

アルミ-ホイール《aluminium-wheelから》アルミニウム合金製の自動車のタイヤホイール。外観が美しく、軽量化がはかれる。

アルミ-ホイル《alminium foilから》アルミ箔。

アルムダイナ-きゅうでん【アルムダイナ宮殿】《Palau de l'Almudaina》スペイン東部、マリョルカ島西岸にある港湾都市パルマにある宮殿。10世紀にイスラム教徒が建造した要塞を、マリョルカ王の宮殿として14～15世紀に改築。今もスペイン国王の夏の公邸の一。かつての王の居室やサンタアナ礼拝堂は一般者による見学が可能。ラ-アルムダイナ宮殿。

アルムデーナ-だいせいどう【アルムデーナ大聖堂】《Catedral de Nuestra Señora de la Almudena》スペインの首都、マドリードにある大聖堂。マドリードアルカラ大司教区の守護聖母を祭る。19世紀末に着工して以来、内戦などで工事が中断され、1993年にローマ教皇ヨハネ=パウロ2世が献堂式を行った。外観は新古典主義、内部はネオゴシック、地下礼拝堂はネオロマネスク様式。

アルムニェーカル〖Almuñécar〗スペイン南部、アンダルシア州の町。地中海に面し、後ウマイヤ朝を開いたアブドゥル=ラフマーン1世が、北アフリカから上陸した地として知られる。ガルムという魚醤(ぎょしょう)の一種の製造所だった古代ローマ時代の遺跡や、イスラム支配時のサンミゲル城など、歴史的建造物が多い。

アルム-ひろば【アルム広場】《Place d'Armes》ルクセンブルク大公国の首都、ルクセンブルクの旧市街中心部にある広場。フランス語で「軍隊広場」の意の名称は、かつて屯所(とんしょ)があったことに由来する。1554年、市街が大火災に見舞われた後に再建された。なお、城塞都市としての旧市街は、1994年に「ルクセンブルク市、その古い町並みと要塞群」の名称で、世界遺産(文化遺産)に登録された。ダルム広場。

アルメイダ〖Luis de Almeida〗[1525～1583]ポルトガルの宣教師。天文21年(1552)来日。弘治元年(1555)イエズス会に入会。私財を投じ豊後(ぶんご)府内に孤児院や病院を開き、また外科医を養成した。

アルメニア〖Armenia〗南西アジア、カフカス地方の共和国。カスピ海と黒海に挟まれた内陸部にある。首都エレバン。住民の大部分はアルメニア人。近年、重工業が発達。古代のアルメニアはトルコ・イランの一部まで占めた。301年、キリスト教を国教とした最初の国。1936年にソ連の一員となり、91年その解体に伴い独立。CIS(独立国家共同体)に属する。人口297万(2010)。ハヤスタン。

アルメニア-ご【アルメニア語】インド-ヨーロッパ語族に属する言語。アルメニアのほか、周辺の地域で話されている。

アルメリア〖ラテン Armeria〗イソマツ科の多年草。高さ10～15センチ。根元から多くの枝に分かれ、細い葉を密につける。春、葉の間から花茎を出し、頂に多数の淡紅色の小花が集まって咲く。花壇などにする。はまかんざし。**(季 春)**

アルメントフーベル〖Allmendhubel〗スイス中部、ベルン州、ベルナーオーバーラントにある展望地。標高1907メートル。アイガー、メンヒ、ユングフラウを望む。ミューレンとケーブルカーで結ばれる。アルプスの田園風景と高山植物を楽しめる所として知られる。

ある-よう【有る様】❶「ありさま❶」に同じ。「光源氏の一など、ところどころ語るを聞くに」〈更級〉❷特別の理由。事情。わけ。「この君は、一ありてや、かくこもり居給ひつらむ」〈宇津保・嵯峨院〉

アルル〖Arles〗フランス南部、ローヌ川に臨む観光都市。古くはローマ帝国のガリアの州都、中世にはプロバンス王国の首都として栄え、円形劇場・闘牛場などの遺跡が多い。

アルルカン〖フランス arlequin〗小布をはぎ合わせた服をまとい、黒っぽい仮面をつけた道化役者。

アルルのおんな【アルルの女】《原題、フランス L'Arlésienne》㊀ドーデの戯曲。3幕。1872年初演。「風車小屋だより」中の同名の短編を脚色。純情な農民フレデリックがアルルの女に失恋、自殺する物語。㊁ドーデの戯曲(㊀)に付したビゼー作曲の劇場音楽。1872年作。

アルンヘム〖Arnhem〗オランダ、ヘルデルラント州の都市。同州の州都。中世のヘルデルラント公国の中心地。1443年、ハンザ同盟に加盟。近郊に同国最大の自然保護地区、デホーヘフェルウェ国立公園がある。アーネム。アルネム。

あれ【×阿▽礼】《動詞「あ(生)る」の連用形からか》賀茂の祭のときの幣帛(へいはく)。榊(さかき)に種々の綾絹(あやぎぬ)や鈴などをつけたもの。

あれ【荒れ】❶あれること。荒廃。「壁の一が目だつ」❷風雨が激しく、天候が穏やかでないこと。また、物事が激しく変動すること。「一模様」❸皮膚があらくなること。「手の一」(類語)時化(しけ)・大荒れ

あれ【×吾┊▽我】〔代〕一人称の人代名詞。われ。わたし。「さ寝むとは一は思へど」〈記・中・歌謡〉(補説)上代語。中古には、「あれにもあらねば返しすべくも思はねど」〈源・玉鬘〉のような慣用表現に残るだけで、「われ」が多く用いられた。

吾かにもあら・ず　自分か人かわからないの意で、夢のような気持ち、気抜けしてぼんやりしているさまをいう。「一・ず、うつつともおぼえで」〈更級〉

吾にも非(あら)・ず　われを忘れて、呆然としているさま。

あれ【▽彼】〔代〕❶遠称の指示代名詞。㋐第三者が持っている物、または、話し手・聞き手の双方に見えている物をさす。あのもの。「一は何だ」「一が欲しい」㋑双方に見えている場所をさす。あそこ。「一に見えるは茶摘みじゃないか」〈文部省唱歌・茶摘〉㋒双方が知っている過去の事柄をさす。例のこと。「一は忘れられない出来事だ」「一以来からだのぐあいが悪くってねえ」❷三人称の人代名詞。双方に見えている人、分かっている人をさす。あの人。「一が君の妹か」❸二人称の人代名詞。あなた。「一は何する僧ぞと尋ねらるるに」〈宇治拾遺・一〉

(類語)これ・それ・どれ・この・その・あの・どの・かの

彼や此(こ)れや　いろいろ。さまざま。あれこれ。「一と心配する」

あれ〔感〕感動したり驚いたり、また不審に思ったりしたときに発する語。あら。おや。「一、変だなあ」

あれ-あれ〔感〕驚いたときや、あきれたときに発する語。「一、また汚したのか」

あ-れい【亜鈴┊×唖鈴】柄の両端に球形のおもりをつけた、鉄製・木製などの体操用具。上下させたり振ったりして筋肉を鍛練する。ダンベル。

アレイ〖array〗情報科学で、ある項目にしたがって、データを並べたもの。配列。一次元配列、二次元配列などがある。

アレイクサンドレ〖Vicente Aleixandre y Merlo〗[1898～1984]スペインの詩人。セビリア生まれ。シュールレアリスムとロマンチシズムの融合した作風で知られる。ガルシア=ロルカらとともに、1920年代後半から30年代にかけて活躍した「27年世代」の一人に数えられる。77年、ノーベル文学賞受賞。詩集「楽園の影」「心の歴史」など。

アレイ-プロセッサー〖array processor〗コンピューターで、処理装置を並列に配置、接続したもの。

アレウト〖Aleut〗►アリュート

あれ-うま【荒れ馬┊▽暴れ馬】あばれ馬。悍馬(かんば)。

あれえ〔感〕❶驚いたとき、また不審に思うときに発する語。「一、どうしたんだろう」❷多く女性が救いを求めるときに叫ぶ語。「一、だれか来てえ」

アレート〖フランス arête〗主として氷河の浸食による鋭い岩尾根。やせ尾根。鎌尾根。グラート。リッジ。

アレーナ-ディ-ベローナ〖Arena di Verona〗イタリア北東部、ベネト州の都市ベローナにある古代ローマ時代の円形闘技場跡。1世紀に建造され、現在もほぼ完全な形で残されている。長径152メートル、短径128メートルの楕円形で最大収容人数は2万人を超える。毎年夏に野外オペラ公演が行われることで有名。2000年、「ベローナ市」の名称で世界遺産(文化遺産)に登録された。

アレーン〖フランス arène〗►芳香族炭化水素

あれ-おとこ【×阿▽礼男】賀茂の祭の祭主。

あれ-おとめ【×阿▽礼▽少女】賀茂神社の斎院の異称。

あれ-かし【有れかし】〔連語〕《動詞「あり」の命令形＋終助詞「かし」》ぜひともそうあってほしいと望む心を表す。「幸(さち)一と願う」「事一と待ち構える」

アレカ-やし【アレカ×椰子】《areca》ヤシ科の植物。葉は黄緑色で羽状。鉢植えにして観賞する。

アレキサンダー〖Alexander〗アレクサンドロスの英語名。

アレキサンドライト〖alexandrite〗金緑石の一。クロムを含有し、太陽光の下では草緑色、人工光線下では赤紫色となる。

アレキサンドリア〖alexandria〗ヨーロッパ原産の、大粒・浅緑色のブドウ。マスカット。

アレキパ〖Arequipa〗ペルー南部、アレキパ県の県都。首都リマに次ぐ同国第2の都市。ミスティ山、チャチャニ山、ピチュピチュ山の麓の高原盆地にある。旧市街にはコロニアルスタイルの建造物が並び、2000年に「アレキパ市歴史地区」の名で世界遺産(文化遺産)に登録された。

あれ-きり〔副〕「あれっきり」に同じ。「一連絡がない」「一で事足りた」

アレクサンドゥルポリ〖Alexandroupoli〗《「アレクサンドルーポリ」とも》ギリシャ北東部、トラキア地方の港湾都市。エブロス川(マリツァ川)下流部、トルコとの国境近くに位置する。1861年、トルコ人によりデデアガチという町が建設され、ロシアトルコ戦争後、ロシア軍により都市整備が進められた。鉄道の敷設と港の建設により貿易港として発展。第二次バルカン戦争後の1913年から18年までブルガリア領。第一次大戦後、ギリシャ領になり、現名称に。サモトラキ島とフェリーで結ばれる。アレクサンドルポリス。

アレクサンドリア〖Alexandria〗㊀エジプト北部、地中海に面する港湾都市。前332年、アレクサンドロス大王がナイル川デルタの北西端に建設。プトレマイオス朝の首都で、東西交易、ヘレニズム文化の中心地として繁栄した。人口、行政区408万(2006)。(補説)「亜歴山特」とも書く。㊁米国バージニア州北部の独立都市。ポトマック川を挟んでワシントンに隣接。「オールドタウン」と呼ばれる旧市街に、18～19世紀の

建造物が多く、歴史保存地区に指定。初代大統領ジョージ＝ワシントンの業績を称えて建造されたワシントン記念石塔がある。人口、行政区14万(2008)。

アレクサンドリア-としょかん【アレクサンドリア図書館】►アレクサンドリア文庫

アレクサンドリア-ぶんこ【アレクサンドリア文庫】前3世紀ごろ、エジプト王プトレマイオス1世がアレクサンドリアに創設した図書館。古代の図書館では最大とされる。640年ごろ、アラブ人の攻撃で壊滅した。アレクサンドリア図書館。

アレクサンドル〖Aleksandr〗㊀(1世)［1777～1825］ロシア皇帝。在位1801～1825。ナポレオンのモスクワ遠征を失敗させ、ウィーン会議では神聖同盟を提唱。㊁(2世)［1818～1881］ロシア皇帝。在位1855～1881。ニコライ1世の長男。農奴解放令発布など自由主義的改革を行ったが、のち反動化した。アラスカを米国に売却、日本とは千島列島を樺太(サハリン)と交換。ナロードニキのメンバーに暗殺された。㊂(3世)［1845～1894］ロシア皇帝。在位1881～1894。㊁の次男。皇帝専制を行った。フランスと同盟を結び、バルカンに進出。フランス資本を導入して、シベリア鉄道の建設に着工し、ロシア資本主義の発展を図った。

アレクサンドルーポリ〖Alexandroupoli〗►アレクサンドゥルポリ

アレクサンドル-きゅうでん【アレクサンドル宮殿】《Aleksandrovskiy dvorets》ロシア連邦北西部、レニングラード州のかつてのロシア皇帝の避暑地ツァールスコエセローにある新古典主義様式の宮殿。エカチェリーナ宮殿に隣接する。18世紀末、エカチェリーナ2世が孫のアレクサンドル(のちの皇帝アレクサンドル1世)のために建造。最後の皇帝ニコライ2世は1905年1月の血の日曜日事件以降、この宮殿に移り住み、その後革命政府によりシベリアに連行された。アレクサンドロフスキー宮殿。

アレクサンドルネフスキー-だいしゅうどういん【アレクサンドルネフスキー大修道院】《Aleksandro-Nevskaya lavra》ロシア連邦北西部、サンクトペテルブルグにある修道院。18世紀初め、ピョートル1世により創設。北方戦争勝利後、聖人アレクサンドル＝ネフスキーの聖骸が移され、サンクトペテルブルグの守護聖人になり、以降、現在の名称で呼ばれるようになった。修道院の中心にある新古典主義様式のトロイツキー聖堂をはじめ、11の教会がある。

アレクサンドルネフスキー-だいせいどう【アレクサンドルネフスキー大聖堂】㊀《Hram-pametnik Sveti Aleksandar Nevski》ブルガリアの首都ソフィアの中心部にある、ブルガリア正教会の大聖堂。ロシアトルコ戦争におけるロシア兵の戦死者を追悼するため、19世紀末～20世紀初頭に建造。ネオビザンチン様式の聖堂で同国最大級。高さ60メートルのドームを持ち、約5000人収容が可能。内部にはイコンの博物館がある。アレクサンドルネフスキー寺院。㊁《Aleksander Nevski katedraal》エストニアの首都タリンの旧市街にある、ロシア正教会の大聖堂。帝政ロシア時代の19世紀末～20世紀初頭に建造。同国の独立時に、ロシア支配を想起させるとして移転が計画されたが、実現しなかった。

アレクサンドル-の-えんちゅう【アレクサンドルの円柱】《Aleksandrovskaya kolonna》ロシア連邦北西部、サンクトペテルブルグの宮殿広場にある記念碑。1812年のナポレオン戦争におけるロシアの戦勝を記念し、広場の中央に高さ47.5メートルの円柱が建てられた。円柱上部にはアレクサンドル1世をモデルにしたとされる天使の像がある。

アレクサンドルポリス〖Alexandroupolis〗►アレクサンドゥルポリ

アレクサンドロス〖Alexandros〗［前356～前323］マケドニア王。在位前336～前323年。フィリッポス2世の子。ギリシャ連合軍を率いて東方に遠征、ペルシアを滅ぼし、エジプトおよび西アジアからインド西部にまたがる大帝国を築いた。征服地の諸所にギリシャ風都市を建設し、東西文化の融合を図り、ヘレニズム文化の基礎を作った。バビロンで病死。アレキサンダー大王。

アレクサンドロフ〖Aleksandrov〗ロシア連邦西部、ウラジーミル州の都市。「黄金の環」と呼ばれるモスクワ北東近郊の観光都市の一つ。16世紀初め、モスクワ大公ワシリー3世が狩猟のための離宮を築いたことに起源する。16世紀から17世紀にかけて建造された教会や宮殿などが残り、イワン4世の生涯やゆかりの品々を紹介する博物館がある。

アレクサンドロフスキー-きゅうでん【アレクサンドロフスキー宮殿】《Aleksandrovskiy dvorets》►アレクサンドル宮殿

アレクサンドロフスキー-こうえん【アレクサンドロフスキー公園】《Aleksandrovskiy sad》ロシア連邦の首都モスクワの中心部、クレムリンの北西側に隣接する公園。16世紀から堀があったが、19世紀初めに埋められて公園になった。北側に第二次大戦の戦没兵士を慰霊する無名戦士の墓があり、南側にクレムリンの通用門のトロイツカヤ塔がある。

アレクサンドロフスク-グルシェフスキー〖Aleksandrovsk-Grushevskiy〗ロシア連邦の都市シャフティの旧称。

アレクサンドロフスク-サハリンスキー〖Aleksandrovsk-Sakhalinskiy〗ロシア連邦、北サハリン(北樺太)西岸、間宮海峡に臨む都市。林業、石炭産業の中心地として栄えた。帝政ロシア時代の流刑地。19世紀末、小説家・劇作家チェーホフが滞在し、のちに「サハリン島」を著したことで知られる。

あれ-くる・う【荒れ狂う】〔動ワ五(ハ四)〕❶狂ったようにひどく暴れる。「—・った裸馬にうちまたがる」❷風や波などが、ひどく荒れさわぐ。「台風が各地で—・う」

アレグレット〖伊 allegretto〗音楽で、速度標語の一。やや速く、の意。

アレグロ〖伊 allegro〗音楽で、速度標語の一。軽快に速く、の意。

アレゴリー〖allegory〗寓意。諷喩。また、たとえ話。寓意物語。

アレゴリック〖allegoric〗〔形動〕他の物事にかこつけてある意味を表すさま。寓意的な。比喩的な。➡アレゴリー

あれ-これ【▽彼▽此】㊀〔代〕指示代名詞。いろいろな物や事柄をさす。「—を考え合わせる」㊁〔副〕いろいろと。あれやこれやと。「—(と)思い悩む」〘類語〙そうこう・とかく・とこう・あちこち

あれ-しき【▽彼式】㊀〔名〕あのやり方。「—では人がついていかない」㊁〔連語〕《「しき」は副助詞》たかがあの程度。ほんのあれくらい。あれっぽっち。「—のことで音を上げるな」

あれ-しょう【荒れ性】脂肪の分泌が少なくて皮膚がかさかさになる性質。㊉脂性。

アレス〖Arēs〗ギリシャ神話の軍神。ゼウスとヘラの子。血なまぐさい殺害と戦いの神。ローマ神話のマルスにあたる。

アレス〖Ares〗NASAのコンステレーション計画で使用されるロケット。アレス1で有人探査機オリオンなどを、アレス5で探査機や物資などの貨物を打ち上げる。アレス1は2014年までに国際宇宙ステーションへの搭乗員輸送を、アレス5は2018年までに試験打ち上げを行い、いずれも2020年までに有人月面探査を開始する予定であった。2010年2月、開発の遅れやコスト超過などの理由により、オバマ大統領は予算教書の中でコンステレーション計画の中止を表明した。

あれ-た【荒れ田】耕作しないで放置してある田。あらた。「ささめ刈る—の沢に立つ民も身のためにこそ袖は濡るらめ」〈千載・恋五〉

あれ-だ・つ【荒れ立つ】〔動タ五(四)〕《「あれたつ」とも》荒々しくなる。荒くなる。「波が—・つ」

あれ-ち【荒れ地】❶以前は田畑・宅地であったところで、今は荒れたままになっている土地。❷未開拓の土地。また、耕作に適さない土地。〘類語〙痩せ地

あれち【荒地】《原題 The Waste Land》T＝S＝エリオットの長編詩。1922年発表。第一次大戦後の精神的風土の荒廃とその再生の希望を表現。

あれち-のぎく【荒地野菊】キク科の一年草。道端や荒れ地に生え、高さ30～60センチ。全体に白い毛がある。葉は灰緑色で、細い。夏、黄色を帯びた白緑色の花を総状につける。南アメリカの原産で、明治の中ごろ日本に渡来。〘季 秋〙「筑紫路は—に野分かな／石鼎」

あ-れつ【あ列｜ア列】「あ段」に同じ。

あれっ-きり〔副〕❶かつて経験した事柄を、その時を最後として一度もしていないさま。あの時だけで。あれきり。「あの人には—会っていない」❷見たとおりの状態で、それ以上でもそれ以下でもないさま。あれきり。「—の話で、他意はない」

あれ-つ・ぐ【▽生れ継ぐ】〔動ガ四〕代々生まれ継ぐ。次々に生まれる。「神代より—・ぎ来れば人さはに国には満ちて」〈万・四八五〉

アレッチ-ひょうが【アレッチ氷河】《Aletsch Gletscher》スイス中南部、アルプスのベルナーオーバーラントにあるヨーロッパ最長の氷河。全長約24キロメートル。ユングフラウの東斜面、メンヒ山の南斜面に発し、アレッチホルン北斜面からの支流とコンコルディアプラッツで合流する。同氷河と周囲の山々を含む一帯は、2001年と2007年に、「ユングフラウ、アレッチ、ビーチホルン」の名称で世界遺産(自然遺産)に登録。

アレッチホルン〖Aletschhorn〗スイス南部、アルプス山脈の高峰の一。標高4195メートル。ヨーロッパ最長最大のアレッチ氷河で有名。2001年に「ユングフラウ、アレッチ、ビーチホルン」として世界遺産(自然遺産)に登録された。アレッチュホルン。➡ユングフラウ ➡ビーチホルン

アレッツォ〖Arezzo〗イタリア中部、トスカーナ州の都市。エトルリア人の町に起源し、古代ローマの植民都市が置かれた。11世紀に自治都市になり、貴金属細工で発展。14世紀にフィレンツェ共和国の支配下になった。旧市街にはサンフランチェスコ聖堂、サンタマリア-デッラ-ピエーベ教会、アレッツォ大聖堂など、中世からルネサンス期の歴史的建造物が多く残っている。詩人のペトラルカ、「美術家列伝」を著したジョルジョ＝バザーリの生地。

アレッツォ-だいせいどう【アレッツォ大聖堂】《Duomo di Arezzo》イタリア中部、トスカーナ州の都市アレッツォにあるゴシック様式の大聖堂。正式名称はサンドナート大聖堂。13世紀末から16世紀初頭にかけて建造。内部にはピエロ＝デラ＝フランチェスカのフレスコ画「マグダラのマリア」やグリエルモ＝ド－マルシアのステンドグラスがある。

アレッポ〖Aleppo〗シリア北西部の商業都市。古来、東西貿易の中継地。繊維工業が盛ん。1986年、世界遺産(文化遺産)に登録された。人口、行政区445万(2008)。ハラブ。

あれ-てい【▽彼体】あのくらい。あの程度。あのざま。多く対象を見下していう。「女房これを聞き…、—の者をば、すかさばやと思ひ」〈伽・物くさ太郎〉

アレトゥーザ-の-いずみ【アレトゥーザの泉】《Fonte Aretusa》イタリア南部、シチリア島、シチリア自治州の都市シラクサの旧市街(オルティジア島)にある淡水池。ニンフのアレトゥーザが川の神アルフェウスに追われて泉に姿を変えたという伝説がある。

あれ-どめ【荒れ止め】皮膚の荒れるのを防ぐこと。また、そのために塗る化粧品・薬品類。

アレナス〖Reinaldo Arenas〗［1943～1990］キューバの詩人・小説家。自国では作品の多くが発売禁止となり、1973年には投獄された。80年に米国へ亡命し執筆活動を続けるが、90年に自殺した。長編小説「めくるめく世界」、自伝「夜になる前に」など。

あれ-なり❶もとのままで変わらないこと。あのまま。「その問題は—になっている」❷相応であること。「あれは—におもしろい」❸(副詞的に用いて)あの時限り。あれっきり。「—姿を見せない」

アレナルかざん-こくりつこうえん【アレナル火山

国立公園】コクリツコウエン《Parque Nacional Volcán Arenal》コスタリカ中北部、アラフエラ県のティラランン山脈北端、標高1633メートルのアレナル火山を擁する国立公園。山麓にはアレナル湖やタバコン温泉などの観光・保養地がある。

あれ-に〔代〕《代名詞「あれ」＋格助詞「に」から》二人称の人代名詞。あなた。敬意はあまり高くない。「なかなか、―はどちへ行くぞ」〈虎明狂・靫猿〉

アレニウス〘Svante August Arrhenius〙［1859〜1927］スウェーデンの物理化学者。電場をかけなくても電解質が水中でイオンに解離しているとする電離説を提唱。また、温度と化学反応速度との関係についての式も提唱。1903年、ノーベル化学賞受賞。

あれねずみ【荒れ鼠】地歌。作物さくもの。作者未詳。宝暦年間(1751〜1764)成立。鼠の大将が家来に指図していると、猫が登場し大騒ぎになるという筋。

あれ-の【荒れ野】荒れ果てた野。こうや。あらの。〈類語〉荒野こうや・荒原・原野・枯れ野

あれ-ば【荒れ場】❶荒れ果てている土地。年貢を取り立てられない荒れ地。❷歌舞伎で、主人公が大立ち回りを演じる場面。修羅場しゅらば。

あれ-はだ【荒れ肌|荒れ▽膚】脂肪分が少ないためにかさかさしている皮膚。

あれはたれ-どき【▽彼は▽誰時】《あれは誰か見分けがつかない薄暗い時分の意》夕方。かわたれどき。たそがれどき。「―なるに、ものの調べどもおもしろく」〈源・初音〉

あれ-は・てる【荒れ果てる】〔動タ下一〕図あれは・つ〔タ下二〕すっかり荒れてしまう。荒廃する。「―・てた故郷の家」「―・てた生活」

アレフ〘ヘブライ ʾāleph〙❶ヘブライ語アルファベットの第1字。❷集合論で、連続体の濃度を表す記号。連続体濃度の呼び名でもある。

あれ-ほうだい【荒れ放題】ディ〔名・形動〕荒れるままにしてあること。また、そのさま。「―な(の)庭」「―な(の)家庭」

あれ-ほど【▽彼程】あの程度。あれくらい。あんなに。副詞的にも用いる。「―の人物はほかにいない」「―注意したのに言うことを聞かない」

あれ-ま・す【▽生れます】〔連語〕《動詞「あ(生)る」の連用形＋尊敬の補助動詞「ます」》お生まれになる。「橿原かしはらのひじりの御代みよゆ―・しし神のことごと」〈万・二九〉

あれ-もよう【荒れ模様】モヤウ❶天候の状態が悪くなりそうな気配。「山は―だ」「―の空」❷人の機嫌や会場の雰囲気などが悪そうな、また、悪くなってきそうなようす。「課長は朝から―だ」

あれ-や【荒れ屋】すっかりいたんだ家。あばらや。「無人の―」

あれ-よ〔感〕驚きうろたえたときに発する語。「そばを探れどもおはせざりければ―あれとぞあきれける」〈平家・九〉

あれよ-あれよ〔感〕驚き、はらはらするときに発する語。「―というちに値が上がった」

あれ-ら【▽彼▽等】〔代〕遠称の指示代名詞。あの者ども。あの人ら。「―も世の中には有るにや、無きにやあらん」〈宇津保・国譲上〉

あ・れる【荒れる】〔動ラ下一〕図あ・る〔ラ下二〕❶風・波・天候などが穏やかでなくなる。「海が―・れる」❷態度・行動などが穏やかでなくなる。乱暴になる。「酒を飲んで―・れる」❸建物・土地などが手入れされずに荒廃する。「庭が―・れる」❹生活や心などがすさんで潤いがなくなる。「生活が―・れる」❺脂気が少なくなって皮膚がかさかさになる。「手が―・れる」❻物事の進行状態がふつうではなくなる。もめる。また、勝負などが予想外の結果になる。「会議が―・れる」「―・れた試合」❼相場が激しく変動する。❽座が白ける。興味がそがれる。「御遊もはや―・れにけり」〈平家・五〉〈類語〉崩れる・ぐずつく・しける

アレルギー〘ドイ Allergie〙❶生体が特定の物質(抗原)に対して抗体を作り、再び同じ抗原が入ってきた時に起こる抗原抗体反応のうち、病的な過敏反応のこと。アレルギー性疾患・アナフィラキシーショックなど。❷ある物事に対する精神的な拒絶反応。「核―」

アレルギー-グリーティング〘allergy greeting〙アレルギー性鼻炎患者特有のしぐさ。手のひらで鼻の頭を押さえて、左右に動かしながら上へこすり上げること。かゆみが紛れ、鼻の通りがよくなる。

アレルギーせい-しっかん【アレルギー性疾患】シックワン アレルギーが原因と考えられる病気。気管支喘息ぜんそく・アレルギー性鼻炎・花粉症・蕁麻疹じんましんなど。

アレルギーせい-びえん【アレルギー性鼻炎】アレルギーによって起こる急性鼻炎。ちりや花粉を吸い込んだときに起こり、くしゃみや鼻水が出る。

アレルギー-たいしつ【アレルギー体質】アレルギーを起こしやすい体質。

アレルギー-マーチ《和 allergy＋march》初めにアトピー性皮膚炎、つぎにアレルギー性鼻炎、さらにそのつぎに気管支喘息ぜんそくというようにつぎつぎとアレルギー性の病気に襲われる状態。

アレルゲン〘ドイ Allergen〙アレルギーの原因となる抗原物質。

アレルヤ〘ラテ alleluia〙▶ハレルヤ

アレン-ガラゴ〘Allen galago〙ロリス科の哺乳類。アフリカに分布する原猿類の一。頭胴長約20センチ。食物は果実と小動物などで、樹上生活を営む。

アレンジ〘arrange〙〔名〕スル❶配置すること。配列すること。「家具をうまく―する」❷手はずを整えること。手配すること。「会合を―する」❸編曲すること。脚色・翻案すること。「名曲を―する」❹新しく構成しなおすこと。「和風に―した料理」

アレンジメント〘arrangement〙❶配置。配列。❷手配。準備。❸編曲。翻案。脚色。❹「フラワーアレンジメント」の略。

アレンジャー〘arranger〙編曲者。

アレント〘Hannah Arendt〙［1906〜1975］米国の女性政治学者・哲学者。ドイツ生まれ。のちに米国に亡命。著「全体主義の起源」で、ナチズムとボリシェビズムなど、全体主義成立の原因を考究。他に、「イェルサレムのアイヒマン」「革命について」など。

アレン-の-きそく【アレンの規則】寒冷地に生息する恒温動物は、温暖な地方のものに比べて耳・首・肢・尾などが短く、体表面積を少なくして体熱の発散を防いでいるという法則。英国の動物学者アレン(J.A.Allen)が1877年に提起。

アロイ〘alloy〙合金。

あろうこと-か【有ろう事か】あらうこと〔連語〕《あってよいことか、の意》とんでもないことに。けしからんことに。「―、大恩ある人をだましてしまった」

アロエ〘ラテ Aloe〙ユリ科アロエ属の多年生の多肉植物の総称。葉は厚く、ぎざぎざがある。アフリカ南部を中心に約300種が分布。葉の汁を乾燥したものを漢方で蘆薈ろかいといい、下剤・健胃薬に用いる。園芸上はアロエアルボレッセンスをさす。

アロエ-ベラ〘ラテ Aloe vera〙アロエの一種。葉の汁液は切り傷や火傷に効用があるとされ、古くから栽培されている。鉢植えにして市販され、また液はしばしば化粧品やフルーツジュースなどに加えられる。

アロー〘Kenneth Joseph Arrow〙［1921〜　］米国の経済学者。ハーバード大・スタンフォード大教授。計量経済学会長、米国経済学会長。一般均衡理論などに業績を残す。1972年、不可能性定理等の研究によってノーベル経済学賞受賞。著「社会的選択と個人的評価」など。

アローザ〘Arosa〙スイス東部、グラウビュンデン州、ワイスホルン山にある観光保養地。トマス＝マンやヘルマン＝ヘッセが訪れたことでも知られ、現在はスキーやハイキングが盛んな山岳リゾート地。

アロー-せんそう【アロー戦争】サウ 1856年、広東カントンで清しん国船アロー(Arrow)号の掲げていたイギリス国旗を清国官憲が引き下ろした事件をきっかけに、貿易拡大を望むイギリスがフランスと連合して清国と始めた戦争。清国は屈服し、58年の天津条約、60年の北京条約によって終結。第二次アヘン戦争。

アローヘッド〘arrowhead〙《矢じりの意》一般に松葉どめとよばれる刺繍ししゅうのこと。ひだどまりやステッチのかけ終わりの部分に補強、ほつれ止め、装飾をかねて用いられる。形が矢じりに似ていることから。

アロー-ライン〘arrow line〙ドレスのシルエットの一。アロー(矢)を思わせるまっすぐなシルエットを特徴とする。1956年にクリスチャン＝ディオールが発表。

アロカシア〘ラテ Alocasia〙サトイモ科アロカシア属の植物の総称。中南米・東南アジアに分布。日本ではクワズイモがある。主に観葉植物とされる。

あろかっせんものがたり【鴉鷺合戦物語】御伽草子。2巻または3巻。著者未詳。一条兼良いちじょうかねよしの著ともいわれ、成立は応仁の乱以後とされる。祇園ぎおん林の鴉からすと、糺ただすの森の鷺さぎとの合戦を擬人化して描いたもの。鴉鷺物語。鴉鷺記。

アロガント〘arrogant〙〔形動〕横柄な。尊大な。傲慢な。「―な言動の政治家」

アログリセム〘Aroglycem〙高インスリン血性低血糖症の治療薬「ジアゾキシド」の商品名。

アロケーション〘allocation〙割り当て。配分。配給。特に、予算などの配分法。

アロステリック-こうか【アロステリック効果】カウクワ《allosteric effect》酵素が、基質に結合する定部位以外のところに結合することで構造が変化し、その酵素作用が促進されたり、阻害されたりすること。

アロゼ〘フラ arroser〙《「水をまく」の意》料理で、ソースやシロップなどを上から振りかけること。また、肉や魚に油を振りかけながら焼く料理法。

アロツナス〘ラテ Allothunnus〙サバ科の海水魚。カツオやマグロの仲間で、南半球の中高緯度の海域に広く分布する。体はカツオやマグロより細長く、全長約1メートルに達する。

アロニソス-とう【アロニソス島】タウ《Alonnisos》ギリシャ、エーゲ海西部の島。スポラデス諸島に属し、主な港町は南東部のパティティリ。周囲はダイビングスポットとして知られるほか、北岸はチチュウカイモンクアザラシの生息地になっており、国立海洋公園に指定。

アロハ〘aloha〙《愛・親切の意》㊀〔感〕ハワイで、送迎のあいさつの語。さようなら。ようこそ。㊁〔名〕「アロハシャツ」の略。

アロハ-オエ〘Aloha Oe〙《わが愛をあなたに、の意》ハワイ民謡の一。ハワイ王国の女王の作と伝えられる。

アロハ-シャツ〘aloha shirt〙はでな模様の半袖のオープンシャツ。裾を出して着る。〈季 夏〉

アロハ-フライデー〘aloha Friday〙ハワイでの金曜日の呼び名。この日は、男性はアロハシャツ、女性はムームーを着ることがならわしになっている。

アロマ〘aroma〙❶芳香。香り。❷(芸術品などの)気品。妙趣。

アロマ-オイル〘aroma oil〙芳香を放つ花びらや薬草で作った植物性オイル。肌に塗ったりして、健康や美容に効果があるとされている。

アロマコロジー〘aromachology〙芳香心理学。香りが人の心理に与える、ストレス緩和、リラックス、眠気をさます、などの効果の研究。

アロマセラピー〘aromatherapy〙▶アロマテラピー

アロマテラピー〘フラ aromathérapie〙芳香療法。薬草・花などの香りの成分を用いて、神経の鎮静やストレスの軽減を図り、心身の健康を保たせようとするもの。アロマセラピー。

アロマ-ライト〘aroma light〙▶アロマランプ

アロマ-ランプ〘aroma lamp〙電球やろうそくを熱源として皿に入れた香油を蒸発させ、部屋に香りを広げるランプ。アロマライト。

アロワナ〘arowana〙オステオグロッスム目の淡水魚。全長約1メートルで体は側扁し、銀色。口は大きく、下あごにひげが2本あり、肉食性。卵を口の中に入れて孵化ふかするまで守る。東南アジアや南アメリカの河川に分布。観賞用に飼育される。

アロン〘Aaron〙旧約聖書中の人物。最初の大司

祭。出エジプト以来、兄モーセを助けて活躍。

あわ【安房】旧国名の一。養老2年(718)上総国から分国。現在の千葉県南部を占める。房州。

あわ【泡・沫】❶液体が空気を包んでできた小さい玉。あぶく。「—が立つ」❷口の端に吹き出る唾液のあぶく。「—を吹く」「口角—を飛ばす」❸すぐ消えるところから、はかないことのたとえ。「多年の苦労も水の—となる」〔類語〕あぶく・水泡

泡を食・う　驚きあわてる。「—って逃げ出す」

泡を吹か・す　人を驚かし、あわてさせる。「平家に泡吹かせ、源氏一統の御代となし」〈浄・女護島〉

あわ【阿波】㊀旧国名の一。現在の徳島県。阿州。㊁徳島県中北部、吉野川北岸にある市。吉野川に注ぐ日開谷川・大久保谷川などが形成する扇状地で果樹・野菜栽培が盛ん。平成17年(2005)4月に吉野町、土成町、市場町、阿波町が合併して成立。人口3.9万(2010)。

あわ【粟】❶イネ科の一年草。五穀の一。高さ約1.5メートル。葉は細長く、互生する。秋、茎の頂に長く太い円柱形の花穂を1本出す。実は小粒で黄色。糯と粳とがある。古くから栽培され、粟飯・粟餅などにして食べ、また飴・酒の原料、小鳥の飼料にする。〔季 秋〕「一垂るる修学院の径かな/風生」❷恐怖や寒さのため、皮膚一面にできる粟粒のようなぶつぶつ。「肌に—を生じる」

アワー〖hour｜hr.〗時間。時間帯。「ラッシュ—」「ゴールデン—」〔類語〕時間・時・タイム

アワーグラス-ライン〖hourglass line〗アワーグラス(砂時計)の形に似たくびれを特徴とするドレスのシルエット。

あわ-あめ【粟飴】糯米と粟のもやしとで作る黄金色の透き通った水飴。

あわあわ-し・い【淡淡しい】〔形〕〔文〕あはあは・し〔シク〕《形容詞「あわい」を強めた語》❶味や色などが薄い。また、ほのかである。「手足の色は白くあるいは—・い栗色をしている」〈中野重治・歌のわかれ〉「この青年に一種の—・い愛を覚えた」〈有島・或る女〉❷軽薄で気まぐれである。軽々しい。思慮分別に乏しい。「宮仕へする人を—・しう悪きことに言ひ思ひたる男などこそ、いと憎けれ」〈枕・二四〉

あわい【間】❶物と物とのあいだ。「色白の細面、眉の—やや蹙りて」〈蘆花・不如帰〉❷事と事との時間的なあいだ。「朝の供事と夕供事との—に」〈言国卿記・文明十三年〉❸人と人とのあいだがら。相互の関係。「あらまほしき御—どもになむ」〈源・桐壺〉❹色の配合、取り合わせ。「濃き衣に紅梅の織物など、—をかしく」〈源・浮舟〉❺折。機会。「—あしければ、引くは常の習ひなり」〈平家・一一〉

〔類語〕間・中間・はざま・合間・すきま・隙・間隙

あわ・い【淡い】〔形〕〔文〕あは・し〔ク〕❶色や味などが際立たず、薄い。「—・い水色」⇔濃い。❷形や光などがぼんやりしている。かすかである。「—・く雲がかかる」「—・い冬の日差し」❸執着や関心が少なくてあっさりしている。ほのかである。「—・い恋心」「—・い期待」❹軽薄である。軽々しい。「なのめなることをだに、少し—・き方に寄りぬるは、心とどむるたよりもなきものを」〈源・澪標〉〔補説〕近世以降、シク活用の例もみられる。「五の交はりの中に淡々とあはしき交はりあり」〈其角十七回〉〔派生〕あわさ〔名〕

あわ-いい【粟飯】「あわめし」に同じ。

あわ-うみ【淡海】《淡水の海の意》湖。湖水。おうみ。潮海に対していう。

あわ-おこし【粟粔籹】糯粟を蒸して煎り、黒砂糖を用いて固めたもの。現在は、糯米と水飴とで作る。大阪の名物。岩おこし。

あわ-おどり【阿波踊(り)】徳島市を中心にして行われる盆踊り。数十人が連といわれる組をつくって、阿波よしこの節と、急調の三味線、囃子に合わせ、姿態をくねらせて練り踊る。〔季 秋〕

あわ-がゆ【粟粥】粟の粥。また、米に粟をまぜて炊いた粥。

あわ-ガラス【泡ガラス】細かい泡を含ませた軽石状のガラス。断熱・防音材などに使用。気泡ガラス。

あわ-こ【粟子】魚卵で、アワの実のように小粒のもの。タラ・ヒラメなどの卵。

あわ-こがねぎく【泡黄金菊】キク科の多年草。山麓や土手などに生え、高さ60〜90センチ。葉は五つに深く裂けている。秋、黄色い小花が多数開く。

あわ-ごけ【泡苔】アワゴケ科の一年草。湿地などに生え、卵円形の葉が対生する。春から秋、緑色を帯びた白い花を葉の付け根につける。

あわざ【阿波座】大阪市西区の地名。近世初期、多くの阿波商人が住み、水上交通の要地であった。

あわさか-つまお【泡坂妻夫】[1933〜2009]小説家。東京の生まれ。本名、厚川昌男。家業の紋章上絵師を業とするかたわら、奇術や江戸文化に題材をとったトリッキーな推理小説を執筆する。「蔭桔梗」で直木賞受賞。他に「DL2号機事件」「折鶴」「乱れからくり」など。

あわざ-がらす【阿波座烏】大坂新町遊郭をひやかして歩く客。カラスの鳴き声「かおかお」を「買お買お」とひやかし歩く客にとりなしたもの。

あわさ・る【合(わ)さる】〔動ラ五(四)〕ぴったりと合わせた状態になる。「二枚の貝殻が—・る」

あわ-し【阿波市】▶阿波㊁

あわじ【淡路】㊀旧国名の一。現在の兵庫県淡路島。淡州。㊁兵庫県淡路島の北半を占める市。明石海峡大橋で本州と接続。神戸淡路鳴門自動車道が縦貫する。平成17年(2005)4月に津名町、淡路町、北淡町、一宮町、東浦町が合併して成立。人口4.6万(2010)。㊂謡曲。脇能物。観世・金春・金剛流。観阿弥作。神代の古跡の淡路で、臣下の前に伊弉諾尊の神霊が現れて歌舞を奏する。

あわし-がき【淡し柿・醂し柿】渋を抜いた柿。さわしがき。

あわじ-し【淡路市】▶淡路㊁

あわじ-しま【淡路島】瀬戸内海最大の島。兵庫県に属する。もと淡路の一国をなし、近世は徳島藩領。気候温暖で、ビワ・ミカン・草花などを栽培。面積593平方キロメートル。〔歌枕〕

あわじ-にんぎょうじょうるり【淡路人形浄瑠璃】淡路島に残る人形芝居。近世初頭に始まり、享保(1716〜1736)ごろが最盛。義太夫節による三人遣い。人形の首は文楽より大きい。

あわじ-はいてい【淡路廃帝】淳仁天皇の異称。藤原仲麻呂の乱の後、孝謙上皇に帝位を奪われ、淡路国に幽閉されたところからいう。

あわしま【淡島】❶淡島神社の通称。❷江戸時代、淡島明神を祭った神棚を持ち、その由来を語りながら門付けをした行者。淡島願人。

あわ-しま【粟島】㊀新潟県北部、日本海にある島。面積9.1平方キロメートル。㊁香川県西部、瀬戸内海の塩飽諸島の一。面積4.1平方キロメートル。

あわしま-かんげつ【淡島寒月】[1859〜1926]文学者。東京の生まれ。本名、宝受郎。江戸文学を愛好し、西鶴を再発見して、その価値を尾崎紅葉・幸田露伴らに伝えた。著「百美文」「梵雲庵雑話」。

あわしま-じんじゃ【淡島神社】和歌山市加太にある神社。祭神は少彦名神。近世以来、婦人病に霊験があるとして信仰される。加太神社。旧称、淡島(粟島)明神。

あわじ-むすび【淡路結び】「鮑結び」に同じ。

あわじ-やき【淡路焼】淡路島に産する陶器。黄釉による鮮やかな色を特色とする。天保5年(1834)に賀集珉平が創始。珉平焼。

あわ-じんじゃ【安房神社】千葉県館山市大神宮にある神社。祭神は天太玉命と、后神の天比理刀咩命。安房国一の宮。

あわ・す【会(わ)す・遭(わ)す】❶〔動サ五(四)〕《「合わす」と同語源》「会わせる」に同じ。「ひどい目に—・す」❷〔動サ下二〕「あ(会)わせる」の文語形。

あわ・す【合(わ)す】❶〔動サ五(四)〕「合わせる」に同じ。「墓前に手を—・す」❷〔動サ下二〕「あ(合)わせる」の文語形。

あわ・す【淡す・醂す】〔動サ五(四)〕柿の渋を抜く。さわす。「焼酎で—・す」

あわず【粟津】▶あわづ(粟津)

あわせ【合(わ)せ】❶他の語と複合して用いる。㋐物と物とを合わせること。「背中—」「顔—」㋑比べて優劣を争うこと。「物—」「歌—」❷釣りで、当たりがあったとき魚の口に針がかかるようにする操作。さおの穂先をすばやく上げる動作など。❸婚姻。「—の事ありて、同じ里より年かまへなる女房を持ちしに」〈浮・諸国ばなし・四〉❹《飯に取り合わせる物の意》おかず。副食物。「—いと清らに調じて」〈宇津保・国譲下〉〔下接語〕朝顔合わせ・従兄弟合わせ・犬合わせ・鶯合わせ・牛合わせ・後ろ合わせ・歌合わせ・裏合わせ・絵合わせ・音合わせ・面合わせ・貝合わせ・顔合わせ・家族合わせ・菊合わせ・句合わせ・食い合わせ・草合わせ・組み合わせ・毛抜き合わせ・香合わせ・小鳥合わせ・語呂合わせ・詩合わせ・背中合わせ・炊き合わせ・抱き合わせ・付け合わせ・詰め合わせ・手合わせ・取り合わせ・鶏合わせ・根合わせ・鉢合わせ・花合わせ・万句合わせ・向こう合わせ・虫合わせ・文字合わせ・物合わせ・盛り合わせ

合わせ物は離れ物　合わせて一つにした物は、いつかまた離れるときがある。夫婦別れなどにいう。

あわせ【袷】《「あ(合)わせる」の連用形から》裏地をつけて仕立てた着物。秋から春先にかけて用いる。近世では初夏と初秋に着るならわしがあった。あわせのころも。あわせぎぬ。〔季 夏〕「—きて身は世にありのすさびかな/蕪村」⇔単。

あわせ-いと【合(わ)せ糸】2本以上の糸を縒り合わせて、1本の縒り糸にしたもの。裁縫に用いる。

あわせ-かがみ【合(わ)せ鏡】❶髪・襟などの後ろ姿を見るために、前の鏡に映るように、後ろからもう1枚の鏡で映して見ること。また、その鏡。共鏡。❷相手に調子を合わせること。おせじ。「きつい—とは思へども、だまされて咲く室の梅さ」〈洒・四十八手〉

あわせがき【合柿】狂言。宇治の柿売りが、都の者に渋柿を甘柿といって売りつけるが、食べてみろといわれて、渋そうな顔をして食い、なぐられる。

あわせ-がき【淡せ柿・醂せ柿・合(わ)せ柿】「あわしがき」に同じ。

あわせ-ガラス【合(わ)せガラス】2枚の板ガラスの間に透明な合成樹脂の膜を挟み接着したもの。割れても破片が飛び散らない安全ガラスの一種。

あわせ-ぐすり【合(わ)せ薬】種々の薬を調合した薬。

あわせぐち-かめかん【合(わ)せ口甕棺】弥生時代に九州北部で用いられた棺。2個の甕の口を合わせてつなげたもので、中に被葬者を入れて埋葬した。

あわせ-ごう【合(わ)せ香】「合わせ薫き物」に同じ。

あわせ-ジュバン【袷ジュバン】裏地のついたジュバン。袷ジバン。

あわせ-じょうゆ【合(わ)せ醤油】かつお節の煮出し汁をまぜ合わせた醤油。てんぷらのつけ汁、おひたしなどに用いる。

あわせ-ず【合(わ)せ酢】酢に他の調味料や香辛料を加えて作った調合酢。甘酢・二杯酢・三杯酢など。

あわせ-たきもの【合(わ)せ薫き物】数種類の香を練り合わせたもの。合わせ香。練り香。「よき沈—多くくべて」〈宇津保・蔵開上〉

あわせ-つぎ【合(わ)せ接ぎ】同じ太さの台木と接ぎ穂を、同じ角度で斜めに切り、切り口を密着させてしばる接ぎ木方法。

あわせ-つち【合(わ)せ土】赤土に石灰・砂利・にがりなどをまぜてたたき固めたもの。土間や溝・泉水の底などに使用。たたきつち。

あわせ-づめ【合(わ)せ爪】琴の演奏法で、親指と中指とで、2本の弦を同時にはじくもの。

あわせ-て【合(わ)せて・併せて】〔連語〕❶(副詞的に用いて)総計して。全部で。「参加者は—一五〇

○名」❷(接続詞的に用いて)その上さらに。同時に。「新年のおよろこびを申し上げ、—皆様の御健康をお祈りいたします」(類語)締めて・都合

あわせ-ど【合(わ)せ×砥】❶粗研ぎのあとの仕上げに使う、質が密で硬い砥石。❷砥石の凹凸をならしたり、表面に付着したあぶらを取ったりするのに使う粘板岩の小さな石。

あわせ-どう【合(わ)せ銅】合わせ吹きをした銅。

あわせ-ばおり【×袷羽織】裏地のついた羽織。袷仕立ての羽織。

あわせ-はぎ【合(わ)せ×矧ぎ】矢羽のはぎ方の一。異なる種類の鳥の羽を取り合わせて矢をはぐこと。まぜはぎ。

あわせ-ばし【合(わ)せ箸】「箸渡し❷」に同じ。

あわせ-ばり【合(わ)せ×梁】柱の両面を二材で挟み、ボルトで締め合わせた梁。

あわせ-びん【合(わ)せ×鬢】近世の男の髪形の一。左右の鬢を髻の下で合わせて太い元結で束ねたもの。

あわせ-ぶき【合(わ)せ吹き】金や銀を含む銅鉱石あるいは粗銅に鉛を溶かし入れること。金銀を鉛に含ませて取り出す方法。

あわせ-まい【合(わ)せ米】「合米」に同じ。

あわせ-まき【合(わ)せ×播き】作物の種子を肥料とまぜあわせてまくこと。

あわせ-みそ【合(わ)せ味×噌】赤味噌と白味噌のように、異なる味噌をまぜたもの。

あわせ-め【合(わ)せ目】物と物とを合わせた継ぎ目。「板の—から雨漏りがする」

あわせ-も・つ【併せ持つ】〔動タ五(四)〕異なる性質・特色を同時に持つ。兼ね備える。「二つの機能を—・つ」「善悪両面を—・つ」

あわせ-もの【合(わ)せ物】❶二つ以上の物を合わせたもの。合わせて一つとしたもの。❷同じ種類の物を持ち寄って、優劣を争う遊戯。絵合わせなど。❸一つの器に数種類の料理を盛り合わせたもの。❹音楽の合奏。❺副食物。おかず。「朝夕飯の—には、味噌より外に得がたかりしに」〈読・八犬伝・九〉

あわせ-もり【合(わ)せ盛り】「合わせ物❸」に同じ。

あわせ-やき【合(わ)せ焼(き)】サヨリ・キスなど白身の魚を三枚に下ろすか開くかして骨を抜き、身に卵白などを塗って重ね合わせ、くしに刺して塩焼きにしたもの。

あわ・せる【会(わ)せる|遭(わ)せる】〔動サ下一〕図あは・す〔サ下二〕《「合わせる」と同語源》❶(会わせる)対面させる。面会させる。「社長に—・せる」❷(遭わせる)事にぶつかるようにする。特に、苦い経験をさせる。「痛い目に—・せる」

あわ・せる【合(わ)せる】〔動サ下一〕図あは・す〔サ下二〕《合うようにする、一致させる、が原義》❶(「併せる」とも書く)二つ以上のものを一つにする。㋐二つ以上のものをつけて一つにする。「仏前に手を—・せる」「周辺の町村を—・せて市にする」㋑心や力などをまとめて一つにする。一致させる。「心を—・せて事に当たる」「力を—・せて頑張る」㋒付け加える。合計する。「三と四とを—・せると七」「人口は両村を—・せても三〇〇〇人」「今までの業績も—・せて考慮する」㋓薬や食品などをまぜる。調合する。「二種の薬を—・せる」❷二つのものを釣り合うようにする。㋐食い違いのないように、他のものに一致させる。また、一致するように物事を行う。「音楽に—・せて歌う」「彼の予定に—・せる」「歩調を—・せる」「口裏を—・せてごまかす」㋑釣り合うようにする。相応するようにする。調和させる。「環境に—・せた建築物」「洋服に靴を—・せる」㋒異なる種類の楽器をいっしょに鳴らす。合奏する。「琴に尺八を—・せる」㋓正しいかどうか、他と比べて調べてみる。照らし合わせる。「答えを—・せる」「原文と—・せる」❸武器を互いに打ち合わせる。転じて、戦う。「チャンピオンとグローブを—・せる」❹対抗させる。戦わせる。「練習試合で昨年の優勝校と—・せる」❺夢と事実との合致を判断する。夢判断をする。「さま異なる夢を見給ひて、—・するものを召して問はせ給へば」〈源・若紫〉❻夫婦にする。めあわす。「伊勢の守もろみちのむすめを正明の中将の君に—・せたりける時に」〈大和・三九〉❼比べて優劣を争う。「詩に歌を—・せられしにも」〈増鏡・おどろの下〉

(…句)顔が合わせられない・顔を合わせる・口を合わせる・口裏を合わせる・心を合わせる・力を合わせる・調子を合わせる・帳尻を合わせる・手を合わせる・閨を合わせる・肌を合わせる・腹を合わせる・額を合わせる・間を合わせる・掌を合わす・鞭鐙を合わす・夢を合わす

合わせる顔が無・い 面目なくて、その人に会いに行けない。その人の前に出られない。

あわせ-わざ【合(わ)せ技】❶柔道・空手道などの試合で、「技あり」を2回取ったとき、合わせて一本勝ちとなること。❷相撲などで、二つ以上の技を同時にかけた複合技。❸異なる技術・操作・品目などを組み合わせること。また、組み合わせて生じた新しい技術・効果・品目など、セールスポイントになる事柄。「3D技術とソフトとの—で独自の価値を生む」「マウスとキーボードを使った—を紹介する」「食事と運動を組み合わせた—でダイエットに挑戦する」

あわ-そか【淡そか】〔形動ナリ〕考えや行動が軽率なさま。「—に申すべきに侍らず」〈大鏡・道長〉

あわた【粟田】山城国愛宕郡の地名。現在の京都市左京区から東山区にわたる。平安京の別荘地であった。

あわ-だい【×粟×鯛】鯛の切り身に粟粒をふりかけて蒸した料理。

あわた-ぐち【粟田口】京都市東山区の地名。東山三条白川橋から蹴上までの間。古来、京都七口の一で、東海道の山科からの入り口をなす要地。

あわたぐち【粟田口】姓氏の一。㊀山城鍛冶の刀工の家名。京都の粟田口に住んだところから、この系統を粟田口派という。㊁大和絵の一派の家名。

あわたぐち【粟田口】狂言。粟田口が刀の銘であることを知らない大名と太郎冠者を、素破(詐欺師)が自分が粟田口だと言ってだます。

あわたぐち-くにいえ【粟田口国家】鎌倉初期の刀工。名は弥九郎。京都の粟田口に移り住み、地名を家名とした。後鳥羽院の御番鍛冶と伝えられている。生没年未詳。

あわたぐち-くにつな【粟田口国綱】[?～1255ころ]鎌倉初期の粟田口派の代表的刀工。後鳥羽院の御番鍛冶を務め、左近将監と称したという。北条時頼のために名刀鬼丸を作った。

あわたぐち-くにより【粟田口国頼】平安末期・鎌倉前期の刀工。大和の人。粟田口派の祖という。生没年未詳。

あわたぐち-たかみつ【粟田口隆光】南北朝・室町初期の絵師。絵仏師として名を成し、清涼寺本「融通念仏縁起絵巻」2巻のうち絵二段を描いた。生没年未詳。

あわたぐち-よしみつ【粟田口吉光】鎌倉後期の刀工。名は藤四郎。岡崎正宗・郷義弘とともに「三作」といわれる。「平野藤四郎」「一期一振」などの名物の作者で、特に短刀にすぐれた。生没年未詳。

あわ-たけ【×粟×茸】イグチ科のキノコ。夏から秋にかけて山野に生え、傘は直径3～10センチで褐色、裏面に小さな穴がある。食用。あつたけ。

あわただし・い【慌ただしい】〔形〕図あわただ・し〔シク〕《近世初期までは「あわたたし」》❶物事をしようとしてしきりにせきたてられるさま。落ち着かなくせわしいさま。「—・い年の瀬」❷状況の移り変わりが急で、一定しないさま。「経済界の—・い動き」(派生)あわただしげ〔形動〕あわただしさ〔名〕(類語)忙しい・せわしい・忙しない・気ぜわしい・目まぐるしい・急・きりきり舞い・東奔西走・てんてこ舞い・多忙・繁忙・繁多・繁劇・多事多端・多用・繁用・忽忙・倥偬・忽忽・席の暖まる暇もない・猫の手も借りたい

あわ-た・つ〔動タ四〕雲などがわきあがる。多く立ちのぼる。「憂き目をばよそ目とのみぞ逃れ行く雲の—・つ山のふもとに」〈古今・物名〉

あわ-だ・つ【泡立つ】㊀〔動タ五(四)〕泡ができる。泡が多く出る。「白く—・つ波」㊁〔動タ下二〕「あわだてる」の文語形。

あわ-だ・つ【×粟立つ】〔動タ五(四)〕恐怖や寒さなどのため、毛穴が収縮して、皮膚一面に粟粒ができたようになる。鳥肌が立つ。「凄惨な現場を見て全身が—・つのを覚えた」

あわたて-き【泡立て器】卵白・生クリームなどをかきまぜ泡立てるのに用いる器具。茶筅形や螺旋形をし、電動式のものもある。

あわ-だ・てる【泡立てる】〔動タ下一〕図あわだ・つ〔タ下二〕泡が出るようにする。泡を多く作り出す。「髭そりクリームを—・てる」

あわた-の-まひと【粟田真人】[?～719]奈良前期の貴族。大宝律令の編纂に参加。大宝2年(702)遣唐使として渡唐。

あわた-やき【×粟田焼】京都市粟田口一帯で産する陶器。表面に細かいひびがあり彩画を施す。

あわ-だんご【×粟団子】粟、特に糯粟の粉で作った団子。

あわ-ちぢみ【×阿▽波縮】阿波から産出する木綿の縮。阿波しじら。

あわ・つ【慌つ】〔動タ下二〕「あわてる」の文語形。

あわづ【粟津】滋賀県大津市南部の地名。古来、交通の要地。「逢わず」を掛け、「粟津野」「粟津の原」などの形で歌に詠まれた。(歌枕)「関越えて—の森のあはずとも清水に見えし影を忘るな」〈後撰・恋四〉

あわづ-おんせん【粟津温泉】石川県小松市にある温泉。北陸では最も古く、奈良時代の発見と伝えられる。泉質は硫酸塩泉。

あわ-つか【淡つか】〔形動ナリ〕❶関心のないさま。気が乗らないさま。「何事ぞなど—にさし仰ぎゐたらむは」〈源・帚木〉❷注意深くないさま。軽率なさま。「さも—にうかれける身のありさまかな」〈有明の別・一〉

あわづ-が-はら【粟津原】大津市の琵琶湖に臨む松原。近江八景の一「粟津の晴嵐」は、晴天時に山風がここを吹き渡る光景をいった。木曽義仲討ち死にの地。

あわ-づけ【×粟漬(け)】コハダ・イワシなどを塩と酢でしめ、蒸した粟と交互に重ね、押しをかけて漬けたもの。正月料理などにする。

あわつけ・し【淡つけし】〔形ク〕《形容動詞「淡つか」と同語源か》心・動作・そぶりが軽々しい。落ち着きがない。思慮が足りない。「ゆくりなく—・き振る舞ひは」〈夜の寝覚・一〉

あわ-つぶ【泡粒】粒状の泡。

あわ-つぶ【×粟粒】アワの実の粒。きわめて小さいもののたとえに用いる。

あわて-ふため・く【慌てふためく】〔動カ五(四)〕思いがけない物事に出会って、落ち着きを失ってうろうろする。うろたえる。「不意の来客に—・く」

あわて-もの【慌て者】落ち着きがなくそそっかしい行いをしでかす人。気の早い人。粗忽者。(類語)おっちょこちょい・そそっかしい

あわ・てる【慌てる|周=章てる】〔動タ下一〕図あわ・つ〔タ下二〕❶思いがけない物事に出会って、ふだんの落ち着きを失う。うろたえる。狼狽する。「突然の知らせにすっかり—・てた」❷(「あわてて…する」の形で)急いで…する。「—・てて駆けつける」(類語)うろたえる・まごつく・面食らう・狼狽・周章・騒ぐ

慌てる乞食は貰いが少ない 先を争って貰おうとすると、反感を買って貰いが少なくなるものだ。急ぎすぎると、かえって悪い結果を招くという戒め。

あわ-に〔副〕多く。たくさん。一説に、深く、の意とも。「降る雪は—な降りそ吉隠の猪養の岡の寒からまくに」〈万・二〇三〉

あわ-に【淡に】〔副〕はかなく。薄く。もろく。「うは氷—結べる紐なればかざす日かげに緩ぶばかりを」〈枕・九〇〉

あわの-せいほ【阿波野青畝】[1899～1992]

俳人。奈良の生まれ。本名、敏雄。「ホトトギス」で活躍し、俳誌「かつらぎ」を創刊。市井の生活を題材に、自在な句境を示した。句集「万両」「春の鳶」など。

あわ-の-ぜん【×粟野膳】あは 茨城県粟野産の折敷膳。かんな目が現れるように漆を薄黄色に塗ってある。水戸折敷。

あわ-の-なると【阿波の鳴門】あは 鳴門海峡の異称。

あわ-の-みと【阿波水門】あは 鳴門海峡の古称。

あわ-ばこ【泡箱】荷電粒子の飛跡を、液体中の小さな泡の列としてとらえる装置。素粒子研究に用いる。1952年、米国の物理学者グレーザーが発明。

あわび【×鮑┊×鰒┊石=決=明】あはび ミミガイ科の巻き貝のうち、マダカアワビ・クロアワビ・メガイアワビ・エゾアワビの総称。殻は平たい楕円形で、殻口が大きいため二枚貝の片側だけのように見える。殻径10～20センチ。殻の外面は褐色で呼吸孔が並ぶ。雌雄異体。肉は食用、殻は螺鈿細工や真珠養殖の核に用いる。《季 夏》「太陽へ海女の太腕―さげ／三鬼」

鮑の片思い　《アワビは、二枚貝の片側だけのように見えるところから》自分が慕っているだけで、相手にはその気のない恋をいう。磯の鮑の片思い。

あわび-たま【×鮑▽珠】あはび 真珠。古くは、アコヤガイではなく、アワビから真珠をとった。「潜き採るといふ―」〈万・四一〇一〉

あわび-のし【×鮑熨=斗】あはび アワビの肉を薄く裂いて乾燥させ、引き伸ばして作ったのし。初め神前に供えたが、のちには広く祝儀にも用いる。

あわび-むすび【×鮑結び】あはび ❶ひもの飾り結びの一。中央に一つ、左右に二つ輪を並べる。祝儀用の水引や衣服の飾りに用いる。淡路結び。➡水引❶ ❷女性の髪の結い方の一。❶の形に似せたもの。

あわ-ふ【×粟▽生】あは アワの生えている所。粟畑。「―には韮一本」〈記・中・歌謡〉

あわ-ぶ【×粟×麩】あは 生麩に粟をまぜて黄色に蒸し上げたもの。

あわ-ぶき【泡吹】アワブキ科の落葉高木。本州以西の山地に自生。葉は長楕円形で、縁にぎざぎざがある。夏、白い小花が群がって咲く。枝を燃やすと切り口から泡が出る。

あわふき-むし【泡吹虫】半翅目アワフキムシ科の昆虫の総称。体長0.6～2センチで、セミに似る。幼虫は尾端から泡を出して草の茎などに白い塊を作り、その中で暮らす。つばきむし。あわふき。

あわ-ぶく【泡ぶく】《「泡吹く」の意から》口から出す、つばの泡。また、水の泡。あぶく。

あわぶね-がい【泡舟貝】ひ カリバガサガイ科の巻き貝。潮間帯にみられ、貝殻は灰白色の平たい楕円形。殻の内面後方に隔壁があって、スリッパのようになっている。くるすがい。あわぶね。

あわ-ぶろ【泡風呂】▶バブルバス

あわぼ-ひえぼ【×粟穂×稗穂】あは 小正月行事の作り物の一。ヌルデの短い棒を削りかけにして粟穂に、そのままのものを稗穂に見立て、割り竹などに刺して門口・庭・畑などに飾り、豊作を祈るもの。

あわまる-じけん【阿波丸事件】あは 第二次大戦末期の昭和20年(1945)4月、連合国軍の安全の保障下に、日本占領地域の捕虜・抑留者への救済品輸送に当たっていた阿波丸が、帰路に台湾海峡で米国の潜水艦に撃沈された事件。

あわ-む【淡む】あは〔動マ下二〕軽く扱う。疎んじる。「げに、かく―・められ奉るも」〈源・帚木〉

あわ-めし【×粟飯】あは 粟を炊いた飯。また、粟を米にまぜて炊いた飯。あわいい。《季 秋》

あわ-もち【×粟餅】あは 糯粟を蒸してついた餅。糯米をまぜたものもある。《季 秋》

あわ-もり【泡盛】沖縄特産の焼酎。粟または米を原料とする。無色透明。アルコール分が強い。造るときに、蒸留器から滴る成分が泡になって、器に盛り上がるところからの名という。《季 夏》「―や汚れて老ゆる人の中／友二」

あわもり-しょうま【泡盛升麻】ユキノシタ科の多年草。日本特産。谷に生え、高さ約50センチ。葉は複葉。初夏、多数の白い小花をつける。観賞用にする。あわもりそう。《季 夏》

あわもり-だい【泡盛×鯛】ひ 泡立たせた卵白を鯛のおろし身に塗って蒸した料理。

あわ-や　あは ㊀〔副〕危険などがその身に及ぶ寸前であるさま。あやうく。「一人にぶつかるところだった」「―、と思ったときに夢から覚めた」㊁〔感〕事の起ころうとするとき、驚いたときなどに発する語。「―、法皇の流されさせましますぞや」〈平家・三〉〔補説〕㊀は、幸運な出来事については使わない。「あわや宝くじの一等に当選するところだった」などとするのは誤り。

あわ-やき【×粟焼(き)】あは ❶粟を蒸してついた餅で餡を包み、小判形に焼いた菓子。❷粟おこし。

あわ-ゆき【泡雪┊×沫雪】❶泡のようにやわらかく溶けやすい雪。《季 春》「―の水際ばかり光りけり／鬼房」❷「泡雪羹」「泡雪豆腐」などの略。

あわ-ゆき【淡雪】あは 春先の、うっすら積もり消えやすい雪。《季 春》「―のつもるつもりや砂の上／万太郎」

あわゆき-かん【泡雪×羹】泡立てた卵白に砂糖と香料を加え、寒天で固めたようかん。

あわゆき-そば【泡雪蕎=麦】泡立てた卵白を加えたそばつゆを注ぎかけた、かけそば。

あわゆき-たまご【泡雪卵】泡立てた卵白を煮立ったすまし汁に流し込んだ料理。

あわゆき-どうふ【泡雪豆腐】泡雪のようにやわらかく作った豆腐。また、それに葛餡をかけた料理。江戸中期に両国の料理屋で売り出した。

あわゆき-むし【泡雪蒸(し)】白身魚の切り身に泡立てた卵白をかけて蒸し、だし、または葛餡をかけた料理。

あわ-よ・い　あは〔形〕図あはよ・し〔ク〕《「あわい(間)よし」の音変化。中世・近世語》物事がうまくいくさま。都合がよい。「―・いぞと心得、すきまなくうってかかりけり」〈幸若・烏帽子折〉

あわ-ようかん【×粟羊×羹】あはやうかん 練りようかんの一種で、糯粟を主原料にしたもの。粟粒が全体に浮き出ている。

あわよく-ば　あはよく〔連語〕《形容詞「あわよい」の未然形＋接続助詞「ば」》運がよければ。よい機会が得られれば。うまくいけば。「一大金をせしめてやろう」

あわら　あはら 福井県北端の市。平成16年(2004)芦原町、金津町が合併して成立。吉崎御坊や芦原温泉など観光資源に恵まれる。人口3.0万(2010)。

あわら-おんせん【芦原温泉】あはらをんせん 福井県あわら市にある温泉。泉質は塩化物泉。東尋坊などへの観光基地。

あわら-し【あわら市】あは ▶あわら

あわれ【哀れ】あはれ ㊀〔名〕しみじみ心に染みる感動、また、そのような感情を表す。❶(「憐れ」とも書く)強い心の動き。特に悲哀・哀憐の感情。不憫と思う気持ち。「人々の―を誘った」「―をかける」「そぞろ―を催す」❷かわいそうな状態。無惨な姿。「―をとどめる」❸底知れないような趣。情趣。ものがなしさ。「心なき身にも―は知られけり鴫立つ沢の秋の夕暮れ」〈新古今・秋上〉❹どうすることもできないような心の動き。感慨。「一進みぬれば、やがて尼になりぬかし」〈源・帚木〉❺しみじみとした情愛・人情。慈愛の気持ち。「子ゆゑにこそ、万の―は思ひ知らるれ」〈徒然・一四二〉㊁〔形動〕図〔ナリ〕感動を起こさせる状況、しみじみ心を打つもののさまを広く表す。現在では、多く悲哀・哀憐の感情に限定される。❶(「憐れ」とも書く)かわいそうに思われるさま。気の毒だ。惨めだ。「その姿はいかにも―であった」❷しみじみともの悲しく感じるさま。はかなく、また、さびしく思われるさま。「夕暮れは、なんとなく―に思われてしかたがない」❸しみじみと心を打つ風情があるさま。趣があるさま。「滝の音、水の声―に聞こゆる所なり」〈宇津保・忠こそ〉❹しみじみと心に染みて愛着を感じるさま。いとしいさま。かわいいさま。「なま心なく若やかなるけはひも―なれば」〈源・空蝉〉❺しみじみとした愛情があるさま。優しいさま。「見る人も、いと―に忘るまじきさまにのみ語らふめれど」〈かげろふ・上〉❻感服させられるさま。感心だ。殊勝だ。「―なるもの、孝ある人の子」〈枕・二八〉❼尊く、ありがたいさま。「霊山は釈迦仏の御すみかなるが―なるなり」〈枕・二〇八〉〔派生〕あわれがる〔動ラ五〕あわれげ〔形動〕あわれさ〔名〕㊂〔感〕❶ものに感動したときに発する語。感嘆賞美の場合にも哀傷の場合にも用いる。ああ。「―、あなおもしろ」〈古語拾遺〉「―あれをはしたなく言ひそむこそ、いとほしけれ」〈枕・八〉❷願望の気持ちを表す。ぜひとも。「―、よい所もあれかし」〈虎寛狂・今参〉❸囃子詞として用いる。「いで我が駒早く行きこせ待乳山―待乳山」〈催馬楽・我が駒〉〔補説〕本来、自然に発する感動の声に基づく感動詞として上代から用いられているが、平安時代以後、感動の声を発せさせられるような状況をいう形容動詞用法や、さらに、そのような状況のときの感情、心のありさまを表す名詞用法が生じて広く用いられた。近世以後は主として悲哀・哀憐の感情を表すのに限定される。なお、中世ごろ「あっぱれ」を派生している。〔類語〕(㊀❶)哀感・悲哀・哀愁・哀憐・憐情・哀れみ・悲しい・物悲しい・うら悲しい・せつない・つらい・悲愴・悲痛・沈痛・もの憂い・苦しい・憂い・耐えがたい・しんどい・苦痛・やりきれない・たまらない・遣る瀬ない／(㊁❶)哀切・可哀相・気の毒・不憫・いじらしい・痛ましい・惨め・悲惨・情けない・見るに忍びない・痛痛しい

哀れを止・める　❶悲しみや同情を一身に集める。「ここに哀れを止めしは」の形で説教節などに常套句として用いられた。「―・めたのは帰らぬ飼い主を待つ犬の姿だった」❷深い感動がいつまでも残る。「秋の夜の深さ―・めけりよしのの月の明け方の空」〈新後撰・秋下〉〔補説〕この句の場合、「止める」を「とめる」とは読まない。

あわれっ-ぽ・い【哀れっぽい】あはれ〔形〕❶哀れな感じを起こさせるさま。見るからに情けない。みすぼらしい。「―・い声で寄付を迫る」❷他に対し、同情心を起こしやすい傾きにある。情にもろい。「慈悲深く、―・く、加之も律気真当の気質ゆえ」〈二葉亭・浮雲〉〔派生〕あわれっぽさ〔名〕

あわれび【哀れび┊×憐れび】あはれび「哀れみ」に同じ。「―を広田の浜に祈りても今はかひなき身の思ひかな」〈拾遺愚草・下〉

あわれ・ぶ【哀れぶ┊×憐れぶ】あはれぶ ㊀〔動バ四〕❶「哀れむ❶」に同じ。「慈悲の心深くして、人を―・ぶ事仏の如く」〈今昔・一一・二〉❷「哀れむ❷」に同じ。「花をめで、鳥をうらやみ、霞を―・び、露をかなしぶ心」〈古今・仮名序〉㊁〔動バ上二〕「哀れむ」に同じ。「神聞き―・びさせ給ひて」〈大鏡・道長下〉〔補説〕もとは上二段活用で、その後多く四段活用に変化して用いられたものか。

あわれみ【哀れみ┊×憐れみ┊×愍れみ】あはれみ かわいそうに思う心。慈悲。同情。「―をかける」
〔類語〕同情・思いやり・哀れ・情け

あわれみ-ぶか・い【哀れみ深い】あはれみ〔形〕図あはれみぶか・し〔ク〕かわいそうに思う心が強い。「―・い人」

あわれ・む【哀れむ┊×憐れむ】あはれむ〔動マ五(四)〕❶かわいそうに思う。不憫に思う。「―・むようなまなざし」❷賞美する。めでる。あわれぶ。「花をもてあそび、鳥を―・まずといふ事なし」〈後拾遺・序〉
〔類語〕思いやる

あわわ　子供をあやすとき、開いた口を手のひらで軽くたたいて「あわわ」という声を出すこと。

あん【案】❶考え。計画。「―を練る」❷予想。推量。❸文書の下書き。草案。「―を提出する」❹物を載せる台。机。「此の経の―の前に立ちて」〈今昔・六・四五〉➡漢「あん(案)」〔類語〕原案・たたき台・代案・対案・試案・腹案・懸案・法案・考え・計画・もくろみ・企て・はかりごと・一計・企図・企画・立案・構想・設計・プラン・プロジェクト・青写真・筋書・手の内・予定

案に落・つ　思ったとおりになる。また、計略にひっかかる。「かく、人の推し量る―・つる事もあらましかば」〈源・藤袴〉

案に相違・する　考えていたことと違う。予想が外れ

る。案に違う。「―・して応募者が多かった」

案の如く　思ったとおり。予測したとおり。

あん【×庵|×菴】㊀〔名〕❶世捨て人や僧侶などの閑居する小さな草葺きの家。草庵。いおり。「―を結ぶ」❷大きな禅寺に付属している小さな僧房。㊁〔接尾〕文人・茶人やそれらの人の住居、また料亭などの名に添えて、雅号・屋号として用いる。「芭蕉―」「好日―」➡漢「あん(庵)」

(類語)庵・庵室・草庵・草堂・東屋

あん【×餡】❶アズキ・インゲンなどの豆を煮てつぶし、砂糖や塩を入れ、さらに加熱して練ったもの。菓子・汁粉などに使う。豆をつぶしたままのものをつぶし餡、皮を取り除いたものをこし餡という。あんこ。「―パン」❷餅やまんじゅうの中に詰めるもの。❶のほか、調味した挽き肉・野菜など。❸くず粉やかたくり粉を加えてとろみをつけた汁。「―かけ蕎麦」❹広く、物の中に詰めるもの。あんこ。

アン〔Anne〕[1665〜1714]英国の女王。在位1702〜1714。ジェームズ2世の次女。その治世下に、イングランドとスコットランドが合同しグレートブリテン王国が成立。

あんあみ【安阿弥】快慶の号。

あん-あん【暗暗|×闇×闇】〔ト・タル〕図〔形動タリ〕❶暗いさま。はっきりしないさま。「一間と離れた先は黒―として」〈荷風・地獄の花〉❷表立たないさま。ひそかなさま。「―のうちに了解し合う」

あんあん-り【暗暗裏|暗暗×裡】(「暗暗裏に」「暗暗裏の」の形で)人の知らないうち。ひそかな状態。内々。「―に事を運ぶ」「―の約束」

あん-い【安位】世阿弥の能楽論で、何事も余力を残して安らかに演じられる芸の境地。最高とする芸の位。安き位。

あん-い【安易】〔名・形動〕❶たやすいこと。わけなくできること。また、そのさま。「―な問題」❷気楽であること。いいかげんなこと。また、そのさま。「人生を―に考える」(類語)イージー・生やさしい・甘い・簡単・手ぬるい・生ぬるい・甘っちょろい・いいかげん・容易・平易・軽易・手軽・楽・手っ取り早い・容易い・易しい・易い・平たい・造作ない・訳ない・朝飯前・お茶の子さいさい・屁の河童

あん-い【安意】〔名〕スル　心がやすまること。安心。「請う―せよ」〈織田訳・花柳春話〉

あん-い【安慰】心を安らかにして慰めること。「せめて一睡の―だに貪らばや」〈木下尚江・良人の自白〉

あん-いつ【安逸|安×佚】〔名・形動〕気楽に過ごすこと。何もせずに、ぶらぶらと遊び暮らすこと。また、そのさま。「―をむさぼる」「―な日を送る」(類語)自適・楽

アンインストーラー〔uninstaller〕コンピューターに導入(インストール)してあるアプリケーションソフトを削除(アンインストール)する際に利用するソフトウエア。プログラムやデータを削除するだけでなく、さまざまな設定を導入前の状態に戻す機能をもつ。

アンインストール〔uninstall〕コンピューターで、インストールしたアプリケーションを削除すること。アプリケーションを導入する以前の設定に戻すことも含む。これら一連の作業を行うソフトウエアをアンインストーラーという。⇔インストール。

あん-うつ【暗鬱】〔名・形動〕気持ちが暗くふさぎこんでいること。また、そのさま。「―な表情」「てらてらとしたかの頭はしばし病室の―を照らしたのである」〈蘆花・思出の記〉

あん-うん【暗雲】❶真っ黒な雲。今にも雨や雪が降りだしそうな気配のある暗い雲。「―が垂れ込める」❷戦争などの危機が迫りくる気配。「国際情勢に―が漂う」❸心を覆い閉ざしている苦しみや悩み。「―が一挙にはれる」

アン-ウント-フュール-ジッヒ〔ドイ an und für sich〕即自かつ対自。ヘーゲル弁証法で、事物の弁証法的発展の第三段階を示す用語。アンジッヒの段階から、他者との対立において自己を自覚するフュールジッヒの段階に発展し、さらにこの対立が統一されて一段高い状態に止揚された段階。➡アンジッヒ ➡フュールジッヒ

あんえい【安永】江戸中期、後桃園天皇・光格天皇の時の年号。1772年11月16日〜1781年4月2日。

あん-えい【晏嬰】[?〜前500]中国、春秋時代の斉の宰相。字は平仲。霊・荘・景の三公に仕えた。すぐれた見識をもって国家経営にあたった政治家として知られる。言行録「晏子春秋」がある。晏子。

あん-えい【暗影|暗×翳】❶暗いかげ。「―と光と熱とを帯びた雲の群」〈藤村・破戒〉❷将来に不安をいだかせるようなきざし。「前途に―を投ずる」

暗影を投ず・ずる　将来に対する不安を投げかける。「わが国の経済に―・ずる事件」

あんえい-なんりょう【安永南×鐐】二朱銀貨。安永年代に広く流通した。➡南鐐

あんえい-ほう【安衛法】「労働安全衛生法」の略。

あん-おん【安穏】〔名・形動〕►あんのん(安穏)

あん-か【安価】〔名・形動〕❶値段の安いこと。また、そのさま。「―な商品」⇔高価。❷価値の低いこと。安っぽいこと。また、そのさま。「―な同情」

(類語)安値・廉価・安い・安め・割安・格安・低廉・安直・安上がり・徳用

安価な政府　《cheap government》政府の役割を国防・司法および特定の公共事業などに限定し、その財政支出を必要最小限度に抑えることを理想とする財政思想・国家観。政府が経済活動に介入すると経済の自然な調和と発展を乱し、また財政支出の増大は社会の資本蓄積を妨げて経済発展を阻害するという自由主義思想に基づく。

あん-か【行火】《「あん(行)」は唐音》木または土製の枠の中の火入れに火を入れて、手足を温める小型の暖房具。(季冬)「ペンの走り固しとおもひ―抱く/亜浪」(類語)湯たんぽ・懐炉

あん-か【案下】❶机の下。机のそば。❷手紙の脇付の一。あて名に添えて敬意を表す語。机下。

あん-か【暗花】中国陶磁器の装飾法の一。素地に毛彫りや型押しで、軽く模様をつけた上に釉をかけ、模様が透けて見えるもの。

あん-が【安×臥】〔名〕スル　からだを横たえて楽にすること。「白いシーツに裹まれた布団が、彼の―を待つべく長々と延べてあった」〈漱石・明暗〉

(類語)寝る・臥す・臥せる・横たわる・枕する・寝転ぶ・寝転がる・寝そべる・横臥する・仰臥する・伏臥する・側臥する・横になる

あん-が【×晏×駕】《「晏」は遅い、「駕」は乗り物の意で、天子のいつもより遅いお出ましを表現したもの》天子の死ぬこと。崩御。「鳥羽院御―の後は、兵革うちつづき」〈平家・一〉

あん-が【×鞍瓦】►鞍橋

アンカー〔anchor〕❶船の錨。❷リレー競技の最後の走者、または泳者。❸「アンカーマン」の略。❹登山で、ザイルでからだをつなぎ合った最後尾の者。また、その者のザイルの結び方。❺《anchor escapementの略》時計の歯車にかみ合って、回転を調節する爪状の装置。アンクル。❻「アンカーボルト」の略。

アンガージュマン〔フラ engagement〕参加。特に、知識人や芸術家が現実の問題に取り組み、社会運動などに参加すること。

アンカー-ボルト〔anchor bolt〕機械・柱・土台などを据えつけるため、コンクリートの基礎などに埋め込むボルト。基礎ボルト。

アンカーマン〔anchorman〕週刊誌で、取材記者の原稿をもとに、最終的にまとめる人。また、ラジオ・テレビのニュース番組のメーンキャスター。

あん-かい【暗×晦】〔名・形動〕暗いこと。また、そのさま。晦暗。「時代の―な不安さ」

あん-がい【案外】〔名・形動〕❶予想が外れること。思いがけないこと。また、そのさま。思いのほか。副詞的にも用いる。「彼女には―な一面がある」「―よくできた」❷非常識で無礼なこと。また、そのさま。「―なる素野郎め」〈浄・先代萩〉

(用法)案外・意外――「案外」は予想と事態が違っていた場合に使う。「期待していたが、案外つまらない映画だった」「心配していたが、仕事は案外楽だった」など。◆「意外」は「意外に時間が早くたってしまった」「パーティーで意外な人に会った」のように、「意外な」「意外に」の形で、考えていたことと実際が違う場合や、予想できなかったようなことに使う。

(類語)思いのほか・意外・思いがけない・慮外・存外・望外・予想外・意表・結構・なかなか・割合

あん-かけ【×餡掛(け)】くず粉やかたくり粉でとろみをつけた汁をかけた料理。

あん-かっしょく【暗褐色】黒みを帯びた褐色。

アンカット〔uncut〕書籍や雑誌の小口が袋状のままで化粧裁ちしていないこと。フランスとじ。

あんか-もん【安嘉門】平安京大内裏外郭十二門の一。北面三門のうち西側の門。兵庫寮御門。

あんか-もんいん【安嘉門院】[1209〜1283]高倉天皇の皇子守貞親王の王女。後堀河天皇の准母。父から譲られた八条院領は、のちに大覚寺統の重要な所領となった。

アンカラ〔Ankara〕トルコ共和国の首都。アナトリア高原にある。1923年、共和国の成立時にイスタンブールに代わって首都になる。アンゴラヤギの産地。ローマ時代の遺跡が多い。旧称アンゴラ。人口、都市圏395万(2007)。

アンカラ-じょう【アンカラ城】《Ankara Kalesi》トルコの首都アンカラにある城。古代ローマ帝国時代にガラテヤ人が築いた砦に起源する。7世紀に東ローマ皇帝ヘラクレイオス1世により、アラブ人の侵攻に備えて内側の城壁が築かれ、ミハイル2世の時代に外側の城壁が増築された。

アンガルスク〔Angarsk〕ロシア連邦中部の都市。アンガラ川とキトイ川の合流点近くに位置する。第二次大戦後に石油化学コンビナートが建設され、チュメニ油田とパイプラインで結ばれてアンガラバイカル工業地域の代表的な工業都市に発展した。

アンカレジ〔Anchorage〕米国アラスカ州南部の港湾都市。北極圏航空路の中継地。

あん-かん【安閑】〔ト・タル〕図〔形動タリ〕❶のんびりとして静かなさま。心身の安らかなさま。「紅だか白だか要領を得ぬ花が―と咲く」〈漱石・草枕〉❷危急に際して、何もせずぼんやりしているさま。「―としてはいられない」

あんかん-てんのう【安閑天皇】記紀で、第27代の天皇。継体天皇の第1皇子。名は広国押武金日。皇居は勾金橋宮。

あん-き【安危】安全であるか危険であるかということ。「一国の―にかかわる重大事」

あん-き【安気】〔名・形動〕心に苦しみがなく、気楽でのんびりしていること。また、そのさま。「―な心持で彼と向い合う」〈有島・星座〉

あんき【安徽】中国東部の省。省都は合肥。揚子江・淮河の下流域にあり、米・茶・タバコなどの産地。皖。アンホイ。

あん-き【×晏起】朝遅く起きること。朝寝。「その―の習いを矯めんと欲し」〈中村訳・西国立志編〉

あん-き【暗記|×諳記】〔名〕スル　文字・数字などを、書いたものを見ないでもすらすらと言えるように、よく覚えること。「英単語を―する」「丸―」「―力」(類語)棒暗記・丸暗記・覚える・記憶・銘ずる・銘記・牢記

あん-き【暗鬼】《暗がりの中に見える鬼の意から》妄想からひき起こされる恐れや疑い。「疑心―」

アンギーナ〔ドイ Angina〕口峡炎。

アンギオグラフィー〔ドイ Angiographie〕血管造影法。放射線不透物質を注入して行う血管の放射線撮影。

アンギオテンシン〔angiotensin〕《「アンジオテンシン」とも》肝臓から分泌されるアンギオテンシノーゲンという物質が、腎臓から分泌されるレニンによって活性化されたもの。血管を収縮させて血圧を上昇させ、さらに副腎皮質に作用してアルドステロンの分泌を促進する。

アンギオテンシン-へんかんこうそ【アンギオテンシン変換酵素】ヘンクワンカウソ《「アンジオテンシン変換酵素」とも》血管内皮細胞の表面に存在し、アンギオテンシンⅠをアンギオテンシンⅡに変換する酵素。この作用を妨げるアンギオテンシン変換酵素阻害薬(ACE阻害薬)は降圧薬や心不全の治療薬として用いられる。ACE(angiotensin-converting enzyme)。補説アンギオテンシンは血液中に存在するペプチドの一つで、Ⅰ～Ⅳの4種類がある。このうちアンギオテンシンⅡ～Ⅳには細動脈の平滑筋を収縮させ血圧を上昇させる作用や、副腎皮質でアルドステロンの分泌を促進する作用などがある。

アンギオテンシンへんかんこうそ-そがいやく【アンギオテンシン変換酵素阻害薬】ヘンクワンカウソ《「アンジオテンシン変換酵素阻害薬」とも》血液中に存在するアンギオテンシンのうち血圧上昇作用のないアンギオテンシンⅠを血圧上昇作用のあるアンギオテンシンⅡに変換する酵素の働きを阻害する薬剤。降圧薬として高血圧の治療に使用。心臓の負担を軽減する作用もあり、拡張型心筋症などの心不全の治療薬としても使用される。ACE(angiotensin-converting enzyme)阻害薬。➡アンギオテンシン変換酵素

あんき-しょう【安徽省】ーシヤウ ▶安徽

あんき-は【安×徽派】中華民国初期、袁世凱えんせいがいの死後に、安徽省出身の段祺瑞だんきずいの率いた北洋軍閥の一派。1928年崩壊。

あん-きも【×鮟肝】アンコウの肝臓。塩ゆでして水にさらし、薄切りにして、わさび醤油で食べたり、味噌あえにしたりする。

あんき-もん【安喜門】平安京内裏内郭十二門の一。北面三門のうち、東側の門。

あんき-もんいん【安喜門院】ーモンヰン［1207～1286］後堀河天皇の皇后。名は藤原有子。藤原公房の娘。

あん-ぎゃ【行脚】〔名〕スル《「あん(行)」は唐音》❶仏道修行のために、僧侶が諸国を歩き回ること。「雲水の―」❷ある目的で諸地方を巡り歩くこと。「遺跡を―する」類語歩く・旅行・ぶらつく・ほっつく・散歩・散策・逍遥せうえう・漫歩・漫遊・巡歴・跋渉ばつせふ

アンギュレーション〘angulation〙スキーで、斜滑降のときの姿勢のこと。両方のスキーのエッジを滑っている山側の方に立てるために腰とひざを山側に押し出し、上体を谷側に傾けるようにする。

あん-きょ【安居】〔名〕スル ❶気楽にのんびり暮らすこと。「本国に在りて―なす国民に比して」〈独歩・愛弟通信〉❷現在の状態に安心していること。「今の繁栄に―してはならない」❸ ▶あんご(安居)

あん-きょ【暗×渠】地下に埋設したり、ふたをかけたりした水路。暗溝。➡開渠かいきよ

あんきょ-はいすい【暗×渠排水】暗渠を設けて、土中の余分な水を排水すること。また、その設備。

アンギラ-とう【アンギラ島】ータウ《Anguilla》カリブ海、小アンティル諸島北端にある英自治領の島。1650年から英領。1967年、独立前のセントクリストファー-ネイビスと合わせて自治領とされたが、セントクリストファー島主導の自治を嫌い独立宣言。69年に英直接統治に復したが、76年に再び自治領となった。ロブスターの漁と輸出が盛ん。人口1万(2010)。

あん-きん-たん【安近短】費用が安く、距離が近く、日程が短いこと。旅行・行楽の傾向をいうもので、小旅行や日帰りで楽しむレジャーなどをさす。

アンク〘ANK〙《alphabet numeric kana》コンピューターによる日本語の文字表示のうち、1バイトで表現できる文字の集合のこと。半角アルファベット、半角カタカナ、半角数字を含む。ANK文字。

あん-ぐ【暗愚】〔名・形動〕物事の是非を判断する力がなく、愚かなこと。また、そのさま。「―な為政者」類語蒙昧もうまい・愚昧・馬鹿・阿呆あほう・魯鈍ろどん・愚鈍・無知・愚蒙・頑愚・愚か・薄のろ・盆暗ぼんくら・まぬけ・とんま・たわけ・馬鹿者・馬鹿たれ・与太郎・抜け作・おたんこなす・おたんちん・あんぽんたん・べらぼう

あん-ぐう【行宮】《「あん(行)」は唐音》天皇の行幸のときに旅先に設けた仮宮。行在所あんざいしよ。

アンクタッド〘UNCTAD〙《United Nations Conference on Trade and Development》国連貿易開発会議。国際連合の常設会議として1964年設置。先進国と開発途上国との経済格差の是正、開発途上国の経済開発の促進などについて討議し、勧告する。事務局はジュネーブ。

アンク-もじ【ANK文字】▶アンク(ANK)

アン-グラ《地下の意の「アンダーグラウンド」の略》❶商業性を無視し、独自の主張をする前衛的で実験的な芸術。または、その作品。1960年代に米国で発生して、日本にも普及した。映画・演劇を主とする。「―芸術」❷非公式または非合法であること。「―新聞」❸出所不明であること。「―資金」

アングラー〘angler〙魚を釣る人。釣り師。

アングラ-けいざい【アングラ経済】《underground economy》非合法の経済活動。

アングラ-ド-エロイズモ〘Angra do Heroísmo〙ポルトガル領アゾレス諸島のテルセイラ島の町。20世紀半ばまで同諸島の首府が置かれた。天然の良港に恵まれ、16世紀より帆船時代が終わる19世紀末まで航海の中継地として発展。レデントール-デ-セ大聖堂やサンフェリペ要塞など、ポルトガル植民都市の面影を色濃く残している。1983年には「アゾレス諸島のアングラ-ド-エロイズモの中心地区」の名称で世界遺産(文化遺産)に登録された。

アングラ-ふうしゃぐん【アングラ風車群】《Angla tuulikud》エストニア西部、バルト海に浮かぶサーレマー島北東部にある風車群。19世紀頃に建てられはじめ、最も多い時は島全体で800基以上あった。現在は保存状態の良い5基の風車が残っている。

アングラ-マイニュ〘Angra Mainyu〙ゾロアスター教の悪神アフリマンの、聖典アベスターでの称。

アングラ-マネー《underground moneyの略》脱税や密輸など非合法な経済活動で動き、税務当局が捕捉しておらず、したがって政府の経済統計でも把握されていない金。ブラックマネー。

あんぐり〔副〕驚いたり、あきれたりして、口を大きく開けるさま。「―(と)口を開けて見とれる」

アングリカン-チャーチ〘Anglican Church〙▶イギリス国教会

アンクリング〘ankling〙自転車でペダルの踏み方の一つ。くるぶしの関節を有効に使って、ペダルを踏み、引き上げる技術。長距離を走るときに効果的。

アンクル〘ankle〙足首。くるぶし。「―ブーツ」

アンクル〘uncle〙おじ。おじさん。

アングル〘angle〙❶角度。❷「カメラアングル」の略。❸観点。視点。❹山形鋼のこと。

アングル〘Jean Auguste Dominique Ingres〙［1780～1867］フランスの画家。新古典主義の代表。的確なデッサンと典雅な形式美を特色とする歴史画・裸体画を描く。作「グランドオダリスク」「泉」など。

アンクル-ウエート〘ankle weight〙《「アンクルウエイト」とも》筋力トレーニングなどのために、足首に巻くおもり。

アンクル-サム〘Uncle Sam〙アメリカ合衆国政府、またはアメリカ人のあだ名。United Statesの頭文字をもじったもの。➡ジョンブル ➡マリアンヌ

アングルシー-とう【アングルシー島】ータウ《Isle of Anglesey》英国ウェールズ北西部の島。本土の町バンゴールとメナイ橋とブリタニア橋によって結ばれる。西方には属島ホリー島がある。主な町はビューマリス。古代ローマ人の侵入以前、古代ケルト人によりドルイド教が信仰されていた島として知られる。新石器時代や古代ローマ時代の遺跡も多い。13世紀にイングランドの支配下になり、18世紀に石炭採掘で栄えた。アングルジー島。

アングル-ショット〘angle shot〙映画・テレビなどで、同一場面を別の角度からカメラの位置を変えて撮影すること。

アンクルトムのこや【アンクルトムの小屋】《原題Uncle Tom's Cabin》ストー作の長編小説。1852年刊。黒人奴隷トムの悲惨な生涯を描き、米国の奴隷制度廃止の気運を高めた。

漢字項目 あん

【行】▶こう
【×杏】▶きょう

安 学3 音アン(呉)(漢) 訓やすい、いずくに、いずくんぞ‖㊀〈アン〉①変わったことがなく穏やかに落ち着いている。「安静・安全・安泰/公安・治安・平安・保安」②心を落ち着ける。やすらかにする。「安心・安堵あんど/慰安」③たやすい。「安易・安直」④値段がやすい。「安価」⑤アンモニア。「硝安・硫安」㊁〈やす〉「安値/格安・目安・割安」名付さだ・やす・やすし 難読安芸あき・安宅あたか・安房あわ・安母尼亜アンモニア

人 **按** 音アン(呉)(漢)‖①手で押さえる。「按摩」②物事を押さえて調べる。よく考える。「按配・按分」難読按察使あぜち

人 **晏** 音アン(呉)(漢)‖①時刻が遅い。「晏駕あんが・晏起」②安らか。「晏如/清晏」名付さだ・はる・やす

案 学4 音アン(呉)(漢)‖①机。台。「案下あんか/几案・玉案」②調べる。調べる事柄。「案件/公案」③考える。「案出/考案・思案・創案」④考えた内容。計画。「新案・提案・発案・腹案・翻案・妙案・名案」⑤考えた内容を盛りこんだ下書き。「議案・教案・原案・試案・図案・草案・答案・文案・法案」難読案山子かかし

人 **庵** 音アン(呉)(漢) 訓いおり、いお‖草葺くさぶきの小さな家。いおり。「庵室・庵主/草庵・僧庵」

暗 学3 音アン(漢) 訓くらい、ひそかに、そらんずる‖①くらい。やみ。「暗黒・暗室/明暗・幽暗」②黒っぽい。「暗紅色」③道理がわからない。「暗愚・暗君」④はっきり外に見えない。人知れず。「暗号・暗殺・暗示」⑤(「諳あん」と通用)もとのものを見なくてもよいように覚える。「暗記・暗算・暗唱・暗譜」

人 **鞍** 音アン(呉)(漢) 訓くら‖馬のくら。「鞍上・鞍馬・鞍部」

× **諳** 音アン(漢) 訓そらんずる‖そらで言う。「諳記・諳誦」補説「暗」と通用する。

▽ **闇** 音アン(漢) 訓やみ、くらい‖㊀〈アン〉(「暗」と通用)①くらやみ。くらい。「闇夜/暁闇」②道理にくらい。「闇愚」㊁〈やみ〉「闇市/暗闇くらやみ・夕闇」

アングル-ファインダー〘angle finder〙一眼レフカメラのファインダー部分に装着し、ローアングルの撮影を容易にする装置。レフコンバーター。

アンクル-ブーツ〘ankle boots〙くるぶしまでの深さの短めのブーツ。

アンクル-ホールド〘ankle hold〙レスリングの技の一。相手の両足首をつかんで持ち上げ、持った足首をひねって相手の体を返すもの。

アンクルン〘インドネシア angklung〙❶オクターブに調律された2～3本の竹筒を、細く組んだ枠につり下げ、枠を振ることによって鳴らす楽器。主に西ジャワで用いられる。❷東ジャワ地域の竹琴。

アングレー-おおどおり【アングレー大通り】ーおほどほり《Promenade des Anglais》▶プロムナードデザングレ

アングレーズ-ソース《フランス sauce anglaiseから》「カスタードソース」に同じ。

アンクレット〘anklet〙❶腕輪のように足首につける装飾品。❷トップの折り返しが三重になったくるぶしまでの短いソックス。❸くるぶしの所に留め革のある短靴。

アングロ-アメリカ〘Anglo-America〙アメリカ大陸中、アングロサクソン系民族が主に開拓した地域。アメリカ合衆国・カナダのこと。ラテンアメリカに対していう。

アングロ-アラブ〘Anglo-Arab〙馬の一品種。フランスでアラブとサラブレッドを交配し、改良したもの。乗馬・競走用。

アンクロース〘UNCLOS〙《United Nations Convention on the Law of the Sea》▶国連海洋法条約

アングロ-サクソン〖Anglo-Saxon〗❶5世紀ごろ民族大移動でドイツの北西部からブリテン島に移住したアングル人とサクソン人の総称。現在の英国民の根幹をなす。❷英国民、また、英国系の人。

アングロサクソンがた-しほんしゅぎ【アングロサクソン型資本主義】米国・英国で典型的にみられる資本主義の形態。企業は金融市場から直接資金を調達し、株主利益の最大化を優先する。業績が悪化した場合は、株主価値を維持するために積極的に人員を削減するため、雇用は不安定になる。賃金制度では成果主義をとり、自己責任を重視。政治的には小さな政府を志向する。フランスの経済学者ミシェル=アルベールが著書「資本主義対資本主義」(1992年刊)で提示した概念。➡ライン型資本主義

あん-くん【暗君】判断力のとぼしい君主。⇔明君。

あんけい【安慶】中国安徽あん省南部の港湾都市。揚子江中流にあり、1902年の英清通商条約により開港。近年、工業も盛ん。アンチン。

アンケート〖フランス enquête〗多くの人に同じ質問を出して回答を求める調査法。また、その質問。

あん-けつ【暗穴|▽闇穴】❶暗い穴。洞窟どう。「うたてや太陽に―、えでんにも蛇の住みし人の世ぞかし」〈露伴・露団々〉❷人をののしる語。あほう。ばか。まぬけ。「片っ端から出しゃばれえ。―めえ」〈滑・浮世風呂・四〉

アンゲリカ〖angelica〗▶アンゼリカ

あん-けん【案件】❶問題となっている事柄。審議しなければならない事柄。「重要―」❷訴訟になっている箇条。訴訟事件。(類語)問題・件けん・一件・懸案・課題・題目・本題・論題・論点・争点・テーマ・プロブレム

あんげん【安元】平安末期、高倉天皇の時の年号。1175年7月28日～1177年8月4日。

あんけん-さつ【暗剣殺】九星きゅうせいの方位の中で、最も凶とされる方位。これを犯すと剣難にあって、主人は使用人に、親は子に殺されることがあるという。

あん-こ《「あねこ」の音変化》伊豆大島で、娘のこと。

あん-こ【安固】〘名・形動〙しっかりと安定していること。また、そのさま。「地位も―ではなく」〈白鳥・何処へ〉

あん-こ【×餡こ】❶餡あんのこと。❷膨らみをもたせたり、形を整えたりするために、中に詰めるもの。あん。「グローブの―」

あん-こ【×鮟×鱇】「鮟鱇形あんこう」に同じ。

あん-ご【安▽居】〘名〙スル《梵 vārṣikaの訳。雨季の意》仏語。僧が、夏、1か所にこもって修行すること。陰暦4月16日から7月15日までの3か月間で、この期間を一夏いちげという。雨安居うあんご。夏安居げあんご。夏行げぎょう。夏籠げごもり。あんきょ。(季 夏)➡冬安居ふゆあんご

あん-ご【暗語】特定の人どうしにだけ通じるように作り定めた暗号となる言葉。

あんご-いん【安居院】アンゴ 奈良県高市郡明日香あすか村にある真言宗豊山ぶざん派の寺。本元興寺もとがんごうじの塔頭たっちゅう寺院。飛鳥寺あすかでら。

あん-こう【安康】アンカウ 平和で安らかなこと。安穏。書簡で、相手の健康・繁栄などを祝うあいさつの言葉としても用いる。「御―の段」「国家―」

あん-こう【暗紅】黒みがかったあかい色。黒ずんだ紅色。「暗緑と―を混ぜ合わした様な若い芽が」〈漱石・それから〉(類語)赤・真っ赤・赤色せきしょく・紅色こうしょく・紅くれない・紅べに・真紅しんく・鮮紅せんこう・緋ひ・緋色・朱しゅ・朱色しゅいろ・丹に・茜あかね色・薔薇ばら色・小豆あずき色・臙脂えんじ・唐紅からくれない・レッド・スカーレット・バーミリオン・マゼンタ・ローズ・ワインレッド

あん-こう【暗香】アンカウ どこからともなく匂ってくる香り。やみに漂う花の香り。多く詩などで梅の香りをいう。

あん-こう【暗×窖】アンカウ 暗い洞窟どうくつ。「何者か―の中へ降りていったのであろう」〈漱石・幻影の盾〉

あん-こう【暗溝】「暗渠あんきょ」に同じ。

あん-こう【×鮟×鱇】アンカウ ❶アンコウ目アンコウ科の海水魚の総称。キアンコウ(ホンアンコウ)とアンコウ(クツアンコウ)の2種がある。全長約1メートル。口が大きく、体は縦扁し丸く、尾は小さい。骨は軟骨が多く、肉は弾力に富む。上唇の上部にある細長い突起を動かして小魚を誘い寄せて捕食。日本の沿岸の海底にすむ。冬季に鍋料理にする。肝臓は特に美味。(季 冬)「―の骨まで凍ててぶち切らる/楸邨」❷《❶の動きが鈍いところから》愚かな人。「この祐経、―らしくだしぬかれ」〈浄・加増曽我〉❸「呼樋よびどい」に同じ。

鮟鱇の餌え待ち 鮟鱇がえさを待つときの姿のように、ぽんやりと口を開けているようす。

あん-ごう【暗号】アンガウ 通信の内容が相手以外にわからないように、当事者の間だけで決めた記号。軍事・外交・警察・商業などで使われる。(類語)符丁

あん-ごう【暗合】アンガフ〘名〙スル 思いがけなく物事が一致すること。偶然に一致すること。「いわゆる処生の方法とも―して安全である」〈寅彦・自画像〉

あんごう-か【暗号化】アンガウクワ《encryption》文章や電子データの情報を一定の規則に従って組み替え、通信途中に第三者に利用されないようにすること。受信者は暗号化された情報に逆の手続きを施して解読する。エンクリプション。➡暗号 ➡復号 ➡共通鍵暗号 ➡公開鍵暗号

あんごう-かぎ【暗号鍵】アンガウ― コンピューターネットワークにおいて、暗号化や復号の際に用いられる一定の規則。➡共通鍵暗号 ➡公開鍵暗号

あんこう-がた【×鮟×鱇形】アンカウ― ❶「あんこがた」に同じ。❷竹の一重切りの花器で、口の大きく開いたもの。

あんこう-しょく【暗紅色】黒みを帯びたあかい色。

あんこう-てんのう【安康天皇】アンカウテンワウ 記紀で、第20代の天皇。允恭いんぎょう天皇の皇子。名は穴穂あなほ。皇居は石上穴穂宮いそのかみのあなほのみや。在位3年余りで眉輪まよわ王に暗殺された。倭の五王の興に比定する説がある。

あんこう-なべ【×鮟×鱇鍋】アンカウ― 鮟鱇の身・肝などに焼き豆腐・シイタケなどを加え、だしで煮た料理。(季 冬)「一箸ひとはしもぐらぐら煮ゆるなり/虚子」

あんこう-の-つるしぎり【×鮟×鱇の×吊るし切り】アンカウ― 鮟鱇のおろし方。下顎したあごに鉤かぎを通してつるし、口から水を入れておいて、皮をはぎ、肉をそぎ、はらわたを取り、骨を切る。全体にやわらかく、包丁を入れにくいために行う。

あんごう-ぶん【暗号文】アンガウ― ❶暗号を使って書かれた文。「―を解読する」❷コンピューターネットワークにおいて、暗号化されたテキスト。⇔平文ひらぶん。

あんこう-むしゃ【×鮟×鱇武者】アンカウ― 大言壮語するくせに臆病な武者をあざけっていう語。あんこうざむらい。

アンコー【暗刻】《中国語》マージャンで、同じ牌パイを3個、手の内でそろえたもの。

アンコール〖Angkor〗カンボジア北部、トンレサップ湖畔にあるクメール王朝の遺跡。王朝は9～15世紀に栄えた。王宮のアンコールトム、石造寺院アンコールワットをはじめ多数のヒンズー教寺院の遺構があり、1992年に世界遺産(文化遺産)に登録された。

アンコール〖encore〗〘名〙スル ❶演奏者や歌手が予定のとおり終了し退場したあと、聴衆が拍手や掛け声で再演を望むこと。また、それにこたえて行う演奏や歌。❷再放送や再上演。「―アワー」(補説)語源はフランス語で、再び、もう一度、の意。

アンコール-アワー《和 encore＋hour》視聴者の要望にこたえて、すでに放送して評判の高かった番組などを再放送する時間帯。

アンコール-ワット〖Angkor Wat〗《「寺院町」の意》アンコールにある石造寺院遺跡。12世紀初め、クメール王朝スールヤバルマン2世の治下に建立。1992年、アンコールの他の遺跡とともに世界遺産(文化遺産)に登録された。

あんこ-がた【×鮟×鱇形】相撲で、太って腹の突き出た力士の体形のこと。魚の鮟鱇あんこうの体形に似ているからという。あんこ。あんこう形。➡ソップ形

あん-こく【安国】国家を平穏に治めること。また、平穏な国。「利民―のことは」〈中華若木詩抄・下〉

あん-こく【暗黒|▽闇黒】〘名・形動〙❶真っ暗なこと。全く光のささないこと。くらやみ。また、そのさま。「―の宇宙」❷社会の秩序が乱れ、また、人間性や文化が極度に圧迫されて、悪事や不安がはびこること。また、そのさま。「―の時代」「―地帯」❸希望がもてない状態であること。また、そのさま。「―な前途を照らす光明のように」〈鴎外・阿部一族〉

あんこく-エネルギー【暗黒エネルギー】宇宙に存在し、負の圧力としてはたらき、宇宙膨張を加速させる仮想的なエネルギー。さまざまな観測事実から、その存在は確かだと考えられているが、正体は明らかになっていない。2001年に打ち上げられた宇宙背景放射探査機(WMAP)による詳細な観測から、宇宙全体の物質・エネルギーの割合は、約72パーセントが暗黒エネルギー、23パーセントが暗黒物質、水素やヘリウムなどの通常の物質が5パーセントと見積もられている。ダークエネルギー。

あんこく-がい【暗黒街】悪事や犯罪などがしばしば行われる無秩序な地域。

あんこく-じ【安国寺】㊀足利尊氏・直義の兄弟が、夢窓疎石の勧めによって国家安穏を祈願し、南北両朝の戦没者供養のため、日本の各国ごとに建立させた禅寺。塔も建立され、利生りしょう塔と称した。臨済宗に所属。㊁▶安国論寺

あんこくじ-えけい【安国寺恵瓊】―ヱケイ[?～1600]安土桃山時代の臨済宗の僧。安芸あきの人。豊臣秀吉の信任を得て寺領を与えられ、東福寺・安国寺を復興。関ヶ原の戦いには石田三成側につき、捕らえられて斬られた。恵瓊。

あんこく-じだい【暗黒時代】❶戦乱が続いたりして、社会の秩序が乱れ、道徳・文化が廃れて悪事や不安がはびこる時代。❷《Dark Ages》ヨーロッパ中世の前・中期をいう語。

あんこく-しょうせつ【暗黒小説】―セウセツ ▶ノアール小説

あんこく-しょく【暗黒色】暗闇に包まれたかのような黒色。光の射さない黒色。

あんこく-せいうん【暗黒星雲】銀河系内星雲の一。低温で光を出さないガスや微粒子の集まり。背後の星の光を遮るため、そこだけ暗黒に見える。馬頭星雲ばとうせいうんなど。

あんこく-たいりく【暗黒大陸】《文明から取り残され、世界に知られていなかったところから》かつてのアフリカ大陸のこと。

あんこく-ぶっしつ【暗黒物質】宇宙に存在する、光を放出も反射もしない未知の物質。銀河の回転運動や銀河団内の銀河の運動から質量を推定すると、星や銀河として光っている物質の質量の約10倍になる。大半を占める「見えない質量(ミッシングマス)」の正体は明らかになっていないが、ニュートリノのように観測にかかりにくい素粒子や、褐色矮星わいせいのような明るく輝かない星などが候補に挙がっている。2001年に打ち上げられた宇宙背景放射探査機(WMAP)による詳細な観測から、宇宙全体の物質・エネルギーの割合は、約72パーセントが暗黒エネルギー、23パーセントが暗黒物質、水素やヘリウムなどの通常の物質が5パーセントと見積もられている。ダークマター。

あんこく-ぶとう【暗黒舞踏】―ブタフ 現代舞踏の一。土方巽ひじかたたつみが昭和30年代に確立。民俗的・肉体的な題材が多く用いられ、多くの芸術家に影響を与えた。

あんこく-めん【暗黒面】社会や人生の、醜悪悲惨な裏面。ダークサイド。

あんこくろん-じ【安国論寺】神奈川県鎌倉市大町にある日蓮宗の寺。安国論窟寺。山号は妙法華経山。開創は建長5年(1253)。開山は日蓮。日蓮が「立正安国論」を執筆した草庵跡がある。安国寺。

あんこ-だま【×餡こ玉】こし餡を一口大くらいに丸め、寒天液をかけて固めた菓子。

アンコム〖ANCOM〗《Andean Common Market》アンデス共同市場。1969年、コロンビア、エクアドル、ペルー、ボリビア、チリの5か国で結成。73年にベネズエラが加盟、76年にチリが脱退。本部はリマ。ACMとも。

アンゴラ〖Angola〗アフリカ南西部の共和国。コンゴ川河口の北岸に飛び地をもつ。首都ルアンダ。コ

ーヒー・ダイヤモンド・鉄鉱石を産する。1575年以来ポルトガルの植民地であったが、1975年独立。人口1307万(2010)。

アンゴラ〘Angora〙㊀トルコの首都アンカラの旧称。㊁(angora)アンゴラヤギ・アンゴラウサギの毛。また、その毛で織った織物。

アンゴラ-うさぎ【アンゴラ×兎】飼いウサギの一品種。小形で、白い絹状の長毛をもつ。トルコのアンゴラ地方の原産といわれ、フランスなどで改良された。

アンゴラかいほう-じんみんうんどう【アンゴラ解放人民運動】ーカイハウー ▶エム-ピー-エル-エー(MPLA)

アンゴラ-やぎ【アンゴラ山=羊】家畜のヤギの一品種。トルコのアンゴラ地方の原産。毛の品質はすぐれ、モヘアとよばれる。

あんごり〘副〙驚いたりあきれたりして口を大きく開けるさま。あんぐり。「口を一開いて、眼鏡越しにじっと文三の顔を見守(みつ)め」〈二葉亭・浮雲〉

あん-ころ【×餡ころ】「餡ころ餅(もち)」の略。

あんころ-もち【×餡ころ餅】餡でくるんだ餅。あんころ。

アンコン《unconstructedから》肩パッドや芯地などを使わずに仕立てた服。アンコンストラクテッド。「一ジャケット」

アンコンストラクテッド〘unconstructed〙▶アンコン

アンサ〘ANSA〙《イタリア Agenzia Nazionale Stampa Associata》イタリアの通信社。イタリア国内のほか世界77か国に海外支局を持つ。1945年設立。

あん-ざ【安座｜安×坐】〘名〙スル ❶あぐらをかくこと。また、くつろいで座ること。❷何もしないで安らかな状態でいること。「その様子を見ると、手を束(つか)ねて一していられなくなる」〈二葉亭・浮雲〉 類語 座る・座(ざ)する・腰掛ける・掛ける・着座する・着席する・正座する・端座する・静座する・黙座する・腰を下ろす・跪(ひざまず)く

アンサー〘ANSER〙《Automatic Answer Network System for Electronic Request》NTTの自動照会通知システム。電話、ファクシミリ、インターネットなどを利用し通信回線を経由して、銀行や証券会社から顧客に残高照会、取引明細、証券売買などの情報を自動的に通知するシステム。

アンサー〘answer｜ans.〙答え。返事。回答。

アンサー-ソング〘answer song〙(ポピュラー音楽で)既に歌われている歌曲への返答となる歌曲。「黒猫のタンゴ」に対する「どらねこのゴーゴー」など。

アンサーホン〘answerphone〙留守番電話。商標名。

あんさい【闇斎】▶山崎闇斎(やまざきあんさい)

あんざい-あつこ【安西篤子】[1927～]小説家。兵庫の生まれ。中国の知識を生かし、歴史物で筆をふるう。「張少子(チャンシャオツ)の話」で直木賞受賞。神奈川県教育委員会委員、神奈川近代文学館館長を歴任。他に「千姫微笑」「義経の母」「黒鳥」など。

あんさい-がくは【▽闇斎学派】山崎闇斎の学説を信奉する儒学の流派。水戸学派と並んで、幕末の尊王思想の源流となった。崎門(きもん)学派。

あんざい-しょ【行在所】《「あん(行)」は唐音》「行宮(あんぐう)」に同じ。

あんさいずいひつ【安斎随筆】江戸中期の随筆。32巻(10冊)。伊勢貞丈(いせさだたけ)(号は安斎)著。成立年未詳。公家・武家の有職故実などを広く考証。

あんさい-てん【▽闇斎点】山崎闇斎が経書に施した訓点。また、その訓点法。朱熹(しゅき)以降の中国宋代の新注をもとにしたもの。嘉点(かてん)。

あんざい-ふゆえ【安西冬衛】ーふゆゑ [1898～1965]詩人。奈良の生まれ。本名、勝。「詩と詩論」の同人。初期の短詩・新散文詩は、現代詩の展開に新風を吹き込んだ。詩集「軍艦茉莉」など。

アンザイレン〘ドイツ anseilen〙〘名〙スル 登山者が岩壁などを登る際に、安全のために互いにザイルで身体を結び合うこと。

アンサス〘UNSAS〙《United Nations Standby Arrangements System》▶国連待機制度

アンザス〘ANZUS〙《Australia, New Zealand and the United States Treaty》太平洋安全保障条約の略称。

あん-さつ【×按察】〘名〙スル 調べてただすこと。特に、政治・行政上についていう。「大皇帝より南方蓬莱(ほうらい)の通路を一するの命を奉じ」〈魯庵・社会百面相〉

あん-さつ【暗殺】〘名〙スル 主に政治上の立場や思想の相違などから、ひそかに要人をねらって殺すこと。「大統領が一される」 類語 謀殺・密殺・必殺

あんさつ-し【×按察使】「あぜち(按察使)」に同じ。

あん-ざん【安産】〘名〙スル あまり苦痛や危険もなく子を産むこと。軽いお産。⇔難産(なんざん)。 類語 生む・生み落とす・出産・分娩・お産・難産・初産(ういざん)・初産(しょざん)・初産(はつざん)・生(な)す・産する・身二つになる・腹を痛める・産卵

あん-ざん【暗算】〘名〙スル 筆算したり計算器具を使ったりせずに、頭の中だけで計算すること。

あんざん【鞍山】中国遼寧(りょうねい)省中部の工業都市。付近に鉄を産し、中国最大の鉄鋼コンビナートがある。人口、行政区156万(2000)。

あんざん-がん【安山岩】《アンデス山脈の火山岩に命名されたandesiteから》火山岩の一。斜長石・輝石の斑晶(はんしょう)を含み、また、角閃石(かくせんせき)や黒雲母(くろうんも)を含むこともある暗灰色の岩石。板状・柱状の割れ目がある。日本で最も普通の火山岩で、土木・建築材や墓石などに使用。

アンサンブル〘フランス ensemble〙《共に、の意》❶服飾で、ドレスとコート、上着とスカート、靴とバッグなどの材質・色調の調和のとれた組み合わせ。❷音楽用語。㋐小人数の合奏・合唱。また、合奏団・合唱団。㋑演奏の調和のぐあい。

アンサンブル-よほう【アンサンブル予報】天気予報における数値予報の一種。観測値に基づいた初期値にわずかなばらつきを与えて複数の数値予報を行い、その平均(アンサンブル平均)を求めることで平均的な大気の状態を予測するというもの。気象庁では、週間予報、1か月予報、3か月予報、暖・寒候期予報で用いている。

あん-し【晏子】▶晏嬰(あんえい)

あん-し【暗視】暗闇でも物が見えること。「一カメラ」

アンシ〘ANSI〙《American National Standards Institute》米国国家規格協会。工業規格の標準化を行っている非営利団体。1918年設立。69年に従来のASAを改組しANSIに改称。日本のJIS(日本工業規格)に相当する。本部はワシントン。

あん-じ【×按司】「あじ(按司)」に同じ。

あん-じ【案じ】❶考え。工夫。「着物の模様の一まで、人にこれはとほめられるも」〈洒・娼妓絹籭〉❷心配。恐れ。「さめるといふ一がないわいな」〈滑・浮世風呂・二〉

あん-じ【暗示】〘名〙スル ❶物事を明確には示さず、手がかりを与えそれとなく知らせること。また、そのような手がかり。サジェスチョン。「一を与える」「将来を一する事件」❷人の感情や考えが、言葉や絵などの間接的な手段によって無意識のうちに強制によらずにある方向に変化する現象。「一にかかる」 類語 示唆

アンジェ〘Angers〙フランス西部、メーヌ-エ-ロアール県の都市。同県の県都。メーヌ川に面し、古くから交通の要衝として栄え、10世紀にアンジュー伯領の宮廷が置かれた。アンジェ城、サンモーリス大聖堂などの歴史的建造物がある。ワイン生産が盛ん。

アンジェイエフスキ〘Jerzy Andrzejewski〙[1909～1983]ポーランドの作家。作「灰とダイヤモンド」「天国の門」など。

アンジェ-じょう【アンジェ城】ージヤウ《Château d'Angers》フランス西部、メーヌ-エ-ロアール県の都市、アンジェにある城。13世紀、アンジュー伯の城をルイ9世が大きく改築し、直径18メートルの円塔を17棟もつ堅固な城壁に囲まれた城になった。黙示録を描いた中世最大のタペストリーがあることで知られる。ロアール川流域の古城の一つとして、2000年に「シュリー-シュル-ロアールとシャロンヌ間のロアール渓谷」の名称で世界遺産(文化遺産)に登録された。

アンジェラス〘Angelus〙カトリック教会の、お告げの祈り。聖母マリアへの天使のキリスト受胎告知を祝して感謝する毎日3回の祈りで、「アンジェラス-ドミニ(主の御使い)」の語で始まる。また、この時刻を知らせる合図の鐘。

アンジェリカ〘angelica〙▶アンゼリカ

アンジェリコ〘Fra Angelico〙[1387～1455]イタリアの画家・僧侶。清らかな宗教画を描き、フィレンツェ派の代表者とされる。サンマルコ修道院の壁画を描いた。作「聖告」など。

アンジェロ-スジェンスク〘Anzhero-Sudzhensk〙ロシア連邦中部、ケメロボ州の都市。19世紀末のシベリア鉄道敷設に伴って建設された。クズバス炭田の主要な採炭地の一。機械工業、化学工業が盛ん。

アンジオテンシン〘angiotensin〙▶アンギオテンシン

あんじ-がお【案じ顔】ーがほ 心配そうな顔。気遣わしげなようす。

あんし-かん【暗視管】ークワン ▶暗視装置

アンシクロペディスト〘フランス Encyclopédistes〙百科全書派。

あんし-ゴーグル【暗視ゴーグル】暗視装置を応用した、暗闇でも物が見えるゴーグル。

あんじ-ごと【案じ事】気にかかっていること。心配事。

あんし-じゅつ【安死術】安楽死を施行する方法。

あんし-しゅんじゅう【晏子春秋】ーシユンジウ 春秋時代の斉(せい)の宰相晏嬰(あんえい)の言行録。8編。成立年未詳。後人が編集したもので、斉王との問答の形で墨家思想・儒家思想をおりまぜた国家経営の構想を述べる。

あんし-しょく【暗紫色】黒みがかった紫色。

あんじ-すごし【案じ過ごし】心配しすぎること。取り越し苦労。考えすぎ。「不便(ふびん)な目を見ようかと一がせらるるぞや」〈浄・重井筒〉

あんし-そうち【暗視装置】ーサウチ 赤外線やマイクロ波など、可視範囲外の電磁波により暗闇の中の物を見る撮像装置。動物の生態観察などに利用される。暗視管。ノクトビジョン。

あん-しつ【×庵室】《古くは「あんじつ」とも》僧尼や世捨て人の住む粗末な家。いおり。「嵯峨の奥にありと聞く、滝口が一に訪れて」〈樗牛・滝口入道〉 類語 庵(あん)・庵(いおり)・草庵・草堂・東屋(あずまや)

あん-しつ【暗室】外からの光が入らないようにした部屋。理科実験や写真現像などに使用。

アン-ジッヒ〘ドイツ an sich〙❶自体。哲学で、人間の認識から独立した事物それ自体の存在。❷即自。ヘーゲル弁証法で、事物の弁証法的発展の第一段階を示す用語。発展の要素をすべて潜在的に含みながら、なお未発展の状態にとどまっている段階。➡フュールジッヒ ➡アン-ウント-フュールジッヒ

あんしつ-ランプ【暗室ランプ】暗室内で用いる照明用ランプ。フィルムや印画紙に感光しないものを使用。セーフライト。安全光。

あんし-の-ぎょ【×晏子の御】他人の権威によりかかって得意になること。補説「史記」管晏伝による。晏嬰(あんえい)の御者(ぎょしゃ)が、宰相の馬車の御者であることを得意にしていたのを、その妻が恥じて離縁を求めた。御者は大いに恥じて精励し、晏嬰に認められて、大夫に出世したという故事から。

あんし-の-らん【安史の乱】755年、唐の中期、玄宗皇帝の晩年に、節度使の安禄山(あんろくざん)と史思明らが起こした反乱。763年、粛宗の代に鎮圧。以後、唐の中央集権体制は弱体化した。

あん-しゃ【暗車】船のスクリューのこと。初期の蒸気船で、外車に対し水面下の推進器をいった。

あん-じゃ【行者】《「あん(行)」は唐音》禅宗で、寺内の諸種の用務をする者。行堂(あんどう)。

あん-じゃく【暗弱｜▽闇弱】〘名・形動〙ものの道理がわからず、気力にとぼしいこと。また、そのさま。「上に立つ君は…或は一にして天職を奉ずること能わず」〈西周・百一新論〉

あんしや-けんびきょう【暗視野顕微鏡】▶限外顕微鏡
あんしゃ-しょく【暗×赭色】黒みがかった赤茶色。
あんしゃ-ちず【暗射地図】輪郭だけで地名などを書き入れてない地図。白地図。
アンジャベル　カーネーションのこと。江戸時代、日本へ入ってきた当時の名。アンジャ。
アンシャン-レジーム〘フランス Ancien Régime〙《旧制度の意》1789年の革命以前のフランスの封建的王制下の政治・社会制度。
あん-しゅ【×按手】キリスト教で、手を人の頭に置いて、聖霊の力が与えられるように祈ること。
あん-しゅ【暗主】愚かな君主。暗君。㊥明主。
あん-じゅ【案主】平安・鎌倉時代の諸官庁、あるいは荘園などで、文書・記録などの作成・保管にあたった職員。あんず。
あん-じゅ【×庵主】《古くは「あんしゅ」とも》❶庵室の主人。❷僧で庵室を構えている者。特に、尼寺の主である尼僧。❸茶の湯で、草庵の茶室の主人。
あん-じゅ【暗×誦｜×諳×誦】「あんしょう(暗誦)」に同じ。「無文の人俄に杜氏全集を一する者あり」〈心学奥の桟〉
あん-しゅう【暗愁】心を暗くする悲しい物思い。「一が彼の心を翳って行った」〈梶井・冬の日〉
あん-じゅう【安住】〘名〙スル ❶何の心配もなく落ち着いて住むこと。「一の地」「郷里に一する」❷それ以上を望まず、現にある境遇に満足していること。「現在の地位に一する」類語(❶)住む・永住・在住・現住・先住・常住・定住・居住・転住・移住/(❷)満足・満悦・充足・飽満・自足・自得・会心・充足感・充実感・自己満足・本望・満ち足りる・心行く・堪能する・満喫する・安んずる・甘んずる・十分
あん-じゅうこん【安重根】[1879～1910]朝鮮の独立運動家。黄海道海州の出身。日本の朝鮮侵略の動きに対し、1907年ごろから義兵運動を展開。09年、ハルビン駅頭で初代韓国統監伊藤博文を暗殺、翌年処刑された。アン＝ジュングン。
アンジュー-とりで【アンジュー砦】《Maschio Angioino》▶ヌオボ城
アン-シュール-レッス〘Han-sur Lesse〙ベルギー南東部にある村。長さ14キロに及ぶヨーロッパ最大級の鍾乳洞、アンの洞窟があることで知られる。
あん-しゅつ【案出】〘名〙スル 工夫して考え出すこと。発案。「新しい技法を一する」
類語 考案・創案・発案・工夫・発明
あんじゅ-ひめ【安寿姫】山椒太夫伝説に出てくる姫。弟の厨子王とともに山椒太夫に売られたが、弟を逃がし、拷問を受けて死んだという。
あんしゅ-れい【×按手礼】キリスト教で、牧師や司祭・主教など聖職に就く者を按手によって聖別し、任命する儀式。カトリックでは叙階という。
アンジュレーション〘undulation〙❶波のうねり。波動。❷地表の起伏。特にゴルフコースで、フェアウエーやグリーンなどの起伏。
アンジュレーター〘undulator〙ほぼ光速に加速した自由電子を、磁石を多数並べて何回も蛇行させ、放射光を発生・増幅する装置。自由電子レーザーに使われる。一方、電子に磁場をかけて急に曲げることで、より高いエネルギーや高強度の放射光を発生させる装置はウィグラーという。
アン-ジュングン【安重根】▶あんじゅうこん(安重根)
あん-じゅんのう【暗順応】暗い所で目が慣れて、しだいに物が見えるようになること。㊥明順応。
アンジョ〘ポルトガル anjo〙キリシタン用語で、天使のこと。
補説「安所」「安女」「安如」とも書く。
あん-じょ【×晏如】〘ト・タル〙図〘形動タリ〙安らかで落ち着いているさま。晏然。「従容として逼らず、一として惕れず」〈露伴・運命〉
あん-しょう【暗唱】・【暗×誦｜×諳×誦】〘名〙スル 暗記したことを口に出して唱えること。あんじゅ。「詩を一する」
あん-しょう【暗証】❶本人であることを証明する暗号として、あらかじめ登録する文字や番号。❷仏語。不立文字の真意を誤解し、もっぱら座禅によって悟りを得ようとし、経典の研究をおろそかにすること。
あん-しょう【暗礁】❶水面下に隠れていて見えない岩や珊瑚礁。隠れ岩。❷急に遭遇した困難。類語(❶)岩礁/(❷)難関・デッドロック
暗礁に乗り上・げる　思わぬ障害が出てきて物事の進行が阻まれる。「捜査が一・げる」
あん-しょう【×鞍傷】馬に乗る人の股や、牛・馬などの背に、鞍との摩擦で生じる傷。くらずれ。
あんじょう【安城】愛知県中南部の市。岡崎平野の中央部にあり、明治用水の灌漑により多角経営の農業地として発展。自動車部品など機械工業も盛ん。三河万歳の発祥地。人口17.9万(2010)。
あん-じょう【×鞍上】馬の鞍の上。馬上。
鞍上人無く鞍下馬無し　巧みに馬を乗り回し、乗り手と馬とが一体になっているさま。
あんじょう〘副〙《「あぢ(味)よく」の音変化》ぐあいよく。うまく。多く関西地方で用いられる。「一、ものになるかならへんかわからんでも」〈井上友一郎・受胎〉
あんじょう-し【安城市】▶安城
あんじょう-じ【安祥寺】京都市山科区にある高野山真言宗の寺。山号は吉祥山。嘉祥元年(848)仁明天皇の皇后藤原順子の発願により建立。開山は恵運。小野流の根本道場として興隆したが、戦国時代の兵火により衰えた。
あんしょう-の-ぜんじ【暗証の禅師】暗証❷をもっぱらとする禅僧を、他宗からあざけってよぶ語。➡文字の法師
あんしょう-ばんごう【暗証番号】該当者か否かをコンピューターで照合するための暗証用の数字。現金自動支払機などで使用。
あん-しょく【暗色】それぞれの色で、明るさの度合いが低く、暗い感じのするもの。㊥明色。
あん-じょく【×鞍×褥】馬具の一。鞍の下に敷く布団。くらしき。くらぶとん。
あんじ-りょうほう【暗示療法】患者に暗示を与えることで治療の効果をあげる心理療法。神経症・心身症などに適用。
あん-じる【×按じる】〘動ザ上一〙「あん(按)ずる」(サ変)の上一段化。「地図を広げて行程を一・じる」
あん-じる【案じる】〘動ザ上一〙「あん(案)ずる」(サ変)の上一段化。「身の上を一・じる」
類語 憂える・恐れる・心配・嘆く
アンジロー〘Anjiro〙日本人で最初のキリスト教徒。薩摩の人。マラッカでザビエルに会って入信、天文18年(1549)ザビエルを案内して帰国し、各地で伝道。のち迫害に遭って中国に渡ったと伝えられる。「弥次郎」とも当てる。生没年未詳。
あん-しん【安心】〘名・形動〙スル ❶気にかかることがなく心が落ち着いていること。また、そのさま。「列車で行くほうが一だ」「一して任せられる」❷▶あんじん(安心)　類語 安堵・一安心・気休め・安全・大丈夫・無事・安泰・平安・安寧・安穏・小康・確実・無難・無害・穏やか・平穏・平らか・温和
あん-じん【安心】仏語。❶仏法の功徳によって、迷いがなくなった安らぎの境地。❷阿弥陀仏の救いを信じて、浄土往生を願う心。
あん-じん【×按針】㊀磁石によって船の航路を決めること。また、その人。水先案内。按針手。補説 水先案内の意の「あんじ(行師)」の変化したものか。㊁▶三浦按針
あんしん-かん【安心感】不安がなくなり、心が安らかな感じ。「一を与える」
あんじん-けつじょう【安心決定】〘名〙スル 浄土教で、阿弥陀仏の誓いを信じて、少しの疑いもなくなること。転じて、信念を得て心が定まること。「唯独立独歩と一したから、政府に依りすがる気もない」〈福沢・福翁自伝〉
あんしん-しゃかい【安心社会】国民が安心して生活できる社会。平成21年(2009)に麻生太郎内閣が掲げた目標の一つ。有識者を集めて安心社会実現会議を開催。雇用・子育て・教育・医療・介護の5分野における安心が重要と指摘した。
あんじん-づか【按針塚】三浦按針の墓。神奈川県横須賀市西逸見町にある。
あんしん-りつめい【安心立命】▶あんじんりゅうみょう(安心立命)
あんじん-りゅうみょう【安心立命】人力を尽くしてその身を天命に任せ、どんな場合にも動じないこと。あんしんりつめい。「その神からの授かりもの、解脱と一の種子を」〈長与・竹沢先生と云ふ人〉
あん・す〘動サ特活〙《「あります」の音変化から》❶「行く」「来る」の軽い丁寧語。行きます。来ます。「近い内に一・せとて背中をたたく」〈咄・あられ酒・五〉❷(補助動詞)㋐(「…であんす」の形で)丁寧な断定の意を表す。…であります。「これ一つ気の毒で一・す」〈咄・露がはなし・五〉㋑動詞の連用形に付いて、丁寧の意を添える。…ます。「この喧嘩はこの馬方が貰ひ一・した」〈浄・源氏鏡〉補説 一説に、動詞「ある」に助動詞「んす」の付いたものとする。近世初期、遊里語として発生し、奴や男達にも使われたが、のちに「やんす」「やす」に変化。
あん-ず【×杏子｜×杏】《「あんず(杏子)」は唐音》バラ科の落葉小高木。春、葉より先に梅に似た花が咲く。花は淡紅色、一重または八重。実は橙黄色で、生食し、干しあんずやジャムなどにもする。種子は漢方で杏仁といい、咳止めに用いる。中国の原産。からもも。あんずうめ。アプリコット。(季 夏 花=春)「あまさ柔らかさ一の日のぬくみ/犀星」
あん-ず【案主】▶あんじゅ(案主)
あんず-いろ【×杏子色｜×杏色】アンズの果皮のような色。柔らかい橙色。
あんず-うめ【×杏梅】❶アンズの別名。❷梅の一品種。アンズに似る。果実は酸味が少ない。
アンスキー〘ANSCII〙《American National Standard Code for Information Interchange》米国国家規格協会(ANSI)が定めた8ビットの情報交換用標準符号。日本では旧称のASCII(アスキー)ということが多い。
アンスク〘UNSC〙《United Nations Security Council》▶安全保障理事会
アンスケア〘UNSCEAR〙《United Nations Scientific Committee on the Effects of Atomic Radiation》原子放射線の影響に関する国連科学委員会。放射線の身体的、遺伝的影響に関する科学的情報を収集し、報告書を公表している。1955年設立。事務局はウィーン。
あんず-たけ【×杏×茸】アンズタケ科のキノコ。夏から秋に、針葉樹林に群生。鮮やかな橙黄色。傘は直径3～8センチで、アンズに似た香りがあり、食用。
アンスバッハ〘Ansbach〙ドイツ中南部、バイエルン州の都市。14世紀よりホーエンツォレルン家の統治下で発展。18世紀末、バイエルン王国領となった。マルクグラーフェン城において、バッハ音楽祭とロココ演劇祭が催されることで知られる。
アンスプ〘ANSP〙《Agency for National Security Planning》韓国の国家安全企画部。国家情報院(National Intelligence Service)の前身。1961年、韓国中央情報部(KCIA)として創設、81年、国家安全企画部に改組、99年、国家情報院となる。
アンスポーツマンライク-ファウル〘unsportsmanlike foul〙バスケットボールの反則の一つ。故意に行われる危険なプレーなどが対象。2回記録されると、その選手は失格・退場となる。かつてはインテンショナルファウルとよばれた。
アンスリウム〘anthurium〙サトイモ科アンスリウム属の常緑、多年生の植物の総称。メキシコ・コロンビアを中心に200種ほどが知られる。観葉植物として葉や仏炎苞を観賞する。
あん・ずる【×按ずる】〘動サ変〙図あん・ず〘サ変〙❶考えをめぐらす。「依て窃に一・ずるに」〈福沢・福翁百話〉❷調べる。「且つ先例を一・ずるに」〈鴎外・渋江抽

斎〉❸なでる。特に、刀の柄に手をかける。「街側の巡査は厳かに剣を一・じて」〈木下尚江・良人の自白〉

あん・ずる【案ずる】〔動サ変〕文あん・ず〔サ変〕❶考えをめぐらす。考え出す。いろいろ工夫する。「一計を一・ずる」❷心配する。思い煩う。気遣う。「一・ずるには及ばない」「将来を一・ずる」❸はっきりしない点を明らかにする。「西洋諸国の史類を一・ずるに」〈福沢・学問のすゝめ〉〔補説〕江戸後期から上一段にも活用するようになった。➡案じる
〔類語〕心配・憂える・気にする・気にかける・気を揉む・気に病む・胸を痛める

案ずるより産むが易し　物事はあれこれ心配するより実行してみれば案外たやすいものだ。

あんずる-に【案ずるに｜×按ずるに】〔連語〕思うに。多く自分の考えを述べるとき、冒頭に用いる。「一、寓言の書の世に現るるは」〈逍遥・小説神髄〉

アンスロポロジー〖anthropology〗「アントロポロギー」に同じ。

あんせい【安政】江戸末期、孝明天皇の時の年号。1854年11月27日～1860年3月18日。

あん-せい【安静】〔名・形動〕❶安らかで落ち着いていること。また、そのさま。「従順な一な心になって行くのであった」〈石川達三・蒼氓〉❷病気治療のため、静かに寝ていること。「絶対一」

あんせい-きんぎん【安政金銀】江戸幕府が主として安政年間に鋳造・発行した金銀貨の総称。金貨には小判・二分金・一分金、銀貨には丁銀・豆板銀・一分銀・二朱銀・一朱銀がある。

あん-せいこう【安世高】［?～170ころ］中国、漢代の僧。西アジアの安息国（パルティア）の王子であったが、出家して仏教を修め、中国に渡り、洛陽で経典の翻訳に従事した。

あんせいごかこく-じょうやく【安政五箇国条約】►安政の仮条約

あんせい-しちん【安西四鎮】中国唐代に、西域統治のため、安西都護府のもとに置かれていた四つの都督府。亀茲・于闐・疏勒・焉耆をさす。

あんせい-ど【安静度】病気療養中に患者が守るべき安静の程度。

あんせい-の-おおじしん【安政の大地震】安政年間に日本全国で発生した13回に及ぶ地震。特に安政2年（1855）10月2日の江戸を中心とした地震は被害が大きく、死者は7000人に及んだといわれる。震源地は江戸川下流。

あんせい-の-かりじょうやく【安政の仮条約】安政5年（1858）、大老井伊直弼が、アメリカ・オランダ・ロシア・イギリス・フランスの5か国と順次結んだ通商条約の総称。勅許なく調印したので仮条約とよばれる。箱館・兵庫など5港の開港を決めたが、関税自主権をもたず、治外法権を認めた。安政五か国条約。➡日米修好通商条約

あんせい-の-たいごく【安政の大獄】安政5～6年（1858～59）に、大老井伊直弼が行った尊攘派への弾圧。安政の仮条約や、家茂を14代将軍に定めたことに反対する一橋慶喜擁立派の公卿・大名・志士ら百余名を処罰し、吉田松陰・橋本左内ら8名を死刑とした。➡桜田門外の変

あん-せきしょく【暗赤色】黒みがかった赤色。どす黒い赤色。

アンセム〖anthem〗英国国教会の礼拝式で歌われる合唱曲。

アンゼリカ〖angelica〗《「アンゲリカ」「アンジェリカ」とも》セリ科アンゼリカ属（シシウド属）の多年草の総称。花はシシウドに、葉はセロリに似て葉柄が太い。強い香りがあり、薬用のほか洋菓子やハーブティーの材料、リキュールの香料などにする。

アンセルムス〖Anselmus〗［1033～1109］英国のスコラ哲学者。イタリアの生まれ。カンタベリー大司教。神の存在の神学的証明や、キリストによる贖罪の理論化につとめ、スコラ学の父とよばれる。

あん-せん【暗線】スペクトルに現れる黒い線。光が物質に吸収されて生ずる。

あん-ぜん【安全】〔名・形動〕《中世は「あんせん」とも》危険がなく安心なこと。傷病などの生命にかかわる心配、物の盗難・破損などの心配のないこと。また、そのさま。「家内の一を祈る」「一な隠れ家」「荷物の一な輸送」⇔危険。〔類語〕無事・安泰・平安・安寧・安穏・小康（形動用法で）安心・確実・無難・無害・大丈夫・穏やか・平穏・平らか・温和

あん-ぜん【×晏然】〔ト・タル〕文〔形動タリ〕安らかで落ち着いているさま。晏如。「棺は一と底に沈んだ」〈木下尚江・良人の自白〉

あん-ぜん【暗然｜×黯然｜▽闇然】〔ト・タル〕文〔形動タリ〕❶悲しみ、絶望などで心がふさぐさま。気落ちするさま。「一として云うべき言葉もなく」〈谷崎・春琴抄〉❷暗いさま。黒いさま。また、はっきりしないさま。「沖より来る響、一として湧く力」〈犀星・十月のノオト〉

あんぜんうんてんこうしゅうかいじゅこう-わりびき【安全運転講習会受講割引】自動車保険の契約に際し、国が指定する自動車教習所での運転免許取得者教育を受講した場合に適用される保険料の割引。過去1年以内の受講、前年無事故であることが条件となる。

あんぜん-かみそり【安全剃刀】皮膚を切らないように工夫してある、西洋かみそり。

あんぜん-ガラス【安全ガラス】割れにくく、割れても破片が飛び散らないガラス。合わせガラス・強化ガラス・網入りガラスやメタクリル樹脂製ガラスなど。

あんぜん-き【安全器】電気回路中に設ける危険防止器具。規定以上の電流が流れると自動的に回路を遮断する。

あんぜん-きょういく【安全教育】交通事故や地震・火事などの災害から身を守るための知識・習慣を身につけさせる教育。

あんぜん-ぐつ【安全靴】着用者の足を保護するため、つま先の部分に金属板を入れて補強したり、滑り止めを備えたりした靴。建設現場や工場内などで使用される。

あんぜん-けいすう【安全係数】►安全率

あんぜん-けん【安全圏】❶危険のない地帯。❷競技や選挙などで、勝利や当選が確実であるとみられる範囲。「予選通過の一に入る」

あんぜん-こう【安全光】►暗室ランプ

あんぜん-こうちゅう【安全鉱柱】採掘によって陥没や地盤沈下などが生じそうな所を、採掘しないで柱状に残した鉱石。保安鉱柱。

あんぜん-しきさい【安全色彩】災害・事故の防止や救急体制のため、使用が決められている色。消火栓の赤色など。

あんぜん-しゅうかん【安全週間】工場・工事場・交通機関などで、災害や死傷事故が起こらないよう特に注意するため設けられる週間。「交通一」

あんぜん-しんわ【安全神話】確実な証拠や裏付けがないにもかかわらず、絶対に安全だと信じられている事柄。「一が崩壊する」➡神話❷

あんぜん-そうち【安全装置】機械・器具類に取り付けて、不注意などによる危険が生じないようにする装置。銃の暴発を防ぐ装置など。

あんぜん-ちたい【安全地帯】危険のない地域。特に、交通量の多い車道で、道路標識などにより安全な場所として示されている路上の部分。

あんぜん-とう【安全灯】炭坑などで、爆発性ガスに引火しないよう工夫した灯火装置。ランプの炎を目の細かい金網の筒で覆い、腰ガラスをつけたもの。

あんぜん-とう【安全島】車道の中央に一段高く設置された、歩行者が待避するための安全地帯。

あんぜん-パイ【安全×牌】マージャンで、それを捨てても相手に上がられることのない牌。転じて、危険がなく扱いやすいこと、またそのような相手のたとえ。「彼は一だよ」

あんぜんはいりょ-ぎむ【安全配慮義務】ある一定の関係にある当事者間で、一方または双方が相手の生命・身体の安全を確保するよう配慮する義務。雇用関係にある場合、労働契約法により、使用者は労働者が安全に業務に従事できるよう必要な配慮をする義務がある。使用者が安全配慮義務に違反し、労働者が損害を被った場合、使用者は損害賠償責任を負う。

あんぜん-ばくやく【安全爆薬】硝安爆薬の食塩分を増やした爆薬。炭坑内のメタンガス・炭塵の爆発を誘発しないよう、爆発温度を低くし、火炎の出ないようにしたもの。検定爆薬。

あんぜん-ひょうしき【安全標識】事業場や車両・船舶などで、安全を確保するために用いる標識。色・形・文字によって表され、色では、防火と禁止は赤と白、危険は黄赤と黒、注意は黄と黒、救護は緑と白、放射能は赤紫と黄など9種類がJISで定められている。

あんぜん-ピン【安全ピン】楕円形に曲げ、危険な針先を覆い隠した留め針。

あんぜん-ベルト【安全ベルト】❶高所で作業する人が転落しないように、しっかりした支点に引っかけるフックの付いたベルト。❷自動車や飛行機などのシートベルト。

あんぜん-べん【安全弁】❶ボンベやボイラーなどの高圧容器の安全装置の一。容器内の流体の圧力が規定以上になると、自動的に開いて流体を放出する弁。❷危険をあらかじめ防ぐ働きをするもの。「民主的な討論が、指導者の独走を許さない一になる」

あんぜん-ほう【安全法】「消費者安全法」の略称。

あんぜん-ぼう【安全帽】頭部を保護するためにかぶる帽子。ヘルメット。

あんぜん-ほしょう【安全保障】国外からの攻撃や侵略に対して国家の安全を保障すること。また、その体制。安保。

あんぜんほしょう-かいぎ【安全保障会議】昭和61年（1986）、従来の国防会議を継承・改組して設置された内閣の機関。総理大臣を議長に、外務・財務・総務・国土交通・経済産業・防衛各大臣、内閣官房長官、国家公安委員長によって構成され、国防の基本方針・防衛計画などの重要事項、重大緊急事態への対処措置について審議する。

あんぜんほしょう-じょうやく【安全保障条約】国家の安全を保障するために個別的または集団的に他国と結ぶ条約。特に、日米安全保障条約をいう。

あんぜんほしょう-りじかい【安全保障理事会】国際連合の主要機関の一つで、総会と並ぶ最高機関。国際平和の維持、国際紛争の解決を目的とする。米国・英国・フランス・ロシア連邦・中国の5常任理事国と、総会で選挙される任期2年の10の非常任理事国の15か国で構成。常任理事国は決議における拒否権を有する。安保理事会。安保理。UNSC（United Nations Security Council）。SC（Security Council）。

あんぜん-もう【安全網】❶高所からの転落防止の網。転落防止ネット。❷（比喩的に）社会的・個人的な危機に対応する方策。雇用保険、生活保護、年金、預金保険、融資に対する信用保証など。安全策。セーフティーネット。

あんぜん-りつ【安全率】構造物や材料の極限の強さと、安全に使用できる限度の許容応力との比。安全係数。セーフティーファクター。

アンソール〖James Ensor〗［1860～1949］ベルギーの画家。鮮やかな色彩を用いて、骸骨・仮面などの奇怪なモチーフを多く描く。作品に「キリストのブリュッセル入城」など。

あん-そく【安息】〔名〕スル❶何の煩いもなく、くつろいで休むこと。「この広き国土の一隅に一することを許さないのだ」〈木下尚江・良人の自白〉❷「安息香」の略。

あんそく【安息】パルティア王国。中国で、王朝名アルケサスを音訳しての称。

あんそく-かく【安息角】土・砂などの堆積物が崩れないで安定しているときの、斜面と水平面とのなす最大角度。一般的な地上の斜面では35度前

後、水中では1〜2度で滑り始める場合がある。安定角。

あんそく-こう【安息香】アンソクコウノキの樹脂。香料・薬用とする。

あんそくこう-さん【安息香酸】安息香を昇華して得られる白色針状結晶。最も簡単な芳香族カルボン酸。防腐剤・媒染剤・医薬品・合成繊維原料などに利用。化学式 C_6H_5COOH

あんそくこう-の-き【安息香の木】エゴノキ科の常緑高木。葉は卵形または楕円形。7月ごろ、白色の花を開く。東南アジア原産で安息香をとる。

あんそく-にち【安息日】ユダヤ教・キリスト教で、仕事を休み、礼拝を行う聖なる日。ユダヤ教では、金曜日の日没から土曜日の日没まで。神が6日間の創造の業を完了し、7日目に休息したこと(旧約聖書「創世記」)による。キリスト教では、イエスの復活した日曜日。あんそくび。あんそくじつ。

アンソニー-とう【アンソニー島】《Anthony Island》►スカングアイ

アンソロジー〖anthology〗いろいろな詩人・作家の詩や文を、ある基準で選び集めた本。また、同一詩人・作家の選集。詞華集。佳句集。名文集。
(類語)歌集・句集・詩集・詞花集・撰集・歳時記

あんた【貴=方】〘代〙《「あなた」の音変化》二人称の人代名詞。「あなた」よりもくだけた感じの語。「あたしも—がほんとに好き」〈木下順二・夕鶴〉

あん-だ【安打】〘名〙スル 野球で、打者が守備側の失策なしに一塁またはそれ以上の塁に進むことができる打球。また、打者がそのような打球を飛ばすこと。ヒット。「三者連続で—して逆転」
(類語)ヒット・ホームラン・本塁打

あんだ【箯=輿】《「あみいた(編板)」の音変化という》輿の一。長方形の板を台にし、竹や木などで編んだ縁をつけて竹の棒でつるし、罪人や負傷者などを運んだもの。あおだ。おうだ。

アンダー〖under〗❶多く複合語の形で用い、下に、低い、の意を表す。「—グラウンド」❷ゴルフで、「アンダーパー」の略。「ワン—」(対)オーバー。❸《underexposureの略》写真で、露出または現像が不十分なこと。(対)オーバー。

アンダーアチーバー〖underachiever〗心理学で、健康・性格・環境などに原因があって、知能水準から期待される力よりはるかに低い学業成績を示す者。(対)オーバーアチーバー。

アンダーウエア〖underwear〗下着類。肌着。

アンダーカット〖undercut〗卓球・テニス・バレーボールなどで、逆回転を与えるためにボールの下を切るようにして打つこと。➡カット❼

アンダーグラウンド〖underground〗►アングラ

アンダー-ザ-テーブル〖under-the-table〗袖の下。わいろ。裏金。

アンダーシャツ〖undershirt〗肌にじかに着るシャツ。

アンダースコア〖underscore〗《下線の意》コンピューターで使われる「＿」の記号。下線を表すほか、メールアドレスやURLなどスペース(空白)が使用できない文字列の中で、スペースの代用として「digital＿daijisen」のように使われる。アンダーバー。

アンダースタディ〖understudy〗補欠。また、代役。

アンダーステア〖understeer〗自動車の操縦上の性質で、ハンドルの切り方に対して、車体の向きの変わり方が相対的に弱いものをいう。広い平坦な路面でハンドルを一定の角度に固定して、旋回しながら速度を上げていくと、しだいに外側へふくらんでいく性質。➡オーバーステア ➡ニュートラルステア

アンダー-スロー《underhand throwから》野球などで、腕を下からすくい上げるようにして投げる投げ方。下手投げ。アンダーハンド。(対)オーバースロー。

アンダーソン〖Carl David Anderson〗[1905〜1991]米国の物理学者。陽電子を発見し、1936年、ノーベル物理学賞受賞。また、湯川秀樹の予言した中間子の存在を確認。

アンダーソン〖Johan Gunnar Andersson〗[1874〜1960]スウェーデンの地質学者・考古学者。中国で地質・古生物を研究し、周口店で北京原人の洞窟遺跡を発見。仰韶遺跡で新石器時代の彩色土器を発掘。アンデルソン。

アンダー-トゥエンティー〖under twenty〗サッカーで、ユース大会。20歳以下という年齢制限がある。U-20。1977年の第1回大会以来2年ごとにワールドユース選手権が開催され、2007年大会からはFIFA U-20ワールドカップと改称。アジアユース大会などの地区予選は前年開催のためU-19となる。➡フィファ(FIFA)

アンダートレー〖undertray〗自動車のエンジンの下面に備える鉄板プレス、またはアルミ鋳造の保護板。主としてラリー車などが、荒地でエンジンを守るために備える。

アンダー-バー《和under＋bar》►アンダースコア

アンダー-パー〖under par〗ゴルフで、打数が基準打数(パー)より少ないこと。(対)オーバーパー。

アンダーパス〖underpass〗❶立体交差で、掘り下げ式になっている下の道路。くぐり抜け式通路。❷鉄道や道路の下を通る地下道。

アンダー-パス〖under pass〗►アンダーハンドパス

アンダー-バスト〖under bust〗乳房の下で測る胸回りの寸法。ブラジャーのサイズの基準とする。

アンダーハンド〖underhand〗球技で、腕を下から振り上げて球を投げたり打ったりすること。特に、野球などでアンダースローのこと。

アンダーハンド-パス〖underhand pass〗バレーボールで、ひじを伸ばして両手を組み、ひじから手首までの部分を使ってボールを送り出すパス。アンダーパス。➡オーバーハンドパス

アンダープロネーション〖underpronation〗ランニングなどで、着地の際に足首が外側に傾くこと。(対)オーバープロネーション。

アンダー-ユーズ〖underuse〗《「アンダーユース」とも》利用不足であること。充分に活用されていないこと。(対)オーバーユーズ。

アンダーライター〖underwriter〗国や株式会社などが有価証券を発行する際、自己の危険負担のもとにその全部または一部を売り出しの目的をもって取得することを業とする金融商品取引業者など。証券引受業者。

アンダーライター-ぎょうむ【アンダーライター業務】《underwriter service》企業や国・地方自治体などが発行する株式や債券などの有価証券を、販売する目的で引き受けること。

アンダーライティング〖underwriting〗株券・債券など、証券の買い取り・引き受けのこと。古くは単純な記名、保険証書署名をさした。

アンダーライン〖underline〗横書きの文章の中で、強調・注意すべき語句の下に引く線。下線。
(類語)傍線

アンダー-リペア〖under repair〗ゴルフで、コース内の修理地。通常、青杭または白線でその区域を標示する。

あん-たい【安泰】〘名・形動〙無事でやすらかなこと。また、そのさま。安穏。平穏。「国家の—を願う」「此一な境遇に慣れて」〈漱石・彼岸過迄〉(類語)安全・無事・平安・安寧・安穏・小康・安心・確実・無難・無害・大丈夫・穏やか・平穏・平らか・温和

アンタイド〖untied〗融資や援助の用途などが制限されていないこと。ひも付きでないこと。

アンタイド-ローン〖untied loan〗貸付金の使途およびその運用に関する指定・指図のない借款。インパクトローン。(対)タイドローン。

あんだえ【安×陀会】・【安×陀▽衣】《梵antarvāsaの音写。中宿衣・内衣・下衣などと訳す》三衣の一。五幅の布で作り、最も略式の衣。からだに直接着用し、人目につかない所や作業などのときは、このままでよいとされる。五条衣。

あんたがた-どこさ【あんた方▽何▽処さ】東京地方で歌われた手鞠歌の一節。「肥後さ。肥後どこさ。熊本さ…」と続き、「それを木この葉でちょいとかぶせ」でまりを着物の袖やスカートの下に覆い隠す。

アンタカルニス-ぼち【アンタカルニス墓地】《Antakalnio kapinės》リトアニアの首都ビリニュスにある墓地。19世紀初頭に創設され、リトアニア人、ポーランド人、ロシア人などの戦死者が埋葬されている。また、1991年1月、旧ソ連が空挺部隊を出動させてリトアニア独立運動を制圧した「血の日曜日事件」の犠牲者を追悼する記念碑がある。

アンタキヤ〖Antakya〗トルコ南部の都市。古代名アンティオキア。古代シリア王国セレウコス朝の首都が置かれ、シルクロードの終着点として発展。初期キリスト教の布教の拠点になり、のちに五大主教座の一つとなった。第一次大戦後から1939年までフランス領シリアに編入。その後、トルコ領となったが、現在もアラブ系住民が多い。ヨーロッパ有数のモザイクのコレクションを収蔵するハタイ考古学博物館、聖ペテロの洞窟教会がある。アンタクヤ。アンタキア。

あん-たく【安宅】❶身を置くのに安全で心配のない所。❷《「孟子」公孫丑の「夫れ仁は、天の尊爵なり、人の安宅なり」から》仁の道のたとえ。

あんたく-せいろ【安宅正路】《「孟子」離婁上から》人としてふみ行うべき道。仁と義。

アンタック〖UNTAC〗《United Nations Transitional Authority in Cambodia》国連カンボジア暫定統治機構。カンボジアの紛争解決に関し、1991年10月23日にパリで調印されたカンボジア和平協定に基づいて、プノンペンに設置された国際連合の機関。92年2月発足。国連事務総長の直接指揮のもと、同国の事実上の全権を管轄した。選挙による新政府樹立後の93年9月、任務を終了。

アンタッチャブル〖untouchable〗❶不可触民。❷米国の連邦捜査局員。

アンタナナリボ〖Antananarivo〗マダガスカル共和国の首都。マダガスカル島の中央部の高原上にあり、商工業・交通の中心地。旧称タナナリブ。人口、行政区102万(2005)。

アンタビューズ〖Antabuse〗《「アンタブス」とも》►ジスルフィラム

アンタブス〖Antabuse〗《「アンタビューズ」とも》►ジスルフィラム

あんだ-べんけい【あんだ弁慶】《「なみだ弁慶」の音変化とも「弁慶が何だ」の意ともいう》❶強がり。負けず嫌い。「日本の—、すっすっすと小頭振って勇みける」〈浄・国性爺後日〉❷(感動詞的に用いて)なにくそ。負けるものか。「踵をめぐらすべからず、—これまでと」〈浄・甲子祭〉

アンダマン-しょとう【アンダマン諸島】《Andaman》ベンガル湾東部にある諸島。インド領。住民はネグリト系。材木・コプラ・ココナッツを産出。

あん-だら《「あのだら」または「あのどら」の音変化という》あほう。ばか。まぬけ。「—めには拳一つ当てず、ほたえさせ」〈浄・油地獄〉

アンタリヤ〖Antalya〗《「アンタルヤ」とも》トルコ南西部の都市。地中海に面する。古代名アッタレイアまたはアダリア。紀元前2世紀にペルガモン王国のアッタロス2世が建設した古代都市に起源する。古代ギリシャ・ローマ時代の遺跡や、セルジュークトルコ時代の建物などが残っているほか、同国有数の海岸保養地として知られる。

アンダルシア〖Andalucía〗スペイン南部にある自治州。州都はセビリア。フラメンコで知られ、グラナダ・コルドバなどにあるサラセン文化の遺跡やコスタデルソル(太陽の海岸)などの観光地が多い。

アンタルヤ〖Antalya〗►アンタリヤ

アンタレス〖Antares〗《火星の敵の意》蠍座のα星。明るさが0.9等から1.8等まで変わる変光星で、変光周期1733日。直径は太陽の230倍。距離600光年。夏の夜、南天の低い所で赤く輝く。

あん-たん【暗×澹】〘ト・タル〙〘文〙〘形動タリ〙❶薄暗くはっきりしないさま。暗く陰気なさま。「曇空には雲が

━と動いていた〈梶井・冬の日〉❷将来の見通しが立たず、全く希望がもてないさま。「━とした表情」「━たる人生」(類語)惨烈・惨め・悲惨・凄惨・惨憺

アンダンテ〖伊 andante〗音楽で、速度標語の一。歩く速さで、の意。

アンダンティーノ〖伊 andantino〗音楽で、速度標語の一。アンダンテよりもやや速めに、の意。

アンタント〖仏 entente〗協商。協約。

あん-ち【安置】〔名〕スル 丁重に据え置くこと。特に、神仏の像などを据え祭ること。「遺体を━する」

アンチ〖anti〗〔接頭〕名詞に付いて、反対・対抗・排斥などの意を表す。「━ロマン」

アンチーブ〖Antibes〗フランス南東部、地中海のコートダジュールに面する観光保養都市。花卉生産が盛ん。古代ローマ時代の遺跡や、現在ピカソ美術館になっているグリマルディ城がある。アンティーブ。

アンチーム〖仏 intime〗〔形動〕くつろいでいるさま。親しいさま。

アンチウイルス-ソフトウエア〖antivirus software〗►ウイルス対策ソフト

アンチエイジング〖antiageing〗加齢に伴う症状の予防と治癒。老化防止。抗加齢。抗老化。「━クリーム」

アンチエイリアシング〖antialiasing〗コンピューターのディスプレーに文字や画像を表示する際、斜めの線に生じる階段状のぎざぎざを抑える技法。境界線のまわりに中間色を配し目立たなくさせる。アンチエイリアス。

アンチ-エイリアス〖anti-aliase〗►アンチエイリアシング

アンチ-オンコジーン〖anti-oncogene〗発癌抑制遺伝子。癌遺伝子(オンコジーン)と同様に遺伝子の一つであるが、これとは逆に癌化を防ぐ作用がある。➡オンコジーン

アンチグア-バーブーダ〖Antigua and Barbuda〗西インド諸島のアンチグア島・バーブーダ島などからなる独立国。首都はセントジョンズ。英領から1981年独立。英連邦加盟。人口9万(2010)。

アンチクライマックス〖anticlimax〗修辞法の一つで、強い語勢・文勢をだんだん弱めていく方法。漸降法。

アンチ-グレア〖anti-glare〗►ノングレア

アンチゴーヌ〖Antigone〗フランス南部、エロー県の都市モンペリエの新市街。1980年代の都市再開発により、旧市街に隣接してつくられた。カタルーニャ出身の建築家リカルド゠ボフィルが全設計を担当。全ての通りや広場の名称がギリシャ-ローマ神話にちなむ。アンチゴン。アンティゴーヌ。

アンチコドン〖anticodon〗運搬RNA(リボ核酸)のほぼ中央に位置する3個の連続した塩基。伝令RNA上の3個の塩基(コドン)と結合して、遺伝情報を各アミノ酸に対応づける。

アンチゴン〖Antigone〗►アンチゴーヌ

アンチダンピング-かんぜい【アンチダンピング関税】〖anti-dumping tariff〗ダンピング価格で輸入される商品に対して課される関税。

アンチック〖仏 antique〗❶活字書体の一。かな文字に用いる肉太のもの。ゴシック体よりも柔らかみがある。欧文活字では線の太さが一様で小突起のある書体をいう。アンチック体。❷►アンティーク

アンチック-たい【アンチック体】►アンチック❶

アンチ-テアトル〖仏 anti-théâtre〗《反演劇の意》1950年代、従来の演劇概念を否定して興った前衛演劇。イヨネスコやベケットらが代表。不条理演劇。

アンチテークオーバー-ビル〖anti-takeover bill〗《「アンチテイクオーバービル」とも。テークオーバーは、乗っ取りの意》反企業買収法案。米国のデラウェア州で1988年1月成立。例えば買収側は被買収企業取締役会の同意なしで、買い占めできないなど、買収側に厳しい規制を加えた。

アンチテーゼ〖独 Antithese〗►反定立

アンチ-ドーピング〖anti doping〗►反ドーピング

アンチノック-ざい【アンチノック剤】《antiknock》エンジンなどのノッキングを防ぐため、ガソリンに少量添加される薬剤。テトラエチル鉛などのアルキル鉛化合物を使用するが、鉛公害を起こすことから、現在日本では使われない。耐爆剤。

アンチノック-せい【アンチノック性】ガソリンの、内燃機関のシリンダー内でノッキングを起こしにくい性質。オクタン価で示される。耐爆性。

アンチノミー〖独 Antinomie〗二律背反。

アンチヒーロー〖antihero〗一般的な英雄像に当てはまらず、むしろそれとは逆の、ごく平凡な主人公。

アンチピリン〖antipyrine〗ピリン剤の一。解熱・鎮痛・鎮静剤。過敏な人が服用すると発疹を起こすことがある。

アンチフェブリン〖antifebrin〗►アセトアニリド

アンチフェミニズム〖antifeminism〗反男女同権主義。男性上位主義。

アンチ-フォルム〖仏 anti-forme〗《形を否定した、の意》従来の伝統的な服の形を壊して表現しているファッションのこと。

アンチマグネチック〖antimagnetic〗時計などが磁石によって狂わないようにしてあること。

アンチミスム〖仏 intimisme〗►アンティミスム

アンチモニー〖antimony〗►アンチモン

アンチモン〖独 Antimon〗窒素族元素の一。普通は銀白色の光沢ある金属。黄色・黒色の同素体があり、非金属的性質を示す。主要鉱石は輝安鉱。単体・化合物とも有毒。活字合金・半導体材料などに利用。元素記号Sb　原子番号51。原子量121.8。アンチモニー。

あん-ちゃく【安着】〔名〕スル ❶途中事故なく目的地に着くこと。「━の知らせが届く」❷落ち着くこと。また、落ち着かせること。「政を整理して人心を━するにあらざれば」〈竜渓・経国美談〉

あん-ちゃん【兄ちゃん】《「あに(兄)さん」の音変化》❶自分の兄に対する愛称。❷若い男を気安く呼ぶ語。「近所の━」❸遊び人風の若い男。「街の━」(類語)兄さん・兄貴

あん-ちゅう【暗中】暗がり。やみの中。「益々疑惑を生じて、恰も━を行くが如し」〈織田訳・花柳春話〉

あんちゅう-ひやく【暗中飛躍】〔名〕スル 人に知られないようにひそかに策動し活躍すること。暗躍。

あんちゅう-もさく【暗中模索】〔名〕スル ❶暗やみの中で、手さぐりしてあれこれ探し求めること。❷手掛かりのないまま、いろいろなことを試みること。「打開策を━する」

あん-ちょう【暗潮】テウ ❶表面に現れない潮の流れ。❷表面に現れない風潮・勢力。「社会の裏面を流る━に棹さして」〈荷風・ふらんす物語〉

あん-ちょう【暗調】テウ 調子や気分が暗い感じであること。また、絵画や写真のできばえが暗いこと。「彼の今の気分は…総体の上に一種の━を帯びていた」〈漱石・それから〉

あん-ちょく【安直】〔名・形動〕❶価格が安いこと。また、そのさま。「直ぐそこのパッサージュに━な伊太利亜の料理屋がある」〈荷風・ふらんす物語〉❷簡単で手軽なさま。また、いい加減なさま。「━な方法ではだめだ」(派生)あんちょくさ〔名〕(類語)気軽・簡単・安い・安値・廉価・安価・割安・格安・低廉・安上がり・徳用

あんちょく-せんそう【安直戦争】―サウ 1920年、中国の北洋軍閥、安徽派(親日)と直隷派(親米英)との戦争。袁世凱死後の勢力争いで、直隷派が勝って日本の勢力が後退した。

あん-ちょこ《「あんちょく(安直)」の音変化》教科書を予習するのに、いちいち調べたり考えたりせずにすむように作られた、手軽な参考書。虎の巻。

アンチョビー〖anchovy〗カタクチイワシ科の小さい海水魚。地中海・南アメリカ西岸などでとれる。また、それを塩漬け発酵し、オリーブ油に漬けたもの。オードブルやペーストソースにする。

アンチロック-ブレーキシステム〖anti-lock brake system〗自動車がブレーキをかけたとき、車輪が完全に止まってしまい、滑走することを、車輪がロックするというが、そのロックした車輪のブレーキの油圧を機械的ないしは電子的に調節し、安全に止まれるようにした装置。ABS。

アンチロマン〖仏 antiroman〗《反小説の意》1950年代、フランスに興った、伝統的手法を退け前衛的な手法を試みた小説。➡ヌーボーロマン

あん-ちん【安鎮】国や家などが平穏無事であること。また、平穏にすること。「天下━の法をぞ行はれける」〈太平記・一二〉

あんちん-きよひめ【安珍清姫】紀州道成寺に伝わる伝説。紀伊牟婁の清姫が、自宅に泊まった僧安珍に恋慕し、大蛇に化身して後を追い、道成寺の鐘の中に隠れた安珍を焼き殺す物語。謡曲・浄瑠璃などの題材。

あんちん-ほう【安鎮法】ーポフ 密教で、不動明王を本尊とし、御所など新築の際にその安穏を祈り、また鎮護国家の祈願のために修する秘法。鎮宅法。安鎮国家の法。

あんちん-まんだら【安鎮×曼×荼羅】安鎮法に用いる曼荼羅。3種あり、その一つである不動安鎮曼荼羅は、中央に二臂の黄色の不動明王、周囲に四臂の青色の不動明王、八方に天神を描いたもの。

アン-ツー-カー〖仏 en-tout-cas〗《晴雨兼用の傘の意》陶土などを高温で焼いた赤褐色の人工土。また、それを敷いて水はけをよくした競技場やテニスコート。現在ではほとんど使用されない。

あん-つる【安鶴】「安藤鶴夫」の愛称。

アンテ〖Anthe〗土星の第49衛星。2007年に発見。名の由来はギリシャ神話の女神。第32衛星のメトネなどと同様に、より小さな岩石とともに弧状の不完全な環を形成して土星を公転する。また、直径約1キロと極めて小さいため、近傍の第1衛星ミマスの影響を受けた運動をする。

あん-てい【安定】〔名〕スル ❶物事が落ち着いていて、激しい変動のないこと。「心の━を保つ」「物価が━する」❷平衡状態に微小な変化を与えても、もとの状態とのずれがわずかの範囲にとどまること。「━のいい花瓶」❸物質が容易に分解・反応・崩壊しないこと。「この元素は━している」
(類語)座り・不動・落ち着く

あんてい【安貞】鎌倉前期、後堀河天皇の時の年号。1227年12月10日～1229年3月5日。

アンティーク〖仏 antique〗〔名・形動〕《「アンチック」とも》❶古美術。骨董品。❷年代を経て品格があること。また、そのさま。「━な家具」

アンティーク-ショップ〖antique shop〗骨董品店。古家具・古美術品などを取り扱う店。

アンティーク-ドール〖antique doll〗古人形。骨董品・古美術工芸品として価値のある人形。

アンティーク-ファッション〖antique fashion〗昔風の感覚をベースにしたファッション。また、古着をベースにした着こなしのこともいう。

アンティーブ〖Antibes〗►アンチーブ

アンディーブ〖仏 endive〗キク科の一年草。野菜として栽培される。茎は高さ約１メートル。5～6月、紫色の頭花を開く。キクヂシャ。エンダイブ。

アンティオキア〖羅 Antiochia〗トルコ南部の小都市アンタキヤの古称。前300年ごろ古代シリア王国のセレウコス1世が首都として建設。のちエルサレムに次ぐ初代キリスト教会の中心地。➡アンタキヤ

あんてい-かぶぬし【安定株主】会社の業績や株価の変動にかかわりなく、長期にわたって株式を保有しつづける株主。日本では、その会社の役員や関係会社・取引先・金融機関など。⇔浮動株主。

あんてい-かん【安定感】落ち着いていて、安定している感じ。「━のある作品」「━のある演技」

あんてい-きょうこう【安定恐慌】―キョウクヮウ インフレーションを収束させ、貨幣価値を安定させるための政策から生じる恐慌的現象。特に、昭和24年(1949)のドッジラインによって起きた日本の恐慌。

アンティグア〖Antigua〗グアテマラ中南部の都市。

正式名称はアンティグア-グアテマラ。スペイン植民地時代の首都だったが、1773年の大地震により、現在の首都グアテマラシティーに移転。コロニアルスタイルの教会などの建造物が数多くあり、1979年に「アンティグア-グアテマラ」の名で世界遺産(文化遺産)に登録された。

アンティゴーヌ〘Antigone〙▶アンチゴーヌ

アンティゴネ〘Antigonē〙ギリシャ神話で、テーベ王オイディプスの娘。盲目の父に従い各地を放浪、のちテーベに戻り、叔父クレオン王の命にそむいて反逆者として戦死した兄を葬ったため、洞窟に閉じ込められて自殺した。ソフォクレス作の同名の悲劇で知られる。アンチゴーネ。

あんてい-ざい【安定剤】❶化学製品が時のたつにつれて自然に変化するのを防ぐために添加する物質。❷精神安定剤のこと。

アンティシペーション〘anticipation〙予測。予想。

アンティステネス〘Antisthenēs〙[前445ころ〜前365ころ]古代ギリシャの哲学者。ソクラテスの弟子。禁欲主義を説いた。キニク学派の祖。

あんてい-せいちょう【安定成長】超過需要によるインフレーションを引き起こしたり、輸入の急増による国際収支の赤字を生じたりすることなく、しかも可能なかぎりの高い経済成長。

あんてい-そうさ【安定操作】時価発行増資や時価転換社債の発行を行うときに、その株価の相場を安定させる目的で市場において行う一連の売買取引。また、その委託・受託。法令により、厳格な要件のもとでのみ認められている。

あんてい-たすう【安定多数】与党が、安定した国会運営を行うために必要な議席数。特に、衆議院で、すべての常任委員会で委員長を独占し、かつ、各委員会で委員の半数を確保するのに必要な議席数。➡絶対安定多数

あんてい-どういたい【安定同位体】放射性をもたない同位体。放射性崩壊によって他の核種に変化することがないもの。

アンティパクソス-とう【アンティパクソス島】《Antipaxos》ギリシャ西部、イオニア海にある島。パクソス島の南東約3キロメートルに浮かぶ。

アンティパシー〘antipathy〙❶反感。嫌悪感。⇔シンパシー。❷気に入らないもの。虫のすかないもの。

アンティパスト〘イタ antipasto〙オードブル。前菜。

アンティパロス-とう【アンティパロス島】《Antiparos》ギリシャ南東部、エーゲ海にある島。キクラデス諸島の中央部に位置するパロス島の属島。島南部に鍾乳洞があり、観光客に人気がある。

あんてい-ばん【安定板】飛行中の航空機を安定させるための、水平安定板と垂直安定板の総称。ジェット機では、可動式の水平安定板をいうこともある。

アンティミスム〘フラ intimisme〙《「アンチミスム」とも》20世紀初期フランスで盛んになった画風。室内・母子像など日常的で身近な題材を親しみ深くなごやかな雰囲気で描く。ボナールやビヤールが代表。

あんてい-ようそ【安定▽沃素】ヨウ素の安定同位体。ヨウ素127。非放射性ヨウ素。➡安定沃素剤

あんていようそ-ざい【安定▽沃素剤】原子力災害などで大気中に放出された放射性ヨウ素が甲状腺に蓄積されにくくするために、予防的に服用する薬剤。ヨウ化カリウムなど。外部被曝や他の放射性核種には効果がない。

アンデス-さんみゃく【アンデス山脈】《Andes》南アメリカの太平洋側を走る山脈。世界最大の規模をもつ褶曲山脈。6000メートル級の高山が多く、最高峰はアコンカグアの標高6960メートル。

アンデス-メロン　日本で育成されたハウスメロンの一種。果皮は緑色で網目が入る。果肉も緑色で甘くて香りがある。(補説)「安心して栽培でき、安心して食べられる」という意味の「安心です」を縮めて「アンデス」と名づけたと言われる。

アンテナ〘antenna〙《触角の意》❶電波を空中に放射したり、空中を伝わってくる電波を受けたりする装置。無線通信やラジオ・テレビの送受信に使用。空中線。❷いろいろな情報をさぐる手がかりとなるもの。「業界に—を張りめぐらす」

アンテナゲイン-とう【アンテナゲイン塔】放送用アンテナ設備を取り付けるための柱。電波塔の頭頂部に設置される。ゲイン塔。

アンテナ-ショップ〘antenna shop〙❶製造・流通業者などが、新製品などを試験的に販売する店。消費者の反応を調査して商品開発に役立てる。パイロットショップ。❷地方自治体が東京・大阪などの繁華街で地元の特産品などを販売する店。祭りなどの情報も流し、大消費地の傾向を調査するねらいがある。サテライトショップ。

アンテナ-レベル　テレビ放送の受信状態を表す指標の一。衛星放送や地上デジタルテレビ放送のアンテナ設置の際などに用いられる。受信レベル。

アンデネス〘Andenes〙ノルウェー北西部沿岸、ベステローレン諸島のアンデヤ島北部にある町。ヨーロッパホエールウオッチングの観光拠点として知られる。

アンデパンダン〘フラ Indépendants〙《独立派の意》❶パリで、アカデミー(官設の美術展)に対抗して、1884年以来開かれている無審査・無賞の絵画展覧会。アンデパンダン展。❷日本アンデパンダン展。❶に倣って始められた日本美術会の主催する美術展。昭和22年(1947)に始まる。

アンデルセン〘Hans Christian Andersen〙[1805〜1875]デンマークの童話作家・小説家・詩人。創作童話で世界的に有名。小説「即興詩人」「絵のない絵本」、童話「親指姫」「マッチ売りの少女」など。デンマーク語名アナセン。

アンデルセン-ネクセ〘Martin Andersen Nexø〙[1869〜1954]デンマークの小説家。社会主義的作品が多い。作「勝利者ペレ」「人の子ディッタ」など。

アンデルマット〘Andermatt〙スイス中部、ウリ州の町。ゴッタルド峠、オーバーアルプ峠、フルカ峠、スーステン峠などの間に位置し、古くから交通の要衝として発展。現在もドイツとイタリアを南北に結ぶ鉄道路線とフランスとオーストリアを東西に結ぶ鉄道路線が交差する地点にある。

アンテロープ〘antelope〙大形の羚羊。

あん-てん【暗点】❶視野中の島状の欠損部分。視神経の通路にあたる盲点や、目の病気で病状として現れるものがあり、その部分は暗色を呈する。❷隠された部分、また事柄。「信吾が話しそびれたような—は」〈康成・山の音〉

あん-てん【暗転】〔名〕スル ❶演劇で、幕を下ろさず、舞台を一時暗くして場面を変えること。「—して第二景に移る」❷事態が急に悪いほうへ変化すること。「状況が—した」

あん-でんりゅう【暗電流】光電効果により光電流を生じる装置において、光を照射しない時にも流れている微弱な電流。熱的要因や絶縁不良のために生じる。CCDやCMOSイメージセンサーなどの撮像素子の場合、画像のノイズの原因となる。

アント〘ant〙蟻。

あん-ど【安×堵】〔名〕スル《「堵」は垣根の意》❶気がかりなことが除かれ、安心すること。「—の胸をなでおろす」「無事を聞いて—した」❷垣根の内の土地で安心して生活すること。また、その場所。「それより八幡にも—せずなりて、かかる身となりにけるとぞ」〈著聞集・一二〉❸中世、土地の所有権・領有権・知行権などを幕府・領主が公認したこと。

(類語)安心・一安心・気休め・安全・大丈夫

アンド〘and〙《「エンド」とも》❶二つの語句を対等に接続する語。そして。および。時間的にあとに続く場合にもいう。記号としてラテン語のデザイン文字「&(アンパーサンド)」を使うことも多い。「ギブ—テーク」「ヒット—ラン」❷(AND)論理演算の一で論理積。または、コンピューターでAND回路。

あんとう【安東】▶丹東

あん-とう【案頭】机の上。机上。案上。「手紙が其日水月の—に落ちた」〈虚子・俳諧師〉

あん-とう【暗闘】〔名〕スル ❶表立たない形で、ひそかに争うこと。裏面での争い。「委員長の椅子をめぐる—」❷歌舞伎の、だんまり。(類語)喧嘩・諍い・争い・紛争・闘争・立ち回り・抗争・争闘・共闘・ゲバルト

アンドゥ〘undo〙コンピューターで、直前に実行した処理を取り消し、もとの状態に戻すこと。

あん-どう【行灯】「あんどん(行灯)」に同じ。「—の光で少し縫物をして居ますと」〈蘆花・不如帰〉

アントウェルペン〘Antwerpen〙ベルギー北部の港湾都市。ヨーロッパ有数の貿易港。ダイヤモンド研磨・造船などの工業が盛ん。フランス語名アンベルス。英語名アントワープ。

あんどう-こう【安藤幸】[1878〜1963]女流バイオリニスト。東京の生まれ。幸田露伴の妹。ドイツに留学、ヨアヒムに師事。明治末から昭和初期にかけて洋楽指導に貢献した。

あんどう-しょうえき【安藤昌益】[1703〜1762]江戸中期の社会思想家・医者。出羽の人。封建社会と、それを支える儒学・仏教を批判。すべての人が平等に生産に従事して生活する「自然の世」を唱えた。著「自然真営道」「統道真伝」など。

あんどう-せいあん【安東省庵】[1622〜1701]江戸前期の儒学者。筑後の人。名は守約。別号恥斎。松永尺五・朱舜水に師事。著「省庵先生遺集」「恥斎漫録」。

あんどう-つるお【安藤鶴夫】[1908〜1969]演劇評論家・小説家。東京の生まれ。本姓、花島。愛称「あんつる」。父は義太夫の8代目竹本都太夫。都新聞(東京新聞の前身)の芸能記者として落語・文楽などの伝統芸能の批評を執筆。江戸っ子らしい歯切れのよい文体で知られた。「巷談本牧亭」で直木賞受賞。

あんどう-のぶまさ【安藤信正】[1819〜1871]幕末の老中。磐城国平藩主。公武合体を図り、皇女和宮の降嫁を実現。文久2年(1862)江戸城坂下門外で尊王攘夷派の水戸浪士に襲われて負傷し、老中を辞職。

あんどう-ひろしげ【安藤広重】▶歌川広重

あんどう-まさつぐ【安藤正次】[1878〜1952]国語学者。東京の生まれ。東洋大学学長。古代国語の研究、国語・国字問題に関する多くの著作がある。

あんどう-ももふく【安藤百福】[1910〜2007]実業家。台湾の生まれ。昭和23年(1948)中交総社(日清食品の前身)を創立、即席麺「チキンラーメン」を発明して大ヒットさせる。カップ入り即席麺などを開発し続け、日本の食文化に大きな影響を与えた。

アンド-えんざんかいろ【AND演算回路】《AND circuit》▶AND回路

アンド-かいろ【AND回路】《AND circuit》コンピューターで用いる論理回路の一で、論理積の演算を行うもの。2個以上の入力端子と1個の出力端子をもち、すべての入力端子に信号が加えられたときにだけ、出力端子に出力信号が現れる。論理積回路。AND演算回路。ANDゲート。

あんとく-てんのう【安徳天皇】[1178〜1185]第81代天皇。在位1180〜1185。高倉天皇の第1皇子。名は言仁。母は平清盛の娘建礼門院徳子。2歳で即位。源平の戦いで西国に逃げ、壇ノ浦で平家一族とともに入水。➡壇ノ浦の戦い

アンド-ゲート【ANDゲート】《AND gate》▶AND回路

アントシアニン〘英 anthocyanin｜ドイ Anthozyanin〙植物色素アントシアンのうち、アントシアニジンに糖が結合した配糖体。

アントシアン〘英 anthocyan｜ドイ Anthozyan〙植物に含まれる色素の一。ヤグルマギクの花の青色、シソの葉の紫黒色などの原因となる色素。花青素。➡アントシアニン

あんど-じょう【安×堵状】安堵❸を記した文書。

アントニー〘Antony〙アントニウスの英語名。

アントニウス〘Marcus Antonius〙[前82〜前30]ローマの政治家・軍人。カエサルの部将としてガリア

遠征で活躍。カエサルの没後、オクタビアヌス・レピドゥスとともに第2回三頭政治を行った。のちエジプトの女王クレオパトラと結ばれたが、オクタビアヌスにアクティウムの海戦で敗れて自殺。アントニー。

アントニヌス-ピウス〖Antoninus Pius〗[86～161]ローマ皇帝。在位138～161。元老院からピウス(敬虔けいけんな)の称を贈られ、治世もローマ帝政史上最も平和であった。五賢帝の一人。

アントニム〖antonym〗対義語。反対語。⇔シノニム。[類語]反意語・反対語・対義語

アンドフ〖UNDOF〗《United Nations Disengagement Observer Force》国連兵力引き離し監視軍。1974年から、イスラエルとシリアの停戦と両軍の兵力引き離し合意の履行状況を監視する目的でゴラン高原に派遣されている、国際連合の平和維持軍。日本からも自衛隊が派遣されている。

アントファガスタ〖Antofagasta〗チリ北部、太平洋岸の港湾都市。アントファガスタ州の州都。チリが硝石しょうせき資源をめぐり、ペルー-ボリビア同盟と戦った太平洋戦争に勝利した結果、1884年にボリビアより割譲。豊富な鉱物資源の積出港として発展。

あんど-ぶぎょう【安×堵奉行】アンドブギャウ 鎌倉幕府・室町幕府の職名。所領の安堵に関する職務をつかさどった。安堵方。

アンドラ〖Andorra〗フランス・スペイン国境、ピレネー山脈東部の小独立国。首都アンドラ-ラ-ベリャ。フランス・スペイン共同主権下の自治国で、面積495平方キロメートル。人口8万(2010)。

アントラー〖antler〗枝角えだつの。鹿などの角。

アンドラーシ-どおり【アンドラーシ通り】どほり《Andrássy út》ハンガリーの首都ブダペスト中心部にある通り。エルジェーベト広場から英雄広場までの約2.5キロメートル。1872年、建国1000年を記念し、首相アンドラーシによって建設。ネオルネサンス様式の建物のほか、聖イシュトバーン大聖堂、ハンガリー国立歌劇場、リスト音楽院、コダーイ記念博物館などが建ち、通りの下にはヨーロッパ大陸初の地下鉄が走っている。2002年、世界遺産(文化遺産)に登録。

アントラーズ ►鹿島アントラーズ

アンドラ-おうちょう【アンドラ王朝】ワウテウ ►アーンドラ王朝

アントラキノン〖ドイツ Anthrachinon〗アントラセンから得られる黄色の結晶。アリザリン・インダンスレンなどの染料の合成原料。分子式$C_{14}H_8O_2$

アントラセン〖フランス anthracène〗3個のベンゼン環が直線状に縮合した芳香族炭化水素。アセン類の一。紫色の蛍光を発する無色針状の結晶。アントラキノンの原料。分子式$C_{14}H_{10}$ アントラセン環。

アンドリッチ〖Ivo Andrić〗[1892～1975]ユーゴスラビアの小説家・詩人。ボスニア-ヘルツェゴビナ生まれ。ボスニアを舞台とした作品で知られる。1961年にノーベル文学賞を受賞。作「ドリナの橋」「トラブニク年代記」「呪われた中庭」など。

アントルプルヌール〖フランス entrepreneur〗►アントレプレナー

アントルメ〖フランス entremets〗西洋料理で、デザートに出る菓子類。

アントレ〖フランス entrée〗正式の西洋料理で、魚料理の次に、肉料理が2種出る場合の、初めの肉料理。また、一般に、肉料理をいう。

アンドレアパラディオ-どおり【アンドレアパラディオ通り】どほり《Corso Andrea Palladio》►パラディオ通り

アンドレーエフ〖Leonid Nikolaevich Andreev〗[1871～1919]ロシアの小説家・劇作家。初期の写実的ヒューマニズムから厭世えんせい的、神秘的作風に転じた。二葉亭四迷など日本の作家にも影響を与えた。小説「沈黙」「血笑記」「七死刑囚物語」など。

アントレプレナー〖entrepreneur〗事業を起こす人。起業家。企業家。アントルプルヌール。

アントレプレナーシップ〖entrepreneurship〗企業家精神。新しい事業の創造意欲に燃え、高いリスクに果敢に挑む姿勢。

アンドロ〖UNDRO〗《Office of the United Nations Disaster Relief Coordinator》国連災害救済調整官事務所。地震、干ばつなど世界各地の大規模な自然災害による被害への救援活動を目的として、1971年設立。1992年、国連事務局内に新たに設置されたDHA(国連人道問題局)に統合。

アンドロイド〖android〗㊀SFなどに登場する、高い知性をもつ人間型ロボット。ヒューマノイド。㊁(Android)2007年に米国グーグル社が発表したスマートホン向けの実行環境。オペレーティングシステムのほか、ユーザーインターフェース、ブラウザー、動画や音声の再生機能などを含む。この実行環境を搭載した携帯電話はグーグル携帯と呼ばれる。

アンドロイド-けいたい【アンドロイド携帯】米国グーグル社のスマートホン向けの実行環境であるアンドロイドを搭載した多機能携帯電話の通称。同社がウェブ上で提供するさまざまなアプリケーションを利用できる。開発社名から、グーグル携帯ともいう。⇒グーグル携帯

アンドロイド-マーケット〖Android Market〗米国グーグル社が運営していたコンテンツ配信サービス。2012年3月よりグーグルプレーに名称変更。

アンドロギュノス〖androgynous〗►アンドロジナス

アンドロゲン〖ドイツ Androgen〗雄性ホルモンの総称。テストステロン・アンドロステロンなど。

アンドロジナス〖androgynous〗《「男女両性の特徴をもつ」の意。「アンドロギュノス」とも》❶性の差異を超えて自由に考え行動しようという考え方。❷「アンドロジナスルック」の略。

アンドロジナス-ルック〖androgynous look〗性別の枠組を超えたファッションの様式。男らしさ、女らしさにこだわらない服装など。

アンドロステロン〖androsterone〗雄性ホルモンの一。テストステロンが変化したもので、作用はそれより弱い。

アンドロス-とう【アンドロス島】タウ ㊀《Andros》ギリシャ南東部、エーゲ海に浮かぶ島。キクラデス諸島の中で3番目に大きく、最北端に位置する。主な町は同島東岸のアンドロス。ワインの生産と海運業が盛ん。木々に覆われた山地が多く、水に恵まれる。㊁《Andros》西インド諸島北部、バハマの最大の島。島民の大半は北部の町ニコルズタウンに居住。全長225キロにおよぶアンドロスバリアリーフ(堡礁ほしょう)があり、ダイビングスポットとして知られる。

アンドロポフ〖Andropov〗ロシア連邦の都市リビンスクの旧称。

アントロポロギー〖ドイツ Anthropologie〗人類学。

アントロポロジー〖フランス anthropologie〗「アントロポロギー」に同じ。

アンドロメダ〖Andromedā〗ギリシャ神話で、エチオピア王ケフェウスとカシオペイアの娘。国を救うために海の怪物への生けにえにされたが、英雄ペルセウスに救われ、その妻となった。

アンドロメダ-ぎんが【アンドロメダ銀河】アンドロメダ座にある渦巻き銀河。晴れた暗い夜には肉眼でも見える。直径10万光年、距離240万光年、銀河系と同等の規模をもつ。最も銀河系に近い銀河。アンドロメダ星雲。

アンドロメダ-ざ【アンドロメダ座】北天の星座。11月下旬の午後8時ごろ南中する。アンドロメダ銀河が含まれる。名称はギリシャ神話のアンドロメダにちなむ。学名、ラテン Andromeda

アンドロメダ-せいうん【アンドロメダ星雲】►アンドロメダ銀河

アントワープ〖Antwerp〗アントウェルペンの英語名。

あん-どん【行▽灯】《「あん(行)」は唐音》小型の照明具。木などで枠を作って紙を張り、中に油皿を置いて点灯するもの。あんどう。

あんどん-くらげ【行▽灯水=母】アンドンクラゲ科の腔腸動物。傘は幅約3センチの立方形で、寒天質は硬く、無色透明。4本の触手には毒があり、刺されると痛い。夏に出現。たこてれれん。いら。

あんどん-ばかま【行▽灯×袴】《形が行灯に似るところから》襠まちのない袴。

あんどん-べや【行▽灯部屋】昼のうち行灯をしまっておく暗く狭い部屋。江戸時代の遊里では、遊興費を払えない客を閉じ込めておくのにも使われた。

あんな【安和】アンワ 平安中期、冷泉れいぜい天皇・円融天皇の時の年号。968年8月13日～970年3月25日。あんわ。

あんな〔形動〕❶話し手も聞き手もともに知っている人や事物の状態があのようであるさま。あれほど。あれくらい。「一にひどい被害とは思わなかった」「彼はなぜいつも一なのだろう」❷話し手にも聞き手にも見えている人や事物のようす・状態があのようであるさま。「あそこに立っている、一人が僕の好みだ」[補説]連体形に「あんな」「あんなな」の二形がある。連体形として一般には「あんな」の形が用いられるが、接続助詞「ので」「のに」などに続くときは「あんなな」の形が用いられる。「事態があんななので、どうすることもできない」[類語]ああいう・あのよう・ああ

あん-ない【案内】〔名〕スル ❶道や場所を知らない人をそこに導くこと。また、ある地域を見せて歩くこと。「館内を一する」「道一」❷取り次ぐこと。「一を請う」❸事情やようすなどを知らせること。また、その知らせ。「事業一」「入学一」❹物事の内部のようす。内情。「その家の一に明るい」❺事情をよく知っていること。承知。「先刻御一のこととは思いますが」「町の近くにある写真屋は節子もよく一だった」〈藤村・新生〉❻客を招くこと。招待。「披露宴に御一します」❼官庁で後日の参考にするために、書き写したもの。また、文書の下書き。草案。「頭の弁して一は奏せさせ給ふめり」〈紫式部日記〉❽物事の事情や内容を明らかにすること。また、問い尋ねること。「宮の辺に一しに参らまほしけれど」〈枕・二七七〉[補説]中古のかな文では「あない」と表記されることが多い。

[類語](❶)手引き・導き・誘導・先導・嚮導きょうどう・ガイド・道案内・先達・露払い/(❸)知らせ・通知・告知・連絡・通告・通達・通牒つうちょう・報・インフォメーション

あんない-き【案内記】ある土地に関する地理や交通手段、名所・旧跡などを記した書物。

あんない-こうこく【案内広告】クワウコク 新聞や雑誌の、求人・求職や不動産売買、映画案内などに関する小型広告。

あんない-しゃ【案内者】《「あんないじゃ」とも》❶案内する人。案内人。❷物事の内容・事情などをよく知っている人。「敵は一、我等は無案内なり」〈平家・七〉

あんない-しょ【案内書】❶事情やようすなどを紹介する説明書。❷旅行・遊覧などの手引き書。ガイドブック。[類語]栞しおり・早分かり・ハウツー物

あんない-じょう【案内状】ジャウ ❶通知状。❷招待状。

あんない-にん【案内人】❶場内・館内の配置などを教え、必要な説明をする人。案内係。❷名所・旧跡などの説明や案内をする人。ガイド。❸道案内をする人。「水先一」

あんない-ばね【案内羽根】水の方向や量を調節するため、水車の羽根車の周囲に配列された羽根。

あんなか【安中】群馬県南西部の市。近世は板倉氏の城下町。中山道の宿駅として発展。旧街道の杉並木は天然記念物。新島襄にいじまじょうの出身地。磯部温泉がある。平成18年(2006)3月、松井田町と合併。人口6.1万(2010)。

あんなか-し【安中市】►安中

アンナ-カレーニナ〖Anna Karenina〗レフ=トルストイの長編小説。1873～77年に発表。愛のない結婚生活を捨てて、青年貴族との愛に生きようとした人妻アンナの悲劇的生涯を、当時の貴族社会への批判を込めて描く。

あんな-の-へん【安和の変】アンワ 安和2年(969)藤原氏が企てた他氏排斥の謀略事件。右大臣藤原師尹もろただらが、源満仲みなもとのみつなかの密告を利用して左大臣源高明たかあきらに皇太子廃立の陰謀があるとして追

放、藤原政権確立をはかった。

アンナプルナ〖Annapurna〗ヒマラヤ山脈中部の高峰群。最高峰は第1峰の標高8091メートル。南峰(7219メートル)には京大登山隊が1964年に初登頂。

あん。なり〔連語〕《動詞「あり」の連体形に伝聞推定の助動詞「なり」の付いた「あるなり」の音変化》あるようだ。あるということだ。あなり。「世の中に物語といふものの一。なるを」〈更級〉

アンナン【安南】ベトナム中部地方。また、この地に建てられたベトナム人国家の称。唐代に安南都護府が置かれて以来の呼称。

アンナン-ご【安南語】▶ベトナム語

アンナン-とごふ【安南都護府】中国唐代、ベトナムの北部と中部を統治するために置かれた機関。

アンナン-やき【安南焼】安南地方で作られた古陶磁器。赤絵・染め付け・白磁などがある。

あん-に【暗に】〔副〕はっきり口に出さずに、なんとなくにおわせるさま。それとなく。「一辞職を迫る」

あんにゃ-もんにゃ▶なんじゃもんじゃ

アンニュイ〖フランス ennui〗〔名・形動〕ものうい感じであること。また、そのさま。倦怠(けんたい)。「一な午後」

あん-にょう【安養】ヂヤウ《「あんよう」の連声(れんじょう)》「安養界(あんにょうかい)」「安養浄土(あんにょうじょうど)」の略。

あんにょう-かい【安養界】アンヤウ- ▶安養浄土

あんにょう-じょうど【安養浄土】アンヤウジヤウ- 阿弥陀仏の極楽浄土のこと。往生した者は、心を安んじ、身を養うところからいう。安養世界。安養界。

アンニョン-ハシムニカ〔感〕《朝鮮語》こんにちは。時間帯に関係なく使える挨拶。アンニョンハセヨよりも、ややかしこまった表現。

アンニョン-ハセヨ〔感〕《朝鮮語》人に会った際に言うあいさつの語。時間帯に関係なく用いる。丁寧に言うときは「アンニョンハシムニカ」。

あん-にん【×杏▽仁】▶きょうにん(杏仁)

あんにん-どうふ【×杏▽仁豆腐】▶きょうにんどうふ(杏仁豆腐)

アンヌボア-じょう【アンヌボア城】-ジヤウ《Château d'Annevoie》ベルギー南東部、ナミュール州にある城。アルデンヌ地方の古城の一として、観光客が数多く訪れる。1758年、シャルル=アレクシ=ド=モンペリエが城主となり、城館や庭園を設計。広大な庭園は、イタリア、フランス、イギリス式に造営され、一切機械を使用しない噴水や滝が随所に見られる。

あん-ねい【安寧】無事でやすらかなこと。特に、世の中が穏やかで安定していること。「社会の一を乱す」類語 安全・平和・和平・太平・昌平・静寧・ピース・無事・安泰・平安・安穏(あんのん)・小康・安心・確実・無難・無害・大丈夫・穏やか・平穏・平らか・温和

あんねい-ちつじょ【安寧秩序】世の中が整った状態にあり、安定していること。

あんねい-てんのう【安寧天皇】-テンワウ 記紀で、第3代の天皇。綏靖(すいぜい)天皇の第1皇子。名は磯城津彦玉手看(しきつひこたまてみ)。皇居は片塩浮穴宮(かたしおのうきあなのみや)。

アンネのにっき【アンネの日記】《原題、オランダ Het Achterhuis 後ろの家の意》ユダヤ人の少女アンネ=フランクの日記。著者の死後2年目の1947年に出版。ドイツ占領下のアムステルダムで、ナチスの追及を逃れて隠れ住んだ一家の2年間の生活をつづったもの。2009年、世界記憶遺産に登録された。

あんねん【安然】平安前期の天台宗の僧。円仁・遍昭に学ぶ。比叡山五大院に住し、台密(たいみつ)教理を大成。生没年未詳。著「悉曇蔵(しったんぞう)」など。阿覚大師。

あん-のう【×鞍×嚢】-ナウ 馬の鞍(くら)の左右に垂らす革製の袋。小さい武具などを入れる。

あん-の-うち【案の内】計画どおり。思いのまま。「平家を滅ぼさんの一に候へども」〈平家・一〇〉

アンノウン〖unknown〗〔形動〕まだ解明されていないさま。未知の。不明の。

アンノウンディスタンス-レース〖unknown distance race〗自転車のトラック競技の一。選手も競技役員も走る距離を知らされず、スターターが走行中に号砲を鳴らすと、その周回のゴールラインから何周かして順位を決めるという変則レース。号砲が鳴ってから、何周で終了するかは選手に知らされている。

あん-の-じょう【案の定】-ヂヤウ〔副〕予想していたとおりに事が運ぶさま。果たして。「一失敗した」類語 果たせるかな・果然・果たして・やはり・案の如(ごと)く・案に違(たが)わず・てっきり・思ったとおり

あんの-ひであき【庵野秀明】[1960〜]映画監督・アニメーション作家。山口の生まれ。ブームを巻き起こしたテレビアニメ「新世紀エヴァンゲリオン」の原作・脚本を手がけ、さらに同シリーズの劇場公開版を監督。のちに実写映画も手がけた。代表作「ラヴ&ポップ」「キューティーハニー」など。

あん-の-ほか【案の外】予想外。意外。「今日の内に寄りて攻めんこそ、彼奴(かのやつ)は一にて迷はめ」〈今昔・二五・九〉

あんの-みつまさ【安野光雅】[1926〜]画家・装丁家・絵本作家。島根の生まれ。淡い色彩と繊細なタッチで大人の読者を中心に人気を得る。科学や文学への造詣(ぞうけい)も深く多彩な題材を誇り、エッセーなども手がける。代表作は「ふしぎなえ」「旅の絵本」「算私語録(さんしごろく)」など。

あん-のん【安穏】-ヲン〔名・形動〕《「あんおん」の連声(れんじょう)》心静かに落ち着いていること。また、そのさま。平穏無事。「行路の一を祈る」「一な暮らし」類語 麗(うら)らか・うらうら・穏やか・のどか・安らか・安全・無事・平和・平穏・静穏・平安・安泰・安寧(あんねい)・小康・安心・確実・無難・無害・大丈夫・平らか・温和

あん-ば【×鞍馬】❶鞍(くら)を置いた馬。くらうま。❷体操用具の一。馬の背のような形の台に、二つの取っ手をつけたもの。また、それを使う競技。

アンバー〖amber〗琥珀(こはく)。また、琥珀色。

アンバー〖フランス invar〗鉄64パーセント、ニッケル36パーセント、微量のマンガンを含む合金。熱膨張率が非常に小さいので、バイメタルなどに使用。インバール。

アンバー〖umber〗黄褐色の天然鉱物顔料。また、その色。二酸化マンガン・珪酸塩(けいさんえん)などを含む水酸化鉄で、塗料・絵の具の原料とする。ウンブラ。

アンパーサンド〖ampersand〗二つの語句を対等に接続するときに用いる「&」の記号。アンパサンド。⇒アンド㊀

あん-ばい【▽塩梅|×按排|×按配】〔名〕スル《味の基本である塩と梅酢の意の「えんばい」と、物をぐあいよく並べる意の「按排」とが混同した語》❶料理の味加減。「一をまちがえて、食べられたものではない」❷物事のぐあい・ようす。「いい一にメンバーがそろっている」❸身体のぐあい・ようす。「一が悪いので仕事を休む」❹(按排・按配)物事のぐあい・ようす・程合いを考えて、程よく並べととのえたり処理したりすること。「文化祭での出し物の順をうまく一する」補説 ❷〜❹は「案配」とも書く。類語(❷❸❹)調子・加減・コンディション・本調子・呼吸・具合・状態・体調

アンパイア〖umpire〗競技の審判員。特に、野球の球審や塁審・線審の総称。類語 レフェリー・ジャッジ

あんばい-ず【▽塩梅酢】程よく味をととのえた酢。三杯酢(さんばいず)など。

あん-ばこ【暗箱|暗×函】蛇腹式写真機の胴体。内部は暗く、前部にレンズ、後部に感光板をつける。

アンバサダー〖ambassador〗大使。使節。

あんば-さま【×阿波様】千葉県から東北地方にかけての太平洋岸の漁村で信仰されている神。漁を休んで漁具を浜に集めてこの神を祭り、豊漁を祈る。

あんはつが-しゅし【暗発芽種子】発芽する条件のそろったときに光が当たると、発芽を抑えられる種子。カボチャ・ケイトウなど。また一般に、暗所で発芽する種子。光(こう)発芽種子に対していう。

アンバランス〖unbalance〗〔名・形動〕つりあいの取れないこと。また、そのさま。不均衡。「貿易収支の一」「栄養の摂取が一な食生活」類語 不統一

アンバリッド〖les Invalides〗フランス、パリ中央部にある旧廃兵院。ルイ14世により傷病兵の看護施設として建造。付属のドーム教会に、ナポレオン1世をはじめ、ナポレオンの親族や著名な軍人の棺が安置されていることで知られる。現在一部が軍事博物館になっている。オテルデザンバリッド。

あん-パン【×餡パン】餡入りの丸いパン。明治7年(1874)東京銀座の木村屋が、米と麹(こうじ)で生地を発酵させる「酒種(さかだね)あんぱん」を創製。

アンバンドリング〖unbundling〗コンピューターで、ソフトウエアとハードウエアを別々に販売すること。⇒バンドル

あん-はんのう【暗反応】-ハンオウ 光合成の過程で、光が関与しない反応。明反応によって葉緑体で合成されたATP(アデノシン三燐酸)を使い、炭酸ガスを有機物に転化する反応。カルビン回路。

あん-ぴ【安否】無事かどうかということ。安全か否(いな)か。「遭難者の一を気遣う」「一を問う」類語 様子

アンヒアロス〖Anchialos〗ブルガリア東部の町ポモリエの、古代ギリシャ時代における名称。古代ローマ時代のラテン語名はアンキアルス。

アンピール-ようしき【アンピール様式】-ヤウシキ《フランス Empireは帝政の意》19世紀初めのフランスの建築・工芸様式の一。古典主義的な形態で、力強く荘重な作風。エトワール凱旋門(がいせんもん)・マドレーヌ寺院など。

アンビエント-ミュージック〖ambient music〗環境音楽。作曲家や演奏者の意図を主張したり、聴くことを強制したりせず、その場に漂う空気のように存在し、それを耳にした人の気持ちを開放的にすることを目的にしている。シンプルで静かなメロディーを繰り返す場合が多く、画廊のようなスペースでビデオアートと組み合わせて用いられることもある。

アンビシャス〖ambitious〗㊀〔形動〕野心のあるさま。大志を抱いているさま。「正男は子供に似合わず一な気持ちを少しも現わしませんでした」〈志賀・ある男、その姉の死〉㊁(Ambitious)札幌証券取引所が平成12年(2000)に開設した新興企業向けの株式市場。今後の成長が期待される企業を対象とする。札証アンビシャス。⇒新興市場

あんぴじょうほう-システム【安否情報システム】アンピジヤウホウ- 武力攻撃やテロなどの事態が発生した際に、被災地住民の安否情報を収集・整理・提供する、総務省消防庁の情報照会システム。国民保護法に基づいて整備され、平成20年(2008)に運用を開始した。大規模な自然災害・事故が発生した際にも、地方自治体の要請に応じて運用される。

アンビション〖ambition〗野心。大望。大志。「将来の一を語り合った」〈独歩・非凡なる凡人〉

アンピシリン〖ampicillin〗広範囲スペクトルの合成ペニシリン。

アンビバレンス〖ambivalence〗同一対象に対して、愛と憎しみなどの相反する感情を同時に、または、交替して抱くこと。精神分析の用語。両面価値。両面価値感情。

アンビバレント〖ambivalent〗〔形動〕相反する意見を持つさま。両面の。また、相反する感情が同時に存在するさま。「一な感情を抱く」

アンヒューマ〖amphiuma〗有尾目アンヒューマ科の両生類の総称。全長30センチ〜1メートル。ウナギ形で、きわめて小さい四肢がある。3種が米国南東部の池沼や川に生息。

アンビリーバブル〖unbelievable〗〔形動〕信じがたいさま。「一な値段」

アンビル〖anvil〗鉄床(かなとこ)。鍛造機などの固定側の台。測長器具の固定側の面部。

あん-ぶ【暗部】暗い部分。隠された部分。「社会の一を鋭くえぐり出す」類語 秘密・密事・秘事・隠し事・秘め事・密(ひそ)か事・内証(ないしょう)事・秘中の秘・内密・内証(ないしょ)・内内(ないない)・隠密(おんみつ)・極秘(ごくひ)・厳秘(げんぴ)・丸秘(まるひ)・機密・枢密(すうみつ)・天機・機事・秘(ひそ)か・密(ひそ)か

あん-ぶ【×鞍部】山の尾根のくぼんだ所。コル。

あん-ぷ【安▽否】《「あんぶ」とも》「あんぴ(安否)」に同じ。「サレドモソノ獣生死ノ一ヲ試ミヨウト思ウタカ」〈天草本伊曽保・二人の知音〉

あん-ぷ【暗譜】〔名〕スル 楽譜を暗記すること。

アンプ《「アンプリファイアー」の略》増幅器。

アンファン〖フランス enfant〗子供。
アンファン-テリブル〖フランス enfant terrible〗《おそるべき子供たちの意で、コクトーの小説の題名から》子供ゆえの無邪気さと残忍性とで大人を恐れさせるような、早熟な子供のこと。
アンフィテアトル〖フランス amphithéâtre〗古代ローマの円形劇場。
アンフェア〖unfair〗〘形動〙不公平なさま。公正でないさま。「―な手口」
アンフェタミン〖amphetamine〗覚醒剤の一種。疲労感減少や気分高揚などの中枢作用をもつが、連用により習慣性をまねくため、一般の使用は禁止されている。
アンフェノール〖Amphenol〗コンピューターの周辺機器を接続するインターフェース規格、SCSIで使用されているコネクターの規格。
アンフォーマット〖unformat〗フロッピーディスクやハードディスクなどの記録メディアがフォーマットされていない状態。
アンフォラ〖amphora〗古代ギリシャの壺の一種。一対の取っ手がついた、胴にふくらみのある深い壺。
アンフォルメル〖フランス informel〗《形がない、の意》第二次大戦後にフランスを中心に興った抽象画の運動。すべての定形を否定し、色彩を重んじ、激しい表現を行う。非定形絵画。
アンフォロー〖unfollow〗マイクロブログの一つであるツイッターで、他人の投稿(ツイート)を自分のページで見るための登録から外すこと。フォローをやめること。⇔フォロー❺。
あん-ぷく【×按腹】腹部をもむ按摩療法。
あんぷく-でん【安福殿】平安京内裏十七殿の一。紫宸殿(ししんでん)の南西にあり、侍医・薬生(やくしょう)の控所などがあった。
あんぶ-し【安×撫使】中国、隋・唐の時代の官職。洪水や旱魃(かんばつ)などの災害があるたびごとに現地に派遣され、民政を視察した。
アンブヒマンガ〖Ambohimanga〗マダガスカルの首都アンタナナリボの郊外にある丘陵地。15世紀から16世紀ごろにマダガスカルを初めて統治したメリナ王朝の王宮跡、それを囲む要塞跡が残る。2001年「アンブヒマンガの丘の王領地」の名で世界遺産(文化遺産)に登録された。
アンプラグド〖unplugged〗《プラグを抜いたの意》電気楽器やアンプを使わない演奏。
アンブラッセ〖フランス embrasser〗抱擁。接吻。
アンプリファイアー〖amplifier〗▶アンプ
アンプル〖フランス ampoule〗薬液などを封入した小さなガラス製容器。「―剤」
アンブルサイド〖Ambleside〗英国イングランド北西部の町。ウィンダミア湖の北端に位置する。ウィンダミア、ボウネスと共に湖水地方の観光拠点の一。詩人ワーズワースが晩年を過ごした地として知られる。
アンプル-ライン〖ample line〗ゆったりした、また、だぶだぶした感じの服のシルエット。
アンプレアブル〖unplayable〗《「アンプレヤブル」とも》ゴルフで、ボールが木の根元などに止まってプレーが不可能になった状態。
アンプレッショニスム〖フランス impressionnisme〗印象主義。
アンプレヤブル〖unplayable〗▶アンプレアブル
アンブレラ〖umbrella〗❶洋風の雨傘。❷傘状のもの。「―プリーツ」「―カット」
アンブレラ-スカート〖umbrella skirt〗傘を開いたようなシルエットのスカートのこと。ウエストを絞り、裾(すそ)にフレアを出してボリュームをもたせた裾広がりのラインを特徴とする。
アンブロシウス〖Ambrosius〗[340ころ～397]ミラノの司教。古代ローマ教会四大教会博士の一。アウグスティヌスをキリスト教に導いた。
アンプロンプチュ〖フランス impromptu〗即興曲。
あん-ぶん【案分┊×按分】〘名〙スル 基準となる数量に比例して物を分けること。「頭数に応じて、利益を―する」〘類語〙分ける・分かつ・配分・分配・分与・折半・山分け・配る
あん-ぶん【案文】〘名〙スル 案として作った文章。また、その文章を書くこと。あんもん。「―を練る」「教書を―する」
あんぶん-ひれい【×按分比例】▶比例配分
アンペア〖ampere〗国際単位系(SI)の基本単位の一つで、電流の強さの単位。1アンペアは、真空中に1メートルの間隔で平行に置いた、無限に長い2本の導線に等しい電流を流したとき、導線1メートルごとに2×10^{-7}ニュートンの力が働くときの電流の強さ。名称は物理学者アンペールにちなむ。記号A
アンペア-かいすう【アンペア回数】(クワイスウ) MKSA単位系の起磁力または磁位の単位。コイルの巻数とコイルに流れる電流の積で表される。1アンペア回数は4π/10ギルバートに相当。
アンペア-けい【アンペア計】電流の強さをアンペア単位で測る計器。アンメーター。電流計。
アンペア-じ【アンペア時】国際単位系(SI)の電気量の単位。1アンペアの電流が1時間流れたときの電気量。1アンペア時は3600クーロン。記号Ah
アンペア-の-ほうそく【アンペアの法則】(ハフソク) ▶アンペールの法則
アンペア-メーター〖ampere meter〗▶電流計
あん-べい〘連語〙《「あるべき」の音変化》あるだろう。あるはずである。「たちまちにきらきらしき勢ひなど―やうもなく」〈更級〉
あん-ぺい【安平】〘名・形動ナリ〙《「あんべい」とも》❶安らかで穏やかなこと。また、そのさま。「四海の―、掌(たなごころ)の内に照らし」〈浄・吉野忠信〉❷むずかしくないこと。また、そのさま。安易。「さては―ごさんなれとて、修行にぞ出でにける」〈平家・五〉❸軽んじること。安っぽく扱うこと。また、そのさま。「人を―にいふとき、おれらがといふは」〈塵袋・一〇〉
あんぺい-どうふ【×餡平豆腐】松露(しょうろ)とおぼろ豆腐とをまぜ、茶碗蒸しにして葛餡(くずあん)をかけた料理。
アンペイド-ワーク〖unpaid work〗無報酬労働。育児・高齢者介護など家事労働をさしていう。
アンベードカル〖Bhīmrāo Rāmjī Ambedkar〗[1891～1956]インドの社会改革運動家・政治家。独立インド初代法務大臣。不可触民のマハールの出身。米英に留学後、不可触民解放運動に挺身(ていしん)。最晩年はマハールカースト成員約30万人とともに仏教に改宗し、新仏教運動の祖となった。
アンペール〖André Marie Ampère〗[1775～1836]フランスの物理学者。アンペールの法則を発見するなど、電気力学の基礎法則を確立。
アンペール-の-ほうそく【アンペールの法則】(ハフソク) 電流の周りに生じる磁界の強さを示す法則。また、電流が作る磁界の方向を表す右ねじの法則をさすこともある。アンペアの法則。
あん-ぺき【暗×碧】黒みを帯びた青色。
あん-べし〘連語〙《動詞「あり」の連体形に推量の助動詞「べし」が付いた「あるべし」の音変化》当然あるはずだ。きっとあるだろう。あべし。「ひがひがしき心のたぐひやは、また世に―べかめる」〈源・総角〉
アンヘドニア〖anhedonia〗無快楽症。精神医学用語で、すべての行動が快楽への欲求と結びつかないこと。
アンペラ《ポルトガル amperoまたはマレー ampelaから》❶カヤツリグサ科の多年草。湿地に生え、高さ0.5～2メートル。葉は退化して鱗片(りんぺん)状。茎の繊維は強く、むしろの材料にする。熱帯地方の原産で、中国南部などで栽培する。アンペラ藺(い)。❷❶の茎を打って編んだむしろ。〘補説〙「筕篖」とも書く。
アンペラ-い【アンペラ×藺】(ヰ) アンペラ❶の別名。
アンベルス〖Anvers〗アントウェルペンのフランス語名。
アンヘル-たき【アンヘル滝】《Salto Angel》ベネズエラ東部、ギアナ高地にある滝。落差979メートルは世界最大。この滝を含むギアナ高地中心部はカナイマ国立公園に指定され、1994年、世界遺産(自然遺産)に登録された。エンゼル滝。エンゼルフォール。
アンホ〖ANFO〗《ammonium nitrate fuel oil》硝酸アンモニウムと燃料油からなる爆薬の一種。ダイナマイトより安全で安価なことから、土木工事・砕石・鉱山などで広く使用されている。硝安油剤爆薬。アンホ爆薬。
あん-ぽ【安保】❶「安全保障」の略。「一体制」❷「日米安全保障条約」の略。❸「安保闘争」の略。「七〇年―」❹安全を保つこと。「世交邦政の要は必然其邦を―するにあり」〈森有礼・明六雑誌六〉
アンボアーズ〖Amboise〗フランス中西部、ロアール川沿いの都市。15世紀末、シャルル8世により改築されたゴシックフランボワイヤン様式のアンボアーズ城がある。1560年の事件、「アンボアーズの陰謀」の地として知られる。アンボワーズ。➡アンボアーズ城
アンボアーズ-じょう【アンボアーズ城】(ジヤウ)《Château d'Amboise》フランス中西部の都市アンボアーズのロアール川を見下ろす高台にある城。15世紀末、シャルル8世がゴシックフランボワイヤン様式に改築。城壁内のサンユベール礼拝堂には、レオナルド=ダ=ビンチが埋葬されている。ロアール川流域の古城の一として、2000年に「シュリー-シュル-ロアールとシャロンヌ間のロアール渓谷」の名称で世界遺産(文化遺産)に登録された。アンボワーズ城。
あん-ぽう【×罨法】(ハフ) 炎症や充血をとるために、水・湯・薬などで患部を冷やすか温めるかする治療法。湿布。
あんぽかいていじ-の-みつやく【安保改定時の密約】昭和35年(1960)1月の日米安保条約改定の際に日米政府間で交わされた合意・密約のこと。平成21年(2009)9月から同22年3月にかけて外務省の調査チームと有識者委員会がそれぞれ調査・検証を行った。➡密約問題 ➡核持ち込み密約 ➡朝鮮半島有事密約
あんぽ-がき【あんぽ柿】干し柿の一種で、果肉が完全に乾ききらない生干しの状態のもの。大粒で柔らかく甘い。
あんぽ-こん【安保懇】《「安全保障と防衛力に関する懇談会」の略称》日本の安全保障・防衛力のあり方について幅広い視点から総合的に検討する目的で設置された、首相の私的諮問機関。平成16年(2004)に小泉純一郎首相、同21年に麻生太郎首相がそれぞれ開催。集団的自衛権に関する政府解釈の見直し、武器輸出三原則の緩和などを提言した。〘補説〙平成21年(2009)9月の政権交代に伴い、民主党政権下で新安保懇が設置された。
あんぽ-じょうやく【安保条約】(デウヤク)「日米安全保障条約」の略。
あんぽつ-かご【あんぽつ×駕▽籠】近世、江戸で使われた町駕籠の一種。竹製で、左右に畳表を垂らした。あんぽつ。
あんぽ-とうそう【安保闘争】(トウサウ) 昭和34年(1959)から翌年にかけて展開された、日米安全保障条約の改定に反対する闘争。同35年の自民党による強行採決後の6月には全国的な運動に発展、デモ隊が国会構内に突入し警官隊と衝突。岸内閣は条約の自然承認後7月に退陣した。また、同45年の条約延長に対しても激しい反対運動が展開された。
アンホ-ばくやく【アンホ爆薬】▶アンホ(ANFO)
あんぽ-り【安保理】「安全保障理事会」の略称。
あんぽり-けつぎ【安保理決議】国際連合の安全保障理事会(安保理)において行われる決議。法的拘束力があり、加盟国は決議に従わなければならない。安保理を構成する15か国(常任理事国5か国、非常任理事国10か国)のうち9か国以上が賛成し、かつ常任理事国のいずれもが反対しないことが決議採択の条件。国際連合安全保障理事会決議。➡国連決議 ➡制裁決議 ➡総会決議 ➡非難決議
あんぽ-りじかい【安保理事会】(リジクワイ)「安全保障理事会」の略称。
アンボワーズ〖Amboise〗▶アンボアーズ
アンボワーズ-じょう【アンボワーズ城】(ジヤウ)《Châ-

teau d'Amboise》►アンボアーズ城
あんぽん-たん【安本丹】間が抜けていて愚かなこと。また、そういう人。あほう。ばか。薬の名「反魂丹はんごんたん」になぞらえた語。
(類語)馬鹿・阿呆あほう・魯鈍ろどん・愚鈍・無知・蒙昧もうまい・愚昧ぐまい・愚蒙ぐもう・暗愚・頑愚・愚か・薄のろ・盆暗ぼんくら・まぬけ・とんま・たわけ・馬鹿者・馬鹿野郎・馬鹿たれ・与太郎・抜け作・おたんこなす・おたんちん・べらぼう
アンボンド-スラブ〖unbonded slab〗補強鋼材に引張力を加え、コンクリートに圧縮力を現場でかける方式で作られた床版。
あん-ま【×按摩】筋肉を手でもみほぐし、血行をよくして、疲労や肩こりなどを除く療法。もみ療治。また、それを業とする人。➡按摩マッサージ指圧師
アンマウント〖unmount〗コンピューターに接続された周辺装置を正常に切り離すこと。ディスマウント。➡マウント❹
あん-まく【暗幕】室内を暗くするために、また、光が外にもれないようにするために張り巡らす黒幕。
アンマサリク〖Ammassalik〗グリーンランドの町タシーラクの旧称。
アンマッチ《unmatched》合わないこと。一致しないこと。性格などが適合しないこと。
あんま-づり【×按摩釣(り)】川釣りの一。瀬に立ちこんで、竿さおを水中で前後に動かし、オイカワなどを釣る。ピストン釣り。
あんまマッサージしあつ-し【×按摩マッサージ指圧師】「あん摩マッサージ指圧師、はり師、きゆう師等に関する法律」に定める国家試験に合格し、厚生労働省のあん摩マッサージ指圧師名簿に登録された人。職業として、按摩・マッサージ・指圧を行うことができる。
あんまり【▽余り】《「あまり」の撥音添加》■〔形動〕「あまり■」に同じ。「一な言葉に腹を立てる」「このまま帰れとはーだ」■〔副〕❶「あまり■❶」に同じ。「一うれしくて涙が出た」❷「あまり■❷」に同じ。「一いい話ではないが」
あん-まん【×餡×饅】ラード・ごま油などで練った小豆餡を小麦粉の皮で包んだ中華まんじゅう。あんまんじゅう。
アンマン〖Amman〗ヨルダン-ハシミテ王国の首都。紀元前からの都市で、東ローマ帝国時代の円形劇場などが残る。人口、行政区120万(2008)。
あん-みつ【×餡蜜】《「餡蜜豆」の略》蜜豆の上に餡をのせたもの。(季 夏)
あん-みょう【安名】アンミャウ 禅宗で、新しく得度受戒した僧に、戒師が法名ほうみょうを与えること。また、そのときの文書。
あん-みん【安眠】〔名〕スル 安らかにぐっすり眠ること。「うるさくてーすることができない」「一妨害」(類語)快眠・睡眠・眠り・寝ね・就眠・睡臥すいが・熟睡・熟眠
アンメーター〖ammeter〗アンペア計。
あん◦めり〔連語〕《動詞「あり」の連体形に推量の助動詞「めり」の付いた「あるめり」の音変化》あるように見える。あるようである。あめり。「わが家とおぼしき所は、異になむー◦めれば」〈かげろふ・上〉
あん-めん【暗面】❶光の当たらない暗い面。❷隠れた醜い面。暗黒面。
あん-も【×餡▽餅】あんもち。また、普通の餅をいう幼児語。あも。「きのうの夕がたに、一を喰べたばかしです」〈逍遥・当世書生気質〉
あん-もく【暗黙】口に出さないで黙っていること。「一のうちに認める」「一の了解」
あんもく-ち【暗黙知】❶主観的で言語化することができない知識。言語化して説明可能な知識(形式知)に対し、言語化できない、または、たとえ言語化しても肝要なことを伝えようがない知識のこと。ハンガリーの哲学者マイケル=ポランニーの提唱した概念。➡形式知❶ ❷ナレッジマネージメントにおいて、社員や技術者が暗黙のうちに有する、長年の経験や勘に基づく知識。経営学者、野中郁次郎の定義による。➡形式知❷ (補説)❶は、具体的には自転車の乗り方や知人の顔の区別などがある。いずれも自転車を乗りこなすことや顔を区別することは可能であるにもかかわらず、どのように自転車を操作するのか、どのように他の顔と区別するのかを明示的に言葉で語ることはできない。そこでポランニーは「自転車に乗れること」や「顔を区別できること」を「知っていること」と見なし、その意識下の認識を暗黙知と呼び、形式知の背後に存在する知識と位置づけた。
あん-もち【×餡餅】餡を中に包んだ餅。または、餡で表面をくるんだ餅。
アンモナイト〖ammonite〗アンモナイト目の軟体動物の総称。殻は直径数センチから約2メートル。内部は多くの隔壁で仕切られ、オウムガイに似る。古生代デボン紀に出現、中生代の海中で大繁栄し、中生代末に絶滅。中世代の示準化石とされる。きくいし。アンモン貝。
アンモニア〖ammonia〗刺激臭のある無色の気体。水によく溶け、アルカリ性を示す。圧縮により容易に液化する。肥料や硝酸の製造原料、冷却剤などにする。化学式NH_3
アンモニア-かせいさよう【アンモニア化成作用】アンモニアクワセイサヨウ 土壌中の微生物によって、窒素化合物がアンモニアに分解されること。
アンモニア-ごうせいほう【アンモニア合成法】ーガフセイハフ アンモニアの工業的製法。窒素と水素を高圧下で直接化合させる方法。1913年、ドイツのハーバーとボッシュによって工業化に成功。
アンモニア-すい【アンモニア水】アンモニアの水溶液。医薬・試薬などに利用。
アンモニアソーダ-ほう【アンモニアソーダ法】ーハフ 炭酸ナトリウムの工業的製法。冷食塩水にアンモニアを飽和させ、二酸化炭素を通じて炭酸水素ナトリウムを沈殿させ、これを焼いて炭酸ナトリウムにする方法。1860年にソルベーが発明。ソルベー法。
アンモニウム〖ammonium〗NH_4−で表される一価の基。アンモニウム塩、または、その水溶液中で陽イオンとして存在。
アンモニウム-イオン〖ammonium ion〗アンモニウム塩に含まれる陽イオンNH_4^+のこと。
アンモニウム-えん【アンモニウム塩】アンモニアと酸との結合によって生じる塩。アンモニウムイオンの塩。塩化アンモニウム・硫酸アンモニウムなど。
アンモラル〖unmoral〗〔形動〕不道徳なさま。「一な行動」
あん-もん【案文】〔名〕スル ►あんぶん(案文)
アンモン-がい【アンモン貝】ーガイ《ammon》アンモナイトの別名。
あん-や【暗夜|▽闇夜】暗い夜。やみよ。
あん-やく【暗躍】〔名〕スル 人に知られないようひそかに策動し活躍すること。「政界の裏面でーする」
あんやこうろ【暗夜行路】アンヤカウロ 志賀直哉の長編小説。大正10〜昭和12年(1921〜1937)まで断続的に発表。不義の子として生まれた時任謙作ときとうけんさくが、結婚後、妻の過失という不幸を背負いながら、心の調和と平安を見いだしていく過程を描く。
あんや-の-つぶて【暗夜の×礫】不意に受ける襲撃。防ぎようのないことにたとえる。
あん-ゆ【暗喩】►隠喩いんゆ
あんよ〔名〕スル ❶足をいう幼児語。❷歩くことをいう幼児語。「一はじょうず」(類語)足・歩み・歩・歩行
あんよう【安陽】アンヤウ 中国河南省北部の商工業都市。河北と黄河流域を結ぶ交通の要衝。北西部には殷墟いんきょがある。アンヤン。
あん-よう【安養】ーヤウ ►あんにょう(安養)
あんよう-いん【安養院】アンヤウヰン 神奈川県鎌倉市大町にある浄土宗の寺。開創は嘉禄元年(1235)、開基は北条政子。境内に政子の墓がある。
あんら【×菴羅|×庵羅】《梵 āmraの音写》マンゴーのこと。菴没羅あんもら。菴摩羅。「一といふ植木あれど、木の実を結ぶことかたし」〈大鏡・後一条院〉
アンラーニング〖unlearning〗既得の知識・習慣を捨てること。環境変化の激しい現代社会を生き抜くために、過去の経験にとらわれないよう、意識的に学習知識を捨て去ること。
あんら-おん【菴羅園】ーヱン《「菴没羅あんもら園」の略》古代、中インドの毘舎離びしゃり国にあった庭園。菴没羅女が仏陀に献じたもの。菴摩羅樹園。
あん-らく【安楽】〔名・形動〕心身の苦痛や生活の苦労がなく、楽々としていること。また、そのさま。「老後の一を願う」「一な生活を送る」
(類語)気楽・のんき・太平楽・無事・楽
あんらく-あん【安楽庵】■三重県専修寺境内にある茶室。千道安と織田有楽の共作で、両者の名を1字ずつとって庵名としたという。■京都誓願寺竹林院に安楽庵策伝が開いた庵。
あんらくあん-さくでん【安楽庵策伝】[1554〜1642]江戸初期の説教僧・茶人・笑話作者。美濃の人。京都誓願寺住職、のち塔頭たっちゅう竹林院に隠居し、茶室安楽庵を結ぶ。落語の祖ともいわれる。著「醒睡笑せいすいしょう」など。
あんらく-いす【安楽椅子】ひじ掛けつきで柔らかくゆったりとした休息用のいす。
あんらくいす-たんてい【安楽椅子探偵】►アームチェアディテクティブ
あんらく-こく【安楽国】極楽浄土の別名。この地には苦悩がなく、安穏快楽あんのんけらくであるところからいう。安楽浄土。安楽世界。
あんらく-し【安楽死】回復の見込みがなく、苦痛の激しい病人を、本人の依頼または承諾のもとに人為的に死なせること。ユータナジー。オイタナジー。
(類語)尊厳死
あんらく-じ【安楽寺】長野県上田市別所温泉にある曹洞宗の寺。安楽護聖禅寺。平安時代、円仁の開創と伝えるが、天正年間(1573〜1592)、高見順宗が再興して曹洞宗となる。八角三重塔は国宝。別所観音。
あんらくしゅう【安楽集】アンラクシフ 中国、唐代の仏教書。2巻。道綽どうしゃく撰。観無量寿経を解説し、仏教を聖道しょうどう門と浄土門に分けて説いた最初のもの。末法の世には阿弥陀仏の本願を信じて極楽往生を願うべきと説く。
あんらく-せかい【安楽世界】「安楽国」に同じ。
アンラッキー〖unlucky〗〔形動〕不運なさま。あいにくなさま。「一な出来事」
あん-り【行履】《「あん(行)」は唐音》禅僧の日常一切の起居動作のこと。
アンリ〖Henri〗フランス国王。■(2世)[1519〜1559]在位1547〜1559。フランソワ1世の第2王子。宗教改革運動を強く弾圧し、宗教裁判所を設けた。■(3世)[1551〜1589]在位1574〜1589。■の第3王子。失政を重ねてパリを追われ、のち、暗殺された。バロワ朝最後の王。■(4世)[1553〜1610]在位1589〜1610。ブルボン王朝の祖。はじめプロテスタントであったがカトリックに改宗して即位を認められ、さらにプロテスタントと和解するためナントの勅令を発布して信仰の自由を認め、宗教戦争を終結させた。
あん-りゅう【暗流】ーリウ 表面に現れない水の流れ。また、表面に立たない不穏な動き。「底の方に気持の悪い一を潜ひそめながら」〈有島・或る女〉
あんりょく-しょく【暗緑色】黒みを帯びた緑色。ダークグリーン。
あん-るい【暗涙】人知れず流す涙。「一にむせぶ」
アンロード〖unload〗コンピューターの主記憶装置にあるデータを削除し、メモリー領域を解放すること。➡ロード
あん-ろくざん【安禄山】[705〜757]中国唐代の武将。ソグド人。安史の乱の首謀者。玄宗皇帝に信頼されて平盧へいろ・范陽はんよう・河東の三節度使を兼任していたが、755年、反乱を起こして洛陽・長安を攻略。大燕皇帝を自称したが、子の慶緒けいしょに殺された。
アンワンチボ〖angwantibo〗ロリス科の哺乳類。西アフリカに分布する原猿類の一。頭胴長23〜31センチ、体重250〜450グラム。アンワンティボ。

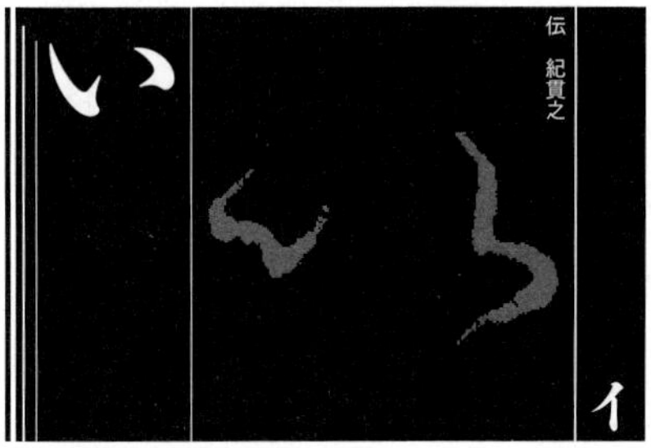

い　❶五十音図ア行の第2音。五母音の一。前舌の閉母音。[i] ❷平仮名「い」は「以」の草体から。片仮名「イ」は「伊」の偏。❸いろは歌の第1文字。仮名がしら。(補説)五十音図ヤ行の第2音としても重出。

い【イ】❶洋楽の音名の一で、日本音名の第6音。❷「異本」の略号。異本の字句を傍注するのに用いる。

い【▽五】ご。いつつ。いつ。多く他の語の上に付いて複合語として用いられる。「一十ぃそ」「一百ぃほ」

い【五＝十】ごじゅう。いそ。多く他の語の上に付いて、複合語として用いられる。「一日ぃか」「一鈴ぃすず」

い【井】ゐ ❶井戸。掘り抜き井戸。❷湧わき水や川の流水を汲み取る所。「走り一」「山の一」

井の中の蛙かわず大海たいかいを知らず　自分の狭い知識や考えにとらわれて、他の広い世界のあることを知らないで得々としているさまをいう。井蛙せいあ。

い【×亥】ゐ ❶十二支の12番目。❷方角の名。北から西へ30度の方角。北北西。❸時刻の名。今の午後10時ごろ、およびその後の2時間。または午後10時前後の2時間。❹❶にあたる年や日。❺陰暦10月の異称。

い【×夷】《昔、中国で未開人、蛮族をさしていった語から》異民族。えびす。➡漢「い(夷)」

夷を以もって夷を制す　《「後漢書」鄧禹伝から》外国を利用して他の国を抑え、自国は戦わずに利益を収め、安全を図る。夷を以て夷を攻せむ。以夷制夷いいせい。

い【衣】着るもの。衣服。「一を払う」「一食住」➡漢「い(衣)」

い【医】❶病気を治療すること。また、その技術。医術。「一の道を志す」❷病気の治療をする人。医師。医者。➡漢「い(医)」

医は仁術じんじゅつなり　医術は、人を治療することによって仁徳を施す術である。

い【居】ゐ《動詞「い(居)る」の連用形から》❶居ること。そこにあること。「一間」「一場所」「長なが一」❷座ること。座っていること。「立ち一振る舞い」

い【威】ゐ ❶自然に人を従わせるような厳かさ。威厳。❷人を恐れさせる強大な勢力。武威。「虎の一を借る狐」➡漢「い(威)」

威ありて猛たけからず　《「論語」述而から》威厳があって、しかも内に温かみがあるので荒々しくない。君子の理想的な人柄をいう。

威を振る・う　勢威を示す。「斯界に一・う」

い【胃】ゐ ❶消化管の一。袋状で、上は食道に、下は十二指腸に連絡し、胃液を分泌して食物を消化する。胃袋。❷二十八宿の一。西方の第三宿。牡羊おひつじ座東部の三つの星をさす。えきえぼし。胃宿。➡漢「い(胃)」

い【▽胆】きも。胆嚢たんのう。「熊の一」

い【×帷】ゐ 周囲に引き回した垂れ幕。とばり。➡漢「い(帷)」

帷を下くだ・す　《読書するときに帷を下ろす意から》塾を開いて子弟を教える。

い【×猪‖×豬】ゐ イノシシやブタの総称。特に、イノシシ。「一、鹿をなん生贄いけにえにし侍りけるとぞ」〈宇治拾遺・一〇〉

い【異】〔名・形動〕❶他と違っていること。また、他と異なった意見。「一を唱える」❷普通とは違っていること。不思議なこと。また、そのさま。「一なことを言う」「縁は一なもの」➡漢「い(異)」(類語)不思議・変・異常・異様・奇異・奇妙・妙ちきりん・面妖めんよう・不可解・不審・不自然・奇怪・奇態・風変わり・特異・異状・異例・非常・変ちくりん・変てこ・変てこりん・けったい

異とするに足り◦ない　ことさら不思議に思ったり、驚いたりすることではない。「実力からすれば、決勝進出は何も一◦ないことだ」

異を挟はさ・む　他人の意見に対し、疑問や別の意見を出す。「取り決めに一・むつもりはない」

異を立・てる　違った意見、反対の意見を出す。

異を唱とな・える　反対の意見をいう。異議を唱える。「提案に一・える」

い【移】律令制で、直属関係にない役所の間で取り交わした公文書。送る側の役所の名称に次いで「移」と書き、その下に相手方の名称を書いた。移文。➡漢「い(移)」

い【偉】ゐ〔名・形動〕大きくりっぱなこと。すぐれていること。また、そのさま。「その功たるや一なり」「一な塊を脳中に髣髴ほうふつして」〈漱石・それから〉➡漢「い(偉)」

偉とするに足・る　十分に賞賛する価値がある。まさに偉大であると言える。「一・る功績」

い【×堰】ゐ「いせき(堰)」に同じ。〈新撰字鏡〉

い【▽寝】寝ること。眠り。「心とけたる一だに寝られずなむ」〈源・空蝉〉(補説)多く、動詞「ぬ(寝)」をあとに伴って「いをぬ」「いぬ」の形で、また、「朝寝あさい」「安寝やすい」などと熟して用いる。

寝も寝ね◦ず　眠りもしない。「冬の夜の明かしも得ぬを一◦ずに」〈万・一七八七〉

寝も寝ねられ◦ず　眠ることもできない。少しも眠れない。「恐ろしくて一◦ず」〈更級〉

寝を◦寝ぬ　眠る。睡眠をとる。「家思ふと一◦ねずをれば鶴たづが鳴く葦辺も見えず春の霞に」〈万・四四〇〇〉

い【意】❶心に思うこと。気持ち。考え。意見。「遺憾の一を表す」❷言葉や行為が表している内容。意味。わけ。「読書百遍一おのずから通ず」❸《梵manasの訳》仏語。あれこれと思いめぐらす心の働き。思量。「心、一、識」➡漢「い(意)」

(類語)念・意味・考え・意義・意味合い・旨・ニュアンス・語感・本義・広義・狭義・義ぎ・概念・謂いい・こころ・語意・語義・字義・文意・含意・含み

意到いたりて筆随したがう　《「春渚紀聞」東坡事実から》思いのままに筆が動いて優れた詩文ができる。

意と◦する　(多く、あとに打消しの語を伴って用いる)気にとめる。心配する。「失敗も一◦せずやり抜く」

意に中あた・る　気持ちにかなう。思った通りになる。

意に介かい・する　気にかける。気にする。「人の忠告など一・するようすもない」

意に適かな・う　気持ちに合っている。気に入る。「一・う人材を集める」

意に沿そ・う　希望や要求に応じる。「顧客の一・うように設計をやりなおす」

意に染そま◦ない　気に入らない。気がすすまない。「一◦ない縁談」

意に満た◦ない　満足できない。「一◦ない出来」

意のまま　思うとおり。「富も権力も一になる」

意を受・ける　ある人の意向を聞いて、それに従うようにする。「当局の一・けて対処する」

意を◦得る　❶(多く打消しの語を伴って用いる)物事の意味・理由などがわかる。「一◦得ない釈明」❷思いどおりになる。満足する。「我が一◦得たり」

意を酌く・む　人の気持ちや考えを好意的に推察する。「亡父の一・んで遺産を福祉事業に寄付する」

意を決・する　思いきって決心する。覚悟を決める。「一・して直訴をする」

意を注そそ・ぐ　気持ちを集中する。力を入れる。「計画の実現に一・ぐ」

意を体たい・する　人の考えや気持ちを理解し、それに従う。「新社長の一・して人事を刷新する」

意を尽く・す　考えをすべて言い表す。また、よくわかるように丁寧に言う。「一・した説明」

意を強く・する　心強く思う。自信をもつ。「多数の賛同を得て一◦する」

意を迎・える　人の考えに合わせて気に入られるようにする。迎合する。「大国の一・える外交」

意を用・いる　気を配る。気にかける。「健康の維持に一・いる」

い【蜘＝糸】クモの糸。クモの巣。「泉ともいさや白波立ちぬれて下なる草にかけるくもの一」〈源順集〉

い【×彝】❶昔、中国で、常に宗廟そうびょうに供え置いた器。❷人の常に守るべき道。常道。

彝を秉とる　《「詩経」大雅・烝民から》人のふみ行うべき道を守る。

い【×藺】ゐ イグサ科の多年草。湿地に自生し、また、水田で栽培する。高さ約1メートル。茎は円柱形。葉はうろこ状。夏、緑褐色の花をつけ、苞ほうを長く伸ばす。茎は畳表・花むしろの材料。白い髄は、昔、灯心に用いた。灯心草。あかりも。いぐさ。(季 夏)「一の花を見て雨ごもり居たりけり／秋桜子」

い【×汝】〔代〕(格助詞「が」を伴って用いる)二人称の人代名詞。相手を卑しめていう語。おまえ。「一が作り仕へまつれる大殿のうち」〈記・中〉➡其し ➡己な

い㊀〔終助〕文末の助動詞「た」「だ」、禁止の意の終助詞「な」、質問の意の「か」、動詞の命令形などに付く。❶親しみを込めて質問する意を表す。「何を悩んでいるんだ一」「君も行くか一」❷軽蔑したり、反発したり、詰問したりする意を表す。「何度言ったら分かるんだ一」「なんだ一、君らしくもない」❸投げやりな気持ちやあきらめの意を表す。「勝手にしろ一」「どうせ負けるに決まっているんだ一」❹念を押したり、語調を強めたりする意を表す。「じゃまをするな一」「とっとと寝ろ一」「絶対に海に行くんだ一」➡いの ➡かい ➡わい ㊁〔間助〕体言、活用語の連体形に付く。上接の語を特に示したり、語調を強めたりする。「青柳あをやぎの糸の細くはしさ春風に乱れぬ一間に見せむ児こもがも」〈万・一八五一〉㊂〔副助〕名詞、名詞に準じる語に付く。上接の語を特に示したり、語調を強めたりする。「一日ひとひだに君一しなくは堪あへかたきかも」〈万・五三七〉(補説)㊀は終助詞「よ」あるいは係助詞「や」の音変化という。多く男性がくだけた会話の中で用いる。㊁㊂は上代語。平安時代では漢文訓読体の文中にみられるだけである。㊁と㊂をまとめて、間投助詞とする説や格助詞とする説などもある。

い〔接頭〕動詞に付いて、意味を強めたり、語調を整えたりする。「一漕こぐ」「一隠る」「一行く」

い【▽斎】〔接頭〕名詞に付いて、清浄な、神聖な、忌み清めた、の意を表す。「一串ぐし」「一垣」

い【位】ゐ ㊀〔接尾〕助数詞。❶物事の順位・等級・位階などを表す。「第三一」「従五一」❷死者の霊を数えるのに用いる。「百一の英霊」❸計算の位取くらいどりを表す。「百一の数」「小数点以下三一」㊁〔名〕くらい。位階。「一品以下、初位そい以上を一と曰ふ」〈令義解・官位〉➡漢「い(位)」

イア〖ear〗▶イヤ

イア〖Oia〗ギリシャ南東部、エーゲ海に浮かぶティラ島(サントリーニ島)の町。フィラに次ぐ第二の町。同島北西部の断崖の上に位置する。急峻な斜面に並ぶ白壁の家々や青い丸屋根の教会で知られ、観光客に人気がある。

イアーゴ〖Iago〗▶イヤゴー

い-あい【居合】ゐあひ《もと「立ち合い」に対する語で、「居」は座ることの意》座った姿勢から瞬時に刀を抜き、敵を斬る剣技。元亀・天正(1570〜1591)ごろ、奥州の林崎甚助重信に始まるとされる。居合抜き。

い-あい【遺愛】ゐ 死んだ人が、生前に愛用していたもの。「亡父一の万年筆」

いあい-ごし【居合腰】ゐあひ 居合をするときの、片ひざを立てて腰を浮かした姿勢。

いあい-じ【遺愛寺】ゐ 中国江西省の廬山ろざんにあった寺。白居易の詩「遺愛寺の鐘は枕を欹そばだてて聴き、香炉峰の雪は簾すだれを撥かかげて看みる」で有名。

いあい-ぬき【居合抜き】ゐあひ ❶「居合」に同じ。❷薬などを売るために居合を演じて見せた大道芸。江戸初期から行われた。

イアエステ〖IAESTE〗《International Association for the Exchange of Students for Technical Experience》国際学生技術研修協会。ユネスコと国連経済社会理事会の諮問機関。1948年設立。本部は東京。

い-あお【位×襖】ヰアヲ 令制で、武官の朝服に用いられる襖あを。色が位階によって定められていた。

い-あか・す【居明かす】ヰ〔動サ四〕寝ないで夜を明かす。「高欄かうらんに一・しつつ」〈宇津保・楼上下〉

い-あく【×帷×幄】ヰ ❶垂れ幕と引き幕。幕。❷《昔、陣営に幕をめぐらしたところから》作戦を立てる所。本営。本陣。

帷幄に参・ずる 軍事上の機密の相談に参加する。秘密の話し合いに加わる。

いあく-じょうそう【×帷×幄上奏】ヰアクジヤウソウ 明治憲法のもとで、陸海軍大臣・参謀総長(陸軍)・軍令部総長(海軍)などが軍機・軍令について、閣議を経ずに直接天皇に上奏したこと。

いあく-の-しん【×帷×幄の臣】ヰアク 主君のそばにいてこれを補佐する臣。参謀。

イアソン〖Iāsōn〗ギリシャ神話の英雄。金毛の羊の皮を求めて黒海東端の蛮地コルキスに遠征し、アルゴ船探検隊を指揮。自分を助けてくれたコルキス王の娘メデイアを連れ帰り、妻とした。

イアタ〖IATA〗《International Air Transport Association》▶国際航空運送協会

い-あつ【威圧】ヰ〔名〕スル 威光や威力で、相手を押さえつけること。「強大な軍備で一する」

(類語)抑圧・圧迫・弾圧・強圧・暴圧・圧制

いあつ-てき【威圧的】ヰアツ〔形動〕威力などで相手を押さえつけようとするさま。「一な物言い」

い-あ・てる【射当てる｜射×中てる】〔動タ下一〕文いあ・つ〔タ下二〕❶矢を射て命中させる。「的に一・てる」❷ねらったものを自分のものにする。「金賞をまんまと一・てる」

い-アトニー【胃アトニー】ヰ 胃の弾力性が低下し、蠕動ぜんどう運動が不活発になった状態。胃もたれ・食欲不振などが主症状であるが、自覚症状のないことも多い。

イアペトゥス〖Iapetus〗土星の第8衛星。1671年にカッシーニが発見。名の由来はローマ神話の神。表面の明るく見える部分と暗く見える部分の差が大きい。赤道に沿うように1300キロにわたる山脈がある。直径は約1440キロ(地球のおよそ0.11倍)。

イアリソス〖Ialysos〗《「ヤリソス」とも》ギリシャ東部、エーゲ海に浮かぶロードス島の北部の町。行政区分上イアリソスと呼ばれるが、中心部の街区はトリアンタと通称されることが多い。ロードス市に次いで同島第二の規模を持つ。近郊のフィレリモスの丘に、ドリス人が築いた古代都市(同島における古代三大ポリスの一)の遺跡と聖ヨハネ騎士団が建てたパナギア教会と修道院がある。

イアリング〖earring〗▶イヤリング

い-あわ・す【居合(わ)す】ヰアハス ❶〔動サ五(四)〕「居合わせる」に同じ。「一・した人々が協力する」❷〔動サ下二〕「いあわせる」の文語形。

い-あわ・せる【居合(わ)せる】ヰアハセル〔動サ下一〕文ゐあは・す〔サ下二〕ちょうどその場にいる。「たまたま事故現場に一・せる」

(類語)居る・居おる・控える (尊敬)いらっしゃる・おられる・おいでになる・おわす・おわします・まします

い-あん【慰安】ヰ〔名〕スル 心をなぐさめ、労をねぎらうこと。また、そのような事柄。「従業員を一する」「一旅行」(類語)慰める・いたわる・慰藉いしや・慰問・見舞い・ねぎらう・慰労

い-あんじん【異安心】宗祖の教えとは異なった教義・信仰。特に浄土真宗で用いる語。

いあん-ふ【慰安婦】ヰアン かつて、主に戦地で将兵の性の相手をさせられた女性。

い-い【依違】ヰヰ〔名〕スル あいまいな態度をとること。「政府一して答えず」〈東海散士・佳人之奇遇〉

いい【▽飯】いひ 米を蒸したり、炊いたりしたもの。麦・粟にもいう。めし。「家にあれば笥けに盛る一を草枕旅にしあれば椎しいの葉に盛る」〈万・一四二〉(補説)古くは米を甑こしきで蒸した強飯こはいひのことで、煮たものは「かゆ」といった。現在の米の飯は「姫飯ひめいひ」といい、「汁かゆ」に対して「固かゆ」ともいった。

いい【×樋】いひ 池や用水の水門の一種。箱状のものを地中に埋め、戸を開閉して水勢を調節する仕掛け。和歌では「言ひ」に掛けて用いられる。ひ。ひのくち。「小山田の苗代水は絶えぬとも心の池の一は放たじ」〈後撰・恋三〉

い-い【遺意】ヰ 死んだ人が生前持っていた考え。遺志。「故人の一を継ぐ」

いい【×謂】いひ《動詞「い(言)う」の連用形から。ふつう「…のいい」の形で用いられる》…についての表現、いわれ。また、…という意味、…のこと。「間髪を入れずとは正にこの一である」〈芥川・葱〉

(類語)意味・意義・意い・義ぎ・概念・こころ・語意・語義・字義・文意・含意・含み・意味合い・旨・ニュアンス

イー〖E｜e〗❶英語のアルファベットの第5字。❷〈E〉音楽で、音名の一。ホ音。❸〈E〉《east》東を示す記号。❹〈e〉自然対数の底ていを表す記号。値は2.718281…。❺〈e〉《electron》電子を表す記号。❻〈E〉《error》野球で、エラーを表す記号。❼〈E〉《Endangered》▶絶滅危惧種 ❽〈E〉靴の寸法で、サイズに対して横幅を示す。

イー【一】《中国語》数のいち。ひとつ。

い・い【▽好い｜▽善い｜▽良い】〔形〕(「よい」のくだけた言い方。ふつうは終止形・連体形だけが用いられる) ❶「よい」に同じ。「器量が一・い」「一・いようにしてくれ」「もっと勉強すれば一・いのに」「もう一・いかい、もう一・いよ」❷関係が良好である。特に、男女が相思相愛の仲である。「あの二人は一・い仲だ」「一・い人ができた」❸㋐(反語的に用いて)見苦しい。みっともない。「一・い気になる」「一・い恥さらしだ」㋑十分過ぎる。その必要がない。「酒はもう一・い」(補説)「よい」の終止形・連体形だけが、類義・類音の「えぇ(良)」の影響を受けて「いい」となった語。「いくない」「いかった」なども地方によっては使われるが、あまり一般的でない。

(用法)いい・よい——「日当たりがいい(よい)」「都合がいい(よい)」「気分がいい(よい)」、また「いい(よい)評判」「いい(よい)成績」などでは相通じて用いられるが、話し言葉では「いい」のほうが普通である。◆「いい気味だ」「いいざまだ」「いい年をして」「いい迷惑だ」「いい御身分だ」のような皮肉をこめた言い方、相手を非難する言い方では「いい」を使い、「よい」はあまり使わない。「よい子」は正面からの肯定的評価であるが、「いい子になる」では皮肉な意味がこめられる。➡いいこ(好い子) ◆類似の語に「よろしい」があり、「評判がよろしい(いい・よい)」「成績がよろしい(いい・よい)」など、「いい」「よい」と同じように使うが、「よろしい成績」「よろしい日当たり」などとは普通はいわない。

(一句)気がいい・気味がいい・調子がいい・人がいい・間まがいい・虫がいい・要領がいい

好い線を行・く ある程度のところまで条件・要求などを満たしている。「彼の歌は一・っている」

い-い【依依】〔ト・タル〕文〔形動タリ〕思い慕うさま。離れがたいさま。「アリスに別れ愁心一として鬱情を漏らすに由なかりしも」〈織田訳・花柳春話〉

い-い【委▽蛇】ヰ〔ト・タル〕文〔形動タリ〕曲がりくねって長々と続くさま。いだ。「一として続く坂道」

い-い【×怡×怡】〔ト・タル〕文〔形動タリ〕喜ばしいさま。喜び楽しむさま。「男女一として生を楽たのしみしという」〈露伴・運命〉

い-い【易易】〔ト・タル〕文〔形動タリ〕何の困難もなくたやすいさま。「そんな仕事は一たるものだ」

(類語)簡単・楽・容易・容易たやすい・訳わけ無い・与くみし易やすい・楽楽・易易やす・軽く・悠悠・難無く・苦も無く

い-い【唯唯】ヰヰ ❶〔ト・タル〕文〔形動タリ〕他の意見に従って少しも逆らわないさま。「一として従う」❷〔感〕かしこまって了承するときの応答の語。はい。「疑ひ無きゆゑに一とこたへ給ふ」〈都鄙問答・三〉

イー-アール〖ER〗《emergency room》救急患者を受け入れて治療する設備のある施設・部屋。救急治療室。救急救命室。緊急救命室。救命救急室。

イー-アール〖ER〗《earned run》野球で、投手の自責点。

イー-アール〖ER〗《electronic reconnaissance》電子機器を用いた偵察。電子偵察。

イー-アール〖ER〗《endoplasmic reticulum》小胞体。細胞内にある膜に囲まれた細胞内小器官。膜にリボゾームが付着した粗面小胞体と、付着しない滑面小胞体がある。

イー-アール-アイ-エー〖ERIA〗《Economic Research Institute for ASEAN and East Asia》▶東アジア・ASEAN経済研究センター

イー-アール-エム〖ERM〗《European Exchange Rate Mechanism》EU(欧州連合)の為替相場メカニズム。1979年のEMS(欧州通貨制度)で設置されたEU特有の域内通貨の目標為替相場制。これによって各通貨の変動幅を小さく抑えられる。99年の単一通貨ユーロの導入後は、ユーロを導入していないEU加盟国通貨とユーロとの間で、目標為替相場制が設定されている。

イー-アール-エル〖ERL｜erl〗▶アーラン

イー-アール-オー-エス〖EROS〗《Center for Earth Resources Observation and Science》地球資源観測科学部。米国内務省地質調査局の部局。地質や地形に関するデータの集積・提供、研究を行う。サウスダコタ州所在。

イー-アール-ピー〖ERP〗《European Recovery Program》マーシャルプラン。

いい-あい【言(い)合い】いひあひ〔名〕スル ❶言い争うこと。口げんか。口論。「激しく一してしまった」「些細なことで一になる」❷互いに口に出して言うこと。「彼女とは会えば愚痴の一ばかりしている」(類語)口論・口喧嘩くちげんか・口争い・言い争い・喧嘩・内紛・内輪もめ・内輪喧嘩・諍いさかい・いがみあい・角突き合い・揉もめ事・悶着もんちゃく・いざこざ・ごたごた・トラブル・鞘さや当て

イー-アイ-エー〖EIA〗《environmental impact assessment》環境アセスメント。環境汚染を未然に防止するため、環境に大きな影響を及ぼすと思われる事業について、その影響を事前に予測・評価、地域住民などの意見を聞き、計画に修正を加える制度。

イー-アイ-エー〖EIA〗《Electronic Industries Alliance》米国電子工業会。米国電子産業の業界団体。本部はアーリントン。

イー-アイ-エー〖EIA〗《Economic Integration Agreement》▶経済統合協定

イー-アイ-エー-ジェー〖EIAJ〗《Electronic Industries Association of Japan》日本電子機械工業会。平成12年(2000)に日本電子工業振興協会(JEIDAジェイダ)と統合し、電子情報技術産業協会(JEITAジェイタ)となる。

イーアイ-かんど【EI感度】《exposure index》露出指数。撮影の際、露出計にセットする目安の数値。

イー-アイ-ビー〖EIB〗《European Investment Bank》▶欧州投資銀行

イー-アイ-ビー〖EIB〗《Export-Import Bank of the United States》米国輸出入銀行。米国の公的輸出信用機関。米国製品および各種サービス商品の国際市場進出を促進するために、米国企業向けの金融支援業務を行う。1934年設立。本部はワシントン。Ex-Im Bank。

イー-アイ-ビー〖EIB〗《Export-Import Bank of Japan》▶日本輸出入銀行

イー-アイ-ピー〖EIP〗《enterprise information portal》▶企業情報ポータル

いい-あ・う【言(い)合う】いひあふ〔動ワ五(ハ四)〕❶互いに言う。口々に言う。「感想を一・う」❷言い争う。口げんかをする。口論する。「父と一・う」

いい-あつか・う【言ひ扱ふ】いひあつかふ〔動ハ四〕❶あれこれとうわさする。とりざたする。「聞く人あさましき事なりとぞ一・ひける」〈今昔・二六・二三〉❷助言を与えたり

漢字項目 い

【易】▶えき
【唯】▶ゆい

人 **已** 音イ呉漢　訓やむ、すでに、のみ‖①やむ。やめる。「生滅しょうめつ已」②すでに。「已往・已然形」③(「以」と通用)ある時・所を起点としてそれより。「已下・已降・已来」名付すえ

以 学4　音イ呉漢　訓もって‖①ある時・所を起点としてそれより。「以遠・以往・以下・以外・以後・以降・以上・以西・以前・以東・以内・以来」②…でもって。…を用いて。「以心伝心」名付これ・さね・しげ・とも・のり・もち・ゆき 難読以為おもえらく・所以ゆえん

人 **伊** 音イ呉漢‖①伊賀いが国。「伊州」②イタリア。「日伊」名付いさ・おさむ・これ・ただ・よし 難読伊太利イタリア・伊達だて・木乃伊ミイラ

人 **夷** 音イ呉漢　訓えびす‖①古代中国で、東方の未開人の称。また一般に、異民族。未開の民族。「夷狄いてき/攘夷じょうい・征夷・東夷・蛮夷」②平らで低い。「平夷」③滅ぼし平らげる。「焼夷弾」名付ひな・ひら 難読蝦夷えぞ・えみし

衣 学4　音イ漢　エ呉　訓ころも、きぬ‖㊀〈イ〉①身にまとうもの。着物。「衣装・衣食・衣鉢いはつ・衣服・衣料・衣類/御衣ぎょい・更衣・脱衣・暖衣・着衣・胴衣・白衣・弊衣」②外側にかぶせるもの。「糖衣」㊁〈エ〉着物。特に、僧の衣。「衣鉢えはつ・えはち・衣紋/浄衣・白衣びゃくえ・法衣」㊂〈ころも(ごろも)〉「薄墨衣・夏衣・羽衣」名付そ・みそ 難読上衣うわぎ・胞衣えな・御衣おんぞ・おぞ・被衣かずき・紙衣かみこ・黒衣くろこ・衣魚しみ・寝衣ねまき・直衣のうし・単衣ひとえ・母衣ほろ・浴衣ゆかた

位 学4　音イ(ヰ)呉漢　訓くらい‖①その物の置かれた場所や立場。「位相・位置/体位・転位・部位・方位」②官職などにおける地位・身分。「位階/栄位・王位・学位・官位・高位・皇位・在位・爵位・叙位・譲位・即位・退位・地位・優位」③比べたり量ったりするときの基準。「単位・本位」④等級。また、順位を表す語。「一位・首位・順位・上位・段位・品位」⑤人の敬称。「各位」名付くら・たか・ただ・ただし・つら・なり・のり・ひこ・ひら 難読三位一体さんみいったい・従三位じゅさんみ

囲〔圍〕 学4　音イ(ヰ)呉漢　訓かこむ、かこう‖①周りを取りまく。「囲碁・囲繞いにょう・いじょう/包囲・雰囲気」②まわり。「外囲・胸囲・四囲・周囲・範囲」名付もり

医〔醫〕 学3　音イ呉漢　訓いやす‖①病気を治療する。「医学・医師・医術・医薬・医療」②病気を治す人。医者。「軍医・侍医・獣医・女医・名医・主治医」③「医学」「医科」の略。「医大・医博」名付おさむ

依 音イ漢　エ呉　訓よる‖㊀〈イ〉①頼りにする。寄りかかる。「依存・依託・依頼/憑依ひょうい」②よりどころとする。「依願・依拠」③もとのまま。「依然」㊁〈エ〉頼りにする。「依怙えこ/帰依」名付より

委 学3　音イ(ヰ)呉漢　訓ゆだねる、まかせる、くわしい‖①自分ではしないで、他人にまかせる。「委譲・委嘱・委託・委任」②放っておく。「委棄」③細かくくわしい。「委曲・委細・委悉いしつ」④「委員」「委員会」の略。「教委」名付くつ・つく・とも・もろ

× **怡** 音イ呉漢　訓よろこぶ‖心がなごむ。打ちとけて喜び楽しむ。「怡怡・怡悦・怡然」

威 音イ(ヰ)呉漢　訓おどす‖①力で押さえつけ、人を恐れさせる。「威圧・威嚇・威喝・威力/脅威」②人を恐れさせ従わせる強い勢い。「恩威・球威・権威・国威・示威・神威・武威・暴威・猛威・稜威りょうい」③おごそかで犯しがたい力のあること。「威厳・威光・威徳・威風」名付あきら・たか・たけ・たけし・たける・つよ・つよし・とし・なり・のり 難読御稜威みいつ

為〔爲〕 音イ(ヰ)呉漢　訓なす、する、なる、ため‖行う。なす。する。「為政者/有為うい・ゆうい・営為・行為・作為・所為・人為・天為・無為むい・ぶい」名付さだ・しげ・す・すけ・た・ち・なり・ゆき・よし・より 難読以為おもえらく・為替かわせ・所為せい・為体ていたらく・何為なんすれぞ・なんせむ・為人ひととなり

畏 音イ(ヰ)呉漢　訓おそれる、かしこし、かしこまる‖①おじけづく。おびえる。「畏懼いく・畏縮・畏怖」②うやまい、かしこまる。「畏敬・畏友」

胃 学4　音イ(ヰ)呉漢‖内臓器の名。六腑ろっぷの一。胃袋。「胃癌いがん・胃酸・胃腸・胃痛」

× **韋** 音イ(ヰ)呉漢‖毛を取り去って柔らかくした動物の皮。なめしがわ。「韋編」

尉 音イ(ヰ)呉漢　訓じょう‖①軍隊・自衛隊の階級の一。「佐」に次ぐもの。「尉官/一尉・少尉・大尉・陸尉」②中国、秦・漢時代の官名の一。軍事・警察を担当した。「校尉・廷尉・都尉」名付やす

× **帷** 音イ(ヰ)呉漢　訓とばり‖周囲に巡らす垂れ幕。「帷幄いあく・帷帳・帷幕いばく」難読帷子かたびら

人 **惟** 音イ(ヰ)漢　ユイ呉　訓これ、ただ‖よく考える。「思惟しい・しゆい」名付あり・たもつ・のぶ・よし 難読惟神かんながら

異 学6　音イ呉漢　訓こと‖①他と違っている。別の。ことなる。「異国・異種・異状・異常・異色・異性・異存・異同・異動・異例・異論・異民族/差異・小異・相異・変異」②正式・正統でない。「異学・異教・異端」③普通でない。あやしい。あやしむ。「異形いぎょう・異様/怪異・奇異・驚異・妖異・霊異」④変わった出来事。「災異・天変地異」名付より

× **痍** 音イ呉漢　訓きず‖きず。きずつく。「傷痍・創痍」

移 学5　音イ呉漢　訓うつる、うつす‖①他の所へ動かす。位置が変わる。「移行・移住・移転・移動・移民/転移」②うつり変わる。「推移・遷移・変移」③文書を回す。「移牒いちょう」名付のぶ・や・よき・より・わたる

偉 音イ(ヰ)呉漢　訓えらい‖①優れている。「偉勲・偉材・偉人」②大きくて立派である。「偉観・偉大・偉丈夫/魁偉かいい・雄偉」名付いさむ・おおい・たけ・より

椅 音イ呉漢‖①木の名。イイギリ。②いす。こしかけ。「椅子」

萎 音イ(ヰ)呉漢　訓なえる、しぼむ、しおれる‖勢いがなくなる。「萎縮・萎靡いび/陰萎」

彙 音イ(ヰ)呉漢‖①一所に集める。「彙報」②同類の集まり。「語彙・字彙・事彙・辞彙」

意 学3　音イ呉漢　訓こころ、おもい、おもう‖①心の中の思い。気持ち。考え。「意外・意気・意見・意向・意志・意識・意図・意欲/悪意・鋭意・我意・敬意・決意・故意・好意・合意・辞意・失意・謝意・情意・随意・誠意・善意・他意・注意・敵意・得意・任意・熱意・本意・翻意・民意・用意・留意」②言葉や物事に含まれる内容。わけ。「意義・意味・意訳/寓意・極意・趣意・深意・大意・文意・来意」③おもう。「不意」名付お・おき・おさ・のり・むね・もと・よし 難読意気地いくじ・新発意しんぼち

違 音イ(ヰ)呉漢　訓ちがう、ちがえる、たがう‖①食いちがう。「違和/差違・相違」②その通りに従わない。そむく。「違憲・違背・違反・違法/非違」

維 音イ(ヰ)漢　ユイ呉　訓つなぐ、これ‖①大綱。国家の大本。「維綱/綱維」②つな。糸すじ。「維管束/繊維・地維・天維」③つなぎとめる。「維持」④すみ。「四維」⑤文のリズムを整え強める助字。これ。「維新」名付しげ・すけ・すみ・ただ・たもつ・つな・ふさ・まさ・ゆき 難読維納ウィーン・維摩ゆいま

慰 音イ(ヰ)呉漢　訓なぐさめる、なぐさむ‖相手の気持ちをいたわり落ち着かせる。「慰安・慰撫いぶ・慰問・慰留・慰霊・慰労/自慰・弔慰」名付のり・やす

× **蝟** 音イ(ヰ)呉漢‖①獣の名。ハリネズミ。「蝟毛」②ハリネズミの毛のように群がり集まる。「蝟集」

遺 学6　音イ(ヰ)漢　ユイ呉　訓のこす、わすれる‖㊀〈イ〉①後に残る。「遺憾・遺棄・遺恨・遺跡/後遺症」②死後に残す。「遺愛・遺訓・遺骨・遺産・遺書・遺族・遺体・遺品」③置き忘れる。取り残した物。「遺失・遺留・遺漏/拾遺・補遺」④気がつかないうちにもらす。「遺精・遺尿」⑤人にやる。おくる。「贈遺」㊁〈ユイ〉死後に残す。「遺言」補説「遺言」は法律で「いごん」とも読む。名付おく

緯 音イ(ヰ)呉漢　訓よこいと‖①織物の横糸。「経緯」②左右・東西の方向。「緯度/黄緯・北緯」③(儒教の教理を説く「経けい」に対して)神秘的な吉凶・予言を説く書。未来記。「緯書/讖緯しんい」難読経緯いきさつ

× **縊** 音イ呉漢　訓くびる、くびれる‖首を絞めて殺す。首をくくる。「縊殺・縊死」

して、世話をする。「かの遺言はたがへじと思ひ給へて、ただかく―・ひはべるなり」〈源・夕霧〉

いい-あつ・む【言ひ集む】いひ〔動マ下二〕語ったことや詠んだ歌などを、書き集める。「かく世の例ためしにー・めたる昔語りどもにも」〈源・若菜下〉

いい-あ・てる【言(い)当てる】いひ〔動タ下一〕文いひあ・つ〔タ下二〕推量して言ったことが的中する。「相手の気持ちをー・てる」

いい-あやま・る【言(い)誤る】いひ〔動ラ五(四)〕まちがったことを言う。まちがえて言う。言い違える。「伝言をー・る」

いい-あらそい【言(い)争い】いひあらそひ〔名〕スル 言い争うこと。口げんか。口論。「親子でーする」
類語 口論・口喧嘩くちげんか・口争い・言い合い

いい-あらそ・う【言(い)争う】いひあらそふ〔動ワ五(ハ四)〕口げんかをする。言い合う。口論する。「つまらないことでー・う」

いい-あらわ・す【言(い)表す|言い゛顕す】いひあらはす〔動サ五(四)〕❶言葉に表す。表現する。「気持ちを素直にー・す」❷隠していたことや、心に思っていたことを口に出して言う。白状する。「いまかくー・しつれば、おなじごと勝ちたるななり」〈枕・八七〉
類語 物語る・表する・表す・書き表す・名状する・形容する・表現・表出・表白・描出・形象化・表明

いい-あり・く【言ひ゛歩く】いひ〔動カ四〕しばしば通っていっては言葉をかける。言い寄る。「かうこの中将のー・きけるを、言さ多く言ひなれたらむ方にぞなびかむかし」〈源・末摘花〉

いい-ある・く【言(い)歩く】いひ〔動カ五(四)〕あちこち触れて回る。触れ歩く。

いい-あわ・す【言(い)合(わ)す】いひあはす ㊀〔動サ五(四)〕「言い合わせる❶」に同じ。「私たちはー・さないでも知ることができた」〈有島・溺れかけた兄弟〉㊁〔動サ下二〕「いいあわせる」の文語形。

いい-あわ・せる【言(い)合(わ)せる】いひあはせる〔動サ下一〕文いひあは・す〔サ下二〕❶前もって話し合う。話し合って取り決める。申し合わせる。「ー・せた場所で待つ」❷口をそろえて言う。同じことを言う。「あはれなるもをかしきもー・せたるこそをかしけれ」〈枕・一八一〉❸相談する。「いかにせましと思ひやすらひて、これかれにー・すれば」〈かげろふ・下〉類語 約束・約する・取り決める・申し合わせる・契る・誓う・請け合う

イー-イー〖EE〗《electrical engineer》電気技師。

イー-イー〖EE〗靴の寸法で、JISによる、足長に対する足囲の規格の一。2E。ダブルE。➡表

イー-イー-アール〖EER〗《energy efficiency ratio》エネルギー効率比。エアコンの電気的効率を示す値。一時間の出力を消費電力で割ったもの。

[EE／EEE／EEEE] JISによる靴の「足長／足囲」の寸法			
			足長／足囲(単位ミリ)
	EE	EEE	EEEE
男性用	240／243	240／249	240／255
	245／246	245／252	245／258
	250／249	250／255	250／261
	255／252	255／258	255／264
	260／255	260／261	260／267
	265／258	265／264	265／270
	270／261	270／267	270／273
	275／264	275／270	275／276
	280／267	280／273	280／279
女性用	215／225	215／231	215／237
	220／228	220／234	220／240
	225／231	225／237	225／243
	230／234	230／240	230／246
	235／237	235／243	235／249
	240／240	240／246	240／252
	245／243	245／249	245／255
	250／246	250／252	250／258
	255／249	255／255	255／261

イー-イー-アイ〘EEI〙《Edison Electric Institute》エジソン電気協会。アメリカの電気会社の協会。1933年設立。本部はワシントン。

イー-イー-イー〘EEE〙靴の寸法で、JISによる、足長に対する足囲の規格の一。3E。トリプルE。➡表

イー-イー-イー-イー〘EEEE〙靴の寸法で、JISによる、足長に対する足囲の規格の一。4E。➡表

イー-イー-エー〘EEA〙《European Economic Area》欧州経済領域。欧州経済地域。EU(欧州連合)にEFTAエフタ(欧州自由貿易連合)のノルウェー、アイスランド、リヒテンシュタインを含めた共同市場。1994年発足。

イー-イー-エス〘EES〙《Early Estimation System》▶地震被害早期評価システム

イー-イー-オー-シー〘EEOC〙《Equal Employment Opportunity Commission》雇用機会均等委員会。人種、宗教、性別などのあらゆる雇用差別を防止するための行政活動をする米政府内の独立機関。1965年設置。

イーイー-カメラ【EEカメラ】《electric eye camera》被写体の明るさに応じて絞り・シャッタースピードを自動的に設定するカメラ。

イー-イー-シー〘EEC〙《European Economic Community》欧州経済共同体。ECSC(欧州石炭鉄鋼共同体)加盟の6か国が1958年に結成した地域的経済統合のための機関。域内関税の撤廃、域外に対しては共通関税の設定、資本・労働力の自由移動などを定めた。欧州共同市場。ヨーロッパ経済共同体。➡EC

イー-イー-シー〘EEC〙《Electronic Engine Control》電子制御気化器。自動車のエンジンに、電子制御によって正しい混合比のガスを吸入させるもの。

イー-イー-ジー〘EEG〙《electroencephalogram》脳波図。

イー-イー-ジー〘EEG〙《electroencephalograph》脳波計。

イー-イー-シー-オー〘EECO〙《European Economic Cooperation Organization》▶オー-イー-イー-シー(OEEC)

イー-イー-ゼット〘EEZ〙《exclusive economic zone》▶排他的経済水域

イー-イー-ティー〘EET〙《eastern European time》▶東部欧州標準時

イー-イー-ピー-ロム〘EEPROM〙《electrically erasable and programmable read-only memory》ROMの一種。電気的に記録内容を消去、再書き込みができる。部分的な書き換えはできない。

いい-い・ず【言ひ▽出づ】いひいづ〘動ダ下二〙口に出して言う。「あはれなる事など、人の—・で、うち泣きなどするに」〈枕・一二七〉

いい-いだ・す【言ひ▽出だす】いひ—〘動サ四〙❶内から外にいる人に向かって言葉をかける。「中より、…中なる人だに静心しづごころなくはべるを、と—・したれば」〈かげろふ・下〉❷口に出して言う。いいだす。「なまひがひがしきことも、物の折に—・したりけるを」〈紫式部日記〉❸言い始める。「神事に穢れありといふ事、近く人の—・せるなり」〈徒然・一四七〉

いい-いれ【言ひ入れ】いひ— ❶意志・希望を伝えること。申し込み。「江戸よりも聞き伝へ、段々の—に、親方の相談極まり」〈根無草・後・二〉❷結婚の申し込み。「伴之丞様へたった一言、—でつい御祝言ごしゅうげん済むこと」〈浄・鑓の権三〉❸結納。「—の祝儀おくると見せけるに」〈浮・永代蔵・六〉

いい-い・れる【言(い)入れる】いひ—〘動ラ下一〙図いひい・る〘ラ下二〙❶外から屋敷・部屋の中に向かって言う。取り次ぎを介して内へ伝える。「『御頼おたの申します』…斯う—・れた一人の紳士がある」〈藤村・破戒〉❷言って人の耳に入れる。申し入れる。「『…御分家の姉さんは遠慮していただきたい』などと—・れる者さえあった」〈谷崎・細雪〉

イー-インク〘E Ink〙電子ペーパーの商標の一。または、その技術を開発した米国企業の名称。従来の液晶ディスプレーに比べ、消費電力が低く文字が見やすい。アマゾンキンドルやソニーリーダーをはじめとする電子書籍専用の表示装置などで使われる。

いい-うまや【▽飯▽駅】いひ— 平安時代の男踏歌をとこだふかで、舞人たちを酒や料理でもてなした所。➡水駅すいえき

いいえ〘感〙相手の言葉を丁寧に打ち消したり、反対の気持ちを表したりするときに用いる語。「『食事はおすみですか』『—、まだです』」

イー-エー-アイ〘EAI〙《enterprise application integration》複数の異なるコンピューターシステムを有機的に連携させる一連の技術。主に企業内業務の一元的管理に用いられる。

イー-エー-イー-シー〘EAEC〙《East Asia Economic Caucus》東アジア経済協議体。1990年マレーシアのマハティール首相が提唱したが、実現にはいたっていない。

イー-エー-イー-シー〘EAEC〙《European Atomic Energy Community》▶ユーラトム(EURATOM)

イー-エー-エス〘EAS〙《East Asia summit》▶東アジアサミット

イー-エー-エフ-アール-ディー〘EAFRD〙《European Agricultural Fund for Rural Development》欧州農業農村振興基金。EU(欧州連合)のCAP(共通農業政策)実施のための基金の一。2007年、FEOGAに代わり設立。農村開発に関する経費を支出する。➡EAGF

イー-エー-シー〘EAC〙《East Asian Community》▶東アジア共同体

イー-エー-ジー-エフ〘EAGF〙《European Agricultural Guarantee Fund》欧州農業保証基金。EU(欧州連合)のCAP(共通農業政策)実施のための基金の一。2007年、FEOGAに代わり設立。価格・所得に関する経費を支出する。➡EAFRD

イー-エー-ジー-ジー-エフ〘EAGGF〙《European Agricultural Guidance and Guarantee Fund》▶エフ-イー-オー-ジー-エー(FEOGA)

イー-エー-ダブリュー-エス〘EAWS〙《East African Wildlife Society》東アフリカ野生生物協会。ゾウ、サイなどに関する保護・調査、密猟の監視などを行っている。1961年設立。本部はナイロビ。

イー-エー-ピー〘EAP〙《employee assistance program》企業が従業員のメンタルヘルスケアのために行う包括的なプログラム。アルコールの害についてパンフレットやビデオで教育する制度が発達したもの。社内における問題以外に、夫婦や金銭に関するトラブルの相談も受け付ける。企業内社員援助制度。従業員支援プログラム。従業員援助プログラム。

イー-エー-ピー〘EAP〙《English for academic purposes》学問や研究などを目的にした英語。学術英語。

イー-エー-ピー〘EAP〙《Eco-Action-Point》▶エコアクションポイント

イー-エー-ピー-シー〘EAPC〙《Euro-Atlantic Partnership Council》NATOナトー加盟国および協力国で構成される多国間会議。オーストリア・スイス・フィンランド・セルビアなどNATO非加盟の欧州諸国、およびロシア・ウクライナなど旧ソ連構成国が参加し、政治・安全保障上の問題について協議する。NACCナックを改組して1997年に創設。全50か国。欧州・大西洋パートナーシップ理事会。

イー-エー-ロム〘EAROM〙《electrically alterable read-only memory》コンピューターで、記憶されているデータを電気的に書き換え可能なROM。

イー-エス〘ES〙《expert system》▶エキスパートシステム

イー-エス〘ES〙《和 entry＋sheet》▶エントリーシート

イー-エス-アール〘ESR〙《electron spin resonance》電子スピン共鳴。

イー-エス-アール〘ESR〙《erythrocyte sedimentation rate》赤血球沈降速度。赤血球が試薬内を沈む早さの検査。基準値は、男性で10mm/h以内、女性は15mm/h以内。赤沈。血沈。

イー-エス-アール-アイ-エヌ〘ESRIN〙《European Space Research Institute》欧州宇宙研究所。ESAイーサ(欧州宇宙機関)に所属する研究センター。1996年設立。所在地はイタリアのフラスカティー。

イー-エス-エム〘ESM〙《electronic support measures》電子支援。電子戦争(electronic warfare)の一方式で、敵の通信方式やレーダー周波数などの電子情報の収集活動を行う。

イー-エス-エル〘ESL〙《English as a second language》第二言語としての英語。英語を母語としない人たちにいう。

イーエス-さいぼう【ES細胞】さいばう《embryonic stem cell》万能細胞の一種。さまざまな異なる細胞に分化し、増殖する能力を持つ、発生初期の胚由来の細胞。受精卵の一段階である胚盤胞から取り出した内部細胞塊から樹立される。再生医療に役立つとして研究されている。ES細胞の採取は受精卵を殺すことになるので倫理面の問題がある。胚性幹細胞。➡iPS細胞

イー-エス-シー〘ESC〙《Economic and Social Council》▶経済社会理事会

イー-エス-シー〘ESC〙《electronic stability control》▶横滑り防止装置

イー-エス-シー-ダブリュー-エー〘ESCWA〙《Economic and Social Commission for Western Asia》西アジア経済社会委員会。国連経済社会理事会の地域委員会の一。旧称は西アジア経済委員会(ECWA, Economic Commission for Western Asia)。1974年設立。

イー-エス-ダブリュー-エル〘ESWL〙《extracorporeal shock wave lithotripsy》体外衝撃波結石破壊術。尿管結石を体外からの衝撃波で破壊して除去する治療法。

イー-エス-ティー〘EST〙《eastern standard time》▶東部標準時

イー-エス-ディー〘ESD〙《education for sustainable development》持続可能な開発を促進するため、地球的な視野をもつ市民を育成することを目的とする教育。「一人ひとりが、世界の人々や将来世代、環境との関係性の中で生きていることを認識し、行動を変革するための教育」と定義される。2002年にヨハネスブルクで開催された国連の「持続可能な開発に関する世界首脳会議」(WSSD。環境開発サミット・地球サミットとも)で日本が提唱し、「ESDの10年」(2005〜2014年)が採択された。持続可能な開発のための教育。

イー-エス-ティー-エー〘ESTA〙《Electronic System for Travel Authorization》▶電子渡航認証システム

イー-エス-ピー〘ESP〙《extrasensory perception》超心理学の用語。普通の感覚では感じられない刺

激を感じることで、精神感応・予知・透視などの総称。超感覚的知覚。

イー-エス-ピー-エヌ〖ESPN〗《Entertainment and Sports Programming Network》米国の24時間娯楽・スポーツ専門ケーブルテレビ局。1979年放送開始。

イー-エス-ブイ〖ESV〗《experimental safety vehicle》実験安全車。衝突しても内部の人間が安全な自動車。

イー-エックス〖EX〗《Extinct》レッドリストのカテゴリー「絶滅」の略号。

イー-エックス-ダブリュー〖EXW〗《exercise walking》エクササイズウオーキング。健康法としての、ウオーキング。

イー-エッチ-エフ〖EHF〗《extremely high frequency》►ミリ波

イー-エッチ-ブイ〖EHV〗《extra high voltage》超高電圧。

イー-エヌ〖EN〗《EuroNight》ヨーロッパの国際夜行特急列車。

イー-エヌ〖EN〗《Endangered》レッドリストのカテゴリー「絶滅危惧ⅠB類」の略号。

イー-エヌ-イー-エー〖ENEA〗《European Nuclear Energy Agency》欧州原子力機関。OECD(経済協力開発機構)の下部機関。1958年発足。72年の日本の加盟により、OECD-NEAと改称。

イー-エヌ-ジー〖ENG〗《electronic news gathering》小型ビデオカメラとVTRを組み合わせたテレビの電子式ニュース取材方式。

イー-エヌ-ディー〖END〗《European Nuclear Disarmament》欧州核兵器廃絶運動。核兵器のない欧州を訴え、1980年代に英国から始まった全欧州的な平和運動。82年から91年まで欧州各地で大会を組織した。

イー-エヌ-ディー-シー〖ENDC〗《Eighteen-Nation Committee on Disarmament》18か国軍縮委員会。通称、ジュネーブ軍縮会議。1959年、10か国軍縮委員会として設立。62年、国際連合の支援を受け改編。69年、CCD(軍縮委員会会議)に発展。

イー-エフ〖EF〗《ecological footprint》►エコロジカルフットプリント

イー-エフ-エス〖EFS〗《encrypting file system》米国マイクロソフト社のウインドウズが採用する標準ファイルシステム、NTFSが実装するファイル暗号化機能。暗号化を行ったユーザーと管理者のみ、ファイルの読み取りができる。

イー-エフ-エス-エー〖EFSA〗《European Food Safety Authority》食品や飼料に関連するリスク評価を行い、安全性について欧州委員会などに科学的助言を行う機関。欧州委員会とは独立した機関として2002年に設立。食品添加物・動物飼料、農薬および残留物質、遺伝子組み換え作物・ダイエット製品・バイオハザード、食物連鎖における汚染、動物の健康と福祉などの分野を専門とする科学者が参加している。欧州食品安全機関。

イー-エフ-エフ〖EFF〗《Extended Fund Facility》拡大信用供与。IMF(国際通貨基金)の融資制度の一つで、国際収支の赤字に悩む途上国中心の長期融資。1974年創設。

イー-エフ-ティー-エス〖EFTS〗《electronic funds transfer system》コンピューターネットワークを利用した電子式資金移動システム。

イー-エム〖EM〗《electronic mail》►レタックス

イー-エム〖EM〗《electron microscope》電子顕微鏡。

イー-エム〖Em〗《Emanation》エマナチオン。放射性希ガス元素。ラドン、アルゴン、クリプトン、キセノンとそれらの同位元素。

イー-エム-アイ〖EMI〗《electromagnetic interference》電子機器やシステムが発生する電磁波が原因で生じる、機器の誤作動などの不具合。電磁波障害。電磁波妨害。電磁障害。電磁妨害。➡IEC

イー-エム-アイ〖EMI〗《European Monetary Institute》欧州通貨機関。欧州中央銀行の準備機関として1994年に設立。ECU(欧州通貨単位)の管理を行った。➡欧州中央銀行

イー-エム-エー〖EMA〗《European Monetary Agreement》欧州通貨協定。1955年、EPU(欧州決済同盟)加盟国間の多角決済と信用供与を目的として成立した協定。多角決済機構(国際決済銀行)と信用供与のための欧州基金が設けられた。58年発効、72年廃止。

イー-エム-エス〖EMS〗《European Monetary System「エムス」とも》欧州通貨制度。通貨の統合をめざすEC(欧州共同体)が、域内での為替の安定化を目的として1979年に設立。従来の固定相場制と共同変動相場制に改善を加えたもの。共通の計算単位として欧州通貨単位ECUを定めた。

イー-エム-エス〖EMS〗《Express Mail Service》最優先の扱いで配達される国際郵便。日本国内では郵便事業株式会社が扱う。国際スピード郵便。

イー-エム-エス〖EMS〗《expanded memory specification》MS-DOSで動くパソコンで、制限を超えたメモリーを扱う方式の一。

イー-エム-エス〖EMS〗《environmental management system》環境マネージメントシステム。企業や団体などが、環境保全に配慮した活動を行うための手順や体制。➡ISO14000シリーズ

イー-エム-エス〖EMS〗《electronics manufacturing service》電子機器の受託生産を行うサービス。また、その受注生産を行う企業のこと。パソコンなどの電子機器には共通する部品が多く、EMSは複数のメーカーからの受注により大量生産を行い製造効率を上げることができる。メーカー側には自社工場を持つことなく、安く部品が手に入る利点がある。

イー-エム-エフ〖EMF┊emf〗《electromotive force》起電力。電流回路で電流を起こすために働く外部作用。

イー-エム-エフ〖EMF〗《electromagnetic flowmeter》電磁流量計。計測管内に磁場をつくり、管内を流れる導電性液体の起電力の大きさによって流量を測定する流量計。

イー-エム-シー〖EMC〗《electromagnetic compatibility》電子機器の電気的、磁気的な耐性、および不干渉性。外部または内部からの電気的・磁気的な干渉により電子機器自体に不具合が生じる電磁感受性と、他の電子機器や人体に悪影響を与える電磁妨害との両方の対策を施したもの。ある一定の基準でこれらの性質を確認するための試験をEMC試験という。電磁両立性。電磁環境両立性。

イー-エム-ジー〖EMG〗《electromyogram》筋電図。

イー-エム-ジー〖EMG〗「エマージェンシー(emergency)」の略。

イー-エム-シー-エフ〖EMCF〗《European Monetary Cooperation Fund》欧州通貨協力基金。EMS(欧州通貨制度)の中心をなす。1979年設立、98年、欧州中央銀行に継承された。

イー-エム-ピー〖EMP〗《electromagnetic pulse》電磁衝撃波。核爆発の際生じる電磁波。

イー-エム-ユー〖EMU┊emu〗《electromagnetic unit》電磁単位の記号。

イー-エム-ユー〖EMU〗《Economic and Monetary Union》経済通貨同盟。共有の通貨と市場をもつ多国間の同盟。

イー-エム-ユー〖EMU〗《European Monetary Union》EU(欧州連合)の経済通貨統合。EMS(欧州通貨制度)を基盤に、EU全加盟国のEMS参加・欧州中央銀行の設立・単一通貨発行の三段階に分けて、経済・金融面の統合を図ろうというもの。1992年発足。98年に欧州中央銀行が設立され、2002年1月1日から欧州単一通貨ユーロの流通がスタートした。

イー-エル〖EL〗《electroluminescence》►エレクトロルミネセンス

イー-エル〖EL〗《electric locomotive》►電気機関車

イー-エル〖E/L〗《export license》輸出承認証。輸出貿易管理令に特定されている輸出をする場合、経済産業大臣の承認を受ける必要がある。

イー-エル〖EL〗《electronic library》電子図書館。書誌データなどの所在情報、記事原文提供のデータベース、各種新聞・雑誌の記事から、利用者の求める情報を速やかに提供するサービスなどを行う。

イー-エル-エス-イー-シー〖ELSEC〗《electronic security》電子保全。コンピューターの情報を盗まれないように保護すること。

イー-エル-エフ〖ELF〗《extremely low frequency》超低周波。周波数1キロヘルツ前後の電磁波。

イー-エル-ディー〖ELD〗《electric load dispatcher》電力経済負荷配分装置。コンピューターを用いて需要に応じた発電を行い、電力の経済的な使用をはかるもの。

イーエル-ディスプレー【ELディスプレー】《electroluminescence display》蛍光体に電圧をかけると発光するエレクトロルミネセンス現象を利用した薄型表示装置。コンピューターのディスプレーなどに使われる。

イー-エル-ビー-ダブリュー-アイ〖ELBWI〗《extremely low birth weight infant》►超低出生体重児

イー-オー-エス〖EOS〗《electronic ordering system》企業間で行われるコンピューターネットワークを利用した受注・発注システム。

イー-オー-エス-エル〖EOSL〗《end of service life》メーカーなどが過去に販売した製品に対するアフターサービスや保守期間を終えること。この期間を越えると、部品交換やバージョンアップなどのサービスは保証されない。

イー-オー-エフ〖EOF〗《end of file》コンピューターでファイルの終端を明示するための特殊な記号。

イーオー-かん【EO缶】《EOは、easy openの略》缶切りが不要で、プルタブを引っ張ってふたを開けられるようにした缶詰。イージーオープン缶。

イー-オー-ビー〖EOB〗《Executive Office Building》米国行政府ビル。大統領直轄の行政府機関が入っているホワイトハウスの別館。

いいおか-の-すけごろう【飯岡助五郎】[1792〜1859]江戸後期の博徒。相模の人。下総国飯岡(千葉県旭市東部)で飯岡浜一帯を縄張りとし、笹川繁蔵と勢力争いをした。講談・浪曲「天保水滸伝」に登場する。

いい-おき【言(い)置き】❶言い置くこと。また、その言葉。「―をして旅行に出る」❷死後に言い残しておくこと。遺言。「ことに心ざし深くて、人にも―などせられし」〈右京大夫集・詞書〉

いい-お・く【言(い)置く】〔動カ五(四)〕あとに残る人に話しておく。言い残す。「家人に―・いて出かける」

(類語)言い残す・言い伝える・言い捨てる・捨て台詞

いい-おく・る【言(い)送る】〔動ラ五(四)〕❶使いの者をやったり、手紙に書いたりして、言葉を伝える。「帰国を急ぐよう―・る」❷順々に言葉を伝える。「中止の旨をクラス全員に―・る」

(類語)申し送る・伝える・知らせる・報ずる・告げる・達する・伝達する・通知する・連絡する・通告する・通達する・下達する・令達する・口達する・通ずる・コミュニケートする・取り次ぐ・伝言する・宣する・知らす・触れる・話す

いい-おく・れる【言(い)遅れる】〔動ラ下一〕〔文〕いひおく・る〔ラ下二〕先に言うべきことを後になってから言う。「―・れたが、お見舞いをありがとう」

いい-おこ・す【言ひ遣す】〔動サ下二〕言ってよこす。「この女、いと久しくありて、念じわびてにやありけむ、―・せたる」〈伊勢・二一〉

いいお-そうぎ【飯尾宗祇】►宗祇

いい-おち【言ひ落ち】言えば言うほど自分の不

利益になること。「申し訳いたす程皆一にて候へども」〈浄・出世景清〉

いい-おと・す【言(い)落(と)す】いひ〔動サ五(四)〕❶言うべきことを言い忘れる。言いもらす。「大事な用件を一・す」❷けなして言う。悪く言う。「心せばげにこそ見ゆめれ、など一・す」〈源・竹河〉

いい-およ・ぶ【言(い)及ぶ】いひ〔動バ五(四)〕そのことに関係する話題にまでふれる。言及する。「裏の事情にまで一・ぶ」

いい-がい【言い▽甲×斐】いひがひ 言葉に出して言うだけの価値。「素直に聞き入れるので一がある」

いい-がい【▽飯×匙】いひがひ 飯を盛るためのしゃもじ。いがい。「一取りて、笥子けごの器物うつはものに盛りけるを」〈伊勢・二三〉

いいがい-な・し【言ひ▽甲×斐無し】いひがひ〔形ク〕❶とりたてて言うだけの値打ちがない。つまらない。「すべては礼儀を知らず、格式をわきまへざるは一・し」〈沙石集・一〇〉❷ふがいない。いくじがない。「一・き味方の奴ばら」〈浄・太功記〉(補説)中世以降の語。平安時代には「いうかいなし」を用いた。

いい-かえ【言(い)換え｜言(い)替え】いひかへ 別の言葉で言い直すこと。また、その言葉。「単なる言葉の一にすぎない」

いい-かえ・す【言(い)返す】いひかへす〔動サ五(四)〕❶繰り返して言う。「台詞せりふを一・してみる」❷相手に応じて言葉を返す。特に、口答えする。「『こんにちは』と一・す」「負けずに一・す」❸訪問客を断って帰す。「一・さむ方もなければ」〈源・浮舟〉
(類語)口答え・抗弁

いい-か・える【言(い)換える｜言(い)替える】いひかへる〔動ア下一〕図いひか・ふ〔ハ下二〕❶同じ事柄を他の言葉で言い表す。言い直す。換言する。「易しい言葉で一・える」❷前に言ったことと別なことを言う。「前言を取り消して一・える」
(類語)言い直す・換言

いい-かお【▽好い顔】いいかほ ㊀〔名〕特定の地域・分野で特に信用や力があること。また、その人。有力者。顔役。「あの方面では、彼は一だ」㊁〔連語〕❶機嫌のよい顔付き。にこにこ顔。「坊や、一をしてちょうだい」❷好意のある態度。積極的に協力しようとするようす。「その話になると、彼は一をしない」

いい-かかずら・う【言ひ▽係ふ】いひかかづらふ〔動ハ四〕❶言いようがなくて困る。言いあぐむ。「耳にも聞き入れざりければ一・ひて帰りぬ」〈竹取〉❷ものを言うことによって、かかわりをもつ。言い寄る。「とかく一・ひ出でむも煩はしう」〈源・夕霧〉

いい-がかり【言(い)掛(か)り】いひ ❶口実を作って、難癖をつけること。また、その事柄。「一をつける」「とんだ一だ」❷言い出して、あとに引けなくなること。「門口で突き当たったといふが一でけんかよ」〈滑・八笑人・初〉(類語)因縁・難題・いちゃもん・難癖・無理難題

いい-かか・る【言ひ掛かる】いひ〔動ラ四〕❶話しかける。言い寄る。「いとねむごろに一・るを、いとむくつけく思ひて」〈源・玉鬘〉❷《「いいがかる」とも》言い出したためにあとに引けなくなる。「それがしも一・った事ぢゃによって、どうあっても連れて行かねばならぬ」〈虎寛狂・胸突〉❸《「いいがかる」とも》無理なことを言って困らせる。難癖をつける。「あそばして置きたる利銀をきっと面屋おもやからすまし給へと一・り」〈浮・胸算用・一〉

いい-かけ【言(い)掛け】いひ ❶話し始めて、途中でやめること。言いさし。「一のまま席を立つ」❷言いがかりをつけること。「人の憂に付けこみて、身勝手なる一せんとは」〈鴎外・舞姫〉❸なぞなぞの問いかけの言葉。解答を「こころ」というのに対するもの。❹修辞法の一。和歌・連歌・俳諧などで、同音であることを利用して、語を二つ以上の意味に掛けて用いること。掛け詞ことば。

いい-か・ける【言(い)掛ける】いひ〔動カ下一〕図いひか・く〔カ下二〕❶言い出そうとする。話し始めて、途中でやめる。言いさしにする。「結論を一・けたまま別の話に転じてしまう」❷言葉をかける。「悪口雑言を一・けられて」〈西周・百一新論〉❸言いがかりをつける。「少しも身に覚えのない事を一・けられ」〈円朝・怪談牡丹灯籠〉❹和歌・連歌・俳諧などで、一語に二つ以上の意味をもたせて使う。掛け詞ことばを用いる。「『松』に『待つ』を一・ける」

いい-かげん【▽好い加減】㊀〔形動〕図〔ナリ〕❶仕事を最後までやり遂げずに途中で投げ出すさま。投げやり。おざなり。無責任。「一なやり方」「一な人」➡出鱈目でたらめ(用法)❷相当な程度に達しているので、ほどほどのところで終わってほしいさま。「一に雨もやんでほしい」「冗談は一でやめてくれ」㊁〔副〕かなり。相当。「一いやになった」「一飽きがきた」㊂〔連語〕程よい程度。手ごろ。適当。「一の湯」「小物をしまうのに一の大きさの箱」 アク㊀㊁はイーカゲン、㊂はイーカゲン。(類語)適当・生半可・ぞんざい・投げ遣やり・でたらめ・ちゃらんぽらん・行きあたりばったり・無責任・甘い・手ぬるい・生ぬるい・甘っちょろい・安易

いい-かた【言(い)方】いひ 話のしかた。言葉づかい。言いよう。「持って回った一」「もう少し何とか一があったろうに」

イーがた-かんえん【E型肝炎】E型肝炎ウイルス(hepatitis E virus；HEV)の感染によって引き起こされる急性ウイルス性肝炎。主として経口感染し、一過性で慢性化はしないが、まれに劇症化する。A型肝炎と同様に、感染者の糞便で汚染された水や食べ物を介して感染し、主に開発途上国で流行するが、日本や欧米などでもブタ・イノシシ・シカなどの生肉を介して感染することがある。A型肝炎とともに感染症法の4類感染症に指定されている。

イーがたかんえん-ウイルス【E型肝炎ウイルス】E型肝炎の原因となる肝炎ウイルス。RNAをゲノムとするRNAウイルス。水や食物を介して経口感染する。感染は一過性で慢性肝炎には移行しないが、重症化することがある。主な流行地は東南アジア、北部・中部アフリカ、インド、中央アメリカなど。HEV(hepatitis E virus)。

いい-かた・める【言(い)固める】いひ〔動マ下一〕図いひかた・む〔マ下二〕❶言葉によって確認する。断言する。「『何も角かも知っています』と一・めた」〈二葉亭訳・めぐりあひ〉❷言葉で誓う。口約束する。「酒、果物など取り出させてあがひせん、と一・めて」〈宇治拾遺・一一〉

いい-かたら・う【言ひ語らふ】いひかたらふ〔動ハ四〕❶互いに話す。語り合う。「世の中のうきもつらきもをかしきも、かたみに一・ふ人」〈更級〉❷話をして頼む。相談する。「いと尊き老僧のあひ知りて侍るに、一・ひつけ侍りぬる」〈源・夕顔〉

いい-か・つ【言(い)勝つ】いひ〔動タ五(四)〕口論して相手を負かす。「あれこれと理屈を並べて一・つ」

いい-かな・う【言ひ×叶ふ】いひかなふ〔動ハ下二〕巧みに表現する。「このごろの歌は一節ひとふしをかしく一・へたりと見ゆるはあれど」〈徒然・一四〉

いい-か・ねる【言(い)兼ねる】いひ〔動ナ下一〕図いひか・ぬ〔ナ下二〕❶断言できなかったり、支障があったりして、言うのがためらわれる。言いたくても言えないでいる。「はっきりしたことは一・ねる」❷打消しの助動詞を伴って、言う可能性がある、言いそうである、の意を表す。「彼なら、それくらいは一・ねない」

イー-ガバメント【eガバメント】《electronic government》➤電子政府

いい-かぶ・せる【言い▽被せる】いひ〔動サ下一〕図いひかぶ・す〔サ下二〕罪や責任を他人に負わせようと、盛んに言い立てる。

いい-かも【▽好い×鴨】〔連語〕こちらの思うとおりに利用できる人。特に、勝負事で思うように負かせる人。いい獲物。「一にされる」

いい-かよ・う【言ひ通ふ】いひかよふ〔動ハ四〕言葉を交わす。音信を通じる。「かく人疎き御癖なれば、睦ましくも一・ひたまはず」〈源・蓬生〉

いい-かわ・す【言(い)交(わ)す】いひかはす〔動サ五(四)〕❶互いに言う。言葉を掛け合う。「あいさつを一・す」❷口約束をする。特に、結婚を約束する。「一・した仲」❸歌・手紙などをやりとりする。「女友達の常に一・しけるを」〈後撰・雑四・詞書〉❹男女が情を交わす。「ありしより異けに一・して」〈伊勢・二一〉

いい-き【▽好い気】〔名・形動〕自分の欠点などに気づかずに、得意になっていること。ひとりよがりで他人のことを気にしないこと。また、そのさま。「人の苦労も知らないで一なもんだ」「ちょっとほめると一になる」

い-いき【異域】ゐキ よその国。外国。異国。
異域の鬼きとなる 《李陵「答蘇武書」から》外国で死ぬ。異郷の鬼となる。

いい-きか・す【言(い)聞かす】いひ ㊀〔動サ五(四)〕「言い聞かせる❶」に同じ。「幼い子供に一・す」㊁〔動サ下二〕「いいきかせる」の文語形。

いい-きか・せる【言(い)聞かせる】いひ〔動サ下一〕図いひきか・す〔サ下二〕❶よくわかるように教え諭す。説教する。「事の理非をこんこんと一・せる」❷話して聞かせる。「なま憎げなる言葉ども一・せつつ、時々聞こえけり」〈源・蓬生〉

いい-き・す【言ひ期す】いひ〔動サ変〕口約束する。「殿上にて一・しつる本意ほいもなくては」〈枕・一三七〉

いい-きぜん【▽好い気前】〔形動〕《近世江戸語》自分勝手でいい気なさま。「一な。いろいろなことを言ってくる」〈洒・四十八手〉

いい-きたり【言(い)来り】いひ 昔から言い伝えてきていること。伝説。

いい-きみ【▽好い気味】〔名・形動〕他人の失敗や不幸を喜んで、いい気持ちになっていること。また、そのさま。「ざまみろ、一だ」

イー-キュー〖EQ〗《educational quotient》教育指数。標準化された学力テストから得られる教育年齢を暦年齢で割り、100倍したもの。年齢に比べた学習の進度を示す。

イー-キュー〖EQ〗《emotional quotient》情動指数。感情指数。実社会の人間関係の中で重要な一種の知性として、米国の心理学者ダニエル＝ゴールマンは、「Emotional Intelligence」(邦訳「EQ・こころの知能指数」)の中で、自分の感情を認識し、自制する能力、他者を共感的に理解する能力などをあげている。IQ のように知識に偏重しがちな教育に警鐘を鳴らすものとして、日本でも関心を集めた。

イー-キュー〖EQ〗《equalizer》イコライザー。周波数特性を補正する装置。

いい-きり【言(い)切り】いひ 言い切ること。文などの終止をいう。「末尾に終止形がきて一の形をとる」

いいぎり 昆虫カマドウマの別名。

いい-ぎり【▽飯×桐】いひ イイギリ科の落葉高木。暖地の山中に自生。葉は卵円形で大きく、裏面が白みを帯びる。雌雄異株で、5月ごろ、緑がかった黄色い花をつける。秋、赤い実が総状に垂れ下がる。昔、葉で飯を包んだという。なんてんぎり。(季 実＝秋)

いい-き・る【言(い)切る】いひ〔動ラ五(四)〕❶最後まで全部言ってしまう。言い終える。「一・るか一・らないうちに質問が発せられた」❷きっぱりと言う。断言する。「絶対にそうだと一・る自信はない」❸はっきり口に出してことわる。「右近は、一・りつるよし、言ひゐたるに」〈源・浮舟〉❹口約束を守る。言ったとおりにする。「せんど語らうておいて、くれまいか。わばうず。一・れ、一・れ」〈虎清狂・泣尼〉
(類語)断言・確言・明言・言明・喝破・道破

いい-ぐさ【言い▽種｜言(い)草】いひ ❶人が言った言葉やその言い方。「親に向かって何という一だ」❷言い訳。言い分。「向こうの一も聞いてみよう」❸話のたね。語りぐさ。「世間の一になる」❹言いがかり。「私わちだっても…、一を言ふのなんのといふこともねえけれど」〈人・辰巳園・三〉
(類語)(❷)言い分／(❸)語りぐさ・笑いぐさ

いい-くさ・す【言い▽腐す】いひ〔動サ五(四)〕悪く言う。けなす。「人の作品をあれこれと一・す」

いい-くた・す【言ひ▽腐す】いひ〔動サ四〕「いいくさす」に同じ。「このころ紅葉もみぢを一・さむは竜田姫の思はむこともあるを」〈源・少女〉

いい-くら・す【言(い)暮(ら)す】いひ〔動サ五(四)〕そ

のことだけを言って日を過ごす。「暑い暑いと—・しているうちに」「昔のことばかり—・す」

イーグル〖eagle〗❶鷲。❷ゴルフで、ホールの基準打数より2打少ない打数でホールアウトすること。

イーグル-ハンドル〖eagle handle〗鷲の羽の形をしたオートバイのハンドル。

いい-くる・める【言い▽包める】いひ〔動マ下一〕図いひくる・む〔マ下二〕《「いいくろめる」の音変化》言葉巧みに相手を信用させてだます。口先でまるめこむ。「まんまと—・められた」「黒を白と—・める」

いい-くろ・める【言い黒める】いひ〔動マ下一〕図いひくろ・む〔マ下二〕《「黒める」は、だます意》「言い包める」に同じ。「結局どう—・めるかと、黙止していたが」〈魯文・西洋道中膝栗毛〉

いい-くん・ず【言ひ▽屈ず】いひ〔動サ変〕言って力を落とす。しょげて言う。「昨日までさばかりあらむものの、夜のほどに消えぬらむこと、と—・ずれば」〈枕・八七〉

イー-ケー-ジー〖EKG〗《ドイ Elektrokardiogramm》心電図。

イー-ケー-ビー-オー〖EKBO〗《Edgeworth-Kuiper belt objects》►カイパーベルト天体

いい-け・す【言(い)消す】いひ〔動サ五(四)〕❶他人の言葉を否定する。「私の言うのを自暴に—・そうとした」〈近松秋江・疑惑〉❷前言を取り消す。「失言をあわてて—・す」❸悪く言う。非難する。「古きを大袈裟に、新しきを訳も無く—・す気質の老人さえ」〈露伴・五重塔〉

いい-け・つ【言ひ▽消つ】いひ〔動タ四〕❶「言い消す❶」に同じ。「わざとはなくて—・つさま、みやびかによしと聞き給ふ」〈源・松風〉❷言うのをやめる。言いさす。「はつるる糸は、と末は—・ちて」〈源・椎本〉❸「言い消す❸」に同じ。「光源氏、名のみことごとしう、—・たれ給ふ咎多かなるに」〈源・帚木〉

いい-こ【▽好い子】〔連語〕❶子供を褒めていう語。よいこ。「—だから静かにしてね」❷自分だけがよく思われるように振る舞う人。

好い子にな・る　自分だけ人に褒められたり好かれたりするように振る舞う。「一人だけ—・ろうとする」

イー-コール-センター〖e-call center〗►IPコンタクトセンター

いい-こしら・える【言い×拵える】いひこしら〔動ア下一〕図いひこしら・ふ〔ハ下二〕その場のがれの口実を使う。うまく言いつくろう。「言葉巧みに—・えて責任を逃れる」

いい-こ・す【言(い)越す】いひ〔動サ五(四)〕言ってよこす。言ってくる。「かねて—・した其夫は」〈漱石・こゝろ〉

いい-こと【▽好い事】㊀〔名〕❶うれしいこと。楽しいこと。「—を聞かせようか」❷よい機会。つけいる口実。「その地位を—にして私腹を肥やす」㊁〔感〕相手に念を押す気持ちを表すときに女性が用いる語。「—、二度とそんなことをしてはだめよ」

いい-ごと【言ひ事】いひ❶話されること。また、言葉。「頼めおきしその—やあだなりし波越えぬべき末の松山」〈山家集・下〉❷よく話される事柄。話の種。「そのころの—にこそし侍りしか」〈大鏡・伊尹〉❸口論。口げんか。「—の種をこしらへ、油断のならぬ人心や」〈浮・織留・三〉

いい-こな・す【言いこなす】いひ〔動サ五(四)〕❶じょうずに言い表す。言葉巧みに言う。「一寸したことをいかにも尤もらしく—・して聞かせる」〈藤村・破戒〉❷悪く言う。「いづれも気にいらぬ風情にてほめず、—・しければ」〈咄・私可多咄・三〉❸論じて相手を説得する。「さきの理をくつがへしてこなたの正理に—・しおほせて」〈色道大鏡・五〉

イー-コマース【eコマース】《electronic commerce》►エレクトロニックコマース

イーコム〖ECOM〗《Next Generation Electronic Commerce Promotion Council of Japan》次世代電子商取引推進協議会の略称。電子商取引の推進、ICタグ技術の普及などを目的とする日本の企業による業界団体。

いい-こ・める【言い▽籠める】いひ〔動マ下一〕図いひこ・む〔マ下二〕弁舌で相手の抗弁の口を封じる。議論してやりこめる。「—・められて引き下がる」

イーゴリぐんき【イーゴリ軍記】《原題、ロシ Slovo o polku Igoreve》ロシアの叙事詩。作者未詳。12世紀末成立。イーゴリ公率いるロシア同盟軍の遊牧民討伐の史実を骨子とし、ロシア統一を訴えたロシア中世文学の代表作。ボロディン作曲のオペラ「イーゴリ公」はこれに基づく。イーゴリ遠征物語。

イーコンタクト-センター〖e-contact center〗►IPコンタクトセンター

イーサ〖ESA〗《European Space Agency》欧州宇宙機関。欧州各国が共同で宇宙開発を推進するために設立した機関。ESRO(欧州宇宙研究機構)とELDO(欧州ロケット開発機構)とが母体となり、1975年発足。本部はパリ。

いいざか-おんせん【飯坂温泉】いひざかヲンセン福島市北部にある温泉。摺上川沿いにあり、泉質は単純温泉・硫酸塩泉。秋保・鳴子とともに奥州三名湯の一。

いい-さ・す【言い▽止す】いひ〔動サ五(四)〕途中まで話してやめる。言いかけてやめる。「事情を—・して涙ぐむ」

いい-さだ・む【言ひ定む】いひ〔動マ下二〕話し合いをつける。口約束をする。「—・めたるやうに、すみやかに酒、果物取りにやりて、このことあがへ」〈宇治拾遺・一一〉

イーサネット〖Ethernet〗米国のゼロックス社・ディジタルイクイップメント社・インテル社などが共同で開発したLANの規格の一。LANの実質的な標準規格として普及。伝送速度を高速化したファーストイーサネット、ギガビットイーサネット、10ギガビットイーサネットなどを含めた規格の総称を意味することもある。

イーサフィヨルズル〖Ísafjörður〗アイスランド北西部の町。イーサフィヤルザルデュープ湾の入り口に位置する。西部フィヨルド地方の中心地。15世紀から18世紀にかけて交易の拠点として栄えた。18世紀の漁師の家を利用した、近代漁業の歴史を紹介する西フィヨルド海事博物館がある。毎年4月に音楽祭が催されるほか、同国有数のスキーリゾートとして知られる。

イーサベイ-ジャーミー〖İsa Bey Camii〗►イーサベイモスク

イーサベイ-モスク〖İsa Bey Mosque〗トルコ西部の町セルチュクにあるイスラム寺院。14世紀後半、ダマスカス出身の建築家ディミシュリ＝アリの設計で建造。近郊の古代都市エフェソスにあったアルテミス神殿の石材の一部が使われた。セルジューク朝とオスマン朝の過渡期に造られ、二つの時代の中間的な建築様式が見られる。イーサベイジャーミー。

いい-ざま【言(い)様】いひ㊀〔名〕ものの言い方。いいよう。「人を小ばかにした—」㊁〔副〕《「いいさま」とも》(「…といいざま」の形で)言うと同時に。言うやいなや。「『よし、行こう』と—立ち上がった」〘類語〙口振り・口つき・口吻

いい-ざま【▽好い様】〔連語〕《「いい」は反語的表現》他人のみっともない行動をあざけっていう語。「肝心の本番でとちるなんて、—だ」

いいざわ-ただす【飯沢匡】いひざは［1909～1994］劇作家。和歌山の生まれ。文化学院卒。本名、伊沢紀。社会を風刺した喜劇で活躍。作品に「もう一人のヒト」など。「二号」で岸田演劇賞、「五人のモヨノ」で読売文学賞、「夜の笑い」で毎日芸術賞受賞。

イー-シー〖EC〗《European Community》欧州共同体。ヨーロッパ共同体。EEC(欧州経済共同体)・ECSC(欧州石炭鉄鋼共同体)・ユーラトム(欧州原子力共同体)の各機関の統合体。1967年、フランス・西ドイツ・イタリア・ベルギー・オランダ・ルクセンブルクの6か国によって成立。その後、73年にイギリス・アイルランド・デンマーク、81年にギリシャ、86年にスペイン・ポルトガルが加盟。経済統合を経て政治統合をもめざし、93年11月、マーストリヒト条約(欧州連合条約)の発効によりEU(欧州連合)に発展。➡EU

イー-シー〖EC〗《engineering constructor》企画・計画、資金調達、設計、機材調達、完成後のメンテナンスまで含む建設業務の総合的な担い手。

イー-シー〖EC〗《electronic commerce》►エレクトロニックコマース

イー-シー〖EC〗《EuroCity》ユーロシティー。ヨーロッパの主要都市を結ぶ国際特急列車。TEEの後を受け1987年発足。

イー-シー〖EC〗《emergency contraception》►緊急避妊

イー-ジー〖EG〗《ethylene glycol》エチレングリコール。ポリエステル繊維の原料。

イージー〖easy〗〔形動〕❶たやすいさま。平易なさま。「—な仕事」❷いいかげんなさま。安易なさま。「—な対処のしかた」❸漕艇で、「漕ぎかた、やめ」の号令。〘類語〙安易・生やさしい

イー-シー-アール〖ECR〗《efficient consumer response》消費者に対する効率的な対応。消費者のニーズに対して、メーカー、卸業者、小売業者が連携して、流通システム全体を効率化すること。

イー-シー-イー〖ECE〗《Economic Commission for Europe》国連欧州経済委員会。国連ヨーロッパ経済委員会。国連経済社会理事会の地域委員会の一。1947年設立。本部はジュネーブ。

イージーウェブ〖EZweb〗KDDIが提供する、インターネットの閲覧や電子メールの送受信に関する携帯電話向けサービス。商標名。

イー-シー-エー〖ECA〗《Economic Commission for Africa》国連アフリカ経済委員会。国連経済社会理事会の地域経済委員会の一。1958年設立。本部はアジスアベバ。

イー-シー-エー-ティー〖ECAT〗《Emergency Committee for American Trade》米国貿易緊急委員会。米財界有力者が結成した自由貿易推進団体。1967年結成。本部はワシントン。

イー-シー-エス-シー〖ECSC〗《European Coal and Steel Community》欧州石炭鉄鋼共同体。フランス・西ドイツ・イタリア・ベルギー・オランダ・ルクセンブルクの6か国が1952年に設立した経済協力機関。石炭および鉄鋼の生産・価格・労働条件などの共同管理を目的とする。58年発足のEECの母体。

イー-ジー-エフ〖EGF〗《epidermal growth factor, epithelial growth factor》►上皮成長因子

イー-ジー-エフ-アール〖EGFR〗《epidermal growth factor receptor, epithelial growth factor receptor》►上皮成長因子受容体

イー-シー-エフ-エー〖ECFA〗《「エクファ」とも読む。Economic Cooperation Framework Agreement》►両岸経済協力枠組み協定

イー-シー-エム〖ECM〗《electronic countermeasure》電子対策。敵の電磁波の使用を阻止または妨害するために行う活動。

イージー-オイル〖easy oil〗簡単に開発・生産が可能で、市場への搬出も容易な油田。

イー-シー-オー-アール〖ECOR〗《Engineering Committee on Oceanic Resources》海洋資源の国際工学委員会。1968年設立。本部はロンドン。

イージー-オーダー《和 easy＋order》洋服の仕立てで、あらかじめ幾種類かの型を用意し、客のからだの寸法に応じて細部を修正し、仮縫いなしに仕立てる方法。〘補説〙英語ではsemi-custom-made

イージー-オープン《和 easy＋open》缶入り飲料のタブがたやすく開けられること。

イージーオープン-かん【イージーオープン缶】クワン►EO缶

イージー-ケア〖easy-care〗洗ったあと、アイロンをかけるなどの手間が必要のない繊維・衣料品。ウオッシュアンドウエア。

イージーゴーイング〖easygoing〗〔形動〕あくせくしないさま。安易なさま。「—な考え方」

イー-シー-シー〖ECC〗《elliptic curve cryptosystem》►楕円曲線暗号

イー-シー-ジー〘ECG〙《electrocardiogram》心電図。

イー-シー-ジー〘ECG〙《electrocardiograph》心電計。

イー-シー-シー-エス〘ECCS〙《emergency core cooling system》原子炉の、緊急炉心冷却装置。原子炉のパイプが破損して冷却水が失われた場合、緊急に冷却水を送って、炉心の溶融や放射性物質の漏出を防ぐ安全装置。非常用炉心冷却装置。緊急炉心冷却システム。

イー-シー-シー-エム〘ECCM〙《electronic counter countermeasure》対電子対策。敵の行う電子戦に対抗して、味方の電磁波の効果的な使用を確保するために行う活動。

イー-シー-シー-ジェー〘ECCJ〙《Energy Conservation Center, Japan》財団法人省エネルギーセンター。省エネルギーに関する情報提供、診断や指導、普及活動などを行う。昭和53年(1978)設立。

イーシーシー-メモリー【ECCメモリー】《error checking and correction memory》自動的にエラーを検出して訂正する機能をもつメモリーのこと。

イー-シー-ティー〘ECT〙《electroconvulsive therapy》電撃療法。精神疾患の特殊な身体療法。1938年、イタリアのツェルレッティらによって開発された。

イー-シー-ディー〘ECD〙《electrochromic display》電圧を印加すると、酸化還元反応により物質に色がついたり、光透過度が変化したりする現象を利用した表示装置。

イー-シー-ディー-シー〘ECDC〙《economic cooperation among developing countries》途上国間経済協力。マクロ経済、貿易、投資分野に関して途上国同士で協力をすること。途上国の集団的自力更生を目指す。

イー-シー-ディー-シー〘ECDC〙《European Centre for Disease Prevention and Control》欧州疾病対策センター。EUにおける感染症の予防・対策強化を行う保健衛生機関。2005年設立。本部はストックホルム。➡CDC

イージー-パンツ《和 easy＋pants》ゴムを使いウエストを楽にしたズボン。股上が深く、ゆったりしている。

イー-シー-ビー〘ECB〙《European Central Bank》►欧州中央銀行

イー-シー-ピー〘ECP〙《extended capabilities port》コンピューターと周辺機器を接続するパラレルインターフェースにおけるデータ転送仕様の一。

イージー-フィッティング〘easy fitting〙ゆるやかに体に合わせたコートやドレス。また、そういうデザイン。ゆったりしているがだぶだぶした感じではない。

イージー-ペイメント《easy-payment systemから》分割払い。

イー-シー-ユー〘ECU〙《European Currency Unit》►エキュー

イー-シー-ユー〘ECU〙《electronic control unit》自動車の、電子制御装置。

イー-シー-ユー〘ECU〙《European Clearing Union》►イー-ピー-ユー(EPU)

イージー-リスニング〘easy listening〙気軽に聴ける、ピアノや小編成のオーケストラなどによる小曲や軽音楽。

イー-ジェー〘EJ〙《electronic journalism》電波ジャーナリズム。「テレビ報道」の意。

イー-しじょう【e市場】►電子市場

イージス〘Aegis〙米海軍の開発した艦隊防空システム。目標の捕捉・識別、脅威の評価、武器の決定・誘導などが自動化されていて、同時攻撃に対処できる。エイジス。「—艦」

イージス-かん【イージス艦】《Aegis destroyer》目標の捜索・探知から情報処理、攻撃までを自動処理する高性能対空ミサイルシステムを搭載した軍艦。

いい-しぶ・る【言(い)渋る】〔動ラ五(四)〕ためらってなかなか言わない。言いにくそうにする。「返事を—・る」

いいじま-いさお【飯島魁】[1861〜1921]動物学者。静岡の生まれ。東大教授。海綿・人体寄生虫・鳥など広範囲にわたる研究を行い、日本の近代動物学の基礎を築いた。著「動物学提要」など。

いい-じゅうぎょう【異位重行】朝廷の儀式のときの並び方。位階の高い順に前から後ろに並び、同位の者は横1列に並んだ。

いい-じょう【言(い)条】・【言(い)状】❶言いたい事柄。言い分。「自分の—ばかり通そうとして」〈紅葉・金色夜叉〉❷(「…と」「…とは」を受けて)…とは言うものの。…とは言いながら。「邸うちとは一距離のある森つづきの小径づたいで」〈野上・迷路〉

イー-ショッピングモール【eショッピングモール】《electronic shopping mall》►サイバーモール

イー-ショップ【eショップ】《electronic shop》►オンラインショップ

いい-しらけ【言(い)白け】《「いいじらけ」とも》❶発言がその場にそぐわなくて気まずくなること。「最早来玉うな、何しに来ん、お前様こそ、その—に、見合さぬ顔も僅か二日目」〈一葉・闇桜〉❷言い負けること。「言ひかかっては、—に済まさぬ女」〈浄・大塔宮〉❸機会をとらえて話を打ち切ること。「是を—に立ち帰るに」〈浮・男色大鑑・八〉

いい-しら・ける【言(い)白ける】〔動カ下一〕図いひしら・く〔カ下二〕《「いいじらける」とも》❶発言が場にそぐわなくて気まずくなる。「強弁すればするほど、かえって—・けてしまう」❷言い争って負けそうになる。「高慢第一の守屋の臣、—・けてぞ見えにける」〈浄・聖徳太子〉❸機会をとらえて話を打ち切る。「笑ひをしほに—・け、先を払ひて立ち帰る」〈浄・反魂香〉

いいしら-ず【言ひ知らず】〔連語〕《動詞「いいしる」の未然形＋打消しの助動詞「ず」》何とも言いようがないようす。善悪・美醜などの両方に使う。「—ず(＝スバラシク)なまめかしう見ゆ」〈源・賢木〉「—ぬ(＝ツマラナイ)民のすみか」〈枕・三九〉

いい-し・る【言ひ知る】〔動ラ四〕ものの言い方を知っている。「若ければ、文もをさをさしからず、ことばも—・らず」〈伊勢・一〇七〉

いい-しれ-ない【言(い)知れない】〔連語〕何と言っていいかわからない。言葉で言い表せない。言い知れぬ。「—ない空しさをおぼえる」

いい-しろ・う【言ひしろふ】〔動ハ四〕❶互いに言う。話し合う。「都には、いと浮かびたる事ども心のひきひき—・ふ」〈増鏡・三神山〉❷言い争う。言い合いする。口論する。「とかく—・ひて、この御文はひき隠し給ひつれば」〈源・夕霧〉

いい-すぎ【言(い)過ぎ】度を越えて言うこと。過言。「親友とはいえ、それはちょっと—だ」

(類語)過言

いい-す・ぎる【言(い)過ぎる】〔動ガ上一〕図いひす・ぐ〔ガ上二〕度を越えて言う。必要以上に言う。言い過ごす。「かっとなって、つい—・ぎた」

いい-すく・める【言い×竦める】〔動マ下一〕図いひすく・む〔マ下二〕相手を言葉巧みにやりこめる。

いい-すごし【言(い)過(ご)し】言いすぎ。過言。「十兵衛、過日の—は堪忍して呉れ」〈露伴・五重塔〉

いい-すご・す【言(い)過(ご)す】〔動サ五(四)〕「言い過ぎる」に同じ。「調子に乗って—・す」

いい-ずし【▽飯×鮨】塩をして熟らしたサバ・アユなどに、塩飯を詰めて元の形にもどし、積み重ねて数日から1か月間熟成させた鮨。生成り。生熟れ。(季 夏)

イースター〘Easter〙キリストの復活を記念するキリスト教の祝日。春分後の最初の満月の次の日曜日に行われる。イースターサンデー。復活祭。(季 春)

イースター-エッグ〘Easter egg〙❶キリスト教で、復活祭を祝うために殻に色を塗るなどして飾り付けたゆで卵。❷ソフトウエアの開発技術者が密かに隠したメッセージや悪意の無い「いたずら」のこと。特殊な操作により、ユーモラスな画像や開発者の顔写真が表示されたりする。キリスト教で、復活祭の際、❶の卵を隠して子供たちに探させる遊びにちなむ。

イースター-サンデー〘Easter Sunday〙►イースター

イースター-とう【イースター島】《Easter》南太平洋の東部にある島。チリ領。1722年のイースターの日にオランダ人が発見。巨人石像モアイがある。パスクア島。ラパヌイ島。

イースター-パレード〘Easter parade〙イースターを祝う仮装行列や山車などの行進。

イースダック〘EASDAQ〙《European Association of Securities Dealers Automated Quotations》欧州店頭株式市場。米国ナスダックにならい、欧州ベンチャーキャピタル協会が1996年1月に設立。

イースタン-グリップ〘Eastern grip〙テニスで、ラケット面を地面と垂直に立てて、握手をするように横から握る握り方。ラケットの両面を使う。米国東部で多く用いたところからの名。シェークハンドグリップ。

イースタン-タウンシップス〘Eastern Townships〙カナダ、ケベック州南部、モントリオール南東の地域名。アメリカ独立革命時に、ロイヤリスト(イギリス系王党派)が移住して築いた町が多い。マゴグ、ノースハトリー、ノールトン、ダナムなどの町がある。

イースタン-リーグ〘Eastern League〙日本プロ野球のセントラルリーグ、パシフィックリーグの両リーグのうち、関東以北に本拠をもつチームの二軍で結成するリーグ。⇔ウエスタンリーグ。

いい-すて【言(い)捨て】《「いいずて」とも》❶言い捨てること。また、言い捨てた言葉。言いっぱなし。「—にして立ち去る」❷連歌・俳諧で、句を懐紙に書き留めないで詠み捨てること。また、その座興の句。「只今は連歌の—をしたと見えたが」〈虎明狂・大黒連歌〉❸《❷の誤用》点取り俳諧に対して、点取りをしない俳諧のこと。

イーズデイル-とう【イーズデイル島】《Isle of Easdale》►イーズデール島

イーズデール-とう【イーズデール島】《Isle of Easdale》英国スコットランド西部、インナーヘブリディーズ諸島の島。隣接するシール島とともに、かつてスレートの産出で栄えた。島の歴史や伝統的な暮らしを紹介する博物館がある。イーズデイル島。

いい-す・てる【言(い)捨てる】〔動タ下一〕図いひす・つ〔タ下二〕❶言いたいことをその場限りに言う。言いっぱなしにする。「苦情を—・ててその店を出る」❷ふと口にする。無造作に言う。「昔の人は、ただいかに—・てたることくさも、皆いみじく聞こゆるにや」〈徒然・一四〉❸連歌・俳諧で、その場限りで句を詠み捨てて、記録しないでおく。「—・てられし句どもをあつめ」〈貝おほひ・序〉

(類語)言い残す・言い伝える・言い置く・捨て台詞

イースト〘east〙東。東方。⇔ウエスト。

イースト〘yeast〙酵母のこと。

イー-ストア【eストア】《electronic store》►オンラインショップ

イースト-エンド〘East End〙ロンドン市東部の地区。もとスラム街があったが、再開発により住宅・商店街化が進む。

イースト-コースト〘East Coast〙アメリカの東海岸。ボストン、ニューヨーク近辺をさす。

イースト-サイド〘East Side〙ニューヨーク市マンハッタンの5番街以東の地区。国連本部ビルがある。狭義には、セントラルパーク東側の高級住宅・専門店が並ぶ地区をさす。

イースト-ビレッジ〘East Village〙米国ニューヨーク市マンハッタン南東の地区名。若者が集まる街として知られる。日系のレストランや商店が多い。

イースト-フード〘yeast food〙食品添加物の一種で、製パン時に用いる生地調整剤。無機塩類・酵素・酵素安定剤などを配合し、イーストの発酵補助と生地改良を目的とする。

イーストマン〘George Eastman〙[1854〜1932]米国の発明家。イーストマン-コダック社の設立者。写真感光材料・カラーフィルムやコダックカメラを発明。

イーストレーキ〖Frank Warrington Eastlake〗［1858～1905］米国の英語学者。明治17年(1884)に来日。斎藤秀三郎とともに東京正則英語学校を開設、英語の普及に努めた。棚橋一郎と「ウェブスター氏新刊大辞書和訳語彙」を共編。東湖と号した。

いいずな　イタチ科の哺乳類。食肉類では最小で、体長15～20センチ、尾長2、3センチ。冬季は全身白色、夏季は背面が褐色となる。アジア北部・ヨーロッパ・北アメリカに分布。日本では北海道と東北地方北部に生息し、ネズミなどを捕食。こえぞいたち。(補説)「飯綱」と書くこともある。

いい-すべら・す【言(い)滑らす】㊀〔動サ五(四)〕言ってはいけないことまで言う。口を滑らす。「『…女中はわたくし一個』と―・して噤む口」〈逍遥・細君〉㊁〔動サ下二〕㊀に同じ。「底意の悪を座興になし、―・する油口」〈浄・浦島年代記〉

イースポ-げんしょう【Eスポ現象】《「スポ」はsporadicの略》大気圏のうちE層とよぶ地上約90～140キロの電離圏に、太陽面爆発に関連して電子密度の不均一部分ができる現象。短波の受信感度の低下をもたらす。

イーズメント〖easement〗地役権。土地の通行権や日照権などをいう。

いい-ずら・う【言ひ▽論ふ】〔動ハ四〕あれこれ言う。「綱取り掛け引こづらひありなみすれど―・ひありなみすれど」〈万・三三〇〇〉

イースランド〖Iceland〗《氷の国の意》「アイスランド」のアイスランド語による呼称。

いい-せいい【以×夷制×夷】「夷を以て夷を制す」に同じ。

イー-せいふ【e政府】▶電子政府

イーゼル〖easel〗絵を描くときにカンバスを載せる台。画架。また、携帯用三脚。

イーゼル-マスク〖easel mask〗写真で、引き伸ばし機を用いて露光するとき、印画紙を定位置に平らに置くためのマスク。

イー-そう【E層】地上から約90～140キロメートルにある電離層。短波を反射する。ケネリーヘビサイド層。

いい-そ・える【言(い)添える】〔動ア下一〕図いひそ・ふ〔ハ下二〕言葉を付け加える。言い足す。「お礼の言葉を―・える」

いい-そこない【言(い)損ない】言いまちがえること。言い誤り。失言。

いい-そこな・う【言(い)損なう】〔動ワ五(ハ四)〕❶言いまちがえる。言葉をまちがえたり、不適当なことを言ったりする。「台詞を―・う」❷発言のきっかけを失ったり、言うことを忘れたりして言わないでしまう。「時間切れで―・った」(類語)言いそびれる

いい-そ・す【言ひ▽過す】〔動サ四〕度を越して言う。言いすごす。「かしこく教へたつるかなと思ひ給へて、我たけく―・しはべるに」〈源・帚木〉

いい-そそく・れる【言いそそくれる】〔動ラ下一〕図いひそそく・る〔ラ下二〕言いそびれる。「何遍白状しようと覚悟したか知れんが、―・れて」〈上司・石川五右衛門の生立〉

いい-そび・れる【言いそびれる】〔動ラ下一〕図いひそび・る〔ラ下二〕言い出すきっかけを失って、言えずに終わる。言いはぐれる。「お礼を―・れてしまった」(類語)言い損なう

いい-そ・む【言ひ初む】〔動マ下二〕口に出す。言いはじめる。また、はじめて言い寄る。「かりそめの戯れ言をも―・め給へる人の」〈源・宿木〉

いい-そんじ【言(い)損じ】言いまちがい。

イータ〖H｜η｜eta〗▶エータ

いいだ【飯田】長野県南部の市。伊那盆地南部の中心地。もと堀氏の城下町。水引工芸が特産。西部には茶の湯に最適といわれる湧水、猿庫の泉がある。平成17年(2005)10月、上村・南信濃村を編入。人口10.5万(2010)。

イーター〖ITER〗《International Thermonuclear Experimental Reactor》日本・EU(欧州連合)・ロシア・米国・中国・韓国・インドが国際共同プロジェクトとして建設を計画している大型の熱核融合実験装置。フランス南東部プロバンス地方のカダラッシュに建設される。設計プロジェクトは1988年に開始、2027年に本格運転開始予定。運転期間は20年の予定。国際熱核融合実験炉。

いいたい-ほうだい【言いたい放題】〔名・形動〕自分の言いたいことを勝手気ままに口に出して言うこと。また、そのさま。「―に酷評する」

いい-だくだく【唯唯諾諾】〔ト・タル〕図〔形動タリ〕少しも逆らわずに他人の言いなりになるさま。「―として命令に服している」(類語)諾諾

いい-だこ【▽飯×蛸】マダコ科のタコ。内海の砂泥底にすみ、全長約30センチ。体表は淡黄褐色で、両眼の間に金色の眼状紋がある。産卵期は冬から春先で、成熟卵は米粒状。食用。(季 春)「―のあはれやあれで果てるげな/来山」

いい-だし【言(い)出し】❶人よりも前に言うこと。はじめに言うこと。また、その人。「お若い方々前に置いて老人の―は怪しからぬようなれど」〈露伴・いさなとり〉❷話・歌などの最初の言葉・文句。

いいだ-し【飯田市】▶飯田

いいだ-じけん【飯田事件】明治17年(1884)、愛知・長野両県の自由民権派による政府転覆未遂事件。秩父事件に呼応して、租税軽減・徴兵令廃止などをスローガンに、飯田で挙兵することを計画したが、事前に発覚した。

いいだしっ-ぺ【言(い)出しっ×屁】《最初に臭いと言い出した者が、おならをした当人だという意から》❶自分の無実・潔白などを最初に言い出した者が犯人であること。また、その者。❷物事を最初に言い出した人。「まず―の君が交渉にあたってくれ」

いいだし-べ【言(い)出し×屁】「いいだしっぺ」に同じ。「いや、今夜は、ぼくが―だから、ぼくが払う」〈山本有三・生きとし生けるもの〉

いい-た・す【言(い)足す】〔動サ五(四)〕言葉の足りないところを補って言う。付け加えて言う。「説明の不十分な点を―・す」

いい-だ・す【言(い)出す】〔動サ五(四)〕❶言い始める。口に出して言う。「赤ん坊が片言を―・した」「突拍子もないことを―・す」❷いちばん先に言う。「―・した人が責任をもつ」(類語)言う・話す・語る・しゃべる・述べる・発言する・口を利く・口に出す・口にする・吐く・漏らす・口走る・抜かす・ほざく・うそぶく

イータス-モデル【ETASモデル】《epidemic-type aftershock sequence model》1980年代に開発された、地震活動の標準モデル。地震の活動変化の中から、統計学的に異常な振る舞いを検出する。地震活動の短期予測に有効であり、余震の発生確率予測などに用いられる。

いいだ-せん【飯田線】東海道本線豊橋と中央本線辰野を結ぶJR線。沿線に伊那・飯田などの都市がある。昭和18年(1943)私鉄4線を統合して国有化、飯田線と改称。全長195.8キロ。

いいだ-たけさと【飯田武郷】［1827～1900］幕末・明治の国学者。信濃国高島藩士。平田篤胤没後その門に入り、尊王運動にも参加。著「日本書紀通釈」など。

いいだ-だこつ【飯田蛇笏】［1885～1962］俳人。山梨の生まれ。本名、武治。別号、山廬。早大中退。高浜虚子に俳句を学び、「ホトトギス」に参加。俳誌「雲母」を主宰。句集に「山廬集」「霊芝」「白岳」「椿花集」など。

いいだ-ただひこ【飯田忠彦】［1798～1860］江戸末期の歴史家・勤皇家。周防の人。安政の大獄で謹慎処分。その後、桜田門外の変で取り調べを受け自刃。著「大日本野史」など。

いい-た・つ【言ひ立つ】㊀〔動タ四〕❶ものを言いながら立っている。「物をいと久しう―・ち給へれば」〈枕・四九〉❷言い始める。「同じくは、さらば帝の御上よりこそ―・ちなめ」〈無名草子〉❸うわさが立つ。「いかにして死ぬるやらんと、心も得ざりけるほどに、この岩のある故ぞ、と―・ちにけり」〈宇治拾遺・二〉㊁〔動タ下二〕「いいたてる」の文語形。

イー-タックス〖e-Tax〗国税庁が運営する国税電子申告・納税システムの通称。所得税・法人税・消費税といった国税の申告、納税、および青色申告の承認申請などをインターネットで行うことができる。平成16年(2004)国税の電子申告から順次導入。

いい-たて【言(い)立て】《「いいだて」とも》❶取り立てて言うこと。強く主張すること。「先方の―を聞く」❷言い逃れの言葉。口実。「お勢は気分悪いのを―にして英語の稽古にも往かず」〈二葉亭・浮雲〉❸宣伝的な事柄を、節をつけて述べ立てること。口上。「歯磨き売りの居合抜き、売薬の―」〈滑・膝栗毛・七〉❹歌舞伎の舞台で、特にまとまった事柄を朗唱風に述べる台詞。

いい-た・てる【言(い)立てる】〔動タ下一〕図いひた・つ〔タ下二〕❶強く主張する。言い張る。「犯人はあいつだと―・てる」❷一つ一つ数え上げて言う。列挙して述べる。「人の欠点を―・てる」❸評判を立てる。言いはやす。「世間があれこれと―・てる」❹口実にする。かこつける。「病気に―・て、無理においとま申しうけ」〈浮・織留・六〉(類語)言い放つ・言挙げ

いいだ-とくじ【飯田徳治】［1924～2000］プロ野球選手・監督。神奈川の生まれ。昭和22年(1947)南海(現福岡ソフトバンク)に入団。一塁手として活躍。打点王を二度獲得し、1246試合連続出場を記録。引退後はサンケイ・南海の監督を務めた。

イー-ダブリュー〖EW〗《Extinct in the Wild》レッドリストのカテゴリー「野生絶滅」の略号。

イー-ダブリュー-エス〖EWS〗《engineering workstation》▶エンジニアリングワークステーション

イー-ダブリュー-エス〖EWS〗《emergency warning system》▶緊急警報放送

いい-ちがい【言(い)違い】まちがえて言うこと。また、その言葉。言いまちがい。

いい-ちが・う【言(い)違う】㊀〔動ワ五(ハ四)〕「言い違える」に同じ。「言づてを―・わないようにする」㊁〔動ハ下二〕「いいちがえる」の文語形。

いい-ちが・える【言(い)違える】〔動ア下一〕図いひちが・ふ〔ハ下二〕言いまちがえる。思っていることと違うことを言ったり、言葉をまちがえたりする。「名前を―・える」

いい-ちぎ・る【言ひ契る】〔動ラ四〕男女が互いに口に出して誓い合う。「後の世にも同じ蓮にとのみ、―・らせ給ひつつ」〈狭衣・四〉

イーチャン【一荘】《中国語》マージャンの正式な1ゲーム。4人の競技者が東南西北の親を1回ずつ、最低16回の勝負を行う。

いい-ちら・す【言(い)散らす】〔動サ五(四)〕❶うわさなどをあちらこちらで言う。言い触らす。「あることないこと―・して歩く」❷勝手なことを言いまくる。言いたいほうだいを言う。「不平不満を―・す」

イー-ツェー-エー〖ICE〗《ドイ InterCity Express》ドイツ新幹線。ドイツ鉄道の高速列車。専用線路もあるが、駅などは在来線と共用がほとんど。国内主要都市を結び、近隣国へも乗り入れている。

いいづか【飯塚】福岡県中北部の市。江戸時代は長崎街道の宿場町として栄え、明治末から筑豊炭田の中心地。現在は工業・商業が発展。平成18年(2006)3月、筑穂町・穂波町・庄内町・頴田町と合併。人口13.1万(2010)。

いいづか-し【飯塚市】▶飯塚

いい-つか・る【言(い)付かる】〔動ラ五(四)〕言い付けられる。命令される。「母から用を―・る」

いい-つぎ【言(い)継ぎ】❶語り伝え。言い伝え。❷取り次ぐこと。伝言。「―の侍、…思はざる外に参りて侍ると聞こえければ」〈十訓抄・七〉❸間に立って口をきく人。周旋人。「後は―までお出入りの家のふさがるを恨み」〈浮・禁短気・三〉

いい-つ・く【言ひ付く】㊀〔動カ四〕❶言葉をかけ

る。言い寄る。「心かけて侍りけれど―・かむ方もなくつれなきさまに見えければ」〈後撰・恋二・詞書〉❷男女が親しい間柄になる。「その武蔵なむ後は返り事はして―・きにける」〈大和・一〇三〉⊟〔動カ下二〕「いいつける」の文語形。

いい-つ・ぐ【言(い)継ぐ】〔動ガ五(四)〕❶語り伝える。言い伝える。「万世に―・ぐ」❷それまでの言葉に続けて言う。「一度息をついて―・ぐ」❸言葉で取り次ぐ。伝言をする。「局に前々―・ぎし女の童を呼びて」〈今昔・三〇・一〉

いい-つく・す【言(い)尽(く)す】〔動サ五(四)〕残すところなく、すべて言ってしまう。「私の気持ちは―・した」

(類語)言いまくる・まくし立てる・言い募る

いい-つくろ・う【言(い)繕う】〔動ワ五(ハ四)〕失敗などを体よく言葉でごまかす。うまく言ってとりつくろう。「その場を―・う」

いい-つけ【言(い)付け】❶目下の者に対する命令や指示。「父の―で参りました」❷告げ口。

(類語)命令・命・令・指令・下命・指示・指図・号令・発令・沙汰・主命・君命・上意・達し・威令・厳令・厳命

いい-つ・ける【言(い)付ける】〔動カ下一〕図いひつ・く〔カ下二〕❶命令する。「用事を―・ける」❷告げ口する。「先生に―・けてやる」❸言い慣れている。いつも言って慣れている。「―・けない言葉を使う」❹言って頼む。ことづけする。「かの人の―・けしことなど、染め急ぐを見るにつけても」〈源・手習〉❺名づける。言いなす。「妹背などー・けて語らひ侍りけるに」〈後拾遺・雑五・詞書〉❻しかる。厳しく言い聞かせる。「あのやうなる事を申す程に、―・けて下されい」〈虎明狂・連尺〉(類語)頼む・命令・申し付ける・申し渡す・申し聞かせる・言い渡す・仰せ付ける・命ずる

いい-つ・げる【言(い)告げる】〔動ガ下一〕図いひつ・ぐ〔ガ下二〕言葉で知らせる。告げ口する。「お銀は笑いながら笹村に―・げた」〈秋声・黴〉

いい-つたえ【言(い)伝え】❶昔から口づてに伝えられてきた事柄。口碑。伝説・ことわざなど。「古い―を守る」❷ことづて。伝言。(類語)伝説・俗伝・伝承・物語・話・叙事・ストーリー・お話・作り話・虚構・フィクション・説話・小説・伝え話・昔話・民話

いい-つた・える【言(い)伝える】〔動ア下一〕図いひつた・ふ〔ハ下二〕❶人々の口を経て話を後世に伝える。語り伝える。「古くから―・えられてきた物語」❷言葉を取り次ぐ。伝言する。「社長の命令を―・える」❸言い広める。評判を立てる。「―・えられた醜聞」(類語)言い残す・言い置く・言い捨てる

いい-つづ・ける【言(い)続ける】〔動カ下一〕図いひつづ・く〔カ下二〕❶切れ目なく話す。「だらだらと愚痴を―・ける」❷繰り返して言う。「災害対策の必要性を―・ける」

いいづな-やま【飯縄山|飯綱山】長野県北部にある火山。標高1917メートル。頂上にある飯綱神社は修験道と関係が深い。裾野は飯綱高原。

いい-つの・る【言(い)募る】〔動ラ五(四)〕調子に乗っていよいよ激しく言う。「興奮して声高に―・る」

(類語)言いまくる・まくし立てる・言い尽くす

いいっ-ぱなし【言いっ放し】《「いいはなし」の音変化》言いたいことだけを言うこと。言うだけでそのままになっていること。言い捨て。「反対意見を―のまま、あとは知らん顔をしている」

いい-つ・める【言(い)詰める】〔動マ下一〕図いひつ・む〔マ下二〕❶最後のところまで言う。「言い懸けて敢て―・めず」〈二葉亭・浮雲〉❷言葉で、逃げ場のないところまで追いつめる。言いこめる。「厳しく―・められて、返答に窮する」

いい-つら・ねる【言(い)連ねる】〔動ナ下一〕図いひつら・ぬ〔ナ下二〕言葉を並べたてて言う。「勢いにまかせて悪口を―・ねる」

いい-つらのかわ【▽好い面の皮】〔連語〕割に合わないことに出会ったときに、自嘲したり同情したりしていう語。とんだ恥さらし。いい迷惑。「いつも引き立て役にされて―だよ」

イー-ティー〔ET|E.T.〕《extra-terrestrial》地球外生物。地球外生命。

イー-ティー〔ET〕《enterostomal therapist》►エンテロストマールセラピスト

イー-ティー〔ET〕《emissions trading》►排出量取引

イー-ディー〔ED〕《Erectile Dysfunction》►勃起不全

イー-ディー〔E/D〕《export declaration》輸出申告書。

イー-ディー〔ED〕《environmental disruption》環境破壊。

イー-ディー〔ED〕《Department of Education》米国教育省。1980年設立。DOEとも。

イー-ティー-アール〔ETR〕《engineering testing reactor》工学試験炉。試験用原子炉の一つで、強力な放射能を原子炉の材料にあてるための装置。

イー-ディー-アール〔EDR〕《European Depositary Receipt》欧州預託証券。欧州の証券市場で、外国株式の現物に代わって流通する代替証券。➡DR

イー-ディー-アール〔EDR〕《event data recorder》►イベントデータレコーダー

イー-ディー-アール-シー〔EDRC〕《Economic and Development Review Committee》経済開発検討委員会。OECD(経済協力開発機構)の下部機関。

イー-ディー-アイ〔EDI〕《electronic data interchange》コンピューターネットワークを通じて、企業間で商取引に関する電子データを交換しあう仕組み。

イーディーアイ-すいしんきょうぎかい【EDI推進協議会】►ジェディック(JEDIC)

イーディーエー-さくたい【EDA錯体】《electron donor acceptor complex》►電荷移動錯体

イー-ティー-エス〔ETS〕《engineering test satellite》技術試験衛星。人工衛星の開発・改善・発展に必要な高度技術を実験・確認するための衛星。宇宙航空研究開発機構(旧宇宙開発事業団)により、「きく」の愛称で1975年から打ち上げられている。

イー-ティー-エス〔ETS〕《Educational Testing Service》米国の学生の学力・適性試験を行う民間の機関。1947年設立。本部は、ニュージャージー州ユーイング。

イー-ディー-エス〔EDS〕《Ehlers-Danlos syndrome》►エーラスダンロス症候群

イー-ティー-エス-アイ〔ETSI〕《European Telecommunications Standards Institute》欧州電気通信標準化協会。ヨーロッパ以外も含めて59か国が参加。1988年設立。本部は、フランスのソフィアアンティポリス。

イー-ティー-エフ〔ETF〕《exchange traded fund》TOPIX(東証株価指数)や日経平均株価、外国の株価指数などの基準になる株式を組み入れ、指数と連動するよう運用される投資信託。インデックスファンドに似るが、インデックスファンドはそのファンドを扱う証券会社などの販売会社でのみ売買できるのに対し、ETFは証券取引所(金融商品取引所)に上場され、株式と同じように証券会社を通じて市場で売買できる。上場投信。株価指数連動型上場投資信託。

イー-ディー-エフ〔EDF〕《European Development Fund》欧州開発基金。ACP諸国などにおける開発支援を実施する開発援助機関。1958年設立。本部はブリュッセル。

イーディー-カード【EDカード】《embarkation disembarkation card》出入国記録カード。

イーディー-ガラス【EDガラス】《extra-low dispersion glass》特殊低分散ガラス。色収差が少ないため、カメラや望遠鏡などの光学製品のレンズに用いられる。高屈折率、低分散性、異常部分分散特性をもつ。➡EDレンズ

イー-ティー-シー〔ETC〕《Electronic Toll Collection System》有料道路の料金所で、車を止めずに料金の精算ができる方式。車載の発信器と専用のICカードが必要。自動料金収受システム。

イー-ディー-シー〔EDC〕《endocrine-disrupting contaminant》内分泌撹乱物質。体内に入ると、ホルモンの分泌を乱し、生殖機能などに影響を与える物質。

イー-ディー-ティー-エー〔EDTA〕《ethylenediaminetetraacetic acid》エチレンジアミンテトラ酢酸の略称。

イー-ディー-ティー-ブイ〔EDTV〕《enhanced definition television, extended definition television》高画質テレビの規格の一。NHKが開発したハイビジョン(HDTV)に対抗して民放各社が共同で開発した規格で、EDTV ⅠとEDTV Ⅱの2方式がある。EDTV Ⅰは従来の送受信方式を変えず、送信設備と受像機の改良で、画像の揺れやちらつきなどをなくして、高品質の画像を得るもの。平成元年(1989)から放送が開始され、一般にクリアビジョンと呼ばれている。また、EDTV Ⅱは画面の縦横比がハイビジョンと同じ9対16の横長で、より一層の高画質化が図られた。Ⅱは一般にワイドクリアビジョンと呼ばれ、同7年に放送開始。同23年7月以降のアナログ停波に伴い終了した。

イー-ディー-ビー〔EDB〕《ethylene dibromide》二臭化エチレン。米国で農業用殺虫剤に使用されていたが、発癌性があるとされ、使用が規制された。

イー-ティー-ビー-イー〔ETBE〕《ethyl tertiary-butyl ether》►エチル-ターシャリー-ブチル-エーテル

イー-ディー-ピー-エス〔EDPS〕《electronic data processing system》コンピューターを使って事務・管理・会計などのデータを処理するシステム。

イー-ティー-ユー-シー〔ETUC〕《European Trade Union Confederation》欧州労働組合連合。欧州労連。1973年、ICFTU(国際自由労連)の欧州の加盟組合が結成した地域組織。のち、WCL(国際労連)・WFTU(世界労連)の加盟組合も参加。本部はブリュッセル。

イーディー-レンズ【EDレンズ】《extra-low dispersion lens》特殊低分散レンズ。高屈折率、低分散性、異常部分分散特性をもつEDガラスを使用する。色収差が少ないため、カメラや望遠鏡などの光学製品のレンズに用いられる。

いいで-さん【飯豊山】山形・新潟の県境にある山。標高2105メートル。山頂近くに飯豊山神社があり、農業の神をまつる。磐梯朝日国立公園に属する。かつては女人禁制の山だった。

いいで-さんち【飯豊山地】山形・新潟・福島の県境にある山地。主峰の飯豊山は標高2105メートル、大日岳が2128メートル、三国岳が1631メートル。磐梯朝日国立公園の一部。

イーデン〔Robert Anthony Eden〕[1897～1977]英国の政治家。チェンバレン内閣の外相となるが、対独宥和策に反対して辞任。チャーチル戦時内閣で再び外相となり、連合国間の提携に寄与。第二次大戦後首相となるが、スエズ出兵で批判を受けて辞任。

イード〔アラビア ʻīd〕祝祭。祝日。

イード-アル-アドハー〔アラビア ʻĪd al-Aḍḥā〕イスラム教の犠牲祭。イスラム暦第12月(ズール-ヒッジャ)のメッカ巡礼の最終日の10日に行われる動物犠牲の儀礼。これに合わせて全イスラム世界の家庭でも行われる。

イード-アル-フィトル〔アラビア ʻĪd al-Fitr〕イスラム教の断食明けの祭り。イスラム暦第9月(ラマダーン)の断食明けを祝って、次のシャッワールの1日から3日まで行われる。

イート-イン《和 eat＋in》❶買った食べ物を店内の客席で飲食すること。❷持ち帰りと店内飲食とを併設しているファーストフード店の営業形態。

いい-とお・す【言(い)通す】〔動サ五(四)〕ずっ

い

と同じことを言う。どこまでも主張する。言い張る。「自説を曲げずに—・す」
(類語)言い張る・啖呵を切る
いい‐とお・る【言ひ通る】〔動ラ四〕筋の通った話をする。「世のすきものにて、物よく—・れるを」〈源・帚木〉
いい‐と・く【言ひ解く】〔動カ四〕事情を話して理解を求める。言い開きをする。弁解する。「今—・くともまこととせじ」〈人・梅美婦禰・三〉
いいとこ‐どり【▽好いとこ取り】全体の中から、いい部分だけを取り出すこと。「日本と北欧の両方から—をした建築」「—の着メロ集」
いい‐とし【▽好い年】〔連語〕❶十分に分別のある年齢。多く、年齢に不相当な行為などをあざける気持ちを含んで使う。「—をしてばかなまねをするな」❷相当な年輩。「先生も、もう—だろう」
いいとよあおの‐ひめみこ【飯豊青皇女】履中天皇の皇孫。市辺押磐皇子の王女。清寧天皇没後に一時、政務を執ったので飯豊天皇とも称されたが世代には数えない。青海皇女。
いい‐とり【▽好い鳥】〔連語〕「好い鴨」に同じ。「彼は—がと言わぬばかりにたちまち通せんぼをして」〈中勘助・銀の匙〉
イートン〖Eton〗英国バークシャー州の都市。ロンドン西方のテムズ川北岸にある。
イートン‐カラー〖Eton collar〗《イートンカレッジの制服から》襟のスタイルの一。折り襟の上に、さらに幅の広い白襟をつけたもの。
イートン‐カレッジ〖Eton College〗イートンにある私立男子学校。1440年にヘンリー6世が開校。上流階級の子弟を教育する英国最古のパブリックスクール。➡ハロースクール ➡ラグビースクール
イートン‐ジャケット〖Eton jacket〗イートンカレッジの制服。またその型をまねたジャケット。丈が短く、折り襟の幅が広く、前のボタンを留めずに着るのが特徴。
いい‐なお・す【言(い)直す】〔動サ五(四)〕❶同じことをもう一度言う。「大声ではっきりと—・す」❷訂正してもう一度言う。言い改める。「まちがいに気付いてすぐに—・す」❸言葉をかえてもう一度言う。「易しい表現で—・す」
(類語)言い換える・換言
いい‐なおすけ【井伊直弼】[1815〜1860]江戸末期の大老。近江国彦根藩主。掃部頭。勅許を得ずに日米修好通商条約に調印。反対勢力を弾圧して「安政の大獄」を起こし、水戸・薩摩の浪士らに江戸城桜田門外で殺された。➡桜田門外の変
いい‐なおたか【井伊直孝】[1590〜1659]江戸初期の武将。直政の次子。近江国彦根藩主。大坂夏の陣に功を立て、徳川秀忠・家光・家綱3代に仕えた。
いい‐なおまさ【井伊直政】[1561〜1602]安土桃山時代の武将。徳川家康に仕えた。長久手・小田原合戦に勇名をはせ、関ヶ原の戦いにも功を立てた。
いい‐なか【▽好い仲】〔連語〕男女が愛し合っていること。また、その間柄。「—になる」
(類語)関係・恋仲・相思相愛
いい‐なし【言い×做し】❶その場をうまく取りなすこと。「—を頼む」❷本当でないことをもっともらしく言うこと。「み吉野の春も—のそら目かと分け入る峰に匂へ白雲」〈拾遺愚草・中〉
いいなし‐がわ【飯梨川】島根県東部を流れる川。斐伊川水系の一。中国山地の玉峰山(標高820メートル)北東斜面に源を発して北流、安来市西方で中海に注ぐ。長さ36キロ。古くからの天井川で、河道の変遷が激しい。上流部に布部ダム・山佐ダムがあり、下流部は三角州で園芸農業が盛ん。
いいなし‐ずし【▽飯無し×鮨】飯を用いないで、魚肉だけを塩をかけて熟らした鮨。きずし。
いい‐な・す【言い×做す】〔動サ五(四)〕❶事実とは違うことを事実らしく言う。「彼が犯人であるかのように—・す」「針を棒に—・す」❷取りなして言う。取りはからって言う。「巧みに—・して仲直りさせる」❸特に強調して言う。言いたてる。「この男が渚山をまるで仲間か何かのように—・すのも無理がないほど」〈佐藤春夫・都会の憂鬱〉
(類語)言い含める
いい‐なずけ【許=嫁|許=婚】《動詞「いいなづく」の連用形から》❶双方の親が、子供が幼いうちから結婚させる約束をしておくこと。❷結婚の約束をした相手。婚約者。フィアンセ。
いい‐なづ・く【言ひ名付く】〔動カ下二〕親どうしが子供を結婚させる約束をする。「すでに人の—・けて事定まりたる中」〈太平記・一八〉
いい‐なや・む【言(い)悩む】〔動マ五(四)〕❶言うべきかどうかと悩む。「さんざん—・んだすえ秘密を打ち明ける」❷思うとおりのことが言えないで表現に苦労する。「どうあいさつしたものか—・む」❸言葉に出して心配する。「なほ、いかなる事にかあらむと—・む人多かるに」〈狭衣・四〉
いい‐なら・す【言(い)慣らす|言い×馴らす】〔動サ五(四)〕「言い習わす」に同じ。「昔から—・された表現」
いい‐ならわし【言(い)習わし】古くからそう言われてきた事柄や言葉。
いい‐ならわ・す【言(い)習わす】〔動サ五(四)〕❶世間で慣習として言う。「業界で—・してきた符丁」❷口癖に言う。「十七才なれども、子細あって十六才と—・してあり」〈人・英対暖語・初〉
いい‐なり【言(い)成り】言うとおり。言うがまま。いうなり。「子供の—になる親」
(類語)あなた任せ・一任・人任せ・他人任せ
いいなり‐さんぼう【言ひ成り三宝】「言い成り次第」に同じ。「病人の—にしてあげなせえ」〈滑・浮世風呂・二〉(補説)仏法僧の三宝のように、他人の言うことを尊重する意味からか。
いいなり‐しだい【言(い)成り次第】言うがままになること。いいなり。いいなりほうだい。「親の—にはならない」
いいなり‐ほうだい【言(い)成り放題】「言い成り次第」に同じ。「上役の—に動く」
いい‐な・れる【言(い)慣れる|言い×馴れる】〔動ラ下一〕(文)いひな・る〔ラ下二〕❶言うことにすっかり慣れている。言いつける。「—・れた旧姓で呼んでしまう」❷言い寄ってなれ親しむ。「こと多く—・れたらむ方にぞなびかむかし」〈源・末摘花〉❸表現が練れていて巧みである。「詞も—・れ、姿も詠みすまされ侍る」〈今鏡・五〉
イー‐なんど【E難度】体操競技の技の難度の一つ。最も難しいものであったが、スーパーE難度が上に設けられた。
いい‐にく・い【言い▽難い】〔形〕(文)いひにく・し〔ク〕❶口に出すことがためらわれる。言いづらい。「—・いことだが、あえて言おう」❷発音しにくい。「—・い台詞」
いい‐にげ【言(い)逃げ】〔名〕(スル)「言い逃れ」に同じ。
いい‐ぬけ【言(い)抜け】〔名〕(スル)言い抜けること。また、その言葉。言い逃れ。(類語)弁解・弁明・釈明・申し訳・言い開き・申し開き・言い訳・逃げ口上
いい‐ぬ・ける【言(い)抜ける】〔動カ下一〕(文)いひぬ・く〔カ下二〕言葉巧みにごまかして、責任などを逃れる。言い逃れる。「詰問をうまく—・ける」
いいぬま‐よくさい【飯沼慾斎】[1782〜1865]江戸末期の医者・植物学者。伊勢亀山の人。宇田川榛斎・小野蘭山らに師事。日本で最初のリンネ分類による「草木図説」を執筆。
いい‐ね【言(い)値】売り手の言うとおりの値段。「—で買う」(対)付け値。(類語)売り値・売価
いい‐のがれ【言(い)逃れ】〔名〕(スル)言い逃れること。また、その言葉。言い抜け。言い逃げ。「もう—はきかない」「—してもむだだ」
(類語)弁解・弁明・釈明・申し訳・言い開き・申し開き・言い訳・言い抜け・逃げ口上
いい‐のが・れる【言(い)逃れる】〔動ラ下一〕(文)いひのが・る〔ラ下二〕うまくごまかして、責任をまぬがれる。言い抜ける。「何とかその場を—・れる」
いい‐の・ける【言い▽退ける】〔動カ下一〕(文)いひの・く〔カ下二〕自分の考えを主張して人の言い分をはねつける。「噛んで吐出した様に愛想気もなく—・けた」〈魯庵・くれの廿八日〉
いい‐のこ・す【言(い)残す】〔動サ五(四)〕❶全部言わないで話を残す。「—・したことを手紙に書く」❷あとに残る人に言い置く。「伝言を—・して帰る」「遺産の分与について—・す」
(類語)言い置く・言い伝える・言い捨てる・捨て台詞
いい‐ののし・る【言(い)罵る】〔動ラ五(四)〕❶大声で悪口などをわめき散らす。「人前で—・る」❷口々に大きな声で言う。やかましくうわさする。言いさわぐ。「いよいよ(僧都ヲ)いと尊きものに—・る」〈源・手習〉
いいのや‐ぐう【井伊谷宮】静岡県浜松市北区にある神社。旧官幣中社。祭神は後醍醐天皇の皇子宗良親王。明治5年(1872)の創建。本殿の裏に親王の墳墓がある。
いいの‐やま【飯野山】香川県中央北部にある山。坂出市・丸亀市の境に位置し、円錐形の山容から「讃岐富士」ともいう。標高422メートル。讃岐平野西部に突出した独立峰のため四方から眺められる。山頂からの展望もよく、裾野はモモ・ミカンなどの果樹園や畑が多い。瀬戸内海国立公園に属する。
いい‐はぐら・す【言い▽逸らす】〔動サ五(四)〕話が肝心のところにくると、あいまいな返事をしたり話題を変えたりする。言いはぐらかす。「冗談に—・して本心を明かさない」
いい‐はぐ・れる【言い▽逸れる】〔動ラ下一〕(文)いひはぐ・る〔ラ下二〕言うべき機会を失う。言いそびれる。「肝心の用件を—・れる」
いい‐はげま・す【言(い)励ます】〔動サ五(四)〕❶言葉をかけて元気づける。「頑張れ、と—・す」❷強い口調で責め立てる。言い立てる。「腹立たしくなりて憎げなる事どもを—・し侍るに」〈源・帚木〉
いい‐はじ・める【言(い)始める】〔動マ下一〕(文)いひはじ・む〔マ下二〕❶初めて言う。言いだす。「職場に慣れてくると不満を—・める」❷話し始める。「口ごもりながらも—・めた」❸異性に言い寄り始める。「裳着きしころよりも—・めて、いまに忘れざんなる人は、たれかは」〈宇津保・国譲上〉
いい‐はな・す【言(い)放す】〔動サ五(四)〕「言い放つ」に同じ。「『今夜は已めだ』と—・した儘、代助は外へ出た」〈漱石・それから〉
いい‐はな・つ【言(い)放つ】〔動タ五(四)〕自分の考えていることを遠慮なく言う。はっきりと言う。「聴衆にむかって—・つ」(類語)言い立てる・言挙げ
イーパブ〖epirb〗《emergency position indicating radio beaconの頭文字から》非常用位置表示無線標識。ヨットや漁船などが、事故や暴風雨にあうなどの緊急事態に使用するSOS発信機。海に落ちても浮いたままで発信する。
イーパブ〖EPUB〗電子書籍用のファイル規格の一。米国の電子出版の業界団体IDPFが普及を進めている。アップルのiPad用の閲覧ソフトiBooks、ソニーの電子書籍リーダー、グーグルの書籍全文検索サービスGoogle Booksなどで採用されている。
いい‐はや・す【言い×囃す】〔動サ五(四)〕❶しきりにうわさする。失敗をあれこれ言ったり、ちゃかして言ったりする。「二人の仲を—・す」❷褒めて言う。「ただ—・す様に、いみじき御心をいふ」〈落窪・三〉
いい‐は・る【言(い)張る】〔動ラ五(四)〕自分の考えを主張し続ける。「自説を—・って譲らない」
(類語)言い通す・啖呵を切る
イー‐ビー〖EB〗《electronic book》▶電子ブック
イー‐ビー〖EB〗《electronic banking》▶エレクトロニックバンキング
イー‐ビー〖EB〗《emergency brake》緊急自動列車

停止装置。

イー-ピー〔EB〕《electron beam》►電子線

イー-ピー〔EP〕《extended play》1分間45回転のレコード。直径17センチで中心孔が大きい。ドーナツ盤。EP盤。

イー-ピー〔EP〕《European Parliament》►欧州議会

イー-ピー〔EP〕《European plan》►ヨーロピアンプラン

イー-ピー-アール〔EPR〕《European Pressurized Water Reactor》フランスのアレバ社が開発した次世代型の加圧水型原子炉。出力は世界最大級の160万キロワット。世界初のEPRとなるフィンランドのオルキルオト原子力発電所3号機は、2013年に営業運転を開始する予定。欧州加圧水型(原子)炉。

イー-ビー-アール-ディー〔EBRD〕《European Bank for Reconstruction and Development》欧州復興開発銀行。旧ソ連と東欧8か国の市場経済への移行を支援するために、1991年4月に発足した国際金融機関。本部はロンドン。

イービー-ウイルス【EBウイルス】《Epstein-Barr virus》ヘルペスウイルスの一種。感染・発症すると発熱などを引き起こすが、日本人の多くは抗体をもつ。エプスタインバールウイルス。〖補説〗1964年、このウイルスを発見した英国の医学者エプスタイン(Epstein)とバール(Barr)の名にちなむ。

イーピーウィング〔EPWING〕《electronic publishing WING》電子出版物の規格の一。検索を主体とする電子辞書などで利用される。

イー-ピー-エー〔EPA〕《Environmental Protection Agency》►エパ

イー-ピー-エー〔EPA〕《eicosapentaenoic acid》►エイコサペンタエン酸

イー-ピー-エー〔EPA〕《Economic Planning Agency》►経済企画庁

イー-ピー-エー〔EPA〕《economic partnership agreement》►経済連携協定

イー-ピー-エス〔EPS〕《earnings per share》企業の、1株あたり純利益。年間税引き利益を発行済み株式数で割った比率。株価の収益率(PER)を算出するために用いる基本的な数値。

イー-ピー-エス〔EPS〕《encapsulated PostScript》PostScriptで作成された文書やベクトルグラフィックスのデータを保存するためのファイル形式。この形式のファイルのことをEPSF(EPSファイル)と呼ぶ。

イー-ピー-エス-エフ〔EPSF〕《encapsulated PostScript file》EPS形式で作成されたファイル。

イー-ビー-エックス-エム-エル〔ebXML〕《electronic business XML》企業間の電子商取引に使われるXMLの技術標準。電子ビジネスXML。

イー-ビー-エヌ-エフ〔EBNF〕《extended Backus-Naur form》►拡張BN記法

イー-ビー-エム〔EBM〕《evidence-based medicine》►エビデンス-ベースト-メディシン

イー-ピー-オー〔EPO〕《erythropoietin》►エリスロポイエチン

イー-ピー-ジー〔EPG〕《electronic program guide》電子番組表。テレビの番組表データをテレビ画面やパソコンなどで表示するシステム。

イー-ビー-シディック〔EBCDIC〕►エビシディック

イー-ピー-ピー〔EPP〕《erythropoietic protoporphyria》►骨髄性プロトポルフィリン症

イーピー-ホルモン【EPホルモン】《estrogen progesterone hormone》女性ホルモンのエストロゲンとプロゲステロンとを混合した薬剤。月経不全の治療や生理日を変えるのに用いる。

イー-ビー-ユー〔EBU〕《European Broadcasting Union》欧州放送連合。欧州および北アフリカ、中東諸国の放送局が加盟する国際組織。1950年設立。本部はジュネーブ。

イー-ピー-ユー〔EPU〕《European Payments Union》欧州決済同盟。欧州支払同盟。1950年発足、1958年EMA(欧州通貨協定)に継承され解消。ECU(European Clearing Union)。

イーピー-ロム〔EPROM〕《erasable and programmable read-only memory》コンピューターで、データの消去や書き込みを何度でも行うことができるROM。ICカードの記憶素子などに用いられる。

イー-ビジネス【eビジネス】《e-business》最新の情報技術を活用した、新しいビジネスのあり方。米国IBM社が提唱した販売促進戦略のスローガンに由来する。

いい-びつ【▽飯×櫃】イヒ 飯を入れる木製の器。めしびつ。

イー-ビット-ダー〔EBITDA〕《earnings before interest, taxes, depreciation and amortization》►イービットディーエー

イー-ビット-ディー-エー〔EBITDA〕《earnings before interest, taxes, depreciation and amortization》税引き前利益に、支払い利息、設備投資による減価償却、企業買収による暖簾代償却、特別損益などを加えた利益。税引き前・利払い前・償却前利益。国により異なる会計基準や法人税などの影響をできるだけ排除して算出した利益で、国際的な企業や他国の同業他社を比較・分析する指標の一。

いい-ひと【▽好い人】㊀〔名〕恋人。愛人。「―ができたようだ」㊁〔連語〕❶気質のいい人。好人物。❷あることにふさわしい人。適任者。「その仕事なら―を紹介しよう」

いい-ひらき【言(い)開き】イヒ 言い開くこと。弁明すること。申し開き。「―が立たない」
〖類語〗弁解・弁明・釈明・申し訳・言い訳・申し開き・言い逃れ・言い抜け・逃げ口上

いい-ひら・く【言(い)開く】イヒ〔動カ五(四)〕事情を説明して理由をはっきりさせる。弁明する。「『哲学青年』と目される事を―・くとともに」〈長与・竹沢先生と云ふ人〉

いい-ひろ・める【言(い)広める】イヒ〔動マ下一〕文いひひろ・む〔マ下二〕言って世間に行き渡らせる。言い触らす。「彼の武勇伝を―・める」

イー-ファン【一翻】《中国語。「翻」は倍の意》マージャンで、役がついて得点が2倍になること。

イー-ブイ〔EV〕《electric vehicle》電気自動車。

イー-ブイ〔EV〕《enterprise value》経営指標の一つで、株式時価総額に純有利子負債(金利をつけて返済する負債から、現金・預金などの流動性を引いた額)を加えた額。金融市場から見た企業全体の価値を表すもので、M&Aにおいて買収企業の価値算定に用いる。事業価値。企業価値。

イー-ブイ〔EV〕《elevator》エレベーター。建物の平面図などでエレベーターを表す記号。

イーブイ-イービットディーエー-ばいりつ【EV/EBITDA倍率】企業価値を測る指標の一つで、企業価値(EV)が企業が稼ぎ出す利益(EBITDA)の何倍になるかを表すもの。M&Aの際に買収で生じた負債を何年で返済できるかを算定する目安となる。簡易買収倍率。

イー-ブイ-エー〔EVA〕《economic value added》経済付加価値。キャッシュフローベースの企業評価手法。

イー-ブイ-エー〔EVA〕《extravehicular activity》►船外活動

イー-ブイ-エフ〔EVF〕《electric viewfinder, electronic viewfinder》デジタルカメラやビデオカメラのファインダーの一。イメージセンサーが捉えた画像をファインダー内の小型液晶画面などに電子的に投影する。エレクトロニックビューファインダー。電子ビューファインダー。電子ファインダー。

イーブイ-ち【EV値】《exposure value》カメラで、露光値・露出値。

いい-ふく・める【言(い)含める】イヒ〔動マ下一〕文いひふく・む〔マ下二〕❶納得がいくように説明する。言い聞かせる。「子供たちによく―・める」❷あらかじめ言って承知させる。「必ず来るように―・めておく」
〖類語〗言いなす

イーブシャム〔Evesham〕英国イングランド南西部、ウースターシャー州の町。コッツウォルズ地方の観光地の一。エイボン川沿いに位置し、古くから農産物の集散地として発展。8世紀初頭に創設されたイーブシャム修道院があったが、16世紀のヘンリー8世による修道院解散令により閉鎖された。現在は、鐘楼をはじめとする建物の一部が残っている。

いい-ふ・せる【言(い)伏せる】イヒ〔動サ下一〕文いひふ・す〔サ下二〕説き伏せる。言い負かす。「居丈高に―・せる」

いい-ふら・す【言(い)触らす】イヒ〔動サ五(四)〕触れ回って広く世間に知らせる。吹聴ふいちょうする。言い広める。「根も葉もないうわさを―・す」
〖類語〗言い散らす

いい-ぶり【言(い)振り】イヒ ものを言うようす。口振り。「人を小ばかにした―」

いい-ふ・る【言ひ触る】イヒ〔動ラ下二〕❶言葉をかける。相談する。「いかにと―・れ給ふべき人もなし」〈源・夕顔〉❷言い触らす。言い広める。「清十郎とりて逃げしと―・れて」〈浮・五人女・一〉

いい-ふる・す【言(い)古す】イヒ〔動サ五(四)〕長い間言い続けて新しみがなくなる。「―・された話」

いい-ぶん【言(い)分】イヒ ❶主張したい事柄。特に、言い訳や異議・非難。「―を通す」「双方の―を聞く」❷口論。口げんか。「此方の家さへ開けて下さるれば、―する事もござらぬ」〈浄・織留・四〉〖類語〗言いぐさ

イーブン〔even〕五分五分の形勢。特にスポーツなどで、同点、引き分けであること。

イー-ぶんしょほう【e-文書法】イーブンショホウ ►電子文書法

イーブン-パー〔even par〕ゴルフで、合計打数がパーの合計と同じであること。

イーベイ〔eBay〕ネットオークションを提供する米国の企業。また、そのサービス。日本をはじめ各国にも同社公認のサービスがある。

イーペル〔Ieper〕ベルギー北西部、西フランドル州の都市。13世紀頃、繊維産業で発展。繊維会館・聖マルティヌス聖堂など、当時の繁栄をしのばせる歴史的建造物が残る。3年ごとに催される「猫祭り」が有名。

いい-ぼ【▽飯▽粒】イヒ ❶めしつぶ。「―して、もつ(＝魚の名)釣る」〈土佐〉❷《形がめしつぶに似ているところから》いぼ。〈新撰字鏡〉

いい-ほぐ・す【言ひ▽解す】イヒ〔動サ四〕❶事情を説明して、人の誤解を解く。弁明する。「丸が非道をつつまんため…よしなき事を―・さば」〈浄・浦島年代記〉❷反対する。非難する。「この岩永は呑み込まぬ不埒ふらち不埒と―・す」〈浄・兜軍記〉

イー-マーケットプレース〔e-marketplace〕►電子市場

いい-まえ【言(い)前】イヒマヘ ❶言い方。話しぶり。口まえ。「欽哉にしては実着じっちゃく過ぎた―なのに」〈風葉・青春〉❷言い訳。口実。「民子は母の病気を―にして行かない」〈左千夫・野菊の墓〉

いい-まが・う【言ひ▽紛ふ】イヒマガフ〔動ハ下二〕言いまちがえる。「賀茂の岩本、橋本(ノ祭神)は、業平、実方なり。人の常に―・へ侍れば」〈徒然・六七〉

いい-まか・す【言(い)負かす】イヒ〔動サ五(四)〕言い争って相手に勝つ。言い伏せる。「妹にはいつも―・される」〖類語〗論破・弁駁べんばく・遣り込める・逆ねじ

いい-まぎら・す【言(い)紛らす】イヒ〔動サ五(四)〕話題を転じてその場をごまかす。言い紛らわす。「―・してその場を切り抜ける」

いい-まぎらわ・す【言(い)紛らわす】イヒマギラハス〔動サ五(四)〕❶「いいまぎらす」に同じ。「何のかのと―・す」❷人が話している途中から口をはさんで、話を乱す。「小さき子供などの侍るが、言ことあやまりしつべきも、―・して」〈源・夕顔〉

いい-まく・る【言い×捲る】イヒ〔動ラ五(四)〕相手が口出しできないくらいに口早に勢いこんで話す。まくし立てる。「自分の意見を―・る」
〖類語〗まくし立てる・言い募る・言い尽くす

いい-ま・ける【言(い)負ける】イヒ〔動カ下一〕文い

ひま・く〔カ下二〕言い争って負ける。言い負かされる。「ロげんがで―・ける」

いい-まちがい【言(い)間違い】まちがって言うこと。また、その言葉。言い違い。言いそこない。

イー-マックス〖Emacs〗《Editing MACroSから》UNIX環境で広く利用されるエディターの一。

イイマニ-さん【イイマニ山】《Illimani》ボリビア中西部、アンデス山脈の六千メートル級の山。タングステンの埋蔵量が大。イリマニ山。

いい-まる・める【言(い)丸める】〔動マ下一〕図いひまる・む〔マ下二〕言葉巧みに相手を自分の方に引き込む。言いくるめる。「交渉相手に―・められる」

いい-まわし【言(い)回し】言い表し方。ロのきき方。「しゃれた―」「もってまわった―」

(類語)弁舌・物言い・弁・ロ

いい-まわ・す【言(い)回す】〔動サ五(四)〕❶遠まわしに言う。「―・した表現で真意がつかみにくい」❷うまく言い表す。巧みに表現する。「仮名といふもの書きまぜず、むべむべしく―・し侍るに」〈源・帚木〉❸言いふらす。言い広める。「同類どもに、かかる所こそあれと―・して」〈宇治拾遺・三〉

いい-みだ・る【言ひ乱る】〔動ラ四〕ロを出して混乱させる。ロを出して話の邪魔をする。「かばかりにし初めつるを、―・るも物し」〈源・手習〉

イーミック〖emic〗言語学や文化人類学などで、ある現象を分析する方法の一。人々が現象をどう意識・識別しているかを内側から分析するもの。phonemic(音素論の)という語の後の部分を取って作られた言葉で、eticと対をなす。エミック。➡エティック

いい-むか・う【言ひ迎ふ¦言ひ▽逆ふ】〔動ハ下二〕逆らってものを言う。「事のついでごとに―・ふる種なるを」〈源・紅葉賀〉

いい-め【▽好い目】〔連語〕《望みどおりに出たさいころの目の意から》望んでいたような幸運。幸せな状態。「一人だけ―をみる」「―にあう」

好い目が出る　物事が都合のよい状態になる。

いい-めいわく【▽好い迷惑】〔名・形動〕《「いい」は反語的表現》自分とは関係のないことによって迷惑を受けること。また、そのさま。「―をこうむる」「この忙しいのに、―だ」

イー-メール〖e-mail¦E-mail〗《electronic mail》►電子メール

イーメール-アカウント〖e-mail account〗►メールアカウント

イーメール-アドレス〖e-mail address〗►メールアドレス

イーメール-クライアント《和e-mail＋client》►メールソフト

イーメール-ソフト《e-mail softwareから》►メールソフト

いい-もら・す【言(い)漏らす】〔動サ五(四)〕❶言い落とす。言い忘れる。「うっかり用件を―・す」❷秘密を他人に告げ知らせる。「ふと―・した一言から事件が発覚した」

いいもり-やま【飯盛山】㊀福島県会津若松市北東部の山。標高370メートル。戊辰戦争で白虎隊が自刃した所。山上にその墓がある。㊁大阪府大東市北東部、生駒山地の山。標高318メートル。楠木正行・高師直らの古戦場。

いいや〔感〕相手の言ったことを打ち消したり、反対の気持ちを表したりするときに用いる語。いや。「『先生はご存じでしたか』『―、知らないよ』」

いい-やぶ・る【言(い)破る】〔動ラ五(四)〕❶議論で相手を屈服させる。言い負かす。「論敵を―・る」❷はっきりと言いきる。断言する。「簡潔にすぱすぱと―・って呉れる」〈漱石・彼岸過迄〉

いいやま【飯山】長野県北東部の市。もと本多氏の城下町。伝統工芸品の仏壇や、スキーの製造が盛ん。また内山和紙が特産。島崎藤村の小説「破戒」の舞台。人口2.4万(2010)。

いいやま-し【飯山市】►飯山

いい-や・る【言い▽遣る】〔動ラ五(四)〕❶言って相手に伝える。伝言を使いや手紙で告げる。「用向きを―・る」❷(多く打消しの語を伴って用いる)言うべきことを、終わりまですっかり言う。言い尽くしてしまう。「弁のおもとといふに伝へさすれば、消え入りつつ、えも―・らねば」〈枕・九〇〉

イー-ユー〖EU〗《European Union》欧州連合。ヨーロッパ連合。EC(欧州共同体)を基礎に、外交・安全保障政策の共通化と通貨統合の実現を目的とする統合体。1993年11月、マーストリヒト条約(欧州連合条約)の発効により創設。域内の多くの国では、出入国や税関の審査が廃止されており、人や物が自由に移動できる。また、単一通貨ユーロが導入されている。本部はベルギーのブリュッセル。域内人口4億8664万(2007)。(補説)基本条約はアムステルダム条約、ニース条約、リスボン条約により改正されている。

▷ 加盟国一覧(27か国)〈€:ユーロを導入している国〉
▨ EC 加盟国＝フランス€、西ドイツ(現ドイツ€)、イタリア€、ベルギー€、オランダ€、ルクセンブルク€、イギリス、アイルランド€、デンマーク、ギリシャ€、スペイン€、ポルトガル€　▨1995年加盟＝オーストリア€、フィンランド€、スウェーデン　▨2004年加盟＝キプロス€、チェコ、エストニア€、ハンガリー、ラトビア、リトアニア、マルタ€、ポーランド、スロバキア€、スロベニア€　▨2007年加盟＝ブルガリア、ルーマニア
▨2013年加盟予定＝クロアチア

イー-ユー〖EU〗《enriched uranium》►濃縮ウラン

イーユー-いいんかい【EU委員会】►欧州委員会

イー-ユー-エル〖EUL〗《enhanced uplink》►エッチ-エス-ユー-ピー-エー(HSUPA)

イー-ユー-エル-エー〖EULA〗《end user license agreement》►ソフトウエア使用許諾契約

イーユー-かいけいかんさいん【EU会計監査院】►欧州会計監査院

イーユー-がいしょう【EU外相】「外務・安全保障上級代表」の通称。

イーユー-がいむあんぜんほしょうせいさくじょうきゅうだいひょう【EU外務・安全保障政策上級代表】►外務・安全保障上級代表

イーユー-がいむだいじん【EU外務大臣】「外務・安全保障上級代表」の通称。

イーユー-かくりょうりじかい【EU閣僚理事会】►欧州連合理事会

イーユー-ぎかい【EU議会】►欧州議会

イーユー-きほんけんけんしょう【EU基本権憲章】►欧州基本権憲章

イーユー-きょうそうほう【EU競争法】日本の独占禁止法に相当する、欧州連合(EU)の法律。「欧州連合の機能に関する条約」や「欧州連合理事会規則」の関係条文などから成り、カルテル・独占・合併や、EU加盟の各国政府による企業支援等に関して規制を課す。執行機関は欧州委員会。欧州連合競争法。

イーユー-さいばんしょ【EU裁判所】►欧州司法裁判所

イーユー-サミット〖EU summit〗►欧州理事会

イー-ユー-シー〖EUC〗《extended UNIX code》UNIX上で漢字などを扱うために、米国AT&T社が1985年に定めた文字コードの体系。日本語のほかに、韓国語や中国語なども定められている。➡シフトJIS ➡JISコード ➡ユニコード

イーユーシー-ジェーピー〖EUC-JP〗EUCのうち、特に日本語を扱うものをさす。日本語EUC。➡EUC

イーユー-しほうさいばんしょ【EU司法裁判所】►欧州司法裁判所

イーユー-しゅのうかいぎ【EU首脳会議】►欧州理事会

イーユー-しんきほんじょうやく【EU新基本条約】►リスボン条約

イーユー-だいとうりょう【EU大統領】「欧州理事会常任議長」の通称。

イー-ユー-ブイ〖EUV〗《extreme ultraviolet》►極紫外線

イーユー-りじかい【EU理事会】►欧州理事会

いい-よう【言(い)様】言い表し方。言い方。「なんとも―がない」「ものも―で角が立つ」

いい-ようほう【伊井蓉峰】[1871～1932]新派俳優。東京の生まれ。本名、申三郎。新派大合同劇の座長格。端麗な容姿と都会的な芸風で、新派の代表的な俳優として活躍した。

いい-よど・む【言い×淀む】〔動マ五(四)〕すらすらと言葉が続いて出ないでロごもる。言いかけてためらう。「肝心なところで―・んでしまう」

いい-よ・る【言(い)寄る】〔動ラ五(四)〕❶言葉をかけながら近づく。「客引きが―・る」❷異性に親しみ近づく。求愛する。くどく。「意中の女性に―・る」❸頼み込む。近づきになって依頼する。「法事の相談にかこつけて、何どうにかならないものだろうかと―・って来た」〈万太郎・末枯〉

イーラ〖ERA〗《Equal Rights Amendment》►エラ(ERA)

イー-ラーニング【eラーニング】《electronic learning》コンピューターを利用した教育。インターネットを利用する場合は、WBT(ウェブベーストトレーニング)ともいう。

イーリー〖Ely〗英国イングランド東部、ケンブリッジシャー州の都市。グレートウーズ川沿いに位置する。17世紀末までフェンと呼ばれる低湿地の中洲だったが、干拓と乾燥化により農業地帯になった。7世紀のサクソン朝時代に創建された修道院・尼僧院に起源するイーリー大聖堂があるほか、ピューリタン革命の指導者クロムウェルゆかりの地としても知られる。

イーリー-だいせいどう【イーリー大聖堂】《Ely Cathedral》英国イングランド東部の都市イーリーにある大聖堂。7世紀のサクソン朝時代に聖エセルドレダが創建した修道院・尼僧院に起源する。11世紀から14世紀にかけて現在見られる教会が建造された。ノルマン様式、イングランドゴシック様式が混在する。特に八角形の塔とオルコック礼拝堂は、その独特な建築様式で知られる。

い-い・る【居入る】〔動ラ四〕座り込む。居座る。「常に来つつ―・りて、調度うち散らしぬる、いとにくし」〈枕・二八〉

イール-スキン〖eel skin〗ウナギの皮。皮がしなやかで、水に強いことから財布・ハンドバッグなどに加工される。

イールド〖yield〗❶生産。収穫。❷投資による収益。また、利回り。「ハイ―(＝高利回り)」

イールド-カーブ〖yield curve〗利回り曲線。横軸に期間、縦軸に最終利回りをとって、流通債券の利回りをグラフ化したもの。

イールド-スプレッド〖yield spread〗長期金利から、一株あたり利益を株価で割った益回りを引いたもの。金利・企業業績との比較で株価水準を見る指標。

イールド-レシオ〖yield ratio〗企業収益と金利の関係から株価の割高・割安を探る指標。長期債利回りを株価収益率(PER)の逆数である株式益回りで割って求める。この値が大きいほど株価が割高であることを示す。

いい-わ・く【言ひ分く】㊀〔動カ四〕❶筋道を立てて言い聞かせる。事実をはっきりと述べる。「我が領ずる庄々、はた多かれど、たれかは―・く人あらむ」〈宇津保・俊蔭〉❷命令して、人手を手もとから分けて派遣する。「尼君の、わが人にしたる二人をのみぞ、この御方に―・きたる」〈源・手習〉㊁〔動カ下二〕「いいわける」の文語形。

いい-わけ【言(い)訳¦言(い)分け】〔名〕スル❶筋道を立てて説明すること。㋐自己の事情を説明して、弁解をすること。弁明。「いまさら―してもおそい」㋑物事の筋道を説明すること。解説。「上文の議論のごときは…十九世紀の小説家の―としてはいと拙

ぞうし〈逍遥・小説神髄〉❷(言い分け)言葉を別々の意味に分けて使うこと。❸過失・罪などをわびること。謝罪。「第一伯母へ済まねえといふも尤もっとも…義理ある中の一と」〈人・梅児誉美・三〉

(類語)弁解・弁明・釈明・申し訳・言い開き・申し開き・言い逃れ・言い抜け・逃げ口上

いい-わ・ける【言(い)分ける】〔動カ下一〕文いひわ・く〔カ下二〕❶言葉を使い分ける。「説明のときに大人と子供とで―・ける」❷正しく判断して言う。物事をはっきりと説明する。「何を証拠に―・けんと」〈浄・浦島年代記〉

いい-わずら・う【言ひ煩ふ】〔動ハ四〕言いようがなくて苦しむ。言い悩む。言いかねる。「―・ひて、消息などするこそをかしけれ」〈枕・二三七〉

いい-わたし【言(い)渡し】言い渡すこと。命令や決定などの内容を告げること。「判決の―」

いい-わた・す【言(い)渡す】〔動サ五(四)〕❶上の者から下の者に対して、決定した事柄や命令などを伝える。申し渡す。「出張を―・す」❷裁判所の下す判決・決定・命令の内容を口頭で当事者に告げる。宣告する。「無期懲役を―・す」

(類語)申し付ける・申し渡す・申し聞かせる・言い付ける・仰せ付ける

いい-わた・る【言ひ渡る】〔動ラ四〕❶言い続けながら月日を過ごす。「年ごろさばかり忘れがたく、恨み―・り給ひしかど」〈源・若菜下〉❷しきりに求愛する。言い寄り続ける。「頼みて―・りけるに、猶逢ひ難きけしきに侍りければ」〈後撰・恋四・詞書〉

いい-わ・ぶ【言ひ×侘ぶ】〔動バ上二〕言いにくがる。言いわずらう。「そそのかせど、娘はさらに聞かず。…―・びて入道ぞ書く」〈源・明石〉

い-いん【伊尹】中国殷王朝初期の伝説的宰相。湯王を助け、夏の桀王を討って天下を平定した。

い-いん【医員】医療に従事する職員。診療所・医院・病院に勤務する医師。

い-いん【医院】主に通院によって病気を診察し治療をする所。ふつう個人経営で小規模のものをさす。診療所。

(類語)病院・診療所・療養所・サナトリウム・クリニック・ホスピス・産院

い-いん【委員】国家・公共団体その他の団体において、選挙または指名を受け、特定の事項の調査や処理に当たる人。(類語)成員・メンバー・会員・団員

いいん-かい【委員会】❶上位の合議体のために作業する、委員により構成される組織体。また、その会議。❷国会で、衆参両院の本会議の審議に先だち、議員中から委員を選び、議案について調査・審議する機関。常任委員会と特別委員会がある。

いいんかいせっち-がいしゃ【委員会設置会社】取締役会の中に、会社経営の監督役として、社外取締役が過半数を占める三つの委員会(指名委員会・監査委員会・報酬委員会)を置く株式会社。業務執行担当として、取締役会とは別に執行役が置かれる。平成15年(2003)の改正商法で、「委員会等設置会社」の名称で導入。同18年会社法の施行によって現名称となる。(補説)指名委員会は取締役の選任・解任を決め、監査委員会は取締役・執行役の職務について監査し、報酬委員会は取締役・執行役の役員報酬を決める。取締役会が経営方針を決定し、執行役を選任・監督する。取締役会とは別の機関として、事業の執行に責任を負う執行役を置くことで、意思決定と業務執行の二つの役割が分割されるようになった。

い・う【言う／×云う／×謂う】〔動ワ五(ハ四)〕㊀言葉を口に出す。心に思っていること、考え・判断などを相手に伝達するために、言葉に出したり、文章に表したりする。❶口を通して言葉として出す。「やっと片言を―・うようになった」❷言葉にして表す。思うことを言葉で表現する。「文句を―・う」「だれもが彼のことをよく―・わない」「これ以上―・うことはない」「出席できない旨を手紙で―・ってきた」❸名づける。称する。…と呼ぶ。「一一月三日を文化の日と―・う」❹世間の人がそのように称する。一般にそう呼ばれている。「縁起がいいと―・われる大安の日」「彼は無類の好人物と―・われている」㊁❶何らかの声や言葉を発する。「わあと―・って泣き出した」❷動物などが声を出す。物が音を発する。音を立てる。「犬がわんわん―・う」「鉄瓶がちんちん―・う」「床がみしみし―・う」㊂実質的な㊀の意味が弱まったり、なくなったりして、常に他の語に付いて用いられる。❶(「…という」の形で体言に続けて)㋐同格であることを示す。「ハイジと―・う少女」「世界の中のアメリカと―・う国」「人事部と―・う部署」㋑「と」の前の事柄を特に取り立てて示して、意味を強める。「人と―・うものはわからないものだ」「おまえと―・うやつは何とひどい人間なのだ」㋒数量を表す語に付いて、その意味を強める。…に相当する。「何十万と―・うイナゴの大群」㋓同じ名詞を前後に置いて、それに属するものはすべて、または、その語を強める意を表す。「入り口と―・う入り口は閉鎖された」「店と―・う店はどこも休んでいた」「今日と―・う今日はがまんできない」「特に用事と―・う用事でもないが」❷(「…というと」「…といえば」「…といい…といい」などの形で)話題として取り上げて示す。「今いちばんおもしろい映画と―・えば何でしょう」「大きさと―・い、値段と―・い、ちょうど手ごろだ」❸副詞「こう」「そう」「ああ」「どう」に「いう」「いった」が付いた形で体言に続けて、…のような、…の類の、の意を表す。「ああ―・う場所には近づくな」❹代名詞「これ」「どこ」「なに」に「という」「といった」などが付いた形で、あとに打消しの語句を伴って、特に取り立てて言うほどの…がない意を表す。「これと―・う欠点もない」「これと―・った趣味がない」「どこと―・ってからだに悪いところはない」❺(「…という」「…ということだ」などの形で)話の内容が直接でなく他からの情報にもとづくことを表す。「気象庁の長期予報によると、今年の冬は寒いと―・う」「病状は峠を越したと―・うことなので安心した」❻(「…といっても」「…とはいえ」「…とはいうものの」などの形で)事実は…であると認められるが、しかし…である(でない)意を表す。…であっても。「春と―・っても風はまだ冷たい」「失敗したとは―・え、悲観はしていない」❼接続助詞「から」に「といって」が付いた形で、あとに打消しの語句を伴って、そのような条件・理由であっても必ずしも…でない、の意を表す。「相手が弱いからと―・ってあなどってはいけない」❽(「…といったらない」の形で)程度が、これ以上に…なことはない、極めて…だ、の意を表す。「病弱な上に、年はとるし、心細いと―・ったらない」❾(「そうかといって」「かといって」「といって」などの形で)本心としては拒みたいが、拒むのもまずいという意を表す。「ごちそうしてもらう筋合いではないが、かと―・って割り勘というのも不都合だ」㊃❶詩吟を吟ずる。「漢詩、声あげて―・ひけり」〈土佐〉❷求愛する。言い寄る。「いとねむごろに―・ひける人に、こよひあはむと契りたりけるに」〈伊勢・二四〉(補説)㊂❸の、「こういう」「そういう」「ああいう」「どういう」はまとまった一語として連体詞と考える。(可能)いえる

(用法)いう・はなす――「言う」は「独り言を言う」「言うに言われない」のように、相手の有無にかかわらず言葉を口にする意で用いるほかに、「日本という国」「こういうようにやればうまく行くというわけだ」など引用的表現にまで及ぶ。◆「話す」は「しゃべる」とともに、「喫茶店で友達と話す」「電話で近況を話す」のように、相手がいる場での言葉の伝達である。「話し方教室」とはいうが、「言い方教室」とはいわない。◆類似の語に「述べる」「語る」があるが、ともにまとまった内容を筋道を立てて発言する意の語であり、「意見を述べる」「紙上で述べる」のように用いたり、「物語」「義太夫語り」のような熟語を生んだりする。

(類語)(㊀)話す・しゃべる・語る・述べる・発言する・口を利く・口に出す・口にする・吐く・漏らす・口走る・抜かす・ほざく・うそぶく(尊敬)おっしゃる・仰せられる・宣う(謙譲)申し上げる・申す・言上する

言い得て妙　巧みに言い表しているさま。「バブル経済とは―だ」

言う口の下から　言ったとたんに。言うとすぐに。「やめると―もうタバコに火をつけた」

言う事無し　非の打ちようがなく、すばらしい。「この出来上がりなら―だ」

言うだけ野暮　皆が知っていながら黙っていることを、口に出して言うのはばかげている。

言うに言われ◦ない　❶言葉でうまく言い表せない。「夕焼けの―◦ない美しさ」❷言いたくても言うことができない。「―◦ない事情がある」

言うに及ばず　言うまでもない。もちろんのことだ。「国内は―、海外にまで知られた作曲家」

言うに事欠いて　「言うに事を欠いて」に同じ。

言うに事を欠いて　ほかに言い方があるだろうに。ほかにも話題があるだろうに。言うに事欠いて。「―本人の前であんな話をするなんて」

言うは易く行うは難し　《「塩鉄論」利議から》口で言うのはたやすいけれども、それを実行することはむずかしい。

言うべきにもあら◦ず　口に出して言うまでもない。「雪の降りたるは―◦ず」〈枕・一〉

言うべくもあら◦ず　言葉では言い尽くせない。「―◦ぬ綾織物に絵をかきて」〈竹取〉

言うまでもな・い　あれこれ言う必要のないほどわかりきったことである。もちろんである。「漱石が明治の文豪であることは―・いことだ」

言うもおろか　《「おろか」は、おろそか、不十分の意。後に「愚か」と意識された》言うまでもない。言うのもばかげている。

言うも更なり　「言えば更なり」に同じ。

言うも世の常　どう言っても世間並みな平凡なものになってしまい、うまく言い表せない。言えば世の常。「今はとて、おちいりけむ有様、心のうち、見る心地して、悲しきなど―なり」〈狭衣・二〉

言えた義理　今までのいきさつから当然言ってもよい立場・関係。反語・否定の表現に用いる。「今さら助けてくれなどと―か」

言えば得に　《「に」は打消しの助動詞「ず」の古い連用形》口に出して言おうとすれば、うまく言えないで。「一言はねば胸にさわがれて心ひとつに嘆くころかな」〈伊勢・三四〉

言えば更なり　わざわざ新たに言う必要もないほどだ。もちろんである。言うも更なり。「目もあやに飾りたる装束有様―」〈源・若菜下〉

言えば世の常　「言うも世の常」に同じ。

言わないことではな・い　そうなると、あらかじめ言っておいたのに、それ見たことか。自分の助言を無視してしくじった人を非難していう言葉。言わんこっちゃない。

言わぬが花　口に出して言わないほうが味わいもあり、差し障りもなくてよい。「これから先は―だ」

言わぬは言うに優る　黙っているほうが、口に出して言うよりもかえって切実な思いをよく表す。

言わんばかり　口にこそ出さないが、ようすや表情からはっきりそれとわかる。言わぬばかり。「誘ってくれと―のそぶり」

いうかい-な・し【言ふ▽甲×斐無し】〔形ク〕❶言ってもその効果がない。「あやしがりいへど、使ひのなければ―・くて」〈枕・二七七〉❷言ってみても取り返しがつかない。特に、死ぬことを遠回しにいう。「さこそ強がり給へど、若き御心にて、―・くなりぬるを見給ふに、やるかたなくて」〈源・夕顔〉❸言うだけの値打ちがない。言うに足りない。「あかず口惜しと、―・き法師、童も、涙を落としあへり」〈源・若紫〉❹見苦しい。ふがいない。「女、親なく頼りなくなるままに、もろともに―・くてあらむやはとて」〈伊勢・二三〉➡言い甲斐無し

いうかた-な・し【言ふ方無し】〔形ク〕言葉に表しようがない。言いようがない。「雪風―・う降り暗がりて」〈かげろふ・下〉

いう-じょう【言う定】・【言う条】〔連語〕(「…と」「…とは」を受けて)…とは言うものの。いいじょう。「子供とは―、決してあなどれない」

い-うつ【医鬱】鬱憤を晴らすこと。「一排悶の効能」〈逍遥・小説神髄〉
いう-ところ-の【×謂う所の】〔連語〕《「所謂」の訓読から》世に言う。いわゆる。「それは一異端である」「一常識とは何か」
いう-ならく【言ふならく】〔連語〕《動詞「いう」の終止形＋推定伝聞の助動詞「なり」のク語法》人の言うことには。「一奈落の底の水屑となりしを」〈謡・船橋〉
いう-なり【言う成り】「言い成り」に同じ。「すぐ人の一になる」
いう-なれ-ば【言うなれば】〔連語〕言ってみれば。たとえて言うと。いわば。「この町は一第二の故郷だ」
いうばかり-な-し【言ふ▽許り無し】〔形ク〕《古くは「いうはかりなし」》言葉で言い尽くせない。言いようがない。「木の皮、こけの衣をきて、一・きものから、ただの人に見えず」〈宇津保・吹上下〉
いえ【家】〔名〕❶人の住むための建物。すまい。家屋。「一を建てる」❷自分の住んでいる建物。うち。自宅。「あすは一にいます」「友人を一に招く」❸夫婦・親子・兄弟など血縁の近いものが生活を共にする小集団。家庭。所帯。「結婚して一を構える」「一を切り盛りする」「貧乏な一」❹祖先から代々続いてきた血族としてのまとまり。また、その伝統的な名誉や財産など。家名。家督。「一を継ぐ」❺㋐家族集団の置かれている社会的地位。家柄。「学者の一に生まれる」㋑特に、よい家柄。「愚かにつたなき人も、一に生まれ、時にあへば」〈徒然・三八〉❻民法旧規定における家制度で、戸主の統轄のもとに、戸籍上一家をなしている親族の団体。❼妻。「左大臣の一、昔よりよろしからず心聞こゆる人なり」〈宇津保・忠こそ〉❽出家に対して、在家。在俗。「一にあり、人に交はるとも」〈徒然・五八〉 (類語)(❶❷)うち・家屋・屋舎・住宅・住家・住居・家宅・私宅・居宅・自宅・居・宅・住まい・住みか・ねぐら・宿・ハウス・家 (尊敬)お宅・尊宅・尊堂・高堂・貴宅 (謙譲)拙宅・弊宅・陋宅・陋居・陋屋・寓居/(❸)一家・家庭・所帯・世帯・我が家・家内・スイートホーム・マイホーム・ファミリー・ホーム/(❹)家門・一門・一族・血族・家系・家筋・氏・血筋・血脈・血統・血・筋目・毛並み
家給し人足る　《「漢書」貢禹伝から》人も家もみな富み栄えて、世の中が繁盛しているさま。
家高・し　家柄がりっぱである。「なほ一・う、人のおぼえ軽からで」〈源・行幸〉
家に杖つく　《「礼記」王制から》50歳をいう。昔、中国では50歳になると、家の中で杖をつくことを許された。
家広・し　一族の人たちが繁栄している。「右大臣阿倍のみむらじは、たから豊かに一・き人にてぞおはしける」〈竹取〉
家貧しくして孝子顕わる　❶《「明心宝鑑」から》家が貧乏だと子どもの孝行ぶりがはっきりわかる。❷逆境に陥ったときにはじめて、それを助けるものが現れる。
家を空・ける　家を留守にする。「家族旅行でしばらく一・ける」「出張で二、三日一・ける」
家を出・ず　《「出家」の訓読みから》出家する。「一度一・で給ひなば、仮にもこの世をかへりみむとは思しおきてず」〈源・御法〉
家を外にする　外出しがちである。自分の家にいつかない。「一・して遊んでばかりいる」
家を出る　家庭から出る。また、離縁して去る。
いえ【家】島崎藤村の小説。明治43～44年(1910～11)発表。作者自身をモデルに、主人公三吉の生家小泉家と姉の婚家橋本家の、二つの旧家の退廃と没落の歴史を描く。日本自然主義文学の代表作。
いえ〔感〕❶打ち消し、また反対する気持ちを表す語。いいえ。いや。「一、それは違います」❷思いがけないことに出あい、驚いて発する声。おや。「昼飯を食べうず。一ここな、無いが、鳶が食ったか」〈狂言記・笹山伏〉❸人に呼びかけるときの声。「『一、戻ったか』『ただ今戻りました』」〈虎寛狂・今参〉
いえ-あと【家跡】❶前に家が建っていた跡。やしき跡。❷先祖から伝わる家の名。名跡。
いえ-あるじ【家▽主】一家の主人。いえぬし。「かの一二十八日に下るべし」〈源・浮舟〉
いえ-い【家居】〔名〕スル ❶家にいること。また、家をつくって住むこと。「余り外出もせずに、一勝ちであったが」〈木下尚江・良人の自白〉❷すまい。家。「一のつきづきしくあらまほしきこそ仮の宿りとは思へど」〈徒然・一〇〉
い-えい【遺詠】❶故人が詠んだ未発表の詩歌。「一を歌集にまとめる」❷辞世の詩歌。
い-えい【遺影】故人の写真や肖像画。
いえ-うつり【家移り】住居を移すこと。転居。引っ越し。やうつり。
イエウド〖Ieud〗ルーマニア北部、マラムレシュ地方の村。14世紀創建の生神女生誕聖堂は、同地方最古の木造教会として知られ、1999年に「マラムレシュ地方の木造聖堂群」の一つとして世界遺産(文化遺産)に登録された。
イェータ-ひろば【イェータ広場】《Götaplatsen》スウェーデン南西部の港湾都市、イェーテボリの中心部にある広場。中央の噴水に同国の彫刻家、カール＝ミレスによるポセイドン像がある。イェーテボリ美術館、市立図書館、市立劇場に囲まれる。ヨータ広場。
イェーツ〖William Butler Yeats〗［1865～1939］アイルランドの詩人・劇作家。アイルランド文芸復興運動、独立運動に参加。詩集「アシーンの放浪とその他の詩」「塔」、戯曲「砂時計」「鷹の井戸」など。1923年ノーベル文学賞受賞。
イェーテボリ〖Göteborg〗スウェーデン南西部、カテガット海峡に面する港湾都市。造船・自動車工業が盛ん。ゲーテボルグ。エーテボリ。ヨーテボリ。
イェーリング〖Rudolf von Jhering〗［1818～1892］ドイツの法学者。伝統的な概念法学に反対し、利益法学・自由法論・法社会学の糸口を開いた。著「ローマ法の精神」など。
イエール〖Hyères〗フランス南東部、プロバンス地方、バール県の都市。ジアン半島の基部、海岸から約4キロメートル内陸に位置する。コートダジュールの海岸保養地の一つで、イエール諸島への観光拠点。
イエール-しょとう【イエール諸島】《Îles d'Hyères》フランス南東部、プロバンス地方、コートダジュール沖合の地中海に浮かぶ小諸島。ポルクロル島、ポールクロ島、ルバン島などからなる。景勝地、避寒地として有名。
イェール-だいがく【イェール大学】《Yale University》米国コネチカット州にある私立大学。東部八大学(アイビーカレッジ)の一。1701年、牧師養成専門学校として設立。1887年、初期の後援者イェールにちなみ現校名に改称。エール大学。
いえ-か【家蚊】イエカ属のカの総称。体は太く短く褐色で、ふつう翅に斑紋がない。卵は舟形の塊で、幼虫(ぼうふら)は尾に長い呼吸管をもつ。人家内で吸血するものはアカイエカなどで、日本脳炎を媒介する。また一般に、人家内に入ってくる蚊をいい、ヤブカ属のものも含まれる。
いえ-かぜ【家風】❶わが家のほうから吹いてくる風。「一は日に日に吹けど我妹子が家言持ちて来る人もなし」〈万・四三五三〉❷「家の風」に同じ。「その芸を試み給ふに、一落とさず優美なりければ」〈続古事談・五〉
いえがた-せっかん【家形石棺】屋根の形をしたふたをもつ箱形の石棺。古墳時代後期に多くみられる。
いえ-がまえ【家構え】家のつくり方。多く、外観にいう。家作り。「どっしりとした一」
いえ-がら【家柄】❶先祖から受け継いでいる家の格式。その家に対する社会的評価を伴う。❷格式の高い家。名家。「親戚にも一の家が沢山ある」〈秋声・新世帯〉 (類語)家格・門地・身分・出自・階級
家柄より芋幹　《「家柄」と「芋幹」の「がら」で語調を合わせて》家柄の良さよりも、食用になる芋幹のほうがましである。勢力のない名ばかりの名家をあざけて言った言葉。
い-えき【胃液】胃壁から分泌される無色・無臭・強酸性の消化液。塩酸、たんぱく質分解酵素のペプシンなどが含まれる。
いえ-くら【家蔵】《家と蔵の意から》財産。身代。
いえ-こうもり【家蝙＝蝠】アブラコウモリの別名。
いえ-ごと【家言】わが家からの便り。「家風は日に日に吹けど我妹子が一持ちて来る人もなし」〈万・四三五三〉
いえ-ざくら【家桜】人家の庭に植えてある桜。(季 春)「花はよも毛虫にならじ一/嵐雪」
いえ-じ【家地】甲冑の裏および下地に張りつける布。錦・金襴・銀襴・緞子などを用いる。
いえ-じ【家路】❶わが家へ帰る道。「日暮れて一を急ぐ」❷その家の方へ行く道。「天の川打ち橋渡せ妹が一止まず通はむ時待たずとも」〈万・二〇五六〉
いえ-じち【家質】▶かじち(家質)
いえ-じま【伊江島】沖縄県、沖縄本島の西にある島。沖縄戦の激戦地。面積の6割は米軍用地。
いえしま-しょとう【家島諸島】瀬戸内海の播磨灘にある諸島。家島・男鹿島・坊勢島・西島などからなる。石材を産する。兵庫県姫路市に属する。えじましょとう。
いえ-じゅうだい【家重代】家の宝として代々伝えていること。また、そのもの。「一刀剣」
いえ-じるし【家印】家々で自家の所有を示すために、道具類・船・倉などにつける符号。屋号・商標になったものもある。
イェシル-ジャーミー〖Yeşil Camii〗▶イェシルモスク
イェシル-テュルベ〖Yeşil Türbe〗《緑の霊廟の意》トルコ北西部の都市ブルサにある、オスマン帝国のスルターン、メフメット1世とその家族の霊廟。外壁を青いタイルで覆われた八角形の建物で、15世紀に息子のムラト2世により建造。19世紀の地震でタイルの大部分が剝がれ落ちたが、後に修復された。
イェシル-モスク〖Yeşil Mosque〗《緑のモスクの意》㊀トルコ北西部の町イズニクの旧市街にあるイスラム寺院。14世紀後半、オスマン帝国のスルターン、ムラト1世の時に建造された。名称は緑色のタイルで覆われた尖塔をもつことに由来。イェシルジャーミー。㊁トルコ北西部の都市ブルサにあるイスラム寺院。15世紀、オスマン帝国のスルターン、メフメット1世により建造。初期オスマン建築の傑作とされる。近くに外壁を青いタイルで覆われた、メフメット1世とその家族の霊廟、通称イェシルテュルベがある。イェシルジャーミー。
イエス〖Jesus〗▶イエス＝キリスト
イエス〖yes〗㊀〔名〕承知。賛成。「一かノーか」㊁〔感〕応諾の語。そうです。はい。そのとおり。
イエス-キリスト〖Jesus Christ〗［前4ころ～30ころ］キリスト教の始祖。パレスチナのナザレの大工ヨセフと妻マリアの子として生まれた。30歳ごろバプテスマのヨハネから洗礼を受け、ガリラヤで神の国の近いことを訴え、宣教を始めた。ペテロなど12人の弟子と活動を続けたが、ユダヤ人に捕らえられローマ総督により十字架刑に処せられた。その死後3日目に復活したと確信した弟子たちはイエスをメシア(救世主)と信じ、ここにキリスト教が始まった。イエズス。キリスト。(補説)「イエス」は、神は救いである、の意のヘブライ語のギリシャ語形「イエスース」から。「キリスト」は、ヘブライ語で油を注がれた者の意の「メシア」にあたるギリシャ語「クリストス」からで、元来はイスラエルの王をいう称号であるが、当時は待望する救世主をも意味していた。
いえ-すじ【家筋】一家の系統。家の血筋。家系。「芸術家の一」「由緒ある一」
(類語)家系・血筋・血脈・血統・血・筋目・毛並み・家
イエズス〖Jesus〗▶イエス＝キリスト
イエズス-かい【イエズス会】《Society of Je-

sus》1534年、スペインのイグナティウス＝デ＝ロヨラが6名の同志と結成し、40年、教皇認可を受けたカトリック男子修道会。清貧・貞潔・同志的結合を重んじ、布教・教育に力を注ぐ。天文18年(1549)、同会士ザビエルが日本にキリスト教を伝えた。耶蘇会やそかい。

イエズスかい-し【イエズス会士】《Jesuit》イエズス会の修道士。耶蘇会士。

イエズスかいし-にほんつうしん【イエズス会士日本通信】布教のため来日したイエズス会士の報告書。ザビエルおよびそれ以降来日の宣教師により随時報告されていたもので、のちに年報となった。

イエズスかい-にほんねんぽう【イエズス会日本年報】布教のため来日したイエズス会士によって毎年作成された報告書。天正7年(1579)にバリニャーニが年報の形式とし、日本の政治情勢、教会の状況、各地のようすなどが報告された。

イエズス-きょうかい【イエズス教会】《Jesuitenkirche》スイス中部、ルツェルン州の州都、ルツェルン中心部、ロイス川沿いにある教会。1666年建造。同国最古のバロック様式の建造物として知られる。

いえ-すずめ【家×雀】ハタオリドリ科の鳥。全長14.5センチくらい。スズメに似るが、雄は頭頂部が灰色で、ほおに黒斑がない。ユーラシア大陸に分布、ヨーロッパの市内では人の手から餌をついばむ姿を見かける。日本にはいない。

イエスタデー〖yesterday〗きのう。昨日。

イエス-の-きょうかい【イエスの教会】《Igreja de Jesus》►ジェズスの教会

イエスのせいしん-だいせいどう【イエスの聖心大聖堂】《Katedrala Srca Isusova》ボスニア・ヘルツェゴビナの首都サラエボの旧市街にある、同国最大のカトリック教会の大聖堂。19世紀末期にゴシックリバイバル様式で建造。ボスニア紛争で被害を受けたが終戦後に修復された。サラエボ大聖堂。

イェスペルセン〖Jens Otto Harry Jespersen〗[1860〜1943]デンマークの言語学者・英語学者。音声学・英文法などに業績がある。1928年、国際補助語ノビアル(Novial)を考案した。著「近代英文法」「文法の原理」「言語、その本質・発達及び起源」など。

イエス-マン〖yes-man〗人の言うことに何でも「はい、はい」と言って、無批判に従う人。「一ばかりを登用するワンマン社長」

いえ-だに【家×蜱】オオサシダニ科のダニ。体長0.7ミリほどで体は長卵形、脚は四対。家ネズミの寄生虫であるが、人に移行し、吸血後は白色から赤黒い色になる。(季 夏)

い-えつ【×怡悦】〔名〕スル 喜び楽しむこと。「一せしむべき句ぞとおもいしものは、今は人々の一顧にだに価せざらんとす」〈鷗外訳・即興詩人〉

いえ-つき【家付き】❶もとからその家にいること。また、その人。特に娘が生家にいて婿とりする場合にいう。「一の娘」❷ある物に家屋が付いていること。「一の別荘地」

いえ-つぎ【家継ぎ】家の跡目を継ぐこと。また、その人。

いえ-づくり【家作り｜家造り】❶家を建てること。❷家のつくり方。家構え。

いえ-つづき【家続き】❶家々が連なって建っていること。❷ある家に隣接していること。隣近所。「実家の一に新居を建てる」

いえ-づと【家×苞】わが家に持ち帰るみやげもの。「一に貝そ拾ひりへる浜波はいやしくしくに高く寄すれど」〈万・四四一一〉

いえ-つ-とり【家つ鳥】〔枕〕家で飼う鳥の意から「鶏かけ」にかかる。「野つ鳥雉きぎしはとよむ一かけも鳴く」〈万・三三一〇〉

いえ-で【家出】〔名〕スル ❶帰らないつもりでひそかに家を出ること。「都会にあこがれて一する」「一人」❷外出すること。「さびしさに一しぬべき山里を今宵の月に思ひとまりぬ」〈詞花・雑上〉❸僧になること。出家。「世の中を憂しと思ひて一せし我や何にか帰りてならむ」〈万・三二六五〉

(類語)出奔・駆け落ち・逐電・どろん

イェディクレ〖Yedikule〗《トルコ語で「七つの塔」の意》トルコ北西部の都市イスタンブールにある要塞。テオドシウスの城壁の南端部分に位置する。テオドシウス2世が建てた塔と、コンスタンチノープル陥落後にメフメット2世が建てた塔がある。現在は史跡公園。

いえ-でん【家電】《家の電話の意》俗に、自宅にある固定電話のこと。また、(携帯電話から)自宅に電話をかけること。「家族割引のほかに、一が無料になる」

いえ-とうじ【家刀自】「いえとじ」の音変化。「疎き人にしあらざりければ、一杯させて」〈伊勢・四四〉

いえ-どころ【家所】家のある所。家のあった所。住居。「水江みずのえの浦の島子が一見ゆ」〈万・一七四〇〉

いえ-とじ【家▽刀自】《「とじ」は女性の尊称》その家の主婦。内儀。いえとうじ。「今はからずも、朝稚あさわかは、庭門に擄とりこ入りて、是なん一なるべくおぼせしかば」〈読・弓張月・後〉

いえ-ども【×雖も】〔連語〕《動詞「い(言)う」の已然形＋接続助詞「ども」》格助詞「と」の下に付いて、逆接の確定条件または仮定条件を表す。…だけれど。たとい…でも。「老いたりと一戦列に加わる」「雨天と一決行する」(補説)漢文訓読で「雖」の訓として用いられるようになった語。古くは確定条件を表す場合に用いられたが、近世以降、仮定条件を表す場合にも用いられるようになった。現代語では、やや硬い感じの言い方として文章語に用いられる。

いえ-な【家名】その家の呼び名。居住地・職業などによる家の呼び名。姓氏。また、屋号。

イエナ〖Jena〗ドイツ中央部、チューリンゲン地方の学園都市。1558年創立のフリードリヒ・シラー大学(通称イエナ大学)があり、シラー・ヘーゲル・ゲーテが教授陣として活躍。光学機械工業も盛ん。

いえなが-さぶろう【家永三郎】[1913〜2002]歴史学者。愛知の生まれ。東大卒。東京教育大・中央大教授。古代から近代にいたる日本思想史を研究。三次にわたる教科書検定訴訟の原告としても知られる。著書に「日本思想史に於ける否定の論理の発達」など。「上代倭絵年表」「上代倭絵全史」で学士院恩賜賞受賞。

いえ-なし【家無し】住む家のないこと。一定の住所を持たないこと。また、その人。やどなし。

いえ-なみ【家並(み)】㊀〔名〕❶家が並んでいること。やなみ。「古い一の続く旧街道」❷家ごと。軒並み。戸ごと。副詞的にも用いる。「この一帯は一空き巣にやられた」㊁〔名・形動ナリ〕よその家と同じ程度であること。また、そのさま。世間なみ。「是もって一にて候」〈咄・きのふはけふ・下〉

(類語)家並やなみ・軒並み

イェニ-ジャーミー〖Yeni Camii〗►イェニモスク

イェニチェリ〖トルコ yeniçeri〗《新しい兵士の意》オスマン帝国の常備歩兵親衛軍団。ヨーロッパ被征服地のキリスト教徒の子弟を徴用し、改宗・訓練して編成したもの。14〜16世紀の征服戦争に武功をたて、帝国の領土的発展に大きく貢献したが、のちに軍規を乱して軍閥化し、1826年に廃止された。

イェニ-モスク〖Yeni Mosque〗《新しいモスクの意》トルコ北西部の都市イスタンブールの旧市街にあるイスラム寺院。ガラタ橋のたもと、エミノニュ地区に位置し、エジプシャンバザールに隣接する。16世紀末、オスマン帝国のスルターン、ムラト3世の妻により建造が始まり、17世紀後半、メフメット4世の治下に完成。直径17メートル、高さ36メートルのドームをもち、内部はイズニク陶器の色とりどりのタイルで装飾されている。敷地内には、メフメット4世とその母の霊廟がある。イェニジャーミー。

いえ-にれ【家×楡】セツブンソウの古名。〈和名抄〉

いえ-ぬし【家主】❶その家の主人。「早速神田の御宅を尋ねて見ると、早や一の二三人も代って居るので」〈鉄腸・雪中梅〉❷貸家・貸間の持ち主。おおや。やぬし。

いえ-ねこ【家猫】家庭などで飼われている猫。飼い猫。

いえ-ねずみ【家×鼠】野ネズミに対し、人家およびその近くの耕地などにすむネズミ。ハツカネズミ・ドブネズミ・クマネズミのこと。

いえ-の-かぜ【家の風】《「家風かふう」を訓読みにした語》その家に代々伝わる流儀。その家の伝統。いえかぜ。「一吹き伝へけるかひありて散る言の葉のめづらしきかな」〈山家集・中〉

いえ-の-げい【家の芸】ある家に代々伝えられてきた由緒ある技芸。主に歌舞伎についていう。お家芸。「一子相伝の一」「音羽屋の一」

いえ-の-こ【家の子】❶武家社会で、主家に従属する一族および従者。㋐平安末期から鎌倉時代にかけて、次男以下の者や庶子などの血縁者で、名跡を継いだ惣領そうりょうの支配を受けた者。㋑(一般の)家臣・従僕。❷政界の有力者などがいつでも自分の役に立つように身のまわりに集めておく子分。❸その家に生まれた者。同じ家門に属する者。一族。「天の下奏まをしたまひし一と選ひ給ひて」〈万・八九四〉❹良い家柄の子弟。「舞のさま手づかひなむ一はことなる」〈源・紅葉賀〉

いえのこ-ろうどう【家の子郎等】・【家の子郎党】《「いえのころうとう」とも》❶平安末期・鎌倉時代の武家社会で、惣領のもとに武士団を構成した人々。家の子と郎党。❷家臣の総称。❸ある有力者の配下としてつき従う人々。子分。「一を引き連れる」

いえ-の-しゅう【家の集】勅撰集などに対して、個人の和歌を集めた歌集。私家集しかしゅう。

いえ-のみ【家飲み】〔名〕スル バーや居酒屋などに行くのではなく、自宅に仲間などを招いて酒を飲むこと。家でする飲み会。自宅飲み。

いえ-の-みち【家の道】《「家道かどう」を訓読みにした語》代々その家の独特のものとして伝わる芸、または職業。「玉津島みがくみことにあふ鶴はふりてや一も開けん」〈夫木・二七〉

いえ-ばえ【家×蠅】イエバエ科のハエの総称。体は灰黒色や黒褐色で、人家に最も普通にみられる。幼虫(うじ)は堆肥や牛馬の糞ふん、生ごみなどに発生。

いえ-ばと【家×鳩】カワラバトの変種で、家禽かきん化した鳩。どばと。飼いばと。

いえ-びと【家人】❶家族。特に妻。「一に恋ひ過ぎめやもかはづ鳴く泉の里に年の経へぬれば」〈万・六九六〉❷家に仕えている人。また、貴人の家に出入りする人。家人けにん。「なほ親しき一のうちには数へ給ひけり」〈源・関屋〉

いえ-ぼり【家彫(り)】►後藤家彫ごとうぼり

いえ-み【家見】❶新たに住もうとする家を下見すること。❷新しい住居のようすを、親しい人が見に訪れること。「御宿這入の御寿。刑部様より御一」〈浄・先代萩〉

イエメン〖Yemen〗アラビア半島南部の共和国。首都サヌア。宗教はイスラム教。コーヒー・綿花・皮革品などを産出。1918年にオスマン帝国から王国として独立し、62年に共和制になったイエメン-アラブ共和国(北イエメン)と、67年に英国から独立したイエメン民主人民共和国(南イエメン)が、90年5月に統合。人口2350万(2010)。アルヤマン。

いえ-もち【家持(ち)】❶家屋を所有している人。屋敷持ち。❷家族を養い、一家を構えている人。戸主。❸家計や所帯のやりくり。「一がいい」❹江戸時代、屋敷持ちとして公役の権利・義務が与えられ、本来の意味で「町人」と呼ばれた者。

いえ-もと【家元】技芸の道で、その流派の本家として正統を受け継ぎ、流派を統率する家筋。また、その当主。室町時代に始まり、江戸時代に諸芸道の発展とともに、能楽・狂言・舞踊・音曲・香道・茶道・華道・武道などについて多くいうようになり、現代に及ぶ。宗家そうけ。(類語)本家・宗家・総本家

いえ-やしき【家屋敷】家とその敷地。「一を人手に渡す」

い

いえ-よう【家様】いへヤウ 御家流のこと。
イエライシャン【夜来香】《中国語》ガガイモ科の蔓性植物。中国原産。黄緑色の花は集まって咲き、芳香がある。
いえ-らく【言へらく】いへ〔連語〕《動詞「いう」の已然形＋完了の助動詞「り」のク語法「らく」》言ったことには。「妹が一常世辺にまた帰り来て今のごと逢はむとならば」〈万・一七四〇〉
イェラチッチ-ひろば【イェラチッチ広場】《Trg bana Jelačića》クロアチアの首都ザグレブの中心部にある広場。旧市街と新市街の間に位置する。同国の英雄として知られる19世紀の軍人ヨシップ＝イェラチッチの騎馬像がある。旧ユーゴスラビア時代は共和国広場と呼ばれていた。
イェリネック〖Georg Jellinek〗［1851〜1911］ドイツの法学者。従来の絶対主義的君主主義に反対し、国家の自己拘束の理論を掲げ、人権の確立に努めた。著「一般国家学」など。エリネック。
イェリバーレ〖Gällivare〗スウェーデン北部、ノールランド地方の鉱山都市。19世紀後半、鉄や銅の採掘が始まり急速に発展。鉱山施設やオーロラの観光で知られる。
イェリング-ふんぼぐん【イェリング墳墓群】《Jelling》デンマーク、ユトランド半島中部の町イェリングにある墳墓群。墳墓の間には二つの石碑が建っており、デンマークの初代国王ゴーム王とその妃について、また、その子であるハーラル王が国民とともにキリスト教に改宗したことについてルーン文字で刻まれている。1994年に「イェリング墳墓群、ルーン文字石碑群と教会」として世界遺産（文化遺産）に登録。
い・える【言える】いへ〔動ア下一〕❶言うことができる。「国の代表と一・える」❷言うことが当たっている。まさにその通りである。言えてる。
い・える【癒える】〔動ア下一〕図い・ゆ〔ヤ下二〕❶病気・傷などが治る。治癒する。「病が一・える」❷悲しみ・苦しみ・悩みなどが消える。「心の傷が一・える」
イェルサレム〖Jerusalem〗▶エルサレム
イェルマーク〖Ermak Timofeevich〗［?〜1585］ロシアのドンコサックの首領。シベリアに遠征してシビル-ハン国を破り、その領土をイワン4世に献上、ロシアのシベリア植民の基礎を築いた。エルマーク。
イェルムスレウ〖Louis Hjelmslev〗［1899〜1965］デンマークの言語学者。コペンハーゲン学派の代表者。ソシュールの影響を受けて言語理論を発展させ、言語素論（言理学）を創始した。著「一般文法の原理」「言語理論序説」など。
イエロー〖yellow〗黄色。黄。
類語 黄色・クリーム色・山吹色・黄土色
イエロー-カード〖yellow card〗❶WHO（世界保健機関）の定めた国際予防接種証明書の通称。海外旅行者が感染症の予防接種を受けたことを証明するもので、用紙が黄色いところからいう。現在は黄熱に関してのみ、入国の際にイエローカードの提示を要求する国がある。❷サッカーなどで、悪質な反則や非紳士的行為をした選手に警告するときに、審判が示す黄色いカード。⇒レッドカード
イエロー-キャブ〖Yellow Cab〗米国のタクシー会社。また、この会社のタクシーとして米国各都市を走り回る黄色い車の呼称。
イエローケーキ〖yellowcake〗ウラン鉱石を精錬して得られる、不純物の多いウランの粉末。黄色で、約70パーセントのウラン成分が含まれている。
イエロー-ジャーナリズム〖yellow journalism〗興味本位な記事を売り物にする報道のしかた。また、そのような新聞。19世紀末、ニューヨークの新聞「ジャーナル」と「ワールド」が「イエローキッド」という色刷り漫画を奪い合って売り物にしたところからいう。
イエロー-スティープル〖Yellow Steeple〗アイルランド東部、ミース州の町、トリムにある修道院の遺跡。12世紀にアウグスティヌス派の修道院とし創建。現在は14世紀に建てられた塔の一部が残っている。
イエローストーン-こくりつこうえん【イエローストーン国立公園】コクリツコウヱン《Yellowstone》米国ワイオミング州北西部の国立公園。ロッキー山脈中にあり、間欠泉・温泉・湖・大滝・大峡谷などがある。世界最初の国立公園で、1872年制定。1978年には世界遺産（自然遺産）に登録された。
イエロー-ゾーン《和 yellow＋zone》路面を黄色に塗って指示した全面駐車禁止地域。
イエローナイフ〖Yellowknife〗カナダ、ノースウエスト準州中西部の都市。同州の州都。20世紀初め、金の採掘で発展。1991年ダイヤモンド鉱脈が発見された。オーロラが見られる場所として、観光客に人気。
イエロー-フラッグ〖yellow flag〗❶自動車レース中に、ドライバーへの告知のために振られる黄色の旗。先方に危険な状態があることを意味する。この旗の出ている間は速度を抑えなければならず、追い越しは禁止。❷アメリカンフットボールで、反則があったときに審判が投げるハンカチ大の黄色の旗。
イエロー-ペーパー〖yellow paper〗個人や会社などの秘密や弱点を暴くことなど、興味本位の低俗な記事が多い新聞。黄色新聞。赤新聞。
イェロゾリムスキェ-どおり【イェロゾリムスキェ通り】ドホリ《Aleje Jerozolimskie》ポーランドの首都ワルシャワの中心市街を東西に貫く大通り。ワルシャワ中央駅、国立博物館、証券取引所などに面する。
イエロ-とう【イエロ島】タウ《El Hierro》▶エルイエロ島
い-えん【以遠】ヱン ある場所を基点として、それより遠い所。それから先。「東北本線は盛岡一が不通」
い-えん【胃炎】ヰ 胃粘膜の炎症。暴飲暴食、有害物の摂取、心身の疲労などから起こる。急性の場合は腹痛・嘔吐などがみられ、慢性では胃のもたれ・食欲不振が主症状。胃カタル。
いえん-けん【以遠権】イヱン 二国間の航空協定によって、協定を締結した相手国内のある地点から、さらに第三国の地点に運航できる権利。
イェンセン〖Johannes Vilhelm Jensen〗［1873〜1950］デンマークの小説家。北欧新ロマン主義的作風。文化史小説「長い旅」が代表作。1944年、ノーベル文学賞受賞。
イェンゼン〖Hans Daniel Jensen〗［1907〜1973］ドイツの物理学者。原子核の殻構造を研究し、光核反応の分野にも貢献。1963年、M＝G＝メーヤーとともにノーベル物理学賞受賞。
い-お【▽五▽百】ほ ❶数のごひゃく。「一年」❷数の多いこと。「一枝」
いお【×庵・×廬・×菴】いほ「いおり❶」に同じ。「軒端の松を寂しき一の友として」〈露件・二日物語〉
いお【▽魚】いを うお。さかな。「荒海の怒れる一のすがた」〈源・帚木〉
イオ〖Iō〗㊀ギリシャ神話で、ゼウスの妻ヘラに仕えた美しい女官。ゼウスに愛されたが、ヘラの怒りを恐れたゼウスに牝牛に変えられ世界中を放浪。最後にエジプトで人間の姿にもどされた。エジプトの女神イシスと同一視された。㊁（Io）木星の第1衛星で、すべての衛星のうち5番目に木星に近い軌道を回る。1610年にガリレオ＝ガリレイが発見。名は㊀に由来。1979年に探査機ボイジャーが火山活動を確認。木星の強い引力による地殻の歪みによるものと思われる。直径は約3600キロ（地球の約0.29倍）。平均表面温度はセ氏マイナス140度。
イオアニナ〖Ioannina〗ギリシャ北西部、イピロス地方の都市。イオアニナ湖西岸に位置する。6世紀のユスティニアヌス1世により創建。続いてノルマン人、ビザンチン帝国、オスマン帝国の支配下に置かれた。18世紀後半から19世紀にかけて、アルバニア出身のオスマン帝国の総督アリ＝パシャの権勢の下、国際的商業都市として発展した。市街にはイスラム寺院やアリ＝パシャが築いた要塞があるほか、近郊にペラマ洞窟、ドドニ遺跡などがある。銀細工、フェタチーズが有名。ヨアニナ。ヤニナ。
イオアニナ-こ【イオアニナ湖】《Limni Ioanninon》ギリシャ北西部、イピロス地方最大の湖。旧称パンボティス湖。同地方の中心都市イオアニナが西岸に位置する。東側に浮かぶ小島には、近代に権勢をふるったオスマン帝国の総督アリ＝パシャが殺害されたパンテレイモン修道院があり、現在はアリ＝パシャの記念館になっている。ヨアニナ湖。ヤニナ湖。
い-おう【以往・×已往】ワウ ❶その時からのち。以後。以降。「平安遷都一の文化」❷（已往）それより前。以前。往時。「およばぬ高き姿を願ひて寛平一の歌にならはば」〈近代秀歌〉 補説 本来、「以往」はある時からのち、「已往」はある時から前の意であるが、混用されている。
い-おう【位×襖】ヰアウ ▶いあお（位襖）
い-おう【医王】ワウ ❶《医師が病人を救うように、仏法を説いて人の悩みをいやすところから》仏・菩薩のこと。❷薬師如来の異称。
い-おう【易往】ワウ 仏語。阿弥陀仏の救いの働きによって、極楽浄土にたやすく往生できること。
いおう【硫-黄】いわう 酸素族元素の一。単体は無臭の黄色結晶。温泉や火山帯に産する。水には溶けない。斜方硫黄・単斜硫黄などの同素体がある。空気中で熱すると青い炎をあげて燃え、悪臭のある二酸化硫黄（亜硫酸ガス）を生じる。火薬・マッチ・医薬品の原料、ゴム製造などに使用。元素記号S 原子番号16。原子量32.07。補説 古くは「ゆわう」と発音し、「ゆあわ（湯泡）」の音変化したものか。
いおう-いぎょう【易往易行】イワウイギャウ 仏語。極楽浄土に往生しやすく、またそのための修行もしやすい念仏のこと。浄土教をいう。
いおう-か【硫-黄華】いわうクワ 硫黄の蒸気を急冷し固化させて得られる黄色の粉末。天然には硫黄泉の噴出口にみられる。昇華硫黄。
いおう-さいきん【硫-黄細菌】いわう 化学合成を行う細菌で、硫化水素などを酸化して硫黄や硫酸を生じる。光合成を行う紅色硫黄細菌・緑色硫黄細菌などを含めていうこともある。
いおう-ざん【硫黄山】いわう ㊀北海道北東部、知床半島にある山。標高1562メートル。羅臼岳の北に位置する。知床硫黄山。㊁▶アトサヌプリ
いおう-さんかぶつ【硫-黄酸化物】いわうサンクワブツ 硫黄の酸化物の総称。大気汚染物質の一。石油など硫黄を含む物質の燃焼により生じる二酸化硫黄（亜硫酸ガス）が空気中で酸化され三酸化硫黄となり、さらに水分を含んで硫酸の微粒子となる。化学式SO_x
いおう-さんのう【医王山王】イワウサンワウ 比叡山延暦寺の根本中堂の本尊である薬師如来と、滋賀県大津市坂本にある日吉神社の日吉山王権現。
いおう-じ【医王寺】イワウ ㊀福島市飯坂町にある真言宗豊山派の寺。山号は瑠璃光山。天長3年（826）、空海の開山とされ、中興は、藤原秀衡の臣佐藤基治。境内に基治、源義経の臣佐藤継信・忠信の墓がある。㊁石川県加賀市にある真言宗の寺。山号は国分山。日本三薬師の一。開基は行基と伝える。
いおう-じま【伊王島】イワウ 長崎県南部、長崎市南西約10キロメートルの沖合にある島。長崎市に属する。面積1.3平方キロメートル、最高点は109メートル。船津瀬戸をはさんで沖之島に対する。かつて炭鉱の島として知られたが、昭和47年（1972）閉山された。
いおう-じま【硫黄島】いわう ㊀▶いおうとう（硫黄島）㊁鹿児島県、大隅諸島の火山島。硫黄の採掘が行われた。俊寛の流された所といわれ、墓がある。鬼界ヶ島。いおうがしま。
いおう-せん【硫-黄泉】いわう 泉質の一。硫黄分を多く含む温泉。広義には硫化水素を含むものもいう。皮膚病や神経痛に効く。草津・日光湯元温泉など。
いおう-とう【硫黄島】いわうタウ 東京都、小笠原諸島の南西、硫黄列島の中央の火山島。第二次大戦の激戦地。現在は自衛隊の基地が置かれる。中硫黄島。いおうじま。補説 明治時代以降「いおうとう」と呼称されていたが、第二次大戦で占領した米軍が「いおうじま」と呼んだ。昭和43年（1968）の返還後は旧呼称に復したが、同57年の地図改訂で「いおうじま」と誤記され、以降この呼称が定着。平成19年（2007）元島民

らの要求が受け入れられ、国土地理院と海上保安庁によって「いおうとう」の呼称が正式とされた。

いおう-に-むにん【易往×而無人】仏語。阿弥陀仏の誓願を信じる者はたやすく極楽往生できるが、実際にはそういう者はごくまれであるということ。「大無量寿経」にある語。

いおう-びょう【萎黄病】❶鉄欠乏性貧血の一。思春期の女子に多い。❷植物の葉が黄白色になる病害。

い-おうぶつ【韋応物】[737ころ〜?]中国、中唐の詩人。京兆(陝西省西安)の人。蘇州刺史であったため韋蘇州とよばれる。陶淵明に心酔。自然詩人として、王維・孟浩然・柳宗元と並び称される。

いおう-れっとう【硫黄列島】小笠原諸島の南西にある火山列島。北硫黄島・中硫黄島・南硫黄島からなる。東京都に属し、硫黄・サトウキビを産出。

いお-え【▽五▽百▽枝】たくさんの枝。「一さし繁に生ひたる樛の木の」〈万・三二四〉

いお-え【▽五▽百重】いくえにも重なっていること。「白雲の一に隠り遠くとも夕さらず見む妹があたりは」〈万・二〇二六〉

イオ-カード　JR東日本が発売する、磁気式の自動改札用プリペイドカード。改札機に入れれば料金が自動的に精算される。デジタル信号を意味する1と0を英文字のiとoにデザイン化して、イオと名付けた。平成17年(2005)3月31日に発売を終了した。
➡スイカ(Suica)　➡ジェースルーカード

イオカステ〖Iokastē〗㊀ギリシャ神話で、テーベ王ライオスの妻。オイディプスを産んだが、のちに、それと知らず、我が子の妻となり、アンティゴネら四人の子をもうけた。近親相姦の事実を知って自殺。㊁(Iocaste)木星の第24衛星。2000年に発見。名は㊀に由来。非球形で平均直径は約5キロ。

イオスコ〖IOSCO〗《International Organization of Securities Commissions》証券監督者国際機構。日本の金融庁、米国の証券取引委員会(SEC)といった各国の証券市場の監督当局、証券取引所で構成。1974年米州証券監督者協会(IASC)として設立、86年米州以外にも範囲を広げ、現在の名称に変更。事務局はマドリード。

イオス-とう【イオス島】《Ios》ギリシャ南東部、エーゲ海に浮かぶ島。キクラデス諸島に属し、ナクソス島とサントリーニ島の中間に位置する。中心地はイオス。観光客に人気がある。

イオタ〖I｜ι｜iota〗ギリシャ語アルファベットの第9字。

いお-ち【▽五▽百▽箇】「いおつ」に同じ。「珠洲の海人の沖つ御神にい渡りて潜き取るといふ鮑玉一もがも」〈万・四一〇一〉

いお-つ【▽五▽百▽箇】(多く名詞の上に付き、接頭語的に用いて)500、または数の多いことを表す。「朝狩りに一鳥立て夕狩りに千鳥踏み立て」〈万・四〇一一〉

い-おと・す【射落(と)す】〔動サ五(四)〕❶矢を射当てて落とす。「飛んでいる鳥を一・す」❷ねらっていた地位・人などを手に入れる。射止める。「社長の座を一・す」「美女を一・す」

イオニア〖Iōnia〗小アジア南西部のエーゲ海沿岸と、その付近の諸島一帯の古称。前10世紀ごろから古代ギリシャ人が移住して、ミレトス・サモスなどの植民市を建設、芸術・哲学が栄えた。現在はトルコ領。

イオニア-かい【イオニア海】《Ionian Sea》イタリア半島南部およびシチリア島とギリシャとに囲まれた海域。地中海の一部。

イオニア-がくは【イオニア学派】前6世紀ごろ、イオニア地方に興ったギリシャ最初の哲学の学派。万物の根源を水・アペイロン(無限なもの)・空気・火に求めた。ミレトス出身のタレス・アナクシマンドロス・アナクシメネス、およびヘラクレイトスなどが属する。

イオニア-しき【イオニア式】古代ギリシャ建築の列柱様式の一。ドリス式とコリント式の間の時期に成立。礎盤がつき、渦巻き装飾の柱頭をもつ。

イオニア-しょとう【イオニア諸島】《Ionia》ギリシャ西端部、イオニア海北東部にある諸島。古くは「七つの島」を意味するヘプタネソスまたはヘプタネサと呼ばれた。ケルキラ島(コルフ島)、パクシ島、レフカダ島、ケファロニア島、イタキ島、ザキントス島、キティラ島などの主要7島をはじめ、多数の島嶼からなる。古くから海上交易の拠点として栄え、14世紀から15世紀にかけてベネチア共和国領になり、ギリシャ語地域では唯一オスマン帝国に支配されなかった。18世紀にギリシャ独立の機運が高まり、フランス領、ロシア領、イギリス領を経て、1864年ギリシャに返還された。

イオニア-ようしき【イオニア様式】「イオニア式」に同じ。

イオニウム〖ionium〗トリウムの同位体。ウラン234のα崩壊で生じるトリウム230。半減期は8万年。海底堆積物の年代測定などに利用される。記号Io

いお-はた【▽五▽百機】数多くの織機。「たなばたの一立てて織る布の秋さり衣誰か取り見む」〈万・二〇三四〉

イオマンテ　▶イヨマンテ

いおり【×庵｜×廬｜×菴】❶草木や竹などを材料としてつくった質素な小屋。僧・隠者などが住む小さな住居や、農作業などの仮小屋。また、自分の家を謙遜していう。草庵。いお。くさのかりや。「一を結ぶ」❷軍隊の一時宿泊する所。軍営。❸紋所の一。庵形の紋。❹「庵形」の略。❺「庵看板❶」の略。
(類語)庵・庵室・草庵・草堂・東屋

いおり-がた【×庵形】家の屋根の形をしたもの。紋所では両側に柱をそえる。

いおり-かんばん【×庵看板】❶歌舞伎劇場前に掲げる看板。役者の名と家紋をかいた板の上部に屋根の形をつけたもの。最初は上方からの下り役者や臨時出演の役者に、のちには上級役者から作者にまで用いた。上方では一枚看板・名題看板ともいう。❷庵看板に名を出すことができる上級の役者。名題役者。

いおり-さ・す【×庵さす】〔動サ四〕庵をつくる。庵を結ぶ。「一・す草の枕にともなひてささの露にも宿る月かな」〈山家集・下〉

いおり・す【×庵す】〔動サ変〕「いお(庵)る」に同じ。「玉藻刈る処女を過ぎて夏草の野島が崎に一・す我は」〈万・三六〇六〉

いおり-てん【×庵点】《庵形をしているところから》箇条書きの文書の頭、和歌・連歌・謡物や、連署する姓名などの肩につける「〽」「〽」などの記号。検閲・確認などの印とした。また、文章中で歌謡を引用する場合にも使われる。

いおりのうめ【庵梅｜庵の梅】狂言。庵主の老女を女たちが訪れて短冊を渡し、老女はそれを花盛りの梅の枝に下げ、酒宴を催して舞に興じる。

いおり-もっこう【×庵木×瓜】紋所の名。庵形の中に木瓜を描いたもの。工藤祐経の紋として有名。いおりにもっこう。

いお・る【×庵る】〔動ラ四〕庵をつくって住む。仮の宿をとる。「筑波嶺に一・りて妻なしにわが寝む夜ろははやも明けぬかも」〈常陸風土記〉

い-おん【×倚音】▶前打音

い-おん【異音】《allophone》構造言語学の音韻論で、同一音素の変異形のうち、位置ないし条件によって変異するもの。例えば、英語でkeep[ki:p]とcool[ku:l]の二つの[k]は調音点を少し異にする同一音素[k]の異音。

い-おん【遺恩】故人の残した恩恵。故人から受けた恵みや情け。

イオン〖ドイツ Ion〗《ギリシャ語の移動する意から》電気を帯びた原子または原子団。正の電気を帯びたものを陽イオン、負の電気を帯びたものを陰イオンという。

イオン-いんりょう【イオン飲料】体液と同じ浸透圧になるように、カリウム・ナトリウムなどの電解質を加えた飲料水。

イオン-エンジン〖ion engine〗電気的なエネルギーを利用して推力を得るロケットエンジンの一。キセノンや水銀などをイオン化し、強い電場により加速して噴出することで推進。推力は小さいが長時間の加速に向くため、人工衛星の姿勢制御や惑星探査機の主推進装置に利用される。計4基のイオンエンジンを搭載した日本の小惑星探査機はやぶさが、のべ4万時間にわたる運用を経て小惑星イトカワへの往復に成功し、その耐久性と信頼性の高さが実証された。

イオン-か【イオン化】電気的に中性の原子や分子が電子を失うか得るかしてイオンになること。電離。

イオン-か【イオン価】イオンのもつ電気量を電気素量で割った値。

イオンか-エネルギー【イオン化エネルギー】原子または分子から、電子を取り去るのに要するエネルギー。一般に電子ボルト(eV)の単位で表される。取り去る電子が1個のときは第一イオン化エネルギー、2個目のときは第二イオン化エネルギーという。電離エネルギー。イオン化ポテンシャル。イオン化電位。イオン化電圧。

イオンか-けいこう【イオン化傾向】金属が水溶液中で示す、陽イオンになろうとする傾向。カリウム・カルシウム・ナトリウムなどは傾向が大で、銅・銀・金などは傾向が小。(補説)主な金属をイオン化傾向の大きい順に並べると次のようになる。

▷**主な金属のイオン化傾向**(大きい順)
K(カリウム)＞Ca(カルシウム)＞Na(ナトリウム)＞Mg(マグネシウム)＞Al(アルミニウム)＞Mn(マンガン)＞Zn(亜鉛)＞Cr(クロム)＞Fe(鉄)＞Cd(カドミウム)＞Co(コバルト)＞Ni(ニッケル)＞Sn(スズ)＞Pb(鉛)＞(H(水素))＞Cu(銅)＞Hg(水銀)＞Ag(銀)＞Au(金)

イオンか-こう【イオン化光】波長が91.2ナノメートル以下の紫外線。水素原子を陽子と電子に分離(イオン化)する強いエネルギーをもつ。平成19年(2007)9月、国立天文台・大阪産業大・東北大などの研究者チームが、約120億光年離れた銀河大集団をすばる望遠鏡で観測し、198銀河のうち17銀河からイオン化光を検出した。これらの銀河は、ビッグバンから約10億年後(今から約125億年前)に起きたとされる宇宙の再イオン化に大きな役割を果たしたと考えられ、どのようにして宇宙に天体が生まれたかを知る手がかりになると期待されている。

イオンか-でんあつ【イオン化電圧】▶イオン化エネルギー

イオンか-でんい【イオン化電位】▶イオン化エネルギー

イオンか-ポテンシャル【イオン化ポテンシャル】原子または分子から、電子を取り去るのに要するエネルギーを電子ボルト(eV)単位で表した値。イオン化電位。イオン化電圧。

イオンか-れつ【イオン化列】イオン化傾向の大きさの順に元素を並べた際の序列。電気化学列。

イオン-クロマトグラフ〖ion chromatograph〗水溶液中の各種のイオン成分を分析、測定する装置。試料を注入するだけで測定できる。IC。

イオン-けつごう【イオン結合】陽イオンと陰イオンとの静電気的引力による結合。

イオン-けっしょう【イオン結晶】陽イオンと陰イオンとが、イオン結合によって、立体的に規則正しく並列した結晶。食塩の結晶など。

イオン-けんびきょう【イオン顕微鏡】光線の代わりに高電圧で加速されたイオンビームを用いた顕微鏡。1951年に米国の物理学者E＝W＝ミュラーが発明した電界イオン顕微鏡が有名。陽子、ヘリウム、リチウムなどのイオンを使い、金属の原子配列や金属表面への分子や原子の吸着の観察などに用いられた。現在、同様の観察は主に走査型電子顕微鏡で行われ、イオン顕微鏡は元素分析に用いられることが多い。

イオン-こうかん【イオン交換】電解質溶液中の物質がイオンを放出し、代わりに溶液中のイオンを取り込む現象。この作用を示す物質をイオン交換体といい、イオン交換樹脂やゼオライトがある。

イオンこうかん-じゅし【イオン交換樹脂】分子内に可逆的にイオン交換のできる活性基をもち、溶液中の特定のイオンを吸着・回収する合成樹脂。元素や特定物質の分離、純水製造などに使用。

イオン-こうかんまく【イオン交換膜】イオン交換の作用をもつ膜。イオン交換樹脂などを膜状にしたもの。海水の脱塩による淡水化や濃縮による製塩などに使用。

イオンせい-えきたい【イオン性液体】▶溶融塩

イオン-せき【イオン積】❶水溶液中の水素イオンのモル濃度と、水酸化物イオンのモル濃度との積。❷▶溶解度積

イオン-チャンネル〖ion channel〗《「イオンチャネル」とも》細胞膜などの生体膜において、ナトリウムイオンやカリウムイオンを通し、開閉する膜蛋白質の通路。神経細胞の活動電流の発生機構の説明に用いられる語。

イオン-でんどう【イオン伝導】正または負イオンの移動による電気伝導。電解質溶液、融解塩、イオン化ガスなどで生じる。➡電子伝導 ➡混合伝導

イオン-でんりゅう【イオン電流】運搬電流の一。イオンの運動によって生じる電流。電解質溶液、溶融塩のイオン、イオン化したガスなどに見られる。

イオン-はんけい【イオン半径】イオンを球と考えたときの半径。イオン結晶中での隣接イオン間の距離から割り出した値がふつう用いられる。

イオン-ビーム〖ion beam〗原子から取り出したイオンを高速加速して得られる光線状の流れ。固体に当てると内部にイオンがもぐりこむのを利用して、半導体への不純物注入や集積回路の作製、金属の表面加工などに用いられる。

い-おんびん【イ音便】音便の一。語中・語尾のキ・ギ・シ、まれにはリ・テが、イになる現象。「書きて」が「書いて」、「漕ぎて」が「漕いで」、「渡して」が「渡いて」、「ござります」が「ございます」、「たてまつる」が「たいまつる」になる類。平安初期に発生、以後多くなった。
(類語)音便・ウ音便・促音便・撥音便

イオン-ぶんきょく【イオン分極】電界の作用を受けて、イオン結晶内の正負イオン(塩化ナトリウムならば、Na^+、Cl^-)の位置が変位することで生じる誘電分極。特に電子の移動に伴う電子分極に対していう。

イオン-ポンプ〖ion pump〗生体膜にあってイオンの能動輸送を行う機構。細胞内にカリウムイオンを汲み入れナトリウムイオンを汲み出すなど。作用をポンプにたとえていう。

イオン-ゆそう【イオン輸送】生体膜を横断して選択的にイオンが移動すること。能動輸送と受動輸送がある。

イオン-レーザー〖ion laser〗誘導放出を起こす媒体としてイオン化した気体を用いるレーザー。気体レーザーの一。アルゴンレーザー、クリプトンレーザーなど。

い-か【五＝十日】❶50日。❷「五十日の祝い」の略。❸「五十日の餅」の略。

い-か【以下｜×已下】❶数量・程度・優劣などの比較で、それより下の範囲であること。数量では、基準を含んでそれより下をいい、その基準を含まないときは「未満」を使う。「室温を一八度━に保つ」「六歳━は無料」「待遇は世間並み━だ」「あいつの理解力は小学生━だ」⇔以上。❷それより後に述べること。下記。「━省略」⇔以上。❸代表となるものを含んで、それに関連するすべてのもの。「校長━教職員一同」❹「御目見以下」の略。
(用法)**以下・以内・未満**──「以下」は、「一〇キログラム以下」「次の各号のいずれかに該当するものは、三万円以下の罰金に処する」(道路交通法)のように用いられる。いずれも数量的限定に用いられ、この場合示された数値を含む。◆「以内」は、「二時間以内」「四〇〇字以内」などと用いられる。法令用語としては、「衆議院が解散されたときは、解散の日から四十日以内に、衆議院議員の総選挙を行ひ」(日本国憲法)、「延べ面積が十平方メートル以内の物置、納屋」(建築基準法)のように用いられる。いずれも示された数値を含む。◆「未満」は、「六歳未満」「一八歳未満おことわり」「科料ハ千円以上一万円未満トス」(刑法)のように用いられる。「以内」と同じように数量的な限定に用いられるが、この場合は示された数値を含まず、それより少ない数値であることを表す。

いか【×凧｜紙＝鳶】《イカに形が似るところから》凧のこと。主に関西地方でいう。いかのぼり。

い-か【衣架】「衣桁」に同じ。

い-か【医科】❶医学についての学科。内科・小児科・外科・眼科・耳鼻咽喉科・産婦人科・皮膚科などの総称。❷医科大学や総合大学医学部の俗称。

い-か【医家】医者。また、医療を職業とする家柄。
(類語)医者・医師・ドクター・ドクトル

い-か【易化】〔名〕スル やさしくすること。簡単にすること。

いか【烏＝賊】コウイカ目とツツイカ目の頭足類の総称。胴は円筒状の外套膜に包まれ、先に幅広のひれがある。10本の腕をもち、特に長い2本は捕食などに用い、敵にあうと墨を出して逃げる。コウイカ類は石灰質の甲を、ツツイカ類は膠質の軟甲をもつ。すべて海産。食用となるものが多く、干したものは「するめ」という。(季 夏)

烏賊の甲より年の功　イカの甲はあまり役に立たないが、年功は積めば積むほど価値がある。年長者の経験は重んじなければならないことをいう。亀の甲より年の功。

い-か【異化】〔名〕スル ❶《dissimilation》音変化の一種。同じ音、あるいは調音上類似している音が一語の中にあるとき、一方が別の音に変わる現象。「ナナカ(七日)」が「ナヌカ」または「ナノカ」、「ボノーニア」(地名)が「ボローニア」となるなど。❷生物が外界から摂取した物質を体内で化学的に分解して、より簡単な物質に変える反応。これによってエネルギーを得る。カタボリズム。異化作用。⇔同化。❸心理学で、差異の著しい二つの性質や分量を接近させることで、その差異がさらにきわだつこと。❹ロシアフォルマリズムの手法の一。日常的で見慣れた題材を異質なものに変化させること。シクロフスキーらの提唱した語。❺▶異化効果

い-か【渭河】渭水の別称。

いが【伊賀】㊀旧国名の一。現在の三重県西部にあたる。伊州。賀州。㊁三重県西部、上野盆地の中北部を占める市。古くから近畿と東海を結ぶ交通の要衝。平成16年(2004)11月に上野市、伊賀町、島ヶ原村、阿山町、大山田村、青山町が合併して成立。人口9.7万(2010)。

い-が【衣×蛾】ヒロズコガ科のガ。翅の開張1～1.5センチ。全体に灰褐色で、前翅には3個の小紋がある。幼虫は毛製品・絹織物などを食害する。

いが【×毬｜×梂】クリなどの果実を包んでいる、とげのある外皮。殻斗の一種。(類語)とげ

い-かい【位階】長く官職にあった者や特に功績のあった者などに与えられる栄典の一。元来は官人の序列で、推古天皇11年(603)の冠位十二階に始まり、大宝令とこれを改定した養老令の位階制が長く行われた。皇族の親王は一品から四品までの四階、諸王は正一位から従五位下まで一四階、臣下は正一位から少初位下まで三〇階とした。明治22年(1889)以後は一位から八位までの正・従合わせて一六階となり、第二次大戦以降は故人にのみ与えられるようになった。

い-かい【遺戒｜遺×誡】子孫などのために残した訓戒。ゆいかい。「父の━を心にきざむ」

いか-い【▽厳い】〔形〕図いか・し〔ク〕❶程度がはなはだしい。大層である。「前度が━・い世話に成った気で」〈鏡花・歌行灯〉❷大きい。多い。「能う━・い声を出す方様じゃ」〈露伴・椀久物語〉❸荒々しい。たけだけしい。「おそろしげに、━・きものども、ひと山にみちて」〈宇津保・俊蔭〉➡厳し

厳い事　❶だいそれたこと。たいへんなこと。「われらの算勘を御存知ない御方は、━を申すと思しめさうずるが」〈虎明狂・賽の目〉❷(副詞的に用いて)たくさん。「一買ったよ」〈滑・浮世風呂・二〉

い-がい【以外】❶ある範囲の外側。「自分の職務━のこと」⇔以内。❷(他の名詞や動詞に付いて)それを除く他の物事。「関係者━入室禁止」「食べる━に楽しみがない」(類語)以上・以下・以内・未満

い-がい【×貽貝】イガイ科の二枚貝。浅海の岩などに足糸で付着して群生。貝殻は長卵形で殻長12センチくらい。外面は黒褐色、内面は真珠色。肉は春に美味。地方名が多く、せとがい・からすがい・しゅうりがい・にたりがいなどがある。(季 春)

い-がい【意外】〔名・形動〕考えていた状態と非常に違っていること。また、そのさま。「事件は━な展開を見せた」「ベランメーに接近した彼の口の利き方にも━を呼んだ」〈漱石・明暗〉➡案外(用法)
(補説)現在では「意外に」と同様、「意外と知られていない事実」のように「意外と」の形も用いられる。
(派生)いがいさ〔名〕(類語)思いのほか・案外・思いがけない・慮外・存外・望外・予想外・意表・なかなか

い-がい【遺骸】死骸。なきがら。遺体。(類語)死体・死骸・遺体・死屍・亡骸・屍・屍・むくろ

いかいえい【威海衛】中国、山東半島北東岸の港湾都市、威海の旧称。渤海湾の入り口に位置し、明代には倭寇防衛の根拠地、清代末には北洋艦隊の基地。日清戦争で日本が占領。1898年、英国の租借地となるが、1930年中国へ返還。

いか-いか〔副〕《「いがいが」とも》赤ん坊が泣くさま。また、その声。おぎゃあおぎゃあ。「ちごの声にて━と泣くなり」〈今昔・二七・四三〉

いがい-けいしょ【猪飼敬所】[1761～1845]江戸後期の儒学者。京都の人。名は彦博、字は希文。経学を主とする折衷学派に属した。著「論孟考文」「孟子考文」など。

い-がいちょう【居開帳】本尊をその寺で開帳すること。⇔出開帳。

い-かいほ【医介×輔】▶介輔

い-かいよう【胃潰瘍】胃壁に潰瘍ができる疾患。みぞおちの痛み、胸焼け、吐血などがみられ、大出血や胃穿孔を起こすこともある。

いが-うえの【伊賀上野】▶上野

い-かえ・す【射返す】〔動サ五(四)〕❶敵が射かけてきたのに応じて、こちらからも射る。応射する。「敵陣に向かって━・す」❷光を照り返す。反射する。「二つの甲が、月下に躍る細鱗の如く秋の日を━・す」〈漱石・幻影の盾〉❸矢を射て敵を追い返す。「天つ神の御子の使ひを━・し、待ち攻めむとして」〈記・中〉❹敵の射た矢を用いて敵を射る。「奥よりこの矢を射て候が、━・せとまねき候」〈平家・一一〉

いかお【伊香保】▶いかほ

イカオ〖ICAO〗《International Civil Aviation Organization「アイケーオー」とも》国際民間航空機関。国際連合の専門機関の一。国際民間航空の安全と発展を目的に、運航・管制方式の審議などを行う。1947年、国際民間航空条約に基づき設立。本部はモントリオール。日本は53年(昭和28)加盟。

いか-が【如＝何】《「いかにか」の音変化》㊀〔形動〕図〔ナリ〕成り行きや結果を危ぶむさまを表す。どのよう。「その考え方は━なものか」㊁〔副〕❶状態・意見などについてたずねるさま。どう。どのように。「御機嫌━」「この件は━いたしましょうか」❷事の成り行きについて疑問をさしはさむ気持ちを表す。どう。どんなもの。「その案は━かと思う」❸相手を誘ったり、相手に勧めたりする気持ちを表す。どうですか。「お一つ━」「あなたも御一緒に━」❹疑問を表す。どのように…か。「一言ひやるべきと、近う居給ふかぎりのたまひあはせて」〈枕・三五〉❺反語の意を表す。どうして…か。「かくばかり逢ふ日の稀になる人を━つらしと思はざるべき」〈古今・物名〉❻どう言ったらよいかわからないほどの意で、強調する気持ちを表す。どんなにまあ。さぞかし。「かかる物に捨てられぬといはれむは、━いみじかるべき」〈落窪・二〉

如何せ・む　❶どうしよう。「奈良坂にて人にとられなば━・む」〈更級〉❷どうしようもない。やむをえない。

「夜鳴かぬもいぎたなき心地すれども、今は一◦む」〈枕・四一〉

如何なものか　いったいどのようなものだろうか。婉曲な疑問・批判の表現。「言いたいことはわかるが、その言い方は一」

如何はせ◦む　「如何せむ」を強めた言い方。「さるさがなきえびす心を見ては、一◦むは」〈伊勢・一五〉「命死なば一◦む」〈竹取〉

い-かがく【医化学】医学上の問題を扱う生化学。人体の生理の化学的な面を研究する学問。

いかがさき【伊加加崎¦伊加賀崎】滋賀県大津市石山寺付近の瀬田川沿いの地。〔歌枕〕「我はただ風にのみこそまかせたれ一には人の行くらむ」〈和泉式部続集〉〔補説〕大阪府枚方市伊加賀の地ともいう。

いかが-し・い【如＝何しい】〔形〕〔文〕いかが・し〔シク〕《「いかが」の形容詞化》❶どうであろうかと疑われる。不安だ。いかがわしい。「アマリー・イカライタシマセン」〈和英語林集成〉「内々のことを、他人中でたづね申すも一・い」〈人・梅児誉美・四〉❷あまり感心しない。「これは関東麻とて名物の真苧、一・しくは候へども」〈浄・堀川波鼓〉

いかが-は【如＝何は】〔連語〕❶強い疑問を含んだ推量を表す。どんなに…か。「この家にて生まれし女児の、もろともに帰らねば、一悲しき」〈土佐〉❷反語を表す。どうして…か。「君の仰せ言をば一背くべき」〈竹取〉

い-かか・る【居掛かる】〔動ラ四〕座って寄りかかる。「優なる女の…ひざに一・れば」〈徒然・二三八〉

いかがわし・い【如＝何わしい】〔形〕〔文〕いかがは・し〔シク〕❶本当かどうか疑わしい。物事の内容、人の正体などが、あやしげだ。信用できない。「一・い品」「一・い人物」❷下品でよくない。風紀上よくない。「一・い映画」〔派生〕いかがわしげ〔形動〕いかがわしさ〔名〕〔類語〕いぶかしい・胡散臭い

い-かき【笊＝籬】竹で編んだかご。ざる。

い-がき【▽斎垣】《「いかき」とも》神社など、神聖な場所に巡らした垣。瑞垣。玉垣。「ちはやぶる神の一も越えぬべし今は我が名の惜しけくもなし」〈万・二六六三〉

い-かく【位格】❶地位と格式。❷▶ペルソナ❷

い-かく【威嚇】〔名〕スル　威力をもっておどすこと。「牙をむいて一する」「一射撃」〔類語〕脅し・威喝・恫喝

い-かく【異客】▶いきゃく(異客)

い-か・く【▽沃懸く¦▽沃掛く】〔動カ下二〕注ぎかける。浴びせる。「銚子に水を入れて持て来て、右の方の膝に一・くと見る」〈かげろふ・中〉

い-がく【医学】人体や病気の本態を研究し、病気の予防・治療を行い、健康を維持するための学問。基礎医学・臨床医学・社会医学からなる。〔類語〕医療・医術

い-がく【居楽】座って雅楽を演奏すること。また、その雅楽。⇔立楽。

い-がく【異学】❶自流と相いれない学派。❷江戸時代、幕府が正学と認めた林家の講じた朱子学に対して、それ以外の儒学のこと。

いがく-かん【医学館】江戸幕府の漢方医学校。明和2年(1765)将軍家の奥医師多紀元孝が江戸神田佐久間町に設けた私塾を、寛政3年(1791)幕府の直轄にしたもの。

いがく-かんさつ【医学観察】中国政府が新型インフルエンザなどの感染症の侵入・拡大を防止するために行う措置の一つ。感染の疑いがある者を在宅・病院などに一定期間隔離し、医師などの専門家が健康状態・病状を定期的に確認する。

いかく-しゃげき【威嚇射撃】威力を示し、相手を恐れさせるために行う射撃。標的そのものをねらわず、周囲などを撃って威嚇すること。

いがく-じょ【医学所】江戸幕府の西洋医学校。安政5年(1858)蘭医伊東玄朴らが江戸神田お玉ケ池に設けた種痘所に始まり、万延元年(1860)幕府の直轄になった。のち西洋医学所を経て、文久3年(1863)に医学所と改称。東京大学医学部の前身。

いかく-しょく【威嚇色】動物の標識色の一。奇妙な色や斑紋により、捕食者の攻撃をかわすと考えられるもの。ガの翅の、チョウの幼虫の眼状紋など。

いかく-せつ【威嚇説】刑法理論で、刑罰の目的や機能を威嚇にあるとし、それによって犯罪が予防されると考える学説。

いがく-せんもんがっこう【医学専門学校】旧制で、医学に関する専門的な学術や技術の教育を行った学校。医専。

い-かくちょう【胃拡張】胃が異常に拡張した状態。胃の運動機能の低下、幽門狭窄などで起こり、胃の内容物が停滞する。胃の張る感じ、もたれ、嘔吐などの症状を伴う。

いがく-の-きん【異学の禁】▶寛政異学の禁

いが-ぐみ【×伊賀組】江戸幕府の鉄砲百人組のうち、伊賀者で組織した組。

いが-ぐり【×毬×栗】❶いがに包まれているままの栗。〔季 秋〕「一の嚢にとどまる嵐かな/白雄」❷「毬栗頭」の略。

いがぐり-あたま【×毬×栗頭】髪を短く、丸刈りにした頭。また、その人。〔類語〕丸坊主・坊主頭

い-かく・る【い隠る】〔動ラ四〕《「い」は接頭語》隠れる。「をとめの一・る岡を」〈記・下・歌謡〉

い-かく・る【居隠る】〔動ラ下二〕隠れて座る。「柱にすこし一・れて」〈源・橋姫〉

い-かけ【▽沃懸(け)】❶水を注ぎかけて身を清めること。❷「沃懸地」の略。

い-かけ【鋳掛(け)】❶鍋・釜など金物の壊れた部分を、はんだなどで修理すること。❷《江戸時代、大坂に夫婦連れで歩いた鋳掛け屋があって、3世中村歌右衛門がこれを所作事にして演じたところから》夫婦が連れ立って歩くこと。

いかけ-じ【▽沃懸地】蒔絵の地蒔きの一。金または銀の粉を密に蒔いた上から漆をかけ、研ぎ出したもの。金粉を用いたものは金地・金溜地ともよばれる。

いかけまつ【鋳掛松】歌舞伎狂言「船打込橋間白浪」の通称。また、その主人公の鋳掛屋松五郎のこと。

いかけ-や【鋳掛(け)屋】鋳掛けを職業にする人。鋳掛け師。

鋳掛屋の天秤棒　《鋳掛け屋の天秤棒は7尺5寸あって普通の6尺のものより長く、その端が荷より長く出るところから》出しゃばりな人、また、その行為のたとえ。

い-か・ける【射掛ける】〔動カ下一〕〔文〕いか・く〔カ下二〕敵に向かって矢を放つ。「火矢を一・ける」

いか-こうか【異化効果】《ドイ Verfremdungseffekt》ブレヒトの演劇論用語。日常見慣れたものを未知の異様なものに見せる効果。ドラマの中の出来事を観客が距離をもって批判的に見られるようにするための方法の意に用いた。

いが-ごえ【伊賀越】㊀奈良時代以来の街道。大和から山城の笠置を経て、伊賀の柘植に出、鈴鹿関に至る官道の称。㊁「伊賀越道中双六」の通称。

いがごえどうちゅうすごろく【伊賀越道中双六】浄瑠璃。時代物。10段。近松半二ら合作。天明3年(1783)大坂竹本座初演。伊賀越の仇討ちを題材に、奈河亀輔の歌舞伎狂言「伊賀越乗掛合羽」の改作。「沼津」「岡崎」などの段が有名。

いがごえ-の-あだうち【伊賀越の仇討ち】寛永11年(1634)岡山藩士渡辺数馬が義兄荒木又右衛門とともに、父(一説に弟)のかたき河合又五郎を伊賀上野で討った事件。赤穂義士・曽我兄弟の仇討ちとともに天下三大仇討ちの一。

いが-さ【×藺×笠】藺の茎で編んだ笠。〔季 夏〕

いか-さし【烏＝賊刺(し)】イカの刺身。

いか-さま【如＝何様】㊀〔名・形動〕いかにも本当らしく見せかけること。また、そのさまや、そのもの。いんちき。「一をやる」「一ばくち」「随分一な人物だと」〈宙外・独行〉㊁〔副〕❶自分の考えがまちがっていないはずだ、という気持ちを表す。確かに。本当に。「一思い返して見れば、二度とああ云う蘭たけた人に出遇えるかどうか分からないけれども」〈谷崎・少将滋幹の母〉❷どんな事情があっても事を成し遂げたいという、強い意志を表す。何としてでも。ぜひとも。「一取りて帰り、古き人にも見せ、家の宝となさばや」〈謡・羽衣〉㊂〔形動ナリ〕事物の状態や方法などについて疑問があるさま。どのよう。どんな。「我一なるわざをせんと、涙を流しつつおぼしわぶるに」〈浜松・一〉㊃〔感〕相手の言ったことを肯定するときに発する語。なるほど。「一、…定めて汝が行くであらう」〈虎寛狂・素袍落〉
〔類語〕不正・不当・邪・横様・いんちき・非

いかさま-し【如＝何様師】詐欺を常習とする者。詐欺師。ぺてん師。

いかさま-もの【如＝何様物】いかにも本物らしく見せかけた物。まがいもの。にせもの。

いか-さよう【異化作用】▶異化❷

いか・し【▽厳し】㊀〔形ク〕▶いか(厳)い　㊁〔形シク〕盛んなさま。また、りっぱなさま。「八束穂の一・し穂に」〈祝詞・祈年祭〉〔補説〕確実な用例が、上記のほか「厳し矛」「厳し御世」のような連体用法に限られている点から、古くはシク活用であったろうと推定されている。

いが-し【伊賀市】▶伊賀㊁

いが-しゅう【×伊賀衆】「伊賀者」に同じ。

いか-じゅふん【異花受粉】▶他家受粉

いか・す〔動サ五〕《「行かす」から》しゃれている。あかぬけして見える。「ちょっと一・したデザイン」

いか・す【生かす¦▽活かす】〔動サ五(四)〕❶いったん息絶えたものを生き返らせる。蘇生させる。「溺れた人を人工呼吸で一・す」❷死なないようにする。命を長らえさせる。「魚をいけすに入れて一・しておく」❸有効に使う。活用する。「長年の経験を一・す」「廃物を一・す」「素材を一・して料理する」❹一度消した文や字句などを復活させる。「元の文章を一・す」
〔可能〕いかせる
〔類語〕生きる・生存する・生息する・存命する・在る・存する・永らえる・存生・在世・利用

いか-ず《動詞「い(行)く」の未然形＋打消しの助動詞「ず」から。近世上方語》❶人情や情趣を解さないこと。また、その人。無粋。「この里の恋と情けと…をまろめし中にも、あんな一もありける」〈浮・好色盛衰記〉❷役に立たないこと。また、その物。無用。「今迄手形箱にある一の古証文」〈浮・子息気質・二〉❸「いかず後家❶」に同じ。「皆、一の姉御を怖がり」〈浮・曲三味線・二〉

い-かすい【胃下垂】胃が異常に垂れ下がった状態。一般に内臓全体が下垂していることが多い。

いかず-ごけ【いかず後家】❶婚期を過ぎても独身でいる女性。❷《近世上方語》婚約者と死別、または生別して結婚せずにいる女性。「不惑や一にして」〈浄・信州姥捨山〉

いかずち【▽雷】《「厳つ霊」の意。「つ」は助詞》かみなり。なるかみ。〔季 夏〕「一に松籟どっと乱れ落つ/茅舎」
〔類語〕雷・鳴る神・雷・雷鳴・雷電・天雷・急雷・疾雷・迅雷・霹靂・雷公・遠雷・春雷・界雷・熱雷・落雷・稲妻・稲光・電光・紫電

いかずち-の-おか【雷丘】奈良県高市郡明日香村にある丘。雄略紀に、少子部連螺嬴がこの地で雷を捕らえたという記事がある。

いか-そうめん【烏＝賊×素麺】生イカをそうめんのように細長く切って、醤油またはつけ汁にわさびを添えた料理。

い-かぞく【遺家族】一家の中心人物を失い、あとに残された家族。特に、戦没者の遺族。

いかた【伊方】愛媛県北西部、西宇和郡の地名。佐田岬半島を占める。伊方杜氏の出身地。原子力発電所がある。

いかだ【×筏¦×桴】❶木材・竹などを並べて結び合わせ、水に浮かべる物。木材の運搬や舟の代わりに用いる。❷鎧の籠手として、手首とひじの間に並べてつけた薄い板金。❸《串にさした形が❶に似て

いるところから》小鰻のかば焼き。そのほか、筏の形にした料理をいう。

い-がた【鋳型】《古くは「いかた」とも》❶鋳物を鋳造するときに、溶かした金属を注ぎ入れる型。砂型・金型がある。❷活字の鋳造のときに、母型とともに用い、体部を作る型。❸遺伝の際、転写のもとになるもの。DNAがほどけてできる一本鎖の塩基配列。❹物事を類型化しようとする一定の枠。「菊の井のお力は—に入った女でござんせぬ」〈一葉・にごりえ〉

鋳型には・める　特徴のないものに作りあげる。画一的で個性のない人間に育てる。「—・めた教育」

いかだ-がた【×筏形】花器の一。比較的長い竹筒の胴に楕円形の穴をあけ、ひもで水平に吊るして花を生けるもの。

いかだ-ごぼう【×筏▽牛×蒡】料理で、牛蒡をたたいて筏の形にしたもの。

いかだ-し【×筏師】筏に乗って運搬することを職業とする人。いかだのり。

いかだ-じぎょう【×筏地形】湿地など地盤の軟らかい所で、長い木材や鉄材を敷き並べ、その上にコンクリートを打つ地固め工法。

いかた-ちょう【伊方町】▶伊方

いかだ-ながし【×筏流し】木材を筏に組み、川に流して運搬すること。また、それを操る人。

いかだ-なます【×筏×膾】柳の葉を筏のように皿に並べ、その上に魚の細作りを盛ったもの。鮎のほか、鯉・鮒・鱸などを使う。

いかだ-のり【×筏乗り】「筏師」に同じ。

いかだ-ばり【×筏張り】床板の張り方の一。板の継ぎ目をそろえず、順次にずらして張るもの。

い-がたり【居語り】能の間狂言の形式の一。シテの中入り後、狂言方が舞台中央に座って、ワキを相手に語るもの。

い-カタル【胃カタル】▶胃炎

い-かつ【威喝】〔名〕スル どなったりして、人を脅すこと。「いたずらっ子を—する」類語 脅し・威嚇・恫喝

いか-つ【▽厳つ】〔名・形動〕《中世・近世語》いかついさま。荒々しいさま。また、そのような態度や行為。「駈出の山伏と申すものは—な物でござる」〈虎寛狂・禰宜山伏〉

厳つを出・す　偉そうに力みかえる。「誼譁眼になって—・し」〈浮・禁短気・三〉

いかつ・い【▽厳つい】〔形〕文いかつ・し〔ク〕《「いかつ」の形容詞化》ごつごつして、やわらかみがない。「—・い手」派生 いかつげ〔形動〕いかつさ〔名〕

イカット【インドネシア ikat】《縛る・結ぶなどの意》インドネシアの伝統的な絣のこと。自然の草木からとった染料でむらに染めた糸を使って、動物や植物などを抽象的な表現で織り込む。

いか-で【如=何で・▽争で】〔副〕《「いかにて」の音変化》❶疑問を表す。どういうわけで。「今は—この若き人々おとなびさせむ」〈更級〉❷反語を表す。どうして…か。「朽ちもせぬこの河柱のこらずは昔のあとを—知らまし」〈更級〉❸願望を表す。どうにかして。「—極楽に往生せん」〈今昔・一五・一五〉

いか-てい【如=何体】〔名・形動ナリ〕どういうようす。どんなふう。「—なる馬にか乗りたる」〈著聞集・一六〉

いかで-か【如=何でか】〔連語〕《「か」は係助詞》❶疑問を表す。どうして。「よろづに—すぐれけむ」〈浜松・五〉❷反語を表す。どうして…か。「—知り参らせ候ふべき」〈平家・六〉❸願望を表す。何とかして。「—四海の乱れをしづめん」〈曽我・一〉

いかで-も【如=何でも】〔連語〕《「も」は係助詞》❶願望を表す。どのようにしてでも。「あはれに、—、逢ひ見ばや」〈狭衣・一〉❷放任の気持ちを表す。どのようにでも。「我が身の事は—ありなん」〈平家・六〉

いが-とうめ【×伊賀▽専女】❶キツネの別名。❷人をだますような口をきく媒酌人をキツネにたとえていう語。「今更に—にやとつつましくてなむ」〈源・東屋〉

いか-どっくり【烏=賊▽徳利】はらわたを抜いたイカの胴に型を入れて干し、とっくりの形にしたもの。熱くした日本酒を入れる。

いか-な【如=何な】《「いかなる」の音変化》㊀〔連体〕❶どんな。どのような。「—名人でも簡単にはできまい」❷さすがの。「—先生も年には勝てない」〈藤村・夜明け前〉㊁〔副〕（あとに打消しの語を伴って）どうしても。いっかな。「中の節が障えて…、—上へは動ぎもせぬ」〈紅葉・多情多恨〉

いか・ない〔連語〕《動詞「い(行)く」の未然形＋打消しの助動詞「ない」》❶「いかん❶」に同じ。「そうは—・ない」❷「いかん❷」に同じ。「法事供養をよくしなければ—・ないから」〈円朝・真景累ヶ淵〉

いかな-いかな【如=何な如=何な】〔連語〕❶（あとに打消しの語を伴い副詞的に用いて）強く否定する気持ちを表す。どうしてどうして。「いづくいづ方へ持って参っても、—ゆっすりとも致す事ではおりない」〈鷺流狂・末広がり〉❷相手の発言などを強く否定するときに用いる語。いやいや。「—、番に番厳しく、あたりへ参ることかなはず」〈浄・孕常盤〉

いかな-ご【玉=筋=魚・×鮊子】スズキ目イカナゴ科の海水魚。全長約25センチになる。体は細長く、やや側扁し、腹びれはない。背側は青く、腹側は白い。内湾や浅海にすむ。小さいものをつくだ煮にするほか、養殖魚のえさに利用。こうなご。かますご。季春「—にまづ箸おろし母恋し/虚子」

いかなご-じょうゆ【玉=筋=魚×醤油】イカナゴを塩漬けにしてその汁をこしたもの。つけ醤油や煮物の味付けに用いる。香川県の特産。

いかな-こと【如=何な事】〔連語〕❶（感動詞的に用いて）驚きの気持ちを表す。どうしたこと。何としたこと。「これは—」❷（あとに打消しの語を伴い副詞的に用いて）強く否定する気持ちを表す。どうしても。「—幕府を佐けなければならぬとか云うような事を考えたことがない」〈福沢・福翁自伝〉

いか-な・り【如=何なり】〔形動ナリ〕《「いかにあり」から》❶どのようだ。どんなだ。「かかる人々のすゑずゑ—・りけむ」〈源・末摘花〉❷どういうわけだ。どうしてだ。「女君も—・るらむとおぼす」〈落窪・一〉❸反語の意を表す。どうなることか、いや、どうにもならない。「今日だに云ひがたし。まして後には—・らん」〈土佐〉補説「いか」を語幹とする形容動詞とする説もある。

いか-なる【如=何なる】〔連体〕《動詞「いかなり」の連体形から》「いかな㊀」に同じ。「—ことがあろうとも驚かない」

いかなれ-ば【如=何なれば】〔連語〕《動詞「いかなり」の已然形＋接続助詞「ば」》❶どういうわけで。「—かくおはしますならむ」〈源・葵〉❷なぜか。どうしてか。「—、気色もうちかはり」〈浜松・四〉

いか-に【如=何に】㊀〔副〕❶状態などについての疑問を表す。どのように。どんなふうに。「人間、—生くべきか」「彼の運命や—」❷程度などについて推量する気持ちを表す。どれほど。どんなに。「—大きな打撃を受けたか誰にもわかるまい」❸（あとに「ても」などの語を伴って）逆接の意味を強める。どんなに。「—苦しくてもがんばる」❹原因・理由などについての疑問を表す。なぜ。どうして。「—思ひ始めける事にか」〈更級〉❺反語を表す。どうして…か。「—かかる所にはおはしまさむずる」〈堤・はいずみ〉㊁〔感〕人に呼びかけるときに用いる語。おい。もしもし。「—、祇王御前、ともかうも御返事を申せかし」〈平家・一〉

如何に況んや　（多く、下を「むや」「をや」で結んで）まして…は言うまでもなく。「釈種は善法を修行して一の虫をだに殺さず、—人をや」〈今昔・二・二八〉

如何にせ・む　❶どうしたらよかろうか。「仲頼、—・むと思ひ惑ふに」〈宇津保・嵯峨院〉❷どうしようもない。しかたがない。「—・む葛のうら吹く秋風に下葉の露の隠れなき身を」〈新古今・恋三〉

如何に申し候　呼びかける言葉。もしもし。「—、山伏たちの大勢おん通り候」〈謡・安宅〉

いかに-か【如=何にか】〔連語〕《「か」は係助詞》❶疑問を表す。どのようにしてか。どうしてか。「家に行きて—吾がせむまくらづくつま屋さぶしく思ほゆべしも」〈万・七九五〉❷反語を表す。どうして…か。「けふの日に—しかむ筑波嶺に昔の人の来けむその日も」〈万・一七五四〉

いかに-し-て【如=何にして】〔連語〕《副詞「いかに」＋動詞「す」(サ変)の連用形＋接続助詞「て」》❶手段・原因・理由についての疑問を表す。どうやって。「—再興すべきか」❷願望を表す。どうにかして。何としてでも。「独りのみ思ふはくるし—同じ心に人を教へむ」〈後撰・恋二〉

いかに-ぞ【如=何にぞ】〔連語〕《「ぞ」は係助詞》❶状態・原因などについての疑問、または質問の意を表す。どうして。「そことなき恨みぞ常に思ほゆる—人のあらずなる頃」〈風雅・恋四〉❷（次に来るべき「ある」を省略して）どういう状態であるか。どうだ。「—。月は見給ふや」〈和泉式部日記〉

いかに-ぞや【如=何にぞや】〔連語〕《「ぞ」「や」は係助詞》❶状態・理由についての疑問を表す。どうであろうか。どうしてだろうか。「—。宮は夜や更かし給ひし」〈源・蛍〉❷非難・不満の意を表す。さて、どうだろうか、感心できない。「—見ゆる詞のなさ、歌ごとに由あるさま、不可思議なりき」〈後鳥羽院御口伝〉

いかに-も【如=何にも】〔連語〕《「も」は係助詞》❶程度・状態のはなはだしいことを表す。どう考えても。全く。実に。「—残念そうだ」❷相手の考えを強く肯定する意を表す。なるほど。確かに。「—、おっしゃるとおりです」「—、私が本人です」❸まさしく。さも。「—君らしい」「—本物らしくみえる」❹（あとに打消しの語を伴って）どうしても。けっして。「東国北国のいくさ—しづまらず」〈平家・七〉❺困難であるが実現させたいという気持ちを表す。なんとかして。ぜひ。「—大事を残さず伝へて平家を討たん」〈謡・鞍馬天狗〉❻状態・手段などを特に限定せず、漠然と認める気持ちを表す。どのようにでも。「ただ—のたまはするままに」〈和泉式部日記〉❼（「いかにもなる」の形で）死ぬことの遠回しな言い方。「われ—なりなん後は」〈平家・六〉

いかに-や-いかに【如=何にや如=何に】〔連語〕❶心配や不安を抱きながら問いかける意を表す。いったいどんなだろうか。どうしたものだろうか。「—とばかり、行く末の心細さは、やる方なきものから」〈紫式部日記〉❷相手に強い調子で呼びかける語。「北の方、袖にすがって、—しばし、とて引きとどめ給ふに」〈平家・一一〉

いか・ぬ〔連語〕▶いかん〔連語〕

いか-の-いわい【五=十日の祝】子供が生まれて50日目に行った祝い。父や外祖父などが箸を取って、赤子の口に餅を含ませる。平安時代に、主として貴族の間で行われた。いか。

いか-の-くろづくり【烏=賊の黒作り】イカの墨を入れて黒く作ったイカの塩辛。富山県の名産。

いか-の-すみ【烏=賊の墨】イカの内臓にある墨汁嚢の黒い液。危険にあうと、漏斗から噴出させて逃げる。セピア色の顔料に使用。

いか-のぼり【×凧・紙=鳶】（主に関西地方で）凧。季春「—きのふの空のありどころ/蕪村」

いか-の-もちい【五=十日の▽餅】五十日の祝のときに用いる餅。いか。

いが-ばかま【×伊賀×袴】《伊賀者が用いたところからという》「裁着袴」に同じ。

いか-ばかり【如=何▽許り】〔副〕どれくらい。どれほど。「悲しみは—かと思いやる」
類語 どれ程・幾ら・いくばく・いか程

いかひ-か【異花被花】形・色などで萼と花びらとの区別がはっきりしている花。⇔同花被花

いかほ【伊香保】群馬県中部、渋川市の地名。旧町名。榛名山中腹にあり、古くからの温泉町。古くは榛名山の称。歌枕「上野—の嶺ろに降ろ雪の行き過ぎかてぬ妹が家のあたり」〈万・三四二三〉

いが-ほおずき【×毬酸×漿】ナス科の多年草。山地の樹陰に生え、高さ約60センチ。葉は卵円形で、互生。夏から秋、葉の付け根に淡黄白色の釣鐘形の花を開く。実はとげのある萼に包まれる。

いかほ-おんせん【伊香保温泉】渋川市の温泉。急な石段の両側に旅館が並ぶ。垂仁天皇のころの発見といわれる。泉質は単純温泉・硫酸塩泉

など。

いか-ぼし【▽厳星】《「いがぼし」とも》兜(かぶと)の星の一。兜の鉢板をはぎ合わせる鋲(びょう)の頭で装飾を兼ねたもののうち、特に大きくいかめしいもの。いらぼし。

いか-ほど【如=何程】(副詞的にも用いる)❶物事の程度・分量・値段などを問う意を表す。どのくらい。「これは一つ—ですか」「—差し上げましょうか」❷物事の分量や程度などが多い意を表す。また、「ても」「とも」などの語を伴って、逆接の意を強めるのにも用いられる。どれほど多く。「これまでの苦労は—であろう」「—努力してもだめだ」
[類語]どれ程・幾ら・いくばく・いかばかり

いかほ-の-ぬま【伊香保の沼】榛名湖の古称。[歌枕]「まこも生ふる—のいかばかり波越えぬらん五月雨の頃」〈新後拾遺・夏〉

いが-ぼんち【伊賀盆地】▶上野盆地(うえのぼんち)

いがみ【×歪み】《動詞「いが(歪)む」の連用形から》❶「ゆがみ」に同じ。「石灯籠が此のやうに—が来ると、火をとぼすことがならぬ」〈松翁道話・二〉❷悪者。悪漢。「かねて工(たく)みの—の男、腕まくりして」〈浄・千本桜〉

いがみ-あい【×啀み合い】互いに争うこと。「労使の—」[類語]諍(いさか)い・言い合い・口論・角突き合い・揉め事・悶着(もんちゃく)・いざこざ・ごたごた・トラブル・鞘(さや)当て

いがみ-あ・う【×啀み合う】〔動ワ五(ハ四)〕❶動物が互いに吠(ほ)えたりかみついたりする。「牙をむいて犬が—・う」❷互いに敵意をもって激しく争う。「兄弟が—・う」

いがみ-の-ごんた【いがみの権太】浄瑠璃「義経千本桜」の登場人物。無法者だったが改心し、妻子を平維盛(たいらのこれもり)の妻子の身代わりにし、自らも死ぬ。

いが・む【×歪む】㊀〔動マ五(四)〕《「ゆがむ」の音変化》❶「ゆがむ❶」に同じ。「針ガー・ンダ」〈和英語林集成〉❷「ゆがむ❷」に同じ。「気ノー・ンダ人」〈和英語林集成〉❸盗む。「是まで人の物を—・み候へば、どうで地獄へまかり申すべく候」〈浄・朝顔話〉㊁〔動マ下二〕「いがめる」の文語形。

いが・む【×啀む】〔動マ五(四)〕❶動物が牙をむいてかみつこうとする。〈和英語林集成〉「岩角に爪とぎたて、二人をめがけ—・みかかるを」〈浄・国性爺〉❷激しい口調で立ち向かう。くってかかる。「うぬめ乗れと—・みかかれば」〈浄・女護島〉

いかめし・い【▽厳めしい】〔形〕[文]いかめ・し〔シク〕❶おごそかで重々しい。威厳がある。「—・い家構え」「—・い肩書き」❷物々しく厳重である。「—・い護衛がつく」❸りっぱである。すばらしい。「一条殿の大路に、檜皮(ひはだ)の桟敷(さじき)いと—・しうて」〈落窪・二〉❹猛烈である。激しい。「—・しき雨風、雷(いかづち)のおどろかし侍りつれば」〈源・明石〉[派生]いかめしげ〔形動〕いかめしさ〔名〕[類語]物物しい

い-カメラ【胃カメラ】胃の内壁を撮影するための医療器具。管の先に小型カメラを組み込んだもので、口から胃の中に入れ、外から操作する。昭和25年(1950)日本で発明。現在ではファイバースコープが用いられる。ガストロカメラ。

いが・める【×歪める】〔動マ下一〕[文]いが・む〔マ下二〕《「ゆがめる」の音変化》❶いびつにする。ねじ曲げる。「事実を—・める」「腮(あご)を—・めてくれん」〈浄・祇園祭礼〉❷ひどい目にあわせる。いじめる。「そんな事を言うて—・められなよ」〈伎・韓人漢文〉❸盗む。ゆすりとる。「魚籠を—・めうとする野良狐め」〈滑・客者評判記〉❹女性を自分のものにする。「この自らめも美しい顔ぢゃ。こいつから—・めうか」〈伎・隅田川続俤〉

いが-もち【×毬餅】しんこ餅で餡(あん)を包み、もち米を外側にまぶして蒸した菓子。もち米を栗のいがに見立てていう。

いか-もの【如=何物┊偽物】❶本物に似せたまがいもの。いかさまもの。「—をつかまされる」❷世間並みと異なって変なもの。「—好き」

いか-もの【▽厳物】いかめしげにこしらえた物。

いが-もの【×伊賀者】❶伊賀の郷士で、土地に伝わる忍びの術に長じた者。伊賀忍者。❷江戸幕府に仕えた伊賀出身の郷士。また、その集団。初めは間諜(かんちょう)・斥候に従事。のちには大奥の警護・明き屋敷番などの職についた。伊賀組。伊賀衆。伊賀同心。

いかもの-ぐい【如=何物食い】❶普通の人の食べないものを好んで食べること。また、その人。悪食(あくじき)。❷常人と異なった趣味・嗜好(しこう)をもつこと。また、その人。[類語]げてもの食い・悪食

いかもの-し【如=何物師】「如何様師(いかさまし)」に同じ。

いかもの-づくり【▽厳物作り】❶いかめしい作り。❷「厳物作りの太刀」の略。

いかものづくり-の-たち【▽厳物作りの太‐刀】外装をいかめしくこしらえた太刀。長覆輪(ながぶくりん)、兵具鎖(ひょうぐぐさり)などの様式をいう。

いが-やき【×伊賀焼】三重県伊賀市丸柱付近で産出する陶器。古く中世から作られ、桃山時代から江戸時代にかけて花入れや水指など茶器類が多く作られた。

いか-よう【如=何様】〔形動〕[文]〔ナリ〕❶状態・方法などを問う意を表す。どのよう。「—な品をお探しですか」❷物事の程度を強調する意を表す。どのよう。「—にもおわびします」

いから-か・す【怒らかす】〔動サ四〕《「かす」は接尾語》「怒らす㊀❷」に同じ。「大の眼(まなこ)を—・し、しばしにらまへ奉り」〈平家・二〉

いがらし-がわ【五十嵐川】新潟県中央部を流れる川。信濃川の一支流。守門(すもん)岳(標高1537メートル)に源を発する守門川と烏帽子(えぼし)山(標高1350メートル)に源を発する大谷(おおたに)川を合わせ、三条市で信濃川に合流する。長さ41キロ。上流の大谷川筋はニホンカモシカの密集生息地で知られる。

いがらし-しんさい【五十嵐信斎】室町後期の蒔絵師(まきえし)。五十嵐派の祖。将軍足利義政(あしかがよしまさ)に仕え、その作品は東山御物と称される蒔絵品に多いといわれる。生没年未詳。

いがらし-ちから【五十嵐力】[1874〜1947]国文学者。山形の生まれ。早大教授。坪内逍遥(つぼうちしょうよう)の門下で、国文学の文芸学的研究に業績を残した。著「新国文学史」「新文章講話」など。

いがらし-どうほ【五十嵐道甫】[?〜1678]江戸前期の蒔絵師(まきえし)。信斎の孫。前田利常(まえだとしつね)の招きで金沢に行き、加賀蒔絵の基礎を築いた。

いがらし-ゆみこ[1950〜]漫画家。北海道の生まれ。本名、五十嵐優美子。優しいタッチの少女漫画家として活躍。愛らしい主人公が多くの困難を乗り越えて成長する「キャンディ・キャンディ」の作画で人気を集める。他に「ジョージィ!」「ころんでポックル」など。

いから・す【怒らす】㊀〔動サ五(四)〕❶おこるように仕向ける。おこらせる。「からかいすぎて友達を—・す」❷角張らせる。いかめしくする。「目を—・して食ってかかる」「肩を—・して歩く」㊁〔動サ下二〕「いからせる」の文語形。

いから・せる【怒らせる】〔動サ下一〕[文]いから・す〔サ下二〕「いからす」に同じ。「声を—・せる」

いがらっ-ぽ・い〔形〕「えがらっぽい」に同じ。「タバコのすいすぎでのどが—・い」

いかり【怒り】おこること。いきどおり。立腹。「—がこみあげる」「世間の—を買う」
[類語]腹立ち・憤り・怒気・瞋恚(しんい)・憤怒(ふんぬ)・憤怒(ふんど)・憤懣(ふんまん)・鬱憤・義憤・痛憤・悲憤・憤激・憤慨・立腹・激怒・癇癪(かんしゃく)・逆鱗(げきりん)

怒り心頭(しんとう)に発・する 激しく怒る。[補説]文化庁が発表した平成17年度「国語に関する世論調査」では、本来の言い方である「怒り心頭に**発する**」を使う人が14.0パーセント、間違った言い方「怒り心頭に**達する**」を使う人が74.2パーセントという逆転した結果が出ている。

怒りを遷(うつ)・す 《「論語」雍也から》腹を立てて、関係のないものにまで当たり散らす。やつあたりする。「母が父にも—・して慳貪(けんどん)に口をきいたことをも思い出し」〈独歩・酒中日記〉

いかり【×錨┊×碇】❶船を一定の場所に留めておくため、綱や鎖をつけて海底に沈めるおもり。石が用いられたが、現在では鉄製のものが多く、海底に食い込む爪をもつ。アンカー。❷水中のものをひっかけてつり上げる道具。❸紋所の名。❹猫の首ひもの端につけ、物にかけて引き留める錨形のおもり。「赤き首綱に…、—の緒、組の長きなどつけて」〈枕・八九〉

錨を打・つ 「錨を下ろす❶」に同じ。

錨を下ろ・す ❶船舶などが錨を沈めて停泊する。「入り江で—・す」❷ゆっくり落ち着く。尻を据える。「太鼓持ちも心安立てしてくれると思ひ、猶も—・して咄す」〈洒・四十八手〉

イカリア-とう【イカリア島】《Ikaria》ギリシャ、エーゲ海東部の島。旧称ニカリア島。中心地はアギオスキリコス。ギリシャ神話では、この島の近海でダイダロスの息子イカロスが墜落したとされる。紀元前8世紀頃に植民都市が築かれ、後に僭主ポリュクラトスのサモスに吸収。中世にジェノバ共和国、近代までオスマン帝国の支配下にあった。20世紀初めの一時期、イカリア自由国を建国して独立したが、3か月でギリシャに併合された。古くから温泉地として知られる。

いかり-がた【怒り肩】角張った肩。[対]なで肩。

いかり-かたばみ【×錨酢=漿】紋所の名。三つの錨をカタバミの葉のように並べたもの。かたばみいかり。みつかたばみいかり。

いかり-くる・う【怒り狂う】〔動ワ五(ハ四)〕ふつうの程度を越えて激しく怒る。「—・った民衆が抗議に押し掛ける」

いかり-げ【怒り毛】獣が怒るときに逆立てる毛。「頭の髪、…獅子の—の如く巻きて」〈太平記・二八〉

いかり-こ【五十里湖】栃木県北部にある人造湖。鬼怒川の支流男鹿(おじか)川をせき止めて造られた。面積3.1平方キロメートルは県内最大。昭和31年(1956)灌漑(かんがい)・発電用などの多目的ダムとして造られた五十里ダムの貯水池。

いかり-そう【×錨草】メギ科の多年草。山麓(さんろく)の樹林下などに生え、高さ約25センチ。葉は複葉で、小葉は卵形。4月ごろ、錨に似た形の淡紫色の花を数個下向きに開く。茎・葉を強精・強壮薬にする。(季 春)「一生れかはりて星になれ/狩行」

いかり-づな【×碇綱】錨につける綱。

いかり-づめ【怒り爪】獣が怒ったり、敵や獲物に襲いかかろうとしたりするときにむき出す爪。「怒り毛、怒り斑(ふ)、—、千里も駈けん勢ひなり」〈浄・反魂香〉

いかりとももり【碇知盛】浄瑠璃「義経千本桜」の二段目「渡海屋」「大物浦」の段が、人形浄瑠璃および歌舞伎で上演される際の通称。義経に復讐(ふくしゅう)しようとした平知盛が再び敗れ、碇綱をからだに巻いて海中に沈む。

いかり-なわ【×碇縄】錨につける縄。いかりづな。

いかり-の-ひ【怒りの日】《(ラテ) Dies Irae》❶最後の審判の日のこと。❷カトリック教会で、レクイエム(死者のためのミサ)に用いられた続唱。最後の審判の日に向けた祈りで、「怒りの日」の句で始まる。

いかりのぶどう【怒りの葡萄】《原題 The Grapes of Wrath》スタインベックの小説。1939年刊。1930年代の不況下、カリフォルニアへの移住農民ジョード一家の苛酷な運命を描く。

いかり-ばな【怒り鼻】小鼻が横に広がっている鼻。

いかり-ばん【×碇番】船いくさのとき、敵に碇綱を切られるのを防ぐため、小舟に乗って番をすること。また、その人。

いかり-ぼうふう【×碇防風】ハマボウフウの茎の端を十文字にさき、冷水につけて開かせ、錨の形に似せたもの。刺身のつまとする。

いかり-ぼし【×錨星】カシオペヤ座の別名。5個の星がW形に並ぶ姿を山形の錨に見立てる。山形星。

いかり-むし【×錨虫】ウオジラミ目イカリムシ科の甲殻類。体長8ミリほどの棒状で、ほぼ透明。ウナギ・コイ・金魚などの淡水魚の口やえらに寄生。

いかり-もり【×碇×銛】捕鯨用の銛の一。先のほうが錨形に左右に反り返って突起しているもの。

いかる【斑=鳩┊×鵤】アトリ科の鳥。全長23センチくらい。体は灰色で、頭・風切り羽・尾羽は紺色。くち

ばしは太く黄色。木の実を食べる。さえずりは「お菊二十四」などと聞きなされ、「月日星(つきひほし)」とも聞こえるところから三光鳥ともいう。東アジアに分布。まめまわし。いかるが。〔季 夏〕「一来て起きよ佳き日ぞと鳴きにけり/秋桜子」〔補説〕「鵤」は国字。
いか・る【生かる|▽活かる】〔動ラ五(四)〕花などがいけてある。「瓶(かめ)に―・ったチューリップ」〈秋声・縮図〉
いか・る【怒る】〔動ラ五(四)〕❶腹を立てる。おこる。憤慨する。「烈火のごとく―・る」❷激しく動く。荒れ狂う。「波が―・る」❸角張って、ごつごつしている。角立つ。「―・った肩」➡おこ(怒)る〔用法〕〔補説〕本来、「角立つ」のをいう語。感情が角立てば、腹を立てる意にもなる。この意には、現在「おこる」が用いられるが、これは「起こる」と同源で、勢いが盛んになる意から、気持ちの高ぶるのをいうようになったものらしい。〔可能〕いかれる
〔類語〕怒(いか)る・憤る・むくれる・八つ当たり
いか・る【▽埋かる】〔動ラ五(四)〕《「生かる」と同語源》うずめてある。「炭の―・った火鉢」
イカルイット〖Iqaluit〗カナダ、ヌナブット準州の州都。バフィン島南部に位置する。旧称フロビッシャーベイ。イカルウィット。〔補説〕2010年2月、G7(主要7か国財務相・中央銀行総裁会議)が開催された。
いかるが【斑鳩】㊀奈良県北西部、生駒郡の地名。かつてイカルが群居していたという。法隆寺・中宮寺・法輪寺などがあり、仏教の中心地であった。㊁イカルの別名。〔季 夏〕「豆粟に来て―や隣畑/青々」
イガルカ〖Igarka〗ロシア連邦中部、クラスノヤルスク地方の都市。北極圏内にあり、エニセイ川下流域、イガルカ分流沿いに位置し、河港を有す。1930年代より木材の積み出し港として栄えた。
いかるが-ちょう【斑鳩町】(チャウ)➡斑鳩㊀
いかるが-でら【斑鳩寺】㊀法隆寺の異称。㊁兵庫県揖保(いぼ)郡太子町にある天台宗の寺。推古天皇よりこの地を賜った聖徳太子が創建。もと大和の法隆寺の別院。
いかるが-にじ【斑鳩尼寺】中宮寺の異称。
いかるが-の-みや【斑鳩宮】推古天皇9年(601)に、聖徳太子が造営した宮殿。奈良県生駒郡斑鳩町にある法隆寺の東院がその跡といわれる。
イカルス〖(ラテ) Icarus〗1949年に発見された小惑星の一。直径約1キロ。近日点では水星の軌道より内側に入る唯一の小惑星。ギリシャ神話のイカロスにちなんだ名。地球には19年ごとに接近する。
いかる-ちどり【×鵤千鳥】チドリ科の鳥。全長21センチくらい。アジアに分布。河川の中・上流に一年中みられる。
いかれ-ぽんち《「ぽんち」は、若旦那(わかだんな)の意の「ぼんち」の音変化》しっかりした考えのない軽薄な男。「隆文さんのような、―じゃないし、教養はあるし」〈獅子文六・自由学校〉
いか・れる〔動ラ下一〕《「行かれる」の意から》❶人に先を越される。してやられる。「またしてもやつに―・れてしまった」❷用をなさなくなる。だめになる。「テレビが―・れる」❸頭の働き・考え方などがまともでなくなる。「少し―・れているんじゃないか」「―・れた服装」❹心をうばわれる。夢中になる。「一目で彼女に―・れてしまった」
〔類語〕壊れる・ポシャる・潰れる・砕ける・溺れる・ふける・凝る・耽溺(たんでき)・惑溺
いかれるわかものたち【怒れる若者たち】《Angry Young Men》1950年代に登場した英国の作家の一群に与えられた称。ジョン=オズボーンの、社会に抵抗する青年たちを描いた戯曲「怒りをこめてふり返れ」(1956年)による。ほかに、コリン=ウィルソンやアラン=シリトーらがいる。
イカロス〖Ikaros〗㊀ギリシャ神話中の若者。父ダイダロスの考案した蝋(ろう)づけの翼でクレタ島から脱出したが、あまりに高く飛んだため、太陽の熱で蝋が溶け、海中に落ちて死ぬ。ラテン語名、イカルス。㊁《Interplanetary Kite-craft Accelerated by Radiation Of the Sun》JAXA(宇宙航空研究開発機構)による太陽帆実証機。平成22年(2010)5月、金星探査機あかつきとともに打ち上げられた。一辺14メートルの四角形の薄膜を展開し、太陽光の圧力を受けて推進。太陽帆による加速・減速、および帆の向きの調整による軌道制御のほか、帆の一部に張り付けられた太陽電池による発電を技術的な目標とする。
いかわ-こ【井川湖】(ゐかは)静岡県中央部、静岡市葵(あおい)区井川にある人造湖。大井川上流部をせき止めて造られた。昭和32年(1957)に建設された、日本初の中空重力式発電所である井川五郎ダムの貯水池。周囲約10キロ、総貯水量1億5000万立方メートル。
い-かわ・る【居替はる】(ゐかはる)〔動ラ四〕居場所を替わる。交替して座る。「水鳥、鴛鴦(をし)いとあはれなり。かたみに―・りて、羽の上の霜払ふらむほどなど」〈枕・四一〉
いか-ん【如=何|奈=何】《「いかに」の音変化》㊀〔名〕事の次第。なりゆき。ようす。「理由の―によっては」「事の成否は君の協力―による」㊁〔副〕文末に用いて、状態などについての疑問を表す。どんなであろうか。「君の心境や―」
い-かん【衣冠】(イクワン)❶衣服と冠(かんむり)。❷衣冠をつけた人。天子・皇帝に仕えている人。❸束帯よりも略式の装束。束帯から下襲(したがさね)と石帯(せきたい)をはずし、表袴(うえのはかま)を指貫(さしぬき)にかえる。平安時代は宿直装束(とのいそうぞく)として用いたが、後世は参朝などのときにも着用した。
い-かん【位官】(ヰクワン)位階と官職・官等。官位。
い-かん【位冠】(ヰクワン)上代、色で位階を示した冠(かんむり)。
い-かん【医官】(イクワン)医務に従事する官吏。
い-かん【尉官】(ヰクワン)軍人の階級で、大尉・中尉・少尉の総称。佐官の下、下士官の上。また、自衛隊の一尉・二尉・三尉の総称。
い-かん【異観】(イクワン)珍しい眺め。かわったみもの。「山麓の村家火災(くわさい)の点に至ては実に是れ―なり」〈竜渓・浮城物語〉
〔類語〕景観・美観・奇観・壮観・偉観・スペクタクル
い-かん【移管】(イクワン)〔名〕(スル)管理・管轄を他に移すこと。「国から県へ―する」
い-かん【移監】〔名〕(スル)受刑者や被告人など、刑事施設に収容されている者を他の施設に移すこと。刑事訴訟規則の改正で「移送」に改められた。「収容者を―する」
い-かん【偉観】(ヰクワン)りっぱな眺め。すばらしい光景。壮観。「超高層ビル群の―」
〔類語〕景観・美観・奇観・異観・壮観・スペクタクル
い-かん【遺憾】(ヰ)〔名・形動〕期待したようにならず、心残りであること。残念に思うこと。また、そのさま。「―の意を表する」「万一―なきを期する」
〔類語〕心残り・残念・痛恨
遺憾ながら　残念ではあるが。「―欠席させていただきます」
遺憾にたえ◦ない　残念でならない。全く残念である。「責任を果たせなかったことは―◦ない」
いか◦ん〔連語〕《動詞「い(行)く」の未然形に打消しの助動詞「ぬ」の付いた「いかぬ」の音変化》❶ある動作が不可能であることを表す。できない。いかない。いかぬ。「無理に行くなと言うわけにも―◦ん」❷禁止・非難の意を表す。だめだ。いかぬ。いけない。「そんなことをしては―◦ん」❸望みがないの意を表す。いけない。「もう―◦ん、おしまいだ」
い-がん【依願】(イグワン)本人からの願い出によること。「―退職」〔類語〕出願・申請・願う
い-がん【胃×癌】(ヰ)胃に発生する悪性腫瘍(しゅよう)。初期には自覚症状がないが、進行するにつれ食欲不振や胃の不快感から、しだいに吐血・下血などの症状がみられるようになる。
いかん-が【如=何が】〔連語〕《「いかにか」の音変化》どうして。疑問文、反語文に用いる。「我が方とて心よせなる人々は―おろかなるべき」〈日蓮消息・高橋入道殿御返事〉
いかん-せ-ん【如=何せん】〔連語〕❶どうしたらよかろうか。どうしようか。「夜の已に深更なるを―」〈織田訳・花柳春話〉❷いい方法が見いだせないことを表す。残念にも。「家を建てたいが、―地価が高くて手が出ない」
いかん-ぞ【如=何ぞ】〔連語〕《「いかにぞ」の音変化。主に漢文訓読に用いる》❶理由・手段などがわからない意を表す。どうして…か。「一勝あげて言ふべけむや」〈三蔵法師伝承徳点〉❷疑問を表す。どうして。なぜ。「弁才(べんさい)聡明にして能(よ)くもの言ふ霊鳥―時のさかしきにあへる」〈浄・女護島〉
いかん-そく【維管束】(ヰクワン)シダ植物と種子植物にあって、篩部(しぶ)と木部からなり、道管・仮道管・篩管などを含む組織の集まり。束状で根・茎・葉を貫き、水や養分の通路となるほか、体を支持する。管束。
いかんそく-しょくぶつ【維管束植物】(ヰクワン)維管束をもつ植物。シダ植物と種子植物とが含まれる。
いかん-そくたい【衣冠束帯】(イクワン)《江戸時代、衣冠と束帯の区別をつけずにいった語》公卿の正装。
いかん-とも【如=何とも】〔連語〕(多くあとに打消しの語を伴って)どうにも。「これ以上は―しがたい」
いかん-なく【遺憾無く】(ヰ)〔副〕心残りがないほど十分に。申し分なく。「―実力を発揮する」
いかん-もん【偉鑒門】(ヰカン)平安京大内裏外郭十二門の一。北面した三門のうち、中央の門。あかずの門。あけずの門。
いき【生き】㊀〔名〕❶生きること。生きていること。「―死にをともにする」⇔死に。❷魚肉などの新しさの度合い。転じて、生き生きしていること。活気のあること。「―の悪い魚」「―のいい若者」❸印刷物の校正で、消した部分を生かしてもとのままにするように指示する語。ふつう「イキ」と書く。❹囲碁で、目が二つ以上あり、相手にとられないこと。⇔死に。㊁〔接頭〕人を表す名詞に付いて、ののしり卑しめる意を表す。「―掬摸(すり)」
いき【行き|▽往き】➡ゆき
い-き【位記】(ヰ)律令制で、位階を授けられる者に、その旨を書き記して与える文書。
いき【壱岐】㊀旧国名の一。現在の長崎県壱岐全島にあたる。壱州(いっしゅう)。㊁長崎県北部、玄海灘にある島。面積約134平方キロメートル。古くから対馬(つしま)とともに朝鮮半島や中国との通路にあたる要地。湯ノ本温泉がある。いきのしま。㊂長崎県の壱岐㊁を占める市。平成16年(2004)に郷ノ浦(ごうのうら)町、勝本町、芦辺(あしべ)町、石田町が合併して成立。漁業が主要産業。人口2.9万(2010)。
い-き【委棄】(ヰ)〔名〕(スル)❶「遺棄(いき)❶」に同じ。「田地の開墾が全く―せられて了(しま)ったのも」〈花袋・重右衛門の最後〉❷法律で、物または権利を放棄して他人の自由にまかせること。
いき【息】❶口・鼻から空気を吸ったり吐いたりすること。また、吸う空気や吐く空気。「大きく―をする」「―が荒い」❷二人以上で何かをする場合の、相互の気持ちのかねあい。調子。呼吸。「二人の―がぴったりだ」❸芸事の要領・こつ。「名人の―を盗む」❹ゆげ。蒸気。「飯も焚きたての―の立つやつで」〈藤村・破戒〉❺音声学で、声帯の振動を伴わない呼気。ごくまれに吸気も含む。❻いのち。「あずの上に駒をつなぎて危(あや)ほかど人妻児ろを―に我がする」〈万・三五三九〉
〔下接語〕青息吐息・大息・風の息・片息・酒(さか)息・死に息・溜(ため)息・吐息・寝息・鼻息・一息・太息・虫の息
〔類語〕呼吸・気息・息の根・寝息・息吹・息衝(いきづ)き・息遣い・息差し
息が合・う　物事を行う調子や気分がぴったり合う。「―・った合奏」
息が掛か・る　有力者の後援や支配を受ける。「会長の―・った人物」
息が通・う　❶まだ死なないで息が続いている。❷生き生きしている。「―・った作品」
息が切・れる　❶息切れがする。あえぐ。「石段の途中で―・れた」❷物事を続けることが苦しくなり、中途でやめる。「資金がなくて事業の半ばで―・れる」❸息が止まる。死ぬ。〈日葡〉
息が続・く　❶潜水や発声の際に、吸った息が長くもつ。❷物事の勢いが弱まらず、ある状態が続く。「やっと回復した景気も―・かない」

息が詰ま・る　❶呼吸が十分にできなくなる。❷緊張しすぎて、息苦しくなる。「試験会場の一・るような雰囲気」
息が長・い　❶長期にわたって続いている。「一・い仕事」❷文章で、句点から次の句点までの間が長い。文が長くとぎれずに続く。
息が弾・む　運動をしたり気持ちをたかぶらせたりして、呼吸が荒くなる。「うれしくて一・む」
息も絶え絶え　いまにも呼吸が止まりそうなようす。「一に、やっとたどり着く」
息を入・れる　仕事などの中途で休憩する。ひと休みする。「ここらでちょっと一・れよう」
息を切ら・す　運動などをして、せわしく呼吸をする。「一・して駆け戻る」
息を凝ら・す　呼吸を抑えてじっとしている。息を詰める。「一・して見つめる」
息を殺・す　呼吸の音もさせないで、じっとしている。「一・して物陰にひそむ」
息を吐・く　❶ためていた息をはく。大きく呼吸をする。❷苦しみや緊張から解放される。ほっとする。「多忙で一・く暇もない」
息を継・ぐ　❶息継ぎをする。❷休息する。息を入れる。「一・ぐ間もなく次の仕事に取りかかる」
息を詰・める　「息を凝らす」に同じ。「一・めて勝負の成り行きを見守る」
息を抜・く　物事の途中でひと休みする。「強豪との対戦が続き、一・くことができない」
息を延・ぶ　安心してほっとする。「一・べ給ひてぞ、悲しき事もおぼされける」〈源・夕顔〉
息を呑・む　おそれや驚きなどで一瞬息を止める。「思わず一・む美しさ」
息を弾ま・せる　運動したり興奮したりして、激しい息づかいをする。「一・せて報告する」
息を引き取・る　呼吸が止まる。死ぬ。「眠るように一・る」
息を潜・める　そこにいると分からないように、息をおさえてじっとしている。「物陰に隠れて一・める」
息を吹き返・す　❶生き返る。❷だめになりそうだったものが立ち直る。「再開発で町が一・す」
いき【粋】〔名・形動〕《「意気」から転じた語》❶気質・態度・身なりなどがさっぱりとあかぬけしていて、しかも色気があること。また、そのさま。「一な姿」「一な柄」「一な店」⇔野暮。❷人情の機微、特に男女関係についてよく理解していること。また、そのさま。「一な計らい」⇔野暮。❸花柳界の事情に通じていること。また、花柳界。「一筋」⇔野暮。
類語 お洒落・小粋
いき【域】ヰキ 物事の程度の、一定の段階。範囲。境地。「プロの一に達する」→漢「いき(域)」
い-き【意企】〔名〕スル 計画すること。たくらむこと。
い-き【意気】❶事をやりとげようとする積極的な気持ち。気概。いきごみ。「その一で頑張れ」「人生一に感ず」❷気だて。気性。気前。「心のむさきを一のわるきなど言ふ」〈色道大鏡・一〉❸意地。いきじ。「張り少くて一も足りず、軽薄なれば」〈難波物語〉
類語 士気・精気・溌剌・志気・景気・元気
意気相投・ず　互いに気持ちがよく合う。意気投合する。
意気が揚が・る　意気込みが盛んになる。「同点に追いついてチームの一・った」
意気天を衝・く　意気込みが非常に盛んである。
意気に燃・える　あることをしようとする意気込みが盛んである。「政治改革の一・える」
い-き【遺棄】ヰキ〔名〕スル ❶捨てて顧みないこと。置き去りにすること。委棄。「死体を一する」❷㋐民法上、夫婦または養子縁組の当事者が、同居・扶助・扶養などの義務を怠ること。悪意によるものは、離婚・離縁の原因とされる。㋑刑法上、遺棄罪となる行為。
類語 放棄・放擲・棄権
いき【×閾】ヰキ ❶門の内と外をくぎる境目の木。また、境目。敷居。❷心理学で、ある感覚や同種の刺激の相違を感知できるか否かの境目。また、その刺激量。→刺激閾 →弁別閾 →漢「いき(閾)」
類語 境・境界・境界線・区画・仕切り・境目・際・分かれ目・分界・臨界・ボーダーライン・地域
い-き【×彝器】古代中国、殷周時代の祭祀用の青銅器。宗廟に常に供えた、釣鐘・鼎など。
い-き【依×稀】〔ト・タル〕文〔形動タリ〕明らかでないさま。ほのかなさま。かすかなさま。「一たる活気を帯ぶ」〈漱石・虞美人草〉
い-ぎ【居木】ヰ 馬具の鞍橋の部分の名。前輪と後輪をつなぐために渡した木で、乗り手が尻を据える所。
い-ぎ【威儀】ヰ ❶いかめしく重々しい動作。立ち居振る舞いに威厳を示す作法。❷仏語。㋐規律にかなった起居動作。また、その作法・規律。㋑袈裟につけた平ぐけのひも。袈裟をまとうとき肩にかける。
類語 貫禄・威徳・尊厳・威厳・権威
威儀を正・す　身なりを整え、おもおもしい態度をとる。威儀を繕う。「一・して授賞式に列する」
い-ぎ【異義】❶異なった意味。「同音一」❷「異議❶」に同じ。「早々渡せ、一に及ばばぶち殺さん」〈浄・国性爺〉
い-ぎ【異議】❶一つの意見に対して、反対または不服であるという意見。異論。異義。「一を唱える」❷法律用語。㋐法律上の効果を生じさせないために、相手の行為に対して反対・不服の意思を表示すること。㋑裁判所その他の国家機関の処分に対する不服の意思表示。類語 異論・異存・反対・不賛成・不同意・不承知・批判・抵抗・造反・対立
い-ぎ【意義】❶言葉によって表される意味・内容。「その語の本来の一」❷その事柄にふさわしい価値。値うち。「一ある生活」類語 意味・意・意味合い・旨・ニュアンス・語感・本義・広義・狭義・価値・義・概念・謂・こころ・語意・語義・字義・文意・含意・含み
いき-あい【息合ひ】❶けんかや武術の試合などで、両者が相対したときの調子。「二人が一、はったはったと蹴返せば」〈浄・宵庚申〉❷呼吸を整え元気をつけるための薬。いきあいぐすり。「馬の一をだに飲ません」〈仮・仁勢物語・下〉
いきあい-きょうだい【行き合ひ兄弟】▶ゆきあいきょうだい
いき-あ・う【行(き)合う】〔動ワ五(ハ四)〕▶ゆきあう
いき-あが・る【生(き)上がる】〔動ラ五(四)〕息を吹き返す。生き返る。「早く息の根を留めんと今に一・って此の場の事を喋舌るから」〈鉄腸・花間鶯〉
いき-あたり【行(き)当(た)り】▶ゆきあたり
いきあたり-ばったり【行(き)当(た)りばったり】〔名・形動〕▶ゆきあたりばったり
いき-あた・る【行(き)当(た)る】〔動ラ五(四)〕▶ゆきあたる
いき-あわ・す【行(き)合(わ)す】〔動サ五(四)〕▶ゆきあわす
いき-あわ・せる【行(き)合(わ)せる】〔動サ下一〕文いきあは・す〔サ下二〕▶ゆきあわせる
いき-いき【生き生き｜×活き×活き】〔副〕スル 活気があふれていて勢いのよいさま。また、生気があってみずみずしいさま。「一(と)した動き」「一(と)した筆致」
類語 みずみずしい・なまなましい・元気
いき-い・ず【生き▽出づ】〔動ダ下二〕❶生き返る。息を吹き返す。「七日ありて一・でたる例を」〈栄花・本の雫〉❷正気に返る。元気を回復する。「少し一・でて、太政大臣の御しりにつきぬ」〈宇津保・国譲下〉
いき-いそ・ぐ【生き急ぐ】〔動ガ五(四)〕限りある命を急いで終えようとするかのように生きる。「一・ぐ無軌道な若者たち」
いき-うお【生き魚｜▽活き魚】❶「いきざかな」に同じ。❷「いけうお」に同じ。
いき-うし【生き牛】生きている牛。
生き牛の目を抉・る　「生き馬の目を抜く」に同じ。
いき-うつし【生(き)写し】❶外見・態度が見分けがつかないほどよく似ていること。「父親に一だ」❷生きた姿をそのまま写しとること。また、その絵。しょううつし。「一ニ書ク」〈日葡〉類語 そら似・瓜二つ・そっくり・そのまま・酷似・相似・似通う
いき-うま【生き馬】生きている馬。
生き馬の目を抜・く　生き馬の目を抜き取るほど、すばやく物事をする。油断のならないさま。生き馬の目を抉る。生き牛の目を抉る。「一・くせちがらい世の中」
いき-うめ【生(き)埋め】生きたまま埋めること。また、埋まること。「雪崩で一になる」
いき-え【生き餌｜▽活き餌】動物の飼料や釣りえさに使う生きたままの虫や魚など。
類語 飼料・餌・餌・飼い葉・秣・擂り餌
いきおい【勢い】いきほひ ■〔名〕❶他を圧倒する力。活気。気勢。「一を増す」「破竹の一」❷社会を支配する力。権力。権勢。「武力を背景に一を振るう」❸自然の活動力。「水の一で流される」「火の一が強い」❹盛んな意気。元気。「一杯飲んで一をつける」❺物事が動くときに加わる速さや強さ。「下り坂で一がつく」「一余って土俵を飛び出す」「筆の一」❻余勢。もののはずみ。なりゆき。調子。「酔った一で言う」「時の一に乗じる」■〔副〕その時のなりゆきで。必然的に。「その場の雰囲気から一そう答えざるをえなかった」
…句 騎虎の勢い・旭日昇天の勢い・飛ぶ鳥を落とす勢い・破竹の勢い・日の出の勢い
類語 勢力・威力・権勢・権力・実権・威勢・景気
勢いに乗・る　なりゆきから生まれる機会をうまく利用する。「強豪を倒した一・って勝ち抜く」
勢い猛　勢力の強いさま。裕福ではぶりのよいさま。「一に寄せて来る大波小波」〈蘆花・自然と人生〉
いきおい-こ・む【勢い込む】〔動マ五(四)〕奮いたって何かをする。勇みたつ。「一・んで話す」
類語 意気込む・気張る・ハッスル
いきおい-づ・く【勢い付く】〔動カ五(四)〕勢いが加わり、盛んになる。「援軍到着で味方が一・く」
いきお・う【▽勢ふ】〔動ハ四〕❶勇みたつ。勢いが盛んになる。「一・ひし滝口、あへなく負けしかば」〈曽我・一〉❷勢力を振るう。時めく。「御かたがたは豊かに一・ひて」〈宇津保・祭の使〉
いき-か【×閾下】ヰキ 刺激が小さくて生体に反応の起こらない状態。意識していない状態。
いき-がい【生き▽甲×斐】生きるに値するもの。生きていくはりあいや喜び。「一を見いだす」
いき-がい【域外】ヰキグワイ ある一定の範囲の外。区域の外。⇔域内。類語 外・圏外・枠外・埒外
いきがい-せいさん【域外生産】▶オフショア生産
いき-か・う【行(き)交う】〔動ワ五(ハ四)〕▶ゆきかう
いき-かえり【行き帰り】▶ゆきかえり
いき-かえ・る【生(き)返る】〔動ラ五(四)〕❶いったん死にかけていたものが息を吹きかえす。蘇生する。「死者が一・る」❷失われた活動力などが再び戻る。「庭の草木が雨で一・る」
類語 蘇る・蘇生・復活・再生・起死回生・更生・回復
いき-がお【生き顔】生きているときの顔。「一より、死顔の方がよいようじゃな」〈芥川・偸盗〉
いき-がかり【行(き)掛(か)り】▶ゆきがかり
いぎ-がく【意義学】▶意味論
いき-がけ【行(き)掛け】▶ゆきがけ
いき-かた【生き方】生活の方法。人生に対する態度。「人間らしい一」
類語 人生・生き様・生活・日常・現世
いき-かた【行き方】▶ゆきかた
いきか-ちかく【×閾下知覚】ヰキカ 閾下の刺激によって生じる知覚。この心理的効果を広告などに利用することがある。→サブリミナル-アド
いき-がね【生き金】使っただけの価値が生じる金銭。⇔死に金。
いき-がみ【生き神】❶人間の形でこの世に現れている神。多く、教祖などを尊んでいう。❷神のような崇高な心をもった徳の高い人。生き仏。「一様」

いき‐かよ・う【行(き)通う】〔動ワ五(ハ四)〕▶ゆきかよう

いき‐が・る【粋がる】〔動ラ五(四)〕粋だと思って得意になる。また、虚勢を張る。「薄着で一・る」

いきかわり‐しにかわり【生き替(わ)り死に替(わ)り】〔連語〕何度も生まれかわって。死んでは、また生き返って。「私は一して七生まで貫一さんを怨みますよ」〈紅葉・金色夜叉〉

いき‐き【行き来】〔名〕スル ▶ゆきき

いき‐ぎも【生き肝｜生き▽胆】生きている動物からとったばかりの肝。薬用にすれば特効があるとされた。いけぎも。

生き肝を抜・く ひどく驚かす。ど肝を抜く。生き肝を取る。「相手の剣幕に一・かれる」

いき‐ぎれ【息切れ】〔名〕スル ❶呼吸がせわしくなって苦しいこと。「階段を上がるだけで一がした」❷疲れが出たり緊張が続かなかったりして、仕事の能率が落ちること。「始めから頑張りすぎて一した」

いき‐ぐされ【生(き)腐れ】魚が新鮮そうに見えても、すでに腐っていること。サバによくいわれ、肉のヒスタミンの生成により、食した人にアレルギー症状を起こさせることがある。いきぐさり。

いき‐くち【生き口】《「いきぐち」とも》口寄せの一。巫女(みこ)が生きている人の霊を招きよせ、その言葉を述べること。⇔死に口。

いき‐くび【生き首】生きている人から取った首。また、切ってまもない首。なまくび。

いき‐ぐみ【意気組(み)】「意気込み」に同じ。「義周の粟(ぞく)を食らわずという一で」〈紅葉・二人女房〉

いき‐ぐるし・い【息苦しい】〔形〕図いきぐる・し〔シク〕❶呼吸をするのが苦しい。「人いきれで一・い」❷圧迫感があって息が詰まるような感じである。「本番前の一・い雰囲気」
類語 重重しい・重苦しい・息詰まる・胸苦しい

イキケ〘Iquique〙チリ北部、太平洋岸に面する港湾都市。タラパカ州の州都。19世紀、硝石(しょうせき)の産出により発展。ジョージアン様式の建造物が多数残る。

いき‐けんこう【意気軒×昂】〔ト・タル〕図〔形動タリ〕意気込みが盛んで、元気いっぱいなさま。「一たる女性チーム」

いき‐ごと【粋事】粋なこと。男女間の色事。「婦人に慕われるなんて一は」〈漱石・行人〉

いき‐ごみ【意気込み】さあやろうと勢いこんだ気持ち。気勢。「仕事への一を感じる」
類語 気勢・熱意・熱気

いき‐ご・む【意気込む】〔動マ五(四)〕進んでしようとして、奮いたつ。はりきる。「一・んで出かける」
類語 勢い込む・気張る・ハッスル

いき‐ざい【遺棄罪】保護責任者でない者が、老人・幼児・障害者や保護の必要な傷病人を、あえて移送や隔離するなどして保護のない状態にする罪。刑法第217条が禁じ、1年以下の懲役に処せられる。単純遺棄罪。➡保護責任者遺棄等罪

いき‐ざかな【生き魚】生きている魚。いきうお。

いき‐さき【行き先】▶ゆきさき

いき‐ざし【息差(し)】❶息づかい。「奥二階の方に当たって、どうやら人の一が聞える」〈木下尚江・良人の自白〉❷ようす。気配。「さまざまに嘆く人々の一をきくも、あはれにもあり」〈かげろふ・下〉類語 呼吸・気息・息の根・寝息・息吹・息衝(づ)き・息遣い・息

いき‐さつ【経＝緯】物事のこみいった事情。事件の経過。「これまでの一を語る」類語 過程・経緯・顛末(てんまつ)・一部始終・プロセス・始末・次第

いき‐ざま【生き様】《「死に様(ざま)」からの連想でできた語とされる》その人が生きていく態度・ありさま。生き方。「はげしい一を描く」

いき‐し【壱岐市】▶壱岐㊂

いき‐じ【意気地】自分自身や他人に対する面目から、自分の意志をあくまで通そうとする気構え。意地。いくじ。「一を立てる」
類語 ガッツ・気力・根性・精神力・甲斐性(かいしょう)・意力

意気地が悪(わる)・い 心、気立てが悪い。意地が悪い。

いぎ‐し【威儀師】僧職の一。法会や授戒が厳粛に行われるように指図する僧。威儀僧。威儀法師。

イキシア〘ixia〙アヤメ科の多年草。球根から細い剣状の葉を出す。4、5月ごろ、高さ約30センチの花茎を伸ばし、白・黄・桃・赤・紫色などの花を穂状につける。南アフリカの原産。観賞用。やりずいせん。

いき‐じごく【生き地獄】生きながら地獄にあるようなひどい苦しみにあうこと。また、そのありさま。「被災地に一を見る」

いき‐しな【行きしな】▶ゆきしな

いき‐しに【生き死に】生きることと死ぬこと。生きるか死ぬか。生死(せいし・しょうじ)。「一の境にある」

生き死にの二つの海 仏語。生と死のある現世の悩みのたとえ。生死(しょうじ)の海。「一を厭(いと)はしみ潮干の山を偲(しの)ひつるかも」〈万・三八四九〉

いき‐じびき【生き字引】博識の人。特に、会社・役所などで過去の出来事や規則などに通じている人。類語 物知り・博学・博識・該博・博覧・有識・蘊蓄(うんちく)・学識・造詣・学殖・素養・碩学(せきがく)・篤学・博覧強記

いき‐しょうちん【意気消沈｜意気×銷沈】〔名〕スル 意気込みがすっかり衰えること。元気がなくなること。意気阻喪(そそう)。「惨敗して一する」

いき‐しょうてん【意気衝天】意気込みが天を衝(つ)くほど、激しく盛んなこと。「一の勢い」

いき‐しょうにん【生き証人】事件や出来事を直接経験し、その体験や事実を語ることができる人。「戦争の一」

いぎす【海＝髪】イギス科の紅藻。干潮線付近の岩や海藻に着生。糸状で二つまたは四つに枝分かれする。刺し身のつまや、糊(のり)の材料にする。

いき‐すいどう【壱岐水道】長崎県壱岐島と佐賀県東松浦半島との間の海峡。古来、朝鮮・中国方面への交通の要地。壱岐海峡。

いき‐すぎ【行(き)過ぎ】▶ゆきすぎ

いき‐す・ぎる【行(き)過ぎる】〔動ガ上一〕図いきす・ぐ〔ガ上二〕▶ゆきすぎる

いき‐すじ【息筋】力を入れた時に、顔に出る筋。

息筋張(は)・る 精一杯、努力する。また、大いに怒る。

いき‐すじ【粋筋】❶粋な方面。花柳界。「一に通じた人」❷男女の情事。色恋沙汰。「夫人から、昨日の一を聞かせられた」〈花袋・妻〉

いき‐すだま【生き▽霊｜生き魑＝魅】《古くは「いきずたま」とも》生きている人の怨霊(おんりょう)。いきりょう。「物の怪(け)、一などいふもの」〈源・葵〉

いき‐せい【息精】《呼吸と精力の意》気力。意気込み。「惣々(そうそう)の一でもお産を安うさせまする」〈浄・布引滝〉

息精張・る あるだけの気力を尽くす。意気込む。「そのやうに一・るは大きな毒」〈浄・歌祭文〉

いき‐せき【息▽急き】〔副〕息をはずませて急ぐさま。「小さい軌道列車が大粒な火の粉を散らしながら、一彼等を追い抜いて行った」〈志賀・真鶴〉

いきせき‐き・る【息▽急き切る】〔動ラ五(四)〕激しい息づかいをする。あえぎながら急いで行動するさまにいう。いきせく。「一・って駆けつける」

いき‐せ・く【息▽急く】〔動カ五(四)〕「息急き切る」に同じ。「老婆は一・きながら」〈独歩・死〉

いぎ‐そ【意義素】《フ sémantème》言語学で、語や形態素など、一定の形態に対応する意味上のまとまり。

いぎ‐そう【威儀僧】「威儀師」に同じ。

いき‐そそう【意気阻喪｜意気×沮喪】〔名〕スル 意気込みがくじけ弱ること。意気消沈(しょうちん)。

いき‐たい【生き体】相撲で、両者がほとんど同体に倒れたとき、爪先が下を向いて土俵内の地についている状態。⇔死に体。

いき‐だおれ【行(き)倒れ】▶ゆきだおれ

いき‐たけ【×裄丈】「ゆきたけ」の音変化。「一知れたる猟師一人」〈浄・浦島年代記〉

いき‐だし【息出し】❶通風や換気のために設けた穴・窓など。いきぬき。❷酒や醤油などの樽の上部にあけた空気抜きの穴。❸兜(かぶと)の鉢の上部にあけてある空気抜きの穴。八幡座(はちまんざ)。

漢字項目 いき

域 学6 音イキ(ヰキ)漢 ‖ ①区切れた一定の土地・場所。「域内/海域・境域・区域・空域・広域・神域・水域・聖域・全域・地域・流域・領域」②物事の範囲・程度。「音域・芸域・職域」③特定の土地。国。「異域・禹域(うい)(＝中国)・西域」名付 くに・むら

×閾 音イキ(ヰキ)漢 訓しきみ ‖ 内と外の境界。しきり。範囲。「閾下/識閾」補説 原義は、門の敷居。

い‐ぎたな・い【▽寝×穢い】〔形〕図いぎたな・し〔ク〕《「い」は寝ることの意》❶眠りをむさぼっている。眠り込んでいてなかなか起きない。「一・く眠りほうける」❷寝相が悪い。「一・く枕を外し、差櫛を刎(は)ね飛ばし」〈露伴・艶魔伝〉補説「いぎたない」は寝方の見苦しいさまをいう。「い」を接頭語として「いぎたない食べ方」のように「みぐるしい・だらしない」の意に使うのは誤り。

いきだわし・い【息だわしい】〔形〕図いきだは・し〔シク〕《「いき(息)いたわし」の音変化》❶息が詰まるようである。「朝から籠っていた一・い病室を出て来た」〈秋声・爛〉❷息づかいが苦しい。息切れがする。いきどうし。「腹ふくれて一・しきとて、物言はるるも分明ならざりけるが」〈著聞集・七〉

いき‐ち【生き血】生きている動物の血。類語 人血

生き血を搾(しぼ)・る 情け容赦なく人のものを取り上げ自分の利益とする。生き血を吸う。生き血をすする。

いき‐ち【×閾値】❶ある反応を起こさせる、最低の刺激量。しきいち。❷生体の感覚に興奮を生じさせるために必要な刺激の最小値。しきいち。

いき‐ちがい【行(き)違い】▶ゆきちがい

いき‐ちが・う【行(き)違う】〔動ワ五(ハ四)〕▶ゆきちがう

いきちし‐ざい【遺棄致死罪】▶遺棄等致死傷罪

いきちししょう‐ざい【遺棄致死傷罪】▶遺棄等致死傷罪

いきちしょう‐ざい【遺棄致傷罪】▶遺棄等致死傷罪

いき‐ちょん【意気ちょん｜粋ちょん】〔名・形動〕❶いきなこと。通(つう)なこと。また、そのさま。「一の魔道に引き入れんとおもへども」〈黄・高漫斎〉❷安永(1772〜1781)ごろ流行した、いきな男の髪の結い方。「出ず入らずの一と結び」〈洒・辰巳之園〉補説「ちょん」は、ちょっとの意とも、語調を整える接尾語ともいう。江戸後期の流行語。

いき‐づえ【息×杖】駕籠(かご)かきや重い物を担ぐ人が、ひと休みするときに荷物を支えたり、からだのバランスをとったりするために使う長い杖。

いき‐づかい【息遣い】呼吸のようす。また、呼吸の調子・しかた。「一が荒い」類語 呼吸・気息・息の根・寝息・息吹・息衝(づ)き・息・息差し

いきづか・し【息▽衝かし】〔形シク〕《動詞「いきづく」の形容詞化》ため息が出そうである。嘆かわしい。「波の上ゆ見ゆる小島の雲隠りあな一・し相別れなば」〈万・一四五四〉

いき‐つぎ【息継ぎ】〔名〕スル ❶歌唱・吹奏や朗読などの途中で息を吸いこむこと。「小節間で一する」❷水泳中、水から顔をあげて息を吸いこむこと。❸しばらく休むこと。息休め。「一に一服する」

いき‐づき【息▽衝き】❶呼吸。❷感情の高まりなどから大きく息をすること。ため息。「父の介は泣くにもえ泣かず、ただ一をし入りたらんやうにてゐたり」〈今昔・二六・五〉類語 呼吸・気息・息の根・寝息・息吹・息・息遣い・息差し

いきつき‐しま【生月島】長崎県北西部、平戸(ひらど)島北西にある南北に細長い島。平戸市に属する。面積16.6平方キロメートル、最高点は番岳(ばんだけ)の286メートル。生月大橋で平戸島と結ばれる。西岸は海食による断崖が多く、玄武岩の柱状節理が見られる。特に塩俵の断崖は有名。東岸は緩斜面で集落・溜池

がある。棚田があり、牧牛も盛ん。近海は好漁場。西海岸一帯は西海さいかい国立公園の一部。

いき-つ・く【行(き)着く】〔動カ五(四)〕▶ゆきつく

いき-づ・く【息▽衝く】〔動カ五(四)〕❶息をする。生きている。「大都会の片隅でひっそりと―・く」「現代に―・く古典」❷ため息をつく。嘆く。「昼はも嘆かひ暮らし夜はも―・き明かし」〈万・八九七〉❸苦しそうに息をする。あえぐ。「いと御腹高くて、―・き臥し給へり」〈宇津保・国譲下〉

いき-づくり【生き作り｜▽活き作り】▶生け作り

いき-づくり【粋作り】化粧や着物の着付けなどが、あかぬけていること。主に水商売の女性にいう。

いき-つけ【行(き)付け】▶ゆきつけ

いきつしま-こくていこうえん【壱岐対馬国定公園】コクテイコウエン 長崎県、壱岐・対馬の海岸を中心とする国定公園。海食崖かいしょくがいや古墳・史跡に富む。

いき-づな【息綱】海女あまが潜水するとき、舟との連絡用に腰に結んでおく綱。腰綱。命綱。

いき-づまり【行(き)詰(ま)り】▶ゆきづまり

いき-づま・る【行(き)詰(ま)る】〔動ラ五(四)〕▶ゆきづまる

いき-づま・る【息詰(ま)る】〔動ラ五(四)〕緊張で呼吸が苦しくなる。「―・るような一瞬」

(類語)重重しい・息苦しい・重苦しい・胸苦しい

いき-どう【生き胴】❶新刀の試し斬りにする、生きた人間の胴。また、その試し斬り。❷近世、諸藩で行われた死刑の一。土を盛った土壇場どたんばに罪人を横たえ、二人の斬り手が首と胴を同時に斬るもの。

いき-とうごう【意気投合】ゴウ〔名〕スル 互いの気持ちがぴったりと合うこと。「初対面で―する」

いきどう・し【息だうし】いきだ〔形シク〕《「いきだわし」の音変化》息苦しい。「しばらくもたれて居給ひけるが、―・しくやありなん」〈父の終焉日記〉

いきとうちししょう-ざい【遺棄等致死傷罪】イキトウチシショウザイ 遺棄罪・保護責任者遺棄等罪にあたる行為により、人を死傷させる罪。刑法第219条が禁じ、通常の傷害罪などより重い刑が科せられる。遺棄致死傷罪。遺棄致死罪。遺棄致傷罪。

いきどおり【憤り】いきどおり いきどおること。立腹。憤慨。「―を覚える」(類語)怒り・腹立ち・立腹・怒気・瞋恚しんい・憤怒ふんぬ・憤怒ふんど・憤懣ふんまん・鬱憤うっぷん・義憤・痛憤・悲憤・憤激・憤慨ふんがい・激怒・癇癪かんしゃく・逆鱗げきりん

いきどお・る【憤る】いきどおる〔動ラ五(四)〕❶激しく腹を立てる。憤慨する。「無策な行政を―・る」❷気持ちがすっきりしないで苦しむ。「―・る心の内を思ひ延べ」〈万・四一五四〉(可能)いきどおれる

(類語)怒る・怒いかる・むくれる・八つ当たり

いきどおろし・い【憤ろしい】いきどおろしい〔形〕図いきどほろ・し〔シク〕《動詞「いきどおる」の形容詞化》❶憤りを覚えるさま。腹立たしい。「この何者かの非常に横柄な口調は、其奴が闇で覆面して居るからだと思うと、彼は非常に―・かった」〈佐藤春夫・田園の憂鬱〉❷心が晴れない。「淡海あふみの海み瀬田の渡りに潜かづく鳥目にし見えねば―・しも」〈神功紀・歌謡〉

いき-どころ【行き所】▶ゆきどころ

いきとし-いける-もの【生きとし生けるもの】〔連語〕《「と」「し」は強めの助詞》この世に生きているすべてのもの。あらゆる生物。➡生いける

(類語)動物・生き物・生類しょうるい・有情うじょう・衆生しゅじょう

イキトス〖Iquitos〗ペルー北部、アマゾン川上流、河口から約3200キロメートルに位置する河港都市。ロレート県の県都。19世紀末から20世紀初頭にかけ、天然ゴムの生産で発展。アマゾン川流域の熱帯雨林や先住民の村などへの観光拠点として知られる。

いき-とど・く【行(き)届く】〔動カ五(四)〕▶ゆきとどく

いき-どまり【行(き)止(ま)り】▶ゆきどまり

いき-どま・る【行(き)止(ま)る】〔動ラ五(四)〕▶ゆきどまる

いき-ない【域内】ヰキ 一定の区域のなか。範囲のうち。「ECの―貿易」⇔域外。

いき-ながら・える【生(き)長らえる】ながらえる〔動ア下一〕図いきながら・ふ〔ハ下二〕この世に長く生き続ける。また、生き延びる。「―・えて孫の成人を見届けたい」(類語)生き延びる・生き残る・死に後れる・死に損なう・永らえる

いき-なり【行(き)成り】㊀〔名・形動〕事の成り行きに任せ、十分に考えないで行動すること。また、そのさま。行き当たりばったり。ゆきなり。「その日その日に追われながら、―な仕事ばかりして来たのも」〈秋声・仮装人物〉㊁〔副〕何の前触れもなく急に事が起きるさま。突然。ゆきなり。「路地から―子供が飛び出した」(類語)不意・出し抜け・やにわに・急・にわか・突然・急遽きゅうきょ・唐突・短兵急・忽然こつぜん・俄然がぜん・突如・不意に・ふと

いきなり-さんぼう【行き成り三宝】〔名・形動〕「いきなり㊀」を強めた言い方。「さあ是からは―お先真っ暗、常闇とこやみの国」〈洒・塩屋之松〉

いき-にょらい【生き如来】❶「生き仏❶」に同じ。「ああ正真しょうじんの―、これがまことの善の綱」〈浄・薩摩歌〉❷「生き仏❷」に同じ。

いき-にんぎょう【生き人形】ニンギャウ ❶人の姿に似せた、等身大の人形。❷人形のように美しい女性。

いき-ぬき【息抜き】〔名〕スル ❶緊張を解いて、気分転換のためにしばらく休むこと。休息。「―にテレビを見る」「屋上に出て―する」❷室内の換気・通風のために取り付けた装置や開口部。(類語)骨休め・気保養

いき-ぬ・く【生(き)抜く】〔動カ五(四)〕さまざまな苦しみや障害を乗り越えて、どこまでも生きる。生き通す。「競争社会を―・く」

いき-の-お【息の緒】ヲ ❶いのち。たまのお。魂。ふつう「息の緒に」の形で、命のかぎりの意に用いる。「―に思へば苦し玉の緒の絶えて乱れな知らば知るとも」〈万・二七八八〉❷息。「―の苦しき時は鉦鼓こそ南無阿弥陀仏の声助けなれ/かねたたき」〈三十二番職人歌合〉(類語)命・生せい・生しょう・生命・人命・一命・身命しんめい・露命・命脈・息の根・玉の緒

いぎ-の-おもの【威儀の▽御▽膳】ヰギ 儀式や饗宴きょうえんのときに天皇にすすめる御膳。いぎのごぜん。

いき-のこり【生(き)残り】生き残ること。また、その人。「南方戦線の―」「不況時の―にかける」

いき-のこ・る【生(き)残る】〔動ラ五(四)〕他の者が滅んだあとも生きてこの世に残る。「―・った遭難者を救出する」「苛烈な販売競争で―・る」

(類語)生き長らえる・生き延びる・死に後れる・死に損なう・永らえる

いき-の-した【息の下】❶息の絶えようとする臨終の状態。「苦しい―から哀願する」❷息をひそめて小声で話すこと。「わづかなる声聞くばかり言ひ寄れど、―に引きいれ、言こと少ななるが」〈源・帚木〉(補説)この句の場合、「いきのもと」とは読まない。

いぎ-の-にょうぼう【威儀の女房】ヰギ―ニョウバウ 即位・立后などのとき、儀礼の威容を添えるために並ぶ女房。威儀の命婦みょうぶと女蔵人にょくろうどをいう。

いき-の-ね【息の根】❶呼吸。いのち。「―が続く」❷声。「やあ其の首はとかけ寄る女房、引き寄せて―とめ」〈浄・嫩軍記〉(類語)命・呼吸・気息・息・寝息・息吹・息衝いきづき・息遣い・息差し・生せい・生しょう・生命・人命・一命・身命しんめい・露命・命脈・息の緒お・玉の緒

息の根を止・める ❶殺す。❷相手を完全に倒し、活動できないようにする。「反対派の―・める」

いき-の・びる【生(き)延びる】〔動バ上一〕図いきの・ぶ〔バ上二〕死ぬはずのところを助かって命を長らえる。長生きする。「戦火を逃れて―・びる」

(類語)生き長らえる・生き残る・死に後れる・死に損なう・永らえる

いき-の-まつばら【生の松原】福岡市西区姪浜の海岸。白砂青松の景勝地。元寇防塁跡がある。神功皇后が新羅遠征の折に松を植えたという。和歌などでは「行き」「生き」にかけて用いる。(歌枕)「都へと―いきかへり君が千年ちとせにあはむとすらむ」〈後拾遺・雑五〉

いぎ-の-みこ【威儀の親=王】ヰギ― 即位の礼のとき、儀式の威容を整えることをつかさどり、高御座たかみくらのわきに立つ親王。

いぎ-の-みょうぶ【威儀の命婦】ヰギ―ミャウブ「威儀の女房」に同じ。

いぎ-の-もうしたて【異議の申(し)立て】まうしたて 刑事訴訟法上、証拠調べに関する裁判所の決定や裁判長の処分などに対する不服の申し立て。

いぎ-の-もの【威儀の物】ヰギ 即位の礼などのとき、参列する武官などが、儀式の威容を整えるために捧げ持つもの。弓・箭や・胡籙やなぐい・太刀・桙ほこ・盾など。

いき-ば【行き場】▶ゆきば

いき-はぎ【生き剝ぎ】「生け剝ぎ」に同じ。

いき-はじ【生き恥】ハヂ この世に生きているために受ける恥。⇔死に恥。(類語)恥・不名誉・不面目・名折れ・面汚し・赤恥・羞恥・死に恥

生き恥を曝さら・す 死ぬべきときに死なず、生き長らえたばかりに恥をかく。

いきはだ-たち【生き▽膚断ち】国つ罪の一。生きた人の肌に傷をつけること。「国つ罪と、―、死に膚断ち」〈祝詞・六月晦大祓〉➡死に膚断ち

いき-ば・る【息張る】〔動ラ五(四)〕息を詰めて腹に力を入れる。いきむ。「負じと我も―・りて追い付けば」〈露伴・対髑髏〉

いぎ-ふ【意義符】漢字の構成要素のうち、主として意義を表す部分。「坂」の「土」や「泣」の「氵」など。意符。⇔音符。

いぎ-ぶか・い【意義深い】〔形〕図いぎぶか・し〔ク〕深い意味やりっぱな価値がある。「―・い講演」

いき-ふどう【生き不動】❶霊験あらたかな不動明王のような人。❷火炎を背負う不動明王のように、生きたまま火に包まれた人。

いき-ぶれ【行き触れ】「ゆきぶれ」に同じ。「いかなる―にかからせ給ふぞや」〈源・夕顔〉

いき-べんてん【▽活き弁天】弁財天のように、美しい女性のこと。

いき-ぼさつ【生き×菩×薩】「生き仏」に同じ。

いき-ぼとけ【生き仏】❶高徳の僧など、生きたまま、仏としてあがめられる人。また、仏のような心を持った徳のある人。生き如来。生き菩薩ぼさつ。❷容姿のうるわしい女性。生き如来。生き菩薩。

(類語)名僧・高僧・聖ひじり・聖人しょうにん

いき-ぼん【生き盆】「生き御霊みたま」に同じ。(季 秋)

いき-ま・く【息巻く】〔動カ五(四)〕❶激しく言いまくる。気炎をあげる。「向かう所敵なしと―・く」❷息づかいを荒くして怒る。ひどく憤慨する。「絶対に許さないと―・いている」❸勢力を振るう。幅をきかす。「坊のはじめの女御にて、―・き給ひしかど」〈源・若菜上〉

(類語)いきり立つ・猛り立つ・憤然・興奮

いき-み【生き身】❶生きているからだ。なまみ。⇔死に身。❷とりたての魚肉。「新鮮な鰹かつおの―」

(類語)生体・生身・からだ

生き身に餌食えじき 生きているものは食うに困らぬようになっているということ。

生き身は死に身 この世に生きているものは、必ず死ぬものであるということ。生者しょうじゃ必滅。

いきみ【息み】❶いきむこと。❷陣痛。「一刻毎に其の―が強くなるばかり」〈花袋・妻〉

いき-みたま【生き▽御霊】盆に、生きている両親に贈り物をしたり、もてなしをしたりする行事。生き盆。(季 秋)「―七十と申し達者なり/子規」

いき・む【息む】〔動マ五(四)〕息を詰め、腹に力を入れて力む。「顔をまっ赤にして―・む」

いき-めぐ・る【生き×廻る】〔動ラ四〕生き長らえる。「なまじひに―・りて世間を思ひ侘びて」〈今昔・四・一七〉

いぎ-もうしたて【異議申(し)立て】まうしたて 行政庁の違法または不当な処分・不作為について、当該行政庁にその取り消し・変更を申し立てること。行政不服審査法にその手続きが定められている。

いき-もどり【行き戻り】▶ゆきもどり

いき-もの【生き物】❶生きているもの。特に、動物。生物せいぶつ。「―をかわいがる」❷生命があるかのように、生き生きとして、絶えず変化するもの。「言葉は―

い

だ」〔類語〕生類・有情(うじょう)・衆生(しゅじょう)・生きとし生けるもの

いきもの-ブランドまい【生き物ブランド米】農薬や化学肥料の使用を控え、水田と周辺環境に配慮し、生物との共生を目指して栽培されたブランド米。トキやコウノトリなど、銘柄に生物の名前が冠される。

い-きゃく【委却】ヰ〔名〕スル ❶自分の立場や考えを捨てて他にまかせること。「実用に逼(せま)られて、時好の程度に己れを一した建築である」〈漱石・虞美人草〉❷心の重荷を払いのけること。「迫害の苦痛を一する為の便法である」〈漱石・野分〉

い-きゃく【異客】❶主賓以外の客。❷故郷を離れて暮らす人。また、旅する人。いかく。❸《「違格(いかく)」との混同から》好ましくない客。招かれざる客。「一も交り行き通ふ」〈浄・油地獄〉

い-きゃく【違˅格¦違却】ヰ ❶律令制で、格(きゃく)に反すること。〈書言字考節用集〉❷道理からはずれること。不都合なこと。「いらぬ化粧わざ、何とも一千万と」〈浄・薩摩歌〉❸思惑がはずれて困ること。困惑。「嚢中十銭の札もなく、ほとんと一いたしたところ」〈伎・富士額男女繁山〉

い-きゃく【遺却】ヰ〔名〕スル 忘れ去ること。「後人をして之(これ)を追想して一することなからしむ」〈村田文夫・西洋聞見録〉

いき-やくし【生き薬師】《生きてこの世にいる薬師如来の意》すぐれた医者。名医。

いき-やすめ【息休め】仕事の間にひといき入れること。息継ぎ。

い-きょ【依拠】〔名〕スル あるものに基づくこと。よりどころとすること。「先例に一する」〔類語〕準拠・立脚

い-きょう【威脅】ヰケフ おどかすこと。また、おどし。「如何なる生命の一にもおびえまいとする」〈有島・惜みなく愛は奪ふ〉

い-きょう【胃鏡】ヰキャウ 胃の中を肉眼で観察するための医療器具。ゴム管にレンズを組み込んだものが使われた。その後、胃カメラが普及、現在はファイバースコープが用いられる。

い-きょう【異香】ーカウ すぐれたよいかおり。いこう。「音楽空に聞こえ、一室に薫ず」〈沙石集・一〇〉

い-きょう【異教】ーケウ ある特定の宗教を奉ずる者の立場からみた他の宗教。特に、キリスト教の立場から、キリスト教以外の宗教。「一徒」
〔類語〕邪教・邪宗・邪法・外道

い-きょう【異郷】ーキャウ 自分の郷里・母国でないよその土地。他郷。異国。異境。「一で暮らす」
〔類語〕外国・他国・異国・異邦・外邦・他邦・異朝・異境・異土・外地・海外・海彼(かいひ)・外(と)つ国・他郷

い-きょう【異境】ーキャウ ❶「異郷(いきょう)」に同じ。「一の土となる」❷普通とは違う風土の土地。「一探検」

い-きょう【遺教】ヰケウ 昔の人が残した教え。また、故人が言い残した教え。

い-きょう【遺響】ヰキャウ あとに残る響き。余韻。転じて、後世に残る風習や教え。

い-ぎょう【医業】ーゲフ 医療にたずさわる職業。また、医者の業務。

い-ぎょう【易行】ーギャウ 仏語。だれにでもたやすく行える修行。⇔難行。

い-ぎょう【異形】ーギャウ〔名・形動〕普通とは違う怪しい形・姿をしていること。また、そのさま。「一の者」「樹木が一な姿を空に現わした」〈梶井・闇の絵巻〉

い-ぎょう【偉業】ヰゲフ 偉大な事業。すぐれた仕事。「一を成し遂げる」〔類語〕大業・覇業・難業

い-ぎょう【遺業】ヰゲフ 故人が成し遂げた事業。また、故人が未完成のまま残していった事業。「先代の一を継ぐ」

い-ぎょうしゅ【異業種】ーゲフシュ 種類の異なる事業。「一から金融業へ参入」「一交流」

いきょう-と【異教徒】イケウ 自分が信仰する宗教と異なる宗教を信仰している人。特に、キリスト教徒から見て、他の宗教を信仰する人。

いぎょう-どう【易行道】イギャウダウ 仏語。阿弥陀仏の慈悲の力をたのみ、その救いによって極楽浄土に往生する修行。また、その教え。他力門をいう。⇔難行道。

いきょう-の-おに【異郷の鬼】イキャウ 故郷を遠く離れた地や外国で死んだ人。「知己後輩の望を負うて居ながら一となられたか」〈蘆花・思出の記〉

いぎょう-ほん【易行品】イギャウ インドの竜樹著、中国の羅什(らじゅう)訳「十住毘婆娑論(じゅうじゅうびばしゃろん)」34品の第9品。中国の曇鸞(どんらん)が注目し、そこに説かれる易行道を他力と規定した。日本の親鸞(しんらん)も重視。

いき-ようよう【意気揚揚】ーヤウヤウ〔ト・タル〕図〔形動タリ〕得意なさま。「試合に勝って一と引き揚げる」

い-きょく【˟夷曲】《古く「ひなぶり」に当てた「夷曲」を音読みにした語》❶記紀にみられる上代の歌謡の一種。ひなぶり。❷狂歌。ひなぶり。

い-きょく【囲局】ヰ 碁盤。

い-きょく【医局】病院などで、医務を扱う部局。また、医師が詰めている部屋。「一員」

い-きょく【委曲】ヰ 詳しく細かなこと。また、物事の詳しい事情。委細。詳細。〔類語〕子細・委細

委曲を尽く・す　説明などを詳しくして、細かいところまで行き届かせる。「一・した解説」

いきょく-いん【医局員】ーヰン 大学病院などの医局に所属する医師。大学や関連病院などで研究・診療に従事して学位・専門医の資格を取得した後、大学に残り研究教育職に就く、臨床医として関連病院に勤務するなどの進路を選択する。〔補説〕従来、医局員は医局の方針に従って大学病院や関連病院で臨床研修を受けることが多かった。平成16年（2004）に医師の臨床研修制度が見直され、研修先の病院を自由に選べるようになったことから、地方の多くの大学で医局に入る研修医が減少。医局員の減少を招き、地域の関連病院への勤務医派遣が困難となり、地方での医師不足に拍車がかかったとされる。

いきょく-どうこう【異曲同工】▶同工異曲(どうこういきょく)

いきり【˅熱り】熱気。湯気。いきれ。「コークスが炎天に一を上げて」〈谷崎・悪魔〉

イギリス〘ポルト〙〘オランダ〙Inglêz〙ヨーロッパ大陸の北西、大西洋上のグレートブリテン島、アイルランド島の北東部および約900の付属諸島からなる立憲君主国。正式名称は、グレートブリテンおよび北アイルランド連合王国。首都ロンドン。古くはブリタニアと呼ばれ、ケルト人・ローマ人が支配していたが、11世紀にアングロサクソン人による統一国家がイングランドに成立。のち、ウェールズ・スコットランド・アイルランドを併合。18世紀以降、世界各地に植民地を建設し大英帝国と称した。早くから議会政治が発達。産業革命の発祥国で、現在も工業が盛ん。人口6235万（2010）。英国。〔補説〕江戸時代、日本ではエゲレスと称した。また、「英吉利」とも書く。

イギリスオランダ-せんそう【イギリスオランダ戦争】ーセンサウ 17世紀後半、イギリスとオランダの3回にわたる戦争。オランダが敗れ、以後制海権はイギリスに優位となる。英蘭(えいらん)戦争。

イギリス-けいけんろん【イギリス経験論】▶経験論

イギリス-こっきょうかい【イギリス国教会】ーコクケウクワイ 1534年、ローマ教会（カトリック）から独立したイギリスの国教会。ヘンリー8世制定の首長令により、国王を最高首長として成立。プロテスタントに属するが、カトリック的儀礼・教義を残している。英国国教会。イングランド教会。アングリカンチャーチ。CE（Church of England）。➡聖公会

イギリス-ひがしインドがいしゃ【イギリス東インド会社】ーひがしーグワイシャ ▶東インド会社

イギリスビルマ-せんそう【イギリスビルマ戦争】ーセンサウ イギリスがビルマを侵略した3回の戦争。第一次は1824～26年、第二次は52年、第三次は85～86年。この戦争でアラウンパヤ朝は滅び、ビルマ全土が英国の植民地となった。英緬(えいめん)戦争。ビルマ戦争。

イギリス-ほうそうきょうかい【イギリス放送協会】ーハウソウケフクワイ ▶英国放送協会

イギリス-まき【イギリス巻】明治30年代にはやった女性の髪形。後ろから巻きあげて左右に輪を作る。

イギリス-れんぽう【イギリス連邦】ーレンパウ《British Commonwealth of Nations》イギリスと旧イギリス植民地から独立した諸国で構成されるゆるやかな連合体。2012年現在54か国が加盟。英連邦。

いきり-た・つ【˅熱り立つ】〔動タ五（四）〕激しく怒って興奮する。「審判の判定に観衆が一・つ」〔類語〕息巻く・猛り立つ・高ぶる・のぼせる・激する・かっとなる・逸(はや)り立つ・わくわくする・ぞくぞくする・どきどきする

いき-りょう【生き霊】ーリャウ 生きている人の怨霊(おんりょう)で、恨みのある他人にとりついてたたりをするといわれるもの。いきすだま。⇔死霊(しりょう)。
〔類語〕悪霊・怨霊・物の怪(け)・死霊

い・きる【生きる】〔動カ上一〕図い・く〔カ上二〕《古くは四段活用であったが、中世ごろから上二段に活用》❶人間・動物などが、生命があり活動できる状態にある。生命を保つ。生存する。「百歳まで一・きる」「水だけで一・きる」⇔死ぬ。❷㋐生計を立てる。生活する。「ペン一本で一・きる」㋑（「…にいきる」「…をいきる」の形で）そこを生活の本拠として暮らす。また、意識的能動的に毎日を過ごす。「海に一・きる人々」「青春をいかに一・きるか」㋒（「…にいきる」の形で）そのことに生きがいを見出して日々を送る。「研究一筋に一・きる」「趣味に一・きる」❸あたかも命があるような働きをする。生き生きする。また、理念などが失われずに後世まで伝えられる。「その一語で文章が一・きてきた」「創設者の精神は今日なお一・きている」❹（「活きる」とも書く）うまく活用することによってそのものの価値が発揮される。効果を現す。「ひとふりの塩で味が一・きてくる」「長年の経験が一・きる」❺効力が失われていない。「あのときの約束は一・きている」「ライン内の一・きたボール」❻野球で、塁に出たランナーがアウトにならずにすむ。「エラーで一塁に一・きる」⇔死ぬ。❼（「活きる」とも書く）囲碁で、目が別々に二つ以上できて自分の地(じ)となる。「石が一・きる」⇔死ぬ。
➡生(い)く〔類語〕（❶）生存する・生息する・存命する・在る・存(ながら)える・永らえる／（❷）生活する・暮らす・やってゆく・食う・口を糊(のり)する

生きた心地もし◦ない　恐ろしさで生きている感じがしない。「地震が収まるまでは一◦なかった」

生きた空(そら)がな・い　恐ろしさや苦しみのあまり生きている気持ちがしない。

生きていくか死ぬかそれが問題だ　《To be, or not to be: that is the question.》シェークスピアの悲劇「ハムレット」の中のハムレットの独白。進退を決めかねて、思い悩むときの言葉。

い・き・る【射切る】〔動ラ五（四）〕❶矢を射尽くす。「携えた矢を一・る」❷矢を射当て、物を切り離す。「扇のかなめぎは一寸ばかりを射て、ひいふっとぞ一・ったる」〈平家・一一〉

いき・る【˅熱る¦˟熅る】〔動ラ四〕❶あつくなる。ほてる。むしむしする。「眼かかやき、耳一・り、血のみちのび」〈醍醐寺本遊仙窟康永三年点〉❷激しく怒る。「てかけは一・って、とがもない伝三郎にいひかぶせしゃるなと」〈浄・卯月の紅葉〉

いきれ【˅熱れ¦˟熅れ】蒸されるような熱気。ほてり。いきり。「草一」「人一」「むっと一のするうす汚い土手で」〈滝井・無限抱擁〉
〔類語〕熱・温熱・火熱(かねつ)・炎熱・焦熱・熱気・温気(うんき)・熱(ほと)り・ほとぼり・余熱

いき・れる【˅熱れる¦˟熅れる】〔動ラ下一〕熱気のためにむっとする。「梅雨後(つゆあと)の勢のよい青草が一・れて」〈啄木・鳥影〉

いき-わかれ【生(き)別れ】肉親などが生きたままで離れ離れになること。生別(せいべつ)。⇔死に別れ。〔類語〕別れ・別離・離別・一別・決別・生別・泣き別れ・離れる

いき-わか・れる【生(き)別れる】〔動ラ下一〕図いきわか・る〔ラ下二〕肉親などが生きたままで離れ離れになる。「小さいときに一・れた兄」

いき-わた・る【行(き)渡る】〔動ラ五（四）〕▶ゆきわたる

い-きん【衣˟衾】衣服と夜具。

い-きん【遺金】ヰ ❶延べ棒・馬蹄(ばてい)形などにして残した軍用金。「慶長一」❷落とした金銭。「廉士は一

をかへりみず」〈読・胡蝶物語・三〉
いきん-の-えい【衣錦の栄】《欧陽修「相州画錦堂記」から》富と地位を得て、錦にしきの衣服を着て故郷に帰る名誉。
い-く【畏×懼】ヰ［名］スル おそれはばかること。恐懼きょうく。「其の白人に―せらるるは決して故なきにあらず」〈雪嶺・偽悪醜日本人〉
い-く【偉×軀】ヰ 大きなからだ。「貫禄十分な―」
い・く【生く】㊀［動カ四］❶生命を保つ。生存する。生きる。「―・ける屍しかばね」「限りとて別るる道の悲しきに―・かまほしきは命なりけり」〈源・桐壺〉❷生き延びる。「―・かん定辛くてこそ―・かめ」〈今昔・二三・二一〉㊁［動カ上二］「い(生)きる」の文語形。㊂［動カ下二］「い(生)ける」の文語形。［補説］上代・平安時代には四段活用であったが、中世以降には上二段活用に変化し、のち一段活用となった。
い・く【行く】［動カ五(四)］▶ゆく
行ったきり雀すずめ　《「舌切り雀」のもじり》出て行ったきりで帰ってこないこと。また、その人。
いく【生】［接頭］名詞に付いて、生き生きとして生命力のある、という意を表す。「―井」「―太刀たちと―弓矢また其の天の沼琴ぬごとを取り持ちて」〈記・上〉
いく【幾】［接頭］名詞に付く。時には形容詞に付くこともある。また、接尾語が付いて副詞をつくることもある。❶数量の不明・不定の意を表す。「―人」「―日」❷数量の多い意や年月の長い意を表す。「―千万」「―千代」「―久しく」
イグアス-の-たき【イグアスの滝】《スペ Iguazú; ポルト Iguaçu》ブラジルとアルゼンチンとの国境にある世界最大級の滝。パラナ川支流のイグアス川にある。幅約4000メートル、高さ約70メートルで、ともにナイアガラより大きい。周辺の森林は両国ともに国立公園で、アルゼンチン側は1984年に、ブラジル側は86年に世界遺産(自然遺産)に登録された。
イグアナ〖iguana〗有鱗ゆうりん目イグアナ科の爬虫はちゅう類の総称。原始的なトカゲで、約600種が含まれ、狭義にはそのうちの30種をさす。尾が長く、全長1～2メートル。背に刃状の突起をもつ。ガラパゴス諸島に分布し海藻などを食べるウミイグアナや、熱帯アメリカに分布し樹上性で木の葉・果実を食べるグリーンイグアナなど。
イグアノドン〖ラテ Iguanodon〗鳥盤目の恐竜。体長約9メートル。前肢の親指は鋭い角質でおおわれ、草食性で、後ろ足で立って歩行。中生代白亜紀前期に栄え、化石はベルギー産のものが有名。禽竜きんりゅう。
いぐい【居杭┊井杭】ゐぐひ 狂言。居杭という者が、清水観音で頭にかぶると姿の消える頭巾ずきんを手に入れ、周囲の人々をからかう。
い-ぐい【居食い】ゐぐひ［名］スル 働かないで手持ちの財産などで生活すること。徒食。座食。「―して無為の日を過ごす」
い-ぐい【×堰×杙】ゐぐひ 井堰いせきに水をためるため、並べて打ち込んだくい。
いく-いく【×郁×郁】［ト・タル］［文］［形動タリ］❶文物の盛んなさま。「其その文や―、其声や洋々」〈雪嶺・真善美日本人〉❷香気の盛んなさま。「―青々」
いく-え【幾重】へ 何枚も重なっていること。いくつかの重なり。「雲が―もかかる」「―も人垣ができる」
いく-えい【育英】《「孟子」尽心上から》すぐれた才能を持った青少年を教育すること。転じて、教育。「―事業」［類語］教育・訓育・薫育・教化・教学・文教・指導・指南・教授・教習・手ほどき・コーチ
いくえい-かい【育英会】クワイ 経済的に恵まれない学生・生徒に、学資を補助して勉学を助けるために設けられた団体。
いくえ-にも【幾重にも】いくへ［副］何度も繰り返すさま。「―お頼み申し上げます」
いくおう-ざん【育王山】イクワウ ▶阿育王山あいくおうざん
イクオリン〖aequorin〗生物発光物質の一。発光たんぱく質の一種で、カルシウムを感受して青い光を放つ。1962年に海洋生物学者の下村脩しもむらおさむにより、緑色蛍光たんぱく質(GFP)とともにオワンクラゲから発見・抽出された。⇒GFP
いく-か【幾日】❶いくにち。「あれは―掛かったら抜けるだろう」〈漱石・二百十日〉❷かなりの日数。また、多くの日数。「相見ては―も経ぬをここだくも狂ひに狂ひ思ほゆるかも」〈万・七五一〉
いく-かえり【幾返り】かへり いくたび。なんべん。「大空をめぐる月日の―今日行く末にあはむとすらむ」〈かげろふ・中〉
いく-きゅう【育休】キウ「育児休業」の略。
いくきゅう-ほう【育休法】イクキウハフ ▶育児介護休業法
いく-ぐすり【生く薬】不老不死の霊薬。いきぐすり。「亀山に―のみ有りければとどむる方もなき別れかな」〈拾遺・別〉
いくくにたま-じんじゃ【生国魂神社】大阪市天王寺区生玉町にある神社。旧官幣大社。祭神は生島神いくしまのかみ、足島神たるしまのかみ。生玉いくたま神社。
いくさ【戦┊▽軍】❶「戦い」「戦争」のやや古風な言い方。「―に勝つ」❷兵士。軍勢。「千万ちよろずの―なりとも言挙げせず取りて来きぬべき士をのことぞ思ふ」〈万・九七二〉［類語］戦争・戦い・合戦・会戦・戦役・役・戦闘・戦う・兵へい・兵馬へいば・兵戈へいか・干戈かんか・交戦・事変・戦火・兵火・戦乱・兵乱・戦雲・戦塵せんじん・戦禍せんか・大戦
戦を見て矢を矧はぐ　戦いが始まってから矢を作る。事が起こってからあわてて準備にとりかかることの愚かさをいうたとえ。盗人ぬすびとを見て縄を綯なう。
い-ぐさ【×藺草】ゐ イグサ科のイの別名。イグサ科の多くは多年草で、温帯から寒帯に8属約400種、日本には2属30種が自生。［季 夏］
いくさ-がみ【▽軍神】いくさの勝利を守る神。武甕槌神たけみかづちのかみ・経津主神ふつぬしのかみが古くから有名。また、源氏では八幡大神、のちの兵学家などは、摩利支天まりしてん・北斗七星・不動明王などを祭った。
いく-さき【行く先】▶ゆくさき
いくさ-だいしょう【▽軍大将】ダイシャウ 総大将から一時的に命令権を委任され、合戦の指揮をとる武将。
いくさ-だち【▽軍立ち】❶軍勢が戦場に出発すること。出陣。「尾資びしの津に―す」〈北野本斉明紀〉❷合戦。いくさ。また、戦いぶり。「これほど―烈しき敵にいまだ逢はず候」〈古活字本保元・中〉❸軍勢の配置。陣立て。「勢の多少も―のやうも見分かざれば」〈太平記・八〉
いくさ-の-さんぶぎょう【▽軍の三奉行】サンブギャウ 江戸幕府の大目付・旗奉行・槍やり奉行の総称。
いくさ-びと【▽軍人】兵士。武人。「一先まづ楼たかどのの上に登りて」〈崇峻紀〉
いくさ-ひょうじょう【▽軍評定】ヒャウヂャウ 合戦の前に行う作戦会議。「まづ鎌倉の―をぞせられける」〈太平記・一〇〉
いくさ-ぶぎょう【▽軍奉行】ブギャウ 鎌倉・室町時代、戦いのとき臨時に設けられた職名。軍事に関する総括責任者。
いくさ-ぶね【▽軍船】兵船。軍艦。
いくさ-ぼし【▽軍星】《兵学家が北斗七星を軍神いくさがみとしたところから》北斗七星の異称。
いくさ-ものがたり【▽軍物語】❶戦争に関する話。軍談。❷戦争の記録。軍記。
いくさ-よばい【▽軍▽喚ばひ】よばひ 戦場における敵味方の喚声。ときの声。「明けても暮れても―の声絶えざりし」〈平家・灌頂〉
いく-じ【育児】［名］スル 乳幼児を養い育てること。
［類語］子育て・保育・養育・愛育・訓育・守り・育てる
いく-じ【意気地】ヂ《「いきじ」の音変化》事をやりとげようとする気力。
意気地がな・い　❶やりとげようとがんばる気力がない。「これしきで弱音をはくとは―・い」❷だらしがない。しまりがない。「泥濘板どぶいたのうえに―・い下駄の音が聞えて」〈万太郎・末枯〉
い-ぐし【▽斎串】《斎いみ清められた串の意》❶榊さかきや笹などの小枝に幣ぬさをかけて神に供えるもの。玉串。いみぐし。❷物を刺す木や竹の串の総称。
イクシー-ほう【ICSI法】ハフ《Intracytoplasmic sperm injection》卵細胞質内精子注入法のこと。⇒顕微授精
いくじかいごきゅうぎょう-ほう【育児介護休業法】イクジカイゴキウゲフハフ《「育児休業、介護休業等育児又は家族介護を行う労働者の福祉に関する法律」の通称》育児や家族の介護を行う労働者を支援する目的で、育児休業・介護休業、ならびに、子の看護休暇について定める法律。平成7年(1995)育児休業法を改正して成立。その他に、対象労働者の時間外労働の制限、深夜残業の制限、支援措置などを定める。
いくじ-きゅうか【育児休暇】キウカ「育児休業」に同じ。
いくじ-きゅうぎょう【育児休業】キウゲフ 法律に基づいて労働者が育児のために一定期間取得できる休業。また、その制度。養育する1歳に満たない子の育児について、事業主に申し出ることで取得できる。育児介護休業法による。企業によっては法律の規定以上の条件で育児休業(制度)を設けるところもある。
いくじきゅうぎょう-きゅうふ【育児休業給付】イクジキウゲフキフフ 雇用保険法に規定される雇用継続給付の一つ。育児休業の取得を容易にすることと、育児休業後の職場復帰の支援が目的。育児休業中に支給される育児休業基本給付金と職場復帰後に支給される育児休業者職場復帰給付金がある。
いくじきゅうぎょう-ほう【育児休業法】イクジキウゲフハフ ▶育児介護休業法
いくじ-なし【意気地無し】イクヂ［名・形動］気力がなくて、役に立たないこと。また、そういう人や、そのさま。「―な男」［類語］臆病・弱気・引っ込み思案・気弱・内弁慶・陰弁慶・内気・小心・小胆・怯懦きょうだ・怯弱
いくじ-ノイローゼ【育児ノイローゼ】出産・子育ての期間に、母親が情緒不安定、うつ状態、睡眠障害などを起こす状態。ホルモンバランスの崩れや、子育てに対する自信喪失などが原因とされる。
いくじ-のう【育児×嚢】ナウ カンガルーなどの有袋ゆうたい類の雌の下腹部にある育児のための袋。単孔類のハリモグラの雌や、魚類のタツノオトシゴの雄などにもみられる。育嚢。
いくしま-じろう【生島治郎】ヂラウ［1933～2003］小説家。中国、上海の生まれ。本名、小泉太郎。ミステリー雑誌の編集長を経て、本格的なハードボイルド小説を日本の文壇に確立させた。「追いつめる」で直木賞受賞。他に「傷痕の街」「片翼だけの天使」など。
いくしま-しんごろう【生島新五郎】シンゴラウ［1671～1743］江戸中期の歌舞伎俳優。奥女中絵島えじまとの情事のかどで三宅島へ流された。
いくしまたるしま-じんじゃ【生島足島神社】長野県上田市下之郷にある神社。祭神は生島神いくしまのかみ・足島神たるしまのかみ。
いく-しゅ【育種】［名］スル 生物のもつ遺伝的形質を利用して改良し、有益な品種を育成すること。
イクス〖ICSU〗《International Council for Science》国際科学会議。各国科学アカデミーが加盟する国際学術機関。日本からは日本学術会議が参加。特に自然科学分野における国際学術団体の協調促進および国際的科学活動の協調推進を図ることを主たる目的とする。1931年設立。98年に以前のInternational Council of Scientific Unions(国際学術連合会議)から名称を変更したが、略称は従来のICSUがそのまま使われている。本部はパリ。
いく-すう【育×雛】［名］スル 卵からかえったひな鳥を育てること。特に、鶏についていう。
い-ぐすり【胃薬】ヰ 胃の治療をしたり調子を整えたりするための薬。消化薬・健胃剤など。
いく-せ【幾瀬】❶いくつかの瀬。また、たくさんの瀬。「大井川かがりさしゆく鵜飼舟―に夏の夜を明かすらむ」〈新古今・夏〉❷多くのこと。ひとかたならぬこと。かずかず。「それは―の物案じ、それ故にこの病」〈浄・阿波鳴渡〉
い-ぐせ【居▽曲】ヰ 能で、地謡じうたいが曲くせの部分を謡うとき、シテが舞わないで座ったまま演技するもの。「井筒」「安宅」の曲など。㊐舞曲まいぐせ。［補説］ふつう「居グセ」と書く。
いく-せい【育成】［名］スル 育て上げること。育ててり

っぱにすること。「後継者を―する」[類語]養成・薫陶

いく-せいそう【幾星霜】 苦労を経た上での、長い年月。いくとしつき。「敗戦から―を経て今日に至る」

いく-そ【幾そ】《「そ」は「十」か》[1]多くの数量。どれほどたくさん。「―の羊の歩みを過ぐし来ぬらむ」〈栄花・初花〉[2](副詞的に用いて)どれほど多く。数多く。「網代守る宇治の川瀬は年つもり―月日を数へ来ぬらむ」〈曽丹集〉

いくそ-たび【幾そ度】[1]どのくらいの回数。何回。「葦辺こぐ棚なし小舟―行きかへるらむ知る人もなみ」〈伊勢・九二〉[2]多くの回数。「―君がしじまに負けぬらむ物な言ひそと言はぬたのみに」〈源・末摘花〉

いくそ-ばく【幾そ▽許】[1]どれほど。どのくらい。「花ごとにあかず散らしし風なれば―わが憂しとかは思ふ」〈古今・物名〉[2]どれほど多く。「―の犯しをして、かく七度までは、あさましくゆゆしき事なり」〈宇治拾遺・四〉

イクソラ〖ラテ Ixora〗アカネ科イクソラ属(サンタンカ属)の植物の総称。サンタンカ・ジャワサンタンカなど。

いくた【生田】㊀兵庫県神戸市中央区の地名。生田神社がある。㊁神戸市の旧区名。現在は中央区の一部。

いく-た【幾多】数量の多いこと。あまた。数多く。「―の困難を切り抜ける」[類語]あまた・たくさん

いく-だ【幾▽許】[副](下に打消しの語を伴って用いる)いくら。どれほど。「さ寝そめて―もあらねば白妙の帯乞ふべしや恋も過ぎねば」〈万・二〇二三〉

いくた-がわ【生田川】神戸市を流れる川。摩耶山に源を発し、布引滝となって神戸港に注ぐ。菟原処女が身を投げた妻争いの伝説で知られる。万葉集・一八〇九に詠まれ、大和物語にもみえる。[歌枕]「すみわびぬわが身投げてむ津の国の生田の川は名のみなりけり」〈大和・一四七〉

いくた-く【生田区】▶生田㊁

いくた-けんぎょう【生田検校】[1656～1715]江戸中期の筝曲家。八橋検校の門人の北島検校門下で、生田流を創始。別々に演奏されてきた三味線音楽の地歌と筝曲を組み合わせて演奏。

いくた-しゅんげつ【生田春月】[1892～1930]詩人・翻訳家。鳥取の生まれ。本名、清平。浪漫的、虚無的な詩風で知られる。瀬戸内海に投身自殺した。詩集「霊魂の秋」「感傷の春」、翻訳「ハイネ全集」など。

いくた-じんじゃ【生田神社】神戸市中央区にある神社。旧官幣中社。祭神は稚日女尊。社地は源平合戦などの古戦場。

いくた-ちょうこう【生田長江】[1882～1936]評論家・小説家・戯曲家。鳥取の生まれ。東大卒。本名、弘治。翻訳「ニイチェ全集」、評論集「最近の小説家」など。

いく-たつふ【郁達夫】[1896～1945]中国の小説家。浙江省富陽の生まれ。東大留学中に郭沫若らと創造社を結成。「沈淪」は中国初の口語小説集。他に「過去」など。第二次大戦終了時にスマトラ島で日本兵に殺された。ユイ＝ターフー。

いく-たて 物事のなりゆき。いきさつ。「何かそこにもっと深い―でもあるのか」〈里見弴・多情仏心〉

いくた-の-もり【生田の森】生田神社境内にある森。源平合戦や新田・足利氏の古戦場。

いく-たび【幾度】「いくど」に同じ。「―しかられたことか」「失敗したことは―もある」

いくたま-じんじゃ【生玉神社】生国魂神社の通称。

いくたましんじゅう【生玉心中】浄瑠璃。世話物。三段。近松門左衛門作。正徳5年(1715)大坂竹本座初演。遊女おさがと茶碗屋嘉平次の生玉神社での情死事件を脚色したもの。

いくた-よろず【生田万】[1801～1837]江戸後期の国学者。上野館林の人。平田篤胤の門下で、越後の柏崎に桜園塾を開いた。天保の飢饉の際、救民のために柏崎の陣屋を襲ったが、負傷して自刃。

いく-たり【幾▽人】「いくにん」に同じ。「お見えになるのは―ですか」「すでに―か集まっている」

いくた-りゅう【生田流】筝曲の流派。生田検校の創始。主に関西で流行し、関東の山田流と近代筝曲界を2分する。

い-ぐち【欠＝唇｜兎＝唇】口唇裂の俗称。

い-ぐち【×猪口】イグチ科のキノコの総称。ヌメリイグチ・チチアワタケ・ハナイグチなどがあり、傘は肉質のまんじゅう形で、裏面にひだはなく、小さな穴がたくさんある。食用になるものが多い。

い-ぐち【鋳口】溶かした金属を流し込むための、鋳型の上部にあけた口。

イクチオサウルス〖ラテ Ichthyosaurus〗▶魚竜

イクチオステガ〖ラテ Ichthyostega〗古生代デボン紀後期に出現した最古の両生類。化石の頭骨は強固で長さ約15センチ、全長約90センチ。デンマークの探険隊がグリーンランド東部で発見。

イクチオロジー〖ichthyology〗魚類学。

いくち-しま【生口島】《「いのくちしま」とも》広島県南東部、瀬戸内海の芸予諸島中の島。瀬戸内しまなみ海道のほぼ中央、尾道市瀬戸田町にある。面積31平方キロメートル。最高峰は南西にある観音山(標高472メートル)。島の斜面ではミカンやジョチュウギクの栽培が盛ん。島内には寺院が多く、向上寺の三重塔は国宝に指定され、耕三寺は「西の日光」といわれる。瀬戸内海国立公園に属する。

いぐち-しんじろう【井口新次郎】[1904～1985]野球選手・新聞記者。和歌山の生まれ。和歌山中、早大野球部で活躍後、昭和4年(1929)大阪毎日新聞社に入社。アマチュア野球の評論を行う。のち選抜高校野球大会の選考委員、全日本軟式野球連盟副会長などを歴任。

イクチノス〖Iktinos〗《「イクティノス」とも》古代ギリシャの建築家。前5世紀後半、アテナイで活躍。パルテノンなどの神殿を設計した。

いく-つ【幾つ】[1]個数・年齢の不定・不明なときにいう語。何個。何歳。「―でもいいから、あるだけください」「来年―になりますか」[2](「いくつか」の形で)若干の数。「その品物なら―かある」[3](「いくつも」の形で)多くの数。「駅を―も通り過ぎる」[4](接尾語的に用いて)その数値の下の位の数値を大まかにいう。「彼も三十―になったはずだ」

イクティノス〖Iktinos〗▶イクチノス

いく-ど【幾度】[1]どのくらいの回数。何度。いくたび。「一読んでもおもしろい」「―となく注意する」[2](「いくどか」の形で)若干の回数。何回。いくたび。「―かお会いしたことがある」[3](「いくども」の形で)度数の多いこと。たびたび。いくたび。「―も足を運ぶ」

いく-どうおん【異口同音】多くの人が口をそろえて同じことを言うこと。多くの人の意見が一致すること。「―に賛成する」

いく-とせ【幾▽年】[1]どれくらいの年数。いくねん。「卒業して―が過ぎたろうか」[2](「いくとせか」の形で)比較的少ない年数。いくねん。「―かののち」[3]多くの年数。いくねん。「―にも及ぶ苦労」

イクナートン〖Ikhnaton〗エジプト第18王朝第10代の王アメンホテプ4世の別名。在位、前1377～前1358。多神教と神官の専横を嫌い、アモン信仰を捨ててアトン崇拝を始め、名もイクナートン(アトン神をよろこばせる者の意)に改名。都もテーベからアマルナに移した。イクン＝アトン。

イグナティウス-デ-ロヨラ〖Ignatius de Loyola〗[1491?～1556]スペインの宗教家。スペイン北部バスク州のロヨラ城主の子。清貧・貞潔を掲げてイエズス会を創立。プロテスタントの宗教改革に対抗し、カトリックの失地回復と異邦人への伝道に尽力。

いく-にち【幾日】[1]どれほどの日数。何日。「完成まで―かかるかわからない」[2]いつの日。何日。「注文した品は―にできるか」[3](「いくにちか」の形で)若干の日数。「あれから―かたった」[4](「いくにちも」の形で)相当多くの日数。「―も晴れが続く」

イグニッション〖ignition〗内燃機関の点火。また、点火装置。

漢字項目 いく

育 [学]3 [音]イク[呉][漢] [訓]そだつ、そだてる、はぐくむ ‖ ①そだてる。「育児・育成／愛育・教育・訓育・薫育・飼育・体育・知育・徳育・傅育・保育・養育」②成長する。「生育・成育・発育」[名付]すけ・なり・なる・やす

[人]**郁** [音]イク[呉][漢] ‖ ①香りがいい。かぐわしい。「馥郁」②文化が盛んなさま。「郁郁」[名付]あや・か・かおる・たかし・ふみ [難読]郁子

イグニッション-キー〖ignition key〗自動車のエンジンキー。差し込んで一段回すとメインスイッチが入り、さらに回すとスターターモーターが回転する。

イグニッション-コイル〖ignition coil〗ガソリンエンジンの点火用コイル。一種の変圧器で、6～12ボルトの低圧電流を1万ボルト以上の高圧に変える。点火コイル。

いく-にん【幾人】[1]どれほどの人数。何人。「お客は―かね」[2](「いくにんか」の形で)比較的少ない人数。何人。「あの会社には―か知り合いがいる」[3](「いくにんも」の形で)ある程度まとまった人数。何人。「―もの犠牲者が出た」

いく-ねん【幾年】[1]どれほどの年数。何年。いくとせ。「勤めてから―になりますか」[2]いつの年。何年。「今年は平成―ですか」[3](「いくねんか」の形で)比較的少ない年数。何年。いくとせ。「ここ―か前」[4](「いくねんも」の形で)ある程度まとまった年数。何年。いくとせ。「―も会わなかった友人」

いくの【生野】㊀兵庫県朝来市の地名。銀山があった。もと但馬街道の宿場町。㊁京都府福知山市の地名。[歌枕]「大江山こえて―のすゑ遠み道ある代にもあひにけるかな」〈新古今・賀〉㊂大阪市東部の区名。昭和18年(1943)東成区から分離。

イグノーベル-しょう【イグノーベル賞】《Ig Nobel Prizes》ノーベル賞のパロディーとして、米国で1991年に創設された賞。毎年、生物学、化学、数学、文学、平和などの分野において、「人々を笑わせ、考えさせる研究」に対して授与される。

いくの-ぎんざん【生野銀山】兵庫県中央部、朝来市にあった銀山。錫・銅・鉛なども産し、大同2年(807)発見と伝えられる。江戸幕府直轄となり、産出量を誇った。明治以後、三菱金属鉱業の鉱山となり、昭和48年(1973)閉山。

いくの-く【生野区】▶生野㊂

いくの-の-へん【生野の変】文久3年(1863)福岡藩士平野国臣らの尊王攘夷派が、大和の天誅組に呼応して公卿沢宣嘉を擁し、但馬国生野で起こした武装蜂起。近辺の豪農や農民を動員し、代官所を占拠したが、藩兵に鎮圧された。

いく-ばく【幾▽何｜幾▽許】[1]数量・程度の不明・不定なことをいう語。どれほど。「―の利益を得たか」[2](「いくばくか」の形で)ある程度。若干。「旅費はまだ―か残っている」[3]あとに係助詞「も」と打消しの語を伴って、数量・程度が多くないことを表す。あまり。「余命―もない」「その後―もなくして事故が再発した」[類語]どれ程・いか程・幾ら・いかばかり

いくはら-あきひろ【生原昭宏】[1937～1992]野球監督。福岡の生まれ。亜細亜大野球部の監督を務めたのち昭和40年(1965)に渡米し、27年にわたりドジャース球団でさまざまな職種を歴任。日米の野球交流に尽力。「アイク」の愛称で知られる。

いく-ひ【生日】吉日。よき日。「仏生会、―の日なか」〈泣菫・隠り沼〉

い-くび【×猪首｜×猪×頸】[1]首が太くて短いこと。また、そういう首。[2]《首が短く見えるところから》兜を後ろにずらして、少しあみだにかぶること。敵の矢も刀も恐れない、勇ましいかぶり方という。「甲―に着なして」〈平家・九〉

いく-ひさしく【幾久しく】[副]いつまでも変わらないさま。あいさつや手紙文などに用いる。末長く。「―幸多かれと祈ります」「―御交誼を賜りますよう」

いくひ-の-たるひ【生日の足日】物事が生き生きとして栄え、満ち足りた日。神事・儀式の日を祝って

いう。吉日。「八十日日はあれども、今日の一に」〈祝詞・出雲国造神賀詞〉

いく-びょう【育苗】〔名〕スル 苗を育てること。

いく-ぶん【×郁文】《「論語」八佾の「郁郁乎として文なるかな」から》文化の盛んなこと。

いく-ぶん【幾分】㊀〔名〕いくつかに分けたうちの一部分。いくらか。「もうけの一かを分けてやる」㊁〔副〕程度が小さいさま。いくらか。少し。「一気がひける」「一できが悪い」類語 幾らか・若干・なけなし・ちょっと

いくほう-もん【郁芳門】平安京大内裏外郭十二門の一。東面の南端にあった。大炊御門。

いくほう-もんいん【郁芳門院】[1076～1096]白河天皇の第1皇女。名は媞子。堀河天皇の准母となり、皇后の称を与えられた。六条院。

いく-ほど【幾程】❶不明・不定な数量・程度をいう語。どれほど。「一の年を経たものか」❷あとに係助詞「も」と打消しの語を伴って、存外に少ない数量であることを表す。どれほど。「付き合って一もたたないうちに結婚した」

イグマーンディ-ようさい【イグマーンディ要塞】《Igmándi erőd》ハンガリー北西部の都市コマーロムにある要塞。19世紀に旧市街の南側を防備するために建造された。現在、古代ローマ時代の出土品を展示する博物館がある。

いく-メン【育メン】《「いけめん」のもじり。多く「イクメン」と書く》育児休暇を取得したり、父親同士の会合に参加するなどして、子育てを積極的に行う男性。

いく-もう【育毛】〔名〕スル 髪の毛を発育させること。髪の毛を増やしたり、丈夫で太いものに育てること。

いくもう-ざい【育毛剤】少なくなった頭髪を増やす薬。また、脱毛を予防する薬。多くは男性用。発毛剤。毛生え薬。

いく-よ【幾世┊幾代】❶どれほどの年代。また、多くの年月。「われ見ても久しくなりぬ住吉の岸の姫松一経ぬらむ」〈古今・雑上〉❷「幾世餅」の略。

いく-よ【幾夜】❶どれほどの数の夜。「あの夜から一過ぎたのだろう」❷若干の数の夜。「眠れない夜が一かあった」❸多くの夜。「騒音が一も続く」

いくよ-もち【幾世餅】江戸両国名物のあん餅。元禄(1688～1704)のころ、小松屋喜兵衛が吉原の遊女幾世を落籍して妻とし、その名をつけて売り出した。

いく-ら【幾ら】㊀〔名〕❶数量・値段の不明・不定なときにいう語。どれほど。どのくらい。「重さは一あるか」「この本は一ですか」「一経費がかかるかわからない」❷(「いくらも」「いくらでも」の形で)不定ではあるが、ある程度の数量をいう。㋐相当多い程度。どれほどでも。たくさん。「品物なら一もある」「一でも持ってきてください」㋑(あとに打消しの語を伴って用いる)それほど多くない程度。ほとんど。「その後一もたっていない」「残りは一でもない」❸(接尾語的に用いて)その数値の下の位の数値を大まかにいう。「定価が一万一の靴」㊁〔副〕(あとに「ても」「でも」を伴うことが多い)量や程度のはなはだしいさま。どれほど。どんなに。「一捜しても見つからない」「一子供でもわかるだろう」類語 どれ程・いか程・いくばく・いかばかり・何程・何某・幾つ

イクラ〘ロシア ikra〙《魚の卵の意》サケ・マスの卵を塩漬けにした食品。日本では、筋子に対し、成熟した卵を一粒ずつ離したものをいう。

いくら-か【幾らか】㊀〔名〕あまり多くない数量。いくぶんか。少し。「収入の一を貯金する」㊁〔副〕数量・程度があまり多くないさま。多少。「きのうより一気分がよくなった」類語 幾分・若干・なけなし・少し

いくら-どう【井倉洞】岡山県中西部、高梁川上流井倉峡にある鍾乳洞。新見市井倉、阿哲台のカルスト地帯に雨水などが浸食してできた。長さ1200メートル。石筍・石柱が発達している。

イクラ-どん【イクラ丼】温かい飯の上に塩漬けまたは醤油漬けのイクラをのせたもの。

いくら-なんでも【幾ら何でも】〔連語〕どのような事情があろうとも。理由がどうであれ。「一ひどすぎる」

いくら-も【幾らも】〔副〕❶相当多い程度。たくさん。「そんな話なら一ある」❷(打消しの語を伴って)それほど多くない程度。ほとんど。「在庫はもう一ない」類語 たくさん・多く・数数・多数・数多・無数・多量・大量・いっぱい・あまた・多多・いくらでも・ざらに・ごろごろ・どっさり・たっぷり・十二分に・豊富に・ふんだんに・腐るほど・ごまんと・わんさと・しこたま・たんまり・うんと・たんと・仰山・なみなみ・十分

いくり 海中の岩。「韓の崎なる一にそ深海松生ふる荒磯にそ玉藻は生ふる」〈万・一三五〉

いく-りん【育林】森林を育てること。

イグルー〘igloo〙氷や雪の塊をドーム状に積み、トンネル状の入り口を設けたエスキモーの冬の住居。

い-ぐるし・い【居苦しい】〔形〕文ゐぐる・し〔シク〕居心地が悪い。そこにいても楽しくない。「一・い喫茶店」「自分はこの一・く又立苦しくなった様に見える若い細君を」〈漱石・行人〉

イグルス〘Igls〙オーストリア西部、チロル州の州都、インスブルックの南郊にある村。1976年、インスブルック冬季オリンピックの会場になり、現在、スキーリゾートとして知られる。標高2247メートルのパッチャーコーフェル山の登山口。ロープウエーもある。

い-くるみ【鋳▽包み】鋳物で、別に鋳造しておいた部分品の柄・脚などを鋳型に入れ、溶かした金属を流し込んで本体に接着する方法。

い-ぐるみ【矰=繳】《「射包み」の意》飛んでいる鳥を捕らえるための仕掛け。矢に網や長い糸をつけて、当たるとそれが絡みつくようにしたもの。

イクロム〘ICCROM〙《International Centre for the Study of the Preservation and Restoration of Cultural Property》文化財保存修復研究国際センター。文化財の保存修復に関する援助を行うユネスコ機関。1959年設立。

い-くん【偉勲】りっぱな手柄。大きな手柄。「一を立てる」

い-くん【遺訓】故人の残した教え。父祖から子孫への教訓。「父の一を守る」

い-くん【遺薫】他に移り残るかおり。移り香。

いけ【池】❶くぼ地に自然に水がたまった所。また、地面を掘って水をためた所。ふつう湖沼より小さいものをいう。❷硯の水をためるところ。海。類語 沢・沼・湖・沼沢・湖沼・泥沼・潟

いけ〔接頭〕多く、好ましくない意味の語に付いて、いっそう卑しめ、さげすむ意を表す。いき。「一どし」「一好かない」「一しゃあしゃあ」補説 近世江戸語に多くみられる。

い-げ【以下┊×已下】それより下。いか。「関白殿を始め奉りて太政大臣一の公卿殿上人」〈平家・三〉

い-けい【畏敬】〔名〕スル 崇高なものや偉大な人を、おそれうやまうこと。「一の念を抱く」類語 尊敬・崇拝・敬愛・敬慕・敬仰・景仰・崇敬・心酔・心服・敬服

い-けい【異形┊異型】形や型が普通とは変わっているもの。いぎょう。

い-けい【異系】系統や系譜が異なること。

い-けい【×縊刑】絞首刑。

いけい-かん【異形管】鉄管・銅管・土管などで、接続部や分岐部に用いる、曲がった形や枝付きの形、T字形などをした管。

いけい-ぎかん【医系技官】公衆衛生・医療制度など、医療に関する行政業務を担当する、厚生労働省などの公務員。医師免許を持つ。医療行政官。

いけ-いけ【行け行け】㊀〔名・形動〕《動詞「い(行)く」の命令形を重ねた語。「イケイケ」と書くことも多い》調子に乗って怖いものなしの高揚した気分を表す語。やたらに元気がいいこと。また、そのさま。のりのり。いけいけどんどん。「チームが一ムードになる」「リズムも一な感じで夏らしい」㊁〔感〕それ行けと人をけしかけるときに発する声。

いけい-こうはい【異系交配】分類上同種であるが類縁関係が比較的遠い品種・変種・種などを交配すること。品種改良など、実用上の価値は高い。

いけい-ざい【違警罪】旧刑法で、拘留・科料にあたる軽い罪の総称。明治18年(1885)の違警罪即決例により、正式裁判によらずに警察署長が即決処分によって罰することが認められていた。昭和23年(1948)軽犯罪法施行で失効。

いけい-しつ【異形質】生物の細胞で、原形質の一部が変化して特別な機能や形態をもつようになったもの。鞭毛・繊毛や神経原線維など。

いけい-せつごうがた【異型接合型】▶ヘテロ接合体

いけい-せつごうたい【異型接合体】▶ヘテロ接合体

いけい-そうえつ【怡渓宗悦】[1644～1714]江戸中期の禅僧・茶人。江戸品川の東海寺高源院の開祖。茶道の石州流を学び、怡渓派を開いた。のち、大徳寺住持。法忍大定禅師。

いけい-ぶんれつ【異型分裂】生殖細胞の形成のとき、2回続けて起こる核分裂のうち、相同染色体が分離し、染色体数が半減するほうの分裂。1回目の分裂に起こることが多く、体細胞分裂と著しく異なるのでいう。

い-けいれん【胃×痙×攣】上腹部が発作的に激しく痛む症状。実際に胃が痙攣するとは限らず、胆石症・腎臓結石・子宮外妊娠・胃穿孔・虫垂炎・急性胃腸炎などでみられる。

いけ-うお【生け魚┊▽活け魚】食用のため、生け簀などに生かしておく魚。かつぎょ。いきうお。

いけうち-じゅんこ【池内淳子】[1933～2010]女優。東京の生まれ。本名、中沢純子。主演したテレビドラマ「日日の背信」「女と味噌汁」などが高視聴率をあげ、人気女優として活躍した。映画や舞台への出演も多い。

いけうち-ひろし【池内宏】[1878～1952]東洋史学者。東京の生まれ。東大教授。朝鮮・満州史および朝鮮の遺跡調査に業績がある。著「満鮮史研究」など。

いけ-うんじょう【池運上】江戸時代の雑税の一。池の水草や魚などを取るときに、池の持ち主や請負人が一定期間上納した金銭。

いけ-がき【生(け)垣┊生け×籬】丈の低い樹木を植え並べてつくった垣根。類語 柵・塀・フェンス・築地

いけがみ【池上】東京都大田区の地名。日蓮入寂の地。日蓮宗本門寺がある。

いけがみ-ほんもんじ【池上本門寺】本門寺の通称。

いけ-くち【いけ口】《「いけ」は接頭語》人の物言いをののしっていう語。「そ奴を帰して一叩かれては、此方とらが身の破滅」〈浄・河原達引〉

いけ-くち【行け口】酒などを相当に飲める人。「これくらいなら、まあ害はあるまい。お前は元来一のほうなんだからな」〈長与・竹沢先生と云ふ人〉

いけこみ-ばしら【▽埋け込み柱】根元を地中に埋め込んで立てた柱。掘っ建て柱。

いけ-こ・む【生け込む】〔動マ五(四)〕花や枝などを花器にさして形を整える。「正月用の花を一・む」

いけ-こ・む【▽埋け込む】〔動マ五(四)〕地面や灰などに穴を掘ってうめる。「種火を一・む」

いけ-ころし【生け殺し】❶歌舞伎で、状況に合わせて、下座音楽を強めたり弱めたりすること。また、せりふに抑揚や強弱をつけること。❷三味線音楽で、強く弾いたり弱く弾いたりすること。

いけざわ-なつき【池沢夏樹】[1945～]小説家・詩人・翻訳家。北海道の生まれ。福永武彦の長男。「スティル・ライフ」で芥川賞受賞。「すばらしい新世界」で芸術選奨。詩や評論にも幅広く活躍する。他に小説「夏の朝の成層圏」「バビロンに行きて歌え」「マシアス・ギリの失脚」、評論「楽しい終末」など。

いけ-じめ【▽活け締め】活魚の鮮度を保つために、鰓の上部と尾の付け根に包丁を入れて血抜きをすること。いきじめ。

いけ-しゃあしゃあ〔副〕《「いけ」は接頭語》憎らしいほど平然としているさま。「あんなにしかられたのに一としている」類語 しゃあしゃあ・平気

いけじり-でら【池後寺】法起寺の異称。

いけ-す【生け×簀】取った魚などを一定期間飼っておく所。水槽や、池または海岸の水中を竹垣や網で囲ったものなど。

いけ-ず〔名・形動〕❶（関西地方で）意地が悪いこと。また、そういう人や、そのさま。「一なことばかり言う」❷《近世上方語》悪人。ならず者。「今も今とて一たちがわっぱさっぱ」〈浄・浪花鑑〉

いけ-ずうずうし・い【いけ▽図▽図しい】〔形〕《「いけ」は接頭語》いやになるほどあつかましい。「一・いったら、ありゃあしないよ」

いけ-すか◦ない【いけ好かない】〔連語〕《「いけ」は接頭語、「ない」は打消しの助動詞》非常に気にくわない。ひどく感じが悪い。「きざで一◦ない男」

いけずき【生唼｜生食】佐々木高綱(たかつな)が源頼朝から賜った名馬の名。➡宇治川の先陣争い

いけす-ぶね【生け×簀船】食用のため、また釣った魚を生かしておくために水中に入れる箱または舟形をしたもの。いけぶね。（季 夏）

いけ-ずみ【▽埋け炭｜▽活け炭】火力を長くもたせるために、灰にうずめた炭火。うずみび。（季 冬）

いけ-ぞんざい〔形動〕《「いけ」は接頭語》ひどく粗略である。いかにもなげやりである。「一な仕事ぶり」「一な受け答え」類語 乱暴・ぞんざい・いい加減・適当・生半可・投げ遣(や)り・でたらめ・ちゃらんぽらん・行きあたりばったり・無責任

いけだ【池田】㊀大阪府北西部の市。古代、渡来人漢織(あやはとり)・呉織(くれはとり)が機織り技術を伝えた地といわれ、呉羽里(くれはのさと)とよばれた。江戸時代は能勢街道の市場町。植木や清酒を産し、また住宅地として発展。人口10.4万(2010)。㊁静岡県磐田(いわた)市の地名。もとは東海道の宿駅で、天竜川西岸にあったが、河道が変わり東岸となった。謡曲「熊野(ゆや)」の舞台。㊂徳島県三好(みよし)市の地名。鎌倉時代、小笠原氏の城下町として発展。葉タバコ・木材の集散地。㊃北海道十勝総合振興局の中南部、中川郡の地名。十勝ワインの産地。

い-げた【井桁】❶木で井の字の形に組んだ井戸のふち。❷井の字の形。また、井の字の形に組んだもの。❸井の字をひし形に図案化した文様・紋所・マーク。住友グループ各企業のシンボルマークとして多く使われる。❹ ►ハッシュマーク

いけ-たいが【池大雅】►いけのたいが(池大雅)

いけだ-えいせん【池田英泉】►渓斎英泉(けいさいえいせん)

いけだ-きかん【池田亀鑑】[1896〜1956]国文学者。鳥取の生まれ。東大教授。平安文学、特に源氏物語の文献学的研究に業績がある。著「源氏物語大成」「伊勢物語に就きての研究」など。

いけだ-きくなえ【池田菊苗】[1864〜1936]化学者。京都の生まれ。東大教授。理化学研究所の創立に参画。昆布からうまみ成分のグルタミン酸ナトリウムを抽出し、「味の素」の名で商品化。

いけだ-こ【池田湖】鹿児島県、薩摩半島南部にあるカルデラ湖。面積11.1平方キロメートル。最大深度233メートル。湖面標高66メートル。

いけだ-こううん【池田好運】江戸初期の航海学者。肥後の人。来日したポルトガル人マノエル＝ゴンザロに航海術を学び、元和2年(1616)にルソン島へ渡航。生没年未詳。著「元和(げんな)航海記」など。

いけだ-ざけ【池田酒】江戸時代に、摂津の池田でつくられていた日本酒。伊丹酒(いたみざけ)と並んで品質のよいことで知られた。

いげた-さん【井桁三】井桁の中央に「三」の字を配した文様・紋所・マーク。三井グループ各企業のシンボルマークとして多く使われる。井桁に三。

いけだ-し【池田市】►池田㊀

いけだ-しげあき【池田成彬】[1867〜1950]実業家・政治家。山形の生まれ。三井財閥の大番頭として明治・大正・昭和にわたって活躍した。日銀総裁・蔵相・枢密顧問官を歴任。

いけだ-ずいせん【池田瑞仙】[1734〜1816]江戸後期の幕府医師。周防(すおう)岩国の人。和蘭(オランダ)外科を修め、痘瘡(とうそう)の流行に際してその治療で名を挙げた。著「痘科弁要」「痘診戒草」など。

いけだ-ずみ【池田炭】兵庫県川西市の一庫(ひとくら)付近で作り、大阪府池田に出荷したクヌギの木炭。一庫炭。

いけだ-そうたん【池田宗旦】[1636〜1693]江戸前期の俳人。通称、俵屋孫兵衛。摂津国伊丹(いたみ)の人。伊丹で国文・俳諧を教えた。松井宗旦。

いけだ-だいご【池田大伍】[1885〜1942]劇作家。東京の生まれ。本名、銀次郎。文芸協会などの演劇活動に力を注ぎ、多くの戯曲を書いた。作「名月八幡祭」「西郷と豚姫」など。

いけだ-つねお【池田恒雄】[1911〜2002]出版経営者。新潟の生まれ。早大在学中から雑誌「野球界」の編集に携わり、編集長を経て、昭和21年(1946)「ベースボール・マガジン」を創刊。ソ連に野球を紹介するなど、国際交流にも尽力した。

いけだ-てるまさ【池田輝政】[1564〜1613]安土桃山時代から江戸初期にかけての武将。初め織田信長に、のち豊臣秀吉に仕えた。関ヶ原の戦いでは徳川家康に従って功をあげ、播磨(はりま)を領して姫路城を築いた。

いけたに-しんざぶろう【池谷信三郎】[1900〜1933]小説家・劇作家。東京の生まれ。ドイツ留学に取材した小説「望郷」で文壇に登場。モダニズムの作風で知られた。他に小説「橋」「有閑夫人」など。

いけだ-は【池田派】自由民主党の派閥の一。宏池会(こうちかい)の昭和32年(1957)から同40年における通称。池田勇人が旗揚げした。➡前尾派

いけだ-はやと【池田勇人】[1899〜1965]政治家。広島の生まれ。大蔵官僚を経て政界入り。第三次吉田茂内閣の蔵相。昭和35年(1960)岸内閣のあとをうけて組閣。国民所得倍増計画を実施、高度経済成長政策を推進した。➡佐藤栄作

いけだ-ますお【池田満寿夫】[1934〜1997]版画家・小説家。満州の生まれ。瑛九(えいきゅう)の助言で銅版画をはじめ、パリ青年ビエンナーレ展で優秀賞、ベネチアビエンナーレ展で版画大賞など多くの賞を受賞。小説「エーゲ海に捧ぐ」で芥川賞受賞。映画や陶芸でも活躍したマルチアーチスト。

いけだ-みつまさ【池田光政】[1609〜1682]備前岡山藩主。輝政の孫。藩政改革に熊沢蕃山(ばんざん)を登用。閑谷黌(しずたにこう)を創建。儒教を重んじ、新田開発・殖産興業に努めた。

いけだや-じけん【池田屋事件】元治元年(1864)京都三条の旅館池田屋で謀議していた長州藩・土佐藩などの尊王攘夷(そんのうじょうい)派の志士を、新撰組が襲撃した事件。池田屋騒動。

いけだ-ゆたか【池田豊】[1893〜1952]プロ野球監督・審判員。東京の生まれ。東京六大学野球の審判員を務めたのち、昭和11年(1936)職業野球の発足とともに名古屋軍(現中日)の初代監督に就任。翌年から同23年まで、プロ野球の名審判員として信頼を集めた。

いけだ-ようそん【池田遙邨】[1895〜1988]日本画家。岡山の生まれ。本名、昇一。滋味と飄逸(ひょういつ)味のある画風で知られる。文化勲章受章。

いけだ-りよこ【池田理代子】[1947〜]漫画家。大阪の生まれ。西洋史の造詣(ぞうけい)を生かした歴史長編「ベルサイユのばら」が大ヒット作となり、映像化・舞台化もされ一世を風靡(ふうび)した。のちに声楽を学び、クラシック歌手としても活躍。他に「女帝エカテリーナ」「オルフェウスの窓」など。

いげち-な・い〔形〕文いげちな・し〔ク〕《近世語》❶人情味がない。薄情である。「一・い、埒(らち)の明かぬ」〈浄・万古将軍唐日記〉❷厚かましい。貪欲である。「酒呑童子(しゅてんどうじ)の眷属か、一・い酒好き」〈浄・近江源氏〉❸むごい。むごたらしい。「一・きうきめにあふ事なり」〈洒・玄々経〉

いけ-ちょうがい【池×蝶貝】イシガイ科の二枚貝。琵琶湖の特産。貝殻は菱形。殻長約20センチ。殻表は黒褐色で内面は真珠色。産卵期は5〜7月ごろ。淡水真珠養殖の母貝とし、殻は貝細工の材料。

い-けつ【遺×闕】欠けていて足りないこと。

いけ-づくり【生け作り｜▽活け作り】❶生きた鯉(こい)・鯛(たい)などを、頭・尾・大骨はそのままに、身だけをそいで刺身にし、骨の上に並べてもとの姿に盛りつけた料理。いきづくり。❷新鮮な魚の刺身。

いけ-どし【いけ年】《「いけ」は接頭語》年をとったことを卑しめののしる語。いい年。「一を仕(つかまつ)った和尚が業体(ぎょうてい)で恐れ入るが」〈鏡花・高野聖〉

いけ-どの【池殿】㊀京都の六波羅にあった平頼盛(たいらのよりもり)の邸宅。㊁平頼盛、また、頼盛の母の池禅尼(いけのぜんに)の通称。

いけ-どり【生け捕り｜生け×擒】生け捕ること。また、その捕らえた人や動物。「熊を一にする」

いけ-ど・る【生け捕る】〔動ラ五(四)〕人や動物などを生きたままで捕らえる。捕虜にする。とりこにする。「敵の大将を一・る」
類語 捕まえる・捕る・捕らえる・引っ捕らえる・取り押さえる・召し捕る・搦(から)め取る・引っ括(くく)る・捕(ふん)まえる・捕獲する・拿捕(だほ)する・捕縛する・逮捕する・検束する・検挙する・挙げる・ぱくる・しょっぴく

いけ◦ない〔連語〕《動詞「い(行)ける」の未然形＋打消しの助動詞「ない」》❶「悪い」の遠回しな言い方。㋐人のしたことなどに対して非難するさま。感心できない。よくない。「いたずらばかりして、一◦ない子だ」「定刻に遅れたのが一◦ない」㋑(「…にいけない」の形で)悪い結果を招くさま。よくない。「塩分のとりすぎはからだに一◦ない」㋒ぐあいが悪い。まずい。「一◦ない、寝坊しちゃった」㋓困ったことだと同情するさま。「病気だって。それは一◦ない」❷よくなる見込みがないさま。だめだ。「手を尽くしたが、もう一◦ないようだ」「ついに店も一◦なくなる」❸酒が飲めないさま。「あまり一◦ない口でして」❹(「…ていけない」などの形で)その点が気に入らない、好ましくないという気持ちを表す。嫌だ。「気が散って一◦ない」「北向きの部屋は寒くて一◦ない」「いい人だが、おしゃべりで一◦ない」❺(「…てはいけない」などの形で)その行為や状態が規則などで許されていないことを表す。「芝生に入っては一◦ない」「話し方は速すぎても一◦ない」「お返しの品はあまりりっぱでは一◦ない」❻(「…といけない」の形で)そういう状態になると困るという気持ちを表す。「遅刻すると一◦ないと思って早めに出かける」「腐ると一◦ないから冷蔵庫に入れておく」「寒いと一◦ないので厚着をしてきた」❼(「…なければいけない」などの形で)そうする義務や必要があるという気持ちを表す。「平和憲法はどんなことがあっても守らなければ一◦ない」「明日までにレポートを提出しなくては一◦ない」
類語 悪い・けしからん・禁物・駄目

いけなみ-しょうたろう【池波正太郎】[1923〜1990]小説家・劇作家。東京の生まれ。新国劇の戯曲を執筆した後、長谷川伸に師事。庶民的な作風と会話文のテクニックを生かした時代物で人気を集める。「錯乱」で直木賞受賞。他に「鬼平犯科帳」「剣客商売」「真田太平記」など。

いけ-にえ【生け×贄｜犠・牲】❶人や動物を生きたまま神に供えること。また、その供え物。「一をささげる」❷ほかの人やある物事のために生命や名誉・利益を投げ捨てること。また、その人。犠牲(ぎせい)。「企業間戦争の一になる」類語 犠牲・償い・代償・えじき・好餌

いけにし-ごんすい【池西言水】[1650〜1722]江戸中期の俳人。奈良の人。本名は則好。松江重頼(しげより)の門人。自選句集に「初心もと柏」がある。「木枯(こがらし)の果てはありけり海の音」の句によって、世に「木枯の言水」と呼ばれた。

いけ-の-あま【池尼】►池禅尼(いけのぜんに)

いけの-せいいちろう【池野成一郎】[1866〜1943]植物学者。東京の生まれ。植物分類学・遺伝学に業績をあげ、ソテツの精子を発見した。「植物系統学」「実験遺伝学」をローマ字で著した。

いけ-の-ぜんに【池禅尼】平安末期の人。平忠盛(ただもり)の後妻で、清盛(きよもり)の継母。頼盛(よりもり)の実母。六波羅の池殿に住んだ。平治の乱で捕らえられた源頼朝

を助命。生没年未詳。池尼いけのあま。

いけ-の-たいが【池大雅】[1723〜1776]江戸中期の南画家。京都の人。名は勤ありな、別号に霞樵かしょうなど。柳沢淇園やなぎさわきえん・祇園南海と交わり、清人の伊孚九いふきゅうの画法を学ぶ。日本南画の大成者とされる。また、書にもすぐれた。いけたいが。

いけ-の-だいなごん【池大納言】平頼盛の通称。

いけのべのなみつき-の-みや【池辺双槻宮】用明天皇の皇居。現在の奈良県桜井市にあったと伝えられる。磐余池辺双槻宮いわれのいけのべのなみつきのみや。

いけのぼう【池坊】いけのバウ 華道の池坊流の家元の名。

いけのぼう-せんおう【池坊専応】いけのバウ [1482〜1543]戦国時代の僧・華道家。それまでの立花の方法を整理し、生け花を初めて理論的に大成した。著「専応口伝」「君台観左右帳記」。

いけのぼう-せんけい【池坊専慶】いけのバウ 室町中期の京都頂法寺の執行しぎょう。池坊流の開祖とされる。生没年未詳。寛正3年(1462)の立花の記録「碧山日録」がある。

いけのぼう-せんこう【池坊専好】いけのバウセンカウ ㊀(初世)[1540ころ〜1620ころ]立花の名手。信長、秀吉の後援を得て池坊流を発展させた。㊁(2世)[1575〜1658]立花の名人。法橋ほっきょうに叙任。後水尾ごみずのお院の親任を得て、宮廷で立花を指導した。多数の立花図を残した。

いけのぼう-りゅう【池坊流】いけのバウリウ 華道の流派の一。室町中期、専慶の立花に始まり、専応せんおう・専栄せんえいを経て、桃山期から江戸前期にかけて初世および2世専好により大成された。諸流派中、最も古い伝統をもち、現在もなお最大の流派。「池坊」の名は、京都三条頂法寺(六角堂)にある坊の名による。

いけのもくず【池の藻屑】いけのもくづ 江戸中期の歴史物語。14巻。荒木田麗女あらきだれいじょ著。明和8年(1771)成立。増鏡のあとを受けて、後醍醐天皇から後陽成天皇まで14代270年間の歴史を、老尼が物語る体裁をとる。

いけ-ばか【▽埋け墓】▶埋うめ墓

いけ-はぎ【生け剝ぎ】天あまつ罪の一。牛や馬などの動物の皮を、生きたままはぎ取ること。いきはぎ。「畔あ放ち…串刺ぎ、一、逆さかはぎ、屎戸くそへ、ここだくの罪を天つ罪と」〈祝詞・六月晦大祓〉

いけ-ばな【生(け)花】▽活け花】草木の枝・葉・花を切り取り、花器に挿し、形を整えて鑑賞に供すること。また、挿したもの。立花りっか・生花せいか・自由花など、種々な様式がある。華道。挿花そうか。(類語)お花

いけ-び【▽埋け火】消えないように、灰の中にいけた炭火。うずみび。(季 冬)

いけぶくろ【池袋】東京都豊島区のほぼ中央部にある地名。第二次大戦後急速に発展し、副都心の一つとなる。JR山手線・埼京線・湘南新宿ライン、西武池袋線、東武東上線、東京地下鉄(東京メトロ)が集中する。

いけ-ぶね【生け船】「生け簀す船」に同じ。「一に鯨くじらをはなち」〈浮・一代男・八〉

いけべ-さんざん【池辺三山】[1864〜1912]新聞記者。熊本の生まれ。本名、吉太郎。「東京朝日新聞」主筆として活躍。

いけべ-よしかた【池辺義象】[1864〜1923]国文学者。熊本の生まれ。一高教授・御歌所寄人よりうど。国文・和歌・古代法を研究。著「日本法制史書目解題」「日本文学史」など。

いけ-ぽちゃ【池ぽちゃ】《「ぽちゃ」は水に落ちる音から》人や物が池に落ちること。特に、ゴルフで、打ったボールが池に落ちることをいう。

いけ-ま【生け間】▽活け間】漁船の中央部に設けた生け簀す。外部と水が通じるようにし、生き餌えや捕らえた魚を入れる。

いけま【生馬】《アイヌ語で巨大な根の意》ガガイモ科の蔓性つるせいの多年草。山地に自生。根は太く、地中にまっすぐに伸びる。葉は長い柄があり、心臓形。夏、白い小花を多数開く。実は細長く、種に絹糸状の毛がある。根は有毒であるが、中国で白首烏はくしゅうといい、利尿剤などにする。

いけみや-しょういちろう【池宮彰一郎】イケミヤ シヤウイチラウ [1923〜2007]脚本家・小説家。東京の生まれ。本名、池上金男。映画「十三人の刺客」「嵐を呼ぶ男」、テレビドラマ「必殺仕掛人」「大岡越前」シリーズの脚本で知られる。小説「四十七人の刺客」で新田次郎文学賞受賞。

いけ-めん《「いけ」は「いけてる」の略、「めん」は「面」と「men」を掛けた言葉。ふつう「イケメン」と書く》容貌、容姿ともに美しい男。かっこいい男。

いけ-もの【生け物】▽活け物】《生かしてあるものの意》❶生け花。「『この店を見させしませ』『はて、好い一』」〈狂言記・酢薑〉❷「生け作り❶」に同じ。「鯉の洗ひも一に」〈伎・音聞浅間幻灯画〉

いけ-やく【池役】江戸時代の雑税の一。水草や真菰まこもなどを採取して生活に利用できる池に対して課した役米。魚などの場合は、池魚役と称した。池料。

いけやせき-すいせい【池谷関×彗星】昭和40年(1965)9月、日本の池谷薫と関勉が互いに独立して発見した彗星。同年10月に近日点を通過した際には満月より明るくなり、20世紀有数の大彗星になった。近日点通過の直前に核が分裂し、そのうちの2個の核が長期間観測され、公転周期はそれぞれ877年、1057年と導出された。

い・ける〔動カ下一〕《行くことができる意から》❶相当にうまくできる。「歌だけでなく、踊りも一・ける」❷相当の量の酒が飲める。「なかなか一・ける口だ」❸飲食物の味がよく、おいしい。いただける。「ここの料理はちょっと一・ける」

い・ける【生ける】▽活ける】〔動カ下一〕文い・く〔カ下二〕《「生きる」に対して「生かす」の意。花などを生かしておくというところから》❶眺めて楽しむために花や枝などを形を整えて花器や瓶に挿す。「菊を一・ける」❷草木を植える。「鉢に草花を一・ける」❸㋐命を保たせる。生き続けさせる。「これらを一・けて媒鳥おとりにて取らば」〈宇津保・藤原の君〉㋑生き返らせる。「この馬一・けて給はらむ」〈古本説話集・五八〉㋒魚を生かして飼う。「(鱸すずき)生洲いけすへ一・けておきました所が」〈滑・八笑人・三〉

い・ける【▽埋ける】〔動カ下一〕文い・く〔カ下二〕《「生ける」と同語源》❶炭火を灰の中にうめる。また、炭火を火鉢などの灰の上に整えて置く。「火を灰に一・ける」「火鉢に炭を一・ける」❷ものを土の中にうめる。また、保存のために野菜などをうめる。「土管を一・ける」「ごぼうを一・ける」

いけ-る【生ける】〔連語〕《動詞「い(生)く」(四段)の已然形＋完了の助動詞「り」の連体形》生きている。「生きとし一もの」(補説)現代語では「生けるがごとく」のような文語表現や連体詞のように用いることが多い。

いけ-る-かぎり【生ける限り】〔連語〕生きている間。一生。「なほ一の志をだに失ひ果てじ」〈源・鈴虫〉

いけるしかばね【生ける屍】《原題、ロシア Zhivoy trup》レフ＝トルストイの戯曲。1900年作。裁判事件を題材に、当時のロシア社会を批判的に描く。

いけ-る-しかばね【生ける×屍】〔連語〕肉体的に生きているだけで、精神的には死んだも同然の人。

い-けん【威権】ヰ 相手にこちらの意思を押しつけて従わせる力。威力と権力。

い-けん【異見】〔名〕スル ❶他の人とは違った考え。異議。異論。「一を唱える」「一を差し挟む」❷「意見❷」に同じ。「おれの方から行ってよく一してやる」〈漱石・それから〉

い-けん【意見】〔名〕スル ❶ある問題に対する主張・考え。心に思うところ。「一を述べる」「一が分かれる」「少数一」「賛成一」❷自分の思うところを述べて、人の過ちをいさめること。異見。「同郷の先輩が一する」(類語)(❶)見解・主張・説・論・所説・所論・持説・持論・私見・私意・私考・所思・所見・考え・見方・オピニオン (尊敬)貴意・高見 (謙譲)愚見・卑見・私見・管見/(❷)諫いさめる・諫言かんげん・諭す・注意・忠言・忠告・勧告・警告・戒いましめ・心添え・戒める・窘たしなめる・咎とがめる

意見に付・く 忠告に従う。「伯父御おじごの一・くがいい」〈滑・浮世風呂・前〉

い-けん【違憲】ヰ 成文憲法の規定に違反すること。憲法違反。「一訴訟」⇔合憲。

い-けん【遺賢】ヰ すぐれた才能を持ちながら、政府に用いられないで民間にいる人。「野やに一なし」

い-げん【威厳】ヰ 近寄りがたいほど堂々としておごそかなこと。「一を保つ」「一に満ちた態度」(類語)貫禄かんろく・威徳・尊厳・威儀・権威・威信・威名いめい・威望・名望・威光・威風・威力・権力・勢威・力ちから

い-げん【異言】❶普通と違う珍しい言葉。❷その人の態度や事実と、言うこととが違うこと。❸キリスト教で、聖霊を受けて宗教的恍惚こうこつ境におちいった人が語る、一般の人には理解しがたい言葉。この現象は、初代教会でしばしば見られた。

い-げん【遺言】ヰ ❶死にぎわに言葉を残すこと。また、その言葉。いごん。ゆいごん。❷先人が生前言ったこと。また、その言葉。いごん。

いけん-こうこく【意見広告】ークワウコク 団体や個人が自分の主義主張を訴えるための広告。

いけんこうぼ-てつづき【意見公募手続(き)】▶パブリックコメント

いけん-しんさけん【違憲審査権】ヰケン▶違憲立法審査権

いげん-びょう【医原病】ービヤウ 医師や看護師の医療行為が原因で起こる病気。医原性疾患。

いけん-ふうじ【意見封事】奈良・平安時代、勅旨をもって意見を求めたのに対して、臣下が密封して提出した政治意見書。

いけんりっぽう-しんさけん【違憲立法審査権】ヰケンリツパフー 法律・命令・規則・処分が憲法に適合するか否かを審査する裁判所の権限。最高裁判所が終審裁判所としてその権限を有する。法令審査権。違憲審査権。

い-こ【遺孤】ヰ 両親の死後に残された子供。遺児。「徳川氏は必ず其旧功を記し、其一を重封せり」〈田口・日本開化小史〉

い-ご【以後】×已後】❶これから先。今からのち。今後。副詞的にも用いる。「一は班別に行動する」「一気をつけます」❷その時よりのち。その後。「三時一は在宅しています」⇔以前。

(用法)以後・以降——「五時以後(以降)、この門は閉まる」「以後(以降)、体力が衰えた」「来月以後(以降)の予定」など、その時を含んで過去・未来を表すことでは相通じて用いられる。◆「以降」は「明治維新以降、日本の近代化は急速に進んだ」など、ある時点からの時の経過に重点を置くことが多い。◆類似の語として「一九五六年以来、彼女はパリにいる」のように、ある時点から現在までずっとの意味を表す「以来」や、「一〇年このかた、彼には会っていない」のように、ある時から今までの意味をもつ「このかた」がある。

(類語)その後・以降・以来・爾後じご・爾来・あと・向こう・のち・後ご・事後・今後・先さき・後後あとあと・後後のちのち・先先・直後

い-ご【囲碁】ヰ 碁を打つこと。また、碁。

いこい【憩い】いこひ からだや心を休めること。休息。「一のひととき」

い-こう【×已講】❶南都三会さんえの講師を勤めあげた僧。天台宗では、法華大会の講師を勤めた者をもいう。❷興福寺の一乗院および大乗院の僧職の名。❸浄土宗西山派の学階の一。

い-こう【以降】×已降】ーカウ ある時からのち。「平安時代一」「四月一」➡以後(用法)

(類語)その後・以後・以来・爾後じご・爾来・あと・のち・後ご・事後・今後・先さき・後後あとあと・後後のちのち・先先・直後

い-こう【衣香】ーカウ 衣服にたきしめる香。また、その香り。

い-こう【衣▽桁】ーカウ 室内で衣類などを掛けておく道具。木を鳥居のような形に組んで、台の上に立てたもの。衝立ついたて式のものと、2枚に折れる屛風びょうぶ式のものとがある。衣架いか。御衣ぞ懸け。衣紋掛け。

い-こう【威公】ヰ 徳川頼房とくがわよりふさの諡号しごう。

い-こう【威光】ヰクワウ 人をおそれさせ、従わせる力や勢い。威勢。「親会社の一を笠に着る」

(類語)権威・威厳・威信・威名・威望・名望・威風・威力・権力・勢威・力

い-こう【胃×腔】❶動物の胃の内腔。❷海綿動物の体内の腔所。

い-こう【韋后】[?～710]唐の第4代皇帝中宗㊁の皇后。中宗復位後権勢を振るう。710年政権をねらって中宗を毒殺したが、李隆基(のちの玄宗)らの反乱で殺された。➡武韋の禍

い-こう【異香】▶いきょう(異香)

い-こう【移行】〔名〕スル ある状態から他の状態へ移っていくこと。「新体制に―する」「―措置」(類語)移る・変わる・移動・移す・動く・遷る

い-こう【移項】〔名〕スル 等式または不等式で、一方の辺にある項を符号を変えて他方の辺に移すこと。「yを左辺へ―する」

い-こう【偉功】すぐれてりっぱな業績。「―をたたえる」

い-こう【偉効】すぐれた効果。「―を奏する」

い-こう【意向|意×嚮】どうするつもりかという考え。心の向かうところ。思わく。「相手の―を確かめる」「―にそうよう努力する」(類語)意志・意思・考え

い-こう【維綱】《「大綱」の意から》おおもとになるおきて。のり。

い-こう【遺功】死後に残る功績。「先帝の―」

い-こう【遺構】昔の都市や建造物の形や構造を知るための手がかりとなる残存物。考古学では、住居跡・倉庫跡・墓跡など、その配置や様式を知る手がかりとなる基壇や柱穴など。

い-こう【遺稿】死後に残された未発表の原稿。

いこ・う【憩う|▽息う】㊀〔動ワ五(ハ四)〕ゆったりとくつろぐ。休息する。「緑陰に―・う」(可能)いこえる ㊁〔動ハ下二〕休ませる。休める。やわらげる。「木々の下には、下ごとに翠帳をたれて行客の苦しみを―・へ」〈海道記〉(類語)くつろぐ・休む・休らう・休憩する・一休みする・小休止する・少憩する・一服する・一息入れる・骨休めする・休養する・息をつく

い-こう【▽一向】〔副〕《「いっこう(一向)」の促音の無表記》ひたすら。「その代はりに、―に仕うまつるべくなむ」〈源・玉鬘〉

いこう【▽厳う】〔副〕《形容詞「いか(厳)し」の連用形「いかく」のウ音便から》はなはだしく。ひどく。非常に。「ああ、―酒臭い」〈浄・冥途の飛脚〉

い-ごう【移郷】奈良・平安時代、本籍地から他郷に追われた刑罰。恩赦によって死罪を免れた殺人犯などに適用した。

い-ごう【意業】仏語。三業の一。思慮し分別する心の働き。思念。思業。

いこう-かい【為公会】自由民主党の派閥の一。平成18年(2006)に大勇会(河野派㊁)を麻生太郎が継承し、名称を変更した。麻生派。

イコール〖equal〗〔名・形動〕❶等しいこと。同じであること。また、そのさま。「個人主義と利己主義とは―ではない」❷数学で、等号。記号「=」(類語)同一・等価・同等・均等・等し並み・一律・一様・互角・五分

イコール-パートナーシップ〖equal partnership〗対等な関係で行う協力や提携。

イコール-フッティング〖equal footing〗同等の条件。また、条件の同一化。商品・サービスの販売で、双方が対等の立場で競争が行えるように、基盤・条件を同一にすることなどをいう。

イコカ〖ICOCA〗《(和)IC Operating Cardの略》JR西日本の開発した、ICカードと自動改札機を無線で通信させ運賃を精算するシステム。定期券の機能を持つイコカ定期券もある。近畿圏のJRのほか、JR東日本のスイカ使用可能地域で利用できる。一部のキヨスクや駅近くのコンビニエンスストア・飲食店などでの買い物にも使える。➡キタカ ➡スイカ ➡スゴカ ➡トイカ

いごか・す【▽動かす】〔動サ五(四)〕「うごかす」の音変化。「余り体を―・さないから、その所為かも知れません」〈紅葉・金色夜叉〉

い-こく【異国】外国。異邦。とつくに。「―の土となる」(類語)外国・海外・他国・異邦・異境・異郷・他郷・外つ国・外邦・他邦・異朝・異土・外地・海彼

い-こ・ぐ【い×漕ぐ】〔動ガ四〕《「い」は接頭語》舟をこぐ。「海原の畏き道を島伝ひ―・ぎ渡りて」〈万・四四〇八〉

いご・く【▽動く】〔動カ五(四)〕「うごく」の音変化。「いくら言訳を云っても、坐り込んで―・かないんだもの」〈漱石・道草〉

いこくけいご-ばんやく【異国警固番役】鎌倉時代の御家人役の一。文永8年(1271)以後、元の来襲に備えた北九州沿岸防備の軍役。九州の御家人に対して鎌倉大番役・京都大番役を免除する代わりに課した。異国警固役。

いこく-しゅみ【異国趣味】❶外国の風物にあこがれ、そこから感じられる趣を好むこと。❷外国の人物・事象に取材して、芸術的効果を上げる手法。エキゾチシズム。

いこく-じょうちょ【異国情緒】《「いこくじょうしょ」の慣用読み》「異国情調」に同じ。「―を味わう」

いこく-じょうちょう【異国情調】外国の風物がつくり出す雰囲気。異国情緒。(補説)昭和前期まで「異国情調」が、昭和後期からは「異国情緒」が一般に使われだした。

いこく-じん【異国人】外国人。異邦人。

いこくせんうちはらい-れい【異国船打払令】江戸幕府が文政8年(1825)に出した外国船追放令。ロシア・イギリス船の来航の増加に対し、理由に関係なく外国船を打ち払えと命じた。天保13年(1842)廃止。無二念打払令。

いこく-ばり【異国張り】安政のころ、長崎から広まった洗い張りの方法。西洋の洗濯法を取り入れたもの。

い-ごこち【居心地】ある場所・地位などにいるときの感じや気持ち。居心。「―のよい部屋」

い-ごころ【医心】医術の心得。

い-ごころ【居心】「居心地」に同じ。「―は悪くない程度の西洋風な書斎」〈芥川・路上〉

イコサペンタエン-さん【イコサペンタエン酸】▶エイコサペンタエン酸

いこ-じ【意固地|依×怙地】〔名・形動〕かたくなに意地を張ること。また、そのさま。片意地。えこじ。「―を通す」「―な人」(補説)「意気地」の音変化とも、「依怙地」の音変化ともいう。(類語)かたくな・強情・意地っ張り・片意地・業突く張り

い-こつ【医骨】医道の心得。「この僧―もなかりければ、よろづの病に藤の瘤を煎じて召せと教へける」〈沙石集・二〉

い-こつ【遺骨】死者の骨。火葬などにしてあとに残った骨。また、戦没者の骨。(類語)遺髪・遺品・形見

いごっそう(高知地方で)頑固者。いっこく者。

イコノグラフィー〖ドイツ Ikonographie|フランス iconographie〗図像学。描かれた図像の持つ意味を判定する学問。古くは、ローマ時代の肖像画の主を判定する肖像学。18世紀以降はキリスト教美術の教義的内容を研究する学問であり、現在では、広く美術作品の意味を研究する。

イコノスタシス〖iconostasis〗教会にある、内陣と信者が祈祷する場所を隔てるための壁。イコン(聖画像)を掛ける。聖障。聖画壁。イコノスタス。

イコノスタス〖iconostas〗▶イコノスタシス

イコノメーター〖iconometer〗画角を自動的に調節する直視ファインダー。

イコノロジー〖フランス iconologie〗イコノグラフィーの成果に基づき、美術作品のもつ象徴的価値を解明する学問。図像解釈学。

いこま【生駒】奈良県北西部の市。宝山寺(生駒聖天)の門前町に始まり、近鉄の生駒トンネルで大阪と結ばれ、住宅衛星都市として発展。人口11.8万(2010)。

いこま-こうげん【生駒高原】宮崎県南西部、小林市にある高原。霧島火山群北東部の夷守岳(標高1344メートル)北麓に広がる。標高400～500メートル。春には35万本の菜の花が、秋には100万本のコスモスが高原を埋めつくす。「花の高原」として観光の名所。

いこま-さんち【生駒山地】大阪府と奈良県の境にある山地。南北約30キロ、東西約5キロ。標高300～400メートルの比較的ゆるやかな山が連なり、南の金剛山地に続く。主峰は生駒山。大阪平野側の西斜面は急傾斜、奈良盆地側の東斜面はゆるやかな傾斜になっている。金剛生駒紀泉国定公園に属する。かつては、河内国と大和国の国境だった。

いこま-し【生駒市】▶生駒

いこま-やま【生駒山】大阪府と奈良県との境にある山。生駒山地の主峰。標高642メートル。中腹に宝山寺がある。金剛生駒紀泉国定公園の一部。草香山。

い-こみ【鋳込み】鋳込むこと。また、その方法。

い-こ・む【射込む】〔動マ五(四)〕❶矢をねらうものの中に放つ。「敵陣に―・む」❷光・視線などを鋭く放つ。「紫の光が、ぱっと―・まれた」〈里見弴・大道無門〉

い-こ・む【鋳込む】〔動マ五(四)〕金属を溶かして鋳型の中に流し込む。「溶かした鉄を―・む」

イコモス〖ICOMOS〗《International Council on Monuments and Sites》国際記念物遺跡会議。歴史的な遺跡や記念物などの保存・復元などにあたる国際組織。ユネスコの協力機関。1964年結成。

い-ごもり【▽斎籠もり|忌籠もり】神事の前などに、けがれに触れないように家にこもること。いみごもり。

イコライザー〖equalizer〗電気回線の周波数の特性を補正する装置。一般に、音響機器で録音・再生時の音の補正に使用される。

い-こん【意根】仏語。六根の一。認識作用のよりどころとなる器官。

い-こん【遺恨】❶忘れがたい深いうらみ。宿怨。「―を晴らす」「―試合」❷残念に思うこと。「極めたる―の事になん」〈今昔・一二・二三〉(類語)恨み・怨恨・逆恨み・私怨・怨念・怨嗟・意趣・宿意・宿怨・宿恨・積怨・旧怨・仇・憎しみ・復讐心

い-こん【×縊痕】首をくくった人の首にできる縄のあと。

イコン〖ラテン icon|ドイツ Ikon〗聖画像。特にギリシャ正教で崇拝されるキリスト・マリア・聖者の像や聖伝の場面を描いたもの。板絵が多い。アイコン。

い-ごん【遺言】❶人が、死亡後に法律上の効力を生じさせる目的で、遺贈、相続分の指定、相続人の廃除、認知などにつき、民法上、一定の方式に従ってする単独の意思表示。➡ゆいごん(遺言) ❷▶いげん(遺言)(類語)遺言状・書き置き・遺言書・遺書

いごん-しっこうしゃ【遺言執行者】遺言の内容の実現のために必要な事務を行う権限を有する者。

いごん-しょうしょ【遺言証書】法律で定められた方式によって、遺言を記載した書面。自筆証書遺言・公正証書遺言・秘密証書遺言などがある。

いごん-しんたく【遺言信託】信託銀行の業務の一。遺言者と相談して遺産の分配方法を決めて公正証書遺言を作成し、その正本を保管する。遺言者の死後に遺言執行を引き受ける。遺言作成手数料・保管料・遺言執行報酬が必要。

いこん-とう【×已今当】仏語。過去(已)・現在(今)・未来(当)の三世。

いごん-のうりょく【遺言能力】遺言をなしうる法的資格。満15歳に達した者で、意思能力があれば、だれでも遺言できる。

いさ【伊佐】鹿児島県北部にある市。米作、伝統産業の焼酎醸造が盛ん。金・銀を産出する鉱山があった。平成20年(2008)大口市、菱刈町が合併して成立。人口2.9万(2010)。

いさ ㊀〔副〕❶(あとに「知らず」の意の語句を伴って)さあどうだか。「人は―心も知らずふるさとは花ぞ昔の香に匂ひける」〈古今・春上〉❷(「知らず」を含んだ意で用いる)さあどうだかわからない。「人は―我はなき

名の惜しければ昔も今も知らずとを言はむ」〈古今・恋三〉❸(あとに打消しや逆接の語を伴って)どうも。どうせ。「契りおく心の末はいさや川—頼まれぬ瀬々のあだ波」〈続後拾遺・恋二〉㊁〘感〙❶明確に答えられない場合の応答に用いる語。さあ、どうだか。「—、殿上などにやおはしますらむ」〈大和・一七一〉❷軽く否定する場合の応答に用いる語。いや。でも。「—、人の憎しと思ひたりしがまた憎くおぼえ侍りしかば、といらへ聞こゆ」〈枕・一四三〉

いさとよ 《「いさ」は感動詞、「と」は格助詞、「よ」は間投助詞》ためらったり、すぐには返答できなかったりするときに発する語。それはねえ。さあねえ。「—。さやうの人は三人これに有りしが、二人は召し返されて都へ上りぬ」〈平家・三〉

いざ 「いざこざ」の略。「少しやそっとの—があろうとも縁切れになって溜る物か」〈一葉・にごりえ〉

いざ〘感〙相手を誘って一緒に事を始めるときや思いきって行動しようとするときに発する語。さあ。どれ。「—、出かけよう」

いざ鎌倉 《謡曲「鉢の木」の「鎌倉に御大事あらば…一番に馳せ参じ」から》一大事が起こった場合。万一の時。いよいよ行動を起こす時。

いざさせ給え 《「させ給え」は、その上に来るはずの動詞を略したもの。「給え」は尊敬の補助動詞「給う」の命令形》❶さあ、やってごらんなさい。「見所あらむ御かたち見出でて、—」〈宇津保・内侍督〉❷さあ、いらっしゃい。「—、湯あみに。大夫殿」〈宇治拾遺・一〉

いざさらば ❶別れるときに言う語。それでは、さようなら。「いまこそ別れめ、—」〈小学唱歌・あおげば尊し〉❷思い立って事をしようとするときや人を誘うときに言う語。さあ、それでは。「—雪見にころぶ所まで/芭蕉」〈花摘〉

いざ知らず 《「いさ知らず」の「いさ」と感動詞「いざ」との混同によってできたもの》…についてはよくわからないが。…はともかくとして。「昔は—、現在こんな事を信じる者はいない」

いざ給え 《「給え」は尊敬の補助動詞「給う」の命令形。この上に来るはずの「行く」「来る」の意の動詞を略したもの》さあ、いらっしゃい。さあ、どうぞ。「—、出雲拝みに」〈徒然・二三六〉

いざという時 非常事態の起こった場合。一大事発生の時。「—に備える」

いざとなると はたして大事に至った場合になると。肝心の場合に。「—練習どおりに動けない」

い‐さい【委細】❶細かく詳しいこと。詳しい事情。詳細。「—は面談の上で」❷(副詞的に用いて)細かいことまですべて。万事。「—承知した」類語 子細・委曲

委細構わず 事情がどうあろうとも、それにはかかわらず。遠慮なく。「—実行する」

い‐さい【異才】人並みでないすぐれた才能。また、その持ち主。「音楽界の—」

い‐さい【異彩】❶普通とは違ったいろどり。❷きわだってすぐれたようす。「一種—のある過去を覗く様な素振を見せた」〈漱石・門〉類語 異色・稀有・珍稀

異彩を放・つ ❶普通とは違った色彩や光を出す。「渠の眼色は、顰める眉の下より—・てり」〈鏡花・義血侠血〉❷多くの中できわだって見える。「画壇の中で—・つ新人」

い‐さい【偉才】すぐれた才能。また、その持ち主。「—を発揮する」類語 英才・天才・奇才・鬼才・異能・秀才・俊才・才人・才子・俊英・才女・才媛・才物

い‐ざい【異材】人並みでないすぐれた才能の持ち主。また、常人と違った才能の持ち主。

い‐ざい【偉材】すぐれた才能の持ち主。すぐれた人物。「—を輩出する」

い‐ざい【遺財】死者の残した財産。遺産。

イザイ〖Eugène-Auguste Ysaÿe〗[1858〜1931]ベルギーのバイオリニスト。指揮者としても活躍し、主にフランスとベルギーの近代音楽の紹介に努めた。

いざ‐いざ〘感〙《「いざ」を重ねて、いっそう強めて言う語》さあさあ。「—近くへ参れ」

い‐ざいそく【居催促】《「いさいそく」とも》座りこんで催促すること。「方々から借金取が来て、新吉に新吉にと—でもされちゃア」〈円朝・真景累ヶ淵〉

いざいほう 沖縄県久高島の神事。午年の旧暦11月に行われる巫女集団への加入儀礼で、その島の出身か、または島に嫁した、30歳から70歳までの女性が参加する。

いざ‐うれ〘感〙《「うれ」は「おれ(己)」の音変化。近世は「いさうれ」とも》人に誘いかけるときに用いる語。さあ。いざ。いぞうれ。「—、さらばおれら死途の山の供せよ」〈平家・一一〉

いさお【勲・功】りっぱに仕事をなしとげたこと。名誉ある功績。いさおし。「—を立てる」

いさおし【勲し・功し】《形容詞「いさおし」の名詞化か》「いさお」に同じ。「—をたたえる」「此難事業に全然の—収め得たる画工が」〈漱石・草枕〉

いさお‐し【勲し・功し】〘形シク〙❶勇ましい。雄々しい。「里坊の百姓の清く正しく—・しき者を取りて充てよ」〈孝徳紀〉❷勤勉である。「其れ如此の人は皆君に—・しきこと無く」〈推古紀〉❸功績がある。手柄がある。「天皇、厚く野見宿禰の—・しきを賞めたまふ」〈垂仁紀〉

いさかい【諍い】〘名〙スル 言い争い。言い合い。また、けんか。「—が起こる」「友人と—する」
類語 喧嘩・内紛・内輪揉め・言い合い・口論・いがみあい・角突き合い・揉め事・悶着・いざこざ・ごたごた・トラブル・鞘当て・争い・紛争・抗争・争闘

諍い果てての乳切り木 「争い果てての乳切り木」に同じ。

いさか‐う【叱ふ】〘動ハ四〙しかりつける。「客人の前には、犬をだにも—・ふまじとこそ文にも見えたれ」〈十訓抄・七〉

いさか‐う【諍う】〘動ワ五(ハ四)〙言い争う。また、けんかする。「隣家と境界線のことで—・う」

いざ‐かし〘感〙《「かし」は終助詞》相手に何かをしようと誘いかける語。さあ。「—、ねぶたきに、とのたまへば」〈源・若紫〉

イサカ‐とう【イサカ島】《Ithaca》▶イタキ島

い‐ざかや【居酒屋】❶店先で手軽に酒を飲ませる酒屋。❷安い酒を飲ませる店。大衆酒場。
類語 酒場・飲み屋・割烹・縄暖簾・ビヤホール・ビヤガーデン・パブ・スナック・クラブ・キャバレー・バー

いざかや【居酒屋】《原題、フランス L'Assommoir》ゾラの小説。1877年刊。洗濯女ジェルベーズの運命を中心に、パリの下層階級の生活を写実的に描く。

いさ‐がわ【率川】奈良市を流れていた川。春日山に発し佐保川に注いだ。現在は地下を流れる。能登川。歌枕「はね蘰今する妹をうら若みいざ—の音のさやけさ」〈万・一一一二〉

いさがわ‐じんじゃ【率川神社】奈良市本子守町にある神社。祭神は姫蹈韛五十鈴姫命(中殿)・玉櫛姫命(左殿)・大己貴荒魂命(右殿)。現在は大神神社の摂社。三枝の祭は有名。俗称、子守社・三枝明神。

いさき【伊佐木・鶏魚】《「いさぎ」とも》スズキ目イサキ科の海水魚。全長約40センチ。体はやや細長い楕円形で側扁する。体色は緑褐色を帯び、幼期には体側に3本の黄褐色の縦縞がある。本州中部以南の沿岸に産し、夏季に美味。季 夏

いさぎよ‐い【潔い】〘形〙文いさぎよ・し〘ク〙❶事物・風景などが清らかである。汚れがない。「—・い朝景色に飽かずに見恍れている」〈風葉・五反歩〉❷思い切りがよい。未練がましくない。また、さっぱりとしていて小気味がよい。「—・く身を引く」「—・く戦う」❸道に反するところがない。潔白である。「—・い態度を貫く」「心ノ—・イ」〈日葡〉派生 いさぎよさ〘名〙

潔しとし◦ない 自分が関わる事柄について、みずからの信念に照らして許すことができない。「人に頼ることを—◦ない」

い‐さく【違作】農作物のできが予想より悪いこと。不作。凶作。

い‐さく【遺作】死後に残された未発表の作品。

い‐さく【遺策】❶はかりごとに手ぬかりがあること。手落ち。❷前人の残したはかりごと。

イサク〖Isaak〗旧約聖書「創世記」に登場するイスラエルの伝説的族長。神との契約によってアブラハムと妻サラとの間に生まれた。

いさ‐くさ ❶いざこざ。もめごと。「今度はどうかこうか折り合いがついて、体にした—もないようです」〈三重吉・小鳥の巣〉❷(副詞的に用いて)ぐずぐず。つべこべ。「そんな人達に会って—口をきくよりも」〈有島・或る女〉❸苦情。文句。「親分、—を言ひに来る」〈滑・膝栗毛・発端〉

イサク‐せいどう【イサク聖堂】《ロシア Isaakievskiy sobor》ロシア連邦北西部、レニングラード州の都市サンクトペテルブルグの中心部にあるロシア正教会の大聖堂。ピョートル1世が建てた教会に起源し、再建が繰り返された後、現在の聖堂は19世紀半ば、アレクサンドル1世の時代にフランスの建築家オーギュスト＝ド＝モンフェランの設計により完成。ロシアのビザンチン建築を基本とする新古典主義様式の重厚な外観をもつ。高さ101メートルの世界最大級の教会建築であり、帝政ロシアのシンボルとされる。1990年、「サンクトペテルブルグ歴史地区と関連建造物群」の名称で世界遺産(文化遺産)に登録。聖イサク寺院。

イサクパシャ‐きゅうでん【イサクパシャ宮殿】《İshak Paşa Sarayı》トルコ東部の都市ドウバヤズットにある宮殿。市街中心部から東に約5キロメートルの山腹に建つ。17世紀に同地を治めていたクルド人領主イサク＝パシャによって建造がはじまり、18世紀末に完成した。広大な敷地内にはイスラム寺院、浴場、ハレム、領主イサクの墓などがある。

い‐ざけ【居酒】❶酒屋の店先や居酒屋で酒を飲むこと。また、その酒。❷「居酒屋」に同じ。

いさ‐ご【砂・沙・砂子】《「石子」の意》石のごく細かいもの。すな。「浜の—は金銀の」〈謡・鶴亀〉

砂長じて巌となる 小石は長い年月を経て大きな石になる。末長く栄えることや長生きすることを祝っていう言葉。さざれ石の巌となる。補説 古代の人々は、石は成長すると信じていた。

いざ‐こざ もめごと。争いごと。ごたごた。「職場に—が絶えない」「—の種をまく」類語 内輪もめ・内輪喧嘩・内紛・諍い・言い合い・口論・いがみあい・角突き合い・もめ事・トラブル・ごたごた・騒ぎ・悶着・摩擦・波乱・小競り合い・喧嘩・問題

いさご‐せんべい【沙煎餅】小麦粉に砂糖・卵・水を加えて練ったものを、鉄板上でけし粒を振りかけて焼き上げ、角形に切った干菓子。

いさご‐むし【沙虫・石蚕】トビケラ類の幼虫。小石や植物片などをつづって、みのむし状の巣を作り、水中にすむ。

いささ〘接頭〙名詞に付いて、小さい、わずかな、ささやかな、などの意を表す。「—小川」

いさざ【魦】❶ハゼ科の淡水魚。全長8センチくらい。琵琶湖特産で、主に秋、いさざ網とよぶ底引き網で漁獲し、鮨・飴煮などにする。季 冬「道さむく量りこぼしの—踏む/青畝」❷シロウオの別名。

いささ‐おざさ【いささ小笹】わずかばかりの笹。背の低い竹の意とする説もある。「後ろは山、前は野辺、—に風騒ぎ」〈平家・灌頂〉

いささ‐か【聊か・些か】㊀〘形動〙文〘ナリ〙❶数量・程度の少ないさま。ほんの少し。わずか。「—な蓄えはある」「—なりともお役に立ちたい」❷かりそめであるさま。ついちょっと。「—に思ひて来しを多祜の浦に咲ける藤見て一夜経ぬべし」〈万・四二〇一〉❸(多く「いささかに」の形で、打消しに呼応して用いる)少しも。「—に知りたる人もなければ」〈今昔・二七・一五〉㊁〘副〙❶少し。わずかばかり。「この問題は—難しい」「—所見を述べる」「気勢に押されて—たじろいだ」❷(あとに打消しの語を伴って)少しも。ちっとも。「—さりげもなく」〈枕・二五〉➡いささかも
類語 一抹・ささやか・少し・少ない・ちょっと

いささか‐も【聊かも・些かも】〘連語〙❶(あとに打消しの語を伴って)少しも。全く。「—似ていない」「—反省の色が見えない」❷ちょっとでも。「—人のけ

はひするところは、ただにも過ぎず」〈とりかへばや・一〉 類語 全然・全く・一向・さっぱり・まるきり・まるで・少しも・からきし・ちっとも・皆目・一切・まるっきり・何ら・とんと・毫も・微塵も・毛頭・露・更更

いささ-け・し【×聊けし】〔形ク〕わずかである。ほんの少しである。「日本の諸国のいくさのきみども、—・き事によりて」〈雄略紀〉

いささけ-わざ【×聊け業】わずかなこと。ちょっとしたこと。「なほしもえあらで、—せさす」〈土佐〉

いささ-むらたけ【いささ群竹】少しばかりの竹の茂みの意か。神聖な竹の茂みの意の「斎笹」とする説もある。「わが屋戸の—吹く風の音のかそけきこの夕かも」〈万・四二九一〉

いささめ-に〔副〕❶かりそめに。ちょっと。「—つけし思ひの煙こそ身をうき雲となりてはてけれ」〈篁物語〉❷あからさまに。公然と。「鬱悒く思へど、一告ぐべくもあらざれば」〈読・八犬伝・四〉

いさ・ちる〔動タ上一〕泣き叫ぶ。わめく。「なにしかも汝は事寄させし国を治らずて、哭き—・ちる」〈記・上〉

い-さつ【×縊殺】〔名〕スル 首をしめて殺すこと。

い-ざと・い【▽寝×聡い】〔形〕図いざと・し〔ク〕《「い」は眠ることの意》目が覚めるのが早い。目が覚めやすい。「祖母は近ごろ—・くなった」「—・き夜居の僧」〈枕・一二四〉 派生 いざとさ〔名〕

いさ-な【▽小▽魚｜細＝小▽魚】小さな魚。ざこ。一説に磯魚の意とも。「浅瀬行く—とるとや夢にさへみぎはの鷺の眠り立つまは」〈草根集・六〉

いさ-な【▽鯨｜▽勇▽魚】《枕詞「いさなとり」の「いさな」を「勇魚」と解してできた語》クジラの古名。いさ。〈書言字考節用集〉

いざ-ない【▽誘い】いざなうこと。さそい。勧誘。「音楽会への—」

いざ-な・う【▽誘う】〔動ワ五(ハ四)〕《「いざ」は勧誘する意の感動詞。「なう」は接尾語》さそう。勧める。「旅に—・う」「源氏物語の世界へ—・う」 類語 誘う・招く・呼ぶ

いざなぎ-けいき【×伊×弉▽諾景気】昭和40～45年(1965～1970)にかけて続いた消費主導型の大型好景気のこと。これに先立つ神武景気や岩戸景気を上回る長期間の好況であったため、岩戸神話をさらにさかのぼる国造り神話から名づけられた。

いざなぎ-じんぐう【伊弉諾神宮】兵庫県淡路市にある神社。旧官幣大社。祭神は伊弉諾尊、伊弉冉尊。国土を生み終えて、この地で亡くなった伊弉諾尊の幽宮に始まるという。淡路国一の宮。多賀大明神。

いざなぎ-の-みこと【伊弉諾尊｜伊邪那岐命】日本神話で、伊弉冉尊とともに天つ神の命で磤馭慮島をつくって天降り、国生みと神生みを行った男神。黄泉国の汚穢を禊した際に、天照大神・月読尊・素戔嗚尊などの神が生じた。

いさな-とり【▽鯨取｜▽勇▽魚取】㊀〔名〕クジラを捕ること。捕鯨。季 冬「為ることは異ならぬ—ながら」〈露伴・いさなとり〉㊁〔枕〕クジラを捕る意から、「海」「浜」「灘」にかかる。一説に「いそな(磯魚)とり」の音変化とも。「—海辺をさして」〈万・一三一〉

いさなとりえことば【勇魚取絵詞】江戸後期の書。国学者小山田与清による文政12年(1829)の跋があるが、著者未詳。天保3年(1832)刊。肥前国松浦郡生月島の益富又左衛門正弘の捕鯨と鯨処理の状況を絵と文で描写したもの。

いざなみ-けいき【×伊×弉×冉景気】►だらだらかげろう景気

いざなみ-の-みこと【伊弉冉尊｜伊邪那美命】日本神話で、伊弉諾尊と結婚し、国生みと神生みを行った女神。火神を生んで死に、黄泉国を支配する黄泉大神となった。

いさ-は【▽斑葉】❶植物の葉に白や黄などの斑点やすじのできたもの。斑入りの葉。❷ごましお頭のたとえ。「にん間も—だと、ごうせいおもしろ味があるのウ」〈魯文・安愚楽鍋〉

いさ-ば【五＝十＝集】❶(東日本で)魚商。また、その商品。❷(西日本で)行商や運搬に用いられてきた和船。いさばぶね。

いさはや【諫早】長崎県南東部の市。長崎・島原・西彼杵の三半島の基部に位置し、交通の要地。もと諫早氏の城下町。人口14.1万(2010)。

いさはや-し【諫早市】►諫早

いさはや-わん【諫早湾】九州西部、有明海南西部にある内湾。日本でも有数の干潟が広がり、貝やのりの養殖が盛んであったが、平成元年(1989)防災と農地造成を目標に農水省が干拓事業を始め、同9年堤防水門を閉鎖、干潟は消滅した。同19年堤防の完工式が行われた。

イサベル〖Isabel〗[1451～1504]カスティリャの女王。在位1474～1504。アラゴンの王子フェルナンドと結婚し、スペイン統一の基礎をつくった。コロンブスの新大陸発見を援助。イサベラ。

い-ざま【居様】座っているようす。いずまい。

いさまし・い【勇ましい】〔形〕図いさま・し〔シク〕《動詞「いさ(勇)む」の形容詞化》❶意気が盛んで勢いがあり、恐れずに危険や困難に向かっていくさま。勇敢なさま。「強敵に—・く立ち向かう」「—・い英雄の物語」❷大胆で活発なさま。多く、無謀な行為を皮肉っていう。「鬼退治にでも行きそうな—・い格好」「若手から—・い意見が飛び出す」❸活気にあふれ、人を奮い立たせるさま。勇壮なさま。「—・い応援歌」「かけ声も—・く行進する」❹気乗りがしている。積極的な気構えである。「朝夕君につかへ家をかへりみる営みの—・しからん」〈徒然・五八〉 派生 いさましがる〔動ラ五〕いさましげ〔形動〕いさましさ〔名〕

類語 (❶)雄雄しい・凜凜しい・勇壮・勇猛・勇敢・剛勇・忠勇・果敢・精悍・壮す・壮烈・英雄的・ヒロイック(「—と」「—たる」の形で)敢然・決然・凜然・凜凜・凜乎・颯爽

いさみ【勇み】〔名・形動〕❶おとこ気に富んで、言語・動作の威勢がよいこと。また、そのような人や、そのさま。「ちょいと—な、銭遣の奇麗な所に岡惚れして」〈木下尚江・良人の自白〉❷いさむこと。勢いづくこと。気力。勇気。「数万の眷属—をなし毫も止まず励ましたつれば」〈露伴・五重塔〉❸勇ましい手柄。武功。「天皇、是に、将軍八綱田の—をほめ給ふて」〈垂仁紀〉

いさみ-あし【勇み足】❶相撲で、相手を土俵際に追いつめながら、勢いあまって自分から先に足を土俵の外に踏み出すこと。❷調子づいて、やりすぎたり、仕損じたりすること。「新任役員の—の失言」

いさみ-た・つ【勇み立つ】〔動タ五(四)〕勇気を奮い起こし勢いこむ。気負いたつ。奮起する。元気づく。「盛んな声援に選手たちは—・った」 類語 逸る・奮う・気負う・急き込む・勇む・奮い立つ・猛る

いさみ-はだ【勇み肌】威勢がよく、おとこ気のある気風。任侠の気風。「—の若い衆」

いさ・む【勇む】㊀〔動マ五(四)〕心が奮いたつ。勇気が沸き起こる。はりきる。「—・んで試合に臨む」「喜び—・む」㊁〔動マ下二〕❶励ます。元気づける。「(延寿・大炊介)あまりに怯れたれば、—・むるなり」〈古活字本平治・中〉❷慰める。「詩人を—・め、愁人(＝風流人)を慰す」〈酒に梅(芭蕉)〉

類語 逸る・奮う・気負う・急き込む・勇み立つ・奮い立つ・猛る

いさ・む【×諫む】〔動マ下二〕「いさめる」の文語形。

イサム-ノグチ〖Isamu Noguchi〗[1904～1988]日系米国人の彫刻家。詩人の野口米次郎と米国女性の子。パリでブランクーシに師事。金属や石・木を用いた抽象彫刻や建築装飾・家具設計などに幅広く活躍。

いさめ【×諫め】❶いさめること。忠告。諫言。「臣下の—を用いる」❷神仏の、いましめ。禁制。「あふみちは神の—にさはらねど法のむしろにをれば立たぬぞ」〈和泉式部日記〉

いさ・める【×諫める】〔動マ下一〕図いさ・む〔マ下二〕❶主に目上の人に対して、その過ちや悪い点を指摘し、改めるように忠告する。諫言する。「主君の愚行を—・める」❷いましめる。禁止する。「なべて世のあはればかりをとふからに誓ひしことと神や—・めむ」〈源・朝顔〉 類語 意見・諫言・諭す・諫死・注意

いさ-や《「や」は間投助詞》㊀〔副〕❶さあどうだか。「—また変はるも知らず今こそは人の心をみてもならはめ」〈和泉式部集・下〉➡いさ㊀❶ ❷さあどうだかわからない。「歌の道のみ、古に変はらぬなどいふこともあれど、—」〈徒然・一四〉➡いさ㊀❷ ㊁〔感〕❶明確に答えられないときなどに用いる語。さあ、どうだか。「さてその文のことばはと問ひ給へば、—、ことなる事もなかりきや」〈源・帚木〉❷軽く否定するときなどに用いる語。いや。でも。「—、ありもとぐまじう思ひにたる世の中に、心なげなるわざをやしおかむ」〈かげろふ・中〉

イザヤ〖Isaiah〗前8世紀のイスラエルの預言者。外敵に悩むユダ王国にあって、神ヤーウェの聖と正義、また救いの王(メシア)の到来による平和を説き、民を導いた。

いざ-や〔感〕《「や」は間投助詞》誘いかけるときに用いる語。さあ。いざ。「信頼、義朝おつるなり。—とどめん」〈平治・中〉

いさや-がわ【不知哉川】滋賀県東部の霊仙山に発し、彦根市を流れて琵琶湖に注ぐ芹川(大堀川)の古名。いさら川。 歌枕 「犬上の鳥籠の山なる—いさとを聞こせ我が名告らすな」〈万・二七一〇〉

イザヤ-しょ【イザヤ書】旧約聖書の預言書の一。全66章。イザヤの預言集の形をとるが、40章以降は、複数の無名の預言者の言葉とされる。「主の僕の歌」は、メシア預言として有名。

いざよい【十＝六＝夜｜猶＝予】《動詞「いざよう」の連用形から。上代は「いさよい」》❶(十六夜)㋐いざよいの月。季 秋「—もまだ更科の郡かな/芭蕉」㋑陰暦16日。また、その夜。❷(猶予)進もうとして進まないこと。ためらい。躊躇。「君や来む我や行かむの—に槙の板戸もささず寝にけり」〈古今・恋四〉

いざよい【十六夜】歌舞伎舞踊。清元。本名題「梅柳中宵月」。河竹黙阿弥作詞、清元お葉作曲。安政6年(1859)江戸市村座初演。「小袖曽我薊色縫」で、十六夜・清心の道行に用いた。

いざよいせいしん【十六夜清心】歌舞伎狂言「小袖曽我薊色縫」の通称。

いざよいにっき【十六夜日記】鎌倉中期の紀行。1巻。阿仏尼著。実子藤原為相と継子為氏との領地相続争いの訴訟のために、弘安2年(1279)、京都から鎌倉へ下った時の旅日記と鎌倉滞在中の記録。京都出発が10月16日(陰暦)だったところからの名。いさよいのにっき。 補説 建治3年(1277)の日記ともいう。

いざよい-の-つき【十＝六＝夜の月】陰暦十六夜の月。満月の翌晩は月の出がやや遅くなるのを、月がためらっていると見立てたもの。季 秋「—や蒔絵のしづみたる/越人」

いざよい-ばら【十＝六＝夜薔＝薇】サンショウバラの園芸品種。落葉低木。葉の付け根にとげを二つもつ。初夏、淡紅紫色の八重咲きの花を開く。花びらの一方が欠けているので、十六夜の月にたとえてこの名がある。挿し木により栽培。

いざよ・う【猶＝予う】〔動ワ五(ハ四)〕《上代は「いさよう」》❶進もうとしてもなかなか進めない。躊躇する。ためらう。「傾きかかった月の光が、—・いながら、残っている」〈芥川・偸盗〉❷進まないでとまりがちになる。停滞する。とどこおる。「あじろ木に—・ふ浪の音深けてひとりや寝ぬる宇治の橋姫」〈新古今・冬〉

いさら〔接頭〕水に関係のある名詞に付いて、小さい、細い、少ない、という意を表す。「—波」「—水」

いさら-い【いさら井】水の少ない井。ちょっとした湧き水や、水の流れ。「亡き人の影だに見えずつれなくて心をやれる—の水」〈源・藤裏葉〉

いさら-がわ【いさら川】水の少ない小さな川。いさらおがわ。「御草鞋に流るる血は、草葉に染め

て、一紅葉しがらむ如くなり」〈浄・女楠〉
いさり【▽漁り】《動詞「いさ(漁)る」の連用形から。古くは「いざり」》❶魚や貝をとること。すなどり。りょう。「沖つ波辺波な静けみ一すと藤江の浦に舟そ騒ける」〈万・九三九〉❷「漁り火」の略。「ひさかたの月は照りたり暇なく海人の一は灯し合へり見ゆ」〈万・三六七二〉
い-ざり【×躄|膝=行】《動詞「いざ(躄)る」の連用形から》❶ひざや尻を地につけたままで進むこと。膝行。❷足が不自由で立てない人。
いざり-うお【×躄魚】▶かえるあんこう(蛙鮟鱇)
いざりかつごろう【躄勝五郎】浄瑠璃「箱根霊験躄仇討」の主人公。天正18年(1590)兄の仇討ちをした飯沼勝五郎がモデルとされる。
いざり-ばた【×躄機|居×坐機】織る人が足を前に出して地面や床に座って織る原始的な織機。縦糸の一端につけた帯を腰に当てて織る。地機。
いさり-び【▽漁り火】魚を誘い寄せるために夜間、漁船でたく火。ぎょか。
いさり-ぶね【▽漁り船】魚をとる船。漁船。漁舟。
いざり-まつ【×躄松】ハイマツの別名。
いさ・る【▽漁る】〔動ラ四〕《古くは「いざる」》魚や貝などをとる。漁をする。「遠近にー・り釣りけり」〈万・四三六〇〉
い-ざる【×笊|×篅】竹を編んで作った器。ざる。〈新撰字鏡〉
い-ざ・る【×躄る|膝=行る】〔動ラ五(四)〕《「い」は座る、「さる」は移動する意》❶座ったままで進む。立たないで、ひざがしらや尻をつけたままで進む。膝行する。「ー・って仏前に進む」❷物が置かれた場所からずれて動く。「植え込みの高い木が、少し西へー・った影を落としている」〈鷗外・ヰタ・セクスアリス〉❸舟などが、船底をこするようにして、のろのろと進む。「川の水なければ、ー・りにのみぞー・る」〈土佐〉
いさわ-おんせん【石和温泉】山梨県中央部、笛吹市にある温泉。昭和36年(1961)ブドウ畑から湧出。泉質は単純温泉。
いさわ-がわ【胆沢川】岩手県南西部を流れる、北上川の支流の一。秋田県境に近い焼石岳の西麓に源を発し石淵ダムに注ぐ。長さ28キロ。中・下流域は水田地帯で文化遺産も多い。河口には国の史跡胆沢城がある。
いざわ-しゅうじ【伊沢修二】[1851～1917]教育家。長野の生まれ。明治の初期に洋楽を学び、米国に留学後、唱歌などを作曲して日本の音楽教育を確立。晩年は楽石社をつくり、吃音矯正事業に尽くした。
いさわ-じょう【胆沢城】岩手県奥州市にあった古代の城。延暦21年(802)蝦夷征討に際し、坂上田村麻呂が築城。同23年、多賀城から鎮守府を移して東北経営の拠点とした。
いざわ-やそべえ【井沢弥惣兵衛】[1654～1738]江戸中期の治水家。紀伊の人。名は為永。和歌山藩士だったが藩主徳川吉宗が将軍となると幕臣となり、全国の水利事業・新田開発に活躍。木曽川の治水事業や武蔵の見沼代用水の開削で有名。
いざわ-らんけん【伊沢蘭軒】[1777～1829]江戸後期の儒学者・医者。名は信恬。備後福山の藩医。門人に渋江抽斎・森枳園らがいる。森鷗外の史伝「伊沢蘭軒」に描かれる。
い-さん【胃散】胸焼け、胃のもたれなどに用いる粉末の内服薬。重曹などが主成分。
い-さん【胃酸】胃液中に含まれる酸。主として塩酸。消化酵素の働きを助け、飲食物とともに混入する微生物を殺菌する。
い-さん【違算】❶計算ちがい。❷計画の立てそこない。見込みちがい。「大きな失望ととんでもないーを生ずる心配が少ない」〈寅彦・案内者〉
いさん【潙山】[771～853]唐代の禅僧。名は霊祐。百丈懐海に法を受け、潭州の潙山に住したので潙山霊祐といわれる。弟子仰山の大成した潙仰宗の祖。大円禅師。潙山禅師。
いさん【蔚山】▶ウルサン(蔚山)
い-さん【遺産】❶死後に残した財産。法律的には、人が死亡当時持っていた所有権・債権・債務も含む全財産をいう。相続財産。❷前代の人が残した業績。「文化ー」(類語)金字塔
い-さん【遺算】計算ちがい。また、見込みちがい。
いさん-かたしょう【胃酸過多症】胃液の酸度が異常に高い症状。胸焼け・胃痛などがみられる。胃潰瘍・胃炎・胆石症などに伴うことが多い。過酸症。
いさん-けつぼうしょう【胃酸欠乏症】胃液中の塩酸がなくなったり、極度に少なくなったり、濃度が低くなったりする症状。胃炎・胃癌などで起こり、程度によって胃酸減少症・減酸症・低酸症・無酸症ともいう。
いさん-さいけんしゃ【遺産債権者】▶相続債権者
いさん-そうぞく【遺産相続】死後に残された財産を受け継ぐこと。民法旧規定では、家督相続に対して、戸主以外の家族の死亡による財産の相続を意味するものであった。現行民法では遺産相続だけを認めている。➡共同相続
いさん-そうぞくにん【遺産相続人】遺産を相続する人。
い-し【以次】ある官位の次の官位。次席。
いし【石】❶岩石の小片。岩よりも小さく、砂よりも大きなもの。❷広く、岩石・鉱石のこと。「一の置物」「一の橋」❸土木工事や建築などに使う石材。「山からーを切り出す」❹宝石や、時計の部品に用いる鉱石、ライターの発火合金などの俗な言い方。❺碁石。「ーを打つ」❻胆石。結石。❼硯石。❽墓石。❾じゃんけんで、握りこぶしで示す形。ぐう。➡じゃんけん❿紋所の名。四つ石、丸に一つ石、石畳車などがある。⓫かたい、冷たい、無情なもののたとえ。「ーのように黙りこむ」「ーのように動かない」⓬劣ったもののたとえ。「数が多ければ玉もあるしーもある」⓭石だたみ。敷石。「ひとりなるわが身の影をあゆまするーのうえ」〈逢治・鬘のうへ〉⓮石御器のこと。茶碗。「此のーできゅっとやらんせ」〈浄・妹背山〉
(類語)(❶)石ころ・石くれ・小石・礫・石礫・礫石・石塊・転石・砂利・砕石・ごろた・つぶて・玉石・割り栗石・さざれ石・火打ち石
石が流れて木の葉が沈む　《「新語」弁惑から》物事が道理と逆になることのたとえ。
石で手を詰・める　動きがとれない。進退きわまる。「石で手詰めた貧の病」〈浄・忠臣講釈〉
石に齧りついても　どんな苦労をしてもがまんして。石にかじりついてでも。是が非でも。「ーやり遂げたい」(補説)文化庁が発表した平成20年度「国語に関する世論調査」では、本来の言い方である「石に**かじりついて**でも」を使う人が66.5パーセント、間違った言い方「石に**しがみついて**でも」を使う人が23.0パーセントという結果が出ている。
石に灸　効き目のないことのたとえ。石に針。
石に漱ぎ流れに枕す　負け惜しみの強いことのたとえ。また、屁理屈をつけて言い逃れることのたとえ。晋の孫楚が「石に枕し流れに漱ぐ」というべきところを「石に漱ぎ流れに枕す」と誤り、「石に漱ぐ」とは歯を磨くこと、「流れに枕す」とは耳を洗うことだとこじつけたという、「晋書」孫楚伝の故事による。漱石枕流。
石に立つ矢　一念を込めてやれば、どんなことでもできることをいうたとえ。漢の李広が石を虎と見誤って矢を射たところ、矢が石に立ったという「史記」李広伝の故事による。
石に針　「石に灸」に同じ。
石に布団は着せられず　「石」は墓石の意で、親が死んでからでは孝行はできないことをいうたとえ。孝行のしたい時分に親はなし。
石に枕し流れに漱ぐ　《「蜀志」彭羕伝から》俗世間から遠ざかって山林に隠れ住み、自由な生活をする。
石の上にも三年　冷たい石の上でも3年も座りつづけていれば暖まってくる。がまん強く辛抱すれば必ず成功することのたとえ。
石を抱きて淵に入る　《「韓詩外伝」三から》むやみに危険をおかすこと、意味なく自分の命を捨てることのたとえ。石を抱きて淵に臨む。
い-し【位子】律令制で、六位以下、八位以上の位階にある人の嫡子。21歳でまだ官職のない者は、試験をして大舎人・兵衛などに任じられた。
い-し【医師】❶医術を仕事にする人。医師法の適用を受けて、病気の診察・治療に当たる人。医者。古くは「くすし」「くすりし」といった。❷律令制で、典薬寮などの職員。治療と医生の教授をつかさどった者。❸中世、公家や僧侶で医術の知識を持って施療した者。❹江戸幕府の職名。僧体で医療をつかさどった。これに対し、民間では士分・公卿の服装をした古方派があった。➡奥医師
(類語)医者・医家・ドクター・ドクトル
い-し【胃歯】❶エビなどの甲殻類の胃の内面にあるキチン質の硬い突起。食物を砕く役割をする。❷軟体動物のアメフラシなどの胃壁にある粒状体。食物を砕くと同時に、消化酵素を出す。
い-し【×倚子】腰掛けの一。宮中では貴人高官が使用を許されたもの。形や背もたれ・ひじ掛けの有無などは身分により違いがあった。「螺鈿のー立てたり」〈源・若菜上〉(補説)中世以降、禅僧が多く使い、唐音を用いて「いす」といい、「椅子」と書くことが多くなった。
い-し【異志】❶謀反の心。異心。「列国を併呑するの、ーあるものに似たり」〈竜渓・経国美談〉❷人並みでないすぐれた志。❸《「志」は誌の意》異なった記録。
い-し【意志】❶あることを行いたい、または行いたくないという考え。意向。「参加するーがある」「こちらのーが通じる」❷目的や計画を選択し、それを実現しようとする精神の働き。知識・感情に対立するものと考えられ、合わせて「知情意」という。「ーを貫く」「ー強固」❸哲学で、個人あるいは集団の行動を意識的に決定する能力。広義には、欲望も含まれる。倫理学的には、道徳的判断の主体あるいは原因となるものをいい、衝動と対立する。
(用法)**意志・意思**――「意志」は「意志を貫く」「意志の強い人」「意志薄弱」など、何かをしよう、したいという気持ちを表す場合に用いられる。哲学・心理学用語としては「意志」を用いることが多い。◆「意思」は、「双方の意思を汲む」「家族の意思を尊重する」など、思い・考えの意味に重点を置いた場合に用いられる。法律用語としては「意思」を用いることが多い。◆「意志(意思)の疎通を欠く」「意志(意思)表示」などは、話し手の意識によって使い分けられることもある。
(類語)意思・意向・考え・精神
い-し【意思】❶何かをしようとするときの元となる心持ち。「本人のーに任せる」❷法律用語。㋐民法上、身体の動作の直接の原因となる心理作用や、ある事実に対する意欲をさす。㋑刑法上、自分の行為に対する認識をさし、時には犯意と同じ意味をもつ。「犯行のー」➡意志(用法)
(類語)意志・意向・考え
い-し【遺子】親の死後、残された子供。遺児。
い-し【遺矢】《「矢」は屎の意》大小便をもらすこと。
い-し【遺旨】先人が残した考え。
い-し【遺×址】昔、建物や城などの建っていたあと。遺跡。(類語)旧跡・旧址・古跡・古址・史跡・名跡
い-し【遺志】故人が、果たすことができないで残したこころざし。「先生のーを継ぐ」
い-し【遺×屍】置き去りにされた死体。遺棄死体。
い-し【×頤指|×頤使】〔名〕スル　あごで指図して思いのままに人を使うこと。「兎角公子等にーせられるので」〈鷗外・魚玄機〉
い-し【×縊死】〔名〕スル　首をくくって死ぬこと。首つり死。縊首。「窓格子に帯をかけてーしようとした」〈芥川・或阿呆の一生〉(類語)首くくり・首吊り
い-し【×闈司】後宮十二司の一。内裏の内門の

鍵の管理・出納をつかさどった職。みかどのつかさ。

い-し【▽美し】〘形シク〙❶よい。すばらしい。見事である。「鞠は—・しいものかな」〈弁内侍日記〉❷巧みである。じょうずだ。「歌の音ねのよささよ、—・しう—・しうとほめられたり」〈盛衰記・一七〉❸美味だ。おいしい。「—・しかりしときは夢窓にくらはれて」〈太平記・二三〉❹殊勝だ。けなげだ。あっぱれだ。「いかがはからひ申さんと申し上ぐれば、おお、—・しくもしたんなれ」〈浄・盛衰記〉(補説)中世から「いしい」の形となり、現在では接頭語「お」をつけて、もっぱら美味の意を表す。➡おいしい

い-じ【位次】ヰ 位の高低によって定める座席などの順序。席次。席順。

い-じ【医事】診察・治療・医学に関する事柄。

い-じ【異字】❶異なる文字。他の文字。❷異体字。

い-じ【異事】普通ではない出来事。変事。

い-じ【異時】ほかの時。他日。

い-じ【意地】ヂ ❶気だて。心根。根性。「—が悪い」❷自分の思うことを無理に押し通そうとする心。「—を通す」「—を折る」❸物をむやみにほしがる気持ち。特に、食べ物に執着する心。「—が汚い」「食い—」❹句作上の心の働き。「—によりて句がらの面白きなり」〈連理秘抄〉(類語)我が・我意

意地でも 行きがかり上、無理にでも。意地になって。「—完成させよう」

意地に掛か・る 無理にでも自分の意地を押し通そうとする。意地になる。「—・っても事の真相を知りたくなってるんだ」〈里見弴・今年竹〉

意地にな・る どうしても自分の主張や行動を押し通そうとする。我がを張る。「—・って反対する」

意地を張・る 頑固に自分の考えや行動を押し通そうとする。「つまらないことに—・るな」

い-じ【意字】表意文字。⇔音字おん。

い-じ【維持】ヰヂ〘名〙スル 物事の状態をそのまま保ちつづけること。「健康を—する」「現状—」(類語)保持・管理・保全・保守・保管・管財・差配

い-じ【遺児】ヰ ❶親と死に別れた子。遺子。「交通—」❷捨て子。(類語)忘れ形見

い-じ【遺事】ヰ ❶昔から伝えられてきた事柄。「風俗、—、双方ともにならび存して其もの物語の髄ともなりなば」〈逍遥・小説神髄〉❷故人のやり残した事柄。❸計画・事業などで、漏れてしまった事柄。

いし-あたま【石頭】❶石のように硬い頭。❷融通がきかず、考え方がかたくなであること。また、その人。「話のわからない—だ」

いし-あわせ【石合(わ)せ】いしあはせ 物合わせの一。左右に分かれて、石に和歌を詠み添えて、その優劣を競う遊戯。一説に、石の形や色を比べて、優劣を競う遊戯ともいう。

いし-い【石井】ゐ 岩の間のたまり水。まわりを石で囲んだ泉。また、岩石をうがって掘った井戸。「—に寄りて、手にむすびつつ飲みて」〈更級〉

いしい-がくりゅう【石井岳竜】いしゐ [1957〜]映画監督。福岡の生まれ。本名、利弘とし。石井聰亙の芸名でデビュー。斬新な映像作りで若年層の支持を得る。音楽ビデオでも活躍。平成22年(2010)名を現名に改める。代表作「狂い咲きサンダーロード」「逆噴射家族」など。

いしい-きくじろう【石井菊次郎】いしゐキクジラウ [1866〜1945]外交官。千葉の生まれ。大隈内閣外相として対華二十一箇条要求強行後の対中国外交を推進。大正6年(1917)米国特派大使として石井-ランシング協定を結んだ。貴族院議員・枢密顧問官。著「外交余録」。

いしい-いし《形容詞「い(美)し」を重ねた語。もと女房詞で、おいしい物の意から》だんご。「お月見の真似まね事に—をこしらえて」〈一葉・十三夜〉

いじ-いじ いぢいぢ〘副〙スル 態度がはっきりしないさま。ぐずぐず。「—(と)して決断が遅い」(類語)うじうじ・もじもじ・因循

いしい-じゅうじ【石井十次】いしゐジフジ [1865〜1914]キリスト教社会事業家。孤児院の創始者。宮崎の生まれ。岡山に「孤児教育会」を創立。孤児の保育、職業教育に尽力。

いしい-つるぞう【石井鶴三】いしゐつるザウ [1887〜1973]彫刻家・洋画家・版画家。東京の生まれ。柏亭は兄。堅実な作風で知られ、新聞小説の挿絵も描く。日本版画協会会長。芸術院会員。

いしい-てるお【石井輝男】いしゐてるを [1924〜2005]映画監督。東京の生まれ。本名、北川輝男。「網走番外地」シリーズで人気を得る。のち、ポルノ映画・カルト映画を手がける。代表作「江戸川乱歩全集 恐怖奇形人間」「無頼平野」「ねじ式」など。

いしい-とうきちろう【石井藤吉郎】いしゐトウキチラウ [1924〜1999]野球選手・監督。茨城の生まれ。戦後、早大、社会人野球で活躍。昭和39年(1964)から早大の監督となり優秀な選手を輩出。同47年第1回日米大学野球で全日本の監督としてチームを優勝に導いた。

いしい-ばく【石井漠】いしゐ [1886〜1962]舞踊家。秋田の生まれ。本名、忠純。帝国劇場歌劇部1期生。現代舞踊の発展に尽力。紫綬褒章受章。

いしい-はくてい【石井柏亭】いしゐ [1882〜1958]洋画家。東京の生まれ。本名、満吉。父石井鼎湖ていこに日本画を、浅井忠に洋画を学ぶ。明治末期には同志数名と近代版画運動の先駆となった「方寸」を創刊。二科会・一水会を創立。堅実な自然主義的リアリズムの作品を描き、教育・著述の分野でも活躍。芸術院会員。

いしい-ひさいち いしゐ [1951〜]漫画家。岡山の生まれ。本名、石井壽一ひさいち。スポーツや時事問題など幅広いテーマで、風刺のきいたユーモア漫画を描く。政治家やスポーツ選手の誇張された似顔絵にも定評。代表作「がんばれ!!タブチくん!!」「ののちゃん」など。

イジーポジェブラドおう-ひろば【イジーポジェブラド王広場】ワウ《Náměstí Krále Jiřího z Poděbrad》チェコ西部の都市ヘプの旧市街の中心部にある広場。フス派の貴族ポジェブラド家出身で、15世紀後半にボヘミア王になったイジーの名を冠する。広場の周囲にはシュパリーチェクと呼ばれる、13世紀に建てられた赤い瓦屋根と色とりどりの外壁をもつゴシック様式の建物が並ぶ。

いし-いも【石芋】❶日本の伝説で、硬くて食べられない芋。芋を乞うた旅の僧に、石芋だとうそをついて与えなかったため、その後その土地には石のような芋しかできなくなったという。僧を弘法大師とするものが多い。❷オランダ海芋かいうの別名。

いしい-ももこ【石井桃子】いしゐ [1907〜2008]児童文学作家・翻訳家。埼玉の生まれ。戦後「岩波少年文庫」の編集に携わる。ミルン著「クマのプーさん」や、マーク=トウェーン著「トム=ソーヤーの冒険」など、多くの英米児童文学を翻訳。創作童話「ノンちゃん雲に乗る」で芸能選奨(現芸術選奨)受賞。他に小説「幻の朱い実」など。芸術院会員。

いしいランシング-きょうてい【石井ランシング協定】いしゐ—ケフテイ 大正6年(1917)、日本の特派大使石井菊次郎と米国の国務長官ランシング(R.Lansing)との間で調印された協定。日本の中国における特殊権益の承認と、中国の領土保全・門戸開放・機会均等などを決めた。

いしい-りゅう【石井流】いしゐリウ 能の大鼓おおつづみ方の流派の一。安土桃山時代に高安流を学んだ石井庄左衛門滋長しげながを流祖とする。

いしい-ろげつ【石井露月】いしゐ [1873〜1928]俳人。秋田の生まれ。本名、祐治。正岡子規の知遇を得て「日本派」に属した。雑誌「俳星」を創刊。句集「露月句集」。

いし-うす【石臼】石でつくったうす。ひきうす。大きなものや重いもののたとえにもいう。

いしうす-げい【石臼芸】芸事は何でもやるが、荒っぽくて一つもすぐれたものがないこと。また、その芸。碾ひき臼芸。➡茶臼芸

いし-うち【石打ち】❶小石を投げ合う遊戯。石投げ。石合戦。(季 夏)❷婚礼の夜、友人・知人などがその家の中に小石を投げ込む習俗。石の祝い。「祝言の夜の—は、打ち固めるとてめでたけれども」〈浄・井筒業平〉❸「石打ちの羽」の略。

いしうち-の-はね【石打ちの羽】鳥が尾羽を広げたとき、両端に出る1番目(小石打ち)と2番目(大石打ち)の羽。ワシやタカのものは、特に矢羽として珍重。

いし-うら【石▽占】石を用いた古代の占い。特定の石を持ち上げたときの軽重感で、また、樹木や鳥居の上に石を投げて乗るか落ちるかで占うなど、種々あったという。「夕占ゆふけ問ひ—もちて」〈万・四二〇〉

いし-うるし【石漆】漆の木から取ったままの漆液。粘りが強く、器具などの破損の修理に用いる。せしめうるし。

イジェクト〘eject〙フロッピーディスク、CD-ROM、DVDなどの記録メディアを装置(ドライブ)から取り出すこと。

いしおか【石岡】いしをか 茨城県中部の市。奈良時代、常陸国府が置かれた。伝統産業の醸造に加え、電機・金属・機械工業も盛ん。平成17年(2005)10月に八郷町と合併。人口8.0万(2010)。

いしおか-し【石岡市】いしをか ▶石岡

いし-おとし【石落(と)し】城郭の壁や石垣の上部に、床を突き出すように設けた開口部。石や熱湯を落下させたり、矢を射下ろしたりする所。

いし-かい【医師会】クワイ 医師で構成する団体。日本医師会・日本歯科医師会など。

いし-がき【石垣】石を積み上げてつくった垣。石壁。また、山や堤などの側面に石を積み重ねたもの。石崖いしがけ。

いしがき【石垣】㊀沖縄県の石垣島を占める市。パイナップル栽培が盛ん。黒真珠・八重山上布を特産。人口4.7万(2010)。㊁京都市の石垣町のこと。東山区宮川町付近をいう。寛文10年(1670)鴨川に石垣で護岸工事をしたところからの名。色茶屋が多かった。いしがけまち。

いしがき-いちご【石垣×苺】石垣栽培の方法で栽培したイチゴ。(季 冬)

いしがき-さいばい【石垣栽培】丘陵の南斜面に石垣やブロックを組み、イチゴなどを植えて、石などの放射熱を利用して生長を促す栽培方法。

いしがき-し【石垣市】▶石垣㊀

いしがき-じま【石垣島】沖縄県、八重山諸島の主島。サンゴ礁で取り巻かれ、西方の西表島までの浅海は堡礁ほしょうをなす。

いしがき-だい【石垣×鯛】だひ イシダイ科の海水魚。全長約70センチ。体は側扁し、幼魚には石垣状の模様があるが、老成魚では全体に黒ずみ、口のまわりは白い。磯釣りの対象魚で、美味。

いしがき-やま【石垣山】神奈川県小田原市にある箱根外輪山の一部。標高241メートル。天正18年(1590)豊臣秀吉が小田原征伐の折、陣所を置いた。

いしがき-りん【石垣りん】[1920〜2004]詩人。東京の生まれ。高等小学校卒業後、銀行に勤務のかたわら詩作を続ける。作品に「私の前にある鍋とお釜と燃える火と」など。「表札など」でH氏賞、「石垣りん詩集」で田村俊子賞、「略歴」で地球賞受賞。

いし-がけ【石崖｜石▽垣】「いしがき」に同じ。

いしがけ-こもん【石崖小紋】石垣のように大小ふぞろいの円を組み合わせた文様の小紋。

いしがけ-しぼり【石崖絞(り)】石垣の合わせ目のように、六角形を並べた絞り染めの文様。石垣三浦。

いしがけ-ちょう【石崖×蝶】テフ タテハチョウ科のチョウ。翅はねの開張5.5〜6センチ。翅を広げて止まり、翅は白色の地に地図状の黒褐色のすじがある。九州・四国からアジアの熱帯に分布。(季 春)

いしがけ-まち【石垣町】▶いしがき(石垣)㊁

いし-がっせん【石合戦】二手に分かれ、石を投げ合って戦うこと。祭礼・年中行事や子供の遊びとして行われた。石打ち。➡印地いんじ

いし-がに【石×蟹】ワタリガニ科のカニ。干潟や岩礁にすむ。甲幅6センチくらい。暗緑色の甲の前側縁に突起が6個ある。最後の歩脚は平たい。東京湾以

南に産し、食用になる。

いし-かべ【石壁】石材を積んでつくった壁。

いし-がま【石窯】石を積み上げてつくった堅炭製造用のかま。

いし-がま【石鎌】鎌の形をした弥生時代の磨製石器。木の柄をつけ、収穫・草刈りに用いたらしい。

いし-がみ【石神】奇石・霊石などを神体または依代として祭った民間信仰の神。しゃくじん。しゃくじ。

いしがみ【石神】狂言。妻に離縁されそうになった男が、仲人の入れ知恵で石神に化けて妻にくじを引かせ、いったん別れることをあきらめさせるが、結局は見破られる。

いし-がめ【石亀｜水亀】ヌマガメ科イシガメ属のカメの総称。池やゆるい流れにすむ。日本特産種のニホンイシガメは本州・四国・九州に分布。子は銭亀とよばれる。ミナミイシガメは腹甲に黒斑があり、南アジア・八重山諸島などに分布。背甲に藻が付着したものは蓑亀といい、縁起がよいとされた。

石亀の地団駄《「雁が飛べば石亀も地団駄」の略》身の程を考えないで、他をまねようと力んでも限界があることのたとえ。石亀も地団駄。

いしかり【石狩】㊀北海道の旧国名。石狩川流域で、現在の石狩振興局・空知総合振興局と上川総合振興局の南部。明治2年（1869）設置。㊁北海道の振興局。局所在地は札幌市。大正11年（1922）札幌支庁を改称、平成22年（2010）支庁再編により振興局となる。㊂北海道中西部の市。石狩川河口にあり、漁業や酪農が行われる。石狩鍋の発祥地。平成17年（2005）10月に厚田村・浜益村を編入。人口5.9万（2010）。

いしかり-がわ【石狩川】北海道中央部を流れる川。石狩岳に源を発し、石狩湾に注ぐ。道内最長で、長さ約268キロ。長さでは信濃川、流域面積では利根川に次いで、ともに日本第2位。平野部で著しい蛇行をみせ、三日月湖が多い。

いしかり-さんち【石狩山地】北海道中央部にある山地。トムラウシ山、ニペソツ山など2000メートルを超える山があり「北海道の屋根」と呼ばれている。大雪山国立公園の大部分を占める。

いしかり-し【石狩市】▶石狩㊂

いしかり-しちょう【石狩支庁】石狩振興局の旧称。

いしかり-しんこうきょく【石狩振興局】▶石狩㊁

いしかり-だけ【石狩岳】北海道中央部、石狩山地の主峰。標高1967メートル。山腹は原生林に覆われ、大雪山国立公園に属する。

いしかり-たんでん【石狩炭田】北海道中央部の炭田。夕張・美唄・砂川・赤平・芦別などの炭鉱があったが、平成7年（1995）に閉山。炭質は強粘結性炭で良質。

いしかり-なべ【石狩鍋】鮭をぶつ切りにし、野菜や豆腐などと味噌または醤油で味付けしただし汁で煮こむ鍋物。石狩地方の郷土料理。（季 冬）

いしかり-へいや【石狩平野】北海道中西部、石狩川下流の平野。道内一の農牧地。中心都市は札幌。

いじかり-また【いじかり股】股を広げ、足を曲げて歩く姿。えじかりまた。「踏張足齷齪足外輪大股一無論美人ならず」〈露伴・艶魔伝〉

いしかり-わん【石狩湾】北海道中西部、日本海に面する湾。ふつう北は雄冬岬、南は積丹岬の間をいう。

い-しか・る【居敷かる】〔動ラ四〕どっかと腰をおろす。あぐらをかいて座り込む。「粽の上に一・ってぢゃわいな」〈滑・膝栗毛・六〉

いし-がれい【石鰈】カレイ科の海水魚。全長約40センチ。体表にうろこはなく、両眼のある体の右側に、石状の骨板が並ぶ。沿岸に産し、食用。いしもちがれい。

いしかわ【石川】㊀中部地方の日本海に面する県。もとの加賀・能登の2国にあたる。県庁所在地は金沢市。人口117.0万（2010）。㊁沖縄島中央部にあった市。伊波城跡・伊波貝塚がある。平成17年（2005）4月に具志川市、与那城町、勝連町と合併してうるま市となる。➡うるま㊂京都の賀茂川の異称。「一や瀬見の小川の清ければ月も流れを尋ねてぞすむ」〈新古今・神祇〉

いしかわ-けん【石川県】▶石川㊀

いしかわ-けんりつかんごだいがく【石川県立看護大学】石川県かほく市にある公立大学。平成12年（2000）に開設された。同23年、公立大学法人となる。

いしかわ-けんりつだいがく【石川県立大学】石川県野々市市にある公立大学。平成17年（2005）開設。生物資源環境学部の単科大学。同23年、公立大学法人となる。

いしかわ-こうめい【石川光明】［1852〜1913］彫刻家。東京の生まれ。明治初期に流行した牙彫の第一人者。帝室技芸員。

いしかわ-ごえもん【石川五右衛門】安土桃山時代の伝説的大盗賊。文禄3年（1594）京都三条河原で釜煎りの刑に処せられたという。歌舞伎「楼門五三桐」、浄瑠璃「傾城吉岡染」などに登場する。

いしかわ-さんしろう【石川三四郎】［1876〜1956］社会主義運動家。埼玉の生まれ。「万朝報」記者から平民社に入り、「平民新聞」発刊に協力。安部磯雄・木下尚江らとキリスト教社会主義の雑誌「新紀元」を創刊。無政府主義運動の先駆者。著「西洋社会運動史」など。

いしかわ-し【石川市】▶石川㊁

いしかわ-じま【石川島】東京都中央区佃の一部。もとは隅田川河口の島で、旗本石川八左衛門が徳川家光より拝領した。江戸時代、人足寄場が置かれ、またのち、水戸藩が日本最初の洋式造船所を設置した所。

いしかわ-じゅん【石川淳】［1899〜1987］小説家・評論家。東京の生まれ。小説「普賢」で芥川賞を受賞。ほかに「至福千年」「狂風記」、評論「森鷗外」など。

いしかわ-じょうざん【石川丈山】［1583〜1672］江戸前期の漢詩人・書家。三河の人。名は重之、字は孫助。別号、六六山人など。徳川家康に仕え、大坂夏の陣で活躍。のち京都に詩仙堂を建てて住んだ。詩文集に「新編覆醤集」。

いしかわ-たくぼく【石川啄木】［1886〜1912］歌人・詩人。岩手の生まれ。本名、一。若くして「明星」に詩を発表し、与謝野鉄幹に師事。口語体3行書きの形式で生活を短歌に詠んだ。評論「時代閉塞の現状」、歌集「一握の砂」「悲しき玩具」、小説「雲は天才である」など。

いしかわ-たけよし【石川武美】［1887〜1961］出版人。大分の生まれ。婦人雑誌記者を経て、東京家政研究会（のちの主婦之友社）を興す。大正6年（1917）、「主婦之友」を創刊。戦後、東京出版販売社長。

いしかわ-たつぞう【石川達三】［1905〜1985］小説家。秋田の生まれ。ブラジル移民団を描いた「蒼氓」で第1回芥川賞を受けた。社会的モラルを探究した作品が多い。他に「日蔭の村」「風にそよぐ葦」「人間の壁」など。

いしかわ-ちよまつ【石川千代松】［1861〜1935］動物学者。東京の生まれ。東大教授。ドイツでワイスマンに師事。ホタルイカの発光やアユの養殖など研究は広範囲。進化論の紹介や生物学の解説・普及に尽力。著「進化新論」など。

いしかわ-とよのぶ【石川豊信】［1711〜1785］江戸中期の浮世絵師。江戸の人。俗称、孫三郎あるいは七兵衛。西村重長に師事し、漆絵・紅摺り絵にすぐれ、ふくよかな顔だちや、しなやかな姿態の美人画に独自の画風を示した。

いしかわ-の-いらつめ【石川郎女｜石川女郎】大和・奈良時代の女流歌人。万葉集に同名の七人が登場するが、実在したのは三人から五人とする説が有力。㊀久米禅師と歌を贈答した石川郎女。㊁大津皇子と歌を贈答した石川郎女。㊂日並皇子尊に歌を贈られた石川女郎。㊃大伴田主と歌を贈答した石川女郎。㊄大伴宿奈麻呂に歌を贈った石川女郎。㊅大伴安麻呂の妻の石川郎女。㊆藤原宿奈麻呂の妻の石川女郎。

いしかわ-の-しょうじゃ【石川精舎】敏達天皇13年（584）蘇我馬子が石川の自宅に百済伝来の仏像を安置した仏殿。日本最初の寺で、橿原市石川町にある本明寺がその遺址といわれる。

いしかわ-まさもち【石川雅望】［1753〜1830］江戸後期の狂歌師・国学者。江戸の人。号、宿屋飯盛。石川豊信の子で、家業は宿屋。狂歌を四方赤良に学ぶ。和漢の学に通じ、著書に「しみのすみか物語」「源注余滴」「雅言集覧」など。

いし-がわら【石瓦】粘板岩などの石材でつくった屋根瓦。

いしかわ-りこう【石川利光】［1914〜2001］小説家。大分の生まれ。本名、利光。戦後、出版社社長として丹羽文雄主宰「文学者」を発行。「春の草」その他で芥川賞受賞。他に「忘れ扇」「風と木の葉」「余白の日々」など。

いし-がんとう【石敢当】▶せきかんとう（石敢当）

いし-き【石城｜石槨】棺を納めるために墓の中につくった石の部屋。いわき。「万民を憂へめぐむ故に、一の役を起こさしめず」〈天智紀〉

い-しき【位色】▶当色

い-しき【居敷き｜臀】❶座。座る場所。座席。「草を敷きて一とせば」〈神功紀〉❷尻。「私は其様に一が大きうございますかえ」〈人・閑情末摘花〉

い-しき【意識】〔名〕スル ❶心が知覚を有しているときの状態。「一を取り戻す」❷物事や状態に気づくこと。はっきり知ること。また、気にかけること。「勝ちを一して硬くなる」「彼女の存在を一する」❸政治的、社会的関心や態度、また自覚。「一が高い」「罪の一」❹心理学・哲学の用語。㋐自分自身の精神状態の直観。㋑自分の精神のうちに起こることの知覚。㋒知覚・判断・感情・欲求など、すべての志向的な体験。❺《梵 mano-vijñānaの訳》仏語。六識・八識の一。目や耳などの感覚器官が、色や声など、それぞれ別々に認識するのに対し、対象を総括して判断し分別する心の働き。第六識。

（類語）正体・正気・人心地・人心・認識

い-しき【違式】❶一定の形式からはずれていること。❷律令制の「式」に違反すること。

い-しき【遺式】昔から伝わっている慣例・風習。

いしき-あて【居敷（き）当て】着物の裏側の尻のところにつける布地。しりあて。

いしき-いっぱん【意識一般】《ドイ Bewußtsein überhaupt》カント哲学で、あらゆる経験に先立ち、それらの経験を可能にする、認識の究極的根拠としての自己意識。先験的統覚。純粋統覚。

いし-きかん【意思機関】法人の意思を決定する機関。社員総会・株主総会など。議決機関。

いしき-しょうがい【意識障害】意識の明晰さ・充実度・活発さ・秩序などが損なわれた状態。その程度によって、傾眠・昏蒙・嗜眠・昏睡などの状態に分けられる。

いじ-きたな・い【意地汚い】〔形〕文いぢきたな・し〔ク〕《「いじぎたない」とも》飲食物や金銭・品物などを欲しがる気持ちが強い。「一・くまだ食べている」「このうえピンはねをするとは一・い」

いしき-てき【意識的】〔形動〕自分でわかっていて、わざとするさま。故意。「一に間違った答えを書く」

いしき-の-ながれ【意識の流れ】《stream of consciousness》米国の心理学者W＝ジェームズの用語で、とどまることなく絶えず流動していく人間の意識の動きのこと。文学上では、人間心理を解明する新しい鍵として、20世紀初頭の作家ジョイス・ウルフ・プルーストらの描写の対象となった。

いしき-ふめい【意識不明】意識を失った状態。失神。「一の重体」

いし-きり【石切り】❶山から石材を切り出すこと。❷

石材に細工をすること。また、その職業やそれをする人。石工。石屋。

いし-きり【石×錐】打製石器の一。石の先をとがらせたもので、回転させて使う回し錐と、前後に動かして使う突き錐とがある。日本では旧石器時代から弥生時代にかけてみられる。せきすい。

いしきりかじわら【石切梶原】浄瑠璃「三浦大助紅梅靮」を、三段目の切「星合寺」(現行は鎌倉八幡宮)の段を中心に上演するときの通称。特に歌舞伎でいう。

いしきり-のみ【石切り×鑿】石を切り、また彫るのに用いる先端のとがった鋼鉄製ののみ。いしのみ。

いしきり-ば【石切り場】石材を切り出す所。石山。

いし-く【石工】山から石材を切り出し、それを刻んで細工をする職人。石切り。石屋。

いじ-くさり【意地腐り】心根が卑しく、節操のないこと。また、その人。いくじなし。「そなたのやうな一に、小判の梃子でも動く女郎ぢゃないぞや」〈浄・寿の門松〉

いし-くしろ【石×釧】古墳時代の石製の腕輪。主に碧玉製で、内径5～6センチ、外径7～8センチの環状。実用のものと、宝器としたものとがある。

いし-くばり【石配り】❶「石組み」に同じ。❷囲碁で、打ちはじめに、石を要所要所に置いて大体の陣形を立てること。石立て。布石。

いし-ぐみ【石組(み)】庭園に自然石を組み合わせて配置すること。また、その配置。石立て。石配り。いわぐみ。

いしく-も【▽美しくも】〔連語〕《形容詞「い(美)し」の連用形＋係助詞「も」》❶見事に。殊勝にも。「一宣ひたり」〈太平記・九〉❷よくもまあ。ひどくも。「一一茶は我をたばかりけるかな」〈父の終焉日記〉

いし-ぐら【石倉┆石蔵】石を積み重ねてつくった倉。石造りの倉庫。

いじくり-まわ・す【▽弄くり回す】〔動サ五(四)〕❶指先で、しきりに触ってもてあそぶ。「ペンダントを一・す」❷はっきりした方針や目的もなく、物事にいろいろ手を加える。「法案を一・して骨抜きにする」

いじく・る【▽弄くる】〔動ラ五(四)〕《「いじる」の俗な言い方》❶指先でもてあそぶ。「髪の毛を一・るくせがある」❷はっきりした方針や目的もないのに、いろいろと手を加える。「原稿はかってに一・らないでくれ」❸趣味として楽しむために、あれこれと手を加えたり、操作したりする。「車を一・るのが好きなんです」〔類語〕まさぐる・ひねくる・もてあそぶ・いじる

いし-ぐるま【石車】大石を運ぶ車。重量に耐えるよう、車体を低くし、幅広の車輪をつける。修羅。

石車に乗・る　小石を踏み、足をとられてひっくり返る。転じて、うっかり調子に乗って失敗する。

いし-くれ【石▽塊】石のかけら。小石。いしころ。〔類語〕石・礫・つぶて・石礫・転石・砕石・ごろた石

いしぐろ-ただのり【石黒忠悳】[1845～1941]医学者。軍医。福島の生まれ。西洋医学の移入、陸軍衛生部の確立などに尽力。日清・日露戦争で活躍し、陸軍軍医総監となった。子爵。枢密顧問官。

いしぐろ-むねまろ【石黒宗麿】[1893～1968]陶芸家。富山の生まれ。富山中学中退。号、栩庵。京都八瀬で作陶。中国唐・宋代の古陶磁を研究し、木の葉天目釉を再現。鉄釉陶器の技法で人間国宝に指定される。

いし-げ【石毛】イシゲ科の褐藻。沿岸の岩に群生し、高さ約10センチ。体は細い円柱状で、よく枝分かれし、暗褐色で、乾くと黒くなる。

いしけっていしえん-システム【意思決定支援システム】▶デシジョンサポートシステム

いし-けり【石蹴り】地面にいくつかの円や四角を書き、その中に片足で飛び跳ねながら平らな小石などを次々と蹴り入れて、早く全部を回ったものを勝ちとする遊び。

いじ・ける〔動カ下一〕❶恐怖や寒さなどで、ちぢこまって元気がなくなる。「空腹でからだが一・ける」❷ひねくれて、すなおでなくなる。すねたようすをする。「一・けた性格」「一・けた態度」❸伸び伸びとした感じがしなくなる。「一・けた絵」〔類語〕ひねくれる・すねる・ひがむ・ねじける・ねじくれる

いし-けん【石拳】▶じゃんけん

いし-こ【石子】❶小石。いしころ。〈和英語林集成〉❷《「いしご」とも》碁石。❸石工。

いし-こ【石粉】❶長石の粉末。陶磁器やガラスの原料とする。❷寒水石や石灰岩の粉末。人造石の原料、またタイルの目地などに用いる。❸砕石をさらに粉砕した微粉。アスファルト混合物の添加材などに用いる。

いじこ　乳児を入れる、わら製のかご、または木製の箱。揺りかごの一。えじこ。いずめ。

いし-ごき【石御器】茶碗の異称。「一に一、二杯」〈浄・博多小女郎〉

いし-こっかしけん【医師国家試験】医師法に基づいて行われる、医師免許を与えるための国家試験。

いしこ-づみ【石子積み】❶小石を積み重ねること。または小石で築き固めること。❷「石子詰め」に同じ。

いしこ-づめ【石子詰(め)】中世から近世にかけ、地に穴を掘って罪人を入れ、小石で埋め殺した刑罰。多く、私刑として行われた。

いしこらし・い〔形〕《近世上方語》不遜に見えるさま。えらそうにしている。生意気だ。「一・う、江戸子ぢゃなんたらかたら云うても」〈滑・浮世風呂・二〉

いしこりどめ-の-みこと【石凝姥命┆伊斯許理度売命】日本神話で、天照大神が天の岩屋戸に隠れたとき、鏡を作った神。天孫降臨に従った五伴緒神の一。鏡作部の祖神。

いし-ころ【石▽塊】小さな石。小石。いしくれ。〔類語〕石・小石・石くれ・礫・つぶて・石礫

いし-ごろも【石衣】餡に水飴を加えて練り固め、砂糖の衣で包んだ菓子。

いし-ざか【石坂】❶石の多い坂道。❷石畳の坂。

いしざか-ようじろう【石坂洋次郎】[1900～1986]小説家。青森の生まれ。教職のかたわら「若い人」を発表し、作家的地位を確立。小説「青い山脈」「石中先生行状記」など。

いし-さじ【石×匙】縄文時代の打製石器。長さ5センチ前後で、ナイフとして用いた。つまみの部分にひもを掛け、腰などに下げたらしい。石七。

いし-ざら【石皿】❶皿形の石器。安山岩などでつくり、長さ20～40センチの円形・楕円形のものが多い。木の実や穀物などをすりつぶすのに使った。日本では縄文時代に多くみられる。❷江戸時代、街道茶屋で煮しめを盛るのに用いられた磁器製の安物の皿。

いし-さんご【石×珊×瑚】花虫綱イシサンゴ目の腔腸動物の総称。熱帯・亜熱帯の浅海に多く、群体または単体で、石灰質の硬い骨格をつくり、群生して珊瑚礁を形成するものもある。クサビライシ・キクメイシ・ミドリイシなど。

いし-じ【石地】❶石の多いやせた土地。「一をひらき、畑を打つ」〈浄・用明天王〉❷「石地塗り」の略。

いし-じき【石敷(き)】平たい石を敷き詰めて舗装した所。石畳。

いし-じぞう【石地蔵】❶石に刻んだ地蔵菩薩像。地蔵菩薩の石像。❷無口な人、色恋に反応を示さない人のたとえ。

いし-じつげん【意思実現】契約申し込みに対し、承諾通知はせずに、承諾意思があると推断されるような行為を通じて意思表示をすること。推断行為。

いしじ-ぬり【石地塗(り)】つやのない灰色の漆塗り。漆を塗った上に石地粉をまいて乾かしてから、さらに漆を薄く塗って少し研いだもの。

いしじむさぎょう-ほじょしゃ【医師事務作業補助者】診断書の作成など医師が行う事務作業を補助・代行する医療従事者。医師の指示により診断書・処方箋・紹介状の作成補助、電子カルテの入力代行、診察・検査・手術の予約などを行う。病院勤務医の負担軽減策の一つとして、平成20年(2008)の診療報酬改定に伴い導入。医療クラーク、病棟クラーク、ドクターズクラーク、メディカルアシスタントなどさまざまな呼称がある。➡医療事務 ➡医療秘書

いし-しゅぎ【意思主義】法律行為の効力を決める際に、表示者の外部に現れた表示行為よりも内心の意思を重んずる主義。➡表示主義

いし-しょう【異×嗜症】▶異味症

いじ-しりょう【維持飼料】家畜類の生存に必要な、最少の養分を含む飼料。➡生産飼料

イシス〖Isis〗古代エジプトや古代ギリシャ・ローマで崇拝された女神。オシリスの妹で妻。セトに殺された夫の遺体を蘇生させ、息子ホルスに仇討ちをさせたという。良妻賢母の典型とされ、豊饒の女神。

いし-ずえ【礎】《「石据え」の意》❶家屋や橋などの柱の下に据える土台石。根石。柱石。❷物事の基礎となる大切なもの。また、その人。「建国の一となる」「今日の繁栄の一を築く」

いじ-ずく【意地▽尽く】意地を張り通すこと。いじばり。「一でやりとげる」

い-しずま・る【居鎮まる】〔動ラ五(四)〕座にすわって落ち着く。「一・って見ると隙間もる風は刃のように鋭く切り込んできていた」〈有島・カインの末裔〉「講師のぼりぬれば皆一・りて」〈枕・三五〉

いし-ずみ【石炭】石炭のこと。

いし-ずり【石×摺り┆石×搨り】❶石碑などの文字を紙に摺り取ること。また、摺り取ったもの。拓本。❷染めた布地を木目のたった板や文様を刻した物などの上に置き、堅木で摺って木目や文様などを表すこと。技法が❶に似るところからいう。

いし-せい【異歯性】動物の一個体に、2種類以上の形の歯があること。主に哺乳類にみられ、門歯・犬歯・前臼歯・臼歯がある。⇔同歯性。

いし-ぞこ【石底】❶地質が石から成っている河川の底。❷「石底織り」の略。

いしぞこ-おり【石底織(り)】縦糸に双子糸、横糸に太糸と細糸を交互に織り込んだ、厚地で丈夫な綿織物。足袋底に使う。織り底。

いし-だい【石×鯛】スズキ目イシダイ科の海水魚。全長約70センチ。体形はタイに似る。若魚には淡い青灰色の地に7本の黒い横縞があるが、老成すると消え、口の周辺が黒くなる。鳥のくちばしのように丈夫な歯をもち、サザエ・アワビ・フジツボなどをかみ砕いて食べる。日本各地の沿岸の岩礁にすみ、磯釣りの対象魚。美味。しまだい。〔季 夏〕

いし-だいく【石大工】❶石を刻んで細工する職人。石工。❷石工の棟梁。

いしだ-いら【石田衣良】[1960～　]小説家。東京の生まれ。本名、石平庄一。コピーライターを経て作家となる。「4TEEN　フォーティーン」で直木賞受賞。他に「池袋ウエストゲートパーク」「娼年」「アキハバラ@DEEP」など。

いしだ-えいいちろう【石田英一郎】[1903～1968]文化人類学者。大阪の生まれ。東大教授。日本の文化人類学の基礎を築いた。比較民俗学研究にも寄与。著「河童駒引考」「桃太郎の母」など。

いし-だか【石高】〔名・形動〕❶《得点の計算に碁石を代用するところから》花ガルタで得点の多いこと。「いつか直子が一番の一となっていた」〈志賀・暗夜行路〉❷道に石が多く、でこぼこしているさま。「三人は一な道を」〈秋声・縮図〉

いしだか-みち【石高道】石が多くて、でこぼこの道。「歩み難い一を、市九郎は、杖を頼りに辿って居た」〈菊池寛・恩讐の彼方に〉

いし-だき【石抱き】江戸時代の拷問の一。三角状の木を並べた台に容疑者を座らせ、そのひざに平たい石を積み重ねて自白を強要したもの。そろばん責め。いしだかせ。

いし-たたき【石×叩き┆石×敲き】❶鉱石などを槌で打ち砕くこと。また、その槌や、それを職業とする人。❷《尾を上下に動かす習性から》セキレイの別名。〔季 秋〕「磐石をはしれる水の一／蛇笏」

いし-だたみ【石畳┆×甃】❶庭や道路などで、平らな敷石を敷き詰めた所。また、その敷石。❷石段。

❸文様の名。方形の石を一面に敷き並べたような形状を図案化した総文様。織り文様もあれば染め文様もあり、染め文様には色で互い違いに配列したものが多い。近世、市松いちまつともいう。❹紋所の名。文様の石畳をかたどったもの。

いしだたみ-がい【石畳貝】ガイ ニシキウズガイ科の巻き貝。日本各地の潮間帯の岩礁に多い。貝殻は長卵形で厚く、殻高約3センチ。殻表は緑褐色で石畳状の刻み目がある。食用。

いし-だて【石立て】「石組み」に同じ。

いしだ-ばいがん【石田梅岩】[1685〜1744]江戸中期の思想家。石門せきもん心学の始祖。丹波の人。本名、興長。小栗了雲に師事。実践的倫理思想をわかりやすく説き、町人層に歓迎された。著「都鄙とひ問答」「斉家論」など。

いしだ-はきょう【石田波郷】ハキャウ[1913〜1969]俳人。愛媛の生まれ。本名、哲大てつお。水原秋桜子しゅうおうしの教えを受け、「馬酔木あしび」の同人となる。清新な青春俳句で注目され、のち、句誌「鶴」を主宰。句集に「鶴の眼」「風切」「惜命しゃくみょう」など。

いしだ-みつなり【石田三成】[1560〜1600]安土桃山時代の武将。近江おうみの人。幼名、佐吉。豊臣秀吉に才知を認められて五奉行の一人となり、太閤検地など内政面に活躍。文禄4年(1595)近江佐和山城主となり19万4千石を領したが、秀吉の死後、関ヶ原の戦いで徳川家康に敗れ、処刑された。

いしだ-みとく【石田未得】[1587〜1669]江戸前期の俳人・狂歌師。江戸の人。号、乾堂。松永貞徳の門人で、半井卜養なからいぼくようとともに江戸二大狂歌師といわれた。著「吾吟我集ごぎんわがしゅう」。

いしだ-ゆうてい【石田幽汀】イウテイ[1721〜1786]江戸中期の画家。播磨はりまの人。京都で活躍。写実性の強い装飾性を特色とする。円山応挙まるやまおうきょの師。

いしだ-りゅう【石田流】リウ 江戸初期の盲人棋士石田検校けんぎょうが始めた、将棋の駒こま組み。飛車を角行かくぎょうの右へ移して戦う平手ひらて定跡。

いし-だん【石段】石でつくった階段。石階せっかい。
類語 段段・階・階段・階梯・きざはし・石階

いしだん-いし【石段石】❶茶室の庇ひさしの下に踏み段として据えた石。自然石を用い、沓脱くつぬぎ石と踏み段石(二番石)を高低二段に置く。❷日本庭園の中の踏み石。自然石を大小とりまぜて並べる。

い-しつ【委×悉】ヰ〔名〕スル 物事を事細かに詳しくすること。「音に限有りて之を一すること能わず」〈吉岡徳明・開化本論〉

い-しつ【異質】〔名・形動〕性質の違うさま。また、その性質。「一な成分」「社内で一な存在」⇔同質。
類語 異種・別種

い-しつ【×痿疾】ヰ 手足などがしびれて感覚を失い、動作が自由にならない病気。しびれやまい。

い-しつ【遺失】ヰ〔名〕スル ❶置き忘れたり落としたりして金品を失うこと。なくすこと。「遠い昔に一したものを、再び取り戻したような感じがする」〈島木健作・生活の探求〉❷動産の法律上の占有者が、自分の意思によらずにその所持を失うこと。
類語 紛失・亡失・喪失・失う・無くす・無くする・無くなす・無くなる・落とす

いしづ【石津】大阪府堺市の地名。古くは港。北畠顕家あきいえが戦死した古戦場。

い-じつ【畏日】ヰ《「春秋左伝」文公七年注から》夏の日。夏の炎天の日。⇔愛日。

い-じつ【異日】過去または将来の、ある日。他日。「孰たれか知らん一の治兵衛はこの俊雄」〈緑雨・かくれんぼ〉

いし-ついじ【石▽築地】ヂ 石造りの築地。石垣。石塀。

いし-つうち【意思通知】自己の意思を他人に通知する私法上の行為。契約の履行の請求など。準法律行為の一。

いしづか-きくぞう【石塚喜久三】キクザウ[1904〜1987]小説家。北海道の生まれ。国民学校教員ののち、内モンゴルに渡る。「纏足てんそくの頃」で芥川賞受賞。戦後の作品に「花の海」「肉体の山河」など。

いしづか-たつまろ【石塚竜麿】[1764〜1823]江戸中期の国語学者。遠江とおとうみの人。本居宣長もとおりのりながの弟子。「古言清濁考こげんせいだくこう」「仮名遣奥山路かなづかいおくのやまみち」を著し、上代特殊仮名遣い研究の先駆となった。

いし-づき【石突き】❶太刀の鞘尻さやじりを包んでいる金具。❷矛・薙刀なぎなた・槍やりなどの柄の、地に突き立てる部分を包んでいる金具。❸杖・傘・ピッケルなどの、地面を突く部分。また、そこにはめた金具。❹キノコの根元の、硬い部分。❺土台にする石を突き固めること。「はやー、柱立てすぎて、屋根ふくばかり」〈浮・椀久一世〉

いし-づくり【石造り|石作り】❶石で物をつくること。また、その物や、それを職業とする人。❷(石作)大化(645〜650)前代の部べ。石棺・陵墓の築造に従事していた氏族。いしつくり。

いしつくり-の-みこ【石作皇子】竹取物語の登場人物で、かぐや姫に求婚する貴公子の一人。姫に天竺てんじくの仏の御石の鉢を求められ、にせの鉢を持ってきて見破られる。

いし-づち【石×槌】❶槌として用いられた石器。日本では縄文・弥生時代にわたってみられる。❷地形じぎょうに用いる大石。数本の縄を結びつけ、数人が力を合わせて上下させて、地面を固める。

いしづち【石鎚】「石鎚山」の略。

いしづち-こくていこうえん【石鎚国定公園】コクテイコウヱン 石鎚山を中心とする国定公園。愛媛・高知の両県にまたがり、面河おもご渓などがある。

いしづち-さん【石鎚山】愛媛県中部の山。石鎚山脈の主峰で四国山地の最高峰。標高1982メートル。山頂に石鎚神社の頂上社があり、中腹に山岳信仰の道場の成就社がある。伊予いよの高嶺たかね。

いしづち-さんみゃく【石鎚山脈】愛媛県・高知県の境を東西に連なる山脈。四国山地の西半分を占め、東半分の剣つるぎ山地に対する。四国最高峰の石鎚山のほかに笹ヶ峰(標高1859メートル)・伊予富士(標高1756メートル)・瓶かめヶ森(標高1896メートル)・堂ヶ森(標高1689メートル)などの山々がある。北側を中央構造線が走り石鎚山断層崖をつくっている。石鎚国定公園の中心。

いしづち-じんじゃ【石鎚神社】愛媛県西条市西田甲にある神社。祭神は石土毘古神いしづちひこのかみ。役小角えんのおづのの開山と伝え、石土蔵王権現いしづちざおうごんげんと称した。

いし-つつ【石×槌】古代の剣の一。柄頭つかがしらを石でつくったものという。「久米の子が頭椎くぶつい一いもち撃ちてし止まむ」〈記・中・歌謡〉補説 用例の「頭椎い」「石槌い」の「い」は上代の副助詞。

いじっ-ぱり【意地っ張り】イヂ〔名・形動〕《「いじばり」の音変化》こうと思ったことは、よくても悪くても押し通すこと。また、そのさまや、そういう人。強情っぱり。「一な子」
類語 かたくな・いこじ・強情・片意地・業突く張り

いしつ-ぶつ【遺失物】ヰシツ ❶忘れたり落としたりした物。遺失品。❷法律上、占有者の意思によらずにその所持を離れた物。拾得者はそれを持ち主に返すか、または警察に届けるかしなければならない。
類語 落とし物・忘れ物・遺留品

いしつぶつとう-おうりょうざい【遺失物等横領罪】ヰシツブツトウワウリヤウザイ 遺失物・漂流物など、他人の占有を離れた物を自分の物にする罪。刑法第254条が禁じ、1年以下の懲役または10万円以下の罰金もしくは科料に処せられる。遺失物横領罪。占有離脱物横領罪。

いしつぶつ-ほう【遺失物法】ヰシツブツハフ 遺失物を拾った場合の警察への提出や、持ち主への返還等について定めた法律。平成19年(2007)施行。明治32年(1899)施行の旧遺失物法が全面改正され、遺失物の保管期間が6か月から3か月に短縮されたほか、インターネットで公開されるようになった。

いし-づみ【石積み】《「いしずみ」とも》❶垣や橋台を石材を積み上げて築造すること。また、その構造物。切り石積み・野石積みなどがあり、積み方により布積み・谷積みなどがある。❷子供の遊戯の一。積み重ねた小石の山から、山を崩さないようにして取った石の数を競ったり、一定の数の小石を崩さないように一つずつ積み重ね、積み終える早さを競ったりする。

いし-てき【意志的】〔形動〕その人の言動に意志の感じられるさま。「話し方に一なものがある」

いじてき-しゆうどうたい【異時的雌雄同体】雌雄同体の生物のうち、成長過程で雄から雌、または雌から雄に性転換し、一生の間に雌雄両方の性で繁殖できる生物。雌から雄に転換する雌性先熟(ベラ・ブダイ・エゾフネガイなど)、雄から雌に転換する雄性先熟(コチ・クマノミ・ホッコクアカエビなど)、雌雄どちらにも何度でも転換する両方向性転換(ダルマハゼなど)がある。隣接的雌雄同体。➡同時的雌雄同体

いしで-じ【石手寺】愛媛県松山市石手町にある真言宗豊山派の寺。山号は熊野山。中興開創は弘仁4年(813)。もとは法相宗で、開山は行基、開基は越智玉純。旧称、虚空蔵院安養寺。四国八十八箇所第51番札所。仁王門は国宝、本堂・三重塔などは重要文化財。

いじ-どうくん【異字同訓】異なる漢字でありながら、意味の近い語が、訓で読む場合に同じになるもの。「足・脚」「堅い・固い・硬い」の類。

いしどうまる【石童丸】苅萱かるかや伝説中の人物。出家した父の苅萱道心を母とともに高野山に訪ねる。

いし-どうろう【石灯籠】石でつくった灯籠。社寺に据えて灯火をともし、また、庭園などに置いて趣を添える。用途によって種類が多く、春日かすが・雪見・遠州・織部などがある。

いし-どこ【石床】石を敷きつめたようになっている河床。

いし-とさか【石鶏冠】鶏などのとさかの、石のように硬いもの。

イシドルス〖Isidorus Hispalensis〗[560ころ〜636]スペイン、セビリアの大司教。カルタヘナの生まれ。西方教会最後の教父といわれる。神学・歴史・文学・科学に通じ、学芸を指導。スペインのキリスト教化にも大いに貢献。著「語源論」は中世を通して百科事典として利用された。イシドール。

いし-なぎ【石▽投】スズキ科の海水魚。全長約2メートル。長楕円形でやや側扁し、灰褐色。幼魚には黒褐色の4〜6本の縦走帯がある。深海の岩礁域にすむ。食用。肝臓がビタミンAに富むため、食べると中毒を起こすことがある。〔季 夏〕

いし-なげ【石投げ】❶石を投げること。❷石を遠く、あるいは高く、あるいは目標物に向かって、投げ合う遊び。石打ち。❸「石子なご」に同じ。

いしなげ-の-みえ【石投げの見得】歌舞伎・人形浄瑠璃の見得の一。石を投げるように左足をあげ、右手を頭上にさしあげて手のひらをぱっと開いてきまるもの。「勧進帳」の弁慶などにみられる。

いし-なご【石▽子】女児の遊戯の一。石をまき、その中の一つを投げ上げておいて、下の石を拾い、落ちてくる石をつかみ取って、順に拾い尽くす遊び。お手玉などの原型。石な取り。石投げ。

いしな-どり【石な取り】「石子なご」に同じ。「碁、双六すぐろくうたせ、偏へんをつがせ、一をせさせて」〈栄花・月の宴〉

いし-にわ【石庭】ニハ 庭木をほとんど使わないで、岩・石・砂でつくられた庭。せきてい。

いし-の-あぶら【石の油】石油せきゆのこと。

いし-のうりょく【意思能力】自己の行為の性質を判断できる精神的能力。判断能力。

いし-の-おび【石の帯】▶せきたい(石帯)

いし-の-ち【石の乳】鍾乳しょうにゅう石の古名。〈和名抄〉

いし-の-ひ【石の火】❶火打ち石をこすって出す火。また、瞬間的なもの、はかないもののたとえ。「一よりもまだはかないは人の命でござる」〈虎寛狂・布施無経〉❷石から出ると考えられた火。「春のわらびに雪消え、一に氷解く」〈宇津保・春日詣〉

いし-の-ま【石の間】権現ごんげん造りの神社で、本殿と拝殿を結ぶ石敷きの部分。相あいの間。

いしのまき【石巻】宮城県中東部の市。北上川河口にあり、石巻湾に面する。中世には城下町、江戸時代は米の積み出し港として栄えた。漁業・水産加

工や製紙工業が盛ん。平成17年(2005)4月、周辺6町と合併。人口16.1万(2010)。

いしのまき-し【石巻市】▶石巻

いしのまき-せんしゅうだいがく【石巻専修大学】イシノマキセンシウダイガク 宮城県石巻市にある私立大学。専修大学を母体として、平成元年(1989)開学。

いしのまき-わん【石巻湾】宮城県東部にある、仙台湾の支湾の一。東側の牡鹿おしか半島、西側の宮戸島にはさまれる。太平洋に突出した牡鹿半島によって波は静か。旧北上川河口に石巻市がある。

いしのま-づくり【石の間造(り)】「権現造り」に同じ。

いし-のみ【石×鑿】石切り鑿。

いしのもり-しょうたろう【石ノ森章太郎】シヤウタラウ [1938～1998]漫画家。宮城の生まれ。本名、小野寺章太郎。SF・時代物・大人向けの学習漫画などのジャンルを描き分け、綿密なストーリー展開とリアルなタッチで評価を集める。代表作「サイボーグ009」「仮面ライダー」「マンガ日本経済入門」など。子供向け特撮番組「秘密戦隊ゴレンジャー」の原作も手がけた。

いし-ばい【石灰】イシばひ 生石灰(酸化カルシウム)や消石灰(水酸化カルシウム)などのこと。せっかい。

いしばい-がま【石灰窯】いしばひ 石灰石せっかいせき・貝殻などを焼いて生石灰を製するかま。

いし-ばいしょうせきにんほけん【医師賠償責任保険】バイシヤウセキニンホケン 医師向けの保険制度。医療事故により医師に賠償責任が生じた場合に、損害賠償金を補償する。(補説)日本医師会A会員の会費には「日本医師会医師賠償責任保険」「日医医賠責特約保険」の保険料が含まれている。他に、民間保険会社から、100万円未満の事案や医療施設の使用・管理上のミスにより発生した事故などにも対応する「一般医師賠償責任保険」「勤務医賠償責任保険」などが販売されている。

いしばい-の-だん【石灰の壇】いしばひ 清涼殿の東庇ひがしびさしの南端にあり、土を盛り上げ、石灰で塗り固めて板敷きと同じ高さにしてあった壇。天皇が毎朝、伊勢神宮と内侍所ないしどころを拝した所。石灰の間ま。

いしばい-の-ま【石灰の間】いしばひ「石灰の壇」に同じ。「一にかへりたちつくづくと待ちゐたりし冷えざまも」〈弁内侍日記〉

いし-はくじゃく【意志薄弱】〔名・形動〕物事をやりとげようとする気持ちや、自分で決断を下す強い判断力に欠けること。「一な人」

いし-ばし【石▽階】石の階段。石段。いしのきざはし。「一おりのぼりなどすれば」〈かげろふ・中〉

いし-ばし【石橋】❶石でつくった橋。❷石を飛び飛びに置いて、伝っていくようにしたもの。飛び石。「三十ばかりの女…、一をふみ返して過ぎぬるあとに」〈宇治拾遺・四〉

石橋を叩たたいて渡る 堅固に見える石橋でも、なお、安全を確かめてから渡る。用心の上にも用心深く物事を行うことのたとえ。

いし-はじき【石▽弾き】❶「石弓❶㋐」に同じ。❷遊戯の一。互いに盤の上に碁石を並べ、指ではじいて、相手の石に当てて取り合う。「男女かた分きて、一も給ふ」〈宇津保・祭の使〉➡弾棋だんぎ

いしばし-しあん【石橋思案】[1867～1927]小説家。横浜の生まれ。本名、助三郎。尾崎紅葉らと硯友社けんゆうしゃを創立。作品に「乙女心」「わが恋」など。

いしばし-たんざん【石橋湛山】[1884～1973]政治家。東京の生まれ。東洋経済新報社に入社し、自由主義的立場から普通選挙論などの論陣を張った。第二次大戦後、蔵相・通産相を歴任。昭和31年(1956)石橋内閣を組織したが、約2か月で病のため総辞職。中国やソ連との交流促進に尽力。➡岸信介

いしばし-にんげつ【石橋忍月】[1865～1926]評論家・小説家。福岡の生まれ。本名、友吉。東大在学中から評論を書き、「舞姫」の批評に発した森鴎外との論争は有名。文芸評論家山本健吉の父。

いしばし-やま【石橋山】神奈川県小田原市南西部にある山。石橋山の合戦の古戦場。

いしばしやま-の-かっせん【石橋山の合戦】治承4年(1180)、源頼朝が伊豆で挙兵し石橋山に陣をとったが、平家方の大庭景親おおばかげちからに敗れた戦い。

いし-はぜ【石▽爆ぜ】製陶の際、素地きじ中の小石などが焼けはぜて、表面に出たもの。茶器・花器では景色として珍重される。

いし-ばち【石鉢】石をくりぬいてつくった鉢。手水鉢ちょうずばちなどに使う。

いし-はなび【石花火】イソマツの別名。

いしはら-かんじ【石原莞爾】クワンジ [1889～1949]陸軍中将。山形の生まれ。関東軍参謀として、満州事変、満州国建設を推進。のち、東条英機と対立、予備役よびえきとなった。東亜連盟の指導者。

いしはら-けん【石原謙】[1882～1976]キリスト教史学者。東京の生まれ。東北大教授・東京女子大学長。日本のキリスト教史学を確立した。文化勲章受章。著「基督教史」「キリスト教の源流」など。

いしはら-しのぶ【石原忍】[1879～1963]医学者。東京の生まれ。東大教授。眼科学に関する研究に専念。「色覚検査表」を作製。著「近世眼科処方集」。

いしはら-じゅん【石原純】[1881～1947]理論物理学者・歌人。東京の生まれ。東北大教授。特殊相対性理論・量子論を研究。著「自然科学概論」。アララギ派の歌人として歌集「靉日あいじつ」など。名は「あつし」とも。

いしはら-しんたろう【石原慎太郎】シンタラウ [1932～]小説家・政治家。兵庫の生まれ。俳優石原裕次郎の兄。「太陽の季節」で芥川賞受賞、「太陽族」が流行語となる。他に「処刑の部屋」「化石の森」など。昭和43年(1968)参議院全国区にトップ当選。同47年衆議院に転じ、環境庁長官、運輸大臣を歴任。平成7年(1995)議員辞職。同11年東京都知事。

いしはら-まさあきら【石原正明】[1760～1821]江戸中期の国学者・歌人。尾張の人。号、蓬堂。本居宣長もとおりのりなが・塙保己一はなわほきいちに師事。「群書類従」の編纂へんさんに従事し、有職ゆうそく故実に通じた。著「尾張廼家苞おわりのいえづと」。

いしはら-ゆうじろう【石原裕次郎】ユウジラウ [1934～1987]映画俳優・歌手。兵庫の生まれ。芥川賞作家石原慎太郎の弟。兄原作の映画「太陽の季節」でデビュー。「狂った果実」「嵐を呼ぶ男」などで一躍スターとなる。歌手としても「銀座の恋の物語」などの主題歌や「夜霧よ今夜も有難う」などで人気を博した。

いし-ばり【石針|石×鍼|×砭】中国の鍼術しんじゅつで用いる、石で作った鍼。

いし-ばり【石張り】❶土木工事で、地盤を固めるために、石やセメントを張ること。❷建造物の壁に薄い石材を用いる仕上げ法。

いじ-ばり【意地張り】イヂ〔名・形動〕「いじっぱり」に同じ。「僕は一という点に於て…陰性の癇癪持だから」〈漱石・彼岸過迄〉

いじ-ば・る【意地張る】イヂ〔動ラ五(四)〕自分の考えをどこまでも通そうとする。我がを張る。意地を張る。「『当方はどうしても頂戴して置きます』と一・った」〈露伴・骨董〉

いしひき-うた【石引(き)歌|石引(き)唄】民謡で、大きな石などを引いて運ぶときにうたう歌。木遣きやり歌の一種。

いし-ひじり【石▽聖】俗事に心を動かされない、徳行堅固な僧。「東大寺の一経住が、我は観音の化身なりと名のれども」〈沙石集・一〉

いし-びや【石火矢|石火×箭】❶石または鉄・鉛などを飛ばして城攻めに用いた兵器。❷近世初期に西洋から伝来した大砲のこと。「江戸屋勝二郎というては一でも崩れまい」〈浄・淀鯉〉

いし-ひょうじ【意思表示】ヘウジ〔名〕スル ❶自分の意思を相手に示すこと。「反対を一する」❷契約の申し込み・承諾・解除や遺言など、権利・義務に関する法律上の効果を生じさせるために、その意思を外部に表示する行為。

いし-ぶぎょう【石奉行】ブギヤウ ❶戦国時代、城の石積みにあたった役人。また、石の切り出しをつかさどった役人。❷江戸幕府で、土木工事をつかさどる役人。のちには、材木奉行を兼ねた。

いし-ぶし【石伏】《小石の多い水底にいる魚であるところから》❶ウキゴリの別名。❷ドンコの別名。❸ヨシノボリの別名。

いしぶたい-こふん【石舞台古墳】奈良県高市郡明日香村島庄にある飛鳥時代の古墳。巨大な横穴式石室が露出し、天井石が舞台のように大きいためにこの名がある。蘇我馬子そがのうまこの墓とする説もある。

いし-ぶね【石船】❶石材を運搬する船。❷石でつくった浴槽。いしぶろ。「裸身はだかみを、もしやとずっぷり一にひたせば」〈浄・女護島〉

いし-ぶみ【石文|▽碑】事績を後世に伝えるため、文字などを刻んで建てる石。石碑せきひ。碑ひ。

いし-ぶろ【石風呂】❶石でつくった浴槽。❷岩屋・石室の蒸し風呂。石を焼いて水を注ぎ、その湯気を浴びる。「百姓ども御馳走に一をたき」〈咄・きのふはけふ・上〉

いしべ【石部】滋賀県湖南市の地名。もと東海道五十三次の宿駅。古くから石灰を産出した。磯部いそべとも呼ばれた。

いし-べい【石塀】石でつくった塀。

いしべ-きんきち【石▽部金吉】《石と金の二つの硬いものを並べて人名のようにした語》非常にきまじめで物堅い人。特に、女色じょしょくに迷わされない人。また、融通のきかない人物。(類語)堅物・堅人・堅蔵

石部金吉金兜かなかぶと 石部金吉に金かねの兜かぶとをかぶせたような人。極端に融通のきかない人のたとえ。

いし-へん【石偏】漢字の偏の一。「砂」「砲」などの「石」の称。

いし-ほう【医師法】ハフ 医師の免許・国家試験の制度、業務上の義務などを規定した法律。現行法は昭和23年(1948)施行。(補説)平成18年(2006)の改正により、安心・安全で質の高い医療を確保するため、不正行為や医療過誤などで行政処分を受けた医師に対して、厚生労働大臣が再教育研修を受けるよう命じることができることになった。

いし-ぼうちょう【石包丁|石×庖丁】バウチヤウ 弥生時代の石器の一。長さ10センチ内外で、穀類の穂を摘み取るのに用いた。打製品にはひも掛け用のえりぐりがあり、磨製品にはひもを通す穴があいている。中国の東部から朝鮮半島にかけても広くみられる。

いし-ぼたん【石×牡丹】イソギンチャクの別名。

いし-ぼとけ【石仏】❶石でつくった仏像。せきぶつ。❷感情を動かさない人。また、非常に口数の少ない人。「木仏きぶつ金仏かなぶつ一」

いしま【×瓵|×窪】陶器などの、ゆがみ、くぼみやきず。「水もるとは、玉だれのかめなどの一あらむ心地ぞし侍る」〈元永元年内大臣家歌合・判詞〉

いしまき-やま【石巻山】愛知県豊橋市東北部にある円錐えんすい形の山。標高358メートル。山頂は、石灰岩の天狗岩・雄岩・雌岩の三つの大きな岩塊からできている。南面はロッククライミングの練習場として有名。周辺の石灰岩地帯植物群落は国の天然記念物に指定されている。中腹に石巻神社がある。

いし-まくら【石枕】❶古墳時代に、遺体の頭部をのせた石製の枕。くぼみがある。石棺の底面につくりつけたものと、棺とは別のものとがあり、前者は西日本、後者は東日本に多い。❷陶製の枕。夏、昼寝などに用いる。陶枕とうちん。(季 夏)

いじまし・い いぢまし〔形〕文いぢま・し〔シク〕❶意地汚い。けちくさい。「一・い根性」❷《「いじらしい」と混同した用法》痛々しい感じがする。哀れで見苦しい。「一・い努力」(派生)いじましげ〔形動〕いじましさ〔名〕(類語)けち・みみっちい・せせこましい・狡辛こすからい・さもしい・卑しい・せこい・陋劣ろうれつ・低劣・卑怯ひきょう・姑息こそく・狭量・小量・けつの穴が小さい

いし-まてがい【石馬▽刀貝|石×蟶貝】いしまてがひ イガイ科の二枚貝。海岸の岩やサンゴ塊に穴をあけてすむ。貝殻は円筒形で茶褐色をし、殻長約5センチ。肉は黄白色で、美味。いしわり。

イシマンガリソ-しっちこうえん【イシマンガリソ湿地公園】シツチコウヱン《iSimangaliso》南アフリカ北東

部、モザンビークに近いインド洋沿岸に広がる公園。いくつもの自然保護区からなる。湖・湿原・砂浜・サンゴ礁など地形は変化に富み、豊かな生物相を形成する。旧称、グレーターセントルシア湿地公園。1999年、旧称で世界遺産(自然遺産)に登録。名称変更にともない、2008年、現在の名称に登録変更。ラムサール条約の登録地でもある。

いしみかわ【石見川】いしみかは タデ科の一年草。畑や道端などの草地に生え、茎は半ば地上をはい、逆向きのとげで物にひっかかる。葉は三角形で、托葉をもつ。秋、淡緑色の小花を短い穂状につけ、果実は丸く、藍あい色の萼がくに包まれる。

いしみつ-まきよ【石光真清】[1868〜1942]陸軍軍人。熊本の生まれ。日清戦争後からシベリア出兵の時期に満州(中国東北部)で諜報活動に従事。自伝「城下の人」「曠野の花」「望郷の歌」「誰のために」の四部作は、子の真人によってまとめられ毎日出版文化賞を受賞。

いし-むのうりょくしゃ【意思無能力者】意思能力のない者。幼児・心神喪失者など。その法律行為は無効とされる。

いしむら-けんぎょう【石村検校】―ケンゲウ [?〜1642]琵琶法師出身の三味線演奏家。京都の人。三味線組歌本手組の作曲者といわれている。

いしむれ-みちこ【石牟礼道子】[1927〜]小説家。熊本の生まれ。水俣みなまた病市民会議を結成、「苦海浄土くがいじょうど」で患者の代弁者として水俣病を描く。続く「天の魚」「椿の海の記」で水俣病三部作を完成。他に「西南の役伝説」「おえん遊行」など。

いし-むろ【石室】❶岩間の天然のむろ。また、岩石でつくったむろ。せきしつ。いわむろ。❷石を積み、または岩を利用してつくった山小屋。❸霊屋たまやの中に安置する石造りの厨子ずし。

いし-め【石目】❶岩石の割れやすい方向。石を割るときに利用する。❷彫金の技法の一。金属の彫刻面にたがねで打ち出した細かな点。ななこ。

いじめ【▽苛め┊▽虐め】いぢめ 肉体的、精神的に自分より弱いものを、暴力やいやがらせなどによって苦しめること。特に、昭和60年(1985)ごろから陰湿化した校内暴力をさすことが多い。

いしめ-がみ【石目紙】石目❷のような模様のある和紙。江戸時代、播磨はりま産のものが有名であった。

いしめ-こもん【石目小紋】小紋の一。方形の小石を点々と並べたように染めた文様。

いしめ-たがね【石目×鏨】金属面に石目を打つのに用いる工具。

いじめっ-こ【▽苛めっ子】いぢめっ― 弱い子供をいじめていばっている子。

いじ・める【▽苛める┊▽虐める】いぢめる〔動マ下一〕❶弱いものを苦しめ、痛めつける。つらく当たる。さいなむ。「小犬を―・める」「同級生によってたかって―・められる」❷ことさらに厳しく扱う。「トレーニングでからだを―・める」(類語)さいなむ・なぶる・いびる・虐げる

いし-もち【石持┊石＝首＝魚】シログチの別名。

いしもち-そう【石持草】―サウ モウセンゴケ科の多年生の食虫植物。関東以西の湿地に生え、高さ10〜25センチ。葉は三日月形で、腺毛せんもうが密生、粘液を分泌して虫を捕らえる。初夏、白い5弁花を開く。

いしもと-しゅういち【石本秀一】―シウイチ [1897〜1982]野球監督。広島の生まれ。母校広島商業野球部の監督を経て、昭和11年(1936)大阪タイガース(現阪神)の監督に就任。同25年広島カープの初代監督となり、資金難の際も球団の存続に尽力した。

いしもと-みゆき【石本美由起】[1924〜2009]作詞家。広島の生まれ。本名、美幸。作曲家の古賀政男や遠藤実らとのコンビで歌謡曲を多数作詞。代表作は、美空ひばりが歌った「港町十三番地」「悲しい酒」、岡晴夫が歌った「憧あこがれのハワイ航路」など。

いしもり-のぶお【石森延男】―のぶを [1897〜1987]児童文学作家。北海道の生まれ。中学校の教師などを経て国定教科書の編集に従事。「コタンの口笛」で第1回未明文学賞受賞。他に「咲きだす少年群」「バンのみやげ話」「桐の花」など。

い-しゃ【医者】病人の診察・治療を職業とする人。医師。「町―」(類語)医師・医家・ドクター・ドクトル

医者の不養生ふようじょう　人に養生を勧める医者が、自分は健康に注意しないこと。正しいとわかっていながら自分では実行しないことのたとえ。

い-しゃ【×倚×藉】〔名〕スル よること。頼ること。

い-しゃ【慰×藉】ヰ―〔名〕スル なぐさめいたわること。「宗助の淋しみは…何うか斯うか―されるのである」〈漱石・門〉(類語)慰める・慰安・いたわる・慰問・見舞い・ねぎらう・慰労

いし-や【石屋】❶石を切り出したり細工したりする職人。石工いしく。石切り。石大工。❷石材の売買を職業とする人。

イシャウッド〖Christopher Isherwood〗[1904〜1986]英国の小説家。1929年から4年間オーデンとともにドイツに滞在、のちロンドンに戻る。ナチス台頭直前のヨーロッパを描いた記録文学風の作品で知られる。オーデンとの合作の詩劇もある。のち、米国に移住し、帰化。小説「ベルリンよ、さらば」など。

いし-やき【石焼(き)】❶石質に焼成された焼き物。硬く焼かれ、素地きじに吸水性のない磁器・炻器せっきをいう。土焼きに対する語。❷魚・芋・栗などを焼け石で焼く料理法。また、焼いたもの。「ヤマメの―」

いしやき-いも【石焼(き)芋】焼けた小石の中で焼いたサツマイモ。(季 冬)

いしやき-どうふ【石焼(き)豆腐】《もと、加熱した石で豆腐を焼いたところから》❶鉄鍋てつなべに油を塗って焼いた豆腐。❷焼き豆腐を出し汁で煮込んで、ショウガの汁をかけたもの。

い-じゃく【胃弱】ヰ― 胃の機能が衰えていること。

いしやくし【石薬師】三重県鈴鹿市の地名。もと東海道五十三次の宿駅。石仏の薬師如来をまつる石薬師寺がある。

いしゃ-だおし【医者倒し】―だふし《医者を廃業させるほどの特効があるというところから》センブリの別名。

いしゃな-てん【伊舎那天】《梵 Īśānaの音写。支配者の意》十二天の一。欲界の第六天にすむ天神。のちにはシバ神と同一とされる。いさなてん。

いしゃ-ぼうず【医者坊主】―バウズ《多く、髪をそっていたところから》江戸時代の医者の称。「是は端手はでなる―と見えて女なり」〈浮・栄花一代男〉

いしゃ-ぼん【医者▽坊】《「いしゃぼうず(医者坊主)」の音変化》❶坊主頭の医者。「女中の酒の座には、頭巾かぶりし―あり」〈鶉衣・隅田川涼賦〉❷思うことのかなわないこと。「叶かなはぬ事を―といふは、汝が事よと笑はれし」〈浮・色三味線・五〉

いし-やま【石山】❶岩石の多い山。❷石材を切り出す山。(類語)岩山・砂山・砂丘

いしやま【石山】㊀滋賀県大津市の地名。近江八景「石山の秋月」の地。石山寺があり、地名は境内の珪灰けいかい石の巨岩に由来。〔歌枕〕「都にも人や待つらむ―の峰に残れる秋の夜の月」〈新古今・雑上〉㊁大阪市中央区馬場町あたりの古称。石山本願寺があった。㊂「石山寺」の略。

いしやま-ぎれ【石山切】古筆切こひつぎれの一。昭和4年(1929)西本願寺本三十六人集中の「貫之集下」と「伊勢集」の両帖が分割され、それらの断簡をいう。料紙が美しいことで有名。

いしやま-でら【石山寺】滋賀県大津市石山町にある真言宗御室派の別格本山。山号は石光山。開創は天平勝宝元年(749)と伝え、開基は聖武天皇、開山は良弁ろうべん。西国三十三所の第13番札所。永長元年(1096)再建の本堂、建久5年(1194)建立の多宝塔などは国宝。石山寺縁起など多数の文化財を所蔵。本堂に紫式部が源氏物語を書いたという「源氏の間」がある。

いしやまでらえんぎ【石山寺縁起】鎌倉後期から江戸中期にかけて作られた全7巻33段の絵巻物。石山寺創建の縁起と、本尊の観音菩薩の霊験譚れいげんたんを描く。本文の成立は正中年間(1324〜1326)であるが、絵の制作年次は、第1〜3巻は高階隆兼たかしなたかかねの画風に似て最も古く、第5巻もほぼ同時期、第4巻は明応6年(1497)土佐光信筆、第6、7巻は江戸時代、谷文晁たにぶんちょう筆。重要文化財。

いしやま-ほんがんじ【石山本願寺】―ホングワンジ 現在の大阪城本丸の場所にあった浄土真宗の本山。現在は廃寺。明応5年(1496)蓮如が建立したのに始まり、天文元年(1532)山科本願寺が焼かれてのち証如がここを本願寺とした。織田信長と対立し、天正8年(1580)降伏。退去の際に焼失。石山御堂。石山御坊。

いしやま-もうで【石山詣で】―まうで 石山寺に参詣さんけいすること。特に、陰暦10月甲子きのえねの日に参詣すること。

いし-やり【石×槍】▶せきそう(石槍)

いしゃ-りょう【慰謝料┊慰×藉料】ヰシャレウ 生命・身体・自由・名誉・貞操などが不法に侵害された場合の、精神的損害に対する損害賠償金。

い-しゅ【異種】違った種類。(類語)異質・別種

い-しゅ【異趣】普通と異なったおもむき。風変わり。「其の山河の―、奇観」〈独歩・入郷記〉

い-しゅ【意趣】❶恨みを含むこと。また、人を恨む気持ち。遺恨いこん。「―を晴らす」❷心の向かうところ。意向。「格調高雅、―卓逸」〈中島敦・山月記〉❸無理を通そうとすること。意地。「二人はわざと―に争ってから」〈有島・生れ出づる悩み〉❹理由。わけ。「神妙に―を述べ、ものの見事に討たんずる」〈浄・堀川波鼓〉❺「意趣返し」に同じ。「昨日の―に一番参ろか」〈浄・矢口渡〉(類語)悪意・悪気・悪感情・恨み・怨恨えんこん・怨嗟えんさ・私怨しえん・遺恨いこん・怨念おんねん・宿意・宿怨しゅくえん・宿恨・積怨せきえん・旧怨きゅうえん・仇あだ・憎しみ・復讐心ふくしゅうしん・逆恨み・恨めしい

い-しゅ【遺珠】ヰ―《「荘子」天地から》❶拾われないままで残っている玉。❷世間から忘れられている人物。また、人に知られていない詩文の傑作。

い-しゅ【×縊首】〔名〕スル「縊死いし」に同じ。

い-じゅ【医儒】医者で儒者を兼ねた人。儒医。

いしゅ-いしょく【異種移植】種が異なる生物間で組織の一部を移植すること。脊椎せきつい動物では移植免疫により拒絶反応が起こる。

い-しゅう【伊州】―シウ 伊賀いが国の異称。

い-しゅう【壱州】―シウ 壱岐いき国の異称。

い-しゅう【異宗】異なった宗教、また宗派。他宗。

い-しゅう【異臭】―シウ 変なにおい。いやなにおい。「―が鼻をつく」(類語)悪臭・臭気・臭み・激臭・腐臭

い-しゅう【異執】―シフ 仏語。正しい論理からはずれた見解を立てて、これに執着すること。

い-しゅう【意執】―シフ あることを心に固く信じて、それから離れられないこと。「―我執を存ぜんこと三途さんずの苦悩のがれ難し」〈盛衰記・一九〉

い-しゅう【×蝟集】ヰシフ〔名〕スル《「蝟」はハリネズミの意》ハリネズミの毛のように、一時に1か所に、多くのものが寄り集まること。「四方から―して来る羊の群れが谷間に徐々に現れた」〈横光・旅愁〉

い-しゅう【遺習】ヰシフ 現在まで残されている、昔の風俗・習慣。遺風。「創業時の―」

イシュー〖issue〗❶発行物。(雑誌などの)号。❷論争点。討論。

い-じゅう【移住】―ヂュウ〔名〕スル 他の土地に移り住むこと。特に、開拓・商売などの目的で、海外に居住地を変えること。「南アメリカへ―する」(類語)引っ越し・転出・転居・転宅・転入・移民・離村・永住・在住・現住・先住・常住・定住・安住・居住・転住・住む

いじゅういん-しずか【伊集院静】イジフヰンしづか [1950〜]小説家。山口の生まれ。本名、西山忠来ただき。広告代理店でヒットCMを連発し、脚光を浴びる。流行歌の作詞家としても活躍。「受け月」で直木賞受賞。他に「乳房」「機関車先生」「三年坂」など。

いしゅ-うち【意趣討ち】恨みを晴らすために、その相手を討ち取ること。意趣斬り。「―か時の口論か」〈浄・川中島〉

いしゅ-がえし【意趣返し】―がへし〔名〕スル 恨みを返すこと。しかえし。復讐ふくしゅう。「明日学校で―されると云う恐れがあるので」〈谷崎・少年〉

いしゅ-ぎり【意趣斬り】恨みによって人を斬ること。いしぎり。「脳を打ち砕き、とどめを刺してござるが、—か」〈伎・幼稚子敵討〉

い-しゅく【畏縮】〔名〕スル おそれかしこまって小さくなること。「権威の前に—する」［類語］気後れ・怖じ気

い-しゅく【萎縮】〔名〕スル ❶しぼんでちぢむこと。また、元気がなくなること。「寒くて手足が—する」「聴衆を前にして—してしまう」❷正常の大きさに達した生体の器官などが、小さく変化して、機能しなくなること。［補説］「委縮」で代用することもある。［類語］収縮・縮小・縮み・短縮・凝縮・圧縮・濃縮・圧搾・凝結・凝固

いしゅく-じん【萎縮腎】腎臓が萎縮し硬化した状態。腎機能が低下して尿量が増え、さらに進むと腎不全となる。腎硬化症。

いしゅく-びょう【萎縮病】植物の葉や茎が小さくなって、弱ったり枯死したりする病害。ウイルスにより、稲・麦・ダイコン・大豆などに発生。

イシュケル-こくりつこうえん【イシュケル国立公園】《Ichkeul》チュニジア北部の国立公園。地中海の海岸沿いにあるイシュケル湖とその周辺に広がる湿地帯は、渡り鳥の越冬地として重要な地域となっている。1980年、世界遺産(自然遺産)に登録。1996年にはダム建設による環境・生態系の変化を理由に危機遺産リストに登録されたが、2006年に解除された。イシュケウル国立公園。

いしゅ-こうはい【異種交配】種の異なる生物をかけ合わせること。動物ではラバなど。生まれた子は生殖能力を欠くことが多い。

イシュタル〖Ištar〗古代メソポタミア・西アジアで信仰された豊饒多産の女神。フェニキアではアシュタルテ、ギリシャではアフロディテとよぶ。➡アフロディテ

い-しゅつ【移出】〔名〕スル 物を他所へ送り出すこと。特に、貨物・産物を国内の他の地域へ送り出すこと。「物資を—する」⇔移入。➡輸出［類語］輸出

い-じゅつ【医術】病気や傷を診察・治療する技術。［類語］医学・医療・医務

い-しゅつにゅう【移出入】移出と移入。

いしゅ-ばらし【意趣晴(ら)し】しかえしをして恨みを晴らすこと。

いしゅ-ふし【意趣節】《「節」は苦情の意》恨みになるようなところ。恨みや難くせ。「閑心さまも、長兵衛も、切れてしまへば—ないといふもの」〈伎・吾嬬鑑〉

いし-ゆみ【石弓｜×弩】❶古代の武器の一。㋐木などの弾力を利用して石をはじくようにした武器。いしはじき。㋑ばね仕掛けで大矢を発射する大型の弓。弩ど。弩弓。❷城壁・がけの上に石をくくりつけておき、その綱を切り、石を落として敵を圧殺する仕掛け。いしおとし。「岡には大石を並べて—をはる」〈盛衰記・九〉❸「ぱちんこ❷」に同じ。

い-じゅん【違順】仏語。逆境と順境。苦を感じる境界と楽を感じる境界。愛・憎など、順と逆との関係をいう。「常としなへに—につかはるる事は、ひとへに苦楽のためなり」〈徒然・二四二〉

い-しょ【位署】公文書に官位・姓名を記すこと。また、その書式。官と位が相当する場合は、「中納言従三位某」のように官・位・姓名の順、官と位が相当しない場合は、位・官・姓名の順に書いた。また、位が高く官が低いときは、「正二位行大納言某」のように、間に「行ぎょう」の字を加え、逆の場合は、「従四位上守治部卿某」のように、間に「守しゅ」の字を加えた。

い-しょ【医書】医学・医術に関する書物。医学書。

い-しょ【異書】❶同一の書でありながら、字句に多少違うところのある書物。異本。「—の校合きょうごう」❷めずらしい書。珍本。❸儒書に対して、道家の書。仙術などに関する不可思議なことを記した秘本。

い-しょ【遺書】❶死後のために書き残す文書や手紙。書き置き。遺言状。❷後の世に残した書物。遺著。❸方々に散りうせた書物。［類語］遺言状・書き置き・遺言書・遺言

い-しょ【遺緒】先人が残した事業。遺業。

い-しょ【緯書】中国、前漢末から後漢にかけて作られた書物。経書に対するもので、易緯・書緯・詩緯・礼緯・楽緯・春秋緯・孝経緯など多種がある。儒教の経義に関連させながら予言・禍福・吉凶などを説いたもの。後世、儒家の思想を乱すものとして禁書となり、今日では、一部分だけが残る。

い-しょう【衣装｜衣×裳】❶《上半身につける「衣きぬ」と下半身につける「裳も」の意から》着物。衣服。「馬子にも—」❷儀式や祭りの場での、多く定式化された衣服。また、芸能で出演者のつける衣服。舞楽・能では、特に装束しょうぞくという。「花嫁—」「舞台—」［類語］衣服・衣類・着物・着衣・被服・装束・衣・お召物・衣料・ドレス・洋品

い-しょう【囲障】法律で、隣り合った建物の所有者が敷地の境界の上に設けた塀・柵などの構築物のこと。「—設置権」

い-しょう【▽称▽唯】宮廷で、天皇に召された官人が口を覆って「おお」と応答すること。「高く—してまかり立ちて」〈愚管抄・三〉［補説］「称唯」を「いしょう」と転倒して読むのは、「譲位」と音が似ているので、それを避けたものといわれる。

い-しょう【×帷×牆】《「帷」はたれぎぬで、端女はしためのいる所、「牆」は垣根で、臣下のいる所の意》侍女や近臣。また、そのいる所。

い-しょう【異生】仏語。凡夫のこと。

い-しょう【異称】別の呼び名。別称。異名いみょう。

い-しょう【意匠】❶絵画・詩文や催し物などで、工夫をめぐらすこと。趣向。「舞台照明に—を凝らす」❷美術・工芸・工業製品などで、その形・色・模様・配置などについて加える装飾上の工夫。デザイン。［類語］デザイン・模様・文様もんよう・紋もん・文あや・文目あやめ・地紋じもん・柄がら・紋柄もんがら・図柄・絵柄・図様・図案・パターン

い-しょう【遺詔】天子の遺言ゆいごん。

い-じょう【以上｜×已上】㊀〔名〕❶数量・程度・優劣などの比較で、それより上の範囲であること。数量では、その基準をも含む。「七〇歳—の老人」「期待—の大活躍」「君—の実力がある」⇔以下。❷それより前に述べたこと。「—のとおり相違ありません」⇔以下。❸合わせて。合計。「男性八名、女性五名、—一三名」❹手紙・目録・箇条書きなどの末尾に記して「終わり」の意を表す。❺(活用語の連体形に付いて接続助詞のように用いる)…の上は。…からには。「決定した—、変更しない」❻「御目見おめみえ以上」の略。㊁〔副〕どうしても。まるっきり。「神さまなんかに聞いて見たって、—分わかりッ子ない」〈漱石・坑夫〉［類語］以下・以内・以外・未満

い-じょう【囲×繞】〔名〕スル まわりを取り囲むこと。いにょう。「町を—する堀割」［類語］囲い・囲み・包囲・遠巻き

い-じょう【委譲】〔名〕スル 権利・権限などを他の人・機関に譲って任せること。「執行権を—する」

い-じょう【異状】普通とは違う状態。「これといって—は認められない」「—を呈する」［類語］変・異常・特異・異例・非常・別条・不自然

い-じょう【異常】〔名・形動〕普通と違っていること。正常でないこと。また、そのさま。「この夏は—に暑かった」「—な執着心」「害虫の—発生」⇔正常。［派生］いじょうさ〔名〕［類語］変・特異・異状・異例・非常・別条・不自然

い-じょう【移乗】〔名〕スル 別の船や車などに、乗り移ること。「小舟に—して岸に向かう」

い-じょう【移譲】〔名〕スル 権限や権利、財産などを他に譲り移すこと。「所有権を—する」

いしょう-あわせ【衣装合(わ)せ】出演者がいくつかの衣装を実際に着てみて役柄に合ったものを選ぶこと。また、結婚式に着る衣装を試着すること。

いしょう-がさね【衣×裳重ね】江戸時代の遊郭で、陰暦9月9日の菊の節句の前後3日間に行われた行事。位の高い遊女が互いに競って、揚屋の座敷に各自の衣装や道具類を飾った。

いしょう-かた【衣装方】演劇・舞踊などで、出演者の衣装の世話をする人。衣装付け。

いじょう-かんそう【異常乾燥】空気が異常に乾燥すること。注意報は、実効湿度も小さく、火災の危険が大きいときに出される。

いじょうきけん-じゅんびきん【異常危険準備金】地震・大火・台風などによる保険金支払いの巨額化に備えて、損害保険会社が契約者から受け取った保険料から一定割合を積み立てる準備金。

いじょう-きしょう【異常気象】過去30年ほどの気候と比べて著しく違う気象現象。豪雨・長雨・干魃かんばつのように人間生活に不利になるものをさすことが多い。

いしょう-くらべ【衣装比べ】主に女性が、互いに衣装の美しさを競いあうこと。

いしょう-けん【意匠権】産業財産権の一。工業上利用することができる新規の意匠を独占的・排他的に使用できる権利。登録によって発生する。存続期間は、設定登録の日から20年(平成19年3月以前のものは15年)。

いしょう-げんぼ【意匠原簿】特許庁に備え付けられている、意匠権に関する一定事項を登録した原簿。

いしょう-こうこく【意匠広告】図案・意匠による視覚上の効果を主眼とした広告。

いじょう-こうせん【異常光線】光が方解石などを通過して二方向に分かれて屈折するとき、屈折の法則に従わないほうの光線。⇔常光線。

いしょう-ごのみ【衣装好み】衣服に関心があり、趣味のやかましいこと。また、そのような人。

いしょう-し【意匠紙】織物の縦糸と横糸の組み合わせをかくために用いる方眼紙。

いじょう-し【異状死】事故死・犯罪死・自殺や災害による死、また医療行為に関連した予期しない死など。➡自然死［補説］医師法により、異状死に遭遇した医師は、警察への届け出を義務づけられている。

いじょうじき-モーメント【異常磁気モーメント】量子力学で導かれる粒子の磁気モーメントの値と測定値に見られるずれ。電子の場合、ボーア磁子を単位として、1の値をもつはずだが、実際には0.116パーセント大きい。また、陽子と中性子の場合は核磁子を単位として、それぞれ2.70倍、－1.91倍の値をもつ。これらのずれは、電子の場合、量子電磁力学的な効果で説明され、陽子と中性子はクオークなどの内部構造に起因すると考えられている。

いじょう-しんいき【異常震域】地震の震度分布で、震央から遠く離れているのに、広い範囲にわたって震度が異常に高い地域。

いじょう-しんりがく【異常心理学】夢や催眠状態など、正常人における例外的心理状態や、精神異常者の心理について、その仕組みや発生機構を解明しようとする心理学の一部門。精神医学と重なり合う部分が多い。

いじょう-せいかく【異常性格】平均から大きく逸脱した性格。

いじょう-せいよく【異常性欲】性欲が正常でないこと。性的欲求の異常な亢進こうしん・減退、性対象の倒錯など。

いじょう-ち【囲×繞地】「いにょうち(囲繞地)」に同じ。

いじょう-ちょういき【異常聴域】火山噴火の爆発音などが、通常の可聴域を離れた遠方で聞こえるようになる区域。成層圏上部の大気が音波を反射して起こる現象。

いしょう-つき【衣装付き】衣装を着た格好。衣装の着こなし。「金にあかした—」〈浄・博多小女郎〉

いしょう-づくし【衣装尽(く)し】着物にぜいたくの限りを尽くすこと。「袖重ねの—、鹿子かのこならざる小褄こづまもなく」〈浮・懐硯・五〉

いしょう-づけ【衣装付け】❶出演者が衣装をつけること。❷出演者などの衣装の着こなし。❸「衣装方」に同じ。❹出演者の必要とする衣装を衣装方が記す帳簿。

いじょうてんこう-そうきけいかいじょうほう【異常天候早期警戒情報】▶早期警戒情報❷

いしょう-どうらく【衣装道楽】イシャウダウラク 衣服に関して、ぜいたくをすること。また、その人。着道楽。

いしょう-とうろく【意匠登録】イシャウ 意匠考案者、またはその権利継承者の請求によって、特許庁が考案された意匠に関する必要事項を意匠原簿に記入すること。

いしょう-どころ【衣×裳所】イシャウ 近世、諸大名の邸内で、衣装を保管したり裁縫したりした所。

いしょうにほんでん【異称日本伝】江戸初期の史書。3巻。京都の儒医松下見林著。元禄6年(1693)刊。中国・朝鮮の史書から日本関係の記事を抜き出して編集したもの。

いしょう-にんぎょう【衣装人形】イシャウニンギャウ 衣装をつけた人形。主に江戸時代に作られ、俳優・遊女などをかたどった。押し絵のものと木彫りの人形に衣装を着せたものとがある。浮世人形。着付け人形。

いしょう-の-せい【×帷×牆の制】ヰシャウ 君主が侍女や近臣に抑えられ、その力を発揮できないでいること。

いしょう-びつ【衣装×櫃】イシャウ 衣装を保管しておく大形の箱。

い-じょうふ【偉丈夫】ヰヂャウ《「いじょうぶ」とも》からだが大きくてたくましい男。また、人格のすぐれている男。大丈夫だいじょうぶ。

いじょう-ぶんべん【異常分×娩】イジャウ 母体や胎児の状態に何らかの問題があり正常分娩とならないこと。母子の生命と安全を確保するため、分娩経過において薬剤・器具などによる医学的介入を要するもの。流産・早産・微弱陣痛・過強陣痛・児頭骨盤不均衡・多胎分娩・前期破水・胎位や胎勢の異常・癒着胎盤・分娩時異常出血などがある。

いしょう-まく【衣装幕】イシャウ 花見・遊山で小宴を開くときなどに、木の間に綱を張り、これに衣装をかけて幕としたもの。小袖幕こそでまく。「東叡山の春の盛り都にも見ぬ—」〈浮・栄花一代男〉

いしょう-もち【衣装持(ち)】イシャウ 衣服をたくさん持っていること。また、その人。

い-しょく【衣食】〔名〕スル ❶衣服と食物。着ることと食べること。❷暮らしを立てること。生活。「六十円に、月々—するに」〈漱石・虞美人草〉

衣食足りて礼節を知る 《「管子」牧民の「倉廩そうりん実みちて則ち礼節を知り、衣食足りて則ち栄辱えいじょくを知る」から》人は、物質的に不自由がなくなって、初めて礼儀に心を向ける余裕ができてくる。衣食足りて栄辱を知る。

衣食に奔走ほんそうす 生活のために走り回って働く。

い-しょく【依嘱】〔名〕スル 他人に任せて頼むこと。頼りにすること。「他の何者かに—して初めて充足する生活であるならば」〈倉田・愛と認識との出発〉(類語)頼む・託する・嘱しょくする・委ゆだねる・任せる・預ける・委託する・依託する・委嘱する・嘱託する・やってもらう

い-しょく【委嘱】ヰ〔名〕スル 一定期間、特定の仕事を他の人に任せること。委託。「監査役を—する」(補説)行政では、審議会・調査会などの委員に、民間人やその行政機関に属さない公務員を任じることをいう。(類語)嘱託・委任・付託・頼む・預ける・託する・嘱しょくする・委ゆだねる・任せる・委託する・依託する・依嘱する・やってもらう

い-しょく【異色】〔名・形動〕《同じでない色、また、普通とは違う色の意から》他と異なって特色のあること。また、そのさま。「—の顔ぶれ」「—な作風」(類語)異彩・貴重・珍重・得難い・珍しい・貴い・稀・稀有・高貴・大切・重要・珍貴・珍稀

い-しょく【移植】〔名〕スル ❶植物を他の場所に移し植えること。植えかえ。「松を—する」❷外国の文物・制度などを自国に取り入れること。❸生物体のある器官や組織の一部を切り取って、同一個体の別の場所または別の個体に移しかえること。「臓器—」❹コンピューターで、ある特定の機種で動くプログラムを、他の機種でも動くように変更すること。

い-しょく【遺嘱】ヰ〔名〕スル 生きているうちに、死後のことを依頼すること。生前の頼み。遺託いたく。

い-じょく【居職】ヰ 自宅で仕事をする職業。また、その人。裁縫師・印判師など。座職。「—に飾の金物をこしらえ」〈一葉・にごりえ〉⇔出職でしょく。

いしょく-コーディネーター【移植コーディネーター】臓器・組織・骨髄などの移植を行う際に、臓器を提供する側と移植を受ける側の間で調整を行う医療従事者。

いしょく-ごて【移植×鏝】野菜や草花を移植するのに使う小型のシャベル。

い-しょく-じゅう【衣食住】ヂュウ ❶衣服と食物と住居。生活をしていく基礎。❷暮らしを立てていくこと。暮らし向き。生計。「—も思うにまかせない」

いしょく-せい【移植性】《portability》ソフトウエアなどをある環境から別の環境に移行する際の容易さ。一般に異なるプラットホームやアーキテクチャーへの移行についていう。「—が高い」

いしょく-ツーリズム【移植ツーリズム】移植のための渡航のうち、臓器を不正な手段で入手したり、商品として売買するなどの行為が行われている場合をいう。他国から臓器移植を希望する患者を受け入れることによって、自国の患者が移植医療を受けにくくなる場合も移植ツーリズムにあたるとされる。(補説)2008年5月、国際移植学会は、臓器提供者保護の観点から「臓器取引と移植ツーリズムに関するイスタンブール宣言」を採択。海外渡航移植の原則禁止を提言した。日本では、15歳未満の臓器提供は禁止されていたが、国内で移植手術を受けられるようにするため、臓器移植法が改正された。

いしょく-どうげん【医食同源】病気の治療も日常の食事も、ともに生命を養い健康を保つために欠くことができないもので、源は同じだという考え。(補説)古くから中国にある、体によい食材を日常的に食べて健康を保てば、特に薬など必要としないという薬食同源の考えをもとにした造語といわれる。

いしょく-ネット【移植ネット】▶日本臓器移植ネットワーク

いしょく-めんえき【移植免疫】他個体からの臓器や組織を移植された生体が、移植片に対して起こす免疫反応。➡拒絶反応

イジラク〔Ijiraq〕土星の第22衛星。2000年に発見。名の由来はイヌイット神話の怪物。非球形で平均直径は約10キロ。

いじらし-い いぢらしい〔形〕文いぢら・し〔シク〕幼い子供や弱い者などの振る舞いが、何ともあわれで同情したくなる感じである。けなげでかわいそうなさま。また、可憐かれんなさま。「涙を見せまいとする姿が—・い」(派生)いじらしがる〔動ラ五〕いじらしげ〔形動〕いじらしさ〔名〕(類語)哀れ・可愛い・可愛らしい・愛おしい・愛しい・愛らしい・愛くるしい・あどけない・しおらしい・めんこい・可憐かれん・キュート・いたいけ・しとやか

いじり【▽弄り】いぢ《動詞「いじる」の名詞化》❶いじること。多く、名詞の下に付いて接尾語的に用いる。「庭—」「車—」❷他人をもてあそんだり、困らせたりすること。➡客いじり

いじり-やき【▽弄り焼き】いぢ 餅もちなどを、気ぜわしく何度も裏表ひっくり返しながら焼くこと。「かき餅の—」〈鶉衣・餅辞〉

いしりんしょうけんしゅう-せいど【医師臨床研修制度】イシリンシャウケンシウ 大学を卒業し国家試験に合格した医師を指定病院で実地研修させ、臨床医として一般的な診療で頻繁に関わる負傷や疾病に適切に対応できるようにプライマリーケアの基本的な診療能力を習得させ、また、医師としての人格を養い育てるための制度。研修期間は2年以上。臨床研修制度。(補説)昭和43年(1968)実地修練制度(インターン制度)を廃止して臨床研修制度を創設。この制度で2年間の臨床研修は努力義務であったが、平成16年(2004)4月に新医師臨床研修制度となってからは必修化。当初は内科、外科、救急(麻酔科を含む)、小児科、産婦人科、精神科、地域保健・医療の7科目が必修だったが、同20年に見直され、内科・救急・地域医療の3科目が必修、外科・麻酔科・小児科・産婦人科・精神科から2科目選択必修となった。

いじ・る【▽弄る】いぢ〔動ラ五(四)〕❶指先や手で触ったりなでたりする。「ネクタイを—・る」❷物事を少し変えたり、動かしたりする。「編成を—・る」❸趣味として楽しむために、あれこれと手を加えたり、操作したりする。仕事などを趣味のように扱っていう場合もある。「盆栽を—・る」「会社では、毎日パソコンを—・っています」❹無理を言って困らせる。いじめる。「何にても芸をせよ、と—・る」〈浮・一代男・四〉(補説)自分のことをいう場合には、軽い自嘲や謙遜の気持ちを、相手のことでは、小ばかにした気持ちを含むことがある。(可能)いじれる
(類語)まさぐる・ひねくる・もてあそぶ・いじくる

いし-るい【異×翅類】半翅目異翅亜目の昆虫の総称。前翅ぜんしの付け根側の半分が硬い革質で、先半分は膜質。後ろ翅は膜質。陸生のカメムシ、水生のタガメ、両生のアメンボなど。

いし-わた【石綿】繊維状の鉱物。蛇紋石が多いが、角閃石もある。熱・電流の不良導体で建築物などの耐火材・保温材に使用。吸入により石綿肺せきめんはいや肺癌はいがんなどの原因となるため、現在では使用禁止。アスベスト。せきめん。

いしわたけんこうひがい-きゅうさいほう【石綿健康被害救済法】イシワタケンカウヒガイキウサイハフ《「石綿による健康被害の救済に関する法律」の通称》石綿が原因で、中皮腫や肺癌などに罹患した患者やその遺族を救済する目的で制定された法律。医療費・療養手当・特別遺族弔慰金等の支給について定めている。平成18年(2006)施行。石綿新法。

いしわた-しんぽう【石綿新法】シンパフ ▶石綿健康被害救済法

いし-わり【石割(り)】❶石を割ること。また、その道具。❷石積みの際に、石材の大きさや据え付け位置などを割り付けること。❸ヒクイドリの別名。❹「石割り雪駄せった」の略。

いしわり-ざくら【石割(り)桜】盛岡市の盛岡地方裁判所構内にあるエドヒガンザクラ。大きな石の狭い割れ目から生え、高さ5メートルに達する。大正12年(1923)天然記念物に指定。

いしわり-じごく【石割(り)地獄】ヂゴク ▶衆合地獄しゅごうじごく

いしわり-せった【石割(り)雪▽駄】雪駄の一種。かかとに鉄片を打ちつけたもの。

いじ-わる【意地悪】イヂ〔名・形動〕わざと人を困らせたり、つらく当たったりすること。また、そのさまや、そういう人。「—を言う」「—な性格」
(類語)邪慳じゃけん・突っ慳貪

いじ-わる・い【意地悪い】イヂ〔形〕文いぢわる・し〔ク〕❶他人に対して悪意のこもった感じである。わざと人を困らせる態度・ようすである。「—・い口調」❷物事が、都合の悪くなる感じである。「—・いことに雨まで降ってきた」

い-しん【威信】ヰ 威厳と信望。「国家の—にかかわる」「—が失墜する」(類語)権威・威厳・威名いめい・威望・名望・威光・威風・威力・権力・勢威・力ちから

い-しん【異心】裏切りをたくらむ心。ふたごころ。反逆心。「—をいだく」「—を挟む」

い-しん【移審】上訴により、事件の係属関係が上級の裁判所へ移ること。

い-しん【維新】ヰ《「詩経」大雅の文王から。「維これ新あらたなり」の意》❶すべてが改まって新しくなること。特に、政治や社会の革新。❷明治維新のこと。御一新。「—後は両刀を矢立に替えて」〈二葉亭・浮雲〉(類語)革命・改革・変革・改変・改造・改新・クーデター・世直し

い-しん【遺臣】ヰ ❶先代または前朝に仕えていた旧臣。❷滅亡した国・藩などの家来。「赤穂の—」

い-じん【×夷人】未開人。野蛮人。また、外国人を軽視していうこともある。

い-じん【異人】❶異国の人。外国人。特に、西洋人をいう。❷別の人。他の人。「同名—」❸普通の人とはちがってすぐれた人。また、不思議な術を使う人。「旧家に寄寓してあるいた白石翁という—が」〈柳田・

山の人生〉 [類語]外国人・外人・異邦人

い-じん【偉人】すぐれた仕事をなしとげ、多くの人から尊敬される人。偉大な人。
[類語]巨星・巨人・英傑・傑物・傑士・傑人・人傑・俊傑・怪傑・大人物・逸材・大物・女傑・大器・英雄・ヒーロー・老雄・群雄・奸雄・両雄・風雲児・雄

いじん-かん【異人館】明治時代に日本に来た西洋人が住んだ洋風の住宅や商館。

いじん-かんたい【異人歓待】放浪する宗教者や遠来の客人を、神の化身とみなして歓待する風習。ホスピタリティー。

いしん-じょ【石ん▽丈┊石ん▽千▽代】石のように堅いこと。また、その人。頑固者。律義者。「ててご様は隠れもない—なり」〈浄・寿の門松〉

いしんしりょう-へんさんかい【維新史料編纂会】明治44年(1911)、文部省内に設けられた明治維新関係史料の編纂機関。「大日本維新史料」稿本約四千冊を編纂。昭和24年(1949)、東京大学史料編纂所に吸収。

いしん-でんしん【以心伝心】❶仏語。仏法の奥義を、言葉や文字を借りず師の心から弟子の心に伝えること。主に禅宗で用いる。➡不立文字 ❷無言のうちに心が通じ合うこと。「—の間柄」[補説]「意心伝心」と書くのは誤り。[類語]呼応

いしん-の-さんけつ【維新の三傑】明治維新に功績の大きかった、西郷隆盛・大久保利通・木戸孝允の三人。

いしんぽう【医心方】現存する日本最古の医書。永観2年(984)に成立。丹波康頼撰。30巻。当時日本にあった中国の医書から引用し、病気別に編集したもの。いしんほう。

いす【×柞】イスノキの別名。

い-す【椅子┊×倚子】《「す(子)」は唐音》❶腰掛けて座るための家具。腰掛け。➡倚子 ❷官職・役職の地位。ポスト。「大臣の—」[類語]腰掛け・ベンチ・ソファー・席・位置・地位・ポスト・ポジション・位・格・肩書き・役職・役付き・階級・身分

いず【伊豆】㊀旧国名の一。静岡県の伊豆半島および東京都の伊豆諸島にあたる。豆州。㊁伊豆半島中北部の市。多数の温泉のほか、修禅寺や天城峠など観光資源が豊富。平成16年(2004)修善寺町、土肥町、天城湯ヶ島町、中伊豆町が合併して成立。人口3.4万(2010)。

いず【▽何】〔代〕不定称の指示代名詞。どこ。上代東国方言という。「多由比潟潮満ち渡る—ゆかもかなしき背ろが我がり通はむ」〈万・三五四九〉[補説]接尾語などを伴って、「いずく」「いずち」「いずれ」などの不定称代名詞をつくる。

い・ず【▽出づ】〔動ダ下二〕❶ある場所から外の方へ移る。そこから離れる。出発する。「住む館よりー・でて船に乗るべき所へ渡る」〈土佐〉❷人目につく所に現れる。「自らが家をこぼちて市にー・でて売る」〈方丈記〉❸日や月など、いままで視界から隠れていたものが現れる。「暁かけて月ー・づる頃なれば」〈源・須磨〉❹新たに現れる。生まれる。生じる。「かかる人も世にー・でおはするものなりけり」〈源・桐壺〉❺俗世間・迷いなどから逃れる。「山ふかく心はかねておくりてき身こそ憂き世をー・でやらねども」〈山家集・下〉❻(「…に出づ」の形で)あることに起因する。由来する。もとづく。「アルレゴリイと勧懲主眼の小説との差別を知らぬにー・でたることにて」〈逍遥・小説神髄〉❼動詞の連用形に付いて、出る意を添える。「うち添へて、もとよりの憎さも立ちー・でて」〈源・桐壺〉❽㋐外に現す。出す。「言にー・でて言はばゆゆしみ」〈万・四〇〇八〉㋑動詞の連用形に付いて、出す意を添える。「さが尻をかきー・でて」〈竹取〉[補説]基本的には「でる」に同じ。

い-すい【渭水】中国陝西省中央部を流れる川。甘粛省の渭源県に源を発して東流し、潼関の東方で黄河に合流する。長さ787キロ。流域の渭水盆地は中国古代文明の中心の一つで、秦・漢以来は「関中」とよばれ、歴代王朝の都となった長安(西安)がある。渭河。渭川。ウェイショイ。

い-ずい【萎×蕤】アマドコロの別名。

いず-いし【×伊豆石】神奈川県の湯河原町・真鶴町から産する輝石安山岩。色は青黒く、庭石・建築などに用いる。小松石が有名。

い-すう【異数】〔名・形動〕❶《「数」は等級の意》普通とは違った待遇。特別の恩恵。❷他に例のないこと。めったにないこと。また、そのさま。異例。「地主と半々に分けるところは—なくらいだ」〈藤村・千曲川のスケッチ〉

いすう-せい【異数性】生物の種によって決まっている染色体数が、整数倍より1または数個増減している現象。

いすう-たい【異数体】一対ずつ存在する常染色体が、不分離や欠失・倍加によって1ないし数個増減している個体。

いず-おおしま【伊豆大島】伊豆諸島中最大の火山島。➡大島㊀㊁

いずおおしまきんかい-じしん【伊豆大島近海地震】昭和53年(1978)1月14日、伊豆大島の北約10キロメートルの地点を震源に発生した、マグニチュード7.0の地震。翌日に発生した余震(マグニチュード5.8)とあわせて、伊豆半島に大きな被害を及ぼした。

いずおがさわら-かいこう【伊豆小笠原海溝】伊豆諸島・小笠原諸島の東方を南北にのびる海溝。北は房総半島沖で日本海溝に接する。

いすか【交=喙┊×鶍】アトリ科の鳥。全長18センチくらい。全体に雄は暗紅色、雌は黄緑色。くちばしは曲がって上下が食い違い、松やモミの実を食べる。ユーラシアと北アメリカに分布。日本には冬に渡来し、繁殖することもある。(季 秋) [補説]「鶍」は国字。

交喙の嘴　《イスカのくちばしの上下食い違った形から》物事が食い違って思うようにならないこと。「—の食い違い」

いず-かた【▽何方】〔代〕❶不定称の指示代名詞。㋐どちら。どこ。「—に求め行かむ」〈伊勢・二一〉㋑どれ。いずれ。「—をも捨てじと心にとりもちては、一事も成るべからず」〈徒然・一八八〉❷不定称の人代名詞。どなた。どちらさま。「男も女も、—も、ただ同じ御心のうちに」〈堤・思はぬ方にとまりする少将〉

いず-が-たけ【伊豆ヶ岳】《「伊豆ヶ嶽」とも書く》埼玉県南西部、飯能市北西部にある山。標高851メートル。秩父古生層からなり、奥武蔵を代表する男性的な山として知られる。眺望がよく、晴れた日には東京の高層ビル群を見ることができる。

いすか-つぎ【×鶍継ぎ】木材の継ぎ手の一。一方は下端から斜め上に、他方は上端から斜め下に食い違わせて継ぐ。天井の野縁・破風などに用いる。

イスカンデル〖Fazil' Abdulovich Iskander〗[1929〜　]グルジアのアブハジア自治共和国の小説家・詩人。アブハジアを舞台とした作品をロシア語で書いた。大河年代記小説「チェゲムのサンドロおじさん」で知られる。

イスキア-とう【イスキア島】《Isola d'Ischia》イタリア南部、ナポリ湾の北西部、ティレニア海にある火山島。プロチダ島とともにフレグレア諸島に属す。島の最高峰はエポメオ山(標高788メートル)で13世紀以降は大きな噴火はない。温泉保養地として有名。紀元前8世紀に古代ギリシャが植民市を建設し、地中海交易の中継地として栄えた。古代ローマ時代から続くワインの産地としても知られる。

いず-く【▽何▽処】〔代〕《「いずこ」の古形》不定称の指示代名詞。どこ。「—より来りしものぞ」〈万・八〇二〉

何処はあれど　多くの所があるが、その中で特に。「みちのくは—しほがまの浦こぐ舟の綱手悲しも」〈古今・東歌〉

いずく-にか【▽何▽処にか】〔副〕「いずくんか」に同じ。「—舟泊てすらむ安礼の崎漕ぎたみ行きし棚なし小舟」〈万・五八〉

い-すくま・る【居×竦まる】〔動ラ五(四)〕《「いずくまる」とも》恐ろしさや寒さのあまり、身がすくんで動けなくなる。いすくむ。「にらまれて—・る」

い-すく・む【居×竦む】〔動マ五(四)〕「いすくまる」に同じ。「崖っぷちでー・む」

い-すく・める【射×竦める】〔動マ下一〕図いすく・む〔マ下二〕❶相手を見据えてこわがらせ、身が縮むようにする。「鋭い眼光でー・められる」❷矢を射て敵を萎縮させ、身動きできないようにする。「ただ遠矢にー・めければ」〈太平記・五〉

いずくん-か【▽安んか┊×焉んか】〔副〕《「いずくにか」の音変化》どこに…か。「室に入りて問ふ、—ゆくと」〈文鏡秘府論保延点〉

いずくん-ぞ【▽安んぞ┊×焉んぞ】〔副〕《「いずくにぞ」の音変化》漢文訓読の用語で、あとに推量を伴って反語を表す。どうして…だろうか。「人—常に悪からむ」〈露伴・二日物語〉

いず-こ【▽何▽処】〔代〕《「いずく」の音変化で、平安時代以降の語》不定称の指示代名詞。どこ。「むかしの光いま—」〈晩翠・荒城の月〉[類語]どこ・どこら

何処ともなく　どこへというあてもなく。どこへとも知れず。「—立ち去る」

何処をはかと　《「はか」は目標の意》どこを目あてとして。「上りけむ野辺は煙もなかりけむ—尋ねてか見し」〈更級〉

いず-こうげん【伊豆高原】静岡県伊豆半島東岸、伊東市南部に広がる高原。東西5キロメートル、南北10キロメートル。南に位置する大室山の溶岩流によってできた台地。北側に一碧湖、東端に海食崖が発達した城ヶ崎海岸がある。別荘地のほかゴルフ場・キャンプ場などがある。

いずさん-じんじゃ【伊豆山神社】静岡県熱海市伊豆山にある神社。祭神は伊豆山神。走湯権現。伊豆山権現。

いずし【出石】兵庫県北東部、出石郡にあった町。もと仙石氏の城下町。縮緬などを産する。平成17年(2005)に豊岡市と合併、同市の一部となる。

いず-し【伊豆市】➤伊豆㊁

い-ずし【×貽×鮨】貽貝の鮨。「老海鼠のつまの—、鮨鮑をぞ、心にもあらぬ脛に上げて見せける」〈土佐〉

いずし-じんじゃ【出石神社】兵庫県豊岡市出石町宮内にある神社。祭神は出石八前大神と天日槍命。但馬国一の宮。

いず-しちとう【伊豆七島】伊豆諸島の、大島・利島・新島・神津島・三宅島・御蔵島・八丈島の七島の総称。

いずし-やき【▽出▽石焼】兵庫県豊岡市出石地区で生産される陶磁器。江戸中期に始まり、有田風の白磁・染め付けなどが多い。

いず-しょとう【伊豆諸島】相模湾の南方にほぼ南北に連なる火山島群。伊豆七島のほか、さらに南の青ヶ島・鳥島などを含み、東京都に属する。

いすず-がわ【五十鈴川】三重県伊勢市を流れる川。神路山に源を発し、伊勢神宮内宮を経て伊勢湾に注ぐ。御裳濯川。宇治川。[歌枕]「神風や—なみ数知らずすむべき御代に又帰り来む」〈新古今・神祇〉

いすず-の-みや【五十鈴宮】伊勢神宮の内宮(皇大神宮)の別称。

いすずより-ひめ【五十鈴依媛】事代主命の娘。綏靖天皇の皇后。

いず-せんりょう【×伊豆千両】ヤブコウジ科の常緑低木。関東地方南部から西の暖地に自生。高さ約1メートル。葉は長楕円形で先がとがる。雌雄異株で、初夏、葉の付け根に黄白色の小花が集まって咲き、白い丸い実を結ぶ。うばがねもち。

イスタパ〖Ixtapa〗メキシコ南部、アカプルコの約240キロメートル西方、太平洋に面する観光地。新興のリゾートとして知られ、沖合にイスタパ島がある。

イスタンブール〖İstanbul〗トルコ北西部の商工業都市。ボスポラス海峡を挟んで東西にまたがる。コンスタンティヌス1世によってローマ帝国の首都とさ

れ、コンスタンティノポリスと称した。その後、東ローマ帝国・オスマン帝国の首都。アジアとヨーロッパの接点。アヤソフィア寺院など、ビザンチン文化遺跡やイスラム教寺院が残る地域は、1985年「イスタンブール歴史地域」の名で世界遺産(文化遺産)に登録された。人口、都市圏1082万(2007)。イスタンブル。旧称コンスタンチノープル。

イスタンブール-せんげん【イスタンブール宣言】《『臓器取引と移植ツーリズムに関するイスタンブール宣言』の略称》2008年、国際移植学会が中心となってイスタンブールで開催された国際会議で採択された宣言。臓器売買・移植ツーリズムの禁止、自国での臓器移植の推進、生体ドナーの保護を提言している。(補説)この宣言を受けて、日本では臓器移植法の改正論議が高まり、平成21年(2009)に15歳未満の臓器提供を認める改正法が成立、同22年7月に施行された。

いず-ち【▽何▽方】〔代〕不定称の指示代名詞。どっち。どこ。「たらちしの母が目見ずておほほしく―向きてか我が別るらむ」〈万・八八七〉

何方も何方も　どこへでも。どこへなりとも。「―、足の向きたらむ方へいなむず」〈竹取〉

イスティクラール-どおり【イスティクラール通り】《İstiklâl Caddesi》トルコ北西部の都市イスタンブールの新市街、ベイオウル地区にある通り。タクシム広場から南西方向のベイオウル区役所付近までを結び、路面電車が走る。レストラン、デパート、高級ブティックなどが並ぶイスタンブールきっての繁華街であり、歩行者天国になっている。

いずて-ぶね【×伊豆手船】古く、伊豆国でつくられ、他国にもその技術が伝えられた船。いずてのふね。「防人の堀江漕ぎ出づる―梶取る間なく恋は繁けむ」〈万・四三三六〉

イストモス-ちきょう【イストモス地峡】《Isthmos》コリント地峡の旧称。

イストラ-おんせん【イストラ温泉】《Istarske Toplice》クロアチア西部、イストラ半島にある温泉。ポレッチの北東約35キロメートルに位置する。古代ローマ時代より温泉地として知られ、現在は温泉療養施設もある。

いすとり-ゲーム【椅子取りゲーム】人数より少ない数の椅子を取り合うゲーム。丸く並べた椅子のまわりを回り、合図で一斉に椅子に座った時、椅子がなくて座れなかった人が抜けていく。順次に椅子を減らして、最後まで残った人が勝ちとなる。

イズニク〖İznik〗トルコ北西部の町。紀元前4世紀にマケドニア王国が建設した都市ニカイアに起源し、前1世紀より古代ローマ帝国の属州になった。11世紀にセルジュークトルコの最初の首都となったが、十字軍と東ローマ帝国により奪還された。13世紀にオスマン帝国の支配下となり、現名称で呼ばれるようになった。旧市街はローマ時代の城壁に囲まれ、劇場の遺跡や、オスマン朝最古のハジュオズベクモスク、緑色の尖塔をもつイェシルモスクなどが残る。16世紀に隆盛したイズニク陶器の産地であり、特にタイルはオスマン朝建築の装飾に広く用いられた。

いず-ぬま【伊豆沼】宮城県北部にある沼。面積3.2平方キロメートル、最大深度1.4メートルの低湿地湖沼。水田と丘陵に囲まれており、毎年マガン・オオハクチョウ・コハクチョウなどが数千羽飛来する。「伊豆沼・内沼の鳥類およびその生息地」として、国の天然記念物に指定されている。昭和60年(1985)ラムサール条約に登録された。

いず-の-うみ【伊豆の海】伊豆半島に面する相模湾の異称。(歌枕)「箱根路をわが越えくれば―や沖の小島に波の寄る見ゆ」〈金槐集〉

いずのおどりこ【伊豆の踊子】川端康成の小説。大正15年(1926)発表。伊豆を旅する一高生と旅芸人の踊り子との淡い恋を描く。

いす-の-き【×柞｜蚊=母=樹】マンサク科の常緑高木。暖地に自生。樹皮は灰白色。葉は長楕円形で厚く、互生する。春、紅色の細かい花が穂状に咲く。葉に生ずる虫こぶはタンニンを含み、染料に、材は堅くて重く、柱・机・櫛・そろばん玉などに用いられ、また柞灰も作られる。虫こぶを吹いたときに鳴る音から「ひょんのき」ともいう。さるぶえ。さるびょう。くしのき。ゆすのき。いす。

いずのくに【伊豆の国】静岡県東部、伊豆半島の付け根にある市。狩野川や伊豆箱根鉄道が縦貫する伊豆観光の基地。平成17年(2005)4月に伊豆長岡町、韮山町、大仁町が合併して成立。人口4.9万(2010)。

いずのくに-し【伊豆の国市】►伊豆の国

いず-の-ちょうはち【伊豆の長八】►入江長八

いす-ばい【×柞灰】イスノキを焼いて作った灰。磁器の釉薬の融剤に用いられる。

イスパニア〖España〗「スペイン」のスペイン語による呼称。

イスパニョーラ-とう【イスパニョーラ島】《Española》西インド諸島中部の島。西部をハイチ共和国、東部をドミニカ共和国が占める。ハイチ島。

いずはら【厳原】►いづはら(厳原)

イスパルタ〖Isparta〗《「ウスパルタ」とも》トルコ南西部の都市。標高1035メートルの高原に位置し、バラと絨毯の産地として知られる。15世紀建造のウルモスク、16世紀に宮廷建築家ミマール=スィナンが建てたビルデプスパシャモスクのほか、東ローマ帝国時代の教会遺跡がある。

いず-はんとう【伊豆半島】静岡県東部の半島。富士火山帯に属し、大室山・天城山・達磨山などの火山や、熱海・伊東・伊豆長岡などの温泉が多い。富士箱根伊豆国立公園の一部。

いずはんとうおき-じしん【伊豆半島沖地震】昭和49年(1974)5月9日、伊豆半島南方沖で発生したマグニチュード6.9の地震。伊豆半島南部に被害を及ぼした。

イスファハン〖Isfahan〗イラン中部の都市。前6世紀、アケメネス朝ペルシア帝国のころ建設され、17世紀にはサファビー朝の首都となった。イスラム建築の宝庫、また伝統工芸の中心地。人口、行政区160万(2006)。エスファハーン。

イズベスチヤ〖ロシ Izvestiya〗《通報の意》ソ連最高会議幹部会の発行した政府機関紙。1917年創刊。「プラウダ」と並ぶ代表的日刊新聞であったが、1991年のソ連崩壊後は、ロシア連邦の一民間新聞。

い-ずまい【居住(ま)い】❶人が座っている姿勢。また、その態度。座り方。「―を正す」❷住んでいるまわりのようす。環境。「人といふものも―による事ぞ」〈史記抄・李斯伝〉(類語)体勢・構え・ポーズ・体位・姿勢

いすみ　千葉県南東部、房総半島東岸にある市。大原駅で外房線といすみ鉄道が接続する。イセエビ漁が盛ん。平成17年(2005)12月、夷隅町・大原町・岬町が合併して成立。人口4.1万(2010)。

いすみ【夷隅】千葉県南東部、いすみ市西部を占める地域の名。夷隅郡大原町・岬町と合併する前の旧夷隅町。房総丘陵の北東に位置する。

いずみ【出水】鹿児島県北西部の市。八代海に臨み、野間ノ関跡があり、中世は和泉氏領。鶴の渡来地として知られる。平成18年(2006)3月、野田町・高尾野町と合併。人口5.6万(2010)。

いずみ【和泉】㊀旧国名の一。五畿に属し、現在の大阪府南部にあたる。泉州。㊁大阪府南部の市。中心の府中は、もと和泉国の国府の地。綿布・ガラス工業が盛ん。信太の森がある。人口18.5万(2010)。

いず-み【泉】❶《「出水」の意》地下水が自然に地表にわき出る所。また、そのわき出た水。湧泉。(季 夏)「―への道後れゆく安けさよ/波郷」❷物事が出てくるもと。源泉。「希望の―」「知識の―」(類語)湧き水・清水

いずみ【泉】㊀仙台市北部の区名。住宅地。もと泉市で、昭和63年(1988)仙台市に編入、翌年区となる。㊁横浜市の区名。昭和61年(1986)戸塚区から分区。

いずみ-いし【▽和泉石】大阪府泉南地方に産する白亜紀の砂岩。緻密で緑灰色。墓石などに使う。

いずみおおつ【泉大津】大阪府南西部の市。紀州街道の宿場町として発展。毛布・ニット製品を生産。人口7.8万(2010)。

いずみおおつ-し【泉大津市】►泉大津

いすみ-がわ【夷隅川】千葉県南東部を流れる川。勝浦市の山地に源を発し、いすみ市北東部の太東崎の南で太平洋に注ぐ。長さ68キロ。蛇行をくり返して流れるため、水系全体の長さは161キロに達する。中・下流域は穀倉地帯。

いずみ-がわ【泉川】❶泉の水が流れ出て川をなすもの。(季 夏)「一陽の斑に染みぬ恋ヶ窪/八束」❷《寛政(1789～1801)ころの力士泉川が得意としたところから》相撲の手の一。相手の差し手を両手で抱えるようにしてきめ、動作の自由を封じる。

いずみ-がわ【泉川】木津川の、京都府南部を流れる部分の古名。(歌枕)「瓶原わきて流るる―いつ見きとてか恋しかるらむ」〈古今六帖・三〉

いずみ-きょうか【泉鏡花】［1873～1939］小説家・劇作家。石川の生まれ。本名、鏡太郎。尾崎紅葉の門下。繊細優雅な文体で、独特の浪漫的境地を開いた。小説「夜行巡査」「照葉狂言」「高野聖」「婦系図」「歌行灯」、戯曲「夜叉ヶ池」など。

いずみきょうか-ぶんがくしょう【泉鏡花文学賞】文学賞の一。昭和48年(1973)に泉鏡花の生誕100周年を記念して創設された。生誕地である石川県金沢市が主催する。単行本を対象とし、浪漫的で優れた作品に贈られる。

いずみ-く【泉区】►泉

いずみさの【泉佐野】大阪府南西部の市。平安時代から紀州街道の宿場町・港町として発展。綿織物業が盛ん。人口10.1万(2010)。

いずみさの-し【泉佐野市】►泉佐野

いずみ-さんみゃく【和泉山脈】大阪府と和歌山県との境の山脈。最高峰は岩湧山で、標高897メートル。

いすみ-し【いすみ市】►いすみ

いずみ-し【出水市】►出水

いずみ-し【和泉市】►和泉㊁

いずみ-しきぶ【和泉式部】平安中期の女流歌人。大江雅致の娘。和泉守橘道貞と結婚し、小式部内侍を産んだ。為尊親王、次いでその弟の敦道親王と恋をし、上東門院彰子に仕えてのち藤原保昌に嫁するなどした経歴から、恋の歌が多い。「和泉式部日記」「和泉式部集」がある。生没年未詳。

いずみしきぶにっき【和泉式部日記】日記。1巻。和泉式部の自作とされるが、他作説もある。寛弘4年(1007)成立とする説が有力。長保5年(1003)4月から翌年正月までの、敦道親王との恋愛の経過を、歌を交えて物語ふうに記す。和泉式部物語。

いずみ-せいじ【和泉聖治】［1946～　］映画監督。神奈川の生まれ。ピンク映画を数多く監督したのち、「オン・ザ・ロード」で一般映画に進出。テレビドラマ「相棒」シリーズの監督も手がけ、ヒットを飛ばした。代表作「さらば愛しのやくざ」「お日柄もよくご愁傷さま」「相棒－劇場版－」など。

いずみ-どの【泉殿】❶平安・鎌倉時代の寝殿造りで、泉のある邸宅。泉亭。❷寝殿造りの南庭の泉水に突き出した、納涼・観月のための小建物。泉廊。泉の屋。(季 夏)

いずみ-ねつ【泉熱】発熱・発疹・消化器症状を伴う感染症。ネズミの糞尿で汚染された井戸水や食物によって経口感染し、小児に多い。昭和4年(1929)泉仙助が報告。

いずみ-りゅう【▽和泉流】狂言の流派の一。慶長(1596～1615)のころ、山脇和泉守元光、その子元宣の代に成立。尾張藩・加賀藩の保護を受け、宮中にも出仕した。野村派・三宅派などがある。

イズミル〖İzmir〗トルコ西部、エーゲ海に面する港湾都市。古代ギリシャ名スミルナ。同国第三の都市

であり工業、貿易が盛ん。紀元前10世紀にイオニア人が築いた植民都市に起源し、古代ローマ帝国、東ローマ帝国時代にはエーゲ海の中心都市として栄えた。度重なる地震による被害や外敵の侵入のため、その歴史に比べ遺跡には恵まれないが、市内にはヘレニズム時代の城塞カディフェカレと古代ローマ時代のアゴラが残っている。人口、都市圏258万(2007)。

イズム〘ism〙《英語の接尾辞から》❶主義。主張。学説。「—を異にする」「—にとらわれる」❷多く固有名詞の下に付いて、特有な主義・流儀・傾向などの意を表す。「早稲田—」「三菱—」

(類語)思想・主義・理念・信条・信念・哲学・人生観・世界観・思潮・イデオロギー・精神

いずも【出雲】㊀旧国名の一。現在の島根県東部にあたる。出雲神話の舞台。雲州。㊁島根県北東部の市。中心部の今市は山陰道の宿場町・市場町として発展した。多様な軽工業が盛ん。平成17年(2005)3月、平田市および簸川郡4町と合併、同23年10月、斐川町を編入。人口17.1万(2010)。

い-ずもう【居相-撲】▶座り相撲

いずもおおやしろ-きょう【出雲大社教】神道十三派の一。明治15年(1882)、出雲神社の大宮司千家尊福が出雲大社敬神講をもとにして組織した宗教。初め、大社教と称したが、昭和26年(1951)現名称に改めた。本部は島根県出雲市大社町杵築東。

いずも-かぐら【▽出▽雲神-楽】神楽の分類の一。出雲の佐太神社の神楽の様式が広まったもので、中国・九州地方を中心に全国に分布。ふつう採物の舞と、神話などを脚色した演劇風の舞からなる。出雲流神楽。

いずも-ぐつわ【▽出▽雲×轡】くつわの一。鏡板の部分を十字形に彫り透かしたもの。十文字轡。名は、平安末期、出雲守宗介の創案によるからとも、出雲国で作られたからともいう。

いずも-ごと【▽出▽雲琴】▶八雲琴

いずもざき【出雲崎】新潟県中部、三島郡の地名。もと北陸街道の宿駅で、佐渡への官船往来の港。日本初の油井が掘られた所。良寛の生地。

いずも-し【出雲市】▶出雲㊁

いずも-たいしゃ【出雲大社】島根県出雲市大社町杵築東にある神社。旧官幣大社。主祭神は大国主命。他に五神を祭る。創建は神代と伝えられ、日本最古の神社の一。農業や縁結びの神として信仰される。本殿は国宝で大社造りの典型。天日隅宮。杵築大社。いずものおおやしろ。

いずも-でら【出雲寺】毘沙門堂の寺号。

いずも-の-おくに【出雲阿国】阿国歌舞伎の創始者。出雲大社の巫女の出身で、慶長(1596〜1615)ころ京に上り歌舞伎踊りを始めたという。歌舞伎の祖とされる。生没年未詳。

いずも-の-かみ【出雲の神】㊀出雲大社の祭神、大国主命。㊁《毎年陰暦10月、全国の神々が出雲に集まり、男女の縁を結ぶという俗信から》男女間の縁結びの神。

いずものくにふどき【出雲国風土記】奈良時代の地誌。1巻。出雲臣広島編。和銅6年(713)の詔により撰進された風土記の一つで、天平5年(733)成立。出雲地方の地勢・地名・物産・伝説などを記す。現存風土記中唯一の完本。出雲風土記。

いずも-ぶし【出雲節】江戸末期、出雲国安来で発生した民謡。海路、日本海沿岸および九州地方にまで伝播。博多節・安来節などの源流とされる。

いずも-へいや【出雲平野】島根県北東部、宍道湖の西にある沖積平野。斐伊川・神戸川の下流を占める。簸川平野。

いずも-やき【▽出▽雲焼】出雲地方で生産される陶器。楽山焼・布志名焼など。

イスラ〘L-Isla〙セングレアの旧称。リースラ。

いず-ら【▽何ら】〔代〕❶不定称の指示代名詞。どこ。どこいら。いずこ。「石田野に宿りする君家人の—と我を問はばいかに言はむ」〈万・三六八九〉❷(感動詞的に用いて)相手を促したり、問いかけたりするときに用いる語。さあさあ。「—今日の菖蒲はなどか遅うはつかうまつる」〈かげろふ・下〉

イスラエル〘Israel〙《ヘブライ語で、神が支配する意》㊀アジア南西部の地中海東岸にある共和国。正式国名はイスラエル国。首都エルサレム。ただし、国際的には未承認で、実質的にはテルアビブが政治・経済の中心都市。言語はヘブライ語とアラビア語、宗教はユダヤ教。国土の大半は砂漠地帯であるが、緑化事業が進められ、工業も発達。シオニズムによって19世紀末からユダヤ人の入植が増大、英国のパレスチナ委任統治終了後、1948年独立。アラブ諸国に囲まれ、対立・抗争が絶えない。人口635万(2006)。㊁旧約聖書で、神ヤーウェに選ばれた契約の民であるヤコブとその子孫12部族の総称。アラビア砂漠に興ったセム系の遊牧民で、後にエジプトに居住。前13世紀にモーセに導かれてエジプトを脱出し、カナーンに定住。前11世紀の終わりごろサウルを王として統一王権が成立し、ダビデ・ソロモン両王の時に最も栄えた。前928年、北のイスラエル王国と南のユダ王国の2王国に分裂。前721年イスラエルはアッシリアに、前586年ユダは新バビロニアに滅ぼされた。バビロン捕囚など逆境のうちにユダヤ教が成立。前63年ローマの支配下に入ったが、のち滅ぼされ、ユダヤ人は世界各地に離散した。

イスラエル-ロビー〘Israel lobby〙米国におけるユダヤ系の圧力団体。

イスラ-デ-ココ〘Isla del Coco〙▶ココ島

イスラ-デ-パスクア〘Isla de Pascua〙スペイン語で、イースター島のこと。パスクア島。

イスラマバード〘Islamabad〙パキスタン-イスラム共和国の首都。1959年から同国北東部、ラワルピンジの北に建設され、67年に新首都となる。

イスラム〘アラ Islām〙《絶対的服従・帰依の意》❶イスラム教のこと。❷イスラム教に基づく社会や文化。「—世界」

イスラム-きょう【イスラム教】《アラ al-Islām》世界宗教の一。7世紀初めに、アラビアのメッカでムハンマド(マホメット)が創唱した。ユダヤ教・キリスト教と並ぶ一神教で、神からの啓示の記録とされるコーランが聖典。信仰の基本として、唯一神アッラー・天使・啓典・預言者・終末と来世・予定(天命)の六つを信じること(六信)と、実行すべき基本的義務として、信仰告白、礼拝、喜捨、断食、メッカへの巡礼を行うこと(五行)にまとめられる。多数の派があり、特にスンニー派とシーア派に大別される。アフリカから中近東、東南アジアにかけて約7億の信徒がおり、独自の社会、国家を形成している。中国には7世紀末に伝わり、清真教・回教・回回教などと呼ばれた。マホメット教。

イスラム-きょうどうたい【イスラム共同体】▶ウンマ

イスラム-きんゆう【イスラム金融】コーランの教えに基づき、イスラム社会で行われる金融取引。利子の受け渡しがなく、酒・賭博・ポルノ・武器など、教義に反する事業への投資を行わないのが特徴。物品の売買価格の差額、リース料、配当金などを組み合わせ、利子の代わりとして扱う。預金・ローン・投資ファンド・債券・保険など、各種金融サービスがある。非イスラム圏からの投資も多い。

イスラム-げんりしゅぎ【イスラム原理主義】《Islam fundamentalism》イスラム世界において、西欧的近代化を否定し、イスラム法に基づく国家・社会への回帰を求める思想や運動。イスラム復興運動。

イスラム-さいけん【イスラム債券】▶スクーク

イスラムしょこくかいぎ-きこう【イスラム諸国会議機構】▶オー-アイ-シー(OIC)

イスラム-せいせんきこう【イスラム聖戦機構】《Islamic Jihad Organization》イスラム教シーア派の過激派組織。レバノン内戦中の1980年代に、ベイルートをはじめとして各地でテロ活動を行った。

イスラム-ていこく【イスラム帝国】イスラム教徒が西アジアを中心に建設した諸帝国の総称。ムハンマドの死後に始まる正統カリフ時代から、1922年に崩壊したオスマン帝国までの諸帝国をさすが、狭義にはアッバース朝をいう。サラセン帝国。

イスラ-ムヘーレス〘Isla Mujeres〙メキシコ東部ユカタン半島の先端に位置する観光・保養都市、カンクンの沖合11キロメートルにある島。スペイン語で「女たちの島」を意味する。南北に細長く、全長8キロメートル。島の南部にサンゴ礁が広がるガラフォン国立公園、マヤ文明の女神像が発見されたイシュチェル遺跡がある。ムヘーレス島。

イスラム-ほう【イスラム法】▶シャリーア

イスラム-れき【イスラム暦】イスラム教諸国で用いられる太陰暦。ムハンマドによるメッカからメジナへの移住(ヒジュラ)を記念して、のちに陰暦のこの年の元日(西暦622年7月16日)を起点として定めたもので、ヒジュラ暦、マホメット暦、また回教暦ともいう。1年は354日で、30年に11回の閏年を置く。1年を12か月に分け、断食の第9月(ラマダーン)、巡礼の第12月を特に神聖視する。

い-する【医する】〔動サ変〕図い・す〔サ変〕病気を治す。また、疲れや飢え、心の傷などをなくす。いやす。「渇を—・する」「秋の夜長に寂寥と鬱陶を—・する、只此効能あるのみなり」〈逍遥・小説神髄〉

(類語)治す・癒やす・治療する・療治する・根治する・手入れする

い-する【委する】〔動サ変〕図ゐ・す〔サ変〕❶まかせる。委任する。「処理は会長に—・する」❷かまわないで、そのままにしておき、成り行きにまかせる。「わが身を運命に—・する」❸捨てる。「栄光を泥土に—・する」

い-する【慰する】〔動サ変〕図ゐ・す〔サ変〕なぐさめる。いたわりねぎらう。「幹事の労を—・する」

いず-れ【▽何れ｜×孰れ】㊀〔代〕不定称の指示代名詞。どれ。どちら。どっち。「—の物も名品ぞろいだ」「合否—の場合も通知します」㊁〔副〕❶いろいろな過程を経たうえでの結果をいう。いずれにしても。結局。「その場はごまかせても—ばれるに決まっている」❷あまり遠くない将来をいう。そのうちに。近々。「—改めて伺います」

(類語)㊁(❶)結局・結句・遂に・畢竟・とどの詰まり・詰まるところ・帰するところ・詮ずるところ・要するに・どの道・所詮・どうせ・つまり・矢張り・いずれにしても/(❷)近日・そのうち・やがて・近近・遅かれ早かれ・早晩・追って・何時か

何れ菖蒲か杜若　《アヤメとカキツバタは似ていて区別がつきにくいところから》どちらも優れていて優劣がつけにくいこと。

何れ劣らぬ　どれもこれも優れていて、見劣りするものがない。「—強豪ぞろい」

何れともな・し　比較してどちらがどうということがない。取り立てて優劣はない。いずれとなし。「おほかたの秋に心は寄せしかど花見るときは—・し」〈拾遺・雑下〉

何れにしても　どちらを選ぶにしても。事情がどうであろうとも。どっちみち。いずれにせよ。「—、今日中に納入するのは無理だ」

いずれ-か【▽何れか】㊀〔連語〕❶(打消しの述語で応じ、反語の意で結ぶことが多い)多くある中で、どれが…か。どちらが…か。「生きとし生けるもの、—歌を詠まざりける」〈古今・仮名序〉❷どれもこれも。どちらも。「—愚かなるはひとりもなし」〈浮・織留・三〉

いずれ-も【▽何れも】㊀〔連語〕どれも。だれも。それぞれ。「—すぐれた短編を集める」㊁〔代〕❶三人称複数の人代名詞。みんな。みなみな。御一同。「某も明日は—を御茶で申し入れうと存ずる」〈虎寛狂・清水〉❷二人称複数の人代名詞。あなたがた。みなさん。「—はお気が付きますまい」〈浮・織留・四〉

いずれも-さま【▽何れも様】〔代〕二人称複数の人代名詞。みなさま。「これは—、近ごろ御苦労に存じまする」〈虎寛狂・右近左近〉

い-すわ・る【居座る｜居×坐る｜居据わる】〔動ラ五(四)〕❶ある場所に座って動かないでいる。座りこんだままでいる。また、比喩的に好ましくないものがとどまって動かないでいる。「デモ隊が役所の玄関口に—・る」「梅雨前線が—・る」❷引き続きとどまって、同じ地位にいる。「責任もとらず社長の座に—・る」❸相場が変動しない。

イ-スンマン【李承晩】[1875〜1965]韓国の政治家。日韓併合後、米国で朝鮮独立運動に従事。1948年、大韓民国の成立とともに初代大統領に就任。第3代まで務める。反共親米政策を推進、60年の選挙で4選したが、反独裁の四月革命により未就任のままハワイに亡命、客死。りしょうばん。➡ユンボソン

いせ《動詞「いせる」の連用形から》裁縫の技法の一。洋服の袖山、たびのつま先などを縫うとき、長短2枚の布の長い方を縮めて丸みやふくらみを出すこと。

いせ【伊勢】㊀旧国名の一。現在の三重県の大半。伊勢神宮鎮座の地として古くから開けた。勢州せいしゅう。㊁三重県東部の市。旧称の宇治山田市を昭和30年(1955)に改称。伊勢神宮の鳥居前町として発展。伊勢志摩国立公園の表玄関。平成17年(2005)11月、二見町・小俣町・御薗町と合併。人口13.0万(2010)。

伊勢は津で持つ津は伊勢で持つ　伊勢は津の港があるために参拝客が多く、津の港は伊勢神宮への参拝客が利用するために栄える。「尾張名古屋は城で持つ」と続けて用いることが多い。

伊勢へ七度ななたび熊野くまのへ三度さんど　伊勢神宮や熊野三社へたびたび参ること。信心の深いこと、また、信心はどんなに深くしても限りはないことのたとえ。

伊勢や日向ひゅうが　話に脈絡がなく、つじつまが合わないこと。また、まぜこぜで秩序のないこと。伊勢や日向の物語。「げにげに—のことは、誰かは定めありぬべき」〈謡・雲林院〉

いせ【伊勢】平安前期の女流歌人。三十六歌仙の一人。伊勢守藤原継蔭ふじわらのつぐかげの娘。中務なかつかさの母。宇多天皇の寵愛ちょうあいを受けて皇子を産み、伊勢の御ごと呼ばれた。生没年未詳。家集に「伊勢集」がある。

い-せい【以西】その地点を含めて、それより西。⇔以東。

い-せい【医生】医学を学ぶ者。医学生。

い-せい【医聖】大変すぐれた医者。聖人として崇拝されるほどの名医。ヒポクラテスなどをいう。

い-せい【威勢】ヰ ❶人を恐れ従わせる力。「権力者の—に恐れをなす」❷言語や動作に活気があること。意気の盛んなこと。「—のいい声」「一杯飲んで—をつける」〔類語〕勢力・威力・権勢・権力・実権・勢い・景気・元気・活気・生気・精気・神気・鋭気・壮気・覇気・活力・精力・気力・血気

い-せい【為政】ヰ 政治を行うこと。〔類語〕政治・政まつりごと・行政・施政・政事・経世・経国・治世・統治・治政

い-せい【異姓】姓が違うこと。他姓。⇔同姓。

い-せい【異性】❶男女・雌雄の性が異なること。特に、男性から女性を、女性から男性をさしていう。「—との交際」⇔同性。❷性質が違うこと。また、その性質。❸異性体の関係にあること。

い-せい【異星】他の星。地球以外の星。

い-せい【遺制】ヰ 昔の制度で今にのこっているもの。「封建時代の—」〔類語〕旧制・古制

い-せい【遺精】ヰ 性行為をしないのに起こる射精。睡眠中に起こる夢精や、覚醒時に不随意に起こるものなどがある。

いせい-あい【異性愛】異性を性愛の対象とすること。また、そのような関係。ヘテロセクシュアル。

いせい-か【異性化】クワ 化学的、物理的作用により、ある化合物がその異性体に変化すること。

いせい-かく【異性核】▶核異性体

いせいか-こうそ【異性化酵素】イセイクワカウソ 酵素のうち、異性体間の転換を触媒するもの。イソメラーゼ。

いせいか-とう【異性化糖】イセイクワタウ ぶどう糖を異性化酵素によって部分的に果糖に変えたもの。ぶどう糖よりも甘みが強く、菓子などに使用。

い-せいけん【胃生検】ヰ 生体の胃粘膜の小片を採取し、顕微鏡で組織の状態を調べる検査法。

いせい-しゃ【為政者】ヰセイ 政治を行う者。為政家。

いせい-じん【異星人】地球以外の星の人。比喩的に、非常に風変わりな人。「彼はまるで—だよ」➡知的生命

いせいそこびきあみ-ぎょぎょう【以西底引き網漁業】ゲフ 東経128度30分から西の黄海・東シナ海で操業する底引き網の漁業。

いせい-たい【異性体】分子式は同じであるが、原子の結合状態や立体配置が違うため、異なった性質を示す化合物。構造異性体と立体異性体に大別される。

いせ-えび【×伊▽勢海＝老｜×伊▽勢×蝦】十脚目イセエビ科の甲殻類。岩礁にすむ大形のエビで体長約35センチに達する。宮城県北部から南の太平洋岸に分布。名は、もと伊勢湾で多くとれたことに由来。美味。祝儀用や正月の飾り物に用いられる。〔季 新年〕「一や四海の春を家の内/冬葉」

いせ-おしろい【×伊▽勢白＝粉】伊勢国射和いざわ(三重県松阪市)付近で作られていた白粉。水銀を原料とし、上等品とされた。はらや。

いせ-おどり【×伊▽勢踊(り)】ヲドリ 伊勢の神を諸国に伝える神送りの踊り。近世初期に起こり、たびたび流行。のちに伊勢音頭と交じりあった。

いせ-おんど【伊勢音頭】㊀伊勢地方の木遣きやり歌から発生した民謡。土搗どつき歌・祝儀歌・道中歌・踊り歌などの総称。近世の伊勢参宮の流行とともに全国に広まった。川崎音頭。㊁享保年間(1716〜1736)、伊勢の御師おし奥山桃雲が始めた長唄風の踊り歌。古市ふるいちの遊里で伊勢踊りに合わせてうたわれた。㊂歌舞伎狂言「伊勢音頭恋寝刃いせおんどこいのねたば」の通称。

いせおんどこいのねたば【伊勢音頭恋寝刃】イセオンドコヒノネタバ 歌舞伎狂言。世話物。4幕7場。近松徳三作。寛政8年(1796)大坂角かどの芝居初演。失われた名刀をめぐる代表的夏狂言。通称、伊勢音頭、油屋。

いせ-かいどう【伊勢街道】カイダウ 伊勢神宮への参詣路の総称。東海道の四日市追分から南下する参宮街道や、大和の桜井から初瀬はせを経て青山峠を越える初瀬街道などがある。

いせ-かぐら【×伊▽勢神‐楽】神楽の一。伊勢外宮げくう各社で行われた神楽が広まったもので、中部地方・東北地方などに分布。湯をふりかけて清める湯立てを行うのが特徴。霜月神楽。伊勢流神楽。

い-せき【医籍】❶医師免許証所有者の氏名・戸籍などを登録する厚生労働省の帳簿。❷医書。

い-せき【胃石】ヰ ザリガニの胃の中にある、白色の円盤形の炭酸カルシウムの塊。脱皮後2、3日で体内に吸収され、外骨格形成に用いられる。古くはオクリカンキリとよび、眼病薬として用いられた。アカテガニ・ベンケイガニなどにもある。

い-せき【移籍】〔名〕スル ❶婚姻・養子縁組などで、ある人が、ある戸籍から他の戸籍に移ること。転籍。❷所属を他へ移すこと。「他のチームに—する」〔類語〕移る・動く・移動・移転・引っ越す・転ずる・転出・転任・転属・鞍くら替え

い-せき【偉跡｜偉×蹟】ヰ 偉大な事跡。

い-せき【偉績】ヰ 偉大な功績。大功。

い-せき【×堰｜井×堰】ヰ 水を他へ引いたり流量を調節したりするため、川水をせきとめる所。せき。い。

い-せき【遺跡｜遺×蹟】ヰ ❶貝塚・古墳・集落跡など、過去の人類の生活・活動のあと。遺物・遺構のある場所。「登呂—」❷昔の建物や歴史的事件などのあった場所。旧跡。古跡。❸先人ののこした領地・官職など。また、その相続人。〔類語〕遺址いし・旧跡・旧址・古跡・古址・史跡・名跡

いせ-ぎ【×伊▽勢木】木曽・飛騨などの山地の住民が、初穂として伊勢神宮へ奉納する木材。

いせき-きん【移籍金】サッカーなどで、選手が契約期間中に移籍する際に、移籍先のチームが現在の所属チームに対して支払う金。契約が満了していないことに対する違約金の意味合いがある。

いせき-しょうもん【遺跡証文】ヰセキ 江戸時代、養子縁組にあたって、将来その養子に与える家産の高について定めた証文。

いせき-ちょう【遺跡帳】ヰセキチャウ 江戸時代、町人の跡目あと相続者を記載した、町年寄備え付けの帳面。

いせ-ごい【×伊▽勢×鯉】ゴヒ ❶関西地方で、ボラのこと。❷メナダの別名。❸ハイレンの別名。

いせ-こう【×伊▽勢講】伊勢参宮を目的とした講。旅費を積み立て、くじで代表を選んで交代で参詣した。太太神楽だいだいかぐらを奉納するので伊勢太太講だいだいこうともいわれる。中世末より近世にかけて盛んに行われた。〔季 春〕

いせ-こじき【×伊▽勢×乞食】❶伊勢参宮の人々に物ごいをする乞食。❷近世、伊勢商人が節倹して栄えるのをねたんでいった語。➡近江おうみ泥棒伊勢乞食

いせ-ごよみ【×伊▽勢暦】近世、土御門家の暦の写本をもとに、伊勢国宇治などの暦師が版行した暦。伊勢神宮の御師おしがお札ふだに添えて全国に配った。

いせさき【伊勢崎】群馬県南東部の市。もと酒井氏の城下町。古くから銘仙の産地で知られ、現在は重工業が中心。人口20.7万(2010)。

いせさき-おり【×伊▽勢崎織】伊勢崎地方から産出する太織り・紬つむぎ・縞物などの絹織物の総称。

いせさき-し【伊勢崎市】▶伊勢崎

いせざき-ちょう【伊勢佐木町】チャウ 横浜市中区の地名。東西に長い繁華街。

いせさき-めいせん【×伊▽勢崎銘仙】伊勢崎地方から産出する銘仙。絣かすり模様の実用品が多い。

いせ-さだたけ【伊勢貞丈】[1717〜1784]江戸中期の有職ゆうそく故実家。江戸の人。号、安斎。家学の伊勢流を継ぎ、武家の故実を大成。著「貞丈雑記」「安斎随筆」など。いせていじょう。

いせ-さだちか【伊勢貞親】[1417〜1473]室町中期の武将・有職ゆうそく家。室町幕府の政所執事。伊勢守。将軍義政の信任を得て権勢を獲得。斯波氏の家督相続問題に干渉したり、足利義視排斥に失敗したりするなど、幕政に大きく関わった。伊勢流故実の基礎を築いたことでも知られる。

いせ-さんぐう【×伊▽勢参宮】伊勢神宮に参拝すること。伊勢参り。参宮。〔季 春〕

いせ-し【伊勢市】▶伊勢㊁

いせ-じ【伊勢路】ヂ ㊀脇街道の一。中古では東海道鈴鹿、近世では東海道追分から伊勢神宮に至る。㊁伊勢地方。「—の旅」

いせ-じま【×伊▽勢×縞】伊勢で産した縞の木綿織物。江戸時代、商家の丁稚でっちの仕着せに多く用いられた。伊勢木綿。

いせしま-こくりつこうえん【伊勢志摩国立公園】コクリツコウエン 三重県の志摩半島の海岸を中心とする国立公園。伊勢神宮や二見浦ふたみがうら・大王崎だいおうざき・英虞湾あごわんなどの海岸景勝地がある。

いせじま-ぶし【×伊▽勢島節】古浄瑠璃の一派。江戸前期、寛永(1624〜1643)のころ、伊勢出身の伊勢島宮内くないが江戸で語りはじめたもの。

いせ-しょうにん【×伊▽勢商人】シャウニン 江戸時代、江戸・大坂・京都などに店を持った伊勢国、特に松坂出身の商人。伊勢屋を屋号とする者が多かった。

いせ-じんぐう【伊勢神宮】三重県伊勢市にある皇大神宮(内宮ないくう)と豊受とようけ大神宮(外宮げくう)の総称。内宮は皇祖神である天照大神あまてらすおおみかみを祭り、神体は三種の神器の一、八咫鏡やたのかがみ。外宮の祭神は農業などをつかさどる豊受大神。白木造りで、20年ごとに遷宮を伴う改築がある。明治以後国家神道の中心として国により維持されたが、昭和21年(1946)宗教法人となった。社殿の様式は神明造り。伊勢大神宮。二所大神宮。神宮。

いせ-しんとう【×伊▽勢神道】シンタウ 鎌倉後期に外宮げくうの神官、度会わたらい氏が唱えた神道説。神道五部書を根本教典とし、儒・仏・陰陽五行説などを援用しながら、従来の本地垂迹ほんじすいじゃく説を否定し、神主仏従を主張した。度会神道。外宮神道。➡神道五部書

いせ-だいさん【×伊▽勢代参】他人の代理として伊勢神宮に参詣すること。また、その人。特に、江戸時代、正月7日に将軍の代理として派遣された使者。

いせ-だいじんぐう【伊勢大神宮】▶伊勢神宮

いせ-だいだいこう【ˣ伊ᵛ勢ᵛ太ᵛ太講】▶伊勢講

い-せつ【異説】❶他の人と違う説。また、世間一般の通説とは異なる説。異論。「―を立てる」❷珍奇な説。変な説。「君の説も亦或は―に非るなきを保たんや」〈織田訳・花柳春話〉

い-せつ【移設】〔名〕スル 施設や設備などを、ほかの場所へ移して設置すること。「手狭になった飛行場を―する」

いせ-どうふ【ˣ伊ᵛ勢豆腐】ヤマノイモをすりおろし、鯛(たい)のすり身、豆腐、卵白をまぜ、箱に入れて蒸した料理。くずあんをかけ、おろししょうがなどをのせて食べる。

いせ-どりい【ˣ伊ᵛ勢鳥居】鳥居の形式の一。五角形の笠木(かさぎ)と角形の貫(ぬき)を用いたもの。伊勢神宮や熱田神宮にみられる。伊勢神明鳥居。

いせ-ながうじ【伊勢長氏】北条早雲の前名。

いせ-の-うみ【伊勢の海】㊀伊勢湾のこと。〔歌枕〕「―に釣りする海人(あま)の浮けなれや心ひとつを定めかねつる」〈古今・恋一〉㊁催馬楽(さいばら)の曲名。律の曲。

いせ-の-おおすけ【伊勢大輔】平安中期の女流歌人。大中臣輔親(おおなかとみのすけちか)の娘。上東門院彰子に仕え、紫式部・和泉式部らと親交を結んだ。生没年未詳。家集に「伊勢大輔集」がある。いせのたゆう。

いせ-の-おし【ˣ伊ᵛ勢のᵛ御師】伊勢神宮の下級神職。伊勢暦や御祓(おはらい)を配ったり、また伊勢参りの人々の案内や宿の世話をしたりした。

いせ-の-おたうえ【ˣ伊ᵛ勢のᵛ御田植】❶伊勢神宮の2か所の神田で行う田植えの儀式。5月20日ごろと6月24日に行う。御田植え祭り。〈季 夏〉❷伊勢神宮の田植えの日として、一般では田植えをしない日。陰暦5月中の一日。

いせ-の-さぶろう【伊勢三郎】㊀[?～1186]源義経四天王の一人。伊勢の人。名は義盛。守護の首藤経俊を討とうとして敗れ、鈴鹿(すずか)で自刃。㊁歌舞伎狂言「芽源氏陸奥日記(めばえげんじみちのくにっき)」の通称。

いせ-の-たゆう【伊勢大輔】▶いせのおおすけ

いせ-の-つかい【ˣ伊ᵛ勢の使】伊勢神宮へ遣わされた勅使。毎年の神嘗祭(かんなめさい)の例幣使(れいへいし)や臨時の祭典の奉幣使(ほうへいし)などがあった。

いせ-の-はまおぎ【ˣ伊ᵛ勢の浜ˣ荻】❶伊勢の浜辺に生えている荻。「あたら夜を―折り敷きて妹(いも)恋ひしらに見つる月かな」〈千載・羇旅〉❷《伊勢では「はまおぎ」とよぶところから》葦(あし)のこと。「―名を変へて、よしといふもあしといふも、同じ草なりと聞くものを」〈謡・歌占〉

いせ-の-ふたはしら【伊勢の二柱】伊勢神宮にまつられている内宮(ないくう)の天照大神(あまてらすおおみかみ)と外宮(げくう)の豊受大神(とようけのおおかみ)の二神。

いせ-は【ˣ伊ᵛ勢派】❶本居宣長を中心とした和歌の流派。➡江戸派 ➡桂園派 ❷▶伊勢風(ふう)

いせ-はなび【ˣ伊ᵛ勢花火】キツネノマゴ科の多年草。暖地に自生。高さ30～60センチで低木状。夏から秋、淡紫色の花を穂状につける。中国の原産で、観賞用。

いせはら【伊勢原】神奈川県中部の市。大山参詣の門前町、伊勢商人の市場町として発達。人口10.1万(2010)。

いせはら-し【伊勢原市】▶伊勢原

いせ-びくに【ˣ伊ᵛ勢ᵛ比ᵛ丘尼】元禄年間(1688～1703)から、伊勢寺の勧進と称して、尼姿で諸地方をめぐっていた遊女。

いせ-ふう【ˣ伊ᵛ勢風】俳諧の一派。蕉門の岩田涼菟(りょうと)・中川乙由(おつゆう)を中心とし、伊勢周辺に勢力があった。初めは卑俗であったが、のち正風にかえり、天明俳諧の先駆となった。伊勢派。伊勢流。

いせ-へいし【伊勢平氏】桓武平氏の諸流のうち平維衡(これひら)の子孫をいう。伊勢・伊賀地方を根拠地とした。5代忠盛以後、中央政界に進出し、その子の清盛が武家としてはじめて政権を樹立した。

いせ-へいじ【ˣ伊ᵛ勢ᵛ瓶子】伊勢で産したとっくり。質が悪いので、酢瓶(すがめ)として用いたという。

いせ-へいや【伊勢平野】三重県東部、伊勢湾に面する南北に細長い平野。

いせ-ぼうどう【伊勢暴動】明治9年(1876)に起こった、地租改正反対一揆(いっき)中、最大の一揆。三重県を中心に愛知・岐阜などに広がり、処罰された者は5万人以上に及んだ。翌年政府は地租を地価の3パーセントから2.5パーセントに下げた。

いせ-ぼうふう【ˣ伊ᵛ勢防風】ハマボウフウの別名。

いせ-ま【ˣ伊ᵛ勢間】伊勢地方で行われた柱間の寸法。曲尺(かねじゃく)の5尺8寸(約176センチ)を一間(いっけん)とする。

いせ-まいり【ˣ伊ᵛ勢参り】伊勢神宮に参拝すること。また、その人。伊勢参宮。〈季 春〉「春めくや人さまざまの―/荷兮」

いせ-まんざい【ˣ伊ᵛ勢万歳】三重県鈴鹿地方に伝わる正月の祝福芸。太夫と才蔵の二人組を基本とし、家々を回るほか新築など祝儀に呼ばれて芸を演ずる。鼓・三味線・胡弓の三人で演ずるのを三曲万歳という。➡尾張万歳 ➡三河万歳 ➡伊予万歳

いせものがたり【伊勢物語】平安時代の歌物語。作者・成立年未詳。多く「むかし、男(ありけり)」の冒頭句をもつ125段から成り、在原業平(ありわらのなりひら)と思われる男の生涯を恋愛を中心として描く。在五が物語。在中将。在五中将日記。

いせ-もめん【ˣ伊ᵛ勢木綿】「伊勢縞(いせじま)」に同じ。

いせ-や【ˣ伊ᵛ勢屋】❶伊勢出身の商人が多く用いた屋号。❷《伊勢出身の商人には勤倹の人が多かったところから》けちな人。「尾頭のないが―の初がつを」〈柳多留・一七〉

いせ-りゅう【ˣ伊ᵛ勢流】❶武家礼法の一派。室町中期、伊勢貞親・貞宗のころに形成され、江戸時代に伊勢貞丈に至って大成された。❷▶伊勢風(ふう)

い・せる〔動サ下一〕裁縫で、長短2枚の布を縫い合わせるとき、長い方を細かくぐし縫いし、縮めて丸みやふくらみを出す。いせこむ。「袖山(そでやま)を―・せる」

いせ-れいへいし【ˣ伊ᵛ勢例幣使】毎年9月、伊勢神宮の神嘗祭(かんなめさい)に幣帛(へいはく)を奉納するために派遣された勅使。

いせ-わん【伊勢湾】三重県の志摩半島と愛知県の知多半島・渥美(あつみ)半島に囲まれた湾。湾奥に木曽・長良(ながら)・揖斐(いび)などの河川が注ぐ。伊勢の海。

いせわん-たいふう【伊勢湾台風】昭和34年(1959)9月26日、和歌山県潮岬(しおのみさき)付近に上陸、名古屋西方・富山湾を通り三陸沖へ抜けた台風。死者・行方不明者5101名という大被害をもたらし、特に伊勢湾沿岸の高潮による被害が甚大であった。

い-せん【医専】旧制の「医学専門学校」の略。

い-せん【胃腺】胃の内壁の粘膜に開口する腺の総称。消化液や塩酸などを分泌。場所により胃底腺・噴門腺・幽門腺に分けられる。

い-せん【移染】〔名〕スル ❶衣類などの染料が、摩擦などによって他のものにつくこと。色移り。❷揮発性のある化学物質が、他のものに吸収されること。「防虫剤のにおいが―する」

い-せん【渭川】▶渭水(いすい)

い-せん【緯線】地球上における位置を表すために、赤道に平行に引く仮想の線。赤道を緯度零度とし、北は北緯、南は南緯といい、南北おのおの90度まで数える。緯度線。⇔経線。

い-ぜん【以前】【ˣ已前】❶その時よりも前。「一二時―に到着する」⇔以後。❷今より前の時点。現在から見て近い過去。副詞的にも用いる。「―と違って今では」「―会ったことがある」❸ある状態に達する前の段階。「結婚―の住所」「能力―の問題だ」〔補説〕「以」は基準となる数値を含むのが普通であるが、例えば「明治以前」というときに、明治時代を除いて、その前をさす場合もある。

〔類語〕前前・かつて・かねて・かねがね・何時か・昔

い-ぜん【依然】〔ト・タル〕〔文〕〔形動タリ〕もとのままであるさま。前のとおりであるさま。語幹だけで副詞的にも用いる。「―として不景気だ」「旧態―たる生活」「台風は―南方洋上にいすわっている」

〔類語〕まだ・矢張り・なお・いまだ・いまだに・今なお・今もって・なおも・相変わらず・やっぱり・なおかつ

い-ぜん【ˣ怡然】〔ト・タル〕〔文〕〔形動タリ〕喜び、楽しむさま。「君は―として楽んで居る乎(か)」〈紅葉・金色夜叉〉

いぜん-けい【ˣ已然形】文語の動詞・形容詞・形容動詞・助動詞の活用形の一。助詞「ば」「ど」「ども」などが付いて順接・逆接の確定条件を表す。また、係助詞「こそ」をうけて文を結ぶ。口語では、これに相当する活用形が仮定の意味を表すので仮定形という。

いぜん-げん【ˣ已然言】国文法でいう已然形の古い言い方。東条義門の用語。

い-せんこう【胃ˣ穿孔】胃壁に孔(あな)があくこと。胃潰瘍(いかいよう)などが悪化して起こる。胃の内容物が腹腔内に出て、激しい腹痛を起こすことも多い。

い-せんじょう【胃洗浄】毒物の誤飲時などに、管を口から胃まで挿入し、温水などの注入と排出を繰り返して、胃の内容物を洗い出す処置法。

い-せんどう【居船頭】江戸時代、実際に乗船する沖船頭に対して、船に乗らない廻船所有者・船主をいう。おりせんどう。

い-そ【ᵛ五ᵛ十】ごじゅう。また、数の多いこと。「岩の上の松の梢に降る雪は―かへり降れ後までも見む」〈古今六帖・一〉

いそ【ˣ磯】㊀〔名〕❶海・湖などの波打ち際。水際。特に、石の多い海岸。❷波をかぶったり流れに洗われたりする岩石。❸冠(かんむり)の縁(へり)の名。❹琵琶・和琴(わごん)・箏(そう)の胴の側面の名。❺鞍橋(くらぼね)の前輪(まえわ)・後輪(しずわ)の、海に添って小高く盛り上がった部分の名。㊁〔形動ナリ〕《「富士は磯」の略から》❶比較にならないさま。はるかに及ばないさま。「うたてや久米の仙人も―なり」〈浮・御前義経記・二〉❷未熟であるさま。浅薄であるさま。「親父の悪性に合はせては、我等が遊びは―な事ぢゃが」〈浮・曲三味線・四〉

磯の鮑(あわび)の片思い 「鮑の片思い」に同じ。

イソ〔iso〕《ギリシャ語で、同じの、の意》有機化合物の異性体を示す語。「―オクタン」

イソ〔ISO〕《International Organization for Standardization》❶国際標準化機構。工業規格を国際的に標準化する機構。また、それが定める工業規格。アイエスオー。❷▶イソ感度

イソ〔ISO〕《International Sugar Organization》国際砂糖機関。1968年の国際砂糖協定で設立され、その事務局機能を担当する。本部はロンドン。

いそ-あけ【ˣ磯明け】漁業の禁制が解かれること。また、その日。磯開き。

いそ-あそび【ˣ磯遊び】磯に出て遊ぶこと。特に、3月3日の節句前後の大潮のころに、海辺に出て潮干狩りや飲食をして一日を過ごす行事。磯祭り。浜下(はまお)り。〈季 春〉

いそ-あわもち【ˣ磯ˣ粟餅】腹足綱イソアワモチ科の軟体動物。海岸にすみ、藻を食べる。体長約5センチの長楕円形で、黄土色の背には多数のいぼがあり粟餅に似る。大きいいぼの先には感光器官がある。本州中部以南に分布。

いそ-いそ〔副〕スル 心が浮き立ち、喜び勇むさま。うれしいことなどがあって、動作がはずむさま。「―(と)出かける」「朝から―(と)している」〔類語〕浮き浮き・わくわく

いそいそ-し・い〔形〕〔文〕いそいそ・し〔シク〕心を弾ませてするようすである。

イソ-いちまんよんせんシリーズ【ISO14000シリーズ】ISO(国際標準化機構)により制定された、EMS(環境マネージメントシステム)に関する一連の国際規格。企業や自治体の、環境に配慮した活動について認定するためのもの。➡ISO9000シリーズ

い-そう【位相】❶解析学で、極限や連続の概念を定義できるように、抽象空間(集合)に与えられる適当な構造(部分集合)。トポロジー。❷物理学で、振動や波動などの周期運動の過程でどの点にあるかを示す変数。正弦関数で表すときの角度に相当する部分の量。❸地域・性別・年齢・職業・階層や、書く

場合と話す場合などにより、言葉の違いが起こる現象。
い-そう【韋荘】[836ころ〜910]中国、晩唐の詩人。字は端己。杜陵(陝西省西安)の人。温庭筠とともに唐五代の詞を代表する。唐末の都の荒廃をうたった長編の七言古詩「秦婦吟」が有名。
い-そう【異相】❶普通の人とは異なった人相または姿。「この小倅は一をしている」〈芥川・金将軍〉❷仏語。四相の一。変化していくもの。❸能で、基本的な風体をはずれた芸風。異風。「あらゆる物真似、一の風をのみ習へば」〈至花道〉
い-そう【異装】風変わりな服装。規定にはずれた服装。「一せる一隊会場を一周して」〈独歩・愛弟通信〉
い-そう【移相】電圧や電流の位相を変化させること。「一装置」
い-そう【移送】〔名〕スル ❶ある所から他の所へ移し送ること。「身柄を一する」❷行政上の手続きや訴訟の所管を、ある機関から他の機関に移すこと。(類語)送致・送達・送付・送る・運ぶ・運送・輸送・運搬・搬送・配送
い-そう【意想】物事に対して抱く、考え。
い-そう【遺草】生前に書き残した和歌や詩文などの草稿。遺稿。
い-ぞう【倚像】台座などに腰掛けて、両足を下にたらしている姿の仏像。➡座像
い-ぞう【遺贈】〔名〕スル 遺言により、財産を他人に贈与すること。「コレクションを母校に一する」
いそ-うお【磯魚】磯の岩礁や藻場にすむ魚。
いそう-がい【意想外】〔名・形動〕思いもよらないこと。また、そのさま。予想外。意外。「一な好成績」
いそう-かいせき【位相解析】►関数解析
いそう-きかがく【位相幾何学】図形の性質の中で、寸法や曲直とは無関係に、位置関係などの位相的性質を対象とする幾何学。オイラーおよびポアンカレによって初めて組織的に研究された。狭義の位相数学。トポロジー。
いそう-くうかん【位相空間】❶数学で、位相の概念が導入された空間(点集合)。❷物理学で、物体の力学系の物理的状態を表すための、その物体の位置と運動量を座標とする多次元空間。
いそう-ご【位相語】ある特定の社会や場面などに特徴的に用いられる言葉。女房詞・幼児語・学生語など。
いそう-さ【位相差】二つの振動または波動の位相の差。角度に相当する量で示す。
いそうさ-エーエフ【位相差AF】《phase detection autofocus》オートフォーカスカメラの測距方式の一。二つのレンズで分離した被写体の像間隔を専用のセンサーで計測し、像間隔がある値になったレンズ位置を合焦状態とする。一眼レフカメラに広く採用されている。横ずれ方式。位相差検出方式。位相差検出AF。位相差オートフォーカス。
いそうさけんしゅつ-ほうしき【位相差検出方式】►位相差AF
いそうさ-けんびきょう【位相差顕微鏡】無色透明な物体の部分的な厚さや屈折率の大小によって透過光に生ずる位相差を、位相板というフィルターを使って明暗の差に変えて見えるようにした顕微鏡。生きたままの細胞が染色せずに観察できる。1935年、オランダの物理学者ゼルニケが発明。
いそう-しんりがく【位相心理学】►トポロジー心理学
いそう-すうがく【位相数学】狭義には位相幾何学、広義には対象を通常の空間から位相空間(抽象空間)にまで広げ、その性質を位相的方法を用いて研究する数学。
いそう-そくど【位相速度】正弦波が伝わるとき、その波面の進行する速度。普通にいう波の速度のこと。
いそう-へんちょう【位相変調】《phase modulation》アナログ信号でデータを送信する際に、搬送波の位相をデータに従って変化させる変調方式。コンピューターのモデムなどで広く利用されている方式。PM。
い-そうろう【居候】〔名〕スル《近世の公文書で、同居人を「仁右衛門方居候」などと示したところから》他人の家に世話になり食べさせてもらうこと。また、その人。食客。「叔父の家に一する」(類語)寄食・寄寓・食客
居候角な座敷を丸く掃き 居候はとかく横着者であるということ。
居候三杯目にはそっと出し 居候は万事に遠慮がちになることをいう。
いそうろう-ぐも【居候蜘=蛛】ヒメグモ科イソウロウグモ属のクモの総称。小形で、体長3〜6ミリ。自分で網を張らず、オニグモ・ジョロウグモ・クサグモなどの網で暮らし、その網にかかった獲物を食べる。
イソオクタン〖isooctane〗オクタンの異性体。無色の液体。ガソリンのアンチノック性の測定でオクタン価100とする標準燃料に用いられる。
いそ-がい【磯貝】❶磯辺に打ち上げられた貝殻。特に、二枚貝が一片となって磯辺にあるもの。❷アワビの別名。❸スズメガイの別名。
いそ-かいめん【磯海綿】イソカイメン科の海綿動物の一群。海岸の岩礁上に不規則に広がり、体表には管状の突出部が数多く並ぶ。ダイダイイソカイメン・クロイソカイメンなど。
いそ-がき【磯牡=蠣】海岸の岩礁に付着する小形のカキ。こがき。しきめ。
いそ-がく・る【磯隠る】㊀〔動ラ四〕海辺の岩の陰に隠れる。「見渡せば近きものから一・りかがよふ珠を取らずは止まじ」〈万・九五一〉㊁〔動ラ下二〕㊀に同じ。「うらめしや沖つ玉藻を潜くまで一・れける海人の心よ」〈源・行幸〉
いそ-かげ【磯陰】磯の、陰になって見えない所。
いそがし・い【忙しい】〔形〕図いそが・し〔シク〕《動詞「急ぐ」の形容詞化》❶多くの用事に追われて暇がない。多忙である。「目が回るほど一・い」❷せかせかして落ち着かない。せわしない。「一・い性分だねえ」(派生)いそがしがる〔動ラ五〕いそがしげ〔形動〕いそがしさ〔名〕
(用法)**いそがしい・せわしい**——「忙しい(せわしい)日々を過ごす」「飛行機が忙しく(せわしく)離着陸を繰り返す」などでは、相通じて用いられる。◆「忙しい」は「注文が増えて、忙しくなった」のように用いられるほか、「猫の手も借りたいほど忙しい」などの慣用句や、「資金繰りに忙しい」のような比喩的な言い方に及ぶ。これらは「せわしい」に置き換えられない。◆「せわしい」は「せわしいしゃべり方をする」「車の往来がせわしい」のように、主観的で落ち着かないことに重点がある。したがって、「仕事が忙しい」とはいうが、「仕事がせわしい」とは普通いわない。◆類似の語に「せわしない」「あわただしい」「いそがわしい」がある。「せわしない」は「せわしい」の強調形であり、「あわただしい」は不安定で流動的な感じが中心で、「あわただしい年の暮れ」「政局があわただしくなった」などと用いる。「いそがわしい」は文語的で、「せわしい」「あわただしい」に近い。
(類語)(❶)せわしい・せわしない・気ぜわしい・あわただしい・目まぐるしい・多忙・繁忙・繁多・繁劇・多事多端・多用・繁用・忽忙・倥偬・忽忽・てんてこ舞い・きりきり舞い・席の暖まる暇もない・猫の手も借りたい
いそが・す【急がす】〔動サ五(四)〕早くさせるようにする。せきたてる。いそがせる。「納品を一・す」
いそが・せる【急がせる】〔動サ下一〕「いそがす」に同じ。「準備を一・せる」
いそ-がに【磯蟹】イワガニ科のカニ。磯に普通にみられ、甲はほぼ四角形で甲幅3センチほど。体色は青緑色と濃紫色のまだら。(季 夏)
いそがわし・い【忙わしい】〔形〕図いそがは・し〔シク〕いかにもあわただしいさま。いそがしい。「お政は、茫然としていたお勢の袖を一・く曳揺かして」〈二葉亭・浮雲〉(派生)いそがわしげ〔形動〕いそがわしさ〔名〕
イソ-かんど【ISO感度】ISO(国際標準化機構)が定める感光材料の感光度の規格。従来のASA感度と同数値で、現在、最も一般的に用いられる。➡感度❸
いそぎ【急ぎ】❶急ぐこと。急いでいること。急がなければならないこと。「一の手紙」❷したくすること。用意。準備。「御禊の一、近くなりぬ」〈かげろふ・上〉❸(副詞的に用いて)急を要するさま。急いで。「会議の時刻が迫り、一会社に戻る」
(類語)至急・早急・大急ぎ・取り急ぎ・緊急・急遽・特急・超特急
いそぎ-あし【急ぎ足】急いで歩くこと。また、その足どり。はやあし。「一でやって来る」
いそ-ぎく【磯菊】キク科の多年草。海岸のがけに生え、高さ約30センチ。葉は密につき、裏面や縁に銀白色の毛が密生している。秋、黄色い頭状花が多数咲く。栽培もされる。(季 秋)
いそぎ-もの【急ぎ物】❶急いでしなければならない事。❷相場が変わったために、急ぐ必要のある取引。
イソ-きゅうせんシリーズ【ISO9000シリーズ】ISO(国際標準化機構)により1987年に制定された、QMS(品質マネージメントシステム)に関する一連の国際規格。➡ISO14000シリーズ
イソ-きゅうろくろくまる【ISO9660】1988年にISO(国際標準化機構)が定めたCD-ROMのファイル形式。ハイシエラフォーマットをベースにしている。また、DVD、ブルーレイディスクのファイル形式としても用いられる。
いそ-ぎんちゃく【磯巾着|菟=葵】花虫綱イソギンチャク目の腔腸動物の総称。浅海の岩石などに付着。体は柔らかく円筒形で、上端中央に口があり、その周囲に触手が並ぶ。触手に刺胞があり、毒液を獲物に注入して捕らえる。不消化物は口から排出。接触や刺激にあうと体を縮め、巾着のひもを締めたようになる。触手をのばした姿から石牡丹ともいう。(季 春)「岩の間の一の花二つ/王城」
い-そく【夷則】❶中国音楽の十二律の一。基音の黄鐘より八律高い音。日本の十二律の鸞鏡にあたる。❷陰暦7月の異称。
いそ・ぐ【急ぐ】〔動ガ五(四)〕❶早く目的を達するように行動する。早くやろうとする。「完成を一・ぐ」「解決を一・ぐ」「一・いで仕上げる」❷早く行き着こうとする。早く進む。「帰宅を一・ぐ」❸気持ちがせく。「功を一・ぐ」❹準備する。用意する。「このごろはよろづ忘れて、このことを一・ぐ」〈かげろふ・中〉(可能)いそげる
(用法)**いそぐ・せく**——「せくな、いそぐな、あわてるな」は意図的に類義の語を対比させた表現。◆「いそぐ」は、短時間で何かをしようとする意で、時間に重点があり、「せく」は、「あわてる」「あせる」に近く、気持ちに重点がある。だから「心せくままに帰路をいそぐ」の文では、両語の入れ替えは出来ない。◆「いそがば回れ」は、行動の早さを示す「いそぐ」の用法。「せいては事を仕損ずる」は、心が落ち着いていない状態を示す「せく」の用法。◆類似の語に「あせる」がある。思い通りに事が運ばなくて落ち着かない、焦慮する、いらいらする、の意。
(類語)急かす・急かす・急き立てる
急がず休まず あせらず地道に努力するさまをいう。
急がば回れ 早く着こうと思うなら、危険な近道より遠くても安全確実な方法をとったほうが早く目的を達することができるというたとえ。
い-ぞく【依属】►依存関係❷
い-ぞく【異俗】風俗が変わっていること。変わった風俗。異習。殊俗。
い-ぞく【異族】❶血族の異なる者。❷異なる種族、または民族。
い-ぞく【遺俗】今に残っている昔の風俗。
い-ぞく【遺族】死んだ人のあとに残された家族・親族。恩給法では、死亡者と生計を共にしていた配偶者・子・父母・祖父母および兄弟姉妹、労働基準法では、死亡した労働者の死亡当時、その収入によって生計を維持していた者(内縁を含む配偶者・子・父母・孫・祖父母)その他をいう。

い-ぞく【×彝族】中国の少数民族の一。四川・貴州・雲南の各省と、広西チワン族自治区の高地に居住し、主として農耕および牧畜に従事する。言語はチベット-ビルマ語系の彝語。イ族。

いぞく-いちじきん【遺族一時金】❶通勤災害に対して給付される労災保険のうち、遺族給付の一。遺族年金の受給資格者がいない場合に、配偶者・子・父母・孫・祖父母・兄弟姉妹などのうち、最先順位者に支給される。❷軍人・軍属・準軍属だった人が在職中に公務により受傷・罹病し死亡した場合に、遺族に対して国が支給する一時金。

いぞくえんご-ほう【遺族援護法】▶戦傷病者戦没者遺族等援護法

いぞく-きそねんきん【遺族基礎年金】一定の要件を満たす遺族に給付される国民年金。老齢基礎年金の受給者や受給資格のある人が死亡したとき、18歳未満の子をもつ妻や両親のいない18歳未満の子などに給付される。➡公的年金 ➡遺族厚生年金 ➡遺族共済年金 〔補説〕同じ国民年金の老齢基礎年金(老齢年金)・障害基礎年金(障害年金)と併称するときなどに、単に「遺族年金」ということもある。

いぞく-きゅうふ【遺族給付】通勤災害に対して給付される労災保険の一。労働者が通勤途中に死亡した場合、遺族に支給される。また、遺族特別支給金・遺族特別年金・遺族特別一時金などが支給される。業務災害の場合は遺族補償給付という。〔補説〕受給資格者(死亡した労働者の収入によって生計を維持していた配偶者・子・父母・孫・祖父母・兄弟姉妹)がいる場合は最先順位者に遺族年金が給付される。受給資格者に該当する遺族がいない場合は、遺族一時金が支給される。

いぞく-きょうさいねんきん【遺族共済年金】共済年金に加入している組合員が在職中に死亡したとき、退職共済年金を受給している人が死亡したときなどに、遺族に給付される年金。仕組みは遺族厚生年金とほぼ同じ。➡遺族基礎年金 ➡障害共済年金

いぞく-こうせいねんきん【遺族厚生年金】厚生年金に加入している人が在職中に死亡したとき、老齢厚生年金を受給している人が死亡したときなどに、遺族に給付される年金。厚生年金の加入をやめたあと厚生年金加入中に初診日がある病気・けがが原因で5年以内に死亡した場合にも給付される。給付対象は遺族基礎年金より広く、妻と子以外に、死亡した人によって生計が維持されていた、夫・両親・祖父母・孫に及ぶ。➡障害厚生年金

いぞく-こうはい【異属交配】生物で、分類上の属の異なる種をかけ合わせること。

いそ-くさ・い【×磯臭い】〔形〕図いそくさ・し〔ク〕魚や海藻のにおいがまじって、海辺独特のにおいがするさま。「バスの窓から―・い風が流れ込む」

いそくさ-ぬり【×磯草塗(り)】新潟市特産の漆器。海草をちりばめたような模様を研ぎ出したもの。

いぞく-ねんきん【遺族年金】❶生計の担い手である被保険者が死亡したとき、国民年金・厚生年金保険や各種共済組合などから、一定の要件を満たす遺族に給付される年金。公的年金は2階建て方式といわれ、受給資格のある全国民に給付される遺族基礎年金(1階部分)と、賃金報酬に比例して給付される遺族厚生年金・遺族共済年金(2階部分)とがある。❷特に、国民年金の「遺族基礎年金」のこと。同じ国民年金の老齢基礎年金(老齢年金)・障害基礎年金(障害年金)と併称するときに用いる語。❸通勤災害に対して給付される労災保険のうち、遺族給付の一つ。受給資格者(死亡した労働者の収入によって生計を維持していた配偶者・子・父母・孫・祖父母・兄弟姉妹で一定の年齢要件等を満たす者)のうち、最先順位者に支給される。❹軍人・軍属・準軍属だった人が在職中に公務により受傷・罹病し死亡した場合に、遺族に対して国が支給する年金。

いぞく-ふじょりょう【遺族扶助料】恩給法上の恩給の一。公務員が死亡したとき、その遺族に支給される。年金の扶助料と、一時扶助料とがある。

いぞく-ほしょう【遺族補償】▶遺族補償給付

いぞくほしょう-いちじきん【遺族補償一時金】業務災害に対して給付される労災保険のうち、遺族補償給付の一。遺族補償年金の受給資格者がいない場合に、配偶者・子・父母・孫・祖父母・兄弟姉妹などのうち、最先順位者に支給される。

いぞくほしょう-きゅうふ【遺族補償給付】業務災害に対して給付される労災保険の一。労働者が業務上の事由で死亡した場合、遺族に支給される。また、遺族特別支給金・遺族特別年金・遺族特別一時金などが支給される。通勤災害の場合は遺族給付という。〔補説〕受給資格者(死亡した労働者の収入によって生計を維持していた配偶者・子・父母・孫・祖父母・兄弟姉妹)がいる場合は最先順位者に遺族補償年金が給付される。受給資格者に該当する遺族がいない場合は、遺族補償一時金が支給される。

いぞくほしょう-ねんきん【遺族補償年金】業務災害に対して給付される労災保険のうち、遺族補償給付の一。受給資格者(死亡した労働者の収入によって生計を維持していた配偶者・子・父母・孫・祖父母・兄弟姉妹で一定の年齢要件等を満たす者)のうち、最先順位者に支給される。

イソクラテス〖Isokratēs〗[前436～前338]古代ギリシャ、アテネの弁論家・修辞家。ゴルギアスに修辞学を学び、多くの子弟を教育。ペルシア征討を主張した「パネギュリコス(オリンピア大祭演説)」などで、散文の完成者とされる。

いそご【磯子】横浜市南部の区名。丘陵部は住宅地、海岸の埋め立て地は工業地帯。

イソ-こうそ【イソ酵素】《isozyme》「アイソザイム」に同じ。

イソ-コード【ISOコード】ISO(国際標準化機構)が定めたコンピューターの情報交換用の標準符号。

いそご-く【磯子区】▶磯子

いそざき-けんいちろう【磯崎憲一郎】[1965～]小説家。千葉の生まれ。平成19年(2007)「肝心の子供」で文芸賞を受賞し作家デビュー。三井物産に勤務するかたわら執筆活動を続け、「終(つい)の住処(すみか)」で芥川賞受賞。他に「眼と太陽」など。

いそ・し【▽勤し】〔形シク〕❶慎み励んで奉仕するさま。勤勉である。「黒木取り草も刈りつつ仕へめど―・しき奴(わけ)と誉めむともあらず」〈万・七八〇〉❷いそがしい。せわしい。「信乃(しの)は薬剤(くすり)取りにとて―・しく出(い)でてゆきし後」〈読・八犬伝・四〉

いそ-じ【▽五▽十|▽五▽十路】❶50歳。50年。「―の坂にさしかかる」❷ごじゅう。いそ。「妙なる歌、百(もも)余り―を書き出だし」〈後拾遺・序〉

いそ-しぎ【×磯×鷸】シギ科の鳥。全長約20センチ。背は灰褐色、下面は白い。歩くときに尾を上下に振る。ユーラシアに広く分布。日本では本州以北の山地の河原で繁殖、冬季は平野部や海岸でもみられる。(季 秋)

いそ-しじみ【×磯×蜆】シオサザナミガイ科の二枚貝。内湾の砂泥底にすむ。貝殻はシジミに似て殻径約5センチ。北海道南部から南に分布。

いそし・む【▽勤しむ】〔動マ五(四)〕熱心につとめ励む。精を出す。「勉学に―・む」〔可能〕いそしめる 〔類語〕努める・骨折る

いそだ-こりゅうさい【礒田湖竜斎】江戸中期の浮世絵師。名は正勝。鈴木春信の影響を受け、美人画にすぐれた。晩年は肉筆画を主とし、法橋(ほっきょう)に叙せられた。生没年未詳。

いそ-ちどり【×磯千鳥】㊀磯辺にいる千鳥。浜千鳥。(季 冬)「一足をぬらして遊びけり/蕪村」㊁地歌・箏曲(そうきょく)の曲名。江戸後期、橘岐山の詞句に菊岡検校(けんぎょう)が地歌として作曲、これに八重崎検校が箏の替手(かえて)をつけたもの。

いそ-づたい【×磯伝い】磯辺を伝って行くこと。海岸沿いに行くこと。

イソップ〖Æsop|Aesop〗「イソップ物語」の作者とされる前6世紀ごろのギリシャ人。解放奴隷ともいわれるが、生涯についてはほとんど不明。アイソポスの英語名。

イソップ〖ESOP〗《employee stock-ownership plan》▶従業員持ち株制度

イソップものがたり【イソップ物語】古代ギリシャの説話集。イソップの作と伝えられる。前3世紀ごろの成立。多く動物を主人公とする寓話(ぐうわ)に託して日常的な道徳教訓を説いたもの。➡伊曽保(イソ)物語

いそ-づり【×磯釣(り)】岩礁の多い海岸や離れ岩などで魚を釣ること。

イソ-とうごうにんしょう【ISO統合認証】事業所別・分野別の個別認証を統合してISOが認証したマネージメントシステム。品質・環境・労働安全衛生などを総合して管理、監査する。重複システムの簡素化、経費削減、能率的管理などの利点がある。

いそ-な【×磯菜】磯辺に生える食用海藻の総称。いそなぐさ。「こよろぎの磯たちならし一摘むめざしぬらすな沖に居(を)れ波」〈古今・東歌〉

いそ-なみ【×磯波】磯に打ち寄せる波。波頭が岸と平行して寄せてくる波。

イソニコチンさん-ヒドラジド【イソニコチン酸ヒドラジド】《isonicotinic acid hydrazide》結核の代表的な化学療法剤の一。無色無臭の水溶性結晶。化学式$C_6H_7N_3O$ アイナー(INAH)。イソニアジド。

いそ-にな【×磯×蜷】エゾバイ科の巻き貝。潮間帯の岩礁に多い。貝殻は細長い紡錘形で、殻高4センチくらい。殻表は暗緑色で、不規則な帯や斑紋がある。房総半島以南に分布。(季 春)

いそね-まつ【×磯根松】磯に生えて、根が地表に現れている松。そなれまつ。

イソノエ〖Isonoe〗木星の第26衛星。2000年に発見。名の由来はギリシャ神話の女神。非球形で平均直径は約4キロ。

いそのかみ【石上】㊀奈良県天理市の石上町・布留(ふる)町の辺り。〔歌枕〕㊁〔枕〕㊀にある地名「布留(ふる)」に、さらにそれと同音の「降る」「振る」「古る」などにかかる。「―降るとも雨につつまめや」〈万・六六四〉「―古き都のほととぎす」〈古今・夏〉

いそのかみささめごと【石上私淑言】江戸中期の歌論書。3巻。本居宣長(もとおりのりなが)著。宝暦13年(1763)成立。歌の本質や起源などを問答体で記す。

いそのかみ-じんぐう【石上神宮】奈良県天理市布留町にある神社。祭神は布都御魂大神(ふつのみたまのおおかみ)。石上振神宮。布留社(ふるのやしろ)。

いそのかみ-でら【石上寺】奈良県天理市にあった寺。寺跡については、遍昭(へんじょう)・素性(そせい)ゆかりの布留の良因寺、石上にあった在原(ありわら)寺など諸説がある。〔歌枕〕

いそのかみ-の-ちゅうなごん【石上中納言】竹取物語の登場人物で、かぐや姫に求婚する貴公子の一人。姫に燕(つばくらめ)の子安貝を求められ、自らそれを取ろうとして失敗、負傷して死ぬ。石上のまろたり。

いそのかみ-の-まろ【石上麻呂】[640～717]古代、天武～元明天皇のころの廷臣。左大臣。石上氏の祖。旧氏姓は物部連(もののべのむらじ)。万葉集に歌1首が残る。

いそのかみ-の-やかつぐ【石上宅嗣】[729～781]奈良後期の廷臣。大納言。万葉集に和歌、唐大和上東征伝・経国集に詩がのっている。私宅に多数の漢籍を置いて芸亭(うんてい)と称し、好学の人たちに開放したのが、日本の図書館の最初といわれる。

いそ-の-くちあけ【×磯の口明け】資源保護・環境保全のため、禁止していた海藻や貝類の採取を解禁すること。また、その最初の日。口開(あ)け。磯開き。〔補説〕採取の禁止を「磯の口止め」という。

いそ-の-ぜんじ【磯禅師】静御前(しずかごぜん)の母。鎌倉前期の舞楽の名手と伝えられる。生没年未詳。

いそ-の-みや【磯宮】伊勢皇大神宮の古名。内宮の地にあった斎宮(いつきのみや)の居所ともいう。宇治宮(うじのみや)。

いそ-ばな【×磯花】花虫綱イソバナ科の腔腸(こうちょう)動物。浅海に樹枝状の群体をつくり、高さ約20センチ。骨格は赤・黄色などで、もろく砕けやすい。本州中部

以南に分布。くささんご。

いそ-はなび【×磯花火】イソマツの別名。

いそ-はま【×磯浜】石や岩の多い浜辺。砂浜に対していう。

いそ-ひよどり【×磯×鵯】ヒタキ科ツグミ亜科の鳥。全長24センチくらい。雄は背面とのどが青く、腹が赤褐色、雌は全体にくすんだ灰褐色。海岸のがけや岩場にすみ、澄んだ声でさえずる。〔季 夏〕

いそ-びらき【×磯開き】その地域で、磯物(いそもの)の採取を解禁すること。口開(あ)け。〔季 春〕「灘の波あつまる礁(いくり)や―/秋桜子」

いそ-ぶえ【×磯笛】海女(あま)が水中から浮上した時の激しい呼吸のこと。口笛のように鳴る。

いそ-ぶし【磯節】茨城県の太平洋沿岸地方の民謡。もと船歌であったが、のち大洗・那珂湊(なかみなと)地方の座敷歌として全国に流行した。

イソブチレン〖isobutylene〗ブチレンの異性体。石油分解ガス中に含まれる。無色で特異臭のある気体。重合ガソリン・合成ゴムなどの原料。イソブテン。

イソブテン〖isobutene〗▶イソブチレン

イソフラボン〖isoflavone〗フラボノイドの一。大豆などに多く含まれる。体内でエストロゲンに似たはたらきをする。

いそ-ふり【×磯触り|×磯振り】磯に打ち寄せる荒波。「―の寄する磯には年月をいつとも分かぬ雪のみぞ降る」〈土佐〉

イソプレン〖isoprene〗天然ゴムを熱分解して得られる無色、揮発性の液体。重合させてポリイソプレンとし合成ゴムを作る。化学式$CH_2=C(CH_3)CH=CH_2$

イソプロパノール〖isopropanol〗イソプロピルアルコールの慣用名。無色、揮発性の液体で、引火性が大。工業原料や溶剤、香粧品・医薬品の合成原料として用いる。

イソプロピル-アルコール〖isopropyl alcohol〗プロピレンを濃硫酸に吸収させてから、水で加水分解して得られる無色、揮発性の液体。工業用溶剤・消毒剤・防腐剤に使用。化学式$CH_3CH(OH)CH_3$　イソプロパノール。

いそ-べ【×磯辺】❶磯のほとり。いそばた。❷海苔(のり)を用いる料理・菓子をいう語。磯辺和(あ)え・磯辺餅(もち)・磯辺揚げ・磯辺巻きなど。

いそべ-おんせん【磯部温泉】ヲンセン 群馬県安中(あんなか)市磯部にある温泉。泉質は炭酸水素塩泉・塩化物泉・含鉄泉など。温泉水と小麦粉・砂糖で作る磯部煎餅が有名。

いそ-べん【いそ弁】《「居候(いそうろう)弁護士」の略。「イソ弁」とも書く》仕事を覚えるため、法律事務所に雇われて働く新米の弁護士。時期を見て独立する。

イソホものがたり【伊曽保物語】㊀《原題、Esopono Fabulas》「イソップ物語」をポルトガル語から室町末期の口語に訳し、ローマ字で表記、刊行した本。70話。宣教師ハビアン訳。文禄2年(1593)、天草で出版。天草本伊曽保物語ともよばれる。㊁仮名草子の一。「イソップ物語」の翻訳。訳者未詳。文語体で漢字平仮名交じり表記。無刊記の古活字版や寛永16年(1639)刊記の古活字版、さらに万治2年(1659)刊の絵入り整版本などがある。

いそまき-ずし【×磯巻(き)×鮨】塩と酢で締めたサバの切り身を芯にした鮨飯を、とろろ昆布で巻いたすし。主として関西で作られる。

いそまき-たまご【×磯巻(き)卵】卵焼きを海苔(のり)で巻いたもの。

いそ-まくら【×磯枕|▽石枕】水辺の石を枕にすること。旅寝をすること。「波に萎(しを)るる―、海人(あま)の苫屋(とまや)に共寝して」〈謡・敦盛〉

いそ-まつ【×磯松】❶磯辺に生えている松。❷イソマツ科の多年草。暖地の海岸に生え、高さ約15センチ。小低木状で、茎の古い部分はクロマツの幹に似て、へら形の葉が茎の頂に群がってつく。8、9月ごろ、淡紫色の花を穂状につけ、いそはなびともいう。イソマツ科にはアルメリア・スターチスなども含まれる。

いそ-まつかぜ【×磯松風】小麦粉に砂糖・食塩・水をまぜて溶き、ふくらし粉を加えて蒸し、粉末のシソを振りかけた菓子。夏向きの菓子とされる。

いそ-まつり【×磯祭(り)】❶「磯遊び」に同じ。〔季 夏〕❷漁師が豊漁を祈願する竜神祭り。浦祭り。潮祭り。瀬祭り。竜宮祭り。

いそ-み【×磯×廻】《「み」は動詞「み(廻)る」の名詞化で、曲がりめぐること、また、そのような地形をいう》❶磯に沿ってめぐること。「大舟に真梶しじ貫(ぬ)き大君の命(みこと)かしこみ―するかも」〈万・三六八〉❷湾曲している磯。「馬並(な)めていざ打ち行かな渋谿(しぶたに)の清き―に寄する波見に」〈万・三九五四〉

いそ-め【×磯蚯=蚓|×磯目】多毛綱イソメ科の環形動物の総称。海岸の砂泥地にすむ。体は細長く、多数の環節からなる。イワムシ・オニイソメ・フクロイソメなど。釣りの餌にする。

いそ-め・く【急めく】〔動カ四〕忙しそうにする。「ゆゆしげに―・き合はれけるに」〈弁内侍日記〉

イソメラーゼ〖isomerase〗▶異性化酵素

いそ-もなか【×磯▽最中】皮を貝殻の形に焼き、中に羊羹(ようかん)またはあんを入れたもなか。

いそ-もの【×磯物】❶近海でとれる魚類。❷磯辺でとれる海藻や貝・小魚など。

いそ-や【×磯屋】海辺にある漁師などの家。「藻塩(もしほ)焼くあまの―の夕煙(ゆふけぶり)立つ名も苦し思ひ絶えなで」〈新古今・恋二〉

いそ-やき【×磯焼(き)】小麦粉に砂糖と醤油、水を加えて練ったものを、ごま油をひいた鍋(なべ)の上で焼き、あんを包んで三角状にたたんだ菓子。

いそ-やけ【×磯焼け】〔名〕スル 海の沿岸に生えるコンブやカジメなどの海草類が枯れる現象。海水温の上昇や海水の汚染、ウニなどの食害が原因とされる。

イゾラ-ベッラ〖Isola Bella〗▶ベッラ島

い-ぞり【居反り】ヰ 相撲のきまり手の一。しゃがんで腰を落とし、のしかかる相手の膝(ひざ)を抱え、押し上げて反り返り、後ろに落とす技。

イソロイシン〖isoleucine〗必須アミノ酸の一。無色の結晶で、水に溶ける。たんぱく質の構成成分。化学式$C_6H_{13}NO_2$

いそろくじょう【異素六帖】イソロクデフ 洒落本。2巻。沢田東江著。宝暦7年(1757)刊。僧侶・歌学者・儒者の三人がより集まって遊里について論じるという筋。書名は中国の仏書「義楚六帖」をもじったもの。江戸洒落本の祖といわれる。

い-そん【依存】〔名〕スル《「いぞん」とも》他に頼って存在、または生活すること。「会の運営を寄付金に―する」「―心」

い-そん【異損】平安時代、作物の病虫害などのために、田地の収穫が例年より10分の3以上減少することをいった語。➡例損(れいそん)

い-そん【遺存】ヰ〔名〕スル 現在まで残っていること。「其草案は今日迄―せり」〈竜渓・経国美談〉

い-ぞん【異存】❶他と異なった考え。❷反対の意見や、不服な気持ち。異議。「判定に―はない」〔類語〕異論・異議・反対・不賛成・不同意・不承知・批判・抵抗・造反・対立・異(い)を唱える・異(い)を立てる

いそん-かんけい【依存関係】クワンケイ ❶ある人・物と他の人・物とが、互いに頼り合う間柄であること。❷論理学で、ある事物の存在・状態・価値などが、他の事物によって規定され、制約される関係。原因に対する結果、目的に対する手段、理由に対する帰結など。依属。

いそん-こうか【依存効果】カウクワ ▶デモンストレーション効果

いそん-しゅ【遺存種】ヰ ▶残存種(ざんぞんしゅ)

いそん-しょう【依存症】シヤウ《「いぞんしょう」とも》ある物事に依存し、それがないと身体的・精神的な平常を保てなくなる状態。アルコール依存症のような物質に対するものと、インターネット依存症のように行為に対するもの、共依存のように人間関係に対するものがある。

いた【板】❶材木を薄く平たく切ったもの。「床に―を張る」❷金属・石または合成樹脂などを薄く平たくしたもの。「―ガラス」「ブリキ―」❸まな板。❹「板場(いたば)」「板前(いたまえ)」の略。「―さん」❺「板付き蒲鉾(かまぼこ)」の略。「―わさ」❻芝居の舞台。「新作を―に掛ける(=上演スル)」❼版木(はんぎ)。❽《「掲示板」の「板」から》電子掲示板(BBS)のこと。また、掲示板サイトの中で、テーマ別に集めたスレッド❷の集合。❾「板の物」の略。❿板敷き。板縁。「つややかなる―のはし近う、鮮やかなる畳一枚(ひとひら)うちしきて」〈枕・三六〉

板に付・く ❶役者が経験を積んで、演技が舞台によく調和する。❷経験を積んで、動作や態度が地位・職業などにしっくり合う。「―・いた司会ぶり」

板に上(のぼ)・す 出版する。上梓(じょうし)する。

いた【▽甚】〔副〕《形容詞「いたし」の語幹から》程度のはなはだしいさま。非常に。たいへん。「―泣かば人知りぬべし」〈記・下・歌謡〉

い-だ【委蛇|×逶×迤】ヰ〔ト・タル〕〔文〕〔形動タリ〕くねくねと曲がっているさま。いい。「―たる小径」

イダー-オバーシュタイン〖Idar-Oberstein〗ドイツ西部、ラインラント-プファルツ州の都市。ライン川の支流、ナーエ川沿いに位置する。中世より水晶や瑪瑙(めのう)などを産し、商業採掘が終わった現在も優れた宝石研磨技術で知られる。ダイヤモンドをはじめとする宝石の取引所や宝飾デザインの学校がある。

い-たい【衣帯】❶衣と帯。❷衣服を着、帯を結ぶこと。服装。装束。

いた-い【板井】ヰ 板で囲んだ井。泉を板で囲んだ所。「里人の汲むだに今はなかるべし―の清水みぐさゐにけり」〈今昔・二四・四六〉

い-たい【異体】〔名・形動〕❶形や体裁が普通と違うこと。また、そのさま。異風。いてい。「―な姿」❷別のからだ。「雌雄―」❸「異体字」の略。

い-たい【遺体】ヰ ❶《魂が去って遺(のこ)された身体の意》死んだ人のからだ。なきがら。遺骸(いがい)。「死体」よりも丁寧な言い方。「―を安置する」❷《父母がこの世に遺した身体の意》自分のからだ。わが身。「人毎に其の身あることを知りて、父母の―といふことを忘るるが故なり」〈人・閑情末摘花・三〉〔類語〕死体・死骸・遺骸・死屍・亡骸・屍(しかばね)・屍(かばね)・むくろ

いた・い【痛い|▽甚い】〔形〕〔文〕いた・し〔ク〕❶肉体に痛みや苦しみを感じるさま。「歯が―・い」「つねられて―・い」❷心に苦痛を感じるさま。精神的につらい。「欠損続きで頭が―・い」❸弱点を攻撃されたり打撃や損害をこうむったりして、閉口するさま。「―・いところに触れられる」「―・い目にあう」「この時期に出費は―・い」❹(甚い)程度のはなはだしいさま。多く、連用形を用いる。➡甚(いた)く ❺(甚い)はなはだしくりっぱなさま。すばらしい。「新発意(しぼち)の娘かしづきたる家いと―・しかし」〈源・若紫〉❻動詞の連用形に付いて、その動詞の表す状態がはなはだしい意味を示す形容詞をつくる。「あまえいたし」「うもれいたし」など。〔派生〕いたがる〔動ラ五〕いたげ〔形動〕いたさ〔名〕

痛い所を衝(つ)・く 弱点を指摘して攻めたてる。〔補説〕「痛い所をつつく」とするのは誤り。

痛いの痛いの飛んでいけ 痛がっている幼児をなだめすかすために唱えるまじないの言葉。多く「ちちんぷいぷい」のあとに続けて言う。

痛い目(め)に合(あ)・う 痛みや苦しみを味わう。ひどい経験をする。ひどい目に合う。痛い目を見る。「歯の治療で―・うのはもうこりごりだ」「期待が大き過ぎると―・うぞ」

痛くも痒(かゆ)くもな・い 少しも苦痛を感じない。まったく影響がない。痛痒(つうよう)を感じない。「何と言われようと―・い」

痛くもない腹を探られる 《腹痛でもないのに痛い所はどこかと探りまわされる意から》何のやましいこともしていないのに、疑いをかけられる。

痛し痒(かゆ)し 《かけば痛いし、かかないとかゆい意から》二つの方法のどちらをとってもぐあいが悪く、どうしたらよいか迷う。また、ぐあいのよい面もあれば悪い面もあって、困る。

い-だい【医大】《「医科大学」の略》医科に関する単科大学。

い-だい【偉大】[ダ]〔形動〕[文]〔ナリ〕すぐれて大きいさま。りっぱであるさま。「一な業績」「一な人物」[派生]いだいさ〔名〕[類語]偉い・立派

いたいいたい-びょう【イタイイタイ病】富山県、神通川流域で発生した慢性カドミウム中毒。大正から昭和20年代にかけて多発。骨が冒され、痛みが激しく骨折しやすい。鉱山廃水が原因であることが解明され、昭和43年(1968)公害病に認定。

いたい-がな【異体仮名】現在の標準的な字体とは異なる字体の片仮名や平仮名。平仮名はふつう変体仮名という。

いたい-け【▽幼気】〔形動〕[文]〔ナリ〕《「いた(痛)きけ(気)」の音変化で、心が痛むくらいいじらしいさまをいう》❶子供などの痛々しく、いじらしいさま。「一な遺児」❷幼くてかわいいさま。「一な女の子」❸小さくてかわいらしいさま。いとけない。「一な撫子(なでしこ)が処々に咲いた」〈啄木・鳥影〉
[類語]あどけない・可憐・かわいい・愛(あい)おしい・愛(あい)らしい・愛らしい・愛くるしい・可愛(かわ)らしい・いじらしい・しおらしい・めんこい・キュート・しとやか

いだいけ【韋提希】《梵 Vaidehīの音写》古代インド、摩揭陀(まがだ)国王頻婆娑羅(びんばしゃら)の后(きさき)。子の阿闍世(あじゃせ)王に幽閉された時に釈迦に「観無量寿経」を説かれたとされる。韋提希夫人(いだいけぶにん)。

いたいけ-ざかり【▽幼気盛り】幼児の最もかわいい年ごろ。「君には一の子供がある」〈里見弴・安城家の兄弟〉

いたいけ・す【▽幼気す】〔動サ変〕幼くてかわいいようすをする。「実(げ)にさもと覚えてをかしく、一・したりしよし語り侍りき」〈沙石集・三〉

いたいけ-な・い【▽幼気ない】〔形〕《「いたいけな」と「いとけない」とが混同されて生じた語》いたいけである。「一・い子供」

いたいけ-ら・し【▽幼気らし】〔形シク〕子供などの幼くてかわいらしいさま。「孫を持ったも名ばかりで、一・しい顔も見ず」〈浄・賀古教信〉

いた-いし【板石】薄く平たい板状の石。敷石・石畳などに使う。

いたい-じ【異体字】標準の字体とは異なるが、意味・発音が同じで、通用する漢字。「煙」「群」に対する「烟」「羣」など。また、広く異体仮名を含めていう場合もある。異体文字。

いたいた-し・い【痛痛しい】〔形〕[文]いたいた・し〔シク〕気の毒で見ていられないほど、かわいそうである。大層いたましい。「全身を覆う白い包帯も一・い」[派生]いたいたしげ〔形動〕いたいたしさ〔名〕[類語]気の毒・可哀相・不憫(ふびん)・哀れ・痛ましい

いたい-どうしん【異体同心】身体は別々であるが、心は同一であること。夫婦仲のよいことなどにいう。

いたうら-ぞうり【板裏草履】▶板草履

いた-え【板絵】木の板に描いた絵画。西洋中世の祭壇画、東洋の厨子(ずし)・扉絵など。

いた-えん【板縁】板を張って作った縁側。

いた-おい【板×笈】修験者(しゅげんじゃ)が背負う笈の一。箱笈に対して、薄板に太い縁をつけ、荷物を結びつけるようにしたもの。縁笈(ふちおい)。

いた-おうぎ【板扇】薄い板を重ねて、糸でつづった扇。檜扇(ひおうぎ)など。

いた-おこし【板起(こ)し】ろくろで成形した陶器をろくろ台から離すとき、底部を竹べらでとる手法。糸切りの跡がない。へら起こし。

いた-おもり【板×錘】釣り具のおもりの一。鉛を薄板状にしたもので、必要な分だけ切って糸に巻きつけて用いる。板鉛。

いた-か《「板書き」の意か》中世、小さな板の卒塔婆(そとば)を作って経文・戒名などを書き、川に流したり経を読んだりして、金品をもらって歩いた乞食(こじき)坊主。

いだか・う【抱かふ】〔動ハ下二〕だきかかえる。「女、塗籠(ぬりごめ)の内に、かぐや姫を一・へて居(を)り」〈竹取〉

いた-がえし【板返し】❶板葺(ぶ)き屋根の板を葺きかえること。❷玩具の一。小さな長方形の板をいくつもつなぎ、その端の板を持ってぶら下げると板の表が次々と現れ、その端板を返すと、裏が次々と出てくるようにこしらえたもの。❸《❷から転じて》同じことの繰り返し。「たれもたれも言ひなれ聞きふれたる一の秀句などはうたてしくて」〈かたこと・五〉

いた-がき【板欠き】「板決(いたじゃくり)」に同じ。

いた-がき【板垣】板で作った垣。板塀。

いたがき-せいしろう【板垣征四郎】[1885～1948]陸軍大将。岩手の生まれ。関東軍参謀として満州事変に主導的役割を果たした。近衛・平沼内閣の陸相、支那派遣軍総参謀長を歴任。第二次大戦後、極東国際軍事裁判でA級戦犯とされ、絞首刑。

いたがき-たいすけ【板垣退助】[1837～1919]政治家。土佐の人。愛国公党を結成し民撰議院設立建白書を提出、また土佐に立志社をつくり自由民権運動を指導した。明治14年(1881)自由党を結成。同31年、大隈重信と日本最初の政党内閣を組織、内相となった。

いた-がけ【板掛(け)】「板摺(ずり)❶」に同じ。

いた-がこい【板囲い】板で作った塀。建築工事場などに仮に作り設けた板塀。

いた-がしら【板頭】江戸の岡場所で、その娼家の最上位の遊女。1か月の揚げ代の最も多い遊女の名札が首位に掲げられたところからの名称。吉原の御職(おしょく)にあたる。板元(いたもと)。

イタカ-とう【イタカ島】《Ithaca》▶イタキ島

いた-がね【板金│板▽銀】❶薄くのばした金属の板。ばんきん。❷金銀を板のように薄くのばしたもの。近世初期から、貨幣として用いられることがあった。ばんきん。

いた-かぶ【板株】近世、書物の版木を所有する権利。現在の版権にあたる。

いた-かべ【板壁】板張りの壁。

いた-がみ【板紙】❶板のように堅い厚手の紙。黄板紙・白板紙など。ボール紙。❷武家の礼式で、料理のときに俎(まないた)の上に敷く紙。

いた-がゆ・い【痛×痒い】〔形〕[文]いたがゆ・し〔ク〕痛みとともにかゆみを感じる。

いた-ガラス【板ガラス】板状のガラス。

いた-からど【板唐戸】1枚または数枚の板の上下を端食(はしばみ)、または裏桟(うらざん)で止めた扉。➡桟唐戸

いた-が・る【痛がる】〔動ラ五(四)〕❶痛みを態度・表情に表す。「患者が一・る」❷ひどく感心する。ほめる。「しつべき人もまじれれど、これ(=懸ケ歌)をのみ一・り」〈土佐〉

いたきそ-じんじゃ【伊太祁曽神社】和歌山市伊太祈曽にある神社。主祭神は五十猛命(いたけるのみこと)。紀伊国一の宮。山東宮。いたけそじんじゃ。

イタキ-とう【イタキ島】《Ithaki》ギリシャ西部、イオニア海にある島。イオニア諸島に属し、ケファロニア島と幅約2～4キロメートルの狭い水道を隔てて向かい合う。中心地はイタキ。深い湾奥に位置する天然の良港として知られ、ギリシャ語で「深み」を意味するバティという通称をもつ。ミケーネ文明の中心地の一つとして栄えた。ギリシャ神話の英雄オデュッセウスの故郷とされる。イタカ島。イタケ島。イサカ島。

いた-きれ【板切れ】板の切れ端。いたっきれ。
[類語]木切れ・棒切れ・木片・木っ端・ウッドチップ

い-たく【依託│依×托】〔名〕スル ❶他の人にまかせてやってもらうこと。「母から一された用向(ようむき)についても」〈漱石・行人〉❷もたせかけること。「銃を台に一する」
[類語]委託・信託・委嘱・依嘱・嘱託・頼む・託する・嘱(しょく)する・委(ゆだ)ねる・任せる・預ける・やってもらう

い-たく【委託│委×托】〔名〕スル ❶ゆだね任せること。人に頼んで代わりにやってもらうこと。「販売を業者に一する」❷契約などの法律行為やその他の事務処理を他人に依頼すること。❸客から取引所の取引員に注文を出すこと。[類語]依託・信託・委嘱・依嘱・嘱託・付託・預ける・頼む・託する・委(ゆだ)ねる・任せる・言付ける・嘱(しょく)する・やってもらう

い-たく【遺沢】後世まで残る恩沢。

い-たく【遺託│遺×托】故人の残した頼み。遺嘱。

いたく【▽甚く】〔副〕《形容詞「いたし」の連用形から》❶程度のはなはだしいさま。非常に。ひどく。「一感動する」❷(あとに打消しの語を伴って)それほどには。たいして。「わがため面目あるやうに言はれぬる虚言(そらごと)は、人一あらがはず」〈徒然・七三〉
[類語]迚(とて)も・大層・大変・極めて・至って・非常に・甚(はなは)だ・頗(すこぶ)る・至極(しごく)・極(ごく)・いとも・実に・まことに・大いに・ひどく・恐ろしく・すごく・ものすごく・滅法(めっぽう)

い-だく【唯諾】〔名〕スル 人の言うことをそのまま承知すること。また、その返答。「在来の倫理に一し、在来の道徳を墨守し」〈透谷・明治文学管見〉

いだ・く【抱く│▽懐く】〔動カ五(四)〕❶腕でかかえ持つ。だく。「ひしと一・く」「母親の胸に一・かれる」❷かかえるように包み込む。「村々を一・く山塊」「大自然の懐に一・かれる」❸ある考えや感情をもつ。「疑問を一・く」「青年よ大志を一・け」❹しっかり守る。擁護する。「任那(みまな)を一・き守ること、おこたることなきなり」〈欽明紀〉[可能]いだける ➡抱(かか)える[用法]
[類語]抱える・抱(だ)く・抱きかかえる・抱きしめる・抱き合う・抱擁/(❸)覚える・感じる・感ずる・催す・持つ

いたく-がいしゃ【委託会社】❶担保付き社債を募集する会社。社債につける物上担保を信託会社に委託することからいう。❷証券投資信託で、不特定多数の受益者のために、信託財産の投資を信託会社または信託銀行に指図する会社。

いたく-がくせい【依託学生】団体などが学費を支給し、教育機関に指導を依頼する学生。依託生。

いたく-かこうぼうえき【委託加工貿易】加工貿易の一。国内の業者が外国の委託者から原材料の供給を受け、加工してできた製品を委託者へ輸出する順委託加工貿易と、国内の委託者が外国の業者に原材料を供給し、加工されてできた製品を委託者が輸入する逆委託加工貿易とがある。

いたく-しゃげき【依託射撃】正確に照準を定めるために、樹木など支えとなるものに銃をもたせかけて行う射撃。

いたく-しょうこきん【委託証拠金】株式の信用取引や商品の先物(さきもの)取引などで、証券会社や商品取引員が顧客から担保として預かる金銭。有価証券で代用ができる。委託保証金。

いたく-てがた【委託手形】振出人が第三者の委託により、その委託者の計算において、自己の名で振り出す為替手形。

いたく-てすうりょう【委託手数料】委託された業務を遂行した報酬として受け取る金銭。特に、「株式売買委託手数料」のこと。

いたく-ばいばい【委託売買】❶商品の売り手または買い手が、第三者に委託して売買を行うこと。❷取引所の会員である証券会社または商品取引員が顧客から委託され、取引市場において行う売買。

いたく-はんばい【委託販売】製造業者や商社が商品の所有権を留保しながら、販売業者に商品の販売を委託する販売方式。販売業者には手数料が支払われる。

いた-ぐら【板倉】壁を板材で作った倉。柱間に板をはめ込みにしたり、板材を直接井桁(いげた)に組み合わせたりする。

いたくら-かつしげ【板倉勝重】[1545～1624]江戸初期の幕臣。徳川家康に信任され、駿府(すんぷ)町奉行・江戸町奉行・関東郡代・京都町奉行・京都所司代を歴任。

いたくら-しげまさ【板倉重昌】[1588～1638]江戸初期の武将。勝重の子。三河深溝(ふこうず)領主。大坂冬の陣の講和使者。のち、島原天草一揆の鎮定に向かったが成功せず、城を強攻して戦死。

いたくら-しげむね【板倉重宗】[1587～1656]江戸初期の幕臣。勝重の長男。父のあと京都所司代に就き、在職35年。厳正な裁判で知られる。

い-たけ【居丈】《「いだけ」とも》座っているときの背の高さ。座高。「一の高く、を背長(せなが)(=胴長)に見え給ふに」〈源・末摘花〉

いたけ-だか【居丈高】〔形動〕[文]〔ナリ〕❶《「威丈

高」とも書く)人に対して威圧的な態度をとるさま。「一に命令する」❷座ったときの背が高いさま。「偏だにものし給はむ人の一に髪少なにて」〈栄花・根合〉❸上半身を伸ばすようにして、相手を見くだすさま。「興なる修行法師めが面つらやと一になりて申しける」〈義経記・三〉[類語]頭ごなし・高飛車・高圧的

イタケ-とう【イタケ島】《Ithakē》▶イタキ島

いたける-の-みこと【五十猛命】日本書紀で、素戔嗚尊すさのおのみことの子。木種こだねをもって天降あまくだり、大八洲国おおやしまのくにをことごとく青山にしたという。古事記にみえる大屋毘古命おおやびこのみことと同一神とされる。伊太祁曽いたきそ神社の祭神。

いたこ 東北地方で、霊の口寄せをする巫女みこ。多くは盲目の女性。青森県下北半島恐山のいたこが有名。➡市子いちこ [類語]霊媒・巫女みこ・巫女かんなぎ・市子・ゆた・口寄せ・かんなぎ・シャーマン

いたこ【潮来】茨城県南東部の市。利根川の三角州にある。鹿島・香取・息栖いきすの三社詣での中継地、霞ヶ浦・北浦水運の中心として発展。水郷観光の中心地。人口3.1万(2010)。

いた-ご【板子】❶和船の舟底に敷く揚げ板。「心は大浪にのる一枚の一の様に揺れる」〈漱石・草枕〉❷杉・ヒノキなどのきわめて厚い板材。ふつう、厚さ5寸(約15センチ)、長さ6尺(約1.8メートル)が基準。

板子一枚下したは地獄 船乗りの仕事が危険であることのたとえ。一寸下は地獄。

いたこ-し【潮来市】▶潮来

いた-ごし【板×輿】屋根と左右両側を白木板で張り、前または前後に簾すだれを掛けた輿。上皇・公卿・僧が遠行に用いた。

いた-ごと【痛事】非常につらく、困ったこと。特に、費用が多くかかること。「ちっと一だが翌日あすは終日いちにち見物させよう」〈和田定節・春雨文庫〉

いたこ-ぶし【▽潮来節】潮来地方で起こった俗謡。船歌から出て座敷歌となり、江戸中期に全国的に広まった。

いた-こんごう【板金剛】《「金剛」は金剛草履ぞうりの略》▶板草履

イタコン-さん【イタコン酸】《itaconic acid》特異臭のある無色の結晶。天然にはコウジカビの一種により生成される。熱可塑性樹脂・イオン交換樹脂・合成繊維などの製造原料。メチレン琥珀こはく酸。

いた-ざい【板材】木材を薄く製材したもの。厚さにより四分板・六分板・一寸板などといい、長さは6尺(約1.8メートル)のものが多い。

いだし-あこめ【▽出×衵】「出衣いだしぎぬ❶」に同じ。「直衣なほしの長やかにめでたき裾より、青き打ちたる一して」〈宇治拾遺・一一〉

いだし-うちき【▽出×袿】「出衣いだしぎぬ❶」に同じ。「桜の直衣なほしに一して」〈枕・四〉

いたし-かた【致し方】「しかた」の改まった言い方。する方法。「お気の毒ですが、一ございません」

いた-じき【板敷(き)】床を板張りにすること。また、板張りにした所。板の間。「一の部屋」

いだし-ぎぬ【▽出▽衣】❶直衣のうしまたは衣冠姿で、美しく仕立てた内着の衵あこめの裾先を袍ほうの襴らんの下からのぞかせること。出衵いだしあこめ。出袿いだしうちき。出褄いだしづま。❷寝殿や牛車の簾すだれの下から、女房装束の袖や裾先を出すこと。うちいでのきぬ。うちだし。

いだし-ぐるま【▽出車】盛儀の出行の際の装飾として、出衣いだしぎぬを施した牛車ぎっしゃ。また、随行の女房の装束の裾を出衣とした牛車。「八省に立て続けたる一どもの袖口、色あひも、目馴れぬさまに」〈源・賢木〉

いだし-た・つ【▽出だし立つ】〔動タ下二〕❶送り出す。出立させる。差し向ける。「京へ人一・て給ふ」〈源・須磨〉❷声に出して歌う。「心遣ひして、一・て難うす」〈源・篝火〉

いだし-づま【▽出×褄】「出衣いだしぎぬ❶」に同じ。「上達部の一の姿ども」〈弁内侍日記〉

いた-じとみ【板×蔀】格子をつけず、板だけを張った蔀。

いだし-ふづくえ【▽出▽文机】書院窓に造りつけた机代用の棚。出文棚いだしふみだな。いだしふみづくえ。だしふづくえ。

いだし-ふみだな【▽出文棚】▶出文机いだしふづくえ

いた-じめ【板締(め)】染色法の一。文様を彫った薄板2枚の間に縮緬ちりめんその他の絹織物を挟んで固く締め、文様を白く染め抜いたもの。纐纈こうけち・夾纈きょうけちの類。いたじめしぼり。

いた-じゃくり【板▽决り】板の端を受けさせるため、梁はりなどの縁を切り欠くこと。また、その切り欠いた溝。板欠き。

いた・す【致す】〔動サ五(四)〕《「いたる」に対して「いたらせる」の意。敬語として用いられるのは中世以降》❶届くようにする。至らせる。「遠い祖国に思いを一・す」❷そのことがもとで、ある結果、特によくない結果を引き起こす。ある状態に立ち至らせる。「私の不明の一・すところ」❸全力で事を行う。心を尽くす。「遠く京師を離れていたので、玄機がために力を一・すことができなかった」〈鴎外・魚玄機〉❹㋐「する」の謙譲語。自己側の動作を低めて言ったり、改まった気持ちで言ったりすることで聞き手に対する敬意を表す。多く「いたします」の形で用いる。「努力を一・す所存です」「御指示どおりに一・します」「私から話を一・します」㋑「する」の丁寧語。多く「いたします」の形で用いる。「いい香りが一・します」「あと数分一・しますと重大発表が行われます」「勢の良い扇の音が、はたはたと一・しますと」〈芥川・邪宗門〉㋒「する」の尊大な言い方。話し手が相手の行為について、自分を高い位置に置いて言う。「何を一・しておる。早く一・せ」「無用の殺生を一・すでないぞ」❺命を差し出す。身をささげる。「危ふきを見て命を一・す処、兼ねて思ひ定め候ひけるかに依りて」〈太平記・二六〉❻(補助動詞)動詞の連用形やこれに「お」を付けた形、または、漢語サ変動詞の語幹やこれに「御ご」を付けた形などに付く。㋐補助動詞「する」の謙譲語・丁寧語。多く「いたします」の形で用いる。「お静かにお願い一・します」「御一緒一・しましょう」㋑補助動詞「する」の尊大な言い方。「即刻、返答一・せ」[補説]平安時代は、主として漢文訓読に用いられた。[類語]行う・為る・遣る・為なす・営む (尊敬)される・なさる・遊ばす (謙譲)仕つかまつる

[一句]思いを致す・心を致す・仕しを致す・死を致す・信を致す・蒼蠅そうよう驥尾きびに付して千里を致す

いだ・す【▽出だす】〔動サ四〕❶内にあるものを外の方へ移す。「帳のうちよりも一・さず、いつき養ふ」〈竹取〉❷出発させる。「暁に船を一・して」〈土佐〉❸差し出す。提供する。「宮の、五節ごせち一・させ給ふに」〈枕・九〇〉❹新たに生じさせる。起こす。「尊たふとまた火を一・されたりければ」〈平家・一一〉❺声に表す。歌ったり吟じたりする。また、表情などにだす。「拍子とりて梅が枝(=催馬楽ノ曲名)一・したるほど」〈源・梅枝〉「色にも一・させ給はずなりぬるを」〈源・桐壺〉❻動詞の連用形に付いて複合語をつくる。㋐その動作が外に向かって行われる意を表す。「言い出だす」「眺め出だす」など。㋑その動作によって結果が外に現れるようにする意を表す。「作り出だす」「染め出だす」など。㋒その動作が始まる意を表す。「走り出だす」「歌い出だす」など。➡だす

いたずかわ・し【▽労かはし】〔形シク〕《動詞「いたず(労)く」の形容詞化。「いたつかわし」「いたずがわし」とも》❶そのことに一生懸命になるさま。「愚かなる人、この楽しびを忘れて、一・しく外の楽しびを求め」〈徒然・九三〉❷わずらわしい。めんどうである。「我より上なる人と伴へば、一・しき事のみあって」〈仮・伊曽保・中〉

いたずき【▽労き｜▽病】《平安時代は「いたつき」とも》❶ほねおり。苦労。「一もなく、人の家刀自いへとじになりにける」〈平中・一八〉❷病気。「身に一の入るも知らずて」〈古今・仮名序〉

いたず・く【▽労く】〔動カ四〕《平安時代は「いたつく」とも》❶あれこれと心をくだく。努める。「とかうものすることなど、一・く人多くてみなし果てつ」〈かげろふ・上〉❷世話をする。いたわる。「かくてねむごろに一・きけり」〈伊勢・六九〉❸疲れる。また、病気になる。「一・キ参ラセ候」〈日葡〉

いた-すずり【板×硯】蒔絵まきえなどを施した板に料紙を挟み、上に硯をのせ、ひもで結んだもの。床棚とこだなの飾りとする。板文庫。

いたずら【▽徒】〔形動〕[文]〔ナリ〕❶存在・動作などが無益であるさま。役に立たないさま。むだ。「一に時を過ごす」❷あるべき物がないために物足りないさま。なんの風情もないさま。「入江の一なる洲すども」〈更級〉❸何もすることがないさま。退屈。「舟も出ださで一なれば」〈土佐〉➡悪戯いたずら

徒にな・る ❶役に立たなくなる。むだになる。「いかにしてか一・り給ふまじきわざはすべからむ」〈源・少女〉❷死ぬ。はかなくなる。「この君の世に惜しまれて一・り給へば」〈宇津保・国譲中〉

いたずら【悪=戯】〔名・形動〕スル《「徒いたずら」から》❶人の迷惑になることをすること。また、そのさま。悪ふざけ。「一が過ぎる」「一な子」❷いたずら小僧。いたずらっこ。「弁当箱をポンと抛ほうり上げてはチョイと受けて行く一がある」〈二葉亭・平凡〉❸もてあそんではならない物をいじったりおもちゃにしたりすること。「子供がマッチを一する」「一半分」❹自分のすることを謙遜していう語。芸事・習い事などにいう。「歌つくりはほんの一です」❺性的にみだらなふるまいをすること。強制猥褻・強姦の婉曲な言い方としても使われる。「旦那が鳥渡ちょっと一をしたくなるのも…無理もねえて」〈荷風・薄衣〉[類語]悪さ・悪ふざけ

いたずら-がき【悪=戯書(き)】❶書くべきではない所に文字や絵を書くこと。また、その書いたもの。❷戯れの気持ちで文字や絵を書くこと。また、その書いたもの。

いたずら-こぞう【悪=戯小僧】いたずら好きの男の子。いたずら坊主。悪童。いたずらっこ。

いたずら-ごと【▽徒言】無意味な言葉。無用の言。「つれづれと一を書きつめて」〈千載・雑下・詞書〉

いたずら-ごと【▽徒事】❶無意味なこと。くだらないこと。「一のみ思ひ続けられて」〈有明の別・二〉❷みだらなこと。「恋の部とて五巻まで多かるは、一のつつしみなきなり」〈読・春雨・海賊〉❸根拠のないこと。「男は胸に知恵なくして心に知恵深しと云ふは、一なり」〈仮・夫婦宗論〉

いたずら-ざかり【悪=戯盛り】よくいたずらをする年ごろ。少年時代をいう。

いたずら-じに【▽徒死に】何の役にも立たない死に方をすること。むだ死に。犬死に。「敵かたきある者に行き烈つれて、一する者」〈今昔・二六・七〉

いたずらっ-こ【悪=戯っ子】よくいたずらをする子。

いたずら-ね【▽徒寝】恋い慕う人と離れて、独り寂しく寝ること。いたずらぶし。「人待つと泣きつつすぐす夜な夜なは一にも泣きぬべきかな」〈中務集〉

いたずら-びと【▽徒人】❶役に立たない人。無用の人。徒者いたずらもの。「忠雅らも一になりぬべくてなむ」〈宇津保・俊蔭〉❷落ちぶれた人。「一をば、ゆゆしきものにこそ思ひ捨て給ふらめ」〈源・明石〉❸死んだ人。死者。「わが君、かくて見奉るこそ、一見奉りたる心地すれ」〈宇津保・国譲下〉

いたずら-ぶし【▽徒×臥し】「徒寝いたずらね」に同じ。「君は解けても寝られ給はず、一と思さるるに」〈源・帚木〉

いたずら-ぼうず【悪=戯坊主】いたずら小僧。

いたずら-むすめ【悪=戯娘】❶いたずら好きの少女。❷好色な娘。浮気娘。

いたずら-もの【▽徒者】「徒人いたずらびと❶」に同じ。「世に余されたる一」〈平家・一〉

いたずら-もの【悪=戯者】❶いたずらをする者。いたずら好き。「手に負えない一」❷みだらな者。特に、身持ちのよくない女性。「様子や言葉使のみを見て、一だと断定してはならない」〈荷風・濹東綺譚〉❸「徒人いたずらびと❶」に同じ。「今はつかさもなき一になれるよしなり」〈著聞集・五〉❹悪さをする者。ならずもの。「かかる無理無法なる一をば」〈仮・伊曽保・下〉❺なまけ

者。道楽者。「かれは家業を嫌ふ一の世事知らず」〈読・英草紙・四〉❻《江戸末期、ねずみ取り薬の行商人の売り声から》ネズミの別名。

いた-ずり【板×摺り】❶棚板や床板の端をのせるために、框かまち・足固めなどの一部につけたくぼみ。板掛け。板持ち。❷キュウリ・フキなどを、色を出すために、まな板の上に置いて塩を振り、手で転がすこと。❸魚肉・鶏肉などのすり身を、まな板の上に置いて包丁の腹ですりつけて練り上げること。

イタ-セクスアリス【ヰタ・セクスアリス】森鷗外の小説。明治42年(1909)発表。幼年期から青年期に至る性欲を自叙形式で描く。発禁となった。(補説)題名はラテン語vita sexualisで、性生活の意。

いた-ぞうり【板草履】ザウリ 底に細い板を横に並べて打ちつけた草履。板裏草履。板付け草履。板金剛。

いただき【頂】《「頂いただき」と同語源》物の最も上の部分。山頂や頭頂などをいう。てっぺん。「塔の一」「一に霜を置く」(類語)頂上・山頂・峰・山嶺・山巓さんてん・天頂・てっぺん・ピーク・トップ・サミット

いただき【頂き|▽戴き】《動詞「いただく」の連用形から》❶勝負事などで、勝ちが自分の手に入ることが確かであること。「この試合は一だ」❷「いただきもち」「いただきもちい」の略。

いただき-だち【▽戴き立ち】酒食のもてなしを受けてすぐ席を立つこと。「一で甚だ勝手なんですが」〈谷崎・蓼喰ふ虫〉

いただき-ます【▽戴きます】〔連語〕食事を始めるときのあいさつの言葉。

いただき-もち【▽戴き餅】円く平たくした糝粉しんこの餅をくぼめ、小豆餡あずきあんをのせたもの。4月8日の灌仏会かんぶつえに供えた。

いただき-もちい【▽戴き▽餅】モチヒ 平安時代、幼児の幸福を願って行う公家の儀式。また、そのとき用いる餅。年初の吉日などに、子供の頭に餅を三度触れさせて、前途を祝った。「正月一日、坎日かんにちなりければ若宮の御一のこと停とまりぬ」〈紫式部日記〉

いただき-もの【▽戴き物】「もらい物」の謙譲語。ちょうだいもの。「一をする」

いただ-く【頂く|▽戴く】〔動カ五(四)〕❶頭にのせる。かぶる。また、頭上にあるようにする。「王冠を一・く」「雪を一・いた山々」「星を一・いて夜道を行く」❷敬意を表して高くささげる。頭上におしいただく。「宸翰しんかんを一・く」❸敬って自分の上の者として迎える。あがめ仕える。「有識者を会長に一・く」❹「もらう」の謙譲語。「激励の言葉を一・く」❺「食う」「飲む」の謙譲語。㋐与えてくれる人を敬っていう。「もう十分に一・きました」㋑自分の飲食することをへりくだり、上品にいう。「お酒も少しは一・きます」(補説)近年、「食う」「飲む」の謙譲語「いただく」を「どうぞ冷めないうちに頂いてください」のように尊敬語として使う人がいる。誤用であるが増えてきている。❻苦労もなく、手に入れる。「今度の試合は一・いたも同然だ」❼《「小言をいただく」の意から》しかられる。小言をくう。また、しそこなう。「道理で茶番のたんびに一・くはずだあ」〈滑・八笑人・初〉❽(補助動詞)㋐(動詞の連用形に接続助詞「て」を添えた形に付いて)話し手または動作の受け手にとって恩恵となる行為を他者から受ける意を表す。「これが先生にほめて一・いた作品です」「一言声をかけて一・いたらよろしかったのに」㋑(接頭語「お」または「御ご」に動詞の連用形またはサ変動詞の語幹を添えた形に付いて)❽㋐に同じ。「これから先生にお話し一・きます」「お読み一・きたい」「御心配一・きまして」「御審議一・きたい」㋒(動詞の未然形に使役の助動詞「せる」「させる」の連用形、接続助詞「て」を添えた形に付いて)自己がある動作をするのを、他人に許してもらう意を表す。「させてもらう」の謙譲語。「あとで読ませて一・きます」「本日は休業させて一・きます」(可能)いただける (類語)(①)着る・被かぶる・被かずく・はく・羽織る・まとう・着込む・お召しになる/(④)貰う・押し頂く・受ける・受け取る・収める・譲り受ける・貰い受ける・授かる・賜たまわる・頂戴ちょうだいする・拝領する・拝受する・申し受ける/(⑤)食べる・食う・召し上がる・食する・味わう・啄ついばむ

頂く物は夏も小袖こそで 《小袖は絹の綿入れのことで、夏には不用のもの》もらえる物なら役に立たない物でももらう。欲深いたとえ。夏も小袖。

いただ-ける【頂ける|▽戴ける】〔動カ下一〕《いただくことができる意から》❶「もらえる」「食える」「飲める」の謙譲語。「御返事一・けますか」「ビールなら少々一・けます」❷内容や質などがよくて満足できる。「この企画は一・ける」「ちょっと一・けない服装だね」

いた-だたみ【板畳】❶板を芯しんにして作った畳。床の間などに使う。❷畳と同一平面に作った板敷き。地板。

いたたまら・ない【居た▽堪らない】ゐたたまら〔連語〕《「い(居)」に連語「たま(堪)らない」が付いた「いたまらない」から変化したもの》いたたまれない。「私は妙に一・ない気持になって来た」〈志賀・暗夜行路〉

いたたまれ・ない【居た▽堪れない】ゐたたまれ〔連語〕それ以上その場所にとどまっていられない。また、それ以上がまんできない。いたたまらない。「騒がしくて一・ない」「恥ずかしくて一・ない」

いたち【×鼬|鼬=鼠】食肉目イタチ科の哺乳類。体長は雄が約30〜45センチ、雌が約20センチ。体毛は赤茶色で、体は細長く、脚が短く、尾は太く長い。主に夜行性で、ネズミ・鶏などを捕食。敵に追いつめられると悪臭を放って逃げる。日本・朝鮮半島・中国・シベリアに分布。毛皮は良質。(季 冬)

鼬の最後っ屁ぺ 《イタチが窮したときに悪臭を放って敵をひるませるところから》困ったときに非常手段に訴えること。

鼬の無き間の貂てん誇り 《天敵のイタチがいないとテンがいばる意から》恐れるものがいない所で大いばりするたとえ。鼬の無き間の鼠ねずみ。

鼬の目陰まかげ 《イタチが人を見るときに前足を目の上にかざすという俗信から》疑わしげに人を見るようす。

鼬の道 《イタチは通路を遮断されると、その道を二度と使わないという俗信から》行き来・交際・音信が絶えること。鼬の道切り。「どうなすったの、一はひどいわ」〈鷗外・心中〉

鼬の道切り ❶行く手をイタチが横切ると不吉の前兆であるとする俗信。❷「鼬の道」に同じ。

鼬眉目好よし イタチに出会ったり鳴き声を聞いたりすると凶事があるという俗信から、その時に凶を吉に変えるために唱える呪文じゅもん。イタチの顔の醜いのをわざと反対にいう語。

いたち-うお【×鼬魚】うを アシロ科の海水魚。全長約60センチ。体はナマズ形で茶褐色、口に六対のひげをもち、背びれ・尾びれ・しりびれが連続している。本州中部以南の浅海にすむ。食用。

いた-ちがい【板違い】ちがひ 格天井ごうてんじょうなどで、隣り合う板の種類や木目を交互に変えて張ること。

いたち-ぐも【×鼬雲】積乱雲のこと。

いたち-ごっこ【×鼬ごっこ】❶子供の遊戯の一。二人が「いたちごっこ、ねずみごっこ」と唱えながら、互いに相手の手の甲をつねって自分の手をその上にのせ、それを交互に繰り返す遊び。❷《❶の遊びはきりがないところから》互いに同じようなことをいつまでも繰り返し、決着がつかないこと。「一の愚かしい議論」

いたち-しだ【×鼬羊=歯】オシダ科の多年生のシダ。山野に生え、根茎は短く、塊状。葉は束生し、長さ30〜70センチ、羽状複葉でいちばん下の羽片が特に大きい。葉柄に黒い鱗片りんぺんが密生。やまいたちしだ。

いたち-はじかみ【×鼬×椒】サンショウの古名。〈新撰字鏡〉

いた-ちょう【板長】ちやう《「板前の長」の意》板前をまとめる、調理場の責任者。

いた-チョコ【板チョコ】板状のチョコレート。

いた-ちん【板賃】❶版木はんぎを彫る料金。「黄楊つげはかへって一桜に五割増ぢゃといふ」〈浮・元禄大平記〉❷版木の使用料。

い-た・つ【居立つ】ゐ〔動タ四〕立ったり座ったりする。じっとしていられないようす、また熱心に世話をするようすにいう。「太政大臣おほきおとど一・ちて、厳いかめしく細かに物の清ら儀式をつくし」〈源・若菜〉

い-だつ【遺脱】ゐ〔名〕スル 抜けること。漏れ落ちること。遺漏いろう。「繁密の世事を叙記して毫も一なからしむる欧米の語文法体」〈竜渓・経国美談〉

いたつかわ・し【▽労かはし】いたつかはし〔形シク〕▶いたずかわし

いた-つき【平=題=箭】練習用の、先のとがっていない小さい鏃やじり。また、その鏃をつけた矢。「はやく左の目に一立ちにけり」〈宇治拾遺・一五〉

いたつき【▽労き|▽病】▶いたずき

いた-つき【板付き】❶板の付いたもの。また、板に付いたもの。❷板の間ま。板敷き。❸《「板」は舞台の床板の意》歌舞伎などで、幕が開いた時に俳優がすでに舞台に出ていること。あるいは、回り舞台に乗って出ること。また、その俳優。❹男色をする少年俳優の中で、上位の者。「上品じょうぼんなるを名付けて、太夫子たゆうこ、舞台子ぶたいこ、一といへり」〈浮・禁短気・二〉

いたつき-かまぼこ【板付き×蒲×鉾】小板に盛りつけて蒸すか焼くかして作ったかまぼこ。

いたつ・く【▽労く】〔動カ四〕▶いたずく

いた-つけ【板付け】❶舞台で、俳優の姿や遠山などの輪郭をはっきりさせるために取り付ける照明器具。板などでできた細長い箱の中に電球が装着してある。❷「板付け釘」の略。❸「板付け草履」の略。

いたづけ【板付】福岡市博多区の地名。福岡空港があり、米軍使用時には板付飛行場とよばれていた。

いたづけ-いせき【板付遺跡】ヰセキ 福岡市博多区板付にある弥生時代の遺跡。環濠かんごうを巡らした集落や水田の跡からなる。

いたづけ-くうこう【板付空港】クウカウ 福岡空港の通称。

いたつけ-くぎ【板付け×釘】薄い板を打ち付けるのに用いる、長さ2センチくらいの短い釘。

いたつけ-ぞうり【板付け草履】ザウリ ▶板草履

いたっ-て【至って】〔副〕《「いたりて」の音変化》程度のはなはだしいさま。きわめて。非常に。「一健康だ」「一陽気な性格」
(類語)迚とても・非常に・大層・大変・極めて・甚はなはだ・頗すこぶる・至極しごく・極ごく・いとも・実に・まことに・大いに・いたく・ひどく・恐ろしく・すごく・ものすごく・滅法めっぽう

いた-で【痛手|▽傷手】❶重い傷。重傷。ふかで。「一を負う」❷大きい被害や損害。大きな打撃。「台風で稲作に一をこうむった」「失恋の一」

いだ-てん【韋駄天】ヰダ《梵 Skandaの音写。塞建陀・建陀の「建」を「韋」に誤ったものか》増長天の八大将軍の一。仏法の守護神。もとバラモン教の神で、シバまたはアグニ神の子。俗説に、仏舎利ぶっしゃりを盗んだ捷疾鬼しょうしつきを追いかけて取り返したというので、足の速い神とされ、足の速い人のたとえにされる。

いだてん-たいふう【×韋駄天台風】ヰダテン 進行方向を変えず、速い速度で進む台風。

いだてん-ばしり【×韋駄天走り】ヰダテン 非常に速く走ること。「一に逃げ出す」

いた-ど【板戸】板を張った戸。雨戸など。

いた-とうば【板塔婆】タフバ 供養のため、梵字や経文などを書いて墓に立てる細長い板。卒塔婆そとば。

いた-どこ【板床】❶床框とこがまちを入れ、畳の代わりに板を敷いた床の間。❷畳の芯しんに板を用いたもの。また、その板。

いたどり【虎=杖】❶タデ科の多年草。山野に自生。高さ約1.5メートル。茎にはかすかな紅色の斑点があり、葉は卵形で先がとがる。雌雄異株。夏、白色または淡紅色の小花が円錐状につく。花が紅色のものを特に、明月草めいげつそうとよぶ。若い茎は酸っぱいが、食べられる。根を漢方で虎杖根こじょうこんといい、利尿・通経薬とする。さいたづま。たじい。すかんぽ。(季 春|花=夏)「一を喞かこへて沙弥や墓掃除/茅舎」❷紋所の名。イタドリの葉と花を図案化したもの。

いたどり-がわ【板取川】がは 岐阜県中南部を流れる川。長良ながら川の支流の一。福井県との県境、平家へいけ

岳(標高1442メートル)に源を発し、美濃市・関市を流れて長良川に合流。長さ51キロ。最上流域にV字谷の板取峡がある。下流の牧谷は美濃紙の生産地。

いた-の-ま【板の間】❶板敷きの部屋。板敷きの所。❷銭湯・温泉場の脱衣場。

いたのま-かせぎ【板の間稼ぎ】銭湯などの脱衣場で、他人の衣服・金品などを盗むこと。また、その者。板場稼ぎ。

いた-の-もの【板の物】板を芯しんに平たく巻いた絹織物。いたもの。いた。

いた-のり【板海=苔】生ノリを刻んで簀すの上に並べた木枠に流し込み、乾燥させたもの。ごく薄い板状になることから。

いた-ば【板場】❶料理屋で、まな板を置く所。調理場。板前。❷菓子屋で、のし板を置く所。❸(関西地方で)日本料理の料理人。板前。「―の修業」

いた-ばさみ【板挟み】《板と板との間に挟まれて身動きできない意から》対立する二者の間に立ってどちらに付くこともできず、苦しむこと。「義理と人情との―」

いたばし【板橋】東京都北部の区名。中山道なかせんどうの第一の宿、板橋宿から発展。神事芸能の田遊びが演じられる北野神社・諏訪神社がある。昭和22年(1947)練馬区を分区。人口53.5万(2010)。

いたばし-く【板橋区】▶板橋

いた-ばね【板発=条】板状のばね。数枚を重ね合わせたものを重ね板ばねという。

いた-ばめ【板羽目】板張りの羽目。板張りの壁や塀。

いた-ばり【板張り】❶板を張ること。また、板を張った所。❷和服を解き洗いして糊のりをつけ、張り板に張ってしわを伸ばして干すこと。

いた-び【板碑】鎌倉時代から江戸初期にかけて盛んに行われた、死者の追善供養のために建てた平たい石の卒塔婆そとば。最上部を三角形に作り、その下に深彫りの横線を入れ、仏像・梵字ぼんじ、年月日・名前などを刻む。関東に多く、秩父青石で作ったものを青石塔婆という。

いたび-かずら【崖=石=榴】かづら クワ科の蔓つる性の常緑低木。暖地にみられ、岩などをよじ登る。葉は長円形で先がとがり、厚く、裏面に網目状の細脈がある。雌雄異株。花はイチジクに似て、実は紫黒色に熟す。日本・中国本土・台湾に分布。つるいちじく。

いた-ひき【板×挽き】材木をひいて板にすること。また、それを職業とする人。

いた-びき【板引き】絹布のつや出し加工の一。漆塗りの板に蝋ろうを引き、糊のりをつけて絹布を張り、よく乾かして引きはがす。また、そのようにした絹布。

いた-びさし【板×庇|板×廂】板で葺ふいたひさし。

いた-びょうし【板表紙】ベウシ 板で作った表紙。法帖ほうじょう・折り手本などに用いる。

いた-びん【板×鬢】歌舞伎の鬘かつらの一。鬢を油で固め、板のように磨いて左右に張り出したもの。「車引」の松王丸、「暫しばらく」の腹出しなど、大時代な荒事あらごとの役に用いる。

いた-ぶき【板×葺き】屋根を板で葺くこと。また、その屋根。

いた-ぶね【板舟】❶薄い板で作った小舟。泥深い水田で、苗や刈り取った稲をのせるのに使う。❷東京日本橋の旧魚市場で、魚類販売のために並べた板。板舟株という営業上の権利が認められていた。

いた-ぶ・る【▽甚振る】〔動ラ五(四)〕❶激しく揺り動かす。「枝も幹も凄まじい音をたてて、一度に風から―・られるので」〈漱石・彼岸過迄〉❷おどして金品をとる。また、痛め付けたり、嫌がらせをする。ゆする。「たちの悪い相手に―・られる」❸激しくゆれる。「風をいたみ―・る浪の間なく我あが思ふ君は相思ふらむか」〈万・二七三六〉

いた-ぶろ【板風炉】茶道具の風炉の一。板で作った四角い箱形の炉。小田原風炉。

いた-べい【板塀】板で作った塀。

いたぼ-がき【板×甫牡=蠣】イタボガキ科の二枚貝。カキの一種で、本州以南の内海にみられ、岩礁に付着。貝殻は円形に近く、直径約10センチで平たい。殻表は薄い殻片が檜皮ひわだ状に重なる。卵胎生。食用。(季 冬)

いた-ぼとけ【板仏】板を仏像の形に切り、彩色したもの。また、銅板などに仏像を打ち出したもの。多く寺院の壁に掛けた。

いた-ま【板間】❶床を板敷きにしてある部屋。板の間。❷板葺いたぶきの屋根の板と板とのすきま。「山の端に入るまで月をながめ見むねやの―もしるしありやと」〈源・手習〉

いた-まえ【板前】まへ ❶調理場のまな板を置く所。板場。❷日本料理の料理人。また、料理人の頭かしら。板場。いた。❸日本料理の手並み。調理の方法。

いた-まさ【板×柾】木目もくめのまっすぐに通った板。柾目の板。

いたまし・い【痛ましい|傷ましい】〔形〕文いたま・し〔シク〕《動詞「いた(痛)む」の形容詞化》❶目をそむけたくなるほど悲惨である。痛々しい。「―・い交通事故」「―・い姿」❷迷惑である。「声をかしくて拍子とり、―・しうするものから、下戸ならぬこそ男をのこはよけれ」〈徒然・一〉(派生)いたましげ〔形動〕いたましさ〔名〕(類語)気の毒・可哀相・不憫ふびん・哀れ・悲しい・物悲しい・うら悲しい・せつない・つらい・哀切・悲愴ひそう・悲痛・沈痛・もの憂い・苦しい・耐えがたい・しんどい・苦痛である・やりきれない・たまらない

いたま・す【痛ます|傷ます】〔動サ五(四)〕心に悲しみや苦しみを感じさせる。苦しませる。「心を―・す事件」

いた-まり【板×毬】綿を芯しんにして表面は糸をきつく巻いた手毬。板の上など堅い所でつく。「よくかがったねえ、これは―かえ」〈滑・浮世風呂・三〉

いたみ【伊丹】兵庫県南東部の市。「丹醸の美酒」と称されてきた清酒の産地。隣り合う大阪府豊中市との間に大阪国際空港がある。人口19.6万(2010)。

いたみ【痛み|傷み】❶病気や傷などによる肉体的な苦しみ。「腰に―が走る」「傷の―」❷精神的な苦しみ。悩み。悲しみ。「胸の―をいやす」❸(傷み)器物などの損傷。破損。「家の―がひどい」❹(傷み)食物、特に果実などの腐敗。「―が早い果物」

いたみ-い・る【痛み入る|傷み入る】〔動ラ五(四)〕相手の手厚い配慮・好意などに対して、深く感じいる。恐縮する。やや皮肉をこめていうときにも用いる。「御親切―・ります」「此挨拶には―・って返事が出来なかった」〈漱石・坊っちゃん〉

いたみ-くうこう【伊丹空港】クウカウ 大阪国際空港の通称。

いたみ-ざけ【×伊▽丹酒】兵庫県伊丹地方で産する酒。江戸時代から最上酒とされた。伊丹諸白もろはく。

いたみ-し【伊丹市】▶伊丹

いたみ-じゅうぞう【伊丹十三】ジフザウ [1933～1997]俳優・映画監督。京都の生まれ。本名、池内義弘。父は映画監督の伊丹万作。演技派の俳優として特異な存在だったが、昭和59年(1984)の「お葬式」で映画監督に転向。ラーメン店を舞台とした「タンポポ」、国税局査察部で活躍する女性を描いた「マルサの女」など、それまで映画に取り上げられにくかった題材を扱い話題を集める。エッセイストとしても知られ、著書に「ヨーロッパ退屈日記」「女たちよ！」など。

いたみ-どめ【痛み止め】痛みを和らげ、止める薬。鎮痛剤。

いたみ-ふう【×伊▽丹風】元禄(1688～1704)ごろの俳諧の一派。また、その俳風。伊丹の池田宗旦そうたんを祖とする。談林派の流れをくみ口語・俗語を駆使し、新奇な着想による表現が特色。上島鬼貫うえしまおにつらもその一人。

いたみ-まんさく【伊丹万作】[1900～1946]映画監督・脚本家。愛媛の生まれ。皮肉と諧謔かいぎゃくに富んだ作風で、時代劇に近代的感覚をもたらした。代表作は「国士無双」「赤西蠣太」など。脚本に「無法松の一生」。

いたみ-もの【痛み物】❶腐った物。壊れた物。「―を選えりのける」❷壊れやすい物。腐りやすい食品。「夏場の見舞品に―は避けたい」

いたみ-もろはく【×伊▽丹▽諸白】❶「伊丹酒」に同じ。「津の国、―を作りはじめて家久しく」〈浮・織留〉❷「伊丹」に「痛み」をかけて、「痛み入る」をしゃれて言うときの語。「これは御礼で、―」〈洒・辰巳之園〉

いたみ-やすひろ【伊丹安広】[1904～1977]野球選手・監督。香川の生まれ。早大野球部で主将を務め、卒業後、都市対抗野球で活躍。審判員や早大監督を経て、戦後は学生野球協会を結成し、学生野球の復興に尽力した。

いたみ-わけ【痛み分け】相撲で、取組中に一方が負傷したために勝負を引き分けとすること。転じて、けんかや議論などで双方ともかなりの痛手をこうむったまま結着をつけないこと。

いた・む【×炒む】〔動マ下二〕「いた(炒)める」の文語形。

いた・む【悼む】〔動マ五(四)〕《「痛む」と同語源》人の死を悲しみ嘆く。「恩師の死を―・む」(類語)悔やむ

いた・む【痛む|傷む】㊀〔動マ五(四)〕❶病気や傷などのために、からだに痛みを覚える。痛くなる。「下腹が―・む」「のどがひりひり―・む」❷心に痛いほどの悲しみや苦しみを感じる。せつなく悩む。「遺族の気持ちを思うと胸が―・む」❸(傷む)器物・建物などが、傷ついたり損なわれたりする。「靴が―・む」「本が―・む」「屋根が―・んで雨漏りする」❹(傷む)食物が傷ついたり腐ったりして悪くなる。「生物なまものが―・む」「―・んだ牛乳」❺金銭に関して痛手をこうむる。損をする。「懐が―・む」❻迷惑に思う。苦痛に感じる。「いたう―・む人の、強ひられて少し飲みたる」〈徒然・一七五〉㊁〔動マ下二〕「いた(痛)める」の文語形。

(用法)いたむ・うずく――「歯が痛む(うずく)」「傷口がいたむ(うずく)」の場合は相通じて用いるが、「下痢をして腹が痛む」のような場合にはあまり「うずく」は用いない。「古傷がうずいてならない」のように、ずきずきと脈打つような痛みを感じる場合には「うずく」を用いる。◆「心がいたむ(うずく)」のように、比喩的な使い方でも両語とも用いうるが、「後悔の念がうずく」のように、過ぎた事を悔んだり後ろめたく思ったりする心の苦しみには、「うずく」を用いることが多い。

(類語)㊀(❶)うずく・ずきずきする・しくしくする・ちくちくする・ひりひりする・ひりつく・差し込む/(❸)傷つく・損ずる・損傷する・毀損きそんする・汚損する・損耗する/(❹)腐る・饐すえる・鯘あざれる・腐敗する・酸敗する

いた・む【×撓む】〔動マ下二〕「いた(撓)める」の文語形。

いた-め【板目】❶板の木目が、平行に通らず、山形や不規則な波形をしているもの。⇔柾目まさめ。❷板と板との合わせ目。❸「板目紙」の略。❹「板目肌」の略。

いため-がみ【板目紙】和紙を何枚も張り合わせて、厚く硬くしたもの。和本の表紙や袴はかまの腰板などに用いる。いため。

いため-がわ【×撓め革】がは 牛の生皮を火であぶり、または膠にかわを溶いた水につけ、槌つちでたたいて固めたもの。鎧よろいの札さねや太刀の鐔つばなどに用いる。練り革。責め革。

いため-ぎんみ【痛め吟味】江戸時代の拷問のこと。笞むち打ち・石抱き・海老えび責め・吊し責めの総称。

イタ-めし【イタ飯】《「イタ」は「イタリア」の略》イタリア料理。

いため-つ・ける【痛め付ける】〔動カ下一〕文いためつ・く〔カ下二〕❶肉体的または精神的に、ひどい苦痛を与える。痛い目にあわせる。「容赦なく―・ける」❷《「撓め付ける」の意からか》髪や服装を堅苦しく整える。「柱を後にして、大礼服フロックコートを―・けて」〈紅葉・二人女房〉(類語)やっつける・負かす

いため-に【×炒め煮】材料を油で炒め、煮出し汁と調味料を加えて煮ること。また、その料理。

いため-はだ【板目肌】刀の鍛え方で、刀身の肌が板目のように見えるもの。いため。

いため-ぼり【板目彫(り)】板目❶の板を版木として

彫刻すること。また、その木版。➡木口彫り

いため-もくはん【板目木版】板目彫りの木版。また、その印刷物。版木としてサクラ・ホオ・カツラ・ナシなどを使う。浮世絵など。➡木口木版

いため-もの【×炒め物】油でいためた料理。

いた・める【×炒める|×煠める】〔動マ下一〕文いた・む〔マ下二〕野菜や肉などを、少量の油でいりつけて料理する。「野菜をバターで━・める」
類語 いる・いり付ける・焙じる

いた・める【痛める|傷める】〔動マ下一〕文いた・む〔マ下二〕❶からだを傷つける。痛くする。「足を━・める」「腹を━・めた子」❷精神的に苦痛を与える。悩ます。「小さな胸を━・める」「借金で頭を━・める」❸(傷める)器物・建物などに傷をつける。破損させる。「家具を動かして畳を━・める」❹(傷める)食物などに傷をつけたり、腐らせたりする。「輸送中に花を━・める」❺経済的に痛手を与える。損をさせる。「父の懐を━・める」

いた・める【×撓める】〔動マ下一〕文いた・む〔マ下二〕皮を膠の液に浸して、槌でたたいて固める。「牛皮を━・める」

いた-も【▽甚も】〔副〕《形容詞「いたし」の語幹＋係助詞「も」から。上代語》はなはだしくも。「君に恋ひ━すべなみ奈良山の小松が下に立ち嘆くかも」〈万・五九三〉

いた-もと【板元】❶料理場。また、料理人。板場。板前。❷「板頭」に同じ。「ここの内の━なり。但し子供やによりて板がしらいふ家も有り」〈洒・辰巳婦言〉

いた-もの【板物】「板の物」に同じ。

いた-や【板屋】板で葺いた屋根。板屋根。また、その家。

いたや-がい【板屋貝】イタヤガイ科の二枚貝。浅海の細砂底にすむ。貝殻はホタテガイに似て、殻長12センチくらい。右の殻は半球形にふくらみ、左はほぼ平ら。殻表に8〜10本の放射状の肋がある。北海道南部から南に分布。貝柱は食用。右殻は杓子にする。杓子貝。(季 春)

いたや-かえで【板屋×楓】カエデ科の落葉高木。山地に自生。葉は手のひら状に浅く切れ込み、秋に黄葉する。花は淡黄色。実には翼が二つある。ときわかえで。つたもみじ。

いた-やき【板焼(き)】❶たれにつけた鳥や魚の肉を杉板にのせて焼いた料理。へぎ焼き。❷魚のすり身を板につけて焼いたもの。焼きかまぼこ。

いたやき-どうふ【板焼(き)豆腐】豆腐を薄く切って味噌を塗り、杉板で挟み、両面から焼いた料理。

いたや-とうげ【板谷峠】山形県南部、吾妻山北麓の峠。標高755メートル。米沢藩の参勤交代路として利用された。直下を奥羽本線のトンネルが通る。

いた-やね【板屋根】板で葺いた屋根。板屋。

いたや-はざん【板谷波山】[1872〜1963]陶芸家。茨城の生まれ。名は嘉七。薄肉彫りの文様とうるおいのある彩磁で知られる。文化勲章受章。

いた-よせ【板寄せ】証券取引所などでの売買方法の一。寄り付きや引けなどに行われる。その時までに出された売買注文をすべて同時になされたものとし、成行き注文を優先させ、次に指し値の安い売り注文と高い買い注文から順次付け合わせていき、単一の約定値段を成立させる。板寄せ方式。➡ざら場

いたよせ-ほうしき【板寄(せ)方式】▶板寄せ

いたら-ぬ【至らぬ】〔連語〕配慮が不十分で行き届かない。未熟である。「━点はお許し下さい」

いたり【至り】❶ある物事が最高の状態に達していること。極み。「感激の━」「光栄の━」❷ある物事の成り行きや結果。「若気の━」❸心づかいやはからいが物事に及んでいる度合い。学問・思慮などの深さ。「いみじう━ありける人にて」〈大鏡・伊尹〉❹気がきいていること。粋でしゃれていること。「見えぬ所に結構を尽くし、━というて珍重がるべし」〈浮・色三味線・一〉❺《近世語》他の名詞の上に付いて複合語をつくる。㋐ぜいたくを尽くした、上等な、の意を添える。「杉焼きの━料理が胸につかへて迷惑」〈浮・永代蔵・四〉㋑気のきいた、しゃれた、の意を添える。「この頃の風俗とは、各別世界の━風」〈浮・禁短気・五〉
類語 極み・極・究極・極致・極点・終極
至り深・し ❶思慮が深い。心づかいが行き届いている。「━・き御心にて、もしかかる事もやと思すなりけり」〈源・野分〉❷造詣が深い。「言の葉筆づかひなどは、人より殊になまめかしく、━・う見えたり」〈源・須磨〉❸深い趣がある。「(明石ノ浦ハ)何の━・き隈はなけれど」〈源・若紫〉

イタリア〖Italia〗ヨーロッパ大陸南部の共和国。イタリア半島とシチリア・サルデーニャなどの島からなる。首都ローマ。北部では鉄鋼・化学工業が、南部ではオリーブ・オレンジなどの栽培が行われる。西ローマ帝国の滅亡後、小国の乱立が続いたが、1861年に成立したイタリア王国が71年に全土を統一し近代国家を形成。1922年、ムッソリーニのファシスト政権が誕生したが、第二次大戦の敗北で崩壊、46年の国民投票によって王制を廃止し、共和国となった。古代ローマ帝国の遺跡・美術品が多く、世界有数の観光国。人口5809万(2010)。補説「伊太利」とも書く。

イタリア-ご【イタリア語】ロマンス諸語の一。イタリア本国のほか、スイス・南北アメリカ・オーストラリアでも使用される。ロマンス諸語のうちでもラテン語の面影を強く残している。

イタリア-とういつせんそう【イタリア統一戦争】1859年、イタリアの統一をめざしたサルデーニャ王国と、北イタリアを支配していたオーストリアとの戦争。フランスの援助を受けたサルデーニャが優勢だったが、ナポレオン3世の裏切りにより、ロンバルディアを回復したにとどまった。

イタリアトルコ-せんそう【イタリアトルコ戦争】1911〜12年、北アフリカのトルコ領トリポリとキレナイカ(現在のリビア)をめぐる、イタリアとオスマン帝国との戦争。イタリアが勝ち、ローザンヌ条約でイタリアによる両地方の領有が承認された。トリポリ戦争。伊土戦争。

イタリア-はんとう【イタリア半島】地中海の中央部に突き出した長靴形の半島。中央部をアペニン山脈が走る。半島の東はアドリア海、西はティレニア海。

イタリアン〖Italian〗❶イタリア人。❷多く複合語の形で用い、イタリアの、イタリア風の、の意を表す。「━レストラン」

イタリアン-カジュアル〖Italian casual〗イタリアのミラノを中心とするカジュアルファッション。地中海風の鮮やかな色使いや大胆なデザインが特徴。

イタリアン-カラー〖Italian collar〗オープンシャツに使われる襟の一種。シャツの襟腰がなく、1枚仕立ての襟がそのまま前立てにつながっているもの。

イタリアン-カラー〖Italian color〗イタリア風の大胆で鮮やかな色使いのこと。イタリアの国旗を連想させる赤と緑と白の組み合わせが代表的。

イタリアン-クロス〖Italian cloth〗縦糸に綿糸、横糸に細い梳毛糸を用い、縦糸が表面に出る繻子織り。ふつう黒の無地で光沢に富み、なめらかな風合いを示す。

イタリアン-ジェラート《和 Italian＋gelato(イタ)》▶ジェラート

イタリアン-パセリ《和 Italian＋parsley》セリ科の多年草。パセリの一品種で、平たい葉をもったもの。イタリアで好んで使われる。

イタリアン-ライグラス〖Italian ryegrass〗イネ科の一年草。高さ約1メートル。葉は線形。晩春、やや曲がった穂を出す。地中海沿岸の原産で、明治初期に渡来。牧草にする。ねずみむぎ。

イタリー〖Italy〗イタリアの英語名。

イタリカ〖Itálica〗スペイン南西部、アンダルシア州の都市セビリアの北西部郊外、古代ローマ時代に建設された植民都市の遺跡。神殿、劇場、浴場などが残る。トラヤヌス帝、ハドリアヌス帝の出身地。

いたり-せんさく【至り×穿×鑿】《「いたりぜんさく」とも》❶細部にわたって知りたがること。「ああ貴君も━なさります」〈一葉・にごりえ〉❷粋の限りを尽くすこと。ぜいたくを極めること。「この如く人知らぬ物入り、次第に━の世なり」〈浮・一代女・四〉

いたり-ぢゃや【至り茶屋】高級な、しゃれた茶屋。「南江の━に遊んで」〈浮・置土産・五〉

イタリック〖italic〗欧文活字書体の一。*italic*のように少し右に傾いたもの。強調したい語句や他国語を示すときなどに用いる。イタリック体。

イタリック-ごは【イタリック語派】インド-ヨーロッパ語族の一語派。古代のイタリア半島に分布し、ラテン語以外にいくつかの言語があったが、いずれもラテン語に駆逐された。➡ラテン語

イタリック-たい【イタリック体】▶イタリック

いたり-て【至りて】〔副〕程度のはなはだしいさま。非常に。いたって。「一愚かなる人は、たまたま賢なる人を見てこれを憎む」〈徒然・八五〉

いたり-りょうり【至り料理】手がこんでいて、ぜいたくな料理。

いた・る【至る|▽到る】〔動ラ五(四)〕❶ある目的地・場所に行き着く。到達する。「峠を経て山頂に━・る」❷ある時間・時点になる。「今に━・るも連絡がない」「交渉が深夜に━・る」❸ある段階・状態になる。結果が…となる。「大事に━・る」「倒産するに━・る」「事ここに━・ってはやむをえない」❹㋐広い範囲に及ぶ。行きわたる。「関東全域に━・る」「恩沢━・らざる所なし」㋑細かいところまで行き届く。「注意が━・らない」「━・らない看護」❺自分の方へやって来る。到来する。「好機━・る」「悲喜こもごも━・る」❻㋐(「…から…にいたるまで」の形で)ある範囲の両端の事柄を例示して、その範囲のものすべて、の意を表す。「頭の先から足の先に━・るまで」㋑(「…にいたっては」の形で)中でもそれが極端であることを表す。「腕力に訴えるに━・っては許しがたい」❼極限に達する。きわまる。「徳の━・れりけるにや」〈徒然・六〇〉可能 いたれる 類語 届く・着く・立ち至る・辿り着く
至れり尽くせり 《「荘子」斉物論から》配慮が行き届いて、申し分がない。「━の接待」補説「至り尽くせり」とするのは誤り。

イタル-タス〖ITAR-TASS〗《ロシ Informatsionnoe Telegrafnoe Agentstvo Rossii, Telegrafnoe Agentstvo Sovetskogo Soyuza》ロシア国営通信社。タスの後身で、本社はモスクワ。タスは1925年に創立され、ソ連閣僚会議に直属した通信社。89年のソ連解体に伴いロシアの通信社となり、92年にイタルタスと改称、93年には国営となった。

いたる-ところ【至る所|▽到る所】〔連語〕行く先先どこでも。また、あらゆる所。「━で大歓迎」「部屋中━ほこりだらけだ」

いた-わさ【板山=葵】板付きかまぼこを切って、おろしわさびを添えたもの。

いたわし・い【▽労しい】〔形〕文いたは・し〔シク〕《いたわりたくなる状態である、の意》❶気の毒で同情しないではいられない。不憫である。「━・い身の上」❷気苦労である。気づかわしい。「願はくは、大王━・しと雖も、なほ天皇位に即しめせ」〈允恭紀〉❸大切に思っている。いたわって大事にしたい。「かれもこれも━・しくて、いづれも思しめし煩はれき」〈平家・八〉❹病気で苦しい。「我が身も、すこしありしよりは━・しくなりたるを」〈狭衣・一〉派生 いたわしげ〔形動〕いたわしさ〔名〕類語 気の毒・可哀相・哀れ・不憫・痛痛しい・痛ましい

いたわり【▽労り】❶いたわること。思いやりの気持ちで接すること。「━の言葉を掛ける」❷(「功り」とも書く)苦労すること。骨折り。手柄。「何の━もなく建てたる寝殿の」〈源・松風〉❸病気。「山吹は━あって都にとどまりぬ」〈平家・九〉

いた-わり【板割(り)】❶板を割ること。❷松・杉などの厚さ1寸(約3.03センチ)の板。

いたわ・る【▽労る】〔動ラ五(四)〕❶㋐弱い立場にある人などに同情の気持ちをもって親切に接する。気を配って大切に世話をする。「病人を━・る」㋑労をねぎらう。慰労する。「選手を━・る」㋒手当てを

加える。養生する。「からだを一・る」❷㋐苦労する。骨を折る。「死まりて後、人に一・らしむることなけむ」〈北野本皇極紀〉㋑病気になる。わずらう。「七月ばかりよりー・ることありて」〈浜松・五〉可能いたわれる ➡慰める用法

類語慰める・ねぎらう・慰労・慰安・慰藉・慰問

い-たん【畏×憚】〔名〕スル おそれはばかること。「源家の如く人心を一せしむること」〈田口・日本開化小史〉

い-たん【異端】正統から外れていること。また、その時代に多数から正統と認められているものに対し て、例外的に少数に信じられている宗教・学説など。「一の説」

い-だん【い段｜イ段】五十音図の第二段に並び、イ母音を含む音節の総称。「い・き・し・ち・に・ひ・み・い・り・ゐ」のこと。い列。

いたん-し【異端視】〔名〕スル 異端とみなすこと。異端として扱うこと。「一される流派」

いたん-じ【異端児】ある分野で、正統から外れ、特異な存在とみられている人。「球界の一」

いたん-しゃ【異端者】❶正統から外れた思想あるいは信仰をもつ者。❷社会的な伝統・権威などに反発している者。「画壇の一」

いたん-しんもん【異端審問】カトリック教会が、異端者の摘発と処罰のために行った裁判。13世紀にカタリ派に対して始められ、南ヨーロッパを中心に行われた。インクイジション。

いち【一｜壱】㊀〔名〕❶数の名。自然数で最初の数。ひとつ。❷いちばん初め。1番目。「一の鳥居」❸物事の最初。「一から出直す」❹最もすぐれていること。最上。最高。「一の子分」「世界一」❺三味線などで、いちばん音の低い太い糸。一の糸。❻島田髷などの後ろに張り出た部分。「菊千代は潰島田の一を気にしながら色気のない大欠伸」〈荷風・腕くらべ〉㊁〔副〕いちばん。最も。いっち。「木ねりと申して、一うまい柿でござる」〈虎寛狂・合柿〉補説「壱」は、主に証書などに金額を記すときまちがいを防ぐために、「一」の代わりに特に用いる。➡漢「いち(一・壱)」類語二・三・四・五・六・七・八・九・十・百・千・万・億・兆・ゼロ・零・一つ・二つ・三つ・四つ・五つ・六つ・七つ・八つ・九つ・十

一押し二金三男 女性を口説くには押しが強いことが第一条件で、金の力、男振りのよいことは第二・第三の条件である。

一が栄える 物語やおとぎ話の最後にいう決まり文句で、「めでたし、めでたし」の意。一期栄える。市が栄える。

一か八か 結果はどうなろうと、運を天に任せてやってみること。のるかそるか。「よし、一勝負してみよう」補説ばくちの用語で、「一か罰か」でさいころの目に一が出るかしくじるかの意とか、「丁か半か」の「丁」「半」の字の上部を取ったものとかいう。

一から十まで 何から何まで。始めから終わりまで。すべて。「一人に頼る」

一金二男 遊興に大切なものは第一に金で、男振りは二の次である。「色里かよひもその通り、一と申す」〈浮・好色盛衰記〉

一工面二働き 世渡りには、工夫が第一であり、勤勉に働くことはその次である。

一と言って二とない とび抜けて優れていてその後に続くものがない。「一名人」

一にも二にも 他のことより、まずそのことに専念するさま。なにはさておき。「一練習だ」

一の裏は六 さいころの一と六とが裏表であるように、生きていくうちには、よいこともあれば悪いこともあり、それが循環するものだ。

一姫二太郎 子を持つには、最初は育てやすい女の子で、次は男の子がよいという言い伝え。

一富士二鷹三茄子 初夢に見るものの中で、縁起のよいとされているものを順に挙げた句。補説一に富士山、二に愛鷹山、三に初茄子の値段と、駿河国で高いものを並べた句ともいわれる。

一も二もなく 提示されたことに対して、とやかく言うまでもなく。即座に。「一引き受ける」

一を聞いて十を知る 《「論語」公冶長から》物事の一部を聞いただけで全部を理解できる。賢明で察しのいいことのたとえ。一を以て万を知る。

一を以て万を知る 《「荀子」非相から》「一を聞いて十を知る」に同じ。

いち【市】❶毎日、または一定の日に物を持ち寄り売買・交換すること。また、その場所。市場。「一が立つ」「朝顔一」❷多くの人が集まる所。原始社会や古代社会では、歌垣・祭祀・会合・物品交換などに用いられた場所。❸市街。町。「野を越え山越え、…シラクスの一にやって来た」〈太宰・走れメロス〉

類語市場・河岸・バザール・マーケット・取引所・朝市・競り市・年の市・草市・蚤の市・バザー

市が栄える 「一が栄える」に同じ。

市に帰するが如し 《「孟子」梁恵王下から》仁者のもとに人が慕い集まることをいう。

市に虎あり 《三人までが市に虎がいると言えば事実でなくても信じられるようになるという「戦国策」魏策の故事から》事実無根の風説も、言う人が多ければ、ついに信じられるようになることのたとえ。三人市虎をなす。

市に虎を放つ 人の大勢集まる市に虎を放つ。非常に危険なことのたとえ。

市を成す 人が多く集まる。にぎわう。「見物客が一・す」「門前一・す」

い-ち【位地】くらい。地位。「彼の一も境遇もその時分から見ると丸で変っていた」〈漱石・道草〉

い-ち【位置】〔名〕スル ❶ものがある所。ものがあるべき場所。また、ある場所を占めること。「一がずれる」「所定の一につく」「青森県は本州の最北端に一する」❷㋐物事が全体の中で占める場所。「この問題は重要な一を占める」㋑人が置かれている状態。境遇。立場。「次期会長と目される一にある」

類語地位・ポスト・ポジション・椅子・位・格・肩書き・役職・役付き・階級・身分・席

いち〔接頭〕《副詞「いた(甚)」「いと」と同語源》形容詞や名詞などに付いて、勢いのはげしい意、また、すぐれた、すばらしいという意を表す。「一じるしい」「一はやし」

いちあくのすな【一握の砂】石川啄木の第1歌集。明治43年(1910)刊。1首3行書きの新形式で、生活感情を平易な言葉で表現した短歌551首をのせる。

いち-あん【一案】多くの中の、一つの考え。他とは別の、もう一つの考え。「それも考慮したい一だ」

いちい 「いちいがし」に同じ。

いち-い【一位】イチイ科の常緑高木。深山に生え、樹皮は赤褐色で浅い裂け目がある。葉は針状で、やややねじれた羽状につく。雌雄異株。実は種子を肉質の仮種皮が覆い、秋に熟して、甘い。材は緻密で光沢があり、建築・家具・細工物に用いられる。笏の材料としたところから位階の一位にちなむ名。あららぎ。おんこ。すおうのき。〔季 実＝秋｜花＝春〕「落人に愛されし峡の一の実/不死男」

いち-い【一位】❶第一の地位。首位。「一の成績」❷最も高い位階。「正一」「一が追贈される」❸一の桁の数。「小数点第一」類語一等・首位

いち-い【一意】❶一つの考え。また、考えが同じであること。「一性」❷(副詞的に用いて)一つの物事に心を集中すること。ひたすら。「一学業に励む」

いち-い【一×葦】《1枚の葦の葉の意》一そうの小舟。

いちい-がし ブナ科の常緑高木。暖地に自生し、高さ30メートルに達する。葉の裏面に黄褐色の短毛が密生。実はどんぐりで、食用。材は堅く、建築・家具などに用いられる。いちがし。いちい。

いちい-せんしん【一意専心】(副詞的に用いて)わき目もふらず心を一つのことだけに注ぐこと。「一環境問題に取り組む」

いちいたい-すい【一衣帯水】《「衣帯」は帯のこと》ひとすじの帯のような、幅の狭い川や海。また、それを隔てて隣り合っていること。「一の地」

いち-いち【一一】❶一つ一つの物事。それぞれ。めいめい。「一にわたって立証する」❷(副詞的に用いて)もれなく一つ一つ。ことこまかに。「一難癖をつける」「一構っていられない」類語個別・逐一・個個

いちい-てき【一意的】〔形動〕意味や値などが一つに確定しているさま。「一な解」

いちいでんし-ざっしゅ【一遺伝子雑種】ある一対の対立形質についてのみ異なる個体間の雑種。エンドウの種子で形が丸いものとしわのあるものとの雑種など。単性雑種。

いちい-の-みず【一×葦の水】幅の狭い水の流れ。一衣帯水。

いち-いん【一印】《「一印契」「一印相」の略》仏語。一つの印契を結ぶこと。

いち-いん【一因】❶一つの原因。「物価上昇の一」❷仏語。仏になるための唯一の根拠。

類語原因・もと・種・起こり・きっかけ・因・因由・素因・真因・要因・導因・誘因・理由・事由・訳・近因・遠因・せい

いち-いん【一員】❶団体を構成する一人。「家族の一」❷律令制で規定された各省や寮の役人の中の一人。「靫負の佐一など、ひきつくろひたるけしき、心異なるべし」〈今鏡・一〉類語成員・メンバー・会員・団員

いち-いん【一院】❶一つの寺院。また、院と称するところ。❷二院制議会での、どちらか一方の議院。❸二人以上の上皇または法皇があるとき、最初になった人。一の院。本院。

いちいん-せい【一院制】一つの議院だけからなる議会制度。➡二院制 補説採用している国は韓国・中国・モンゴル・ベトナム・イスラエル・イラン・トルコ・ケニア・タンザニア・スウェーデン・ノルウェー・フィンランド・ギリシャ・ポルトガル・ベネズエラ・ペルー・ニュージーランドなど。

いちいん-だらに【一印×陀羅尼】仏語。手に一つの印契を結び、口で一つの呪文を唱えること。一印呪。

いちいん-とうてい【一韻到底】中国の古詩の押韻のしかた。途中で換韻せず、始めから終わりまで同じ韻を踏むこと。➡換韻

いち-う【一宇】《「宇」は軒・屋根の意》❶一棟の家・建物。「一の堂」❷屋根を同じくすること。「八紘一」

いち-うち【一打ち】❶箇条書きの各条の始めに「一」の字を書くこと。ひとつがき。❷《「一」の字に見たてて》眉のこと。「一をかみそりで消す惜しいこと」〈柳多留・一二〉

いち-え【一会】❶一つの集まり。特に、法会、また茶会をいう。❷一度の出会い。「一期一」

いちえい-いちらく【一栄一落】《春には花が咲き、秋には葉が落ちるところから》人が栄えたり衰えたりすること。

いち-エネルギー【位置エネルギー】物体のもつエネルギーのうち、その物体の位置のみによって決まるエネルギー。ある高さにある物体が地上に至るまでに重力に作用されて得る位置エネルギーは、物体の質量・高さ・重力加速度の積で得られる。ポテンシャルエネルギー。

いち-えん【一円】㊀〔名〕❶(かなり広い範囲の場所を表す語に付いて)ある地域全体。一帯。全域。「勢力が関東一に及ぶ」❷日本の貨幣単位。➡円 ㊁〔副〕❶残らず。すべて。「河口庄をば一に家中の料所にぞなしたりける」〈太平記・三九〉❷(あとに打消しの語を伴って)少しも。まったく。「男一同心せず」〈浮・武家義理・五〉類語全域・一帯・一面・地域・区域・地区・地方・方面・地帯・界隈・土地・地・境域・境・領域・エリア・ゾーン・境・区画

いちえん【一円】無住道暁などの号。

いちえんいちげん-せつ【一円一元説】二宮尊徳の世界観の根本思想。すべての事物は一つの根源から発生し、分化・発展して現在の無数の姿

になっているという考え方。

いちえんき-さん【一塩基酸】1分子中に他の陽イオンと交換できる水素イオンが1個ある酸。硝酸・塩酸など。

いちえん-ちぎょう【一円知行】イチヱンチギャウ 中世、荘園のすべての権利を一人の支配者が所有している状態。一円領知。

いち-おう【一応】・【一往】 ㊀〔名〕❶一度。一回。「一も二応も」「今一篤(とく)と考えて見まして」〈二葉亭・浮雲〉❷一度行くこと。「一の新賓なれば感思おさへがたし」〈海道記・序〉㊁〔副〕❶十分ではないが、ひととおり。大略。「これで一でき上がりだ」❷ほぼそのとおりと思われるが、念のために。「一見直しましょう」補説 本来は「一往」と書く。類語 ひと通り・およそ

いちおか-ただお【市岡忠男】[1891〜1964]野球選手・監督。長野の生まれ。早大野球部の捕手、監督を経て読売新聞社に入社。プロ野球球団大日本東京野球倶楽部(クラブ)(現巨人)の代表となり、職業野球の発展に尽力した。

いち-おく【一億】一万の一万倍。補説 かつて、日本の総人口が一億人であったことから、「一億総中流化」など「全国民」の意で用いられた。

いちおく-そうちゅうりゅう【一億総中流】 大多数の日本人が、自分は中流階級に属すると考えていること。旧総理府などが実施した「国民生活に関する世論調査」で昭和40年代以降、自分の生活水準を「中の中」とする回答が最も多く、「上」または「下」とする回答が合計で1割未満だったことなどが根拠とされる。補説「一億総中流」は、日本において国民の所得・生活水準に大きな格差がないことを指しているが、平成初期(1990年代前半)バブル経済崩壊後は、格差社会の進行が認識、問題視されている。

いち-おし【一押し】最も推奨すること。一番のお勧め。「今年一の本」

いちおんいちぎ-せつ【一音一義説】五十音図の各音は、それぞれ固有の意味を持っているとする説。橘守部(たちばなもりべ)らが唱えた。音義説。

いち-が【一河】ひとすじの川。また、同じ川。

一河の流れを汲(く)むも他生(たしょう)の縁 同じ流れの水を汲むというような、ちょっとした人間関係も、みな前世からの因縁によるものである。一樹の陰(かげ)一河の流れも他生の縁。

いち-がい【一概】〔名・形動〕無理に自分の意志を通すこと。強情なこと。また、そのさま。「まあ、あなたのような一な考え方をなさる人もないものですわ」〈倉田・出家とその弟子〉

いちがい-に【一概に】〔副〕(多くは打消しの語を伴って用いる)細かい差異を問題にしないで一様に扱うさま。おしなべて。ひとくちに。「一悪いとはいえない」

いち-かく【位置角】ヰチ 天球上の二点の位置関係を表す角。ある点と天の北極とを結ぶ線を基準とし、他の点を東回り(反時計回り)に測った角度。

いちがた-とうにょうびょう【一型糖尿病】 インスリンを分泌する膵臓(すいぞう)のβ細胞が破壊され、体内のインスリンが不足することから起こる糖尿病。25歳未満の若年者に発症することが多く、急速に進行する。若年発症型糖尿病。インスリン依存性糖尿病。IDDM(insulin dependent diabetes mellitus)。

いちかた-りゅう【一方流・▽都方流】 平曲の流派の一。鎌倉末期の如一(にょいち)を祖として、その弟子明石覚一が確立。この系統の者は、その名に一・都・市などの字を用いる。⇒八坂流

いち-がつ【一月】イチグワツ 1年の最初の月。正月。いちげつ。むつき。(季 冬)

類語 正月・新年・新春・初春(しょしゅん)・初春(はつはる)・孟春(もうしゅん)・春(はる)・年始・年初・松の内・睦月(むつき)・陽春

いちがつ-じ【一月寺】イチグワツ 千葉県松戸市小金にあった普化(ふけ)宗金先(きんせん)派の本山。建長6年(1254)に来朝した宋の僧金先の開山と伝える。明治4年(1871)普化宗の廃止により廃寺となった。

いち-がみ【市神】市の守り神として、各地の市場の一隅に祭られる神。市姫。

いちがや【市谷】《市ヶ谷とも書く》東京都新宿区東部の地名。市谷本村町・市谷砂土原町・市谷八幡町などの町名がある。江戸時代には寺社・武家屋敷地で市ヶ谷見付があった。現在は防衛省や陸上自衛隊市ヶ谷駐屯地・航空自衛隊市ヶ谷基地などが所在。

いちかわ【市川】いちかは 千葉県北西部の市。東京都と江戸川を挟んで接する。東京湾岸は工業地帯。真間(まま)の手児奈(てこな)の伝説地。人口47.5万(2010)。

いちかわ-えんのすけ【市川猿之助】 歌舞伎俳優。屋号、沢瀉屋(おもだかや)。㊀(2世)[1888〜1963]東京の生まれ。晩年に猿翁を名乗る。劇団春秋座を結成、劇界の改新を図った。また多くの新舞踊・新歌舞伎を上演。㊁(3世)[1939〜]3世市川段四郎の長男。外連(けれん)を駆使し、「スーパー歌舞伎」を作り上げた。2世猿翁。

いちかわ-がみ【市川紙】 山梨県西八代(にしやつしろ)郡市川三郷町で生産される和紙。

いちかわ-かんさい【市河寛斎】[1749〜1820]江戸後期の儒学者・漢詩人。上野(こうずけ)の人。名は世寧、字(あざな)は子静。昌平坂学問所に学び、富山藩校教授となった。著「日本詩紀」「全唐詩逸」など。

いちかわ-こん【市川崑】[1915〜2008]映画監督。三重の生まれ。本名、儀一。都会的な風俗喜劇で人気を集め、その後文芸作品や記録映画を手がける。代表作は三島由紀夫の「金閣寺」を映画化した「炎上」、幸田文原作「おとうと」のほか、「ビルマの竪琴(たてごと)」「東京オリンピック」「犬神家の一族」「八つ墓村」など。平成6年(1994)文化功労者。

いちかわ-さだんじ【市川左団次】 歌舞伎俳優。屋号、高島屋。㊀(初世)[1842〜1904]大阪の生まれ。9世市川団十郎・5世尾上菊五郎とともに明治の三名優と称された。のち明治座の座主。㊁(2世)[1880〜1940]初世の子。東京の生まれ。小山内薫と自由劇場を創立。新歌舞伎を創始。

いちかわ-さんき【市河三喜】[1886〜1970]英語学者。東京の生まれ。東大教授。日本の英語研究の基礎を作った。著「英文法研究」、編「英語学辞典」など。

いちかわ-し【市川市】 ⇒市川

いちかわ-じゅん【市川準】[1948〜2008]映画監督。東京の生まれ。本名、純。多くのテレビコマーシャルを手がけたのち、「BU・SU」で劇場映画を初監督。代表作は、よしもとばなな原作「つぐみ」、村上春樹原作「トニー滝谷」のほか、「たどんとちくわ」「ざわざわ下北沢」など。

いちかわ-しょういち【市川正一】[1892〜1945]社会主義運動家。山口の生まれ。日本共産党創立に参加。機関紙「赤旗」の編集責任者。昭和4年(1929)四・一六事件で検挙され、獄死。著「日本共産党闘争小史」など。

いちかわだいもん【市川大門】 山梨県西八代(にしやつしろ)郡市川三郷町の地名。江戸時代は幕府の代官所が置かれた。古くからの和紙の産地。

いちかわ-だんじゅうろう【市川団十郎】 歌舞伎俳優。屋号、成田屋。江戸歌舞伎を代表する名門で、荒事(あらごと)の宗家。㊀(初世)[1660〜1704]一説では14歳で荒事を創始したといわれ、三升屋兵庫の名で脚本も書いた。俳優生島半六に舞台で刺殺された。㊁(2世)[1688〜1758]初世の長男。隈取(くまど)りの工夫など荒事を洗練させ、市川家の芸として確立した。㊂(7世)[1791〜1859]5世の孫。歌舞伎に能を取り入れるなど革新に努めた。歌舞伎十八番を選定。㊃(9世)[1838〜1903]8世の弟、7世の五男。活歴と称する新作の歴史劇を演じた。明治の劇聖とよばれる。㊄(11世)[1909〜1965]7世松本幸四郎の長男で、10世の養子。天性の美貌と華のある芸風で人気を博した。

いちかわ-だんぞう【市川団蔵】 歌舞伎俳優。屋号、三河屋。㊀(初世)[1684〜1740]初世市川団十郎の門弟で、荒事(あらごと)・敵役(かたきやく)の名優。㊁(4世)[1745〜1808]京都の人。3世の養子。早変わりで有名。㊂(7世)[1836〜1911]6世の養子。7世団十郎の門弟。非凡な芸を持ち、明治を代表する名優の一人とされる。

漢字項目 いち

【▽逸】⇒いつ

一 学1 音イチ呉 イツ漢 訓ひと、ひとつ ‖ ㊀〈イチ〉①数の名。ひとつ。「一一・一枚/逐一・万一」②物事の最初。一番目。「一位/第一」③ひとたび。「一応・一巡」④最上のもの。「随一・天下一・日本一」⑤ひとまとまり。「一概・一軍・一座・一同・一様」⑥他をまじえず、それ一つだけ。もっぱら。「一意・一途(いちず)・一念」⑦ある一つの。もう一つの。「一案・一時・一部・一名」⑧ほんのわずか。ちょっと。「一瞥(いちべつ)・一抹・一縷(いちる)」㊁〈イツ〉①ひとつ。「択一・唯一」②一番目。「一階・一等」③一つにまとまる。ひとまとまり。「一致・一般/画一・帰一・均一・単一・統一・不一」④もっぱら。「純一・専一」⑤ある一つの。他の。「一説・一方」⑥わずか。「一顧・一瞬」㊂〈ひと〉「一息・一際・一癖・一口・一筋・一昔」 補説「弌」は異体字。名付 おさむ・か・かず・かた・かつ・くに・すすむ・ただ・ち・のぶ・はじむ・はじめ・ひ・ひじ・ひで・ひとし・まこと・まさし・もと 難読 一昨日(おととい)・一昨年(おととし)・三一(サンピン)・一寸(ちょっと)・都都一(どどいつ)・一向(ひたすら)・一入(ひとしお)・一十(ひとそじ)

壱〔壹〕 音イチ呉 イツ漢 訓ひとつ ‖ ①数の名。ひとつ。「一」の大字。「壱万円」②壱岐(いき)国。「壱州(いっしゅう)」名付 かず・さね・もろ

いちかわ-ふさえ【市川房枝】[1893〜1981]婦人運動家・政治家。愛知の生まれ。平塚らいてうと新婦人協会を設立し、婦人参政権獲得のために活躍。第二次大戦後、新日本婦人同盟を結成。昭和28年(1953)参議院議員となり、売春防止法制定・政界浄化などに尽力。

いちかわ-べいあん【市河米庵】[1779〜1858]江戸後期の書家。江戸の人。名は三亥(みつい)。字(あざな)は孔陽、小春。寛斎の長子。中国、宋の米芾(べいふつ)の書を学び、米庵と号した。門弟に貴人が多く、その書風は大流行したが、没後には急激に廃れた。幕末の三筆の一人。

いちかわ-りゅう【市川流】 日本舞踊の流派の一。7世市川団十郎に始まり、9世団十郎によって芸風が確立された。

いち-がん【一丸】イチグワン 心を一つにしたひとかたまり。「全員一となって難局を切り抜ける」

いち-がん【一眼】❶一つの目。片方の目。❷片目。独眼。隻眼(せきがん)。❸一度見ること。ひとめ。「風景一のうちに尽きて」〈奥の細道〉

いち-かんかく【位置感覚】ヰチ 深部感覚の一。身体の各部の相対的位置を、視覚によらず、関節・筋肉などの感覚を総合して認知する感覚。位置覚。

いちがん-レフ【一眼レフ】焦点調整用と撮影用とを一つのレンズで兼ねるレフレックスカメラ。近年は、フィルム面をイメージセンサーに置き換えたデジタル一眼レフカメラが主流となっている。

いち-ぎ【一義】❶一つの意味。「一語一」❷根本の意義。第一義。「美を一に置く主義」❸一つの道理。一理。「退いて愚案を加ふるに、一有りと存じ候」〈太平記・二四〉類語 一理

いち-ぎ【一儀】❶一つの事柄。一件。「この面倒(めんどう)なめの一が済むと」〈二葉亭・平凡〉❷性交・房事をさす婉曲(えんきょく)な言い方。「一に及ぶ」

いち-ぎ【一議】❶一度議論・相談などをすること。一つの議論や意見。❷別の意見。異論や異議。「伯爵は一もなく、衆(しゅう)皆これに同ずるを」〈鏡花・外科室〉

一議に及ばず あれこれ議論するまでもない。問題にするまでもない。「一承認される」

いちき-きとくろう【一木喜徳郎】[1867〜1944]憲法学者・政治家。静岡の生まれ。ドイツ留学後、東大教授。のち、文部・内務・宮内各大臣、枢密院議長などを歴任。天皇機関説が右翼から攻撃され、二・二六事件後政界から引退した。

いちきくしきの【いちき串木野】鹿児島県西部の市。遠洋漁業の基地。北郊に金・銀を産する串木野鉱山がある。平成17年(2005)10月に串木野市・市来町が合併して成立。人口3.1万(2010)。

いちきくしきの-し【いちき串木野市】▶いちき串木野

いちきしまひめ-の-みこと【市杵島姫命｜市寸島比売命】日本神話で、天照大神と素戔嗚尊との誓約の時に生まれた三女神の一。福岡県の宗像大社の辺津宮の祭神。

いちぎ-てき【一義的】〔形動〕❶それ以外に意味や解釈が考えられないさま。「一な結論を導く」❷いちばん大切な意味をもっているさま。根本的。第一義的。「教育の一な目的」

いち-きゃく【一客】いちばんのなじみ客。いっきゃく。「秋田の一を見すまして、昼夜御機嫌を取りて」〈浮・一代女・五〉

いちぎゅうめいい-ち【一牛鳴地】1頭の牛の鳴き声が聞こえるほどの近い距離。一牛吼地。いちごみょうち。

いち-ぎょう【一行】❶文章のひとくだり。文字の一列。❷仏教の一つの行。また、一つの行に励むこと。❸▶いっこう(一行)❹

いちぎょう【一行】[683～727]中国、唐代の僧。善無畏・金剛智に学び、密教の基礎をつくった。禅・律、また暦法に詳しかった。著「大日経疏」「大衍暦」など。一行阿闍梨。大慧禅師。

いちぎょういちぎ-せつ【一行一義説】五十音図の各行には、それぞれ固有の意味があるとする説。平田篤胤らが唱えた。

いちぎょう-ざんまい【一行三昧】仏語。一つの修行方法に専心すること。特に念仏三昧をいう。

い-ちく【移築】〔名〕スル 建築物を解体して他の場所へ移し建て直すこと。「古い民家を一する」
類語 建築・建設・建造・築造・営造・造営・建立・普請・作事・造作・新築・改築・増築・建てる

いち-ぐ【一具】❶器具・衣服・甲冑などの一組。ひとそろい。一式。「装束一」❷同類。一味。仲間。「文覚が一の上覚といふ聖にや」〈愚管抄・五〉

いち-ぐう【一遇】1回出会うこと。「千載一」

いち-ぐう【一隅】❶一方のすみ。かたすみ。一角。「庭の一」❷ある一つの考え方や見解。また、物の一端しか見ない考え方。「一の管見」
類語 一角・片隅・すみ・かど・端っこ・隅っこ

いちぐ-ゆがけ【一具弓懸】騎射用の、左右の手につける弓懸。諸弓懸。

いち-くら【肆｜市座】《「いちぐら」とも》奈良・平安時代、市で取引のために商品を並べた所。「市人、四方より集ひて、自然に一をなせり」〈出雲国風土記〉

いち-ぐん【一軍】❶軍勢の一部。一隊。「一を率いる」❷軍勢の全部。全軍。「一の将」❸スポーツで、公式戦に出場する選手。また、そのチーム。⇒二軍

いち-ぐん【一群】一つのむれ。ひとかたまり。ひとむれ。「草原を行く羊の一」類語 組・仲間・集団・一団・隊・班・チーム・パーティー

いち-げ【一夏】《「一夏九旬」の略》仏語。僧が寺院にこもって修行をする、陰暦4月16日から7月15日までの90日間。〔季 夏〕

いち-げい【一芸】ある一つの芸事・芸能。一つの技芸。「一に秀でる」
類語 芸・芸能・演技・芸道・演芸・遊芸

いち-げい【一睨】〔名〕スル ひとにらみすること。「小間使が女主人の一に会いて」〈蘆花・不如帰〉

いちげいいちのう-にゅうし【一芸一能入試】▶一芸入試

いちげい-にゅうし【一芸入試】学力試験によらず、特技や文化活動などの能力・実績によって入学を認める制度の俗称。一芸一能入試。

いち-げき【一撃】〔名〕スル 1回の打撃または攻撃を加えること。ひとうち。「一のもとに倒す」「手痛い一を食らう」「急所を一する」

いちげ-そう【一花草】イチリンソウの別名。

いち-げつ【一月】❶1か月。ひとつき。❷いちがつ。正月。❸一輪の月。「数星あひつらなるといへども、一にしかず」〈曽我・一〇〉

いちげつ-さんしゅう【一月三舟】仏語。一つの月も、止まっている舟、北へ行く舟、南へ行く舟からではそれぞれ異なって見えるように、人はそれぞれの立場により仏の教えを異なって受け取るということ。

いち-げん【一元】❶すべての事物の根源がただ一つであるということ。⇔多元。❷一つの年号。「一世一」❸代数式で、未知数が一つであること。「一方程式」

いち-げん【一見】❶初めて会うこと。特に、旅館や料理屋などの客がなじみでなく、初めてであること。また、その人。「一さんはお断りしています」❷遊里で、遊女に初めて会うこと。初会。「一に馴れ馴れしきことながら」〈浄・万年草〉類語 客・顧客・花客・お客様

いち-げん【一言】「いちごん(一言)」に同じ。「一をもって評すれば」
一言以て之を蔽う 《「論語」為政から》ひとことで全体の意味を言い表す。

いちげん-いっこう【一言一行】一つの言葉と一つのおこない。「人の上に立つ者は一も慎むべきだ」

いちげん-か【一元化】〔名〕スル いくつかに分かれている問題や機構・組織などを統一すること。「窓口を一する」

いちげん-きん【一弦琴｜一絃琴】弦楽器の一。長さ約1.1メートルの杉または桐材の胴に、1本の絹糸の弦を張った琴。江戸時代に中国から伝わった。一つ緒。須磨琴。板琴。独弦琴。

いちげん-こじ【一言居士】どんな事についても、なにか自分の意見を言わないと気のすまない人。いちごんこじ。類語 論客・うるさ型

いち-けんしき【一見識】しっかりした考え。人並みすぐれたものの見方。いっけんしき。「古代美術に一をもつ」類語 見識・識見・教養

いちげんし-ぶんし【一原子分子】▶単原子分子

いちげん-てき【一元的】〔形動〕さまざまな事物が根源を一つにしているとみえるさま。「一な考え方」⇔多元的。

いちげん-びょうしゃ【一元描写】岩野泡鳴が唱えた描写の方法論。小説の中で、作者の主観を移入した人物を設定し、その視点から描写を一元的に統一すべきだとする。田山花袋の平面描写に反対して主張したもの。⇔多元描写。

いちげん-ろん【一元論】❶ある一つの原理で、あらゆるものを説明しようとする考え方。❷哲学で、世界を一つの根本的な原理によって説明しようとする立場。パルメニデスの「有」、スピノザの「実体」など。⇒二元論 ⇒多元論

いち-こ【市子｜巫=女｜神=巫】❶神霊・生き霊・死霊を呪文を唱えて招き寄せ、その意中を語ることを業とする女性。梓巫。巫女。口寄せ。❷神前に奉仕して、神楽を奉納する少女。神楽女。神女。類語 霊媒・口寄せ・巫女・巫女・いたこ・ゆた・かんなぎ・シャーマン

いち-こ【市籠】▶いじこ

いち-ご【一期】❶生まれてから死ぬまで。一生。一生涯。「五十一歳を一として…静に息を引きとろうとしていた」〈芥川・枯野抄〉❷死に際した時。臨終。最期。「一に臨んで」❸一生に一度しかないようなこと。一生にかかわるようなこと。「一の御恩」「此人一の高名とおぼえし事は」〈平家・四〉類語 一世・一代・今生・生涯・人生・終生・畢生・終身・ライフ
一期栄える 「一が栄える」に同じ。

いち-ご【一語】一つの語。また、わずかな言葉。ひとこと。「すばらしいの一に尽きる」

いちご【苺｜莓】バラ科の多年草または小低木の総称。また、その実。春から初夏に白色の花が咲き、のち赤い実が熟す。キイチゴ・ヤマイチゴ・ノイチゴ・ヘビイチゴなどがあるが、一般には実を食用とするため栽培されるオランダイチゴをいい、品種にダナー・豊の香・宝交早生などがある。ストロベリー。〔季 夏 花=春〕「つぶしたる一流るる乳の中／虚子」

いちご-いちえ【一期一会】《「山上宗二記」の中の「一期に一度の会」から》茶の湯で、茶会は毎回、一生に一度だという思いをこめて、主客とも誠心誠意、真剣に行うべきことを説いた語。転じて、一生に一度しかない出会い。一生に一度かぎりであること。類語 会う・出会う・出くわす・行き合う・巡り合う・出会する・邂逅する・遭遇する・鉢合わせする・来合わせる・再会する

いちご-いちじゅう【一伍一什｜一五一十】一から十まで。初めから終わりまで。一部始終。「遭難に至るまでの、一を物語りて」〈竜渓・経国美談〉

いち-ごう【一合】㊀〔名〕❶㋐尺貫法の容量の単位。「一枡」㋑尺貫法の地積の単位。「一坪一」❷山の麓から頂上までの道のりの10分の1。「一目」⇒合❸剣道などで、互いに刀を一度打ち合わせること。「最初の一で相手の実力を知る」㊁〔副〕(打消しの語を伴って)少し。いささか。「自分において一も非道の沙汰は致さねども」〈浄・八百屋お七〉

いち-ごう【一毫】❶1本の細い毛すじ。転じて、わずか。寸毫。「一の油断も許されない」❷尺度の単位。⇒毫

いち-ごう【一業】仏語。一つの行為。

いちごう-しょかん【一業所感】仏語。人はいずれも、同一の善悪の業ならば同一の果を得るということ。共業共果。「一の身なれば、先世の芳縁も浅からずや」〈平家・三〉

いちこく-びより【一石日和】定まらない天候。「物類称呼」に、筑紫で「降ろうごと降るまいごと」という「ごと(如)」に「五斗」を掛けて、合わせると一石になるところからという。

いちごじょう-か【苺状果】イチゴのように、一つの花に生じた多数の子房が成熟してできた果実。花托が肥大して果実状になる。

いち-こじん【一個人】▶いっこじん(一個人)

いち-こつ【壱越】日本音楽の十二律の一。十二律の基音で、中国の十二律の黄鐘、洋楽のニ音にあたる。

いちこつ-ちょう【壱越調】雅楽の六調子の一。壱越の音を主音とする音階。

いちご-つなぎ【苺繋】イネ科の多年草。日当たりのよい河原などに束生し、高さ50～70センチ。初夏、淡緑色の細長い穂をつける。ざらつきいちごつなぎ。かわらいちごつなぎ。

いちご-ぶん【一期分】中世、一期(一生涯)に限って領有を認められた所領のこと。所領の分散を防ぐため、庶子や女子への譲渡は一期分とし、死後は惣領など所定の人に返還させた。

いちご-ぶん【一語文】一つの単語からなりたつ文。「火事!」「見事!」や、幼児の言う「うまうま」など。

いちご-やまい【一期病】一生治らない病気。死病。「瘡をうつりて、一になるもあり」〈仮・東海道名所記・四〉

いち-ころ いっぺんでころりと負けること。「強豪チームに一にされる」「どんな害虫も一だ」

いち-ごん【一言】一つの言葉。ひとこと。また、短い言葉。いちげん。「一のもとに否定する」「一付け加える」類語 ひとこと・いちげん
一言もない ひとことも弁解できない。弁明する余地がない。「何と非難されても一・い」

いちごん-いっく【一言一句】❶一つ一つの言葉。「女の語る一が、遠い国のしらべのように」〈谷崎・秘密〉❷わずかの言葉。一言半句。「一も聞き漏らさない」

いちごん-こじ【一言居士】▶いちげんこじ(一言居士)

いちごん-だい【一言題】雑俳の前句付けの一種。かなの3字か4字の簡単な題句の意味をくんで、17字の句を詠むもの。

いちごん-はんく【一言半句】ほんの少しの言葉。片言隻句。「一も不平を漏らさない」

いちごん-ほうおん【一言芳恩】ひとこと声を

かけてもらったことに恩を感じて、その人に従い仕えること。

いちごんほうだん【一言芳談】 鎌倉時代の法語集。作者未詳。法然など浄土宗高僧の格言・短文を集めたもの。

いち-ざ【一座】〔名〕スル ❶同じ席・場所に座ること。また、それらの人。同席。「祝いの宴に―する」❷同席の者全部。満座。「―の爆笑を買う」❸芸能・歌舞伎など興行者の一団体。「―の花形」❹説法・講演などの一席。「―の法養」❺連歌・俳諧を行う集まりの一席。また、その席で詠んだ作品一巻。❻神社の、一社。❼仏像などの、一体。「阿弥陀―」❽第一の上席。最上の席。首席。また、その席に着くこと。「―より次第に鉢を飛ばせて、物を受く」〈宇治拾遺・一三〉

いち-ざ【市座】 中世、市場に設けられた特権的な販売座席。領主に市座役(営業税)を納入し、その保護を受けた。戦国大名の楽市楽座政策により撤廃。

いちざ-あそび【一座遊び】 遊里で、二人以上の遊客が、各自のあいかたとともに同じ席に集まって遊興すること。「―は如方めく」〈浄・油地獄〉

いちざ-いっく【一座一句】 連歌・連句の一巻の中で、一句にしか出してはならない言葉。時代と流派で異なるが、若菜・つつじ・虎・狼・鬼・女など。一句物。

いちざ-かかり【一座掛】 江戸時代、幕府の評定所の全員が審理にあたった裁判。寺社・町・勘定の三奉行および大目付・目付で構成される。

いち-さがり【一下り】 三味線の調弦法の一。本調子より第1弦を1全音(長2度)下げたもの。

いちざ-ながれ【一座流れ】 客と遊女とのその場限りの関係。「大事の男をそそのかしての心中は、さすが―の勤めの者」〈浄・天の網島〉

いちざ-の-せんじ【一座の宣旨】 宮中で第一の上座に着くことを認める宣旨。摂政・関白は位階の序列にかかわらずこの宣旨を受けた。

いちさんご-フィルム【一三五フィルム】 ▶三十五ミリ

いち-じ【一字】 ❶一つの文字。❷《一文銭の表面に文字が四つあるところから》1文の4分の1。2分5厘。〈書言字考節用集〉❸(「一銭一字」「一文一字」などの形で)わずかな銭1文を強調する言い方。「一文―違うても、おのれが生けておかれうか」〈浄・二枚絵草紙〉

いち-じ【一次】 ❶第1回。1番目。最初。「―募集」「第―越冬隊」❷いちばん大切であること。根本的な事柄。「―史料」❸数学で、式・関数などの未知数の最高次数が1であること。「―方程式」〔類語〕第一・始め・最初・原初・嚆矢・手始め・事始め・まず・優先・一番・真っ先・初発・先頭・いの一番・トップ

いち-じ【一事】 一つの事柄。一つの事件。一つ事。

一事が万事 わずか一つの物事から、他のすべてのことを推し量ることができる。一つの小さな事柄の調子が他のすべての場合に現れる。「彼のやることは―間が抜けている」

いち-じ【一時】 ❶時刻の名。➡時 ❷ある短い時間。しばらくの間。天気予報では、予報期間の4分の1未満の時間、その現象が連続するときにいう。「都合により―休業する」「曇り、―雨」❸過去のある短い時間・期間。かつて。「彼は―大臣を務めたことがある」「―はどうなるかと心配した」❹その時だけ。その場かぎり。臨時。「―の間に合わせ」❺1回。「―払い」〔類語〕ひとしきり・一時・一時・少時・暫時・しばらく・ちょっと

いち-ジー【1G】《1st generation》▶第一世代携帯電話

いちじ-いっく【一字一句】 一つの文字と一つの語句。わずかな字句。「―違わない盗作」〔類語〕句・フレーズ・語句・章句・字句・熟語

いちじいっせき-きょう【一字一石経】 経文を墨または朱で、小石一つに1字ずつ書き写したもの。先祖などの冥福を祈って地中に埋める。➡経石

いちじ-うちゅうせん【一次宇宙線】 宇宙空間に存在し、地球大気に入射する前の高エネルギーの放射線。主成分は陽子。大気中で二次宇宙線をつくる。

いちじ-エックスせん【一次X線】 X線回折や蛍光X線分析などで、物質に照射されるX線。その物質から放射されるX線は二次X線と呼ばれる。

いちじ-エネルギー【一次エネルギー】 自然から採取されたままの物質を源としたエネルギー。石炭・石油・天然ガス・水力・原子力など。➡二次エネルギー

いちじ-おんきゅう【一時恩給】 恩給法上の恩給の一。公務員が年金を受け取れる年数に達する前に退職したときに、支給される一時金。

いちじ-かいけいかんさにん【一時会計監査人】 株式会社の会計監査人が辞職・死亡・欠格などで欠けた場合、監査役会で選任された仮の会計監査人。任期は次期株主総会まで。

いちじ-かいこ【一時解雇】 ▶レイオフ

いちじ-がき【一字書(き)】 ❶1枚の紙に1字ずつ書くこと。❷字体をくずして、一筆に書きくだすこと。続け書き。一筆書き。

いちじ-かりいれきん【一時借入金】 国や地方公共団体が、一時的な現金の不足を補うために借り入れる資金。原則として、その会計年度のうちに償還しなければならない。

いちじ-かんすう【一次関数】 独立変数の一次式で表される関数。グラフは直線になる。

いち-じき【一食】 仏家で、1日に一度だけ、午前中に食事をすること。頭陀行一食法。一座食。

いち-じき【一時期】 過去のある短い期間。一時。「―は旅行ばかりしていた」「戦後の―に流行した歌」

いちじききゅう-せい【一時帰休制】 操業短縮などの場合、従業員を一時的に休職させる制度。この間は休業手当が支払われる。レイオフは一時解雇のことであるが、日本では一時帰休制の意味にも用いられる。

いちじ-きん【一時金】 ❶その時1回限り支給される金銭。❷賞与。「年末―」〔類語〕ボーナス・賞与

いちじ-きんりん【一字金輪】 密教で、大日如来が最高の境地に入って説いた真言である(梵 bhrūṃ で、勃嚕唵と音写)の一字を人格化した仏頂尊。像は結跏趺坐して手に印を結ぶ姿に表される。

いちじく【無花果｜映日果】 クワ科の落葉高木。高さ約4メートル。葉は手のひら状に裂けていて、互生する。初夏、卵大の花嚢を生じ、内部に多数の雄花と雌花をつけるが、外からは見えない。熟すと暗紫色になり、甘く、生食のほかジャムなどにする。茎・葉は薬用。寛永年間(1624〜1643)に渡来した。日本のものは雄花を欠き、挿し木でふやす。いちじゅく。〔季 秋〕「―をもぐ手を伝ふ雨雫/虚子」

無花果人参 数え歌の一。「いちじく、にんじん、さんしょでしいたけ…」と食用の植物の名を並べ、その中に数をこめてある。おはじき遊びなどで歌われる。

いちじく-けっしょう【一軸結晶】 ▶単軸結晶

いちじくじょう-か【無花果状果】 肉質の壺状の花序の内側に小さな果実が多数つくもの。イチジク・イヌビワなど。無花果果。無花果。

いちじくじょう-かじょ【無花果状花序】 花軸の先端が多肉の壺状になり、内面に多数の花をつけるもの。イチジク・イヌビワなど。隠頭花序。

いち-じげん【一次元】 次元の数が一つであること。一つの座標で表される広がり。線。

いちじ-こうすい【一時硬水】 煮沸すると軟水になる硬水。➡硬水

いちじ-ごめん【一字御免】 家臣が主君から諱の一字を賜って、自分の名に用いること。室町・戦国時代に盛行した。一字拝領。

いちじ-さんぎょう【一次産業】 ▶第一次産業

いちじ-さんぴん【一次産品】 自然の中で採取され、加工されていない産出品。米・小麦・綿花・錫・石油など第一次産業の生産物。

いちじ-さんらい【一字三礼】 写経するとき、1字を書くごとに三度礼拝すること。平安末期から鎌倉時代にかけて行われた。「法花経―に書かせ給ひて」〈増鏡・浦千鳥〉

いちじ-しき【一次式】 未知数の最高次数が1である式。

いちじ-じしゃく【一時磁石】 電磁石など、磁場の中にある間だけ磁石となり、磁場を離れると磁気を失う磁性体。➡永久磁石

いちじ-しのぎ【一時×凌ぎ】 その場だけ取りつくろって苦境を切り抜けること。一時の間に合わせ。「―に他部署に応援を頼む」〔類語〕その場逃れ・その場しのぎ・当座逃れ・当座しのぎ・一時逃れ・糊塗・間に合わせ・仮・有り合わせ・姑息

いちじ-じょう【一字状】 一字御免の旨を記した文書。一字書出。

いちじ-しょとく【一時所得】 懸賞の賞金、馬券・車券の払い戻し金などのように、一時的に生じる所得。

いちじせい-ずつう【一次性頭痛】 原因のはっきりしない頭痛。明確な疾患がなく、偏頭痛・緊張性頭痛・群発頭痛などに分類される。慢性頭痛。習慣性頭痛。➡二次性頭痛

いちじ-せんきん【一字千金】《秦の呂不韋が「呂氏春秋」を著した時、それを咸陽の城門に置き、1字でも添削できた者には千金を与えようと言ったという、「史記」呂不韋伝の故事から》❶非常にすぐれている文章や筆跡。❷たとえようのない厚い恩恵。「―のことわり、師匠の恩は七百歳と説かれたり」〈伽・御曹子島渡〉

いちじ-だい【一字題】 ❶和歌・連歌・俳諧などの題で、漢字1字のもの。雪・月・花などの類。❷雑俳の一。漢字1字を前句の題として17字の句を付けるもの。

いち-しちにち【一七日】 ❶人の死後7日目にあたる日。また、その日に死者を供養する法要。ひとなのか。いっしちにち。初七日。❷7日間。「―の願がけ」

いち-じつ【一日】 ❶月の第1日。ついたち。「七月―」❷一つの日数。いちにち。「彼は―も早く父に逢って話をしたかった」〈漱石・それから〉❸ある日。いちにち。「秋の―、古都を歩く」

一日の計は晨にあり 「一日の計は朝にあり、一年の計は元旦にあり」に同じ。

一日の長 《「論語」先進から》❶年齢が少し上であること。❷知識・経験・技能などが少しすぐれていること。「芸においては彼に―を認める」

いち-じつ【一実】 仏語。絶対平等の真実。真如。また、一乗法をいう。

いちじつ-えんどん【一実円頓】 仏語。ただ一つの真実である理法は、完全で、すみやかに悟りを得させるということ。法華経の教えをたたえたもの。

いちじつ-さんしゅう【一日三秋】 ▶いちにちさんしゅう(一日三秋)

いちじつ-じょう【一実乗】 仏語。唯一の、真実の理を説く教え。特に、法華経の教え。一乗。

いちじつ-しんとう【一実神道】 「山王一実神道」の略。

いちじつ-せんしゅう【一日千秋】 ▶いちにちせんしゅう(一日千秋)

いちじ-ていし【一時停止】〔名〕スル 走行中の自動車などが標識に従って、いったんその場に止まること。

いちじ-てき【一時的】〔形動〕物事が長続きしないさま。その時かぎり。少しの間だけ。「―な現象」「―に和解する」

いちじ-でんち【一次電池】 乾電池など、一度放電してしまうと電池内の物質が変化してしまい、再び使用できない電池。➡二次電池

いちじ-に【一時に】〔副〕同時に物事が集中して起こるさま。また、短時間に集中して行うさま。一度に。いちどきに。「全山が―に色づいた」「たまった仕事を―かたづける」

いちじ-のがれ【一時逃れ】 その場だけつくろって、困難や責任を逃れようとすること。いっときのがれ。「―の言い訳」〔類語〕その場逃れ・その場しのぎ・当座

逃れ・当座しのぎ・一時しのぎ・糊塗こと・間に合わせ・仮・有り合わせ・姑息こそく

いちじ-の-し【一字の師】《鄭谷ていこくが、斉己せいきの詩の語句「数枝開く」の一字を改めて「一枝開く」としたので、斉己は庭に降りて鄭谷を拝したという、「唐詩紀事」の故事から》詩文などを指導してくれた師。

いちじ-はいりょう【一字拝領】ハイリャウ ▶一字御免いちじごめん

いちじ-ばらい【一時払い】バラヒ 一度に代金や借金の全部を支払うこと。また、一度に償還をすること。⇔分割払い。

いちじ-ファイル【一時ファイル】《temporary file》▶テンポラリーファイル

いちじ-ふさいぎ【一事不再議】議院において、議決した案件については同じ会期中に重ねて審議をしないこと。

いちじ-ふさいり【一事不再理】刑事訴訟法上、事件についての判決が確定したとき、同一事件については再度審理を許さないこと。

いちじ-ふじょりょう【一時扶助料】フジョレウ 公務員が恩給を受ける要件を満たさないうち死亡した場合に、遺族に支給される一時金。

いちじ-ふせつ【一字不説】仏語。仏の悟りの内容は言葉では説明できないということ。

いちじ-へんかん【一次変換】ヘンクワン 平面上の点から平面上の点への写像。点(x, y)と点(x', y')の関係が一般に $x'=ax+by,\ y'=cx+dy$ で表されるもの。

いちじ-ほうていしき【一次方程式】ハウテイシキ 未知数の最高次数が1である方程式。

いち-じゅ【一樹】1本の立ち木。

一樹の陰かげ一河いちがの流れも他生たしょうの縁 「一河いちがの流れを汲くむも他生の縁」に同じ。

いち-じゅう【一汁】ジフ 一品の汁しる。

いちじゅう-いっさい【一汁一菜】イチジフ 汁一品、おかず一品だけの食事。粗末で質素な食事。

いちじゅう-ぎり【一重切り】イチヂュウ 筒形の竹の花入れの一。前面に花を生ける窓一つを切ったもの。

いちじゅう-ごさい【一汁五菜】イチジフ 日本料理の献立の一。汁一品に、膾なます・坪(煮物)・平皿ひらざら・猪口ちょく・焼き物を添えたもの。

いちじゅう-さいじゅう【一▽入再▽入】イチジフサイジフ 布を染料に何度もつけて染めること。また、染めた色の濃いこと。いちじゅさいじゅ。「その恩の深きことを案ずれば、一の紅緑こうろくにも過ぎたらん」〈平家・二〉

いちじゅう-さんさい【一汁三菜】イチジフ 日本料理の献立の一。汁一品に膾なます・平皿ひらざら・焼き物の三品を添えたもの。

いち-じゅん【一旬】10日間。旬日。いつじゅん。

いち-じゅん【一巡|一順】〔名〕スル ❶一回りすること。ひとめぐりすること。「館内を一する」「打者一の猛攻」❷連歌や俳諧で、会席に連なった人々が発句ほっく以下順次に1句ずつ付けてひとわたり済むこと。

いち-じょ【一女】ヂョ ❶一人の娘。「一男一」❷いちばん上の娘。長女。

いち-じょ【一助】わずかばかりの助け。少しの足し。「家計の一とする」「理解の一とする」

いち-じょう【一条】デウ ❶ひと筋。1本。「一の光」「一の活路を見いだす」❷箇条書きのひとくだり。文章の中の一節。一条項。「一の注意書き」❸ある一つの事柄。一つの事件。一件。「話題がその一に及ぶ」「巧に件の不都合をば掩おおい得る由ありとするも、別に一の不便利あり」〈逍遥・小説神髄〉❹同じ筋道。同じ道理。「可、不可は一なり」〈徒然・三八〉類語 一件

いちじょう【一条】イチデウ 平安京の条坊の一。また、東西に通じる大路の名。一条大路。

いちじょう【一条】イチデウ 五摂家の一。鎌倉初期、九条道家の三男実経が京都一条に住んだのに始まる。

いち-じょう【一定】ヂャウ ㊀〔名〕確かにそれと決まっていること。「往生は一と思へば一、不定ふぢゃうと思へば不定なり」〈徒然・三九〉㊁〔副〕まちがいなく。必ず。きっと。「かほどの大男のことなれば、一武勇も人に超えつろう」〈芥川・きりしとほろ上人伝〉

いち-じょう【一乗】《唯一の乗り物の意》仏語。仏の真実の教えは絶対平等であり、それによってすべての人が成仏できると説く教法。教法を悟りの彼岸に運ぶ乗り物にたとえた語。法華経を中心に置く天台宗で特に強調。一仏乗。

いち-じょう【一場】ヂャウ ❶一つの場。一つの場面。一席。「一の喜劇」❷その場限りのこと。わずかの間。「栄華は一の夢と化した」

いちじょう-いちげ【一上一下】イチジャウ《上から切りおろし、下から切り払う意から》❶上がったり下がったりすること。「肉叉にくさと食刀ナイフを十文字に構えたが、梭ひを投げるように左右の一するのを」〈紅葉・多情多恨〉❷刀をとって、激しく打ち合うこと。「太刀をひらめかして頓宮とんぐう野崎に馳向はせむかい一と研結けむすべる」〈染崎延房・近世紀聞〉

いちじょう-いん【一乗院】ヰン 奈良興福寺の門跡もんぜき寺院。天禄年間(970～973)に定昭じょうしょうが創建。大乗院と交互に興福寺別当を務めた。明治維新により廃寺。

いちじょう-かねら【一条兼良】イチデウ [1402～1481] 室町中期の公家・学者。関白太政大臣。准三宮。博学多才で、特に歴史・有職ゆうそく故実・文学に通じた。著「江次第抄ごうしだいしょう」「公事根源くじこんげん」「花鳥余情かちょうよせい」「樵談治要しょうだんちよう」など。いちじょうかねよし。

いちじょう-こう【一条校】イチデウカウ 学校教育法第一条にある、幼稚園・小学校・中学校・高等学校・中等教育学校・特別支援学校・大学・高等専門学校をいう。➡専修学校 ➡各種学校

いちじょう-じ【一乗寺】兵庫県加西市坂本町にある天台宗の寺。山号は法華山。西国三十三所第26番札所。白雉2年(651)インド僧法道の開創と伝える。聖徳太子および天台高僧像、三重の塔は国宝。

いちじょうしかん-いん【一乗止観院】イチジョウシクワンヰン 延暦えんりゃく寺の古称。

いちじょう-だい【一畳台】イチデフ 能の作物つくりものの一。広さ畳一畳ほど、高さ6、7寸(約20センチ)の木造の台。台掛けという掛け布で覆う。山・橋・祭壇など、さまざまに見立てて使う。

いちじょう-だに【一乗谷】福井市南東部、足羽あすわ川に注ぐ一乗谷川に沿う谷間。戦国大名朝倉氏の本拠地。居館や城下町の遺跡が発掘され、特別史跡。

いちじょう-てんのう【一条天皇】イチデウテンワウ [980～1011] 第66代天皇。在位986～1011。円融天皇の第1皇子。名は懐仁かねひと。在位中は藤原道長の全盛時代、宮廷女流文学の最盛期にあたる。

いちじょう-どおり【一条通り】イチデウドホリ 京都市上京区を東西に走る道路。京都御所西方、中立売なかだちうり通り北側の小路。

いちじょう-の-しゅんむ【一場の春夢】イチヂャウ《「侯鯖録」から》その場限りで消えてしまうこと、きわめてはかないことのたとえ。

いちじょう-ふゆら【一条冬良】イチデウ [1464～1514] 室町後期の公家・学者。兼良かねらの子。関白太政大臣。宗祇そうぎとともに準勅撰の「新撰菟玖波つくば集」を編集。いちじょうふゆよし。

いちじょう-べんぽう【一条×鞭法】イチデウベンパフ 中国、明代後期から清代初期にかけて行われた賦役ふえき徴収法。別々に割り当てていた賦と役を一つにまとめて銀で徴収し、簡素化と増収を図った。

いちじょう-ほう【一乗法】ホフ 仏語。悟りを開くための唯一の道である一乗真実の教え。主として法華経をさす。

いちじょう-みょうてん【一乗妙典】メウテン 一乗の理を明らかにする経典。法華経のこと。一乗妙経。

いちじょうようけつ【一乗要決】イチジョウエウケツ 平安中期の仏教書。3巻。源信著。寛弘3年(1006)成立。天台宗の一乗の立場から唯識ゆいしき法相宗の説に反論したもの。

いちじ-りょうよう【一事両様】リャウヤウ ❶一つの事を二通りに見たり、言ったりすること。二枚舌。「今はまたさういはぬとは、一なる事を」〈咄・醒睡笑・一〉❷鎌倉幕府の訴訟上の用語。訴えの係属中に同じ訴人が同じ訴えを別に提起すること。幕府により禁止。

いち-じる・し【著し】㊀〔形ク〕《「いち」は、勢いのはげしい意の接頭語、「しるし」は、はっきりしている意。室町時代ごろまでは「いちしるし」》「いちじるしい」に同じ。「一・き山口ならばここながら神の気色をみせよ」〈かげろふ・上〉補説 日葡辞書に口語形「いちしるい」もみられる。㊁〔形シク〕「いちじるしい」の文語形。

いちじるし・い【著しい】〔形〕文いちじる・し〔シク〕《ク活用の「いちじるし」の変化したもの》はっきりわかるほど目立つさま。明白である。顕著である。めざましい。「一・く身長が伸びる」「一・い進展を見せる」補説 古くはク活用であったが、中世ころからシク活用の例も見えはじめ、現代の「いちじるしい」に至る。派生 いちじるしさ〔名〕

類語 非常・大変・大層・異常・極度・桁けた外れ・桁違い・並み外れ・格段・甚だしい・すごい・ものすごい・計り知れない・恐ろしい・ひどい・えらい・途方もない・途轍とてつもない・この上ない・筆舌ひつぜつに尽くしがたい・言語に絶する・並並なみなみならぬ

いちじ-れいきゃくすい【一次冷却水】原子炉内で、核分裂によって発熱する炉心部を直接冷却する水。加圧水型炉では、高温となった一次冷却水を利用して二次冷却水を加熱し、発生する蒸気でタービンを回す。

いち-しろ・し【▽著し】〔形ク〕「いちじるし」の古い形。「天霧あまぎらし雪も降らぬか一・くこのいつ柴に降らまくを見む」〈万・一六四三〉

いち-じん【一人】《天下にただ一人の意》天子。天皇。上御一人かみごいちにん。「一を始め進まらせて百官皆椒房しょうぼうの月に涙を落とし」〈太平記・三三〉

いち-じん【一陣】ヂン ❶風や雨がひとしきり激しく吹いたり降ったりすること。「一の風」「一の驟雨しゅうう」❷陣立てで、いちばん前の隊列。先陣。先鋒せんぽう。「鎮西八郎為朝、一を承って固めたり」〈保元・中〉❸一番乗り。先駆け。「一方の一を懸けて、鎌倉殿にも聞こえ奉り」〈盛衰記・三六〉

いちじん-ほっかい【一×塵法界】イチヂンホフカイ 仏語。きわめて小さなちりの中にも、法界、すなわち宇宙全体が備わっているということ。

いち-ず【一▽途】ヅ〔名・形動〕❶他を考えないで、一つのことに打ち込むこと。また、そのさま。ひたすら。ひたむき。「一に思いつめる」「学問一の人」❷一つの方法。「偽って申す条…謀はかりごとの一たれば」〈太平記・三〇〉➡ひたすら 用法

類語 ひたすら・ひたむき・一心・一意専心・一筋

いち-せいめん【一生面】新しく開いた方面。新しい工夫。新生面。新機軸。いっせいめん。「生命科学の分野に一を開く」

いち-ぜん【一膳】❶いくつかある膳の一つ。また、その料理。❷飯などの一杯。❸箸はし一対。

いちぜん-めし【一膳飯】❶茶碗1杯だけの飯。盛り切りの飯。❷死者に供える盛り切りの飯。ふつう他に分与しない意で箸を立てる。枕飯まくらめし。

いちぜんめし-や【一膳飯屋】一膳飯を食べさせる簡易食堂。

いち-ぞく【一族】同じ祖先から出た者たち。血のつながりのある者たち。同族。一門。類語 一門・家・家族・家門・血族・家系・家筋いえすじ・氏うじ・血筋・血脈・血統

いち-ぞく【一×粟】一粒の粟あわ。転じて、きわめて小さい物のたとえ。「大海の一」

いちぞく-ろうどう【一族郎党】ラウダウ・【一族郎等】ラウドウ《「いちぞくろうとう」とも》❶一家一族。家族。❷同族と家来。❸一族とその関係者。「選挙運動に一を総動員する」

いち-ぞん【一存】自分一人だけの考え。「私の一では決めかねる」類語 考え・所存・存意・判断・専断・独断・専決・独り決め

いち-だ【一打】野球・ゴルフなどでボールを一度打つこと。また、ボクシングで相手に一撃を加えること。「一逆転のチャンス」

いち-だ【一×朶】❶花のひと枝。また、一輪の花。「一の桜」「一の白百合しらゆり」❷ひと群れ。ひとかたまり。「一の雲」

いち-だ【一駄】馬1頭に背負わせられる荷物。また、その分量。一駄荷。「塩一」

いち-だい【一代】❶一生涯。生まれてから死ぬまで。「人は一、名は末代」❷天子や君主が在位する間。❸事業や家を継いで主となっている間。「一で産を成す」❹ある一つの時代。その時代。「一の名優」❺家系の最初。初代。(類語)一世・一期・今生・一生・人生・生涯・終生・畢生(ひっせい)・終身・一生涯・ライフ

いち-だい【一大】〔接頭〕名詞に付いて、一つの大きな、非常に重大な、の意を表す。「一事件」「一発見」

いち-たい-いち【一対一】❶一つの物事が、他の一つの物事だけに対応すること。「一の関係」❷第三者を入れずに当事者どうし。「一の話し合い」

いちたいいち-たいおう【一対一対応】数学で、集合Mから集合Nへの写像fによって、集合Mの異なる要素に対して集合Nの異なる要素が必ず対応するとき、この写像fを1対1対応であるという。

いちだい-いちど【一代一度】1代の天皇の在位中、ただ一度行われること。また、その行事。

いちだいいちど-の-ほうへい【一代一度の奉幣】天皇即位後、その即位を告げるために伊勢神宮以下全国の有力な神社に勅使を遣わし、神宝および幣帛(へいはく)を奉ること。

いちだい-おとこ【一代男】(をとこ) ㊀自分1代だけで跡継ぎのない男。「我等は一、家を継ぐべき躮(せがれ)はなし」〈浄・源頼家源実朝鎌倉三代記〉㊁「好色一代男」の略称。

いちだい-おんな【一代女】(をんな) ㊀自分1代だけで子供のない女。「我は一なれば、何をか隠して益なし」〈浮・一代女・六〉㊁「好色一代女」の略称。

いちだい-き【一代記】君主の1代やある人の一生の事績を記録したもの。「親鸞上人の一」

いちだい-きぞく【一代貴族】英国で、一代限りで爵位を授けられた貴族。上院議員となる。首相や閣僚経験者などが引退後に授爵することが多い。爵位はすべて男爵で、世襲はできない。

いちだい-きょう【一代教】(ケウ) 釈迦が悟りを開いてから入滅するまでの間に説いたあらゆる教え。

いちだい-ざっしゅ【一代雑種】異なる純系・近交系品種の交配によって生まれた個体。雑種強勢がみられ、家畜・農作物の改良に応用。雑種第一代。F1 (first filial)。

いち-だいじ【一大事】❶放置できない重大な出来事。容易でない事態。「お家の一」❷仏語。仏が衆生救済のためこの世に出現するという重大事。(類語)大事(だいじ)・大事(おおごと)・重要・大切・肝要・肝心

いちだいじ-いんねん【一大事因縁】(エン) ❶仏語。仏がこの世に現れた最も大切な目的。あらゆる人々を導き、生あるものすべてを救うという目的。❷悟りを開くきっかけ。「この薄(すすき)をいぶかしく思ひけるやうに、一をぞ思ふべかりける」〈徒然・一八八〉

いちだい-としより【一代年寄】大相撲で、功績の特に大きかった力士に対して、日本相撲協会から本人1代に限り与えられる年寄の資格。

いちだい-ぶんげん【一代分限】自分1代で財産を築き上げた人。いちだいぶげん。「これらは各別の一、親より譲りなくては勝れて富貴にはなり難し」〈浮・永代蔵・六〉

いち-だく【一諾】頼まれたことを承知して引き受けること。同意。「一を与える」

いちだく-せんきん【一諾千金】《「史記」季布伝から》男子が一度承知したことは千金にも換えがたい価値があるということ。約束したことは必ず守るべきことのたとえ。

いちたろう【一太郎】(イチタ ラウ) 日本のソフトウエア開発会社ジャストシステムが販売するワープロソフト。日本語変換システムとして、ATOKを搭載する。商標名。

いち-だん【一団】一つの集まり。一群。「観光客の一」「一となって歩く」(類語)組・団体・仲間・集団・隊・班・チーム・パーティー・一行(いっこう)・グループ・サークル

いち-だん【一段】㊀〔名〕❶階段などのひときざみ。または、地位・技能などの段階の一つ。「段位が一上がる」❷文章や語り物などのひとくぎり。「義太夫を一語る」㊁〔副〕比べると、かなりのちがいのあるさま。ひときわ。いっそう。ずっと。「一(と)りっぱになった」「スピードが一(と)加わる」(アクセント)㊀はイチダン、㊁はイチダン。(類語)更に・一層・もっと・ますます・いよいよ・より・ずっと・余計・なお・なおさら・弥(いや)が上に

いちだん-かつよう【一段活用】(クヮツ ヨウ) 日本語の動詞の活用の型。上一段活用・下一段活用のこと。

いち-だんし【一弾指】仏語。指を一度はじくほどの短い時間。⇒刹那(せつな)

いち-だんらく【一段落】〔名〕(スル) ❶文章などの、一つの段落。❷物事が一応かたづくこと。ひとくぎり。「事件もこれで一がついた」「仕事が一したらお茶にしよう」(補説)❷を「ひとだんらく」と読むのは誤りだが、話し言葉では使われることも多い。
(類語)区切り・折り目・一線・境・節目

いち-づけ【位置付け】(ヰチ) ある物事の、全体や他に対して占める位置を考え定めること。「事件の歴史的一を明らかにする」

いち-づ・ける【位置付ける】(ヰチ)〔動カ下一〕全体の中で、それに適切な位置を与える。「計画の中心に一・ける」「事件を戦後史の中に一・ける」

いち-てんき【一転機】▶いってんき(一転機)

いち-てんもんがく【位置天文学】(ヰチ) 天体の位置・大きさ・運動などを研究する天文学の一部門。

いち-ど【一度】❶1回。いっぺん。ひとたび。「一おいでください」「一生に一の体験」❷(副詞的に用いて)いったん。ひとたび。もし。「一食べたら忘れられない味」⇒一度に (類語)一回・一遍・ひとたび・一朝

いち-どう【一同】❶そこにいる人々全部。または、仲間の者全体。「有志一」❷同じであること。同一。「面々の意見一せしかば」〈太平記・四〉❸心を一つにして物事をすること。「などか又、おのおの見つかざりつるぞ。一せられけるにや」〈とはずがたり・二〉⇒一同に (類語)全員・皆・みんな・皆皆・誰しも・誰も彼も・総員・一統・満座・満場

いち-どう【一堂】(ダウ) ❶一つの堂。一つの建物。「一一字」❷同じ場所。同じ会場。「一に会する」

いち-どう【一道】(ダウ) ❶1本の道。❷一つの芸道。一つの専門。一芸。「一に長じる」❸細長いものの、ひとすじ。「一の光明」❹仏語。悟りへの唯一の道。一乗。「斉(ひと)しく一に入らむ」〈性霊集・七〉

いちどう-に【一同に】〔副〕一緒に。いっせいに。「殿上人一申されけるは」〈平家・一〉

いちどき-に【一時に】〔副〕一度に。いっしょに。「客が一に押しかける」「一に疲れが出る」

いち-どく【一読】〔名〕(スル) 一度読むこと。ひととおり読むこと。「一の価値がある」「応募作を一する」
(類語)通読

いちど-ならず【一度ならず】〔連語〕一度だけでなく、何度も。たびたび。「一二度までも失敗する」

いちど-に【一度に】〔副〕物事が同時に行われるさま。いちじに。いちどきに。「一入れるのは無理だ」「一花が咲く」

いち-とんざ【一頓挫】順調に運んできた物事の勢いが、中途で急にくじけてしまうこと。いっとんざ。「計画に一をきたした」

いち-な【一名｜市名｜(ゝ)都名】琵琶法師などがつけた名。名前の最後に一・市・都などの字がつく。特に、鎌倉末期の如一(にょいち)を祖とする平曲の流派は一名をつけるので、一方(いちかた)流と呼ばれた。のち、広く一般の盲人も用いた。

いち-なん【一男】❶一人の男の子。「一一女の親」❷いちばん上の息子。長男。

いち-なん【一難】一つの災難。一つの危険。

一難去ってまた一難　一つの災難が過ぎてほっとする間もなく、また次の災難が起きること。

いち-に【一二】❶数の一と二。❷ひとつふたつ。また、ひとりふたり。わずか。「一の例をあげる」❸1番目と2番目。1位と2位。

一二に及ばず　手紙の結びに書く語。一つ二つと書き分けて詳しく言わないという意。不一(ふいつ)。

一二を争・う　一番になるか二番になるかで競う。また、特にすぐれていて、一番か悪くても二番には位置する。「我が社で一・うセールスマン」

いち-にち【一日】❶午前零時から午後12時までの24時間。一昼夜。また、ある時刻から24時間後までの場合にもいう。いちじつ。❷朝から日暮れまで。ひとひ。終日。「充実した一を送る」❸月の第1日。ついたち。❹ある日。いちじつ。「一花の山を訪れる」❺わずかの日時のたとえ。「ローマは一にしてならず」
(類語)ある日・某日・一日(ひと ひ)

一日の計は朝(あした)にあり、一年の計は元旦(がんたん)にあり　1日の計画は早朝のうちに立て、1年の計画は元旦に立てるべきである。物事は、最初が肝心であるというたとえ。一年の計は元旦にあり。

いちにち-いちぜん【一日一善】1日に一つの善行をして、それを積み重ねるようにしなさいという呼びかけ。

いちにち-いちや【一日一夜】まる1日。一昼夜。「一攻めたたかふ」〈平家・八〉

いちにち-おき【一日置き】中に1日はさむこと。その日にあることをして翌日はやめ、翌々日にまたそのことをすること。隔日。

いちにち-がい【一日買ひ】(ガヒ) 遊女を昼夜買いきりにすること。「格子の女郎一人も残さず一と触れをなし」〈浮・一代男・五〉

いちにち-きょう【一日経】(キヤウ)《「いちにちぎょう」とも》1日のうちに書写し終えた経典。特に法華経の例が多く、大勢で分担して書写した。頓写(とんしゃ)。「手負ひのただ今落ち入るに、一書いて弔(とぶら)へ」〈平家・一一〉

いちにち-さい【一日祭】1月を除き、毎月1日、宮中の賢所(かしこどころ)・皇霊殿・神殿の三殿で行われる祭り。⇒旬祭(しゅんさい)

いちにち-さんしゅう【一日三秋】(サン シウ)《「詩経」王風・采葛から》「一日千秋」に同じ。いちじつさんしゅう。

いちにち-せんしゅう【一日千秋】(セン シウ)《「秋」は年の意》1日が非常に長く感じられること。待ちこがれる気持ちが著しく強いこと。一日三秋。いちじつせんしゅう。「一の思い」

いちにち-のばし【一日延ばし】果たさなければならないのに、何かと理由をつけて来る日も来る日も期限を延ばすこと。「返事を一にする」

いちにち-ばれ【一日晴】❶儀式の服装などを、その日に限り、格式をこえて立派に飾ること。❷その日、その時だけに用いるもの。ふだんと変わったもの。「一のかり小袖」〈浮・好色訓蒙図彙・上〉

いちにち-へんじ【一日片時】《「いちにちへんし」とも》ほんのわずかの間。いちじつへんじ。「一も心安く暮らすべき方もなくて」〈義経記・六〉

いちにち-まし【一日増し】(多く「に」を伴って副詞的に用いる)1日ごとに物事の進行するようす。日増しに。日に日に。「一に日脚(ひあし)が伸びる」

いち-にょ【一如】❶仏語。唯一絶対の真理。真如が異なる現れ方をしながら一つのものであること。❷異ならないこと。一体であること。「物心一」

いち-にん【一人】❶ひとり。ひとりの人。「代助は人類の一として」〈漱石・それから〉❷その土地や分野で第一であること。「十ヶ年立たぬうちに五千両の分限にさされ、一の才覚者といはれ」〈浮・永代蔵・二〉❸右大臣の異称。(類語)一人(ひとり)・一名・一介・一個

一人虚(きょ)を伝うれば万人(ばんにん)実(じつ)を伝う　一人がうそを言いふらすと、これを聞いた多くの人は、それを真実のこととして言い広めるものである。一犬虚に吠(ほ)ゆれば万犬実を伝う。

いち-にん【一任】〔名〕(スル) ❶物事の処理・決定のすべてをまかせること。「動議の扱いを議長に一する」❷律令制で、一人の官の限られた任期。
(類語)他人任せ・人任せ・あなた任せ・言い成り

いちにん-いっさつ【一人一殺】日蓮宗の僧、井上日召が主宰した右翼団体血盟団の掲げた標語。

いちにん-かいしゃ【一人会社】(クワイ シヤ) 株式の全部

を一人が所有している会社。数人の株主または社員がいても、一人が大部分の株式または持ち分を所有している場合も含まれる。

いち-にんしょう【一人称】文法で、人称の一。話し手、書き手が自分自身また自分自身を含む仲間をさす語。日本語では「わたくし」「わたくしたち」「ぼく」「ぼくら」「われ」「われわれ」など。第一人称。自称。➡人称 (類語)二人称・三人称・自称・対称・他称

いちにん-とうせん【一人当千】《「いちにんとうぜん」とも》一人で多勢にあたるほどの力があること。一騎当千。「聞えたる一の剛の者あり」〈義経記・三〉

いちにん-まえ【一人前】❶一人に割り当てる量。ひとりぶん。ひとりまえ。「一の料理」❷成人であること。また、成人の資格・能力があること。ひとりまえ。「一のことを言う」「一に扱う」❸技芸・学問などが一応の水準に達していること。「一の医者」(類語)一丁前・ひとかど・大人

いちねい【一寧】▶一山一寧

いち-ねん【一年】❶1月1日から12月31日まで。❷12か月間。「卒業から一が過ぎた」❸最初の年。1年目。元年。「昭和六四年が平成一だ」❹学校などの第1学年。また、その学生・生徒。1年生。❺ある年。「青春の一ロンドンに遊ぶ」
(類語)(❹)一年生・一回生・第一学年

一年の計は元旦にあり ▶一日の計は朝にあり、一年の計は元旦にあり

いち-ねん【一念】❶ひたすら心に深く思いこむこと。また、その心。「親の一が通じる」❷ふと思うこと。「一なりとも悔ゆる心を発すべきなり」〈発心集・五〉❸仏語。㋐非常に短い時間。瞬間。「ただ今の一、空しく過ぐる事を」〈徒然・一〇八〉㋑一度の念仏。仏の救済を信じて唱えた一声の念仏。「臨終の一は百年の業に勝る」〈往生要集・中〉

一念岩をも通す 強い信念をもって物事に当たれば、どんな事でも成し遂げることができる。

一念天に通ず 物事を成し遂げようと一心になれば、それが天に通じて、必ず成功する。

いちねん-おうじょう【一念往生】❶臨終のときに一度だけ阿弥陀仏を念ずれば、極楽に往生するということ。❷浄土真宗で、阿弥陀仏の名号を唱えていれば極楽に往生できるということ。

いちねん-かんぬし【一年神主】氏子の中から選ばれて、1年交代で神事を主宰する者。特定の年齢の者が順番に務めることが多い。

いちねん-き【一年忌】一周忌。

いちねん-ぎ【一念義】浄土宗の一派で、法然門下の幸西らの異端的主張。極楽往生するには信心だけでよく、念仏を必要としないと説く。⇔多念義。

いちねん-けしょう【一念化生】仏語。心を集中して念じることにより、他の姿に生まれ変わること。

いちねん-ごひゃくしょう【一念五百生】仏語。ただ一度妄想を心に抱いただけで、五百回も生死を重ねる輪廻の報いを受けること。

いちねん-さんぜん【一念三千】天台宗の教旨で、日常の人の心の中には、全宇宙の一切の事象が備わっているということ。

いちねん-しょうみょう【一念称名】仏語。❶心から阿弥陀仏を信じ、その名号を唱えること。一念唱名。❷1回だけ阿弥陀仏の名号を唱えること。

いちねん-せい【一年生】❶入学初年度の児童・生徒。「小学一」❷その社会に入って、まだ1年たたない人。また、技芸などを始めて日が浅いことをたとえていう。「油絵はまだ一です」「一議員」❸「一年生植物」の略。(類語)一年・一回生・第一学年

いちねんせい-しょくぶつ【一年生植物】種子から発芽して、開花・結実ののち1年以内に枯死する草本植物。春に発芽して年内に枯死するものと、秋に発芽して翌春開花・結実するものとがある。後者は越年生植物ともよばれる。一年生草本。一年草。

いちねん-そう【一年草】▶一年生植物

いちねん-ふしょう【一念不生】仏語。心中に一つの妄念さえ起こらない境界。

いちねん-ほっき【一念発起】〔名〕(スル)❶あることを成し遂げようと決心する。「一して芸道に励む」❷仏語。一心に悟りを求める心を起こすこと。

いちねん-むぎ【一年麦】年が明けてからまく麦。収穫がないので、何の役にも立たないことのたとえ。

いち-の-いた【一の板】兜の錏や、鎧の草摺の、大袖、栴檀の板などの最も上の板。

いち-の-いと【一の糸】三味線・琴などの第一の弦。最も太く、調子は最も低い。

いち-の-いん【一の院】▶一院❸

いち-のう【一能】一つの技能・才能。「一芸一」

いち-の-おとど【一の大=臣】「一の上」に同じ。

いち-の-おり【一の折】連歌・連句の懐紙で、最初の一折。百韻の連歌では、懐紙4枚をそれぞれ横二つに折り、折り目を下にして右端をとじ、その表と裏に句を記し、その最初の1枚分をいう。初折。➡二の折 ➡三の折 ➡名残の折

いち-の-かみ【一の上】左大臣の異称。左大臣が関白を兼ねるときは、右大臣をさす。いちのおとど。

いち-の-かみ【市▽正】律令制の市司の長官。東西に各一人。

いち-の-きさき【一の▽后】皇后の異称。「春宮の御母一」〈浜松・三〉

いち-の-くらい【一の位】❶十進法で、最初の位取り。「一で四捨五入する」❷第一等の位階。

いちのくら-さわ【一ノ倉沢】群馬県北部、谷川岳の東斜面の谷。険しい岩壁で知られる、日本でも有数の岩場のある沢。

いち-の-ざえ【一の▽才】身につけた学芸のうちで、最も優れたもの。「琴ひかせ給ふことなむ一にて」〈源・絵合〉

いちのじ-つなぎ【一の字×繋ぎ】平行線の間を、交互に垂直線で区切った模様。れんが積みのような模様。

いちのじ-てん【一の字点】踊り字の一種「ゝ」「ゞ」「ヽ」「ヾ」のこと。(補説)「ゝ」「ゞ」はひらがなを重ねる場合に、「ヽ」「ヾ」はカタカナを重ねる場合に用いる。

いち-の-しょうにん【市の上人】▶市の聖

いちのせき【一関】岩手県南部の市。もと陸羽街道の宿場町、田村氏の城下町。県南地方の流通の中心地。平成17年(2005)9月に周辺6町村と合併、同23年藤沢町を編入。人口12.7万(2012)。

いちのせき-し【一関市】▶一関

いち-の-ぜん【一の膳】正式の日本料理で、最初に出す膳。本膳。➡二の膳 ➡三の膳

いち-の-たい【一の対】寝殿造りの東の対、あるいは西の対。東北の対に対して東の対、西北の対に対して西の対をいう。

いちのたに【一ノ谷】神戸市須磨区西部の地名。安徳天皇の内裏跡や鵯越などがある。源平の古戦場。

いちのたに-の-たたかい【一ノ谷の戦い】寿永3年(1184)源義経・範頼の軍が、一ノ谷に進出して平氏の軍を破った戦い。

いちのたにふたばぐんき【一谷嫩軍記】浄瑠璃。時代物。五段。並木宗輔らの合作。宝暦元年(1751)大坂豊竹座初演。平家物語その他に取材したもので、特に平敦盛のために熊谷次郎直実がわが子の首を打つ三段目の「熊谷陣屋」の段が有名。

いち-の-つかさ【市▽司】律令制で、都の市を監督した役所。平安京では、東西の市のそれぞれに置かれ、左・右京職に属した。

いち-の-どう【一の胴】人体の胴の一部で、両腋から少し下のところ。「試してみたい新刀はないか、一か二の胴か、望んでおけ」〈浄・反魂香〉

いち-の-ところ【一の所】「一の人」に同じ。「一などに時めく人も、えやすくはあらねど」〈枕・一五七〉

いち-の-とり【一の×酉】11月の最初の酉の日。また、その日に開かれる鷲神社の祭礼。酉の市。初酉。(季冬)「灯の渦をぬければ星夜一/白葉女」➡酉の市

いち-の-とりい【一の鳥居】神社の境内に入って、1番目の鳥居。

いち-の-ないし【一の内▽侍】内侍司の女官の掌侍の中で第一位のもの。勾当内侍。

いち-の-ひじり【市の聖】《町に住んで仏の道を説いたところから》空也上人のこと。市の上人。

いち-の-ひと【一の人】《朝廷の儀式で第一の席につくところから》摂政・関白、または太政大臣・左大臣の異称。一の所。「一の御ありさまはさらなり」〈徒然・一〉

いち-の-ふで【一の筆】一番目に記載されること。戦場で一番首を取ったことを記録する首帳や奉加帳などに第一に書き記すこと。筆頭。第一。「不覚とも高名とも沙汰の限りとて、一にぞ付けられける」〈義経記・四〉

いち-の-まつ【一の松】能舞台で、橋懸かりの前の白洲に等間隔に植えられた3本の若松のうち、いちばん舞台寄りの松。要の松。

いち-の-みこ【一の▽御子】第1皇子。一の宮。「一惟喬親王をば小原の王子とも申しき」〈平家・八〉

いち-の-みや【一の宮】❶第1皇子。一の御子。❷一国内にある神社のうち、その国で最も由緒があり、第一番に格付けされた神社。各地に地名として残る。

いちのみや【一宮】愛知県北西部の市。尾張一の宮の真清田神社の門前町として発展。毛織物・機械工業やアパレル産業が盛ん。平成17年(2005)4月、尾西市、木曽川町を編入。人口37.6万(2010)。

いちのみや-し【一宮市】▶一宮

いちのみやぬきさき-じんじゃ【一之宮貫前神社】群馬県富岡市にある神社。祭神は経津主神と比売大神。古称、抜鉾大明神・貫前大明神。上野国一の宮。貫前神社。

いち-の-や【一の矢】手に持つ2本の矢のうち、最初に放つ矢。➡二の矢

いち-ば【市場｜市▽庭】❶一定の商品を大量に卸売りする所。「魚一」「青物一」❷小売店が集まって常設の設備の中で、食料品や日用品を売る所。マーケット。「公設一」(類語)市・河岸・バザール・マーケット・取引所・朝市・競り市・年の市・草市・蚤の市・バザー

いち-ばい【一倍】❶ある数量に1を掛けること。また、1を掛けた数量。同じ数量。「一半」❷ある数を二つ合わせること。2倍。❸他よりも数量・程度が大きいこと。副詞的にも用いる。いっそう。「一深刻に考えるたちだ」「人一努力する」

いちばい-たい【一倍体】▶半数体

いちバイト-もじ【一バイト文字】コンピューターの文字コード体系において、1文字が1バイトのデータで表される文字。半角の英数字や記号、半角カタカナが含まれる。シングルバイト文字。

いちばく-じっかん【一暴十寒】《「孟子」告子上の「一日之を暴めて十日之を寒さば、未だ能く生ずる者有らざるなり」から》努力しても怠ることが多くては、むだになる。継続して事を行わなければ効果はあがらないということ。

いちば-せん【市場銭】中世、荘園領主・地頭などが荘園内の市場に課した税金。江戸時代には、市場運上を徴収した。

いちばた-じ【一畑寺】島根県出雲市小境町にある臨済宗妙心寺派の寺。山号は医王山。また、一畑薬師教団の本山。本尊の薬師如来は眼の薬師ともいわれ有名。一畑薬師寺。

いち-はつ【一▽八｜鳶=尾】アヤメ科の多年草。高さ30～50センチ。葉は剣状。初夏、葉の間から花茎を伸ばし、紫または白の花を開く。火災を防ぐという俗信があって、わら屋根の上に植えることがある。中国の原産。こやすぐさ。(季夏)「一の白きを活けて達磨の絵/子規」

いちばつ-ひゃっかい【一罰百戒】罪を犯した一人を罰することで、他の大勢の戒めにすること。

いち-はな【一▽端】いちばん先。真っ先。

いちはな-がけ【一▽端駆け】《ふつう「に」を伴って

副詞的に用いる)いちばん先にすること。「今朝は誰れよりー―に目を覚まし」〈一葉・うつせみ〉
いちば-まち【市場町】 市の立つ所に発達した市街。
いち-はやく【▽逸早く|▽逸速く】〔副〕《形容詞「いちはやし」の連用形から》真っ先に。すばやく。「―現場に向かう」「―手を引く」
いち-はや・し【▽逸早し|▽逸速し】〔形ク〕《「いち」は、勢いのはげしい意の接頭語、「はやし」は、激しい、鋭いなどの意》❶霊威・霊験が著しく恐ろしい。「熱田神あつたのかみ、―・くおはしまして…やがてたち所に、罰せさせおはしましければ」〈宇治拾遺・三〉❷情け容赦ない。はげしい。「―・き世のいと恐ろしう侍るなり」〈源・須磨〉❸気性がはげしい。気が強い。「后の御心―・くて」〈源・賢木〉❹すばやい。「真言院の律師一人、―・く読む」〈宇津保・国譲下〉❺気が早い。「いまだ御五十日いかだにきこしめさぬに、―・き御もてなし、めずらかなり」〈増鏡・おどろの下〉
いちはら【市原】 千葉県中西部、東京湾に面する市。もと上総かずさの国府・国分寺の置かれた地。京葉工業地帯の中心地。人口28.0万(2010)。
いちはら-し【市原市】 ▶市原
いちはらの【市原野】 歌舞伎舞踊。富本節。3世桜田治助作詞、名見崎徳治作曲。本名題「当稲俄姿画わせおくてにわかのすがたえ」。文久3年(1863)江戸守田座で初演。洛外市原野で源頼光・袴垂保輔はかまだれやすすけ・小蝶の前が繰り広げるだんまり。明治8年(1875)常磐津ときわずで再演。
いちはら-の-おおきみ【市原王】 ―おほきみ 天智天皇の曽孫安貴王の王子。廷臣・歌人。備中守・玄蕃頭げんばのかみ・治部大輔・造東大寺長官などを歴任。万葉集に歌数首が残る。生没年未詳。
いち-ばん【一番】 ㊀〔名〕❶順序・番号の最初。また、最初のもの。「―電車」❷最も優れているもの。また、最も大切なこと。「―の成績」「何よりも健康が―だ」❸歌合わせ・碁・相撲・剣道などの勝負の組み合わせ。一勝負の組み合わせ。「この―が見ものだ」「結びの―」❹謡・能・歌舞などの一曲。「謡を―あげる」㊁〔副〕❶この上なく。最も。「君が―上手だ」❷ためしに。思いきって。ひとつ。「できるかどうか、ここで―試してみよう」 ㊀と㊁❷はイチバン、㊁❶はイチバン。〔類語〕㊀(❶)第一・真っ先・最初・初発・先頭・いの一番・トップ・初め・一次・原初・嚆矢こうし・手始め・事始め・まず・優先/(❷)一等・最高・最上・最良・最善・随一・ぴか一・白眉はくび・ベスト・ナンバーワン・最も
いちばん-がけ【一番駆け】 ❶戦場で、いちばん先に敵陣に突っ込んで戦うこと。また、その人。❷人に先んじてすること。また、その人。いちはながけ。
いちばん-かん【一番館】 ―クワン 封切りの映画を上映する映画館。封切り館。
いちばん-ぐさ【一番草】 田植え後の1回目の除草。
いちばん-くび【一番首】 その戦場で、最初に打ち取った敵の首。
いちばん-こ【一番子】 ❶最初に生まれた子。長子。❷家畜や養魚などで、その繁殖期間中、最初に出生・孵化ふかしたもの。
いちばん-しゅっせ【一番出世】 相撲の新弟子のうちで、最初に前相撲に合格した者。次場所で序の口に上がることが中日なか8日目に披露される。
いちばん-しょうぶ【一番勝負】 ただ1回だけで決める勝負。
いちばん-せんじ【一番煎じ】 薬湯・茶などで最初に煎じ出したもの。➡二番煎じ
いちばん-ぞこ【一番底】 株式相場や為替相場などの下降局面において、何度かある安値のうち最初に付けた安値。またはその状況。➡底値 ➡二番底 ➡一番天井
いちばん-ぞなえ【一番備え】 ―ぞなへ 敵に向かって最も前に配置される部隊。一番手。先陣。
いちばん-だいこ【一番太鼓】 ❶相撲の興行で、開場を知らせて打つ太鼓。❷江戸時代、歌舞伎の顔見世興行の初日の八つ時(午前2時ごろ)に打った太鼓。のち興行中の毎早暁に打った。❸江戸時代、大坂の遊里で門限を知らせる太鼓のうち、前触れとして打つもの。
いちばん-だし【一番出し】 鰹節かつおぶしと昆布を材料にして、最初にとるだし。吸い物や蒸し物に用いる。
いちばん-ちゃ【一番茶】 ❶その年の最初に摘み取って作った茶。品質が最もよい。〔季 春〕❷最初に入れた茶。
いちばん-て【一番手】 ❶戦いで、最初に敵に当たる部隊。❷先頭に立って物事を行うこと。また、その人。「交渉の―に立つ」❸勝負や地位を争うとき、いちばん優位に立っていること。また、その人。「横綱争いの―」「会長候補の―」
いちばん-ていとう【一番抵当】 ―テイタウ 一つの不動産物件に対して二つ以上の抵当権があるとき、その抵当権設定の登記が最初にされているもの。債務の弁済が優先的に受けられる。
いちばん-でし【一番弟子】 ❶弟子の中で、最初にその師匠についた者。❷弟子の中で最もすぐれた者。
いちばん-てんじょう【一番天井】 ―テンジヤウ 株式相場や為替相場などの上昇局面において、何度かある高値のうち最初に付けた高値。またはその状況。➡天井値 ➡二番天井 ➡一番底
いちばん-どり【一番▽鶏】 夜明け方に最初に鳴く鶏。また、その声。
いちばん-のり【一番乗り】〔名〕スル ❶戦場で、第一番に敵陣や敵城に攻め込むこと。また、その人。❷ある場所に最初に到着すること。また、その人。「甲子園に―したチーム」
いちばん-ぶろ【一番風呂】 沸かしたてで、まだだれも入っていない風呂。また、その風呂に入ること。
いちばん-ぼし【一番星】 夕空に最初に輝きだす星。
いちばん-め【一番目】 ❶順序の最初。第一番。❷歌舞伎で、1日の興行の最初の狂言。古くは四番続き・五番続きなどの通し狂言の一番目をさし、のち、1日に2種または数種の狂言を上演する場合の最初のものをさす。一番目狂言。❸「一番目物」に同じ。
いちばんめ-もの【一番目物】 ❶歌舞伎で、時代物の狂言のこと。多く1番目に演じたのでいう。❷能で、脇能のこと。五番立ての正式な能組で「翁おきな」に続いて最初に演じるのでいう。
いちばん-やり【一番×槍】 ❶戦場で最初に敵陣に槍を突き入れること。また、その人。❷最初に手柄をたてること。また、その人。〔類語〕先駆・先駆け・抜け駆け
いちばん-れっしゃ【一番列車】 その日の最初に発車する列車。
いち-び【市日】 定期的に市の立つ日。
いちび【莔=麻|青=麻】 アオイ科の一年草。高さ約1.5メートル。心臓形の葉が互生する。夏から秋に、黄色い5弁花を開く。茎の皮から繊維をとり、綱や粗布、畳表の糸などに使う。インドの原産。きりあさ。
いちび-がら【莔=麻×稈】 イチビの茎の外皮を取り去ったもの。焼いて炭にし、火持ちがいいので火口ほくちを作る。ほくちから。
いち-びと【市人】 ❶市中に住んでいる人。「谷中あたりの―等は、上を下へと騒動なし」〈逍遥・当世書生気質〉❷市で物を売る人。また、町に住む商人。「これなる―を見れば…、いづれもいづれも不思議なる売り物かな」〈謡・錦木〉
いちび-はばき【莔=麻脛=巾】 イチビの皮を編んで作った脛巾。昔、衛府の随身ずいじん・舞人などが用いた。
いち-ひめ【市姫】 市場を守護する女神。市杵島姫命いちきしまひめのみことをいう。
いちびょう-そくさい【一病息災】 イチビヤウ― ちょっとした病気のある人のほうがからだに注意するので、健康な人よりもかえって長生きするということ。
いちびり (関西で)調子に乗って騒ぐこと。目立とうとしてふざけること。また、その人。お調子者。
いちび・る〔動ラ五(四)〕(関西で)調子に乗ってはしゃぎまわる。出しゃばる。図に乗る。
いち-ぶ【一分】 ❶重さ・長さや割合などの単位。➡分ぶ ❷ごくわずかであることのたとえ。「―の隙すきも見せない」❸「一分金」「一分銀」の略。❹律令制の書記官である史生ししょうの異称。公廨稲くがいとうの残りを国府の役人に給与するとき、史生の給与が一分であったことからいう。一分の官。❺自分ひとり。いちぶん。「私―にては、早速御返答申しがたし」〈浮・其磧諸国〉
いち-ぶ【一部】 ❶全体の中のある部分。一部分。「―の反対派」「長編を―割愛する」⇔全部。❷書物や新聞などのひとまとまり、ひとそろい。また、書物の一冊。〔類語〕部分・一部分・局所・局部・端・箇所かしょ・ところ・部位・細部・断片・一端いったん・一斑いっぱん・一節いっせつ・件くだり・パート・セクション・点
いちぶ-いちりん【一分一厘】《多く、下に打消しの語を伴って用いる》ごくわずかであることのたとえ。ほんの少し。「―の狂いもない」「―違わない」
いちぶ-がり【一分刈(り)】 男子の頭髪を1分(約3ミリ)の長さに刈りそろえること。また、その頭髪。
いちぶ-きん【一分金】 江戸時代の金貨の一。長方形で、4枚で小判1枚(1両)と換えた。一分判。一分判金。小粒。
いちぶ-ぎん【一分銀】 江戸後期の銀貨の一。長方形で、4枚で小判1枚(1両)と換えた。明治初年にも鋳造された。
いちぶ-けいしき【一部形式】 楽曲で、4小節ずつの前楽節・後楽節でできている8小節の形式。最も簡単な形式。
いちふさ-やま【市房山】 熊本県南東部・宮崎県西部の県境にある山。九州山地の高峰の一。標高1721メートル。熊本県側に流れる球磨くま川と宮崎県側に流れる一ツ瀬川の源流。山頂から人吉盆地・霧島山を眺望できる。また、山頂にはアケボノツツジの群落が見られる。古くから信仰登山が行われ「御岳おたけさん」と呼ばれて親しまれた。中腹に市房神社がある。九州中央山地国定公園に属する。
いちぶ-しじゅう【一部始終】 ❶《❷が原義》成り行きの初めから終わりまで。顛末てんまつ。一伍一什いちごいちじゅう。「―を詳しく話す」❷書物の初めから終わりまで全部。「学問すべしと言へばとて―を心得渡し」〈一言芳談〉〔類語〕始末・過程・経緯・いきさつ・プロセス・次第
いちぶ-しっこうゆうよ【一部執行猶予】 ―シツカウイウヨ 懲役や禁錮の判決で、刑期の一部について執行を猶予し、受刑者を社会で生活させる制度。例えば、「懲役2年、うち1年は執行猶予3年」と判決が下された場合、1年は服役し、残りの1年は執行が3年間猶予される。出所の時期は早くなるが、執行猶予を含めた期間は長くなる。薬物使用など再犯の可能性が高い犯罪の場合、刑務所などの隔離された環境で刑期を全うさせるより、社会の中で治療や教育プログラムを受けながら更生させた方が、効果が期待できる。フランスではすでに行われており、刑務所の過剰収容を緩和させつつ、受刑者の再犯防止を促進する方策として、日本でも導入が検討されている。〔補説〕改正法案が国会に提出され、参議院先議で可決、衆議院で継続審議中(平成24年7月現在)。法案によると、一部執行猶予の適用対象は、初めて刑務所に入る初入者および薬物使用者で、刑期が3年以下の場合に限られる。
いちぶ-じとう【一分地頭】 ―ヂトウ 鎌倉時代、地頭職の分割相続によって、その一部分を持つ地頭。半分地頭・三分二さんぶんに地頭などともよばれた。子地頭。
いちぶじむ-くみあい【一部事務組合】 ―くみあひ 都道府県・市町村・特別区などの地方公共団体が事務の一部を共同で処理するために設置する組合。地方自治法に規定される地方公共団体の組合の一。
いちぶじゅんび-せいど【一部準備制度】 兌換だかん券発行制度の一。発券銀行が正貨と引き換えのできる銀行券を発行するとき、一定限度まで債券や商業手形などの有価証券を準備させ、その額以上に対しては正貨(金)を準備させる制度。
いち-ぶつ【一仏】 ❶一体の仏。また、同一の仏。❷阿弥陀仏のこと。
いち-ぶつ【一物】 一つのもの。また、同じもの。
いち-ぶつ【▽逸物】「いちもつ(逸物)」に同じ。「この

太刀、寸こそ短けれども、身においては一にてあるぞ」〈義経記・五〉
いちぶついっか-の-ほうそく【一物一価の法則】完全競争が行われるならば、同一時点・同一市場では、同質の商品には一つの価格しか成立しないという経済法則。
いちぶつ-じょう【一仏乗】「一乗」に同じ。
いちぶつ-じょうど【一仏浄土】仏語。仏が住んでいる浄土。特に、阿弥陀仏の極楽浄土。一仏土。
いちぶつ-じょうどう【一仏成道】仏語。ある仏が悟りを開くこと。いっさいの生きとし生けるものが、その徳により成仏するとする。
いちぶつ-せかい【一仏世界】仏語。一体の仏が衆生を導いて悟りに入らせる、その仏の領域。一仏国土。
いちぶ-の-かん【一分の官】➡一分❹
いちぶ-ばんきん【一分判金】➡一分金
いちぶ-はんけつ【一部判決】民事訴訟で、同一手続きに併合審理されている数個の請求の一部についてなされる終局判決。➡全部判決
いち-ぶぶん【一部分】全体の中のある部分。わずかな部分。「一まだ悪いところがある」(類語)部分・一部・局所・局部・箇所・ところ・部位・細部・断片・一端・一斑・一節・件・パート・セクション・点
いちぶ-ほけん【一部保険】保険金額が、目的物の評価額である保険価額に満たない損害保険契約。
いちぶ-めし【一分召】平安時代、式部省で諸国の史生・国医師・国博士を任命した除目。一分召の除目。
いち-ぶん【一分】❶一身の面目。一人前の人間としての名誉。体面。「一がすたる」❷10に分けたものの一つ。転じて、ごくわずかな部分。「衆生の中に一の仏性无き者有りと云ふ」〈今昔・四・二八〉❸自分ひとり。一身。「三人もろともにしたる事をも、己れが一の手柄立てを言ひまはり」〈仮・可笑記・一〉❹同じものとしてみること。同様。「我とは兄弟一に申しかはせしに」〈浮・一代男・二〉
(類語)名誉・名・名聞・面目・体面・面子・沽券・声価・信用・信望・信・信頼・信任・人望・定評・評判・暖簾・覚え・名望・声望・徳望・人気・魅力・受け
一分が立・つ　一身の面目が保たれる。一分立つ。「リーダーとしての一・たない」
一分を捌・く　独力で自分の身の振り方を処理する。「皆賢く、その一・き兼ねつるは独りもなし」〈浮・永代蔵・二〉
一分を捨・つ　一身の面目を失う。「女の一・てたる事の悔しや」〈浮・禁短気・四〉
いち-ぶん【一文】一つの文章。また、ちょっとした文章。「一を草する」(類語)文章・文・書き物・散文・文言・編章・詞章・詞藻・文辞・文面・章句
いち-ベクトル【位置ベクトル】平面または空間のある点をOと定め、任意の点をPとするとき、Oを始点としPを終点とするベクトル。Oに対するPの距離と方向とを示す。
いち-べつ【一別】〔名〕スル　ひとたび別れること。
(類語)別れ・別離・離別・決別・生き別れ・泣き別れ・生別・離れる
いち-べつ【一×瞥】〔名〕スル　ちらっと見ること。ちょっとだけ見やること。「一をくれる」「一しただけで、それとわかった」
(類語)一目・一見・一目・瞥見・一顧・ちょっと見
いちべつ-いらい【一別以来】最後に会ってからこのかた。この前別れてから今まで。一別来。「一ごぶさたを重ね、恐縮に存じます」
イチボ《aitchboneから》牛の腰骨付近の柔らかい肉。煮込み・すき焼き・焼き肉などにする。
いち-ぼう【一望】〔名〕スル　広い景色などを一目で見渡すこと。一眸。「一に収める」「山頂から太平洋を一する」
いち-ぼう【一×眸】《「眸」はひとみの意》「一望」に同じ。「一のうちに収める」
いち-ぼう【一棒】禅宗で、修行中の弟子を導くために、師の僧が警策を用いて警醒すること。
いちほうこう-にんしょう【一方向認証】➡片方向認証
いちぼう-せんり【一望千里】広大な眺めを一目で見渡せること。「一の大草原」
いち-ぼく【一木】1本の木。
一木大廈の崩るるを支うる能わず　《「文中子」事君から》大きい建物が倒れようとしているのを、1本の木ではとうてい支えきれるものではない。大勢が傾きかけているときは、一人の力ではどうすることもできないというたとえ。
いちぼく-いっそう【一木一草】1本の木、1本の草。また、きわめてわずかなもののたとえ。一草一木。「一をも慈しむ」「一とて生えない荒れ地」
いちぼく-づくり【一木造(り)】木彫り、特に木彫仏の造像技法の一。本体である頭部と胴体を1本の木から彫りだすもの。また、その像。➡寄せ木造り
いち-ま【市▽松】《「いちまつ」の音変化》「市松人形」の略。
市松でないが腹で泣け　《市松人形は腹に笛を仕掛けてあるところから》心で泣いて、他人に泣き顔を見せるな、の意。
いち-まい【一枚】❶紙・板・貨幣など、平たく薄いもののひとつ。➡枚 ❷田の一区画。❸《役者の看板は一人1枚に書くところから》ある役割を引き受ける一人。「若手を一加える」❹(多く「一枚上」の形で、副詞的に用いる)技術・能力などの一段階。一段。「相手のほうが一上手だ」
一枚嚙・む　一つの役をになって、ある事柄に参加する。参画する。一枚加わる。「その計画には当初から一・んでいる」
いちまい-いわ【一枚岩】1枚の板のように平らで大きな岩。また、そのように、組織などがしっかりとまとまっていることのたとえ。「一の結束を誇る」
いちまい-え【一枚絵】1枚の紙に刷られた浮世絵。版本の挿絵に対していう。
いちまい-おち【一枚落ち】将棋で、上手が、飛車・角行のいずれかをはずして対局すること。片駒落。➡駒落ち
いちまい-かわ【一枚かわ】《「かわ」は姉女房の意》夫より一つ年上の女房。夫婦仲がよいとされる。
いちまい-かんばん【一枚看板】《❹が原義》❶その団体の大立て者。また、大ぜいのなかの中心人物。「劇団の一」❷人に誇ることができる、ただ一つのもの。「纔かに実直という点を一にして」〈里見弴・今年竹〉❸その着物のほかに着替えのないこと。一張羅。「春夏秋冬一で押し通す」〈漱石・吾輩は猫である〉❹上方の歌舞伎劇場で、木戸のかたわらに立てた大きな飾り看板。外題を大書きし、上部に主な役者の絵姿を示した。江戸では大名題といった。外題看板。➡看板 (類語)看板・立て看板・立て看・プラカード・金看板・表看板
いちまい-きしょうもん【一枚起▽請文】❶紙1枚に書いた起請文。❷法然が建暦2年(1212)臨終の際、門弟の源智の求めに応じて浄土往生の要義を和文で1枚の紙に書き、遺戒としたもの。浄土宗で朝夕読誦する。一枚起請。一枚消息。御誓言。
いちまい-ずり【一枚刷り|一枚×摺り】紙1枚に印刷すること。また、その印刷物。浮世絵・番付など。
いち-まき【一巻】❶巻子本・絵巻などの一つの巻全部。いっかん。❷話や事件などのすべて。一部始終。❸一族。一団。「女の多い一で」〈藤村・春〉
いち-まつ【一抹】《絵筆のひとなすり・ひとはけの意から》ほんのわずか。かすか。「一の不安が残る」
(類語)かすか・いささか・ささやか・少し・ちょっと
いちまつ【市松】❶「市松模様」の略。❷「市松人形」の略。
いちまつ-あみ【市松編み】表編みと裏編みとで市松模様を表した毛糸の編み方。また、その編み物。
いちまつ-ぞめ【市松染(め)】市松模様を染め出すこと。また、染め出したもの。
いちまつ-にんぎょう【市松人形】木くずを練り固めた胴に首を据え、手足を縮緬などでつないで動くようにした人形。江戸中期の歌舞伎俳優の佐野川市松をかたどったとも、市松という孝子の姿になぞらえたともいう。大和人形。いちまつ。いちま。
いちまつ-もよう【市松模様】碁盤目状の格子の目を色違いに並べた模様。江戸中期、歌舞伎俳優佐野川市松がこの模様の袴を用いたことに始まるという。石畳。霰。いちまつ。
いちまるいち-キーボード【101キーボード】《101 keyboard》米国IBM社が同社のPC/AT互換機用に開発したキーボード。キー配列はASCII配列に準じ、日本語キーはない。
いちまるきゅう-キーボード【109キーボード】《109 keyboard》PC/AT互換機用のキーボード。日本語環境向けに開発された106キーボードに、ウインドウズキー二つとアプリケーションキーを付け加えたもの。➡106キーボード
いちまるよん-キーボード【104キーボード】《104 keyboard》PC/AT互換機用のキーボード。101キーボードにウインドウズキー二つとアプリケーションキーを付け加えたもの。➡101キーボード
いちまるろく-キーボード【106キーボード】《106 keyboard》PC/AT互換機用のキーボード。米国IBMが開発した101キーボードに、日本語入力に必要な五つのキーを追加したもの。➡101キーボード
いちまん-ど【一万度】❶「一万度祓」の略。❷「一万度の祓箱」の略。
いちまんど-の-はらいばこ【一万度の×祓箱】江戸時代、伊勢神宮の御師が年末に御祓を入れ諸方面に配って、銭を受けた祓箱。「一万度祓」と墨書してあった。一万度。
いちまんど-ばらい【一万度×祓】「万度祓」に同じ。
いち-み【一味】〔名〕スル ❶同じ目的をもって寄り集まった仲間。同志。また、そのような仲間に加わること。現代では、主に悪事を企てる場合に用いる。「一に加わる」「陰謀に一する」「盗賊一」❷一つの味。また、副食物が一品であること。❸漢方で、多くの薬種の中の一品。「甘草一を加える」❹ある味わいがあること。どことなく趣が感じられること。「一の涼風」❺仏語。現象は多様であるが、実はすべて同一で、平等無差別であるということ。また、仏の救いは平等であること。(類語)仲間・同輩・朋輩・同僚・同志・同人・友・メート・同士・常連・一派・徒党・味方・翰林・盟友・同腹・相手
いちみ-しんすい【一味神水】中世・近世に、一揆などで誓約を結ぼうとする者が、起請文などを記し、各自署名の上、それを灰にして、神前に供えた水にまぜ、一同回し飲みして団結を誓い合った儀式。
いちみ-とうがらし【一味唐辛子】唐辛子だけを砕いて細かくした香辛料。七味唐辛子に対していう。
いちみ-どうしん【一味同心】心を一つにして力を合わせること。また、その人々。「国々の大名一人も残らず一して」〈太平記・三五〉
いちみ-ととう【一味徒党】同じ目的をもって結ばれた仲間。多く、悪事に加わることをいう。
いちみ-の-あめ【一味の雨】雨が一様に草木をうるおすように、仏の教えがどのような人々にも行きわたること。
いち-みゃく【一脈】❶ひとすじ。ひとつづき。❷少し。わずか。「一の不安」「かえって一不気味な、気心の知れない感を」〈水上・大阪の宿〉
一脈相通・ずる　どこか共通するところがある。「名を成す人には一・ずるところがある」
いちみ-れんぱん【一味連判】ある計画に加わった者が、連名で書状に署名し判を押すこと。また、その書状。「いづれも様方の一の様子承りまする」〈浄・忠臣蔵〉
いち-みん【一眠】蚕が桑を食べるのをやめてから、1回目の脱皮をするまでの休眠。春蚕でふつう1日

ぐらい。2回目以降は二眠・三眠のようにいう。

いちむら-うざえもん【市村羽左衛門】歌舞伎俳優。市村座の座元。俳優を兼ねたのは4世から。㊀(初世)[1605〜1652]本名、村山又三郎。和泉国堺の人。江戸に村山座を創設。㊁(3世)[1635〜1686]初めて市村宇左衛門と名のり村山座を譲り受けて、市村座と改めた。㊂(8世)[1698〜1762]宇左衛門を羽左衛門と改める。所作事の名人。屋号、菊屋。㊃(13世)[1844〜1903]兼ねていた座元を辞して俳優に専念。のち、5世尾上菊五郎となった。㊄(14世)[1847〜1893]13世の弟。のち坂東家橘と改名。㊅(15世)[1874〜1945]大正・昭和を代表する二枚目役者。生世話物の名人。屋号、橘屋。

いちむら-ざ【市村座】歌舞伎劇場。江戸三座の一。寛永11年(1634)村山座として、日本橋葺屋町に創立。寛文年間(1661〜1672)に市村座と改称。天保13年(1842)浅草猿若町に、明治25年(1892)下谷二長町に移転。昭和7年(1932)焼失して廃座。

いちむら-さんじろう【市村瓚次郎】[1864〜1947]東洋史学者。茨城の生まれ。日本の東洋史学の開拓者。東大教授。著「支那史要」「東洋史統」など。

いち-め【市女】市で物を商う女。「一来り酒売る」〈兼盛集・詞書〉

いち-めい【一名】❶ひとり。「欠席一」❷本名以外の名。別名。異名。いちみょう。「利根川は一坂東太郎と呼ばれる」
(類語)一人・一人・一介・一個

いち-めい【一命】❶人ひとりのいのち。生命。「一をとりとめる」❷ひとたび命じること。一つの命令。「一を帯びる」(類語)命・生命・人命・身命・露命・命脈・生・生・息の根・息の緒・玉の緒

いちめ-がさ【市女×笠】かぶり笠の一。菅などで編み、中央に高く巾子形という突起を作った笠。市女が使用したのでこの名を生じたが、平安中期ごろには上流の女性の外出用となり、男子も雨天のときなどに用いた。

いち-めん【一面】❶物体の一つの面。❷物事のある一つの側面。ある観点。副詞的にも用いる。「一の真理」「勤勉である一、多趣味の持ち主」「こわそうにみえて、一とてもやさしい」❸辺り一帯。ある場所全体。「一の花畑」「火花があたり一に飛び散る」❹初めて会うこと。一度の面会。「我に対して一の識なく一語の交りなき」〈一葉・別れ霜〉❺新聞の第1ページ。フロント。「夕刊の一を飾る記事」❻鏡・硯・碁盤・太鼓・琴など、面をもつものの一つ。➡面(類語)片側・片面・半面・反面・他面・一帯・一円・全域・地域

いちめん-かん【一面観】一つの方面からだけの見方。全体を見ない見方。

いち-めんしき【一面識】一度だけ会って少しは知っていること。また、その間柄。「一もない人」

いちめん-てき【一面的】〔形動〕意見や観察などが、ある一つの面にかたよっているさま。「一な見方」「一な批評」

いち-もう【一毛】❶ひと筋の毛。転じて、きわめて軽いもの。わずかのもの。「九牛の一」❷長さ・重さや割合などの単位。➡毛❸「一毛作」の略。

いち-もう【一望】唯一の希望。また、ある希望。「心中忽ち一を生じ来り」〈織田訳・花柳春話〉

いちもう-さく【一毛作】同一の耕地に、年に1回作物を作ること。ひとけさく。➡二毛作 ➡多毛作

いちもう-だじん【一網打尽】《「宋史」范純仁伝から》一度打った網でそこにいる魚を全部捕らえること。転じて、一味の者を一度に全部捕らえること。「密輸グループを一にする」

いち-もく【一目】〔名〕スル❶ただちょっと見ること。一見。「一して状況を把握する」❷ひとめに見渡すこと。一望。「洛陽の平原は一の中に落ちて」〈蘆花・思出の記〉❸碁盤上の一つの目。また、1個の碁石。❹網や網状になったものの一つの目。➡目(類語)一目・一見・一瞥・瞥見・一顧・ちょっと見

一目置・く　《囲碁で弱い者が先に一つ石を置いて勝負を始めるところから》自分より相手が優れていることを認め、一歩を譲る。強めて「一目も二目も置く」ともいう。「だれもが一・く人物」

いちもく-きんこうひょう【一目均衡表】株式や為替の相場をテクニカル分析するためのチャートの一つ。移動平均などから計算した四つの線、当日の終わり値を過去にずらした線、蝋燭足などから値動きを予想する。売りと買いの均衡が崩れたとき、その方向に値が動くという推論に基づく。(補説)昭和11年(1936)に新聞記者だった細田悟一が、一目山人というペンネームで発表した。

いちもく-さん【一目散】(多く「一目散に」の形で副詞的に用いる)わき目もふらずに走るさま。一散。「一に逃げだす」

いちもく-じゅうぎょう【一目十行】ひとめで10行も読み下すこと。読書力のすぐれていること。

いちもく-りょうぜん【一目瞭然】〔形動〕〔文〕〔ナリ〕ひと目見ただけではっきりとわかるさま。「グラフにすれば一だ」(類語)判然・歴然・自明・はっきり

いち-もつ【一物】❶一つの品物。また、ほんの少しのもの。❷心中に秘めたたくらみや、わだかまり。「胸に一がある」❸金銭のこと。❹男根のこと。

いち-もつ【▽逸物】群を抜いて優れているもの。特に、犬・牛・馬、または人などにいう。いちもち。いちぶつ。いつぶつ。「犬は三頭が三頭ながら、大きさも毛なみも一対な茶まだらの一で」〈芥川・偸盗〉

いち-もん【一文】❶銅貨の穴あき銭1枚。銭1枚。➡文❷わずかな金。ほんのちょっとの金。転じて、安っぽいものの意。「一の値うちもない」❸一つの文字。「一不通ノ者」〈日葡〉

一文惜しみの百損　わずかばかりの金銭を惜しんで、あとで大損をすることに気づかないこと。一文惜しみの百知らず。

一文にもなら◦ない　苦労をしても、なんの利益も得られない。「この作業を続けても、一◦ない」

いち-もん【一門】❶同じ家系、または、同じ家族の人々。一族。一家。「藤原一」❷仏教などで同じ宗派の人々。「天台一」❸学問・武道・芸能などで、同じ師匠や指導者をいただく人々。「芭蕉一」❹特に大相撲の世界で、名力士の指導を受けた親方・力士の作る集団。出羽海一門、二所ノ関一門、時津風一門、高砂一門、立浪一門の五つ。(補説)日本相撲協会の理事選挙は各一門ごとに推薦者数を配分するのが従来のやり方。(類語)一族・家・家門・血族・家系・家筋・氏・血筋・血脈・血統

いちもん-いちじ【一文一字】➡一字❸

いちもん-いっとう【一問一答】〔名〕スル一つの質問に対して一つの答えをすること。転じて、質問と返答とをかわるがわる行うこと。「声明を出したあと、報道陣と一する」

いちもん-おしみ【一文惜しみ】わずかの金品を惜しむこと。けちんぼ。

いちもん-かい【一門会】大相撲で、各一門に所属する部屋の親方の会。また、有名な落語家の弟子達の会。「二所ノ関一」「円楽一」

いちもん-がし【一文菓子】安い菓子。駄菓子。

いちもん-きなか【一文半=銭】「いちもんはんせん(一文半銭)」に同じ。「いい出しちゃア、一まけひきはありゃせん」〈魯文・西洋道中膝栗毛〉➡半銭

いち-もんじ【一文字】❶一つの文字。一字。❷「一」の字のように横にまっすぐなこと。真一文字。「口を一に結ぶ」❸わき目もふらずに物事をすること。「朋子は泥濘の道を一に歩いて行く」〈森田草平・煤煙〉❹鎧の背の押付と化粧の板の高さを平均させるために入れる薄い板。❺掛け軸で、書画の上下につける綾・錦などの細長い布。❻演劇で、舞台上部につるす横長の木綿の黒布。上部の舞台装置の目障りになる部分を観客の目から隠すとともに、舞台面に締まりをつける。❼「一文字笠」の略。❽錦絵などの拭暈の一。細く一の字形に空色、朝日などのぼかしを出す。

いちもんじ【一文字】刀工の一派。また、その作品の称。中子に「一」の銘がある。一文字派。

いちもんじ-がさ【一文字×笠】❶江戸時代の編み笠の一。菅または竹の皮で円形に編んで二つ折りにしたものが頂が一の文字のように平らになる。踊りなどに用いた。一文字。❷平たい円板状の編み笠。武士が旅行や行列の際に用いた。殿中。

いちもんじ-がわら【一文字瓦】軒先に用いる桟瓦の一。軒先側の下端が直線になっているもの。

いちもんじ-ぎく【一文字菊】菊の栽培品種の一。一重咲きで、幅の広い花びらが水平に開いて咲くもの。御紋章菊。広熨斗。平台。

いちもんじ-ぎり【一文字切り】太い竹を30センチほどに切った花立て。中央部より下に節を一つ残し、水をためるように作ったもの。寸胴切り。

いちもんじ-さんこう【一文字三光】紋所の名。一文字の下に三つの星を三角形に置いたもの。毛利家の紋など。一文字三星。

いちもんじ-すけのり【一文字助則】鎌倉前期の刀工。備前の人。助宗の子。後鳥羽上皇の御番鍛冶として仕えたという。小一文字と称される。生没年未詳。

いちもんじ-すけむね【一文字助宗】鎌倉前期の刀工。備前の人。則宗の子。後鳥羽上皇の御番鍛冶として仕えたという。大一文字と称される。生没年未詳。

いちもんじ-せせり【一文字挵=蝶】セセリチョウ科のチョウ。翅は開張3.5センチくらい、黒褐色で白点列がある。幼虫は稲の害虫。葉を巻いて苞状の巣をつくるため、葉捲虫・稲苞虫などとよばれる。

いちもんじ-だな【一文字棚】床の間のわきに一枚板で一直線に架けた棚。通り棚。➡違い棚

いちもんじ-ちょう【一文字×蝶】タテハチョウ科のチョウ。翅は開張6センチくらいで、表面は黒色で白色の帯がある。幼虫はウツギ・スイカズラなどの葉を食べる。屋久島以北に分布。

いちもんじ-のりむね【一文字則宗】平安末期から鎌倉前期にかけての刀工。備前福岡の人で、一文字派を興した。後鳥羽上皇の御番鍛冶として仕えたと伝えられる。菊一文字と称される。生没年未詳。

いちもんじ-ぶき【一文字×葺き】❶平板葺きの一。平板を屋根面の水平方向に一直線になるように葺く。❷軒先を一文字瓦で葺いた屋根。

いちもん-せん【一文銭】❶1個1文の穴あき銭。江戸時代の最小単位の通貨。❷きわめてわずかの銭。❸紋所の名。❶の形を図案化したもの。

いちもん-なし【一文無し】全くお金を持っていないこと。また、その人。無一文。文なし。おけら。

いちもん-はんせん【一文半銭】1文と半銭。わずかの金額。いちもんきなか。

いちもん-ふち【一文不知】文字を1字も読み書きできないこと。「一のやつがれなれば」〈滑・膝栗毛・発端〉

いちもん-ふつう【一文不通】「一文不知」に同じ。

いちもん-ふもん【一門普門】仏語。一つの教えを体得すれば、すべての教えが理解できるようになるということ。

いちもん-やっこ【一文▽奴】❶価が1文の奴人形。❷つまらない者。武家の下僕をののしっていう語。「一を当てにして討たうとすると、こりゃ、返り討ちに遭ふぞよ」〈伎・幼稚子敵討〉

いちゃ《「いちや」とも》若い女の通称。また、乳母や下女などの通称。「一に念を入れてくんでこいと仰せ付けられい」〈虎明狂・お茶の水〉

いち-や【一夜】❶日暮れから翌朝までの間。ひと晩。「眠れないままに一が明ける」❷ある晩。「一友と語り明かす」(類語)一夕・一夜・終夜

いちゃ-いちゃ〔副〕スル いちゃつくさま。男女がむつまじげに戯れ合うさま。「臆面もなく一する」

いちや-かざり【一夜飾り】門松などを元日直前の

大晦日に飾りつけること。年神に対して誠意に欠ける、また、葬儀の準備を連想させるとして忌む。

いちや-ぎり【一夜切り】一晩限りの遊興。「一に身を売れば」〈浮・一代女・六〉

いち-やく【一役】❶一つの役目。〈日葡〉❷能で、シテ・ワキや、小鼓・大鼓・太鼓・笛などの重要な役。

いち-やく【一躍】〔名〕スル ❶1回跳躍すること。ひととび。「馬はおびえて一し、姫は辛うじて鞍にこらえたり」〈鷗外・文づかひ〉❷途中の段階を飛び越えて進むこと。いっぺんに評価が上がること。一足とび。副詞的にも用いる。「一文壇に名を馳せる」

いちやく-そう【一薬草】イチヤクソウ科の常緑多年草。山野の樹陰に生え、高さ約20センチ。葉は根際につき、長い柄をもち、円形または広楕円形で厚く、裏面は紫色を帯びる。初夏、茎の上部に、梅に似た白い5弁花を開く。葉の液汁は止血・止痛に有効。かがみそう。

いちや-けんぎょう【一夜検▽校】❶江戸時代、千両の金を官に納めて検校の位を授けられた人。❷急に金持ちになること。また、その人。にわか分限。「米油、さては唐物薬種の買ひ置き、一になるやうな、どか儲けをすきまして」〈浮・子息気質・三〉

いちや-こじき【一夜▽乞食】金持ちが急に貧乏になること。また、その人。⇔一夜大尽。

いちや-ざけ【一夜酒】「ひとよざけ」に同じ。

いちや-じょう【一夜城】豊臣秀吉が小田原城を攻める時に一夜で築いたという、箱根石垣山の城。

いちや-ずし【一夜×鮨】軽く塩をした小魚や魚の小片と塩飯とを交互に重ね、一晩押しをして味をなじませた鮨。酢飯と酢締めの魚とを用いるものもある。早鮨。〈季 夏〉「蓼の葉も紅葉しにけり一／一茶」

いちや-だいじん【一夜大尽】急に大金持ちになること。また、その人。にわか分限。⇔一夜乞食。

いちゃ-つ・く【動カ五(四)】❶仲のいい男女がなれなれしくふざけ合う。「若いカップルが一・く」❷てまどる。また、ためらう。「この毒薬を呑まうか呑むまいかと一・く所に」〈洒・新吾左出放題〉❸もめる。「又何か一・き過ぎて二階を止められると」〈滑・浮世床・二〉

(類語)(❶)べたべた・あつあつ

いちや-づくり【一夜作り】❶一夜のうちにものを作ること。また、そのもの。❷間に合わせに大急ぎで作ること。また、そのもの。

いちや-づけ【一夜漬(け)】❶一晩だけ漬けた漬物。早漬け。「蕪の一」❷間に合わせに一晩で急いで準備した仕事や勉強。「一の試験勉強」❸歌舞伎などで、世間で評判になった事件をすぐ脚色し、上演すること。また、その芝居。(類語)付け焼き刃

いちや-づま【一夜妻】《一夜だけの妻の意》遊女。娼婦。ひとよづま。

いちや-どうふ【一夜豆腐】冬の寒い屋外に一夜置いて作る凍り豆腐。一夜凍り。

いちや-ひゃくしゅ【一夜百首】漢詩・和歌などを一夜に100種の題目で100首詠むこと。題目を定めない場合もある。

いちや-ぼし【一夜干し】軽く塩を振った魚などを、一晩外気に当てて干すこと。また、そのもの。

いちゃ-もん 言いがかり。難癖。文句。「一をつける」(類語)言い掛かり・因縁・難題・難癖・無理難題

い-ちゅう【移駐】〔名〕スル 軍隊などが、他の場所に移動して駐屯すること。「他基地に一する」

い-ちゅう【意中】心の中に思っていること。心の中。「一を明かす」(類語)胸中・胸襟・胸懐・胸裏・胸臆・胸間・胸三寸・念頭・襟懐・方寸・思い・胸・考え

いち-ゆう【一×揖】〔名〕スル《「揖」は両手を胸の前で組み合わせて行う敬礼の意》軽くおじぎをすること。一礼。「合掌して、やがて笠を脱いで一したのであった」〈鏡花・草迷宮〉(類語)御辞儀・敬礼・答礼・礼・一礼・会釈・黙礼・叩頭・叩首・低頭・拝礼

いちゅう-の-ひと【意中の人】心の中でひそかに思いさだめている人。特に、結婚相手として恋しく思っている異性。

い-ちょ【遺著】❶後世にのこされた著書。❷著者の死後に出版された著作。

い-ちょう【イ調】音楽で、イ音を主音として構成された調子。また、それに基づく曲。

い-ちょう【医長】病院で各科の主任の医師。

い-ちょう【胃腸】消化器官の胃と腸。「一薬」

い-ちょう【×帷帳】❶室内に垂れ下げて隔てとする布。とばり。垂れ絹。❷幕をめぐらして作戦計画を立てる所。本営。本陣。帷幄。

い-ちょう【異朝】外国の朝廷。外国。⇔本朝。

い-ちょう【移×牒】〔名〕スル 管轄の違う他の役所などへ文書で通知すること。また、その通知。

い-ちょう【移調】〔名〕スル 演奏上の都合から、楽曲の形をそのままにしながら、原曲より高く、または低く音域を移し変えること。

い-ちょう【萎×凋】衰えしぼむこと。

いちょう【銀=杏｜公=孫=樹｜鴨=脚=樹】❶イチョウ科の裸子植物。一科一種。落葉高木で、高さ約30メートルに達する。葉は扇形で中央に裂け目があり、秋に黄葉する。雌雄異株。春、葉の付け根に、尾のような雄花、柄のある2個の胚珠をもつ雌花をつけ、4月ごろ受粉し、9月ごろ精子によって受精が行われる。果実は丸く、外種皮は熟すと黄橙色で、内種皮は白い殻となって種子を包む。種子は銀杏とよばれ、食用。幹や枝から気根を垂らすことがあり、乳の木ともいう。中国の原産で、盆栽や街路樹に多用され、材は碁盤・将棋盤などに使われる。〈季 黄葉=秋｜花=春〉「一散る遠くに風の音すれば／風生」❷鏃の一種。イチョウの葉の形をしたもの。❸「銀杏頭」の略。❹紋所の名。イチョウの葉を図案化したもので、多くの種類がある。(補説)江戸時代以来、語源を「一葉」と考え、歴史的仮名遣いを「いてふ」としてきたが、「鴨脚」の宋音ヤーチャオに由来するもので、「いちゃう」が正しいとする。

いち-よう【一葉】❶1枚の葉。ひとは。❷平らで薄いもの、または小さいものを数える語。㋐紙などの1枚。「一の写真」㋑《❶の形に似ているところから》小舟などの一そう。「一の軽舟」

一葉落ちて天下の秋を知る　《「淮南子」説山訓の「一葉の落つるを見て、歳のまさに暮れなんとするを知る」から》落葉が早い青桐の葉が1枚落ちるのを見て、秋の来たことを知る。わずかな前触れから将来の大きな動きを予知できることのたとえ。

いち-よう【一様】〔名・形動〕❶全部同じようすであること。また、そのさま。同様。「皆一に神妙にしている」❷世間によくあること。ありふれていること。また、そのさま。普通。「尋常一な行動とは思えない」

(類語)一律・無差別・千篇一律・等しい・同じ・同一・等価・同等・均等・等し並み・イコール・互角・五分五分

いちょう-あし【銀=杏脚】膳などの、脚の末が広くイチョウの葉の形をしたもの。

いちょう-いも【銀=杏芋】ナガイモの栽培品種。芋が扁平でイチョウの葉の形をしている。

いちょう-うきごけ【銀=杏浮×苔】ウキゴケ科のコケ。沼や水田に浮遊し、長さ1～1.5センチ、幅4～8ミリで、二股状に分かれ、表面は青緑色、裏面は紫色。雌雄異株。いちょうごけ。

いちょう-えん【胃腸炎】胃腸が炎症を起こし、腹痛・嘔吐・下痢などの症状を呈する病気の総称。胃腸カタル。

いちょう-かい【銀杏会】㊀地域ごとに活動する東京大学卒業生の同窓会。東京銀杏会・北海道銀杏会・ニューヨーク銀杏会など。➡赤門学友会 (補説)関西東大会・仙台赤門会など、地域によっては銀杏会の名を使わない会もある。㊁大阪大学医学部卒業生の同窓会「公益社団法人医学振興銀杏会」の略称。

いちょう-がえし【銀=杏返し】女性の髪形の一。髷・髱・前髪を束ねた髪を左右二つに分けて、低い髷を作ったもの。江戸末期から流行し、明治・大正ごろが最盛期であった。

いちょう-がしら【銀=杏頭】江戸時代の男性の髪形の一。髷のはけ先をイチョウの葉のような形に広げた結い方。いちょう。

いちょう-がた【銀=杏形】イチョウの葉のような形。半円形を中央で2分した形。

いちょう-がっき【移調楽器】楽譜に記された音と実際に出す音の高さが異なる楽器。クラリネット・ホルン・トランペットなど、管楽器に多い。

いちょう-がに【銀=杏×蟹】イチョウガニ科のカニ。甲は幅約10センチ、扇形・暗褐色で、前縁に三角形状のとげが並ぶ。東京湾以南の海底にすむ。

いちょう-ぎり【銀=杏切り】大根・人参などを縦四つに切り、さらにそれを端から横に薄く切ること。また、その切ったもの。イチョウの葉の形に似る。

いちょう-くずし【銀=杏崩し】女性の髪形の一。銀杏髷の変形で、浅葱または紫の縮緬を髷に巻き込んだもの。幕末の江戸で流行。もとは少女の髪形。

いちょう-ごけ【銀=杏×苔】イチョウウキゴケの別名。

いちょう-ば【銀=杏羽】オシドリの雄の両翼にあるイチョウの葉の形の羽。風切り羽の内側の一対が発達したもので、橙色。思い羽。剣羽。いちょうばね。

いちょう-ば【銀=杏歯】下駄の歯で、イチョウの葉のように、下が広がったもの。

いちょう-びょう【萎×凋病】トマト・ナスなどで、根や茎に糸状菌の一種が寄生し、水分の供給が悪くなって枯れる病害。

いちょう-まげ【銀=杏×髷】女性の髪形の一。髷をイチョウの葉の形に広げて結ったもの。江戸時代に流行。いちょうわげ。

いちょう-やく【胃腸薬】胃腸の治療をしたり調子を整えたりするための薬。健胃剤・制酸剤・整腸剤・下剤など。

いちよう-らいふく【一陽来復】❶《易で、陰暦10月に陰がきわまって11月の冬至に陽が初めて生じることから》陰暦11月。または、冬至。〈季 冬〉❷冬が去り春が来ること。新年が来ること。「一の春」❸悪いことが続いたあと、ようやく物事がよい方に向かうこと。「一を願う」

いちよう-らん【一葉×蘭】ラン科の多年草。日本特産。中部以北の高山に自生。高さ10～20センチ。茎の根元に広楕円形の葉が1枚だけ出る。初夏、淡い紅紫色の斑点がある淡緑色の花を1個開く。ひとはらん。

い-ちょく【違勅】〔名〕スル 勅命に背くこと。

い-ちょく【遺勅】後世に残された勅命。遺詔。

いち-よく【一翼】❶一つのつばさ。また、1羽の鳥。❷全体の中での役割などの一端。一つの任務。「一を担う」

いち-らく【一落】❶事がひとまず落着すること。一段落。「一語りて、一ぷくふかして」〈総生寛・西洋道中膝栗毛〉❷一度没落すること。「一栄一」❸一つの事件。一件。「この一は今日が日まで、わざと父御へ知らしませぬ」〈浄・手習鑑〉

いち-らく【一楽】❶一つの楽しみ。❷「一楽編み」の略。❸「一楽織り」の略。

いちらく-あみ【一楽編み】江戸時代、和泉国の根付け師、土屋一楽が始めた、精巧な籐細工。鼻紙入れ・キセル筒などに用いる。一楽織り。一楽。

いちらく-おり【一楽織(り)】❶縦・横とも染色した糸で綾織りにした絹織物。一楽編みに似ているのでこの名がある。綾糸織り。一楽。❷►一楽編み

いち-らん【一覧】〔名〕スル ❶ひととおり目を通すこと。「書類を一する」❷全体の内容がわかるように簡明に記したもの。一覧表。「品目一」

(類語)(❶)通覧／(❷)便覧・要覧

いちらんご-ていきばらい【一覧後定期払い】手形の支払い方法の一。手形が支払人に呈示された日から、手形に記載された期間を経過した日を支払い期日とするもの。「一覧後三〇日払い」などと手形に表示される。

いちらん-せい【一覧性】全体の内容がわかるよう

に記されていること。ひと目で全体が見渡せるようにまとめられていること。「一が高い」
いちらんせい-そうせいじ【一卵性双生児】1個の受精卵が分裂して双子になったもの。二遺伝子が同じため、同性で外見・性格が非常によく似ている。➡二卵性双生児
いちらん-ばらい【一覧払い】手形の支払い方法の一。手形の所持人が支払人に手形を呈示した日を支払い期日とするもの。呈示払い。参着払い。
いちらん-ひょう【一覧表】種々の事項を一目で見てわかるように表にまとめたもの。一覧。「価格一」(類語)表・図表
いち-り【一利】一つの利益。一つの利点。「百害あって一なし」(類語)利益・益・得・為・裨益・便益・実利・メリット・得る所・益体
いち-り【一里】距離・面積の単位。➡里
いち-り【一理】一つの道理。一応の理屈。「先方の言い分にも一ある」(類語)一義
いちり-いちがい【一利一害】利益もあるが害もあること。一得一失。
いち-りき【一力】❶自分一人の力。自力。独力。❷「万」の字を一と力の二つの部分に分けていったもの。例えば、京都祇園の万亭を一力亭という類。
いちりきぢゃや【一力茶屋】浄瑠璃「仮名手本忠臣蔵」の七段目の通称。
いち-りつ【一律】〔名・形動〕❶一つの音律。➡律❹❷同じ節。単一の調子。❸物事の調子が一様で変化がないこと。また、そのさま。「一な速度」「千篇一」❹すべてが同じで例外がないこと。また、そのさま。「両者を一に扱う」「一に二割引きで売る」「一な料金」(類語)一様・無差別・千篇一律・共通・等しい・同じ・同一・等価・同等・均等・等し並み・イコール
いち-りつ【市立】市が設置し、管理すること。また、そのもの。「私立」と区別するためにいう。しりつ。「一高校」(類語)市立
いちり-づか【一里塚】❶主要な街道に1里(約3.927キロ)ごとに築かれた塚。榎・松などが植えられ、旅人のための里程標となった。❷大きな仕事や目標へむかう過程での一つの段階。「遠大な計画の一ともなる事業が成った」
いち-りゅう【一流】❶その分野での第一等の地位。第一級。「一の評論家」「一ホテル」❷他とは違う独特の流儀。「彼一の論法」❸芸道などの一つの流派。❹(「一旒」とも書く)旗やのぼりの1本。ひとながれ。「一の信号旗を掲ぐ」〈竜渓・浮城物語〉❺同族。血統を同じくするもの。「この一のみ絶えずして十余代に及べり」〈神皇正統記・村上〉(類語)(❶)高級・ハイクラス
いち-りゅう【一粒】ひとつぶ。
いちりゅうさい-ていざん【一竜斎貞山】[1799〜1855]講談師。初世。本名、中村貞之助。金城斎典山の門弟で、のちに大貞山と称された。伊達政宗と同じ独眼であったので、政宗の法名の貞山院殿によって、貞山と号した。得意とした出し物は「伊達評定」。芸名は継承されている。
いちりゅう-まんばい【一粒万倍】《「報恩経」四から。一粒の種が万倍となって稲穂のように実るという意》❶わずかなものが非常に大きく成長することのたとえ。また、少しでも粗末にできないという気持ちをも表す。「一の成功」〈魯文・安愚楽鍋〉❷稲の別名。
いち-りょう【一両】❶貨幣・重さの単位。➡両❷《「両」は二つの意》一つ、または二つ。「一人」「一年」
いち-りょう【一領】衣服・鎧などの一そろい。
いちりょう-じつ【一両日】1日または2日。いちにちふつか。
いち-りん【一輪】❶開いた一つの花。「梅一」❷一つの車輪。❸満月。「一満てる清光の影」〈謡・姨捨〉
いちりん-ざし【一輪挿(し)】一輪か二輪の花を生ける小さな花瓶。
いちりん-しゃ【一輪車】手押し車や自転車などで、車輪が1個だけの車。
いちりん-そう【一輪草】キンポウゲ科の多年草。山裾の草地に生え、高さ20〜25センチ。葉は複葉で、小葉は羽状に深く裂けている。4月ごろ、花びら状の白い萼をもつ花を1個開く。一花草。
いち-る【一縷】❶1本の糸。また、そのように細いもの。「船は一の黒烟を波上に残し」〈鉄腸・南洋の大波瀾〉❷ごくわずかであること。ひとすじ。「一の望みを残す」
いち-るい【一塁】野球で、走者が最初に踏む塁。ファーストベース。ファースト。
いち-るい【一類】❶同じ種類。また、同じ仲間。同類。❷親族関係にあるもの。一族。一門。(類語)一種・うち・仲間
いちるい-しゅ【一塁手】野球で、一塁を中心にその周辺を守る内野手。ファースト。
いち-れい【一礼】〔名〕スル 一度礼をすること。ちょっと会釈すること。「一して着席する」(類語)敬礼・答礼・御辞儀・礼・一揖・会釈・黙礼・叩頭・拝礼・低頭
いち-れい【一例】一つの例。「一を挙げる」(類語)例・実例・具体例・用例・引例・例証・たとえ・引き合い・ケース・例外・特例
いち-れつ【一列】❶一つの列。ひとならび。「一に並ぶ」❷第一の列。❸そろうこと。一緒。「国本の面々一に申し上ぐべき事なれども」〈浄・先代萩〉❹同一。同類。同じ仲間。「汝、神は一の如くに云へるは如何なることぞ」〈都鄙問答・二〉
いちれつ-いったい【一列一体】〔名・形動〕一様であること。どれも同じようであること。また、そのさま。「一にお客と云うもの男と云うものは」〈荷風・腕くらべ〉
いち-れん【一連・一聯】❶関係のあることのひとつながり。「一の事件」❷穴に糸やひもなどを通してつらねたもののひとつながり。「数珠一」❸(一聯)漢詩で、一つの対句。❹全判の洋紙1000枚。
いち-れん【一蓮】「一蓮托生」の略。「夫婦、親子一の、示しの時刻延ばされず」〈浄・万年草〉
いちれん-たくしょう【一蓮托生】❶仏語。死後、極楽の同じ蓮華の上に生まれること。❷結果はどうなろうと、行動や運命をともにすること。「死ぬも生きるも全員一だ」
いちれん-ばんごう【一連番号】品物や条文などに、一から順に続けてつけてある番号。
いち-ろ【一路】❶ひとすじに続く道。「真実一」❷(副詞的に用いて)寄り道せずまっすぐに進むこと。ひたすら。「一帰国の途につく」❸囲碁で、ある石の一つ隣。「一左」
いちろう【イチロー】[1973〜　]プロ野球選手。愛知の生まれ。本名、鈴木一朗。平成3年(1991)オリックスに入団。同6年に監督の仰木彬によって一軍に起用され、1シーズン210安打という大記録を打ち立てて首位打者となる。以後、7年連続で首位打者を獲得。2001年には米国メジャーリーグに移籍し、1年目にアメリカンリーグの新人王、盗塁王、首位打者、MVPなどを獲得した。2004年に262安打を放ちメジャーリーグの年間最多安打記録を更新。2009年には9年連続200安打のメジャーリーグ記録を打ち立てた。10年連続でゴールドグラブ賞を受賞するなど、守備の評価も高い。
いち-ろう【一浪】〔名〕スル《「一年浪人」の略》卒業年度に上級学校への進学試験に合格できず、1年間学籍なしに過ごすこと。また、その人。
いち-ろう【一臘・一﨟】❶出家受戒後、安居を一度終えたこと。これを法臘1歳と数える。転じて、年功を積んだ僧。最上位の僧。「金峰山の別当はかの山の一をなむ用ゐける」〈今昔・二八・一八〉➡臘❷蔵人や北面の武士などの首席の者。「一の判官藤原康光」〈著聞集・一八〉❸年功を積んで、長老となった者。「中座の一は、二分、中座の端居は」〈申楽談儀・魚崎御座之事〉
いち-ろく【一六】❶ばくち・双六などで二つの賽を振って、その目に一と六とが同時に出ること。❷毎月の一と六のつく日。江戸時代以後、休日・稽古日・縁日などにあてられた。一六日。❸「一六勝負」の略。❹「一六銀行」の略。
いちろく-ぎんこう【一六銀行】《一と六との和の「七」が、同音の「質」に通じるところから》質屋。六一銀行。
いちろく-しょうぶ【一六勝負】❶《一と六は賽の目の裏表であるところから》さいころの目に一が出るか六が出るかをかけてする勝負。また単に、ばくち。❷運任せの冒険的な物事をすること。
いちろく-づくり【一六作り】菊の花の仕立て方で、中央に一輪、周囲に六輪の花を咲かせるもの。中菊と丁字菊とを交互にまぜて植える。
いちろ-へいあん【一路平安】《中国語で「道中ご無事で」の意》旅立つ人の道中の無事を祈る言葉。
いちろ-まいしん【一路邁進】〔名〕スル 目的を達成するために、ひたすら進むこと。「完成に向かって一する」
いちわいちげん【一話一言】江戸後期の随筆。56巻。大田南畝著。安永4年(1775)ごろから文政5年(1822)ごろまでに筆者が見聞した風俗・流行・事件・天災・幕府の文書などを書き留めたもの。
いつ【一・壱】❶ひとつ。「ここに一の秘法を案出致し候」〈漱石・吾輩は猫である〉❷同じこと。まとまっていること。「軌を一にする」「心を一にする」❸一方。あるもの。別なもの。「一は甘く、一は苦い」❹(「いつに」の形で副詞的に用いて)もっぱら。ひとえに。「成否は一に現在の努力にかかっている」➡漢「いち(一)」
いつ【五】❶ご。いつつ。声を出して数えるときの語。「一、む、なな、や」❷ご。いつつ。名詞の上に付いて用いる。「一文字」「一柱」
いつ【厳・稜威】(「いつの」の形で、またはそのまま体言に続けて用いられる)❶斎み清めたこと。神聖なこと。「一幣の緒結び」〈祝詞・出雲国造神賀詞〉❷勢いの激しいこと。威力の強烈なこと。「一の男建踏み建びて」〈記・上〉
いつ【何時】〔代〕不定称の指示代名詞。❶時に関して、不定・疑問の意を表す。「一いかなる時も」「一来るのだろう」❷いつもの時。平常。「一の年よりも初雪が降るのが早かった」(類語)なんどき・いつごろ
何時…か　❶《「か」は副助詞。あとに来る文の内容を表す》過去あるいは未来の時について、わからないことを表す。「**いつ**退院できる**か**まだ見当がつかない」❷《「か」は終助詞。疑問文として用いられる》過去あるいは未来の時を直接に尋ねる表現。「**いつ**結婚したんです**か**」
何時が何時まで　「いつまで」を強めた言い方。いったい、いつまで。「一寝てりゃ気がすむんだ」
何時となく　❶いつのまにか。いつとはなく。「一雨風もおさまった」❷いつという期限もなく。いつまでも。「少輔一臥したりければ」〈落窪・二〉
何時とも分か・ず　いつとも限らず。いつでも。「いそふりの寄する磯には年月を一・ぬ雪のみぞふる」〈土佐〉
何時にな・い　いつもと違っている。ふだんのようではない。「こんなに早く来るのは一・いことだ」
何時の程にか　いつのまにか。また、いつごろか。「出でぬる人も、一と見えて」〈枕・三六〉
何時の間に　(下を疑問の形にして)いつ。いつかわからないうちに。「一仕上げたのだろう」
何時の間にか　わからないうちにある状態になるさま。いつとはなしに。「火は一消えていた」
い・つ【凍つ・冱つ】〔動タ下二〕「いてる」の文語形。
いつ-いつ【何時何時】〔代〕不定称の指示代名詞。「いつ」を強めていう語。❶(不定・疑問の時をさして)しかるべきある時。何月何日。「一までと日限を切る」❷いつも。平常。「一だんよい酒ぢゃ…。一よりもよい酒ぢゃ」〈虎明狂・河原太郎〉
いついつ-までも【何時何時迄も】〔副〕「いつまでも」を強めていう語。永久に。「一お元気で」
い-つう【胃痛】胃のいたみ。
いつ-え【五重】❶衣などを5枚重ねること。また、そのもの。「赤色に桜の一の衣」〈枕・二七八〉❷「五重の扇」の略。
いつえ-がさね【五重襲】❶「五つ衣」に同じ。

❷うえのきぬ、または唐衣からぎぬで、裏を5枚重ねて縫い合わせたもの。

いつえ-の-おうぎ【五重の扇】イツヘノ アフギ 檜扇ひおうぎの一。檜ひの板を8枚とじたものを一つの単位(一重)とし、それを五つ重ねた扇。五重いつへ。

いつえ-の-おんぞ【五重の御▽衣】イツヘ ノ 5枚重ねた袿うちき。

いつえ-の-からぎぬ【五重の唐▽衣】イツヘ ノ 表と裏との間に中陪なかへを3枚加えて仕立てた唐衣。一説に、地紋の上にさらに五彩の色糸で文様を織り出した唐衣。「若き人は菊の―を心々にしたり」〈紫式部日記〉

いっ-か【一下】ひとたび発せられること。「命令―」「号令―」

いっ-か【一花】イック ❶一つの花。一輪。❷ほんのわずかの間。いっとき。一過。「一浮気の沙汰にして」〈浮・禁短気・三〉

いっ-か【一価】原子価が1であること。また、ある原子1個が、水素原子1個と化合しうること。

いっ-か【一家】❶一つの所帯。一つの家族。「結婚して―を構える」「―の柱」❷家族全体。家じゅう。「―をあげて移住する」❸学芸・技術などの一つの流派。また、独自の権威を認められた存在。「歌道で―を立てる」❹博徒など、親分子分の関係で結ばれた集まり。「国定くにさだ―」〔類語〕家・家族・家庭・内・ホーム・マイホーム・所帯・世帯・家内・我が家・スイートホーム・ファミリー・お宅・おいえ・おうち・貴家

一家を機杼きちょす 《「北史」祖瑩伝から》機はたを織りでいろいろの柄がらを織り出すように、独自の言論や文章を編み出して一派を立てる。

一家を成・す ❶家庭をもつ。❷学問・芸術などで権威となる。「日本画で―・した人物」

いっ-か【一荷】❶天秤棒てんびんぼうの両端にかけて、一人で肩に担えるだけの荷物。❷釣りで、1本の釣り糸に2本以上の釣り針を結びつけて、一度に2匹の魚を釣ること。

いっ-か【一過】イック〔名〕スル ❶さっと通り過ぎること。「台風―」「浮雲―して」〈独歩・夫婦〉❷ざっと目を通すこと。「主人は黙読―の後」〈漱石・吾輩は猫である〉

いっ-か【一箇｜一▽個】(あとに助数詞を伴って、また帯分数の一部として用いる)一つ。いち。「一月」「一所」「一三分の一」

いっ-か【一×顆】イック 丸く小さなもの一つ。一粒。

いつ-か【五日】❶日の数の五つ。5日間。❷月の第5の日。❸正月5日。〔季 新年〕「水仙にかかる埃ほこりも―かな/たかし」❹5月5日。端午たんごの節句の日。「―まで水澄みかぬるあやめかな/桃隣」〈炭俵〉

いつ-か【何=時か】〔副〕❶未来の不定の時を表す。そのうちに。「―お会いしたい」「あの国には―行ってみたい」❷過去の不定の時を表す。いつぞや。以前。「―来た道」「―読んだ本」❸時がたつのに気がつかないさま。いつのまにか。「―日が暮れていた」❹過去・未来の事柄について、それがいつであったかという疑問、または反語の意を表す。いつ…したであろうか。「一若やかなる人など、さはしたりし」〈枕・二八〉〔類語〕(❶)そのうち・いずれ・今に・やがて・遅かれ早かれ・遠からず・早晩・近日・ちかぢか・追って・他日・後日/(❷)前に・ある時・いつぞや・かつて・以前・前前・かねて・かねがね・昔

いっか-アルコール【一価アルコール】水酸基を1個もつアルコール。エチルアルコールなど。

いっ-かい【一介】《「介」は個・箇の意の「个か」に通じて一人の意、また「芥かい」にも通じて微小の意という》一つのつまらないもの。「―の学生」

いっ-かい【一回】イックワイ ❶一度。ひとたび。「週に―の稽古」「―行ってみよう」❷ひとまわり。ひとめぐり。❸小説などの一章または一段。❹野球で、最初の回。「―の表」〔類語〕一度・一遍・ひとたび・一朝

いっ-かい【一階】❶建物の各層の一つ。❷2層以上の建物の、地上でいちばん下の層。地下では、下へ数えて最初の階。❸官位の一つの等級。❹階段などの一刻み。一段。

いっ-かい【一塊】イックワイ 一つのかたまり。ひとかたまり。「―の土」

いっか-い〔形〕《近世語。「いか(厳)い」の促音添加》❶大きい。「この袴の下には鬼が住んで、―いロでかみつきます」〈浄・五枚羽子板〉❷はなはだしい。また、多い。たくさん。「母の胎内にある時より、―い世話に」〈浄・今国性爺〉

いっかい-き【一回忌】イックワイ キ「一周忌」に同じ。「―を営む」

いっかい-そうじょう【一階僧正】イッカイ ソウジヤウ 一定の順序を経ずに、ただちに僧正に任じられること。また、その人。「―なんどをも申すべきか」〈平家・三〉

いつかいち【五日市】広島市佐伯さえき区の旧称。昭和60年(1985)広島市に合併。➡佐伯

いっかい-にく【一塊肉】イックワイ 血統を受け継ぐ一人の肉親。ただ一人の子。

いつか-がえり【五日帰り】イツカ ガヘリ 結婚後、5日目に嫁が里帰りすること。近世の習俗。「―におふくろの異見」〈浮・織留・二〉

いっか-かんすう【一価関数】イッカ クワンスウ 関数において、xの値に対してyの値がただ一つ定まるもの。➡多価関数

いっ-かく【一角】❶一つの角かく。「三角形の―」❷一つの隅。片隅。一部分。「氷山の―」「画壇の―に地歩を固める」❸1本のつの。❹クジラ目イッカク科の哺乳類。体長3.6〜5メートルで、雄では上あごの左の門歯が左ねじりに角状に伸び、長さ2.8メートルに達する。北氷洋に分布。ウニコール。一角獣。❺《形が長方形のところから》一分銀いちぶぎんの異称。「われらが―も心入れは同じ事ぞかし」〈浮・永代蔵・一〉〔類語〕一隅・片隅・かど・すみ・隅っこ・端っこ・稜角りょうかく・突角

いっ-かく【一画｜一×劃】イックワク ❶漢字で、ひと筆で書くべき線。「一点一―を正しく書く」❷地面などの、いくつかにくぎられたなかの一つ。一区画。「分譲地の―」

いっ-かく【一郭｜一×廓】イックワク 一つの囲いの中の地域。また、あるひと続きの地域。「歓楽街の―」

いっかく-さい【一角×犀】角が1本のサイ。インドサイのこと。

いっかく-じゅう【一角獣】イッカクジウ ❶➤ユニコーン ❷哺乳類イッカクの別名。❸麒麟きりん❷の別名。

いっかくじゅう-ざ【一角獣座】イッカクジウザ 天の赤道付近の星座。オリオン座と小犬座の間にあり、3月上旬の午後8時ごろ南中する。明るい星はないが、天の川の中にあり、星団や星雲が多い。学名、(ラテ)Monoceros

いっかく-せんきん【一×攫千金】イックワクセンキン《一つかみで大金を得る意》一度に、しかもたやすく大きな利益を得ること。「―を夢みる」〔補説〕「一獲千金」とも書く。

いっかくせんにん【一角仙人】㊀インド波羅奈はらな国で鹿から生まれ、頭に角が一つあったという仙人。㊁謡曲。四、五番目物。宝生以外の各流。金春禅鳳作。竜神を封じ込めて雨を止めた一角仙人が、旋陀夫人せんだぶにんという美女の容色に迷って自滅し、竜神は逃げ去る。

いっか-げん【一家言】その人独特の意見や主張。また、ひとかどの見識のある意見。「伝統芸能に―をもっている」

いっか-げんそ【一価元素】原子価が1である元素。ナトリウム・カリウム・塩素・臭素など。

いっか-さん【一化蚕】イックワサン 1年に1回、卵からかえって成虫になり、卵を産んで1世代を終える蚕。多化蚕に比べて、繭は大きいが、一般に虚弱。

いつか・し【▽厳し】〔形シク〕りっぱで重々しい。いかめしい。「昔の例ためしよりも事添へて、―・しき御ありさまなり」〈源・少女〉

いつか-しら【何=時かしら】〔副〕《「いつか知らぬ」の変化した語》いつのまにか。知らないうちに。「―夜が明けていた」

いっか-せい【一化性】イックワセイ 昆虫で、1年に1回だけ孵化ふかする性質。

いっか-せい【一過性】イックワセイ ❶病気の症状などが一時的であること。「―発熱」❷現象が一時的ですぐ消えること。「―のブーム」

いっか-そうでん【一家相伝】イッカサウデン 特別な技術などを代々伝え持っていること。「―の製法」

いっか-だんらん【一家団×欒】家族全員が集まって、仲よく楽しみ合うこと。家族団欒。

いっ-かつ【一括】イックワツ〔名〕スル 一つにまとめること。また、まとめたもの。「―して購入する」「―審議」「かな漢字―変換」〔類語〕総合・総括・統括・包括・統合

いっ-かつ【一喝】〔名〕スル ❶ひと声、大声でしかりつけること。大喝だいかつ。「―して、追い払う」❷禅家で、悟りを得させるために加える叱咤しった。喝。
〔類語〕譴責けんせき・叱咤・叱責・大喝・お目玉・大目玉

いっかつ-しょり【一括処理】イックワツ ➤バッチ処理

いっ-かど【一角｜一▽廉】〔副〕❶相当にすぐれているさま。格段。ひとかど。「―の人間」❷まだ未熟な者が一人前のようにふるまうさま。「己おのれ畜生なりと思はずして一人間立てをするこそ」〈艶道通鑑・五〉

いっか-な【如=何な】《「いかな」の促音添加》㊀〔副〕(あとに打消しの語を伴って)どうしても。どのようなことをしても。何としても。「子供は―手を離さなかった」〈里見弴・多情仏心〉㊁〔連体〕どのような。どんな。「さなくは後へも先へも―事やらぬといふ」〈浄・団扇曽我〉

いつか-ねつ【五日熱】リケッチアの一種がシラミの媒介で感染し、約5日間隔の発熱、下肢の痛みなどを呈する病気。第一次大戦中に欧州戦線で流行した。塹壕ざんごう熱。

いつか-の-せちえ【五日の節会】セチヱ 奈良時代以後、朝廷年中行事の一。毎年5月5日に天皇が武徳殿に出て、群臣に宴を賜り、あとに騎射が催される。参列する人々は菖蒲あやめを鬘かずらにつけた。平安時代後期には衰えた。端午の節会。いつかのせち。

いつか-は【何=時かは】〔副〕❶(「いつか」を強めた気持ちで)将来の事に対する、かなり確かな推量・意志を表す。そのうち、きっと。いずれ必ず。「―社長になるだろう」「人間は―死ぬものだ」❷疑問を表す。いつ。「忍び音を―聞かむけふも過ぎなば」〈和泉式部日記〉❸反語を表す。いつ…か。「忘られてしばしまどろむ程もなく―君を夢ならでみむ」〈拾遺・哀傷〉

いっ-かん【一巻】イックワン ❶巻物・フィルムなど巻いてあるもの一つ。巻物になっていない書物にも用いる。❷最初の巻。第1巻。

一巻の終わり 《1巻からなる物語が終わる意から》物事の結末がついてしまうこと。特に、死ぬこと。また、すでに手遅れであること。「この高さで足を滑らせたら―だ」

いっ-かん【一×竿】1本のさお。特に、釣りざお。

一竿の風月ふうげつ 《陸游「感旧詩」から》1本の釣りざおを友に自然の風物を楽しみ、俗事を忘れること。

いっ-かん【一貫】イックワン〔名〕スル ❶一つの方針・方法・態度で、始めから終わりまでつらぬき通すこと。「態度が―している」「首尾―」❷㋐重量の単位。➡貫❶ ㋑昔の貨幣の単位。➡貫❷
〔類語〕(❶)貫く・徹する・終始・貫徹

いっ-かん【一寒】❶《「一」は、もっぱら、ひとえに、の意》身につけている着物が薄く、いかにも寒そうなこと。また、ひどく貧しいこと。赤貧。❷ひと冬。「―ヲシノグ」〈日葡〉

いっかん【一閑】➤飛来一閑ひらいいっかん

いっ-かん【一管】イックワン ❶笛・筆など、管の形のもの1本。❷能の囃子はやしの一形式。笛の奏者が一人だけで演奏するもの。

いっ-かん【一環】イックワン ❶鎖などの一つの輪。❷互いに密接な関係をもつものの一部分。全体の一部分。「記念行事の―として」〔類語〕一端

いっかん-きょういく【一貫教育】イックワンケウイク 同一の学校で、目的に応じた教育を通して行うこと。特に小・中・高校を通して継続的、効果的に行う教育課程をいう。

いっかん-さぎょう【一貫作業】イックワンサゲフ 原料から仕上がりまでを一定の方針・規格のもとに流れ作業で処理していくこと。また、その作業形態。

いっかん-せい【一貫性】イックワンセイ 始めから終わりまで

同じ一つの方針・考えによっていること。「説明に一を欠く」

いっかん-ばり【一閑張】《江戸前期に中国から帰化した飛来一閑の考案といわれるところから》多く茶道具に用いられる漆器の一。木型などを使って和紙を張り重ね、型を抜いて表面に漆を塗ったもの。張り抜き。

いっ-き【一気】ひといき。「一飲み」➡一気に

いっ-き【一季】❶春夏秋冬のいずれか一つの季節。❷江戸時代、1年を単位とする奉公人の契約期間。また、1年。➡半季

いっ-き【一紀】中国で、12年間。歳星(木星)が天空を1周する期間。

いっ-き【一基】墓石・灯籠などのように、据えつけたり立てたりするものの一つ。

いっ-き【一×揆】❶中世、小領主たちの同志的な集団。また、その集団行動。特に、幕府・守護・領主などに反抗して、地侍・農民・信徒らが団結して起こした暴動。土一揆・国一揆・一向一揆など。❷江戸時代の百姓一揆。❸心を一つにすること。一致団結。「引きては一人も帰らじと是も五手に一して四方六里に引(ひか)へたり」〈太平記・三一〉❹程度・方法などが同じであること。一致すること。「議奏の趣一せざりければ」〈盛衰記・一五〉

いっ-き【一期】❶任期・学年など、定められた期間のひとくぎり。❷長い期間を分割した最初のひとくぎり。

いっ-き【一×簣】一つのもっこ。また、もっこに1杯の分量。わずかな量のたとえ。➡九仞(きゅうじん)

一簣の功　《「書経」旅獒(りょごう)から》完成直前のひと骨折り。最後の努力。事業を完成させるために積み重ねる一つ一つの努力の大切さをいう。

いっ-き【一騎】馬に乗った一人の武者。

いっ-き【一×饋】《「饋」は食物をそなえる意》1回分の食糧。一度の食事。

一饋に十起(じっき)　「一饋に十度(とたび)立つ」に同じ。

一饋に十度(とたび)立つ　《夏(か)の禹(う)王が賢者を迎えるために、食事の間に10回も席を立ったという「淮南子(えなんじ)」氾論訓の故事から》政治に熱心なこと。一饋に十起(じっき)。

いっ-き【逸気】❶他よりも優れた気質。❷気持ちが高ぶること。「一になって饒舌(しゃべ)っている」〈真山・家鴨飼〉

いっ-き【逸機】〔名〕スル　機会を逃すこと。チャンスを失うこと。「前半に一したのが敗因だ」

いつき【五木】熊本県南部、球磨(くま)郡の地名。九州山地中にある。

い-つき【居着き┊居付き】(ゐ)❶居着くこと。その場所に住みつくこと。「使用人の一がよくない」❷回遊しないで一定の場所にすんでいる魚。

いつき【▽斎】❶心身を清めて神に仕えること。また、その人。特に斎院(さいいん)や斎宮(さいぐう)。斎皇女(いつきのみこ)。「賀茂の一には孫王の居給ふ例多くもあらざりけれど」〈源・賢木〉❷神を祭る所。斎場(さいじょう)。「一が上の鶬鶊(さざき)捕らさね」〈仁徳紀・歌謡〉

い-つぎ【居接ぎ】(ゐ)接ぎ木で、台木(だいぎ)を苗畑に植えたままの状態で接ぐ方法。➡揚げ接ぎ

いっき-いちゆう【一喜一憂】(ーイウ)〔名〕スル　状況の変化に応じて、喜んだり心配したりすること。「試合の途中経過の報に一する」〔類語〕哀歓・悲喜

いっき-うち【一騎討ち┊一騎打ち】❶敵味方ともに1騎ずつで勝負を争うこと。転じて、一対一の勝負。「与野党候補の一」❷《「うち」は馬を走らせる意》1騎ずつ1列に並んで進むこと。「海ばたは一の道にて、うち寄する浪大なり」〈仮・東海道名所記・二〉

いっき-かせい【一気×呵成】《「呵」は息を吹きかける意》ひといきに文章を書き上げること。また、ひといきに仕事を成し遂げること。「脚本を一に書き上げる」

いっ-きく【一×掬】水などを両手ですくうこと。ひとすくい。また、わずかな量をいう。「瞼(まぶた)の辺(あたり)に一の微笑を帯びぬ」〈樗牛・滝口入道〉

一掬の涙　両手ですくうほどのたくさんの涙。または、わずかな涙の意にも用いる。

いつき-じぬし【居付き地主】(ゐつきぢぬし)江戸時代、江戸町内の自分の所有地に住居を構えた町人。居付き家持ち。

いっき-つうかん【一気通貫】(ーツウクワン)マージャンで、同種の数牌(シューパイ)を一から九までそろえて上がったもの。

いっき-とうせん【一騎当千】(ータウセン)《古くは「いっきとうぜん」》一人で多勢の敵に対抗できるほど強いこと。勇士の形容。一人(いちにん)当千。「一の兵(つわもの)」〔補説〕室町時代には、「一人当千(とうせん)」と並べ用いられたが、後世には「一騎当千」が残った。

いつき-なだ【斎灘】瀬戸内海西部、愛媛県高縄半島北西の海域。安芸灘(あきなだ)の東南に位置し、北・東は芸予(げいよ)諸島、西は忽那(くつな)諸島で区切られる。ほぼ中央に斎島(広島県)・安居(あい)島などがある。水深は30〜50メートルと比較的浅く、海底も平坦で好漁場となっている。瀬戸内海の主要航路の海域。

いっき-に【一気に】〔副〕❶途中で休まずに物事をするさま。いっぺんに。「一駆け抜ける」❷《近世上方語》すぐに。じきに。「乗るなら早う乗らんせ、一出すさかひ」〈滑・膝栗毛・六〉〔類語〕一挙に・一息に・一遍(いっぺん)に・一時(いちどき)に・一足飛び

いつ-ぎぬ【五▽衣】平安時代の男子が用いた朝服のひとそろい。袍(ほう)の・半臂(はんぴ)・下襲(したがさね)・衵(あこめ)または引倍木(ひへぎ)・単(ひとえ)の五つ。

いつき-の-いん【▽斎院】(ーヰン)►さいいん(斎院)

いつきのこもりうた【五木の子守唄】熊本県球磨(くま)郡五木村一帯に伝わった民謡。年貢代わりに働く子守娘の悲しい境遇を歌った子守唄。

いっき-のみ【一気飲み】〔名〕スル　大量の酒を一息に飲み干すこと。急性アルコール中毒を起こし、死ぬことがある。学生の飲み会などで流行。

いつき-の-みこ【▽斎皇＝女┊▽斎▽王】天皇即位のとき、伊勢神宮や賀茂神社に天皇の名代として遣わされた未婚の内親王または女王。伊勢神宮では斎宮、賀茂神社は斎院ともいう。斎内親王(さいないしんのう)。斎王(さいおう)。いつきのみや。いつき。

いつき-の-みや【▽斎宮】❶皇大神を祭る宮。特に、伊勢神宮をいう。❷大嘗祭(だいじょうさい)の時に、悠紀(ゆき)・主基(すき)の祭場となる宮殿。❸斎皇女(いつきのみこ)の居所。また、斎皇女が赴任する前に斎戒のためにこもる宮殿。野の宮。いわいのみや。❹►斎皇女(いつきのみこ)

いつきのみや-の-つかさ【▽斎宮▽寮】►さいぐうりょう(斎宮寮)

いつき-ひろゆき【五木寛之】[1932〜　]小説家。福岡の生まれ。朝鮮からの引き揚げ体験を経て、放送界で活躍。現代に生きる青年のニヒリズムを明晰(めいせき)な筆致で描き、人気を集める。「蒼(あお)ざめた馬を見よ」で直木賞受賞。他に「さらばモスクワ愚連隊」「青春の門」「大河の一滴」など。

いつき-むすめ【▽斎娘┊×傅娘】大事に守り育てている娘。かしずきむすめ。「海竜王の后になるべき一ななり」〈源・若紫〉

いつき-むら【五木村】►五木

いつき-め【▽斎女】春日神社・大原野神社で、神事に奉仕する未婚の少女。松尾神社では斎子(ど)という。

いっ-きゃく【一客】❶一人の客。❷食器など、一人分の道具。❸►いちきゃく(一客)

いっ-きゃく【一脚】❶いす・机など、脚のある器物一つ。❷カメラ用具の一。機材などを載せたまま脚の先端を地面に接地し、手ぶれなどを防ぐ。

いっきゃく-いってい【一客一亭】茶の湯で、一人の客と亭主だけの茶事。

いっ-きゅう【一級】(ーキフ)❶一つの階級。「一上へ進む」❷第1位の等級。「一品」❸柔道・書道・囲碁などの技能の段階の一つ。「そろばん一」「一建築士」❹一つの学年、また一つの学級。「一上の先輩」

いっ-きゅう【逸球】(ーキウ)〔名〕スル　野球で、捕手または野手がボールを捕りそこなうこと。パスボール。

いっきゅう-かせん【一級河川】(イッキフー)国土の保全または国民経済上、特に重要な水系で、河川法によって指定された河川。国土交通大臣が管理に当たり、一部区間は都道府県知事に委任する。

漢字項目　いつ

【一┊▽壱】►いち

【▽乙】►おつ

×**佚**　音イツ(漢)‖①抜けてなくなる。「佚文/散佚」②世間から抜け出す。「佚民」③気ままにたのしむ。「佚遊・佚楽」〔補説〕「逸」と通用する。

逸〔逸〕　音イツ(漢)　イチ(呉)　訓それる、はやる‖①ある場所からさっと抜け去る。「逸出・逸走/後逸」②横にそれて逃れる。抜けて見えなくなる。「逸脱/散逸」③世間に知られていない。「逸事・逸聞・逸話/隠逸」④規則にとらわれず気ままにする。「逸楽/安逸」⑤世間的な枠を抜けて優れている。「逸材・逸品/秀逸」〔補説〕②〜④は「佚(いつ)」と通用する。〔名付〕すぐる・とし・はつ・はや・まさ・やす〔難読〕逸物(いちもつ)・独逸(ドイツ)・都都逸(どどいつ)

人 **溢**　音イツ(漢)　訓あふれる‖①満ちあふれる。あふれ出る。「溢水・溢流/横溢・充溢・脳溢血」②程度が過ぎる。「溢美」〔補説〕人名用漢字表(戸籍法)の字体は「溢」。〔名付〕みつ

いっきゅう-そうじゅん【一休宗純】(イッキウー)[1394〜1481]室町中期の臨済宗の僧。京都の人。後小松天皇の落胤(らくいん)といわれる。号、狂雲子・夢閨。華叟宗曇(かそうそうどん)に学び、大徳寺の住持となる。禅宗の革新に尽力。詩・狂歌・書画をよくし、奇行の持ち主として知られる。世に伝えられる頓智咄(とんちばなし)は後世のもの。詩集に「狂雲集」など。

いっ-きょ【一×炬】❶一つのかがり火。「光明の一を点じ得て」〈漱石・野分〉❷いっぺんに焼くこと。「征服者の一によって灰にならなくとも」〈寅彦・読書の今昔〉

いっ-きょ【一挙】❶1回の行動、動作。一つの企て。❷(多くあとに「に」を伴って副詞的に用いて)一度にかためて物事をやること。ひといき。いっぺん。「一に仕上げる」「一に劣勢を挽回する」❸(「一挙して」の形で)すみやかに物事がはかどること。「自分は実に一してその本塁に迫ったような心地がしたので」〈花袋・春潮〉〔類語〕一気に・一息に・一遍(いっぺん)に一時(いちどき)に

いっ-きょ【逸居】〔名〕スル　気楽に暮らすこと。「安楽一して何事をも為さず」〈福沢・文明論之概略〉

いっきょ-いちじつ【一虚一実】からになったかと思うと急に満ちたりして、変化を予測しにくいこと。

いっきょ-いちどう【一挙一動】一つ一つの挙動。ちょっとした振る舞い。一挙手一投足。「一を見守る」〔類語〕一挙手一投足・挙動・挙措・挙止・立ち居振る舞い・箸(はし)の上げ下ろし

いっ-きょう【一興】❶ちょっとしたおもしろみ。それなりの楽しみ。「それもまた一だ」❷(近世、反語的に用いて)意外なこと。奇怪なこと。「これは一、此の子はいとしうござらぬか」〈浄・重井筒〉

いっ-きょう【一驚】(ーキャウ)〔名〕スル　驚くこと。びっくりすること。「あまりのすばらしさに一する」

〔類語〕驚く・びっくりする・どきっとする・ぎくっとする・ぎょっとする・たまげる・仰天する・動転する・喫驚(きっきょう)する・驚愕(きょうがく)する・驚倒する・驚嘆する・瞠目(どうもく)する・恐れ入る・あきれる・唖然(あぜん)とする・愕然(がくぜん)とする・呆気(あっけ)にとられる・目を疑う・目を丸くする・目を見張る・息をのむ・肝(きも)をつぶす・腰を抜かす

一驚を喫(きっ)する　びっくりさせられる。「屈強の青年(わかもの)を見て、一・したのである」〈蘆花・思出の記〉

いっ-きょう【逸興】〔名・形動ナリ〕❶特別に興味深いこと。また、そのさま。「この道は、もし四道の間に一のすぐれたるか」〈海道記・序〉❷ちょっと変わったおもしろみ。また、そのさま。「不思議に思ひて見れば一なるものにてありけり」〈伽・一寸法師〉

いっ-きょく【一曲】❶音楽のまとまった作品一つ。または、音楽や舞踊のひとくぎり。❷雅楽の舞曲。雑楽。寺の行事などの行列の道行きに、左右各一人の舞人が、特殊な鼓(つづみ)を打ち鳴らしながら舞う。

いっ-きょく【一局】❶一つの碁盤、将棋盤。一面。❷囲碁や将棋のひと勝負。1回の対局。❸放送局・郵便局などの一つの局。

いっきょく-しゅぎ【一極主義】1か所にすべての力を集中し、他を支配しようとする考え方。「東京一で地方が衰退する」

いっきょ-して【一挙して】〔連語〕「一挙❸」に同じ。「余勇を鼓して一太宰府を陥れた」〈露伴・平将門〉

いっきょしゅ-いっとうそく【一挙手一投足】《韓愈「応科目時与人書」から。一度手を挙げ、一度足を踏み出す意》❶こまかな一つ一つの動作や行動。「一に気を配る」❷ちょっとした努力。わずかな骨折り。「一の労を費やす」
【類語】一挙一動・挙動・挙措・挙止・所作・座作・座作進退・立ち居振る舞い・箸の上げ下ろし

いっきょ-りょうとく【一挙両得】《「晋書」束皙伝から》一つの事を行って、同時に二つの利益を得ること。一石二鳥。一挙両全。「一をねらう」

いっ-く【一口】❶一つの口。転じて、人ひとり、また、生き物1匹。いっこう。❷釜など口のあいている器物や、刀剣など刃物の一つ。➡口

いっ-く【一句】❶連歌・俳諧で、一つの発句または付句。俳句一つ。「一ひねる」❷漢詩で五言・七言のひときり。また、和歌で五文字・七文字のひときり。❸話・文章などの一節。また、一言。

い-つ・く【居着く｜居付く】〔動カ五(四)〕❶そこに落ち着いて、いつづける。「人づかいが荒いので店員が一・かない」❷来たまま帰らずに住みつく。居すわる。住居を定める。「のら犬が家に一・く」
【類語】落ち着く・住む・住まう・住み着く・暮らす・住する・寓する・定住する・安住する・永住する・常住する・転住する・移住する・卜居する・居を構える

いつ・く【斎く｜傅く】〔動カ四〕❶（斎く）心身を清めて神に仕える。「因りて、其の女の家の内に、忌籬を立てて一・く」〈霊異記・下〉❷（傅く）敬って大切に世話をする。「后、そく山を出で給ひしより、この若君をあづかりて、我もここにゐて一・く」〈浜松・一〉

いっく-ぎれ【一句切れ】「初句切れ」に同じ。

いつ-くさ【五種】5種類。

いつくさ-の-たなつもの【五種の穀】「五穀」に同じ。「天の下の公民の作る物は、一を始めて」〈祝詞・竜田風神祭〉

いつく・し【厳し｜美し｜慈し】〔形シク〕《「稜威奇し」の意という》❶神や天皇または貴人の威力が強く激しいさま。いかめしくおごそかである。「そらみつ大和の国は皇神の一・しき国」〈万・八九四〉❷容姿に気品があるさま。端正であるさま。「一・しき男子をまうけけり」〈伽・一寸法師〉❸《室町時代ごろから「うつくし」と混同して用いられて》美しい。きれい。「卯の花の…垣根に咲き乱れたるは、一・しうおもしろけれ」〈仮・露殿・下〉

いつくしま【厳島】広島県南西部、廿日市市の島。広島湾にある。日本三景の一。厳島神社がある。伊都岐島。宮島。

いつくしま-えんねん【厳島延年】厳島神社で、陰暦7月14日の夜に行われた延年舞の神事。現在は廃絶。

いつくしま-ぎれ【厳島切】厳島神社所蔵の名物切の一。二重の四角の内に蟠竜文を織り出した浅黄の緞子。

いつくしま-じんじゃ【厳島神社】広島県の厳島にある神社。主な祭神は市杵島姫命・田心姫命・湍津姫命。国宝の平家納経など多数の文化財を所蔵。平成8年(1996)世界遺産(文化遺産)に登録された。安芸国一の宮。旧官幣中社。俗称、安芸の宮島。

いつくしま-の-たたかい【厳島の戦い】弘治元年(1555)、毛利元就が、主人の大内義隆を殺害した陶晴賢を厳島で討った戦い。以後毛利氏は中国地方で勢力を拡大した。

いつくしみ【慈しみ】いつくしむこと。恵み。慈愛。「母の深い一」【類語】恩愛・慈愛・慈悲・情け

いつくし・む【慈しむ｜愛しむ】〔動マ五(四)〕目下の者や弱い者に愛情を注ぐ。かわいがって大事にする。「わが子を一・む」【補説】平安時代の「うつくしむ」が、「いつ(斎)く」への連想などの結果、語形が変化し、中世末ごろ生じた語。【可能】いつくしめる
【類語】かわいがる・いとおしむ・愛でる・愛する・寵愛

いっく-どうおん【一口同音】❶多くの人が声をそろえて、章句を唱えること。❷多くの人がそろって同じことを言うこと。異口同音。「祈りをせよやとて、船中の上下、一に観音の名号をとなへけるに」〈幸若・新曲〉

いつ-ぐん【逸群】才能などが人より目立ってすぐれていること。抜群。「一の才、英覇の器」

いっ-け【一家】❶一軒の家。いっか。❷家族全体。一家族。いっか。「一四人のものがふだんのように膳に向かって」〈鴎外・阿部一族〉❸同じ家系の者全体。または、それに家来や雇い人をも含めた全体。同族。同門。一族。一門。「親しき一の一類はらから集めて」〈宇治拾遺・一三〉

いっ-けい【一系】同じ血統。ひとつながりの血筋。「万世一」

いっ-けい【一計】一つのはかりごと。ある計略。一策。「一をめぐらす」【類語】計画・もくろみ・企て・はかりごと・企図・企画・案

いっけい-アクセント【一型アクセント】日本語のアクセントの一種。❶語によるアクセントの区別がないもの。東北南部から関東北部にかけての地域や九州中部などでみられる。無アクセント。崩壊アクセント。❷同一音節数の語がすべて同一の形のアクセントで発音されるもの。宮崎県都城市の一部や鹿児島県志布志の一部などの地域でみられる。一型式アクセント。

いっけ-しゅう【一家衆】浄土真宗で、本願寺法主と同じ家系の一族。のちには末寺の寺格を示すものとなり、血縁者以外も加わった。連枝。院家。

いっ-けつ【一穴】❶一つの穴。❷大便用・小便用を兼ねる便器。❸灸を据えるつぼ一つ。

いっ-けつ【一決】〔名〕スル ❶議事・相談などが一つに決まること。また、決めること。「衆議一」❷固く決心すること。

いっ-けつ【溢血】〔名〕スル 身体の組織内などに起こる、点状または斑状の内出血。「脳一」
【類語】出血・内出血・鼻血

い-つ・ける【射付ける】〔動カ下一〕〔文〕いつ・く〔カ下二〕❶光などが、物を強く照らす。「華やかな夕日がつっとその白地の浴衣に一・けた」〈真山・南小泉村〉❷矢を射って物に当てる。射当てる。「母から疑惑の矢を胸に一・けられたような気分で」〈漱石・行人〉❸矢で物を射通して他の物に刺し留め、動かないようにする。「林の中に大きなる野猪を、木に一・けられてぞ死にてありける」〈今昔・二七・三四〉

いっ-けん【一犬】1匹の犬。
一犬虚に吠ゆれば万犬実を伝う 一人がいいかげんなことを言うと、世間の多くの人はそれを真実のこととして広めてしまうということのたとえ。一犬形に吠ゆれば百犬声に吠ゆ。

いっ-けん【一件】❶一つの事柄。ある一つの事件。「一落着」❷物事を遠回しにいう語。あのこと。例のこと。「きのうの一には触れないでおく」
【類語】一条・問題・案件・件・懸案・課題・題目・本題・論題・論点・争点・テーマ・プロブレム

いっ-けん【一見】〔名〕スル ❶一度見ること。ひととおり目を通すこと。「一に値する」「百聞は一に如かず」❷ちらっと見ること。「一して事の重大さを悟った」❸(副詞的に用いて)ちょっと見たところ。「一まじめそうな人」❹一度会うこと。初対面。いちげん。「一ながら武士の役、見殺しにはなりがたし」〈浄・天の網島〉
【類語】一目・一目・一瞥・瞥見・一顧・ちょっと見
一見旧の如し 一度会っただけで、以前からの友達のように親しくなるということ。

いっ-けん【一軒】一つの家。一戸。

いっ-けん【一間】❶建物の柱と柱との間。柱間。❷尺貫法の長さの単位。➡間❸囲碁または将棋で、盤の目の一つ。

いつ-げん【逸言】言いすごし。過言。失言。

いっけん-きろく【一件記録】ある裁判事件のいっさいの記録をまとめてつづったもの。➡訴訟記録

いっけん-しゃ【一間社】神社本殿で、母屋の正面の柱間が一つのもの。

いっけん-じょう【一見状】中世の文書の一形式。武士が差し出した着到状・軍忠状の奥または袖に、大将や奉行人が承認したしるしとして「一見了」などと記し、花押を書いたもの。

いっけん-まえ【一軒前】近世の村落で、祭りへの参加や村入用の負担など、一人前の権利および義務を有する家。一戸前。

いっけん-や【一軒家｜一軒屋】❶近くに人家がなく1軒だけ建っている家。「村のはずれの一」❷長屋や集合住宅でなく独立した家屋。一戸建ての家。

いっけん-らくちゃく【一件落着】《時代劇の決め台詞から》懸案の事項や課題が解決すること。「これにて一」

いっ-こ【一己】自分一人。自分だけ。「私一の考えだけではない」➡一個❷【類語】個人・個・一個人

いっ-こ【一戸】1軒の家。1世帯の家。「一を構える」

いっ-こ【一個｜一箇】❶物ひとつ。❷人を物のようにみなしていう語。人ひとり。「単に一の民間人にすぎない」❸水田用水などの流水量の単位。毎秒1立方尺。【類語】一人・一人・一名・一介

いっ-こ【一顧】〔名〕スル ちょっと振り返って見ること。ちょっと心にとめてみること。一考。「一だにしない」「好事家が偶ま一するに過ぎないから」〈鴎外・渋江抽斎〉【類語】一目・一見・一目・瞥見・一瞥

いっ-こ【壱鼓｜一鼓】❶雅楽器の一。細腰鼓の最小のもの。順次に二鼓・三鼓と大きくなる。中世には一鼓だけが古楽用楽器として残り、さらにそれも羯鼓で代用されるようになった。❷雅楽の舞曲。雑楽。左方の二人舞で、一人は一鼓、一人は二鼓を首からつるし、裹頭楽に合わせて打ちながら舞う。番舞は蘇利古。

いっ-こう【一口】❶一つの口。同じ口。また、一人の人。いっく。❷刀剣や口のあいている器物の一つ。「蝋塗の晃めく一の短刀なり」〈紅葉・金色夜叉〉❸同じように口をそろえて言うこと。「お家の柱をかぶりくらふ佞人ばらと、此の和田兵衛を一の、御挨拶こそ心外なれ」〈浄・源頼家源実朝鎌倉三代記〉❹ひとくち。「一の食」〈地蔵菩薩霊験記・五〉
一口に出ずるが如し 《「韓非子」内儲説から》大勢の人の言うことが一人の口から出たように同じであること。異口同音。

いっ-こう【一向】㊀〔名〕「一向宗」の略。㊁〔副〕(「一向に」の形で用いる)❶全然。まったく。「何を言われても一に動じない」❷(あとに打消しの語を伴って)ちっとも。少しも。「一に存じません」「服装には一に構わない」❸ひたすら。いちずに。「その儀では候はず、一御一家の御上とこそ承り候へ」〈平家・二〉❹いっそのこと。むしろ。「さもなくば一に時宗が首討って」〈浄・大磯虎〉㊂〔形動〕〔文〕〔ナリ〕《近世江戸語》話にならないほどひどいさま。全くひどいさま。「今日は一なものさ。この腹ぢゃあ飲めやせん」〈洒・通気粋語伝〉
【類語】全く・全然・さっぱり・まるきり・まるで・少しも・からきし・ちっとも・皆目・一切・まるっきり・何ら・とんと・いささかも・毫も・微塵も・毛頭・露・更更

いっ-こう【一考】〔名〕スル 一度考えてみること。「一を要する」「一する余地がある」
【類語】熟考・熟慮・黙考

いっ-こう【一行】❶一緒に行く人々。同じ行動をする人々。「選手団一」❷ひとつらなり。1列。「一の雁」❸一つの行い。「一失すれば百行ともに傾く」「一言一」❹書面一通。特に許可・借用などの証拠となる文書一通。いちぎょう。「各五千石の一を頂戴せしめ」〈太閤記・六〉
【類語】団体・集団・一団・グループ・サークル・パーティー・チーム・クラブ・サロン

いっ-こう【一更】➤初更

いっ-こう【一校】❶一つの学校。❷学校全体。❸1回の校正。また、1回目の校正。初校。

いっ-こう【一×鉤】一つの鉤(かぎ)。1本の釣り針。また、三日月などの形容。「一の新月」

いっこう-いっき【一向一×揆】イッカウ 室町・戦国時代に近畿・北陸・東海地方に起こった一向宗(浄土真宗)門徒の一揆。僧侶、門徒の農民を中心に、名主・地侍が連合して、守護大名・荘園領主と戦った。加賀一揆のように一国を支配したものもあったが、天正8年(1580)の石山本願寺に対する織田信長の石山合戦を最後に幕を閉じた。

いっこう-さんぞん【一光三尊】イックワウ 中尊と両脇侍(わきじ)の三尊仏が一つの舟形光背を負う仏像の形式。法隆寺金堂釈迦三尊像などにみられる。

いっこう-しき【一向式】イッカウ〔形動〕図〔ナリ〕《「しき」は副助詞》まさにその状態そのものであるさま。まったく。まるっきり。「此娘(こ)はズー体ばかり大くッても一なお懐(ねんね)だもんだから」〈二葉亭・浮雲〉

いっこう-しゅう【一向宗】イッカウ《一向(ひたすら)に阿弥陀仏を念ずる宗派の意から》浄土真宗。主として他宗派からの呼び名。一向一念宗。門徒宗。

いっこう-せんじゅ【一向専修】イッカウ ひたすら一つの修行、とりわけ念仏に励むこと。

いっこう-せんねん【一向専念】イッカウ ひたすら念仏すること。「ただ一念、仏になるを一といふなり」〈一遍上人語録・下〉

いっこう-りょうぜつ【一口両舌】イッコウリャウゼツ〔名・形動〕前に言ったことと、あとで言うこととが違うこと。また、そのさま。二枚舌。「サリトテハーナモノヂャ」〈天草本伊曽保・狼と子を持った女〉

いっ-こく【一刻】㊀〔名〕❶わずかな時間。瞬時。「一を争う」「一も早く」❷昔の時間で、一時(ひととき)の4分の1。今の約30分間。➡刻 ㊁〔名・形動〕❶頑固でわがままなこと。また、そのさま。「一な老人」❷せっかちで、何かというとすぐ怒ること。また、そのさま。「一な所(とこ)と田町の床(とこ)でゆひ」〈柳多留・一四〉(補説)㊁は、「一国」「一克」「一剋」などとも書く。(派生)いっこくさ〔名〕
(類語)片時・寸秒・寸刻・寸時

いっ-こく【一国】❶一つの国。一か国。❷その国全体。国じゅう。全国。「一をあげて歓迎する」❸➡一刻㊁

いっこく-いちじょう【一国一城】イチジャウ ❶一つの国と一つの城。また、それを領有すること。❷一つの国に城を一つだけ置くこと。元和元年(1615)江戸幕府が諸大名の軍事力を抑えるため、領内で居城以外の城を破却させた「一国一城令」による。
一国一城の主(あるじ) 《一つの国、または一つの城を所有している人の意から》他から援助や干渉を受けず、独立した領分をもつ者。

いっこく-せんきん【一刻千金】《蘇軾「春夜詩」の「春宵一刻値千金」から》わずかな時間が千金にも相当するということ。楽しい時や貴重な時が過ぎやすいのを惜しんでいう語。

いっこく-せんしゅう【一刻千秋】ニセンシウ わずかな時間が非常に長く感じられること。待ちこがれる気持ちにいう。一日千秋。「一の思いで待って居る」〈独歩・泣き笑い〉

いっこく-にせいど【一国二制度】一国の中に、政治制度・経済制度の根本的に異なる地域が複数ある状態。多く、社会主義国の中国において、1997年に英国より返還された香港などで資本主義や独自の政治制度が認められている状態をいう。1980年代には台湾との統一の方法として中国側から提案された。一国両制。

いっこく-もの【一刻者┊一国者】頑固で自分を曲げない人。一徹者。

いっ-こじん【一個人】国家・社会・団体などに対して、公の資格や立場を離れたひとりの人間。一私人。いちこじん。「一の立場で参加する」
(類語)一己・個人・個

いっこ-だて【一戸建て】集合住宅でなく、1棟で1戸の家屋。戸建て。

いっこ-てん【一×壺天】《後漢の費長房が薬売りの老翁とともに壺(つぼ)の中に入って別世界の楽しみを得たという「後漢書」方術伝の故事から》一つの小天地。別天地。別世界。

いつ-ごろ【何=時頃】おおよそ、いつ。いつのころ。「一完成しますか」(類語)いつ・なんどき

いっ-こん【一献】❶1杯の酒。また、酒を酌んで飲むこと。「一傾ける」❷酒の振る舞い。酒盛り。「或夜一の有りけるに」〈太平記・五〉❸一度目の酒肴(しゅこう)。「一にうちあはび、二献にえび、三献にかいもちひにてやみぬ」〈徒然・二一六〉❹室町時代以後の酒宴の礼法で、吸い物や肴(さかな)の膳(ぜん)に杯・銚子(ちょうし)を添えて客に出し、酒を3杯すすめること。➡献(こん) (類語)一杯

いっこん-ぞめ【一▽斤染(め)】平安時代の染め物の一。紅花(べにばな)1斤で絹1匹を染めること。また、その染めた絹や色。いっきんぞめ。

いっさ【一茶】➡小林一茶(こばやしいっさ)

イッサ【ISSA】《International Social Security Association》国際社会保障協会。1927年、国際社会保険会議として設立。47年改称。本部はジュネーブ。

いっ-さい【一切】㊀〔名〕全部。すべて。ことごとく。「会の一をとり仕切る」「一を忘れてやり直す」㊁〔副〕(あとに打消しの語を伴って)全然。まったく。いっせつ。「謝礼は一受け取らない」「今後一干渉しない」
(類語)万事・一切合切・万(よろず)・有りたけ・一向・さっぱり・まるきり・まるで・少しも・からきし・ちっとも・皆目・何ら・とんと・いささかも・毫(ごう)も・微塵も・毛頭・露・更更
一切衆生(しゅじょう)**悉有仏性**(しつうぶっしょう) 生きとし生けるものはすべて生まれながらにして仏となりうる素質をもつということ。涅槃経に説く。一切皆成。

いっ-さい【一再】一、二度。一、二回。「苦情が出たのは一にとどまらない」
一再なら◦ず 一度や二度でなく。何度も。「一◦ずお世話になる」「一◦ず注意したが」

いっ-さい【一菜】一種類のおかず。副食物が一品であること。「一汁一」

いつ-ざい【逸材】人並み以上にすぐれた才能。また、その人物。逸才(いっさい)。「門下の一」
(類語)英傑・傑物・傑士・傑人・人傑・俊傑・怪傑・偉人・大人物・大物・女傑・大器・巨星・巨人

いっさい-うじょう【一切有情】ウジャウ「一切衆生(いっさいしゅじょう)」に同じ。

いっさい-かいくう【一切皆空】仏語。あらゆる現象や存在には実体がなく、空であるということ。

いっさい-かいじょう【一切皆成】ジャウ《「一切皆成仏」の略》仏語。一切の衆生にはみな仏性があるから成仏が可能であるということ。

いっさい-がっさい【一切合切┊一切合財】《同義語の「一切」と「合切」を重ねて、意味を強めた語》❶全部。残らず。すべて。「一が灰になる」「一を売り払う」❷(あとに打消しの語を伴い副詞的に用いて)全然。いっさい。「今後は一関知しない」
(類語)万事・一切・万(よろず)・有りたけ・有りったけ

いっさい-きょう【一切経】ギャウ 釈迦(しゃか)の教説とかかわる、経・律・論の三蔵その他注釈書を含む経典の総称。大蔵経(だいぞうきょう)。

いっさいきょう-え【一切経会】イッサイギャウヱ 一切経を供養するために行う法会。経の題目のみを唱える。

いっさいきょう-おんぎ【一切経音義】イッサイギャウ 一切経の難語句について、発音と意味を解説した仏書。㊀唐の玄応撰。25巻。648年ころ成立。玄応音義。㊁唐の慧琳(えりん)撰。100巻。783〜807年に成立。慧琳音義。

いっさい-しゅじょう【一切衆生】シュジャウ 仏語。この世に生を受けたすべての生き物。特に人間をいう。生きとし生けるもの。一切有情。

いっさい-しゅち【一切種×智】仏語。一切のものについて、個々の具体的、特殊的な姿を知る智慧。仏の有する、最高の完全無欠な智慧。仏智。

いっさい-たふ【一妻多夫】一人の女性が同時に二人以上の男性を夫とすること。また、その婚姻形態。ポリアンドリー。多夫婚。

いっさい-ち【一切×智】仏語。一切のものについて完全に知る智慧。仏智。

いっさい-てん【一斎点】江戸後期に佐藤一斎が施した経書の訓点。宋の学者の注によった漢文訓読法で、それ以前の訓点よりも原文に忠実で、簡潔といわれる。

いっさい-ほう【一切法】ハフ 仏語。この世に存在する一切のもの。

いっさ-き【一茶忌】俳人小林一茶の命日。陰暦11月19日。(季冬)

いっ-さく【一昨】❶(接頭語的に用いて)年・月・日などで、中一つ置いた前の時を表す。「一年」「一夜」❷(連体詞的に用い、具体的な日を表す語に冠して)おとといにあたる、一昨日の、などの意を表す。「一三日(みっか)」

いっ-さく【一策】一つの計画、はかりごと。「一を講じる」「窮余の一」

いっさく-さく【一昨昨】(接頭語的に用い)一昨の前の年・月・日などを表す。「一月」「一年」

いっさく-さくじつ【一昨昨日】一昨日の前の日。さきおととい。

いっさく-じつ【一昨日】昨日の前日。おととい。

いっさく-せき【一昨夕】➡いっさくゆう(一昨夕)

いっさく-ねん【一昨年】昨年の前年。おととし。

いっさく-ばん【一昨晩】一昨日の晩。おとといの晩。一昨夜(いっさくや)。

いっさく-や【一昨夜】一昨日の夜。おとといの夜。一昨晩(いっさくばん)。

いっさく-ゆう【一昨夕】ユフ 一昨日の夕。おとといの夕方。いっさくせき。

いっ-さつ【一札】❶1枚の書き付け。1通の手紙・文書。❷1通の証書や証文。「あとあとのため先方から一とってある」
一札入(い)**・れる** 保証・約束・謝罪などの意を示す文書を書いて、相手方に差し出す。

いっさつ-たしょう【一殺多生】ニタシャウ ➡いっせつたしょう(一殺多生)

いっ-さん【一山】❶一つの山。❷同じ境内にある本寺・末寺などすべてを含めた寺院の総称。全山。また、そこにいるすべての僧。

いっ-さん【一散┊逸散】(多く「一散に」の形で副詞的に用いる)❶わき目もふらず一生懸命に走ること。一目散(いちもくさん)。「一に駆けつける」❷急速に事態が進行すること。「静かな空をじりじりと移って行く日が傾いたかと思うと一に落ちはじめた」〈長塚・土〉

いっ-さん【一×盞】❶一つのさかずき。❷1杯の酒や水。また、それを飲むこと。「一を傾ける」「一の水」

いっ-さん【一×粲】《「粲」は、白い歯を出して笑うこと》ひと笑い。一笑。
一粲に供(きょう)**・する** 贈り物をしたり自作の詩文などを人に見せたりすることを謙遜して言う言葉。
一粲を博(はく)**・す** お笑いぐさになる。自作の詩文などが人に読まれることを謙遜して言う言葉。「人々の一・する料にもと」〈鴎外訳・即興詩人〉

いっ-さん【一算】〔名〕スル ❶1回計算すること。「一願います」❷算木によって一度占うこと。「卦を設け、一するに至って」〈読・英草紙・四〉

いっさん-いちねい【一山一寧】[1247〜1317]中国台州(浙江省)出身の臨済宗の僧。元(げん)の使者として来日し、鎌倉幕府に疑われて幽閉されたこともあったが、のち、建長寺・円覚寺・南禅寺に歴住。五山文学隆盛の糸口を作った。一山国師。一寧。

いっさん-か【一酸化】クワ 酸素1原子と化合していること。他の語の上に付けて、酸素1原子との化合物であることを示す。

いっさんか-たんそ【一酸化炭素】イッサンクワ 無色・無臭の猛毒気体。都市ガスや木炭などの不完全燃焼によって生じ、自動車の排ガスにも含まれている。点火すると青白い炎をあげて燃え、二酸化炭素になる。メチルアルコールの合成原料、還元剤などに利用。化学式CO

いっさんかたんそ-ちゅうどく【一酸化炭素中毒】イッサンクワタンソチュウドク 一酸化炭素を吸ったために起こる中毒。血液中のヘモグロビンと結合するため、酸素運搬能

力が低下し、低酸素状態に敏感な脳や神経に障害が生じ、死に至ることもある。

いっさんか-ちっそ【一酸化窒素】(イッサンクワー) 窒素と酸素の混合気体中で放電するか高温にすると得られる無色・無臭の気体。空気に触れると褐色の二酸化窒素となる。工場の煙突や自動車のエンジンなどから排出され、公害の原因ともなる。化学式NO

いっさんか-なまり【一酸化鉛】(イッサンクワー) 黄色または赤色の鉛の酸化物。酸にもアルカリにも溶ける。融解した鉛に空気を吹き込むか、硝酸鉛などを熱分解して作ったものは黄色で、金密陀(きんみつだ)とよばれ、これを融解して冷却したものは橙赤色で、密陀僧(みつだそう)(リサージ)とよばれる。鉛ガラス・釉薬・顔料の原料、ゴムの加硫促進剤などに使用。化学式PbO

いっさん-ばしり【一散走り┊逸散走り】わき目も振らず夢中になって走ること。「いきなり―に駈けだした」〈里見弴・多情仏心〉

いっ-さんまい【一三昧】❶仏語。雑念を去り一心に修行に専念すること。❷ほかのことに構わず、一つのことだけに心を用いること。「同伴(つれ)にはとんと構もせずに、―に樹の上へかけ上る」〈渡部温訳・伊蘇普物語〉

いっ-し【一子】❶一人の子。子供一人。「―をもうける」❷多くの子供の中の一人。特に、嫡子。❸囲碁で、一つの石。一目。「―を抜く」

いっ-し【一矢】1本の矢。

一矢を報(むく)・いる　敵の攻撃に対して、矢を射返す。転じて、自分に向けられた攻撃・非難などに対して、大勢は変えられないまでも、反撃・反論する。

いっ-し【一死】❶一度死ぬこと。一命を捨てること。「死」を強めた言い方。「―と覚悟は極めながら」〈紅葉・自害〉❷野球で、攻撃側のアウトの数が一つであること。ワンアウト。ワンダウン。「―満塁」

一死一生(いっしいっせい)乃(すなわ)ち交情を知る　《「史記」汲鄭伝賛から》人には生死や栄枯盛衰があるが、その時その時に変わる人々の態度によって人情の表裏を知るものである。

いっ-し【一糸】❶1本の糸。または、極めてわずかなことのたとえ。❷長さ・重さや割合などの単位。➡糸(し)

一糸纏(まと)わ・ず　1枚の衣服も着ていない。すっぱだかである。一糸挂(か)けず。「―・ぬ姿」

一糸乱れ・ず　少しも乱れず、整然としている。「―・ず行進する」

いっ-し【一指】1本の指。指1本。「―も触れさせない」

一指を染・める　物事にちょっとかかわる。「不義非道な色事には、一指をだに染めることをしなかった」〈菊池寛・藤十郎の恋〉

いっ-し【一紙】❶1枚の紙。1枚の文書。一札(いっさつ)。❷一つの新聞。❸同一の紙。同じ紙。

いっ-し【逸史】正史に書き漏らされている史実。また、それを記した書物。「日本―」

いつ-じ【逸事┊×軼事】世間に知られていない隠れた事柄。

いっし-いちごう【一糸一×毫】(イチガウ) きわめてわずかなこと。

いつ-し-か【何=時しか】《代名詞「いつ」に、強めの副助詞「し」、疑問の係助詞「か」の付いたものから》㊀〔副〕❶いつのまにか。早くも。「―今年も暮れてしまった」❷過去・未来の不定の時を表す。どの時かに。「よし小説を読まざるとも―其(その)念起りつべし」〈逍遥・小説神髄〉❸早くその時が来るようにと、事の実現を待ち望むさま。いつか早く。「―御崎といふ所わたらむとのみなむ思ふ」〈土佐〉❹(あとに打消しの語を伴って用いる)いつになっても。「―話になるためしはござりませぬよって」〈咄・臍の宿替・一〇〉㊁〔形動ナリ〕時期が、いかにも早すぎるさま。「今度の譲位―なり」〈平家・四〉

いっ-しき【一式】《「一色(いっしき)」と同語源》❶ひとそろい。「礼装―」「工具―」❷物事の全部。一切(いっさい)。「家財道具―を売り払う」(類語)組(くみ)・揃(そろ)い・一対(いっつい)・セット

いっ-しき【一色】㊀〔名〕❶一つの色。ひといろ。いっしょく。❷華道で、一種類の花木を生けること。「万年青(おもと)を―にいける」❸物事の一種類。また、同じ種類。ひとしな。「しわい人でつひに孫どもに何を―くれられたことが御座らぬ」〈虎寛狂・財宝〉㊁〔名・形動〕(「一式」とも書く)いちずであること。また、そのさま。「真面目―な文句」〈漱石・明暗〉

一色一香無非中道(いっしきいっこうむひちゅうどう)　《「摩訶止観(まかしかん)」から》いかなる些細な存在にも中道の真理が備わっている、ということ。

いっしき【一色】室町時代の守護大名。足利(あしかが)氏の一支族。足利泰氏の子の公深(こうじん)が三河国吉良庄一色に住んだことに始まる。その子の範氏(のりうじ)が足利尊氏に従って九州で戦い、のち四職(しき)家の一となる。

いっしき-でん【一色田】中世、荘園耕地のうち、公事(くじ)を免除され、年貢のみを上納する田地。

いっし-しちしょう【一死七生】(シチシヤウ) 一度死んで七たび生まれ変わること。何度も生まれ変わること。

いっ-しじん【一私人】公の立場を離れたひとりの人間。一個人。いちしじん。

いっし-そうでん【一子相伝】(サウデン) 学問・技芸などの奥義・秘法を自分の子一人だけに伝えること。

いっ-しちにち【一七日】▶いちしちにち(一七日)

いっ-しつ【一失】一つの損失・失敗。わずかな失策。「千慮の―」⇔一得。

いっ-しつ【逸失】〔名〕スル《「逸」は失うの意》失うこと。手に入れられずになくしてしまうこと。

いっしつ-りえき【逸失利益】債務不履行や不法行為がなければ得たであろう利益。➡損害賠償

いっし-どうじん【一視同仁】《韓愈「原人」から》すべての人を差別なく平等に愛すること。

いつ-しば【いつ×柴】勢いよく茂っている小木。「天霧(あまぎ)らし雪も降らぬかいちしろくこの―に降らまくを見む」〈万・一六四三〉

いっし-はんせん【一紙半銭】《紙1枚と銭5厘の意から》ごくわずかなもの。特に、仏家で寄進の額のわずかなことにいう。「―の施し」

いつ-じぶん【何=時時分】いつごろ。いつ。

いっし-ほうこく【一死報国】命を捨てて国のために尽くすこと。

いっ-しゃく【一尺】❶尺貫法の長さの単位。➡尺 ❷サケ・タラなどの魚1尾。「―より定まりて腹もみちあひ、はらわたも出でたる故に、鮭をば―といへり」〈名語記・六〉

いっ-しゃく【一酌】〔名〕スル ❶1杯の酒。❷ちょっと酒を酌み交わすこと。一献(いっこん)。「相共に―して諸子に別れを告げ」〈柳北・航西日乗〉

いっしゃく-はっすん【一尺八寸】❶《江戸時代、揚げ代が18匁(もんめ)であったところから》囲ひ女郎の異称。❷《笠(かさ)の直径が1尺8寸(約54.5センチ)であったところから》笠雲の異称。「西国の―といへる雲行きも」〈浮・永代蔵・四〉

いっしゃ-せんり【一×瀉千里】《川の水が一度流れだすと、またたく間に千里も流れる意から》❶物事が速やかにはかどり進むこと。「仕事を―に片付ける」❷文章や弁舌のよどみないことのたとえ。「―に物語る」

いっ-しゅ【一朱】❶貨幣・重さなどの単位。➡銖(しゅ) ❷「一朱金」の略。❸「一朱銀」の略。

いっ-しゅ【一×炷】❶香をひとたきくゆらせること。また、その香。❷1本の灯心。

いっ-しゅ【一首】和歌や詩の一つ。「百人―」

いっ-しゅ【一種】❶㋐一つの種類。ひといろ。㋑同類の中で、少し異なるもの。「イルカはクジラの―である」❷ある意味で、ほぼ同類と思われるもの。「彼は―の天才である」❸(副詞的に用いて)どことなく、また、ちょっと他と異なっているさま。「―独特の書体」「―異様な雰囲気」(類語)一類・うち

いっしゅ-いっぺい【一種一▽瓶】一種の肴(さかな)と一瓶の酒。また、簡単な酒宴。一種物(いっしゅもの)。「酒出ださせ、―にて祝ふべしと仰せければ」〈信長記・一〉

いっ-しゅう【一周】(シウ)〔名〕スル ひとまわりすること。ひとめぐり。「場内を―する」「世界―旅行」(類語)一回り

いっ-しゅう【一宗】仏教の一つの宗派。

いっ-しゅう【一週】(シウ) ❶日曜日から土曜日までの7日間。1週間。❷ある曜日から数えて7日間。1週間。

いっ-しゅう【一蹴】(シウ)〔名〕スル ❶けとばすこと。「追いすがろうとする猪熊の爺(おじ)を、太郎が再び―して、灰の中に倒した時には」〈芥川・偸盗〉❷すげなくはねつけること。「抗議を―する」❸簡単に相手を負かすこと。「挑戦者を―する」(類語)拒否・拒絶・不承知・難色・蹴る・断る・拒む・否(いな)む・辞する・謝する・謝絶する・辞退する・固辞する・遠慮する・拝辞する・退ける・撥(は)ね付ける・突っ撥(ぱ)ねる・峻拒(しゅんきょ)する

いっ-しゅう【壱州】(シウ) 壱岐(いき)国の異称。

いっしゅう-かまえ【一宗構】(カマヘ) 江戸時代、僧尼が所属の宗門から追放されること。

いっしゅう-かん【一週間】(イッシウー) 1週のあいだ。

いっしゅう-き【一周忌】(イッシウー) 人が死亡して、満1年後の忌日。また、その日に行う法事。一回忌。一年忌。小祥忌(しょうしょうき)。

いっしゅう-ねん【一周年】(イッシウー) 満1年。「創立―」

いっしゅ-きん【一朱金】江戸時代の金貨の一。形は正方形。1両の16分の1にあたる。文政一朱金。➡両㊀❸

いっしゅ-ぎん【一朱銀】江戸時代の銀貨の一。形は長方形。1両の16分の1にあたる。文政一朱銀・嘉永一朱銀など。➡両㊀❸

いっ-しゅく【一宿】〔名〕スル ❶一夜宿泊すること。一泊。「僧房に―する」❷一夜。ひと晩。「―を経てよみがへりて」〈今昔・七・八〉

いっ-しゅく【一縮】鎧(よろい)や武具に身をかためること。また、その鎧や武具。転じて、鎧や武具をつけた武者。「只一人鎧―して」〈太平記・二六〉

いっしゅく-いっぱん【一宿一飯】一夜の宿と1回の食事を与えられること。通りがかりに立ち寄って世話になること。博徒(ばくと)などが用いた語。「―の恩義」

いっ-しゅつ【逸出】〔名〕スル ❶抜け出ること。逃れ出ること。「失敗の原因はこの領域を無理解に―した事にありはしないだろうか」〈寅彦・浮世絵の曲線〉❷とびぬけてすぐれていること。ぬきんでること。

いっ-しゅん【一瞬】一度またたきをするほどの、きわめてわずかな時間。刹那(せつな)。副詞的にも用いる。「―の出来事」「―目を疑った」
(類語)瞬間・瞬時・刹那・とっさ

いっしゅん-かん【一瞬間】一瞬の時間。一瞬時。またたくま。

いっ-しょ【一所】❶一つの場所。ひとところ。1か所。❷同じ場所。同所。「―に会する」❸「一緒(いっしょ)」に同じ。「兎も角も―に来て見ろと云うから」〈漱石・坊っちゃん〉❹「一人」を尊敬していう語。「小松殿の君達(きんだち)―向かはせ給ひて」〈平家・八〉➡一緒

いっ-しょ【一書】❶一通の手紙または文書。「―を送る」❷一冊または一部の書物。❸ある書物。異本。別本。一本(いっぽん)。「―によると」
(類語)手紙・書簡・書信・書状・書面・紙面・信書・私信・私書・書(しょ)・状・手書・親書・手簡・書札(しょさつ)・尺牘(せきとく)・書牘(しょとく)・雁書(がんしょ)・消息・便り・文(ふみ)・玉章(たまずさ)・レター・封書・はがき・絵はがき・郵便

いっ-しょ【一緒】《「一所」から》❶一つにまとめること。ひとまとめ。「荷物を―にする」「人の分も―に扱う」❷区別のないこと。同一。「―の着物」「意見が―になる」❸ともに同じことをすること。「―に遊ぶ」❹(ふつう「御一緒する」の形で用いて)「連れ立つ」「ともに行く」を、同行する相手を敬っていう語。「そこまで御―させてください」❺同時に行われること。「―に買った物」「着いたのは―だ」
(類語)共に・一斉に・同時・同じ・同様・同然・等しい・イコール・一つ・普遍

一緒にな・る　❶複数のものが合わさって一つになる。落ち合う。「弟と駅の改札口で―・る」❷夫婦になる。「晴れて―・る」

いっ-しょ【逸書┊×佚書】名だけ残っていたり、内容の一部分だけしか伝わっていなかったりする書物。散逸した書物。

いっ-しょう【一升】尺貫法の容積の単位。➡升

一升入る壺(つぼ)　1升入りの容器には、どう工夫しても1升以上入らない。物にはそれぞれの限度がある、同じものはどこでも同じ、などの意のたとえ。

いっ-しょう【一生】イッシャウ ❶生まれてから死ぬまでの間。終生(しゅうせい)。生涯。「幸せな一を送る」「事業に一を捧げる」「一を棒にふる」「一忘れられない出来事」❷やっと生き延びること。一命。「九死に一を得る」❸(「一生の…」の形で)生きている間に一度しかないようなこと。生涯にかかわる重大なこと。「一の願い」「一の不覚」類語(❶)生涯・人生・終生・畢生(ひっせい)・終身・一生涯・一代・一世(いっせい)・一世(いっせ)・一期(いちご)・今生(こんじょう)・ライフ

いっ-しょう【一将】イッシャウ 一人の将軍。ある将軍。

一将功(こう)成りて万骨(ばんこつ)枯る　《曹松「己亥歳」から》一人の将軍の輝かしい功名の陰には、戦場に命を捨てた多くの兵士がある。成功者・指導者ばかりが功名を得るのを嘆く言葉。

いっ-しょう【一笑】イッセウ〔名〕スル ❶ちょっと笑うこと。にっこりすること。「破顔一」❷一つの笑いぐさにすること。また、笑うべきものとして問題にしないこと。「当人がうわさを一する」「一に付す」類語 笑い・笑み・微笑み・微笑・朗笑・破顔一笑・スマイル

一笑に付・す　笑って問題にしないでいる。ばかにして相手にしない。「提案は一・された」

一笑を買・う　回りの人の笑いものになる。「幼稚な意見が一・う」

いっしょう-がい【一升買い】ーガヒ 米などを1升ずつ買うこと。貧乏な生活のたとえ。

いっ-しょうがい【一生涯】イッシャウガイ 生きている間じゅう。一生。終生。類語 一生・生涯・一世・一代・今生・一期・人生・終生・畢生(ひっせい)・終身・ライフ

いっしょう-けんめい【一生懸命】イッシャウ〔名・形動〕《「一所懸命」から》❶命がけで事に当たること。また、そのさま。「一に働く」「一探しまわる」❷引くに引けないせっぱ詰まった場合。瀬戸際。「一の敵(かたき)を防ぐ」〈風来六部集・放屁論〉
類語 熱心・一心不乱・一心・本気

いっしょう-さんたん【一唱三嘆｜一×倡三×歎】イッシャウ《礼記「楽記」から。一人が歌うと三人がこれに和して歌う意》一度詩文を読んで、何度も感嘆すること。すぐれた詩文などをほめるのに用いる。一読三嘆。

いっしょう-しょうじん【一生精進】イッシャウシャウジン 生涯、仏道の修行に専心すること。「一にて、読経うちして」〈徒然・八六〉

いつ-しょうぞく【五装束】ーシャウゾク 5種からなる、ひとそろいの武具。普通には鎧(よろい)・鉢巻き・籠手(こて)・脛楯(はいだて)・臑当(すねあて)をいう。五具足。

いっしょう-びん【一升瓶】液体が一升(約1.8リットル)入るびん。「一入りの清酒」

いっしょう-ふしょ【一生▽補処】イッシャウ 仏語。一度だけ、生死の迷いの世界につながれてこの世に生を受けるが、次の世は仏になることができる菩薩(ぼさつ)の最高位。特に、弥勒(みろく)菩薩についていう語。

いっしょう-ふぼん【一生不▽犯】イッシャウ 仏教の戒律を守り、一生を通して異性と交わらないこと。「一の座主、かの箱をあけて見給ふに」〈平家・二〉

いっしょう-ます【一升×枡】1升の量を入れる枡。

いっ-しょく【一色】❶一つの色。ひといろ。「屋根も壁も白一に塗る」❷全体が同じ一つの傾向でおおわれること。「町は祭り一に塗りつぶされた」
類語 均質・均等・画一的・均一

いっしょく-そくはつ【一触即発】ちょっと触れれば すぐに爆発しそうなこと。危機に直面していること。危機一髪。「一の国際情勢」

いっしょ-くた【一緒くた】雑多な物事が秩序なく一つになっていること。ごちゃまぜ。「何もかも一に扱う」「一に煮込む」

いっしょ-けんめい【一所懸命】〔名・形動〕❶中世、一つの領地を命をかけて生活の頼みにすること。また、その領地。「一の地」❷命がけで物事をすること。また、そのさま。必死。一生懸命。「もっと一な、烈(はげ)しく意識した技法なのであり」〈小林秀雄・雪舟〉

いっしょ-ふじゅう【一所不住】ーフヂュウ 一定の場所に住まないで諸国を回ること。「これは一の沙門にて候」〈謡・鉢木〉

いっ-しん【一心】❶多くの人々が心を一つにすること。同心。❷心を一つの事に集中すること。また、その心。専念。「会いたい一で探し続ける」❸仏語。㋐あらゆる現象の根源にある心。㋑浄土真宗で、真実の信心。類語 熱心・一心不乱・一生懸命・本気

いっ-しん【一身】❶一人のからだ。一人の人。❷自分一人。おのれ自身。「衆望を一に集める」「責任を一に負う」❸全身。自分の命。「一を賭(と)して事に当たる」

一身に味方なし　世の中には自分以外に頼りになるものはない。

いっ-しん【一振】〔名〕スル ❶ひと振りすること。「バットを一する」❷きっぱりととり払うこと。「沈滞の気を一する」

いっ-しん【一新】〔名〕スル ❶すっかり新しくすること。また、まったく新しくなること。「人事の一を図る」「面目を一する」❷特に、明治維新のこと。「明治の御一」
類語 革新・刷新

いっ-しん【一審】最初に訴訟を受理する裁判所(第一審裁判所)によって行われる審判。通常、簡易裁判所・地方裁判所の審判をいう。始審。➡二審

いっしん-いったい【一進一退】〔名〕スル 進んだり退いたりすること。また、事態がよくなったり悪くなったりする状態。「戦況は一を繰り返す」「病状が一する」

いっしん-かい【一進会】ークワイ 朝鮮李朝末期に結成された親日政治団体。1904年、宋秉畯(そうへいしゅん)・尹始炳(いんしへい)らが創立。日韓併合とともに10年に解散。

いっしん-きょう【一神教】ーケウ 一切を創造して支配する唯一絶対の神のみを認めて信仰する宗教。ユダヤ教・キリスト教・イスラム教など。唯一神教。➡多神教

いっしん-さんがん【一心三観】ーサンクワン 天台宗の観想法。一切の存在には実体がないと観想する空観(くうがん)、それらは現象として存在していると観想する仮観(けがん)、この二つも一つであると観想する中観(ちゅうがん)を、同時に体得すること。円融三観。

いっしん-じょう【一身上】ージャウ その人自身の身の上や境遇などに関すること。個人的な問題や事情。「一の都合」

いっしん-たすけ【一心太助】戯曲・浪花節(なにわぶし)・講談の主人公。江戸で魚屋を営み、江戸っ子かたぎの侠気に富んだ人物で、大久保彦左衛門の愛顧をうけたという。歌舞伎「名高手毬諷実録(なにたかしてまりうたじつろく)」などに登場する。

いっしん-でん【一身田】古代、律令制の土地公有のとき、その人一代を期限として朝廷から租を免除されて賜った田地。いしでん。

いっ-しんとう【一親等】親等の一。親族関係の隔たりが1世であるもの。ある人とその父母、その子および子の配偶者との関係。また、ある人と配偶者の父母との関係。一等親。

いっしん-どうたい【一心同体】二人以上の人が心を一つにして行動すること。「夫婦は一」

いっしん-に【一心に】〔副〕ほかのことを考えずに心を一つに集中させるさま。いちずに。「一本を読む」「一神に祈る」

いっしん-ふらん【一心不乱】〔名・形動〕心を一つの事に集中して、他の事に気をとられないこと。また、そのさま。「一に祈る」「一に研究する」
類語 熱心・一生懸命・一心・本気

いっしん-ほっかい【一真法界】華厳宗の極理を示す宇宙観。唯一で真実な絶対無差別の宇宙の実相。唯一絶対の永遠普遍の真理。

いっ-すい【一水】❶ひとすじの水流。❷水や酒のひとしずく。一滴。「酒は一もたべぬ」〈虎明狂・止動方角〉

いっ-すい【一炊】飯を一度たくこと。

一炊の夢　「邯鄲(かんたん)の枕(まくら)」に同じ。

いっ-すい【一睡】〔名〕スル ちょっと眠ること。ひと眠り。「一もしない」「食後、一してから出かける」類語 ひと寝入り・転寝(うたたね)・仮寝(かりね)・仮睡・仮眠・まどろむ

いっ-すい【一穂】❶1本の穂。❷炎・煙などを穂に見立てていう語。「獄内には一の灯(ともしび)だも無ければ」〈鉄腸・南洋の大波瀾〉

いっ-すい【×溢水】〔名〕スル 水があふれること。また、水をあふれさせること。「大雨で河川が一する」

いっすい-かい【一水会】ークワイ 美術団体。二科会を脱退した有島生馬・安井曽太郎らによって昭和11年(1936)に結成された。穏健な作風を主調とする。

いっすい-ざい【×溢水罪】►現住建造物等浸害罪

いっ・する【逸する】〔動サ変〕文いっ・す〔サ変〕❶㋐ある枠から外れる。それる。「常軌を一・した行為」㋑《「佚する」とも書く》なくなる。散逸する。「本文を一・した古文書」㋒心のままに過ごす。気ままに楽しむ。「富商大賈は一・して食う者もあらんと雖ども」〈福沢・文明論之概略〉❷㋐取り逃がす。のがす。「勝機を一・する」㋑もらす。落とす。「功労者として一・することのできない名前」類語 逃がす・失う・失する

いっ-すん【一寸】❶尺貫法の長さの単位。➡寸 ❷わずかな時間・距離・量、また小さい物事のたとえ。「一のひまも惜しむ」「一のすきもない構え」類語 寸分

一寸先は闇(やみ)　ほんの少し先のことも全く予知できないことのたとえ。

一寸下は地獄　「板子(いたご)一枚下は地獄」に同じ。

一寸の光陰軽(かろ)んずべからず　《朱熹「偶成」から》わずかな時間でもむだに過ごしてはいけない。

一寸延びれば尋(ひろ)延びる　当座の困難を何とかしのいでいけば、先に行って楽になるというたとえ。

一寸の虫にも五分(ごぶ)の魂　どんな弱小なものにも、それ相応の意地や考えがあって、ばかにしてはいけないということのたとえ。

いっすん-あし【一寸足】小股(こまた)で歩くこと。刻み足。

いっすん-きざみ【一寸刻み】いっぺんに殺さず、少しずつ切って苦しめること。また、物事が少しずつ進行すること。「参詣人の列が一に進む」「私の命を一に捨てて行くようにつらい」〈康成・十六歳の日記〉

いっすん-さき【一寸先】ちょっと離れた前方。「一も見えない吹雪」

いっすん-だめし【一寸試し】少しずつ切り刻むこと。また、そのようにして苦しめること。一分(いちぶ)試し。

いっすん-のがれ【一寸逃れ】その場だけをつくろって、一時的に逃れようとすること。当座逃れ。一時逃れ。「帰国(かえ)ってから返すと、一にごまかして」〈魯文・西洋道中膝栗毛〉

いっすんぼうし【一寸法師】イッスンボフシ 室町時代の御伽草子(おとぎぞうし)の一。背丈が1寸ほどの主人公が鬼退治をし、打ち出の小槌(こづち)の力でりっぱな若者になり、公家の姫と結婚し中納言にまで出世する。

いっ-せ【一世】❶仏語。過去・現在・未来の三世(さんぜ)のうちの一つ。❷一生涯。一生。「夫婦一の別れが泣かずに居られましょうか」〈紅葉・二人比丘尼色懺悔〉❸(子を二世、孫を三世というのに対し)その人の一代。❹(孫の代までを二世、曽孫(ひまご)までを三世というのに対して)父から子への一代。父子一代。

いっ-せい【一世】❶一生。一代。❷その時代。当代。「一に名を馳せる」「一の雄」❸一人の君主・家長が国や家を治めている間。一代。❹移民や開拓民などの最初の代の人。「日系一」❺同じ血統や同じ名の法王・王・皇帝などの中で、最初に即位した者。第一代。初代。「ナポレオン一」 アク❶❷はイッセイ、❸❹❺はイッセイ。類語(❶)一代・一期・今生・一生・生涯・人生・終生・畢生(ひっせい)・終身・一生涯・ライフ／(❺)初代

一世を風靡(ふうび)・する　その時代の人々がことごとく受け入れ従うようにする。ある時代に圧倒的に流行する。「新理論として一・する」「一・した歌手」

いっ-せい【一声】❶大きい一つの声や音。ひとこえ。「汽笛一新橋を」〈大和田建樹・鉄道唱歌〉❷能の構成部分の一。シテの登場、舞のかかりなどに謡う定型的な短い謡。❸能の囃子事(はやしごと)の一。シテの登場などに際して、大鼓・小鼓に笛を吹き添えるもの。❹狂

言の囃子事の一。能がかりの登場に用いる。❺歌舞伎囃子の一。能と同じく、大鼓・小鼓・能管による。大海・深山の幕開き、道具替わり、舞踊の主役の登場などに用いる。

いっ-せい【一斉】（多く「一斉に」の形で副詞的にも用いる）❶同時にそろって何かをすること。同時。いちどき。「―に立ち上がる」「―射撃」❷一様にそろうこと。等しいこと。平等。「目に入るものは―に暗鬱な色彩ばかり」〈荷風・あめりか物語〉 類語 一緒に・共に・同時・同じ・同様・同然・等しい・イコール・一つ

いっせい-いちげん【一世一元】天皇一代に、ただ一つの年号を用いること。明治元年(1868)9月8日の改元の詔によって定められた。一代一元。

いっせい-きょうじゅ【一斉教授】学級の全員に対して、同時に同一内容の授業をすること。一斉授業。➡グループ学習 ➡個別指導

いっせい-じゅぎょう【一斉授業】►一斉教授

いっせ-いちご【一世一期】一生を通じての間。一世一代。「さりとは―の迷惑」〈浄・艶狩剣本地〉

いっせ-いちだい【一世一代】❶一生に一度だけであること。特に、一生に一度の晴れがましいこと。「―の大仕事」❷役者などが、引退などの前に一生の仕納めとして演じる晴れの舞台。舞台納め。「―の熱演」 補説 この語の場合、「一世」を「いっせい」とは読まない。

いっせ-いちど【一世一度】一生にただ一度であること。「―の分別袋、跡のふくろびきづかはし」〈浄・扇八景〉

いっせい-とりしまり【一斉取(り)締(ま)り】警察が、通行する自動車などを日時・場所を定めて一斉に検問し、犯罪・交通違反などを取り締まること。

いっ-せいめん【一生面】►いちせいめん(一生面)

いっ-せき【一夕】❶ひと晩。一夜。「一朝―」❷ある晩。ある夜。「一友と語らう」 類語 一夜・夜分

いっ-せき【一石】一つの石。

一石を投・じる 《水に石を投げると波紋が生じるところから》反響を呼ぶような問題を投げかける。「文壇に―・じる」

いっ-せき【一隻】❶船一そう。➡隻 ❷一対の物の片方。

いっ-せき【一席】❶1回の茶席や宴席。❷演説・講談・落語などの、1回の話。「―弁ずる」「毎度ばかばかしい話を―伺います」❸順位で第1番。第1位。「音楽コンクールで―になる」

一席ぶ・つ 大勢の聞き手に向かって演説をしたり威勢のいい話をしたりする。「環境問題について―・つ」

一席設・ける ちょっとした宴会や集まりを開く。

いっ-せき【一跡】❶家筋の続き。家系。血統。「大家の―、この時断亡せんこと勿体なく候」〈太平記・三五〉❷後継者に譲るすべてのもの。跡目一式。全財産。「―を継がせ申したき心中にて候」〈謡・春栄〉❸自分だけのもの。独特のもの。「身が―のせりふの裏を食はすは痴れ者」〈浄・嫗山姥〉

いっ-せき【一×齣】小説・戯曲などのひとくぎり。一節。一段落。いっく。

いっせき-がん【一隻眼】❶一つの目。隻眼。❷ものを見抜く特別な眼識。独特の批評眼。「―を具する」

いっせき-にちょう【一石二鳥】一つの事をして同時に二つの利益・効果をあげること。一挙両得。「―の名案」 補説 西洋のことわざTo kill two birds with one stone.(一つの石で2羽の鳥を殺す、の意)から。

いっせき-わ【一夕話】ある晩語られた話。「唄の節につい誘われて浮気ものになった事があると語った彼女の―からであった」〈荷風・見果てぬ夢〉

いっ-せつ【一節】❶文章・音楽などのひとくぎり。「詩の―」❷プロ野球などの日程のひとくぎり。 類語 部分・箇所・ところ・部位・一部・一部分・局部・局所・細部・断片・一端・一斑・件・パート・セクション・点

いっ-せつ【一説】❶一つの説。一つの意見。❷別の説。別の意見。ある説。「―によれば」

いっ-せつ【一切】〔副〕「いっさい(一切)㊁」に同じ。「―存ジマセン」〈和英語林集成〉

いっせつ-たしょう【一殺多生】多くの人を生かすために、害をなす一人を殺すこと。いっさつたしょう。

いっ-せつな【一刹那】ごく短い時間。一瞬間。刹那。「目を離した―、事故が起こった」

いっせ-の-げんじ【一世の源氏】源の姓を賜り、臣下にくだった皇子。親王の子で源氏になった者を二世の源氏というのに対する語。

いつせ-の-みこと【五瀬命】鸕鷀草葺不合尊の子。神武天皇の兄。神武天皇とともに九州から東征し、紀伊で没したといわれる。

いっ-せん【一洗】〔名〕スル きれいに洗い流すこと。すっかり取り除くこと。一掃。「柔弱なハイカラ空気を―する」〈魯庵・社会百面相〉

いっ-せん【一×閃】〔名〕スル ぴかっと光ること。ひとひらめき。「電光―」「殺すなら、今だという気が、心頭をかすめて、―する」〈芥川・偸盗〉 類語 閃光・閃き・スパーク・フラッシュ・ストロボ・光る

いっ-せん【一戦】〔名〕スル 一度たたかうこと。また、そのたたかい。「―を交える」「地元校と―する」 類語 交戦・対戦・決戦・応戦・抗戦・大戦・夜戦・白兵戦・前哨戦・実戦

いっ-せん【一銭】❶貨幣の単位。➡銭 ❷わずかな金額。「―にもならない仕事」「―を笑う者は―に泣く」❸一文、また一文銭のこと。❹「一銭剃り」の略。

一銭を笑う者は一銭に泣く わずかな金額だといって軽視する者は、そのわずかな金額に困ることになる。たとえわずかな金でも軽んじてはいけないという戒め。一円を笑う者は一円に泣く。

いっ-せん【一線】❶1本の線。糸すじ状の1本。❷戦いで敵と直接ぶつかる隊列。また仕事などで、最も活動する位置。第一線。「―に配属される」「―の記者」「―から退く」❸はっきりしたくぎり。けじめ。「公私の間に―を引く」「最後の―を越えない」 類語 区切り・折り目・境・一段落・節目

一線を画・する 境界線を引いてくぎりをつける。はっきり区別する。「保守派とは―・する」

一線を越・える 守るべきことを破る。してはならないことをする。「社会の公器としての―・える」

いっせん-いちじ【一銭一字】►一字❸

いっせんいちやものがたり【一千一夜物語】「アラビアンナイト」の別名。千夜一夜物語。千一夜物語。

いっせん-ぎり【一銭切り】戦国時代の軍律にみられる死刑の一。たとえ1銭でも盗んだ者は首を切られるからとも、首の切り口の形が銭に似ているからともいう。「みだりがはしき輩あらば、―と御定めあって」〈信長記・一〉

いっせん-じょうき【一銭蒸汽】《初め1区間の運賃が1銭だったことから》明治から第二次大戦前まで、東京の隅田川を航行した小型客船。ぽんぽん蒸気。

いっせん-しょく【一銭職】一銭剃りを職業とした者。

いっせん-ぞり【一銭×剃り】《代金が1銭(1文)だったところから》近世初期、道端などで店を構えて商売をした髪結い。一文剃り。

いっせんだい【一×闡×提】《梵icchantikaの音写。断善根・信不具足と訳す》仏法を信じることなく、成仏の素質を欠く者。

いっせん-ぢゃや【一銭茶屋】江戸時代、茶一服を1銭(1文)で売った茶店。

いっそ〔副〕《「いっそう(一層)」の音変化という》❶中途半端な状態を排して思いきったことを選ぶときに用いる。とやかく言わないで。むしろ。いっそのこと。「そんな絵なら―掛けないほうがましだ」❷予想に反した事を述べるときに用いる。かえって。反対に。「近ごろは角帽をかぶった学生のほうが―異様だ」❸好ましいものをあきらめ、意に添わないことを選ぶときに用いる。どうせ。「一木もやどりのたよりならねば、―にぬれた袖笠」〈浮・一代男・一〉❹まったく。たいそう。「大屋さんのおかみさんへ―追従ばかりいって」〈滑・膝栗毛・発端〉 類語 むしろ・かえって

いっその事 ❶「いっそ❶」に同じ。「どうせ負ける相手なら―新人をぶつけて鍛えよう」❷投げやりな気持ちになって、極端な事態になることを願望するさま。「―焼けてなくなればいい」

いつ-ぞ【何=時ぞ】〔副〕《「ぞ」は係助詞》❶過去または未来の、不定の時を表す。㋐いつであったか。いつか。「―の年か忘れたが」㋑そのうちいつか。「五三の価をためて、―時節を待てども」〈浮・一代男・五〉❷（「いつぞは」の形で）早晩。遅かれ早かれ。「―はこなたへ申さう申さうと存じてござれども」〈虎寛狂・止動方角〉

いっ-そう【一双】二つでひと組をなすもの。一対。「六曲―の屏風」「―の目はたちまちぎらりとわれらをにらむのである」〈蘆花・思出の記〉

一双の玉手千人の枕 《「円機活法」から》2本の美しい腕が千人の男の枕になる。夜ごとに別の客を迎える遊女の身の上をいう言葉。一双の玉臂千人の枕。

一双の玉臂千人の枕 ►一双の玉手千人の枕

いっ-そう【一掃】〔名〕スル ❶すっかり払いのけること。一度に払い去ること。「悪習を―する」「不安を―する」❷野球で、出塁中のランナー全員をホームインさせること。「走者―の二塁打」 類語 払拭・掃滅

いっ-そう【一層】㊀〔名〕❶ひとかさね。❷数層の建物のいちばん下。㊁〔副〕❶程度がいちだんと進むさま。ひときわ。ますます。「寒さが―厳しくなる」「末っ子をより―かわいがる」❷むしろ。かえって。いっそのこと。「何を見てもつまらなく、―消えて了いたい」〈横光・火の点いた煙草〉 類語 更に・もっと・ますます・いよいよ・より・も少し・もう少し・ずっと・余計・なお・なおさら・一段と・弥が上に

いっ-そう【逸走】〔名〕スル 走って逃げること。また、一定のコースからそれて走ること。「群集を押し分けて会堂の外に―しけるが」〈竜渓・経国美談〉

いっそう-いちぼく【一草一木】「一木一草」に同じ。

いっそう-りゅう【一×噌流】能の笛方の流派の一。室町末期の中村七郎左衛門を流祖とする。その子(弟子ともいわれる)、又三郎が一噌似斎と称し、それが流名となった。

いっ-そく【一束】❶ひとまとめにすること。また、たばねたもの一つ。ひとたば。➡束 ❷握りこぶしの親指を除いた指4本の幅。矢の長さの単位として用いる。❸竹・薪・稲や紙の連などの10把。❹《野菜など10を1把とし、10把を一束するところから》数の百をいう語。「ハゼ―半の釣果」「無銭なら―でも貰っておくわい」〈滑・浮世風呂・四〉

いっ-そく【一足】❶靴や足袋など、履き物の左右ひと組。➡足 ❷蹴鞠で、1回鞠をけること。「鞠ヲ―ケル」〈日葡〉❸わずかな足の動き。「―一刀ひるみなく、絶頂さして追ひ上ぐるは」〈浄・源頼家源実朝鎌倉三代記〉❹ある段階。「―とんだる作意もをかしく」〈貝おほひ〉

いっ-そく【逸足】❶足の速いこと。また、そのもの。駿足。「良駿―」❷すぐれた能力をもっていること。また、その人。逸材。「高材―の士」

いっそく-いっぽん【一束一本】武家の通常の献上物で、杉原紙1束(10帖)と扇1本。十帖一本。

いっそく-ぎり【一束切り】髻をひと握りほどの長さに切った髪。「鎌倉中の軍勢どもが―とて髻を短くしけるは」〈太平記・一四〉

いっそく-とび【一足飛び】❶両足をそろえて飛ぶこと。❷目的の地点まで一気に移動すること。「三階まで―に駆け上がる」「飛行機で―だ」❸順序を踏まないで、飛び越えて進むこと。一気に飛び越えること。「―の昇進」

イッソス-の-たたかい【イッソスの戦い】前333年、アレクサンドロス大王がシリア北西部のイッソス(Issos)で、ダレイオス3世のペルシア軍を破った戦い。この勝利によって、大王の小アジア征服が決定的なものとなった。

いつぞ-や【何=時ぞや】〔副〕《「や」は係助詞》過去の不定の時を表す場合の、改まった言い方。いつか。先日。「―は失礼いたしました」(類語)何時か・前に・ある時・かつて・以前・前前・かねて・かねがね・昔

いっそん-いっぴん【一村一品】昭和54年(1979)平松守彦大分県知事が提唱した地域活性化運動。県内全市町村がそれぞれ一つの特産品を開発し、全国に販路を拡大しようという方策。カボス・関アジ・関サバなどの名産品を生産し、農水産業者の収益改善に寄与した。一村一品運動。(補説)この運動は国内だけでなく、アジア・アフリカの開発途上国にも広がっている。

いつぞんそうしょ【佚存叢書】中国では失われたが、日本にだけ現存していた漢籍の叢書。110巻60冊。林述斎編。寛政11年～文化7年(1799～1810)刊。「古文孝経」など16種を収録。

いっ-たい【一体】㊀〔名〕❶一つのからだ。また、同一のからだのようになっていること。同体。「―を成す」「夫婦は―」「三位―」❷一つにまとまっていること。「クラスが―となる」❸一つの体裁・様式。「書の―」❹仏像・彫像などの一つ。「菩薩像―」❺(多く「一体に」の形で副詞的に用いて)全体にならしていうさま。総じて。概して。「―に今年は雪が多い」「日本人は―に表情に乏しい」㊁〔副〕❶強い疑問や、とがめる意を表す。そもそも。「―君は何者だ」❷もともと。元来。「―生徒が全然悪いです」〈漱石・坊っちゃん〉(類語)一般・全般に・全体・総じて・概して・多く・おしなべて・おおむね・大概・普通・通例・通常・総体・およそ・広く・遍く

いっ-たい【一帯】❶あたり全体。「九州―」❷ひと続き。ひとすじ。「―の冬雲が浮んで」〈藤村・破戒〉(類語)全域・一円・一面・辺り・地域・周辺・近辺・四辺・周囲・まわり・近く・付近・界隈・近傍・辺・区域・地区・地方・方面・地帯・土地・地・境域・境・領域・エリア・ゾーン・境・区画

いったい-か【一体化】〔名〕スル 別々のものが一つになること。別種のものを一つに融合させること。「地域経済の―を目指す」「演劇は民衆の娯楽と祭典が―したものである」

いったい-かぜい【一体課税】預貯金や株式、債券、投資信託、保険などの金融取引によって生じる利益や損益を相殺した後の所得に課税すること。預貯金を投資に向けさせる意図がある。

いったい-かん【一体感】一つにまとまったと感じること。グループやその場にいる人々の気持ちや考えが一つにまとまること。「クラスの―が高まる」「観客との間に―が生まれる」

いったい-ぜんたい【一体全体】〔副〕「一体㊁❶」を強めた言い方。非常に強い疑問の気持ちを表す。「―どうなっているんだ」

いったい-ぶんしん【一体分身】《「いったいふんじん」とも》一体の神仏が、衆生救済のためさまざまな姿をかりて現れること。また、その神仏。「仏氏の説に―とかいふなるは、我と彼との事なり」〈折たく柴の記・中〉

いつ-だつ【逸脱】〔名〕スル 本筋や決められた枠から外れること。「任務を―する行為」

いっ-たん【一反｜一▽段】織物や面積などの単位。➡反

いっ-たん【一旦】《「旦」は朝の意》㊀〔名〕❶一度。「―は中止と決まっていた」❷しばらくの間。一時。「―の楽しみにほこって、後生を知らざらん事の悲しさに」〈平家・一〉❸あの時一度。「―の御心をそむき」〈曽我・七〉㊁〔副〕❶ひとたび。一度。「―怒りだすと、手がつけられない」❷ひとまず。一時的に。「―帰国する」㊀㊁はイッタン、㊁はイッタン。

一旦緩急あれば 《「史記」袁盎伝から》ひとたび大事が起これば。「―ただちに駆けつける」

いっ-たん【一端】❶一方のはし。片はし。「ひもの―」❷一部分。「感想の―を述べる」(類語)(❶)片端・端・端っこ・末・先・先っぽ・突先・突端・先端・突端・末端・ヘッド・頭／(❷)一環・端・部分・箇所・ところ・部位・一部・一部分・局部・局所・細部・断片・一斑・一節・件・パート・セクション・点

いっ-たん【一×箪】竹製の飯器の一。また、それに盛ったわずかな食物。

一箪の食一瓢の飲 《「論語」雍也から》わずかばかりの飲食物。清貧に甘んじる生活のたとえ。

いっ-ち【一致】〔名〕スル ❶二つ以上のものがぴったり一つになること。くいちがいなく同じであること。合致。「意見の―をみる」「指紋が―する」「満場―」❷ごく普通の道理。「気遣ひいたすも―なれば」〈浮・禁短気・四〉(類語)合致・符合・吻合・揃う

いっ-ち〔副〕《「いち(一)」を促音化して意味を強めた語》いちばん。最も。「何所のより―好え出来でしょう」〈風葉・五反歩〉

いっちいっさく-にん【一地一作人】太閤検地以後、1筆ごとの土地の耕作権を農民1名に限ったこと。荘園の土地支配制度における重層的な中間搾取や諸権利を否定した政策。

いっち-しすう【一致指数】内閣府が景気動向指数として公表する三つの指数(先行指数・一致指数・遅行指数)の一つ。鉱工業生産指数や有効求人倍率など11の個別系列から算出する。景気とほぼ同じタイミングで変化すると考えられる。各個別系列の数値の増減を合計して変化の度合いやテンポを見るコンポジットインデックス(CI)と、改善した個別系列が全体に占める割合を示すディフュージョンインデックス(DI)が発表される。

イッチタクニー-スプリングス-しゅうりつこうえん【イッチタクニースプリングス州立公園】《Ichetucknee Springs State Park》米国フロリダ州、フロリダ半島北部にある州立公園。フロリダ半島に数ある湧水池の中でも最も透明度が高いことで知られる。

いっち-だんけつ【一致団結】〔名〕スル 多くの人が一つの目的のためにまとまること。「―して困難に立ち向かう」

いっち-てん【一致点】二つ以上の意見や立場などがぴったり合うところ。「双方の条件の―を見いだす」

いっち-は【一致派】日蓮宗の一派。法華経二十八品の後半の本門と前半の迹門に説かれる理は一致したもので、勝劣はないと説く。現在の日蓮宗はこれに該当。一致方。➡勝劣派

いっち-はんかい【一知半解】物事の理解のしかたが中途半端なこと。なまかじりの知識。「―の徒」(類語)聞きかじり・生かじり

いっ-ちゃく【一着】〔名〕スル ❶最初に到着すること。競走などで、一番になること。❷仕事などで、最初に着手すること。「我党の社会的運動の―として」〈魯庵・社会百面相〉❸衣類のひとかさね。洋服のひとそろい。❹着用すること。着ること。「君はいつでも此袖無を―して居る」〈漱石・虞美人草〉❺甲冑一領。❻囲碁で、盤面に石を一つ打ち下ろすこと。また、その石。

いっ-ちゃくしゅ【一×搩手】仏像などに用いる尺度の単位。親指と中指とを伸ばした長さ。いったくしゅ。

いっちゃくしゅ-はん【一×搩手半】一搩手にその半分を加えた長さ。約1尺2寸(約36センチ)。特に仏像などをつくるときの定則とする。いったくしゅはん。「―の薬師百体」〈平家・一〉

いっ-ちゅう【一中】禅宗で、一座の意。一座の人々に茶菓などを供する時などをいう。

いっちゅう【一中】㊀➤都太夫一中 ㊁「一中節」の略。

いっ-ちゅう【一×籌】❶《「籌」は勝負を争うときの得点を数える道具》一つの数取り。❷一つのはかりごと。「此奴を―の末に制する事能わざれば」〈漱石・虞美人草〉

一籌を輸する 《陸游「九月六夜夢中作笑詩」から》一段階劣る。一歩譲る。「いつも彼女には―する外はなかった」〈芥川・侏儒の言葉〉

いっちゅう-ぶし【一中節】浄瑠璃の流派の一。17世紀末に京都の都太夫一中が創始。初め上方で流行し、のち江戸で栄えた。都派のほか、分派の菅野派と宇治派がある。一中。

いっ-ちゅうや【一昼夜】まる1日。24時間。

いっ-ちょう【一丁】㊀〔名〕❶豆腐・刃物など一つ。➡丁 ➡挺 ❷距離・面積の単位。➡丁 ❸料理などの一人前。「エビフライ―あがり」❹勝負事などの一回。ひと勝負。「もう―やろう」㊁〔副〕《㊀❹から》物事を始めるときに言う語。ひとつ思いきって。それでは。さあ。「―とりかかるか」

いっ-ちょう【一町】❶尺貫法の距離・面積の単位。➡町 ❷一つの町。また、町全体。

一町に三所 《「一町」は、距離では60間、約109メートル》1町の間に3か所くらいしかない。まばらなことのたとえ。一丁三所。「次第に人倫絶えて、―ばかり」〈浮・永代蔵・三〉

いっ-ちょう【一張】弓・弦楽器・幕・毛皮など一つ。➡張

いっ-ちょう【一朝】㊀〔名〕❶ある朝。ある日。「―明ければ」❷わずかな間。「―にして滅びる」❸朝廷全体。また、朝廷に仕えるすべての人。「―信仰してはじめて法流をうけ給ふ」〈平家・一〇〉㊁〔副〕急に何かあるときにいう語。いったん。ひとたび。「―事あるときは、すぐ駆けつけよう」(類語)(❶)一朝一夕・一夜／(❷)一回・一遍・ひとたび・一度

一朝の怒りにその身を忘る 《「論語」顔淵から》一時の怒りのために前後を忘れ、身を滅ぼすことになる。一朝の怒りに一生を過つ。

いっ-ちょう【一調】❶能の演奏形式の一。謡曲中の要所を、小鼓・大鼓・太鼓のいずれか一つの伴奏で、一人で謡うこと。❷長唄囃子で、小鼓1丁による独奏。歌舞伎下座音楽では、武将の出入りなどに用いる小鼓の囃子。本来は1丁であるが、3、4丁のこともある。

いっちょう-いっし【一張一×弛】《「礼記」雑記下から》弓の弦を張ったりゆるめたりするように、気持ちをひきしめたりゆるめたりすること。厳格さと寛大さを交互に示すこと。また、盛んになったり衰えたりすること。

いっちょう-いっせい【一調一声】能で、小鼓一調のうち、特に謡に先立ち小鼓が一声の囃子を打つもの。

いっちょう-いっせき【一朝一夕】《一日か一晩か、の意から》わずかな期間。短い時日。「これほどの大事業は―には成就しない」(類語)一夜・一朝・短期間・短時日・短日月

いっちょう-いったん【一長一短】長所がある一方、短所もあること。「どの計画にも―がある」

いっちょう-じめ【一丁締め】手締めの一。掛け声のあとに1拍だけ手をたたくもの。一本締め。

いっちょう-まえ【一丁前】「一人前」に同じ。「―の口をきく」

いっちょうめ-いちばんち【一丁目一番地】最初に実施すべき最重要な事柄をたとえていう。最優先課題。「党の政策の―は地方分権にある」

いっちょう-ら【一張羅｜一丁羅】❶その人が持っている衣服のなかで、最もよいもの。「―の晴れ着を着こむ」❷ほかには持たず、たった1着きりの衣服。(類語)晴れ着・よそゆき・街着

いっ-ちょくせん【一直線】❶一つの直線。「―上の点」❷少しのゆがみもないこと。まっすぐ。「―に並ぶ」「―に自宅に帰る」(類語)直線

いつ-つ【五つ】❶数の名。四つの次、六つの前の自然数。ご。いつ。5個。❷5歳。❸昔の時刻の名。今の午前8時および午後8時ごろ。いつつどき。(類語)一・二・三・四・五・六・七・八・九・十・百・千・万・億・兆・ゼロ・零・一つ・二つ・三つ・四つ・六つ・七つ・八つ・九つ・十

い-づつ【井筒】(ヰ) ❶井戸の地上部分に設けた円筒状あるいは方形の囲み。❷鉄筋コンクリート製の底もふたもない筒。建造物の基礎を作るのに用いる。❸紋所の名。❶の形を図案化したもの。平(ひら)井筒・角立(すみた)て井筒など種々ある。井桁(いげた)。

いづつ【井筒】(ヰヅツ) 謡曲。三番目物。世阿弥作。伊勢物語に取材したもので、紀有常の娘の霊が在原業平との思い出を語り、井筒を回りながら、水にわが姿を映して昔を懐かしむ。

いつつ-あこめ【五つ×衵】女房・童女などの晴れの装束で、衵を5枚重ねて着ること。

いっ-つい【一対】二つそろって、ひと組として扱われるもの。「―の夫婦(めおと)茶碗」「好―」
(類語)組(くみ)・揃(そろ)い・対(つい)・番(つが)い・一式・ペア・セット

いっ-つう【一通】一つの文書または手紙。「―の投書」「もう―コピーをとる」

いつつ-お【五つ緒】(ヲ) 牛車(ぎっしゃ)の簾(すだれ)の一。簾の左右の縁と中央の革緒との間に、革で一条ずつの風帯(ふうたい)を垂れたもの。

いつつお-の-くるま【五つ緒の車】(イツツヲ) 五つ緒の簾(すだれ)を掛けた牛車(ぎっしゃ)。網代車など。

いつつ-がさね【五つ重ね｜五つ▽襲】「五つ衣(ぎぬ)」に同じ。

いつつ-がしら【五つ頭】歌舞伎下座音楽で、鳴り物の一。荒事の見得に伴って用いる。太鼓・大太鼓・笛の3種と、場合によっては大小の鼓(つづみ)をかけ声とともに打ち合わせる。

いづつ-かずゆき【井筒和幸】(ヰヅツ)［1952～ ］映画監督。奈良の生まれ。関西を舞台にした青春映画「岸和田少年愚連隊BOYS BE AMBITIOUS」で鮮烈な印象を与えた。テレビ出演も多く、辛口の映画批評で知られる。代表作「二代目はクリスチャン」「犬死にせしもの」「のど自慢」「パッチギ!」など。

いづつ-きそ【井筒基礎】(ヰヅツ) 建造物の基礎の一。井筒を地盤に据え、内部を掘って沈下させ、硬層などのある深さまで継ぎ足し、その中にコンクリートを充填する。軟弱な地盤に行う。

いつつ-ぎぬ【五つ▽衣】女房の装束で、表衣(うわぎ)と単(ひとえ)との間に5枚の袿(うちき)を重ねて着ること。五つ重ね。五重襲(いつえがさね)。

い-つづけ【居続け】(ヰ)〔名〕(スル) ❶長い間よそに泊まって自宅へ帰らないこと。入りびたり。「時には一週間位―に厄介になる事もあった」〈長与・竹沢先生と云ふ人〉❷遊里などで、何日も遊んで家へ帰らないこと。また、その客。流連。「あるお茶屋で、毎日―して遊んでいられる」〈倉田・出家とその弟子〉

いっ-つ・ける【言っ付ける】〔動カ下一〕「いいつける」の音変化。「阿母(おっか)さんに―・けてやるぞ」〈秋声・あらくれ〉

いつつ-どうぐ【五つ道具】(ダウグ) 江戸時代の大名行列で、槍・打ち物・長柄傘・挟箱(はさみばこ)・袋入れ杖(つえ)の5種。「引き馬に―」〈浄・会稽山〉

いつつ-の-おしえ【五つの教え】(ヲシヘ)《「五教」を訓読みにした語》儒教で、人間として守るべき仁・義・礼・智(ち)・信の五つの徳目。五つの道。五常。

いつつ-の-かりもの【五つの借り物】人間のはかない生命のこと。すべての物は地・水・火・風・空の五つから構成され、人間の肉体も死ねばこの五つに戻るという仏説からの語。

いつつ-の-くるま【五つの車】「五車(ごしゃ)」を訓読みにした語。

いつつ-の-さわり【五つの障り】(サハリ)「五障(ごしょう)」を訓読みにした語。

いつつ-の-にごり【五つの濁り】「五濁(ごじょく)」を訓読みにした語。「―深き世になどて生まれ給ひけむ」〈源・蓬生〉

いつつ-の-みち【五つの道】「五つの教え」に同じ。

いつつ-ぼし【五つ星】紋所の名。一つの円の周りに四つの円を並べた図柄。

いつつ-もの【五つ物】5種の射芸。流鏑馬(やぶさめ)・笠懸(かさがけ)・小笠懸・犬追物(いぬおうもの)・歩射(ぶしゃ)の五つ。

いつつ-もん【五つ紋】背に一つ、両袖の後ろと両胸にそれぞれ一つずつ、合計五つの家紋のある着物や羽織。正式礼装用。五所紋(いつところもん)。

いっ-て【一手】❶碁で石を一つ打つこと。将棋で駒を一つ動かすこと。「次の―」❷その方法だけで押し通すこと。一つだけの方法・手段。「押しの―」「泣きの―」❸自分一人だけで扱うこと。独占すること。「苦情を―にさばく」「仕入れを―に引き受ける」

いっ-てい【一定】〔名〕(スル) ❶一つに定まって変わらないこと。「―の分量」「―の収入」❷順序や方法などが決まっていること。「―の書式」「―の方針」❸ある傾向・状態に落ち着くこと。「―した人気を保つ」
(類語)固定・不動・不変・定常

いっ-ていじ【一丁字】《「丁」は「个(か)」の篆書(てんしょ)を誤ったもの。「个」は個・箇の意》1個の文字。一字。

一丁字を識(し)らず 《「唐書」張弘靖伝から》1字も読めない。無学である。目に一丁字なし。

いってい-ビットレート【一定ビットレート】▶固定ビットレート

いっ-てき【一滴】ひとしずく。きわめて少量の意にも用いる。「酒は―も飲めない」「大海の―」

いっ-てき【一×擲】〔名〕(スル) 一度にすべてを投げ捨てること。「微温的態度を―する」「乾坤(けんこん)―」

一擲乾坤(けんこん)を賭(と)す 《韓愈「過鴻溝」から。さいころを投げて、天が出るか地が出るか賭(か)ける意》天下を取るか取られるか、すべてを運に任せて思いきってやってみる。乾坤一擲。

いってき-せんきん【一×擲千金】大金を惜しげもなく一度に使うこと。豪快なふるまいのたとえ。

いって-こい【行って来い｜▽往って来い】❶博打(ばくち)や相場取引などで、損得を繰り返して、結局、差引勘定に変わりがないこと。「最終レースが当たったから―だ」❷歌舞伎の演出で、ある場面から別の場面に替わり、またもとの場面に戻ること。普通は回り舞台によって行う。❸相撲で、いなすこと。

いっ-てつ【一徹】〔名・形動〕思いこんだことはひと筋に押し通すこと。かたくななこと。また、そのさま。「老いの―」「―な性格」(派生)いってつさ〔名〕

いってつ-もの【一徹者】思いこんだことはあくまで押し通す人。一刻者。一徹人。

いって-はんばい【一手販売】〔名〕(スル) ある商品を自分のところだけで一手に引き受けて売ること。「地酒を―する」

いって-みれ-ば【言ってみれば】ほかの言葉で言うと。換言すれば。言い換えれば。

いつ-でも【何=時でも】〔副〕どんな時でも。常に。「―いいから連絡を下さい」「―身につけている」

イッテルビウム〖ytterbium〗希土類元素のランタノイドの一。単体は灰色の金属。元素記号Yb　原子番号70。原子量173.0。

いっ-てん【一天】❶空一面。空全体。「―にわかにかき曇る」❷《「一天下」の略》全国。全世界。「今年の春咸ぼし果てて―をしづめ」〈平家・一二〉

いっ-てん【一点】❶一つの点。一つの場所。「平面上の―」「壁の―を見つめる」❷わずかなこと。ほんの少し。「―のかげりもない」❸競技やゲームの一得点。❹作品や品物の一つ。「佳作―」❺昔、漏刻(ろうこく)(水時計)で、一時(いっとき)(今の2時間)を四等分したその最初の時刻。

いっ-てん【一転】〔名〕(スル) ❶ひと回りすること。また、ひっくり返ること。1回転。「氷上で滑って―した」❷ありさまががらりと変わること。また、がらりと変えること。「楽しい旅行のはずが、―悲しみの旅路となった」「相場が―する」「心機―」(類語)一変・急転・急変・激変・豹変(ひょうへん)・心機一転・変わる

いってん-いっかく【一点一画】(イツクワク) 漢字の一つの点と一つの画(かく)。「―もゆるがせにしない」

いってん-おおめいが【一点大×螟×蛾】(オホメイガ) メイガ科のガ。翅(はね)の開張約2.5センチ。雄の翅は淡褐色で黒点やすじがあり、雌では淡黄白色で黒点が1個ずつある。幼虫は稲の茎に食い入る害虫。晩春から初秋にかけ3回発生するので三化螟蛾(さんかめいが)ともいう。

いっ-てんか【一天下】《「いってんが」とも》世の中全体。国中。一天。「ただいまの関白左大臣、―をまつりごちておはします」〈大鏡・後一条院〉

いっ-てんき【一転機】一つの重大な変わり目。いちてんき。「大病が人生の―となった」
(類語)曲がり角・分かれ目・分岐点・転機

いってん-ご【一転語】仏語。心機を一転させる語。迷いを転じて悟りを開かせる一語。

いってん-こう【一点紅】《王安石「咏柘榴詩」から》❶青葉の中に咲く一輪の紅い花。❷ザクロの花。❸多くの男性にまじる、ただ一人の女性。紅一点。

いってん-しかい【一天四海】《天の下と四方の海の意から》全世界、または日本全国。天下。「―の内のみか、人の国まで日の本に」〈謡・盛久〉

いってん-しょう【一点鐘】❶午前1時。または、午後1時。❷1時間。

いってん-ちろく【一天地六】さいころのこと。さいころの各面は天地東西南北を象徴しているとされ、1が天、6が地(5が東、2が西、3が南、4が北)となるところからの名。

いってん-の-きみ【一天の君】天下を治める君主である人。天皇。天子。「―崩御なって後」〈平家・一〉

いってん-ばり【一点張り】❶賭け事で同じ所だけに金銭をかけること。❷他の事を顧みず、その事だけを押し通すこと。「勉強―の生活」「わからないの―でその場をしのぐ」

いってん-ばんじょう【一天万乗】《「乗」は車のこと。昔、中国で、天子は天下を治め、また兵車1万を出すことのできる国土を有していたところから》天下を治める君主。天子。

いってん-もの【一点物】それ一つだけで同じ物はない品物。「―の天然石アクセサリー」

いっ-と【一斗】容積の単位。➡斗

いっ-と【一途】《ひとすじの道の意から》❶一つの方法・手段。「ただ攻撃の―あるのみ」❷もっぱらその方向ひとすじ。「増加の―をたどる」❸二つ以上のものが合一すること。「官武―」

イット〖it〗性的魅力。セックスアピール。「―ガール」(補説)米国の女流作家エリナ=グリーン原作、米国の女優クララ=ボー主演映画「イット」(1927年)によって昭和初期に流行した語。

いっ-とう【一刀】(タウ) ❶1本の刀。❷刀を1回振り下ろしたり、斬(き)り払ったりすること。ひと太刀。ひと斬り。「―のもとに斬り捨てる」

いっ-とう【一灯】一つの明かり。比喩的に、善意を示すわずかな寄付の意に用いる。「貧者の―」

いっ-とう【一投】野球・ボウリングなどで、1回の投球。「――打に目をこらす」

いっ-とう【一党】(タウ) ❶同じ利益・思想などによって結ばれている仲間。「同志の―を率いる」❷一つの政党。一つの党派。「―独裁」❸特に、血縁や地縁で結ばれた中世の武士の集団。(類語)仲間・同類・一類・徒輩(とはい)・徒(と)・ともがら・やから・たぐい・組・集団・一群・一団・隊・班・チーム・パーティー

いっ-とう【一等】㊀〔名〕❶第一の等級。一番目の順位。❷一つの等級。一つの階級。「罪―を減ずる」❸いちばん優れている物や事。「―席」❹「一等車」の略。㊁〔副〕❶最も。いちばん。「これが―いい」❷いちだんと。「―美しく咲き誇る」
(類語)㊀(❶)一位・首位/㊁(❶)最も・一番

いっ-とう【一統】㊀〔名〕(スル) ❶一つにまとめて治めること。統一。「天下を―する」❷一つにまとまった全体。一同。総体。「同窓の―」「町内会御―様」㊁〔副〕おしなべて。いちように。「入塾之書生は何もかも―ひとつにいたし」〈鴎外・北条霞亭〉
(類語)㊀(❷)皆・誰(だれ)も・誰しも・誰も彼も・全員・総員・一同・満座・満場・みんな・皆皆

いっ-とう【一頭】❶牛・馬・羊・豚などの一匹。➡頭(とう)❷一つのあたま。

一頭地(ち)を抜・く 《「宋史」蘇軾伝から》他の人よりひときわすぐれている。一頭地を出(い)だす。「クラスで常に―・いていた」(補説)「一頭地」はあたま一つ分の高さの意、「地」は「一頭」の副詞的助辞で意味はない。

「一等地を抜く」と書くのは誤り。
いっとう-えん【一灯園】明治37年(1904)西田天香が創始した修養団体。また、その道場。京都市山科区にある。信者は絶対平等・無一物・無所有の共同生活を営み、奉仕、托鉢を実行する。
いっとう-こく【一等国】かつて、国際関係の上できわめて優勢な地位を占めていた諸国家を漠然とさした語。
いっとう-さんらい【一刀三礼】仏像を彫刻するときに、一刻みするごとに三度礼拝すること。一刀三拝。一刻三礼。➡一字三礼
いっとう-しゃ【一等車】もと鉄道で、旅客サービスに2種または3種の等級があった時代の、設備・サービスが最もよい車両。
いっ-とうしん【一等親】「一親等」に同じ。
いっとう-すいへい【一等水兵】旧海軍における水兵科の兵の4階級の一つ。昭和17年(1942)の階級の改正前は最上位の階級だったが、同年以降は三等水兵を改称してこう呼び、上等水兵(元の二等水兵)の下で二等水兵(元の四等水兵)の上となった。
いっとう-せい【一等星】明るさの等級が1等級の星。0.5～1.4等をいう。恒星中明るく見え、アルタイル・スピカ・アルデバランなどがある。
いっ-とうそく【一投足】わずかに足を動かすこと。➡一挙手一投足
いっとう-そつ【一等卒】一等兵の旧称。
いっとう-だい【一等×鯛】キンメダイ目イットウダイ科の海水魚。全長約25センチ。体はタイに似て、赤色の地に9～10本の白色の縦走帯がある。本州中部以南のやや深い岩礁にすむ。食用。かのこうお。
いっとう-ち【一等地】その地域で最上級とされる土地。また、その用途のために最も条件のよい土地。「駅前の—」
いっとう-へい【一等兵】旧日本陸軍の兵の階級の一。二等兵の上で、上等兵の下。
いっとう-へいそう【一等兵曹】旧海軍における水兵科下士官の3階級の一つ。昭和17年(1942)の階級の改正前は最上の階級だったが、同年以降は中間位の二等兵曹を改称してこう呼び、上等兵曹の下で二等兵曹(元の三等兵曹)の上となった。陸軍の軍曹に相当する。
いっとう-ぼり【一刀彫(り)】1本の小刀で彫り、その荒いタッチを生かした木彫技法。また、その作品。奈良の一刀彫り、飛騨の一位彫りなどが有名。
いっとう-まい【一等米】米穀検査で判定される米の等級区分の一つ。水稲うるち玄米・水稲もち玄米の場合、整粒が70パーセント以上、被害粒・死米・着色粒・異種穀粒・異物が計15パーセント以下などが条件。
いっとう-りゅう【一刀流】江戸初期、伊藤一刀斎景久の創始と伝える剣道の一派。のち、唯心一刀流・北辰一刀流などを生む。
いっとう-りょうだん【一刀両断】❶ひと太刀で、まっぷたつに断ち切ること。❷すみやかに、はっきりとした処置をとること。「—の裁きを下す」
いっ-とき【一時】❶わずかな時間。しばらくの間。暫時。「花の盛りも—」「—小雨になった」❷(「一時に」の形で副詞的に用いて)同時に。一度に。「客が—に押しかける」❸過去の、ある時。あるひととき。「—は、どうなるかと思った」❹昔の時間の単位で、今の2時間。ひととき。(類語)ひとしきり・一時・一時・少時・暫時・しばらく・ちょっと
いっとき-のがれ【一時逃れ】「いちじのがれ」に同じ。「—の返答」
いっ-とく【一得】一つの利点。ある場合には得なこと。一利。「愚者も千慮に—有り」(対)一失。
いっとく-いっしつ【一得一失】《「漢書」韓信伝から》一方に得な点もあれば、他方に損な点もあること。一利一害。一失一得。
いつところ-もん【五所紋】「五つ紋」に同じ。
いっと-ます【一斗×枡】1斗の容量をはかる枡。斗枡。
いつとものお-の-かみ【五▽伴緒神｜五▽部神】日本神話で、瓊瓊杵尊の降臨に従った五神。天児屋命・太玉命・天鈿女命・石凝姥命・玉祖命。
いつとも-の-ふみ【五▽部▽書】❶5種の書物を合わせてひと組としたもの。❷五経のこと。
イットリウム〖yttrium〗希土類元素の一。単体は灰黒色の金属。元素記号Y　原子番号39。原子量88.91。
いづな【▽飯綱】❶飯綱使いが用いるという小動物。➡管狐 ❷「飯綱使い」の略。
いづな-つかい【▽飯綱使い】❶古くから起こり、中世以後に流行した妖術。また、それを使う人。信州飯綱山神社に起源をもつともいわれ、荼枳尼天を祭り、管狐を使って魔術を行ったという。いづな。❷手品師。
いつ-なんどき【何▽時何時】〔副〕「いつ」を強めた語。「—事故に遭うかわからない」
いつ-に【一に】〔副〕❶ほかではなく、もっぱらそれによるさま。ひとえに。全く。「この成功は—努力のたまものだ」❷ひとつには。また。あるいは。「中納言、—黄門ともいう」
(類語)(❶)唯・主として・主に・専ら・ひとえに
いつ-にゅう【×溢乳】乳児が授乳後に乳を少量口から出すこと。胃の筋肉がまだ弱いため、飲みすぎると逆流するもので、病気ではない。➡吐乳
いつねん【逸然】[1601?～1668]中国、明の黄檗宗僧侶。浙江の人。1644年に来日し、長崎興福寺第3代住持となる。隠元の日本招請に尽力したほか、北宗画風の人物画・仏画にすぐれ長崎漢画の祖となった。
いつ-ねんごう【逸年号】本来は実在した公年号で、正史に逸せられた年号。「白鳳」「朱雀」など。異年号。
いつのことわき【稜威言別】記紀歌謡の注釈書。10巻・目安1巻。橘守部著。嘉永3年～明治27年(1850～1894)刊。記紀の歌謡183首を、年代順・天皇代別に分類し、詳しい注釈を加えたもの。
いつのちわき【稜威道別】日本書紀の注釈書。12巻。橘守部著。天保15年(1844)成立。神武紀までを注釈。
いつの-ぶとん【五▽幅布団】表裏とも並幅の布を5枚縫い合わせて仕立てた布団。五布布団。
いっ-ぱ【一波】❶一つの波。転じて、一つの波紋。❷波のように次々と押し寄せる物事の一回目。「—のストライキ」
一波纔かに動いて万波随う　一つの事件の影響が多方面に及ぶことのたとえ。
いっ-ぱ【一派】❶学芸・宗教・武道などで、もとの流儀や宗旨などから分かれた一つの流派。「—を立てる」❷主義主張や目的などを同じくする人たちの仲間。「一党—にかたよらない」(類語)仲間・同輩・朋輩・同僚・同志・同人・友・メート・同士・常連・一味・徒党・味方・翰林・盟友・同腹・相手
いっ-ぱ【言っぱ】〔連語〕《動詞「い(言)う」に係助詞「は」の付いた「いうは」の音変化》(「…といっぱ」の形で用いて)言うのは。「そもそも源氏と—」〈曽我・一〉
いっ-ぱい【一杯】㊀〔名〕❶一つの杯・茶碗などに入る分量。「コップ—の水」❷ちょっと酒を飲むこと。「帰りに—やりませんか」❸イカ・タコや船一つ。➡杯 ❹金1両。「祝儀は女郎へ、壱分を二三十粒、宿へ三歩あるいは金—」〈浮・元禄大平記・五〉❺名詞の下に付き、接尾語的に用いて、限度ぎりぎりまで、の意を表す。「精—働く」「時間—考える」「腹—食べる」㊁〔副〕❶一定の容器や場所などに物があふれんばかりに満ちているさま。「日が—さし込む」「部屋は来客で—になる」❷できる限り。ありったけ。「弓を—に引き絞る」(アクセント)㊀はイッパイ、㊁はイッパイ。(類語)㊁(❶)満満と・なみなみ・ぎっしり・びっしり・満杯・たくさん・たっぷり・十二分に・ふんだんに・どっさり・たんまり・豊富に・潤沢に・多い・夥しい・たんと・ごまんと・わんさと・うんと・十分・しっかり・がっつり/(❷)一献
一杯食・う　うまくだまされる。たくらみにひっかかる。「つい油断してまんまと—・った」
一杯食わ・す　うまく人をだます。「今度ばかりは—・された」
一杯食わ・せる　▶一杯食わす
一杯は人酒を飲む、二杯は酒酒を飲む、三杯は酒人を飲む　飲酒は、少量のときは自制できるが、杯を重ねるごとに乱れ、最後には正気を失ってしまうということ。酒はほどほどに飲めという戒め。
一杯参・る　「一杯食う」に同じ。「敵討ちとの口上は釈迦でも—・ること」〈浄・嫗山姥〉
いっ-ぱい【一敗】〔名〕スル 勝負に1回敗れること。「—を喫する」
一敗地に塗・れる　《「史記」高祖本紀から》二度と立ち上がれないほど大敗してしまう。
いっぱい-いっぱい【一杯一杯】〔形動〕(文)〔ナリ〕❶少しの余裕もないさま。「もう—で、これ以上は入らない」❷特に、金銭の支払い・貸借などで、最大限に達しているさま。「銀行からも—に借りている」(類語)ぎりぎり・すれすれ・かつかつ
いっぱい-きげん【一杯機嫌】〔名・形動〕酒に酔って、気持ちよさそうにしていること。また、そのさま。「—で鼻歌が出る」
いっぱい-のみや【一杯飲(み)屋】安価で気軽に酒が飲める大衆的な酒場。
いっぱい-びらき【一杯開き】帆船が、逆風のときに船首を風の方向にむけて航行すること。詰め開き。
いっぱい-めし【一杯飯】❶死者の枕元、または墓前に供える盛り切りの飯。一盛り飯。❷一膳飯。
いっ-ぱく【一白】❶九星の一。星では水星、方角では北。❷馬の1本の足の下端に白い斑のあること。
いっ-ぱく【一拍】❶一度両手を合わせて打つこと。❷音韻論で、拍一つ分の時間の長さ。➡拍 ❸拍子を1回とること。「—間をおいて弾く」
いっ-ぱく【一泊】〔名〕スル ひと晩とまること。「知人宅に—する」「—二日の社内旅行」
いっ-ぱし【一端】㊀〔名〕一人前。人並み。「口だけは—のことを言う」「やっと—の板前になった」㊁〔副〕❶一人前に。人並みに。未熟なのに一人前のように振る舞うさまにもいう。「あれで—専門家のつもりでいる」❷いったん。ひとまず。「—町の宿老へ断りたれば」〈浮・懐硯・二〉
いっ-ぱつ【一発】❶銃砲・花火などを一度放つこと。❷銃砲の弾1個。「あと—しかない」❸1回。一つ。思い切って行ってみる場合に副詞的にも用いる。「—回答」「—賭けてみよう」
いっ-ぱつ【一髪】❶1本の髪の毛。❷遠くの山々の景色が、1本の髪の毛のようにかすかに見えること。「青山—」❸《1本の髪の毛をはさむほどのゆとりしかない意から》非常に差し迫っていること。余裕のないこと。「危機—」「間—」
一髪千鈞を引く　《韓愈「与孟尚書書」から》ひとすじの細い髪の毛で千鈞の重さのものを引く。非常に危険なことをするたとえ。
いっぱつ-おおなみ【一発大波】▶フリーク波
いっぱつ-しょうぶ【一発勝負】一回で勝敗を決すること。一回で決着をつけること。
いっぱつ-や【一発屋】❶一度の勝負にすべてを賭ける人。❷野球で、ホームランをいつもねらう人。また、たまにホームランを打つ人。歌手やタレントなど芸能人にもいう。
いづはら【厳原】長崎県、対馬市南部の地名。もと宗氏の城下町。港をもち、対馬の行政・交通の中心地。
いっ-ぱん【一半】2分したうちの、一方。半分。なかば。「責任の—は私にもある」
いっ-ぱん【一班】❶組織をいくつかに分けたときの一つ。❷第1の班。❸その班全体。
いっ-ぱん【一般】〔名・形動〕❶広く全体に共通して認められ、行き渡っていること。また、そのさま。全般。「—の傾向」「—に景気が悪い」❷㋐ありふれていること。あたりまえ。普通。「—の会社」「—市民」㋑多くの普通の人々。世間。「—に公開する」❸特に違いが

一般会計 日本の一般会計の推移

年度	歳入	税	国	他	歳出	般	債	地
昭和55(1980)	44.0	26.9	14.2	3.0	43.4	31.0	5.5	7.0
昭和60(1985)	54.0	38.2	12.3	3.5	53.0	33.1	10.2	9.7
平成 2(1990)	71.7	60.1	7.3	4.3	69.3	39.0	14.3	15.9
平成 7(1995)	80.6	51.9	21.2	7.4	75.9	50.8	12.8	12.3
平成12(2000)	93.4	50.7	33.0	9.6	89.3	53.0	21.4	14.9
平成17(2005)	89.0	49.1	31.3	8.7	85.5	50.9	18.7	15.9
平成22(2010)	100.5	41.5	42.3	16.7	95.3	57.4	19.5	18.4

税＝租税および印紙収入、国＝国債、他＝その他　般＝一般歳出、債＝国債費、地＝地方交付税交付金

注:決算額。単位は兆円で百億円以下を四捨五入

認められないこと。また、そのさま。同一。同様。「私は彼女と同じい罪を犯したも一だ」〈犀星・性に眼覚める頃〉 **類語**(❶)(「一般に」の形で副詞的に用いる場合)全般に・総じて・概して・多く・おしなべて・おおむね・大概・普通・通例・通常・一体に・総体・およそ・広く・遍く/(❷㋐)普通・通常・尋常・つね・一般的・平常・通例・標準・標準的・平均的・並み/(❷㋑)世間・世人・世俗・万人・公衆

いっ-ぱん【一斑】《ヒョウの毛皮にあるたくさんのまだら模様のうちの一つの意から》全体からみてわずかな部分。一部分。「研究の一を披瀝する」 **類語**部分・箇所・ところ・部位・一部・一部分・局部・局所・細部・断片・一端・一節・件・パート・セクション・点

一斑を見て全豹を卜す 《「晋書」王献之伝から》物事の一部を見てその全体を推し量る。一斑を見て全豹を知る。

いっ-ぱん【一飯】一わんの飯。一度の食事。一食。「一宿一」

一飯の徳 《「史記」范雎伝から》たった一度の食事を恵まれただけの恩。わずかな恩恵。一飯の恩。

いっぱん-いし【一般意志】《フランス volonté générale》私利を追求する個々の意志の集合(全体意志)ではなく、共同の利益のため利己心を捨てて一体となった人民の意志。ルソーが使用しはじめた用語。

いっぱん-いみろん【一般意味論】《general semantics》事物の記号にすぎない言葉と事物そのものとを混同して同一視するところから誤った判断に陥りがちな人間心理の盲点を摘出し、それからの救済策を考える実践的意味論。米国のコージブスキー(A.H.S.Korzybski)が提唱した。

いっぱん-うんてんしゃ【一般運転者】運転免許証を更新する際の区分の一。70歳未満で免許の継続期間が5年以上、有効期間満了日の前5年間に軽微な違反を1回だけしたことがある運転者。ブルー免許が与えられる。➡優良運転者 ➡違反運転者

いっぱん-か【一般化】〔名〕スル ❶広く行き渡ること。また、全体に通用させること。「週休二日制が一する」❷論理学で、さまざまな事物に共通する性質を抽象し、一つの概念にまとめること。概括。普遍化。

いっぱん-かいけい【一般会計】国および地方公共団体で一般の歳入歳出を経理する会計。➡特別会計 ➡表

いっぱんかいけい-さい【一般会計債】地方債の一つ。道路・治水・港湾整備などの一般公共事業、公営住宅の建設、義務教育・社会福祉施設の整備などの資金に充てるために地方公共団体が発行する。

いっぱん-がいねん【一般概念】個々の事物のいずれにも同一の意味で適用される概念。魚・木・人間などの類。普遍概念。⇔単独概念。

いっぱん-かく【一般角】二つの半直線が角をつくるとき、基準となる一方の半直線(始線)から他方の半直線(動径)がどれだけ回転したかの量。回転の向きによって、正・負の別をつける。

いっぱん-かりいれとりきめ【一般借入取(り)決め|一般借入取▽極】▶ギャブ(GAB)

いっぱん-きょういく【一般教育】❶専門教育・職業教育に対し、人間として、また市民として不可欠な教養を身につけさせる教育。❷「一般教養❷」に同じ。

いっぱん-きょうしょ【一般教書】米国大統領が、年頭に議会へ送る定例のメッセージ。内政・外交その他全般にわたる情勢を分析して政府の基本政策を説明し、議会が適切な手段を講じるよう勧告する。年頭教書。➡特別教書

いっぱん-きょうそうけいやく【一般競争契約】主に官公庁が物品・役務の調達、建設工事の発注等の際に、契約の内容を公告し、一定の条件を満たす複数の業者に自由に入札させ、契約主体にとって最も有利な条件を提供する者を相手方として締結する競争契約。国および地方公共団体の契約は原則として一般競争契約である必要がある。➡指名競争契約

いっぱん-きょうそうにゅうさつ【一般競争入札】主に官公庁が物品・役務の調達、建設工事の発注等の際に、契約の内容を公告し、一定の条件を満たす複数の業者に自由に入札させる制度。国および地方公共団体の契約は原則として一般競争入札によらなければならないとされる。➡企画競争入札 ➡指名競争入札 ➡総合評価方式

いっぱん-きょうよう【一般教養】❶専門的、職業的教養に対して、広く一般に必要とされる教養。❷大学で、全学生に課せられる、専門教科以外の人文科学・社会科学・自然科学に関する基礎教養。

いっぱん-きんこうりろん【一般均衡理論】関連するすべての市場における需給の同時的な均衡の成立や条件を数学的に分析しようとする理論。フランスのワルラスによって創始され、ローザンヌ学派によって展開された。

いっぱん-くみあい【一般組合】職業・産業・地域などの区別なしに組織された労働組合。

いっぱん-げんごがく【一般言語学】言語一般を対象とし、そこに共通してみられる普遍的な事象を扱う学問。理論言語学。

いっぱん-こう【一般項】数列の第n項をnの式として表したもの。例えば、数列3,5,7,9,…の一般項は$2n+1$となる。

いっぱん-ざいげん【一般財源】使途に指定がなく、国や地方自治体が自由に使える収入。所得税・都道府県税など。➡特定財源

いっぱん-さいしゅつ【一般歳出】国の歳出のうち、社会保障や公共事業・教育・防衛などの政策経費に充てられるもの。歳出全体から国債費と地方交付税交付金などを引いた額。

いっぱん-ざいだんほうじん【一般財団法人】一般社団・財団法人法に基づいて設立される、営利を目的としない財団法人。**補説**一般社団法人や一般財団法人のうち、公益を目的とする事業を行う法人で、行政庁に申請し認定を受けたものは公益社団法人・公益財団法人になることができる。

いっぱん-じどうしゃほけん【一般自動車保険】▶ビー-エー-ピー(BAP)

いっぱん-しほうけいさつしょくいん【一般司法警察職員】司法警察職員の一つ。一般の警察官のこと。➡特別司法警察職員

いっぱん-しゃだんざいだんほうじん【一般社団・財団法人】一般社団法人と一般財団法人の総称。

いっぱんしゃだんざいだんほうじん-ほう【一般社団・財団法人法】《「一般社団法人及び一般財団法人に関する法律」の通称》一般社団法人と一般財団法人の設立・組織・運営・管理について定めた法律。平成20年(2008)施行。一般法人法。➡公益法人認定法

いっぱん-しゃだんほうじん【一般社団法人】一般社団・財団法人法に基づいて設立される、営利を目的としない社団法人。**補説**一般社団法人や一般財団法人のうち、公益を目的とする事業を行う法人で、行政庁に申請し認定を受けたものは公益社団法人・公益財団法人になることができる。

いっぱん-しょうひぜい【一般消費税】消費財一般を課税対象とする間接税。特定の消費財に課せられる個別消費税と区別される。➡消費税

いっぱん-しょく【一般職】❶企業で、主に一般業務に当たる職。原則として転勤はないが、昇進は限られる。➡総合職 ❷国家公務員・地方公務員において、国会議員・裁判官・国務大臣など特別職を除く一切の職。➡特別職 ❸平成25年度(2013)から実施される一般職試験で採用された国家公務員の通称。➡総合職

いっぱんしょくきゅうよ-ほう【一般職給与法】《「一般職の職員の給与に関する法律」の通称》一般職の国家公務員の給与や各種手当て等について定めた法律。昭和25年(1950)施行。特別職である国会議員などは対象に含まれない。

いっぱんしょく-しけん【一般職試験】国家公務員の採用試験の一。平成25年度(2013)採用分から実施され、それまでの二種試験から替わる大卒程度試験と、三種試験から替わる高卒者試験・社会人試験とがある。国家公務員採用一般職試験。➡総合職試験

いっぱん-じん【一般人】特別の身分や地位をもたない人。また、あることに特別の関係がない人。普通人。**類語**大衆・民衆・公衆・民草・庶民・平民・常民・人民・市民・市井人・世人・俗衆・群衆・マス

いっぱん-しんしょびん【一般信書便】信書便の分類の一。信書の集配を民間企業が全国的な規模で行うもので、事業参入には、長さ・幅・厚さがそれぞれ40センチ・30センチ・3センチ以下で、重量が250グラム以下の信書便を全国に原則3日以内に配達する、全国の各市町村に約10万本のポストを設置、週6日以上の配達、全国均一料金などの条件がある。➡特定信書便

いっぱん-しんりがく【一般心理学】❶個体による差を考えず、人間一般に通じる精神現象を研究対象とする心理学。❷正常な精神現象・精神機能を研究対象とする心理学。

いっぱん-せい【一般性】すべてのものに通じる性質。また、広い範囲に当てはめることのできる性質。普遍性。「一に乏しい論」

いっぱん-せんきょ【一般選挙】地方公共団体の議員の定数全員について行われる選挙。➡総選挙

いっぱん-そうたいせいりろん【一般相対性理論】相対性原理を、加速度の座標系ももつ一般の運動にまで拡張した理論。一般相対論。➡相対性理論

いっぱん-そうたいろん【一般相対論】▶一般相対性理論

いっぱん-たん【一般炭】発電用のボイラーや暖房用の燃料として用いる石炭。ボイラー炭。➡原料炭

いっぱん-たんぽ【一般担保】債務者の財産のうち、特別担保の目的となっているものと差し押さえを禁じられているものを除いた残りの全財産が、すべての債権者のために弁済の担保となること。

いっぱん-ていきしゃくちけん【一般定期借地権】借地借家法に基づく定期借地権の一つ。借地人は地主に対して、契約の更新や建物の買い取りを請求できない。借地権の存続期間は50年以上でなければならず、書面による契約が必要。契約期間満了後、借地人は土地を更地にして返還する。

いっぱん-てき【一般的】〔形動〕特殊な事物・場合についてでなく、広く認められ行き渡っているさま。普遍的。「一な考え方」**類語**普通・一般・尋常・通常・平常・通例・標準・標準的・平均的・平凡・並み・常ならず・只な・

当たり前・在り来(きた)り・常並み・世間並み・十人並み・日常茶飯事・ノーマル・レギュラー・スタンダード

いっぱん-でんきじぎょうしゃ【一般電気事業者】一般の需要に応じて電気を供給する事業者。東京電力や関西電力などの電力会社10社がこれにあたる。一般電気事業者以外の事業者は、不特定多数の需要者に対しては電気を供給できない。

いっぱん-どう【一般道】▶一般道路

いっぱん-どうろ【一般道路】高速道路以外の道路。自動車・自転車・歩行者などが通行するための道路。一般道。➡下道(したみち)❷

いっぱん-はいきぶつ【一般廃棄物】家庭、商店、事務所などから出るごみ。一般ごみ。➡産業廃棄物

いっぱん-びょうしょう【一般病床】主に急性疾患の患者を対象とする病床(ベッド)のこと。平成13年(2001)改正医療法施行により、精神病床・感染症病床・結核病床およびその他の病床の4つだった区分が、その他の病床を療養病床と一般病床に分けることにより5区分に設定された。

いっぱん-ほう【一般法】人、地域、事項について、特に制限なく適用される法律。憲法・民法・刑法など。普通法。⇔特別法。

いっぱん-ほうじん【一般法人】公益社団法人と公益財団法人の総称である「公益法人」に対して、一般社団法人と一般財団法人のこと。➡新公益法人

いっぱんよう-いやくひん【一般用医薬品】医薬品のうち、医師の処方箋がなくても、薬局などで自由に買える薬。大衆薬。⇔医療用医薬品。(補説)平成21年(2009)の改正薬事法施行に伴い、副作用等により健康被害が生じるおそれの程度に応じて、三つのリスク区分に分類された。「第一類医薬品」は、一般用医薬品としての使用経験が少ない等、安全性上特に注意を要する成分を含むもの、「第二類医薬品」は、まれに入院相当以上の健康被害が生じる可能性がある成分を含むもの、「第三類医薬品」は、日常生活に支障を来す程度ではないが、身体の変調・不調が起こるおそれのある成分を含むもの、とされる。第一類は薬剤師が、第二類・第三類は薬剤師または登録販売者が販売することができる。

いっぱん-よぼう【一般予防】刑罰の目的は、社会一般への警告による犯罪防止にあるとする考え方。⇔特別予防。

いっぱんろうどうしゃ-はけん【一般労働者派遣】▶登録型派遣

いっぱんろうどうしゃ-はけんじぎょう【一般労働者派遣事業】労働者が派遣元に長期雇用されない形式の派遣事業。派遣先が見つかった時にだけ雇用関係を結ぶ、登録型・日雇い型の派遣がこれに該当し、派遣契約の大部分を占める。事業を行う場合は、厚生労働大臣の許可が必要。同事業が許可されると、特定労働者派遣事業も行うことができる。登録型派遣事業。➡登録型派遣

いっぱん-ろん【一般論】ある特定の、または個々の具体的な事柄を考えないで、広く全体を論じる議論。世間に広く認められると考えられる論。「―として述べる」

いつ-び【×溢美】褒めすぎること。過賞。「決して―の言ではない」

いっ-ぴ【一×臂】片方のひじ。片方の腕。転じて、わずかな力。少しの助力。「―の労をとる」

一臂の力を貸・す　少しの助力を与える。

イッピー〖Yippie〗《Youth International Partyの頭文字をhippieになぞらえた造語》1960年代、米国でベトナム戦争に反対した政治的、反体制的な若者のグループ。

いっ-ぴき【一匹｜一×疋】❶魚・虫・獣など一つ。➡匹(ひき)❷「一人」をぞんざいに、また強めていう語。「男―」❸絹布2反。❹銭の10文。

いっぴき-おおかみ【一匹×狼】《群れを離れて1匹だけで生きている狼の意から》組織の力に頼らないで、自分の力だけで行動する人。「業界の―」

いっ-ぴつ【一筆】❶1本の筆。❷墨継ぎをしないで一気に続けて書くこと。ひとふで。❸簡単な手紙や文章を書くこと。また、その手紙や文章。「―認(したた)める」❹土地登記簿上の一区画。➡合筆(がっぴつ) ➡分筆 ❺同じ筆跡。また、一人で最初から最後まで全部書くこと。「一切経を―に書き給へる」〈今鏡・五〉

(類語)書き付け・メモ・雑記・ひと筆・覚え書き・手控え・備忘録

いっ-ぴつ【×溢泌】▶出液(しゅつえき)

いっぴつ-が【一筆画】紙から筆を離したり墨継ぎをしたりしないで、一続きの線で描いた絵。中国六朝時代、宋の陸探微(りくたんび)が始めたという。

いっぴつ-がき【一筆書(き)】「ひとふでがき」に同じ。

いっぴつ-けいじょう【一筆啓上】「簡単に申しあげます」の意で、男子の手紙の書き出しに使う語。「―仕(つかまつ)り候」

いっぴゃくさんじゅうろく-じごく【一百三十六地獄】八大地獄と、それぞれに付属する16の小地獄とを合計した数の地獄。

いっ-ぴょう【一票】投票用紙の1枚。投票数一つ。「―の差」「清き―」

いっ-ぴょう【一×瓢】一つのひょうたん。一つのひさご。転じて、わずかな飲料、特に酒をいう。「一箪(いったん)の食(し)―の飲」「―を携(たずさ)えて墨堤に遊ぶ」〈漱石・吾輩は猫である〉

いっぴょう-の-かくさ【一票の格差】▶定数不均衡

イッヒ-ロマン〖(ドイツ) Ich-Roman〗《イッヒは「私」の意》主人公が一人称で自身の体験や生活を語る形式の小説。19世紀初めドイツ文学に流行した形式。ゲーテの「若きウェルテルの悩み」など。一人称小説。

いっ-ぴん【一品】❶一つの品。ひとしな。「料理を―追加する」❷最もすぐれたもの。絶品。逸品。「天下―」

いっ-ぴん【逸品】この上もなくすぐれた品物や作品。絶品。一品。「雪舟(せっしゅう)晩年の―」

(類語)絶品・珍品・上物

いっぴん-いっしょう【一×顰一笑】《「韓非子」内儲説から》顔をしかめたり、笑ったりすること。ちょっとした表情の変化。また、人の顔色。機嫌。「―に左右される」

いっぴん-りょうり【一品料理】❶食堂などで、好みのものを一品ずつ選択して注文できる料理。アラカルト。❷一品だけの簡単な料理。

いっ-ぷ【一夫】❶一人の夫。❷一人の男子。特に、武士。

一夫関(かん)に当たれば万夫(ばんぷ)も開くなし　一人が関所を守れば、万人の力をもってしても通れない。きわめて険しく、守りの堅い所をいう。

イッフィー〖yiffies〗《young(若く)、individualistic(個人主義で)、freedom-minded(束縛をきらう)、few(多くはない)の頭文字から》米国のビジネスエリート、ヤッピーに続く世代。仕事ができ真面目だが、自分のライフスタイルを重視し、家庭を犠牲にしてまで働こうとは思わない。➡ヤッピー

いっぷ-いっさい【一夫一妻】一夫一婦。モノガミー。

いっぷ-いっぷ【一夫一婦】一人の夫と一人の妻によって成立する婚姻形態。一夫一妻。

いっ-ぷう【一封】❶1通の封書。「―の書状」❷金や目録などを入れて封をしたひと包み。「金―」

いっ-ぷう【一風】❶一つの流儀・様式。「―を成す」❷(副詞的に用いる)他のものと、どこか違ったところが見られること。他のものに感じられない一種のおもむき。「―変わっている」❸掛け物の表装で、一文字(いちもんじ)と風帯(ふうたい)とを合わせた略称。

いっ-ぷく【一服】〔名〕(スル)❶茶やタバコを1回のむこと。また、その量。❷茶やタバコをのんで、休息すること。ひと休み。「ここらで―しよう」❸粉薬1回分。「朝夕―ずつ服用」❹取引相場で、相場がしばらく安定した状態を保つこと。

(類語)休む・休らう・憩(いこ)う・くつろぐ・休息する・休憩する・一休みする・小休止する・少憩する・一息入れる・骨休めする・休養する・息をつく・リラックス

一服の清涼剤　清涼剤のように、気持ちをさわやかにしてくれる事柄。「子供の笑顔が―になった」

一服盛・る　毒薬を調合する。毒薬を飲ませる。

いっ-ぷく【一幅】書画など、掛け物一つ。➡幅(ふく)

いっ-ぷく【一腹】同じ母から生まれること。同腹。

いっぷく-いっしょう【一腹一生】同じ父母から生まれた兄弟姉妹。一腹一種。「―にてこそましまさね、兄弟なることは眼前なり」〈曽我・一〉

いっぷく-いっせん【一服一銭】室町時代、路傍で煎茶(せんちゃ)一服を銭1文で飲ませたこと。また、その商人。

いっぷく-がけ【一幅掛(け)】床の間に掛け物を一幅掛け、その下に盆石などを一つ添えて飾ること。

い-つぶ・す【鋳潰す】〔動サ五(四)〕金属製の器物を溶かし、地金(じがね)に戻す。いくずす。「梵鐘を―・して大小の銃砲を製造すべき」〈条野有人・近世紀聞〉

イップス〖yips〗精神集中が必要なゴルフのパットの際などに起こる、緊張からくるふるえ。

いっぷ-たさい【一夫多妻】一人の男性が同時に二人以上の女性を妻とする婚姻形態。イスラム圏などにみられる。ポリジニー。

いつ-ぶつ【逸物】「いちもつ(逸物)」に同じ。

いつ-ぶん【逸文】❶世間に知られていない文章。❷他の書物などに一部が引用されているだけで、完全な形では伝わっていない文章。「風土記―」❸すぐれた文章。

いつ-ぶん【逸聞】世間にあまり知られていない、興味ある話。(類語)奇談・異聞・奇話・奇聞

いっ-ぺいそつ【一兵卒】❶一兵士。❷ある活動をする大勢の中の一人として、下積みの任務に励む者。「委員を辞め―として活動する」

いっ-ぺき【一×碧】空や水が、一面に青々としていること。「水天―」

いっぺき-こ【一碧湖】静岡県伊豆半島東岸、伊東市にあるひょうたん形の湖。大室山の溶岩流によってできた堰止(せきと)め湖。湖面標高152メートル、周囲4キロ、深度7メートル。湖中に十二連(じゅうにれん)島がある。

いっ-ぺん【一片】❶薄く平たく小さいもの一つ。ひとひら。「―の花びら」❷全体から切り取られた一部分。ひときれ。「―の肉」❸ほんの少し。ごくわずか。「―の誠意も感じられない」(類語)かけら・破片・小片

いっ-ぺん【一辺】❶片側。一方。❷一つの辺。多角形の辺の一つ。

いっ-ぺん【一変】〔名〕(スル)すっかり変わること。また、変えること。「態度が―する」(類語)一転・急転・急変・激変・豹変(ひょうへん)・心機一転・変わる

いっ-ぺん【一偏】〔名・形動ナリ〕❶一方にかたよること。また、そのさま。「―の我執によりて朝恩をもかへり見ず」〈折たく柴の記・下〉❷気持ちがある物事一つに向かうこと。いちずなさま。「―に思ひ切って鎌倉中にたてこもる」〈太平記・一九〉❸(接尾語的に用いて)ひたすらそのことに心を向けるさまを表す。「正直―」「読書―の学者になって居たい」〈福沢・福翁自伝〉

いっ-ぺん【一遍】❶一回。一度。「―乗ってみたい」➡一遍に ❷ひとわたり。一部始終。「理趣分をこそ―読み侍りしか」〈発心集〉❸(名詞の下に付き、接尾語的に用いて)表面のみで、内実のこもらないさまを表す。「通り―のあいさつ」「義理―」

(類語)一度・一回・ひとたび・一朝

いっぺん【一遍】[1239～1289]鎌倉中期の僧。伊予の人。時宗(じしゅう)の開祖。法名は智真(ちしん)。延暦寺に入り、太宰府で法然の孫弟子聖達に浄土教を学ぶ。のち熊野に参籠(さんろう)、霊験により一遍と号し、他力念仏を唱えた。衆生済度のため、民衆に踊り念仏を勧め、全国を遊行(ゆぎょう)した。遊行上人。捨聖(すてひじり)。円照大師。

いっ-ぺん【一編｜一×篇】❶一つの文章・詩歌。また、ひとまとまりの書物。「―の詩」❷小説や論文などで、内容を区分した最初のひとまとまり。

いっぺん-こっきり【一遍こっきり】〔副〕1回を強く限定する意を表す語。一度かぎり。「―しか言わない」

いっぺんしょうにん-えでん【一遍上人絵伝】イッペンシャウニンヱデン 一遍の伝記を描いた絵巻物。聖戒編・円伊筆の、京都歓喜光寺に伝わり12巻からなる「一遍聖絵ひじりゑ」が最も有名。正安元年(1299)成立。一遍の生涯を、各地の風物や社寺の景観の中に描いたもので、国宝。他に、宗俊編の10巻本系統のものもある。

いっぺんしょうにん-ごろく【一遍上人語録】イッペンシャウニン 一遍の法語・和讃わさん・消息・和歌などを門弟が整理収録した書。2巻。一海編。宝暦13年(1763)刊。

いっぺん-とう【一辺倒】タウ 特定の対象だけに心を傾けて、他は顧みないこと。「アメリカ一の政策」「夏はもっぱらビール一だ」〘補説〙第二次大戦後、毛沢東の論文で使われ流行した語。

いっぺん-に【一遍に】〘副〙多くのことを一度にまとめて行うさまを表す。いちどきに。一度に。「一注文をさばききれない」「それを見て一酔いが覚める」

いっ-ぽ【一歩】❶ひと足。「一踏み出す」❷一つの段階。ほんの少しの程度。「ライバルに一先んじる」「もう一のところで取り逃がす」

一歩進す・める 考え方などを、一段階前に進める。

一歩も引か・ぬ もうこれ以上譲れないという強い決心のようす。「一・ず渡り合う」

一歩譲・る ❶少し劣る。一段階劣る。「技術の面で一・る」❷自説を一部分引っ込めて、相手の主張を少し認める。「一・って話し合いを続ける」

一歩を踏み出・す 新しい計画・事業などを始める。「機構改革に向け一・す」

一歩を譲ゆず・る ▶一歩譲る

いつ-ぼう【×鷸×蚌】イツバウ シギとハマグリ。また、シギとドブガイ。

鷸蚌の争い 《争っているシギとハマグリを一度に漁師がつかまえたという「戦国策」燕策の故事から》両者が争っている間に、第三者に利益を横取りされ共倒れになることのたとえ。➡漁夫ぎょふの利

いっ-ぽう【一方】イッパウ ㊀〘名〙❶一つの方面。一つの方向。「一が海に面する町」「一交通」❷二つあるうちの一つ。片方。「一の足に体重をかける」「一の意見だけでは決められない」❸(副助詞的に用いて)もっぱらその方向・方面にかたよること。…するばかり。だけ。「太る一」「蓄える一の人」❹(接続助詞的に用いて)…する反面。…と同時に。「根気強い一、短気なところもある」㊁〘接〙関連するもう一つのほうについて言うと。話かわって。「君は渡したという。一、彼は受け取っていないという」➡片方〘用法〙
〘類語〙片方・片一方・片割れ・他方

いっ-ぽう【一法】❶(ハフ)一つの方法。「相談してみるのも一だ」❷(ポフ)仏語。一つのもの。一つの存在。また、唯一絶対の真実としての涅槃ねはん。

いっ-ぽう【一報】〘名〙スル ❶一度告げ知らせること。ちょっと告げ知らせること。簡単な知らせ。「とりあえず御一ください」❷最初の知らせ。第一報。「現場から一が届く」〘類語〙連絡・通知・伝達・告知・音信いんしん・音信おんしん・消息・通信・コンタクト・案内・知らせ・通告・通達・通牒つうちょう・報・インフォメーション

いっぽう-ぐち【一方口】イッパウ ❶一方にだけ設けられた出入り口。❷二者のうちの一方だけの言い分。「僕はこんな重大な事を一で判断したくはありませんから」〈有島・或る女〉

いっぽう-こうい【一方行為】イッパウカウヰ ▶単独行為

いっぽう-つうこう【一方通行】イッパウツウカウ ❶車両などの通行を道路の一方向に限って許すこと。一方交通。❷ある一方からの伝達が行われて、その逆の伝達が行われないこと。「話が一だ」

いっぽう-てき【一方的】イッパウ〘形動〙❶一方だけに偏るさま。「一な勝利」❷相手を考慮しないで自分の側の都合だけによるさま。「一な契約条件」「一通告」

いっぽう-の-ど【一×抔の土】❶《「史記」張釈之伝から》手ですくえるだけのわずかな土。❷墳墓。

いっ-ぽん【一本】❶細長い物一つ。また、電話・手紙などについてもいう。「一の便りもない」➡本ほん❷㋐一冊または一部の書物。㋑ある書物。異本。別の本。「一に曰いわく」❸柔道・剣道などで、完全に技が一つ決まること。転じて、相手をやり込めること。「これは一取られたな」❹(名詞に付いて)そのことだけに、目標や態度などを絞ること。いっぽんやり。「芸一に生きる」「進学一にしぼる」❺それ一つだけで独立しうる状態であること。特に、一人前になった芸者。➡半玉はんぎょく❻とっくりに入った酒。「一つける」❼銭100枚をつないだ銭差ぜにさし一つ。一文銭で100文、四文銭で400文。「一づつも取らねば勘定に合ふもんぢゃあねえ」〈黄・即席耳学問〉❽同じ仲間。一味。ぐる。「おのれが弟の伝三郎、今迄おのれら一と思ひしに」〈浄・卯月の紅葉〉〘アクセント〙❶❸～❼はイッポン、❷はイッポン。

一本さ・す やり込める。へこます。「このほどの返しに一・せらるるは見えたこと」〈浮・禁短気・五〉

一本取と・る ❶柔道や剣道などで、完全に技が一つ決まる。❷議論などで、相手をやり込める。「甘く見ていた相手に一・られる」

一本参・る ❶剣道などで相手を一本打ち込む、または、一本打ち込まれる。❷相手をやり込める。また、相手にやり込められる。

いっ-ぽん【一▽品】❶親王の位階の第1位。「一の宮」❷経文きょうもん中の1章。❸極楽浄土を九段階に分けた、その一つ。➡九品くほん

いっぽん-か【一本化】クワ〘名〙スル ばらばらになっているものを一つにまとめること。「事務処理を一する」

いっぽん-がたな【一本刀】《武士が大刀・小刀の2本を腰に差したのに対して、侠客きょうかくは長脇差1本であるところから》侠客。一本差し。

いっぽん-がち【一本勝ち】柔道・剣道の試合で、試合時間内に一本を取って勝つこと。「一を収める」

いっぽん-ぎ【一本気】〘名・形動〙物事をいちずに思いこむ性質であること。また、そのさま。「一な若者」
〘類語〙男気・侠気きょうき・義侠・任侠・きっぷ

いっぽん-ぎょう【一▽品経】ギャウ《「いっぽんきょう」とも》❶法華経などの写経の際、多くの人が一品ずつ分担して書写すること。❷法華経二十八品を一品ずつ各一巻に仕立てたもの。また、その一品ずつを仏前で読誦どくじゅすること。

いっぽん-ぐま【一本×隈】歌舞伎の隈取りの一。鼻の脇から目の下を通り、こめかみにかけて紅で描いた隈。2世市川団十郎が工夫したもので、「国性爺合戦」の和藤内など荒事の立役に用いる。

いっぽん-ざし【一本差(し)】刀を1本差していること。また、その人。特に侠客など。一本刀がたな。

いっぽん-じめ【一本締め】❶手締めの一。3拍、3拍、3拍、1拍のリズムで1回だけ行う。➡三本締め ❷「一丁締め」に同じ。

いっぽん-しめじ【一本占地】ーしめぢ イッポンシメジ科のキノコ。秋、広葉樹林内に生え、形はシメジに似るが、有毒。傘は直径5～15センチで淡褐色、裏面のひだは淡紅色。

いっぽん-しょうぶ【一本勝負】柔道・剣道などの試合で、所定時間内に技を一本取れば勝敗が決まる方式。

いっぽん-ぜおい【一本背負い】ーせおひ 柔道・相撲で、相手の片手をつかんで肩にかつぎ、背負うようにして前に投げる技。

いっぽん-だち【一本立ち】〘名〙スル ❶広い所に樹木などが1本だけ立っていること。❷他人から援助を受けず、独立して物事をすること。「親元を離れ、一して事業を始める」❸自分一人で仲間のないこと。孤立。「親王は一、誰かしづく者もなく」〈浄・用明天王〉
〘類語〙独立・自活・自立・独り立ち・独り歩き

いっぽん-ちょうし【一本調子】ーテウシ〘名・形動〙《「いっぽんぢょうし」とも》調子が同じで、変化に乏しいこと。また、そのさま。単調。「一な歌」「一な講義」

いっぽん-づり【一本釣(り)】〘名〙スル ❶1本の釣り糸に1個の釣り針をつけてカツオやイカなどを釣る漁法。❷複数の人を勧誘するときに、ねらいをつけた一人一人を個々に説得していくこと。「優秀な人材を一する」

いっぽん-どっこ【一本独×鈷】ードクコ 仏具の独鈷に似た文様をひと筋織り出した博多織。男帯に用いる。

いっぽん-の-ごしょどころ【一本御書所】平安時代、流布している書物を別に1本書写して所蔵していた役所。いっぽんごしょどころ。

いっぽん-ば【一本歯】修験者しゅげんじゃなどの履く、一枚歯の高足駄。

いっぽん-ばし【一本箸】死者に供える一膳飯に突き立てる、1本の箸。

いっぽん-ばし【一本橋】丸太を1本渡して橋としたもの。丸木橋。

いっぽん-ばな【一本花】死者の枕元に供える花。ふつう樒しきみを用い、1本だけ立てる。

いっぽん-みち【一本道】途中で分かれず、まっすぐに続く道。

いっぽん-やり【一本×槍】〘名・形動〙❶目標や手段や態度を一つに絞り、終始それで押し通そうとすること。また、そのさま。「歴史小説一な(の)作家」❷1本の槍。また、槍のひと突きで勝負を決めること。「一を突きたるほどに言ひ廻れども」〈甲陽軍鑑・一一〉❸ただ一つの得意のわざ。「ははあ、一ぢゃな」〈滑・浮世風呂・前〉

いつ-まで【何＝時×迄】〘副〙いつの時まで。どの時まで。「一泣いているのだ」「一待てばいいのか」

何時迄もあると思うな親と金かね 親はいつまでも面倒をみてはくれないし、金も使えばなくなってしまう。自立と倹約を心がけるべきだという戒め。

いつまで-ぐさ【何＝時×迄草】【常＝春＝藤】❶キヅタのこと。「一は、またはかなくあはれなり」〈枕・六六〉❷マンネングサの別名。

いつまで-も【何＝時×迄も】〘副〙❶ある事柄が終わるときの限度がないさま。末長く。「一お幸せに」❷どこまでも。あくまでも。「一辞退仕りまする」〈虎寛狂・素襖落〉

いつ-みん【逸民】【×佚民】❶俗世間をのがれて、隠れ住んでいる人。❷官に仕えず、気楽な生活を楽しむ人。「太平の一」

いつ-も【何＝時も】㊀〘名〙普通の場合。ふだん。平生。「一は歩いて通学している」「一のとおり」㊁〘副〙いつと限定しないさま。どんな場合でも。常に。「一威勢がいい」

〘用法〙**いつも・つねに**――「いつも(常に)机に向かっている」「いつも(常に)笑顔えがおを絶やさない」の場合には相通じて用いるが、「いつも」は「いつもの所で会う」のように、それまでと同じ、の意味でも使われる。◆「常に」は堅い言い方で、「三角形の内角の和は常に二直角である」のように普遍的真理を表したり、「常に努力を怠ってはならない」のような言い回しに用いたりする。◆また、類似の語に「しょっちゅう」「しじゅう」があり、「しょっちゅう(しじゅう)忘れ物をする」のように用いられる。ともに、頻繁に行われる意であるが、「いつも」や「常に」を使うと、ほとんど例外なく、必ずといってよいほど、の意になる。
〘類語〙常に・絶えず・常時・常常・終始・始終・不断

何時もながら 常と変わらないさま。いつものことではあるが。「一元気だね」「一の親切」

いつも-ごと【何＝時も事】いつもあること。いつものこと。「一なり、親ながら、おまんもあまりこたへかね」〈浄・薩摩歌〉

いつ-もじ【五文字】❶五つの文字。ごもじ。❷和歌や俳句の最初の5音。初句。

いつ-や【▽乙夜】五夜ごやの一。およそ今の午後9時ないし10時から2時間をいう。亥いの刻。二更にこう。おつや。

いつや-の-らん【▽乙夜の覧】《昔、中国で、天子は昼間政務で忙しいので乙夜になってから読書をしたところから》天子の読書。乙覧いつらん。

いつ-ゆう【逸遊】【×佚遊】イウ 気ままに好きなことをして日を過ごすこと。

いづら【五浦】茨城県北東部、北茨城市大津町にある海岸。海食崖をなす景勝地。明治39年(1906)に岡倉天心が日本美術院を移した所。

い-づら・い【居▽辛い】ゐ〘形〙因いづら・し〘ク〙その場にいることが気詰まりで落ち着かない感じである。「若い人には一・い集まりだ」

いつ-らく【逸楽】【×佚楽】気ままに遊び楽しむこと。

「—にふける」(類語)快楽・歓楽・享楽・享受・悦楽・謳歌おうか・淫楽・楽しむ

いつ-りゅう【×溢流】イツリュウ〔名〕スル あふれ流れること。「堤を決して—した」

いつりゅう-てい【×溢流堤】イツリュウテイ ▶越流堤えつりゅうてい

いつ-わ【逸話】その人についての、あまり知られていない興味深い話。エピソード。「—の多い人物」
(類語)エピソード・裏話・秘話・アネクドート

いつわり【偽り｜▽詐り】いつはり いつわること。事実でないこと。うそ。「—の愛」➡嘘うそ(用法)
(類語)嘘・法螺ほら・そら・嘘っぱち・嘘八百・虚偽・偽善・まことしやか・二枚舌・はったり・虚・虚言・虚辞・そら言・そら音

いつわり-ごと【偽り言】いつはりごと いつわりの言葉。つくりごと。うそ。

いつわり-もの【偽り者】いつはりもの うそをつく人。いつわりびと。「わらはを—にせうと云ふ事か」〈虎明狂・塗師〉

いつわ・る【偽る｜▽詐る】いつはる〔動ラ五(四)〕❶事実や自分の本心を隠し、真実を曲げて言ったり、したりする。「身分を—・る」「病気と—・る」❷だます。あざむく。「人を—・る」「己を—・る」➡騙だます(用法) (可能)いつわれる (類語)騙す・欺く・ごまかす・たばかる・騙かたる・誑たぶらかす・はぐらかす・化かす・一杯食わす

いて【▽凍て｜×冱て】《動詞「い(凍)つ」の連用形から》寒気でこおりつくこと。こおったように感じられること。(季 冬)「庭草のよごれしままに風の—／白雄」「偶々たまたま咲懸さきかかった恋の蕾も、事情というおもわぬ—にかじけて」〈二葉亭・浮雲〉(補説)現代語としては「凍て雲」「凍て蝶」「凍て土」「凍て鶴」「凍て蝿」など複合語として使われることが多い。

い-て【射手】❶弓を射る人。❷弓の達人。

い-で【井手】ゐで 田の用水として、水の流れをせき止めてためてある所。井堰いせき。

いで【井手】ゐで 京都府南部、綴喜つづき郡の地名。左大臣橘諸兄たちばなのもろえが別荘を置いた所。西流する玉川は山吹と蛙の名所として知られた。(歌枕)「かはづなく—の山吹散りにけり花のさかりにあはましものを」〈古今・春下〉

いで〔感〕❶対象をある行動に誘ったり、促したりする気持ちを表す。さあ。どうぞ。「—、君も書い給へ」〈源・若紫〉❷思い立って行動しようとする気持ちを表す。さあ。どれ。いざ。「橘の古婆の放髪はなりが思ふなむ心愛うつくし—我は行かな」〈万・三四九六〉❸強く心に感じたときの気持ちを表す。いや。いやもう。「—、あな心憂」〈枕・一三八〉❹自分の心にそぐわないとき、また相手に同意できないときなど、否定的な気持ちを表す。いや。さあ。「—、さも侍らず」〈大鏡・序〉❺改まって事柄を述べるときに用いる。さて。そもそも。「—、またいみじく侍りしことは」〈大鏡・道長下〉

いで〔接助〕活用語の未然形に付く。❶打消しを表しながら下に続ける意を表す。…ないで。…ずに。「問ひも致さ—、不念ぶねんなことを致いた」〈虎明狂・末広がり〉❷(「いでは」「いでも」の形で)打消しの仮定条件を表す。…なくても。「わたしや子供は何着—も、男は世間が大事」〈浄・天の網島〉(補説)「ずて」が音変化した打消しの助詞「で」の前に伴われるn音が独音の母音iに転じて成ったという。

イデア〔ギリシャ idea〕《見られたもの、知られたもの、姿、形の意》プラトン哲学で、時空を超越した非物体的、絶対的な永遠の実在。感覚的世界の個物の原型とされ、純粋な理性的思考によって認識できるとされる。中世のキリスト教神学では諸物の原型として神の中に存在するとされ、近世になると観念や理念の意で用いられるようになった。

いで-あ・う【▽出で会ふ｜▽出で×逢ふ】いであふ〔動ハ四〕❶出て人にあう。対面する。「心を破らじとて、祖母おほおとど—・ふ」〈源・玉鬘〉❷偶然に人にあう。出くわす。であう。「そこにて知らぬ男に—・ひ、もの言ふとも」〈紫式部日記〉❸敵に立ち向かう。「山だちありと、ののしりければ、里人起こりて—・へば」〈徒然・八七〉

い-てい【異体】〔名・形動ナリ〕普通とは違った風変わりなようすや姿。いたい。「希有—の乱僧の所言なり」〈正法眼蔵随聞記・二〉「—ナカタチ」〈日葡〉

いで-い【▽出居】ゐ ❶外の方に出て座ること。「例はことに端近なる—などもせぬを」〈源・薄雲〉❷寝殿の庇ひさしの内部にある応接用の部屋。のちに「でい」と呼ばれ、接客用の座敷の意になる。出居殿いでいどの。いでいのざ。「—に火をだにもともさず」〈著聞集・八〉❸朝廷で、賭弓のりゆみ・相撲すまいなどの儀式のとき、臨時に設ける座。また、その座に着いて事を行う人。いでいのざ。「—につきて賭け物とりてまかでたり」〈かげろふ・中〉

いてい-あん【以酊庵】対馬つしまにあった禅寺。江戸幕府は五山の学僧を交替で派遣し、朝鮮との往復書簡のことや使者の接待にあたらせた。

イディオム〔idiom〕慣用句。成句。熟語。

イディ-さん【イディ山】《Idi》ギリシャ南部、クレタ島の中央部にある山。標高2456メートル。同島の最高峰。ギリシャ神話の大地の女神レアを祭る。また、クロノスとレアの間に生まれた最高神ゼウスの出生地とも伝えられる。イデ山。イダ山。プシロリティス。

イディッシュ-ご【イディッシュ語】《Yiddish》インド-ヨーロッパ語族のゲルマン語派に属する言語。表記にはヘブライ文字を用いる。中世ドイツ語方言を基礎とし、ヘブライ語、アラム語、スラブ語派などの影響を受けて形成された。もとは中欧・東欧系のユダヤ人が用いたが、現在はイスラエルをはじめ世界各地のユダヤ人によって使用される。イディシュ語。

いで-いで〔感〕❶心から感動した気持ちを表す語。いやもう。「—、いといみじうめでたしや」〈大鏡・後一条院〉❷決意や勧誘を表す語。どれどれ。さあさあ。「伝はりぬる事は、—承らばや」〈大鏡・師尹〉

いでい-の-ざ【▽出居の座】いでゐのざ ❶「出居いでゐ❸」に同じ。❷「出居いでゐ❷」に同じ。

いで-いり【▽出で入り】❶出たり入ったりすること。ではいり。「夜深きほどに、人をしづめて—などし給へば」〈源・夕顔〉❷動作。立ち居振る舞い。「家の人の—憎げならず」〈土佐〉❸もめごと。訴訟。でいり。「その約束をのばし、—になる事」〈浮・永代蔵・一〉

いで-い・る【▽出で入る】〔動ラ四〕出たり入ったりする。「—・る下人しもびとだになくて、つれづれとながめ給ふ」〈源・蓬生〉

いで-い・る【▽出で居る】いでゐる〔動ワ上一〕❶ある場所に出て座る。「御格子みかうしども上げわたして、人々—・ゐたり」〈源・花宴〉❷開けた場所に出ていって住む。「さる海づらに—・ゐたる、ひがひがしきやうなれど」〈源・若紫〉

イデー〔ドイツ Idee〕理念。

イデオローグ〔フランス idéologue〕《ナポレオンが、自分に批判的なデステュット=ド=トラシらのフランスの観念学派を軽蔑して呼んだ語》❶あるイデオロギーの創始者・代表者。また、歴史的、階級的立場を代表する理論的指導者・唱導者。❷抽象的な議論にふける空論家。

イデオロギー〔ドイツ Ideologie〕❶政治・道徳・宗教・哲学・芸術などにおける、歴史的、社会的立場に制約された考え方。観念形態。❷一般に、思想傾向。特に、政治・社会思想。
(類語)思想・主義・理念・信条・信念・哲学・人生観・世界観・思潮・イズム・精神

イデオロギッシュ〔ドイツ ideologisch〕〔形動〕特定の主義や考え方をもっているさま。「—な労働運動」

いて-かえ・る【▽凍て返る】いてかへる〔動ラ五(四)〕春になって暖かくなりかけたころ、急にまた寒さがきびしくなる。「早春の—・る夜」(季 春)

いでかて-に【▽出でかてに】〔連語〕《「いでがてに」とも》出ることをためらって。出にくく。「赤駒あかごまが門出をしつつ—せしを見立てし家の児こらはも」〈万・三五三四〉➡かてに

い-てき【×夷×狄】《古代中国で、東方の未開国を夷、北方のそれを狄といったところから》未開の民や外国人。野蛮な民族。➡東夷 ➡北狄

いで-ぎえ【▽出で消え】人中で見劣りすること。➡出映いではえ「—は、いとこよなかりけるに」〈源・東屋〉

いで-・く【▽出で来】〔動カ変〕❶内から出てくる。現れる。「げにいとあはれなりなど聞きながら、涙のつと—・こぬ、いとはしたなし」〈枕・一二七〉❷生まれる。「いまだ皇子も姫君も—・きさせ給はず」〈平家・三〉❸生じる。起こる。「わろびたる事ども—・くるわざなめれば」〈源・帚木〉❹巡り合う。でくわす。「三月の一日に—・きたる巳みの日」〈源・須磨〉

いて-ぐそく【射手具足】射手の着用する装束や弓矢などの武具。流鏑馬やぶさめ・笠懸かさがけなど射芸の種類によって異なる。

いて-ざ【射手座】黄道十二星座の一。蠍さそり座の東隣にあり、9月上旬の午後8時ごろ南中する。この星座の方向に銀河系の中心があり、星雲や星団が多い。中央部にひしゃく形に並ぶ六星を、中国では南斗六星と呼んだ。学名 ラテ Sagittarius

いで-しお【▽出で潮】いでしほ 満ちてくる海の潮。多く「月の出」と掛けて用いられる。さし潮。でしお。「月もろともに—の波の淡路の島影や」〈謡・高砂〉

いて-ぞら【▽凍て空】凍りつくように寒い冬の日の空。(季 冬)「—の鳴らざる鐘を仰ぎけり／蛇笏」

いで-たち【▽出で立ち】❶旅立ち。出立しゅったつ。門出かどで。「—を見送る」❷旅立ち、出陣などふだんと違った身ごしらえをすること。また、その身ごしらえ。「ものものしい—」❸門を出た所。門前。「わが二人見し—の百枝槻ももえつきの木」〈万・二一三〉❹旅立ちのさいの食事。送別の宴会。「あすの—の残りを詰める」〈浄・盛衰記〉❺旅立ちなどの晴れの行事の準備。「ただ京の—をすれど」〈源・玉鬘〉❻立身出世。栄達。「大臣の後にて—もすべかりける人の」〈源・若紫〉
(類語)身支度・旅装・旅支度

いでたち-いそぎ【▽出で立ち急ぎ】❶出発の準備。「このごろの—を見れど、何ごとも言はず」〈土佐〉❷死に支度。「世に心とどめ給はねば、—をのみ思おぼせば」〈源・椎本〉

いで-た・つ【▽出で立つ】〔動タ五(四)〕❶旅などに出発する。出て行く。「旅芸人たちが—・つらしい物音が聞こえて来た」〈康成・伊豆の踊子〉❷衣装などを身にまとう。身支度をする。「道化役者、魔法つかいなどに—・ちたる男」〈鷗外訳・即興詩人〉❸ある場所に出ていって立つ。「朝あしたには庭に—・ち」〈万・一六二九〉❹現れ出る。出る。「心のうちに催さるる涙、ともすれば—・つを」〈源・浮舟〉❺出仕する。「宮仕へに—・ちて」〈源・帚木〉❻頭角を現す。出世する。「この道より—・ち給へる上達部」〈源・少女〉

いで-ちょう【井手町】ゐでチャウ ▶井手(京都)

いて-つ・く【▽凍て付く】〔動カ五(四)〕こおりつく。「—・いた朝の道」(類語)凍る・凍りつく・凍結・氷結・結氷・冷凍・こごる・しばれる・凍みる・凍てる

いて-どけ【▽凍て解け】こおっていた大地が、春になってとけてゆるむこと。(季 春)「—のはじまる土のにぎやかに／素逝」

いで-の-したおび【井手の下帯】ゐで 別れていた男女が、のちに再びめぐり会って契りを結ぶこと。昔、山城国の井手に使者として行った男が、少女に帯を解いて与えたが、8年後にそれを目印にして再会し、契りを結んだという大和物語にある話による。

いで-の-たまがわ【井手の玉川】ゐでのたまがは 京都府綴喜つづき郡の井手町を流れる川。六玉川むたまがはの一。(歌枕)「駒とめてなほ水かはむ山吹の花の露そふ—」〈新古今・春下〉

いて-はえ【▽凍て×蝿】いてはへ 寒さで凍りついたように、身動き一つしないハエ。冬のハエ。(季 冬)

いで-ばえ【▽出で映え｜▽出で栄え】人前に出ると、いっそう映えること。見映えがすること。「目もあやなる御さまかたちの、いとどしう—を見ざましかば」〈源・葵〉➡出で消ぎえ

いで-まごろく【井出孫六】ゐで [1931〜]小説家・ルポライター。長野の生まれ。実証的な手法で社会問題に鋭く切り込む。「アトラス伝説」で直木賞受賞。他に「秩父困民党群像」「終わりなき旅」「島へ」など。

いで-まし【▽出で▽座し】天皇など尊い方のお出かけ。行幸。「わが大君の—の山越す風の」〈万・五〉

いで-まじら・う【▽出で交じらふ】いでまじらふ〔動ハ四〕す

すんで人々の中に入って、交際をする。「家の子の君達、一・ひ給はず」〈栄花・花山尋ぬる中納言〉

いで-ま・す【▽出で▽座す】〔動サ四〕《動詞「い(出)ず」に尊敬の補助動詞「ます」が付いたものの一語化》❶「出る」「行く」の尊敬語。おいでになる。おでかけになる。「この八千矛の神…一・しし時」〈記・上〉❷「来る」の尊敬語。おいでになる。「闇ならば宜も来まさじ梅の花咲ける月夜に一・さじとや」〈万・一四五二〉❸「居る」の尊敬語。いらっしゃる。おられる。「父母が殿の後方の百代草百代一・せ我が来たるまで」〈万・四三二六〉

いでみ-の-はま【出見浜】大阪市住吉区、住吉神社の西側にあった海岸。潮干狩りの名所であった。〔歌枕〕「住吉の一の柴な刈りそね未通女らが赤裳の裾の濡れて行かむ見む」〈万・一二七四〉

いで-むか・う【▽出で向かふ】〔動ハ四〕❶出て、ある方向に向かう。「東男は一・ひ顧みせずて」〈万・四三三一〉❷出て行って会う。また、出迎える。「ものよりおはすれば、まづ一・ひて」〈源・若紫〉

いで-や〔感〕《「や」は終助詞、「いで」を強めていう語》❶困惑やとまどいや不承知の気持ちなどを表す。いやもう。さあ。さてまあ。「一、憂かりける世かな」〈源・少女〉❷改まって事柄を述べるときに用いる。さて。「一この世に生まれては願はしかるべきことこそ多かめれ」〈徒然・一〉

いで-ゆ【▽出で湯】温泉。湯治場。「一の町」
〔類語〕温泉・鉱泉・冷泉・間欠泉・秘湯

い・てる【▽凍てる｜×冱てる】〔動タ下一〕図い・つ〔タ下二〕こおる。こおりつく。〔季冬〕「一・てた月の光が射して」〈鏡花・玄武朱雀〉
〔類語〕凍る・冷える・凍て付く・凍りつく・凍結・氷結・結氷・冷凍・こごる・しばれる・凍みる

いでわ【出羽】▶でわ(出羽)

い-てん【移転】〔名〕スル ❶位置・住所などを変えること。「事務所を一する」「一通知」❷法律で、権利の主体が一方から他方へ移ること。また、移すこと。「物権の一」〔類語〕家移り・宿替え・転地・入居・移る・動く・移動・引っ越す・転ずる・転出・転任・転属・移籍

い-でん【位田】律令制で、親王以下五位以上の者に位階に応じて支給された田地。初め輸租田であったが、しだいに私有地化した。

い-でん【遺伝】〔名〕スル ❶生物の形質が遺伝子によって、親から子へ、あるいは細胞から次の世代の細胞へ伝達されること。遺伝子の本体であり生命現象の基本物質であるDNA(デオキシリボ核酸)が複製され、それを写す形で伝令RNA(リボ核酸)が合成され、その指令に基づいてたんぱく質が合成されることで伝えられる。❷後代に残り伝わること。また、残し伝えること。「一の財産を譲り受けるは」〈逍遥・内地雑居未来之夢〉

いでん-あんごう【遺伝暗号】遺伝情報を担う暗号。伝令RNA上の塩基配列。4種の塩基が順に三つを単位として読まれ、64種ある。これに対応して、特定のアミノ酸が指定される。アミノ酸暗号。

いてん-かかく【移転価格】親会社と海外子会社など関連企業間の取引に適用される販売価格。多国籍企業などが税負担の軽減を図ってこの価格を操作し、税率の低い国にある関連企業に利益を集中させたりすることがある。トランスファープライス。➡移転価格税制

いてんかかく-ぜいせい【移転価格税制】多国籍企業などの移転価格が、通常の取引価格(独立企業間価格)と異なる場合に、通常の取引価格に基づいて所得金額を算出し、課税すること。移転価格が見直されると、取引を行った双方の利益額が変化して、一方の税額が増加し、他方は減少する。そのため、両国の税務当局の協議により、二重課税を避ける必要がある。TP(transfer pricing taxation)。

いでん-がく【遺伝学】遺伝現象を研究する生物学の一分野。

いでん-がた【遺伝型】▶遺伝子型

いでん-けん【遺伝研】「国立遺伝学研究所」の略称。

いでん-し【遺伝子】❶遺伝形質を規定する因子。本体はふつうDNA(デオキシリボ核酸)で、染色体上のある長さをもつ特定の区画をいう。遺伝因子。ゲン。ジーン。❷「DNA❷」に同じ。「名人と呼ばれた先代の一を受け継ぐ」

いでんし-おせん【遺伝子汚染】ある地域の野生生物に特有の遺伝子構成が、他の地域の同種または近縁種と交雑することで変化すること。人間が近縁種や遺伝子組み換え体を持ち込むことで生じる場合をいうことが多い。

いでんしかいへん-せいぶつ【遺伝子改変生物】▶遺伝子組み換え生物

いでんし-がた【遺伝子型】ある形質の発現に関与する遺伝子構成を、劣性遺伝子も含めた型で表したもの。遺伝型。➡表現型

いでんし-きごう【遺伝子記号】個々の遺伝子を表すために用いる記号。優性遺伝子に大文字、劣性遺伝子に小文字を用いる。

いでんし-きゅうげん【遺伝子給源】▶ゲンプール

いでんし-ぎんこう【遺伝子銀行】▶ジーンバンク

いでんし-くみかえ【遺伝子組(み)換え】異種の生物から抽出したDNAを、試験管内で、酵素などを用いて切断し、人為的に新たにつなぎ換えて新しいDNA分子を作ること。遺伝子構造の解析、遺伝子工学などに利用。バイオテクノロジーの一種。組み換えDNA実験。GM(genetically modification)。➡遺伝子組み換え作物

いでんしくみかえ-さくもつ【遺伝子組(み)換え作物】農作物に他の生物(主に微生物)の遺伝子を組み込み、本来の作物にはない除草剤耐性、病害虫抵抗性などの特性を持たせた人工の作物。日本では大豆、菜種、トウモロコシなどの輸入が認められ、食品に使用する際には表示が義務づけられている。GM作物。GMO(Genetically modified organism)。GEO(Genetically engineered organism)。〔補説〕健康に及ぼす影響が解明されていないとして反対の動きがある。

いでんしくみかえ-しょくひん【遺伝子組(み)換え食品】遺伝子組み換え(GM)技術を用いて作られた食品。遺伝子組み換え作物(GMO)のように直接人が食すものと、食品添加物などを作る際に用いられ、組み換え体自体は人が食さないものとがある。安全性は食品安全委員会において科学的に実証される。

いでんしくみかえ-せいぶつ【遺伝子組(み)換え生物】遺伝子組み換え技術を用いて、新たな性質を導入した生物。遺伝子改変生物。LMO(living modified organism)。

いでん-しげん【遺伝資源】遺伝の機能を備えた生物由来の素材。医薬品・食品・材料・エネルギー・環境など幅広い分野で研究・産業に利用される。将来利用される可能性があるものや、人類にとって潜在的な価値を有するものも遺伝資源に含まれ、地球上のほぼすべての動植物や微生物が遺伝資源を有する。➡ABS

いでんし-けんさ【遺伝子検査】《「DNA検査」とも》❶病気に関係する遺伝子を特定するためにDNA・染色体・代謝産物などを分析すること。➡遺伝子診断 ❷食品に特定の遺伝子が含まれているかどうかを分析する検査。産地・原材料の偽装、遺伝子組み換え作物の使用・混入の有無などを調べることができる。

いでんし-こうがく【遺伝子工学】《genetic engineering》遺伝子操作の技術を利用して、有用な物質や生物を多量に生産しようとする応用研究分野。ジェネティック-エンジニアリング。

いでんし-ざ【遺伝子座】染色体上におけるそれぞれの遺伝子が占める位置。

いでんし-しげん【遺伝子資源】遺伝子工学で、作物などの改良品種をつくるときに利用できる形質をもつ生物。資源に見立てていう。

いでんし-しんだん【遺伝子診断】遺伝子を調べて、ある病気の発病の可能性、医薬品の適合性などを診断すること。DNA診断。

いでんし-そうさ【遺伝子操作】遺伝子を人為的に組み換えたり、それを生細胞に移入したりして操作すること。

いでんし-とつぜんへんい【遺伝子突然変異】遺伝子の構造の変化によって起こる突然変異。

いてん-しゅうし【移転収支】国際収支で、経常収支に属する1項目。無償の経済協力、賠償、留学生への送金など、対価を伴わない収支。

いでん-じょうほう【遺伝情報】自己と同じ形質を複製するために、親から子へ、あるいは細胞分裂時に細胞から細胞へ伝えられる情報。DNAの塩基配列として符号化されている。

いでん-せい【遺伝性】遺伝する性質や傾向。

いでんせい-アルツハイマーびょう【遺伝性アルツハイマー病】▶家族性アルツハイマー病

いでんてき-アルゴリズム【遺伝的アルゴリズム】《genetic algorithm》コンピューターのプログラミングにおいて、生物の遺伝子や自然淘汰を模すことにより最適な解を導く手法。生成論的アルゴリズム。GA。

いでんてき-へんい【遺伝的変異】遺伝子突然変異・染色体突然変異を含めて、遺伝子構成の変化による変異。変異した形質は子孫に遺伝する。

いてん-とうき【移転登記】売買・相続などによる権利の移転についてなされる登記。

いでん-びょう【遺伝病】遺伝によって次の世代へ伝えられる病気。

いと【▽幼】㊀〔名〕《近世上方語》幼児。男女の区別なく用いたが、後期には女児をさすようになった。「お生まれなされた一様(＝男児)の」〈浄・布引滝〉「向かひの嬶や隣の一(＝女児)なぞ対手にして」〈滑・浮世風呂・四〉㊁〔接頭〕名詞に付いて、おさない、いとけない、の意を表す。「一姫君二つ三つばかりにておはしませば」〈栄花・初花〉

いと【伊都｜怡土】▶伊都国

いと【糸】❶天然、または人造の繊維を細長く引きのばしてよりをかけたもの。織物糸・縫い糸・編み物糸など。「一をつむぐ」❷細長く❶のようになっているもの。「クモの一」❸琴または三味線などの弦楽器の弦。「一を張る」❹琴・三味線のこと。「一竹」❺釣り糸。「一を垂れる」❻(比喩的に)物事を結びつけるもの。「記憶の一をたぐる」「運命の一」❼糸引き納豆をいう女房詞。〔類語〕綿糸・絹糸・毛糸

糸を引・く ❶《操り人形を、糸を引いて動かすことから》裏で指図して人を操る。「陰で一・く者がいる」❷影響などが長く続いて絶えない。「いつまでも一・いて困る」❸ねばついて糸を張ったような状態になる。「納豆が一・く」❹ボールなどが、まっすぐ空中を動いていく。「一・く打球が左前に飛ぶ」

糸を解すよう からんだ糸をほぐしてなおすようにするさま。さまざまに入り組んで混乱している問題の決着に向かって少しずつ丁寧に解いて行くさまの形容に用いる。「難事件を一に推理する」

い-と【異図】謀反の心。異心。

い-と【意図】〔名〕スル ❶何かをしようとすること。「早期開催を一する」❷何かをしようと考えている事柄。おもわく。もくろみ。「相手の一をくむ」
〔類語〕積もり・心組み・思惑・心積もり・意味・考え・目的・理由・動機・趣意・主意・真意・ねらい・訳

いと〔副〕❶非常に。たいへん。きわめて。「三寸ばかりなる人、一うつくしうて居たり」〈竹取〉❷ほんとうに。まったく。「忘れ草種とらましを逢ふことの一かく難きものと知りせば」〈古今・恋五〉❸(あとに打消しの語を伴って)あまり。それほど。「一やむごとなき際にはあらぬが」〈源・桐壺〉〔補説〕現在「いとも」という表現に残る。

い-ど【井戸】❶地下深く掘り、地下水を汲みあげるようにしたもの。「一が涸れる」「掘り抜き一」➡井 ❷

「井戸茶碗」の略。

い-ど【異土】❶故郷以外の土地。異郷。❷異国。
(類語)外国・他国・異国・異邦・外邦・他邦・異朝・異境・異郷・外地・海外・海彼(かいひ)・外(と)つ国・他郷

い-ど【緯度】ヰ─ 地球上のある地点の南北の位置を表す座標の一。赤道を零度として、それと平行に南北に地球を横に切る線の目盛り。南北おのおの90度まで測り、北へ測るのを北緯、南へ測るのを南緯という。⇔経度。

イド〖id〗《ラテン語で、それ、の意》精神分析で、人格構造に関する基本的概念。人間が生まれつき持っている無意識の本能的衝動、欲求など精神的エネルギーの源泉。快を求め不快を避ける快楽原則に支配される。➡エゴ

いと-あやつり【糸操り】操り人形の一。人形に数本の糸をつけ、これを上から動かして操るもの。寛文・延宝(1661～1681)ごろから行われた。南京(ナンキン)操り。

いと-い【糸×藺】─ゐ イグサ科の多年草。深山の岩上に群生。高さ10～20センチ。葉は糸のように細く長い。夏、黄褐色の小花が数個集まって咲く。

いといがわ【糸魚川】いといがは 新潟県南西端、姫川下流の市。もと街道の要衝、松平氏の城下町。翡翠(ひすい)の産地。人口4.8万(2010)。

いといがわ-し【糸魚川市】いといがはし ▶糸魚川

いといがわしずおか-こうぞうせん【糸魚川静岡構造線】いといがはしづをかコウザウセン 本州の中部をほぼ南北に横切る大断層。糸魚川市から松本盆地・甲府盆地の西を通って静岡市付近へ達する。フォッサマグナの西縁をなし、東北日本と西南日本の境目。新第三紀末に完成。

いと-いり【糸入り】絹糸を木綿糸にまぜて織った織物。縞・絣(かすり)の部分に絹糸を用いることが多い。

いといり-じま【糸入り×縞】木綿糸の中に絹糸を入れて織った縞織物。糸入り。

いといり-つむぎ【糸入り×紬】「糸入り双子(ふたこ)」に同じ。

いといり-ふたこ【糸入り双子】木綿糸の中に絹糸をまぜて織った織物。糸入り紬(つむぎ)。

いと-いん【糸印】室町時代、明から輸入した生糸の荷に添えて送られてきた鋳銅製の印章。斤量を検査し、これで押印した受領証書を送り返した。形は方形・円形・五角形などがあり、つまみは人物や動物の形をしている。形状・字体ともに風雅に富む。

い-とう【以東】その地点を含めて、それより東。⇔以西。

いとう【伊東】静岡県、伊豆半島東海岸の市。温泉保養地で、泉質は単純温泉・塩化物泉など。港は遠洋漁業の根拠地、観光港。ミカン・ツツジの栽培が盛ん。人口7.1万(2010)。

いとう【伊=富=魚】サケ科の淡水魚。全長約1.5メートル。北海道・サハリン(樺太)や沿海州の河川の中・下流域や湖沼に分布。肉食性で、幼魚は水生昆虫を、成魚は他の魚やカエル・ネズミなどを食べる。産卵期は春。食用。

いと・う【×厭う】いとふ〔動ワ五(ハ四)〕❶嫌って避ける。嫌がる。「団体行動を━・う」「どんな苦労も━・わない」❷かばう。大事にする。いたわる。現代では多く健康についていう。「おからだをお━・いください」「元より惣八、門之進を━・ひけるより」〈浮・懐硯・二〉❸(多く「世をいとう」の形で)世俗を嫌って離れる。出家する。「世の憂きにつけて━・ふは」〈源・夕霧〉❹危険や障害などを避ける。しのぐ。「霜雪の寒苦を━・ふに心なし」〈笈の小文〉
(類語)嫌う・憎む・嫌がる・忌み嫌う・恨む・嫉(そね)む・呪(のろ)う・憎悪する・嫌悪する・敵視する・仇視(きゅうし)する・嫉視(しっし)する・呪詛(じゅそ)する・唾棄(だき)する・目の敵(かたき)にする・白い目で見る

いとう【▽甚う】いたう〔副〕《副詞「いたく」の音変化》❶はなはだしく。ひどく。「物━言ひたる」〈枕・二八〉❷(あとに打消しの語を伴って)それほど。たいして。「あいなければ━嘆かしげにも言ひなさず」〈源・若紫〉

い-どう【医道】─ダウ 医者の道。医学。「本朝の━なきに似たり」〈平家・三〉

い-どう【異同】異なっているところ。相異。違い。「両者に━はない」「本文の━を調べる」(補説)「同」は語調をととのえる添え字で意味がない。
(類語)違い・相違・差異・誤差・小異・大差・同工異曲・大同小異・別・分かち

い-どう【異動】〔名〕スル ❶職場での地位、勤務などが変わること。また、転・退任などの人事の動き。「総務課へ━する」❷物事に、前の状態と違った動きが起こること。「昨日と何も━がないというのかね」〈啄木・病院の窓〉❸保険契約で、保険期間の中途で契約内容について変更が生じたとき、保険会社に通知して契約条件を変更すること。また、現行のものと違う内容の保険契約に移ること。
(類語)変わる・移る・移す・転ずる・動く・移動・遣る

い-どう【移動】〔名〕スル ある場所から他の場所へ移ること。「次の会場へ━する」「━図書館」
(類語)移る・移す・動く・移行・変わる・遣る・移転・引っ越す・転ずる・転出・転任・転属・移籍・鞍(くら)替え

いとう-いっとうさい【伊藤一刀斎】─イツタウサイ 近世初期の剣客。生国は伊豆のほか諸説がある。名は景久。鐘巻自斎に師事し、のちに一刀流剣法を創始したといわれる。生没年未詳。

いとう-えいのすけ【伊藤永之介】[1903～1959]小説家。秋田の生まれ。本名、栄之助。東北の貧しい農民の生活を共感を込めて描き、独自の農民文学を開拓。作「梟」「鶯」「警察日記」など。

いどう-えんげき【移動演劇】簡単な舞台装置を用い、小編成で劇場のない地方などを巡業する演劇。

いと-うお【糸魚】─うを イトヨの別名。

いとう-きさく【伊藤熹朔】[1899～1967]舞台美術家。東京の生まれ。築地小劇場以来、新劇を中心に舞台美術や映画美術を手がけ、写実的装置を得意とした。舞踊家伊藤道郎の弟、演出家千田是也の兄。

いどう-きちきょく【移動基地局】携帯電話などの基地局と同様の機能を搭載した自動車。災害や事故などによって既存の基地局の処理能力を超えたり、機能が停止したりした場合に出動し、運用される。移動基地局車。

いどうきちきょく-しゃ【移動基地局車】▶移動基地局

いとう-けいいち【伊藤桂一】[1917～　]小説家・詩人。三重の生まれ。中国での軍隊生活を生かした戦記ものを叙事詩的な手法で描く。「蛍の河」で直木賞受賞。他に「悲しき戦記」「静かなノモンハン」「月下の剣法者」など。芸術院会員。

いどう-けいさつ【移動警察】列車・汽船など交通機関の中で、都道府県の管轄を越えた犯罪を取り締まるため、警察官を交通機関に乗り込ませる制度。

いとう-けいすけ【伊藤圭介】[1803～1901]幕末・明治の植物学者。名古屋の生まれ。東大教授。日本初の理学博士。シーボルトに師事。リンネの植物分類法を紹介する「泰西本草名疏」を著し日本の近代植物学の先駆をなす。著「救荒食物便覧」など。

いとう-げんぼく【伊東玄朴】[1800～1871]江戸末期の蘭方医。肥前の人。シーボルトに師事し、江戸に出て開業。牛痘苗による接種に成功し、同志とともに種痘所を開設。のち幕府の奥医師。

いどう-こうげき【移動攻撃】バレーボールで、相手のブロックをかわすため、攻撃する選手(アタッカー)が、場所を大きく移動して行う攻撃法。ブロード攻撃。

いとう-さちお【伊藤左千夫】─さちを [1864～1913]歌人・小説家。千葉の生まれ。本名、幸次郎。子規に師事し、師の没後は根岸派を継承、「馬酔木(あしび)」「アララギ」を主宰。門下に斎藤茂吉・島木赤彦などがいる。著書に歌集、歌論集や小説「野菊の墓」など。

いとう-し【伊東市】▶伊東

いどうしき-クレーン【移動式クレーン】原動機を装備し、不特定の場所に自走できるクレーン。トラッククレーン・ホイールクレーン・クローラークレーン・鉄道クレーン・浮きクレーンなどがある。

いとう-しずお【伊東静雄】─しづを [1906～1953]詩人。長崎の生まれ。「コギト」「四季」「日本浪曼派」同人。詩集に「わがひとに与ふる哀歌」「夏花」など。

いとう-じゃくちゅう【伊藤若冲】[1716～1800]江戸中期の画家。京都の人。名は汝鈞(じょきん)、字(あざな)は景和。若冲のほか、斗米庵の号がある。初め狩野派・光琳派および中国の名画に学び、写実的描写と特異な形態・色彩感覚による斬新な花鳥画を描いた。特に鶏の絵は有名。

いとう-じんさい【伊藤仁斎】[1627～1705]江戸前期の儒学者。京都の人。名は維楨(これえだ)。古義学派の祖。初め朱子学を学ぶ。京都堀川に開いた古義堂は、門弟三千余人を有したといわれる。著「論語古義」「孟子古義」「童子問」など。古学先生。

いとう-しんすい【伊東深水】[1898～1972]日本画家。東京の生まれ。本名、一(はじめ)。鏑木清方(かぶらききよかた)に師事し、浮世絵の伝統を受け継いだ風俗画、特に美人画で知られる。大正期には挿絵・口絵を描き、また新版画運動に参加し、版下絵を制作。芸術院会員。

いとう-しんとく【伊藤信徳】[1633～1698]江戸前期の俳人。京都の人。貞門から談林風に傾倒。松尾芭蕉らと交流し、蕉風確立に影響を与えた。著「江戸三吟」など。

いどう-スーパー【移動スーパー】《「移動スーパーマーケット」の略》トラックやワゴン車などに品物を積み、住宅街近くの路上で販売する形態の食料品店。

いとう-すけちか【伊東祐親】[?～1182]平安後期の武将。伊豆の人。河津二郎と称した。平氏に味方して源頼朝と戦ったが、捕らえられて自殺。曽我兄弟の祖父。

いとう-すけゆき【伊東祐亨】[1843～1914]元帥・海軍大将。鹿児島の生まれ。日清戦争時の連合艦隊司令長官。日露戦争では大本営海軍幕僚長。

いとう-せい【伊藤整】[1905～1969]小説家・評論家。北海道の生まれ。本名、整(ひとし)。ジョイスの「ユリシーズ」、ローレンスの「チャタレイ夫人の恋人」を翻訳紹介。新心理主義文学を唱えた。小説「鳴海仙吉」「火の鳥」、評論「小説の方法」「日本文壇史」など。

いどうせい-こうきあつ【移動性高気圧】─カウキアツ 停滞せず、移動する高気圧。等圧線は円または長円形で日本全土を覆う程度の大きさ。春秋に多く現れ好天をもたらすが、霜害の原因にもなる。

いどうせい-もうちょう【移動性盲腸】─マウチヤウ 盲腸がしっかり固定されておらず、腹腔内で上下左右に動く状態。右下腹部に鈍痛や膨満感がある。

いとう-そうかん【伊藤宗看】[1618～1694]江戸前期の将棋棋士。家元伊藤家の祖。幼少のとき大橋宗桂に師事、のち3世名人になった。

いどう-たいし【移動大使】特定の任地をもたず、特別の問題について関係各国と話し合うために派遣される特命全権大使。

いとう-だいすけ【伊藤大輔】[1898～1981]映画監督。愛媛の生まれ。サイレント時代劇に斬新な内容と手法とを持ち込んだ「忠次旅日記」三部作や、社会主義的傾向の時代劇で知られる。代表作は「斬人斬馬剣」「侍ニッポン」「王将」「徳川家康」など。

いどうたい-つうしん【移動体通信】《mobile communication》携帯電話や可搬性に優れたノートパソコンなどによる、移動先でも利用可能な通信全般。➡有線通信　➡無線通信

いとう-たかみ【伊藤たかみ】[1971～　]小説家・児童文学者。兵庫の生まれ。本名、伊藤学。早稲田大学在学中に「助手席にて、グルグル・ダンスを踊って」でデビュー。「八月の路上に捨てる」で芥川賞受賞。児童文学に「ミカ!」「ぎぶそん」などがある。

いとう-たんあん【伊藤坦庵】[1623～1708]江戸前期の儒学者。京都の人。名は宗恕。初め医師となったが、のち、福井藩に儒官として仕えた。師の江村専斎の談話を集めた「老人雑話」の編者。著「坦庵遺稿」。

いとう-ちゆう【伊藤痴遊】─チイウ [1867～1938]講談師・政治家。横浜の生まれ。本名、仁太郎。衆議院議員に当選してから大衆の政治意識高揚のために、政治講談を行う。

いとう-ちゅうた【伊東忠太】[1867～1954]建築学

者。山形の生まれ。東大教授。日本の古建築や中国・インドの遺跡を調査し、建築史学を樹立。明治神宮・平安神宮・築地本願寺などを設計。文化勲章受章。著「法隆寺建築論」など。

いどう-でんわ【移動電話】送受話器を持ち歩きながら通話できる無線電話の総称。携帯電話、自動車電話の類。➡固定電話。

いとう-とうがい【伊藤東涯】［1670～1736］江戸中期の儒学者。京都の人。仁斎の長子。名は長胤。父の学説を継承、大成させた。著「古学指要」「弁疑録」「操觚字訣」など。

いとう-のえ【伊藤野枝】［1895～1923］婦人運動家。福岡の生まれ。平塚らいてうらの青鞜社に加わり、婦人解放運動に参加。大杉栄と結婚し、夫とともにアナーキズム運動に従事。大正12年(1923)の関東大震災直後、憲兵の甘粕大尉に夫らとともに殺された。➡甘粕事件

いとう-ばいう【伊藤梅宇】［1683～1745］江戸中期の儒学者。京都の人。仁斎の次子。名は長英。歴史・有職故実に詳しかった。著「見聞談叢」など。

いとう-ひろぶみ【伊藤博文】［1841～1909］政治家。山口の生まれ。吉田松陰に学び、倒幕運動に参加。のち明治憲法立案に当たる。明治18年(1885)内閣制度を創設、初代総理大臣となる。枢密院・貴族院の初代議長を歴任。立憲政友会を組織し、総裁に就任。日露戦争後、初代韓国統監となるが、ハルビンで韓国の独立運動家安重根に暗殺された。

いどう-へいきん【移動平均】統計の手法の一。一定期間の間隔を定め、その間隔内の平均値を連続して計算し、趨勢的な動向を知ろうとするもの。変動の激しい株価や季節的な変動のあるデパートの売上高の動きなどをみるのに利用される。

いどうへいきん-かいりりつ【移動平均×乖離率】現在の株価と移動平均株価(26週移動平均株価など)の乖離率。現在の株価と移動平均株価の差を、移動平均株価で割って比率を求める。

いどうへいきん-しゅうそくかくさん-ほう【移動平均収束拡散法】▶マック-ディー(MACD)

いどうへいきん-しゅうそくはっさん-ほう【移動平均収束発散法】▶マック-ディー(MACD)

いどうへいきん-せん【移動平均線】移動平均の値をチャートに示した線。テクニカル分析で、株式や為替の売買の判断目安として使われる。(補説)長期・短期それぞれの、終わり値の平均値による移動平均線の交差を判断に使う手法が一般的。➡ゴールデンクロス ➡デッドクロス

いとう-マンショ【伊東満所】［1569ころ～1612］《マンショ(Mancio)は洗礼名》天正遣欧使節の正使の一人。大友宗麟の姪の孫といわれるが確かではない。帰国後、イエズス会に入り、のち司祭。

いとう-みよじ【伊東巳代治】［1857～1934］政治家。長崎の生まれ。伊藤博文に認められ、明治憲法の制定に参画。伊藤内閣の書記官長・農商務相を歴任。東京日日新聞社社長として、政府擁護の論陣を張った。のち、枢密顧問官。

いどう-ゆうびんきょく【移動郵便局】❶自動車などを利用して災害地や観光地などに出張し、業務を行う郵便局。❷一時閉鎖中の簡易郵便局の代替として、郵便局株式会社が運行する車両型郵便局。郵便窓口業務やATMによる預貯金の受け払い・送金などのサービスを提供する。愛称はポスクル。

いとう-らんぐう【伊藤蘭嵎】［1694～1778］江戸中期の儒学者。京都の人。仁斎の第5子。名は長堅。兄東涯に学び、和歌山藩主に仕えた。著「書反正」「詩古言」など。

いどう-りつ【移動律】▶推移律

いとおし・い【▽愛おしい】〔形〕図いとほ・し〔シク〕❶大事にして、かわいがりたくなるさま。たまらなくかわいい。「どの子犬も―・く思う」❷かわいそうだ。気の毒だ。「被害にあった子供たちが―・い」❸困ったことである。つらい。「残りなく見せ尽くさむと思へるこそ―・しけれ」〈源・帚木〉(補説)動詞「いとう(厭)う」からの派生という。つらいと思ってうとましく思うさま、苦痛で心身を悩ますさまを表すところから、自分に対しては、苦しい、つらいの意、他人に対しては、気の毒だ、かわいそうだ、いじらしい、さらに、かわいいの意が生じる。一説に「いたわしい」と関係する語ともいう。(派生)いとおしがる〔動ラ五〕いとおしげ〔形動〕いとおしさ〔名〕

(類語)愛らしい・いとしい・愛らしい・愛くるしい・可愛い・可愛らしい・あどけない・いじらしい・めんこい

いとおし・む【▽愛おしむ】〔動マ五(四)〕❶かわいく思って大事にする。かわいがる。「わが子のように―・む」❷かわいそうに思う。気の毒に思う。「身よりのない子を―・む」❸惜しんで大切にする。「わが身を―・む」「青春を―・む」

(類語)かわいがる・慈しむ・愛でる・愛する・寵愛

い-とお・す【射通す】〔動サ五(四)〕❶矢を放ってものを突き通す。射抜く。「矢が戸板を―・す」❷視線や光線が物を貫く。「カーテンを―・す電光」「人の心を―・す鋭い眼光」

いと-おどし【糸▽威】鎧の威の一。糸の平組の緒で札を綴ったもの。糸の色によって、赤糸威・黒糸威などという。糸毛。

いと-おり【糸織(り)】絹の縒り糸で織ること。また、その織物。平御召。

いとおり-ひめ【糸織(り)姫】織女星のこと。

いど-がえ【井戸替え】井戸水をすっかりくみ出して中を掃除をすること。古くから夏の行事として行われた。井戸さらえ。さらし井。(季 夏)「―のをはりし井戸を覗きけり/草城」

いとかけ-がい【糸掛貝】イトカケガイ科の巻き貝の総称。海岸の細砂底にすむ。貝殻は紡錘形で、多くは白色。殻表に縦に糸を掛けたような肋をもつ。オオイトカケガイ・ネジガイなど。おだまき。

いと-かわ【イトカワ｜糸川】地球から約3億キロ離れた距離に位置する、太陽系の小惑星。長径約540メートルで、海面に浮かぶラッコのような形。平成17年(2005)に日本の小惑星探査機はやぶさが到達。岩石質の微粒子を採取して帰還した。(補説)名称は工学者糸川英夫に由来。1998年に米国マサチューセッツ工科大の研究チームによって発見されたが、はやぶさの探査対象となったことから、宇宙科学研究所が発見者に依頼し、イトカワと命名された。

いど-がわ【井戸側】土砂の崩れ落ちるのを防ぐために、井戸の周囲に設けた囲い。井筒。

いど-かんそくじょ【緯度観測所】緯度変化の観測や研究のための機関。世界で北緯39度8分の線上に6か所置かれ、日本では明治32年(1899)岩手県奥州市に設置された。

いとき-な・し【▽幼し｜▽稚し】〔形ク〕「いとけない」に同じ。「延政門院―・くおはしましける時」〈徒然・六二〉

いと-きり【糸切り】❶糸を切ること。また、糸で切ること。「―卵」❷ろくろで成形した陶器をろくろ台から離すとき、底部を糸やわらしべを使って切り離すこと。また、その痕跡のうず模様。❸野菜などを糸のように細く切ること。また、そのように切ったもの。❹「糸切り団子」の略。

いときり-だんご【糸切り団子】糸でくくって輪切りにした団子。あやめだんご。

いときり-ば【糸切り歯】《糸を切るのに使うところから》人間の犬歯。

いときり-ばさみ【糸切り×鋏】「握り鋏」に同じ。

い-とく【威徳】厳かで徳の高いこと。威厳と人徳。「―が備わる」(類語)貫禄・威厳・尊厳・威儀・権威

い-とく【遺徳】死後にまで残るその人の人徳。後世にのこる恩徳。「故人の―をしのぶ」

い-とく【×懿徳】りっぱな徳。美徳。

いと-くず【糸×屑】糸の切れ端。糸のくず。

いと-ぐち【糸口｜▽緒】❶巻いてある糸の端。糸の先。❷きっかけ。手がかり。「話の―」「解決の―」❸墨壺の、墨糸を引き出す部分。(類語)端緒・緒・端

いと-ぐつ【糸×鞋】▶しがい(糸鞋)

いとく-てんのう【懿徳天皇】記紀で、第4代の天皇。安寧天皇の第2皇子。名は、大日本彦耜友。皇居は軽曲峡宮。

いと-ぐら【糸倉】❶琵琶・三味線などの棹の上部の、糸巻きをまとめておく所。❷生糸の貯蔵倉庫。

いと-くり【糸繰り】❶繭・綿花から糸を引き出して紡ぐこと。また、それをする人。❷糸を巻きつける枠。糸枠。❸オダマキの別名。❹クツワムシの別名。

いとくり-うた【糸繰(り)歌】民謡で、糸を紡ぎながらうたう仕事歌。糸取り歌。糸引き歌。紡ぎ歌。

いとくり-ぐるま【糸繰(り)車】車の回転を利用して、綿花や繭から糸を紡ぎ出したり、また、紡いだ糸を縒り合わせたりする道具。糸車。糸縒り車。

いと-ぐるま【糸車】「糸繰り車」に同じ。

いど-ぐるま【井戸車】井戸の上の横木につるし、井戸縄をかけて、つるべを上下させる滑車。

いと-げ【糸毛】❶「糸毛の車」の略。❷「糸威」に同じ。

いとけ-な・い【▽幼い｜▽稚い】〔形〕図いとけな・し〔ク〕《「ない」は意味を強める接尾語》おさなくて小さいさま。あどけない。「―・い子」(派生)いとけなげ〔形動〕いとけなさ〔名〕

(類語)うら若い・若い・若若しい・若やか・若やぐ・若気・ういういしい・みずみずしい・幼い・青臭い

いとげ-の-くるま【糸毛の車】牛車の屋形の表を色糸で飾ったもの。主に女性用。地位により青糸毛・紫糸毛・赤糸毛などがある。毛車。

いとこ【従＝兄＝弟｜従＝姉＝妹】父または母の兄弟姉妹の子。おじ・おばの子。(補説)自分との年齢の上下関係や性別によって「従兄」「従弟」「従姉」「従妹」などとも書く。(類語)はとこ・またいとこ

従兄弟同士は鴨の味　いとこどうしが夫婦になったときの情愛の深さは、鴨の肉の味のようによいものである。

いと-こ【▽愛子】愛する人。いとしい人。人に親しみをこめて呼びかける語。「―やの妹の命」〈記・上・歌謡〉

い-どこ【居▽所】「いどころ」に同じ。

いど-こ【▽何▽処】〔代〕《「いずこ」の音変化》「どこ」の古形。「ここや―と問ひければ」〈土佐〉

いとこ-あわせ【従＝兄＝弟合(わ)せ】いとこどうしを結婚させること。

いとこ-おおおじ【従＝兄＝弟大伯－父｜族＝伯＝祖＝父】祖父母のいとこにあたる男性。

いとこ-おおおば【従＝兄＝弟大伯－母｜族＝伯＝祖＝母】祖父母のいとこにあたる女性。

いとこ-おじ【従＝兄＝弟伯－父】父母のいとこにあたる男性。いとこ違い。

いとこ-おば【従＝兄＝弟伯－母】父母のいとこにあたる女性。いとこ違い。

いと-こき【糸▽扱き】手縫いで、縫い進んだあと、指先の腹で糸をしごき、布がつれないようにすること。

いとこ-ちがい【従＝兄＝弟違い】❶父母のいとこ。いとこおじ。いとこおば。❷自分のいとこの子。

いとこ-に【従＝兄＝弟煮】小豆・牛蒡・芋・カボチャなどを、堅いものから順に入れ、醤油か味噌で味をつけた煮物。おいおい(甥々)めいめい(姪々)に煮るという洒落から、また、野菜ばかりを煮るところからの名という。

い-どころ【居所】❶いる場所。住まい。住所。いどこ。「―を知らせる」「虫の―が悪い」❷《すわる場所の意から》尻。おいど。いしき。「たらひに水を汲みて、―をひたし」〈伽・福富長者〉❸俳諧で、庭・井・垣・町・里など住まいに関するものをいう。

(類語)住所・席・居所・住居・居住地・現住所・現住地・住まい・所番地・番地・所書き・アドレス

いどころ-がわり【居所変(わ)り】劇場の舞台転換法の一。大道具のつり上げ・せり・田楽返し・がんどう返しなどの仕掛けで場面を転換させる方法。

いと-ごんにゃく【糸×蒟×蒻】《「いとこんにゃく」とも》細くひものように切ったこんにゃく。また、しらたき同様、こんにゃく粉をこねて湯の中に細く突き出して固

めたものもいう。

いと‐ざくら【糸桜】 シダレザクラの別名。(季 春)「ゆき暮て雨もる宿や―/蕪村」

いと‐さばき【糸×捌き】 ❶糸の取り扱い方。❷琴や三味線などの弾き方。「巧みな―」

いど‐さらえ【井戸×浚え】 ゐどさらへ「井戸替え」に同じ。

いと‐さん (関西地方で)良家の女児または娘の敬称。お嬢さま。いとさま。いとはん。

いとし・い【▽愛しい】 〔形〕図いと・し〔シク〕《「いとおしい」から》❶かわいく思うさま。恋しく慕わしい。「―・いわが子」「―・い人」❷かわいそうだ。ふびんだ。「哀れな境遇を―・く思う」派生いとしがる〔動ラ五〕いとしげ〔形動〕いとしさ〔名〕類語愛(う)い・いとおしい・愛らしい・愛くるしい・可愛(かわい)い

いとし‐ご【▽愛し子】 かわいがっている子供。大切にしている子。

類語愛児・愛息・愛娘・秘蔵っ子・寵児(ちょうじ)

いと‐しば【糸芝】 コウライシバの別名。

いとしぼ・い 〔形〕《「いとほしい」の「ほし」を逆さまにした語か。近世語》いたわしい。ふびんである。「折角(せっかく)恋になされた彼方(あなた)を、此のままで思ひ切るお前の心がいかにしても―・い」〈浄・嫩軍記〉

いとしま【糸島】 福岡県の西端にある市。古代には伊都国(いとのくに)があった地との説が有力。怡土(いと)城跡・志登(しと)支石墓群などの史跡がある。イチゴ・牡蠣・牛肉などを産する。平成22年(2010)に前原(まえばる)市・二丈町・志摩町が合併して成立。人口10.1万人(2010)。

いとしま‐し【糸島市】 ▶糸島

いとしま‐はんとう【糸島半島】 ‐ハンタウ 福岡県西部、玄界(げんかい)灘に突き出た半島。東部は福岡市西区、西部は糸島市に属する。更新世の初めに島と陸地の間の糸島水道が堆積されてできた陸繋島(りくけいとう)。糸島平野を中心に花卉(かき)・果実栽培が盛ん。沿岸は国指定天然記念物の芥屋大門(けやのおおと)・二見ヶ浦・幣(にぎ)の松原などがある景勝地。沿岸一帯は玄海国定公園。

いとし・む【▽愛しむ】 〔動マ五(四)〕「いとおしむ」に同じ。「命を―・む」

いと‐しも 〔副〕❶《副詞「いと」＋連語「しも」から》非常に。きわめて。「―悔しう思ひ給へらるる折多くなむ」〈源・須磨〉❷(あとに打消しの語を伴って)あまり。たいして。「この度の司召しにも漏れぬれど、―思ひ入れず」〈源・賢木〉

いとしもな・し 取り立てて言うほどでもない。「―・き人にむつばんは、よしなくこそ」〈沙石集・四〉

いと‐じゃく【糸尺】 凹凸のある建築物の表面を糸などを使って測った長さ。塗装工事などで、建築物の表面積の算出に利用する。

いと‐じょう【怡土城】 ‐ジャウ 福岡県糸島市にあった城。新羅(しらぎ)に対する防備のために神護慶雲2年(768)に完成。伊都氏のいたという高祖山の西斜面に築かれ、大宰府を守護。城門の礎石などが残る。

いとし‐らし・い【▽愛しらしい】 〔形〕図いとしら・し〔シク〕かわいらしい。「何から何まで―・いと思わぬところは御座りませぬ」〈露伴・プラクリチ〉

いと‐じり【糸尻】 「糸底」に同じ。

いと‐じるし【糸印】 裁縫で、布地の縫い目の目印として、糸を縫いつけたもの。

いと‐しん【糸心｜糸芯】 ❶糸を芯とした蝋燭(ろうそく)。糸心蝋燭。❷ランプの芯で、細い糸状のもの。

いと‐すかし【糸透かし】 透かし彫りの一。糸のような細い部分を残して彫る方法。鍔(つば)などに用いる。

いと‐すぎ【糸杉】 ヒノキ科の常緑高木。高さ約45メートルにも達する。樹皮は灰褐色。葉はうろこ状で十字形につく。材は建築・船舶・楽器などに用いる。サイプレス。西洋檜(せいようひのき)。

いと‐すじ【糸筋】 ‐すぢ ❶糸の筋。糸。また、糸のように細く長いもの。「―ほどの光」「涙の―」❷物事の筋道。「事柄の経過の―を整理しているらしいのである」〈鴎外・青年〉❸琴や三味線などの弦。「―ならして、恋慕の詩をうたへる事」〈浮・一代女・一〉

いと‐すすき【糸▽薄】 ススキの変種。葉や茎が糸のように細い。園芸用。(季 秋)

いと‐せんそう【伊土戦争】 ‐センサウ ▶イタリアトルコ戦争

いと‐ぞうがん【糸象眼】 ‐ザウガン 象眼で、地金に文様や文字を細く彫り、そこに糸状の他の金属をはめ込む技法。

いと‐ぞこ【糸底】 《ろくろから糸を使って切り離すところから》陶器の底。糸尻(いとじり)。

いと‐ぞめ【糸染(め)】 織物や刺繍(ししゅう)に用いる糸を染色すること。

いと‐たけ【糸竹】 《「糸」は琴・三味線などの弦楽器、「竹」は笛・笙(しょう)などの管楽器》❶和楽器の総称。しちく。「―の調べ」❷音楽。音曲。「―の道」

いと‐だて【糸立て】 糸を入れて補強した渋紙。

いど‐ぢゃわん【井戸茶×碗】 ゐど‐ 高麗(こうらい)茶碗の一。全体に淡い卵色の釉(うわぐすり)がかかり、胴にはろくろ目が目立つ。李朝前期の朝鮮で焼かれたもので、室町時代以来、茶人が愛用。最高のものとされる。いど。

いと‐づくり【糸作り】 刺身の切り方の一。イカやサヨリなどの身を糸状に細く切ること。また、その料理。細作り。

いと‐づつみ【糸×裹み】 弓全体を、細い麻の縒(よ)り糸ですきまなく巻き、その上から漆を塗ったもの。また、その弓。

いと‐づめ【糸爪】 「糸道❷」に同じ。

いと‐てき【意図的】 〔形動〕ある目的を持って、わざとそうするさま。「仕事量を―に増やす」

いと‐てんつき【糸点突】 カヤツリグサ科の一年草。日当たりのよい道端などに群生し、高さ約20センチ。葉は細長い。秋、細い茎に苞(ほう)のある穂がつく。

いとど カマドウマの古名。(季 秋)「海士(あま)の屋は小海老(こえび)にまじる―かな/芭蕉」

いとど 〔副〕《副詞「いと」の重なった「いといと」の音変化という》❶程度が以前よりもはなはだしいさま。いっそう。いよいよ。「夕されば―干(ひ)がたきわが袖に秋の露さへ置き添はりつつ」〈古今・恋一〉❷ただでさえ…なのにさらに。「―鈍なやつめが茗荷(みょうが)を食ひ、いよいよ鈍になって」〈狂言記・鈍根草〉

いと‐どころ【糸所】 平安時代、中務省(なかつかさしょう)の縫殿寮(ぬいどのりょう)に属した役所。端午の薬玉(くすだま)などを作った。

いと‐とじ【糸×綴じ】 ‐とぢ 製本の方法の一。糸を用いて綴じつけること。かがり綴じ・ミシン綴じなど。

いとど・し 〔形シク〕《副詞「いとど」の形容詞化》さらにはなはだしい。いよいよ著しい。「―・しく虫の声(ね)しげき浅茅生に露置き添ふる雲の上人」〈源・桐壺〉

いと‐とり【糸取り】 ❶繭を煮て生糸をとること。また、その人。手繰り。糸引き。(季 夏)「―の三人家のものばかり/素十」❷「綾(あや)取り」に同じ。

いと‐とんぼ【糸×蜻×蛉】 ❶イトトンボ科のトンボの総称。体は小形で細く弱々しく、翅(はね)の脈は粗い。翅を立てて止まる。キイトトンボ・アジアイトトンボなど。とうすみとんぼ。(季 夏)「一宙にとどまり石進む/稚魚」❷体が糸のように細いトンボの総称。

いと‐な・し【▽暇無し】 〔形ク〕ひまがない。絶え間がない。忙しい。「一歳(ひととせ)に二度(ふたたび)も来(こ)ぬ春なれば―・く今日は花をこそ見れ」〈後拾遺・春上〉

いと‐なます【糸×膾】 魚肉・大根・ニンジンなどを細く切って、三杯酢であえた料理。

いとなみ【営み】 ❶物事をすること。行為。作業。「自然の―」「従来の教育と其―の性質(たち)によりて」〈逍遥・小説神髄〉❷生活のためにする仕事。生業。「日々の―に追われる」❸特に、性行為。「愛の―」「夫婦の―」❹したく。準備。「春を迎える―に余念がない」❺神事・仏事を行うこと。「三月二十四日には初七日の―があった」〈鴎外・阿部一族〉

いとな・む【営む】 〔動マ五(四)〕《形容詞「いとなし」の動詞化》❶忙しく物事をする。怠ることなく励む。「社会生活を―・む」❷生活のための仕事をする。経営する。「旅館を―・む」❸神事・仏事などを行う。「法要を―・む」❹準備する。用意する。「食ひ物、下人どもにも―・ませず、夫婦手づから自らして召させけり」〈宇治拾遺・一五〉可能いとなめる

類語行う・為る・遣る・為(な)す (尊敬)される・なさる・遊ばす (謙譲)致す・仕(つかまつ)る

いと‐にしき【糸錦】 ❶数種の色糸で文様を織り出した織物。女帯地などに用いる。近世初期に中国から伝来。主産地は、京都・桐生。❷《組糸で皮を連ねてつづるところから》毛皮で作った衣。皮衣(かわごろも)。

いとのき‐て 〔副〕《「甚(いと)除(のき)て」の意》特別に。とりわけ。ことのほか。「―痛き傷には辛塩を注(そそ)くちふ(＝トイウ)がごとく」〈万・八九七〉

いと‐の‐くつ【糸の×鞋】 「糸鞋(しがい)」に同じ。

いと‐の‐くに【伊都国】 弥生時代、九州北部にあったという国。邪馬台国(やまたいこく)に従属。中国大陸・朝鮮半島との往来の中継地であったといわれる。伊都。

いと‐のこ【糸×鋸】 透かし抜きや曲線に切るときに使う、薄くて細い刃ののこぎり。

いど‐ばた【井戸端】 ゐど‐ 井戸のそば。井戸の付近。

いどばた‐かいぎ【井戸端会議】 ゐどばたクワイギ 井戸端などで、近所の女たちが水くみや洗濯などをしながら、人のうわさや世間話をすることをからかっていった語。転じて、主婦たちが家事の合間に集まってするおしゃべり。「―に花を咲かす」

いと‐ばな【糸花】 練り絹の糸を結んで作った花。挿頭花(かざし)・薬玉(くすだま)などに用いた。結び花。花結び。

いと‐はん 《「はん」は「さん」の音変化》(関西地方で)お嬢さん。いとさん。

類語お嬢様・娘・息女・令嬢・箱入り娘・子供

いと‐ひおどし【糸×緋×威】 ‐ひをどし 鎧(よろい)の、緋色の組糸による威(おどし)。紅糸威。

いと‐ひき【糸引き】 ❶糸を引き伸ばすこと。糸を引き伸ばしたようになること。「―納豆」❷「糸取り❶」に同じ。❸他の人を操って行動させること。また、その人。❹仏を拝むときに、その指先から糸のようなものが現れるという俗信。❺《月経時には戸外労働をせず、屋内で糸を紡いだところから》月経の忌み詞。

いとひき‐あじ【糸引×鰺】 ‐あぢ アジ科の海水魚。全長約90センチ。体はひし形で側扁し、銀白色。幼魚および若魚では背びれ・しりびれ前部の軟条各数本が糸状に伸び、体長の2倍以上になる。熱帯系で、日本中部以南には全長20センチくらいまでの幼魚がみられる。

いと‐びな【糸×雛】 雛人形の頭(かしら)を糸で作った雛。鹿児島・高知のものが有名。

いと‐ひば【糸×檜葉】 ヒヨクヒバの別名。

いと‐ひめ【糸姫】 製糸・織物工場の女子工員の称。

いと‐びん【糸×鬢】 近世、男性の髪形の一。月代(さかやき)を広く左右に剃り下げ、鬢を細く糸のように残して、髷(まげ)を頭の後方に低く結ったもの。また、それを結った人。中間(ちゅうげん)・侠客などに好まれた。

いとびん‐やっこ【糸×鬢▽奴】 糸鬢に結った奴。また、その髪形。「―か、くりくり坊主にするか」〈人・梅児誉美・後〉

いと‐ぶ【糸歩】 一定量の生繭(なままゆ)から取れる生糸の割合。ふつう、17パーセントぐらい。生糸歩合。糸目。

いど‐べい【井戸塀】 ゐど‐ 政治家が政治や選挙に自己の財産をつぎ込んで貧しくなり、井戸と塀しか残らないということ。「―代議士」

いと‐へん【糸偏】 ❶漢字の偏の一。「綿」「織」などの「糸」の称。❷紡績・合繊・織布などの繊維産業のこと。また、その株。「―景気」

いど‐へんか【緯度変化】 ヰドヘンクワ 地球の自転軸が少しずつ移動するために、地球上の緯度が周期的に変化する現象。

いど‐ほり【井戸掘り】 ゐど‐ 井戸を掘ること。また、それを職業とする人。

いと‐ま【▽暇｜▽遑】 《「いと」は「いとなし」の「いと」で休みの時、「ま」は間の意》❶用事のない時間。ひま。「休む―もない」❷一時的に休むこと。休暇。「三日ほどのお―を乞う」❸職務を離れること。辞職。また、解雇。ひま。「雇い主に―を願い出る」❹離縁。離婚。「妻に―を出す」❺(多く「おいとまする」の形で用いる)別れて去ること。また、そのあいさつ。辞去。「―を告げる」「そろそろお―しよう」❻喪に服すること。またそのために出仕しない期間。「御―になり給ひぬれば、藤壺も夜さり罷(まか)で給ひ」〈宇津保・国譲上〉

❼ある物事をするのに空けることのできる時間。「仮名文見給ふるは目の―いりて」〈源・若菜上〉❽すきま。ひま。「谷風の吹き上げにたてる玉柳枝の―も見えぬ春かな」〈夫木・三〉〔類語〕暇ひま・空き・閑暇・小暇しょう・小閑しょう・寸暇・寸閑・余暇よか

暇申・す ❶休暇を取りたいとお願い申し上げる。「おほやけには、筑紫の国に湯あみにまからむとて―・して」〈竹取〉❷別れの言葉を申し上げる。「―・して、さらばよとて」〈謡・安宅〉

暇を取・る 主人や夫に願い出て、主従や夫婦の関係を断ち切る。「―・って郷里に帰る」

暇をや・る 使用人などに対し、関係を断つ。ひまをやる。

いと-まき【糸巻(き)】 ❶糸を巻いておくこと。また、そのための道具。❷釣り糸を巻き収める道具。❸三味線などの弦楽器の棹さおの上部にある、糸を巻きつけるねじ。転手てん。❹江戸時代、女性の髪の結い方の一。髪を櫛くしなどに巻いてとめる。多く舞子・遊芸の師匠などが結った。❺紋所の名。❶をかたどったもの。❻「糸巻の太刀」の略。❼糸枠いとわくの形をとった茶道具の総称。糸巻き棚・糸巻き煙草盆など。

いとまき-えい【糸巻×鱝】ヱイ エイ目イトマキエイ科の海水魚。全長約2.5メートル。体はひし形で扁平、尾は細いむち状。頭に耳の形をしたひれが一対ある。海の中層ないし表層を遊泳。同科にはエイ類中最大のオニイトマキエイも含まれ、マンタとも呼ばれる。

いとまきがた-しゅうさ【糸巻(き)型収差】シウサ ▶糸巻き型歪曲

いとまきがた-わいきょく【糸巻(き)型×歪曲】 カメラなどの光学系に生じる歪曲収差の一。画面周辺部の直線が内側に曲がるため、方眼面を撮影すると中心部に向かって糸巻きのような形に縮む。望遠レンズに生じやすい。糸巻き型収差。⇒樽型歪曲

いとまき-の-たち【糸巻の太-刀】 柄つかと、鞘口さやぐちから帯取りの二の足金物あたりまでを平組の糸で巻いた太刀。

いとまき-ひとで【糸巻海=星】 イトマキヒトデ科のヒトデ。潮間帯の岩礁にすむ。腕の切れ込みが浅く、体はほぼ五角形で、直径8センチくらい。背面は青緑色で中央に橙赤色の斑紋があり、腹面は橙色。

いとまき-ボール【糸巻(き)ボール】 ゴルフボールで、芯に糸ゴムを伸ばして巻きつけ、合成ゴムの薄い表皮をかぶせたもの。三重構造になるところからスリーピースともいう。

いとまき-ぼら【糸巻▽法×螺】 イトマキボラ科の巻き貝。岩礁にすむ。貝殻は紡錘形で、殻高約15センチ。褐色で、糸を巻いたようなすじがあり、螺層らそうの肩部がこぶ状にとがる。紀伊半島以南に分布。

いとま-ごい【▽暇乞い】ごひ〔名〕スル ❶別れを告げること。別れの言葉。「里に帰りますので―に参りました」❷ひまをくれるように願い出ること。「主人に―する」

いと-まさめ【糸×柾目】 木材の柾目が、糸のように細くて密なもの。いとまさ。⇔粗柾目あらまさめ

いどま・し【挑まし】〔形シク〕《動詞「いどむ」の形容詞化》張り合うようである。競争心が強い。「―・しき御心も添ふべかめれ」〈源・行幸〉

いとま-ぶみ【▽暇文】 ❶休暇または辞職を願う文書。「太政大臣、―出だして参り給はず」〈宇津保・国譲下〉❷離縁状。

いと-まゆ【糸眉】 糸のように細い眉。鶯眉うぐいすまゆ。

いとまる-がわら【糸丸瓦】がはら 丸瓦のうち、最も細い直径7センチ前後のもの。築地塀ついじべいなどに用いる。糸丸。

いとまん【糸満】 沖縄県、沖縄島南西端の市。古くから漁業が盛ん。沖縄戦最後の激戦地で、ひめゆりの塔などの戦跡がある。人口5.7万(2010)。

いとまん-し【糸満市】 ▶糸満

いどみ【挑み】 張り合うこと。競争。「人の衣の色、匂ひにや劣らむ勝らむの―」〈栄花・わかばえ〉

いどみ-あい【挑み合い】ひあ ❶互いに争うこと。❷相場で、売り手と買い手が互いに譲らないこと。

いどみ-がお【挑み顔】がほ〔名・形動ナリ〕張り合おうとする気勢が見える顔つき。また、そのさま。「おのおの―なるもてなし」〈源・蛍〉

いどみ-ごと【挑み事】 争い事。勝負事。「仏の御弟子達もかくの如き―をし給ふなりけり」〈今昔・三・五〉

いど-みず【井戸水】ゐど 井戸の水。井戸からくみ上げた水。

いと-みち【糸道】 ❶三味線・琴などを弾く技能。❷常に三味線を弾く人の左人さし指の爪の先に、弦との摩擦でできたくぼみ。糸爪いとづめ。

糸道があ・く 一人前に三味線・琴などが弾けるようになる。「少しは―・いているのだからといって、三味線も教えてくれた」〈秋声・足迹〉

いと-みみず【糸蚯=蚓】 イトミミズ科のミミズ。人家に近い溝などの泥中に群生。体は赤い糸状で、体長8センチくらい。飼育魚などの餌にする。あかご。

いと-みや【▽幼宮】 おさない皇子・皇女。また、末の宮の意ともいう。「―いだき奉らむ」〈紫式部日記〉

いと-みゃく【糸脈】 患者の脈どころに糸を掛け、その端を持って糸に伝わる脈を計ること。昔、貴人などの肌に直接触れることを避けるために行われた。

いどみ-わざ【挑み業】 争い事。競争。「功徳とは見えで、おのおの―のやうに見えて」〈栄花・本の雫〉

いど・む【挑む】〔動マ五(四)〕❶こちらから戦い・けんかなどをしかける。挑戦する。「論争を―・む」「決闘を―・む」❷ある対象に立ち向かっていく。「処女峰に―・む」「新記録に―・む」❸異性に言い寄る。関係を迫る。「酔った勢いで―・まれる」❹張り合う。競争する。「この盛りに―・み給ひし女御更衣、あるはひたすら亡くなり給ひ」〈源・朝顔〉〔可能〕いどめる
〔類語〕突っかかる・向かう・立ち向かう・かかる・ぶつかる・対する・対抗する

いと-め【糸目】 ❶細い糸。糸筋。❷凧たこの表面につけて揚がりぐあいを調節する糸。❸器物に細く刻みつけた筋。「一模様」❹物事をつなげるもの。脈絡。「話の―をつなぐ」❺「糸歩いとぶ」に同じ。❻柳の枝。また、その芽立ち。「青柳の―も見えず春ごとに春の錦を誰か織るらむ」〈躬恒集〉❼江戸時代、甲州金の量目の呼称。1両の64分の1。❽ゴカイ科の環形動物。浅海の泥中にすむ。体長20～30センチ。体の前部は緑褐色で、中央部は紅色。産卵期は10～12月で、生殖型の個体は、ばち・うきこ・日本パロロなどとよばれる。釣りの餌にする。

糸目を付け・ない 《糸目をつけないと凧たこを制御できないところから》物事をするのに何の制限も加えない。多く、惜しげもなく金品を使うことにいう。「蒐集に際しては金に―・ない」〔補説〕「いとめ」は「厭いとい目」の意ともいう。

い-とめ【鋳留(め)】 金属製の器物の破損箇所を鋳掛けして修理すること。

い-と・める【射止める】〔動マ下一〕〔文〕いと・む〔マ下二〕❶弓矢・鉄砲などで獲物を倒す。射殺す。射当てる。「熊を―・める」❷うまく自分のものにする。うまく目的を達成する。「彼女の心を―・める」

いとめ-わん【糸目×椀】 ろくろで糸目模様を削り出した漆塗りの椀。石川県加賀市で産する。蜆椀しじみわん。

いと-めん【糸面】 柱などの角を糸幅ほどに細く削ること。また、その面。

いと-も〔副〕《副詞「いと」＋係助詞「も」から》❶程度のはなはだしいさま。非常に。きわめて。「―たやすいことだ」❷(あとに打消しの語を伴って用いる)あまり。それほど。「―知らぬ道の物語したる、かたはらいたく、聞きにくし」〈徒然・五七〉
〔類語〕迚とても・非常に・大層・大変・極めて・至って・甚はなはだ・頗すこぶる・至極しごく・極ごく・実に・まことに・大いに・いたく・ひどく・恐ろしく・すごく・ものすごく・滅法めっぽう

いと-もの【糸物】 ❶織物。❷弦楽器。❸三味線を伴う演芸の総称。❹《近世語》素麺そうめんをいう女性語。

いど-やかた【井戸屋形】ゐど 井戸のそばに柱を立てて、その上に屋根を設けただけの簡単な建物。

いと-やど【糸宿】 娘宿の一。夜間、娘たちが集まって麻糸を紡いだり糸引きの仕事をしたりする集会所。糸引き宿。よなべ宿。

いと-やなぎ【糸柳】 シダレヤナギの別名。〔季 春〕「もつれつつみごとや雨の―／樗良」

いとやま-あきこ【絲山秋子】［1966～ ］小説家。東京の生まれ。本名、西平秋子。会社勤務ののち作家デビュー。現代人の心の傷を作品に描く。「沖で待つ」で芥川賞受賞。他に「イッツ・オンリー・トーク」「袋小路の男」「勤労感謝の日」「逃亡くそたわけ」など。

いと-ゆう【糸遊】いう ❶陽炎かげろう。〔季 春〕「―に結びつきたる煙かな／芭蕉」❷「糸遊結び」の略。「―などの末濃の御几帳」〈栄花・音楽〉〔補説〕(1)語源未詳で、歴史的仮名遣いを「いとゆふ」とするのは、平安時代以来の慣用。(2)「糸遊」は和語「いとゆふ」が陽炎の意の漢語「遊糸ゆうし」の影響を受けてできた表記。(3)晩秋の晴天の日にクモが糸を吐きながら空中を飛び、その糸が光に屈折してゆらゆらと光って見える現象が原義で、漢詩にいう遊糸もそれであるという。

いとゆう-むすび【糸遊結び】いとゆふ 衣類・調度につける色糸の飾り結び。

いと-よ【糸▽魚】 トゲウオ科の魚。全長8センチくらい。背に3本、腹に1本のとげと、体側に幅広い鱗板帯りんばんたいがある。産卵期には雄が糸状の粘液を出して水草をまとめ、水底に巣を作る。淡水型と遡河そか型とがある。いとうお。

いと-より【糸×縒り｜糸×撚り】 ❶糸をより合わせること。糸によりをかけること。また、その糸。❷「糸縒り車」の略。❸延年舞の一。稚児が女装で、糸をよりながら男を待つ所作を演じたものという。初期歌舞伎の女方芸にも伝わった。❹イトヨリダイの別名。

いとより-ぐるま【糸×縒り車】 「糸繰り車」に同じ。

いとより-だい【糸×縒×鯛】だひ スズキ目イトヨリダイ科の海水魚。全長約35センチ。体は細長く、やや側扁し、紅色の地に6本の黄色縦帯が走る。尾びれの上部の軟条が糸状に伸びている。本州中部以南の近海に多い。冬に美味。いとくりうお。いとより。

イドラ〖Hydra〗 ギリシャ南部、サロニコス湾とアルゴリコス湾の間に浮かぶイドラ島の北部にある港町。同島の玄関口で、後期ビザンチン様式の聖母マリア修道院があるほか、18世紀から19世紀にかけて海運で富を得た船主たちが建てた邸宅が並ぶ。

イドラ〖ラテ idola〗《幻像の意》フランシス＝ベーコンの用語。正しい認識を妨げる偏見や先入観。

イドラ-とう【イドラ島】タウ《Hydra》ギリシャ南部、サロニコス湾とアルゴリコス湾の間に浮かぶ島。アルゴリス半島の沖合約7キロメートルに位置する。主な町は同島北岸のイドラ。18世紀から19世紀にかけて海運で栄え、ギリシャ独立戦争時には武装した商船団が活躍したことで知られる。島内は自動車やオートバイの乗り入れが禁止されている。また、海は透明度が高く、多くの海水浴場がある。

いと-らん【糸×蘭】 リュウゼツラン科の常緑多年草。厚い葉が多数放射状に生え、葉の縁から細い繊維が糸のように垂れ下がる。夏、高さ約1.5メートルの花茎が出て、白色や淡黄色の花が多数下向きに咲く。北アメリカ南部の原産で、観賞用。

い-どり【居取り】ゐ 柔道で、座ったまま相手の両手を取ったり、逆手を取ったり、振り放したりする形。

イドリーシー〖al-Idrīsī〗［1100～1165］アラビアの地理学者。シチリアのロジェール2世に仕え、銀盤製の世界地図を作った。その地図解説書は「ロジェールの書」と呼ばれ、各地の物産・行政・風俗にも言及。アル＝イドリーシー。

いと-わかめ【糸若▽布】 ワカメの茎を取り除き、葉を乾燥して糸状にしたもの。主に三重県の産。

いと-わく【糸枠】 紡いだ糸を巻き取る枠。軸があって回転する。糸繰り。

いとわし・い【×厭わしい】いとはしい〔形〕〔文〕いとは・し〔シク〕《動詞「いと(厭)う」の形容詞化》不愉快で、いやである。わずらわしい。「雨の日ばかりで―・い」「―・い人間関係」〔派生〕いとわしげ〔形動〕いとわしさ〔名〕
〔類語〕忌まわしい・おぞましい・うとましい

いと-わっぷ【糸割符】 江戸時代、生糸を輸入する特定の商人に与えた特権。また、この権利を示す証

札。慶長9年(1604)堺・京都・長崎、のちに江戸・大坂を加えて5か所の商人に与えられた。白糸割符。

い-とん【猗頓】中国、春秋時代の大富豪。魯の人。牛・羊を飼育し、製塩業を興して財を成したといわれる。生没年未詳。➡陶朱猗頓の富

いな【伊那】長野県南東部の市。伊那盆地北部の中心地。電子部品・精密機械などの工業が盛ん。米作や花卉栽培も行われる。平成18年(2006)3月、高遠町・長谷村と合併。人口7.1万(2010)。

いな【否】㊀〔名〕❶同意しないこと。不承知。「—も応もない」❷(「…かいなか」の形で)…でないこと。「学生か—かは問わない」㊁〔感〕❶申し出や依頼を拒否するときに用いる語。いやだ。「再度の懇請に—と答える」❷自分の発言を途中で否定したり、ためらったりするときに用いる語。いいえ。そうではない。「国家のため、—全世界のために」

いな【稲】「いね」の変化した語。複合語として用いられる。「—穂」「—田」《季 秋》

い-な【維那】《梵 karmadānaの訳。音写は羯磨陀那。授事の意》三綱の一。寺院で僧に関する庶務をつかさどり、またそれを指図する役職。都維那。補説 禅宗では「いの」「いのう」と読む。

いな【×鯔】全長20センチ程度のボラの幼魚。《季 秋》

い-な【異な】〔連体〕《形容動詞「い(異)なり」の連体形「いなる」から》普通と変わった。変な。妙な。「—ことを伺いますが」「縁は—もの味なもの」

いな〔終助〕《終助詞「い」＋終助詞「な」から。近世語》体言、活用語の命令形、助詞、助動詞「じゃ」に付く。感動・呼び掛けなどを表す。…ねえ。「言ひわけをして下さんせ—」〈浄・歌祭文〉

い-ない【以内】❶ある範囲の内側。「境界線—」⇔以外。❷時間・距離・数量・順位などで、ある基準を含んでそれよりも小さい範囲。「一〇日—には帰る」「一万円—の買物」➡以下 用法

いないいない-ばあ〔連語〕幼児をあやすときに言う語。自分の顔を手などで隠して「いないいない」と言った後、突然「ばあ」と顔を出す。

イナウ《アイヌ語》アイヌの宗教儀礼に用いる木製の幣帛。皮を取り去った柳などの小枝を削りかけの状態にしたもので、捧げる神によって種々の形がある。イナオ。

いなおおせ-どり【稲負鳥】古歌に詠まれた秋の鳥。稲刈り時に飛来するという。呼子鳥・百千鳥とともに古今伝授三鳥の一。セキレイ・トキ・スズメ・バン・クイナなどとする諸説があるが、実体は不明。「山田守る秋の仮廬に置く露は—の涙なりけり」〈古今・秋下〉

いなお-かずひさ【稲尾和久】[1937〜2007]プロ野球選手・監督。大分の生まれ。昭和31年(1956)西鉄(現西武)に投手として入団、1年目に21勝をし、新人王となる。同33年巨人との日本シリーズで、3連敗後の4試合すべてに登板、チームを勝利へ導いた。同36年プロ野球記録の42勝を記録。通算276勝。引退後は西鉄・太平洋クラブ・ロッテの監督を務めた。

いなおり-ごうとう【居直り強盗】盗みに入った者が家人に発見され、急に強盗になること。また、その強盗。いなおり。

い-なお・る【居直る】〔動ラ五(四)〕❶座り直して姿勢を正す。居ずまいを正す。「—・って礼を言う」❷急に態度を変える。不利の立場にある者が、急に脅すような強い態度に出る。「わびるどころか、—・って相手を非難する」

い-なか【田-舎】❶都会から離れた地方。「—から町に出てくる」❷田畑が多く、のどかな所。人家が少なく、静かでへんぴな所。「便利になったとはいっても、まだまだ—だ」❸生まれ故郷。郷里。父母や祖父母のふるさとについてもいう。「うちの—は四国の港町です」❹(名詞に付き、接頭語的に用いて)素朴・粗暴・やぼなどの意を表す。「—料理」「—風」「—侍」
類語 (❶)(❷)在・在郷・在所・在地・在方・近在・田園・鄙・地方・辺地・辺境・僻地・僻陬・辺鄙・奥地・辺土・郷・ローカル/(❸)ふるさと・里・国・国許・故郷・郷里・在所・生地・家郷・郷国・郷関・故山・郷土・郷党・生国

い-なか【×亥中】亥の刻の上刻と下刻との間。今の午後10時ごろ。

いなか-うた【田-舎歌】❶広く田舎で歌われる俗謡。ひなうた。俚謡。❷歌舞伎の下座音楽で、田舎道や田舎家の場面などに用いる歌。➡在郷歌

いなか-えびす【田-舎×夷】田舎者を軽蔑していう語。

いなか-かせぎ【田-舎稼ぎ】都会の商人・芸人などが田舎へ行って稼ぐこと。また、その人。

いながき-たるほ【稲垣足穂】[1900〜1977]小説家。大阪の生まれ。天体や文明の利器を題材にした幻想的な異色の作風で注目され、のち少年愛をテーマにした作品を書いた。小説「一千一秒物語」、随筆「少年愛の美学」など。

いながき-ひろし【稲垣浩】[1905〜1980]映画監督。東京の生まれ。本名、浩二郎。俳優を経て映画監督となり、痛快な時代劇を手がけた。昭和33年(1958)「無法松の一生」のリメーク版で、ベネチア国際映画祭グランプリを受賞。代表作「宮本武蔵」シリーズ、「手をつなぐ子等」「忘れられた子等」など。

いなかきょうし【田舎教師】田山花袋の小説。明治42年(1909)刊。自我に目覚めながら、貧しさのため片田舎で苦悩のうちに死んでゆく代用教員の悲劇を、モデルの日記と実地踏査をもとに描く。自然主義文学の代表作の一つ。

いなか-くさ・い【田-舎臭い】〔形〕文ゐなかくさ・し〔ク〕言動・趣向などが洗練されていない。やぼったい。どろくさい。「—・い服装」

いな-かけ【稲掛(け)】「いねかけ」に同じ。

いなか-ことば【田-舎言葉】田舎の人が使っている言葉。

いなか-ざむらい【田-舎侍】田舎在住または出身の、態度・身なりなどのやぼな侍。また、粗野粗暴な侍を卑しめていう語。田舎武者。田舎武士。いなかさぶらい。

いなか-しばい【田-舎芝居】❶田舎で催される素人の演劇。❷地方の小都市や村などで、旅回りの役者が演じる芝居。江戸時代、江戸・大坂・京都の三都の役者が修業のために地方で興行した場合もいう。❸設備が不完全で演技もへたな芝居をののしっていう語。

いなか-じま【田-舎×縞】「手織り縞」に同じ。

いなか-じ・みる【田-舎染みる】〔動マ上一〕言動・服装などが田舎くさくなる。「—・みた着物」

いなか-しょうもん【田-舎×蕉門】江戸時代の俳諧で、地方に勢力を張った美濃派や伊勢風の平俗な句風をあざけっていう語。

いなか-じるこ【田-舎汁粉】つぶし餡で作った汁粉。➡御膳汁粉

いなか-しんし【田-舎紳士】紳士ぶっているが、どこか洗練されていないところのある男。田舎の紳士。

いなか-せかい【田-舎世界】都会に対する、地方。いなか。「一代に一度の見物にて、—の人だに見るものを」〈更級〉

いなか-だいじん【田-舎大尽】❶田舎の金持ち。❷田舎から出てきて、遊里などで豪遊する者。「或は—の珍客、或は一わけありて首尾したる初度の祝儀などは」〈色道大鏡・二〉

いなか-だ・つ【田-舎立つ】〔動タ四〕いかにも田舎という感じがする。田舎めいている。「—・ちたる所に住むものども」〈枕・二五〉

いなかっ-ぺ【田-舎っぺ】田舎の人を軽蔑していう語。いなかっぺえ。いなかっぺい。かっぺ。

いなか-なまり【田-舎×訛り】言葉にその地方特有のなまりがあること。また、その言葉。国なまり。「—が出る」

いなか-の-つき【×亥中の月】陰暦20日の夜の月。更け待ち月。はつかづき。いなかづき。

いなか-・びる【田-舎びる】〔動バ上一〕文ゐなか・ぶ〔バ上二〕いかにも田舎らしいようすである。田舎じみて、やぼな感じがする。「—・びた店構え」

いな-かぶ【稲株】稲を刈ったあとに残る切り株。稲茎。いねかぶ。

いなか-ぶし【田-舎節】❶民謡。❷歌舞伎舞踊の中で、特に民謡を取り入れた伴奏音楽で踊る部分。❸日本音楽で、陽旋法のこと。主に民謡に用いられるところから、明治中期に上原六四郎が命名。➡都節

いなか-ま【田-舎間】❶関東・東北地方などで用いられる柱間の寸法。柱の中心と中心との間を曲尺で6尺(約1.8メートル)にとり、その長さを1間とするもの。また、これに敷く畳の寸法をいう。江戸間。➡京間 ❷寸法の足りないもの。「—の短冊へ書く天の川」〈柳多留・四八〉

いなか-まわり【田-舎回り】❶商人・芸人などが田舎を回って稼ぐこと。また、その人。どさまわり。「—の役者」❷官吏・会社員などが、地方の支所・支店などに移り勤めること。

いなか-まんじゅう【田-舎×饅▽頭】皮が薄く、つぶし餡を入れた饅頭。

いなか-みそ【田-舎味×噌】麦麹を用いて作った麦味噌のこと。色は黄白色から赤褐色まで、味は甘口・辛口がある。

いなか-むしゃ【田-舎武者】「田舎侍」に同じ。

いなか-め・く【田-舎めく】〔動カ五(四)〕物腰や服装などが田舎風に見える。「—・いた風景」

いなか-もの【田-舎者】❶田舎の人。田舎育ちの人。❷不作法な人、やぼな人をののしっていう語。また、みずからをへりくだっていう語。

いなか-や【田-舎家】❶田舎の家。また、粗末な家。田家。❷茶室などにするために建てた田舎風の家。

いなか-やくしゃ【田-舎役者】田舎芝居の役者。また、へたな役者。

いな-がら【稲▽幹】稲の茎。

い-ながら【居×乍ら】〔副〕❶(「いながらに」「いながらにして」の形で)その場にじっとしていて。その場を動かないで。「—にして世界の情勢を知る」❷座ったままで。その場で。即座に。「—眠り入りたりける夢に」〈今昔・一五・四三〉

いながらに-して【居×乍らにして】〔連語〕「居乍ら❶」に同じ。「—世の形勢を知る」

い-なが・れる【居流れる】〔動ラ下一〕文ゐなが・る〔ラ下二〕❶多くの人が上席から順に並んで座る。列座する。居並ぶ。「役者一同、舞台に—・れての口上」❷芝居の裏方が、場面を転換するまでの時間が短いため、幕が開いても舞台裏にそのまま待機する。❸ひとかたまりとなって流れる。「その沙、或は風の随に雪と零り、或は—・れて蟻と散り」〈出雲国風土記〉

いな-がわ【猪名川】大阪府西北部と兵庫県南東部の府県境を流れる川。淀川水系の一。丹波高地の大野山(標高754メートル)に源を発し、南流して尼崎市と大阪府豊中市の境で神崎川に合流。長さ45キロ。中流部は県立自然公園に指定。水質がよく、流域の川西市では友禅染、伊丹市・池田市では酒造業・園芸業が盛ん。

いなか-わたらい【田-舎渡らひ】田舎に行って生活すること。また、行商などで地方を回り歩くこと。「—しける人の子ども」〈伊勢・二三〉

いな-き【稲▽城】《「いなぎ」とも》❶古代、家の周囲に稲を積み上げて敵の矢を防ぐ備えとしたもの。❷稲束を貯蔵する小屋。《季 秋》

いな-き【稲▽置】《「いなぎ」とも》❶大和朝廷の地方官の一。屯倉の長官。稲穀の収納を職務とした。❷天武天皇が制定した八色の姓の最下位。

いな-ぎ【稲木】刈り取った稲を束にし、掛け並べて干す柵や木組み。稲架。稲掛け。《季 秋》

いなぎ【稲城】東京都中南部、多摩川沿岸の市。ナシの産地。住宅地化が進む。人口8.5万(2010)。

いなぎ-し【稲城市】▶稲城

い-な・く【×嘶く┊×嘽く】〔動カ四〕《「い」は馬の鳴き声》馬が声高く鳴く。いななく。「衣手葦毛あしげの馬の一・く声心あれかも常ゆ異けに鳴く」〈万・三三二八〉

いな-くき【稲茎】「稲株いなかぶ」に同じ。

いな-ぐら【稲倉】《「いなくら」とも》稲を貯蔵する倉。米倉。いねぐら。

いな-ぐるま【稲車】刈り取った稲を積んで運ぶ車。いねぐるま。(季 秋)「一うしろさらさら穂ずれの妻/草田男」

いなげ【稲毛】千葉市北西部の区名。東京湾岸を埋め立て、住宅地化が進む。

いなげ-く【稲毛区】▶稲毛

いな-ご【稲子┊×蝗】イナゴ科イナゴ属の昆虫の総称。ハネナガイナゴ・コバネイナゴなど。体長2～4センチ。背部が褐色、ほかは黄緑色のものが多い。水田や湿田に夏から秋に多くみられ、稲などの害虫。つくだ煮などにして食べる。鳴かない。蝗虫こうちゅう。(季 秋)「道ばたや一つるみす穂のなびき/暁台」

いな-こき【稲▽扱き】「いねこき」に同じ。

いな-こと【異な事】不思議なこと。おかしなこと。「これは一をおっしゃる」

いなご-まろ【稲子×麿】《イナゴを擬人化していった語》イナゴ・バッタ類の古名。「一といふ虫は、田ゐに稲のいでくる時、この虫もいでくれば」〈俊頼髄脳〉

いな-さ　南東の風。特に、台風期の強風をさしていう。辰巳たつみの風。

いな-さく【稲作】❶稲を栽培すること。「一地帯」❷稲の実りぐあい。稲の作柄。米作。「今年の一は上々だ」

いなさ-の-はま【稲佐の浜】島根県東部、出雲いずも市西部に広がる砂浜海岸。国譲りの神話で知られる。陰暦10月10日、出雲大社に全国から集まる神々がこの浜に上陸するといわれ、神迎えの神事(神迎祭)が行われる。夏は海水浴場。大社砂丘。

いなさ-の-やま【伊那佐の山】奈良県中東部、宇陀市にある山。標高638メートル。「一の樹この間よも、い行きまもらひ戦へば」〈記・中・歌謡〉

いなざわ【稲沢】いなざわ 愛知県北西部の市。美濃街道の宿駅稲葉いなばから発展。古代に尾張国府の置かれた地で、国府宮こうのみやの裸祭りでにぎわう。人口13.6万(2010)。

いなざわ-し【稲沢市】いなざわし ▶稲沢

いな-さんち【伊那山地】長野県南東部にある山地。赤石山脈と天竜川の間を南北に約100キロメートルにわたって続く。標高は1300～1900メートルで、最高峰は鬼面きめん山(標高1889メートル)。山地の東側を中央構造線が走り、西南日本内帯に属する。

いな-し【伊那市】▶伊那

いなしき【稲敷】茨城県南部の市。霞ヶ浦と利根川に挟まれた水郷地帯。平成17年(2005)3月に江戸崎町、新利根町、桜川村、東町が合併して成立。人口4.7万(2010)。

いなしき-し【稲敷市】▶稲敷

い-なじ・む【居×馴染む】〔動マ五(四)〕長い間そこにいてなれ親しむ。居馴れる。「十箇月一・んだ煙草屋の二階」〈嘉村・秋立つまで〉

いな・す【▽往なす┊▽去なす】〔動サ五(四)〕❶《❷から》攻撃を簡単にあしらう。また、自分に向けられた追及を言葉巧みにかわす。「鋭い質問を軽く一・す」❷相撲で、急に体をかわして、攻撃に出ている相手の体勢を崩す。「一・されて土俵に手をつく」❸和服の襟を後方に押し下げる。襟をぬく。「グイと一・した襟と」〈虚子・俳諧師〉❹去らせる。行かせる。「そのよせきもない烏帽子の中に、造作をして壁が塗らるるものか、急いで一・せい」〈虎明狂・今参〉❺実家に帰す。離縁する。「気に入らいで一・した嫁」〈浄・宵庚申〉❻ばかにする。悪口を言う。「此この貧乏はどうぢゃいなと、一気にわしを一・しくさる」〈滑・大師めぐり〉(可能)いなせる (類語)避ける・よける

いな-すずめ【稲雀】稲の実るころ田に群れるスズメ。(季 秋)「一茶の木畠や逃げ処/芭蕉」

いな-ずま【稲妻┊▽電】《稲の夫つまの意。稲の結実期に多く起こるので、これによって稲が実ると考えられていた》❶空中電気の放電によって生じる電光。また、それが雲に反映したもの。稲光いなびかり。稲魂いなだま。いなつるび。「一が走る」(季 秋)「一やきのふは東今日は西/其角」❷動作の非常にすばやいことや、時間のきわめて短いことのたとえ。「一のごとく飛び去る」❸「稲妻形」の略。❹「稲妻折れ釘」の略。❺紋所の名。❶を図案化したもの。稲妻菱や四つ稲妻菱など。❻《形が❶に似るところから》蔵などの鍵。「一でくゎらくゎらくゎらと蔵を明け」〈柳多留・五六〉❼《❶の形や輝きから》金屏風きんびょうぶのこと。「一を拝借に行く暑い事」〈柳多留・一六〉❽江戸時代、遊女などが、かんざしを多く挿していること。「一をさせてふり向く仲の町」〈柳多留・二九〉(類語)稲光・電光・雷光・雷火・雷霆・雷公・雷電・紫電・天雷・急雷・疾雷・迅雷

いなずま-おれくぎ【稲妻折れ×釘】頭部が稲妻形に二重に折れて鉤かぎ形をした釘。掛け物などをかけるのに使用。

いなずま-がた【稲妻形】❶稲妻の形を折れ曲がった直線で図案化した模様。紋所にも用いる。❷左右交互に曲がった形。ジグザグの形。「十四人は、詞ことばもなく、一に焼跡の町を縫って」〈鷗外・大塩平八郎〉

いなずま-ばしり【稲妻走り】稲妻がひらめくように、速く走ること。「あの馬止めよといふ程も、家来に乗り抜け一」〈浄・会稽山〉

いなずま-びし【稲妻×菱】「稲妻形❶」を菱形に描いた文様。また、その紋所。

いなずまびょうし【稲妻表紙】読本。5巻6冊。山東京伝著。歌川豊国画。文化3年(1806)刊。近松門左衛門の「傾城反魂香けいせいはんごんこう」などの不破伴左衛門と名古屋山三郎の物語をからませ、敵討ちを中心にしたお家騒動物。昔話稲妻表紙。

いなずま-もよう【稲妻模様】稲妻のように直線を折り曲げた文様。

いなずま-よこばい【稲妻横×這】ヨコバイの一種。体長は翅はねの先まで約4.5ミリで、全体が黄褐色。前翅に稲妻模様のような斑点がある。稲・麦などの害虫。➡横這い❸

いなずま-らいごろう【稲妻雷五郎】[1798～1877]第7代横綱。常陸ひたちの人。入幕後16年間の勝率90.9パーセントという。松江藩の抱え力士。➡阿武松緑之助(第6代横綱) ➡不知火諾右衛門(第8代横綱)

いな-せ【否▽諾】《「せ」は肯定の意》❶不承知か承知か。諾否だくひ。「さあ、一の返事はいかに」〈咄・御前男・一〉❷安否あんぴ。また、その知らせ。「一の便りもし給はぬは」〈浄・出世景清〉

いな-せ【×鯔背】〔名・形動〕いきで、勇み肌で、さっぱりしているさま。また、その容姿や、そういう気風の若者。「一な兄い」

いなせ-あしだ【×鯔背足駄】江戸末期、職人や侠客きょうかくなどが履いた鼻緒の長い足駄。

いなせ-いちょう【×鯔背銀=杏】《形が鯔いな(ボラ)の背に似ているところから》江戸後期、江戸日本橋の魚河岸の若者たちが結ったまげ。

いなだ　ブリの若魚。関東では20～30センチのものをいう。関西ではハマチとよぶ。(季 夏)➡出世魚

いな-だ【稲田】稲の植えてある田。(季 秋)

いなだ-ごぼう【稲田御坊】茨城県笠間市稲田にある西念寺さいねんじの通称。

いな-ただつぐ【伊奈忠次】[1550～1610]江戸初期の幕臣。通称、熊蔵。徳川家康の近習として、検地・治水・新田開発などに敏腕を振るう。初代関東郡代。

いな-だま【稲▽魂】《「いなたま」とも》稲の中に宿ると信じられている神霊。稲妻。稲光。(季 秋)

いなだ-りゅうきち【稲田竜吉】[1874～1950]医学者。名古屋の生まれ。九大・東大教授。ワイル病を研究し、井戸泰とともに病原体を発見。文化勲章受章。

いな-づか【稲▽束】刈り取った稲をたばねたもの。いなたば。いねたば。

いなづ-ぎくう【稲津祇空】[1663～1733]江戸中期の俳人。大坂の人。別号、敬雨。江戸に出て其角きかくに師事。宗祇そうぎを慕い、祇空と号した。その俳諧は法師風といわれ平明であった。

いなづみ-すいちゅうしょうにゅうどう【稲積水中鍾乳洞】大分県中央南部、傾かたむき山(標高1605メートル)北東麓に派生した山麓にある水中鍾乳洞。豊後大野ぶんごおおの市三重町に属する。20万年前の氷河期に形成され、3万3千年前の阿蘇あそ山大爆発で水没した。洞の長さ1000メートル、高さ40メートル、水深40メートル。サンゴ石・水中鍾乳石などが見られる。

いな-とよ【否とよ】〔感〕《「と」は格助詞、「よ」は感動の意を表す間投助詞》他人の言葉を否定し、自分の気持ちなどを述べようとするときに用いる語。いやそうではないよ。いやとよ。「しら魚といふこそよからめといへば…、一、世にしら猫ともしら鼠ともいふにこそとうちこまれ」〈鶉衣・百魚譜〉

いな-な・く【×嘶く】〔動カ五(四)〕馬が声高く鳴く。「一声高く一・く」(類語)鳴く・吠える・囀さえずる・集すだく・咆哮ほうこうする・遠吠えする

いなの【猪名野】兵庫県伊丹市から尼崎市にかけての猪名川沿いの地域。古来、名勝の地で、笹の名所。(歌枕)「しなが鳥一を来れば有間山夕霧立ちぬ宿りはなくて」〈万・一一四〇〉

いなのめ-の〔枕〕語義未詳。「明く」にかかる。「一明けさりにけり」〈万・二〇二二〉

いなば【因幡】旧国名の一。鳥取県東部にあたる。古くは「稲葉」「稲羽」とも書いた。因州いんしゅう。

いな-ば【稲葉】稲の葉。「恋ひつつも一かき別わけ家居をれば乏ともしくもあらず秋の夕風」〈万・二二三〇〉

いなば-いってつ【稲葉一鉄】[1516～1589]安土桃山時代の武将。美濃曽根城主。名は良通・長通。一鉄は号。初め斎藤竜興さいとうたつおきに従い、のち織田信長・豊臣秀吉に仕えた。

イナ-バウアー〖ina bauer〗フィギュアスケートの滑走法の一つ。足を前後に開き、前の足のひざを曲げた姿勢で、両足のつま先を外側に大きく開いて横に滑る。初めて演じた旧西ドイツの選手イナ=バウアーの名から。(補説)2006年開催のトリノ冬季オリンピック女子フィギュアスケートで金メダルを獲得した荒川静香選手の得意技だったことから話題となる。荒川選手の場合はこの走法中に上半身を反らすのが特徴。

いなばき-むしろ【稲掃き×筵】稲こきや籾もみを干すのに使う、目の粗いむしろ。いなばぎ。いなまき。

いなば-じんじゃ【伊奈波神社】岐阜市伊奈波通りにある神社。主祭神は五十瓊敷入彦命いにしきいりひこのみこと。正一位伊奈波大明神。

いなば-どう【因幡堂】㊀因幡薬師のこと。㊁狂言。酒好きの女房を離縁した男が因幡堂へ妻乞いに行ったところ、だまされて前の女房と再び祝言の杯をあげてしまうという筋。

いなばどうえんぎ【因幡堂縁起】鎌倉後期の絵巻。作者未詳。因幡の国司橘行平が夢のお告げで海中から引き上げた薬師如来像を本尊として因幡堂㊀を創立した由来を描いたもの。

いなば-の-くも【稲葉の雲】稲穂が実って風になびくようすを雲に見立てた語。「風渡る門田かどたのすゑに霧はれて一を出づる月かげ」〈新拾遺・秋上〉

いなば-の-しろうさぎ【因幡の白兎】出雲神話に出てくる兎。淤岐島おきのしまから因幡国へ行くため、鰐鮫わにざめを欺いてその背を渡ったが、最後の鰐鮫に丸裸にされ、さらに八十神やそがみの教えをそのまま信じて潮を浴び、痛くて泣いていたところを、大国主命おおくにぬしのみことに救われる。

いなば-の-やま【因幡山┊稲羽山┊稲葉山】鳥取市東部にある山。標高249メートル。いなばやま。(歌枕)「立ち別れ一の峰に生ふる松とし聞かば今帰り来む」〈古今・離別〉

いなば-やくし【因幡薬師】京都市下京区にある真言宗智山派の寺、平等寺の通称。山号は福聚山。11世紀初頭、因幡の国司橘行平が海中から得た薬

師如来像を本尊として、その子光朝の開基と伝える。因幡堂。
いな-びかり【稲光】「稲妻❶」に同じ。(季秋)「くらがりの手足を照らす—/誓子」
いなび-の【稲日野】「印南野ぃなみの」に同じ。〔歌枕〕「—も行き過ぎかてに思へれば心恋しき加古かこの島見ゆ」〈万・二五三〉
いな・ぶ【否ぶ|▽辞ぶ】《感動詞「いな」の動詞化》㊀〔動バ上二〕断る。否定する。辞退する。いなむ。「人のいふことは強うも—・びぬ御心にて」〈源・末摘花〉㊁〔動バ四〕㊀に同じ。「蔵人、定めて一切は—・ばむずらんと思ひつるに」〈今昔・一二・三五〉
いな-ぶし【伊那節】長野県伊那地方の民謡。祝儀歌・盆踊り歌としてうたわれ、古くは御嶽山おんたけさん節といわれた。「天竜下ればしぶきに濡れる」は大正5年(1916)の新作歌詞。
いな-ぶね【稲舟】刈り取った稲を運ぶ舟。(季秋)「—や鎌を片手に漕いで行く/蝶夢」
いなぶね-の【稲舟の】軽小な稲舟の意から「軽かる」、また同音の「いな」を引き出す序詞。「最上川のぼればくだる—いなにはあらずこの月ばかり」〈古今・東歌〉
いなべ　三重県北端の市。養老山地と鈴鹿山脈の間、員弁いなべ川上流にある。平成15年(2003)北勢ほくせい町、員弁町、大安だいあん町、藤原町が合併して成立。人口4.6万(2010)。
いなべ-し【いなべ市】▶いなべ
いな-ほ【稲穂】❶《「いなぼ」とも》稲の穂。(季秋)「草花と握り添へたる—かな/一茶」❷紋所の名。稲の穂を図案化したもの。
〔類語〕瑞穂・初穂・垂り穂・落ち穂
いな-ぼんち【伊那盆地】長野県南部、天竜川に沿って南北に細長く伸びる盆地。古くから養蚕地帯として知られる。伊那谷。
いなみ-の【印南野】兵庫県南部の加古川・明石川二流域にまたがる野。溜め池が多いことで有名。〔歌枕〕「—は行き過ぎぬらし天伝ふ日笠の浦に波立て り見ゆ」〈万・一一七八〉
いなみ-ぼし【稲見星】二十八宿の一、牛宿ぎゅうしゅくの和名。稲の見られるころの星の意か。➡牛ぎゅう
いな・む【否む|▽辞む】〔動マ五(四)〕《「いなぶ」の音変化》❶断る。嫌がる。辞退する。「申し出をむげに—・むわけにもいかない」❷否定する。「—・むことのできない事実」〔補説〕古くは上二段活用かと思われるが、平安時代の用例は連用形・終止形がほとんどで、上二段か四段か決めがたい。〔可能〕いなめる
〔類語〕断る・拒む・辞する・謝する・謝絶する・拒絶する・拒否する・辞退する・固辞する・遠慮する・一蹴する（謙譲）拝辞する（厳しく強い調子）蹴ける・退ける・撥ねね付ける・突っ撥ぱねる・峻拒しゅんきょする
い-な・む【居▽並む】ゐ〔動マ四〕「居並ぶ」に同じ。「かの—・み居くじたりつる気色どもぞ、あはれに思ひ出でられ給ふ」〈源・葵〉
いな-むし【稲虫】❶稲の害虫の総称。ウンカ・ヨコバイ・バッタなど。❷ショウリョウバッタの別名。
いなむし-おくり【稲虫送り】「虫送り」に同じ。
いな-むしろ【稲×筵】㊀〔名〕❶稲のわらで編んだむしろ。「秋の田のかりねの床の—月宿れどもしける露かな」〈新古今・秋上〉❷稲が実って倒れ伏したようす。また、そのように乱れたもののたとえ。「夕露の玉しく小田の—かぶす穂末に月ぞすみける」〈山家集・上〉㊁〔枕〕「川」にかかる。かかり方未詳。一説に「寝筵いなむしろ」の意とされ、古代はそれを皮で作ったので同音の「川」にかかるともいう。「—川に向き立ち」〈万・一五二〇〉
いな-むら【稲×叢】刈り取った稲を乾燥させるために野外に積み上げたもの。稲塚いなづか。(季秋)
いなむら-が-さき【稲村ヶ崎】神奈川県鎌倉市にあり、由比ヶ浜ゆいがはまと七里ヶ浜とを分ける岬。新田義貞にったよしさだが太刀を投じて竜神に祈り、干潮を利用して鎌倉に攻め入ったという地。
いなむら-さんぱく【稲村三伯】[1758〜1811]江戸後期の蘭学者。鳥取藩医。因幡いなばの人。大槻玄沢おおつきげんたくに師事し、蘭日対訳辞書「波留麻和解ハルマわげ」(江戸ハルマ)を編纂へんさん。のち、海上随鴎うながみずいおうと改名。
いなむら-やま【稲叢山】高知県中央北部、土佐郡土佐町瀬戸にある山。石鎚いしづち山脈中に位置する。標高1506メートル。屋島の戦いで源氏に敗れた平家の落人おちうどが安徳天皇とともに山頂の洞窟に隠れたといわれる伝説の山。霊山として知られる。頂上にはシャクナゲ・ブナなどが自生している。
いなめ・ない【否めない】〔連語〕《「いな(否)む」の可能動詞「いなめる」の未然形＋打消しの助動詞「ない」》❶断ることができない。「せっかくの招待とあれば—・ない」❷否定できない。「経験不足であることは—・ない」
いな-も-お-も【否も▽諾も】〔連語〕《「お」は承諾の意の感動詞》不承知も承知も。否も応も。「—欲しきまにまに許すべきかたちは見ゆや我も寄りなむ」〈万・三七九六〉
いなもり-そう【稲森草|稲盛草】サウ アカネ科の多年草。日本特産。湿った山地の樹林下に生え、高さ3〜10センチ。全体に軟毛がある。葉は茎の上部に4〜6枚が対生する。晩春、淡紫色の長い筒状の花を開く。江戸時代に三重県の稲森山からこれを採って売ったという。よつばはこべ。
いな-や【否や】㊀〔名〕《名詞「いな」に係助詞「や」の付いた「健在なりや否や」などの「否や」の一語化》❶不承知。異議。「この段階になれば—はない」❷承知か不承知かということ。諾否。「—の返事を聞く」㊁〔副〕「…やいなや」「…がいなや」などの形で用いる。❶…とすぐに。…と同時に。「かばんを置くや—、外に飛び出した」❷問いかけの意を表す。…かどうか。どうだろうか。「頼みの雨は降るや—」㊂〔感〕《「や」は間投助詞》❶拒否の気持ちを表すのに用いる語。いやいや。いやもう。「思へども思はずとのみ言ふなれば—思はじ思ふかひなし」〈古今・雑体〉❷驚き、嘆きの気持ちを表すのに用いる語。いやこれは。これはこれは。「—、ここに男のけはひこそすれ」〈狭衣・三〉
い-なら・ぶ【居並ぶ】ゐ〔動バ五(四)〕席を連ねて座る。並んで座る。列席する。「—・ぶ審査員」
〔類語〕並み居る
い-なり【居成り】ゐ❶動きが感じられないこと。そのままの状態にあること。「今日見れば花も杉生すぎふになりにけり風は—に吹くと見れども」〈散木集・六〉❷奉公人が年季があけても、そのまま奉公を続けること。また、その奉公人。重年ちょうねん。(季春)「この春も盧同ろどうが男—にて/史邦」〈猿蓑〉❸役者が2年以上にわたって同一の座に出演すること。また、その役者。「—、新下り、総座中残らず罷り出て」〈根無草・二〉❹遊女が同一の郭くるわに勤め続けること。また、その遊女。「—にあれば、借銭も先づ其のぶん」〈浄・女腹切〉❺「居抜き」に同じ。「この紙屋、借宅しゃくたくを—に買ひ求めける に」〈浮・桜陰比事・四〉
いなり【稲▽荷】《「いななり(稲生)」の音変化という》❶五穀をつかさどる食物の神、倉稲魂神うかのみたまのかみのこと。また、倉稲魂神を祭った、稲荷神社。❷《倉稲魂神の異称である御食津神みけつかみと、三狐神みけつかみとを結びつけて、稲荷神の使いと信じたところから》狐きつねの異称。➡御食津神 ❸《狐の好物とされたところから》油揚げ。❹「稲荷鮨いなりずし」の略。〔類語〕神社・社やしろ・宮みや・神殿・神廟しんびょう・社殿・廟宇びょうう・神宮・鎮守ちんじゅ・祠ほこら・大社・八幡・本社・摂社・末社・祠堂
イナリ〖Inari〗フィンランド北部、ラップランド地方の町。同地方最大の湖、イナリ湖に面する。先住民サーミの暮らしや文化を紹介する博物館などがある。
いなり-こう【稲▽荷講】❶稲荷を信仰する人たちが祭礼や参詣のために組織する団体。(季春)❷江戸市中の稲荷小社の祭りに、子供が数人で狐を描いた絵馬板を持ち、家ごとに銭を請い歩いた風習。
いなり-しんこう【稲▽荷信仰】カウ 稲荷神、および稲荷神社に対する信仰。田の神の信仰など稲作との結びつきが強く、後世は商売繁盛の守り神ともされる。狐を稲荷神の使いとする俗信も加わって民間に広まった。
いなり-じんじゃ【稲▽荷神社】稲荷を祭った神社。特に、京都市伏見区にある総本社、伏見稲荷大社をいう。
いなり-ずし【稲▽荷×鮨】煮つけた油揚げの中に鮨飯を詰めたもの。しのだずし。きつねずし。おいなりさん。(季夏)
いなり-どりい【稲▽荷鳥居】ヰ 鳥居の形式の一。柱と島木しまぎとの間に台輪だいわを入れ、柱の下部に亀腹かめばらをつけたもの。稲荷神社で用い、柱の下部を黒塗り板木で巻いて、他を朱塗りとする。➡台輪
いなり-まち【稲▽荷町】❶《楽屋内の稲荷明神を祭った近くにその部屋があったところから》江戸時代、歌舞伎での最下級の役者。また、その部屋。❷《❶から転じて》演技のへたな役者。
いなり-まつり【稲▽荷祭(り)】❶京都の伏見稲荷大社の祭礼。4月第2の午うまの日(古くは陰暦3月、中なかの午の日)の神幸祭(稲荷のお出いで)、5月初卯はつうの日(古くは陰暦4月、上の卯の日)の還幸祭(稲荷のお旅)、4月9日の例祭がある。(季春)❷各地の稲荷神社の祭り。特に、初午はつうま祭り。
いなり-もうで【稲▽荷詣で】マウ 2月の初午はつうまの日に、稲荷神社に詣でること。初午詣で。
いなり-やま【稲荷山】京都市伏見区、東山丘陵南端の山。標高239メートル。西麓に稲荷神社がある。〔歌枕〕「—みな見し人をすきずきに思ふ思ふと知らせてしかな」〈曽丹集〉
いなりやま-こふん【稲荷山古墳】埼玉県行田ぎょうだ市の埼玉さきたま古墳群にある前方後円墳。全長約120メートル。昭和43年(1968)に発掘された鉄剣から、金象眼の銘文115文字が発見された。
いなわしろ-けんさい【猪苗代兼載】ゐなはしろ [1452〜1510]室町中期の連歌師。会津の人。名は宗春。号、相園坊・耕閑軒。心敬に師事。宗祇らと「新撰菟玖波集」を編集。句集「園塵そのちり」など。
いなわしろ-こ【猪苗代湖】ゐなはしろ 福島県中部の湖。磐梯ばんだい山南麓にある。面積103.9平方キロメートル。
いなわしろ-ぼんち【猪苗代盆地】ゐなはしろ 福島県中部にある盆地。会津盆地などと並ぶ県内の米の主産地。盆地中央部に猪苗代湖があり、その7割を占める。会津地方と中通りを結ぶ交通の要所。
いな-わら【稲×藁】▶いねわら(稲藁)
い-なん【以南】その地点を含めて、それより南。
いに-あと【▽往に跡】人が去ったあと。特に、先妻の去ったあと。
往に跡へ行ゆくとも死しに跡へ行ゆくな　《「往に跡」は、先妻と離婚したあと。「死に跡」は、先妻と死別したあと》先妻が離縁されたあとへ後妻にいくのはよいが、先妻と死別したあとへ後妻にいくのはやめたほうがよい。死別した妻には夫の愛情が残っているということから。
いに-し【▽往にし】《動詞「い(往)ぬ」の連用形＋過去の助動詞「き」の連体形「し」から》㊀〔名〕過ぎ去った時。往時。「—をしのぶ」㊁〔連体〕過ぎ去った。「—世」「—年」
イニシアチブ〖initiative〗《「イニシアティブ」とも》❶物事を率先してすること。首唱。先導。「日本の—で国際会議をすすめる」❷主導権。「業界で—を発揮する」「交渉の—を取る」❸国民が自発的に立法に関する提案を行うことのできる制度。直接民主制の一要素。国民発案。
イニシアティブ〖initiative〗▶イニシアチブ
イニシアル〖initial〗▶イニシャル
イニシィア-とう【イニシィア島】タウ《Inisheer》アイルランド西部、ゴールウエー湾に浮かぶアラン諸島の島の一。3島中最小で最も東に位置する。先史時代の遺跡や初期キリスト教時代の教会跡などが残っている。イニシール島。
イニシール-とう【イニシール島】タウ《Inisheer》▶イニシィア島
いにし-え【▽古】へ《「往いにし方へ」の意》❶過ぎ去った古い時代。過ぎ去った月日。昔。過去。「—の都の姿をとどめる」❷亡くなった人。故人。「—の御許しも

なかりし事を」〈源・宿木〉
[類語]過去・往時・当時・昔・往年・旧時・一昔・昔年・往日・昔日・昔時・往昔・往古・古昔・在りし日

イニシエーション〖initiation〗ある集団や社会で、正式な成員として承認されること。また、その手続きや儀式。成人式・入社式はその一形態。

イニシエーター〖initiator〗❶デオキシリボ核酸(DNA)複製の、複製開始たんぱく質。❷発癌起始因子。正常細胞を潜在癌細胞にする物質。DNAに短時間に不可逆的変化を起こさせる。

いにしえ-びと【▽古人】❶昔の世の人。古人。「一の心なほく、詞みやびやかに」〈歌意考〉❷前に親しくしていた人。昔なじみ。旧知。「眉根掻き下いふかしみ思へるに一をあひ見つるかも」〈万・二六一四〉

いにしえ-ぶみ【▽古▽書‖▽古▽典】古い時代の書物。古典。「おのれ一をとくに師の説とたがへること多く」〈玉勝間・二〉

いにしえ-ぶり【▽古振り‖▽古▽風】昔の風習・様式。昔風なやり方。「一の物まなびなどすると見えて」〈滑・浮世風呂・三〉

いにしえ-まなび【▽古学び】古代の事跡や古道を研究すること。古学。「若かりしほどより、一に深く心を寄せて」〈玉勝間・六〉

イニシャライズ〖initialize〗▶初期化❶

イニシャル〖initial〗《「イニシアル」とも》欧文やローマ字で書くときの、文章・語・姓名などの最初の文字。大文字を使うことが多い。頭文字。

イニシャル-コスト〖initial cost〗初期経費。

イニシャル-フィー〖initial fee〗最初に支払う料金。前渡し金。

イニシュフリー-とう【イニシュフリー島】《Innisfree》アイルランド北西部の都市スライゴーの東郊にあるギル湖に浮かぶ島。詩人・劇作家ウィリアム=イェーツの詩にも登場することで知られる。

イニシュボーフィン-とう【イニシュボーフィン島】《Inishbofin》アイルランド西部、コネマラ地方の村クレガンの沖合約10キロに浮かぶ島。ゴールウエー州に属す。先史時代の遺跡や初期キリスト教時代の修道院跡、クロムウェル軍が建てた兵舎などが残る。

イニシュマーン-とう【イニシュマーン島】《Inishmaan》アイルランド西部、ゴールウエー湾に浮かぶアラン諸島の島の一。3島の中央に位置し、最も人口が少ない。先史時代の遺跡ドンコナーがある。イニシュマン島。

イニシュモア-とう【イニシュモア島】《Inishmore》アイルランド西部、ゴールウエー湾に浮かぶアラン諸島の島の一。同諸島最大の島で最も西に位置する。先史時代のドンエンガス、ドンオウレ、初期キリスト教時代の聖キーラン修道院、ベナン教会、ナショフトジャンピルなど、数多くの遺跡が残っている。

い-にゅう【移入】[名](スル)❶移し入れること。「感情一」❷一国内で、ある土地から他の土地へ物を移し入れること。「他県から米を一する」「一品」⇔移出。❸生物の個体群が外部から、ある生息場所あるいは個体群の中に入ってくること。[類語]輸入

い-にょう【囲×繞】[名](スル)「いじょう(囲繞)」に同じ。「教室は八重桜の木で一されていて」〈藤村・千曲川のスケッチ〉

い-にょう【遺尿】睡眠中や何かに夢中のときなどに、無意識に小便を漏らすこと。「一症」[類語]粗相・失禁・おもらし・垂れ流し・寝小便・おねしょ

いにょう-ち【囲×繞地】民法上、他の土地(袋地)を囲む周囲の土地。袋地所有者は公路に出るためこの土地の通行権をもつ。

い-にん【委任】[名](スル)❶仕事などを、他人にまかせること。委託すること。「交渉を一する」❷当事者の一方(委任者)が相手方(受任者)に一定の事務の処理を委託し、相手方がこれを承諾することによって成立する契約。
[類語]嘱託・委嘱・付託・預ける・頼む・託する・委ねる・任せる・寄託・預託・信託・委託・言付ける

いにん-うらがき【委任裏書】▶取立委任裏書

いにん-ぎょうせい【委任行政】国または公共団体がその行政事務を法令に基づく委任によって他のものに行わせること。国庫金取扱事務、国税・地方税の徴収事務など。

イニング〖inning〗《「インニング」とも》野球で、両チームが攻撃と守備を交互に行う試合の一区分。回。「三一を無失点で抑える」

いにん-じむ【委任事務】法令によって地方公共団体が国または他の公共団体からの委任を受けて行う事務。団体委任事務。➡固有事務

いにん-じょう【委任状】ある人に一定の事項を委任する意思を書き記した文書。

いにん-だいり【委任代理】▶任意代理

いにん-とうち【委任統治】第一次大戦後、国際連盟の委任のもとに、戦勝国が敗戦国の植民地などに対して行った統治。国際連合の信託統治の前身。➡信託統治

いにん-めいれい【委任命令】法律の委任に基づいて発せられる命令。政令・省令など。

いにん-りっぽう【委任立法】法律の委任に基づいて、立法府以外の機関、特に行政機関が法規を制定すること。また、その法規。

いぬ【犬‖×狗】[一][名]❶食肉目イヌ科の哺乳類。嗅覚・聴覚が鋭く、古くから猟犬・番犬・牧畜犬などとして家畜化。多くの品種がつくられ、大きさや体形、毛色などはさまざま。警察犬・軍用犬・盲導犬・競走犬・愛玩犬など用途は広い。❷他人の秘密などをかぎ回って報告する者。スパイ。「官憲の一」❸人をののしっていう語。「請ふらくは君わが家の一に語れ」〈今昔・九・三〇〉[二][接頭]名詞に付く。❶卑しめ軽んじる意を表す。「一侍」❷むだで役に立たない意を表す。「一死に」❸よく似てはいるが、実は違っているという意を表す。「一蓼」
[下接語]秋田犬・御伽犬・飼い犬・甲斐犬・狩り犬・紀州犬・小犬・狛犬・里犬・地犬・柴犬・喪家の狗・鷹犬・土佐犬・野犬・野良犬・負け犬・尨犬・山犬

犬が西向きゃ尾は東 当然であること。また、それをことさらめいていう言葉。

犬と猿 仲の悪い間柄のたとえ。犬猿の仲。

犬に論語 いくら道理を説いて聞かせても益がないことのたとえ。馬の耳に念仏。

犬の川端歩き 食べ物の落ちていない川端では犬は歩くだけであるが、そのように途中で飲食することなく、どこかへ行って帰ってくること。犬川。

犬の糞で敵を討つ ごく卑劣な手段で仕返しをすることのたとえ。

犬の遠吠え 臆病な人が陰でいばり、陰口をたたくことのたとえ。

犬骨折って鷹の餌食になる 鷹狩りでは犬がせっかく骨折って追い出した獲物も鷹に取られてしまう。苦労して得たものを他人に横取りされることのたとえ。

犬も歩けば棒に当たる ❶何かをしようとすれば、何かと災難に遭うことも多いというたとえ。❷出歩けば思わぬ幸運に出会うことのたとえ。

犬も食わぬ 食えるものなら何でも食うはずの犬さえも食わない。ひどく嫌われることのたとえ。また、ばかばかしくて相手にする気になれないことのたとえ。「夫婦げんかは一」

犬も朋輩鷹も朋輩 鷹狩りで、犬と鷹は違った待遇を受けるが、同じ主人に仕える同僚である。役目や地位が違っていても、同じ主人に仕えれば同僚であることに変わりはないことのたとえ。

いぬ【×戌】❶十二支の11番目。❷方角の名。西から北へ30度の方角。西北西。❸時刻の名。今の午後8時ごろ、およびその後の2時間。または午後8時の前後の2時間。❹❶にあたる年や日。❺陰暦9月の異称。

戌亥子丑寅 《「いぬいね」を「犬去ね」にかけて続けた言葉》犬に追われたり、囲まれたりしたときに、退散させるために唱える呪文。

い-ぬ【▽往ぬ‖▽去ぬ】[一][動ナ変]❶行ってしまう。去る。「旅に一・にし君しも継ぎて夢に見ゆ我が片恋の繁ければかも」〈万・三九二九〉❷時が過ぎ去る。時が移ってその時刻になる。「暮れの一・ぬるにやと覚えて」〈大鏡・道長下〉❸世を去る。死ぬ。「隠り沼の下延へ置きてうち嘆き妹が一・ぬれば」〈万・一八〇九〉❹腐る。悪くなる。「うどんも出しも一・んである」〈咄・臍の宿替・一〉[二][動ナ五(四)][一]に同じ。「辛い悲しいことは皆一人で背負うて一・ぬつもり」〈露伴・椀久物語〉[補説]ナ変は現在関西方言で用いられる。また、近世中期以降、四段化して用いるようにもなった。

い-ぬ【▽率▽寝】[動ナ下二]連れていって一緒に寝る。共寝をする。「沖つ鳥鴨どく島に我が一・ねし妹は忘れじ世の尽ごとに」〈記・上・歌謡〉

い-ぬ【▽寝ぬ】[動ナ下二]《名詞「い(寝)」＋動詞「ぬ(寝)」から》寝る。眠りにつく。「ここは気色ある所なめり。ゆめ一・ぬな」〈更級〉

いぬ-アカシア【犬アカシア】ハリエンジュの別名。

いぬ-あわ【犬×粟】イネ科の多年草。湿った草地に生え、高さ約1メートル。茎は細く直立し、ほとんど分枝しない。葉は線形で、縁に細かいぎざぎざがある。秋、緑色の穂をつける。

いぬ-あわせ【犬合(わ)せ】犬をかみ合わせて勝負をさせること。闘犬。犬食い。

いぬ-い【犬居】犬が座っている姿勢。人がしりもちをついた姿や、両手を地面について座り込んでいるようすをいう。「童が腹巻きの引き合はせをあなたへつつと射ぬかれて、一に倒れぬ」〈平家・一一〉

いぬ-い【×戌×亥‖▽乾】戌と亥との中間の方角。北西。また、北西から吹く風。

イヌイット〖エスキモーInnuit〗▶エスキモー

いぬい-とみこ [1924〜2002]児童文学作家。東京の生まれ。本名、乾富子。岩波少年文庫の編集のかたわら創作活動に従事。「うみねこの空」で昭和40年度野間児童文芸賞受賞。他に「ツグミ」「ながいながいペンギンの話」「北極のムーシカミーシカ」など。

いぬい-もん【乾門】皇居の門の一。皇居の北西にある門。坂下門の反対側にあたる。

いぬ-うど【犬独=活】シシウドの別名。

いぬ-えんじゅ【犬×槐】マメ科の落葉高木。本州以北の山地に自生。葉は7〜11枚の小葉からなる羽状複葉。夏、総状に黄白色の花が咲く。果実は平たいさやで、中の種子も平たい。えにす。

いぬ-おうもの【犬追物】騎射の練習の一。円形の馬場の中に放した犬を追いながら、馬上から蟇目の矢で射る。鎌倉・室町時代を通じて盛んに行われ、故実も整えられたが、明治に至って衰えた。

いぬ-およぎ【犬泳ぎ】「犬掻き」に同じ。

いぬ-かい【犬飼】鷹狩りに使う猟犬を飼育する業の人。いぬかいびと。

いぬかい-たける【犬養健】[1896〜1960]政治家。東京の生まれ。毅の子。はじめ白樺派の小説家として活躍。第二次大戦後は第四次・五次吉田内閣の法相を務め、造船疑獄事件で指揮権を発動。

いぬかい-つよし【犬養毅】[1855〜1932]政治家。岡山の生まれ。号、木堂。第1議会以後、連続17回代議士に当選。藩閥打倒を主張して立憲国民党を結成、憲政擁護運動の先頭に立った。昭和4年(1929)政友会総裁。同6年、政友会内閣の首相。同7年の五・一五事件で軍人に射殺された。

いぬかい-ぼし【犬飼星】牽牛星。彦星。[季 秋]

いぬ-がえし【犬返し】犬も通れないような、断崖となった海岸や河岸。犬もどり。

いぬ-かき【犬×掻き】犬が泳ぐときのように、頭を水面に出して、両手で左右交互に水をかき、両足で水をける泳法。犬泳ぎ。

いぬがた-レプトスピラびょう【犬型レプトスピラ病】レプトスピラ病の一。病原体が犬によって媒介され、6〜8月に流行する。症状は黄疸出血性レプトスピラ病に似るが、軽い。

いぬ-がみ【犬神】俗信で、人にとり憑いて害をなすという動物霊。犬の霊とされる。中国・四国・九州

の諸地方に伝わる。

いぬがみ-つかい【犬神使い】〔名〕呪術師の一。犬神を使って害をなす人。

いぬがみ-つき【犬神×憑き】犬神がとり憑いたとする一種の精神異常。また、その状態の人。

いぬかみ-の-みたすき【犬上御田鍬】飛鳥時代の官人。推古天皇22年(614)遣隋使として中国に渡り、翌年帰国。舒明天皇2年(630)には第1回遣唐使として渡り、同4年に帰国。生没年未詳。

いぬ-がや【犬×榧】イヌガヤ科の常緑小高木または低木。暖地に自生。樹皮は黒褐色で浅い裂け目が縦に走る。葉は線形で、羽状につく。雌雄異株。3、4月ごろ、黄色の雄花、緑色の雌花がつく。果実は丸く、外種皮は肉質。

いぬ-がらし【犬芥＝子】アブラナ科の多年草。道端やあぜに生え、高さ30～40センチ。多くの枝に分かれ、葉は長楕円形で縁にぎざぎざがある。春から夏、黄色い小花を総状につけ、線形の実がなる。あぜだいこん。のがらし。

いぬ-かわ【犬川】〔俗〕「犬の川端(かわばた)歩き」の略。

いぬ-がんそく【犬×雁足】オシダ科のシダ。山地に生え、根茎は太く横にはう。栄養葉は長さ約1メートル。胞子葉は秋に出て短く、葉身は退化している。

い-ぬき【居抜き】〔名〕店舗・工場などを、設備・家具・調度などをつけたまま売り渡したり貸したりすること。居成り。「小料理屋を―で買う」

いぬ-ぎり【犬×桐】アブラギリの別名。

い-ぬ-く【射▽貫く】〔動カ五(四)〕矢や弾丸などを射て貫く。射通す。「杉板を―・く」

いぬ-くい【犬食い】〔名〕《「いぬぐい」とも》❶犬のように、うつむいてがつがつ食べること。また、食器を食卓や食膳に置いたまま物を食べること。品のよくない食べ方。❷闘犬。犬合わせ。「朝夕好む事とては、―、田楽などをぞ愛しける」〈増鏡・むら時雨〉

いぬ-くぎ【犬×釘】鉄道のレールを枕木に固定するために打つ大きな釘。釘の頭部が犬の頭に似ているのでいう。

いぬ-くぐ【犬磚＝子＝苗】カヤツリグサ科の多年草。日当たりのよい草地に生え、高さ30～50センチ。夏から秋、苞(ほう)の上に穂を数個つける。穂は緑色から褐色に変わる。

いぬ-くぐり【犬▽潜り】犬が出入りできるように垣根や塀などに設けた小さい穴。

いぬ-ぐす【犬×樟】タブノキの別名。

いぬ-くぼう【犬▽公方】〔名〕江戸幕府第5代将軍、徳川綱吉の通称。生類(しょうるい)憐みの令を出し、極端に犬を愛護したことによる。

いぬ-こうじゅ【犬香×薷】〔名〕シソ科の一年草。山野の日当たりのよい地に生え、高さ20～60センチ。葉は長楕円形で縁にぎざぎざがある。秋、淡紫色で唇形の小花を多数総状につける。

いぬ-ごま【犬×胡麻】シソ科の多年草。湿地に生え、高さ30～70センチ。茎は四角柱で、下向きのとげがある。葉は対生。夏、淡紅色の唇形花が輪生する。

いぬ-こりやなぎ【犬▽行×李柳】ヤナギ科の落葉低木。原野の湿地に多く、葉は長楕円形で、裏面は白い。雌雄異株。早春、青みがかった小花が集まった穂をつける。種子は綿毛をもち風に飛ぶ。

いぬ-ころ【犬▽児｜狗＝子】犬の子。子犬。いぬっころ。

いぬ-ざくら【犬桜】バラ科の落葉高木。山野に自生。樹皮は暗灰色でつやがあり、春、白い小花を密につけるが、見劣りするのでこの名がある。実は黄赤色から黒紫色に変わる。（季 春）

いぬ-サフラン【犬サフラン】ユリ科の多年草。卵形の鱗茎(りんけい)から茎が伸び、秋、サフランに似た花を数個開く。花の色は淡紅紫色・白色・藤色など。種子からアルカロイドの一種で、植物の品種改良に用いるコルヒチンを採る。地中海沿岸の原産。コルチカム。

いぬ-ざむらい【犬侍】〔名〕武士の道をわきまえない侍をののしっていう語。

いぬ-ざんしょう【犬山×椒】〔名〕ミカン科の落葉低木。山野に自生。サンショウに似るが、茎のとげは1本ずつ離れてつき、互生する葉には悪臭がある。雌雄異株。夏、緑色の小花が群生。果実・葉は民間で薬用とする。（季 秋）

いぬ-しだ【犬羊＝歯】コバノイシカグマ科の多年生のシダ。山野の岩の間やがけに生え、葉は長さ10～25センチで白い軟毛が密生し、羽状に裂けている。

いぬ-しで【犬四手】カバノキ科の落葉高木。山野に自生。樹皮は暗灰色。若枝や若葉に白い毛が多い。初夏、黄褐色の雄花が尾状の穂となって垂れ下がり、淡緑色の雌花は群生して咲いて、秋に果穂が垂れ下がる。しろしで。そね。

いぬ-じに【犬死に】〔名〕〔スル〕何の役にも立たない死に方をすること。徒死。むだじに。「志半ばで斃(たお)れた彼を―させるな」

いぬ-じにん【犬▽神人】中世、近畿地方の大社に隷属した身分の低い神人。特に京都祇園社(八坂神社)に属した者をいう。社内清掃、祇園会の山鉾(やまぼこ)巡幸の警固、埋葬などに従事し、祇園社の本所である延暦寺の兵卒となることもあった。弓矢を製造販売して「つるめそ」ともよばれた。いぬじんにん。

いぬじま-しょとう【犬島諸島】〔名〕岡山県南部、瀬戸内海東部にある諸島。岡山市東区の沖合約2.5キロメートル前後に位置する。中心の犬島が最大で面積0.6平方キロメートル。諸島唯一の有人島。ほかに、沖鼓(おきつづみ)島・犬ノ島・地竹ノ子島・沖竹ノ子島などの小さな島々がある。良質な花崗(かこう)岩を産出し、岡山城・大坂城築城の際に使われた。

いぬ-じもの【犬じもの】《「じもの」は接尾語》❶犬のようなもの。転じて、取るに足りないもの。「昇如き―の為に恥辱を取った」〈二葉亭・浮雲〉❷(副詞的に用いて)犬のように。「―道に臥してや命過ぎなむ」〈万・八八六〉

いぬ-ぞり【犬×橇】犬が引くそり。（季 冬）

いぬ-たで【犬×蓼】タデ科の一年草。道端などに自生。高さ20～40センチ。茎は紅紫色を帯びる。葉は細長い楕円形で両端がとがり、縁や裏の脈上に毛がある。夏から秋に、紅紫色の小花を穂状につける。あかのまま。あかのまんま。あかまんま。（季 花＝秋）「―の花くふ馬や茶の煙/子規」

いぬ-ちくしょう【犬畜生】〔名〕犬などのけだもの。また、道徳に外れた行いをする人をののしっていう語。「―にも劣る行為だ」

いぬつくばしゅう【犬筑波集】〔名〕室町後期の俳諧集。1冊。山崎宗鑑編。享禄(1528～1532)末から天文(1532～1555)初年前後の成立か。卑俗でこっけいな表現を打ち出し、俳諧が連歌から独立する契機となった。俳諧連歌抄。新撰犬筑波集。

いぬ-つげ【犬黄＝楊】モチノキ科の常緑低木。山地や湿地に生え、高さ約2メートル。枝は細分し、堅い小さな葉が密につく。雌雄異株。夏、白い花が咲き、実は丸く、熟すと黒い。庭木とする。

いぬ-なずな【犬×薺】〔名〕アブラナ科の越年草。草地や畑地に生え、高さ10～20センチ。根ぎわの葉はややへら状で厚い。春、黄色い小花が多数集まって咲く。実は平たい長楕円形のさやとなる。

いぬ-の-ひ【×戌の日】十二支の戌に当たる日。犬は安産といわれることから、妊婦が妊娠五か月目のこの日に帯祝いをする習慣がある。➡帯祝い ➡岩田帯

いぬ-の-ひげ【犬の×鬚】ホシクサ科の一年草。田や水辺に生え、高さ10～20センチ。葉は線形で、葉脈は網目状。秋、多数の花茎を出し、中央に雄花、周りに雌花が集まった半球形の花をつけ、先のとがった苞(ほう)を多数もつ。

いぬ-の-ふぐり【犬の陰＝嚢】ゴマノハグサ科の二年草。道端や畑に生える。茎の下部は地をはい、長さ約15センチ。葉は卵円形。春、淡紅紫色の小花を開く。実は扁平な球形で、名は実の形に由来。ひょうたんぐさ。てんにんからくさ。（季 春）

いぬ-のみ【犬×蚤】ヒトノミ科のノミ。体長2ミリほどで、全体が赤褐色。犬や猫・ネズミなどに寄生。

いぬ-ばこ【犬箱】犬が伏した形に作った、雌雄で一対の小箱。昔、安産や子供の健康を祈るまじないに用いた。犬張り子の源流といわれる。御伽(おとぎ)犬。

いぬ-ばしり【犬走り】❶《犬が通れるほどの空間の意》築地(ついじ)や城の垣などと溝・堀との間に設けられた通路状の空き地。❷建物の外壁面を保護するために、その周りの地盤をコンクリートや砂利で固めた所。❸堤防・護岸などの斜面の下の、側溝との間の狭い平らな所。土砂の流入を防ぐ。❹小走りに走ること。「一時(ひととき)三里―日暮れまでにはもどってくる」〈浄・歌祭文〉

いぬ-はっか【犬薄荷】〔名〕シソ科の多年草。高さ50～100センチで、角柱形の茎は白い毛におおわれる。葉は心臓形で鋸歯(きょし)があり、香りがよいためハーブとして使用される。猫に与えるとマタタビのような効果があり、キャットニップ(猫の噛むもの)ともよばれる。

いぬ-はりこ【犬張(り)子】犬をかたどった張り子のおもちゃ。子供の魔よけとして、宮参りの祝い物にもする。➡犬箱

いぬはりこ【狗張子】仮名草子。7巻。浅井了意著。元禄5年(1692)刊。中国の小説「続玄怪録」「博異志」などを題材にした怪奇説話など45編を収録。「御伽婢子(おとぎぼうこ)」の続編。

いぬ-びえ【犬×稗】イネ科の一年草。道端や水田に生え、高さ0.6～1メートル。葉は線形。夏、穂を出して、緑色の花を多数つける。さるびえ。のびえ。

いぬ-ひと【犬人｜×狗人】上代、犬のほえ声をまねて発し、宮廷を警備した隼人(はやと)。「汝(いまし)が俳人(わざひと)たらむ。一に云はく、―」〈神代紀・下〉

いぬ-びゆ【犬×莧】ヒユ科の一年草。道端にみられ、高さ約30センチ。全体に柔らかく、葉はひし状卵形。夏から秋、緑色の小花を穂状につける。

いぬ-びわ【犬×枇×杷｜天＝仙＝果】〔名〕クワ科の落葉低木。暖地に自生。葉は倒卵形。雌雄異株。春、イチジク状の花をつけ、熟すと黒紫色になり、食べられる。こいちじく。いたび。（季 夏）

いぬ-ふせぎ【犬防ぎ】殿舎や門の前などに設けた低い柵(さく)。また、仏堂の内陣と外陣との境にある透かしの粗い柵。

いぬ-ぶな【犬×橅｜仙＝毛＝欅】ブナ科の落葉高木。山地に自生し、高さは約25メートルに達する。樹皮は黒褐色、いぼ状の皮目がありざらつく。葉は楕円形で裏面に毛があり灰白色。5月ごろ花をつける。主に太平洋側のブナ帯下部に分布。くろぶな。

いぬぼう-カルタ【犬棒カルタ】いろはガルタの一。最初の札が、「犬も歩けば棒に当たる」であるところからいう。近世末期以来、最も一般的なカルタ。

いぬぼう-さき【犬吠埼】《「いぬぼうざき」とも》千葉県銚子市にある岬。太平洋に突出し、突端の崖上に日本最初の回転式灯台がある。犬吠岬。

いぬ-ぼえ【犬×吠｜×狗×吠】上代、元日・即位・大嘗祭(だいじょうさい)などに、宮門を守る隼人(はやと)が犬の遠吠えをまねた声を発したこと。また、その声。➡犬人(いぬひと)

いぬ-ほおずき【犬酸＝漿】〔名〕ナス科の一年草。畑や道端に生え、高さ30～90センチ。葉は卵形。夏から秋、白い5弁花を開き、実は球形で熟すと黒くなる。有毒。全草を乾燥したものを漢方で竜葵(りゅうき)といい、解熱薬・利尿薬にする。うしほおずき。

いぬ-まき【犬×槙】マキ科の常緑高木。関東以南の山地に自生し、高さは約25メートルに達する。葉は扁平な線形または披針(ひしん)形で、密に互生。雌雄異株。庭園に植栽し、材は建築材などにする。名は、昔、杉をマキとよんだのに対し、この木を卑しんで呼んだことに由来するという。まき。くさまき。

いぬ-やま【犬山】山野で、飼いならした犬を使ってする狩り。「この人―といふ事をして…山に入りて猪鹿を犬に噉(く)ひ殺さしめて」〈今昔・二六・七〉

いぬやま【犬山】愛知県北西部の市。もと尾張藩家老成瀬氏の城下町。犬山城・明治村・京大霊長類研究所や日本ラインなどがある。人口7.5万(2010)。

いぬやま-し【犬山市】➤犬山

いぬやま-じょう【犬山城】〔名〕愛知県犬山市にある城。天文6年(1537)織田信康が築いた平山城(ひらやまじろ)。

のち元和3年(1617)に尾張藩家老成瀬氏の居城となる。現存の天守閣は日本最古のもので国宝。白帝城はくていじょう。

いぬやま-やき【犬山焼】愛知県犬山地方で焼いた陶器。染め付け・赤絵など各種のものがある。丸山焼。

いぬ-やらい【犬矢来】湾曲した割り竹を並べて建物の壁や塀の下部を覆う、背の低い柵。京都の町屋などに多く見られる。

イヌリン〖ドイツ Inulin〗多糖類の一。キクイモ・ダリア・ゴボウなどの根に貯蔵物質として含まれる。酸か酵素で加水分解すると果糖になる。

いぬる【▽往ぬる｜▽去ぬる】〔連体〕《動詞「い(往)ぬ」(ナ変)の連体形から》過ぎ去った。去る。「―朔日ついたちの日の夢に」〈源・明石〉

いぬ-わし【犬×鷲｜×狗×鷲】タカ科の鳥。全長約85センチ。全身茶褐色で、頭の後方は金色。ノウサギなどを捕食。日本では北海道・本州の山地にすむが、数は少ない。天然記念物。(季冬)

いぬ-わらび【犬×蕨】オシダ科の多年生のシダ。山野に生える。根茎は地中をはい、葉は長さ40〜80センチ。葉柄に赤褐色の鱗片りんぺんがまばらにつく。葉は先がとがった卵状楕円形の小葉からなる複葉。

いね【稲】❶イネ科の一年草。実が米で、広く主食とされ、水田や畑で栽培し、畑に作るものは陸稲おかぼ・りくとうとよばれる。インドまたは東南アジアの原産。日本では先史時代から栽培。高さ約1メートル。多く、春、種を苗代にまき、梅雨のころ苗を本田に移し植え、秋に収穫。飯に炊く粳うるちと、餅もちにする糯もちとがあり、栽培品種は多い。また収穫の時期により、早稲わせ・中稲なかて・晩稲おくてと区別する。(季秋)「道暮れて―の盛りぞちからなる/暁台」❷紋所の名。(補説)イネ科の単子葉植物は約700属1万種ある。多くは草本、茎は中空で節があり、葉は細長い。花はふつう両性花で、穂状につく。麦・トウモロコシなど主要な穀物が含まれる。

いね-あ・ぐ【稲挙ぐ】〔動ガ下二〕《動詞「い(寝)ぬ」(下二)の連用形「いね」に掛けて、正月に用いる忌み詞》起きる。(季新年)「―・げよ明けて秋の田かかる代に」〈七車〉⇔稲積む。

いね-かけ【稲掛(け)】刈って束ねた稲を乾かすため、穂を下にして稲木などに掛けること。また、その掛ける木。稲架はさ。いなぎ。いなかけ。(季秋)

いね-がてに【▽寝ねがてに】〔連語〕寝ることができないで。「秋萩の下葉色づく今よりやひとりある人の―する」〈古今・秋上〉⇒がてに

いね-かめむし【稲亀虫｜稲椿=象】カメムシ科の昆虫。体長約1.3センチ。体は長楕円形で淡褐色。イネの出穂期に穂を食害する。本州以南に分布。

いね-かり【稲刈(り)】秋に実った稲を刈り取ること。取り入れ。刈り入れ。(季秋)「―の其の田の端や扱こき所/許六」

いねかり-うた【稲刈(り)歌】民謡で、稲を刈り取るときにうたう仕事歌。

いね-こき【稲▽扱き】刈り取った稲の穂から籾もみをこいて落とすこと。また、その道具。脱穀。いなこき。(季秋)「―の古き機械を野にさらす/誓子」

いねこき-うた【稲▽扱き歌】民謡で、稲の穂をこくときにうたう仕事歌。

いねこ-ばし【稲▽扱箸】「扱こき箸」に同じ。

イネス〖INES〗《International Nuclear and Radiological Event Scale》⇒国際原子力事象評価尺度

いね-ぞうむし【稲象虫】ゾウムシ科の甲虫。体長5ミリ。体は黒褐色で、灰褐色の鱗片りんぺんで覆われる。稲の葉・茎・根などを食害する。

いね-つき【稲×舂き】稲の籾もみをうすに入れて、きねでつき精白すること。米つき。

いねつき-うた【稲×舂き歌】大嘗祭だいじょうさいに神前に供える稲をつくときにうたった歌。

いねつき-こまろ【稲×舂き子×麿】ショウリョウバッタの古名。〈和名抄〉

いねつき-むし【稲×舂き虫】ショウリョウバッタの別名。

いね-つ・む【稲積む】〔動マ四〕《動詞「い(寝)ぬ」(下二)の連用形「いね」に掛けて、正月に用いる忌み詞》寝る。(季新年)「ちゃうど元日を待つ心地…、ちっとの間―・まう」〈浄・妹背山〉⇔稲挙ぐ。

いねねくい-はむし【稲根×喰葉虫】ハムシ科の甲虫。体長6ミリほど。全体に緑褐色で金属光沢がある。触角は長く、翅はねにすじがある。幼虫は稲の根を食害する。ねくいはむし。

いね-まけ【稲負け】〔名〕スル 稲の手入れをしているときに、稲の葉で肌を傷つけたり、かぶれてかゆくなったりすること。

い-ねむり【居眠り】ゐ〔名〕スル 座ったり腰かけたりしたままで眠ること。「授業中に―する」「―運転」
(類語)うたた寝・まどろみ・一眠り・仮睡・仮寝かりね

い-ねむ・る【居眠る】ゐ〔動ラ五(四)〕いねむりをする。「壁を背にして―・る」

いね-わら【稲×藁】収穫した稲の籾もみを取り去ったもの。むしろ・縄など藁工品の材料となる。いなわら。

い-ねん【意念】考え。気持ち。意識。「兼て公辺へ対し後闇うしろぐらき―を懐き」〈染崎延房・近世紀聞〉

い-ねんごう【異年号】⇒逸年号いつねんごう

い-ねんれい【異年齢】年齢が異なること。「―保育」

い-の【維▽那】ゐ《「いのう」とも》⇒いな(維那)

い-の〔終助〕《終助詞「い」＋終助詞「の」から。近世語》体言、動詞・助動詞の命令形、感動詞、接続詞、助詞に付く。感動・呼びかけの意を表す。…ねえ。「先度の文にも言ふ通り、竜田の藤がこと―」〈浄・淀鯉〉

い-の-いちばん【いの一番】《「いろは」の一番目の意から》真っ先。一番目。「―に会場に入る」
(類語)一番・第一・真っ先・最初・初発・先頭・トップ・初め・一次・原初・嚆矢・手始め・事始め・まず・優先

い-のう【衣×嚢】衣服に縫いつけた物入れ。かくし。ポケット。

い-のう【異能】人よりすぐれた才能。一風変わった独特な能力。異才。「―を示す」「―の人物」
(類語)英才・天才・奇才・鬼才・偉才・秀才・俊才・才人・才子・俊英・才女・才媛・才物

いのうえ-あれの【井上荒野】[1961〜]小説家。東京の生まれ。光晴の長女。「わたしのヌレエフ」でフェミナ賞受賞。「切羽きりはへ」で直木賞受賞。他に「グラジオラスの耳」「ひどい感じ 父・井上光晴」など。

いのうえ-いんせき【井上因碩】囲碁棋士。井上家は江戸幕府の碁所ごどころ家元四家の一。江戸初期の中村道碩を祖とし、2世から代々井上因碩を名のる。

いのうえ-うめつぐ【井上梅次】[1923〜2010]映画監督。京都の生まれ。「恋の応援団長」で監督デビュー。石原裕次郎主演「嵐を呼ぶ男」が大ヒットとなる。代表作「勝利者」「鷲わしと鷹たか」など。テレビドラマの監督も多数つとめる。

いのうえ-えんりょう【井上円了】[1858〜1919]哲学者・教育者。新潟の生まれ。欧化思潮に対して東洋思想を強調し、仏教哲理を説いた。妖怪学の祖。哲学館(のちの東洋大学)を設立。著「仏教活論」など。

いのうえ-かおる【井上馨】[1835〜1915]政治家。山口の生まれ。通称、聞多もんた。幕末の尊王攘夷運動に参加。第一次伊藤内閣の外務大臣として欧化政策をとったが、世論の反対にあい、条約改正交渉に失敗。農商務相・内務相・蔵相を歴任。のち元老として国政に関与。

いのうえ-きんが【井上金峨】[1732〜1784]江戸中期の儒学者。江戸の人。名は立元。伊藤仁斎・荻生徂徠おぎゅうそらいの学を学び、のち折衷学派を確立。著「経義折衷」など。

いのうえ-けんかぼう【井上剣花坊】[1870〜1934]川柳作家。山口の生まれ。本名、幸一。川柳の革新に努めた。

いのうえ-こわし【井上毅】[1843〜1895]政治家。熊本の生まれ。明治憲法制定に参画、また、法制局長官となり、教育勅語など詔勅・法令を起草。枢密顧問官・文相などを歴任。

いのうえ-しげよし【井上成美】[1889〜1975]海軍大将。宮城の生まれ。軍務局長・第四艦隊長官・海軍次官などを歴任。日独伊三国同盟に反対、空軍を重視し大艦巨砲主義を批判。

いのうえ-じゅんのすけ【井上準之助】[1869〜1932]銀行家・政治家。大分の生まれ。横浜正金銀行頭取・日本銀行総裁・大蔵大臣などを歴任。昭和5年(1930)金解禁を断行。民政党の筆頭総務として選挙戦中、血盟団団員に暗殺された。

いのうえ-しろう【井上士朗】[1742〜1812]江戸中期の俳人・医者。尾張の人。名は正春。別号、枇杷園びわえん。俳諧を加藤暁台に学び、国学や絵画にも通じた。著「枇杷園七部集」「枇杷園随筆」など。

いのうえ-しんかい【井上真改】[?〜1682]江戸初期の刀工。日向ひゅうがの人。大坂で国貞の跡を継ぎ、2代目和泉守国貞を名のったが、のち井上真改と改めた。2代目津田助広と並ぶ大坂新刀の名工で、その作は大坂正宗と称された。

いのうえ-たけひこ【井上雄彦】[1967〜]漫画家。鹿児島の生まれ。本名、成合なりあい雄彦。リアルなタッチでバスケットボールにかける高校生たちを描いた「SLAM DUNKスラムダンク」のヒットにより、若年層の読者にブームを巻き起こす。他に、吉川英治の小説「宮本武蔵」を原作とした「バガボンド」、車椅子バスケットボールを扱った「リアル」など。

いのうえ-つう【井上通】[1659〜1738]江戸中期の女流歌人。讃岐の人。丸亀藩主の母に仕え、雨森芳洲らと交わる。著「帰家日記」など。井上通女。

いのうえ-つとむ【井上勤】[1850〜1928]翻訳家。徳島の生まれ。大蔵省、文部省などに勤めるかたわら、ベルヌ「月世界一周」、トマス=モア「良政府談」、デフォー「魯敏孫ロビンソン漂流記」などを翻訳し、明治初期西洋文学の移入に貢献した。

いのうえ-てつじろう【井上哲次郎】[1855〜1944]哲学者。福岡の生まれ。東大教授。ドイツ観念論哲学を紹介し、日本の観念論哲学を確立。また、外山正一とやままさかず・矢田部良吉と「新体詩抄」を刊行し、新体詩運動を興した。著「日本陽明学派之哲学」「日本古学派之哲学」など。

いのうえ-でん【井上伝】[1788〜1869]江戸末期の筑後久留米の女性。久留米絣くるめがすりの創案者。

いのうえ-にっしょう【井上日召】[1886〜1967]国家主義者。群馬の生まれ。本名、昭。日蓮宗に帰依し、日召と号す。血盟団を結成、国家革新を計画し、一人一殺いちにんいっさつ主義を唱え、井上準之助・団琢磨を暗殺。裁判で無期懲役となったが、恩赦で出獄。第二次大戦後、護国団を設立。

いのうえ-のぼり【井上登】[1885〜1971]裁判官・プロ野球コミッショナー。千葉の生まれ。司法省調査部長、大審院部長判事などを歴任し、昭和22年(1947)最高裁判所の判事となる。また、同16年、日本野球連盟の最高顧問に就任。同31年にコミッショナーとなり、プロ野球球団経営の基盤を作った。

いのうえ-はりまのじょう【井上播磨掾】[?〜1674?]江戸初期の古浄瑠璃の太夫。京都の人。通称、市郎兵衛。後年、大坂で操り芝居を興行。豪快な曲を得意とし、愁嘆場にもすぐれ、その語り口は義太夫節に影響を与えた。

いのうえ-ひさし【井上ひさし】[1934〜2010]小説家・劇作家。山形の生まれ。本名、廈ひさし。独自のユーモア感覚と鋭い風刺で幅広い読者層を得る。「手鎖心中」で直木賞受賞。昭和58年(1983)劇団こまつ座の座付作者となる。他に、小説「青葉繁れる」「吉里吉里人きりきりじん」、戯曲「頭痛肩こり樋口一葉」など。

いのうえ-ふみお【井上文雄】[1800〜1871]江戸後期の国学者・歌人。江戸の人。著「伊勢の家苞いえづと」「調鶴集」など。

いのうえ-まさお【井上正夫】[1881〜1950]新派俳優。愛媛の生まれ。本名、小坂勇一。新派の幹部として活躍したが、昭和11年(1936)新派と新劇の中間を行く中間演劇を提唱し、井上演劇道場を作る。芸術院会員。

いのうえ-まさる【井上勝】[1843〜1910]鉄道

技術者。山口の生まれ。英国で鉱山・土木工学を学び、日本最初の鉄道を敷設した。鉄道庁長官。

いのうえ-みちやす【井上通泰】ゐのうへ [1866～1941]国文学者・歌人。兵庫の生まれ。柳田国男の兄。御歌所寄人よりうど。宮中顧問官。著「万葉集新考」「播磨風土記新考」など。

いのうえ-みつはる【井上光晴】ゐのうへ [1926～1992]小説家・詩人。中国、旅順の生まれ。荒野あれのの父。被差別部落や在日朝鮮人、炭鉱の労働者などをテーマにした作品を多数発表。また、文学伝習所を開講して後進の育成にも尽力した。小説「虚構のクレーン」「地の群れ」「心優しき叛逆者たち」など。

いのうえ-やすし【井上靖】ゐのうへ [1907～1991]小説家。北海道の生まれ。新聞記者から作家となり、新聞小説、歴史小説で新境地を開いた。文化勲章受章。作「闘牛」「天平てんぴょうの甍いらか」「あすなろ物語」など。

いのうえ-やちよ【井上八千代】ゐのうへ 日本舞踊、京舞井上流の家元の名。現在は五世[1956～]。

いのうえ-よりくに【井上頼圀】ゐのうへ [1839～1914]国学者。江戸の人。平田銕胤ひらたかねたねに師事。皇典講究所(のちの国学院大学)を設立。「古事類苑」の編纂に参加。

いのうえ-りゅう【井上流】ゐのうへリウ 日本舞踊京舞の流派の一。女舞で、江戸末期に初世井上八千代が創始。京都祇園に勢力をもつ。

いのう-じゃくすい【稲生若水】いなふ [1655～1715]江戸中期の本草ほんぞう学者。江戸の人。名は宣義。福山徳潤に師事し、のち加賀藩主に仕えた。博物学の先駆者。著「庶物類纂」など。

いのう-ただたか【伊能忠敬】[1745～1818]江戸中期の地理学者・測量家。上総かずさの人。高橋至時たかはしよしときに天文暦学を学ぶ。蝦夷えぞ、のちに全国の実地測量を行い、日本最初の実測地図を作製。著「大日本沿海輿地全図」「輿地実測録」など。

いのかしら-こうえん【井の頭公園】ゐのかしらコウヱン 東京都武蔵野市と三鷹市にまたがる公園。中心の井の頭池は武蔵野台地最大の湧水池で、神田川の源流。もと皇室の御料地。東京市に下賜されて大正6年(1917)に開園。

い-の-く【居▽退く】ゐ〔動カ四〕その場から立ちのく。あとずさりする。「我が妻にあらざりければ、さればよと思ひて、―・きけるほどに」〈宇治拾遺・二〉

い-の-くち【井の口】ゐ せき止めてある水を落とす口。また、用水などの取り入れ口。

イノケラムス〘ラテ Inoceramus〙ジュラ紀・白亜紀に栄えた海生の二枚貝。殻表に同心円状の肋ろくが発達している。重要な示準化石。日本では白亜系から多産。イノセラムス。

い-の-こ【×亥の子】ゐ ❶陰暦10月の亥の日。この日に亥の子の祝いわいを行い、また、江戸時代には炬燵こたつを開く日とされた。《季 冬》「臼音は麓の里の―かな/鳴雪」➡十日夜とおかんや ❷「亥の子の祝」「亥の子餅もち」の略。

い-の-こ【×豕┆×猪の子】ゐ ❶いのしし。❷いのししの子。❸豚。

いのこ-さす【×豕×扠▽首】ゐの 建築の妻飾りの一。扠首の中央に束つかを立てたもの。

い-のこし【射▽遺】平安時代、正月17日の射礼じゃらいの式に参加しなかった衛府の者たちが、翌日、建礼門で弓を射ること。

いのこずち【牛=膝】ゐのこ ヒユ科の多年草。草地などに生え、高さ約90センチ。対生する枝を出し、節が太い。葉は楕円形。夏から秋、緑色の小花を穂状につける。実にはとげがあり、衣服や動物の体について散らばる。乾燥した根を漢方で牛膝ごしつといい、利尿剤にする。ふしだか。こまのひざ。《季 秋》

いのこ-の-いわい【×亥の子の祝】ゐのこ―いはひ 西日本で、亥の子の日に行われる収穫祭の行事。関東地方の十日夜とおかんやにあたるもので、この日に収穫を祝って新穀の餅を食し、子供たちがわら束や石で地面を打って回る。もと、中国の俗信に基づく宮中の年中行事。亥の子。玄猪げんちょ。

いのこ-へん【×豕偏】ゐの 漢字の偏の一。「豨き」「豬ちょ」などの「豕」の称。

いのこ-もち【×亥の子餅】ゐのこ 亥の子の日に新穀で作る餅。《季 冬》「山茶花さざんかの紅つきまぜよ―/久女」

い-のこり【居残り】ゐ〔名〕スル ❶いのこること。また、その人。「練習後の―を命じる」「―当番」❷会社などの残業。「―して報告書をまとめる」

い-のこ・る【居残る】ゐ〔動ラ五(四)〕❶他の人の帰ったあとまで残る。「会場に一人だけ―・る」❷決められた時間よりもあとまでとどまる。残業する。「―・って仕事をかたづける」[類語]残る・とどまる・とどめる

いの-しか-ちょう【×猪鹿×蝶】ゐの―テフ 花札で、萩はぎの10点(猪いのしし)、紅葉もみじの10点(鹿)、牡丹ぼたんの10点(蝶)の3枚。また、それをそろえた役。

い-の-しし【×猪】ゐ《「猪いの獣しし」の意で、「しし」は食肉用のけものをいう》偶蹄ぐうてい目イノシシ科の哺乳類。体長約1.4メートルで、首が短く、背面に黒褐色の剛毛がある。雄は犬歯が発達。夜行性で雑食。興奮すると、背の怒り毛を立てて突進する。日本では本州以南に分布。幼獣には瓜模様の縦斑がある。豚の原種で、肉は山鯨やまくじら・牡丹ぼたんといわれ食用。しし。いのこ。《季 秋》「―の寝にゆく方や明の月/去来」

いのしし-むしゃ【×猪武者】ゐのしし ❶向こうみずに敵中に突進する武士。❷状況を考えないで、がむしゃらに事を行う人。

いのしり-ぐさ【×猪尻草】ゐのしり ヤブタバコの別名。

イノシン-さん【イノシン酸】《inosinic acid》生物体内に存在するヌクレオチドの一種。アデノシンから生じるイノシンにリボースと燐酸1分子がついたもの。魚肉・畜肉、特に鰹節のうまみの主成分で、調味料として生産される。イノシン一燐酸。

イノシンさん-ナトリウム【イノシン酸ナトリウム】イノシン酸のナトリウム塩。鰹節かつおぶしのうまみ成分の主体で、魚肉の抽出液などから得られる無色または白色結晶。うまみ調味料として用いられる。

いのせ-なおき【猪瀬直樹】ゐのせなほき [1946～]ノンフィクション作家。長野の生まれ。政府税制調査会・行政改革断行評議会・道路関係四公団民営化推進委員会などの委員を歴任。平成19年(2007)より東京都副知事を務める。西武鉄道グループを描いた「ミカドの肖像」で大宅壮一ノンフィクション賞受賞。他に「天皇の影法師」「日本国の研究」など。

イノセンス〘innocence〙❶無実。無罪。❷天真爛漫てんしんらんまん。無邪気。

イノセント〘Innocent〙➤インノケンティウス

イノセント〘innocent〙〔形動〕❶無実の。潔白な。❷純潔な。また、無邪気な。「―な愛」「―な遊び心」

いのち【命】❶生物が生きていくためのもとの力となるもの。生命。「―にかかわる病気」「―をとりとめる」「―ある限り」❷生きている間。生涯。一生。「短い―を終える」❸寿命。「―が延びる」❹最も大切なもの。唯一のよりどころ。そのものの真髄。「―と頼む」「商売は信用が―だ」❺運命。天命。「年ごとにあひ見ることは―にて老いの数そふ秋の夜の月」〈風雅・雑上〉❻近世、遊里などで、相愛の男女が互いの二の腕に「命」の一字、または「誰々命」と入れ墨をすること。また、その文字。

[類語](❶)生せい・生しょう・生命・人命・一命・身命しんめい・露命・命脈・息の根・息の緒お・玉の緒

命あっての物種ものだね 何事も命あってできることで、死んでは何にもならない。

命生・く ❶生き長らえる。「年老い衰へたる母、―・きても何にかはせんなれば」〈平家・一〉❷命を取り留める。危ないところを助かる。「たとひ兼康―・きて、再び平家の御方へ参りたりとも」〈平家・八〉

命から二番目 命の次に大切なもの。非常に大事なもの。

命長ければ恥多し 《「荘子」天地から》長生きすれば、何かにつけ恥をさらすことも多い。

命なりけり 命があったからこそのことである。生きていたからできたことである。「年たけて又越ゆべしと思ひきや―さ夜の中山」〈新古今・羇旅〉

命に替・える 自分の命と引き替えにする。何としても守り抜こう、手に入れようとする気持ちをいう。「―・えても譲れない」「―・える宝はなし」

命は義によりて軽し 《「後漢書」朱穆伝から》かけがえのない大切な命も、義のためならば捨てても惜しくない。

命は鴻毛こうもうより軽し 《司馬遷「報任少卿書」から。「鴻毛」は、鴻おおとりの羽毛で、きわめて軽いもののたとえ》命を捨てることは、少しも惜しくない。

命は風前の灯ともしびの如ごとし 《「法苑珠林」の「命は風中の灯の如し」から》危険が身に迫っていることのたとえ。また、人生のはかないことのたとえ。

命待つ間ま 命が終わるのを待つ間。「ありはてぬ―の程ばかりうき事しげく思はずもがな」〈古今・雑下〉

命を落と・す 事故や病気で人が死ぬ。老衰や自殺による死にはいわない。「冬山で―・す」

命を懸か・ける 命を捨てる覚悟で物事に立ち向かう。「新しい研究に―・ける」「―・けた恋」

命を削・る 寿命を縮めるほど苦労する。命を縮める。「―・るような長年の努力が実る」

命を捧ささ・げる 大切なもののために命を差し出す。また、死ぬ覚悟で尽くす。「社会福祉に―・げる」

命を捨・てる ❶ある目的のために死ぬ。命を投げ出す。「―・てる覚悟で取り組む」❷生きるべきなのに死ぬ。「無謀な運転で―・てる」

命を縮・める 寿命を短くする。死を早める。「事業の失敗が―・めた」

命を繋つな・ぐ ほそぼそと生きつづける。命を保つ。生きのびる。「わずかな食料で―・ぐ」

命を投げ出・す 「命を捨てる❶」に同じ。「祖国のために―・す」

命を拾・う 危うく死ぬところを助かる。命拾いする。「戦乱の中でからくも―・った」

命を棒に振・る むだに命を捨てる。無益な死に方をする。犬死にする。

命を的まとに懸・ける 命がけで物事をする。「事ある時は―・けて働かねば」〈黄・長寿小紋〉

いのち-かぎり【命限り】❶命のあるだけ。生きている間中。❷(副詞的に用いて)全力を出し尽くして。「―働く」

いのち-がけ【命懸け】〔名・形動〕死ぬ覚悟で物事をすること。また、そのさま。決死。懸命。「―の作業」「―で取材する」

[類語]必死・死に物狂い・捨て身・懸命

いのち-からがら【命辛辛】〔副〕命を守るのが精いっぱいのさま。やっとのことで。「―逃げてくる」

いのち-がわり【命代はり】がはり 命と引き替えにすること。また、それほど大切なもの。いのちがえ。「殿の御遊興妨げ召さるれば、斯の通り―のお仕置きぢゃ」〈伎・韓人漢文〉

いのち-げ【命毛】《文字を書くのに最も大切な毛であるところから》筆の穂先のいちばん長い毛。

いのち-ごい【命乞い】ごひ〔名〕スル ❶殺されるはずの命が助かるように、頼むこと。「敵に―する」❷長生きするように神仏に祈ること。「ただ殿の御―をのみ申し思へり」〈栄花・楚王の夢〉

いのち-しょうぶ【命勝負】命がけの勝負。「まことに大剛だいごうの、痴きの者なり。―しては損なり」〈曽我・四〉

いのち-しらず【命知らず】〔名・形動〕❶生命の危険をも考えずに振る舞うこと。また、その人、やそのさま。「―が集まる」「―な冒険」❷丈夫で長持ちすること。また、そのもの。「この手紬てつむぎの碁盤縞ごばんじまは、―とて親父の着られしが」〈浮・永代蔵・一〉

[類語]無謀・無鉄砲・向こう見ず

いのち-ずく【命▽尽く】づく ❶一命にかかわること。「いくさといふは…、―のものなれば」〈浄・五枚羽子板〉❷命懸けであること。「科人とがにんと名乗って出る拙者、―に偽りを申さうか」〈伎・五大力〉

いのち-だま【命玉】狩人が危急のときのために最後まで残し持つ弾丸。

いのち-づな【命綱】❶高い場所や海の中などの危険な場所で仕事をするとき、用心のためにからだに

巻きつける綱。また、救命ブイや救助艇にわたす綱など。❷「命の綱」に同じ。「この資金が最後の一だ」

いのち-とり【命取り】❶生命、または地位・財産などを失う決定的な原因になる事柄。「一の病気」「失言が一となる」❷相手の命を奪うほどの美女または美男をいう語。「堺町の名物一め、何の生まれ替はりてあの美しさ」〈浮・椀久二世〉

いのち-ぬすびと【命盗人】むだに長生きしている人。「兼好が見たらば、一と申すべき婆々ばばあり」〈浮・一代男・二〉

いのち-の-おや【命の親】命を助けてくれた人。命の恩人。

いのち-の-かぎり【命の限り】❶命のある間じゅう。生命の続く限り。命限り。「一愛する」❷命の尽きる時。死期。「とあるもかかるも、同じ一あるものになむある」〈源・夕顔〉

いのち-の-きわ【命の際】ニきは 命の終わろうとする時。死にぎわ。

いのち-の-せんたく【命の洗濯】日ごろの束縛や苦労から解放されて、のんびり気ままに楽しむこと。「旅に出て一をする」

いのち-の-つな【命の綱】《命をつなぎとめている綱の意から》生きていくうえでこの上もなく大切なもの。いのちづな。「わずかな食糧が一だ」

いのち-の-でんわ【いのちの電話】深刻な悩みをもちながら、だれにも相談できないでいる人に、電話による対話で援助を行う相談機関。多くのボランティアと専門家によって運営されている。

いのち-の-みず【命の水】ニヅ ❶人の寿命を、流れる水にたとえていう語。❷ヨーロッパで、ブランデー・ウイスキーなどアルコール度の強い蒸留酒のこと。スピリッツ。

いのち-びろい【命拾い】ーびろひ〔名〕スル 危うく命が助かること。また、窮地を脱すること。「適切な手当てで一した」「係員の機転のおかげで一した」

いのち-みょうが【命冥加】ーミヤウガ〔名・形動〕神仏のおかげで、命拾いをすること。「生き残れたとは一な人だ」

い-の-で【×猪の手】ゐ オシダ科の常緑のシダ。根茎は塊状で、5〜10枚の葉が放射状に束生。葉は長さ60センチ〜1メートル、こまかく羽状に分かれ、柄や軸に褐色の鱗片りんぺんが密生する。

い-の-なか【井の中】ゐ ❶水をいう女房詞。❷井戸の中。➡井い

い-の-ふ【胃の×腑】ゐ 胃。胃ぶくろ。

胃の腑に落・ちる 十分に納得がいく。胃の腑に落ち着く。「きさめが申した分ではさらさら一・ちませぬ」〈浄・今宮の心中〉

いの-ぶた【×猪豚】ゐの イノシシと豚を交配してつくる一代雑種。食用とするため飼育。

イノベーション〖innovation〗❶新機軸。革新。❷新製品の開発、新生産方式の導入、新市場の開拓、新原料・新資源の開発、新組織の形成などによって、経済発展や景気循環がもたらされるとする概念。シュンペーターの用語。また、狭義には技術革新の意に用いる。

いのまた-つなお【猪俣津南雄】ゐのまた つなを［1889〜1942］社会主義者・経済学者。新潟の生まれ。早大卒。日本共産党結成に参加。のち、同党に批判的となり、山川均らと雑誌「労農」を創刊、労農派の論客として日本資本主義の現状分析で労作を残した。著「帝国主義研究」「現代日本研究」「農村問題入門」など。

い-の-め【×猪の目】ゐ《形がイノシシの目に似ているところから》❶刳くり形の一。ハート形で、飾り金具や額縁・経机の彫刻などに用いる。猪の目透かし。❷琵琶の胴の上にある覆手ふくじゅにあけた穴。これに弦を通して結ぶ。

いのめ-げぎょ【×猪の目▽懸魚】ゐのめ 猪の目❶を彫った懸魚。

いのもと-そう【井の▽許草】ゐのもと さう イノモトソウ科の多年生のシダ。石垣やがけなどに生える。胞子葉は長さ20〜60センチ、洋紙質で細長い羽片に分かれ、葉の縁が反り返って胞子嚢ほうしのう群を覆う。栄養葉は縁に不規則なぎざぎざをもつ羽片で、ともに軸の間に翼がある。とりのあし。

いのり【祈り】【×祷り】❶神仏に請い願うこと。祈祷きとう。祈願。「一を捧げる」❷能の働事はたらきごとの一。山伏や僧(ワキ)が鬼女(シテ)を降伏するさまを演じるもの。小鼓こつづみ・大鼓おおつづみ・太鼓・笛で奏する。「道成寺」「葵上」などにみられる。祈働いのりばたらき。❸狂言の型の一。山伏が印を結び、数珠じゅずをもんで祈るもの。

(類語)祈念・祈祷・加持・黙祷・祈願・発願・願掛け

いのり-あ・げる【祈り上げる】〔動ガ下一〕文いのりあ・ぐ〔ガ下二〕「祈る」の謙譲語。多く手紙文に用いられる。「御自愛なさいますよう一・げます」

いの・る【祈る】【×祷る】〔動ラ五(四)〕《動詞「の(宣)る」に接頭語「い(斎)」が付いてできた語》❶神や仏に請い願う。神仏に祈願する。「家内安全を一・る」「一・るようなまなざし」❷心から望む。願う。「成功を一・る」「無事を一・る」(可能)いのれる

(類語)拝む・願う・祈願する・祈念する・誓願する・立願する・発願ほつがんする・願を懸ける・願を立てる

イノンド《スペ eneldoから》セリ科の一年草。葉は羽状に切れ込む。夏、黄色い小花を多数つける。果実は楕円形で平たく、翼があり、ピクルスなどの香辛料や薬用にする。南ヨーロッパやイランの原産で、江戸中期に渡来。姫茴香ひめういきょう。ディル。

い-は【異派】❶自分の流派と違う他の流派。❷別に立てた一派。別派。

い-ば【射場】❶弓を射る練習をする場所。弓場ゆば。矢場。❷❶で射手の立つ位置。

い-ば【意馬】心の働きが盛んで静まらないことを、走る馬にたとえていう語。

い-はい【位×牌】ゐー 死者の戒名・法名などを記した木の札。禅僧によって中国からもたらされ、江戸時代に一般化した。

位牌を汚けが・す 祖先の名誉を傷つける。

い-はい【違背】ゐー〔名〕スル 規則・命令などにそむくこと。違反。「指令に一する」(類語)違約・破約

い-はい【遺灰】ゐはい 火葬にしたあとに残る、灰状になった骨。

いはい-じょ【位×牌所】ゐはいー 位牌を安置する所。

いはい-ちぎょう【位×牌知行】ゐはいチギャウ 世襲した知行や俸禄ほうろく。本人の功績でないことを軽蔑していう語。「親の一をとり、楽々とその通りに世を送る事、本意にあらず」〈浮・永代蔵・四〉

いはい-どう【位×牌堂】ゐはいダウ 位牌を並べて安置しておく堂。

いば・う【×嘶ふ】いばふ〔動ハ下二〕《「いばゆ」の音変化》いななく。「駒北風に一・ふれは」〈虎明狂・牛馬〉

い-はかせ【医博士】❶律令制で、典薬寮の博士。医術・調剤術を施し、また、医生に教授をした。❷医学博士。

い-はく【医伯】《「伯」は長の意》医者を敬っていう語。すぐれた医者。

い-はく【医博】「医学博士」の略。➡博士はくし❶

い-はく【威迫】ゐー〔名〕スル 威力を示して相手を脅し従わせようとすること。「強談一」「夜は水雷艇隊、其の港口に徘徊はいかいして之を一し」〈独歩・愛弟通信〉

い-ばく【×帷幕】ゐー ❶垂れ幕と引き幕。帳幄ちょうあく。❷《❶を巡らして陣営としたところから》機密の計画を相談する所。また、はかりごと。「一に参画する」

い-ばしょ【居場所】ゐ いるところ。いどころ。

いば-しんえん【意馬心猿】ーシンヱン 仏語。馬が奔走し猿が騒ぎたてるのを止めがたいように、煩悩・妄念などが起こって心が乱れ、抑えがたいこと。

いば-たかし【伊庭孝】［1887〜1937］劇作家・演出家・音楽評論家。東京の生まれ。上山草人と近代劇協会を創立。後に、舞踏家・高木徳子と浅草オペラを興す。評論活動も行い、オペラの普及に貢献した。著作に「日本音楽概論」など。

イバダン〖Ibadan〗ナイジェリア南西部の商業都市。19世紀に建設され、ココアの集散地として発展。ラゴスとは鉄道・自動車道路が通じる。

イパチェフ-しゅうどういん【イパチェフ修道院】ーシウダウヰン《Ipat'evskiy monastïr'》➡イパチェフスキー修道院

イパチェフスキー-しゅうどういん【イパチェフスキー修道院】ーシウダウヰン《Ipat'evskiy monastïr'》ロシア連邦西部、コストロマ州の都市コストロマにある修道院。14世紀初頭、ボリス＝ゴドノフの祖であるタタール人のチェト公により創設。後に皇帝となるミハイル＝ロマノフが少年時代に隠棲し、ゼムスキーソボール(全国会議)で皇帝に選出され、院内にあるトロイツキー聖堂で戴冠式が行われた。イパチェフ修道院。

い-はつ【衣鉢】❶僧侶が身にまとう三衣さんえ(3種の袈裟けさ)と一つの鉢。えはつ。えはち。❷禅宗で、法を伝える証拠として授ける袈裟と鉢。また、禅僧が師と仰ぐ僧から伝えられる奥義。えはつ。えはち。❸広く宗教・学問・芸術などで、師から弟子に授けられる奥義。えはつ。えはち。「一を継ぐ」(補説)❷は、禅宗の始祖達磨だるまが弟子の慧可えかに正法眼蔵しょうぼうげんぞうを伝授したとき、伝法の証として袈裟および施しを受けるための鉄鉢を授けたとの故事に由来する。

い-はつ【遺髪】ゐー 死者の形見としてのこされた髪。

(類語)遺骨・遺品・形見・遺物

いば-どの【射場殿】「弓場殿ゆばどの」に同じ。

イバニェス〖Ibáñez〗➡ブラスコ＝イバニェス

イバノボ-がんくつきょうかいぐん【イバノボ岩窟教会群】ーガンクツケウクワイグン《Ivanovski skalni tsarkvi》ブルガリア北部の村イバノボにある聖堂や修道院などの岩窟教会群。ルセの南約20キロメートル、ドナウ川の支流ルセンスキーロム川の両岸の断崖をくりぬいてつくったもの。13世紀から14世紀にかけて描かれたフレスコ画は、東ヨーロッパにおける中世キリスト教美術の傑作として知られる。1979年に世界遺産(文化遺産)に登録された。

いば-はじめ【射場始め】「弓場始ゆばはじめ」に同じ。

いは-ふゆう【伊波普猷】ーフイウ［1876〜1947］言語学者・民俗学者。沖縄の生まれ。沖縄の郷土研究家として、言語・歴史・民俗に関する多くのすぐれた業績をあげ、沖縄学の父といわれる。著「古琉球」「南島方言史攷」「琉球戯曲辞典」など。

い-ばやし【居×囃子】ゐー 能の演奏形式の一。主として1曲の後半をシテと地謡・囃子とで舞なしで演奏する。(対)舞囃子。

いば・ゆ【×嘶ゆ】〔動ヤ下二〕いななく。「風に当たりては、一・えぬべければなむ」〈源・須磨〉

いばら【井原】ゐばら 岡山県南西部の市。山陽道の宿場町として発展。備中縞びっちゅうじまの発祥地。デニム布地など織物業が盛ん。人口4.4万(2010)。

いばら【茨】【×荊】【×棘】❶バラ・カラタチなど、とげのある低木の総称。荊棘けいきょく。❷人里近くに多いバラ科バラ属の低木の総称。ノイバラ・ヤマイバラ・ヤブイバラなど。(季 花＝夏 実＝秋)「一さくや根岸の里の貸本屋/子規」❸植物のとげ。❹身に受ける苦難のたとえ。「一の人生」❺唐破風からはふなどで、下部の曲線がとげ状の突起となっている所。(類語)(❹)苦難・苦痛・試練・四苦八苦・七転八倒・苦しみ

荊を負お・う 《「負荊ふけい」を訓読みにしたもの。自分をむちうってくれるようにイバラの杖つえを負う意から》深く謝罪することのたとえ。「犯した罪のために一・って生きていく」

いばら-がき【茨垣】バラ・カラタチなど、とげの多い木で作った生け垣。ばらがき。

いばら-がに【×荊×蟹】タラバガニ科のカニ。ヤドカリの仲間で、甲幅約15センチ、両脚を伸ばすと1メートルにもなる。タラバガニに似るが、体表のとげは長大で少ない。日本特産で、相模湾から土佐湾にかけての海底に生息。食用。

いばらき【茨木】大阪府北部の市。慶長年間(1596〜1615)は片桐且元かたぎりかつもとの城下町。江戸時代は宿場町として発展。電気機械・化学工業が盛ん。人口27.5万(2010)。

いばらき【茨木】歌舞伎舞踊。長唄。河竹黙阿弥作詞、3世杵屋正次郎作曲。明治16年(1883)東京新

富座初演。茨木童子の伝説に取材したもの。

いばらき【茨城】 関東地方北東部の太平洋側の県。もとの常陸ひたち国全域と下総しもうさ国北西部を占める。県庁所在地は水戸市。人口296.9万(2010)。

いばらき-きりすときょうだいがく【茨城キリスト教大学】 茨城県日立市にある私立大学。昭和23年(1948)設立のシオン学園を母体として、同42年大学を開設した。

いばらき-けん【茨城県】 ▶茨城

いばらきけんりつ-いりょうだいがく【茨城県立医療大学】 茨城県稲敷いなしき郡阿見町にある公立大学。平成7年(1995)の開学。医療専門職を養成する単科大学。

いばらき-し【茨木市】 ▶茨木

いばらき-だいがく【茨城大学】 茨城県水戸市に本部のある国立大学法人。旧制水戸高等学校・多賀工業専門学校・茨城師範学校・茨城青年師範学校を母体に、昭和24年(1949)新制大学として発足。同27年、茨城県立農科大学をも統合した。平成16年(2004)国立大学法人となる。

いばらき-どうじ【茨木童子】 京都の羅生門で渡辺綱わたなべのつなに片腕を切り取られ、のちに綱の伯母に化けてその片腕を奪い返したという、伝説上の鬼。

いばらぎ-のりこ【茨木のり子】 [1926～2006] 詩人。大阪の生まれ。本姓、三浦。昭和22年(1947)ごろから詩作を始め、同28年川崎洋らと「櫂かい」を創刊。ヒューマンな詩風で知られる。代表作「わたしが一番きれいだったとき」「倚よりかからず」など。

いはら-さいかく【井原西鶴】 [1642～1693] 江戸前期の浮世草子作者・俳人。大坂の人。本名、平山藤五。西山宗因に俳諧を学び、矢数やかず俳諧を得意とした。浮世草子では、武士や町人の生活の実態を客観的に描き、日本最初の現実主義的な市民文学を確立。近代の作家に影響を与えた。著「好色一代男」「本朝二十不孝」「日本永代蔵」「世間胸算用」「西鶴諸国ばなし」「西鶴置土産」、俳諧の「西鶴大矢数」など。

いばら-し【井原市】 ▶井原

いはら-せいせいえん【伊原青々園】 [1870～1941] 劇評家・小説家。本名、敏郎。島根の生まれ。演劇史の研究に努め、「日本演劇史」「近世日本演劇史」「明治演劇史」の三部作を完成。

いばら-の-みち【茨の道】 茨の生えている道。困難な状況や苦難の多い人生にたとえる。いばらみち。

いばら-も【茨藻】 イバラモ科の一年草。湖や池沼の水中に生え、長さ30～60センチ。茎は硬く、もろい。よく枝分かれし、葉は線形で、3枚が輪生。雌雄異株。夏から秋、葉の付け根に小花をつける。

いばり【▽尿】 《「ゆばり」の音変化》小便。ばり。ゆまり。

いばり-ちら・す【威張り散らす】 〔動サ五(四)〕むやみに威張る。だれにでもえらそうな態度をとる。「地位をふりかざして―・す」

いばり-ぶくろ【▽尿袋】 膀胱ぼうこう。〈日葡〉

い-ば・る【威張る】 〔動ラ五(四)〕威勢を張って偉そうにする。えばる。「部下に―・る」「手柄を―・る」
[可能]いばれる [類語]おごる・付け上がる・高ぶる

い-はん【異版|異板】 同一内容のものが別の版で印刷され、部分的に字句の相違のある出版物。

い-はん【違反】 〔名〕スル 法規・協定・契約などにそむくこと。違背。「ルールに―する」「選挙―」
[類語]違法・不法・非合法・違憲

い-はん【違犯】 〔名〕スル 法を守らないで罪を犯すこと。いぼん。[類語]罪・咎とが・過ち・罪悪・罪科・罪過・犯罪・罪障・罪業・悪徳・背徳・不倫・破倫

いはん-うんてんしゃ【違反運転者】 運転免許証を更新する際の区分の一。70歳未満で免許の継続期間が5年以上、有効期間満了日の前5年間に軽微な違反を2回以上または人身事故など重大な違反をした運転者。ブルー免許が与えられる。➡優良運転者 ➡一般運転者

いび 奄美あまみ・沖縄地方で、ウタキ(御岳)とよばれる聖域の中の神が鎮座する場所。自然石や大木を依代よりしろとする。最高の神職である女性以外は立ち入れない。「いべ」ともいい、「威部」と当てて書く。

い-び【萎×靡】 ㊀〔名〕スル なえてしおれること。衰え、元気のなくなること。「本国の民心は弥いよいよ―し」〈竜渓・経国美談〉 ㊁〔ト・タル〕〔文〕〔形動タリ〕衰えて元気のないさま。「世の人心を奨誡して―たる徳義を正さんには」〈逍遥・小説神髄〉

イビー【IBBY】 《International Board on Books for Young People》▶アイ-ビー-ビー-ワイ(IBBY)

いび-がわ【揖斐川】 福井・岐阜県境の冠山かんむりやま付近に源を発して岐阜県西部を南流し、下流で長良川と並んで伊勢湾に注ぐ川。長さ121キロ。

い-びき【×鼾】 睡眠中、呼吸に伴って鼻や口からうるさい音を出すこと。また、その音。気道、特に軟口蓋なんこうがいの振動によって出る。「―をかく」

いび-けいこ【伊比恵子】 [1967～] 映画監督。新潟の生まれ。大学在学中にミス日本グランプリを受賞。のちに渡米してニューヨークで映画を学び、老人たちが演劇に挑戦する姿を描いたドキュメンタリー作品「ザ・パーソナルズ 黄昏たそがれのロマンス」で、アカデミー賞ドキュメンタリー短編賞を受賞。

イビサ【Ibiza】 スペイン東部、西地中海にあるイビサ島の中心都市。かつて漁港として栄えたラ-マリーナ地区、サ-ペニャ地区、および旧市街のダルトビラ地区からなる。旧市街は16世紀の城壁に囲まれ、大聖堂や考古学博物館、市庁舎(旧サントドミンゴ修道院)などがある。

イビサ-とう【イビサ島】 《Ibiza》スペイン東部、西地中海のバレアレス諸島にある島。紀元前10世紀にフェニキア人が海上貿易の拠点にして以来、カルタゴ、ローマ帝国、東ローマ帝国などの支配をうけてきたため、各時代の文化遺産が多く残る。周辺の海では、珊瑚礁さんごしょうをはじめとする海中生物が多数生育し、豊かな生態系を築いている。1999年に「イビサ、生物多様性と文化」として世界遺産(複合遺産)に登録された。

い-びしゃ【居飛車】 将棋で、飛車を定位置に置いたままの形で指し進めること。➡振り飛車

いびせきがはらようろう-こくていこうえん【揖斐関ヶ原養老国定公園】 岐阜県南西部にある国定公園。揖斐川から関ヶ原、養老方面にかけて東海自然歩道沿いに広がる。森林・緑地の保全を目的に設定された。関ヶ原の古戦場、不破ふわの関跡、養老の滝などの史跡・名所がある。

い-びた・れる【居浸れる】 〔動ラ下一〕座り込んで動かない。だらだらとそこに居着く。「這入はいり込みのすぐに―・れてまた居候」〈滑・浮世床・初〉

イヒチオール【Ichthyol】 黄褐色の油状の液体。古代の海中生物の化石成分からとり出される。消炎・殺菌剤として使用。イクチオール。

い-ひつ【遺筆】 故人が生前に書いておいた書画や文章など。

い-びつ【×歪|▽飯×櫃】 〔名・形動〕《「いいびつ(飯櫃)」の音変化》❶《飯櫃が楕円形であったところから》㋐物の形がゆがんでいること。また、そのさま。「箱が―になる」㋑物事の状態が正常でないこと。また、そのさま。「―な社会」「人間関係が―になる」❷㋐「飯櫃いいびつ」に同じ。〈日葡〉㋑楕円形。小判形。いびつなり。「―なる面桶めんつうにはさむ火打ち鎌/惟然」〈続猿蓑〉㋒金貨・銀貨などの小判。いびつなり。「五三桐九分づつ―六十目」〈洒・知恵鑑〉

いびつ-なり【×歪▽形】 〔名・形動〕❶「いびつ❷㋑」に同じ。「―の切溜きりだめ(=箱)を、大海でざぶりとゆすいで」〈鏡花・草迷宮〉❷「いびつ❷㋒」に同じ。「望みが叶かなうたら、礼はきっと―でするわい」〈浄・歌祭文〉

い-ひょう【意表】 〔名・形動〕全く考えていなかったこと。また、そのさま。意外。「相手の―に出る」「平岡の問は実に―に、無邪気に、代助の胸に応えた」〈漱石・それから〉[類語]思いのほか・案外・思いがけない・慮外・存外・望外・予想外・意外・なかなか

意表を突・く 相手の予期しないことをする。「―・く作戦」「―・く人事」

い-びょう【胃病】 胃に関する病気。急性・慢性の胃炎や胃潰瘍いかいよう・胃拡張・胃酸過多症など。

いひょう-がい【意表外】 〔名・形動〕考えや予想に入れていないこと。また、そのさま。思いの外。意外。意表。「―な(の)展開」

いびり-だ・す【いびり出す】 〔動サ五(四)〕いびって追い出す。「古手の社員に―・される」

いび・る 〔動ラ五(四)〕❶弱い立場の人をいじめて苦しめる。しいたげて苦しめる。「新人を―・る」❷無理を言って困らせる。せがむ。ねだる。「又おとっさんを―・るだらうから」〈人・娘節用・後〉❸あぶる。焼く。「灰ニ―・ル」〈和英語林集成〉
[類語]いじめる・さいなむ・なぶる・虐げる

イビロン-しゅうどういん【イビロン修道院】 《Moni Iviron》ギリシャ北部、ハルキディキ半島にある東方正教会の聖地アトス山の修道院。10世紀にグルジアの修道士イベリアのヨアネ、トルニコスらにより創設。以来、グルジアの大公や東ローマ帝国皇帝の寄進を受けた。9世紀から伝わるイコンがあるほか、付設の図書館はグルジア語で書かれた写本をはじめ、多数の貴重な書物を所蔵する。

い-ひん【遺品】 ❶死後に残した品物。形見の品。「亡父の―」❷遺失物。忘れ物。落とし物。
[類語]遺髪・遺骨・形見・遺物

い-ふ【×夷×俘】 奈良時代から平安初期にかけて、同化の程度の浅かった蝦夷えぞの称。同化が進んだものを俘囚ふしゅうとよぶ。

い-ふ【位▽封】 大宝令の制で、三位さんみ以上の諸王・諸臣に位階に応じて賜った食封じきふ。➡位禄いろく

い-ふ【委付】 〔名〕スル ❶ゆだね頼むこと。ゆだね渡すこと。「任務を―する」「権利を―する」❷海商法上、船舶所有者などを保護するための制度。船主などが負担する損害賠償などの債務について、海産の権利を債権者に移転して責任を免れる免責委付と、船舶が行方不明などのとき、被保険者が船舶のいっさいの権利を保険者に移転して保険金額の全部を請求できる保険委付とがある。

い-ふ【畏怖】 〔名〕スル おそれおののくこと。「―の念を抱く」「神を―する」[類語]恐れ・恐怖

い-ふ【異父】 母が同じで、父が違うこと。種違い。「―兄弟」「―兄」

い-ふ【移付】 〔名〕スル 官庁で、権利・物件などを他の管轄に移し渡すこと。

イフ【if】 仮定。もし。もしも。

い-ぶ【威武】 威力と武力。勢いが盛んで強く勇ましいこと。武威。「天下に―を示す」

い-ぶ【慰×撫】 〔名〕スル なぐさめいたわること。「人心を―する」

イブ【eve】 祝祭日の前夜。特にクリスマスの前夜。前夜祭。

イブ【Eve】 旧約聖書で、人類の始祖アダムの妻。蛇にそそのかされ、神の教えに背いて夫とともに禁断の木の実を食べ、エデンの園から追放された。エバの英語名。

イファース【IFRS】 《International Financial Reporting Standards》▶アイ-エフ-アール-エス(IFRS)

イファド【IFAD】 《International Fund for Agricultural Development》国際農業開発基金。国際連合の専門機関の一。開発途上国の食糧生産の増大や農業開発のため、緩和された条件で資金協力を行う基金。1977年に発足。本部はローマ。

い-ふう【威風】 威厳・威勢のあること。威容。「―辺りを払う」[類語]権威・偉容・英姿・雄姿・勇姿・威容・威厳・威信・威名いめい・威望・名望・威光・威力・権力・勢威・力ちから

い-ふう【異風】 ❶普通と異なった風俗・風習。❷普通でない姿。異体。異俗。

い-ふう【遺風】 ❶後世に残っている昔の風習・習慣。「封建時代の―」❷後世に残っている先人の教え。「古人の―を慕う」

いふう-どうどう【威風堂堂】 〔ト・タル〕〔文〕〔形

動タリ〕威厳があってりっぱであるさま。「―とした行進」「―たる風貌」

イフェスティオ-しんでん【イフェスティオ神殿】《Naos Ifaistou》▶ヘファイストス神殿

イ-フェソン【李恢成】［1935～ ］小説家。サハリン(樺太からふと)の生まれ。戦後、北海道に移住。朝鮮総連、朝鮮新報社勤務のかたわら、創作に打ち込む。「砧きぬたをうつ女」で芥川賞受賞。他に「約束の土地」「見果てぬ夢」「百年の旅人たち」など。りかいせい。

いぶか-かじのすけ【井深梶之助】いぶかかじのすけ［1854～1940］プロテスタントの教育家。会津の人。ヘボンの後任で明治学院総理となり、キリスト教教育に尽力。

いぶかし・い【×訝しい】〔形〕図いぶか・し〔シク〕《上代は「いふかし」》❶物事が不明であることを怪しく思うさま。疑わしい。「その説には―・い点がある」「―・そうな目つき」❷知りたく思われて心が引かれるさま。「あはれなりつる有り様も―・しくておはしぬ」〈源・若紫〉❸気がかりである。おぼつかない。「相見ずて日け長くなりぬこのころはいかにさきくや―・し我妹わぎも」〈万・六四八〉〔派生〕いぶかしがる〔動ラ五〕いぶかしげ〔形動〕いぶかしさ〔名〕〔類語〕疑わしい・怪しい・いかがわしい・胡散臭い・おかしい

いぶかし・む【×訝しむ】〔動マ五(四)〕不審に思う。「突然の来訪を―・んだ」

いぶか-まさる【井深大】いぶか［1908～1997］実業家。栃木の生まれ。昭和21年(1946)盛田昭夫とともに東京通信工業(ソニーの前身)を創立。初の国産テープレコーダーやトランジスターラジオなど、独創的な製品を次々と開発し成功した。平成4年(1992)文化勲章受章。

いぶか・る【×訝る】〔動ラ五(四)〕《古くは「いふかる」とも》❶疑わしく思う。怪しく思う。「不審な挙動を―・る」「機械がたてる異音を―・る」❷はっきりしないので気がかりである。心もとなく思う。「目標の達成を―・る」〔類語〕疑う・怪しむ・疑る・怪訝

いぶき 温室効果ガス観測技術衛星の愛称。宇宙航空研究開発機構、環境省、国立環境研究所が2009年1月に打ち上げた。高度666キロの上空から地上5万6000か所を観測し、地球全体の温室効果ガスの濃度や分布を測定する。観測対象は二酸化炭素とメタン。ゴーサット(GOSAT：Greenhouse Gases Observing Satellite)。

いぶき【×伊吹】ヒノキ科の常緑小高木。東北地方南部から南の山地に自生。樹皮は赤褐色で縦に裂ける。枝の下部の葉は針状であるが、先の方はうろこ状。雌雄異株。4月ごろ、楕円形の雄花、紫緑色で球状の雌花をつける。生け垣や盆栽に用い、カイヅカイブキ・タマイブキなど多くの品種がある。かまくらいぶき。いぶきびゃくしん。びゃくしん。

いぶき【伊吹】滋賀県米原市の地名。伊吹山地の西麓。

い-ぶき【息吹｜▽気吹】《上代は「いふき」》❶息を吐くこと。呼吸。❷生気や活気のあること。「春の―に触れる」「時代の―」〔類語〕呼吸・息・気息・息の根・寝息・息衝き・息遣い・息差し

いぶき-おろし【×伊吹×颪】滋賀県の伊吹山から吹き下ろす寒風。

いぶき-さんち【伊吹山地】岐阜・滋賀の県境を南北に走る山地。最高峰は南端に位置する伊吹山。東側と西側は断層崖、南側は関ヶ原を経て鈴鹿すず山脈へと続く。

いぶき-じゃこうそう【×伊吹×麝香草】―じゃかうさう シソ科の小低木。山地の日当たりのよい所に生え、地上をはい、高さ3～15センチ。全体に香りがある。葉は小さく、対生する。夏、淡紅色で唇形の小花が集まって咲く。百里香ひゃくりこう。千里香せんりこう。

いぶき-とらのお【×伊吹虎の尾】―とらのを タデ科の多年草。山地に生え、高さ50～80センチ。根茎は肥厚し、黒褐色。茎は枝分かれせず、鞘さや状の長い托葉がつく。夏から秋、淡紅色または白色の小花を密に穂状につける。根茎は薬用。

いぶき-は【伊吹派】自由民主党の派閥の一。志帥会しすいかいの平成17年(2005)以降の通称。同年、志帥会会長の亀井静香が郵政民営化法案に反対して離党したため、伊吹文明が継承した。

いぶき-びゃくしん【×伊吹×柏×槙】イブキの別名。

いぶき-ぼうふう【×伊吹防風】―バウフウ セリ科の多年草。山野に生え、高さ約90センチ。茎は直立して分枝。葉は羽状複葉。夏、白い小花が集まって咲く。

いぶき-もぐさ【×伊吹×艾】伊吹山中でとれるヨモギで作ったもぐさ。

いぶき-やま【伊吹山】滋賀県の米原市にある山。岐阜との県境をなす。伊吹山地の主峰。標高1377メートル。薬草や植物の種類に富む。

い-ふきゅう【伊孚九】―フキウ 中国清朝の画家。呉興(浙江せっこう省)の人。名は海、号は莘野しんや。享保5年(1720)貿易商として長崎に来航。南宗画なんしゅうが風を伝え、池大雅・桑山玉洲ら日本の南画家に大きな影響を与えた。生没年未詳。

い-ふく【衣服】からだにまとうもの。着物。衣装。〔類語〕衣類・着物・着衣・被服・衣装・装束・衣・お召物・衣料・ドレス・洋品

い-ふく【威服｜威伏】ヰ―〔名〕スル 権威で従わせること。「諸邦を連ねて、之を―し」〈竜渓・経国美談〉

い-ふく【威福】ヰ― ある時は威力で、また、ある時は福徳をもって思いのままに人を服従させること。

威福をほしいままに◦する 思うままに威圧したり、時には福徳をほどこしたりする。「こう云う性たちの男が尊敬を受け、それに乗じて―◦すると云うのが常である」〈鴎外・雁〉

い-ふく【畏服｜畏伏】ヰ―〔名〕スル おそれ従うこと。「官軍の為に―して変心倣なせしと」〈染崎延房・近世紀聞〉

い-ふく【異腹】父親は同じで母親が異なること。また、その者。異母。腹違い。⇔同腹。

い-ぶ・く【息吹く｜▽気吹く】〔動カ四〕《上代は「いふく」》息を吐く。「気吹戸主いぶきどぬしといふ神、根の国、底の国に―・き放ちてむ」〈祝詞・六月晦大祓〉

い-ぶくろ【胃袋】ヰ― 胃。胃の腑ふ。比喩的に消化機能・食生活についてもいう。「都民の―をみたす」

イブ-サンローラン〖Yves Saint-Laurent〗▶サンローラン

いぶし【×燻し】❶いぶすこと。特に、銀・銅などの金属に硫黄のすすで曇りをつけること。「―をかける」❷蚊いぶし。

いぶし-ぎん【×燻し銀】❶いぶしをかけた銀。つやのない灰色になる。また、そのような色。❷見た目の華やかさはないが実力や魅力があるもの。「ベテラン俳優の―の演技」〔類語〕銀色・しろがね色・白銀

イフ-じょう【イフ城】―ジャウ《Château d'If》フランス南部、ブーシュ-デュ-ローヌ県、地中海に面する港湾都市マルセイユの沖合2キロに浮かぶイフ島にある城。16世紀に要塞として建造、後に政治犯の監獄になった。大デュマの小説「モンテ＝クリスト伯」で主人公が幽閉された城としても知られる。シャトーディフ。

イプシロン〖E｜ε｜epsilon〗❶〈E・ε〉ギリシャ語アルファベットの第5字。エプシロン。❷〈ε〉数学で、零に近い任意の微少量。

いぶ・す【×燻す】〔動サ五(四)〕❶物を燃やして煙が出るようにする。また、煙にむせるようにする。「生木で―・す」「狐の穴を―・す」❷殺菌・殺虫などのために煙を出す。「蚊やりを―・す」❸すすや煙で黒くする。「囲炉裏の上方が―・される」❹金属製の器具に硫黄のすすで曇りをつける。「銀の燭台を―・す」❺いじめて困らせる。「叔母に―・される辛さ苦しさ」〈二葉亭・浮雲〉〔可能〕いぶせる

〔類語〕燻る・燻る・燻ふすぶる・けぶる・煤すすける

イプスウィッチ〖Ipswich〗英国イングランド南東部、サフォーク州の都市。同州の州都。オーウェル川の河口に位置する。グレートブリテン島に渡ってきたアングロサクソン人が築いた同国最古の町の一。1200年にジョン王の許可を受けて以降、中世から近世にかけて羊毛貿易で栄えた。19世紀半ばより再び貿易港として復活し、現在は工業地帯を有する。16世紀に建てられたクライストチャーチマンションをはじめ、歴史的建造物が数多く残っている。

いぶすき【指宿】鹿児島県、薩摩さつま半島南東端の市。温泉地として知られ、泉質は単純温泉・塩化物泉など。摺ヶ浜すりがはまでは砂蒸し風呂がある。温泉熱利用の園芸が盛ん。平成18年(2006)1月、山川町・開聞かいもん町と合併。人口4.4万(2010)。

いぶすき-し【指宿市】▶指宿

いぶすき-ば【指＝宿葉】指宿付近で栽培されるタバコの一品種。葉肉が厚く、香りが高い。

いぶせ・い【鬱＝悒い】〔形〕図いぶせ・し〔ク〕❶気分が晴れず、うっとうしい。気づまりである。「天井は―・きまで低し」〈鴎外訳・即興詩人〉「ひさかたの雨の降る日をただ独り山辺にをれば―・かりけり」〈万・七六九〉❷むさ苦しい。汚らしい。見苦しい。「屋並の揃わない小家つづき…、あたりは一層―・く貧し気に見える」〈荷風・つゆのあとさき〉「帯が垢付いて―・い」〈浮・妾気質〉❸心がいたみ気がかりだ。「心苦しう―・くて、ことせをおくりつる心のうちを書き給ひて」〈平家・一〇〉❹対象となる人や事物が、いとわしくていやだ。不快である。「やがてその興つきて、見にくく、―・く覚えければ」〈徒然・一五四〉❺恐ろしい。気味が悪い。「見る目―・き呵責のせめ」〈浄・忠臣講釈〉

いぶせ-ますじ【井伏鱒二】いぶせ［1898～1993］小説家。広島の生まれ。本名、満寿二。庶民的なペーソスとユーモアの中に鋭い風刺精神を込めた独特な作風を持つ。「ジョン万次郎漂流記」で直木賞受賞。他に「山椒魚」「多甚古村」「黒い雨」など。昭和41年(1966)文化勲章受章。

イプセン〖Henrik Ibsen〗［1828～1906］ノルウェーの劇作家。思想劇・社会劇などにより、近代演劇の祖とされる。作「ブラン」「ペール＝ギュント」「人形の家」「民衆の敵」「野鴨」など。

イフ-ダン〖IFD｜if done〗FX取引における注文の方法の一つ。新規の指し値注文と、そのポジションの利益確定の指し値注文、もしくは損切りの逆指し値注文を同時に行うもの。➡IFO

い-ぶつ【異物】❶普通とは違ったもの。違和感を与える奇異なもの。❷体内に入ってきて、または体内に発生して、周囲の体組織になじまないもの。「目に―が入る」「腹部の―を摘出する」❸死体。死骸しがい。「忽ち―と為って、木石と異なること無し」〈童子問・中〉

い-ぶつ【遺物】ヰ― ❶遺跡から出土・発見された、過去の文化を示す物品。考古学では、遺跡のうち、生活のための道具・器具や武器・装身具など動産的要素をさす。❷今に残る昔のもの。また、時代遅れのもの。「前世紀の―」❸死後に残したもの。遺品。形見。ゆいもつ。「故人の―を整理する」❹落とし物。忘れ物。遺失物。〔類語〕遺髪・遺品・形見・遺骨

いぶつ-すうはい【遺物崇拝】ヰブツ― 死者や祖先の遺体・所有物などを、神聖なものとして崇拝すること。

いぶつ-にくがしゅ【異物肉芽腫】《医学では肉芽腫は「にくげしゅ」という》体内に侵入した異物を好中球・マクロファージ・リンパ球などが取り囲み、肉芽組織を形成し、結節状になったもの。傷口から入った砂や石、金属、毛髪、動植物のとげ、ナイロン、シリコン、鉛筆の芯など、さまざまなものが原因となる。

イフ-とう【イフ島】―タウ《Île d'If》フランス南部、ブーシュ-デュ-ローヌ県、地中海に面する港湾都市マルセイユの沖合2キロに浮かぶ島。16世紀に建造されたイフ城があり、政治犯の監獄として使用された。

イブニング〖evening〗❶晩。夕べ。「―ニュース」❷「イブニングドレス」の略。

イブニング-コート〖evening coat〗❶イブニングドレスの上に羽織る礼装用コート。ジャケットより長めのもの。❷燕尾服えんびふく。

イブニング-ドレス〖evening dress〗晩餐会ばんさんかい・舞踏会などに着用する正式の礼服。一般には女性用夜会服をいい、袖なしで、胸・背を大きくあけ、裾すそが長い。夜会服。

イブニング-フロック〖evening frock〗「イブニングドレス」に同じ。

イブニング-ラップ〖evening wrap〗《wrapは、巻

く・包むの意》イブニングドレスの上にはおる、ゆったりとした袖のないコートのこと。

イブ-の-かせつ【イブの仮説】現在の人類の母系祖先を遡っていくと、約16万年前にアフリカにいた一人の女性にたどりつくとする学説。母親から子供に受け継がれるミトコンドリアDNAの塩基配列を解析した結果をもとに提唱された。➡ミトコンドリアイブ

イプラ〖IPRA〗《International Peace Research Association》国際平和研究学会。1964年オランダのフローニンゲン大学で設立。

いぶり〔名・形動ナリ〕❶残忍なこと。また、そのさま。「勇みたけくして―なることあり」〈丹鶴本神代紀・上〉❷すねたり、ふてくされたりすること。また、そのさま。「意見をすればーを出し」〈浄・卯月の紅葉〉

いぶり【胆振】㊀北海道の旧国名。北海道南西部にあたり、現在の胆振総合振興局と後志(しりべし)・渡島(おしま)・石狩・上川(かみかわ)各総合振興局・振興局の一部を含む。㊁北海道中南部の総合振興局。局所在地は室蘭市。(補説)アイヌ語の地名を、明治時代に「胆振鉏(いぶりさえ)の蝦夷二十人」〈斉明紀〉によってあてたもの。

いぶり-がっこ【×燻りがっこ】《「がっこ」は秋田弁で漬け物のこと》木を燃やす煙でいぶして乾かした大根を使う沢庵(たくあん)漬け。秋田県の名産。昔は、いろりの上で、棚に並べたり、天井から吊るしたりして作った。

いぶり-しちょう【胆振支庁】胆振総合振興局の旧称。

いぶり-そうごうしんこうきょく【胆振総合振興局】▶胆振㊁

いぶり-だ・す【×燻り出す】〔動サ五(四)〕❶よく燃えずに煙を出し始める。くすぶりだす。「たき火がー・した」❷煙で外へ追い出す。「蜂をー・す」

イブリ-ミナーレ〖Yivli Minare〗トルコ南西部の都市アンタリヤの旧市街カレイチにある尖塔。高さ38メートル。13世紀、セルジュークトルコ時代のスルターン、カイクバード1世が教会だった建物をモスクに改修した際に建てられたもの。アンタリヤ最古のイスラム建築の一つとされる。モスクは火事で焼失。

いぶ・る【×燻る】〔動ラ五(四)〕よく燃えないで煙が出る。くすぶる。「くべた生木がー・る」
(類語)煙る・燻(くす)ぶる・燻す・けぶる・煤(すす)ける

い-ぶん【異文】❶普通とは違った文面・文書。❷異本で、他の多くの本と違いのある本文。❸字形を異にすること。また、その字。

い-ぶん【異聞】人の聞き知っていない話。普通にいわれている内容と違う珍しい話。
(類語)奇談・奇話・奇聞・逸聞

い-ぶん【移文】❶▶移(い)❷回状。まわしぶみ。

い-ぶん【遺文】❶故人が生前に書き残した文章。❷過去の文献で現存しているもの。「平安ー」

い-ぶん【遺聞】世間に知られていない珍しい事柄・話。

イブン-アラビー〖Ibn ʿArabī〗[1165〜1240]スペイン生まれのイスラムの神秘主義思想家。神秘体験を基礎に、壮大な宇宙論的一元論の思想体系を築き、後代に大きな影響を与えた。

イブン-アル-ハイサム〖Ibn al-Haitham〗[965ころ〜1039ころ]アラビアの自然科学者。天文学・数学・医学にも通じていたが、特に光学で知られ、著「光学の書」がある。ラテン語名、アルハーゼン。

い-ぶんか【異文化】生活様式や社会習慣、ものの考え方などの異なる文化。

いぶん-かい【以文会】京都大学文学部卒業生の同窓会。

イフンケ《アイヌ語》アイヌの歌謡の一。主に女性が歌う一種の子守歌。イフンケイヨンルイカ。

イブン-サウード〖Ibn Saʿūd〗[1880〜1953]サウジアラビアの初代国王。在位1932〜1953。リヤド生まれ。復古主義的イスラム改革派のワッハーブ派と結んで元豪族のサウード家を再興。英国の援助を得て、アラビアの全域を制圧し、1932年にサウジアラビア王国を建国。

い-ぶんし【異分子】一団の中で周囲の多数のものと性質・種類などが異なっているもの。「党内のーを排除する」

イブン-シーナー〖Ibn Sīnā〗[980〜1037]中央アジア出身のイスラム哲学者・医学者。アリストテレスを研究。「治癒の書」「医学典範」を著し、中世ヨーロッパに大きな影響を及ぼした。ラテン語名、アビセンナ。

いぶん-しじん【位分資人】律令制で、五位以上の上級貴族に与えられた従者。➡資人

イブン-タイミーヤ〖Ibn Taymīya〗[1263〜1328]イスラム教ハンバリー派の聖法学者・神学者。シリアの生まれ。その思想は近現代の復古主義的イスラム改革運動の源流となっている。

イブン-トゥファイル〖Ibn Tufayl〗[?〜1185]スペインのイスラム哲学者・医学者。カディスの生まれ。哲学小説「ハイイ=イブン=ヤクザーン」で有名。ラテン語名、アブベケル。

イブン-ハズム〖Ibn Ḥazm〗[994〜1064]スペインのイスラム法学者・神学者・文学者。コルドバの生まれ。イスラム法解釈において類推を認めないザーヒリー派の立場から、諸学派を批判。著作に「諸宗派についての書」や、恋愛論の先駆「鳩の頸飾り」など。

イブン-バットゥータ〖Ibn Baṭṭūṭah〗[1304〜1377]アラブの旅行家。モロッコから西アジア・インド・東南アジアを経て中国に至る旅行をし、見聞を記録。旅行記「ソフラ(三大陸周遊記)」は貴重な史料。

イブン-ハルドゥーン〖Ibn Khaldūn〗[1332〜1406]アラブの歴史家・歴史哲学者。チュニジアの生まれ。その著「歴史序説」は、文明の興隆・発展・衰退の過程を明らかにした独特の歴史観で有名。

イブン-ハンバル〖Ahmad Ibn Hanbal〗▶アフマド=イブン=ハンバル

い-ぶんぼ【異分母】二つ以上の分数で、それぞれの分母が異なること。また、その分数。

イブン-ルシュド〖Ibn Rushd〗[1126〜1198]スペインのイスラム哲学者・医学者。コルドバの生まれ。アリストテレス哲学の注釈を通じてイスラム教の信仰とギリシャ哲学との調和をはかったが、後年異端視された。ラテン語名、アベロエス。

イベール〖Jacques Ibert〗[1890〜1962]フランスの作曲家。パリの生まれ。古典主義的な作風は、また洗練された機知に富む。管弦楽曲「寄港地」など。

い-へき【胃壁】胃の内壁。粘膜・粘膜下組織・筋層・漿膜(しょうまく)の4層からなる。

イベリア-はんとう【イベリア半島】《Iberia》ヨーロッパ大陸南西部の半島。地中海と大西洋を分ける。スペインとポルトガルがある。

イベリコ-ぶた【イベリコ豚】スペインに産する豚の品種の一つ。体色が黒く、どんぐりを多く食べさせる放牧で育てる。肉には甘味が、脂身には独特の風味がある。

イペリット〖フランス ypérite〗糜爛(びらん)性の毒ガスの硫化ジクロロエチルのこと。第一次大戦でドイツ軍がベルギーのイーペルで初めて使用。純粋物は無色無臭であるが、工業製品はからし臭があるのでマスタードガスともいう。化学式$(C_2H_4Cl)_2S$

イベルドン-レ-バン〖Yverdon-les-Bains〗スイス西部、ボー州、ヌーシャテル湖南西端の都市。観光保養地。古代ローマ時代から温泉地として知られる。18世紀〜19世紀に活躍した同国を代表する教育者、ハインリヒ=ペスタロッチが開いた学園があった。

イベロ-アメリカ〖Ibero-America〗《イベロは、スペイン語でイベリアの、の意》イベリア半島のスペイン・ポルトガルを旧宗主国とする中南米諸国地域。

い-へん【×韋編】《「韋」はなめしがわの意》本を綴(と)じた革ひも。転じて、本。書物。
韋編三度(みたび)絶つ《「史記」孔子世家の、孔子が易(えき)を熟読し、韋編が三度も切れたという故事から》繰り返し熱心に書を読むことのたとえ。韋編三絶(さんぜつ)。

い-へん【異変】〔名・形動〕❶普段は見られない異常な現象・出来事。変事。「政界にーが起こる」「暖冬ー」❷普通と異なり変わっていること。また、そのさま。「病状にーを来す」「どうもーな声がらだ。人間の音(ね)でねえやうだ」〈滑・和合人・三〉(類語)珍事・変事・ハプニング・奇跡・非常・緊急・急難・事変

い-へん【違変｜違×反】約束・契約などを破ること。「予(かね)ての約束通りでーはあるまいネ」〈鉄腸・花間鶯〉

い-へん【遺編｜遺×篇】❶あちこちに残っている昔の文献。❷故人が残した作品。

イベンター《和 event＋er》行事・催し物を企画し実施する人。

イベント〖event〗《「エベント」とも》❶出来事。催し物。行事。❷競技種目。試合。「メーンー」❸キーボードやマウスからの入力や、実行中のプログラムからの処理要求のこと。これをきっかけにしてプログラムを動作させることをイベントドリブンという。(類語)行事・催し物・催し・盛事(せいじ)・式典・フェスティバル

イベント-くどう【イベント駆動】▶イベントドリブン

イベントくどうがた-プログラミング【イベント駆動型プログラミング】▶イベントドリブン

イベントデータ-レコーダー〖event data recorder〗自動車に搭載し、交通事故の情報を記録する装置。衝突前後の映像、位置情報、速度、ブレーキの状態などが記録される。EDR。ドライブレコーダー。

イベント-ドリブン〖event-driven〗コンピューターのプログラムにおける実行形式の一。ユーザーや他のプログラムが実行した操作(イベント)に応じて処理を行う。イベント駆動型プログラミング。

イベント-プロデュース《和 event＋produce》各種のイベントを企画立案し、実施すること。

イベント-ホライズン〖event horizon〗▶事象の地平線

いぼ【×疣】❶表皮の一部が増殖して盛り上がり、角質が肥厚して表面が粗くなったもの。疣贅(ゆうぜい)。❷物の表面に小さく突起しているもの。

い-ぼ【異母】父が同じで、母が違うこと。腹違い。異腹。「ー兄弟」「ー妹」

イボアール〖Yvoire〗フランス東部、ローヌ-アルプ地方、オート-サボア県、レマン湖南岸に位置する村。サボイア公国時代の城、城壁、城門のほか、中世の家並みが残っている。花を飾り立てた民家が多いことで知られる。イボワール。

いぼ-あし【×疣足】ゴカイ類の歩行器官。各体節の両側に一対ずつあり、剛毛の束をもつ。この下方に排泄口(はいせつこう)をもつものもある。

いぼ-いし【×疣石】外部が黒褐色で、砂石がまじり、内部が空になっている石。岩壺(いわつぼ)。袋石(ふくろいし)。

いぼ-いのしし【×疣×猪】イノシシ科の哺乳類。体長約1.5メートル、四肢が短く、頭が大きい。牙(きば)が長大で、顔面にいぼ状の突起がある。アフリカのサバンナに分布。

いぼ-いぼ【×疣×疣】❶皮膚にできる細かい発疹(ほっしん)。❷多くの、いぼのような突起物。「キュウリのー」

いぼ-いもり【×疣井守】イモリ科の両生類。全長13〜19センチ。背中に隆条が走り、肋骨(ろっこつ)は側方に突き出して鋸歯(きょし)状をなし、背面に多数のいぼ状の隆起がある。森林にすみ、ほとんど水に入らない。奄美・沖縄諸島に分布。

い-ほう【位×袍】官位によって定められた色の袍。養老の衣服令では、一位は深紫、二位・三位は浅紫、四位は深緋、五位は浅緋、六位は深緑、七位は浅緑、八位は深縹(ふかはなだ)、初位は浅縹。平安後期に、四位以上は黒、五位は緋、六位以下は縹色となった。

い-ほう【医方】治療の方法。医術。

い-ほう【異邦】よその国。外国。異国。
(類語)外国・他国・異国・外邦・他邦・異朝・異境・異郷・異土・外地・海外・海彼(かいひ)・外(と)つ国・他郷

い-ほう【移封】大名などを他の領地へ移すこと。転封(てんぽう)。国替え。

い-ほう【×彙報】分類別にまとめた報告、または報告書。雑報。

い-ほう【違法】法律・規定などにそむくこと。また、その行為。「ー駐車」(対)適法。
(類語)不法・非合法・違憲・違反

い-ほう【遺芳】《あとまで残る香りの意から》(1)後世に残る名誉・業績。(2)後世に残る筆跡。遺墨。

い-ほう【遺法】過去から現代に引き継がれている法や制度。遺制。

い-ぼう【威望】威光と人望。〔類語〕権威・威厳・威信・威名・名望・威光・威風・勢威・力

い-ぼう【遺忘】〔名〕スル 忘れること。忘却。「人の―を喚び醒(さま)したるものは」〈鴎外訳・即興詩人〉

いほう-こうい【違法行為】法秩序に反する行為。損害賠償を負うなど、何らかの法律上の制裁が課せられる行為。

いほう-コピー【違法コピー】《illegal copy》コンピューターのソフトウエア、CD、DVDなどを、権利者の使用許諾契約に違反して不法に複製すること。特に、営利目的のために行うことを指す。不正コピー。⇒カジュアルコピー

いほう-じょうたい【違法状態】法秩序に反し、法律・規則に違反した状態。

いぼ-うじり【×疣×毟】《「いぼむしり」の音変化》カマキリの古名。「囃せば舞ひ出づる―、蝸牛(かたつぶり)」〈梁塵秘抄・二〉

いほう-じん【異邦人】(1)外国人。異国人。(2)自分たちは神に選ばれたすぐれた民族であるという誇りから、ユダヤ人が非ユダヤ教徒、特にキリスト教徒を呼んだ語。(3)見知らぬ人。別の地域、社会から来た人。旅人。エトランジェ。〔類語〕外国人・外人・異人

いほうじん【異邦人】《原題、(フランス) L'Étranger》カミュの小説。1942年発表。主人公ムルソーの行為や意識・感情を通して不条理の思想を描く。

いほう-せい【異方性】物質や空間の物理的性質が、方向によって異なること。非等方性。⇔等方性。

いほう-せい【違法性】ある行為が法秩序に反すること。

いほうせい-そきゃく【違法性阻却】違法と推定される行為について、特別の事情があるために違法性がないとすること。法令による行為や正当防衛・緊急避難など。

いほう-たい【異方体】異方性をもつ物体。⇔等方体。

いほう-ドラッグ【違法ドラッグ】▶脱法ドラッグ

いほう-みょう【医方明】五明(ごみょう)の一。古代インドの医学。

いぼ-がえる【×疣×蛙】体表にいぼ状の突起のあるツチガエル・ヒキガエルなどの俗称。〔季 夏〕

いほ-かく【衣▽鉢閣】禅宗で、開山または歴代名僧の遺品・衣鉢などを納めてある蔵。えはつかく。

いぼ-かなもの【×疣金物】建築で、円い鋲(びょう)を規則的に打った金属板。材の継ぎ目の固定や装飾用。

いぼ-がに【×疣×蟹】タラバガニ科のカニ。ヤドカリの仲間。甲長3センチぐらいで体表はいぼ状の突起に覆われる。北日本の海岸に多いが、九州まで分布。

いぼ-がわ【揖保川】兵庫県南西部を流れる川。中国山地東部の戸倉峠(標高890メートル)に源を発し、南流して姫路市網干(あぼし)区で播磨灘(はりまなだ)に注ぐ。長さ71キロ。水質がよいため、たつの市付近では淡口醤油(うすくちしょうゆ)、そうめんの生産が盛ん。下流は播磨臨海工業地域。

いぼ-きさご【×疣細=螺】ニシキウズガイ科の巻き貝。内湾の泥中にすむ。殻高約1センチ。殻には灰黒色の放射状の縞(しま)模様がある。

いぼ-きょうだい【異母兄弟】父が同じで母が違う兄弟。腹違いの兄弟。

い-ほく【以北】その地点を含めて、それより北。

い-ぼく【異木】珍しい樹木。

い-ぼく【移牧】季節によってあらかじめ定まった放牧地に家畜を移動させる放牧の形態。⇒遊牧

い-ぼく【遺墨】故人が書き残した書画。遺芳(いほう)。

いぼ-くさ【×疣草】ツユクサ科の一年草。水田や沼沢に生え、高さ約60センチ。全体に紅紫色を帯びる。葉は互生し、基部は茎を包む。夏から秋、薄紅色がかった白い花が開き、1日でしぼむ。俗に、この汁をつけるといぼが取れるといわれた。いぼとりぐさ。

いぼく-の-しん【移木の信】《中国、秦の商鞅(しょうおう)が国民の法令に対する信頼を得る手段として、都の南門に立てた木を北門に移した者には懸賞金を与えるという布告をし、布告通りに与えたという「史記」商君伝に見える故事から》約束をきちんと守ること。

いぼ-じ【×疣×痔】痔病の一。肛門の周辺にいぼ状の腫脹(しゅちょう)の生じる痔。痔核。

いぼじり【×疣×毟】(1)《「いぼむしり」の変化した「いぼうじり」の「う」の無表記》カマキリの古名。「―、かたつぶりなどを取り集めて」〈堤・虫めづる姫君〉(2)「疣毟巻」の略。

いぼじり-まき【×疣×毟巻】女性の髪形の一。髪を束ね、ぐるぐると巻いてピンなどで留めたもの。昭和初期ごろまで行われた。

いぼた【水=蝋×疣▽取】(1)イボタノキの別名。(2)「水蝋蝋(いぼたろう)」の略。

いぼ-だい【×疣×鯛】スズキ目イボダイ科の海水魚。全長約30センチ。体形はタイに似て、色は淡灰青色。体の中央部から上下に浅い溝が十数本走る。南日本に多く、夏季に美味。

いぼた-が【水=蝋×蛾】イボタガ科のガ。翅(はね)は開張8～12センチ、黒褐色で多数の波状紋がある。早春現れる。幼虫は、いぼたのむし。

いぼた-かいがらむし【水=蝋貝殻虫】イボタロウムシの別名。

いぼた-の-き【水=蝋の▽樹】モクセイ科の半落葉低木。山野に自生し、高さ約2メートル。枝は灰白色。葉は長楕円形で対生。初夏、白色の漏斗状の小花を密につける。実は黒紫色で楕円形。樹皮にイボタロウムシが寄生。材は堅く、器具の柄などに用いる。

いぼた-の-むし【水=蝋の虫】(1)イボタガの幼虫。芋虫状で、体長は終齢で約8センチにもなる。頭部に黒い角(つの)があり、背は青白色。イボタノキ・モクセイなどの葉を食べる。古く肺結核・疳(かん)の薬とされた。(2)イボタロウムシの別名。

いぼた-ろう【水=蝋×蝋｜虫=白×蝋】イボタノキに寄生するイボタロウムシの幼虫が分泌した蝋を、加熱溶解し、冷水中で凝固させたもの。ろうそくの原料や、生糸織物や家具・革製品のつや出し、止血薬などに使用。虫蝋(ちゅうろう)。

いぼたろう-かたかいがらむし【水=蝋×蝋硬貝殻虫】カタカイガラムシ科の昆虫。⇒いぼたろうむし

いぼたろう-むし【水=蝋×蝋虫】イボタロウカタカイガラムシの俗称。雌の成虫は暗褐色の約1センチの丸い殻を作り、5月ごろ産卵。雄は、7月ごろイボタノキ・ネズミモチなどに寄生し、白色の蝋を分泌し、中でさなぎとなる。成虫は体長3ミリほどで、透明な2枚の翅(はね)をもつ。⇒いぼたろう

いぼとり-ぐさ【×疣取草】イボクサの別名。

イポトン-どおり【イポトン通り】《Ippoton》ギリシャ東部、エーゲ海に浮かぶロードス島の都市ロードスの旧市街にある石畳の通り。ギリシャ語で「騎士団の通り」を意味する。14世紀に聖ヨハネ騎士団の城塞都市として築かれた旧市街の北側、騎士団長の宮殿と港を結ぶ。

いぼ-にし【×疣×螺】アッキガイ科の巻き貝。潮間帯の岩礁に群生。貝殻は短紡錘形で、殻高3～4センチ。殻表にいぼ状突起が並ぶ。カキなどを食害する。

いぼはな-ざる【×疣鼻猿】オナガザル科のサル。顔と体の背面が黒く、顔のまわりから腹面は黄金色。鼻がしゃくれて上を向いている。中国四川省の高山にすみ、金毛猴(きんもうこう)・金糸猴とよばれ、孫悟空のモデルといわれる。ししばなざる。こばなてんぐざる。

いぼ-むし【×疣虫】カマキリの別名。

いぼ-むしり【×疣×毟】カマキリの別名。この虫でさすればいぼが消えるといわれた。いぼじり。いぼうじり。〔季 秋〕「蜂ねぶる舌やすめずに―/誓子」

いぼ-め【×疣目】皮膚の表面に部分的に生じる硬くなった表皮の組織。胼胝(たこ)。

いぼ-ゆい【×疣結い】結び方の一。結び目をいぼのように突き出して結ぶ。いぼい。いぼゆわい。

イボワール【Yvoire】▶イボアール

い-ほん【異本】(1)同一原典に由来しながら、伝承の過程で本文の順序や組み立てなどに異同を生じた本。別本。⇒定本 ⇒流布本(るふぼん) (2)世間にほとんど流布していない珍しい本。珍本。

いま【今】㊀〔名〕(副詞的にも用いる) (1)過去と未来との境になる時。現在。ただいま。㋐時間の流れをとらえた瞬間。この時。「―はちょうど一○時だ」「―は手が離せない」「―考えているところだ」㋑近い過去から近い未来へ継続している現在の時。目下。「―は学生です」「―も変わらない友情」「桜は―花盛りだ」(2)現代。現今。今の世。「―は科学万能の時代だ」「―の若者」「―はやりのファッション」(3)ごく近い未来。もうすぐに。やがて。じきに。「―終わるから待っていてくれ」「―行きます」(4)ごく近い過去。少し前に。いましがた。さっき。「―の人は誰かしら」「―帰ったところだ」(5)さらに。そのうえ。もう。副詞的に用いる。「―一度考えてみる」「―しばらくの間」「―ひとり参ります」㊁〔接頭〕主として人を表す名詞に付く。(1)現在の、当世の、という意を表す。「―小町」「―浦島」(2)新しい、という意を表す。「―参り」

〔類語〕㊀((1))只今(ただいま)・現在・現時点・現時・現下・目下・刻下・即今(そっこん)・時下/((2))現今・当今・当節・今日日(きょうび)・今日(こんにち)・現代・当世・当代・近代・同時代・今の世(よ)・今様・モダン・コンテンポラリー・時代/((3))もう

今が今　ちょうど今。たった今。また、今すぐ。「―帰ったばかりだ」「―どうなるということもあるまい」

今か今か　事が実現するのを待ち望むさま。「吉報を―と待ちわびる」

今という今　たった今。今こそ。「―彼という人間がわかった」

今泣いた烏(からす)がもう笑う　今まで泣いていた者が、すぐ機嫌を直して笑う。子供などの感情がとかく変わりやすいことにいう。

今にして　今になって。「―思えばあれが事件のきっかけだった」

今に始め・ぬ　前からあったことで、今急に始まったことではない。少しも変わったことではない。「弓矢取る身のならひ、―・ぬ事なれども」〈曽我・九〉

今の今まで　(多くあとに打消しの語を伴って用いる)たった今まで。「―知らなかった」

今のまさか　《「まさか」は現実・現在の意》さしあたった現在。今この時。ただ今。「さ百合花(さゆりばな)後(ゆり)も逢はむと思へこそ―もうるはしみすれ」〈万・四〇八八〉

今は限り　(1)物事の最後。もうこれまで。「散らねどもかねてぞ惜しきもみぢ葉は―の色と見つれば」〈古今・秋下〉(2)人の死に際。臨終。「―になり給ひにし御病の末つ方」〈源・橋姫〉

今は斯(か)く　今となってはもはやこれまで。もう終わりだ。今はこう。「頭をまた打ち破(わ)りてけり。―と思ふほどに」〈宇治拾遺・一一〉

今は斯(こ)うと　もはやこれまで。もう最後と、あきらめる場合に使う。

今は是迄(これまで)　死や敗北などがもう避けられないさま。もはやこれで終わりだ。「この勝負、―」

今は昔　今から見れば昔のこと。今では昔のこと。説話や物語文学の書き出しに用いられる慣用句。「―、竹取の翁といふもの有りけり」〈竹取〉

今もかも　(通常、下に推量表現を伴う)ちょうど今頃は。「―咲き匂ふらむたち花の小島のさきの山吹の花」〈古今・春下〉

今を盛(さか)り　ちょうど今がまっさかりの時だとばかりに。「桜が―と咲きにおう」

今を時め・く　現在、盛んに世間でもてはやされている。「―・く流行作家」

い-ま【居間】家族がふだんいる部屋。居室(きょしつ)。〔類語〕茶の間・リビングルーム

イマージュ【(フランス) image】「イメージ」に同じ。

イマージョン【immersion】足に大きなヒレをつけて泳ぐフィンスイミングの泳法の一つ。酸素ボンベを持って潜水して泳ぐ。

イマーム【(アラビア) imām】《指導者の意》(1)モスクでの

礼拝の導師。❷イスラム共同体・国家の指導者(カリフ)。➡カリフ ❸指導的学者の尊称。❹シーア派の宗教的、政治的指導者。

いまい-くにこ【今井邦子】[1890〜1948]歌人。徳島の生まれ。旧姓、山田。本名、くにえ。「アララギ」に加入し、島木赤彦門下の女流歌人として活躍した。歌誌「明日香」を創刊。歌集「片々」「紫草」など。

いまい-けいしょう【今井慶松】[1871〜1947]山田流箏曲家。横浜の生まれ。4歳で失明し、山勢松韻に師事。芸術院会員。作曲に「御代万歳」「鶴寿千歳」など。

いまい-じかん【今井似閑】[1657〜1723]江戸中期の国学者。京都の人。下河辺長流、契沖に学び、万葉集を研究。著「万葉緯」「逸風土記」など。

いまいずみ-いまえもん【今泉今右衛門】肥前有田の世襲の陶芸家。代々鍋島藩窯の絵付け師を勤めた。12代今右衛門[1897〜1975]が色鍋島を復活させて再興。

いまいずみ-かいちろう【今泉嘉一郎】[1867〜1941]冶金技術者。群馬の生まれ。別子銅山の硫化鉄鉱処理による煙害防止などに先鞭。八幡製鉄所の創業に従事、製鉄技術を確立。のち、日本鋼管を設立。著「鉄屑集」など。

いまい-そうきゅう【今井宗久】[1520〜1593]安土桃山時代の堺の豪商・茶人。大和今井の人。名は兼員。号、昨夢斎。武野紹鷗に茶を学ぶ。織田信長に近づいて堺対策に協力し、多くの利権を握る。のち、豊臣秀吉の茶頭となり、千利休・津田宗及とともに三大宗匠と称された。「今井宗久茶湯日記抜書」がある。

いまい-ただし【今井正】[1912〜1991]映画監督。社会的テーマを弱者の立場から描いた。作「また逢う日まで」「青い山脈」「ひめゆりの塔」など。

いまいち【今市】栃木県中部にあった市。日光街道・日光例幣使街道の宿場町として発展、杉並木が残る。木材加工業や食品加工業などが盛ん。平成18年(2006)3月、足尾町・栗山村・藤原町とともに日光市に合併。➡日光

いま-いち【今一】〘副〙《「今一つ」から》少しだけ不足しているさま。もう一息。「一冴えない」「調子は一だ」

いまいち-し【今市市】▶今市

いまい-としき【今井登志喜】[1886〜1950]西洋史学者。長野の生まれ。東大教授。都市の発達史に業績をあげた。著「歴史学研究法」「英国社会史」など。

いまい-ぶね【今井船】江戸時代、大坂と伏見の間、淀川を往来した早船。今井道伴が創始したことからこの名がある。

いま-いま【今今】《「いま」を重ねて強めた語》❶ごく近い過去。たった今。「一其処へ出て行きなすった」〈藤村・破戒〉❷待ち望むようすを表す語。今か今か。「一とわが待つ妹は鈴鹿山ふきこす風のはやもきなななむ」〈古今六帖・五〉❸恐れるようすを表す語。これが最後。「病をして一となりにければ」〈古今・哀傷・詞書〉

いまいま-し・い【忌ま忌ましい】〘形〙㊈いまいま・し〘シク〙❶非常に腹立たしく感じる。しゃくにさわる。「一・い泥棒猫め」「一・いことに今日だけ天気が悪いらしい」❷けがれを避けて慎むべきである。遠慮すべきである。「ゆゆしき事を近う聞き侍れば、心の乱れ侍る程も一・しうて」〈源・蜻蛉〉❸不吉である。縁起が悪い。「かく一・しき身のそひ奉らむも、いと人聞き憂かるべし」〈源・桐壺〉(派生)いまいましがる〘動ラ五〙いまいましげ〘形動〙いまいましさ〘名〙(類語)腹立たしい・苦苦しい

いま-いり【今入り】新入り。新顔。「一の小男、牢屋の作法にまかせ胴をうたす」〈浮・一代男・四〉

いま-うらしま【今浦島】(浦島太郎の物語のように)長年の間離れていたところに戻って、あまりの変わり方に呆然とすること。また、その人。

い-まえ【居前】茶の湯で、茶を点てるときの正しい座り位置。

いまえ-よしとも【今江祥智】[1932〜]児童文学作家。大阪の生まれ。教職や編集業のかたわら童話を執筆。「山のむこうは青い海だった」で作家デビュー。ファンタジーから長編まで作風は多彩。他に「ぼんぼん」「兄貴」「でんでんだいこいのち」など。平成11年(1999)紫綬褒章受章。

いま-おり【今織り】《今風の織物の意》江戸時代、京都西陣で織っていた金襴の一。「帯は一の短きを無理にうしろに結び」〈浮・一代男・三〉

いまかがみ【今鏡】平安末期の歴史物語。10巻。作者未詳。嘉応2年(1170)あるいはそれ以降に成立。大鏡のあとをうけ、後一条天皇の万寿2年(1025)から高倉天皇の嘉応2年までの歴史を紀伝体に記す。四鏡の一。小鏡。続世継。

いま-がた【今方】たった今。ついさっき。今し方。「いつまでたっても、一引越して来たばかりだという体裁である」〈荷風・つゆのあとさき〉

いまがわ【今川】姓氏の一。足利氏の一族。足利国氏が三河国幡豆郡今川荘に住み、姓を名のったのに始まる。東海一の戦国大名。義元が桶狭間で敗死してから衰退。

いまがわ-かなもくろく【今川仮名目録】戦国大名今川氏の家法。大永6年(1526)今川氏親が制定した「仮名目録」33か条と、天文22年(1553)その子義元が制定した「仮名目録追加」21か条を合わせていう。東国最古の分国法。

いまがわじょう【今川状】今川了俊が弟の仲秋に与えた家訓。23か条の道徳訓で、江戸時代、子供の手習い本、修身書とされた。今川壁書。

いまがわ-やき【今川焼(き)】小麦粉を水でとき、太鼓形の焼き型に流し込み、小豆餡を入れて焼いた菓子。江戸神田今川橋辺りで売り出されたという。太鼓焼き。巴焼き。(季冬)

いまがわ-よしもと【今川義元】[1519〜1560]戦国時代の武将。駿河・遠江・三河を支配。京都へ進出の途中、桶狭間で織田信長勢に急襲され敗死。

いまがわ-りょうしゅん【今川了俊】[1326〜1420]南北朝時代の武将・歌学者。名は貞世。伊予守。遠江守護。足利義詮に仕え、幕府の引付頭人を経て応安4年(1371)九州探題となり、九州の南朝方を制圧。その後、足利氏満との共謀の疑いを受け引退。和歌・連歌にすぐれた。著「難太平記」「今川大双紙」など。

いま-き【今来】❶新しく来たこと。また、その人。❷古代、新たに帰化した人。「一の才伎」〈雄略紀〉

いまき-の-かみ【今木の神】京都市北区にある平野神社の祭神の一。「今来(新来)」の意で、百済から渡来した和氏の祖神、また桓武天皇の外戚の祖神とするなど、諸説がある。

いまぎれ【今切】静岡県浜名湖が海に通じる辺りの称。明応7年(1498)の大地震で砂洲が切れ、海とつながった。江戸時代は渡し舟があったが、現在は浜名湖大橋によって結ばれている。

いまくまの【今熊野】《「いまぐまの」とも》京都市東山区の地名。

いまくまの-じんじゃ【新熊野神社】今熊野町にある神社。祭神は伊弉諾尊。応保元年(1161)後白河法皇の創建。古文書を多数所蔵。古称、今熊野権現。

いま-こまち【今小町】まさに今の世の小野小町といえるような美人。➡今業平

いま-ごろ【今頃】❶だいたい今と同じ時期や時刻。今時分。「去年の一」❷時間に遅れたとき、意外なときなどに、あきれた気持ちをこめて用いる語。今時分。今どき。「一行っても売り切れだよ」
(類語)今時分・今時・今更

いまさ・う【×坐さふ】〘動ハ四〙《動詞「います」の連用形「いまし」に、皆が…する意の「あ(合)う」の付いた「いましあう」の音変化。また、動詞「います」の未然形「いまさ」に継続の助動詞「ふ」の付いたものとも》(人々が)いらっしゃる。…でいらっしゃる。「道を志して、世間の位冠をば楽はず一・へどもなも」〈続紀宣命・四一詔〉

いま-さら【今更】㊀〘副〙❶もっと早ければともかく、今となっては遅すぎる、という意を表す。今ごろになって。「一何を言っているんだ」❷今新しく。今改めて。「一注意するまでもない」❸初めて。「一の人などのある時」〈徒然・七八〉㊁〘形動ナリ〙❶今になってはだめだ。「一なり、心やすきさまにてこそ」〈源・浮舟〉❷今初めてであるさま。目新しいさま。「一に若々しき心地する御簾の前かな」〈源・朝顔〉(類語)今ごろ・今時分・今時

いまさら-かん【今更感】俗に、遅すぎて間に合わない感じ。いまさら意味がない感じ。

いまさら-め・く【今更めく】〘動カ五(四)〙❶今となってはもう遅すぎる気がする。「こんなことを言っても一・いて聞こえるでしょうが」❷事新しい気がする。「海の眺望、二千里の外も残りなき心地する、一・きたり」〈増鏡・新島守〉

いまさら-らし・い【今更らしい】〘形〙㊈いまさららし〘シク〙今初めて気づいたというさま。「一・く驚いてみせる」

イマザリル〖Imazalil〗ベルギーのヤンセン社が製造している殺菌剤の商標名。米国で柑橘類の防カビ剤として使用、日本でも1992年11月に食品添加物指定を受けた。使用限度が定められているが、大量に摂取すると肝臓や腎臓に害が出るといわれている。

いまし【×汝】〘代〙二人称の人代名詞。親しみの気持ちで相手をさす。そなた。なんじ。おまえ。「駿河の海おしへに生ふる浜つづら一をたのみ母にたがひぬ」〈万・三三五九〉(補説)上代語であるが、平安時代にも漢文訓読語としては用いられた。日本書紀の古訓によく用いられる語。➡まし ➡みまし

いま-し【今し】〘連語〙《「し」は副助詞》❶たった今。今という今。「一、はねといふ所に来ぬ」〈土佐〉❷今となって。「かなし妹をいづち行かめと山菅の背向に寝しく一悔しも」〈万・三五七七〉

いま-し-がた【今し方】ついさっき。たった今。「一帰ったところだ」(類語)先程・さっき・先刻・最前・先に

イマジズム〖imagism〗1910年代の英米で推進された詩作上の運動。エズラ=パウンドが首唱し、明確なイメージによって対象を直接的、具体的に描出しようとした。

イマジネーション〖imagination〗想像。想像力。(類語)想像・推測・臆測・仮想・想見・空想・夢想・幻想・連想・妄想・幻覚・架空・ファンタジー・イリュージョン

いま-じぶん【今時分】❶だいたい今と同じ時期や時刻。今ごろ。「毎年一に風邪を引く」❷時期に遅れた今。今どき。「一来ても間に合わない」
(類語)今ごろ・今時・今更

いまし・む【戒む】【×誡む】【▽警む】【▽縛む】〘動マ下二〙「いましめる」の文語形。

いましめ【戒め】【×誡め】【▽警め】【▽縛め】❶前もって注意すること。また、その言葉。訓戒。「今後の一とする」❷過ちを犯さないようにこらしめること。「一に廊下に立たされる」❸(縛め)しばること。また、その縄。「一を解く」❹禁錮。監禁。処罰。「秦の始皇にとらはれて、一をかうぶること十二年」〈平家・五〉❺用心すること。警戒。「これが後ろめたければ、公人、すまし(=下級女官)、長女などして絶えず一に遣る」〈枕・八七〉
(類語)注意・忠言・忠告・勧告・警告・諫言・諫死・意見・心添え(一する)戒める・諌める・窘める・咎める・諭す

いまし・める【戒める】【×誡める】【▽警める】【▽縛める】〘動マ下一〙㊈いまし・む〘マ下二〙❶まちがいをしないように前もって注意する。教えさとす。「気を緩めないように一・める」❷してはいけないと命ずる。禁止する。「肉食を一・める」❸同じ過ちを犯さないようにしかる。「嘘をついた子供を一・める」❹警戒する。「町々を一・めて歩く巡査の靴音」〈藤村・新生〉❺(縛める)自由がきかないようにしばる。「盗人を荒縄で

―・める」❻忌み嫌う。「人の―・むる五月(さつき)は去(い)ぬ」〈宇津保・藤原の君〉
(類語)戒告・訓戒・戒・論旨・教戒・勧戒・注意・忠言・忠告・勧告・警告・諫言(かんげん)・諫死・意見・心添え・戒め・諫(いさ)める・窘(たしな)める・咎(とが)める・諭す

いま-し-も【今しも】〔連語〕《「も」は係助詞》ちょうど今。「一列車は出発するところだった」

い-ま-す【×坐す|▽在す】《「い」は接頭語、「ます」は尊敬語動詞》■〔動サ四〕❶「あり」「居(を)り」の尊敬語。いらっしゃる。おありになる。「言ひつつも後(のち)こそ知らめとのしくもさぶしけめやも君―・さずして」〈万・八七八〉❷「行く」「来(く)」の尊敬語。いらっしゃる。おいでになる。「立ち別れ君が―・さば磯城島(しきしま)の人は我じく斎(いは)ひて待たむ」〈万・四二八〇〉❸(補助動詞)㋐(形容詞・形容動詞の連用形、断定の助動詞「なり」の連用形「に」などに付く)「だ」「である」の意の尊敬語。…でいらっしゃる。「汝(な)こそは男(を)に―・せば」〈記・上・歌謡〉㋑(動詞の連用形に付く)動作の継続の意を添える「あり」、経過・移動の意を添える「行く」「来(く)」などの尊敬語。…ていらっしゃる。…ておいでになる。「松柏(まつかえ)の栄え―・さね貴き我(あ)が君」〈万・四一六九〉■〔動サ変〕❶■❶に同じ。「かくてのみ―・するがいとほしや」〈落窪・一〉❷■❷に同じ。「右大将の宇治へ―・すること、なほ絶え果てずや」〈源・浮舟〉❸(補助動詞)㋐■❸㋐に同じ。「みづからが小童(こわらは)にてありし時、ぬしは二十五六ばかりの男(をのこ)にてこそは―・せしか」〈大鏡・序〉㋑■❸㋑に同じ。「をこなりと見て、かく笑ひ―・するがはづかし」〈枕・二七八〉■〔動サ下二〕《■を下二段活用化して、使役の意をもたせたもの》❶「あらしむ」「行かしむ」などの、使役の対象を尊敬していう。いらっしゃるようにさせる。おいでいただく。「他国(ひとくに)に君を―・せて何時(いつ)までか我(あ)が恋ひ居(を)らむ時の知らなく」〈万・三七四九〉❷(補助動詞。動詞の連用形に付く)…ていらっしゃるようにさせる。「いかならむ時にか妹をむぐらふの汚なきやどに入れ―・せてむ」〈万・七五九〉(補説)■■で、上代には四段活用だったものが、平安時代にはサ変に変化した。ただ、漢文の訓読には四段活用が残った。平安時代の和文では、同義の「おはす」「おはします」の使用が普通。

いますが-り【▽在すがり|×坐すがり】〔動ラ変〕《「いますかり」とも。「いますがあり」の音変化という》❶「あり」「居(を)り」の尊敬語。いらっしゃる。おいでになる。いまそがり。「これはここに―・る神のし給ふならむ」〈貫之集・詞書〉❷(補助動詞。用言の連用形、断定の助動詞「なり」の連用形に付く)「あり」の尊敬語。…ていらっしゃる。…でいらっしゃる。「気色(けしき)ばみ―・りとも、え書き並べじや」〈源・梅枝〉「才もかしこく―・り」〈宇治拾遺・一四〉

いま-すこし【今少し】〔副〕もう少し。もうちょっと。「―待ってください」

いま-ずり【今×摺り】❶版画などで最近すったもの。また、最近の複製による摺り本。❷初(はつ)を摺りとってから間がないこと。「―米(まい)」

いまそう【×坐さふ】(いまさう)〔動ハ四〕▶いまさう

いまそう-ず【×坐さうず】(いまさうず)〔動サ変〕《動詞「いまさう」の連用形にサ変動詞「す」の付いた「いまさいす」の音変化》(人々が)いらっしゃる。おいでになる。「御房たちも―・じけり」〈大鏡・道長下〉

いまそが-り【▽在そがり|×坐そがり】〔動ラ変〕《「いまそかり」とも》「いますがり」に同じ。「右大将に―・りける藤原の常行と申す―・りて」〈伊勢・七七〉

いま-だ【▽未だ】〔副〕❶今になってもまだ実現していないさま。「―はっきりしない事故原因」❷以前のままであるさま。「周囲の山々は―冬の装いである」(補説)漢文訓読で「未」を「いまだ…ず」と読むことから、打消しの語を伴って用いられることが多い。「いま」は「今」、「だ」は「だに」の「だ」とも、副詞をつくる接尾語「だ」ともいわれる。
(類語)未(ま)だ・なお・いまだに・今なお・今もって・なおも・依然・相変わらず・矢張り・やっぱり・なおかつ

イマダー〖IMADR〗《International Movement Against All Forms of Discrimination and Racism》反差別国際運動。世界からあらゆる差別と人種主義の撤廃をめざして活動する国際人権NGO。日本の部落解放同盟の呼びかけにより1988年に設立。事務局は東京とジュネーブ。

いま-たいこう【今太×閤|今大×閤】(いまタイカフ)《豊臣秀吉が卑賤から身を起こしてついには太閤となったように》立身出世して最高権力者となった人をいう。

いま-だいり【今内裏】皇居が焼失したときなどの仮の皇居。「―の東(ひむがし)をば北の陣といふ」〈枕・一二〉

いまだ-かつて【▽未だ▽曽て|▽未だ×嘗て】〔副〕(あとに打消しの語を伴って)今までに一度も。「一師の命に背いたことはない」

いまだ-し【▽未だし】〔形シク〕《副詞「いまだ」の形容詞化》まだその時に達していないさま。まだ早い。未熟だ。現代語でも終止形を体言的に用いることがある。「理論上は解明できたが、実現には―・しの感がある」「―・しき学者の、心はやりて言ひ出づることは」〈玉勝間・一〉

いまだ-に【▽未だに】〔副〕今になってもまだ。今もなお。「一雨が降っている」「一忘れられない」(補説)「今だに」と書くのは誤り。
(類語)まだ・なお・いまだ・今なお・今もって・なおも・依然・相変わらず・矢張り・やっぱり・なおかつ

い-まち【居待(ち)】(ゐ—)❶座ったまま待つこと。❷「居待ち月」の略。(季 秋)❸《居待ち月は18日の月であるところから》18歳。「はや稲舟の年の程は、立ち待ち―も過ぎたれども」〈合・田舎源氏・一〇〉

いまち-づき【居待(ち)月】(ゐまち—)《やや遅く出るので座って待つ月の意》■〔名〕陰暦18日の月。特に、陰暦8月18日の月。居待ちの月。(季 秋)「わが影の築地にひたと―/立子」▶立ち待ち月 ▶寝待ち月 ■〔枕〕居待ち月が明るいところから、「明かし」「明石」にかかる。「―明石の門(と)ゆは」〈万・三八八〉

イマチニブ〖Imatinib〗抗癌剤(こうがんざい)の一つ。慢性骨髄性白血病・消化管間質腫瘍などに対して使用される分子標的治療薬。商品名グリベック。2001年にスイスの製薬会社ノバルティスファーマが発売。

いまち-の-つき【居待(ち)の月】(ゐまち—)「居待ち月■」に同じ。

いま-で【今出】新しく仲間に加わること。また、その人。新参。新入り。「―の初心な女郎衆をはじめ」〈浮・禁短気・五〉

いまでがわ-どうふ【今出川豆腐】(いまでがは—)角切りにした豆腐を昆布とともに醤油と酒で煮た料理。おろししょうが・わさび・花がつおなどを添えて食べる。

いま-でき【今出来】近ごろ作られたもの。当世の作品。「―のものは深みがない」

いまど【今戸】東京都台東区北東部の地名。隅田川西岸の船着き場として栄え、今戸焼・今戸人形の発祥地。

いま-どうしん【今道心】(—ダウシン)仏門に入ったばかりの者。青道心。新発意(しんぽち)。

いま-どき【今時】❶今の時世。現代。現今。当世。「―の若い人には好まれまい」「―奇特な人がいたものだ」❷今ごろ。今時分。「―何の電話だろう」

いまどしんじゅう【今戸心中】(いまどシンヂュウ)広津柳浪(ひろつりゅうろう)の小説。明治29年(1896)発表。愛人と別れた遊女が、嫌いぬいた男と今戸河岸で心中するまでの、女心の機微を描く。

いまど-にんぎょう【今戸人形】(—ニンギャウ)今戸焼の人形。キツネ・タヌキ・女郎などをかたどった小形の人形。

いまど-やき【今戸焼】❶東京都台東区の今戸で産した焼き物。天正年間(1573〜1592)に始まるといわれ、素焼きを主とし、日用雑器・瓦や人形などの玩具も作った。❷《今戸人形の顔から》不器量のたとえ。「自分の面(つら)あ―の狸見た様な癖に」〈漱石・吾輩は猫である〉

いま-なお【今▽猶|今▽尚】(—なほ)〔副〕以前の状態が現在も続いているさま。「江戸情緒を―残す地区」
(類語)まだ・なお・いまだ・いまだに・今もって・なおも・依然・相変わらず

いま-なりひら【今▽業平】まさに今の世の在原業平(ありわらのなりひら)といえるような美男。▶今小町(いまこまち)

いま-に【今に】〔副〕❶近い将来に関する推量または決意を表す。そのうち。いずれ必ず。「この空では―雨が降る」「―やっつけてやる」❷(多くあとに打消しの語を伴って用いる)以前の事柄が今に至るまで変わらないさま。今もなお。いまだに。「考え続けて居るが―少しも解決の手掛が出来ぬ」〈子規・墨汁一滴〉
(類語)(❶)何時か・軈(やが)て・追っ付け・間もなく・程なく・遠からず・近く

いまにし-きんじ【今西錦司】[1902〜1992]人類学者。京都の生まれ。京大教授・岐阜大学長。生物種の棲(す)み分けの理論を提唱。日本の霊長類学の基礎を築く。また、独自の進化論を唱えた。登山家としても著名。文化勲章受章。著「生物の世界」など。

いまにし-すけゆき【今西祐行】[1923〜2004]児童文学作家。大阪の生まれ。学徒兵として被爆直後の広島に救援に赴く。この体験をモチーフに「あるハンノキの話」「ヒロシマのうた」などを発表。他に「肥後(ひご)の石工(いしく)」「浦上の旅人たち」「一つの花」など。平成2年度(1990)芸術選奨。同4年紫綬褒章受章。

いまにし-りゅう【今西竜】[1875〜1932]朝鮮史学者。岐阜の生まれ。京大教授。内藤湖南に師事。朝鮮半島で多数の古跡・史料を発見した。著「朝鮮古史の研究」など。

いまに-も【今にも】〔副〕目前に何かが起こりそうなさま。すぐにも。今まさに。「―笑いだしそうな表情」「―壊れるかもしれない」
(類語)もう・直(じき)・間もなく・程なく・そろそろ

いま-の-ほど【今の程】❶今のうち。今こうしている間。現在。「御心地悩ましとて、―うち休ませ給へるなり」〈源・宿木〉❷今のように。これほど。「―返事をするに聞き付けぬ」〈虎寛狂・悪太郎〉

いま-の-よ【今の世】❶現在。今の時代。「―では通用しない」❷当代の天皇。また、その御代。当代。「―のこと、しげきにまぎれて、院には参る人もなきぞ寂しげなる」〈徒然・二七〉(類語)現代・当世・当代・近代・今日(こんにち)・現今・同時代・今様・モダン・コンテンポラリー・今・時代・当今・当節・今日日(きょうび)

いま-は【今は】〔連語〕《「は」は係助詞》❶こうなってしまった以上は。「―たれもたれもえ憎み給はじ」〈源・桐壺〉❷《「今は限り」の略》これが最後である。これが限度だ。「―とて天の羽衣着る折ぞ君をあはれと思ひ出でける」〈竹取〉▶今際(いまわ)

いま-はた【今▽将】〔連語〕《「はた」は副詞》今はもう。今となっては。「わびぬれば―同じ難波なるみをつくしても逢はむとぞ思ふ」〈後撰・恋五〉

いまばり【今治】愛媛県北部の市。近世は藤堂氏、次いで松平氏の城下町。今治港は商業港。農業などのほかタオル製造業が盛ん。人口16.7万(2010)。

いまばり-し【今治市】▶今治

いまばり-じょう【今治城】(—ジャウ)愛媛県今治市にあった城。藤堂高虎が慶長9年(1604)に築城。海岸平城(ひらじろ)の遺構として知られる。

いま-ひとつ【今一つ】❶さらに一つ。もう一つ。「―いかがですか」❷完全というには欠けたところのある状態。いま一息。いまいち。「―演技に迫力が足りない」「景気は―だ」

いま-ふう【今風】当世の風俗。現代風。いまよう。「―のスタイル」「―の考え方」

いま-ぶき【今吹き】鋳造したばかりのこと。また、その貨幣。「―の小判を見ては」〈洒・郭中奇譚〉

いまべつ【今別】青森県東津軽郡の地名。津軽半島北端にあり、コンブ・イカ漁が行われる。

いまべつ-まち【今別町】▶今別

いま-ほど【今程】❶つい先ほど。「―お帰りになった」❷このごろ。近ごろ。「―は要らぬ物なれども、人々のたしなみぢゃほどに」〈虎明狂・鎧〉

いままいり【今参】(いままゐり)狂言。秀句好きの大名に召し抱えられた新参者が、大名の問いにすべて秀句で答える。

いま-まいり【今参り】(—まゐり)御所や大名家などに仕えはじめたばかりであること。また、その人。新参者。

「あれは―か、などわらはせ給ひて」〈枕・一四三〉

いま-まで【今×迄】〔副〕今の時まで。現在まで。「―仕事をしていた」「―行ったことがない所」

いま-みち【今道】中世以降の新しい里程。6町を1里としてきたのに対して、36町を1里とする。

いま-みや【今宮】❶新たに生まれた皇子。❷神霊を分けて、新しく祭った神社。若宮。新宮(しんぐう)。

いまみやえびす-じんじゃ【今宮戎神社】大阪市浪速区恵美須町にある神社。祭神は天照大神(あまてらすおおみかみ)・事代主神(ことしろぬしのかみ)・素戔嗚尊(すさのおのみこと)など。商売繁盛の神として信仰される。1月の十日戎は有名。

いまみや-じんじゃ【今宮神社】京都市北区紫野今宮町にある神社。祭神は大国主命・事代主神(ことしろぬしのかみ)・稲田姫命。4月のやすらい祭は有名。紫野明神。

いまみやのしんじゅう【今宮の心中】(いまみやのシンヂユウ) 浄瑠璃。世話物。3巻。近松門左衛門作。正徳元年(1711)大坂竹本座初演。大坂今宮の戎(えびす)の森で、菱屋手代二郎兵衛と下女きさが心中した事件を脚色。

いまむら-あきつね【今村明恒】[1870～1948]地震学者。鹿児島の生まれ。東大教授。関東大震災直前にその可能性を予告。震災後地震学会を創立、会長となる。地震学の発展、震災予防運動に尽力。著「理論・応用地震学」「鯰のざれごと」など。

いま-むらさき【今紫】赤みの少ない鮮やかな紫色。古代紫に対していう。

いまむら-しこう【今村紫紅】[1880～1916]日本画家。横浜の生まれ。本名、寿三郎。松本楓湖(まつもとふうこ)に師事し、紅児会を結成。大胆な技法と構図、新鮮な色彩感覚で近代日本画革新に貢献。

いまむら-しょうへい【今村昌平】(―シヤウヘイ) [1926～2006]映画監督。東京の生まれ。重いテーマを扱いつつもそこはかとない面白さが漂う、独特な作品を多く残す。昭和58年(1983)「楢山節考(ならやまぶしこう)」と平成9年(1997)「うなぎ」で、カンヌ国際映画祭の最高賞パルムドールを受賞。代表作「豚と軍艦」「神々の深き欲望」「復讐するは我にあり」「黒い雨」など。

いまむら-ちしょう【今村知商】(―チシヤウ) 江戸初期の数学者。河内の人。通称、仁兵衛。毛利重能に和算を学び、独自に研究。生没年未詳。著「竪亥録(じゅがいろく)」「因帰算歌」など。

いまめ-がし【今芽×樫】ウバメガシの別名。

いま-めかし・い【今めかしい】〔形〕文いまめか・し〔シク〕《動詞「いまめく」の形容詞化》❶現代的でしゃれている。現代風である。「明治二十年代でも―・い洋服を着ていたのであろう」〈芥川・点鬼簿〉❷にぎやかだ。「女官ども内侍ども参りつつ、―・しう人騒がしきに」〈源・真木柱〉❸軽薄だ。きざっぽい。「心にくく奥まりたるけはひは立ちおくれ―・しき事を好みたるわたりにて」〈源・花宴〉❹わざとらしい。「これは―・しき御諚にて候」〈謡・夜討曽我〉［派生］**いまめかしげ**〔形動〕**いまめかしさ**〔名〕

いま-め・く【今めく】〔動カ四〕いかにも当世風ではなやかなさまである。現代風である。「律(りち)の調べは…すだれの内より聞こえたるも、―・きたるものの声なれば」〈源・帚木〉

いま-もって【今▽以て】〔副〕今になってもなお。いまだに。「―消息不明である」
［類語］未(ま)だ・なお・いまだ・いまだに・今なお・なおも・依然・相変わらず・矢張り・やっぱり・なおかつ

いまものがたり【今物語】鎌倉時代の説話集。1巻。藤原信実(ふじわらののぶざね)の作といわれる。延応元年(1239)以後の成立か。和歌・連歌・恋愛など上流男女の話題を中心に和文体で記す。

いま-や【今や】㊀〔副〕《「いま」＋強意の間投助詞「や」から》❶今こそ。今まさに。「―決断の時」❷今にも。「―沈もうとしている」❸今では。今はもう。「―一流の作家だ」㊁〔連語〕《「や」は疑問の係助詞》今…か。今…するか。「雪のうちに春はきにけり鶯(うぐひす)のこほれる涙―とくらむ」〈古今・春上〉
［類語］もう・最早(もはや)・早(はや)・既(すで)に・とっくに・つとに
今や遅しと　早くそうなればいいと待ち望むようす。「吉報を―待ちうける」

いま-やき【今焼(き)】古い伝統的なものに対して、新しく焼かれた焼き物。歴史的には利休時代の楽焼きなどをさすが、慶長年間(1596～1615)には茶入れ・黒茶碗・香合なども今焼きと呼ばれた。

いま-よう【今様】(―ヤウ) ❶当世風。今風。「―のやり方」「―の建築様式」❷「今様歌」の略。「古き都の荒れゆくを、―にこそうたはれけれ」〈平家・五〉
［類語］現代・当世・当代・近代・今日(こんにち)・現今・同時代・今の世(よ)・モダン・コンテンポラリー・今・時代・当今・当節・今日日(きょうび)

いまよう-あわせ【今様合(わ)せ】(いまヤウあはせ) 昔の遊戯の一。二組に分かれて今様歌をうたい、優劣を競う。

いまよう-いろ【今様色】(いまヤウ―) ❶平安中期に流行した染め色。濃い紅梅色。❷襲(かさね)の色目の名。表は紅梅、裏は濃い紅梅。

いまよう-うた【今様歌】(いまヤウ―) 平安中期から鎌倉時代にかけて流行した、多く七・五調4句からなる新様式の歌謡。和讃(わさん)や雅楽などの影響を受けて起こる。従来の神楽歌・催馬楽(さいばら)・風俗歌などに対していう。

いまよう-のう【今様能】(いまヤウ―) 能を通俗化した芸能で、明治時代に泉祐三郎が創始。面を廃し、三味線を加え、女性を参加させたりしたが、大正時代に解散。泉助能(せんすけのう)。

いまり【伊万里】㊀佐賀県西部の市。伊万里湾に臨み、伊万里焼や石炭の積み出し港、漁港として発展。人口5.7万(2010)。㊁「伊万里焼」の略。

いまり-し【伊万里市】▶伊万里㊀

いまり-づち【×伊▽万里土】佐賀県有田町泉山などから出る上質の白土。伊万里焼の原料となる。

いまり-やき【×伊▽万里焼】江戸初期から佐賀県有田地方で産する磁器の総称。主に有田焼をいう。伊万里港から積み出したのでこの名がある。寛永末ごろには日本の陶磁器生産の王座を占め、17世紀以降ヨーロッパにも輸出された。

いまり-わん【伊万里湾】九州北西部、東松浦半島と北松浦半島に挟まれて深く入り込んだ湾。佐賀県伊万里市と長崎県松浦市にまたがる。湾奥に伊万里市が位置し、伊万里川・有田(ありた)川が注ぐ。湾内ではカキ・ノリ・真珠の養殖が盛ん。

イマレット-ジャーミヤ〘Imaret dzhamiya〙ブルガリア中南部の都市プロブディフの新市街にあるイスラム寺院。15世紀半ば、オスマン帝国総督の息子シハベティン＝パシャにより建造。周辺はかつてのトルコ人居住区で、公衆浴場や隊商宿があった。イマレットモスク。

イマレット-モスク〘Imaret Mosque〙▶イマレットジャーミヤ

いま-わ【今▽際】(―は)《「今は限り」の意から》もうこれ限りという時。死にぎわ。臨終。最期。「―の言葉」
［類語］死に際・往生際・死に目・断末魔・末期・臨終・終焉(しゅうえん)

いまわし・い【忌まわしい】(いまはしい)〔形〕文いまは・し〔シク〕❶不吉だ。縁起が悪い。「―・い夢」❷嫌な感じである。不愉快である。「―・い思い出」［派生］**いまわしげ**〔形動〕**いまわしさ**〔名〕
［類語］いとわしい・おぞましい・うとましい

いま-わたり【今渡り】江戸時代に入ってから舶来したこと。また、その織物や陶磁器など。新渡(しんと)。➡古(こ)渡り ➡中(なか)渡り ➡後(のち)渡り

いまわ-の-きざみ【今▽際の刻み】(いまは―)「今際の際(きわ)」に同じ。「かかる―にて何かは漏らすべき」〈源・柏木〉

いまわの-きよしろう【忌野清志郎】(いまはのきよシラウ) [1951～2009]ロックシンガー。東京の生まれ。本名、栗原清志(きよし)。ロックバンドRCサクセションの中心的存在として活躍したほか、他バンドやソロ活動においても多数のヒット曲を生み出した。代表作「スローバラード」「雨あがりの夜空に」など。

いまわ-の-きわ【今▽際の際】(いまは―きは) 臨終の時。死にぎわ。「―に言い残す」

いまわ-の-とき【今▽際の時】(いまは―)「今際の際(きわ)」に同じ。

いまわ-の-とじめ【今▽際の閉ぢめ】(いまは―とぢめ)「今際の際(きわ)」に同じ。「―になり給ひて、いささか宣(のたま)ひ置くことの侍りしを」〈源・橋姫〉

い-まわり【居回り】(ゐまはり) 自分がいる所の周囲。辺り。近辺。「劇場の―も静かであった」〈秋声・足迹〉

い-まわ・る【居回る】(ゐまはる)〔動ラ四〕多くの人が輪になって座る。車座になる。「(鬼ドモガ)―・りて酒飲みあそびて」〈宇治拾遺・一〉

いみ【忌(み)┊▽斎】《動詞「い(忌)む」の連用形から》❶(斎)心身を清浄に保ち、けがれを避けて慎むこと。❷(忌み)死・不浄など、はばかりのあること。❸(忌み)人の死後、近親者が、しばらくの間家に慎みこもること。喪。喪中。忌(き)。「―が明ける」❹(忌み)陰陽道(おんようどう)などで、ある方角・日取りなどをはばかって避けること。物忌み。かたたがえ。「―もたがへがてら、しばしほかにと思ひて」〈かげろふ・中〉❺他の語の上に付いて複合語をつくり、汚れを清めた、神聖な、の意を表す。「―火」「―殿(どの)」［類語］(❷)喪・忌服・服喪

い-み【異味】普通のものとは違った味。珍しい味。珍しい食物。

い-み【意味】〔名〕(スル) ❶言葉が示す内容。また、言葉がある物事を示すこと。「単語の―を調べる」「愛を―するギリシャ語」❷ある表現・行為によって示され、あるいはそこに含み隠されている内容。また、表現・行為がある内容を示すこと。「慰労の―で一席設ける」「―ありげな行動」「沈黙は賛成を―する」❸価値。重要性。「―のある集会」「全員が参加しなければ―がない」［類語］(❶)意義・意(い)・義(ぎ)・概念・謂(いい)・こころ・語意・語義・字義・文意・含意・含み／(❷)意図・目的・理由・動機・趣意・主意・真意・ねらい・訳(わけ)

いみ-あい【意味合(い)】(―あひ) 他の物事や表現とのかかわりにおいて帯びる意味。また、それとなく示される意味内容。「なるほどそういう―があったのか」
［類語］意味・意義・意・旨・含意・含み・ニュアンス・語感

いみ-あけ【忌(み)明け】❶喪の期間が終わること。きあけ。いみあき。❷産後の忌みが終わること。

いみ-がかり【忌(み)掛(か)り┊忌(み)懸(か)り】一家・親族の間で、喪に服すべき続き柄の人。

いみ-かず【忌(み)数】忌み嫌われる数。四(死)や九(苦)など。

いみ-き【忌▽寸】天武天皇が制定した八色(やくさ)の姓(かばね)の第四位。主として渡来人に与えられた。

いみ-きら・う【忌(み)嫌う】(―きらふ)〔動ワ五(ハ四)〕嫌って避ける。ひどくいやがる。「世間から蛇蝎(だかつ)のごとく―・われる」［類語］憎む・嫌う・恨む・嫉(そね)む・呪(のろ)う・嫌がる・厭う・憎悪する・嫌悪する・敵視する・仇視(きゅうし)する・唾棄(だき)する・目の敵(かたき)にする・白い目で見る

いみ-くら【▽斎蔵】上代、朝廷の祭祀用の神具を収納した蔵。三蔵(みつのくら)の一。

イミグレーション〘immigration〙❶海外からの移住。移民。⇔エミグレーション。❷入国管理。また、空港などの出入国審査カウンター。

いみ-ごと【忌(み)事】❶忌み慎むべきこと。嫌い避けるべきこと。❷「忌む事❶」に同じ。

いみ-ことば【忌み▽詞┊忌(み)言葉】❶宗教的な理由から、また縁起をかついで、使うのを避ける言葉。古くは斎宮で「仏」「経」などを、民間で婚礼のときに「去る」「帰る」、正月の三か日に「坊主(ぼうず)」「箒(ほうき)」などを忌んだ。❷❶の代わりに使う言葉。斎宮で「寺」を「瓦葺(かわらぶ)き」、「僧」を「髪長(かみなが)」、民間で「すり鉢」を「あたり鉢」、「梨(なし)」を「ありの実」という類。［類語］禁句・タブー

いみ・じ〔形シク〕《「い(忌)み」の形容詞化。忌まなければならないほどひどい、というところから》善悪ともに程度のはなはだしいさまにいう。❶下にくる被修飾語の程度が並々でないさまを表す。はなはだしい。著しい。「―・じく静かに公に御文奉り給ふ」〈竹取〉「―・じき色好みを、かくあからめさせ奉らぬこと」〈宇津保・俊蔭〉❷被修飾語に当たる具体的内容が省略され、文脈から補わなければならない場合。㋐(望ましいものについて)たいそうすばらしい。たいそううれしい。すぐれている。「―・じからむ(＝ウレシイトイウヨウナ)心地もせず、悲しくのみある」〈竹取〉「―・じき(＝

スグレタ)絵師といへども筆限りありければ」〈源・桐壺〉④(望ましくないものについて)たいそうつらい。ひどく悲しい。すさまじい。ものすごい。「世の中に―・じき(=悲シイ)目見給ひぬべからむ時」〈宇津保・俊蔭〉「右近は…泣きまどふさまいと―・じ(=ヒドイモノダ)」〈源・夕顔〉 補説 上代語にはなく、中古の和文に多く用いられる。また、漢文訓読語では「はなはだ」「きわめて」が用いられ、「いみじ」の使用はない。

イミシオン〘ドイツ Immission〙煤煙ばいえん・臭気・音響・振動などの隣地への影響を表すドイツ法上の概念。

いみじく-も〘副〙《形容詞「いみじ」の連用形＋係助詞「も」から》非常にうまく。適切に。「暑さ寒さも彼岸まで、とは―いったものだ」

いみ-しょう【異味症】イミシャウ 土・壁土などを好んで食べる異常食欲症状。回虫症や鉤虫こうちゅう症でみられ、妊婦やヒステリー患者でも軽度の似た症状がみられる。異食症。異嗜いし症。

いみ-しん【意味深】〘形動〙「意味深長」の略。俗な言い方。「―な目つき」

いみ-しんちょう【意味深長】イミシンチャウ〘名・形動〙ある表現の示す内容が奥深くて含みのあること。表面上の意味のほかに別の意味が隠されていること。また、そのさま。「―な笑みを浮かべる」

いみず【射水】いみづ 富山県北西部、庄川下流東岸を占める市。古くから漁港として発展。放生津ほうじょうづ潟に富山新港が造成された。金属工業も盛ん。平成17年(2005)11月に新湊市・小杉町・大門町・下村・大島町が合併して成立。人口9.4万(2010)。

いみず-し【射水市】いみづ ▶射水

いみず-じんじゃ【射水神社】いみづ 富山県高岡市古城にある神社。祭神は二上神ふたがみのかみ。

いみ-たがえ【忌み▽違へ】いみたがへ 物忌みをしないですませるために、その期間他家へ移ること。「四十五日の―せさせ給ふとて、御いとこの三位の家におはします」〈和泉式部日記〉

いみ-だけ【▽斎竹｜忌(み)竹】神事のとき、不浄を防ぐために斎み清める場所に立てる竹。葉のついた青竹にしめ縄を張り、四手しでを垂らす。

いみ-づき【忌(み)月｜▽斎月】心身を忌み慎むべき月。正月・5月・9月の称。➡三長斎月さんちょうさいがつ

いみ-づ・ける【意味付ける】〘動カ下一〙物事に意味や理由をつける。意義や価値をもたせる。「一つの貴重な経験として―・ける」

イミテーション〘imitation〙❶模造品。まがいもの。にせもの。「―の真珠」❷模倣。まね。

イミテーション-アートし【イミテーションアート紙】パルプに多量の白土を配合して作った強い光沢をもつ印刷用紙。不透明で網凸版の印刷に適する。

いみ-な【×諱】❶生前の実名。生前には口にすることをはばかった。❷人の死後にその人を尊んで贈る称号。諡おくりな。❸《❶の意を誤って》実名の敬称。貴人の名から1字もらうときなどにいう。
類語 戒名・法名・諡号しごう・贈り名・追号・霊位

いみのみや-じんじゃ【忌宮神社】山口県下関市にある神社。祭神は仲哀天皇・神功じんぐう皇后・応神天皇。文武の神として信仰される。長門ながと国二の宮。

いみ-び【忌(み)日｜▽斎日】❶けがれを避けて慎むべき日。物忌みの日。いむび。❷陰陽道おんようどうなどで、災いがあるとして慎む日。縁起の悪い日。

いみ-び【▽斎火｜忌(み)火】▶いむび

イミプラミン〘imipramine〙三環系抗鬱こううつ薬。抑鬱状態の改善、不安解消などの作用が認められる。

いみ-べ【斎部｜忌部】▶いんべ

いみ-みや【▽斎宮】▶さいぐう(斎宮)

いみ-もの【忌(み)物｜▽斎物】忌み慎んで用いないもの。また、避けて用いないもの。

い-みょう【異名】イミャウ ❶本名、本来の名称以外の名。一名。別名。異称。いめい。❷あだ名。いめい。「大酒飲みで、うわばみの―をとる」

イ-ミョンバク【李明博】[1941〜]韓国の第17代大統領。日本の大阪府出身。第二次大戦後、朝鮮半島に渡り苦学の末、韓国財閥系の現代建設に入社。35歳で社長に抜擢された。92年国会議員に当選。2002年にソウル市長となり河川浄化などで実績を上げた。07年の大統領選で左派色の強い与党系候補を破り当選。経済人としての経験から自らを「CEO(最高経営責任者)大統領」とアピールする。

イミル〘Ymir〙▶ユミル

いみ-ろん【意味論】❶言語学で、言語のもつ意味の構造、歴史的な変化などを研究する部門。意義学。❷記号論の一分野。言語表現とその指示する事態との関係に関する一般理論を扱う。狭義には論理計算の式の意味や解釈に関する理論をいう。

い-みん【移民】〘名〙スル 個人あるいは集団が永住を望んで他の国に移り住むこと。また、その人々。現在では「移住」「移住者」の語を用いることが多い。「多くの日本人が新天地を求めて―した」

い-みん【遺民】ヰ 君主や王朝が滅びたのちも生き残って、遺風を伝えている民。また、旧主が滅びても、節を持して、新しい君主に仕えない者。「爾なんじ等明朝の―か、将はた又た清朝の忠臣か」〈独歩・愛弟通信〉

いみん-がか【遺民画家】ヰミングヮカ 中国で、滅んだ前王朝への忠節の心を表現する画家。宋末元初の銭選せんせん・鄭思肖ていししょう・龔開きょうかい、清初の八大山人・石濤せきとうなどがその代表。

い-む【医務】医療に関する仕事。「―室」

い・む【忌む｜▽斎む】〘動マ五(四)〙❶(忌む)㋐呪術的な信仰などから、不吉なものとして避ける。禁忌とする。「葬式は友引の日を―・む」「宗教上、肉食を―・む」㋑嫌って、避ける。「革新を―・む」「退屈を―・む」❷(斎む)身を清め、慎んでけがれを避ける。「所を去りて、いみじうかたき物を―・ませ給へ」〈浜松・一〉 類語 うとむ・うとんずる・嫌気

い-むか・う【い向かふ】イムカフ〘動ハ四〙《「い」は接頭語》❶向き合う。「天の川―・ひ居をりて一年ひととせに二度逢はぬ妻恋に」〈万・二〇八九〉❷敵対する。「是これ国神くにつかみ(ノ中ニ)―・ふ者ありてか」〈鴨脚本神代紀・下〉

い-むけ【射向け】《弓を射るとき、左を敵に向けるところから》鎧よろいの左側。

いむけ-の-くさずり【射向の草×摺】鎧の草摺で、弓を射るとき敵に向き合う部分として入念に作り、胴の左脇に蝙蝠付こうもりづけで連接したもの。弓手ゆんでの草摺。太刀懸たちかけの草摺。

いむ-こ【▽斎子｜忌子】神に奉仕する童女。大嘗会だいじょうえなどの祭祀さいしや賀茂の斎院などに奉仕する。

イムコ〘IMCO〙《Inter-Governmental Maritime Consultative Organization》政府間海事協議機関。国連の専門機関。1959年設置。本部はロンドン。82年にIMO(国際海事機関)に改称。

いむ-こと【忌む事】〘連語〙❶仏の戒めを守ること。持戒。仏戒。いみごと。❷(多く「忌む事受く」の形で)受戒すること。「重くわづらひ侍りしが、頭かしら剃そり、―受けなどして」〈源・夕顔〉

イムジャール〘Mġarr〙地中海中央部の島国、マルタ共和国の港町。ゴゾ島西部に位置し、マルタ島のチェルケウアとフェリーで結ばれる。

い-むしろ【射▽席｜射▽蓆】弓場で、射手の座の敷物。皮・むしろ・畳など。いせき。

い-むしろ【×藺×筵】ヰ イグサで編んだむしろ。

いむた-いけ【藺牟田池】ゐむた 鹿児島県薩摩川内さつませんだい市にある火口湖。周囲を450〜500メートルの火山群に囲まれた標高295メートルに位置する。面積0.4平方キロ、周囲2.6キロ、最大深度3.5メートルでほぼ円形状。ベッコウトンボの生息地保護区。泥炭形成植物群落は国の天然記念物。平成17年(2005)ラムサール条約に登録された。藺牟田湖。

イムディーナ〘L-Imdina〙地中海中央部の島国、マルタ共和国の町。マルタ島中央部、標高約200メートルの丘に位置する。紀元前8世紀にフェニキア人が城塞を築き、古代ローマ時代に町が拡張され、中世にノルマン人支配の下、より堅固な城壁が造られた。1565年のオスマン帝国軍による大包囲戦の後、バレッタに遷都するまでの間、首都が置かれた。現在も城門や見張り台、マルタ騎士団長の館などが残るほか、17世紀末の大地震の後に再建された聖パウロ大聖堂がある。ムディナ。

イムナイドラ-しんでん【イムナイドラ神殿】《Mnajdra》地中海中央部の島国、マルタ共和国にある先史時代の巨石神殿。マルタ島南岸、海を望む丘の上に位置し、約500メートル離れた場所にハジャーイム神殿がある。紀元前3600年から3200年頃にかけて別々に建造された三つの巨石構造物がある。1980年と92年に、マルタ島のスコルバ・タハジュラット・タルシーン・ハジャーイム、ゴゾ島のジュガンティーヤとともに「マルタの巨石神殿」として世界遺産に登録された。ムナイドラ神殿。

イムヌス〘ラテン hymnus〙神を賛美する歌。賛歌。一般に歌詞の言葉の一音節に一音を当てる。カトリック教会では聖務日課に歌われる。

イムノトキシン〘immunotoxin〙癌がん治療法の一つ。抗体に毒素を結合させ、特定の細胞(癌細胞)を攻撃する方法。

いむ-び【▽斎火｜忌(む)火】不浄を斎み清めた火。火鑽ひきりでおこし、神饌しんせんの調理など神事に用いた。いみび。

いむ-べ【斎部｜忌部】▶いんべ

い-むら【居村】ヰ ❶出村でむらに対して、本村ほんそん所在の地。❷自分の住んでいる村。「我が―へ帰った時分は」〈鳩翁道話・一〉

い-む・る【い▽群る】〘動ラ下二〙《「い」は接頭語》群れ集まる。「新あらたしき年の初めに思ふどち―・れてをれば嬉しくもあるか」〈万・四二八四〉

イムロズ-とう【イムロズ島】タウ《İmroz》トルコ北西部にあるギョクチェ島の旧称。

い-め【射目】狩りで獲物を射るときに身を隠す設備。「野の上には跡見あとみ据ゑ置きてみ山には―立て渡し」〈万・九二六〉

いめ【▽夢】「ゆめ」の上代語。「秋されば恋しみ妹いもを―にだに久しく見むを明けにけるかも」〈万・三七一四〉

い-めい【依命】命令によること。官庁の用語。

い-めい【威名】ヰ 威勢があるという名声・評判。「―天下に鳴り響く」類語 威信・威望・名望

い-めい【異名】「いみょう(異名)」に同じ。

い-めい【違命】ヰ 命令に背くこと。

い-めい【遺命】ヰ 死ぬ時に残した命令。ゆいめい。「故主の―を忘るる事なく」〈染崎延房・近世紀聞〉

いめい-つうたつ【依命通達】行政官庁の命令によってその補助機関が発する通達。依命通牒つうちょう。

イメージ〘image〙〘名〙スル 心に思い浮かべる像や情景。ある物事についていだく全体的な感じ。心像。形象。印象。また、心の中に思い描くこと。「―がわく」「―をふくらませる」「企業―を高める」「電話の声から―した人と違う」類語 感じ・印象・感触・第一印象・心象・心証・インプレッション

イメージ-アップ〘名〙スル《和 image＋up》周囲や世間に対する印象をよくすること。「美化運動で街を―する」⇔イメージダウン。

イメージ-アド〘image ad〙消費者の情緒的、感性的な側面に訴えかけ、商品や企業の効用・特性よりもイメージからアピールする広告。

イメージ-オルシコン〘image orthicon〙テレビの撮像管の一。電子ビームを用いるもの。1946年米国のRCA社が開発、60年代後半ころまで使われた。

イメージ-ガール《和 image＋girl》ある特定の商品や企業、また団体の活動などのイメージをより良く象徴するために起用され、宣伝・広告などで活躍する若い女性。

イメージ-かん【イメージ管】クワン テレビカメラに使用される撮像管の一。レンズから入った光学像を電気信号に変換する電子管。

イメージ-キャラクター《和 image＋character》企業や商品を象徴するのにふさわしい人で、広告にいつも登場し、企業や商品のイメージづくりをする人。イメキャラ。

イメージ-キャンペーン〘image campaign〙企業や商品の特性・実態の理解よりも、イメージの側面

に焦点を当て、目標とするイメージを構築するキャンペーンをいう。

イメージ-クラブ《和image＋club》風俗営業の一。女性が、客の注文した仮想的状況に合わせて衣装を身につけ性的役割を演じるもの。イメクラ。

イメージ-けんさく【イメージ検索】《image search》サーチエンジンの機能またはサービスの一。あるキーワードに関連のあるインターネット上の画像を検索して表示する。画像検索。

イメージ-サーチ〖image search〗▶イメージ検索

イメージ-サイトメトリー〖image cytometry〗▶イメージングサイトメトリー

イメージ-しょり【イメージ処理】画像処理。

イメージ-スキャナー〖image scanner〗▶スキャナー❷

イメージ-ストラテジー《和image＋strategy》商品・ブランド・企業などのイメージを想定し、どのようにそのイメージを作りあげ、広めていくかを計画的に策定すること。

イメージ-セッター〖image setter〗商業印刷物向けの高解像度の印刷機器。入力データとして、ポストスクリプト形式が利用されることが多い。

イメージ-センサー〖image sensor〗光の明暗を電気信号に変換する半導体素子の総称。デジタルカメラやビデオカメラでは、CCDやCMOSが用いられる。イメージャー。撮像素子。撮像センサー。

イメージセンサーシフトしき-てぶれほせい【イメージセンサーシフト式手ぶれ補正】デジタルカメラやビデオカメラなどで撮影する際の手ぶれを防ぐための機構の一。撮影者の手ぶれをセンサーで感知し、イメージセンサーを移動することで光軸を正しく補正する。レンズ交換式のデジタル一眼レフカメラの場合、補正機構をもたない従来のレンズを用いることができる。撮像センサーシフト式手ぶれ補正。イメージセンサーの種類により、CCDシフト式手ぶれ補正、CMOSシフト式手ぶれ補正ともいう。➡光学式手ぶれ補正 ➡電子式手ぶれ補正

イメージ-ソング《和image＋song》さまざまな催し、または企業などの宣伝のために作られた親しみやすい歌。

イメージ-ダウン〔名〕スル《和image＋down》周囲や世間に対する印象が悪くなること。「不祥事が重なり―する」⇔イメージアップ。

イメージ-チェンジ〔名〕スル《和image＋change》外見、やり方などを以前とまったく違えて、周囲や世間に与える印象を変えること。また、印象が変わること。略して「イメチェン」ともいう。「髪を短くして―する」「高層ビルが建って駅前が―する」
〘類語〙様変わり・変容・変貌・面変わり・変身

イメージ-トレーニング〖image training〗❶スポーツで、体を実際に動かすことをせず、頭の中で動作を考えて、その正しい運動動作を学習すること。❷ある事柄について、起こり得る場面、場合、対処方法などを、頭の中で考え、慣れておくこと。

イメージ-ハンプ《和image＋hump》道路で、舗装の色や材料を一部分だけ変え、凹凸があるように見せかけたもの。ドライバーに注意をうながし、自動車の速度を落とさせるために設ける。➡ハンプ❷

イメージ-ビデオ《和image＋video》直接的な宣伝や広告とは異なって、イメージを情緒的に伝えることで視聴者に好印象を与え、人気が出ることや商品の販売促進などに効果を与えることをねらって作られるビデオソフト。

イメージ-ファイバー〖image fiber〗光ファイバーを多数束ねたもので、一方の端から入った像を他端で観測できる。カメラに比べ熱や放射能に強い。

イメージ-ファイル〖image file〗ハードディスクやCD-ROM、DVD-ROMなどの内容を、データ構造も含めてひとまとめにファイル化したもの。バックアップの作成などに用いられる。

イメージ-プロセッシング〖image processing〗コンピューターを用いて、画像をデジタルデータに変換し、さまざまな処理を行うこと。

イメージ-まいふん【イメージ毎分】《image per minute》▶アイ-ピー-エム(ipm)

イメージ-マップ〖image map〗▶クリッカブルマップ

イメージ-メーカー《和image＋maker》選挙や商品販売のキャンペーンで、訴える対象に好ましい心象をもたせるように宣伝工作を受け持つ人々や企業。

イメージ-メモリー〖image memory〗ラスター式ディスプレーのために、図形データを記憶しておく装置。VRAM(ビデオラム)。➡ラスタースキャン

イメージメント《和image＋managementから》製品や事業内容を消費者のイメージに積極的に合わせようとする経営態度や方針。

イメージャー〖imager〗▶イメージセンサー

イメージ-リサーチ〖image research〗商品・ブランド・企業などのイメージがどのような現状にあるのかを、競合を含め、消費者・自社社員・取引先などを対象として調査すること。

イメージング-サイトメトリー〖imaging cytometry〗サイトメトリーの一。蛍光標識した細胞をレーザー光などで走査し、個々の細胞の情報や細胞集団の統計的振る舞いを、画像処理技術で抽出する分析手法のこと。イメージサイトメトリー。ICM(imaging cytometry)。

イメージング-テクノロジー〖imaging technology〗画像の生成・処理・伝送・表示などの技術の総称。

イメ-キャラ「イメージキャラクター」の略。

イメ-クラ「イメージクラブ」の略。

イメジェリー〖imagery〗❶像。心像。イメージ。❷患者をくつろがせ、さまざまなイメージを思い描かせることによって、症状をやわらげようという医療。米国で広く行われている手法。

いめ-たてて【射目立てて】〔枕〕射目を立てて獲物の足跡を調べる意から、「跡見(とみ)」にかかる。「―跡見の岡辺のなでしこが花」〈万・一五四九〉

イメ-チェン〔名〕スル「イメージチェンジ」の略。

いも【芋｜×薯｜×藷】❶植物の根や地下茎が肥大して、でんぷんなどの養分を蓄えているものの総称。ヤマノイモ・サトイモ・サツマイモ・ジャガイモなど。〘季 秋〙「―の露連山影を正しうす/蛇笏」❷(多く接頭語的に用いて)都会風でない、やぼなものをあざけっていう語。「―侍」「―歌手」

芋の煮えたも御存(ごぞん)じない 芋が煮えたのか煮えてないのかの区別もつかない。世間知らずな者をあざけっていう言葉。

芋を洗うよう 《里芋を桶(おけ)などに入れて棒でかきまぜて洗うようすから》狭い所で多数の人が込み合うようすのたとえ。芋の子を洗うよう。

いも【▽妹】❶男が女を親しんでいう語。主として妻・恋人をさす。「秋さらば見つつ偲(しの)へと―が殖(う)ゑし屋前(やど)の石竹(なでしこ)咲きにけるかも」〈万・四六四〉⇔兄(せ)。❷男の側から姉または妹をよぶ語。「言問はぬ木すら―と兄(せ)とありといふをただ独(ひと)り子にあるが苦しさ」〈万・一〇〇七〉⇔兄(せ)。❸女どうしが友人や妹を親しんでいう語。「風高く辺(へ)には吹けども―がため袖さへ濡(ぬ)れて刈れる玉藻そ」〈万・七八二〉

いも【痘=痕】《「いもがさ」の略》❶疱瘡(ほうそう)。天然痘。「笑ひ盛りなる緑子(みどりご)を…あらあらしき―の神に見込まれつつ」〈おらが春〉❷疱瘡のあと。あばた。「ちっとべい―はあるがと村仲人」〈柳多留・五〉

いも-あらい【芋洗い】(―あらひ) ❶芋を洗うこと。芋を入れた桶に水を注ぎ、棒でかき回すなどして芋に付いた泥を落とすこと。❷《❶の桶の中のように》たいへん混雑していることのたとえ。

いも-あん【芋×餡】サツマイモなどを蒸してすりつぶし、砂糖を加えて作った餡。

いもい【▽斎｜▽忌】(いもひ) ❶精進潔斎。物忌み。「御正日(しょうにち)には、上下の人々、皆―して」〈源・幻〉❷精進料理。「―の御鉢まるるべきを」〈源・若菜下〉

いも・う【▽斎ふ】(いもふ)〔動ハ四〕神を祭るために、心身を清める。「神垣に神籬(ひもろぎ)立てて―・へども」〈河海抄・一七〉

いも-うと【妹】《「いもひと(妹人)」の音変化》❶きょうだいのうちの年下の女。⇔姉。❷《「義妹」とも書く》夫や妻の妹。また、弟の妻。義妹(ぎまい)。❸古く、男からみて、その姉妹を呼ぶ語。妹、または姉。「一の君の事もくはしく問ひ給ふ」〈源・帚木〉⇔兄人(せうと)。

いもうと-ご【妹御】他人の妹を敬っていう語。

いもうと-ぶん【妹分】❶義妹(ぎまい)。❷妹同様の親しい関係。また、その人。

いもうと-むこ【妹婿】妹の夫。

いも-え【芋餌】(―ゑ) 釣り餌の一。煮たサツマイモをさいの目に切ったり練って固めたりしたもの。コイ・フナなどに用いる。

イモータル〖immortal〗〔形動〕不滅の。永久の。不死の。

いも-がい【芋貝】(―がひ) イモガイ科の巻き貝の総称。暖海の岩礁に多くみられ、貝殻は倒円錐形で厚く、サトイモに似る。殻表には種々の模様や色彩がある。毒腺のある矢状の歯で、魚やゴカイを刺して捕食する。タガヤサンミナシガイ・アンボイナガイなど。

いも-がお【痘=痕顔】(―がほ) 痘瘡(とうそう)のあとのある顔。あばたづら。いもがさがお。「―でも愛敬あばたで、随分思ひ付きのある方だ」〈滑・虚誕計・後〉

いも-が-きる【▽妹が着る】〔枕〕妹(いも)がかぶる御笠(みかさ)の意から、「三笠(みかさ)」にかかる。「―三笠の山に隠(こも)りてありけり」〈万・九八七〉

いもかけ-どうふ【芋掛(け)豆腐】▶山掛け豆腐

いも-がさ【×疱×瘡】痘瘡(とうそう)の古名。また、そのあと。いも。〈書言字考節用集〉

いも-がしら【芋頭】❶サトイモの塊茎。親芋。芋の頭(かしら)。人の頭(かしら)に立つ意を通わせ、また子が多いところから縁起物に用いる。〘季 新年〙❷形が❶に似ている、茶道具の茶入れや水指。

いも-が-そで【▽妹が袖】〔枕〕妹(いも)の袖を巻く意から、「巻来(まき)」にかかる。「―巻来の山の朝露に」〈万・二一八七〉

いも-がま【芋釜｜芋×竈】サツマイモを蓄えておくための穴蔵。

いも-がゆ【芋×粥】❶さいの目に切ったサツマイモを入れて炊いた粥。〘季 冬〙❷ヤマノイモを薄く切り、アマヅラの汁で炊いた粥状のもの。昔、宮中の大饗(だいきょう)などに用いた。

いも-がら【芋▽幹｜芋▽茎】サトイモの葉柄。また、それを日に干したもの。ずいき。いもじ。〘季 秋〙

いも-がり【▽妹▽許】妻または恋しい女性のいる所へ。「筑波嶺の裾廻(すそみ)の田居に秋田刈る―遣らむ黄葉(もみち)手折らな」〈万・一七五八〉➡許(がり)

いもかわ-うどん【芋川×饂×飩】(いもかは―) 平打ちうどん。ひもかわうどん。東海道の宿場芋川(愛知県刈谷市)の名物だった。

いも-ぐし【芋串】ゆでたり蒸したりした里芋の皮をむき、串に刺して焼き、味噌だれを塗った料理。栃木県日光、那須地方の郷土料理。

いも-けんぴ【芋けんぴ】サツマイモを細く切り、油で揚げて煮つめた砂糖をからめた菓子。

いも-ざけ【芋酒】ヤマノイモをすってまぜた酒。薬用酒として用いた。

いも-ざし【芋刺(し)】串で芋を刺すように、槍(やり)・刀などで人を刺し通すこと。串刺し。田楽(でんがく)刺し。

い-もじ《「ゆもじ(湯文字)」の音変化》腰巻。

い-もじ【い文字】「烏賊(いか)」の女房詞。

いも-じ【芋▽茎】《古くは「いもし」》「芋幹(いもがら)」に同じ。「―、荒布(あらめ)も、歯固めもなし」〈土佐〉

いも-じ【鋳▽物師】《「いものし」の音変化》鋳物をつくる職人。

いも-しゅうとめ【▽妹×姑】(―しうとめ) 妻の姉妹。姨(い)。

いも-じょうちゅう【芋焼酎｜×藷焼酎】(―セウチウ) サツマイモを原料として醸造した焼酎。鹿児島県の特産。いもちゅう。

いもじり【蟷=螂】《「いぼむしり」の音変化》カマキリの別名。

いも-じる【芋汁】❶芋を入れた味噌汁。❷とろろ

汁。(季 秋) ❸「芋田楽(いもでんがく)❷」に同じ。

いも-すけ【芋助】 ❶田舎の人などを軽蔑していう語。❷無知で不器用なこと。また、その人。

いも-せ【▽妹背┊▽妹▽兄】 ❶夫婦。夫婦の仲。「枕を並べし―も、雲居のよそにぞなりはつる」〈平家・灌頂〉❷兄と妹。姉と弟。「戯れ給ふさま、いとをかしき―と見給へり」〈源・末摘花〉(類語)(❶)夫婦・夫婦(めおと)・夫婦(ふうふ)・夫妻・配偶・匹偶(ひつぐう)・カップル

いもせ-どり【▽妹背鳥】 ❶セキレイの別名。❷ホトトギスをいう女房詞。

いもせ-むすび【▽妹背結び】 夫婦の縁を結ぶこと。結婚。「一世一度の―」〈浄・会稽山〉

いもせ-やま【妹背山】 ㊀和歌山県北部、かつらぎ町を流れる紀ノ川の北岸の背山と南岸の妹山。鉢伏(はちぶせ)山と長者屋敷のこと。(歌枕)「後れ居て恋ひつつあらずは紀伊国の妹背の山にあらましものを」〈万・五四四〉㊁奈良県中部、吉野町の吉野川を隔てて向かい合う南岸の背山と北岸の妹山。(補説)川を挟んで相対する山の併称で、他にも各地にある。

いもせやまおんなていきん【妹背山婦女庭訓】 いもせやまおんなていきん 浄瑠璃。時代物。五段。近松半二らの合作。明和8年(1771)大坂竹本座初演。大化の改新を背景に、大和地方の伝説を織り込んだ、雄大で幻想的な作品。「山の段(吉野川)」が有名。

いも-だい【芋台】 芋の茎や葉を作りつけた、婚礼の祝いに飾る台。芋は子がたくさんできるところから、子孫の繁栄を願うもの。

い-もたれ【胃×靠れ】 胃がもたれること。食べた物がいつまでも胃に残っているようで、重苦しく感じられること。

いもち-びょう【稲=熱病】 ―ビャウ 稲の葉や茎が変色し、穂が実らなくなる病害。糸状菌の一種の寄生によるもので、夏、気温が低く、多雨・多湿の年に多く発生。稲の病虫害の中で最も被害が大きい。

いも-ちゃしゃく【芋茶×杓】 茶道具の茶杓の一。もとは中国の唐宋時代の象牙(ざうげ)の薬さじで、日本に渡来して茶杓に使われた。先が笹の葉状で、柄の末端に薬を粉末にする小球がついている。芋の子茶杓。芋の葉茶杓。

いも-つぎ【芋継ぎ】 ❶煉瓦(れんが)積みや石積みなどで、縦の継ぎ目が一直線になるもの。崩れやすいので嫌われる。芋目地(いもめじ)。❷一方の木材に枘(ほぞ)を作り、他方の木材に枘穴を作ってはめ込む継ぎ手。

いも-づる【芋×蔓】 ヤマノイモやサツマイモのつる。

いもづる-しき【芋×蔓式】 蔓をたぐると芋が次々に出てくるように、多くの出来事が関連して続くこと。「疑獄事件の関係者が―に検挙される」

いも-でんがく【芋田楽】 ❶サトイモを蒸して串に刺し、味噌をつけてあぶった料理。❷《親芋と子芋を一つ串に刺すところから》親子の間柄で情交すること。婿養子が義母と通じることをいう場合が多い。いもじる。「あのお袋と清兵衛殿、―だと言ひ触らさば、是非とも破談にならねばならぬ」〈伎・色読販〉

いも-と【▽妹】「いもうと」の音変化。

いも-なっとう【芋納豆】 サツマイモを細かい角形あるいは輪切りにしてゆで、糖蜜にひたしてから煮つめ、砂糖をまぶした菓子。

いもに-かい【芋煮会】 ―クワイ サトイモなど野菜や肉を野外で煮て食べる集まり。(季 秋)

いも-に-こい【▽妹に恋ひ】 ―こひ〔枕〕妹(いも)を恋い、我(あ)が待つ意から、「あがの松原」にかかる。「―吾(あ)がの松原見渡せば」〈万・一〇三〇〉

い-もの【鋳物】 鉄・青銅・錫(すず)・鉛・アンチモン・アルミニウムなどの金属を溶かし、鋳型に流し込んで器物をつくる工法。また、その器物。➡打ち物

いも-の-こ【芋の子】 ❶親芋のまわりについている小さな芋。子芋。(季 秋) ❷形が❶に似ている、茶道具の茶入れ。

いもの-し【鋳物師】 鋳物をつくる職人。いもじ。

いもの-じゃく【鋳物尺】 鋳物用の木型をつくるときに使う物差し。溶けた金属が冷えて固まると収縮して小さくなるため、実際の寸法より目盛り間隔を長くしてある。鋳物差し。延び尺。木型尺。

いもの-ずな【鋳物砂】 鋳物用の鋳型をつくるために用いる砂。強度が大きく、耐火性・通気性・伸縮性などがよいものを使う。鋳型砂。

いもの-ぼり【鋳物彫(り)】 鋳造したものに彫刻すること。また、その製品。

いも-の-やま【芋の山】 連歌の用字法(修辞法)の一。語を転倒して、意味を強く印象づける手法。「山の芋」とあるべきところを「芋の山」とする類。

いも-ばん【芋版】 サツマイモなどを輪切りにした面に、文字や図案を彫りつけた版。絵の具や墨を塗って紙や布に押す。

イモビ-カッター《「イモビ」は「イモビライザー」の略》イモビライザーという自動車の盗難防止装置を不正に解除する器具。車体の電子制御装置に登録されたIDコードを書き換え、エンジンを始動させるもので、高級車の窃盗に使用される。

イモビライザー〖immobilizer〗自動車盗難を防ぐための電子装置。鍵に組み込まれたIDコードと車両のIDコードが一致しないとエンジンを始動できないようにしたもの。合い鍵などで自動車に侵入されても、エンジンを動かせないので盗まれにくい。

イモビライザー-わりびき【イモビライザー割引】 ►盗難防止装置割引

いも-ぼう【芋棒】 エビイモと棒鱈(ぼうだら)を煮合わせたもの。京都の名物料理。

いも-ほり【芋掘り】 ❶芋を掘ること。(季 秋) ❷田舎者を見下していう語。

いもほり-ぼうず【芋掘り坊主】 ―バウズ《芋を掘るよりほかに能のない僧の意から》無学の僧をののしっていう語。芋掘り僧。芋掘り僧都(そうづ)。「かく浅ましき―」〈浄・松風村雨〉

いも-むし【芋虫】 ❶蝶や蛾の幼虫のうち、毛のないものの総称。特に、サツマイモの葉につくスズメガ類の幼虫。(季 秋)「―や半分蝶になりかかり/来山」❷「俵返(たわらがえ)り」に同じ。

いもむし-ころころ【芋虫ころころ】 遊戯の一。大ぜいの子供が縦に並んでしゃがみ、前の子供につかまって、頭を左右に振りながら「いもむしころころ、ひょうたんぽっくりこ」とはやして練り歩く。いもむしごろごろ。

いも-めいげつ【芋名月】《里芋を供えるところから》陰暦八月十五夜の月。(季 秋)「雲霧や―の衣(きぬ)かつぎ/貞徳」➡栗名月(くりめいげつ) ➡豆名月(まめめいげつ)

いも-めし【芋飯】 サツマイモ・ジャガイモ・サトイモなどを入れた炊き込みご飯。

いも-めじ【芋目地】 ―メヂ「芋継ぎ❶」に同じ。

いも-やま【▽妹山】 一対の山を男女・夫婦に見立てたときの、女性・妻にあたる山。➡妹背山(いもせやま)

いも-ようかん【芋羊×羹】 ―ヤウカン サツマイモを蒸してつぶし、砂糖を加えて作ったようかん。

い-もり【井守┊蠑=螈】 ゐ― 有尾目イモリ科の両生類。日本固有種。体長8〜13センチ。背面は黒褐色で、腹面は赤色に黒い斑紋がある。四肢は短くて、尾は大きく、左右に扁平。池・井戸などにすむ。あかはらいもり。あかはら。にほんいもり。(季 夏)「浮み出て底に影ある―かな/虚子」

いもり-の-くろやき【井守の黒焼(き)】 ゐもり― ほれ薬の一。イモリの雌雄を焼いて粉末にしたもの。思う相手に知らせずに振りかけたり、酒に入れて飲ませたりすると、相手に恋心を起こさせる効果があるという。

い-もん【×倚門】 門戸に寄りかかること。門口に立つこと。

い-もん【異文】 普通と異なった模様や文様。

い-もん【慰問】 ゐ―〔名〕スル 不幸な境遇の人や、災害・病気で苦しむ人などを見舞うこと。「老人ホームを―する」「―品」(類語)慰安・慰藉(いしゃ)・見舞い・慰労

いもん-の-ぼう【×倚門の望】 ―バウ《「戦国策」斉策から》外出した子の帰りを待ちわびる母の愛情。倚閭(いりょ)の望。倚門の情。

いもん-ぶくろ【慰問袋】 ゐもん― 出征軍人などの慰問のために手紙・日用品・娯楽品などを入れた袋。

いや【▽礼】 ゐや 敬うこと。尊敬すること。礼儀。うや。「賢弟の―を納むる、何の望みかこれに過ぐべき」〈読・雨月・菊花の約〉

いや【祖谷】 徳島県三好(みよし)市の祖谷川・松尾川両流域一帯の称。平家落人伝説を伝える集落が多い。

イヤ〖ear〗《「イヤー」とも》耳。「―ホン」「―パッド(=耳当て)」

いや【嫌┊×厭】《「否(いや)」と同語源》㊀〔形動〕図〔ナリ〕❶欲しないさま。したくないさま。きらいだ。「―なものは―だ」「ピアノのレッスンがだんだん―になる」❷不愉快なさま。「―な顔一つせず手伝う」「会合で―な思いをする」「―な天気」➡いやに (派生)いやがる〔動ラ五〕いやさ〔名〕㊁〔接頭〕《近世上方語》名詞に付いて、いやな、いとわしい、の意を表す。「―客」「―勤め」「茨木屋にて御存じの―男にあひ申し候」〈浮・一代男・七〉

嫌という程 ❶それ以上いらないというくらい。あきるほど。「その話は―聞かされた」❷ひどく。「―腰を打つ」

い-や【▽弥】〔副〕《程度がはなはだしいさまを表す副詞「や」に接頭語「い」の付いたもの》❶いよいよ。ますます。「明治の御代も―栄えて」〈独歩・あの時分〉「去年(こぞ)見てし秋の月夜(つくよ)は渡れども相見し妹(いも)は―年離(さか)る」〈万・二一四〉❷きわめて。いちだんと。たいそう。「暁(あかとき)に名のり鳴くなるほととぎす―めづらしく思ほゆるかも」〈万・四〇八四〉❸最も。いちばん。「かつがつも―先立てる兄(え)をし枕(ま)かむ」〈記・中・歌謡〉

いや〔感〕❶驚いたり感嘆したりしたときに発する語。やあ。「―、これはすごいね」❷人に呼びかけるときや言い始めるときに発する語。「―申し、ちと申し上げたい事がござる」〈虎寛狂・附子〉

いや【▽否】〔感〕《「嫌(いや)」と同語源》❶相手の言ったことを否定し、自分の考えを述べようとするときに用いる語。いいえ。いえ。「―、そんなことはない」❷自分が言ったこと、考えていたことを取り消すときに用いる語。「五時、―もう六時になったかな」❸否定も肯定もしないで、話の合間に何となく発する語。「その、―、君、ちょっと来てくれ」

否が応でも「否でも応でも」に同じ。「―目標を達成しなければならぬ」

否でも応でも 承知でも不承知でも。どうしても。なにがなんでも。否が応でも。「―引き受けてもらう」「―今日いっぱいで締め切りだ」

イヤー〖ear〗►イヤ

イヤー〖year〗年。「ハッピーニュー―」

いやあ〔感〕❶驚いたとき、恥ずかしいとき、てれくさいときなどに用いる語。「―大変だ」「―どうもすみません」❷掛け声として発する語。

イヤーブック〖yearbook〗年鑑。年報。また、大学・高校などの卒業アルバム。

イヤー-ラウンド〖year-round〗通年であること。1年間を通しての。

いや-いとこ【▽弥従=兄=弟┊▽弥従=姉=妹】 父母のいとこの子。またいとこ。ふたいとこ。〈色葉字類抄〉

いや-いや【嫌嫌】 ㊀〔副〕しかたなく物事を行うさま。嫌だとは思いながら。しぶしぶ。「―承知する」「―仕事をする」「―ながら別れる」㊁〔名〕幼児などが、嫌がって首を横に振ること。「―をする」

いや-いや〔感〕強く驚いたり感嘆したりしたときに用いる語。「―、実におみごとです」

いや-いや【▽否▽否】〔感〕強く否定するときに用いる語。いえいえ。「―、それには及びません」

否否三杯(いやいやさんばい) 口では辞退して、勧められるままに何杯も飲むこと。遠慮は口先ばかりなこと。「いやいや三杯十三杯」「いやいや三杯、逼(に)げ逼げ五杯」などともいう。

いやいや・し【▽礼▽礼し┊▽恭し】 ゐやゐや―〔形シク〕礼儀正しい。うやうやしい。「あなかしこ、と―・しく書きなし給へり」〈源・真木柱〉

いや-おい【▽弥生】 ―おひ ❶草木がますます生い茂ること。「あづさ弓末野の草の―に春さへ深くなりぞしにける」〈新撰六帖・一〉❷陰暦3月。やよい。

いや-おう【▽否応】 不承知と承知。諾と否。「―を言

っていられない」
否応無し　承知も不承知もないようす。有無を言わせないようす。「—に連れ出す」
いやおち-に【▽弥▽復ちに】〔副〕《「おち」は若返る意の動詞「おつ」の連用形》いよいよ若返って。何度も初めにかえって。「我がやどに咲けるなでしこ賂はせむゆめ花散るな—咲け」〈万・四四四六〉
いやがうえ-に【▽弥が上に】〔副〕(多く「も」を伴って)なおその上に。ますます。「好守好打の連続で球場は—も盛り上がった」補説「嫌が上に」と書くのは誤り。類語一層・更に・もっと・ますます・いよいよ・より・も少し・もう少し・ずっと・余計・なお・なおさら・一段と
いや-がらせ【嫌がらせ】相手の嫌がることをしたり言ったりして、わざと困らせること。また、その言行。「—を言う」「—電話」
いや-が・る【嫌がる】〔動ラ五(四)〕いやだという気持ちを外に表す。「人が—・る仕事を引き受ける」「蛇を—・る」➡嫌う用法
類語嫌う・憎む・厭う・忌み嫌う・恨む・嫉む・呪う
いや-き【嫌気】❶「いやけ❶」に同じ。「嗚呼考え込めば裁縫も—になって来る」〈露伴・五重塔〉❷相場が思うとおりに動かなかったり、悪い情報が出たりして生じる悲観的な気持ち。また、そのような気持ちになること。いやけ。「—売り」「—筋」「テロ事件を—して売り注文が先行する」
い-やく【医薬】❶病気の治療に用いる薬品。❷医術と薬剤。また、医師と薬剤師。
類語薬・薬品・薬物・薬剤・薬餌
い-やく【意訳】〔名〕スル 原文の一語一語にとらわれず、全体の意味やニュアンスをくみとって翻訳すること。「こなれた日本語に—する」➡逐語訳 ➡直訳
い-やく【違約】〔名〕スル 契約や約束などにそむくこと。約束を違えること。「—すると賠償金を請求される」類語違背・破約
いやく-きん【違約金】債務者が債務不履行の場合に、債権者に支払うことを前もって決めた金銭。
いやくじょうほう-たんとうしゃ【医薬情報担当者】►エム-アール(MR)
いやく-しょぶん【違約処分】❶違約者に制裁として加える処分。❷取引所の売買取引で、期日に受け渡しをしない者に対する制裁処分。売買取引の停止・除名など。
いやく-てつけ【違約手付(け)】契約の際に手付けを交付した者が契約を履行しないとき、手付けを受けた者が没収できる手付け。
いやく-の-かみ【医薬の神】医薬をつかさどる神。大国主命や少彦名命。西洋ではアスクレピオス。
いやく-ばいしょう【違約賠償】取引所会員が売買取引の違約によって他の会員に損害を与えたとき、取引所が代わって損害を補償すること。
いやく-ひん【医薬品】病気の診断、治療、予防に用いる薬。薬事法で、開発・生産・使用について規制されている薬。医療用医薬品と一般用医薬品とがある。➡医薬部外品
いやくひんいりょうきき-そうごうきこう【医薬品医療機器総合機構】医薬品の副作用や生物由来製品を介した感染等による健康被害の救済に関する業務、薬事法に基づく医薬品・医療機器などの承認・審査関連業務、およびそれらの安全対策業務を行う非公務員型独立行政法人。平成13年(2001)の特殊法人等整理合理化計画により、国立医薬品食品衛生研究所医薬品医療機器審査センター、医薬品副作用被害救済・研究振興調査機構、財団法人医療機器センターの一部業務が統合され、同16年4月に設立された。PMDA(Pharmaceuticals and Medical Devices Agency)。
いやく-ぶがいひん【医薬部外品】薬事法に基づき医薬品と区別されている、人体に対する作用が緩やかな薬品。蚊取り線香・日焼け止めクリーム・脱毛剤・歯みがきなど。
いやく-ぶんぎょう【医薬分業】医師は診察して処方箋を書き、薬剤師はそれによって調剤すること。また、その制度。
いや-け【嫌気】❶嫌だと思う気持ち。気の進まないこと。いやき。「煮えきらない相手に—を起こす」❷「いやき❷」に同じ。
嫌気が差・す　嫌だと思う気持ちになる。いやきがさす。「今の仕事に—・す」「恋人に—・す」
いや-けい【祖谷渓】徳島県西部、三好市にある渓谷。吉野川支流の祖谷川に約10キロメートルにわたり深いV字谷を刻む景勝地。一帯は平家落人の隠れ里(隠田集落)があった所として知られる。剣山国定公園に属する。祖谷谷。祖谷渓谷。
イヤゴー〖Iago〗シェークスピアの悲劇「オセロ」に登場する人物。副官に登用されなかったことを恨んで、上官の将軍オセロを破滅させる。ずるくて冷酷な悪漢の典型とされる。イアーゴ。
いや-ごと【▽礼事】お礼の言葉。また、礼儀に関すること。「縞の先生活き返って—を謂う」〈鏡花・葛飾砂子〉
いや-さ〔感〕《感動詞「いや(否)」＋終助詞「さ」から。「いや」を強めていう語》❶相手の言葉を押さえ、自分の考えを述べようとするときに用いる語。「—、侍が町人にかやうに踏み叩かれ、おめおめ帰りて済むか」〈伎・壬生大念仏〉❷自分が今言ったことを取り消したり、訂正したりするときに用いる語。「もし、お富、—、お富さん」〈伎・浮名横櫛〉
いや-さか【▽弥栄】㊀〔名〕ますます栄えること。「国の—を祈る」㊁〔感〕繁栄を祈って叫ぶ声。ばんざい。
いやさか-おんど【弥栄音頭】民謡。北海道北西部沿岸地方のニシン漁でうたわれた労働歌。また、盆踊り歌。「はあ、いやさかさっさ」と囃すところからきた名称。
いやし【癒やし】肉体の疲れ、精神の悩み、苦しみを何かに頼って解消したりやわらげたりすること。補説昭和60年(1985)頃からはやりだしたか。
いや-じ【▽忌地|×厭地】►いやち
いやし・い【卑しい|×賤しい】〔形〕図いや・し〔シク〕❶身分・社会的地位が低い。「—・い身」❷品位に欠けている。下品だ。「—・い言葉遣い」「根性が—・い」❸貧しい。みすぼらしい。「服装が—・い」❹飲食物や金銭に対して貪欲である。さもしい。「口が—・い」「金に—・い」❺つたない。とるに足りない。「なにがし(=私)が—・しきいさめにて、すきたわめらむ女に心おかせ給へ」〈源・帚木〉派生いやしげ〔形動〕いやしさ〔名〕
いや-し・く【▽弥▽頻く】〔動カ四〕ますます頻繁になる。「鳴く鶏は—・き鳴けど降る雪の千重に積めこそ我が立ちかてね」〈万・四二三四〉
いやしくしく-に【▽弥▽頻く▽頻くに】〔副〕いよいよしきりに。「しぶたにの崎の荒磯に寄する波—古思ほゆ」〈万・三九八六〉
いやしく-も【×苟も】〔副〕《形容詞「いやし」の連用形＋係助詞「も」から》❶仮にも。かりそめにも。「—人の上に立つ者のすべきことではない」❷もしも。万一。「—これが事実なら、早急に対処すべきだ」❸(あとに打消しの語を伴って)いいかげんに。おろそかに。「一字一句を—せず」「畢生の事業として研究する積りでいるのだから、—筆を著けたくない」〈鴎外・かのやうに〉❹不相応にも。柄にもなく。「—勅命をふくんで、しきりに征罰を企つ」〈平家・七〉❺まことに。「さうしたお心を聞いてから、—いやましに思ひがこうなりました」〈浮・歌三味線・一〉
いやし-けい【癒やし系】安らぎを感じさせる人や物をいう。補説平成12年(2000)頃からの流行語。
いやし・む【卑しむ|×賤しむ】㊀〔動マ五(四)〕「卑しめる」に同じ。「詩名はいよいよ高く、帝も宰相もその才を愛しながら、その人を—・んだ」〈鴎外・魚玄機〉㊁〔動マ下二〕「いやしめる」の文語形。
いやし・める【卑しめる|×賤しめる】〔動マ下一〕図いやし・む〔マ下二〕下品な、とるに足りないものとして見下げる。軽蔑する。さげすむ。「自分自身を—・める行い」類語嘲る・見下す・見くびる・侮る・見下げる・蔑む・貶める
いやしん-ぼう【卑しん坊】意地汚いこと。特に、食物をむさぼること。また、その人。食いしん坊。いやしんぼ。
いや・す【癒やす】〔動サ五(四)〕病気や傷をなおす。苦痛や飢えなどをなおしたりやわらげたりする。「温泉につかって疲れを—・す」「のどの渇きを—・す」「心を—・す」可能いやせる
類語直す・医する・治療する・療治する・根治する
いや-たか・し【▽弥高し】〔形ク〕ますます高い。いよいよ高い。「この河の絶ゆる事なくこの山の—・からし」〈拾遺・雑下〉
いや-た・つ【▽弥立つ】〔動タ下二〕いっそうはっきりと決意する。「大君の御門の守り我をおきて人はあらじと—・て思ひし増さる」〈万・四〇九四〉
いや-ち【▽忌地|×厭地】《「いやぢ」とも》作物を連作した場合、生育が悪くなり、収穫が少なくなること。エンドウ・トマト・ナスなどに起こりやすい。
いや-ちこ【灼=然】〔形動ナリ〕❶神仏の利益や霊験などのあらたかなさま。「かく—なる奇瑞侍れば」〈読・弓張月・残〉❷際だって明らかなさま。「理実—なり」〈神武紀〉
いやつぎつぎ-に【▽弥次次に】〔副〕次から次へと続くさま。「—天の下知らしめししを」〈万・二九〉
いや-でも【▽否でも】〔副〕❶たとえ好まなくても。「—うわさが耳に入る」❷なんとしても。是が非でも。「明日までには—この仕事を終わらせる」
いや-とも【▽否とも】〔副〕いやでも何でも。どうでもこうでも。「まだこの上にも四の五のあれば、—に出所沙汰」〈浄・忠臣蔵〉
いや-とよ【▽否とよ】〔感〕《感動詞「いや(否)」＋連語「とよ」から》いや、そうではないよ。いやいや。いなとよ。「—源太。都はいまだ軍なかば、そなた一人帰されしは心得ず」〈浄・盛衰記〉
イヤドロップ〖eardrop〗耳飾りの一種。耳たぶから垂れ下がった形のもの。
いやなが-しょうきち【弥永昌吉】[1906～2006]数学者。東京の生まれ。東京帝大・学習院大学教授。整数論・代数学・幾何学を研究。日仏の文化交流や平和運動にも積極的に関わる。著作に「幾何学序説」など。
いや-な・し【▽礼無し】〔形ク〕礼儀を欠いている。無礼である。「まつろはず—・き人等なり」〈記・中〉
いや-に〔副〕《形容動詞「いや(嫌)だ」の連用形から》❶状態が異常であるさま。妙に。変に。「何だか—静かな晩だ」❷程度がはなはだしいさま。非常に。ひどく。「この本は—難しい」類語随分・かなり・相当・大分・大分・大層・頗る・やけに・えらく・馬鹿に
イヤ-パッド〖ear pad〗耳当て。
いや-はて【▽弥▽終】いちばんの果て。最終。最後。「句聖の死をなげきつつ—のしら梅の句をすがしむわれは」〈吉井勇・玄冬〉
いや-はや〔感〕驚きあきれたとき、また、落胆したときなどに発する語。これはまあ。いやもう。「—、たいへんな散らかりようだ」「—、面目ない」
イヤ-バンク〖ear bank〗死亡した人の鼓膜などを、耳の不自由な人に提供するために保管する施設。
いやひけ-に【▽弥日▽異に】〔副〕日を追っていよいよ。日増しに。「常なりし笑まひ振る舞ひ—変はらふ見れば悲しきろかも」〈万・四七八〉
いやひこ-じんじゃ【弥彦神社】新潟県西蒲原郡弥彦村にある神社。祭神は天香山命。越後国一の宮。やひこじんじゃ。
イヤプラグ〖earplug〗防音・防水用の耳栓。
イヤホーン〖earphone〗►イヤホン
イヤホン〖earphone〗《「イヤホーン」とも》耳に差し込んだりかぶせたりして、ラジオやオーディオ機器などからの音声を聞くための器具。
イヤホン-ガイド《和 earphone＋guide》演劇や美術を鑑賞するとき、イヤホンを通して流れる、わかりやすい解説。また、そのための機械。
イヤマーク〖earmark〗《元来は所有者を明示する

ために羊の耳につけた焼き印》❶貿易や借款によって外国で取得した金を、為替決済の支払い準備などの目的で、その国の中央銀行に寄託して保管しておくこと。❷借入国が貸付国の中央銀行に、借入金の一部を金で引き出せるように、特別勘定を設定してもらうこと。❸預金者の希望で、預金の一部を別勘定に移して、特別の取り扱いをすること。❹織物の端の部分に織りこまれた、製造メーカーのマーク。

いや-ま・う【▽礼ふ┊▽敬ふ】〔動ハ四〕礼儀を尽くす。うやまう。「朕ゎれ神を―・ふこと尚未だ尽くさざるか」〈北野本崇神紀〉

いや-まさ・る【▽弥増さる】〔動ラ五(四)〕数量がますます多くなる。いよいよ程度がはなはだしくなる。しだいに募る。「―・る恋心」

いや-まし【▽弥増し】㊀〔副〕ますますもっと。さらにいっそう。「彼女の死が―惜しまれてならなかった」〈中勘助・菩提樹の蔭〉㊁〔形動ナリ〕ますます多くなるさま。いよいよ激しくなるさま。「満ち来る潮の―に絶ゆること無く」〈万・三九八五〉

いや-ま・す【▽弥増す】〔動サ五(四)〕いよいよ多くなる。ますますはなはだしくなる。いやまさる。「寂しさが―・す」「暑さが―・す」

いや-み【嫌み┊×厭み】〔名・形動〕❶人に不快な思いを与える言動。あてつけや皮肉。また、それによって不快感を与えるさま。「―を言う」「―たっぷりな口ぶり」❷ことさらに気どっていて、いやらしいさま。「二枚目ぶって―な男」「凝りすぎて―な装飾」〔補説〕「嫌味」「厭味」と当てても書く。〔類語〕皮肉・当て付け・毒舌・当て擦り・揚げ足取り・風刺

いやみ-たらし・い【嫌みたらしい┊×厭みたらしい】〔形〕態度・言動などの感じがよくないさま。いかにもいやらしく思われるさま。いやみったらしい。「くどくどと―・く文句を言う」

いや・む【▽否む】〔動マ四〕気を悪くして憎む。嫌う。「国司も国司にこそよれ。我らにあひて、かうは言ふぞとて、―・み思ひて」〈宇治拾遺・三〉

いや-め【▽否目】〔名・形動ナリ〕悲しそうな目つき。また、悲しげなさま。「うちひそみつつ泣くを…なぞ斯く―なると、憎くをこにも思ふ」〈源・東屋〉

いや-もう〔感〕驚きあきれたとき、落胆したときなどに用いる語。いやはや。「―すごい混雑でした」

いや-やか【▽礼やか】〔形動ナリ〕礼儀正しいさま。うやうやしいさま。「家の人の出で入り、にくげならず―なり」〈土佐〉

いやよつぎ【弥世継】平安末期の歴史物語。2巻。藤原隆信著。成立年未詳。今鏡と増鏡の中間の時代を扱ったものとされるが、現存していない。

いやらし・い【嫌らしい┊×厭らしい】〔形〕〔文〕いやら・し〔シク〕❶態度・ようすなどが不愉快でいやみな感じである。いとわしい。「おべっかばかり使って―・い」❷好色らしい感じである。「―・い目つき」〔派生〕いやらしげ〔形動〕いやらしさ〔名〕

〔類語〕卑猥ひわい・淫猥・猥褻わいせつ・淫靡いんび

イヤリング〖earring〗《「イアリング」とも》耳につけるアクセサリー。耳飾り。耳輪。

いや・る【▽言やる】〔動ラ四〕《「いいやる」の音変化》「言う」の尊敬語。おっしゃる。「はて、そこな人は、無理なことを―・る人ぢゃ」〈狂言記・柿売〉

イ-ヤンジ【李良枝】［1955～1992］小説家。山梨の生まれ。在日韓国人二世。9歳のとき日本国籍を取得。本名、田中淑枝よしえ。早稲田大学中退ののちソウル大学に入学。自身の留学体験を描いた「由熙ユヒ」で芥川賞受賞。他に「かずきめ」「刻」など。肺炎のため37歳の若さで急逝。

い・ゆ【射ゆ】〔動ヤ下二〕《動詞「い(射)る」の未然形に、古く、上一段にも接続したといわれる受身の助動詞「ゆ」が付いて一語化したもの》射られる。「―・ゆ鹿ししをつなぐ川辺の和草にこぐさの身の若かへにさ寝し児らはも」〈万・三八七四〉

い・ゆ【癒ゆ】〔動ヤ下二〕「いえる」の文語形。

い-ゆう【畏友】尊敬している友人。また、友人に対する敬称。「―鈴木君」

いゆう-ごうきん【易融合金】錫すず・鉛・ビスマス・カドミウムなどを主成分とする融点の低い合金。火災報知器・ヒューズなどに使用。可融合金。低融点合金。

い-ゆ・く【い行く】〔動カ四〕《「い」は接頭語》行く。「あをによし奈良の京師みやこの佐保川に―・き至りて」〈万・七九〉

いゆしし-の【射ゆ▽獣の】〔枕〕射られて傷を負った獣の意から、「心を痛み」「行き死ぬ」にかかる。「闇夜なす思ひ迷まとはひ―心を痛み」〈万・一八〇四〉「―行きも死なむと思へども」〈万・三三四四〉

いよ【伊予】㊀旧国名の一。現在の愛媛県にあたる。予州。㊁愛媛県中部の市。伊予灘に面し、花がつお、ミカンの生産が盛ん。人口3.8万(2010)。

いよ【壱与】魏志倭人伝ぎしわじんでんにみえる、3世紀ごろの倭の女王。卑弥呼ひみこの死後、国中が内乱となったが、13歳になる同族の壱与が女王となって乱が治まったという。〔補説〕「臺与とよ」の誤写とみる説もある。

いよ【▽弥】〔副〕《「いや」の音変化》いよいよ。ますます。「宿なき人の如く、―遠くわれは歩まん」〈荷風訳・そぞろあるき〉

いよ-いよ【×愈┊×愈々】〔副〕❶持続的に程度が高まるさま。ますます。より一層。「一雨が激しくなる」❷不確定なものが確定的になるさま。まさしく。「昇進は―明らかだ」「―もって彼が怪しい」❸待望していた物事が成立したり実現したりするさま。とうとう。ついに。「新社屋が―完成する」「―試合開始だ」❹重大な事態に至ろうとしているさま。いざ。「―の時は加勢を頼むよ」〔類語〕更に・一層・ますます・より・一段と

い-よう【医用】医療のために使用すること。また、そのもの。「―電子工学」

い-よう【威容】人や建物のりっぱで威厳のあるようす。威勢のあるりっぱな姿。「―を誇る大聖堂」

〔類語〕偉容・英姿・雄姿・勇姿・威風

い-よう【移用】〔名〕スル 歳出予算または継続費に定めている経費を、各部局の間、また予算各項の間で融通すること。あらかじめ国会の議決を経ていることと、財務大臣の承認が必要。➡流用

い-よう【偉容】仰ぎ見るほどのすぐれてりっぱな姿。堂々たる姿。「富士の―を仰ぐ」

〔類語〕威容・英姿・雄姿・勇姿・威風

い-よう【異様】〔形動〕〔文〕〔ナリ〕ようすが普通でないさま。変わっているさま。「―な光景」「目が―に輝く」〔派生〕いようさ〔名〕

〔類語〕グロテスク・おどろおどろしい・グロ・変

いよう〔感〕❶人をほめはやすとき、ひやかすときに発する語。いよっ。「―、大統領」❷驚きや喜びを表すときに発する語。やあ。いよっ。「―、久しぶりだね」

イョーテボリ〖Göteborg〗➤イェーテボリ

いよおんとう-ひぶん【伊予温湯碑文】推古天皇4年(596)に聖徳太子が伊予の道後温泉を訪れたことを記した碑文。現存しないが、その銘文は「釈日本紀」に引用されている。

いよ-かずら【×伊予▽葛】スズメノオゴケの別名。

いよ-がすり【×伊予×絣】愛媛県松山市付近で産する木綿の紺絣。農村向けの作業着や夜具地などに用いる。松山絣。

いよ-かん【×伊予×柑】ミカンの一種。ナツミカン系統で、山口県で発見されたが、明治中期から愛媛県で栽培。2、3月ごろ熟し、果肉は多汁で、皮はむきやすい。いよみかん。

い-よく【意欲】〔名〕スル ❶進んで何かをしようと思うこと。また、その心の働き。「―あふれる人材を求める」「研究―に燃える」「衝動はこれに能動的に働きかけて認識し、情感し、―する」〈倉田・愛と認識との出発〉❷哲学で、種々の動機の中から選択した目標に、積極的に働く意志活動。狭義には、主観的、特殊的な意志活動、すなわち任意・気随の意。

〔類語〕気概・気骨・骨っ節・反骨・欲

いよく-てき【意欲的】〔形動〕物事を積極的に成し遂げようとするさま。「―な作品」「―に取り組む」

いよ-ざね【×伊予▽札】鎧よろいの小札こざねの一種。伊予の職人により考案された。多くは鉄製で、左右の両端を少し重ねてとじ合わせる。室町時代ごろから流行した。伊予小札。

いよし　女性が手紙の最後に用いた語。いよいよ。ますます。いよよ。「袖そでから渡す一結び片仮名のより五大力、―とまではほの見ゆる」〈浄・三世相〉〔補説〕「⺀〜」の反復記号「〳〵」を「し」に誤った語とも、「弥いよ」に副助詞「し」の付いた語ともいう。

いよ-し【伊予市】➤伊予㊁

いよし-ごげん【いよし御▽見】近世、遊女などが手紙に用いた語。きっとお目にかかりたい、の意。いよ御見。「飽あかぬ別れのあしたより、日ぶみ、血文の付け届け、―と書いたるは」〈浄・女腹切〉

いよ-すだれ【×伊予×簾】❶伊予国上浮穴かみうけな郡露峰つゆのみね産の篠竹しのだけで編んだ上等のすだれ。いよす。❷名物の古瀬戸茶入れの銘。小堀遠州の命名による。❸名物切の名。緞子どんすで、細かい石畳地紋の上に宝尽くしを織り出したもの。小石たたみ。

いよ-ぞめ【×伊予染(め)】染め文様の名。縞模様に濃淡をつけ、重ねた伊予簾すだれ2枚を透かしてできる木目のような文様に染めたもの。江戸時代、文化年間(1804～1817)に流行した。

いよ-だ・つ【▽弥立つ】〔動タ四〕寒さや恐ろしさのために身の毛が逆立つ。よだつ。「これを聞きて心に怖れをなし、身の毛―・つ」〈今昔・一・六〉

いよ-と【×伊予×砥】伊予国から産した砥石。白色で質が軟らかく、刀剣をとぐのに適する。

いよ-どうまる【×伊予胴丸】伊予札いよざねで作られた胴丸。

いよ-なだ【伊予灘】瀬戸内海西部、佐田岬半島から屋代やしろ島にかけて広がる海域。北東は安芸あき灘に、西は周防すおう灘に接する。

イヨネスコ〖Eugène Ionesco〗［1912～1994］フランスの劇作家。ルーマニア生まれ。「禿の女歌手」「授業」「椅子」などで、アンチテアトル(反演劇)の代表者となった。ほかに「犀」「瀕死の王」など。

いよ-ぶし【×伊予節】民謡。もとは伊予松山地方の座敷歌。幕末ごろ、上方や江戸で流行。明治期には地方にも普及して、多くの替え歌が生まれた。

いよ-ほうしょ【×伊予奉書】伊予国で作られた奉書紙。主として浮世絵・扇などに用いた。

いよ-まさがみ【×伊予×柾紙】伊予国で作られた柾紙。越前産に次ぐ良質紙とされ、浮世絵用紙として需要が多かった。伊予柾。

いよ-まんざい【×伊予万歳】民俗芸能の一。愛媛県中部を中心に行われる祝福芸。太夫・才蔵・次郎松に三味線・太鼓の囃子はやしがつき、踊り子が出る。扇を多数使って老松を表す「松づくし」や、「お染久松」「忠臣蔵」などの寸劇も演じる。本来は正月のもの。

イヨマンテ《アイヌ語。「イオマンテ」とも》「熊くま送り」に同じ。

いよみしま【伊予三島】愛媛県東部にあった市。燧灘ひうちなだに面し、製紙工業が盛んであった。平成16年(2004)川之江市、新宮しんぐう村、土居どい町と合併して四国中央市となる。➡四国中央

いよみしま-し【伊予三島市】➤伊予三島

いよよ【×愈】〔副〕《「いよいよ」の音変化》ますます。いっそう。「昔見し象きさの小川を今見れば―さやけくなりにけるかも」〈万・三一六〉

い-よ・る【居寄る】〔動ラ四〕座ったまま近くに寄る。にじり寄る。「久しう会はざりつる人の詣で会ひたる、めづらしがりて近う―・り」〈枕・三三〉

いよ-ろう【×伊予×蝋】愛媛県(伊予国)に産する木蝋もくろう。ハゼノキの実から作られる。

いら【×伊▽良】ベラ科の海水魚。全長約40センチ。体はタイに似て、橙赤とうせき色。日本中部以南の岩礁に分布。寒鯛かんだい。

いら【▽刺】❶草木のとげ。いらら。❷魚の背びれのとげ。❸イラクサのこと。

いら【▽苛】〔接頭〕形容詞またはその語幹に付いて、かどばっている、はなはだしい、などの意を表す。「―たか」「息なまぐさし―ぐさし」〈酒食論〉

い-らい【以来┊×已来】❶その時よりこのかた。それより引き続き。「正月―ずっと禁煙している」❷こののち。今後。以後。「―慎みます」
類語 その後・以後・以降・爾後・爾来・あと・向こう・今後・向後・向後・この先・これから・今から

い-らい【依頼】〔名〕スル ❶人に用件を頼むこと。「―を引き受ける」「執筆を―する」❷他人を当てにすること。頼み。「―心が強い」類語 要請・懇請・懇願・請託

いら-いら【▽苛▽苛】㊀〔副〕スル ❶思いどおりにならなかったり不快なことがあったりして、神経が高ぶるさま。いらだたしいさま。「連絡がとれず、―する」❷陽光などが強く照りつけるさま。じりじり。「―と畳のはしへ射し入っている日影を見つめて」〈三重吉・桑の実〉❸とげなどが皮膚に刺さる感じを表す。ちくちく。「のどが―する」「刺に手を触れて見ると、―と指をさす」〈漱石・草枕〉㊁〔名〕神経が高ぶって、落ち着きを失っている状態。「―がつのる」アクセント㊀はイライラ、㊁はイライラ。類語 かりかり・じりじり・やきもき・むしゃくしゃ

いらいら-し・い【▽苛▽苛しい】〔形〕文いらいら・し〔シク〕心がいらだつさま。いらいらするさま。じれったい。「お島は―・い目をすえて、じっと見つめていたが」〈秋声・あらくれ〉

イライラ-せんそう【イライラ戦争】➡イランイラク戦争

いら・う【▽弄う┊×綺う】〔動ワ五(ハ四)〕《「いろ(弄)う」の音変化か》❶いじる。さわる。ふれる。「そんなに店の物を―・いまわるな」〈黒島・二銭銅貨〉❷からかう。なぶる。「あんまり深切が過ぎて、人を―・ふ様な言ひ分」〈浄・極彩色娘扇〉

いら・う【▽応ふ┊▽答ふ】〔動ハ下二〕「いら(応)える」の文語形。

いらえ【▽応え┊▽答え】こたえること。返事。「中からすぐ―があった」〈山本有三・波〉

いら・える【▽応える┊▽答える】〔動ア下一〕文いら・ふ〔ハ下二〕返事をする。こたえる。「声をかくれば、『ヘイ』と―・えて」〈逍遥・当世書生気質〉

いらか【×甍】《高くとがっている部分の意の「苛処」からという》❶家の上棟。家屋の背。屋根の頂上の部分。また、屋根に葺いた棟瓦。❷屋根瓦。また、瓦葺きの屋根。「―の波」❸切妻屋根の下にある三角形の壁の部分。

甍を争・う《棟瓦の高さを競う意から》家がびっしり建ち並んでいるさまをいう。「商家が―・う」

いら-が【▽刺×蛾】イラガ科のガ。体はふっくらし、黄色で、翅の開張約33ミリ。前翅の先半分が褐色、付け根は白褐色。幼虫は「いらむし」とよばれ、毒針をもち、触れると痛い。カキ・カエデ・ヤナギなどの葉を食べる。繭は「すずめのしょうべんたご」とよばれる。

いらか-づくり【×甍造(り)】➡切妻造り

い-らく【×怡楽】〔名〕スル 喜び楽しむこと。「悠々たる追憶の―の中から」〈啄木・葬列〉

い-らく【慰楽】慰みと楽しみ。「置いて来た金包みの裡に、…永久的な―が包蔵されて居たような」〈宮本・禰宜様宮田〉

イラク〖Iraq〗アジア大陸南西部の共和国。首都バグダッド。メソポタミア文明の発祥地。宗教はイスラム教。英国の委任統治領から1932年王国として独立、58年共和国となる。80年代にフセイン政権が国境を巡ってイランと争った。90年クウェートに侵攻するも、翌年米国を中心とする多国籍軍により撃退。2003年に大量破壊兵器保有の嫌疑を受けて米英などの攻撃を受けてフセイン政権が崩壊。イスラム教宗派間・民族間の対立が増すが06年5月、民主選挙による初の政府が発足。チグリス・ユーフラテス両河流域の平原を中心に灌漑農業が発達。ナツメヤシの産地。油田も多い。人口2967万(2010)。

いら-くさ【▽刺草┊蕁=麻】イラクサ科の多年草。関東以西の山地に自生。高さ0.5～1メートル。茎と葉に毒液を含むとげがあり、触れると痛い。葉は卵円形で縁にぎざぎざがある。秋、葉のわきから穂を2本ずつ出し、その上方に淡緑色の雌花を、下方に緑白色の雄花をつける。茎から繊維をとり、若芽は食用。イラクサ科の植物は繊維組織がよく発達し、ウワバミソウ・カラムシなども含まれる。いたいたぐさ。おにあさ。

いらくさ-おり【▽刺草織(り)】イラクサの茎の繊維から紡いだ糸で織った織物。

イラクじんどうふっこうしえん-とくそほう【イラク人道復興支援特措法】➡イラク特別措置法

イラク-せんそう【イラク戦争】2003年3月に米国を中心とする多国籍軍がイラクに侵攻して始まった戦争。イラクが、湾岸戦争(1991年)の停戦条件として受諾した大量破壊兵器廃棄の義務を果たさず、秘密裡に核兵器開発などを行っていたことが発覚し、その後も国連の査察に対して妨害を続けたことなどの理由による。作戦名は「イラクの自由作戦」。イラクのフセイン大統領は2003年12月に逮捕され、06年12月に死刑に処せられた。11年12月、イラク駐留米軍部隊の完全撤退によって戦争は終結した。➡イラク特別措置法

イラク-とくそほう【イラク特措法】➡イラク特別措置法

イラク-とくべつそちほう【イラク特別措置法】《「イラクにおける人道復興支援活動及び安全確保支援活動の実施に関する特別措置法」の略称》イラクの復興支援への自衛隊派遣を合法化するための法律。平成15年(2003)7月成立8月施行。4年間の時限立法。自衛隊による人道復興支援活動・安全確保支援活動を行うことを目的とする。活動の範囲は非戦闘地域に限定。同18年7月、陸上自衛隊がサマワでの活動を終えて撤退。同19年3月に法律の2年延長を決定。同21年2月に空輸支援活動を行っていた航空自衛隊が撤収を完了した。イラク特措法。イラク人道復興支援特措法。イラク復興支援特措法。➡イラク戦争

イラクふっこうしえん-とくそほう【イラク復興支援特措法】➡イラク特別措置法

イラク-ボディーカウント〖Iraq Body Count〗イラク戦争によって死亡したイラクの非戦闘員・民間人の数を、報道から算出・計算しようというNGO活動。IBC。

いら-くら〔副〕スル 気がいらだつさま。いらいら。「苦しいと思う程思い乱れて―した、その女である」〈二葉亭訳・めぐりあひ〉

イラクリア-とう【イラクリア島】《Irakleia》ギリシャ南東部、エーゲ海に浮かぶ島。キクラデス諸島に属し、ナクソス島とイオス島の間に位置する。中心地はパナギア。古代ギリシャ時代の城塞や神殿の遺跡が残っているほか、アギオスイオアニス洞窟という巨大な鍾乳洞がある。

イラクリオン〖Iraklion〗ギリシャ南部、クレタ島の港湾都市。イタリア語、およびトルコ語での呼称はカンディア。同島中央部の北岸に位置し、エーゲ海に臨む。9世紀頃にアラブ人が町を建設し、ビザンチン帝国、ベネチア共和国の領土となり、17世紀にオスマン帝国に支配された。20世紀初頭よりギリシャ領。1971年にハニアに代わり同島の行政の中心地になった。画家エル＝グレコ、小説家ニコス＝カザンザキスの生地。イラクリオ。ヘラクリオン。

いらご-ざき【伊良湖崎】「伊良湖岬」に同じ。歌枕「―に鰹釣り船並び浮きてはがちの波に浮かびつつぞ寄る」〈山家集・中〉

いらご-すいどう【伊良湖水道】愛知県の伊良湖岬と三重県鳥羽市の神島との間の海峡。潮流が速く暗礁もあり航海の難所。

いらこ-せいはく【伊良子清白】［1877～1946］詩人。鳥取の生まれ。本名、暉造。別号、すずしろのや。文庫派詩人の一人。詩集「孔雀船」がある。

いらご-みさき【伊良湖岬】愛知県、渥美半島南西端の岬。日出の石門・恋路ヶ浜などがある。いらござき。

いら-ざる【要らざる】〔連語〕不必要な。よけいな。いらぬ。「―世話を焼く」

イラジエーション〖irradiation〗❶写真で、強い光がフィルムに当たると画像の周囲が黒くなり、不鮮明になる現象。感光膜中の銀粒子の結晶表面での光の乱反射による。光滲。➡ハレーション❶❷物理学・医学などで、放射線を照射すること。

イラショナル〖irrational〗〔形動〕不合理なさま。非合理的。「―な行動」↔ラショナル。

イラスト「イラストレーション」の略。

イラスト-マップ《和 illustration＋mapから》観光案内などのための絵地図。

イラストレイテッド〖illustrated〗さし絵を入れた出版物。写真を中心とした出版物。

イラストレーション〖illustration〗書物や広告に用いられる説明や装飾のための挿絵・図解や写真。
類語 絵・絵図・絵画・図画・図絵・素描・画・イラスト・スケッチ・デッサン・カット・クロッキー

イラストレーター〖illustrator〗イラストを描くことを職業としている人。挿絵画家。
類語 絵描き・画家・画工・絵師・画伯・デザイナー・画工・画人・墨客

いらず-やま【入らず山】立ち入ると不幸が起きるという禁忌の山。癖山。癖地。

いら-せら・れる〔動ラ下一〕文いらせら・る〔ラ下二〕《動詞「い(入)る」の未然形に尊敬の助動詞「す」と「られる」が付いたものから》❶「行く」「来る」「ある」「居る」の尊敬語。「いらっしゃる」よりも高い敬意を表す。「陛下が国技館へ―・れる」「王妃は城内に―・れる」❷(補助動詞)補助動詞「ある」「いる」の尊敬語。「いらっしゃる」よりも高い敬意を表す。「大変喜んで―・れた」「いつもお美しくて―・れる」

いら-たか【▽苛高┊▽刺高】《「いらだか」とも》❶角だってごつごつしていること。「―の老木にそひて」〈泣菫・零余子〉❷「苛高数珠」の略。「持ったる―、知盛の首にひらりと投げかくれば」〈浄・千本桜〉

いらたか-じゅず【▽苛高数珠】そろばんの玉のように平たくて角の高い玉を連ねた数珠。修験者が用い、もむと高い音がする。いらたか。

いらだたし・い【▽苛立たしい】〔形〕文いらだた・し〔シク〕《動詞「いらだつ」の形容詞化》思いどおりにならなくて、焦るさま。落ち着かないでじりじりするさま。「なかなか許可がおりなくて―・い」派生 いらだたしげ〔形動〕いらだたしさ〔名〕類語 もどかしい・じれったい・歯がゆい・まだるっこい・回りくどい

いら-だち【▽苛立ち】《動詞「いらだつ」の連用形から》思うようにならず気持ちが高ぶること。いらいらする気持ち。「煮えきらない態度に―を覚える」
類語 焦燥・焦慮

いら-だ・つ【▽苛立つ】㊀〔動タ五(四)〕気持ちがいらいらして、じっとしていられなくなる。じれる。「―・つ気持ちを抑える」「じらされて、心が―・つ」㊁〔動タ下二〕「いらだてる」の文語形。類語 じれる・苛つく

いら-だ・てる【▽苛立てる】〔動タ下一〕文いらだ・つ〔タ下二〕気持ちをいらいらさせる。いらだたせる。「ささいなことに神経を―・てる」

いらち【▽苛ち】〔名・形動〕《動詞「いらつ」の連用形の名詞化》いらいら、せかせかとして落ち着かないこと。また、そのような人やさま。「―な人」

いら・つ【▽苛つ】㊀〔動タ五(四)〕気持ちが落ち着かなくいらいらする。いらだつ。「待ちかねて気を―・ちながら」〈二葉亭訳・めぐりあひ〉㊁〔動タ下二〕物事を早くするようにせきたてる。「下り候へ、と―・てけれども」〈平家・一〉

いら-つ・く【▽苛つく】〔動カ五(四)〕思うようにならず、いらいらする。「仕事がはかどらず―・く」
類語 じれる・苛立つ

いら-つ-こ【▽郎子】上代、若い男性を親しんで呼んだ語。いらつきみ。↔郎女。「太子菟道稚郎子―、位を大鷦鷯尊に譲りまして」〈仁徳紀〉

いらっしゃい《「いらっしゃる」の命令形》❶おいでなさい。「こっちへ―」「まだ寝てて―」❷歓迎の心持ちを表すあいさつの言葉。「いらっしゃいまし」の略ともいう。「やあ―。どうぞお上がりください」

いらっしゃ・る〔動ラ五(四)〕《動詞「いらせらる」(下二

段)が変化して五段(四段)活用化したもの》❶「行く」「来る」「居る」の尊敬語。おいでになる。「休日にはどこへ―・るのですか」「先生が―・った」「明日は家に―・いますか」❷(補助動詞)㋐(動詞の連用形に接続助詞「て」を添えた形に付いて)「ある」「いる」の尊敬語。「原稿を書いて―・る」㋑(形容詞の連用形に接続助詞「て」を添えた形、また形容動詞の連用形に付いて)補助動詞「ある」「いる」の尊敬語。「いつもお若くて―・る」「ご健康で―・る」(補説)連用形が丁寧の助動詞「ます」に続くときには、「いらっしゃいます」の形をとる。また、語源は「入らせらる」であるから、「居らっしゃる」と書くのは誤り。(類語)居る・居おる・居合わせる・控える・存在・おられる・おいでになる・おわす・おわします・まします・ある・来る・参る・行く

いら-つ-め【▽郎女】上代、若い女性を親しんで呼んだ語。いらつひめ。⇔郎子いらつこ。「水歯﨟みづはの―、五百野皇女いほののひめみこを生み」〈景行紀〉

いら-な-し【▽苛なし】〔形ク〕❶心が苦しい。心苦しく不安だ。「悲しけくここに思ひ出―・けくそこに思ひ出」〈万・三九六九〉❷際だってはなはだしい。「候ふ人々も―・くなむ泣きあはれがりける」〈大和・一六八〉❸大げさだ。事々しい。「文挿に文はさみて、―・くふるまひて、この大臣に奉る」〈大鏡・時平〉❹強い。鋭い。「天の下の―・き軍士いくさなりとも打ち勝ちなむや」〈宇津保・藤原の君〉

いら-なみ【▽苛波】いらだっているようにせわしなく小刻みに立つ波。「海水が東へ東へと落ちつきなく―を立て立て流れて」〈志賀・暗夜行路〉

いら-ぬ【要らぬ】〔連語〕不必要な。余計な。いらざる。「―心配をする」

いらぼ【×伊羅保】李朝時代に作られた高麗茶碗の一。鉄分の強い素地のため、表面がざらざらし、土灰釉どばいゆうで青色や黄色に微妙に変化しているもの。

いら-むし【▽刺虫】イラガの幼虫。体長約2センチの毛虫で黄・桃・青・黒色の色彩模様があり、毒針をもつ。

いららが・す【▽苛らがす】〔動サ四〕《「いららかす」とも》角張らせる。高く突き出させる。目立つようにする。いからす。「猪のししの出で来て…毛を―・して走りてかかる」〈宇治拾遺・九〉

いらら・ぐ【▽苛らぐ】《「いららく」とも》㊀〔動ガ四〕❶角張る。突っ張る。「こはごはしう―・ぎたる物ども着給へる」〈源・手習〉❷寒さなどで、鳥肌が立つ。「いと寒げに、―・ぎたる顔して持て参る」〈源・橋姫〉㊁〔動ガ下二〕「いららがす」に同じ。「目を―・げ歯がみをして」〈太平記・二六〉

いら・る【▽焦る｜▽苛る】〔動ラ下二〕「いられる」の文語形。

いら・れる【▽焦れる｜▽苛れる】〔動ラ下一〕図いら・る〔ラ下二〕心が落ち着かないで、いらだつ。「身は弥々いよいよ危く心は益々―・れる」〈風葉・下士官〉「心もとなけれど、なほなほとうちつけに―・れむも様あしければ」〈源・夢浮橋〉

イラワジ-がわ【イラワジ川】がは《Irrawaddy》ミャンマー中央部を流れる川。中国との国境付近に源を発し、マンダレー平野を通り、アンダマン海に注ぐ。長さ2090キロ。

い-らん【違乱】ヰ ❶秩序を乱すこと。また、物事が乱れること。「今度の御即位に―なくめでたき様を」〈平家・四〉❷他人の考え・行為に反対すること。「家財残らず娘のお亀婿の与兵衛夫婦に譲り申し候。外ほかより―少しもなし」〈浄・卯月の紅葉〉

イラン〖Iran〗アジア大陸南西部のイスラム共和国。首都テヘラン。1925年パフラビー朝が成立、35年に国名をペルシアからイランと改称。79年のイラン革命まで王国。北のカスピ海沿岸で灌漑かんがい農業が行われるほかは、ほとんど高原と砂漠地帯で、南はペルシア湾に臨む。南西部には油田が集中し、世界有数の産油国。正式名称はイラン-イスラム共和国。人口7692万(2010)。

イランイラク-せんそう【イランイラク戦争】―センサウ 国境問題、ペルシア湾岸地域の覇権などをめぐってイランとイラクとの間に起こった戦争。1980年9月のイラク軍のイラン侵攻によって開戦。88年8月に停戦。イ-イ戦争。イラ-イラ戦争。

イラン-イラン〖ylang-ylang｜ilang-ilang〗バンレイシ科イランイランノキ属の常緑高木。花から香水用の油をとる。

イラン-かくめい【イラン革命】1979年、パフラビー朝の独裁を廃して、イスラム教に基づく共和国を樹立した革命。亡命中のホメイニ師が帰国して指導者となった。イスラム革命。

イラン-ご【イラン語】インド-ヨーロッパ語族の一語派。古・中・近代の3層に分けられる。古代では古代ペルシア帝国の残した碑文とゾロアスター教の聖典アベスタの言語により、近代ではペルシア語によって代表される。

イラン-こうげん【イラン高原】―カウゲン イランの主要部を占め、アフガニスタン・パキスタンの西部にまたがる平坦な高原。降水量が少なく、カビール砂漠・ルート砂漠が広がる。

イランド〖eland〗►エランド

いり【入り】❶外から、ある場所や社会などにはいること。「仲間―」「楽屋―」❷ある物の中にはいっていること。また、その分量やはいりぐあい。「客の―がいい」「ユズ―豆腐」❸日や月がしずむこと。「日の―」❹(「要り」とも書く)入用。入費。かかり。「物―」❺収入。あがり。みいり。「―が少ない」「―のいい仕事」❻ある時期・期間などにはいる最初の日。はじまり。「彼岸の―」「土用の―」(類語)(❹)費用・掛かり・費ついえ・入いり目・入いり用・入用にゅうよう・入費にゅうひ・出費・用度・経費・コスト/(❺)収入・所得・入金・実入り・稼ぎ・実収・現収・歳入・定収・インカム

いり【×圦】《「圦樋いりひ」の略》土手の下に樋ひを埋め、水の出入りを調節する場所。水門。樋口ひぐち。樋ひの口。

いり【煎り｜×炒り｜×熬り】いること。「豆の―がたりない」

い-り【遺利】ヰ 人が取り残している利益。こぼれた利益。「手探りで―を拾得しようとしている『落ち穂拾い』にも」〈寅彦・ルクレチウスと科学〉

イリ〖Ili〗中国新疆しんきょうウイグル自治区北西部およびカザフスタン共和国南東部の地方。天山山脈を源とし西流するイリ川の流域。古来、トルコ系あるいはモンゴル系の諸遊牧民族の根拠地。現在も牧畜が盛ん。(補説)「伊犂」とも書く。

イリ〖IRI〗《イタ Istituto per la Ricostruzione Industriale》イタリア産業復興公社。1933年、世界恐慌で打撃を受けた金融機関や製造業を立て直すため設立。第二次大戦後も存続し、1960年代初頭まで経済成長の牽引役となったが、イタリア経済の長期低迷や経済のグローバリゼーションの中、2000年解散。

いり-あい【入会｜入合】―あひ 特定地域の住民が、慣習に基づいて、一定の山林原野または漁場を共同で利用し、草・薪炭材・魚介などを採取すること。

いり-あい【入相】―あひ ❶日が山の端に入るころ。日の暮れるころ。たそがれ時。夕暮れ。「―の座敷に電灯の点ついた時」〈鏡花・眉かくしの霊〉❷「入相の鐘」の略。

いりあい-けん【入会権】いりあひ― 一定の山林原野または漁場に対して、特定地域に居住する住民が、平等に利用、収益しうる慣習法上の権利。

いりあい-ち【入会地】いりあひ― 入会権が設定されている山林原野または漁場。

いりあい-の-かね【入相の鐘】いりあひ― 日暮れ時に寺でつく鐘。また、その音。晩鐘。「智恩院の桜が―に散る春の夕べに」〈鷗外・高瀬舟〉

いり-あ・げる【入り揚げる】〔動ガ下一〕「入れ揚げる」に同じ。「旦那様は…報酬を悉皆みんな静江さんに―・げっちまうンだよ」〈魯庵・くれの廿八日〉

イリアス〖ギリシャ Ilias〗《「イーリアス」とも》古代ギリシャの長編英雄叙事詩。ホメロス作と伝えられる。「イリオン(トロイアの別名)の歌」の意。前8世紀ごろの成立。スパルタの美女ヘレネをめぐる、トロイア軍とギリシャ軍との10年にわたる戦争のうちの数十日間の展開を描く。ギリシャ最大最古の古典。イリアッド。

イリアッド〖Iliad〗イリアスの英語名。

いり-あや【入×綾】舞楽で、退場するとき、舞いながら舞台を降りる演出。また、その舞。入舞いりまい。

いり-あられ【煎り×霰｜×炒り×霰】さいの目に切って干した餅もちを煎ってふくらませた菓子。

いり-あわせ【入り合(わ)せ】―あはせ 合わせて平均化すること。埋め合わせ。いれあわせ。「午飯ひるを抜いたから、晩には―に且つ食い、大に飲むとするんだが」〈鏡花・眉かくしの霊〉

イリアン-ジャヤ〖Irian Jaya〗インドネシア東端、ニューギニア島の西半部の州。州都ジャヤプラ。1969年までオランダ領ニューギニア。旧称、西イリアン。

イリーガル〖illegal〗〔形動〕違法な。非合法的な。「―な滞在者をあぶり出す」

イリイチ〖Ivan Illich〗[1926～2002]オーストリア生まれの思想家。ラテンアメリカを中心に活動。カトリックの司祭だったが、教会と対立し解職される。医療や学校制度を中心に、産業社会批判・文明批判・エコロジー論を展開した。著「脱学校の社会」「脱病院化社会」「シャドウワーク」「ジェンダー」など。

イリーン〖Mikhail Il'in〗[1895～1953]ソ連の児童科学物語作家。本名、イリア=ヤコブレビチ=マルシャーク(Il'ya Yakovlevich Marshak)。詩人サムイル=マルシャークの弟。「人間の歴史」は夫人のE=セガルとの共著。

イリインスキー〖Il'inskiy〗ロシア連邦、サハリン州(樺太)南部の町。ユジノサハリンスクの北約150キロメートル、間宮海峡に面する。酪農と木工加工業が盛ん。1945年(昭和20)以前の日本領時代には久春内くしゅんないとよばれ、現在も当時の港の跡がある。

いり-うみ【入(り)海】海が陸地に入り込んだ所。入り江。(類語)湾・入り江・浦

いり-え【入(り)江】海や湖が陸地に入り込んだ所。入り海。(類語)湾・浦・入り海

いりえ-たいきち【入江泰吉】[1905～1992]写真家。奈良の生まれ。故郷・奈良大和路の風物・仏閣・仏像を撮影。代表作に「万葉大和路」「仏像の表情」など。奈良市写真美術館に全作品を収蔵。

いりえ-ちょうはち【入江長八】―チャウハチ [1644～1694]江戸末期から明治初期の名工。伊豆の人。号は天祐、乾道。貧しい農家に生まれ、左官の弟子となり漆喰の技術を身に付けた後、江戸で狩野派の絵画を学び、漆喰細工に応用。色彩豊かな鏝絵の技法を完成させ、浅草寺観音堂、成田不動尊など各地に作品を残した。生地の静岡県伊豆松崎町に作品を展示した美術館・記念館がある。伊豆の長八。

いりえ-はこう【入江波光】―ハクワウ [1887～1948]日本画家。京都の生まれ。本名、幾治郎。初め国画創作協会に加わり、同会解散後は制作とともに古画の模写・研究に努め、法隆寺金堂壁画の模写に従事。洗練された画風で、仏画・水墨画を多く描いた。

いりえ-わに【入江×鰐】クロコダイル科のワニ。全長7～10メートルに達する。河口や海岸にすみ、家畜や人をも襲う。南アジア、オーストラリア北部、南太平洋の諸島に分布。

いり-おう【入(り)王】―ワウ「入玉にゅうぎょく」に同じ。

イリオス〖Ilios〗►トロイア

いりおもて【西表】「西表島」の略。

いりおもていしがき-こくりつこうえん【西表石垣国立公園】―コクリツコウエン 沖縄県八重山諸島の西表島と石垣島を中心とし、その周囲の竹富島・小浜島・黒島などと珊瑚礁さんごしょうの海からなる国立公園。昭和47年(1972)、西表国立公園として指定され、平成19年(2007)に石垣島地域が追加されて現名称となる。亜熱帯原生林が広がり、イリオモテヤマネコ、カンムリワシなど希少な野生動物が生息する。

いりおもて-こくりつこうえん【西表国立公園】―コクリツコウエン 沖縄県、西表島の亜熱帯原生林、その周囲の竹富島・小浜島・黒島などと珊瑚礁さんごしょうの海からなる国立公園。平成19年(2007)石垣島の一部が加わり、西表石垣国立公園となる。➡西表石垣国立公園

いりおもて-じま【西表島】沖縄県南西部、八重山諸島の島。八重山郡竹富町に属する。大半が山地

で、亜熱帯原生林に覆われた自然環境を残す。面積284平方キロメートル。

いりおもて-やまねこ【▽西表山猫】ネコ科の哺乳類。原始的なヤマネコで、体長50〜60センチ。耳が丸く、体色は灰褐色で、暗褐色の斑点がある。森林にすみ、鳥・トカゲなどのほか、巧みに潜水して魚などを捕食。西表島にだけ生息し、昭和40年(1965)発見され、同42年に新属新種と判明。特別天然記念物。

イリオン〖Īlion〗▶トロイア

いり-おんじょう【入(り)音声】舞楽で、当曲を舞いおわって舞人が退場するときに奏する楽。

いり-がく【入角】四角形の四隅を切り落とした形。切り子。入隅。

いり-がし【煎り菓子┊×炒り菓子】豆・米などの穀物を煎ったものに、さらに煮とかした砂糖を加えて煎りあげた干菓子。

いり-がた【入(り)方】《「いりかた」とも》中にはいろうとするころ。特に、日や月などが没しようとするころ。「日の—に宿に着いた」

いり-がわ【入(り)側】《「いりかわ」とも》❶書院造りで、濡れ縁と座敷の間にある1間幅の通路。畳敷きとした場合は縁座敷ともいう。❷「庇❷」に同じ。❸引き出しの左右にある側板。

いり-かわり【入り代(わ)り┊入り替(わ)り】「入れ代わり❶」に同じ。「正午に周三が退けて来ると—に出懸けて」〈紅葉・二人女房〉

いりかわり-たちかわり【入り代(わ)り立ち代(わ)り】〔副〕「入れ代わり立ち代わり」に同じ。「町の者村の者—年始に来ては」〈蘆花・思出の記〉

いり-かわ・る【入り代(わ)る┊入り替(わ)る】〔動ラ五(四)〕「入れ代わる」に同じ。「あの年増めを見送って、—・ってくるは若いのか」〈鏡花・歌行灯〉

いり-ぎわ【入り際】ある場所にちょうど入ろうとするところ。

いり-ぐち【入(り)口】《「いりくち」とも》❶はいる所。はいりぐち。㊥出口。❷物事のしはじめ。端緒。「学究生活の—」「芸の—」
類語 出入り口・エントランス・玄関・戸口・門口・門戸

いり-くみ【入(り)組み】❶物事が複雑に絡み合っていること。「二人にとっては、もう少し気持の—の深い問題には」〈里見弴・今年竹〉❷地勢や権利の関係などで土地の境界が複雑なこと。また、その所。「給所給所の—にて、地割りなかなかむつかしし」〈浄・反魂香〉

いりくみ-もん【入組文】文様の一。2本の線で囲まれた鰹節状の文様の先端を鉤のようにかみ合わせた形。後期縄文式土器にみられる。

いり-く・む【入(り)組む】〔動マ五(四)〕物事がさまざまに交じり合って、複雑になる。こみいる。「—・んだ町並み」「—・んだ事情」類語 複雑・煩雑・煩瑣・錯雑・錯綜・面倒・厄介・ややこしい・しち難しい・込み入った・手が込んだ・難しい

いり-こ【海=参┊×熬海=鼠┊煎海=鼠】ナマコの腸を取り除き、塩水で煮てから干したもの。ゆでてもどし、あえ物や中国料理に用いる。ほしこ。金海鼠。

いり-こ【煎り粉┊×炒り粉】米や大麦を煎って粉にしたもの。菓子の材料にする。

いり-こ【×熬り子】小さいイワシなどを塩水でゆでて干しあげたもの。だしを取るのに用いる。いりぼし。にぼし。だしじゃこ。

いり-ごい【煎り×鯉】鯉を刺身より厚く切り、酢を少し落とした煎り酒でさっと煮た料理。

いり-こさく【入(り)小作】江戸時代、他村からはいって来て小作をすること。また、その人。入り作。㊥出小作。

いり-ごみ【入(り)込み】《「いりこみ」とも》❶雑多に入りまじること。また、その場所。いれこみ。「吉原土手の—に、惜しや姿を見失ひける」〈浮・御前義経記・四〉❷混浴。いれこみ。「—に諏訪の涌湯の夕間暮れ/曲水」〈ひさご〉❸劇場・寄席などで、多人数の客を一緒に入れる安い席。大衆席。

いり-こ・む【入(り)込む】〔動マ五(四)〕❶無理に押し分けてはいる。また、ひそかに紛れこむ。はいりこむ。「敵陣に—・む」❷すっかり中にはいる。また、1か所に多くのものがはいって混雑する。「客が—・んでいる」❸物事の状態が複雑になる。こみいる。いりくむ。「—・んだ事情」

いり-ごめ【煎り米┊×炒り米】煎った米。

いり-さく【入(り)作】「入り小作」に同じ。㊥出作。

いり-ざけ【煎り酒】❶酒を煮立て、アルコール分を飛ばしたもの。調味用。❷酒に醤油・鰹節・梅干しなどを入れて煮つめたもの。刺身・酢の物などに用いる。

イリジウム〖iridium〗㊀白金族元素の一。単体は銀白色の硬くてもろい金属で、酸に溶けにくい。白金との合金にして理化学器械・電気接点などに使用。元素記号Ir　原子番号77。原子量192.2。㊁(Iridium)米国イリジウムコミュニケーションズ社が提供する衛星電話サービス。66個の低軌道衛星を協調して運用する衛星コンステレーションにより、地球上のどこからでも通信が可能。1998年にモトローラの子会社イリジウム社によりサービスが始まるも需要が伸びず、2000年にサービス停止。事業主体を変更し、01年にサービス再開。08年より現社名。名称は当初77(イリジウムの原子番号)個の衛星を使う予定だったことにちなむ。イリジウムシステム。

イリジウム-システム〖Iridium system〗▶イリジウム㊁

いり-しお【入(り)潮┊入り×汐】❶引き潮。干潮。「霜枯れの横野の堤風さえて—遠く千鳥鳴くなり」〈続古今・冬〉❷満ち潮。差し潮。「浦荒れて風よりのぼる—におろさぬ舟ぞ波に浮きぬる」〈玉葉集・雑二〉

いり-じお【煎り塩┊×炒り塩】煎った塩。焼き塩。

イリ-じょうやく【イリ条約】1881年、ロシアと清国との間に結ばれた国境紛争問題解決の条約。ロシアはイスラム教徒の反乱に乗じて、占領していた中央アジアのイリ(伊犁)地方返還と交換に、ザイサン湖東部や賠償金を得た。サンクト-ペテルブルグ条約。

イリス〖Iris〗ギリシャ神話で、虹の女神。神々の使者。アイリス。

イリス-こん【イリス根】《イリスは、ラテン Iris》ニオイイリス・ムラサキイリスなど、アヤメ科植物の根茎を乾燥させたもの。粉末にして歯磨きなどの香料や健胃剤とする。

いり-すみ【入隅┊入角】❶壁・板など、二つの平面が出合った所の内側の隅。㊥出隅。❷▶入角

いり-ずみ【煎り炭┊×炒り炭】火にあぶって湿気をとり、火がつきやすいようにした炭。

いり-だい【煎り×鯛】そぎ切りにした鯛の身と鯛の腹子とを、煎り酒と酢でさっと煮た料理。

いり-たち【入り立ち】❶ある場所に親しく出入りすること。「大将の君はいと、さしも—など し給はぬほどにて」〈源・蜻蛉〉❷宮中の台盤所に出入りを許されること。また、その人。簾中入り立ち。「近う候ふ人は東の台盤所とて向かひたる方を通る。—の人々などはそれにゐる」〈たまきはる〉

いり-た・つ【入り立つ】〔動タ四〕❶中にはいる。はいり込む。立ち入る。「京に—・ちてうれし」〈土佐〉❷親しく出入りする。親密になる。「山の井の大納言は—・たぬ御兄にても、いとよくおはすかし」〈枕・一〇四〉❸学問・芸能などに通じる。精通する。「何事も—・たぬさましたるぞよき」〈徒然・七九〉

いり-だね【煎り種┊×炒り種】米・糯粟などを蒸して干し、煎ったもの。おこし・落雁などの材料。

いり-たまご【煎り卵┊×炒り玉子】鶏卵を用い、調味料を加えて、煎りつけた料理。

いり-ちがい【入り違い】❶「入れ違い❷」に同じ。「小間使の出て行くと—に」〈風葉・青春〉❷二つのものが互いに入り組んでいる形の紋。ちがい。「—葵」

いり-ちが・う【入り違う】㊀〔動ワ五(ハ四)〕互い違いになる。交差する。「サオガー・ッテオル」〈和英語林集成〉㊁〔動ハ下二〕「いりちがえる」の文語形。

いり-ちが・える【入り違える】〔動ア下一〕図いりちが・ふ〔ハ下二〕❶一方が出たあと他方がはいる。「—・えてかなたより、笑いさざめきどやどやと」〈逍遥・桐一葉〉❷互い違いになる。また、交互になる。「裏表二手のものどもが—・えて、おめき叫んで衝いて来る」〈鴎外・阿部一族〉

いり-ちょう【入(り)帳】商家などで収入の金額を記入しておく帳面。金銭の受け取り原簿。

イリツァ-どおり【イリツァ通り】《Ilica》クロアチアの首都ザグレブの中心部を通る目抜き通り。イェラチッチ広場から西に向けて延び、路面電車が通る。

いり-つ・く【煎り付く┊×炒り付く】㊀〔動カ五(四)〕煮つめられて水気がなくなる。焦げつくようになる。また、音声や情景などが耳や目にこびりつくことにたとえる。「代助の頭には今見た光景ばかりが—・く様に踊っていた」〈漱石・それから〉㊁〔動カ下二〕「いりつける」の文語形。

いり-つ・ける【煎り付ける┊×炒り付ける】〔動カ下一〕図いりつ・く〔カ下二〕水気のなくなるまで煮つめる。また、音声や情景などを耳や目にこびりつかせることにたとえる。「卵を—・ける」「—・ける様な油蝉の声が」〈長塚・土〉類語 いる・焙じる・炒める

いりでっぽう-に-でおんな【入り鉄砲に出女】江戸幕府が諸大名の謀反を警戒して設けていた諸街道の関所で、鉄砲の江戸への持ち込みと、江戸に住まわせた諸大名の妻女が関外に出るのを厳しく取り締まったこと。

いり-どうふ【煎り豆腐┊×炒り豆腐】豆腐の水気を切り、つぶして調味料を加え、煎りつけた料理。

イリドスミン〖iridosmine〗イリジウムとオスミウムとの合金。天然にも産する。耐食性が強く、硬いので、万年筆のペン先に使用。オスミリジウム。イリドスミウム。

いり-とり【煎り▽鶏┊×炒り鳥】《「いりどり」とも》鶏肉とニンジン・ゴボウ・レンコン・シイタケなどを油でいためてから甘辛く煮た料理。

いり-なべ【煎り鍋┊×炒り鍋】❶肉・野菜などを煎りつけるのに使う浅い鉄鍋。❷米・豆などを煎りつけるのに使う浅い土鍋。焙烙。

いり-に【入(り)荷】❶送られてきた荷物。❷倉庫などに積み入れられている荷物。

いり-に【煎り煮┊×炒り煮】おから・卵などを、油を使わずに煎ってから煮ること。また、その料理。

イリノイ〖Illinois〗米国中部の州。州都スプリングフィールド。トウモロコシ・大豆・小麦などの産地。シカゴを中心に各種工業が発達。➡表「アメリカ合衆国」

いり-のう【入能】能の上演に際して、予定の番組以外に臨時に追加される曲。

いりの-よしろう【入野義朗】[1921〜1980]作曲家。ウラジオストクの生まれ。諸井三郎に師事。日本における十二音音楽の先駆者。作品に「弦楽六重奏」、オペラ「綾の鼓」など。

いり-は【入端】❶能で、舞いながら退場すること。また、1曲の終末部分。❷舞踊的な芸能で、退場するときの踊り・歌・音楽などを演じる部分。登場のときをさしていうこともある。㊥出端。

いり-はま【入(り)浜】塩田の一。満潮面よりも低い海岸に海水を流入させて製塩する法。江戸初期から瀬戸内海で発達。㊥揚げ浜。

いりはま-けん【入(り)浜権】すべての国民が自由に海岸に立ち入り、海水浴や魚介類の採取などを享受できる権利。

いり-ひ【入(り)日】沈もうとする太陽。夕日。落日。
類語 夕日・西日・落日・落陽・斜陽・夕影・残光・夕映え

いりひ-かげ【入(り)日影】夕日の光。「涼しさよ白雨ながら—/去来」〈曠野〉

いり-びたり【入(り)浸り】いりびたること。「友人宅に—の毎日」

いり-びた・る【入(り)浸る】〔動ラ五(四)〕❶長い時間水の中につかっている。❷自宅以外の家・場所などにいつづける。「酒場に—・る」

いりひ-なす【入り日なす】〔枕〕入り日のように、の意から、人の死をいう「隠る」にかかる。「—隠りにしかば」〈万・四六六〉

いり-びゃくしょう【入(り)百姓】江戸時代、荒

れ地などの多い村で、他村から移住させて耕作にあたらせた農民。⇒入ﾘ小作

いり-ふね【入(り)船】港にはいってくる船。⇔出船。

いり-ほが【入り×穿】〔名・形動ナリ〕❶和歌・俳諧などで、技巧を加えすぎて味わいをそこなうこと。「初めの五文字いま少し―なるべし」〈ささめごと〉❷詮索しすぎて真実から外れること。うがちすぎ。「其の臆測の―なりしを媿じざるにもあらざれど」〈紅葉・金色夜叉〉

いり-ぼし【×熬り干し】小魚を塩水でゆでて干しあげたもの。熬り子。煮干し。

いり-まい【入り米】❶収入。実入り。いりまえ。「身の―は上田の田畠の世話をやきやめば」〈浄・宵庚申〉❷失費。物いり。いりまえ。「この乳母が身の―はいとはぬが」〈浄・摂州渡辺橋供養〉

いり-まい【入舞】❶「入綾」に同じ。❷物事の終わり。「東国、北国も乱れたり。…世既に至極せり。―にや」〈盛衰記・二八〉

いり-まじ・る【入(り)交じる】〔動ラ五(四)〕さまざまのものがまじり合う。「大小の粒が―・る」「喜びと悲しみの―・った感情」

いり-まち【入(り)待ち】❶警察関係での隠語。㋐閉店前に店に入って隠れ、閉店後に金品を盗んで、翌日開店後に出て行く手口。㋑住人の留守中に忍び込み、帰宅を待って襲いかかる手口。❷劇場、放送局、スタジアムなどの出入り口でファンが目当ての芸能人、有名選手などが到着して入場するのを待つこと。⇔出待ち。

いり-まめ【煎り豆|×炒り豆】❶大豆・ソラマメなどを煎ったもの。❷「豆煎り」に同じ。

煎り豆に花が咲く　衰えていたものが、再び勢いを盛り返すことのたとえ。また、あるはずのないことが実現することのたとえ。煎り豆が生える。

いり-みだ・れる【入(り)乱れる】〔動ラ下一〕図いりみだ・る〔ラ下二〕多くのものがまじりあって混乱する。「情報が―・れる」

いり-むぎ【煎り麦|×炒り麦】►麦焦がし

いり-むこ【入(り)婿】婚姻により、他家の女の夫としてその家の籍に入ること。また、その人。婿養子。入夫。いりうど。類語婿・女婿・婿養子・娘婿

いり-め【入(り)目】〔名・形動〕❶費やした金高。経費。出費。「種々の―を幾晩かかかって漸く調べあげた積り書」〈露伴・五重塔〉❷控えめなこと。また、そのさま。「―にもなく、又さし出でても見えぬ様に」〈吾妻問答〉❸目が引っ込んでいること。「人の―なるをめりたりと言ふ」〈名語記・六〉

類語費用・掛かり・費え・入ﾘ・入ﾘ用・入用・入費・出費・用度・経費・実費・コスト・雑費

いり-めし【煎り飯|×炒り飯】煎った飯。焼き飯。チャーハン。

いり-もの【煎り物|×炒り物】❶肉類・野菜などを煎りつけたもの。または、油でいためたもの。❷豆・麦・米などを煎ったもの。煎り米・煎り豆など。

いり-も・む【いり×揉む】〔動マ四〕❶入り乱れて押し合う。また、天候などが荒れ狂う。「終日に―・みつる雷の騒ぎに」〈源・明石〉❷ひたすらに祈る。「ただ少しの便りを給はらんと―・みて申して」〈今昔・一六・三〇〉❸思いつめて気をもむ。「この人を妻にせばやと―・み思ひければ」〈宇治拾遺・三〉

いり-もや【入▽母屋】屋根の形式の一。上部は切妻造りのように二方へ勾配をもち、下方は寄せ棟造りのように四方へ勾配をもつもの。寺院などに多い。

いりもや-づくり【入▽母屋造(り)】入母屋屋根をもつ建物。唐招提寺講堂など。

いりもや-はふ【入▽母屋破風】入母屋屋根の破風。

いりや【入谷】東京都台東区北部の地名。鬼子母神を本尊とする真源寺の朝顔市は有名。

イリヤッド〖Iliad〗⇒イリアス

イリヤプロローク-せいどう【イリヤプロローク聖堂】《Tserkov' Il'i Proroka》ロシア連邦西部、ヤロスラブリ州の都市ヤロスラブリにある聖堂。17世紀半ば、裕福な毛皮商人の寄付により建造。内部は保存状態の良いフレスコ画が残っている。2005年に「ヤロスラブリ歴史地区」の名称で世界遺産(文化遺産)に登録された。預言者イリヤ聖堂。

いり-やまがた【入山形】❶紋所の名。「入」の字を山形に図案化したものを、二つ左右から打ち違えたもの。❷遊女の等級の記号に❶を用いたもの。吉原細見に使用。

いり-ゆ【煎り湯|×炒り湯】湯の中に煎り米を入れて、その香りを移したもの。吸い物に用いる。

い-りゅう【移流】大気・海水中の水蒸気・塩分などの物質や圧力・温度・エネルギーなどの物理量が、その流れによって運ばれること。普通は、水平方向の移動をさす。

い-りゅう【慰留】〔名〕スル 退こうとする人をなだめて、思いとどまらせること。「辞意を表明した会長を―する」

い-りゅう【遺留】〔名〕スル ❶所持品などを置き忘れること。「犯行現場に証拠の品を―する」❷死後に残すこと。

いりゅう-ぎり【移流霧】暖かく湿った空気が冷たい地面や海面上を移動するとき、下層が冷却されて生じる霧。

イリュージョン〖illusion〗❶幻影。幻想。❷錯覚。特に、芸術作品における意識的な錯覚。❸奇術・手品の公演で、大がかりな舞台装置や演出などを組み入れたもの。

類語想像・仮想・想見・空想・夢想・幻想・連想・妄想・幻覚・架空・イマジネーション・ファンタジー

いりゅう-ひん【遺留品】❶死後に残した品物。遺品。「亡父の―を整理する」❷持ち主が忘れていった品物。「犯人の―」類語(❷)遺失物・忘れ物

いりゅう-ぶん【遺留分】相続人のために法律上確保された一定割合の相続財産。被相続人の遺言の自由を制限することにはなるが、遺族の生活保障のために認められたもの。

イリュリア-ご【イリュリア語】《Illyrian》インド-ヨーロッパ語族に属する古代の言語。バルカン半島その他の地方で話されていたとされる。アルバニア語の祖ともいわれるが詳しくは不明。

い-りょう【井料】❶中世、農民が灌漑施設を利用するとき、用水権を持つ荘園領主などに納入した使用料。❷中世、領主が灌漑施設を修理するために農民を使役したとき支給した食糧・費用など。

い-りょう【衣料】衣服や下着類。また、衣服の材料となる布など。類語衣服・衣類・着物・着衣・被服・装束・衣・お召物・衣装・ドレス・洋品

い-りょう【衣糧】衣服と食糧。

い-りょう【医料】医師に支払う治療代。

い-りょう【医療】医術・医薬で病気やけがを治すこと。治療。療治。類語医学・医術・医務

い-りょう【威×稜】天子の威光。稜威。みいつ。

い-りょう【違▽令】律令制で、令の規定に違反すること。いれい。

い-りょう【遺▽令】死後に残した命令。特に、皇后・中宮・東宮などが自分の厚葬を戒め、薄葬を命じた遺言をいう。いれい。

いり-よう【入(り)用】〔名・形動〕❶必要であること。また、そのさま。にゅうよう。「旅行に―な品をそろえる」❷必要な費用。入費。いりめ。「余りがあれば塾舎の―にすることにして居ました」〈福沢・福翁自伝〉❸大切なこと。重要。「さあここが―の所でござります」〈鳩翁道話・三〉類語(❶)必要・必須・所要・入用・要用・必需・須要・不可欠・要り/(❷)費用・掛かり・費え・入ﾘ・入ﾘ目・入費・出費・経費・コスト

いりょう-かご【医療過誤】医師や看護師などの医療関係者が、治療を行う際に当然必要とされる注意を怠り、患者に損害を与えること。薬剤の誤投与や衛生管理の不徹底による感染など。法律上の責任を問われることがある。⇒医療事故

いりょうがた-りょうようびょうしょう【医療型療養病床】►療養病床

いりょうかんさつ-ほう【医療観察法】►心神喪失者等医療観察法

いりょう-きっぷ【衣料切符】衣料を配給するために政府が発行した点数制の切符。昭和17年(1942)から25年まで続いた。

いりょう-ぎょうせいかん【医療行政官】►医系技官

いりょう-クラーク【医療クラーク】►医師事務作業補助者

いりょう-けいかく【医療計画】地域の医療体制の整備を促進し、効率のよい医療を提供できるよう、都道府県が5年ごとに定める計画。医療法で規定。地域の人口や年齢構成、病気の傾向に合わせた基準病床数の算定などを行う。

いりょう-こうい【医療行為】医師法により、医師および医師の指示を受けた看護師・助産師などの医療従事者のみ行うことが認められている治療や処置などのこと。医学的な技術・判断がなければ人体に危害を及ぼす危険がある行為の総称。補説医療行為の定義は必ずしも明確ではなく、血圧測定・経管栄養注入・たんの吸引などを医療行為とみなすかどうか意見が分かれている。経管栄養注入などの日常の医療的ケアは、現在では家族も行うことが認められている。気管挿入は、かつては医師しか行えなかったが、現在は救急救命士も行うことが認められている。

いりょう-ジーメン【医療Gメン】「指導医療官」の通称。

いりょう-じこ【医療事故】医療に関わる場所で起こる事故。病院の廊下での転倒、医師・看護師の負傷や感染など。医療関係者の過失によって患者に損害が及ぶ事故は、特に医療過誤として区別することもある。

いりょう-じむ【医療事務】医療機関における事務業務。外来受付・治療費の会計・レセプトの作成・カルテの管理など。医療事務を担当する職員はメディカルクラークと呼ばれることもある。⇒医師事務作業補助者 ⇒医療秘書

いりょう-しょうねんいん【医療少年院】心身に著しい故障のある、おおむね12歳以上26歳未満の者を収容する少年院。

いりょう-ソーシャルワーカー【医療ソーシャルワーカー】《medical social worker》医療を必要とする人がかかえる経済的、心理的、社会的問題や、社会復帰などについて援助・協力する専門家。医療社会事業家。MSW。

いりょうてき-ケア【医療的ケア】家族や看護師が日常的に行っている経管栄養注入やたんの吸引などの医療行為のこと。医療的な生活援助行為を、医師による治療行為と区別するために、介護や教育などの現場で定着してきた経緯がある。

いりょう-ネグレクト【医療ネグレクト】保護者が児童に必要な医療を受けさせないこと。治療を受けないと子供の生命・身体・精神に重大な影響が及ぶ可能性が高いにもかかわらず、保護者が治療に同意しなかったり、治療を受けさせる義務を怠ったりすること。

いりょう-ひしょ【医療秘書】医療機関において上司・所属部署などの業務を補佐する医療従事者。スケジュール管理や書類作成などの一般的な秘書業務の他に、医療事務やコメディカル間の連絡調整など幅広い業務を担当する。メディカルセクレタリー。⇒医療事務 ⇒医師事務作業補助者

いりょうひよう-ほけん【医療費用保険】損害保険の一。病気やけがで入院した場合に、健康保険などの公共医療保険を除く自己負担分の治療費や、差額ベッド代・付き添い看護料・高度先進医療費などの費用を補償するもの。⇒医療保障保険

いりょう-ひん【衣料品】商品としての衣服や下着類。「―売り場」

いりょう-ひん【医療品】医薬品以外で、病気やけがの治療に際して使われる品。包帯、ばんそうこう、マスク、体温計など。

いりょう-ほう【医療法】イリョウホウ 病院・診療所・助産所の開設・管理・施設などの基準および監督、公的医療機関の設置・補助、医療法人に関する規制、医業広告取り締まりを内容とする法律。昭和23年(1948)施行。

いりょう-ほうじん【医療法人】イリョウホウジン 医療法に基づく公益法人として認められた病院または診療所。

いりょう-ほけん【医療保険】イリョウホケン 病気や負傷に対する、医療や医療費の保障を主な目的とする社会保険の総称。健康保険・国民健康保険など。

いりょうほけんきん-とくやく【医療保険金特約】イリョウホケンキントクヤク 自動車保険における特約の一つ。搭乗者傷害保険に関する特約で、入院・通院の際の日額保険金を減額する代わりに、支払う保険料を安くするもの。

いりょうほしょう-ほけん【医療保障保険】イリョウホショウホケン 生命保険の一。病気やけがで入院した場合に、入院給付金・看護給付金・治療給付金を支払い、また保険期間中に死亡したときには死亡保険金を支払うもの。➡医療費用保険

いりょうよう-いやくひん【医療用医薬品】イリョウヨウイヤクヒン 医薬品のうち、医師の処方に従って、病院の薬局や院外の調剤薬局が患者に提供する薬。効果は高いが副作用の恐れもあり、処方なしに販売できない。処方薬。⇔一般用医薬品。

いりょうよう-まやく【医療用麻薬】イリョウヨウマヤク 癌などの激痛を抑えるため、法律で使用が許可されている麻薬。モルヒネ・オキシコドン・フェンタニルなど。➡オピオイド鎮痛薬

いりょう-りょうようびょうしょう【医療療養病床】イリョウリョウヨウビョウショウ ▶療養病床

い-りょく【威力】ヰ ❶他を押さえつけ服従させる、強い力や勢い。「砕氷船が━を発揮する」「━のあるパンチ」「金の━」❷法律で、人の意思を制圧するに足る有形・無形の勢力をいう。威力業務妨害罪・競売入札妨害罪を構成する行為など。(類語)(❶)勢力・権力・威勢・勢い・威厳・威風・勢威・力ちから

い-りょく【偉力】ヰ すばらしい効果をあげるような力。すぐれた力。「この昂奮剤は、恐ろしい━を現した」〈葉山・海に生くる人々〉

い-りょく【意力】意志の力。精神力。「冷静に然も頑然たる━を以て」〈蘆花・思出の記〉(類語)精神・ガッツ・気力・根性・精神力・意気地・甲斐性かいしょう

いりょくぎょうむぼうがい-ざい【威力業務妨害罪】ヰリョクゲフムバウガイザイ 威力を用いて他人の業務を妨害する罪。刑法第234条が禁じ、3年以下の懲役または50万円以下の罰金に処せられる。➡偽計業務妨害罪 (補説)この場合の業務とは、営業・生産など職業として行う経済活動だけでなく、広く、人の反復的な社会活動一般を指す。

いり-わけ【入(り)訳】こみいった事情。いきさつ。子細。「これにはちょっとした━があった」〈露伴・プラクリチ〉

い-りん【意臨】書道で、手本の形・筆法にとらわれないで、筆意をくみとって運筆すること。

い-りん【×彝倫】《「彝」は常、「倫」は人のふみ行うべき道の意》人が常に守るべき道。人倫。

い・る【入る】■〔動ラ五(四)〕❶人や物がある場所・範囲・状態などに移る。はいる。㋐外から中に移動する。「道が山あいに━・る」「葷酒くんしゅ山門に━・るを許さず」㋑移り動いて物の陰に隠れる。太陽や月が沈む。「日が山の端に━・る」㋒特定の環境に身を移す。「渦中に━・る」「仏門に━・る」㋓時が進行して、ある時刻・季節になる。「土用に━・る」㋔心・目・耳などの感覚を通じて対象をとらえる。「目に━・るもののすべてが珍しい」㋕しだいに移ってある状態に達する。ある状態にまで深くはいっていく。「話が佳境に━・る」「悦に━・る」㋖内部にくぼみ、裂け目が生じる。「茶碗にひびが━・る」㋗いっぱい含まれる。こもる。「念の━・った仕事ぶり」❷動詞の連用形に付いて、その動作や状態の程度が非常に深い、また、その動作に徹したり、その状態にすっかりなってしまったりする意を表す。「ぐっすり寝━・る」「心に染み━・る」「恥じ━・る」「恐れ━・ります」❸(「いらせ給ふ」「いらせらる」などの形で)「来る」「行く」「居る」の意を表す。「御輿みこしの━・らせ給ふほどなど」〈大鏡・道長上〉
■〔動ラ下二〕「い(入)れる」の文語形。(補説)■❶は文語的な言い方で、現代語ではふつう「はいる」を用いる。しかし、「気にいる」「堂にいる」「有卦うけにいる」など慣用的な表現の中では現在でも多く用いられる。
(下接句)石を抱いだきて淵ふちに入る・有卦うけに入る・悦えつに入る・笑壺えつぼに入る・気に入る・鬼籍きせきに入る・興きょうに入る・見参げざんに入る・神しんに入る・大声たいせい里耳りじに入らず・手に入る・堂に入る・堂に升のぼり室しつに入らず・念が入る・門に入る・病やまい膏肓こうこうに入る

入いるを量はかりて出いずるを為なす　《「礼記」王制から》収入の額を計算し、それに応じた支出を行う。

いる【▽沃る】〔動ヤ上一〕水などを注ぐ。かける。浴びせる。「僧は腰に湯をいさせて」〈今昔・二〇・二〉

いる【居る】ゐる〔動ア上一〕図〔ワ上一〕《じっと動かないでいる、低い姿勢で静かにしているのをいうのが原義で、「立つ」に対する語》❶人や動物が、ある場所に存在する。「ペンギンは北極にはいない」「そこにいるのは誰ですか」❷住む。滞在する。「ロンドンにいる兄からの便り」❸移動するのをやめて、そこにとどまる。㋐静止している。「動かないで、そこにいるんですよ」㋑すわる。しゃがむ。「立ちてゐて見れどもあやし」〈万・四〇〇三〉㋒鳥が、とまる。「後徳大寺の大臣おとどの寝殿に、鳶とびゐさせじとて」〈徒然・一〇〉㋓雲や霞などがかかり、じっととどまる。「筑波嶺つくはねの嶺ろに霞ゐ過ぎかてに息づく君を率ゐ寝て遣らさね」〈万・三三八八〉㋔船が浅瀬につかえて動かないでいる。「みさごゐる渚すにゐる舟の漕ぎ出なばうら恋しけむ後のちは相寝あひぬとも」〈万・三二〇三〉❹草や氷などが生じる。できる。「池などある所も水草みくさゐ」〈枕・一七八〉「つららゐて守る岩間の関なればよをへてかたくなりまさるかな」〈堀河百首〉❺ある地位につく。「春宮とうぐうには若宮ゐ給ひにけり」〈宇津保・国譲下〉❻(「腹ゐる」の形で)怒りが治まる。「腹立つ」に対する語。「妻めの腹ゐにければ、重方がいはく」〈今昔・二八・一〉❼(補助動詞)動詞連用形に接続助詞「て」が付いた形に付く。㋐動作・状態が続いて、現在に至ることを表す。「猫が鳴いている」「花が咲いている」㋑動作・作用の結果が、続いて現在もあることを表す。「枝が枯れている」「窓があいている」㋒現在の状態を表す。「彼の気持ちはもう変わっている」
(類語)(❶)居おる・居合わせる・控える・存在　(尊敬)いらっしゃる・おられる・おいでになる・おわす・おわします・まします・ある／(❷)在住する・滞在する

居いても立たっても居いられ◦ない　心がいらだったり興奮したりして、落ち着いていられない。「入学試験の結果がわかるまで━◦ない」

い・る【要る】〔動ラ五(四)〕《「入いる」と同語源》費用・品物・時間などが必要になる。入用である。「資本が━・る」「暇が━・る」「お世辞は━・らない」
(類語)要する

い・る【射る】〔動ラ五(四)〕「い(射)る」(上一)に同じ。近世江戸語以降の用法。「灯ひの光り闇を破りて遥はるかに身を━・り」〈露伴・いさなとり〉

いる【射る】〔動ア上一〕図〔ヤ上一〕❶矢を弓につがえて放つ。「弓をいる」❷矢や弾丸を目的物に当てる。「的をいる」❸光が強く照らす。「光線が目をいる」❹向けて放たれたものが対象をとらえる。「やさしい言葉が心をいた」(類語)撃つ

いる【▽率る・▽将る】ゐる〔動ワ上一〕❶人を連れて行く。ひきいる。「従者ともとしてゐて往きき」〈記・上〉❷物を身に携えて行く。「内侍所、神璽しんじ、宝剣ばかりをぞ、忍びてゐて渡させ給ふ」〈増鏡・むら時雨〉

い・る【煎る・×炒る・×熬る】〔動ラ五(四)〕火にかけて、水気がなくなるまで煮つめる。また、鍋などに入れて火であぶる。「豆を━・る」(補説)「煎」は火で熱し焦がす、「炒」は鍋などで熱し焦がす、油でいためる、「熬」は焦がす、煮つめる意とするが、明確には使い分けにくい。(可能)いれる
(類語)いり付ける・焙ほうじる・炒いためる

い・る【▽熟る】〔動ラ五(四)〕《「入いる」と同語源》果実が熟する。「稲穂に実が━・る」

いる【鋳る】〔動ア上一〕図〔ヤ上一〕溶かした金属を鋳型に流し込んで器物をつくる。鋳造する。「鐘をいる」

い-るい【衣類】着るもの。着物。衣服。
(類語)衣服・着物・着衣・被服・衣装・装束・衣・お召物・衣料・ドレス・洋品

い-るい【異類】❶種類・種族の異なったもの。❷人間でないもの。鳥・獣・化け物など。

い-るい【彙類】ヰ ❶たぐい。同類。❷分類。

いるいこんいん-たん【異類婚姻×譚】伝説・民話で、人と異類❷との婚姻を主題とするもの。蛇婿入りや鶴女房など。

いるか【海=豚】クジラ目の哺乳類のうち、小形のハクジラ類の総称。体長1〜5メートル、体形は紡錘状、口の先がくちばし状で、背びれのあるものが多い。マイルカ・カマイルカ・バンドウイルカなど大部分が海洋性であるが、カワイルカなどは淡水にすむ。多くは群れで泳ぎ、魚類を主食とする。知能が高い。(季 冬)

いるか-ざ【海=豚座】北天の星座の一。白鳥座の南、鷲わし座の東にある小星座で、9月下旬の午後8時ごろに南中する。学名 (ラ)Delphinus

いるか-じま【イルカ島】三重県東部、鳥羽市にある日向ひむか島の通称。島全体が遊園地となっており、イルカやアシカのショーが行われている。伊勢志摩国立公園に属する。

いるかせ【×忽せ】〔形動ナリ〕おろそかなさま。いい加減であるさま。ゆるがせ。「何ぞ僧を━にせんや」〈今昔・一七・一一〉

イルクーツク〖Irkutsk〗ロシア連邦中部の都市。イルクーツク州の州都。バイカル湖の南西約70キロメートル、アンガラ川とイルクート川の合流点に位置する。シベリア東部の経済・交通の要地であり、化学・機械などの工業が盛ん。人口、行政区58万(2008)。17世紀半ばにコサックが砦とりでを築いたことに起源し、毛皮の集散地として発展。帝政ロシア時代は政治犯の流刑地だったほか、第二次大戦後は日本人の主な抑留地の一つだった。

イルクーツク-せいめい【イルクーツク声明】平成13年(2001)3月にイルクーツクで日本の総理大臣森喜朗とロシア大統領プーチンが会談した後に署名した文書。昭和31年(1956)に調印された日ソ共同宣言が平和条約交渉の基本となる法的文書であることを確認し、平成5年(1993)の東京宣言に基づいて北方四島の帰属問題の解決に向けた交渉を促進することに両首脳が合意したことが明記されている。

イル-ゴティコ〖Il Gotico〗イタリア北東部、エミリアロマーニャ州の都市ピアチェンツァにある旧市庁舎の通称。イタリア語で「ゴシックの館」を意味する。13世紀の建造。下部のアーチには白い大理石を使い、上部には赤レンガによる装飾を施す。ロンバルディア地方の典型的なゴシック様式の建造物として知られる。

いる-さ【入るさ】《「さ」は接尾語》月などのはいる時、または、はいる方角。いりがた。多くは歌枕「いるさの山」にかけて用いる。「夕月夜━の山の木隠れにほのかにも鳴くほととぎすかな」〈千載・夏〉

いるさ-の-やま【入佐山】兵庫県北部、豊岡市出石いずし地区にある此隅山といわれるが不詳。いるさやま。(歌枕)➡入るさ

い-るす【居留守】ゐ 家にいながら、不在をよそおうこと。「━を使う」(類語)留守・不在・無人

イル-ド-レー〖Île de Ré〗▶レー島

イル-ハンこく【イルハン国】モンゴル帝国の四ハン国の一。1258年、チンギス=ハンの孫フラグがアッバース朝を倒し、イランの地を中心に建国。都はタブリーズ。7代のガザン=ハン(在位1295〜1304)の時代にイスラム教を国教とし、領土を広げ全盛期を迎えたが、1335年以降は内紛で衰退、1353年に滅亡。(補説)「伊児汗国」とも書く。

いるま【入間】埼玉県南部の市。日光への脇道の宿場町として発展。狭山さやま茶の産地。人口15.0万

(2010)。

いるま-がわ【入間川】ガハ ㊀埼玉県南部を流れる川。秩父山地妻坂峠付近に源を発し、川越市で荒川に合流。長さ65キロ。上流部は名栗(なぐり)川ともよぶ。㊁狂言。大名が入間川を渡る際、土地の者の入間詞(ことば)をおもしろがって持ち物を与えてしまうが、最後にそれを逆用してまんまと取り戻す。

いるま-ことば【入間▽詞】言葉の順序を逆に言ったり、反対の意味の言葉を言ったりすること。「花の雲」を「雲の花」、「深し」を「浅し」というなど。入間川が逆流した伝説に基づくとも、入間地方で多く用いられるからともいわれる。逆さ言葉。入間様(よう)。

いるま-し【入間市】▶入間

いるま-よう【入間様】ヤウ「入間詞(ことば)」に同じ。

イルマン〘ポルトガル irmão〙《兄弟・神弟の意》キリシタン用語。宣教師の称号の一。助修士。平修道士。イルマンが司祭職に叙階されるとパードレ(伴天連(バテレン))となる。[補説]「伊留満」「以留満」「入満」とも書く。

イルミネーション〘illumination〙色とりどりの電灯をつけて飾ること。電飾。電光飾。

イルミネート〘illuminate〙〔名〕スル 照らすこと。照明すること。イルミネーションを施すこと。

イルリガートル〘ドイツ Irrigator〙輸血・膣(ちつ)洗浄・浣腸(かんちょう)などに用いる医療器具。

イルリサット〘Ilulissat〙《グリーンランド語で「氷の山」の意》デンマーク領グリーンランド西岸中部、北極圏内の町。18世紀にデンマーク人商人が設けた交易拠点に起源し、同島で3番目に大きい町となった。2004年に世界遺産(自然遺産)に登録されたイルリサットアイスフィヨルドへの観光拠点として知られる。探検家ラスムッセンの生地。

イルリサット-アイスフィヨルド〘Ilulissat Icefjord〙《イルリサットは氷山の意》デンマーク領グリーンランド西海岸にある町、イルリサットの氷河とフィヨルド。総面積4024平方キロ。2004年、世界遺産(自然遺産)に登録された。イルリサートアイスフィヨルド。

いれ【煎れ】信用取引で、相場の下落を見込んで売ったのに、騰貴してしまい、下落が期待できないときに、損を覚悟で買い戻すこと。主に関西で使われる用語で、東京では「踏み」という。

いれ-あ・げる【入れ揚げる】〔動ガ下一〕文いれあ・ぐ〔ガ下二〕好きなもののために分別を欠いて多くの金銭をつぎ込む。「ひいき役者に—・げる」

いれ-あわ・す【入れ合はす】アハス ㊁〔動サ下二〕まぜ合わせてならす。埋め合わせる。「おのれが損は—・せ、今は銀もいらぬと言ふ」〈浄・歌念仏〉㊁〔動サ四〕㊀に同じ。「いっそ死骸を売って、初手の損を—・した方がよからうぞや」〈伎・韓人漢文〉

いれ-あわせ【入れ合(わ)せ】アハセ 埋め合わせ。いりあわせ。「現在の幸福が無くなった先きの—に過ぎないじゃありませんか」〈鷗外・青年〉

い-れい【威令】ヰ 権威のある命令。

い-れい【威霊】ヰ 威力ある神霊。神威。また、天子の威光。

い-れい【異例】普通と異なる例。今までに例がないこと。「—の昇進」「—の寒さ」

い-れい【違令】ヰ ❶法律や命令に違反すること。❷▶いりょう(違令)

い-れい【違戻】ヰ〔名〕スル 道理にあわないこと。誤っていること。「趣旨に—する」

い-れい【違例】ヰ〔名・形動〕❶いつもと違うこと。また、そのさま。「父が向うから来るという—な事が」〈漱石・行人〉❷からだの調子が平常と違うこと。貴人についていう。病気。不例。「御迎へに人を奉らせ給ひたりけるを、—の事候とて渡り給はず」〈保元・下〉

い-れい【慰霊】ヰ〔名〕スル 死んだ人や動物の霊を慰めること。「—塔」

い-れい【遺令】ヰ ▶いりょう(遺令)

い-れい【遺霊】ヰ 死者の霊魂。

イレイサー〘eraser〙▶イレイザー

イレイザー〘eraser〙《「イレイサー」とも》消しゴム。

いれい-さい【慰霊祭】ヰレイ 死者の霊を慰め、鎮めるために行う祭式。

イレウス〘ラテン ileus〙腸閉塞(ちょうへいそく)。

イレオ〘Iraio〙▶ヘラ神殿㊁

いれ-かえ【入れ替え｜入れ換え】カヘ ❶それまであった物やいた人を出して、他の物や人を入れること。また、入れ場所をかえること。「夏物と冬物の—」「—なしの劇場」❷互い違いに入りまじること。「—模様」❸埋め合わせ。「この—に思ひがけなき銀(かね)もらひ給ふべし」〈浮・置土産・五〉[類語]交換・交代・互換(ごかん)・取り換え・付け替え・チェンジ・引き換え

いれかえ-りょうがえ【入替両替】イレカヘリャウガヘ 江戸時代、大坂で、米や砂糖などの商品やその預かり証を担保として商人に資金を貸したこと。また、それを業とした両替屋。

いれ-か・える【入れ替える｜入れ換える】カヘル〔動ア下一〕文いれか・ふ〔ハ下二〕はいっているものを取り出し、かわりのものを入れる。また、入れ場所をかえる。「メンバーを—・える」「気持ちを—・える」[類語]取り替える・差し替える・付け替える

いれ-かけ【入れ掛け】相撲・芝居などで、降雨などのためその日の興行を中止すること。

いれ-がみ【入れ髪】髪を結うときに、形を整えるために補う毛髪。日本髪や束髪などの、大きくふくらませる髪形に用いる。入れ毛。添え髪。かもじ。

いれ-かわり【入れ代(わ)り｜入れ替(わ)り】カハリ ❶入れかわること。交代。いりかわり。「—に別の店員が応対する」❷江戸時代、毎年陰暦11月に歌舞伎俳優が出演する劇場をかえたこと。また、その時の興行。顔見世芝居。[類語]交代・入れ替え・更迭(こうてつ)・代替(だいたい)・交番・代謝・チェンジ

いれかわり-たちかわり【入れ代(わ)り立ち代(わ)り】イレカハリタチカハリ〔副〕次から次へと、ひっきりなしに入れかわるさま。いりかわりたちかわり。「客が—来る」

いれ-かわ・る【入れ代(わ)る｜入れ替(わ)る】カハル〔動ラ五(四)〕前のものにかわって他のものがはいる。他のものと交代する。いりかわる。「負傷した選手と—・る」「席が—・る」

いれ-き【入れ木】木版の彫刻を改作するときに、その箇所に別の木を埋め込むこと。

イレギュラー〘irregular〙〔名・形動〕❶不規則なこと。変則なこと。また、そのさま。「—な測定値」❷「イレギュラーバウンド」の略。

イレギュラー-バウンド〔名〕スル《和 irregular+bound》野球やテニスなどで、ボールが思わぬ方向に弾むこと。[補説]英語ではbad hop, nasty hopなどという。

イレギュラー-ヘム〘irregular hem〙スカート・ドレスなどの不規則な形のデザインの裾のこと。

いれ-ぐい【入れ食い】グヒ 釣りで、仕掛けを入れるとすぐに魚が食いつき、次々と魚が釣れること。

いれ-げ【入れ毛】「入れ髪」に同じ。

いれ-こ【入れ子｜入れ▽籠】❶同形で大きさの異なる器物を順に組み入れるように作ったもの。重箱や杯など。「—の箱」❷《❶を比喩として》外部に現れない事情。「—のある話」❸(入れ子)自分の子が死んだために、他人の子を養子に迎えて育てること。また、その子。養子。❹櫓杭(ろぐい)を差し込むために櫓にあけた穴。

いれこ-ことば【入れ子▽詞】「入れ詞(ことば)」に同じ。

いれこ-さかずき【入れ子杯】サカヅキ 入れ子❶になっている一組の杯。

いれこ-ざけ【入れ子×鮭｜▽内子×鮭】はらこをもった鮭。子籠(こご)もり鮭。

いれこ-じゅう【入れ子重】ヂュウ 入れ子❶になっている一組の重箱。

いれ-ごと【入れ事】演芸で、台本にないせりふや振りを臨時に入れること。

いれ-ことば【入れ▽詞】ある語を構成する各音ごとに他の音をはさみこみ、特定の人だけに通じるようにした一種の隠語。例えば、「やきもち」に「し」を入れて「やしきしもしちし」、「かね(金)」にカ行同段の音を入れて「かかねけ」とする類。多くは遊里に流行した。入れ子ことば。はさみことば。

いれこ-ばち【入れ子鉢】入れ子❶になっている一組の鉢。

いれこ-びし【入れ子×菱】文様の一。菱の中に、それより小さい菱を二重、三重に入れたもの。

いれこ-ぶた【入れ子蓋】蓋の厚みだけ容器の枠の内側を落として、上面と蓋が同平面になるように作ったもの。

いれこ-まくら【入れ子枕】入れ子❶に作った箱枕。

いれこ-ます【入れ子×枡】入れ子❶に作った一組の枡。

いれ-こみ【入れ込み｜入れ▽籠み】《「いれごみ」とも》❶多くの人を区別なくひと所に入れること。また、その場所。「けちな鰻屋の—の二階で」〈里見弴・善心悪心〉❷混浴。❸劇場で、開場から開幕までの時間。転じて、上方の寄席で、最初に高座に出る芸人。前座。

いれ-こ・む【入れ込む｜入れ▽籠む】㊀〔動マ五(四)〕❶人や物を1か所に入れる。他のものの中に入れて、位置させる。「余計な石や植木などを—・んだらしい庭の造り方」〈有島・或る女〉❷熱中する。夢中になる。のぼせる。「パソコンに—・む」「新人歌手に—・む」❸競馬で、馬が興奮した状態になる。また一般に、はやりたつ。「スタートを前に—・む」㊁〔動マ下二〕㊀❶に同じ。「屛風の袋に—・めたる所どころに寄せかけ」〈源・東屋〉

いれ-さく【入れ作】江戸時代、他人の土地を借りて耕作すること。また、その人。小作(こさく)。

いれ-じち【入れ質】中世に広く行われた不動産質入れの形式の一。金銭・米などを借りるとき、担保として質入れされた不動産は質取人(債権者)が自分で領有し、これから上がる利益を収得する権利をもつもの。⇨差し質

いれ-ずみ【入れ墨｜文＝身｜刺＝青】❶皮膚に、針・骨片・小刀などで傷をつけ、墨汁などを入れて文字や絵画などを描くこと。また、そのもの。酸化鉄・朱(しゅ)などを入れて着色もする。江戸時代から遊び人などの間に多く行われた。彫り物。刺青(しせい)。❷中国古代の五刑の一。顔または腕に墨汁を刺し入れて、前科のしるしとしたもの。日本でも江戸時代に刑罰として行われた。黥(げい)。❸あとから筆を加えること。加筆。入れ筆。「硯(すずり)引き寄せ、筆染めて、ここが眼と—の」〈浄・双生隅田川〉[類語]彫り物・刺青・タトゥー・くりからもんもん

いれずみ-もの【入れ墨者】江戸時代、入れ墨の刑を受けた者。前科者。

いれ-たて【入れ立て】❶新しくいれたばかりであること。「—のお茶」❷自分で費用を負担すること。自前。自弁。「仕着せのほかは身の—との定めなり」〈浄・百日曽我〉

いれ-ぢえ【入れ知恵】ヂヱ〔名〕スル 他人に知恵をつけること。また、他人からつけられた知恵。多く、悪いことにいう。付け知恵。「幼い弟に—する」

いれ-ちがい【入れ違い】チガヒ ❶一方が出たすぐあとに、他方がはいること。いれちがえ。いりちがい。「出かけたあと—に客がたずねてきた」❷間違って入れること。いれちがえ。[類語]行き違い・一足違い

いれ-ちが・う【入れ違う】チガフ ㊀〔動ワ五(ハ四)〕❶一方が出たすぐあとに他方がはいる。また、一方がはいったすぐあとに他方が出る。行き違いになる。「ちょうど—・って会えなかった」❷まちがってはいる。また、入れ変わる。「中身が—・う」❸「入れ違える❸」に同じ。「順序を—・う」㊁〔動ハ下二〕「いれちがえる」の文語形。

いれ-ちが・える【入れ違える】チガヘル〔動ア下一〕文いれちが・ふ〔ハ下二〕❶あるものを出して別のものを入れる。入れ変える。「冬物と春物を—・える」❷互い違いになるようにする。「木を—・えて組む」❸まちがえて入れる。入れまちがえる。いれちがう。「塩と砂糖を—・える」

い-れつ【い列｜イ列】「い段」に同じ。

い-れつ【威烈】ヰ 威光の激しいこと。激しい威力。

い-れつ【偉烈】ヰ 偉大な功績。偉功。

い-れつ【遺烈】ヰ 後世に残した功績。前人の残した功績。
いれつ-おう【威烈王】ヰレツワウ〔?～前402〕中国、周の第32代の王。名は午。考王の子。前426年即位。王の治世の末期から戦国時代に入る。
イレッサ〖Iressa〗肺癌(はいがん)の分子標的治療薬「ゲフィチニブ」の商品名。
いれ-にっき【入れ日記】商品などを送る場合、送り荷の中に入れる内容明細書。
いれ-ば【入れ歯】❶抜けたり、欠けたりした歯の補いに、人造の歯を入れること。また、その歯。義歯(ぎし)。「総―」❷下駄の歯入れ。
いれ-ばな【入れ花｜入れ▽端】❶入れたての茶。でばな。「由緒ある茶の―、まづ一服」〈浄・鬼一法眼〉❷年の若い女性のたとえ。「青前垂(あをまへだれ)の―は女房盛りの器量よし」〈浄・千本桜〉❸俳諧・狂歌などの指導料。また、その入選作を刷り物にする場合の料金。入花(にゅうか)。
いれ-ひも【入れ×紐】袍(ほう)・狩衣(かりぎぬ)などの頸上(くびかみ)についている紐。先を結び玉にした雄紐を、輪形の雌紐に差し入れて留める。
いれ-ぶし【入れ節】浄瑠璃などで、一つの節の中に部分的に挿入する他流の節。
いれ-ふだ【入れ札】❶投票。「お前達の間で―をして見ちゃ、どうだい」〈菊池寛・入れ札〉❷入札(にゅうさつ)。「大勢請負人を集め、―をさせる」〈黄・金生木〉
いれ-ぶつじ【入れ仏事】❶費用を出して、一切を寺に任せて営む法事。「すぐに菩提寺に詣で、―の供養」〈浮・新色五巻書・一〉❷費用を出すだけで、利益の戻らないこと。むだな出費。「判を押させた百両の金も養家へ―」〈人・梅児誉美・一〉
いれ-ふで【入れ筆】あとから書き足すこと。また、そのもの。加筆。補筆。「この万葉に―したると覚えたり」〈謡・草子洗小町〉
イレブン〖eleven〗❶数の11。❷1チームを11人で構成するサッカー・アメリカンフットボール・クリケットのチーム。また、その選手。
イレブン-ナイン〖eleven nines〗 99.999999999パーセント、または、0.99999999999と、9が11個並ぶくらい高精度または高純度であること。
いれ-ぼくろ【入れ黒=子】❶描いたり、はりつけたりしたほくろ。つけぼくろ。ビューティースポット。❷情人の名前などを、腕に小さく入れ墨すること。また、その入れ墨。❸彫り物。入れ墨。
いれ-ま・ぜる【入れ▽雑ぜる｜入れ混ぜる】〔動ザ下一〕文いれま・ず〔ザ下二〕あるものの中に他のものを入れて、まぜ合わせる。いりまじらせる。「いろいろな香辛料を―・ぜる」
いれ-め【入れ目】❶人造の眼球。義眼(ぎがん)。仮眼(かがん)。❷江戸時代、大坂蔵屋敷の払い下げ米を落札した者が代金といっしょに払う手数料。
いれ-もじ【入れ文字】和歌の中に特定の文字を隠して詠み入れること。例えば「うつせみ」を詠み込んだ「波の**うつ瀬見**れば玉ぞ乱れける拾はば袖にはかなからむや」〈古今・物名〉の類。
いれ-もとゆい【入れ元結】こもとゆひ 普通の元結を締めた上に、さらに飾りとして結んでいた子供用の元結。大元結。化粧元結。絵元結。
いれ-もの【入れ物｜▽容れ物】❶物を入れる器物。容器。うつわ。❷棺(ひつぎ)をいう忌み詞。
い・れる【入れる｜▽容れる】〔動ラ下一〕文い・る〔ラ下二〕❶外側にあるものを、ある範囲内、内側の場所に移す。㋐外から中に移し置く。また、はいらせる。「冷蔵庫に―・れる」「部屋に風を―・れる」㋑支払うべきものを納める。「家賃を―・れる」㋒組織・集団などの一員とする。法律的に認めて、家族などの構成員とする。「寮に―・れる」「大学に―・れる」「籍に―・れる」❷㋐ある範囲・数量に含める。「計算に―・れる」「私を―・れて五人」㋑まぜる。「麦を―・れたご飯」❸間にはさむ。㋐はめ込む。「窓枠にガラスを―・れる」「行間に―・れる」㋑差しはさむ。「会議の途中で休憩を―・れる」「疑いを―・れる余地はない」❹ある作用を加える。「文章に手を―・れる」「腐敗した政治にメスを―・れる」「テープにはさみを―・れる」「刻み目を―・れる」❺㋐(容れる)認めて受け入れる。認めてやる。聞きいれる。「要求を―・れる」「人を―・れる度量がない」㋑そうすることによって、受け入れてもらうように頼む。「詫びを―・れる」❻気持ちなどを集中させる。㋐(多く「身をいれる」「気をいれる」の形で)熱心に物事に打ち込む。「練習に気を―・れる」「力を―・れる」㋑(多く「念をいれる」の形で)手落ちのないよう、十分注意する。「戸締まりには念を―・れなさい」❼投票する。「一票を―・れる」❽(「淹れる」「点れる」とも書く)湯を差して、茶などを出す。「コーヒーを―・れる」❾電流を通じさせたり、操作を加えたりして、電気・あかりなどをつける。また、作動させる。始動する。「スイッチを―・れる」「エンジンを―・れる」❿相手に連絡する。「電話を―・れる」「第一報を―・れる」
[…句]足を入れる・新しい酒を古い革袋に入れる・息を入れる・一札(いっさつ)を入れる・肩を入れる・活を入れる・瓜田(かでん)に履(くつ)を納(い)れず・間(かん)髪(はつ)を容(い)れず・勘定に入れる・気を入れる・気合いを入れる・嘴(くちばし)を容(い)れる・腰を入れる・探りを入れる・朱(しゅ)を入れる・精を入れる・底を入れる・力を入れる・茶々を入れる・手に入れる・手を入れる・泣きを入れる・縄を入れる・念には念を入れよ・念を入れる・年季を入れる・肌を入れる・半畳を入れる・筆を入れる・仏作って魂入れず・本腰を入れる・身を入れる・耳に入れる・メスを入れる・焼きを入れる・世に入れられる・詫(わ)びを入れる
[類語]盛る・よそう・注(つ)ぐ・注(そそ)ぐ・盛り付ける・盛り込む・収める・仕舞う・仕舞い込む・蔵(ぞう)する・収蔵する・収納する・格納する・含める
い・れる【煎れる｜×炒れる｜×熬れる】〔動ラ下一〕❶いられている。いりあがる。「豆が―・れる」❷いらいらする。じれる。「傍ではらはらするほど、気が―・れて話がこじくれて来た」〈秋声・足迹〉
いれ-わた【入れ綿】布団などに綿を入れること。また、その綿。
いろ【色】㊀〔名〕❶㋐光の波長の違い(色相)によって目の受ける種々の感じ。原色のほか、それらの中間色があり、また、明るさ(明度)や鮮やかさ(彩度)によっても異なって感じる。色彩。「―が薄い」「暗い―」「落ち着いた―」㋑染料。絵の具。「―を塗る」「―がさめる」㋒印刷・写真で、白・黒以外の色彩。「―刷り」❷人の肌の色。人の顔の色つや。「抜けるように―の白い人」❸㋐表情としての顔色。「驚きの―が見える」「不満が―に出る」㋑目つき。目の光。「目の―を変えて怒りだす」❹㋐それらしい態度・そぶり。「反省の―が見られない」㋑それらしく感じられる趣・気配。「秋の―の感じられる昨今」「敗北の―が濃い」㋒愛想。「―よい返事」❺(「種」とも書く)種類。「―とりどり」「三(み)―選び出す」❻華やかさ。華美。「大会に―をそえる」❼音・声などの響き。調子。「琴の音(ね)の―」「声(こわ)―」❽㋐情事。色事。「―を好む」「―に溺れる」㋑女性の美しい容貌。「―に迷う」㋒情人。恋人。いい人。「―をつくる」❾古代・中世、位階によって定められた衣服の色。特に、禁色(きんじき)。「昔、公おぼして使う給ふ女の、―許されたるありけり」〈伊勢・六五〉❿喪服のねずみ色。にび色。「女房なども、かの御形見の―変へぬもあり」〈源・幻〉⓫婚礼や葬式のとき上に着る白衣。「葬礼に―を着て供して見せ」〈浄・博多小女郎〉⓬人情。情愛。「東人(あずまうど)は…げには心の―なく、情おくれ」〈徒然・一四一〉㊁〔形動ナリ〕❶女性の髪などがつややかで美しいさま。「髪、―に、こまごまとうるはしう」〈枕・二〇〇〉❷好色なさま。「この宮の、いとさわがしきまで―におはしますなれば」〈源・浮舟〉
[類語](㊀❶)色彩・色調・色相(しきそう)・色合い・色目(いろめ)・彩り・あや・彩色・カラー/(㊀❽㋒)恋人・愛人・情人
色改ま・る 喪が明けて、喪服からふだんの衣服に着替える。「宮の御果ても過ぎぬれば、世の中―・りて」〈源・少女〉
色濃・い ❶ある傾向が強く現れている。「不況の影響が―・い地場産業」「焦る気持ちが―・く出ている」❷衣服の色が濃い。特に、紫や紅の場合にいう。「―・き衣(きぬ)に白き袙(あこめ)着たらむやうに見えて」〈更級〉❸しつこい。どぎつい。「片田舎の人こそ、―・く万(よろづ)はもて興ずれ」〈徒然・一三七〉
色に出(い)・ず ❶心中の思いが表情や態度に現れる。「忍ぶれど―・でにけりわが恋は物や思ふと人の問ふまで」〈拾遺・恋一〉❷色がつく。「わが袖の涙にもあらぬ露にだに萩の下葉は―・でにけり」〈金槐集〉
色の白いは七難(しちなん)隠す 肌の色が白ければ、少しくらいの欠点は隠れて、美しく見える。
色は思案の外(ほか) 男女間の恋情というものは常識では判断しきれないということ。恋は思案の外。
色も香(か)もあ・る 美しい容色も、ゆかしい情愛もある。名実、または情理を兼ね備えている。花も実もある。「人情判事の―・る裁き」
色を失・う 心配や恐れなどで顔が真っ青になる。意外な事態に対処しきれないようす。「悲報に接し愕然(がくぜん)として―・う」
色を売・る 売春をする。色を鬻(ひさ)ぐ。
色を替え品を替・える あらゆる手段を用いる。手を替え品を替える。「―・えて説得する」
色を損(そん)・ずる 不機嫌な顔色になる。怒る。
色を正(ただ)・す あらたまった顔つきをする。ようすをきちんと正す。「―・して陳謝する」
色を作・る ❶化粧をする。なまめかしく装う。「それぞれに身代ほどの―・りてをかし」〈浮・胸算用・二〉❷人の気を引くようなようすをする。「色つくりたる男の、人待ち顔にて」〈浮・五人女・二〉
色を付・ける 物事の扱いに情を加える。値引きしたり、割り増ししたりする。「謝礼に―・ける」
色を作(な)・す 怒って顔色を変える。「―・して抗議する」
い-ろ【×倚×廬】天皇が父母の喪に服するときにこもる仮屋。「―の御所のさまなど、板敷(いたじき)をさげ、葦の御簾をかけて」〈徒然・二八〉
いろ〔接頭〕血族関係を表す名詞に付いて、母親を同じくする、または、母方の血のつながりがある、の意を表す。「―せ」「―と」「―ね」
いろ-あい【色合(い)】ひあ ❶色彩のぐあい。色の加減。色調。「着物の―」❷物事の感じやぐあい。傾向。「事件は迷宮入りの―をおびてきた」❸顔の色つや。顔色。「―心地よげに、声いたう枯れてさへづりみたり」〈源・玉鬘〉
[類語]色調・色彩・トーン・色・色相・色目・彩り・彩色
いろ-あがり【色揚(が)り】染色などで、色の染めあがりぐあい。
いろ-あく【色悪】❶歌舞伎の役柄の一つで、外見は二枚目で性根は悪人の役。「累(かさね)」の与右衛門、「四谷怪談」の伊右衛門など。いろがたき。❷女性を迷わせてもてあそぶ男。色魔(しきま)。「中々の―で…、珈琲店(カフエ)の女を誑(たら)して」〈魯庵・社会百面相〉
いろ-あげ【色揚げ】〔名〕スル ❶色のあせた布や衣服などを、染めなおして美しくすること。「―の染め賃」❷染め物や入れ墨の色の仕上げ。「これから湯殿へ行って―をするのだ」〈谷崎・刺青〉
いろ-あ・せる【色×褪せる】〔動サ下一〕文いろあ・す〔サ下二〕❶色がさめる。色が薄くなる。「―・せたカーテン」❷美しさやみずみずしさなどがなくなる。新鮮みがなくなる。衰える。「―・せた容色」「―・せた企画」「―・せた思い出」[類語]褪せる・褪める
いろ-あわせ【色合(わ)せ】はせ〔名〕スル 見本と色とを照らし合わせること。また、同じ色になるように色を調整すること。
いろ-いた【色板】❶木版の色刷りに用いる版木。❷さまざまな形の板に、色をつけたもの。子供の遊び道具。
いろ-いと【色糸】❶種々の色に染めた糸。❷三味線の糸。また、三味線。
いろ-いろ【色色】㊀〔名・形動〕❶異なる事物や状態が数多いこと。また、そのさま。さまざま。種々。「虫の―」「―な品物を買う」❷さまざまの色。「―の紙をつぎつつ手習ひをし給ひ」〈源・須磨〉❸襲(かさね)の色目の

名。薄色・萌葱・紅梅・蘇芳などの、さまざまの色を重ねること。「女房一を三つづつ匂はして」〈栄花・根合〉 ■〔副〕さまざま。あれこれ。種々。「一(と)やってみたが駄目だった」「種類が一(と)ある」

(用法)いろいろ・さまざま――「デパートにはいろいろ(さまざま)な品物がある」「人の生き方はいろいろ(さまざま)だ」などでは相通じて用いる。◆「いろいろお世話になりました」「いろいろと楽しかった」「いろいろ文句を言う」のように、日常的なことをあれこれまとめた表現には「いろいろ」を用いることが多い。◆「さまざま」は「人はさまざまに思い悩む」「地球上にはさまざまな言語が存在する」「さまざまなる意匠」のようにやや文章語的で、単に種類の多さだけでなく、一つ一つが異なっていることをも示す。

(類語)各種・種種・諸種・さまざま・多様・多種・多彩・数数・いろんな・とりどり

いろいろ-おどし【色色威】鎧の威の一。いく色もの糸や革でおどしたもので、普通は段によって色を変えた。

いろいろ-し【色色し】〔形シク〕❶華やかなさま。きらびやかなさま。「別して一・しくも出で立たず、白き大口に、白き直垂に紫革の紐付けて」〈義経記・六〉 ❷色好みであるさま。「一・しき者にて、…女といへば心を動かしけり」〈著聞集・一六〉

い-ろう【胃×瘻】瘻孔の一。胃と体表などが穴(瘻孔)でつながっている状態。また、口などからの食物・水分の補給が困難な場合、胃壁と腹壁に穴をあけてチューブを取り付け、外から直接胃に栄養剤などを注入する治療法。PEG(percutaneous endoscopic gastrostomy)。経皮内視鏡的胃瘻造設術。

い-ろう【慰労】〔名〕スル 苦労をねぎらうこと。「試合のあとで選手たちを一する」「一会」

(類語)慰安・慰藉・慰問・見舞い

い-ろう【遺老】❶生き残っている老人。❷先帝に仕えた旧臣。亡国の旧臣。

い-ろう【遺漏】大切な事が抜け落ちていること。手抜かり。手落ち。「一のないように記入する」

(類語)欠落・脱落・欠如・脱漏

いろ-・う【色ふ・▽彩ふ・▽艶ふ】■〔動ハ四〕❶美しいいろどりをしている。映える。「いかばかり思ひおくとも見えざりし露に一・へる撫子の花」〈和泉式部集・下〉 ❷色が美しく交じる。「かざしの花の色々は秋の草に異なるけぢめ分かれで、何事にも目のみ紛ひ一・ふ」〈源・若菜下〉 ■〔動ハ下二〕❶美しくいろどる。「大領端袖一・へたる直垂に」〈平家・一一〉 ❷金や宝石などをちりばめて飾る。「くさぐさのうるはしき瑠璃を一・へて作れり」〈竹取〉 ❸文章などを飾る。潤色する。「詞を一・へて云ふ程に綺語と云ふぞ」〈四河入海・一九〉

いろ・う【▽弄ふ・×綺ふ】〔動ハ四〕❶かかわり合う。関与する。「例の忍ぶる道はいつとなく一・ひつかうまつる人なれば」〈源・松風〉 ❷口出しする。干渉する。「いふかひなき者の秀でて、一・ふまじき事に一・ひ」〈平家・二〉 ❸言い争う。さからう。「武藤太も、酒なくてはいかで情を引くことあらん、と思ひて深くも一・はず」〈読・弓張月・前〉 ❹手で触れる。さわる。いじる。「頭を一・うてみる」〈虎明狂・梟〉 ➡弄う

いろう-ざき【石廊崎】静岡県、伊豆半島南端の岬。海食を受けた断崖が続く。灯台・石室神社がある。石室崎。

いろ-うつり【色移り】►移染❶

いろ-うるし【色漆・▽彩漆】顔料を加えて色をつけた漆。朱漆・黒漆・青漆など。

いろえ　能の所作の一。クセの前に、シテが静かに舞台を一巡する短い舞。また、そのときの囃子。(補説)ふつう「イロエ」と書く。

いろ-え《「いろ」は接頭語》同母の兄。「我が一の二柱の天皇」〈允恭紀〉

いろ-え【色絵】❶彩色した絵。着色画。㊀墨絵。❷金銀などの薄い板を他の金属の彫刻した部分に焼きつける技法。❸本焼きした陶磁器の釉の上に軟質の顔料で絵や文様を彩色し、低い火度で焼きつけたもの。上絵付け。

いろ-えんぴつ【色鉛筆】赤・青などの色の鉛筆。蠟・粘土・ゴムなどに着色顔料をまぜて芯を作る。

いろ-おち【色落ち】〔名〕スル 布や衣類などを洗ったときに色が落ちること。「一したジーンズ」

いろ-おとこ【色男】❶顔だちのよい男。好男子。美男。❷情夫。間男。いろ。「一をこしらえてお屋敷を遁げ出すのみならず」〈円朝・怪談牡丹灯籠〉 ❸好色な男。色事師。「一おれを見たかと供にきき」〈柳多留・一七〉 (類語)美男・美男子・二枚目・ハンサム・美丈夫・美少年・美童

いろ-おんど【色温度】《color temperature》高温の物体が放射する、光の色から求める温度。黒体がそれと等しい色を出すときの絶対温度で表す。色温度が高いほど短波長の成分を含むために青味を帯び、逆に低いほど長波長の成分を含み赤味を帯びる。テレビやコンピューターのディスプレー、カラーフィルム、カメラのフィルター、デジタルカメラなどの色の特性を示す尺度としても用いる。単位はケルビン。

いろおんどへんかん-フィルター【色温度変換フィルター】《light balancing filter》カメラやビデオカメラのレンズに装着して用いるフィルターの一。野外における朝夕や日陰、白熱電球や蛍光灯などの光源の違いによる色温度の適切な補正に用いられる。デジタルカメラでは、ホワイトバランス機能がこれに相当する役割を担う。色温度を上げるブルー系と、下げるアンバー系とがある。LBフィルター。

いろ-おんな【色女】❶顔だちのよい女。色気のある女。美女。❷情婦。愛人。いろ。「ちかごろ変なところに一をこしらえやがってね」〈宇野浩二・苦の世界〉 ❸遊女。「かかへの一に、やさしうあたる家質はすくなき也」〈浮・好色貝合〉

(類語)美人・佳人・美女・麗人・別嬪・シャン・名花・小町・マドンナ・大和撫子・美少女

いろ-か【色香】❶色と香り。❷女のあでやかな顔と姿。女の色気。「一に惑う」

いろ-かず【色数】❶色の数。❷品物の種類。品数。「帳面に付けて、いちいち一を揃へる」〈黄・造化夢〉

いろ-がたき【色敵】❶情事の競争相手。恋がたき。❷歌舞伎で、色事師の敵役。

いろ-がみ【色紙】❶種々の色に染めた紙。染め紙。また、折り紙用の着色した紙。❷鳥の子紙を5色に染め分けた畳紙。

いろ-がら【色柄】布地などに、いくつかの色で染め出した模様。

いろ-ガラス【色ガラス】着色ガラス。

いろ-がわ【色革】着色したなめし革。染め革。

いろかわ-たけひろ【色川武大】［1929～1989］小説家。東京の生まれ。阿佐田哲也のペンネームで麻雀小説を執筆。その後、本名で発表した「離婚」で直木賞受賞。純文学と娯楽文学の両方を手がけて「戦後無頼派」と評された。他に「怪しい来客簿」「百」「狂人日記」など。いろかわぶだい。

いろかわ-みなか【色川三中】［1801～1855］江戸後期の国学者。常陸の人。通称、三郎兵衛。田制・税制・度量衡の研究、古文書の収集などで知られる。著「香取文書纂」など。

いろ-がわら【色河-原】近世、京都四条河原のこと。芝居小屋があり、男色を売る者がいたところからいう。

いろ-がわり【色変(わ)り】〔名〕スル ❶色が変わること。また、そのもの。変色。「一した写真」❷形や模様が同じで色の変わっていること。また、そのもの。色違い。「妹と一のセーター」❸種類が変わること。また、風変わりであること。「大名が各々一の武器を作り一の兵を備えて」〈福沢・福翁自伝〉 ❹「色直し❶」に同じ。❺「色直し❷」に同じ。(類語)変色

いろ-かんり【色管理】►カラーマネージメント

いろかんり-システム【色管理システム】►カラーマネージメント

いろ-きちがい【色気違い】❶色情狂。❷ひどく好色なこと。また、その人。好色家。

い-ろく【位×禄】❶官位と俸禄。❷律令制で、四位・五位の者に与えられた禄。位階に応じて絁・布・綿などが支給された。➡封戸

いろ-くうかん【色空間】ある特定の色を、数値などのパラメーターで表したもの。RGB・CMYK・YUVなどの方式がある。カラースペース。

いろく-さだめ【位×禄定め】平安時代、毎年2月ごろに、公卿が、位禄を与えるべき人々の審査・協議をした儀式。

いろ-くず【×鱗】❶魚などのうろこ。うろくず。〈和名抄〉 ❷魚など、うろこのある生き物。うろくず。「宇治川の底に沈める一を網ならねどもすくひつるかな」〈栄花・御裳着〉

いろ-ぐすり【色×釉】着色剤を混合した釉。陶磁器の上絵をかくのに用いる。しきゆう。

いろ-ぐるい【色狂ひ】女色におぼれ、放蕩すること。女狂い。「人間一生のうちに、一たびは一に取り乱さぬといふ事一人もなし」〈浮・子息気質・一〉

いろ-ぐろ【色黒】〔名・形動〕色、特に肌の色が黒いこと。また、そのさま。「一な(の)人」

(類語)黒い・黒黒・黒ずむ・どす黒い・浅黒い・真っ黒け

いろ-け【色気】❶色の加減。色の調子。色合い。「青の一が薄い」❷異性に対する関心や欲求。色情。「一がつく」❸人をひきつける性的魅力。「一たっぷりの目つき」❹愛嬌。愛想。おもしろみ。風情。「一のないあいさつ」❺女性の存在。女っ気。「一抜きの宴席」❻社会的地位などに対する興味・関心。「大臣の椅子に一を示す」

(類語)興味・関心・好奇心・求知心・探究心・欲

色気より食い気　色欲よりも食欲のほうが先であること。転じて、見えを捨てて実利をとること。

いろ-けし【色消し】〔名・形動〕❶風情を消すこと。興趣をそぐこと。また、そのさま。つや消し。「一なことをしたものだ」❷レンズなどの色収差を補正すること。

(類語)興醒め・興醒まし・白ける・艶消し

いろけし-レンズ【色消しレンズ】色収差を補正したレンズ。ふつう2種類以上のガラスを用いて二つ以上の波長の光について補正。➡アクロマチックレンズ

いろけ-づ・く【色気付く】〔動カ五(四)〕❶異性に関心をもちはじめる。性に目覚める。「息子もそろそろ一・いてきた」❷花や果物などが色づいてくる。「ミカンが一・く」

いろ-こ【色子】江戸時代、男色を売った歌舞伎の少年俳優。舞台子。➡陰間

いろこ【×鱗】《「うろこ」の古形》❶うろこ。いろくず。「高麗のあげばり十一間を一のごとくうちたり」〈宇津保・吹上下〉 ❷頭のふけ。〈和名抄〉

いろ-こい【色恋】男女間の恋愛や情事。色事。「一抜きのつきあい」「一沙汰」

(類語)恋愛・愛恋・愛・恋情・恋慕・思慕・眷恋・恋・慕情・ラブ・アムール・ロマンス

イロコイ〖Iroquois〗米国北東部に居住するアメリカ先住民の一部族。16世紀以降、5部族を統合して政治的連合であるイロコイ同盟を形成した。イロコワ。

いろ-ごと【色事】❶男女間の恋愛や情事。「一には縁遠い生活」❷芝居で、男女間の情事のしぐさ。❸情人。愛人。いろ。「あの花紫は幡随長兵衛が一だとのこと」〈伎・吾嬬鑑〉 (類語)情事・火遊び

いろごと-し【色事師】❶歌舞伎で、色事を演じるのを得意とする役者。濡れ事師。❷情事の巧みな男。女たらし。

いろ-ごのみ【色好み】❶情事を好むこと。また、その人。好色漢。❷恋愛の情趣をよく解すること。また、その人。「一といはるるかぎり、五人」〈竹取〉 ❸風流・風雅な方面に関心や理解があること。また、その人。「かの賢き一に仰せ合はせ給ひて、筑波集とていみじき様々の姿を尽くして集め置き給へる」〈ささめごと〉 ❹遊女などを買うこと。また、その遊女。「主なき女をよびて、料足を取らせて逢ふ事を一といふなり」〈伽・物くさ太郎〉 (類語)好色・すけべえ・すけべい・好き者

いろこ-まきえ【色粉×蒔絵】蒔絵の一。錫粉や朱・青漆粉などを、漆で描いた文様に蒔いたもの。

いろ-ざかり【色盛り】女の、容色が最も美しい年ごろ。また、色情の盛んな年ごろ。女盛り。

いろ-ざし【色差(し)】《「いろさし」とも》❶色をつけること。彩色。着色。❷顔などの色つや。色のぐあい。「御―まことにめでたく御心地よげに見えさせ給ひけるが」〈沙石集・一〉

いろ-ざと【色里】花柳街。特に、遊郭。遊里。色町。(類語)色町・花街はなまち・花街かがい

いろ-じかけ【色仕掛(け)】ある目的を達成するために、色情を利用して異性をだましたり、誘惑したりすること。「―で承知させる」

いろ-しすう【色指数】❶星の色を数量的に示す尺度。写真等級から実視等級を引いた差で表す。赤い星ほど大きい値となる。❷火成岩分類の基準の一。岩石中に含まれる有色鉱物の割合を百分率で表す。

いろ-しな【色品】❶種々の品。品々。「是へ参れ、御年貢の―を申せ」〈虎明狂・筑紫の奥〉❷多くの種類。いろいろな手段、方法。「御酌に参れと…、―かへて召さるれども」〈浄・五人兄弟〉

いろ-しゅうさ【色収差】レンズを通して物体の像を結ばせるとき、その像の位置・大きさが、光の波長によって異なること。不鮮明な像となるため、屈折率の異なる複数のレンズで補正する。

いろ-じろ【色白】〔名・形動〕色、特に肌の色が白いこと。また、そのさま。「―な(の)美少女」
(類語)白皙はくせき・白面

いろ-すな【色砂】和室の砂壁の上塗りに用いる、色のついた砂。

いろ-ずり【色刷(り)┊色×摺り】❶種々の色彩を用いて印刷物や版画などを刷ること。また、そのもの。❷衣服などに、色彩で模様をすり出すこと。

いろ-せ《「いろ」は接頭語。「せ」は親しい男性を呼ぶ称》同母兄弟。「吾あは天照大御神の―なり」〈記・上〉

いろ-ぞめ【色染(め)】種々の色に染めること。特に、布を黒・藍あい・紺など以外の色に染めること。また、染めたもの。

いろだい-おさめ【色代納め】江戸時代、米年貢に代えて麦・アワ・ヒエ・竹・綿・筵むしろ・縄などを納めること。

いろ-だか【色高】江戸時代の雑税の一。クワ・コウゾ・ウルシなどの栽培によって、田畑以外の山野・河海などからの収益があるとき、これを高に算定して村高に組み入れたもの。

いろ-だし【色出し】❶磨いて光沢を出すこと。❷料理で、キュウリやナスの皮の色を熱湯やみょうばんなどで、さらに引き立たせること。

いろ-だて【色立】連句の付合つけあい手法の一。色彩の取り合わせで前句に付ける方法。➡七名八体しちみょうはったい

いろ-だま【色玉】ザクロの別名。

いろ-ちがい【色違い】❶「色変わり❷」に同じ。「―のブラウス」❷驚いて顔色の変わること。「息子―して、そんな大気な事承りますと身の毛がよだって寒気立ちます」〈浮・子息気質・三〉

いろ-ぢゃや【色茶屋】近世、遊女を置いていた茶屋。水茶屋に対していう。

いろ-チョーク【色チョーク】赤・青・黄などの色をつけた白墨。特に、普通の白墨と区別していう。

いろ-づかい【色遣い┊色使い】絵画などの、色のつけ方。彩色の仕方。

いろ-づ・く【色付く】㊀〔動カ五(四)〕❶果実などが熟してきて色がつく。「柿の実が―・く」❷草木の葉が赤や黄に変色する。紅葉する。「銀杏いちょう並木が―・く」❸性に目覚める。色気づく。「―・く年ごろ」㊁〔動カ下二〕「いろづける」の文語形。

いろ-づけ【色付け】〔名〕スル《「いろつけ」とも》❶物に色をつけること。彩色。着色。❷新しいおもしろみや意味などを付け加えること。「輝雄の顔付きや言葉や身振りが、…恐しい意味に―して蘇ってくる」〈阿部知二・冬の宿〉❸値段を安くしたり、おまけをつけたりすること。

いろ-づ・ける【色付ける】〔動カ下一〕文いろづ・く〔カ下二〕❶色を塗りつける。彩る。彩色する。「極彩色に―・ける」❷単調な物事に、ある変化を加える。「人間の苦しみに―・けられた、うつくしく、いたましい夢」〈芥川・偸盗〉

いろっ-ぽ・い【色っぽい】〔形〕異性を引きつけるような魅力にあふれているさま。なまめかしい。多く女性にいう。「―・い年増」「―・いしぐさ」(派生)いろっぽさ〔名〕(類語)なまめかしい・あだっぽい・あだ・コケットリー・コケティッシュ

いろ-つや【色艶】❶光沢のある色合い。特に、肌の色とつや。「顔の―がいい」❷話や文章に付加されるおもしろみ。興趣。「話に―を添える」❸話や態度に感じられる愛想。情愛。「―のない応対ぶり」

いろ-と《「いろ」は接頭語。「いろど」とも》同じ母から生まれた弟妹。「其の―水歯別命みづはわけのみこと」〈記・下〉

イロドアティコス-おんがくどう【イロドアティコス音楽堂】《Odeio Irodou Attikou》ギリシャの首都アテネ、アクロポリスの丘の南西麓にある野外劇場。2世紀に古代アッティカのイロド=アティコスが建造し、市に寄贈。現在も毎年夏のアテネ芸術祭において、コンサート、オペラ、ギリシャ古典劇などが催される。ヘロドアティクス音楽堂。

いろ-どころ【色所】❶遊里。色里。遊郭。❷男女の愛情が深い土地。人情のこまやかな地方。「上方は―、定めて深い訳があろ」〈浄・博多小女郎〉

いろ-どめ【色止め】染め物の色が、さめたり落ちたりしないように固着剤などで処理すること。

いろ-とめそで【色留袖】着物の地色を黒以外の色にした留袖。➡留袖

いろ-どり【色鳥】いろいろの小鳥。特に、秋に渡ってくる小鳥。(季 秋)「―はわが読む本にひるがへり/青邨」

いろ-どり【彩り┊色取り】❶色をつけること。彩色。❷色の配合。配色。「美しい―の秋の山々」❸おもしろみや風情、華やかさなどを付け加えること。「パレードが式典に―を添える」(類語)色・色合い・色調・色彩・トーン・色相・色目・彩色

いろどり-づき【色取り月】《木の葉が色づく意から》陰暦9月の異称。

いろ-とりどり【色取り取り】種類がいろいろであること。「―の草花」「―の催し」

いろ-ど・る【彩る┊色取る】〔動ラ五(四)〕❶色をつける。彩色する。「壁を薄い緑に―・る」❷化粧する。「ほお紅で―・る」❸さまざまの色や物を取り合わせて飾る。「花で食卓を―・る」❹おもしろみや趣などを付け加える。「数々の逸話で―・られた人物」(類語)描えがく・描かく・象る・描写・写生・模写・素描・点描・線描・寸描・スケッチ

いろ-なおし【色直し】❶結婚式が終わったあとで、または披露宴の途中で、花嫁が式服を脱いで別の色模様のある衣服に着替えること。近世、婚礼のときは衣服・調度・室内の装飾など白色で統一したものを、式後3日目で平常の色のものに変えたことに由来。色変わり。❷出産後101日目に、赤子も産婦もそれまでの白小袖を色小袖に着替えること。色変わり。❸着物の染め直し。

いろなおし-の-さかずき【色直しの杯】結婚式の当夜、新夫婦が床に入る前に、改めて杯を取り交わすこと。床杯とこさかずき。

いろ-ながし【色流し】染料や絵の具を水に落とし、水面に浮いた模様の上に、布や紙を置いて染めつけること。また、染めたもの。

いろ-なべしま【色鍋島】肥前鍋島藩の藩窯、大川内窯で生産された色絵磁器。江戸時代の磁器の中で最も精巧を極め、今日に伝承されている。➡鍋島焼

イロニー〖フランス ironie┊ドイツ Ironie〗▶アイロニー

いろ-ぬき【色抜き】〔名〕スル ❶和服の染め色を抜き去ること。「―して染め直す」❷宴会などで、芸妓などの女っ気がないこと。色気抜き。

いろ-ね《「いろ」は接頭語》同母の兄または姉。「吾が―磐長姫はべり」〈神代紀・下〉

いろ-の-さんげんしょく【色の三原色】三原色の一。減法混色に用いられる青緑(シアン)・赤紫(マゼンタ)・黄(イエロー)の三つの顔料の色。割合を変えて混合することにより、さまざまな色を表すことができる。色を重ねるほど暗くなり、すべてを同じ割合で混合すると黒色になる。➡三色版 ➡シー-エム-ワイ-ケー(CMYK)

いろ-のり【色×糊】染料を加えた捺染なっせん用の糊。

いろ-は《「いろ」は接頭語》母。生母。「―を玉依姫と曰まうす」〈神武紀〉⇔父かぞ。

い-ろ-は【×伊呂波┊以呂波】《いろは歌の最初の3字をとった語》❶仮名文字のこと。❷《❶は手習いの最初に習うものであるところから》物事、特にけいこ事の初歩。入門。「生け花の―」(類語)基本・大本おおもと・基礎・根本こんぽん・根幹・中心・基軸・基調・基底・根底・基もとい・土台・下地・初歩・ABC・基盤・基幹・基部・大根

いろは【伊呂波┊以呂波】狂言。父が息子にいろはを教えようとするが、ふざけて何でもまねるので怒ると、これをもまねて父を打ち倒してしまう。

いろは-うた【×伊呂波歌】❶平仮名47文字を1字1回使って作った、七五調4句の今様歌。「色は匂にほへど散りぬるを、わが世誰たれぞ常ならむ、有為うゐの奥山けふ越えて、浅き夢見じ酔ゑひもせず」がそれで、鎌倉時代以降、末尾に「京」、あるいは「ん」がつけ加えられるようにもなった。涅槃経ねはんぎょうの偈げ「諸行無常、是生滅法ぜしょうめっぽう、生滅滅已しょうめつめつい、寂滅為楽じゃくめついらく」の意を訳したものという。弘法大師の作といわれてきたが、現在では否定されている。平安中期以後の作で、手習いの手本や字母表として使われた。最も古くみられるのは承暦3年(1079)の「金光明最勝王経音義」。➡あめつちの詞 ➡たいに ❷「伊呂波短歌」に同じ。

いろは-かえで【×伊呂波×楓】カエデ科の落葉高木。関東以西の山地に自生。葉は手のひら状に五～七つに裂け、秋に紅葉する。花は春につけ、暗紅色。名は、葉の裂け目を「いろはにほへと」と数えたことによる。庭によく植え、材は建築・器具用。たかおかえで。いろはもみじ。

いろは-がな【×伊呂波仮名】《「いろは歌」はふつう平仮名書きをしたところから》平仮名のこと。

いろは-ガルタ【×伊呂波ガルタ】カルタの一。いろは47文字に「京」の字を加えた48文字で始まる諺ことわざを書いた読み札と、その内容を絵に書いた取り札からなる。犬棒いぬぼうカルタなど。江戸後期に始まる。

いろはぐみ-まちびけし【×伊呂波組町火消し】江戸時代、享保年間(1716～1736)に町奉行大岡忠相ただすけが江戸市中に設けた町火消し。いろは48文字から「へ・ら・ひ・京」を除き、代わりに「百・千・万・本」を加えて、それぞれの文字を名に付けた48組に分けた。➡定じょう火消し ➡大名火消し

いろは-こもん【×伊呂波小紋】和服の染め文様の一。いろは47文字を散らして染め出したもの。

いろは-ざか【いろは坂】栃木県日光市の馬返うまがえしと中禅寺湖畔とをつなぐ道路。第1いろは坂は下り専用、第2いろは坂は上り専用で、カーブが合わせて48ある。日光道路。

いろは-じゅん【×伊呂波順】「いろは歌」に出てくる仮名の順に配列すること。

いろはじるいしょう【色葉字類抄】平安時代の国語辞書。2巻または3巻。橘忠兼たちばなのただかね著。天養元年～治承5年(1144～81)ごろに成立。平安末期の国語を頭音によっていろは47部に分け、漢字とその用法とを簡単に記す。「伊呂波字類抄」は増補された10巻本をさし、鎌倉時代に成立。

いろはしんすけ【いろは新助】歌舞伎狂言。世話物。3幕。本名題「鐘鳴今朝噂かねがなるけさのうわさ」。竹田治蔵作。宝暦11年(1761)大坂で初演。当時の情死事件を脚色したもの。

いろは-たとえ【×伊呂波×譬】「伊呂波短歌」に同じ。

いろは-たんか【×伊呂波短歌】いろは47文字と、「京」の字をそれぞれ語頭に置いた、子供の教訓用のたとえ歌。「犬も歩けば棒にあたる」「論より証拠」など。いろはうた。いろはたとえ。

いろは-ぢゃや【×伊呂波茶屋】❶江戸時代、大坂道頓堀に、48軒あった芝居茶屋。❷江戸時代、江戸谷中の感応寺門前にあった私娼街。47軒あったからとも、いろはの文字をのれんに染め出したからとも。

いろは-づけ【×伊呂波付け】いろは順に番号をつけること。いろは番付。「一の引き出しに」〈浮・永代蔵・一〉

いろ-ばなし【色話】男女の情事に関する話。色事の話。情話。「大きな笑声のするのは、…露骨ろこつの一の喝采である」〈小杉天外・はやり唄〉

いろ-はば【色幅】園芸で、花弁の色や模様の変化の種類・差異。「一が豊富」「かなり一のある品種」

いろは-ぶね【×伊呂波船】江戸時代、同型の船を区別するため、「いろは」の文字を帆柱や艫ともなどに記していたもの。

いろはぶんこ【いろは文庫】人情本。18編54冊。為永春水著。5編以降は2世為永春水著。渓斎英泉ほか画。天保7年～明治5年(1836～72)刊。忠臣蔵の物語を世話物の講談風に書きかえたもので、作中人物の会話はすべて江戸末期の口語。

いろは-もみじ【×伊呂波紅-葉】いろはもみじ ▶伊呂波楓いろはかえで

いろは-れんが【×伊呂波連歌】連歌の作り方の一。いろは47文字を順に句頭に置いて作るもの。

いろ-びと【色人】❶美しくなまめかしい人。「その名も月の一は」〈謡・羽衣〉❷遊女。「実じつは今様の手本、いづれの一もこれを背かず」〈浮・御前義経記・五〉❸色道に通じた人。通人。粋人。「世の一の傾城けいせい狂ひする程に」〈浮・親仁形気・二〉

いろ-ふか-し【色深し】〔形ク〕❶色が濃い。色が濃く美しい。「わが宿の嘆きの下葉一・くうつろひにけりながめふるまに」〈かげろふ・上〉❷ひたすらに恋うさま。情が深い。「紅の初花ぞめの一・く思ひし心われ忘れめや」〈古今・恋四〉❸容色が美しい。「一・き御人も、互ひに夫妻と頼み頼まるる習ひなり」〈伽・物くさ太郎〉

いろ-ふし【色節】❶晴れがましい行事。また、その折。「下仕しもづかへ、手振りなどが具し行けば、一にいでたらむ心地していまめかし」〈かげろふ・上〉❷色調。色彩。「万よろづの物の綺羅、飾り、一も、夜のみこそめでたけれ」〈徒然・一九一〉

いろ-ぶみ【色文】恋文。艶書えんしょ。懸想文けそうぶみ。

いろ-ぶんかい【色分解】《color separation》写真製版するとき、原稿の色を原色インキの成分に応じた黄・赤・青の3色、あるいは黒を加えた4色(CMYK)に分解し、それぞれをフィルム原版に写すこと。またコンピューターのディスプレーやカラーテレビなどで、もとの色を赤・青・緑(RGB)に分け、三つの画像を得ること。

いろ-ぼうしょ【色奉書】色をつけた奉書紙。色奉書紙。主に福井県で作られる。

いろ-ほん【色本】❶情交のようすを描いた本。春本しゅんぽん。艶本えんぽん。❷色見本をとじたもの。

いろ-まち【色町｜色街】花柳街。特に、遊郭。遊里。色里。類語 色里・花街はなまち・花街かがい

いろ-み【色味】(微妙な)色の濃淡やずれの具合。色合い。色加減。「鏡で頬紅の一を確かめる」「一を足す」補説「み」は接尾語。「味」は当て字。類語 色合い・色調・色彩・トーン・色・色相・色目・彩り・彩色

いろ-みほん【色見本】布地・染料・印刷などの色の見本。また、それを分類、整理したもの。

いろ-むじ【色無地】ジ 黒以外の一色で染めた、文様のない和服地。また、それで仕立てた着物。家紋を入れて略礼装とすることもある。

いろ-むら【色▽斑】一様であるはずの色に濃淡があること。

いろ-め【色目】❶色合い。色調。「渋い一の帯」❷異性の気を引くような目つき。流し目。秋波。❸衣服・調度などの色合いの名。「襲かさねの一」❹思いが表れている顔色・動作。そぶり。「少しも騒ぎたる一なし」〈読・雨月・貧福論〉
類語 色・色合い・色調・色彩・トーン・色相・彩り・彩色

色目を使・う ❶異性の気を引くような目つき・そぶりをする。❷何か下心をもって、こびるような態度をとる。「役人に一・う」

いろ-めか-し【色めかし】〔形シク〕恋の情趣を好むようにみえるさま。色好みらしい。「一・しうなよび給へるを、女にて見むはをかしかりぬべく」〈源・紅葉賀〉

いろ-めがね【色眼-鏡】❶着色したレンズをはめた眼鏡。サングラスなど。❷偏った物の見方。先入観にとらわれた物の見方。「一で人を見る」

いろめき-た・つ【色めき立つ】〔動タ五(四)〕緊張や興奮で落ち着かなくなる。動揺しはじめる。「緊急動議に議場は一・った」

いろ-め・く【色めく】〔動カ五(四)〕❶その時節が来て色が美しくなる。華やかになる。「春になって公園の木々が一・く」❷色っぽく見える。「ほんのりとほおを染めて一・いた風情」❸緊張や興奮のために落ち着かない状態になる。活気づく。騒然となる。動揺する。「犯人逮捕の知らせに報道陣が一・いた」❹戦いに敗れるようすが見え始める。「すはや敵は一・きたるは、と胡籙えびらを叩き、勝時を作って」〈太平記・八〉
類語 つやめく・なまめく

いろ-も《「いろ」は接頭語》同じ母から生まれた姉または妹。「その一高比売命たかひめのみこと、その御名を顕あらさむと思ひき」〈記・上〉

いろ-もの【色物】❶色のついている物。衣服や織物、紙などの、白・黒以外のもの。❷寄席で、講談・義太夫・落語に対して、彩りとして演じられる漫才・曲芸・奇術・声色・音曲などのこと。❸《❷から転じて》その業界や物事において、主要な位置にないもののこと。「一商品」

いろもの-せき【色物席】色物❷もまぜて上演する寄席。色物小屋。

いろ-もよう【色模様】モヤウ ❶彩りの美しい模様。美しい染め模様。❷歌舞伎などで、恋愛感情を描写する場面。また、その演技。主として淡く単純なものをさし、濃厚なものをさす濡れ場と区別される。

いろ-やけ【色焼け】〔名〕スル 顔やからだが、日に焼けて薄黒くなること。また、衣服などが、日に焼けて変色すること。「一した本の表紙」

いろ-ゆるし【色許し｜色▽聴し】禁色きんじきを許されること。

いろ-よ・い【色▽好い】〔形〕文いろよ・し〔ク〕❶こちらの望みにそうようなさま。都合がよい。好ましい。主に連体形が用いられる。「一・い返事」❷容姿が美しい。「一・き人を見そめて」〈浮・好色袖鑑〉

いろ-り【色利｜煎=汁】鰹節かつおぶし・するめ・大豆などを煮詰めてとっただし汁。煮物に用いる。

いろり【囲炉裏】ゐろ 室内の床の一部を四角に切り抜いて火をたくようにした場所。暖房・煮炊きに用いる。炉。(季 冬)「大原女の足投げ出して一哉/召波」補説「囲炉裏」は当て字。類語 炉

いろ-りったい【色立体】色相・明度・彩度の3要素を座標として、さまざまな色を三次元空間の点として配列したもの。

いろ-わけ【色分け】〔名〕スル ❶色を塗り分けて区別をすること。「国ごとに一した地図」❷人や事物をある基準によって種類分けすること。ふるいわけ。「賛成派と反対派にはっきり一された」
類語 類別・分類・仕分け・組分け・分別・分ける

い-ろん【異論】他と違った意見や議論。異議。「一を唱える」類語 異存・反対・不賛成・不同意・不承知・批判・抵抗・造反・対立・異いを唱える・異いを立てる

いろん-な【色んな】〔連体〕《「いろいろな」の音変化》さまざまの。種々の。「一話をする」類語 各種・種種・諸種・さまざま・多様・多種・多彩・数数

いわ【岩｜×巌｜×磐】いは ❶地殻を形づくっている堅い物質。❷石の大きなもの。岩石。いわお。「一念一をも通す」❸(「錘」「沈子」とも書く)㋐漁網を沈めるためにつけるおもり。㋑船のいかり。「一下ろすかたこそなけれ伊勢の海のしほせにかかる蜑あまの釣り舟」〈千載・雑上〉類語 岩石・巨岩・巌・岩根・磐石・奇岩・岩壁

い-わ【違和】ヰ― ❶からだの調子がくずれること。「腹部に一を覚える」❷周囲の雰囲気に合わないこと。

いわ-あな【岩穴】いは 岩壁にできた洞穴。岩窟がんくつ。

イワーノフ〖Vsevolod Vyacheslavovich Ivanov〗[1895～1963]ソ連の小説家。ソビエト文学の先駆者。ロシア革命前後の事件を鮮やかに描いた。「パルチザン」「装甲列車14-69号」など。イワノフ。

イワーノフ〖Vyacheslav Ivanovich Ivanov〗[1866～1949]ロシアの詩人。1924年、イタリアに移住。後期象徴派の代表。詩集「導きの星」「透明」など。イワノフ。

いわ-い【岩井｜▽石井】いは 岩の間からわき出る泉を井としたもの。「一汲むあたりの小笹をざ玉こえてかつがつ結ぶ秋の夕露」〈新古今・夏〉

いわい【岩井】いは 茨城県南西部にあった市。平成17年(2005)に猿島さしま町と合併して坂東ばんどう市となった。➡坂東

いわい【祝(い)｜▽斎】いはひ ❶めでたいとして喜ぶこと。祝賀。「米寿の一」❷祝う気持ちを示す言葉や金品。「お一を述べる」❸(斎)心身を清らかにして神を祭ること。「朕みづからうつし一をなさむ」〈神武紀〉❹(斎)神を祭る所。また、人。「是の皇女ひめみこ、伊勢の大神おほみかみの一に侍り」〈雄略紀〉
下接語 内祝い・産うぶ祝い・産衣うぶぎの祝い・快気祝い・賀の祝い・喜の字の祝い・心祝い・名付け祝い・八十八の祝い・褌ふんどし祝い・間まち祝い・前祝い・身祝い・水祝い・米よねの祝い 類語 祝賀・賀・よろこび

祝い事は延ばせ仏事は取り越せ 祝いの行事は、慎重にして遅れてするくらいがよいが、仏事は、反対に早めに繰り上げて行うほうがよい。

いわい-うた【祝(い)歌｜×頌】いはひ ❶民謡の分類の一。祝いの式や宴席などでうたう歌。祝儀歌。❷和歌六義りくぎの一。祝いことほぐ歌。頌歌しょうか。「六つには一」〈古今・仮名序〉

いわい-おんせん【岩井温泉】いはゐヲンセン 鳥取県岩美郡にある温泉。貞観元年(859)開湯と伝え、山陰最古とされる。湯かむりで知られる。泉質は硫酸塩泉。

いわい-がわ【磐井川】いはゐがは 岩手県南部を流れる川。栗駒山の北斜面に源を発し、一関市内を流れ北上川に注ぐ。長さ36キロ。上流に厳美渓がある。

いわい-ぎ【祝(い)木】いはひ「祝い棒」に同じ。

いわい-ごと【祝(い)言】いはひ 幸福を祈願する言葉。また、慶事をことほぐ言葉。

いわい-ごと【祝(い)事】いはひ めでたいこと。慶事。

いわい-ざけ【祝(い)酒】いはひ 祝い事のときに飲む酒。

いわい-し【岩井市】いはゐ ▶岩井

いわい-しゅんじ【岩井俊二】いはゐ[1963～]映画監督・映像作家。宮城の生まれ。プロモーションビデオの制作、テレビドラマの監督・脚本を経て映画監督となる。初の長編映画「Love Letter」は各種の映画賞を受賞、中国や韓国でも多くの観客を獲得した。他に「スワロウテイル」「リリィ・シュシュのすべて」など。

いわい-だけ【祝×茸】いはひ マンネンタケの別名。

いわい-だる【祝い×樽】いはひ 祝儀用の酒樽。角樽つのだる・指し樽など。

いわい-ちゃ【岩井茶】いはゐ 岩井半四郎(三)が衣装に好んで用いた茶色。灰色がかってくすんだ茶色。

いわ-いちょう【岩銀=杏】いはイチャウ リンドウ科の多年草。本州中部以北の高山の湿原に自生。高さ約20センチ。葉の形はイチョウに似て、長い柄があり、根元から出る。夏、白い花をつける。みずいちょう。

いわい-づき【祝月｜▽斎月】いはひ《特に斎いみ慎む月と考えられたところから》1月・5月・9月の称。その月の1日には、身なりを整えて祝ったり、社寺へ参ったりした。「とりわけ一、鬢付け、元結をととのへ、人交りもしたからう」〈浄・油地獄〉

いわい-でん【祝(い)殿】いはひ 同族が合同して森などに小祠しょうしを建てて祭る神。

いわい-の-ぜん【祝(い)の膳】いはひ 祝儀のときに出される膳。熨斗のし・昆布・勝ち栗ぐりをつける習慣がある。

いわい-の-らん【磐井の乱】いはゐ 継体天皇21年(527)に筑紫の国造くにのみやつこ磐井が大和朝廷に敵対して起こした乱。新羅しらぎに奪われた南加羅を復興するために任那みまなに向かう朝廷軍を、新羅と結んだ磐井が妨害。朝廷は物部麁鹿火もののべのあらかひを派遣してこれを

制圧した。

いわい-ばし【祝(い)箸】 祝儀、特に、正月の膳に用いる白木の箸。太箸。(季 新年)「刈柴の中から選りて―/蝶衣」

いわい-はんしろう【岩井半四郎】 歌舞伎俳優。屋号、大和屋。㊀(初世)[1652〜1699]大坂の人。通称、長四郎。座元と立役を兼ねた。㊁(4世)[1747〜1800]江戸の人。俳名、杜若。通称、お多福半四郎。岩井家初の女形で、写実的な世話物を得意とした。㊂(5世)[1776〜1847]4世の子。俳名、梅我、のち杜若。通称、大太夫。名女形とうたわれ、毒婦・悪婆役を得意とした。

いわい-び【祝(い)日】 祝い事のあるめでたい日。しゅくじつ。

いわい-べ【▽斎×瓮】 神酒を盛るための素焼きのつぼ。いんべ。「―を斎ひほりすゑ」〈万・三七九〉

いわいべ-どき【祝▽部土器】 ▶須恵器

いわい-ぼう【祝(い)棒】 小正月の、粥占・成木責め・嫁たたきなどの行事に用いる棒。ヌルデ・柳・栗などで作る。いわいぎ。

いわい-もの【祝(い)物】 祝いとして贈る物、贈られる物。

いわ・う【祝う‖▽斎う】〔動ワ五(ハ四)〕❶めでたい物事を喜ぶ。ことほぐ。「新年を―・う」「全線開通を―・う」❷将来の幸運を祈る。祝福する。「二人の前途を―・って乾杯する」❸㋐祝福して贈り物をする。「結婚する友人に時計を―・う」㋑祝福して飲食する。「正月に屠蘇を―・う」❹(斎う)身を慎み、けがれを避けて神を祭る。「祝部らが―・ふ社のもみち葉も標縄越えて散るといふものを」〈万・二三〇九〉❺(斎う)神の力を借りて守る。「家にして恋ひつつあらずは汝が佩けける太刀になりても―・ひてしかも」〈万・四三四七〉❻大切にする。かしずく。「わたつみのかざしにさすと―・ふ藻も君がためには惜しまざりけり」〈伊勢・八七〉(可能)いわえる

いわ-うちわ【岩団▽扇】 イワウメ科の常緑多年草。本州中部以北の深山に自生。高さ3〜8センチ。根茎は地中をはう。葉はつやがあり、うちわに似た円形。春、淡紅色で五つに裂けている花が開く。

いわ-うめ【岩梅】 イワウメ科の常緑小低木。本州中部以北の高山の岩地に群生。高さ約20センチ。枝は細く、地をはい、葉は小さくて堅い。夏、鐘形で五つに裂けている白い花をつける。イワウメ科にはイワウチワ・イワカガミなども含まれる。

いわ-えのぐ【岩絵の具】 日本画に用いる鉱物質の絵の具。藍銅鉱・孔雀石・珊瑚・瑪瑙などを粉にして精製して作る。群青・緑青・代赭など。水に溶けないので膠をまぜて用いる。岩物。

いわ・える【▽結わえる】〔動ア下一〕文いは・ふ〔ハ下二〕「ゆわえる」の音変化。「油揚の胴を干瓢で―・えた稲荷鮨の恰好に似たもの」〈漱石・道草〉

いわ-えん【頤和園】 中国、北京の北西郊にある清朝の離宮。金時代の苑囿の跡に乾隆帝が造営。1860年、英仏軍に焼かれたが、88年西太后が巨額を投じて再建。万寿山・昆明湖が有名。1998年「頤和園、北京の皇帝の庭園」の名称で世界遺産(文化遺産)に登録された。

いわ-お【×巌】 高く大きな岩。

(類語)岩・岩石・巨岩・岩根・磐石・奇岩・岩壁

いわ-おうぎ【岩黄×耆】 マメ科の多年草。本州中部以北の高山の草原などに自生。高さ15〜50センチ。葉は羽状複葉。8月ごろ、黄白色の蝶形の花を総状につける。

いわ-おこし【岩粔=籹】 堅く固めたおこし。江戸時代以来、大阪の名物。

いわ-おもだか【岩沢=瀉】 ウラボシ科の常緑、多年生のシダ。岩や木に生え、約20センチの柄の先にオモダカに似た葉をつける。裏面に褐色の毛がある。

いわ-かがみ【岩鏡】 イワウメ科の常緑多年草。深山に自生。高さ約10センチ。根元から多数出る葉は、円形で縁にぎざぎざがある。夏、花びらの先が細かく裂けた淡紅色の花を数個開く。

いわ-かき【岩垣】《「いわがき」とも》❶岩が垣根のように取り囲んでいる所。「見し人もなき山里の―に心長くも這へる葛かな」〈源・総角〉❷岩石で築いた垣根や塀。〈日葡〉

いわがき-まつなえ【巌垣松苗】[1774〜1849]江戸後期の儒学者。京都の人。号、東園。伏見宣光に学び、国史にも通じた。著「国史略」など。

いわ-がく・る【岩隠る】〔動ラ四〕《石城に隠れる意から》身分の高い人が死ぬ。お隠れになる。「神さぶと―・りますやすみしし我が大君のきこしめす背面の国の」〈万・一九九〉

いわ-かげ【岩陰】 岩の後ろや下に隠れて見えない所。岩がくれ。

いわ-かど【岩角】 岩石のかど。また、岩石の突き出た所。

いわ-がに【岩×蟹】 イワガニ科のカニ。甲幅約3センチ、紫黒色の地に緑色の縞がある。北海道南部から南の岩礁に分布。あぶらがに。十脚目イワガニ科にはモクズガニ・イソガニ・アカテガニなども含まれる。

いわ-が-ね【岩が根‖▽石が根】❶イラクサ科の落葉低木。暖地に自生し、高さ約2メートル。枝は斜めに伸び、暗紫色。葉は長楕円形で先がとがり、縁にぎざぎざがある。雌雄異株。小花が球状に群がってつく。胡椒木。やぶまお。かわしろ。❷《「ね」は大地に固定しているもの、の意》大岩。岩根。「―のこごしき山に入りそめて山なつかしみ出でかてぬかも」〈万・一三三二〉

いわがね-ぜんまい【岩根×薇】 イノモトソウ科の常緑、多年生のシダ。山野に生え、高さ0.6〜1.4メートル。葉は羽片が7、8対つき、葉脈は二股に分かれ、平行している。胞子嚢は葉の裏面の葉脈に沿って線状につく。

いわがね-そう【岩根草】 イノモトソウ科の常緑、多年生のシダ。山野に生え、高さ0.6〜1.2メートル。葉は長い葉柄をもち、細長い羽片が3〜5対つき、葉脈は網目状。胞子嚢は葉の裏面全体につく。

いわ-がらみ【岩絡】 ユキノシタ科の蔓性の落葉低木。山地に生え、気根を出して岩や他の木をよじのぼる。葉は卵円形で縁にぎざぎざがある。夏、白い小花が集まってつく。

いわ-かん【違和感】 しっくりしない感じ。また、ちぐはぐに思われること。「初めて会う人なのに―もなくうちとける」

いわき 福島県南東部の市。昭和41年(1966)平・磐城・勿来・常磐・内郷の5市と周辺の9町村が合併して成立。常磐炭田を背景に発展。重化学工業のほか、観光資源にも富む。人口34.2万(2010)。

いわ-き【岩木‖▽石木】❶岩石と樹木。❷感情を持たないもののたとえ。木石。「だれが―だと思うもんか」〈逍遥・当世書生気質〉❸亜炭の古称。

いわ-き【岩▽城‖▽石▽城】❶岩で囲まれた、石のとりでのような所。岩窟。❷棺を納める石室。「事しあらば小泊瀬山の―にも隠らば共にな思ひ我が背」〈万・三八〇六〉

いわき【磐城】 旧国名の一。現在の福島県東部から宮城県南部にあたる。明治元年(1868)、陸奥から分国。

いわき-がわ【岩木川】 青森県西部を流れる川。白神山地の雁森岳(標高987メートル)に源を発し、津軽平野を流れて十三湖に入り五所川原市で日本海に注ぐ。長さ102キロ。流域は米・リンゴの産地。

いわ-ぎきょう【岩×桔▽梗】 キキョウ科の多年草。本州中部以北の高山に自生。高さ約10センチ。葉は線形で先がとがり、縁に粗いぎざぎざがある。夏、紫色の釣鐘形の花を1個開く。

いわき-さん【岩木山】 青森県、津軽平野南西部にある円錐形の火山。標高1625メートル。古くから信仰の対象とされ、お山参詣が行われる。津軽富士。

いわき-し【いわき市】 ▶いわき

いわぎ-じま【岩城島】 愛媛県北部、瀬戸内海中央部の芸予諸島中の島。最高峰は積善山(標高370メートル)。面積8.5平方キロメートルで、ほぼ三角形の形状をしている。北は生口島(広島県)、西は伯方島に接している。柑橘類の栽培が盛ん。

いわきめいせい-だいがく【いわき明星大学】 福島県いわき市にある私立大学。明星学苑を母体として、昭和62年(1987)に開設された。

いわきやま-じんじゃ【岩木山神社】 青森県弘前市、岩木山の南麓にある神社。祭神は宇都志国玉命・多都比姫命など。岩木三所権現。津軽一の宮。

いわぎり-そう【岩×桐草】 イワタバコ科の多年草。近畿以西に分布。岩壁に生え、高さ12〜15センチ。全体に軟毛が密生。葉は長い柄があり、厚く、広卵形。夏、紫色の花を10個ほど開く。

いわ-く【×曰く】 ㊀《㊁の名詞化。「実は」と打ち明けるべき内容の意》隠れた事情や理由。「―のありそうな古時計」㊁《「い(言)う」のク語法》(副詞的に用いて)言うことには。「古人―」「かぐや姫の―、なんでふ去ることかし侍らむと言へば」〈竹取〉

(類語)理由・謂れ・訳・ゆえん・由・故・事由・所由

曰く言い難し 《「孟子」公孫丑上から》簡単には説明できない。何とも言いようがない。

いわ・く【▽結く】〔動カ五(四)〕「いわえる」に同じ。「乃公が舐めて遣ったり、―・いて遣ったり」〈紅葉・多情多恨〉(可能)いわける

いわ・く【▽稚く】〔動カ下二〕子供じみている。幼稚な振る舞いをする。「―・けたる遊び戯れに心入れたるわらはべの有様など」〈源・若菜上〉(補説)歴史的仮名遣いは「いわく」か「いはく」か未詳。

いわく-いんねん【×曰く因縁】 深いわけ。こみいった事情。「両社の合併には―がありそうだ」

いわ-くえ【岩▽崩え】《「くえ」は動詞「く(崩)ゆ」の連用形》岩が崩れること。また、崩れた所。「鎌倉の見越の崎の―の君が悔ゆべき心は持たじ」〈万・三三六五〉

いわく-つき【×曰く付き】❶何かよくないいきさつやこみいった事情のあること。また、そういうもの。「―の絵」❷よくない前歴があること。「―の選手」

いわくに【岩国】 山口県東部の市。瀬戸内海に面する。もと吉川氏の城下町、明治以後は繊維工業地として発展。臨海地帯は第二次大戦後、石油化学コンビナートが成立。錦川に錦帯橋が架かる。天然記念物シロヘビの生息地。南部に古くから茶会の水として知られる桜井戸がある。平成18年(2006)3月、由宇町・玖珂町・本郷村・周東町・錦町・美川町・美和町と合併。人口14.4万(2010)。

いわくに-し【岩国市】 ▶岩国

いわくに-ちぢみ【岩国縮】 岩国市付近で織られる木綿縮。夏の単衣地。

いわくに-ばんし【岩国半紙】 岩国市付近で生産される半紙。天正年間(1573〜1592)から作られており、コウゾを原料とする。岩国紙。

いわく-まど【×曰く窓】 まん中に横木を1本入れた窓。江戸時代、武家屋敷の道路に面した部分に用いられた。「曰」の字形に似ているところからいう。

いわ-ぐみ【岩組(み)】❶庭園などの岩石の配置。また、その岩石。石組み。❷芝居の舞台などで用いる、張り子の岩。❸岩石が重なり、入り組んでいる所。「谷の―葛つづら折り」〈浄・傾城酒呑童子〉

いわ-くら【岩倉】 石造りの倉。いしぐら。

いわくら【岩倉】 ㊀愛知県西部の市。名古屋市の北方にあり、住宅地として発展。こいのぼり・名古屋コーチンの産地。人口4.7万(2010)。㊁京都市左京区の地名。岩倉山大雲寺や、幕末に岩倉具視が隠棲した旧宅がある。(歌枕)「花薄まだ露ふかし穂に出でばながめじと思ふ秋の盛りを」…

いわ-くら【岩▽座‖×磐▽座】《「いわ」は堅固な意》神の御座所。いわさか。「天の―を離れ、天の八重多那雲を押し分けて」〈記・上〉

いわくら-し【岩倉市】 ▶岩倉㊀

いわくら-しせつだん【岩倉使節団】 明治政府が明治4年(1871)に欧米に派遣した使節団。正

使の岩倉具視以下、大久保利通・伊藤博文・木戸孝允ら107名がおよそ2年間、各国を歴訪し不平等条約改正を目指したが果たせなかった。[補説]当時の政府首脳の多くが使節に参加したため、派遣期間中の政府は留守政府と呼ばれる。

いわくら-ともみ【岩倉具視】[1825〜1883]公卿・政治家。京都の生まれ。幕末に公武合体を説き、のち、王政復古の実現に参画。明治維新後、右大臣。特命全権大使として欧米の文化・制度を視察。帰国後は内治策に努めた。明治憲法の制定に尽力。

いわ-ぐんじょう【岩群青】青色の岩絵の具の一。塩基性炭酸銅が主成分。藍銅鉱から製する。

いわけ-な・い【▽稚ない】〔形〕文いわけな・し〔ク〕分別がなく子供っぽく見えるさま。あどけない。がんぜない。「まだ━・くもいやしむいろえ包までいうに」〈鷗外・文づかひ〉[補説]歴史的仮名遣いは「いわけなし」か「いはけなし」か未詳。

いわ-こす【岩越】琴柱の上部にある、弦をのせる溝。越柱。

いわ-ざ【岩座】岩をかたどった、仏像を安置する台座。明王や天部像に用いられる。

いわ-さか【岩▽境／×磐▽境】「岩座」に同じ。「我は天つ神籬及び天つ━を起こしたてて」〈神代紀・下〉

いわさき-かんえん【岩崎灌園】[1786〜1842]江戸後期の本草学者。江戸の人。名は常正。小野蘭山に師事し、のちシーボルトとともに研究。著「救荒本草通解」「本草図譜」など。

いわさき-きょうこ【岩崎京子】[1922〜]児童文学作家。東京の生まれ。人間と自然・動物との交流を淡々とした筆致で描く。「鯉のいる村」で昭和45年度(1970)芸術選奨。他に「サギ」「シラサギ物語」「花咲か」など。平成10年(1998)児童文化功労賞。

いわさき-こやた【岩崎小弥太】[1879〜1945]実業家。東京の生まれ。弥之助の長男。三菱財閥第4代指導者。三菱合資を持株会社とし、海運・商事・造船を中心とする財閥を完成させた。

いわさき-ちひろ[1918〜1974]児童画家・絵本作家。福井の生まれ。本名、松本知弘。透明感に満ちた水彩画法でみずみずしく子供の姿を描く。代表作に絵本「あめのひのおるすばん」「ことりのくるひ」、挿絵「母さんはおるす」など。

いわさき-やたろう【岩崎弥太郎】[1834〜1885]実業家。土佐の人。弥之助の兄。三菱財閥の創始者。藩船の払い下げを受けて三菱商会を創立。明治政府の保護による独占的海運事業として発展した。

いわさき-やのすけ【岩崎弥之助】[1851〜1908]実業家。弥太郎の弟。小弥太の父。三菱財閥第2代統率者。事業多角化につとめ、銀行・鉱山・造船などを一体とした三菱合資会社を発足させた。第4代日銀総裁。

いわさ-またべえ【岩佐又兵衛】[1578〜1650]江戸初期の画家。戦国の武将荒木村重の末子。字は勝以。又兵衛は通称。初め福井に住み、晩年を江戸で過ごした。土佐派・雲谷派など和漢の画法を学び、人物画に独自の画風を展開。浮世又兵衛ともよばれ、浮世絵の創始者とする説もある。

いわ-ざる【言わ猿】三猿の一。言うまいとして両手で口を押さえている猿の像。

いわし【×鰯／×鰮】❶ニシン科のマイワシ・ウルメイワシやカタクチイワシ科のカタクチイワシなどの海水魚の総称。ふつうはマイワシをさす。暖流に乗って回遊し、産卵期に近海に集まる。食用のほか、油をとったり、肥料や飼料にしたりする。稚魚は、しらす。〔季 秋〕「━やく煙とおもへ軒の煤/犀星」❷切れ味の悪い刀。鈍刀。「この━で切るか、この目でおどすか」〈浄・千本桜〉[補説]「鰯」は国字。

鰯で精進落ち やっと迎えた精進落としの宴に、イワシのようないつでも食べられる魚を出す。ずっと耐えてきた努力が報われないことや、つまらないことで努力がむだになることのたとえ。

鰯の頭も信心から イワシの頭のようなつまらないものでも信心する人には尊く思われる。物事をかたくなに信じる人を揶揄するときなどにもいう。

いわし-あみ【×鰯網】イワシをとるのに用いる網。

いわ-しお【岩塩】がんえん。やましお。

いわし-かす【×鰯×滓】油をとったあとのイワシを乾かしたもの。肥料にする。

いわし-くじら【×鰯鯨】ナガスクジラ科のヒゲクジラ。全長17〜20メートル。北太平洋・北大西洋と南氷洋に分布。日本近海にも多い。イワシなどの小魚を捕食。

いわし-ぐも【×鰯雲】白い小さな雲が、魚のうろこのように群がり広がっている雲。多く、巻積雲のことで、この雲が出るとイワシの大漁があるといわれた。鯖雲。鱗雲。羊雲。〔季 秋〕「━ひとに告ぐべきことならず/楸邨」

いわし-さん【×鰯酸】不飽和脂肪酸の一。イワシ油・ニシン油などに含まれる。化学式$C_{21}H_{33}COOH$

いわした-そういち【岩下壮一】[1889〜1940]神学者・哲学者。東京の生まれ。日本におけるカトリック神学研究の先駆者。静岡県神山復生病院長となり、ハンセン病患者の救済事業に尽力。著「信仰の遺産」「中世哲学思想史研究」「カトリックの信仰」。

いわしみず【石清水】「石清水八幡宮」の略。

いわ-しみず【岩清水／▽石清水】岩の間からわき出るきれいな水。〔季 夏〕「湯を掬ぶ誓ひも同じ━/芭蕉」

いわしみず-はちまんぐう【石清水八幡宮】京都府八幡市八幡高坊にある神社。旧官幣大社。祭神は品陀別命・息長帯姫命・比売大神。貞観元年(859)宇佐八幡宮を勧請したのが起源。石清水放生会は三大勅祭の一。宇佐・筥崎とともに、三大八幡といわれる。男山八幡宮。

いわしみず-ほうじょうえ【石清水放生会】石清水八幡宮で毎年9月15日(もとは陰暦8月15日)に行われる祭り。宇佐八幡宮の放生会にならったもの。魚や鳥を山川に放つのでこの名がある。

いわしみずものがたり【石清水物語】鎌倉中期ごろ成立した擬古物語。2巻。作者未詳。武士と公家の姫との恋を描く。

いわしみず-りんじさい【石清水臨時祭】石清水八幡宮で毎年3月、中午の日または下午の日に行われてきた祭り。天慶5年(942)平将門・藤原純友の乱平定の祭りを行ったのに始まり、のち恒例となる。都の人は賀茂祭を北祭、これを南祭と呼んだ。

いわし-ゆ【×鰯油】イワシから搾り取った油。茶色で不快臭がある。塗料油の原料などにする。

いわじゅく-いせき【岩宿遺跡】群馬県みどり市にある遺跡。昭和24年(1949)相沢忠洋によって発見され、日本で初めて旧石器時代の存在が確認された。

いわしろ【岩代】旧国名の一。現在の福島県西部にあたる。明治元年(1868)陸奥から分国。名は、石背を「いわしろ」と誤読したことによるという。

いわ-じんじゃ【伊和神社】兵庫県宍粟市にある神社。祭神は大己貴神・少彦名神・下照姫神。播磨国一の宮。

いわ・す【言わす】〔動サ五〕❶言うように仕向ける。しゃべらせる。「そこまで私に━・すのか」❷言うことを許す。自由に話させる。「一言だけ━・してほしい」❸音を立てる。「椅子をがたがた━・す」

いわず-かたらず【言わず語らず】〔連語〕何も言わないこと。暗黙。「━のうちに納得する」

いわず-と-しれた【言わずと知れた】〔連語〕言わなくてもわかっている。わかりきった。「健康が第一なのは━ことだ」

いわず-もがな【言わずもがな】〔連語〕《動詞「い(言)う」の未然形＋打消しの助動詞「ず」の連用形＋終助詞「もがな」》❶(「の」を伴って連体詞的に用いて)言わないほうがよい。言わでもの。「━のことを言う」❷言うまでもなく。もちろん。「英語は━、フランス語も話す」

いわ-せ【岩瀬／▽石瀬】石の多い川瀬。「直に行かず此ゆ巨勢路から━踏み求めぞわが来し恋ひてすべなみ」〈万・三三二〇〉

いわせ-きょうでん【岩瀬京伝】▶山東京伝

いわせ-ただなり【岩瀬忠震】[1818〜1861]江戸末期の幕臣。江戸の人。開国を説き、日米修好通商条約の締結に努力。将軍継嗣問題では一橋慶喜を推したため、安政の大獄で処罰された。

いわせ-の-もり【岩瀬の森】奈良県生駒郡斑鳩町竜田付近にあった森。紅葉・ホトトギスの名所とされた。[歌枕]「神奈備の━の呼子鳥いたくな鳴きそ我が恋増さる」〈万・一四一九〉

いわ・せる【言わせる】〔動サ下一〕❶「言わす❶」に同じ。「世間にあっと━・せる壮挙」❷「言わす❷」に同じ。「━・せておけばいい気になって」❸「言わす❸」に同じ。「小銭をじゃらじゃら━・せる」❹(「…にいわせると」「…にいわせれば」の形で)その人の言うところによると。「専門家に━・せると、そういう現象はありえないとのことだ」

いわ-そそく【岩注く】〔枕〕《「いわそそぐ」とも》高い所から岩の上に水が垂れ注ぐ意から、「岸」「たる」にかかる。「━岸の浦廻に寄する波」〈万・一三八八〉「━垂氷の上にさす日影」〈千五百番歌合・一〉

いわた【磐田】静岡県南西部の市。もと遠江国分寺・国府の所在地で、東海道の宿駅。温室メロン・茶・海老芋などの栽培、繊維・自動車工業が盛ん。平成17年(2005)4月、周辺4町村と合併。人口16.9万(2010)。

いわた-おび【岩田帯】妊婦が腹部に巻く白布の帯。妊娠5か月目の戌の日から着用する習慣がある。腹帯。ゆわだおび。[補説]「ゆはだおび(結肌帯・斎肌帯)」から転じたという。

いわ-たけ【岩×茸／▽石×茸】イワタケ科の地衣類。花崗岩などの上に生える。葉状でほぼ円形に広がり、直径5〜25センチ。表面は褐色。酢の物・てんぷらなどにして食べる。〔季 秋〕

いわた-し【磐田市】▶磐田

いわ-だたみ【岩畳】岩が幾重にも重なっていること。また、その所。

いわた-とうしち【岩田藤七】[1893〜1980]ガラス工芸家。東京の生まれ。ガラス工芸を美術の一ジャンルとして確立。特に色ガラス器にすぐれた表現を示した。芸術院会員。

いわ-だな【岩棚】棚のように平らに張り出している岩場。

いわ-だぬき【岩×狸】▶ハイラックス

いわた-の-おの【石田小野】京都市伏見区石田から日野にかけての地。[歌枕]「山科の━のははそ原見つつか君が山路越ゆらむ」〈万・一七三〇〉

いわ-タバコ【岩タバコ】イワタバコ科の多年草。山地の湿った岩壁に生え、高さ6〜15センチ。葉はタバコの葉に似て楕円形で表面にしわがある。夏、紅紫色の筒状の花を開く。葉を民間で健胃薬に用いる。イワタバコ科には約2000種があり、多くは熱帯に、少数は温帯にも分布。セントポーリア・グロキシニアなども含まれる。

いわたはら-だいち【磐田原台地】静岡県南西部、天竜川下流にある洪積台地。標高10〜120メートル。茶・葉タバコ・サツマイモの栽培が盛ん。中心都市は磐田市・袋井市。西方の三方ヶ原に対する。

いわた-りょうと【岩田涼菟】[1659〜1717]江戸中期の俳人。伊勢の人。蕉門に入り、のち伊勢風の基礎を築いた。句集に「皮籠摺」「山中集」など。

いわだれ-そう【岩垂草】クマツヅラ科の多年草。関東以南の海岸に生える。茎は砂上をはい、節から根を出す。葉は倒卵形で、対生。夏、紅紫色の小花を多数、穂状につける。

いわ-ちどり【岩千鳥】ラン科の多年草。本州中部以西の沢ぞいの岩壁に生え、高さ8〜15センチ。細い茎から長楕円形の葉を1枚出す。初夏、基部に紅色の点をもつ淡紫色または白色の花を数個開く。

いわつき【岩槻】さいたま市の区名。旧岩槻市域を占める。もと大岡氏の城下町で、江戸時代には日光御成(おなり)街道の宿駅として発展。ひな人形を特産。

いわつき-く【岩槻区】▶岩槻

いわつき-もめん【岩×槻木綿】さいたま市岩槻区付近で産する木綿織物。のれん・ふろしきなどに使われる。

いわ-つつじ【岩躑=躅】❶ツツジ科の落葉低木。高さ約15センチ。葉は茎の先に集まって互生し、広卵形。夏、淡紅色の釣鐘形の小花が咲き、果実は丸く、10月ごろ赤く熟し、食べられる。本州中部から北に分布。❷岩や石のほとりに咲いているツツジ。特に和歌で、「言はねば」を導く序詞として用いる。「思ひ出づる常磐の山の―言はねばこそあれ恋しきものを」〈古今・恋一〉❸襲(かさね)の色目の名。表は紅、裏は紫。冬と春に用いる。

いわ-つばめ【岩×燕】ツバメ科の鳥。全長約15センチ。尾は短く、裂け目も浅い。背は黒、腹は白、腰に白色部がある。岩壁や軒下などに壺形の巣を作る。春に渡来し、秋に南方へ渡るが、越冬するものもある。**(季 夏)**「―檜原(ひばら)湖を霧がまたかくす/秋桜子」

いわ-つらら【岩垂=氷】鍾乳石(しょうにゅうせき)のこと。

いわて【岩手】東北地方北東部の県。太平洋に面し、かつての陸中のほぼ全域と陸前・陸奥(むつ)の一部を占める。県庁所在地は盛岡市。人口133.1万(2010)。

いわで【岩出】和歌山県北部にある市。平成18年(2006)4月市制。大阪市のベッドタウン化が進む。人口5.3万人(2010)。

いわて-いかだいがく【岩手医科大学】盛岡市にある私立大学。昭和3年(1928)創立の岩手医学専門学校を母体に、同27年新制大学として発足。

いわて-けん【岩手県】▶岩手

いわて-けんりつだいがく【岩手県立大学】岩手県滝沢村に本部がある公立大学。平成10年(1998)の開学。同17年、公立大学法人となる。

いわて-さん【岩手山】盛岡市の北西にある火山。標高2038メートル。北麓の金沢清水は名水で知られる。南部富士。岩手富士。巌鷲山(がんじゅさん)。

いわで-し【岩出市】▶岩出

いわて-だいがく【岩手大学】盛岡市にある国立大学法人。盛岡農林専門学校・盛岡工業専門学校・岩手師範学校・岩手青年師範学校を統合して、昭和24年(1949)新制大学として発足。平成16年(2004)国立大学法人となる。

いわで-の-もり【磐手の森】陸奥(むつ)・摂津・紀伊など各地で歌枕として詠まれた森。「言はで」を掛け詞(ことば)とするが、多くは詠まれた場所が不明。「君にしも秋を知らせぬ津の国の―をわが身ともがな」〈馬内侍集〉

いわて-ふじ【岩手富士】岩手山の異称。

いわてみやぎないりく-じしん【岩手・宮城内陸地震】平成20年(2008)6月14日、岩手県内陸南部を震源に発生したマグニチュード7.2の地震。岩手県奥州市と宮城県栗原市で最大震度6強を観測。土砂災害による被害が大きく、400人をこえる死傷者が出た。

いわ-で-も【言わでも】〔連語〕《動詞「い(言)う」の未然形＋接続助詞「で」＋係助詞「も」》言わなくてもよいこと。「―のことを言って怒らせてしまう」

いわ-でんだ【岩▽連×朶】《「でんだ」はシダの古名》オシダ科の多年生のシダ。山地の岩上に生え、高さ20〜40センチ。根茎は短く、葉は束生し、羽状複葉で、細い針金状の赤褐色の柄をもつ。

いわ-と【岩戸¦▽石戸】❶岩屋の入り口の堅固な岩の戸。「天の原―を開き」〈万・一六七〉❷古代の墳墓の入り口の戸。「―割る手力(たぢから)もがも手弱き女(をみな)にしあればすべの知らなく」〈万・四一九〉

いわと-かぐら【岩戸神-楽】❶民俗芸能の一。面をつけて神々に扮し、「岩戸隠れ」「大蛇退治」など神話に取材した所作を演じるもの。神代(じんだい)神楽。❷歌舞伎下座音楽の一。太鼓・大太鼓・能管で奏し、荒事(あらごと)の出端(では)・立ち回り・所作などに用いる。

いわと-がくれ【岩戸隠れ】天照大神(あまてらすおおみかみ)が、弟の素戔嗚尊(すさのおのみこと)の乱暴を怒って天(あま)の岩屋戸に隠れたため、天地が真っ暗になり昼がなくなったという神話。困りはてた神々が、祝詞や舞などで大神を招き出すと天地は再び明るくなったという。後半を「岩戸開き」といい、合わせて「天の岩屋戸神話」を構成する。

いわと-けいき【岩戸景気】昭和34〜36年(1959〜1961)の大型好景気のこと。同31年の神武景気を上回るところから、天の岩戸以来という意味で名づけられた。

いわ-とこ【▽石床¦×磐床】平たい岩。床のような形の岩。また、それがある場所。「岩が根のこごしき道の―の根延(ねば)へる門(かど)に」〈万・三三二九〉

いわ-とび【岩飛び】❶高い岩の上から深い水中に飛び込むこと。また、それを見世物にする人。❷日本水泳神伝流の飛び込み術の一。高い岩などの上から直立の姿勢で水面に直角に水に入る技。

いわとやま-こふん【岩戸山古墳】福岡県八女(やめ)市吉田にある前方後円墳。全長約135メートル。多数の石人・石馬などが並べられていた。6世紀に大和朝廷に敵対した磐井(いわい)の墓と推定されている。

いわ-な【岩▽魚¦嘉=魚】サケ科イワナ属の淡水魚。山間の渓流にすむ。日本産淡水魚の中で最も冷たい水を好み、ヤマメよりさらに上流にいる。全長約30センチ、暗褐色で多くの小朱点があり、体側に小判形の横斑が出る。美味。きりくち。**(季 夏)**

いわ-なし【岩梨】ツツジ科の常緑小低木。山地に生える。茎は地をはい、葉は長楕円形。早春、淡紅色で釣鐘形の花が数個集まって咲く。実は扁球形で、夏に白く熟し、食べられる。**(季 実=夏¦花=春)**

いわ-なみ【岩波】岩に寄せる波。「きぶね川玉ちる瀬々の―に氷を砕く秋の夜の月」〈千載・神祇〉

いわなみ-しげお【岩波茂雄】[1881〜1946]出版業者。長野の生まれ。大正2年(1913)岩波書店を創業。古書店から出発して、同店を日本の代表的出版社に育てた。文化勲章受章。

いわ-にがな【岩苦菜】ジシバリの別名。

いわぬ-いろ【言はぬ色】《クチナシを「口無し」にかけて》くちなし色。濃い黄色。「九重にあらで八重咲く山吹の―をば知る人もなし」〈新古今・雑上〉

いわぬま【岩沼】宮城県南部の市。奥州街道の宿場町として発展。東北本線と常磐線の分岐点。承和9年(842)創建と伝える竹駒神社(稲荷)、北東部には仙台空港がある。人口4.4万(2010)。

いわぬま-し【岩沼市】▶岩沼

いわ-ね【岩根】❶岩の根元。❷どっしりと根を据えた大きな岩。いわがね。いわお。「白雲のたなびく山を―踏み越え隔(へな)りなば」〈万・四〇〇六〉

(類語)岩・岩石・巨岩・巌・磐石・奇岩・岩壁

いわ-の-ドーム【岩のドーム】エルサレム旧市街にあるイスラム様式の神殿。7世紀にウマイヤ朝が建設し、いくたびの改修を経て青色の壁と金色のドーム屋根という現在の形となった。イスラム教のほかキリスト教・ユダヤ教も聖地としている。

いわのひめ【磐之媛¦石之日売】仁徳天皇の皇后。葛城襲津彦(かつらぎのそつひこ)の娘。履中・反正・允恭天皇の母。万葉集・巻2にその作とされる歌を収める。

イワノボ〖Ivanovo〗ロシア連邦西部、イワノボ州の州都。旧称イワノボボズネンスク。「黄金の環」と呼ばれるモスクワ北東近郊の観光都市の一つ。18世紀にピョートル1世により織物工場が建設され、同国有数の繊維工業都市として栄え、「ロシアのマンチェスター」と称された。1905年に第一次ロシア革命につながる労働運動が起こったことでも知られる。フランスの女流小説家ナタリー＝サロートの生地。

いわの-ほうめい【岩野泡鳴】[1873〜1920]小説家・評論家・詩人。兵庫の生まれ。本名、美衛(よしえ)。自然主義作家の一人。一元描写を唱えた。小説「耽溺」「放浪」「断橋」、評論「神秘的半獣主義」、詩集「悲恋悲歌」「闇の盃盤」など。

イワノボ-ボズネンスク〖Ivanovo-Voznesensk〗ロシア連邦の都市イワノボの旧称。

いわ-のぼり【岩登り】登山で、岩場を登り下りすること。ロッククライミング。

いわ-のり【岩海=苔】ウシケノリ科アマノリ属の紅藻で、海岸の岩上に生えるものの総称。アサクサノリと同様に佃煮などにする。養殖ノリより色や香りはよいが、堅い。**(季 春)**

いわ-ば【岩場】山などの、岩の多い場所。また、登山で、岩登りの対象となるような岩がむき出しになっている所。

いわ-ば【言わば】〔副〕《動詞「い(言)う」の未然形＋接続助詞「ば」から》言ってみれば。たとえて言えば。「彼は、―業界の救世主だ」

いわ-はし【岩橋¦▽石橋】《「いわばし」とも》❶川の浅瀬に飛び石を並べて、踏み渡れるようにしたもの。❷石でつくった橋。いしばし。❸天然の、橋のような形をしている岩石。❹「久米(くめ)の岩橋」に同じ。

いわはし【岩橋】狂言。和泉流。新妻が一向に被衣(かずき)をとらないので、夫は和歌でほのめかしてとらせようとするが、女は応じない。無理やりにとってみると醜い女なので夫は逃げ出す。

いわはし-の【岩橋の¦▽石橋の】〔枕〕飛び石と飛び石との間という意から「間(ま)」「近し」「遠し」にかかる。「―間近き君に恋ひわたるかも」〈万・五九七〉「―遠き心は思ほえぬかも」〈万・二七〇一〉

いわ-ばし・る【▽石走る】〔動ラ四〕岩の上や間を水が激しく流れる。水が岩に当たってしぶきをあげる。「―・りたぎち流るる泊瀬川(はつせがは)絶ゆることなくまたも来て見む」〈万・九九一〉

いわ-ばしる【▽石走る】〔枕〕❶岩で水がとびちる意から「垂水(たるみ)」にかかる。「―垂水の上のさわらびの」〈万・一四一八〉❷「近江(あふみ)」「神奈備山(かんなびやま)」などにかかる。「―近江の国の楽浪(ささなみ)の」〈万・二九〉

いわ-はだ【岩肌¦岩▽膚】岩の表面。

いわ-はな【岩鼻¦岩▽端】岩の突端。突き出た岩のはし。

いわ-ひげ【岩×髭¦岩×鬚】❶モズク科の褐藻。本州・九州沿岸の波の当たる岩上に群生し、高さ5〜15センチ。軟骨質の糸状で暗褐色をし、乾くと黒くなる。❷ツツジ科の常緑小低木。本州以北の高山の岩の間に生える。茎にうろこ状の葉が密につく。夏、白色または淡紅色の釣鐘形の花をつける。

いわ-ひば【岩×檜葉¦巻=柏】イワヒバ科の常緑、多年生のシダ。山地の岩上などに生え、高さ約25センチ。茎の頂から多くの枝を出し、乾燥時には内側に巻き込み、湿気にあうと開く。枝に小さな鱗片(りんぺん)状の葉が密生する。観賞用にし、園芸品種も多い。巻柏(けんぱく)。いわまつ。くさひば。**(季 夏)**

いわ-ひばり【岩雲=雀¦岩×鷚】スズメ目イワヒバリ科の鳥。全長18センチくらい。背面はくすんだ灰黒色で、わきは濃い栗色。日本では本州の高山の岩場で繁殖し、冬期は山麓に移動する。イワヒバリ科にはヤマヒバリ・カヤクグリなども含まれる。おやますずめ。**(季 夏)**

いわ-ぶくろ【岩袋】ゴマノハグサ科の多年草。本州以北の高山に分布。高さ約10センチ。夏、淡紅紫色で先が五つに裂けた袋状の花が開く。北海道の樽前(たるまえ)山に多く、「たるまいそう」ともいう。

いわ-ふじ【岩藤】ニワフジの別名。

いわふじ【岩藤】㊀浄瑠璃「加賀見山旧錦絵(かがみやまこきょうのにしきえ)」に登場する敵役の女性。㊁文楽人形の首(かしら)の一。㊀など高位の敵役の中年女性に用いる。

いわぶち-えつたろう【岩淵悦太郎】[1905〜1978]国語学者。福島の生まれ。東大卒。国立国語研究所所長、国語学会代表理事、国語審議会委員などを務め、当用漢字表の改革などに貢献。著作に「国語史論集」など。

いわ-ふね【岩船¦×磐船】高天原から下界に下りるときに神が乗るという堅固な船。「天探女(あまのさぐめ)が―の泊(は)てし高津は」〈万・二九二〉

いわふね【岩船】謡曲。脇能物。勅使が高麗唐土の宝を求めて摂津国住吉の浦に下り、天探女と竜神から貢ぎ物を受ける。

いわふね-の-さく【磐舟柵】大化4年(648)、越後国磐舟(新潟県村上市)に、蝦夷に備えて設けられた城柵。大和朝廷の北方進出の根拠地。

いわ-ぶろ【岩風呂】岩で囲まれたくぼみを湯船にした温泉。また、岩で囲った風呂。

いわ-べんけい【岩弁慶】ベンケイソウ科の多年草。本州中部から北の高山や北海道の海岸に自生。高さ約30センチ。葉は白みがかり、多肉で、多数重なり合ってつく。雌雄異株。夏、黄色い小花が群がって開く。いわきりんそう。

いわ-ま【岩間】岩と岩との間。

いわま-かんのん【岩間観音】岡山県久米郡美咲町にある本山寺の通称。山号は岩間山。役の行者ゆかりの地に頼観が大宝元年(701)に建立、新山寺と称したが、鑑真が改称したと伝える。漆間時国夫妻がこの寺に祈って、法然を授かったことで有名。

いわまく-も【言はまくも】〔連語〕《「まく」は推量の助動詞「む」のク語法》口に出して言うのも。口にするのも。「かけまくもあやに恐しく—ゆゆしくあらむと」〈万・九四八〉

いわ-まつ【岩松】イワヒバの別名。

いわま-でら【岩間寺】滋賀県大津市にある真言宗醍醐派の正法寺の通称。山号は岩間山。養老年間(717〜724)に泰澄が創建。西国三十三所第12番札所。本尊は千手観音。

いわみ【石見】旧国名の一。現在の島根県西部にあたる。石州。

いわみ-がた【石見潟】島根県江津市から浜田市にかけての海岸。〔歌枕〕「つらけれど人には言はず—うらみぞ深き心一つに」〈拾遺・恋五〉

いわみ-ぎん【▽石見銀】江戸時代、石見銀山で運上銀として鋳造していたふぞろいの灰吹き銀。

いわみ-ぎんざん【石見銀山】㊀島根県大田市大森にあった銀山。戦国時代に開発され、江戸時代には幕府の直轄領となる。明治以降は銅も産出。大正12年(1923)に閉山。平成19年(2007)「石見銀山遺跡とその文化的景観」の名で世界遺産(文化遺産)に登録された。大森銀山。㊁石見銀山から副産物として出る砒石で作った殺鼠剤。

いわみ-こうげん【石見高原】島根県中西部に広がる高原。中国山地西部の脊梁北側に位置する。標高300〜500メートル。江の川などの河川が谷を形成する。山間盆地が発達し、稲作が行われる。高原では、牧牛・林業のほか高冷地野菜の栽培が見られる。

いわみざわ【岩見沢】北海道石狩平野東部の市。空知総合振興局所在地。札幌市のベッドタウン化が進む。平成18年(2006)3月、北村・栗沢町を編入。人口9.0万(2010)。

いわみざわ-し【岩見沢市】▶岩見沢

いわみ-じゅうたろう【岩見重太郎】安土桃山時代の伝説的剣豪。初めは小早川家に、のち秀吉に仕え、薄田隼人と名のり、大坂夏の陣で討ち死にしたという。狒狒退治や山賊退治、天橋立の仇討ちなどで知られる。

いわ-むし【岩虫】イソメ科の環形動物。海岸の岩の割れ目や砂泥中にすむ。体長約30センチ、赤褐色。体の前部は丸く、後部はしだいに扁平になる。釣りの餌に用い、「いわめ・いわいそめ・あかむし・ほんむし・どろむし・くろむし」などとよばれる。

いわ-むら【岩群】岩の群れ。岩や石がごろごろしている所。「河上のゆつ—に草生さず常にもがもな常娘子にて」〈万・二二〉

いわ-むろ【岩室】【▽石室】「岩屋」に同じ。

いわもと-よしはる【巌本善治】[1863〜1942]教育者。兵庫の生まれ。キリスト教の精神に基づいて女子教育に尽力。日本最初の婦人雑誌「女学雑誌」を発行し、女性解放運動を推進した。妻は若松賤子。

いわもと-よしゆき【岩本義行】[1912〜2008]プロ野球選手・監督。広島の生まれ。明大卒業後、実業団を経て昭和13年(1938)南海(現福岡ソフトバンク)に入団し、強打者として活躍。神主打法と呼ばれる独特のフォームで本塁打を量産した。引退後は南海・東映・近鉄の監督。

いわ-もの【岩物】「岩絵の具」に同じ。

いわ-や【岩屋】【▽石屋】【▽窟】岩壁に自然にできた洞穴。また、岩に横穴を掘って住居としたもの。いわむろ。

いわや-いちろく【巌谷一六】[1834〜1905]書家。近江の人。本名、修。字は誠卿。小波の父。政治家として活躍する一方、能書家として知られ、独自の書風を示した。

いわや-さざなみ【巌谷小波】[1870〜1933]児童文学者・俳人。東京の生まれ。本名、季雄。別号、漣山人。尾崎紅葉らと硯友社を結成。のち創作童話を発表。また、おとぎ話の口演にも力を注いだ。童話「こがね丸」、童話集「日本昔噺」「世界お伽噺」など。

いわや-と【岩屋戸】《「いわやど」とも》岩屋の入り口。いわと。「—に立てる松の木汝を見れば昔の人を相見るごとし」〈万・三〇九〉

いわ-やま【岩山】岩の多い山。岩ばかりの山。
〔類語〕石山・砂山・砂丘

いわ-ゆる【▽所×謂】〔連体〕《動詞「い(言)う」の未然形＋上代の受身の助動詞「ゆ」の連体形から》世間一般に言われる。俗に言う。よく言う。「—独身貴族」「これこそ、—瓢箪から駒というものだ」

いわれ【磐余】奈良県桜井市南部の古地名。5、6世紀ごろの大和国家の政治の中心地。〔歌枕〕「つのさはふ—も過ぎず泊瀬山何時かも越えむ夜はふけにつつ」〈万・二八二〉

いわ-れ【×謂れ】《動詞「い(言)う」の未然形＋受身の助動詞「る」の連用形から》❶物事が起こったわけ。理由。「—のないうわさ」「無視される—はない」❷由緒。来歴。「—のある土地」「家宝の—」
〔類語〕(❶)理由・訳・ゆえん・由・故・曰く・事由・所由/(❷)由緒・由来・来歴・故事・縁起・歴史

いわれ-いんねん【×謂れ因縁】いわれと因縁。「いわれ❷」を強めた言い方。「石碑の—を探る」

いわれ-な・い【×謂れ無い】〔形〕図いはれな・し〔ク〕正当な理由・根拠がないさま。不当である。いわれのない。「—・い疑いをかけられる」

いわれ-ぬ【言はれぬ】〔連体〕《動詞「い(言)う」の未然形に、可能の助動詞「る」の未然形と打消しの助動詞「ず」の連体形が付いたものから》❶道理に合わない。むちゃな。「—ことなし給ひそ」〈竹取〉❷無用の。余計な。「それは—指図」〈浄・浪花鑑〉

いわれ-の-いけ【磐余の池】奈良県桜井市阿部付近にあった池。埴安の池。〔歌枕〕「ももづたふ—に鳴く鴨を今日のみ見てや雲隠りなむ」〈万・四一六〉

いわ-れんげ【岩×蓮華】ベンケイソウ科の多年草。関東以西の岩上に自生。藁葺き屋根などにも生える。へら形の葉が重なり合い、ハスの花に似る。9〜11月、小花が円錐状に密生し、下方から順に開花。明治時代に多くの園芸品種が作られた。

いわ-ろくしょう【岩緑青】日本画で使われる緑色の顔料。岩絵の具の一。孔雀石から製し、成分は塩基性炭酸銅。

いわわき-やま【岩湧山】大阪府南部、河内長野市南部にある山。標高897メートル。和泉山脈東部に位置し、その主峰。山頂は準平原状の平坦地で、大阪平野・大阪湾をのぞむことができる。北斜面中腹に岩湧寺がある。一帯は鳥獣保護区に指定されている。金剛生駒紀泉国定公園に属する。

いわわれ-みず【岩割れ水】岩に勢いを塞かれて流れる水。「—に肘を曲げて、耳を洗へるよすがとなり」〈浄・釈迦如来〉

イワン〔Ivan〕㊀(1世)[?〜1340]キプチャク-ハン国支配時代のロシアのモスクワ公、ウラジーミル大公。在位1325〜1340。ハン国に取り入り、多くの新領土をモスクワ公国に加えた。㊁(3世)[1440〜1505]モスクワ大公。在位1462〜1505。ロシア全土をほぼ統一。ロシア法典を編纂し、初めて「ツァーリ」の称号を用いた。イワン大帝。㊂(4世)[1530〜1584]初代ロシア皇帝。在位1533〜1584。㊁の孫。君主専制権を強化し、周辺地の征服を宿願とした。外国から学者や技術者を招き、モスクワに初めて印刷所を設けるなど文化的業績も多い。残忍・狂暴なところから、イワン雷帝ともいわれる。

いわんかた-な・し【言はん方無し】〔形ク〕《「ん」は推量の助動詞「む」の連体形》何とも言いようがない。たとえようもない。「上のつらくおはしますこと、さらに—・し」〈かげろふ・下〉

イワンのばか【イワンの馬鹿】《原題、ロシア Skazka ob Ivane-durake》レフ＝トルストイの創作民話。1885年刊。ロシアの民話を素材に、地主の三人息子のうち、正直で働き者の末弟イワンが、最後には悪魔にも勝って幸福になる物語。

いわん-や【▽況んや】〔副〕《動詞「い(言)う」の未然形＋推量の助動詞「む」＋係助詞「や」から。漢文訓読から生じた語。もと文頭に「況」があれば、文末に「…といはむや」を補って訓読したが、のちに「況」の訓として扱われるようになったもの》前に述べたことから考えて、この件については言うまでもなく自明のことであるという気持ちを表す。まして。なおさら。❶あとに、用言を伴わずに「をや」「においてをや」の形がくるもの。「辺鄙な新開町に在ってすら、時勢に伴う盛衰の変は免れないのであった。—人の一生に於いてをや」〈荷風・濹東綺譚〉「上古かくのごとし、—末代においてをや」〈平家・二〉❷あとに、特別の呼応の形を伴わないもの。「この問題は先生でも解けない。—生徒に解けるはずがない」「異様の田舎法師の論議をせむに、吉からぬ事なり。—我を罵る事、極めて安からぬ事なり」〈今昔・一一・二〉❸あとに「用言＋むや」「用言＋む」の形がくるもの。「この玉たはやすくえ取らじを、—竜の頸の玉はいかが取らむ」〈竹取〉「—和国南北両門の衆徒、なんぞ謀臣の邪類をはらはざらんや」〈平家・四〉

いん【×尹】❶弾正台の長官。❷左右京職の長官の唐名。

いん【引】❶漢文の文体の名。序の類で短いもの。はしがき。❷俳諧で、本文を導き出すための句。❸楽府の一体。➡漢「いん(引)」

いん【印】❶個人・団体・官職のしるしとして文書に押し、その責任や権威を証明するもの。木・竹・石・角・金属などに、文字や記章を彫ったもの。印形。判。はんこ。❷《梵 mudrāの訳。封印・標識の意》仏教で、手指をもってつくる種々の形。その形によって仏・菩薩の悟りや誓願の内容などを象徴的に表す。密教では特に重んじられ、刀剣・蓮華などの持物をもいう。印契。印相。「—を結ぶ」❸忍術使いが術を行うときの指の組み方。❹「インド(印度)」の略。「日—会談」➡漢「いん(印)」
〔類語〕印章・印判・印鑑・判・判子・ゴム印・スタンプ

いん【因】❶物事の原因。もと。「失敗の—をなす」❷仏語。直接の原因。⇔果。❸古代インドの論理学で、論証しようとする命題(宗)の理由を述べる部分。➡漢「いん(因)」
〔類語〕原因・もと・種・起こり・きっかけ・因由・素因・真因・要因・一因・導因・誘因・理由・事由・訳・近因・遠因・せい・起因する・因る・基づく・発する・根差す

いん【員】❶人や物の数。❷(名詞に付き、接尾語的に用いる)ある組織に加わっている人、組織の中で何かの役や係を持つ人の意を表す。「銀行—」「評議—」「係—」➡漢「いん(員)」

員に備わ・る　人数の中に加わる。「来るべき内閣の—・る」〈魯庵・社会百面相〉〔補説〕「員に備わるのみ」などの形で、その中に加わっているだけで実際には役に立っていないことをいう場合がある。

いん【殷】中国古代の王朝名。自称は商。「史記」殷本紀などによれば、成湯王が夏の桀王を滅ぼして創始し、第30代の紂ちゅう王のとき周によって滅ぼされた。前16世紀ごろから、前11世紀ごろとされる。➡殷墟いんきょ ➡漢「いん(殷)」

いん【院】ヰン ㊀〔名〕❶上皇・法皇・女院にょいんの御所。転じて、上皇・法皇・女院の尊称。「一の御所」❷貴人の邸宅や別荘。「その一の桜ことにおもしろし」〈伊勢・八二〉㊁〔接尾〕名詞に付く。❶寺の名に添える。「回向一」「寂光一」❷上皇・法皇・女院の諡号しごうなどに添える。「後白河一」「建礼門一」❸戒名に添える。中世・近世では、将軍など身分のある人の戒名に限られた。「安国一(=徳川家康)」「台徳一(=徳川秀忠)」➡漢「いん(院)」

いん【淫|×婬】❶性欲。色欲。また、みだらであること。「一にふける」❷精液。「不浄の一付きて染みたり」〈今昔・一七・四五〉➡漢「いん(淫)」

いん【陰】❶易学で、陽に対置されて、消極的・受動的であるとされるもの。地・月・夜・女・静・偶数など。⇔陽。❷人目につかないこと。表面に現れない部分。⇔陽。➡陰に ➡漢「いん(陰)」

陰に籠こもる ❶表に現れず心の中にこもる。「一・る性格」❷陰気なようすである。「一・った声」

陰に陽ように あるときはひそかに、あるときは公然と。陰いんになり日向ひなたになり。「一力になる」

いん【飲】❶飲むこと。また、飲むもの。飲料。「一瓢いっぴょうの一」❷酒を飲むこと。酒宴。「一夜の一を共にする」➡漢「いん(飲)」

いん【韻】ヰン ❶漢字の表す1音節のうち、頭子音を除いた部分の声調の違いによって、平ひょう・上じょう・去きょ・入にゅうの四声に分類した区別。これをさらに分けて、古くは206韻としていたが、のちに整理されて106または107韻となった。❷詩歌で、同一または類似の音を、一定の位置に繰り返し用いること。➡漢「いん(韻)」

韻を押お・す ▶韻を踏む

韻を探・る 多人数が集まって詩を作るとき、各人が韻字本を無心に開き、そこに出た韻字をその人の詩の韻とする。探韻たんいんする。「貴ぶ所これ賢才といふ題にして一・らるることあり」〈神皇正統記・村上〉

韻を踏・む 同韻の字を詩句の特定の場所に用いる。韻を押す。

イン〖in〗❶スポーツ用語。㋐テニス・卓球などで、ボールが規定の線内に落ちること。⇔アウト。㋑ゴルフで、18ホールで構成されているコースの後半9ホール。インコース。⇔アウト。❷他の外来語の上に付いて、内側の、中へ、中で、などの意を表す。「一コーナー」「一プレー」

イン〖inn〗小規模のホテルや旅館。宿屋。現在ではかなり大型のホテルについてもいうことがある。

インアウト-がた【インアウト型】《in-out type》企業買収の一形態で、日本企業が外国企業を買収すること。

いん-あく【隠悪|陰悪】〔名・形動〕表面に現れない悪事や悪心。また、それがあるさま。「此一家は一な空気に閉ざされて居る」〈左千夫・告げびと〉

インアクセシブル-とう【インアクセシブル島】タウ《Inaccessible》アフリカ大陸と南アメリカ大陸のほぼ中間、南大西洋上にある島。火山性の島で、地形は急峻きゅうしゅん。3000羽を超す海鳥と、10種の無脊椎動物の固有種が生息することで知られる。2004年に「ゴフ島及びインアクセシブル島」として、世界遺産(自然遺産)に追加登録された。➡ゴフ島

インアクティブ-ウインドー〖inactive window〗▶非アクティブウインドー

いん-あつ【陰圧】物体の内部の圧力が外部より低い状態。

いんあつ-しつ【陰圧室】陰圧状態の部屋。室内の空気が外部に流出しないように、気圧を低くしてある部屋。結核やSARS(重症急性呼吸器症候群)など感染力の高い疾病の治療室に使われる。

いん-あん【陰暗】〔名・形動〕日当たりが悪く暗いこと。陰気なこと。また、そのさま。「一な土牢」

いん-い【因位】ヰ 仏語。仏道の修行中で、まだ悟りを開くに至らない位。菩薩ぼさつの地位。因地いんじ。いんに。⇔果位かい。

いん-い【陰萎】ヰ インポテンツのこと。

いん-い【×蔭位】ヰ ▶おんい(蔭位)

いん-イオン【陰イオン】負の電荷を帯びたイオン。アニオン。⇔陽イオン。

いん-いつ【淫逸|淫×佚】〔名・形動〕❶なまけて遊興にふけること。また、そのさま。「一な日々を送る」❷男女関係がみだらなこと。また、そのさま。「一な腐れ縁」

いん-いつ【隠逸】俗世間から逃れて、隠れ住むこと。また、その人。隠遁いんとん。

いんいつ-か【隠逸花】クワ《周敦頤しゅうとんいの「愛蓮説」から》菊のこと。

いん-いん【×殷×殷】〔ト・タル〕図〔形動タリ〕大きな音が鳴り響くさま。「雷鳴が一ととどろく」

いん-いん【陰陰】〔ト・タル〕図〔形動タリ〕❶薄暗く、もの寂しいさま。「一たる冬景色」❷陰気なさま。「忍び泣く声が一と響く」
類語 どんより・昏昏こんこん・濛濛もうもう・蒼然そうぜん・模糊もこ

いん-いん【隠隠】〔ト・タル〕図〔形動タリ〕❶かすかではっきりしないさま。「一として黯澹あんたんたる中に」〈紅葉・多情多恨〉❷音が遠く響くさま。「雷霆らいていの音は次第に遠く一又霆霆ごろごろ」〈魯庵・社会百面相〉

インイン-がた【インイン型】《in-in type》企業買収の一形態。日本企業が日本企業を買収すること。

いんいん-めつめつ【陰陰滅滅】〔ト・タル〕図〔形動タリ〕暗く陰気で、気分がめいるさま。「一たる鐘の音」

いん-う【淫雨】長く降りつづく雨。長雨。

いん-う【陰雨】❶しとしとと降りつづく陰気な雨。❷

漢字項目　いん

【音】▶おん

人 **允** 音イン呉漢　訓ゆるす、じょう‖①認めて許す。「允可・允許/承允」②まことに。「允文允武」名付 あえ・おか・こと・さね・すけ・ただ・ちか・のぶ・まこと・まさ・みつ・よし

引 学2　音イン呉漢　訓ひく、ひける‖㊀〈イン〉①こちらへひき寄せる。ひっぱる。「引見・引力/吸引・牽引けんいん・勾引こういん・強引ごういん」②ひき伸ばす。「延引」③連れていく。「引率・引導/誘引」④後方にひき下がる。「引退」⑤身にひき受ける。「引責/承引」⑥必要な例を取り出す。「引用・引例/援引・索引・博引旁証」㊁〈ひき(びき)〉「忌引・字引・手引・友引・福引・孫引・万引・水引・股引ももひき・割引」名付 のぶ・ひき・ひさ

印 学4　音イン呉漢　訓しるし、しるす‖㊀〈イン〉①はんこ。「印鑑・印章/押印・検印・刻印・極印・実印・代印・調印・捺印なついん・封印・拇印ぼいん・烙印らくいん」②版を押して刷る。「印行・印刷/影印」③文字・形などをしるす。「印字・印象」④インド。「印欧語族/蘭印」㊁〈しるし(じるし)〉「旗印・星印・目印・矢印」名付 あき・かね・しる

因 学5　音イン呉漢　訓よる、ちなむ‖①事の起こるもと。「因果・因業・因子・因縁・因由/一因・遠因・起因・近因・偶因・原因・死因・主因・真因・成因・素因・敗因・病因・誘因・要因」②もとの物事に従う。「因習・因循」③因幡いなば国。「因州」名付 なみ・ゆかり・よし・より

咽 音イン慣　エン呉漢　エツ漢　訓のど、むせぶ‖㊀〈イン〉のど。「咽喉いんこう」㊁〈エン〉(「嚥えん」と通用)飲み込む。「咽下えんか・えんげ」㊂〈エツ〉むせぶ。「嗚咽おえつ」

姻 音イン呉漢‖夫婦の縁組み。嫁取りや婿取り。「姻戚いんせき・姻族/婚姻」

人 **胤** 音イン呉漢　訓たね‖血筋。血筋をつぐ者。「胤裔いんえい/後胤・落胤」名付 かず・つぎ・つぐ・つづき・み

員 学3　音イン(ヰン)慣‖①人や物の数。「員外・員数/欠員・人員・全員・総員・増員・定員・満員」②一定の組織を構成する人。ある仕事に携わる人。「委員・一員・駅員・会員・各員・議員・客員・教員・工員・社員・所員・乗員・職員・随員・成員・船員・隊員・店員・党員・役員・要員」③まわり。「幅員」名付 かず・さだ

× **殷** 音イン漢‖①多くて盛んなさま。「殷賑いんしん・殷盛」②大きな音が響くさま。「殷殷」③古代中国の王朝名。「殷墟いんきょ」名付 しげ・たか・ただ・とみ・まさ・もろ

院 学3　音イン(ヰン)慣‖①役所・学校など、公共性のある施設・機関。「院長・院内/医院・開院・学院・議院・貴族院・寺院・修道院・上院・僧院・登院・病院・衆議院・大学院・養老院」②上皇や法皇などの御所。また、上皇・法皇・女院にょいんの尊称。「院号・院政・院宣・院中/新院・門院」③病院。「産院・退院・通院・入院」④「大学院」「日本美術院」の略。「院生・院展」補説 原義は、垣を巡らした大きな屋敷・建物。

人 **寅** 音イン呉漢　訓とら‖十二支の三番目。とら。「甲寅こういん・きのえとら」名付 つら・とも・のぶ・ふさ

淫 音イン呉漢　訓みだら‖①(「婬いん」と通用)みだらな性的関係にふける。「淫行・淫蕩いんとう・淫奔・淫乱・淫猥いんわい/姦淫かんいん・荒淫・邪淫・手淫・多淫」②物事に深入りする。度が過ぎる。「淫雨/書淫」

陰 音イン漢　オン呉　訓かげ、かげる‖㊀〈イン〉①光の当たらない所。かげ。「陰影/樹陰・清陰・緑陰」②山の北側。「山陰」③移りゆく日かげ。時間。「光陰・寸陰」④暗い。曇る。「陰雨/夜陰」⑤気分が晴れない。「陰鬱いんうつ・陰気」⑥表面に現れない。「陰徳・陰謀」⑦隠し所。性器。「陰萎いんい・陰部・陰門/会陰えいん」⑧(陽に対して)消極的、受動的な性質。「陰画・陰極・陰性・陰陽/太陰」㊁〈かげ〉「陰口/木陰こかげ・日陰・物陰・山陰」補説「隂」は俗字。難読 陰陽師おんようじ・おんみょうじ・陰陽道おんようどう・おんみょうどう

飲 学3　音イン漢　オン呉　訓のむ‖①水や酒をのむ。「飲酒・飲食・飲用・飲料/愛飲・牛飲・鯨飲・試飲・痛飲・暴飲・溜飲りゅういん」②酒宴。「小飲」難読 飲食おんじき

× **湮** 音イン呉漢‖うずもれて、跡形もなくなる。「湮滅」補説「隠」を代用字とすることがある。

× **隕** 音イン(ヰン)呉漢　訓おちる、おとす‖空から地上に落ちる。「隕星・隕石・隕鉄」

隠〔隱〕 音イン漢　オン呉　訓かくす、かくれる、こもる‖㊀〈イン〉①表面・世間からかくれる。「隠居・隠遁・隠忍/索隠・退隠」②世間から身をかくす人。隠者。「市隠・大隠」③内情が見えないようにする。秘密にする。「隠語・隠匿・隠微・隠蔽いんぺい」④同情をよせる。「惻隠そくいん」㊁〈オン〉①世間からかくれる。秘密にする。「隠密」②隠岐おき国。「隠州」補説「証拠湮滅」の「湮いん」を「隠」で代用することがある。難読 雪隠せっちん

人 **蔭** 音イン漢　オン呉　訓かげ‖㊀〈イン〉①草木のかげ。日陰。「樹蔭・緑蔭」②他人の助け。おかげ。「庇蔭ひいん」③父祖の功で官職につくこと。「蔭官」㊁〈オン〉㊀の③に同じ。「蔭位・蔭子・蔭補おんぽ」

韻 音イン(ヰン)慣‖①言葉のひびき。また、物の出す音。「松韻・神韻・余韻」②風流な趣。「韻事・韻致/気韻・風韻」③漢字音で、声母(頭子音)を除いた部分。韻母。「韻字・韻書/音韻・畳韻・平水韻」④詩や文章で、同一または類似の音を、特定の場所に繰り返して用いること。「韻律/押韻・脚韻・頭韻・和韻」⑤詩歌。「韻文」補説「韵」は異体字。名付 おと

空が曇って雨が降ること。
いん-うつ【陰鬱】〔形動〕図〔ナリ〕陰気でうっとうしい感じがするさま。また、心が晴れ晴れしないさま。「一な雨空」「一な気分」派生いんうつさ〔名〕
いん-うん【陰雲】空を覆う暗い雲。雨雲。
いん-うん【×氤×氳】〔ト・タル〕図〔形動タリ〕生気・活力が盛んなさま。「一たる瞑気が散るともなしに四肢五体に纏綿して」〈漱石・草枕〉
いん-えい【印影】紙などに押した印章のあと。
いん-えい【×胤×裔】血筋を引く者。子孫。後胤。
いん-えい【陰影・陰×翳】❶光の当たらない、暗い部分。かげ。「ライトを当てて被写体に一をつける」❷物事の色・音・調子や感情などに含みや趣があること。ニュアンス。「一に富んだ文章」
類語影・シルエット・影法師・投影
いんえい-ほう【陰影法】▶キアロスクーロ❶
いん-えん【×夤縁】縁故などの関係。てづる。つて。「葉子との郷里の一で庸三を頼って来たものだったが」〈秋声・仮装人物〉
いんおう-ごぞく【印欧語族】▶インド-ヨーロッパ語族
いん-か【×允可】〔名〕スル 許すこと。許可。允許。
類語許可・認可・許諾・承認・認許・允許・容認・許容・聴許・裁許・免許・公許・官許・許し・オーケー・ライセンス・勘弁・容赦・裁可・特許・宥恕・黙許・批准（一する）許す・認める
いん-か【引火】〔名〕スル 他の火や熱が移って燃えだすこと。「火花がガソリンに一する」
類語発火・点火・着火・出火
いん-か【印加】〔名〕スル 装置に信号を送ったり、電圧を加えたりすること。「ガラスには電圧を一しても電流は流れない」「一磁場」
いん-か【印可】〔名〕スル ❶密教や禅宗で、師僧が弟子に法を授けて、悟りを得たことを証明認可すること。❷武道・芸道などで、極意を得た者に与える許し。免許。
いん-か【印花】陶磁の装飾法の一。器の表面に型押しで文様をつける方法。また、その文様。
いん-か【印×顆】印章。印判。印鑑。印。
いん-か【姻家】姻戚関係になった家。
いん-か【陰火】❶墓地などで燃える、奇怪な青白い火。狐火。鬼火。❷焼酎を浸した布切れを棒の先につけて燃やした火。芝居で幽霊の出る場面などに用いる。焼酎火。人魂。
インカ〖Inca〗南アメリカのペルー高原を中心に君臨した王、およびその部族。太陽を信仰し、高度の文明をもち、15世紀までに北はエクアドルから南はチリに及ぶ大帝国を建設した。➡インカ帝国
いん-が【印画】陰画・透明陽画から感光紙上に画像を焼き付けること。また、その画像。類語焼き付け・焼き増し・写真・光画・陽画・陰画・フォトグラフ
いん-が【因果】❶〔名〕❶原因と結果。また、その関係。❷仏語。前に行った善悪の行為が、それに対応した結果となって現れるとする考え。特に、前世あるいは過去の悪業の報いとして現在の不幸があるとする考え。「親の一が子に報い」❷〔形動〕図〔ナリ〕宿命的に不幸な状態におかれているさま。不運なさま。「頼まれるといやと言えない一な性分」
因果の小車 原因と結果が永久に繰り返されるさまを、いつまでも止まらない車の輪にたとえていう。因果はめぐる小車。
因果の胤を宿・す 密通した結果、妊娠する。
因果は皿の縁 因果のめぐり方は皿の縁を1周するほど速いというたとえ。因果は皿の端。
因果を含・める 道理をよくよく言い聞かせて納得させる。やむをえない状況を説いてあきらめさせる。「一・めて二人を別れさせる」
いん-が【院画】▶院体画
いん-が【陰画】写真で、ネガフィルムや乾板を現像すると得られる画像。実物とは明暗・色彩が逆。ネガ。⇔陽画。類語写真・印画・焼き付け・焼き増し・光画・陽画・フォトグラフ
いん-かい【淫戒】仏語。邪淫戒のこと。
いん-がい【員外】❶定められた数に入らないこと。定員外。いんげ。⇔員内。❷「員外官」の略。
いん-がい【院外】院と名のつく施設の外部。特に、立法府である衆議院・参議院の外部。⇔院内。
いんがい-かん【員外官】律令制で、令に定められた定員以外の官吏。いんげかん。
いんがい-しょほう【院外処方】病院などの医療機関で外来受診した患者に、医療機関外の薬局で薬剤を渡す仕組み。患者は、受診した医療機関で院外処方箋を受け取り、調剤薬局へ持っていく。薬局の薬剤師は、処方内容や他の薬との飲み合わせなどを確認し、患者に薬剤を渡す。患者は薬局を自由に選ぶことができる。厚生労働省が推進する医薬分業の方針に基づく制度。薬局調剤。
いんがい-しょほうせん【院外処方箋】外来受診した患者が、病院など医療機関内の薬局ではなく、外部の調剤薬局で薬剤を受け取るために発行される処方箋。➡院外処方
いんがい-だん【院外団】特定政党や議員と連携し、支持・協力する議会外の集団。
いんが-おうほう【因果応報】仏語。前世あるいは過去の善悪の行為が因となり、その報いとして現在に善悪の結果がもたらされること。
いんが-かんけい【因果関係】❶二つ以上のものの間に原因と結果の関係があること。❷犯罪や不法行為などをした者が法律上負担すべき責任の根拠の一つとして、ある行為と結果との間に存在していると認められるつながり。
いんが-きょう【因果経】「過去現在因果経」の略。
いん-かく【陰核】女性の外陰部、小陰唇の前部にある小突起。陰梃。クリトリス。
いん-がく【韻学】漢字の音韻について研究する学問。音韻学。
いんが-し【印画紙】写真で、陰画の原板を焼き付けて陽画を作るための感光紙。白黒用とカラー用がある。
いんか-しょくぶつ【隠花植物】花をつけないで胞子で繁殖する植物。シダ類・コケ類・菌類・藻類など、種子植物以外のすべての植物。胞子植物。⇔顕花植物。
いんが-せい【因果性】現象はすべて原因から生じる結果とみる場合に成立する両者の関係。事実間に成立する実在的なものと、命題間の理由と帰結という論理的なものとがある。因果関係。原因性。➡結果 ➡原因
いんかせい-えきたい【引火性液体】消防法の別表1で危険物として第4類に分類されるもの。液体（第3石油類、第4石油類および動植物油類にあっては、1気圧において温度20度で液状であるものに限る）であって、引火の危険性を判断するための政令で定める試験において引火性を示すものと規定される。➡危険物
インカタ《ズールー Inkatha Yenkululeko Yesizweから。「民族文化解放会議」の意》南アフリカ共和国最大の部族、ズールー族を基盤とした反アパルトヘイト組織。1928年創設の「インカタ-カ-ズールー（ズールー民族会議）」を母体に、75年にガッシャ＝ブテレジが組織化。90年、インカタ自由党に改組された。
インカ-ていこく【インカ帝国】ペルー南部のクスコを中心に、15世紀から16世紀にかけて繁栄したインカ族の国。最盛期にはエクアドルからチリにまで及ぶ大帝国となった。太陽神を信仰し、その子とされる王を頂点とする君主制をとった。巨石建築物や黄金細工、織物などの高い文化を有したが、文字はない。1533年、スペインのピサロによって最後の王アタワルパが処刑され、滅亡。クスコやマチュピチュに遺跡が残る。➡インカ 補説インカ帝国はヨーロッパ人による呼称。インカ人は自身の国土をタワンティンスーユ（「四つの地方」の意）と称した。
いんが-てきめん【因果×覿面】悪事の報いとしての悪い結果がすぐに目の前に現れること。因果歴然。
いんか-てん【引火点】可燃性の物質から発生する蒸気が火を近づけたときに発火するようになる最低温度。
いんが-と【因果と】〔副〕困ったことに。不幸にも。「一思い断る事が出来ない」〈二葉亭・浮雲〉
いんが-にん【因果人】前世の悪業の報いを受けた人。因果者。
いんか-ふ【印花布】▶花布❶
インカ-ぶんめい【インカ文明】▶インカ帝国
インカム〖income〗収入。「ダブル一」
類語収入・所得・入金・収益・実入り・入り・稼ぎ・実収・現収・月収・年収・歳入・定収
インカム-ゲイン〖income gain〗利子・配当による収入。➡キャピタルゲイン
インカメラ-しんさ【インカメラ審査】▶インカメラ審理
インカメラ-しんり【インカメラ審理】《camera は裁判官の私室、in camera は非公開で、の意》米国の裁判制度で、裁判官が法廷ではなく裁判官室で審理を行うこと。日本では、裁判所が文書提出義務の有無を判断するために、所持者に文書を提示させ、裁判官が見分する非公開の手続きをいい、民事訴訟法や特許法などに規定されている。インカメラ方式。インカメラ審査。非公開審理手続。
インカメラ-ほうしき【インカメラ方式】▶インカメラ審理
いんが-もの【因果者】「因果人」に同じ。
いんがものがたり【因果物語】江戸前期の仮名草子。鈴木正三作。寛文元年（1661）刊。仏教の因果話を中心に、諸国の怪異・奇談を談義調でつづったもの。片仮名本3巻は義雲・雲歩編。先に出た平仮名本6巻は恵中編か。
いんが-りつ【因果律】哲学で、すべての事象は、必ずある原因によって起こり、原因なしには何ごとも起こらないという原理。物理学では、どの形式で事象を記述するかによって意味が異なる。古典物理学では、哲学と同じくすべての事象の原因と結果の間に一定の関係が存在し、原因は結果より時間的に必ず先行すると考え、ある時刻の系の状態が与えられれば、それ以後あるいは以前の系の状態が必然的かつ一意的に決定する。一方、量子力学においては、系の状態に因果性はあるが確率的に記述されるため、系の物理量の測定値を古典物理学のように確定的に予測することはできない。また、相対性理論においては、事象の時間的な前後関係が観測者によって異なる場合があるため、物体や場の変動（情報を伝える信号など）は光速度を超えて伝播しないという制限を課すことで因果律とする。
イン-カレ「インターカレッジ」の略。
いん-かん【印鑑】❶印判。印。判。はんこ。❷あらかじめ市区町村長や取引先などに届け出て、その真偽を照合するときに使う実印の印影。「一書」❸江戸時代、照合のために関所や番所に届け出ておく捺印の手形。類語印章・ゴム印・スタンプ
いん-かん【×殷鑑】戒めとすべき、失敗の前例。
殷鑑遠からず 《「詩経」大雅・蕩から》殷が鑑とすべき手本は、遠い時代に求めなくても、同じく悪政で滅んだ前代の夏にある。戒めとすべき例はごく身近なところにあるものだというたとえ。
いんかん-しょうめい【印鑑証明】あらかじめ届け出てある印鑑の印影と同一であることを市区町村長などが証明すること。また、その書類。
いん-かんすう【陰関数】二つの変数 x と y の関係が $f(x,y)=0$ の形で表され、y の値が直接 x の値で示されていない関数。例えば $x^2+y^2-1=0$ や $x^2+2xy+y^2=1$ など。⇔陽関数。
いん-き【陰気】〔名・形動〕❶万物生成の根本となる二気の一。陰の気。⇔陽気。❷気分・雰囲気・天候などが、晴れ晴れしないこと。また、そのさま。「なんとなく一な人」「一な会」⇔陽気。派生いんきさ〔名〕

(類語)陰性・内向・陰気臭い・しんねりむっつり

インキ〘オランダ inkt〙▶インク

いん-ぎ【院議】ギン 衆議院または参議院の議決。

いんき-くさ・い【陰気臭い】〔形〕陰気な感じがする。「―・い部屋」「―・い話」
(類語)陰気・陰性・内向・しんねりむっつり

いん-きゃく【韻脚】キン ❶漢詩や賦などの韻文で句末に用いる韻。脚韻。❷《foot》西洋の詩で、強音の音節と弱音の音節とを、一つずつ、または2個以上組み合わせて、リズムの単位としたもの。

いん-ぎゃく【淫虐】みだらで残酷なこと。

いん-きゅう【院宮】キン ▶いんぐう(院宮)

いん-きゅう【飲泣】テキ〔名〕スル 声を抑えながらしのび泣くこと。「皆一種の電気にうたれて、一する者、歯をくいしばってうつむく者」〈蘆花・思出の記〉

インキュナビュラ〘incunabula〙ヨーロッパで15世紀後半に刊行された初期の活字本。揺籃期本。語源はラテン語で、揺りかごの意。

インキュベーション〘incubation〙《抱卵・培養・保育の意》設立して間がない新企業に国や地方自治体などが経営技術・金銭・人材などを提供し、育成すること。

インキュベーター〘incubator〙❶孵卵器。❷(未熟児のための)保育器。❸新規産業の企業を育成し、誘致するために、公機関などが、低コストで提供する施設。技術・経営関係のインキュベーションもあわせて提供する。

いん-きょ【允許】〔名〕スル 許すこと。許可。允可。
(類語)許可・認可・許諾・承認・認許・允可・容認・許容・聴許・裁許・免許・公許・官許・許し・オーケー・ライセンス・勘弁・容赦・裁可・特許・宥恕・黙許・批准 (―する)許す・認める

いん-きょ【引拠】引用してよりどころとすること。また、その根拠となる事柄。

いん-きょ【殷墟】中国河南省安陽市北西の小屯村を中心とした殷代の遺跡。前14世紀から前11世紀、殷王朝後期の首都があった所。1928年以来発掘が進められ、宮殿跡、大小の墳墓、竪穴式住居跡などが発見されたほか、文字を刻んだ多数の精巧な青銅器・玉器などが出土。2006年、世界遺産(文化遺産)に登録された。

いん-きょ【陰虚】漢方の病名で、房事過度による男性精力の減退。腎虚。

いん-きょ【隠居】〔名〕スル ❶官職・家業などから離れて、静かに暮らすこと。また、その人。民法旧規定では、戸主が生前に家督を相続人に譲ることをいう。「社長のポストを譲って―する」「御―さん」❷俗世を離れて、山野に隠れ住むこと。また、その人。❸江戸時代の刑罰の一。公家・武家で、不行跡などを理由に当主の地位を退かせ、俸禄をその子孫に譲渡させた。(類語)老人・年寄り・老体・ロートル

いんきょう【韻鏡】キンキャウ 10世紀ころにできた中国の音韻図。頭子音と声調との組み合わせによって漢字音の体系を図示したもの。43図からなる。日本へは鎌倉初期に伝来し、多くの刊本が現存。

いん-ぎょう【印形】ギャウ ❶印章。印。❷印影。

いんぎょう-てんのう【允恭天皇】テンワウ 記紀で、第19代の天皇。仁徳天皇の第4皇子。名は雄朝津間稚子宿禰。皇居は大和の遠飛鳥宮。宋書にみえる倭の五王の一人、済とする説がある。

いんきょ-かどう【陰虚火動】クワドウ 漢方で、房事過度のため精力が減退し、心臓の鼓動が激しくなり、熱が出て衰弱する病気。

いん-きょく【陰極】一対の電極のうち、電位の低いほうの電極。負の電極。負極。マイナスの極。(対)陽極。

いんきょく-せん【陰極線】放電管内で放電をした場合、陰極から出て、陽極に向かう高速度の電子の流れ。金属に当てると、吸収・散乱・回折・X線発生などの現象を起こす。

いんきょくせん-かん【陰極線管】クワン 陰極線を放出させるために使われる真空管。ガイスラー管やブラウン管など。CRT。

いんきょくせんかん-ディスプレー【陰極線管ディスプレー】インキョクセンクワン ▶シーアールティー(CRT)ディスプレー

いんきょ-しごと【隠居仕事】老人が勤めをやめてからする、生計に直接かかわりのない仕事。

いんきょ-ばんとう【隠居番頭】江戸時代、番頭を勤め終えたのちも引き続き主家に奉公している人。

いんきょ-ぶん【隠居分】❶隠居の身分。「姉にかかりて―」〈浄・重井筒〉❷隠居する者に生活費として分け与えられる財産。「―とて有り銀三千貫目」〈浮・織留・二〉

いんきょ-もじ【×殷×墟文字】▶甲骨文字

いんきょ-りょう【隠居料】レウ ❶隠居した人に割り当てられる生活費。❷江戸時代、隠居した武士に幕府、または、藩が支給した扶持。

いんきょ-りょう【隠居領】リャウ 隠居した人に割り当てられた領地。

いん-きん【引×磬】《「きん(磬)」は唐音》仏教の楽器の一。椀状の小鐘に柄をつけたもの。読経のときなど、小さい鉄棒で打ち鳴らす。手磬。いんけい。

いん-きん【印金】紗・綾・羅などの織物に、模様を彫った型紙を当て、漆や糊を薄く引き、その上に金箔・金粉を置いて模様を表したもの。中国元・明代に流行し、室町時代、日本に入って珍重された。表装地に用いられることが多い。

いん-きん【陰金】「陰金田虫」の略。

いん-ぎん【×慇×懃】〔名・形動〕❶真心がこもっていて、礼儀正しいこと。また、そのさま。ねんごろ。「―なあいさつ」❷非常に親しく交わること。「―を重ねる」
(類語)恭しい・丁寧・慎ましい・遠慮深い・消極的・慎ましやか・丁重・しとやか・懇ろ

慇懃を通・ずる 《「史記」司馬相如伝から》男女がひそかに情交を結ぶ。

いんぎん-こう【×慇×懃講】参会者が礼儀正しさを崩さない集会。(対)無礼講。

いんきん-たむし【陰金田虫】頑癬の俗称。

いんぎん-ぶれい【×慇×懃無礼】〔名・形動〕表面は丁寧で礼儀正しいように見えるが、実は尊大で無礼なこと。また、そのさま。慇懃尾籠。「―な態度」

いん-く【印×矩】印を押すとき、印影がゆがまないように位置を定めるT字形またはL字形の定規。

インク〘ink〙筆記や印刷などに用いる有色の液体。ペン・万年筆用のブルーブラックインクは硫酸鉄(Ⅱ)・タンニン酸・没食子酸などの混合液。明治から第二次大戦前までは「インキ」と書くほうが多かった。

いん-ぐ【淫具】性行為の際、性的な刺激を強めるために用いる器具。性具。

インクイジション〘Inquisition〙異端審問。

いん-ぐう【院宮】キン 上皇・法皇・女院と三后(太皇太后・皇太后・皇后)・東宮の総称。また、その住居。いんきゅう。

イングーシ〘Ingush〙ロシア連邦にある21の共和国の一。カフカス山脈北麓に位置し、東にチェチェン共和国、西に北オセチア共和国がある。基幹民族はイスラム教スンニー派のイングーシ人。首都マガス。ソ連時代は「チェチェノ-イングーシ自治共和国」を構成したが、ソ連崩壊後、チェチェンがロシア連邦からの独立を宣言した際、連邦への残留を望んで分離し、現国名となった。北オセチアと領土をめぐって係争中。イングーシェチア。➡カフカスの火薬庫 (補説)チェチェン戦争の難民を多く受け入れているが、これとは別にイスラム武装勢力も流入。2009年にはテロ事件が続発するなど治安が不安定化している。

イングーシェチア〘Ingushetiya〙▶イングーシ

いんぐう-の-きゅう【院宮の給】キンゲウ 院宮に与えられる年給。

インク-カートリッジ〘ink cartridge〙プリンターで使用するインクを収めた容器のこと。粉末状のインクを収めている場合、トナーカートリッジとも呼ぶ。

インク-けし【インク消し】インクで書いた文字などを消すための薬液。水溶性インク用には脱色剤のさらし粉溶液と還元剤の蓚酸とを用いる。

インクジェット-せんようし【インクジェット専用紙】《ink-jet paper》▶インクジェット用紙

インクジェット-ふくごうき【インクジェット複合機】フクガフキ インクジェットプリンターを搭載したプリンター複合機。➡プリンター複合機

インクジェット-プリンター〘ink-jet printer〙プリンターの一方式。荷電させたインクの粒子を、電気信号で方向を制御しながら紙面に向けて噴射し、印字・印画する。インクを発熱して泡を射出する方式もある。個人向けプリンターとして広く採用されている。

インクジェット-ようし【インクジェット用紙】《ink-jet paper》インクジェットプリンターによる印刷に適した用紙。紙の表面に特殊なコーティングが施され、普通紙に比べてインクの吸収・速乾性に優れる。

インクスタンド〘inkstand〙台付きのインク壺。

インク-つぼ【インク×壺】インクを入れておく、机上用の小容器。

インクブロット-けんさ【インクブロット検査】▶インクブロットテスト

インクブロット-テスト〘inkblot test〙紙にインクをたらして作った無意味な図形が何に見えるかを被験者に答えさせて分析し、性格を理解しようとする心理テスト。ロールシャッハテストはその代表。

インクライン〘incline〙傾斜面にレールを敷き、動力で台車を動かして船・貨物を運ぶ装置。京都市東山区蹴上にあったものが有名。勾配鉄道。

インクライン-ベンチ《和 incline＋bench》スポーツで、主として腹筋運動用の傾斜ベンチ。

イングランド〘England〙❶英国のグレートブリテン島の中南部を占める地方。同国の政治・経済の中心地。鉄鉱石・石炭を産し工業が発達。❷英国。
(補説)「英蘭」とも書く。

イングランド-ぎんこう【イングランド銀行】ギンカウ 1694年設立の銀行。1946年に国有化され、英国の中央銀行として金融政策に関わるほか、銀行券の発行と一般銀行業務を行う。BOE(Bank of England)。

イングリッシュ〘English〙❶英語。❷英国人。❸多く複合語の形で用い、英国の、英国人の、英語の、の意を表す。「―マフィン」

イングリッシュ-ガーデン〘English garden〙英国式の、自然や風景をそのままいかした庭園。

イングリッシュ-グリップ〘English grip〙テニスで、ラケット面を地面と垂直にして真上から握る握り方。英国などヨーロッパで多く用いたところからの名。コンチネンタルグリップ。

イングリッシュ-ブレックファースト〘English breakfast〙英国風の朝食。紅茶・コーヒー・ジュースなどの飲み物、パン・シリアル、卵料理、ベーコンやハムなどの肉料理を組み合わせる。➡アメリカンブレックファースト ➡コンチネンタルブレックファースト

イングリッシュ-ホルン〘English horn〙木管楽器の一。オーボエよりやや大型の複簧(ダブルリード)の縦笛で、音域も5度低い。コールアングレ。

イングリッシュ-マフィン〘English muffin〙小麦粉に牛乳・塩・酵母などを加えてこね、コーングリッツをまぶして焼いた平たい円形のパン。マフィン。

インク-リボン《和 ink＋ribbon》タイプライターやワープロなどのプリンターで用いる、黒インクを染み込ませた細長いリボン。

インクリメンタル-サーチ〘incremental search〙コンピューターや携帯情報端末で文字列を検索する方式の一。文字列の冒頭から1文字ずつ入力するたびに検索が行われ、候補となる残りの文字列を逐一表示することにより、文字入力の手間を省くことができる。逐次検索。逐語検索。インクリメントサーチ。

インクリメント〘increment〙コンピューターのプログラムなどにおいて、整数型の変数の値を1増やす処理のこと。1減じる場合はデクリメントという。

インクリメント-サーチ〘increment search〙▶インクリメンタルサーチ

インクルーシブ-オア〘inclusive or〙《inclusiveは、包含した、含んだ、の意》▶包含的論理和

インクルージョン〘inclusion〙❶包括ほうかつ。包含ほうがん。❷►インクルージョン教育

インクルージョン-きょういく【インクルージョン教育】ｲｸ《インクルージョンは包括の意》障害者と健常者とを同じ教室で学ばせること。包括的教育。補説英語ではinclusive education

インクルード〘include〙〔名〕ｽﾙ 含むこと。包含すること。「サービス料が―された料金」

インクルード-ファイル〘include file〙プログラムの開発効率を高めるために用いられるファイルの一。利用頻度が高い汎用的な関数や引数の定義などを、あらかじめひとまとめにしたファイルのこと。ヘッダーファイル。

インクレディブル〘incredible〙〔形動〕途方もないさま。信じられないほどであるさま。「―なセンス」「―な映画」

いん-くんし【隠君子】❶俗世に交わらず山野などに隠れ住んでいる有徳の人。隠君。❷菊の別名。

いん-げ【員外】ｷﾞﾝ「いんがい(員外)❶」に同じ。

いん-げ【院家】ｷﾞﾝ ❶大寺院。特に、門跡寺院の別院で、本寺を補佐し、諸種の法務を行う寺院。❷公家くげの子弟で、出家して門跡に付属する寺の住職となった者。

いん-けい【陰茎】男性の外部生殖器。海綿体からなり、中を尿道が通る。男根。陽物。ペニス。

いん-げい【印契】《「いんけい」とも》「印いん❷」に同じ。

いん-けつ【引決｜引×訣】〔名〕ｽﾙ 責任を負って自殺すること。「美人尚能よく生を棄てて―す」〈東海散士・佳人之奇遇〉

いん-けつ【音穴】琴きんや箏そうの胴の裏側にある穴。共鳴音が外へ出やすいように開けてある。

いん-げつ【陰月】陰暦4月の異称。➡陽月

いん-げつ【隠月】琵琶びわの胴の表面下部、覆手ふくじゅの下に隠れている楕円形の穴。上部の半月形の穴に対し、満月ともいう。

いん-けん【引見】〔名〕ｽﾙ 地位の高い人が、人を呼び入れて対面すること。「法王が使節を―する」
類語接見・引接

いん-けん【隠見｜隠顕】〔名〕ｽﾙ 隠れたり見えたりすること。見え隠れ。「木々の間に―する海」

いん-けん【陰険】〔形動〕〔文〕〔ナリ〕❶表面は何気なく装いながら、心の内に悪意を隠しているさま。「―に立ちまわる」❷意地悪そうに見えるさま。「―な目つき」派生いんけんさ〔名〕
類語奸悪かんあく・邪悪・奸佞かんねい・性悪・悪辣

いんげん【隠元】㊀[1592〜1673]江戸前期に明みんから渡来した僧。名は隆琦りゅうき。福建省の人。日本の黄檗おうばく宗の開祖。寛文元年(1661)宇治に黄檗山万福寺を開創。書もよくし、黄檗三筆の一。著「黄檗語録」「普照国師広録」など。㊁インゲンマメの別名。

いんけん-インク【隠顕インク】紙に書いたときは無色または淡色で見えないが、熱したり適当な処理をしたりすると濃青色に見えるようになるインク。塩化コバルトの希水溶液がよく用いられ、放置すると空気中の水分を吸って再び青色は消える。

いんげん-ささげ【隠元豇＝豆】インゲンマメの別名。

いんげん-まめ【隠元豆】❶マメ科の蔓性つるせいの一年草。葉は3枚の小葉からなる複葉で、軟毛がある。夏、白色・黄白色・淡紅色などの花を総状につける。さやは細長く、未熟果をさやのまま、あるいは熟した種子を食用とする。中央アメリカの原産。蔓のない栽培品種もあり、ツルナシインゲンという。五月ささげ。三度豆。(季秋)❷フジマメの別名。関西地方でいう。補説名は、伝えたという隠元禅師にちなむが、❶のみを伝えたとも、また、❶を関東に、❷を関西に伝えたともいわれる。

いん-こ【×鸚×哥｜音呼】インコ目の鳥の総称。また、便宜的に分けたときのオウム類以外のもの。くちばしは鉤かぎ形に曲がり、羽色は鮮やかな色彩のものが多い。熱帯地方に広く分布。セキセイインコ・コンゴウインコ・ダルマインコ・ヨウムなど。

いん-ご【隠語】特定の社会・集団内でだけ通用する特殊な語。「たたき(強盗)」「さつ(警察)」「もく(タバコ)」の類。

いん-ご【韻語】ｷﾞﾝ 漢文で、韻を踏んだ文。詩や賦の類。また、韻を踏んだ語。

いん-こう【引航】ｶｳ〔名〕ｽﾙ「曳航えいこう」に同じ。

いん-こう【印行】ｶｳ〔名〕ｽﾙ 印刷して発行すること。刊行。「論文集を―する」類語出版・発行・上梓じょうし・上木じょうぼく・版行・刊行・発刊・公刊・発兌はつだ・刊

いん-こう【咽喉】❶咽頭と喉頭。のど。❷交通の要衝にあたる通路。「抑そもそも品川は江府の―にして」〈条野有人・近世紀聞〉類語咽頭・喉・喉頭・喉元・喉首
咽喉を扼やくする のどを押さえる。転じて、重要な地点を占める。「東西貿易の―する」

いん-こう【淫行】ｶｳ ❶みだらなおこない。❷社会の性道徳から外れた行為。

いん-ごう【引業】ｺﾞﾌ 仏語。来世の生まれ合わせを決定する業。

いん-ごう【因業】ｺﾞﾌ〔名・形動〕❶仏語。何らかの結果を生む原因になる行為。また、因と業。❷《前世の悪業が原因で招いた性格や運命の意から》㋐頑固で思いやりのないこと。また、そのさま。「―なやり方で借金を取り立てる」㋑宿命的に不幸なこと。また、そのさま。「―な生れだなあ」〈有島・或る女〉

いん-ごう【院号】ｶﾞｳ ❶上皇に対する尊称。「高倉院」「後鳥羽院」など。❷皇太后・准母など皇族の女性で、上皇に準じた待遇を受ける人への尊称。「建礼門院」「東三条院」など。❸その人の建てた菩提寺ぼだいじや居住した僧院の称号をもって貴人をよぶ敬称。「法興院(藤原兼家)」「等持院(足利尊氏)」「前唐院(慈覚大師)」など。❹戒名または法名で「院」の字を含むもの。古くは貴人の場合に限られた。❺年功を経た修験者しゅげんじゃをよぶ呼び方。

いんこうかんゆう-ざい【淫行勧誘罪】ｲﾝｶｳｸﾜﾝｲｳｻﾞｲ 営利の目的をもって、淫行の常習のない女性を勧誘し、姦淫させる罪。多く、女性に売春などをさせる犯罪に適用される。刑法第182条が禁じ、3年以下の懲役または30万円以下の罰金に処せられる。

いんこう-さでん【隠公左伝】《「左伝」は「春秋左伝」の略。左伝は魯ろ王の隠公元年の記事から始まるところから》左伝を読み始めても、最初の隠公の条で飽きてやめてしまうこと。飽きやすく勉強が長続きしないことのたとえ。桐壺きりつぼ源氏。

イン-コース《和 in＋course》❶野球で、ホームプレートの、打者に近い側を通る球道。⇔アウトコース。❷トラック競技・スピードスケート・競馬などで、内側のコース。⇔アウトコース。❸►イン(in)❶㋑
類語内角・インサイド・インコーナー

イン-コーナー《和 in＋corner》野球で、ホームプレートの、打者に近い方の角の辺り。インサイド。内角。⇔アウトコーナー。
類語内角・インコース・インサイド

イン-ゴール〘in-goal〙ラグビーで、ゴールラインとデッドボールラインとの間の地域。攻撃側がここの地面に球をつけると、トライが認められる。

いん-こく【印刻】〔名〕ｽﾙ ❶印形を彫ること。篆刻てんこく。❷版や碑に文字などを彫ること。

いん-こく【陰刻】㊀〔名〕ｽﾙ 文字や絵画などをくぼませて彫ること。⇔陽刻。㊁〔形動〕〔文〕〔ナリ〕陰気で寒々としたさま。「―な冬が彼岸の風に吹き払われた時」〈漱石・行人〉

インゴット〘ingot〙溶かした金属または合金を鋳型に流し込んで固めたもの。鋳塊ちゅうかい。

インコネル〘Inconel〙クロム・鉄・珪素けいそなどを含むニッケル合金の商標名。耐熱性が大きく、化学装置・ガスタービン・真空管フィラメントなどに使用。

インコヒーレンス〘incoherence〙波動が互いに干渉することができない性質。インコヒーレントな性質のこと。非干渉性。非可干渉性。⇔コヒーレンス。

インコヒーレント〘incoherent〙〔形動〕波動が互いに干渉できない性質をもつさま。二つ(または複数)の波の振幅と位相がでたらめに変動し、干渉縞などが生じないことを意味する。代表的なものとして太陽光、電球・蛍光灯の光などがある。非干渉的。非可干渉的。⇔コヒーレント。

インコレクト〘incorrect〙〔形動〕間違っているさま。妥当でないさま。「政治的には―な判断」

インサーション〘insertion〙《挿入・挿入物の意》手芸で、レースや別布などを、切り込んだ布の間に差し込むこと。また、そうした小片。

インサーション-ソート〘insertion sort〙►挿入ソート

インサート〘insert〙〔名〕ｽﾙ ❶差し込むこと。挿入。❷映画・テレビで、場面と場面との間に手紙・書物などの1ページをクローズアップで挿入すること。テレビの対談番組の間に回想フィルムを入れたりするのはフィルムインサートという。

いんざい【印西】千葉県北部の市。木下きおろし・大森はもと利根川の河港。千葉ニュータウンの造成で住宅地化が進む。平成8年(1996)市制。平成22年(2010)に印旛村・本埜もとの村を編入。人口8.6万(2010)。

いん-ざい【印材】印判を作る素材。木・石・角つの・牙きば・金属・ゴム・プラスチックなど。

いんざい-し【印西市】►印西

インサイダー〘insider〙❶集団・組織の内部の人。部内者。また、内部の事情に通じている人。消息通。⇔アウトサイダー。❷体制内で安穏に生活している人。⇔アウトサイダー。❸《インサイダー組合」の略》法律上の要件を満たし、労働組合と認められるもの。法内組合。⇔アウトサイダー。

インサイダー-とりひき【インサイダー取引】会社の役員・従業員・帳簿閲覧権を有する株主などの会社関係者が、その職務や地位によって得た未公開の重要な情報を利用して行う自社株などの取引。金融商品取引法によって禁止され、種々の規制が行われ、罰則規定が設けられている。内部者取引。

インサイダー-トレーディング〘insider trading〙「インサイダー取引」に同じ。

インサイド〘inside〙❶内側。内部。⇔アウトサイド。❷テニス・卓球・バレーボールなどで、コートの境界線の内側。また、そこにボールが落ちること。イン。⇔アウトサイド。❸「インコーナー」に同じ。⇔アウトサイド。
類語内角・インコース・インコーナー・内部

インサイド-キック〘inside kick〙サッカーで、足の内側でボールを蹴ること。

インサイド-ザ-パーク-ホームラン〘inside-the-park home run〙英語で、ランニングホームランのこと。

インサイド-ストーリー〘inside story〙内輪話や秘密などを暴露した小説や記事。内幕物。

インサイド-ベースボール〘inside baseball〙頭を使った野球のこと。相手の心理をよく読み、その裏をかくなど高度な頭脳的野球。

インサイド-ベルト《和 inside＋belt》スカートやズボンのウエストの内側につけるベルト。また、ベルトの芯しんにする布地。

インサイド-リポート《和 inside＋report》新聞・雑誌などの内幕ものの暴露記事。政界・企業などの内部を暴いて刺激的な内容が多い。

インサイド-ワーク《和 inside＋work》スポーツで、臨機応変の頭脳的なプレー。ヘッドワーク。

いん-さつ【印刷】〔名〕ｽﾙ 原稿に従って印刷版を作り、その版面にインクなどをつけて文字・図形を多数の紙や布などに刷りうつすこと。また、その技術。印刷版の種類により凸版印刷・平版印刷・凹版印刷などがある。「ポスターを―する」「―所」「―物」
類語刷る・プリント

いんさつ-かいろ【印刷回路】ｸﾜｲﾛ コンデンサーや電気抵抗などの回路素子を、平面上にプリント配線をして結んだもの。

いんさつ-き【印刷機】印刷をする機械。版の方式により凸版・凹版に、加圧の方式により平圧機・円圧機・輪転機などに分けられる。

いんさつ-きょく【印刷局】独立行政法人の一。日本銀行券・印紙・郵便切手・官報・法令全書などの

印刷・製造を行う。正式名称は独立行政法人国立印刷局。平成15年(2003)までは財務省の付属機関であった。➡工芸官

いんさつ-でんしんき【印刷電信機】►テレプリンター

いんさつでんしん-ふごう【印刷電信符号】電報送信用の符号。テレプリンターで使用する。

いんさつ-はいせん【印刷配線】►プリント配線

いんさつ-ばん【印刷版】印刷に用いる版。凸版・平版・凹版など。

いんさつ-モード【印刷モード】プリンターの印刷品質、印刷速度などの設定のこと。プリントモード。

イン-ザ-ホール〖in the hole〗野球で、投手または打者にとって、ボールカウントが不利になった状態。

いん-さん【陰惨】〔名・形動〕暗くむごたらしい感じ。また、そのさま。「―を極める」「―な事件」
(類語)むごい・むごたらしい・無残・血なまぐさい・酸鼻

いん-ざん【院参】上皇・法皇の御所に参上すること。

いんざん-しゅう【院参衆】江戸時代、院の御所に勤めて事務を執っていた公家衆。

いん-し【印子】►いんす(印子)

いん-し【印紙】❶手数料・税金などを納めたことの証明として書類などにはる法定の紙片。収入印紙など。❷郵便切手の俗称。

いん-し【因子】❶ある結果を成り立たせるもとになる要素。要因。ファクター。❷「因数」に同じ。(類語)要素・ファクター・エレメント・エッセンス・モーメント・成分

いん-し【院司】《「いんじ」とも》上皇・法皇・女院の庁で事務を執った職員。いんのつかさ。

いん-し【院試】《「大学院入学試験」の略》大学院へ入学するために行われる試験。修士課程(マスターコース)と博士課程(ドクターコース)とがある。通常、同じ大学の学部生以外に、他大学からの受験生も受け付ける。大学院受験。大学院入試。

いん-し【淫×祀｜淫×祠】いかがわしいものを神として祭ること。また、そのやしろ。「―邪教」

いん-し【隠士】《「いんじ」とも》俗世を離れて静かな生活をしている人。隠者。

いん-し【×蔭子】「おんし(蔭子)」に同じ。

いん-し【韻士】風雅を愛する人。詩文を作る人。文人。雅客。

いん-じ【印地】❶川原などで、二手に分かれて小石を投げ合い勝負を争う遊び。鎌倉時代に盛んで、多くの死傷者が出て禁止されたこともあったが、江戸末期には5月5日の男の子の遊びとなった。石合戦。印地打ち。(季 夏)「おもふ人にあたれ―のそら礫/嵐雪」❷石合戦を得意とした無頼の徒。「土佐が勢百騎、白川の―五十人相語らひ」〈義経記・四〉

いん-じ【印字】〔名〕スル ❶タイプライターやパソコンのプリンターなどで、紙などに文字や符号を打ち出すこと。また、その文字や符号。❷印章の文字。

いん-じ【印璽】天皇の印(御璽)と日本国の印(国璽)のこと。(類語)官印・実印・認め印・私印・公印

いん-じ【因地】「因位」に同じ。

いん-じ【▽往んじ】《「い(往)にし」の音変化》㊀〔名〕過ぎ去った時。過去。往時。むかし。「―をとがめずと申す事候へば」〈太平記・三八〉㊁〔連体〕過ぎ去った。去る。「義仲―年の秋、宿意を達せんがために」〈平家・七〉

いん-じ【×婬×妣】《「妣」は、あによめの意》遊女。「―の平生清らを見するは渡世のためなり」〈浮・永代蔵・一〉

いん-じ【淫事】みだらなこと。主に、男女の交合。

いん-じ【隠事｜陰事】秘密にしておくべきこと。かくしごと。秘事。

いん-じ【韻字】❶漢詩文で、句末で韻を踏んでいる字。❷連歌・俳諧で、句末を結ぶ言葉。➡留め

いん-じ【韻事】詩文を作るなどの風流な遊び。

インジアナ〖Indiana〗►インディアナ

いんじ-うち【印地打ち】「印地❶」に同じ。

インジウム〖indium〗硼素族元素の一。単体は銀白色のやわらかい金属で、酸に溶けるがアルカリには溶けない。半導体材料・合金・めっきなどに使用。元素記号In 原子番号49。原子量114.8。

インジウム-りん【インジウム×燐】インジウムとリンよりなるⅢ-Ⅴ族化合物半導体。他のⅢ-Ⅴ族半導体より熱伝導率が大きく、電子のドリフト速度が大きいので、高集積回路、高速動作電子デバイスに向いている。

インジェカヤ-すいどうきょう【インジェカヤ水道橋】《İncekaya Su Kemeri》トルコ北部の小都市サフランボルの北約6キロメートルに位置する石造の水道橋。全長200メートル、トカトル渓谷に架かる。古代ローマ時代に築かれ、オスマン帝国のスルターン、セリム3世治下の18世紀に改築された。

インジェクション《fuel injectionの略》自動車用ガソリンエンジンの燃料噴射。従来の霧吹きの原理でガソリンと空気との混合気を作る気化器に対して、ガソリンをポンプで加圧し、ノズル(インジェクター)で噴射する方式のもの。出力・トルクとも増し、燃費もよくなるので、実用車に広く使われる。

インジェクター〖injector〗❶注射器。注入器。❷燃料噴射装置。また、ボイラーの給水用噴流装置。

いんじ-き【印字機】タイプライター・プリンターや、テレプリンターの受信機など、機械的な方法によって文字や符号を印字する機器。

インジケーター〖indicator〗《「インディケーター」とも》❶計数表示をする機器。指示器。❷内燃機関のシリンダー内のガス圧力を測定・指示する計器。指圧計。❸化学の指示薬。❹野球で、球審が持つボールカウント用の計数器。

インジゴ〖indigo〗《「インディゴ」とも》青色の染料。藍から採取したが、現在は主にコールタール類から合成される。藍。青藍。藍靛。インド藍。
(類語)青・真っ青・青色・藍・青藍・紺青・紺碧・群青・紺・瑠璃色・縹色・花色・露草色・納戸色・浅葱・水色・空色・ブルー・コバルト・シアン・ウルトラマリン・マリンブルー・スカイブルー

インジゴ-ブルー〖indigo blue〗「インジゴ」に同じ。

いんし-じょうれい【印紙条例】1765年、北アメリカの英国植民地で発行される証書・認可証・新聞などに、本国と同様に印紙をはることを定めた英国の法令。植民地住民の強い反対にあい、翌年廃止。反英運動のきっかけとなり、アメリカ独立運動を高揚させる結果を招いた。印紙法。

いんし-ぜい【印紙税】財産権の創設・移転・変更・消滅などを証明する証書や帳簿の作成者に課せられる租税。印紙をはって消印する方法で納める。

いん-しつ【陰湿】〔名・形動〕暗くてじめじめしていること。陰気で晴れ晴れしないこと。また、そのさま。「―な土地」「―ないたずら」(類語)多湿・湿潤・低湿・高湿

インシデント〖incident〗❶出来事。特に、ちょっとした事件。❷《operational incidentの略》航空機などの運航障害。

インシデント-レポート〖incident report〗医療現場で、患者に傷害を及ぼすことはなかったが、日常診療の現場でひやりとしたりはっとした経験(インシデント)に関する報告書。事例を分析し、類似するインシデントの再発や、医療事故・医療過誤の発生を未然に防止することが主な目的。医療事故となった場合の報告書はアクシデントレポートと呼ばれる。ヒヤリ・ハット報告書。

いんし-ぶんせき【因子分析】複雑な統計資料を少数の要因に分解し、その要因間の関係や変動に着目して全体的特徴を理解しようとする統計技法。

いんし-ほう【印紙法】►印紙条例

いん-じゃ【隠者】俗世との交わりを避けて、ひっそりと隠れ住む人。隠遁者。隠士。(類語)世捨て人

いんじゃ-ぶんがく【隠者文学】中世における隠者や僧侶による和歌・日記・随筆などの自照的な文学。西行・鴨長明・兼好らが代表的作家。中古の能因、近世の芭蕉などを含めていうこともある。

インジャリー-タイム〖injury time〗《インジュリータイムとも》スポーツ試合で、選手の負傷による中断時間。➡ロスタイム❷

いん-しゅ【飲酒】〔名〕スル 酒を飲むこと。「―運転」

いん-じゅ【印呪】密教で、印を結び、真言を唱えること。

いん-じゅ【印×綬】古代中国で、官吏がその身分や地位を示すしるしとして天子から賜った、印およびそれを下げるための組み紐。
印綬を帯・びる　官職につく。
印綬を解・く　官職をはなれる。

いん-じゅ【院主】❶寺院の住職。住持。❷禅宗で、監寺の旧称。

いん-じゅ【陰樹】幼樹のころに日陰でも生育できる樹木。ブナ・シイ・カシなど。

インシュアランス〖insurance〗保険。保険金。

いんしゅ-いん【引首印】書画幅の右上に押す印。多くは長方形か楕円形。関防の印。

いん-しゅう【因州】因幡国の異称。

いん-しゅう【因習｜因襲】古くから伝えられてきた風習。多く、非難の意を含んで用いられる。「―を打破する」(類語)伝統

いん-じゅう【淫縦】みだらで、勝手気ままなこと。はなはだしくほしいままにすること。

いんしゅう-てき【因習的】〔形動〕古いしきたりにとらわれて、新しい考え方を取り入れようとしないさま。「―な社会」

いんしゅ-うんてん【飲酒運転】飲酒した後、体内にアルコールが残っている状態で車両などを運転すること。道路交通法では酒酔い運転と酒気帯び運転に分類される。

インジュリー-タイム〖injury time〗►インジャリータイム

インシュリン〖insulin〗►インスリン

インシュレーション〖insulation〗絶縁。断熱。遮音。また、絶縁体。断熱材。

インシュレーター〖insulator〗絶縁物。碍子。

いん-じゅん【因循】〔名・形動〕スル ❶古い習慣や方法などに従うばかりで、それを一向に改めようとしないこと。また、そのさま。「―な財産家であろうと思うて軽蔑したのは」〈鉄腸・南洋の大波瀾〉❷思い切りが悪く、ぐずぐずしていること。引っ込み思案なさま。「なにを―しておるか。勉強して神速にせい」〈魯文・安愚楽鍋〉(類語)うじうじ・もじもじ・いじいじ

いんじゅん-こそく【因循×姑息】〔名・形動〕古い習慣に頼って、その場をしのごうとすること。また、そのさま。「―な手段」(補説)明治文明開化期の流行語。おっぺけぺえ節にも「ちょんまげ頭を叩いて見れば、因循姑息の音がする」とうたわれた。

いん-しょ【印書】❶印刷した文書。印本。版本。❷押印のある文書。

いん-しょ【音書】便り。音信。

いん-しょ【淫書】男女の肉欲に関するみだらなことを書いた書物。春本。

いん-しょ【韻書】中国で漢字を韻によって分類した字書。「切韻」「広韻」「集韻」など。また、「韻鏡」「切韻指掌」などの注釈書を含めてもいう。

いん-じょ【淫女】❶好色な女。みだらな女。❷遊女。

いん-じょ【隠所】❶隠れる所。隠れ住む所。〈日葡〉❷からだの隠すべき部分。「衣服等をきかゆる時、坐臥する時にも、放逸に―なんどをも蔵さず」〈正法眼蔵随聞記・三〉❸便所。雪隠。厠。「興福寺の東門院にありける児き、―にゐたりけるに」〈沙石集・八〉

いん-しょう【引証】〔名〕スル 証拠として引用すること。「古い文献から―する」

いん-しょう【引照】〔名〕スル 他の事柄やものと引き比べること。文献などを照らし合わせること。「別の訳本と―する」

いん-しょう【印床】印を彫るとき、印材を挟んで動かないようにする道具。堅い木材でつくる。

いん-しょう【印章】印。判。印形。
(類語)印・印判・印鑑・判・判子・ゴム印・スタンプ

いん-しょう【印象】ｲﾝｼﾔｳ〔名〕ｽﾙ ❶人間の心に対象が与える直接的な感じ。また、強く感じて忘れられないこと。「鮮やかな―を与える」「―が薄い」「第一―」「静かに物象を眺め、自然を―するほどの余裕もなかった」〈倉田・愛と認識との出発〉❷美学で、対象が人間の精神に直接与える感覚的あるいは情熱的な影響。(類語)(❶)感じ・感・観・心象・感銘・直感・感触・心証・イメージ・インプレッション・第一印象

いん-しょう【陰証】漢方で、病勢が体内にこもり、外に現れない病症。⇔陽証。

いん-じょう【引声】ｲﾝｼﾞﾔｳ ▶いんぜい(引声)

いん-じょう【引唱】ｲﾝｼﾞﾔｳ 律令制で、叙位に際し、位階昇進者を所轄の官庁に召集して、職務の成績や勤務日数を読み上げること。

いん-じょう【引▽接|引▽摂】ｲﾝｾﾞﾌ 仏語。❶仏・菩薩ぼさつが衆生をその手に救い取り、悟りに導くこと。❷人の臨終のとき、阿弥陀仏が来迎らいごうして極楽浄土に導くこと。

いんじょう-あじゃり【引▽請×阿×闍▽梨】ｲﾝｼﾞﾔｳ 僧が得度受戒または灌頂かんぢやう入壇するとき、これを引導し、本師に請うて受戒または受法させる役僧。

いんしょう-しゅぎ【印象主義】ｲﾝｼﾔｳ《フランス impressionnisme》19世紀後半から20世紀初頭にかけて、フランス絵画に始まり、ヨーロッパに広まった芸術思潮。彫刻・音楽・文学にも及ぶ。自然や事物から受ける感動を忠実に表現しようとする。絵画ではモネ・ルノワール・ピサロ、彫刻ではロダン、音楽ではドビュッシー、文学ではブールジェ・シュニッツラーらが代表的。

いんしょう-づ・ける【印象付ける】ｲﾝｼﾔｳ〔動カ下一〕心に強く感じさせる。相手の心に強く刻みつける。「自分の存在をはっきり―・ける」

いんしょう-てき【印象的】ｲﾝｼﾔｳ〔形動〕強く心に刻みつけられるさま。「―な場面」

いんしょう-は【印象派】ｲﾝｼﾔｳ 印象主義によって立つ芸術運動の一派。

いんしょう-ひひょう【印象批評】ｲﾝｼﾔｳﾋﾋﾔｳ 芸術作品から受ける主観的な印象をもとになされる批評。

いん-しょく【飲食】〔名〕ｽﾙ 飲むことと食べること。のみくい。また、飲み物と食べ物。「検診の前に―しないように」「―店」「―物」(類語)飲み食い・酒食

いん-じょく【印×褥】印を押すとき、印影がはっきりするように下に敷く台。板を紙で覆って上に布を張ったものや、ゴム製のものなどがある。

いんしょく-てん【飲食店】調理した飲食物を客に食べさせる店。

いんしょく-ぶつ【飲食物】飲み物と食べ物。「体を温める―」

イン-ショップ《和 in＋shop》店内店舗。デパートやスーパーなど大型店舗の一角にある顧客層・品揃えを絞った売り場。

いんし-るい【隠×翅類】ノミ類。ノミ目の旧称。

いん-しん【音信】❶便り。通信。おんしん。❷「音信物いんしんもの」の略。「―に、蛸たこと辛螺にしと蛤蜊はまぐりと三いろを持たせやりたり」〈咄・醒睡笑・一〉(類語)連絡・通知・伝達・告知・一報・消息・通信・コンタクト・案内・知らせ・通告・通達・通牒つうちょう・報・インフォメーション

いん-しん【×殷×賑】〔名・形動〕活気があってにぎやかなこと。また、そのさま。繁華。「歳末の市場は―を極める」「駅の中に―な商店街があって」〈百閒・特別阿房列車〉(類語)盛ん・盛大・隆盛・殷盛いんせい・全盛

いん-しん【陰唇】女性の外部生殖器の一部。膣ちつと尿道を囲む皮膚のひだ。外側の大陰唇と内側の小陰唇とがある。

いん-しん【陰森】〔ト・タル〕図〔形動タリ〕❶樹木が生い茂って暗いさま。「―として、日を蔽う森の梢を仰ぎ見て」〈魯庵・社会百面相〉❷薄暗くてもの寂しいさま。「さらぬだに―たる夜色は益す冥くらく」〈紅葉・金色夜叉〉

いん-じん【印信】密教で、師僧が秘法を伝授した証拠として弟子に授与する書状。

いんしん-ふつう【音信不通】「おんしんふつう」に同じ。「僅の行違から―の間になつて」〈紅葉・金色夜叉〉

いんしん-もの【音信物】贈り物。進物。「人に無心いふ前には、念比ねんごろにしかけ、又は―をつかひ」〈浮・文反古・四〉

いん-す【印子】《「す(子)」は唐音》❶「印子金」の略。❷純良の金で作った製品。いんし。「日比ひごろ立ち入る家に―の獅子の香炉あり」〈浮・昼夜用心記〉

いん-ず【員数】ヰン 「いんずう(員数)」に同じ。

いん-ず【韻図】ヰンヅ 漢字をその字音によって分類整理し図表化したもの。悉曇しったん学などの影響を受けて、唐末から作られるようになった。⇒韻鏡

いん-すい【淫水】性交のときに性器から出る液。

いん-すう【因数】一つの数や整式が、いくつかの数や整式の積の形で表されるときの、その個々の数や整式のこと。因子。

いん-ずう【員数】ヰン かず。特に、ある枠内の一定のかず。定員。いんず。「―をそろえる」「―外」(類語)人数・人員・頭数・頭数あたま・定員・人口

いんすう-ていり【因数定理】多項式$f(x)$において$f(a)=0$ならば$f(x)$は$x-a$を因数にもつ、という定理。剰余定理。

いんすう-ぶんかい【因数分解】〔名〕ｽﾙ 数や整式を因数の積の形に直すこと。例えば、21を3×7と素因数分解したり、a^2-b^2を$(a+b)(a-b)$としたりすること。

いんす-きん【印子金】近世初期、中国から輸入した良質の金塊。1個約100匁もんめ(375グラム)で、側面からの形状によって舟印子・花印子などとよんだ。

インスタマチック-カメラ〖Instamatic camera〗カートリッジ式のフィルムを使う全自動のカメラ。ネガの大きさは26ミリ×26ミリ。1963年、米国のイーストマン-コダック社が発売。商標名。

インスタレーション〖installation〗《取り付け、設置の意》現代美術の手法の一。作品を単体としてではなく、展示する環境と有機的に関連づけることによって構想し、その総体を一つの芸術的空間として呈示すること。また、その空間。

インスタンス〖instance〗オブジェクト指向プログラミング言語において、特定の機能や役割をもたせたプログラム、あるいはオブジェクトの雛形である「クラス」に対し、プログラム実行時に作成される実際の値としてのデータを指す。

インスタント〖instant〗〔名・形動〕❶すぐにできること。手間のかからないこと。また、そのさま。即席。即座。「―なやり方」「―ラーメン」❷「インスタント食品」の略。

インスタント-カメラ〖instant camera〗特殊フィルムを用い、撮影後すぐにポジ画像が見られるカメラ。ポラロイドカメラなど。

インスタント-コーヒー〖instant coffee〗水や湯に溶かすだけでできる、即席のコーヒー。⇒レギュラーコーヒー

インスタント-じだい【インスタント時代】インスタント食品が普及している時代。昭和35年(1960)ごろから言われだした。

インスタント-しょくひん【インスタント食品】手間をかけず簡単に飲食できる加工食品。即席食品。

インスタント-メッセンジャー〖instant messenger〗コンピューターネットワークにつながった複数のコンピューターで、リアルタイムにメッセージのやり取りができるアプリケーションソフト。IM。IMクライアント。

インスタント-ラーメン 即席麺の一。麺と調味料が同梱されており、数分のゆで時間で、または熱湯をかけて数分おくだけで食べられるラーメン。

インスツルメント〖instrument〗「インストルメント」に同じ。

インスティテューショナル-アドバタイジング〖institutional advertising〗企業の認知・理解・イメージアップを目的として出稿される広告。コーポレートアドバタイジング。⇒プロダクトアド

インスティテューション〖institution〗❶制度。慣習。❷公共施設。学会。協会。「―広告」

インスティテュート〖institute〗学会。研究所。

インスティンクト〖instinct〗本能。直感。

インステップ〖instep〗❶野球で、打者が投手側の足をホームプレート寄りに踏み込んでいくこと。❷「インステップキック」の略。

インステップ-キック〖instep kick〗サッカーで、足の甲でボールをけること。

インスト 「インストルメンタル」の略。

インストア〖in-store〗店内。店舗の中。「―ベーカリー」「―イベント」

インストア-ベーカリー〖in-store bakery〗スーパーマーケットやデパート内でパンを焼き、販売する店。

インストーラー〖installer〗コンピューターにアプリケーションソフトを導入(インストール)する際に利用するソフトウエア。セットアッププログラム。

インストール〖install〗〔名〕ｽﾙ《据えつける意》コンピューターで、ソフトウエアなどを導入・設定して実際に使用できるようにすること。

インストラクション〖instruction〗❶教示。指示。❷心理学の実験やテストで、被験者にやり方などを指示すること。❸コンピューターのCPUへの各種演算・処理についての動作命令。

インストラクション-キャッシュ〖instruction cache〗▶命令キャッシュ

インストラクション-セット〖instruction set〗▶命令セット

インストラクション-ポインター〖instruction pointer〗▶プログラムカウンター

インストラクター〖instructor〗指導員。特に、スキー・テニスやOA機器などの技術を指導する人。(類語)先生・師・師匠・指南役・師範・宗匠・師父（学校の)教師・教員・教諭・教授・教官・講師・ティーチャー・プロフェッサー・チューター （尊敬)尊師・恩師・旧師・先師

インストルメンタリズム〖instrumentalism〗デューイが主張する認識論上の立場。概念や真理を独立不変のものとせず、現実的解決の道具とみなし、その真偽の規準も行動の有効性によるとする説。道具主義。概念道具説。⇒プラグマティズム

インストルメンタル〖instrumental〗軽音楽で、作曲または演奏において、歌詞や歌唱のない、演奏だけのもの。

インストルメント〖instrument〗❶器具。道具。また、計器。❷《musical instrument から》楽器。また、歌が入っていない楽器だけの演奏であること。

インストルメント-フライト〖instrument flight〗計器飛行。⇔ビジュアルフライト。

インスパイアー〖inspire〗活力となるような思想・感情などを人の心に吹き込むこと。鼓吹。鼓舞。

インスパイヤー〖inspire〗▶インスパイアー

インスピレーション〖inspiration〗《吹き込まれたもの、の意》創作・思考の過程で瞬間的に浮かぶ考え。ひらめき。霊感。「―がわく」(類語)勘・ひらめき

インスブルック〖Innsbruck〗オーストリア西部、チロル州の州都。古くから商業都市として栄え、アルプスのブレンナー峠越えの交通の要地。

インスペクション〖inspection〗❶視察。検査。点検。監視。❷アルペンスキー競技で、レース前のコースの下見。❸ソフトウエアの開発工程で、不具合や問題点がないかどうかを第三者が検証すること。

インスペクター〖inspector〗検査や監督をする者。また、特に陸上競技の監視員。

インスリノーマ〖insulinoma〗膵臓すいぞうのランゲルハンス島にあるβベータ細胞にできる腫瘍しゅよう。インスリン分泌が過剰となり、低血糖を起こす。良性と悪性とがある。

インスリン〖insulin〗《インシュリンとも》膵臓すいぞうのランゲルハンス島にあるβベータ細胞から分泌されるホルモン。体内組織における糖質・脂肪・たんぱく質・核酸の合成・貯蔵を促す作用があり、特にぶどう糖の筋肉内への取り込みを促進させ、血糖を減少させる。不足すると糖尿病になる。

インスリンいそんせい-とうにょうびょう【インスリン依存性糖尿病】ﾆﾔｳﾋﾞﾔｳ ▶一型糖尿病

インスリンひいそんせい-とうにょうびょう【インスリン非依存性糖尿病】ﾋﾟｲｿﾝｾｲﾄｳﾆｮｳﾋﾞｮｳ ►二型糖尿病

いん-する【印する】〔動サ変〕文いん・す〔サ変〕❶印(いん)や型を押す。「契約書に—・する」❷しるしを残す。跡をつける。また、しるしが残る。「未踏の地に第一歩を—・する」「轍(わだち)の跡は深く軟かい路に—・して」〈花袋・春潮〉❸影や光を他の物の上に届かせる。また、影や光が物の上に現れる。「赤土の上に網のような模様を—・している」〈鷗外・灰燼〉「月の光はくっきりと地に—・して」〈独歩・少年の悲哀〉❹強い印象を与える。「此時ほど我心に…、意味ありげなる趣を—・したことはない」〈独歩・悪魔〉

いん-する【淫する｜婬する】〔動サ変〕文いん・す〔サ変〕❶(多く「…に淫する」の形で)度が過ぎる。度を過ごして熱中する。ふける。「酒色に—・する」「読書に—・する」❷みだらなことをする。

いん-せい【殷盛】極めて盛んなこと。繁盛していること。「—を極める」

(類語)盛ん・盛大・隆盛・殷賑(いんしん)・全盛

いん-せい【院生】ｲﾝ ｾｲ 大学院・棋院・少年院など、院のつく所で指導・教育を受けている者。

いん-せい【院政】ｲﾝ ｾｲ ❶院の庁で、上皇または法皇が国政を行っていた政治形態。応徳3年(1086)白河上皇に始まり、天保11年(1840)光格上皇崩御まで断続して行われた。❷現職を引退した人が、なお実権を握っていること。「会長が—をしく」

(類語)王政・帝政・親政

いん-せい【淫声】❶性行為の際に発する声。❷みだらで品のない音楽。

いん-せい【陰性】〔名・形動〕❶消極的で、陰気なこと。内にこもっている感じであること。また、そのさま。「—な人」「この—の憤怒は迸(ほとばし)り出るはけ口をもたなかった」〈里見弴・今年竹〉⇔陽性。❷医学の検査などで、ある刺激に対して反応のないこと。陰性反応であること。⇔陽性。(類語)内向・しんねりむっつり

いん-せい【陰晴】曇りと晴れ。晴曇(せいどん)。「—の定まらないこの頃の時候の常として」〈近松秋江・青草〉

いん-せい【隕星】ｲﾝ ｾｲ 隕石のこと。

いん-せい【隠棲｜隠栖】〔名〕ｽﾙ 俗世間を逃れて静かに住むこと。また、その住まい。「山奥に—する」「政界を引退して故郷に—する」

いん-ぜい【引声】阿弥陀仏の名号(みょうごう)や経文などを、高低・緩急などの曲節をつけて唱えること。いんぜ。いんじょう。

いん-ぜい【印税】図書やレコードの定価・発行部数などに応じて、発行者が一定の比率で著作者または著作権所有者に対して支払う金銭。

いんぜい-あみだきょう【引声阿弥陀経】ｱﾐﾀﾞｷｮｳ ゆるやかな曲節をつけて阿弥陀経を唱えること。円仁(えんにん)が唐から伝え、比叡山で行ったのが初めといわれ、京都の真如堂などで行われる。

いんせい-げんそ【陰性元素】化学結合するとき、電子を引き寄せる傾向の強い、すなわち陰性成分となりやすい元素。電気陰性度が高く、周期表では右側上方に位置する。⇔陽性元素。

いんせい-じだい【院政時代】ｲﾝｾｲ ｼﾞﾀﾞｲ 平安後期、白河・鳥羽・後白河3代の上皇(一説に、後鳥羽上皇の代も含む)による院政が行われた時代。上皇が院宣や、院の庁下文(くだしぶみ)を発給するなどして国政を掌握し、その実権は朝廷・摂関家をしのいだ。のちに武家政権と対立した。

いんせい-しょくぶつ【陰生植物】日陰の地に生育できる植物。カンアオイ・ドクダミやシイ・ブナ・アオキなど。陰地植物。⇔陽生植物。

いんぜい-ねんぶつ【引声念仏】ゆるやかな曲調で阿弥陀仏の名号を唱えること。

いんせい-はんのう【陰性反応】ﾊﾝﾉｳ 生化学的、細菌学的診断の所見で、病毒の存在を示す反応がみられないこと。⇔陽性反応。

いん-せき【引赤】皮膚に軽い刺激を与え、その部分に血液を集める作用。「—薬」

いん-せき【引責】〔名〕ｽﾙ 責任を自分の身に引き受けること。責任を取ること。「—辞職」

いん-せき【姻戚】婚姻によってできた、血のつながりのない親族。➡姻族

いん-せき【隕石】ｲﾝ ｾｷ 宇宙空間の鉄や珪素などでできた小天体が、惑星や衛星に落下したもの。成分比により石質隕石・石鉄隕石・隕鉄に分類される。隕星。ほしいし。

いんせき-じにん【引責辞任】責任を自分の身に引き受けて、就いていた任務を自ら辞めること。例えば、不祥事の発覚した企業の経営者や政治家、成績不振のスポーツチームの監督が辞職するなど。

インセスト〖incest〗近親相姦(そうかん)。

いん-せつ【引接】〔名〕ｽﾙ ❶呼び入れて対面すること。主として相手が目下の者の場合にいう。引見。「国王が新任大使を—する」❷ある人を他の人に引き合わせること。❸►いんじょう(引接)

(類語)接見・引見

インセック〖INSEC〗《International Semiconductor Cooperation Center》半導体国際交流センター。日本市場における外国製半導体の普及促進を目的とした、通産省(現経産省)外郭の財団法人。1987年発足、2000年解散。

インセット〖inset〗《差し込むの意》衣服などに、装飾用に縫い込まれた布やレースの生地など。

インセプション〖inception〗始まり。開始。発端。

(類語)始め・始まり・発端・開始

いん-せん【陰線】❶製図で、物の形を明らかにしたり、立体的に表したりするときに用いる線。ふつう、斜線を何本も密に引く。❷物体に光を当てたときに、光の当たる面と当たらない面との境界をなす線。❸蝋燭足(ろうそくあし)などで、終わり値が始め値より安かったときに、その差額分を黒地で表した四角形。⇔陽線。

いん-せん【飲泉】医療用として飲む温泉水。

いん-ぜん【院宣】ｲﾝ ｾﾞﾝ 平安時代以降、院司が上皇または法皇の命令を受けて出す文書。

いん-ぜん【隠然】〔ト・タル〕文〔形動タリ〕表面ではわからないが、陰で強い力を持っているさま。「経済界に—たる勢力をもつ」⇔顕然。

インセンシティブ〖insensitive〗〔形動〕鈍感なさま。無神経なさま。「—な発言」

いんせん-しょうきょ【隠線消去】ｼｮｳｷｮ ►隠線処理

いんせん-しょり【隠線処理】コンピューターグラフィックスで三次元画像を描画する際、視点からは陰になって見えない部分の線を消去する処理のこと。隠線消去。➡隠面処理

インセンス〖incense〗香(こう)。練り香。

インセンス-シダー〖incense cedar〗ヒノキ科オニヒバ属の高木。北米原産。鉛筆・枕木などに使われる。

インセンティブ〖incentive〗❶やる気を起こさせるような刺激。❷値引き。奨励金。「—セール」❸成果を上げた社員や販売店に通常の給料や手数料以外に特別に支給する報奨金。物や旅行のこともある。販売奨励金。

インセンティブ-けいやく【インセンティブ契約】プロ野球で、選手の出場機会・成績などに応じて、基本給とは別にボーナスが支払われる契約。出来高払い制。

いん-せんぽう【陰旋法】ｲﾝｾﾝ ﾎﾟｳ 日本音楽で、半音を含む五音音階。近世の箏曲(そうきょく)・三味線などに用いられて発達。都節(みやこぶし)。陰旋。陰音階。⇔陽旋法。

いん-ぞ【引座】《「ぞ(座)」は唐音》禅宗で、高僧を案内して説法の高座につかせること。

いん-ぞう【印相】ｿﾞｳ《「いんそう」とも》❶仏・菩薩(ぼさつ)が手指で示す印の形。➡印(いん)❷仏の顔つき。❸印章の面に現れた縁起のよしあし。

インソール〖insole〗靴の敷皮。足の汗を吸い取ったり、足裏を刺激して疲れを取ったりすることなどを目的として、靴の中に敷く中底。

いん-ぞく【姻族】婚姻によって親族になった者どうし。夫からみて妻方の父母兄弟など。民法では、三親等内の姻族を親族とする。姻戚。

いん-そつ【引率】〔名〕ｽﾙ 《古くは「いんぞつ」》率いること。引き連れること。「新入生を—する」

(類語)統率・統帥

インター〖inter〗❶「インターナショナル」の略。❷「インターチェンジ」の略。「横浜—」

インターオペラビリティー〖interoperability〗❶軍隊どうしの相互連携能力。複数国軍の連合作戦で兵器装備から指揮訓練まである程度統一しておくことによって、相互の連携・運用を可能にする能力。❷転じて、コンピューターシステムなどの相互互換性。ハード・ソフト・システムなどが相互に運用できる。

インターカレッジ《intercollegiate(大学間の、の意)から》各大学を代表する選手やチームにより争われる対抗選手権大会。学生選手権大会。インカレ。

インタークーラー〖intercooler〗ターボエンジンで、燃焼用に吸入した空気を、密度を高めて燃焼効果を上げるために冷却する装置。

インターコース〖intercourse〗交際。交わり。

インターコネクテッドネス〖interconnectedness〗相互につながっていること。相互連絡。関連性。

インターコミュニケーション-システム〖intercommunication system〗企業のように特定の区域内での通信連絡システム。インターコム。

インターコム〖intercom〗「インターコミュニケーションシステム」の略。

インターコンチネンタル-とりひきじょ【インターコンチネンタル取引所】原油・石油精製品などのエネルギー関連商品や二酸化炭素排出権・農産物・株価指数・外国為替などの現物やデリバティブを扱う電子取引所、およびその運営会社。2000年にエネルギー関連デリバティブの店頭取引市場として設立。ロンドン国際石油取引所(IPE)、ニューヨーク商品取引所(NYBOT)、シカゴ気候取引所(CCX)などを買収し傘下に収めている。本社は米国ジョージア州アトランタ。ICE(IntercontinentalExchange)。➡ICE先物取引所

インターセプター〖interceptor〗来攻する敵機を迎撃することを任務とする戦闘機。邀撃(ようげき)機。

インターセプト〖intercept〗《横取りする、妨げる意》ラグビー・サッカー・アメリカンフットボールなどの球技で、相手のパスを中間で奪うこと。

インタータイプ〖Intertype〗文字盤のキーをたたいて、1行ごとに鋳造する活字鋳植機。商標名。

インターチェンジ〖interchange〗高速道路などと普通道路とを結ぶ立体交差式の出入り口用道路。インター。IC。

インターディシプリナリー〖interdisciplinary〗〔名・形動〕多くの分野の専門知識や経験が必要な研究課題などにあたるとき、さまざまな領域の学者や技術者が協力し合うこと。また、そのさま。学際的。「種々の学問分野からの発想を—に議論する」

インターデペンデンス〖interdependence〗相互依存。国家間の相互依存関係によってしか独立は保持できないとする考え方。

インターナショナライゼーション〖internationalization〗►インターナショナリゼーション

インターナショナリズム〖internationalism〗「国際主義」に同じ。

インターナショナリゼーション〖internationalization〗国際化していくこと。国際的にすること。インターナショナライゼーション。

(類語)グローバリゼーション

インターナショナル〖international〗■〔名〕❶(International)社会主義運動の国際組織。インター。➡第一インターナショナル ➡第二インターナショナル ➡コミンテルン ❷(ﾌﾗﾝｽInternationale)万国労働者の歌。1871年、革命歌としてフランスで作られた。1944年までソ連の国歌。インター。■〔形動〕国際間の。国際的。「—な大会」

インターナショナル-オーガニゼーション〖international organization〗国際機関。国際法・国際条約により法人格を認められた組織。

インターナショナル-スクール〖international

school〗外国人子女を対象とする学校。小学校から高校課程の学校が多い。帰国子女の入学も可能。日本国内では一般に各種学校扱いで、大学などへの進学に制限がある。国際学校。

インターナショナル-スタンダード〖international standard〗国際標準。国際基準。

インターナショナル-セキュリティー〖international security〗国際安全保障。全地球的な立場から平和と安全を守ること。

インターナショナル-バカロレア〖international baccalaureate〗共通内容の検定試験に合格すれば、加盟各国の大学入学試験資格が与えられる制度。国際バカロレア。

インターナショナル-ヘラルド-トリビューン〖International Herald Tribune〗フランスを中心に各国で発行されている英字日刊紙。1887年パリで創刊。その後、ワシントン-ポストやニューヨーク-タイムズなどが経営に参加し、2002年からは後者が単独で支配。発行部数は世界計22万6000部(2011年)。

インターニック〖InterNIC〗《Internet Network Information center》インターネットにおけるドメイン名やIPアドレスの管理や割り当てを行った機関。1993年全米科学財団の援助を受けて設立、98年大部分の権限を後継組織ICANN(アイキャン)に移管。

インターネット〖Internet〗個々のコンピューターネットワークを相互に結んで、世界的規模で電子メールやデータベースなどのサービスを行えるようにした、ネットワークの集合体。データのやりとりにTCP/IPという標準化された通信規約(プロトコル)を用いるため、個々のコンピューターの機種によらず通信を行える。また、WWW(ワールドワイドウェブ)という標準的な情報提供システムが用いられ、文書以外にも画像や音声、動画などのデータを閲覧・視聴できる。

インターネットアクセス-プロバイダー〖internet access provider〗►プロバイダー

インターネット-いせいしょうかいじぎょう【インターネット異性紹介事業】インターネットを介して面識のない異性同士が交際する機会を有償・無償を問わず継続的に提供すること。出会い系サイト、およびそれに相当するインターネット上の書き込みも異性紹介事業と判断される。[補説]インターネット異性紹介事業の要件は平成20年(2008)施行の改正「出会い系サイト規制法」において定義され、届け出が義務付けられている。

インターネット-いそんしょう【インターネット依存症】インターネットに熱中するあまり、インターネットを離れると孤独感や絶望感にさいなまれ、睡眠障害や生活リズムの崩れなどの症状に陥る状態。インターネット中毒。ネット依存症。⇨プロセス依存

インターネット-エクスチェンジ〖Internet exchange〗►アイ-エックス(IX)

インターネット-エクスプローラー〖Internet Explorer〗米国マイクロソフト社が発表したブラウザーソフト。インターネット上のウェブページを閲覧することができる。IE。

インターネット-オークション〖internet auction〗►ネットオークション

インターネット-かでん【インターネット家電】《Internet appliance》インターネットに接続する機能をもつ家電製品の総称。ネットワークを組んでリモコンで一括操作したり、インターネットに接続して外出先から携帯電話を通して操作したりできる。

インターネット-カフェ《和 internet＋café(フランス)》店内に設置されているパソコンの端末を使ってインターネットに接続できる飲食店。サイバーカフェ。ネットカフェ。ネカフェ。

インターネット-きょうかい【インターネット協会】►アイソック(ISOC)

インターネット-ぎんこう【インターネット銀行】《Internet bank》インターネット上での営業に特化した銀行。ウェブサイトで振込み、振替え、残高照会などのサービスを提供し、実店舗をほとんど、あるいはまったくもたない。オンライン銀行。ネットバンク。

インターネット-ゲーム〖Internet game〗►オンラインゲーム

インターネット-けんさく【インターネット検索】インターネット上で目的とするウェブページや情報などを検索すること。そのためのウェブサイトやシステムをサーチエンジンという。ネット検索。ウェブ検索。

インターネット-こうこく【インターネット広告】《Internet advertising》インターネットを利用した広告の総称。ウェブ広告。ネット広告。

インターネット-サービス-プロバイダー〖Internet service provider〗►プロバイダー

インターネット-しちょうりつ【インターネット視聴率】《Internet audience ratings》►ネット視聴率

インターネット-しょうけん【インターネット証券】《Internet broker》インターネットを通じて行う証券取引サービス、またそのサービスを提供する証券会社。店舗での窓口営業を兼ねたものと、ネット上での営業に特化したものがあり、区別する場合は特に後者を指す。オンライン証券。インターネットブローカー。

インターネット-しょめい【インターネット署名】►ネット署名

インターネット-スラング〖Internet slang〗インターネット上のBBS(電子掲示板)やSNS、簡易ブログなどで発生し、使用される俗語。「ググる」「コピペ」「リア充」など。ネットスラング。

インターネット-そうごせつぞくてん【インターネット相互接続点】《Internet exchange point》►アイ-エックス(IX)

インターネット-ソサエティー〖Internet Society〗►アイソック(ISOC)

インターネット-ちゅうどく【インターネット中毒】►インターネット依存症

インターネット-データセンター〖Internet data center〗►アイ-ディー-シー(IDC)

インターネット-テレビ《internet televisionから》❶インターネットを利用できるテレビ。無線LANを内蔵するもの、ルーターを利用して接続するものなどがある。❷インターネット放送のこと。ネットテレビ。

インターネット-でんわ【インターネット電話】インターネットを使って、電話のように音声で会話をするシステム。インターネットにつながっているコンピューターどうしでの通信から始まり、現在では一般の加入電話との通話も可能。

インターネット-トラフィック〖Internet traffic〗インターネットを通じて送受信される情報。また、その情報量。⇨トラフィック❸

インターネット-トレーディング〖internet trading〗►オンライントレード

インターネット-トレード〖internet trade〗►オンライントレード

インターネット-ナンバー〖Internet Number〗特定の番号を入力すると目的のウェブサイトに接続できるサービス。ブラウザーに専用のアドインソフトをインストールして使用。インターネットナンバー社が運営。

インターネット-はくらんかい【インターネット博覧会】《Internet fair 2001 Japan》平成12年(2000)12月31日から1年間、インターネット上で実施された日本政府主導の記念行事。略称インパク。

インターネット-バンキング〖internet banking〗インターネットを利用して資金移動や残高照会を行う業務のこと。⇨エレクトロニックバンキング

インターネット-バンク〖Internet bank〗►インターネット銀行

インターネット-ビジネス〖internet business〗►サイバービジネス

インターネット-ファックス【インターネットFAX】《Internet facsimile》インターネットを利用してデータの送受信を行うファックス。

インターネット-ブイピーエヌ【インターネットVPN】《Internet VPN》VPNの一。インターネットをあたかも専用回線のように利用して構築する、仮想的なネットワーク。⇨SSL-VPN

インターネット-フィルタリングサービス〖Internet filtering service〗►フィルタリングサービス

インターネット-フィルタリングソフト《Internet filtering softwareから》►フィルタリングソフト

インターネット-ブローカー〖Internet broker〗►インターネット証券

インターネット-プロトコル〖internet protocol〗►アイピー(IP)

インターネット-プロバイダー〖internet provider〗►プロバイダー

インターネット-ほうそう【インターネット放送】《Internet broadcasting》インターネットを通じて動画や音声を配信するサービス。従来のテレビ放送のように番組の放送時間が決まっているストリーミング型と、動画ファイルをまとめて受信して聴取するダウンロード型とがある。音声のみを配信するものをインターネットラジオという。ネット放送。ネットテレビ。ウェブキャスティング。ウェブ放送。

インターネット-ポータルサイト〖Internet portal site〗►ポータルサイト

インターネット-マーケティング〖Internet marketing〗インターネットを利用したマーケティング活動。インターネット広告、アンケート調査、オンラインショッピングなどがある。ウェブマーケティング。ネットマーケティング。

インターネット-ラジオ〖internet radio〗インターネットを通じて配信される音声コンテンツ。一般のラジオ放送のように番組の放送時間が決まっているストリーミング型と、音声ファイルをまとめて受信して聴取するダウンロード型がある。既存の放送局が電波による放送と同時間に同内容のものを配信するIPサイマル放送のほか、インターネット上での配信に特化したものもある。また、専用のIP網を利用したものはIPラジオと呼ばれる。ネットラジオ。ウェブラジオ。

インターネットワーキング〖internetworking〗複数のコンピューターネットワークを相互接続することにより、一体化・広域化して機能させること。またはその技術。インターネットは世界規模でTCP/IPネットワークをインターネットワーキングしたもの。

インターネット-ワーム〖Internet worm〗►ワーム❷

インターネット-わりびき【インターネット割引】商品やサービスをインターネットから購入した場合に適用される割引。損害保険や生命保険、ホテルの宿泊料金などが安くなるなどさまざま。

インター-ハイ《和 inter＋high schoolの略。「インターカレッジ」にまねた造語》►全国高等学校総合体育大会

インターバル〖interval〗❶隔たり。間隔。合間。間。「一を置く」❷劇場などの休憩時間。幕間。[類語]間・距離・間隔・隔たり・幅・間合い

インターバル-トレーニング〖interval training〗陸上競技で、中・長距離競走の代表的な練習法の一。一定の間隔で疾走とゆっくり走ることとを繰り返し、スピード・持久力などを身につける。短距離走・水泳競技の練習方法としても応用される。

インターバンク《interbank exchange dealingから》金融機関相互の預金の受け入れ、短期資金貸借取引、外国為替売買取引などの略称。銀行間取引。⇨銀行間取引市場

インターバンク-しじょう【インターバンク市場】►銀行間取引市場

インターファクス〖Interfaks〗ロシア連邦の通信社。1989年設立。インタファックス。インテルファックス。

インターフェア〖interfere〗運動競技で、相手のプレーを故意に妨害すること。

インターフェース〖interface〗❶異なる種類のものを結びつけるときの共用部分。界面。接触面。❷コンピューターで、機器やプログラムどうしをつなぐ装置、または部分。ハードウエアを接続するハードウエア

インターフェースと、オペレーティングシステムやアプリケーションソフトをつなぐソフトウエアインターフェースに分けられる。➡ユーザーインターフェース

インターフェラメーター〘interferometer〙干渉計。干渉観測器。光の波長を測る。

インターフェロン〘interferon〙ウイルスが感染した細胞や腫瘍しゅよう細胞で作られ、その増殖を抑制する特殊なたんぱく質。抗癌剤こうがんざいなどに利用される。ウイルス抑制因子。IF。IFN。

インターブリード〘interbreed〙異系交配。生物の交配で、異なる属、種または系統間の交配。⇔インブリーディング。

インタープリター〘interpreter〙❶通訳する人。通訳者。❷BASIC、FORTRANなどのプログラミング用の高級言語を、コンピューター用の機械語に翻訳するプログラム。❸国立公園に常駐し、その自然や歴史を旅行者に解説する人。

インタープリターがた-げんご【インタープリター型言語】《interpretive language》►インタープリター言語

インタープリター-げんご【インタープリター言語】《interpretive language》コンピューターのプログラミング言語のうち、人間の言葉に近い表現で記述したプログラムを、コンピューター用の機械語に逐次翻訳して実行するものの総称。BASIC、JavaScript、LISPなどがある。インタープリター型言語。

インタープリテーション〘interpretation〙❶解釈。❷通訳。❸演劇・音楽などで、自分としての解釈に基づく役作りや演出・演奏をいう。

インターポール〘Interpol〙国際刑事警察機構の通称。

インターホン〘interphone〙私設の有線通話装置。玄関と室内、部屋どうしなどの通話に用いる。

インターミッション〘intermission〙演劇などの休憩時間。

インターメディア〘intermedia〙光・音響・色彩などの表現と、身体の動きなどが、新しい形で合流した芸術表現。1960年代のヌーボーレアリスムや日本の具体グループの動向をさす。➡メディアアート

インターラーケン〘Interlaken〙スイス中部の都市。ユングフラウの北、トゥーン湖とブリエンツ湖との間にあり、アルプス登山・観光の基地。

インターリーグ〘Interleague〙米国プロ野球メジャーリーグの公式戦で、アメリカンリーグのチームとナショナルリーグのチームの交流試合。

インターリージョナリズム〘interregionalism〙国際的な地域主義。

インターリーブ〘interleave〙コンピューターシステムの複数台の主記憶装置の動作を少しずつずらして、並列処理を行う高速な記憶装置のアクセス方式。セグメント単位に分割した多重プログラムを効率よく実行する方式。

インタール〘Intal〙気管支喘息ぜんそくやアレルギー性鼻炎の治療・予防薬、クロモグリク酸ナトリウムの商標名。吸入などによりアレルギーでのヒスタミンの放出を阻止する。

インタールード〘interlude〙❶15世紀にイギリスで生まれた演劇の一種。それまでの道徳劇の説教じみたところをなくしたもの。❷間奏。間奏曲。

インターレース〘interlace〙テレビ、ディスプレーなどの表示や、デジタルカメラの受光素子の読み取りにおいて、左右の走査を上から下へ1本おきに行うこと。飛び越し走査。インターレーススキャン。➡プログレッシブ⊟

インターレース-ジフ【インターレースGIF】《interlace GIF》GIF画像の拡張仕様の一。コンピューターにダウンロードして表示する際、画像の上辺から下辺に向かって表示するのではなく、はじめに大まかなモザイク状の画像を表示し、次第に鮮明になるため、ダウンロードの途中でもおよその画像内容を把握できる。

インターレース-そうさ【インターレース走査】►インターレース

インターロイキン〘interleukin〙リンパ球が産生する、免疫応答の調節に関与する物質。T細胞やマクロファージの増殖・活性化、B細胞の分化、インターフェロン分泌促進などの作用を示す。

インターロッキング-システム〘interlocking system〙原子炉など、運転に複雑な手順を要する装置の誤操作を防ぐための仕組み。

インターロッキング-ほそう【インターロッキング舗装】《インターロッキングは、interlocking》道路の舗装法の一。互いにかみ合うブロックを敷き詰めて、ブロック相互の間には砂を詰める。

インターン〘intern〙理容師・美容師になる人に課せられる実地訓練。また、その実習生。医師の場合も第二次大戦後に行われたが、昭和43年(1968)に廃止し、研修医制度となる。➡研修医

インターンシップ〘internship〙会社などでの実習訓練期間。学生が在学中に自分の専攻に関連する企業に体験入社する制度。体験就業。

いん-たい【引退】〔名〕スル 役職や地位から身を退くこと。スポーツなどで現役から退くこと。「スター選手が―する」「一興行」〔類語〕退陣・退職・退任・退役・退官・辞職・辞任・勇退・下野・リタイア・離れる

いん-たい【院体】 ❶中国で、宮中に置かれた画院の画風。院画体。❷書道で、奔放なところのない役所風の書体。

いん-たい【隠退】〔名〕スル 社会的活動の第一線から退くこと。世間を避けて閑居すること。退隠。「田舎に―する」

いん-だい【院代】 ❶院家いんげの寺格をもつ寺の住持の職務を代行する者。❷寺の住職の代理者。❸普化ふけ宗の寺の住職。

いんたい-が【院体画】 中国、宋代の画院の画風、およびその作品。南宋の花鳥画や馬遠ばえん・夏珪かけいの山水画がその代表。日本の山水画にも影響を与えた。院画。➡画院

いん-たいぞう【隠退蔵】〔名〕スル 《「隠匿いんとく退蔵」の意》不正に入手したものを、人に知られぬように隠し持っていること。「一物資」

いん-だいなごん【尹大納言】 大納言と弾正尹だんじょういんを兼任した者。

いん-たく【隠宅】❶隠居してからの住居。隠居所。❷世間から隠れ住む住居。かくれが。

インダクション〘induction〙❶誘導。感応。❷帰納法。

インダクション-コイル〘induction coil〙誘導コイル。

インダクション-モーター〘induction motor〙誘導電動機。

インダクター〘inductor〙電気回路のインダクタンスを得るために用いられる部品で、1個または複数個の巻線コイルで構成される。大別して、空心コイルと、磁性体を使用した有心コイルがある。誘導子。

インダクタンス〘inductance〙一つのコイルに流れる電流が変化して誘導起電力が現れる場合に、この起電力が電流の変化する速さに比例するときの比例定数。電磁誘導の大きさを表し、単位はヘンリー。誘導起電力をもつ回路素子をさすこともある。

インダクティブ〘inductive〙〔形動〕電磁誘導で作動するさま。「一充電」

インダクティブ-じゅうでん【インダクティブ充電】《inductive charge》►電磁誘導充電

インダス〘Indus〙《大洋の意の梵 Sindhuに由来》インダス川のこと。

インダス-がわ【インダス川】 パキスタン東部を流れる川。ヒマラヤ山脈北西部に源を発し、パンジャブ地方、タール砂漠を経てアラビア海に注ぐ。長さ2900キロメートル。

インダストリアル〘industrial〙多く複合語の形で用い、産業の、工業の、の意を表す。「一ロボット」

インダストリアル-アドバタイジング〘industrial advertising〙企業向けの原材料・部品・生産設備・資材などの生産財販売広告をいう。産業広告。

インダストリアル-エンジニアリング〘industrial engineering〙自然科学・社会科学の知識と方法を利用して、人間・資材・設備などの総合的なシステムの効率化を図るための工学的方法。生産工学、経営工学、管理工学などと訳される。IE。

インダストリアル-デザイナー〘industrial designer〙口紅などの身の回り品から機関車まで、幅広い意味での工業製品を、大量生産されることを前提としてデザインする人。工業デザイナー。

インダストリアル-デザイン〘industrial design〙工業製品で、使いやすさと美しさを目的とするデザイン。工業デザイン。

インダストリアル-マーケティング〘industrial marketing〙企業向けの原材料・部品・生産設備・資材を最も効果的に販売するためのマーケティング活動。生産財マーケティング。

インダストリー〘industry〙産業。製造業。

インダス-ぶんめい【インダス文明】前3000年から前1500年ごろにかけて、インダス川流域に栄えた文明。アーリア人のインド侵入以前のもので、金石併用の文化を持ち、公共建築などを完備した高度な計画都市を建設した。モヘンジョダロ・ハラッパーなどに遺跡が残る。世界最古の文明の一。➡四大文明

インタビュアー〘interviewer〙インタビューをする人。面接取材をして記事に仕上げる、新聞・雑誌・テレビなどの記者。⇔インタビュイー。

インタビュイー〘interviewee〙インタビューをされる人。取材を受ける人。⇔インタビュアー。

インタビュー〘interview〙〔名〕スル 報道記者などが取材のために人と会って話を聞くこと。また、その記事。「優勝力士に―する」
〔類語〕会見・対面・面会・面接・顔合わせ・見合い・会う

インタビュー-バック〘interview back〙新聞・テレビのインタビューを受けるスポーツ選手などの背景に置くついたて。スポンサー名や、球団名・学校名などが図案化して描かれているものが多い。

インタプリター〘interpreter〙►インタープリター

いんだら【因陀羅】《梵 Indraの音写》「インドラ」に同じ。

インタラクション〘interaction〙相互作用。

インタラクティブ〘interactive〙〔形動〕❶お互いに作用しあうさま。相互作用の。❷情報処理・通信などの用語で、双方向の。対話型の。

インタラクティブ-アート〘interactive art〙観客が参加することで完成する芸術作品。特に、コンピューターを用いた作品で、観客の動作にセンサーが反応したり、タッチパネルなどの入力によって何らかの変化が起きたりするものをいう。双方向芸術。

インタラクティブ-えいぞう【インタラクティブ映像】 双方向CATVなど、送り出される映像によるプログラムと利用者の間で相互に通信し合えるシステム。通信教育などに用いられる。➡インタラクティブCATV

インタラクティブ-シーエーティーブイ〘interactive CATV〙放送のように送り手が一方的に多数の受け手に情報を送るというのではなく、両者が相互に通信し合える双方向性をもつ有線テレビ。同軸ケーブルや光ファイバーケーブルで双方向の信号を伝送できる性能をもつ。双方向CATV。

インタラクティブ-しょり【インタラクティブ処理】《interactive processing》コンピューターの処理方式の一。ユーザーが、自分の指示した内容が意図の通りに処理されたかどうか、ディスプレー上などで確認しながら作業ができる方式をいう。対話型処理。

インタラクティブ-テレビ《interactive television から》►双方向テレビ

いんだら-もう【因×陀羅網】 帝釈天たいしゃくてんの宮殿を飾る網。その無数の結び目一つ一つに珠玉があり、互いに映じあうことから、一切のものが互いに障害とならずに関連しあうことにたとえる。帝網。

インタリヨ〘イタリア intaglio〙彫刻・貴石工芸で、図柄

を陰刻したもの。⇔レリーフ。
インタルジア〖intarsia〗象牙・螺鈿(らでん)・べっこう・金属などを木にはめこんで具体的な絵や幾何学的な図柄を表した美術品。寄木象眼細工。
インタレース-スキャン〖interlace scan〗▶インターレース
インタレスティング〖interesting〗〘形動〙おもしろいさま。興味のあるさま。「―な記事」
インタレスト〖interest〗❶興味。関心。❷利益。利害関係。❸利子。
インタレスト-カバレッジ-レシオ〖interest coverage ratio〗企業の営業利益が支払い利息や手形割引料など負担金利の何倍になっているかを表した金利負担能力の指標。社債の格付けなどの有力な指標として用いられる。
インタレスト-グループ〖interest group〗▶利益集団
インタロゲーション-マーク〖interrogation mark〗疑問符。「？」の符号。クエスチョンマーク。
インタンク-かかく【インタンク価格】軽油価格の一。石油会社や特約店が、大口需要者であるバス会社や運送会社などの給油所に直接納入するときの価格。一般給油所での販売価格よりも大幅に安い。
インタンジブル-プロパティー〖intangible property〗無形資産。特許権・商標権・意匠権など。
インダンスレン-せんりょう【インダンスレン染料】(ドイツ)《indanthrene》コールタールを原料とするアントラキノン系の一群の染料。青色に特徴があり、あせにくく、木綿などに用いられる高級染料。スレン染料。
いん-ち【引致】〘名〙(スル) 引っ張って行くこと。連れて行くこと。特に、逮捕状・勾引(こういん)状などによって容疑者・被告人を強制的に一定の場所や機関のもとへ連行すること。「殺人事件の容疑者として―する」
いん-ち【印池】印肉を入れる器。印肉入れ。肉池。
いん-ち【韻致】(キン) 風雅な趣。風韻。風致。「ことに樒(しきみ)の花は…、―の高い花である」〈藤村・新生〉
インチ〖inch〗【吋】ヤード-ポンド法の長さの単位。1インチは1ヤードの36分の1、1フィートの12分の1で、2.54センチメートル。記号in
インチ-アップ《和 inch＋up》自動車で、タイヤの外径を変えずに幅広タイヤを装着するために、ホイール径を大きくすること。
いんちき〘名・形動〙❶ばくちなどで、相手の目をごまかして不正を行うこと。また、そういうごまかしがあるさま。「―をする」「―な手を使う」❷本物でないこと。また、そのさま。「―な品物」「―医者」〘補説〙語源未詳。昭和初年ごろから「いかさま」にかわり一般語化したという。〘類語〙不正・不当・邪・横様・いかさま・非
いん-ちゅう【印×鈕】(チウ) 印章のつまみの部分。獅子(しし)・虎・亀など、動物の形のものが多い。印鼻。
いん-ちゅう【院中】(キン)《「いんぢゅう」とも》院の御所。また、その中。
いんちゅう-はっせん【飲中八仙】中国唐代の八詩人。杜甫の七言古詩「飲中八仙歌」に詠まれた、賀知章・汝陽王李璡(りしん)・李適之(りてきし)・崔宗之(さいそうし)・蘇晋・李白・張旭(ちょうきょく)・焦遂(しょうすい)の八人の酒豪。人物画の画題として取り上げられる。
いん-ちょう【院庁】(キャウ/チャウ)▶院の庁
いん-ちょう【院長】(キャウ/チャウ) 病院など、院という名称の施設・機関の長。
インチョン【仁川】大韓民国北西部、黄海に面する広域市。港湾都市として発展。2001年に開港した仁川国際空港は、首都ソウルの空の玄関口であると同時に、東アジアの国際ハブ空港として機能する。人口、行政区263万(2008)。じんせん。
イン-チン【影青】《中国語》白色の素地(きじ)に青みを帯びた透明な釉(うわぐすり)を施した磁器。中国宋元時代に景徳鎮窯や華南の各地で焼かれた。青白磁(せいはくじ)。
いんちん-こう【×茵×蔯×蒿】(カウ) カワラヨモギの漢名。また、その花穂・若芽。漢方で肝炎・黄疸(おうだん)などに用いる。
いん-つう【▽銀▽子｜員▽子】(キン)《「いん(銀)」「つう(子)」は唐音》中国から渡来した純良な金銀。転じて、金銭。かね。金子(きんす)。「男はよし、―はあり、親はなし、浮世はひま」〈浮・一代男・六〉
いん-てい【陰×梃】▶陰核(いんかく)
インディア〖India〗インドの対外公式名称。
インディアカ〖indiaca〗バドミントンのダブルスコートで四人または六人ずつの2チームがネットをはさんで向かい合い、赤い4枚の羽の付いたボールを手のひらで打ち合うスポーツ。1930年代後半にドイツの体育教師カールハンス=クロンが、ブラジルの伝統的ゲーム「ペテカ」をもとに考案。ペテカのルーツが南米インディアンの遊びであることからの名。
インディアス-こもんじょかん【インディアス古文書館】(コモンジョクワン)《Archivo General de Indias》スペイン南西部、アンダルシア州の都市セビリアにある公文書館。コンキスタドーレスによる中南米の植民地支配やフィリピン統治に関する文書資料を所蔵。もとは16世紀に商品取引所として建造されたスペインルネサンス様式の建物で、エル-エスコリアル修道院を設計したファン=デ=エレラが手掛けた。1987年、「セビリアの大聖堂、アルカサル、インディアス古文書館」の名称で世界遺産(文化遺産)に登録された。インディアス総合古文書館。
インディアナ〖Indiana〗米国北東部の州。州都はインディアナポリス。大豆・トウモロコシなどを産し、鉄鋼業も盛ん。インジアナ。➡表「アメリカ合衆国」
インディアナ-へいしすいへいきねんとう【インディアナ兵士水兵記念塔】(ヘイシスイヘイキネンタフ)《Indiana Soldiers' and Sailors' Monument》米国インディアナ州、インディアナポリスの中心部にある塔。1902年、南北戦争の犠牲となった兵士の慰霊を目的として建造。高さ87メートル。頂上部に展望台がある。
インディアナポリス〖Indianapolis〗米国インディアナ州の州都。1820年に建設され、商工業が盛ん。人口、行政区80万(2008)。
インディアナポリスごひゃくマイル-レース〖Indianapolis 500 Mile Race〗▶インディ500
インディア-ペーパー〖India paper〗辞書・聖書などの印刷に用いる薄く不透明で丈夫な洋紙。インディア紙。インディアンペーパー。
インディアン〖Indian〗❶インド人。❷「アメリカインディアン」の略。❸多く複合語の形で用い、インドの、インド人の、の意を表す。「―ソース」
インディアン-イエロー〖Indian yellow〗❶黄橙色(きだいだいいろ)の染料。中国・インドなどで壁の色付けに用いる。❷黄色の建染(たてぞ)め染料。絹・羊毛・皮革などの浸し染めに用いる。❸主として水彩画に用いる濃い黄色の絵の具。古くインドで、牛の尿から作った。現在は合成する。
インディアン-クラブ〖Indian club〗体操用具の一。ボウリングのピンに似た木製の棒で、腕の鍛錬に用いる。
インディアン-ざ【インディアン座】南天の星座の一。10月上旬に南の地平線にその一部が見えるが、明るい星がなく目立たない。学名、(ラテン)Indus
インディアン-サマー〖Indian summer〗北米で、晩秋から初冬の穏やかで暖かい日和(ひより)。小春日和。また、落ち着いた人生の晩年にたとえていう。
インディアン-ソース《和 Indian＋sauce；(フランス) sauce indienneから》カレー粉が主体の原料を使って作る、辛味の強いインド風のソース。
インディアン-ペーパー《和 Indian＋paper》「インディアペーパー」に同じ。
インディアン-レッド〖Indian red〗❶インド産の酸化鉄粘土から製したベンガラの一種。黄みを帯びた赤色の粉末。つや出し・顔料の材料などに使用。❷赤鉄鉱からとる淡赤色の絵の具。
インディーズ〖indies〗《「インディー」は「インデペンデント」の短縮形》大手の系列に入らず、自主制作している音楽会社や映画会社。また、その作品。
インディーズ-デザイナー《和 indies＋designer》企業に属さず、資金援助も受けず、自分の作りたい服を作り、既存の流通経路に頼らずに供給する服飾デザイナー。
インディオ〖(スペイン) indio〗中南米諸国のアメリカ先住民をさしていう語。
インディカー-シリーズ〖IndyCar Series〗米国を中心に、ブラジル・カナダ・日本を転戦して開催される自動車レースシリーズ。1911年に始まったインディ500をはじめ、多くのレースが楕円コースの周回スピードを競う形式で行われる。
インディカ-まい【インディカ米】《Indica rice》インド・東南アジア・中国南部などで主に栽培され、世界の米生産量の約8割を占める米。長粒で、炊いても粘り気がない。
インディケーター〖indicator〗▶インジケーター
インディゴ〖indigo〗▶インジゴ
インディ-ごひゃく〖Indy 500〗《「インディアナポリス500マイルレース」の通称》1911年に米国インディアナポリスで始まった、楕円のコースを周回する自動車レース。毎年メモリアルデー(戦没者追悼の日、5月の最終月曜日)に行われる。1周2.5マイルのコースを200周、計500マイルのスピードを競う。96年からはインディカーシリーズのなかの一戦として位置づけられている。
インティファーダ〖(アラビア) Intifada〗《蜂起の意》ガザで起こったイスラエルの占領に対するパレスチナ人の民衆蜂起。特に、1987年に起こり、93年、パレスチナ暫定自治協定の調印を受けて沈静化したものを指す。〘補説〙のち、2000年にも起こったので、1987年に起こったものを第一次インティファーダ、2000年に起こったものを第二次インティファーダともいう。
インディヘニスモ〖(スペイン) Indigenismo〗中南米における先住民(インディオ)の独自文化を再評価し、その社会的地位を向上させようとする運動。
インディペンデンス〖independence〗▶インデペンデンス
インディペンデンス-こくりつれきしこうえん【インディペンデンス国立歴史公園】(コクリツレキシコウヱン)《Independence National Historical Park》米国ペンシルベニア州、合衆国誕生の地として知られるフィラデルフィアにある国立公園。独立宣言の採択や憲法制定会議が行われた独立記念館、独立宣言の際に鳴らされた「自由の鐘」、旧国会議事堂などがある。1979年、独立記念館が世界遺産(文化遺産)に登録。
インディペンデント〖independent〗▶インデペンデント
インディペンデント-コントラクター〖independent contractor〗「独立業務請負人」に同じ。IC。
インティメート〖intimate〗〘形動〙《「インティメイト」とも》親密な。居心地のよい。打ち解けた。「―な雰囲気での会合」
インテーク〖intake〗相談にきた人から事情を聞く最初のケースワークの段階。
インデオ〖Indeo〗米国インテル社が開発した動画・音声圧縮のための規格。
インデクセーション〖indexation〗あらかじめ定められた方式によって、賃金・金利・年金などを物価指数に連動させて決める制度。インデクシング。
インテグラーゼ〖integrase〗HIVなどのレトロウイルスが逆転写酵素によって生成したウイルスDNAを宿主細胞のDNAに組み込む働きをする酵素。➡インテグラーゼ阻害剤
インテグラーゼ-そがいざい【インテグラーゼ阻害剤】HIVなどのレトロウイルスの増殖に不可欠なインテグラーゼという酵素の働きを阻害する薬剤。エイズ治療薬。日本では平成20年(2008)に認可された。商品名はアイセントレス錠。一般名はラルテグラビルカリウム。米国では2007年に承認されていた。
インテグラル〖integral〗積分。また、積分記号「∫」の呼称。
インテグラル〖INTEGRAL〗《International Gamma-Ray Astrophysics Laboratory》2002年10月にESA(欧州宇宙機関)がNASA(米航空宇宙局)、

RKA(ロシア連邦宇宙局)と共同で打ち上げたガンマ線観測衛星。ガンマ線のほかにX線や可視光でガンマ線バーストを同時観測する装置を含む、四つの観測機器を搭載。低温高密度のガスに隠されていたブラックホール(または中性子星)の連星と思われるガンマ線天体の観測を行った。

インテグラル-イメージング-ほうしき【インテグラルイメージング方式】《integral imaging》遠近感を伴った映像を表示する立体テレビやコンピューターのディスプレーなどの方式の一。多方向から撮影した映像やそれと同等の画像データをコンピューターグラフィックスで生成することにより、対象物から出る光の波面を角度別に再生表示するもの。特殊な眼鏡などを使用せず、また複数人が同時に鑑賞できる。光線再生方式。

インテグリティー〖integrity〗❶誠実。正直。完全無欠。❷コンピューターのシステムやデータの整合性、一貫性、無矛盾性。

インテグレーション〖integration〗《統合の意》❶教育で、分離した教科や教材などを有機的に統合し指導すること。❷障害をもつ児童を通常の学級で一般の児童とともに教育すること。統合教育。❸差別を撤廃し統合すること。❹数学で、積分法。

インテグレーテッド-アンプ《integrated amplifierから》►プリメーンアンプ

インテグレーテッド-ソフト《integrated softwareから》ワープロ・表計算・データベースなどの機能を一つにまとめ、データをそれぞれの機能で共通に使えるようにしたソフトウエア。

インテグレート〖integrate〗〔名〕ｽﾙ 統合すること。集約すること。

インテコル〖INTECOL〗《International Association for Ecology》国際生態学会。各国生態学会の統合組織。1967年設立。

インテジャー〖integer〗►整数型

いん-てつ【印哲】《印は、インドの漢字表記「印度」から》「インド哲学」の略。

いん-てつ【×隕鉄】ｷﾞﾝ 隕石のうち、主成分が鉄(約90パーセント)とニッケルの合金であるもの。鉄隕石。

インデックス〖index〗❶㋐索引。見出し。㋑データベースの検索速度を向上させるために作成される索引。❷指数。指標。❸►添え字❷ (類語)索引

インデックス-うんよう【インデックス運用】►パッシブ運用

インデックス-カラー〖indexed color〗コンピューターのディスプレーで表示する色に関するモードの一。最大256色を表現できる。パレットカラー。

インデックスシーケンシャル-ファイル〖indexed sequential file〗シーケンシャルアクセスとランダムアクセスの両方が行えるように作られた磁気ディスク上のファイル。

インデックス-ファンド〖index fund〗《「インデックス」は平均株価指数、「ファンド」は投資信託のこと》証券投資信託の一種。ファンドの基準価格が、平均株価指数に連動して値動きするように運用を行うもの。国内株であればTOPIX(東証株価指数)、日経平均株価を利用する。指標とする株価指数が対象としている全体の銘柄を購入して運用する。1971年に米国で開発され、日本でも急速に普及した。米国ではダウ平均株価やナスダック総合指数などに連動して運用する。パッシブファンド。➡アクティブファンド

インデックス-プリント〖index print〗APSフィルムで撮影した写真やデジタル画像の内容がわかるように、複数の写真や画像データを1枚のプリントに小さく焼き付けたもの。

インデペンデンス〖independence〗《「インディペンデンス」とも》自主。独立。独立心。

インデペンデント〖independent〗《「インディペンデント」とも》❶独立したもの。自立したもの。❷独立系石油会社。原油の採掘・精製・加工などの一部門だけを行う石油会社。

インデペンデント〖The Independent〗イギリスの日刊高級紙の一つ。1986年創刊と新しく、既存のメディアを含むあらゆる勢力からの独立(インデペンデント)をかかげている。発行部数は17万6681部(2011年6月)。

インデペンデント-モード〖independent mode〗►アドホックモード

インテリ「インテリゲンチア」の略。

インテリア〖interior〗❶建物の内部。室内。⇔エクステリア。❷「インテリアデザイン」の略。(類語)内装

インテリア-コーディネーター〖interior coordinator〗住宅の内装や改造に関して、関連する商品知識をもとに消費者に選択や組み合わせをアドバイスする人。また、その職業。公益社団法人インテリア産業協会が認定する。➡インテリアプランナー

インテリア-デコレーション〖interior decoration〗特に趣味や伝統的様式などを生かした室内装飾。

インテリア-デザイン〖interior design〗屋内や室内の装飾。また、家具・備品の意匠設計。

インテリア-ビデオ〖interior video〗室内に快適な環境をつくるために用いられるビデオ。音楽でいうBGMのような効果をねらったもので、単調で美しい画像のものが中心。

インテリア-プランナー《和interior＋planner》建築物のインテリアの設計、工事管理などを行う専門技術者。国土交通省所管の財団法人建築技術教育普及センターが認定。➡インテリアコーディネーター

インテリゲンチア〖ﾛｼｱ intelligentsiya〗《19世紀の帝政ロシアにおいて、自由主義的な知識人の一群をさした語》知識・教養を持ち、知的労働に携わる社会層。知識階級。知識階層。インテリ。インテリゲンチャ。(類語)インテリ・知識階級・知識人

インテリゲンチャ〖ﾛｼｱ intelligentsiya〗►インテリゲンチア

インテリジェンス〖intelligence〗❶知性。知能。理解力。「一に富む」「一に欠ける」❷情報。諜報ﾁｮｳﾎｳ。「一ビューロー(政府の情報機関)」
(類語)知性・理性・理知・知恵・知・人知・衆知・全知・奇知・才知・悟性・故知・英知

インテリジェンス-コミュニティー〖intelligence community〗►情報コミュニティー

インテリジェント〖intelligent〗〔形動〕高い知能を有するさま。聡明な。知的な。「一な人」「一に処理できる機械」

インテリジェント-カー〖intelligent car〗《知能をもった自動車の意》エレクトロニクス化が進むことにより実現が期待される、障害物を感知したり、事故を予測して回避したりするような車。

インテリジェント-スクール〖intelligent school〗❶情報化社会に対応して設けられた、地域の文教施設の核となる施設。社会教育施設や体育施設も複合させ、生涯教育の場として地域の人々に開放される。初の施設が、平成3年(1991)春、東京都台東区に完成。❷最新のエレクトロニクス技術を使い、通信衛星回線や大型スクリーンなども備えた教育施設。

インテリジェント-ターミナル〖intelligent terminal〗ホストコンピューターとの入出力だけでなく、単独でも演算・記憶機能をもつ端末機。知的端末装置。

インテリジェント-ビル《intelligent buildingから》高度な情報通信システムやデータ処理機能・ビル保全機能などを取り入れた建造物。

インテリジェント-ロボット〖intelligent robot〗マイクロコンピューターを搭載し、視覚・触覚などの機能によって、ある程度自己判断ができるようにしたロボット。

インテル《interlinear leadsから》活字を版に組むとき、行間の空きをつくるためにはさむ木製または金属製の薄い板。➡込め物❷

インテルサット〖INTELSAT〗《International Telecommunications Satellite Organization》国際電気通信衛星機構の旧略称。現在は衛星通信サービスを行う大手の企業名。もとは1964年米国の提唱で、国際電気通信に必要な衛星や、その関連施設を世界中に提供することを目的として設立された国際的な組織。2001年に民営企業インテルサット(Intelsat,Ltd)と、事業監督機関の国際電気通信衛星機構ITSO(International Telecommunications Satellite Organization)に分割された。

インテルポスト〖intelpost〗《International Electronic Post の略》昭和59年(1984)に取り扱いを開始した、郵便のネットワークとファクシミリ伝送を組み合せた国際電子郵便。平成15年(2003)廃止。

インテルメジン〖intermedin〗動物の脳下垂体中葉から分泌されるホルモン。変温動物の色素細胞中の色素顆粒ｶﾘｭｳを拡散させて体色を変化させる。

インテルメッツォ〖ｲﾀﾘｱ intermezzo〗❶演劇や歌劇の幕間に息ぬきとして演じられる軽い劇、または音楽。幕間劇。幕間狂言。❷間奏曲。

インテレクチュアリズム〖intellectualism〗知性的・合理的・理論的なものを重んじる立場。主知主義。

インテレクチュアル〖intellectual〗〔形動〕知的なさま。知性を必要とするさま。「一な分野」

いん-てん【印×篆】印章に用いる篆字。

いん-てん【院展】ｷﾞﾝ《「日本美術院展覧会」の略》日本美術院が主催する絵画・彫刻などの展覧会。(季 秋)「一の古径の画へと急ぎけり/虚子」

いん-でん【院殿】ｷﾞﾝ 武家時代、将軍や大名の戒名に付けた尊号。院号の下に「殿」の字を加えたもの。現在も社会的地位の高かった人に用いる。

インデン〖ﾎﾟﾙﾄｶﾞﾙ Indian┆ｵﾗﾝﾀﾞ Indiën〗羊または鹿のなめし革。柔らかで小皺ｺｼﾞﾜがあるため独特の感触がある。藍ｱｲで模様を型染めしたり、漆をひいて模様をつけたりして、袋物などに使う。江戸中期以降、甲州の名産。インデン革。(補説)インドから伝わったといわれ、「印伝」とも書く。

いん-でんか【陰電荷】►負電気

いん-でんき【陰電気】「負電気」に同じ。⇔陽電気。

いん-でんし【陰電子】「電子」に同じ。⇔陽電子。

インテンシティー〖intensity〗強烈。強さ。集中力。

インテンシブ〖intensive〗〔形動〕集中的な。集約的な。「一コース」

インテンショナル-ファウル〖intentional foul〗►アンスポーツマンライクファウル

インテンダント〖intendant〗監督官。劇場やオペラハウスの運営を監督する総裁。

インデント〖indent〗文書作成ソフトウエアにおける、字下げ機能のこと。改行後の文字の開始位置を指定できる。

イン-テンポ〖ｲﾀﾘｱ in tempo〗音楽で、「正確な速度で」の意を表す。

インド〖India〗アジア南部、インド半島の大部分を占める共和国。首都ニューデリー。北は中国・ネパール、東はバングラデシュ、西はパキスタンに接する。住民の多くはヒンズー教でカースト制度が残存する。農業のほか、資源にも恵まれ工業も成長している。インダス文明が栄えたのち、アーリア人がベーダ文化を形成、前3世紀ころアショカ王のマウリヤ朝によって仏教が興隆、10世紀にイスラム教徒が侵入、16世紀ムガル帝国のアクバル帝により統一。18世紀初頭から英国が植民地化を進め、1858年直轄領となる。ヒンズー教徒を主とするインド連邦とイスラム教徒のパキスタンとに分かれて1947年独立。英連邦加盟国。人口11億7311万(2010)。バーラト。(補説)古く、日本や中国で天竺ﾃﾝｼﾞｸ・身毒ｼﾝﾄﾞｸなどと呼んだ。「印度」とも書く。

インドア〖indoor〗室内。屋内。⇔アウトドア。

インドアーリア-ご【インドアーリア語】インド-ヨーロッパ語族のインド語派に属する言語の総称。

インド-アーリアン〖Indo-Aryan〗前2000年ころ、中央アジアから移動を始め、前1500年ころからインドに定住するようになったアーリア人。古代インド文化の基礎を築いた。インドアーリア人。➡アーリア人

インド-あい【インド藍】ｱｲ►インジゴ

インド-あか【インド赤】赤色顔料のベンガラのうち、暗赤色のもの。もと、インド産の赤鉄鉱から作ったが、現在は緑礬ﾘｮｸﾊﾞﾝまたは黄土ｵｳﾄﾞから作る。

インドア-スポーツ〖indoor sports〗卓球・バスケットボールなど、屋内で行う運動。インドアゲーム。⇔アウトドアスポーツ。

インド-あたいりく【インド亜大陸】「インド半島」に同じ。➡亜大陸

インドア-テニス〖indoor tennis〗屋内コートで行われるテニス。

インドア-プランツ〖indoor plants〗室内観賞用植物。

インドア-プレーグラウンド〖indoor play ground〗種々の遊具や運動器具、抗菌砂場などを備えた屋内公園。多くは有料で、安全、清潔に子供を遊ばせることや大人もいっしょに遊ぶことができる。郊外の大型スーパーに併設されることが多い。インプレ。

インドア-プレーン《和 indoor＋plane》屋内で飛ばす、ゴム動力によるきわめて軽量の模型飛行機。競技会では滞空時間を競い、外観を審査する。

いん-とう【印刀】ﾀｳ 印刻に用いる小刀。

いん-とう【咽頭】口腔こう、鼻腔びくうおよび食道の間の筋肉性の袋状の管。呼吸・嚥下えんげ・発声などの作用をする。〔類語〕喉・喉頭・咽喉・喉元・喉首

いん-とう【淫×蕩】ﾀｳ〔名・形動〕酒色にふけってだらしがないこと。また、そのさま。「―な生活」
〔類語〕放蕩・道楽・遊蕩・遊び

いん-どう【引導】ﾀﾞｳ ❶仏語。衆生を導いて悟りの道に入らせること。❷葬儀の際に導師が棺の前に立ち、死者が悟りを得るように法語を唱えること。また、その法語。❸先に立って導くこと。「―の山伏に、いかなる御座敷候ふぞと問へば」〈太平記・二七〉

引導を渡・す ❶僧が死者に引導❷を授ける。❷相手の命がなくなることをわからせる。あきらめるように最終的な宣告をする場合などにいう。「見込みのない歌手志望者に―・す」

いんとう-えん【咽頭炎】咽頭の粘膜の炎症。多くは細菌の感染による。のどが赤くはれ、痛み・発熱をみることが多い。

いんとう-おん【咽頭音】音声学で、咽頭の後壁に舌根を接近させて調音される、しわがれたうなり声のような摩擦音。アラビア語などにみられる。

いんとう-か【咽頭化】ｸﾜ〔名〕ｽﾙ 音声学で、[t]や[s]などの子音が舌根の咽頭後壁への接近を伴って調音されること。

いんとう-かじょ【隠頭花序】ｸﾜｼﾞｮ ➤無花果いちじく状花序

いんとうけつまく-ねつ【咽頭結膜熱】アデノウイルスの感染により、発熱、のどのはれと痛み、結膜炎の症状を呈する伝染性の病気。感染症予防法の5類感染症の一つ。学童がプールで感染して集団発生するのでプール熱ともいう。

いんとう-し【咽頭歯】魚類の咽頭部にある歯。コイやベラのものは大きく、貝や甲殻類をこれで割って食べる。

インドール〖indole〗ジャスミン油・コールタール・腐敗たんぱく質・哺乳類の排泄はいせつ物に含まれる物質。複素環式化合物の一種。無色の小葉状結晶。糞臭ふんしゅうの原因であるが、希薄なときは芳香として感じられ、香料の原料。

インドール-けいかく【インドール計画】ｹｲｸﾜｸ《インドールは、INTOR。International Tokamak Reactorの略》国際原子力機関(IAEA)で進められていたトカマク型核融合炉建設計画のこと。1978年に開始、88年に終了。国際熱核融合実験炉(ITER)の実験に継承された。

インドール-さくさん【インドール酢酸】植物の生長を促進するホルモンであるオーキシン類の総称。

インドール-らくさん【インドール酪酸】《indolebutyric acid》植物ホルモンの一つ。発根促進作用があり、挿し木や挿し芽の際に、発根に利用される。

インド-き【インド黄】濃黄色の絵の具用顔料。古くはインドでマンゴーの葉を食べさせた牛の尿から抽出したが、現在は合成する。

インド-きょう【インド教】ｹｳ ➤ヒンズー教

いん-とく【陰徳】人に知られないようにひそかにする善行。隠れた、よい行い。「―を積む」⇔陽徳。
〔類語〕善行・篤行・功徳・善根

陰徳あれば必ず陽報あり 《「淮南子えなんじ」人間訓から》人知れずよいことを行う者には、必ず目に見えてよいことが返ってくる。陰徳陽報。

いん-とく【隠匿】〔名〕ｽﾙ ❶人目に触れないように隠しておくこと。「物資を―する」❷隠れた悪事。心の中に持った罪悪。「―心」「―を為す者と雖も天忽ち之を知る」〈服部誠一・東京新繁昌記〉
〔類語〕秘匿・隠蔽・隠し立て

いんとく-こうい【隠匿行為】ｶｳｲ 相手方と共謀してある行為を隠匿したり仮装したりする場合の、その隠れた行為。売買を仮装した贈与など。

いんとく-ざい【隠匿罪】物を隠して他人に発見させない罪。鎮火・防水用の物や、他人の信書を隠匿する罪など。

インド-くじゃく【インド▽孔×雀】キジ科の鳥。全長は、雄が約2メートル、雌が約1メートル。雄は頭から胸まで青色、背は緑色で光沢がある。雌は背面が褐色。インド・スリランカに分布。インドの国鳥。

インドクトリネーション〖indoctrination〗特定の信条や態度を押しつけて信じこませること。教化。最も極端な形が洗脳。

いんとく-ぶっし【隠匿物資】通常の流通経路を経ないで、個人や団体が不正に隠し持つ物資。隠退蔵物資。

インドゲルマン-ごぞく【インドゲルマン語族】➤インド-ヨーロッパ語族

インド-こうろ【インド航路】ｶｳﾛ 主にヨーロッパから、アフリカ南端の喜望峰を回ってインドへ至る航路。1498年バスコ＝ダ＝ガマによって開かれた。

インド-こくみんかいぎは【インド国民会議派】ｺｸﾐﾝｸﾜｲｷﾞﾊ ➤国民会議派

インド-ごは【インド語派】インド-ヨーロッパ語族の一語派。主としてインドで使用され、古代のサンスクリット語、中世のプラークリット語・パーリ語、近代のヒンディー語などを含む。

インド-ゴムのき【インドゴムの木】クワ科の常緑高木。幹は直立し、高さ30メートルにもなり、気根を出す。葉は大きく楕円形で厚い。幹から樹液をとり天然ゴムの原料とした。インドの原産で、観葉植物。

インド-さい【インド×犀】サイの一種。体長2〜4メートル、体重2〜4トンに達する。皮膚に大きなひだがあり鎧よろいのように見えるので鎧サイ、角が1本であるところから一角サイとも。インドのアッサム地方などの大湿原に分布。角は漢方薬として珍重され、数は減少。

インド-サラサ インド産の更紗サラサ。木綿や絹に、花・鳥などの模様を描いたもの。

インドシナ〖Indochina〗アジア大陸南東部の地域名。主にベトナム・カンボジア・ラオスの地域をいう。もとフランス領で、仏印とも呼ばれた。広義にタイ・ミャンマー・マレーシア西部も含む。〔補説〕「印度支那」とも書く。

インドシナ-せんそう【インドシナ戦争】ｾﾝｻｳ 1946年から7年間、旧フランス領インドシナの独立をめぐって、ベトナム民主共和国とフランスとの間で行われた戦争。54年、北緯17度線を暫定境界線とするジュネーブ協定が成立し、フランスは撤退した。第一次インドシナ戦争。➡ベトナム戦争

インドシナ-はんとう【インドシナ半島】ﾊﾝﾀｳ アジア南東部、南シナ海とベンガル湾とを分ける半島。半島南部からさらにマレー半島がのびる。

インド-じんみんとう【インド人民党】ｼﾞﾝﾐﾝﾀｳ インドの政党。国民会議派を1977年の総選挙でやぶったジャナタ党が解党し、80年に再結集して成立。以来、たびたび与党となる。国内ではヒンズー教至上主義をとる一方、中国などと連携して非同盟主義を進める。

インド-すいぎゅう【インド水牛】ｽｲｷﾞｳ ウシ科の哺乳類。体高約1.8メートルで、長大な角をもち、水に入ることを好む。性質が比較的温順なので、家畜とされ、運送や農耕に使われる。インドの原産で、ミャンマー・タイ・中国にも分布。アジア水牛。

インド-ぞう【インド象】ｻﾞｳ アジアゾウの別名。

インド-てつがく【インド哲学】インドで成立・発達した哲学・宗教思想の総称。バラモン教・ヒンズー教・仏教・ジャイナ教などの思想を中心とする哲学。現実世界を苦と見、その自覚を出発点として、哲学的思索と宗教的実践によって苦の輪廻りんねの世界を脱し、解脱げだつの境地を実現しようとする性格をもつ。

イントネーション〖intonation〗言葉を話すとき、息の切れ目ごとに現れる上がり下がりの調子。疑問・断言などを表現する際の論理的音調と、発話者の感情の起伏などを表す感情的音調とがある。語調。〔類語〕アクセント・プロミネンス

インドネシア〖Indonesia〗㊀東南アジアにある共和国。スマトラ・ジャワ・バリなどのスンダ列島、カリマンタン・スラウェシ島、モルッカ諸島、ニューギニア島西半部などからなる。首都ジャカルタ。住民の多くはイスラム教徒。ゴム・茶・コーヒー・錫すず・石油・天然ガスなどを産する。17世紀以来、オランダが東インド会社を作り植民地支配を続けたが、1945年独立。人口2億4297万(2010)。㊁マレー諸島のこと。〔補説〕「印度尼西亜」とも書く。

インドネシア-ごは【インドネシア語派】マレー-ポリネシア語族の一語派。インドネシアを中心としてマダガスカル島・マレー半島・インドシナ半島・フィリピン・台湾・ミクロネシア西部に分布する。インドネシア共和国の公用語であるインドネシア語は、この語派に属するマレー語の一種。

インド-はんとう【インド半島】ﾊﾝﾀｳ アジア大陸南部、インダス川・ガンジス川の二大河流域の平野の南からインド洋に突き出た三角形の半島。中央部はデカン高原。大陸に準じてインド亜大陸とも呼ぶ。

インド-ぼだいじゅ【インド×菩▽提樹】テンジクボダイジュの別名。

インド-まぐろ【インド×鮪】ミナミマグロの別名。

インドよう【インド洋】ﾔｳ 三大洋の一。アジア・オーストラリア・アフリカの各大陸に囲まれ、南極海に続く。面積は約7344万3000平方キロメートル、平均の深さは3963メートル。

インドよう-おおつなみ【インド洋大津波】ﾔｳｵｵﾂﾅﾐ 2004年12月26日、スマトラ沖地震に伴い発生した大津波。➡スマトラ沖地震㊀

インドヨーロッパ-ごぞく【インドヨーロッパ語族】共通のインド-ヨーロッパ祖語から分かれて発達し、古代よりインドからヨーロッパにかけて分布している大語族。近代以降、南北アメリカ・オーストラリアなどにも使用者が広まった。インド・イラン・バルト・スラブ・ギリシャ・イタリック・ゲルマン・ケルトなどの語派に分かれる。印欧語族。インド-ゲルマン語族。

インドラ〖梵 Indra〗インド神話の軍神。暴風雨をつかさどり、火の神アグニとともにバラモン教の中心。仏教に入って帝釈天たいしゃくてんとなる。因陀羅いんだら。

イントラネット〖intranet〗組織内ネットワーク。ネットワークどうしを結ぶために開発されたインターネットの技術を使って、企業や部局の内部のネットワークを構築したもの。インターネットのもじり。

イントラネット-ポータル〖intranet portal〗➤企業情報ポータル

イントラプルナー〖intrapreneur〗企業内起業家。企業内でベンチャー精神、創業意欲をもつ人。

イントラブログ〖intrablog〗企業、学校、官公庁などのイントラネット内でのみ公開されるブログ。業務情報の共有などに用いられる。

インドリ〖indri〗インドリ科の哺乳類。マダガスカル島に分布する原猿類の一。頭胴長57〜70センチ、体重7〜10キロ。食物は樹葉・花・果物など。家族的な小群をつくる。絶滅の危険がある。

イントリム〖interim〗暫定措置。仮決定。

インド-りんご【インド林×檎】リンゴの一品種。米国インディアナ州から渡来し、日本で改良。果実は淡紅色を帯び、果肉がかたく、左右不均整に肩が張り出し、甘味が強い。

イントレランス〖intolerance〗❶耐えられないこ

と。許せないこと。❷宗教上の、不寛容。
イントロ 「イントロダクション」の略。
イントロダクション〖introduction〗❶導入。伝来。採用。また、(核兵器の)持ち込み。❷序論。序説。❸音楽の序奏や物語などの導入部。
イントロビジョン〖introvision〗コンピューターグラフィックスで、画面の主体となる人物や物と背景とを合成する特殊技術。
イントロン〖intron〗真核生物やウイルス遺伝子のDNAの塩基配列中、たんぱく質の合成に直接関与しない部分。エキソンの間にある。
インド-わた【インド綿】インド産の綿。繊維が太く短く、淡褐色。インドめん。印綿（いんめん）。
インド-わたのき【インド綿の木】パンヤ科の高木。高さ約30メートル。種子を包む繊維を利用する。インドからオーストラリアの熱帯に産する。
いん-とん【隠×遁】〔名〕スル 俗世間を逃れて隠れ住むこと。遁世（とんせい）。「庵を結び―する」「―者」
(類語)閑居・わび住まい
インナー〖inner〗❶内側にあること。内面的なこと。内部。「―スペース」❷「インナーウエア」の略
インナー-ウエア〖inner wear〗下着。肌着。インナー。⇨アウターウエア
インナー-キャビネット〖inner cabinet〗内閣の少数の有力閣僚による会議。閣内の迅速かつ重要な意思決定のために設けられる。第一次大戦中に英国首相ロイド=ジョージが設けて有名となる。閣内内閣。
インナー-シティー〖inner city〗過疎化などによって衰退しスラム化した、大都市の中心部にある区域。欧米では、こうした地区の再生が問題となっている。
インナー-フォーカシング〖inner focusing〗カメラのレンズなどでピントを合わせる際、レンズの内部の構成要素が動いて合焦する機構。レンズの全長が変化せず、合焦速度を高めることができる。インナーフォーカス。⇨リアフォーカシング
インナー-フォーカス〖inner focus〗►インナーフォーカシング
インナーヘブリディーズ-しょとう【インナーヘブリディーズ諸島】ショタウ《Inner Hebrides》英国スコットランド北西岸に連なるヘブリディーズ諸島のうち、スカイ島、マル島、アイオナ島、ジュラ島などからなる島々。漁業やウイスキーの生産が盛ん。6世紀にアイルランド出身の修道僧、聖コルンバがアイオナ島に修道院を建て、スコットランドやイングランド北部への布教の拠点とした。8世紀にバイキングの定住がはじまりノルウェーの属領になり、13世紀にスコットランド王国に割譲された。
いん-ない【員内】ヰン ある限られた数のうち。定員のうち。⇔員外。
いん-ない【院内】ヰン 病院・寺院など、院とつく名の建物・組織の内部。特に、衆・参議院の内部。⇔院外。
いんない-かんせん【院内感染】ヰンナイ 病院の入院患者・職員・外来患者・見舞い客などが病院内で感染症にかかること。病院感染。
いんない-ぎんざん【院内銀山】ヰンナイ 秋田県湯沢市の銀山。慶長11年(1606)発見、江戸時代は秋田藩の直轄となり産出量が多かった。昭和29年(1954)閉山。
いんない-そうむ【院内総務】ヰンナイ 米国の政党の幹部役員で、議院内で党員を指導し、党の規律の維持にあたる者。
いんない-ぼうりょく【院内暴力】ヰンナイ 病院などの医療機関で医師や看護師らが患者やその家族から暴力をふるわれたり暴言を吐かれたりすること。他の患者が巻き込まれることもある。
いん-に【因位】ニヰ 「いんい」の連声（れんじょう）。
いん-に【陰に】〔副〕人に気づかれないようにするさま。内密に。こっそりと。かげで。「同僚を―批判する」
いん-にく【印肉】印章を押すときに用いる、顔料を染み込ませたもの。もぐさやパンヤに朱・黒・青などの色を染み込ませ、ひまし油でのばしたもの。現在は、朱肉と同じ意味でいう場合が多い。にく。

いん-にょう【×廴×繞】ネウ ►えんにょう(延繞)
いん-にん【隠忍】〔名〕スル 苦しみを心中に隠して堪え忍ぶこと。「―しがたい処遇」(類語)耐える・耐え忍ぶ・忍ぶ・こらえる・辛抱・我慢・忍耐・忍従・頑張る
インニング〖inning〗►イニング
いんにん-じちょう【隠忍自重】〔名〕スル 怒りや苦しみをじっと抑えて外に表さず、軽はずみな行動をしないこと。
いん-ねん【因縁】ネン《「いんえん」の連声（れんじょう）》❶仏語。物事が生じる直接の力である因と、それを助ける間接の条件である縁。すべての物事はこの二つの働きによって起こると説く。❷前世から定まった運命。宿命。「出会ったのも何かの―だろう」❸以前からの関係。ゆかり。「父の代から―の深い土地」❹物事の起こり。由来。理由。「いわれ―」「―話」❺言いがかり。(類語)宿縁・契り・奇縁・機縁・腐れ縁・悪縁・運命・縁・運・運勢・命運・天運・天命・巡り合わせ・回り合わせ・星回り・命数・暦数・宿命・宿運・定め・時運/(❺)難題・いちゃもん・難癖・無理難題
因縁を付・ける 無理に理由をこじつけて相手の非を責めたてる。言いがかりをつける。「ちんぴらに―・けられる」
いんねん-ずく【因縁▽尽く】インエンヅク 因縁から生じた、避けられない運命。
いん-のう【陰×嚢】ナウ 陰茎の基部にあって、精巣(睾丸（こうがん）)および精巣上体(副睾丸)を入れている袋状のもの。特殊な平滑筋層をもち、その収縮・弛緩（しかん）によって温度調節をする。ふぐり。
いん-の-うえ【院の上】ヰンノウヘ 上皇に対する尊称。「―隠れ給ひて後」〈源・朝顔〉
いん-の-くろうど【院の▽蔵▽人】ヰンノクラウド 院の御所に置く蔵人。五位・六位の者を任じ、人数は約4名。
インノケンティウス〖Innocentius〗ローマ教皇の名。イノセント。インノセント。㊀(3世)[1160〜1216]第176代教皇。在位1198〜1216。第四次十字軍は失敗したが、「キリストの代理者」と自称し、ドイツ皇帝・イギリス王・フランス王その他の君主や諸国家を抑えて、教皇庁の強化と教権の拡張を計り、中世教皇権の最盛期を実現した。㊁(4世)[?〜1254]第180代教皇。在位1243〜1254。教皇権の拡大に努め、フリードリヒ2世以下、歴代の神聖ローマ皇帝と争った。㊂(6世)[?〜1362]第199代教皇。在位1352〜1362。アビニョン教皇宮廷を改革、教皇権益の回復を図った。㊃(10世)[1574〜1655]第236代教皇。在位1644〜1655。ジャンセニズムを排斥した。㊄(11世)[1611〜1689]第240代教皇。在位1676〜1689。教皇庁・修道院の改革に努め、ガリカニズムに反対し、フランス王ルイ14世による教権制限に反対して争った。
いん-の-こ【▽犬の子】《「いぬのこ」の音変化》子供が夢をみておびえているときなどに唱えた、まじないの言葉。「泣くな泣くな。夢でも見たか。―、―」〈伎・小袖曽我〉
いん-の-ごしょ【院の御所】ヰン ❶上皇の居所。仙洞（せんとう）。藐姑射（はこや）の山。❷上皇の呼称。
いん-の-さいめん【院の西面】ヰン 院の御所の西面で警固に当たった武士。後鳥羽上皇のときに創設、承久の乱以後は廃止された。西面の武士。
いん-の-しま【因島】㊀広島県、芸予（げいよ）諸島東部の島。中世、水軍村上氏の根拠地。瀬戸内しまなみ海道が通る。㊁広島県南東部、瀬戸内にあった市。造船業や除虫菊栽培で発展。平成18年(2006)1月、瀬戸田町とともに尾道市に編入。⇨尾道
いんのしま-し【因島市】►因島㊁
いんのしょう【院庄】ヰンノシヤウ 岡山県津山市南西部の地名。太平記によれば、元弘2年(1332)後醍醐天皇の奪回を図って果たせなかった児島高徳（こじまたかのり）が、桜の木に詩を記して天皇を慰めたという地。
インノセント〖Innocent〗インノケンティウスの英語名。
いん-の-ちょう【院の庁】ヰンノチヤウ 院や女院の御所の事務をつかさどっていた役所。別当・判官代・蔵人（くろうど）その他の院司が属した。院庁。

いんのちょう-くだしぶみ【院の庁下文】ヰンノチヤウ 院の庁から出された公文書。院宣（いんぜん）が院司一人で奉じたのに対し、別当・判官代・主典代とその他の院司が連署した。
いん-の-つかさ【院の▽司】ヰン ►院司（いんじ）
いん-の-べっとう【院の別当】ヰンノベツタウ 院の庁の長官。院中における一切を統轄した。
いん-の-ほくめん【院の北面】ヰン 院の御所の北面で警固に当たった武士。白河上皇のときに創設された。北面の武士。
いん-の-みかど【院の▽帝】ヰン 上皇のこと。
いん-の-むしゃどころ【院の武者所】ヰン 院の御所に仕え、警固に当たった職。また、その人。
いん-ぱ【院派】ヰン 平安後期から鎌倉時代にかけて、京都に造仏所を置いていた仏師の一派。院助・院覚など名が「院」で始まる仏師が多かったため、後世名づけたもの。
インバーター〖inverter〗❶直流電力を交流電力に変換する装置。逆変換装置。⇨コンバーター ❷コンピューターの論理回路の一。入力情報を論理的に否定する操作を行う電子回路。
インバーター-エアコン《inverter air conditioner から》インバーター制御で冷暖房の働きを調整する方式の空調装置。
インバーター-せいぎょ【インバーター制御】インバーターを使った可変電圧・可変周波数の交流電源によって電動モーターの速度制御を行う方式。エアコン・冷蔵庫・蛍光灯・電磁調理器などの家電や、電車・エレベーターなどに利用。周波数変換制御。
インパール〖Imphal〗インド東部マニプール州の都市。ミャンマーとの国境近くにあり、1944年に日本軍が進撃し、大敗した地。
イン-ハイ《和 in + high》野球で、内角高めのボール。
いん-ばい【淫売】女が金品を得て男に性行為を許すこと。また、それを職業とする女。売淫。売春。
いんばい-ふ【淫売婦】淫売を職業とする女。売春婦。
いんばい-や【淫売屋】淫売婦を抱えていて、それに客をとらせるのを職業とする家。淫売宿。
インハウス-データベース〖in-house database〗外部の利用者のためでなく、企業が自らのために構築するデータベース。社内の各部署に分散している情報を収集し、一括管理する。
インハウス-ネットワーク〖in-house network〗同一の構内や建物内に設置されるコンピューターのネットワーク。
インバウンド〖inbound〗❶帰りの、本国行きの、の意。❷転じて、電話が外からかかってくること。問い合わせの。⇔アウトバウンド。❸コンピューターネットワークや通信分野における、外から中へ、の意。(補説)❷は日本語的用法。
インバウンド-データ〖inbound data〗コンピューターネットワークや通信分野において、外部から転送されるデータのこと。インバウンドトラフィック。⇨アウトバウンドデータ
インバウンド-トラフィック〖inbound traffic〗►インバウンドデータ
インバウンド-リンク〖inbound link〗他のウェブサイトからリンクされること。被リンク。⇨アウトバウンドリンク
イン-ぱく【イン博】《「インパク」と書くことが多い》►インターネット博覧会
インパクト〖impact〗❶物理的、あるいは心理的な衝撃。また、その影響や印象。「その事件が社会に与えた―は大きい」❷球技で、ボールがバット・ラケット・クラブなどに当たること。また、その瞬間。
インパクト-プリンター〖impact printer〗活字や文字を構成する針に衝撃的な力を加えて印字する装置。ドットインパクトプリンター。
インパクト-ローン〖impact loan〗►アンタイドローン
インパスト〖(イタ) impasto〗油絵で、カンバスに絵の具を厚く盛り上げて描く技法。

インパチエンス〘ラテ Impatiens〙ツリフネソウ科ツリフネソウ属の一年草。南アフリカ原産。観賞用に栽培される。花は赤、桃白色。日陰地に向く植物として注目されている。アフリカホウセンカ。

いんば-ぬま【印旛沼】千葉県中北部の沼。利根川下流の低地にあり、もと面積21.3平方キロメートルあったが、江戸時代から干拓が進められ、現在は3分の2弱に縮小、北印旛沼と西印旛沼に分かれた。佐倉宗吾にちなむ甚兵衛(じんべえ)渡しの史跡がある。

イン-パネ《instrument panelの略》自動車の計器板。インストルメントパネル。メーターパネル。

インバネス〘inverness〙男性用のケープ付き袖なし外套。スコットランド北部の都市インバネスにちなむ名。明治元年に輸入、改造されて男性の和服用防寒コートとして用いられた。とんび。二重回し。(季 冬)「子に靴を穿(は)かす一地に触り/誓子」◆地名別項。

インバネス〘Inverness〙英国スコットランド北部の都市。北海のマリー湾に注ぐネス川の河口に位置する。古くからハイランド地方の中心都市として知られ、長らくスコットランド王の居城が置かれた。インバネス城やインバネス大聖堂をはじめとする歴史的建造物があるほか、南西部郊外にネス湖がある。

インバネス-じょう【インバネス城】《Inverness Castle》英国スコットランド北部の都市インバネスの中心部にある城。ネス川の東岸の高台に位置し、市街を一望できる。11世紀建造の要塞に起源し、18世紀にいたるまで何度か破壊と再建が繰り返された。現在見られる赤色砂岩の外観をもつ城は、建築家ウィリアム=バーンの設計により19世紀に建造された。現在は裁判所として利用されている。

インバネス-だいせいどう【インバネス大聖堂】《Inverness Cathedral》英国スコットランド北部の都市インバネスにあるネオゴシック様式の大聖堂。市街中心部、ネス川の西岸に位置する。19世紀に建築家アレクサンダー=ロスの設計で建造された。

インパラ〘impala〙ウシ科の哺乳類。アフリカに分布する中形レイヨウ。体高77〜100センチ。背は赤茶色。雄にだけ角があり、長さ50〜75センチに達する。跳躍力があり、走るのが速い。

インバランス〘imbalance〙不安定。不均衡。アンバランス。「貿易収支の一」

インパルス〘impulse〙《衝撃、衝動の意》❶神経線維の中を伝わっていく活動電位。伝導速度は有髄神経か無髄神経かなどによって異なる。神経衝撃。❷ごく短時間に回路に流れる大電流・電圧。落雷の際の電流など。衝撃電流。❸力積(りきせき)。

インバレリー〘Inveraray〙英国スコットランド西部、アーガイル地方の町。ファイン湖に面する。アーガイル公爵キャンベル家代々が領主を務めるインバレリー城がある。

インバレリー-じょう【インバレリー城】《Inveraray Castle》英国スコットランド西部の町インバレリーにある城。ファイン湖畔に位置する。15世紀以来、アーガイル公爵キャンベル家が領主を務めている。

いん-ばん【印判】印(いん)。印章。
(類語)印・印章・印鑑・判・判子・ゴム印・スタンプ

いん-ばん【印版┆印板】版木に文字などを彫って印刷すること。また、その版木や印刷物。

いん-び【淫×靡】〔名・形動〕男女の関係、風俗などが乱れていること。また、そのさま。「一な雰囲気」
(類語)卑猥(ひわい)・淫猥・猥褻(わいせつ)・嫌らしい

いん-び【隠微】〔名・形動〕外に現れず、わかりにくいこと。かすかで目立たないこと。また、そのさま。「そこらの一な気持までは、…しかとは見極めかねた」〈里見弴・多情仏心〉

いん-ぴ【隠秘】〔名〕(スル) 隠して人に見せないこと。秘密にしておくこと。

いん-ぴ【隠避】〔名〕(スル) 犯人蔵匿罪となる行為の一。隠れ場所を提供する以外の方法で、犯人・逃走者の発見または逮捕を妨げること。逃走資金の供与、身代わりの自首など。

インピーダンス〘impedance〙交流回路における電流の流れにくさを表す量。直流回路の電気抵抗に相当し、一般に複素量で表される。単位はオーム。

インビジブル〘invisible〙〔形動〕目に見えないさま。不可視的。

インビジブル-ウェブ〘invisible web〙▶深層ウェブ

インビジブル-トレード〘invisible trade〙一次産品・二次産品などの、今までのわく組みには分類できない貿易(産品)。コピーライト料・衛星放送料など、従来の通関品目に載っていないのに、国際収支に影響を与えているものをいう。

インビテーション〘invitation〙招待。招待状。「一カード」

イン-ビトロ〘in vitro〙《ガラス容器内で、の意》生体から取り出した酵素などを試験管の中で体内同様の反応を行わせることにいう。

イン-ビボ〘in vivo〙《生体内で、の意》生体物質が体内で機能している状態や、その状態で起こる反応にいう。

いん-ぶ【陰部】男女の生殖器で、体表面に現れた部分。恥部。かくしどころ。(類語)局部・局所・性器

いん-ぷ【印譜】古印や篆刻(てんこく)の印影を集めた書物。

いん-ぷ【×殷富】〔名・形動〕《「殷」は盛んの意》栄えて豊かなこと。また、そのさま。「貿易を業として、一を極め」〈竜渓・経国美談〉「下は貧にして上は一なる時節と云う可し」〈福沢・文明論之概略〉

いん-ぷ【淫婦】❶みだらな女。❷淫売婦。

いん-ぷ【陰阜】女性の陰部のすぐ上の小高い所。陰毛の生じる所。

インファイト《infightingから》ボクシングで、相手の腕の内側に入って、フックやアッパーカットなどで攻撃する戦法。接近戦。(⇔)アウトボクシング。

インフィールド〘infield〙野球で、内野。(⇔)アウトフィールド。

インフィールド-フライ〘infield fly〙野球で、無死または一死で、走者が一・二塁または満塁のとき、内野手が容易に捕らえられるフェアフライ。審判の宣告で、捕球できなくても打者はアウトになる。

インフィニティー〘infinity〙無限。無窮。

いん-ぷう【淫風】みだらな風習・風潮。

いん-ぷう【陰風】❶陰気な風。不気味な風。❷冬の風。北風。朔風(さくふう)。

インフェクション〘infection〙感染。汚染。また、感染症。病原菌。

インフェクション-コントロール〘infection control〙病院内での感染防止対策。

インフェクションコントロール-ドクター〘infection control doctor〙感染症の予防・制圧に関する専門知識を有し、主に病院などの医療施設で院内感染の予防・制圧を行う医師・歯科医師。感染対策チームを主導し、感染の実態調査、対策の立案・実施、病院職員の教育、アウトブレーク・伝染性感染症への対応などを行う。認定はICD制度協議会が行う。感染制御医師。感染管理医。感染症対策専門医。ICD(infection control doctor)。(補説)日本感染症学会が認定する感染症専門医とは別の資格。

インフェリオリティー-コンプレックス〘inferiority complex〙心理学で、劣等感のこと。コンプレックス。

インフェルノ〘inferno〙地獄。インヘルノ。

インフォーマティブ-アド〘informative ad〙情報中心の広告。商品の利便性や製法、素材、使い方などを詳しく述べた活字中心の広告。

インフォーマル〘informal〙〔形動〕公式でないさま。形式ばらないさま。略式。「一な会合」

インフォーマル-セクター〘informal sector〙非公式部門。開発途上国にみられる経済活動において公式に記録されない経済部門のこと。靴磨き・行商などといった職種から構成されている。

インフォーマル-ドレス〘informal dress〙正式なドレスに準じる略礼服や略装のドレスのこと。いわゆるふだん着的なものは含まない。

インフォーマント〘informant〙言語学で、資料提供者。ある特定の言語をありのままに発音・発話して、その言語の分析に必要な資料を提供する人。

インフォームド-コンセント〘informed consent〙手術などに際して、医師が病状や治療方針を分かりやすく説明し、患者の同意を得ること。解諾(げだく)。IC。

インフォームド-チョイス〘informed choice〙手術などに際して、医師が患者に十分な説明をし、手術を受けるかどうかは患者に選択させること。インフォームドコンセントをさらに推し進めた考え方。

インフォグラフィックス〘infographics〙新聞や雑誌で使われる写真・イラストなどの画像情報をすべてデジタル情報としてデータベース化し、コンピューターグラフィックスを利用してそれらを活用する技術。

インフォシス-テクノロジーズ〘Infosys Technologies〙インドのITサービス企業。同国南部、カルナータカ州の州都ベンガルールに本社を置く。1981年設立。主な事業内容はITコンサルティング、ソフトウエア開発など。96年より日本向けの事業を開始した。インフォシス。

インフォテインメント〘infotainment〙《information(情報)＋entertainment(娯楽)から》情報と娯楽を融合したもの。情報を得ることそのものが楽しみとなるような番組・サービスなど。

インフォマーシャル〘informercial〙《インフォメーションとコマーシャルの合成語》ニューメディアを通して提供する、情報を豊富に組み込んだ広告。情報提供型広告。

インフォマティック〘informatics〙情報科学。情報処理学。コンピューターサイエンス。

インフォメーション〘information〙❶情報。報道。❷受付。案内所。(類語)情報・ノウハウ・データ・案内・知らせ・通知・告知・連絡・通告・通達・通牒(つうちょう)・報・帳場・フロント・窓口・受け付け

インフォメーション-エンジニアリング〘information engineering〙情報工学。情報の発生・伝達・蓄積・加工・流通などに関する工学。

インフォメーション-サイエンス〘information science〙情報科学。

インフォメーション-バンク〘information bank〙データ・情報を保管し、必要なときに適時提供する情報銀行のこと。データバンク。

インフォメーション-プログラム〘information program〙広く情報伝達を目的とした番組。ニュース・天気予報・交通情報などのほかに、放送局みずからの番組案内やお知らせも含む。

インフォメーション-プロバイダー〘information provider〙主にインターネット上で利用者に対し各種情報やサービスをデザインし、提供する事業者。特に携帯電話やスマートホン向けに画像、ゲーム、アプリケーションソフトを提供する事業者を指す。コンテンツプロバイダーとほぼ同義。IP。

インフォメーション-リテラシー〘information literacy〙▶情報リテラシー

インフォメーション-リトリーバル〘information retrieval〙収集・整理した情報を必要に応じて、検索すること。IR。

インフォメーション-レシオ〘information ratio〙投資信託の運用成績を評価するための指標の一つ。収益を得るために、どの程度リスクが取られたのかを示す。情報比。(補説)評価する投資信託とベンチマークの収益率の差を、トラッキングエラーで割って得られる。

いん-ぷく【隠伏】〔名〕(スル) 人目を避けて隠れていること。また、人目につかぬように隠しておくこと。「唯怨望一の一事に至ては必ず我国と趣を異にする所ある可し」〈福沢・学問のすゝめ〉
(類語)隠れる・潜(ひそ)む・忍(しの)ぶ・伏(ふ)す・潜(もぐ)る・紛(まぎ)れる・紛れ込む・逃げ込む・潜伏(せんぷく)・韜晦(とうかい)・身を隠す・身を潜(ひそ)める・人目を盗む

いん-ふたぎ【韻▽塞ぎ】漢詩の中の韻字を隠しておいて、当てさせる文字遊び。平安時代に流行。

いん-ぶつ【音物¦引物】「いんもつ(音物)」に同じ。「―ヲ遣ワス」〈日葡〉

インプット〔input〕〘名〙スル 入力。特に、コンピューターで、情報を記憶装置へ入れること。「データを―する」⇔アウトプット。

インプット-フォーカス〔input focus〕▶入力フォーカス

いんぷ-もん【殷富門】平安京大内裏外郭門の一。西側上西門(じょうさいもん)と藻壁門(そうへきもん)の間にあり、北から2番目にあたっていた。西近衛門。伊福部門。

インフラ「インフラストラクチャー」の略。「―整備」「通信―」

インフラストラクチャー〔infrastructure〕《下部構造の意》社会的経済基盤と社会的生産基盤とを形成するものの総称。道路・港湾・河川・鉄道・通信情報施設・下水道・学校・病院・公園・公営住宅などが含まれる。インフラ。

インフラストラクチャー-モード〔infrastructure mode〕無線LANの通信方式の一。端末のコンピューターがアクセスポイントを経由して通信を行うこと。⇒アドホックモード

インフラレッド-レイ〔infrared rays〕赤外線。スペクトルが可視光線の赤色部より長い波長側にある光線。

インプラント〔implant〕《移植の意》臓器が疾病や外傷によって機能を喪失したり欠損した場合、その機能を回復するため生体内に埋め込む器具や材料のこと。特に、顎骨(がっこつ)内に人工歯を埋め込むこと。また、その歯。

インプラント-ちりょう【インプラント治療】歯の抜けた顎の骨に人工歯根を埋め込み、その上に人工の歯を固定する治療方式。

インブリーディング〔inbreeding〕同系交配。近親交配。生物の交配のうち、同一系統間の交配。自家受粉など。⇔インターブリード。

インプリメンテーション〔implementation〕▶実装

インプリメント〔implement〕▶実装

インプリンティング〔imprinting〕刷り込み。

インフル「インフルエンザ」の略。「新型―の特効薬開発」

インフルエンザ〔influenza〕インフルエンザウイルスを病原とする急性の呼吸器感染症。発熱・頭痛・全身倦怠感(けんたいかん)、筋肉痛などの症状がみられる。かぜ症候群に比べて全身症状が強く、症状が重い。以前は流行性感冒(流感)ともよばれた。
〘類語〙風邪・感冒・流行性感冒

インフルエンザ-ウイルス〔influenza virus〕インフルエンザを起こすウイルス。A・B・C型の3種類に大別される。A型とB型は伝播力が強く、世界的に大流行(パンデミック)することがある。特にA型の場合、ウイルスの表面に突出するヘマグルチニン(HA)とノイラミニダーゼ(NA)という二つの糖たんぱく質の変異が大きく、亜型が発生しやすい。血清型を使ってH1N1(Aソ連型)、H2N2(Aアジア型)、H3N2(A香港型)などと分類する。B型のHA、NA血清型は各1種類。〘補説〙感染が呼吸器にとどまる弱毒性のものと、全身に広がる強毒性のものがある。人が感染するAソ連型(H1N1亜型)・A香港型(H3N2亜型)などの季節性インフルエンザや2009年に発生した新型インフルエンザ(H1N1A型)は弱毒性。鳥インフルエンザには弱毒性のもの(H7N2型など)と強毒性のもの(H5N1型など)がある。

インフルエンザきん-ビーがた【インフルエンザ菌b型】▶ヒブ(Hib)

インフルエンザ-のうしょう【インフルエンザ脳症】インフルエンザをきっかけとして脳にむくみが生じる病気。6歳以下の幼児に多い。発熱に続き、痙攣(けいれん)・意識障害・異常行動などの症状がみられる。致死性があり、治癒しても後遺症が残ることもある。インフルエンザ脳炎。

インフルエンス〔influence〕影響。影響力。

インフレ「インフレーション」の略。⇔デフレ。

イン-プレ《indoor playground》「インドアプレーグラウンド」の略。

イン-プレー〔in play〕スポーツ競技で、試合が続行されている状態。競技中。⇔アウトオブプレー。

インフレーション〔inflation〕❶一般的物価水準が継続的に上昇し続ける現象。発生原因によって、需要インフレーション・コストインフレーション、発現形態によって、ハイパーインフレーション・クリーピングインフレーションなどに分類される。インフレ。⇔デフレーション。❷膨張。ふくらんだ状態。

インフレーション-うちゅう【インフレーション宇宙】《inflation universe》膨張宇宙論の一つ。宇宙創世のごく初期に、指数関数的な宇宙膨張があったとする説。標準的な膨張宇宙論に存在する矛盾を解決すると考えられている。⇒膨張宇宙

インフレータブル〔inflatable〕ゴム風船・ゴムボートなど、空気を入れてふくらませることができるもの。

インフレ-ギャップ《inflationary gapから》完全雇用の状態で実現される生産水準を基準に、総需要が総供給を上回るときの両者の差額をいう。

インフレ-ターゲット《inflation targeting》各国の政府または中央銀行が定める目標物価上昇率のこと。採用のしかたは国によって異なり、目標に掲げる国、望ましい水準を示す国、公表しない国に大別される。デフレには弊害がある一方、物価には安定が求められるため、一般にプラス2パーセント程度が目安。

インプレッサリオ〔impresario〕❶音楽会やオペラなどの興行主。❷(コンサート・展覧会・競技会などの催し物の)主催者。後援者。❸(一座の)監督。マネージャー。ディレクター。育成者。

インプレッショニズム〔impressionism〕「印象主義」に同じ。

インプレッション〔impression〕印象。感銘。「強い―を与える」「ファースト―」〘類語〙印象・感じ・イメージ・感触・第一印象・心象・心証

インフレ-ヘッジ《inflationary hedgeから》インフレーションによる通貨の価値下落から受ける損失を防ぐために、現金・預金などの資産を価格上昇が見込まれる株式・土地・宝石などに換えること。

インブロス-とう【インブロス島】《ギリシャ Imvros》トルコ北西部にあるギョクチェ島のギリシャ語名。

インプロビゼーション〔improvisation〕即興。特に、即興演奏。

いん-ぶん【陰文】印章や石碑・鐘・鼎(かなえ)などに陰刻された文字。いんもん。⇔陽文。

いん-ぶん【韻文】一定の韻律をもち、形式の整った文章。漢文では句末に韻字を置いた詩・賦などをいい、和文では和歌・俳句などをいう。狭義には詩と同義に用いられる。⇔散文。
〘類語〙詩・うた・詩歌・詩賦(しふ)・賦(ふ)・吟詠・ポエム・バース・詩編・叙情詩・叙事詩・定型詩・自由詩・バラード・ソネット・新体詩

いんぶん-げき【韻文劇】韻文で書かれた劇。

いんぶん-こく【院分国】院の分国。国司・知行国主が別にいて、公納物を院の庁が収納する国。

いんべ【斎部¦忌部】《「いみべ」の音変化》姓氏の一。大和朝廷で中臣(なかとみ)氏と並んで祭祀(さいし)をつかさどった一族。平安初期に忌部を斎部と改称。いむべ。

いん-ぺい【隠蔽】〘名〙スル 人の所在、事の真相などを故意に覆い隠すこと。「証拠を―する」「―工作」
〘類語〙隠匿・秘匿・隠し立て

いんぺい-しょく【隠蔽色】動物の体色で、周囲の色彩の中に埋没してしまい、他の動物から気づかれにくい効果をもつと考えられるもの。ヒョウ・トラの斑紋など。⇒保護色

インベーダー〔invader〕侵入者。侵略者。

インベスター〔investor〕投資家。不動産や証券に投資する人。

インベスター-リレーションズ〔investor relations〕企業が投資家に対して財務内容や業績などの企業情報を公開して自社への投資を呼びかける広報活動。情報誌の発行や企業説明会の開催など。投資家向け広報。IR。

インベストメント〔investment〕投資。出資。

インベストメント-クローズ〔investment clothes〕買うために払った金額に見合うだけの価値や高級感があり、長く使用できる衣服のこと。

インベストメント-テクノロジー〔investment technology〕投資工学。各種の投資方法、周辺ノウハウを体系化する技術。インベストメントアナライズ(証券分析)、インベストメントカウンセル(投資相談)、インベストメントバンキング(投資銀行業務)などを含む。

インベストメント-バンク〔investment bank〕投資銀行。投資信託・証券・銀行の業務を適宜組み合わせ、資産運用する機関。

いんべ-の-ひろなり【斎部広成】平安初期の廷臣。中臣氏に排斥されて斎部氏が衰えたのを嘆き、「古語拾遺」を著して、斎部氏の由来を明らかにした。生没年未詳。

いんべ-やき【×伊▽部焼】備前焼のうち、岡山県備前市伊部で産するもの。また、備前焼の称。

インペラトーレ-じょう【インペラトーレ城】《Castello dell' Imperatore》イタリア中部、トスカーナ州の都市プラートにある城。イタリア語で「皇帝の城」を意味する。13世紀に神聖ローマ皇帝フリードリヒ2世により建造され、フィレンツェ支配後に市街を囲む城壁の一部になった。

インペラトル〔ラテン imperator〕《最高命令権をもつ者の意》古代ローマの共和政時代、軍隊司令官にささげられた称号。英語のエンペラー(emperor)はこれによる。

インペリアリズム〔imperialism〕「帝国主義」に同じ。

インペリアル〔imperial〕多く複合語の形で用い、帝国の、皇帝の、また、威厳のある、最上級の、などの意を表す。「―ルーム」

インベルターゼ〔ドイツ Invertase〕蔗糖(しょとう)を加水分解して果糖とぶどう糖を生成させる酵素の通称。サッカラーゼ。インベルチン。

インヘルノ〔ポルトガル inferno〕キリシタン用語で、地獄。インフェルノ。

インベンション〔invention〕❶発明。創意。発明品。❷多声的な手法により書かれた楽曲。特に、バッハ作曲の二声および三声のクラビーア小曲集をさすことが多い。

インベントリー〔inventory〕❶商品や財産などの目録。在庫。❷棚卸し。在庫調査。

いん-ぼ【韻母】中国の音韻学で、1音節における最初の子音を除いた残りの部分をいう。例えば、[guan](「官」の中国語音)の[uan]など。介音・主母音・韻尾からなる。⇒声母(せいぼ)

インポ「インポテンツ」の略。

インボイス〔invoice〕▶送り状

インボイス-ほうしき【インボイス方式】商品の流通過程で仕入先の発行するインボイス(=送り状・納品書)の提出が義務づけられている方式。インボイスには、商品の価格、仕入先に支払われた税額などが明記されており、これによって控除額が確認され、脱税や二重課税の防止に効果がある。日本の消費税では、インボイスを必要としない帳簿方式がとられている。

いん-ぼう【陰謀¦隠謀】❶ひそかに企む悪事。また、そのたくらみ。「―を企てる」「―に加担する」❷法律で、二人以上の者が一定の犯行行為について計画・相談すること。〘類語〙策略・計略・作戦・謀略・はかりごと・企み・画策・策動・術策・権謀・謀計・奸策(かんさく)・詭計(きけい)・深謀・遠謀・深慮・悪だくみ・わな・機略

いんぼう-ざい【陰謀罪】▶私戦予備及び陰謀罪

インポーター〔importer〕輸入業者。輸入者。

インポータント〔important〕〘形動〙重要なさま。大切なさま。「―な地位」

インポート〔import〕❶輸入。⇔エクスポート。❷あるアプリケーションソフトが、他のアプリケーションソフトで作成されたデータを変換して取り込む機能。

インポート-ブランド《和 import+brand》海外から輸入されたブランド商品。

インポシブル〖impossible〗〘形動〙不可能なさま。ありえないさま。「実現は一だ」

いん-ぼつ【×湮没】〘名〙スル 跡形もなく消えてなくなること。湮滅。

イン-ボックス〖in-box〗メールソフトが一時的に受信メールを保管するフォルダー。➡アウトボックス

インポテンツ〖ドイツ Impotenz〗男性が、器質的または精神的原因により性行為ができないこと。陰茎の勃起不全をいうことが多い。性交不能症。陰萎いんい。インポ。➡勃起不全

インボリュート〖involute〗円筒に巻きつけた糸をぴんと張りながらほどいていくときの糸の先端が描く軌跡。伸開線。➡エボリュート

インボリュート-はぐるま【インボリュート歯車】インボリュートを歯形に用いた歯車。曲線が単純で作りやすく、中心距離が多少増減してもかみ合いに影響がない。ごく一般的な歯形。

いん-ぼん【淫×犯】仏語。定められた戒めを破って性欲を満たすこと。

いん-ぼん【印本】印刷した書物。版本。

いん-ぽん【院本】キン《行院本」の略。行院は、中国の金・元時代の俳優の居所》❶金・元時代に演じられた演劇の一。また、その脚本。❷義太夫節の浄瑠璃正本。丸本まるほん。

いん-ぽん【淫奔】〘名・形動〙性関係にだらしのないこと。みだらなこと。また、そのさま。多く、女性についていう。「一な娘」

インマルサット〖INMARSAT〗《International Mobile Satellite Organization》国際移動通信衛星機構の略称。または同組織が提供する通信衛星を利用した移動体通信サービスの商標名。1979年に発足した海事通信のための国際機関、国際海事衛星機構がサービスの適用範囲を広げ、94年に海事(maritime)から移動体(mobile)に名称変更。

いん-みつ【隠密】〘名・形動〙「おんみつ(隠密)❶」に同じ。

いん-みょう【印明】ミャウ 仏語。手に結ぶ印相と、口に唱える明呪みょうじゅすなわち真言。真言密教で説く三密のうちの二つ。

いん-みょう【因明】ミャウ《梵 hetu-vidyāの訳》古代インドの論理学。五明ごみょうの一。物事の正邪・真偽を論証する法。宗しゅう(命題)・因(立論の根拠)・喩ゆ(例証)の三段からなる論式。

いんめい-もん【陰明門】➤おんめいもん(陰明門)

いん-めつ【×湮滅┊×堙滅┊隠滅】〘名〙スル ❶跡形もなく消えてしまうこと。また、消すこと。「証拠を一する」❷(隠滅)陰にかくれて見えないこと。
〔類語〕消去・抹消・抹殺・消却・消す

イン-メモリアム〖ラテン In Memoriam〗テニソンの長詩。1850年刊。妹の婚約者でもあった親友の死を悼みつつ、17年間にわたって生と死の問題をめぐる作者の心の遍歴をうたったもの。

いん-めん【印面】印章の文字を刻んである面。

いん-めん【印綿】➤インド綿めん

いんめん-しょうきょ【隠面消去】➤隠面処理

いんめん-しょり【隠面処理】コンピューターグラフィックスで三次元画像を描画する際、視点からは陰になって見えない部分の面を消去する処理のこと。隠面消去。

いんめん-ちょうしょ【員面調書】インメンテウショ ➤司法警察員面前調書

いん-も【×恁×麼┊×什×麼】❶(多く「の」を伴って連体詞的に用いて)疑問を表す。どのよう。いかよう。「天地と我と一の交渉かある」〈漱石・吾輩は猫である〉❷(「に」を伴い副詞的に用いて)指示を表す。このよう。かくのごとく。「動著は一にあらざるなり」〈正法眼蔵・仏性〉〔補説〕もと中国宋時代の俗語。禅宗とともに伝わり、禅僧の間で用いられた。

いん-もう【陰毛】陰部に生える毛。恥毛。

いん-もつ【音物】贈り物。進物。賄賂わいろにもいう。「文部省の巡廻役人共には助才なく一をする」〈魯庵・社会百面相〉

インモラル〖immoral〗〘形動〙不道徳なさま。背徳的。「一な行為」

いん-もん【印文】❶印章などに刻まれている文字や記号。❷お守り札。護符。おまもり。「善光寺様の御一にも勝って」〈浄・歌祭文〉

いん-もん【陰文】➤いんぶん(陰文)

いん-もん【陰門】女性の外部生殖器。女陰。玉門。

いん-やく【印×鑰┊印×鎰】❶印判。印かぎ。❷印判と鍵かぎ。㋐官府の長官の印と諸司・城門・蔵などの鍵。㋑天台座主ざすの職印と延暦寺宝蔵の鍵。また、僧綱そうごうの職印と僧綱所の鍵など。

いん-やく【淫薬】性欲を盛んにする薬。催淫薬。媚薬びやく。ほれぐすり。

いん-やく【隠約】❶はっきりと見分けがたいこと。「一の中うちに天理働く至妙の象しょうをも朧気おぼろげながら覗のぞい見得て」〈露伴・いさなとり〉❷言葉は簡単でも意味が奥深いこと。また、あからさまに表現しないこと。「しかし『コロンバ』は一の間かんに彼自身を語ってはいないであろうか」〈芥川・侏儒の言葉〉

いん-ゆ【引喩】比喩法の一。故事・ことわざや人の言葉をたとえに引用して、言いたいことを間接的に表現する方法。「四十にして惑まどわず、と論語でいう通り…」の類。引喩法。アリュージョン。

いん-ゆ【因由】〘名〙スル「いんゆう(因由)」に同じ。

いん-ゆ【隠喩】比喩法の一。「…のようだ」「…のごとし」などの形を用いず、そのものの特徴を直接他のもので表現する方法。「花のかんばせ」「金は力なり」の類。暗喩。隠喩法。メタファー。
〔類語〕直喩・明喩・暗喩・諷喩・寓意・寓話

いん-ゆう【因由】イウ〘名〙スル 物事の起こりとなること。また、その事柄。原因。由来。いんゆ。〔類語〕原因・因る・もと・種たね・起こり・きっかけ・因いん・素因・真因・要因・一因・導因・誘因・理由・事由じゆう・訳わけ・近因・遠因・せい・起因する・基づく・発する・根差す

いん-よう【引用】〘名〙スル 人の言葉や文章を、自分の話や文の中に引いて用いること。「古詩を一する」
〔類語〕クォーテーション・孫引き・引き合い

いん-よう【陰葉】エフ 直射日光の当たらない所につく葉。陽葉に比べて大きいが、薄い。

いん-よう【陰陽】ヤウ ❶中国古代の思想で、天地間にあり、互いに対立し依存し合いながら万物を形成している陰・陽2種の気。日・春・南・男などは陽、月・秋・北・女などは陰にあたる。おんよう。❷「陰陽師おんようじ」に同じ。❸電気などの正と負。❹漢方で、病気の経過・状態・部位などを示す、陰証と陽証。❺生け花の用語。㋐葉の裏面(陰)と表面(陽)。㋑花の客位(陰)と主位(陽)。

陰陽を燮理しょうりす　《「書経」から。「陰陽」は、万物を作り出す二つの気。「燮理」は、やわらげおさめること》政道が正しく行われれば、天地が感応して陰陽が自然に整う。宰相が国をよく治めることについていう。

いん-よう【飲用】〘名〙スル 飲むのに用いること。また、ある程度継続して飲むこと。「この井戸は一に適さない」「薬用酒を一している」「一水」

いんよう-か【陰陽家】インヤウ ❶中国古代に活動した諸子百家の一。天文・暦数の学術をもとにし、陰陽説によって世界の構造や人間のあり方を説明しようとした人。❷「陰陽師おんようじ」に同じ。

いんよう-かく【淫羊×藿】インヤウクワク 中国産のホザキイカリソウ(穂咲錨草)の漢名。イカリソウをいうこともある。茎・葉を漢方で強精・健忘症・神経衰弱などに用いる。

いんようごぎょう-せつ【陰陽五行説】インヤウゴギャウ 中国の戦国時代に発生した陰陽説と五行説とが漢代に結びついて一体化した説。五行の木・火は陽、金・水は陰、土はその中間であるとし、これらの消長を観察することによって、天地の変異、人間界の吉凶など万象を説明する。➡陰陽道おんようどう ➡五行

いんよう-せん【陰陽線】インヤウ ➤蝋燭足ろうそくあし

いんよう-どう【陰陽道】インヤウダウ ➤おんようどう(陰陽道)

いんよう-ふ【引用符】文中で、会話や他よりの引用などであることを示すためにつける符号。和文の「 」、欧文の“ ”など。

いんよう-れき【陰陽暦】インヤウ「太陰太陽暦」の略。

いんよう-わごう【陰陽和合】インヤウワガフ 陰・陽二気の相互作用によって、万物が生成されること。転じて、男女の交合。

いん-よく【淫欲】色情の欲。色欲。肉欲。

イン-ライン〖in-line〗❶同一建物内にある端末機と中央のコンピューターを通信回線で接続するオンラインの方式。インハウスオンライン。❷1列に並んでいること。直列に並んでいること。

インライン-スケート〖in-line skates〗スケート靴の底に車輪を縦1列に並べたローラースケート。

いん-らく【淫楽】みだらな楽しみ。色欲による快楽。「自分の身は父母の一の結果の産物であって」〈谷崎・少将滋幹の母〉〔類語〕逸楽・快楽・歓楽・享楽・享受・悦楽・謳歌おうか・楽しむ

いん-らん【淫乱】〘名・形動〙色欲をほしいままにしてみだらなこと。また、そのさま。「一な性向」

いん-りつ【韻律】キン 韻文における音声上の形式。音声の長短、アクセント、子音・母音の一定の配列のしかたなどで表す音楽的な調子。また、俳句・和歌など、音数によって表すものをもいう。リズム。

いん-りょう【飲料】レウ 飲むためのもの。飲み物。「清涼一」「一水」〔類語〕飲み物

いん-りょう【飲量】リャウ 飲酒の分量。酒量。

いんりょうけんにちろく【蔭涼軒日録】インリャウケンニチロク 室町中期、京都相国寺鹿苑院ろくおんいん内の蔭涼軒主の記した公用日記。永享7～文正元年(1435～66)は季瓊真蘂きけいしんずいが、文明16～明応2年(1484～93)は亀泉集証きせんしゅうしょうが筆録した。記述は仏教・政治・文芸などにわたり、史料的価値が高い。

いんりょう-すい【飲料水】インレウ 飲むのに適した水。飲み水。

いん-りょく【引力】二つの物体が互いに引き合う力。質量をもつすべての物体の間に働く万有引力、電荷どうしの間に働く電気力、分子の間に働く分子間力などがある。⇔斥力。

いんりょく-けん【引力圏】二つの天体の引力が作用し合う場合、一方の引力が他方の引力より強く作用する範囲。月の地球に対する引力圏半径は6万6500キロ。

いん-れい【引例】〘名〙スル 証拠として例を引くこと。また、その例。引用例。「古典から一する」

インレー〖inlay〗❶はめ込み文様。象眼細工。❷歯の欠損箇所を充填じゅうてんするための金属や陶材。また、その充填法。

いん-れき【陰暦】❶➤太陰暦たいいんれき ❷➤太陰太陽暦

いん-ろう【印籠】腰に下げる長円筒形の三重ないし五重の小箱。室町時代には印・印肉を入れていた容器で、江戸時代には薬を入れるようになった。表面に漆を塗り、蒔絵まきえ・螺鈿らでん・堆朱ついしゅなどの細工を施し、緒には緒締め・根付がある。

いんろう-きざみ【印籠刻み】刀の鞘さやに1.5センチくらいの間隔で横に筋を刻みこむこと。また、その鞘。外見が印籠を重ねた感じに似る。

いんろう-じゃくり【印籠▽決り】障子などの合わせ目の削り方。一方を凸形、他方を凹形にして、印籠の蓋ふたのようにかみ合わせるもの。

いんろう-つぎ【印籠継(ぎ)】釣り竿ざおの継ぎ方の一。一方の竿に芯をすげ、他方を差しこむようにしたもの。

いんろう-づけ【印籠漬(け)】シロウリやキュウリの両端を切って種をかき出し、シソ・トウガラシ・ニンジンなどを詰め、塩漬けまたは味噌漬けにしたもの。

いんろう-ぶた【印籠蓋】かぶせ蓋の一。印籠のように蓋と身の外面が平らになるもの。

いんろう-ゆば【印籠湯葉】湯葉を厚く巻き重ねて6センチくらいに切ったもの。形が印籠に似る。

いん-わい【淫×猥】〘名・形動〙情欲を刺激する、下品でみだらなこと。また、そのさま。「一な小説」
〔類語〕卑猥・猥褻わいせつ・いやらしい・淫靡いんび

う ❶五十音図ア行の第3音。五母音の一。後舌の閉母音。[u] ❷平仮名「う」は「宇」の草体から。片仮名「ウ」は「宇」の冠から。補説五十音図ワ行の第3音としても重出。

う【ウ】 ❶「裏」の意の符丁。和本など袋綴ふくろとじにした本の裏ページにあたる紙面を示す。「五丁ウ」のように片仮名で書く。⇔オ。❷能楽で、打ち切りの意を示す符号。詞章の左下につける。

う【卯】 ❶十二支の4番目。❷方角の名。東。❸昔の時刻の名。今の午前6時ごろ、およびその後の2時間。または午前6時前後の2時間。❹❶にあたる年や日。❺陰暦2月の異称。

う【有】 《梵 bhavaの訳。生じること、あることの意》仏語。生存。存在。また、その場所。生死・輪廻りんねの根源となるもの。➡漢「ゆう(有)」

う【羽】 中国・日本音楽の階名の一。五声の第5音。➡漢「う(羽)」

う【兎】 ウサギの古名。「露を待つ―の毛もいかにしをるらむ月の桂の影を頼みて」〈拾遺愚草・上〉

う【禹】 中国古代、夏か王朝の始祖とされる伝説上の帝王。姓は姒じ、名を文命ともいう。父鯀こんの業を継いで治水に成功。舜しゅんから帝位を譲られた。夏禹。➡洪範九疇こうはんきゅうちゅう

う【竽】 奈良時代に中国から伝来した竹製の管楽器。大型の笙しょうで、音が笙より1オクターブ低く、雅楽に用いられたが、平安中期にすたれた。竽の笛。

う【憂】 《形容詞「う(憂)し」の語幹》つらいこと。憂いこと。「とりとむる物にしあらねば年月をあはれあな―と過ぐしつるかな」〈古今・雑上〉補説多く、「あなう」「こころう」などの形で用いられる。

う【鵜】 ペリカン目ウ科の鳥の総称。海岸・湖沼などに群生。羽は黒く、つやがある。くちばしは細長く鋭い。潜水して魚を捕らえ、水面に浮上してから飲み込む。日本にはウミウ・カワウ・ヒメウなどがすむ。鵜飼いに用いるのは主にウミウ。(季 夏)「―の觜はしに魚とりなほす早瀬かな/白雄」

鵜の真似をする烏からす 《自分に姿が似ている鵜のまねをして水に入った烏がおぼれる意から》自分の能力をよく考えず、みだりに人まねをすると、必ず失敗するということのたとえ。烏が鵜の真似。

鵜の目鷹たかの目 鵜や鷹が獲物を求めるように、熱心にものを探し出そうとするさま。また、その目つき。「―で掘り出し物を探す」

う【居・坐】 〔動ワ上二〕《動詞「ゐ(居)る」(上一)の古形で終止形だけが残存するが、上二段活用と考えられる》すわる。いる。「たまきはる我が山の上に立つ霞立つとも坐うとも君がまにまに」〈万・一九一二〉

う【得】 〔動ア下二〕「え(得)る」の文語形。

う【諾】 〔感〕承諾の気持ちを表す語。うん。「我も否いなとも―とも云う暇いとまなく」〈鴎外訳・即興詩人〉

う 〔助動〕[○|○|う|(う)|○|○]《推量の助動詞「む」の音変化》現代語では、五段活用動詞、形容詞、形容動詞、助動詞「たい」「ない」「だ」「です」「ます」「た」「ようだ」「そうだ」などの未然形に付く。❶話し手の意志・決意を表す。「よし、君が来るまで待とう」「神崎かんざきの渡し守が秀句にすいた程に教へてやらう」〈虎明狂・薩摩守〉❷相手に対する勧誘や婉曲えんきょくな命令の意を表す。「日が暮れないうちに帰ろう」「そろそろ仕事にかかろうじゃないか」❸話し手の推量・想像の意を表す。「この仕事がかたづくのは夕方になろう」「一段とよからう」〈虎明狂・仏師〉❹当然・適当の意を表す。「必要の品なら注文してよかろう」❺(接続助詞「と」「が」などを伴って)仮定の意を表す。「だれがなんと言おうと気にしない」「たいへんだろうが、がんばってくれ」❻仮想の意を表す。「なろうことなら、私が身代わりになりたい」❼実現の可能性がある意を表す。「足の遅い彼が一着になろうはずがない」➡よう 補説「う」は中世前期「む」から転じて生じ、古くは「む」と同じく、すべての活用語の未然形に付いた。現代語では、❸の場合、「今夜は雨が降るだろう(でしょう)」のように「だろう(でしょう)」を用いるのが普通で、他は「ましょう」の形か、改まった表現の中でしか用いられない。なお、連体形は、❻❼のように形式名詞「こと」「もの」「はず」などに接する場合に限って用いられ、主観的な情意を表現する終止形に比し、客観性のある表現となる。

う【宇】 〔接尾〕助数詞。建物・屋根・天幕などを数えるのに用いる。「一―の堂塔」➡漢「う(宇)」

ヴァージン 〖virgin〗➤バージン

ヴァイオリン 〖violin〗➤バイオリン

ヴァイオレット 〖violet〗➤バイオレット

ウアダン 〖Ouadane〗➤ウワダン

ヴァチカン 〖Vatican〗➤バチカン

ヴァラエティー 〖variety〗➤バラエティー

ヴァリエーション 〖variation〗➤バリエーション

ヴァンプ 〖vamp〗➤バンプ

ヴァンフォーレ-こうふ【ヴァンフォーレ甲府】 ヴァンフォーレコウフ 日本プロサッカーリーグのクラブチームの一。ホームタウンは甲府市、韮崎にらさき市を中心とする山梨全県。昭和40年(1965)創設の地元クラブチームが平成7年(1995)に改称。同11年にJリーグに参加。補説チーム名は、孫子の句を用いた武田信玄の旗印「風林火山」のうち、風・林の意のフランス語から。

う-い【有為】 ヰ《梵 saṃskṛtaの訳。作られたものの意》仏語。因縁によって起こる現象。生滅する現象世界の一切の事物。⇔無為。

有為の奥山 無常のこの世の中を、道もなく越すに越されぬ深山にたとえた言葉。「色は匂へど」に始まる伊呂波いろは歌の一節。➡伊呂波歌

う-い【羽衣】 ❶鳥のからだをおおう羽毛の総称。❷仙人・天女などの衣。はごろも。

うい【初】 うひ ㊀〔名〕最初。初め。「我はけさ―にぞ見つる花の色をあだなるものといふべかりけり」〈古今・物名〉㊁〔接頭〕名詞に付いて、初めての、最初の、の意を表す。「―産」「―陣」「―孫ご」

う-い【雨衣】 雨にぬれないよう、身につけるもの。雨着あまぎ。「めいめい―をかぶり、雑嚢ざつのうを枕に横になった」〈大岡・野火〉

う-い【雨意】 雨の降りそうなようす。雨模様。雨気。

う-い【愛い】 〔形〕《「う(憂)し」から転じた語とも。ほとんどが連体形の用法。多く、目下の者に対して用いる》感心である。けなげである。「我が眼は違たがわず―・い奴やつ出来でかしたり」〈露伴・寝耳鉄砲〉類語可愛い・愛らしい・愛おしい

う-い【憂い】 〔形〕因う・し(ク)❶自分の思うようにならないで、つらい。苦しい。「―・いも辛つらいも食くうての上」❷ある状態をいとわしく、不愉快に思うさま。わずらわしい。気が進まない。「古代の親は、宮仕へ人はいと―・き事なりと思ひて過ぐさする」〈更級〉❸つれない。冷たい。「―・かりける人こそあらめあかつきの雲さへ峰になど別るらん」〈風雅・恋二〉❹悩ましい。せつない。心苦しい。「有明のつれなく見えし別れより暁ばかり―・きものはなし」〈古今・恋三〉❺動詞の連用形に付いて、…するのがつらい、…するのがいやだ、などの意を添える。「ここをまた我住み―・くてうかれなば松はひとりにならむとすらむ」〈山家集・下〉派生うさ〔名〕類語辛い・苦しい・耐えがたい・しんどい・苦痛である・切ない・やりきれない・たまらない・遣やる瀬ない・悲しい・物悲しい・うら悲しい・痛ましい・哀れ・哀切・悲愴ひそう・悲痛・沈痛・もの憂い

ウイ 〖フランス oui〗〔感〕はい。そうです。イエス。「―、マダム」⇔ノン。

ウィー 〖Wii〗任天堂が平成18年(2006)に発売した家庭用ゲーム機の商標名。角速度センサーや光学式センサーを内蔵したコードレスのコントローラーが付属し、コントローラーそのものを振ったり回転させたりすることで操作する。

漢字項目 う

【有・優】➤ゆう
【胡】➤こ

右 学1 音ウ(呉) ユウ(イウ)(漢) 訓みぎ ‖ ㊀〈ウ〉①みぎ。「右折・右辺・右腕・右往左往」②保守的なこと。「右傾・右派・右翼/極右」③野球で、右翼。ライト。「右飛・右中間」㊁〈ユウ〉①みぎ。「机右・左右・座右」②たっとぶ。「右文」③補佐する。「右筆」㊂〈みぎ〉「右腕・右側・右手・右端」名付あき・あきら・これ・すけ・たか・たすく 難読右近うこん・左右さう・とかく・とこう・右手めて

宇 学6 音ウ(呉)(漢) ‖ ①大きい屋根で覆った家。また、家を覆うひさし。のき。「屋宇・殿宇・堂宇・眉宇びう・廟宇びょうう」②大空に覆われた世界。天下。「宇内うだい・宇宙/海宇・御宇ぎょう」③器量。度量。「気宇」名付うま・たか・のき

羽 学2 音ウ(呉)(漢) 訓はね、は ‖ ㊀〈ウ〉①鳥や虫のはね。「羽化・羽毛/換羽」②出羽でわ国。「羽後・羽前/奥羽」㊁〈はね(ばね)〉「羽布団はねぶとん/尾羽おばね」㊂〈は(ば)〉「羽色・羽音・羽根・羽子板・羽二重はぶたえ/尾羽おは・白羽・剣羽つるぎば」補説「羽わ」は前にくる音によって「わ」「ば」「ぱ」になる。「一羽いちわ・三羽さんば・六羽ろっぱ」難読合羽カッパ

▽**芋** 音ウ(呉)(漢) 訓いも ‖ ㊀〈ウ〉イモ類の総称。「海芋かいう」㊁〈いも〉「芋蔓いもづる/里芋」難読芋茎ずいき・芋苗ずいき

人**迂** 音ウ(呉)(漢) ‖ ①遠回りする。「迂遠・迂回・迂曲・迂路」②世事にうとい。「迂闊うかつ・迂愚」③自分を謙遜していうときに冠する語。「迂生」補説人名用漢字表(戸籍法)の字体は「迂」。名付とお・ゆき

×**盂** 音ウ(呉)(漢) ‖ ①飲食物を盛る口の広い器。鉢。「盤盂」②鉢状のもの。「腎盂じんう」難読盂蘭盆うらぼん

雨 学1 音ウ(呉)(漢) 訓あめ、あま ‖ ㊀〈ウ〉①あめ。「雨季・雨滴・雨天・雨量/甘雨・降雨・豪雨・細雨・慈雨・秋雨・驟雨しゅうう・小雨・晴雨・多雨・梅雨・白雨・微雨・風雨・雷雨・涼雨・霖雨りんう・冷雨」②雨のように降るもの。「雨飛/砲煙弾雨」㊁〈あめ〉「雨風/長雨・涙雨・俄雨にわかあめ・糠雨ぬかあめ・一雨」補説「春雨はるさめ」「小雨こさめ」「霧雨きりさめ」などとも読む。㊂〈あま〉「雨傘・雨合羽あまガッパ・雨具・雨雲・雨戸・雨樋あまどい・雨水」名付さめ・ふる 難読五月雨さみだれ・時雨しぐれ・梅雨つゆ

×**紆** 音ウ(呉)(漢) ‖ 曲がりくねる。「紆曲・紆余曲折」

人**烏** 音ウ(呉) オ(ヲ)(漢) 訓からす、いずくんぞ ‖ ㊀〈ウ〉①カラス。「烏合」②黒い。黒。「烏鷺うろ」③太陽。「烏兎うと/金烏」④反問を表す助字。いずくんぞ。「烏有」㊁〈からす(がらす)〉「明烏あけがらす・旅烏・三羽烏」難読烏賊いか・烏竜茶ウーロンチャ・烏頭うず・烏帽子えぼし・烏滸おこ

ウィーク 〖weak〗➤ウイーク

ウィーク 〖week〗➤ウイーク

ウイーク 〖weak〗《「ウィーク」とも》弱いこと。「―ポイント」

ウイーク 〖week〗《「ウィーク」とも》週。1週間。「バード―」「ゴールデン―」

ウイーク-エンド 〖weekend〗週末。週末休暇。

ウイークエンド-ウエア 〖weekend wear〗休日に着られることを目的とする服の総称。スポーティーでくつろいだ感覚が特徴。

ウイークエンド-ハウス 《和 weekend＋house》週末を過ごすために、郊外などに建てた住宅。

ウイーク-シェアリング 《和 week＋sharing》平日は

都会で過ごし、休日は郊外の家で過ごすというように、住み分ける居住方式。

ウイークデー〖weekday〗日曜以外、または土曜・日曜以外の日。週日。平日。(類語)平日

ウイーク-ポイント〖weak point〗弱点。弱み。(類語)弱点・泣き所・弱み

ウイーク-ボソン〖weak boson〗《「ウイークボゾン」とも》素粒子間の弱い相互作用を媒介する粒子。質量は陽子の約90倍。正・負のWボソンと中性のZボソンの3種がある。

ウイークリー〖weekly〗週刊の新聞・雑誌。週刊誌。週刊紙。

ウイークリー-マンション《和 weekly＋mansion》敷金・礼金・保証人などが不要で、1日単位で契約できる宿泊・居住施設の商標名。フロント業務やベッドメーキングなどのホテルのようなサービスはなく、台所や炊飯器などの生活設備があるのが一般的。(補説)「短期賃貸マンション」などと言い換える。

ウィースバーデン〖Wiesbaden〗ドイツ中西部、ヘッセン州の州都。温泉保養地。ナッサウ公の宮殿がある。ビースバーデン。

ウイーゼル〖weasel〗いたち。「—のコート」

ウィーデマン-こうか【ウィーデマン効果】ーカウクワ 円筒状の強磁性体に対し、軸方向に電流を流して平行な磁場をかけるとねじれが生じる現象。電流によって発生する円周方向の磁場と軸方向の磁場が合成され、らせん状の磁場が発生することによる。ドイツのG＝H＝ウィーデマンが発見。

ウィーデマンフランツ-の-ほうそく【ウィーデマンフランツの法則】ーハフソク 金属の熱伝導率と電気伝導率の比は、同一温度の下では金属の種類によらず同じ値をとるという法則。1853年ドイツのG＝H＝ウィーデマンとR＝フランツにより実験的に見出された。

ウイード〖weed〗雑草。また、マリファナのこと。

ウィーナー〖Norbert Wiener〗[1894〜1964]米国の数学者・情報科学者。物理学・電気通信工学・神経生理学など、広く研究。人工頭脳・サイバネティックスの提唱者。著「サイバネティックス」「人間機械論」など。

ヴィーナス〖Venus〗▶ビーナス

ウィーノ〖wino〗素粒子物理学の超対称性理論から導かれる未知の超対称性粒子。電荷をもつWボソンの超対称性パートナーであるフェルミ粒子。

ウイービング〖weaving〗〔名〕スル ボクシングで、頭や上体を前後左右に動かし、相手の攻撃をはずす動作。

ウィー-フィット〖Wii Fit〗任天堂の家庭用ゲーム機Wiiの専用ゲームソフト。バランスWiiボードという板状のコントローラーに乗り、体全体を動かすことで操作する。体重や体格指数(BMI)を測定したり、さまざまなトレーニングや健康管理を行うことができる。

ヴィー-プロ〖vPro〗米国インテル社が発表した、ビジネス用パソコン向けに提供するプラットホームの商標名。ネットワークを通じて一括した運用管理ができ、また、電力効率を向上させた一連のチップセットが搭載されている。それにより、パソコン本体の電源が切られた状態であっても、運用管理者がリモート操作することにより、障害発生時の復旧やセキュリティー上の問題点の監視などを行うことができる。

ウィーラント〖Christoph Martin Wieland〗[1733〜1813]ドイツの詩人・小説家。レッシングと並んで、ドイツ啓蒙主義の代表者。叙事詩「オーベロン」、小説「アガトン物語」。

ウィーラント〖Heinrich Otto Wieland〗[1877〜1957]ドイツの有機化学者。胆汁酸の構造を研究。また、生体内の化学反応における脱水素反応説を提唱し、酸化説をとる、ワールブルクとの論争が有名。1927年、ノーベル化学賞受賞。

ヴィールス〖ドイツ Virus〗▶ウイルス

ウィーン〖Wien〗オーストリア共和国の首都。ドナウ川沿いにあり、ウィーンの森など緑が多く、ハプスブルク家オーストリア帝国の首都として繁栄、音楽の都とよばれる。歴史的建造物が多い。近郊にはシェーンブルン宮殿などがある。2001年「ウィーン歴史地区」の名で世界遺産(文化遺産)に登録。ビエンナ。人口、行政区168万(2008)。(補説)「維納」とも書く。

ウィーン〖Wilhelm Wien〗[1864〜1928]ドイツの物理学者。熱放射を研究し「ウィーンの輻射法則」「ウィーンの変位則」を発表、プランクの量子仮説の先駆をなした。1911年、ノーベル物理学賞受賞。

ウィーン-かいぎ【ウィーン会議】ークワイギ 1814年から15年にかけてウィーンで開かれた国際会議。フランス革命とナポレオン戦争後のヨーロッパの国際秩序の回復を図ったもので、この会議の結果、革命前の状態への復帰をめざす正統主義と、大国の勢力均衡とを二大原則とするウィーン体制が成立した。この会議は諸国の利害が対立して遅滞し、「会議は踊る、されど会議は進まず」と風刺された。

ウィーン-がくだん【ウィーン学団】1920年代後半に哲学者シュリックを中心としてウィーンで結成された、主に社会科学者・自然科学者などの一団。形而上学の解消や哲学の科学化を目ざし、実証主義と記号論理学を結びつけ論理実証主義の進展に寄与、また分析哲学が生じるきっかけをつくった。

ウィーン-がくは【ウィーン学派】▶オーストリア学派

ウィーン-こくりつかげきじょう【ウィーン国立歌劇場】ーコクリツカゲキヂヤウ ウィーンにあるオーストリア国立の歌劇場。1869年、宮廷歌劇場として創設された。マーラー、R＝シュトラウス、カラヤンなどが監督を務めている。1999年に民営化。

ウィーン-こてんは【ウィーン古典派】18世紀後半から19世紀前半にわたって、ウィーンを中心に創作活動を行った古典主義の作曲家の総称。ハイドン・モーツァルト・ベートーベンらが代表的。

ウィーン-じょうやく【ウィーン条約】ーデウヤク ㊀1985年にウィーンで調印された、オゾン層保護に関する条約。ユネップ(国連環境計画)の提唱によるもので、オゾン層破壊の原因となるフロンガス消費規制などを内容とする。㊁1963年にIAEAで採択された、原子力損害賠償に関する国際条約。1977年発効。中東欧・中南米のIAEA加盟国およびロシアなどが締約。賠償責任限度額は3億SDR。

ウィーン-だいがく【ウィーン大学】《Universität Wien》ウィーンにある総合大学。1365年ルドルフ4世の創設。パリ大学をモデルに整備されたため、典型的な中世大学として発展した。18世紀半ばにはマリア＝テレジアの教育改革により、ヨーロッパ有数の学術機関としての地位を確立し、特に医学・法学・歴史学などの分野でウィーン学派を形成した。

ウィーン-の-こうしき【ウィーンの公式】▶ウィーンの変位則

ウィーン-の-へんいそく【ウィーンの変位則】ーヘンヰソク 1893年にドイツの物理学者ウィーンが発見した、黒体からの熱放射(黒体放射)に関する法則。黒体の絶対温度をTケルビン、放射のエネルギー密度が最大になる波長をλメートルとすると、λT=0.002898という関係式で表され、λはTに反比例することを示した。ウィーンの公式。

ウィーン-の-ほうしゃほうそく【ウィーンの放射法則】ーハウシヤハフソク 1896年にドイツの物理学者ウィーンが導いた、黒体からの熱放射(黒体放射)に関する法則。または振動数分布を表す公式を指す。短波長(高振動数)側では実験データを精度よく再現できるが、長波長(低振動数)側では大きなずれが生じる。黒体放射のスペクトルは後にプランクが導いたプランクの放射法則により説明できるようになった。

ウィーン-の-もり【ウィーンの森】《Wienerwald》オーストリアの首都、ウィーンの西部郊外に広がる森。面積は約1250平方キロメートル。実質的には、アルプス山系の最北端に相当する。ワルツ王と称されるヨハン＝シュトラウス㊁の名曲、「ウィーンの森の物語」で世界的に知られる。ウィーン市民の行楽地としても人気が高い。

ウィーン-もん【ウィーン門】《Bécsi kapu》ハンガリーの首都ブダペストにある石造の城門。ブダ城がある王宮の丘の北側に位置する。1936年、オスマン帝国からの解放250年を記念して建造された。広場の周囲にはルーテル派教会があるほか、15世紀から18世紀頃の家並みが残っている。ベーチ門。

ヴィヴァルディ〖Vivaldi〗▶ビバルディ

ういうい-し・い【初初しい】うひうひー〔形〕文うひうひ・し〔シク〕❶物慣れないで幼い感じがする。世間慣れしていないで、若々しく新鮮にみえる。「—・い新入生」「—・い新妻」❷はじめてなので、気持ちが落ち着かない。きまりが悪い。恥ずかしい。「今はさやうのことも—・しくすさまじく思ひなりにたれば」〈源・若菜上〉(派生)ういういしげ〔形動〕ういういしさ〔名〕(類語)うぶ・おぼこ・うら若い・若い・若若しい・若やか・若やぐ・若気・みずみずしい・いとけない・幼い・青臭い・溌剌

ヴィヴィッド〖vivid〗▶ビビッド

ヴィオラ〖イタリア viola〗▶ビオラ

ヴィオロン〖フランス violon〗▶ビオロン

うい-かぶり【初▽冠】うひー「ういこうぶり」に同じ。

うい-かむり【初▽冠】うひー「ういこうぶり」に同じ。

う-いき【雨域】ーヰキ 雨の降っている地域。

う-いき【禹域】ーヰキ《古代中国の伝説上の聖王、禹が洪水を治めて統治した地域の意から》中国のこと。

ウィキペディア〖Wikipedia〗《ハワイ語「wikiwiki(速い)」に由来する編集システム名「Wiki」と「encyclopedia(百科事典)」とを合わせた造語》インターネット上で利用できる百科事典。無料で閲覧でき、書き込むこともできる。2001年に米国で英語版が開設。のち多数の言語版がそれぞれ設けられた。➡ノール

うい-きょう【×茴香】ーキヤウ セリ科の多年草。高さ1〜2メートル、葉は細く糸状に裂ける。夏、多数の黄白色の小花が咲く。果実は卵状楕円形で芳香が強く、健胃薬や駆風薬にし、全草を香料に用いる。南ヨーロッパの原産で、古くから栽培。くれのおも。フェンネル。(季 花＝夏｜実＝秋)「—の花の匂ひや梅雨曇/青峰」

ういきょう-せい【×茴香精】ウイキヤウー 茴香油をアルコールに混ぜた液体。健胃薬・風邪薬・去痰薬などに用いる。

ういきょう-ゆ【×茴香油】ウイキヤウー ウイキョウの果汁を蒸留してとる芳香油。無色または淡黄色で、主成分はアネトール。味は最初甘く、のちにやや苦く感じられる。香料や医薬品の原料。フェンネル油。

ウィキリークス〖Wikileaks〗匿名で投稿された内部告発情報をインターネット上で公開するウェブサイト。オーストラリアの元ハッカーが中心となって2007年に創設。非営利のメディア組織によって運営されている。重要なニュース・情報を一般公開することを活動の目的に掲げ、各国政府・企業などの内部情報を暴露。09年にアムネスティインターナショナルの人権報道賞を受賞したが、10年には米国務省の外交公電を公表して物議を醸した。

ウィクセル〖Johan Gustaf Knut Wicksell〗[1851〜1926]スウェーデンの経済学者。英国・オーストリアなどに留学、オーストリア学派の影響を強く受けた。近代経済学北欧学派の創立者。著「価値、資本及び地代」「利子と物価」など。

ヴィクトリア〖Victoria〗▶ビクトリア

ウィグナー〖Eugene Paul Wigner〗[1902〜1995]米国の物理学者。ハンガリー生まれで、1930年に渡米。原子核と素粒子の構造の研究で、63年、ノーベル物理学賞受賞。原爆製造計画にも協力。

ウィグラー〖wiggler〗ほぼ光速に加速した自由電子の軌道を、磁場をかけて急に曲げることで、より高いエネルギーや高強度の放射光を発生させる装置。一方、多数の磁石を並べて何回も蛇行させて放射光を発生・増幅する装置をアンジュレーターという。

ウィクリフ〖John Wycliffe〗[1320ころ〜1384]英国の神学者。宗教改革の先駆者の一人。ローマ-カトリック教会を批判し、聖書に信仰の基礎をおくことを唱えて聖書の英訳を企てた。

ウイグル〖Uighur〗トルコ系の遊牧民族の一。744年、突厥を破ってモンゴル高原にウイグル王国を建

てたが、1世紀後、内紛とキルギス人の侵入によって滅亡し、四散。うち西域に移ったものは西ウイグル王国を建てたが、13世紀末、元に帰属後、乱によって国を失った。初めマニ教・仏教、のちにイスラム教を信仰。現在、中国新疆ウイグル自治区の主要住民。(補説)「回紇」「回鶻」「畏兀児」とも書く。

ウイグル-ご【ウイグル語】アルタイ諸語の一。ウイグル族の言語。主に中国新疆ウイグル自治区を中心に話されている。

うい-げんざん【初▽見参】ゲン 初めてお目にかかること。初対面。「白井さんとの―も出来たと云うもんでしょう」〈木下尚江・良人の自白〉

うい-ご【初子】ゴ 夫婦の間に初めて生まれた子。はつご。(類語)長子・総領・初子・次子・末っ子・長男・長女・次男・次女・長兄・次兄・長姉・次姉

うい-こうぶり【初▽冠】 元服して、初めて冠を着けること。ういかがふり。ういかぶり。ういかむり。ういこうむり。「昔、男、―して」〈伊勢・一〉

うい-ごと【初事】ゴ ❶初めてすること。初めてのこと。「その際々を、まだ思ひ知らぬ―ぞや」〈源・帚木〉❷初潮。「そのはるかなりとの給ふほどにや、―もせむとなむみゆる」〈かげろふ・下〉

ウィザード〖wizard〗❶魔法使い。魔術師。女の魔法使いはウイッチともいう。❷アプリケーションソフトの設定や操作などを、対話形式で行うことにより容易にする機能。

うい-ざん【初産】ゴ 初めての出産。しょさん。はつざん。(類語)生む・生み落とす・出産・分娩・お産・安産・難産・初産・初産・生なす・産する・身二つになる・腹を痛める・産卵

ういじ【泥=土】《「うきひじ(浮泥)」の音変化か》どろ。「道路に亦―あり」〈仁徳紀〉

ウィジウィグ〖WYSIWYG〗《what you see is what you get》直訳すると「見たものが、手に入るもの」。コンピューターのディスプレー画面に表示された画像や文字がそのまま印刷できることを意味する。

ウィジェット〖widget〗►ガジェット❷

ウィジェット-エンジン〖widget engine〗►ガジェットエンジン

ウィジトキ-きょうかい【ウィジトキ教会】《Kościół Wizytek》►ビジトキ教会

ヴィジョン〖vision〗►ビジョン

うい-じん【初陣】ジン 初めて戦場に出ること。また、その戦い。転じて、初めて試合・競技に出場すること。「―を飾る」

ウイスカー〖whisker〗《ほおひげの意》純粋な原子配列によって成長した針状の、ほとんど完全な単結晶。引っ張り強さが大きく、繊維強化複合材料の構成要素として利用されている。ひげ結晶。

ウイスキー〖whisky｜whiskey〗大麦・ライ麦などの麦芽を発酵させ、蒸留してつくる酒。12世紀ごろアイルランド地方で初めてつくられた。麦芽のみのモルトウイスキー、トウモロコシやライ麦などを用いるグレーンウイスキー、それらを混合したブレンデッドウイスキーなどがある。(補説)語源はアイルランド語で命の水の意。

ウイスキー-ボンボン《和 whisky＋bonbon(フランス)》ウイスキー入りのシロップを砂糖やチョコレートで中に包み込んだ菓子。

ウィズ-キッズ〖whiz kids〗❶若手のやり手。神童。❷特に、コンピューターの分野で、天才的な才能を示す若者たち。

ウィスク〖WISC〗《Wechsler intelligence scale for children》米国の心理臨床学者ウェクスラーが考案した児童知能検査法。現在は改良され、1991年からWISC-Ⅲとなっている。16歳以上の成人用としてウェイス(WAIS)-R成人知能検査もある。

ウィスコンシン〖Wisconsin〗米国中北部の州。州都マジソン。酪農が盛んで、ミシガン湖岸では工業も行われる。➡表「アメリカ合衆国」

ウィズダム〖WSDM〗《web services distributed management》ウェブサービスを管理・運用するためのインターフェース規格の一。標準化団体OASISにより策定。

ウィスピー〖wispy〗毛先のひと房をさす美容用語。また、毛先に重点をおいた髪形そのものをもさす。

ウィスマール〖Wismar〗ドイツ北部の港湾都市。1949年から90年まで旧ドイツ民主共和国に属した。13～14世紀にメクレンブルク公の居住地となり、ハンザ同盟に加盟。ゴシック様式のマリエン教会、聖ゲオルク教会をはじめ、中世の面影を色濃く残す煉瓦造りの歴史的建造物があり、同じくバルト海沿岸のハンザ同盟都市シュトラルズントとともに、2002年、「シュトラルズントとウィスマールの歴史地区」の名称で世界遺産(文化遺産)に登録された。ビスマール。

ウィスラー〖Whistler〗カナダ、ブリティッシュコロンビア州のリゾート地。ブラッコム山とウィスラー山を含む広大な滑走面積をもつスキー場があり、北米有数のスキーリゾートとして知られる。

ウィスワ-がわ【ウィスワ川】《Wisła》ポーランド最大の川。カルパチア山脈に源を発し、クラクフ・ワルシャワを通りグダニスクの東でバルト海に注ぐ。長さ1087キロ。ウィスラ川。ビスワ川。

ウィダール-はんのう【ウィダール反応】 チフス性疾患の診断に用いられる血清反応。患者の血清と病原菌との間で凝集反応が起こることを利用したもの。フランス人医師ウィダール(Widal)が考案。

うい-だち【初立ち】 ❶幼児や鳥のひなが、初めて歩いたり飛んだりすること。「夏ばかり―すなるほととぎす巣には帰らぬ年はあらじな」〈宇津保・祭の使〉❷久しぶりに外出すること。「内裏などにもあまり久しう参り侍らねば、いぶせさに、今日なむ―し侍るを」〈源・葵〉❸病後、初めて床を離れて歩いてみること。「枕始めてあがり、杖竹をたよりに寺中静かに―しけるに」〈浮・五人女・四〉

うい-だ-つ【初立つ】〔動タ四〕❶ひなが巣立つ。「郭公―・つ山をさと知らば木の間は行きて聞くべきものを」〈曽丹集〉❷霞などが立ちはじめる。「いつしかも―・ちにける霞かなまだいとけなき春の初めに」〈夫木・二〉

うい-たび【初他火】《「他火」は月経中または産褥中の女性が炊事を別にすること》女子の初潮のときの祝宴。初花祝い。湯浴び祝い。

ウイッグ〖wig〗洋髪のかつら。➡エクステンション

ウィックロー〖Wicklow〗アイルランド東部、ウィックロー州の港町。同州の州都。ウィックロー山脈のふもと、ウィックロー湾に面する。8世紀末にバイキングが築いた町に起源する。中世にノルマン人が建てたブラックキャッスル、英国支配期に政治犯を収容した刑務所(現在は歴史博物館)、19世紀にグレートイースタン号で大西洋に海底ケーブルを敷設したロバート＝ハルピン船長の記念碑などがある。

ヴィッセル-こうべ【ヴィッセル神戸】 日本プロサッカーリーグのクラブチームの一。ホームタウンは神戸市。昭和41年(1966)創設の岡山県倉敷市の川崎製鉄サッカー部が、平成7年(1995)に神戸市に移転。同9年Jリーグ加入。(補説)「ヴィッセル」は英語の勝利(victory)と船(vessel)をあわせた造語。

ウイッチ〖witch〗女の魔法使い。魔女。

ウィッテ〖Sergey Yul'evich Vitte〗[1849～1915]ロシアの政治家。1892年蔵相となり、鉄道建設、信用制度の整備などの近代化政策をとる。のち、首相として政治的自由化により革命の回避に尽力。日露戦争終結のためのポーツマス講和会議の全権大使。

ウィッティー-ルック〖witty look〗《wittyは、機知に富んだ、気のきいた、の意》ユーモアのある、しゃれたファッションのこと。動物やファッションキャラクターなどをあしらった楽しいものが多い。

ウィッテリア〖Whittier〗米国アラスカ州南部、キーナイ半島の付け根にある港町。プリンスウィリアム湾西側のフィヨルド群やコロンビア大氷河をはじめとする氷河観光の遊覧船の拠点になっている。

ウィッテンベルク〖Wittenberg〗ドイツ中北部、エルベ川に面する都市。大学町として発展。ルターの宗教改革運動の根拠地。化学・機械工業が発達。

ウイット〖wit〗気のきいた会話や文章などを生み出す才知。機知。とんち。「―に富んだ会話」(類語)機知・頓知・機転・エスプリ・ユーモア

ウィッド〖WID〗《women in development》「開発と女性」または「開発における女性の役割」という概念。開発途上国において概して女性の社会的地位は低く、社会的弱者として開発のしわよせを受けやすい。こういった問題を解決するために、開発協力に際して受益者としての女性を重視し、女性が開発に積極的に参加することを保障し、女性の社会経済的地位を改善しようという考え方から生まれたもの。1975年メキシコで開かれた第1回世界女性会議を契機に重視されるようになった考え方。その後、80年代から90年代にかけて、全ての開発課題にジェンダー平等の視点を組み込んでいく「ジェンダーと開発」(GAD, Gender and Development)という概念が新たに唱えられるようになった。

ウィットビー〖Whitby〗英国イングランド北東部、北海に面する港町。漁業、観光業が盛ん。ノースヨークムーアズ国立公園の北東部に位置する。7世紀創建のウィットビー修道院跡や、ジェームズ＝クックが見習いとして働いていた大船主の家(現在はキャプテン＝クック博物館)があるほか、作家ブラム＝ストーカーがセントメアリー教会の墓地で「吸血鬼ドラキュラ」の着想を得たことで知られる。ホイットビー。

ウィットビー-しゅうどういん【ウィットビー修道院】《Whitby Abbey》英国イングランド北東部、北海に面する港町ウィットビーにある修道院跡。657年の創建。664年、イングランドにおいて、ケルト系教会はローマカトリック教会の典礼に従うことを定めたウィットビー宗教会議が開かれたことで知られる。13世紀にゴシック様式で建造され、イングランド北東部における宗教の拠点として栄えたが、16世紀のヘンリー8世による修道院解散令により閉鎖。現在は建物の外壁と内部の一部が残る。ホイットビー修道院。

ウィットフォーゲル〖Karl August Wittfogel〗[1896～1988]米国の経済史家。ドイツ生まれ。1934年、米国に亡命。東洋社会、特に中国農業社会を研究。著「解体過程にある中国の経済と社会」など。

ウィットリー-ベイ〖Whiteley Bay〗英国イングランド北東部の都市ニューカッスル近郊の町。北海に面する海岸保養地として知られ、夏季を中心に数多くの観光客が訪れる。ホイットリーベイ。

ウィディア〖Widia〗《ドイツ wie Diamant(ダイヤモンドのようなの意)から》超硬質合金の商標名。炭化タングステンとコバルトの合金。

うい-てんぺん【有為転変】《「ういてんべん」とも》仏語。この世の中の事物一切は因縁によって仮に存在しているもので、常に移り変わっていくはかないものであるということ。「―は世の習い」

ウィド〖WID〗《women in development》►ウィッド(WID)

ウイドー〖widow〗❶未亡人。やもめ。❷夫が趣味などに熱中して顧みられない妻。「ゴルフ―」

ウィトゲンシュタイン〖Ludwig Josef Johann Wittgenstein〗[1889～1951]オーストリア生まれの哲学者。英国ケンブリッジ大学教授。現代英米哲学の形成に指導的役割を果たした一人で、論理実証主義およびオックスフォード学派に影響を与えた。著「論理哲学論考」「哲学探究」など。

ウィトルウィウス〖Marcus Vitruvius Pollio〗►ビトルビウス

ウイナー〖winner〗勝利者。また、競馬の優勝馬。

ウィニー〖Winny〗日本で開発されたピアツーピア型のファイル交換ソフトの一。(補説)利用者の匿名性が非常に高いため、違法なファイル交換に使用されやすく、著作権侵害行為を幇助したとして開発者が逮捕される経緯があった。一審は有罪であったが、平成21年(2009)、大阪高裁は、「ウィニーにはさまざまな用途があり、価値中立的なソフト」であるとして無罪判決を出した。23年、最高裁が検察側の上告を棄却、無罪確定。ソフトの公開・提供が著作権侵

害の幇助にあたるのは、「そのソフトが具体的な侵害行為が行われることや、入手者の多くが違法な用途に利用する可能性が高いことを、提供者が認識・容認していた場合に限られる」との基準を示した。

ウィニペグ〘Winnipeg〙カナダ中部、マニトバ州の州都。鉄道の分岐点にあり、穀倉地帯を控え、小麦の集散地。人口、都市圏73万(2008)。

ウイニング〘winning〙競技などで、勝利を得ること。また、得点。〔類語〕勝ち・勝利

ウイニング-エッジ〘winning edge〙テニスなどで、ボールが入ったら得点をあげられるラインぎりぎりの部分。

ウイニング-ショット《和 winning＋shot》❶球技で、勝利を決する決定的な一打。決め球。❷野球で、投手が打者を打ち取る決め手に使う得意な球。決め球。

ウイニング-ボール《和 winning＋ball》野球やゴルフなどで、勝利が決まった瞬間に勝利側の選手が手にしたボール。

ウイニング-ラン〘winning run〙❶野球で、勝利を決めた得点。決勝の一点。❷陸上のトラック競技や自動車レースなどで、優勝した選手が観客の声援にこたえて、ゆっくり1周すること。

うい-はくじゅ【宇井伯寿】うゐ［1882〜1963］インド哲学者・仏教学者。愛知の生まれ。東北大・東大教授を歴任。インド哲学研究の権威。文化勲章受章。著「印度哲学研究」「仏教汎論」など。

ウィプロ〘Wipro〙インドのITサービス企業。同国南部、カルナータカ州の州都ベンガルールに本社を置く。1945年に食料品・医薬品製造会社として設立。80年代以降、ITサービス部門を立ち上げ、IT業界に参入。主な事業内容はITコンサルティング、ソフトウエア開発など。98年より日本向けの事業を開始。

うい-ほう【有為法】うゐ-ほふ 仏語。因縁によって形作られたもの。また、その在り方。生滅する現象世界の一切の事物をいう。

うい-まくら【初枕】うひ- 男女が初めて一つ床に寝ること。にいまくら。

うい-まご【初孫】うひ- 初めての孫。はつまご。〔類語〕孫・内孫・外孫・初孫(はつまご)

うい-まなび【初学び】うひ- ある学問を学び始めること。また、学問の未熟な段階。しょがく。にいまなび。「いまだほんやくものもたんとはよまぬ―ゆえ」〈魯文・西洋道中膝栗毛〉

ういやまぶみ【うひ山ぶみ】うひやまぶみ 江戸後期の国学書。1巻。本居宣長著。寛政10年(1798)成立。国学の入門書として、研究の心構えや態度を平明に説いたもの。

うい-やまぶみ【初山踏み】うひ- ❶初めて山に登ること。特に、修験者が初めて大峰・葛城(かつらぎ)山に登ること。❷学問の道に初めて入ること。ういまなび。

ヴィラ〘villa〙▶ビラ

ウィリアム〘William〙イングランド王。㊀(1世)［1027〜1087］在位1066〜1087。イングランドの王位継承権を主張し、ヘースティングズの戦いに勝って王位につき、ノルマン朝を創始。ノルマンディー公。征服王。㊂(3世)［1650〜1702］在位1689〜1702。ネーデルランド連合の総督であったが、名誉革命で「権利宣言」を承認して王位につき、議院内閣制への道を開いた。オレンジ公。

ウィリアムズ〘Tennessee Williams〙［1911〜1983］米国の劇作家。1945年に「ガラスの動物園」で好評を博し、「欲望という名の電車」でピュリッツァー賞を受賞。他に「熱いトタン屋根の上の猫」など。

ウィリアムズタウン〘Williamstown〙米国マサチューセッツ州北西端の町。ハーバード大学に次ぐ歴史をもつ、1793年創設のウィリアムズカレッジがある。避暑地として、またスキーリゾートとしても知られる。

ウィリアムズバーグ〘Williamsburg〙米国バージニア州南東部の観光都市。イギリス植民地時代には州都がおかれた。当時の街並みや暮らしを再現した国立歴史公園、コロニアルウィリアムズバーグがある。

ウィリアム-テル〘William Tell〙ウィルヘルム＝テルの英語名。

ウイリー〘wheelie〙オートバイや自転車などで、前輪を宙に浮かせ、後輪だけで走行すること。

ウィリス〘William Willis〙［1836〜1894］英国の医者。1861年(文久元)公使館付き医員として来日。戊辰(ぼしん)戦争で官軍の治療に従事。のち、鹿児島に招かれ、医学校長・病院長となる。81年(明治14)帰国。

ウィリスどうみゃくりん-へいそくしょう【ウィリス動脈輪閉塞症】ーへいそくしやう《occlusive in circle of Willis》厚生労働省指定の難病の一。脳底部のウィリス動脈輪に狭窄(きょうさく)や閉塞がみられ、脳虚血症状を示し、体各部の麻痺(まひ)・知覚異常・不随意運動・頭痛・痙攣(けいれん)などを起こす。小児や若年者に多い。脳血管造影で脳底部にもやもやとした異常血管網がみられることから、別名「もやもや病」とも。英国の医師T.Willisの名にちなむ。脳底部異常血管網症。

ウイル〘UIL〙《伊 Unione Italiana del Lavoro》イタリア労働連合。イタリア3大労働組合中央組織の一つ。イタリア労働総同盟(CGIL)から分裂して1950年結成。

ウィルキンズ〘Maurice Hugh Frederick Wilkins〙［1916〜2004］英国の生物物理学者。ニュージーランド生まれ。DNA結晶のX線写真撮影に成功し、その構造を決定。1962年、ワトソンとクリックとともにノーベル生理学医学賞を受賞。第二次大戦中は原爆製造計画にも参加。

ウィルキンソン〘Geoffrey Wilkinson〙［1921〜1996］英国の化学者。金属有機化合物のサンドイッチ構造を解明し、メタロセンと総称される類似の化合物を合成。ウィルキンソン触媒の開発でも知られる。1973年、フィッシャーとともにノーベル化学賞受賞。

ウィルシュテッター〘Richard Willstätter〙［1872〜1942］ドイツの化学者。晩年にナチスに抗議してスイスへ亡命。クロロフィルの結晶を得ることに成功。1915年、ノーベル化学賞受賞。共著「クロロフィルの研究」「炭酸同化作用の研究」。

ウイルス〘ラテン virus〙❶《毒の意》光学顕微鏡では見ることができず、細菌濾過(ろか)器を通過してしまう病原体。生物と無生物の中間形とされ、大きさは20〜300ナノメートル。外殻はたんぱく質からなり、内部に遺伝子のDNAまたはRNAを含む。単独では生命活動を営めず、生きた細胞に寄生して生活・増殖する。濾過性病原体。バイラス。ビールス。❷「コンピューターウイルス」の略。

ウイルス-かぶ【ウイルス株】検体から分離したウイルスを人工的に培養したもの。ウイルスの型の同定やワクチンの製造に用いられる。

ウイルスけんさ-プログラム【ウイルス検査プログラム】▶ウイルスチェッカー

ウイルスけんしゅつ-ソフトウエア【ウイルス検出ソフトウエア】▶ウイルスチェッカー

ウイルス-スキャナー〘virus scanner〙▶ウイルスチェッカー

ウイルス-スキャン〘virus scan〙▶ウイルスチェック

ウイルスせい-かんえん【ウイルス性肝炎】ウイルスによって起こる肝炎。軽い発熱・だるさ・食欲不振などに始まって黄疸(おうだん)も現れるが、1か月くらいで治まる。A型・B型・C型・D型・E型が確認されている。〔補説〕主に食べ物や水を介して経口感染する流行性肝炎(A型・E型)と、主に血液や体液を介して感染する血清肝炎(B型・C型・D型)に大別される。

ウイルスたいさく-ソフト【ウイルス対策ソフト】コンピューターウイルスを検出・除去・無力化するアプリケーションソフトのこと。インターネットを通じて定期的に更新される、既知のコンピューターウイルスの特徴を記録したウイルス定義ファイルに基づき、ウイルスに感染したファイルや他のコンピューターに侵入を試みるウイルスを検出する。ウイルス対策プログラム。アンチウイルスソフト。ワクチンソフト。コンピューターワクチン。ワクチンプログラム。

ウイルスたいさく-プログラム【ウイルス対策プログラム】▶ウイルス対策ソフト

ウイルス-チェッカー〘virus checker〙コンピューターウイルスの感染の有無を調べるソフト。ウイルスを除去する能力を持ったソフトもある。

ウイルス-チェック〘virus check〙コンピューターウイルスの感染の有無を調べること。

ウイルスチェック-ソフト《virus check softwareから》▶ウイルスチェッカー

ウイルスチェック-プログラム〘virus check program〙▶ウイルスチェッカー

ウイルスていぎ-ファイル【ウイルス定義ファイル】《virus definition file》ウイルス対策ソフトがコンピューターウイルスを検出する際に使うファイル。コンピューターウイルスやワームの特徴を記録したもの。パターンファイル。ウイルスパターンファイル。

ウイルス-びょう【ウイルス病】ーびやう ウイルスによる植物の病害の総称。べと病・モザイク病・斑点病など。

ウイルス-フリー〘virus-free〙ウイルスに罹病(りびょう)していない健全な状態の生物をいう。

ウイルスフリー-かぶ【ウイルスフリー株】ウイルスの存在しない系統の細胞。植物の生長点培養によって得られる。

ウィルソン〘Charles Thomson Rees Wilson〙［1869〜1959］英国の物理学者。ウィルソンの霧箱を発明し、イオンの飛跡の撮影に成功。1927年、ノーベル物理学賞受賞。

ウィルソン〘Horace Wilson〙［1843〜1927］米国の教育者。英語・数学の教師として来日、第一大学区第一番中学(のちの東京大学)の生徒に野球を教えたことが日本野球の始まりといわれる。

ウィルソン〘Thomas Woodrow Wilson〙［1856〜1924］米国の政治家。第28代大統領。在任1913〜1921。民主党㊄。第一次大戦のベルサイユ講和会議の主役を務め、国際連盟創立を提唱。1919年、ノーベル平和賞受賞。➡ハーディング

ウィルソンさん-てんもんだい【ウィルソン山天文台】《Mt.Wilson Observatory》米国ロサンゼルス北東郊のウィルソン山にある天文台。1904年開設。100インチ反射望遠鏡を備える。パロマー山天文台とあわせてヘール天文台とよばれる。

ウィルソン-の-きりばこ【ウィルソンの霧箱】電子や陽子などの荷電粒子の飛跡を調べる装置。容器内の過飽和蒸気を荷電粒子が通過すると霧滴が生じる現象を観測するもの。英国の物理学者C＝T＝R＝ウィルソンが考案。

ウィルソン-びょう【ウィルソン病】ーびやう 肝臓や脳に銅が異常に沈着する遺伝性の病気。肝硬変や脳の深部にあるレンズ核の軟化・変化がみられ、肝レンズ核変性症ともいう。英国の内科医S＝A＝ウィルソンが報告。

ウイルタ〘Uilta〙サハリン(樺太)の北東部と南部に居住する少数民族。トナカイの飼養や狩猟を生業とする。オロッコ。

ウィルトン-カーペット〘Wilton carpet〙パイル織りの敷物。18世紀の中ごろイギリスのウィルトン市で初めて作られた。毛羽(けば)じゅうたん。

ウィルバーフォース〘William Wilberforce〙［1759〜1833］英国の政治家。小ピットと共同して奴隷貿易廃止運動に尽力。死後、奴隷解放法が制定された。

ウィルヘルム〘Wilhelm〙㊀(1世)［1797〜1888］プロイセン王。在位1861〜1888。ビスマルクを宰相として軍備を拡張、普墺(ふおう)戦争、さらに普仏戦争にも勝ってドイツを統一し、1871年、初代ドイツ皇帝となった。㊁(2世)［1859〜1941］ドイツ皇帝。在位1888〜1918。㊀の孫。帝国主義的政策を掲げて海外に進出、第一次大戦に突入したが敗戦で退位し、オランダに亡命。日本ではカイゼル(皇帝)とよぶ。

ウィルヘルム-こうていきねんきょうかい【ウィルヘルム皇帝記念教会】ークワウテイキネンケウクワイ《Kaiser-Wilhelm-Gedächtniskirche》▶カイザーウィルヘルム記念教会

ウィルヘルムスヘーエ-じょう【ウィルヘルムスヘーエ城】ドイツ《Schloß Wilhelmshöhe》ドイツ中部の都市、カッセルにある城。ヘッセン=カッセル方伯ウィルヘルム9世により18世紀末に建造された。滝や噴水、水が流れ落ちる古代ローマの水道橋を模した遺跡などがある、ウィルヘルムスヘーエ丘陵公園の中心的建造物。現在は、古代ギリシャ・ローマ彫刻、レンブラントやルーベンスの絵画を展示する美術館。

ウィルヘルム-テル〘Wilhelm Tell〙㊀伝説化されたスイスの英雄。14世紀初めごろ、スイス独立運動に活躍。弓の名人で、愛児の頭上のリンゴを弓で射た話は有名。ウィリアム=テル。㊁❶《原題、ドイツ Wilhelm Tell》シラー作の戯曲。1804年初演。㊀の伝説による。❷《原題、フランス Guillaume Tell》ロッシーニ作曲のオペラ。全4幕。1829年、パリで初演。㊁❶に基づく。序曲が有名。

ウィルヘルム-マイスター〘Wilhelm Meister〙ゲーテの長編小説。「修業時代」(1796年成立)と「遍歴時代」(1829年成立)の2部から成る。ドイツ教養小説の代表作。

ウィルミントン〘Wilmington〙米国デラウェア州北東部の都市。同州最大の都市で商工業の中心地。化学企業デュポン社を創業したデュポン家ゆかりの邸宅、庭園、博物館が多い。

ヴィルンガ-こくりつこうえん【ヴィルンガ国立公園】コクリツコウエン ►ビルンガ国立公園

ウィレム〘Willem〙[1533〜1584]ネーデルランド連邦共和国初代総督。在位1579〜1584。スペインに対するオランダ独立戦争の指導者。デルフトで暗殺された。沈黙公。オラニエ公。

ウイロイド〘viroid〙ウイルスよりも簡単な構造の病原体。植物に感染する。ウイルス様体。

うい-ろう【▽外郎】ウイラウ《「うい(外)」は唐音》❶江戸時代、小田原名産の去痰(きょたん)の丸薬。元(げん)の礼部(れいぶ)員外郎(いんがいろう)陳宗敬が日本に帰化し、博多で創製。その子孫が京都西洞院(にしのとういん)に住んで透頂香(とうちんこう)と称して売り出し、のち小田原に伝わったもの。ういろうぐすり。❷米の粉に黒砂糖などをまぜて蒸した菓子。名古屋・山口・小田原などの名物。ういろうもち。商標名。❸「外郎売り」の略。

ういろう-うり【▽外郎売り】ウイラウ ㊀外郎❶を売り歩く商人。㊁歌舞伎十八番の一。享保3年(1718)江戸森田座の「若緑勢曽我(わかみどりいきおいそが)」で2世市川団十郎が初演。外郎売りが妙薬の由来や効能を雄弁に述べるもので、のち「助六」に吸収された。

ういろう-まめ【▽外郎豆】ウイラウ タンキリマメの別名。

う-いん【右院】ヰン 明治4年(1871)の官制改革で太政官内に設置された機関。各省の長官・次官で構成され、行政上の連絡機関として、実務の利害を審議した。同8年廃止。

ウイン〘win〙❶勝利。❷単勝式勝馬投票券。

ウイン-ウイン〘win, win〙双方がうまくいっていること。特に、政策において両者にとって適度に都合がいいこと。「日中がともに発展する—の関係」

ウインカー〘winker〙自動車などの点滅式の方向指示器。「—を出す」「—レバー」

ウインク〘wink〙(名)スル 片目をまばたいて合図を送ること。男女間で好意を寄せる意味で行われるものなど。「向かいの席の女性に—する」
(類語)信号・シグナル・サイン・手招き・目配せ・合図

ウイング〘wing〙❶鳥や航空機の翼。❷空港ビルなど建物の左右に翼状に伸びた部分。❸舞台の袖(そで)。❹サッカーではフォワード、ラグビーではバックスの左右両端の位置。また、その位置の選手。

ウイング-カラー〘wing collar〙翼のように前で浮いて開き、後ろは首にそった襟型の総称。

ウイングスパン〘wingspan〙►翼幅

ウイング-スリーブ〘wing sleeve〙袖(そで)の一種。和服の裃(かみしも)のように肩からはみだしたケープ状の袖。

ウイング-チェア〘wing chair〙安楽いすの一種。袖(そで)付きで、背もたれが高く、背の両側には頭受けのあるいす。

ウイング-チップ〘wing tip〙中央が靴の後方に向かってとがり、左右が弓なりにそっている靴のつま先部の飾り。靴を前から見ると鳥が翼を広げたようにも見える。

ウイング-ビーン〘winged bean〙►四角豆

ウイング-ポンプ〘wing pump〙筒状のポンプの胴体の中で翼板をシーソー状に往復運動させて水を揚げる手動式ポンプ。羽根ポンプ。

ウィンケルマン〘Johann Joachim Winckelmann〙[1717〜1768]ドイツの美術史家・考古学者。古代ギリシャ美術の研究に努めた。著「古代美術史」。

ウィンザー〘Windsor〙英国ロンドンの西郊、テムズ川南岸にある都市。11世紀に創建された英国王室の離宮ウィンザー城がある。

ウィンザー-こう【ウィンザー公】《Duke of Windsor》英国王エドワード8世の退位後の称号。

ウィンザー-じょう【ウィンザー城】ジャウ《Windsor Castle》英国ロンドンの西郊の都市ウィンザーにある英国王室の離宮。テムズ川沿いの小高い丘にある。11世紀に建てられたウィリアム1世の居城に起源し、以降、歴代王により増改築が繰り返された。王室所蔵絵画があるステートアパートメント(公式諸間)、王室墓所があるセントジョージ礼拝堂、付属王立図書館がある。

ウィンザー-タイ〘Windsor tie〙主に子供用のネクタイの一種。黒いシルク製で帯状にバイアス(布目に対して斜め)裁ちし、その周囲を三つ折りで処理している蝶結びのもの。

ウィンザー-ノット〘Windsor knot〙ネクタイの結び方で、英国のウィンザー公の創案とされる太結びのこと。型崩れしないのが特徴。

ウイン-さんじゅうに〘Win32〙サンジフニ 米国マイクロソフト社のオペレーティングシステム、ウインドウズが実装する32ビットのマイクロプロセッサー用のAPI。

ウインズ〘WINDS〙《Wideband InterNetworking engineering test and Demonstration Satellite》►きずな

ウインズ〘WINS〙《もうけ・賞金の意》日本中央競馬会(JRA)の場外馬券売場のこと。

ウインズ〘WINS〙《Windows Internet name services》ウインドウズのネットワーク上で使用しているコンピューター名を、TCP/IPネットワーク上でも使用できるようにする機能。

ウインソック〘WinSock〙《Windows socketから》ウインドウズでTCP/IPを利用したアプリケーションソフトを開発するためのAPI。

ウインター〘winter〙冬。冬季。「—コート」

ウインター-スポーツ〘winter sports〙スキーやスケートなど、冬季に行われるスポーツ。
(類語)スキー・スケート・アイスホッケー

ウィンタートゥーア〘Winterthur〙►ウィンタートゥール

ウィンタートゥール〘Winterthur〙スイス北東部、チューリヒ州の都市。19世紀の産業革命期以降、同国の機械工業の中心地として発展。財を成した資本家が集めた美術・工芸品を所蔵する美術館が多いことで知られる。ウィンタートゥーア。

ウインター-ベースボール〘winter baseball〙中南米諸国やハワイで行われる野球のウインターリーグ。

ウインター-リーグ〘winter league〙冬季を中心に行われるスポーツのリーグ戦。

ウィンダウス〘Adolf Windaus〙[1876〜1959]ドイツの有機化学者。エルゴステロールに紫外線を照射するとビタミンDと同じ作用をもつ物質になることを発見。1928年、ノーベル化学賞受賞。

ウィンダミア〘Windermere〙英国イングランド北西部、カンブリア州の町。イングランド最大の湖であるウィンダミア湖の湖畔に位置する。隣接するボウネスと共に湖水地方南部の観光拠点として知られる。

ウィンダミア-こ【ウィンダミア湖】《Lake Windermere》英国イングランド北西部、カンブリア州、湖水地方にある湖。南北に細長い氷河湖で、幅1.6キロメートル、長さ17キロメートル。イングランド最大の面積をもつ。湖畔の主な町はウィンダミアとボウネス。

ウィンタム《和 wintumn 冬(winter)に着るシャツと秋(autumn)に着るスリップを一緒にしたものの意》スリップとシャツを組み合わせて一つにした、袖(そで)付きのスリップ。

ウインチ〘winch〙円筒形の巻き胴を回転させ、それにつけたロープや鎖などを巻き取ったり戻したりして重量物を上げ下ろしする機械。巻き上げ機。

ウィンチェスター〘Winchester〙米国人O=F=ウィンチェスターの創立した銃器会社製の銃器の総称。特に、連発銃の「モデル七三」は西部開拓時代に広く用いられたので有名。

ウィンチェスター〘Winchester〙英国南部、ハンプシャー州の都市。もとウェセックス王国の首都。14世紀創立のウィンチェスターカレッジがある。

ウィンチェスター-だいせいどう【ウィンチェスター大聖堂】ダイセイダウ《Winchester Cathedral》英国イングランド南部の都市ウィンチェスターにあるイギリス国教会の大聖堂。11世紀の創建。奥行き約170メートルもの身廊が14世紀末から16世紀にかけて建てられた。ゴシック様式だが、一部にノルマン様式が残る。女流作家ジェーン=オースティン、「釣魚大全(ちょうぎょたいぜん)」で知られる随筆家アイザック=ウォルトンの墓がある。

ウィンチクーム〘Winchcombe〙英国イングランド南西部、グロスターシャー州の町。コッツウォルズ地方の観光地の一。中世に羊毛の集散地として栄えた。ヘンリー8世の未亡人キャサリン=パーが晩年を過ごしたスードリー城があるほか、16世紀から17世紀に建てられた歴史的建造物が数多く残っている。

ウインテル〘Wintel〙米国マイクロソフト社のオペレーティングシステムであるウインドウズ(Windows)と、半導体メーカーである米国インテル社(Intel)の名からつくった造語。パソコン業界の寡占傾向を言い表した言葉。

ウィンデルバント〘Wilhelm Windelband〙[1848〜1915]ドイツの哲学者・哲学史家。カントの批判哲学を発展させ、新カント学派の中の西南ドイツ学派の創始者となった。著「近世哲学史」「哲学概論」。

ウインド〘wind〙❶風。❷吹奏楽器。管楽器。➡ウインドオーケストラ

ウインドウ〘window〙►ウインドー

ウインドウズ〘Windows〙米国マイクロソフト社が開発したオペレーティングシステムのシリーズ名。1992年にWindows 3.1、1995年にWindows 95が発売され、PC/AT互換機のオペレーティングシステムの業界標準として広く普及した。従来のMS-DOSと異なり、複数のアプリケーションソフトを同時に動かし、ディスプレーにウインドーという独立した作業領域を分割表示し、作業の並行やデータの相互交換などを行えるようになった。商標名。➡Windows XP ➡Windows Vista ➡Windows 7

ウインドウズ-アジュール-プラットホーム〘Windows Azure Platform〙米国マイクロソフト社が開発したクラウドコンピューティング向けのプラットホーム。マイクロソフトが提供するデータセンター(IDC)において、企業向けのウェブアプリケーションの開発プラットホームとして利用され、ホスティングサービスの運営管理などを行うことができる。

ウインドウズ-アップデート〘Windows Update〙米国マイクロソフト社のオペレーティングシステム、ウインドウズが搭載するシステム更新機能のこと。

ウインドウズ-エックスピー〘Windows XP〙米国マイクロソフト社が2001年に発売したパソコン向けのオペレーティングシステム。

ウインドウズ-キー〘Windows key〙米国マイクロソフト社のオペレーティングシステムを搭載したコンピューターのキーボードに配されているキーの一。このキーを押すと、アプリケーションソフトの起動、コンピューター本体の電源切断、ログアウトなどのメニューが表示される。

ウインドウズ-けいたい【ウインドウズ携帯】米国マ

イクロソフト社のスマートホンやPDA向けのオペレーティングシステムである、ウインドウズモバイルを搭載した多機能電話の通称。同社のオペレーティングソフトを搭載するパソコンとのデータの連携・共有に向く。

ウインドウズ-さんてんいち〖Windows 3.1〗米国マイクロソフト社が1992年に発売したパソコン向けのオペレーティングシステム。

ウインドウズ-セブン〖Windows 7〗米国マイクロソフト社が2009年に発表したパソコン向けのオペレーティングシステム。同社の製品、Windows Vistaの後継にあたる。メモリー消費の効率化と動作の軽快さを目指したほか、新たにタッチスクリーンなどのユーザーインターフェースを導入。

ウインドウズ-ビスタ〖Windows Vista〗米国マイクロソフト社が2006年に発売したパソコン向けのオペレーティングシステム。同社の製品、Windows XPの後継にあたる。

ウインドウズ-メディアビデオ〖Windows Media Video〗▶ダブリュー-エム-ブイ(WMV)

ウインドウズ-メディアプレーヤー〖Windows Media Player〗米国マイクロソフト社が提供する、動画や音声などのマルチメディアコンテンツを再生するためのソフトウエア。商標名。

ウインドウズ-モバイル〖Windows Mobile〗米国マイクロソフト社が開発したスマートホン(多機能携帯電話)・PDA向けのオペレーティングシステム。従来はポケットPCという名称だったが、2003年より携帯電話向けのものと統合されて現名称となった。

ウインドウズ-ライブ-ホットメール〖Windows Live Hotmail〗米国マイクロソフト社が提供するウェブメールのサービス。従来のMSNホットメールの後継に当たる。ホットメール。

ウインドー〖window〗《「ウインドウ」とも》❶窓。❷「ショーウインドー」の略。❸コンピューターで、ディスプレー上に窓のように置かれる矩形状の独立した表示領域。それぞれの表示領域を、異なるアプリケーションソフトの操作画面として使うことができる。WindowsやマックOSなどの、GUI方式のオペレーティングシステムの多くが、この機能を採用している。

ウインドー-ウオッシャー《和 window+washer》自動車の前窓の洗浄装置。ウインドークリーナー。

ウインド-オーケストラ〖wind orchestra〗《windは、管楽器の意》吹奏楽団。ブラスバンド。

ウインドー-ショッピング〖window-shopping〗ショーウインドーなどに陳列されている品物を見て歩いて買い物気分を楽しむこと。

ウインドー-ディスプレー〖window display〗ショーウインドーで行う商品の陳列。

ウインドー-ドレッシング〖window dressing〗❶陳列窓の飾り付け。❷粉飾決算。または、粉飾預金。

ウインドー-ピリオド〖window period〗エイズウイルスの感染後、検査をしても6〜8週間は感染を証明できない期間のこと。空白期間。

ウインドー-ファン《和 window+fan》窓に取り付ける換気扇型の冷房装置。外気を取り入れて室内を涼しくする。

ウインドー-ペーン〖windowpane〗窓枠のような単純な格子模様。

ウインドーレス-ケージ《和 windowless+cage》温度・湿度・照明などの環境条件を人工的に管理する、窓のない畜舎。

ウインド-クラスト〖wind crust〗登山・スキー用語。強い風の影響を受け、かたく凍結した雪面。

ウインドサーフィン〖windsurfing〗サーフボードに三角帆を張り、風を利用して一人で水上を帆走するスポーツ。1970年に米国で考案されたもの。ボードセーリング。

ウインド-シア〖wind shear〗風の断層。水平または垂直方向に、風向または風速の差があること。一般的に前線面またはジェット気流の周囲に発生し、後者を晴天乱気流とよんでいる。ウインドシャー。

ウインドシールド-ワイパー〖windshield wiper〗自動車・鉄道車両・航空機・船舶などで、前窓に付いた雨滴・雪などを除去して視界を保つ窓拭き機。

ウインド-シャー〖wind shear〗▶ウインドシア

ウインド-ジャンパー〖wind jumper〗防風・防寒用のジャンパーの一種で、裾や袖口に伸縮性のあるニット地を用いたもの。

ウインド-スクリーン〖wind screen〗❶マイクロフォンの先端に取り付けるスポンジ状のキャップ。マイクロフォンに風が当たって発生する雑音を防止する。❷《windscreen》自動車の風防ガラス。

ウインド-パーク〖wind park〗風力発電用のタービン(風車)が一面に敷きつめられた地域。

ウインドブレーカー〖Windbreaker〗スポーツ用の防風・防寒ジャンパー。商標名。

ウインドミル〖windmill〗❶風車。かざぐるま。❷ソフトボールの投球法の一。頭上にあげた腕を後方に向かって素早く大振りし、下からすくいあげるように投げる。

ウインドヤッケ〖ドイツ Windjacke〗防風・防寒用のフード付きの上着。登山・スキー用など。ヤッケ。

ウインド-ローズ〖wind rose〗▶風配図

ウィンナ〖Vienna〗《「ウインナ」とも》❶「ウィンナコーヒー」「ウィンナソーセージ」の略。❷多く複合語の形で用い、ウィーン風の、の意を表す。

ウィンナ-コーヒー〖Vienna coffee〗泡立てた生クリームを浮かせた濃いコーヒー。ウィーン風コーヒー。

ウインナ-シュニッツェル〖ドイツ Wiener Schnitzel〗子牛肉のウィーン風カツレツ。子牛肉の薄切りにパン粉をつけてバターで焼き、アンチョビー・ケーパー・レモンなどを添える。

ウィンナ-ソーセージ〖Vienna sausage〗羊・山羊の腸にすりつぶした肉を詰めた小形のソーセージ。ウィーンで作り始められたという。

ウィンナ-ワルツ〖Vienna waltz〗19世紀の初めウィーンで生まれたテンポの速いワルツ。ヨゼフ=ランナー、ヨハン=シュトラウス父子らにより確立された。

ウィンパー〖Edward Whymper〗[1840〜1911]英国の登山家・挿絵画家。1865年にアルプスのマッターホルンの初登頂に成功。耐風性に優れたウィンパーテントを考案。著「アルプス登攀記」など。

ウィンプ〖wimp〗無能な人。弱虫。腰抜け。

ウィンプ〖WIMP〗《weakly interacting massive particles》ほかの物質との相互作用をほとんど起こさない、重い質量をもつ未知の粒子の総称。宇宙の大半の質量を占めると考えられる暗黒物質のうち、質量エネルギーに比べ運動エネルギーが小さい冷たい暗黒物質の一種とされ、超対称性粒子であるニュートラリーノのほか、アクシオンやヒッグス粒子が候補に挙がっているが、いずれも未発見。日本のXMASS実験をはじめ、これらの未知の粒子を観測する精密な実験が進められている。

ウィンブルドン〖Wimbledon〗英国、ロンドン南西部の地名。全英テニス選手権大会の開催地。➡ウィンブルドンテニス大会

ウィンブルドン-テニスたいかい【ウィンブルドンテニス大会】全英テニス選手権大会の通称。毎年ロンドン郊外のウィンブルドンで開催されることからこの名がある。1877年に第1回が開催された世界最古のテニス大会で、選手の服装は白色に限定するなど、伝統と格式が重んじられる。コートは天然芝を使ったグラスコート。全豪オープン、全仏オープン、全米オープンとともに世界四大テニス選手権大会の一。全英オープン。

ウィンブルドン-ほうしき【ウィンブルドン方式】金融ビッグバン後、英国の金融機関が次々と海外金融機関に買収されたことをさす。自国開催ながら英国選手がなかなか活躍できないテニス大会になぞらえていったもの。➡ウィンブルドンテニス大会

ウー【五】《中国語》数のご。いつつ。

う・う【飢う】〘動ワ下二〙「う(飢)える」の文語形。

う・う【植う】〘動ワ下二〙「う(植)える」の文語形。

うう〘感〙理解や承諾・納得などの意を表す語。うん。「―、孫どもが、おれに薬をくれて、若うないて、使はうと言ふか」〈虎清狂・薬水〉

ウーサイ〖Bernardo Alberto Houssay〗[1887〜1971]アルゼンチンの生理学者。脳下垂体前葉ホルモンと糖代謝について研究。1947年、ノーベル生理学医学賞を受賞。ウッセイ。ウサイ。

ウーシャンフェン【五香粉】《中国語》中国の混合香辛料。5種(桂皮・八角・さんしょう・クローブ・フェンネルが代表的)の香辛料を粉末にして配合する。

ウースター-ソース《Worcestershire sauce から。「ウスターソース」とも》野菜や果物の搾り汁や煮だし汁に、砂糖・酢・食塩や香辛料を加えて調整し、カラメルなどを加えて茶褐色にした液体調味料。英国の旧ウースターシャー州で創製。ソース。

ウーステッド〖worsted〗梳毛糸で平織り・綾織りなどに織った生地の総称。背広やオーバー用。英国南東部のウーステッドで初めて作られた。

ウーゾ〖ouzo〗ブドウの皮を材料にした、ギリシャ特産の蒸留酒。アニスの実で味をつける。

ウーゾー〖フランス houseaux〗細身で脚にぴったりフィットしたタイツ型の女性用パンツのこと。

ウーダン〖フランス houdan〗フランスのウーダン地方原産の鶏の品種。羽はふつう黒地に白斑がある。卵肉兼用種。

ウード〖アラビア ʻūd〗アラブ諸国で用いる撥弦楽器。半球形の胴に棹が付き、8〜14本の弦を2本ずつ同音に調弦し、鳥の羽の軸ではじいて演奏する。アラブ音楽の中心的楽器で、リュート・琵琶と同系といわれる。

ウードン〖Jean-Antoine Houdon〗[1741〜1828]フランスの彫刻家。端正な形式美と性格描写とによる肖像彫刻の傑作を残した。

ウーハー〖woofer〗《犬のうなり声の意から。「ウーファー」とも》スピーカーユニットで、低音専用のスピーカー。➡スコーカー ➡ツイーター

ウーパー-ルーパー《和 wooper+looper》▶アホロートル

ウーファー〖woofer〗▶ウーハー

ウーマン〖woman〗女性。婦人。「キャリアー」⇔マン。〘類語〙女・女性・女子・婦女・婦女子・おなご・おみな・たおやめ・あま・女史・雌・婦人・女人・女人

ウーマン-パワー《和 woman+power》女性が結束して行うさまざまな活動。また、その影響力。

ウーマン-リブ《和 woman+lib》1960年代後半から欧米を中心として盛んになった、女性であるために受ける差別と、それを支えている社会の意識の変革を目指す女性解放運動。〘補説〙英語ではWomen's Libで、Libはliberation(解放の意)の短縮形。

ウーミン〖womyn〗女性。女。ウーマン(woman)、ウイメン(women)から「男(man, men)」を取り去ろうと、アメリカのウーマンリブ運動家が提唱したもので、1970年代後半から使われだした語。

ウーラント〖Ludwig Uhland〗[1787〜1862]ドイツの詩人。後期ロマン派に属し、民謡風の詩やバラードを作った。作「良き戦友」など。

ウーリー-かこう【ウーリー加工】《ウーリーは、woolly》綿糸などに、羊毛に似た感触・弾力などを与える加工法。また、合成繊維のフィラメント(長繊維)に、その性質を利用して本来の糸のままでは得られない伸縮性・保温性・ふくらみを与える加工法のこと。

ウーリー-ナイロン〖woolly nylon〗ナイロンの繊維を熱で加工し、毛織物のような感触をもたせたもの。下着や靴下などに用いる。

ウール〖wool〗❶羊・アルパカ・アンゴラ・ラクダなどの毛。羊毛をさすことが多い。❷毛織物。

ウールマーク〖woolmark〗オーストラリアン-ウール-イノベーション(AWI)とマークの使用許諾契約を結んだ業者の純毛製品のみにつけられる世界共通マーク。99.7パーセント以上の新毛率など一定基準に達していることを証明する。

ウーレンベック〖George Eugene Uhlenbeck〗[1900〜1988]米国の理論物理学者。ミシガン大教授。オランダ領ジャカルタ生まれ。ハウトスミットととも

う

に、原子スペクトルの二重項を電子スピンの概念によって説明した。β崩壊に関する研究もある。

ウーロン-ちゃ【烏竜茶】《「ウーロン」は中国語》中国福建省や台湾などの特産の半発酵茶。生葉を発酵途中で釜煎(かまい)りをし、よくもんだのち乾燥させる。いれた茶は紅茶に似るが、緑茶の風味をとどめる。

ウーロン-ハイ【烏竜ハイ】《「ウーロン」は中国語》ウーロン茶で割った焼酎。補説 本来「ハイ」は「ハイボール(ウイスキーなどの炭酸割り)」の略。「ウーロン酎ハイ」の略と考えるべきか。

ううん〔感〕❶言葉がすぐ出てこないときに発する語。ええと。「一、何だっけ」❷感動を覚えたとき、また苦しんだり力んだりしたときに発する語。「一、みごとだなあ」「一、もうだめだ」❸相手の言葉を打ち消すときの語。いや。「一、まだ来ていないよ」

うえ【上】うへ ㊀〔名〕❶位置関係で、基準とするものより高い方、高い所をいう。㋐立体的に見て、高い所。高い場所。「一段一に上る」⇔下(した)。㋑紙などの平面で、縦の方向で自分より遠くに離れている所。「横線より一にある点」⇔下(した)。㋒室内。座敷。「一におあがり」㋓順序から見て、連続する先の部分。「一に述べた事柄は…」㋔音の高い部分。「一の音が出ない」⇔下(した)。❷物の表面。「雪の一を滑る」❸外側。「上着の一にコートを着る」⇔下(した)。❹程度・地位・年齢・能力・数量などが勝っていること。また、その人。「成績が僕より一だ」「二歳一の人」「一からの指示」「一の学校に進む」⇔下(した)。❺ある物事に関すること。「仕事の一で苦労が多い」「酒の一の失敗」「帳簿の一では黒字だ」❻ある事柄と他の事柄とを関係させていう時に用いる。㋐…に加えて。「ねだんが安い一に、品質が優れている」㋑…したのち。…した結果。「相談した一で返事する」「知的探検家の努力の一に現代科学は築かれている」㋒…するため。「勉学を続けて行く一に必要な学費」㋓(「うえは」の形で)…からには。「かくなる一はやむをえない」❼高い地位を占めている場所、または人々。㋐高貴な人、特に主上の御座所に近い所。禁中。殿上(てんじょう)の間。「一にさぶらふをのこども歌奉れと仰せられける時に」〈古今・秋上・詞書〉㋑主上。天皇。後世では将軍・大名をもさす。「一も聞こしめし、めでさせ給ふ」〈枕・二三〉㋒貴婦人。特に奥方。「離れ給ひし元の一は」〈竹取〉❽付近。ほとり。「石(いは)走る垂水(たるみ)の一のさわらびの萌え出づる春になりにけるかも」〈万・一四一八〉㊁〔接尾〕❶名詞に付いて、自分または相手の目上の近親者に対する尊敬の意を表す。現代では、手紙やあらたまった場合などに用いる。「父一様」「姉一」❷貴人の妻の呼び名に付いて、尊敬の意を表す。「紫の一にも御消息ことにあり」〈源・若菜上〉❸目上の人を表す語に付いて、尊敬の意を表す。「故院の一の、今際(いま)のきざみにあまたの御遺言ありし中に」〈源・若菜上〉

下接 兄上・姉上・雲の上・此(こ)の上・坂上・其(そ)の上・父上・年上・母上・真上・身の上・目上・床上

類語 上方・高み・上(かみ)・上手(かみて)

上から目線(めせん)　俗に、人に対して露骨に見下した態度を取ること。また、組織の上の者が下のことを理解しないで考えを押しつけること。

上に立(た)・つ　集団のなかにあって、人を指導する立場にある。「一・つ者がしっかりするべきだ」

上には上がある　最高に優れていると思っても、さらに優れたものがある。うぬぼれや欲望を戒める言葉。

上見ぬ鷲(わし)　鷲は他の鳥を恐れず、警戒のために空を見上げる必要がない。何も恐れはばからぬさまをいう。上見ぬ鷹(たか)。

上よ下よ　「上を下へ」に同じ。

上を下へ　《上のものを下にし、下のものを上にする意から》入り乱れて混乱するさま。「一の大騒ぎ」補説 文化庁が発表した平成18年度「国語に関する世論調査」では、本来の言い方である「上を下への大騒ぎ」を使う人が21.3パーセント、間違った言い方「上や下への大騒ぎ」を使う人が58.8パーセントと、逆転した結果が出ている。

上を行・く　他人より一段まさるようにふるまう。また、他よりまさっている。「販売力で一・く」

うえ【飢え・▽餓え・×饑え】うゑ ❶飢えること。飢えた状態。空腹。飢餓。「一と寒さ」❷望み求めているものが満たされない苦しみ。「心の一をいやす」

類語 飢餓・干乾(ひぼ)し

うえ【×筌】うゑ 魚をとる道具。竹を筒状または底のない徳利状に編んだもの。うけ。

ウエア〖wear〗衣類。「スキー一」

ウエアハウス〖warehouse〗倉庫。商品の保管所。また、卸売店・問屋をいう。

ウエアラブル〖wearable〗〔形動〕身につけられるさま。着用できるさま。「一コンピューター」

ウエアラブル-コンピューター〖wearable computer〗腕時計や衣服のように身につけて使用するコンピューターのこと。

ウエイ〖way〗▶ウエー

ウェイクボード〖wakeboard〗▶ウエークボード

ウェイズ〖WAIS〗《wide area information servers》インターネットを通じて複数のデータベースの情報を提供するシステム。

ウェイスト〖waste〗▶ウエスト

ウエイター〖waiter〗▶ウエーター

ウエイティング〖waiting〗▶ウエーティング

ウエイト〖weight〗▶ウエート

ウエイトレス〖waitress〗▶ウエートレス

ウェイン〖John Wayne〗[1907〜1979]米国の映画俳優。西部劇でハリウッドに一時代を画した。出演作「駅馬車」「静かなる男」「アラモ」など。

うえ-うえ【上上】うへうへ 高貴な身分の人々。「さりとは口惜しき下々の心底なり。一には仮にもなき事ぞかし」〈浮・五人女・二〉

ウエウエテナンゴ〖Huehuetenango〗グアテマラ西部の都市。標高1900メートル以上の高原にある。ウエウエテナンゴ県の県都。住民の多くはマヤ系先住民のマム族。近郊にマム族の中心地だった古代都市遺跡、サクレウ遺跡がある。

ウエー〖way〗《「ウエイ」とも》❶道。道路。「ハイ一」「ドライブ一」❷方式。手段。「スリー一スピーカー」

ウエーク-アップ〖wake-up〗目覚めること。起床。

ウエークアップ-コール〖wake-up call〗❶ホテルのモーニングコール。❷警戒を促すために鳴らす鐘。警鐘。

ウェーク-とう【ウェーク島】タウ《Wake》太平洋北西部の島。面積8平方キロメートル。米国領で、軍事上の要地。第二次大戦中、日本軍が占領して大鳥島(おおとりしま)と呼んだ。ウェーキ島。

ウエークボード〖wakeboard〗《「ウェイクボード」とも》スノーボード状の板に乗り、モーターボートに引かれて水面を滑り、ボートの引き波に乗って楽しむスポーツ。

ウェーゲナー〖Alfred Lothar Wegener〗[1880〜1930]ドイツの気象・地球物理学者。1912年に大陸移動説を提唱。3回にわたりグリーンランドを探検し、遭難死。著「大陸と海洋の起源」。ウェゲナー。

ヴェーダ〖梵 Veda〗▶ベーダ

ウエーター〖waiter〗《「ウエイター」とも》レストラン・喫茶店などの男性の給仕人。ボーイ。⇔ウエートレス。

類語 給仕・ウエートレス・ボーイ・ギャルソン・女給

ウエーダー〖wader〗《水の中を歩いて渡る人の意》川の中で釣り人が着用する、靴とつながった防水ズボン。

ウエーティング〖waiting〗《「ウエイティング」とも》❶待つこと。「一サークル」「一バー」❷野球で、打者がなるべく打たずに四球や相手投手の疲れをねらう攻撃法。❸予約や申し込みなどがいっぱいの場合、その順番が来るのを待つこと。「一リスト」

ウエーティング-サークル《和 waiting+circle》野球で、次の打者が待機する区画。本塁の左右斜め後方に1個ずつ、直径1.52メートルの円形で示される。補説 英語では next batter's circle

ウエーデルン〖ドイツ wedeln〗《尾を振る意》スキーで、連続的に小さく回転しながら滑降すること。また、その技術。

ウエート〖weight〗《「ウエイト」とも》❶重量。目方。体重。特に、ボクシング・レスリング・柔道・ウエートリフティングなどの階級にいう。❷おもり。特に、トレーニングのために身につけるおもり。「一ジャケット」❸重要度。重点。「大きな一を占める」「趣味に一を置く」❹「ウエートベルト」の略。

類語 重さ・重量・目方・重み・体重・重心

ウェード〖Thomas Francis Wade〗[1818〜1895]英国の外交官・中国語学者。中国語の漢字音をローマ字で表記する「ウェード式ローマ字表記法」を考案。

ウエート-ジャケット〖weight jacket〗陸上競技のトレーニングのために、おもりをつけてわざと重くしたジャケット。

ウエート-トレーニング〖weight training〗筋力や持久力アップのための練習法。バーベルや鉄アレイなどを使う。重い器具の代わりに油圧や空気圧を利用した器具を使用することもある。

ウエート-ベルト〖weight belt〗スキンダイビングなどで、バランスをとるために使う、おもりを入れたベルト。ウエート。

ウエートリフティング〖weightlifting〗重量挙げ。

ウエートレス〖waitress〗《「ウエイトレス」とも》レストラン・喫茶店などの女性の給仕人。⇔ウエーター。

類語 給仕・ウエーター・ボーイ・ギャルソン・女給

ウェーバ〖weber〗国際単位系(SI)の磁束の単位。1回巻きの閉回路を貫く磁束が、一様に減少して1秒後に消滅するとき、その閉回路に1ボルトの起電力を生じさせる磁束。名称はW=E=ウェーバーにちなむ。記号Wb

ウェーバー〖Carl Maria von Weber〗[1786〜1826]ドイツの作曲家。ドイツの国民的ロマン主義オペラを確立。指揮棒を使って指揮をした最初の一人。代表作「魔弾の射手」など。

ウェーバー〖Max Weber〗[1864〜1920]ドイツの社会学者・経済史家。近代社会科学方法論の確立者であり、宗教と社会との関係を論じた第一人者。特に著「プロテスタンティズムの倫理と資本主義の精神」は有名。思想家アルフレッド=ウェーバーはその弟。

ウェーバー〖Weber〗㊀(Ernst Heinrich 〜)[1795〜1878]ドイツの生理・解剖学者。皮膚感覚などを研究し、ウェーバーの法則を発見。㊁(Wilhelm Eduard 〜)[1804〜1891]ドイツの物理学者。㊀の弟。ガウスと共同研究し、地磁気を計測。電磁気理論を開拓。

ウエーバー〖waiver〗《権利放棄の意》❶WTO(世界貿易機関)の例外規定で、自由化義務の免除。❷プロ野球球団で、支配下選手の保有権を放棄しようとするとき、放棄に先立ち、他球団に譲渡を希望するか否かを公示すること。ウエーバー公示。➡ウエーバー方式

ウエーバー-こうじ【ウエーバー公示】《waiverは権利放棄の意》「ウエーバー❷」に同じ。

ウェーバー-せん【ウェーバー線】オランダの生物学者M=ウェーバーが提唱した動物地理学上の境界線。ティモール島の東からモルッカ海峡を抜けて太平洋に至る線で、ウォーレス線より東とするもの。

ウェーバー-の-ほうそく【ウェーバーの法則】ハフソク 刺激を与えたとき、その違いを知覚できる弁別閾は、刺激の強さに比例するというもの。重さや明るさなどの感覚についていわれ、ドイツの生理学者E=H=ウェーバーが発見。

ウエーバー-ほうしき【ウエーバー方式】ハウシキ《waiverは権利放棄の意》プロスポーツの、新人選手指名制度の一。その年の下位のチームから順に選手を指名していくもの。チームは指名した選手との独占交渉権を得るため、他チームとの競合は起こらない。日本プロ野球のドラフト制で部分的に、また米国メジャーリーグやNFLなどで全面的に採用されている。

ウェーブ〖WAV〗《wave-form audio format》▶ウェブファイル

ウエーブ〖wave〗〔名〕スル ❶波。波動。❷電波・音波

などの波。「マイクロ—」❸頭髪などが波打つような形になっていること。また、その波形。「軽く—した前髪」❹競技場の観客席などで、両手を上げて立ち上がっては座る動作を、縦の列ごとに順々に行い、遠見に波の動きに見せるもの。

ウエーブス〖WAVES〗《Women Accepted for Volunteer Emergency Service》米国海軍婦人部隊。また、海上自衛隊の女性自衛官。

ウェーブ-ファイル【WAVEファイル】《WAVE file》►ウェブファイル

ウェーベルン〖Anton von Webern〗[1883～1945]オーストリアの作曲家。シェーンベルクに私淑し、無調主義音楽を主張、十二音技法を採用した。代表作「交響曲」「ピアノ変奏曲」。

ウェーラー〖Friedrich Wöhler〗[1800～1882]ドイツの化学者。尿素の合成に成功、無機物から有機物を人工的に合成できることを初めて示した。著「無機化学の基礎」「有機化学の基礎」など。

ウェーリー〖Arthur David Waley〗[1889～1966]英国の東洋文学研究者。源氏物語・枕草子・論語など日本・中国の古典の翻訳を多く残した。

ウエール〖wale〗織物の畝のこと。また編み地における編み目の縦方向のループの並びのこともいう。

ヴェール〖veil〗►ベール

ウェールズ〖Wales〗英国、グレートブリテン島南西部の半島状の地方。中心都市カーディフ。もとケルト人の国があったが、1284年イングランドに併合し、イングランドの皇太子はプリンス-オブ-ウェールズと名のる習慣となった。南部では石炭を産し、製鉄などの工業が発達。

ウェールズ-ご【ウェールズ語】インド-ヨーロッパ語族のケルト語派に属する言語。英国のウェールズ地方で話されている。➡ケルト語派

うえ-がみ【植(え)髪】植毛・付け髪・かつらなどの総称。

うえ-き【植木】庭や鉢などに植えてある木。また、植えるための木。

うえき-いち【植木市】庭木・盆栽・草花などを商う市。(季 春)

うえき-えもり【植木枝盛】[1857～1892]自由民権論者。土佐の人。板垣退助をたすけ、国会開設に尽力。急進的な私擬憲法「東洋大日本国国憲按」を起草。著「民権自由論」「天賦人権弁」など。➡自由民権論

うえき-ざん【植木算】算数の四則応用問題の一例。等間隔に並んだ植木などで、木の本数、木と木との間隔、全体の距離の三つのうち二つを与えて、残りの一つを求める法。

うえき-ばち【植木鉢】植木や草花を植える鉢。

うえき-ひとし【植木等】[1927～2007]俳優・歌手・コメディアン。愛知の生まれ。昭和32年(1957)コミックバンド「ハナ肇とクレージーキャッツ」に参加。テレビ番組「シャボン玉ホリデー」や映画「ニッポン無責任時代」などに出演し人気を集める。また、青島幸男作詞の「スーダラ節」「ドント節」「無責任一代男」「ハイそれまでョ」など、多くのコミックソングをヒットさせた。平成5年(1993)紫綬褒章受章。

うえき-むろ【植木室】寒さに弱い植木を保護したり、花を早く咲かせたりするための温室。

うえき-もん【右掖門】平安京内裏の門の一。承明門の西、安福殿の南にあり、左掖門に対する。

うえき-や【植木屋】植木の栽培・販売や、造園・手入れなどを職業とする人。また、その職業。植木職。(類語)庭師・園丁

うえ-ぐさ【植ゑ草】生えている草。「大河原の—海処はいさよふ」〈記・中・歌謡〉

うえくさがくえん-だいがく【植草学園大学】千葉市にある私立大学。平成20年(2008)に開学した。

ウェゲナー-にくがしゅしょう【ウェゲナー肉芽腫症】《Wegener's granulomatosis》副鼻腔炎(蓄膿症)のような症状に引き続き、肺炎・腎炎・血管炎など多彩な異常をきたす進行性の腫瘍性疾患。予後不良の疾患とされていたが、早期に免疫抑制剤・副腎皮質ステロイド剤などによる免疫抑制療法を行うことで予後が改善し、寛解する場合もある。(補説)医学では肉芽腫は「にくげしゅ」という。

うえ-ごえ【植(え)肥】苗を植えつけるときに、根回りに施す肥料。

うえ-こみ【植(え)込み】植え込むこと。特に、庭などで草木を多く植え込んだ所。「—の陰に隠れる」

うえこみがた-じょさいどうき【植(え)込み型除細動器】心室頻拍や心室細動など頻脈性不整脈の治療のため患者の体内に植え込まれる小型の医療装置。ICD(Implantable Cardioverter-Defibrillator)。➡自動体外式除細動器 (補説)ICDはチタン製の本体と1本または複数のリード線から構成される。本体には電子回路・電池・コンデンサーなどが内蔵され、通常は患者の左胸上部の皮下に植え込まれる。リード線は鎖骨下の静脈から挿入し、心室内の適切な位置に留置される。このリードを通じて心臓の動きを常時監視し、致死性の不整脈を感知すると、適切な電気ショックを発生させ心臓の拍動を正常なリズムに戻す。電池が消耗するため5～10年ごとに手術をして交換する必要がある。ICDを植え込んだ患者は、通常3～6か月ごとに定期健診を受け、プログラマーと呼ばれる装置によって体外からICD内の電子回路と交信し、発作時の動作記録や電池残量などを確認する。ICDには徐脈性不整脈を治療するペースメーカーの機能も搭載されている。また、左右の心室にほぼ同時に電気ショックを与える機能を搭載したCRT-D(Cardiac Resynchronization Therapy Defibrillator)と呼ばれる装置もあり、重症の心不全の治療などに用いられる。

うえこみ-ボルト【植(え)込みボルト】両端に雄ねじが切られていて、その一方を機械の本体などに植え込んで用いるボルト。他端に他の部品を取り付ける。

うえ-こ・む【植(え)込む】〔動マ五(四)〕❶草木などを土の中にしっかり植える。「ツツジを—・む」❷ある物を、他の物の中にしっかりとはめ入れる。「ボルトを基礎に—・む」

ウエザー〖weather〗天気。天候。気象。「—マップ」

ウエザー-オール-コート《和 weather＋all＋coat》晴雨兼用外套。合コートとレーンコートとを兼ねる。ウエザーオール。(補説)英語ではall-weather coat

ウエザー-キャスター〖weathercaster〗テレビやラジオの天気予報担当アナウンサー。

ウエザー-キャスト〖weathercast〗テレビやラジオの天気予報。

ウエザーコック〖weathercock〗風見鶏。転じて、言動に節操のない人。

ウエザー-ストラップ〖weather strap〗コートの襟元や袖口などについているベルトのこと。風の強いときや寒いときに、それらをしめるのに用いる。

ウエザー-ミニマム〖weather minimum〗航空機が安全に飛行場に離着陸できる気象限界。雲底高度と視程の最小値で示される。その値は飛行場、航空機の条件、操縦士の技量により異なる。資格取得後1か月未満の機長に対しては安全のため倍の値が要求され、その限界をダブルミニマムという。

うえ-さねみち【上真行】[1851～1937]雅楽家。京都の人。唱歌「一月一日(年の始)」の作曲者。

うえ-さま【上様】❶天皇・将軍など、高貴な人の敬称。おかみ。❷領収書などで、相手の名前の代わりに書く語。じょうさま。

うえ-ざま【上様｜上▽方】上のほう。上部。「衣—にひきかへしなどしたるもあり」〈枕・一二〇〉

うえ-じ【植(え)字】活字を組んで版にすること。また、その活字。しょくじ。

うえ-した【上下】❶位置・場所などの上と下。じょうげ。「書棚の—を入れ替える」❷(「うえしたになる」の形で)上と下が逆になる状態。さかさま。「揺れて積み荷が—になる」❸身分の上下。また、身分の上の者と下の者。官と民。〈日葡〉

(類語)動く・反対・逆さ・逆様・逆さま・あべこべ・裏腹・裏返し・裏表・右左・後ろ前

上下になる ►上下❷

うえ-じに【飢(え)死に｜▽餓え死に】〔名〕スル 飢えて死ぬこと。餓死。「飢饉で—する」(類語)餓死

うえじ-ばん【植(え)字版】►活版

う-えじふ【右▽衛士府】左衛士府とともに宮城の警衛などをつかさどった役所。➡衛士府

うえじま-おにつら【上島鬼貫】[1661～1738]江戸中期の俳人。摂津国伊丹の人。名は宗邇。通称、与惣兵衛。別号、仏兄・槿花翁など。伊丹派の中堅として活躍。俳論「独ごと」、句文集「仏兄七久留万」など。

うえ-しろ【上白】襲の色目。表を白にしたもの。

うえ-しろ【植(え)代】田植えの直前に行う代掻き。荒代・中代の次に行う作業。植代掻き。

ウエス《wasteから》機械の油ふきなどに用いる布。

うえ-すがた【上姿】公家が殿上にいるときの姿。直衣を着用した姿。(対)下姿。

うえすぎ-うじのり【上杉氏憲】►上杉禅秀

うえすぎ-かげかつ【上杉景勝】[1555～1623]安土桃山時代の武将。上杉謙信の養子。豊臣秀吉に仕え、会津若松120万石の領主、五大老の一人となった。関ヶ原の戦いで徳川家康に敗れ、出羽米沢30万石に移封。

うえすぎ-けんしん【上杉謙信】[1530～1578]戦国時代の武将。越後守護代長尾為景の子。初め景虎・政虎、のち輝虎。永禄4年(1561)上杉憲政から譲られて関東管領となり、上杉氏を名のった。謙信は法名。北条氏康と争っての小田原攻め、武田信玄との川中島の戦いなどを経て織田信長と対立したが、業半ばで病死。

うえすぎ-さだまさ【上杉定正】[1443～1494]室町中期の武将。扇ヶ谷上杉持朝の子。太田道灌に補佐されて兵威を振るったが、上杉顕定の中傷を信じて道灌を暗殺。のち顕定との戦いの陣中で死亡。

うえすぎ-しんきち【上杉慎吉】[1878～1929]憲法学者。福井の生まれ。東大教授。君権絶対主義を唱え、天皇機関説の美濃部達吉と論争。のち、右翼団体を指導。著「新稿憲法述義」など。

うえすぎ-ぜんしゅう【上杉禅秀】[?～1417]室町前期の武将。関東管領。本名、氏憲。禅秀は法名。応永23年(1416)鎌倉公方足利持氏にそむき、敗れて自殺(上杉禅秀の乱)。

うえすぎ-のりあき【上杉憲顕】[1306～1368]南北朝時代の武将。関東管領、伊豆・上野・越後守護。山内上杉氏の祖。観応の擾乱で足利直義に与して高師冬を亡ぼすが、足利尊氏と戦って敗れた。

うえすぎ-のりざね【上杉憲実】[1410～1466]室町中期の武将。関東管領。将軍足利義教と鎌倉公方足利持氏の調停に努力したが、持氏と不和となった。永享の乱で持氏が死んだのち伊豆の国清寺で出家、諸国を行脚した。学芸を好み、足利学校を再興。

うえすぎ-のりまさ【上杉憲政】[?～1579]戦国時代の武将。関東管領。北条氏康に攻められて長尾景虎(上杉謙信)を頼り、上杉の姓と関東管領職を景虎に譲った。

うえすぎ-ようざん【上杉鷹山】[1751～1822]江戸中期の米沢藩主。日向高鍋藩主秋月種美の二男。上杉重定の養子。名は治憲。倹約・殖産興業政策などで、藩政改革に努めた。

ウェスタ〖Vesta〗ローマ神話で、竈の女神。その神像はなく、火が崇拝の対象であった。また国家の竈の神でもあり、神殿をもっていた。ギリシャ神話のヘスティアにあたる。ベスタ。

ウェスターマーク〖Edward Alexander Westermarck〗[1862～1939]英国の社会学者。フィン

ランド生まれ。原始社会、特に婚姻・家族制度・道徳などの研究によって知られる。著「人類婚姻史」など。

ウエスタン〘western〙《西の、西方の、の意》❶西部劇。❷《「ウエスタンミュージック」の略》米国西部開拓者たちの生活から生まれた音楽。ウエスタン音楽。

ウエスタン-グリップ〘Western grip〙テニスで、ラケット面を地面と水平にし、真上から握る握り方。軟式で使う。米国西部で多く用いたところからの名。

ウエスタン-タイ〘Western tie〙細いひも状のネクタイのこと。前で蝶結びにしたり、結ぶかわりに石や金属の留め具で留めたりする。米国西部のカウボーイたちがよく付けていたことからの名。

ウエスタン-ブーツ〘Western boots〙米国西部を発祥とする乗馬用の靴。普通、トーが尖り、アッパー全面に彫り模様がある。カウボーイブーツ。

ウエスタンブロット-ほう【ウエスタンブロット法】《Western blot technique》抗原をゲル電気泳動法で展開したのち、標識化した抗体を結合させて抗原の検出を行う方法。エイズウイルス確定検査に使われる。

ウエスタン-リーグ〘Western League〙プロ野球のセントラル・パシフィック両リーグのうち、名古屋以西に本拠をもつチームの二軍で結成するリーグ。⇔イースタンリーグ。

ウエスタン-ロール〘western roll〙走り高跳びの跳び方の一。背を下にしてバーを跳び越える。ロールオーバーからの変形。

ウェスティングハウス〘George Westinghouse〙[1846～1914]米国の技術者・実業家。総合電気メーカー、ウェスティングハウス社の創設者。鉄道のエアブレーキや電気とガスの供給システムを発明・開発するなど、多くの特許を持つ。ナイアガラの滝に発電所を設立したことでも知られる。

ウェステルプラッテ〘Westerplatte〙▶ベステルプラッテ

ウエスト〘waist〙❶腰部。肋骨と骨盤の間のくびれた部分。❷「ウエストライン」の略。(類語)胴囲・胴回り

ウエスト〘waste〙〔名〕《「ウェイスト」とも》❶むだ。くず。廃棄物。❷ウエストボール。また、その球を投げること。

ウエスト〘west〙西。西方。⇔イースト。

ウエスト-エンド〘West End〙英国の首都ロンドン中心部の一地区の通称。テムズ川北岸、シティー西側からハイドパークまでを指す。オックスフォードストリート、ソーホー、ボンドストリート、リージェントストリート、ピカデリーなど、ロンドンを代表する繁華街がある。

ウエスト-ゲーティング〘waste gating〙内燃機関のターボチャージャーで、排ガスのタービンへの流入量が過大にならないようにバイパスさせる装置。

ウエスト-コーク〘West Cork〙アイルランド南部、コーク州南西部の名称。クロナキルティー、スキバリーン、バントリーなど、海岸線沿いの町を含む。温暖で風光明媚な地域として知られる。

ウエスト-コースト〘West Coast〙米国西部の太平洋沿岸地域。特に、ロサンゼルスやサンフランシスコを中心とする地域。西海岸。

ウエストコート〘waistcoat〙胴着。チョッキ。ベスト。

ウエスト-サイド〘West Side〙㊀ニューヨーク市マンハッタン区西部のハドソン川沿岸地域。ふつうセントラルパークの西側をさし、第二次大戦後はスラムとなったことがある。㊁米国カリフォルニア州ロサンゼルス西部の地区。高級住宅都市ビバリーヒルズ、UCLAを中心とする学生街ウエストウッドがある。

ウエスト-すいせい【ウェスト彗星】1975年8月、デンマークのリチャード＝ウェストが発見した彗星。76年2月に近日点を通過した際、核が四つに分裂して急激に増光。同年2月から3月にかけて見かけの尾の長さが20度に達する大彗星になった。公転周期は約56万年。

ウエスト-テキサス-インターミディエート〘West Texas Intermediate〙▶WTI原油

ウエスト-ニッパー〘waist nipper〙ウエストを細く締めてからだの線を整えるための婦人用の下着。

ウエスト-バージニア〘West Virginia〙米国東部の州。州都チャールストン。アパラチア山脈中にあり、山岳州とよばれる。瀝青炭などを産出。バージニア州から1863年に分離。➡表「アメリカ合衆国」

ウエスト-バッグ〘waist bag〙腰に巻きつけるタイプの小型のバッグ。スポーツをするときなどに用いられる。ウエストポーチ。

ウエストファリア〘Westphalia〙ドイツ北西部の地域、ウエストファーレンの英語名。

ウエストファリア-じょうやく【ウエストファリア条約】1648年フランス・スウェーデン・ドイツの諸国間で締結された三十年戦争の講和条約。国際条約の最初といわれる。カルバン派は承認され、スイス・オランダは独立。

ウエスト-ポイント〘West Point〙㊀米国ニューヨーク市の北、ハドソン川西岸の地名。㊁㊀にある、米国陸軍士官学校の通称。

ウエスト-ポーチ〘waist pouch〙ベルト式のひもが付いている小型のバッグ。腰に固定して用いる。ウエストバッグ。

ウエストポート〘Westport〙アイルランド西部、メイヨー州の町。クルー湾奥の低地に位置する。交通の要衝にあり、商業、軽工業で発展。町の中心部は18世紀に英国の建築家の計画に基づいて建設され、ジョージア朝様式の建物が並ぶ。哲学者・政治思想家トマス＝ホッブズの生地。

ウエストポート-ハウス〘Westport House〙アイルランド西部、メイヨー州の町ウエストポートの西郊にある邸宅。コナート王家の血を引くブラウン家の邸宅として18世紀に建造された。現在は18世紀当時の家具や調度品を展示するほか、敷地内に公園や動物園、アトラクション施設などがある。

ウエスト-ボール《和 waste＋ball》野球で、打者が打ち気のときや盗塁・スクイズなどを防ぐときに投手が投げる、打者のバットが届かないような完全にボールの球。捨て球。(補説)英語では waste pitch

ウエストミンスター〘Westminster〙英国ロンドン市中央の地区。バッキンガム宮殿・ウエストミンスター寺院・ウエストミンスター宮殿(国会議事堂)・ダウニング街などがあり、政治の中心地。

ウエストミンスター-きゅうでん【ウエストミンスター宮殿】《Westminster Palace》ロンドンの中心部、テムズ川左岸に位置する宮殿。歴代の英国王の居城とされたが、その後宮殿内に上下両院の議場がもうけられ、国会議事堂となる。1834年に起こった火災で大半を失うが、60年に再建された。ビッグベンと呼ばれる時計塔はロンドンのランドマークとなっている。1987年、世界遺産(文化遺産)に登録された。

ウエストミンスター-けんしょう【ウエストミンスター憲章】1931年に成立した英国の条令。英国自治領の完全な自治権と、本国と自由平等であることとを明文化したもの。これをもってイギリス帝国はイギリス連邦と呼称を改めた。

ウエストミンスター-じいん【ウエストミンスター寺院】ロンドンの中心部ウエストミンスターにある、英国王の戴冠式が行われる寺院。また、国王・王妃・著名人の墓所もある。7世紀初めに創建、11世紀に再建され、現在の伽藍は13世紀に起工されたもの。その後も増改築が行われ、内陣部は北フランスゴシック様式を受け継ぐ。1987年、ウエストミンスター宮殿・聖マーガレット教会とともに世界遺産(文化遺産)に登録された。

ウエストミンスター-だいせいどう【ウエストミンスター大聖堂】《Westminster Cathedral》ロンドンのウエストミンスターにあるローマカトリック教会の大聖堂。19世紀末から20世紀初頭にかけて、建築家ジョン＝フランシス＝ベントリーの設計によりビザンチン式で建造された。同じ地区にあるイギリス国教会のウエストミンスター寺院とは異なる。

ウエストライン〘waistline〙洋服などの胴回り。また、その寸法。

ウエストン〘Walter Weston〙[1861～1940]英国の宣教師・登山家。明治21年(1888)イギリス国教会牧師として来日。布教のかたわら中部山岳地帯を踏査。著「日本アルプスの登山と探検」で日本アルプスの名を広め、日本における近代登山の発展に尽力した。➡ウェストン祭

ウエストン-さい【ウェストン祭】登山家のウェストンを記念して毎年6月の第1土曜日と日曜日に長野県上高地で開かれる催し。昭和22年(1947)が最初。

ウエストン-でんち【ウェストン電池】▶標準電池

ウェスパシアヌス〘Titus Flavius Vespasianus〙[9～79]ローマ皇帝。在位69～79。前帝ネロの治政下で乱れた社会秩序・財政を回復。また、神殿やコロセウムを建設するなど業績が多い。

ウェスリー〘John Wesley〙[1703～1791]英国の神学者・伝道者。メソジスト教会の創始者。その伝道方法、信仰上の主張がイギリス国教会から認められず、独自のメソジスト運動を展開。著「キリスト者の完全」「信仰日誌」。ウェスレー。

ウェセックス〘Wessex〙中世、英国イングランド南西部にあった国。アングロサクソンが渡来してつくった7王国の一。

うえ-ぞうし【上雑仕】「うえのぞうし」に同じ。「一、童べども」〈能因本枕・九六〉

うえ-た【植(え)田】稲の苗を植える田。また、田植えを済ませた田。(季 夏)「我ものに一の蛙啼きつのる/暁台」

うえだ【上田】長野県中東部の市。安土桃山時代は真田氏の根拠地。江戸時代には松平氏の城下町。明治から大正期には養蚕・製糸業の中心地。現在は電気機械などの工業が行われる。平成18年(2006)3月、丸子町・真田町・武石村と合併。人口16.0万(2010)。

うえだ-あきなり【上田秋成】[1734～1809]江戸後期の国学者。浮世草子・読本の作者。大坂の人。本名、東作。別号、無腸。著作に読本「雨月物語」「春雨物語」、随筆「胆大小心録」、歌文集「藤簍冊子」など。

うえだ-かずとし【上田万年】[1867～1937]国語学者。東京の生まれ。東大教授。B＝H＝チェンバレンに学び、ドイツに留学。西欧の言語学研究方法を紹介して科学的な国語学の端緒を開き、国語政策にも尽力。著「国語のため」「国語学の十講」など。

うえだ-し【上田市】▶上田

うえだ-じま【上田×縞】上田紬の縞織物。

うえだ-じょう【上田城】上田市にある旧上田藩の城。天正11年(1583)から同13年にかけて真田昌幸が築城。二度の徳川軍との戦いののちに破壊。元和8年(1622)仙石忠政が入封して再建。3基の櫓が現存。尼ヶ淵城。

うえだ-つむぎ【上田×紬】上田地方、またその周辺で産する絹の紬。寛文から元禄ごろに始まる。信州紬。

うえだ-ていじろう【上田貞次郎】[1879～1940]経済学者。東京の生まれ。東京商大学長。日本の経営学の創始者といわれる。著「商工経営」「経営経済学総論」など。

うえだ-としこ【上田トシコ】[1917～2008]漫画家。東京の生まれ。本名、俊子。明るく元気な少女を主人公にした「フイチンさん」で、満州(現中国東北地方)ハルビンの風景を生き生きと描いて高い評価を得る。他に「あこバアチャン」「ぼんこちゃん」など。

うえだ-としはる【上田利治】[1937～]プロ野球選手・監督。徳島の生まれ。昭和34年(1959)広島に入団、25歳のときにコーチとなり、同49年から15年間、阪急(現オリックス)の監督を務めた。のち日本ハムの監督に就任。監督として通算1322勝を記録。

うえだ-びん【上田敏】[1874～1916]英文学者・詩人。東京の生まれ。号は柳村。西欧の文学、特にフランスの象徴詩の名訳で知られる。訳詩集「海潮音」、詩・訳詩集「牧羊神」、小説「うづまき」など。

うえだ-ぼんち【上田盆地】長野県中東部、千

曲川中流の両岸に広がる盆地。標高400～600メートル、面積約115平方キロメートル。水稲のほか果実・野菜の栽培が発達。中心都市は上田市。

うえだ-みよじ【上田三四二】[1923～1989]医師・歌人・文芸評論家。兵庫の生まれ。内科医のかたわら作品を発表。癌との闘いを転機に人間の生死を見つめた作品を多く残す。小説「惜身命」で芸術選奨。他に「祝婚」、歌集「湧井」、評論集「うつしみ」など。

うえだ-りゅう【上田流】尺八の流派の一。大正6年(1917)、上田芳憧が都山流から分かれて創始。

う-えつ【羽越】出羽国と越国。今の秋田・山形・新潟・富山・福井の諸県にあたる。

うえ-つ-かた【上つ方】《「うえつがた」とも》身分や官位の高い人。貴人。「一の前へ出るのに、白粉を傅けないのは、此上もない失礼だよ」〈紅葉・二人女房〉

ウェックスフォード〖Wexford〗アイルランド東部、ウェックスフォード州の港町。州都。セントジョージ海峡に面し、スラニー川の河口に位置する。ビートなど農産物、および陶器の生産で知られる。12世紀にノルマン人が築いた初期植民地の一であり、当時建造されたセルスカー修道院や闘牛場跡が残るほか、近郊にはジョンズタウン城、野鳥保護区、アイルランドの歴史をテーマにした国立の野外博物館がある。

うえ-つけ【植(え)付け】苗や苗木を植え付けること。特に、田に稲苗を植えること。

うえつけ-はんさく【植(え)付け半作】田植えが無事に済めば、収穫の半分は保証されたも同然であるということ。

うえ-つ・ける【植(え)付ける】〔動カ下一〕図うゑつ・く〔カ下二〕❶位置を決めて植物を植えて根づくようにする。特に、稲の苗を田に植える。「キャベツの苗を―・ける」❷印象や考えなどを心にしっかり刻みつける。「公徳心を―・ける」

ウエッジ〖wedge〗❶くさび。V字形のもの。❷ゴルフで、クラブの頭部の傾斜(ロフト)が最も大きいアイアン。サンドウエッジ(バンカー用)、ピッチングウエッジ(アプローチ用)など。

ウエッジ-ソール〖wedge sole〗かかと部がくさび形をした靴底。多く女性用。ウエッジヒール。

ウエッジ-ヒール〖wedge heel〗►ウエッジソール

ウェッデル-あざらし【ウェッデル海=豹】《Weddell seal》アザラシ科の哺乳類。南極大陸周辺に分布。頭胴長3メートルほど、体重約360キロ。

ウェッデル-かい【ウェッデル海】《Weddell》大西洋南端、南極大陸への湾入部の海域。1823年、英国人ジェームズ＝ウェッデルが発見。

ウエット〖wet〗〔名・形動〕❶ぬれたり湿ったりしていること。また、そのさま。「―な滑走路」「―ティッシュ」⇔ドライ。❷情にもろいこと。また、そのさま。「―な性格」⇔ドライ。〘補説〙❷は英語では sentimental

ウエット-カット〖wet cut〗頭毛をぬらしてカットすること。髪をぬらすことによって頭毛をカットしやすい状態にする。

ウエット-スーツ〖wet suit〗潜水服の一。防水効果はないが、保温性は非常によい。ゴムや合成繊維などで作り、からだに密着させて着用する。マリンスポーツで多用される。

ウエット-ティッシュ《和 wet＋tissue》適度の湿りけをもたせたティッシュペーパー。化粧落としや手ふきなどに用いる。

ウエット-フライ〖wet fly〗毛鉤の一種で、水生昆虫の姿に似せた鉤。水面下で用いるもの。

ウエット-ルック〖wet look〗一見、水にぬれてピカピカ光っている感じのするファッションのこと。表面に特殊加工した織物やエナメルコーティングした生地、レザーなどの素材を使っているのが特徴。

ウェッブ〖Sidney James Webb〗[1859～1947]英国の社会学者・政治家。フェビアン主義の理論家の一人。第一次大戦後の労働党内閣で商務相・植民地相を務めた。同じく社会学者の妻ベアトリスとの共著が多い。著「労働組合運動史」「産業民主主義論」。

ウェップ〖WEP〗《wired equivalent privacy》►ダブリュー-イー-ピー(WEP)

うえ-つぼね【上▽局】❶宮中で、后・女御・更衣などが、通常の居室以外に、天皇の近くに賜った部屋。清涼殿には弘徽殿と藤壺とがあった。うえのみつぼね。❷貴人の邸宅で、主人の居間の近くに設けられた女房の部屋。

うえつ-ほんせん【羽越本線】信越本線新津から秋田に至るJR線。新発田・鶴岡・酒田を経由。全長271.7キロ。

ウェツラー〖Wetzlar〗ドイツ中西部、ヘッセン州の都市。フランクフルトの北方約50キロに位置し、市中をライン川の支流、ラーン川が流れる。ドイツ有数の光学機器メーカー、ライカ社の発祥地。1772年、ゲーテが法律を学ぶために訪れ、その時の恋を元に小説「若きウェルテルの悩み」が書かれた。ベツラー。

ウエディング〖wedding〗婚礼。結婚式。
〘類語〙結婚式・婚礼・婚儀・祝言・華燭の典・結婚

ウエディング-アニバーサリー〖wedding anniversary〗結婚記念日。⇒結婚記念式

ウエディング-ケーキ〖wedding cake〗結婚披露宴で、新郎新婦が一緒にナイフを入れ客に配る飾り付きのケーキ。

ウエディング-ドレス〖wedding dress〗洋式の花嫁衣装。ふつう純白の布地で作る。

ウエディング-ブーケ〖wedding bouquet〗《ブーケはフランス語で花束の意》結婚式で、花嫁が手に持つ花束。

ウエディング-プランナー〖wedding planner〗結婚式・披露宴の進行や演出などを企画し、新郎・新婦に対して総合的なサポートを行う人。また、その職業。ブライダルコーディネーター。

ウエディング-ブルー〖wedding blues〗►マリッジブルー

ウエディング-ベール〖wedding veil〗結婚式で花嫁が身につけるベール。古くは魔除けの意味があった。

ウエディング-ベル〖wedding bell〗結婚式を知らせる教会の鐘。

ウエディング-ベル-ブルー〖wedding bell blues〗►マリッジブルー

ウエディング-マーチ〖wedding march〗結婚行進曲。メンデルスゾーンやワグナー作曲のものが有名。

ウエディング-リング〖wedding ring〗「結婚指輪」に同じ。

ウェデキント〖Frank Wedekind〗[1864～1918]ドイツの劇作家。表現主義の先駆。思春期の性の問題を扱った。作「春のめざめ」「地霊」「パンドラの箱」など。

うえ-とう【上頭】その土地に住まないで、京都にいる荘園の領主。地頭に対していう。「いつも一へ御年貢をささぐる」〈虎明狂・三人夫〉

ヴェトナム〖Vietnam〗►ベトナム

うえ-な・し【上無し】〔形ク〕❶これより上に立つものがない。最上である。「あはれ逸物や、―・きものなり」〈著聞集・二〇〉❷際限がない。きりがない。「富士の嶺の煙も猶ぞ立ちのぼる―・き物は思ひなりけり」〈新古今・恋二〉

うえ-なわ【植(え)縄】苗を植え付けるとき、目印とするために張り渡す縄。

ウェヌス〖Venus〗ビーナスのラテン語名。

ヴェネチア〖Venezia〗►ベネチア

うえの【上野】東京都台東区西部の地域。寛永寺・上野公園やアメ横がある。

うえの【上野】三重県西部、上野盆地の中心にあった市。もと藤堂氏の城下町。芭蕉の生地。窯業・機械工業が盛ん。平成16年(2004)に周辺町村と合併して伊賀市となった。⇒伊賀

うえの-えき【上野駅】東京都台東区上野にあるJR主要駅の一。明治16年(1883)開業。東北本線・信越線などの列車の発着駅で、東京の北の玄関口として発展。

うえ-の-おのこ【上の▽男】殿上人。

うえ-の-おんぞ【▽表御▽衣｜上御▽衣】貴人を敬ってその人の着用する表衣をいう語。「一は黒きに、御単衣は紅の花やかなる間に」〈大鏡・道長上〉

うえのがくえん-だいがく【上野学園大学】東京都台東区にある私立大学。明治37年(1904)創立の上野女学校を母体として、昭和33年(1958)に大学を開設。音楽・文化学部の単科大学。平成19年(2007)から男女共学となった。

うえ-の-きぬ【▽表▽衣｜上▽衣】束帯・布袴・衣冠のときに用いる上着。位階によって色彩を異にするが、束帯には縫腋の袍(文官)と闕腋の袍(武官)の区別がある。ほう。

うえの-こうえん【上野公園】東京都台東区にある都立公園。台地と不忍池の低地とにまたがり、江戸時代は寛永寺の境内で、桜や蓮の名所。上野動物園・東京国立博物館・国立西洋美術館・国立科学博物館などがある。上野恩賜公園。

うえ-の-さぶらい【上の▽候】清涼殿の殿上の間。

うえの-し【上野市】►上野

うえの-しゅんのじょう【上野俊之丞】[1790～1851]写真家。長崎の人。写真機を初めて輸入。薩摩藩主島津斉彬を撮影した写真は、日本人の手になる最初の写真といわれる。

うえの-せんそう【上野戦争】慶応4年(1868)5月15日、江戸城無血開城を不満として江戸上野の寛永寺に立てこもって抵抗する彰義隊を、新政府軍が壊滅させた戦い。

うえ-の-ぞうし【上の雑仕】女御などの入内や五節などのとき、宮中に臨時に置かれて雑用を務めた女官。うえぞうし。「一、人のもとなる童女も」〈枕・九二〉

うえの-どうぶつえん【上野動物園】上野公園にある都立の動物園。日本最初のもので、明治15年(1882)国立博物館の一部として設置されて発足。東京都恩賜上野動物園。

うえの-としょかん【上野図書館】上野公園にあった国立国会図書館支部上野図書館の通称。旧帝国図書館。平成12年(2000)国際子ども図書館となる。

うえ-の-にょうぼう【上の女房】天皇のそば近く仕え、身辺の世話をする女官。「御前に候ふ人々、一、こなた許されたるなど参りて」〈枕・二三〉

うえ-の-はかま【▽表×袴｜上×袴】❶男子が束帯のとき、大口袴の上にはく袴。前開き形式のもの。表は白、裏は紅。❷少女が汗衫装束のときに用いる袴。

うえのはら【上野原】山梨県東端の市。もと甲州街道の宿場町。桂川の流域にあり、アユは名物。甲斐絹の産地。平成17年(2005)2月に上野原町と秋山村が合併して成立。人口2.7万(2010)。

うえのはら-し【上野原市】►上野原

うえの-ひこま【上野彦馬】[1838～1904]写真家。長崎の人。俊之丞の第4子。日本で最初の写真館を設立。金星の天体写真や西南戦争、坂本竜馬らも撮影。

うえ-の-ほうがん【上の▽判官】検非違使で六位の蔵人に任じられた者。

うえの-ぼんち【上野盆地】三重県西部の盆地。東は布引山地、西は大和高原、南は高見山地に囲まれ、中心は伊賀市。伊賀米・伊賀焼を産する。伊賀盆地。

ウエハー〖wafer〗半導体の薄片でできている、集積回路をつくるための基板。

ウエハース〖wafers〗小麦粉・卵・砂糖などを練って薄く焼いた、軽い歯ざわりの洋菓子。ウエハー。

うえはら-ゆうさく【上原勇作】[1856～1933]元帥・陸軍大将。宮崎の生まれ。第二次西園寺内閣の陸軍大臣として、2個師団増設を強硬に要求

して単独辞職、大正政変のきっかけをつくった。

うえ-ひげ【植え×髭】面や雛人形などに植えつけてあるひげ。➡書き髭

うえ-びと【上人】「殿上人」に同じ。

ウェブ〖web〗▶ワールドワイドウェブ

ウエファ〖UEFA〗《Union of European Football Associations》欧州サッカー連盟。欧州選手権(ユーロ)、チャンピオンズリーグ、UEFAカップなど欧州地域での国際大会を主催。1954年創設。本部はスイスのニヨン。

ウェブ-アクセシビリティー〖web accessibility〗インターネットのウェブページの見やすさ、使いやすさ。高齢者や障害者を含め、多くの人に利用できることを意味するアクセシビリティーの一。具体的には、画像や音声にテキストによる解説の付与、色づかいの配慮、文字の大きさの可変性など。

ウェブ-アプリ《web applicationから》「ウェブアプリケーション」の略。

ウェブ-アプリケーション〖web application〗ブラウザーなどでウェブサーバーにアクセスして利用するアプリケーションソフト。メールソフトやオフィスソフトのような、個々のパソコンにインストールして利用するソフトと同様の機能やサービスを提供するものが多い。HTTPやXMLなどのウェブの技術を用い、データの転送や処理要求をする。実質的な処理はサーバーが行う。また、ウェブページに動的な表現や対話的な操作を提供するものはリア(RIA)と呼ばれる。ウェブアプリ。ウェブアプリケーションプログラム。

ウェブアプリケーションかいはつ-フレームワーク【ウェブアプリケーション開発フレームワーク】《web application development framework》▶ウェブアプリケーションフレームワーク

ウェブ-アプリケーションサーバー〖web application server〗▶アプリケーションサーバー

ウェブアプリケーション-フレームワーク〖web application framework〗ウェブアプリケーションを開発するためのアプリケーションフレームワーク。Flash、Silverlight、Ajaxなどの技術による、優れた表現力や柔軟な操作性を提供するウェブサイトの構築や、業務用アプリケーションソフトと同等の機能をブラウザー上で利用できるウェブアプリケーションの開発に用いられる。ウェブアプリケーション開発フレームワーク。

ウェブアプリケーション-プログラム〖web application program〗▶ウェブアプリケーション

ウェブ-いちななくいち【ウェブ一七一】《web171》大地震などの災害発生時に、NTTが提供する安否確認サービス。災害時専用の伝言板サイト(https://www.web171.jp)に、テキスト・音声・画像などで伝言情報を登録できる。登録された情報は、全国および海外から閲覧できる。災害用ブロードバンド伝言板。

ウェブ-エーピーアイ〖web API〗《web application programming interface》▶ウェブサービスAPI

ウェブカム〖webcam〗▶ウェブカメラ

ウェブ-カメラ〖web camera〗パソコンなどに接続して使用する小型のビデオカメラ。USBやIEEE 1394などのインターフェースをもち、撮影された画像はリアルタイムでパソコンに伝送される。ビデオチャット、テレカンファレンス、ライブカメラなどに利用される。また、サーバー機能を備えるものはネットワークカメラという。ウェブカム。

ウェブキャスティング〖webcasting〗▶インターネット放送

ウェブ-クローラー〖web crawler〗▶サーチボット

ウェブ-けんさく【ウェブ検索】▶インターネット検索

ウェブ-こうこく【ウェブ広告】《web advertising》▶インターネット広告

ウェブコンテンツ-フィルター〖web contents filter〗▶フィルタリングソフト

ウェブコンテンツ-フィルターサービス〖web contents filter service〗▶フィルタリングサービス

ウェブコンテンツ-フィルタリングサービス〖web contents filtering service〗▶フィルタリングサービス

ウェブコンテンツ-フィルタリングソフト《web contents filtering softwareから》▶フィルタリングソフト

ウェブ-サーバー〖web server〗インターネットなどのWWWネットワークを通じて、ウェブページなどのデータを送信するソフトウエア、またはコンピューター。

ウェブ-サービス〖web services〗インターネットの標準技術を応用し、他のウェブサイトのソフトウエアシステムを呼び出して利用する仕組み。また、その仕組みによって提供されるサービスのこと。サーチエンジン、地図検索サービス、企業の商品情報やデータベースなどに外部からアクセスし、あらかじめ公開されたウェブサービスAPIなどを利用して、要求する情報やデータの提供を受けるサービスなどを指す。広義には、ウェブ上で利用できる電子メール、ワープロ、表計算などのアプリケーションソフト全般を含めることもある。

ウェブサービス-エーピーアイ〖web service API〗《web service application programming interface》ウェブサービスを利用するためのAPI。サーチエンジン、地図検索サービスのほか、企業のウェブサイトにある商品情報やデータベースを、外部からアクセスして利用できるよう公開されたAPIなどを指す。web API。

ウェブ-サイト〖web site〗▶サイト❸

うえ-ぶし【上×臥し】宮中や院中で宿直すること。「院の御所、法住寺殿に一して」〈平家・二〉

ウェブ-しちょうりつ【ウェブ視聴率】《web audience ratings》▶ネット視聴率

ウェブ-しょうてん【ウェブ商店】《web shop》▶オンラインショップ

ウェブ-しょうてんがい【ウェブ商店街】《web mall》▶サイバーモール

ウェブ-ショップ〖web shop〗▶オンラインショップ

ウェブ-しょめい【ウェブ署名】▶ネット署名

ウェブジン〖webzine〗オンラインマガジンのこと。「web(ウェブ)」と「magazine(雑誌)」からの造語。

ウェブスター〖Jean Webster〗[1876〜1916]米国の女流小説家。児童小説「足ながおじさん」など。

ウェブスター〖John Webster〗[1580ころ〜1625ころ]英国の劇作家。作「白魔」「モルフィ公爵夫人」など。

ウェブスター〖Noah Webster〗[1758〜1843]米国の辞書編修者。1828年、英語辞典「An American Dictionary of the English Language」を刊行。のちのウェブスター辞典のもととなった。

ウェブ-ストア〖web store〗▶オンラインショップ

ウェブ-にてんれい〖Web 2.0〗従来とは異なる発想に基づく、次世代のインターネット関連の技術やサービス、ビジネスモデルの総称。米国において2004年頃から使われはじめた。特定の技術や明確な概念を指し示すものではないが、利用者の積極的かつ自発的な参加、情報やサービスの提供者と利用者との双方向性などの特徴が挙げられる。利用者が自由に書き込めるインターネット上の百科事典、動画ファイルを公開できる動画投稿サイト、ソーシャルブックマーク、オープンソースのソフトウエア開発などがある。

ウェブ-ファイル【WAVファイル】《WAV file》音声データを保存したファイル。ウインドウズやOS/2で標準的なサウンドファイル形式。拡張子にwavがつく。WAV。WAVEファイル。

ウェブ-フィルター〖web filter〗▶フィルタリングソフト

ウェブ-フィルタリングサービス〖web filtering service〗▶フィルタリングサービス

ウェブ-フィルタリングソフト《web filtering softwareから》▶フィルタリングソフト

ウェブ-ブラウザー〖web browser〗▶ブラウザー

ウェブ-ページ〖web page〗インターネット上で公開される文書。レイアウト情報、文章、画像、動画などのデータで構成され、ブラウザーを用いて閲覧する。➡ホームページ

ウェブ-ベーストレーニング〖web based training〗▶ダブリュー-ビー-ティー(WBT)

ウェブ-ほうそう【ウェブ放送】《web broadcasting》▶インターネット放送

ウェブ-ポータル〖web portal〗▶ポータルサイト

ウェブ-ポジショニング〖web positioning〗▶エス-イー-オー(SEO)

ウェブ-マーケティング〖web marketing〗▶インターネットマーケティング

ウェブ-マガジン〖web magazine〗▶オンラインマガジン

ウェブ-マスター〖web master〗ウェブサイトの作成・更新、ウェブサーバーの保守・管理を行う人。

ウェブ-メーラー〖web mailer〗▶ウェブメール

ウェブ-メール〖web mail〗インターネットのブラウザーを使って電子メールの作成や送受信を行うシステム。また、これを提供しているサービスのこと。ウェブメーラー。

ウェブ-ユーザビリティー〖web usability〗ウェブサイトの見やすさ、使いやすさ、わかりやすさのこと。

ウェブ-ラーニング〖web learning〗▶ダブリュー-ビー-ティー(WBT)

ウェブ-ラジオ〖web radio〗▶インターネットラジオ

ウェブログ〖weblog〗《ウェブ上のログ(記録)から》ブログのこと。

ウェブログ-サービス〖weblog service〗▶ブログサービス

ウェブログ-ホスティングサービス〖weblog hosting service〗▶ブログサービス

うえ-ぼうそう【植え×疱×瘡】種痘のこと。

ウエポン〖weapon〗武器。兵器。

ウエポン-システム〖weapon system〗兵器とその運用に必要な器材・施設・技術・人員などを含む体系。兵器体系。

うえ-みやづかえ【上宮仕へ】天皇のそば近くにいて日常の用を勤めること。「おしなべての一し給ふべき際にはあらざりき」〈源・桐壺〉

うえむら-きちや【上村吉弥】▶吉弥㊀

うえむら-しょうえん【上村松園】[1875〜1949]女流日本画家。京都の生まれ。本名、津禰。竹内栖鳳などに師事し、四条派の伝統に近代的感覚を加えた画風を確立した。昭和23年(1948)女性初の文化勲章受章。作「長夜」「月かげ」など。

うえむら-なおみ【植村直己】[1941〜1984]登山家・探検家。兵庫の生まれ。世界五大陸の最高峰に登頂、また単独で犬橇による北極点到達にも成功。北米マッキンリーの冬季単独登頂に成功したのち、下山途中に消息を絶った。国民栄誉賞受賞。

うえむら-ぶんらくけん【植村文楽軒】人形浄瑠璃の文楽座座元。㊀(初世)[1751〜1810]江戸時代後期の人。本名、道具屋与兵衛。大坂に人形浄瑠璃座「高津新地の席」を創設、文楽座の基礎を築いた。㊁(4世)[1813〜1887]江戸後期から明治の人。文楽中興の祖。本名、正井大蔵。通称、文楽翁。大阪松島新地に文楽座を名乗って興行、文楽の全盛時代を導いた。

うえむら-まさひさ【植村正久】[1857〜1925]プロテスタント牧師・神学者・評論家。東京の生まれ。富士見町教会・東京神学社を創立し、牧師の育成と神学研究に尽力した。「福音新報」を創刊。正統派福音主義神学の中心的指導者。著「真理一斑」。

ウエムル〖スペイン huemul〗シカ科の哺乳類。チリ南部のアンデスとパタゴニアに分布。頭胴長1.5〜1.6メートル。絶滅が心配されている。ゲマルジカ。

うえ-もの【植(え)物】❶植物。草木。❷畑に植える野菜類。❸連歌・俳諧の題材となる事物の分類の一つで、草木・苔などの植物。❹近世、軍略上、城郭内に植えた樹木。

う-えもん【右▽衛門】「右衛門府」の略。⇔左衛門。

うえもん-の-かみ【右▽衛門▽督】右衛門府の長官。正五位上相当。

うえもん-の-じょう【右▽衛門▽尉】右衛門府の第三等の官。

うえもん-の-じん【右衛門の陣】《右衛門府の武官の詰め所があったところから》宜秋門の異称。

うえもん-の-たいふ【右▽衛門大夫】右衛門尉(従六位下相当)で、特に五位に昇任した者。

うえもん-ふ【右▽衛門府】左衛門府とともに宮城諸門の警衛などをつかさどった役所。➡衛門府

うえ-や【上屋】宮中で、天皇の御座所近くにある女官詰め所。「ゆゆしさに—に隠れ伏しぬ」〈枕・八一〉

ウェラー〖Thomas Huckle Weller〗[1915〜2008]米国の医学者。ポリオ(急性灰白髄炎)の病原ウイルスの培養に成功し、1954年、エンダーズとロビンズとともにノーベル生理学医学賞受賞。

ウェリチカ〖Wieliczka〗ポーランド南部、クラクフ近郊にある町。大岩塩鉱山がある。ビエリチカ。

ウェリチカ-がんえんこう【ウェリチカ岩塩坑】《Kopalnia soli Wieliczka》ポーランド南部、クラクフ近郊の町ウェリチカにある岩塩坑。10世紀に採掘が始まり、13世紀に王室所有となった。地下約60メートルから330メートルまで9層にわたって採掘坑が張りめぐらされ、その全長は300キロメートルに及ぶ。地下101メートルには祭壇や彫像がすべて岩塩でできている聖キンガ礼拝堂がある。1978年に世界遺産(文化遺産)に登録された。ビエリチカ岩塩坑。

ウェリントン〖Arthur Wellesley Wellington〗[1769〜1852]英国の軍人・政治家。ナポレオンをワーテルローに破った。のち、トーリー党党首として首相となり、カトリック教徒解放法を成立させた。

ウェリントン〖Wellington〗ニュージーランドの首都。北島の港湾都市。人口、行政区19万、都市圏38万(2008)。

う・える【飢える┊▽餓える┊×饑える】〔動ア下一〕図う・う〔ワ下二〕❶食物がなくて空腹に苦しむ。ひどく腹が減る。「大飢饉で多くの人が—・える」❷望み求めている物事が得られないので、それを強く求める。「愛情に—・えている」❸(「気がうえる」の形で)気力が乏しい。気が弱くなる。「気が—・えきって来ると、笹村は私と遁げるように宿の門を出た」〈秋声・黴〉〘類語〙餓える

う・える【植える】〔動ア下一〕図う・う〔ワ下二〕❶草木を育てるために、種子や苗を地中に埋める。「山に木を—・える」❷小さいものや細いものをはめ込む。植え込む。「ブラシに毛を—・える」「活字を—・える」❸細菌などを育てる所に、もとになるものを移し入れる。「痘苗を—・える」❹思想・教養などを、しっかりと教え込み、根付かせる。「倫理観を—・える」〘補説〙室町時代以降ヤ行にも活用した。➡植ゆ

ウェルウィッチア〖ラテン Welwitschia〗ウェルウィッチア科の裸子植物。一属一種で、アフリカ南西部の砂漠地帯に分布。雌雄異株。2、3メートルの長大な葉を広げる。幹は短く肥大、花は球状につく。1860年、植物学者フリードリヒ=ウェルウィッチが発見。さばくおもと。奇想天外。

ウエルカム〖welcome〗歓迎。歓待。また、歓迎のあいさつに用いる語。ようこそ。「—パーティー」

ウエルカム-ドリンク《和 welcome＋drink》宿泊者に対するサービスで、到着時に無料で飲める飲料。果物の場合はウエルカムフルーツ。

ウエルカムプラン-にじゅういち【ウエルカムプラン21】《和 welcome plan 21》訪日観光交流倍増計画。年間350万人前後で足踏みしている訪日外国人観光客を、21世紀初頭には700万人に増やそうという計画で、運輸省(現国土交通省)が平成8年(1996)に決定したもの。

ウエルカム-ボード《和 welcome+board》結婚式・披露宴会場入り口に、新郎新婦の名や写真などを入れ歓迎の意を込めて飾る額。

ウェルギリウス〖Publius Vergilius Maro〗[前70〜前19]古代ローマの詩人。ローマ文学の黄金時代を代表する。作「牧歌」「農耕詩」「アエネイス」など。英語名、バージル。ベルギリウス。

ヴェルサイユ〖Versailles〗►ベルサイユ

ウェルシュ-きん【ウェルシュ菌】《Welch bacillus》細菌の一種。人や動物の腸管内、水などに存在する。熱に強く、カレーやシチューなど大量に長時間煮込んで作る料理での食中毒の原因となる。虫垂炎・ガス壊疽にも関係する。

ウェルズ〖Herbert George Wells〗[1866〜1946]英国の小説家・評論家。進化論・社会主義の観点から社会小説、文明批評を発表。またサイエンスフィクション(空想科学小説)の祖として有名。著「世界文化史大系」、小説「宇宙戦争」「タイムマシン」など。

ウェルズ〖Orson Welles〗[1915〜1985]米国の映画監督・俳優。1938年、放送劇中で火星人襲来を臨時ニュースの形式をとって流したために世間をパニックにおとしいれた。監督・主演した「市民ケーン」のほか、俳優として「第三の男」などに主演。

ウエルター-きゅう【ウエルター級】《welterweight》ボクシングなどの体重別階級の一。アマチュアボクシングではミドル級よりも軽くライトウエルター級よりも重い階級で、64キロを超え69キロまで。ジュニアではライトミドル級よりも一つ軽い階級で、63キロを超え66キロまで。プロボクシングではスーパーウエルター級とスーパーライト級の間で140ポンド(63.50キロ)を超え147ポンド(66.68キロ)まで。

ウエル-ダン〖well-done〗ビーフステーキの焼き方で肉の内部までよく火を通したもの。➡ミディアム ➡レア

ヴェルディ►東京ヴェルディ

ヴェルディ-かわさき【ヴェルディ川崎】►東京ヴェルディ

ウェルテル〖Werther〗ゲーテの小説「若きウェルテルの悩み」の主人公。

ウエルト〖welt〗❶ゴム編みの端の止め編み。❷婦人用長靴下の上部の二重合わせになっている部分。❸衣服のへりや端につける細い当て布。

ウエルドニヒホフマン-びょう【ウエルドニヒホフマン病】《Werdnig-Hoffmann disease》小児脊髄性筋萎縮症。筋肉の萎縮する先天性の病気で、生まれた直後や乳幼児のころに発症。原因は不明。G=ウエルドニヒはオーストリア、J=ホフマンはドイツの神経科医。

ウェルトハイマー〖Max Wertheimer〗[1880〜1943]ドイツの心理学者。ナチスの迫害を受け、1933年に米国へ移住。ゲシュタルト心理学の創設者の一人。著「運動視の実験的研究」など。

ウェルナー〖Alfred Werner〗[1866〜1919]スイスの化学者。立体化学を展開して配位説を提唱、錯体化学の体系化に寄与した。1913年、ノーベル化学賞受賞。著「立体化学講義」「無機化学における新思想」など。

ウェルナー〖Heinz Werner〗[1890〜1964]米国の心理学者。オーストリア生まれ。1933年渡米。文明人と未開人の比較研究を行い、現代発達心理学の基礎を築いた。著「発達心理学入門」など。

ウェルナー-しょうこうぐん【ウェルナー症候群】《Werner's syndrome》ドイツの医師オットー=ウェルナーにより注目された早老現象を伴い皮膚萎縮を特徴とする疾患。思春期ごろ、身長の発育がとまり、脱毛や筋肉の萎縮、皮膚の乾燥などの症状を呈する。

ウェルニゲローデ〖Wernigerode〗ドイツ中部、ザクセン-アンハルト州の都市。ハルツ山脈の北麓に位置する。1949年から90年にかけて旧東ドイツに属した。19世紀末の鉄道建設以来、ハルツ山脈の観光拠点になり、市庁舎や鮮やかに彩られた木組み造りの家並み、小高い丘の上にあるウェルニゲローデ城などの歴史的建造物が知られる。ベルニゲローデ。

ウェルニゲローデ-じょう【ウェルニゲローデ城】《Schloß Wernigerode》ドイツ中部の都市、ウェルニゲローデの旧市街南東部の丘の上にある城。1110年から20年にかけて、ハルツ地方を防御する城塞として建造され、以降、度重なる増改築をへて、19世紀に現在の姿になった。ベルニゲローデ城。

ヴェルヌ〖Verne〗►ベルヌ

ウエルネス〖wellness〗健康。積極的に心身の健康維持・増進を図ろうとする生活態度・行動。

ウエルフェア〖welfare〗福祉事業。福利。

ウェルフェル〖Franz Werfel〗[1890〜1945]オーストリアの詩人・劇作家・小説家。表現主義の立場で、人類愛の精神にあふれた作品を書いた。叙情詩集「世界の友」、戯曲「鏡人」、小説「ベルディ」など。

ウェルフリン〖Heinrich Wölfflin〗[1864〜1945]スイスの美術史家。時代・民族に固有の芸術様式の内的発展を究明し、比較様式史の概念を確立。著「美術史の基礎概念」など。

ウエル-メード〖well-made〗〔名・形動〕《「ウエルメイド」とも》❶よくできているさま。上質の。❷「ウエルメードプレー」の略。

ウエルメード-プレー〖well-made play〗《うまく作られた劇の意》洒脱なせりふ、巧妙な構成、類型的な登場人物の取り合わせによる戯曲。

ヴェルモット〖フランス vermouth〗►ベルモット

うえ-わらわ【上▽童】「殿上童❶」に同じ。「その家の—を語らひて、問ひ聞けば」〈宇治拾遺・三〉

う-えん【有縁】❶仏語。仏・菩薩などに会い教えを聞く縁があること。「—の衆生」⇔無縁。❷互いにかかわりのあること。地縁・血縁など、深い関係があること。「この家に—のあるものにわかち与えて貰いたいと」〈円地・女坂〉⇔無縁。

う-えん【×烏×焉】《「烏」「焉」は、字形が似ていて誤りやすいところから》文字の誤り。写し誤り。魯魚焉馬。〘補説〙「馬」を加えて「烏焉馬」ともいう。

う-えん【×迂遠】〔形動〕図〔ナリ〕《道路などが曲がりくねって目的地までなかなか到達できないの意から》❶まわりくどいさま。また、そのため、実際の用に向かないさま。「—な方法」❷世の中の動きに疎いさま。「このご時勢にもう漢文を学ぶ—な青少年もいないから」〈佐藤春夫・晶子曼陀羅〉

ウェンゲン〖Wengen〗スイス中部、ベルン州の観光保養地。氷河で刻まれたラウターブルンネン谷の谷底に位置し、スキーリゾートとして知られる。アルペンスキーのワールドカップの開催地。

ウエンズデー〖Wednesday┊Wed.〗水曜日。

うお【魚】魚類の総称。さかな。古くは「いお」ともいった。➡魚類

魚と水　密接な関係、親しい間柄のたとえ。

魚の釜中に遊ぶが如し　《「後漢書」張綱伝から》魚が煮られるのも知らずに釜の中で泳いでいるように、災難が迫っているのも知らずにのんきにかまえていることのたとえ。

魚の水に離れたよう　ただ一つの頼りを失ってどうすることもできないさまのたとえ。

魚の水を得たよう　「水を得た魚のよう」に同じ。

魚の目に水見えず　身近にあって、自分にかかわりの深いものはかえって気づかないことのたとえ。

魚は江湖に相忘る　《「荘子」大宗師から》魚が水の多い川や湖では水の存在を忘れて無心に遊泳しているように、何にもわずらわされず自然のままに悠々と生きることのたとえ。

魚は鯛　《魚類の中では鯛が最上だという意から》その類の中で最もすぐれたもののたとえ。

魚を得て筌を忘る　《「荘子」外物から》魚を得てしまうと、魚とりの道具である筌は不要になり忘れてしまうように、目的を達すると、それに役立ったものの功を忘れてしまうというたとえ。

うお-いちば【魚市場】生鮮魚介類を売買するために開かれる市場。魚河岸。うおいち。

うおう-さおう【右往左往】〔名〕スル《「うおうざおう」とも》うろたえてあっちへ行ったりこっちへ来たりすること。あわてふためいて混乱したさまをいう。「会場を探して—する」〘類語〙うろつく・さすらう・さまよう・出歩く・ほっつく・ぶらつく・徘徊・彷徨・低回・流浪・放浪・漂泊・流離・漂流・浮浪

ウォー〖Evelyn Arthur St. John Waugh〗[1903〜1966]英国の小説家。G=グリーンと並ぶ代表的

なカトリック作家で、文明社会を風刺した作品が多い。作「一握の塵」「ブライズヘッドふたたび」など。
ウオー〖war〗戦争。戦い。「コールドー」「一シップ」
ウォーカー〖Alice Walker〗[1944〜]米国の黒人女性作家。公民権運動、女性解放運動に参加。南部の黒人女性の半生を描いた「カラー-パープル」でピュリッツァー賞を受賞した。他に「愛と苦しみ」「喜びの秘密」など。
ウオーカー〖walker〗歩行者。歩くことを趣味にする人。また、競歩の競技者。
ウオーカソン〖walkathon〗活動資金の寄付を集めるため企画された長距離デモ行進。参加者の歩いた距離を基にして寄付を受けつける。
ウォーキー-トーキー〖walkie-talkie〗近距離の連絡に用いる、携帯用無線電話機。WT。
ウォーキー-ルッキー〖walkie-lookie〗携帯用のテレビ送信機。
ウオーキング〖walking〗❶歩くこと。歩行。❷健康維持・体力増強のための歩行運動。❸競歩。
ウオーキング-シューズ〖walking shoes〗歩くための、機能本位につくられた靴。
ウオーキング-ディクショナリー〖walking dictionary〗生き字引。物知り。
ウオーキング-パンツ〖walking pants〗腰回りのゆったりした筒形シルエットの、歩くのに適したショートパンツ。長さも短めで膝上までのものからくるぶしが見えるくらいのものが中心。
ウオーク〖walk〗歩くこと。歩き方。「モンロー一」
ウオーク-イン〖walk-in〗❶ホテルなどに、前もって予約を入れず行くこと。飛び込み。❷映画の群衆場面などで、やや人目を引くエキストラ。❸「ウオークインクロゼット」の略。
ウオークイン-クロゼット〖walk-in closet〗《「ウオークインクローゼット」とも》人が歩いて出入りできる洋風の納戸。大型の衣類収納スペース。
ウオーク-スルー〖walk-through〗❶立ちげいこ。❷テレビ・映画などで、カメラなしのリハーサル。❸屋根の高いワゴン車やRV車などで、車内を前後に行き来できるようにした設計。車外に出ないでも運転を交代したり、座席を変えたりできる。(補説)❸は日本語での用法。
ウォークマン〖Walkman〗ヘッドホンまたはイヤホンで聴く、携帯用小型カセットテープのステレオ再生装置の商標名。昭和54年(1979)ソニーが開発。コンパクトディスクやミニディスク用の製品、フラッシュメモリーやハードディスクを内蔵した製品なども作られている。(補説)「ヘッドホンステレオ」などと言い換える。
ウオー-クライ〖war cry〗ラグビーで、試合前にチーム全員が気勢をあげるために行う、鬨の声と踊り。特に、ニュージーランドの代表チーム(オールブラックス)が行うものをいう。
ウオーク-ラリー《和 walk＋rally》徒歩スポーツの一種。3〜6人が一組となり、指示書に従って途中のチェックポイントで与えられた課題を解きながら3〜8キロを歩くもの。➡オリエンテーリング
ウオー-ゲーム〖war game〗❶教育訓練・作戦研究などのために行われる机上演習。兵棋。❷戦争を模した、テレビゲームや盤上ゲーム。
ウォース〖WOCE〗《World Ocean Circulation Experiment》世界海洋循環実験計画。世界全体の海洋が地球の気象に果たしている役割を明らかにし、海洋循環と気象変動の長期予測を行う計画。1990年から5年間、観測基礎データを収集した。
ウオーズ〖wars〗《warの複数形》戦争。戦い。
ウオーター〖water〗水。「アイス一」「ミネラル一」
ウオーター-エクササイズ〖water exercise〗水の中で行う体操の総称。➡アクアエクササイズ
ウオーター-ガス〖water gas〗水性ガス。水素と一酸化炭素を主成分とする。一般にはコークスを原料として得られ、燃料などに用いられる。
ウオーター-ガン〖water gun〗電動式・圧縮エア式の水鉄砲。水鉄砲に装備したハンドポンプをスライドさせ、水が入っているタンク内に空気を送って、その圧力で水を飛ばす。手動式に比べると飛距離が2〜3倍になる。
ウオーター-クーラー〖water cooler〗冷水器。飲料水を冷却して供する装置。
ウオータークレス〖watercress〗クレソンの別名。
ウオーター-クロゼット〖water closet〗《closetは小部屋の意》便所。水洗便所。WC。
ウオーターゲート-じけん【ウオーターゲート事件】《Watergate》1972年米国の大統領選で、共和党の運動員が、ワシントンのウオーターゲートビルにある民主党本部に盗聴装置を仕掛けようとして発覚、ニクソン大統領の政治倫理が問われ、1974年8月に辞任に追い込まれた政治事件。
ウオーター-ジャケット〖water jacket〗内燃機関でシリンダーの周囲に設けられた冷却水の通路。水套。水ジャケット。
ウオーター-シュート〖water chute〗急斜面にレールを敷き、ボートをそのレールにのせて下の池の水面に滑りおろす遊戯施設。
ウオーター-スライダー〖water slider〗プールにある滑り台。水と一緒に滑り降りて、プールに着水する遊戯施設。
ウオータータイト〖watertight〗《水を通さないの意》防水・耐水加工が施されていること。
ウオーター-ドッグ〖water dog〗泳ぎが得意な犬。特に、水鳥猟に連れて行く猟犬。
ウオーター-ドラゴン〖water dragon〗アガマ科の大形のトカゲ。中国南部からインドシナにかけて分布。全長60〜90センチ。
ウオータートンレーク-こくりつこうえん【ウオータートンレーク国立公園】《Waterton Lakes National Park》カナダ、アルバータ州南端にある国立公園。アメリカとの国境に面し、隣接するグレーシャー国立公園と統合し、国際平和公園を構成する。ロッキー山脈の氷河地形や豊かな生物相が見られる。1995年、「ウオータートン-グレーシャー国際平和公園」の名で、世界遺産(自然遺産)に登録された。
ウオーター-バー〖water bar〗デパートなどに特設される、各地の名水を飲ませるコーナー。
ウオーター-ハザード〖water hazard〗ゴルフで、コースの途中にある川・池・溝などの障害物。
ウオーターバック〖waterbuck〗ウシ科の哺乳類で、レイヨウの一種。アフリカ東部および南部に分布。頭胴長1.8〜2.4メートル、体重170〜250キロ。雄だけに角がある。サバンナの水辺にすむ。
ウオーター-ハンマー〖water hammer〗水道の蛇口を急に止めると、配管からゴーンと音がする現象。瞬間的な圧力差が、配管の奥の水と蛇口との間に生じ、振動をおこすため起きる。水槌。水撃作用。
ウオーター-ビジネス《和 water＋business》水商売のことをいう俗語。
ウオーター-ピック〖water pick〗水の噴射を利用した口腔衛生具の商品名。ジェット水流により、洗浄とマッサージを行う。
ウオータービル〖Waterville〗アイルランド南西部、ケリー州の町。アイベラ半島を一周する観光ルート、ケリー周遊路沿いの町の一。バリンスケリッグ湾とクレーン湖の間に位置する。保養地として知られ、チャーリー＝チャップリンが休暇に訪れたことで有名。
ウオーターフォード〖Waterford〗アイルランド南部、ウオーターフォード州の町。シュア川の河口に位置する。クリスタルの製造で有名。古くから海上交通の要衝であり、バイキングやノルマン人の襲撃を度々受けてきた。11世紀初頭、デーン人が建造した要塞レジナルドの塔をはじめ、歴史的建造物が残る。
ウオーター-フットプリント〖water footprint〗食料や製品の生産から消費までの全過程、あるいは組織・地域において使用される水の総量。ISO(国際標準化機構)が規格化に向け作業を進めている。
ウオータープルーフ〖waterproof〗防水加工を施してあること。また、そのもの。時計や布地などにいう。
ウオーターフロント〖waterfront〗海・川・湖などに面する水際の地帯。
ウオーターベッド〖waterbed〗合成樹脂製の袋の中に水を入れてマットレスにしたベッド。
ウオーターボイラーがた-げんしろ【ウオーターボイラー型原子炉】《water-boiler reactor》濃縮ウランと減速材兼冷却材として用いる軽水または重水とを一様に混合した燃料を用いる原子炉。日本最初の原子炉はこの型であった。湯沸かし型原子炉。
ウオーター-ポロ〖water polo〗水球のこと。(季 夏)
ウオーターマーク〖watermark〗写真フィルムについた水滴のあと。現像後、乾燥前の処理が不十分だと残る。
ウオーターメロン〖watermelon〗西瓜のこと。
ウォータン〖ドイツ Wotan〗▶オーディン
ウォード〖Frederick Townsend Ward〗[1831〜1862]米国の冒険家。中国名、華爾。太平天国の乱の時、外人部隊を組織して清朝に協力、常勝軍とよばれた。慈谿の戦いで戦死。
ウオーニング-ランプ〖warning lamp〗機器類の計器板にはめ込まれている警告灯。
ウォーホル〖Andy Warhol〗[1928〜1987]米国の美術家。ポップアートの代表者で、ほかに映画製作・小説執筆など、多方面で活躍。
ウオーマー〖warmer〗暖めるもの。暖める人。「レッグー」「ベンチー」
ウオー-マシン〖war machine〗戦争で使用する自動車、飛行機などの機械類。また、これら機械類を背景として持つ軍事力。
ウオーミング-アップ〖warming-up〗〔名〕スル 競技や試合の直前に行う軽い体操や、足慣らし・肩慣らしなどの準備運動。ウオームアップ。➡クーリングダウン
ウオーム〖warm〗暖めること。暖かなこと。「一カラー(＝暖色)」
ウオーム-アップ〖warm-up〗〔名〕スル「ウオーミングアップ」に同じ。
ウオーム-ギア〖worm gear〗▶ウオーム歯車
ウオーム-スタート〖warm start〗▶ウオームブート
ウオーム-はぐるま【ウオーム歯車】《wormはミミズのような虫の意》螺旋状の歯形を切った円筒歯車ウオームと、それにかみ合う円盤歯車からなる装置。同一平面にない二つの軸が互いに直角である場合に用い、ウオームから回転を伝える。ウオームギア。
ウオーム-ビズ《和 warm＋biz(businessの略)》冬場、ビジネスマンが暖房の設定を低めにして仕事ができるよう、重ね着をしたり膝掛けを用いたりすること。環境省が地球温暖化などへの対策として提唱した。➡クールビズ
ウオーム-ブート〖warm boot〗コンピューターを再起動する際、電源を切らず、オペレーティングシステムのリセット機能だけで再起動すること。ハードウエアのチェックや初期化を省くため、起動時間が早くなる。ウオームスタート。ウオームリセット。ウオームリブート。⇔コールドブート。
ウオーム-リスタート〖warm restart〗▶ウオームブート
ウオーム-リセット〖warm reset〗▶ウオームブート
ウオーム-リブート〖warm reboot〗▶ウオームブート
ウオーモ〖イタリア uomo〗▶ウオモ
ウォーラーステイン〖Immanuel Wallerstein〗[1930〜]米国の政治社会学者。近現代の世界システムを、西欧を中心とした単一のグローバルな資本主義分業体制の展開過程としてとらえた。著「近代世界システム」など。
ウォーリック-じょう【ウォーリック城】《Warwick Castle》英国イングランド中部、ウォーリックシャー州ウォーリックにある城。10世紀初め、アルフレッド大王の娘エセルフリーダが、デンマークの侵攻に備えてエイボン川のほとりに築いた要塞に起源する。以降、増改築が繰り返され、城壁や城門、塔を備えた城になった。城内には中世の武具やビクトリア朝時代の晩餐会の様子を紹介する展示がある。ウォリック城。

ウォール〘wall〙壁。
ウォール-がい【ウォール街】《Wall Street》米国ニューヨーク市マンハッタン区南端の一区画。世界の金融・証券市場の中心地の一。大銀行・証券取引所・証券会社などが集中。米国の金融・証券市場の通称となっている。ウォールストリート。
ウォール-キャビネット《和 wall＋cabinet》壁に作り付けにした収納家具。
ウォール-ストリート〘Wall Street〙▶ウォール街
ウォール-ストリート-ジャーナル〘The Wall Street Journal〙米国の経済専門の日刊紙。1889年創刊。本社はニューヨーク。ニューズ-コーポレーション傘下で、保守的・新自由主義的な論調が特徴。発行部数は211万8315部(2011年10月～2012年3月期平均)。WSJ。➡ウォール街
ウォールデン〘Walden〙米国ボストン西郊、コンコード近くの池。H＝D＝ソローの「森の生活」の舞台。
ウォール-ペインティング〘wall painting〙ビルなどの外壁にスプレーやペンキなどを用いて描かれた絵。
ウォーレス〘Alfred Russel Wallace〙[1823～1913]英国の博物学者。アマゾン地方やマレー諸島に旅行し生物相を研究。自然選択による生物の進化論を唱え、論文をダーウィンに送った。著「ダーウィニズム」など。ウォレス。
ウォーレス〘Henry Agard Wallace〙[1888～1965]米国の政治家。F＝ルーズベルト大統領のブレーンとして、副大統領・商務長官などを歴任。第二次大戦後、トルーマン大統領の対ソ強硬策に反対し、第三党の進歩党を結成して大統領選に立候補したが敗れた。ウォレス。
ウォーレス-きねんとう【ウォーレス記念塔】《The National Wallace Monument》英国スコットランド中部の都市スターリングの市街北東部にあるビクトリア朝様式の塔。13世紀頃、イングランドのスコットランド支配に抵抗、独立に尽力した英雄ウィリアム＝ウォーレスを顕彰するため1869年に建造。塔の内部はウォーレスの生涯と業績を紹介する資料館。
ウォーレス-せん【ウォーレス線】東南アジアのバリとロンボク、ボルネオとスラウェシの間をほぼ南北に通る、生物分布の境界線。A＝R＝ウォーレスが1868年に提唱し、ハクスリーが命名した。その後、ウェーバーやメリルによって訂正された。
うお-がし【魚河-岸】うを ❶魚市場のある河岸。また、魚市場。❷東京の築地にある中央卸売市場の通称。古くは江戸時代初期から大正12年(1923)まであった日本橋付近の魚市場をいった。
うお-かす【魚×滓】うを 魚油をとったあとのかす。飼料や肥料に用いる。ぎょかす。
ヴォキャブラリー〘vocabulary〙▶ボキャブラリー
うお-ごころ【魚心】うを《「魚、心あれば」が誤って一語になったもの》相手に対する好意。
　魚心あれば水心　《魚に水と親しむ心があれば、水もそれに応じる心がある意から》相手が好意を示せば、自分も相手に好意を示す気になる。相手の出方しだいでこちらの応じ方が決まること。
うお-ざ【魚座】うを ❶鎌倉・室町時代の魚商人の同業組合。❷黄道十二星座の一。現在、春分点がある所。11月下旬の午後8時ごろ南中する。学名 Pisces
うお-しま【魚島】うを 瀬戸内海中央部、備後灘と燧灘とを境する島。愛媛県越智郡上島町に属する。
うお-じま【魚島】うを 春に、魚が産卵のため陸地近くへ押し寄せ、小島のように見える現象。また瀬戸内海で、八十八夜前後、鯛が盛んにとれる時期。魚島時。(季 春)「一の大鯛得たり旅路きて/秋桜子」
ウォシュレット〘Washlet〙温水洗浄装置や温風乾燥装置のついた便器。商標名。(補説)「温水洗浄便座」などと言い換える。
うお-じょうゆ【魚×醤油】うをじやうゆ 魚を塩漬けにして出た汁。調味料とする。しょっつる・いかなご醤油・いわし醤油などの類。原産はスペインであるが、現在は東南アジア、特にベトナム・フィリピン・タイなどで多く使われている。魚醤。
うお-じらみ【魚×虱】うを ウオジラミ目の甲殻類の総称。体長4～15ミリ、楕円形の頭胸甲と短い尾をもつ。海産の魚類の体表に寄生する。
うお-すき【魚×鋤】うを 魚介類を味つけしただし汁で煮ながら食べる鍋料理。沖すき。
ウォストーク〘ロシア Vostok〙▶ボストーク
うおぜっきょう【魚説経】うをせきやう 狂言。大蔵流。和泉流は「魚説法」。漁師上がりの新参の僧が、説経を引き受けたができないので、魚の名をつづり合わせた説経をする。
うおせっぽう【魚説法】うをせつぽふ 狂言「魚説経」の和泉流における名称。
うお-たか【魚×鷹】うを ミサゴの別名。形がタカに似て、魚を好んで食べるのでいう。
うお-だな【魚▽店】うを さかな屋。また、魚市。
うおづ【魚津】うを 富山県北東部の市。富山湾岸に漁港があり、水産加工業が盛ん。春には蜃気楼が見られる。ホタルイカ群遊海面と埋没林は特別天然記念物。人口4.5万(2010)。
ウオツカ〘ロシア vodka〙《「ウオッカ」「ウオトカ」とも》大麦・ライ麦を主原料としたロシアの代表的な蒸留酒。発酵後蒸留し、木炭層を通して脱臭する。特別に香りをつけたものはズブロウカとよぶ。アルコール分が40～60パーセントで強い。火酒。
うおつき-りん【魚付(き)林】うをつき 保安林の一。魚類の繁殖と保護を目的に、伐採を制限または禁止している岸近くの森林。木につく虫・微生物が水中に入ってえさとなり、また水面上に大きな影を落とし、魚類の好む暗所をつくる。うおつきばやし。
うおづ-し【魚津市】うを ▶魚津
ウオッシャー-ポンプ〘washer pump〙自動車のウインドーガラスに洗浄液を噴射させるため、圧力を加える電動式の機器。
ウオッシャブル〘washable〙洗濯がきくこと。色が落ちたり、縮んだりすることなしに洗濯ができること。また、そのような衣類。
ウオッシュ〘wash〙洗うこと。洗濯すること。「カー―」
ウオッシュ-アウト〘washed-out〙《洗いざらしの、色のさめた、の意》生地を初めから何回も水洗いしたようなさめた感じの色にする加工法。
ウオッシュ-アンド-ウエア〘wash-and-wear〙衣類が、洗っても型が崩れず、アイロンなどの必要もなくすぐに着られること。また、そうした衣類。ポリエステル系の合成繊維で作る。ウオッシュアンドウエアスタイル。
ウオッシュアンドウエア-スタイル〘wash-and-wear style〙❶▶ウオッシュアンドウエア ❷シャンプー後、とかすだけで簡単に形をつけられるパーマヘアのスタイルのこと。
ウオッチ〘watch〙〔名〕スル ❶携帯用の時計。腕時計・懐中時計など。「ストップ―」❷注視すること。観察すること。「年の暮れの街を―する」❸航海用語で、見張り。当直。
ウオッチ-キャップ〘watch cap〙ぴったりしたニット製の帽子。元来、米国海軍の水兵が防寒用に船上でかぶったもの。ワッチキャップ。
ウオッチ-ポケット〘watch pocket〙ズボンの右前につけられる口寸法の小さいポケット。懐中時計を入れるためのもの。
ウオッチマン〘watchman〙事務所や工場などの夜警。見張人。
ウオッチャー〘watcher〙観察者。観測者。見張り人。番人。「バード―」
ウオッチワード〘watchword〙❶合い言葉。❷運動などのモットー。スローガン。
ウオッチング〘watching〙観察すること。見張ること。「バード―」「マン―」
うお-つり【魚釣(り)】うを さかなをつること。さかなつり。釣魚。
ウオトカ〘ロシア vodka〙▶ウオツカ
うお-に【魚荷】うを ❶魚類の荷。❷《「魚荷飛脚」の略》大坂・堺と京都との間で魚の荷を運ぶかたわら飛脚を兼ねた者。「この文（ふみ）の届け賃、この方にて十文、―に相渡し申し候」〈浮・一代女・三〉
うお-にかわ【魚×膠】うをにかは 魚の皮・骨・ひれなどから作ったにかわ。
うおぬま【魚沼】うを 新潟県中南部にある市。コシヒカリの産地。平成16年(2004)11月に堀之内町、小出町、湯之谷村、広神村、守門村、入広瀬村が合併して成立。人口4.0万(2010)。
うおぬま-きゅうりょう【魚沼丘陵】うをぬまきうりよう 新潟県中央部を北東から南西に細長くのびる丘陵。長さ30キロメートル、幅10キロメートル。周辺は油田が多く、魚沼油田と呼ばれる。豪雪地帯。魚沼山地。
うおぬま-し【魚沼市】うをぬま ▶魚沼
うお-の-め【魚の目】うを《形がさかなの目に似ているところから》皮膚の角質の一部が肥厚し、楔状に真皮に食い込んでいるもの。足の裏や指の間にできることが多く、押すと痛い。鶏眼。そこまめ。
うお-びしお【魚×醤｜魚×醢】うをびしほ 魚肉のしおから。➡醤（ひしお）❷
うお-へん【魚偏】うを 漢字の偏の一。「鮭」「鯛」などの「魚」の部分。さかなへん。
うお-み【魚見】うを 魚の所在や群がり来る状況などを探知する役。また、海際の高台や櫓など、魚群を見張る場所。
うお-みそ【魚味×噌】うを 鯛などの魚肉を加えて作ったなめ味噌。
ウオモ〘イタリア uomo〙《男性の意》服飾で、男性用・男物の意味に用いる語。ウオーモ。
ウォラストン〘William Hyde Wollaston〙[1766～1828]英国の化学者・物理学者。白金鉱石の分析を通して新元素パラジウム・ロジウムを発見。また、可鍛性白金の製法を考案し、極細の白金線(ウォラストン線)の作成に成功するなど、多岐にわたる業績をあげた。
ウォラストン-プリズム〘Wollaston prism〙複屈折を利用した偏光プリズム。二つの方解石や水晶を結晶軸が直交するように貼り合わせたもの。入射光をある開き角を成す直交する二つの偏光に分離できる。紫外線領域まで使用可能で、各種分析器や偏光子として利用される。ウォーラストンプリズム。
ウォリアー〘warrior〙戦士。闘士。
ウォリス〘John Wallis〙[1616～1703]英国の数学者。オックスフォード大教授。カバリエリやデカルトの考えを継承・発展させ、微積分学への道を開いた。無限大の記号∞の導入のほか、暗号や論理学の分野でも業績を残した。著「無限小算術」など。
ウォリスフトゥナ-しょとう【ウォリスフトゥナ諸島】《Wallis et Futuna》▶ワリス-フテュナ諸島
ウォリック-じょう【ウォリック城】《Warwick Castle》▶ウォーリック城
ヴォルガ〘Volga〙▶ボルガ川
ウォルコット〘Derek Walcott〙[1930～]西インド諸島セントルシアの詩人・劇作家。カリブの風土や土着文化と西欧文明を融合させた、独自の世界を詩や戯曲で表現した。1992年、ノーベル文学賞受賞。詩集「スターフルーツ王国」「オメロス」、戯曲「モンキー山での夢」など。
ウォルサム〘Waltham〙米国マサチューセッツ州東部の工業都市。時計生産で知られ、現在はエレクトロニクスなどが盛ん。
ウォルサム-フォレスト〘Waltham Forest〙英国の首都ロンドン北東部の一地区。大ロンドンの区の一。公園、緑地、広場が多い住宅街として知られる。主な町はチンフォード、レイトン、ウォルサムストー。ウィリアム＝モリスギャラリーがある。
ヴォルティス▶徳島ヴォルティス
ヴォルテール〘Voltaire〙▶ボルテール
ウォルト-ディズニー-ワールドリゾート〘Walt Disney World Resort〙米国フロリダ州中央部の観光・

保養都市、オーランドの南西部にあるテーマパーク。ウォルト-ディズニー-カンパニーが運営する複数のテーマパーク、リゾートホテル、商業施設で構成される。映画製作者ウォルト=ディズニーが、カリフォルニア州に創設したディズニーランドに続いて計画を発案。ウォルトの死後、兄ロイが遺志を継いで1971年に開園。

ウォルトン〖Ernest Thomas Sinton Walton〗[1903～1995]英国の物理学者。アイルランド生まれ。コッククロフトと共同で荷電粒子の加速装置を作り、原子核を人工的に変換することに成功し、1951年、ともにノーベル物理学賞を受賞。

ウォルトン〖Izaak Walton〗[1593～1683]英国の伝記作家・随筆家。著「釣魚大全ちょうぎょたいぜん」は、英国随筆文学の代表作の一。

ウオルナット〖walnut〗クルミの木および実。また、くるみ材。家具材などに用いられる。

ヴォルビリス〖Volubilis〗▶ボルビリス

ウォルフ〖Caspar Friedrich Wolff〗[1733～1794]ドイツの解剖学者。著「発生学説」で後成説を主張。近代発生学の創始者の一人。

ウォルフ〖Christian von Wolff〗[1679～1754]ドイツの哲学者・数学者。ライプニッツの哲学を継承し、合理主義哲学を体系化した。また、ラテン語に代えてドイツ語の哲学用語を定めるなど、ドイツ啓蒙思想を代表。著「数学の基礎」。

ウォルフ〖Hugo Wolf〗[1860～1903]オーストリアの作曲家。300を超える歌曲は、ドイツロマン派リートを独自の高みに導いた。「スペイン歌曲集」「イタリア歌曲集」もよく知られている。

ウォルフ〖Johann Rudolf Wolf〗[1816～1893]スイスの天文学者。太陽黒点の量を表すウォルフ黒点数を提唱し、黒点の消長周期が11.1年であることを確認した。

ウォルフ-かん【ウォルフ管】ｸﾜﾝ 中腎輸管ちゅうじんゆかんの別名。C=F=ウォルフが発見したのにちなむ。

ウォルプスウェーデ〖Worpswede〗ドイツ北部、ニーダーザクセン州の芸術家村。ブレーメンの東方約15キロメートルに位置する。1889年に二人の画家、フリッツ=マッケンゼンとオットー=モーダーゾーン=ベッカーが移り住んで芸術活動を始めたことにより誕生。自然叙情派の画家が多く集まった。現在も芸術家のアトリエが多く、ギャラリーや美術館がある。

ウォルフ-たい【ウォルフ体】中腎ちゅうじん。

ウォルフライエ-せい【ウォルフライエ星】《Wolf-Rayet star》スペクトルが幅広い輝線をもつことで特徴づけられる星。肉眼で見える星では最高温のもので、100個程度発見されている。1867年にフランスの天文学者J=R=ウォルフとライエにより発見された。

ウォルフラム〖ﾄﾞｲﾂ Wolfram〗タングステンのこと。

ウォルフラム-フォン-エッシェンバハ〖Wolfram von Eschenbach〗[1170ころ～1220ころ]ドイツの宮廷詩人。中世最大の叙事詩人といわれ、宮廷騎士文学の完成者。叙事詩「パルチバル」など。

ウォルポール〖Robert Walpole〗[1676～1745]英国の政治家。ホイッグ党の指導者。ジョージ1世時代の1721年、史上初の責任内閣の首相となり、1742年に引退するまで平和外交の推進、財政の健全化に尽力。

ウォルムス〖Worms〗ドイツ西部、ライン川中流の古都。ローマ時代に建設され、フランク王朝時代には帝国直轄の都市となり、しばしば帝国議会が開催された。ぶどう酒の産地。ボルムス。

ウォルムス-だいせいどう【ウォルムス大聖堂】ﾄﾞｲﾂ《Wormser Dom》ドイツ西部の都市、ウォルムスにある大聖堂。12世紀から13世紀にかけて建造。シュパイエル大聖堂、マインツ大聖堂と並び、ライン川中上流域におけるロマネスク様式の優れた建造物として知られる。ボルムス大聖堂。

ウォレット〖wallet〗《「ワーレット」とも》札入れ。財布。

ウォレット-ソフト《wallet softwareから》▶電子財布

ウォン《朝鮮語》大韓民国・朝鮮民主主義人民共和国の通貨単位。1ウォンは100チョン。

ウォンサン【元山】朝鮮民主主義人民共和国の南東部、日本海に面した港湾・軍港都市。造船・化学工業が盛ん。げんざん。

ウオンツ〖wants〗欲しい物。買いたい物。

ウオンテッド〖wanted〗お尋ね者。指名手配されている者。

ウオント-アド〖want ad〗新聞の三行広告。求人・求職・貸家などの小広告。

ウォンバット〖wombat〗有袋目ウォンバット科の哺乳類。体長約1メートル。尾はほとんどなく、ずんぐりし、アナグマに似て穴居性で、草食。主に夜行性。オーストラリアに分布。ふくろぐまもどき。

う-おんびん【ウ音便】音便の一。広義には、発音の便宜上、語中・語尾の「く」「ぐ」「ひ」「び」「み」などが「う」の音になる現象。「かぐはし」が「かうばし」、「いもひと」が「いもうと」になる類。また狭義には、用言の活用語尾に起こる現象で、動詞では、文語のハ・バ・マ行の四段活用に「て」「たり」「で」などが付属したとき、形容詞および形容詞型活用の助動詞では、文語の場合は用言に連なるとき、口語の場合は「ございます」「存じます」に連なるときに、それぞれの連用形の語尾が「う」となることをいう。「思ひて」が「思うて」、「いみじく」が「いみじう(泣く)」、「行きたく」が「行きとう」、「ありがたく」が「ありがとう(ございます)」の類。

(類語)音便・イ音便・促音便・撥はつ音便

う-か【羽化】ｸﾞ〔名〕ｽﾙ ❶昆虫が、蛹さなぎや幼虫から、成虫になること。➡蛹化ようか ❷「羽化登仙うかとうせん」に同じ。

う-か【雨下】〔名〕ｽﾙ ❶雨が降ること。また、雨が降っているとき。「余―に歩するを好まず」〈織田訳・花柳春話〉❷雨のように降り注ぐこと。「追撃砲を我が部隊の上に―し始めた」〈火野・麦と兵隊〉

うか【ᐞ食】《「うけ(食)」の音変化。複合語として用いる》食物、特に稲のこと。「―の御魂みたま」「―の女め」

う-かい【有界】《「うがい」とも》仏語。生死流転するものとしてとらえられる世界。欲界・色界・無色界の総称。有涯うがい。

う-かい【ˣ迂回】ｸﾜｲ〔名〕ｽﾙ 回り道をすること。遠回りすること。「がけ崩れのため―する」「―路」

(類語)遠回り・回り道・寄り道・遠道・小回り

うかい【鵜飼】ｳｶﾋ 謡曲。五番目物。榎並左衛門五郎作。世阿弥改作。禁漁の所で漁をして殺された鵜飼いの霊が、一夜の善行によって閻魔えんま大王に許され、極楽へ送られる。

う-かい【ˣ鵜飼い】ｳｶﾋ《「うがい」とも》❶鵜を飼いならして鮎あゆなどをとらせること。また、その鵜を使うのを職業とする人。鵜匠うじょう。岐阜県長良川のものが有名。(季 夏)「老なりし―ことしは見えぬかな/蕪村」❷御厨子所みずしどころの膳部ぜんぶの下役で、魚をとる者。

う-がい【有涯】《「有界うかい」から》限りある存在。果てのあるもの。この世。人の一生についてもいう。「無常は春の花、風に随って散りやすく、―は秋の月、雲に伴って隠れやすし」〈平家・灌頂〉

うがい【ˣ嗽】ｳｶﾞﾋ〔名〕ｽﾙ 水や薬液などを口に含んで、口やのどをすすぐこと。含嗽がんそう。「食塩水で―する」「―薬」(類語)含嗽がんそう

うかい-けんきん【ˣ迂回献金】ｸﾜｲ 企業や業界団体などが、政党やその政治資金団体を経由して政治家個人に献金すること。法律で禁止されている、企業・団体から政治家個人への献金の抜け道となっている。➡政治献金

うかい-こつ【ˣ烏ˣ喙骨】▶烏口骨うこうこつ

うかい-せいさん【ˣ迂回生産】ｸﾜｲ まず道具・機械などの生産手段を生産してから、それを使用して消費財を生産する方法。

うかい-とっき【ˣ烏ˣ喙突起】▶烏口突起うこうとっき

うかい-び【ˣ鵜飼い火】ｳｶﾋ 鵜飼いをするとき、舟の舳先へさきでたくかがり火。鵜かがり。(季 夏)

うかい-ぶね【ˣ鵜飼い舟】ｳｶﾋ ❶鵜飼いに用いる舟。鵜舟。(季 夏)「うしろから月こそ出づれ―/蓼太」❷高瀬舟系の川船の一。

うかい-べ【ˣ鵜飼ᐞ部】ｳｶﾋ 古代、宮内省大膳職所属の品部しなべ。鵜を使って魚をとり、朝廷に貢納した。

うかい-ぼうえき【ˣ迂回貿易】ｸﾜｲ 為替管理上の障害を避けるなどの目的で、商品を直接目的国へ送らず、第三国を経由して取引する貿易。

うかい-ゆうし【ˣ迂回融資】ｸﾜｲ 不正融資の一つ。銀行などが資金を融資する際に、融資額が信用供与の限度額内であるように見せかけるため、間接的に融資を行うこと。関連会社のノンバンクや大口信用供与先などを経由することによって、結果的に融資先の信用供与限度額を超えた融資が行われる。複数の会社を経営する企業の資金繰り対策の手口としても使われる。

うが・う【ˣ嗽ふ】ｳｶﾞ〔動ハ四〕口をすすぐ。うがいをする。「口に水を―ふ如何、漱也」〈名語記・八〉

うか-うか〔副〕ｽﾙ ❶気がゆるんで注意が行き届かないさま。うっかり。「―と口車に乗せられる」❷しっかりした心構えや目的を持たず、ぼんやり時を過ごすさま。「同業者も増えたので―していられない」❸気分が浮き立つさま。心が落ち着かないさま。「ああ有り難き太夫さまの黄金の肌はだと、―さすって居る内に」〈浮・一代男・七〉

うかがい【伺(い)】ｳｶｶﾞﾋ ❶目上の人などに指示を仰ぐこと。「進退―」❷神仏のお告げを願うこと。❸「問うこと」「訪問すること」「聞くこと」の意の、その相手を敬って用いる謙譲語。「御機嫌―」

伺いを立・てる ❶神仏に祈ってお告げを願う。❷目上の人などに指示を仰ぐ。

うかがい-あし【ˣ窺ひ足】ｳｶｶﾞﾋ 抜き足差し足でこっそり歩くこと。忍び足。「表の方には六蔵が戻りかかって、―」〈浄・矢口渡〉

うかがい-しょ【伺(い)書】ｳｶｶﾞﾋ 指示や意見を示してもらうために差し出す文書。

うかがい-し・る【ˣ窺い知る】ｳｶｶﾞﾋ〔動ラ五(四)〕すでにわかっていることをもとにして推測し、そのあらましを知る。だいたいの見当をつける。「表情から自信のほどを―・る」「―・れない内情」

うかがい-ぼん【伺(い)本】ｳｶｶﾞﾋ もと検閲のために役所に差し出した本。特に芝居では、上演1週間前に提出した正副2通の台本をいう。第二次大戦後廃止。上げ本。

うかが・う【伺う】ｳｶｶﾞﾌ〔動ワ五(ハ四)〕《「窺う」と同語源。目上の人のようすをうかがいみる意から、その動作の相手を敬う謙譲語となる》❶「聞く」の謙譲語。拝聴する。お聞きする。「おうわさはかねがね―・っております」❷「尋ねる」「問う」の謙譲語。「この件について御意見をお―・いします」❸「訪れる」「訪問する」の謙譲語。「明朝、こちらからお―・います」❹神仏の託宣を願う。「御神託を―・う」❺《「御機嫌をうかがう」の意から》寄席などで、客に話をする。また、一般に、大ぜいの人に説明をする。「一席―・う」(可能)うかがえる (類語)尋ねる・問う・聞く・質ただす・問い質す/来る・参る・行く・訪れる・訪ねる・訪問・訪とう・見舞う・お邪魔・訪おとなう・上がる・歴訪

うかが・う【ˣ窺う】ｳｶｶﾞﾌ〔動ワ五(ハ四)〕❶すきまなどから、ひそかにのぞいて見る。「鍵穴から中を―・う」❷ひそかにようすを探り調べる。「顔色を―・う」「ライバル会社の動きを―・う」❸一部分から全体を推し量って知る。それとなくようす、状況を察する。「意気込みのほどが―・われる」「その一斑いっぱんを―・うことができる」❹ようすを見て、好機の訪れるのを待ち受ける。「逃走の時機を―・う」❺一応心得ておく。「弓射、馬に乗ること…必ずこれを―・ふべし」〈徒然・一二二〉❻調べ求める。調べ探す。「近く本朝を―・ふに」〈平家・一〉(可能)うかがえる (類語)ねらう・つけねらう・探る

うがき-かずしげ【宇垣一成】[1868～1956]軍人・政治家。陸軍大将。岡山の生まれ。清浦・加藤・若槻わかつき内閣の陸相を務め、軍縮と軍の合理化・近代化を進めた。のち、朝鮮総督。昭和12年(1937)組閣の大命を受けたが、軍部の反対にあって失敗。

う-かく【羽客】神仙となって空をとべるようになった人。仙人。仙客。「―は霞に乗りて至り、仙人は月を玩もてあそぶ」〈宴曲集・四〉

う-がく【右楽】「右方(うほう)の楽」に同じ。⊕左楽。

う-がく【有学】仏語。仏教の真理を知ってはいても、まだ迷いを完全に断ち切っておらず、学ぶ余地のある者。小乗仏教の四果のうち、最後の阿羅漢果にまだ達していない者。⊕無学。

うかさ・る【浮かさる】〔動ラ下二〕「うかされる」の文語形。

うかさ・れる【浮かされる】〔動ラ下一〕図うかさ・る〔ラ下二〕《「れる」は、もと受身の助動詞》❶高熱のために意識がはっきりしなくなる。「熱に―・れる」⇒熱に浮かされる 補説 ❷物事に心を奪われて、落ち着かなくなる。「海外旅行ブームに―・れる」❸茶などを飲んで興奮し、眠れなくなる。「茶に―・れると夜寝られませぬから参りますまい」〈咄・鯛の味噌津〉

うかし【浮かし】❶汁の実。❷浮き。浮標。

うが-じん【宇賀神】《「うかじん」とも》❶古来、人間に福徳をもたらすと考えられている福の神たちの総称。食物神・農業神ともされる。幸福・利益・知恵・財力の神とされている弁財天と同一視されることが多い。❷《❶の宝冠の中に白い蛇があるところから》神として祭った白蛇。また、白蛇のこと。❸《音が似ているところから》宇迦御魂(うかのみたま)の異称。

うか・す【浮かす】〔動サ五(四)〕❶浮くようにする。浮かべる。「グラスに氷を―・す」❷固定させず、不安定な感じや状態にする。「腰を―・す」❸経費・時間などの使い方を工夫して余りが出るようにする。切り詰めて余りを出す。「宿泊費を―・す」❹沈んだ気持ちを引き立てて陽気にする。浮き立たせる。「ちと踊り念仏を始めて、きゃつを―・いてやらう」〈虎寛狂・宗論〉 類語 残す・余す・余る

うか・せる【浮かせる】〔動サ下一〕「浮かす」に同じ。「旅費を―・せる」

うがち【×穿ち】❶穴をあけること。❷㋐表に現れない事実・世態・人情の機微を巧みにとらえること。㋑黄表紙・洒落本などにみられる、江戸文学の理念を示す語。人情の機微や特殊な事実を指摘し、特に遊里生活の手引き・案内とするもの。❸新奇で凝ったことをすること。「―遊びの御物好」〈浄・彫刻左小刀〉❹遊女の意地が強いこと。「女郎の張のつよいを―といふわいの」〈伎・天羽衣〉

うがち-すぎ【×穿ち過ぎ】物事の本質や人情の機微をとらえようと執着するあまり、逆に真実からかけ離れてしまうこと。

う-かつ【×迂×闊】〔名・形動〕❶うっかりしていて心の行き届かないこと。また、そのさま。「そんな大事なことを見落とすとは―だった」「―にも口を滑らす」❷回り遠くて実情にそぐわないこと。実際の役に立たないこと。また、そのさま。「彼の級友に…坐禅をするものがあった。当時彼は其―を笑っていた」〈漱石・門〉 派生 うかつさ〔名〕

うが・つ【×穿つ】〔動タ五(四)〕《上代は「うかつ」》❶穴をあける。掘る。また、突き通す。貫く。「雨垂れが石を―・つ」「トンネルを―・つ」❷押し分けて進む。通り抜けて行く。「石は灌木の間を―・って崖の下へ墜ちた」〈鴎外・青年〉❸人情の機微に巧みに触れる。物事の本質をうまく的確に言い表す。「―・った見方」「彼の指摘は真相を―・っている」❹袴(はかま)・履物などを身に着ける。履く。「夏といえども其片足に足袋を―・ちたり」〈子規・墨汁一滴〉❺新奇で凝ったことをする。「紋も模様も大きに―・ち過ぎて賤しき場もありしが」〈洒・浪花今八卦〉 可能 うがてる 類語 掘る

うか-と〔副〕しっかりした心構えや注意力のないさま。うかうか。うっかり。「中々一人の云うことに乗る男じゃ無いが」〈鉄腸・南洋の大波瀾〉

うか-とうせん【羽化登仙】《蘇軾「前赤壁賦」から》中国古代の信仰で、からだに羽が生え仙人となって天へのぼること。また、酒に酔ってよい気持ちになったときのたとえにいう。羽化。

うかぬ-かお【浮かぬ顔】〔連語〕心配事などがあって晴れやかでない顔つき。沈んだ顔つき。

うか-ねら・う【×窺狙ふ】〔動ハ四〕ようすを見て機をねらう。うかがいねらう。「この岡に雄鹿(をしか)踏み起こし―・ひかもかもすらく君故にこそ」〈万・一五七六〉

うか-ねらう【×窺狙ふ】〔枕〕狩りで獣などの通った跡を見てねらうところから「跡見(とみ)」にかかる。「―跡見山雪のいちしろく」〈万・二三四六〉

うか-の-みたま【宇×迦御×魂¦倉=稲×魂¦×稲×魂】《「うか」は「うけ(食)」の音変化》食物、ことに稲の神霊。うけのみたま。うかのみたまのかみ。うかのみたまのみこと。「こは稲の霊(みたま)なり。俗の詞に―といふ」〈祝詞・大殿祭・訓注〉

うかば・れる【浮(か)ばれる】〔動ラ下一〕《「れる」は、もと可能の助動詞》❶死んだ人の魂が慰められる。成仏できる。「これで仏も―・れよう」❷(多く打消しの語を伴う)苦労がむくわれる。面目が立つ。「この評価では努力のかいがなく―・れない」

うかび-あが・る【浮(か)び上(が)る】〔動ラ五(四)〕❶水中・水底にあるものが水面に現れ出る。また、地上にあるものが空中に上がる。「魚が―・る」「アドバルーンが空に―・る」❷苦しい状態を抜け出してよくなる。下位にあったものが上位になる。「最下位から―・る」❸隠れていた物事が表面に現れる。鮮明になって人目につくようになる。「捜査線上に―・る」「東京タワーが夜空に―・る」❹意識に出てくる。思い出される。「突然一人の頭の中へカンナの予言が―・った」〈横光・碑文〉 類語 浮く・浮かぶ・浮き上がる・浮かべる・浮揚する・浮上する

うかび・でる【浮(か)び出る】〔動ダ下一〕❶水面に現れる。「浮きが―・でる」❷隠れていた物事が表面に現れる。うかびあがる。「悔しさが表情に―・でる」❸意識にのぼってくる。記憶がよみがえる。うかびあがる。「脳裏に恩師の姿が―・でる」

うか・ぶ【浮(か)ぶ¦×泛かぶ】㊀〔動バ五(四)〕❶物が液体の表面や中間、または空中に存在する。浮く。「雲が―・ぶ」「ボートが湖水に―・ぶ」「太平洋に―・ぶ島」⊕沈む。❷物が液体の表面や空中などに、底から離れて上がる。浮く。浮かび上がる。「沈没船から油が―・ぶ」⊕沈む。❸心の中に上ってくる。意識に出てくる。「名案が―・ぶ」「彼のおもかげが―・ぶ」❹表面に出てくる。「苦悩の表情が―・ぶ」「涙が目に―・ぶ」❺物がその姿かたちを目立たせる。「霧の中に木立が黒く―・んでいる」❻よくない境遇から脱する。よい方に事態が向かう。「小夜さんが其気になりゃ、小夜さんも幸福(しあはせ)だし、君も―・ぶ」〈二葉亭・其面影〉⇒浮かばれる ❼陽気になる。浮く。「心配気な、―・ばない顔色をして」〈啄木・赤痢〉❽死者の霊が慰められて安らかになる。成仏する。「流れ出(い)づる涙に今日は沈むとも―・ばむ末を猶(なほ)思はなむ」〈山家集・下〉⇒浮かばれる ❾気持ちなどが動いて定まらない。落ち着かない。うわついている。「女の宿世は、いと―・びたるなむあはれに侍る」〈源・帚木〉❿根拠がない。いいかげんである。「都にはいと―・びたる事ども、心のひきひき言ひしろふ」〈増鏡・三神山〉⇒浮く 用法 ㊁〔動バ下二〕「うかべる」の文語形。
類語 ㊀(1)浮く・たゆたう・漂う・浮遊する・浮流する/(2)浮く・浮き上がる・浮揚する・浮上する・浮かび上がる・浮かべる

浮かぶ瀬(せ) 苦しい境遇や状態から抜け出る機会。「身を捨ててこそ―もあれ」

うか・べる【浮(か)べる¦×泛かべる】〔動バ下一〕図うか・ぶ〔バ下二〕❶浮かぶようにする。浮かばせる。「船を水に―・べる」⊕沈める。❷外面に表す。表面に表し出す。「喜色を満面に―・べる」「涙を―・べる」❸思い起こす。意識に上らせる。「記憶に―・べる」「念頭に―・べる」❹暗記する。「古今の歌二十巻をみな―・べさせ給ふを御学問にはせさせ給へ」〈枕・二三〉❺苦境から救う。世に出してやる。浮かばせる。「沈める輩(ともがら)をこそ多く―・べ給ひしか」〈源・明石〉❻十分に心得る。熟知する。「傍に居たる禅門、―・べたる体(てい)をなし」〈咄・醒睡笑・三〉 類語 浮かぶ・浮かび上がる・浮く・浮き上がる・浮揚する・浮上する

うか-み【×窺見】相手方を見張ること。敵方のようすをさぐること。また、その人。斥候(せきこう)。物見。「近江の京より倭の京に至るまでに、処々に―を置く」〈天武紀〉

うか・む【浮かむ】㊀〔動マ四〕「浮かぶ」に同じ。「来む世には、地獄の底に沈みて、―・む世あらじといふに」〈宇津保・吹上下〉㊁〔動マ下二〕「浮かべる」に同じ。「汀(みぎは)に小舟を―・め」〈浮・一代男・六〉

うがやふきあえず-の-みこと【鸕鷀草葺不合尊】日本神話で、彦火火出見尊(ひこほほでみのみこと)の子。母は豊玉姫。五瀬命(いつせのみこと)・神日本磐余彦尊(かむやまといわれびこのみこと)(神武天皇)の父。

うから【親=族】《上代は「うがら」》血縁の人々の総称。血族。しんぞく。「―やから」「わが家もこの国にて聞ゆる―なるに」〈鴎外・文づかひ〉

うかり〔副〕「うっかり❶」に同じ。「―としているお千代には」〈左千夫・春の潮〉

うかり-ひょん〔副〕気づかずぼんやりしているさま。うかうかと。うっかりひょん。「いかひ愚痴(ぐち)のなれの果て―とぞ見えにける」〈松の葉・三〉

うか・る【受かる】〔動ラ五(四)〕試験などに合格する。及第する。「検定試験に―・る」⊕落ちる。
類語 合格・パス・及第

うか・る【浮かる】〔動ラ下二〕「うかれる」の文語形。

うかれ【浮(か)れ】浮かれること。「一声」「一調子」「袖を引かれて、北八すこし―がきて」〈滑・膝栗毛・七〉

うかれ-ある・く【浮(か)れ歩く】〔動カ五(四)〕心うきうきとして歩き回る。また、所定めず、あちこちぶらつく。「盛り場を―・く」

うかれ-い・ず【浮かれ×出づ】〔動ダ下二〕❶気持ちが落ち着かず、どこという当てもなく、家を出る。「―・づる心は身にもかなはねば如何なりとても如何にかはせむ」〈山家集・中〉❷心がひかれて、うきうきとする。また、うきうきとして出かける。「朝食(あさげ)もうち忘れて―・でぬ」〈読・雨月・蛇性の婬〉

うかれ-お【浮(か)れ×男】美しいものや異性などにひかれて、浮かれ歩く男。うかれおとこ。「今仲の町で―に脱付(ぬげつ)けられる烏も」〈美妙・武蔵野〉

うかれ-がらす【浮かれ×烏】❶月に浮かれて、ねぐらに帰るのも忘れ、鳴き騒ぐ烏。浮気烏。「月さえて山は梢の静けきに―の夜ただ鳴くらむ」〈新撰六帖・六〉❷夜、浮かれ歩く人。遊客。浮気烏。「冷えて風もほろ酔ひに、心持ちよくうかうかと、―のただ一羽」〈伎・三人吉三〉

うかれ-ごころ【浮(か)れ心】落ち着かない気持ち。特に、陽気に浮き立った気持ち。「詩でも吟じたいような―になって」〈花袋・妻〉

うかれ-だ・す【浮(か)れ出す】〔動サ五(四)〕心がうきうきして、調子づきはじめる。「祭りばやしに―・す」

うかれ-た・つ【浮(か)れ立つ】〔動タ五(四)〕❶楽しくてたまらず、とてもじっとしていられない気持ちになる。ひどく浮かれる。「町中が祝賀の準備で―・つ」❷気軽にぶらりとでかける。「裾をかしうからげて、路の枝折(しをり)と―・つ」〈奥の細道〉

うかれ・でる【浮(か)れ出る】〔動ダ下一〕❶心がうきうきとして外へ出る。「春らしい陽気に―・でる」❷どこというあてもなく家を出る。「次第不動明王、娑婆の若衆にうっぽれて、路考じゃうどに―・でる」〈根無草・後・一〉

うかれ-どり【浮かれ鳥】❶まだ夜が明けないのに、浮き立つように鳴く鶏。「なぞもかく人の心の一別れもよほす声をたつらん」〈万代・恋三〉❷夜、ねぐらを離れて、浮かれ歩く鳥。「月は出でてもうば玉のよるべ定めぬ―」〈謡・藤〉

うかれ-びと【浮(か)れ人】❶美しいものや異性などに心をひかれて、浮かれ歩く人。「―を花に送る京の汽車は」〈漱石・虞美人草〉❷古代、本籍地を離れ、他郷に流浪する者。浮浪人。「汝は―なり。なんぞ調(みつぎ)を輸(いた)さざる」〈霊異記・下〉

うかれ-びょうし【浮(か)れ拍子】心を浮き立たせるような三味線などの弾き方。また、そのような調子。浮き拍子。浮かれ調子。

うかれ-ぶし【浮(か)れ節】❶三味線に合わせてうたう通俗的な歌。❷浪花節(なにわぶし)の関西での旧称。

うかれぼうず【うかれ坊主】歌舞伎舞踊。清

元。本来は常磐津で、2世桜田治助作詞、3世岸沢古式部作曲。文化8年(1811)江戸市村座初演。昭和の初め、5世清元延寿太夫が清元に改曲。

うかれ-め【浮(か)れ女】歌や舞をして人を楽しませ、また売春もする女。遊女。娼妓。あそびめ。「一に手練あるは当然にて」〈逍遥・当世書生気質〉

うかれ-もの【浮(か)れ者】家にじっとしていないで、遊び歩いてばかりいる者。道楽者。

うか・れる【浮(か)れる】〔動ラ下一〕文うか・る〔ラ下二〕《「浮く」から派生した自発形か》❶楽しくなって心がうきうきする。おもしろさに心を奪われる。「酔って―・れる」「月に―・れて歩く」❷自然に浮く。浮かぶ。「めぐりあふ末をぞたのむゆくりなく空に―・れし十六夜の月」〈十六夜日記〉❸当てもなく歩き回る。「住吉の津守網引の浮けの緒の―・れか行かむ恋ひつつあらずは」〈万・二六四六〉❹落ち着かなくなる。動揺する。「さらぬだに―・れてものを思ふ身の心をさそふ秋の夜の月」〈山家集・上〉
類語のぼせる・ほうける・喜ぶ

う-かわ【×鵜川】鵜を川に放して、川魚をとること。鵜飼い。また、鵜飼いをする川。〈季 夏〉「只一人一見にゆくこころ哉/蕪村」
鵜川の小鮎　鵜飼いをする川にすむ小鮎。逃れる方法のないことのたとえ。「一鷹に雉、猫に追はれしのら鼠」〈浄・百人上﨟〉

う-かん【有官】官職を有すること。⇔無官。

う-かん【羽冠】鳥類で、頭上の冠羽の総称。

う-がん【右岸】河川の上流から下流に向かって、右側の岸。⇔左岸。類語岸・岸辺・左岸・両岸・岸壁

う-がん【右眼】右のまなこ。みぎめ。

うがん【×烏丸｜×烏×桓】漢代に、中国北方にいたアルタイ語系遊牧民族。前3世紀に匈奴に敗れた東胡の後裔。後漢末期に勢力を強め、中国北辺を侵したが、207年に魏の曹操に滅ぼされた。

うがん-じゅ【▽拝▽所】沖縄地方で、神を拝む場所。神がたどり着いたとされる岬などもさす。うがん。

ウガンダ〖Uganda〗アフリカ東部、赤道直下の共和国。首都カンパラ。ビクトリア湖をはじめ湖が多い。綿花・コーヒー・紅茶・銅などを産出。もと英国の保護領から1962年独立。人口3340万(2010)。

う-かんむり【ウ冠】漢字の冠の一。「宙」「家」などの「宀」の称。片仮名の「ウ」に似ているところからいう。

う-き【右×揆】右大臣の唐名。右槐。⇔左揆。

うき【宇城】熊本県中部にある市。八代平野北部一帯と宇土半島南岸を占める。干し柿が特産。平成17年(2005)1月、三角町、不知火町、松橋町、小川町、豊野町が合併して成立。人口6.2万(2010)。

うき【▽泥｜×埿】泥深い地。沼地。「数ならぬみくり(=水草ノ名)や何の筋なれば一にしもかく根をとどめけむ」〈源・玉鬘〉

う-き【雨気】雨の降りそうなようす。雨模様。雨意。あまけ。「一を含んだ雲」

う-き【雨季｜雨期】ある地域の1年のうちで、およそ1か月以上にわたって降水の多い時期・季節。熱帯・亜熱帯では気温の年変化が小さいので、季節の推移を雨量の年変化で表し、乾季に対していう。アジアのモンスーン地帯では夏、地中海方面では冬をさす。日本では6、7月の梅雨期と、9、10月の秋雨期、また日本海側の降雪期がこれに当たる。➡乾季

うき【浮き｜浮=子｜泛=子】❶浮くこと。また、浮く具合。❷釣りで、当たりを知るために、またえさを所定の深さに置くために、釣り糸につける浮標。棒うき・玉うき・電気うきなどがある。❸水中に敷設した漁網の位置を知るために、網綱につける木片やガラス球。あば。❹水流の方向・速さを知るため、また、海水浴場・プールなどで危険区域を示したり場所を区切ったりするために水面に浮かべるもの。浮標。ブイ。❺水泳用、救命用の浮き袋。

うき【×盞】さかずき。「あり衣の三重の子が捧がせる瑞玉盞(=美シイ)一に」〈記・下・歌謡〉

うき【憂き】《形容詞「憂し」の連体形から》うさ。心をなやますこと。つらいこと。「幾層の一を洩らしそめぬ」〈一葉・十三夜〉

う-ぎ【雨儀】雨天の際に、朝廷の儀式を略式にすること。また、略式の儀式。

うき-あが・る【浮(き)上(が)る】〔動ラ五(四)〕❶水中から水面に現れ出る。「難破船が―・る」❷空中に持ち上がる。今までついていた地面などとの間にすきまができる。「気球が―・る」「地震で土台が―・る」❸周囲から遊離して形・輪郭などがはっきりと現れる。きわだつ。「富士山が青空に―・って見える」❹隠れていた物事が表に現れる。うかびあがる。「突然妙な事が己の記憶から―・った」〈鴎外・青年〉❺苦しい状態から抜け出る。うかびあがる。「下積みから―・る」❻集団の中で周りの者の理解が得られず孤立する。「幹部の考えは一般組合員から―・っている」❼気持ちがうわつく。軽はずみになる。「軽部の心をそのとき―・らせてしまったのに違いないのだ」〈横光・機械〉類語浮く・浮かぶ・浮かび上がる・浮かべる・浮揚する・浮上する

うきあげ-ぼり【浮(き)上げ彫(り)】「浮き彫り❶」に同じ。

うき-あし【浮(き)足】❶つま先だけが地面につき、かかとが上がっている状態。相撲などでもいう。「砂でざらざらする青畳の上を一で歩きながら」〈秋声・足迹〉❷落ち着かないさま。逃げ足・逃げ腰となること。「一家が総て一になってそわそわして居た」〈花袋・生〉❸取引で、相場が変動して定まらず、下落傾向になること。また、相場の状況が乱れていること。

うきあし-だ・つ【浮(き)足立つ】〔動タ五(四)〕《「うきあしたつ」とも》不安や恐れで落ち着きを失う。逃げ腰になる。「倒産のうわさに社員が―・つ」

うき-あしば【浮(き)足場】水面に浮かべた箱船などの上に組み立てた足場。

うき-いし【浮(き)石】❶軽石。❷河床にある石で、一部が河底から離れ、下を水が流れているもの。❸くずれやすく不安定な状態に積み重なっている石や岩。❹囲碁で、根拠がなく孤立していて、相手にねらわれやすい石。

うき-い・ず【浮き▽出づ】〔動ダ下二〕❶形・模様などが、下地や背景から区別されてはっきり見える。浮き出る。「船越の西丘と、対岸の船山の明神の森とは…、夏の夕暮の静かな碧の空の中に―・でていて」〈花袋・野の花〉❷表面に浮いて出る。浮き出る。「水の上に浮かびながら、手をささげて、この経をささげて―・で―・でするときに」〈宇治拾遺・一〇〉

うき-うお【浮(き)魚】海の表層や中層上部にいる魚。イワシ・サバ・アジ・カツオなど。⇔底魚。

うき-うき【浮き浮き】〔副〕スル 楽しさで心がはずむさま。うれしさのあまり落ち着いていられないさま。「一と遠足に出かける」「朝から一している」
類語わくわく・いそいそ・ぞくぞく

うき-うた【×盞歌｜宇岐歌】元旦の節会に歌われた、古代歌謡の一。一説に、杯をあげるときの寿歌という。歌詞は古事記・琴歌譜にみえる。

うき-え【浮(き)絵】江戸時代、西洋画の透視図法を取り入れた遠近感のある絵。実景が浮き出るように見えるのでいう。初め、のぞきからくりの眼鏡絵に用いられ、芝居小屋内部を描いた浮世絵などにも応用された。遠視画。

うき-おり【浮(き)織(り)】綾などの地紋または二重織物の上紋の横糸を浮かして織ること。また、その織物。古くは浮き文、のちに唐綾ともいった。うけおり。⇔固織り。

うき-おりもの【浮(き)織物】文様を浮き織りにした織物。うけおりもの。⇔固織物。

うき-がし【浮(き)貸し】〔名〕スル ❶金融機関の役職員が自己または第三者の利益を図るために、その地位を利用して職務上保管している金銭を不正に貸し出す行為。❷古い商習慣で、呉服・薬などの行商人に商品を貸しておき、あとで売れた分から代金を回収するやり方。

うき-かわたけ【浮き河竹｜憂き河竹】定まりのない、つらいことの多い身の上を、水に浮き沈みする川辺の竹にたとえ、「浮き」に「憂き」を掛けた語。遊女の境遇をいう。「恥づかしながらわたしが昔は一の傾城」〈浄・嫗山姥〉

うき-ぎ【浮(き)木】《「うきき」とも》❶水の上に浮かんでいる木片。❷船。いかだ。「一に乗りて河の水上を尋ね行きければ」〈今昔・一〇・四〉❸マンボウの別名。
浮き木の亀　「盲亀の浮木」に同じ。

うき-ぎょしょう【浮(き)漁礁】魚を集めるための、海中や海面に浮かせた状態の人工漁礁。

うき-くさ【浮(き)草｜浮き×萍｜×萍】❶ウキクサ科の多年草。水田や池沼に浮遊し、茎は扁平な葉状で、長さ5～6ミリ。表面は緑色、裏面は紫色で細い根を下に垂れる。3、4個集まって浮かび、葉の裏面に白い花をつけることがある。ねなしぐさ。かがみぐさ。なきものぐさ。〈季 夏〉「一や蜘蛛渡りゐて水平ら/鬼城」❷不安定で落ち着かない生活のたとえ。「一の日々」

うきくさ-かぎょう【浮(き)草稼業】浮草のように転々として一つの場所に落ち着かない職業。また、その生活。

うき-ぐつ【浮き×沓】❶江戸時代の浮き具で、布袋に入れた漆塗りの木筒。大きいもの一つを背に、小さいもの二つを胸の左右にひもで連ねて身につけるようにしたもの。❷馬につけると、自由自在に水上を走ることができると信じられていた架空の浮き具。うかびぐつ。「神通自在の葦毛の駒、歴劫不思議の一はかせ」〈浄・女護島〉

うきぐも【浮雲】二葉亭四迷の小説。明治20～22年(1887～89)発表。明治中期の功利主義や官僚制の中で挫折していく青年の姿を、言文一致体で描いたもの。近代写実小説の先駆とされる。

うき-ぐも【浮(き)雲】《古くは「うきくも」とも》❶空中に浮かび漂っている雲。❷物事の落ち着きがなく不安定なさまのたとえ。「浮き」と「憂き」をかけて用いることが多い。「一の生活」

うき-クレーン【浮(き)クレーン】▶起重機船

うき-こ【浮(き)粉】米粉や小麦粉のでんぷんを精製したもの。菓子製造や紅の凝結などに使用。

うき-こうぞう【浮(き)構造】❶軟弱な地盤のとき、建物の底面全部を基礎盤として、土の上に浮いているような形式の構造。❷振動を防止するために、天井・壁・床などを弾力性のあるゴム・コルクなどで支持し、主体構造から遮断した構造。録音室・放送室などに使用。

うき-ごけ【浮×苔】ウキゴケ科の苔類。湿地や水中に自生。多数密集し、葉状体は長さ1～5センチ、幅1ミリほどの線形で、二またに分かれ、内部は気室が発達。

うき-ごし【浮(き)腰】❶重心が定まらない不安定な腰つき。へっぴり腰。「荷物の重さに一になる」❷動揺したりして態度が落ち着かないこと。「強硬な反対にあって一になる」❸柔道の技の一。相手を自分の後ろ腰に密着させ、腰のひねりで投げ倒す技。❹取引の方針が決定しないで迷うこと。
類語逃げ腰

うき-ごり【浮×吾里｜浮×鮴】ハゼ科の淡水魚。河川・湖沼にすむ。全長約10センチ。体は淡褐色で黒褐色の雲状紋がある。食用。いしぶし。うしぬすびと。

うき-さしあみ【浮(き)刺し網】水面近くに網の一端または両端を固定して張り、イワシ・ニシンなど表層の魚を網目にかからせてとる刺し網。錨で端を固定しないものは流し網という。

うき-さんばし【浮(き)桟橋】箱船を海・川の岸に浮かし、水の干満に従って上下するようにした桟橋。

うき-し【宇城市】▶宇城

うき-しきあみ【浮(き)敷き網】海底までおろさず、浮きで水面からつるして張る敷き網。棒受け網・八田網などがある。

うき-しずみ【浮き沈み】〔名〕スル ❶浮いたり沈んだりすること。「倒木が一しながら流れる」❷よくなったり悪くなったりすること。栄えたり衰えたりすること。浮沈。「一の激しい業界」「一する人々の変遷」〈藤村・家〉
類語浮沈・消長・起伏・栄枯盛衰・七転び八起き

うき-しま【浮島】宮城県松島湾の塩竈浦にある島。〔歌枕〕「塩竈の浦の干潟(ひがた)のあけぼのに霞に残る―の松」〈続古今・春上〉

うき-しま【浮(き)島】❶湖や沼などに浮かんでいる、島のようなもの。泥炭や植物の枯死体などの集まりで、植物が生えている場合もある。尾瀬ヶ原や山形県の浮島大沼などにみられる。❷水面に浮かんだように見える島。

うきしま-が-はら【浮島ヶ原】静岡県東部、愛鷹山(あしたかやま)南麓の田子ノ浦に沿う低湿地。富士川の戦いの際、平維盛(たいらのこれもり)の軍勢が水鳥の羽音に驚いて逃げた所という。〔歌枕〕「富士の嶺にめなれし雪の積もりきておのれ時知る―」〈拾遺愚草・上〉

うきしま-にんぎょう【浮(き)島人形】(ニンギャウ) 水面を浮いて回るように作ったおもちゃ。針金を芯にしてろう引きの厚紙を巻き、練り糸で飾って、人や水鳥などの形にしたもの。

うき-しろ【浮(き)城】《水に浮かんでいる城の意から》軍艦。

うき-す【浮(き)州｜浮き×洲】❶泥や流木などが集まり、上に植物が生えたりして州のように見えるもの。❷川や海の上に姿を現した州。

うき-す【浮(き)巣】アシの枯れ葉などで水面に作ったカイツブリの巣。〔季 夏〕「流さるる―に鳰(にほ)の声悲し/子規」

うき-すけ【浮助】遊び歩く男のこと。浮かれ男(お)。「―や扈従(こしょう)見にゆく桜寺」〈東日記〉

うきす-どり【浮(き)巣鳥】❶カイツブリの別名。❷居住の一定しない人。

うき-ぜい【浮き勢】本隊から離れていて、機に応じ援護する軍勢。遊軍。浮き備え。「敵の近づかん所へ懸け合はせんと、―になりてひかへたり」〈太平記・三六〉

うき-せいこう【雨奇晴好】(ウキセイカウ)《蘇軾「飲湖上初晴後雨」の「水光潋灔(れんえん)として晴れて方(まさ)に好し、山色空濛(くうもう)として雨も亦(ま)た奇なり」から》晴れても雨でも、それぞれによい景色で、趣のあること。晴好雨奇。

うき-だい【浮き×鯛】(ダヒ) 春の大潮のときに、多数の鯛が浮き上がること。また、その鯛。潮流などの影響で水圧が急に減少し、浮き袋の調整ができなくなるために浮く。〔季 春〕

うきた-いっけい【浮田一蕙】[1795～1859]江戸末期の画家。京都の人。絵を田中訥言(たなかとつげん)らに学び、復古大和絵派の中心となるが、安政の大獄で捕らえられて入獄。出獄後まもなく没。

うき-だし【浮(き)出し】❶浮き出すこと。❷紙や織物に、模様や文字などをやや高く浮き出させること。また、そのもの。

うきだし-いんさつ【浮(き)出し印刷】雌型(めがた)と雄型(おがた)とを用いて、文字や模様を浮き出させる特殊な印刷法。ダイスタンプ。

うきだし-おり【浮(き)出し織(り)】►ピケ(織物)

うき-だ・す【浮(き)出す】〔動サ五(四)〕❶表面に浮いて出てくる。「漏れた油が水面に―・す」❷模様・形などが、下地や背景から区別されてはっきり見えてくる。「刺繍(ししゅう)が―・して見える」
〔類語〕浮き出る・湧き出る・吹き出る・吹き出す

うき-た・つ【浮(き)立つ】〔動タ五(四)〕❶心楽しく、うきうきして落ち着かない状態になる。「旅行を前にして心が―・つ」❷気持ちがうわずる。そわそわする。「反撃を受けてチームが―・つ」❸周りのものから区別されて、よく目立つ。引き立つ。「遠くから見たと同じ様に―・たない家であった」〈漱石・満韓ところどころ〉❹雲や霧がわき起こる。わき上がる。「―・つ雲の跡もなく行く方知らずなりにけり」〈謡・浮舟〉❺乱れて騒がしくなる。不安に動揺する。「日を経つつ世の中―・ちて、人の心もをさまらず」〈方丈記〉

うきた-の-もり【浮田の森】奈良県五條市の荒木神社の森。〔歌枕〕「かくしてやなほやなりなむ大荒木の―の標(しめ)にあらなくに」〈万・二八三九〉〔補説〕のちには、京都市伏見区淀本町の与杼(よど)神社の森にもいうが、平安時代以後は混同されて明確でない。

うきた-ひでいえ【宇喜多秀家】(ウキタヒデイヘ)[1573～1655]安土桃山時代の武将。豊臣秀吉に仕え、四国・九州・小田原征討で軍功をあげ、文禄・慶長の役に参戦、五大老の一人となった。関ヶ原の戦いに敗れ、八丈島に流されて没した。

うき-だま【浮(き)玉】漁網の浮きに使われるガラスやプラスチック製の球。中は空洞。大小いろいろある。びん玉。

うき-つ【浮き津】天の川にあるという船着き場。「天の川―の波音騒くなりわが待つ君し舟出すらしも」〈万・一五二九〉

うき-・でる【浮(き)出る】〔動ダ下一〕❶表面に浮いて現れる。「汗が額に―・でる」❷模様・形などが、周囲や背景から浮き上がったようにはっきり見える。「青空の中に雪の頂が―・でる」
〔類語〕浮き出す・湧き出る・吹き出る・吹き出す

うき-ドック【浮(き)ドック】ドックの一種。鋼製の箱型で凹形をし、海上で船を載せてから排水して浮かび上がり、船の修理を行うもの。

うき-な【浮(き)名｜憂き名】❶(浮き名)恋愛や情事のうわさ。艶聞(えんぶん)。「―が立つ」❷つらい嫌な評判。悪い評判。「浮き」への連想から、「流す」「川」などを縁語として用いる。「―を西海の浪(なみ)に流し」〈平家・二〉
〔類語〕艶聞・あだ名

浮き名を流・す　男女の恋愛に関するうわさが世間に広まる。「若い時はさんざん―・したものだ」

うき-に【浮(き)荷】❶難破を防ぐために船から投げ捨てられたり、荒波でさらわれたりして、海上に漂流する貨物。❷荷受人が決まらないうちに船積みして送り出した荷。

うき-にんぎょう【浮(き)人形】(ニンギャウ)❶壺の上に人形を立て、壺の下の方に差し込んだ笛を吹くと、人形が回る仕掛けの玩具。❷水に浮かせて遊ぶ玩具。セルロイドなどの舟に小さな人形をのせたもの。樟脳(しょうのう)などを利用して走るものもある。〔季 夏〕「―に雨強く来し盥(たらひ)かな/風生」

うき-ね【浮き根】《「うき」は泥地の意》泥の中に生えている菖蒲(あやめ)などの根。和歌で「憂き音(ね)」と掛けて用いる。「―のみ袂(たもと)にかけしあやめ草引き違(たが)へたる今日ぞうれしき」〈栄花・浦々の別〉

うき-ね【浮き寝】❶水鳥が水に浮いたまま寝ること。❷人が船の中で寝ること。「波の上に―せし宵あど思(も)へか心悲しく夢(いめ)に見えつる」〈万・三六三九〉❸心が落ち着かないで、安眠できず横になっていること。「涙川枕流るる―には夢も定かに見えずぞありける」〈古今・恋一〉❹夫婦でない男女のかりそめの添い寝。「いとかう仮なる―のほどを思ひ侍るに」〈源・帚木〉

うきね-の-とこ【浮き寝の床】水の上や船の中などの寝る所。「鴛鴦(をしどり)の―や荒れぬらむつららゐにけり昆陽(こや)の池水」〈千載・冬〉

うきね-の-とり【浮き寝の鳥】水に浮いたまま寝る鳥。和歌ではふつう、思う人に会えない嘆きにたとえていう。「涙川―となりぬれど人にはえこそみなれざりけれ」〈千載・恋一〉

うきは　福岡県南東部、筑後川が筑紫平野に流れ込む所にある市。イチゴ・モモ・カキなどの果樹栽培が盛ん。平成17年(2005)3月に吉井町と浮羽町が合併して成立。人口3.2万(2010)。

うき-は【浮(き)葉】水面に浮いている葉。特に、初夏、ハスの根茎から出た若葉。〔季 夏〕「堰守(せきもり)の篝火あかき―かな/楸邨」

うき-はえなわ【浮き▽延縄】(ウキはへなは) 浮標をつけて海中に漂わせた延縄。海の上層を遊泳するマグロ・サバ・サヨリなどを漁獲する。

うき-ばかり【浮き×秤】目盛りをつけたガラス管の下部を球形にし、その中におもりを封じ込んで、垂直に浮くようにした液体用比重計。測定する液体中に入れ、沈んだ深さから比重を知る。ふひょう。

うきは-し【うきは市】►うきは

うき-はし【浮(き)橋】水上にいかだや多くの舟を浮かべ、その上に板を渡した橋。舟橋(ふなはし)。

うき-びしゃ【浮(き)飛車】将棋で、飛車先の歩(ふ)を進め、飛車が定位置から2間(けん)上に出た形。序盤の攻撃の構えの一。

うき-ひと【憂き人】自分につらい思いをさせる人。つれない人。多く、恋人・妻などにいう。「天の戸をおしあけがたの月見れば―しもぞ恋しかりける」〈新古今・恋四〉

うき-ぶくろ【浮(き)袋｜浮き×嚢】❶泳ぐとき、沈まないようにからだにつける道具。ゴム・ビニールの袋に空気を満たしたもの。また、船に装備する救命具の総称。❷(「鰾」とも書く)硬骨魚類の腸の辺りにある、透明な膜状で内部に気体の入った袋。浮力の調節などをする。ふえ。うおのふえ。

うき-ふし【憂き節】つらいこと。悲しいこと。「節」を「竹の節」に掛けていうことが多い。「世に経れば言の葉しげき呉竹(くれたけ)の―ごとに鶯(うぐひす)ぞ鳴く」〈古今・雑下〉

うきふね【浮舟】㊀源氏物語第51巻の巻名。また、その女主人公の名。宇治の八の宮の娘。薫(かおる)大将・匂宮(におうのみや)の二人との愛に苦しみ、宇治川に入水するが、横川(よかわ)の僧都(そうず)に助けられて尼となる。㊁謡曲。四番目物。観世・金春(こんぱる)・金剛流。源氏物語に取材。浮舟の霊が現れ、過って匂宮と通じ、宇治川へ投身した物語を語る。

うき-ふね【浮(き)舟】水面に浮かんでいる小舟。頼りないことにたとえることが多い。

うき-ほうだい【浮(き)砲台】(ハウダイ) 港湾などの防備のため、海上に設けた砲台。旧式な軍艦や艀(はしけ)に大砲を搭載したものなどが利用される。

うき-ぼうはてい【浮(き)防波堤】(バウハテイ) 港湾の内側あるいはその近くの海面・海中に、箱船やいかだ、鋼鉄・コンクリートの構造物などを係留して防波の働きをさせるもの。

うき-ぼり【浮(き)彫(り)】❶平面に絵・模様・文字などを浮き上がるように彫ること。また、その彫刻。高浮き彫り・薄浮き彫りなどがある。浮き上げ彫り。うけぼり。レリーフ。❷あるものがはっきりと見えるようになること。「問題点が―にされる」

うき-まくら【浮(き)枕】❶船またはいかだの上で旅寝すること。浮き寝の枕。「杣川(そまがは)の筏(いかだ)の床の―夏は涼しきふしどなりけり」〈詞花・夏〉❷《涙で枕が浮く意の「浮き」に「憂き」を掛けて》独り寝のつらさ。「水鳥の玉藻の床(とこ)の―深き思ひは誰かまされる」〈堀河百首〉

うき-み【浮(き)身】からだの力を抜いてあおむけになり、水面に浮かぶこと。〔季 夏〕

うき-み【浮(き)実】西洋料理で、スープに少量浮かすもの。クルトンやパセリなどを用いる。

うき-み【憂き身】つらいことの多い身の上。

憂き身を窶(やつ)・す　❶身がやせ細るほど、一つのことに熱中すること。「恋に―・す」❷あまり価値のない、非生産的なことに夢中になること。「浮き身」と書くことが多い。「賭け事に―・す」

うき-みどう【浮御堂】(ミダウ) 滋賀県大津市にある臨済宗大徳寺派の寺、満月寺の通称。山号は海門山。琵琶湖上に浮かんだように建てられている。平安時代、源信が通船の安全と衆生済度のために建立したと伝えられる。近江八景の一つ「堅田(かたた)の落雁」で有名。千体仏堂。堅田の浮御堂。

うき-め【浮き海＝布】水面に浮いている海草。多く和歌で「憂き目」に掛けて用いる。「―刈る伊勢をの海人(あま)を思ひやれ藻塩(もしほ)垂るてふ須磨の浦にて」〈源・須磨〉

うき-め【憂き目】つらいこと。苦しい体験。「落選の―を見る」「失恋の―にあう」〔類語〕憂さ

うき-もん【浮(き)文｜浮(き)紋】浮き織りにした文様。また、その文様のある綾。浮き織物。うけもん。➡固文(かたもん)

うき-やがら【浮矢柄｜浮矢▽幹】カヤツリグサ科の多年草。沼や沢に生え、高さ1～1.5メートル。根茎は泥中をはい、先に塊茎をつける。茎は三角柱状。夏、茎の頂に細長い葉を出し、穂が数個つく。

う-きゃく【雨脚】「あまあし」に同じ。

うき-やく【浮役】江戸時代の雑税の一。税源または税額が一定せず、年貢以外に必要に応じて臨時に徴収されたもの。

うき-ゆい【×盞結ひ】(ユヒ) 杯を交わして、固く誓約する

こと。「即ち一して、項がけりて今に至るまで鎮まり坐す」〈記・上〉

う-きゅう【×烏×桕｜×烏臼】ナンキンハゼの漢名。

うき-よ【浮(き)世｜憂き世】❶《もとは「憂き世」の意》仏教的厭世観から、いとうべき現世。つらいことの多い世の中。無常のこの世。「一をはかなむ」「散ればこそいとど桜はめでたけれ一になにか久しかるべき」〈伊勢・八二〉❷死後の世に対して、この世の中。現実生活。人生。「一の荒波にもまれる」「一の義理」❸つらいことの多い男女の仲。「一をばかばかり水のはまべにてなみだになごりありやとぞみし」〈かげろふ・中〉❹《漢語「浮世」を「うきよ」と解して》定めのない、はかない世の中。はかない世なら、浮かれて暮らそうという俗世の気持ちを含む。「一は風波の一葉よ」〈閑吟集〉「夢の一の、露の命の、わざくれ、なり次第よの、身はなり次第よの」〈隆達節〉➡浮世 ❺《近世初期から、現世を肯定し、享楽的な世界をいう》遊里。また、遊里で遊ぶこと。「にはかに一もやめがたく」〈浮・二十不孝・一〉❻他の語の上に付いて、当世風・今様の、または好色・風流などの意を表す。「一絵」「一姿」「一話」［補説］本来は、形容詞「憂し」の連体形「憂き」に名詞「世」の付いた「憂き世」であったが、漢語「浮世」の影響を受けて、定めない人世や世の中をいうように変化し、「浮き世」と書かれるようになった。

［類語］社会・世界・世間・世・世の中・民間・巷間・市井・江湖・天下・世俗・俗世・世上・人中

浮世は牛の小車 《「牛」に「憂し」を掛けて》この世はつらく苦しいことばかりがめぐってくるということのたとえ。

浮世は夢 《李白「春夜宴桃李園序」から》この世はすべてはかないということを夢にたとえたもの。

浮世を立・つ この世に生きながらえる。生計を立てる。「算用に一・つる京ずまひ/芭蕉」〈炭俵〉

う-きょう【右京】㊀《内裏から南を向いて右側の意から》平城京および平安京を、朱雀大路を境として東西に分けた西側。西の京。⇔左京。㊁京都市北西部の区名。嵯峨・高雄などの名所旧跡、天竜寺・大覚寺などの名刹がある。昭和51年（1976）桂川以西を西京区として分離。平成17年（2005）京北町を編入。

う-きょう【有教】法相宗でいう三時教のうち、第一時の教え。阿含経など。いっさいのものは因縁によって成り立っているが、それを構成するものは有ると説く。

うきょう-が【右▽脇×臥】僧侶の寝る姿勢。右わきを下にして、足を重ねて臥す。

うきょう-く【右京区】➡右京㊁

うきょう-しき【右京▽職】左京職とともに京都の民政などをつかさどった役所。➡京職

うぎょう-どう【×烏形×幢】➡銅烏幢

うきょう-の-だいぶ【右京大夫】右京職の長官。正五位上相当。うきょうのかみ。

うきよ-え【浮世絵】江戸時代の風俗、特に遊里・遊女・役者などを描いた絵。江戸の庶民層を基盤に隆盛した。肉筆画と木版画があり、特に版画は菱川師宣に始まり、鈴木春信らによる多色刷りの錦絵技法の出現によって大いに発展した。代表的作者として、喜多川歌麿・歌川広重（安藤広重）・葛飾北斎などが有名。西洋近代絵画、特に印象派に与えた影響は大きい。

うきよ-おとこ【浮世男】好色な男。「世間の色の道に立ち入る一ども」〈浮・禁短気・六〉

うきよ-がさ【浮世×笠】江戸時代、貞享・元禄（1684～1704）ごろ、若衆などの間にはやった当世風の笠。

うきよ-がたり【浮世語り】この世のつらいこと、不幸なことについて語ること。また、世間話。浮世話。「わが身の上になりぬべき、一も恥づかしや」〈謡・山姥〉

う-きょく【×迂曲｜×紆曲】〘名〙スル ❶うねり曲がること。「川が一する」❷回り遠いこと。「やり方が一に過ぎる」

［類語］湾曲・カーブ・七曲がり・九十九折り・曲がり

うきよ-ぐるい【浮世狂ひ】遊女に熱中すること。色ぐるい。「悋気するではなけれども、一も年によるカ」〈浄・出世景清〉

うきよ-こうじ【浮世▽小路】裏長屋など、浮世の縮図のような小路。また、世間、世の中の意にもたとえていう。「一の何軒目に狭苦しく暮らした時とは」〈漱石・草枕〉➡浮世小路

うきよ-ごころ【浮世心】この世に執着する心。酒色などの享楽にひかれる心。

うきよ-ござ【浮世×茣×蓙】石畳のような模様を織り出したござ。夏、敷き布団の上敷きに用いた。近世前期に流行。

うきよ-ことば【浮世言葉】近世、遊里で用いられた独特な言葉。「ざます」「ありんす」など。くるわことば。さとことば。

うきよ-こもん【浮世小紋】当世風の小紋。特に、江戸時代、貞享・元禄（1684～1704）ごろに流行した型紙小紋染めの文様。

うきよ-しょうじ【浮世小路】㊀近世、大坂の高麗橋筋と今橋筋の中間にあった小路。出合い宿が多くあった。㊁江戸の日本橋室町にあった小路。

うきよ-ぞうし【浮世草子】江戸時代の小説の一種。天和2年（1682）刊の井原西鶴の「好色一代男」以後、元禄期を最盛期として約80年間、上方を中心に行われた小説の一種。仮名草子と一線を画した写実的な描写が特色で、現世的・享楽的な内容。好色物・町人物・武家物・気質物などに分けられ、西鶴以後は八文字屋本が中心。浮世本。

うきよづかひよくのいなずま【浮世柄比翼稲妻】歌舞伎狂言。時代世話物。9幕。4世鶴屋南北作。文政6年（1823）江戸市村座初演。現在では、一部が「鈴ヶ森」「鞘当」として独立上演される。

うきよ-どこ【浮世床】近世、男の髪を結った店。髪結い床。◆書名別項。

うきよどこ【浮世床】江戸後期の滑稽本。2編5冊。式亭三馬著。文化10～11年（1813～14）刊。髪結い床に集まる江戸庶民の会話を通して、当時の生活を活写している。三馬死後の文政6年（1823）、滝亭鯉丈が、続の3編3冊を発表。

うきよ-の-かぜ【浮世の風】思うままにならない世の中の風潮。また、この世で経験するつらいこと。「一が身にしみる」

うきよ-の-ちり【浮世の×塵】この世の煩わしさや汚らしさをちりにたとえていう語。「このままにすまばすむべき山水よ一に濁らずもがな」〈新続古今・雑中〉

うきよ-の-なさけ【浮世の情け】この世に住む人間どうしの情愛。「宿を貸すのも一」

うきよ-の-なみ【浮世の波】《この世を海にたとえ、そこに立つ波の意から》人生の浮き沈み。「一にもまれる」

うきよ-の-ならい【浮世の習い】人の世で逃れられない事柄。この世の習慣。「ままならないのは一」

うきよ-ばなし【浮世話】❶世間のうわさ話。世間話。「近所の長屋の妻君達が首を鳩めて例の一」〈木下尚江・良人の自白〉❷色恋の話。「一もささやきの、耳は恋する、目はにらむ」〈浄・国性爺〉

うきよ-ばなれ【浮世離れ】〘名〙スル 俗世間のことに無関心なこと。また、考え方や生き方が世間一般の常識とかけ離れていること。「一した暮らし」

［類語］世間離れ

うきよ-びくに【浮世▽比▽丘尼】尼僧の形で売春をした者。「この所も売り子、一のあつまり」〈浮・一代男・三〉

うきよ-ふう【浮世風】❶当世風。江戸初期の享楽的な風俗についていった語。❷「江戸風❷」に同じ。

うきよ-ぶくろ【浮世袋】絹布を三角形に縫った中に綿を入れ、上の角に飾り糸をつけたもの。江戸時代、通人が懸け香の匂い袋としたり、遊女屋の暖簾につけたりしたが、のちには子供の玩具になった。

うきよ-ぶし【浮世節】寄席演芸の一。浄瑠璃・長唄をはじめ流行歌・俗曲などいろいろの音曲を取り合わせた三味線声曲。狭義には、明治中期に立花家橘之助が創始した流派をいう。

うきよ-ぶろ【浮世風呂】近世、遊女を置いて、客に接待させた公衆浴場。◆書名別項。

うきよぶろ【浮世風呂】江戸後期の滑稽本。4編9冊。式亭三馬著。文化6～10年（1809～1813）刊。銭湯に集まる江戸庶民の会話を通して、当時の生活の諸相を描いている。

うきよ-ぼん【浮世本】➡浮世草子

うきよものがたり【浮世物語】江戸前期の仮名草子。5巻。浅井了意作。寛文5年（1665）ごろ刊。主人公浮世房の一代記を通して、当時の享楽的な社会風俗を描いている。

うきよ-ものまね【浮世物真▽似】物売りや動物の身振りや音声などをまねること。また、その芸。役者の身振り・声色をまねる役者物真似に対していう。「一、能狂言、境内に所狭きまでみちみちたり」〈滑・膝栗毛・七〉

うき-わ【浮(き)輪｜浮き▽環】環状の浮き具。浮き袋や木製のものなど。

う・く【受く】〘動カ下二〙「うける」の文語形。

う・く【浮く】㊀〘動カ五(四)〙❶物が底や地面などから離れて水面や空中などに存在する。うかぶ。「からだが海面に一・く」⇔沈む。❷表面に現れ出る。「赤潮のため魚が大量に一・いた」「肌に脂が一・く」❸しっかり固定しない状態になる。落ち着かず、ぐらつく。「柱が一・いている」「歯が一・く」「おしろいが一・く」❹ある集団の中で仲間との接触が薄くなる。遊離する。「仲間から一・いた存在」❺気分が晴れやかになる。うきうきする。「一・かない顔で返事をする」❻模様などが下地から離れて上に出ているように見える。「牡丹を一・かせた帯」❼時間・経費などが予定よりも少なくてすみ、余りが出る。「費用が一・く」❽心などがうわついている。㋐確実さがなく、軽薄である。「一・いた考え」㋑恋愛や情事に関係する。「一・いたうわさが絶えない」❾根拠がない。不確実である。「何の一・きたる事にか侍らむ」〈源・少女〉［可能］うける

㊁〘動カ下二〙浮かべる。浮かばせる。「こもりくの泊瀬の川に船一・けて」〈万・七九〉

［用法］うく・うかぶ――「川面に浮く（浮かぶ）白鳥」のように相通じて用いられる。◆「浮く」は、浮力などが働いて底や地面から離れて上へ移動することに表現の重点があり、「浮かぶ」は、物が底や地面から離れて水面や空中に見えることに表現の重点がある。「宙に浮く」と「宙に浮かぶ」の表現しようとするものは同じではない。◆「浮く」は、「家の土台が浮く」「一人、社内で浮いている」のように、基盤・母体から離れる意にも用い、この場合「浮かぶ」を用いることはない。◆「浮かぶ」は、「名案が浮かぶ」「容疑者が浮かぶ」など、奥に潜んで見えなかったものが何かをきっかけとして表面に現れる意にも用い、この場合「浮く」では置き換えられない。

［類語］浮かぶ・浮き上がる・浮かび上がる・浮かべる・浮揚する・浮上する

浮きつ沈みつ 《助動詞「つ」は「…つ…つ」の形で並立を表す》浮いたり沈んだり。「笹舟が一流されていく」

浮きぬ沈みぬ 《助動詞「ぬ」は「…ぬ…ぬ」の形で並立を表す》「浮きつ沈みつ」に同じ。「いろいろの鎧の一ゆられけるは」〈平家・四〉

う-ぐ【×迂愚】〘名・形動〙物事に疎く愚かなこと。愚鈍なこと。また、そのさま。「今頃要求するのは、われわれの一であり」〈葉山・海に生くる人々〉

［類語］愚劣・凡愚・馬鹿

う・ぐ【×穿ぐ】〘動ガ下二〙《「うがつ」の自動詞形。上代は「うく」》❶穴があく。くぼむ。また、出っぱったものが欠け落ちる。「磯打つ波に当たりて大きに一・げたる岩穴あり」〈太平記・一八〉「瘡ガー・ゲタ」〈日葡〉❷（「目うぐ」の形で）無量の思いで遠望しつづけ、目がおちくぼむ。「望めば、眼一・げぬべし」〈海道記〉

うぐい【×鯎｜石=斑=魚】コイ科の淡水魚。全長約30センチ。うろこは細かく、背部は暗緑褐色、腹部は銀白色。春から初夏の繁殖期には、雌雄とも体側に3本の赤色縦帯の婚姻色を現す。河川や湖にす

み、地方によっては海に入る。食用。あかはら。あかうお。はや。〘補説〙「鯎」は国字。

うぐいす【×鶯】ウグヒス ❶スズメ目ヒタキ科ウグイス亜科の鳥。全長は雄が約16センチ、雌が約14センチで、上面は緑褐色、腹部が白く、淡色の眉斑びはんがある。東アジアに分布。日本では夏は山地の低木林で繁殖し、冬は平地に降りる。鳴き声を楽しむために古くから飼育された。春鳥・春告げ鳥・花見鳥・歌詠み鳥・経読み鳥・匂い鳥・人来鳥ひとくどり・百千鳥ももちどり・愛宕鳥あたごどりなど別名は多い。〘季 春〙「一の声遠き日も暮れにけり／蕪村」❷声の美しい女性をいう語。「一嬢」❸「鶯色」「鶯茶」の略。❹草紙などを綴とじるときに用いる竹串。❺茶筅ちゃせんを立てるための道具。茶筅立て。❻《中世語》切匙せっかいをいう女性語。

鶯鳴かせたこともある　咲き匂におう梅が鶯を留まらせて鳴かせるように、かつては美しく色香もあって、男たちにちやほやされた時代もあった。

鶯の卵かいの中の時鳥ほととぎす　ほととぎすは自分の卵を、鶯の巣の中に産んで育てさせることから、自分の子でありながら自分の子でないことのたとえ。

鶯の谷渡り　❶鶯が谷から谷へ、また、枝から枝へ鳴きながら渡ること。また、そのときの声。❷曲芸などで、物の一方から他方へ移ること。また、物を一方から他方へ移すこと。

うぐいす【鶯】ウグヒス 狂言。和泉いずみ流。梅若殿の家来が、主人のためにある男の秘蔵の鶯を刺そうとして失敗し、主人の太刀まで取られてしまう。

うぐいす-あわせ【×鶯合(わ)せ】ウグヒスアハセ 飼育した鶯を持ち寄り、鳴き声の優劣を競うこと。中世、物合わせの一つとして流行し、近世以降も広く行われた。うぐいすかい。〘季 春〙

うぐいす-いろ【×鶯色】ウグヒス 染め色の一。緑に黒茶のまじったウグイスの背の色に似た色。

うぐいす-がい【×鶯貝】ウグヒスガヒ ウグイスガイ科の二枚貝。浅海にすみ、腔腸こうちょう動物のヤギ類に足糸で付着する。殻長7センチくらい。殻表は赤褐色、内面は真珠色。貝殻の上端両縁が長く伸びている。房総半島以南に分布。

うぐいす-がき【×鶯垣】ウグヒス クロモジの木で造った編み目の細かい柴垣しばがき。茶室の庭などに用いられる。

うぐいす-かぐら【×鶯神-楽】ウグヒス スイカズラ科の落葉小低木。日本特産で、山野に自生。高さ約1.5〜3メートル。葉は楕円形で、若葉では縁に赤みがある。春、枝先に淡紅色の花が1個垂れ下がって咲く。実は熟すと赤くなり、食べられる。うぐいすのき。うぐいすかずら。〘季 春〙

うぐいす-かん【×鶯×羹】ウグヒス 碾ひき茶をまぜて鶯色にした練り羊羹ようかん。薄茶羊羹。

うぐいす-じょう【×鶯嬢】ウグヒスヂャウ《鶯の美しい声にたとえて》野球場や劇場などの場内放送をする女性のこと。〘類語〙アナウンサー

うぐいす-ずな【×鶯砂】ウグヒス 輝石安山岩の破片を多量に含む緑灰色の砂。小笠原諸島に産し、壁砂に用いる。

うぐいす-ちゃ【×鶯茶】ウグヒス 鶯色に茶を合わせた色。

うぐいす-な【×鶯菜】ウグヒス コマツナ・アブラナなどの、まだ若くて小さい菜。〘季 春〙「摘みそへよ膳のむかひの一／白雄」

うぐいす-ばり【×鶯張り】ウグヒス 木造の床の張り方の一。踏むと床板を留めたかすがいがきしり、鶯の声に似た音を出す。京都の知恩院のものが有名。

うぐいす-ぶえ【×鶯笛】ウグヒス 鶯の鳴き声に似た音を出す玩具の笛。主に竹製。初音はつねの笛。〘季 春〙

うぐいす-まめ【×鶯豆】ウグヒス 青えんどうを甘く柔らかく煮た食品。

うぐいす-まゆ【×鶯眉】ウグヒス ❶江戸時代、公家や武家で、生まれた女子の額におしろいで白い線を描き、眉毛の代わりにしたもの。❷江戸時代、奥女中が16、7歳ごろから行った引き眉。眉を上下から細くそり、練ねり墨をさしたもの。糸眉。柳眉。

うぐいす-もち【×鶯餅】ウグヒス 餅または求肥ぎゅうひであんを包み、両端をとがらせて青きなこをまぶし、鶯のような形・色にした餅菓子。〘季 春〙

う-くう-ちゅう【有空中】仏語。有教・空教・中道教の総称。三時さんじ教。

ウクラード〖ロシア uklad〗一つの社会構造を形成する生産関係の個々の類型。初期のソ連には、社会主義制度のほかに家父長制的自然経済・小商品生産・私経済的資本主義・国家資本主義の五つのウクラードが存在したとされる。経済制度。

ウクライナ〖Ukraina〗ヨーロッパ東部の共和国。ベラルーシの南、黒海の北にある。首都キエフ。黒土帯で、小麦の大産地。鉱物資源も多く、重工業も盛ん。1991年ソ連邦解体に伴い独立。旧称、小ロシア。人口4542万(2010)。〘補説〙「烏克蘭」とも書く。

ウグリチ〖Uglich〗ロシア連邦西部の都市。「黄金の環」と呼ばれるモスクワ北東近郊の観光都市の一つ。首都モスクワの北約200キロメートル、ボルガ川沿いに位置する。市街中心部のクレムリンには、スパソプレオブラジェンスキー聖堂や皇領宮殿のほか、イワン4世の末子ドミトリーが暗殺された場所に築かれた、血の上のドミトリー皇子教会などがある。

ウグレゴルスク〖Uglegorsk〗ロシア連邦、サハリン州(樺太)中南部の町。間宮海峡に面する。1945年(昭和20)以前の日本領時代には恵須取えすとるとよばれ、製紙業と炭鉱業で栄えた。

ウクレレ〖ukulele〗ギターに似た小型の撥弦楽器。4弦で、ハワイアンなど軽音楽に用いられる。

う-け【有×卦】陰陽道おんようどうで、干支えとによる運勢が吉運の年回り。有卦の吉年は7年続き、次の5年は無卦むけの凶年が続くという。➡無卦 ➡十二運

有卦に入いる　《有卦の年回りに当たる意から》幸運にめぐりあってよいことが続く。「新商売が当たり、一っている」〘補説〙この句の場合、「入る」を「はいる」とは読まない。

うけ【受け｜請け｜▽承け】❶引き受けること。承諾すること。「たやすくお一はできません」❷競技・争いなどで、相手の攻撃を防御すること。「一に回る」❸世間の評判・反響。人気。「一がいい」「一をねらう」❹(請け)保証すること。保証人。「人の一に立つ」❺生け花の役枝やくえだの一。立花りっかでは、添えの枝に対して低く横に出ている枝。生花せいかでは、地の枝のこと。➡七つ道具 ❻(他の名詞の下に付いて)㋐受けたり支えたりするもの。「郵便一」「軸一」㋑価を償って引き取ること。「質一」「身一」

〘類語〙信用・評判・信しん・信頼・信任・信望・人望・名な・定評・暖簾のれん・覚え・名望・声望・徳望・人気・魅力・名誉・名聞みょうもん・面目・体面・面子メンツ・一分いちぶん・沽券こけん・声価

うけ【▽食】食物。「一もちの神」

うけ【浮け｜浮=子｜泛=子】《動詞「う(浮)く」(下二)の連用形から》「浮き❷」に同じ。「伊勢の海に釣りする海人あまの一なれや心ひとつを定めかねつる」〈古今・恋一〉

うけ【×筌】➤うえ(筌)

うけ【▽槽】空の入れ物。たらいのような容器。うけぶね。「天の石屋戸いわやとに一伏せて踏みとどろこし」〈記・上〉

うけ-あい【請(け)合い｜受(け)合い】ウケアヒ 請け合うこと。「成功すること一だ」「安一」

うけ-あ・う【請(け)合う｜受(け)合う】ウケアフ〔動ワ五(ハ四)〕❶責任をもって引き受ける。「翻訳を一・う」❷確実であると保証する。「品質を一・う」

〘類語〙約束・受け持つ・引き受ける・つかさどる・請け負う・約する・取り決める・申し合わせる・言い合わせる・契る・誓う

うけ-あみ【受(け)網】中央の袋に魚を追い込んで捕らえる引き網。主に小魚を捕るのに使う。

うけ-あゆみ【浮け歩み】遊女の道中の際の歩き方。体を反らし、つま先をけり出しながら、足を浮かせるようにしてゆっくりと歩く。「三つ重ねの衣装着こなし、素足道中繰り出しの一」〈浮・一代女・一〉

う-けい【右傾】〔名〕スル ❶右の方に傾くこと。㊀左傾。❷思想が国粋主義・ファシズムの右翼的な立場に傾いていること。「一している新聞」㊀左傾。

うけい【▽誓ひ｜▽祈ひ】ウケヒ 神に誓うことによって吉凶・成否を占うこと。誓約。「夫おの一の中に必ず当まさに子を生むべし」〈神代紀・上〉

うけ-いれ【受(け)入れ】❶人や物を迎え入れたり、引き取ったりすること。「新入生の一態勢」❷承知すること。承諾。承認。「要請の一に難色を示す」

うけいれ-テスト【受(け)入れテスト】《acceptance test》納品されたコンピューターシステムやソフトウエアが、要求仕様を満たしているかを検証すること。納品先の企業などが実際の業務を想定して行う。

うけ-い・れる【受(け)入れる｜受け▽容れる】〔動ラ下一〕文うけい・る〔ラ下二〕❶受けて入れる。「水を器に一・れる」❷人や物を迎え入れたり、引き取ったりする。「留学生を一・れる」「海外の文化を一・れる」❸人の意見や要求などを認める。「主張を一・れる」

〘類語〙聞き入れる・聞き届ける・承認・承諾・受諾・受け付ける・心得る・応じる・承る・承服・黙認・公認・自認・納諾・快諾・内諾・甘受・オーケー・受容・承知

うけ・う【▽誓ふ｜▽祈ふ】ウケフ〔動ハ四〕❶物事の吉凶・成否を神意によって知ろうとして祈る。「天安河あめのやすのかわを中に置きて一・ふ時に」〈記・上〉❷事柄の実現を神に祈る。「水の上に数書くごとき我が命妹に逢はむと一・ひつるかも」〈万・二四三三〉❸人の不運・不幸を祈る。のろう。「罪もなき人を一・へば忘れ草おのが上にぞ生ふといふなる」〈伊勢・三一〉

うけ-うら【請浦】江戸時代、漁村の漁業年貢などの徴収・納入を、年限を定めて村、または地元の人や町の魚商人が請け負ったこと。

うけ-うり【受(け)売り｜請(け)売り】〔名〕スル ❶製造元・問屋などから卸してきた品を転売すること。❷ある人の意見や学説をそのまま他人に説くこと。「人の話を一する」

うけ-え【有×卦絵】ヱ 有卦に入った人が飾ったり、また贈られたりした縁起絵。福に通じる「ふ」の字のついた、藤・筆・瓢ふくべなどを描く。江戸末期に流行。

うけ-お【受緒】ヲ ❶鎧よろいの袖についていて、鎧を肩上わたがみの手先の茱萸ぐみにつなぐ緒。❷矢の箙えびら・靫うつぼなどにつけて、掛緒かけおと合わせて結ぶ緒。

うけ-おい【請負】ウケオヒ ❶日限・報酬を取り決めた上で仕事を引き受けること。また、その仕事。❷保証すること。請け合うこと。「百年生きる一があるか」〈浮・敗毒散・五〉

うけおい-ぎょう【請負業】ウケオヒゲフ 請負契約をして建築・土木工事などを行う職業。「建築一」

うけおい-こうさく【請負耕作】ウケオヒカウサク ❶農地所有者が他の者に耕作のすべてを委託し、収穫物は農地所有者が取り、耕作者には一定の請負料を支払う耕作方式。❷農地所有者が小作料を受け取って他の者に耕作させる賃貸借型の耕作方式。

うけおい-こさく【請負小作】ウケオヒ 江戸時代、田畑を一定年限引き受けて小作すること。または、これを細分して他人に小作させること。

うけおい-し【請負師】ウケオヒ 土木・建築工事などの請負を職業とする人。

うけおい-ちょうしゅうほう【請負徴収法】ウケオヒチョウシウハフ 古代ローマや中国、近世フランスなどで行われた租税徴収法の一。政府が指定した請負人が租税を納め、代わりに自分が所定の金額を国民から徴収する方法。

うけおい-ちんぎん【請負賃金】ウケオヒ 労働時間や仕事量に関係なく、請け負った仕事のでき上がりに対して支払われる賃金。出来高賃金。

うけおい-にん【請負人】ウケオヒ 請負契約によって、その仕事を引き受け完成する責任を負う人。

うけ-お・う【請(け)負う】ウケオフ〔動ワ五(ハ四)〕❶日限・報酬を取り決めた上で仕事を引き受ける。「建築工事を一・う」❷責任を持って引き受ける。「対外折衝はいっさい私が一・う」

〘類語〙受け持つ・引き受ける・つかさどる・請け合う

うけ-おり【浮け織(り)】➤浮き織り

うけ-が・う【▽肯う】ウケガフ〔動ワ五(ハ四)〕承諾する。肯定する。「細君の云う事を一・った」〈漱石・門〉

う

(類語)承知・了承・了解・承諾・承認・承引・承服・納得・同意・受諾・応諾・許諾・オーケー・受け入れる・聞き入れる・うべなう・がえんずる・諾する・応ずる・引き受ける・首を縦に振る・承(うけたまわ)る・認める

うけ-かえ・す【受(け)返す┊請(け)返す】ーかへす〘動サ五(四)〙❶(受け返す)相手からの言動などを受け止めて、相手に返す。「軽くジョークでー・す」❷質入れ品や抵当物件を、代価を払って取り戻す。請け出す。「ソレを質に置くと云えば何時(いつ)か一度はー・さなければならぬ」〈福沢・福翁自伝〉❸身売りした人を、代金を払って自由の身にする。身請けする。「わしが請(うけ)に立つからは、金さへ出来りゃ、何時でもー・さふと自由な事」〈根無草・後・二〉

うけ-がき【請(け)書(き)】「請け書(しょ)」に同じ。

うけ-かた【受(け)方】❶受けるときの方法。対応のようす。「ボールのー」「電話のー」❷物事を引き受ける側。受け入れる人。❸受け身の立場。防ぐ側。「ーに立たされる」❹取引の受け渡しで、現物を受け取る側。買い方。

うけ-かぶ【受(け)株】株式市場で、買い手が受渡期日に約定の株券を受け取ること。また、その株券。

うけ-ぎ【受(け)木】建築などで、他の材を受け支えている木。

う-げき【羽×檄】《昔、中国で緊急の触れ文に鳥の羽を挟んだところから》急を要する檄文(げきぶん)。飛檄(ひげき)。羽書(うしょ)。「ーを飛ばす」

うけ-く【憂けく】《形容詞「う(憂)し」のク語法》いやなこと。つらいこと。「世の中のーつらけく」〈万・八九七〉

うけ-ぐち【受(け)口】❶物を受け入れるためにあけてある口。受け入れ口。「電球のー」❷《「うけくち」とも》下あごが上あごより前に出ている口。❸木を伐採するとき、倒そうとする側のやや下方につけておく、斧(おの)やのこぎりの切り口。⇔追い口。

うけ-ぐつ【×穿け×沓】履き古して穴のあいたくつ。「ーを脱き棄(つ)るごとく踏み脱きて」〈万・八〇〇〉

うけ-こ【受け子】振り込め詐欺などの犯罪で、直接現金を受け取る役をいう隠語。➡掛け子 ➡出し子

うけ-ごし【受(け)腰】❶物を受け止めようとするときの腰つき。受け止める姿勢。❷受け身の態度。受動的な態勢。「ーで交渉に臨む」❸商品の清算取引で、買い方が現物を受け取ろうとする気配や態度。

うけ-こたえ【受け答え】ーこたへ〘名〙スル《「うけごたえ」とも》人の言うこと、尋ねることに応じて答えること。応答。「はきはきとーする」

(類語)応対・やりとり・応酬

うけ-こ・む【受(け)込む┊請(け)込む】〘動マ五(四)〙引き受ける。受け合う。「一旦ー・んだ芳江の口からは謝絶(ことわ)り難い筈」〈小杉天外・魔風恋風〉

うけ-ざ【請(け)座】開閉する扉の軸のはまる穴にかぶせて取り付ける金物。請け座金物。

うけ-ざかや【請酒屋】江戸時代、他の店で造った酒を仕入れて売った店。小売り専門の酒屋。造り酒屋に対していった。

うけ-さく【請作】❶平安中期以降、農民が土地を借りて耕作すること。荘園領主から権利を保証されて土地を耕作し、所定の地子(じし)を納入する義務を負った。❷江戸時代における小作。下作(したさく)。

うけ-ざら【受(け)皿】❶垂れるしずくなどを受ける皿。「コーヒー茶碗のー」❷物事を引き受ける態勢。「市民の要望のー」

うけ-しょ【請所】中世、守護・地頭や名主などが荘園領主に対して年貢納入を請け負い、その代わりに荘園管理の全権をゆだねられる制度。うけどころ。

うけ-しょ【請(け)書】❶依頼などに対して承知した旨を書いて相手に差し出す文書。承諾書。うけがき。❷確実に受け取ったという証明書。受領書。

うけ-じょう【請(け)状】ーヂャウ❶受け取った文書に対する返書。また、特定の事柄を請け負うことを明記する文書。❷江戸時代、保証人が提出する雇い人・借家人などの身元引受証書。

うけ-しょうぎ【受(け)将棋】ーシャウギ❶遊戯の一。将棋の駒を数人に分配し、中の一人が一つの駒を出して、同じ駒を持っている人がいないときは別の駒を出す。出された駒を他の人が持っていて出したときはその人が次の駒を出し、早く駒を出しきった人が勝ちとなる。❷守勢にまわった将棋。

うけ-しょうもん【請証文】江戸時代、民事裁判の裁許に際し、これを承知する旨を原告・被告双方が記して提出した書面。上証文(あげしょうもん)に比べて略式。裁許請証文。

うけ-そう【請け奏】▶しょうそう(請奏)

うけ-そん・じる【受(け)損じる】〘動ザ上一〙「うけそんずる」(サ変)の上一段化。「ピッチャーが投げた球をー・じる」

うけ-そん・ずる【受(け)損ずる】〘動サ変〙文うけそん・ず〘サ変〙受け止めようとして失敗する。受け損なう。「千に一つもー・ずる事は無い」〈太宰・竹青〉

うけ-だ・す【請(け)出す】〘動サ五(四)〙❶代価を支払って質物などを引き戻す。「質ぐさの時計をー・す」❷抱え主に前借り金などを返して、遊女などを身請けする。「芸者をー・す」

うけ-だち【受(け)太-刀】❶切りかけられたとき、太刀で防ぐこと。また、その際の太刀。❷切り合いで、相手に鋭く攻められ、守勢になること。❸(多く「受け太刀になる」の形で)議論・会話などで相手の攻勢が激しくて受け身一方となること。「一方的にまくしたてられてーになる」

うけ-たまわり【承り】うけたまはり 主君や上司から命令を受けてその旨を執り行うこと。また、その人。「大膳大夫(だいぜんのだいぶ)成忠がー」〈平家・一〇〉

うけ-たまわ・る【承る】うけたまはる〘動ラ五(四)〙《上位者から命令などを「受け」「いただく」の意の「受け賜る」から》❶「受ける」の謙譲語。謹んで受ける。お受けする。「大役をー・る」❷「聞く」の謙譲語。謹んで聞く。拝聴する。「ありがたいお話をー・りました」❸「伝え聞く」の謙譲語。「ー・るところによりますと」❹引き受ける意の謙譲語。謹んでお引き受けする。「御用命ー・る」(類語)聞く・承知・了承・了解・承諾・承認・承引・承服・納得・同意・受諾・応諾・許諾・オーケー・受け入れる・聞き入れる・うべなう・うけがう・がえんずる・諾する・応ずる・引き受ける・首を縦に振る・認める

うけ-ち【請地】❶中世の荘園制で、地頭などが毎年一定額の年貢を請け負って納入する代わりに、支配権の委任を受けた土地。❷琉球(りゅうきゅう)で、農地の割り替えの対象とならなかった土地。

う-げつ【雨月】❶名月が雨で見られないこと。雨名月。雨の月。(季 秋)「くらがりに炭火たばしるーかな／波郷」❷陰暦5月の異称。

うげつ【雨月】謡曲。四番目物。金春禅竹(こんぱるぜんちく)作。西行が、雨と月とどちらがよいかで争う風雅な老夫婦の家に投宿した夜、和歌の徳により住吉明神があらわれる。

うけ-つ・ぐ【受(け)継ぐ】〘動ガ五(四)〙前の人が残した仕事などを引き受けて行う。また、ある人の性質や意志などを引き継ぐ。継承する。「伝統工芸をー・ぐ」「母親の気性をー・ぐ」

(類語)継ぐ・引き継ぐ・受ける・襲う

うけ-つけ【受(け)付(け)】〘名〙スル ❶申し込み・文書などを受け取ること。「願書のー」「ーした順に呼ぶ」❷(受付)来訪者・参集者の用件などを聞いて、取次をする所。また、その係。「病院のー」

(類語)帳場・フロント・窓口・インフォメーション

うけ-つ・ける【受(け)付ける】〘動カ下一〙文うけつ・く〘カ下二〙❶申し込みや依頼などに応じて処理をする。「申請をー・ける」❷相手の言い分や願いなどを聞き入れる。「友人の忠告をー・けない」❸ある動作・作用に対応して受け入れる。「胃が食物をー・けない」

(類語)受け入れる・聞き入れる・聞き届ける・認める・承認・承諾・受諾・心得る・応じる・承る・承服・黙認・公認・自認・約諾・快諾・内諾・甘受・オーケー・受容

うけ-づつ【受筒】❶具足の背部につけた、軍陣で指物を差し込むための筒。指筒(さしづつ)。❷生け花で、鉛や鉄製の円筒形の花留め。

うけ-つぼ【受け×壺】戸締まり用の掛け金がはまる金具。壺金(つぼがね)。

うげつものがたり【雨月物語】江戸中期の読本。5巻。上田秋成作。明和5年(1768)成立。安永5年(1776)刊。和漢の典籍を素材とした、夢幻と現実を合わせた作品9話から成る怪異小説集。

うけ-て【受(け)手】❶受ける側の人。受け取り手。❷情報などを受け取る側。⇔送り手。❸空手(からて)などで、相手からの手を受ける手。

うけ-どころ【請所】▶うけしょ(請所)

うけ-と・める【受(け)止める】〘動マ下一〙文うけと・む〘マ下二〙❶自分の方に向かってくるものを支えて、その進行や攻撃を止める。「ボールをー・める」❷事柄の意味をしっかりと理解する。自分の問題として認識する。「忠告を謙虚にー・める」

うけ-とり【受(け)取(り)┊請(け)取(り)】❶受け取ること。「荷物のーに行く」❷(受取)金銭・品物などを受け取った証拠として相手に渡す書き付け。受取証。領収証。「家賃のーを書く」❸引き受けた仕事。与えられた仕事。「それくれえなーぐれえ、何でもなえじゃなえか」〈木山捷平・うけとり〉❹物事を自分の考えで、こうこうだと認めること。理解。のみこみ。「他人の記した帳簿を見ても甚だーが悪い」〈福沢・福翁自伝〉

(類語)レシート・領収書・受領証

うけとり-かんじょう【受取勘定】ーカンヂャウ 簿記で、売掛金・受取手形など債権を示す勘定の総称。商品の販売やサービスの提供による通常の営業取引から発生する。売上債権。⇔支払勘定。

うけとりかんじょうだて-そうば【受取勘定建相場】うけとりカンヂャウだてサウば 外国為替相場の建て方の一。自国通貨の一定額を基準とし、これに相当する外国通貨の価額を示すもの。外貨建相場。⇔支払勘定建相場。

うけとり-しょうしょ【受取証書】債権者が債務の弁済を受けたことを証明するために、債務者に対して交付する証書。

うけとり-てがた【受取手形】❶通常の取引によって受け取った手形。BR。B/R。⇔支払手形。❷江戸時代、武士に支給された蔵米(くらまい)・切米(きりまい)あるいは借米(かりまい)を受け取る際に使われた手形証書。

うけとり-にん【受取人】❶金・書類・物品などを受け取る人。❷発行者から手形・小切手の交付を受けた最初の所持者。

うけとり-ぶしん【請取普請】《「うけとりふしん」とも》請負でする土木・建築関係の仕事。また、その請負人。「ーの日用頭(ひようがしら)に、ふるなの忠六といふ男」〈浮・胸算用・三〉

うけとり-わたし【受取渡し】請け負った仕事をさらに他の者に下請けさせること。

うけ-と・る【受(け)取る┊請(け)取る】〘動ラ五(四)〙❶受けて取る。渡されたものを受け収める。「手紙をー・る」❷人の言葉や行動などを自分なりの判断で解釈する。また、納得する。「話を額面どおりにー・る」「善意にー・る」❸責任をもって引き受ける。担当する。「帝隠れさせ給ひしかば、神功皇后御世をー・らせ給ひ」〈平家・五〉

(類語)(❶)領収・受領・査収・収受・接受・受理・受納・貰う・押し頂く・受ける・収める・受給・受贈・譲り受ける・貰い受ける・授かる・頂く・賜(たまわ)る・頂戴(ちょうだい)・拝領・拝受・申し受ける/(❷)解釈

うけ-と・れる【受(け)取れる】〘動ラ下一〙《受け取ることができる意から》❶物事をある意味に解釈できる。「顔つきから、承知したとー・れた」❷(多く打消しの語を伴う)合点がいく。納得できる。「そんな回答では、とてもー・れない」

うけ-なが・す【受(け)流す】〘動サ五(四)〙❶切り込んできた刀を軽く受けて他にそらす。「相手の突きを払うようにー・す」❷ほどよくあしらって相手の攻撃をかわす。さりげなくあしらう。「記者の質問を巧みにー・す」「柳に風とー・す」

うけ-なわ【浮け縄┊浮＝子縄】うけなは 浮きをつけた綱。網や延縄(はえなわ)を浮かせるために使う。

うけ-にん【請(け)人】借金・売買契約・人物などの

保証をする人。近世には金請・人請・地請・店請などの別があった。保証人。「自分の財産を挙げて一の義務を果たすと云う律義な人で」〈木下尚江・火の柱〉

うけ-の-みたま【稲魂】▶宇迦御魂

うけ-ばこ【受(け)箱】郵便物や牛乳などの配達物を受けるために、玄関先などに取り付けた小箱。

(類語)郵便受け・郵便箱

うけ-ばな【請花】塔の九輪や宝珠などの下についている花形の飾り。多く八葉蓮華で上を向いている。

うけ-はらい【受(け)払い】金銭などの受け取りと支払い。

うけ-ばり【浮張｜受張】❶兜の鉢の裏側に革または布を浮かせて張り、頭が直接兜に当たるのを防いだもの。浮裏。❷襖・屏風などを表装するときの下張りの一工程。骨にだけのりをつけて紙を張る。袋張り。

うけ-ば・る【受け張る】〔動ラ四〕❶他人に遠慮せずに行動する。おおっぴらに振る舞う。「(藤壺ハ)人もえおとしめ聞こえ給はねば、一・りてあかぬことなし」〈源・桐壺〉❷我が物顔に振る舞う。でしゃばる。「柳の葉を百たび当てつべき舎人どもの一・りて射取る」〈源・若菜下〉

うけ-はん【請(け)判】請け人が保証のために押す判。また、保証人となってその判を押すこと。「幸い融通して呉れるという人がある。その一をして呉れ」〈万太郎・末枯〉

うけ-ひ・く【承け引く】〔動カ五(四)〕聞き入れる。承知する。同意する。承諾する。「禅師様がわたくしの日ごろよりの心細い憂えをそこもとへお伝えなさいましたのを心よく御一・きくださいましたよし」〈堀辰雄・ほととぎす〉

うけ-ふね【有卦船】有卦(吉運の年回り)に入った人が、宝の帆を張った筆の帆柱を立て、福助・福良雀・福寿草・富士など「ふ」の字の付いためでたい7種の菓子などを飾る縁起船。

うけ-ぶみ【請文】上司や身分の上の者の仰せに対して承諾したことを書いた文書。請け書き。請け書。散状。「御一のおもむき僉議せらる」〈平家・一〇〉

うけ-ぶるまい【有卦振る舞ひ】有卦(吉運の年回り)に入った人が、祝って人々をもてなすこと。「八日は千葉殿一」〈浄・扇八景〉

うけ-ぼり【浮け彫(り)】▶浮き彫り❶

うけ-み【受(け)身】❶攻撃されて、もっぱら防ぐ立場にあること。「鋭い追及にあって一に回る」❷他から働きかけられるだけで、こちらからは積極的に出ない、消極的な態度・ようす。「一の学習は自分のためにならない」❸柔道で、投げられたり倒されたりした際、けがをしないように腕で床を打ったりして衝撃をやわらげて倒れる方法。「一をとる」❹文法で、主語が他からの動作・作用を受ける意を表す言い方。文語では、動詞の未然形に助動詞「る」「らる」(古くは「ゆ」「らゆ」)、口語では助動詞「れる」「られる」を付けて言い表す。受動態。

うけ-もち【受(け)持ち】自分の仕事として責任をもって行うこと。また、その仕事を行う人。特に学級の担任をいう。「一の先生」

(類語)担当・係・担任・当番

うけもち-の-かみ【保食神】日本神話で、五穀をつかさどる神。食物の神。

うけ-も・つ【受(け)持つ】〔動タ五(四)〕自分の仕事として引き受けて行う。担当する。担任する。「一年生を一・つ」「この地区の配達を一・つ」(類語)引き受ける・請け負う・つかさどる・請け合う・扱う

うけ-もどし【受(け)戻し｜請(け)戻し】〔名〕スル ❶債務者が借金を弁済して、入質した物や借用証書を取り戻すこと。❷債務者が手形・小切手などの支払いに際し、所持人に対して証券の返還を求めること。

うけもどし-しょうけん【受戻証券】証券と引き替えにするのでなければ、債務者が証券上の債務の履行を必要としない有価証券。手形・小切手・貨物引換証・倉庫証券・船荷証券など。引換証券。

うけ-もど・す【受(け)戻す｜請(け)戻す】〔動サ五(四)〕❶借り金を返して、質物や抵当物件を取り返す。うけだす。「質ぐさの指輪を流れる前に一・す」❷預けておいた金品を返してもらう。「学資の余分を亭主が預って置いて呉れるのを一・し」〈緑雨・油地獄〉❸手形・小切手の裏書人や振出人などが、金を払って、所持人から手形・小切手を取り戻す。「償還して小切手を一・す」

うけ-やど【請(け)宿】奉公人などの身元を引き受けて奉公先を世話する家。口入れ宿。桂庵。「一の老嫗さまが言葉には」〈一葉・大つごもり〉

うけ-やま【請山】❶江戸時代に、領主の持つ山林で、一定条件のもとに家臣や村または個人に貸与されたもの。❷江戸時代、他村の持つ山林の草木をとることを許されて、毎年小作料を納めるもの。また、その山。宛山。請負山。❸江戸時代、山師や材木業者が運上を納めて鉱山の経営や山林の立木伐採を請け負うもの。また、その鉱山や山。運上山。

うけら【朮】植物オケラの古名。「恋しけば袖も振らむを武蔵野の一が花の色に出なゆめ」〈万・三三七六〉

うけらがはな【うけらが花】江戸後期の歌文集。7巻。加藤千蔭著。享和2年(1802)刊。自選の歌を四季・恋などに分類、26編の文章を併せて収録。文化5年(1808)「うけらが花二編」刊。

うけ-りょう【請料】中世、請所の契約をした地頭・名主らが、領主に納入することを請け負った年貢。請口。

う・ける【受ける｜請ける｜享ける｜承ける】〔動カ下一〕文う・く〔カ下二〕❶自分の方に向かってくるものを、支え止めたり、取って収めたりする。受け止める。受け取る。「ミットでボールを一・ける」「雨水を桶に一・ける」❷差し出されたものを自分の方に取り入れる。手に収め入れる。もらう。「杯を一・ける」「賞を一・ける」「援助を一・ける」❸(享ける)他から与えられる。身に授かる。また、系統・血筋などを引く。「この世に生を一・けてこの方」「母方の血を一・けて文才がある」「寵愛を一・ける」❹(承ける)あとを継ぐ。受け継ぐ。「先代の跡を一・ける」「前任者の意を一・けて企画を発展させる」❺自分に向けられた行為・働きかけに対処して応じる。引き受ける。受け入れる。「挑戦を一・けて立つ」「注文を一・ける」「真に一・けてはいけない」「調査結果を一・けて是正する」「多発する事故を一・けて対策を講じる」❻他からの働き・作用が身に加えられる。㋐こうむる。「被害を一・ける」「嫌疑を一・ける」「ショックを一・ける」㋑それに身をさらす。「頬に風を一・ける」「西日をまともに一・ける」❼ある方角に面している。「南を一・けた明るい部屋」❽代金を払って取り戻す。「質ぐさの時計を一・ける」❾文法で、文中において、ある語句が他の語句から文法的な働きをこうむる。修飾される。「係助詞『ぞ』を一・けて文末が連体形になる」❿人気・好評を得る。「大衆に一・けた音楽」

(一句)意を受ける・血を受ける・真に受ける・神は非礼を受けず・天の与うるを取らざれば反って其の咎めを受く・人身沈を受く

(類語)(❷)貰う・押し頂く・受け取る・収める・収受する・受納する・受領する・受給する・受贈する・譲り受ける・貰い受ける・授かる・頂く・賜る・頂戴する・拝領する・拝受する・申し受ける/(❹)継ぐ・受け継ぐ・引き継ぐ・襲う

うけわし-げ【祈はしげ】〔形動ナリ〕いかにものろわしいようなさま。「弘徽殿などの一にのたまふ」〈源・紅葉賀〉

うけ-わたし【受(け)渡し】〔名〕スル ❶受け取ることと渡すこと。「窓口で荷を一する」❷取引所で売買成立後、代金と引き替えに現品の引き渡しを行って取引を完了すること。普通取引では、約定日から4日目に決済する。❸演劇で、せりふをある俳優から他の俳優に引き継がせること。「割りぜりふの一で間を外す」

う-げん【右舷】船尾から船首に向かって右側のふなばた。また、その方向。(対)左舷。

う-げん【有験】祈祷・祈願してその効き目があること。また、その祈祷を行う僧など。「さる一の隠者が住居致いて居ると聞いた」〈芥川・きりしとほろ上人伝〉

う-げん【迂言】❶時世や事情に疎い見当外れの言葉。自分の言葉を謙遜していうのにも用いる。❷回りくどい言葉。

う-げん【繧繝｜暈繝】「うんげん」の撥音の無表記。

うげん-べし【繧繝端】「繧繝縁」に同じ。

うご【羽後】㊀旧国名の一。明治元年(1868)、出羽国を南北に2分した北の部分。同4年7月14日廃藩置県発令まで、東山道13か国の一つに数えられた。範囲は現在の鹿角市および小坂町を除く秋田県と、山形県飽海郡および酒田市の最上川以北。㊁秋田県南部、雄勝郡の地名。中心の西馬音内の盆踊り、仙道の番楽などが伝わる。

う-ご【雨後】雨の降ったあと。雨上がり。

雨後の筍 《雨が降ったあと、たけのこが次々に出てくるところから》物事が相次いで現れることのたとえ。(補説)成長が早いことの意で使うのは誤り。

うご【海髪】オゴノリの別名。(季 春)「一抱くその貝殻も数知れず/汀女」

うこう【禹貢】古代中国の政治・地理書。書経の中の一編。著者・成立年代未詳。伝説上の聖王禹が、全国を九つの州に分け、各地の山脈・水系・地理・物産を調査し、貢賦の制度を定めた事跡を記したもの。

う-こう【烏江】㊀中国貴州省を流れる川。貴州高原に源を発し、四川省重慶の東で揚子江に注ぐ。長さ1018キロ。ウーチアン。㊁中国安徽省東部の町。楚の項羽が漢の高祖に敗れ自殺した所。

う-ごう【烏合】《烏の集まりの意》規律も統一もなく寄り集まること。

(類語)群集・人出・人だかり・群衆・人垣・黒山・人波・行列・人通り・野次馬・勢ぞろい・雲霞・群れ

うご-うご〔副〕❶うごめくさま。特に、得意になって鼻をうごめかすさま。「鼻の先うぞやき、一として笑ひどよめき」〈仮・浮世物語・一〉❷元気がなく、うじうじしたさま。「おどせば則ちおどされて、一とまた脇道へぬざりのく」〈浄・用明天王〉

うこう-こつ【烏口骨】脊椎動物の肩帯にある骨。両生類・爬虫類・鳥類に発達し、哺乳類では退化。烏喙骨。烏啄骨。

うこう-しゅんすう【禹行舜趨】《「荀子」非十二子から》うわべだけ夏の禹王や舜帝などの聖人の動作をまねるだけで実質をもたないこと。

うこう-とっき【烏口突起】烏口骨が退化縮小し、肩甲骨に付着する小突起に変化したもの。単孔類以外の哺乳類にみられる。烏喙突起。

うごう-の-しゅう【烏合の衆】《「後漢書」耿弇伝から》規律も統一もなく寄り集まった群衆。

うこう-れんらくせん【宇高連絡船】岡山県玉野市宇野と香川県高松市とを結んだ旧国鉄連絡船。昭和63年(1988)、瀬戸大橋線の開通で廃止。

うごか・す【動かす】〔動サ五(四)〕❶物を他の位置に移したり、占めていた位置を変えたりする。また、配置・地位などを変える。「箪笥を一・す」「人事部から経理部へ一・す」❷もとが固定しているものの一部を揺らす。震動させる。「風が梢を一・す」「首を左右に一・す」❸機械などを作動させる。「モーターを一・す」❹物事のようす・状態・内容を変える。「市民運動が社会を一・す」「一・しがたい証拠」❺人の心に訴えて感動させる。気持ちをゆすぶる。「名演説に心が一・される」❻㋐自分の目的にかなうよう人を行動させる。「思いのままに人を一・す」㋑ものを有効に機能させる。運用する。「裏で金を一・して工作する」

(可能)うごかせる

(類語)動く・振れる・揺れる・揺らぐ・振動する・上下する・微動する・ぐらつく・遣る

うごか-ない【動かない】〔連語〕《動詞「うご(動)く」の未然形＋打消しの助動詞「ない」》▶動く❾

うごか-ぬ【動かぬ】〔連語〕《動詞「うご(動)く」の未然形＋打消しの助動詞「ず」の連体形》▶動く❾

うこぎ【五=加┊五=加=木】ウコギ科の落葉低木。幹には鋭いとげがあり、葉は5枚の小葉からなる手のひら状の複葉。雌雄異株。初夏、黄緑色の小花が散形に集まってつく。実は熟すと黒い。中国の原産。根皮を干したものを漢方で五加皮といい、強壮薬とする。若葉は食用。ウコギ科の双子葉植物は約700種が温帯から熱帯に分布し、タラノキ・ヤツデ・キヅタ・チョウセンニンジンなども含まれる。(季 春)「おもひ出てさし木の一摘日かな/白雄」

うごき【動き】❶動くこと。また、動くようす。「雲の―が速い」「計器の針の―に注意する」❷状態・情勢・内容などが変わること。変動。変化。「相場の―」「世の中の―」

(類語)運動・活動・移動・運行・生動・蠢動・躍動・活躍・奔走・動く・動き回る・働く

動きが取れ◦ない　制約があって思うように物事をすることができない。また、悪い状態から抜け出せない。行き詰まる。「指令があるまで―◦ない」「仕事に追われて―◦ない」

うごき-ほしょう【動き補償】映像データの圧縮率を高める手法の一。連続するフレーム間において、画像の各要素の動きを捉えてベクトルデータとして扱い、圧縮率を高めている。

う-ごく【右獄】平安時代、京都の左右両京に設けた獄舎のうち、右京にあった獄舎。西獄。⇔左獄。

うご・く【動く】〔動カ五(四)〕❶ものの位置が変わる。移動する。「雲が―・く」「―・かないでここで待ちなさい」❷地位などが変わる。異動する。「職場を―・く」「別のポストに―・く」❸もとが固定しているものの一部が揺れたり振れたりする。「風で木の葉が―・く」「歯が―・く」❹からだが活動する。ある働きや反応を示す。「腕がしびれて―・かない」❺物事の内容・状態が変わる。変化・変動する。「相場が―・く」「世界は激しく―・いている」❻他からの作用・影響を受けて、心に変化が生じる。心が動揺する。「決心が―・く」「食指が―・く」❼目的をもって、ある行為を行う。活動する。行動する。「黒幕が―・く」「警察が―・き出す」「人の指図で―・くような男ではない」❽機械などが作動する。機能を発揮する。「時計が―・かない」「工事が終わって電車が―・きはじめた」❾(「うごかぬ」「うごかない」などの形で)変わることがない。確実である。「―・かぬ証拠」「彼の入閣はもはや―・かない」(可能)うごける

(類語)(❶)移る・移動する・移行する・移す・変わる・遣る・移転する・引っ越す・転ずる・転出する・転任する・転属する・移籍する・鞍替えする/(❸)振れる・揺れる・揺らぐ・振動する・上下する・微動する・ぐらつく・動かす/(❹)活動/(❺)変(わ)る・化する・変ずる・移る・変える・移ろう・転ずる・化ける/(❼)運動・行動・躍動・活躍・奔走・動き回る・働く

ウコク-こうげん【ウコク高原】《Ukok》ロシア連邦南部、アルタイ共和国のアルタイ山脈にあるステップの高原。ユキヒョウ、ソウゲンワシ、ナベコウなどの野生生物の生息地。また、永久凍土帯では紀元前6世紀から前3世紀にかけて栄えたパジリク文化の墳墓が見つかっている。アルタイ自然保護区、カトゥン自然保護区、テレツコエ湖、ベルーハ山を含む地域が、1998年に「アルタイのゴールデンマウンテン」の名称で世界遺産(自然遺産)に登録。ウコック高原。

うこ-さべん【右顧左×眄】〔名〕スル《右を見たり左を見たりする意から》周囲の状況ばかり気にして、自分の態度をなかなか決断しないこと。人の意見ばかり気にかけること。左顧右眄。「―して評価を下せない」

うご-つ・く【×駭く】〔動カ四〕《「うごづく」とも》動き揺れる。うごめく。「小升すぎ、横槌を枕として、目ばかり―・き」〈浮・二十不孝・五〉

ウコック-こうげん【ウコック高原】《Ukok》►ウコク高原

うこっ-けい【×烏骨鶏】鶏の一品種。小形で、絹糸のような羽毛で覆われ、羽色は白と黒があるが、皮膚・肉・骨は黒紫色。東アジアの原産。天然記念物。

うご-なわ・る【▽集はる】〔動ラ四〕集まる。寄り集まる。「―・りはべる国の民、訴ふる所多さにあり」〈孝徳紀〉

う-ごま【×胡麻】ゴマの古名。「―は油にしぼりて売るに」〈宇津保・藤原の君〉

うご-まち【羽後町】►羽後㊁

うご-めか・す【×蠢かす】〔動サ五(四)〕うごめくようにする。「鼻を―・す」

うご-め・く【×蠢く】〔動カ五(四)〕虫がはうように絶えずもぞもぞ動く。蠢動する。「蛆虫が―・く」「暗黒街に―・く者たち」

うごろ-もち【鼹=鼠】モグラの別名。「京にて―、東武にてむぐらもち、西国にてもぐら」〈物類称呼・二〉

う-こん【右▽近】❶「右近衛府」の略。⇔左近。❷「右近の橘」の略。

うこん【右近】謡曲。脇能物。観世・宝生流。世阿弥作、観世小次郎信光加筆。鹿島の神職が、京都右近の馬場で桜葉明神と会い、共に花を賞する。

う-こん【雨痕】柔らかい堆積物の上に生じた雨滴の跡。石化して古い地層中に残るものもある。

う-こん【▽鬱金】❶ショウガ科の多年草。高さ約50センチ。根茎は黄色で多肉。バショウに似た長い葉を4、5枚出す。秋、大きな穂を出し、緑白色の葉と数個の淡黄色の花とをつける。熱帯アジアの原産。根茎を黄色染料やカレー粉の原料にし、また漢方で止血・健胃薬にする。ターメリック。きぞめぐさ。(季 秋)「芭蕉にも思はせぶりの―かな/鬼貫」❷「鬱金色」の略。

うこん-いろ【▽鬱金色】ウコンの根茎で染めた濃い黄色。また、そのような鮮黄色。

うこん-うつぎ【▽鬱金▽空木】スイカズラ科の落葉低木。北海道、本州北部の深山に自生。葉は卵円形で縁に細かいぎざぎざがある。夏、黄緑色の花が咲く。(季 夏)

う-こんえ【右▽近▽衛】「右近衛府」の略。

うこんえ-の-しょうげん【右▽近▽衛将▽監】右近衛府の第三等官。従六位上相当。うこんのじょう。

うこんえ-の-しょうしょう【右▽近▽衛少将】令外の官。右近衛府の次官。正五位下相当。右近少将。

うこんえ-の-しょうそう【右▽近▽衛将曹】右近衛府の第四等官。従七位下相当。

うこんえ-の-だいしょう【右▽近▽衛大将】令外の官。右近衛府の長官。従三位相当。多くは大臣・納言などが兼任。右近大将。右大将。

うこんえ-の-ちゅうじょう【右▽近▽衛中将】令外の官。右近衛府の次官。従四位下相当。右近中将。右中将。

うこんえ-ふ【右▽近▽衛府】令外の官。左近衛府とともに、武器を持って宮中の警護、行幸の供奉などをつかさどった役所。大同2年(807)中衛府を改めて右近衛府とした。右近司。右近。みぎのつかさ。みぎのちかきまもりのつかさ。⇔左近衛府。

うこん-こ【▽鬱金粉】ウコンの根茎を乾燥し粉末にした黄色染料。

うこん-こう【▽鬱金香】チューリップの別名。うっこんこう。

うこん-ぞめ【▽鬱金染(め)】鬱金色に染めること。また、染めたもの。

うこん-にんぎょう【右▽近人形】木または紙で作り、黄色の袱紗をかぶった人形。江戸初期の女形、右近源左衛門の舞台姿に似せたもの。

うこん-の-くろうど【右▽近▽蔵▽人】右近衛府の官人で、蔵人を兼ねる者。

うこん-の-じょう【右▽近将=監】►右近衛将監

うこん-の-じん【右▽近の陣】月華門内、紫宸殿の西向かいにあった陣座。儀式のとき、右近衛府の武官が詰めて警護に当たった。右近衛の陣。右仗。

うこん-の-たいふ【右▽近大夫】従六位上相当の右近衛将監で、五位に昇進した者。

うこん-の-たちばな【右▽近の×橘】紫宸殿の南階下の西方に植えた橘。平安時代、右近衛府がこの橘から南を陣としたところからいう。➡左近の桜

うこん-の-つかさ【右▽近▽司】►右近衛府

うこん-の-ばば【右▽近の馬場】右近衛府に属した馬場。平安京一条大宮の北にあって、近衛の役人の競べ馬の行事などが行われた。➡左近の馬場

うこん-ばな【▽鬱金花】ダンコウバイの別名。

うこん-もめん【▽鬱金木綿】鬱金色に染めた木綿。

うさ【宇佐】大分県北部の市。宇佐神宮がある。そうめんを産する長洲は港町、本願寺別院のある四日市は市場町として発達。古くは「菟狭」とも書いた。人口5.9万(2010)。

う-さ【憂さ】気持ちが晴れないこと。思うに任せない、つらい気持ち。「―を晴らす」(類語)憂き目

ウサイ〖Houssay〗►ウーサイ

うざ・い〔形〕《「うざったい」の省略形。「うぜえ」とも》あれこれとうるさい。わずらわしい。(補説)もとは「不快だ。気味が悪い」という意の、八王子を中心とする東京多摩地区の方言。昭和40年代後半から東京の若者言葉になり、その後全国に広がった。

うざい-がき【有財餓鬼】❶飢えに苦しむ餓鬼の中で、物を食することのできる餓鬼。膿・血などを食う小財餓鬼と、人の食い残しや、祭祀などで捨てられた物を食う多財餓鬼とをいう。⇔無財餓鬼。❷財産を多く持ちながら、欲深い人。守銭奴。「銀持ちながら一生遊山嫌ひの―」〈浮・子息気質・三〉❸人をののしっていう語。がき。「最前手並は見せ置いたに、性懲りもなき―」〈浄・蘆屋道満〉

う-さいかく【×烏×犀角】インドサイまたはスマトラサイの鼻角。漢方で、はしか・脚気・解熱・毒下しなどに薬用する。犀角。

うさい-たい【×烏×犀帯】束帯の具で、石帯の一。銙に烏犀角を用いたもの。のちには牛の角を代用。

うざ-うざ〔副〕スル❶小さいものが寄り集まってうごめいているさま。うじゃうじゃ。うようよ。「―いる子供等は」〈宮本・貧しき人々の群〉❷細かい、とるにたりない物がたくさん集まって、うっとうしい感じがするさま。「―する程繁り合った闊葉樹林に」〈有島・カインの末裔〉

うさぎ【×兎】ウサギ目ウサギ科の哺乳類の総称。ノウサギ類と、飼いウサギの原種であるアナウサギ類とに分けられる。体長40～60センチのものが多く、一般に耳が長く、前肢は短く、後肢は長い。上唇は縦に裂け、上あごの門歯は二対ある。飼いウサギの品種は多く、肉は食用、毛皮は襟巻きなどにし、医学実験用・愛玩用ともする。ウサギ目にはナキウサギ科も含まれる。(季 冬)

兎死すれば狐これを悲しむ　《田芸蘅「玉芙零音」から》同類の不幸を縁者が悲しむことのたとえ。

兎の登り坂　《ウサギは後足が長く、坂を登ることが巧みであるところから》持ち前の力を振るうことができて、物事が早く進むたとえ。

兎の糞　ウサギの糞のように、物事がとぎれて続かないことのたとえ。

うさぎ-あみ【×兎網】ウサギを捕らえるために張る網。うさぎわな。

うさぎ-うま【×兎馬┊×驢】《耳の長いところから》ロバの別名。

うさぎ-がり【×兎狩(り)】野ウサギを捕ること。鉄砲で撃ったり、張った網などの中に追い込んで生け捕りにすることもある。(季 冬)「裏山に出て雪ありぬ―/野風呂」

うさぎ-ぎく【×兎菊】キク科の多年草。本州中部以北の高山に生え、高さ約30センチ。茎や葉に毛がある。葉は長楕円形で対生。夏、黄色い大きな頭状花を1個開く。きんぐるま。

うさぎ-こうもり【×兎蝙=蝠】ヒナコウモリ科のコウモリ。体長4、5センチに対して3、4センチという長大な耳をもつ。昆虫を食べる。ヨーロッパ・アジアに分布し、日本では亜高山帯の森林に多い。

うさぎ-ごや【×兎小屋】❶ウサギを飼うための小屋。❷日本人の粗末な小さい家のこと。EC(ヨーロッパ共同体)が昭和54年(1979)に出した内部資料「対日経済戦略報告書」中の語rabbit hutchの訳語。以後、これが日本では自嘲をこめて流行語化した。

うさぎ-ざ【×兎座】南天の小星座。オリオン座の南、大犬座の西にあり、2月上旬の午後8時ごろ南中する。学名ラテLepus

うさぎ-とび【×兎跳び】両足を揃えて腰を落とし、反動をとりながらウサギのように前へ跳躍すること。

うさぎ-へいほう【×兎兵法】本当の兵法を知らないで、へたな策略をめぐらし、かえって失敗すること。因幡の白兎の故事に基づく。生兵法。うさぎびょうほう。

うさぎ-みみ【×兎耳】❶耳の長いこと。また、その耳。❷人の隠し事を巧みに聞き出すこと。また、その人。地獄耳。

うさぎ-むすび【×兎結び】ひもの結び方の一。ウサギの耳のように、細長い輪を左右に結び出したもの。

う-ざく【×鰻ざく】関西料理の一。鰻のかば焼きの細切りと、刻んで塩もみしたキュウリを三杯酢であえたもの。

うさ-し【宇佐市】▶宇佐

うさ-じんぐう【宇佐神宮】大分県宇佐市にある神社。旧官幣大社。祭神の八幡大神(応神天皇)・比売大神・神功皇后を三殿に祭る。全国八幡宮の総本宮。伊勢神宮に次ぐ第二の宗廟として奈良時代から皇室の崇敬が厚い。八幡造りの本殿は国宝。豊前国一の宮。宇佐宮。宇佐八幡。

うさ-づかい【宇佐使】天皇の即位や国家の大事の際、宇佐神宮に幣帛を献じて祈願するために派遣された勅使。即位のときは必ず和気氏の五位の人をあてた。うさのつかい。

うざっ-た・い〔形〕細かすぎて煩わしい。くどくて、うるさい。「ごちゃごちゃ言って—・いやつだ」

うさ-とりい【宇佐鳥居】鳥居の一形式。丸柱が垂直に立ち、笠木と島木の反りが強く、木口が斜めに切られ、檜皮葺きの屋根をかけたもの。額束はない。宇佐神宮のものが代表例。八幡鳥居。

うさ-はちまん【宇佐八幡】▶宇佐神宮

うさ-ばらし【憂さ晴(ら)し】〔名〕スル 苦しさやつらさを、何かで紛らして除いたり忘れたりすること。気晴らし。気散じ。「酒を飲んで—する」

(類語)気晴らし・気散じ・気慰み

うさ-ゆづる【▽設▽弦】弓の予備の弦。「一絶えば継がむに並べてもがも」〈仁徳紀・歌謡〉

うさ・る【▽失さる】〔動ラ四〕なくなる。消えうせる。「まだ御不憫が—・らずして」〈浄・袂の白絞〉

う-さん【×烏×盞|胡×盞】《「う(胡)」は唐音》天目茶碗の一つで、釉色が漆黒の黒いもの。

う-さん【×胡散】〔形動〕〔文〕〔ナリ〕《「う(胡)」は唐音》怪しいさま。不審なさま。胡乱。「此国では余り見掛けたことがないが、—な奴さ」〈二葉亭訳・奇遇〉(派生)うさんげ〔形動〕

うさん-くさ・い【×胡散臭い】〔形〕〔文〕うさんくさ・し〔ク〕どことなく怪しい。疑わしい。油断ができない。「—・い人物」

(類語)疑わしい・いぶかしい・いかがわしい・怪しい

うさん-らし・い【×胡散らしい】〔形〕〔文〕うさんら・し〔シク〕うさんくさい。怪しげである。「素戔嗚尊は岩角に佇んだまま、—・く相手の顔を見やった」〈芥川・老いたる素戔嗚尊〉

うし【大=人】❶学者や師匠を敬っていう語。先生。たいじん。「県居の—(=賀茂真淵)」「与謝野の—(=与謝野鉄幹)」❷領主、また、主人や貴人の尊称。「瑞歯別皇子、太子に啓して曰く、一何ぞ憂ふること甚しき」〈履中紀〉

うし【×丑】❶十二支の2番目。❷方角の名。北から東へ30度の方角。北北東。❸時刻の名。今の午前2時ごろ、およびその後の2時間、または午前2時前後の2時間。❹❶にあたる年や日。❺陰暦12月の異称。

うし【牛】❶偶蹄目ウシ科の哺乳類で、家畜化されたもの。大形で、雌雄ともに2本の頭角をもち、四肢は短い。すでに滅びたオーロックスより改良されたもので、乳用のホルスタイン・ジャージー、肉用のデボン・但馬牛、役用の黄牛・朝鮮牛などがある。昔からきわめて有益な動物として信仰の対象になったこともある。広義には、ウシ亜科ウシ族のバイソン・ガウア・バンテン・ヤク・スイギュウなどの総称。❷牛肉。ぎゅう。❸「牛梁」の略。❹竹や木を家の棟木のように組んで立てたもの。物を立てかける台にする。

牛に汗し棟に充つ ▶汗牛充棟

牛に経文 いくら説き聞かせても効き目のないことのたとえ。馬の耳に念仏。

牛に食らわ・る 一ぱいくわされる。だまされる。「—・れだまされた」〈虎明狂・鍋八撥〉

牛に対して琴を弾ず 《中国、魯の公明儀が牛の前で琴を弾じ、名曲を聞かせたが、牛は知らぬ顔で草を食っていたという「祖庭事苑」にある故事から》志の低い者や愚かな者に高尚な道理を説いてもわからないことのたとえ。牛に琴を聞かすよう。

牛にひかれて善光寺参り 《信心のない老婆が、さらしていた布を角にかけて走っていく牛を追いかけ、ついに善光寺に至り、のち厚く信仰したという話から》思ってもいなかったことや他人の誘いによって、よいほうに導かれることのたとえ。

牛にも馬にも踏まれず 子供が無事に育つことのたとえ。牛馬にも踏まれず。

牛の歩み 進み方が遅いことのたとえ。牛歩。

牛の一散 歩みの遅い牛が何かのはずみで一散に走るように、平生ぐずぐずしている人が深い思慮もなくむやみにはやり進むことがあることのたとえ。

牛の寝たほど 物がたくさんあるさま。山ほど。「内証には—金も捏ねてゐるげな」〈浄・嵯峨天皇〉

牛の涎 だらだらと細く長く続くことのたとえ。

牛は嘶き馬は哮える 物事の逆さまなことのたとえ。石が流れて木の葉が沈む。

牛は牛連れ馬は馬連れ 同類は自然と集まりやすいことのたとえ。また、似た者どうしが集まると、調和がとれてうまくいくことのたとえ。

牛は願いから鼻を通す 自分から望んで苦しみや災いを受けることのたとえ。牛と芥子は願いから鼻を通す。

牛を馬に乗り換える 歩みの遅い牛を捨てて速い馬に乗り換えるように、不利なほうをやめて好都合なほうに便乗することのたとえ。(対)馬を牛に乗り換える。

う-し【雨師】雨をつかさどる神。「一道を清め、風伯塵を払ふ」〈太平記・一一〉

う-し【×齲歯】《「くし(齲歯)」の慣用読み》虫歯。

うじ【氏】■〔名〕❶その家に代々引き継がれる、家の名。家系の名称。姓。❷家柄。家系。❸古代社会における同族集団。氏の上と氏人を主な構成要員とし、部民や奴婢を隷属させる場合が多い。氏の名は朝廷での職掌や居住地の名により、多くは地位に応じて姓を有した。■〔接尾〕名字に付けて敬意を表す。現在は一般に「し(氏)」を用いる。「吉田—」

(類語)(❶)名前・人名・氏名・姓名・姓氏・姓・名字・ファーストネーム・フルネーム・芳名・尊名・高名・貴名/(❷)家・家門・一門・一族・血族・家系・家筋・血筋・血脈・血統・血・筋目・毛並み

氏無くして玉の輿 女性は家柄がよくなくても、器量次第で富貴の人の愛を得て高い地位に上れるということ。

氏より育ち 家柄や身分よりも、育った環境やしつけのほうが人間の形成に強い影響を与えるということ。

うじ【宇治】■京都府南部の市。宇治川が流れ、奈良と結ぶ渡河地として早くから開けた。平安時代から貴族の別荘地で、源氏物語の舞台。宇治茶の産地。平等院・黄檗山万福寺などがある。古くは「菟道」とも書いた。人口19.0万(2010)。(歌枕)「暮れて行く春のみなとは知らねども霞におつる—の柴舟」〈新古今・春下〉■「宇治茶」の略。

うじ【×蛆】ハエやアブの幼虫。体は小さな円筒状で、頭や脚ははっきりせず、白または黄色で毛がない。動物の死体や便などに発生する。キンバエ類などは「さし」とよばれ、釣りの餌にする。うじむし。「—がわく」(季 夏)

うし-あぶ【牛×虻】アブ科の昆虫。体長約2.5センチ。体は扁平で灰黒色。牛や馬の血を吸う。幼虫は湿地に生活しミミズなどを捕食。近縁のアカウシアブを含めていうこともある。(季 春)

うし-あわせ【牛合(わ)せ】牛と牛との角を突き合わせて勝負させる競技。牛相撲。牛突き。牛の角突き合い。闘牛。(季 春)

うじい【雲林院】▶うりんいん(雲林院)

うし-いち【牛市】牛を売買する市。

うじ-うじ〔副〕スル 気おくれしたり決断がつかなかったりして、はっきりした態度をとらないさま。ぐずぐず。「—(と)して気に病む性分」

(類語)いじいじ・もじもじ・因循

うし-うま【牛馬】❶牛と馬。ぎゅうば。❷盂蘭盆に精霊棚に供える、ナスとキュウリに麻幹で足を付けて牛と馬に見立てたもの。精霊馬。❸馬の一品種。体毛がきわめて少なく、外見が牛を思わせた。鹿児島県種子島に産したが、第二次大戦直後、絶滅。

うしお【▽潮】❶海面の水位が太陽や月、特に月の引力によって、定期的に高くなったり低くなったりすること。潮汐。しお。❷海水。「太平洋の—に洗われて育つ」❸高まったり静まったりするもの、また、押し寄せてくるものなどのたとえ。「感情の—がまだ上りはしまいかという掛念で」〈漱石・明暗〉❹「潮汁」の略。

(類語)潮・高潮・満潮・満ち潮・干潮・引き潮

うし-おい【牛追い】❶牛を追って歩かせること。また、その人。牛方。❷スペインで、市街に放された雄牛を市民が闘牛場へ追い立てる行事。エンシエロ。(補説)❷で、毎年7月7日から7月14日に行われるパンプローナのサン-フェルミン祭の牛追いが有名。

牛追い牛に追わる 物事が逆さまになることのたとえ。主客転倒。

うしおい-うた【牛追い唄】「牛方唄」に同じ。

うし-おうもの【牛追物】鎌倉時代に流行した騎射の一。馬上から小牛を追いながら、蟇目・神頭などの矢で射たもの。

うしお-じる【▽潮汁】タイ・スズキ・ハマグリなどを、薄い塩味で仕立てた吸い物。海辺で潮をくみ取って魚を煮たのが始めという。

うしお-ぞめ【▽潮染(め)】浴衣地を紫色を帯びた濃い紺色に型染めしたもの。

うし-おに【牛鬼】❶牛の形をした妖怪。また、地獄の獄卒である牛頭。❷愛媛県宇和島市の秋祭りに出る真っ赤で長大な牛の作りもの。また、それをまねて作った玩具。

うしお-に【▽潮煮】タイなどの白身の魚のぶつ切りを塩味のみで煮込んだ煮物。

うし-かい【牛飼い】❶牛を飼い、使う人。牛使い。牛方。❷「牛飼い童」の略。

うしかい-ざ【牛飼座】北天の星座の一。α星はアルクトゥルスで、光度は0.0等。6月下旬の午後8時ごろ南中する。学名ラテBootes

うし-かいめんじょうのうしょう【牛海綿状脳症】《Bovine Spongiform Encephalopathy》ウシの脳が萎縮して海綿状(すき間が多数あるスポンジ状)になる感染性の中枢神経疾患。異常型プリオンが原因で発症するといわれ、発症後は運動機能の低下や異常行動を起こし、死に至る。感染したウシを原料とした、異常型プリオンを含む肉骨粉をウシに与えたことで広がったと考えられている。1986年、英国で発症を確認。2001年、日本でも第1例が報告された。人への影響は明確ではないが、直後に全頭検査や特定危険部位の除去などの安全措置がとられた。狂牛病は俗称。BSE。▶牛肉トレーサビリティー法

うしかい-わらわ【牛飼い▽童】牛を使って牛車を進ませる者。成人後も童形の姿をした。牛健児。

うし-がえる【牛×蛙】アカガエル科のカエル。体長15〜20センチ。体色はふつう雄は暗緑色、雌は褐色で、ともに黒褐色の斑紋がある。雄の鼓膜は雌より大きい。雄は牛に似た太い声で鳴く。北アメリカの原産で、大正時代に輸入され、各地で繁殖。ブルフロ

ッグ。食用蛙。〔季 春〕
うじ-かがのじょう【宇治加賀掾】うぢ［1635～1711］江戸前期の古浄瑠璃最後の名人。紀伊の人。前名、宇治嘉太夫。京都を中心に活躍。古浄瑠璃と義太夫節の橋渡しの役割を果たした。
うし-かけ【牛駆け｜牛×駈け】昔、陰暦5月5日、大坂北野辺で、野飼いの牛を連れてきて花を飾り、自由に放し遊ばせた行事。牛の藪入り。
うし-かた【牛方】牛を扱う人。また、牛を使って物を運ぶのを仕事とする人。牛飼い。牛追い。
うしかた-うた【牛方唄】民謡の一。牛方が牛を追う道中にうたった唄。また、牛の売買のときに祝儀としてもうたわれた。牛方節。牛追い唄。
うじ-かだゆう【宇治嘉太夫】うぢかだいふ 宇治加賀掾の初名。
うじ-がみ【氏神】うぢ ❶神として祭られた氏族の先祖。藤原氏の天児屋命、斎部氏の天太玉命など。❷その氏族にゆかりのある神。また、その神を祭った神社。平氏の厳島明神、源氏の八幡宮など。❸住んでいる土地の人々を守護する神。産土神。鎮守の神と同一視されることが多い。
うじかみ-じんじゃ【宇治上神社】うぢかみ 京都府宇治市にある神社。祭神は応神天皇・仁徳天皇・菟道稚郎子。本殿は現存する日本最古の流れ造りの神社建築として知られ、拝殿とともに国宝に指定される。平成6年(1994)「古都京都の文化財」の一つとして世界遺産(文化遺産)に登録された。
うしがみ-まつり【牛神祭(り)】飼い牛の無病息災を祈って行われる祭礼。牛を飾り立てたり、わらで作った牛を祠に納めたりする。
うし-がわ【牛皮｜牛革】がは 牛の皮。ぎゅうかわ。
うじ-がわ【宇治川】うぢがは 琵琶湖に発する瀬田川の大津市南郷より下流の称。宇治市を流れ、大山崎町で桂川・木津川と合流して淀川となる。網代の名所。〔歌枕〕「もののふの八十宇治川の網代木にいさよふ波の行くへ知らずも」〈万・二六四〉
うじがわ-の-せんじんあらそい【宇治川の先陣争い】うぢがはのせんぢんあらそひ 寿永3年(1184)木曽義仲と源義経が宇治川で対したとき、義経方の佐々木高綱・梶原景季が、源頼朝から与えられた名馬生唼・磨墨で先陣を争った故事。
う-しき【有▽職】僧職で、已講・内供・阿闍梨の三つの総称。僧綱に次ぐ地位とされる。有職三綱。有職正三綱。
う-しき【有識】仏語。対象を分析して認識する心の働きのあるもの。有情。
うしく【牛久】茨城県南部の市。陸前浜街道の宿駅から発達。南に牛久沼がある。人口8.2万(2010)。
う-じく【羽軸】ヂク 鳥類の羽毛の中央を走る太軸。
うじ-くさ【×蛆草】《葉を味噌に入れて蛆の発生を防ぐところから》ミソナオシの別名。
うしく-し【牛久市】▶牛久
うしく-ぬま【牛久沼】茨城県牛久市の南西にある沼。周囲25.5キロメートル、面積3.49平方キロメートル、平均水深1メートル。富栄養湖でウナギ・コイ・フナなどの魚類が豊富。名の由来は、泥が深くて牛も飲みこんでしまう「牛食沼」からという。
うし-くよう【牛供養】クヤウ ▶大田植え❷
うし-ぐるま【牛車】❶牛に引かせる荷車。❷牛に引かせる屋形車。ぎっしゃ。
うじ-くろうど【氏▽蔵▽人】うぢくらうど 六位の蔵人で第三席にある者。氏を官名につけて、藤原氏ならば藤蔵人などと称する。
うし-ぐわ【牛×鍬】ぐは ▶唐鋤❶
うしけ-のり【牛毛海=苔】ウシケノリ科の紅藻。冬、海岸の岩や貝殻の上に密集してつく。毛状で、黒紫色または紫褐色で乾くと漆のようなつやがある。
うじ-こ【氏子】うぢ ❶祖神である氏神の子孫。氏の子。氏人。❷産土神の鎮守する土地に住んでいて、その守護を受け、それを祭る人々。
うじこ-じゅう【氏子中】うぢこぢゅう 同じ氏神を祭る人々。氏子の仲間。
うじこ-そうだい【氏子総代】うぢこ 氏子の間から選ばれた代表世話人。神職と協力して、神社の維持にあたる。
うし-こでい【牛▽健▽児】《「うしこんでい」の撥音無表記》「牛飼い童」に同じ。「あっぱれ支度や、これは—がはからひか」〈平家・八〉
うじこ-ふだ【氏子札】うぢこ 生後30日ころの宮参りの際、氏神社が赤子に、氏子のしるしとして与える札。
うしごめ【牛込】東京都新宿区東部の地区。住宅地。台地にあり、坂が多い。昔牛の放牧場があったところからの名といわれる。もと東京市の区名。
うし-ごや【牛小屋】牛を飼っておく小屋。
うし-ころし【牛殺し】❶バラ科の落葉小高木。山野に生え、葉は倒卵形で縁に細かいぎざぎざがある。春、白い小花を群生し、実は楕円形で熟すと赤い。材は強靱で、牛の鼻木や鎌の柄に用いた。牛の鼻木。鎌柄。❷クロツバラの別名。
うし-ざき【牛裂き｜牛割き】戦国時代に行われた刑罰の一。罪人の手足を2頭または4頭の牛にくくりつけ、牛を左右・四方に走らせるもの。
うし-さわら【牛×鰆】さはら サバ科の海水魚。南日本の沖合に生息、全長約2メートル。サワラに似る。背は青緑色で2列の斑点が並ぶ。食用。おきさわら。
うじ-し【宇治市】うぢ ▶宇治㊁
うじしゅういものがたり【宇治拾遺物語】うぢしふゐものがたり 鎌倉初期の説話集。15巻。編者未詳。建保年間(1213～1219)の成立か。貴族説話・仏教説話・民間説話など197話を収める。仏教的色彩が濃い。
うじ-じゅうじょう【宇治十帖】うぢデフ 源氏物語54帖のうち、橋姫から椎本・総角・早蕨・宿木・東屋・浮舟・蜻蛉・手習・夢浮橋までの最後の10帖の総称。光源氏の死後の物語で、宇治を舞台に薫大将の半生を描く。
うじ-すじょう【氏素性】うぢすジャウ 家柄・家系や経歴。
うし-ずもう【牛相-撲｜牛角=力】ずまふ ▶牛合わせ
うじだいなごんものがたり【宇治大納言物語】うぢダイナゴンものがたり ㊀平安後期の説話集。宇治大納言源隆国編。11世紀後半の成立。現存していないが、今昔物語と深い関連があったと推定される。㊁宇治拾遺物語を㊀と混同して呼んだ名。
うしち【×烏×瑟】▶うしつ(烏瑟)
うじ-ち【氏地】うぢ 氏神の鎮守する土地。
うじ-ちゃ【宇治茶】うぢ 京都府宇治地方で栽培される茶。上質とされる。鎌倉時代の初め、明恵上人が栂尾の本茶を宇治に移植したのに始まる。
うしつ【×烏×瑟】「烏瑟膩沙」の略。
ウジツェ〖Užice〗セルビア西部の都市。デティナ川沿いに位置する。第二次大戦中、ドイツなどの枢軸軍に対抗したパルチザンの拠点となり、ウジツェ共和国の首都になった。中世の城塞スタリグラード、パルチザンの司令部が置かれたウジツェ国立博物館などがある。
うし-つかい【牛使い】つかひ 牛飼い。
うしつ-がわ【牛津川】がは《「うしづがわ」とも》佐賀県中央部を流れる川。筑紫山地西部に位置する八幡岳(標高764メートル)南斜面に源を発してほぼ東流し、杵島郡白石町福富で干拓地域で有明海に注ぐ六角川に合流する。長さ約28キロ。
うじ-つ・くうぢ〘動カ四〙気後れしてぐずぐずする。ためらう。「問はれて求馬は答へもなく—・く素振り」〈浄・妹背山〉
うしつにしゃ【×烏×瑟×膩▽沙】《梵 uṣṇīṣaの音写》「肉髻」に同じ。
うじ-でら【氏寺】うぢ 氏族が、一門の繁栄、先祖の追善、死後の幸福などを祈るために建てた寺。蘇我氏の向原寺、藤原氏の興福寺など。
うし-てんじん【牛天神】《牛を天満天神の使いとするところから》天満宮の異称。
うし-とら【×丑×寅｜×艮】丑と寅との中間の方角。北東。陰陽道で鬼門とされる。
うじ-な【氏名】うぢ 名字。姓氏。
うじな【宇品】広島市南区の港湾・工業地区。広島港を通称で宇品港という。
うしな・う【失う】うしなふ〘動ワ五(ハ四)〙❶今まで持っていたもの、備わっていたものをなくす。「職を—・う」「友情を—・う」❷普通の状態でなくなる。安定した状態でなくなる。「気を—・う」「バランスを—・う」❸かけがえのない人をなくす。死に別れる。「戦争で父を—・う」❹手に入れかけて、のがしてしまう。取り逃がす。「機会を—・う」❺競技・ゲームなどで、相手に得点を入れられる。「守りのミスから三点を—・った」❻手段や方法などをなくす。どうしたらよいかわからなくなる。「人生の指針を—・う」「解決の道を—・う」❼(「…たるを失わない」の形で)…であることができる、十分にその資格がある、の意を表す。「富岡先生もその一人たるを—・わない」〈独歩・富岡先生〉❽消滅させる。「深き心もなき人さへ罪を—・ひつべし」〈源・御法〉❾こわしてなくす。ほろぼす。「寝殿を—・ひて、異ざまにも造りかへむ」〈源・宿木〉❿殺す。「召し出だして—・はん」〈平家・六〉
〔類語〕(❶)遺失・なくなる・なくす・なくする・なくなす・喪失する・亡失する・紛失する・落とす/(❹)失する・逃する・逃がす・取り逃がす・逸する・ふいにする
うしなわれた-じゅうねん【失われた十年】うしなはれたジフネン 特定の国や地域の経済が10年程度の長期に渡って停滞した、その期間を指す。特に日本では、バブル経済が崩壊した平成4年(1992)前後から同14年前後までを指す。日本はその後の景気回復も顕著ではないことから、「失われた15年」と表現する場合もある。ロストディケード(lost decade)。
うしなわれた-せだい【失われた世代】うしなはれた ▶ロストジェネレーション
うしなわれたときをもとめて【失われた時を求めて】うしなはれたときを《原題、フランス À la recherche du temps perdu》プルーストの長編小説。1913～1927年刊。時間によって磨滅されない永遠なるものを無意志的記憶の中に見いだすに至る主人公の精神的遍歴を中心とし、多元的に構成された7編から成る。20世紀の小説に新生面を開いた。
うじ-にんぎょう【宇治人形】うぢニンギャウ 京都府宇治市で作られる木彫り人形。茶の木を材料に茶摘み女の姿などに作る。刀法・彩色などは奈良人形に似る。茶の木人形。
うし-ぬすびと【牛盗人】❶牛を盗む人。牛泥棒。うしぬすっと。❷口が重く、動作の鈍い人をののしっていう語。「—と言はれうとも後世願ひと言はれな」〈譬喩尽・四〉❸ウキゴリの別名。
うしぬすびと【牛盗人】狂言。和泉流。御所の牛を盗んだ者を訴えると褒美は望みしだいという高札を見て、盗人の子が父を訴人し、褒美に父の命ごいをして許される。
うじ-の-いん【氏の院】うぢのヰン 平安初期、同じ氏族の子弟教育のために設置した私塾。藤原氏の勧学院など。
うじ-の-おおいぎみ【宇治の大君】うぢのおほいぎみ 源氏物語の宇治十帖に登場する女性。宇治の八の宮の長女で、薫の求愛をしりぞけ死去する。
うじ-の-おさ【氏の▽長】うぢのをさ ▶氏の上
うじ-の-かみ【氏の上】うぢ 古代における氏の首長。大化の改新以後は朝廷によって任命され、宗家として氏人を統率して朝廷に仕え、氏神の祭祀、叙位の推薦、処罰などをつかさどり、一定の政治上の地位を世襲した。平安時代以後は氏の長者という。うじのおさ。うじのこのかみ。
うじ-の-かんぱく【宇治の関白】うぢのクワンパク 藤原頼通の通称。宇治の邸宅に住んだことによる。
うじ-の-きょ【氏の挙】うぢ 平安時代、正月6日の叙位の際に、氏の長者が氏人の任官を朝廷に申請推挙すること。
うし-の-くるま【牛の車】仏語。大乗の教えのたとえ。三車の一で、小乗の教えを羊や鹿の車というのに対する。
うしのけ-ぐさ【牛の毛草】イネ科の多年草。山地に生え、高さ30～50センチ。葉は細く、淡緑色または白緑色で堅い。夏、白緑色または紫緑色の穂を出す。

うしのこく-まいり【×丑の刻参り】うしのこくまいり ▶丑の時参り

うじ-の-このかみ【氏の▽上┊氏の▽長】うぢ ▶うじのかみ

うし-の-した【牛の舌】カレイ目ウシノシタ亜目の海水魚の総称。水底の砂泥中にすみ、体は扁平で、口が鉤形に曲がっている。両眼はウシノシタでは左側に、ササウシノシタでは右側にある。世界の温帯から熱帯に分布。食用。➲舌鮃したびらめ

うし-の-しっぺい【牛の▽竹×箆】イネ科の多年草。湿地に生え、高さ50〜70センチ。葉は白緑色で細長く、夏から秋、紅紫色の細い円柱状の穂を出す。

うじ-の-しゃく【氏の爵】うぢ 氏の挙で、氏の長者が氏人の叙爵(五位)を申請して叙せられること。

うし-の-そうめん【牛の▽素麺】ネナシカズラの別名。

うし-の-たま【牛の玉】❶牛の額にできる毛の塊。直径3センチほどの丸さで、中に堅い芯しんがある。牛王ごおうとも称し社寺などの宝物とされた。❷牛の腹中にできる玉。宝物とされた。牛黄ごおう。

うじ-の-ちょうじゃ【氏の長者】うぢのちやうじや ❶平安時代以降の氏の首長の称。奈良時代以前の氏の上かみにあたる。➲氏の上 ❷室町時代以後、藤原氏で摂関の地位に就いた者、および源氏で征夷せい大将軍になった者の称。

うし-の-つのつきあい【牛の角突(き)合い】❶「牛合わせ」に同じ。❷仲が悪く、争い合うこと。角突き合い。「路用の金も、だらだらひっぱって、いまだに返さねえから、是まで一をしていたところだし」〈魯文・西洋道中膝栗毛〉

うしのつの-もじ【牛の角文字】《形が牛の角に似ているところから》平仮名の「い」の字。一説に「ひ」の字とも。

うしのとき-まいり【×丑の時参り】うしのときまゐり 丑の時(今の午前2時ごろ)に、神社に参り、境内の樹木に憎い人物に擬したわら人形を釘で打ちつけ、相手の死を祈る呪のろい事。白衣で、頭上の鉄輪かなわにろうそくをともし、胸には鏡を下げ、顔やからだを赤く塗るなどして行う。7日目の満願の夜に願いがかなうと信じられていた。丑の刻参り。丑の時詣もうで。

うじ-の-はしひめ【宇治の橋姫】うぢ《「うじのはしびめ」とも》㊀京都府宇治市宇治橋の西詰めにある橋姫神社の祭神とされる女神。宇治橋を守る神で、住吉大明神が夜ごと通ったという伝説がある。㊁嵯峨天皇の代、嫉妬しっとのあまり宇治川に身を投じて鬼となり、京中の男女を食い殺したという女。

うし-の-はなぎ【牛の鼻木】❶牛の鼻の両穴に突き通してはめる輪形の木。鼻木。❷植物ウシコロシの別名。鼻木の材とした。

うし-の-ひ【×丑の日】十二支の丑にあたる日。特に夏の土用の丑の日と寒中の丑の日をいう。夏の土用の丑の日には、鰻うなぎのかば焼きを食べ、灸きゅうを据え、寒中の丑の日には、丑紅を買う風習がある。

うしのひ-まつり【×丑の日祭(り)】北九州で、陰暦11月の丑の日に田の神を迎えて行う収穫感謝の祭り。2月・10月の初丑の日に行う所もある。

うし-の-ほね【牛の骨】素性のはっきりしない者をあざけっていう言葉。馬の骨。

うじ-の-わきいらつこ【菟道稚郎子】うぢ 応神天皇の皇子。多くの典籍を学び、父の信任も厚く皇太子になったが、父帝の死後、兄の大鷦鷯尊おおさざきのみこと(仁徳天皇)に皇位を譲るために自殺したという。

うし-ばえ【牛×蠅】ばへ 双翅そうし目ウシバエ科のハエ。体長約1.5センチ、黒色で胸部に4本の縦線がある。幼虫は牛の皮下に潜入して寄生する。(季 夏)

うし-は・く【▽領く】〔動カ四〕《「主うし」として領有する意から》領地として治める。支配する。「汝いましが一・ける葦原の中つ国は、我が御子の知らす国ぞ」〈記・上〉

うし-ばくろう【牛博労】ばくらう 牛のよしあしを見分けたり、牛の売買を業としたりする人。「我ら親類あまた御ざあるが、何れも色々の商売を仕るに、某それがしばかり一を致すと申して」〈虎明狂・牛博労〉

うし-はこべ【牛繁=縷】《「牛」は大きい意》ナデシコ科の越年草・多年草。田野や道端に生え、高さ約50センチ。茎は赤みを帯びる。葉は卵形で先がとがり、対生。初夏、白い5弁花をつける。(季 春)

うじ-ばし【宇治橋】うぢ ㊀京都府宇治市、宇治川に架かる橋。平等院の近くにある。㊁三重県伊勢市の五十鈴川に架かる橋。皇大神宮への参道。

うじばしだんぴ【宇治橋断碑】うぢばしだんぴ 大化2年(646)僧道登どうとうが宇治川に宇治橋を架けた由来を刻した碑。日本現存最古の碑。寛政3年(1791)ごろに上部3分の1が発見されたものを復元し、現在は宇治橋畔の橋寺(放生院)境内にある。

うじ-はや・し【▽阻し】うぢ〔形ク〕情勢・地勢などが危険である。状況が差し迫っている。「かく一・き時に、身命を惜しまずして」〈続紀宣命・三二詔〉

うし-ばり【牛×梁】日本民家で、桁行けたゆき方向に入れた太い梁。柱上に渡し、小屋梁を中間で支える。うし。牛曳うしひき。牛曳梁。

うじ-びと【氏人】うぢ 古代、氏の上かみに率いられる氏の構成員。氏の上のもとに氏神を祭り、部民べみんなどを配下に置いて農業に従い、戦時には兵士として戦った。うじうど。うじんど。

うしぶか【牛深】熊本県、天草下島あまくさしもしま南端にあった市。平成18年(2006)3月、周辺9市町と合併して天草市となる。➲天草㊀

うしぶか-し【牛深市】▶牛深

うじ-ぶみ【氏文】うぢ 古代の氏うじが、その起源や先祖代々の功績などを記した文書。「高橋氏文」の類。また、中世、武家で家の由来と系統を記した文書。

うし-べに【×丑紅】寒中の丑の日に買う紅。口中の荒れを防ぐといわれる。寒紅。(季 冬)「一を皆濃くつけて話しけり/虚子」

うし-べや【牛部屋】❶牛小屋。「一に蚊の声くらき残暑かな/芭蕉」〈三冊子・赤双紙〉❷遊戯具の十六六指じゅうろくむさしの盤面で、三角形の突き出している部分。

うし-へん【牛偏】漢字の偏の一。「牧」「物」などの「牜」の称。

うし-ぼとけ【牛仏】衆生の利益のため、牛の姿になって現れた仏。

うし-まつり【牛祭】陰暦9月12日(現在は10月12日)の夜に京都市右京区太秦うずまさの広隆寺で行われる祭り。摩多羅神まだらじんの役は白紙の仮面をかぶり、異様な服装をし、牛に乗って寺内を一巡し、国家安穏・五穀豊穣ごこくほうじょう・悪病退散の祭文を読む。太秦の牛祭。(季 秋)「油断して京へ連なし一/召波」

うしまど【牛窓】岡山県南東部にあった町。瀬戸内海に面し、前島との間は牛窓瀬戸とよぶ。西国航路の港として栄えた。オリーブ・ミカンを栽培。平成16年(2004)11月に邑久おく町、長船おさふね町と合併して瀬戸内市となった。➲瀬戸内

うじ-まる【宇治丸】うぢ《宇治川でとれる鰻うなぎで作る姿鮨すがたずしが評判で、宇治丸とよばれたところから》鰻鮨。また、鰻のかば焼き。うじまろ。

うし-みせ【牛店】明治時代、牛肉を鍋などにして食べさせた店。うしや。ぎゅうや。「この一のなべさかもり」〈魯文・安愚楽鍋〉

うし-みつ【×丑三つ】丑の刻を四つに分けた第3にあたる時。今の午前2時から2時半ごろ。一説に、午前3時から3時半ごろ。また転じて、真夜中。深夜。「草木も眠る一時」

うじ-むし【×蛆虫】❶うじ。❷人間として扱う値打ちのないものの意で、人をののしっていう語。「この一どもめ」〈一野郎〉

うじ-め【氏女】うぢ 律令制で、諸氏から朝廷に差し出した女官。

うし-や【牛屋】❶牛小屋。❷牛の飼育を職業とする人。❸牛の売買を職業とする人。牛博労うしばくろう。❹牛店うしみせ。ぎゅうや。「一の正面にはかまのままあぐらをかき」〈魯文・安愚楽鍋〉

うしゃあが・る〔動ラ四〕《「うせあがる」の音変化。近世江戸語》「行く」「来る」「去る」「居る」などの意をののしっていう語。「何処どこへ這入へえり込んで一・るか」〈滑・浮世床・初〉

うじゃ-うじゃ〔副〕スル ❶同種のものや似たようなものがたくさん集まってうごめいているさま。特に小さいものにいう。「タレント志願の若者が一いる」「毛虫が一(と)している」❷いつまでも、しまりなく長引くさま。ぐずぐず。くどくど。「くだらないことを一言うな」(類語)うようよ

う-じゃく【×烏×鵲】《「うしゃく」とも》カササギの別名。

うじゃく-きょう【×烏×鵲橋】ケウ ▶鵲かささぎの橋❶

うじゃ・ける〔動カ下一〕❶果実が熟れすぎてくずれる。また、傷あとなどがただれて、くずれる。うじゃじゃける。「ザクロが一・ける」「傷口が一・ける」❷態度や身なりがだらしなく、くずれている。だらける。うじゃじゃける。〈和英語林集成〉

うじゃじゃ・ける〔動カ下一〕❶「うじゃける❶」に同じ。「目は死んだ魚のよう、なんの光もなく、白く一・けている」〈志賀・暗夜行路〉❷「うじゃける❷」に同じ。「うじゃじゃけ放題一・けていた最中である」〈万太郎・春泥〉

ウシャス〖梵 Uṣas〗インド神話で、曙あけぼのの女神。太陽神スーリアに先立って現れ、暗黒を追い、生物の目を覚まし、祭祀さいしの開始を促す。ギリシャ神話のエオス、ローマ神話のアウロラと同一起源。

うじやまだ【宇治山田】うぢやまだ 三重県伊勢市の旧称。➲伊勢㊁

うじやまだ-し【宇治山田市】うぢやまだ ▶宇治山田

う-じゅ【×迂儒】書物のことしか知らず、世事に疎い学者。「一諸生の空論、一二外人の邪説を聴き」〈東海散士・佳人之奇遇〉

う-しゅう【羽州】ウシウ 出羽でわ国の異称。

う-しゅう【×烏集】ウシフ 烏からすの群れのように規律も統制もなく騒がしく集まること。「一の交わり」

うしゅう-かいどう【羽州街道】ウシウカイダウ 江戸時代の街道の一。福島県伊達郡桑折こおりから小坂峠・新庄・大館おおだてを経て青森に至る、奥州街道の脇わき街道。

うしゅう-たんだい【羽州探題】ウシウ 室町幕府の職名。出羽国の軍事・民政を総管。奥州探題斯波家兼しばいえかねの次男兼頼かねよりが出羽を分掌したのに始まり、以後子孫が世襲。最上もがみにいたので最上氏を称した。

うしゅ-ふう【有主風】世阿弥の能楽論で、能の芸を自分のものとして体得しきった境地。また、その現れた形。⇔無主風。

ウシュマル〖Uxmal〗メキシコ、ユカタン半島北東部の都市メリダの南方約70キロメートルにあるマヤ文明を代表する遺跡。マヤ古典期後期に栄え、建築物の壁面を覆うプウク様式と呼ばれる複雑なモザイク装飾を特徴とする。1996年「古代都市ウシュマル」の名で世界遺産(文化遺産)に登録された。

ウジュン-パンダン〖Ujung Pandang〗インドネシア、スラウェシ島の都市、マカッサルの旧称。

う-しょ【羽書】「羽檄うげき」に同じ。「一を頸に懸けたる早馬三騎、門前まで乗り打ちにして」〈太平記・一一〉

う-しょう【有生】ウシヤウ ❶生命のあるもの。生き物。「凡そ一の属その生命を惜まざる者なし」〈西周・明六雑誌三八〉❷仏語。生じること。また、生じるという働きのあること。

う-しょう【有性】ウシヤウ 仏語。❶あること。存在すること。❷悟りを開く素質のあるもの。仏性を持っているもの。⇔無性。

う-しょう【羽×觴】ウシヤウ もと、雀すずめの形に作って頭部や翼などをつけた杯のこと。転じて、杯。酒杯。

羽觴を飛ば・す《李白「春夜宴桃李園序」から》盛んに酒杯のやり取りをする。

う-じょう【有情】ウジヤウ《梵 sattvaの訳》仏語。感情や意識など、心の動きを有するもの。人間・鳥獣など。衆生。➲非情 ⇔無情 (類語)動物・生き物・生類しょうるい・衆生しゅじょう・生きとし生けるもの

う-じょう【羽状】ウジヤウ 鳥の羽のような形。

う-じょう【烏城】ウジヤウ《黒塗りの天守閣をもつところから》岡山城の異称。➲白鷺しらさぎ城

う-じょう【×鵜匠】ウジヤウ《「うしょう」とも》鵜飼いを職業とする人。うだくみ。(季 夏)

う-しょうこく【右相国】ウシヤウコク 右大臣の唐名。右相府うしょうふ。

う-しょうしょう【右少将】➤右近衛少将
う-しょうじょう【右×丞相】《「うじょうしょう」とも》右大臣の唐名。右相。
うじょう-せけん【有情世間】仏語。器世間に対し、人間などの生物の在り方。有情世界。➡器世間
う-しょうふ【右相府】右大臣の唐名。右相国。右丞相。右府。
うじょう-ふくよう【羽状複葉】植物の葉の形態で、小葉が葉軸の左右に羽状に並んでいるもの。フジなど先端にも小葉のつくものを奇数羽状複葉、ソラマメなどつかないものを偶数羽状複葉という。
う-しょうべん【右少弁】律令制で、太政官右弁官局の第三等官。正五位下相当。➡右弁官
うじょう-みゃく【羽状脈】葉の葉脈で、主脈から左右に側脈が出ているもの。
う-しょく【雨食】雨水による浸食作用。
う-しょく【×齲×蝕】歯の組織が細菌によって破壊され、穴ができていくこと。虫歯になること。
う-しょとく【有所得】仏語。❶理解すること。知覚すること。⇔無所得。❷こだわりの心をもつこと。⇔無所得。
うしろ【後ろ】❶人や物の正面とは反対の側。また、その方向。㋐後方。背後。「一を向く」「一へ順に送る」「駅の一の公園」⇔前。㋑背中。「敵に一を見せる」❷表からは見えない所。物の裏側になっているところ。「カーテンの一」「一で糸を引く」⇔前。❸順序のあとの方。また、最後のところ。「行列の一につく」「物語の一の方でどんでん返しがある」⇔前。❹過去のこと。「一を振り返らず前向きに生きる」❺㋐舞台に出て役者の着付けを直したりする者。後見。㋑舞台の後方で黒衣を着て控え、役者に台詞をつける者。㋒舞台の陰で役者の所作につれて歌ったり、演奏したりすること。また、その音楽。下座音楽。❻物事の過ぎ去ったのち。特に、人が去ったり、死んだりした、それから先。「世を去りなむ一の事、知るべきことにはあらねど」〈源・椎本〉❼下襲のしり。裾。「御衣の一ひきつくろひなど」〈源・紅葉賀〉
〔類語〕(❶)後き・後方・しりえ・背・背中・後背・背後・背面・後面・背部・後部・バック・直後・搦め手/(❷)裏・裏手・陰・裏側
後ろ髪を引か・れる ➤後ろ髪❷
後ろの目壁に耳 自分が気づかない間に他人は見たり聞いたりしていて、隠し事や悪事は世間に知れやすいことのたとえ。
後ろ指を指・す ➤後ろ指
後ろを付・ける 芝居で、黒子が役者に台詞を教える。「代役に一・ける」
後ろを見・せる 背を見せて逃げる。また、弱みを見せる。「敵に一・せる」
うしろ-あがり【後ろ上(が)り】❶後方が上がっていること。❷鬢の後方が上がって見えるように月代を小さくそり、髻を高く結ったもの。元禄(1688〜1704)ごろの風俗。
うしろ-あき【後ろ明き】ブラウス・ワンピースなどの洋服の、着脱のためのあきが背面にあること。背明き。
うしろ-あし【後ろ足】❶「後足」に同じ。❷きびすを返して、逃げようとすること。「国々の兵どもに向かって一をも踏み」〈盛衰記・四一〉
うしろ-あわせ【後ろ合(わ)せ】❶互いに後ろ側が向き合っていること。背中合わせ。「一に立つ」❷あべこべ。反対。逆の方向。「両人の異見一なり」〈難太平記〉
うしろ-おし【後ろ押し】「後押し」に同じ。
うしろ-おび【後ろ帯】❶帯を背後で結ぶこと。近世の未婚の女性の風俗。後ろ結び。➡抱え帯 ➡前帯 ❷若い娘。また、帯を背後で結んだ素人風の若い遊女。
うしろ-がえり【後ろ返り】〔名〕スル 後方へとんぼ返りすること。
うしろ-かげ【後ろ影】その場を去って行く人の後ろ姿。〔類語〕後ろ姿・後ろつき
うしろ-がみ【後ろ髪】❶後頭部の髪の毛。❷(「後ろ髪を引かれる」の形で)心残りがしてなかなか思い切れないこと。「一を引かれる思いで家を出た」
うしろ-きず【後ろ傷｜後ろ×疵】逃げる時にからだの背面に受けた傷。武士はこれを恥とした。⇔向こう傷。
うしろ-ぎたな・い【後ろ汚い｜後ろ×穢い】〔形〕文うしろぎたな・し〔ク〕いさぎよくない。卑劣だ。「子供を餌食に恩にかけて味方にせんと一・い信玄に」〈浄・廿四孝〉
うしろ-くび【後ろ首｜後ろ×頸】首の後ろ側。
うしろ-ぐら・い【後ろ暗い】〔形〕文うしろぐら・し〔ク〕❶他人からとがめられるようなやましいことをしている。また、やましさを感じている。「何も一・いところはない」❷心に裏表があるようにみえる。二心があるようだ。「君をも一・き御事に思ひ奉りて」〈盛衰記・八〉〔類語〕やましい・後ろめたい
うしろ-げさ【後ろ×袈×裟】背後から袈裟がけに切ること。
うしろ-ごし【後ろ腰】❶袴の後ろ側のひもの部分。⇔前腰。❷柔道の技の一。相手が背をみせたときに、後ろからすくい上げるように腰のあたりを抱き込み、あお向けに投げ落とす。
うしろ-ごと【後ろ言】❶過ぎたことの愚痴を言うこと。繰り言。「殿は一をばし給ふらん」〈平治・下〉❷陰で人の悪口を言うこと。また、その悪口。陰口。「鼻ひるは一をすると云ふぞ」〈毛詩抄・二〉
うしろ-さがり【後ろ下(が)り】❶後方が下がっていること。❷鬢の後方が下がって見えるように月代をそったもの。元禄ごろの風俗で、いきだが下品な形とされた。
うしろ-ざし【後ろ挿(し)】かんざしを髻の後ろ、耳の後ろあたりに挿すこと。また、そのかんざし。
うしろ-ざま【後ろ様】❶後ろの方。「危急の場合ではあり、一ではあるし、的は外れて」〈田岡嶺雲・明治叛臣伝〉❷後ろ向き。「獅子、狛犬、背きて一に立ちたりければ」〈徒然・二三六〉
うしろじた-ぼいん【後ろ舌母音】➤こうぜつぼいん(後舌母音)
うしろ-すがた【後ろ姿】後ろから見た人の姿。〔類語〕後ろ影・後ろつき
うしろ-だおし【後ろ倒し】《「前倒し」に対して作られた語》予定の時期を先に延ばすこと。先送り。「開始時期を一にする」
うしろ-だて【後ろ盾｜後ろ×楯】❶《❷が原義》陰にあって力を貸し、助けること。また、その人。後ろ見。「有力な一をもつ」❷背後を守る盾。後ろを防ぐもの。〈運歩色葉〉〔類語〕手助け・力添え・肩入れ・加勢・助太刀・後押し・人助け・助ける
うしろ-つき【後ろ付き】後ろから見た姿形。後ろ姿。「スッと起った所を見ると、スラリとした一だ」〈二葉亭・平凡〉〔類語〕後ろ姿・後ろ影
うしろ-づめ【後ろ詰め】❶先陣に続く後続の軍勢。予備として後方に配置する陣立て。ごづめ。「千葉屋の寄せ手かしこを捨てて、ここの一を仕つと覚ゆるぞ」〈太平記・九〉❷敵軍の背後から攻めること。うしろぜめ。ごぜめ。「家康公三千ばかりにて一をし給ひ、駿河勢を追ひ払ひ」〈甲陽軍鑑・一六〉❸背後にいて援助すること。また、その人。うしろだて。「夢ながら其場にゆきて、一して残る所なくうちとめさせ」〈浮・武家義理・三〉
うしろ-で【後ろ手】❶両手を背に回すこと。「一に縛る」❷《「で」は方向・状態などを示す》㋐後ろの方向。「敵の一にまわる」㋑後ろ姿。「簾に添ひたる一も、をかし」〈枕・二〇〇〉
うしろ-とび【後ろ飛び】後方へ飛ぶこと。
うしろ-はちまき【後ろ鉢巻(き)】頭の後ろで結んだ鉢巻き。⇔向こう鉢巻き。
うしろ-はば【後ろ幅】和服で、背縫いから脇縫いまでの幅。また、その寸法。
うしろばり-の-おおくち【後張の大口】大口袴の一。前面を精好織り、後面をさらに横糸を太くした大精好で仕立てて、後ろ腰を張らせて着用する。風流のときは直垂の袴を省略することもあり、能装束にその様式を伝えている。あとばりのおおくち。⇔前張の大口。
うしろ-ひも【後ろ×紐】《「うしろひぼ」とも》❶袴の後部につけた紐。❷着物の後ろに縫いつけ、前に回して結ぶようにした紐。❸❷をつけた衣服を着ている幼いとき。小児期。「姉は父御の孫をつぎ一から酒を飲む」〈浄・堀川波鼓〉
うしろ-まえ【後ろ前】❶洋服などの後ろと前とが逆になること。「帽子を一にかぶる」「一に着る」❷着物を縫い直すときに、前身頃と後ろ身頃を取り替えて縫うこと。〔類語〕反対・前後・前後ろ・後先・逆さ・逆様・逆さま・あべこべ・裏腹・裏返し・裏表・右左・上下
うしろ-まく【後ろ幕】寄席の高座などで、出演者の後ろに掛け渡す幕。
うしろ-み【後ろ見】❶後ろだてとなって助けること。幼少の者、制限行為能力者などの代理となったり補佐をしたりすること。また、その人。後見。❷国政の補佐制度で、摂政・関白が天皇を、執権職が将軍を補佐することなど。後見。〔補説〕鎌倉時代からコウケンと音読みすることが始まる。
うしろ-み【後ろ身】「後ろ身頃」の略。
うしろ-みごろ【後ろ身頃】衣服の身頃のうち、後ろの部分。⇔前身頃。
うしろ-み・る【後ろ見る】〔動マ上一〕世話をする。面倒をみる。後見をする。「物知り顔に教へやうなる事言ひ一・みたる、いとにくし」〈枕・二八〉
うしろ-・む【後ろむ】〔動マ四〕「後ろ見る」に同じ。「この御方にあづかりて、思し一・め」〈夜の寝覚・一〉〔補説〕上一段活用の動詞「うしろみる」からの変化で、上二段にも活用した形跡がある。
うしろ-むき【後ろ向き】❶背中や物の後ろ側をこちらに向けていること。⇔前向き。❷後ろに向かうこと。「一に倒れる」❸時代の流れや望ましい方向に対して逆の方へ向いていること。考え方などが消極的なこと。「一の政策」⇔前向き。
〔類語〕逆行・逆流・逆走・あと戻り・あとずさり・逆戻り・後進・後退・退歩・退行・遡行
うしろ-むすび【後ろ結び】帯を背後で結ぶこと。後ろ帯。近世、遊女が前結びにしていたのに対し、堅気の女性の風俗。
うしろ-めた・い【後ろめたい】〔形〕文うしろめた・し〔ク〕《「後ろ目痛し」からという》❶自分に悪い点があって、気がとがめる。やましい。「親友を裏切ったようで一・い」❷自分の目が届かず、不安である。心もとない。気がかりだ。「我なからむ世など一・し」〈落窪・二〉❸油断がならない。気が許せない。「是ほど一・う思はれ参らせては」〈平家・二〉〔補説〕❷が原義で、古くはやましい気持ちを含まなかった。〔派生〕うしろめたげ〔形動〕うしろめたさ〔名〕〔類語〕やましい・後ろ暗い
うしろめた-な・し【後ろめたなし】〔形ク〕《「なし」は意味を強める接尾語》❶「うしろめたい❶」に同じ。「心ざしありつる郡司の妻を、一・き心つかはん事、いとほしけれど」〈宇治拾遺・九〉❷「うしろめたい❷」に同じ。「遥かにかくまかりなむとするに、心細き御ありさまの、…、いとあはれに一・くなむ」〈源・蓬生〉❸「うしろめたい❸」に同じ。「一・き御兄の心ばへなり」〈狭衣・三〉
うしろ-めん【後ろ面】歌舞伎舞踊で、後頭部にも面をつけ、一人で二つの役を演じ分けるもの。享保17年(1732)佐渡島長五郎が「釣狐」で演じたのが最初とされる。
うしろ-や【後ろ矢】敵に内通して味方の背後から矢を射かけること。また、その矢。裏切ることのたとえにも用いる。「一射て名を後代に失はんとは、えこそ申すまじけれ」〈太平記・三一〉
うしろ-やす・し【後ろ安し】〔形ク〕❶あとのことの心配がない。心残りがない。「行く末の御為もいかに一・からまし」〈狭衣・二〉❷気遣いがないさま。隠しだてがない。信頼がおける。「継母を一・き者に思ひてあるほどに」〈今昔・一九・二九〉
うしろ-ゆび【後ろ指】(多く「後ろ指をさす」の形で)

後ろから指さして、そしること。陰で人の悪口を言うこと。「人に—をさされる」
うしわかまる【牛若丸】源義経の幼名。謡曲「鞍馬天狗」「橋弁慶」その他、浄瑠璃・長唄などに登場。
う-しん【有心】❶思慮・分別の深いこと。「大人びて—に物し給ふ人にて」〈栄花・根合〉❷中世の歌学における美的理念の一。心情と言葉とが統一され、華やかさの中に寂しさを漂わす妖艶えんな余情美。心あり。➡有心体 ❸(狂歌を無心というのに対して)和歌のこと。❹「有心連歌」の略。❺仏語。物にとらわれた心。妄念。⇔無心。
う-しんしつ【右心室】心臓の右側下方を占める部屋。右心房から静脈血を受け、肺動脈へ送り出す。
うしん-たい【有心体】藤原定家がその歌論書「毎月抄」で唱えた和歌十体の一。美的理念である有心を表す詠みぶりで、最上の歌体とされる。連歌・俳諧にも通じて用いる。有心様。うしんてい。⇔無心体。
う-しんぼう【右心房】心臓の右側上方を占める部屋。全身からの静脈血を受け、右心室に送る。
うしん-れんが【有心連歌】滑稽を主眼とした無心連歌に対して、和歌を基準とし、優雅な題材・用語などを用いる連歌。純正連歌。柿本の本。
うす【臼｜×碓】穀物を精白したり、粉にしたり、餅もちをついたりする道具。つき臼とひき臼とがある。
臼から杵 《臼を女、杵を男に見立てて》女から男に言い寄ること。物事が逆さまなことのたとえ。
臼と杵 男女が和合することのたとえ。
う・す【▽失す】〔動サ下二〕「うせる」の文語形。
うす【薄】〔語素〕❶名詞・形容詞・動詞などの上に付く。㋐厚みが少ない意を表す。「—板」「—氷」㋑色が濃くない意を表す。「—紫」「—緑」㋒濃度や密度が少ない意を表す。「—味」「—化粧」「—霧」㋓程度が少ない意を表す。「—暗い」「—明かり」㋔なんとなく、どことなく、ちょっとの意を表す。「—気味悪い」「—よごれる」「—ぼんやり」❷名詞の下に付いて形容動詞をつくり、少ない、小さい、ほとんどない、の意を表す。「品—」「望み—」「気乗り—」
う-ず【右図】右に示した図。「—で説明する」
うず【▽珍】珍しいこと。尊いこと。「吾あれ、御寓みまのたまを—べき—の子を生まむ」〈神代紀・上〉
う-ず【×烏頭】トリカブト属植物の母塊根。有毒であるが、鎮痛・強壮薬として利用。➡附子ぶし
うず【渦】❶螺旋らせん形に巡る、激しい水の流れ。空気などについてもいう。うずまき。❷めまぐるしく動いて入り乱れている状態。「争いの—に巻き込まれる」❸真上から❶を見たような模様。
(類語)渦巻き・螺旋・とぐろ
う-ず【▽雲▽珠】唐鞍からくらとよぶ馬具の飾りで、金銅の火炎形の内に宝珠を納め、その台座を尻繋しりがいにつけたもの。うんじゅ。
うず【髻=華】古代、草木の枝葉や造花などを冠や髪の上に挿して飾りとしたもの。かざし。「くまかしが葉を—に挿せその子」〈記・中・歌謡〉
う・ず【×倦ず】〔動サ変〕《「うんず」の撥音の無表記》「倦んずる」に同じ。「深く世の中憂きことと思ひ—・じはて」〈平中・一〉
うず〔助動〕[○|○|うず(うずる)|うずる|うずれ|○]《推量の助動詞「むず」の音変化》動詞・助動詞の未然形に付く。❶話し手の推量を表す。…だろう。「ただいま客人まらうどの来**うずる**ぞ」〈平家・一〉❷話し手の意志・決意を表す。…しようとする。…しよう。「自然わたくしの負けたらば弟子にならう**うず**」〈虎明狂・膏薬煉〉❸相手に対する勧誘または婉曲的な命令を表す。…しよう。…してほしい。「掃除などことごとくせ**うず**。また聟殿のござったらば、こなたへ申せ」〈虎明狂・鶏聟〉❹当然・適当の意を表す。…のはずだ。…のがよい。「項羽をこそ上将軍とせられ**うずる**に、次将とせられた」〈史記抄・項羽本紀〉❺(連体形の用法として)未来のことや仮説について婉曲の心持ちを表す。…のような。「我コノ難儀ヲ遁レサセラレ**ウズル**コトヲ教ヘマラセウズ」〈天草本伊曽保・イソポが生涯〉➡う ➡む (補説)「うず」は中世の話し言葉として発達し、一時は書き言葉にも用いられたが、江戸時代になってからは、「う」と同様の意味を有するためにしだいに姿を消した。
うす-あお【薄青】❶かすかに青みを帯びている色。❷染め色の名。淡い青色。空色。古代・中世では淡い緑色をいった。❸織り色の名。縦糸は青、横糸は白。❹襲かさねの色目の名。表は薄青、裏は白。また、表は縦糸が白、横糸が青、裏は薄青。
うす-あお【薄×襖】薄い無文織物の袷あわせの狩衣かりぎぬ。表裏ともに白。
うす-あかり【薄明(か)り】❶ほのかに差す光。❷日の出前、日没後のかすかな明るさ。薄明はくめい。
うす-あかる・い【薄明るい】〔形〕文うすあかる・し〔ク〕かすかに明るい。「雲が切れて—・い空」
うす-あきない【薄商い】❶売り上げや利潤の少ない商売。「子供相手の—」❷取引で、出来高が非常に少ないこと。薄取引。⇔大商い。
うす-あけ【▽浅×緋｜薄×緋】➤あさあけ(浅緋)
うす-あげ【薄揚(げ)】油揚げのこと。関西で厚揚げに対していう。
うす-あじ【薄味】あっさりした味つけ。(類語)薄口
うす-あばた【薄痘=痕】目立たない程度のかすかなあばた。うすいも。
うす-あま・い【薄甘い】〔形〕文うすあま・し〔ク〕かすかに甘味があるさま。「—・い花の香り」
う-すい【雨水】❶あまみず。❷二十四節気の一。2月19日ごろ。水ぬるみ、草木の芽が出始めるころの意。(季 春)「薩埵さった富士雪縞あらき—かな/風生」
うす・い【薄い】〔形〕文うす・し〔ク〕❶厚みが少ない。「板を—・く削る」⇔厚い。❷物の濃度や密度などが少ない。㋐色や光などが濃くない。「—・い紅色」⇔濃い。㋑雲・液体などの密度、濃度が高くない。「—・い霧」「—・い紅茶」⇔濃い。㋒味があっさりしている。「塩味が—・い」⇔濃い。㋓物の密度が低い。まばらである。「頭髪が—・くなった」⇔濃い。❸物事の程度がはなはだしくない。㋐気持ち・感情の度合いが弱い。「情が—・い」「感銘が—・い」㋑利益が少ない。「利鞘りざやが—・い」㋒病気などの症状が軽い。「痛みが—・い」㋓関係などが浅い。「なじみが—・い」「縁が—・い」㋔可能性があまりない。「当選する見込みは—・い」⇔濃い。㋕財産がとぼしい。「身のまはりは—・し」〈鳩翁道話・二〉❹囲碁で、石の配置のしかたが堅固でない。⇔厚い。❺芸能界・興行界で、客の入りが悪い。また、ふところぐあいが寂しい。(派生)うすげ〔形動〕うすさ〔名〕うすみ〔名〕
(類語)希薄・薄っぺら・薄め・うっすら・薄手
うすい-こう【雨水溝】雨水を集めて排出するために設けた溝。
うすい-さだみつ【碓井貞光】[955～1021]平安中期の武将。源頼光の四天王の一人。
うすい-しょりそう【雨水処理槽】雨水を直接河川や下水に流さずに、いったん溜ためておく大型の水槽。河川の流量調節や雨水の有効利用などを目的とする。貯留された水は、融雪や散水などの雑用水に使う。家庭用の製品もある。雨水貯留槽。
うす-いた【薄板】❶薄い板。⇔厚板。❷花器などの下に敷く薄い板。畳床だたみどこ、また直接畳に花器を置くときに用いる。❸食品を包む、紙のように削いだ板。経木きょうぎ。❹薄い板に巻いた薄地の絹織物。薄盤。薄板物。
うすい-ちょりゅうそう【雨水貯留槽】➤雨水処理槽
うすい-とうげ【碓氷峠】群馬県安中市と長野県北佐久郡軽井沢町との境にある峠。標高956メートル。古くから中山道の難所として知られる。
うすい-の-せき【碓氷の関】碓氷峠東麓の横川にあった関所。江戸時代、箱根と並ぶ関東の要衝。
うす-いも【薄痘=痕】「うすあばた」に同じ。「一のある蒼あおい顔を蹙しかめながら」〈露伴・五重塔〉
うすい-よしみ【臼井吉見】[1905～1987]編集者・文芸評論家・小説家。長野の生まれ。筑摩書房創立に参加、「展望」編集長として活躍。「近代文学論争」で昭和31年度(1956)芸術選奨。他に長編小説「安曇野あずみの」、川端康成の死をモデルとした「事故のてんまつ」など。芸術院会員。
うす-いろ【薄色】❶染め色の名。薄紫色。❷織り色の名。縦糸を紫、横糸を白で織ったもの。緯白ぬきじろ。❸襲かさねの色目の名。表裏とも薄紫色、または表は薄紫色、裏は白。
うす-うきぼり【薄浮(き)彫(り)】浮き彫りの一。絵・模様・文字などを浅く浮き上がらせたもの。薄肉彫り。浅浮き彫り。⇔高浮き彫り。
うす-うす【薄薄】〔副〕❶はっきりとではなく、いくらか意識されるさま。おぼろげに。「前から—気づいてはいた」❷色・光・密度などが薄いさま。うっすらと。かすかに。「どこかで落葉を焚たいている煙が…—とあたりに立ち迷った」〈万太郎・春泥〉
うず-うず〔副〕❶ある行動をしたくて、じっとしていられないさま。むずむず。「遊びに行きたくて、—している」❷疼うずくような鈍い痛みを感じるさま。「十吉は—痛む頸筋を押さえた儘まま」〈三重吉・小鳥の巣〉❸小声で不平などを言うさま。「何をそんなとこで—いうとるんか」〈野間・真空地帯〉(類語)むずむず
うす-うた【臼歌】民謡で、臼をひきながら、また、つきながらうたう仕事歌。臼挽ひき歌。臼搗つき歌。臼摺すり歌。
うす-おこし【臼起(こ)し】正月2日ごろの仕事始めの行事。年末に伏せておいた臼を起こして餅もちをついて供える。あるいは餅つきのまねだけをして、別に準備しておいた餅を供える。(季 新年)
うす-がき【薄柿】柿渋で染めた薄い赤茶色。薄柿色。また、その色をした帷子かたびら。「川風や—着たる夕涼み/芭蕉」〈卯辰集〉
うす-がき【薄書(き)】薄い墨で書くこと。また、書いたもの。香典の上書きなどに用いる。薄墨。
うす-がすみ【薄×霞】薄くかかった霞。(季 春)「春なれや名もなき山の—/芭蕉」
うす-がす・む【薄×霞む】〔動マ五(四)〕わずかに霞がかかる。「海のあなたに—・む、山は上総かずさか房州か」〈大和田建樹・鉄道唱歌〉
うすがた-テレビ【薄型テレビ】液晶パネル、プラズマディスプレーパネル、有機ELディスプレーパネルなどを使ったテレビ。ブラウン管型に比べて極めて薄い。大型画面も可能。
うす-がね【薄金】❶薄い金属。❷薄い鉄札てつざねで仕立てた鎧よろい。源氏八領の鎧の一つが有名。
うす-がみ【薄紙】ごく薄手の紙。➡薄様うすよう
薄紙を剝はぐよう 悪い状態、特に病気が少しずつよくなっていくようす。「—に顔色がよくなる」
うす-かわ【薄皮】❶薄い膜のような皮。❷「薄皮饅頭まんじゅう」の略。❸女性などの、透き通るように色白の肌。「鬢びんの毛半なかば白くなっているが、全体—の色白で」〈小杉天外・初すがた〉❹経木きょうぎのこと。
薄皮の剝むけたよう 色が白くてきめの細かい肌で、いきな女性を形容する語。
うすかわ-まんじゅう【薄皮×饅▽頭】黒砂糖を入れて作った薄い皮で、こしあんを包んだ饅頭。福島県郡山こおりやまの郷土菓子。
うすき【臼杵】大分県東部の市。永禄6年(1563)大友宗麟そうりんが築城、江戸時代は稲葉氏の城下町。味噌・醤油・酒類の醸造業が盛ん。人口4.1万(2010)。
うす-ぎ【薄着】〔名〕寒い時でも衣服を何枚も着込まないこと。「伊達だての—」「—して風邪を引く」⇔厚着。
うずき【×疼き】うずくこと。ずきずきする痛み。「古傷の—に苦しむ」
うすき-し【臼杵市】➤臼杵
うすき-じょう【臼杵城】臼杵市にあった城。大友宗麟が築城、南蛮交易の拠点となった。丹生島にうじま城。亀城。
うすき-せきぶつ【臼杵石仏】臼杵市にある、日本最大の磨崖仏まがいぶつ群。大日如来・釈迦三尊・十王像など75体が残る。大部分は平安後期の作で、鎌倉・室町期のものもある。特別史跡・重要文化財。臼杵磨崖仏。深田石仏。
うす-ぎたな・い【薄汚い｜薄×穢い】〔形〕文うすぎ

たな・し〔ク〕どことなく汚れている感じである。なんとなく汚らしい感じがする。うそぎたない。「—・い身なり」「—・い根性」派生うすぎたなさ〔名〕
類語 汚い・むさくるしい・汚らしい・小汚い・尾籠
うす-ぎぬ【薄▽衣】薄い着物。うすごろも。「かの脱ぎ滑したると見ゆる—を取りて」〈源・空蝉〉
うす-ぎぬ【薄絹｜薄×帛】平絹・紗・絽などのように、生地の薄い絹。⇒厚絹
うす-きみわる・い【薄気味悪い】〔形〕文うすきみわる・し〔ク〕なんとなく気持ちが悪い。「にやりと—・い笑いを浮かべる」派生うすきみわるさ〔名〕
うす-ぎり【薄切り】薄く切ること。また、薄く切ったもの。「—のハム」⇔厚切り。類語 千切り・千六本・輪切り・乱切り・ぶつ切り・みじん切り
うす-ぎり【薄霧】薄くかかった霧。季 秋
うす-きりふ【薄切▽斑】矢羽に用いる切斑で、斑の色の薄いもの。うすぎりう。
うず・く【×疼く】〔動カ五(四)〕❶傷口などが脈打つように痛む。ずきずき痛む。「虫歯が—・く」「古傷が—・く」❷心に強い痛みを感じる。「恋人の身を案じて胸が—・く」⇒痛む 用法
類語 痛む・ずきずきする・しくしくする・ちくちくする・ひりひりする・ひりつく・しみる・差し込む
ウスクダラ〖Üsküdar〗▶ウスクダル
ウスクダル〖Üsküdar〗トルコ北西部、イスタンブールのボスポラス海峡東岸の地区。クリミア戦争中、ナイチンゲールが活躍した地。旧称スクタリ。ウスクダラ。ユスキュダル。
うす-くち【薄口】❶吸い物・煮物などの味の薄いもの。⇔濃い口。❷「薄口醤油」の略。❸土瓶・ちょこなどの薄手のもの。「—の茶碗」類語 薄味
うすくち-しょうゆ【薄口×醤油】色が薄い醤油。そのわりに塩分はやや濃い。関西風料理で多く用いる。
うずくま・る【×蹲る｜×踞る】〔動ラ五(四)〕❶からだを丸くしてしゃがみ込む。また、獣が足をたたみ込んで腹ばいになる。「物陰に—・る」❷しゃがんで礼をする。「扇を笏にとりて、すこしうつぶして、—・り居たり」〈宇治拾遺・一四〉補説 歴史的仮名遣いを「うづくまる」とする説もあるが、平安時代の文献にその確例はない。類語 つくばう
うす-ぐも【薄雲】㊀薄く広がっている雲。俗に、巻層雲のこと。㊁源氏物語第19巻の巻名。藤壺の死や、冷泉帝が光源氏を実父と知って譲位の意向を漏らすことなどを描く。類語 雲
うす-ぐもり【薄曇(り)】空がほぼ全体的に薄く雲に覆われていること。また、そのような天気。気象用語としては、雲量が9以上で、巻雲・巻層雲・巻積雲の雲量が、他の雲より多い場合をいう。
類語 曇り・花曇り・曇天・雨曇り
うす-ぐも・る【薄曇る】〔動ラ五(四)〕雲や霞が薄く一面にかかって空を覆う。「空が、急にさっと—・ると」〈有島・生れ出づる悩み〉
うす-ぐら・い【薄暗い】〔形〕文うすぐら・し〔ク〕ほのかに暗い。「—・い部屋」派生うすぐらさ〔名〕
類語 暗い・ほの暗い・小暗い・小暗がり・手暗がり
うす-くらがり【薄暗がり】少し暗いこと。また、その場所。「—に身をひそめる」
うす-ぐれ【薄暮れ】夕方、薄暗くなる時分。夕暮れ。
うす-くれない【薄紅】薄い紅色。淡紅。
うす-ぐろ・い【薄黒い】〔形〕文うすぐろ・し〔ク〕少し黒い。ぼんやりと黒みがかっている。「—・い疲れた顔」「—・く汚れた手」
うす-げ【薄毛】毛の生え方がまばらなこと。通常、人の頭髪にいうことが多い。
うす-げしょう【薄化粧】〔名〕スル ❶あまり目立たない程度に化粧すること。また、その化粧。⇔厚化粧。❷山などに雪がうっすらと積もること。「—した富士山」類語 化粧・作り・お作り・美容・粉黛・脂粉・メーキャップ・メーク・厚化粧・寝化粧・若作り・拵え
うす-こうばい【薄紅梅】❶花が淡紅色の紅梅。季 春 ❷❶の花に似た色。とき色。❸織り色の名。縦糸は薄紫、横糸は薄紅。❹襲の色目の名。表裏とも薄い紅梅色、または表は薄紅、裏は紫。
うす-ごおり【薄氷】❶薄く張った氷。はくひょう。季 春 ❷ひびの入った氷を図案化した文様。❸白砂糖の和三盆と越中米のもち米とで作った、薄い干菓子。富山名産。類語 氷・氷塊・氷片・氷柱・氷柱・氷層・堅氷・薄氷・薄ら氷・流氷・氷雪・氷霜・アイス・初氷
うす-こはく【薄×琥×珀】琥珀織りの薄い絹織物。ドレス・リボンに用いる。タフタ。
うす-ざいしき【薄彩色】墨絵の上に薄く彩色したもの。
うす-ざくら【薄桜】❶色の薄い桜の花。また、その色。❷「薄花桜❹」に同じ。
うず-ざくら【▽雲▽珠桜】❶《馬具の雲珠と地名の鞍馬との縁で》京都鞍馬山に咲く桜の総称。❷サトザクラの一種。花の形が雲珠に似ているところからいう。
うすざくら-もえぎ【薄桜×萌×葱】襲の色目の名。表裏とも薄青。一説に、表は薄青、裏は薄紅とも。春に用いる。
うす-さびし・い【薄寂しい】〔形〕文うすさび・し〔ク〕なんとなくさびしく感じられる。「銀作は着いた当座の—・い悔いも忘れて」〈康成・二十歳〉
うすさま-みょうおう【烏芻沙摩明王】《「烏芻沙摩」は梵Ucchuṣmaの音写。汚れを転じて清浄にする意》不浄なところに祭られる明王。忿怒形で火炎の中にあり、二臂・四臂などいろいろの形相をとる。密教などでは便所の守護神とする。
うす-ざむ・い【薄寒い】〔形〕文うすざむ・し〔ク〕《「うすさむい」とも》かすかに寒さを感じる。うそさむい。うすらさむい。「春の宵はまだ—・い」派生うすさむさ〔名〕
うす-ざん【有珠山】北海道南西部、内浦湾に面する二重式活火山。最高峰の大有珠は標高733メートル。洞爺カルデラの外輪山上にできたもので、明治新山・昭和新山などの寄生火山があり、昭和52年(1977)の大噴火で有珠新山ができた。平成12年(2000)にも噴火。有珠岳。
うす-じ【薄地】織物などの薄いもの。⇔厚地。
うす-じお【薄塩】薄い塩加減。また、魚・肉・野菜などに薄く塩を振りかけること。
類語 塩味・塩味・塩気・甘塩
うず-しお【渦潮】渦を巻いて流れる海水。潮流の方向・速さの著しく異なる境界や潮位差の大きい所に生じやすい。鳴門海峡のものは有名。
うす-じき【薄敷】先物取引で、商品取引員が預かる委託証拠金が取引所の規定よりも少ないもの。違反行為となる。証券取引所(金融商品取引所)では薄張という。
うす-したじ【薄下地】塩加減の薄い醤油。主に関西で使用する。
うす-じも【薄霜】朝方、うっすらと降りた霜。
うす-じり【薄知り】うすうす事情を知ること。「なまなか武士の娘とは、—に人も知る」〈浄・氷の朔日〉
うす-じろ・い【薄白い】〔形〕文うすじろ・し〔ク〕少し白い。ぼんやり白い。白っぽい。「二度ばかり(雪ヲ)かきとった道も、また—・くなって」〈藤村・千曲川のスケッチ〉派生うすじろさ〔名〕
うすす・く〔動カ四〕慌てふためく。驚きうろたえる。いすすく。「御門守、寒げなるけはひ、—・き出で来て、とみにも、えあけやらず」〈源・朝顔〉
うす-ずみ【薄墨】❶墨が薄いこと。書いた墨の色が薄いもの。⇔濃墨。❷「薄墨色」の略。❸「薄墨紙」の略。❹蕎麦掻をいう女房詞。
うすずみ-いろ【薄墨色】墨色の薄いもの。ねずみ色。
うすずみ-がみ【薄墨紙】反古を漉き直した紙。墨の色が抜けていないため、薄墨色を呈する。平安末期、官営の製紙所紙屋院で漉き直し、物忌みのときの奏文などに用いたが、鎌倉中期からは宣旨などを書くのに用いた。水雲紙。宿紙。紙屋紙。すきかえし。
うすずみ-ごろも【薄墨衣】薄墨色に染めた衣服。多く喪服に用いる。「限りあれば—浅けれど涙ぞ袖を淵となしける」〈源・葵〉
うすずみ-の-りんじ【薄墨の×綸旨】薄墨紙に書かれた綸旨。
うす-ぞめ【薄染(め)】色を薄く染めること。⇔濃染め。
うすぞめ-ごろも【薄染め衣】薄い色に染めた着物。「紅の—浅らかに相見し人に恋ふる頃かも」〈万・二九六六〉
ウスター-ソース▶ウースターソース
うすだ-あろう【臼田亜浪】[1879〜1951]俳人。長野の生まれ。本名、卯一郎。俳誌「石楠」を創刊。新傾向と保守との中間派として多くの後進を育成。
うすだいこ-おどり【臼太鼓踊(り)】九州・沖縄地方の民俗舞踊。雨乞い踊りや盆踊りとして、歌・鉦・笛を伴奏に、若者が胸につけた臼形の大きな太鼓を打ちながら踊る。うすだいこ。
うず-たか・い【▽堆い】〔形〕文うづたか・し〔ク〕❶積み重なって高く盛り上がっている。「—・く積もった土砂」❷気品がある。「宮殿楼閣錦の戸張のその中に、さも—・き女性ましまし」〈浄・布引滝〉派生うずたかさ〔名〕
うす-たけ【臼×茸】アンズタケ科のキノコ。夏から秋に針葉樹林内に生え、高さ約10センチ。黄褐色で、赤みを帯びることがあり、らっぱ状になる。食用。らっぱたけ。
うす-だたみ【薄畳】厚みの少ない畳。宮殿の敷物として春と夏に用いた。のちの薄縁。
うすたび-が【薄手火×蛾｜薄足-袋×蛾】ヤママユガ科のガ。翅の開張は雄が約8〜9センチ、雌が約8.5〜11.5センチ。雄は黄色、雌は黄褐色で、秋に発生。幼虫はクリ・クヌギ・ナラなどの葉を食害。繭は緑色で柄のついたかます形をし、山かます・山びしゃくとよばれる。
うす-だま【臼玉】古墳時代の祭祀用の玉。まれに装身用とみられるものもある。厚さ2〜3ミリ、径5ミリ前後。形が茶臼に似ていることからの命名。
ウスチ-アバカンスコエ〖Ust'-Abakanskoye〗ロシア連邦、ハカス共和国の首都アバカンの旧称。
ウスチ-イリムスク〖Ust'-Ilimsk〗ロシア連邦中部、イルクーツク州の都市。アンガラ川とイリム川の合流点付近に位置する。1966年のウスチイリムスクダムおよび水力発電所の建設に伴ってつくられた。
うす-ちゃ【薄茶】❶抹茶の一。製法は濃い茶と変わらないが、古木でないチャの葉から製するもの。また、それでたてた茶。濃い茶より抹茶の量を少なくする。おうす。⇒濃い茶 ❷薄い茶色。薄茶色。
うすちゃ-き【薄茶器】薄茶を入れる容器の総称。棗・中次・吹雪など種類が多い。⇒茶入れ
うすちゃ-てまえ【薄茶▽点前】茶の湯で、薄茶をたてる作法。一碗に茶杓2杯の薄茶を入れて熱湯を注ぎ、茶筅の穂を振ってたてる。⇒濃茶点前
うす-づき【薄月】薄雲にさえぎられて、ほのかに照る月。季 秋「—や水行く末の小夜砧／闌更」
うすつき-うた【臼×搗き歌】民謡で、臼をつきながらうたう仕事歌。⇒臼歌
うすづき-よ【薄月夜】薄月の出ている夜。
うす-づ・く【臼×搗く｜×舂く】〔動カ五(四)〕《「うすつく」とも》❶穀物などを臼に入れて、杵でつく。「麦を—・く」❷《日が沈む意もある「舂く」を訓読みにした語》夕日がまさに没しようとする。「西に—・きだすと日あしはどんどん歩みを早める」〈有島・生れ出づる悩み〉
うす-づくり【薄作り｜薄造り】透けるほど薄くそぎ切りにした刺し身。「フグの—」⇔厚作り。
うすっ-ぺら【薄っぺら】〔形動〕❶きわめて薄く貧弱なさま。「—な座布団」❷考え方や人柄などに深みがないさま。「—なヒューマニズム」
類語 薄い・希薄・薄め・うっすら・薄手
うす-で【薄手】〔名・形動〕❶紙・織物・陶器などの厚さが薄いこと。また、そのさま。「—の茶碗」「—な生地」⇔厚手。❷内容などが浅くて安っぽいこと。また、そのさま。「—な評論」❸戦いなどで受けた、軽い傷。浅手。「同じ所にいながら、—一つ負わなかった」〈芥川・偸盗〉類語 薄い・希薄・薄っぺら・薄め・うっすら・軽傷・浅手・無傷・かすり傷・軽症

うず-でんりゅう【渦電流】磁界の変化に誘導されて、磁界内の板状や塊状の導体内に生じて流れる、渦巻き状の電流。1855年、フランスの物理学者フーコーが発見したため、フーコー電流ともいう。

うす-どり【臼取り】▶捏ね取り

うす-どろ【薄どろ】歌舞伎下座音楽で、大太鼓を長ばちで弱く小刻みに打つ鳴り物。幽霊・妖怪などの出入りに用いる。うすどろどろ。⇔大どろ。

うず-な・う【珍なふ】〔動ハ四〕貴重なものとする。神がよしとする。「天地の神あひ一・ひ」〈万・四〇九四〉

うす-なさけ【薄情け】心のこもっていない見せかけの愛情。

うす-におい【薄匂ひ】色を薄くぼかすこと。また、香りがかすかにすること。「我が宿の根こじの梅のかた咲きてほつえの風ぞ一なる」〈夫木・三〉

うす-にく【薄肉】❶薄い肉色。俳優が化粧に使う薄赤い色。❷「薄肉彫り」の略。

うすにく-ぼり【薄肉彫(り)】▶薄浮き彫り

うす-にび【薄鈍】❶染め色の名。鈍色の薄いもの。薄いねずみ色。❷❶の色の衣服。喪服・僧服など。「御叔父の服(＝服喪)にて一なるも」〈源・蜻蛉〉

うす-ぬり【薄塗(り)】❶薄く塗ること。また、薄く塗ったもの。❷「薄塗の烏帽子」の略。

うすぬり-の-えぼし【薄塗の烏帽子】紗地に漆を薄く塗った烏帽子。

うす-ねずみ【薄鼠】薄いねずみ色。薄墨色。うすねず。

うす-の-き【臼の木】ツツジ科の落葉低木。山地に生え、高さ約1メートル。枝は細かく分かれ、葉は卵形で先がとがる。初夏、淡紅色の釣鐘形の花をつけ、実は臼形で、熟すと赤く、食べられる。

うすのこえ【臼の声】箏曲。山田流の奥許し物で、生田流でも演奏する。3世山登松齢が明治初年に作曲。古臼を燃やしたら香木であったので奉行に献上したところ、歌詞を賜ったという箏曲「夏衣」の歌詞を転用。

うす-のろ【薄鈍】〔名・形動〕知能が少し劣っていて、反応や動作がにぶいこと。また、そのさま。「一な動作」〔類語〕馬鹿・阿呆・魯鈍・愚鈍・無知・蒙昧・愚昧・愚蒙・暗愚・頑愚・愚か・盆暗・まぬけ・とんま・たわけ・馬鹿者・馬鹿野郎・馬鹿たれ・与太郎・抜け作・おたんこなす・おたんちん・あんぽんたん・べらぼう

うす-のろ・い【薄鈍い】〔形〕物事に対する反応が普通よりのろい。あまりはきはきしていない。どこか間が抜けている。「一・い奴というものは正直ではありませんか」〈露伴・五重塔〉

うす-ば【臼歯】❶奥歯。きゅうし。❷すり減って臼のような形になった老人の歯。〈和名抄〉

うす-ば【薄刃】刃物の刃の薄いもの。特に、刃の薄い包丁。

うす-ばか【薄馬鹿】〔名・形動〕なんとなく馬鹿に見えること。また、そのさまや、そういう人。

うすば-かげろう【薄翅蜉蝣】脈翅目ウスバカゲロウ科の昆虫。体長約3.5センチでトンボに似るが、飛び方は弱々しい。触角は太く目立つ。翅は透明で柔らかく、網状の脈がある。6～10月に羽化。幼虫は、蟻地獄とよばれる。〔季 夏〕「今宵また一灯に/立子」

うすば-きちょう【薄翅黄蝶】アゲハチョウ科のチョウ。翅は開張5～6センチ、黄色ないし淡黄色で淡黒色の斑紋が散在、後ろ翅に橙赤色の紋がある。幼虫はコマクサを食べ、成虫になるまで足かけ3年を要する。北海道の大雪山に多く、天然記念物。

うすば-きとんぼ【薄翅黄蜻蛉】トンボの一種。体長約5センチ。頭部が大きく、体は橙色ないし黄色。群れて飛び、飛翔力が強く、大洋上でもみられる。

うすば-さいしん【薄葉細辛】ウマノスズクサ科の多年草。樹陰に生え、根茎から長い柄のある心臓形の葉を2枚出す。3～5月、まだ葉が開ききらないうちに、淡紫色の花をつける。根や根茎は漢方で細辛といい薬用。

うす-はじ【薄恥】少しばかりの恥。「織り延べを一きれも得ぬわれらさへ一をかく数に入るかな」〈平家・四〉

うすば-しろちょう【薄翅白蝶】アゲハチョウ科のチョウ。翅は開張約6センチ、半透明で脈は黒く、後ろ翅に突起がない。幼虫の食草はムラサキケマン・エンゴサクなど。北海道・本州・四国に分布。

うす-はた【薄機｜薄繒】「薄物❶」に同じ。「佐保姫の織りかけさらす一の霞たちきる春の野辺かな」〈古今六帖・五〉

うす-ばた【薄端】❶薄手の金属製の花器で、瓶形などの胴の上に皿形の広口を付けたもの。広口の部分と胴は取り外しできる。❷杯などの口が広くて底が浅いもの。

うす-はないろ【薄花色】薄い藍色。薄縹。

うす-はなざくら【薄花桜】❶色の薄い桜の花。「紅の一匂はずはみな白雲と見てや過ぎまし」〈詞花・春〉❷薄い桜色。「当世顔はすこし丸く、色は一にして」〈浮・一代女・一〉❸薄い藍色。❹襲の色目の名。表は白、裏は紅。薄桜。

うすはな-ぞめ【薄花染(め)】薄花色に染めること。また、そのもの。

うす-はなだ【薄縹】薄い縹色。薄花色。

ウスパルタ〖Isparta〗▶イスパルタ

うす-び【薄日｜薄陽】❶薄雲を通してさす弱い日の光。弱い日差し。薄ら日。「雨が上がって一がさす」❷低迷した状態からやや持ち直したときに見えてくる、かすかな希望のたとえ。「不況ながらも一を感じる」〔類語〕日光・日差し

うすひき-うた【臼挽き歌】民謡で、臼をひきながらうたう仕事歌。➡臼歌

うす-びたい【薄額】冠で、額当てを細幅に作ったもの。16歳までの少年が用いたが、位の低い者は16歳以上でも用いた。⇔厚額。

うすびょう【護＝田＝鳥尾】《「うすべを」または「うすべふ」の音変化という》「うすべお」に同じ。

うす-びょうし【薄表紙】薄くて柔軟な表紙。また、その本。

うす-びん【薄鬢】江戸時代の男子の髪形で、額を広くそり上げ、左右の鬢を幅狭くしたもの。⇔厚鬢。

うす-ふたあい【薄二藍】染め色の名。二藍色の薄いもの。

うすべ【護＝田＝鳥】ゴイサギ・ミゾゴイの古名。おすめどり。うすめ。〈文明本節用集〉

うすべ-お【護＝田＝鳥尾】薄黒い斑点のあるオジロワシの尾羽。矢羽に用いる。うすびょう。

ウズベキスタン〖Uzbekistan〗中央アジア南部の共和国。首都タシケント。灌漑農業が行われ、綿花・羊毛の産地。東部のフェルガナ盆地では石炭・石油・天然ガスを産出。1991年ソ連邦解体に伴い独立。旧称ウズベク。人口2787万(2010)。

ウズベク〖Uzbek〗ウズベキスタンの旧称。

ウズベク-ご【ウズベク語】チュルク語系諸言語の一つで、ウズベキスタン共和国の公用語。周辺諸国のほか、アフガニスタン北部などでも話される。

ウズベク-ぞく【ウズベク族】西トルキスタンに住むチュルク系の民族。ウズベキスタン共和国を構成する基本民族で、カザフスタン・タジキスタンの両共和国にも住んでいる。イスラム教を信仰する。

うす-べった・い【薄べったい】〔形〕いかにも薄い。「薄い」を強めていう語。「一・い本」

うす-べに【薄紅】❶薄い紅色。❷唇・ほおなどに薄く引いた紅。

うす-べり【薄縁】布の縁をつけたござ。薄縁畳。

ウスペンスキー-じいん【ウスペンスキー寺院】㊀《Uspenskiy sobor》▶ウスペンスキー大聖堂 ㊁《Uspenskin Katedraali》フィンランドの首都、ヘルシンキにある北欧最大のロシア正教会の寺院。ロシアの建築家、アレクサンデル＝ゴルノスタイッフの設計により、1868年に完成。赤煉瓦造りの重厚なスラブビザンチン様式で、13個の黄金色のキューポラ(丸天井)がある。

ウスペンスキー-だいせいどう【ウスペンスキー大聖堂】《Uspenskiy sobor》㊀ロシア連邦の首都モスクワの中心部、クレムリンにあるロシア正教会の大聖堂。14世紀にイワン1世が建造。15世紀後半の地震で倒壊したが、その後イワン3世が再建、現在にいたる。国教大聖堂として、歴代のロシア皇帝の戴冠式が行われた。イワン4世の玉座のほか、多くのイコンとフレスコ画が残る。㊁ロシア連邦西部の都市セルギエフポサードにある大聖堂。16世紀末、イワン4世の命により、㊀を模して建造。17世紀に描かれたフレスコ画が残る。1993年に世界遺産(文化遺産)に登録されたトロイツェセルギエフ大修道院の歴史的建造物群の一で、同修道院のシンボル。㊂ロシア連邦西部の都市ウラジーミルにあるロシア正教会の大聖堂。12世紀半ばに建造。アンドレイ＝ルブリョフが「最後の審判」を描いたフレスコ画がある。歴代領主の墓所。1992年、ドミトリエフスキー聖堂や黄金の門とともに「ウラジーミルとスーズダリの白亜の建造物群」の名称で世界遺産(文化遺産)に登録された。

うずべんもう-そうるい【渦鞭毛藻類】2本の鞭毛をもつ単細胞生物。海産のプランクトンの重要な構成種で、しばしば赤潮の原因になる。ツノモ・ウズオビモなど。双鞭毛藻類。渦鞭毛虫類。

うす-ぼ・ける【薄ぼける】〔動カ下一〕色や輪郭などが少し不鮮明になる。ぼんやりとなる。「一・けた文字」「一・けた思い出」

うす-ぼんやり【薄ぼんやり】〔副〕スル ❶物の形、事柄の印象などがあまり鮮明ではないさま。「遠くに一と山が見える」「一した記憶」❷気がきかず、少し間の抜けているさま。「一した人」

ウスマーン〖ʿUthmān〗[?～656]イスラム教第3代正統カリフ。在位644～656。軍の反乱によって殺害されたが、ウスマーン本として今日に残るコーランを編纂したことで知られる。

うす-まい【薄舞】江戸時代、丹波の山本地方などで生産された刻みタバコ。薄味で芳香が強く、薩摩国府タバコに次ぐ上質のものとされた。

うずま-がわ【巴波川】栃木県中西部から南部に流れる川。栃木市北方に源を発し、同市南部の渡良瀬遊水地で渡良瀬川に合流する。長さ30キロ。江戸時代の初めころから栃木と江戸を結ぶ舟運による交通路として重要な川だった。名の由来は、かつて渦を巻いて流れたことによる。

うず-まき【渦巻(き)】❶渦を巻くこと。また、渦を巻いている水流や気体。❷渦を巻いている形。また、渦を巻いている模様。❸物事が激しくせめぎ合い、動いている状態。うず。「戦乱の一」〔類語〕渦・螺旋・とぐろ

うずまき-かん【渦巻(き)管】▶蝸牛❷

うずまき-ぎんが【渦巻(き)銀河】形による銀河の分類の一。中心部を2本の腕が取り巻いて渦状になっている形の銀河。腕の部分も多くの恒星からなる。普通の渦巻き型のほかに、棒渦巻き型がある。銀河系やアンドロメダ銀河など。渦状銀河。渦巻き星雲。➡棒渦巻き銀河

うずまき-こもん【渦巻(き)小紋】渦巻きの形を文様にした小紋。

うずまき-せいうん【渦巻(き)星雲】▶渦巻き銀河

うずまき-せん【渦巻(き)線】▶螺線❶

うずまき-づけ【渦巻(き)漬(け)】塩漬けのキュウリを二つに縦割りにし、種子を取って軽く干し、端から巻き、塩とぬかで漬けたもの。切り口が渦巻き状をなす。

うずまき-ばね【渦巻(き)発条】▶発条

うずまき-ポンプ【渦巻(き)ポンプ】内部で渦巻き形に配した羽根車が高速度で回転し、遠心力を利用して液体を汲み上げるポンプ。遠心ポンプ。

うす-まく【薄膜】▶はくまく(薄膜)

うず-ま・く【渦巻く】〔動カ五(四)〕❶水や煙などが渦を巻く。ぐるぐる回る。「濁流が一・く」❷多くの物事が、また、感情や思考などが激しく入り乱れる。

「デモ隊が―・く」「不満が―・く」

うずまさ【太秦】うづまさ《古くは「うつまさ」とも。雄略天皇のとき、秦酒公(はたのさけのきみ)が賜った禹豆麻佐(うづまさ)に由来する》京都市右京区の地名。朝鮮から渡来した秦(はた)氏の居住した地で、氏寺として建立された広隆寺がある。昭和初期に映画産業の中心の一つとなり、現在は映画村がある。

うずまさ-がた【太＝秦形】うづまさ-京都太秦の広隆寺にある石灯籠の形。

うずまさ-でら【太秦寺】うづまさ-広隆寺の異称。

うすま・る【薄まる】〔動ラ五(四)〕薄い状態になる。濃度が落ちる。「香りが―・る」「容疑が―・る」
(類語)薄らぐ・薄れる・薄める

うずま・る【▽埋まる】うづまる〔動ラ五(四)〕❶物に覆われて外から見えない状態になる。「火山灰に―・る」「本に―・る」❷穴や、欠けていたものなどがふさがる。「空席が―・る」❸ある場所が、物や人でいっぱいになる。「広場は聴衆で―・った」(類語)埋(う)まる・埋(う)もれる・埋(うず)もれる・埋(う)める・埋(うず)める・埋め立てる

うずみ-どうふ【▽埋み豆腐】うづみ-❶紙に包んで熱い灰の中に半日か1日埋めておいた豆腐を、酒・醤油で煮しめたもの。❷薄味で煮た豆腐の上に飯を盛り、薄あんか味噌汁をかけたもの。うずみめし。

うす-みどり【薄緑】薄い緑色。

うす-みの【薄▽美▽濃】透けて見えるほど薄く漉(す)きあげた美濃紙。

うずみ-ひ【▽埋み×樋】うづみ-用水を他へ導くため地中に埋めた樋(とい)。➡覚(かけ)

うずみ-び【▽埋み火】うづみ-炉や火鉢などの灰にうずめた炭火。いけ火。(季冬)「―もきゆやなみだの烹(にゆ)る音/芭蕉」

うずみ-もん【▽埋み門】うづみ-城の石垣・土塀・築地(ついじ)などの下部をくり抜いたように造った小さな門。勝手口の用などに使われた。穴門。

うす・む【薄む】〔動マ下二〕「うすめる」の文語形。

うず・む【▽埋む】うづむ ■一〔動マ五(四)〕❶うずめる。うめる。「(煙草盆ニ)火が―・んであって」〈梶井・城のある町にて〉「山はくづれて河を―・み」〈方丈記〉❷気をめいらせる。物思いに沈ませる。「思ひやるながめも今は絶えぬとや心を―・む夕暮れの雲」〈夫木・三六〉■二〔動マ下二〕「うずめる」の文語形。

うずむし-るい【渦虫類】うづむし-渦虫綱に属する扁形動物の総称。体は楕円形・ひも形などで背腹は平たく、軟らかい。表面は繊毛に覆われる。口は腹面の中央近くにあり、肛門はない。肉食性。ナミウズムシ・ツノヒラムシ・クロイロコウガイビルなど。

うす-むらさき【薄紫】薄い紫色。

うす-め【薄め】〔名・形動〕比較的薄い状態。薄い傾向。主として物の厚さや濃度について用いる。「―な味つけ」「大根を―に切る」
(類語)薄い・希薄・薄っぺら・うっすら・薄手

うす-め【薄目】まぶたを少し開けて見ること。また、少し開けた目。細目。「―を開ける」(類語)細目

うす-めばる【薄▽眼張】フサカサゴ科の海水魚。全長約30センチ。体色は淡赤色で、背側面に5本の褐色帯がある。北海道南部から、太平洋側では房総半島、日本海側では朝鮮半島南部まで分布。オキメバルの名で売られている。

うす・める【薄める】〔動マ下一〕図うす・む〔マ下二〕薄くする。濃度や密度を低くする。「ウイスキーを水で―・める」(類語)薄まる・薄らぐ・薄れる

うず・める【▽埋める】うづめる〔動マ下一〕図うづ・む〔マ下二〕《四段活用の「うづむ」が変化して、室町時代ごろから用いられた》❶土の中などに物を入れ込んで外から見えないようにする。うめる。「金塊を―・める」❷物に覆われて外から見えない状態にする。うずまるようにする。「マフラーに首を―・める」❸ある場所を、物や人でいっぱいにする。「スタンドを―・めた大観衆」❹低い所やくぼんだ所などに物を詰めてふさぐ。うめる。「壕(ごう)を―・める」❺損失や不足などを補う。うめる。「赤字を―・める」「余白を―・める」➡埋(う)める(用法)
(類語)埋(う)まる・埋(うず)まる・埋(う)もれる・埋(うず)もれる・埋(う)める・埋め立てる

うす-もえぎ【薄×萌×葱｜薄×萌黄】❶薄い萌葱色。❷襲(かさね)の色目の名。表は薄い萌葱、裏は表より少し濃い色。

うす-もの【薄物】❶薄く織った織物。紗(しゃ)や絽(ろ)、麻の上布(じょうふ)の類。また、それで作った単(ひとえ)。うすはた。(季夏)❷酒の燗(かん)をするのに用いる薄手の銅製の鍋。〈日葡〉

うす-もや【薄×靄】薄くかかったもや。

うす-もよう【薄模様】-もやう 薄紫色に染めた模様。

うずも・る【▽埋もる】うづもる〔動ラ下二〕「うずもれる」の文語形。

うずも・れる【▽埋もれる】うづもれる〔動ラ下一〕図うづも・る〔ラ下二〕❶覆われて外から見えなくなる。うずまっている。うもれる。「豪雪に―・れた村々」❷物や人などで場所がいっぱいになる。「会場が聴衆で―・れる」❸世の中に知られないでいる。うもれる。「―・れた人材」(類語)埋(う)まる・埋(うず)まる・埋(う)もれる・埋(う)める・埋(うず)める・埋め立てる

うす-やき【薄焼(き)】薄くして焼きあげた食品。「―せんべい」「―卵」

うす-やくそく【薄約束】まだ確かではない約束。仮の約束。「しかじかの事ども―して帰れば」〈浮・一代男・一〉

うす-やみ【薄闇】何とかものの形などがわかる程度の暗さ。

うす-ゆき【薄雪】❶薄く積もった雪。❷鶏卵と小麦粉とで作り、砂糖の衣をかけた菓子。

うすゆき-こんぶ【薄雪昆布】ごく薄く削った白色のおぼろ昆布。

うすゆき-そう【薄雪草】-サウ キク科の多年草。本州以西の山地に自生。高さ25〜50センチ。葉は先がとがり、裏面に白い綿毛が密生。夏から秋、茎の先に苞(ほう)状の葉が数枚出て、その中央に、白い綿毛をつけた灰白色の小花が集まって咲く。近縁種にエーデルワイスがある。(季夏)

うすゆきものがたり【薄雪物語】江戸前期の仮名草子。2巻2冊。作者未詳。成立は慶長年間(1596〜1615)。寛永9年(1632)刊。園部左衛門と薄雪姫の悲恋を、二人の手紙の形で描いた物語。

うす-よう【薄葉】-エフ ❶「うすよう(薄様)❶」に同じ。❷和紙・洋紙を問わず、一般に極めて薄く漉(す)いた紙。

うす-よう【薄様】-ヤウ ❶薄手の鳥の子紙・雁皮紙(がんぴし)。また、一般に薄手の和紙。薄葉。⇔厚様(あつよう)。❷上方を濃く、下方をしだいに薄くぼかして染めること。曙(あけぼの)染め。❸襲(かさね)の色目の名。衣を何枚か重ねて着るとき、同色のものを外側から内側へしだいに色を薄くして、下の2枚を白にする重ね方。

うす-よご・れる【薄汚れる】〔動ラ下一〕図うすよご・る〔ラ下二〕なんとなく汚れた感じである。薄ぎたなくなる。「―・れたシャツ」

うす-ら【薄ら】〔形動ナリ〕《「ら」は接尾語》❶ある現象・状況などが、ほんの少し現れているさま。かすか。「君が朱(あけ)なるてぶくろに雪も―にとけゆけり」〈犀星・三月〉❷名詞・形容詞の上に付いて、うすい、少しばかり、なんとなく、などの意を表す。「―明かり」「―寒い」

うずら【×鶉】うづら ❶キジ科の鳥。全長約20センチ、体は丸く尾は短い。全体に茶色で、黄白色の縦斑と黒斑とがある。草原にすみ、地上を歩き回る。ユーラシア・北アフリカに分布。古くは鳴き声を楽しむために飼育された。肉・卵ともに美味。小花鳥(こばなどり)。(季秋)「桐の木に―鳴くなる塀の内/芭蕉」❷江戸時代の歌舞伎の見物席で、左右の花道に平行した東西桟敷の階下の席。また、そこの見物人。形状が鶉籠(うずらかご)に似ているのでいう。鶉桟敷。

うずら-あわせ【×鶉合(わ)せ】うづらあはせ 飼っているウズラを持ち寄って、鳴き声の優劣を競う遊び。(季秋)

うず-らい【渦雷】うづ- ➤からい(渦雷)

うすら-か【薄らか】〔形動ナリ〕物の厚みや色合いががいかにも薄いさま。うっすらとしているさま。「―なる刀の、長やかなる」〈宇治拾遺・一〉「中将の君、鈍色(にびいろ)の直衣(なほし)、指貫(さしぬき)―に更衣して」〈源・葵〉

うずら-がい【×鶉貝】うづらがひ ヤツシロガイ科の巻き貝。浅海にすむ。長卵形で大きく、殻高12センチくらい。殻は薄く、白地に褐色の斑紋が並び、ウズラの羽模様に似る。本州中部以南に分布。肉は食用、殻は貝細工用。

うずら-かご【×鶉籠】うづら- ウズラを飼うための籠。太い削り竹で目を粗く作り、屋根網を低く張った方形の籠。江戸時代、鶉合わせ用の飼育が流行し、金銀をちりばめる華美なものもあった。(季秋)

うすら・ぐ【薄らぐ】〔動ガ五(四)〕❶薄くなる。淡くなる。「靄(もや)が―・ぐ」❷物事の度合いが減る。程度が弱まる。「関心が―・ぐ」「寒さが―・ぐ」
(類語)薄れる・薄まる・薄める

うずら-ごろも【×鶉衣】うづら-《ウズラの羽がまだらであるところから》継ぎはぎのしてある着物。ぼろな着物。うずらぎぬ。うずらのころも。「錦繍(きんしう)のかさね引きかへ、いつの間に―と綻(ほころ)びて」〈浄・五枚羽子板〉

うずらごろも【鶉衣】うづらごろも 江戸後期の俳文集。4編12冊。横井也有著。前編は天明7年(1787)刊、後編は翌8年刊。続・拾遺編は文政6年(1823)刊。也有の俳文をほとんど全部網羅しており、その軽妙自在な文体は古来俳文の一典型とされる。

うすら-さむ・い【薄ら寒い】〔形〕図うすらさむ・し〔ク〕❶少し寒い感じである。うすさむい。「―・い秋の朝」❷心が寒気を感じるさま。なんとなく寒いものを感じるさま。「厭世的な風潮に―・いものを感じる」「考へてみると、―・いアルバムですね」〈太宰・小さいアルバム〉(類語)寒い・肌寒い・寒寒・深深・凜凜・冷え込む

うずら-たけ【×鶉×茸】うづら- 上等なマツタケのこと。傘の表面がうろこ状で、ウズラの羽に似る。

うずら-だち【×鶉立ち】うづら- ❶和室で、回りひざをしないでそのまま立ち上がること。礼儀に合わない立ち方とされる。❷支度もせずに、不意に旅立つこと。「今日は京町所でないと、胸算用のあは穂から―に立って」〈滑・古朽木〉

うずら-チャボ【×鶉チャボ】うづら- 鶏の一品種。江戸時代、土佐で作出。尾がなく、形がウズラに似る。うずらお。

うずら-ちりめん【×鶉▽縮×緬】うづら- 皺(しぼ)の大きな一種の縮緬。おにちりめん。

うずら-で【×鶉手】うづら- 陶器で、ウズラのような斑紋のあるもの。鉄分の多い土と少ない土とを練り合わせて、褐色と白色の入りまじった素地(きじ)にする。

うすら-とんかち【薄らとんかち】知恵の足りない人、間が抜けた人などをののしっていう語。

うずら-なく【×鶉鳴く】うづら-〔枕〕ウズラは草深い古びた所で鳴くところから「古(ふ)る」にかかる。「―故(ふ)りにし郷(さと)ゆ思へども」〈万・七七五〉

うずら-の-ころも【×鶉の衣】うづら-「鶉衣(うずらごろも)」に同じ。

うずら-の-とこ【×鶉の床】うづら- ウズラの臥(ふ)す所。野宿すること、また、むさくるしい寝所のたとえ。「風はらふ―は夜寒にて月影さびし深草の里」〈新千載・秋上〉

うすら-ひ【薄ら氷】《「うすらび」とも》薄く張った氷。うすごおり。はくひょう。うすらい。(季春)「―の草を離るる汀かな/虚子」
(類語)氷・氷塊・氷片・氷柱(ひょうちゅう)・氷柱(つらら)・氷層・堅氷(けんぴょう)・薄氷(はくひょう)・流氷・氷雪・氷霜(ひょうそう)・アイス・薄氷・初氷

うすら-び【薄ら日】弱い日差し。うすび。

うずら-ふ【×鶉▽斑】うづら- ❶茶色に黒白の斑紋のある文様。❷陶器で、鉄質の黒釉(こくゆう)が局部的に酸化し、赤褐色で表れた小斑。➡鶉手

うずら-まめ【×鶉豆】うづら- インゲンマメの一品種。豆は薄茶色で、赤茶色の斑点がある。煮豆・甘納豆などにする。(季秋)

うずら-もく【×鶉木】うづら- ❶ウズラの羽の色に似た木目。❷屋久杉(やくすぎ)の別名。

うずら-やき【×鶉焼(き)】うづら- 塩あん入りの卵形の餅(もち)を焼いて、まだらの焦げめをつけた餅菓子。鶉餅。

うすら-わらい【薄ら笑い】-わらひ〔名〕(スル)「うすわらい」に同じ。「―を浮かべる」

ウスリー-がわ【ウスリー川】-がは《Ussuri》中国北東

部とロシア沿海州との国境を流れる川。ハンカ湖に源を発し、ハバロフスク付近でアムール川(黒竜江)に注ぐ。長さ897キロ。烏蘇里江。

ウスリースク〘Ussuriysk〙ロシア連邦東部、沿海地方南部の都市。ウラジオストクの北約100キロメートル、ラズドリナヤ川沿いに位置する。シベリア鉄道と中国・北朝鮮からの鉄道が合流・分岐する交通の要地。

うす・る【薄る】〔動ラ下二〕「うすれる」の文語形。

うすれ-び【薄れ日】弱い日差し。うすび。うすらび。

うす・れる【薄れる】〔動ラ下一〕図うす・る〔ラ下二〕❶しだいに薄くなる。「色が—・れる」「霧が—・れる」❷程度が弱くなる。衰える。「視力が—・れる」「興味が—・れる」(類語)薄らぐ・薄まる・薄める

うず-わ【渦輪】❶渦を巻いたような形。❷ソウダガツオの別名。背に円形の模様があるところからいう。

ウスワイア〘Ushuaia〙アルゼンチン南端のフエゴ島にある都市。ビーグル水道に臨む。牧羊業が行われる。

うす-わた【薄綿】❶着物に薄く綿を入れたもの。薄綿入れ。❷もめん綿と布の間に薄く引き延ばしてかぶせる真綿。引き綿。

うす-わらい【薄笑い】〔名〕スル かすかに表情を動かしただけの笑い。うすらわらい。多く、人を小ばかにしたときや困惑したときの笑い方。「—を浮かべる」「人の失敗を見て—する」(類語)薄ら笑い

うす-わら・う【薄笑う】〔動ワ五(ハ四)〕小ばかにしたような笑みをかすかに浮かべる。「『あなたでしょう?』—・うのを見て、『そうなのよ。…たいへんな人ねえ』」〈里見弴・安城家の兄弟〉

(類語)笑う・嘲笑おう・せせら笑う

ウズンギョル〘Uzungöl〙トルコ北東部の村。深い山間を流れるソラクル川の上流部、ハルディゼン渓谷に位置する。同名のウズン湖(トルコ語でウズンギョル)があり、風光明媚な観光保養地として知られる。

ウズン-こ【ウズン湖】《Uzungöl》►ウズンギョル

ウズンジャブルチュ〘Uzuncaburç〙トルコ南部の町。シリフケの北約30キロメートル、トロス山脈の谷間に位置する。ヘレニズム時代の古代都市オルバに起源し、古代ローマ時代にはディオカエサレアと呼ばれた。ゼウス神殿、劇場、凱旋門などの遺跡がある。

う-せい【雨声】雨の降る音。「明け方、窓外に—を聞く」

う-せい【×迂生】〔代〕《愚かな私の意》一人称の人代名詞。自分のことをへりくだっていう。男性が手紙文に用いる。小生。

(類語)自分・私わたくし・私わたし・僕・俺おれ・わし・吾人ごじん・余よ・我が輩はい・手前・不肖ふしょう・小生・愚生

う-せつ【右折】〔名〕スル車や人が右に曲がって進むこと。道路が右に折れているさまにもいう。「次の交差点を—する」⇔左折。

(類語)曲がる・折れる・左折・カーブ

う-せつ【×迂拙】㊀〔名・形動〕うかつで世渡りのへたなこと。愚かでまずいこと。また、そのさま。「古渡は風采揚らず、挙止—であったので」〈鷗外・渋江抽斎〉㊁〔代〕一人称の人代名詞。男性が自分をへりくだっていう。迂生うせい。

う-せつ【雨雪】❶雨と雪。❷雪が降ること。雪を降らせること。また、降る雪。「天大—ならずとも、深山高峰の冬の夜は」〈正法眼蔵・行持下〉

うせ-びと【▽失せ人】行方の分からない人。「諸卿の家々に、十五より上の男子に、—やある。詮議有るべし」〈浄・初庚申楽遊〉

うせ-もの【▽失せ物】なくなった、またはなくした物。紛失物。

う・せる【▽失せる】〔動サ下一〕図う・す〔サ下二〕❶なくなる。消える。いなくなる。「血の気が—・せる」❷「行く」「去る」をののしっていう語。「とっとと—・せろ」❸死ぬ。「二十九にてなむ、—・せ給ひにける」〈大和・一四二〉(類語)(❶)消える・無くなる・消失する・消散する・雲散する・霧散する・雲散霧消する・消滅する・離散する・四散する・飛散する・散逸する・散る/(❷)去る・遠ざかる・遠のく・離れる・立ち去る・引き払う・引き上げる・辞去する・退去する・退散する・退のく・下がる・退どく・立ち退く・引き下がる・引き取る・引っ込む・後あとにする

う-せん【羽扇】鳥の羽で作った扇。はうちわ。

うぜん【羽前】旧国名の一。明治元年(1868)出羽でわを羽前・羽後と南北に2分した南の部分。東山道13か国の一。現在の山形県の大部分にあたる。

うせん-せい【右旋性】旋光性のうち、ある種の物質中を通過する偏光の振動面を右に回転させる性質。乳酸・ぶどう糖などにみられる。⇔左旋性。

うそ【×嘘】❶事実でないこと。また、人をだますために言う、事実とは違う言葉。偽いつわり。「—をつく」「この話に—はない」❷正しくないこと。誤り。「—の字を書く」❸適切でないこと。望ましくないこと。「ここで引き下がっては—だ」

(用法)うそ・いつわり——「嘘偽りは申しません」のように同義重複で用いたり、「嘘(偽り)を言う」のようにほとんど同義で用いられる。◆「嘘も方便」「嘘から出た実まこと」「そう来なくては嘘だ」「嘘のように晴れ上がる」のような慣用句や慣用表現の「嘘」は「偽り」に置き換えることはできない。◆「偽り」は「嘘」よりも意識的、作為的で、改まった言い方。「偽り」はまた、「彼の言動には偽りが多い」「偽りの愛」のように言葉以外に行動や態度で欺く場合にも用いられる。◆類似の語に「虚偽」がある。「偽り」と同義で、「虚偽の申告をする」のように、多く文書などに用いられる。

(類語)偽り・法螺ほら・そら・嘘っぱち・嘘八百・虚偽・偽善・まことしやか・二枚舌・はったり・虚・虚言・虚辞・そら言・そら音

嘘から出た実まこと 嘘のつもりであったものが、結果的に、はからずも真実となること。

嘘で固・める 嘘ばかりで話などをまとめる。「—・めた報告書」「—・めた世渡り」

嘘と坊主ぼうずの頭あたまはゆったことがない 《「嘘を言う」と「頭を結う」を掛けた洒落しゃれ》これまで嘘をついたことがない。

嘘にも ❶たとえ本心ではなくてもという気持ちを表す。「一済まないという言葉ぐらい言ってもいいではないか」❷(下に打消しの語を伴う)打消しを強める。決して。まるで。かりにも。「お島が惚れていようとは—思わなかった」〈紅葉・多情多恨〉

嘘も方便ほうべん 嘘は罪悪ではあるが、よい結果を得る手段として時には必要であるということ。

嘘を言え 《嘘を言うなら勝手に言え、こちらではわかっているぞ、の意》嘘を言う相手をとがめたり、話の内容に疑義をはさんだりするときの言葉。うそを吐つけ。「—、君のしわざに決まっている」

うそ【×嘯】口をすぼめて息を強く出すこと。また、口笛。うそぶき。「貝をも持たぬ山伏が—を吹かうよ」〈虎明狂・柿山伏〉

うそ【×獺】カワウソの別名。おそ。

うそ【×鷽】❶アトリ科の鳥。全長16センチくらい。頭は黒く、背は青灰色。雄はほおの辺りに淡紅色の部分がある。山地の樹林にすみ、フィーフィーと口笛を吹くような声で鳴く。うそどり。うそひめ。(季 春)「—なくや花も実もなき梅嫌うめぎらい/子規」❷鷽替えの神事に用いられる木製の鳥。木を削り、❶にかたどって着色したもの。

うそ〔接頭〕《「うす(薄)」の音変化》名詞・形容詞・動詞などに付く。❶薄い意を表す。「—霞がすみ」「—雲」❷少し、少ない、の意を表す。「—黄」「—暗い」「—笑む」❸なんとなく、どことなく、の意を表す。「—寒い」「—寂しい」「—腹立つ」

ウゾ〘ouzo〙►ウーゾ

うそ-あま・い【うそ甘い】〔形〕かすかに甘味があるさま。少し甘い。「—・イ物ヲ喰ラウタ上ナレバ」〈天草本伊曽保・イソポが生涯〉

うそ-いつわり【×嘘偽り】意味の似た「偽り」を続けて「嘘」を強調した語。「—は申しません」

う-そう【有相】仏語。姿・形のあるもの。存在物。⇔無相。

う-そう【×迂×叟】〔代〕《「迂」は愚か、「叟」は老人の意》一人称の人代名詞。年寄りの男性が自分のことをへりくだっていう。

うそ-うそ〔副〕❶落ち着きなく歩き回ったり見回したりするさま。うろうろ。きょろきょろ。「男は庭の真中に立って、一家の中を見廻していた」〈秋声・足迹〉❷どことなくはっきりしないさま。間の抜けたさま。「暮—と遠き人声/宰馬」〈秋の日〉

うそう-むそう【有相無相】仏語。姿・形をもっている存在と、姿・形によって現出させられた存在の本性。現象と真理。有象無象。

うぞう-むぞう【有象無象】❶取るに足りない種々雑多な人々。多く集まったつまらない連中。「—の輩やから」❷「有相無相」に同じ。(類語)小物・雑魚・雑輩

うそ-かえ【×鷽替え】鷽を木をかたどった木製の鳥を、参詣人が交換し合ったり、神官が参詣人の古い鷽を別のものに引き替えたりする行事。前年の不幸を嘘うそにし、吉運に替える意という。太宰府の天満宮での正月7日夕の酉とりの刻の神事、東京の亀戸天神での正月25日に行われるものなどが有名。(季 新年)「—に楠くすの夜空は雪こぼす/朱鳥」

う-そく【右側】みぎがわ。「—通行」⇔左側さそく。

うそ-さびし・い【うそ寂しい】〔形〕図うそさび・し〔シク〕どことなく寂しい。「へんに—・い笑いかたをする男で」〈宇野浩二・苦の世界〉(派生)うそさびしげ〔形動〕うそさびしさ〔名〕

うそ-さむ【うそ寒】《形容詞「うそさむい」の語幹から》❶なんとなく感じる寒さ。「—の宵」❷秋になってなんとなく感じる冷気。そぞろ寒。(季 秋)「—をかこち合ひつつ話しゆく/虚子」

うそ-さむ・い【うそ寒い】〔形〕図うそさむ・し〔ク〕❶なんとなく寒い感じである。うすら寒い。うす寒い。「—・い秋の夕暮れ」❷心が冷え冷えとするさま。心が寒気を感じるさま。うすら寒い。うす寒い。「灰白色の揺動く幻だけが此の島の主となる日を考へると、妙に—・い気持がして来た」〈中島敦・環礁〉(派生)うそさむさ〔名〕

うそ-じ【×嘘字】字画を誤った、実際にはない文字。また、間違って使った文字。誤字。

うそ-つき【×嘘▽吐き】嘘を言うこと。嘘をつく人。

嘘吐きは泥棒の始まり 悪いと思わないで嘘をつく人は、泥棒をするのも平気になるということ。

うそつき-いわい【×嘘▽吐き祝(い)】本州中国地方で12月8日に行う商人の行事。1年間ついた嘘が帳消しになる日だとして、豆腐汁やこんにゃく田楽を作って祝う。うそつきばらい。

うそっ-ぱち【×嘘っぱち】「嘘」を強めていう語。全くの嘘。(類語)偽り・嘘・法螺ほら・そら・嘘八百・虚偽・偽善・まことしやか・二枚舌・はったり・虚・虚言・虚辞・そら言・そら音

うそっ-ぽ・い【×嘘っぽい】〔形〕どう聞いても嘘としか思えないさま。嘘くさい。「—・い話にころりとだまされる」

うそ-なき【×嘘泣き】〔名〕スル 泣くふりをすること。なきまね。そらなき。「物をねだって子供が—する」

うそ-ね【×嘘寝】〔名〕スル「空寝そらね」に同じ。

うそ-の-かわ【×嘘の皮】うわべをとりつくろった全くの嘘。嘘であることを強めていう。

うそ-はずか・し【うそ恥づかし】〔形シク〕なんとなく恥ずかしい。どことなく恥ずかしい。「しなだれ寄ればしなだれて、—・しい昼日中」〈浄・艶狩剣本地〉

うそ-はっけんき【×嘘発見器】心理学の実験器械で、緊張や感情の動揺などによって皮膚の電気抵抗が変わることを利用して、例えば被疑者の供述がうそかどうかを検査する装置。正式には精神電流反射計、または電流皮膚反射計。ライディテクター。

うそ-はっぴゃく【×嘘八百】多くの嘘。また、まったくのでたらめ。「—を並べる」(類語)偽り・嘘・法螺ほら・そら・嘘っぱち・虚偽・偽善・まことしやか・二枚舌・はったり・虚・虚言・虚辞・そら言・そら音

うそ-ぱらだ・つ【うそ腹立つ】〔動タ四〕わけもなく腹が立つ。むやみと腹が立つ。「昔を思ひ出し、—・って」〈浮・一代男・三〉

うそ-ひめ【×鷽姫】ウソの別名。

うそ-ふき【×嘯】狂言面の一。口笛を吹くように、口

をとがらした形の面。蚊・タコ・キノコなどの精、案山子かかしなどに用いる。里神楽のひょっとこ面の原形。

うそ-ぶ・く【×嘯く】〔動カ五(四)〕《「嘯うそ吹く」が原義》❶とぼけて知らないふりをする。「そんなことがあったかね、と平気な顔で—・く」❷偉そうに大きなことを言う。豪語する。「絶対に優勝してみせる、と—・く」❸猛獣などがほえる。鳥などが鳴き声をあげる。「虎—・けば風騒ぐ」❹口をすぼめて息や声を出す。口笛を吹く。うそむく。「この笛をさし寄せて、包みながら—・き給へば」〈宇津保・内侍督〉❺詩歌を小声で吟じる。うそむく。「月のあかき夜、大納言の—・き詠ながめありき給ふついでに」〈夜の寝覚・二〉

類語 言う・話す・しゃべる・語る・述べる・発言する・口を利く・口に出す・口にする・吐く・漏らす・口走る・抜かす・ほざく・言い出す

うそ-ぶる・う【▽怖震ふ】うそぶる〔動ハ四〕《「うそ」は「おそ」の音変化》恐ろしさに身震いする。「下女もうろたへ、小菊を囲うて—・ふ」〈浄・油地獄〉

うそ-む・く【×嘯く】〔動カ四〕「うそぶく」に同じ。〈新撰字鏡〉

うそ-や・ぐ〔動ガ四〕《「うぞやく」とも》鼻がくすぐったくなる。おかしくて笑いたくなる。「鼻が—・いでをかしきぞ」〈沙石集・四〉

ウソリエ-シビルスコエ〘Usol'e-Sibirskoe〙ロシア連邦中部の都市。アンガラ川沿いに位置し、河港を有す。シベリア鉄道が通る。古くから塩の産地であり、20世紀半ばより製塩業、化学工業が発展した。郊外に温泉、鉱泉がある。

ウソリエ-ソリカムスコエ〘Usol'e-Solikamskoe〙ロシア連邦の都市ベレズニキの旧称。

うそりやま-こ【宇曽利山湖】青森県北部、下北半島の恐山にできたカルデラ湖。面積2.5平方キロメートル。宇曽利湖。恐山湖。

うそん【×烏孫】中国漢代から南北朝期にかけて、天山山脈の北方に住んでいたトルコ系とみられる遊牧民族。はじめ匈奴きょうどに服していたが、漢が張騫ちょうけんを派遣してのちは漢の西域進出に協力。5世紀初頭、モンゴル系の柔然じゅうぜんに攻められ、西方へ逃れた。

うた【歌｜唄】❶拍子と節をつけて歌う言葉の総称。また、それを歌うこと。神楽歌・催馬楽さいばら・今様いまようから、現今の唱歌・民謡・歌謡曲などまで種類が多い。❷一定の音節数によって語の調子を整えた感情の表現。長歌・短歌・旋頭歌せどうかや近代詩などの総称。❸(歌)和歌。特に、短歌をさしていう。「—の道」❹(唄)三味線を伴奏とする「うたいもの」の称。長唄・端唄はうた・小唄・地唄など。補説 ❷で、近代詩の場合には「詩」とも書く。類語 (❶)歌謡・ソング/(❷)詩・詩歌・韻文・詩賦しふ・賦ふ・吟詠・ポエム・バース・詩編・叙情詩・叙事詩・定型詩・自由詩・バラード・ソネット・新体詩/(❸)和歌・大和歌

下接語 東あずま歌・後あと歌・糸繰り歌・田舎歌・稲刈り歌・稲扱こき歌・今様歌・伊呂波いろは歌・祝い歌・牛追い唄・牛方唄・臼うす歌・江戸唄・大歌・置き唄・踊り歌・替え歌・返し歌・神楽歌・懸け歌・陰唄・数え歌・片歌・門付かどづけ歌・賀の歌・歌舞伎かぶき唄・神歌・上方唄・唐歌・杵きね歌・木遣やり歌・口説き歌・組歌・久米くめ歌・下座げざ唄・恋歌・小唄・小歌・腰折れ歌・琴歌・木挽こびき歌・子守歌・在郷ざいごう歌・棹さお歌・防人さきもりの歌・座敷歌・戯ざれ歌・騒ぎ歌・地歌・仕事歌・地搗つき歌・芝居唄・三味線歌・祝儀歌・巡礼歌・畳句じょうく歌・田植え歌・田歌・田打ち歌・立たて唄・茶摘み歌・継ぎ歌・付け歌・鼓唄・紡ぎ歌・連ね歌・手鞠てまり歌・鳥追い歌・長唄・長歌・長持ながもち歌・端は唄・白鳥の歌・鼻歌・浜歌・流行はやり歌・引き歌・鄙ひな歌・百首歌・琵琶びわ歌・風俗ふぞく歌・船歌・祝ほぎ歌・盆歌・盆踊り歌・前歌・馬子唄・鞠まり歌・短みじか歌・持ち歌・本もと歌・大和やまと歌・童わざ歌

歌と読み ❶カルタに歌ガルタと読みガルタがあるように、物事には表と裏、得と失、よいものと悪いものがあることのたとえ。❷利害得失を計算して得になるようにすること。勘定ずく。

歌にばかり歌・う いつも口で言っているだけで実行しないこと。「便りもなく、踊りを見にと、—・うて果てぬ」〈浮・諸国ばなし・三〉

歌は世よにつれ世は歌につれ 歌は世の成り行きにつれて変化し、世のありさまも歌の流行に影響される。

うだ【宇多】京都市右京区宇多野付近の地。平安時代以降は禁裏御料の狩猟地。〔歌枕〕「今日暮れぬ明日も狩り来む—の原枯れ野の下にきぎす鳴くなり」〈秋篠月清集〉

うだ【宇陀】㊀奈良県北東部にある市。大和高原に位置し山林が豊か。平成18年(2006)1月、大宇陀町・菟田野うたの町・榛原町・室生村が合併して成立。人口3.4万(2010)。㊁奈良県北東地域の称。大和十郡とおごおりの一。上代の菟田県うだのあがた・猛田県たけだのあがたにあたる。〔歌枕〕「蓼衣ほしのきぬを時片設かたまけて出でましし—の大野は思ほえむかも」〈万・一九一〉

うた-あわせ【歌合(わ)せ｜歌合】うたあはせ 左右に分けた歌人の詠んだ歌を左右1首ずつ出して組み合わせ、判者はんじゃが批評し、その優劣を競う遊戯。平安初期以来、貴族の間に流行。平安後期には歌人の実力を争う場となった。うたくらべ。

うたあんどん【歌行灯】泉鏡花の小説。明治43年(1910)発表。能楽宗家の養子喜多八を主人公に、芸術至上主義と神秘主義とが融合した境地を描く。

うたい【謡】うたひ《動詞「うた(歌)う」の連用形から》能の詞章。また、これに節をつけて謡うこと。観世・宝生・金春こんぱる・金剛・喜多などの流儀がある。謡曲。

う-だい【宇内】天下。世界。「—の万国を一統して一大共和国の有様となし」〈逍遥・小説神髄〉

類語 世界・万国・万邦・国際社会・内外・中外・四海しかい・八紘はっこう

う-だい【有待】《「うたい」とも》仏語。人間のからだ。衣食などの助けによって初めて保たれるところからいう。

うたい-あ・げる【歌い上げる｜×謡い上げる】うたひ〔動ガ下一〕文うたひあ・ぐ〔ガ下二〕❶詩や歌・文章などにじょうずに表現する。「ヒューマニズムを—・げた作品」❷盛んに述べたてる。「効能を—・げる」❸最後まで歌う。「愛の歌を朗々と—・げる」

うだい-かんば【×鵜松＝明×樺】カバノキ科の落葉高木。本州中部・北部の山地に自生。葉は柄をもち、やや長い心臓形。5月ごろ、尾のように垂れ下がる雄花と雌花とをつける。樹皮が雨中でもよく燃えるので、鵜飼いの松明たいまつに用いた。

うたい-こう【謡講】うたひ 謡曲仲間が日を決めて集まり稽古をする会。

うたい-ざ【謡座】うたひ ▶地謡座じうたいざ

う-だいしょう【右大将】うダイシャウ ▶右近衛大将うこんえのだいしょう

う-だいじん【右大臣】❶律令制で、太政官の長官。太政大臣・左大臣の次に位し、政務を統理した。右府。右丞相うしょうじょう。右僕射うぼくや。みぎのおとど。みぎのおおいもうちぎみ。❷明治初期の太政官制の官名。初め左大臣と並ぶ最高官であったが、のち太政大臣の下に置かれた。明治18年(1885)内閣制度発足で廃止。

うたい-ぞめ【謡初め】うたひ 新年に謡曲の謡い始めをする儀式。室町時代に始まり、江戸時代には幕府の盛大な儀式であった。〔季 新年〕「敷舞台拭き清めあり—/虚子」

うたい-だし【歌い出し】うたひ 歌いはじめること。また、歌の最初の部分。

うた-いだし【歌▽出】管弦の遊びで、歌をうたいはじめること。また、その音頭をとる人。「左の—は右京大夫実利」〈天徳歌合〉

うたい-て【歌い手】うたひ ❶歌をうたう人。また、職業として歌をうたう人。歌手。❷詩歌を作る人。

類語 歌手・シンガー・歌歌い・歌姫

う-だいべん【右大弁】律令制で、太政官右弁官局の長。従四位上相当。➡右弁官

うたい-ぼん【謡本】うたひ 謡曲の詞章を書き、節付けの譜を傍記した本。謡曲を謡うためのテキストで、時代・流儀により体裁は多様。

うたい-め【歌い女】うたひ 歌や踊りで酒席などに興を添える女性。うため。

うたい-もの【歌い物｜▽唄い物｜謡物】うたひ 日本の声楽曲の一系統で、詞章の内容よりも曲節に重点を置くもの。神楽歌・催馬楽さいばら・朗詠・今様いまよう・地歌・箏曲そうきょく・長唄・端唄はうた・うた沢・小唄など。➡語り物

うたい-もんく【×謳い文句】うたひ 広告や効能書きなどで、人の注意や興味を引くために長所・効果などを強調した言葉。キャッチフレーズ。類語 標語・スローガン

うた・う【▽訴ふ】うたふ〔動ハ下二〕《「うったふ」の促音の無表記》うったえる。「病を神霊に—・ふるは」〈徒然・一七一〉

うた・う【歌う｜謡う｜▽唄う｜×謳う】うたふ〔動ワ五(ハ四)〕❶音楽的な高低・調子などをつけて発声する。「歌を—・う」「ピアノに合わせて—・う」❷(「詠う」とも書く)詩歌を作る。また、詩歌に節をつけて朗読する。「望郷の心を—・った詩」❸鳥などがさえずる。鳴く。「花咲き鳥—・う」❹(謳う)㋐多くの人々が褒めたたえる。謳歌する。「太平の世を—・う」㋑ある事を盛んに言いたてる。また、明記して主張する。「国民主権を—・った憲法」➡謳うたわれる 可能 うたえる

類語 口ずさむ・詠む

うだ-うだ〔副〕とるにたりないことをいつまでも言ったりするさま。ぐずぐず。「いまさら—と何を言うか」

うた-うたい【歌歌い｜歌▽唄い｜歌謡い】うたうたひ ❶歌をうたうのを職業とする人。歌手。❷歌舞伎で、長唄をうたう人。特に、立唄たてうたと脇唄わきうた以外のうたい手。❸謡うたいを専門にうたう人。「若い—が、…高砂を謡出した」〈秋声・新世帯〉❹《浮き袋の伸縮により音を発するところから》シマイサキの別名。

類語 歌手・シンガー・歌い手・歌姫

うだうだ・し〔形シク〕動作がのろくて、間が抜けて見える。「あはう、あはうと指ざしせられ、—・しう暮す中よ」〈浄・布引滝〉

うた-うら【歌▽占】❶巫女みこや男巫おかんなぎが神慮を和歌で告げること。また、その歌による吉凶判断。「男巫おかみの候が、小弓に短冊を付け—を引き候が」〈謡・歌占〉❷百人一首の草子などを任意に開き、そこに出た歌で吉凶を占うこと。

うたうら【歌占】謡曲。四番目物。観世十郎元雅作。歌占を業とする渡会家次わたらいのいえつぐが、白山の麓で子の幸菊丸と再会し、神がかりとなって地獄の曲舞くせまいを舞う。

うたえ【▽訴へ】うたへ「うったへ」の促音の無表記。「—を断ることに情まことを得給ふ」〈武烈紀〉

うた-え【歌絵】ヱ 和歌の内容を表現した絵。平安時代に流行。歌を書き添えてある場合が多い。「葦手あしで—などを思ひ思ひに書け」〈源・梅枝〉

うたえただす-つかさ【刑＝部＝省】うたへただす ▶ぎょうぶしょう(刑部省)

うた-お【歌▽男】ヲ 古代、雅楽寮に属した男の歌い手。歌人うたびと。「およそ諸もろもろの—、歌女うため、笛吹く者ひと」〈天武紀・下〉対 歌女うため。

うた-かい【歌会】クヮイ 人々が集まって、互いに詠んだ和歌を発表し批評し合う会。かかい。歌の会。

うた-がい【歌貝】ガヒ 蛤はまぐりの貝殻の両片に、1首の和歌の上の句と下の句を分けて書き、歌ガルタのように取り合いする遊戯。のち、貝殻に代えて金銀箔を押した将棋の駒の形の厚紙を用いた。

うたがい【疑い】うたがひ うたがうこと。怪しいと思うこと。疑念。不審。「—がかかる」「贈賄の—で逮捕される」

類語 疑問・疑義・疑惑・疑念・疑心・不審・懐疑・猜疑さいぎ・狐疑・疑団・疑点・半信半疑

うたがい-なく【疑い無く】うたがひ〔連語〕(副詞的に用いて)まちがいなく。きっと。確実に。「—合格するだろう」

うたかい-はじめ【歌会始(め)】うたクヮイ ❶毎年1月に皇居内で行われる新年最初の歌会。一般国民の詠進歌から選ばれた和歌が、天皇・皇后・皇族の詠歌とともに披講される。現行の形式は明治2年(1869)に始まる。歌御会始うたごかいはじめ。〔季 新年〕❷新年最初の歌会。

うたがい-ぶか・い【疑い深い】うたがひ〔形〕文うたがひぶか・し〔ク〕疑う気持ちが強い。簡単に信用しない。うたぐりぶかい。「—・い質たち」

うたが・う【疑う】うたがふ〔動ワ五(ハ四)〕❶本当かどうか

怪しいと思う。不審に思う。うたぐる。「—・う余地がない」「自分の目を—・う」❷事柄・事態を推測する。うたぐる。「にせ札ではないかと—・われる」❸本当かどうか不安に思う。危ぶむ。「効果を—・う」〔可能〕うたがえる〔類語〕怪しむ・いぶかる・疑ぐる・怪訝

うたがうらく-は【疑うらくは】〔連語〕《動詞「うたがう」の終止形＋接尾語「らく」＋係助詞「は」》疑ってみることには。恐らく。ひょっとして。「一君却て妾を思わざるべし」〈織田訳・花柳春話〉〔補説〕本来「うたが(疑)う」のク語法は「うたがわく」であるが、平安末期ごろから、接尾語「らく」の付いたこの形も用いられるようになった。

うた-がき【歌垣】❶古代、求愛のために、男女が春秋2季、山や市などに集まって歌い合ったり、踊ったりした行事。東国では嬥歌という。❷奈良時代には、踏歌のこと。➡踏歌〔補説〕人々が垣のように円陣を作って歌ったところから、または、「歌懸き」すなわち歌の掛け合いからきた語という。

うた-かた【泡=沫】《「うたがた」とも》❶水面に浮かぶ泡。「一の如ごく消える」❷はかなく消えやすいもののたとえ。「一の恋」「一の夢」

うた-かた【唄方】長唄など、歌い物の三味線音楽で、歌唱を専門とする人。

うたかた-びと【泡=沫人】はかなく消えてゆく人。人の命や出会いのむなしさを泡にたとえていう語。多く愛人や妻についていう。「絶えず流るる水の泡、—は恚なく、ありやなしやと」〈松の葉・四〉

うたがた-も〔副〕《平安時代以後「うたかたも」とも》❶必ず。きっと。「離れ磯に立てるむろの木一久しき時を過ぎにけるかも」〈万・三六〇〇〉❷(打消しや反語の表現を伴って)決して。「天離る鄙にある我を一紐の解き放けて思ほすらめや」〈万・三九四九〉

うた-がたり【歌語り】和歌についての話。歌にまつわる物語。うたものがたり。「又すきずきしき—なども」〈源・賢木〉

うた-がま・し【歌がまし】〔形シク〕ひとかどの歌らしい。「さすがに—・しう、われはと思へるさまに最初によみ侍らむ」〈枕・九九〉

うだ-がみ【宇×陀紙】大和国宇陀地方で産した厚手の楮紙。

うた-がら【歌柄】和歌の品格や風格。

うた-ガルタ【歌ガルタ】小倉百人一首などの和歌を利用したカルタ。読み札には1首の全句を、取り札には下の句のみを記してあり、読み札に一致する取り札を取り合い、その数の多少を競う。〔季 新年〕

うだ-がわ【宇陀川】奈良県中東部を流れる川。淀川水系の一。宇陀市南西部の竜門岳(標高904メートル)北方に源を発し、三重県名張市内で青蓮寺川と合流して名張川となる。長さ28キロ。昭和48年(1973)、宇陀市室生大野の峡谷に多目的ダムの室生ダムが完成した。

うたがわ-くにさだ【歌川国貞】[1786～1864]江戸後期の浮世絵師。本名、角田庄蔵。号、一雄斎・五渡亭など。初世歌川豊国に学ぶ。初め草双紙の挿絵を描き、のち役者似顔絵や美人画に転じ、最高の人気絵師となった。正式には3世豊国とされるが、みずからは2世を称した。

うたがわ-くによし【歌川国芳】[1797～1861]江戸後期の浮世絵師。江戸の人。通称、孫三郎。号、一勇斎など。初世歌川豊国に学び、特に勇壮な武者絵で名声を得た。洋風の風景画や風刺画にもすぐれた。

うだがわ-げんしん【宇田川玄真】▶宇田川榛斎

うだがわ-げんずい【宇田川玄随】[1755～1797]江戸中期の蘭学者。江戸の人。津山藩医。名は晋。号、槐園。オランダの内科書「西説内科撰要」を翻訳。蘭学の発展に尽力した。

うたがわし・い【疑わしい】〔形〕図うたがは・し〔シク〕❶真実かどうか疑いたくなるようすである。信用できない。「—・い説」❷はたしてそうなるかどうか不確かである。「目標達成は—・い」❸普通でない怪しい。不審である。「—・い振る舞い」➡怪しい〔用法〕〔派生〕うたがわしげ〔形動〕うたがわしさ〔名〕

〔類語〕怪しい・いぶかしい・いかがわしい・胡散臭い

疑わしきは罰せず　刑事訴訟で、犯罪事実がはっきりと証明されないときは、被告人の利益になるように決定すべきであるという原則。

うだがわ-しんさい【宇田川榛斎】[1769～1834]江戸後期の蘭医。伊勢の人。本名、安岡璘。字は玄真。玄随の養子。翻訳にすぐれ、「遠西医方名物考」「和蘭内景医範提綱」などを刊行。

うたがわ-とよくに【歌川豊国】浮世絵師。㊀(初世)[1769～1825]江戸の人。本姓、倉橋。通称、熊吉。号、一陽斎。歌川豊春の門下で、美人画や役者の似顔絵で人気を博したほか、挿絵など広い分野で手腕を発揮。また優秀な門下生を育成した。㊁(2世)[1802～1835]初世の養子。通称、源蔵。号、一竜斎豊重。役者絵・美人画、草双紙の挿絵を得意とした。㊂(3世)▶歌川国貞 ㊃(4世)[1823～1880]3世の弟子。初名、国政。

うたがわ-とよはる【歌川豊春】[1735～1814]江戸中期の浮世絵師。歌川派の始祖。通称、但馬屋庄次郎。号、一竜斎など。豊後の人で、初め狩野派を学び、のち江戸に出て、鳥山石燕の門に入った。洋風遠近法を用いて江戸名所風景などを描いた浮き絵を得意とした。

うたがわ-とよひろ【歌川豊広】[1773～1828]江戸後期の浮世絵師。江戸の人。通称、岡島藤次郎。号、一柳斎。豊春の弟子。美人画、草双紙の仇討ち物の挿絵を得意とし、肉筆画にもすぐれ、同門の初世豊国とともに歌川派の基礎を固めた。

うたがわ-は【歌川派】江戸後期の浮世絵の一派。浮世絵に洋画の遠近法を取り入れた歌川豊春を祖とし、役者絵の国貞、武者絵の国芳、風景画の広重が出た。

うたがわ-ひろしげ【歌川広重】[1797～1858]江戸後期の浮世絵師。江戸の人。本姓、安藤。歌川豊広に師事。広重の名を与えられ、一遊斎・一幽斎などと号した。叙情性と親しみやすさに富んだ風景画にすぐれ、代表作の「東海道五十三次」をはじめ、諸国風景や江戸名所を多数描いた。

うだがわ-ようあん【宇田川榕庵】[1798～1846]江戸後期の蘭学者。日本の化学の開拓者。江戸の人。本名、江沢榕。蘭学者の江沢養樹の子。榛斎の養子。馬場佐十郎らに蘭学を学び、化学・植物学・薬学に通じた。著「舎密開宗」「植学啓原」「西説菩多尼訶経」など。

うたき【▽御▽岳】沖縄地方で、村の中心となる聖地。老木の生い茂った森に自然石などがあり、祭祀をつかさどる祝女が神に祈る場所とされている。おたけ。➡斎場御岳 ➡園比屋武御岳石門

うた-ぎれ【歌切】和歌の冊子・巻物などにある古人の名筆を、手鑑にはりつけたり掛け物に仕立てたりするのに適した大きさに切り取ったもの。古今集高野切、小野道風の本阿弥切など。

うた・く〔動カ四〕ほえる。うなる。「その猪怒りて、—・き寄り来つ」〈記・下〉

うだ・く【▽抱く｜▽懐く】〔動カ四〕腕にかかえる。いだく。だく。「身をたをやかになして、鞠を—・き侍るべし」〈撰集抄・八〉

うたく-こつ【×烏×啄骨】▶烏口骨

うた-ぐさり【歌鎖】和歌を使った遊戯。文字鎖の一。和歌の末尾の文字、または下の句の最初の文字を、次の人が上の句の頭に置いて詠み続けるもの。

うた-くず【歌×屑】へたな和歌。「古今集の中の—とかや言ひ伝へたれど」〈徒然・一四〉

うた-ぐち【歌口】❶笛・尺八などの管楽器で、口を当てて吹く穴。❷和歌をじょうずに詠むこと。また、その人。❸和歌の詠みぶり。「稽古も—もおなじ程の人の」〈ささめごと〉

うたぐり-ぶか・い【▽疑り深い】〔形〕「うたがいぶかい」に同じ。「—・い目で人を見る」

うたぐ・る【▽疑る】〔動ラ五(四)〕怪しいと思う。「うたがう」のやや俗な言い方。「最初から—・ってかかる」〔補説〕「うたがう」と「かんぐる」の混合形といわれる。〔可能〕うたぐれる

〔類語〕疑う・いぶかる・怪しむ・怪訝

うたげ【▽宴｜×讌】酒宴。宴会。さかもり。「うちあげ(打ち上げ)」の音変化とも、歌酒の意ともいう。

〔類語〕宴会・宴・パーティー

うだ-げんじ【宇多源氏】宇多天皇の皇子、敦実親王を祖とする源氏の一統。

うた-ごえ【歌声】歌をうたう声。

うたごえ-きっさ【歌声喫茶】昭和30年代に流行した、アコーディオンを伴奏に、客がリクエストした曲を客全員で歌う喫茶店。東京新宿の「灯」はその草分け。平成10年(1998)ごろから静かにブームが復活。

うたごかい-はじめ【歌御会始(め)】「歌会始め❶」に同じ。

うた-ごころ【歌心】❶和歌を詠もうとする心持ち。また、和歌についての素養。「多少の—はある」❷和歌のもつ意味。和歌のモチーフ。歌の心。

うた-ことば【歌▽詞】日常語・散文には用いられず、主に歌中に使われる言葉。歌語。

うた-ざいもん【歌祭文】近世俗曲の一。死刑・情死などの事件やその時々の風俗をつづった文句を、門付け芸人が三味線などの伴奏で歌って歩いた。山伏が錫杖を振り鳴らし、ほら貝を吹いて、神仏の霊験を唱え歩いた祭文の芸能化したもの。上方に始まる。祭文節。➡祭文

うたざわ【歌沢｜×哥沢】❶うた沢節の家元の家号。❷「うた沢節」の略。

うたざわ-しばきん【哥沢芝金】哥沢芝派の家元名。歌沢節の創始者、歌沢大和大掾の死後、2代目歌沢寅右衛門を家元とする歌沢寅派から独立したもの。初世は芝田金吉[1828～1874]。

うたざわ-ぶし【歌沢節｜×哥沢節】俗曲の一種。端唄を主にしたものに他の音曲を加味した曲風で、品格のあるゆったりした歌い方が特徴。寅派(歌沢)と芝派(哥沢)がある。両派を併せてよぶときは「うた沢」と書く。

うたざわ-やまとのだいじょう【歌沢大和大掾】[1797～1857]歌沢節の創始者。江戸の人。本名、笹本彦太郎。号、笹丸。安政4年(1857)嵯峨御所から掾号を受けて一流を樹立。

うだ-さんち【宇陀山地】奈良県中東部、宇陀市南部に広がる山地。中央構造線以北の地帯で、北は大和高原、西は竜門山地、東は三重県境の山地となる。山地は、西部の口宇陀盆地と東部の奥宇陀山地に分けられ、西部はなだらかな小丘陵、東部は1000メートル級の山々が東西に続く。

うだ-し【宇陀市】▶宇陀㊀

うた-じづくし【歌字尽(く)し】部首の共通した漢字を、覚えやすく歌で示した、江戸時代の書物。内容は、椿・榎・楸・柊・桐を「春つばき夏はえのきに秋ひさぎ冬はひらぎに同じくはきり」とする類。

うたしない【歌志内】北海道中部の市。石狩炭田北部の炭鉱町として発展。市制時の昭和33年(1958)には4.1万人であった人口が相次ぐ炭鉱の閉山により激減。国際スキー場がある。アイヌ語「オタウシナイ(砂の多い川)」からの名。人口0.4万(2010)。

うたしない-し【歌志内市】▶歌志内

うた-じょうるり【唄浄瑠璃】❶浄瑠璃の分類の一。語り物である義太夫節に対して、歌い物の要素を加味した浄瑠璃。大薩摩・一中・河東・薗八・富本・常磐津・清元・新内などをいう。❷長唄の一種で、浄瑠璃の語り物の要素を加味したもの。明和(1764～1772)のころ、富士田吉治が始めた。

うた・す【打たす】〔動サ下二〕《「す」はもと使役の助動詞。むちで打って馬を走らせる意から》馬に乗って行く。「手勢百騎とも二百騎とも、—・せたる大名は一人も参らず」〈太平記・三〉

うたせ-あみ【打たせ網】引き網の一。漁船の船首

と船尾から出した長い桁に網の引き綱を結びつけて、風力・潮力・人力を利用して引き回す袋状の網。底生の魚介類を捕る。
うた-せっきょう【歌説経】《「うたぜっきょう」とも》江戸時代、説経節の一節を歌謡風に歌ったもの。三味線などを伴奏とした。
うたせ-ゆ【打たせ湯】樋などから落ちる湯を肩や背に当てて、凝りや痛みを柔らげる入浴法。また、そのような仕掛け。
うた-ぞうし【歌草紙】和歌を集めた本。また、和歌についての書物。歌書。
うたた【▽転】〔副〕❶ある状態が、どんどん進行してはなはだしくなるさま。いよいよ。ますます。転じて、そうした状態の変化を前にして心が深く感じ入るさまにいう。「一同情の念に堪えない」❷(「うたたあり」の形で)不快な感じをもたらすさま。嫌な気を起こさせるように。ひどく。「花と見て折らむとすれば女郎花―あるさまの名にこそありけれ」〈古今・雑体〉「いと―あるまで世を恨み給ふめれば」〈源・手習〉
うた-だいもく【歌題目】日蓮宗で、法要・説教のとき、信者たちが太鼓・鉦・鼓などに合わせ、節をつけて題目や和讃を歌うこと。
うたた-ね【▽転寝】〔名〕(スル) 眠るつもりもないまま、うとうとと眠ること。仮寝。「テレビを見ながら―する」(類語)居眠り・寝る・ひと眠り・ひと寝入り・一睡・仮寝・仮睡・仮眠・まどろむ
うた-だの・し【▽転楽し】〔形シク〕非常に楽しい。いよいよ楽しい。「この御酒の御酒のあやに―・し」〈記・中・歌謡〉
うだち【×梲｜×卯建ち】「うだつ」に同じ。
うたづ【宇多津】香川県中部、綾歌郡の地名。坂出市の西にあり、港町。塩田の広大な跡地に、瀬戸大橋線開通に伴うJR新駅がつくられた。
うだつ【×梲｜×卯建つ】《「うだち」の音変化》❶(梲)建物の妻にある梁の上に立て、棟木を受ける短い束。❷民家で、妻の壁面を屋根より高く造った部分。また、建物の外側に張り出して設けた防火用の袖壁。
梲が上がら◦ない　地位・生活などがよくならない。ぱっとしない。(補説)梲❷を設けたのが物持ちの家だったからとも、「梲が上がる」が棟上げをする意の大工言葉から転じて志を得る意となったことからともいう。
うた-つかさ【雅=楽▽寮】▶ががくりょう(雅楽寮)
うたづ-まち【宇多津町】▶宇多津
うたて【▽転】㊀〔副〕❶自分の心情とは関係なく、事態がどんどん進んでいくさま。ますます。「いつはなも恋ひずありとはあらねども―このころ恋し繁しも」〈万・二八七七〉❷事の成り行きが、心に適わないとして嘆くさま。つらく。情けなく。「からくして思ひ忘るる恋しさを―なきつる鶯の声」〈大和・一〇五〉❸事態が普通でないさま。いやに。異様に。「散ると見てあるべきものを梅の花―にほひの袖にとまれる」〈古今・春上〉㊁〔形動ナリ〕はなはだよくない。情けない。「―なりける、心なしの痴れ者かな」〈宇治拾遺・二〉
転あ・り　嘆かわしい。いやで情けない。「―・る主のみもとに仕うまつりて」〈竹取〉
うたて・し〔形ク〕❶嘆かわしい。情けない。「常に思ひ嘆くと聞きはべれば、いと―・くなむ」〈宇津保・蔵開上〉❷気に入らない。いやだ。「こちたく酔ひののしりて、―・くらうがはしき事ども」〈栄花・つぼみ花〉❸心が痛む思いである。気の毒だ。「うたれさせ給ひけん宮の御運のほどこそ―・けれ」〈平家・四〉❹感じがよくない。気味が悪い。「なんと旦那、―・い所ぢゃござりませぬか」〈浄・摂州渡辺橋供養〉(補説)鎌倉時代ころから「御前に人一人も候はざらんが無下にうたてしう覚え候」〈平家・四〉のようにシク活用の例も見いだせる。
うだ-てんのう【宇多天皇】［867～931］第59代天皇。在位887～897。光孝天皇の第7皇子。名は定省。菅原道真を登用し、藤原氏を抑えて政治の刷新を図った。その治世を後世、寛平の治という。譲位の時にその子醍醐天皇に与えた「寛平御遺誡」が有名。日記に「宇多天皇御記」がある。亭子院のみかど。寛平法皇。
うた-どころ【歌所】宮中で勅撰集の編集を行った所。江戸時代に「和歌所」のことを誤っていった語。
うた-ぬし【歌主】歌の作り手。和歌の作者。「この―、まだまからずと言ひて立ちぬ」〈土佐〉
うた-ねんぶつ【歌念仏】江戸時代の俗曲の一。念仏に節をつけて歌ったもので、のちに説経節などの文句を取り、鉦にあわせて歌う門付け芸となった。元禄年間(1688～1704)に流行。うたねぶつ。
うた-の-いえ【歌の家】鎌倉時代以降、代々歌道を伝え、指導者の役割を果たした家柄。藤原俊成・定家の血筋にあたる二条家・京極家・冷泉家など。
うた-の-かみ【雅=楽▽頭】雅楽寮の長官。
うた-の-つかさ【雅=楽▽寮】▶ががくりょう(雅楽寮)
うたのなかやま【歌の中山】京都市東山区、清水寺の南西にあたる、清閑寺近くの小径。また、清閑寺の通称。
うた-の-みち【歌の道】芸道としての和歌の世界。歌道。敷島の道。
うた-の-やまい【歌の病】和歌の修辞上の欠陥を病気にたとえていう語。漢詩の八病を模したもので、平安時代に始まり、四病・七病・八病などともいわれる。歌病。
うた-びくに【歌▽比▽丘尼】近世、歌念仏を歌って歩いた比丘尼。のちには売春する者も現れた。
うた-ひこう【歌披講】一定の作法・形式に従って、和歌を節づけして披露すること。平安中期から行われ、現在も新年の歌会始めに勅題の選歌を披露する行事として残っている。
うた-びと【歌人】❶和歌を作る人。歌詠み。かじん。❷一般に、詩人。「実務には役に立たざる―と我を見る人に金借りにけり」〈啄木・一握の砂〉❸歌をじょうずに歌う人。歌い手。「―と我を召すらめや」〈万・三八八六〉❹雅楽寮での舞楽のとき、歌をうたうことを役目とする人。
うた-ひめ【歌姫】❶歌を巧みに歌う女性。芸妓をいうこともある。❷歌を歌うことを職業とする女性。女性歌手。女流声楽家。(類語)歌手・シンガー・歌い手・歌歌い
うた-ぶえ【歌笛】指穴六つの横笛。古く東遊びの伴奏に用いられたが、現在は高麗笛で代用している。中管。東遊びの笛。
うた-ぶくろ【歌袋】❶和歌の原稿を入れておく袋。檀紙・錦などで作り、水引を口ひもとして、柱に掛けておく。❷▶鳴囊
うたぶくろ【歌袋】江戸後期の歌論書。6巻。富士谷御杖著。寛政5年(1793)刊。父の成章の意見を採用した部分が多く、歌人索引・作例なども収録。
うた-まい【歌舞】歌と舞。管弦と舞楽。
うたまい-どころ【歌舞所】奈良時代ごろの歌舞をつかさどった役所。大宝令にある雅楽寮の一部か、別の役所かは不明。日本固有の歌舞を扱ったらしい。
うたまい-の-つかさ【▽楽▽官｜雅=楽▽寮】❶律令制施行以前、朝廷で歌舞音楽をつかさどった役所。また、それに属する人。楽官。❷▶ががくりょう(雅楽寮)
うた-まくら【歌枕】❶和歌に多く詠み込まれる名所・旧跡。❷和歌に詠み込まれる特殊な語や句。名所・枕詞・序詞など。❸歌を詠むのに典拠とすべき枕詞・名所などを記した書物。「能因歌枕」など。
うたまろ【歌麿】▶喜多川歌麿
うた-め【歌女】❶「歌い女」に同じ。❷古代、雅楽寮に属した女の歌い手。(対)歌男。
うた-もの【歌物｜唄物】地歌・箏曲の分類の一。楽器の技巧よりも歌唱に重点のある曲。
うた-ものがたり【歌物語】❶平安時代の、和歌を中心としてまとめられた短編物語。また、短編物語集。伊勢物語・平中物語・大和物語の類。❷「歌語り」に同じ。「故殿の―を書き設けて」〈栄花・浅緑〉
うた-よみ【歌詠み】❶歌を作ること。❷歌を作る人。特に、和歌を巧みに作る人。歌人。
うたよみ-どり【歌詠み鳥】ウグイスの別名。古今集の仮名序「花に鳴く鶯、水に住む蛙の声を聞けば、生きとし生けるものいづれか歌をよまざりける」から。(季 春)
うたよみにあたうるしょ【歌よみに与ふる書】正岡子規の歌論書。明治31年(1898)発表。短歌革新を目指し、万葉集・金槐集をたたえ、旧派の和歌を攻撃したもの。
ウタリ《アイヌ語から》人民。同胞。仲間。
うた-りょう【雅=楽▽寮】▶ががくりょう(雅楽寮)
うだ・る【×茹る】〔動ラ五(四)〕《「ゆだる」の音変化》❶「ゆだる」に同じ。「卵が―・る」「銭湯で―・る」❷暑さのため、からだがぐったりする。「猛暑に―・る」❸疲れや酔いなどでからだがふらふらになる。へたばる。「酒ばかり飲んで―・っている癖に余裕がないはすさまじいぜ」〈有島・星座〉(類語)茹だる
うたれ-づよ・い【打たれ強い】〔形〕(文)うたれづよ・し〔ク〕❶ボクシングなど格闘技で、敵の攻撃に耐える力がある。「―・いボクサー」❷野球で、打者にヒットを打たれてもうまくしのいで得点を与えない。簡単に崩れない精神的強さがある。「―・い投手」❸反対者からの批判や非難、また逆境に耐える強さがある。「―・い性格」
うた◦れる【打たれる】〔連語〕《「れる」は受身の助動詞》ある物事から強い感動を受ける。「美談に胸を―◦れる」「意外の感に―◦れる」
うた-ろんぎ【歌論議】和歌のよし悪しを論じること。また、それを書き記した書物。
うたわ・れる【×謳われる】〔動ラ下一〕(文)うたは・る〔ラ下二〕《動詞「うた(歌)う」の未然形に受身の助動詞「れる」が付いたものから》❶多くの人から褒めたたえられる。よい評判を受ける。「名横綱と―・れる」❷はっきり示されている。明文化されている。「言論の自由は憲法に―・れている」
う-たん【右端】右のはし。みぎはし。(対)左端。
う-だん【う段｜ウ段】五十音図の第三段に並び、ウ母音を含む音節の総称。「う・く・す・つ・ぬ・ふ・む・ゆ・る・う」のこと。う列。
ウ-タント〖U Thant〗［1909～1974］ビルマの政治家。第3代国連事務総長。在任1962～1971。ベトナム停戦など東西緊張緩和に貢献した。中華人民共和国の国連加盟を見届けて辞任。熱心な仏教徒。
うち【内】㊀〔名〕❶(「中」とも書く)ある一定の区域・範囲の中。㋐仕切られた内側。内部。「家の―」(対)外。㋑中心または手前に寄ったほう。「―に切れ込むシュート」㋒ある範囲に含まれるもの。「会員の―から探す」「これも仕事の―」「苦しい―にも張り合いがあった」㋓外から見えないところ。うら。「―を探ると、問題があるらしい」㋔心の中。心。内心。「腹の―を探る」「―に秘めた思い」㋕ある数量のなか。「三つの―から一つを選ぶ」㋖ある時間のなか。以内。あいだ。「一瞬の―に消えた」「試合が二日の―に迫る」「若い―に苦労する」❷自分が所属しているものをいう。㋐(「家」とも書く)自分が一員として属する家。また、他人の家も含めて、一般に家庭・家族をいう。「―が貧乏で苦労した」「―じゅうで出かける」「よその―」㋑(「家」とも書く)自分の夫、また、妻。「―に相談してからにします」㋒自分が所属するところ。「―の会社」(対)よそ。㋓手紙の署名で、妻が夫の名に添えて「内」と書き、代筆であることを示す。❸(「家」とも書く)建物としての家。家屋。「いい―に住んでいる」❹(「裡」とも書く。「…のうちに」の形で)物事の行われる状況を表す。「暗黙の―に理解しあう」「会は成功の―に終わる」❺仏教に関すること。仏教以外、特に儒教を「外」というのに対していう。❻ひと続きの時間。特に、現世という限られた時間。「たまきはる―の限りは平らけく安くもあらむを」〈万・八九七〉❼内面。内輪。うちとけた面。「外には仁義礼智信の五常を守りつつ、―にはまた、花鳥風月、詩歌管絃を専らとし」〈謡・経政〉❽宮中。内裏。「君はまづ―に参り給ひて」〈源・若紫〉❾天皇。「―の渡らせ給ふを、見奉らせ給

ふらむ御心地」〈枕・一二八〉 ㊁【代】一人称の人代名詞。わたし。わたくし。自分。関西地方で、多く女性が用いる。「—は嫌やわ」 ㊀❶〜❼はウチ、㊁はウチ。

(用法)うち・なか——ある仕切りで区切られた空間・平面などを表す場合は、「外は寒かったが、部屋の内(中)には暖かく火が燃えていた」のように、「内」も「中」も同じように使うが、「内」のほうがやや文語的な言い方である。◆ある状態にあることを示す「雨の中を歩く」「忙しい中を無理に頼む」などは「内」に置き換えられない。また「中の指」のように順序の中間を示すときも「内」とはいわない。◆「大勢の応募者の内(中)から選ばれた人」のように「内」「中」は、また、ある範囲を示すこともある。この場合、ある時間の範囲内であることを示す「朝、まだ暗い内に出発した」や、事柄がある範囲に含まれることを示す「苦労するのも勉強の内だ」などでは、「内」を「中」で置き換えることはできない。

(一句)足元の明るいうち・蝙蝠も鳥の内・舌の根の乾かぬうち・自慢高慢馬鹿の内・腹も身の内・卑下も自慢の内・目の黒いうち・目高も魚の内・夜目遠目笠の内

(類語)(❶)中・内面・内部・内側・間・胸・内方・内奥/(❷)家庭・家・ホーム・マイホーム・所帯・世帯・一家・家内・我が家・スイートホーム・ファミリー・家族・お宅・おうち・お家・貴家/(❸)家・家屋・ハウス・家

内に省みて疚しからず 《論語顔淵から》自分の良心に照らしてみて、少しも恥ずかしいところがない。

内裸でも外錦 内実はいかに苦しくても、世間体は飾らなければならないことのたとえ。

内広がりの外すばり 《「すばり」は「すぼり」「すぼまり」ともいい、小さく縮む意》家族や仲間の内ではいばるが、外に出ると全く意気地のないことのたとえ。内弁慶。

内を空・ける 外出したり外泊したりして家にいない。「夜遊びをして—・ける」「家族で温泉に行くので二、三日—・ける」

内を外に・する 遊び歩くなど外出ばかりして家にあまりいない。家を外にする。

内を出違・う 訪問客を避けるために入れ違いに外出する。「明け暮れ稼ぎける程に、盆前、大晦日にも—・ふほどにもあらず」〈浮・五人女・二〉

うち【打ち】〔接頭〕動詞に付いて、その動作・作用を強めたり、語調を整えたりする。また、少し、ちょっと、の意を添えることもある。「—続く」「—興ずる」「—笑む」

うち-あい【打(ち)合い】〔名〕スル ❶たたき合ったり、切り合ったりすること。❷(「撃ち合い」とも書く)互いに銃砲を発射すること。❸互いに技をかけること。「投げの—」

うち-あ・う【打(ち)合う】〔動ワ五(ハ四)〕❶互いに相手を打つ。「竹刀で—・う」❷(「撃ち合う」とも書く)互いに銃砲を撃って戦う。「ギャングどうしが—・う映画」❸互いに技をかける。「土俵際で足技を—・う」❹ぶつかり合う。「歯が—・ってかちかちと鳴り始め」〈横光・時間〉❺碁・双六などをする。「双六を—・ひけり」〈今昔・一六・三七〉❻ぴったりする。二つ以上のものがそろう。「物いひすこし—・はずなりぬる人」〈紫式部日記〉(可能)うちあえる

うち-あか・す【打(ち)明かす】〔動サ五(四)〕秘密や悩み事などを包み隠さず話す。うちあける。「兄弟と思う君の事、…、何と—・しては下さらぬか」〈一葉・うもれ木〉

うち-あが・る【打(ち)上(が)る】〔動ラ五(四)〕❶低い所から高い所に上がる。「花火が—・る」❷水中から陸上に上がる。「濤は砂浜を洗うて—・った藻草をもみ砕こうとする」〈寅彦・嵐〉❸地位などが高くなる。また、ようすがりっぱになる。「常の仇気無い娘振とは—・って見える」〈風葉・青春〉❹気位が高くなる。上品になる。「言葉俗なりとも心—・りたらんは如何ばかり高尚ならまし」〈子規・獺祭書屋俳話〉

うち-あげ【内揚げ|内上げ】❶(内揚げ)和裁で、衣服のあげをあらかじめ内側に縫い込んでおくこと。⇔外揚げ。❷内金を支払うこと。また、内金。内入り。「米屋へ金子三両—にして」〈浮・文反古・一〉❸初婿入りのときにする祝い。「内証でこっそりと嫁入りの—がしたい」〈浄・蛭小島武勇問答〉

うち-あげ【打(ち)上げ|打(ち)揚げ】❶空高く上げること。「気象衛星の—」❷㋐芝居や相撲などの興行を終えること。㋑事業や仕事などを終えること。また、その終了を祝う宴。❸「打ち上げ花火」の略。❹能楽の囃子や歌舞伎の鳴り物の手法の一つで、演奏に一段落つけるために調子を一段高めて奏するもの。❺簾を巻き上げて出入りするようにつくった駕籠。打ち上げ簾。打ち上げ乗り物。

うちあげ-すだれ【打(ち)上げ簾】「打ち上げ❺」に同じ。

うちあけ-ばなし【打(ち)明け話】まだ人に知られていない事実・気持ちなどを、隠さずに語る話。
(類語)楽屋話・内輪話・秘話

うちあげ-はなび【打(ち)上げ花火】筒で打ち上げて上空で開かせる花火。大輪の花模様をひろげる割物や、それを変化させた半割・小割、円形に展開しないポカなどがある。揚げ花火。

うち-あ・ける【打(ち)明ける】〔動カ下一〕図うちあ・く〔カ下二〕❶人に知られたくない事実や秘密などを、思い切って隠さずに話す。うちあかす。「思いのたけを—・ける」❷閉まっているものを勢いよくあける。「窓を—・ける」❸ひっくり返して中に入っている物を出し、空にする。「人の欲しがる物はこれぞ、と巾着にあるほど—・けて」〈浮・一代男・五〉❹すっかり空になる。寂れる。「さて石山の繁昌、京大坂が—・ける」〈浄・卯月の潤色〉
(類語)話す・語る・しゃべる・物言う・口を利く・伝える・告げる・言う・述べる・物語る・明かす・説明する・述懐する・告白する・口外する・他言する・言い出す・発言する・口に出す・口にする・吐く・漏らす・口走る・抜かす・ほざく・うそぶく

うち-あ・げる【打(ち)上げる|打(ち)揚げる】〔動ガ下一〕図うちあ・ぐ〔ガ下二〕❶空高く上げる。「外野フライを—・げる」「ロケットを—・げる」❷波が物を岸辺に運び上げる。また、波が打ち寄せて岸に上がる。「浜に—・げられた海藻」「次々と大波が—・げてくる」❸《太鼓を打ち終える意から》芝居や相撲などの興行を終える。「当地の興行は明日で—・げる」❹《手を打ち、歌をうたうところから》宴会をする。「七日七夜とよのあかりして—・げ遊ぶ」〈宇津保・藤原の君〉❺㋐上げる。また、勢いよく上げる。「若き人のある、まづおりて簾—・ぐめり」〈源・宿木〉㋑射ようとして、弓を高く差し上げる。「弓—・げて、引かんとする所に」〈曽我・八〉㋒声を張り上げる。「我も声を—・げて」〈堤・虫めづる姫君〉

うち-あ・てる【打(ち)当てる】〔動タ下一〕図うちあ・つ〔タ下二〕打ちつける。強くぶつける。「ひじを箪笥の角に—・てる」

うち-あみ【打(ち)網】投網。また、投網をすること。

うち-あ・り【打ち有り】〔動ラ変〕❶存在する。ある。いる。「ただうち恥ぢらひて誰も—・るを」〈狭衣・三〉❷ありふれている。ざらにある。「同じ歌と申せども、この頃の—・る様にもあらず」〈今鏡・二〉

うち-あわ・す【打(ち)合(わ)す】 ㊀〔動サ五(四)〕「打ち合わせる」に同じ。「二三度上瞼と下瞼と—・して見たが」〈漱石・坑夫〉 ㊁〔動サ下二〕「うちあわせる」の文語形。

うち-あわせ【打(ち)合(わ)せ】〔名〕スル ❶前もって相談すること。下相談。「仕事の—をする」❷衣服の、前身頃の重なったりする部分。うちあい。「コートの—が浅い」❸雅楽で、打ち物だけの合奏。❹地歌や箏曲で、同一または類似した旋律を半拍または1拍ずつずらして合奏すること。また、同じ拍数の、別の2曲を合奏すること。❺能で、両手を大きく左右に広げてから前ではたと打ち合わせる型。❻物と物とがうまく合うようにすること。似合うこと。「宮仕の極りがてら、すりこぎと聞こへしもとに—の夫婦とはなりける」〈鶉衣・擂鉢伝〉
(類語)相談・下相談・談合・示談・話し合い・合議・協議・商議・評議・評定・鳩首・凝議・内談

うち-あわ・せる【打(ち)合(わ)せる】〔動サ下一〕図うちあは・す〔サ下二〕❶物と物とをぶつけ合わせる。「グラスを—・せて乾杯する」❷方法・準備・日取りなどについて、前もって相談する。「会の進行について—・せる」❸楽器や声を合わせて、演奏したり歌ったりする。合奏・合唱する。「琴に—・せたる拍子も」〈源・若菜下〉❹物と物とを近寄せて、うまく合うようにする。重ね合わせる。「袖—・せて立ちたるこそをかしけれ」〈枕・七六〉

うち-あわび【打ち×鮑】アワビの肉を細長く切り、打ち延ばして干したもの。祝儀のときの酒の肴にした。のしあわび。

うち-あん・ず【打ち案ず】〔動サ変〕思いを巡らす。思案する。「義時、とばかり(=少シノ間)—・じて」〈増鏡・新島守〉

うち-い・う【打ち言ふ】〔動ハ四〕なにげなく言う。ふと口にする。「めでたのことや、とぞ心にもあらで—・はれける」〈かげろふ・下〉

うち-い・ず【打ち▽出づ】〔動ダ下二〕❶広々とした所に出る。「田子の浦ゆ—・でて見ればま白にそ富士の高嶺に雪は降りける」〈万・三一八〉❷さっと出る。「谷風にとくる氷のひまごとに—・づる波や春の初花」〈古今・春上〉❸出発する。出陣する。「平太入道定次を大将として、…近江国へ—・でたりければ」〈平家・一〇〉❹人前に押し出る。「誰ともなく、あまたの中に—・でて」〈徒然・五六〉❺㋐たたいて音や火などを出す。「拍子—・でて、忍びやかにうたふ声」〈源・篝火〉㋑外に出す。特に、出衣をする。「葡萄染の二重文の唐衣など—・でたり」〈栄花・根合〉㋒口に出して言う。「いかでこの男に物言はむと思ひけり。—・でむこと難くやありけむ」〈伊勢・四五〉㋓声をあげて唱える。「その寺の仏の御経をいとあらあらしう、たふとく—・で誦みたるにぞ」〈枕・一二〇〉

うち-いた【打(ち)板】❶廊下と廊下の間に橋のように渡す歩み板。❷牛車に乗り降りするときに、簀の子の板敷きから車に渡す板。❸鷹匠が鷹の糞を受けるのに用いる板。❹地面に座るときに敷く方形の厚板。また、陣中で敷き皮の代わりに用いる、脚付きの板。「小庭に—をしきて火をおこす」〈続古事談・一〉

うち-いだ・す【打ち▽出だす】〔動サ四〕❶出す。特に、出衣をする。「衣の褄重なりて—・したるは」〈栄花・わかばえ〉❷口に出して言う。言い出す。「露は別れの涙なるべし、といふことを頭の中将の—・し給へれば」〈枕・一六一〉❸打ち鍛えて作り出す。「雌雄の二剣を—・せり」〈太平記・一三〉❹打つような手つきで物を出す。「呪文唱へて打てば、何なりとも欲しい物を—・すが奇特ぢゃ」〈虎明狂・宝の槌〉

うち-いで【打ち▽出で】❶金属を打ち延ばし物を作り出すこと。また、作り出した物。「薄打ち。南鐐にて—悪き」〈七十一番職人歌合〉❷「打ち出での衣」の略。

うちいで-の-きぬ【打ち▽出での▽衣】「出衣❷」に同じ。

うちいで-の-たち【打ち▽出での太-刀】金銀を打ち延ばして柄や鞘などを飾った太刀。一説に、新しく鍛え作った太刀とも。うちでのたち。「枕上に—置きたり」〈今昔・二五・四〉

うち-いと【打(ち)糸】篦でたたいて固く組んである組紐。

うち-いり【内入り】❶外出から帰って家に入ること。また、その際の機嫌。「女房供今戻った…と—よきに」〈浄・浪花鑑〉❷収入。もうけ。「旦那のおかげで今日も—がよござりますわい」〈浄・伊賀越〉❸「内揚げ❷」に同じ。「持ち合はせの銀なりと—にやってしまはしゃれ」〈浄・いろは蔵三組盃〉

うち-いり【討(ち)入り】〔名〕スル 城内や敵方に攻め入ること。「赤穂義士の—」

うち-い・る【打ち入る】 ㊀〔動ラ四〕❶勢いよく中に入る。「庭に—・り縁の際に寄り給ひて」〈義経記・二〉❷物事に熱中する。心を打ち込む。「明け暮れ碁に—・りて」〈浮・織留・二〉 ㊁〔動ラ下二〕❶ひょいと入れる。無造作に収める。「三寸ばかりなる人、…手に—・れて家へ持ちて来ぬ」〈竹取〉❷ばくちなどに財産

や金品をつぎ込む。入れあげる。「ばくちの負け極まりて、残りなく―・れんとせんに合ひては、打つべからず」〈徒然・一二六〉❸勢いよく馬を乗り入れる。「武者一騎、沖なる舟に目をかけて、海へざっと―・れ」〈平家・九〉❹軍勢をまとめて引き上げる。退却させる。「人数ヲ―・ルル」〈日葡〉

うち-い・る【討(ち)入る】〔動ラ五(四)〕《「打ち入る」と同語源》敵方や城内に攻め込む。「吉良の屋敷に―・る」

うち-いわい【内祝(い)】うちいはひ ❶近親者だけでする祝い。❷自分の家の祝い事の記念に、親しい人に贈り物をすること。また、その品。［補説］祝い事のあった人が贈るものなので、他人の祝い事に「内祝いをお贈りします」と言うのは誤り。［類語］心祝い

うち-うち【内内】㊀〔名〕❶表立てないこと。内輪うちわ。ないない。「―で式をすます」❷家の中。「―のしつらひには」〈竹取〉❸心のうち。「―のありさまは知り給はず」〈源・紅葉賀〉㊁〔副〕表立たずに。こっそり。内密に。「―よく習ひ得て差し出でたらんこそ、いと心憎からめ」〈徒然・一五〇〉

［類語］内輪・内内ないない・遠慮・内部・内密・こっそり・内幕・内裏うら・内緒・内分・内聞・内情・内実・ひそか・忍びやか・そっと・秘密

うち-うみ【内海】❶陸地に入り込んだ海。入り海。ないかい。⇔外海そとうみ。❷湖。❸大海おおうみ茶入れの小ぶりのもの。

［類語］海・海洋・大洋・大海・海原・領海・公海・大海原・青海原・内海ないかい・外海そとうみ・外海がいかい・わたつみ

うち-うら【内浦】海または湖水が陸地に入り込んでいる所。

うち-うら【内裏】❶内輪うちわ。内緒。「―の事情に通じない正雄の母は」〈小山内・大川端〉❷着物などの裏につける布。［類語］内内うちうち・内内ないない・遠慮・内部・内密・こっそり・内幕・内輪・内緒・内分・内聞・内情・内実・ひそか・忍びやか・そっと・秘密

うちうら-わん【内浦湾】北海道南西部、渡島おしま半島の東側にある湾。湾口に室蘭港がある。噴火湾。

うち-えだ【打(ち)枝】❶金属製の造花の枝。広蓋ひろぶたにのせた小袖こそでなどの押さえに用いる道具。打ち置き。❷「枝打ち」に同じ。

うち-え・む【打ち笑む】うちゑむ〔動マ五(四)〕にっこりと笑う。「打ち見やりて時頼莞爾(につこ)と―・み」〈樗牛・滝口入道〉

うち-お【打(ち)緒】うちを ►打ち紐ひも

うち-おおい【打(ち)覆い】うちおほひ ❶入棺までの間、死者にかぶせておく生前の着物。また、棺を包む白布。❷仮に造った簡単な屋根。「―を葺ふきて、継ぎめごとにかけがねを掛けたり」〈方丈記〉

うち-おお・う【打ち覆ふ｜打ち▽被ふ】うちおほふ〔動ハ四〕上にかぶせる。「月の漏り来て稚児ちごの顔にあたりたるが、いとゆゆしく覚ゆれば、袖を―・ひて」〈更級〉

うち-おき【打(ち)置き】►打ち枝❶

うち-お・く【打ち置く】〔動カ四〕❶物などをちょっと置く。「御硯の蓋に、小さき松ども―・きつつ」〈夜の寝覚・三〉❷物事をそのままの状態にしておく。ほうっておく。「しさしたることの今日過ぐすまじきを―・きて」〈枕・三五〉

うち-おと・す【打(ち)落(と)す】〔動サ五(四)〕❶たたき落とす。「木の実を―・す」❷刀などで切って落とす。「敵将の首を―・す」❸攻め落とす。「敵の城を―・す」❹(「撃ち落とす」「射ち落とす」とも書く)銃砲で撃って落とす。矢を射て落とす。「鳥を―・す」❺思わず落とす。「老い心地に涙を―・して喜びゐたり」〈落窪・三〉［可能］うちおとせる

うち-おとり【内劣り】外面はりっぱであるが、内容が貧弱なこと。「その帝をば―の外とめでたとぞ、世の人申し」〈大鏡・伊尹〉

うち-おどろ・く【打ち驚く】〔動カ四〕❶ふっと目が覚める。「現うつつにありしやうにてありと見て、―・きたれば夢なりけり」〈更級〉❷はっと驚く。ひどくびっくりする。「入道殿のかけても思しよらざんめるに、―・かれ給はむ御心の」〈夜の寝覚・四〉

うち-おぼめ・く【打ちおぼめく】〔動カ四〕そらとぼける。「所々―・き、よく知らぬ由して」〈徒然・七三〉

うち-おろ・す【打(ち)下ろす】〔動サ五(四)〕❶振りあげた物を勢いよくおろす。振りおろす。「こぶしを―・す」❷上の方から下へ向かって射撃する。「山上に手煉てだれの銃隊を備置て長兵目がけて―・さすれば」〈染崎延房・近世紀聞〉❸おろす。すっと下げる。「あげたる簾ども―・して見やれば」〈かげろふ・中〉［可能］うちおろせる

うち-がい【打ち飼ひ】うちがひ ❶狩りのとき、犬や鷹たかに与える餌え。うちがえ。「あな恐ろし。鬼の―になりたりつる」〈古活字本保元・上〉❷「打ち飼い袋❷」の略。「―の底に入れておいた梅干を」〈雑兵物語・上〉

うちがい-ぶくろ【打ち飼ひ袋】うちがひ ❶打ち飼い❶を入れる筒状の底のない長袋。うちがえぶくろ。「いでいで犬をつけんとて、腰に下げたる―を」〈虎明狂・餌差〉❷昔、旅人などが、食糧や金銭その他貴重品を入れて腰に巻きつけた袋。うちがえぶくろ。「緞子どんすの―に米を入れ」〈甲陽軍鑑・五四〉

うち-かえし【打(ち)返し】うちかへし ㊀〔名〕❶古綿を打ち直すこと。また、その綿。「―の綿入れ」❷劇場の舞台の背景の板を裏返して別の背景にすること。❸建築で、左右または上下が対称なこと。うってがえし。㊁〔副〕❶同じ動作を繰り返すさま。何度も。「―のたまへば、一方ひとかたならず煩はしけれど」〈源・早蕨〉❷打って変わって。逆に。「つれづれに思ひ続くるも、―いとあぢきなし」〈源・柏木〉

うち-かえ・す【打(ち)返す】うちかへす〔動サ五(四)〕❶打って相手のほうに戻す。打ち戻す。「好球をレフト前に―・す」❷打たれた仕返しに、こちらからも相手を打つ。また、応戦のため発砲したり矢を放ったりする。「打たれたら―・せ」❸ひっくり返す。逆にする。「手を何度も―・して暖める」❹古綿を再生する。打ち直す。「布団綿を―・す」❺田畑をすきかえす。耕す。「畑を―・して種をまく」❻波が一度引いてまた岸辺を打つ。「浜辺に―・す波」❼物に当たってはねかえる。「初さんの声丈は、坑あなの四方へ反響して、籠った様に―・してくる」〈漱石・坑夫〉❽繰り返す。「畳紙を―・し御覧じて」〈狭衣・二〉❾ひるがえす。「袖どもの―・す羽風に」〈源・匂宮〉❿ひっくり返る。「よさりの亥子いねの刻にはかならず大地―・すべし」〈平家・一二〉［可能］うちかえせる

うち-かえ・る【打ち返る｜打ち▽反る】うちかへる〔動ラ四〕ひっくり返る。「車の―・りたる」〈枕・九七〉

うち-か・える【打ち替える】うちかへる〔動ア下一〕文うちか・ふ〔ハ下二〕❶改めて打つ。打ちなおす。「綿を―・える」❷取り替える。「避よきぬなどの給はするは、おろかなる罪に―・へさせ給ふにや」〈源・竹河〉

うち-かお・る【打ち薫る】うちかをる〔動ラ四〕ほんのりとよい香りがする。「艶なる御衣の匂ひばかり―・りて」〈夜の寝覚・二〉

うち-かか・る【打(ち)掛(か)る｜打(ち)懸(か)る】〔動ラ五(四)〕❶武器などで相手に攻めかかる。勢いよく攻撃する。「竹刀を振り上げて―・る」❷もたれかかる。また、かかりきりになる。「親方の商売ばかりに―・りて」〈浮・織留・六〉［可能］うちかかれる

うち-かぎ【打ち×鉤】❶魚をひっかけて運んだり、ぶらさげたりするための鉄の鉤。❷鉄の鉤に長い柄をつけた武器。船戦ふないくさのとき、敵船をひっかけるのに用いた。

うち-か・く【打(ち)欠く】〔動カ五(四)〕❶たたいて欠き取る。「石を―・く」❷囲碁で、相手に欠け目を作らせるために、自分の石を取らせるように打つ。

うち-かくし【内隠し】《「うちがくし」とも》洋服の内側にあるポケット。内ポケット。

うち-かけ【打(ち)掛(け)｜裲=襠】《他の衣類の上から打ち掛けて着るところから》❶着流しの重ね小袖の上に羽織って着る小袖。近世の武家女性の礼服。公家の場合は掻取かいどりと呼んで用い、町家でも、時に拝領と称して式服に用いた。現代では婚礼衣装に用いる。❷㋐朝廷の儀式のとき、武官が束帯の上に着用したもの。長方形の錦にしきの中央にある穴に頭を入れ、胸部と背部に当てて着る貫頭衣。裲襠りょうとう。㋑舞楽の装束の一。形は❷㋐に似る。蘭陵王らんりょうおう・納曽利なそりなどの走り舞などに用いる。❸(打ち掛け)囲碁で、勝負がつかないまま、双方の合意で対局をいったん中断すること。

うち-がけ【内掛(け)】相撲のきまり手の一。四つに組んで一方の足を相手の足の内側に掛けて後ろへ倒す技。➡外掛け

うちかけ-えぼし【打掛×烏▽帽子】►掛烏帽子かけえぼし

うちかけ-かたぎぬ【打掛肩▽衣】❶肩衣の裾を袴はかまの内に入れないで、腰帯で押さえて着る略式の着方。❷近世、浄土真宗で、報恩講などに袴を着けないで着た肩衣。

うちかけ-すおう【打掛素×袍】うちかけすはう 素袍の裾を袴はかまの内に入れないでおく略式の着方。かけすおう。

うちかけ-よろい【打掛×鎧｜×挂▽甲】うちかけよろひ ►かけよろい(挂甲)❷

うち-か・ける【打(ち)掛ける｜打(ち)懸ける】〔動カ下一〕文うちか・く〔カ下二〕❶物をひっかけて下げる。また、ひょいとのせる。「上着をいすの背に―・ける」❷軽く腰を掛ける。ちょっとともたせかける。「捨舟の端に腰―・けて瀬戸内海を眺めた時」〈虚子・俳諧師〉❸(「撃ち掛ける」とも書く)相手に向けて銃砲などを発射する。「鉄砲を―・ける」❹打とうとする。途中まで打つ。「ボールを―・けて止める」❺打ちおろしてひっかける。「舟のうちより熊手をもって…二三度まで―・けけるを」〈平家・一一〉❻浴びせかける。「(酒ヲ)家あるじに、頭より―・けて」〈宇治拾遺・三〉

うち-かさな・る【打(ち)重なる】〔動ラ五(四)〕❶重なり合う。折り重なる。「人々が―・るようにして倒れた」❷同じような事が繰り返し起こる。「―・る災難」

うち-がし【内貸し】〔名〕スル 報酬・賃金などの一部を前払いすること。

うち-がし【打(ち)菓子】うちグワシ ►打ち物❹

うち-かた【内方】❶うち。家の中。「女房と母親のみは去るべきところなければ―に残り居れば」〈露伴・辻浄瑠璃〉❷商家で、店に対して家族の生活している所。「でっちは、又―へ聞こゆる程手本読みて手習ひするは」〈浮・胸算用・二〉❸他人・相手の家の敬称。お宅。「卒爾そつじながら久作様は―でござんすかえ」〈浄・歌祭文〉❹他人の妻を敬っていう語。奥方。「―は悋気りんき深し」〈浮・一代女・四〉

うち-かた【打(ち)方｜撃(ち)方】❶銃砲・碁・鼓・球などを打つ方法。❷銃砲を撃つこと。「―、やめ」

うち-がたな【打(ち)刀】刃を上にする形で腰帯に差す刀。敵と切り合うための長い刀で、鍔つばをつける。鍔刀つばがたな。打ち太刀。➡腰刀 ➡太刀たち

うち-かたぶ・く【打ち▽傾く】㊀〔動カ四〕❶首を傾けて不審そうなようすをする。「稚児ちごの、目に髪の覆へるをかきはやらで、―・きて物など見たるも、うつくし」〈枕・一五一〉❷樹木などが、傾く。「雨いたく降り、東風こちはげしく吹きて、一筋二筋、―・きたれば」〈かげろふ・中〉㊁〔動カ下二〕一方に傾ける。斜めになるようにする。「頼盛も甲かぶとを―・け―・け、あひしらはれければ」〈古活字本平治・中〉

うち-かたら・う【打ち語らふ】うちかたらふ〔動ハ四〕❶語り合う。話し合う。「はかなき物語などにつけて―・ふ人」〈紫式部日記〉❷男女が言い交わす。契る。「細やかに―・ひ給へる間ひまに、見るかひありて」〈狭衣・四〉

うち-か・つ【打(ち)勝つ】〔動タ五(四)〕❶㋐「勝つ」を強めていう語。「宿敵に―・つ」㋑(「打ち克つ」とも書く)困難や苦しみなどを乗り越える。克服する。「誘惑に―・つ」❷野球・テニスなどで、激しく打ちあったすえに相手に勝つ。「点を取り合う乱戦に―・つ」

［可能］うちかてる

［類語］耐える・持ち堪こたえる・踏み堪こたえる・凌しのぐ

うち-かぶと【内×兜｜内×冑】❶兜の眉庇まびさしの内側。また、そこに接する額ひたいの部分。❷内々の事情。特に、弱点。

内兜を見透みすか・す　相手の内情や弱点を見抜く。足もとを見る。「飛んだ―・されましたが」〈露伴・椀久物語〉

うち-がま【内釜】❶炊飯器で、といだ米を入れる内側の容器。❷釜が風呂桶の内部に取り付けられていること。現在では、釜の部分が浴室内にある構造をいう。⇔外釜。

うち-がみ【内神】九州南部などで、本家の屋敷内に祭る神。関東地方北部では氏神とよぶ。同族の祖霊神としての性格が濃い。

うち-がみ【打(ち)紙】石盤の上で木槌で打ってつやを出した紙。つや出しには蝋や油を用いる。

うち-がり【内借り】〔名〕スル 報酬・賃金などの一部を前もって借りること。前借り。

うち-がわ【内側】❶ある物や仕切りの、中のほう。内部。内面。「―から鍵を掛ける」⇔外側。❷ある範囲の中で、中心または手前に寄ったほう。「―のコースを走る」⇔外側。❸その事柄と関係のある側。内部。「事件を―から見る」⇔外側。

〔類語〕内部・内・中・内面・間・胸・内方・内奥

うち-かわ・す【打(ち)交(わ)す】〔動サ五(四)〕❶互いにやり取りする。「別離の言葉が―・される」〈花袋・春潮〉❷互いに重ねる。互いに交える。「しら浪に羽―・し浜千鳥かなしきものは夜の一声」〈新古今・冬〉

うち-かわ・る【打(ち)変(わ)る】〔動ラ五(四)〕「打って変わる」に同じ。「変わる」を強めていう語。「今迄の傾城買いとは、裏と表のように、―・った狂言として」〈菊池寛・藤十郎の恋〉

うち-かんれい【内管▽領】鎌倉時代、執権北条氏の家司。元来は北条氏の家政を執る私的な役職にすぎなかったが、鎌倉末期には執権の後見役として政務を処理し権勢を振るった。ないかんれい。

うち-き【内気】〔名・形動〕気が弱く、人前では、はきはきしない性格。また、そのさま。「―な人」

〔類語〕弱気・引っ込み思案・気弱・内弁慶・陰弁慶・臆病・大人しい・こわがり・小心・小胆・怯懦・怯弱・意気地なし・温順・柔順・従順・温柔・温良・順良・素直・穏和・おだやか・物静か・おとなしやか・控えめ・優しい

うち-き【打(ち)気】野球で、打者が積極的に打とうとする気持ち。「―にはやる」「―をそらす」

うち-き【×袿】《「うちぎ」とも》平安時代以来、貴族の男性が狩衣や直衣の下に着た衣服。女性の場合は唐衣の下に着た。単に衣ともいわれる。

うち-ぎき【打ち聞き】❶ちょっと聞くこと。ふと聞き込んだ話。「深き筋思ひ得ぬほどの、―にはをかしかなりと耳もとまるかし」〈源・常夏〉❷聞きつけたことを、書きとめること。また、その記録。聞き書き。「人と言ひ交したる歌の聞こえて、―などに書き入れらるる」〈枕・二七六〉

うちぎきしゅう【打聞集】平安末期の仏教説話集。下巻だけ、長承3年(1134)の写本が現存する。作者未詳。漢字片仮名交じりの文体で書かれ、インド・中国・日本の説話27編を収録。

うち-き・く【打ち聞く】〔動カ四〕ちらっと聞く。小耳にはさむ。「人の―・くばかりのことは、女房、童部、申し伝へぬやうやは侍る」〈大鏡・道長下〉

うち-きず【打(ち)傷】物に打ちつけ、または打たれてできた傷。打ち身。打撲傷。

〔類語〕打ち身・打撲傷・挫創・挫傷

うちき-すがた【×袿姿】袿だけのくつろいだ姿。男性は直衣・狩衣などを、女性は裳・唐衣などを省いた略装。

うち-ぎぬ【打▽衣】❶《砧で打って光沢を出した衣の意》袿の一種。表着の下、重ねの袿の上に着用。貴族の女性が正装のとき着用したが、のちには男子も用いた。地質は平絹または綾、色は紅が多い。打ち物。❷►衵❶

うちき-ばかま【×袿×袴】►けいこ(袿袴)

うち-きょう・ずる【打(ち)興ずる】〔動サ変〕図うちきょう・ず〔サ変〕非常におもしろがる。熱中する。うちきょうじる。「トランプに―・ずる」

うち-ぎらい【内嫌い】家にいることを嫌い、外出ばかりしたがること。また、そのような人。出好き。⇔外嫌い。

うち-きら・す【打ち▽霧らす】〔動サ四〕霧・雨・雪などが、空を一面に曇らせる。「―・し雪は降りつつ然すがに吾家の園に鶯鳴くも」〈万・一四四一〉

うち-きり【打(ち)切(り)】❶途中でやめにすること。中止。「審議を―にする」❷碁・花札などを、打ち終わること。

うちきり-ほしょう【打(ち)切(り)補償】労働基準法による災害補償の一。業務上の傷病が療養開始後3年を経過しても治らない場合、使用者が平均賃金の1200日分の金額を一時金として支払うことによって将来の補償を打ち切るもの。

うち-き・る【打(ち)切る】〔動ラ五(四)〕❶物事を中途でやめにする。中止する。「交渉はこれで―・る」❷強く切る。断ち切る。「弓―・り杖につき」〈平家・四〉〔可能〕うちきれる

〔類語〕やめる・切り上げる・よす・断つ・中止する・とりやめる・休止・停止・中断・中絶・ストップ・沙汰止み・お流れ・立ち消え・途絶・断絶

うち-きん【内金】売買代金や請負報酬などの一部として前払いされる金銭。契約時の内金は、手付けの性質をもつ場合も少なくない。〔類語〕頭金・手付け

うち-きん【打(ち)金】値段の異なる二つの品物を交換するとき、その差額分として支払う金銭。

うちくい 沖縄の八重山諸島などで使われる伝統的な大判の布。風呂敷のようにものを包むほか、女性が頭にかぶるなどして使われる。

うち-く・う【打ち食ふ】〔動ハ四〕さっさと食べる。無雑作に食べる。「精進物のいとあしきを―・ひ」〈枕・七〉

うち-ぐ・す【打ち具す】〔動サ変〕❶ちゃんとそろっている。きちんと備わる。「親―・し、さしあたりて世の覚えはなやかなる御方々」〈源・桐壺〉❷連れ立つ。たずさえる。「―・しては、つきなからむさまを思ひかへし給ふ」〈源・須磨〉

うち-くず・す【打(ち)崩す】〔動サ五(四)〕❶考え方・雰囲気などをこわす。「古い観念を―・す」❷野球で、連続して安打を打ち、相手の投手を降板させる。「先発投手を―・す」〔可能〕うちくずせる 〔類語〕破壊・損壊・破損・破砕・砕破・全壊・壊滅・毀損・壊す・叩き壊す・打ち壊す・ぶち壊す・取り壊す・打ち砕く

うち-くだ・く【打(ち)砕く】〔動カ五(四)〕❶強い力で壊す。粉々にする。「氷を―・く」❷物事を徹底的にこわしてだめにする。「自負心を―・く」❸話などをわかりやすくする。かみくだく。「―・いて説明する」〔可能〕うちくだける

〔類語〕ぶち壊す・打ち壊す・取り壊す・破壊・壊す・叩き壊す・毀損・損壊・破損・破砕・砕破・全壊・壊滅

うち-くっ・す【打ち屈す】〔動サ変〕元気なくふさぎ込む。がっくりと気落ちする。「侍従、大夫などのあながちに―・したるさま、いと心苦しけれ」〈十六夜日記〉

うち-くつろ・ぐ【打ち▽寛ぐ】〔動ガ五(四)〕からだも心もゆったりと楽にする。のんびりする。「―・いで語らう」

うち-くび【打(ち)首】罪人の首を切る刑罰。斬罪。斬首。

うち-ぐもり【内曇(り)】❶上下に雲形を漉き出した鳥の子紙。色紙や短冊に用いる。普通は上を青く、下を紫にするが、凶事にはその反対にする。雲紙。❷京都市右京区鳴滝産の砥石。卵色に紫の模様がある。主に刀剣用。

うち-ぐら【内蔵】《「うちぐら」とも》❶三蔵の一。古代、朝廷の官物を収納した倉庫。うちつくら。うちのくら。❷母屋と軒続きに建ててある蔵。家の内部から出入りする。➡庭蔵 ❸金持ち。「客の中での―と存ずる方から古き蚊屋を賜る」〈浮・好色盛衰記・一〉

うち-ぐり【打ち×栗】かち栗を蒸し、砂糖を加え、つぶして平たくした菓子。近世、甲斐の名産。

うち-ぐるま【内車】❶機械の内側に装置した車輪。⇔外車。❷自家用の人力車。

うち-ぐるわ【内▽郭】城の内部にさらに築かれた郭。また、それに囲まれた区域。➡外郭

うち-くわ・す【打ち食はす】〔動サ下二〕矢をしっかりと弓につがえる。「中差し取って―・せ、よっ引いて…ひゃうふっと射て」〈平家・一一〉

うち-くん・ず【打ち▽屈す】〔動サ変〕「うちくっす」の音変化。「かかる者は、―・じたるこそあはれなれ、うたても華やかなるかな」〈能因本枕・九一〉

うち-げいこ【内稽古】師匠が弟子を自宅に来させて行うけいこ。⇔出稽古。

うち-げいしゃ【内芸者】遊女屋・料理屋などが抱えておく芸者。

うち-けし【打(ち)消し】❶そうではないと言うこと。否定。❷文法で、❶の意を表す言い方。文語では助動詞「ず」「じ」「まじ」、口語では助動詞「ない」「ぬ」「まい」などを付けて言い表す。

うち-け・す【打(ち)消す】〔動サ五(四)〕❶そうではないと言う。否定する。「辞任のうわさを―・す」❷消し去る。聞こえなくする。「こがらしの音に声が―・される」❸「消す」を強めていう語。「彦右衛門火を―・しながら」〈露伴・いさなとり〉〔可能〕うちけせる

〔類語〕否定・否認

うち-ゲバ【内ゲバ】《ゲバは「ゲバルト」の略》主に学生運動の諸派閥あるいは一組織内での対立から起こる実力抗争。

うち-けはい【内気配】❶取引で、立ち会い時間外に予想してつけられる相場。❷近く正式に取引される予定の未公開株などに、予想でつけられる相場。

うち-げんかん【内玄関】家族など、主に内輪の人が日常出入りするのに使う玄関。ないげんかん。⇔表玄関。

うち-けんち【内検地】江戸時代、幕府の命によって行われる検地に対して、藩内限りで独自に実施された検地。➡検地

うち-こ【打(ち)粉】❶刀剣の手入れに用いる砥粉。❷汗取りのために皮膚につける粉。汗取りの粉。天花粉の類。❸そば・うどん・餅などを伸ばすときに、粘り付かないように振りまく粉。でんぷん・小麦粉などを用いる。

うち-こう【内校】出版社などに校正刷りを見せる前に、印刷所が内部で校正をすること。

うちごう【内郷】福島県いわき市の中央部の地区。旧市名。炭鉱町として発展。白水に国宝の阿弥陀堂がある。➡いわき

うち-ごうし【内格子】❶内側に引き上げて開ける格子。⇔外格子。❷家の内側にある格子。⇔外格子。❸江戸時代の歌舞伎劇場の桟敷の名。東西の2階桟敷の舞台寄り8間をいうことが多い。主として江戸歌舞伎でいった。

うち-こさく【内小作】江戸時代、地主の家で、住み込みの下男などが主家の田地の一部を、一定期間小作したこと。

うち-こし【打(ち)越し】❶連歌・連句で、付句の前々句のこと。付句をする場合、この句と題材、趣向が似ることを嫌う。❷(❶をしゃれて用いて)次の宿で休まず、その先の宿まで行くこと。「ふた川まで―だがいいか」〈滑・膝栗毛・四〉❸「打ち越し酒」の略。❹江戸時代の商慣習の一。貨物を江戸の問屋を通さないで、奥羽と上方で直接やりとりすること。また、その貨物。

うちこし-ざけ【打ち越し酒】酒宴の席で、席順などによらず、名ざしで杯を差すこと。「酔ひのまぎれに年一つ―の二年酔ひかな」〈虎明狂・餅酒〉

うちこし-だるき【打(ち)越し垂木】社寺建築で、母屋から向拝柱の上に架け渡した垂木。

うち-ことば【打(ち)言葉】(「話し言葉」「書き言葉」に対して)携帯電話やパソコンのキーを使って(打って)書かれた語句・語法。また、その文章。メールに使われる絵文字・顔文字や「アケオメ(明けましておめでとう)」などの略語による簡略化した表現や、漢字を多用するなどの特徴があるとされる。

うちこ-ないしんのう【有智子内親王】[807〜847]平安初期の女流漢詩人。嵯峨天皇の皇女。初代の賀茂斎院となった。その詩は「経国集」に採録。

うち-こぼ・る【打ち▽零る】〔動ラ下二〕こぼれる。あふれる。「—・るる涙のあつくてかかるに」〈かげろふ・中〉

うち-こみ【打(ち)込み】❶たたいて中へ入れること。「杭の—」❷物事に熱中すること。また、人にほれこむこと。「仕事への—はすさまじい」❸剣道などで、相手に打ってかかること。柔道では、相手と組んで一方が続けざまに技をかける練習法。❹囲碁の用語。㋐相手の陣内に石を置くこと。㋑相手に何回か勝ち越して、手直りをすること。❺㋐テニス・卓球などで、相手側へ強い球を打ち返すこと。スマッシュ。㋑野球・テニスなどで、繰り返し球を打つ練習をすること。❻コンクリートを、枠の中に流しこむこと。打設。❼歌舞伎で、幕明き・幕切れに大太鼓を勢いよく打つこと。❽能の基本的な型で、手に持った扇などを頭上からまっすぐ前方へさし下ろす動作。❾人形浄瑠璃の人形の型で、刀などをかざしながら足拍子を踏むもの。戦いのようすを表す。❿釣りで、ねらった所へ仕掛けやえさを入れること。⓫織物で、横糸を縦糸の間へ強く入れること。⓬《「うちごみ」とも》秩序がなく入り乱れること。「—の戦好まぬものなり」〈平家・九〉

うち-こ・む【打(ち)込む】〔動マ五(四)〕❶上から強くたたいて中へ入れる。「くぎを—・む」❷㋐球技で相手の陣などに球を打って入れる。「ライトスタンドに—・む」㋑(「撃ち込む」「射ち込む」とも書く)弾丸や矢を発射して敵に当てる。「敵陣へ砲弾を—・む」❸その事に全精力を注ぐ。熱中する。夢中になる。「仕事に—・む」❹頭や精神に強く入れる。「卵の如き青年の頭脳へ、社会主義など—・んで」〈木下尚江・火の柱〉❺剣道・ボクシングなどで、相手のすきをついて打ってかかる。「胴へ—・む」❻碁で、相手の陣内に石を打つ。❼㋐テニス・卓球などで、相手のコートに、強烈な球を打ち返す。「左サイドに—・む」㋑野球で、相手投手に集中打を浴びせる。「—・まれて降板する」㋒野球・テニスなどで、時間をかけて、多くの球を打つ練習をする。「納得が行くまで—・む」❽コンクリートを枠に流し入れる。「ビルの基礎を—・む」❾順序なく入りまじる。入り乱れる。「後ろに三百余騎は—・みてありけり」〈愚管抄・六〉[可能]うちこめる
[類語]専念・専心・没頭・没入・傾注・明け暮れる

うち-ごろ【打(ち)頃】野球で、打者がヒットを打つのに都合のよさそうなこと。「—の球を見逃す」

うち-ころ・す【打(ち)殺す】〔動サ五(四)〕❶たたき殺す。「棒で—・す」❷(「撃ち殺す」「射ち殺す」とも書く)弾丸や矢を命中させて殺す。「銃で—・す」❸表に出ないように感情などを抑える。「よし事実に棒を引いたって、感情を—・す訳には行かないからね」〈漱石・道草〉❹「殺す」を強めていう語。ぶっ殺す。「落人のあらんずるをば、用意して—・せ」〈平家・八〉[可能]うちころせる
[類語]絞め殺す・縊る・刺し殺す・噛み殺す・轢き殺す・殴り殺す・叩き殺す・ぶち殺す

うち-ごろも【▽裏衣】一般の僧の着る単の法服。「那智ごもりの僧どもも、みな—の袖をぞぬらしける」〈平家・一〇〉

うち-こわし【打(ち)壊し｜打ち▽毀し】❶たたいたりしてこわすこと。❷江戸中期以降、凶作や買い占めなどで生活難におちいった民衆が、集団で米屋・高利貸し・酒屋などの富商を襲って家屋などを破壊し、米・銀などを奪ったこと。

うち-こわ・す【打(ち)壊す｜打ち▽毀す】〔動サ五(四)〕❶たたくなどして強い力を加え、物を破壊する。「蔵を—・す」❷出来上がっている物事などをだめにする。ぶちこわす。「計画を—・される」[可能]うちこわせる
[類語]ぶち壊す・取り壊す・打ち砕く・破壊・壊す・叩き壊す・毀損・損壊・破損・破砕・砕破・全壊・壊滅

うち-ささめ・く〔動カ四〕ひそひそと話す。「—・き言ふことどもを聞き給へば」〈源・帚木〉

うち-ざた【内沙汰】事を内々で処理すること。正式の訴訟を起こさずに、内輪で取りはからうこと。「まず—にしてみさっしゃれい」〈狂言記・内沙汰〉[対]表沙汰。

うちざた【内沙汰】狂言。和泉流。大蔵流では「右近左近」。左近の牛に稲を食われた臆病者の右近は、訴訟しようと女房を地頭に見立ててけいこをするが、それでもおどおどするので女房にどなられ、結局は夫婦げんかとなる。

うち-さぶらい【内▽侍】鎌倉時代、母屋から続く東西の廊に設けられた、警備・宿直のための武士の詰め所。⇒遠侍 ⇒外侍

うち-さま【内様】朝廷方。官軍方。「その上鎮西の者どもをば—にこそ召されしか」〈平家・八〉

うち-さわ・ぐ【打ち騒ぐ】〔動ガ四〕❶騒がしくする。「この女ども、—・ぎて」〈平中・一七〉❷激しく動く。「嘆きつつ秋の御空を眺むれば雲—・ぎ風ぞ激しき」〈和泉式部日記〉❸心が動揺する。「后はなほ胸—・ぎて」〈源・少女〉

うち-しお・れる【打ち▽萎れる】〔動ラ下一〕[文]うちしを・る〔ラ下二〕❶草木が生気なくしぼんだ状態になる。「炎天続きで庭の草花が—・れる」❷気力がくじける。しょげかえる。「伴侶を失い見る影もなく—・れる」❸衣服がぬれて、くたくたになる。「海人の袖—・れ」〈海道記〉

うち-しき【打(ち)敷(き)】❶菓子などを器に盛るとき下に敷く白紙。❷調度などの下に敷く布。「さし油するに、灯台の—を踏みて立てるに」〈枕・一〇八〉❸仏具などの敷物。「金入りの鳳凰の小袖は—、花車の縫ひの袷は天蓋、幡にして」〈浮・織留・一〉

うち-しき・る【打ち▽頻る】〔動ラ四〕たび重なる。ひっきりなしに続く。「参う上り給ふにも、あまり—・るをりをりは」〈源・桐壺〉

うち-しぐ・る【打ち時＝雨る】〔動ラ下二〕❶さっと時雨が降る。「今日ぞ冬立つ日なりけるも著く—・れて、空の気色いとあはれなり」〈源・夕顔〉❷涙を流す。涙ぐむ。「まみの辺り—・れて、ひそみ居たり」〈源・若菜上〉

うち-しず・む【打(ち)沈む】〔動マ五(四)〕元気をなくして、ふさぎこむ。「悲しみに—・む」

うちじに【討(ち)死に】〔名〕スル❶戦場で敵に討たれて死ぬこと。戦死。「関ヶ原の戦いで—する」❷(「…と討ち死にする」の形で)ある物事に生命を懸けるほど打ち込むこと。「仕事と—する」
[類語]切り死に・戦死・戦没・陣没

うち-しゅ【内衆】その家に使われている人々。使用人・家来など。「主人達から—まで、人らしい人はない」〈浄・女護島〉

うち-じゅう【▽家中】❶家の中全体。「—ちらかしている」❷家の中の者全員。家族みんな。「—で花見に行く」

うち-しょく【内食】〔名〕スル《「ないしょく」とも》家庭で食材を料理して食事を食べること。また、その食事。⇒中食 ⇒外食

うち-す【打ち▽為】〔動サ変〕❶ちょっとする。無雑作にする。「帯ばかり—・したる若き法師ばら」〈枕・一二〇〉❷雨などがさっと降る。「時雨—・して、ものあはれなる暮れつ方」〈源・葵〉

うち-す・える【打(ち)据える】〔動ア下一〕[文]うちす・う〔ワ下二〕❶起き上がれなくなるほど、ひどくたたく。「むちで—・える」❷言い負かす。やり込める。「手際よく相手を—・える代りに」〈漱石・彼岸過迄〉❸しっかりとすえる。「土台を—・える」
[類語]打つ・叩く・殴る・ぶつ・小突く・ひっぱたく・叩きのめす・ぶん殴る・殴り飛ばす・殴りつける・張る・食らわす

うち-すが・う【打ち▽次ふ】〔動ハ四〕❶力量などが同じくらいである。匹敵する。「中の君も、—・ひて、あてになまめかしう澄みたるさまは」〈源・紅梅〉❷間を置かずに動作をする。引き続く。「皆同じ程、少し—・ひなどして出でさせ給へば」〈栄花・布引の滝〉

うち-す・ぎる【打(ち)過ぎる】〔動ガ上一〕[文]うちす・ぐ〔ガ上二〕❶打つ程度が過ぎる。「強く—・ぎて太鼓が破れる」❷日数や時間が経過する。「日ごろは無音に—・ぎ」❸ある場所を通り過ぎる。「藤波の—・ぎがたく見えつるは」〈源・蓬生〉❹度が過ぎる。「母代が—・ぎ賢しきも」〈狭衣・三〉

うち-す・てる【打(ち)捨てる】〔動タ下一〕[文]うちす・つ〔タ下二〕❶㋐構わないでおく。ほったらかしにする。「この件は—・ててはおけない」㋑思いきって捨てる。「いとはしたなくて、蘆も—・てて逃げにけり」〈大和・一四八〉㋒あとに残して行く。見捨てる。「さりとも—・てては、え行きやらじ」〈源・桐壺〉❷切って捨てる。「敵の兵したひよれば踏みとまり、切り捨て—・て」〈浄・国性爺〉[類語]うっちゃらかす・うっちゃる・ほったらかす・閑却

うち-ずみ【内住み】宮中で生活すること。「—のみ好ましうおぼえ給ふ」〈源・桐壺〉⇒里住み

うちぜい-ほうしき【内税方式】▶消費税総額表示

うち-せん【内×鑯】刃のついた面が外側に湾曲している鉋。桶板の内側や屋根のこけら板などを削るのに用いる。[対]外鑯。

うち-そ【打ち▽麻】打って柔らかくした麻。「娘子らが績麻の絡垜—掛けうむ時なしに恋ひ渡るかも」〈万・二九九〇〉[補説]一説に用例の原表記「打麻」を「うつそ」と読み、「全麻」の意とする。

うち-そ・う【打ち添ふ】[一]〔動ハ四〕付き添う。加わる。「おぼつかなく悲しきことの、—・ひて絶えぬを」〈源・若菜上〉[二]〔動ハ下二〕つけ加える。「幸ひに—・へて、なほあやしうめでたかりける人なりや」〈源・少女〉

うち-そで【内袖】❶和服の、前身頃の側の袖。前袖。[対]外袖。❷洋服で、二枚の布でつくる二枚袖の場合の内側になる部分。[対]外袖。

うち-そと【内外】❶内部と外部。ないがい。「家の—を掃除する」❷数量がほぼその程度であること。「五十年の—何して暮せばとて」〈浮・永代蔵・四〉

うちそ-やし【打ち▽麻やし】〔枕〕《「やし」は間投助詞》麻を績む意から「をうみ」の略の「をみ」にかかる。「—麻績の子ら」〈万・三七九一〉[補説]用例の原表記「打十八為」を「うつそやし」と読む説もある。

うち-ぞり【内反り】刀身の反りが、刃のほうに反っていること。[対]外反り。

うち-そろ・う【打ち×揃う】〔動ワ五(ハ四)〕全部が一つにまとまる。きちんとそろう。「家族—・って出かける」

うちそ-を【打ち▽麻を】〔枕〕《「を」は間投助詞》「をみ」にかかる。うつそを。「—麻続王海人なれや」〈万・二三〉

うちだ-いつみ【内田五観】[1805〜1882]幕末・明治初期の数学者。江戸の人。通称、恭。日下誠・高野長英に数学・蘭学を学ぶ。明治政府に仕えて太陽暦の採用に貢献。著「古今算鑑」など。

うち-たえ【打ち絶え】〔副〕《動詞「うちたゆ」の連用形から》全く。ひたすら。「—御精進にて、朝夕つとめ行なはせ給ふ」〈増鏡・久米のさら山〉

うちたえ-て【打ち絶えて】〔副〕(あとに打消しの語を伴って)全く。一向に。「—御湯などをだに御覧じいるることなくて」〈増鏡・藤衣〉

うち-た・える【打(ち)絶える】〔動ア下一〕[文]うちた・ゆ〔ヤ下二〕交際や文通などがすっかり絶える。ぷっつりとぎれる。「丸で田口の家と—・えた訳ではなかったので」〈漱石・彼岸過迄〉

うち-たお・す【打(ち)倒す】〔動サ五(四)〕❶たたいたり殴ったりして倒す。「強烈なパンチで相手を—・す」❷(「撃ち倒す」とも書く)銃砲などでうって倒す。「敵の軍勢を—・す」❸完全に負かす。破る。「強豪を—・す」「独裁政権を—・す」[可能]うちたおせる
[類語]打ち破る・薙ぎ倒す・打ち負かす・打ち取る・打ち果たす・やっつける・倒す・撃破・打倒

うち-だか【内高】江戸時代、幕府公認の石高に対して、実質上の石高。藩独自の検地に基づき、実際に年貢を課する対象とした石高。[対]表高。

うちだ-ぎんぞう【内田銀蔵】[1872〜1919]経済史学者。東京の生まれ。京大教授。日本経済史研究の開拓者。日本史研究の近代的学風を確立。著「日本近世史」「経済史」など。

うちだ-こうさい【内田康哉】[1865〜1936]外交官・政治家。熊本の生まれ。明治末から五度外相

を務めた。満州事変後、満鉄総裁、斎藤内閣の外相となり、幣原しではら協調外交に対して、焦土外交とよばれる強硬な外交政策を推進した。

うち-だし【打(ち)出し】❶《打ち出し太鼓」から》芝居・相撲で、1日の興行の終わり。また、その合図。はね。❷金属板の裏面から模様や浮き彫りを打ち出す金工技法。鎚鍱ついちょう。❸「出衣いだしぎぬ❷」に同じ。❹近世、検地によって表高おもてだかより余り地の出ること。打ち出し高。竿さお延び。類語終演・閉幕・はね

うちだし-だいこ【打(ち)出し太鼓】芝居・相撲などで、1日の興行の終わりを告げるため打つ太鼓。

うち-だ・す【打(ち)出す】〔動サ五(四)〕❶㋐太鼓などを打ちはじめる。「鐘を—・す」㋑(「撃ち出す」とも書く)鉄砲などを打ちはじめる。また、弾丸などを打って出す。「大砲を—・す」❷金属などを裏から打って模様を表に出す。「唐草模様を—・した飾り金具」❸芝居・相撲などで、その日の興行が終わった合図に太鼓を打つ。「観客を送る太鼓を—・す」❹主張などをはっきり示す。提案する。「具体策を—・す」❺コンピューターのデータを紙に印刷する。プリントアウトする。「会議の資料を—・す」❻はっきりと口に出す。「実の女の口よりえ言はぬ事を—・して言ふゆゑ」〈難波土産・発端〉可能うちだせる

うちだ-せいのすけ【内田清之助】[1884〜1975]鳥類学者。東京の生まれ。農林技師として日本の野鳥保護行政に尽力し、「鳥の博士」として知られた。著「日本鳥類図説」「鳥学講話」など。

うち-だち【打(ち)太-刀】❶►打ち刀 ❷剣道の型を行うとき、師の位にあって常に技を仕掛ける人。技を受ける人を仕太刀しだちという。

うち-た・つ【打ち立つ】㊀〔動タ四〕❶立っている。「小さき家の前に—・ちて」〈今昔・二九・一四〉❷出発する。出かける。「卯の刻にすでに—・たんとしけるに」〈平家・六〉❸熱中して打つ。賭かけ事などに夢中になる。「この御博奕ばくちは、—・たせ給ひぬれば」〈大鏡・道隆〉㊁〔動タ下二〕「うちたてる」の文語形。

うち-た・てる【打(ち)立てる】〔動タ下一〕文うちた・つ〔タ下二〕❶物事をしっかりと定める。確立する。「新記録を—・てる」❷盛んに打つ。打ちまくる。「合図の鐘を—・てる」❸物をしっかりと立てる。「中黒の旗はた二流れ—・て」〈太平記・二二〉

うちだ-とむ【内田吐夢】[1898〜1970]映画監督。岡山の生まれ。本名、常次郎。社会的に抑圧された人間の苦闘を描いた。代表作は、「生ける人形」「土」「飢餓海峡」など。

うちだ-ひゃっけん【内田百閒】ひゃっけん[1889〜1971]小説家・随筆家。岡山の生まれ。本名、栄造。別号、百鬼園。夏目漱石に師事し、風刺とユーモアに富む独特な作風を示した。著に小説集「冥途」、随筆集「百鬼園随筆」など。

うちだ-よしかず【内田祥三】[1885〜1972]建築学者。東京の生まれ。東大教授、のち同総長。関東大震災後の東京の都市計画を指導した。文化勲章受章。著「建築構造汎論」など。

うちだ-りょうへい【内田良平】りょうへい[1874〜1937]右翼運動指導者。福岡の生まれ。明治34年(1901)黒竜会を創立、大陸進出を唱えた。韓国併合の黒幕として活躍、のちに満蒙まんもう独立運動を推進。

うちたれ-がみ【打(ち)垂れ髪】結い上げないで垂らした髪。中古・中世の女性や小児の普通の髪形。

うちだ-ろあん【内田魯庵】[1868〜1929]文学者。東京の生まれ。本名、貢。別号、不知庵。「罪と罰」「復活」などのロシア文学を翻訳・紹介。社会小説も連作。小説「くれの廿八日」、短編小説集「社会百面相」、文壇回顧録「思ひ出す人々」など。

うち-ちがい【打(ち)違い】ちがひ❶まちがって打つこと。また、打ったもの。うちちがえ。「入力キーの—」❷十字形に交差すること。また、その形。ぶっちがい。「ひもを—に結ぶ」
類語クロス・交差・交わる・筋交い・立体交差

うち-ちが・う【打(ち)違う】ちがふ㊀〔動ワ五(ハ四)〕❶「打ち違える❶」に同じ。「タイプを—・う」❷交差する。十字形になる。「木を—・うように組む」㊁〔動ハ下二〕「うちちがえる」の文語形。

うち-ちが・える【打(ち)違える】ちがへる〔動ア下一〕文うちちが・ふ〔ハ下二〕❶まちがって打つ。打ちまちがえる。うちちがう。「入力キーを—・える」❷交差させる。「糸を—・えて編む」❸武器を取って互いに打ち合う。「十郎は、ちぢに腹を切り、—・へても、あかず思ひけれども」〈曽我・四〉

うち-ちょう・ず【打ちちょうず】〔動サ変〕たたいてこらしめる。「この翁丸おきなまろ—・じて、犬島へつかはせ」〈枕・九〉補説「ちょうず」は「懲ず」とも「調ず」とも考えられる。

うち-ちょうちゃく【打ち^×打^×擲】ちゃうちゃく〔名〕スル「打擲ちょうちゃく」を強めていう語。「場合によっては、—もするではないか」〈芥川・偸盗〉

うち-ちら・す【打(ち)散らす】〔動サ五(四)〕❶棒などでたたいて追い散らす。「金火箸ほどのステッキで右往左往に—・し」〈蘆花・思出の記〉❷(「討ち散らす」とも書く)攻めて追い払う。「浮き足だった敵の軍勢を—・す」❸ばくちなどをむやみに打つ。「双六すぐろくばくちを—・し」〈仮・竹斎・上〉❹「散らす」を強めていう語。「—・し給へる物どもとりしたたむ」〈落窪・一〉可能うちちらせる

うち-ちん【打(ち)賃】❶絹などの布を打って柔らかくする仕事の工賃。❷両替する際に、両替屋に払う手数料。切り賃。

うち-つ【内つ】〔連語〕《「つ」は「の」の意の格助詞》❶内の。内部の。❷宮中の。内裏だいりの。

うち-つ-おみ【内つ^▽臣】❶律令制施行前、左右大臣とともに天皇を補佐した官。うちつまちきみ。❷律令制以後、左右大臣に準じるとされた官。令外りょうげの官の一。内大臣ないだいじん。うちのおとど。

うち-つ・ぐ【打ち継ぐ】〔動ガ四〕あとに続く。引き続く。「大臣殿おとどのに—・ぎ奉りては、この君ぞ幸ひおはしましける」〈落窪・四〉

うち-つ-くに【内つ国】❶都のある国。大和国。「東のかた胆駒いこまの山を踰こえて、—に入らむと欲す」〈神武紀〉❷都に近い地方。近畿地方。畿内。「北は近江の狭々波の合坂山おうさかやまより以来を—とす」〈中臣連重本孝徳紀〉❸外国に対して日本の国のこと。「(仏法ヲ)帝国みかどに伝へ奉りて、—にあまねく通はさむ」〈欽明紀〉

うち-つけ【打(ち)付け】〔形動〕文〔ナリ〕❶物事が急に進むさま。また、急に行動をしたりするさま。いきなり。だしぬけ。突然。「お勢の袖を扣ひかえて—に掻口説かきくどく外、他に仕方もないが」〈二葉亭・浮雲〉❷露骨なさま。無遠慮なさま。「野暮な姿と—の悪にくまれ口を」〈一葉・たけくらべ〉❸唐突で失礼なさま。ぶしつけ。「—のやうに侍れど」〈浜松・三〉❹軽率なさま。「—にまどふ心ときくからに慰なぐさめやすく思ほゆるかな」〈大和・七八〉❺ぴったりなさま。うってつけであるさま。「おまつどのには—ぢゃわいの」〈伎・梅柳若葉加賀染〉

うちつけ-がき【打(ち)付け書(き)】❶手紙で、あいさつなどの前文を略して、いきなり用件だけを書くこと。❷手紙の上書きに、脇付わきづけをしないこと。多く目下の者へあてるときにする。❸絵画・文章などを、下書きなしにいきなり書くこと。

うちつけ-ごころ【打ち付け心】突然生じた心。できごころ。「—ありて参り来むにだに」〈源・手習〉

うちつけ-ごと【打ち付け言】ふと思いついたことを、そのまま口に出すこと。また、その言葉。「幸ひ人の光失ふ日にて、雨はそぼ降るなりけりと、—し給ふ人もあり」〈源・若菜下〉

うちつけ-ごと【打ち付け事】思いがけない出来事。「人の心々もひき別るるやうに、—ども出で来けり」〈増鏡・あすか川〉

うちつけ-め【打ち付け目】ちらっと見ること。ちょっと見。「—かと、なほ疑はしきに」〈源・浮舟〉

うち-つ・ける【打(ち)付ける】〔動カ下一〕文うちつ・く〔カ下二〕❶釘くぎなどで打って、取り付ける。「雨戸に板を—・ける」❷強く打つ。ぶっつける。「鴨居かもいに頭を—・ける」❸火打ち石を打って火をつける。「母は錠をあけてはいり、火を—・ける」〈人・閑情末摘花・一〉❹露骨に事を行う。遠慮なくする。「いやながらかなえてもやるべしと、—・けたる文章」〈浮・五人女・三〉❺うってつけである。格好である。「—・けたよい敵かたき、不足はあるまい」〈浄・加増曽我〉

うち-つづ・く【打(ち)続く】〔動カ五(四)〕❶ある現象が、とぎれることなく長時間にわたる。「—・く長雨」❷同じ現象が、間を置いて、また起こる。「昨年に—・く冷害」❸同じものがつながる。「白い砂浜の—・く海岸」類語引き続く・続く・継続する・持続する・永続する・連続する・存続する・長続き

うち-つど・う【打(ち)集う】つどふ〔動ワ五(ハ四)〕大ぜいの人が寄り合う。集まる。「かく計ばかりはかなき物のみ、—・いたる所に」〈逍遥・当世書生気質〉

うちっ-ぱなし【打ちっ放し】►うちはなし

うち-つ-みやけ【内つ^▽官家】「屯倉みやけ❷」に同じ。「故かれ、因よりて、以て—を定む」〈神功紀〉

うち-づら【内面】❶家族や内輪の人に対する顔つきや態度。「—が悪い人」↔外面そとづら。❷物の内部。内側。ないめん。↔外面そとづら。

うち-つ・れる【打(ち)連れる】〔動ラ下一〕文うちつ・る〔ラ下二〕みんな一緒に連れ立って行く。そろって行く。「家族—・れてピクニックに出かける」

うち-て【打(ち)手】❶(「撃ち手」とも書く)銃砲などを撃つ人。射手。❷太鼓・鉦かねなどを鳴らす人。また、それにすぐれた人。❸(「討ち手」とも書く)敵や罪人などを討伐したり捕らえたりするために向かう人・軍勢。討っ手。❹ばくち・碁などをする人。また、それにすぐれ、好きな人。❺能面を作ることを業とする人。

うち-で【打(ち)出】❶打ち出すこと。作り出されたもの。❷「打ち出いでの衣きぬ」に同じ。「藤壺の上の御局つぼねに、つぶとえもいはぬ—どもわざとなくこぼれ出でて」〈大鏡・師輔〉

うち-でし【内弟子】師匠の家に住み込んで、家事を手伝いながら修業する弟子。

うちで-の-こづち【打(ち)出の小^×槌】それを振ればなんでも思いどおりの物が出てくるという小さな槌。

うちで-の-たち【打ち出の太-刀】「うちいでのたち」に同じ。

うちで-の-はま【打出浜】滋賀県大津市松本町付近の琵琶湖岸の名称。うちいでのはま。歌枕「近江なる—のうちいでつつ怨みやせまし人の心を」〈拾遺・恋五〉

うち-と【内^▽外】❶内と外。内輪のことと表向きのこと。「お恥ずかしながら—のことが不取締勝ちで」〈木下尚江・良人の自白〉❷仏教と儒教。仏教の側からみていう語。❸「内外うちとの宮」の略。❹その前後。ほぼそれぐらい。「さる程に君は三十が—にて」〈愚管抄・七〉

うち-どい【内^×樋】どひ軒や壁の内側に隠して設けられた雨樋。↔外樋そとどい。

うち-とお・す【打(ち)通す】とほす〔動サ五(四)〕❶演劇などの興行を長期間続ける。「新作の芝居が大当たりで二か月も—・した」❷ある行為を最後までやり抜く。「三日間のストを—・す」

うち-と・く【打ち解く】㊀〔動カ四〕解く。ほどく。「碁を、やむごとなき人のうつとて、紐—・き」〈枕・一四六〉㊁〔動カ下二〕「うちとける」の文語形。

うち-とけ【打ち解け】うちとけること。「—のあさましげなるありさまは、いかに見給ふらむ」〈浜松・四〉

うちとけ-がお【打ち解け顔】がほ気を許した顔つき。くつろいだ顔つき。「小さきは童わらはげて喜び走るに、扇なども落として、—をかしげなり」〈源・朝顔〉

うちとけ-ごと【打ち解け言】気を許して語る言葉。隔てなくする話。「仮に下りたる人の—につきて、さやうに軽らかに語らふわざをもすなれ」〈源・明石〉

うちとけ-すがた【打ち解け姿】くつろいだ姿。ふだん着のままの姿。「もの清げなる—に、花の、雪のやうに降りかかれば」〈源・若菜上〉

うちとけ-ぶみ【打ち解け文】親しい仲でうちとけて書いた手紙。「その女どちの中に書き通はしたらむ—をば御覧ぜむ」〈源・浮舟〉

うちとけ-まさり【打ち解け^▽優り】親しくうちとけるようになって、以前よりもよく見えること。「いかにぞ、

—のいささかもあらば、うれしからむ〈源・末摘花〉
うち-と・ける【打(ち)解ける】〔動カ下一〕文うちと・く〔カ下二〕❶警戒心がなくなり、隔てなく親しむ。気を許す。「初対面の相手と—・ける」❷気楽にくつろぐ。「家庭的な—・けた集まり」❸油断する。「誰とか知らむと、—・け給ひて」〈源・夕顔〉❹氷などがとける。「鶯うぐひすの涙のつらら—・けて古巣ながらや春を知るらむ」〈新古今・春上〉類語解け合う・馴染む・親しむ
うちとけ-わざ【打ち解け業】隔てのない振る舞い。「様異ことに、さならぬ—もし給ひけり」〈源・末摘花〉
うち-どころ【打(ち)所】❶物などにぶつかったり、ぶつけたりした、からだの箇所。「—が悪い」❷印をつけるべきところ。指摘する点。「非の—がない」
うち-とねり【内舎=人】「うどねり」に同じ。
うち-どの【打ち殿｜×擣ち殿】装束に仕立てる平絹や綾を砧きぬたで打ってつや出しするための建物。「ここかしこの—より参らせたる擣うち物ども」〈源・玉鬘〉
うちと-の-みや【内▽外の宮】伊勢神宮の内宮と外宮げくう。
うち-どめ【打(ち)止め｜打(ち)留め】❶芝居・相撲などの興行の終わり。また一般に、物事を終わりにすること。「そろそろ—にしよう」❷パチンコで、一定量の玉を出した台の使用を停止すること。
類語終わり・おしまい・終了・終結・終焉しゅうえん・終末・果てし・幕切れ・閉幕・幕・ちょん・完かん・了りょう・ジエンド
うち-と・める【打(ち)止める｜打(ち)留める】〔動マ下一〕文うちと・む〔マ下二〕❶物を打ちつけて落ちないようにする。「表示板を—・める」❷《「うちどめる」とも》芝居・相撲などで一つの興行を終える。「今日で巡業を—・める」❸(「撃ち止める」とも書く)鉄砲などで撃ち殺す。しとめる。「獲物を一発で—・める」❹(「討ち止める」とも書く)切り殺す。「一刀のもとに—・める」
うち-どり【内取り】❶所属する相撲部屋の土俵でとる、けいこ相撲。❷平安時代、7月の相撲すまひの節会せちえの当日以前に試みられた相撲の取組。
うち-と・る【打(ち)取る】〔動ラ五(四)〕❶(「討ち取る」とも書く)武器を使って相手を殺す。「敵将を—・る」❷試合などで相手を負かす。「フルセットの末、強豪を—・る」「凡打に—・る」❸敵国などを攻めて滅ぼす。また、攻めて自分のものにする。「この国の帝を、いかで謀りてこの国—・らむとて」〈枕・二四四〉❹取る。捕らえる。「六十ばかりの女のありけるが、虫—・りてゐたりけるに」〈宇治拾遺・三〉可能うちとれる
類語討つ・討ち果たす・倒す・打ち破る・薙なぎ倒す・打ち負かす・やっつける・撃破・打倒
うちなあ-ぐち《「沖縄口」の意。「ウチナーグチ」と書くことが多い》沖縄方言で、沖縄のことばの意。
うち-なお・す【打(ち)直す】—なほす〔動サ五(四)〕❶改めてもう一度打つ。「タイプを—・す」❷打ったりたたいたりして、もとのようにする。うちかえす。「布団の綿を—・す」❸もとのようにきちんと直す。「詠果てて袖—・し給へるに」〈源・紅葉賀〉可能うちなおせる
うち-なが・める【打(ち)眺める】〔動マ下一〕文うちなが・む〔マ下二〕❶はるか遠くを見渡す。「あれがル、アーヴルの港だといって—・めて居たのである」〈荷風・ふらんす物語〉❷ぼんやり物を見つめて、物思いに沈む。「火をつくづくと—・めて、ものをいとあはれと思ひたる」〈とりかへばや・下〉
うちなだ-じけん【内灘事件】昭和28年(1953)、石川県河北郡内灘における米軍基地反対闘争。砂丘地を在日米軍が試射場として無期限使用することを閣議決定し、試射が強行されたため、反対派の住民や支援団体が座り込み、警官隊と衝突した。
うち-なび・く【打ち×靡く】㊀〔動カ四〕❶草や髪などが、風になびく。「穂先の蘇枋すはうにいと濃きが、朝霧にぬれて—・きたるは」〈枕・六七〉❷人が横になる。「うつせみの世の人なれば—・き床に臥こい伏し」〈万・三九六二〉❸強くひきつけられる。「今更に何をか思はむ—・き心は君に寄りにしものを」〈万・五〇五〉㊁〔動カ下二〕攻めて服従させる。「其の勢すでに七百余騎、国中を—・け」〈太平記・三〉
うち-なびく【打ち×靡く】〔枕〕茂った春の草木がなびく意から、「草」「春」にかかる。「—草香くさかの山を夕暮れに」〈万・一四二八〉
うち-なら・す【打(ち)鳴らす】〔動サ五(四)〕たたいて鳴らす。「半鐘を—・す」
うちなん-ちゅう《「ウチナンチュー」と書くことが多い》沖縄方言で、沖縄の人。⇔やまとんちゅう。
うち-に【打(ち)荷】船が難破しそうになったとき、船体の安全をはかるため積み荷の一部を海に投げ捨てること。また、その荷。荷打ち。投げ荷。捨て荷。撥はね荷。
うち-にわ【内庭】—には 屋敷内で、建物に挟まれたり囲まれたりした庭。中庭。壺庭つぼには。
うち-ぬき【打(ち)抜き】㊀〔名〕❶打ち抜くこと。❷金属板や厚紙などに型を当て、その型どおりに抜くこと。また、その道具。❸芝居の大道具。樹木や障子など、物の形に作った張り物に絵を描き、舞台の背景などに用いる。㊁〔名・形動ナリ〕ありのままであること。また、そのさま。正直。「かげひなたなく—の実事じつごとはかくいてもかくれなし」〈浮・男色十寸鏡〉
うちぬき-とじ【打(ち)抜き×綴じ】—とぢ 製本の際、1冊分を積み重ねた折の端に目打ちで穴をあけ、糸または針金を通して綴じる方法。
うち-ぬ・く【打(ち)抜く｜打ち▽貫く】〔動カ五(四)〕❶強くたたいたり、突き刺したりして穴をあける。「釘くぎが板壁を—・く」❷厚紙や金属板に型を当てて、その型どおりに抜き出す。「玩具の型を—・く」❸壁や仕切りを取り外す。ぶちぬく。「二部屋を—・いた宴会場」❹(「撃ち抜く」とも書く)銃砲などをうって物を貫く。「銃弾が胸板を—・く」❺(「撃ち抜く」とも書く)最後の最後までうつ。「弾が尽きるまで—・く」❻予定した通りに最後まで行う。「二四時間ストを—・く」可能うちぬける
うち-ぬま【内沼】宮城県北部にある沼。面積0.98平方キロメートル、最大深度1.6メートルの低湿地湖沼。ハクチョウ・ガンなどが毎年飛来する。「伊豆沼・内沼の鳥類およびその生息地」として、国の天然記念物に指定。昭和60年(1985)ラムサール条約に登録。
うち-ねずみ【内×鼠】家の中にばかりいて、世間知らずの人間。また、そのような身の上。「この子—にて、我がうちより外を知らざれば」〈仮・他我身の上〉
うちの【内野】京都市上京区南西部の旧地名。平安京大内裏のあった所。
うちのいや-の-つかさ【内▽礼▽司】うちのゐやー ▶ないらいし(内礼司)
うち-の-うえ【内の上】—うへ 天皇のこと。うち。うえ。うちのみかど。「まろは、—よりも宮よりも、母をこそまさりて思ひ聞ゆれば」〈源・御法〉
うち-の-え【内の重】—へ いくえにも垣のある宮殿の内側。御門の内。「海若わたつみの神の宮の—の妙たへなる殿に」〈万・一七四〇〉
うち-の-おおの【宇智の大野｜内の大野】—おほの 奈良県五條市の吉野川沿いにあった野。古代の猟地。宇智の野。歌枕「たまきはる—に馬並なめて朝踏ますらむその草深野」〈万・四〉
うち-の-おとど【内大=臣】▶ないだいじん(内大臣)
うちのかしわで-の-つかさ【内▽膳▽司】うちのかしはでー ▶ないぜんし(内膳司)
うちのかもり-の-つかさ【内掃=部▽司】律令制で、宮内省に属し、宮中の調度品の調達・管理をつかさどった役所。弘仁11年(820)大蔵省掃部司かにもりのつかさと合併して掃部寮かもんりょうとなった。うちのかにもりのつかさ。
うちのくすり-の-つかさ【内薬▽司】▶ないやくし(内薬司)
うち-の-くら【内蔵】▶うちくら
うちのくら-の-つかさ【内蔵▽寮】▶くらりょう(内蔵寮)
うち-の-ごしょどころ【内御書所】平安時代、天皇の書物を保管した所。承香殿じょうきょうでんの東の廂ひさしにあった。
うち-の-しょうでん【内の昇殿】清涼殿の殿上てんじょうの間まに昇ることを許されること。また、院・皇后・東宮の御所に昇ることを許されること。➡昇殿
うち-の-しるすつかさ【内▽記】▶ないき(内記)
うちのそめもの-の-つかさ【内▽染▽司】▶ないせんし(内染司)
うちのたくみ-の-つかさ【内▽匠▽寮】▶たくみりょう(内匠寮)
うち-の-ひと【内の人】❶一緒に暮らしている人。家族。❷妻が第三者に対して自分の夫をいう語。「—が、よろしくと言っておりました」
類語(❶)一家・家内・家人・肉親・親子・親兄弟・妻子・骨肉・血肉けつにく・身内・身寄り・係累・家累・家眷かけん・一家眷属いっかけんぞく・妻子眷属さいしけんぞく・一族・ファミリー・家庭・家族/(❷)夫・主人・亭主・旦那・ハズ・宅・宿六
うち-のべ【打(ち)延べ】❶打って延ばすこと。「金銀の—を太刀の飾りとする」❷キセルの全体を金属で作ること。また、そのキセル。
うちのまき-おんせん【内牧温泉】—ヲンセン 熊本県、阿蘇山の火口原にある温泉。泉質は塩化物泉・硫酸塩泉など。阿蘇温泉。
うち-の-みかど【内の▽帝】天皇。「一さへ、御心寄せ殊ことに聞こえ給へば」〈源・若菜下〉➡院の帝みかど
うち-の-みこ【内の▽御子】「内親王ないしんのう❶」に同じ。
うち-のめ・す【打ちのめす】〔動サ五(四)〕❶立ち上がれなくなるほどなぐりつける。「挑戦者を—・す」❷再起できないほどの大打撃・大損害・苦痛を与える。特に、精神的にひどくまいらせる。「相次ぐ天災に—・される」
うち-の-もの【内の者】家の者。家族や使用人など。「—がお邪魔しているはずですが」
うち-のり【内▽法】❶容器・管・構造物や2本の柱の間などの内側のさし渡し寸法。⇔外法そとのり。❷敷居の上面から鴨居かもいの下面までの長さ。
うちのり-なげし【内▽法▽長▽押】鴨居の真上に取り付けた長押。
うち-のれん【内▽暖×簾】商家などで、店と奥とを仕切るのれん。
うち-ば【内端】〔名・形動〕❶動作・言動が遠慮深く控えめであること。また、そのさま。内気。「気弱く万般よろづ—の性質うまれつきなれば」〈露伴・いさなとり〉❷数量・金額を実際より少なく数えること。また、そのさま。内輪うちわ。「—に取って新銀三百五十匁」〈浄・天の網島〉
うち-は・う【打ち▽延ふ】—はふ〔動ハ下二〕長く延びる。引き続く。長く引き延ばす。「栲縄たくなはの千尋縄ちひろなは—・へて釣り為し」〈記・上〉
うち-はえ【打ち▽延へ】—はへ〔副〕《動詞「うちはう」の連用形から》ある動作が長く続くさま。引き続き。ずっと。「雨の—降るころ」〈枕・一〇三〉
うち-ばかま【打×袴】女房装束の際に用いた袴で、絹地を砧きぬたで打って光沢を出したもの。のちには、板引きにして光沢を出した。色は紅が多い。
うち-はぐるま【内歯車】円周の内側に歯を切った歯車。これに小さい外歯車をかみ合わせて同方向への回転を伝える。うちばはぐるま。
うち-はし【打ち橋】❶川の両岸に板や丸木を渡しただけの、簡単な橋。「上つ瀬に石橋渡し下つ瀬に—渡す」〈万・一九六〉❷殿舎と殿舎との間に渡して、取り外しのできるようにした板の橋。「—、渡殿のここかしこの道に」〈源・桐壺〉❸人と人との間をとりもつ者。仲介者。「かさねて誰云ひわたすべき—なし」〈読・春雨・死首の咲顔〉
うち-はじ・める【打(ち)始める】〔動マ下一〕文うちはじ・む〔マ下二〕❶打つことを始める。「除夜の鐘を—・める」❷「始める」を強めていう語。しはじめる。「これより—・めて、女はをかしき事もあはれなることも聞こえ給ひつつ」〈宇津保・忠こそ〉
うち-はず・す【打(ち)外す】—はづす〔動サ五(四)〕❶(「撃ち外す」とも書く)打ちそこなう。「的を—・す」❷たたいて取り外す。「(材木ヲ)門口の柱から大槌にて—・せば」〈浮・胸算用・二〉❸失敗する。「げに又—・しては、いかさまにせん」〈増鏡・北野の雪〉
うち-はた・す【討(ち)果(た)す｜打(ち)果(た)す】〔動サ五(四)〕殺してしまう。また、たたきのめす。「かたきを—・す」
類語討つ・討ち取る・打ち破る・薙なぎ倒す・打ち負か

す・打ち倒す・やっつける・倒す・撃破・打倒

うち‐はちもんじ【内八文字】遊女の揚屋入りなどのときの歩き方。両足のつま先を内側に向けて、両足で弧を描くように歩くこと。内八文字は京都島原で、外八文字は江戸吉原で好まれたという。

うち‐はなし【打(ち)放し】❶コンクリート建築で、形枠かたわくを外したあとにタイルやれんがを張らず、素地そのままを仕上げとする方式。うちっぱなし。❷ゴルフなどで、球を打ったままにすること。また、そのような形態の練習場。うちっぱなし。

うち‐ばば【内馬場】❶宮中の武徳殿の前にあった馬場。節会せちえの際、天皇が騎射うまゆみ・競くらべ馬などを見た。❷庭につくった犬追物いぬおうものの馬場。

うち‐はぶ・く【打ち羽▽振く】〔動カ四〕羽ばたく。「―・き鶏かけは鳴くともかくばかり降り敷く雪に君いまさめやも」〈万・四二三三〉

うち‐は・む【打ち×塡む】〔動マ下二〕❶ほうり込む。投げ入れる。「鶯うぐいすの鳴くくらら谷に―・めて焼けは死ぬとも君をし待たむ」〈万・三九四一〉❷閉じ込める。押し入れる。「なほありかせそめじ。―・めて置きたるぞよき」〈落窪・一〉

うち‐はやし【打ち×囃子】太鼓・鼓などを打つこと。近世、男子のたしなみとされた遊芸。「茶の湯、盤上、―、男の芸に一つでも」〈浄・歌念仏〉

うち‐はや・す【打ち早す】〔動サ四〕馬などをむちで打って速く歩ませる。急がせる。うちはやむ。「馬―・して先立つもありて」〈かげろふ・中〉

うち‐はや・す【打ち×囃す】〔動サ五(四)〕❶太鼓などを打って調子をとる。「鉦かねや太鼓を―・す」❷はやしたてる。おだてあげる。「仲間から―・される」

うち‐はや・る【打ち▽逸る】〔動ラ四〕調子に乗る。勇み立つ。「ある上達部のおほむこ、―・りて物怖ぢせず」〈堤・虫めづる姫君〉

うち‐はらい【打(ち)払い】ーはらひ ❶攻撃して、敵を追い払うこと。「異国船―令」❷ちり・ほこりをはたいて取り除く道具。はたき。ちりはらい。❸ちり・ほこりなどを取り除くこと。「ここかしこ―などしてしばし居たる程に」〈今昔・二九・三〉

うち‐ばらい【内払(い)】ーばらひ〔名〕スル 内金を払うこと。代金や借金の一部を支払うこと。内渡し。

うち‐はら・う【打(ち)払う】ーはらふ〔動ワ五(ハ四)〕❶たたいたりふるったりして払いのける。「ほこりを―・う」「降りかかる火の粉を―・う」❷攻撃して追い払う。「異国船を―・う」❸攻めて滅ぼす。「攻め入りて、同九月三日、やすやすと―・ひてけり」〈愚管抄・五〉[可能]うちはらえる [類語]追い出す・追い立てる・追い払う・追っ払う・たたき出す・はじき出す・つまみ出す・追い落とす・追い散らす・蹴散らす

うち‐ばり【内張り】〔名〕スル 内側に張ること。また、内側に張った紙や布。「木箱に紙で―する」

うち‐ばり【×梁】「うつばり」に同じ。「雨の日をもらすは惜しき商ひに―広き殿作りせん」〈三十二番職人歌合〉

うち‐ばん【打(ち)盤】❶能楽の囃子方はやしかたが鼓などのけいこをするとき、張り扇で打ち鳴らす板。❷洗濯した衣類を棒でたたいて柔らかくするのに使う木製の台。

うち‐び【打(ち)日】演劇などの興行期間。

うち‐び【打(ち)火】火打ち石で火を打ち出すこと。また、その火。切り火。

ウチヒサール〖Uçhisar〗トルコ中央部、カッパドキア地方の村。トルコ語で「尖った砦」を意味し、村の中央にそびえる岩山は、古くから要塞として利用された。岩山には「鳩の家」と呼ばれる無数の小さい穴があり、ぶどう畑の肥料に使うハトの糞ふんが集められた。

うちひ‐さす〔枕〕「宮」「みやこ」にかかる。語義・かかり方未詳。「―宮に行く児こをまがなしみ」〈万・五三二〉「―都繁しみみに里家は多さはにあれども」〈万・四四六〇〉

うちひ‐さつ〔枕〕「宮」「三宅みやけ」にかかる。語義・かかり方未詳。「―宮の瀬川の貌花かおばなの」〈万・三五〇五〉

うち‐ひしが・れる【打ち▽拉がれる】〔連語〕▶うちひしぐ❶

うち‐ひし・ぐ【打ち▽拉ぐ】〔動ガ五(四)〕❶《主に受身の形で用いる》精神的な衝撃などで気力を完全になくさせる。意気消沈させる。「悲しみに―・がれる」❷武器などで相手をたたきのめす。「近付く敵あらば只一打に―・がんと」〈太平記・三二〉

うち‐ひそ・む【打ち×顰む】㊀〔動マ四〕顔をしかめて泣き出しそうになる。「母君の見えぬを求めて、らうたげに―・み給へば」〈源・薄雲〉㊁〔動マ下二〕「うちひそめる」の文語形。

うち‐ひそ・める【打ち×顰める】〔動マ下一〕文うちひそ・む〔マ下二〕顔などをゆがめる。しかめる。「眉―・めたる老紳士の面おもを」〈木下尚江・火の柱〉

うち‐ひと【内人】《「うちびと」とも》❶伊勢神宮などの神職で、禰宜ねぎの次の位の人。宿直や、神に供える酒食のことを扱った。うちんど。❷天皇から賜った召使いの童わらわ。「この度の童の名ども、院人、―、宮人、殿人などやうにつけ集めさせ給へり」〈栄花・輝く藤壺〉

うち‐ひも【内×紐】和服のコートなどの身頃みごろの内側につける紐。

うち‐ひも【打ち×紐】糸の組み目を篦へらで打ち込んで固く仕上げた紐。組紐。打ち緒。

うち‐びらき【内開き】ドアなどが内側に開くこと。⇔外開き。

うち‐ひら・く【打(ち)開く】〔動カ五(四)〕❶広々と開けている。うちひらける。「―・いた高台の、何ひとつ遮るものとてない青空は」〈里見弴・大道無門〉❷大きく開く。また、勢いよく開く。「扉を―・く」❸山野を開拓する。「荒れ地を―・く」❹刀などを横や後ろに振りかざす。「―・く太刀にて築地の腹に切っ先打ち立てて」〈義経記・三〉

うち‐ぶ【打歩】外国為替相場で、先物さきもの相場が直物じきもの相場よりも高い場合の差額。プレミアム。だぶ。[補説]かつては、株式の発行価格が額面金額以上である場合の超過額のことも指した。額面株は平成13年(2001)に廃止。

うちぶ‐こうさい【打歩公債】応募金額が額面金額より高い公債。

うち‐ぶしん【内普請】家屋の内部の改造・修理。屋内の改装。「この銀かねが済まぬ中は―なされた材木は、こちの物」〈浮・胸算用・二〉

うち‐ふ・す【打(ち)伏す｜打ち×臥す】〔動サ五(四)〕❶顔を物の上に伏せる。「芳子は机の上に―・して居る」〈花袋・蒲団〉❷からだを横にする。床に寝る。「―・したところでほんの風邪とか腹下しとかで二三日すれば大概癒った」〈虚子・続俳諧師〉

うち‐ふだ【打(ち)札】❶花札などで、手の内から出す札。❷立て札。高札こうさつ。「彼の寺に参り給ひたりけるに、書き置き給へる―あり」〈盛衰記・三九〉

うち‐ぶた【内蓋】二重のふたがついている器物の、内側のほうのふた。なかぶた。

うちふ‐づめ【打(ち)歩詰(め)】将棋で、禁じ手の一。持ち駒の歩を王将の頭に打って詰ませること。➡突き歩詰め

うち‐ぶところ【内懐】❶㋐和服の襟を合わせて着たとき、肌に近い内側の懐中。⇔外懐そとぶところ。㋑洋服で、内ポケット。❷他人には知られたくない心の中のようす。内情。内幕。「―を見透かされる」❸相撲で、構えたときの胸の辺り。「―に頭をつける」

うち‐ぶみ【内文】「ないぶん(内文)」に同じ。

うち‐ふ・る【打ち▽古る】〔動ラ上二〕古くさいものとして無関心な態度をとる。顧みないでいる。「いかで、さつれなく―・りてありしならむ」〈枕・八六〉

うち‐ふ・る【打(ち)振る】〔動ラ五(四)〕振り動かす。しきりに振る。「小旗を―・る」

うち‐ふる・える【打(ち)震える】ーふるへる〔動ア下一〕文うちふる・ふ〔ハ下二〕小刻みに揺れ動く。「喜びに―・える」「興奮と感動に身体が―・える」「孤独な少年の―・える内面を表現する」

うち‐ぶろ【内風呂】❶建物の内に設けてある風呂。❷個人の家にある風呂。内湯。⇔外風呂。

うち‐べり【内×耗】穀物を搗ついたときに、元の量よりいくぶんか減ること。また、その減った分量。⇔外耗そとべり。

うち‐べんけい【内弁慶】〔名・形動〕家の中ではいばりちらすが、外では意気地のないこと。また、そのさまや、そういう人。陰弁慶。「―な子供」[類語]弱気・引っ込み思案・気弱・内気・陰弁慶・臆病・大人しい・こわがり・小心・小胆・怯懦きょうだ・怯弱・意気地なし

うち‐ぼう【内房】うちボウ 千葉県、房総半島南西部の東京湾・浦賀水道沿岸の地域。安房あわの内側の意。観光地・海水浴場が多い。➡外房そとぼう

うちぼう‐せん【内房線】うちボウ― 外房線蘇我そがから木更津きさらづを経て安房鴨川かもがわに至るJR線。木更津で久留里くるり線を分岐する。昭和4年(1929)全通。全長119.4キロ。

うち‐ポケット【内ポケット】上着やコートなどの衣類の内側についているポケット。内かくし。

うち‐ぼり【内堀｜内×壕｜内×濠】城の周りに二重に巡らした堀のうち、内側の堀。⇔外堀。

うち‐ほろぼ・す【討(ち)滅ぼす】〔動サ五(四)〕攻め滅ぼす。討って滅ぼす。「敵をのこらず―・す」

うち‐まいり【内参り】ーまゐり ❶宮中へ参上すること。参内さんだい。「右大将のぬし、五節ごせちいだし給ひて、―の夜」〈延宝版宇津保・嵯峨院〉❷「入内じゅだい」に同じ。「かく―や何やと我が方ざまをのみ思ひ急ぐやうなるも」〈源・紅梅〉

うち‐まか・す【打(ち)任す】㊀〔動サ五(四)〕すっかり任せる。任せきる。「何もかも―・して倚よりすがりたい憧れ」〈有島・星座〉㊁〔動サ下二〕❶㊀に同じ。「衣紋を直すも、褄を揃うるも、皆他ひとの手に―・せつ」〈鏡花・琵琶伝〉❷そのままの状態にしておく。ほうっておく。「この病のありさま、―・せたることにあらず」〈宇治拾遺・四〉

うち‐まか・す【打(ち)負かす】〔動サ五(四)〕❶打って負かす。特に野球などで、打撃力で相手を破る。「昨年の優勝校を―・す」❷すっかり負かす。完全にやっつける。「議論では徹底的に―・された」[可能]うちまかせる
[類語]討つ・倒す・打ち破る・薙なぎ倒す・打ち倒す・打ち取る・打ち果たす・やっつける・撃破・打倒

うち‐まき【内巻(き)】髪の毛先を内側に巻き込むこと。また、その髪形。

うち‐まき【打ち×撒き】❶魔よけのために米をまき散らすこと。また、その米。散米さんまい。花米はなよね。「―し散らしなどして、みだりがはしきに」〈源・横笛〉❷神前に供える米。「御幣紙ごへいがみ、―の米程の物」〈宇治拾遺・六〉❸米をいう女房詞。

うち‐まぎ・る【打(ち)紛る】〔動ラ下二〕❶他のものにまじって目立たなくなる。「この人の御様の、なのめに―・れたるほどならば」〈源・総角〉❷他の事に気をとられていやなことを一時忘れる。「はかなきことにても、もの思はしく―・るる事あらむを」〈源・若菜下〉❸忙しさで、他の事を顧みなくなる。「世渡るわざに―・れ」〈仮・竹斎・上〉

うち‐まく【内幕】❶内側に張る幕。特に、陣所で外幕とまくの内側に張った幕。半幕。小幕こまく。❷外からは見えない内輪の事情。内情。内実。「政界の―を暴く」「―をさらけ出す」[類語]内情・内実・内内うちうち・内内ないない・遠慮・内部・内密・こっそり・内輪・内裏うちうら・内緒・内分・内聞・ひそか・忍びやか・そっと・秘密

うち‐まく・る【打ち×捲る】〔動ラ五(四)〕《「撃ち捲る」とも書く》続けざまに盛んにうつ。「ヒットを―・る」「機関銃を―・る」

うち‐まご【内孫】自分の跡取りになる夫婦から生まれた子供。ないそん。⇔外孫そとまご。
[類語]孫・外孫・初孫はつまご・初孫ういまご

うち‐また【内股】❶足のももの内側。うちもも。❷つま先を内側に向けて歩く歩き方。⇔外股。❸柔道で、一方の足を相手の内股に掛けて大きく払い上げて投げる技。[類語]内もも

うち‐またが・る【打ち×跨がる】〔動ラ五(四)〕またがって乗る。「さっそうと馬に―・る」

うちまた‐ごうやく【内股×膏薬】ーガウヤク《内股にはった膏薬が右側についたり左側についたりするところから》しっかりした意見や主張がなく、都合しだいで立場を変えること。また、そのような人。あてにできない人物をいう。

うち-まち【内×襠】袴はかまの、ももひきの内側のまち。
うち-まつ【打ち松】篝火かがりびに入れて燃やす、折った松。松明たいまつ。「檀まゆみの木の下に、―おどろおどろしからぬ程に置きて」〈源・篝火〉
うち-まめ【打(ち)豆】大豆を水に浸してふやかし、木槌きづちで打ちつぶしたもの。汁に入れたり煮たりして食べる。
うち-まも・る【打(ち)守る】〔動ラ五(四)〕❶見つめる。じっと見守る。「流石さすがに口には出し得ず、ただ彼の顔を―・った」〈独歩・悪魔〉❷しっかり守る。「固く本営を―・り」〈染崎延房・近世紀聞〉
うち-まわり【内回り】うちまわり ❶内側を回ること。特に、電車・バスなどの環状線で、内側を回る路線。⇔外回り。❷内側の周辺。特に、建物の内部。
うち-み【打(ち)見】ちらっと見たところ。ちょっと見。「―には十五六と思わる」〈独歩・源叔父〉
うち-み【打(ち)身】❶身体を強く打って、皮下組織に起こる傷。打撲傷。❷刺身。「鱸すずきなりとも―でとおしゃるか」〈虎明狂・鱸庖丁〉
(類語)打ち傷・打撲傷・挫創ざそう・挫傷
うち-みしゃ・ぐ〔動ガ四〕打ちつぶす。こなごなに砕く。「腰骨膝骨ひざぼねを―・がれ、あたりに近づく雑兵なし」〈浄・女護島〉
うち-みす【内▽御×簾】❶寝殿造りの母屋にかける御簾。❷江戸時代の歌舞伎劇場の桟敷の名。東西の一階桟敷の舞台寄り8間で、簾すだれが下げてあったのでいう。主に江戸歌舞伎でいった。➡外御簾
うち-みず【打(ち)水】うちみづ〔名〕スル 道や庭に水をまくこと。水撒まき。また、その水。特に、夏の夕方などに涼をとるためにまく。(季 夏)「―や砂に滲みゆく樹々の影/亜浪」(類語)水撒まき・散水
うちみだり-の-はこ【打ち乱りの箱】底の浅い、方形の箱。古くはふたがあって、女性が髢かもじや手ぬぐいなどを入れるのに用いたが、のちには化粧道具や所持品なども入れた。乱れ箱。うちみだり。「御櫛みぐしの箱、―、香壺こうごの箱ども」〈源・絵合〉
うち-・みる【打ち×廻る】〔動マ上一〕めぐる。めぐり歩く。「―・みる島の埼埼さきさきかき廻みる磯の埼落ちず」〈記・上・歌謡〉
うち-・みる【打(ち)見る】〔動マ上一〕図〔マ上一〕ふと目に留める。ちょっと見る。「―・みる所は保ちもと同年位ぐらであった」〈鷗外・渋江抽斎〉
うち-むき【内向き】❶内側に向けること、または、向いていること。❷国際社会に出て行く意欲がなく、国内での生活に安住すること。それぞれの属する社会内部にだけ目を向けていること。また、そういう傾向。「若者の―志向を嘆く」「―の発言に終始する」⇔外向そとむき。❸内輪のこと。家事。私事。「―の用を足す」❹矢を弓につがえるとき、矢羽根の表が射手のほうに向くように矧はいであること。また、その矢。⇔外向そとむき。
うち-むそう【内無双】うちムサウ 相撲のきまり手の一。差し手をかかえた上手を伸ばし、手の甲で相手のももを内側から払い上げ、反対側からひねり倒す技。
うちむら-かんぞう【内村鑑三】うちむらカンザウ［1861〜1930］無教会派キリスト教伝道者・評論家。江戸の生まれ。一高教授のとき、教育勅語に対する敬礼を拒否して免職となる。日露戦争に際し、非戦論を唱えた。雑誌「聖書之研究」創刊。著「余は如何にして基督キリスト信徒となりし乎か」「基督信徒の慰」「求安録」など。
うち-むらさき【内紫】❶マルスダレガイ科の二枚貝。殻はハマグリに似て、表面に輪脈が多く、黄白色で、内面は暗紫色。外套膜の跡が天の橋立に似るとされ、橋立貝はしだてがいともいう。食用。むらさきがい。❷ザボンの一品種。果肉は紅紫色で、甘い。(季 秋)
うちむら-ゆうし【内村祐之】うちむらイウシ［1897〜1980］精神医学者。東京の生まれ。鑑三の長男。昭和11年(1936)東京帝大教授となり、松沢病院長を兼任。のち国立精神衛生研究所長。また、学生時代は投手として活躍しており、同37年からプロ野球コミッショナーも務めた。
うち-む・る【打ち群る】〔動ラ下二〕群がる。集まる。「馬並なめて―・れ越え来き今見つる吉野の川をいつ還り見む」〈万・一七二〇〉
うちむろ-づくり【内室造(り)】天井を張らず、屋根裏を見せたままの造りの家。
うち-め【打ち目｜×擣ち目】絹などを砧きぬたで打ったあとの光沢の出ぐあい。「紅の色、―など、輝くばかりぞ見ゆる」〈枕・八三〉
うち-もうこ【内蒙古】➤ないもうこ(内蒙古)
うち-もの【打(ち)物】❶雅楽で使う打楽器。羯鼓かっこ・三の鼓つづみ・太鼓・鉦鼓しょうこなど。❷刀剣・薙刀なぎなたなどの、打ち合って戦うための武器。❸打ち鍛えたり、打って延ばしたりして作った金属器具。➡鋳物 ❹穀物の粉と砂糖をまぜ、型に入れて固めた菓子。落雁らくがんなど。打ち菓子。❺砧きぬたで打って柔らかくしたり、つやを出したりした絹織物などの布。❻品物の交換。また、そのための品物。「『いや、あれは人ので御ざりまする』『その儀ならば、―にいたそ』」〈狂言記・富士松〉
うちもの-し【打(ち)物師】金属を打って器物を作る職人。
うちもの-わざ【打ち物業】刀・槍などで打ち合い、戦うこと。「―にてかなふまじ、組んで力の勝負せん」〈謡・烏帽子折〉
うち-もも【内▽股｜内×腿】ももの内側。うちまた。
うち-もら・す【討(ち)漏らす】〔動サ五(四)〕討ち取ることができずに逃がしてしまう。「敵将を―・す」
うちモンゴル-じちく【内モンゴル自治区】中国北部、モンゴル高原の南部を占める自治区。1947年成立。北はモンゴル国、南は万里の長城に接し、西にゴビ砂漠がある。区都はフフホト(呼和浩特)。大部分が草原で、農業・牧畜が行われる。人口2386万(2005)。内蒙古ないもうこ自治区。
うち-やぶ・る【打(ち)破る】〔動ラ五(四)〕❶強い力でたたき壊す。「ドアを―・る」❷(「討ち破る」とも書く)相手を攻めて負かす。撃破する。「大敵を―・る」❸㋐「破る」を強めていう語。「沈滞を―・る」㋑捨て去る。「如何なる用事をも事情をも打捨て―・って、飛で帰りたく」〈独歩・帰去来〉(可能)うちやぶれる
(類語)討つ・打ち倒す・薙なぎ倒す・倒す・打ち負かす・打ち取る・打ち果たす・やっつける・撃破・打倒
うち-やま【内山】江戸時代、一村落が占有し、その村民のみが共同収益できた林野。
うちやま-がみ【内山紙】長野県の下高井郡・下水内しもみのち郡などで産する和紙。高級障子紙として使用。
うちやま-かんぞう【内山完造】うちやまクワンザウ［1885〜1959］書店経営者・日中友好運動家。岡山の生まれ。大正初期に上海で書店を開き、魯迅などの中国知識人と親交を結んだ。第二次大戦後は日中親善に尽力。
うち-や・む【打ち▽止む】㊀〔動マ四〕絶える。終わる。「雨―・みたる暮れにて」〈かげろふ・下〉㊁〔動マ下二〕やめる。中止する。「谷々の講演を―・め、社々の門戸を閉ぢて」〈太平記・一五〉
うち-や・る【打ち▽遣る】〔動ラ五(四)〕❶そのままにしておく。かえりみずにほうっておく。うっちゃる。「代助は平生から、此位に世の中を―・っていた」〈漱石・それから〉❷遠くへやる。放して置く。「御髪は、こちたく清らにて、九尺ばかりおはしますを、結ひて―・られたり」〈夜の寝覚・四〉❸屈託した気持ちなどを晴らす。「なにとなく見聞くごとに心―・りて過ぐしつつ」〈右京大夫集・詞書〉
うち-ゆ【内湯】❶温泉場の旅館で、館内に湯を引いて作った浴場。⇔総湯そうゆ。❷「内風呂うちぶろ❷」に同じ。
う-ちゅう【宇宙】ウチウ ❶あらゆる存在物を包容する無限の空間と時間の広がり。㋐哲学では、秩序ある統一体と考えられる世界。コスモス。㋑物理学的には、存在し得る限りのすべての物質および放射を含む空間。㋒天文学では、あらゆる天体の存在する空間。銀河系外星雲を小宇宙、それらを包含する空間として大宇宙ということもある。❷宇宙空間、特に太陽系空間のこと。「―旅行」(補説)「淮南子えなんじ」斉俗訓によれば、「宇」は天地四方、「宙」は古往今来の意で、空間と時間の広がりを意味する。
う-ちゅう【雨中】雨の降るなか。「―の熱戦」
う-ちゅう【雨注】〔名〕スル 矢・弾丸などが、雨の降るように盛んに飛んでくること。また、盛んに浴びせること。「弾丸―の際に成就仕り候ものにて」〈染崎延房・近世紀聞〉
うちゅう-いがく【宇宙医学】ウチウ― 宇宙飛行が人体に及ぼす影響を研究し、危険・障害から人体を守るための医学。
うちゅう-うん【宇宙雲】ウチウ― ➤星間雲せいかんうん
うちゅう-エレベーター【宇宙エレベーター】ウチウ― ➤軌道エレベーター
うちゅう-かいはつ【宇宙開発】ウチウ― 未知の宇宙を探究し、人類に新たな活動領域をもたらそうとすること。
うちゅうかいはつ-いいんかい【宇宙開発委員会】ウチウカイハツヰヰンクワイ 宇宙開発に関する施策を総合的に行うための審議機関。昭和43年(1968)に総理府に設置。平成13年(2001)からは文部科学省の審議会となる。同24年7月、宇宙政策委員会の新設に伴い廃止。
うちゅうかいはつ-じぎょうだん【宇宙開発事業団】ウチウカイハツジゲフダン ➤ナスダ(NASDA)
うちゅうかいはつ-せんりゃくほんぶ【宇宙開発戦略本部】ウチウカイハツ― 宇宙基本法に基づいて内閣に設置された組織。内閣総理大臣、宇宙開発担当大臣をはじめとする全閣僚が参加し、宇宙基本計画の作成・実施推進などを行う。
うちゅう-かん【右中間】野球で、右翼手と中堅手の守備範囲の中間。ライト-センター間。
うちゅう-かん【宇宙観】ウチウクワン ❶宇宙についての科学的な見方や考え方。天動説や地動説など。❷宇宙・世界における人間の生き方についての哲学的な見方や考え方。世界観。
うちゅう-きち【宇宙基地】ウチウ― ➤宇宙ステーション
うちゅう-きほんけいかく【宇宙基本計画】ウチウキホンケイクワク 政府の宇宙開発戦略本部が宇宙基本法に基づいて作成した計画。平成21年(2009)6月発表。(補説)平成21年度から25年度の基本方針と施策を取りまとめたもので、これまでの研究開発主導から、災害・地球環境問題・国土管理・資源探査など社会的ニーズに対応した利用、宇宙産業の育成、および外交・安全保障分野での活用を推進していくとしている。
うちゅう-きほんほう【宇宙基本法】ウチウキホンハフ 宇宙の開発および利用に関する理念と基本方針を定めた法律。平成20年(2008)成立。宇宙の平和利用と国民生活の向上、産業の振興、宇宙科学の振興による人類社会の発展などを目的とする。首相を本部長とする宇宙開発戦略本部が宇宙基本計画を作成し、その実施を推進する。
うちゅう-くうかん【宇宙空間】ウチウ― ❶ロケット・人工衛星などで直接探査可能になった空間。現在では地球大気圏外の太陽系空間をいう。❷宇宙の広がり。
うちゅう-くうどう【宇宙空洞】ウチウ― ➤ボイド(void)
うちゅう-げんり【宇宙原理】ウチウ― 宇宙空間はいたるところ一様で等方であり、大局的な特徴は宇宙のどこで観測しても同じであるとする原理。宇宙論で仮定される。
うちゅう-こうがく【宇宙工学】ウチウ― ロケット・ミサイル・人工衛星・惑星探査機などの設計・製作・運航に関する科学・技術。宇宙技術。
うちゅうこうくうけんきゅうかいはつ-きこう【宇宙航空研究開発機構】ウチウカウクウケンキウカイハツ― ➤ジャクサ(JAXA)
うちゅう-こくたいほうしゃ【宇宙黒体放射】ウチウコクタイハウシャ ➤宇宙背景放射
うちゅう-ごみ【宇宙×塵】ウチウ― ➤スペースデブリ
うちゅう-コロニー【宇宙コロニー】ウチウ― 宇宙開発の目的で宇宙空間に設けられる基地。
うちゅう-ざつおん【宇宙雑音】ウチウ― 宇宙空間の天体から放射され、地球に到達する時に雑音として観測される電波。
う-ちゅうじょう【右中将】ウチュウジャウ ➤右近衛うこんえの中将
うちゅう-じょうやく【宇宙条約】ウチウデウヤク「月その他の天体を含む宇宙空間の探査及び利用における国家活動を律する原則に関する条約」の略称。平和利用の原則、領有の否定、軍事利用の禁止、国際協力などを内容とする。1967年発効。

うちゅう-しん【宇宙震】地球の磁場に生じる振動。太陽と反対側に吹き流された地球の磁力線の一部(磁気圏の尾部)が太陽風の擾乱によって切断され、その振動が地球の南北両極の磁場に影響を与えると考えられている。宇宙震の大規模なものは1年に1回程度、微小な振動は1日に約6回発生することがわかっている。

うちゅう-じん【宇宙人】SFなどで、地球以外の天体に生存すると想定した人間に似た生命体。➡知的生命

うちゅう-じん【宇宙×塵】宇宙空間に存在する星間物質の一。大きさは10ミクロン以下。地球上にもそのまま落ちてくるが微細なため他のごみとの判別が困難。現在は宇宙船等でも採取する。スペースダスト。コスミックダスト。

うちゅう-しんかろん【宇宙進化論】宇宙の始まりから現在を経て未来に至る進化を研究する天文学の一分野。

うちゅう-ステーション【宇宙ステーション】地球周回軌道・宇宙空間で、その超真空と無重量状態の特質を有効に利用して、科学技術実験と宇宙の観測を行える滞在居住型の基地。➡国際宇宙ステーション

うちゅうステーション-ほきゅうき【宇宙ステーション補給機】►エッチ-ティー-ブイ(HTV)

うちゅう-せいぶつがく【宇宙生物学】地球外生命の探査や、生命の起源と進化などを研究する学問。

うちゅう-せん【宇宙船】地球を周回するか、他の天体へ行くことを目的とする有人の飛行体。

うちゅう-せん【宇宙線】太陽や宇宙空間の多様な天体から絶え間なく地球に注ぐ放射線の総称。大気圏に飛び込んでくる高エネルギーの放射線を一次宇宙線といい、約90パーセントは陽子、残りの大部分はヘリウムの原子核からなる。それが大気中の原子と衝突して二次的に発生する中間子・電子・γ線などの放射線を二次宇宙線という。

うちゅうせん-シャワー【宇宙線シャワー】►空気シャワー

うちゅう-そくど【宇宙速度】❶地表から打ち上げられた物体を宇宙空間に飛び出させるのに必要な初速度。地球の人工衛星となる速度。地表に対して秒速7.9キロ。第一宇宙速度。円速度。❷地球の引力を振り切って太陽系の人工惑星となるために必要な速度。地表に対して秒速11.18キロ。第二宇宙速度。地球引力圏の脱出速度。❸物体が太陽系を脱出するのに必要な速度。地球の公転速度に乗ったとして秒速16.65キロ。第三宇宙速度。

うちゅう-たんさき【宇宙探査機】月・惑星の探査および宇宙空間を航行しながら観測などを行い、観測データを地上に送る宇宙航行体。探査衛星。

うちゅう-ちゅうけい【宇宙中継】地球を回る軌道に打ち上げた人工衛星を利用して中継し、遠距離へ放送電波を送る方式。また、その方式によるテレビ中継や番組。

うちゅう-つうしん【宇宙通信】人工衛星に設置した無線局を中継点として送受信する電波通信。地上の二点間、人工衛星などと地上との間、宇宙船相互間の通信で行われる。

うちゅう-デブリ【宇宙デブリ】►スペースデブリ

うちゅう-の-あわこうぞう【宇宙の泡構造】►宇宙の大規模構造

うちゅう-の-だいきぼこうぞう【宇宙の大規模構造】宇宙の中で銀河の分布が示す巨大な泡状の構造。宇宙空間は互いに接し合う石鹸の泡に例えられ、泡の膜面に銀河が分布し、複数の泡が接しあう部分において、銀河団が多数連なり超銀河団を形成する。膜面の部分はグレートウォールと呼ばれ、また、泡の内部に相当するボイドと呼ばれる領域には銀河がほとんど存在しない。このような銀河の分布は宇宙初期における暗黒物質の密度のゆらぎと深い関わりがあると考えられている。宇宙の泡構造。宇宙のバブル構造。

うちゅう-の-ちへいせん【宇宙の地平線】膨張する宇宙における事象の地平線。観測者から遠ざかる速度が光速を超えている領域との境界面であり、原理的に観測可能な最も遠方の境界面といえる。この境界を越えた領域からの光(電磁波)や重力波は、永遠に観測者の元に届くことはない。宇宙の地平面。➡宇宙の地平線問題

うちゅうのちへいせん-もんだい【宇宙の地平線問題】宇宙背景放射が方向によらず一様であるという観測事実と膨張宇宙論との間にある矛盾。膨張する宇宙において宇宙の地平線を越えた二つの領域は物理的な相関をもたない。にもかかわらず、宇宙背景放射は地平線の大きさ(現在の天球面の角度にして約2度)を越えて一様であり、すなわち、どの領域も同じ物理状態にある。この矛盾は宇宙の地平線問題と呼ばれ、宇宙論における議論の対象となっていた。インフレーション宇宙論によると、宇宙創成のごく初期に物理的相関があった小領域が地平線を越えて急激に膨張したと仮定することで、この矛盾を解決すると考えられている。地平線問題。

うちゅう-の-ちへいめん【宇宙の地平面】►宇宙の地平線

うちゅう-の-のぞきまど【宇宙の×覗き窓】►銀河の極

うちゅう-の-バブルこうぞう【宇宙のバブル構造】►宇宙の大規模構造

うちゅう-の-はれあがり【宇宙の晴(れ)上(が)り】ビッグバン以来、膨張を続ける宇宙の歴史において、電磁波が初めて自由に伝播できるようになった時期、またはその現象。超高温・高密度の状態で始まった宇宙は膨張に伴い平均温度が下がり、電離していた原子核と電子が再結合、それまで電子に散乱されていた光(電磁波)が長距離を進めるようになった。これを霧が晴れて視界が利くようになった様子になぞらえ、「晴れ上がり」と呼ぶ。宇宙が始まって約38万年後のこととされる。宇宙背景放射は、この晴れ上がりにより自由に伝播できるようになった黒体放射が、宇宙膨張による赤方偏移を受けて波長が伸びたものである。

うちゅう-の-まど【宇宙の窓】►銀河の極

うちゅう-はいけいほうしゃ【宇宙背景放射】宇宙のあらゆる方向から同じ強度で入射してくる、絶対温度約3度の黒体放射に相当する電波。1965年に米国のA＝A＝ペンジアスとR＝W＝ウィルソンが発見。宇宙黒体放射。宇宙マイクロ波背景放射。

うちゅう-はなび【宇宙花火】平成19年(2007)9月2日夜、打ち上げたロケットから放出されたリチウムが太陽の光を受けて赤く輝いて見えた現象を花火に例えたもの。宇宙航空研究開発機構(JAXA)が各大学と共同で高層大気観測のために行った実験による。

うちゅう-はんせん【宇宙帆船】►太陽帆船

うちゅう-ひこうし【宇宙飛行士】宇宙船を操縦して、宇宙空間を飛行する人。1961年、ソ連のボストークに乗ったガガーリンが最初。アストロノート。宇宙パイロット。

うちゅう-ブイエルビーアイ【宇宙VLBI】►スペースVLBI

うちゅう-ふうか【宇宙風化】宇宙空間で起こる風化。空気がない天体の表面で太陽風、宇宙線、微小隕石の衝突によって岩石や鉱物が変質する作用を指す。月面のほか、探査機はやぶさがサンプル採取を試みた小惑星イトカワの表面で起きていることがわかっている。

うちゅう-ふく【宇宙服】真空かそれに近い状態の宇宙空間での人間の生命を維持し作業を可能にする服。

うちゅう-ぶつりがく【宇宙物理学】星や星雲のほか、宇宙空間の物質・磁場・放射線や宇宙論などを研究対象とする物理学。

うちゅう-へいき【宇宙兵器】宇宙空間で使用される兵器。軍事衛星やレーザー兵器などがある。

う-ちゅうべん【右中弁】律令制で、太政官右弁官局の次官。みぎのなかのおおともい。➡右弁官

うちゅう-ほ【宇宙帆】►太陽帆

うちゅう-ぼうちょう【宇宙膨張】►膨張宇宙

うちゅうマイクロは-はいけいほうしゃ【宇宙マイクロ波背景放射】►宇宙背景放射

うちゅう-ゆうえい【宇宙遊泳】宇宙船の乗組員が、船外の宇宙空間へ出て行動すること。1965年、ソ連のボストーク2号に乗ったレオーノフが最初。船外活動。

うちゅう-よい【宇宙酔い】宇宙船が宇宙に到達して無重量の状態になったとき、乗組員にあらわれる乗り物酔いに似た状態。頭痛、嘔吐、食欲不振などの症状がある。1日か2日めにあらわれ、3日から5日で治る。原因は不詳。

うちゅう-ロケット【宇宙ロケット】宇宙開発に利用されるロケット。月・金星などの探査機を打ち上げるロケット、人工衛星・宇宙船の打ち上げ用ロケットなどがある。

うちゅう-ろん【宇宙論】宇宙の起源・構造・状態・変化などについての理論。哲学的、形而上学的な考察が行われたが、アインシュタインの相対性理論によって近代的な考察が始められた。宇宙は絶えず膨張を続けているという膨張宇宙論、周期的に膨張・収縮を繰り返すという振動宇宙論、膨張とともに新しく物質が創成されるという定常宇宙論などが提唱され、現在は膨張宇宙論が有力。コスモロジー。➡膨張宇宙

うちゅうろんてき-しょうめい【宇宙論的証明】神の存在証明の一。自然界の因果系列をさかのぼって、始動者ないしは究極の原因としての神の存在を推論するもの。

う-ちょう【有頂】「有頂天㊀」の略。

うちょう-てん【有頂天】㊀〔名〕《梵 akaniṣṭhaまたはbhavāgraの訳》❶色界の中で最も高い天である色究竟天のこと。形ある世界の頂。阿迦尼吒天。❷色界の上にある無色界の中で、最上天である非想非非想天のこと。㊁〔名・形動〕❶得意の絶頂であること。また、そのさま。大得意。「試験に合格して—になる」❷物事に熱中して夢中になること。また、そのさま。「忠兵衛気も—」〈浄・冥途の飛脚〉(類語)歓喜・狂喜・驚喜・欣喜雀躍・随喜

うちょう-らん【羽×蝶×蘭】ラン科の多年草。山地の岩場などに生え、高さ10〜20センチ。葉は線形。6、7月ごろ、長い距をもつ紅紫色の花が咲く。いわらん。

うち-よする【打ち寄する】〔枕〕末尾の「する」の音から「駿河」にかかる。また、波の打ち寄せる駿河国の意からとも。「—駿河の国と」〈万・三一九〉

うち-よ・せる【打(ち)寄せる】〔動サ下一〕文うちよ・す〔サ下二〕❶波や多くの人が重なり合うように寄せてくる。押し寄せる。「岸壁に高波が—・せる」「敵の大軍が—・せる」❷波が物を岸の方に運ぶ。「—・せられた流木」❸《「うち」は馬を進める意》馬に乗って近づく。「人高き馬に乗りて—・せたりけるに」〈今昔・三一・一七〉

うち-よりあい【内寄(り)合い】❶内輪の者が集まってする相談。❷江戸時代、五人組または一集落の者が非公式に集合して協議すること。❸►ないよりあい(内寄合)

うち-ろじ【内露地|内路地】茶庭で、二重露地の場合、中門を境にして、茶室に至るまでの内側の庭のこと。➡外露地

うち-ろんぎ【内論議】朝廷の年中行事の一。正月14日の御斎会の結願の日、高僧を召して、天皇の御前で最勝王経などの経文や経書の意義を論争させたこと。また、8月の釈奠の翌日にも博士による論議が行われた。ないろんぎ。

うち-わ【内輪】〔名・形動〕❶外部の者を交えないこと。うちうち。身内。「—で祝う」❷外部には知らせない内部の事情。内幕。うちうら。「あれで—はだいぶ苦しいそうだ」❸控えめなこと。特に、数量や金額

などを控えめにすること。また、そのさま。「予算を―に見積もる」❹つま先を内側に向けて歩くこと。また、その足。「―にチョコチョコ運ぶ足では」〈宮本・貧しき人々の群〉⇔外輪。
[類語]内内(うちうち)・内内(ないない)・遠慮・内部・内密・こっそり・内幕・内裏(うちうら)・内緒・内分・内聞・内情・内実・ひそか・忍びやか・そっと・秘密

うち-わ【団＝扇】(うちは)《「打ち羽」の意という》❶あおいで風を起こす道具。ふつう、細く削った竹の骨に紙や絹を円形に張って作る。《季 夏》「もてなしの―の風のやや及ぶ/汀女」❷軍配団扇(ぐんばいうちわ)のこと。❸紋所の名。❶を図案化したもの。丸に団扇、桑名団扇などがある。
団扇を上・げる　相撲で、行司が勝った力士に軍配団扇を上げる。転じて、競争者を比較して、いずれかをすぐれていると認める。軍配を上げる。「今回は若手のアイデアに―・げたい」

うちわ-えび【団＝扇海＝老】(うちはえび) 十脚目ウチワエビ科のエビ。海の砂泥底にすむ。体長17センチくらい、紫褐色。頭胸部は扁平で団扇形、第2触角も平たい。甲羅の表面はざらつき、縁は鋸歯(きょし)状。日本中部からオーストラリアにかけて分布。食用。

うち-わく【内枠】❶内側の枠。特に競馬で、スタートのとき馬が入る枠で、コースの内側の枠。⇔外枠。❷数量や金額について、あらかじめ決められている一定の範囲。

うち-わけ【内訳】金銭の総額、物品の総量に対し、その内容を項目別に書き記すこと。明細。「部門別支出の―」[類語]内容・中身(なかみ)・正味・品目・コンテンツ

うちわ-げんか【内輪×喧×嘩】(―ゲンクヮ)〔名〕スル「内輪揉(も)め」に同じ。

うちわ-サボテン【団＝扇サボテン】(うちは) サボテン科植物のうち、茎が平たい円盤状などになっているもの。

うちわす・れる【打(ち)忘れる】〔動ラ下一〕文うちわす・る〔ラ下二〕「忘れる」を強めた言い方。すっかり忘れる。「捌(さば)けたお吉が接待(もてなし)ぶりに何時しか遠慮も―・れ」〈露伴・五重塔〉

うち-わた【打(ち)綿】❶古綿を打ち直したもの。❷繰り綿を綿弓で打って柔らかい繊維にしたもの。

うちわ-だいこ【団＝扇太鼓】(うちは) 一枚革を丸く張り、柄をつけて団扇の形にこしらえた太鼓。日蓮宗で題目を唱えるときにたたく。

うち-わたし【内渡し】〔名〕スル 支払うべき金額の一部を渡すこと。内払い。「代金の半分を―する」

うち-わたし【打ち渡し】㊀〔名〕「打渡状」に同じ。㊁〔副〕❶ずっと長く。「―岸べは波にやぶるともわが名は朽(く)ちじ天の橋立」〈曽丹集〉❷おしなべて。おおかた。「―世に許しなき関川をみなれそめけむ名こそ惜しけれ」〈源・宿木〉

うちわたし-じょう【打渡状】(―ジャウ) 中世の所領争いで、施行状(しぎょうじょう)・遵行状(じゅんぎょうじょう)を受けた守護代や代官が、所領・所職などを正当な当事者に引き渡す際に交付した文書。渡状。

うち-わた・す【打ち渡す】〔動サ四〕❶連ね並べる。かけ渡す。「安太人(あだひと)の魚梁(やな)―・す瀬を速み心は思(も)へどただに逢はぬかも」〈万・二六九九〉❷馬を進めて、渡り越えさせる。「千鳥鳴く佐保の河門の清き瀬を馬―・しいつか通はむ」〈万・七一五〉❸見渡す。眺めやる。「―・す竹田の原に鳴く鶴(たづ)の間(ま)なく時なし我(あ)が恋ふらくは」〈万・七六〇〉

うち-わたり【内▽辺】❶内裏(だいり)。禁裏。宮中。「―などにて、はかなく見給ひけむ人を」〈源・紅葉賀〉❷帝。天皇。「かくつれなきものから、―にも聞こし召して」〈源・総角〉

うち-わた・る【打ち渡る】〔動ラ四〕❶橋や川を越えて向こう側へ行く。渡る。「瀬田の唐橋―・り、鏡の宿に着き給ふ」〈義経記・一〉❷通る。行き来する。来る。「東の方より―・らせ給ひて、長押(なげし)におしかからせ給ひておはします」〈栄花・煙の後〉

うち-わに【内×鰐】鰐足(わにあし)の一。両足のつま先を内側に向ける歩き方。内股(うちまた)。内輪(うちわ)。⇔外鰐(そとわに)。

うちわ-ばなし【内輪話】家族や仲間内などに関する話。また、他人に知られたくない内々の話。
[類語]楽屋話・秘話・打ち明け話

うちわ-もめ【内輪×揉め】〔名〕スル 一家親族の間のけんか。また、仲間どうしの争い。うちわげんか。
[類語]内紛・喧嘩(けんか)・諍(いさか)い・言い合い・口論・いがみあい・角突き合い・揉(も)め事・悶着(もんちゃく)・いざこざ・ごたごた・トラブル・鞘当て

うちわ-やんま【団＝扇蜻＝蜓】(うちは) サナエトンボ科のトンボ。体長7センチくらい。体は黒く、胸部前方に逆八字形の黄色紋があり、腹部の第8節に団扇状の突出物がある。幼虫は腹部全体が扇状で扁平。

うち-わり【内割】❶歩合高の元高に対する比。❷穀物を精製したときに、もとよりも分量が減ること。また、その減った分量。内耗(うちべり)。

うち-わ・る【打(ち)割る】〔動ラ五(四)〕❶打ってくだく。たたき割る。「瓦(かわら)を―・る」❷悩みや心の中を包み隠さずに全部話す。打ち明ける。「腹を―・って話す」[類語]割る・叩(たた)き割る・叩き壊す

うちわ-われ【内輪割れ】内輪もめのため、内部に対立が生じて分裂すること。仲間割れ。

うっ〔接頭〕《接頭語「う(打)ち」の音変化》カ・サ・タ・ハ行の頭音をもつ動詞に付いて、その動作・作用を強める意を表す。「―たまげる」「―ぴらく」

うつ【鬱・×欝】㊀〔名〕心が晴れ晴れしないこと。気がふさぐこと。憂鬱。「酒で―を散じる」「―状態」㊁〔ト・タル〕文〔形動タリ〕草木が生い茂っているさま。鬱蒼(うっそう)。「周囲は老樹―として繁り」〈独歩・馬上の友〉➡漢「うつ(鬱)」

う・つ【打つ】㊀〔動タ五(四)〕❶物を他の物に向けて強く当てる。㋐たたく。ぶつ。「平手で―・つ」「滝に―・たれる」㋑勢いよくぶつける。「後頭部を強く―・つ」㋒たたいて鳴らす。打ち合わせて、音を立てる。「柱時計が一二時を―・った」「太鼓を―・つ」㋓たたいて移動させる。当てて飛ばす。「ホームランを―・つ」㋔強く刺激する。「鼻を―・つ消毒薬のにおい」㋕心に強い感動を与える。「雄渾(ゆうこん)な筆致が読者を―・つ」❷(❶のようにして)物事をしたり、物を作ったりする。㋐鍬(くわ)などで耕す。「田を―・つ」㋑たたいて、平たくのばしたり、鍛えたりして作る。「そばを―・つ」「箔(はく)を―・つ」「太刀を―・つ」㋒キーをたたいて信号を送る。発信する。また、印字する。「電報を―・つ」「タイプを―・つ」「携帯でメールを―・つ」㋓布・綿・わらなどをたたいて、つやを出したり、やわらかくしたりする。「わらを―・つ」❸㋐広がるように投げる。「投網を―・つ」㋑まいて散らす。まきかける。「庭に水を―・つ」㋒目標めがけて投げる。「つぶてを―・つ」❹(❶のようにして)しっかりと取り付ける。㋐たたいて、中へ入れ込む。「くいを―・つ」「梁(はり)を―・つ」㋑さし入れる。突きさす。「鍼(はり)を―・つ」「注射を―・つ」㋒付け留めて高く掲げる。「高札を―・つ」㋓しるしをつける。「目盛りを―・つ」「読点を―・つ」㋔しっかりと全体に張る。「掛け軸の裏を―・つ」㋕ひも・糸などを組み合わせて、よる。「緒を―・つ」㋖縄で縛る。縄をかける。「縄を―・たれた罪人」❺ある事を行う。㋐相撲・芝居などの興行をする。「芝居を―・つ」㋑碁・ばくちなど、勝負事をする。「ばくちを―・つ」㋒手段・方策を施す。「ストを―・つ」「手金を―・つ」「逃げを―・つ」㋓そのような動作をする。「寝返りを―・つ」❻動きが規則正しく繰り返される。「磯―・つ波」「脈―・つ」❼火打ち石を強くぶつけて火をだす。「をりをりに―・ちて焚(た)く火の煙あらば心ざす香をしのべとぞ思ふ」〈貫之集〉❽《鞭(むち)でたたくところから》馬を走らせる。「佐々木判官信時は一里計(ばか)り引きさがりて、三百余騎にて―・ちけるが」〈太平記・九〉❾幕などを張る。「生田の川のつらに、女、平張(ひらばり)を―・ちてゐにけり」〈大和・一四七〉[可能]うてる ㊁〔動タ下二〕《「打たれる」意から》❶負ける。圧倒される。「ことの葉は強(こは)く見ゆれどすまひ草露には―・つるものにざりける」〈源順集〉❷誓いを守らず神仏の罰を受ける。「いかに和僧、起請(きしょう)には―・てたるぞ」〈平家・一二〉❸承服できる。合点がいく。「小気味の悪い女郎ぢゃと、さすがの武士も―・てぬ顔」〈浄・天の網島〉[補説]江戸時代には「うてる」という下一段形も行われた。
[用法]うつ・たたく――ほぼ同様の動作を表すが、「打つ」は「合図の太鼓を打つ」「時の鐘を打つ」「釘を打つ」のように、意志的な動作に重点をおいて用いられる場合がある。◆「たたく」は動作そのものを示す。「ボールをたたく」といえば、「打つ」よりも打撃の姿、勢いなどを想起させる。また、「太鼓をたたく」「鉦(かね)をたたいて経を読む」など、繰り返し打ち続けることをいうことが多い。◆類義語の「殴る」は怒り・興奮などの感情を込めて強く打つ場合に用いる。「ぶつ」もほぼ同じだが、「殴る」にくらべて、怒り・興奮は浅く、打つ力も弱い。「そんなにぶたないでよ」のような用法もあり、この場合「殴る」に置き換えることはできない。◆「はたく」は、平たいもので打つ感じが強く、払いのけるような動作を伴うことが多い。「ほこりをはたく」「蠅(はえ)をはたく」などと用いる。
[類語]叩(たた)く・殴る・ぶつ・小突く・ひっぱたく・叩きのめす・打ち据える・ぶん殴る・殴り飛ばす・殴りつける・張る・食らわす
打って一丸(いちがん)とな・る　すべての関係者が一つにまとまる。団結する。「再建めざして全員―・る」
打てば響・く　働きかけるとすぐに反応する。「―・く受け答え」

> **漢字項目 うつ**
> **鬱** 音ウツ(漢) ‖ ①草木がこんもりと茂る。「鬱然・鬱蒼(うっそう)」②ふさがる。気分が中にこもる。「鬱鬱・鬱血・鬱積／陰鬱・躁鬱(そううつ)・沈鬱・憂鬱」③こもった気が盛んなさま。「鬱勃(うつぼつ)」[補説]「欝」は俗字。[難読]鬱金(うこん)

う・つ【討つ】〔動タ五(四)〕《「打つ」と同語源》❶攻撃する。敵を攻めて滅ぼす。征伐する。「かたきを―・つ」「不義を―・つ」❷武器を用いて、傷つけたり殺したりする。「首を―・つ」[可能]うてる
[類語]討ち取る・討ち果たす・倒す・打ち破る・薙(な)ぎ倒す・打ち負かす・やっつける・撃破・打倒

う・つ【▽棄つ】〔動タ下二〕捨てる。多く他の動詞に付けて用いられる。「此の子は葦船に入れて流し―・てき」〈記・上〉「俄(にはか)に親この女を追ひ―・つ」〈伊勢・四〇〉

う・つ【撃つ・▽射つ】〔動タ五(四)〕《「打つ」と同語源》弾丸・矢などを発射する。「拳銃で―・つ」「標的を―・つ」[可能]うてる [類語]射る

うつ【▽全・▽空・▽虚】〔接頭〕❶(全)名詞に付いて、すっかり、全く、全部の意を表す。「皮を―はぎに剝(は)ぎて」〈記・上〉❷(空・虚)名詞に付いて、うつろな、空虚な、の意を表す。「―蟬(せみ)はからを見つつもなぐさめつ深草の山煙だにたて」〈古今・哀傷〉

うつ-うつ【鬱鬱】〔ト・タル〕文〔形動タリ〕❶心の中に不安や心配があって思い沈むさま。「―として日を過ごす」❷草木がよく茂っているさま。「或は―とした松並木を過ぎ」〈荷風・地獄の花〉[類語]うっとうしい

うつ-うつ〔副〕半ば眠り、半ば目覚めているさま。夢うつつのさま。うとうと。うつらうつら。「また―となって来ると、このまま気が遠くなって死んでしまうのかも知れない」〈大仏・帰郷〉

う-づえ【×卯×杖】(―づゑ) 正月初の卯の日に、魔よけの具として用いる杖。柊(ひいらぎ)・桃・梅・柳などの木を5尺3寸(約1.6メートル)に切り、2、3本ずつ5色の糸で巻いたもの。昔、宮中では六衛府などから朝廷に奉った。《季 新年》「古猫の相伴にあふ―かな/許六」

うつお【▽空・▽虚・▽洞】(うつほ) ❶中ががらになっていること。また、そのようなもの。うつろ。うろ。「この唐櫃(からびつ)をこそ心にくく思ひつれども、これも―にて物なかりけり」〈今昔・二九・一二〉❷岩や樹木にできた空洞。ほら穴。「いかめしき牝熊、牡熊、子生み連れてすむ―なりけり」〈宇津保・俊蔭〉❸上着だけで、下に重ねるべき衣類を着用しないこと。「短き衣―にほうかぶって、帯もせず」〈平家・八〉❹葱(ねぎ)をいう女房詞。[補説]発音は、古くは「ウツホ」、その後「ウツヲ」「ウツオ」と変化したという。また、「ウツボ」と濁音にも発音されたらしい。

うつお【×靫・▽空・▽穂】(うつほ) ▶うつぼ(靫)

うつお-ぎ【▽空木】(うつほぎ) 中が腐って、空洞になった木。

うつろぎ。「わが居たる—の前に」〈宇治拾遺・一〉

うつお-ばしら【▽空柱】屋上の雨水を受ける、箱形の縦樋。特に、清涼殿の殿上の間の東南端にある雨落ちの柱をさす。箱樋。

うつお-ぶね【▽空舟】大木をくり抜いて造った舟。丸木舟。うつろぶね。「—にいれて流されけるとぞ聞こえし」〈平家・四〉

うっ-かい【鬱懐】心配ごとなどで晴れ晴れとしない思い。「胸の裡の、寂しさとムシャクシャした—と」〈菊池寛・俊寛〉

うっか-と〔副〕《「うかと」の促音添加》ぼんやりと。ぼうっと。「—なって、むさとわづらうて気を悪がるほどに」〈虎明狂・梟〉

うっかり〔副〕スル ❶ぼんやりして注意が行き届かないさま。「—(と)秘密をしゃべる」「—して大事な物を置き忘れた」❷心をひかれて他に注意の向かないさま。うっとり。「擦寄って、—と見惚れて居る」〈鏡花・婦系図〉 類語 思わず・思わず知らず・つい・知らず知らず・無意識・ひょっと

うっかり-とくやく【うっかり特約】自動車保険における特約の一つ。保険契約の継続手続きを忘れていた場合でも、一定の条件を満たせば満期日から30日以内の事故に限り補償するもの。

うっかり-ミス ぼんやりしていて、しくじること。通常は起こるはずのない失敗。「気を引き締めて—を防ぐ」

うっかり-もの【うっかり者】ぼんやりしている人。不注意な人。まぬけ者。

うっ-き【鬱気】気のふさぐこと。心の晴れ晴れしないこと。気鬱。「—を払う」

うつ-ぎ【▽空木｜×卯木】ユキノシタ科の落葉低木。山野に自生。幹の内部は中空で、よく分枝する。葉は卵形でとがり、縁に細かいぎざぎざがある。初夏、白い5弁花が群れ咲く。生け垣にしたり、木釘や楊枝を作る。うのはな。かきみぐさ。

う-づき【×卯月】陰暦4月の異称。卯の花月。卯の花の咲く月の意とも、稲穂を植える植月の意ともいう。〔季 夏〕

うつぎ-だけ【空木岳】長野県南西部、木曽山脈第2の高峰。標高2864メートル。

うづき-どり【×卯月鳥】ホトトギスの別名。

うづき-の-いみ【×卯月の忌み】❶陰暦4月の賀茂の祭りに関係する者が、潔斎のため、祭りに先立って家にこもること。「ほととぎす—に忌こもるを思ひ知りても来鳴くなるかな」〈山家集・上〉❷田植え祭りの前の物忌み。

うづきのもみじ【卯月の紅葉】浄瑠璃。世話物。三段。近松門左衛門作。宝永3年(1706)大坂竹本座初演。大坂心斎橋の古道具商笠屋の娘お亀と養子婿との心中事件を脚色したもの。続編に「卯月の潤色」がある。

うづき-ようか【×卯月八日】4月8日。釈迦の誕生日で、寺院では灌仏会を行う。この日に山登りをするとか、農作業を始める目安とする風習もある。

うつ-く【▽空く｜▽虚く】〔動カ下二〕「うつける」の文語形。

うつくし-い【美しい｜▽愛しい】〔形〕文うつく・し〔シク〕❶色・形・音などの調和がとれていて快く感じられるさま。人の心や態度の好ましく理想的であるさまにもいう。㋐きれいだ。あでやかだ。うるわしい。「若く—い女性」「琴の音が—く響く」㋑きちんとして感じがよい。「—い町並み」「—い文章」㋒清らかでまじりけがない。好ましい。「—い友情」❷妻子など、肉親をいとしく思うさま。また、小さなものを可憐に思うさま。かわいい。いとしい。愛すべきである。「妻子見ればめぐし—し」〈万・八〇〇〉「なにもなにも、小さきものはみな—し」〈枕・一五一〉❸りっぱである。見事だ。「かの木の道の匠の造れる、—しきうつは物も」〈徒然・二二〉❹(連用形を副詞的に用いる)きれいさっぱりとしている。「—シウ果テタ」〈日葡〉「—しくお暇取り、二度在所へ来るやうに」〈浄・歌念仏〉 補説 本来親しい間柄、特に親子・夫婦などの間のいたわりの愛情を表したが、のちに小さいものへの愛情を主にいうようになり、さらに一般的に心や感覚に喜びを与えるもののようすをいうようになった。派生 うつくしげ〔形動〕うつくしさ〔名〕

用法 **うつくしい・きれい**——「美しい(きれいな)人」「きれいな(美しい)花」のように相通じて用いられるが、現代の口頭語としては「きれいだ(です)」が優勢である。「なんてきれいなのでしょう」が普通で、「なんて美しいのでしょう」はやや改まった言い方になってしまう。◆「美しい」は、「日本の美しい自然」「美しい心」などのように、心を打つ内面的な好ましさについて用いることが多く、「美しい友情」を「きれいな友情」とは普通はいわない。◆「きれい」は、「きれいに掃除する」「きれいに食べる」とかのように、外面的な清潔さ・鮮やかさの意が強い。「きれいな空気」を「美しい空気」とはいわない。◆類義語「麗しい」は、「美しい」に近いが文章語的。感情や、人と人との間柄の美しさなどを表して、「彼女は御機嫌麗しい」「麗しい師弟愛」のように用いられる。

類語 麗しい・きれい・秀麗・端麗・美麗・流麗・壮麗・見目好い・見目麗しい・端整・佳麗・艶美・艶麗・あでやか・妖艶・豊麗・妖美

うつくし-がはら【美ヶ原】長野県松本市の東方にある溶岩台地の高原。標高約2000メートル。レンゲツツジをはじめ植物の種類に富む。四周の眺望にすぐれた観光地。

うつくし-が・る【▽愛しがる】〔動ラ四〕かわいらしいと思う。かわいがる。「松君のをかしうもの宣ふを、誰も誰も、—り聞こえ給ふ」〈枕・一〇四〉

うつくしきすいしゃごやのむすめ【美しき水車小屋の娘】《原題、ドイツ Die schöne Müllerin》ミュラーの詩にシューベルトが作曲した連作歌曲集。全20曲。1823年作。水車小屋の娘に失恋して小川に身を投げた若者の悲恋を歌う。

うつくしくあおきドナウ【美しく青きドナウ】《原題、ドイツ An der schönen, blauen Donau》ヨハン＝シュトラウス2世作曲のワルツ。1867年作。初め男声合唱曲として作られ、のちに管弦楽用に編曲。ウィンナワルツの代表作。

うつくし・ぶ【▽慈しぶ｜▽愛しぶ】〔動バ上二〕「うつくしむ」に同じ。「八つ九つばかりにて、声いとおもしろく、笙の笛吹きなどするを、—び、もてあそび給ふ」〈源・賢木〉

うつくし-まつ【美し松】アカマツの変種。高さ1〜7メートル。幹が根元近くから数本出て、樹形が傘形をしている。庭木にする。多行松。

うつくし・む【▽慈しむ｜▽愛しむ】〔動マ四〕かわいがる。いつくしむ。大切にする。うつくしぶ。「憎げなる稚児を、己が心地の愛しきままに、—み、愛しがり」〈枕・九六〉

うっ-くつ【鬱屈】〔名〕スル 気分が晴れ晴れしないこと。心がふさぐこと。「—した心情」

類語 塞ぐ・塞がる・結ぼれる・沈む・滅入る・曇る・鬱する・鬱結する・消沈する・しょげる・しょげ返る・ふさぎこむ

うつけ【▽空け｜▽虚け】《動詞「うつ(空)ける」の連用形から》❶中のうつろなこと。から。からっぽ。❷愚かなこと。ぼんやりしていること。また、そのような者。まぬけ。「余りに頼効なき—の罪を」〈鏡花・註文帳〉

類語 虚脱・放心・自失

うっ-けつ【鬱血】〔名〕スル 静脈の血液の流れが悪くなって滞留する状態。静脈の一部が強く圧迫されたり、詰まったりして局所的に起こることが多いが、心臓の力が弱まって全身的に起こることもある。

うっ-けつ【鬱結】〔名〕スル ❶ふさがり滞ること。「血液が—する」❷気分が晴れ晴れしないこと。鬱屈。「時子の胸に—した疑団は幾らもあった」〈二葉亭・其面影〉

類語 塞ぐ・塞がる・結ぼれる・沈む・滅入る・曇る・鬱する・鬱屈する・消沈する・しょげる・しょげ返る・ふさぎこむ

うつけ-もの【▽空け者】愚か者。ぼんやり者。

うつ・ける【▽空ける｜▽虚ける】〔動カ下一〕文うつ・く〔カ下二〕《「うつ(空)」の動詞化》❶気が抜けたようになる。ぼんやりする。「—けた顔つき」❷中がうつろになる。「鹿の角のごとくして—けたる国なり」〈熱田神宮本神功紀〉

うっ-こ【鬱×乎】〔ト・タル〕文〔形動タリ〕❶草木の盛んに茂っているさま。「—たる森林」❷物事が盛んなさま。「—たる勢力を誇る」

うっこん-こう【鬱金香】チューリップの別名。

うっ-さん【鬱散】ふさいだ気分を晴らすこと。うさ晴らし。気晴らし。

うつし【写し】❶書画などを写しとること。模写。また、その書画。❷書類などの控えとして書き写したり複写したりした文書。謄本。コピー。「証書の—」❸写真や映画などにとること。「大—」「二重—」❹模造品。「天目の—」

うつし【映し】映像をスクリーンなどに現し出すこと。

うつし【移し】❶「移し花」に同じ。「秋の露は—にありけり水鳥の青葉の山の色づく見れば」〈万・一五四三〉❷香を衣類などに染み込ませること。また、その香。「菊の露もこちたく、おほひたる綿などもいたくぬれ、—の香ももてはやされて」〈枕・一〇〉❸「移しの馬」の略。「—に乗せ給ひて走らせ給へれば」〈宇津保・楼上下〉❹「移し鞍」の略。「足疾き御馬に—置きて」〈源・夕霧〉

うつ・し【▽現し｜▽顕し】〔形シク〕《「うつつ」と同語源》❶現実にこの世に生きている。「葦原の中つ国にあらゆる—しき青人草」〈記・上〉❷正気である。気が確かである。「春の日のうら悲しきにおくれゐて君に恋ひつつ—しけめやも」〈万・三七五二〉 補説 上代には未然形・已然形に「しけ」の活用があった。なお、終止形(語幹)「うつし」はそのままで連体修飾用法となることもある。「うつしごころ」「うつしおみ」など。

ウッジ〔Łódź〕ポーランド中央部の工業都市。繊維工業が中心。人口、行政区76万(2007)。ルージ。ウッチ。

うつし-いろ【移し色】移し花で染めた薄い青色。「色々にこきまぜたる上に、—なる織物を着たり」〈浜松・二〉

うつし-うま【移し馬】「移しの馬」に同じ。

うつし-え【写し絵】❶景色や人物などを描き写した絵。写生画。「是は誠の鯉、—とはさらさら思はれず」〈浄・双生隅田川〉❷ ►映し絵

うつし-え【映し絵】(「写し絵」とも書く)ガラス板などに人物・景色などを描き、それを幻灯機で壁や白布に映すもの。江戸末期から明治末まで寄席で興行。幻灯。

うつし-え【移し絵】水溶性の糊を塗った台紙に模様や絵を印刷したもの。水にぬらして物にはりつけ、乾ききらないうちに紙をはがすと台紙の模様や絵が転写される。陶器・ガラスなどの模様印刷に用い、また玩具にもする。

うつし-おみ【▽現しおみ】この世に人としての姿を現しているもの。生きている現実の人。「かしこし、我が大神、—あらむとは覚らざりき」〈記・下〉 補説 「おみ」の語義は「臣」かという。「大身」「御身」とするのは、上代の音韻からみて誤り。転じて「うつそみ」「うつせみ」となる。

うつし-ぐさ【移し草】《染料にするところから》ツユクサの別名。

うつし-ぐら【移し×鞍】平安時代、官人が公用で乗る馬寮の馬につける鞍。平文の鞍橋、半舌の鐙、斧形の大滑が特色。似せて作った鞍を私馬につけることもある。うつしのくら。

うつし-ごころ【▽現し心】確かな心。理性のある心。正気。「—なく酔ひたるものに候」〈徒然・八七〉

うつし-ごころ【移し心】移りやすい心。移り気。「いで人は言のみぞよき月草の—は色ことにして」〈古今・恋四〉

うつし-ざま【▽現し様】〔名・形動ナリ〕❶気持ちが正常で確かなさま。正気なさま。「—なる折すくなく侍りて」〈源・薄雲〉❷いつもと変わらないこと。また、そのさま。「おほやけのかしこまりなる人の、—にて世の中にあり経るは」〈源・須磨〉

うつし-ぞめ【写し染(め)】布の上に型紙をおき、染料をまぜた糊を用いて型どおりに文様を染める方法。友禅・小紋などに用いられる。

うつし-だ・す【映し出す｜写し出す】〔動サ五(四)〕

❶光を当てて映像をスクリーンなどに現す。「アルプスの山々を画面いっぱいに—・す」❷見聞したり調べたり考えたりしたことを、絵や文章に書き表す。「当時の風俗を巧みに—・した小説」〘類語〙映写・上映・試写・クローズアップ・大写し・投影・映す

うつし-どの【移し殿|▽遷し殿】❶神社の社殿改築のときなどに、臨時に神体を安置しておく仮の社殿。仮殿(かりどの)。❷春日神社の社殿の一。神木を移し安置する社殿。

うつし-と・る【写し取る】〘動ラ五(四)〙❶もとのとおりに書き取る。書き写す。「原図を—・る」❷そっくりそのままもとの形を模倣する。「うち笑ひ、物などの給へるも、あさましきまで—・り給へるに」〈狭衣・三〉

うつし-の-うま【移しの馬】宮中の馬寮(めりょう)の管理する馬。必要に応じて諸司の官人の供奉(ぐぶ)や乗り換え用とした。うつしうま。

うつし-ばな【移し花】ツユクサの花の汁を紙に移して染み込ませたもの。染料として用いた。青花(あおばな)。

うつし-びと【▽現し人】❶(死者に対して)この世に生きている人。「—にてだにぞ、むくつけかりし人の御けはひの」〈源・若菜下〉❷(出家に対して)在俗の人。俗人。「—にては世におはせむも、うたてこそあらめ」〈源・手習〉

うつし-ぶみ【移し文】▶移文(いぶん)

うつし-み【▽現し身】現在生きている身。うつせみ。「こうして—の女の肉に引きずられる執念は」〈石川淳・普賢〉〘補説〙江戸時代の国学者が上代語の「うつしおみ」また「うつそみ」「うつせみ」の原形を「現し身」と考えて作り出した語。

うつし-もの【写し物】文書を書き写すこと。また、書き写した文書。

うつし-よ【▽現し世】この世。現世。
〘類語〙地上・人界・下界・娑婆(しゃば)・此岸(しがん)・苦界・肉界・人間界・世界

うつ-じょう【鬱情】(ウツジャウ) 晴れ晴れしない、うっとうしい気持ち。「それぞれの悩ましい青春の—の発散を志したのであろう」〈佐藤春夫・晶子曼陀羅〉

うつ-じょうたい【鬱状態】(ウツジャウタイ) 気分が落ち込み、感情・意欲・思考などの精神活動が低下した状態。何事にも興味・関心を持てなくなり、不眠や過眠、食欲不振や過食、倦怠(けんたい)感などの身体症状があらわれる。悲観的な考えにとらわれ、自殺を考えることもある。鬱病や双極性障害(躁鬱(そううつ)病)などの気分障害のほか、身体的疾患や心理的ストレス、薬物の影響などによっても起こる。抑鬱状態。

うつ・す【写す】〘動サ五(四)〙《「移す」と同語源》❶文書・絵などを元のとおりに書き取る。まねてそのとおりに書く。転写する。模写する。「手本を—・す」「友達のレポートを—・す」❷ある物をまねてそのとおりの形につくる。模造する。「竜安寺(りょうあんじ)の石庭を—・した庭」❸見聞したことを文章や絵で表現する。描写する。「情景を—・す」❹写真や映画に撮る。撮影する。「花を—・す」〘可能〙うつせる
〘類語〙(❶)書き写す・転記する・謄写する・筆写する・手写する・書写する・臨写する・透写する・なぞる・トレースする・拓本/(❸)描き出す・描出する・活写する・直写する・写生する・スケッチする/(❹)撮影・撮る

うつ・す【映す】〘動サ五(四)〙《「移す」と同語源》❶反射や投影などによって物の形や姿を他の物の表面に現す。「鏡に姿を—・す」❷映像をスクリーンやブラウン管などの上に現し出す。映写する。「スライドを—・して見せる」❸ある物事の影響を他のものに現し示す。反映する。「当時の世相をよく—・している歌謡曲」〘可能〙うつせる
〘類語〙映る・映ずる・反映・映写・上映・試写・クローズアップ・大写し・投影・映し出す

うつ・す【移す|▽遷す】〘動サ五(四)〙❶位置や地位を変える。他の所へ持っていく。また、中身を別のものに入れ替える。「住まいを—・す」「首都を—・す」「庶務課に—・す」「小皿に—・す」❷目の向きや関心の対象を変える。「視線を—・す」「別の相手に心を—・す」❸時を過ごす。時間を経る。「時を—・さず決行する」❹伝染させる。「風邪を—・される」❺色や香りを他の物にすりつけて染み込ませる。「花をすって布地に色を—・す」❻物事を別の段階に進める。「計画を実行に—・す」❼(遷す)神仏の座所を動かす。また、分けて他の所に祭る。「伏見稲荷を—・して守護神とする」❽物の怪(け)を寄坐(よりまし)にのりうつらせる。「物の怪にいたう悩めば、—・すべき人とて」〈能因本枕・三一九〉❾高貴の人を流罪にする。「いかでか我が山の貫首をば、他国へは—・さるべき」〈平家・二〉〘可能〙うつせる〘類語〙移る・送る・遣(や)る・動く・移動する・移行する・変わる

うっすら【▽薄ら】〘副〙《「うすら」の音変化》濃さ・明瞭度・厚さなどの程度がわずかであるさま。ほのかに。かすかに。うすく。「—(と)赤みが差す」「—(と)記憶に残っている」「雪が—(と)積もる」
〘類語〙薄い・希薄・薄っぺら・薄め・薄手

うっすり【▽薄り】〘副〙「うっすら」に同じ。「彼は一眼を開けて、彼女を見た」〈徳永・太陽のない街〉

うっ・する【鬱する】〘動サ変〙図うっ・す〘サ変〙心がふさぎ、気持ちが晴れ晴れしない。心が沈む。「なんとなく気が—・する」〘類語〙塞(ふさ)ぐ・塞がる・結ぼれる・沈む・滅入(めい)る・曇る・鬱屈(うっくつ)する・鬱結(うっけつ)する・消沈する・しょげる・しょげ返る・ふさぎこむ

うつせ【▽空|▽虚】❶貝殻。うつせがい。「いかなる様にて、いづれの底の—にまじりけむ」〈源・蜻蛉〉❷中身のないこと。から。空虚。「手を通さねば便なき袖は—のうちかけ姿」〈浄・聖徳太子〉

ウッセイ〖Houssay〗▶ウーサイ

うつせ-がい【▽空貝|▽虚貝】(がひ)❶海岸に打ち寄せられた、からになった貝。貝殻。和歌では「実なし」「むなし」「あはず」や同音の反復で「うつし心」などを導く序詞に用いられる。「上には白銀(しろがね)、黄金(こがね)の蛤(はまぐり)、—などを」〈堤・貝合〉「—うつし心も失せはてて」〈千載・雑下〉❷ツメタガイ・ウズラガイの別名。

うっ-せき【鬱積】〘名〙(スル)❶不平不満や怒りなどの感情が、はけ口のないままに心の中に積もっていること。「心中に—した憤懣(ふんまん)」❷出口をふさがれて、内に滞りたまること。「—した疲労」

うつせみ【▽空×蝉】《「うつしおみ」が「うつそみ」を経て音変化したもの》❶この世に現に生きている人。転じて、この世。うつしみ。「いにしへもしかにあれこそ—も妻を争ふらしき」〈万・一三〉❷《「空蝉」「虚蝉」などの字を当てたところから》蝉の抜け殻。また、蝉。「—の身をかへてける木(こ)のもとになほ人がらのなつかしきかな」〈源・空蝉〉〘季 夏〙「—を妹が手にせり欲しと思ふ/誓子」

うつせみ【空蝉】㊀源氏物語第3巻の巻名。光源氏17歳。源氏が空蝉の寝所に忍びこむが拒まれることなどを描く。㊁源氏物語の登場人物。衛門督(えもんのかみ)の娘。伊予介(いよのすけ)の後妻。源氏の贈った歌によってこの名がある。

うつせみ-の【▽空×蝉の】〘枕〙❶人間・世間・現世の意から「世」「世の人」などにかかる。「—世の人なれば」〈万・一七八五〉❷蝉の抜け殻の意から「むなし」「わびし」などにかかる。「—むなしき恋に身をやかへてむ」〈新古今・恋二〉

うつ-ぜん【鬱然】〘ト・タル〙図〘形動タリ〙❶草木がこんもりと茂っているさま。鬱蒼(うっそう)。「果樹が—と生茂り」〈荷風・つゆのあとさき〉❷物事の勢いよく盛んなさま。「—たる反対派の動き」❸気がふさがるさま。うつうつ。「—として楽しまない」
〘類語〙(❶)草深い・こんもり・鬱蒼(うっそう)・蒼蒼/(❷)盛ん

うっ-そう【鬱×蒼】(サウ)・【鬱×葱】(ソウ)〘ト・タル〙図〘形動タリ〙樹木が茂ってあたりが薄暗いさま。「—とした森林」〘類語〙草深い・こんもり・蒼蒼(そうそう)・鬱然(うつぜん)

うつそみ【▽現そみ】《「うつしおみ」の音変化で、「うつせみ」の古形》「空蝉(うつせみ)❶」に同じ。「—と思ひし妹が灰にていませば」〈万・二一三〉

うっそり ㊀〘副〙心を奪われてぼうっとしているさま。「凩(こがらし)の吹く世の中を忘れたように、—として歩いて行く」〈芥川・枯野抄〉㊁〘名・形動〙《近世語》ぼんやりしていること。うっかりしていること。また、そのさまや、そういう人。「さうとは知らず—な女中方」〈伎・加賀見山再岩藤〉

うった・う【訴ふ】(うったふ)〘動ハ下二〙「うったえる」の文語形。

うったえ【訴え】(うったへ)❶訴えること。「—を起こす」❷裁判などを申し立てること。ある者が他の者または行政庁を相手として、民事訴訟・行政事件訴訟を起こして特定の権利主張をし、その当否について裁判所の審判を求める申し立て。➡公訴

うったえ-に (うったへ)〘副〙(多くあとに打消しや反語を伴って)いちずに。むやみに。「一鳥は喫(は)まねど縄延(は)へて守(も)らまく欲しき梅の花かも」〈万・一八五八〉「—かうておはすらんと思ひよらんやは」〈浜松・一〉

うった・える【訴える】(うったへる)〘動ア下一〙図うった・ふ〘ハ下二〙《「うるた(訴)う」の音変化》❶物事の善悪、正邪の判定を求めて裁判所などの機関に申し出る。申し立てる。告訴する。「警察に—・える」❷有識者などに物事の是非の判断を求めて、申し出る。「同級生の乱暴を先生に—・える」❸他人の理解・同情・救いなどを強く期待して不満・不平・苦しみなどを言い知らせる。「腹痛を—・える」「空腹を—・える」❹強い手段を用いて事を解決しようとする。「腕力に—・える」❺感覚や感情に働きかける。「良識に—・える」
〘類語〙(❶)申し立てる・提訴する・告訴する・告発する・訴訟・上訴する・控訴する・抗告する・上告する・反訴する/(❷❸)直訴する・直願する・嘆願する・哀訴する・哀願する・泣訴する・愁訴する・泣き付く・掻(か)き口説(くど)く(人々に広く訴える)呼び掛ける・アピールする・申し出る・届け出る・願い出る・申し込む

うったらそう【鬱多羅僧】《梵 uttarāsaṅgaの音写》三衣(さんえ)の一つの、七条の袈裟(けさ)。

ウッチ〖Łódź〗▶ウッジ

う-づち【×卯×槌】平安時代、正月初の卯の日に中務(なかつかさ)省の糸所(いとどころ)から邪気払いとして朝廷に奉った槌。桃の木を長さ3寸(約9センチ)、幅1寸四方の直方体に切ったもので、縦に穴をあけ、5色の飾り糸を5尺(約1.5メートル)ばかり垂らし、室内にかけた。

ウッチェロ〖Paolo Uccello〗[1397〜1475]フィレンツェの画家。ゴシック様式風の装飾性と、新しい画法だった遠近法を生かし、「サン-ロマーノの戦い」など騎馬図を多く描いた。

うっち-おっそう【尉遅乙僧】中国唐代初期の画家。西域の于闐(うてん)国の人。西域風の人物・花鳥・仏画を得意とし、長安・洛陽の寺院に壁画を描いた。生没年未詳。

うっちゃら-か・す【打っ▽遣らかす】〘動サ五(四)〙物事を打ち捨てたままにしておく。ほったらかす。「勉強を—・して遊んでいる」
〘類語〙打ち捨てる・うっちゃる・閑却

うっちゃり【打っ▽遣り|打っ▽棄り】❶相撲のきまり手の一。相手が寄ってくるのを土俵際でこらえ、からだをひねって相手を逆に土俵の外へ出す技。❷土壇場で形勢を逆転させること。「—を食う」

うっちゃ・る【打っ▽遣る|打っ▽棄る】〘動ラ五(四)〙《「うちやる」の音変化》❶投げ捨てる。「窓からごみを—・る」❷そのままにしておく。ほうっておく。ほったらかす。「仕事を—・って遊び歩く」❸相撲で、うっちゃりをする。「寄りをこらえて—・る」❹土壇場で形勢を逆転させる。「契約直前までいって—・られた」〘可能〙うっちゃれる〘類語〙打ち捨てる・うっちゃらかす・閑却

うつつ【▽現】❶この世に現に存在しているもの。現実。夢・虚構などに対していう。「夢か—か幻か」❷意識の正常な状態。正気。「—に返る」❸《「夢うつつ」「夢かうつつか」などの形で用いられるところから誤って》夢とも現実ともはっきりしない状態。夢見心地。夢心地。「昨今の—は事実かも知れないと思った」〈漱石・草枕〉❹現実に生きている状態。現存。死に対していう。「—の人々の中に忍ぶることだに、隠れある世の中かは」〈源・手習〉〘類語〙現実・実際・実地・実情・実態・実相・現状・事実・実在・実(ま)さ・本当

現を抜(ぬ)か・す　ある事に夢中になり、心を奪われる。「競馬競輪に—・す」

うつ・つ【▽打▽棄つ】〘動タ下二〙《「う(打)ちう(棄)つ」の

音変化》見捨てる。打ち捨てる。「霊(たま)ぢはふ神も我をば—・てこそしゑや命の惜しけくも無し」〈万・二六六一〉
うつつ‐ごころ【▽現心】❶《「夢うつつの心」の意から》夢見るような気持ち。うつろな心。「はや七分の正気を失って、何(ど)が何(ど)やら一向—で」〈紅葉・二人女房〉❷しっかりした気持ち。正気。「肝魂も消え果て—なし」〈盛衰記・六〉
うつつ‐ぜめ【▽現責め】江戸時代に行われた、睡眠をとらせず、夢うつつの状態を続けさせて白状させた拷問。
うつつ‐な・し【▽現無し】〔形ク〕❶何かに気を取られて、ぼんやりしているさま。正体もない。「この心をも得ざらん人は、物狂ひともいへ、—・し情なしとも思へ」〈徒然・一一二〉❷思慮分別のないさま。たわいない。「心ばへなども、いかにぞや—・くて、朝夕好む事とては、犬くひ、田楽などをぞ愛しける」〈増鏡・むら時雨〉
うつつ‐の‐ゆめ【▽現の夢】夢のようにはかない現実。多く男女の逢い引きのはかなさをいう。「逢ふと見て覚めにしよりもはかなきは—の名残なりけり」〈俊成卿女集〉
うっ‐て【討っ手】《「うちて」の音変化》賊軍・罪人などを討伐または逮捕する人。「—をさし向ける」
うっ‐て【打つ手】〔連語〕とるべき方法。なすべき手段。「現代の医学でも何も—がない」
ウッディー〖woody〗〔形動〕木質であるさま。木の部分の多いさま。また、木に似せたさま。
うって‐がえ【打って替え】(ーがへ) ❶交替すること。入れ替わり。また、情況ががらりと一変すること。「此度は—に、饑饉疫病等の流行するは」〈田口・日本開化小史〉❷囲碁で、相手の石を一目取ると、次の相手の一手でその周辺の石全体を取られてしまうこと。打って返し。
うって‐がえし【打って返し】(ーがへし)「打って替え❷」に同じ。
うって‐かわ・る【打って変(わ)る】(ーかはる)〔動ラ五(四)〕前の状態・態度と全く変わる。がらりと変わる。「昨日とは—・って快晴になった」
うって‐つけ【打って付け】〔名・形動〕物事がぴったりと当てはまること。また、そのさま。あつらえ向き。「—な役柄」「この仕事は君に—だ」(類語)誂(あつら)え向き・格好・頃合(ころあ)い・持って来い・ぴったり・好個・好適
うって‐でる【打って出る】〔動ダ下一〕❶敵に対して攻撃に出る。「敵の正面に—・でる」❷活動の場にみずから進んで出る。「知事選挙に—・でる」
うってん‐ばってん《「うんでいばんり(雲泥万里)」の音変化》物事の違いのはなはだしいこと。「僕と彼とを同視するのは、月とすっぽん、—」〈逍遥・当世書生気質〉
ウッド〖wood〗❶木。木材。❷ゴルフで、球を打つ部分が木などでできているクラブの総称。➡アイアン❷
うっ‐とう【鬱陶】(ータウ) 心がふさいで晴れないこと。「聊(いささ)か君の—を慰め、且つ共に心よく談笑しようと思って」〈露伴・露団々〉「精神—たるの時に当ては」〈織田訳・花柳春話〉
うっとう‐し・い【鬱陶しい】(ウッタウ)〔形〕文うったう・し〔シク〕❶心がふさいで晴れ晴れしない。気分が重苦しい。「難題をかかえて—・い気分だ」「—・い梅雨空」❷邪魔になってうるさい。煩わしい。「髪の毛がのびて—・い」(派生)うっとうしがる〔動ラ五〕うっとうしげ〔形動〕うっとうしさ〔名〕(類語)鬱鬱(うつうつ)・うるさい・面倒臭い・ややこしい・こうるさい・気詰まり・煩雑・煩瑣(はんさ)・しち面倒・しち面倒臭い・厄介
ウッド‐ごうきん【ウッド合金】(ーガフキン) ビスマス・鉛・錫(すず)・カドミウムからなる合金。融点が約70度と低く、ヒューズ・火災用安全装置などに用いる。米国の物理学者ウッド(Wood)が発明。
ウッド‐タール〖wood tar〗木材からとったタール。
ウッド‐チップ〖wood chip〗木片。木っ端。木ぎれ。(類語)木片・木っ端・木切れ・板切れ・棒切れ
ウッド‐デッキ〖wood deck〗居間や食堂などの前庭に木材を組んで作られた開放的なデッキ。
ウッド‐パルプ〖wood pulp〗木材から作られるパルプ。
ウッドブロック〖woodblock〗堅い木をくり抜いた筒形あるいは箱形の打楽器。
ウッド‐ベース〖wood bass〗コントラバスのこと。軽音楽の分野で、エレキベースと区別するための呼称。
ウッドペッカー〖woodpecker〗啄木鳥(きつつき)。
うっとり〔副〕(スル) ❶美しいものなどに心を奪われて、ぼうっとしているさま。また、気抜けしたさま。「音楽に—と聞きほれる」「—(と)したまなざし」「好い加減に頭が疲れて、皆—した心持になって黙って了う」〈風葉・青春〉❷気を失うさま。「迷倦(めいけん)を覚え、—として路傍に昏睡し」〈青木輔清訳・万国奇談〉
(類語)恍惚(こうこつ)・酔う・酔い痴(し)れる・浸(ひた)る・陶酔する
ウッドワード〖Robert Burns Woodward〗[1917〜1979]米国の有機化学者。ハーバード大教授。ペニシリン、ストリキニーネ、フグ毒のテトロドトキシンなど、多くの天然物質の構造を決定し、キニーネ、クロロフィル、ビタミンB_{12}などの化学合成に成功。1965年ノーベル化学賞を受賞した。また、R＝ホフマンとともに分子軌道の対称性保存則「ウッドワードホフマン則」を提唱した。
うつ‐な・し〔形ク〕疑いない。確かである。「その勝たむこと—・し」〈皇極紀〉
うつ‐ねん【鬱念】心にわだかまるものがあって、晴れ晴れしない気持ち。「数日の—一時(じ)に解散(げさ)す」〈平家・四〉
うつのみや【宇都宮】栃木県中部の市。県庁所在地。二荒山(ふたあらやま)神社の鳥居前町から発展。もと戸田氏の城下町。農業のほか電気・機械などの工業が行われ、北西部から大谷(おおや)石を産出。平成19年(2007)3月、上河内町・河内町を編入。人口51.1万(2010)。
うつのみや‐きょうわだいがく【宇都宮共和大学】宇都宮市にある私立大学。平成11年(1999)那須大学として開学し、同18年現校名に改称した。シティライフ学部の単科大学。
うつのみや‐さぶろう【宇都宮三郎】(ーサブラウ)[1834〜1902]明治初期の化学技術者。尾張の人。日本ではじめてセメント製造に成功。炭酸ソーダや耐火れんがの製造、醸造法改良なども指導。
うつのみや‐し【宇都宮市】➤宇都宮
うつのみや‐じょう【宇都宮城】(ージャウ) 宇都宮市にあった城。康平6年(1063)、藤原宗円(宇都宮氏祖)が築いたといわれ、近世初頭まで宇都宮氏の居城。江戸時代には本多氏・奥平氏・戸田氏などが在城。亀が岡城。
うつのみや‐そうどう【宇都宮騒動】(ーサウ) 元和8年(1622)宇都宮城主本多正純(ほんだまさずみ)が、幕府の許可なく本丸の石垣を修築したことなどを理由に領地を没収された事件。徳川秀忠殺害を企てた宇都宮城内の釣り天井が発覚したためといううわさが生まれ、浄瑠璃や歌舞伎に脚色された。
うつのみや‐だいがく【宇都宮大学】宇都宮市にある国立大学法人。宇都宮農林専門学校・栃木師範学校・栃木青年師範学校を統合し、昭和24年(1949)新制大学として発足。また同39年宇都宮工業短期大学を母体に工学部を、平成7年(1995)に国立大としては唯一の国際学部を設置。同16年国立大学法人となる。
うつのみや‐とんあん【宇都宮遯庵】[1633〜1707]江戸前期の儒学者。周防(すおう)の人。名は由的。松永尺五(せきご)に師事、経書の標注書を多く著し、儒学振興に寄与。著書「日本古今人物史」で幕府のとがめを受けた。
うつのみや‐よりつな【宇都宮頼綱】[1172〜1259]鎌倉前期の武将・歌人。妻は北条時政の娘。謀反の嫌疑を受けて出家し、蓮生(れんしょう)と号す。出家後は京都に住み藤原定家と親交、宇都宮歌壇の礎を築く。
うつのや‐とうげ【宇津ノ谷峠】(ータウげ) 静岡市、宇津の山の峠。東海道の丸子(まりこ)と岡部宿との間に位置し、難所として知られた。伊勢物語や黙阿弥の「蔦紅葉(つたもみじ)宇都谷峠」で有名。
うつ‐の‐やま【宇津の山】静岡市宇津ノ谷と藤枝市岡部町岡部とにまたがる山。南側に宇津ノ谷峠がある。(歌枕)「—うつつかなしき道絶えて夢に都の人は忘れず」〈秋篠月清集〉
うつ‐はぎ【▽全剝ぎ】《「うつ」は全く、すっかりの意》そっくりはぎ取ること。まるはぎ。「—に剝(は)ぎとられ、裸兎(はだかうさぎ)の」〈根無草・後・跋〉
うつ‐ばり【▽梁】《内張りの意。平安時代までは「うつはり」》屋根の重みを支えるための横木。はり。
梁の塵(ちり)を動か・す「梁塵(りょうじん)を動かす」に同じ。
うつ‐びょう【鬱病】(ービャウ) 憂鬱な気分が毎日続き、興味や喜びが感じられなくなる精神疾患。気分障害の一つ。不眠や過眠、食欲不振や過食、頭痛、倦怠(けんたい)感などの身体症状を伴い、病状が進行すると、自分には価値がないと感じたり罪悪感をもつようになり、自殺を考えることもある。抑鬱症。孤立の病。
ウッフィー〖Whuffie〗インターネット上での評判、信頼、尊敬に基づく価値・評価。(補説)カナダ出身のマーケティングコンサルタント、タラ＝ハントが、Web2.0以降のインターネット上のビジネスで成功するための、貨幣に替わる新しい価値として取り上げた概念。人々に喜ばれる情報やサービスを提供し、多くの口コミを通じて信頼や尊敬を受ければ、おのずとウッフィーが増えて成功につながるとされる。元は、カナダのSF作家が自著の中で未来の貨幣単位として用いた語。
うつ‐ぶ・く【×俯く】㊀〔動カ四〕「うつむく」に同じ。「—・いて拾ふ事があらうずらう」〈史記抄・貨殖伝〉㊁〔動カ下二〕「うつぶける」の文語形。
うつ‐ぶ・ける【×俯ける】〔動カ下一〕文うつぶ・く〔カ下二〕「うつむける」に同じ。「顔を—・ける」「射策(せきさく)、簡に題を書いて—・けておいて」〈蒙求抄・一〉
うつ‐ぶし【▽空五＝倍＝子】《中空であるところから》「ふし(五倍子)」に同じ。
うつ‐ぶし【×俯し】腹ばいになったり、顔が下に向いたりした状態。うつぶせ。うつむき。「浴槽(ゆぶね)の側に両肱を置いてその上に額を載せながら—になった儘」〈漱石・彼岸過迄〉(類語)腹這(はらば)い・俯(うつ)き・うつむけ
うつぶし‐いろ【▽空五＝倍＝子色】ヌルデからとった五倍子(ふし)で染めた薄墨色。
うつぶし‐ぞめ【▽空五＝倍＝子染(め)】うつぶし色に染めること。また、染めたもの。
うつ‐ぶ・す【×俯す】㊀〔動サ五(四)〕❶顔やからだの前面を下に向けて伏すか倒れるかする。「ベッドに—・す」❷下を向く。うつむく。「伏し目になりて—・したるに」〈源・若紫〉㊁〔動サ下二〕「うつぶせる」の文語形。
うつ‐ぶせ【×俯せ】うつぶせること。また、その状態。うつむけ。うつぶし。「—になって眠る」「皿を—にして重ねる」(類語)腹這(はらば)い・俯(うつ)き・うつむけ・うつぶし
うつぶせ‐ね【×俯せ寝】腹を下にして寝ること。また、赤ん坊などをその状態で寝かせること。
うつ‐ぶ・せる【×俯せる】〔動サ下一〕文うつぶ・す〔サ下二〕❶顔を下に向けてからだを伏せる。腹を下にして横たわる。「床に—・せる」❷物を下向きに置く。「コップを—・せる」(類語)伏せる・伏す・俯(うつ)く
うっ‐ぷん【鬱憤】外へ出さないで心の中に抑えている怒りや恨み。また、そういう気持ちが積もること。「—を晴らす」「善忠が所領を取りて左馬の助に申し与へんとするを—する折節なり」〈太平記・三五〉
(類語)怒り・腹立ち・憤り・怒気・瞋恚(しんい)・憤怒(ふんぬ)・憤怒(ふんど)・憤懣(ふんまん)・義憤・痛憤・悲憤・憤激・憤慨(ふんがい)・立腹・激怒・癇癪(かんしゃく)・逆鱗(げきりん)
うつほ【▽空・▽虚・▽洞】➤うつお(空)
うつぼ【×靫・▽空穂】矢を納めて射手の腰や背につける細長い筒。ふつう竹製で漆塗り。上に毛皮や鳥毛・毛氈(もうせん)の類を張ったものもある。うつお。
うつぼ【×鱓】❶ウツボ科の海水魚。全長約90センチ。体色は黄褐色の地に暗褐色の不規則な横じまがある。本州中部以南の岩礁にすむ。食用。皮はなめし革とする。きだこ。❷ウナギ目ウツボ科の海水魚の総称。体はウナギ形で側扁し、腹びれと胸びれがなく、うろこもない。岩礁や海底にすみ、夜行性。一般に貪食(どんしょく)で、タコの天敵といわれる。日本近海に約50種が知られ、沖縄諸島以南に多い。
うつぼ‐かずら【×靫▽葛】(ーかづら) ウツボカズラ科の食虫植物。蔓性(つるせい)の多年草。葉は長さ10〜15センチで、裏面に褐色の毛があり、先が円筒形の袋となっていて虫を捕らえる。雌雄異株。枝の先に黒紫色の花を

総状に密生する。同科には約80種あり、中国・インドシナ・マレーシアからオーストラリアにかけて分布。日本では温室で栽培。

うつぼ-がわら【×靫瓦】屋根の谷または本瓦葺きに用いる瓦。両端が翼をもつ「凵」の形をなすが、中央がやや湾曲している。

うつぼ-ぐさ【×靫草】シソ科の多年草。山野に生え、高さ10～30センチ。茎は四角柱。全体に白い毛がある。夏、紫色の唇形の花が集まった穂を出す。花穂は夏に枯れて黒くなり、これを漢方で夏枯草といい、利尿薬にする。うるき。(季 夏)

うつぼざる【靭猿】㊀狂言。大名が靫の革にするため、猿引きに小猿を要求するが、小猿の無心なさまに心を打たれて許し、猿引きは礼に猿を舞わす。㊁歌舞伎舞踊。常磐津。本名題「花舞台霞の猿曳」。2世中村重助作詞、5世岸沢式佐作曲。天保9年(1838)江戸市村座初演。狂言「靭猿」の大名を奥女中に、太郎冠者を奴にしている。㊂長唄。明治2年(1869)に2世杵屋勝三郎が作曲。

うつ-ぼつ【鬱勃】〔ト・タル〕図〔形動タリ〕内にこもっていた意気が高まって外にあふれ出ようとするさま。また、意気が盛んなさま。「―たる闘志」「何か―とした田舎ものの気概と情熱が籠っていた」〈秋声・仮装人物〉

うつほものがたり【宇津保物語】《「うつぼものがたり」とも》平安中期の物語。20巻。作者未詳。源順とする説もある。村上天皇のころから円融天皇のころに成立か。4代にわたる琴の名人一家の繁栄と、多くの青年貴族から求婚される貴宮が東宮妃となり、やがて皇位継承争いが生じることなどが描かれている。書名は、発端の「俊蔭」の巻に仲忠母子が木の空洞に住む話のあるのにちなむ。

うつみ-こうぞう【内海弘蔵】[1872～1935]国文学者・歌人。神奈川の生まれ。落合直文の結成した浅香社に入り、短歌の改革運動に参加する。のち明大の教授となり国文学者として活躍するかたわら同大野球部を創設。東京六大学野球の発展に尽力した。著「平家物語評釈」「方丈記評釈」など。

うづ-みね【宇津峰】《「雲水峰」とも書く》福島県中部にある山。標高677メートル。阿武隈山系の独立峰。切り立った険しい山のため、室町時代の初めころ山全体が城として南朝方の拠点となった。山頂西端に土塁をめぐらした「千人溜」がある。国指定の史跡。

うつ-むき【×俯き】❶顔を下に向けること。また、その状態。「一加減に歩く」㊥仰向き。❷腹を下にして横たわること。また、その状態。「―になって寝る」㊥仰向き。(類語)腹這い・俯せ・うつむけ・うつぶし

うつむき-ざま【×俯き様】❶顔を下に向けたかっこう。「―で笑いをこらえる」❷うつむいた拍子。「―に目で合図を送る」

うつ-む・く【×俯く】■〔動カ五(四)〕顔が下の方へ傾く。下を向く。「恥ずかしげに―・く」㊥仰向く。■〔動カ下二〕「うつむける」の文語形。

(類語)伏せる・伏す・うつ伏せる

うつ-むけ【×俯け】うつむけること。また、その状態。主に顔についていう。うつぶせ。「巌の裂目へ―に口をつけさして」〈鏡花・歌行灯〉㊥仰向け。

(類語)腹這い・俯つき・俯せ・うつぶし

俯けにする ばかにする。「あれが七夕五分たあ、あんまり人を―しやあがる」〈滑・膝栗毛・七〉

うつ-む・ける【×俯ける】〔動カ下一〕図うつむ・く〔カ下二〕❶顔を下へ向ける。うつむくようにする。「顔を―・けて立つ」㊥仰向ける。❷器物の口などを下の方へ向ける。「桶を―・ける」㊥仰向ける。❸ばかにする。うつむけにする。「元は歌舞伎でした狂言を―・け」〈浮・芝居気質・二〉

うつ-むろ【無＝戸室】戸口をふさいだ室。「―を作りて、その内に入り心りて」〈神代紀・下〉

うつ-もん【鬱×悶】心が晴れ晴れせず悩み苦しむこと。また、その気持ち。「―の心しのびがたく」〈一葉・うもれ木〉

うつ-ゆう【鬱×悒】心配事などがあり、心がふさがること。

うつ-ゆう【鬱憂】〔名〕スル 心がふさいで晴れ晴れとしないこと。憂鬱。「功名の為に―せば此かくの如く、終に発狂するに」〈織田訳・花柳春話〉

うつゆう-の【▽虚木＝綿の】〔枕〕「こもり」「真狭」にかかる。「―隠りてをれば」〈万・一八〇九〉

うつら-うつら〔副〕スル ❶《「うつ(空)」に接尾語「ら」の付いた「うつら」を重ねた語》㋐疲労などのために浅い眠りにひきこまれるさま。「熱が高くて一日じゅう―としていた」「退屈な話を聞かされてつい―する」㋑心がぼんやりしているさま。茫然。「朝な夕なに梧桐を眺めくらして、―として居た」〈漱石・野分〉❷《「うつ(現)し」などの「うつ」に接尾語「ら」の付いた「うつら」を重ねた語》目の前にはっきりと見えるさま。まざまざ。「なでしこが花とり持ちて―見まくのほしき君にもあるかも」〈万・四四四九〉(類語)うとうと・こっくりこっくり

うつり【映り】❶(「写り」とも書く)影や映像が現れること。また、現れぐあい。「―のいい鏡」「写真―が悪い」❷色や物の取り合わせ、つりあい。調和。「この着物と帯は―がよい」❸光が当たって輝くこと。「あかねさす日の―を見て、夜が明けたと思ひ」〈浮・一代男・二〉

うつり【移り／▽遷り】❶人の住所などが変わること。移転。転居。「郊外にお―の由」「都―」❷火事などが他に伝わること。「火の―が早い」❸(多く「おうつり」の形で)贈り物の入っていた先方の器や風呂敷にお礼のしるしとして別の品を入れて返すこと。また、その品。「オーヲ上ゲル」〈和英語林集成〉❹移り変わること。変遷。「人も世も思へばあはれいく昔いく―して今になりけん」〈玉葉集五〉❺続き合い。ゆかり。関係。「虎様や少将様の―といひ」〈浄・百日曽我〉❻代わりの人。身代わり。「せめて御兄弟の―にもなれかし」〈浄・百日曽我〉❼事情。わけ。ようす。「銀持ち合はさぬ―を知らせ」〈浮・禁短気・六〉❽蕉風俳諧の付け方の一。前句の余韻が後句に及んで互いに調和する付け方。「―、響き、匂ひは付けやうのあんばいなり」〈去来抄・修行〉

うつり-が【移り香】ある物に伝わって残っている、他のものの香り。残り香。

うつり-がえ【移り替え】《「うつりかえ」とも》季節の変わり目に衣類を替えること。衣替え。「初霜月の―も何の苦慮なく」〈露伴・五重塔〉

うつり-がみ【移り紙】贈り物を入れてきた器などに返礼の意味で形式的に入れて返す紙。懐紙・半紙などを用いる。

うつり-かわり【移り変(わ)り】事態や状況が時のたつにつれて変わってゆくこと。「季節の―」

うつり-かわ・る【移り変(わ)る】〔動ラ五(四)〕時とともに変わっていく。「流行が―・る」

うつり-ぎ【移り気】〔名・形動〕《古くは「うつりき」とも》❶興味の対象をたやすく別のものに向けること。また、そういう性質。浮気。「―な薄情者」❷ふとしたはずみで起こる感情。特に異性にひかれる思い。出来心。「みなこれ男を思ふより、その時々の―にて」〈人・梅児誉美・三〉(類語)多情・浮気・気まぐれ・むら気・むら・飽き性・気移り・お天気

うつり-ごし【移り腰】柔道の投げ技の一。体側を見せて技をかけてきた相手の腰を抱き上げ、腰をひねって相手の体を自分の腰にのせて投げる腰技。

うつり-こみ【写り込み／映り込み】❶(写り込み)写真で、滑らかな器物の表面に反射した他の像や光源が、画像として撮影されること。「―を避ける撮り方」❷テレビ受像器やパソコンのディスプレーなどの画面に室内外の物の像が映っていること。画面が見にくくなる。「液晶モニターは―が少ない」

うつり-ばし【移り箸】嫌い箸の一。食事の際、おかずからおかずへと箸を動かして食べること。おかずと御飯を交互に食べるか、一度箸を置くかするのが作法。渡り箸。

うつり-まい【移り舞】能楽などで、人の舞姿をまねてまう舞。また、舞手のあとをうけてまう舞や、連れ舞をもいう。

うつり-み【移り身】ある立場から他の立場へとすばやく変わること。変わり身。「―の早い人」

うつり-ゆ・く【移り行く】〔動カ五(四)〕❶しだいに変わってゆく。また、時が過ぎ行く。「年ごとに―・く世界情勢」❷物の影や光などが、時のたつにつれて動いてゆく。また比喩的に、物事が人の心に次々浮かんでくる。「秋の夜の露置きまさる草むらに影―・く山の端の月」〈新勅撰・秋下〉「心に―・くよしなし事を」〈徒然・序〉

うつりょうし【尉繚子】中国、戦国時代の兵法書。尉繚の著とされるが、尉繚の事跡については未詳。仁義・正道による兵法を説く。

うつりょう-とう【鬱陵島】朝鮮半島の東方、日本海にある火山島。大韓民国領。多雨地帯で、森林に覆われている。ウルルンド。ウルルン島。

うつ・る【写る】〔動ラ五(四)〕《「移る」と同語源》❶写真に姿・形が現れる。写真が撮れる。「にやけた顔で―・っている」❷下にある文字や絵が、紙などを通して、透けて見える。「裏のページの絵が―・って読みにくい」(類語)写す・撮影・撮る

うつ・る【映る】〔動ラ五(四)〕《「移る」と同語源》❶姿・形・影などが、反射や投影によって、他の物の上に現れる。「鏡に―・った顔」「障子に―・る人影」❷映像がスクリーンやブラウン管などの上に現れる。「電波障害でテレビがよく―・らない」❸色や物の配合がよく、つりあいがとれている。また、付属的なものが本体と調和する。「あの人には赤がよく―・る」「その背広にはストライプのネクタイがよく―・る」❹人の目にある印象を与える。映ずる。「初めての人には奇異に―・る風習」(類語)映ずる・反映・映す

うつ・る【移る／▽遷る】〔動ラ五(四)〕❶位置が変わる。㋐場所や地位・配置などが変わる。「新居に―・る」「営業部に―・る」㋑(遷る)移転する。「都が―・る」❷㋐関心の対象が変わる。「興味がほかに―・った」㋑物事や人の性質・傾向・状態などが変わる。「次の議題に―・る」「すぐさま行動に―・る」❸時間が過ぎる。「時代が―・る」❹色やにおいなどが他の物に染みつく。「石鹸のにおいが―・る」❺病気や物の勢い・傾向などが他に及ぶ。「風邪が―・る」「火が隣家に―・った」「父の癖が子供にも―・る」❻時が経過して色があせる。色がさめる。「花の色は―・りにけりないたづらに我が身よにふるながめせしまに」〈古今・春下〉❼花や葉が散る。「今日だにも庭を盛りと―・る花消えずはありとも雪かとも見よ」〈新古今・春下〉❽霊魂などがのりうつる。「物の怪、生霊などいふもの、多く出で来て、さまざまの名のりする中に、人にさらに―・らず」〈源・葵〉(可能)うつれる (類語)(❶)動く・移動する・引っ越す (部署や所属が変わる)転ずる・転出する・転任する・転属する・移籍する・鞍替えする／(❷)転ずる・移行する・推移する・シフトする・移す・変わる・化する・変ずる・動く・変える・移ろう・化ける／(❸)過ぎる・経つ・経る・過ぎ去る・過ぎ行く

移れば変わる 時がたつにつれて物事の状態がどんどん変わる。「三年もたてば、人の心も―だ」

うつろ【▽空ろ／▽虚ろ】〔名・形動〕❶(「洞ろ」とも書く)内部がからであること。また、そのさま。空洞。うろ。からっぽ。「中は―になっている巨木」❷心が虚脱状態であること。また、そのさま。表情などに生気のないさま。「―な目つき」❸むなしいこと。また、そのさま。「慰めの言葉も―に響く」(類語)空・空っぽ・がらんどう・空疎・空漠・空白・空虚・ブランク

うつろ【▽洞】戦国時代、領主と領民の組織した共同体。一門一族。

うつろい【移ろい】❶移り変わること。「心の―」「四季の―」❷物事の状態が盛りを過ぎること。「のどかなる御代の春知る色なれや雲居の桜―もせぬ」〈続千載・賀〉❸住まいを移すこと。転居。「世の常のすみかに―など給はむを」〈源・総角〉

うつろい-ぎく【移ろい菊】襲の色目の名。表は中紫、裏は青。一説に、裏は白か黄。秋に使用。

うつろ・う【映ろう】〔動ワ五(ハ四)〕《動詞「うつ(映)る」の未然形に反復継続の助動詞「ふ」の付いた「うつらふ」の音変化》光や影などが他の物に映っている。「お妙のリボンは…灯火の―・う影に、黒髪を離れてゆらゆらと揺めいた」〈鏡花・婦系図〉

うつろ・う【移ろう】〔動ワ五(ハ四)〕《動詞「うつ

(移)る」の未然形に反復継続の助動詞「ふ」の付いた「うつらふ」の音変化》❶位置や住居を変える。移動する。「木の間を—う月の光」❷心変わりする。変心する。「—いやすいは人の心」❸移り変わっていく。物事がしだいに衰えてゆく。「時とともに—いゆく町並み」❹色が変わってゆく。㋐色があせる。「秋も暮れて、…菊の花の色香が—う季節になった」〈谷崎・少将滋幹の母〉㋑色づく。染まる。「神な月時雨もいまだ降らなくにかねて—ふ神なびの森」〈古今・秋下〉❺花が散る。「垂れこめて春の行くへも知らぬ間に待ちし桜も—ひにけり」〈古今・春下〉(類語)変わる・化する・変ずる・動く・移る・変える・転ずる・化ける

うつろわ・す【移ろはす】〔動サ四〕住居を変えさせる。引っ越しさせる。「さるべき所に—し奉らむ」〈源・総角〉

うつわ【器】❶物を入れるもの。入れ物。容器。「—に盛る」❷人物や能力などの大きさ。器量。「人の上に立つ—ではない」❸道具。器械。〈和英語林集成〉(類語)(❶)容器・入れ物/(❷)器量・人物

うつわ-もの【器物】❶「器❶」に同じ。「—をもちてその漏る雨を受けて」〈記・下〉❷「器❷」に同じ。「興ある道にもすぐれ、公の—にもととのひ給へる殿にこそあれ」〈宇津保・祭の使〉

うで【腕】❶人や猿の、肩から手首までの部分。また、手の部分も含めていう。「—が長い」「—を組む」❷物事をする能力。技量。うでまえ。「—の見せ所」❸腕の力。腕力。転じて、武力にもいう。「—にものを言わせる」❹道具などで、横に突き出た部分。腕木。「クレーンの—」❺動物の前足や、タコ・ヒトデなどの物をつかむ働きをする器官。(補説)古くは肩からひじまでを「かいな」、ひじから手首までを「うで」と区別した。「かいな」は相撲用語として現代でも用いる。肩からひじまでは「二の腕」ともいう。

(…語)片腕・利き腕・五十腕・四十腕・凄腕・二の腕・細腕・右腕・痩せ腕・両腕

(類語)(❶)かいな・細腕・やせ腕・右腕・片腕・利き腕・二の腕/(❷)腕前・手並み・技・手腕・手の内・妙手・手際・手練・凄腕・技術

腕一本脛一本 地位・財産もなく、自分のからだ以外に頼るものがないことのたとえ。

腕が上が・る ❶腕前・技術が進歩する。「ゴルフの—・る」❷飲める酒の量が前より増す。

腕が立・つ 腕前・技術がすぐれている。「—・つ職人」「剣術の—・つ」

腕が鳴・る 技能や力を発揮したくてじっとしていられないでいる。「対戦を前に今から—・る」

腕に覚えがあ・る 自分の腕前・力量に自信をもっている。「ダンスなら少しは—・る」

腕に縒りを掛・ける 自信のある腕前を十分に発揮しようと意気込む。「—・けた料理」

腕を上・げる ❶腕前・技術を進歩させる。「熱心に練習して—・げる」❷飲める酒の量が前より増える。「海外に赴任している間に—・げた」

腕を拱・く 《腕組みをする意から》自分は何もしないで、他人のすることを見ている。傍観する。腕をこまねく。「—・いて、なりゆきにまかせる」

腕をさす・る 手腕を振るう機会を待ち望む。「—・って出番に備える」

腕を鳴ら・す ❶自分の腕力や技能が思う存分発揮できる機会を待ち構える。❷技能を人々に示して認められ、名声を広める。

腕を引・く 侠客などが、誓いのしるしに腕を刃物で切って血を出す。「お坊吉三、お嬢吉三と顔見合はせ…二人とも我が—・く」〈伎・三人吉三〉

腕を振る・う 自分の腕前・技能を存分に人に見せる。「自慢の料理に—・う」

腕を磨・く 技能が上達するように訓練する。

う-でい【×烏泥】暗褐色の粘土を焼き締めて作った無釉の暗灰色の陶器。朱泥と同類。➡朱泥

うてい-えんば【烏亭焉馬】[1743〜1822]江戸後期の戯作者。江戸の人。本名、中村利貞。字は英祝。通称、和泉屋和助。別号、立川焉馬・談洲楼など。歌舞伎通であり、また落語を自作自演し、落語中興の祖とよばれる。興行記録「花江都歌舞伎年代記」、洒落本「客者評判記」、義太夫節「碁太平記白石噺」など。

う-ていこく【于定国】[前110ころ〜前40ころ]中国、前漢の政治家。字は曼倩。宣帝・元帝に仕えて丞相となる。律令960巻を編纂したという。

ウディネ【Udine】イタリア北東部の都市。13世紀よりフリウリ地方の中心地になり大司教座が置かれ、15世紀にベネチアの支配下になった。19世紀後半よりオーストリアへの交通の要地、また工業都市として発展。市庁舎、ウディネ大聖堂、サンジョバンニ教会などの歴史的建造物が残っている。

ウディネ-だいせいどう【ウディネ大聖堂】《Duomo di Udine》イタリア北東部の都市ウディネにあるゴシック様式の大聖堂。13世紀に建造。15世紀に八角形の鐘楼が造られ、18世紀に修復されて現在の姿になった。内部および隣接するプリータ礼拝堂には、ジョバンニ=バティスタ=ティエポロが描いたフレスコ画がある。

ウティラ-とう【ウティラ島】《Isla de Utila》中央アメリカのホンジュラス、カリブ海にあるバイア諸島の島。同諸島のうち最も西にある。

うで-おし【腕押し】腕相撲。

うで-がため【腕固め】❶柔道・レスリングの寝技で、相手の腕を決める技。❷武道などの腕前をきたえること。

うで-がね【腕金】金属製の腕木。

うで-カバー【腕カバー】「袖カバー」に同じ。

う-てき【雨滴】雨のしずく。あまだれ。

(類語)雨粒・雨垂れ・余滴

うで-ぎ【腕木】❶垂木・庇などを支えるために、柱または梁などから横に突き出させた横木。❷電柱などに電線を支えるために取り付けた横木。うで。

うで-きき【腕利き】技能がすぐれていること。また、その人。うでこき。うでっこき。「—のコック」

(類語)腕達者・腕こき・腕っこき・手練・手利き

うでぎ-もん【腕木門】▶木戸門

うで-くび【腕首】手首。

うで-ぐみ【腕組(み)】〔名〕スル 両方の腕を胸の前で組むこと。傍観するとき、または、考えこむときなどにする動作。「—して見守る」

うでくらべ【腕くらべ】永井荷風の長編小説。大正5〜6年(1916〜17)発表。新橋の芸妓駒代を主人公に、彼女をめぐるさまざまの男性を通して当時の風俗を描いた、近代花柳小説の代表作。

うで-くらべ【腕▽競べ|腕比べ】腕力または技量を比べること。

うで-ごう【腕香】❶僧や修験者が、腕の上で香をたいて熱さに耐える荒行。「—ヲ焚ク」〈日葡〉❷近世、腕に刃物を刺すなどして荒行のまねをし、米・銭をこう物乞いや膏薬売り。

うで-こき【腕▽扱き】❶腕力や技量がすぐれていること。また、その人。うできき。うでっこき。「—の飾り職」❷腕力のすぐれていることを誇示すること。「—止めよかし」〈読・春雨・樊噲下〉

(類語)腕達者・腕利き・腕っこき・手練・手利き

うで-さき【腕先】❶腕の先の方。❷腕力にうったえてすること。腕ずく。「—で取って見せう」〈浄・曽根崎〉

うで-しだい【腕次第】物事の出来、不出来が腕前の有無により決まること。「首尾は君の—だ」

うで-じまん【腕自慢】自分の腕力や技能に自信があること。また、その人。

うて-ず 負け惜しみの強いこと。また、その人。また転じて、無粋な者、やぼな者をいう。「かの田舎の—にせびらかされて頭が痛い」〈浄・冥途の飛脚〉(補説)負ける、また、承服できる意の下二段動詞「う(打)つ」の否定の形からとも、拍子が打てぬことの意からともいう。

うで-ずく【腕▽尽く】腕力の限りを尽くすこと。また、腕力で事を決したり、目的を達したりすること。「—で連れてくる」(類語)力一杯・精一杯・力任せ・精精・鋭意・体当たり・燃焼・力ずく・極力

うで-ずもう【腕相-撲】❶二人向かい合ってひじをつき、手のひらを握り合って互いに腕を倒し合い、押し伏せたほうを勝ちとする遊び。腕押し。❷技を知らないで腕力だけでとる相撲。〈日葡〉

うで-ぞろい【腕×揃い】腕力や技能のすぐれた者がそろっていること。

うで-だっしゃ【腕達者】腕力や技能のすぐれていること。また、その人。

(類語)腕利き・腕こき・腕っこき・手練・手利き

うで-だて【腕立て】腕力の強さを誇示すること。腕力の強さを頼んで人と争うこと。

うでたて-ふせ【腕立て伏せ】手のひらとつま先でうつぶせにからだを支え、両腕を屈伸する運動。

うで-たまご【×茹で卵|×茹で玉子】「ゆでたまご」の音変化。

うで-だめし【腕試し】〔名〕スル 腕力や技能を試すこと。力試し。

うで-ぢから【腕力】腕の力。わんりょく。

うでっ-こき【腕っ▽扱き】「うでこき」の促音添加。「—の職人」(類語)腕利き・腕こき・腕達者・手練・手利き

うでっ-ぷし【腕っ節】「うでぶし」の促音添加。「—が強い」(類語)腕力・実力・腕節

うで-どけい【腕時-計】革・金属などのバンドで手首に巻いて携帯する時計。リストウオッチ。

うてな【▽台】❶四方を眺めるために建てられた高い建物。高殿。❷極楽に往生した者の座る蓮の花の形をした台。蓮台。❸(「萼」とも書く)花の萼。❹眺望をよくするために、土を積んで高くした所。〈和名抄〉

うで-なし【腕無し】実行力や技量、または腕力のない者。口先だけで実際には何もできない者。

腕無しの振り飄石 《腕力もない者が石投げをしようとする意から》自分の力に過ぎたことをするたとえ。また、虚勢を張るたとえ。「その縛めにあひながら某をつかまんとは、—」〈浄・出世景清〉

うで-ぬき【腕▽貫き】❶腕にはめて飾りとする輪。うでわ。❷事務員や作業員が、服の袖が汚れないよう、手首からひじにかけてはめる布製の筒。❸刀の柄頭や鍔につけるひもの輪。これに手首を通して柄を握る。❹むちの柄の端につけて手首を入れるひもの輪。ぬきいれ。❺槍の石突きにある穴。❻僧などが夏期に用いる、着物の袖口の汚れを防ぐために腕にはめる竹などで編んだ筒。てぬき。

うでのきさぶろう【腕の喜三郎】歌舞伎狂言。世話物。3幕。本名題「茲江戸小腕達引」。河竹黙阿弥作。文久3年(1863)江戸市村座初演。江戸の侠客腕の喜三郎の物語を脚色。

うで-ひき【腕引き】二人で、互いの曲げたひじに手ぬぐいなどをはさみ、引き合う遊び。

うで-ぶくろ【腕袋】毛糸などで袋状に編んで、保温のために腕にはめるもの。うでぬき。

うで-ぶし【腕節】❶腕の関節。また、腕。「相手の—をへし折る」❷腕の力。腕力。うでっぷし。(類語)実力

うで-ふり【腕振り】腕を振り動かすこと。また、腕の動かし方。「—ダイエット」「肘をまっすぐ後ろへ引く—を練習する」

うで-ぼね【腕骨】❶腕の骨。わんこつ。❷腕の力。腕力。また、腕前。「鉢巻き、襷、尻からげ、—試し、力試し」〈浄・博多小女郎〉

うで-まえ【腕前】巧みに物事をなしうる能力や技術。手並み。技量。うで。「洋裁の—が上がる」「—を披露する」(類語)腕・手並み・技・手腕・手の内・妙手・手際・手練・凄腕・技術

うで-まくら【腕枕】〔名〕スル 横になるときなどに、腕を曲げて枕の代わりにすること。また、横に寝ている人の頭の下に自分の腕をあてがってやること。「—してちょっと横になる」(類語)手枕・手枕・肘枕・膝枕

うで-まくり【腕×捲り】〔名〕スル 袖口をまくり上げて、腕を出すこと。威勢をつけるときや暑さをしのぐときなどにする。「—して働く」

う・でる【×茹でる】〔動ダ下一〕「ゆでる」の音変化。

(類語)茹でる・湯掻く・湯引く

ウテルス【ラテ uterus】子宮。

うで-わ【腕輪】腕にはめる装飾用の輪。ブレスレット。

うてん【于闐】古代、中国の西域にあったオアシス都市国家。現在の中国新疆しんきょうウイグル自治区ホータン県。東西貿易路の要衝として前2世紀にはすでに繁栄。住民はアーリア系で、仏教文化が栄えた。古来、玉ぎょくの産地として有名。

う-てん【雨天】雨の降る天気。また、雨の降る日。雨降り。〔類語〕荒天・悪天・雨空・梅雨空

雨天の友　逆境の時に支持してくれる友人。また、厳しい忠言をしてくれる友人。〔補説〕三木武夫元首相の言葉とされる。

うてん-しゅん【雨点×皴】山水画の皴法しゅんぽうの一。黄土浸食地帯の山肌を表す。五代・北宋の范寛はんかんが用いた。

うてん-じゅんえん【雨天順延】行事などのある予定の日が雨天であった場合、晴れるまで1日ずつ日取りを延ばすこと。

うでん-のう【優塡王】ウヅ《梵 Udayanaの音写》古代インド、コーシャンビーの国王。妃の勧めで釈迦に帰依し、初めて仏像を造ったといわれる。

うと【宇土】熊本県中部の市。宇土半島の基部にあり、ノリなどの養殖が行われる。天正年間(1573〜1592)に小西行長の城下町として発展。江戸時代につくられた上水道があり、その轟とどろ水源は豊富な湧水ゆうすいで知られる。人口3.8万(2010)。

う-と【×烏×兎】《「金烏玉兎きんうぎょくと」の略。太陽の中に烏からす、月の中に兎うさぎがいるという中国の伝説から》❶太陽と月。日月じつげつ。❷年月。歳月。「—匆匆そうそう」

烏兎匆匆そうそう　月日のたつのが早いさま。

うど【独=活】ウコギ科の多年草。山野に生え、高さ約1.5メートル。茎は太く、葉は羽状複葉で、互生する。夏、薄緑色の雄花と雌花とが球状につく。若芽は柔らかく、香りがあり、食用。栽培もされる。(季 春｜花=夏)「—の香や岨そばに下駄はく山の児ちご/白雄」〔補説〕漢名として慣用された土当帰どとうきは誤用。英語でもudo(ウド)。

独活の大木たいぼく　《ウドの茎は木のように長くなるが、柔らかくて材としては使えないところから》からだばかり大きくて役に立たない人のたとえ。

うと・い【疎い】〔形〕文うと・し〔ク〕❶親しい間柄でない。疎遠だ。「二人の仲は—・くなった」「去る者は日々に—・し」❷(「…にうとい」の形で)そのことについての知識や理解が不十分である。「その方面の事情に—・い」❸親しみが持てない。わずらわしく思う。「かつ見れど—・くもあるかな月影のいたらぬ里もあらじと思へば」〈古今・雑上〉❹不案内である。関心がない。「後の世のこと心に忘れず、仏の道—・からぬ、心にくし」〈徒然・四〉❺愚かである。間が抜けている。「女郎狂ひするほどの者に、—・きは一人もなし」〈浮・胸算用・二〉〔派生〕うとさ〔名〕

う-とう【右党】ウタウ ❶保守党。右翼政党。↔左党。❷酒が飲めず、甘い物の好きな人。↔左党。

うとう【善=知=鳥】❶ウミスズメ科の海鳥。全長38センチくらい。背面とのど、胸は黒、腹は白。くちばしは橙だいだい色で、繁殖期には上部に突起が生じる。小魚を捕食。北太平洋に分布し北日本の沿岸でも繁殖。❷「善知鳥安方うとうやすかた」の略。「—が流す血の涙、今こそ思ひ知られたり」〈幸若・築島〉

うとう【善知鳥】謡曲。四番目物。喜多流では「烏頭」。善知鳥を殺した猟師の亡霊が旅僧の前に現れ、地獄で犬や鷹たかに責められる苦しみを訴える。

うと-うと〔副〕スル 眠けを催して浅い眠りに落ちるさま。「仕事中につい—してしまった」
〔類語〕うつらうつら・こっくりこっくり

うとうと-し・い【疎疎しい】〔形〕文うとうと・し〔シク〕親しみや関心をもっていない。よそよそしい。「何時しか隣家の娘とは—・くなった」〈二葉亭・浮雲〉〔派生〕うとうとしさ〔名〕

う-とう-ぶん-ぶ【禹湯文武】ウタウ 古代中国の明君である、夏かの禹王、殷いんの湯王、周の文王・武王。

うとう-やすかた【善=知=鳥安方】奥州外ヶ浜にいたという海鳥。鴨ほどの大きさで、親鳥が「うとう」と鳴くと子の鳥は「やすかた」と答えたという。「そもそも—の、とりどりに品変はりたる殺生の中に」〈謡・善知鳥〉

うとうやすかたちゅうぎでん【善知鳥安方忠義伝】読本。3編15巻。初編山東京伝、2・3編松亭金水著。文化3年(1806)初編、嘉永2年(1849)2編、万延元年(1860)3編刊行。平将門たいらのまさかど没後の後日物語。

う-とく【有徳】〔名・形動〕❶徳行のすぐれていること。また、そのさま。ゆうとく。❷富み栄えること。また、そのさま。富裕。ゆうとく。「一ナ者ワ常ニ心乱レ」〈天草本伊曽保・鼠〉〔類語〕偉い・偉大・立派

うとく-じん【有徳人】富裕な人。金持ち。分限者ぶげんしゃ。うとくにん。「もとより長は、海道一の—」〈浄・当流小栗判官〉

うとく-せん【有徳銭】室町時代、幕府・大名・寺院などが諸費用を調達するために、領内の富裕な人々に課した臨時の税金。徳銭。

うと-し【宇土市】▶宇土

うど-じんぐう【鵜戸神宮】宮崎県日南市にある神社。旧官幣大社。主祭神は彦波瀲武鸕鷀草葺不合尊ひこなぎさたけうがやふきあえずのみこと。他に五神を祭る。海岸の洞窟内に社殿がある。鵜戸権現。

ウトナイ-こ【ウトナイ湖】北海道南西部、苫小牧市にある淡水湖。面積2.75平方キロメートル。渡り鳥の越冬地・中継地となっており、250種を超える鳥類が確認されている。平成3年(1991)ラムサール条約に登録。

う-どねり【▽内舎=人】《「うちとねり」の音変化》❶律令制で、中務なかつかさ省に属する文官。宮中の宿直や雑役に従い、行幸の警護にあたった。五位以上の子弟から召したが、のちには諸家の侍、特に源氏・平氏の中から選ばれた。❷明治官制で、主殿寮・東宮職の最下級の職員。殿中の雑務に従事した判任官。

うど-の-き【独=活の木】オシロイバナ科の常緑高木。葉は大きく、楕円形。雌雄異株。初夏、白い花が咲く。熱帯産で、日本では沖縄・小笠原などに自生。名は、材が柔らかで役に立たないのでいう。おおくさぼく。沖縄あおき。

うど-はま【有度浜】静岡市有土山南麓の海岸。〔歌枕〕「年ふれば駿河なるてふ—のうとくのみなどなりまさるらむ」〈古今六帖・二〉

うとまし・い【疎ましい】〔形〕文うとま・し〔シク〕《動詞「うとむ」の形容詞化》❶好感がもてず遠ざけたい。いやである。いとわしい。「名前を聞くのも—・い」❷異様で恐ろしい。気味が悪い。不気味である。「深き山の奥を、—・しき獣けだもののみちみちたる中をたづねたる心をば」〈宇津保・俊蔭〉〔派生〕うとましげ〔形動〕うとましさ〔名〕〔類語〕いとわしい・忌まわしい・おぞましい

うと・む【疎む】㊀〔動マ五(四)〕いやだと思う。嫌って遠ざける。うとんずる。「自分勝手なので、みんなから—・まれる」㊁〔動マ下二〕嫌うようにさせる。多く「言う」「聞こゆ」などと複合して用いる。「かつは言ひも—・め、また慰めも、かたがたにしづしづと聞こえ給ひつつ」〈源・宿木〉〔類語〕忌む・うとんずる・嫌気

ウドムルト【Udmurt】ロシア連邦にある21の共和国の1つ。モスクワの東約900キロメートルの丘陵部に位置する。基幹民族はフィン・ウゴル系のウドムルト人だが、ロシア系が多数を占める。原油などを産し、重化学工業が盛ん。首都はイジェフスク。

うど-め【独=活芽】❶ウドの若芽。紫色をし、あえ物などに使う。めうど。(季 春)❷タラノキの若芽。ゆでて、酢味噌あえや浸し物・汁の実にする。香気がウドに似る。たらのめ。(季 春)

う-どん【×饂×飩】《「うんどん」の音変化》小麦粉に少量の塩を加え、水でこね、薄く延ばして細く切ったものをゆでた食品。奈良時代に唐から伝えられたという。切り麦。

う-どん【×迂鈍】〔形動〕文〔ナリ〕愚かで役に立たないさま。世事にうとくてのろいさま。愚鈍。「蒼ンぶくれで、—な顔をした御飯焚が」〈里見弴・安城家の兄弟〉

うどん-げ【▽優曇華】《梵 udumbaraの音写「優曇波羅」の略。霊瑞、希有と訳す》❶㋐インドの想像上の植物。三千年に一度その花の咲くときは転輪聖王が出現するという。㋑きわめてまれなことのたとえ。❷クサカゲロウ類が産みつけた卵。短い柄についているので、花の芯しんのように見え、❶㋐になぞらえていう。吉兆とも凶兆ともいわれる。(季 夏)「—やしづかなる世は復またと来まじ/草田男」❸クワ科の常緑高木。葉は楕円形で先がとがる。花はイチジクと同じく、壺状の花托に包まれて、外からは見えない。果実は食用。ヒマラヤ山麓・セイロン島などに産する。❹バショウの花のこと。

うどん-こ【×饂×飩粉】うどんの材料に適した日本産の小麦粉。〔類語〕小麦粉・麦粉・メリケン粉

うどんこ-びょう【×饂×飩粉病】ビヤウ 植物の茎や葉の表面が、うどん粉を振りかけたように白くなる病害。子嚢菌しのうきん類のウドンコ病菌によって起こり、やや乾きぎみの天候のときに発生する。白渋しろしぶ病。白粉しろこ病。

うとん・じる【疎んじる】〔動ザ上一〕「うとんずる」(サ変)の上一段化。「仲間に—・じられる」

うどん-すき【×饂×飩×鋤】魚鋤うおすきにうどんを加えた鍋料理。関西に始まったものという。商標名。

うとん・ずる【疎んずる】〔動サ変〕文うとん・ず〔サ変〕《「うとみす」の音変化》嫌って、よそよそしくする。遠ざけて親しまない。うとむ。うとんじる。「部外者を—・ずる」「提案を—・ずる」〔類語〕うとむ・忌む・嫌気

うどん-どうふ【×饂×飩豆腐】だし4、醤油2、酒2の割合で煮立てた汁に、うどんのように細く切った豆腐を入れて煮た料理。八杯豆腐はちはいどうふ。

うな【×鰻】「うなぎ」の略。「—どん」

うな【▽項】〔語素〕他の語の上に付いて、首、また首の後ろの部分の意を表す。「うなずく」「うなかぶす」「うなかみ(項髪)」などの形で用いられる。

うな-い【×髫｜髫=髪】ヰ《「項うな居ゐ」の意か》❶昔、7、8歳の童児の髪をうなじのあたりで結んで垂らしたもの。また、女児の髪を襟首のあたりで切り下げておくもの。うないがみ。❷髪形を❶にした童児。幼い子供。「よんべの—もがな」〈土佐〉

うない-おとめ【菟原処女｜菟名日処女】ウナヒをとめ 古代の妻争い伝説の女主人公。菟原壮子うなひをとこと血沼壮子ちぬをとこの二人に求婚され、決めかねて入水したという。

うない-おとめ【髫=髪▽少女】ウナヰをとめ うない髪にした少女。「今朝みれば—がすり衣春たち初むる軒の松風」〈夫木・一〉

うない-がみ【×髫髪】ウナヰ「うない❶」に同じ。

うない-こ【髫=髪子】ウナヰ うない髪にした子供。元服前の少年。わらべ。「—がすさみに鳴らす麦笛の声におどろく夏の昼伏し」〈聞書集〉

うない-はなり【髫=髪放り】ウナヰ うない髪にしないで肩のあたりに髪を垂れ放した振り分け髪姿。また、その姿をした少女。「うない」よりも成長した13、4歳をいう。「橘の寺の長屋にわが率寝ゐねし—は髪あげつらむか」〈万・三八二二〉

うな・う【×耕う】ウナフ〔動ワ五(ハ四)〕田畑の土を鍬くわで掘り起こして、畝うねを作る。耕す。「—・ってあっちへ行ってからにしろ」〈長塚・土〉

うな-うな《「うな」は「うぬ(汝)は」の音変化》「うな」と言ってしかることをいう幼児語。めっ。「憎い母おっかめだの。—をしてやらう」〈滑・浮世風呂・前〉

うな-がけ・る〔動ラ四〕互いに相手の首に手をかけ親しみ合う意という。「—・りて今に至るまで鎮まり坐ます」〈記・上〉〔補説〕連用形の例しかなくて活用は不明。一説に上二段活用とも。

うなが・す【促す】〔動サ五(四)〕❶物事を早くするようにせきたてる。また、ある行為をするように仕向ける。催促する。「—・されてようやく席を立つ」「注意を—・す」❷物事の進行をすみやかにさせる。促進する。「新陳代謝を—・す」「町の発展を—・す」〔可能〕うながせる

うな-かぶ・す【▽項▽傾す】〔動サ四〕首を垂れる。うなだれる。「山処やまとの一本薄ひともとすすき—・し汝が泣かさまく」〈記・上・歌謡〉

うな-かみ【▽海上】《「うながみ」とも》海のほとり。海辺。「海神わたつみの底沖つ深江の—の子負こふの原に」〈万・八一三〉

うながみ-ずいおう【海上随鷗】江戸後期の蘭学者稲村三伯いなむらさんぱくの号。

うながみ-たねひら【海上胤平】[1829〜1916]歌人。下総の人。通称、六郎。号、椎園しいぞの。能書家としても知られる。著「椎園詠草」「椎園家集」など。

うなぎ【×鰻】ウナギ目ウナギ科の魚。北海道以南の内湾、河川・池沼に分布。全長約60センチ。体は細長い円筒状で、腹びれがない。夜行性。親魚は秋に産卵のため、海に下る。稚魚は柳葉状のレプトセファルス幼生期を経てシラスウナギとなり、孵化(ふか)後1年以内の2〜5月に淡水域に入る。肉は脂肪に富み、美味で、特にかば焼きにして賞味。明治11年(1878)以来養殖も行われる。(季 夏)

うなぎ-いけ【鰻池】鹿児島県、薩摩(さつま)半島南部の池田湖の東にある火口湖。面積1.2平方キロメートル、周囲4.2キロメートル、最大深度56メートル。オオウナギが生息し、ワカサギの養殖が盛ん。霧島錦江湾(きりしまきんこうわん)国立公園に属する。

うなぎ-かき【×鰻×掻き】長い柄の先に鉤(かぎ)をつけた道具。泥の中をかき、ウナギをひっかけて捕る。また、それでウナギを捕るのを職業とする人。鰻取り。(季 夏)

うなぎ-ずし【×鰻×鮨】鰻を裂き、塩をまぜた酒に一晩漬け、翌朝に塩加減した飯に漬けて押しをしたすし。京都府宇治と滋賀県瀬田の鰻で作ったものが有名。

うなぎ-づか【×鰻塚】ウナギを捕る仕掛けの一。ウナギが川を下る秋ごろ、水底に石を積み重ねておき、石の間にひそんでいるところを捕らえる。

うなぎ-つかみ【×鰻×掴】タデ科の一年草。水辺に生え、高さ約30センチ。茎や葉に逆向きのとげがあり、絡みつく。初夏から秋、紅色または白色の小花が集まって咲く。うなぎづる。

うなぎ-づつ【×鰻筒】ウナギを捕る仕掛けの一。節(ふし)をくりぬいた長い竹筒を水底に沈めておき、潜入したウナギを引き上げて捕る。

うなぎ-どんぶり【×鰻丼】どんぶりに入れた熱い飯の上に鰻のかば焼きをのせ、たれをかけたもの。うなどん。

うなぎ-の-ねどこ【×鰻の寝床】間口が狭くて奥行きの深い建物や場所のたとえ。

うなぎ-のぼり【×鰻上り|×鰻登り】気温・物価・評価などが見る間に上がったり、物事の件数・回数が急激に増えたりすること。ウナギをつかもうとすると手からすべりぬけて上へのぼるからとも、ウナギが川をまっすぐにのぼる姿からともいう。「—の人気」

うなぎ-めし【×鰻飯】重箱やどんぶりの飯に、鰻のかば焼きをのせたもの。

うな-ぐ【▽項ぐ|×嬰ぐ】〔動ガ四〕うなじに掛ける。「菅笠小笠我が—・げる珠の七つ緒」〈万・三八七五〉

うな-さか【▽海▽境|▽海坂|▽海▽界】海神の国と人の国とを隔てると信じられていた境界。海のさかい。海の果て。「即ち—を塞(せ)へて返り入りましき」〈記・上〉

うなさ・る【×魘さる】〔動ラ下二〕「うなされる」の文語形。

うなさ・れる【×魘される】〔動ラ下一〕図うなさ・る〔ラ下二〕恐ろしい夢を見るなどして、眠ったまま苦しそうな声を立てる。「悪夢に—・れる」

うな-じ【▽項】《「うな(項)しり(後)」の略か》首の後ろ。襟首。(類語)首筋・首根っこ・襟首・首根

うな-じゅう【×鰻重】ヂュウ《「うなぎじゅう」の略》重箱の下の箱に飯、上の箱に鰻のかば焼きを入れたもの。また、重箱に入れた飯の上にかば焼きをのせ、たれをかけたもの。

うな-ず・く【×頷く|首=肯く】ヅク〔動カ五(四)〕《「項(うな)突く」の意》承諾や同意などの気持ちを表すために、首を縦に振る。「係員の説明にいちいち—・きながら聞き入る」(可能)うなずける (類語)点頭・同意・納得・了解・承知・賛成・肯定・首肯・承諾

うな-ず・ける【×頷ける|首=肯ける】ヅケル〔動カ下一〕《うなずくことができる意から》もっともだと思われる。納得がいく。了解できる。「彼が腹を立てるのも—・ける」「—・けない回答だ」

うな-だ・れる【▽項垂れる】〔動ラ下一〕図うなだ・る〔ラ下二〕失望や悲しさ・恥ずかしさなどのために、力なく首を前に垂れる。うつむく。「悲しみに—・れる」「—・れて説教を聞く」

うな-ちゃづけ【×鰻茶漬(け)】《「うなぎちゃづけ」の略》熱い飯の上に鰻のかば焼きをのせ、煎茶(せんちゃ)をかけたもの。うなちゃ。

うな-つき【▽項着き|×頸着き】子供の後ろ髪の先が襟首のあたりにつくくらいになっていること。また、そのころの年齢。「—の童髪(うなゐ)には結ひ幡(はた)の袖付け衣着し我を」〈万・三七九一〉(補説)一説に、用例中の原表記「頸著」は「くびつき」と読み、襟付きの着物の意ともいう。

うなづき-おんせん【宇奈月温泉】ヲンセン 富山県黒部市にある温泉。泉質は単純温泉。黒部峡谷観光の根拠地。

うな-て【▽溝】田や畑に水を引くみぞ。「神田(みとしろ)に潤(うるほ)けむと欲(おもほ)して—を掘る」〈神功紀〉

ウナ-でん【ウナ電】《「ウナ」はurgent(至急)のu・rをモールス信号の仮名にあてた読み》至急電報。昭和51年(1976)廃止。

うな-どん【×鰻丼】「うなぎどんぶり」の略。

うな-ばら【海原】《上代には「うなはら」》❶広々とした海。「青—」❷池や湖の広い水面。「国見をすれば国原は煙立ち立つ—はかまめ立ち立つ」〈万・二〉
(類語)海・海洋・大洋・大海・領海・公海・大海原・青海原・内海(うちうみ)・内海(ないかい)・外海(そとうみ)・外海(がいかい)・わたつみ

う-なみ【×卯波】卯月(うづき)(陰暦4月)のころ海に立つ波。卯月波。(季 夏)「四五月の—さ浪やほととぎす/許六」

ウナムーノ〖Miguel de Unamuno y Jugo〗[1864〜1936]スペインの思想家・小説家・詩人。人格の不滅を説いて思想界に強い影響を与えた。論文「生の悲劇的感情」、小説「霧」など。

うな-め【×畦目】鎧(よろい)の菱縫(ひしぬい)の板の装飾として、威(おどし)の毛引(けびき)と菱縫の間をうねのようにからげたもの。うなめぬい。

うなり【×唸り】❶うなること。また、それに似た声や音。「機械が—をあげる」❷凧(たこ)につけて、風の力で鳴らすもの。また、その音。鯨のひげや籐(とう)を薄く削り弓形にしたものなどを糸に張る。❸振動数のわずかに異なる二つの音波が干渉し合って、周期的に音が強くなったり弱くなったりして聞こえる現象。広義には波動、特に電磁波などの同様の現象にもいう。

うなり-ごえ【×唸り声】ゴヱ ❶力を入れたり、苦しかったり、感心したりしたときなどに出す低い声。獣のほえる声についてもいう。うめき声。❷低く長く続く音。機械や楽器などの音、虫の羽音などにいう。❸謡曲・浪曲・浄瑠璃などを、低音でしぼるように声を出してうたったり語ったりする声。❹動物が相手を威嚇するときに発する声。

うなり-ごま【×唸り独=楽】回るとき、うなるような音が出る仕掛けのこま。胴体を竹や薄い金属などで中を空洞にして作り、ところどころに小さな穴をあけておく。とうごま。ごんごんごま。

う-な・る【×唸る】〔動ラ五(四)〕《「う」は擬声語》❶力を入れたり苦しんだりするときに、長く引いた低い声を出す。うめく。「痛くてうんうん—・る」❷獣が低く力の入った声を出す。「犬が—・る」❸鈍く低い音を長く響かせながら出す。「モーターが—・る」「風が—・る」❹謡曲・浄瑠璃などを、のどをしぼるように低音でうたったり語ったりする。「義太夫を—・る」❺感嘆のあまり、思わず、❶のような声を出す。ひどく感心する。「満員の観衆を—・らせる」❻内に満ちている力が、あふれ出るばかりになる。「腕が—・る」「金が—・るほどある」(類語)響く・響き渡る・鳴り響く・鳴り渡る

唸った事 豪勢なこと。「今時の大臣、—もせぬもの」〈浮・禁短気・二〉

う-なわ【×鵜縄】ナハ ❶鵜飼いのウを操るために、首につける縄。(季 夏)「川風や—つくらふ小手の上/几董」❷ウの羽や木片をいくつも縄に結びつけた漁具。二人で両端を持って川をのぼり、魚をかりたてて網の方へ追い込むのに用いる。

うに【海=胆|海=栗】❶ウニ綱の棘皮(きょくひ)動物の総称。殻は半球形・円錐形・円盤形などで、表面は栗のいが状のとげに覆われ、とげの間から細い糸状の管足を出して運動する。口器は下面中央にあり、「アリストテレスの提灯(ちょうちん)」とよばれ、肛門は背面中央にある。すべて海産で、生殖巣を食用にするものにアカウニ・バフンウニ・ムラサキウニなどがある。(季 春)❷(「雲丹」とも書く)ウニの生殖巣。生で食べるほか、練りうになどにもする。

ウニウ《アイヌ語》オットセイ。

ウニコール〖ポルトガル unicorne〗❶想像上の動物、一角獣のこと。ユニコーン。❷哺乳類イッカクのこと。また、その牙から作った解毒剤。❸《❷にはにせ物が多かったところから》うそ。「踊り子の話大きな—」〈柳多留・一四〉

ウニタ〖イタリア L'Unità〗《統一の意》イタリア共産党の機関紙。日刊新聞。1924年創刊。

うに-つぼ【海=胆×壺】ウニの殻。

うに-やき【雲=丹焼(き)】練りうにを魚介類やかまぼこなどに塗って焼いたもの。

う-にょう【右×繞】仏教の敬礼法の一。古代インドの風習によるもので、尊者・仏像などのまわりを、右回りに歩く作法。

うぬ【×汝|▽己】㊀〔代〕❶二人称の人代名詞。相手をののしっていう語。「おの」の音変化ともいう。きさま。てめえ。「—まで死なせてなるものか」〈鴎外・山椒大夫〉❷反射代名詞。自分自身。「バカ、—がケンカをして、泣くやつがあるか」〈山本有三・生きとし生けるもの〉㊁〔感〕相手に対する憎しみやあざけりを表す語。「—如何(どう)するか見やがれ」〈二葉亭・浮雲〉

うぬ-ぼれ【▽自×惚れ|▽己×惚れ】うぬぼれること。また、その気持ち。おのぼれ。「—が強い」
(類語)手前味噌・自画自賛・自賛・おのぼれ

うぬぼれ-かがみ【▽自×惚れ鏡】《容貌が実際よりも美しく映るところからという》江戸時代、従来の和鏡に対して、ガラスに水銀を塗った懐中鏡。ビードロ鏡。

うぬ-ぼ・れる【▽自×惚れる|▽己×惚れる】〔動ラ下一〕図うぬぼ・る〔ラ下二〕《自分自身に惚(ほ)れる意》実際以上に自分がすぐれていると思い込んで得意になる。「美人だと—・れる」
(類語)誇る・自慢・思い上がる・おのぼれる

うぬ-ら【×汝等|▽己×等】〔代〕二人称の人代名詞。「うぬ」の複数形。きさまら。てめえら。

うね【畝|×畦】❶作物を植えつけたり種をまいたりするため、畑の土を幾筋も平行に盛り上げた所。❷高い所と低い所が❶のように平行して連なった物や形。波や地形・織物などにいう。「—のある生地」

うね-うね〔副〕スル《「うね(畝)」を重ねた語》❶山脈などが起伏して続くさま。「—(と)連なる山並み」❷曲がりくねって続いているさま。くねくね。うねくね。「—(と)続く一本道」「—(と)した川筋」

うね-おび【畝帯】《縞(しま)が畝に似ているところから》元禄(1688〜1704)ごろに流行した畝刺しの帯。太い糸で凹凸をつけて縫われた布で作る。

うね-おり【畝織(り)】畑の畝のように、横または縦に高低をつけた織物。あぜおり。

うね-くね〔副〕スル❶「うねうね」に同じ。「—した山道」❷ミミズなどがからだをくねらせるさま。「蛇が—とはってゆく」

うね-ぐも【畝雲】層積雲のこと。田畑の畝のような長い雲が波状に連なる。

うね-く・る〔動ラ五(四)〕くねくねと左右に曲がる。何回も曲がりくねる。「耳の傍(わき)から眉間へ掛けて、小蛇のように筋が—・る」〈鏡花・歌行灯〉

うね-ざし【畝刺(し)】布を重ね、補強のために太い糸で畑の畝のように平行に幾筋も縫いつづること。また、そのもの。多く足袋に用いる。

うね-たて【畝立て】畑に畝を作ること。

うね-ど・る〔動ラ四〕うねうねと動きながら回る。「さながら梅に鶯独楽(こま)、据(す)はりもやらず—・りて」〈浄・松風村雨〉

うねび【畝傍】㊀奈良県橿原(かしはら)市の地名。橿原神宮・畝傍山がある。㊁「畝傍山」の略。「香具山は—をしと耳梨と相争ひき」〈万・一三〉

うねびのかしはら-の-みや【畝傍橿原宮】橿原市にあったとされる神武天皇即位の皇居。現在の橿原神宮は、その皇居跡と推定される地に建てられた。

うねび-やま【畝傍山】橿原市北西部にある山。標高199メートル。耳成山(みみなしやま)・天香具山(あまのかぐやま)とともに大和三山という。(歌枕)「大空に雁ぞなくなる—御垣

原薄にもみぢしぬらし〈夫木・一五〉
うねべ【采=女】「うねめ」に同じ。「時持が妻は、朱雀院の御時、—をなむし侍りし」〈宇津保・楼上下〉
うねめ【采=女】宮中の女官の一。天皇・皇后の側近に仕え、日常の雑事に従った者。律令制以前からあったとみられるが、律令制では諸国の郡司一族の子女のうちから容姿端麗な者を出仕させて、宮内省采女司が管理した。名目的には江戸時代まで存続した。うねべ。
うねめ【采女】謡曲。三番目物。作者未詳。世阿弥説もある。昔、猿沢池に身を投げた采女の霊が、旅僧に故事を語り、僧が回向すると舞をまう。
うねめ-の-かみ【采=女▽正】采女司の長官。うねめのしょう。
うねめ-の-つかさ【采=女▽司】律令制で、宮内省に属し、采女に関することをつかさどった役所。
うねり ❶緩く曲がりくねること。「—を打つ」❷大きく起伏する海の波。波長が長く、波の山が丸い波。低気圧や台風のときに発生。「—が高くなる」〔補説〕「時代のうねり」などのように比喩的にも用いる。
うねり-ぐし【うねり串】魚を丸焼きにする際、魚をうねらせた形にして串を刺すこと。
うね・る〔動ラ五(四)〕《名詞「うね(畝)」の動詞化》❶道などが右に左に曲がりくねる。また、曲がりくねりながら進む。「山道が—・る」「帰りには二三間—・って、植込の陰を書斎の方へ戻って来た」〈漱石・虞美人草〉❷山脈や波などが緩やかな曲線を描いて上下する。また、そのような状態で続く。「余波で海が大きく—・る」〔類語〕折れ曲がる・曲がりくねる・くねる・蛇行
う-ねん【有念】仏語。具体的な姿・形のあるものを、心に観想すること。⇔無念。
うの【宇野】岡山県玉野市の地名。港町。もと宇高連絡船の発着地。
うのあし-がい【×鵜の足貝】ツタノハガイ科の巻き貝。潮間帯の岩礁に付着。殻径3センチくらい。貝殻は笠形で、周縁から7本内外の太い肋が水鳥の足状に伸びる。うのあし。
う-のう【右脳】大脳半球右側の通称。左半身を制御する。⇔左脳。〔補説〕図形や音楽などの認識に大きく関わるともいわれる。
うの-えんくう【宇野円空】[1885〜1949]宗教学者・民族学者。京都の生まれ。東大教授。宗教民族学に貢献。学位論文「マライシアに於ける稲米儀礼」で恩賜賞を受賞。他に「宗教民族学」「宗教の史実と理論」など。
う-の-け【×兎の毛】❶ウサギの毛。❷きわめて微細な物事のたとえ。ほんの少し。「—ほどの欲もない」
兎の毛で突いたほど　きわめて微細なことのたとえ。ほんの少し。「—のすきもない」
うのけ-どおし【×兎の毛通し】唐破風の中央に取り付ける懸魚。
うの-こういちろう【宇能鴻一郎】[1934〜　]小説家。北海道の生まれ。本名、鵜野広澄。平戸の漁師と鯨との死闘を描いた「鯨神」で芥川賞受賞。性と死をテーマとした作品を多数発表。のち官能小説、ポルノ小説の流行作家に転じる。嵯峨島昭の名でミステリーも手がける。
うの-こうじ【宇野浩二】[1891〜1961]小説家。福岡の生まれ。本名、格次郎。私小説風の作品が多く、初期は軽妙饒舌な文体であったが、後年、読点を多用した余韻のある文体に転じた。小説「蔵の中」「子を貸し屋」「枯木のある風景」「思ひ川」など。
うの-こうぞう【宇野弘蔵】[1897〜1977]経済学者。岡山の生まれ。東大教授。マルクス経済学を原理論・段階論・現状分析の三段階論で再構築した。著「経済原論」「経済学方法論」など。
うの-じゅうきち【宇野重吉】[1914〜1988]俳優・演出家。福井の生まれ。本名、寺尾信夫。新協劇団などに参加、第二次大戦後は劇団民芸を結成し、中心的指導者として活躍。
うのす-だんがい【鵜の巣断崖】岩手県北東部、太平洋に臨む断崖。大海食による高さ200メートルに近い絶壁がそそり立ち、陸中海岸北部を代表する景勝地の一。名の由来は断崖の中腹にウミウの巣があることから。
うの-そうすけ【宇野宗佑】[1922〜1998]政治家。滋賀の生まれ。陸軍少尉として終戦を迎え2年間のシベリア抑留を体験。昭和35年(1960)衆議院議員初当選。竹下内閣の外相だった平成元年(1989)にリクルート事件で内閣総辞職。他の有力閣僚らが軒並み事件に関わっていたため、党内基盤が弱いながら首相に就任した。直後の参院選大敗や女性スキャンダルに見舞われ、在任69日で退陣。➡海部俊樹
うの-ちよ【宇野千代】[1897〜1996]小説家。山口の生まれ。新聞の懸賞小説に当選、作家活動に入る。「色ざんげ」「おはん」など愛欲や女性の生をテーマにした作品多数。私生活でも尾崎士郎・東郷青児との恋愛、北原武夫との結婚・離婚といった話題が多く、その経験を自伝「生きて行く私」に情熱的に描いた。芸術院会員。平成2年(1990)文化功労者。
うの-てつと【宇野哲人】[1875〜1974]中国哲学者。熊本の生まれ。東大教授。中国・ドイツに留学。中国哲学・中国哲学史の発展に貢献した。著「支那哲学の研究」「支那哲学史講話」など。
う-の-はな【×卯の花】❶ウツギの白い花。また、ウツギの別名。うつぎのはな。〔季 夏〕「—のこぼるる蕗の広葉かな／蕪村」❷豆腐のしぼりかす。おから。きらず。❸「卯の花襲」の略。
うのはな-あえ【×卯の花▽和え】煎って味をつけたおから(卯の花)で魚・野菜などをあえたもの。きらずあえ。ふぶきあえ。からまぶし。
うのはな-いか【×卯の花烏=賊】小さく切ったイカを薄いたれで煮たもの。
うのはな-いり【×卯の花煎り】卯の花(おから)に野菜や油揚げなどを入れて煎りつけたもの。きらずいり。
うのはな-いろ【×卯の花色】卯の花❶のような色。わずかに青みがかかった白色。
うのはな-おどし【×卯の花▽威】鎧の威の色の一。白色であるのを卯の花に見立てての名。白糸威、白の唐綾威、白革による洗い革威など。
うのはな-がき【×卯の花垣】ウツギでつくった生け垣。うのはながきね。〔季 夏〕
うのはな-がさね【×卯の花▽襲】襲の色目の名。表は白、裏は青。陰暦4、5月に用いた。
うのはな-くたし【×卯の花▽腐し】《卯の花を腐らす意から。「うのはなくだし」とも》卯の花の咲いているころに降りつづく長雨。五月雨。季語としては「花の雨」と「五月雨」との間。〔季 夏〕「さす傘も—もちおもり／万太郎」
うのはな-ぐもり【×卯の花曇(り)】卯の花の咲くころの曇りがちな空模様。卯月曇り。
うのはな-じる【×卯の花汁】おからとアサリのむき身、野菜などを入れた味噌仕立ての汁。おから汁。
うのはな-ずし【×卯の花×鮨】おからに砂糖・塩などを加えて煎り、酢を加えたものを握り、イワシ・コハダなどの鮨種をのせた料理。からすし。おからずし。
うのはな-づき【×卯の花月】《卯の花の咲く月の意》陰暦4月の異称。うづき。〔季 夏〕
うのはな-づくよ【×卯の花▽月夜】卯の花の白く咲いている月夜。うのはなづきよ。「五月山—ほととぎす聞けども飽かずまた鳴かぬかも」〈万・一九五三〉
うのはな-づけ【×卯の花漬(け)】❶イワシ・コハダなど小魚の酢漬けを、甘酢で味つけしたおからに漬け込んだもの。❷おからに塩を混ぜ、ワラビ・竹の子などの野菜を漬けたもの。
うのはな-なます【×卯の花×膾】❶大根・ニンジンなどを細かく刻んで酢味噌であえた上に、細く切ってさっと熱湯を通した魚肉を散らしたもの。魚肉の代わりに大根おろしを使うこともある。❷煎って酢をかけたおからと薄く切った酢漬けの魚肉とを混ぜ合わせたもの。
うのはな-ひらめ【×卯の花×鮃】ゆでたヒラメの肉を、おからのように細かくほぐした料理。
うのはな-めし【×卯の花飯】甘辛く煎り煮したおからに酢を混ぜて飯の上にのせ、刻みショウガを添えた料理。
う-のみ【×鵜×呑み】《ウが魚をまるのみにするところから》❶食物をかまずにのみ込むこと。まるのみ。「飯を—にする」❷物事の真意をよく理解せずに受け入れること。「宣伝文句を—にする」
うのめ-いおう【×鵜の目硫-黄】薄紅色を帯びた黄色の光沢のある硫黄。
うの-めいか【宇野明霞】[1698〜1745]江戸中期の儒学者。京都の人。字は士新。通称は三平。荻生徂徠の学問を学び、京都で初めて徂徠学を講じたが、後に離反。著作に「論語考」「明霞先生遺稿」など。
うのめ-がえし【▽畝目返し】布の地質を堅固にするため、糸目を畑の畝のように縫う縫い方。また、そのように縫ったもの。
うのめ-たかのめ【×鵜の目×鷹の目】►「鵜」の句
う-は【右派】組織内、特に政党の内部における保守的な一派。⇔左派。➡右翼
うば【乳-母】母親に代わって乳児に乳を飲ませたりして、養育する女。おんば。めのと。
うば【×姥｜×媼｜祖=母】❶年とった女。おうな。老女。老婆。❷能面の一。老女の顔を表したもの。脇能の尉のツレ面としての用法が古く、檜垣・卒都婆小町などのシテ、高砂・淡路などのツレに用いる。⇔尉。❸(祖母)そぼ。おばあさん。おおば。「故—にて候ひし者の為に」〈沙石集・七〉
ウハー〔ロシア ukha〕ロシア料理の魚のスープ。
う-ばい【×烏梅】梅の未熟な実を干して燻製にしたもの。漢方で下痢止めや駆虫などの薬とし、また染料にも用いる。
うばい【▽優婆×夷】《梵 upāsikāの音写》女性の在家仏教信者。清信女。近事女。⇔優婆塞。
うばい-あ・う【奪い合う】〔動ワ五(ハ四)〕数に限りのあるものを、争って取り合いをする。「電車の座席を—・う」
うば-いし【×姥石】母と子の別れの伝説や、女人禁制の境にある石にまつわる伝説。また、その石。多くは、女性が禁を犯して石になったものとして伝えられる。全国に点在する。
うばい-と・る【奪い取る】〔動ラ五(四)〕他人の物を無理に自分の物にする。無理やりに取る。「財布を—・る」「王座を—・る」
うば・う【奪う】〔動ワ五(ハ四)〕❶他人の所有するものを無理に取り上げる。「金品を—・う」「自由を—・う」「地位を—・う」❷取り去る。取り除く。「命を—・う」「地表の熱を—・う」「雪で通勤の足が—・われる」❸注意・関心などを強く引きつける。夢中にさせる。「観客の目を—・う華麗な演技」「あまりの美しさに心を—・われる」❹競技などで得点する。また、獲得する。「三振を—・う」「タイトルを—・う」〔可能〕うばえる〔類語〕(❶)取る・分捕る・掠め取る・もぎ取る・引ったくる・ぶったくる・ふんだくる・攫う・掻っ攫う・横取りする・強奪する・奪取する・略取する・略奪する・収奪する・簒奪する・剝奪する・吸い取る
うは-うは《俗語》■〔副〕スル 喜ばしい出来事があり、思わず笑ってしまうようす。笑いたくなるほど満足しているようす。「株価が急激に上がって—する」■〔形動〕非常に喜んで高揚しているようす。十分に満足しているようす。「オークションで高値で落札され—だ」
うば-がい【×姥貝｜雨波貝】バカガイ科の二枚貝。浅海の砂底にすむ。貝殻は卵形で大きく、厚く重い。殻長約10センチ。殻表に黄褐色の皮をかぶる。東北地方以北に分布。肉は美味で、生食のほか干物・缶詰にも加工。北寄貝。
うば-がみ【×姥髪】能の鬘の一。毛髪が白または白黒まじりのもので、老女に用いる。
うば-が-もち【×姥が餅】滋賀県草津市の名物で、上に白砂糖をのせた指頭大のあんころ餅。近江国の郷代官であった六角義賢が幼児を託された乳母が生計のために売りはじめたものという。
うば-かわ【×姥皮】昔話で、身に着けると老女の姿になるという想像上の衣。脱ぐと、もとの美男か美女の姿に戻り、幸福になるとされる。
う-ばくか【右幕下】右近衛大将の居所。ま

た、その人の敬称。特に源頼朝をさすことがある。
うば-ぐち【×姥口】❶歯のない老婆の口。❷茶道で、周囲が盛り上がり、口のすぼまった形をした釜・香炉・水指（みずさし）などのこと。❸物のふたなどがきちんと合わないで、少しあいていること。
うば-ぐるま【乳-母車】乳幼児を乗せて押して歩く四輪の手押し車。
うば-ざくら【×姥桜】❶葉が出るより先に花が開く桜の通称。ヒガンザクラ・ウバヒガンなど。葉がないことを「歯無し」に掛けた語という。❷女盛りを過ぎても、なお美しさや色気が残っている女性。
うば-ざめ【×姥×鮫】ネズミザメ目ウバザメ科の海水魚。全長10メートル以上、体重は2トン以上で、ジンベイザメに次いで大きいサメ。外洋の表層を遊泳し、動物プランクトンを餌にする。日本近海には春先に現れ、性質はおとなしい。肝油をとる。ばかざめ。うばぶか。
うばすて-やま【姨捨山】㊀ ▶おばすてやま ㊁（「姥捨山」と書く）役に立たなくなった老人を山に捨てたという伝説から、組織などで、年をとってあまり役に立たなくなった人を移しておく部署や地位のたとえ。
うばそく【▽優婆塞】《梵 upāsakaの音写》男性の在家仏教信者。清信士（しょうしんじ）。近事男（ごんじなん）。⇔優婆夷（うばい）。
うばそく-の-みや【優婆塞の宮】《在俗のまま戒を受けて仏弟子となった親王の意》源氏物語の登場人物。桐壺（きりつぼ）帝の第8皇子で、光源氏の異母弟。優婆塞として宇治に住み、宇治八の宮と呼ばれた。宇治の大君（おおいぎみ）らの父。
うば-たま【×烏羽玉】❶ヒオウギの実。丸くて黒い。ぬばたま。❷和菓子の名。求肥（ぎゅうひ）であんを包み、白砂糖をまぶしたもの。❸サボテン科の植物。球状で、とげはない。多く有毒アルカロイドを含む。観賞用。
うばたま-の【×烏羽玉の】〔枕〕烏羽玉❶が黒いところから「黒」「闇（やみ）」「夜」「夢」などにかかる。ぬばたまの。むばたまの。「―わが黒髪に年くれて」〈拾遺・雑秋〉
う-はつ【有髪】僧や尼などが剃髪（ていはつ）しないでいること。また、その人。
うはつ-そう【有髪僧】❶僧で髪を剃（そ）らないでいる者。❷俗人で仏道修行をしている者。
うはつ-の-あま【有髪の尼】❶仏門に入っていながら髪を剃らないでいる女性。❷未亡人のこと。
ウパニシャッド〘梵 Upaniṣad〙古代インドの宗教哲学書。ベーダ文献の最後の部分なので、ベーダーンタ（ベーダの終わり）ともいう。宇宙と人生を支配するブラフマン（梵）とアートマン（我）の一致を説き、輪廻（りんね）と業（ごう）の思想を主張、インド哲学の源流となった。補説「優婆尼沙土」とも書く。
うはね-かんびき【×于×撥ね干引き】漢字の「于（う）」は下をはね、「干（かん）」は下をはねないで、まっすぐに引くということ。字形の区別を覚えるための語。
うば-ひがん【×姥彼岸】バラ科サクラ属の落葉高木。山地に自生。枝先は細く、すべすべし、葉は長楕円形で縁にぎざぎざがある。3月ごろ、葉より先に、淡紅色の花を群生する。江戸彼岸。東（あずま）彼岸。
うばめ-がし【×姥目×樫|×姥芽×櫧】ブナ科の常緑小高木。暖地の海岸近くの山中に自生。葉は長楕円形で、堅い。5月ごろ、雄花と雌花とをつける。実は食用。材は備長炭（びんちょうずみ）の原料。名は、若葉が褐色であるところに由来。うまめがし。うばめ。
うばやま-かいづか【姥山貝塚】千葉県市川市姥山にある縄文時代中・後期の貝塚。
うば-ゆり【×姥百=合】ユリ科の多年草。常緑樹林の樹陰に生え、高さ約1メートル。葉は茎の中ほどにつき、楕円形で先がとがる。夏、緑白色の筒状の花が横向きに咲く。
うば-ら【×姥▽等】近世、京都で歳末に出た女乞食の一種。赤い前垂れをかけ、手ぬぐいなどで顔を覆って物乞いをした。
うばら【▽茨|荊=棘】❶とげのある植物のこと。いばら。❷ノイバラの別名。《季 夏》
うばり【優波離】《梵 Upāliの音写》釈迦の十大弟子の一人。理髪師の出身。戒律に精通しているところから持律第一といわれた。ウパーリ。
う-ひ【雨飛】雨が風に吹かれて激しく降ること。また、そのように、激しく物の飛んでくること。「弾丸―の中をのろくさと歩き」〈火野・麦と兵隊〉
う-ひょう【雨氷】セ氏零度以下に冷却した雨滴が樹木や地物に当たって凍り、透明な氷層となったもの。《季 冬》
う-ひょうえ【右兵▽衛】右兵衛府。また、そこに属した武官。⇔左兵衛。
うひょうえ-の-かみ【右兵▽衛▽督】右兵衛府の長官。従五位上相当。
うひょうえ-の-じょう【右兵▽衛▽尉】右兵衛府の第三等官。大尉・少尉がある。
うひょうえ-の-じん【右兵▽衛の陣】平安京内裏の陰明（おんめい）門の外にあった右兵衛の武官の詰め所。また、陰明門のこと。
うひょうえ-の-すけ【右兵▽衛▽佐】右兵衛府の次官。正六位下相当。
うひょうえ-ふ【右兵▽衛府】左兵衛府とともに行幸・行啓の供奉などをつかさどった役所。➡兵衛府
う-ふ【右府】❶右大臣の唐名。❷「右衛門府（うえもんふ）」の略。⇔左府。
う-ふ【×迂腐】〔名・形動〕世事に疎く、役に立たないこと。また、そのさま。「―にして活用なきの学者」〈雪嶺・偽悪醜日本人〉
う-ぶ【右舞】「右方（うほう）の舞（まい）」に同じ。⇔左舞。
う-ぶ【有部】「説一切有部（せついっさいうぶ）」の略。
うぶ【▽初|初=心|産|▽生】〔名・形動〕❶（初・初心）世間ずれしていないこと。ういういしいこと。また、そのさま。「そのまま信じるほど―ではない」❷（初・初心）まだ男女の情を解しないさま。「―な娘」❸（産・生）㋐生まれたときのままであるさま。「人間らしい崇高な生地を―の儘有（も）っているか解らないぜ」〈漱石・明暗〉㋑自然のままであること。また、つくられたままであること。「品が―で、胡粉（ごふん）一つ剝げてないなんてものは」〈魯庵・社会百面相〉㋒（名詞の上に付けて）生まれたときの。生まれたときのままの。「―声」「―毛」類語 初初しい・おぼこ
ウファ〘Ufa〙ロシア連邦内のバシコルトスタン共和国の首都。ウラル山脈南部にあり、シベリアとの交易基地として発展。現在は機械・石油化学などの工業が盛ん。人口、行政区102万、都市圏103万（2008）。
うぶ-い【▽初い|初=心い】〔形〕《「うぶ（初心）」の形容詞化》生まれたままのように、世間ずれしていない。ういういしい。「『ごく―・いの』と力を込めて云って」〈白鳥・泥人形〉
うぶ-いし【産石】出産直後に炊く産立（うぶた）て飯の膳にのせる1個または数個の小石。川や軒下の雨だれ跡や氏神の境内から拾ってくる。産神（うぶがみ）のやどったものと考えられている。力石。
ウフィツィ-びじゅつかん【ウフィツィ美術館】《Galleria degli Uffizi》イタリア、フィレンツェのウフィツィ宮内にある美術館。メディチ家の収集品をもとに、イタリアルネサンスの名品の宝庫。
うぶ-いわい【産祝(い)】誕生祝い。出産祝い。
うぶ-がみ【産神】❶出産の前後を通じて、妊産婦や胎児・生児を守り、また、出産に立ち会い見守ってくれるとされている神。うぶのかみ。❷「産土神（うぶすながみ）」に同じ。
うぶ-ぎ【産着|産▽衣】生まれて間もない乳児に着せる衣服。また特に、生まれた子に初めて着せる衣服。うぶぎぬ。
うぶ-ぎぬ【産▽衣】《「うぶきぬ」とも》「うぶぎ」に同じ。
うぶぎ-の-いわい【産着の祝(い)】赤子が初めて産着を着るのを祝う儀式。生後3日目に行うところが多い。着衣の祝い。
うぶ-げ【産毛|▽生毛】❶生まれたときから赤ん坊に生えている毛。うぶがみ。❷人の顔や首筋などに生えているごく柔らかい薄毛。また、そのようなもの。類語 にこ毛
うぶ-こ【産子】同じ産土神（うぶすながみ）をまつる人。
うぶ-ご【産子】生まれたばかりの子。あかご。
うぶ-ごえ【産声】❶赤ん坊が生まれたとき、最初にあげる泣き声。「―をあげる」❷事が新しく現れること。「革命後、新政府が―をあげた」
ウプサラ〘Uppsala〙スウェーデン南東部の学園都市。ストックホルムの北に位置し、1477年創立のウプサラ大学や王墓・大教会、博物学者リンネ記念植物園などがある。
ウプサラ-じょう【ウプサラ城】《Uppsala Slott》スウェーデン南東部の都市、ウプサラにある城。16世紀半ばにスウェーデン王グスタフ1世の居城として建造された。現在はウプサラ県知事公舎、およびウプサラ大学付属の現代美術館になっている。
ウプサラ-だいせいどう【ウプサラ大聖堂】《Uppsala Domkyrka》スウェーデン南東部の都市、ウプサラにある大聖堂。北欧最大級の教会建築として知られる。13世紀後半に建造が始まり、完成まで1世紀以上の歳月を費やした。19世紀末の改築により現在の姿になった。16世紀のスウェーデン王グスタフ1世や博物学者のリンネなどが埋葬されている。
ウプサラ-ひょうが【ウプサラ氷河】《Glaciar Upsala》アルゼンチン南部、パタゴニア地方の氷河。世界遺産に登録されたロスグラシアレス国立公園の中でも最大級の氷河で、全長60キロメートルに及ぶ。
ウプシロン〘Υ|υ|upsilon〙《「ユプシロン」とも》❶〈Υ・υ〉ギリシャ語アルファベットの第20字。❷〈Υ〉Υ粒子の記号。
ウプシロン-ちゅうかんし【ウプシロン中間子|Υ中間子】▶ウプシロン粒子
ウプシロン-りゅうし【ウプシロン粒子|Υ粒子】《「ユプシロン粒子」とも》ボトムクォークとその反クォークからなる素粒子。中間子であるボトモニウムの一。質量は陽子の約10.1倍、電荷、スピンともに0。極めて短い寿命で、電子、μ（ミュー）粒子、τ（タウ）粒子などのレプトンの対に崩壊する。1977年、米国のフェルミ研究所でL＝レーダーマンらにより発見され、ボトムクォークの存在が初めて立証された。ウプシロン中間子。ユプシロン中間子。
うぶすな【産=土|生=土|産=神】❶その人の生まれた土地。生地。❷「産土神（うぶすながみ）」の略。
うぶすな-がみ【産=土神】生まれた土地の守り神。近世以降は氏神や鎮守の神と混同されるようになった。うぶがみ。うぶのかみ。うぶすなのかみ。
うぶすな-まいり【産=土参り】産土神に詣（もう）でること。特に、生まれた子供が初めて産土神に参ること。地方により参拝日は生後100日目、また男子32日目、女子33日目などと異なる。宮参り。うぶすなもうで。うぶがみもうで。
うぶ-ぞり【産×剃り】生まれた子の頭髪を初めて剃ること。生後3日目・5日目など一定しないが、特に7日目に七夜の儀礼と結びつけて行われることが多い。産毛剃り。
うぶたち-の-いわい【産立ちの祝(い)】出産直後または産後3日目・7日目などに、新生児・産婦が産神（うぶがみ）と共に飲食をする儀礼。うぶたて。
うぶたて-めし【産立て飯】出産のあと、すぐ炊いて産神（うぶがみ）に謝意を表して供える飯。うぶめし。さんのめし。
う-ぶね【×鵜舟】鵜飼いに使う舟。鵜飼い舟。《季 夏》「おもしろうてやがて悲しき―かな／芭蕉」
うぶ-の-かみ【産の神】❶「産神（うぶがみ）❶」に同じ。「月の障りとどまりて―の御身に入らせ給ひて」〈伽・熊野の御本地〉❷「産土神（うぶすながみ）」に同じ。
うふふ〔感〕こらえきれずに思わず出る低い笑い声。
うぶ-め【産女|産▽婦】❶妊婦。また、産婦。❷（「姑獲鳥」とも書く）難産のために死んだ女性の幽霊。また、想像上の怪鳥。赤子を抱いて現れ、通行人に抱かせようとしたり、幼児の泣き声に似た声で夜間飛来して子に害を加えたりするとされる。うぶめどり。
うぶ-めし【産飯】「産立（うぶた）て飯（めし）」に同じ。
うぶ-や【産屋】❶昔、出産のけがれを忌んで、産婦を隔離するためにつくった別小屋。❷出産をするようにととのえた部屋。産室。
うぶ-やしない【産養ひ】❶出産後3日・5日・7日・9日目の夜に、親類が産婦や赤子の衣服、飲食物などを贈って祝宴を開くこと。また、その贈り物。平

安時代、貴族の家で盛んに行われた。現在の「お七夜の祝い」はこの名残。「七日の夜、内裏(うち)よりも御―の事あり」〈源・若菜上〉❷養い育てること。「王限りなく歓びて―等閑(なほざり)ならず」〈読・弓張月・続〉

うぶ-ゆ【産湯】生まれたばかりの赤ん坊を初めて入浴させること。また、その湯。「―を使わせる」

ウフララ-けいこく【ウフララ渓谷】《Ihlara Vadisi》トルコ中央部、カッパドキア地方にある渓谷。全長約12キロメートル、最も深いところで約100メートルの谷が刻まれている。その地理的条件から、古くよりアラブ人から逃れたキリスト教徒が居住し、4世紀から11世紀頃に築かれた105の教会が残っている。

うぶん-たい【宇文泰】[505〜556]中国、南北朝時代の西魏の宰相。鮮卑族の出身。初め北魏に仕えたが、その分裂後、文帝を擁立して西魏を建国し、東魏の高観と抗争。府兵制などの官制を定め、子の宇文覚の建てた北周の基礎を築いた。

ウブントゥ〖Ubuntu〗Linuxをパッケージ化したLinuxディストリビューションの一。インストールが容易なことで知られる。

うぶん-ぼく【×烏文木】黒檀(こくたん)の別名。

うべ【宇部】山口県南西部、周防灘(すおうなだ)に面する市。沖ノ山炭鉱をもとに工業が発達、閉山後はセメント・化学・機械工業が盛ん。人口17.4万(2010)。

うべ【郁=子】アケビ科の植物ムベの別名。

うべ【▽宜┊▽諾】〔副〕《平安時代以降は「むべ」と表記されることが多い》肯定する気持ちを表す。なるほど。いかにも。むべ。「山河のさやけき見れば―知らすらし」〈万・一〇三七〉

うべうべ・し【▽宜▽宜し】〔形シク〕《副詞「うべ」を重ねて形容詞化した語。「むべむべし」とも表記》❶格式張っている。もっともらしい。「面持ち声遣(つか)ひ、―・しくもてなしつつ」〈源・少女〉❷頼みがいがある。頼もしい。「(宣房中納言ハ)此のころは天の下にいさぎよく―・しき人に思はれたるころなれば」〈増鏡・春の別れ〉

うべ-し【宇部市】▶宇部

うべ-し【▽宜し】〔連語〕《「し」は強意の副助詞》なるほどまあ。いかにも。もっとも。「ここ見れば―神代ゆ始めけらしも」〈万・四三六〇〉

ウベダ〖Úbeda〗スペイン南部、アンダルシア地方にある都市。9世紀にイスラム教徒の支配下に入ったが、13世紀のレコンキスタ(国土回復運動)でキリスト教徒のもとに戻った。16世紀には、建築家アンドレス＝デ＝バンデルビラによりイタリアルネサンス様式を取り入れた町づくりが行われた。2003年、隣接する都市バエーサとともに「ウベダとバエーサのルネサンス様式の記念碑的建造物群」として世界遺産(文化遺産)に登録。

うべ-な・う【▽諾なう┊▽宜なう】(―なふ)〔動ワ五(ハ四)〕《副詞「うべ」＋接尾語「なう」から。平安時代以降は「むべなう」とも表記》❶願いや要求を引き受ける。同意する。うけがう。「その甥の申し出を女に伝えることを―・わないわけにはいかなかった」〈堀辰雄・曠野〉❷服従する。「神八井耳命はぢて―・ひぬ」〈綏靖紀〉❸謝罪する。わびる。「是によりて百済国、辰斯王を殺して―・ひにき」〈応神紀〉

(類語)承知・了承・了解・承諾・承認・承引・承服・納得・同意・受諾・応諾・許諾・オーケー・受け入れる・聞き入れる・うけがう・がえんずる・諾する・応ずる・引き受ける・首を縦に振る・承(うけたまわ)る・認める

うべな-うべな【▽宜な▽宜な】〔連語〕《副詞「うべ」に感動の終助詞「な」の付いた形を重ねた語》もっとももっとも。なるほどなるほど。「やすみしし我が大君は―我れを問はすな」〈仁徳紀・歌謡〉

うべ∘なり【▽宜なり】〔連語〕《「なり」は断定の助動詞》なるほどと納得するさま。もっともである。道理だ。「―∘なりけりや。あなうとまし」〈源・野分〉

宜なるかな　もっともなことだなあ。いかにもそのとおりだなあ。むべなるかな。「『一辺尼(ペニー)(＝銅銭ノ名)の心は、決して二辺尼の心に及ぶ能わず』と云えること―」〈中村訳・西国立志編〉

うべ-フロンティアだいがく【宇部フロンティア大学】山口県宇部市にある私立大学。平成14年(2002)の開設。

うべ-も【▽宜も】〔連語〕《「も」は係助詞》なるほどその通りに。もっともなことに。「春なれば―咲きたる梅の花君を思ふと夜眠(よい)も寝なくに」〈万・八三一〉

う-へん【右辺】数式で、等号・不等号の右側にある辺。⇔左辺。

う-へん【羽片】羽状複葉の葉で、軸についた小葉の一片。

う-べんかん【右弁官】(―ベンクワン)律令制における官司の一。太政官に直属して左弁官と並び、八省のうち兵部(ひょうぶ)・刑部(ぎょうぶ)・大蔵・宮内(くない)をつかさどる。右大弁・右中弁・右少弁からなる。⇔左弁官。

う-ほ【×禹歩】❶天皇または貴人が外出のとき、道中の無事を祈って陰陽家(おんようけ)がまじないを唱えながら舞踏する作法。反閇(へんばい)。❷歩き方が大股であること。❸足の不自由な人。(補説)中国で夏(か)の禹王が国土経営のため天下を歩き回ったために、歩行が不自由となったという伝説による語。

う-ほう【右方】(―ハウ)❶右のほう。⇔左方。❷「右方の楽(がく)」および「右方の舞(まい)」の略。(類語)右手・右側・ライト

う-ぼう【羽×旄】昔の、軍隊を指揮する幢(はたほこ)の一。雉(きじ)の羽と旄牛(ぼうぎゅう)(ヤク)の尾とを、竿(さお)の先端に飾りつけたもの。

うほう-どうじ【雨宝童子】両部神道の神。右手に宝棒(ほうぼう)、左手に宝珠を持つ童子形の神像で表される。天照大神(あまてらすおおみかみ)が日向(ひゅうが)に下生(げしょう)したときの姿。また、大日如来の化現(けげん)した姿ともいう。

うほう-の-がく【右方の楽】(ウハウ―)雅楽で、平安初期の楽制改革以降、右方の楽人が担当した楽。朝鮮系の三韓楽を主に、中国東北地方の渤海楽(ぼっかいがく)を含む。高麗楽(こまがく)。右楽。右方。

うほう-の-まい【右方の舞】(ウハウ―まひ)雅楽で、右方の楽により右方の舞人がまう舞。朝鮮および中国東北地方の舞で、舞人は緑色系統の装束をつけ、舞台後方、向かって右側から出入りする。右舞(うまい・うぶ)。右方。

う-ぼく【×烏木】黒檀(こくたん)の別名。

う-ぼくや【右僕▽射】右大臣の唐名。

うぽっぽ〔形動〕《近世江戸語》うかうかと遊び回るさま。のんきなさま。うぽうぽ。「おのしがやうに、―で遊んで歩く者は、また一人とありゃあしねえ」〈滑・浮世風呂・前〉

ウポポ《アイヌ語》アイヌの伝承歌謡の一。屋内での座ったままの労働や儀式のときなどに歌うもの。

うぼん-さい【×盂盆斎】「盂蘭盆斎(うらぼんさい)」の略。

うま【▽午】❶十二支の7番目。❷方角の名。南。❸昔の時刻の名。今の昼の12時ごろ、およびその後の2時間。または昼の12時前後の2時間。❹❶にあたる年や日。❺陰暦5月の異称。

うま【▽甘┊▽味】《形容詞「うまし」の語幹》名詞に付いて複合語を作る。❶味がよい、うまい意を表す。「―酒」「―飯(い)」❷貴い意を表す。「―人」❸眠りの度合いの深い意を表す。「―寝(い)」

うま【馬】《「馬」の字音「マ」から変化したものという。平安時代以降「むま」と表記されることが多い》❶奇蹄(きてい)目ウマ科の哺乳類。体は一般に大形で、顔が長く、たてがみがあり、長い毛の尾がある。力強く、走ることが速い。古くから家畜とされ、農耕・運送・乗用・競馬などに用いられ、肉は食用。東洋種の蒙古馬(もうこうま)・朝鮮馬、日本在来種の木曽馬・北海道和種、西洋種のアラブ(アラビア馬)・サラブレッド・ペルシュロンなどがある。こま。❷踏み台。脚立(きゃたつ)。❸競馬。❹将棋で、桂馬または成角(なりかく)の略称。❺《「付け馬」の略》料理屋などで、勘定の未払いを取り立てるために客の家までついて行く者。❻動植物などの同類の中で、大きなものの意を表す語。「―すげ」「―ぜみ」

馬が合・う　気がよく合う。意気投合する。「彼とは妙に―・って、いつも一緒に旅行する」

馬には乗ってみよ人には添うてみよ　馬のよしあしは乗ってみなければわからず、人柄のよしあしはつきあってみなければわからない。何事も自分で直接経験してみよということ。

馬の背を分・ける　馬の背の片側は雨でぬれ、片側は雨が降らない意で、夕立などが、ある地域を境にして一方では降っているのに他方では晴れているさまをいう。馬の背を越す。

馬の耳に風　《「馬耳東風(ばじとうふう)」から》「馬の耳に念仏」に同じ。

馬の耳に念仏　馬にありがたい念仏を聞かせても無駄である。いくら意見をしても全く効き目のないことのたとえ。馬の耳に風。馬耳東風。

馬は馬連れ　同類のものが共同することによって、物事がうまくいくことのたとえ。牛は牛連れ。

馬を牛に乗り換える　速い馬から、のろい牛に乗り換える。すぐれたものを捨てて、悪いものに取り換えるたとえ。⇔牛を馬に乗り換える。

馬を鹿(しか)　「鹿を指して馬となす」に同じ。

うま-あぶ【馬×虻】ウマバエの別名。

う-まい【右舞】(―まひ)「右方(うほう)の舞」に同じ。⇔左舞。

うま-い【▽熟▽寝】ぐっすり眠ること。熟睡(じゅくすい)。「人の寝(ぬ)る―は寝ずてはしきやし君が目すらを欲(ほ)りし嘆かふ」〈万・二三六九〉

うま・い【▽旨い┊▽甘い】〔形〕文うま・し〔ク〕❶(「美味い」とも書く)食物などの味がよい。おいしい。「―・い酒」「山の空気が―・い」⇔まずい。❷物事の運びが自分の望むとおりである。都合がよい。好ましい。「―・い話には気をつけろ」「―・く行けばよいが」⇔まずい。❸(「上手い」「巧い」とも書く)技術的にすぐれている。また、事の進め方などが巧みである。じょうずだ。巧妙だ。手際がよい。「―・い絵」「―・く言い逃れる」「人使いが―・い」⇔まずい。❹人間関係、特に男女の仲がよい。「彼女とは―・くやっている」❺《「あまい」を「味がよい」ことの代表と考えたところから》動作などに締まりがないさま。間抜けだ。おろかだ。「どうもこんな―・い恰好(かっこう)をして」〈紅葉・多情多恨〉➡旨(うま)し (派生)**うまがる**〔動ラ五〕**うまげ**〔形動〕**うまさ**〔名〕**うまみ**〔名〕

(用法)**うまい・おいしい**――「おいしい」は女房詞系で、もっぱら味がよいの意の女性語として成長した語。「うまい」より丁寧・上品な言い方として、現在も日常の話し言葉で多く使われる。◆「うまい」には、「歌がうまい」「やり方がうまい」のように、上手だ、手際がよいの意があるが、「おいしい」はこの意では用いられない。◆また、「うまい」には「それはうまい考えだ」「うまく話がついた」など、好都合だ、ぐあいがよい、の意がある。「おいしい」も俗に「おいしい話」のように使われ、「うまい」を「うまい話」と使う点で相通じるが、「おいしい」のこの用法は、利益になるという意が強い。

(類語)(❶)おいしい・美味・佳味・滋味・珍味/(❸)巧み・上手・巧妙・絶妙・老巧・達者・器用・賢い・利口

うまい汁を吸・う　自分は苦労をせずに、自分の地位や他人を利用して多くの利益を得る。

うま-いい【▽甘▽飯┊▽味▽飯】(―いひ)味のよいめし。「―を水に醸(か)みなし」〈万・三八一〇〉

うま-いかだ【馬×筏】流れの急な大河を騎馬で渡るときに、数頭の乗馬を並べつないで筏のようにすること。また、その隊形。「兵(つわもの)三千余騎、一度に颯(さっ)と打ち入って―に流れをせきあげたれば」〈太平記・八〉

うま-いしゃ【馬医者】馬の病気やけがを治療する医者。馬医(ばい)。

うま-いち【馬市】馬を売買する市。

ウマイヤ-ちょう【ウマイヤ朝】(―テウ)《Umayya》イスラム王朝の一。ウマイヤ家出身のムアーウィヤ1世が、ダマスカスを首都として建てた最初のイスラム・カリフ王朝(661〜750)。14代続いたが、アッバース朝に倒された。のち、イベリア半島に逃れたアブドゥル＝ラフマーン1世がコルドバを首都としてウマイヤ朝を再興。これを後(こう)ウマイヤ朝(756〜1031)という。

うま∘う【生まふ┊産まふ】(うまふ)〔連語〕《動詞「う(産)む」の未然形＋反復継続の助動詞「ふ」》産みふやす。どんどん産む。「寺々の女餓鬼(めがき)申さく大神(おおみわ)の男餓鬼(をがき)たばりてその子―∘はむ」〈万・三八四〇〉

うま-うま【▽旨▽旨】《形容詞「うまい」の語幹を重ねた語》㊀〔名〕《おいしい物の意で》食べ物をいう幼児語。㊁〔副〕❶巧みなやり方で、物事を自分の思いどおりに進めるさま。まんまと。「―とだまされた」「―名を揚げ身を立(た)つるか」〈露伴・五重塔〉❷物事をじょうず

に行うさま。「古注は根元を―とせぬ程に誤りが多いぞ」〈蒙求抄・序〉

うま-おい【馬追い】❶牧場で、放牧の馬を柵(さく)内に追い入れること。また、野生の馬を柵内に追い込んで捕らえること。❷駄馬に客や荷物をのせて追って行くこと。また、その人。馬方。馬子(まご)。❸「馬追虫」の略。(季 秋)「ふるさとや―鳴ける風の中/秋桜子」

うまおい-うた【馬追い唄】▶馬子唄(まごうた)

うまおい-むし【馬追虫】キリギリス科の昆虫。体長は翅(はね)の先まで2.8〜3.6センチ。体は緑色で、背に黒褐色のすじがある。前脚と中脚のすねに長いとげがあり、他の昆虫を捕食。雄の鳴き声はスイーッチョと聞こえ、馬子が馬を追う声に似る。すいっちょ。

うま-おさ【馬▽長】昔、京都祇園(ぎおん)の御霊会(ごりょうえ)の神事に、馬に乗って社頭の馬場を練り歩いた人。小舎人童(こどねりわらわ)などを美しく着飾らせて乗せた。うまのおさ。

うま-かい【馬飼】❶馬を養い育てる人。❷江戸時代、幕府の馬に関することをつかさどった職名。

うまかい-べ【馬飼▽部】大化以前、馬の調教・飼育や飼料の貢納などに従事した部曲(かきべ)。大化以後は左右馬寮(めりょう)に雑戸(ざっこ)として属した。

うま-がえし【馬返し】登山道で、道が険しくなり乗ってきた馬を返す所。富士・日光などに地名として残る。駒(こま)返し。

うま-がお【馬顔】馬面(うまづら)。「大声でしゃべる―の若い連中も」〈独歩・富岡先生〉

うま-かた【馬方】❶馬で貨客の運搬を職業とする人。馬子(まご)。❷江戸幕府の職名。若年寄に属して将軍の乗馬の調練をつかさどった役。

馬方船頭(せんどう)お乳(ち)の人　人の弱みにつけこんで、無理なねだりごとをする者をいった言葉。

うま-がた【馬形】《「うまかた」とも》❶馬の形。また、馬の形の絵。❷木や紙で馬の形を作ったり絵に描いたりして、神馬の代わりに神に奉納するもの。

うまかた-うた【馬方唄】▶馬子唄(まごうた)

うまがた-の-しょうじ【馬形の障子】表に馬の絵、裏に騎馬でする打毬(だきゅう)の図を描いた、絹張りの衝立(ついたて)障子。清涼殿の西庇(にしびさし)の渡殿(わたどの)の北、台盤所(だいばんどころ)や朝餉(あさがれい)の簀(す)の子の南などに立てた。

うまかた-ぶし【馬方節】▶馬子唄(まごうた)

うま-き【▽牧｜馬▽城】「まき(牧)」に同じ。むまき。「多(さは)に―を置きて馬を放つ」〈天智紀〉

う-まき【×鰻巻(き)】鰻(うなぎ)のかば焼きを芯(しん)にして巻いた卵焼き。

うま-ぎぬ【馬▽衣】❶馬の背に着せる布。多く、紺または萌黄(もえぎ)などの布に、持ち主の定紋(じょうもん)を染め抜いた。❷時宗の僧などが着用した葛(くず)や麻の繊維で粗く織った衣。

うま-くち【▽甘口】❶酒・味噌・醤油などで、甘みが勝っていること。また、そのもの。あまくち。❷人の心をとらえる巧みな言葉。巧言(こうげん)。「勧誘員の―に乗せられる」❸見かけの有利な仕事。

うま-ぐわ【馬×鍬】▶まぐわ

うま-げた【馬下▽駄】庭履きに用いた駒下駄(こまげた)。「庭の草花を眺めに、―はいて出でけるに」〈浮・禁短気・六〉

うま-けむり【馬煙】馬が地をけって走るときに立てる土ぼこり。馬塵(ばじん)。うまけぶり。「―ヲ立テテ戦フ」〈日葡〉

うま-ご【▽孫】《「むまご」とも表記》❶まご。「翁の、いといみじきぞいで来たる。むすめにや―にや」〈源・末摘花〉❷子孫。「又、この山の族(ぞう)七人にあたる人を、三代の―に得べし」〈宇津保・俊蔭〉

うま-ごやし【馬肥やし｜苜＝蓿】マメ科の越年草。高さ30〜60センチで、茎の下部は地上をはう。葉は3枚の小葉からなる複葉。春、黄色の小さな蝶形の花をつける。ヨーロッパの原産で、江戸時代に渡来し野生化。緑肥や牧草とする。からくさ。(季 春)「子の頬杖父の手枕―/狩行」

うまこり〔枕〕美しい織物の意で、同意の「綾(あや)」と同音の「あや」にかかる。「―あやにともしき」〈万・一六二〉〔補説〕「美(うま)き織り」の音変化した形か。

うま-ざくり【馬▽決り】❶馬がひづめで水や泥をけりたてること。また、その踏みくぼめた跡。「―の水を蹴(け)かけられて、衣深泥(しんでい)にまみれぬれば」〈太平記・二九〉❷▶決(さく)り❷

うま-さけ【▽味酒｜▽旨酒】㊀〔名〕《「うまざけ」とも》酒の美称。味のよい酒。美酒(びしゅ)。「勝利の―を汲む」㊁〔枕〕神に供える美酒や、それを醸造する瓶(かめ)を「みわ」というところから、「三輪」と、その別名の「三室(みむろ)」「三諸(みもろ)」にかかる。「―三輪の山あをによし奈良の山の山のまにい隠(かく)るまで」〈万・一七〉

うまさけ-の【▽味酒の】〔枕〕「うまさけ㊁」に同じ。「―三諸(みもろ)の山に立つ月の」〈万・二五一二〉

うまさけ-を【▽味酒を】〔枕〕《「を」は間投助詞》❶「うまさけ㊁」に同じ。「―三輪の祝(はふり)(＝神主)が斎(いは)ふ杉」〈万・七一二〉❷「神奈備(かなび)山」にかかる。酒をつくるのに米をよく噛(か)んで吐き出したものを瓶(かめ)にためて発酵させたところから、「かむ」の音を「神」に通わせたものともいう。「―神奈備山の帯にせる明日香の川の」〈万・三二六六〉

うま-さし【馬差】江戸時代、宿駅で馬を用立て、運輸の指図をした役人。

うま・し【▽旨し｜▽甘し｜▽美し】㊀〔形シク〕満ち足りていて美しい、すばらしいと賛美する気持ちを表す。よい。すばらしい。「なんでふ心地すれば、かく物を思ひたるさまにて月を見給ふぞ、―・しき世に」〈竹取〉㊁〔形ク〕「うまい」の文語形。〔補説〕㊀のシク活用の用例はごく少ないが、「うましくに」「うましもの」など、終止形(シク活用では語幹の働きもする)に体言の直接ついた例もあるところから、上代にもシク活用の存在したことが知られる。ク活用が対象の状態を表現しているのに対し、シク活用のほうは対象に対する主観的な気持ちを表現している。

うましあしかびひこじ-の-みこと【可美葦牙彦舅尊】日本神話で、国土が油のように漂っていたとき、アシがもえ出るように生じた神。生命力の神格化。宇摩志阿斯訶備比古遅神(うましあしかびひこじのかみ)。

うまし-くに【▽美し国】《「うまし」はシク活用形容詞の語幹でもある終止形》すばらしい国。よい国。「―そあきづ島大和の国は」〈万・二〉

うま-じもの【馬じもの】《「じもの」は接尾語》(副詞的に用いて)馬のように。「―縄取り付け鹿(しし)じもの弓矢囲(かく)みて」〈万・一〇一九〉

うま-じるし【馬印｜馬▽標】戦陣で用いた標識の一。大将の乗馬の側に立てて、その所在を示す目印としたもの。

うま-ず【生まず｜産まず｜▽不▽生】❶子を生まないこと。「夫婦―の業をはらし」〈浄・賀古教信〉❷「不生女(うまずめ)」の略。

うま-すぎごけ【馬杉×蘚】スギゴケ科のコケ。山中の日陰地に群生し、高さ10〜15センチ。葉は長さ1センチほどで杉の若芽の形をしている。

うま-すげ【馬×菅】カヤツリグサ科の多年草。水辺に生え、高さ50〜60センチで、スゲの中でも特に大きい。初夏、茎の先に白茶色がかった雄花の穂、その下に淡緑色の雌花の穂をつける。

うまず-め【▽不▽生女｜石＝女】子供のできない女。

うま-せ【馬▽柵】馬を囲っておく柵。「赤駒の越ゆる―の標(しめ)結ひし妹(いも)が心は疑ひもなし」〈万・五三〇〉

うま-ぜみ【馬×蝉】クマゼミの別名。

うま-ぜり【馬×芹】セリ科の多年草トウキ(当帰)の別名。

うま-ぞい【馬添｜馬▽副】馬に乗った貴人に付き添っていく従者。うまぞえ。うまさえ。「随身、―のかたち」〈源・行幸〉

うま-ぞろえ【馬×揃え】武家時代、軍馬を集めてその優劣や調練の状況などを検分したこと。士気を鼓舞し、併せて敵への示威の効果をねらった。

うま-だし【馬出し】❶直線の馬場で馬を乗りだす所。馬場本(ばばもと)。「一条の―の舎(いへ)の下にして死にけり」〈今昔・一三・一〇〉⇔馬留(うまとどめ)。❷味方の人馬の出入りを敵方に知られないように城門の外に半円形に築いた土手。「―と申すものは城取りの眼(まなこ)にて候」〈甲陽軍鑑・二五〉

うま-たて【馬立て】❶「馬繋(うまつなぎ)」に同じ。❷劇場で、大道具の背景などをしまっておく舞台裏の場所。

うま-たろう【馬太郎】人をののしっていう語。ばか者。愚か者。「わいらは、きつい―ぢゃなあ」〈伎・五大力〉

うま-づかさ【馬▽司｜馬▽寮】❶「めりょう(馬寮)」に同じ。❷「厩司(うまやのつかさ)」に同じ。

うま-つぎ【馬継ぎ】宿場で、馬を乗り換えること。また、その場所。「東海道の繁昌、―、かへ駕籠(かご)、車を轟(とどろ)かし」〈浮・永代蔵・二〉

うま-つなぎ【馬×繋ぎ】馬をつないでおく所。馬立て。駒繋(こまつなぎ)。

うま-づら【馬面】❶馬のように長い顔。顔の長い者をあざけっていう語。うまがお。❷「馬面剝(うまづらはぎ)」の略。

うまづら-はぎ【馬面剝】カワハギ科の海水魚。全長約30センチ。体は長楕円形で著しく側扁し、ひれは緑青色。口の先から目までが長い。皮は鮫肌(さめはだ)状で硬い。皮をはいで干物・吸い物・味噌汁などにする。

う-まつり【鵜祭】石川県羽咋(はくい)市の気多(けた)神社で12月16日に行われる祭り。鵜を神前で放ち、その動きで吉凶を占う。

うま-とどめ【馬▽留め｜馬▽駐め】❶馬場の奥で行き止まりの所。馬場末(ばばすえ)。「―の方様に走(は)せ行く」〈今昔・一九・二六〉⇔馬出し。❷乗ってきた馬をつなぎとめておく所。「はや程もなくこれぞこの、車宿り、―」〈謡・熊野〉

うま-とび【馬飛び｜馬跳び】一人がひざを手で押さえて前かがみに立った背の上を、他の者が後方または側方から手をつきながら飛び越える遊び。かえるとび。かわずとび。

うま-なり【馬なり】競馬で、騎乗者が手綱をしごいたりしないで、馬が走るのに任せている状態。

うま-に【▽旨煮｜▽甘煮】肉や野菜類を砂糖・酒・醤油・みりんなどで濃いめの味に煮あげたもの。

うま-ぬし【馬主】馬の持ち主。ばしゅ。

うま-の-あし【馬の足｜馬の脚】歌舞伎で、馬の脚の役のこと。張り子の馬を二人でかぶって、前脚と後脚になる。下級の役者がつとめるところから、下級俳優やへたな役者の称としても用いる。

うま-の-あしがた【馬の足形｜毛＝茛】キンポウゲ科の多年草。山野に生え、高さ40〜60センチ。葉は手のひら状で三〜五つに裂けている。初夏、黄色い5弁花を開く。八重咲き種をキンポウゲという。有毒。こまのあしがた。おこりおとし。(季 春)

うまのお-ばち【馬の尾蜂】コマユバチ科のハチ。体長2センチくらい。体は黄赤色で翅(はね)に暗褐色の斑紋がある。雌は約15センチもある産卵管をもち、樹幹の中にすむシロスジカミキリの幼虫に卵を産みつける。ばびほう。

うまのお-むすび【馬の尾結び】女の髪の結い方の一。洗髪のあと長い髪の毛を先端で馬の尾のように1回結んで垂らしたもの。

うま-の-かみ【右馬▽頭】右馬寮(うめりょう)の長官。従五位上相当。みぎのうまのかみ。

うま-の-かみ【馬▽頭】馬寮(めりょう)の長官。従五位上相当。左右の馬寮に一人ずついる。

うまのくぼ-がい【馬の▽陰貝】《牝馬(めうま)の陰部に形が似ているところから》子安貝(こやすがい)の別名。

うま-の-じん【右馬の陣】修明門(しゅめいもん)の異称。

うま-の-すけ【右馬助】右馬寮(うめりょう)の次官。正六位下相当。みぎのうまのすけ。

うまのすず-くさ【馬の鈴草】ウマノスズクサ科の蔓性(つるせい)の多年草。原野や土手などに生え、葉は心臓形で先がとがり、臭気がある。夏、緑紫色のらっぱ状の花を開く。実は球形で、熟すと基部から六つに裂け、馬につける鈴に似る。漢方で根を青木香(せいもっこう)、果実を馬兜鈴(ばとうれい)といい、利尿・鎮静薬に用いる。おはぐろばな。

うま-の-たゆう【馬▽大▽夫】馬寮(めりょう)の允(じょう)で五位に叙せられた者。

うま-の-つかさ【馬▽司｜馬▽寮】❶「めりょう(馬寮)」に同じ。❷「主馬署(しゅめしょ)」に同じ。

うま-の-ないし【馬内侍】平安中期の女流歌人。

右馬権頭(うまのごんのかみ)源時明の娘。選子内親王・中宮定子に仕えた。「馬内侍歌日記」「馬内侍集」などがある。生没年未詳。

うま-の-はなむけ【×餞】《昔、旅に出る人の道中の無事を祈って、乗る馬の鼻をその行く先へ向けてやったところから》旅立つ人の安全を祈り、前途を祝して、酒食をもてなしたり、品物を贈ったりすること。また、その品物。餞別(せんべつ)。はなむけ。「藤原のときざね、舟路(ふなぢ)なれど、―す」〈土佐〉

うま-の-ほね【馬の骨】素性のはっきりしない者をあざけっていう語。「どこの―だか知れないやつ」

うま-の-みつば【馬の三つ葉】セリ科の多年草。山野の樹下に生え、高さ30～50センチ。葉は三～五つに裂け、表面にしわがある。夏、白い小花を散形につける。実は球形で、粗い毛が多い。

うま-のり【馬乗り┊馬▽騎り】❶馬に乗ること。また、乗る人。❷馬に乗るような姿勢で人や物にまたがること。「―になって殴りつける」❸羽織の背や肌ジュバン・甚兵衛などの脇の裾(すそ)などで、縫わずに開けておく部分。❹乗馬の巧みな人。「城陸奥守泰盛(じやうのむつのかみやすもり)は双なき―なりけり」〈徒然・一八五〉

うまのり-ばおり【馬乗り羽織】江戸時代、武士が着た羽織の一。刀を差し、馬上で行動しやすいように背縫いの下方に馬乗り❸が開けてある。無地か小紋の紋付で両脇に襠(まち)がない。打(ぶ)っ裂き羽織。背割り羽織。

うまのり-ばかま【馬乗り×袴】江戸時代、武士の乗馬用の袴。襠(まち)を高く、裾(すそ)を広く作る。

うま-ば【馬場】❶乗馬の練習や競(くら)べ馬をする場所。ばば。❷よい馬の産地。

うま-ばえ【馬×蠅】(―ばへ) 双翅(そうし)目ウマバエ科のハエ。体長約1.5センチ。体は赤褐色で、黄白色の毛が密生する。馬の毛に産卵し、かえった幼虫は、馬が毛をなめる際に体内に入り、胃壁に寄生する。糞(ふん)とともに排出されると、土中に入ってさなぎとなる。幼虫を筍虫(たけのこむし)という。うまあぶ。

うま-ばくろう【馬博労】(―バクラウ) 馬の売買や、売買の仲介などをする人。博労。

うまば-どの【馬場殿】騎射(うまゆみ)や競(くら)べ馬を見るために、馬場の中央に設けられた殿舎。宮中では武徳殿をいう。うまばのおとど。

うまば-の-おとど【馬場▽殿】「うまばどの」に同じ。

うまば-や【馬場屋】騎射(うまゆみ)や競(くら)べ馬などを見るために、馬場の中央に設けられた建物。

うま-ひき【馬引き】馬方。馬子(まご)。

うま-ひと【▽貴人】身分の高い人。家柄のよい人。きじん。「あさりする漁夫(あま)の子どもと人は言へど見るに知らえぬ―の子と」〈万・八五三〉

うま-びゆ【馬×莧】スベリヒユの別名。

うま-びる【馬×蛭】ヒルド科のヒル。体は細長く扁平で、体長10～15センチ。背面は暗緑色で黒褐色の5本の縦線がある。体の前後端に吸盤をもつ。池沼などにすみ、人畜には無害。

うま-ぶね【馬▽槽】❶馬の飼料を入れる桶(おけ)。飼い葉桶。まぐさ入れ。❷飼い葉桶のような形の大きな桶。「熱き湯出で走るを…―にたたへて」〈仮・東海道名所記・二〉

うま-へん【馬偏】漢字の偏の一。「駅」「騎」などの「馬」の称。

うま-まわり【馬×廻り】(―まはり) ❶主君または一軍の大将の乗っている馬の周囲。「義貞は兼ねてより―に勝れたる兵を七千余騎囲ませて」〈太平記・一四〉❷主君・大将の乗った馬の周囲にあって警護をする騎馬武者。また、その一団。近世には職制化され、特定の者が任命された。馬廻組。馬廻衆。「ここに主の妹婿、政山三五平といふ―」〈浄・堀川波鼓〉

うままわり-ぐみ【馬×廻組】(うままはり―)「馬廻り❷」に同じ。

うま-み【▽旨み┊▽旨味】《「み」は接尾語》❶㋐食物のうまい味。また、うまい度合い。おいしさ。「材料の―を生かして調理する」㋑かつお節・昆布・シイタケなどでとった、だしの味。➡旨み調味料 ❷技芸などの巧みさ。「汚れ役に―を出す」❸仕事・商売などで利益やもうけが多いというおもしろみ。「あまり―のない商売」〘補説〙❶㋑は、明治41年(1908)池田菊苗が、昆布のだしからグルタミン酸を抽出してこの味の主成分であることを発見し、うまみと名づけたもの。近年では、甘味、酸味、塩味、苦味と並ぶ、五つめの味覚とされるようになった。➡味の素

うまみ-ちょうみりょう【▽旨み調味料┊▽旨味調味料】(―テウミレウ) 昆布・かつお節・シイタケなどのうまみの成分を、デンプンを原料とした発酵法や、酵母を用いた方法で作った調味料。昆布味のグルタミン酸ナトリウム、かつお節味のイノシン酸ナトリウム、シイタケ味のグアニル酸ナトリウムなどがある。これらのうまみ成分を混ぜたものもあり、特にグルタミン酸とイノシン酸を合わせるとうまみが強くなるといわれる。化学調味料。複合調味料。

うま-もち【馬持(ち)】❶馬の持ち主。馬主。❷馬の賃貸しをする人。❸武士で馬を持つことを許されていた人。のちに、武士の家格を表すようになった。❹馬の取り扱い方。馬の世話。「―が好いゆゑに、其の月毛も一両年めっきりとよくなった」〈浄・鑓の権三〉

うま-や【馬屋┊×厩】馬を飼っておく小屋。馬小屋。むまや。

うま-や【▽駅】律令制で、諸道の30里(約16キロ)ごとに置かれた施設。駅馬を置き、駅使(うまやづかい)に食料・人馬を供する駅長・駅子(えきし)がいた。財源として駅田が給与された。えき。➡駅(えき) ➡駅制

うまやかじ【厩火事】(うまやクワジ) 落語。厩の火事で馬よりも家来の身を案じた孔子の故事にならい、髪結いの女房が、亭主の愛情を試そうと、大切な瀬戸物を割る。亭主は女房の身を案じるが、それはけがをされては、自分が食い上げになるからであった。

うまや-ごえ【×厩肥】「きゅうひ(厩肥)」に同じ。

うまや-じ【▽駅路】(―ぢ) ❶宿駅のある街道。えきろ。はゆまじ。「香島に向かふ陸(くが)の―なり」〈常陸風土記〉❷宿場。〈日葡〉

うまや-づかい【▽駅使】(―づかひ)「えきし(駅使)」に同じ。

うま-やど【馬宿】❶駅馬・伝馬に用いる馬を用意しておく所。❷自分の馬で旅をする人が宿に泊まるとき、その馬を宿で預かること。また、馬を預かる設備のある宿屋。

うまやど-の-おうじ【厩戸皇子】(―ワウジ) 聖徳太子のこと。

うまや-の-おさ【▽駅の▽長】(―をさ)「駅長(えきちょう)❷」に同じ。

うまや-の-つかさ【×厩▽司】院庁や摂関家で、厩や馬のことをつかさどった役所。別当・預(あずかり)・舎人(とねり)などの職員がいた。うまづかさ。うまやつかさ。

うまや-の-とねり【×厩舎=人】摂関家や将軍家に仕え、馬の世話をした者。うまやどねり。

うまや-の-べっとう【×厩別当】(―ベツタウ) 院庁や摂関家で、厩司(うまやのつかさ)の長官。

うまや-ばし【厩橋】㊀東京都隅田川に架かる橋の一。駒形橋の下流にある。江戸時代、西岸の浅草に幕府の馬小屋があり、御厩(おんまや)の渡しがあった。㊁群馬県前橋市の古称。

うまや-ぶぎょう【×厩奉行】(―ブギヤウ) 鎌倉幕府・室町幕府の職名。幕府の厩のことをつかさどり、また、将軍の外出につき従った役。

うま-ゆみ【騎=射┊馬弓】馬上で行う弓矢の競技。端午の節会(せちえ)に行う近衛の武官の騎射(きしゃ)をはじめ、流鏑馬(やぶさめ)・笠懸(かさがけ)・犬追物などの総称。まゆみ。きしゃ。➡歩射(かちゆみ)

うま-よろい【馬×鎧┊馬▽甲】(―よろひ) 昔、軍馬に着せた武具。馬面(ばめん)・胸甲(むなよろい)・尻甲(しりよろい)からなる。

う-まりょう【右馬寮】(―マレウ) ▶うめりょう(右馬寮)

ウマル〘ʻUmar〙[?～644]イスラム教第2代正統カリフ。在位634～644。シリア・エジプトを征服して版図を拡大。また、イスラム暦の採用や軍事・行政上の諸制度を定め、イスラム帝国の基礎を確立した。ウマル1世。オマル。

うま・る【生まる┊産まる】〘動ラ下二〙「うまれる」の文語形。

うま・る【埋まる】〘動ラ五(四)〙❶くぼんだ所に物が詰まっていっぱいになる。うずまる。「流れ込む土砂で池が―・る」❷あいている場所が人や物でいっぱいになる。「広い講堂が聴衆で―・る」❸物に覆われてその下になり、見えなくなる。うずまる。うずもれる。「庭が花で―・る」「雪崩で―・る」❹欠けたり不足したりしているところの補いがつく。補塡(ほてん)される。「赤字が―・る」「部長のポストはまだ―・らない」❺(多く、打消しの語を伴う)割に合う。引き合う。「戯談(じょうだん)と聞かれちゃ―・らない」〈二葉亭・浮雲〉➡うずまる 〘類語〙埋(うず)まる・埋(う)もれる・埋(うず)もれる・埋(う)める・埋(うず)める・埋め立てる

ウマル-しゅうどういん【ウマル修道院】(―シウダウヰン)《Deyrulumur Manastırı》▶聖ガブリエル修道院

ウマル-ハイヤーム〘ʻUmar Khayyāmī〙[1048～1131]イラン系の天文学者・数学者・詩人。四行詩集「ルバイヤート」の作者。二次方程式の解法を研究、ペルシア暦改良に従事。オマル＝ハイヤーム。

うまれ【生(ま)れ】❶生まれること。出生(しゅっしょう)。誕生。「昭和の―」❷生まれた所。出生地。「―は東京」❸その人の生まれた家柄。素性。「医者の家の―」❹生まれたときからの性質。天性。「お常は、亡兄全次郎には似もつかず、心やさしき―なれば」〈逍遥・当世書生気質〉〘類語〙出身・出・出自・出所・お里

生まれもつか◦ない 事故や病気で身体の一部を損傷したりして、生まれた時の状態ではない。

うまれ-あ・う【生まれ合ふ】(―あふ)〘動ハ四〙「生まれ合わせる」に同じ。「濁悪(ぢょくあく)の世にしも―・ひて」〈方丈記〉

うまれ-あわ・す【生(ま)れ合(わ)す】(―あはす) ㊀〘動サ五(四)〙「生まれ合わせる」に同じ。「今の時代に―・したのもなにかの因縁だ」㊁〘動サ下二〙「うまれあわせる」の文語形。

うまれ-あわ・せる【生(ま)れ合(わ)せる】(―あはせる)〘動サ下一〙㊛うまれあは・す〘サ下二〙ある事が起こった、または、ある状態になった、その時期に生まれる。うまれあわす。「太平の世に―・せる」

うまれ-うまれ【生まれ生まれ】〘副〙生まれるとすぐに。「美しき娘を―出家にしたやうなものぢゃは」〈浮・胸算用・四〉

うまれ-おち【生まれ落ち】生まれた時。「江戸っ子の有難さには、―から死ぬまで、生まれた土地を一寸も離れねえよ」〈滑・浮世風呂・二〉

うまれ-お・ちる【生(ま)れ落ちる】〘動タ上一〙㊛うまれお・つ〘タ上二〙この世に生まれ出る。「―・ちてこのかた日本から出たことがない」〘類語〙生まれる・出生する・誕生する・生誕する・降誕する・産する・生(せい)を享(う)ける・産声(うぶごえ)を上げる・呱呱(ここ)の声を上げる

うまれ-かえ・る【生(ま)れ返る】(―かへる)〘動ラ五(四)〙死んだ者が新たな生命を得て、再びこの世に生まれてくる。「仏様のお蔭で先の子が―・ってきたと思いこんで」〈中勘助・銀の匙〉

うまれ-かわり【生(ま)れ変(わ)り】(―かはり) 別のものに姿を変えて再び生まれてくること。また、そのもの。転生。「天草四郎の―」

うまれ-かわ・る【生(ま)れ変(わ)る】(―かはる)〘動ラ五(四)〙❶死後、ほかのものになって再び生まれてくる。「鳥に―・りたい」❷心を入れかえて、性格・行いなどが一変する。「別人のように―・る」〘類語〙転生

うまれ-こきょう【生(ま)れ故郷】(―コキヤウ) 生まれた土地。ふるさと。生まれ在所。「―に帰る」

うまれ-ざいしょ【生(ま)れ在所】生まれ故郷。

うまれ-しょう【生まれ性】(―シヤウ)《「うまれじょう」とも》生まれながらにもっている性質。生まれつき。「―かとばかりにて声も惜しまず泣きゐたる」〈浄・宵庚申〉

うまれ-すじょう【生(ま)れ素性】(―スジヤウ) 生まれた家柄。家系。

うまれ-ぞこない【生(ま)れ損ない】(―ぞこなひ) 人並みでなく、生まれついたこと。また、人をののしっていう場合に使う。

うまれ-だち【生まれ立ち】❶生まれてすぐのころ。「―から親はない」〈浄・油地獄〉❷生まれながらにもっている性質。生まれつき。天性。「―の悪(わり)い野郎なら、おぼっぽで遊びあるいて」〈滑・浮世風呂・二〉

うまれ-たて【生(ま)れ立て】生まれて間もないこ

と。また、そのころ。
うまれ-つき【生(ま)れ付き】❶生まれながらにして備わっている能力・性質・容姿など。天性。「足が速いのは―だ」❷(副詞的に用いて)生まれながらにして。生来。「―人がいい」
(類語)生まれながら・生来・先天的・生得・天性・天賦てんぷ・天稟てんぴん・天分・天資・稟性ひんせい
うまれ-づき【生(ま)れ月】生まれた月。また、生まれる予定の月。せいげつ。
うまれ-つ・く【生(ま)れ付く】〔動カ五(四)〕生まれながらにしてその身に備わっている。「―・いてのおしゃべり」「損な性分に―・く」
うまれ-でる【生(ま)れ出る】〔動ダ下一〕文うまれ・づ〔動ダ下二〕生まれて現れる。
うまれ-どし【生(ま)れ年】生まれた年。せいねん。
うまれ-ながら【生(ま)れ×乍ら】〔副〕生まれた時からすでにそうであるさま。生まれつき。生来。「―にして才能に恵まれている」「―の遊び人」
(類語)生まれつき・生来・先天的・生得・天性・天賦てんぷ・天稟てんぴん・天分・天資・稟性ひんせい
うまれ-ね【生(ま)れ値】❶証券取引所(金融商品取引所)に新しく上場された株式や増資権利落株などに初めてつく値段。❷先物取引で、毎月発会のときの最初の値段。
うま・れる【生(ま)れる┊産(ま)れる】〔動ラ下一〕文うま・る〔ラ下二〕❶子が母親の胎内から出る。また、卵からかえる。出生する。誕生する。「子猫が四匹―・れる」「商家に―・れる」❷新しく作り出されて、世に出る。物事が新たにできる。「最近―・れたばかりの制度」❸ある状況・感情などが生じる。「次から次へと疑問が―・れる」❹死後、この世に再び現れる。生まれ変わる。仏教思想に基づいていう語。「あるいは聖徳太子の―・れ給へると申し」〈大鏡・道長上〉
(類語)(❶)出生する・誕生する・産する・生せいを享うける・産声うぶごえを上げる・呱呱ここの声を上げる・生まれ落ちる・生誕・降誕・孵化ふかする/(❷)出来る・誕生する・成立する・発足する/(❸)生ずる・起こる・兆きざす・湧わく・生起する・起きる・生じる・発する・発生する・出来る
生まれた後あとの早め薬ぐすり 子供が生まれたあとで、出産を促す薬を飲むこと。時機後れで役に立たないことのたとえ。
生まれぬ先の襁褓むつき定め 子供が生まれないうちから、おしめの準備に大騒ぎする。準備ばかり早くて大げさなこと、手回しのよすぎることのたとえ。
ウマワカ-けいこく【ウマワカ渓谷】《Quebrada de Humahuaca》アルゼンチン北部、フフイ州、アンデス山脈東部にある、南北にのびる渓谷。インカ帝国をはじめ、先史時代よりアンデス高地における重要な交易路として利用された。コージャと呼ばれる人々が居住するマイマラ、ティルカラ、プルママルカなどの集落が点在する。2003年、「ケブラダ-デ-ウマワカ」の名で世界遺産(文化遺産)に登録された。
うまわ・る【▽殖る】うまはる〔動ラ四〕ふえひろがる。「一つの氏―・りて更に万の姓に為なれり」〈允恭紀〉
うみ【生み┊産み】生むこと。生んだこと。物を新しく作り出すこと。「―の苦しみ」「―の親」
うみ【海】❶地球上の陸地でない部分で、全体が一続きになって塩水をたたえている所。地球表面積の4分の3を占め、約3億6000万平方キロメートル。海洋。「川が―に注ぐ」「―に浮かぶ船」⇔陸りく。❷陸地の中で、広くくぼんで水をたたえている場所。大きな湖沼。みずうみ。「余呉の―」❸ある事物が大量に集まっている所。一面に広がっていること。「血の―」「あたり一面火の―となる」❹硯すずりの、水をためておく所。⇔陸おか。
(類語)海洋・大洋・大海・海原・領海・公海・大海原・青海原・内海うちうみ・内海ないかい・外海そとうみ・外海がいかい・わたつみ
海波を揚げず 《「韓詩外伝」五から》天下が治まって穏やかであることのたとえ。
海に千年山に千年 「海千山千うみせんやません」に同じ。
海の物とも山の物ともつか・ない 物事の正体・本質がつかめず、将来どうなっていくか見当のつかないたとえ。海とも山とも知れず。「始めたばかりで、まだ―・ない新商売だ」
海も見えぬに船ふな用意 物事を早まってすること、手回しのよすぎることのたとえ。
海を山にする 無理なことをするたとえ。
海を渡・る 海を渡って外国へ行く。また、外国に伝わる。「国宝が初めて―・る」「日本の技術が―・る」
うみ【×膿】❶炎症部が化膿かのうして生じる黄白色または黄緑色の不透明な粘液。主に白血球と血清からなり、組織の崩壊物、死んだ細菌などが含まれる。うみしる。のう。❷団体などの内部に蓄積した弊害のたとえ。「沈滞した組織の―を出す」(類語)膿汁のうじゅう
うみ-あいさ【海▽秋沙】カモ科の水鳥。全長約55センチ。冠羽が目立ち、くちばしは細く、縁が鋸歯きょし状。水に潜り、魚や甲殻類を捕食する。ユーラシア北部・北アメリカに分布。日本には冬鳥として渡来。
うみ-あけ【海明け】北海道のオホーツク海沿岸地方で、春になって流氷が沿岸から離れ、出漁が可能になること。
うみ-イグアナ【海イグアナ】イグアナ科の爬虫はちゅう類。海に潜る唯一のトカゲで、全長約1.5メートル。ガラパゴス諸島に分布。海岸に群れをなし、岩礁の海藻類を食べる。うみとかげ。
うみ-う【海×鵜】ウ科の海鳥。全長84センチくらい。全身緑黒色。水に潜って巧みに魚を捕らえる。東アジア特産で、海岸の岩壁に集団営巣する。訓練して鵜飼いに使う。
うみうさぎ-がい【海×兎貝】がひ ウミウサギガイ科の巻き貝。サンゴ礁にすむ。貝殻は拳こぶし状で、殻高8センチくらい。殻表は純白で光沢が強く、内面は紫赤色。紀伊半島以南に分布。
うみ-うし【海牛】腹足綱後鰓こうさい亜綱の軟体動物のうち、殻のないものの総称。巻き貝の仲間だが、殻は退化。体はナメクジ形で、頭部に牛の角に似た触角と、後部にえらをもつ。色の目立つものが多く、浅海の岩上や海藻の間にすみ、多くは海藻を食べる。
うみ-うそ【海×獺】アシカの別名。うみおそ。
うみ-うちわ【海団=扇】うちは ❶花虫綱トゲヤギ科の腔腸こうちょう動物。本州南部以南の浅海に分布。群体をなして扇状に広がり、各枝は癒着し、網状になる。❷アミジグサ科の褐藻。干潮線付近の岩などに生え、高さ約10センチ。茎は褐色の毛に覆われ、葉状体は扇形で堅くて厚く、縁は2〜3に裂けている。
うみ-うなぎ【海×鰻】アナゴやウミヘビなど、形状がウナギに似た海水魚のこと。
うみ-うま【海馬】タツノオトシゴの別名。
うみ-えら【海×鰓】ウミエラ科の腔腸こうちょう動物。浅海の砂泥底に直立し、全長約20センチ。左右に葉状体がえら状に並ぶ。黄白または淡桃色。
うみ-お【▽績▽麻┊▽績×苧】を 紡いだ麻糸。細く裂いて糸として縒よった麻糸。うみそ。「娘子おとめらが―かくといふ鹿脊かせの山時し行ければ都となりぬ」〈万・一〇五六〉
うみ-おうむ【海×鸚×鵡】うみあうむ ウミスズメ科の海鳥。全長約25センチ。上面は黒褐色、下面は白色。くちばしは縦に平たく、赤い。北太平洋に分布。日本では冬に北日本沿岸でまれにみられる。
うみ-おと・す【生み落(と)す┊産み落(と)す】〔動サ五(四)〕子や卵を産む。「玉のような子を―・す」
(類語)産む・出産・分娩ぶんべん・お産・安産・難産・初産ういざん・初産しょさん・初産はつざん・生なす・産する・身二つになる・腹を痛める・産卵
うみ-が【海▽処】《「が」は所の意》海。海辺。「―行けば腰泥なずむ」〈記・中・歌謡〉⇔陸くが。
うみ-がき【▽熟み柿】熟した柿の実。じゅくし。
うみ-かぜ【海風】❶海の風。海上を吹く風。❷海岸地方で、日中、海から陸に向かって吹く風。穏やかな風で、海軟風ともいう。かいふう。⇔陸風おかかぜ。
うみ-がめ【海亀】ウミガメ科およびオサガメ科のカメの総称。いずれも海産で、大形。四肢はひれ状。産卵のときは陸に上がる。(季 夏)「灯台がともる―縛られゐて/誓子」
うみ-がも【海×鴨】カモ類のうち、主に海にすむものの総称。
うみ-がらす【海×烏┊海×鴉】ウミスズメ科の海鳥。全長44センチくらい。背面は灰黒色、腹部は白い。日本では北海道沿岸の島などの岩場で繁殖。オロロン鳥。ロッペン鳥。
うみ-からまつ【海唐松】花虫綱ウミカラマツ科の腔腸こうちょう動物。本州中部以南の浅海に分布。群体は木の枝状に分かれ、扇状になり、骨軸は角質で黒色。細工物の材料に用いる。くろさんご。うみまつ。
うみぎく-がい【海菊貝】がひ ウミギクガイ科の二枚貝。潮間帯付近の岩礁に、右殻の殻頂で固着。殻長8センチくらい。殻表は大小のとげ状の突起で覆われ、一部は平たく菊の花びら状。色は紅・紫褐色など。本州中部以南に分布。食用。うみぎく。
うみ-ぎり【海霧】海に発生する霧。移流霧の一種。蒸気霧のこともある。(季 夏)
うみ-ぎわ【海際】ぎは 海のほとり。海辺。
うみ-くさ【海草】《「うみぐさ」とも》海中に生育する藻や草の総称。かいそう。
うみ-ぐも【海蜘=蛛】ウミグモ綱に属する節足動物の総称。海岸から深海まで分布。体長2ミリほどのものから、脚の長さ80センチのものまであり、外形はクモに似るが、頭・胸・腹部に分かれる。極端に長い四対の歩行肢、卵を保護する一対の担卵肢をもち、全体が歩脚だけのように見えるので皆脚類ともいう。イソウミグモ・オオウミグモ・イトユメムシなど。
うみ-けむし【海毛虫】多毛綱ウミケムシ科の環形動物。海岸の石の下や砂地にすみ、夜、水面に泳ぎ出す。体は紡錘形で、体長5〜8センチ、各環節のいぼ足に白く長い剛毛が密生。本州中部以南に分布。
うみ-さち【海幸】❶海でとれる獲物。海藻・魚介類などの海産物。うみのさち。⇔山幸やまさち。❷海の獲物をとる力をもった道具。「―を以ちて魚釣らすに、かつて一つの魚も得給はず」〈記・上〉⇔山幸。
うみさちひこ【海幸彦】火照命ほでりのみことの異称。
うみさち-やまさち【海幸山幸】日本神話の一。弟の山幸彦(彦火火出見尊ひこほほでみのみこと)は兄の海幸彦(火照命ほでりのみこと)に漁猟の道具をとりかえてもらい、漁に出たが釣り針をなくしてしまう。釣り針を返せと責められた山幸彦は塩土老翁しおつちのおじに助けられて海神わたつみの宮へ行き、釣り針と潮盈瓊しおみつたま・潮涸瓊しおひるたまを得て帰り、兄に報復した話。天孫族が、隼人はやと族を屈服させたことを神話化したともみられ、仙郷滞留説話・神婚説話・浦島説話の先駆と考えられている。
うみ-サボテン【海サボテン】花虫綱ウミサボテン科の腔腸こうちょう動物。海の砂泥底にすみ、棍棒こんぼう状の群体をなし、淡肉色。夜間、50センチも伸びて発光するが、昼間は縮んで砂中に隠れる。本州以南に分布。
うみ-じ【海路】ぢ 海上の船の航路。船路ふなじ。うなじ。うみつじ。「いさなとり―に出でて」〈万・三六六六〉⇔陸路くがじ。(類語)航路・水路・海路かいろ・船路
うみ-じ【産字┊生字】謡・浄瑠璃・長唄・民謡など日本の声楽で、ある音節を長く延ばしてうたう場合に、延ばされる母音部分。例えば「し」を「しい」と延ばすときの「い」の類。
うみ-しか【海鹿】アメフラシの別名。
うみ-しだ【海羊=歯】ウミユリ綱ウミシダ目の棘皮きょくひ動物の総称。外見はシダに似て、羽状の腕が10〜40本放射状に伸び、その下面に短い巻き枝がある。ニッポンウミシダ・オオウミシダなどすべて海産で、本州中部以南の暖海に分布。
うみ-しば【海芝】ウミシバ科などの腔腸こうちょう動物の総称。沿岸の海藻や岩の上に芝草状に着生する。
うみ-すずめ【海×雀】❶チドリ目ウミスズメ科の海鳥。全長約25センチ。体は丸みを帯び背面は青灰色、腹は白い。北太平洋に分布。日本では冬鳥として各地の海上でみられ、北日本で繁殖するものもある。翼を使って潜水し、魚などを捕る。ウミスズメ科にはエトロフウミスズメ・ウミガラス・ウミオウム・ウミバトなども属する。❷ハコフグ科の海水魚。全長約20センチ。体は箱形で、とげが頭部に一対と背びれの前に1本ある。本州中部以南の暖海に分布。

うみせん-かわせん【海千河千】「海千山千」に同じ。

うみせん-やません【海千山千】《海に千年、山に千年すんだ蛇は竜になるという言い伝えから》世間の経験を多く積み、物事の裏表を知り抜いていて悪賢いこと。また、そのような人。したたか者。海に千年山に千年。海千河千。「一の商売上手」

うみ-そ【績麻】「うみお」に同じ。「髪は一をわがねたる如くなれど」〈読・雨月・蛇性の婬〉

うみ-ぞい【海沿い】海に沿った陸地。沿岸。海辺。また、海に沿っていること。「一の町」

(類語)海岸・沿海・沿岸・海辺・浜・浜辺・海浜・砂浜

うみ-ぞうめん【海素麺】❶ベニモズク科の紅藻。干潮線付近の岩や貝殻に繁茂し、濃紅色のひも状で、ほとんど分枝しない。寒天質で粘性があり、食用とする。❷アメフラシの卵塊。黄色いひも状で、春先、海岸の海藻の間に産みつけられる。

うみ-だか【海高】江戸時代、漁業の収穫を石高に換算して表したもの。また、それに対して課した税。実施されたのは少数の漁村であった。海石。

うみたけ-がい【海茸貝|海筍貝】ニオガイ科の二枚貝。泥中に深い穴を掘ってすむ。貝殻は長楕円形で薄く、殻長7センチくらい。殻表は白く、粗い布目状。房総以南、特に有明海に多く、長い水管を食用にする。うみたけ。

うみ-だ・す【生み出す|産み出す】〔動サ五(四)〕❶子や卵を母胎から外に出す。産む。「母馬が子を一・そうとして息む」❷新しいもの、今までなかったものを作り出す。また、新しいことを考え出す。「新商品を一・す」「余暇を一・す」「奇抜なアイデアを一・す」❸もうけを作り出す。「商売も軌道にのって利益を一・す」❹産みはじめる。「雌鶏が卵を一・した」(類語)生む・生ずる・作り出す・創出する・創造する・招く

うみ-たなご【海鱮】スズキ目ウミタナゴ科の海水魚。沿岸の藻の多い所にすむ。全長約25センチ。体は卵形で側扁する。体色は鉄青色または銅赤色。卵胎生で、稚魚を10〜30匹産む。美味。たなご。

うみ-だぬき【海狸】ビーバーの別名。

うみ-ち【膿血】膿と血。また、膿のまじった血。

うみ-つか・れる【倦み疲れる】〔動ラ下一〕図うみつか・る〔ラ下二〕あることをし続けて、それ以上続けるのがいやになり疲労してしまう。うんざりして疲れる。「単調な作業に一・れる」

うみ-づき【産み月】出産予定の月。臨月。

うみ-つ・ける【生み付ける|産み付ける】〔動カ下一〕図うみつ・く〔カ下二〕❶魚や虫などが卵を産んで他の物に付着させる。「海藻に卵を一・ける」❷生まれつき、ある性質を備えさせる。ある性質や形を受けつがせて産む。「斯ういう性質の人と正反対に一・けられた彼は」〈漱石・明暗〉

うみ-つ-じ【海つ路】《「つ」は「の」の意の格助詞》「うみじ」に同じ。「一の和ぎなむ時も渡らなむかく立つ波に船出すべしや」〈万・一七八一〉

うみ-つばめ【海燕】ミズナギドリ目ウミツバメ科の海鳥の総称。コシジロウミツバメ・ハイイロウミツバメなど。全長14〜25センチ。全体に黒褐色で翼は長く、尾はツバメのように切れ込み、足指には水かきがある。繁殖期には小島に群集し、岩の裂け目や傾斜地に掘った穴に白い卵を1個産む。かいえん。

うみ-つぼみ【海蕾】古生代のオルドビス紀から二畳紀にかけて繁栄した、ウミツボミ綱の棘皮動物の総称。外形は花の蕾に似て、短い柄で海底に付着。

うみ-づら【海面】❶海上。うみのおもて。「幾日も一が見えていた」〈犀星・花〉❷《「つら」は傍らの意》海辺。海または湖のほとり。「さる一に出でゐたる、ひがひがしきやうなれど」〈源・若紫〉

うみ-づり【海釣(り)】海で魚を釣ること。

うみ-て【海手】海のほう。⇔山手。

うみ-とさか【海鶏冠】花虫綱ウミトサカ目の腔腸動物の総称。暖海の岩礁に多い。群体は棒状・指状・きのこ状などを呈し、多肉質で軟らかく、表面は革質。柄の部分で岩礁に固着し、冠部に鮮やかなポリプが生じる。うみけいとう。

うみ-とらのお【海虎の尾】ホンダワラ科の褐藻。海岸の岩上に群生し、高さ15〜50センチ。直立した短い茎から数本の黒褐色の尾状の枝を出し、さらに羽状に分枝して小さな葉を密生する。

うみ-どり【海鳥】主に海上で暮らし、魚を捕食する水鳥。アホウドリ・ミズナギドリ・ウミツバメ・カモメなど。かいちょう。

うみ-ながし【産み流し】流産すること。「これも御一にて、にはかにうせさせ給ひけり」〈増補本増鏡・老のなみ〉

うみ-なり【海鳴り】海から聞こえる遠雷のような音。台風や津波などによって生じた大波が海岸近くで崩れ、巻き込まれた空気が圧迫噴出して起こる。海鳴。

うみにいくるひとびと【海に生くる人々】葉山嘉樹の長編小説。大正15年(1926)刊。貨物船の海上労働者たちが、しだいに階級意識に目覚めていく過程を描いた、プロレタリア文学の代表作。

うみ-にな【海蜷】ウミニナ科の巻き貝。内海の砂礫底に群がってすむ。細長い円錐形で、殻高約3.5センチ。肥料や釣りの餌に、また食用にする。

うみ-ねこ【海猫】カモメ科の海鳥。全長48センチくらい。くちばしの先端が赤くて、体はカモメに似て白色で、背に黒いまだら模様がある。鳴き声が猫に似ている。青森県八戸海岸の蕪島、島根県経島などの繁殖地は天然記念物。(季 夏)「一の巣立つ怒濤の日なりけり/秋桜子」

うみ-の-いえ【海の家】夏の間、海水浴客のために、海浜につくられる宿泊施設や、更衣・休憩・食事などのための仮小屋。(季 夏)

うみ-の-おや【生みの親|産みの親】❶自分を生んでくれた親。実の親。❷物事を最初に始めた人。最初に作り出した人。「近代医学の一」

生みの親より育ての親　自分を生んでくれただけの実の親より、養育してくれた親のほうがありがたいということ。生みの恩より育ての恩。

うみ-の-おん【生みの恩|産みの恩】自分を生んでくれた親の恩。

生みの恩より育ての恩　►生みの親より育ての親

うみ-の-くるしみ【生みの苦しみ|産みの苦しみ】❶子を産むときの激しい苦しみ。❷物事を新しく作り出したり、しはじめたりするときの苦労。

うみ-の-げんかんぐち【海の玄関口】《その土地への船舶の入り口になることから》港のこと。

うみ-の-こ【生みの子|産みの子】❶自分の生んだ子。実の子。❷子孫。「一のいや継ぎ継ぎに見る人の語り次てて」〈万・四四六五〉

うみ-の-こくどう【海の国道】国道が海をまたいでいて、フェリーなどの海上交通機関によって結ばれている場合に、その海上部分を指す通称。橋や海底トンネルなどがなくても一本の国道として機能していると認められる場合、道路のない国道、海の国道とされる。海上国道。(補説)例えば、浜松市と和歌山市を結ぶ国道42号は、伊良湖港(愛知県田原市)と鳥羽港(三重県鳥羽市)の間が海上区間となり、フェリーで結ばれている。鹿児島市から種子島、奄美大島を経て那覇市へ至る国道58号は総距離の約7割が海上区間となっている。

うみ-の-さち【海の幸】「海幸」に同じ。⇔山の幸。

うみのなかみち【海ノ中道】福岡市東区、玄界灘と博多湾を区切る半島。砂州で、先端は橋により志賀島と結ばれる。

うみ-の-パイナップル【海のパイナップル】ホヤのこと。形状がパイナップルに似ることから。

うみ-の-はは【生みの母|産みの母】その人を生んだ母。実の母。生母。

うみ-の-ひ【海の日】国民の祝日の一。海の恩恵に感謝するとともに、海洋国日本の繁栄を願う日。平成8年(1996)から実施。もと7月20日。同15年から7月の第3月曜日となる。

うみ-の-ミルク【海のミルク】牡蠣のこと。乳白色の色合いと、ミネラルなど栄養が豊富であることから。

うみ-ばた【海端】海のほとり。うみべ。海岸。

うみ-ばと【海鳩】ウミスズメ科の海鳥。全長33センチくらい。翼に大きな白紋のあるほかは全身黒色。冬羽は全身灰色となる。足は赤い。北太平洋に分布。冬に北海道沿岸などで少数がみられる。

うみ-ひごい【海緋鯉】ヒメジ科の海水魚。全長約40センチ。コイに似て、体色は鮮赤色。下あごに一対のひげがある。南日本近海の砂泥底にすむ。

うみ-ひば【海檜葉】花虫綱オオキンヤギ科の腔腸動物。暖海の海底に産し、ヒノキの枝のような群体をつくり、高さは1メートルを超える。各枝上に4個ずつポリプが輪生する。日本では相模湾に多い。

うみ-びらき【海開き】海水浴場をその年に初めて一般の人々に開放すること。また、その日。(季 夏)

うみ-ひるも【海蛭藻】トチカガミ科の常緑多年草。海底の砂地に生える。茎は白色で横にはい、長い柄のある小判形の葉が出る。普通は雌雄異株。花は目立たない。

うみ-ひろ・ぐ【生み広ぐ|産み広ぐ】〔動ガ下二〕子を多く産んで、家族の数を増やす。「蜂巣のごとく一・ぐめり」〈宇津保・蔵開中〉

うみ-ぶどう【海葡萄】イワヅタ科の海藻クビレヅタの別名。

うみ-べ【海辺】海のほとり。海岸。

(類語)海岸・沿海・沿岸・海沿い・浜・浜辺・海浜・砂浜

うみ-べた【海辺】《「うみへた」とも》うみべ。うみばた。「おほかたはわが名もみなと漕ぎ出でなむ世を一にみるめ少なし」〈古今・恋三〉

うみ-へび【海蛇】❶有鱗目コブラ科の爬虫類のうち、海にすむヘビの総称。すべて有毒。全長1〜2メートル。尾は左右に扁平。卵胎性のものが多く、エラブウミヘビなど少数が卵生。南西諸島から熱帯の海に多い。❷ウナギ目ウミヘビ科の海水魚の総称。体はウナギ形で細長く、尾びれが退化し、うろこがない。南日本の近海にモンガラドオシ・ダイナンウミヘビなど約20種がいる。

うみへび-ざ【海蛇座】南天の星座の一。蟹座の南から天秤座の近くまで伸び、全天第一の細長い星座。その中央部は4月下旬の午後8時ごろ南中する。学名、Hydra

うみ-ぼうず【海坊主】❶船乗りや漁師の間に伝わる、海上に現れるという坊主姿の大きな化け物。❷アオウミガメの別名。

うみ-ほおずき【海酸漿|竜葵】海産の巻き貝の卵嚢。なぎなた状、軍配状など種々の形状があり、ホオズキと同じように口の中で鳴らして遊ぶ。特に、テングニシの団扇状のものをいう。(季 夏)「妹が口一の赤きかな/虚子」

うみ-ほたる【海蛍】ミオドコパ目ウミホタル科の甲殻類。太平洋沿岸の内湾に生息。体の両側に2枚の石灰質の殻をもち、殻長3ミリほど。夜間に活動し、体内から分泌された発光物質が海水に触れて青白く光る。

うみ-まつ【海松】❶海岸に生えている松。❷ウミカラマツの別名。❸海藻「みる」にあてた「海松」の訓読み。「おぼつかな今日は子の日か海人ならば一をだに引かましものを」〈土佐〉

うみ-やなぎ【海柳】❶ヤナギウミエラの別名。❷アマモの別名。

うみ-やま【海山】❶海と山。「一のシーズン」❷海のように深く、山のように高いこと。愛情や恩恵などの深く大きいことのたとえ。「一の御恩」❸きわめて多いこと。たくさん。副詞的にも用いる。「言ひ分一ありといへども」〈浮・御前義経記・七〉

うみやめ-ぼし【うみやめ星】二十八宿の一、危宿の和名。➡危き

うみゆかば【海行かば】旧日本海軍儀式歌。歌詞は大伴家持の長歌(万・四〇九四)からとったもの。東儀季芳作曲と信時潔作曲との2種があるが、後者が有名。

うみ-ゆり【海百合】ウミユリ綱ウミユリ目の棘皮動物の総称。放射状に伸びた羽状の腕をもつ冠状部と、それを支える長い茎からなり、深海底に着生。外見がユリを思わせる。日本近海にトリノアシなどが

ある。ウミユリ綱は茎のあるウミユリ類と、茎のないウミシダ類に分けられ、古生代・中生代に栄えたが、現生種は少ない。化石はウミユリ類が多い。

うみ‐りんご【海林×檎】古生代のオルドビス紀からデボン紀にかけて繁栄したウミリンゴ綱の棘皮きょくひ動物の総称。球形・卵形をし、短い柄で海底に付着。

う‐む【有無】❶あることとないこと。あるなし。「在庫の―を問い合わせる」❷承諾することと断ること。承知と不承知。「事ここに至ればもはや―はあるまい」❸仏語。存在するものと存在しないもの。また、存在することと存在しないこと。

有無相通あいつう・ずる　一方にあって他方にないものを互いに融通し合ってうまくいくようにする。

有無の二見にけん　仏語。有見と無見。すべての事物を有るとみる立場と、無いとみる立場。ともに一方的で正しくないとされる物の見方。

有無を言わせず　相手の承知・不承知にかかわりなく。無理やり。「―引きずり出す」

う・む【生む｜産む】〔動マ五(四)〕❶胎児や卵を母体から外に出す。出産する。分娩する。「卵を―・む」❷物事を新たに生じる。新しく作り出す。「利が利を―・む」「名作を―・む」❸ある事態・判断を生じさせる。「疑惑を―・む」「いろいろなうわさを―・む」(補説)出産に関する「産む」以外は、広く「生む」が用いられる。(可能)うめる

(類語)(⑴)生なす・産み落とす・産する・出産する・分娩ぶんべんする・産卵する・身み二つになる・腹を痛める・お産・安産・難産・初産ういざん・初産しょざん・初産はつざん/(⑵)生ずる・生み出す・作り出す・創出する・創造する・招く

生んだ子より抱いた子　自分が世話をしなかった実子よりも、小さいときから育てた他人の子のほうがかわいい。生みの子より育ての子。

う・む【埋む】〔動マ下二〕「うめる」の文語形。

う・む【×倦む】〔動マ五(四)〕❶退屈する。嫌になる。飽きる。「―・むことなく励む」❷疲れる。くたびれる。「宵張りすれば明日は身体が―・んで働かるるものではない」〈露伴・いさなとり〉

(類語)飽きる・倦怠けんたい・食傷・飽き飽き・うんざり・退屈・鼻に付く・げんなり・懲り懲り・辟易へきえき・閉口・まっぴら

倦まず撓たゆまず　飽きたり怠けたりしないで。

う・む【▽熟む】〔動マ五(四)〕果実が熟じゅくして、柔らかくなる。うれる。「柿の実が―・む」

(類語)熟うれる・熟なれる・熟する・熟成する

う・む【▽績む】〔動マ五(四)〕麻・苧からむしなどの繊維を細く長くより合わせる。紡ぐ。「―・み始めてから織り終わるまで」〈康成・雪国〉

う・む【×膿む】〔動マ五(四)〕腫れ物や傷が、うみをもつ。化膿かのうする。「傷口が―・んで痛む」

うむ〔感〕❶相手の言葉を肯定したり承諾したりする語。「―、それもよかろう」❷思い出したり気がついたりしたときに発する語。「―、そうであったか」

ウム‐アル‐カイワイン〖Umm al-Qaywayn〗《「ウンムアルカイワイン」「ウンムアルクウェイン」とも》アラブ首長国連邦を構成する7首長国の一。連邦北東部、アラビア半島にあり、ペルシア湾に面する。

うむが・し〔形シク〕喜ばしい。めでたい。むがし。「その人の―・しき事、いそしき事を、遂にえ忘れじ」〈続紀宣命・七詔〉

うむがし・む〔動マ四〕《形容詞「うむがし」の動詞化》喜ばしいと思う。うれしがる。「いそしみ―・み忘れ給はずとしてなも」〈続紀宣命・一三詔〉

うむき【海＝蛤｜白＝蛤】ハマグリの古名。「―を膾なますにつくりてたてまつる」〈景行紀〉

うむき‐な【淫＝羊＝藿】イカリソウの古名。〈本草和名〉

ウムハラム‐モスク〖Umm Haram Mosque〗➡ハラスルターンテッケ

ウムラウト〖ドイ Umlaut〗❶ドイツ語などで、母音の音色がそれに後続する音節の影響で変化すること。母音変異。また、変化したその母音。変母音。ドイツ語ではä、ö、üのように示す。❷変母音を示す綴字ていじ記号「¨」のこと。

うめ【梅】《「梅」の字音「メ」から変化したものという。平安時代以降「むめ」と表記されることが多い》❶バラ科の落葉高木。葉は卵形で縁に細かいぎざぎざがある。早春、葉より先に、白・淡紅・紅色などの香りの強い花を開く。実は球形で、6月ごろ黄熟し、酸味がある。未熟なものは漢方で烏梅うばいといい薬用に、また梅干し・梅酒などに用いる。中国の原産で、古くから庭木などにし、品種は300以上もあり、野梅やばい系・紅梅系・豊後ぶんご系などに分けられる。松や竹とともにめでたい植物とされ、花兄かけい・風待ち草・風見草・好文木こうぶんぼく・春告げ草・匂い草などの別名がある。(季 春)「二もとの―に遅速を愛すかな/蕪村」❷梅の実。実梅。(季 夏)❸襲かさねの色目の名。表は白、裏は蘇芳すおう。うらうめ。❹紋所の名。梅の花・裏梅・向こう梅など。

梅と桜　美しいもの、すばらしいものが並んでいることのたとえ。「―の婀娜あだくらべ」

梅に鶯うぐいす　取り合わせのよい二つのもののたとえ。

梅は食くうとも核さね食くうな、中なかに天神てんじん寝ねてござる　《「核」は、生梅の種。毒がある。また、種の仁は飛梅の伝説から、俗に天神様と呼ばれる》生梅の種には毒があるから食べてはいけないという戒め。

うめ‐あわ・す【埋め合(わ)す】㊀〔動サ五(四)〕「うめあわせる」に同じ。「不足分を―・す」㊁〔動サ下二〕「うめあわせる」の文語形。

うめ‐あわせ【埋め合(わ)せ】〔名〕スル 埋め合わせること。おぎない。「約束を破った―をする」

うめ‐あわ・せる【埋め合(わ)せる】〔動サ下一〕文うめあは・す〔サ下二〕損失や不足を他のもので償う。補う。うめあわす。「赤字を借入金で―・せる」「忘れた結婚記念日を―・せる算段をする」

うめ‐うつぎ【梅▽空木】ユキノシタ科の落葉低木。本州中部の山地にまれにみられ、高さ約1メートル。枝はまばらに出る。葉はやや細長い卵形で先がとがる。初夏、白色の花を下向きに開く。

うめおうまる【梅王丸】浄瑠璃「菅原伝授手習鑑すがわらでんじゅてならいかがみ」の登場人物。菅原道真に仕える舎人とねりで、松王丸・桜丸の兄。

うめ‐が‐え【梅が▽枝】梅のえだ。(季 春)「―をはづれて寒き入日かな/蓼太」

うめがえ【梅枝】㊀源氏物語第32巻の巻名。光源氏39歳。明石の姫君(明石の中宮)の裳着もぎと入内じゅだいの準備などを描く。㊁謡曲。四番目物。世阿弥作。管弦の役争いで討たれた楽人富士の妻の霊が、津の国住吉を訪れた僧に嘆きを語る。㊂箏曲そうきょく。八橋検校が作曲した組歌のうち、表組おもてぐみに属す。別称、千鳥の曲、嵐の曲。㊃催馬楽さいばらの曲名。呂りょの曲に属する。

うめ‐がえし【梅返し】紅梅色の染め物。元禄(1688〜1704)のころ、主として羽織の裏地に用いられた。

うめがえ‐でんぶ【梅が▽枝田×麩】でんぶの一。せん切りにしたするめとかつお節・梅干しを合わせ、粉山椒を加え、酒・醤油で煮ていりあげたもの。梅が香。

うめ‐が‐か【梅が香】❶梅の花のかおり。(季 春)「―にのっと日の出る山路かな/芭蕉」❷練り香こうの名。❸「梅が枝田麩でんぶ」に同じ。

うめがさ‐そう【梅×笠草】イチヤクソウ科の多年草。低山や海辺に生え、高さ10〜15センチ。葉は輪状につく。6月ごろ、茎の先に梅に似た白い5弁花を1個開く。

うめ‐がさね【梅▽襲】襲の色目の名。表は濃紅、裏は薄紅。11月から2月にかけて用いる。うめぞめ。

うめがたに‐とうたろう【梅ヶ谷藤太郎】力士。㊀(初代)[1845〜1928]第15代横綱。本名、小江藤太郎。筑前ちくぜんの人。出身地(福岡県朝倉市杷木志波はきしわの小字名、梅ヶ谷)から名をとった。➡境川浪右衛門(第14代横綱) ➡西ノ海嘉治郎(第16代横綱) ㊁(2代)[1878〜1927]第20代横綱。本名、小江音松。旧姓、押田。富山県出身。初代の養子となって入門。常陸山ひたちやまと対抗し、大相撲の人気を高めた。➡常陸山谷右衛門(第19代横綱) ➡若島権四郎(第21代横綱)

うめがわ【梅川】浄瑠璃「冥途めいどの飛脚」、および同系統の浄瑠璃・歌舞伎などに登場する主人公。大坂新町の遊女で、300両の封印切りの大罪を犯した飛脚業の忠兵衛に身請けされ、新口村にのくちむらへ駆け落ちする。

うめがわちゅうべえ【梅川忠兵衛】浄瑠璃「冥途の飛脚」の通称。

うめき【×呻き】うめくこと。また、うめき声。「―をあげる」

うめ‐き【埋め木】❶すきまや割れ目などに木片を埋めて繕うこと。また、その木片。❷「埋め木細工」の略。

うめき‐ざいく【埋め木細工】「寄せ木細工」に同じ。

う‐め・く【×呻く】〔動カ五(四)〕《「う」は擬声語。「めく」は接尾語》❶痛さや苦しさのあまり、低い声をもらす。「下腹を押さえて―・く」❷獣などが低くうなる。「番犬が―・く」❸嘆息する。ため息をつく。「―・きたる気色けしきも恥づかしげなれば」〈源・帚木〉❹苦心して詩歌を作り出す。苦吟する。「あまたたび誦ずじて、―・きて返し」〈大鏡・後一条院〉(類語)唸うなる

うめ‐くさ【埋め草】❶空いたところや、欠けた部分を埋め補うもの。雑誌・新聞などの余白を埋めるために使う短い記事。「―原稿」❷城攻めのとき、堀や溝を埋めるために用いる草やその他の雑物。「堀溝をうめん為に、―三万余荷を」〈太平記・二〇〉

(類語)雑報・記録・実録・実記・記事・手記・ドキュメント

うめ‐けむし【梅毛虫】オビカレハの幼虫。梅・桃・桜などに巣を張って群生し、食害する。天幕毛虫。

うめ‐けんじろう【梅謙次郎】[1860〜1910]法学者。島根の生まれ。現行民法・商法の起草にあたる。法政大学を創立。著「民法要義」「商法義解」など。

うめ‐ごよみ【梅暦】㊀《梅の花の咲くのを見て春を知るところから》梅の花。「頃しも春の―、れんじに開く鉢植の、花の香かほる風寒み」〈人・梅児誉美・初〉㊁「春色梅児誉美しゅんしょくうめごよみ」の略称。

うめさお‐ただお【梅棹忠夫】[1920〜2010]民族学者。京都の生まれ。はじめ動物学を専攻したが、モンゴルやカラコルムなどでのフィールドワークを経て民族学・文化人類学の研究に移行。国立民族学博物館の設立に尽力、初代館長となる。著「知的生産の技術」「文明の生態史観」など。平成6年(1994)文化勲章受章。

うめざき‐はるお【梅崎春生】[1915〜1965]小説家。福岡の生まれ。海軍での体験を通して人間の心理を追究し、戦後文学の代表者の一人となった。「ボロ家の春秋」で直木賞受賞。他に「桜島」「日の果て」「幻化」など。

うめざわ‐はまお【梅沢浜夫】[1914〜1986]微生物化学者。福井の生まれ。東大教授。ザルコマイシン・カナマイシンなど抗生物質を多数発見。文化勲章受章。

うめ‐しゅ【梅酒】青梅を焼酎しょうちゅうと氷砂糖、またはみりんに漬けて造った果実酒。梅焼酎。うめざけ。ばいしゅ。(季 夏)「貯へておのづと古りし―かな/たかし」

うめ‐ず【梅酢】梅の実を塩漬けにしたときに梅から出る酸味の強い汁。白梅酢ともいい、下痢止めや色止め、漬物に用いる。赤ジソの葉を加えたものは赤梅酢といい、梅干しのほかショウガ・大根・カブなどの色漬けに用いる。

うめず‐かずお【楳図かずお】[1936〜]漫画家。和歌山の生まれ。本名、一雄。日本における恐怖漫画を確立。精巧なタッチと独特な世界観で人間の深層に潜む闇を描き出して絶大な人気を得る一方で、「まことちゃん」などのギャグ漫画も手がける。代表作「漂流教室」「わたしは真悟」「おろち」など。

うめ‐ぞめ【梅染(め)】❶紅梅の樹皮や根を煎せんじた汁で染めること。また、染めたものやその色。赤みのある茶色のものを赤梅、黒ずんだ茶色のものを黒梅という。❷「梅襲うめがさね」に同じ。

うめだ【梅田】大阪市北区の地名。JR大阪駅や私鉄各線のターミナル駅がある。付近の繁華街は、難波なんば付近のミナミに対してキタとよばれる。

うめだ‐うんぴん【梅田雲浜】[1815〜1859]江戸末期の尊攘そんじょう派志士。若狭小浜藩士。名は定明。

通称、源次郎。雲浜は号。山崎闇斎の学派に学び、攘夷を唱え、ロシア軍艦襲撃を企てた。将軍継嗣では一橋派に立ち、井伊大老排斥を策動。安政の大獄で獄死。

うめただ-みょうじゅ【埋忠明寿】[1558～1631]桃山時代の刀工・鐔工。京都の人。埋忠家初代。新刀の開祖。特に刀身の彫り物にすぐれ、鐔作りでも象嵌色絵の技に巧みで「葡萄胡蝶文象嵌鐔」は有名。うめのただめいじゅ。

うめ-たて【埋(め)立て】海底などに浚渫土砂などを積み上げ、新しく陸地を造成すること。また、それによってできた土地。「一地」「一工事」

うめ-た・てる【埋め立てる】〔動タ下一〕図うめた・つ〔タ下二〕川や海などに土砂を入れて埋め、陸地にする。「沼を―・てて宅地にする」

(類語)干拓・埋まる・埋まる・埋もれる・埋もれる・埋める・埋める

うめ-ちゃ【埋め茶】「埋め茶女郎」の略。

うめちゃ-じょろう【埋め茶女郎】遊女の等級。江戸の吉原で、太夫・格子女郎・散茶女郎に次ぐ格下の遊女。散茶を薄めるのしゃれからという。

うめちゃ-づくり【埋め茶造(り)】埋め茶女郎を置いた遊女屋の店の造り。散茶女郎の店を改造して大格子の内側を局座敷に仕立て、狭い庭をつけたもの。

うめづ-がわ【梅津川】京都市右京区梅津近辺での桂川の称。〔歌枕〕「名のみして生るも見えず一井堰の水ももればなりけり」〈拾遺・雑下〉

うめ-づけ【梅漬(け)】❶梅の実をシソの葉とともに塩漬けにしたもの。または焼酎で漬けたもの。(季 夏) ❷ショウガ・キュウリ・大根などを薄く切って赤梅酢に漬けたもの。梅酢漬け。

うめ-つぼ【梅×壺】《庭に紅梅・白梅が植えてあったところから》凝華舎の異称。

うめづまさかげにっき【梅津政景日記】秋田藩士梅津政景[1581～1633]の日記。25冊。近世初期の秋田藩の政治・経済・社会を知る重要史料。

うめづ-よしじろう【梅津美治郎】[1882～1949]軍人。陸軍大将。大分の生まれ。旧日本軍の華北支配を進め、第二次大戦終結に際しては参謀総長として降伏文書に調印。A級戦犯となり、終身刑。

うめにもはる【梅にも春】端唄。うた沢節。本調子。新春の風物によせて、恋人を待つ女心をうたったもの。御所車。

うめのいろ-づき【梅の色月】陰暦5月の異称。

うめのき-がくもん【梅の木学問】《梅の木は、生長は早いが、大木にならないところから》進み方は速いが、大成しない学問。

うめのき-ごけ【梅の▽樹×苔】ウメノキゴケ科の葉状の地衣類。松・梅などの老樹皮、岩石などの上に生え、表面は灰緑色または灰青色、裏面は暗褐色。大気汚染が進むと生育や分布が悪くなることから、環境保全の指標にされる。

うめのき-ぶんげん【梅の木分限】《梅は生長が早く、すぐに実をつけるところから》急に金持ちになった人。にわか成金。㊥楠分限。

うめ-の-はな【梅の花】❶梅の木に咲く花。ばいか。❷双六で、さいの目の五。また、双六。「女房の留守に亭主は―」〈川柳評万句合〉❸練り香の名。

うめのはな-がい【梅の花貝】ツキガイ科の二枚貝。内湾の砂泥地にすむ。貝殻は球形で、梅の花びらに似る。殻長6ミリくらい。殻表には成長脈と八の字形の刻み目がある。殻は貝細工に用いる。

うめのはる【梅の春】清元。四方真門(毛利元義)作詞、川口お直作曲で、文政10年(1827)にできたといわれる。隅田川付近の春の情景などをうたった御祝儀物の代表作。

うめのみや-たいしゃ【梅宮大社】京都市右京区にある神社。旧官幣中社。酒解神・大若子神・小若子神・酒解子神のほか四神を祭る。酒造りの神として信仰される。4月3日の梅宮祭は有名。梅宮神社。

うめ-の-よしべえ【梅の由兵衛】浄瑠璃「茜染野中の隠井」、歌舞伎狂言「隅田春妓女容性」などの登場人物。元禄2年(1689)に処刑されたという大坂の梅渋吉兵衛という殺人犯をモデルに、義侠の男として脚色した。

うめ-ばか【埋め墓】両墓制で、遺骸を実際に葬るほうの墓。通常、人里離れたところにつくり、墓標も簡単にする。捨て墓。いけばか。➡詣り墓

うめ-ばち【梅鉢】紋所の名。一重の梅の花を正面から見た形を図案化したもの。剣梅鉢・星梅鉢などの種類がある。

うめばち-そう【梅鉢草】ユキノシタ科の多年草。山地の日当たりのよい湿地に生え、高さ10～40センチ。根元から、長い柄のある円形の葉が多数出る。夏から秋に梅に似た白い5弁花を開く。(季 夏)

うめばち-も【梅鉢藻】バイカモの別名。

うめ-はつづき【梅初月】《「梅が咲き始めるころの月」の意》陰暦12月の異称。(季 冬)

うめはら-りゅうざぶろう【梅原竜三郎】[1888～1986]洋画家。京都の生まれ。浅井忠に師事、フランスに留学しルノワールに学ぶ。二科会・春陽会の創立に参加。その後、国画創作協会(のち国画会)に洋画部を創設。大和絵・琳派の伝統を取り入れた奔放華麗な独自の画風を確立。文化勲章受章。

うめ-びしお【梅×醤】梅干しの肉を煮て裏ごしし、砂糖を加えてとろ火で練りあげたもの。

うめ-ぼし【梅干(し)】❶青梅を塩漬けにし、赤ジソの葉を加えて色づけし、日に干してから漬け液に戻した保存食品。酸味が強く、古くから食品の防腐用などに重用。うめぼしづけ。❷土用の日、塩漬けした青梅を日に干すこと。(季 夏)「一にすでに日蔭や一むしろ/碧梧桐」

うめぼし-あめ【梅干し×飴】❶形や大きさが梅干しに似ている飴。砂糖に水飴を加えて煮詰め、香料・着色料を加え、油をつけて固めたもの。❷梅酢などで酸味と香りを加えた飴。

うめぼし-ばばあ【梅干し▽婆】梅干しのように顔にしわの多い老女をあざけっていう語。うめぼしばば。

うめぼり-こくが【梅暮里谷峨】[1750～1821]江戸後期の洒落本作者。上総久留里藩士。通称、反町三郎助。作「傾城買二筋道」「廓の癖」など。

うめ-み【梅見】梅の花を見て楽しむこと。観梅。(季 春)「御秘蔵に墨を摺らせて一かな/其角」

うめみ-づき【梅見月】陰暦2月の異称。(季 春)

うめ-むすび【梅結び】紐の飾り結びの一。梅の花形に結ぶもの。

うめ-もどき【梅▽擬】モチノキ科の落葉低木。山地に自生。葉は梅に似て、葉脈上に毛が密生する。雌雄異株。6月ごろ、淡紫色の花をつける。小さな実は熟すと赤く、落葉後も残るので雌木は庭によく植えられる。実の白いものをシロミノウメモドキ、黄色いものをキミノウメモドキという。(季 秋)「折くるる心こぼさじ一/蕪村」

うめもと-りゅう【×楳茂都流】日本舞踊上方舞の流派の一。江戸末期、大坂の楳茂都扇性が父鷺谷正蔵の芸を受けて創始。

うめや-しぶ【梅▽谷渋】染料の一。紅梅の根や樹皮を煎じた液。明礬を媒染剤として、赤みのある黄茶色に染める。➡木蘭地

うめ-ようかん【梅羊×羹】梅干しの果肉、または梅酢を加えて作ったようかん。茨城県水戸の名物。梅羹。

う-めりょう【右▽馬寮】左馬寮とともに官馬の飼養などをつかさどった役所。➡馬寮

う・める【埋める】〔動マ下一〕図う・む〔マ下二〕❶ある部分・範囲を物でふさぐ。㋐くぼんでいるところに物を詰めて、くぼみをなくす。「城の堀を―・める」㋑穴などに物を入れ、上に何かをかぶせて見えなくする。うずめる。「壺を庭に―・める」「火種を灰に―・める」㋒人や物である場所をいっぱいにする。みたす。うずめる。「観衆が会場を―・めた」㋓不足や損失を補う。「赤字を―・める」「空白を―・める」❷水などを加えて温度を下げたり濃度を薄めに整えたりする。「風呂を―・める」

(用法)うめる・うずめる――「小判を入れた瓶を地中にうめる(うずめる)」「土で穴をうめる(うずめる)」など相通じて用いられるが、「うめる」はくぼみや穴などを何かでふさぎ満たす意が強く、「うずめる」は空いた所を何かですっかり覆うようにする意が強い。◇「スタンドをうずめた観衆」「町を緑でうずめよう」など、ある場所を何かでいっぱいにする「うずめる」は、「うめる」で置き換えられなくはないが、隅々までびっしりという感じを表す場合は「うずめる」を用いるほうが適切。◇逆に、「余白をうめる」「欠員をうめる」など、欠けている部分を満たす意では、「うめる」のほうが一般的である。◇「湯をうめる」「損失をうめる」は「うめる」に特有の、「恋人の胸に顔をうずめる」は「うずめる」に特有の用法で、この場合両語を置き換えることはできない。

(類語)塞ぐ・埋まる・埋まる・埋もれる・埋もれる・埋める・埋め立てる

うめわか【梅若】能のシテ方の一派。もと丹波猿楽の一座。近世初頭に観世座に併合された。大正10年(1921)観世流から分かれたが、のち復帰した。

うめわかまる【梅若丸】中世・近世の諸文芸に登場する伝説上の少年。京都北白川吉田少将の子で、人買いにさらわれ、武蔵国隅田川畔で病死したという。東京都墨田区向島の木母寺境内に梅若塚がある。謡曲「隅田川」、浄瑠璃などに作品化される。

うめわか-まんざぶろう【梅若万三郎】[1868～1946]能楽師。シテ方観世流。東京の生まれ。初世梅若実の長男。大正10年(1921)弟の梅若六郎(のちの2世実)らとともに観世流から分かれて梅若流を樹立したが、のち観世流に復帰。迫力ある演技で名人とされた。文化勲章受章。

うめわか-みのる【梅若実】能楽師。シテ方観世流。㊀(初世)[1828～1909]江戸の人。明治維新で衰えた能を再興した。明治三名人の一人。㊁(2世)[1878～1959]初世の二男。東京の生まれ。梅若流樹立の中心人物。のち一門とともに観世流に復帰。芸風は技巧的で劇的表現にすぐれた。

うめわか-ろくろう【梅若六郎】[1907～1979]能楽師。シテ方観世流。東京の生まれ。2世梅若実の長男。梅若能楽学院を主宰した。

うも【▽芋】イモの古名。「意吉麻呂が家なるものは一の葉にあらし」〈万・三八二六〉

う-もう【羽毛】❶鳥のはね。また、鳥の柔らかな綿毛。❷鳥のはねと獣の毛。「前代の御時に、一の類はすべて禁忌の物なりしかば」〈折たく柴の記・中〉

(類語)毛・羽・ダウン・フェザー

うもう-だに【羽毛×蜱】ウモウダニ科のダニの総称。体長0.4ミリほど。雄の第3脚が極端に肥大している。鳥の羽毛や皮膚の落ちくずを食べ、鳥の種ごとに別種のウモウダニが寄生する。

うも・る【埋もる】〔動ラ下二〕「うもれる」の文語形。

うもれ【埋もれ】《「むもれ」とも表記》うもれること。家の中に隠れていること。引きこもっていること。「あな一や。今宵の月を見ぬ里もありけり」〈源・横笛〉

埋もれ木に花が咲く　長いこと逆境にあった身に意外の幸運が訪れることのたとえ。

うもれ-いた・し【埋もれ▽甚し】〔形ク〕《「むもれいたし」とも表記》❶気持ちが晴れ晴れしない。気が沈んでいる。「いと―・く、いかで年月を過ぐさましとおぼしやらる」〈源・須磨〉❷内気すぎる。控え目すぎる。「いでやとはおぼしわづらひながら、いとあまり―・きを」〈源・賢木〉

うもれぎ【埋木】江戸前期の俳諧論書。1冊。北村季吟著。明暦2年(1656)成立。延宝元年(1673)刊。15項目にわたる俳諧の式目書。俳諧埋木。

うもれ-ぎ【埋(も)れ木】❶地層中に埋まった樹木が長年の間に炭化して化石のようになったもの。亜炭の一種で、木目が残っており、質は緻密。仙台地方に多く産し、細工物の材料。❷世間から見捨てられて顧みられない人の境遇のたとえ。「あれだけの芸を持ちながら、下らなく一になっている扇朝が俺は

可哀想だ」〈万太郎・末枯〉❸イチジクの別名。

うもれぎ-ざいく【埋(も)れ木細工】埋もれ木を細工して作った工芸品。仙台地方の名産。

うもれぎ-の【埋もれ木の】〔枕〕地下にあって表に現れない意から、「した」「人知れぬ」などにかかる。「名をしも惜しみ―下ゆそ恋ふる」〈万・二七二三〉

うもれ-みず【埋もれ水】ミヅ 草木などの陰に隠れて人目に触れない水。「人知れぬ木の葉の下の―思ふ心をかき流さばや」〈千載・恋一〉

うも・れる【埋もれる】〔動ラ下一〕文うも・る〔ラ下二〕《平安時代以降「むもる」と表記されることが多い》❶砂や土などに覆われて見えなくなる。埋没する。うずもれる。「雪に―・れた家」❷才能・真価・業績などが、世の中に知られないでいる。うずもれる。「―・れている逸材」❸控え目である。引っ込み思案である。「いとかうあまり―・れたらむは、心づきなくわるびたり」〈源・末摘花〉❹晴れ晴れしないで、暗い感じである。陰気である。「いと―・れたりやと、強ひてかき起こし給へば」〈源・東屋〉

(類語)埋(う)まる・埋(うず)まる・埋(うず)もれる・埋(う)める・埋(うず)める・埋め立てる

う-もん【右門】「右衛門府(えもんふ)」の略。⇔左門。

う-もん【有文】❶衣服・冠などに模様のあること。⇔無文。❷和歌・連歌・俳諧で、技巧や趣向のおもしろさが目立つもの。「歌にも連歌にも―無文と云ふ事あるなり」〈九州問答〉⇔無文。❸能楽で、見かけの効果的な美しさの表現。「―、無文の心根尽きて、闌(た)けたる位にものぼるべし」〈申楽談儀〉⇔無文。

う-もん【有紋】❶衣服や帯などに紋のあるもの。⇔無紋。❷能楽で、正しい作法にのっとって行儀よく演じること。⇔無紋。

うや【▽礼】うやうやしくすること。礼儀。いや。「出で入り―無し」〈景行紀〉

う-や【雨夜】雨の降る夜。あまよ。

う-や【×烏夜】《烏は黒いところから》やみ夜。

うやうや-し・い【恭しい】〔形〕文うやうや・し〔シク〕《「礼(ゐや)」を重ねて形容詞化した語》相手を敬って、礼儀正しく丁寧である。「神前で―・く頭を下げる」(派生)うやうやしげ〔形動〕うやうやしさ〔名〕

(類語)慎ましい・遠慮深い・消極的・慎ましやか・丁寧・丁重・慇懃(いんぎん)・しとやか・懇ろ

うや-か・す【▽飢かす】〔動サ四〕飢えさせる。「母を―・し殺したりし」〈太平記・三五〉

う-やく【×烏薬】クスノキ科の常緑低木。幹・枝は細い。雌雄異株。4月ごろ、淡黄色の小花を多数つけ、実は楕円形。根は連球状で香気があり、漢方で健胃・鎮痛薬に用いる。天台烏薬(てんだいうやく)。

うや-ま・う【敬う】ウヤマフ〔動ワ五(ハ四)〕相手を尊んで、礼を尽くす。尊敬する。「師と―・う」(可能)うやまえる

(類語)尊敬・尊ぶ・崇(あが)める・仰ぐ・敬する・畏敬・崇拝・敬愛・慕う・敬慕・敬仰・景仰・崇敬・私淑・傾倒・心酔・心服・敬服

(用法)うやまう・あがめる――「敬う」は、対象を高位のもの、上位のものとして礼を尽くす意で、「神仏を敬う」などのほか、「老人を敬う」「恩師を敬う」のように身近な相手にも向けられる。◆「崇(あが)める」は「神(祖先)を崇める」のように、絶対的な存在を拝むようにする意。◆類似の語に「尊ぶ」がある。「尊ぶ」は対象の価値を認めて大切にする意で、「神(祖先)を尊ぶ」のほか、「各人の自由意志を尊ぶ」「拙速を尊ぶ」のように抽象的なものに関しても広く用いる。

うや-むや【有×耶無×耶】〔名・形動〕❶《有るか無いかの意から》物事がどうなのかはっきりしないこと。また、そのさま。あいまいなさま。「責任を―にする」「そんな―な結論では困る」❷思いわずらって胸がすっきりしないこと。またそのさま。「憎くむが本義か、捨つるが道か、と許(ばか)り迷って判断の胸―に成る時」〈一葉・うもれ木〉

(類語)不確か・曖昧・あやふや・漠然・おぼろげ・煮え切らない・どっちつかず・要領を得ない

うやむや-の-せき【有耶無耶の関】㊀山形・宮城両県境の笹谷峠にあった関所。むやむやの関。もやもやの関。(歌枕)「たのめこし人の心は通ふとや問ひてもみばや―」〈土御門院集〉㊁山形・秋田両県境の三崎峠にあった関所。

う・ゆ【植ゆ】〔動ヤ下二〕《「う(植)う」が室町時代以降ヤ行に転じて用いられた語。終止形は「うゆる」となる例が多い》「植える」に同じ。「諸共に災ひの種を―・ゆるなり」〈仮・浮世物語・四〉

ヴュイヤール〖Vuillard〗▶ビュイヤール

う-ゆう【×烏有】ウイウ《烏(いずく)んぞ有らんや、の意》全くないこと。何も存在しないこと。「妄人は妄を恣(ほしいまま)にして、空中に楼閣を築き…―の談を為(な)す」〈露伴・運命〉

(類語)無・空

烏有に帰(き)・す　すっかりなくなる。特に、火災で焼けることにいう。「戦災で貴重な資料が―・した」

うゆう-せんせい【×烏有先生】ウイウ《漢の司馬相如が「子虚賦」の中で、亡是公(ぼうぜこう)とともに仮設した人物であるところから》架空の人物。

ウユニ-えんげん【ウユニ塩原】《Salar de Uyuni》▶ウユニ塩湖

ウユニ-えんこ【ウユニ塩湖】《Salar de Uyuni》ボリビア南西部、アルティプラノ高原にある塩湖(塩原)。標高約3700メートルに位置する。面積は1万2000平方キロメートル。塩採掘が行われており、観光地としても知られる。ウユニ塩原。

ウュルツブルク〖Würzburg〗▶ビュルツブルク

ウュルツブルク-しきょうかん【ウュルツブルク司教館】シケウクワン《Würzburger Residenz》▶ビュルツブルク司教館

う-よ【有余】仏語。心は煩悩(ぼんのう)を断ったが、いまだ生命のよりどころとして肉体があること。

う-よ【×紆余】《「紆」は曲がりくねる意》❶うねり曲がっていること。❷伸び伸びとしてゆとりのあること。「従って其句も亦―迫らざる処ありて」〈子規・獺祭書屋俳話〉

うよ-うよ〔副〕スル　小さい生き物が多数集まってうごめいているさま。うじゃうじゃ。「毛虫が―いる」「小アユが―している」(類語)うじゃうじゃ

うよ-きょくせつ【×紆余曲折】〔名〕スル　❶道などが曲がりくねっていること。「谷から谷へ―している道」❷物事が順調に運ばないで、こみいった経過をたどること。「―を経てやっと解決する」

う-よく【右翼】❶右のつばさ。「飛行機の―」⇔左翼。❷左右に広がったものの右の方の部分。特に、軍の隊形の右の方。「敵の―が手薄だ」⇔左翼。❸《フランス革命当時、議会で議長席から見て右方に穏和派のジロンド党が席を占めていたところから》保守的または国粋的な思想、立場の一派。また、その者。⇔左翼。❹野球で、本塁から見て右方の外野。また、そこを守備する人。ライト。⇔左翼。❺《旧軍隊では成績の良い順に右側から並んだところから》席次が上位であること。

(類語)右手・右側・右方・ライト・左翼

う-よく【羽翼】❶はねとつばさ。鳥のつばさ。❷助けること。助けとなること。また、その人。補佐。「帝王の―となる」「―の臣」❸植物などの一器官の左右につばさ状に広がっているもの。

うよく-しゅ【右翼手】野球で、右翼を守備する外野手。右翼。ライト。(類語)ライト

うよ-ねはん【有余×涅×槃】仏語。この世に生きながら得られた悟りの境地。小乗の悟り。⇔無余涅槃。

うら【▽心】《「裏」と同語源で、表に見えないものの意から》❶こころ。思い。内心。➡心(うら)もなし　❷形容詞・動詞に付いて、心の中で、心の底からの意を表し、さらにその意が弱まって、何ということなく、何とはわからず、おのずからそのように感じられるの意を表す。「―悲しい」「―寂しい」「―荒(さ)ぶ」

心もな・し　❶とりたてて思い煩うことがない。屈託がない。「―・く我が行く道に青柳の萌(は)りて立てれば物思(も)ひ出(で)つも」〈万・三四四三〉❷相手に対して、自分の心の中を包み隠したりしない。「―・くなつかしきものから、うち解けて」〈源・若菜上〉❸相手に気を遣ったり、遠慮したりしない。「あさましと思ふに―・くたはぶるれば」〈かげろふ・中〉

うら【▽占・×卜】事物に現れる現象や兆候によって神意を問い、事の成り行きや吉凶を予知すること。うらない。うらえ。「武蔵野に占部(うらへ)かた焼きまさでにも告(の)らぬ君が名―に出にけり」〈万・三三七四〉

(類語)易・占い・卜占(ぼくせん)・占卜・八卦(はっけ)・易断

うら【▽末】❶植物の葉や枝の先。こずえ。うれ。「小里なる花橘(はなたちばな)を引き攀(よ)ぢて折らむとすれど―若みこそ」〈万・三五七四〉❷すえ。端。「―弭(はず)」(補説)古くは「うれ」が単独で用いられたのに対し、「うら」は「うら葉」のような複合形に用いられることが多い。

うら【浦】《「裏」と同語源で、外海に対して内側の意》❶海や湖が湾曲して陸地に入り込んだ所。入り江。❷海辺。浜。(類語)湾・入り江・入り海

うら【裏】❶㋐二面ある物の、表面と反対側の面。裏面(りめん)。うしろ。「写真の―に撮影年月日を記す」「紙の表と―を間違える」⇔表。㋑物体の、こちらからは見えない向こう側の面。「月の―」㋒物体の、下になっている面。「足の―」「靴の―を張り替える」❷物の正面と反対になる側。また、その陰になっているところ。「たんすの―」「舞台の―」⇔表。❸㋐建物の後ろになる側。「昨夜―でぼやがあった」⇔表。㋑建物の後ろ側にある出入り口。裏口。「―のドアにかぎをかける」「―から入る」⇔表。❹衣服の内側につける布。裏地。「―がすりきれる」⇔表。❺㋐表向きでない面。人の目にふれない面。「表と―では態度が違う」「―で何を考えているのかわからない」⇔表。㋑公表をはばかるような事情。隠されている事柄。内情。「彼の言うことには何か―がある」「芸能界の―」㋒好ましくないことが表面に現れずに行われるところ。「―で金を動かす」「―で指図している人物がいるに違いない」❻普通と反対のこと。逆。「世間の考えそうなことの―を行く」❼主だっていないこと。中心でないこと。「―作」「―街道」「―番組」❽「裏千家」の略。❾二度あるものの、あとのほう。㋐野球で、後攻チームが攻撃する時。「九回―の攻撃」⇔表。㋑同じ遊女と二度遊ぶこと。また、二度目に来た客。➡裏を返す　❿裏づけ。証拠。⓫論理学で、「pならばqである」に対して、仮定と結論をともに否定した「pでなければqでない」という形式の命題。最初の命題が真でも、裏命題は必ずしも真ではない。⓬連歌・俳諧で、句を書きつける懐紙の裏の面。特に初折(1枚目)の裏をいう。⓭内部。奥。うち。「天地(あめつち)の底ひの―に我(あ)がごとく君に恋ふらむ人はさねあらじ」〈万・三七五〇〉

(…語)上げ裏・麻裏・浅葱(あさぎ)裏・足裏・内裏・襟裏・表裏・額裏・楽屋裏・変わり裏・木裏・口裏・毛裏・芸裏・初(しょ)裏・裾(すそ)裏・総裏・袖(そで)裏・手の裏・天井裏・胴裏・通し裏・共裏・名残の裏・二の裏・抜け裏・軒裏・羽(は)裏・葉裏・舞台裏・真裏(まうら)・紅(もみ)裏・屋根裏・路地裏

(類語)裏面・背後・背面・後ろ・裏手・裏側・搦(から)め手

裏には裏があ・る　物事の裏面には容易には知りがたい複雑な事情や仕組みがある。

裏の裏を行・く　相手のたくらみを見抜いて、相手を出し抜いた行動をする。「敵の―・く計略」

裏へ回・る　人目につかないところで行動する。「―・って画策する」

裏を返・す　❶遊里で、初めて買った遊女を二度目に来てまた買い、遊興する。また転じて、同じことをもう一度する意にもいう。❷(「裏を返せば」の形で)逆の見方をすれば。本当のことを言えば。「彼の考えは、―・せば営利主義そのものだ」

裏をか・く　❶相手が予想したのとは反対のことをして相手を出し抜く。「バントと見せかけて―・き強打に転ずる」❷矢・槍(やり)・刀などが鎧(よろい)などの裏まで突き通る。うらかく。

裏を取・る　確かな証拠や証人を捜し出すなどして、供述・情報などの真偽を確認する。裏付けを取る。「犯人の自白の―・る」

裏を封(ふう)・ず　文書などの裏面に、証明の裏判や裏書きをする。

うら〔代〕《「おら」の音変化》一人称の人代名詞。おれ。われ。「―も握り飯食おう」〈中野重治・善作の頭〉

ウラー〘ロシア ura〙〔感〕突撃のときに、または歓喜を表して発する語。万歳。

うら-あみ【裏編み】棒針で編む基礎編みの一。メリヤス編みの裏のような編み目になる編み方。表編みの逆目となる。裏メリヤス編み。⇔表編み。➡メリヤス編み

うら-あわせ【裏合(わ)せ】裏どうしを向き合わせること。また、そうなっているもの。背中合わせ。⇔面合わせ。

うら-いた【裏板】❶物の裏側に張ってある板。❷屋根裏に張りつけた板。

うら-いん【裏印】❶実印の他の一方の端に彫った小印。多く代印に用いる。❷「裏判」に同じ。

うら-う【占ふ】〔動ハ下二〕うらなう。「乃ち時日を―・へて降りますノ神代紀・上〉

うら-うえ【裏表】❶裏と表が入れ替わること。あべこべ。反対。「其言葉とは―に」〈花袋・生〉❷裏と表。「墨のいと黒う、薄く、くだり狭に、(紙ノ)―書き乱りたるを」〈枕・二九四〉❸前後・左右・上下など相対する物事の両方。あちらこちら。「ふたりを―に置きてこそなぐさみつるに」〈平家・一二〉

うらうず-がい【裏渦貝】リュウテンサザエ科の巻き貝。殻高・殻径とも3センチくらい。殻は円錐形で、周辺から赤紫色の突起が出て歯車状に並ぶ。表面は灰白色。底面にうろこ状になった螺肋がある。本州中部以南に分布。

うら-うち【裏打ち】〔名〕スル ❶紙・布・革などの裏にさらに和紙や布などを張って厚く丈夫にすること。「―のしてある古文書」「作業ズボンのひざを―する」❷物事を別の面から確実にすること。裏づけ。「予測を事実が―する」❸「裏打ち直垂」の略。

〔類語〕証明・立証・実証・例証・論証・検証・挙証・証言・証し・裏付け・裏書き・証する・裏付ける・明かす・証拠立てる

うらうち-がわ【浦内川】沖縄県、西表島中央部を流れる川。北東部にある同島最高峰古見岳(標高469メートル)に源を発し、亜熱帯の密林をぬって北西流して浦内で東シナ海に注ぐ。長さ約19キロで島内最長の川。中流部に滝、河口部にマングローブの湿地が発達。

うらうち-ひたたれ【裏打ち直垂】裏をつけた袷の直垂。もっぱら武士が常用した。

うら-うつり【裏移り】❶先に印刷した紙面に、次に刷った紙のインクがついて汚れること。裏汚れ。❷(「裏写り」とも書く)印刷した紙の裏面に文字や絵が透けて見えること。

うら-うめ【裏梅】❶「梅❸」に同じ。❷紋所の名。梅の花の裏面を図案化したもの。

うら-うら〔副〕❶日ざしが明るく穏やかなさま。「―とした春の一日」〔季 春〕❷心ののどかなさま。「―とこそは御覧ぼおぼしめしけんを、浅く思ひて悪霊も出で来るなるべし」〈愚管抄・四〉

〔類語〕明明・燦燦・燦然・皓皓・煌煌・耿耿・明るい・麗らか・のどか・穏やか・安らか・安穏

うら-えり【裏襟｜裏衿】和服・洋服の襟の裏側につける別布。

うら-おくみ【裏衽】袷や綿入れなど、裏地付きの着物の裏のおくみ。うらおくび。

うら-おもて【裏表】❶物の表面と裏面。「紙の―」❷表面に現れている事柄と、裏に隠されている事情。表面と内情。「業界の―に通じている」❸一つの事柄が呈する、一見異なって見える二つの様相。「過保護も放任も親の自信の無さの―である」❹人の見ているところと見ていないところとで、態度・行動が違うこと。かげひなた。「―のある人間」❺裏を表側にすること。裏返し。「靴下を―にはく」❻裏と表ほどかけ離れていること。全然違うこと。正反対。「其の事は愚僧も聞いていまするが、世間の沙汰とは―」〈浄・八百屋お七〉〔類語〕表裏・反対・陰日向・背中合わせ・裏腹・面従腹背・逆・逆様・逆さ・あべこべ・裏返し・右左・上下・後ろ前

うらが【浦賀】神奈川県横須賀市東部の地名。嘉永6年(1853)米国のペリー来航で知られる。

うら-かいどう【裏街道】❶公式の街道ではない道路。「日光街道の―」⇔表街道。❷まっとうでない生き方、また、恵まれない生き方や生活のたとえ。「人生の―ばかり歩んできた」⇔表街道。

〔類語〕裏通り・裏道・抜け道・間道・横道・近道・脇道・枝道

うら-がえし【裏返し】❶物の裏を返して表にすること。また、その状態。「シャツを―に着る」❷反対の立場、逆の観点から見ること。また、現れ方が正反対であること。「意味を―に考える」「嫉妬は愛情の―の表現である」

〔類語〕反対・逆・逆様・逆さ・あべこべ・裏腹・裏表・右左・上下・後ろ前

うら-がえ・す【裏返す】〔動サ五(四)〕❶表と裏とを逆にする。「畳を―・す」❷物事を逆の立場から見る。「―・して言えば」〔類語〕ひっくり返す・覆す・翻す・倒す・跳ね返す・転覆・逆転・逆様

うら-がえ・る【裏返る】〔動ラ五(四)〕❶裏が返って表になる。ひっくり返る。「葉が―・る」「声が―・る」❷味方が敵となる。裏切る。心変わりする。「―・って寝首を掻く」❸相いれなくなる。逆になる。「想頭が―・って」〈露伴・いさなとり〉

うら-がき【裏書(き)】〔名〕スル ❶文書・書画などの裏面に文字を書くこと。また、書いたもの。㋐巻物の裏に、注釈・補遺などを書くこと。また、その文字。㋑書画の軸物の裏に鑑定の結果を書くこと。その字句。㋒江戸時代、訴状の裏面に、命令あるいは出廷期日などを記したもの。㋓小切手などの支払いを受ける際、その裏に住所・氏名を書き、押印して、領収の証明をすること。㋔手形・小切手・倉庫証券・船荷証券などの指図証券を譲渡する際、証券の裏などに裏書人が必要事項を記載して署名すること。通常は譲渡裏書をさすが、広義には質入裏書や取立委任裏書を含む。❷物事が確実であることを別の面から証明すること。また、その証明。裏づけ。「陳述を―する事実」〔類語〕証明・立証・実証・例証・論証・検証・挙証・証言・証し・裏付け・裏打ち・証する・裏付ける・明かす・証拠立てる

うらがき-きんし【裏書禁止】手形・小切手などの指図証券の、振出人または裏書人が、証券に裏書きを禁止する旨を記載すること。指図禁止。

うらがき-じょうと【裏書譲渡】指図証券上の権利を裏書きにより他人に譲渡すること。

うらがき-にん【裏書人】手形・小切手など、指図証券の裏書きをする人。

うら-がしや【裏貸し屋】裏通りや路地にある貸し家。「昼さへ蝙蝠の飛ぶ―を隠れ住みに」〈浮・一代女・六〉

うらが-すいどう【浦賀水道】三浦半島と房総半島との間の水域。東京湾の入り口にあたる。

うら-かぜ【浦風】海辺を吹く風。浜風。

うら-かた【占形｜占方】❶太占や亀卜に現れた縦横の割れ目の形。占いの結果。「この―持って、泰親がもとへ行け」〈平家・四〉❷(占方)占いをすること。また、する人。「泰成、―に引き合はせ申すやう」〈虎明狂・釣狐〉

うら-かた【浦方】中世・近世、漁村のこと。その住民。

うら-かた【裏方】❶芝居で、舞台の裏側で働く人。大道具・小道具・衣装・音響・照明などの係、伝統芸能での囃子方など。➡表方❷表立たず、陰で実質的な仕事を引き受け、すすめる人。「大会の―をつとめる」❸貴人の妻の称。奥方。内室。「ある武将の―に瘧をわづらへることあり」〈咄・醒睡笑・三〉❹江戸時代以後、本願寺門主の夫人の称。

うらかた-ばんしょ【浦方番所】江戸時代に、浦々の取り締まりのために設けられた番所。難破船の救助、海難船の処理、異国船の監視、密貿易の取り締まりなどにあたった。

うらがなし・い【心悲しい】〔形〕文うらがな・し〔シク〕❶なんとなく悲しい。もの悲しい。「―・い晩秋の景色」❷心の中で、いとしく感じられる。「むらさきは根もかも終ふる人の児の―・しけを寝を終へなくに」〈万・三五〇〇〉〔補説〕❷の用例中の「うらがなしけ」は、連体形「うらがなしき」の上代東国方言形。〔派生〕うらがなしげ〔形動〕うらがなしさ〔名〕〔類語〕悲しい・物悲しい・せつない・つらい・痛ましい・哀れ・哀切・悲愴・悲痛・沈痛・もの憂い・苦しい・憂い・耐えがたい・しんどい・苦痛である・やりきれない・遣る瀬ない

うら-がね【裏曲｜裏矩】曲尺の裏にある目盛り。表の曲尺で1尺(約30.3センチ)の辺をもつ正方形の対角線の長さを1尺としたもの。裏曲の1尺は、曲尺の$\sqrt{2}$倍、すなわち約1尺4寸1分余(約42.9センチ)。裏尺。裏目。

うら-がね【裏金】❶取引などで、事をうまく運ぶため表に出さないで支払う金銭。「―が動く」❷(「裏鉄」とも書く)雪駄などの裏のかかとの部分に打ちつける鉄の薄板。❸鉋の刃の裏がわにつける小形の刃。〔類語〕賄賂・まいない・袖の下・鼻薬・リベート・コミッション・贈賄・収賄

うらが-ぶぎょう【浦賀奉行】江戸幕府の遠国奉行の一。江戸湾に出入りする船、および奥羽・大坂間の廻船の荷物を検査し、併せて付近の幕府領と浦賀の町政をつかさどった。

うらかみ【浦上】長崎市北部の地名。キリシタンの里で、浦上天主堂がある。原爆の爆心地。

うら-がみ【裏紙】一度印刷したコピー用紙などの裏面。

うらがみ-ぎょくどう【浦上玉堂】［1745～1820］江戸中期の南画家。姓は紀、名は弼。字は君輔。備前池田家の支藩鴨方家に仕えたが、江戸に出て、詩や琴、絵を学ぶ。のちに脱藩して、各地を遊歴。画は深い自然観をたたえ、濃淡交えた繊細な渇筆を駆使した山水画に独自の境地を開いた。

うらかみ-くずれ【浦上崩れ】江戸幕府が寛政2～慶応3年(1790～1867)にかけて4回にわたって長崎浦上の隠れキリシタンを弾圧した事件。

うらがみ-しゅんきん【浦上春琴】［1779～1846］江戸後期の南画家。玉堂の長子。名は選。諸国遍歴ののち、京都に住み、頼山陽らと交わる。細緻鮮麗な山水花鳥を得意とした。

うらかみ-てんしゅどう【浦上天主堂】長崎市浦上にあるカトリックの大聖堂。大正3年(1914)にほぼ完成。大浦天主堂とともに二大天主堂といわれる。原爆で全壊。昭和34年(1959)再建された。

うら-がれ【末枯れ】草木がうら枯れること。また、その寂しいようす。〔季 秋〕「―や諸勧化出さぬ小制札/一茶」「そこいらは、―の、どこか貧しい、色のさめたような感じのするところだ」〈万太郎・末枯〉

うら-が・れる【末枯れる】〔動ラ下一〕文うらが・る〔ラ下二〕冬が近づき、草木の枝先や葉先が枯れる。「―・れた野山を歩く」〔季 秋〕「ものの情濃く薄く芝―・れぬ/楸邨」

〔類語〕枯れる・しおれる・しなびる・萎える・しぼむ

うらかわ【浦河】北海道中南部、浦河郡の地名。日高振興局所在地。日高馬や競走馬の飼育が盛ん。

うら-がわ【裏革｜裏皮】《「うらかわ」とも》❶皮の裏側を表にして使うこと。また、そのように使った皮革。❷鞄や袋物などの裏に張った皮革。

うら-がわ【裏側】裏のほう。また、裏面。「山脈の―」「事態の―が見えてきた」⇔表側。

〔類語〕裏手・裏面・背後・背面・後ろ・裏・搦め手

うらかわおき-じしん【浦河沖地震】昭和57年(1982)3月21日、北海道日高支庁(現、日高振興局)浦河郡沖を震源に発生したマグニチュード7.1の地震。震源に最も近い浦河町では、震度6を観測。家屋倒壊などの被害を受けた。

うらかわ-まち【浦河町】▶浦河

うら-き【末木】樹木の先のほう。こずえ。⇔本木。「然るところその伽羅に本木と―との二つありて」〈鷗外・興津弥五右衛門の遺書〉

うら-ぎく【浦菊】キク科の越年草。海岸の湿地に生え、高さ約1メートル。茎は直立し、赤みを帯びる。葉は披針形。秋、周囲が紫色で中心が黄色の頭状花を多数つける。実には長い白い毛がある。浜紫

苑はまし。

うら-ぎく【裏菊】菊の花を裏から見た形の図案。紋所・衣服の模様、鎧(よろい)の飾り金具などに用いる。

うら-ぎって【浦切手】《「うらきって」とも》江戸時代、遭難した船が海岸にたどりついた場合、その土地の役人が船の破損状態や積み荷の状態を調査して作った証明書。浦証文。浦手形。

うら-きど【裏木戸】❶家の裏にある木戸。❷芝居小屋などの裏手の出入り口。関係者が出入りする。

うら-きもん【裏鬼門】鬼門と反対の方角。南西の方角。家相では鬼門とともに忌む。ひつじさる。

うら-ぎり【裏切り】うらぎること。味方を捨てて敵方についたり、約束・信義・期待に背いたりすること。「一者」「一行為」(類語)内応・内通・背信・背徳・背任・変心・寝返り・密告・おためごかし・気脈を通じる

うら-ぎ・る【裏切る】〔動ラ五(四)〕❶味方に背いて敵方につく。「同志を—・る」❷約束・信義・期待などに反する。「信頼を—・る」「おおかたの予想を—・る」(類語)背く・反する・内応する・内通する・気脈を通じる・背任する・変心する・寝返る・密告する・背信・背徳・おためごかし

うら-きん【裏金】❶日本画で、絵絹の裏から金箔(きんぱく)を当てたもの。裏箔(うらはく)。❷裏に金箔を張った陣笠(じんがさ)。侍大将などがかぶった。❸江戸時代、藩札発行の際に、その兌換(だかん)のために用意した金。

うら・ぐ〔動ガ下二〕《「うら」は「心」の意》楽しい気分になる。浮かれる。いい気持ちになる。「大御酒(おほみき)に—・げて大御寝(おほみね)しまし給ひき」〈記・下〉

うら-くぎ【裏×釘】打ち込んだ釘が、板などの裏まで突き抜けたもの。

裏釘を返・す　❶裏側に突き出た釘の先を打ち曲げ、抜けないようにする。❷念を押す。または、いっそう確かなものとする。「裏釘かへす詞詰、心にこたへて頼もしき」〈浄・兜軍記〉

うら-くずれ【裏崩れ】〔名〕スル 戦場で、前方の部隊が敗れたため、後方の部隊の陣容が戦う前に崩れ乱れること。「残る軍兵—して皆ちりぢりに逃げ散りける」〈浄・百人上臈〉

うら-ぐち【裏口】❶建物の裏側にある出入り口。勝手口。⇔表口。❷正当でない手段で物事をすること。隠れて、こっそり行うこと。「一入学」

うらぐち-えいぎょう【裏口営業】〔名〕スル 表向きは、休業を装ったり、他の合法的な営業をしているように見せたりして、実際には、非合法の営業を行っていること。第二次大戦末期からの統制経済下で、飲食店などで使われはじめた語。

うら-ぐみ【裏組】近世の邦楽で、教習の便宜上、楽曲を分類したものの一。三味線組歌・箏(こと)組歌などにある。三味線組歌では破手(はで)組の次に、箏組歌では表組の次に教授する。⇔表組。

うらく-りゅう【有楽流】〔名〕茶道の流派の一。織田有楽を開祖として江戸初期に形成された。

うら-ぐわ・し【▽心▽細し】〔形シク〕心に染みて趣が感じられるさま。えもいえず美しい。「隠国(こもりく)の泊瀬(はつせ)の山はあやにー・しあやにー・し」〈雄略紀・歌謡〉➡細(くは)し

うら-け【裏毛】ラシャ・メリヤス製シャツなどの裏側に毛を織り出したもの。

うら-けい【裏×罫】印刷用の罫線の一。太い直線のもの。罫線用の真鍮(しんちゅう)板の裏側を使用することからの名。➡表罫

うら-げい【裏芸】宴席などで演じる、専門以外の芸。隠し芸。⇔表芸。(類語)隠し芸・余技・余興・座興

うら-ごい・し【▽心恋し】〔形シク〕心の中で恋しく思う。「—・しわが背の君はなでしこが花にもがもな朝な朝(さ)な見む」〈万・四〇一〇〉

うら-こ・う【▽心恋ふ】〔動ハ上二〕心の中で恋い慕う。「わが背子に—・ひ居れば天の川夜舟漕ぐなる梶の音聞こゆ」〈万・二〇一五〉

うら-ごう【裏甲】〔名〕神社・仏閣などで、軒先の茅負(かやおい)の上にのせる化粧板。

うら-こうさく【裏工作】人目に立たないよう、陰で話を持ちかけること。

うら-ごえ【裏声】❶自然な発声法では出せない高音部を、技巧的に発声する声。ファルセット。❷新内・清元・小唄などで、三味線の高い調子よりも低めて歌う声。(類語)声・音声・発声・美声・悪声・金切り声・だみ声・どら声・胴間声・鼻声・小声・猫撫で声

うら-ごし【裏腰】袴(はかま)の腰板の裏につける布。

うら-ごし【裏×漉し】〔名〕スル 枠に布や目の細かい網を張った篩(ふるい)状の調理器具を用い、その外底に材料をのせ、こしたり、かすを除いたり、つぶして細かくしたりすること。また、その器具。「—にかける」「ジャガイモを—する」

うら-ざいしき【裏彩色】中国・日本画で、絵絹の裏側からも彩色すること。色をぼかし柔らかい感じを出す効果がある。また、その彩色。裏塗り。裏具。

うら-サイト【裏サイト】企業・学校などの当事者が運営しているのではない非公式サイトのうち、対象への批判や、公にされていない情報などを含むもの。また特に、同じ学校の生徒同士が情報交換をする学校裏サイトをいう。➡闇サイト

うら-さく【裏作】主目的とする作物を収穫したあと、次の作付けまでの期間を利用して他の作物を栽培すること。また、その作物。稲のあとに麦を植えるなど。後作(あとさく)。⇔表作。

うら-ざし【裏差(し)】刀の鞘(さや)の裏側に穴を作って納めておく、金属製の笄(こうがい)または小柄(こづか)。➡表差し

うら-ざと【浦里】海辺の村里。漁村。「願ひの男、豊前(ぶぜん)の—にあるなれば」〈浮・永代蔵・四〉

うらざと-ときじろう【浦里時次郎】新内節「明烏夢泡雪(あけがらすゆめのあわゆき)」の二人の中心人物、浦里と時次郎。また、二人の情話を扱う戯曲・歌曲などの総称。

うら-さびし・い【▽心寂しい｜▽心×淋しい】〔形〕〔文〕うらさび・し〔シク〕なんとなく寂しい。もの寂しい。こころ寂しい。「—・い冬木立」(派生)うらさびしげ〔形動〕うらさびしさ〔名〕(類語)寂しい・さみしい・物寂しい・心(うら)寂しい・侘(わび)しい

うら-さ・ぶ【▽心▽荒ぶ】〔動バ上二〕心がすさむ。心が楽しまない。「—・ぶる心さまねしひさかたの天(あめ)のしぐれの流れあふ見れば」〈万・八二〉

うらさわ-なおき【浦沢直樹】[1960〜]漫画家。東京の生まれ。圧倒的な描画とストーリー展開の巧みさで人気を集める。代表作「YAWARA!」で女子柔道ブームを巻き起こした。他に「MASTERキートン」「20世紀少年」「MONSTER」など。

うら-さん【▽占算】占いに使う算木。転じて、占い。占卜(せんぼく)。

うら-ざん【裏桟】天井板・雨戸などの板の合わせ目に、補強のため裏から当てる桟。

うら-じ【浦路】浦伝いの道。「旅寝する須磨の—のさよ千鳥声こそ袖の波はかけけれ」〈千載・羇旅〉

うら-じ【裏地】衣服などを袷(あわせ)仕立てにするとき裏につける布地。⇔表地。

ウラジーミル〖Vladimir〗(1世)[955ころ〜1015]ロシアのキエフ大公。在位980〜1015。ビザンチン皇帝の妹アンナと結婚してギリシャ正教を国教とし、ビザンチン文化を移入。ウラジーミル聖公。

ウラジーミル〖Vladimir〗ロシア連邦西部、ウラジーミル州の州都。首都モスクワの北東約190キロメートルに位置する。「黄金の環」と呼ばれるモスクワ北東近郊の観光都市の一。12世紀初頭、ウラジーミル＝モノマフが要塞を築いたことに起源する。12世紀半ばにウラジーミルスーズダリ公国の首都となり、13世紀半ばにモンゴル帝国に侵略されるまで繁栄した。市街には黄金の門、ウスペンスキー大聖堂、ドミトリエフスキー聖堂など、白壁の建造物が残り、1992年に「ウラジーミルとスーズダリの白亜の建造物群」の名称で世界遺産(文化遺産)に登録された。

ウラジオストク〖Vladivostok〗ロシア連邦東部、沿海地方の中心都市。ロシア語で「東方を治めよ」の意。日本海に面し、漁業・貿易・軍事における重要な港湾を擁す。1860年建設。1903年にモスクワとの間にシベリア鉄道が開通した。人口、行政区58万、都市圏61万(2008)。(補説)「浦塩斯徳」とも書く。

うらしま【浦島】㊀浦島太郎のこと。㊁謡曲。脇能物。宝生流番外曲。勅使が丹後水の江の浦島明神にもうでると、明神・竜神が現れ、不死の薬を与える。㊂狂言。大蔵・和泉(いずみ)流番外曲。釣った亀を祖父と孫が助けると、亀の精が現れ、箱を置いていく。箱を開くと祖父は若い男になる。㊃歌舞伎舞踊。長唄。2世瀬川如皐(じょこう)作詩、4世杵屋三郎助(きねやさぶろうすけ)作曲。七変化「拙筆力七以呂波(にじりがきななついろは)」の一つとして、文政11年(1828)江戸中村座で中村芝翫(しかん)が初演。

うらじま-おり【裏×縞織(り)】表は無地または霜降りに、裏は格子や縞などに織った織物。毛織物はコートに、絹織物は傘などに用いる。

うらしま-がい【浦島貝】トウカムリガイ科の巻き貝。浅海の砂泥底にすむ。貝殻は卵球形で、殻高6センチくらい。殻表は浅い溝状の横縞(よこじま)があるが滑らかで、淡褐色に濃褐色の斑点が規則正しく並ぶ。

うらしま-せつわ【浦島説話】伝説「浦島太郎」の原型となる説話。古く雄略紀・逸文丹後国風土記・万葉集・続日本紀(しょくにほんぎ)にみえ、平安時代以後も「浦島子伝」など多くの文献がある。大筋は「浦島太郎」と同じであるが、「浦島の子」は釣った亀の化した女性に従って仙境に至り、夫婦になって3年を過ごしたという形になっている。仙郷滞留説話の一つで、同類型は世界的に分布。

うらしま-そう【浦島草】サトイモ科の多年草。日陰地に生え、高さは40〜50センチ。葉は多数に裂けていて、長い柄をもつ。雌雄異株。晩春、紫緑色の仏炎苞(ぶつえんほう)に包まれた軸に、多数の雄花、雌花をつける。軸の一部は紫黒色で長い糸状に伸びる。名は、これを浦島太郎の釣り糸に見立てたもの。有毒。(季 夏)「蚕(こ)飼ふ家(や)の簾(すだれ)の下の—/青邨」

うらしま-たろう【浦島太郎】㊀浦島説話の主人公である「浦島の子」の、御伽草子以降の呼び方。また、その伝説。丹後国の漁師浦島は、助けた亀の誘いで海中の竜宮に行き、乙姫の歓待を受ける。土産に玉手箱をもらって村に戻ると、地上ではすでに300年が過ぎていたので、厳禁されていた玉手箱を開けると、白い煙とともにたちまち老翁となる。㊁御伽草子。1巻。作者未詳。室町時代の成立か。浦島説話を題材にしたもの。浦島が老翁となったあと鶴と化し、乙姫が化した亀と夫婦の明神になる。

うらしま-つつじ【裏×縞躑＝躅】ツツジ科の落葉小低木。高山に群生。茎に、枯れた葉柄の残りがうろこ状につき、地をはい、その先が上向いて、倒卵形の小さい葉が密につく。葉の裏面に縞模様がある。6月ごろ、壺形の黄白色の花が咲く。実は熟すと黒紫色。くまこけもも。

うらしま-の-こ【浦島の子】浦島説話の主人公の漁師。丹後国筒川(つつかわ)の人で、水の江(え)の浦島の子ともいう。➡浦島説話 ➡浦島太郎

ウラジミルツォフ〖Boris Yakovlevich Vladimirtsov〗[1884〜1931]ソ連の東洋語学者。モンゴルの言語・歴史研究に貢献。著「チンギス-ハン伝」「モンゴル文語とハルハ方言との比較文法」など。

うら-じゃく【裏尺】「裏曲(うらがね)」に同じ。

うら-じゃくや【裏借屋】裏通りにある粗末な借家。「心解けあふ—も、住めば都にまさるらん」〈人・梅児誉美・一〉

うら-じょうめん【裏正面】相撲の土俵場で、正面の反対側、すなわち南側にあたる場所。また、そこに面した見物席。向こう正面。

うら-しょうもん【浦証文】▶浦切手(うらぎって)

ウラシル〖uracil〗核酸の構成成分の一。RNA(リボ核酸)にだけ含まれ、ピリミジン塩基の一。DNAから転写されるときにチミンの配列場所に組み込まれ、アデニンと対応する。

うら-じろ【裏白】❶裏が白いこと。内側・底の白いことにも用いる。❷ウラジロ科の常緑、多年生のシダ。主に暖地の山中に自生し、大群落をつくる。葉は長さ約1メートル、上端で二葉片に分かれ、さらに羽状に分かれ、裏面は白みを帯びる。柄は太く茶褐色で強

く、かごなどを作る。葉を新年の飾りに用いる。やまくさ。ほながむ。もろむき。へご。うらかぜぐさ。〔季新年〕「名こそかはれ江戸の—京の歯朶(しだ)/子規」❸「裏白連歌」の略。❹「裏白戸」の略。❺野菜、特にシイタケの裏側に魚のすり身をつけて蒸し上げた料理。

うらじろ-がし【裏白×樫】ブナ科の常緑高木。本州中部以南の山地に自生。葉は長楕円形で、先半分の縁に鋭いぎざぎざがあり、裏面は蝋(ろう)で覆われ白い。5月ごろ、新しい枝の付け根に黄色の雄花が垂れてつき、雌花は葉の付け根につく。翌年10月ごろ、どんぐりができる。材の用途は多い。

うらじろ-かんば【裏白×樺】カバノキ科の落葉高木。山地に生え、樹皮は灰白色。葉は広楕円形で縁に二重のぎざぎざがあり、裏面は白みを帯びる。果穂を猫の尾に見立てて、ねこしでともいう。

うらじろ-せいじ【裏白青磁】表面だけに青磁釉(せいじゆう)を施した青磁。中国清(しん)代に作られた。うらじろで。

うらじろ-ど【裏白戸】土蔵入り口の開き戸の内側に設ける防火用の引き戸。表がねずみ色、裏が白漆喰(しろしっくい)塗りのもの。うらじろのと。

うらじろ-の-き【裏白の木】バラ科の落葉高木。山地に自生。葉は卵円形で先がとがり、縁にぎざぎざがあり、裏面は綿毛を密生して白い。白い花をつけ、実は熟すと赤くなり、食べられる。あわだんご。まめなし。

うらじろ-もみ【裏白×樅】マツ科の常緑高木。深山に自生。高さ約40メートルに達する。葉はモミに似て線形で、裏面は白みを帯びる。初夏、黄色い花粉をもつ雄花と紫色の雌花とをつける。球果は暗紫色。だけもみ。日光もみ。

うらじろ-れんが【裏白連歌】懐紙の表にだけ句を書き、裏には書かない方式の連歌。正月、京都の北野神社で行われたものが有名。

うら-す【浦州｜浦×洲】入り江にある州。「—には千鳥妻呼び」〈万・一〇六二〉

うら-せど【裏背戸】裏の戸口。裏口。背戸。

うら-せんけ【裏千家】千家流茶道の分派の一。千利休の孫宗旦(そうたん)の四男宗室を開祖とする。宗室が父から譲られた隠居所今日庵(茶室)が本家の裏手にあたるので、この称がある。裏流。裏。

うらそえ【浦添】(うらそえ)沖縄県那覇市の北にある市。12～14世紀、舜天(しゅんてん)・英祖・察度3王朝の王都。近年、宅地化が急激に進んでいる。昭和45年(1970)市制。人口11.0万(2010)。

うらそえ-し【浦添市】(うらそえ)▶浦添

うら-そで【裏袖】袷(あわせ)・綿入れなど、裏地つき衣服の袖の内側のもの。⇔表袖(おもてそで)。

うら-だな【裏▽店】裏通りにある家。商家の裏側や路地などにある粗末な家。裏屋。「—住まい」⇔表店(おもてだな)。

うらだな-がり【裏▽店借り】裏店を借りて住むこと。貧乏暮らし。また、その人。

うら-ぢゃや【裏茶屋】遊里の裏通りにあった茶屋。遊女と間夫(まぶ)の忍び逢いなどに利用された。「見世、雅調(がちょう)の音色に連れて、通ひ廓の—まで」〈洒・二筋道〉

うら-ちょうぼ【裏帳簿】(うらチョウボ)不正な方法で得た金の出入りを記した秘密の帳簿。裏金の帳簿。

うら-つけ【裏付け】❶衣服などに裏をつけること。また、つけたもの。「—の上(うえ)に麻の袴(はかま)を着るもあり」〈浮・一代女・三〉❷「裏付け草履」の略。

うら-づけ【裏付け】❶裏を張って丈夫にすること。裏打ち。❷物事の確実なことを他の面から証明すること。「調査による—をとる」「証言に—されたアリバイ」〔類語〕証拠・証(しょう)・あかし・しるし・証左・証憑(しょうひょう)・徴憑(ちょうひょう)・徴証・明証・確証・実証・傍証・根拠・よりどころ・ねた・立証・例証・論証・検証・挙証・証言・裏書き・裏打ち・証(しょう)する・裏付ける・明かす・証拠立てる

うらつけ-ぞうり【裏付け草履】(ザウリ)草履台の裏側に3～6枚ぐらいの革を張りつけて厚くした草履。

うら-づ・ける【裏付ける】〔動カ下一〕図うらづ・く〔カ下二〕❶布・紙などを物の裏につけて強くする。裏打ちする。❷ある事が確かであることを証拠立てる。物事を確実なものとする。「犯行を—・ける新たな証拠」〔類語〕証明・確認・立証・実証・例証・論証・検証・挙証・証言・証(しょう)する・裏付け・裏書き・裏打ち・確かめる・証(しょう)する・明かす・証拠立てる

うら-づたい【浦伝い】(うらづたひ)浦から浦へとたどって行くこと。舟で海岸沿いに行くこと。

うら-づた・う【浦伝ふ】(うらづたふ)〔動ハ四〕浦々を伝って行く。舟で海辺に沿って行く。「岩越ゆる荒磯波にたつ千鳥心ならでや—・ふらむ」〈千載・冬〉

うら-て【▽占手】❶昔、相撲(すまい)の節会(せちえ)で、最手(ほて)に次ぐ2番目の地位。左・右とあり、後世の関脇に相当する。最手脇(ほてわき)。❷歌合わせで、最初の1番。「左方—の菊は」〈寛平菊合〉❸占い。占いの結果。「さて松明(たいまつ)の—はいかに」〈謡・烏帽子折〉

うら-て【裏手】建物などの、裏のほう。後ろのほう。背後。「家の—に回る」
〔類語〕裏側・後ろ・裏面・背後・背面・裏・搦(から)め手

うら-てがた【浦手形】▶浦切手(うらぎって)

うら-と・う【▽占問ふ】(うらとふ)〔動ハ四〕《「うらどう」とも》占って吉凶をたずねる。うらなう。「卜部(うらべ)をも八十(やそ)の衢(ちまた)も—・へど」〈万・三八一二〉

うら-ど・う【▽心問ふ｜裏問ふ】(うらどふ)〔動ハ四〕相手の心の中をそれとなく探る。「よそながらこそ—・ひけれ」〈浄・烏帽子折〉

うら-どおり【裏通り】(うらどほり)町並みの、裏のほうの通り。裏道。⇔表通り。〔類語〕裏道・裏街道・抜け道

うら-どし【裏年】果物などが、よく実らない年。➡生(な)り年

うらどめ-かいがん【浦富海岸】鳥取県北東部、岩美(いわみ)郡岩美町の日本海沿岸一帯の称。海食地形に富む名勝地。

うら-とり【裏取り】マスコミで、取材の内容が正しいと判断できる証拠を集めること。報道できる内容かどうか裏付けを取ること。「—に走る」

うら-どり【裏撮り】コロタイプ印刷やグラビア印刷の原板を作るための写真を撮影する際に、乾板を裏返しにして撮り枠に収めて撮影すること。

うら-とりひき【裏取(り)引(き)】人に隠れてお互いの利益をはかる、不正な取引。

うらど-わん【浦戸湾】高知県中央部、土佐湾から入り込んだ湾。湾奥に高知市がある。湾口の昭和47年(1972)架橋の浦戸大橋は長さ1480メートル。

うら-ない【占い】(うらなひ)うらなうこと。人の運勢、物事の吉凶、将来の成り行きを判断・予言すること。また、それを職業とする人。卜(ぼく)・筮(ぜい)・占星術・トランプ占い・人相見など、古今東西、さまざまの形式がある。うら。占卜(せんぼく)。卜占。〔類語〕易・占(うら)・卜占・占卜・八卦・易断

うらない-さん【占い算】(うらなひ)「占屋算(うらやさん)」に同じ。「—、占(うら)の御用、しかも上手(じょうず)なり」〈続狂言記・居杭〉

うらない-し【占い師】(うらなひ)占いを職業とする人。占い者。易者。八卦見(はっけみ)。〔類語〕易者・八卦見・手相見・陰陽師

うらな・う【占う】(うらなふ)〔動ワ五(ハ四)〕《「うら(占)」＋接尾語「なう」から》現れた兆しや形象などによって人の運勢、将来の成り行き、物事の吉凶などを判断する。また、単に先行きを判断する意にも用いる。「易者に—・ってもらう」「今年のペナントレースを—・う」〔可能〕うらなえる

うら-ながや【裏長屋】裏通りや路地にある長屋。裏店(うらだな)の長屋。⇔表長屋。

うら-なげ【裏投げ】柔道の技の一。相手の前横脇下(わきした)に半身になって入り込み、その腰を抱え上げると同時にのけぞるようにからだを倒しながら後ろへ大きく投げ倒す技。

うら-なし【裏無し】❶裏地をつけてない、単(ひとえ)の衣類。❷《草履はふつう2枚重ねで作るのに対し、1枚であるところから》裏をつけない草履。緒太(おぶと)。

うら-な・し【▽心無し｜裏無し】〔形ク〕❶心の内を包み隠さない。隔て心がない。「世のはかなき事も、—・く言ひ慰まむこそうれしかるべきに」〈徒然・一二〉❷物事を深く考えない。うっかり安心している。「かかりけることもありける世を、—・くて過ぐしけるよ」〈源・朝顔〉

うら-なみ【浦波】海岸に打ち寄せる波。「朝風に—騒き夕波に玉藻は来寄る」〈万・一〇六五〉

うら-なり【▽末▽生り｜▽末成り】❶時期が遅くなって蔓(つる)の先のほうに実がなること。また、その実。実は小形で、味も劣る。「—のカボチャ」⇔本生(もとな)り。❷顔色が悪く弱々しくて元気のない人をあざけっていう語。❸末っ子。「—の子をばころがし育てなり」〈柳多留・五五〉
末成りの瓢箪(ひょうたん) 顔が青白く、からだの弱そうな人のたとえ。

ウラニウム〖uranium〗ウランの英語名のローマ字読み。

うら-にし【浦西】主に山陰地方で、晩秋から冬にかけて吹く西風、または北西の風。

うら-にほん【裏日本】本州の日本海に面する地方を称した語。日本海沿岸地域。⇔表日本。

うら-にわ【裏庭】(うらには)家や建物の裏側にある庭。

うらにわ-の-かみ【×卜庭の神】(うらには)卜占(ぼくせん)をつかさどる神。太詔戸命(ふとのりとのみこと)と櫛真知命(くしまちのみこと)の二神で、延喜式にみえる。卜部の神。

ウラノス〖Ūranos〗㊀《天の意》ギリシャ神話で、世界の最初の支配者。女神ガイアの夫。神々の祖で、ゼウスの祖父。㊁天王星のこと。

うら-ば【▽末葉】草木の茎や枝の先のほうの葉。うれば。「池の辺の松の—に降る雪は五百重(いほへ)降り敷け明日さへも見む」〈万・一六五〇〉⇔本葉(もとは)。

うら-はぎ【▽末×矧】矢の箆(の)に羽の軸を接着し、桜皮・糸などを巻きつけた部分のうち、矢筈に近い部分。上矧(うわはぎ)。

うら-はく【裏×箔】日本画で、金銀の色調を和らげるため、画面の絹地(絵絹)の裏に、金箔や銀箔をはること。また、その金・銀箔。裏金(うらきん)。

うらは-ぐさ【裏葉草】イネ科の多年草。日本特産。山地や谷川のがけに群生。高さ30～50センチ。葉は細長く、基部で転倒し、裏面が上向きになって緑色をし、表面は下向きとなり白色。夏から秋にかけて小穂をつける。

うら-ばしご【裏×梯子】主となる階段とは別に、家の裏に設けた別の階段。客商売の家などで主に家族や使用人が利用する。

うら-はず【▽末×弭｜▽末×筈】弓の上端の、弦輪(つるわ)をかける部分。上弭(うわはず)。すえはず。

うら-はずかし・い【▽心恥ずかしい】(うらはづかしい)〔形〕図うらはづか・し〔シク〕なんとなく恥ずかしい。気恥ずかしい。心に恥ずかしく感じる。「わが姉ながら気の毒でもあり又—・くもあった」〈漱石・道草〉〔類語〕気恥ずかしい・小恥ずかしい・きまり悪い・恥ずかしい・ばつが悪い・照れ臭い・面映ゆい・こそばゆい・尻こそばゆい

うら-ばなし【裏話】一般には知られていない、内部事情に関する話。「政界の—」〔類語〕逸話・エピソード

うら-はみ【×卜▽食】《「うらばみ」とも》亀の甲を焼いて占うとき、縦または横に裂ける筋目。縦を吉、横を凶とした。

うら-はら【裏腹】〔名・形動〕❶背と腹。また、裏と表。❷背中合わせ。隣り合わせの関係であること。「死と—の危険な仕事」❸相反していること。また、そのさま。逆さま。反対。あべこべ。「気持ちと—な言葉」〔類語〕反対・逆・あべこべ・逆様・逆さ・裏返し・裏表・右左(みぎひだり)・上下(うえした)・後ろ前・表裏・陰日向・背中合わせ

うら-ばり【裏張り】〔名〕(スル)薄い物の裏に紙や布を張って補強すること。

うら-はん【裏判】文書の裏に記す署名・花押(かおう)や押印。表の文面を承認・保証するため、または相手方に敬意を表すためなどに行う。

うら-ばんぐみ【裏番組】ある放送局の人気番組と同じ時間に放送される、他の局の番組。

うら-ばんだい【裏磐梯】福島県、磐梯山の北麓および北方の称。檜原(ひばら)・小野川(おのがわ)・秋元の裏磐梯三湖は明治21年(1888)磐梯山の爆発による泥流でせき止められて形成されたもの。

うら-びと【浦人】漁師など海辺で生活する人。漁民。「—は歌い山人はののしり、最(いと)と賑々(にぎにぎ)しければ」〈独歩・源叔父〉

うら-びゃくしょう【浦百姓】(うらびゃくしゃう)中・近世、漁村の

住民をいう語。また、本百姓(一般の農民)に対して、漁業に従事する住民をいう。
うら-びょうし【裏表紙】ヘウ 書物の裏側を覆う表紙。
うら-び・る〔動ラ下二〕《「うらぶる」の音変化か。連用形の用例しかみられない》「うらぶれる」に同じ。「秋萩に一・れをれば」〈古今・秋上〉
うら-ふう【裏封】文書の文面を公に保証するものとして裏に記す言葉や署名。また、中世の訴訟で、訴陳状の裏に記した、当事者および奉行の花押かおう。
うら-ふみ【▽占文|×卜▽書】占い定めた事柄を記した文書。せんもん。うらのふみ。「吉平が自筆の一の裏に書かれたる御記ぎょき」〈徒然・一六三〉
うら-ぶ・る〔動ラ下二〕「うらぶれる」の文語形。
うら-ぶ・れる〔動ラ下一〕図うらぶ・る〔ラ下二〕❶落ちぶれて惨めなありさまになる。不幸な目にあったりして、みすぼらしくなる。「一・れた生活」❷心がしおれて、わびしく思う。悲しみに沈む。「君に恋ひ一・れ居れば敷の野の秋萩しのぎさ雄鹿鳴くも」〈万・二一四三〉
うら-べ【×卜▽部】律令制で、神祇官じんぎかんに仕えた職員。卜占ぼくせんによる吉凶の判断をつかさどった。
うらべ【卜部】姓氏の一。古来、卜占ぼくせん・祭祀さいしを職とした氏族。
うらべ-かねかた【卜部懐賢】鎌倉中期の神道家・古典学者。名は兼方とも。著「釈日本紀」など。生没年未詳。
うらべ-かねとも【卜部兼倶】[1435〜1511]室町中期の神道家。別姓、吉田。京都吉田神社の神官。唯一神道を創始。足利義政の知遇を受け、神祇伯じんぎはく白川家と対抗して神職界に勢力を伸ばし、全国の神社を支配するほど勢威をふるった。著「唯一神道名法要集」「神道大意」など。
うらべ-かねよし【卜部兼好】▶けんこう(兼好)
うらべ-しんとう【×卜▽部神道】シンタウ ▶吉田神道
うらべ-の-かみ【×卜▽部の神】▶卜庭うらにわの神
うらべ-の-すえたけ【卜部季武】すゑたけ [950〜1022]平安中期の武士。通称、六郎。源頼光の四天王の一人。大江山の酒呑童子しゅてんどうじ征伐で有名。
うら-ほうしゅう【裏報酬】ホウシウ 不正な行いの対価として得た報酬。また、帳簿に記載せず、ひそかに得た報酬。
うらぼん【×盂×蘭盆】7月15日を中心に祖先の冥福めいふくを祈る仏事。江戸時代からは13日から16日にかけて行われ、ふつう、迎え火をたいて死者の霊を迎え、精霊棚しょうりょうだなを作って供物をそなえ、僧による棚経たなぎょうをあげ、墓参りなどをし、送り火をたいて、霊を送る。現在は、地方により陰暦で行う所と、一月遅れの8月15日前後に行う所とがある。精霊会しょうりょうえ。盆。お盆。盂蘭盆会うらぼんえ。魂祭たままつり。うらんぼん。《季 秋》〔補説〕一般に、梵 ullambana(逆さづりの意、倒懸とうけんと訳す)の音写とされるが、異説がある。
〔類語〕盆・精霊会・新盆・旧盆・霊祭り
うら-ぼん【裏盆】盂蘭盆うらぼんの終わり。ふつう、7月20日。また、そのころ。
うらぼん-え【×盂×蘭盆会】ヱ「盂蘭盆」に同じ。《季 秋》
うらぼん-きょう【盂蘭盆経】キャウ 大乗経典。1巻。西晋せいしんの竺法護じくほうご訳とされる。餓鬼道に落ちた母を救う手段を仏にたずねた目連もくれんが、夏安居げあんごの最後の日の7月15日に僧を供養するよう教えられた故事を説いたもの。盂蘭盆会はこの経説に基づく。梵語の原典はなく、中国の偽経ぎきょうともいわれる。
うらぼん-さい【×盂×蘭盆斎】盂蘭盆に、僧や尼に食物を供養すること。盂盆斎。
ウラマー〖アラビア ‘ulamā’〗《知識をもつ者を表す語 ‘ālim(アーリム)の複数形》聖法学をはじめとするイスラム諸学に通じ、イスラム法の代弁者としてイスラム社会で重要な役割を果たす人々。
うらまさり-こうばい【裏▽優紅梅】襲かさねの色目の名。表は紅梅、裏は紅。初春に使用。
うら-まち【裏町】表通りの裏側にある町。
うらまつ-こぜん【裏松固禅】[1736〜1804]江戸後期の有職ゆうそく故実家。京都の人。名は光世。固禅は法号。宝暦事件に連座し永蟄居えいちっきょ、以後故実研究に専念。天明8年(1788)内裏焼失の際、その研究が採用されて平安内裏が復元・再建された。著「大内裏図考証」「皇居年表」など。
うらまつ-みつよ【裏松光世】▶裏松固禅こぜん
うら-まつり【浦祭(り)】▶磯祭り❷
うら-まど【裏窓】家の裏側にある窓。
ヴラマンク〖Vlaminck〗▶ブラマンク
うらみ【恨み|▽怨み|▽憾み】❶他からの仕打ちを不満に思って憤り憎む気持ち。怨恨えんこん。「あいつには一がある」「一を晴らす」❷(憾み)他と比べて不満に思われる点。もの足りなく感じること。「技巧に走りすぎた一がある」❸残念に思う気持ち。心残り。未練。「一の雨」「あの結果を一に思う」❹悲しみ。嘆き。「行く者の悲しみ、残る者の一」〈奥の細道〉
〔類語〕(❶)怨恨えんこん・怨嗟えんさ・意趣・私怨しえん・遺恨いこん・怨念おんねん・宿意・宿怨しゅくえん・宿恨・積怨せきえん・旧怨きゅうえん・仇あだ・憎しみ・復讐心ふくしゅうしん・逆恨み・恨めしい
恨み骨髄こつずいに徹す 《「史記」秦本紀から》恨みが骨のしんまでしみとおる。深い恨みを抱く。
恨みに報ゆるに徳を以もってす 《「老子」63章から》恨みのある者に対しても恩徳で報いる。
恨みを買・う 恨まれる。恨みを受ける。「一・う言動」
恨みを飲・む 《江淹「恨賦」から》恨みの気持ちを心の中にこめている。くやしい気持ちをこらえる。
うら-み【浦見】海辺を眺めること。和歌で、多く「恨み」に掛けて用いる。「浜千鳥跡のとまりを尋ぬとて行くへもしらぬ一をやせむ」〈かげろふ・上〉
うら-み【浦×廻|浦▽回】《「み」は動詞「み(廻)る」の連用形から。曲がりめぐること、また、そのようになっている地形》❶舟で浦を漕ぎ巡っていくこと。「藤波を仮廬かりいほに造り一する人とは知らに海人あまとか見らむ」〈万・四二〇二〉❷海岸の湾曲した所。うらわ。うらま。「大和路の島の一に寄する波間あひだもなけむ我あが恋ひまくは」〈万・五五一〉
うらみ-がお【恨み顔】ガホ〔名・形動〕恨めしそうな顔つき。また、そのさま。「『…もうもう恁麼いんもことは聞かせません』と半ばは一なるぞ詮方せんかたなき」〈鏡花・照葉狂言〉
うらみ-がまし・い【恨みがましい|▽怨みがましい】〔形〕図うらみがま・し〔シク〕いかにも恨んでいるように見える。さもうらめしそうである。「一・い目つき」〔派生〕うらみがましさ〔名〕
うらみ-ごと【恨み言】恨みをこめた言葉。恨みを述べる言葉。怨言。「一を並べる」
うら-みごろ【裏身頃】袷あわせなどの身頃の裏地。⇔表身頃。
うら-みち【裏道】❶本道でない裏通りの道。抜け道。間道かんどう。❷正当でないやり方、手段。まともでない生き方。「人生の一」❸裏口に通じている道。「表から出ましたら遅からうと存し、一へ向けて追っかけまするとて」〈狂言記・胸突〉〔類語〕裏通り・裏街道・抜け道・間道・横道・近道・脇道・枝道
うらみっ-こ【恨みっこ】互いに恨むこと。「どういう結果になっても一なしにしよう」
うらみ-つらみ【恨み辛み】《「つらみ」は、形容詞「つらい」の語幹に「み」をつけて語調を整えた語》積もり積もった、さまざまの恨み。「一をぶちまける」
うらみのすけ【恨之介】仮名草子。2巻。作者未詳。慶長14年(1609)以後の作。葛くずの恨之介と、近衛殿の養女雪の前との悲恋物語。近世初期の風俗・風潮をよく反映した作品とされる。
うらみ-の-たき【裏見滝】栃木県日光市にある滝。大谷だいや川の支流荒沢にある。落差45メートル、幅2メートルと規模は比較的小さいが、水の落下は壮観。
うらみ-ぶし【恨み節|▽怨み節】❶恨みを表現する歌詞、暗い感じの曲調を持った歌曲。❷恨みを込めた文句。「落選者の一」
うら・みる【恨みる】〔動マ上一〕「恨む」に同じ。「昇にこそ怨はあれ、昇に一・みられる覚えは更にない」〈二葉亭・浮雲〉〔補説〕上二段活用の動詞「恨む」は近世以降、四段化したが、近代でも上一段の例がある。
うらみ-わ・ぶ【恨み×侘ぶ】〔動バ上二〕恨み悲しむ。「一・び干さぬ袖だにあるものを恋に朽ちなむ名こそ惜しけれ」〈後拾遺・恋四〉
うら・む【恨む|▽怨む|▽憾む】㊀〔動マ五(四)〕❶ひどい仕打ちをした相手を憎く思う気持ちをもちつづける。「冷たい態度を一・む」❷自分の思うようにならない状況に不満や悲しみを持ちつづける。「世の中を一・む」❸(憾む)望みどおりにならず、残念に思う。「機会を逸したことが一・まれる」㊁〔動マ上二〕❶㊀❶に同じ。「世の中はいかに苦しと思ふらむここらの人に一・みらるれば」〈古今・雑体〉❷ぐちを言う。「花散らす風の宿りは誰か知る我に教へよ行きて一・みむ」〈古今・春下〉❸無念を晴らす。仕返しをする。「入道相国朝家を一・み奉るべき事必定と聞こえしかば」〈平家・三〉〔補説〕中世までは上二段活用、近世になって四段活用に転じた。〔類語〕憎む・嫌う・忌み嫌う・嫉そねむ・呪のろう・嫌がる・厭いとう・憎悪する・嫌悪する・敵視する・仇視きゅうしする・嫉視しっしする・呪詛じゅそする・唾棄だきする・目の敵かたきにする・白い目で見る
うらむらく-は【恨むらくは】〔連語〕《動詞「うらむ」(上二)のク語法＋係助詞「は」》残念なことには。恨めしいことには。「暇はあるのに、一お金がない」
うら-め【裏目】❶さいころを振って出た目の反対側にある目。❷曲尺かねじゃくの裏側の目盛り。裏の矩かね。裏曲かね。❸裁縫などで裏側に出た縫い目。
裏目に◦出る 好い結果を期待してやったことが、逆に不都合な結果になる。「強攻策が一◦出る」「妥協したことが一◦出る」
うら-めい【裏銘】日本刀の製作者の銘を彫ってある面の裏側にある銘。製作年月日や所持者名などを彫る。⇔表銘。
うらめし・い【恨めしい|▽怨めしい】〔形〕図うらめ・し〔シク〕《「うらむ」の形容詞化》❶恨みに思われる。にくらしい。「彼の裏切りが一・い」❷残念に思われる。情けない。「役にも立たないわが身が一・い」〔派生〕うらめしがる〔動ラ五〕うらめしげ〔形動〕うらめしさ〔名〕〔類語〕(❶)恨み・悔しい・遺恨・怨恨・逆恨み・私怨・怨念・怨嗟えんさ・意趣・宿意・宿怨しゅくえん・宿恨・積怨せきえん・旧怨きゅうえん・仇あだ・憎しみ・復讐心ふくしゅうしん／(❷)口惜くちおしい・腹立たしい・残念・無念・心外しんがい・癪しゃく
うらめし-や【恨めしや】幽霊が出てくるときに言うとされる言葉。「恨めしいなあ」の意。
うら-めずら・し【▽心珍し】めづらし〔形シク〕清新な感じがして心ひかれる。なんとなく珍しい。和歌では「裏」「浦」との掛け詞として用いられる場合が多い。「わがせこが衣の裾を吹き返し一・しき秋の初風」〈古今・秋上〉
うら-もとな・し【▽心▽許無し】〔形ク〕気がかりで待ち遠しい。また、なんとなく不安で気がかりである。こころもとない。「巌いはほろの沿ひの若松限りとや君が来まさぬ一・くも」〈万・三四九五〉
うら-もよう【裏模様】モヤウ ❶物の裏側につけた模様。❷和服で、袖口・褄つま・裾すその裏につけた模様。また、そうした模様のついた着物。
うら-もん【裏門】屋敷・邸宅などの裏手にある門。後門。⇔表門。〔類語〕門かど・門もん・正門・ゲート・アーチ
うら-もん【裏紋】「替え紋」に同じ。⇔表紋。
うら-もんじょ【裏文書】古文書の裏に残された別の文書。一度使用された紙の裏を再び利用した場合の、もとの表側に記されたものをいい、史料的価値の高いものが多い。紙背文書しはいもんじょ。
うら-や【裏屋】「裏店うらだな」に同じ。「くれゆく空のたどたどしきに一はまして薄暗く」〈一葉・にごりえ〉
うら-やき【裏焼(き)】写真の焼き付けのとき、ネガの表裏を逆に処理し、左右逆にでき上がること。また、その写真。裏焼き写真。
うら-やく【浦役】❶漁村で浜や漁業を管理する役目。浜役。浜がかり。❷江戸時代、漁村民に課せられた賦役ふえき・雑税。浜役。
うらやく-せん【浦役銭】室町時代、漁業税として、浦方の住民に課した臨時の税。また、江戸時代、浦役として代納された金銭。
うら-やくそく【裏約束】❶表向きにできない約束。❷遊里で、遊女と初会のときに再度会うという約束

を結ぶこと。「裏を返す」という約束。「初会のいりめ、―、三会目の床花」〈黄・金生木〉
うらや-さん【▽占屋算】占い。特に、算木・筮竹を使って行う占い。また、それを業とする者。占い算。「―、占うの御用、しかも上手」〈虎寛狂・居杭〉
うらやす【浦安】千葉県西部の市。東京湾に面し、ノリ・アサリ・ハマグリの養殖が盛んであったが、埋め立てが進み、近年都市化が著しい。東京ディズニーリゾートがある。人口16.5万(2010)。
うら-やす【▽心安】〔形動ナリ〕心が安らかなさま。「春へ咲く藤の末葉の―にさ寝る夜そなき子ろをし思へば」〈万・三五〇四〉
うらやす-し【浦安市】▶浦安
うらやす-の-くに【浦安の国】《「心安の国」の意》大和国、または日本国の美称。「この国を目けて曰はく、日本は―、細戈の千足る国」〈神武紀〉
うら-やなぎ【裏柳】襲の色目の名。表は白、裏は萌葱。
うら-やま【浦山】❶浦と山。海山。「なほ立ち重ね行く道の、―かけてはるばると」〈謡・鵜羽〉❷海に沿った山。海辺の山。「かかる―へ馬の背ばかりにて荷物をとらば」〈浮・永代蔵・二〉
うら-やま【裏山】❶家の裏のほうにある山。❷山の、日当たりや水の便などの悪い側。⇔表山。
うらやま-きりお【浦山桐郎】[1930～1985]映画監督。兵庫の生まれ。「キューポラのある街」で監督デビューし、注目を集める。生涯で監督した作品は9本と寡作ながら、どれも高く評価された。他に「非行少女」「私が棄てた女」「青春の門」など。
うら-やまし・い【羨ましい】〔形〕〔文〕うらやま・し〔シク〕《「うらやむ」の形容詞化》他人の能力や状態をみて、自分もそうありたいと願うさま。また、他人をねたましく思うさま。「兄弟の多い人が―・い」「―・い御身分」〔派生〕うらやましがる〔動ラ五〕うらやましげ〔形動〕うらやましさ〔名〕
〔類語〕ねたましい・嫉妬
うら-やまぶき【裏山吹】襲の色目の名。表は黄、裏は紅。一説に、裏は萌葱、青色などともする。冬から春にかけて使用。
うら-やみ【羨み】うらやむこと。羨望。「そぞろに―の念きざし」〈露伴・いさなとり〉
うら-や・む【羨む】〔動マ五(四)〕《「心病む」の意》❶他の人が恵まれていたり、自分よりもすぐれていたりするのを見て、自分もそうありたいと思う。「人も―・む仲」❷他人のすぐれた才能や恵まれた状態を不満に思う。「同輩の出世を―・む」〔類語〕羨望・ねたむ・そねむ・やっかむ・焼く・焼ける・嫉妬
うら-ゆき【裏行き】家などの、表から奥までの距離。奥行き。「表口三十間、―六十五間を家蔵に建て続け」〈浮・永代蔵・二〉
うら-よみ【裏読み】〔名〕〔スル〕表面には表されていない意味を読み取ること。また、読み取ろうとすること。
うら-ら【▽麗ら】〔形動〕〔文〕〔ナリ〕「うららか❶」に同じ。「春の―の隅田川」〈武島羽衣・花〉「弥生の半ばなれば、波も―に海の面」〈謡・竹生島〉〔季 春〕
うら-らか【▽麗らか】〔形動〕〔文〕〔ナリ〕❶空が晴れて、日が柔らかくのどかに照っているさま。「―な日和」〔季 春〕「―や松を離るる鳶の笛/茅舎」❷声などが晴れ晴れとして楽しそうなさま。「―なひばりの声」❸心にわだかまりがなく、おっとりしているさま。「―に言ひ聞かせたらんはおとなしく聞こえなまし」〈徒然・二三四〉〔派生〕うららかさ〔名〕
〔類語〕のどか・うらうら・穏やか・安らか・安穏・明るい
ウラル〘Ural〙ロシア連邦西部、ウラル山脈を中心とする地域。工業地帯。
ウラルアルタイ-ごぞく【ウラルアルタイ語族】《Ural-Altaic》ウラル語族とアルタイ諸語は同系統であろうという仮定に立った両者の総称。19世紀以来この説は繰り返されているが、まだ証明されるには至っていない。
ウラル-がわ【ウラル川】ウラル山脈南部に源を発し、カスピ海に注ぐ川。長さ2530キロ。
ウラル-ごぞく【ウラル語族】スカンジナビア・中部ヨーロッパ・ロシア連邦などに分布する語族。フィン-ウゴル語派とサモエード語派とに大別され、前者にはフィンランド語・ハンガリー語などが含まれる。インド-ヨーロッパ語族、あるいはアルタイ諸語との同系説があるが、証明されていない。
ウラル-さんみゃく【ウラル山脈】《Ural'skie gorï》ロシア連邦西部を南北に走り、ヨーロッパとアジアとの境界をなす山脈。最高峰は北部にあるナロドナヤ山で標高1894メートル。石炭・石油・鉄・金・白金・ボーキサイトなど鉱物資源が豊富。
うられたはなよめ【売られた花嫁】《原題、チェ Prodaná nevěsta》スメタナ作曲のオペラ。1866年プラハで初演。ボヘミアの農村を舞台に若者の恋愛を扱った、チェコ国民歌劇の代表作。
うら-ろく【裏録】〔名〕〔スル〕テレビで、見ている番組とは別の局の番組を録画機器で録画すること。
うら-わ【浦▽曲｜浦×廻】《上代語で「み」とよむべき「廻」を旧訓で「わ」とよんだために生じた語》「うらみ(浦廻)」に同じ。「玉寄する―の風に空晴れて光をかはす秋の夜の月」〈千載・秋上〉
うらわ【浦和】埼玉県さいたま市中南部の区。旧市名。中山道の宿駅として発展。関東大震災後、住宅地として発展し、商工業も盛ん。➡さいたま
うら-わか・い【うら若い】〔形〕〔文〕うらわか・し〔ク〕❶若くういういしい。多く、女性の若く可憐なさまをいう。「―・い乙女」❷草木などの先が若くてみずみずしい。「小里なる花橘を引き攀ぢて折らむとすれどうらわかみこそ」〈万・三五七四〉〔補説〕❶の「うら」は「末」の意で、こずえが若くみずみずしいところからとも、「心」の意で、心の中にそのように感じられるというところからともいう。なお、❷の用例「うらわかみ」は「うらわかい」の語幹に接尾語「み」のついた形。〔派生〕うらわかげ〔形動〕うらわかさ〔名〕
〔類語〕若い・若若しい・若やか・若やぐ・若気・ういういしい・みずみずしい・いとけない・幼い・青臭い・溌剌
うらわ-く【浦和区】▶浦和
うら-わざ【裏技】人に知られていない隠れた方法。通常の方法とは異なるが、意外な効果のある方法。特にテレビゲームで、開発者が意図したものとは違う、特殊な攻略法。
うらわ-し【浦和市】▶浦和
うらわ-だいがく【浦和大学】さいたま市にある私立大学。平成15年(2003)の開学。
うらわ-レッズ【浦和レッズ】▶浦和レッドダイヤモンズ
うらわ-レッドダイヤモンズ【浦和レッドダイヤモンズ】日本プロサッカーリーグのクラブチームの一。ホームタウンはさいたま市。昭和25年(1950)創設。平成5年(1993)のJリーグ発足時から参加。浦和レッズ。〔補説〕チーム名は運営母体の三菱自動車の企業マーク(三つの赤い菱形)にちなむ。
ウラン〘ドイ Uran〙アクチノイドに属する天然放射性元素の一。単体は銀白色の金属。閃ウラン鉱(ピッチブレンド)やカルノー石などに含まれる。天然に存在するウランの同位体は3種あり、質量数238が99.276パーセント、235が0.720パーセント、234が0.0057パーセント。ウラン235は熱中性子を衝突させると核分裂を起こし、臨界量以上あると連鎖反応によって核爆発を起こすため、原子炉燃料・核兵器原料となる。1789年、ドイツのクラプロートが発見し、1781年発見の天王星(Uranus)にちなみ命名。元素記号U　原子番号92。原子量238.0。ウラニウム。
ウラン-ウデ〘Ulan-Ude〙ロシア連邦中部、ブリヤート共和国の首都。バイカル湖に流入するセレンガ川と支流ウダ川の合流点に位置し、河港を有す。シベリア鉄道がモンゴル経由で北京に至る支線の分岐地。ロシアの航空機産業の中心地としても知られる。
うらん-かな【売らん×哉】〔連語〕《動詞「う(売)る」の未然形＋推量の助動詞「ん」の連体形＋終助詞「かな」》何がなんでも商品を売りさえすればよいという考え方、態度。「―の姿勢が見え見えだ」
ウラン-ガラス《uranium glass》微量のウラン化合物を着色剤として使用したガラス。紫外線を当てると黄や緑などの蛍光色を発する。ウランの含有率は極めて低く、人体には影響を及ぼさない。1830年代にチェコのボヘミア地方で発明され、欧州や米国などで食器・花器・置物・アクセサリーなどさまざまなガラス製品が製造されたが、1940年代にウランが原子力エネルギーの主要な資源として利用されるようになって以降、ほとんど生産されなくなった。日本でも1920～30年代にかけて製造されていた。
ウラン-けいれつ【ウラン系列】ウラン238からラジウム226を経て鉛206に至る天然放射性核種の崩壊系列。質量数がすべて$4n+2$(nは整数)で表される。ウラン-ラジウム系列。
ウランゲリ-とう【ウランゲリ島】《Ostrov Vrangelya》北極海の縁海である東シベリア海とチュクチ海との間に浮かぶロシア領の島。英語名ランゲル島。ロンガ海峡を挟み、シベリア本土から約150キロメートル沖合に位置する。セイウチ、アザラシ、ホッキョクグマの生息地として知られ、2004年に「ウランゲリ島保護区の自然体系」の名称で世界遺産(自然遺産)に登録。
ウランなまり-ほう【ウラン鉛法】《uranium-lead method》ウランの放射性同位元素が、放射崩壊によって鉛の同位元素に変わることを利用した地質年代測定法。
ウラン-のうしゅく【ウラン濃縮】天然ウラン中のウラン235の割合を人工的に大きくし、核分裂しやすい濃縮ウランを作ること。方法には、ガス拡散法・ガス遠心分離法などがある。
ウラン-バートル〘Ulaanbaatar〙《モンゴル語で赤い英雄の意》モンゴル国の首都。同国のほぼ中央部にあり、交通・文化の中心地。17世紀にラマ教の活仏の住地として建設。近年、工業も行われる。漢名、庫倫。旧称ウルガ。人口、行政区104万(2008)。
ウラン-ばくだん【ウラン爆弾】❶ウラン235を使用した初期の原子爆弾。❷周囲をウラン238で包んだ水素爆弾。多量の放射能を放出する。超ウラン爆弾。
ウラン-プルトニウム-こんごうさんかねんりょう【ウラン・プルトニウム混合酸化燃料】▶モックスねんりょう(MOX燃料)
うらんぼん【×盂×蘭盆】▶うらぼん(盂蘭盆)
ウランラジウム-けいれつ【ウランラジウム系列】▶ウラン系列
うり【×瓜】❶ウリ科の植物のうち、実を食用にするものの総称。キュウリ・シロウリ・スイカ・メロン・カボチャなどで、特にマクワウリをいう。〔季 夏〕「葉がくれの―と寝ころぶ子猫かな/一茶」❷ウリ科の双子葉植物の総称。蔓性の一年草で、まれに低木。主に単性花。実を食用にするもののほかに、カラスウリ・スズメウリ・ゴキヅル・アマチャヅルなども含まれる。❸紋所の名。陰の瓜、捻瓜など。瓜紋。
瓜に爪あり爪に爪なし　「瓜」の字と「爪」の字との字画の違いを教えるための句。
瓜の蔓に茄子はならぬ　子は親に似るものだ。平凡な親からは非凡な子は生まれない。
瓜二つ　縦に二つに割った瓜のように、親子・兄弟などの顔かたちがよく似ていることのたとえ。
うり【売り】❶物品・権利などを売ること。「店を―に出す」⇔買い。❷取引で、相場の下落を見越して売り手に回ること。⇔買い。❸セールスポイント。「方言を―にする漫才」〔類語〕強み・長所・特長・見どころ・取り柄・美点・身上・魅力・持ち味・特色・特質・特性・本領・売り物・セールスポイント・チャームポイント・メリット
うり-あげ【売(り)上(げ)】商品などを売って得た代金の総額。売上高。売上金。「―が伸びる」
〔類語〕売れ高・水揚げ・売り掛け・商い・稼ぎ・益金
うりあげ-かんじょう【売上勘定】簿記の用語。❶売上高を処理する勘定。商品勘定の3分法によって設けられる。貸方に売上高、借方に売上値引および戻り高が記入され、貸方残高は純売上高を示す。❷委託販売における積送品の売上高を処理する勘定。積送品売上勘定。
うりあげ-きん【売上金】品物などを売って得た金。

売り上げ。
うりあげ-けいさんしょ【売上計算書】委託販売で、受託者から委託者に送付されてくる販売明細書。売上高・諸掛り・手数料などが記載されている。仕切精算書。
うりあげ-げんか【売上原価】商品の売上高に対応する仕入原価、または製品の製造原価。
うりあげ-さいけん【売上債権】商品の販売やサービスの給付のように得意先との通常の営業取引によって発生した債権。受取手形と売掛金が代表的。
うりあげ-ぜい【売上税】間接税の一。商品・サービスなどの消費一般を対象に、その売上高を課税標準として徴収される租税。製造者売上税などの単段階売上税と、取引高税などの多段階売上税とに分類される。
うりあげ-そうりえき【売上総利益】売上高から売上原価を控除した金額。サービスの給付を営業とする場合には、営業収益からサービスの費用を控除した金額。粗利益。
うりあげ-だか【売上高】商品・製品などを販売することによって得た金額。売り上げ。
うりあげ-ちょう【売上帳】ちやう 簿記で、売り上げの日付・品目・数量・金額などの明細を記録する補助簿。
うり-あ・げる【売(り)上げる】〔動ガ下一〕図うりあ・ぐ〔ガ下二〕❶商品を全部売りおわる。売り尽くす。「在庫品を―・げる」❷ある期間の商品の代金が、ある金額に達する。「目標額を―・げる」
うり-あびせ【売(り)浴びせ】相場の下落を狙い、売り手が大量に売り物を出し、買い手を圧倒すること。
うり-ある・く【売(り)歩く】〔動カ五(四)〕商品を売りにあちこち歩き回る。「野菜を―・く」
うり-いえ【売(り)家】いへ 売り出し中の家。うりや。
売り家と唐様で書く三代目　初代が苦心して財産を残しても、3代目にもなると没落してついに家を売りに出すようになるが、その売り家札の筆跡は唐様でしゃれている。遊芸にふけって、商いの道をないがしろにする人を皮肉ったもの。
うり-いそ・ぐ【売(り)急ぐ】〔動ガ五(四)〕売れる機会をのがすことを恐れたり、金が急に必要になったりして、急いで売ろうとする。「株を―・ぐ」
(類語)販売・発売・押し売り・売る・ひさぐ・売り払う・売り捌く・売り付ける・売り込む・売り切れる・売り渡す・売れる・払い下げる・卸す
うり-おさえ【売(り)抑え】おさへ 取引相場で、多量に売ることにより相場の上昇を抑えること。
うり-おしみ【売(り)惜しみ】をしみ〔名〕スル 売り惜しむこと。「品不足につけこんで―する」
うり-おし・む【売(り)惜しむ】をしむ〔動マ五(四)〕値段が上がるのを見越したり、未練があったりして、売ることを控える。「蔵書を―・む」
うり-オペ【売(り)オペ】「売りオペレーション」の略。
うり-オペレーション【売(り)オペレーション】金融市場が資金供給量過多のときに調整を図るため、中央銀行(日本では日本銀行)が手持ちの国債や手形などを金融機関に売却して市場の資金を吸い上げること。通貨が中央銀行に還流して金融は引き締まり、インフレーションを抑制する効果がある。売りオペ。⇒公開市場操作
うり-かい【売(り)買い】かひ〔名〕スル ❶売ることと買うこと。売ったり買ったりすること。売買。「古物を―する」❷売り買いするときの値段。相場。「―高い世の中でも、金とたはけはたくさんな」〈浄・天の網島〉
(類語)売買・取引・商売・商い・商業・ビジネス
うり-かけ【売(り)掛(け)】代金はあとで受け取る約束で、商品を売ること。また、その代金。かけうり。⇔買い掛け。
(類語)売り上げ・売れ高・水揚げ・商い・稼ぎ・益金
うりかけ-きん【売掛金】売り掛けの代金。売上代金の帳簿上の未収金額。⇔買掛金。
うりかけきん-かんじょう【売掛金勘定】かんぢやう 簿記で、商品の販売やサービスの提供による通常の取引に基づいて発生した、営業上の未収金を記入する勘定。売掛勘定。⇔買掛金勘定。
うりかけ-さいけん【売掛債権】商品やサービスの販売後、未回収の代金を請求する権利。売掛金・受取手形など。売掛債権は資産とみなされ、これを担保に融資を受けることもできる。
うり-かた【売(り)方】❶売る方法。売りよう。❷売る側の人。売り手。特に、株式の信用取引や商品の先物取引での売り手。⇔買い方。❸江戸時代、家禄の蔵米を買い集めた米商人。また、その周旋人。
(類語)売り手・売り主・売り子・店員・サプライヤー
うり-かわせ【売(り)為-替】かはせ 為替銀行が送金為替を取り組んだり、輸入為替手形を売却したりすること。⇔買い為替。
うり-き【売(り)気】商品を売りたいという意気込み。売ろうとする気配。⇔買い気。
うり-ぎょく【売(り)玉】❶「売建玉」に同じ。⇔買い玉。❷取引所で、売り注文や売り約定をした株式や商品。
うり-きり【売(り)切り】❶(ある期間の中で)売り切ること。売り尽くすこと。「本日―の新鮮素材」❷(順次追加課金される販売方法に対して)商品を一回の課金で売り渡すこと。「―アプリ」❸債券市場で、買い戻し条件の付かない取引のこと。(補説)ネットオークションでは、出品されたその品物限り、の意で使う。
うりきり-マーケティング【売(り)切りマーケティング】《flash marketing》▶フラッシュマーケティング
うり-き・る【売(り)切る】㊀〔動ラ五(四)〕商品を全部売ってしまう。売り尽くす。「新製品を一日で―・る」㊁〔動ラ下二〕「うりきれる」の文語形。
うり-きれ【売(り)切れ】商品が売れてしまって、残っていない状態。
うり-き・れる【売(り)切れる】〔動ラ下一〕図うりき・る〔ラ下二〕商品が全部売れてしまう。「コンサートのチケットはすぐに―・れた」(類語)販売・発売・押し売り・売る・ひさぐ・売り払う・売り捌く・売り付ける・売り込む・売り急ぐ・売り渡す・売れる・払い下げる・卸す
うり-ぐい【売(り)食い】ぐひ〔名〕スル 定収入がなく、所有する品物などを少しずつ売った金で生計を立てること。「当面は―する生活を余儀なくされる」
うり-くさ【×瓜草】ゴマノハグサ科の一年草。日当たりのよい道端などに生え、茎は地をはって四方に広がる。葉は小さく、対生。夏の終わりごろ、紫色の小花をつけ、実は形がマクワウリに似る。
うり-くずし【売(り)崩し】くづし 大量の売り物を出し、相場を下落させること。
うり-ぐすり【売(り)薬】薬局であらかじめ調剤しておいて売る薬。病院などで医者が患者に与える薬に対していう。ばいやく。
うり-くち【売(り)口】❶商品を売り込む相手。売り先。販路。「―を探す」❷商品を売るやり方。売り込みの手口。「あこぎな―」
うり-けはい【売(り)気配】株式などの市場で、売り注文はあるが買い注文がない状態。価格がストップ安まで下落することが多い。ヤリ気配。⇔買い気配。
うり-けん【売(り)券|×沽り券】不動産やその他の財産を売る場合、売り手が買い手に渡す証文。売り券状。ばいけん。
うり-げんさき【売(り)現先】▶債券現先
うり-こ【売(り)子】❶雇われて、商品を店先で売ることを仕事とする人。また、列車内・駅・劇場などで商品を売り歩く人。❷商家で、商品を行商する使用人。❸男色を売る者。若衆。「この所も、―、浮世比丘尼のあつまり」〈浮・一代男・三〉
(類語)売り方・売り手・売り主・店員・サプライヤー
うり-ごえ【売(り)声】ごゑ 商人などが品物を売るために呼び掛ける声。
うり-こか・す【売りこかす】〔動サ五(四)〕惜しげもなくすっかり売ってしまう。売りとばす。「余った菊は花屋へ―・して」〈漱石・草枕〉
うり-こし【売(り)越し】❶機関投資家や証券会社が、ある一定期間内に売った金額または量が、買った金額または量より多いこと。⇔買い越し。❷信用取引で、今まで買っていた人が全部転売したうえ、あらためて売り方に転じること。どてん売り越し。⇔買い越し。
うり-ことば【売(り)言葉】人を怒らせ、けんかをしかけるような言葉。⇔買い言葉。
売り言葉に買い言葉　相手の暴言に応じて、同じような調子で言い返すこと。
うりこひめ【瓜子姫】昔話の一。また、その女主人公。老婆が川で拾った瓜から生まれた瓜子姫は、美しく成長する。姫は殿様への嫁入り支度として毎日機を織るが、天邪鬼が現れて妨害する。姫は雀などの助けを得て天邪鬼を退治し、無事嫁入りをする。瓜子織姫。瓜子姫子。
うり-こみ【売(り)込み】❶売り込むこと。「―を図る」「―合戦」❷信用取引で、さかんに売ること。また、株価がある一定の水準に落ち込むまで売りつづけること。
うりこみ-といや【売込問屋】とひや 生産者から商品の販売を委託されて、輸出商や卸売商に売る問屋。
うり-こ・む【売(り)込む】〔動マ五(四)〕❶上手に説明をして買う気持ちを起こさせ、商品を売る。販路を広げる。「新製品を―・む」❷うまく働きかけて、相手に認められ信用を得る。「志望する会社に自分を―・む」❸金品を受ける約束で、進んで人に秘密などを知らせる。「情報を―・む」❹(商品先物取引、株式市場などで)勢いづいて売る。大量に売る。また、じっくり腰を据えて売る。「機関投資家が積極的に―・む」「金融株が―・まれた」(類語)販売・発売・押し売り・売る・ひさぐ・売り払う・売り捌く・売り付ける・売り急ぐ・売り切れる・売り渡す・売れる・払い下げる・卸す
うり-ざいりょう【売(り)材料】ざいれう ▶悪材料
うり-さき【売(り)先】品物を売った相手。また、売ろうとする相手。売り口。
うり-さ・げる【売(り)下げる】〔動ガ下一〕図うりさ・ぐ〔ガ下二〕政府などから物品を民間に売り渡す。払い下げる。下げ渡す。「公有地を―・げる」
うり-ざね【×瓜▽実|×瓜▽核】❶瓜の種。❷「瓜実顔」の略。
うりざね-がお【×瓜▽実顔】がほ 瓜の種に似て、色白・中高で、やや面長な顔。古くから美人の一典型とされた。
うりざね-じょうちゅう【×瓜▽実条虫】デウチウ 条虫の一種。全体は鎖状で、体長15～35センチ。個々の体節が瓜の種の形をしている。中間宿主は犬・猫につくノミ・シラミで、終結宿主は犬・猫、まれに人の腸内に寄生。犬条虫。
うり-さば・く【売り×捌く】〔動カ五(四)〕商品を広い範囲に上手に売る。「在庫品を―・く」
(類語)販売・発売・押し売り・売る・ひさぐ・売り払う・売り付ける・売り込む・売り急ぐ・売り切れる・売り渡す・売れる・払い下げる・卸す
うり-しぶ・る【売(り)渋る】〔動ラ五(四)〕売るのを手控える。たやすく売らない。「値上がりを見越して業者が―・る」
うりじょう-か【×瓜状果】ウリジヤウクワ 中果皮・内果皮が厚く、水分の多い多肉質の果実。スイカ・キュウリなど。瓠果。瓢果。
うり-しろ【売(り)代】物を売って得た代金。売り上げ。
売り代な・す　物を売って金に換える。売り払う。しろなす。「連年の不作つづきに、田畑大方は―・し」〈逍遥・当世書生気質〉
うり-すえ【売(り)据え|売り▽居え】すゑ 家などを造作付きで売ること。また、その家。「始めて五番町の―を二十九枚で買った」〈鴎外・安井夫人〉
うりずん　沖縄で、春分から梅雨入りまでの時季。旧暦の2月から3月ごろ。(補説)「潤い初め」の変化したものか。
うり-ぞめ【売(り)初め】売りはじめること。初めて売ること。特に、新年の売りはじめ。初売り。初商い。(季 新年)「―や町内一の古暖簾/虚子」
うり-だか【売(り)高】売った商品の数量。また、その金額の総計。売上高。
うり-だし【売(り)出(し)】❶売りはじめること。❷新しい商品などを市場に出すこと。「新製品の―」❸一定の期間に限って、商品を特別に安く、または景品を

つけて売ること。「歳末の―」❹知名度が高まっていくこと。また、その人。「最近―中の歌手」❺売って得た金。「年を重ねしうちに、―も残らぬ程になって」〈浮・織留・二〉[類語]安売り・特売・廉売・投げ売り・捨て売り・叩き売り・乱売・ダンピング・蔵浚ざらえ・見切り売り・セール・バーゲンセール

うりだし‐かぶ【売出株】すでに発行された株式を、改めて一般に均一の条件で売り出す株式。

うりだし‐はっこう【売出発行】ーハッカウ 発行額を前もって決めずに、一定の売り出し期間中に売却できた総額を発行額とする債券発行の方法。金融債や政府関係機関が発行する債券にだけ認められている。

うり‐だ・す【売(り)出す】〔動サ五(四)〕❶売りはじめる。「指定券を九時に―・す」❷新しい商品などを市場に出す。「新型車を―・す」❸宣伝したり、景品をつけたりして大いに売る。「特別価格で―・す」❹無名だった人が、世間に名を広める。有名になる。「女優として―・す」

うり‐たた・く【売り×叩く】〔動カ五(四)〕❶換金の必要から、損を承知で売る。「金策のために在庫品を―・く」❷相場を下落させるために安い値で盛んに売る。「手持ち株を―・く」

うり‐たて【売(り)立て】一定量の品物を一定期間に売ること。一般に競り売りや入札による。「所蔵美術品の―」

うり‐だて【売(り)建て】❶株式の信用取引や商品の先物さきもの取引で成立した売り注文。または、売り約定。⇔買い建て。❷「売建玉うりだてぎょく」の略。

うりだて‐ぎょく【売建玉】株式の信用取引や商品の先物取引で、売りの注文や売り約定をしたままで、未決済のもの。うりぎょく。⇔買建玉。

うり‐だめ【売り×溜め】売り上げた代金をためておくこと。また、その金。うりだめきん。

うり‐ち【売(り)地】売りに出してある土地。

うり‐つく・す【売(り)尽(く)す】〔動サ五(四)〕売れるものはすべて売ってしまう。うりきる。「閉店までに生ものを―・す」

うり‐つ・ける【売(り)付ける】〔動カ下一〕[文]うりつ・く〔カ下二〕無理に買わせようとする。押しつけて売る。「安物を―・ける」[類語]販売・発売・押し売り・売る・ひさぐ・売り払う・売り捌さばく・売り込む・売り急ぐ・売り切れる・売り渡す・売れる・払い下げる・卸す

うり‐つなぎ【売り×繋ぎ】株式や商品の所有者が値下がりを予想して、損を相殺するために、信用取引や先物取引で同一銘柄を売って利益を出すこと。つなぎ売り。

うり‐て【売(り)手】❶品物を売る側の人。売り主。⇔買い手。❷取引所で、売りの側に立つ会員や取引員。⇔買い手。
[類語]売り主・売り方・売り子・店員・サプライヤー

うりて‐がた【売(り)手形】売却されたことを証明するために、売り手が買い手に渡す証書。

うりて‐しじょう【売(り)手市場】ーヂヤウ 需要量が供給量よりも大きいため、売り手が買い手に対して有利な立場にある市場の状態。⇔買い手市場。

うりて‐すじ【売(り)手筋】ーすぢ 取引で、売る人の側。特に、売り方にまわっている有力な個人や法人。⇔買い手筋。

うり‐どき【売(り)時】売るのに有利な時機。

うり‐とば・す【売(り)飛ばす】〔動サ五(四)〕惜しげもなく安い値段で売る。思い切って売り払う。また、むちゃな売り方をする。「資金繰りに家屋敷を―・す」「二足三文で―・す」

うり‐なかがい【売(り)仲買】ーなかがひ 卸売商などが商品を販売する際に、買い手との間に介在する商人。

うり‐にげ【売(り)逃げ】株式や商品の取引で、買い方が相場の下がらないうちに売りに回ること。相場が天井を打って、下げに転じたときに売ること。売り抜け。

うり‐ぬけ【売(り)抜け】「売り逃げ」に同じ。

うり‐ぬ・ける【売(り)抜ける】〔動カ下一〕[文]うりぬ・く〔カ下二〕市場の取引で、低い値で買った株や商品を相場の上がったときに売る。また、相場が天井を打ったあと、下げに転じたときに売る。

うり‐ぬし【売(り)主】品物を売る人。売り手。⇔買い主。[類語]売り手・売り方・売り子・店員・サプライヤー

うりぬすびと【瓜盗人】狂言。瓜盗人が、畑の持ち主の化けたかかしとも知らず、かかしを相手に芸のけいこを始め、懲らしめられる。

うり‐ね【売(り)値】売り渡す値段。売価。

うり‐の‐き【×瓜の木】ウリノキ科の落葉低木。山地の木陰に生え、葉は先が三〜七つに裂けていて、ウリの葉に似る。夏、白い6弁花をつけ、花びらは反り返る。果実は熟すと藍あい色。八角楓はっかくふう。

うり‐のせ【売(り)乗せ】〔名〕スル 株式の信用取引や商品の清算取引で、ある銘柄の値下がりを予想して売っている人が、自分の見込みどおりになったとき、同じ銘柄を売り増すこと。⇔買い乗せ。

うり‐ば【売(り)場】❶商品・切符などを売る場所。「家具―のフロアが変わる」❷売るのにちょうどよい機会。売り時。「今が絶好の―」

うり‐ばえ【×瓜×蠅】ーばへ ウリハムシの別名。

うりはだ‐かえで【×瓜▽膚×楓】ーかへで カエデ科の落葉高木。山地に生え、樹皮は緑色の地に黒い縞しまがあり、マクワウリの実の色に似る。葉は円形で先が三つないし五つに裂ける。初夏、黄色い花が総状に垂れて咲く。材は柔らかく、楊枝ようじやかごを作る。

うり‐はむし【×瓜金=花=虫┊×瓜葉虫】ハムシ科の甲虫。体長7〜8ミリ。前翅まえばねは橙黄とうおう色、胸部は黒色。触れると関節から橙黄色の液を出す。成虫はウリ類などの葉を、幼虫は根を食い荒らす。うりばえ。

うり‐はら・う【売(り)払う】ーはらふ〔動ワ五(ハ四)〕すっかり売ってしまう。また、思い切りよく売ってしまう。「蔵書を―・う」[類語]販売・発売・押し売り・売る・ひさぐ・売り捌さばく・売り付ける・売り込む・売り急ぐ・売り切る・売り渡す・売れる・払い下げる・卸す

うり‐び【売(り)日】遊女が必ず客をとるように決められていた特別な日。物日ものび。紋日もんび。

うり‐へぎ【売り▽剝ぎ】物を売って得る利益。特に、他人の物を売って手に入れる手数料。口銭。「そなたの身を売らするほどならば、三百両もしてやって、―の百両も手に持ったがよいはず」〈浄・淀鯉〉

うり‐ぼう【×瓜坊】ーバウ イノシシの子。体形や毛色がギンマクワウリに似ているところからいう。

うり‐まわ・る【売(り)回る】ーまはる〔動ラ五(四)〕商品を売るために、あちこちに行く。売り歩く。「化粧品を―・る」

うり‐むか・う【売(り)向(か)う】ーむかふ〔動ワ五(ハ四)〕相場で、買い方に対して売りで対抗する。「買い相場に―・う」

うり‐もち【売(り)持ち】為替銀行において、外国為替の売買の結果、売り為替の合計が買い為替の合計を超過している状態。⇔買い持ち。

うり‐もの【売(り)物】❶売ろうとする品物。商品。❷商売で、客足を引き寄せるのに役立つもの。「アフターサービスが―の店」❸いちばん得意な技芸・技術。「強肩が―の外野手」[類語](❶)商品・売品・非売品・品・代物・製品・商い物/(❸)十八番・おはこ・お家芸・お株・お手の物・特技・得意・得手・達者・専売特許

売り物には花を飾れ　売ろうとする品物はできるだけ体裁をよくし、美しく飾れ。

うり‐もみ【×瓜×揉み】キュウリ・シロウリなどを薄く刻んで塩でもみ、三杯酢をかけた料理。揉み瓜。《季 夏》「一の酢の利き過ぎし月夜かな/草城」

うり‐もんく【売(り)文句】商品の特長や利点を並べて、客に買う気を起こさせるような言葉。

うり‐や【売(り)家】売りに出ている家。うりいえ。

うり‐やくじょう【売(り)約定】ーヤクヂヤウ 売り値・受け渡し時期などの取り決めをすること。⇔買い約定。

ウリヤンハイ〖Uriankhai〗中国、明みん代に興安嶺こうあんれいの東に住んだモンゴル系種族。しばしば中国の北辺に侵入した。[補説]「兀良哈」とも書く。

うりゅう【×瓜▽生】うりふ 瓜の生えている所。瓜畑。

うりゅう‐いわ【瓜生岩】うりふいは [1829〜1897]婦人社会事業家。福島の生まれ。孤児・貧民の救済、婦人の授産指導などに尽力した。会津済生病院を創設。

うりゅう‐がわ【雨竜川】ーがは 北海道中西部、天塩山地から石狩平野の北部を流れる川。石狩川の支流の一。長さ177キロ。

うりゅう‐そときち【瓜生外吉】うりふ [1857〜1937]海軍大将。石川の生まれ。日露戦争のとき、第二艦隊司令官として仁川インチョン沖の海戦を指揮。貴族院議員。

うりゅう‐たもつ【瓜生保】うりふ [?〜1337]南北朝時代の武将。越前の人。初め新田義貞に従い、のち足利尊氏あしかがたかうじ方に味方し、弟たちが義貞の甥おいの脇屋義治わきやよしはるを奉じて挙兵するとこれに参加。金崎かねがさき城救援に向かう途中で戦死。

うりゅうぬま‐しつげん【雨竜沼湿原】北海道中西部、暑寒別岳の東側中腹にある高層湿原。標高850メートルの高地に、東西2キロメートル、南北1キロメートルにわたり池塘ちとうと呼ばれる池沼が点在する。平成17年(2005)ラムサール条約に登録された。

うりゅうの【瓜生野】うりふ 大阪市南部、大和川付近の地名。楠木正行くすのきまさつらが山名時氏を破った古戦場。

うりゅう‐やま【瓜生山】うりふ 京都市左京区北白川北東にある山。[歌枕]「一紅葉の中に鳴く鹿の声は深くも聞こえ来るかな」〈元真集〉

う‐りょう【雨量】ーリヤウ 地上に降る雨の量。雪・雹ひょう・霰あられなども含む。一定時間に降ったものが、地面に染み込んだり蒸発したりしないものとして、たまったときの深さで表す。単位はミリメートル。降雨量。降水量。

うりょう‐けい【雨量計】ウリヤウ 雨量をはかる計器。一般に漏斗ろうと状の受水器で雨を受け、地中の貯水瓶に蓄えてはかる形式のものが多く用いられ、自記雨量計・無線ロボット雨量計などもある。

うりょく‐りん【雨緑林】熱帯から亜熱帯の乾季・雨季がはっきり交代するモンスーン地帯で、雨季に葉をつける落葉広葉樹で構成される森林。チーク林・モンスーン林・サバンナ林など。季節風林。

うり‐よね【売り▽米┊×糶】貯蔵してある米を時機をみて売り出すこと。また、その米。⇔買い米よね。

うり‐れんごう【売(り)連合】ーレンガフ 取引相場で、売り方どうしが自分たちに有利な相場になるよう、一致した行動をとること。⇔買い連合。

うり‐わたし【売(り)渡(し)】売り渡すこと。

うりわたし‐じょう【売渡状】ージヤウ 江戸時代、土地などの売買にあたって、売り主が証拠として買い主に出した文書。売買証文。売り券。

うりわたし‐たんぽ【売渡担保】融資を受ける者が、債権者に担保物件を売り渡して、代金として融資を受け、一定の期限内にこれを買い戻すことを約した担保。売渡抵当。

うりわたし‐ていとう【売渡抵当】ーテイタウ ▶売渡担保

うり‐わた・す【売(り)渡す】〔動サ五(四)〕❶自分の所有物を売って他の人に渡す。「父祖伝来の土地を―・す」❷自分の利益のために、裏切って仲間を敵に渡す。「味方を―・す」[類語]販売・発売・押し売り・売る・ひさぐ・売り払う・売り捌さばく・売り付ける・売り込む・売り急ぐ・売り切る・売れる・払い下げる・卸す

う‐りん【羽林】近衛府の唐名。また、近衛の中将・少将の唐名。

うりん‐いん【雲林院】ーヰン 京都市北区紫野にあった天台宗の寺。はじめ、淳和じゅんな天皇の離宮で紫野院と称したが、のち、元慶寺別院となった。その後、臨済宗の大徳寺に属したが、廃寺。うんりんいん。うじい。

うりん‐け【羽林家】公家くげの家格の一。摂家・清華家・大臣家に次ぐ格式で、近衛の少将・中将を経て、参議・中納言・大納言に上ることができた。滋野井・飛鳥井・四辻・高倉など二七家。

うる【×粳】稲・粟あわ・黍きびなどで、炊いたときに粘りけの少ない品種。うるち。⇒糯もち

ウル〖Ur〗イラク南部にあるシュメール人の古代都市の遺跡。ユーフラテス川の下流にあり、前3000〜2000年に栄えた。20世紀に王墓などが発掘された。

う・る【売る】㊀〔動ラ五(四)〕❶代金と引き換えに品物や権利などを相手に渡す。「商品を―・る」「土地を

—・る」⇔買う。❷自分のことを世間に知られるようにする。また、有名になる。「顔を—・る」「名を—・る」「味で—・る店」❸自分の利益のために、味方を裏切って敵の利益のために働く。「仲間を—・る」「国を—・る」❹相手に行動させるよう仕掛ける。また、押しつける。「恩を—・る」❺別の目的に利用する。口実にする。「ぬけ参りの者に御合力と、御伊勢様を—・りて」〈浮・永代蔵・二〉 (可能)うれる ㊁〔動ラ下二〕「う(売)れる」の文語形。(類語)販売・発売・押し売り・ひさぐ・売り払う・売り捌(さば)く・売り付ける・売り込む・売り急ぐ・売り切る・売り渡す・売れる・払い下げる・卸す
(一句)油を売る・男を売る・恩を売る・顔を売る・国を売る・喧嘩(けんか)を売る・媚(こび)を売る・名を売る・情けを売る・身を売る・羊頭(ようとう)を掲げて狗肉(くにく)を売る

うる【得る】〔動ア下二〕《本来は下二段動詞「う」の連体形》❶「え(得)る」に同じ。「**うる**ところが多い」「承認を**うる**」❷動詞の連用形に付いて、…することができる、可能である、の意を表す。「でき**うる**かぎりの努力」「ストライキは回避し**うる**」⇒える (補説)ふつう連体修飾語として用いるが、改まった表現や古めかしい表現には終止法としても用いられる。

う・る【熟る】〔動ラ下二〕「う(熟)れる」の文語形。

うる-あわ【粳粟】 粳(うる)の粟。粘りけの少ない粟。粟飯などにする。うるちあわ。⇒糯粟(もちあわ)

うるい-じょう【烏塁城】 中国漢代に、現在の新疆(しんきょう)ウイグル自治区の東方チャディールにあった城。前59年から西域都護府が置かれた。

うるう【閏】 平年よりも日数や月数が多いこと。地球の公転や季節と暦とのずれを調整するためのもの。太陽暦では1年を365日とするが、地球の公転(1太陽年)は365日5時間48分46秒なので、その端数を4年ごとに2月(にがつ)を29日として調節する。太陰暦では1年が約354日なので、適当な割合で1年を13か月とする。「—2月29日」「—4月」

うる・う【潤ふ】 ㊀〔動ハ四〕「うるおう」に同じ。「天の下富緒川(とみのをがは)の末なればいづれの秋か—・はざるべき」〈栄花・日蔭のかづら〉 ㊁〔動ハ下二〕「うるおす」に同じ。「一提(ひとひさげ)ばかりの水をもて、喉を—・へよ」〈宇治拾遺・一五〉

うるう-じかん【閏時間】 平均太陽時(世界時)と、原子時計ではかった国際原子時とのずれを調整するために加えたり引いたりされる1時間。現在使用されている閏秒(うるうびょう)に代わり、1時間にまとまったところで調整しようというもので、ITU(国際電気通信連合)が提案している。

うるう-づき【閏月】 閏にあたる月。陰暦で、12か月のほかに付け加える月。

うるう-どし【閏年】 閏のある年。太陽暦では、2月を29日とし1年を366日とする年。太陰暦では、閏月のある年。

うるう-び【閏日】 太陽暦の2月29日のこと。4年に一度だけある。

うるう-びょう【閏秒】 天体観測をもとにした平均太陽時(世界時)と、原子時計ではかった国際原子時とのずれを調整するために加えたり引いたりされる1秒。⇒協定世界時

うる-うる〔副〕(スル)《動詞「うる(潤)む」の語幹を重ねた語》❶涙があふれそうなさま。「感動して—する」❷肌や髪がしっとりとした状態をいう。「傷んだ髪が—してきた」

うるおい【潤い】 ❶適度の水分を含むこと。しめり。「肌の—を保つ」❷落ち着きのある味わい。精神面で、ゆとりがみられること。情味。「心の—」「—のある文章」❸金銭的に余裕ができること。豊かになること。「暮らしに—が生まれる」❹恵み。恩恵。「天来の—を受ける」

うるお・う【潤う】〔動ワ五(ハ四)〕❶ほどよい水分を帯びる。水分が行き渡る。湿る。「慈雨で田畑が—・う」❷利益や恩恵を受ける。「地域が—・う」❸豊かになる。ゆとりができる。「ふところが—・う」(類語)湿る・濡れる・湿す・濡らす・潤す・濡れそぼつ・湿気る・潤む・浸潤・じめつく・じとつく・そぼつ・そぼ濡れる・しょぼたれる・しょぼ濡れる・潮たれる

うるお・す【潤す】〔動サ五(四)〕❶ほどよい水分を与える。湿らせる。ぬらす。「のどを—・す」❷利益や恩恵を与える。「民を—・す」「流域一帯を—・す大河」❸豊かにする。「観光が市の財政を—・す」「特需景気が業界を—・す」(可能)うるおせる
(類語)濡れる・湿る・潤う・湿す・濡らす・濡れそぼつ・湿気る・潤む・浸潤・じめつく・じとつく・そぼつ・そぼ濡れる・しょぼたれる・しょぼ濡れる・潮たれる

うるか【鱁鮧・潤香】 鮎(あゆ)のはらわたや卵を塩漬けにした食品。酒の肴として珍重。あゆうるか。(季 秋)

うるか・す【潤かす】〔動サ五(四)〕干物や豆などを水に漬けて柔らかくする。「米を—・して置いて搗くのだと」〈長塚・旅の日記〉

ウルガタ〖ラテ Vulgata〗《共通の意》カトリック教会で用いられているラテン語訳聖書。ヒエロニムスがそれまで用いられた訳文の改訂と新訳を行って405年ごろに完成。1546年のトリエント公会議で公認聖書とされた。ブルガタ。

ウルカヌス〖Vulcanus〗ローマ神話で火と鍛冶(かじ)の神。ギリシャ神話のヘファイストスにあたる。バルカン。

ウルガン-バテレン【烏児干伴天連】►オルガンチノ

うる-きび【粳黍】 粳(うる)の黍。粘りけの少ない黍。うるしきび。うるちきび。⇒糯黍(もちきび)

うるき-ぼし【うるき星】 二十八宿の一、女宿(じょしゅく)の和名。⇒女(じょ)

ウルグアイ〖Uruguay〗南アメリカ南東部の共和国。ウルグアイ川の東にある。首都モンテビデオ。国土の3分の1が草原地帯で、牧畜業が盛ん。羊毛・牛肉を産出。植民地時代にはポルトガル・スペインの係争地。1828年ブラジルから独立。正式名称はウルグアイ東方共和国。人口351万(2010)。

ウルグアイ-ラウンド〖Uruguay Round〗1986〜93年に行われたGATTの多角的貿易交渉。WTOの創設、サービス、知的財産権分野におけるルールの導入などが合意された。UR。

ウルクハート-じょう【ウルクハート城】《Urquhart Castle》►アーカート城

ウルグ-ベグ〖Ulugh Beg〗[1394〜1449]チムール帝国第4代の君主。チムールの孫。在位1447〜1449。学芸を愛好し、王子時代からサマルカンドに学校・天文台を建設、みずからも「天文表」を編纂(へんさん)。

ウルゲンチ〖Urgench〗中央アジア、ウズベキスタンのアムダリア沿いにある古都。13世紀初め、ホラズム国の首都として栄えたが、モンゴル軍に滅ぼされた。近年は工業が行われる。

うる-ごめ【粳米】►粳(うるち)

うるさ・い【煩い|五=月=蠅い】〔形〕文うるさ・し〔ク〕❶物音が大きすぎて耳障りである。やかましい。「隣の話し声が—・い」❷注文や主張や批評などが多すぎてわずらわしく感じられる。細かくて、口やかましい。「—・い小姑(こじゅうと)」「規則が—・い」「ワインにはなかなか—・い」❸どこまでもつきまとって、邪魔でわずらわしい。また、ものがたくさんありすぎて不愉快なさまにもいう。しつこい。「ハエが—・くつきまとう」「この写真はバックが—・い」❹いやになるほどにすぐれている。「御心とどめて物宣ふにこそあめれ。—・き人の幸ひなりや」〈宇津保・沖つ白浪〉❺いやになるほどに、こまごまといきとどいている。「れいの—・き御心とはおもへども、えさは申さで」〈源・夕顔〉❻技芸がすぐれている。「織女(たなばた)の手にも劣るまじく、その方も具して、—・くなむはべりし」〈源・帚木〉(補説)古くは、いきとどいて完全であるさまを、わずらわしく感じる意と、よしとする意の両面からいった。(派生)うるさがる〔動ラ五〕うるさげ〔形動〕うるささ〔名〕
(用法)うるさい・やかましい——「人々の叫ぶ声がうるさい(やかましい)」「窓を打つ風の音がうるさい(やかましい)」「ブルドーザーの音がうるさい(やかましい)」のように、不快に感じる声・物音・騒音などには相通じて用いられる。◆「蚊のブーンという羽音がうるさい」など、必ずしも大きな音ではないが、わずらわしく感じられるときは「うるさい」が用いられる。◆また、「うるさい」は「規制がうるさい」「世間がうるさい」「髪が長すぎて、うるさい」「装飾がごてごてとうるさい」など、音以外の不快なものにも用いられる。◆「親がうるさい(やかましい)」「味にうるさい(やかましい)」「時間にうるさい(やかましい)」など、「あれこれ言う」の意味では相通じて使われるが、「やかましい」のほうががみがみ言う度合いが強い感じである。
(類語)(❶)やかましい・騒騒しい・騒がしい・かまびすしい・かしましい・にぎやか・口うるさい・口やかましい・小やかましい・騒然・喧騒・喧喧囂囂(けんけんごうごう)・けたたましい/(❸)煩わしい・面倒臭い・ややこしい・やかましい・くだくだしい・うっとうしい・こうるさい・気詰まり・煩雑・煩瑣(はんさ)・しち面倒・しち面倒臭い・厄介

うるさ-がた【煩型】 何にでも口を出し、文句を言いたがる性質。また、そのような人。(類語)論客・一言居士

うるささ-しすう【煩さ指数】►ダブリュー-イー-シー-ピー-エヌ-エル(WECPNL)

ウル-さん【ウル山】《Uludağ》トルコ北西部の山。標高2543メートル。同国第四の都市ブルサの南方に位置する。周囲一帯がウル山国立公園に指定され、ハイキングなどを楽しむ観光客が多く訪れる。同国屈指のスキーリゾート。ウルダー。

ウルサン【蔚山】 大韓民国南東部の広域市。港湾・工業都市。1597年、加藤清正らが籠城した蔚山城跡がある。人口、行政区108万(2008)。いさん。

うるし【漆|漆=樹】 ❶ウルシ科の落葉高木。山野にみられ、葉は羽状複葉で、小葉は楕円形。雌雄異株で、初夏、黄色い小花が総状に咲く。果実はほぼ球形で白黄色。樹液から塗料をつくり、果実からは蝋(ろう)をとる。中国の原産で、古くから日本でも栽培。皮膚がかぶれることがある。ウルシ科の双子葉植物は木本で、樹脂道をもち、約600種が主に熱帯地域に分布。ハゼノキ・ヌルデ・マンゴーなども含まれる。(季 花=夏|実=秋)❷ウルシの樹皮に傷をつけて採取した樹液(生漆(きうるし))に、油・着色剤などを加えて製した塗料。乾燥すると硬い膜を作り、水や酸に強い。

ウルシ〖URSI〗《フラ Union Radio-Scientifique Internationale》国際電波科学連合。電波、電気通信及び電子科学分野の国際学術団体。1913年設立。

うるし-いし【漆石】 ❶黒色で、漆のような光沢のある石。黒曜石(こくようせき)など。からすいし。❷石炭のこと。

うるし-いと【漆糸】 ❶鳥の子紙に色漆を塗って細く切り、綿糸に巻きつけた糸。織物の横糸に使う。❷絹糸に漆加工を施した釣り糸。

ウルシーノ-じょう【ウルシーノ城】《Castello Ursino》イタリア南部、シチリア島、シチリア自治州の都市カターニアにある城。港の防御を目的として神聖ローマ皇帝フリードリヒ2世により13世紀に建造。アラゴン家の居城だったほか、牢獄として使われたこともある。17世紀の地震で破壊されずに残った数少ない中世の建造物の一。現在は市立博物館。

うるし-え【漆絵】 ❶漆で描いた絵。単色のものと彩漆絵(いろうるしえ)とがある。玉虫厨子(たまむしのずし)の絵飾りは日本最古の彩漆絵。❷浮世絵で、簡単な彩色を施した紅絵(べにえ)の髪や帯など黒い部分に、にかわをまぜた墨を用いて漆のような効果を出したもの。

ウルシオール〖urushiol〗日本産および中国産の漆の主成分。フェノール誘導体の一。皮膚にかぶれを起こさせる。明治39年(1906)三山喜三郎が命名、真島利行が構造決定。

うるし-かき【漆掻き】 ❶ウルシの樹皮に傷をつけて、にじみ出る生漆(きうるし)をへらでかきとって採集すること。また、その職人。(季 夏)❷漆を精製するために、生漆を攪拌(かくはん)すること。また、その職人。

うるし-かぶれ【漆瘡】 ウルシに触れたり接近したりしたときに起こる急性の皮膚炎。赤くはれて湿疹(しっしん)状となり、かゆみが激しい。うるしまけ。しっそう。

うるし-ぐさ【漆草】 ウルシグサ科の褐藻。北海道・本州北部の太平洋岸の岩礁上に着生。長さ0.5〜1メートル。細かい枝が羽状に広がり、黄褐色。硫酸を含むので枯れると青変する。

うるし-こし【漆×漉し】漆を精製するとき、こすのに用いる和紙。吉野紙をいう。うるしこしがみ。
うるし-ざいく【漆細工】器物に漆を塗って細工をすること。また、その製品。
うるし-したじ【漆下地】ｼﾀﾁﾞ 漆器の塗りの最初の工程で、刻苧こくそ・錆漆さびうるしなどで下地を整えるもの。
うるし-ぬり【漆塗(り)】❶漆を器物に塗ること。また、その器物。漆細工。❷漆を塗るのを職業とする人。塗師ぬし。
うるし-ね【×粳▽稲】粳うるちがとれる稲。
うるし-ねんぐ【漆年貢】江戸時代の雑税の一。漆の木に対して課されたもので、はじめは現物納、のち金代納となった。漆役。
うるし-のり【漆×糊】でんぷん糊に生漆きうるしをまぜこんだもの。布や木の接着剤。また、生漆に小麦粉をまぜたものは、破損した陶磁器の接着剤にする。
うるし-はく【漆×箔】❶仏像彫刻などで、漆を塗った上に金箔を押したもの。❷鳥の子紙に漆を塗ったもの。裁断して漆糸に用いる。❸漆に染料をまぜて箔にしたもの。書物の装丁の背文字などに使う。
うるし-ばけ【漆刷=毛】漆を塗るときに使う刷毛。主に人の毛髪で作る。
うるし-ばん【漆判】江戸時代、奈良晒ならざらしなどの布に押した、「極」の字の検査済み印。消えないように漆を使った。
うるし-ぶぎょう【漆奉行】ﾌﾞｷﾞｬｳ 江戸幕府の職名。勘定奉行の下で、灯油の支給、漆の収納、社寺の什器じゅうきのことをつかさどった。初め、油奉行と漆奉行は別であったが、のち油奉行が廃止され、漆奉行が兼任したので「油漆奉行」と書くようになり、「うるしぶぎょう」と読んだ。
うるし-ぶろ【漆風呂】「漆室うるしむろ」に同じ。
うるし-まけ【漆負け】「漆瘡うるしかぶれ」に同じ。
うるし-むろ【漆室】漆を塗った器物を入れて乾燥させる室。漆風呂うるしぶろ。
うるし-もん【漆紋】漆で描いた紋所。麻の帷子かたびらなどにつける。
ウル-ジャーミー〖Ulu Camii〗▶ウルモスク
ウルスト〖Wurst〗▶ブルスト
ウルストンクラフト〖Mary Wollstonecraft〗▶ゴドウィン㊁
うるせ・し〔形ク〕❶頭の回転がよい。気が利いている。利発だ。賢い。「才かしこく、心ばへも一・かりければ」〈宇治拾遺・一〇〉❷技能などがすぐれている。じょうずだ。「宮の御琴の音ねは、いと一・くなりにけりな」〈源・若菜下〉➡煩うるさい
ウルダー〖Uludağ〗▶ウル山
うるた・う【▽訴ふ】ｳﾙﾀﾌ〔動ハ下二〕「うったう」の古形。〈新撰字鏡〉
うるち【×粳】粳うるの米。粘りけの少ない、普通の飯にする米。うるごめ。うるちまい。➡糯もち
うるち-まい【×粳米】「粳うる」に同じ。
ウルップ-そう【ウルップ草】ｻｳ ゴマノハグサ科の多年草。高さ10〜30センチ。根から多肉質の葉を数枚出す。夏、花茎を伸ばし多数の紫色の唇形の花を穂状につける。アラスカ・オホーツク海沿岸や本州中部地方に分布。ウルップ島で発見された。浜蓮華はまれんげ。
ウルップ-とう【ウルップ島】ﾀｳ《Ostrov Urup》千島列島中央部の島。オットセイの繁殖地。1945年以降、ロシア連邦に属する。補説「得撫島」とも書く。
ウルドゥー-ご【ウルドゥー語】《Urdu》インド-ヨーロッパ語族のインド語派に属する言語。パキスタン-イスラム共和国の国語であり、またインドのイスラム教徒の間でも話されている。
ウルトラ〖英・ﾄﾞｲﾂ ultra〗〔語素〕名詞の上に付いて、過度の、極度の、超、などの意を表す。昭和初期には急進的の意で、よく使われた。「一エゴイスト」「一国家主義」
ウルトラ-エーティーエー〖Ultra ATA〗コンピューターとハードディスクを接続するインターフェース、ATA規格の拡張仕様。1996年に開発され、98年にANSIにより標準化された。米国インテル社の呼称はUltra DMA。発表当初の最大転送速度は毎秒33MB。のちに毎秒66MB、100MB、133MBのUltra ATA/66(Ultra DMA/66)、Ultra ATA/100(Ultra DMA/100)、Ultra ATA/133(Ultra DMA/133)などの後継規格が登場。広義には、それらの後継規格も含まれる。Ultra ATA/33。Ultra DMA/33。ATA-33。DMA-33。UATA。UDMA。
ウルトラエーティーエー-さんじゅうさん〖Ultra ATA/33〗ｻﾝｼﾞﾌｻﾝ Ultra ATAのうち、最大転送速度が33MBの規格。Ultra DMA/33。ATA-33。DMA-33。
ウルトラ-シー《和 ultra＋C》❶体操競技で、かつての最高難度C以上の、ひねり・旋回などを取り入れた技。❷《体操競技で❶が決め技であるところから》とっておきの秘策。奥の手。補説 現在は難度Gが最高。
ウルトラ-スカジー〖Ultra SCSI〗小型コンピューター用の周辺機器を接続するインターフェース規格の一。データ転送速度はSCSIの約4倍で最大20Mbps。
ウルトラナショナリズム〖ultranationalism〗「超国家主義」に同じ。
ウルトラバイオレット-レイ〖ultraviolet rays〗紫外線。スペクトルが可視光線の紫部より短い波長側にある光線。
ウルトラマイクロスコープ〖ultramicroscope〗限外顕微鏡。特殊な照明法によって、通常の顕微鏡では見ることのできない微粒子の存在や運動状態を観察できる顕微鏡。
ウルトラマラソン〖ultramarathon〗100キロ以上の超長距離を数日間かけて走るマラソン競技。完走することが目標で、スピードは競わない。
ウルトラマリン〖ultramarine〗群青ぐんじょう。また、群青色。類語 青・真っ青・青色せいしょく・藍あい・青藍せいらん・紺青こんじょう・紺碧こんぺき・群青ぐんじょう・紺・瑠璃るり色・縹はなだ・花色・露草色・納戸色・浅葱あさぎ・水色・空色・ブルー・インジゴ・コバルト・シアン・マリンブルー・スカイブルー
ウルトラマン 昭和41年(1966)から放送された特撮テレビ番組、およびその作品に登場するヒーロー。銀河系の外からやってきた巨大な宇宙人が、さまざまな怪獣から地球を守る。
ウルトラモダン〖ultramodern〗〔形動〕超現代的。昭和初期の流行語。
ウルトラモバイル-ピーシー【ウルトラモバイルPC】《Ultra-Mobile PC》2006年に米国マイクロソフト社とインテル社が発表した超小型パソコンの規格。また、同程度の規格に準拠したパソコン。PDAとノートパソコンとの中間に位置づけられる。幅約20センチ、重量約900グラム以下であるほか、タッチスクリーン、無線LAN、30〜60GB程度のハードディスクを搭載するといった仕様が定められている。携帯性、価格帯、性能の面で、ネットブックと重なり合う機種もある。UMPC。ウルトラモバイルパソコン。
ウルトラモンタニズム〖ultramontanism〗信仰だけでなく、政治的にもローマ教皇の絶対的権威を主張する近代カトリックの運動。中部ヨーロッパから見てアルプスの「山の向こう側」(ﾗﾃﾝultra montes)にローマ教皇がいるのでいう。
ウルトラライト-プレーン〖ultralight plane〗ハンググライダーのような機体に小型エンジンを付けたスポーツ用飛行機。
ウルバヌス〖Urbanus〗ローマ教皇の名。㊀(2世)[1042ころ〜1099]在位1088〜1099。神聖ローマ皇帝ハインリヒ4世やフランス王フィリップ1世と争い、教皇権伸長に努めた。クレルモン公会議で、第1回十字軍を提唱。㊁(6世)[1318〜1389]在位1378〜1389。高位聖職者たちの改革を行ったため、反対者が新教皇クレメンス7世を立て、教会大分立が始まった。㊂(8世)[1568〜1644]在位1623〜1644。ジャンセニスムを禁止。ガリレオを宗教裁判にかけた。バロック時代ローマの最も輝かしい教皇とされる。
ウルピアヌス〖Domitius Ulpianus〗[170ころ〜228]ローマの法学者。「ローマ法大全」の「学説集」50巻のうち、3分の1の法文は彼の論著の引用とされる。著「告示註解」。
ウルビーノ〖Urbino〗イタリア中部、フィレンツェの東約110キロメートルにある芸術都市。15世紀後半から16世紀にかけて最盛期を迎え、ドゥカーレ宮殿などが建てられた。ブラマンテやラファエロの生地としても知られる。1998年に、世界遺産(文化遺産)に登録された。
ウルフ〖Adeline Virginia Woolf〗[1882〜1941]英国の女流小説家・批評家。意識の流れを重視した内面描写を特色とする心理主義派。小説「ダロウェイ夫人」「波」「灯台へ」、評論集「私だけの部屋」など。バージニア=ウルフ。
ウルフ〖Thomas Clayton Wolfe〗[1900〜1938]米国の小説家。放浪体験をもとに、自伝的な大作を残した。作「天使よ故郷を見よ」「時と川の流れ」など。トマス=ウルフ。
ウルフ〖wolf〗狼おおかみ。
ウルファ〖Urfa〗トルコ南東部の都市シャンルウルファの通称。
ウルファ-じょう【ウルファ城】ｼﾞｬｳ《Urfa Kalesi》▶シャンルウルファ城
ウルフ-しょう【ウルフ賞】ｼｬｳ 農業・化学・数学・医学・物理学・芸術の各分野において顕著な功績のあった人に贈られる賞。イスラエルの外交官リカード=ウルフが1978年に創設。補説 日本人では南部陽一郎や小柴昌俊などが受賞している。
ウルブリヒト〖Walter Ulbricht〗[1893〜1973]ドイツの政治家。1919年、ドイツ共産党に入党。第二次大戦後、旧東ドイツ地区に社会主義統一党を結成し書記長に就任。ドイツ民主共和国(東ドイツ)成立以後は副首相、国家評議会議長などを歴任した。
ウルブリン〖wolverine〗「くずり」に同じ。
ウルホケッコネン-こくりつこうえん【ウルホケッコネン国立公園】ｺｸﾘﾂｺｳｴﾝ《Urho Kekkosen kansallispuisto》フィンランド北東部、ラップランド地方にある国立公園。総面積2550平方キロメートル。同国第2位の面積をもつ。第8代大統領ウルホ=ケッコネンの名を冠する。ロシア国境付近の森林や沼沢地を保全することを目的として、1983年に制定。
うるま 沖縄島中央部、金武きん湾南岸を占める市。勝連城かつれんじょう跡・安慶名あげな城跡・伊波いは貝塚などの遺跡や、平安座へんざ島に至る海中道路がある。平成17年(2005)3月に石川市、具志川ぐしかわ市、与那城よなしろ町、勝連かつれん町が合併して成立。人口11.7万(2010)。
うるま-し【うるま市】▶うるま
うるま-の-しま【宇流麻の島】琉球の古称。また、朝鮮半島の鬱陵島うつりょうとうをさすとする説もある。
うるみ【潤み】❶湿りけを帯びること。また、その湿りけ。「一をたたえた黒い目」❷しっとりとした趣。うるおい。「幾つも並んだ窓から一もない明りが射していた」〈近松秋江・青草〉❸濁ったり、色が不鮮明になったりすること。「田の水も一が多くなってねえ」〈藤村・千曲川のスケッチ〉❹酒の醸造の過程で、泡が透明にならず、濁っていること。また、その酒。❺「潤み色」の略。❻「潤み朱」の略。
うるみ-いろ【潤み色】深みのある黒みがかった色。青黒い色。
うるみ-ごえ【潤み声】ｺﾞｴ 涙がちの声。今にも泣きだしそうな声。「お妙は口惜しそうに、あわれや、一して云った」〈鏡花・婦系図〉
うるみ-しゅ【潤み朱】黒漆に朱をまぜた漆塗り。また、その色。
うるみしゅ-ぬり【潤み朱塗(り)】彩漆いろうるしの一種で、黒漆に朱またはベンガラをまぜた褐色の漆で塗るもの。潤み塗り。
ウルム〖Ulm〗ドイツ南部の都市。ドナウ川とブラウ川の合流点に位置し、中世より水運およびドイツ南北を結ぶ交通の要衝として発展。教会の塔としては世界一の高さを誇るウルム大聖堂が広く知られる。
うる・む【潤む】〔動マ五(四)〕❶湿りけを帯びる。ま

た、水分を帯びて、くもったようになる。物の輪郭がぼやける。「霧に―・む町の灯」❷目に涙がにじむ。「目が―・む」❸涙で声がはっきりしなくなる。涙声になる。「声が―・む」❹打たれたりつねられたりして、皮膚が青黒くなる。「傷ガー・ム」〈和英語林集成〉❺色つやが薄れる。鮮やかでなくなる。「灰捨てて白梅―・む垣根かな/凡兆」〈猿蓑〉
(類語)濡れる・湿る・潤う・湿す・濡らす・潤す・濡れそぼつ・湿気る・浸潤・じめつく・じとつく・そぼつ・そぼ濡れる・しょぼたれる・しょぼ濡れる・潮たれる

ウルム-だいせいどう【ウルム大聖堂】《Ulmer Münster》ドイツ南部の都市、ウルムにあるゴシック様式の大聖堂。1337年に起工、1890年に完成した。尖塔の高さは161メートルあり、教会の塔としては世界一の高さを誇る。第二次大戦でウルム市街の多くが破壊されたが、この聖堂は被災を免れた。

ウルムチ【烏魯木斉】中国新疆ウイグル自治区の区都。天山山脈の北麓にあり、古くは天山北路の要衝。1763年、清が築城、迪化と命名。現在は、鉱物資源の開発により鉄鋼などの工業が盛ん。人口、行政区175万(2000)。

ウルム-ひょうき【ウルム氷期】▶ビュルム氷期

うる-め【潤目】「潤目鰯」の略。

うるめ-いわし【潤目×鰯】ニシン科の海水魚。全長約20センチ。マイワシより体は丸みを帯び、しりびれが小さい。本州中部以南の沿岸に回遊してくる。脂肪が少なく、干物にして美味。(季 冬)

ウル-モスク〘Ulu Mosque〙《大モスクの意。「ウルジャーミー」とも》㊀トルコ中東部の町ディブリーにあるイスラム寺院。13世紀にメンギュジュク朝のスルタン、アフメット=シャーにより建造。モスクには、礼拝堂のほかアフメットの妻により建てられた施療院が併設する。三つの扉口とミフラーブ(壁龕)には植物文様をはじめとする精緻な浮き彫りが施され、アナトリアとイスラムの伝統が融合した独特の建築物として知られる。1985年に「ディブリーの大モスクと施療院」の名称で世界遺産に登録された。アフメット-シャーモスク。㊁トルコ北西部の都市ブルサの中心部にあるイスラム寺院。14世紀末から15世紀初めにかけてセルジューク様式で建造され、20個ものドームをもつ。㊂トルコ南部の都市アダナの旧市街にあるイスラム寺院。16世紀初め、ラマザン君侯ハリール=ベイと息子ピーリ=メフメット=パシャにより建造。イズニク陶器の青や緑のタイルで装飾されたミフラーブやハリール=ベイの墓所がある。㊃トルコ中東部の都市シバスの中心部にあるイスラム寺院。12世紀、ルームセルジューク朝に建造。トルコ石の装飾を施した高さ35メートルの尖塔をもつ。㊄トルコ南東部の都市ディヤルバクルの旧市街にあるイスラム寺院。東ローマ帝国時代はマルトーマ教会と呼ばれていたが、のちにモスクに転用。アナトリア地方最古のモスクとして知られる。

ウルル〘Uluru〙オーストラリアのほぼ中央にある岩山。高さ335メートル、周囲約10キロメートルの一枚岩で、表面は赤味を帯びる。ウルル-カタジュタ国立公園内にあり、アボリジニーの聖地とされる。同公園は1987年に世界遺産(複合遺産)に登録された。エアーズロック。(補説)ウルルはアボリジニーによる名称。エアーズロックは、英国植民地時代に総督を務めたヘンリー=エアーズにちなんでつけられた名称。

ウルルン-ド【鬱陵島】▶うつりょうとう(鬱陵島)

ウルルン-とう【鬱陵島】▶うつりょうとう(鬱陵島)

うるわし・い【麗しい|▽美しい】〘形〙図うるは・し〘シク〙❶精神的に豊かで気高く、人に感銘を与えるさま。心あたたまり、うつくしい。「―・い母性愛」「―・しい友情の発露」❷形・色・容姿などが、目に快く映るさま。うつくしい。「―・い女性」「見目―・い」「―・い歌声」❸機嫌・顔つきが晴れ晴れしているさま。「本日も御機嫌―・しくいらっしゃる」❹乱れたところがなく、整っているさま。㋐うつくしく、みごとである。壮麗である。「畳なづく青垣、山籠れる大和し―・し」〈記・中・歌謡〉㋑人の性格・行動などが、きちんとしていてよい。折り目正しく、きちょうめんである。「夜ごとに十五日づつ―・しう通ひ住み給ひける」〈源・匂宮〉㋒端正である。形が整っている。「いみじう気高げにおはする女の―・しく装束き給へるが」〈更級〉❺正式のものである。本格的である。「―・しくは、ただくるくると巻きて、上より下へ、わなの先を差しはさむべし」〈徒然・二〇八〉❻うつくしく、いとしい。かわいらしい。「山吹は日に日に咲きぬ―・しと吾が思ふ君はしくしく思ほゆ」〈万・三九七四〉❼人と人との間柄が良好なさま。仲がよい。親しい。また、むつまじい。「昔、男、いと―・しき友ありけり」〈伊勢・四六〉(補説)元来、「うつくし(い)」は、かわいい、愛すべきだ、の意を表し、「うるわし(い)」は、整った、端正な美を表した。「うつくし(い)」が「きれいだ」となるのに対し、「うるわし(い)」は「りっぱだ」に近づく。(派生)うるわしげ〘形動〙うるわしさ〘名〙(類語)美しい・きれい・秀麗・端麗・美麗・流麗・壮麗・見目好い・見目麗しい・端整・佳麗・艶美・艶麗・あでやか・妖艶・豊麗・妖美

うるわし-だ・つ【麗しだつ】〘動タ四〙礼儀正しく振る舞う。また、まじめぶる。「男の御さまは、―・ち給へる時よりも、打ち解けてものし給ふは、限りもなうきよげなり」〈源・夕霧〉

うれ【▽末】草の葉や茎、木の枝の先端。こずえ。うら。「うちなびく春立ちぬらし我が門の柳の―にうぐひす鳴きつ」〈万・一八一九〉

うれ【売れ】売れること。売れ行き。「―が早い」

うれ〘代〙《「おれ」の音変化か》二人称の人代名詞。相手を軽くみて、またはののしって呼ぶ語。おのれ。うぬ。「おのれは日本一の剛の者に組んでうずな、―」〈平家・七〉(補説)呼びかける場面に現れることが多いため、感動詞とみることもできる。

ウレアーゼ〘ドイ Urease〙尿素をアンモニアと二酸化炭素とに加水分解する酵素。1926年、米国のサムナーがナタマメから結晶として初めて取り出した酵素。

うれ-あし【売れ足】売れ行きの早さ。売れ行きの度合い。「不況で―が鈍る」

ウレアフォルム《ureaformalinから》尿素とホルマリンから合成される窒素肥料。追肥が不要で、窒素含有量は硫安の2倍である。

うれい【憂い|愁い|▽患い】《「うれえ」の音変化》❶予測される悪い事態に対する心配・気づかい。うれえ。「後顧の―」❷嘆き悲しむこと。憂鬱で心が晴れないこと。うれえ。「―に沈んだ顔」(補説)ふつう❶は「憂い」、❷は「愁い」と書く。また、中世以降「うれえ」に代わって「うれい」の語形が多く用いられるようになり、現在は「うれい」が一般的。
(類語)心配・不安・懸念・危惧・危懼・疑懼・恐れ・胸騒ぎ・気がかり・心がかり・不安心・心細い・心許ない・怖い・危なっかしい・おぼつかない

うれい-がお【憂い顔|愁い顔】心配そうな顔つき、表情。また、もの思いに沈んだ悲しげな顔つき。

うれい-ごと【憂い事|愁い事】❶心配事。悲しいこと。❷歌舞伎などで、登場人物が悲しみや嘆きを表す演技。また、その場面。愁嘆場。

うれい-さんじゅう【愁い三重】❶義太夫節の語り方の一つで、多くは一段の終わりにあって、愁嘆を表すもの。また、そのときの三味線の手。❷歌舞伎下座音楽の一つで、三味線の独奏による、愁嘆を表す効果音楽。ふつう、主役が愁いをこめて花道を引っ込むときに、立三味線が幕外へ出て演奏する。

うれい-ぶし【愁い節】浄瑠璃で、愁嘆場で演奏する哀れな節回し。

うれ・う【憂ふ|愁ふ|▽患ふ】㊀〘動ハ上二〙❶「憂える❶」に同じ。「渡らひ心(=生計ヲ立テル意志)なかりけり。父、これを―・ひつつ思ふは」〈読・雨月・蛇性の婬〉❷「憂える❸」に同じ。「旅の空にこの疾を―・ひ給ふは」〈読・雨月・菊花の約〉㊁〘動ハ下二〙「うれえる」の文語形。(補説)㊀は中世以降の用法。㊀の連用形「うれえ」が「うれい」に音変化し、その結果上二段化したものと考えられる。

うれえ【憂え|愁え|▽患え】❶「うれい❶」に同じ。「子を思う母の―」❷「うれい❷」に同じ。「―を忘れる」❸嘆き悲しんで訴え出ること。愁訴。嘆願。「かの―をしたる匠をば、かぐや姫呼び据ゑて」〈竹取〉❹喪に服すること。喪。「まことの病及びておやの―に非ず」〈天武紀〉
憂えを掃う玉帚 《蘇軾「洞庭春色詩」から》飲むと嫌な事が忘れられることから、酒の美称。

うれえ-がお【憂え顔|愁え顔】「うれいがお」に同じ。

うれえ-ぶみ【愁へ文】愁訴や誓願のために朝廷などに出す文書。訴状。嘆願書。「人の申し文、―などありけるをとり集めて」〈栄花・衣の珠〉

うれ・える【憂える|愁える|▽患える】〘動ア下一〙図うれ・ふ〘ハ下二〙❶よくないことになるのではないかと心配する。心を痛める。また、嘆き悲しむ。「日本の将来を―・える」❷心の苦しみを人に訴える。自分の嘆きを人に告げる。「春秋の暮らしがたさなども、誰にかは―・へ給はむと」〈源・蓬生〉❸病に苦しむ。患う。「この人、昔は身の病を―・へき」〈今昔・七・二五〉
(類語)悲しむ・託つ・嘆ずる・悲嘆する・愁嘆する・痛嘆する・嗟嘆する・嘆息する・長嘆する・案じる・恐れる・心配・嘆く・気にする・気にかける・気を揉む・気に病む・胸を痛める・危惧する・危懼する・懸念する・気づかう

ウレグ-じょう【ウレグ城】《Öreg vár》▶タタ城

うれ-くち【売れ口】売れて行く先。販路。また、転じて嫁入り先や就職先。売れ先。「―が決まる」
(類語)捌け口・捌け口・販路・売れ先・市場

うれ-さき【売れ先】「売れ口」に同じ。「―を探す」

うれし・い【×嬉しい】〘形〙図うれ・し〘シク〙❶物事が自分の望みどおりになって満足であり、喜ばしい。自分にとってよいことが起き、愉快で、楽しい。「努力が報われてとても―・い」「―・いことに明日は晴れるらしい」㊥悲しい。❷相手から受けた行為に感謝しているさま。ありがたい。かたじけない。「あなたの心遣いが―・い」❸(俗な言い方で)かわいい。にくめない。「何と―・い男じゃないか」(派生)うれしがる〘動ラ五〙うれしげ〘形動〙うれしさ〘名〙(類語)(❶)喜ばしい・楽しい・欣快・愉快・嬉嬉・欣欣・欣然・満悦・御機嫌/(❷)有り難い・かたじけない・もったいない・おそれ多い・恐縮・幸甚・好都合・御の字
うれしい悲鳴 予想以上の好結果を喜びながら、一方で忙しさを嘆く声。「押すな押すなの盛況に主催者が―をあげる」

うれし-がなし・い【×嬉し悲しい】〘形〙図うれしがな・し〘シク〙《「うれしかなしい」とも》うれしさと悲しさが入りまじっているさま。うれしくもあり悲しくもある。「―・い過去の追想」〈藤村・破戒〉

うれしがら-せ【×嬉しがらせ】相手をうれしがらせるような言葉や態度。「口先だけの―」

うれし-なき【×嬉し泣き】〘名〙スル うれしさのあまりに涙を流すこと。

うれし-なみだ【×嬉し涙】あまりのうれしさに流す涙。「―にむせぶ」

うれしの【嬉野】佐賀県南西部にある市。肥前国風土記にもみえる古くからの温泉町。平成18年(2006)1月、塩田町・嬉野町が合併して成立。人口2.9万(2010)。

うれしの-し【嬉野市】▶嬉野

うれしの-ちゃ【×嬉野茶】佐賀県嬉野市で産する緑茶。葉の形が円く、中国の緑茶に似た風味がある。

うれしの-やき【×嬉野焼】伊万里焼の一。佐賀県嬉野市付近で生産。褐色の粘土に黒釉のもの、また、白はけ目の上に褐・緑彩の絵皿など。

うれし・ぶ【×嬉しぶ】〘動バ上二〙うれしく思う。うれしがる。うれしむ。「一の童子を将て、雪の上に―・ぶ」〈皇極紀〉

うれし・む【×嬉しむ】〘動マ四〙「うれしぶ」に同じ。「忠国かつ驚き、かつ―・みて」〈読・弓張月・前〉

うれ-すじ【売れ筋】よく売れていること。また、よく売れている商品。「―のデジカメ」「―商品」⇒死に筋

うれ-せん【売れ線】よく売れる品。売れることが予測される商品。売れ筋。「携帯電話の―は軽量薄型だ」

うれ-だか【売れ高】売れた商品の数量。また、その金額。(類語)売り上げ・水揚げ・売り掛け・商い・稼ぎ
うれた-し【▽慨し】〔形ク〕《「うれいたし(心痛し)」の音変化》憎らしい。いまいましい。嘆かわしい。「—・きや醜しこほととぎす今こそば声の涸かるがに来鳴きとよめめ」〈万・一九五一〉
うれ-だ・す【売れ出す】〔動サ五(四)〕❶売れるようになる。売れはじめる。❷名が世間に広まってくる。人気が出てくる。「最近—・してきた歌手」
ウレタン〖ドイツ Urethan〗❶カルバミン酸エステル(一般式NH_2COOR)の総称。狭義にはカルバミン酸エチル(化学式$NH_2COOC_2H_5$)をさす。催眠薬に用いられた。❷ポリウレタン樹脂やウレタンゴムのこと。
ウレタン-ゴム《和 Urethan(ドイツ)+gom(オランダ)》合成ゴムの一。分子内にウレタン結合-NHCOO-の構造をもつ高分子化合物。タイヤ・パッキングなどに使用。
ウレタン-フォーム《和 Urethan(ドイツ)+foam》ウレタンゴムから作った発泡合成ゴム。断熱・吸音・保温材のほか、硬質のものは建材・救命ブイなどに使用。
う-れつ【う列┊ウ列】「う段」に同じ。
う-れつ【雨裂】地表を流れる雨水の浸食により、軟弱な表層に形成された溝状の地形。降雨のときだけ水が流れる。ガリ。
うれつき-とうば【×梢付き塔婆】タフバ 最終の年忌法要の日に立てる、枝葉のついたままの生木の塔婆。葉付き塔婆。
うれっ-こ【売れっ子】非常に人気があってもてはやされている人。はやりっこ。「—の小説家」
うれ-のこり【売れ残り】❶商品が売れないで残ること。また、その品。「バーゲンセールの—」❷婚期を過ぎて女性が独身でいること。
うれ-のこ・る【売れ残る】〔動ラ五(四)〕❶商品が売れないで残る。「冷夏でビールが—・る」❷婚期を過ぎても女性が独身でいる。❸学生が卒業期になっても就職先が決まらずにいる。
うれ-ゆき【売れ行き】商品などが売れてゆくようす。売れるぐあい。「—が悪い」
(類語)景気・景況・市況・商況・商状・気配・金回り
う・れる【売れる】〔動ラ下一〕図う・る〔ラ下二〕❶商品などが買われる。「高値で—・れる」「よく—・れる新製品」❷世間に知られる。有名になる。「業界で顔が—・れている」❸人気があって、もてはやされる。「最近—・れている小説家」
(類語)販売・発売・押し売り・売る・ひさぐ・売り払う・売り捌さばく・売り付ける・売り込む・売り急ぐ・売り切れる・売り渡す・払い下げる・卸す
う・れる【熟れる】〔動ラ下一〕図う・る〔ラ下二〕果実や穀物などが十分みのる。実がいる。熟じゅくす。「赤く—・れたトマト」(類語)熟する・熟む・熟なれる・熟成する
うれわし・い【憂わしい】うれはし〔形〕図うれは・し〔シク〕憂えるべきようすだ。嘆かわしい。「—・い世相」(派生)うれわしげ〔形動〕
う-ろ【有▽漏】《梵 sāsravaの訳。流れ出るものを有する意》仏語。漏すなわち煩悩ぼんのうのある状態。「万ばんを—と知りぬれば阿鼻あびの炎も心から」〈梁塵秘抄・二〉⇔無漏むろ。
う-ろ【×迂路】遠回りの道。回り道。
う-ろ【雨露】❶雨と露。あめつゆ。「—をしのぐ」❷《雨と露は地上のすべてのものを潤すところから》広大な恵み。「—の恩」
う-ろ【×烏×鷺】❶カラスとサギ。❷黒と白。❸黒い石と白い石を烏と鷺に見立てて、囲碁をいう語。
烏鷺の争い　囲碁で勝負を争うこと。
うろ【▽虚┊▽空┊▽洞】内部が空になっているところ。うつろ。ほら。空洞。「古木の—」
うろ-うろ〔副〕スル ❶あてもなくあちこち歩き回るさま。「道に迷って—する」❷どうしたらよいかわからずに困りはてているさま。「突然の訃報に接して—(と)するばかりだ」➡まごまご(用法)
(類語)うろちょろ・どぎまぎ・おたおた・まごまご・どぎどぎ・そわそわ・もじもじ・もぞもぞ
うろうろ-なみだ【うろうろ涙】途方に暮れて流す涙。おろおろ涙。「丁稚でっちの三太も—」〈浄・重井筒〉
うろうろ-ぶね【うろうろ舟】江戸時代、両国の船遊びのときなどに、遊山船の間を漕ぎまわって飲食物を売った小船。もと「売ろ舟」といったのを、うろうろとさまようのでこの名が生じたという。「西瓜すいか玉蜀黍たうもろこしの—や、馬鹿囃子のさわぎ舟が出やうもしれねえ」〈滑・浮世風呂・四〉
うろうろ-まなこ【うろうろ眼】落ち着かない目つき。「どうぞ抜けて帰りたいと—になりければ」〈浄・鑓の権三〉
うろ-おぼえ【うろ覚え】確かでなく、ぼんやりと覚えていること。確かでない記憶。「—の漢字」
(類語)そら覚え
ウロキナーゼ〖urokinase〗たんぱく質分解酵素の一。ヒトの尿中に存在。血液凝固を阻止したり、凝固した血液を溶解したりする働きがある。
うろ-くず【×鱗】くづ ❶魚などのうろこ。いろくず。「その虫は—あり」〈体源鈔〉❷魚。いろくず。「山野の獣けだもの、江河の—に至るまで」〈盛衰記・四〇〉
うろこ【×鱗】《「いろこ」の音変化》❶動物の体を覆って保護する硬い薄片。魚類では真皮から形成されたもの、爬虫はちゅう類・鳥類や哺乳類の一部では表皮が角質化したもの。こけら。❷「鱗形うろこがた」の略。❸三角形をしたもの。
うろこ-いし【×鱗石】三角形に切った石。うろこ形の石。敷石などに用いる。
うろこ-がた【×鱗形】❶三角形を、うろこが重なり並んだような形に配列した文様。能楽では特に鬼女の衣装に用いる。❷紋所の名。三角形と逆三角形または円形を組み合わせたもの。◆謡曲名別項。
うろこがた【鱗形】謡曲。脇能物。喜多流。北条時政が、旗の紋を定めるため江の島弁才天に参籠さんろうすると、弁才天が三つ鱗うろこの旗を授ける。
うろこ-ぎ【×鱗木】►りんぼく(鱗木)
うろこ-くぎ【×鱗×釘】三角状の薄い小さな金属片。建具の枠にガラスを固定させるときに用いる。三角釘。葉鋲はびょう。
うろこ-ぐも【×鱗雲】空高くうろこ状に広がる白色の雲。巻積雲や高積雲のこと。鰯雲いわしぐも。鯖雲さばぐも。(季 秋)(類語)雲
うろこ-ごけ【×鱗×苔】ウロコゴケ科の苔こけ類。腐木の上などに生え、長さ2〜5センチ。葉は茎の両側にうろこのように重なって並び、茎の腹側にも腹葉とよばれる小形の葉がある。
うろこ-むし【×鱗虫】多毛綱ウロコムシ科の環形動物の総称。干潮線付近の石の下などにすむ。体は扁平で、背面は2列に並ぶ12対以上のうろこで覆われる。
うろこ-もん【×鱗文】二等辺三角形や正三角形を上下左右につないである文様。
うろ-じ【有▽漏路】ぢ 仏語。煩悩ぼんのうにけがれた迷いの世界。この世。「迷ふも悟るも—より、無漏路へ送る茶屋が提灯ぢやうちん」〈洒・錦之裏〉⇔無漏路むろぢ。
ウロス-とう【ウロス島】タウ《Isla de Los Uros》ペルーとボリビアの国境にあるチチカカ湖にあるペルー領の島。トトラと呼ばれる葦あしを積み重ねた浮島。湖畔の町プノから渡る。
うろた・う【狼=狽ふ】うろたふ〔動ハ下二〕「うろたえる」の文語形。
うろた・える【狼=狽える】うろたへる〔動ア下一〕図うろた・ふ〔ハ下二〕❶不意を打たれ、驚いたり慌てたりして取り乱す。狼狽ろうばいする。「うそがばれて—・える」❷うろうろと歩く。うろつく。「このあたり—・へて、見つけられてはいとしいことと」〈浄・冥途の飛脚〉
(類語)あわてる・まごつく・面食らう・狼狽・周章・騒ぐ
うろ-ちょろ〔副〕スル 目ざわりになるほど、あちこち動き回るさま。「そんなに—(と)されては仕事のじゃまになる」(類語)うろうろ・どぎまぎ・おたおた・まごまご・どぎどぎ・そわそわ・もじもじ・もぞもぞ
うろ-つ・く【彷=徨く】〔動カ五(四)〕目的もなくあちこち歩き回る。辺りを行ったり来たりする。うろうろする。「のら犬が—・いている」(類語)さすらう・さまよう・出歩く・ほっつく・ほっつき歩く・ほっつき回る・ぶらつく
ウロツワフ〖Wrocław〗ポーランド南西部、オーデル川沿岸の工業都市。シロンスク地方の工業・文化の中心地。人口、行政区63万(2007)。ブレスラウ。ブロツワフ。
ウロトロピン〖urotropine〗ヘキサメチレンテトラミンの商標名。白色の粉末で、可溶性がある。尿路消毒剤として用いる。
うろ-ぬ・く【▽疎抜く】〔動カ五(四)〕多くあるものの中から間をおいて引き抜く。まびく。おろぬく。「大根を—・く」
ウロビリノーゲン〖urobilinogen〗腸に胆汁として排出されたビリルビンが腸内細菌によって還元されて生成する無色の物質。大部分は便へ排出されてウロビリンとなるが、一部は腸で吸収されて再び肝臓に戻り、尿中にも排出される。肝機能障害などでは尿中への排出量が増加する。
ウロビリン〖urobilin〗糞便中でウロビリノーゲンが空気に触れ酸化されて生じる褐色の結晶。
うろ-ほう【有▽漏法】ホフ 仏語。煩悩ぼんのうと結びついて、それを増すもの。迷いの世界に流転させるもの。四諦したいのうち、迷いの果と因である苦諦くたいと集諦じったいの法にあたる。有為法ういほう。⇔無漏法むろほう。
う-ろん【×胡▽乱】〔名・形動〕《唐音》❶正体の怪しく疑わしいこと。また、そのさま。「—な者がうろついている」❷確かでないこと。真実かどうか疑わしいこと。また、そのさま。「誤を正したり、—な所は字書を引いて見たりして」〈風葉・恋ざめ〉❸乱雑であること。また、そのさま。「かき本は字が—ですぢない字どもをかきをけども」〈史記抄・高祖本紀〉(補説)「胡」は、でたらめの意。また胡こが中国を乱したとき、住民があわてふためいて逃れたところからという説もある。(派生)うろんげ〔形動〕
うろん-ざ【×胡▽乱座】禅宗の法会で、僧が上下の席順によらず勝手に着席すること。
ウロン-さん【ウロン酸】《uronic acid》糖の酸化により生ずる化合物。動物体内の解毒機構に関与するといわれる。
うろん-もの【×胡▽乱者】怪しい人間。うさんくさい者。「やあ、いよいよ—、なかなか大抵では白状致すまい」〈浄・忠臣蔵〉
うわ【上】うは〔語素〕名詞・動詞の上に付いて複合語を作り、位置・価値・程度などが他のものより「上え」の意を表す。「—唇」「—皮」「—向く」「—値」「—役」「—回る」「—っ面つら」
うわ-あご【上顎】うは 上のほうのあご。あごの上部。じょうがく。⇔下顎したあご。
うわ-あしどり【上足取】うはー 取引で、相場が上がる傾向にあること。
うわ-うす【上臼】うは ひき臼の、上に重ねて回すほうの石。
うわ-うわ うはうは〔副〕スル 言動に落ち着きがなく、気持ちがしっかりしていないさま。「—した…ほんの一時の出鱈目でたらめだろうと」〈里見弴・多情仏心〉
うわ-え【上絵】うは ❶布地の白く染め抜いたところに別の色で絵や文様を描くこと。また、その絵。❷素焼きに釉うわぐすりをかけて焼いた上に、さらに色釉いろぐすりを用いて描き上げた絵。
うわえ-ぐすり【上絵×釉】うはゑ「上絵うわえの具」に同じ。
うわ-えだ【上枝】うは 木の上のほうの枝。うわえ。⇔下枝。
うわえ-つけ【上絵付け】うはゑ 上絵を描いた陶磁器を再び窯に入れて低温で焼き上げること。
うわえ-のぐ【上絵の具】うはゑ 陶磁器の表面に絵や文様を描くのに用いる顔料。無色の鉛釉なまりぐすりを溶媒とし、ベンガラ・酸化コバルト・酸化マンガンなど金属酸化物を加えたもの。焼成すると融とけて茶褐色・青・紫などの色になる。上絵釉うわえぐすり。
うわえ-や【上絵屋】うはゑ 染め物の上絵描きを職業とする家、また、職人。上絵師。
うわ-えり【上襟┊上▽領】うは 共襟ともえり、または掛け襟のこと。
うわ-お【▽後▽夫┊上▽夫】うはを 二度目の夫。あとの

夫。〈和名抄〉

うわ-おおい【上覆い|上▽被い】うはおほひ ❶物に覆いかぶせる布・薦・紙など。❷汚れを防ぐために着物の上に着るもの。うわがけ。うわっぱり。

うわ-おき【上置き】うはおき ❶たんすなどの上に置く、小さな戸棚や箱。上置き棚。❷飯、雑煮の餅、うどん・そばなど、主食となるものの上にのせる肉・魚・野菜など。❸旅芝居などで、客寄せのために人気のある役者を、一座に参加させること。転じて、有名人の名を借りて著作や組織の体裁をつくろうことにもいう。

うわ-おそい【上襲】うはおそひ 袙や袿の上に重ねる衣。うわがけ。「この袙の―は、なにの色にかつかうまつらすべき」〈枕・八〉

うわ-おび【上帯|▽表帯】うはおび ❶着物のいちばん外に締める帯。❷鎧・腹巻き・胴丸の類の胴先につける帯。ひもや布帯を用いる。「鎧の―押しくつろげ、腹かき切って」〈義経記・八〉❸平胡籙や箙を固定するのに用いるひも。平胡籙には丸組の綟を用いて丸緒ともいう。

うわ-かい【宇和海】愛媛県西部、佐田岬半島の南、豊後水道に面する海域。リアス式海岸が発達。南部の愛南町に宇和海海域公園がある。うわのうみ。

うわ-がい【上交ひ】うはがひ 「上前」に同じ。「一の褄肩に敷かれ」〈浄・嵯峨天皇〉

うわ-がえ【上交へ】うはがへ 「上交い」に同じ。「一の褄風にひらめき」〈浄・禁短気・四〉

うわ-がき【上書(き)】うはがき〔名〕スル ❶封書・書物・箱などの表面にあて名・表題・名称などを書くこと。また、その文字。表書き。「荷物に―する」❷コンピューターのファイルや記録メディアにデータを記録する際、もとのデータの上に新しいデータを書き込むこと。または、文字入力の際に、もとの文章の上に新たに書き込むこと。オーバーライト。重ね書き。

うわがき-けん【上書(き)権】うはがきけん 地方公共団体が条例によって国の定めた政令や省令を修正する権限。地域の実情に応じた機動的な施策が可能になる半面、「地方公共団体は法律の範囲内で条例を制定することができる」(第49条)などと定めた憲法に違反するとの見方もある。

うわ-がけ【上掛(け)】うはがけ ❶上にひっかけて着るもの。うわっぱり。❷いちばん上にかける布団。また、こたつ布団の上にかぶせる布地類。❸《「うわかけ」とも》染め物で、下染めしたあと、その上に別の染色を施すこと。うわぞめ。ほんぞめ。

うわ-がさね【上▽襲】うはがさね ❶着物の上前。うわがえ。❷下襲の上に着るもの。うわぎ。

うわ-かぜ【上風】うはかぜ 草木などの上を吹きわたる風。「時雨うちして荻の―もただならぬ夕暮れに」〈源・少女〉

うわ-かぶき【上▽傾き】うはかぶき〔名・形動ナリ〕❶上部が重くて傾いていること。また、そのさま。「かたぶくや―なる月の笠/成政」〈毛吹草〉❷派手で軽薄なこと。また、そのさま。「総じて世間の女の―なる事これに限らず」〈浮・五人女・二〉

うわ-がまち【上×框】うはがまち 戸・障子などの周囲の枠のうち、上部の横木。

うわ-がみ【上紙】うはがみ ❶上包みの紙。つつみがみ。❷本などの表紙。

うわ-がり【上借り】うはがり ❶一度借りた貸主から、さらに金を借りること。❷質入れなどを頼まれた者が、自分の必要のために余分に借り入れること。「一に懲りお袋が置きに行き」〈玉柳〉

うわ-かわ【上皮】うはかは ❶物の表面を覆うもの。うわっかわ。うわおおい。外被。「ミルクの―をすくう」❷表面を覆う皮膚。表皮。(類語)皮膚・皮・肌・はだえ・肌膚・地肌・外皮・表皮・スキン・表面

うわ-かわ【上側】うはかは ❶物の上のほうになった側。うわべ。うわっかわ。❷心の中などに対して、外に現れた言動や態度。うわべ。うわっかわ。(類語)表面・表・面・面・上辺・上面・上面・界面・表層・外・外面・外観・外見・外見・見掛け・見た目・皮相・現象・表向き・みてくれ・見栄え・なりふり

うわ-き【浮気|上気】うはき〔名・形動〕スル ❶一つのことに集中できず心が変わりやすいこと。また、そのさま。移り気。「一な性分で何にでも手を出す」❷異性に心をひかれやすいこと。また、そのさま。多情。「一な人」❸配偶者・婚約者などがありながら、他の異性に気がひかれ、関係をもつこと。「旅先で―する」❹心が浮ついて、思慮に欠けること。また、そのさま。「分別―になられ、備へことごとく違ひ候」〈甲陽軍鑑・二七〉❺浮かれて陽気になるさま。また、そうなりやすい気質。「(芝居ナドニ)一切の嫁子―になりて」〈浮・一代女・四〉(類語)多情・移り気・気まぐれ・むら気・むら・飽き性・気移り・お天気

うわ-ぎ【上着|上▽衣|▽表着】うはぎ ❶上下に分かれた衣服のうち、上半身に着るもの。❷衣服を重ね着したときのいちばん上に着るもの。❸女官が正装のとき、打ち衣の上、唐衣や小袿の下に着る衣。うわがさね。(類語)ブレザー・ジャケット・ブラウス・ジャンパー・ブルゾン・セーター・カーディガン・ガウン・羽織・半纏・上っ張り・ちゃんちゃんこ

うわぎ【薺=蒿】うはぎ ヨメナの古名。「妻もあらば摘みて食げまし沙弥の山野の上の―過ぎにけらずや」〈万・二二一〉

うわき-がらす【浮気×鳥】うはき 「浮かれ鳥」に同じ。「―とはやされて、月夜も闇もこの里へ」〈浄・女腹切〉

うわき-もの【浮気者】うはき 浮気な人。心の移りやすい人。多情な人。

うわ-ぐすり【×釉|上薬】うはぐすり 陶磁器の、素地の表面に施すガラス質の溶液。焼成すると薄い層を成し、吸水を防ぎ、光沢を帯びて装飾を兼ねる。主成分は珪酸化合物。金属含有物によって、さまざまな色を呈する。釉薬。

うわ-くちびる【上唇】うは 上側の唇。じょうしん。⇔下唇。

うわ-ぐつ【上靴】うは 屋内で履く靴。うわばき。

うわ-ぐも・る【上曇る】うは〔動ラ四〕表面がくすんで見える。光沢が薄れる。「いと濃き衣の―・りたるに」〈枕・一〇〇〉

うわ-ぐら【上×鞍】うは 仮建築の柿葺きなどが風に飛ばされるのを防ぐため、2本の丸太を交差させておもしとして置くもの。風除け合掌。

うわ-げ【上毛】うは ❶鳥・獣の毛や羽で表面にあるもの。❷毛筆の毛で外側にあるもの。

うわ-ごと【×譫言|×囈言】うは ❶高熱などで意識の混濁している人が無意識に口走る言葉。❷筋の通らない放言。たわごと。

(類語)寝言・たわ言・ざれ言・しれ言・妄言・無駄口

うわさ【×噂】うはさ〔名〕スル ❶そこにいない人を話題にしてあれこれ話すこと。また、その話。「同僚の交遊関係を―する」❷世間で言いふらされている明確でない話。風評。「変な―が立つ」(類語)(❷)風聞・風説・風評・風声・風の便り・評判・世評・取り沙汰・下馬評・巷説・浮説・流説・流言・飛語・ゴシップ

噂をすれば影 ある人の噂をしていると、不思議にその当人がそこへ来るものだということ。噂をすれば影が差す。

うわ-ざし【上刺(し)】うは ❶布などを補強するため、太糸で碁盤の目のように縦横に縫うこと。また、縫ったもの。刺し子。❷狩衣や直垂の袖や裾、または裳の腰に刺し通した組紐。❸「上刺し袋」の略。

うわ-ざし【上差】うは 「上差の矢」の略。

うわざし-の-や【上差の矢】うはざし 箙などに差した矢のほかに、別形式の矢を1、2筋差し添えたもの。うわや。「この負ひたる胡籙の―を一筋」〈今昔・二七・四三〉

うわざし-ぶくろ【上刺(し)袋】うはざし 昔、貴族が外出の際、衣服などを入れて従者に持たせた袋。綾や錦で作られた袋の側面に上刺しをしたもの。底は円形または四角で、口のかがりにひもを通して締める。

うわさ-ばなし【×噂話】うわさ。世間話。「―に花を咲かせる」

うわ-ざや【上×鞘】うは ある銘柄の株価が、他の同一業種の銘柄の相場より高いこと。また、ある銘柄の相場が、他の取引所の相場より高いこと。⇔下鞘。

うわざら-てんびん【上皿天×秤】うはざら 支点で支えられた腕の両端に1枚ずつ皿を取り付けたはかり。一方の皿に試料、他方に分銅をのせ、左右のつりあいによって重さをはかる。さらてんびん。

うわ-しき【上敷(き)】うは ❶物の上に敷くもの。うすべり・敷布など。❷▶鞍敷

うわじま【宇和島】愛媛県南西部の市。もと伊達氏の城下町。宇和海に面し、水産加工業や真珠生産が盛ん。ミカンの産地。平成17年(2005)8月、吉田町・三間町・津島町と合併。人口8.4万(2010)。

うわじま-し【宇和島市】▶宇和島

うわじま-じょう【宇和島城】ジャウ 宇和島市にある旧宇和島藩の城。慶長元年(1596)から同6年にかけて、藤堂高虎が築城。のちに伊達宗利が寛文2年(1662)から改修。現存の天守閣は江戸時代の特色を残すものとして有名。鶴島城。

うわ-じら・む【上白む】うは〔動マ四〕表面の色がさめて白っぽくなる。「ゆるし色の、わりなう―・みたる一襲」〈源・末摘花〉

うわ-しる【上汁】うは ❶酒や汁の上澄み。❷他人の利益の一部分。うわまえ。「―を吸う」

うわ-すべり【上滑り】うは〔名・形動〕スル ❶物の表面がすべすべしていて、よく滑ること。「雨で路面が―する」❷物事の表面にとらわれて、本質を見抜けないこと。深みがなく軽々しいこと。また、そのさま。「―な(の)議論」「―な行動」

うわ-ずみ【上澄み】うは ❶容器に入っている液体の中のまざり物が底に沈んで、上方にできる澄んだ部分。うわしる。❷濁り酒のかすをよどませて、上の澄んだ部分をくみ取ったもの。

うわ-ず・る【上擦る】うは〔動ラ五(四)〕❶声が高く浮ついたような調子になる。「変に―・った声」❷興奮して気持ちが高ぶり、落ち着きがなくなる。逆上する。「―・った行動」❸軽々しいと思わせる言動をとる。「―・った彼の言説でも、時には、鈍厚な佐々には才気煥発に聞こえた」〈里見弴・善心悪心〉

うわ-ぜい【上背】うは 身長。身の丈。背が高いという意を含めて使う。「―がある」

(類語)背・背・背丈・丈・身丈・身の丈・身長

うわ-ぞうり【上草履】うはざう 屋内で履く草履。

うわ-ぞめ【上染(め)】うは 先に染めた色の上に、さらに他の染料で染めること。上掛け。

ウワダン〖Ouadane〗モーリタニアの北西部にある町。12世紀から16世紀、サハラ交易の要衝として栄えた。中心のモスクを囲むように家屋を配した「クサール」と呼ばれる旧市街の遺構が残る。1996年、他の中継都市とともに「ウワダン、シンゲッティ、ティシット及びウワラタの古い集落」の名称で世界遺産(文化遺産)に登録された。ウアダン。

うわ-ちょうし【上調子】うはテウ〔名・形動〕❶声がかん高くて、落ち着きがないように感じられること。また、そのさま。うわっちょうし。「―なしゃべり方」❷落ち着きがなく慎重さに欠けること。うわべだけで中身のないこと。また、そのさま。うわっちょうし。「―な態度」❸▶うわぢょうし

うわ-ぢょうし【上調子】うはヂャウ 三味線を高低2音で合奏するとき、高音を奏する三味線。また、その奏者。三味線に枷をかけて振動する弦の長さを短くし、低音のほう(本手)より完全4度、または完全5度高く調律する。

うわ-つ・く【浮つく|上付く】うは〔動カ五(四)〕うきうきして落ち着かなくなる。また、軽薄な感じがする。「気持ちが―・いて仕事に集中できない」「―・いた交際」

うわ-つくに【上つ国】うは (海底の国、または地下にあるとされる黄泉の国に対して)地上の国。現世。「―にいでまさむとし給ふ」〈記・上〉

うわ-つち【上土】うは 表面の土。うわち。

うわつち-けん【上土権】うはつち 他人の持つ湿地などを開墾して田畑とした場合に、開墾者が地表についてもつ慣習上の利用権。現行民法上、判例・通説はこの権利を認めない。⇒底土権

うわっ-ちょうし【上っ調子】うはつテウ〔名・形動〕《「うわち

ょうし」の促音添加》❶「うわちょうし❶」に同じ。「やや—に遠くから声をかける」〈万太郎・ゆく年〉❷「うわちょうし❷」に同じ。「好い加減の範囲を脱し得ない—のものには相違なかった」〈漱石・道草〉

うわつつのお-の-みこと【表筒男命】住吉大社に祭られている三神の一。➡住吉神

うわ-づつみ【上包み】❶物の外側を包むもの。包装。❷書物の帙。文巻。❸書状を包む紙。書状の上を、さらに包む白紙。うわまき。

（類語）覆い・カバー・被覆・包装・包み・外装

うわっ-つら【上っ面】「うわつら」の促音添加。「—だけを見て判断できない」

うわっ-ぱり【上っ張り】仕事がしやすいように、また、汚れを防ぐために、衣服の上に着る事務服や白衣の類。（類語）エプロン・前垂れ・前掛け・割烹着・上着・ブレザー・ジャケット・ブラウス・ジャンパー・ブルゾン・セーター・カーディガン・ガウン・羽織・半纏・ちゃんちゃんこ

うわ-づみ【上積み】〔名〕スル ❶積み荷の上にさらに荷を積むこと。積み荷の上のほうに積むこと。また、その荷物。うわに。⇔下積み。❷船の甲板に積んだ荷物。❸ある決まった数量や金額などに、さらにある数量や金額を加えること。うわのせ。「千円を—して、春闘は妥結した」

（類語）嵩上げ・割増し・上乗せ・水増し・底上げ・加算

うわ-つゆ【上露】草木などの葉の上にある露。（季 秋）⇔下露。

うわ-つら【上面】物の表面。または、外見。うわべ。うわっつら。「問題の—を見ているだけで、本質をとらえていない」（類語）皮相・上辺・表面・外見・外見・外面・外面・表向き・見掛け・外観・みてくれ・見た目・見栄え・なりふり

うわ-て【上手】㊀〔名〕❶位置・方向が上のほう。うえ。特に、風上・川上などをいう。かみて。「風の—にまわる」⇔下手。❷相撲で、四つに組んで相手の差し手の上から相手のまわしを取ること。また、その手。「—を引く」⇔下手。❸囲碁・将棋で、対局者のうち段位・力量のすぐれたほう。⇔下手。❹犬追物で、自分の馬の前に立つ射手。❺石帯の左の一端についている革帯。㊁〔名・形動〕❶技能・学問・知識などが他よりすぐれていること。また、その人。「役者が一枚—だ」「相手の—を行く」❷人を脅かすような態度をとること。また、そのさま。高飛車。⇔下手。「この—な物言いが変に私を圧迫した」〈志賀・暗夜行路〉（類語）上部・上手・上方・高み・上位・優位・優越・高位・上席

上手に出る 人を威圧するような態度をとる。高姿勢に出る。高飛車に出る。「相手が弱いとわかるとすぐ—出てくる」

上手を行く 能力や性格などが、他の人より優れている。

うわて-だしなげ【上手出し投げ】相撲のきまり手の一。相手のまわしを上手に取り、一方の足を大きく後方に引いて半身に開き、引きずるように投げ倒す技。

うわて-なげ【上手投げ】❶相撲のきまり手の一。相手のまわしを上手に取り、自分のほうに引き寄せながら腰を入れて投げ倒す技。❷野球で、腕をほぼ真上から下へ振り下ろすようにして球を投げる投げ方。オーバースロー。オーバーハンドスロー。

うわて-ひねり【上手▽捻り】相撲のきまり手の一。上手から相手のまわしを引き、上手投げとみせて反対方向へ、自分の片腰を沈め気味にひねり倒す技。逆捻り。

うわて-まわし【上手回し】❶相撲で、上手で相手のまわしをつかむこと。また、そのまわし。❷帆船の操船法の一。逆風で帆走する際、帆と舵の操作で船首を風上に回して風を受ける舷を変え、針路を変更すること。

うわ-なげし【上▽長▽押】鴨居の上に渡す長押。⇔下長押。

うわ-なり【上鳴り｜▽表鳴り】笙などを吹くとき、正しい音以外に、他の箇所の管中の薄片が共鳴して軽く発する不必要な音。

うわ-なり【後=妻】❶あとに迎えた妻。上代は前妻または本妻以外の妻をいい、のちには再婚の妻をいう。⇔前妻。「この—こなみ、一日一夜よろづのことを言ひ語らひて」〈大和・一四一〉❷ねたみ。嫉妬。〈新撰字鏡〉

うわなり【嫐】歌舞伎十八番の一。後妻打ちの風習を題材としたもので、原形は元禄12年(1699)江戸中村座上演の「一心五界玉」にある。

うわなり-うち【後=妻打ち】❶本妻が後妻を嫉妬して打ちたたくこと。「あらあさましや六条御息所ほどの御身にて、—の御振る舞ひ」〈謡・葵上〉❷室町時代、離縁になった先妻が後妻をねたんで、親しい女たちと隊を組み、後妻の家に行って乱暴を働く風習。相当打ち。騒動打ち。

うわなり-ねたみ【後=妻嫉=妬】前妻が後妻をねたむこと。また、広く女どうしの嫉妬をもいう。「その神の嫡后須勢理毘売命、いたく—し給ひき」〈記・上〉

うわ-に【上荷】❶他の積み荷の上にさらに重ねて積んだ荷物。上積みの荷物。❷車馬または船などの積み荷。❸「上荷船」の略。

うわ-にごり【上濁り】液体の上のほうが濁っていること。また、その部分。

うわに-さし【上荷差】上荷船の積み荷の運搬に従事する者。「中衆、—など夫婦となりて」〈浮・一代男・三〉

うわに-ぶね【上荷船】江戸時代、主に大坂で、本船と波止場との間を往復し、荷物の積み卸しをした喫水の浅い船。京都・大坂間の川運漕にも用いられた。

うわ-ぬり【上塗(り)】〔名〕スル ❶壁塗り・塗装などで、あらかた塗った上に、仕上げとして最後に塗ること。また、その塗り。仕上げ塗り。「テーブルにニスを—する」❷あることの上にさらに同じようなことを重ねること。悪い場合にいう。「恥の—」

うわ-ね【上値】取引で、現在の相場より高い値。「—を追う」⇔下値。

うわね-おい【上値追い】取引で、相場がどんどん値上がりしていく状態。「需給好転の思惑から—に弾みがつく」

うわ-のせ【上乗せ】〔名〕スル すでにある金額や数量などにさらに付け加えること。追加して増やすこと。「一次回答に三千円—する」（類語）嵩上げ・割増し・上積み・水増し・底上げ・加算

うわのせ-じょうれい【上乗せ条例】法律で定められた基準を超える厳しい規制を設けた条例。公害関係条例に多くみられる。

うわ-の-そら【上の空】〔名・形動〕❶他の事に心が奪われて、そのことに注意が向かないこと。また、そのさま。心が浮ついて落ち着かないさま。「—で人の話を聞く」❷天空。空中。そら。「山の端の心もしらで行く月は—にて影や絶えなむ」〈源・夕顔〉❸あてにならないこと。根拠がなく不確かなこと。また、そのさま。「—にてものし(=行キ)たらむこそ、なほ便なかるべけれと思ひ煩ひて帰り給ふに」〈源・夢浮橋〉

うわ-のり【上乗り】〔名〕スル ❶船や車で運ぶ荷物とともに乗っていくこと。また、その人。「トラックに—する」❷近世、貨物輸送船に乗り込み、荷主に代わって積み荷の管理・監督をつかさどった役。❸他人の計画などに賛同し、かかわること。「はじめの百が惜しくなって、—をした」〈滑・膝栗毛・五〉

うわ-は【上端】《「うわば」とも》❶物の上面、または上部の端。「荷負箪笥の—をこつこつと指さきでたたいてみせた」〈里見弴・小さな命〉❷単位未満の端数。特に金銭で、まとまった区切りのよい額をわずかに超えた、はしたの金。

うわ-ば【上葉】草木の上部の葉。⇔下葉。

うわ-ば【上歯】上あごの歯。⇔下歯。

うわ-ばき【上履(き)】廊下や板の間など、屋内で用いる履き物。⇔下履き。

うわ-ばみ【蟒=蛇】❶巨大な蛇。大蛇。おろち。❷《大蛇は物をたくさん飲み込むところから》大酒飲み。酒豪。

うわばみ-そう【×蟒草】ミズナの別名。

うわ-はらまき【上腹巻】鎧の一種。装束の上につける護身用の武具。

うわ-ばり【上張り｜上貼り】〔名〕スル ❶襖・天井・壁などに仕上げとして紙や布などをはること。また、その紙や布。仕上げ張り。⇔下張り。❷上にはおって着る着物。「帷子の—」〈浮・一代男・三〉

うわ-ばん【上盤】断層面の上位の岩盤。また、鉱脈や炭層などの上側の岩盤。

うわ-ひ【上×翳｜外=障=眼】ひとみの上に曇りができて物が見えなくなる眼病。➡底翳

うわ-び【上火】料理のとき、天火などにより材料の上方から当てる火。⇔下火。

うわ-ひげ【上×髭】唇の上のひげ。鼻の下のひげ。口ひげ。

うわ-びょうし【上表紙】書籍類の上になる側の表紙。表表紙。

うわ-ぶみ【上文】手紙の上書き。「—に、西山よりと書いたるを」〈かげろふ・中〉

うわ-ぶれ【上振れ】〔名〕スル 数値・指標などが想定したものよりも上がること。「国内景気が—する可能性は低い」「—リスク」⇔下振れ。

うわ-ぶ・れる【上振れる】〔動ラ下一〕上振れすること。「業績が—・れる」➡上振れ

うわ-べ【上辺】❶物の表面。おもて。外面。❷内実とは違った見せかけのようすや事情。見かけ。外観。「—をつくろう」（類語）上面・皮相・表面・外見・外見・外面・外面・表向き・見掛け・外観・みてくれ・見た目・見栄え・なりふり

うわ-まい【上米】❶寺社へ寄進した年貢米の一部。❷江戸時代、米穀などの輸送物資に課した通過税。❸仕事や売買の仲介をする者が取る、賃金や代金などの一部。手数料。うわまえ。「—に取り上げ、十分一も我々が手に付けさせず」〈浄・国性爺後日〉

うわ-まえ【上前】❶衣服の前身頃を合わせたとき、上側になる身頃。うわがえ。⇔下前。❷《「うわまい(上米)」の音変化》「上米❸」に同じ。

上前を撥ねる 他人に取り次ぐ賃金や代金の一部を自分のものとする。かすめとる。上前を取る。ピンはねをする。

うわ-まわ・る【上回る】〔動ラ五(四)〕ある基準数量を超える。予定量以上になる。「昨年を—・る人出」⇔下回る。（類語）超える・超す・過ぎる・追い越す・追い抜く・はみ出す・凌ぐ・行き過ぎる・超過する・突破・超越・凌駕・過剰・オーバー

うわ-み【上身】魚をまな板にのせたときに、上になったほうの肉。⇔下身。

うわ-みず【上水】❶水の上のほうの部分。上澄みの水。❷江戸時代、米相場の立ち会いに、仲買人を集める合図の柝を打ち、終了の際は水をまいて仲買人を散会させた役。

うわみず-ざくら【上▽溝桜｜上▽不▽見桜】バラ科サクラ属の落葉高木。山野に自生。樹皮は紫褐色で、小枝は秋に脱落。葉は楕円形で先がとがり、縁に鋭いぎざぎざがある。晩春、葉よりあとに、白色の小花を多数つけ、実は丸く、熟すと黒い。つぼみや未熟な実を塩漬けにして食べる。名は、昔、亀甲で占うとき、この材の上面に溝を彫って使ったところからといわれる。ははか。金剛桜。

うわ-むき【上向き】❶上を向いていること。あおむき。「—に横たわる」⇔下向き。❷物事の状態などがよいほうに向かうこと。特に、相場・物価などが上がる傾向にあること。「—市況」⇔下向き。❸表面のようす。見かけ。うわべ。外観。「—は裕福にみえても、家計は火の車だ」

うわ-む・く【上向く】〔動カ五(四)〕❶上のほうを向く。あおむく。「こころもち—・いて首を伸ばし」〈康成・禽獣〉⇔下向く。❷物事の状態などがよくなっていく。「調子が—・く」⇔下向く。

うわ-むしろ【▽表×筵｜上×蓆】帳台の内の畳の

上に敷く敷物。唐綾の表に錦のへりをつけ、裏をつけて中に綿を入れる。

うわ-め【上目】❶顔を上げないで、目だけで上のほうを見ること。また、その目つき。「—をつかう」⇔下目。❷秤竿の上面にしるした星。また、その星を目盛りにしてはかること。少量をはかるのに用いる。⇔向こう目。❸物を容器ごとはかりにかけること。皆掛。❹ある分量を超過すること。「一キロより少し—だ」❺すぐれていること。まさっていること。また、勝負事で、いい目。「ひねってもひねっても二寸より—なく」〈浄・女楠〉

うわめ-づかい【上目遣い】上目で見ること。また、その目つき。「—に相手を見る」

うわ-も【上×裳｜×褶｜▽表×裳】律令制の礼服で、下半身にまとう裳の一。男子は袴の上に、女子は下裳に重ねてつけた。ひらみ。しびら。うわみ。

うわ-もの【上物】❶その土地の上に建っている建造物。不動産売買でいう語。❷海の上層部にすんでいる魚。浮き魚。表層魚。

うわ-もり【上盛り】最高のもの。最上級のもの。「総じてかの鼠と申すは、外道の—なるべし」〈伽・猫のさうし〉

うわ-も・る【上盛る】〔動ラ四〕上気する。のぼせる。また、声などが調子はずれにうわずる。「さぞ悲しかろと、あいさつも何するやら、声も—・るばかりなり」〈浄・生玉心中〉

うわ-や【上矢】上差しに使う、鏑矢。「—を抜き、願書にとり具して、大菩薩の御宝殿にこそ納めけれ」〈平家・七〉

うわ-や【上屋｜上家】❶建築現場などに設けた仮屋根。素屋根。❷駅や埠頭などで、旅客または貨物を雨露から防ぐために設けた、柱に屋根をかけただけの建物。❸貨物の仮置きのため、税関構内に設けた倉庫。❹「霊屋」に同じ。

うわ-やく【上役】自分より上位の役目・職務についている人。上司。[類語]上司・上官

うわ-より【上×縒り｜上×撚り】諸縒り糸を作るとき、下縒りをかけた糸を2本以上合わせて反対方向によりをかけること。

ウワラタ〖Oualata〗モーリタニア中央部の町。12世紀から16世紀、サハラ交易の要衝として栄えた。中心のモスクを家々が囲む「クサール」と呼ばれる伝統的集落の遺構が残る。1996年、他の中継都市とともに「ウワダン、シンゲッティ、ティシット及びウワラタの古い集落」の名で世界遺産(文化遺産)に登録された。

うわ・る【植わる】〔動ラ五(四)〕植えてある。植えられる。「みごとな松の木が—・っている庭」[補説]「植える」が行為を表すのに対し、「植わる」は結果や状態を表す。「植わっている」の形で使われることが多い。

う-わん【右腕】❶右のうで。みぎうで。⇔左腕。❷野球で、右投げの投手。右腕投手。

うん【×吽】梵語の最後の字音hūṃの音写。➡阿吽

うん【運】❶人の身の上にめぐりくる幸・不幸を支配する、人間の意志を超越したはたらき。天命。運命。「—が悪い」❷よいめぐりあわせ。幸運。「—が向いてくる」「—がない」➡[漢]「うん(運)」[類語]運命・運勢・命運・天運・天命・巡り合わせ・回り合わせ・星回り・命数・暦数・宿命・宿運・定め・時運・因縁

運の尽き　命運が尽きて最後の時が来たこと。運の蹄。「ここで見つかったのが—」

運は天にあり　運は天の支配するもので、人力ではどうにもできない。

運を天に任・せる　うまくいくかどうかは天の意志に任せる。成り行きに任せる。

うん【×暈】太陽や月などの周囲に見える、輪状の光。かさ。➡[漢]「うん(暈)」

うん〔感〕❶相手の言ったことに同意するときなどに発する声。親しい人に対して用い、「はい」「ええ」よりも丁寧さが低い。「『一緒に帰ろうか』『—いいよ』」❷力を入れて動作をするときに思わず発する声。「—とばかりに踏んづける」

うんともすんとも　《「すん」は単に語呂を合わせたもの》(あとに打消しの語を伴って)応答・返答のないさまをいう。何のひとことも。「催促の手紙を出したのに—言ってこない」

うん-い【×云為】〔名〕スル❶言ったり、したりすること。言葉と行為。言行。「真似の巧みな事というのは、宛も其人が其処に居て—するが如くで」〈二葉亭・浮雲〉❷ある事柄を取り上げ、それについて、あれこれ言うこと。うんぬん。「加速度の数値を五けた六けたまでも詳しく—する場合には」〈寅彦・ジャーナリズム雑感〉

うん-う【雲雨】❶雲と雨。❷《「呉志」周瑜伝による。竜は雲や雨に乗じて昇天するとされるところから》大事業を起こす機会。「—に乗じて雄飛する」❸《楚の懐王が、朝は雲となり夕には雨となると称する女に夢の中で会い、契りを結んだという宋玉「高唐賦」の故事から》男女の情交。「—の情」

うん-うん　㊀〔感〕相手の言うことに同意して、繰り返しうなずくときに発する声。「—とあいづちを打つ」㊁〔副〕苦しんだり力んだりして、うなるさま。「高熱で—(と)いっている」

うん-えい【運営】〔名〕スル　団体などの機能を発揮させることができるように、組織をまとめて動かしていくこと。「大会を—する」「—委員会」[類語]経営・営業

うん-えい【雲影】雲の姿。曇らせるもののたとえにもいう。「西の空に—を見る」「心を—が覆う」

うん-えい【雲×翳】雲で空が曇ること。空のかげり。曇り。

うん-えん【雲煙｜雲×烟】❶雲と煙。または、煙のように薄くたなびく雲。転じて、雲と霞。❷《杜甫「飲中八仙歌」から》書画の墨色・筆跡が鮮やかなこと。

うんえん-かがん【雲煙過眼】《蘇軾「宝絵堂記」から》雲や煙がすぐに過ぎ去ってしまうように、物事を長く心に留めないこと。物事に執着しないこと。

うんえん-ひどう【雲煙飛動】❶雲や霞が空をすばやく飛んで行くこと。❷筆跡が生き生きとして勢いのあること。

うん-おう【×暈×滃】《連声で「うんのう」とも》❶ぼかし。❷「暈滃式」の略。

うん-おう【×蘊奥】《連声で「うんのう」とも》学問・技芸などの最も奥深いところ。奥義。極意。「芸の—を究める」

うんおう-しき【×暈×滃式】地図の描き方の一。等高線に対して直角に引くけばの太さや長さを変えて起伏の感じを表す方法。急傾斜の所ほど線は太く短くなる。くんのうしき。➡暈渲式

うんか【浮=塵=子｜白=蝋=虫】半翅目ウンカ科の昆虫の総称。形はセミに似る。繁殖力が強く、稲などの茎や葉から液を吸って枯死させる害虫。ヒメトビウンカ・トビイロウンカ・セジロウンカなど種類は非常に多い。名は、雲霞のように群がるからという。こぬかむし。ぬかばえ。(季 秋)

うん-か【雲×霞】❶雲と霞。❷大ぜいの人が群がり集まるたとえ。「—のごとく押し寄せる」[類語](❷)群集・群衆・人出・人だかり・人垣・黒山・人波・行列・人通り・野次馬・勢ぞろい・烏合・群れ

うん-が【運河】給排水、灌漑、船舶の航行などのために、陸地を掘り開いてつくった人工の水路。

うん-かい【雲海】❶高山の山頂や飛行機から見下ろしたときに、一面に広がって海のように見える雲の上面。(季 夏)「—や太き幹ほど濡れて立つ／楸邨」❷雲がはるかに見える、果てしない海原。「一沈々として、青天既に暮れなんとす」〈平家・七〉[類語]雨雲・雷雲・むら雲

うん-がい【雲外】雲の外。また、空のはるか遠い所。雲上。「機影が—に消える」

うん-かく【×芸閣】❶《「芸」は香草の名》書物をしまう建物。書庫。芸台。❷内御書所のこと。

うん-かく【惲格】➡惲寿平

うん-かく【雲角】箏の部分の名。本体上面の両端にあって弦を支える駒のうち、演奏する所に遠いほうのもの。➡竜角

うん-かく【雲客】平安中期以後、清涼殿に昇ることを許された者。堂上方・殿上人を総称する。雲の上人。「一門の卿相、—数十人」〈平家・二〉⇔地下。

うん-かく【雲▽鶴】❶雲と鶴とを組み合わせた文様。位袍に多く用いられ、親王および太閤の所用とされた。❷高麗青磁の一。表面に白土をはめ込んだ象眼青磁で、雲や鶴の模様を表す。雲鶴手。

ウンガレッティ〖Giuseppe Ungaretti〗[1888～1970]イタリアの詩人。エジプトの生まれ。純粋詩から出発。第一次大戦後に、エルメティズモの代表的詩人となる。作「埋もれた港」「喜び」「時の感覚」「約束の地」、全詩集「ある男の生涯」など。

うん-かん【雲漢】❶天の川。銀河。❷大空。

うんがん-じ【雲巌寺】栃木県大田原市にある臨済宗妙心寺派の寺。開創は大治年間(1126～1131)と伝えられるが、未詳。高峰顕日(仏国国師)が、この地に草庵を結んで修行したのがはじまりという。

うん-き【▽温気】暑さ。特に、蒸し暑さ。「生暖い人込の—」〈荷風・すみだ川〉
[類語]猛暑・暑気・酷暑・極暑・激暑・厳暑・炎暑・大暑・暑熱・炎熱・酷熱・暑さ・向暑・残暑・温熱・火熱・かね・焦熱・熱気・熱され・熱ぼり・ほとぼり・余熱

うん-き【運気】自然界の現象に現れる人間の運勢。天地・人体を貫いて存在するとされた五運と六気。人間の脈にも現れるとして漢方医に重視された。

うん-き【雲気】❶雲。また、雲の動き。❷空中に立ち上る異様の気。昔、天文家や兵術家が天候・吉凶などを判断する根拠にしたもの。「—を考えて見るにそんな事ではないかと思う」〈福沢・福翁自伝〉❸歌舞伎で、舞台の上からつりあげ立ち上る雲を表す作り物。また、それに伴う、すごみを帯びた囃子。

うんき-もん【雲気文】中国で、戦国・漢時代にみられる文様。空中に充満する気を表すC字形と弧線の連続した図案。流気文。

うん-きゃく【運脚】奈良・平安時代、租税である庸・調を徒歩で都まで運んだ農民。脚夫。

うん-きゃく【雲脚】❶雲が流れ動くこと。また、その速さ。くもあし。❷垂れ下がったように見える雲。くもあし。❸粗悪な抹茶。点茶の際に泡沫が浮き雲のように早く消えてしまうことからいう。❹「香煎」に同じ。

うんきゃく-だい【雲脚台】折敷の四隅に雲形の脚をつけた白木の台。宮中・院中へのささげ物をのせたが、現在は儀式・祭典用として幣帛などをのせる。

うん-きゅう【運休】〔名〕スル《「運転休止」「運行休止」「運航休止」の略》交通機関が運転や運行を休止すること。

うん-きゅう【雲級】雲の高さや形による世界共通の分類。巻雲・巻積雲・巻層雲・高積雲・高層雲・乱層雲・層積雲・層雲・積雲・積乱雲の10種とする。

▷**雲の分類**(十種雲級表)

雲級(略号)	俗称
巻雲(Ci) ……	筋雲
巻積雲(Cc)…	鱗雲、鯖雲、鰯雲、斑雲
巻層雲(Cs)…	薄雲
高積雲(Ac)…	鱗雲、鯖雲、羊雲、叢雲
高層雲(As)…	朧雲
乱層雲(Ns)…	雨雲、雪雲
層積雲(Sc)…	曇り雲、畝雲、叢雲
層雲(St) ……	霧雲
積雲(Cu) ……	綿雲、積み雲、入道雲
積乱雲(Cb)…	雷雲、入道雲

うんきゅう-ほう【運弓法】➡ボウイング

うん-きょう【雲鏡】気象観測器械の一。鏡に雲を映し、雲の進行方向・速度などを測る器械。

うんけい【運慶】[?～1223]平安末期から鎌倉初期にかけての仏師。康慶の子。慶派の中心的仏師として活躍。豪放な力強さと写実に特色があり、鎌倉新様式を築いた。作品に東大寺南大門の金剛力士像、興福寺北円堂の無著像・世親像などがある。

うん-けい【雲形】❶雲の形。❷➡雲級

うん-げい【雲×霓】雲と虹。または、虹。
うんけい-じょうぎ【雲形定規】ウンケイ ヂャウギ ▶くもがたじょうぎ
うん-げん【×繧×繝｜×暈×繝】同じ色を濃から淡へ、淡から濃へと層をなすように繰り返す彩色法。中国西域から伝わり、主に宝相華ほうそうげなどの文様を表す。赤・青・緑・紫などの色を用い、奈良・平安時代の仏画、寺院の装飾や染織などに用いられた。繧繝彩色さいしき。
うんげん-にしき【×繧×繝錦】繧繝による彩色の間に花・鳥・菱ひしなどの文様を配置した錦。畳・茵しとねなどの敷物のへり、表具の装飾に用いる。
うんげん-ばし【×繧×繝×縁】「うんげんべり」に同じ。
うんげん-べり【×繧×繝×縁】繧繝錦のへり。また、そのへりをつけた畳や茵しとね。うげんばし。うんげんばし。
うん-こ《「うん」はいきばる声、「こ」は接尾語》大便をいう幼児語。うんち。
(類語)便・大便・糞ふん・ばば・糞くそ・糞便・人糞・うんち
うんご【雲居】［835～902］中国、唐代の禅僧。名は道膺どうよう。曹洞宗の洞山良价に師事し、江西省永修県の雲居山に住み、その宗風を宣揚した。
うんご【雲居】［?～1659］江戸前期の臨済宗の僧。土佐の人。本姓、小浜氏。諱いみなは希膺きよう。松島の瑞巌寺を中興した。
うん-こう【×芸香】ウンカウ 植物ヘンルーダの別名。
うん-こう【運行】ウンカウ〔名〕スル ❶惑星・衛星・彗星すいせいなどが、その軌道上を運動すること。「地球の―」❷電車やバスなどが決まった路線をたどって行くこと。「列車の―」❸物事が進んでいくこと。「穂先の―がねっとりと竦すくんで仕舞しまったのかと思うと」〈漱石・子規の画〉
(類語)通行・運転・運動・走る・通る・交通・走行・往来・往還・行き来・行き交い・活動・行動・動き・生動・蠢動しゅんどう・躍動・活躍・奔走・動く・動き回る・働く
うん-こう【運航】ウンカウ〔名〕スル 船や航空機が決まった航路を進むこと。「連絡船は一日二便―している」
(類語)通航・航行・航海・航空・舟航・進航・周航・就航・巡航・回航・直航・運転
うん-こう【雲向】ウンカウ 雲の動いてくる方向。観測者が雲の動きに逆らって立ったときの方向で表し、例えば北から南へ雲が動く場合は「雲向北」という。
うん-こう【雲高】ウンカウ 地上から雲底までの高さ。
うんこう【雲崗｜雲岡】ウンカウ 中国山西省北部、大同市の西にある町。雲崗石窟がある。ユンカン。
うんこう-けい【雲高計】ウンカウ ▶シーロメーター
うんこう-し【運航士】ウンカウ 自動化された船で航海系業務と機関系業務を併せて指揮する船舶職員。
うんこう-せっくつ【雲崗石窟】ウンカウ 中国、雲崗の武周川北岸の断崖にある仏教石窟寺院の遺跡。北魏ほくぎ時代の460年から約30年かけて造営されたもので、大小53窟、仏像5100体からなる。敦煌とんこうや竜門の石窟とともに中国の代表的仏教石窟。2001年、世界遺産(文化遺産)に登録された。大同石窟。
うんごう-むしゅう【雲合霧集】ウンガフ ムシフ《「史記」淮陰侯伝から》雲や霧のように、多くの人がどっと群がり集まること。
うんこく-とうがん【雲谷等顔】［1547～1618］桃山時代の画家。肥前の人。雲谷派の始祖。初め絵師として毛利氏に仕え、のち雪舟ゆかりの雲谷庵を継ぎ、雪舟の画風復興に尽力。山水・人物を得意とした。作に京都大徳寺黄梅院の方丈襖絵ふすまえなど。
うんこく-は【雲谷派】桃山時代、雪舟正系を自称した、雲谷等顔の流れを継ぐ日本画の一流派。
うんご-じ【雲居寺】㊀京都市東山区高台寺付近にあった寺。承和4年(837)菅野真道が桓武天皇の菩提をとむらうために道場を建立したのが始まり。金色八丈の阿弥陀像があったが、応仁の乱で焼失。八坂東院。㊁中国河北省房山県にある寺。石刻の大蔵経が保存されていることで有名。西域寺。
うん-こん【雲根】《雲の生じるもとの意》高山、または岩石。「雲は石より生ずるによりて、石を―と云ふぞ」〈中華若木詩抄・中〉
うん-こん-どん【運根鈍】成功するには、幸運と根気と、鈍いくらいの粘り強さの三つが必要であるということ。運鈍根。
うん-ざ【運座】俳諧で、多数の人が集まり一定の題によって句を作り、互選する会。文政年間(1818～1830)に始まり、明治時代には日本派俳人の定式となった。
うん-さい【運載】《「うんざい」とも》舟や車に物を載せて運ぶこと。
うん-さい【雲彩】中国、清しん代の乾隆年間(1736～1795)に焼かれた磁器の模様。また、その磁器。5色の釉薬ゆうやくが雲のように入り乱れたもの。
うんさい【雲斎】「雲斎織」の略。
うん-さい【雲際】雲の果て。はるかな空。「―に聳そびゆる大男が」〈魯庵・社会百面相〉
うん-ざい【▽有財】《「有財餓鬼うざいがき」を略した「うざい」の音変化》人をののしっていう語。「やあ、やかましい―ども」〈浄・女護島〉
うんさい-おり【雲斎織】織物の一。斜文織りの丈夫な木綿の布。足袋の底、前掛けなどに用いる。近世、美作みまさか津山の人、雲斎の創始という。
うんざり〔副〕スル ❶物事に飽きて、つくづくいやになるさま。「あまりの長話に―する」❷期待が外れてがっかりするさま。げんなり。「あの作家がこんな文を書くとは―してしまう」
(類語)げんなり・飽き飽き・懲り懲り・飽きる・倦うむ・倦怠けんたい・食傷・退屈・鼻に付く・辟易へきえき・閉口・まっぴら
うん-さん【雲桟】断崖の中腹に架けた桟橋。また、険しい山道。
うん-さん【雲散】〔名〕スル 風に雲が散るように、すっかり消えてなくなること。「雄大な眺望に、それまでの疲れが―した」(類語)離散・消散・霧散・四散・飛散・消滅・払拭・雲散霧消・散逸・消える・散る
うん-ざん【運算】〔名〕スル 数式に従って計算し、答えを出すこと。演算。(類語)計算・演算・加減乗除・算術・算出・算定・概算・試算・見積もり・指折り・逆算
うん-ざん【雲山】雲のかかった山。「百里の―を有無渺茫うむびょうぼうの間に望む様な」〈鉄腸・雪中梅〉
うんさん-むしょう【雲散霧消】ウンサン ムセウ〔名〕スル 雲や霧が消えるときのように、あとかたもなく消えうせること。雲消霧散。「長年の計画があっけなく―する」
(類語)雲散・離散・消散・霧散・四散・飛散・消滅・払拭・散逸・消える・散る
うん-し【運指】ピアノなどの楽器を演奏するときの、指のつかい方。
うん-じ【×云×爾】漢文で、文章の終わりに用いて、これにほかならない、という意味を表す語。元来、助辞として用いられ、訓読の際には、「しかいう」「のみ」と読む。
うん-しだい【運次第】運のよしあしによって事の成否が決まること。運まかせ。
うんじゃみ-まつり【海神祭】沖縄北部の国頭くにがみ地方で、陰暦7月初めの亥いの日(または盆後の亥の日)に行う海の神の祭り。うんじゃみ。
ウン-シャン《ドイ schönに打消しのunを付けた和製語。美しくない、の意》美人でないこと。不美人。昭和初期に流行した学生語。
うん-しゅう【雲州】ウンシウ 出雲いずも国の異称。
うん-しゅう【雲集】ウンシフ〔名〕スル 雲のように多数の人が集まること。「東より西より南より北より皆な京師を指して―せり」〈田口・日本開化小史〉
うんしゅうしょうそく【雲州消息】ウンシウセウソク「明衡往来めいごうおうらい」の別称。
うんしゅう-みかん【▽温州▽蜜×柑】ウンシウ ミカンの一品種。低木で、実が大きい。種子はなく、皮は薄く、果汁が多くて甘い。現在最も多く栽培。温州橘きつ。
うんしゅう-むさん【雲集霧散】ウンシフ〔名〕スル《班固「西京賦」から》多くのものが集まったり散ったりすること。
うん-じゅへい【惲寿平】［1633～1690］中国、清しんの画家。常州(江蘇省)の人。名は格、寿平は字あざな。のちに正叔に改める。号、南田、雲渓外史など。清朝花鳥画の典型をつくった。四王呉惲の一人。
うんしょう【雲生】ウンシャウ 鎌倉末期の刀工。備前の人。後醍醐ごだいご天皇の勅命によって名剣を作ったという。

漢字項目 うん

【▽温】▶おん
人 **云** 音ウン(呉)(漢) 訓いう‖いう。いわく。「云為うんい・云云うんぬん」(名付)おき・これ・とも・ひと (難読)云何いかん・云云しかじか・云爾しかいう
× **芸** 音ウン(呉)(漢)‖①香草の名。ヘンルーダ。「芸香」②昔、①を本にはさんで防虫に用いたところから、書籍のこと。「芸閣・芸窓・芸台」(補説)「芸うん」は別字。
運 (学)3 音ウン(呉)(漢) 訓はこぶ、めぐる、めぐらす‖①定まったとおりにめぐり行く。「運行・運航・運動」②はこぶ。「運河・運送・運賃・運搬・運輸/海運・水運・陸運」③物事を円滑に動かして働かせる。「運営・運転・運用」④めぐりあわせ。「運勢・運命/悪運・開運・気運・機運・幸運・国運・社運・衰運・天運・悲運・不運・武運・命運」(補説)「耕運機」の運は「耘うん」(草をとる)の代用字。(名付)かず・やす・ゆき
雲 (学)2 音ウン(呉)(漢) 訓くも‖㊀〈ウン〉①くも。「雲海・雲散・雲集/暗雲・暁雲・巻雲けんうん・彩雲・紫雲・瑞雲ずいうん・星雲・戦雲・白雲・風雲・雷雲」②高いこと、遠いことなどのたとえ。「雲客・雲桟・雲上人うんじょうびと」③出雲いずも国。「雲州」㊁〈くも(ぐも)〉「雲脚・雲間/雨雲・浮雲・薄雲・黒雲・白雲・夏雲・雪雲・綿雲」(名付)も・ゆく (難読)雲丹うに・雲母きらら・東雲しののめ・雲雀ひばり・雲脂ふけ・水雲もずく・雲呑ワンタン
× **暈** 音ウン(呉)(漢) 訓かさ、ぼかす‖①日や月の周りにできる薄い光の輪。かさ。「月暈・日暈」②めまい。「眩暈げんうん」③ぼかし。「暈繝うんげん」(難読)眩暈めまい
× **蘊** 音ウン(呉)(漢)‖①積みたくわえる。「蘊蓄/余蘊」②物事の奥底。「蘊奥うんおう・うんのう」③人間の存在を構成する要素。「五蘊」(難読)海蘊もずく

生没年未詳。
うんしょう【雲照】ウンセウ［1827～1909］真言宗の僧。出雲いずもの人。姓は渡辺。明治初期の廃仏毀釈はいぶつきしゃくに反対して仏教の復興に努め、真言宗の統一を図った。十善会・目白僧園などの創立者。著「大日本国教論」など。雲照律師。
うんじょう ウンジャウ(多く「うんじょうする」の形で用いる)懲りて改心すること。あきらめること。「もう―して心をば直さうとはしないで」〈伎・浮名横櫛〉
うん-じょう【運上】ウンジャウ ❶鎌倉時代、年貢物を京都に運んで上納すること。❷室町後期、租税を割り当てること。❸江戸時代の雑税の一。商・工・漁・鉱・運送などの営業者に賦課した。
うん-じょう【雲上】ウンジャウ《古くは「うんしょう」》㊀〔名〕❶雲の上。❷一般から離れた所。特に、宮中。「急ぎ大しうを―へ召され」〈伽・七草草紙〉㊁〔形動ナリ〕ようすや態度が高貴なように見えるさま。また、偉そうな感じを与えるさま。「人が軽かろしむると心得て―にばかり構へ」〈浮・禁短気・三〉
うん-じょう【雲壌】ウンジャウ 雲と大地。天地。両者の間の相違のはなはだしいことのたとえ。雲泥。
うん-じょう【×醞×醸】ウンジャウ〔名〕スル《酒を醸造する意から》心の中に、ある感情がしだいに固まっていくこと。「大概日本人の妄信はこの時代に―し出されて」〈露伴・魔法修行者〉
うんじょう-かた【運上方】ウンジャウ 江戸幕府の役職の一。運上・冥加みょうがなどに関する事務をつかさどった。
うんじょう-しょ【運上所】ウンジャウ 江戸末期から明治にかけて、各地の開港場で、輸出入品の監督、関税の徴収などを取り扱った役所。現在の税関にあたる。
うんじょう-びと【雲上人】ウンジャウ ▶くものうえびと
うんしょう-むさん【雲消霧散】ウンセウ〔名〕スル「雲散霧消うんさんむしょう」に同じ。
うんじょうめいらん【雲上明覧】ウンジャウメイラン《「雲上明覧大全」の略称》江戸時代の公家の名鑑。2巻。西本願寺光徳府編。天保8年(1837)初めて刊行され、慶応3年(1867)まで逐次改訂。皇族・公家・門跡な

ど の系図・官位・紋所・所領高などを記載している。

うんじょう-もの【運上物】中世・近世、運上として納められた金や米。

うんじょう-やま【運上山】江戸時代、村または個人が所定の税を納めることで薪や柴の採取を認められた山林。

うんじょう-りょうへん【雲蒸▽竜変】雲が群がり昇るにつれ、蛇が竜となって天に昇る意。時流に乗じて、英雄・豪傑が大活躍するたとえ。

うん-しょく【×慍色】腹を立てて、むっとした顔つき。おんしょく。

うん-しょく【×暈色】鉱物の表面または内部にみられる虹のような色。

うん-しん【運針】裁縫で、針の運び方。特に、手縫いの基本で、表裏同じ縫い目に縫う手法をいう。

うんしん-げっせい【雲心月性】雲や月のように高く澄んだ心。世俗の名誉や利益を求めようとしない、無欲で清らかな心。

うん-すい【雲水】《「行雲流水」の略》❶雲が定めなく行き、水が流れてやまないように、一所にとどまらない自由な人。また、そのような境涯。❷行方を定めないで諸国を行脚する修行の僧。雲水僧。雲衲。(類語)旅僧・行脚僧・虚無僧・山伏・雲衲・普化僧・薦僧・行者・修験者・梵論・遍路

うん・ずる【×倦ずる】〔動サ変〕図うん・ず〔サ変〕《「う(倦)みす」の音変化》❶あきる。「食堂の長椅子に、はたと身を倚せ掛け、いたく―・じたる体にて」〈鴎外訳・即興詩人〉❷嫌だと思う。うんざりする。「世の中を―・ずる」❸気を落とす。失望する。「―・じて皆帰りぬ」〈竹取〉

ウンスン-カルタ《ウンumは1、スンsumは最高の意のポルトガル語》ポルトガルから伝わり、江戸初期に流行した天正カルタを日本化したもの。札数は天正カルタが48枚だったのに対して75枚に増えた。トランプに似た遊び方で、ばくちに多用された。➡天正カルタ

うん-せい【運星】人の運命をつかさどるという星の巡り合わせ。星まわり。

うん-せい【運勢】人の持っている幸運・不運の巡り合わせ。「星座で―を占う」(類語)運・運命・命運・天運・天命・巡り合わせ・回り合わせ・星回り・命数・暦数・宿命・宿運・定め・時運・因縁

うんせき-ど【運積土】岩石の風化物が水・風・重力などの作用で他の場所に運搬され、堆積して生じた土壌。移積土。⇔原積土。

ウンセット〖Sigrid Undset〗[1882〜1949]ノルウェーの女流小説家。女性心理を描いた宗教性の濃い作品で知られる。1928年、ノーベル文学賞受賞。作「クリスティン-ラブランスダッテル」など。

うん-せん【×暈×渲】色をぼかして表すこと。

うんぜん【雲仙】㊀長崎県、島原半島の雲仙岳を中心とする地域。㊁長崎県、島原半島北西部を占める市。農業と橘湾での漁業が盛ん。平成17年(2005)10月、南高来郡7町が合併し成立。人口4.7万(2010)。

うんぜんあまくさ-こくりつこうえん【雲仙天草国立公園】長崎・熊本・鹿児島の3県にまたがる国立公園。雲仙岳・雲仙温泉・天草諸島からなる。昭和9年(1934)指定の最初の国立公園の一。

うんぜん-おんせん【雲仙温泉】長崎県雲仙市の温泉。雲仙岳の南麓にあり、泉質は硫酸塩泉・硫黄泉。地獄の名をもつ多くの硫気孔や間欠泉がある。

うんぜん-し【雲仙市】▶雲仙㊁

うんせん-しき【×暈×渲式】地図で地形の起伏の表し方の一。地表の高低を色の濃淡で表す方式。ぼかし。➡暈滃式

うんぜん-だけ【雲仙岳】島原半島中央部の活火山群。複式火山群で、最高峰は普賢岳の標高1359メートル。寛政4年(1792)の噴火は「島原大変肥後迷惑」とよばれ、平成2年(1990)11月からも噴火。ミヤマキリシマや霧氷がみられる。「温泉岳」とも書き、また肥前国風土記には「高来峰」と記される。

うんぜん-つつじ【雲仙躑=躅】ツツジ科の常緑低木。山地に自生。枝の先が細く、小さい葉を密生する。春、淡紅色の花が咲く。関東西部から九州にかけて分布するが、雲仙岳には自生しない。

うん-そ【運×祚】❶天から受けた幸せ。天運。❷天子の位。天運によって帝位に就くこと。

うん-そう【運送】〔名〕スル 人や物を目的の所に運ぶこと。運搬。「救援物資をトラックで―する」(類語)運ぶ・輸送・運搬・搬送・配送・通運・運輸・郵送・移送・配達・宅配・発送・逓送・陸運・海運・水運・空輸

うん-そう【運×漕】〔名〕スル 船で貨物を運ぶこと。

うんぞう-がゆ【▽温×糟×粥|▽紅×糟×粥】12月8日の夜、禅寺で作るかゆ。初め味噌と酒かすを入れて煮たが、のちには昆布・串柿・大豆粉などを入れるようになったという。臘八粥。温糟。

うんそう-ぎょう【運送業】運賃または手数料を取って、旅客や貨物の運送をする営業。

うんそう-けいやく【運送契約】運送人が旅客または貨物を運送することを約束し、旅客または荷送人はその運賃を支払うことを約束する契約。

うんそう-じょう【運送状】陸上運送で、荷送人が運送物品などに関する事項を記入し、運送人に渡す法定の証書。送り状。

うんそう-しょうけん【運送証券】運送状・貨物引換証・船荷証券などの総称。

うんそう-とりあつかいにん【運送取扱人】物品運送の取次を業とする者。運送人と委託者の間に立ち、取次の運送契約を結ぶほか、運送の手配をする。

うんそう-にん【運送人】商法上、陸上・湖川・港湾において物品または旅客の運送を業とする者。港湾外の海上運送を業とする者は含まない。

うんそう-ほけん【運送保険】貨物保険で、国内の陸上(河川・湖沼・港湾内を含む)および航空輸送中の貨物の損害を塡補する保険。➡積み荷保険

うんそう-りょう【運送料】荷物を運んでもらうために支払う料金。

うん-そん【雲孫】《雲のように遠く隔たっている子孫の意》自分より8代後の子孫。すなわち、子・孫・曽孫・玄孫・来孫・昆孫・仍孫の次。つるのこ。

ウンターデンリンデン-どおり【ウンターデンリンデン通り】《Unter den Linden》ドイツの首都、ベルリンの中心部にある大通り。「菩提樹の下」を意味する。ブランデンブルク門から博物館島まで、東西約1.4キロメートルを結ぶ。沿道にはベルリン国立図書館、ベルリン国立歌劇場、フンボルト大学、ドイツ歴史博物館、ベルリン大聖堂などがある。

うん-だい【×芸台】《「うんたい」とも》書物を入れておく高殿。書庫。芸閣。

うん-だい【雲台】三脚の上に取り付けて、カメラを任意の方向に固定できるようにする装置。

うん-だめし【運試し】賭け事などをして、運がよいか悪いかを試すこと。成功するかどうか思いきって挑戦してみること。「―に宝くじを買ってみる」

うん-ち〔名〕スル 大便をいう幼児語。うんこ。(類語)便・大便・糞・ばば・糞・糞便・人糞・うんこ

うん-ちく【×蘊蓄|×薀蓄】〔名〕スル《「蘊」「薀」とも、たくわえる意》❶蓄えた深い学問や知識。「東西の古典に―が深い」❷物を積み、蓄えておくこと。「以て余力を―すべし」〈東海散士・佳人之奇遇〉(類語)学識・造詣・学問・教養・知識・該博・学殖・素養・碩学・篤学・博学・博識・博覧強記・有識・物知り・生き字引・博覧

蘊蓄を傾・ける 自分の持っている知識・技能のすべてを出しつくす。「―・けて書いた本」

うん-ちょう【雲頂】雲の最頂部。雲のいちばん高い所。⇔雲底。

うん-ちん【運賃】《近世まで「うんぢん」とも》旅客や貨物を運ぶ料金。運送賃。(類語)交通費・車代・足代

うんちん-きょうてい【運賃協定】運送業者が同業者間競争を避けるため、運賃について行う協定。

うんちん-ひょう【運賃表】旅客や貨物の運賃を行き先・種類別に記した表。

うんちん-ほけん【運賃保険】海上保険の一。海難事故などで、その船の使用料や運賃を船主や運送者が受け取れなくなった場合に、その損失を船主や運送者に対して補償する保険。

うんちん-まえばらい【運賃前払い】貨物の運送を委託したときに、運賃を前もって支払うこと。

うん-つく 知恵の劣る人をあざけっていう語。のろま。まぬけ。「阿房あり、―あり、部羅坊あり」〈風流志道軒伝・序〉

うん-てい【芸亭】奈良末期、石上宅嗣が平城京付近の旧宅を寺とし、その一隅に設けた日本最古の公開図書館。中国で、書庫を芸閣・芸台と称したことからの名。芸亭院。

うん-てい【雲底】雲の最下部。雲の下面。⇔雲頂。

うん-てい【雲×梯】❶昔、中国で城攻めに使った長いはしご。❷体育・遊戯施設の一。水平または弧状に作られた金属製のはしご状のもので、ぶらさがって渡れるようにした固定遊具。くもばしご。

うん-でい【雲泥】天の雲と地の泥。二つの間に大きな差違のあるたとえ。「―の開き」「源平いづれ勝劣無かりしかども、今は―交はりを隔てて」〈平家・四〉

雲泥の差 《白居易「傷友」から》非常な隔たり。たいへんな差。雲泥の違い。月とすっぽん。

うんでい-ばんり【雲泥万里】物事が非常にかけ離れていること。天地雲泥。うんてんばんてん。

うんてれ-がん《「うんでれがん」とも》愚か者。あほう。まぬけ。江戸末期に流行した語。「恐れ入って引き下がる―があるものか」〈漱石・坊っちゃん〉

うん-てん【運転】〔名〕スル ❶大きな機械を作動させること。「発電機を―し始める」❷列車や自動車などを操作して走らせること。❸資金などをうまく運用し活用すること。やりくりすること。「会社の―に充てる金」❹天体や時間が、巡り回ること。運行。「地球も正則通り―して」〈逍遥・当世書生気質〉(類語)(❶)作動・稼動・起動/(❷)操作・操縦・操舵・運航・運行・走行・通行・交通・操る

うんてん-く【運転区】電車・気動車・機関車(動力車)などの運転業務を管理する部署。

うんてん-けいとう【運転系統】❶電車・バスなどの運行路線をまとめたもの。❷乗り物などを動かすのに直接関係する機械・部品のまとまり。「―の故障」

うんてんけいれき-しょうめいしょ【運転経歴証明書】運転免許証の取り消しを行った際に、申請によって交付される証明書。本人の写真とともに、住所・氏名・生年月日、取り消し前5年間の自動車等の経歴が記載される。高齢者の免許証の自主返納を促進するために、身分証明書としての機能を代用するものとして考え出されたもの。平成14年(2002)より導入。通称、ゼロ免許証。

うんてん-し【運転士】列車および車両の運転の業務に従事する乗務員。

うんてん-しきん【運転資金】運転資本に投下された資金。➡設備資金

うんてん-しほん【運転資本】企業の経営において経常的に必要とされる資本。流動資産総額をさす場合と、流動資産から流動負債を差し引いた金額をさす場合とがあり、通常は後者をいう。➡設備資本

うんてんしゃかぞくげんてい-とくやく【運転者家族限定特約】自動車保険における特約の一。契約する自動車の運転者を家族に限定するもので、保険料が割り引かれるもの。運転者の範囲は本人・配偶者・同居の親族・別居の未婚の子で、それ以外の者が運転中に事故を起こした場合は保険金は支払われない。家族限定特約。

うんてんしゃねんれいじょうけん-とくやく【運転者年齢条件特約】自動車保険における特約の一。運転者の年齢に条件を付けることで保険料を安くするもの。年齢条件を高くすれば保険料は安くなるが、年齢条件以外の者が運転して事故を起こした場合には保険金が支払われない。

うんてんしゃふうふげんてい-とくやく【運転者夫婦限定特約】▶運転者本人配偶者限定特約

うんてんしゃほんにんげんてい-とくやく【運転

者本人限定特約】自動車保険における特約の一。被保険自動車の運転者を契約者本人に限ることで保険料を低く設定するもの。運転者を限定する特約の中では最も保険料が安くなる。

うんてんしゃほんにんはいぐうしゃげんてい-とくやく【運転者本人配偶者限定特約】自動車保険における特約の一。被保険自動車の運転者を契約者本人とその配偶者に限定することで保険料を安くするもの。運転者夫婦限定特約。

うんてん-しゅ【運転手】一般に、電車・自動車などを運転する人。

うんでん-しんとう【雲伝神道】江戸中期に河内国葛城山(かつらぎさん)高貴寺の慈雲尊者飲光(おんこう)が興した神道。密教を基礎に、儒教の倫理を取り入れたもの。「雲伝」は慈雲所伝の意。葛城神道。

うんてん-だい【運転台】列車や自動車などの、運転者が座る席。

うんてん-だいこう【運転代行】出先での飲酒などにより運転できなくなった人に代わって、その人の自動車を運転して目的地まで送り届けるサービス。運転代行業。

うんてん-だいこうぎょう【運転代行業】▶運転代行

うんてん-ていしゃ【運転停車】《鉄道用語》乗務員の交代、機関車の付け替え、時間調整などの理由による停車。客の乗降など(客扱い)はしない。

うんてん-ばんてん「うんでいばんり(雲泥万里)」が変化した語。うってんばってん。「おらん所の気ぐれえとは━の違えよ」〈滑・浮世風呂・二〉

うんてん-めんきょ【運転免許】自動車・自動二輪車、原動機付き自転車などの運転資格免許。道路交通法に基づき、公安委員会の行う運転免許試験に合格した者に与えられる。

うんてんめんきょ-しょう【運転免許証】公安委員会が交付する運転免許の資格証書。本人の顔写真と、氏名・年齢・住所・免許の種類などが記載される。有効期間の記載部分は、取得年数や違反の有無などによって色が異なる。➡ゴールド免許 ➡ブルー免許 ➡グリーン免許

うん-と〔副〕❶数量の多いさま。たくさん。どっさり。「━稼いで仕送りしてやる」❷程度がはなはだしいさま。また、他と比べて差の大きいさま。非常に。ずっと。「前より━体重が減った」〘類語〙たんと・ごまんと・わんさと・どっさり・ふんだん・たっぷり・なみなみ・一杯・たくさん・ずっと・十分・しっかり・がっつり

うん-どう【運動】〔名〕スル ❶物が動くこと。物体が時間の経過とともに空間的位置を変えること。「振り子の━」「天体━」⇔静止。❷からだを鍛え、健康を保つために身体を動かすこと。スポーツ。「肥満防止のために━する」「━競技」❸ある目的を達するために活動したり、各方面に働きかけること。「選挙━」「労働━」「委員になるため━する」❹物事の状態が、時とともに変わること。「彼の西洋の文明も今正(まさ)に━の中に在て日に月に改進するものなれば」〈福沢・文明論之概略〉❺生物体が能動的に起こす動き。動物の筋肉運動や鞭毛(べんもう)運動、植物の膨圧運動など。〘類語〙(❶)動き・運行/(❷)体操・スポーツ/(❸)活動・行動・奔走・奔命・策動・行動・生動・蠢動(しゅんどう)・躍動・活躍・動く・動き回る・働く

うん-どう【雲堂】禅宗の寺で、雲水たちが学ぶための堂。僧堂。

うんどう-あん【雲洞庵】新潟県南魚沼市にある曹洞宗の寺。山号は金城山。応永27年(1420)上杉憲実(うえすぎのりざね)が再興し、中興開山は曇英恵応(どんえいえおう)。上杉家の菩提寺。

うんどう-いん【運動員】組織の一員として、ある目的のために力を尽くし、活動する人。「選挙の━」

うんどう-エネルギー【運動エネルギー】運動している物体のもつエネルギー。速度vで運動している質量mの物体(質点)の運動エネルギーは$mv^2/2$である。

うんどう-おんち【運動音痴】《「音痴」を借用した造語》運動能力が他人より劣る人。すべての運動が苦手な人。運痴。

うんどう-か【運動家】❶運動競技の選手。また、運動競技を好んでする人。スポーツマン。❷政治運動や社会運動に専念し、尽力する人。活動家。

うんどう-かい【運動会】学校や職場、地域などで、多くの人が集まって運動競技や遊戯を楽しむ行事。〔季 秋〕〘補説〙当初は遠足・ピクニックの意であったが、明治30年(1898)前後から現在のように主に学校の行事をいう言葉として使われるようになった。季語としては、初めは春、「体育の日」制定以後は秋に定着した。

うんどう-がく【運動学】物体の運動を、力との関係には立ち入らずに、速度・加速度・変位などで記述する力学の一部門。

うんどう-かんかく【運動感覚】運動によって起こる感覚。筋・腱(けん)・関節にある受容器がとらえ、自分の姿勢・位置の判断などに重要な働きをする。

うんどう-ぎ【運動着】運動をするときに着る衣服。汗を吸い、乾きやすい生地で動きやすく仕立てる。

うんどう-きかん【運動器官】生物体が、その個体全部を移動させたり、一部分を動かしたりするために用いる組織や細胞器官。筋肉・骨格・繊毛・鞭毛(べんもう)・管足(かんそく)など。

うんどうき-しょうこうぐん【運動器症候群】▶ロコモティブシンドローム

うんどう-きょうぎ【運動競技】一定の規則に従って、身体の運動にかかわる技能などを競うもの。スポーツ。

うんどう-ぐつ【運動靴】運動用の靴。ズックやビニール製で底がゴム張りのものが多い。

うんどう-しっちょう【運動失調】個々の筋肉の運動は正常であるが、関係する神経の協調がうまくいかないため、目的とする運動を円滑にできなくなる状態。小脳・大脳・脊髄・内耳の神経などの障害によって起こる。

うんどう-じょう【運動場】運動競技をするために設けられた広場。グラウンド。〘類語〙競技場・コート・コロシアム・スタジアム・トラック・フィールド・球場

うんどう-しんけい【運動神経】❶意識的な運動をつかさどる末梢神経。骨格筋を収縮させる興奮を身体の末端まで伝え、随意運動を起こさせる。➡感覚神経 ❷スポーツや技能などを巧みにこなす能力。

うんどうせい-しつごしょう【運動性失語症】失語症の一。他人の話すことは理解できるが、自分の思っていることを言語に表現できない状態。大脳の、発語に必要な筋を支配する運動性言語中枢(ブローカー中枢とも)の損傷による。

うんどう-せいだん【運動星団】同一方向に運動する恒星の集団。それらの恒星の運動方向を延長すると、ある一点に向けて収束するように見える。大熊座・牡牛座のものが有名。星群。進行星団。

うんどう-ちゅうすう【運動中枢】骨格筋に随意運動の指示を出す、大脳皮質に分布する中枢神経。

うんどう-の-ほうそく【運動の法則】ニュートンが確立した、運動に関する基本的な三法則。⑴第一法則。静止または等速直線運動中の物体は、外から力を受けないかぎり、その状態を続ける(慣性の法則)。⑵第二法則。運動の変化(加速度)は、加えられる力と同じ方向に起こり、力の大きさに比例し、物体の質量に反比例する(ニュートンの運動方程式)。⑶第三法則。物体が他の物体に力を及ぼすとき、他の物体から同じ大きさの逆向きの力を受ける(作用反作用の法則)。

うんどう-ば【運動場】❶「うんどうじょう(運動場)」に同じ。「━は長方形の芝生である」〈漱石・三四郎〉❷明治時代、劇場のロビーのこと。「廊下━は勿論東西の花道平土間の間の歩みまで」〈荷風・腕くらべ〉

うんどう-ひ【運動費】ある目的を達するため、対外的に働きかけるのに要する費用。

うんどう-ほうていしき【運動方程式】物体の運動を決定する方程式。ニュートン力学では、物体の質量をm、加速度をα、力をfとする時、運動方程式は$f=m\alpha$で表される。相対論・量子力学などでも、それぞれの条件を満たす運動方程式が導かれている。

うんどう-まさつ【運動摩擦】ある物体が他の物体面と接触して運動するとき、その接触面どうしが及ぼし合う摩擦力。すべり摩擦ところがり摩擦とがある。動摩擦。➡静止摩擦

うんどう-まひ【運動麻×痺】神経や筋の機能が損なわれて、意志的に筋肉を動かせなくなった状態。

うんどう-や【運動野】大脳皮質で、骨格筋に随意運動の命令を出す領域。主として側頭葉の中心溝の前側の部位。運動領。➡感覚野 ➡連合野

うんどう-りょう【運動量】❶からだを動かす度合い。❷物体の運動の激しさを示す量。物体の質量と速度との積で表される。

うんどうりょうほぞん-の-ほうそく【運動量保存の法則】運動量は外から力が加わらないかぎりいつまでも保存され、複数の物体が互いに力を及ぼし合っているとき、または力を及ぼし合う前後において、それらの運動量の和は常に一定に保たれるという法則。

うん-とん【雲屯】❶人が雲のようにたくさん集まること。❷煎茶(せんちゃ)道具の一。水差し。

うん-どん【×饂×飩】「うどん(饂飩)」に同じ。「━か、ぬるむぎ、あつむぎ、ひやむぎ、きりむぎ、まんぢゅうでもなかったか」〈虎明狂・文蔵〉

うん-どん-こん【運鈍根】▶運根鈍(うんこんどん)

うんなん【雲南】島根県東部にある市。山間部では古くから、たたら製鉄が栄えた。平成16年(2004)11月に大東町、加茂町、木次(きすき)町、三刀屋(みとや)町、吉田町、掛合(かけや)町が合併して成立。人口4.2万(2010)。

うんなん【雲南】中国南部の省。省都は昆明(こんめい)。温暖な高原地帯で、稲作などが行われ、錫(すず)・銅や大理石を産する。ベトナム・ラオス・ミャンマーに接し、多民族が居住。滇(てん)。ユンナン。

うんなん-し【雲南市】▶雲南

うんなん-しょう【雲南省】▶雲南

うん-なんでん【惲南田】▶惲寿平(うんじゅへい)

ウンヌ〖Wnn〗仮名漢字変換のためのソフトウエアの一。UNIXで広く利用される。名称の由来は「私の名前は中野です」(watasino namaeha nakanodesu)という文を一括変換できることから。

うん-ぬん【×云×云】〔名〕スル《「うんうん」の連声(れんじょう)》❶引用した文や語句のあとを省略するときに、以下略の意で、その末尾に添える語。「この件について法的に問題がある━との指摘があった」❷あれこれ批評すること。とやかく言うこと。口をはさむこと。「軽々しく━すべき事柄ではない」❸言うに言われない事柄・事情。「被告玉との間に、何か━のあったには」〈木下尚江・良人の自白〉❹(「…と云々」の形で)…という話である。…ということである。文末を間接話法で結ぶのに用いる語。

うん-のう【雲×衲】衲衣(のうえ)を着けて修行に励む禅僧。雲水。〘類語〙雲水・旅僧・行脚僧・虚無僧・山伏・普化僧(ふけそう)・薦僧(こもそう)・行者・修験者・梵論(ぼろ)・遍路

うん-のう【×暈×瀚】「うんおう(暈瀚)」の連声(れんじょう)。

うん-のう【×蘊奥】「うんおう(蘊奥)」の連声(れんじょう)。

うんの-きよし【海野清】[1884〜1956]彫金家。東京の生まれ。東京芸大教授。勝珉(しょうみん)の子。日本の伝統技法に西洋の題材・造形を融合させて創作を行った。

うんの-じゅうざ【海野十三】[1897〜1949]SF・推理作家。徳島の生まれ。本名、佐野昌一。日本SF界の先駆者の一人。作「地球盗難」「十八時の音楽浴」など。

うんの-しょうみん【海野勝珉】[1844〜1915]彫金家。茨城の生まれ。東京美術学校教授。水戸派の彫金を学び、上京後、加納夏雄に師事。写実の中に優雅な趣をみせた作風で、明治彫金界の主流を成した。帝室技芸員。

うん-ぱん【運搬】〔名〕スル 物品を運び移すこと。「建築材を━する」〘類語〙運ぶ・運送・輸送・搬送・配送・通運・運輸・郵送・移送・配達・宅配・発送・逓送・陸運・

海運・水運・空輸
うん-ぱん【雲版】❶禅宗寺院で、時報の合図などとして打ち鳴らす雲形の板。青銅または鉄板製。鐘板しょうばん。打板ちょうはん。❷色紙や絵などを入れる、丸形または方形の額。
うんぱん-アールエヌエー【運搬RNA】▶転移RNA
うんぱん-さよう【運搬作用】風や水などの自然力が土・砂・小石などを他の場所に運ぶ作用。
うんぱん-でんりゅう【運搬電流】デンリュウ 帯電した粒子の運動によって生じる電流。電解質溶液中のイオン、帯電したコロイドや塵埃じんあい粒子が電気伝導を担う。電子が担う伝導電流に対していう。携帯電流。対流電流。
うん-ぴつ【運筆】文字や絵をかくときの、筆の動かし方。筆の運び。筆づかい。(類語)書き方・筆法
うん-ぴょう【雲表】ヘウ 雲の上。雲の外。雲外。「一に聳そびゆる山の如き姿」〈魯庵・社会百面相〉
うん-ぴょう【雲×豹】ヘウ ネコ科の哺乳類。ヒョウに似るが、ヒョウとは属が異なる。体長0.6〜1メートルで尾が長い。体は灰黄色で不規則な雲形の黒い斑紋がある。東南アジアの森林に分布。
うんぴょうざっし【雲萍雑志】ウンピャウザフシ 江戸後期の随筆。4巻。柳沢淇園やなぎさわきえん著と伝えられるが未詳。天保14年(1843)刊。和漢混交文で、志士や仁人の言行を取り上げ、勧善懲悪などの道徳を説いている。
うん-びん【雲×鬢】女性の鬢の毛の美しさを雲にたとえていう語。転じて、美しい女性のこと。
うん-ぷ【運▽否】好運と不運。運の有無。「人の一をしる」〈咄・鹿の巻筆・一〉
うんぷ-てんぷ【運▽否天賦】運のよしあしは天が決めるということ。運を天に任せること。
ウンブリア〖Umbria〗イタリアの中央、内陸部の州。ブドウ・オリーブの栽培が盛ん。テルニ県・ペルージア県がある。州都はペルージアで、15世紀にウンブリア派と呼ばれる画家を多く輩出した。
ウンブリエル〖Umbriel〗天王星の第2衛星。1851年に発見。名の由来はポープの「髪盗人」の登場人物。天王星の衛星のうち3番目に大きいが表面が暗い。直径は約1170キロ(地球の約0.09倍)。
うん-ぺい【雲平】❶白砂糖にみじん粉をまぜ、すりおろしたヤマノイモを加えてこね固めたもの。干菓子の材料とする。❷「雲平糖」の略。
うんぺい-ざいく【雲平細工】雲平で花鳥などの形の干菓子を作ること。また、その菓子。
うんぺい-とう【雲平糖】タウ 雲平で作られた干菓子。
うんぺん-じ【雲辺寺】徳島県三好市池田町にある真言宗御室派の寺。四国八十八箇所第66番札所。
うん-ぼ【雲母】▶うんも(雲母)
うんぽいろはしゅう【運歩色葉集】ウンポイロハシフ 室町時代の国語辞書。2冊本と3冊本がある。著者未詳。天文16〜17年(1547〜48)ごろ成立。言葉をいろは順に並べた室町時代の辞書の中で、掲出語(約1万7000)が最も多い。
うん-ぽう【×褞×袍┊×縕×袍】パウ 保温・防寒用として綿を入れた着物。どてら。丹前。綿入れ。
うんぼう-たく【雲夢沢】中国古代に湖北省から湖南省にかけて存在したという大湿地。揚子江中流の武漢付近の湖沼群はその跡といわれる。
ウンマ〖アラビア umma〗イスラム共同体。イスラム教の信仰(具体的にはイスラム法)によって結合している。単一の普遍国家として出発したが、のちに政治的に分裂し、現在では多くの民族国家に分かれる。
うん-まかせ【運任せ】事の成り行きを天に任せること。成否は運命に任せて行うこと。
うん-む【雲霧】❶雲と霧。「果然山谷に満ちし一の陣破れて」〈蘆花・自然と人生〉❷心中のわだかまりをたとえていう語。「正雄の胸の暗い一は…跡方もなく吹き払われた」〈小山内・大川端〉
ウンム-アル-カイワイン〖Umm al-Qaywayn〗▶ウムアルカイワイン
うん-めい【運命】❶人間の意志を超越して人に幸、不幸を与える力。また、その力によってめぐってくる幸、不幸のめぐりあわせ。運。「一のなせる業」「一をたどる」❷将来の成り行き。今後どのようになるかということ。「国家の一」(類語)(❶)天命・天運・宿命・宿運・命数・暦数・命運・因縁・定め・星ほし・星回り・回り合わせ・巡り合わせ・運え・運勢/(❷)行く末・命運
うんめい【運命】㊀幸田露伴の小説。大正8年(1919)発表。中国明みん朝の建文・永楽2帝の生涯を、漢文調の名文で描いた作品。㊁ベートーベン作曲の交響曲第5番の通称。1808年完成。第1楽章冒頭の主題を、作曲者が「運命はかく戸をたたく」と説明したと伝えられることからの名。
うんめい-きょうどうたい【運命共同体】所属する人が、繁栄するときも衰亡するときも運命をともにする組織や団体。
うんめい-げき【運命劇】❶個人の意志と運命の力との争い、あるいは運命に翻弄される人生の姿を主題とした演劇または劇文学。多くは主人公を破滅させ、悲惨な形で終わる。運命悲劇。❷19世紀前半、ドイツ・ロマン派作家によって創始され、運命の力を過大視した左翼的傾向をもった演劇。
うんめい-てき【運命的】〘形動〙運命として決まっているさま。また、現在からみて過去のある一時点での出来事が将来を決するほどの重大事であったとみられるさま。宿命的。「二人の一な出会い」
うんめい-でん【温明殿】平安京内裏十七殿の一。紫宸殿ししんでんの北東にあり、神鏡を安置した所。この殿舎に内侍所ないしどころが設けてあった。おんめいでん。
うんめい-ろん【運命論】世の中の出来事は、すべてあらかじめそうなるように定められていて、人間の力ではそれを変更できないとする考え方。宿命論。
うんめいろんじゃ【運命論者】国木田独歩の小説。明治35年(1902)発表。それと知らずに異父妹と結婚してしまった男の苦しみを描く。
うん-めん【▽温麺┊×饂麺】汁で煮たうどんの一種。特に、宮城県白石市特産の「うーめん」のこと。
うん-も【雲▽母】六角板状の結晶をなす珪酸塩けいさんえん鉱物。花崗岩かこうがんなどに含まれ、薄くはがれやすい。弾性に富み、耐火性が強く、真珠光沢がある。白雲母・黒雲母など数種ある。マイカ。きらら。うんぼ。
うんも-へんがん【雲▽母片岩】白雲母や黒雲母と石英を主成分とする結晶片岩。泥岩でいがんなどが広域変成作用を受けてできる。
うんもん【雲門】[864〜949]中国、唐・五代の禅僧。名は文偃ぶんえん・ぶんえん。雪峰義存の法を嗣つぎ、広東カントン省の雲門山に住む。雲門宗の祖。著「雲門広録」など。
うんもん-ちく【雲紋竹】ハチクの変種。茎の表面に紫褐色の雲状の斑点がある。近畿地方などに自生するが、観賞用・工芸用に栽培もされる。斑竹はんちく。丹波たんば斑竹。
うん-ゆ【運輸】旅客・貨物を運び送ること。ふつう、鉄道・自動車・船舶・航空機によるものを総合していう。輸送。「一行政」「列車一」(類語)交通・運送・輸送・運搬・搬送・配送・通運・郵送・移送・配達・宅配・発送・逓送・陸運・海運・水運・空輸
うんゆあんぜん-いいんかい【運輸安全委員会】ヰヰンクワイ 国土交通省の外局の一。航空事故・鉄道事故・船舶事故および重大インシデントの原因調査、究明、再発防止、被害の軽減に寄与する策を講じる独立した委員会。施策・措置のために必要な研究調査も行う。調査結果報告書は国土交通大臣に提出、公開される。必要に応じて国土交通大臣や原因関係者等に事故被害の軽減に関する措置または施策についての勧告・建議を行う。昭和49年(1974)に設置された航空事故調査委員会に、平成13年(2001)調査対象として鉄道事故が加えられ航空・鉄道事故調査委員会となる。同20年から海難審判庁の船員等の懲戒機能を除いた船舶事故の原因究明機能も統合され運輸安全委員会へと再編された。JTSB(Japan Transport Safety Board)。➡NTSB
うんゆあんぜん-マネージメント【運輸安全マネージメント】国土交通省が運輸事業者の安全管理体制について確認・助言する制度。平成17年(2005)のJR福知山線脱線事故などをきっかけとして、事故を未然に防止する目的で創設された。国土交通省の調査官や地方運輸局の評価担当官が鉄道・自動車・海運・航空事業者を訪問し、経営者・安全統括管理者・管理部長らと面談。PDCAサイクルに基づく安全管理体制が構築・機能しているか評価する。
うんゆ-しょう【運輸省】シヤウ 陸・水・空の交通運輸、船舶、船員、港湾、観光、海上保安、気象に関する事務を担当した国の行政機関。大正9年(1920)設立の鉄道省の後身で、昭和20年(1945)設置。平成13年(2001)建設省、国土庁、北海道開発庁とともに、国土交通省に統合された。
うんゆ-しんぎかい【運輸審議会】シンギクワイ 国土交通大臣の諮問機関。運輸事業の免許、運賃設定・変更の認可などに関する諮問について審議し、答申あるいは勧告をする。昭和24年(1949)設置。
うんゆ-だいじん【運輸大臣】運輸省の長。運輸相。
うん-よう【運用】〔名〕スル ❶そのもののもつ機能を生かして用いること。活用。「法規の一を検討する」❷自衛隊で、行動の意で使う。「陸海空すべての部隊一の権限が新設された統合幕僚監部へ移った」
(類語)使用・利用・活用・所用・盗用・悪用・転用・流用・通用・愛用・引用・援用・応用・逆用・供用・誤用・充用・試用・常用・善用・適用・乱用
運用の妙は一心いっしんに存そんす《「宋史」岳飛伝から》何事もその機能が生かされてすぐれた効果を出すには、それらを活用する人の心一つにかかる。
うんよう-じゅつ【運用術】❶そのものの本来の価値を生かすように巧みに使う方法。活用のしかた。❷船舶を操縦する技術。
うんよう-せいせき【運用成績】投資家や投資信託の、資産に対する運用後の損益の比率。運用パフォーマンス。
うんよう-ほうこくしょ【運用報告書】投資信託で、ファンドの運用経過や運用実績を投資家に報告するための文書。基準価額の推移や分配金の状況、今後の運用方針などが表やグラフを用いて記載されている。➡目論見書
うん-ら【雲×鑼】中国の打楽器の一。縦横に3個ずつ、最上列中央の上にさらに1個、計10個の鉦かねを木架の枠の中につり、木製の小槌こづちで打ち鳴らすもの。明楽みんがく・清楽しんがくに用いられた。
うん-らん【▽海×蘭】ゴマノハグサ科の多年草。海岸の砂地に生え、高さ20〜30センチ。全体に緑白色。葉は輪生し、長楕円形で3本の脈が目立つ。夏、ランに似た仮面状の白い花を数個つける。
うん-りゅう【雲竜】❶雲の中の竜。また、竜が雲に乗って昇天するさまを描いた絵。うんりょう。❷雲竜水うんりゅうすい。うんりょう。
うんりゅう-がた【雲竜型】横綱土俵入りの型の一。四股しこのあと、せり上がりのときに左手を脇につけ右手をのばす。第10代横綱の雲竜久吉が行った型にならうもの。➡不知火しらぬい型
うんりゅう-すい【雲竜水】「竜吐水りゅうどすい」に同じ。うんりょう。
うんりゅう-ひさきち【雲竜久吉】[1823〜1891]幕末の力士。第10代横綱。筑後ちくごの人。本名、佐藤久吉。旧姓、塩塚。柳川藩のお抱え力士。横綱土俵入りの雲竜型の考案者といわれる。➡秀ノ山雷五郎(第9代横綱) ➡不知火しらぬい光右衛門(第11代横綱)
うん-りょう【雲▽竜】▶うんりゅう(雲竜)
うん-りょう【雲量】リャウ 雲に覆われた部分の、空全体に対する割合。全く雲のないのを0、全天を覆ったのを10とし、雲量0〜1は快晴、2〜8が晴れ、9〜10を曇りとする。
うんりんいん【雲林院】ウンリンヰン ㊀謡曲。三(四)番目物。金春こんぱる以外の各流。伊勢物語を愛読する芦屋公光きんみつが霊夢によって雲林院に行くと、在原業平の霊に会う。㊁▶うりんいん(雲林院)

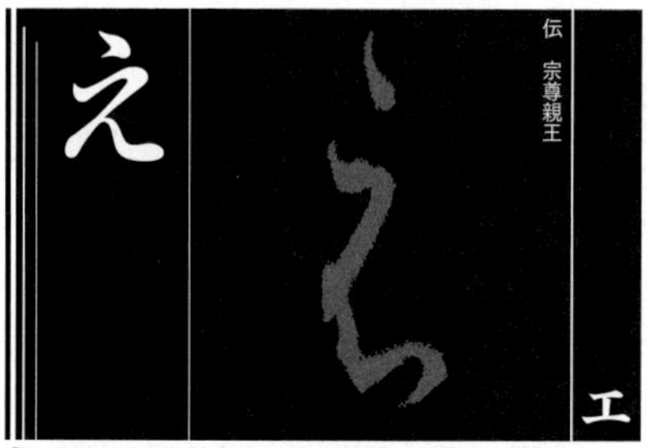

え　❶五十音図ア行の第4音。五母音の一。前舌の半閉母音。[e] ❷平仮名「え」は「衣」の草体から。片仮名「エ」は「江」の旁(つくり)。(補説)五十音図ヤ行の第4音としても重出。ただし、平安初期までは、ア行のエにあたるもの(発音[e])とヤ行のエにあたるもの(発音[je])とには発音上の区別があった。

え【▽上】ヘ ►へ(上)

え【▽兄】同性の者のうちの年長者。特に、兄弟・姉妹で年上の者。「かつがつもいや先立てる―をし枕(ま)かむ」〈記・中・歌謡〉⇔弟(おと)。(補説)「え(兄)」と「おと(弟)」との複合が「えと(干支)」である。➡干支(えと) ➡十干

え【会】ヱ 多くの人が集まること。また、その集まり。多く仏事、または祭事をいう。「―を設けて供養しき」〈霊異記・下〉➡漢「かい(会)」

会に合わぬ花　法会(ほうえ)に間に合わない花。時期遅れで役に立たないことのたとえ。

え【江】海や湖沼の陸地に入り込んでいる所。入り江。古くは、広く海・川・堀などをいった。「奈呉の―に妻呼びかはし鶴(たづ)さはに鳴く」〈万・四〇一八〉

え【▽役】古代、人民に割り当てられた肉体労働。夫役(ぶやく)。えだち。「えよぼろ(役丁)」のように他の語と複合した形で用いられる。

え【▽枝】草木のえだ。「梅が―」「下―(しずえ)」「槻(つき)の木のこちごちの―の春の葉の」〈万・二一〇〉

え【▽肢】《身体の枝の意》手足。四肢。「来目部をして夫婦(めおと)の四つの―を木に張りて」〈雄略紀〉

え【▽故】ゑ《「ゆえ」の音変化》ゆえ。わけ。理由。「思ふ―に逢ふものならば暫(しま)しくも妹が目離(か)れて吾居らめやも」〈万・三七三一〉

え【柄】❶手で握りやすいように、道具類につけた棒状の部分。取っ手。「ひしゃくの―」❷キノコの、傘を支える部分。また、葉柄や花柄。(類語)柄(つか)・取っ手・握り・つまみ・把手(はしゅ)・ノブ・ハンドル・グリップ

柄の無い所に柄を挿(す)げる　無理に理屈をつけたり、口実を設けたりする。

え【▽疫】疫病。特に、悪性の伝染病。えやみ。「これは世の―にはおはしまさず」〈大鏡・道長上〉

え【恵¦×慧】ヱ《梵 prajñāの訳》仏語。物事をよく見極め、道理を正しく把握する精神作用。三学の一。智慧。➡漢「けい(恵・慧)」

え【×荏】エゴマの古名。〈和名抄〉

え【▽飢】ゑ 動詞「飢(う)う」の連用形「うえ」の音変化。「い行きまもらひ戦へば我はや―ぬ」〈記・中・歌謡〉

え【絵¦▽画】ヱ ❶物事や情景を、色・線・形などで平面上に写し表したもの。絵画。❷ある情趣を感じさせるありさま。光景。「母が乏しい髪を工面して、何うか斯うか髷に結い上げる様子は…夫程見栄のある―ではないが」〈漱石・彼岸過迄〉❸テレビなどの画面・映像。「音声だけで、―が出ない」➡漢「かい(絵)」
(類語)絵図・絵画・図画・図絵・素描・画・イラスト・イラストレーション・スケッチ・デッサン・カット・クロッキー

絵に描(か)いた餅(もち)　《どんなに巧みに描いてあっても食べられないところから》何の役にも立たないもの。また、実物・本物でなければ何の値打ちもないこと。画餅(がべい)。(補説)「絵に描いたよう(素晴らしい、また、典型的であるさま)」と混同して「絵に描いたような餅」とするのは誤り。

絵に描(か)いたよう　❶美しくすばらしいようすのたとえ。「―なみごとな眺め」❷典型的な事柄・状態であることのたとえ。「幸せを―な家庭」

絵にな・る　その光景がある意味合いを感じさせたり、人の動作などが美しい型をもっていたりして、そのまま絵の題材になりそうである。「両首脳が並ぶとやはり―・る」「どんな役でも―・る女優だ」

え【×榎】エノキのこと。「我が門の―の実もり食む百ち鳥千鳥は来れど君ぞ来まさぬ」〈万・三八七二〉

え【餌】ゑ えさ。「小鳥の―」「生き―」
(類語)飼料・餌(えさ)・飼い葉・秣(まぐさ)・生き餌・すり餌

え【得¦▽能】〔副〕《動詞「う(得)」の連用形から》❶(下に打消しの語または反語を伴って)不可能の意を表す。…できない。うまく…できない。「若者は挨拶の言葉も―言わないような人で」〈有島・溺れかけた兄弟〉「数ならぬ身は、―聞き候はず」〈徒然・一〇七〉❷可能の意を表す。…できる。うまく…できる。「面忘れだにも―為(す)やと手(た)握りて打てども懲りず恋といふ奴(やつこ)」〈万・二五七四〉

え〔感〕❶驚きを感じたときに発する語。えっ。「―、すごいじゃないか」❷相手の言うことが理解できなかったり疑問を感じたりして、問い返すときに発する語。えっ。「―、なんですか」❸承諾や肯定を表すときに発する語。ええ。「―、そうです」❹感動や苦痛を表すときに発する語。ああ。「―、苦しゑ」〈天智紀・歌謡〉

えゑ〔終助〕《上代語》文の終わりに付く。嘆息の心持ちを表す。…なあ。…よ。「上野(かみつけの)佐野の茎立(くくたち)折りはやし我(あれ)は待たむ―今年来ずとも」〈万・三四〇六〉

え〔間助〕呼びかけの語または文末に付く。❶㋐親しみを込めて問いかける意を表す。「これからはどうしていくつもりだ―」〈二葉亭・浮雲〉「敵(かたき)は誰でござんす―」〈浄・盛衰記〉㋑親しみを込めて呼びかける意を表す。「御新造さま―」〈人・娘節用・後〉㋒軽い感動を表す。「あれあれ、お姫様の見てござるぞ―」〈伎・万歳丸〉❷呼びかけの意を表す。上代東国方言で、一例のみ。「よ」の転じたものか。「父母(ちちはは)―斎(いは)ひて待たね筑紫(つくし)なる水漬(みづ)く白玉取りて来までに」〈万・四三四〇〉

えヘ〔助〕►へ〔助詞〕

え〔接頭〕名詞に付いて、愛すべき、いとしい、の意を表す。「あなにやし―をとめを」〈記・上〉

え【▽方】ヘ〔接尾〕おおよその位置・方向・時間などを表す。…のあたり。…のころ。「行(ゆ)く―」「古(いにし)―」➡へ(方)

え【重】ヘ〔接尾〕助数詞。数を表す語に付いて、重なったものを数える語。「二(ふた)―まぶた」「八―咲き」

エア〖air〗《「エアー」「エヤ」とも》❶空気。大気。空中。❷《compressed airの略》圧縮空気。❸航空。飛行。「―サービス」(類語)空気・大気・気(き)・外気

エア〖Ayr〗英国スコットランド南西部、サウスエアシャー州の港湾都市。同州の州都。ノース海峡のクライド湾に注ぐ、エア川の河口に位置する。古くから漁業が盛んで、産業革命期には石炭の積み出しで発展した。スコットランドを代表する詩人ロバート=バーンズの出身地であり、作品に登場する居酒屋や石橋など、ゆかりの場所が残る。

エア-アート〖air art〗ビニールなどの素材で作った袋に空気を詰めて、作品化したり、空気そのものを素材としたりする芸術。

エア-アウトレット〖air outlet〗自動車などの交通機械で、車体(あるいは機体・船体)に設けられた空気排出口。

エアーズ-ロック〖Ayers Rock〗►ウルル

えあい-がわ【江合川】えあひ 宮城県北部から中部を流れる川。荒雄岳の東部に源を発する荒雄川の下流部の名。石巻市で旧北上川に合流。長さ80キロ。

エア-インテーク〖air intake〗自動車などの交通機械で、車体(あるいは機体・船体)の表面に設けられた空気取り入れ口。

エア-ウエイビル〖air waybill〗航空運送状。航空貨物の運送契約を示す書類で、荷送人が作成し航空会社に渡す。運送契約締結の証拠書類、運送物品の受託証、運賃・料金の明細書・請求書、税関申告の書類などの役割をもつ。国内航空では貨物運送状という。

エア-カーゴ〖air cargo〗航空貨物。航空機で輸送される貨物。

エア-カーテン〖air curtain〗建物の出入り口などに空気流の幕を作り、外気やほこりの侵入をふせぐ装置。エアドア。

エア-ガール《和 air＋girl》「スチュワーデス」に同じ。

エア-ガン〖air gun〗❶圧縮空気の圧力を利用して弾丸を発射する銃。空気銃。❷エアハンマーのこと。❸エアブラシのこと。

エア-ギター〖air guitar〗ロックなどの音楽に合わせて、実際には手にしていないギターを弾くような真似をすること。また、そのようにして演奏の真似をする、架空のギター。

エア-クッション〖air cushion〗❶中に空気を入れたクッション。エアマットや空気枕の類。❷圧縮空気の弾力を利用した緩衝装置。自動車の車体の支持などに用いる。空気ばね。

エアクラフト〖aircraft〗航空機。

エア-クリーナー〖air cleaner〗空気清浄器。

エア-コリドー〖air corridor〗航空路とターミナル空域とを一貫して管制できるように設けられた、航空路から引き続いたターミナル空域内のルート。

エア-コン「エアコンディショナー」「エアコンディショニング」の略。

エア-コンディショナー〖air conditioner〗エアコンディショニングを行う装置。エアコン。

エア-コンディショニング〖air conditioning〗建物内の空気の温度・湿度や清浄度などを調節し、快適な状態に保つこと。空気調和。空気調節。空調。エアコンディション。エアコン。

エア-コンディション〖air condition〗「エアコンディショニング」に同じ。

エア-コンプレッサー〖air compressor〗空気を大気圧以上に圧縮する機械。空気圧縮機。

エア-サービス〖air service〗航空機で乗客や貨物・郵便物などを運送する事業。航空運輸事業。

エア-サイレン〖air siren〗船舶の音響信号に用いられるサイレン。圧縮空気によって吹鳴する。

エア-サスペンション〖air suspension〗自動車・鉄道車両などで、エアスプリング(空気ばね)を用いた懸架装置。

エア-サポート〖air support〗地上・海上作戦に対して行う航空機による上空援護。

エアシップ〖airship〗飛行船。

エアシャー〖Ayrshire〗牛の一品種。英国スコットランド西部、エアシャー地方の原産で、乳用。毛色は白地に赤褐色の斑がある。明治初め、北海道で多く飼われた。

エア-シャトル〖air shuttle〗需要の多い二地点間を一定の客数になりしだい運航し、頻繁に往復することで利益を上げる航空旅客輸送の方式。

エア-シューター《和 air＋chuteから》書類・伝票などを入れたカプセルを圧縮空気の力でパイプを通して送る装置。気送管。空気伝送管。エアシュート。

エア-シュート《和 air＋shoot, air＋chute》►エアシューター

エア-スクープ〖air scoop〗主に自動車のボンネットや車体側面にあけられる空気取り入れ口のこと。

エア-スクエア〖Eyre Square〗アイルランド西部の港湾都市ゴールウエーにある広場。中世より集会場として使われた。1963年の米国大統領ジョン=F=ケネディ訪問を記念し、「ケネディパーク」と名付けられた。

エア-スタビライザー〖air stabilizer〗レーシングカーなどで、空気力学的に安定性をよくするために備えるウイング(翼)やフィン(ひれ)など。

エア-ステーション〖air station〗飛行場。空港。

エアゾール〖aerosol〗❶缶の中に液状・粉状の内容物と液化ガスを詰め、ボタンを押すとガスの圧力で内容物が霧状に吹き出す製品。防虫剤・消毒剤などに使用。❷►エーロゾル

エア-タービン〖air turbine〗圧縮空気の力を利用したタービン。ジェットエンジンのスターターなどに利用。空気タービン。

エア-ターミナル〖air terminal〗❶空港内にある、旅客が発着手続きなどをするための建物。❷空港から離れた市内にある、空港へのバス・鉄道の発着所。シティーエアターミナル。

エアタイト-サッシ〖airtight sash〗上枠・下枠・立て枠で構成された窓枠(サッシ)を用いた窓で、気密性・遮音性に優れたもの。

エア-タクシー〖air taxi〗小型機による簡便な短距離航空輸送。

エア-ダクト〖air duct〗建物の換気・空調用の配管や、自動車などの内部で換気・冷却用などの空気を導くパイプをいう。空気導管。

エアダム-スカート〖air dam skirt〗自動車の前のバンパーの下に付ける空気の堰。車体底面と路面との間に空気が流れ込むのを防ぐために取り付ける。エアダム。

エア-チェック〖air-check〗ラジオ・テレビの放送から録音・録画すること。

エアデール-テリア〖Airedale terrier〗犬の一品種。英国ヨークシャーのエアデール地方原産。テリア中、最大。嗅覚が鋭く、力も強い。狩猟・愛玩用。

エア-ドア〖air door〗►エアカーテン

エア-ドーム〖air dome〗空気膜構造建築の一種。内圧を外気圧より高くして風船のようにふくらまし、ドーム状にしたもの。柱なしで済むので野球場などに用いる。日本では東京ドームなどがある。

エアトン〖William Edward Ayrton〗[1847～1908]英国の電気工学者。1873年(明治6)日本政府の招きで来日し、電気工学の基礎を築くのに寄与。日本最初のアーク灯の点灯に成功。

エアバス〖airbus〗交通量の多い区間を、低運賃で運航する旅客機。現在は、国内線または中・短距離の国際線に就航する、ジャンボジェットより小型のジェット旅客機をいう。

エア-バッグ〖air bag〗自動車の安全装置の一種。衝突時に瞬間的にふくらみ、衝撃を和らげる空気袋。フロントエアバッグ、サイドエアバッグ、カーテンエアバッグなどがある。

エアバッグそうちゃくしゃ-わりびき【エアバッグ装着車割引】自動車保険の契約に際し、被保険自動車にエアバッグが装備されている場合に適用される保険料の割引。

エアハルト〖Ludwig Erhard〗[1897～1977]ドイツの政治家。キリスト教民主同盟の党員。のち、党首。1949年、経済相となり、西ドイツ経済の奇跡的復興に成功。63年から66年まで首相。➡キージンガー

エアバルト〖Ehrwald〗オーストリアの西部、チロル州北部の町。ドイツとオーストリアの国境、バイエルンアルプスのドイツ最高峰、標高2962メートルのツークシュピッツェ山の西側山麓に位置する。標高2950メートルまでロープウエーが結んでいる。エーアバルト。

エア-ハンマー〖air hammer〗圧縮空気でハンマーを上下させる機械。くい・リベットを打つときに使用。空気鎚。空気ハンマー。

エア-ピープル〖air people〗インドシナから空路脱出した難民。➡ボートピープル ➡ランドピープル

エア-ピストル〖air pistol〗射撃競技で用いられる、圧縮空気の力で弾丸を発射する小型拳銃。

エア-フィルター〖air filter〗繊維の層などを濾過材とする集塵装置。

エア-フォース〖air force〗空軍。

エアブラシ〖airbrush〗塗料や絵の具を圧縮空気で霧状にして吹きつける器具。写真修整やイラストで陰影・立体感の描写などに用いる。噴霧式塗装器。

エア-プランツ〖air plants〗空気中の水分を葉や茎から吸収して生きている植物。アナナス科のティランジアなど。

エアブリージング-エンジン〖air breathing engine〗極超音速航空機用のエンジン。大気圏用のジェットエンジンと宇宙空間用のロケットエンジンを複合化したもの。

エアフルト〖Erfurt〗►エルフルト

エア-ブレーキ〖air brake〗❶圧縮空気を利用して作動するブレーキ。空気制動機。❷►空力ブレーキ

エアプレーン〖airplane〗飛行機。

エア-ページェント〖air pageant〗航空ショーなどで、飛行機によって繰り広げられる演技。

エアポート〖airport〗空港。エアステーション。

エアポート-タックス〖airport tax〗空港施設の維持改善のため出国旅客から徴収する料金。アジア・南米のほとんどの国で行われ、空港施設使用料として徴収するものが多い。空港税。

エア-ポケット〖air pocket〗❶飛行中の航空機が急激に下降する空域。局地的な下降気流が原因。❷空白の部分。「政局に一時的な—が生じる」

エア-ホステス〖air hostess〗►スチュワーデス

エア-ポンプ〖air pump〗空気を吸出または注入するためのポンプ。容器内の空気を吸出して排除する真空ポンプと、注入して圧縮する圧縮ポンプとがある。空気ポンプ。

エア-マイクロメーター《和 air＋micrometer》コンパレーターの一。寸法の変化を、空気の流量や圧力の変化に変換し、その量を知ることで、未知寸法を測定する比較測定器。空気マイクロメーター。

エア-マット《和 air＋mat》キャンプなどで、空気を吹き込み、ふくらませて使う携帯用のマット。

エア-マント《和 air＋manteau(フランス)》鉱山の坑内などに設ける装置。釣り鐘形でマントのようになっていて、事故で空気が欠乏したとき、この装置に入って空気が吸えるようにできているもの。

エアメール〖airmail〗航空郵便。航空便。

エア-ライフル〖air rifle〗射撃で、圧縮空気の力で弾丸を発射するライフル。空気銃。また、それを使って命中精度を競うスポーツ競技。

エアライン〖airline〗❶航空路線。❷航空会社。

エアリアル〖aerial〗►エアリアルスキー

エアリアル-スキー〖aerial ski〗フリースタイルスキーの一種目。急角度のジャンプ台から飛び出し、宙返りなどの空中演技を競うもの。エアリアル。

エアリー〖airy〗〔形動〕軽やかな感じがするさま。軽快なさま。「ボリューム感のある—なヘアスタイル」「—なブラウス」

エアリエル〖Ariel〗天王星の第1衛星。1851年に発見。名の由来はシェークスピアの「テンペスト」に登場する精霊。広範囲に刻まれた深い峡谷が見られる。直径は約1160キロ(地球の約0.09倍)。平均表面温度はセ氏マイナス215度以下。アリエル。

エアレーション〖aeration〗空気にさらすこと。空気を通すこと。特に、魚を飼う池や水槽などで、水中に空気を溶かしこむこと。

エアログラム〖aerogram〗均一料金の外国向け航空郵便物。便箋と封筒とを兼ねたもの。航空書簡。エログラム。

エアロサット〖AEROSAT〗《aeronautical satellite》地上と航空機との通信に用いる航空衛星。

エアロゾル〖aerosol〗►エーロゾル

エアロダイナミックス〖aerodynamics〗空気力学。流体力学の一分野で、空気の運動や、空気中を運動する物体に作用する力を扱う。航空機の機体や自動車の車体のデザインなどに応用される。

エア-ロック〖air lock〗気圧の異なる所に出入りするための装置。潜函内作業やトンネル工事、宇宙船などで、出入りの圧力調整のために、内側ドアと外側ドアとの間に設けた小部屋。気密室。気閘。

エアロノート〖aeronaut〗気球・飛行船・飛行機などの操縦者。

エアロ-パーツ《和 aero＋parts》自動車で空気抵抗を減らしたり、気流による車体の浮き上がり(リフト)を抑えたりして、性能や操縦安定を高めるための、空気力学的付加物。➡エアスタビライザー

エアロバイオロジー〖aerobiology〗►アエロバイオロジー

エアロバイク〖Aerobike〗自転車型の運動器械。ペダルをこぐと、運動量がカロリー消費量で表示される。商標名。〔補説〕「自転車型エルゴメーター」「フィットネスバイク」「エクササイズバイク」などと言い換える。

エアロビ「エアロビクス」の略。「—教室」

エアロビクス〖aerobics〗❶体内に酸素を多量に供給し、心臓や肺の活動を刺激することで健康を増進させる全身運動。米国の医学者ケネス＝H＝クーパーが提唱、命名。有酸素運動。❷《「エアロビクスダンス」「エアロビクスエクササイズ」の略》音楽に合わせ、ダンス形式で行う有酸素運動の総称。エアロビ。

エアロフォルム〖aeroform〗各種交通機械、特に自動車で空気力学的な形態のこと。空気に逆らわない形。流線形。

エアロ-ブレーキング〖aero braking〗►空力ブレーキ

えあわせ【絵合】源氏物語第17巻の巻名。前斎院が入内し、二度の絵合わせが催される。

え-あわせ【絵合(わ)せ】物合わせの一。平安時代、参加者を左右に分け、互いに絵、または絵に和歌などを添えたものを出し合い優劣を争った遊び。

え-あんどん【絵行▽灯】絵のかいてある行灯。祭り・縁日などに、社寺や町家の軒先に飾る。

えい【永】❶「永楽銭」の略。❷江戸時代、永楽銭の通用禁止の後、伊勢以東の幕府領において、便宜的に年貢・物価などの計算基準として用いられた銭貨の名目的な名称。➡漢「えい(永)」

えい【栄】価値を高く認められること。名誉。ほまれ。「拝顔の—に浴する」➡漢「えい(栄)」

えい【郢】中国、春秋時代の楚の国の都。現在の湖北省江陵県北部にあったと伝えられるが、楚はどこへ遷都してもそこを郢とよんだともいう。

えい【▽酔い】❶酔うこと。よい。「—に紛れて姑く先刻の不平を忘れて居たりしが」〈鉄腸・雪中梅〉❷ある物事に心を奪われて本心を失うこと。心がくらむこと。「衣なる珠ともかけて知らざりき—さめてこそ嬉しかりけれ」〈後拾遺・釈教〉

えい【詠・×咏】❶詩歌を作ること。また、その詩歌。「一首の御—を遊ばしてくだされけり」〈平家・六〉❷詩歌を声を長く引いてうたうこと。朗詠。「いかにも歌は、—の声によるべきもの」〈古来風体抄・上〉❸舞楽で、舞人が舞いながら詩歌を唱えること。また、その詩歌。中国語の原音で唱える囀に対して、日本語読みのもの。「—果てて、袖うちなほし給へるに」〈源・紅葉賀〉➡漢「えい(詠)」

えい【×裔】血筋の末。子孫。「大納言公時から二十一世の—で」〈魯庵・社会百面相〉➡漢「えい(裔)」

えい【×裛衣・×裛▽被】「裛衣香」に同じ。

えい【影】人や物の姿を絵に写しとったもの。絵姿。肖像画。「かの聖の姿を、—に書きとらん」〈宇治拾遺・九〉➡漢「えい(影)」

えい【鋭】〔名・形動〕❶鋭いこと。また、鋭いさま。「私利を謀るの心極めて—なれば」〈田口・日本開化小史〉❷鋭い武器。また、すぐれた兵士。「—を執る」「—をすぐる」➡漢「えい(鋭)」

えい【×穎】❶イネ科植物の、花・小穂の外側にある葉状の2枚の小片。花を包むものを花穎、小穂の付け根にあるものを苞穎という。❷稲の穂先。❸錐の先。また、筆の穂先。❹鋭い才気。また、その人。➡漢「えい(穎)」

穎を脱・す　群を抜いてすぐれている才気は、自然に表に現れる。➡穎脱

えい【衛】中国、春秋時代の列国の一。周の武王の弟康叔を祖とする。現在の河北省南西部から河南省北部にわたる地域を領し、殷の旧都朝歌に都したが列国の圧迫でしばしば遷都。前209年、秦に滅ぼされた。➡漢「えい(衛)」

えい【×嬰】音楽で、本来の音より半音高いことを示す語。「—ヘ短調」⇔変。➡漢「えい(嬰)」

えい【×纓】❶冠の付属具で、背後の中央に垂らす部分。古くは、髻を入れて巾子の根を引き締めたひもの余りを後ろに垂らした。のちには、幅広く長い形に作って巾子の背面の纓壺に差し込んでつけた。時代により形状が異なり、垂纓・巻纓・立纓・

細纓さいえい・緌纓ずいえいなどの区別がある。❷冠が落ちないようにあごの下で結ぶひも。

えい【×鱝・×鱏・海=鷂=魚】エイ目の軟骨魚類の総称。体は扁平で、ひし形ないし円形をし、尾は細長い。目は背面にあり、口とえらあなとは腹面に開く。えらあなは五対または六対ある。大部分は海産であるが淡水にすむものもある。卵生、または卵胎生。世界に約350種、日本近海にはアカエイ・イトマキエイ・シビレエイなど約50種が分布〔季 夏〕

エイ〘A a〙▶エー

え・い【▽良い・▽善い・▽好い】〔形〕文え・し〔ク〕よい。よろしい。「本間ほんまに器量の—いものは徳やな」〈漱石・行人〉

えい〔感〕❶力を込めたり、勇気を奮い起こしたり、決断したりしたときに発する語。「—、と投げつけた」「—、やってしまえ」❷応答の語。はい。ええ。「—、といらへたりければ」〈宇治拾遺・一〉❸驚いたり、激したりしたときに発する語。「—、よい加減なことばかり」〈浄・薩摩歌〉❹呼びかけや命令、念を押すときに発する語。「やがて来い、—」〈虎明狂・末広がり〉❺歌などの囃子詞はやしことば。「—、—、鳥がな鳥がな」〈浄・冥途の飛脚〉

えい-あずけ【永預け】江戸時代の刑罰の一。終身、他家に預けて帰宅を許さないこと。

えいあん-ほう【永安法】二宮尊徳の報徳仕法の一。経済を立て直したのち、生活の安定をはかる報徳仕法の趣旨を、社寺や村落の組織の援助によって永遠に継続させようとしたもの。

えいあん-もん【永安門】平安京内裏内郭十二門の一。内裏の南面、承明門の西に位置。

えい-い【栄位】名誉な地位。「—につく」

えい-い【営為】人間が日々いとなむ仕事や生活。いとなみ。

えい-い【鋭意】(多く副詞的に用いて)気持ちを集中して励むこと。専心。「—研究に努める」
(類語)力一杯・精一杯・精精・極力

えい-い【衛尉】中国の官名。秦しん・漢代からの九卿きゅうけいの一。宮門警備の衛士の長官。宋代に廃止。

えい-いき【×塋域】墓地。墓場。「或る貴い—を犯した事件というのが伝えられた」〈露伴・骨董〉

えい-いん【影印】〔名〕スル 書籍を写真にとり製版、印刷すること。また、そうしたもの。
(類語)復刊・再版・重版・復刻・翻刻・再刊

えいいん-ぼん【影印本】翻刻ではなく、影印で作った本。

えい-う【×嬰羽】中国・日本音楽で、五声のうち、羽うの音より一律(半音)高い音。

えい-えい【営営】〔ト・タル〕文〔形動タリ〕せっせと休みなく励むさま。「—として働く」
(類語)あくせく・せっせと・こつこつ・汲汲・孜孜しし

えい-えい【永永】〔副〕❶長い年月にわたるさま。「—二百余年の間」❷いつまでも。とこしえに。「未来—憂き目を見せん、思ひ知れ」〈浄・女夫池〉

えい-えい〔感〕❶力を込めるときに発する語。「さらば撞ついて見う。—やっとな」〈虎寛狂・鐘の音〉❷呼びかけたり、相手を威嚇したりするときに発する語。「—とぞ呼びたりける」〈盛衰記・一八〉❸笑う声。「—と笑ひて」〈宇治拾遺・五〉

えいえい-おう〔感〕士気を鼓舞したり、戦いの開始を告げたりするために発する掛け声。「—と鬨ときの声をあげる」

えいえい-ごえ【えいえい声】「えい声」に同じ。「暫らくは—して互に揉み合った」〈魯庵・社会百面相〉

えいえん【永延】平安中期、一条天皇の時の年号。987年4月5日～989年8月8日。

えい-えん【永遠】〔名・形動〕❶いつまでも果てしなく続くこと。時間を超えて存在すること。また、そのさま。「—に残る名曲」「—のスター」「—に語り伝える」❷哲学で、それ自身時間の内にありながら、無限に持続すると考えられるもの。また、数学的真理のように、時間の内に知られても時間とかかわりなく妥当すると考えられるもの。(類語)永久・とわ・永世・常しえ・常しなえ・恒久・悠久・悠遠・長久・経常・不変・常磐・永劫・永代・久遠・無限・無窮・不朽・万代不易・万世不易・万古不易・千古不易

漢字項目 え

【▽衣|依】▶い
【会|回|×廻|絵|▽壊】▶かい
【恵|×慧】▶けい

漢字項目 えい

永 (学)5 (音)エイ(漢) ヨウ(ヤウ)(呉) (訓)ながい ‖ ㊀〈エイ〉時間が長く続く。久しい。「永遠・永久・永劫えいごう・永続・永年」㊁〈なが〉「永年/日永」(名付)つね・とお・なが・ながし・のぶ・のり・はるか・ひさ・ひさし・ひら (難読)永久とこしえ・永久とことわ・永久とわ・永劫とわ

人**曳** (音)エイ(呉)(漢) (訓)ひく ‖ 引きずる。引き寄せる。「曳航・曳船・曳光弾/牽曳けんえい・揺曳」(難読)嬶曳かかあ

泳 (学)3 (音)エイ(漢) (訓)およぐ ‖ およぐ。およぎ。「泳法/遠泳・競泳・水泳・背泳・遊泳・力泳」

英 (学)4 (音)エイ(漢) (訓)ひいでる、はなぶさ ‖ ①すぐれている。すぐれた人。「英才・英断・英雄/育英・俊英」②花。花房。「石英・落英」③イギリス。「英語・英国/日英」④「英語」の略。「英訳/和英」(名付)あきら・あや・すぐる・たけし・つね・てる・とし・はな・ひで・ひら・ふさ・よし (難読)英吉利イギリス・英蘭イングランド・紫雲英げんげ・蒲公英たんぽぽ

映 (学)6 (音)エイ(漢) (訓)うつる、うつす、はえる ‖ ①光が反射して輝く。はえる。「映発/反映」②像をうつし出す。「映画・映写・映像」③映画。「上映・続映・放映」(名付)あき・あきら・てる・みつ

栄〔榮〕 (学)4 (音)エイ(漢) ヨウ(ヤウ)(呉) (訓)さかえる、はえ、はえる ‖ ①草木が盛んに茂る。「栄枯」②物事がさかえる。「栄華/共栄・清栄・盛栄・繁栄」③ほまれ。名誉。「栄光・栄誉/虚栄・光栄」④体の活力を盛んにする。「栄養」(名付)さか・さかえ・しげ・しげる・たか・てる・とも・なが・はる・ひさ・ひさし・ひで・ひろ・まさ・よし (難読)弥栄いやさか・栄耀ええ・栄螺さざえ・見栄みえ

×**洩** (音)エイ(慣) セツ(漢) (訓)もれる、もらす ‖ もる。もれる。もらす。「漏洩ろうえい・ろうせつ」

×**盈** (音)エイ(漢) (訓)みちる、みたす ‖ いっぱいになる。みちる。「盈虚・盈満」(名付)みち・みつ・みつる

営〔營〕 (学)5 (音)エイ(漢) (訓)いとなむ ‖ ①計画に従って物事や事業を行う。いとなむ。「営業・営利/運営・経営・公営・国営・市営・私営・造営・直営・民営」②軍隊のとまる所。陣屋。とりで。「営所/軍営・陣営・入営・兵営・本営・野営」(名付)のり・よし

詠 (音)エイ(漢) (訓)よむ、ながむ ‖ ①声を長く引く。「詠嘆」②詩歌を作る。また、声を出して詩歌をうたう。「詠歌・詠草/吟詠・偶詠・即詠・題詠・諷詠ふうえい・朗詠」③詩歌。「遺詠・近詠・献詠・高詠」(補説)「咏えい」と通用する。(名付)うた・かぬ・かね・なが

人**瑛** (音)エイ(漢) ‖ 玉の光。また、水晶など、透明な美石。「玉瑛」(名付)あき・あきら・てる

×**裔** (音)エイ(呉)(漢) (訓)すえ ‖ ①遠い子孫。「後裔・神裔・苗裔・末裔・余裔」②遠い辺境。「四裔」(補説)原義は、着物のすそ。

影 (音)エイ(漢) ヨウ(ヤウ)(呉) (訓)かげ ‖ ㊀〈エイ〉①光が物にさえぎられてできる暗い部分。かげ。「影響/暗影・陰影・形影・斜影」②光。「月影・灯影」③物の姿や形。「機影・幻影・孤影・人影・船影・投影」④写真や絵画に写された像。「影印・影像/遺影・近影・撮影・尊影」㊁〈かげ〉「影絵・影法師/面影おもかげ・島影・月影・日影・火影ほかげ・星影」(難読)影向ようごう

鋭 (音)エイ(呉)(漢) (訓)するどい ‖ ①よく切れる。先がとがっている。「鋭鋒えいほう・鋭利/尖鋭せんえい」②さとくすばやい。「鋭敏/気鋭・新鋭・精鋭」③角度が直角より小さい。「鋭角」(名付)さとき・さとし・とき・とし・はや

人**叡** (音)エイ(漢) ‖ ①かしこい。聡明なこと。「叡才・叡智」②天子の行いに冠して敬意を表す語。「叡聞・叡覧・叡慮」(補説)①は「英」を代用字とすることがある。(名付)あきら・さとし・ただ・とおる・とし・まさ

×**穎** (音)エイ(漢) ‖ ①稲の穂先。「穎果」②錐きりや筆など、とがった物の先。「穎脱/毛穎」③才知が鋭い。「穎悟・穎才」(補説)③は「英」を代用字とすることがある。「頴」は異体字。(名付)さか・さとし・とし・ひで

衛〔衞〕 (学)5 (音)エイ(エイ)(漢) エ(エ)(呉) (訓)まもる、まもり ‖ ①周りにいて中のものを守る。また、守る人。「衛生・衛兵/警衛・護衛・自衛・守衛・親衛・前衛・防衛・門衛」②周りをまわる。取り巻く。「衛星」(名付)ひろ・もり・よし (難読)衛士えじ・近衛このえ

×**嬰** (音)エイ(漢) ‖ ①赤ん坊。みどりご。「嬰児/孩嬰がいえい」②まといつく。枠を守って出ない。「退嬰」③加える。半音高くすること。「嬰記号」

×**翳** (音)エイ(漢) (訓)かげ、かげる、かざす ‖ ①物におおわれてできる陰。かげり。「暗翳・陰翳」②さえぎり隠す。「掩翳えんえい」(補説)①は「影」を代用字とすることがある。

えいえん-かいき【永遠回帰】▶永劫えいごう回帰

えいえん-こうさい【永遠公債】▶永久公債

えいえん-せい【永遠性】いつまでもその価値や存在などが失われない性質。

えいえん-の-しんり【永遠の真理】❶時間や空間を超越して、いつでもどこでも変化することのない真理。❷《ドイ ewige Wahrheit》それを否定すれば矛盾を生じて成立不可能な、論理的必然性をもつ真理。ライプニッツが用いた語。永久真理。

えいえん-の-ねむり【永遠の眠り】死ぬこと。死。とわの眠り。「—に就く」

えい-か【英貨】英国の貨幣。

えい-か【詠歌】❶《「えいが」とも》歌を詠むこと。歌を作ること。また、その歌。❷▶御詠歌ごえいか

えい-か【×穎果】果皮が薄く木質で、種皮と密着している果実。稲・麦などにみられる。

えい-が【映画】フィルムに連続的に写しとった映像を、映写機でスクリーンに映し出し、目の残像現象を利用して形や連続した動きを再現するもの。古くは活動写真といった。シネマ。キネマ。ムービー。「—を撮る」「—に出る」「音楽—」
(類語)シネマ・キネマ・活動・活動写真・幻灯・銀幕・スライド・ムービー・フィルム・スクリーン・サイレント映画・無声映画・トーキー・アニメーション

えい-が【栄華|栄花】❶権力や財力によって世に時めき、栄えること。また、ぜいたくをすること。「—を極める」「栄耀—」❷「清華家せいがけ」に同じ。「兼雅卿は—の人なり」〈平家・二〉(類語)繁栄・繁盛・にぎわう・富む・栄える・全盛・最盛・興隆・隆盛

えい-かい【詠懐】心に思うことを詩歌にして表すこと。また、その詩歌。

えい-がい【営外】兵営の外。⇔営内。

えい-がい【×嬰×孩】赤ん坊。ちのみご。嬰児えいじ。

えいがいってい【詠歌一体】鎌倉初期の歌論書。1巻。藤原為家著。弘長3年(1263)または文永7年(1270)ころの成立か。和歌の実践論・本質論などを説き、平淡美を主張したもの。八雲口伝やくもくでん。えいがいったい。えいがのいってい。

えい-かいわ【英会話】英語で話をやりとりすること。

えいが-おんがく【映画音楽】映画の効果を高めるために作曲・編曲された音楽。

えいが-か【映画化】〔名〕スル 小説や実際に起こった事件などから取材して映画にすること。

えいが-かん【映画館】映画を上映し観客に見せる常設の施設。映画劇場。

えいが-かんとく【映画監督】映画製作の際に、俳優の演技指導のほか、撮影・音楽・美術・編集などを指揮し、統一した一つの作品にする人。

えい-かく【鋭角】直角より小さい角。㊟鈍角。

えい-がく【英学】❶蘭学などに対して、英語による学問。また、英語を通して取り入れられた学問、技術。❷英語・英文学など、英国に関する学問。

えいかく-さんかくけい【鋭角三角形】三つの角がすべて鋭角である三角形。㊟鈍角三角形。

えいかく-てき【鋭角的】〔形動〕とがっているさま。「一な尖塔」

えいが-さい【映画祭】映画の振興と向上のため、多くの映画を一つの都市に集めて上映する行事。優秀作品の選考会を兼ねることが多い。

えいがせんもん-だいがくいんだいがく【映画専門大学院大学】東京都渋谷区にある私立大学院大学。平成18年(2006)に開学。映画プロデュース研究科がある。

えいがたいがい【詠歌大概】鎌倉時代の歌論書。1巻。藤原定家著。建保年間(1213～1219)または貞応年間(1222～1224)に成立か。和歌の本質論・方法論などを漢文で述べたもの。定家の歌論中、最も重んじられた。詠歌之大概。

えいがたいがいしょう【詠歌大概抄】安土桃山時代の注釈書。6巻2冊。細川幽斎著。天正14年(1586)成立。「詠歌大概」の三条西実枝の講義による聞き書きと、「秀歌之体大略」の注解を収めたもの。詠歌大概聞書。

えいがとうさつぼうし-ほう【映画盗撮防止法】《「映画の盗撮の防止に関する法律」の通称》映画館で上映中(国内最初の有料上映から8か月間)の映画をビデオカメラなどで撮影することを禁止する法律。違反者は10年以下の懲役または1000万円以下の罰金。併科もある。平成19年(2007)8月施行。〔補説〕盗撮ビデオから複製した海賊版が横行したことからの処置。

えいが-の-ゆめ【栄華の夢】はなやかに世を過ごす夢。すぐにさめる夢のように栄華のはかないことをいう。

えいがものがたり【栄花物語｜栄華物語】平安時代の歴史物語。40巻(正編30巻、続編10巻)。作者については正編が赤染衛門とする説が有力。続編については出羽弁といわれるが未詳。正編30巻は万寿5～長元7年(1028～34)の間、続編10巻は寛治6～嘉承2年(1092～1107)の間の成立とされる。藤原道長・頼通の栄華を中心に、宇多天皇から堀河天皇まで15代、約200年間の歴史を物語風に編年体で記す。世継物語。世継。

えいか-もん【永嘉門】平安京大内裏八省院二十五門の一。南面し、応天門の西にあった。

えいがりんり-いいんかい【映画倫理委員会】►映倫❷

えいが-りんりこうりょう【映画倫理綱領】►映倫❶

えいかん【永観】►ようかん(永観)

えいかん【永観】平安中期、円融天皇・花山天皇の時の年号。983年4月15日～985年4月27日。

えい-かん【栄冠】❶勝利のしるしとして与えられる名誉の冠。❷栄誉。名誉。また、輝かしい勝利。「全国制覇の一に輝く」〔類語〕(❶)冠・王冠・宝冠・月桂冠／(❷)栄光・栄誉・光栄・名誉・誉れ・栄え・光輝・栄名・声誉・名声・名聞・美名・盛名・令名

えい-かん【鋭感】鋭敏な感覚。「さすが画工からしい良心と、一とが残っていた」〈谷崎・刺青〉

えい-かん【×叡感】天皇や上皇が感心し、ほめること。御感。「君殊に一有りて」〈太平記・九〉

えいかん-どう【永観堂】京都市左京区にある禅林寺の別称。

えいかん-ぶし【永閑節】江戸の古浄瑠璃の一。薩摩浄雲の孫弟子、虎屋永閑が延宝年間(1673～1681)に創始。曲調は金平浄瑠璃に近い。現在、地歌の中に曲節の一部が伝承されている。

えいき【永機】[1823～1904]幕末・明治の俳人。姓は穂積。父、6世其角堂鼠肝のあとを継ぎ、7世其角堂。のち老鼠堂と号した。

えい-き【英気】❶いきいきと働こうとする気力。元気。「一を養う」❷すぐれた気性、才気。

えい-き【×盈×虧】〔名〕スル ❶月が満ちたり欠けたりすること。盈虚。❷物事が栄えたり衰えたりすること。栄枯。

えい-き【鋭気】鋭い気性、気勢。「一を挫く」
〔類語〕元気・活気・生気・精気・神気・壮気・覇気・威勢・景気・活力・精力・気力・血気

えい-ぎ【影戯】中国で、影絵芝居。

えい-きごう【×嬰記号】音楽で、変化記号の一。ある音を半音上げるための ♯ の記号。シャープ。➡変記号

えい-きゅう【永久】〔名・形動〕いつまでも限りなく続くこと。また、そのさま。「一に平和を守る」「一不変」
〔類語〕とこしえ・とこしなえ・とわ・ときわ・永遠・恒久・永劫・永世・永代・悠久・久遠・無限・無窮・不朽・不変・長久・経常・万代不易・万世不易・万古不易・千古不易

えいきゅう【永久】平安後期、鳥羽天皇の時の年号。1113年7月13日～1118年4月3日。

えい-きゅう【瑛九】[1911～1960]洋画家。宮崎の生まれ。本名、杉田秀夫。新時代洋画展に加わり、自由美術家協会結成に参加。戦前より抽象作品を始め、フォトデッサンを創始。日本の前衛美術の先駆者の一人。戦後は、版画作品も多く制作。

えいきゅう-きかん【永久機関】永続的に運動を続ける機械または装置。外界に仕事をするばかりで、外界に何の変化も残さない装置を第1種永久機関、ただ一つの熱源から熱エネルギーを受け、それを全部仕事に変え、外界に何の変化も残さない装置を第2種永久機関という。ともに経験上不可能であることが確認され、前者は「エネルギー保存の法則」を、後者は「熱力学の第二法則」を導いた。

えいきゅう-きたい【永久気体】どんな低温でも液化できないと考えられた気体。酸素・水素・ヘリウムなどをさしたが、現在ではすべて液化できる。

えいきゅう-けつばん【永久欠番】野球など背番号を使用する運動競技で、優れた功績を残した競技者の栄誉を記念し、その人の使った背番号を永久に他の人が使わないようにすること。また、その番号。

えいきゅう-こうさい【永久公債】定期的に一定の利子を支払うだけで、償還期限のない無期限公債。元金の償還は政府の都合による。1751年に英国で発行されたコンソル公債がこの例であるが、日本ではまだ発行されたことがない。永遠公債。無期公債。利息公債。

えいきゅう-こうすい【永久硬水】カルシウムやマグネシウムの硫酸塩を含み、煮沸しても軟水にならない硬水。➡硬水

えいきゅう-し【永久歯】乳歯と交代して以後生え換わらず一生使われる歯。人間では上下16本ずつ32本あり、6歳ごろから30歳ごろまでに生えそろうが、大臼歯は初めから永久歯。

えいきゅう-じしゃく【永久磁石】外部の磁界を取り去っても、磁力が長い間残っている磁石。➡一時磁石

えいきゅう-しゅうしょく【永久就職】俗に、女性が結婚して専業主婦となること。

えいきゅう-せんきょにんめいぼ【永久選挙人名簿】►選挙人名簿

えいきゅう-そしき【永久組織】分裂能力を失った細胞からできている植物の組織。表皮組織・柔組織など。㊟分裂組織。

えいきゅう-ちゅうりつ【永久中立】「永世中立」に同じ。

えいきゅう-でんりゅう【永久電流】電気抵抗が零またはそれに近い超伝導物質で作られた回路に誘導されて、回路内をいつまでも流れ続ける電流。➡超伝導

えいきゅう-とうど【永久凍土】一年じゅう地中温度がセ氏零度以下で常に凍結している土地。シベリア・カナダ・グリーンランドに広く分布。

えいきゅう-ひずみ【永久×歪み】材料に外力を加え、外力を取り去った後も残るひずみ。外力が材料の応力の弾性限界を超えた場合や高温で長時間置かれた場合に生じる。残留ひずみ。塑性ひずみ。

えいきゅうひゃくしゅ【永久百首】平安後期の歌集。2巻。永久4年(1116)鳥羽天皇の勅命で藤原仲実ほか6人が編集。百首の和歌を収録。永久四年百首。堀河院後度百首。堀河院次郎百首。

えい-きょ【×盈虚】❶月が満ちたり欠けたりすること。盈虧。❷栄えることと衰えること。

えいきょう【永享】室町中期、後花園天皇の時の年号。1429年9月5日～1441年2月17日。

えい-きょう【英京】英国の首都。ロンドンをいう。えいけい。

えい-きょう【影響】〔名〕スル《影が形に従い、響きが音に応じるの意から》❶物事の力や作用が他のものにまで及ぶこと。また、その結果。「環境に一を及ぼす」「大勢に一しない」「一力」❷影と響き。また、物事の関係が密接なこと。「夫れ感化の速かなる事、一の如し」〈中村訳・西国立志編〉
〔類語〕刺激・煽り・作用・響く・差し響く・跳ね返る・祟る・災いする・反響・反映・反応・反動・反作用・波紋・余波・累・皺寄せ・とばっちり・巻き添え・そばづえ

えい-ぎょう【営業】〔名〕スル ❶利益を得る目的で、継続的に事業を営むこと。また、その営み。特に、企業の販売活動をいう。「年中無休で一する」「一マン」❷得意先を回って顔つなぎをし、商品の紹介、売り込みをすること。また、新しい得意先を開拓すること。「担当地区の一に行く」「新ビルに出店する企業に一をかける」❸法律で、継続的に同種の営利行為を行うこと。また、その活動のために供される土地・建物などの財産をいう。〔類語〕(❶)営利事業・経営・商業・商売・商行為・業務・ビジネス／(❷)外商・外交・セールス

えいぎょう-あかじ【営業赤字】►営業損失

えいぎょう-あんない【営業案内】会社や商店が、営業の状況・品目・業務などを説明した文書。

えいぎょうがい-しゅうえき【営業外収益】企業の主たる営業活動以外の活動から経常的に発生する収益。受取利息・割引料・有価証券利息・受取配当金・有価証券売却益・仕入割引など。

えいぎょうがい-そんえき【営業外損益】企業の主たる営業活動以外の活動から経常的に発生する損益のこと。受取利息、有価証券売却益、為替差益などの営業外収益から、支払利息、有価証券売却損、為替差損などの営業外費用を差し引いたもの。利益となった場合は営業外利益、損失となった場合は営業外損失として損益計算書に記載される。営業外損益に営業損益を加えたものが経常損益となる。

えいぎょうがい-ひよう【営業外費用】企業の主たる営業活動以外の活動から経常的に発生する費用。支払利息・割引料・社債利息・有価証券売却損・売上割引など。

えいぎょう-かしつけきん【営業貸付金】消費者金融など金銭の貸し付けを主な業務とする企業が、営業目的で顧客に貸し付ける資金。また、そうした貸付金の残高。貸借対照表の流動資産に計上される。

えいぎょう-キロ【営業キロ】鉄道やバスなどで、営業区間の距離をキロメートル単位で表したもの。輸送量の測定、運賃の計算などの基礎にするが、実際の距離と異なることがある。

えいぎょう-くろじ【営業黒字】►営業利益

えいぎょう-けいさつ【営業警察】商工業その他の営業に対して、社会公共の安全と秩序に反しないように取り締まる警察作用。警察による風俗営業の取り締まりなど。

えいぎょう-けん【営業権】営業的組織体につ

いての独立の物権的な権利。伝統・名声・立地条件・製造技術・取引関係などから生じ、無形財産とされる。暖簾のれん。
えいぎょう-ざいさん【営業財産】特定の事業を営むための組織的財産の全体。動産・不動産・債権・暖簾などのほかに、営業上の債務も含めていう。
えいぎょう-しゃ【営業車】タクシー・バス・トラックなど、運送事業に用いられる車両。
えいぎょう-しょ【営業所】営業活動の中心となる場所。
えいぎょう-じょうと【営業譲渡】有形・無形の営業財産を、契約によって組織体を保持したまま他人に移転すること。
えいぎょう-しょとく【営業所得】営業によって生じる所得。
えいぎょう-しんたく【営業信託】信託の引き受けが営業としてなされること。営業的商行為とされる。
えいぎょう-ぜい【営業税】営業による収益に対して課される税。明治11年(1878)地方税として創設。のち国税になり廃止・復活を経て、昭和23年(1948)事業税に改められた。
えいぎょう-そんえき【営業損益】企業の主たる営業活動から発生する損益のこと。売上高から仕入高などの売上原価を差し引いて売上総利益を算出し、その金額から販売費及び一般管理費の合計額を差し引いたもの。利益となった場合は営業利益、損失となった場合は営業損失として損益計算書に記載される。営業損益に営業外損益を加えたものが経常損益となる。
えいぎょう-そんしつ【営業損失】営業利益がマイナスになった状態、またその金額。企業の主たる営業活動で損失が発生したことを示す。損益計算書において、営業損益の部の合計額がマイナスの場合に使用する科目。営業赤字。
えいぎょう-ていし【営業停止】免許制・許可制の営業で、業者が違法または不当な行為を行った場合に、行政処分によって一定期間その営業の停止を命じること。
えいぎょう-でん【永業田】中国唐代の均田制で、世襲を許されていた田。世業田。
えいぎょう-ねんど【営業年度】営業の収支・損益の決算をするために設けた期間。通常は1年または半年。事業年度。
えいきょう-の-らん【永享の乱】永享10年(1438)鎌倉公方くぼう足利持氏あしかがもちうじが将軍足利義教あしかがよしのりに対して起こした反乱。義教は今川氏らに討伐を命じ、翌年、持氏は自殺した。
えいぎょう-ひ【営業費】企業の販売および一般管理業務に関して発生したすべての費用。販売費および一般管理費をいう。
えいぎょう-び【営業日】会社や商店などが業務を行っている日。また、それを数える単位。「納品は3—先となります」
えいぎょう-ひみつ【営業秘密】企業が営業上の秘密として他者に漏れないよう管理している情報。➡トレードシークレット 〔補説〕不正競争防止法では、秘密として管理されている生産方法、販売方法その他の事業活動に有用な技術上または営業上の情報であって、公然と知られていないもの、と規定する。
えいぎょう-ひよう【営業費用】売上原価と営業費を合計したもの。
えいぎょう-ほうこくしょ【営業報告書】従来の株式会社および有限会社が、決算期ごとに作成していた出資者への報告書。その営業年度における営業状態の概要を記載したもの。平成18年(2006)会社法の施行に伴い「事業報告」に名称が変更された。
えいぎょう-ほけん【営業保険】▶営利保険
えいぎょう-マン【営業マン】営業職に従事する者。特に、販売関係の業務を行う会社員。「出版社の書店—」
えいぎょう-めんきょ【営業免許】自由に行うことが一般に禁止・制限されている営業を適法に行えるようにする行政行為。営業許可。
えいぎょう-りえき【営業利益】企業の主たる営業活動から発生する利益。売上高から売上原価を控除して売上総利益を算出し、その金額から販売費および一般管理費の合計額を控除して求める。営業黒字。
えいきょう-りょく【影響力】他に働きかけ、考えや動きを変えさせるような力。「政界に大きな—をもつ人物」
えい-きょく【×郢曲】❶中国の春秋時代、楚その都、郢で歌われた卑俗な歌曲。転じて、はやり歌。俗曲。❷平安から鎌倉初期の歌謡の総称。平安初期には神楽歌・催馬楽さいばら・風俗歌・朗詠をさし、中期に今様、後期に雑芸ぞうげい、鎌倉期に宴曲が加えられた。狭義には、朗詠または宴曲をさす。
えいきょくしょう【郢曲抄】平安後期の音楽書。1巻。著者未詳。治承年間(1177〜1181)の成立というが未詳。神楽・催馬楽さいばらの秘伝や、今様・足柄・片下ろし・田歌などの歌い方・由来を記したもの。梁塵秘抄口伝集巻第11と同じもの。
エイギル〖Aegir〗土星の第36衛星。2004年に発見。名の由来は北欧神話の海神。非球形で平均直径は約6キロ。
えい-きん【英斤】質量の単位、ポンドのこと。
えい-ぎん【詠吟】〔名〕スル 詩歌を節をつけて歌うこと。詩歌を声をあげて読むこと。吟詠。朗詠。
えい-ぐ【影供】神仏や故人の像に供物をして祭ること。特に、中世に流行した人丸ひとまる影供のこと。みえいく。「土御門内大臣家に毎月に—せらるることの侍りし比ころ」〈無名抄〉
えい-ぐう【栄遇】名誉ある待遇。光栄ある境遇。
えいぐ-うたあわせ【影供歌合】影供のために催す歌合わせ。特に、柿本人麻呂の像を祭って行うもの。
エイクマン〖Christiaan Eijkman〗[1858〜1930]オランダの医学者。ジャワのバタビアで脚気かっけの病因を研究、ビタミンB発見の端緒を開き、近代栄養学の基礎に貢献。1929年、ノーベル生理学医学賞受賞。
えい-けい【鋭形】植物の葉の先などのゆるやかにとがった形。
えい-けつ【永×訣】〔名〕スル 永遠に別れること。また、死別すること。永別。「若くして夫と—した」
えい-けつ【英傑】知力、勇気などのすぐれている人。英雄豪傑。「一代の—」〔類語〕傑物・傑士・傑人・人傑・俊傑・怪傑・偉人・大人物・逸材・大物・女傑・大器・巨星・巨人・英雄・ヒーロー
えい-げつ【×盈月】新月から満月になるまでの月。次第に円くなっていく間の月。⇔虧月きげつ。
えいげん-じ【永源寺】滋賀県東近江市にある臨済宗永源寺派の大本山。山号は瑞石山、または飯高山。正平15年(1360)に佐々木氏頼が開基、翌年、寂室元光じゃくしつげんこうが開山。山上寺。
えいげんじ-は【永源寺派】臨済宗の一派。寂室元光じゃくしつげんこうを祖とし、永源寺を本山とする。
えい-こ【栄枯】❶草木の茂ることと枯れること。❷栄えることと衰えること。盛衰。「—常なし」
えい-ご【英語】インド-ヨーロッパ語族のゲルマン語派に属する言語。現在、大ブリテンと北アイルランドのほか、アメリカ・カナダ・インド・オーストラリア・香港ホンコンなどで使われ、国際的な傾向が強くなっている。語彙の面で、フランス語からの影響が大きく、ドイツ語・オランダ語などと親近関係にある。この語族の言語の中では、最も孤立語的な傾向を示す。
えい-ご【×穎悟】〔名・形動〕才知がすぐれ、悟りの早いこと。非常に賢いこと。また、そのさま。
〔類語〕賢い・利口・機敏・俊敏・明敏・敏・鋭い・聡さとい・目聡い・賢しい・過敏・敏感・炯眼けいがん・利発・聡明・怜悧・慧敏・英明・英邁・賢明・犀利さいり・シャープ
えい-こう【×曳行】〔名〕スル 車などで、引っ張って行くこと。「故障車を工場まで—する」
えい-こう【×曳航】〔名〕スル 船が他の船や荷物を引いて航行すること。「客船を埠頭ふとうまで—する」
〔類語〕引っ張る・引く・牽引けんいんする
えい-こう【栄光】❶輝かしいほまれ。大きな名誉。光栄。「優勝の—」❷幸いを表す光。「神の—」
〔類語〕栄誉・光栄・栄冠・名誉・誉れ・栄はえ・光輝・栄名・声誉・名声・名聞・美名・盛名・令名
えいこう【営口】中国遼寧りょうねい省南部の港湾都市。遼河東岸にあり、水陸交通の要地。商業や工業が盛ん。インコウ。
えい-こう【×裛衣香｜×裛▽被香】装束にたきしめる香。また、その材料。栴檀せんだんの葉や樹皮から作るという。えび。えい。えいのか。「—の香の紛まがへるいと艶なり」〈源・初音〉
えい-こう【影向】「ようごう(影向)」に同じ。
えい-ごう【永×劫】限りなく長い年月。ようごう。「未来—変わらぬ誓い」〔類語〕永久・永遠・とわ・永世・常しえ・常しなえ・恒久・悠久・悠遠・長久・経常・不変・常磐・永代・久遠・無限・無窮・不朽・万代不易・万世不易・万古不易・千古不易
えいごう-かいき【永×劫回帰】ニーチェの根本思想。人の生は宇宙の円環運動と同じように永遠に繰り返すと説き、生の絶対的肯定と彼岸的なものの全面否定を、著書「ツァラトゥストラはかく語りき」で主張。永遠回帰。
えいこう-だん【×曳光弾】弾道がわかるように光を発しながら飛ぶ弾丸。
えい-ごえ【えい声】力を入れる必要がある場合に出す「えいえい」という掛け声。えいえい声。「—をあげて、名虎をとってふせんとす」〈平家・八〉
えい-こく【英国】《当て字の「英吉利イギリス国」の略》イギリスのこと。
えいこく-こっきょうかい【英国国教会】▶イギリス国教会
えいこく-ほうそうきょうかい【英国放送協会】イギリスのテレビ・ラジオの公共放送局。1922年設立の民間放送局を改組し、1927年に公共放送局として設立。コマーシャルも放送するが、受信料も徴収し不偏不党を謳っている。イギリス放送協会。BBC(British Broadcasting Corporation)。
えい-ごこち【▽酔い心地】酒に酔ったときの気分。えいごころ。よいごこち。「強いて飲んだ地酒の—から」〈藤村・破戒〉
えい-こさく【永小作】他人の土地で長期間耕作や牧畜をする権利に基づいた小作制度。江戸時代、荒れた土地を開墾した者が、安い小作料で無期限の耕作権を認められたことによる。明治31年(1898)の民法施行後、50年の期限が定められ、第二次大戦後の農地改革でほとんど消滅した。永代小作。
えいこさく-けん【永小作権】永小作をする権利。
エイコサペンタエン-さん【エイコサペンタエン酸】《eicosapentaenoic acid》サケ・サバ・イワシなどに含まれる油状の物質。炭素数20(イコサ)からなり、五つ(ペンタ)の二重結合をもつ(エン)不飽和脂肪酸。血小板の凝集を抑制する作用がある。イコサペンタエン酸。EPA。
えいこ-せいすい【栄枯盛衰】栄えたり衰えたりすること。「—は世の習い」
〔類語〕浮き沈み・浮沈・消長・起伏・七転び八起き
えい-こん【英魂】すぐれた人の魂。また、死者をたたえてその霊をいう語。英霊。〔類語〕み霊・英霊・神霊・祖霊・霊魂・精霊・魂魄・忠霊・尊霊・亡魂・魂・霊
エイコンドライト〖achondrite〗分化した隕石中、石質でコンドリュールを含まないもの。無球顆隕石。無球粒隕石。エコンドライト。アコンドライト。➡コンドライト
エイサ〖EISA〗《Extended Industry Standard Architecture》IBM PC互換機用の32ビットバスとして米国のインテル社、コンパック社、マイクロソフト社など各社が参加して開発した規格。
えい-さ〔感〕重い物を運んだり持ち上げたりするときに発する掛け声。えっさ。「—、こらさ」
えいさあ《囃子詞はやしことばから。多く「エイサー」と書く》沖縄本島とその周辺の盆踊り。三線さんしん・太鼓などの伴

奏で歌い踊る。
エイサー〖Acer〗台湾のコンピューターメーカー。1976年設立。ディスプレー・周辺機器メーカーBenQ(ベンキュー)とパソコン部品メーカーAOpen(エーオープン)を傘下に置く。1988年に日本法人を設立。2007年に米国ゲートウェイ社を買収。パソコン、PDA、サーバー、デジタルカメラ、周辺機器を製造・販売する。
えい‐さい【英才|×穎才】すぐれた才能・才知。また、その持ち主。秀才。(類語)秀才・俊才・天才・才人・才子・俊英・偉才・奇才・鬼才・才女・才媛・才物
えいさい【栄西】[1141〜1215]平安末・鎌倉初期の僧。備中(びっちゅう)の人。字(あざな)は明庵。日本臨済宗の祖。はじめ比叡山で天台密教を学んだ。二度宋(そう)に渡って禅を学び、帰国後、博多に聖福寺、京都に建仁寺、鎌倉に寿福寺を建立。また、宋から茶の種を持ち帰り、栽培法を広めた。著「興禅護国論」「喫茶養生記」など。千光国師。葉上房。ようさい。
えいさい‐きょ【永済渠】中国、隋の煬帝(ようだい)が開削した運河。河南省武陟(ぶちょく)県付近で黄河から分流、沁河(しんが)を経て衛河に入り天津に達した。608年完成。えいせいきょ。
えいさい‐きょういく【英才教育】才能のすぐれた児童・生徒に対して、その能力を伸ばすために行う特別な教育。秀才教育。
えい‐さくぶん【英作文】英語で文章を作ること。また、その文章。英作。
えい‐ざま【永様】《「えいさま」とも》あて名の下に書く「様」という字の旁(つくり)の下部を、楷書(かいしょ)で正しく「永」と書いた「様」の字。相手を最も尊敬した書き方とされる。➡次様(つぎさま) ➡美様(びさま) ➡平様(ひらさま)
えい‐ざめ【▽酔い▽醒め】❶酒の酔いがさめること。よいざめ。❷酔って眠ったのち、目がさめること。また、その時。よいざめ。
酔い醒めの水下戸(げこ)知らず　酔ってひと眠りしたあとで飲む水のうまさは、酒を飲まない人にはわからない。
えい‐さん【×叡算】天子の年齢。
えい‐ざん【叡山】《古くは「えいさん」とも》「比叡山(ひえいざん)」の略。
えいざん‐かたばみ【×叡山酢=漿=草】ミヤマカタバミの別名。
えいざん‐ごけ【×叡山×苔】クラマゴケの別名。
えいざん‐じ【栄山寺】奈良県五條市にある真言宗豊山(ぶざん)派の寺。養老3年(719)藤原武智麻呂(ふじわらのむちまろ)の創建と伝えられる。藤原氏南家の氏寺。八角堂(武智麻呂の子の建造)および梵鐘(ぼんしょう)は国宝。また、重文の石灯籠・十二神将像などもある。
えいざん‐すみれ【×叡山×菫】スミレ科の多年草。山地の樹下に生え、高さ約10センチ。葉は細く裂けている。春、淡紫白色や淡紅色の香りのある花を開く。本州・四国・九州に分布。えぞすみれ。(季 春)
えいざん‐ばん【×叡山版】比叡山延暦寺、のちには門前の書店から刊行された仏書・漢書の総称。鎌倉時代の「法華三大部」が知られる。比叡山版。
えいざん‐ゆり【×叡山百=合】ヤマユリの別名。
えい‐し【英姿】勇ましく、りっぱな姿。
(類語)偉容・威容・雄姿・勇姿・威風
えい‐し【英詩】英語の詩。また、英国の詩。
えい‐し【英資】すぐれた生まれつき。
えい‐し【詠史】歴史上の事柄を題材として詩歌を作ること。また、その詩歌。➡詠物(えいぶつ)
えい‐し【鋭師】精鋭な軍隊。よりすぐりの軍勢。
えい‐し【×叡旨】天子の言葉。天子の考え。
えい‐し【衛士】宮殿・貴人などの警備、護衛にあたる兵士。➡衛士(えじ)
えい‐し【衛視】国会の警備にあたる職員。もとは、守衛と称した。
えい‐じ【永字】「永」の字。
えいじ【永治】平安後期、崇徳(すとく)天皇・近衛天皇の時の年号。1141年7月10日〜1142年4月28日。
えい‐じ【英字】英語を書き表す文字。「—新聞」
えい‐じ【×嬰児】生まれたばかりの赤ん坊。ちのみご。乳児。(類語)赤ん坊・赤ちゃん・赤子・ベビー・みどりご・乳児・乳飲み子
エイジ〖age〗➡エージ
えい‐しき【英式】英国風の方法・様式。英国式。
えいじ‐ぎん【永字銀】宝永7年(1710)江戸幕府が発行した銀貨。永字丁銀と永字豆板銀。永中銀。中字銀。
えいじごろし【嬰児殺し】山本有三の戯曲。一幕。大正9年(1920)発表。生活苦から嬰児を絞殺した女土工と、それに同情しながらも彼女を連行する巡査を通じ、社会の矛盾をついたもの。
エイジズム〖ageism〗➡エージズム
えいじ‐ちょうぎん【永字丁銀】江戸時代の銀貨の一。宝永7年(1710)から発行。縦約10センチ、横約3センチで、「宝」の字と「永」の字の極印がある。成分は銀4に銅6の比率。宝永永字丁銀。
えいし‐ちょうせん【衛氏朝鮮】朝鮮古代の王国名。前2世紀初め、燕(えん)から亡命した衛満が建国。前108年、衛満の孫、右渠(うきょ)の代に漢の武帝に攻められて滅亡。
えい‐じつ【永日】❶日中がながく感じられる春の日。春の日なが。永き日。(季 春) ❷《いずれ日ながの折にゆっくり会おうの意から》別れのあいさつや手紙の結びに用いる語。「—、—と暇乞(いとまご)ひして帰りけり」〈浄・阿波鳴渡〉
えい‐し・ぬ【▽酔ひ死ぬ】〔動ナ変〕死にそうになるほど酔う。はなはだしく酔う。「従者どもの—・にたる者を剝ぎ取り」〈今昔・一六・二〇〉
えいじ‐はっぽう【永字八法】書法伝授の一。「永」の一字に含まれ、すべての文字に応用できる運筆法。側(点)・勒(ろく)(横画)・努(ど)(縦画)・趯(てき)(跳ね)・策(短横画)・掠(りゃく)(左へはらう)・啄(たく)(左へ短くはらう)・磔(たく)(捺(な)、右の方へはらう)の8種。
えいじ‐まめいたぎん【永字豆板銀】江戸時代の銀貨の一。宝永7年(1710)から発行。径1.6センチほどの円盤形で、「宝」と「永」の字の極印がある。宝永永字豆板銀。
えい‐しゃ【泳者】泳ぐ人。特に、競泳などの泳ぎ手。「第一—」
えい‐しゃ【映写】〔名〕(スル) 映画・スライドなどをスクリーンに映すこと。「ハミリを—する」(類語)上映・試写・クローズアップ・大写し・投影・映す・映し出す
えい‐しゃ【映射】〔名〕(スル) 太陽が照り輝くこと。また、物体が光を受けて照り輝くこと。「幾星の勲章、幾枝の『エポレット』が—する光り」〈鷗外・舞姫〉
えい‐しゃ【営舎】兵営内の建物。兵舎。
えい‐しゃ【影写】〔名〕(スル) 原本の上に薄紙を置き、透かしてその形を写すこと。敷き写し。
えいしゃ‐き【映写機】映画・スライドなどの画像を、光源やレンズなどを使いスクリーンに拡大して映す機械。
えい‐しゃく【栄爵】❶高く貴い位。❷《五位に叙せられることを叙爵と称し、名誉なこととしたところから》五位の異称。「東の方より、—尋ねて買はんと思ひて、京に上りたる者ありけり」〈今昔・二七・一七〉
えいしゃ‐ぼん【影写本】原本を影写した写本。影鈔本(えいしょうぼん)。
えいしゃ‐まく【映写幕】スクリーン。
えい‐しゅ【英主】すぐれた君主。
えい‐しゅ【×贏▽輸】《「贏」は勝ち、「輸」は負けの意。慣用読みで「えいゆ」とも》勝ち負け。勝負。輸贏(ゆえい)。
えい‐じゅ【永寿】命の長いこと。長寿。長命。
えい‐じゅ【衛×戍】軍隊が一つの土地に長く駐屯して警備・防衛の任に当たること。
えい‐しゅう【瀛州】《「えいじゅう」とも》中国の神仙思想に基づく仙人の住むという島。東方海上にあるという三神山の一。
えい‐じゅう【永住】〔名〕(スル) 長く、ある土地に住み着くこと。死ぬまでその土地に住むこと。「ここを—の地と定める」「アメリカに—する」(類語)在住・現住・先住・常住・定住・安住・居住・転住・移住・住む
えい‐じゅう【影従】〔名〕(スル) 影のように、いつも身近につき従うこと。「王侯に—する」
えいじゅう‐けん【永住権】外国人が、在留期間を制限されることなく滞在国に永住できる権利。
えいじゅ‐かんごく【衛×戍監獄】旧日本陸軍の衛戍地にあった監獄。
えいじゅ‐ち【衛×戍地】軍隊が長く駐屯して防衛する重要地域。
えい‐しゅつ【映出】〔名〕(スル) 映し出すこと。「フィルムに固定されなかった過去は永久に—し得られない」〈寅彦・映画時代〉
えい‐しゅつ【詠出】〔名〕(スル) 詩歌を作り出すこと。詩歌の形で思想・感慨を表現すること。また、その詩歌。「一編の詩現われて当時火の如かりし自由の理想を—し」〈独歩・独歩吟・序〉
えいじゅ‐びょういん【衛×戍病院】旧日本陸軍の衛戍地に設置された病院。陸軍病院の旧称。
えい‐しゅん【英俊】才知などが人より特にすぐれていること。また、その人。俊英。
えい‐しょ【英書】英語で書かれた書物。
えい‐しょ【営所】兵が居住している所。兵営。
えい‐しょ【衛所】番兵を置いて守る所。また、その施設。
えいしょう【永正】室町後期、後柏原(ごかしわばら)天皇の時の年号。1504年2月30日〜1521年8月23日。
えいしょう【永承】平安中期、後冷泉(ごれいぜい)天皇の時の年号。1046年4月14日〜1053年1月11日。
えい‐しょう【詠唱】〔名〕(スル) ❶詩歌を節をつけて歌うこと。❷➡アリア❶
えい‐しょう【詠×誦】〔名〕(スル) 詩歌などを声に出してよむこと。誦詠。
えい‐しょう【×嬰商】中国・日本音楽で、五声のうちの商の音より一律(半音)高い音。
えいしょう‐こうたいごう【英照皇太后】[1833〜1897]孝明天皇の女御。明治天皇の嫡母。名は夙子(あさこ)。九条尚忠の第六女。明治元年(1868)皇太后宣下。
えいしょう‐じ【英勝寺】神奈川県鎌倉市にある浄土宗の尼寺。山号は東光山。開創は寛永13年(1636)、開山は玉峯清因(ぎょくほうせいいん)(徳川頼房の娘)で、代々水戸徳川家の娘が住持となる。阿仏尼の墓がある。
えいじょうし【営城子】中国、大連市旅順地区の地名。漢代の墓跡があり、墓内に壁画が残る。
えいしょう‐ぼん【影×鈔本】「影写本」に同じ。
えいしょう‐ぼん【影照本】古書・碑刻の文字を写真に撮り、製版・印刷した本。景照本。
えい‐しょく【栄職】栄誉ある地位やりっぱな職。
えい‐じょく【栄辱】誉れと辱め。名誉と恥辱。
えい‐し・る【▽酔ひ▽痴る】〔動ラ下二〕ひどく酔って物事の見境がつかなくなる。よいしれる。「ありとある上下(かみしも)、童まで—・れて」〈土佐〉
えい・じる【映じる】〔動ザ上一〕「えい(映)ずる」(サ変)の上一段化。「池に月影が—・じる」
えい・じる【詠じる】〔動ザ上一〕「えい(詠)ずる」(サ変)の上一段化。「短歌を—・じる」
えい‐しん【栄進】〔名〕(スル) 地位・役職などが上がること。「部長に—する」(類語)昇進・昇格・昇任・栄達・昇級・昇段・栄転・出世・立身・累進・特進・利達
えい‐しん【詠進】〔名〕(スル) 詩歌をよんで宮中や社寺などに差し出すこと。「歌会始めに—する」
えい‐じん【英人】英国人。イギリス人。
えい‐じん【鋭刃】鋭い刃物。「—一(ひとたび)飛べば万事休す」〈木下尚江・良人の自白〉
エイズ〖AIDS〗《acquired immunodeficiency syndrome》エイズウイルス(HIV)が感染して起こる疾患。白血球のT細胞を破壊するため免疫機能が極度に低下、真菌症・ニューモシスチス肺炎など治療困難な日和見感染やカポジー肉腫、結核を併発して死亡する。主に精液・血液が感染経路となる。1981年ごろに米国などで報告された。後天性免疫不全症候群。
えい‐すい【潁水】中国河南省臨潁(りんえい)県を流れる川。鄭州(ていしゅう)付近に源を発し、淮河(わいが)に注ぐ。長さ約550キロ。隠士の許由(きょゆう)が帝堯(ていぎょう)に召されたが栄達

を望まず、その話を耳の汚れとしてこの川で洗い清めたという。穎川えいせん。インシュイ。

エイズ-ウイルス〖AIDS virus〗1983年に発見されたRNA(リボ核酸)タイプの遺伝子を持つレトロウイルスの仲間。エイズの原因となる。HIV。

えいすう-じ【英数字】英語のアルファベットと算用数字。

エイズ-サーベイランス〖AIDS surveillance〗エイズ流行の監視機構。日本では厚生労働省のエイズ動向委員会が患者を認定し、二次感染防止に努めている。

エイズ-ホスピス〖AIDS hospice〗末期エイズ患者の治療と精神的な安定のために設けられた施設。

えい-ずる【映ずる】〘動サ変〙図えい・ず〘サ変〙❶光や物の影が他のものの表面にうつる。「山の影が湖面に一・ずる」❷光を受けて明るく見える。照りはえる。「夕日に一・ずる紅葉」❸物事がある印象を伴ってとらえられる。目や心にうつる。「外国人の目に一・ずる日本の姿」(類語)映る・反映・映す

えい-ずる【詠ずる】〘動サ変〙図えい・ず〘サ変〙❶詩歌を声に出してよむ。うたう。「万葉の歌を朗々と一・ずる」❷詩歌を作る。「喜びを詩に一・ずる」

エイズ-ワクチン〖AIDS vaccine〗エイズウイルスの抗原遺伝子を組み込んだベクター(運搬体)を注射し、エイズウイルスの感染した細胞だけを破壊するワクチン。米国で研究開発中。

えい-せい【永世】限りのないながい年月。永代。(類語)永久・永遠・とわ・常しえ・常しなえ・恒久・悠久・悠遠・長久・経常・不変・常磐・永劫・永代・久遠・無限・無窮・不朽・万代不易・万世不易・万古不易・千古不易

えい-せい【永生】❶長生きすること。また、永遠の命。❷「ようしょう(永生)」に同じ。

えい-せい【永逝】〘名〙スル《永久に逝ゆく意から》死ぬこと。永眠。逝去。(類語)死亡・死去・死没・長逝・永眠・往生・逝去・他界・物故・絶息・絶命・大往生・お陀仏・辞世・成仏・昇天・崩御・薨去こうきょ・卒去・瞑目めいもく・落命・急逝・夭折・夭逝・死ぬ・死する

えい-せい【×叡聖】徳があり、賢明なこと。主として天子をたたえていう語。「一文武」

えい-せい【衛生】エイ 健康の維持と向上を図るとともに、疾病の予防と治療につとめること。

えい-せい【衛青】エイ [?〜前106]中国、前漢の武将。字あざなは仲卿。諡おくりなは烈侯。霍去病かくきょへいの叔父。武帝に重用され、匈奴きょうどの討伐に功を立て、大司馬だいしばの地位を得た。

えい-せい【衛星】エイ ❶惑星の周りを楕円軌道を描いて公転している天体。地球に対する月など。「人工一」❷あるものを中心として、その周辺にあって従属関係にあるもの。

えいせい-おうい【永世王位】ヘワイ 将棋で、王位のタイトルを通算10期以上、または連続して5期以上保持した棋士に与えられる称号。原則として現役を引退した後に名乗る。(補説)大山康晴[1923〜1992]・中原誠[1947〜]が名乗り、羽生善治[1970〜]が資格を獲得している。

えいせい-おうしょう【永世王将】ヘワウシャウ 将棋で、王将のタイトルを通算で10期以上獲得した棋士に与えられる称号。原則として現役を引退した後に名乗る。(補説)大山康晴[1923〜1992]が名乗り、羽生善治[1970〜]が資格を獲得している。

えいせい-がいちゅう【衛生害虫】エイセイ 人や家畜に対して害を与える昆虫やダニ類。毒を持っていたり血を吸ったりして直接に害を与えるもの、病原体を媒介するもの、不快感を与えるものなど。

えいせい-がく【衛生学】エイセイ 医学の一領域。健康の維持・増進、疾病の予防・発見を目的とする学問。対象によって、個人・公衆・環境・精神などの各衛生学に分けられる。

えいせい-きおう【永世棋王】ニキワウ 将棋で、棋王のタイトルを連続で5期以上保持した棋士に与えられる称号。原則として現役を引退した後に名乗る。(補説)羽生善治[1970〜]が資格を獲得している。

えいせい-きせい【永世棋聖】将棋で、棋聖のタイトルを通算で5期以上保持した棋士に与えられる称号。原則として現役を引退した後に名乗る。(補説)大山康晴[1923〜1992]・中原誠[1947〜]・米長邦雄[1943〜]が名乗り、羽生善治[1970〜]・佐藤康光[1969〜]が資格を獲得している。

えいせい-ぎょうせい【衛生行政】エイセイギヤウセイ 国民の健康保護・増進のために、国家および自治団体によって行われる行政。保健行政と医薬行政とに分かれる。

えいせい-けいさつ【衛生警察】エイセイ 国民の健康を保全するために、その障害や危険を除去する衛生行政の一部を担当する警察作用。

えいせい-けいたいでんわ【衛星携帯電話】エイセイ《satellite phone》►衛星電話

えいせいけんさ-ぎし【衛生検査技師】エイセイケンサ 厚生労働大臣の免許を受け、医師の指導監督のもと、血液・血清・細菌・微生物・寄生虫の検査などの病理学的・生化学的検査を行う者。MT。⇒臨床検査技師

えいせいこうほう-システム【衛星航法システム】エイセイカウハフ 人工衛星から送られる信号を数回受信し、その到着時差を利用して船の位置を測定する方法。

えいせい-こく【衛星国】エイセイ 強大な国の周囲にあり、政治・経済・外交などの上で、その国の支配または影響を受けている国。第二次大戦後、西側諸国が東欧諸国をソ連の衛星国と呼んだことに始まる。(類語)属国・従属国・保護国・植民地・自治領・属領・租界・居留地

えいせい-コンステレーション【衛星コンステレーション】エイセイ《satellite constellation》多数の人工衛星を協調して動作させる運用方式。人工衛星を互いに通信範囲が重ならないよう低軌道または中軌道に投入し、全地表面を網羅する。衛星電話やGPSなどで利用される。

えいせい-しけんじょ【衛生試験所】エイセイ 飲食物・水質・薬品・医療器具その他、衛生に関する調査・分析・試験を行う公的機関。政令指定都市が設立。都道府県のものは衛生研究所という。

えいせい-しゃ【衛生車】エイセイ 屎尿しにょうを集めるためのタンクを備えたバキュームカー。

えいせい-しょうごう【永世称号】ーシヨウガウ 将棋の七大タイトル戦で、連続または通算して規定の回数以上タイトルを獲得した棋士に与えられる称号。名誉王座以外は、原則として引退後に名乗ることができる。

えいせい-セーフティーネット【衛星セーフティーネット】エイセイ 山間部や離島といった地理的要因などにより、地上デジタルテレビ放送の電波を受信できない地域に対応するための対策。デジタル放送推進協会が放送衛星を利用して地上デジタルテレビ放送を行う。平成22年(2010)3月より放送開始。地デジ難視対策衛星放送。⇒アナログ停波

えい-せいせん【永精銭】永楽銭えいらくせんのこと。

えいせい-せん【衛星船】エイセイ 宇宙船の旧称。

えいせい-そくど【衛星速度】エイセイ 人工衛星となるために必要な速度。⇒宇宙速度❶

えいせい-ちゅうけい【衛星中継】エイセイ 通信衛星によってテレビ電波などを中継すること。

えいせい-ちゅうりつ【永世中立】国家が国際法上、永久に他国間の戦争に関係しない義務を負うとともに、その独立と領土の保全を各国から永久に保障されている状態。スイスがその例。永世局外中立。

えいせい-つうしん【衛星通信】エイセイ►宇宙通信

えいせい-てき【衛生的】エイセイ〘形動〙健康を守って病気を予防するのに適しているさま。清潔なさま。「一な食品」

えいせい-でんわ【衛星電話】エイセイ《satellite phone》通信衛星を基地局とする移動体通信サービス。自動車、船舶、航空機にアンテナや通信端末を搭載して使用するほか、小型軽量化した携帯電話もある。通話可能エリアが広く、付近に基地局などの通信設備を必要としない。近年はインターネットや電子メールなどのデータ通信にも対応する。静止衛星を使用するインマルサット・ワイドスター・スラーヤ、衛星コンステレーションを利用するイリジウムなどの衛星電話サービスがある。衛星携帯電話。

えいせい-とうき【衛生陶器】エイセイタウキ 建築の衛生設備に使用する陶製の器具。大小便器・洗面台・洗浄タンク・浴槽など。

えいせい-とし【衛星都市】エイセイ 大都市の周辺にあって、都市として独自の機能をもちながら、大都市の機能の一部を分担する中小都市。

えいせい-は【衛星波】エイセイ 放送衛星、通信衛星を経由して送られる電波。衛星放送、デジタル衛星放送に使用する電波。地上波に対する語。

えいせい-フェアリング【衛星フェアリング】エイセイ 宇宙ロケットに搭載される人工衛星の空気抵抗を軽減し、空力加熱から保護するために用いられる覆い。ペイロードフェアリングの一種。大気中の高速飛行時にのみ使用し、大気の影響を受けない高度で廃棄される。

えいせい-ほうそう【衛星放送】エイセイハウソウ 赤道上の放送衛星に地上から放送電波を発射し、これを地上に送り返すことで受信者が直接受信できる方式。広域で利用でき、難視聴地域の解消に役立つ。

えいせい-めいじん【永世名人】将棋で、名人位を5期以上保持した者に与えられる名誉資格。昭和27年(1952)創設。原則として現役を引退した後に名乗る。(補説)木村義雄[1905〜1986]・大山康晴[1923〜1992]・中原誠[1947〜]が名乗り、谷川浩司[1962〜]・森内俊之[1970〜]・羽生善治[1970〜]が資格を獲得している。

えいせい-りゅうおう【永世竜王】ーリウワウ 将棋で、竜王のタイトルを通算で7期以上、または連続して5期以上保持した棋士に与えられる称号。原則として現役を引退した後に名乗る。(補説)渡辺明[1984〜]が資格を獲得している。

えいせい-ろく【永世×禄】明治2年(1869)、版籍奉還後、華族・士族に下賜された無期限の家禄や賞典禄。同9年、秩禄処分により解消。

エイセム〖ASEM〗《Asia-Europe Meeting》►アセム

えい-せん【×曳船】海上・河川などで、自力で航行できない船や筏いかだなどを引いていくこと。また、そのための船。タグボート。ひきふね。

えい-せん【穎川】►穎水えいすい

えい-ぜん【営繕】〘名〙スル 建造物を造ったり修理したりすること。「一係」

えい-ぜん【×瑩然】〘ト・タル〙図〘形動タリ〙きらきらと輝いているさま。「一として光を生ず」〈久米邦武・米欧回覧実記〉

えい-せんじ【永宣旨】ある特権を永久に許可する勅命の文書。僧侶・神官など、一度この宣旨で許可されれば代が替わってもその特権が認められた。

エイゼンシュテイン〖Sergey Mikhaylovich Eyzenshteyn〗[1898〜1948]ソ連の映画監督。モンタージュ理論などの提唱と実践を通じて、世界の映画界に大きな影響を与えた。代表作は「戦艦ポチョムキン」「イワン雷帝」など。

えいそ【永祚】平安中期、一条天皇の時の年号。989年8月8日〜990年11月7日。

えい-そう【泳層】魚が群泳している層。釣りでいう「たな」のこと。魚層。

えい-そう【英宗】[1427〜1464]中国、明みんの6代(正統帝)、8代(天順帝)の皇帝。在位1435〜1449、1457〜1464。姓名は朱祁鎮しゅきちん。1449年、土木の変でオイラートのエセンの軍に敗れ捕虜となった。翌年に帰国し、弟の7代景帝の没後に復位した。

えい-そう【営倉】エイサウ 軍律違反などに問われた軍人を収容する兵営内の施設。また、そこに収容される懲罰。旧日本陸軍では、重営倉と軽営倉があった。

えい-そう【営巣】エイサウ〘名〙スル 動物が巣を作ること。

えい-そう【詠草】エイサウ 詠んだ歌や俳諧を紙に書いたもの。詠進をするときなどの公式の竪紙たてがみ詠草と、添削を請うときなどの折り詠草とがある。

えい-そう【睿宗】［662～716］中国、唐の第5代および第7代皇帝。在位684～690、および710～712。高宗の第8子。書道にすぐれ、文学や経典の教養もあったが、政治的には、母の則天武后や韋后の意のままに動かされた。

えい-ぞう【映像】❶光線の屈折または反射によって作られた像。❷映画やテレビの画面に映し出された画像。❸心の中に一つのまとまった姿として描き出された像。心象。イメージ。
(類語)画像・画面・像・実像・虚像・残像

えい-ぞう【営造】〔名〕スル 建造物や施設をつくること。多く、大規模で公的な造営についていう。
(類語)建築・建設・建造・築造・造営・建立・普請・作事・造作・新築・改築・増築・移築・建てる

えい-ぞう【影像】絵画などに表された神仏や人の姿。肖像。えい。えすがた。「祖師の―を飾る」

えいぞう-エンジン【映像エンジン】►画像エンジン

えいぞう-ぶつ【営造物】建造物。特に、国または公共団体により、公共の使用のために設置される施設。学校・図書館・道路・公園など。

えいぞうぶつ-せきにん【営造物責任】道路・河川などの公の営造物の設置・管理の瑕疵により生じた損害について、国や公共団体が負う賠償責任。

えいぞう-よい【映像酔い】映画やテレビなどの動画を見ている人にあらわれる、乗り物酔いに似た状態。不規則に振動する画像や、3D映像などの視覚的な刺激によって起こる。

えいぞう-りん【映像倫】►映像倫理機構

えいぞうりんり-きこう【映像倫理機構】成人向けDVDやゲームなどの自主審査団体。日本映像倫理審査機構とコンテンツ・ソフト協同組合が統合して平成22年(2010)12月に発足。映像倫。

えい-ぞく【永続】〔名〕スル ながく続くこと。長続き。「―する政権を目指す」(類語)連続・継続・持続・存続・長続き・続く・打ち続く・引き続く

えいぞくかくめい-ろん【永続革命論】スターリンの一国社会主義論に対するトロツキーの革命理論。社会主義革命の最終的な勝利は一国内だけでは不可能で、続いて起こる各国での革命の成功、世界革命に至って初めて可能になるとする。永久革命論。

えいぞく-せい【永続性】ある状態が長続きする性質。「―のある公共事業」

えいぞく-てき【永続的】〔形動〕ある状態が長続きするさま。「―な平和運動」

えい-そつ【衛卒】「衛兵」に同じ。

えいそ-の-かぜ【永×祚の風】永祚元年(989)8月13日の夜、京坂に吹いた大風。大風のたとえとして語り継がれた。「―更に及ばぬ天災なり」〈愚管抄・四〉

えい-ぞん【永存】〔名〕スル ながく存在すること。また、ながく保存すること。

えいぞん【叡尊｜睿尊】［1201～1290］鎌倉中期の律宗の僧。大和の人。戒律の復興に努め、律宗の中興。貧民・病人の救済や殺生禁断に功績があり、また蒙古襲来で神風を祈願。西大寺を再興。著「感身学正記」など。興正菩薩。

エイダ〘ADA〙コンピューターのプログラミング言語の一。米国国防総省が開発。文法はパスカルに似るが、システム機能・リアルタイム機能をもつ。初の女性プログラマーとされる、バイロンの娘エイダ=オーガスタにちなんで命名。

えい-たい【永代】ながい年月。永世。(類語)永久・永遠・とわ・永世・常しえ・常しなえ・恒久・悠久・悠遠・長久・経常・不変・常磐・永劫・久遠・無限・無窮・不朽・万代不易・万世不易・万古不易・千古不易

えい-たい【映帯】〔名〕スル 色や景色が互いに映り合うこと。映発。「此女が、なぜ…四辺の光景と―して索寞の観を添えるのか」〈漱石・趣味の遺伝〉

えいたい-うり【永代売り】中世における土地売却の方法。田畑などの土地を、期限を切らず永久に売り渡すこと。

えいたい-ぎょう【永代経】死者のために、寺が永久的に継続して命日や彼岸などに行う読経。特に真宗でいう。永代読経。

えいたい-くよう【永代供養】永代経を行って死者を供養すること。

えいたいくよう-ぼ【永代供養墓】供養する子孫の絶えた場合に備えて、寺や霊園が長期間にわたって管理する墓。従来型の墓のほか、納骨堂の個室や合葬室も供養の対象となる。

えいたいぐら【永代蔵】►日本永代蔵

えいたい-こう【永代講】死者の供養のために、永続的に毎年1回、寺で説教をすること。

えいたい-こさく【永代小作】「永小作」に同じ。

えいたい-しゃくちけん【永代借地権】内地居留の外国人が一定の地代を支払えば、土地を半永久的に使用することができた権利。安政の仮条約で、土地所有を禁じる代替措置として定められ、明治時代の条約改正では、この消滅が重要課題となった。昭和17年(1942)廃止。

えいたい-ばし【永代橋】東京都、隅田川に架かる橋の一。中央区新川と江東区永代とを結ぶ。江戸時代、赤穂義士が引き揚げに通ったことで知られる。

えい-だか【永高】室町時代、永楽銭を基準として算定した年貢の収納高。

えい-たく【×郢×斵】《「荘子」徐無鬼の、郢の人が鼻の先に土を薄く塗り、匠石という大工に斧で削り取らせたところ、鼻を少しも傷つけなかったという故事から》詩文の添削を人に請うときに用いる語。郢斧。「―を請う」

えい-たつ【栄達】〔名〕スル 出世すること。高い地位、身分を得ること。「―を重ねる」「―を願う」
(類語)昇進・昇格・昇任・栄進・昇級・昇段・栄転・出世・立身・累進・特進・格上げ・利達・進む

えい-だつ【×穎脱】〔名〕スル《「史記」平原君伝から。袋に包んだ錐の穂先が自然と突き出る意》才能が特にすぐれていること。「春之助の頭脳は、中学校へはいってから再び忽ち―して」〈谷崎・神童〉

えい-たん【詠嘆｜詠×歎】〔名〕スル ❶物事に深く感動すること。「見事な演技に―する」❷感動を声に表すこと。(類語)喝采・感嘆・賞嘆・感服・賛嘆・嘆称・称賛・絶賛・三嘆・礼賛・激賞・賛美・称揚

えい-だん【英断】きっぱりと事を決めること。また、すぐれた決断。「大―を下す」
(類語)即断・速断・勇断・決断・断定・独断・専断・明断・決心・決意・判断

えい-だん【営団】公共性のある事業を営むため、第二次大戦中に設立された公法上の特殊な企業形態。一般的には、政府出資が資本金の全額または半額以上を占める。戦後、廃止されるかまたは公団に改組され、平成16年(2004)4月に、最後に残っていた帝都高速度交通営団が東京地下鉄株式会社(東京メトロ)に改組・民営化された。

えい-だん【×叡断】天子の決断。「―を仰ぐ」

えいだん-ちかてつ【営団地下鉄】東京地下鉄(東京メトロ)線の、帝都高速度交通営団が経営した当時の呼称。

えいたん-ほう【詠嘆法】詠嘆・感動の意味を表出する表現法。感動詞を用いたり、平叙文に助詞「な」「なあ」「よ」「か」「かな」などや、助動詞「けり」を付けたりする。「ああ、すばらしい」「すごいな」「さびしかりけり」などの類。また、「お見事」などの、一語文や、和歌などで一文を体言止めにする手法も含まれる。

えい-ち【英知｜×叡×智】❶すぐれた知恵。深く物事の道理に通じる才知。❷哲学で、物事の真実在の理性的、悟性的認識。また、それを獲得しうる力。ソフィア。(類語)人知・衆知・全知・奇知・理知・理性・才知・知性・悟性・故知・知恵・知・インテリジェンス

エイチ〘H｜h〙►エッチ

えいち-かい【×叡×智界】「可想界」に同じ。

えい-ちっきょ【永×蟄居】江戸時代、武士・公家に対する刑罰の一。終身にわたって出仕・外出を禁じ、謹慎させたもの。

えいちや-ごうし【江市屋格子】細い桟を縦にごく狭い間隔で打ちつけた窓格子。中からは外が見えるが、外からは中が見えにくい。元禄(1688～1704)のころ、江戸の商人江市屋宗助の考案という。江市格子。

えい-ちゅう【営中】❶兵営や陣営の中。営内。❷将軍のいる所。柳営の中。

えいちょう【永長】平安後期、堀河天皇の時の年号。1096年12月17日～1097年11月21日。

えい-てい【営庭】兵営の中の広場。

えいてい-が【永定河】中国、山西省に源を発し、東流して河北省に入り、天津で海河に合流する川。長さ650キロ。上流を桑干河といい、北京付近では盧溝河ともいう。日中戦争の発端になった盧溝橋はこの川に架かる橋。ヨンティンホー。

えい-てつ【英哲】優れて聡明なこと。また、その人。

えい-てん【栄典】❶めでたい式典。祝いの儀式。「創立五〇周年の―」❷名誉ある待遇。❸国家・社会に功労のあった人を表彰して与えるもの。日本では、位階・勲章・褒章の3種で、本人1代限り。
(類語)祝典・祝儀・祭典・祭礼・祭儀・大祭・大儀・大礼・大典・典礼・盛儀・儀式・式典

えい-てん【栄転】〔名〕スル 今までより高い地位・役職に就くこと。転任をいう尊敬語としても用いる。
(類語)栄進・昇進・昇格・昇任・栄達・昇級・昇段・出世・立身・累進・特進・格上げ・利達・進む

えい-でん【営田】奈良・平安時代の土地耕作の形態。朝廷が耕作させた公営田と、民間で開墾した私営田がある。

えいてん-たいけん【栄典大権】明治憲法下における、栄典を授与する天皇の大権。

エイト〘eight〙❶数の8。八つ。❷舵手を除き八人でこぐ競漕用ボート。また、その競技。❸ラグビーで、スクラムを八人で組むこと。また、その方式。❹フィギュアスケートで、8の字を描いて滑ること。サークルエイト。

エイド〘aid〙❶助手。助力者。また、助力。補佐。❷援助。救援。募金などの目的で行うコンサートや催し物の名に使われる。

えい-とう ㊀〔副〕❶せっせと仕事にはげむさま。「―働きゃ随分楽の出来る所だ」〈伎・四千両〉❷芝居で客がどんどん詰めかけるさま。祝うために、久しくの意の「永」と、芝居が当たる意の「当」をあてて「永当」と書くことが多い。「暮れ六つ時より―、―の御入り有り難う存じまする」〈黄・通一声女暫〉㊁〔感〕勢いよく進むときなどの掛け声。「さらばおしよせませう。―、―、―」〈虎寛狂・米市〉

えい-どう【影堂】一宗・一寺の開祖、また一家の祖先の像や位牌を祭る堂。御影堂。霊屋。

えいどう-でんい【泳動電位】ドルン効果によって液体中に生じる電位差。

エイト-かん【エイト環】登山で、懸垂下降に用いる8の字形の金属製の輪の俗称。ロープを通し摩擦を生じさせて速度を調節する。8の字環。エイト-リング。

えいとく【永徳】南北朝時代、北朝の後円融天皇・後小松天皇の時の年号。1381年2月24日～1384年2月27日。

えいどく-かいぐんきょうてい【英独海軍協定】1935年、イギリスとナチス-ドイツとの間に結ばれた協定。ドイツに対し、イギリス海軍の35パーセントの軍艦保有を認めたもので、ベルサイユ条約を無視して、事実上ドイツの再軍備を公認した。イギリスの対独宥和政策の一。

エイドス〘ギリシャ eidos〙《姿・形の意》❶アリストテレスの用語で、「形相」のこと。❷プラトンの用語で、「イデア」のこと。

エイド-ステーション〘aid station〙❶前線応急救護所。❷マラソンや自転車を使ったロードレースで、水分や食べ物を補給できるようコースの途中に設けた施設。

エイト-ビート〘eight beat〙1小節に八つの拍をもつリズム形式。ロックのリズムが典型。

エイトフ-ずほう【エイトフ図法】1889年、ロシア

のエイトフ(D. Aitoff)が考案した図法。正距方位図法の半球図を、横方向に2倍に引き伸ばしてできる楕円に、全地球を表すもの。ハンメル図法と似るが、正積ではないので実用価値は劣る。

えい-どれ【▽酔いどれ】ひどく酒に酔った人。よいどれ。「一の態をせよ」〈藤村・夜明け前〉

えい-トン【英トン】▶トン❶

えい-ない【営内】兵営の中。⇔営外。

えい-なき【▽酔ひ泣き】酒に酔い、ものに感じやすくなって泣くこと。また、その人。よいなき。「うち乱れてきこえ給ひて―にや」〈源・絵合〉

えいにん【永仁】鎌倉中期、伏見天皇・後伏見天皇の時の年号。1293年8月5日～1299年4月25日。

えいにん-の-とくせいれい【永仁の徳政令】永仁5年(1297)鎌倉幕府が出した徳政令。質入れ・売却した所領を御家人に無償返却させた。

えいねい-じ【永寧寺】中国、河南省洛陽にあった寺。北魏の献文帝が大同に建立した大寺を516年に孝明帝の生母霊太后が都に移築。外国からの多数の仏像・経典を所蔵していたが、534年に焼失。

えい-ねん【永年】ながい年月。ながねん。「―にわたる功績」

えいねん-きんぞく【永年勤続】同じ会社・職場にながい年月続けて勤務すること。

えい-のう【営農】〔名〕スル 農業を経営すること。

えい-はく【×曳白】《「唐書」苗晋卿伝の、情実で合格した張奭が再試験で白紙を出した故事から》紙筆を持ちながら、詩文を作ることができないこと。

えい-はつ【映発】〔名〕スル 光や色などが互いにうつり合うこと。映帯。

えい-ばりき【英馬力】ヤード-ポンド法の仕事率の単位。1英馬力は1秒当たり550フートポンドの仕事率をいい、745.7ワットに相当するが、日本では746ワットと定めている。記号HP, hp ➡馬力

えい-び【×曳尾】《「荘子」秋水の、荘子が亀にとっては死んで骨を尊ばれるよりは、生きて泥の中に尾をひいてはい回っているほうがよいというたとえをもって、楚王からの任官のさそいを謝絶した故事から》仕官して束縛されるよりも、貧しくても安らかに郷里で暮らすほうを望むこと。

エイビエーション〖aviation〗▶アビエーション

エイビエーター〖aviator〗▶アビエーター

えい-びん【鋭敏】〔名・形動〕❶感覚などの鋭いこと。また、そのさま。敏感。「一な聴覚」❷才知が鋭くさといこと。また、そのさま。穎敏。「一な頭脳」(派生)えいびんさ〔名〕(類語)機敏・俊敏・明敏・敏・賢い・鋭い・聡い・目聡い・賢しい・過敏・敏感・炯眼・利口・利発・聡明・怜悧・慧敏・穎悟・英明・英邁・賢明・犀利・シャープ

えい-びん【×穎敏】〔名・形動〕「鋭敏❷」に同じ。「一なる才子よりも寧ろ根気強き勉強家こそ頼母しけれ」〈福沢・福翁百話〉

えい-ふ【英布】[?～前195]中国、秦末・漢初の武将。罪を犯して黥(入れ墨の刑)を受けたので黥布ともいう。初め項羽に従ったが、のち漢に仕え、淮南王となるが、謀反の疑いで、高祖に討たれた。

えい-ふ【×郢×斧】「郢斲」に同じ。

えい-ぶ【英武】武勇にすぐれていること。

えい-ふう【英風】❶下の者を導くすぐれた教え。「一を敷きて国を弘め給ひき」〈記・序〉❷すぐれた風采。りっぱな姿。英姿。「受命漢祖に師となり、一万古に伝ふ」〈文華秀麗集・中〉

えい-ふく【栄福】繁栄と幸福。

えいふく-じ【叡福寺】大阪府南河内郡太子町にある、単立宗教法人太子宗の寺。もと高野山真言宗。山号は磯長山。院号は聖霊院。聖徳太子の墓所に、追福のため聖武天皇の勅願で神亀元年(724)創建。八尾市の勝軍寺を「下の太子」と呼ぶのに対して、「上の太子」という。石川寺。磯長寺。御廟寺。

えいふく-もん【永福門】平安京大内裏八省院二十五門の一。北面の外門で、昭慶門の西にあった。

えいふく-もんいん【永福門院】[1271～1342]鎌倉後期の女流歌人。伏見天皇の中宮。西園寺実兼の長女。名は鏱子。玉葉集・風雅集の代表歌人。

えい-ふつ【英仏】イギリスとフランス。英国と仏国。「一海峡」

えい-ぶつ【詠物】自然の風物を題材として詩歌を作ること。また、その詩歌。詠物詩。➡詠史

えいふつ-きょうしょう【英仏協商】1904年、イギリス・フランス間に結ばれた協定。イギリスがエジプトに、フランスがモロッコに支配権をもつことを確認。ドイツに対抗する国際協商体制の契機となった。

えいふつ-トンネル【英仏トンネル】▶ユーロトンネル

えい-ぶん【英文】❶英語で書かれた文章。「一講読」❷「英米文学」「英米文学科」の略。「一専攻」

えい-ぶん【×叡聞】天子がお聞きになること。「一に達する」

えい-ぶんがく【英文学】英国の文学。また広く英語で書かれた文学。また、それを研究する学問。

えい-ぶんてん【英文典】英語の文法を記述した書物。また、英語の文法。

えい-ぶんぽう【英文法】英語の文法。

えい-へい【鋭兵】❶よりぬきの強い兵士。鋭士。鋭卒。❷鋭い武器。

えい-へい【衛兵】警備・監視のため、要所に配置されている兵。番兵。衛卒。「一所」「一司令」(類語)哨兵・歩哨・番兵・衛卒

えい-べい【英米】イギリスとアメリカ。英国と米国。「一文学」「一戦争」

えいへい-じ【永平寺】福井県吉田郡永平寺町にある曹洞宗の大本山。山号は吉祥山。開創は寛元2年(1244)、開山は道元、開基は波多野義重。初め大仏寺と称し、寛元4年永平寺と改めた。道元筆の「普勧坐禅儀」(国宝)や銅鐘(重文)などを所蔵。

えいへいしんぎ【永平清規】鎌倉時代の仏教書。2巻。道元著。禅寺での規則やその意義を教示。典座教訓・弁道法・赴粥飯法(食事作法)など6編からなる。永平道元禅師清規。永平大清規。

えいべい-ほう【英米法】英国法およびその系統下にある米国法。慣習法・判例法を主とする不文法に特色をもつ。➡大陸法

えい-べつ【永別】〔名〕スル 永久に別れること。また、その別れ。永訣。死別。「父に一する」

エイヘンバウム〖Boris Mikhaylovich Eykhenbaum〗[1886～1959]ロシア(ソ連)の文学史家・文芸理論家。ロシア-フォルマリズムの論客の一人。著「ゴーゴリの外套は如何に作られているか」「ロシア抒情詩の旋律」「若きトルストイ」「レフ=トルストイ」など。

えいほう【永保】平安後期、白河天皇の時の年号。1081年2月10日～1084年2月7日。

えい-ほう【泳法】泳ぎ方。泳ぎの型。

えい-ほう【英法】英国の法律。また、それを研究する学問。

えい-ほう【鋭峰】鋭くそびえ立つ峰。

えい-ほう【鋭×鋒】❶鋭い矛先。❷言葉や文章による鋭い攻撃。「相手の一にたじろぐ」

えいほう-じ【永保寺】岐阜県多治見市にある臨済宗南禅寺派の寺。山号は虎渓山。開創は正和2年(1313)、開山は夢窓疎石、開基は土岐頼氏。夢窓作の庭園は国指定名勝。観音堂・開山堂は国宝。

えい-まい【英×邁】〔名・形動〕特別に才知がすぐれていること。また、そのさま。「一な君主」(類語)英明・鋭敏・機敏・俊敏・明敏・敏・賢い・聡い・賢しい・敏感・炯眼・利口・利発・聡明・怜悧・慧敏・穎悟・賢明

えいまん【永万】平安末期、二条天皇・六条天皇の時の年号。1165年6月5日～1166年8月27日。

えい-まん【衛満】朝鮮王。中国、燕の人。前190年ごろ箕子朝鮮の王箕準を追い払い、衛氏朝鮮を興した。生没年未詳。

えい-まん【×盈満】〔名・形動ナリ〕物事が満ちあふれること。また、そのさま。盈溢。「是星の一なる形を見るは」〈暦象新書・上〉

盈満の咎め 《「後漢書」方術伝・折像から》物事が満ち足りると、かえって災いを招きやすいということ。盈満の災い。

えい-みず【えい水】製塩で、鹹水のこと。

えい-みん【永眠】〔名〕スル 永遠の眠りにつくこと。死ぬこと。死去。「祖母は九〇歳で一した」(類語)死亡・死去・死没・永逝・長逝・往生・逝去・他界・物故・絶息・絶命・大往生・お陀仏・辞世・成仏・昇天・崩御・薨去・卒去・瞑目・落命・急逝・夭折・夭逝

エイムス〖AIMS〗《Association of International Marathons and Distance Races》国際マラソン・ロードレース協会。各国のレース組織の連合体。1982年設立。

えい-めい【英名】高い名声。すぐれた評判。「一を伝える」「一赫々たる人物」(類語)名声・名聞・美名・盛名・令名・名・栄冠・栄光・栄誉・光栄・名誉・誉れ・栄え・光輝・声誉

えい-めい【英明】〔名・形動〕すぐれて賢いこと。また、そのさま。「一な天子」(類語)英邁・賢い・鋭敏・機敏・俊敏・明敏・敏・鋭い・聡い・目聡い・賢しい・過敏・敏感・炯眼・利口・利発・聡明・怜悧・慧敏・穎悟・賢明・犀利・シャープ

えい-めい【栄名】輝かしい名誉。誉れ。栄誉。(類語)名誉・栄冠・栄光・栄誉・光栄・誉れ・栄え・光輝・声誉・名声・名聞・美名・盛名・令名

えいめん-せんそう【英緬戦争】▶イギリスビルマ戦争

えい-もん【営門】兵営の門。陣営の門。

えい-や【永夜】秋や冬に、夜が長く感じられること。また、そのような夜。よなが。「一の清宵なにのなす所ぞや」〈謡・弱法師〉

えい-や〔感〕力を入れるときなどに発する掛け声。「一、と綱を引く」

えい-やく【英訳】〔名〕スル ある国語を英語に翻訳すること。また、英語に翻訳されたもの。

えいやっ-と〔副〕❶力を入れて、また、思い切りよく事を行うさま。「仕事を一終わらせる」❷ようやく。やっとのことで。「一箱根の駅に着きて候」〈滑・膝栗毛・二〉

エイヤフィヤトラヨークトル-ひょうが【エイヤフィヤトラヨークトル氷河】《Eyjafjallajökull》アイスランド南部にある氷河。ミールダルスヨークトル氷河の西に位置する比較的小規模な氷河。標高1666メートルの火山を覆っており、2010年春に噴火した際には、英国をはじめヨーロッパ各国の航空路に多大な混乱をもたらした。エイヤフィヤトラ氷河。

えいやら-や〔感〕力を入れるときに発する掛け声。また、はやす声。えんやらや。

えい-ゆ【×贏輸】「えいしゅ(贏輸)」の慣用読み。

えい-ゆう【英雄】❶才知・武勇にすぐれ、常人にできないことを成し遂げた人。「一を気取る」「国民的一」❷「英雄家」の略。「花族も一も面をむかへ肩をならぶる人なし」〈平家・一〉(類語)ヒーロー・老雄・群雄・奸雄・両雄・風雲児・雄・偉人・巨星・巨人・英傑・傑物・傑士・傑人・人傑・俊傑・怪傑・大人物・逸材・大物・女傑・大器

英雄色を好む 英雄といわれる人は、すべてに精力的であるために女色を好む傾向も強い。

英雄人を欺く 《李攀竜「選唐詩序」から》英雄は才知にたけているので、策略を用いて人の意表をつくことが多い。

えいゆう【英雄】《原題、(伊)Sinfonia Eroica》ベートーベン作曲の交響曲第3番の通称。1804年完成。初め英雄ナポレオンに捧げようとしたところから、この名がある。エロイカ。

えいゆう-け【英雄家】清華家の異称。

えいゆう-しゅぎ【英雄主義】▶ヒロイズム

えいゆう-しんわ【英雄神話】英雄の生い立ち・行跡などを説いた神話。英雄譚。

えいゆう-すうはい【英雄崇拝】英雄のすぐれた才能や武勇を褒めたたえ、尊ぶこと。

えいゆうでん【英雄伝】古代ギリシャの伝記作家プルタルコスの著「対比列伝」の通称。政治家・軍人で

似通った生涯の者をギリシャ人とローマ人から選んで1組とし、業績などを比較・論評したもの。23組46人と4人の独立伝記からなる。

えいゆう-ひろば【英雄広場】《Hősök tere》ハンガリーの首都ブダペストにある広場。アンドラーシ通りの北端に位置する。建国1000年を記念し、1896年に建設された。中央には大天使ガブリエルの像を頂く高さ35メートルの建国記念碑があり、台座にはマジャール人七部族の長の騎馬像が並んでいる。

えい-よ【栄誉】輝かしい誉れ。栄名。「受賞の一に浴する」「地域代表の一を担う」
(類語)栄光・光栄・栄冠・名誉・誉れ・栄(は)え・光輝・栄名・声誉・名声・名聞・美名・盛名・令名

えい-よ【×贏余】あまり。残余。剰余。余贏。「銭財を竭(つく)して一を存せず」〈中村訳・西国立志編〉

えい-よう【永陽】ーヤウ 昼の長い春の日。特に正月にいう語。永日。(季 新年)

えい-よう【栄養|営養】ーヤウ ❶生物体が体外から物質を取り入れ、成長や活動に役立たせること。無機物のみを取り入れる独立栄養と、有機物も取り入れる従属栄養に分けられる。❷栄養となる個々の物質。栄養素。また、それを含む食物。「一を取る」
(類語)滋養・養分

えい-よう【栄×耀】ーエウ ❶大いに栄えて、はぶりのよいこと。えよう。「一におごる」「一を図る」❷ぜいたくをすること。えよう。「一の限りを尽くす」

えいよう-えいが【栄×耀栄華】エイエウエイグワ 今を盛りと時めくこと。また、非常にぜいたくなこと。「一を極める」

えいよう-えき【栄養液】エイヤウー 植物の生長に必要な成分を要素とした水溶液。水栽培に用いる。培養液。

えいよう-えんるい【栄養塩類】エイヤウー ❶生物の栄養として必要な塩類。正常な生活を営むために必要な物質。❷海水・陸水中に含まれ、植物プランクトンや海藻の栄養となる物質。珪酸塩・燐酸塩・硝酸塩・亜硝酸塩など。

えいよう-か【栄養価】エイヤウー 食品の栄養としての価値。たんぱく質・脂肪・炭水化物・ビタミン・無機物質・繊維質などの成分の質と量によって表すが、消化吸収率に左右される。

えいよう-かがく【栄養化学】エイヤウクワガク 体内における栄養素の生理的役割や、食品に含まれる栄養素を化学的に研究する学問。

えいよう-がく【栄養学】エイヤウー 栄養について科学的に研究する学問。栄養生理学・栄養化学・栄養病理学などに分けられる。

えいよう-きかん【栄養器官】エイヤウキクワン 栄養をつかさどる器官。植物では根・茎・葉などをさし、花などの生殖器官に対していう。動物では、広義には消化・呼吸・循環・排出の各器官を総称し、狭義には口・胃・腸などの消化器官をさす。

えいようきのう-しょくひん【栄養機能食品】エイヤウキノウー 保健機能食品の一種。高齢化や食生活の乱れなどで不足しがちなビタミン・カルシウムなどの栄養成分の補給・補完のために利用する食品。販売には、厚生労働省の定めた基準を満たし、かつ、決められた栄養成分の栄養機能表示と注意喚起表示が必要。条件を満たせば、許可申請や届出などは不要で、自由に製造・販売ができる。➡特定保健用食品

えいよう-きょうせい【栄養共生】エイヤウー 2種以上の微生物が、単独では成長が困難でも、同一培地中で混合培養すれば、互いに他種に必要な栄養物質を合成し、共存すること。

えいよう-きょうゆ【栄養教諭】エイヤウケウユ 児童・生徒への食に関する指導、学校給食の管理などを行う教諭。平成17年(2005)新設。

えいよう-さいぼう【栄養細胞】エイヤウサイバウ ▶フィーダー細胞

えいよう-ざっしゅ【栄養雑種】エイヤウー 植物で、有性生殖によらず、栄養器官を入れ替えて作った雑種。接ぎ木によるものが代表的。

えいよう-し【栄養士】エイヤウー 都道府県知事の免許を受け、栄養の指導、食事計画、食事管理などを行う者。➡管理栄養士

えいよう-しっちょう【栄養失調】エイヤウシッテウ 食物の摂取量や各種栄養素の不足のため、身体に異常が現れた状態。体重減少・脱力感・無気力、体温や血圧の低下、徐脈・貧血・浮腫・下痢などがみられる。

えいよう-しょうがい【栄養障害】エイヤウシヤウガイ 栄養の吸収・消化を営む器官の障害や食物の偏りなどで、体内の新陳代謝が円滑にいかないこと。抵抗力が弱まり、病気にかかりやすくなる。

えいよう-しょく【栄養食】エイヤウー 栄養価の高い食品。また、栄養素の配分が十分に考慮された献立の食事。

えいよう-せいしょく【栄養生殖】エイヤウー 無性生殖の一。主に植物の栄養体の一部が、母体から分離して新個体を形成する生殖法。地下茎・むかごを生じてふえるものや、挿し木・取り木など人工的に行うものもあり、遺伝的には母体と同一。栄養体生殖。栄養繁殖。

えいよう-そ【栄養素】エイヤウー 生物体が、栄養のために体外から取り入れる物質。緑色植物では窒素・燐(りん)・カリウムなど、高等動物ではたんぱく質・炭水化物・脂肪・無機質・ビタミンなど。

えいよう-たい【栄養体】エイヤウー 生物体の、生殖器官以外のすべての器官。

えいよう-はんしょく【栄養繁殖】エイヤウー ▶栄養生殖

えいよう-ぶつ【栄養物】エイヤウー 栄養素を多く含んだ飲食物。

えいよう-ふりょう【栄養不良】エイヤウフリヤウ 栄養の摂取が悪く、身体諸器官や組織の活動が不活発となり、健康の維持が十分に行われないこと。

えいよう-ぶん【栄養分】エイヤウー 食物の中に含まれている栄養となる成分。養分。

えいようほじょ-しょくひん【栄養補助食品】エイヤウホジョー ▶サプリメント❷

えいよう-もん【永陽門】エイヤウー 平安京大内裏八省院二十五門の一。北面し、東廊によって蒼竜楼(そうりゅうろう)に接する。

えいよう-よう【栄養葉】エイヤウエフ シダ類の葉で、胞子をつくる働きをもたず、光合成を盛んに行う葉。裸葉(らよう)。⇔胞子葉。

えいよ-しはらい【栄誉支払】ーしはらひ 「参加支払」に同じ。

えいよ-ひきうけ【栄誉引受】「参加引受」に同じ。

えいよ-れい【栄誉礼】軍隊が元首や貴賓を送迎するときに行う儀礼。

えいらく【永楽】㊀中国、明(みん)の成祖の代の年号。1403～1424年。㊁「永楽銭」の略。

えいらく-せん【永楽銭】❶中国の永楽帝の時代に鋳造された銅貨。「永楽通宝」の文字を鋳出している。室町時代に輸入され、江戸初期にかけて標準的貨幣として流通した。永楽通宝。永楽。永。❷紋章の一。❶をかたどったもの。

えいらく-たいてん【永楽大典】中国、明(みん)代の類書。2万2877巻、目録60巻。永楽5年(1407)成立。成祖の命により、解縉(かいしん)らが編集。古今のあらゆる種類の書物を集め、その中から天文・地誌・陰陽・医ト・僧道・技芸にわたる事項を取り出して、韻別に分類配列したもの。一部を残して焼失。

えいらく-つうほう【永楽通宝】「永楽銭」に同じ。

えいらく-てい【永楽帝】[1360～1424]中国、明(みん)の第3代皇帝。在位1402～1424。太祖の第4子。名は朱棣(しゅてい)。靖難(せいなん)の変を起こして即位。諸王を抑え君主権を強化し、宦官(かんがん)を重用。のち南京(ナンキン)から北京(ペキン)に遷都。対外的には積極策をとり、他国からの朝貢も盛んだった。また、「永楽大典」「四書大全」などの編纂(へんさん)を命じた。太宗。成祖。

えいらく-やき【永楽焼】京焼の一。永楽家が代々産した陶器。江戸時代に始まり、11代保全のとき以来、永楽を名のる。赤絵・金襴手(きんらんで)などが特色。

えいらく-よう【永楽窯】ーエウ 中国明(みん)代の永楽年間、宮廷御器を産した景徳鎮窯(けいとくちんよう)の通称。また、その磁器。

えい-らん【英蘭】㊀英吉利(イギリス)と和蘭(オランダ)。㊁イングランドの当て字。

えい-らん【×叡覧】天子が御覧になること。天覧。「一に供する」

えいらん-ぎんこう【英蘭銀行】ーギンカウ ▶イングランド銀行

えいらん-せんそう【英蘭戦争】ーセンサウ ▶イギリスオランダ戦争

えいらん-たい【▽依×蘭×苔】ウメノキゴケ科の地衣類。北半球の寒帯に多く、群生する。高さ5～10センチ。暗褐色または淡褐色、表面は滑らかで光沢があり、縁に黒いとげ状の突起がある。生薬(しょうやく)として健胃剤に用いる。

えい-り【英里】マイルのこと。

えい-り【栄利】名誉と利益。

えい-り【営利】財産上・金銭上の利益を得る目的をもって事を行うこと。(類語)我利・私益・私利・私腹・名利

え-いり【絵入り】ヱ 書籍・新聞・雑誌などに挿絵の入っていること。また、そのもの。

えい-り【鋭利】〘名・形動〙❶刃物などが鋭く、切れ味のよいこと。また、そのさま。「一な刃物」❷才知の鋭いこと。また、そのさま。「一な直感」
(類語)鋭い・シャープ・先鋭

えい-り【×贏利】《「贏」は余りの意》もうけ。利益。利潤。利得。「其後貿易の業を為しけるが、その勤勉に因って一を得たり」〈中村訳・西国立志編〉

エイリアス〖alias〗❶偽名。別名。通称。❷米国アップル社のコンピューターのOS(オペレーティングシステム)で使用される、特定のファイルやフォルダーの分身のように機能するアイコン。デスクトップなどに配置しておき、これをダブルクリックすると、関連付けられたファイルやフォルダーが開く。米国マイクロソフト社のショートカット、UNIX系OSのリンクも、ほぼ同様の役割をもつ。

エイリアン〖alien〗❶外国人。❷SFで、宇宙の生物。または宇宙人。

えいり-がいしゃ【営利会社】ーグワイシャ 営利を目的として組織された会社。

えいり-きょうげんぼん【絵入り狂言本】ヱいりキヤウゲンボン 歌舞伎狂言の筋を挿絵入りで書いた版本。元禄期(1688～1704)に刊行、流行した。狂言本。狂言絵本。

えいり-こうい【営利行為】ーカウヰ 営利を目的とする行為。

えいり-さいじぼん【絵入り細字本】ヱいりー 細字で書かれた挿絵入りの版本。江戸初期に刊行された絵入り浄瑠璃本などの形式。虱本(しらみぼん)。

えいり-じぎょう【営利事業】ージゲフ 利潤を上げるために経営する事業。(類語)営業・経営・商業・商売・商行為・業務・ビジネス・外商・外交・セールス

えいり-しゃだんほうじん【営利社団法人】ーシヤダンハフジン ▶営利法人

えいり-しゅぎ【営利主義】営利を特に重視して事業を経営しようとする立場。商業主義。

えいり-じょうるりぼん【絵入り浄瑠璃本】ヱいりジヤウルリボン 挿絵入りの古浄瑠璃正本。寛永期(1624～1644)に刊行、元禄期に丸本(まるほん)の流行により消滅。丹緑本(たんろくぼん)・虱本(しらみぼん)・金平本(きんぴらぼん)・六段本などの種類がある。

えいり-しんぶん【絵入り新聞】ヱいりー 明治時代、大衆向けに挿絵入りで通俗的な記事を中心にした新聞。

えいり-てき【営利的】〘形動〙利益を第一とするさま。「一な経営方針」

えいり-ねほん【絵入り根本】ヱいりー 挿絵入りの歌舞伎脚本。安永(1772～1781)ごろから文化・文政・天保年間(1804～1844)を最盛期として、主に京坂で刊行。根本。

えいり-ほうじん【営利法人】ーハフジン 営利を目的として事業を営む法人。事業活動によって得た利益を構成員に分配することを目的とする会社。株式会社・合名会社・合資会社・合同会社などがこれにあたる。営利社団法人。⇔非営利法人。

えいり-ほけん【営利保険】営利を目的とする保険。加入者に対して保険会社が保険者となる。営業保険。➡相互保険

えいり-ぼん【絵入り本】本文の内容にそった挿絵の入っている本。特に、近世の絵入り根本・絵入り狂言本などをいう。絵本とは異なる。

えいりもくてきとうりゃくしゅおよびゆうかい-ざい【営利目的等略取及び誘拐罪】営利・猥褻・結婚、または生命や身体を害する目的で、人を略取・誘拐し、自己または第三者の支配下に移す罪。刑法第225条が禁じ、1年以上10年以下の懲役に処せられる。営利目的略取及び誘拐罪。営利目的略取罪。営利目的誘拐罪。営利目的略取誘拐罪。営利略取罪。営利誘拐罪。(補説)略取は、物理的な実力を行使して連れ去ることをいい、誘拐は、だましたり誘惑したりして連れ去ることをいう。

えいりゃく【永暦】平安末期、二条天皇の時の年号。1160年1月10日〜1161年9月4日。

えい-りゃく【英略】すぐれた計略。

えい-りゅう【癭瘤】昆虫・線虫・ダニや細菌・菌類が寄生したり共生したりして、植物体に異常発育や異常形態形成を起こした部分。虫こぶや根粒の類。

えいりゆうかい-ざい【営利誘拐罪】▶営利目的等略取及び誘拐罪

えい-りょ【叡慮】天子の考え。天子の気持ち。

えい-りょう【英領】英国の領土。英国領。

えい-りょく【営力】地質学的現象を起こす自然の力。風化・浸食・堆積作用などの外的営力と、火成作用・変成作用・地震などの内的営力とがある。

えいり-よみほん【絵入り読本】江戸時代の小説の一。挿絵の多い後期読本・人情本などをいう。

えいりりゃくしゅ-ざい【営利略取罪】▶営利目的等略取及び誘拐罪

えい-りん【映倫】❶《「映画倫理綱領」の略》映画の内容の道徳的低下を防ぐため、映画界が自主的に設けている基準要綱。平成21年(2009)、従来の「映画倫理規程」に代えて制定。❷《「映画倫理委員会」の略》❶に基づいて、映画の内容を審査する民間の機関。昭和24年(1949)映画倫理規程管理委員会として発足。同32年に改組・改称されて映倫管理委員会となり、平成21年(2009)に再び改称されて今日に至る。

▷映画観覧における年齢制限の区分

名称	観覧できる年齢
G ………	誰でも観覧できる
PG12…	12歳未満の年少者の観覧には親または保護者の助言・指導が必要
R15＋…	15歳以上は観覧できる
R18＋…	18歳以上は観覧できる

えい-りん【営林】森林の保護・育成や伐採などを計画的に行うこと。

えいりん-きょく【営林局】国・公有林の管理経営、営林署の指導監督などを主な業務とした農林水産省林野庁の地方下部機関。大正13年(1924)発足。平成11年(1999)林野庁の組織改変に伴って廃止され、森林管理局に改組された。

えいりん-しょ【営林署】営林局の監督下にあって、国・公有林の管理・経営にあたった役所。平成11年(1999)林野庁の組織改変に伴って廃止され、森林管理署に改組された。

エイルディル〖Eğirdir〗トルコ南西部の町。エイルディル湖に面する。リディア王国最後の王クロイソスが築いた城が残る。周辺にはコワダ国立公園、チャンドゥル渓谷、ダブラス山などがあり、豊かな自然景観で知られる。

えい-れい【英霊】❶死者、特に、戦死者の霊を敬っていう語。❷《英華秀霊の気の集まっている人の意》才能のある人。英才。「—の俊児」〈漱石・野分〉
(類語)(❶)み霊・英魂・神霊・祖霊・霊魂・精霊・魂魄・忠霊・尊霊・亡魂・魂・霊

えい-れつ【曳裂】両方へ引っ張る力のために地殻が引き裂かれ、断層ができること。

えい-れんぽう【英連邦】▶イギリス連邦

えい-ろう【永牢】江戸時代の刑罰の一。罪人を死ぬまで牢に監禁するもの。今の終身刑にあたる。ながろう。

えいろ-きょうしょう【英露協商】1907年、イギリスとロシアとの間に結ばれた協定。アフガニスタンをイギリスの勢力範囲とし、ペルシアにおける両国の勢力範囲を決定、さらにチベットに対する内政不干渉などを決めた。これによってドイツの進出に対抗する英・仏・露三国協商が成立した。

えいろく【永禄】戦国時代、正親町天皇の時の年号。1558年2月28日〜1570年4月23日。

エイロス〖ALOS〗《Advanced Land Observing Satellite》▶だいち

えいわ【永和】南北朝時代、北朝の後円融天皇の時の年号。1375年2月27日〜1379年3月22日。

えい-わ【英和】❶英語と日本語。❷「英和辞典」の略。

えいわ-じてん【英和辞典】英語の見出し語をあげ、その意味・用法を日本語で説明した辞典。

えい-わん【衛綰】中国、前漢の武将。山西省大陵の人。文帝・景帝・武帝に仕え、呉・楚との戦いに功労があった。生没年未詳。

え-いん【会陰】外陰部と肛門との間の部分。蟻の門渡り。

えいんがきょう【絵因果経】「過去現在因果経」に、その意を表す絵を加えた絵巻。紙面の下段に経文、上段に対応する場面を描き、全8巻の構成。奈良時代の制作のほか、鎌倉時代のものもある。過去現在因果経絵巻。

エイントーフェン〖Willem Einthoven〗[1860〜1927]オランダの生理学者。わずかな電気変動を測定する弦電流計を考案し、心臓などの電気現象を研究。心電図法の発見により、1924年ノーベル生理学医学賞を受賞。アイントホーフェン。

えいん-れっしょう【会陰裂傷】分娩の際に、会陰部が過度に押し広げられて生じる裂傷。会陰破裂。

え-う【酔ふ】〔動ハ四〕《「よ(酔)う」の古形》❶酒気が回る。「さばかり—・ひ給へる御心地にも」〈紫式部日記〉❷気分が悪くなる。「かくの如くして行く程に、三人ながら—・ひぬれば」〈今昔・二八・二〉❸毒気などにあてられてぼんやりする。「蛇の香に—・ひて目も見開かれねば」〈今昔・一四・四三〉❹魅力のあるものに心をうばわれる。「山は錦を着、天も花に—・へりとなん」〈仮・露殿・下〉

エウアンテ〖Euanthe〗木星の第33衛星。2001年に発見。名の由来はギリシャ神話の女神。非球形で平均直径は約3キロ。

えうかし【兄猾】記紀に登場する大和国宇陀の豪族。神武東征に服さず、天皇の暗殺を企てたが、弟の弟猾に密告されて殺された。

エウクレイデス〖Eukleidēs〗ギリシャの数学者ユークリッドのギリシャ語名。

エウクレイデス〖Eukleidēs〗前400年ごろのギリシャの哲学者。ソクラテスの弟子で、メガラ学派の創始者。

エウゲニー-オネーギン〖Evgeniy Onegin〗㊀プーシキンの韻文体小説。1825〜1832年発表。1833年、単行本として出版。知識人の貴族オネーギンと少女タチヤーナとの悲恋を描き、ロシア国民文学の源となった。エフゲニー＝オネーギン。㊁チャイコフスキーが㊀をもとに作曲した歌劇。3幕。1879年初演。

エウゲニウス〖Eugenius〗ローマ教皇の名。㊀(3世)[?〜1153]在位1145〜1153。第二次十字軍を起こした。㊁(4世)[1383〜1447]在位1431〜1447。バーゼル宗教会議と抗争してローマを追われ、退位。のち復帰。

エウケラデ〖Eukelade〗木星の第47衛星。他の多くの衛星とは逆方向に公転している。2003年に発見。名の由来はギリシャ神話の女神でゼウスの娘。非球形で平均直径は4キロ。

エウスタキオ-かん【エウスタキオ管】中耳と咽頭をつなぐ耳管の別名。イタリアの解剖学者B＝エウスタキオ(B.Eustachio)が発見。欧氏管。

え-うちわ【絵団扇】絵のかいてあるうちわ。《季 夏》「—のそれも清十郎にお夏かな/蕪村」

エウフラシウス-せいどう【エウフラシウス聖堂】《Euphrasian Basilica》クロアチア西部の町ポレッチにある聖堂。6世紀中頃に司教エウフラシウスによって建てられたもので、三つの後陣を備える三廊バシリカ式。初期キリスト教の複合建築として名高く、キリストを抱いた聖母マリアのモザイク画は金色に輝いている。1997年に「ポレッチ歴史地区のエウフラシウス聖堂建築群」として世界遺産(文化遺産)に登録。

エウボイア-とう【エウボイア島】《Euboia》エビア島の古代名。

エウポリエ〖Euporie〗木星の第34衛星。他の多くの衛星とは逆向きに公転している。2001年に発見。名の由来はギリシャ神話の女神でゼウスの娘。非球形で平均直径は約2キロ。

エウリピデス〖Eurīpidēs〗[前484ころ〜前406ころ]古代ギリシャの三大悲劇詩人の一人。神話伝説に人間的写実性を取り入れ、新しい傾向の悲劇を生んだ。作品に「メデイア」「トロイアの女」「バッコスの信女たち」など。➡ギリシャ悲劇

エウリュドメ〖Eurydome〗木星の第32衛星。2001年に発見。名の由来はギリシャ神話の女神。非球形で平均直径は約3キロ。

エウル〖EUR〗《Esposizione Universale di Roma》イタリアの首都ローマの南部にある新都心。ムッソリーニ政権下において、1942年に開催予定だった万国博覧会のために計画された都市。建築家マルチェッロ＝ピアチェンティーニが計画を統括した。アダルベルト＝リベラ設計のEUR会議場をはじめ、ファシズム体制の代表的な建築物がある。工事は、第二次大戦と体制崩壊により中断されたが、1950年に再開。官公庁、国有・半国有企業、博物館、集合住宅、スポーツ施設などがある。

え-うるし【絵漆】蒔絵に用いる漆。

エウロパ〖Europa〗木星の第2衛星で、すべての衛星のうち6番目に木星に近い軌道を回る。1610年にガリレオ＝ガリレイが発見。名はギリシャ神話のエウロペに由来。表面は厚い氷に覆われるが、その下に液体の海があり、生命が存在する可能性もあるといわれている。直径は約3100キロ(地球の約0.25倍)。平均表面温度はセ氏マイナス170度。

エウロペ〖Eurōpē〗ギリシャ神話で、ゼウスに愛されたフェニキアのテュロス王の娘。白牛に姿を変えたゼウスによってクレタ島へ運ばれ、ミノスらの母となった。「ヨーロッパ」の語源。

えうん【恵運】[798〜869]平安前期の真言宗の僧。山城の人。承和9年(842)入唐し、青竜寺の義真から灌頂を受け、経典・仏像などを請来。のち、安祥寺を開き、安祥寺僧都と称された。

エー〖A｜a〗❶英語のアルファベットの最初の字。❷順序・段階・等級などの1番目。最上位。第1位。「成績はオール—」❸〈A〉物の表裏をABで表す場合の表。「テープの—面」❹音楽で、音名の一。イ音。❺〈A〉ABO式血液型の一つ、A型。❻〈A〉紙の規格寸法のA判。「—4判」➡B ❼〈A〉《ampere》電流の強さの単位、アンペアの記号。❽〈a〉《are》面積の単位、アールの記号。❾〈A・Å〉《Ångström》長さの単位、オングストロームの記号。❿〈a〉《atto》数の単位、アトの記号。⓫〈A〉《answer》答え・解答の意を表す略号。「Qアンド—」⓬〈A〉《argon》もとアルゴンの元素記号。現在はArで示す。⓭〈A〉インフルエンザウイルスの型。

エー〖E｜e〗音楽で、音名の一。ホ音。イー。

ええ〔感〕❶肯定・承諾の意を込めて応答するときに発する語。はい。「—、一緒に帰りましょう」❷話の始めや途中で、すぐ言葉が出ないときに発する語。ええと。「—、なんと申しますか」❸驚き・不審などを感じたときに発する語。えっ。「—、人が殺されたんですって」❹怒ったりいらだったりしたときに発する語。「—、めんどうだ」

エー-アール〖AR〗《acknowledgment of receipt》受取り通知。

エー-アール〘AR〙《aircraft rocket》航空機搭載ロケット弾。

エー-アール〘AR┆A/R〙《all risks》海上保険で、全危険担保。事故に対して最も広範囲に補償する保険。

エー-アール〘AR〙《augmented reality》►拡張現実感

エー-アール〘AR〙《artificial reality》►アーティフィシャルリアリティー

エー-アール-エス〘ARS〙《audio response system》コンピューターが人間の音声に応答して作動するシステム。音声応答システム。

エー-アール-エス〘ARS〙《Advanced Record System》米国の、コンピューターによる行政機関間の記録通信システム。

エー-アール-エス〘ARS〙《audience response system》講義・会議・説明会・クイズ番組などにおいて、学習者や聴衆に対する質問の回答をリアルタイムで集計し、表示するシステム。クリッカーなど。オーディエンスレスポンスシステム。

エー-アール-エッチ〘ARH〙《active radar homing》►アクティブレーダーホーミング

エー-アール-エフ〘ARF〙《ASEAN Regional Forum》アセアン地域フォーラム。アセアンの呼びかけにより、アセアン諸国と日本、米国、中国、インド、ロシア連邦、EU(欧州連合)などが参加して開かれる、アジア・太平洋地域の安全保障をめぐる国際会議。関係諸国の直接対話により相互信頼を高めることを目的とする。アセアン外相会議に合わせて毎年夏に開催。1994年発足。

エー-アール-エフ〘ARF〙《Asian Racing Federation》アジア競馬連盟。競馬が開催される国・地域の交流を目的とした国際団体。1960年設立のARC(アジア競馬会議)を前身として2001年に発足。日本、韓国、インドなどアジア各国のほか、オーストラリアや南アフリカなども加盟している。

エー-アール-エム〘ARM〙《Abortion Rights Mobilization》中絶権のための動員。女性には妊娠中絶を選ぶ権利があると主張するアメリカの民間団体。本部はニューヨーク。

エー-アール-エム〘ARM〙《anti-radiation missile, anti-radar missile》対レーダーミサイル。アーム。

エーアール-コーティング【ARコーティング】《anti-reflective coating》►ARコート

エーアール-コート【ARコート】《anti-reflective coat》ノングレア加工法の一。フッ化マグネシウムなどを真空蒸着させて薄膜をつくり、光の干渉の効果により外光の映り込みを目立たなくさせる。薄膜が1層の場合、シングルARコートという。多層膜の場合はマルチARコートといい、幅広い波長域で光の反射を低減する。ARコーティング。

エー-アール-シー〘ARC〙《AIDS-related complex》エイズ関連症候群。エイズウイルスに感染し、平均10年以上ともいわれる長い潜伏期間のあとに出てくる全身のけん怠感や発熱、リンパ節のはれ、体重減少などの症状。

エー-アール-シー〘ARC〙《American Red Cross》米国赤十字社。1881年設立。本部はワシントン。

エー-アール-シー〘ARC〙《Asian Racing Conference》アジア競馬会議。競馬が開催される国・地域の交流を目的とし、1960年に設立。2001年の第28回会議でARF(アジア競馬連盟)が設立され、以降はその機関会議となる。

エー-アイ〘AI〙《artificial intelligence》►人工知能

エー-アイ〘AI〙《artificial insemination》►人工授精

エー-アイ〘AI〙《air intercepter》空中迎撃機。

エー-アイ〘AI〙《Amnesty International》アムネスティインターナショナル。政治犯救援国際委員会。1961年設立。本部はロンドン。

エー-アイ〘Ai〙《Autopsy imaging》►オートプシーイメージング

エー-アイ-イー-ジェー〘AIEJ〙《Association of International Education, Japan》►日本国際教育協会

エー-アイ-エー〘AIA〙《American Institute of Architects》アメリカ建築家協会。その年の優れた建築家にAIAゴールドメダルを授賞する。1857年設立。本部はワシントン。

エー-アイ-エー〘AIA〙《Aerospace Industries Association》米国の航空宇宙工業会。民間・軍事航空機、ヘリコプター、航空機エンジン工業などの企業を会員とし、米国航空宇宙規格(NAS)を策定する。1919年設立。本部はアーリントン。

エー-アイ-エー-エー〘AIAA〙《American Institute of Aeronautics and Astronautics》米国航空宇宙工学連盟。1963年設立。本部はバージニア州レストン。

エー-アイ-エス〘AIS〙《automatic identification system》►自動船舶識別装置

エー-アイ-エス-アイ〘AISI〙《American Iron and Steel Institute》米国鉄鋼協会。1855年設立。本部はワシントン。

エー-アイ-エックス〘AIX〙《Advanced Interactive Executive》米国IBM社が開発したUNIX互換のオペレーティングシステム。

エー-アイ-エッチ〘AIH〙《artificial insemination by husband》►配偶者間人工授精

エー-アイ-エフ-エフ〘AIFF〙《audio interchange file format》米国アップルコンピューター社(現アップル)が開発した音声データのファイル形式。

エー-アイ-エム〘AIM〙《air-launched intercept missile, airinterceptor missile》空対空迎撃ミサイル。

エー-アイ-エム〘AIM〙《American Indian Movement》アメリカインディアンの民族自決運動。1968年結成。

エー-アイ-エル-エー〘AILA〙《フランス Association Internationale de Linguistique Appliquée》国際応用言語学会。各国の応用言語学会の連合体。1964年設立。

エー-アイ-エル-シー〘AILC〙《フランス Association Internationale de Littérature Comparée》►ICLA

エーアイ-げんご【AI言語】《artificial intelligence language》人工知能言語。人工知能に関する研究やソフトウエア開発に向くプログラミング言語の総称。記号処理に適したLISPやPROLOGなどがある。

エー-アイ-シー〘AIC〙《advanced industrial country》先進工業国。

エー-アイ-シー-エー〘AICA〙《フランス Association Internationale de Critique d'Art》国際美術評論家連盟。1949年、ユネスコの援助で設立。本部はパリ。

エーアイ-システム【AIシステム】►人工知能

エーアイ-チップ【AIチップ】人工知能に使用する半導体集積回路盤。

エー-アイ-ディー〘AID〙《artificial insemination by donors》►非配偶者間人工授精

エー-アイ-ディー〘AID〙《Agency for International Development》米国国際開発庁。経済・開発援助、人道援助等米国の海外援助全般を統括する政府機関。1961年創設。USAIDとも。

エー-アイ-ディー〘AID〙《American Institute of Decorators》アメリカ装飾家協会。1975年、全米インテリアデザイナー協会(NSID)と統合し、アメリカインテリアデザイナー協会(ASID)に発展。

エー-アイ-ディー-ピー〘AIDP〙《フランス Association Internationale de Droit Pénal》国際刑法協会。1924年、国際刑法連合を継承し設立。本部はフランスのポー。

エー-アイ-ディー-ピー〘AIDP〙《Acute Inflammatory Demyelinating Polyneuropathy》►ギランバレー症候群

エー-アイ-ピー〘AIP〙《Acute intermittent porphyria》►急性間欠性ポルフィリン症

エー-アイ-ビー-エー〘AIBA〙《フランス Association Internationale de Boxe Amateur》国際アマチュアボクシング連盟。1920年、アントワープオリンピックの際に国際アマチュアボクシング連盟(FIBA)として設立。46年、国際アマチュアボクシング連盟(AIBA)に発展。本部はスイスのローザンヌ。

エー-アイ-ピー-エス〘AIPS〙《フランス Association Internationale de la Presse Sportive》国際スポーツ記者協会。1924年パリオリンピックに際し結成。

エー-アイ-ピー-エッチ〘AIPH〙《フランス Association Internationale des Producteurs del'Horticulture》国際園芸家協会。園芸生産者たちの共通関心事を、世界的なレベルで求める団体。1923年設立。事務局はオランダのハーグ。

エー-アイ-ビー-ディー〘AIBD〙《Association of International Bond Dealers》国際債券ディーラーズ協会。ユーロ債の売買をしているディーラー同士が、お互いの利益のため規則や法令を作っている組合。1969年設立。

エー-アイ-ピー-ピー-アイ〘AIPPI〙《フランス Association Internationale pour la Protection de la Propriété Intellectuelle》国際知的財産保護協会。1897年設立。本部はスイスのチューリヒ。

エーアイ-へんかん【AI変換】ヘンカン《artificial intelligence conversion》コンピューターのかな漢字変換において、前後に現れる単語の関連性から最適な変換候補を予測する機能。係り受け変換。

エー-アンド-アール〘A&R〙《Artists and Repertory》レコード会社所属の歌手および曲目を選定する、制作担当社員。日本では従来「ディレクター」と呼ばれていた。

エー-イー〘AE〙《account executive》広告代理店の取引先担当責任者。顧客への営業、顧客管理、広告の制作管理、新規顧客の開拓などを行う。

エー-イー〘AE〙《automatic exposure》カメラの自動露出調整機構。シャッターボタンを押すか半押しにすると同時に、適正なシャッタースピードとレンズの絞り値の組み合わせを自動的に算出する方式。カメラが被写体の明るさに合わせて自動的にシャッタースピードと絞り値の組み合わせを決定するプログラムAEモード、使用者が設定したシャッタースピードに対して適正な絞り値を算出するシャッター速度優先AEモード、絞り値を設定して適正なシャッタースピードを算出する絞り優先AEモードなどがある。

エー-イー-アイ〘AEI〙《American Enterprise Institute for Public Policy Research》アメリカンエンタープライズ公共政策研究所。共和党のシンクタンク。1943年設立。本部はワシントン。

エー-イー-アンド-ピー〘A.E.&P.〙《Ambassador Extraordinary and Plenipotentiary》►特命全権大使

エー-イー-エー〘AEA〙《Atomic Energy Authority》英国原子力公社。原子力の総合研究開発機関。将来の原子力エネルギーとして核融合炉の研究開発などを行う。1954年創設。本社はロンドン。

エー-イー-エー〘AEA〙《American Electronics Association》米国電子工業会。1943年設立され、全米の電子機器関連企業2400社が加入。本部はカリフォルニア州パロアルト。

エー-イー-エー〘AEA〙《Actors' Equity Association》米国の俳優協会。舞台俳優と舞台監督助手の労働組合。1913年設立。本部はニューヨーク。

エー-イー-エス〘AES〙《advanced encryption standard》米国国立標準技術研究所(NIST)が2001年に選定した、DESに代わる政府の標準暗号方式。

エー-イー-エス-ジェー〘AESJ〙《Atomic Energy Society of Japan》日本原子力学会。原子力の、とくに平和利用のための開発発展をめざして、学術・技術の調査や研究、国内外の関連団体との連絡や協力などを行う。1959年設立。

エーイー-カメラ【AEカメラ】《automatic exposure camera》被写体の明るさに応じた適正露光が得られるように、絞りやシャッタースピードを自動的に制御するAE機能をもつカメラ。自動露光調節式カメラ。

自動露出カメラ。

エー-イー-シー〘AEC〙《automatic exposure control》カメラの自動露出調整。

エー-イー-シー〘AEC〙《Atomic Energy Commission》㊀原子力委員会。原子力に関する政策、立法、研究開発などを主管する日本の政府機関。内閣府に置かれており、5名の委員で構成され、国の原子力政策の基本的な考え方などについて企画、審議、決定することを目的としている。昭和31年(1956)設置。㊁米国原子力委員会。1947年創設。1974年エネルギー研究開発庁(ERDA)と原子力規制委員会(NRC)に分割、改組された。1977年エネルギー研究開発庁は連邦エネルギー庁と統合され、エネルギー省(DOE)が新設された。

エー-イー-ダブリュー〘AEW〙《airborne early warning》空中早期警戒機。航空機搭載レーダーにより、早期に敵の行動を探知、警報する。

エー-イー-ティー〘AET〙《assistant English teacher》英語指導助手。日本人の英語教師とチームで授業を行う外国人講師。ALTとも。

エー-イー-ディー〘AED〙《Automated External Defibrillator》▶自動体外式除細動器

エー-イー-ビー〘AEB〙《auto exposure bracketing》▶オートブラケティング

エー-エー〘AA〙《Asian-African, Afro-Asian》アジアアフリカの、という意味を表す語。

エー-エー〘AA〙《anti-aircraft》対空の、という意味を表す語。

エー-エー〘AA〙《absolute altitude》絶対高度。地表面または水面から航空機までの垂直距離。

エー-エー〘AA〙《Alcoholics Anonymous》アルコホリック・アノニマス。アルコール中毒患者自助グループ。

エー-エー〘AA〙《Automobile Association》英国自動車協会。日本のJAFに相当。1905年設立。本部はイギリスのチードル。

エー-エー〘AA〙《accompanied by an adult》もと英国で、14歳未満は保護者の同伴が必要な映画。現在の映画規定ではPGに相当。

エー-エー〘AA〙ブラジャーのカップの大きさの一。トップバストとアンダーバストの差が7.5センチメートルのもの。

エー-エー-アール〘AAR〙《Association of American Railroads》米国鉄道協会。1934年創設。米国・カナダ・メキシコの鉄道輸送業者の団体。本部はワシントン。

エー-エー-アール〘AAR〙《air-to-air rocket》空対空ロケット。

エー-エー-アール〘AAR〙《against all risks》海上保険で、全危険担保。A/Rとも。

エー-エー-アイ-エー-エル〘AAIAL〙《American Academy and Institute of Arts and Letters》米国芸術院。1898年創立。1993年、米国芸術文学アカデミー(AAAL)に改組。

エー-エー-エー〘AAA〙《Asia, Africa, Latin America》アジア、アフリカ、ラテンアメリカ。AALAとも。

エー-エー-エー〘AAA〙《American Arbitration Association》米国仲裁協会。訴訟によらない紛争解決を目的とした民間団体。各分野・産業の専門家6万人が登録。紛争当事者はその中から自らの利益代表を選んで調停を依頼する。裁判に比べて手続きが簡単で、費用と時間もかからないのが特徴。

エー-エー-エー〘AAA〙《anti-aircraft artillery》対空火器。

エー-エー-エー-エス〘AAAS〙《American Association for the Advancement of Science》米国科学振興協会。米国最大の科学者団体。1848年設立。科学教育の改善などの活動を行う。科学専門誌「サイエンス」を発行。ワシントンに事務局を置く。

エー-エー-エー-エス〘AAAS〙《American Academy of Arts and Sciences》米国芸術科学アカデミー。米国学士院。1780年設立。

エー-エー-エー-エル〘AAAL〙《American Academy of Arts and Letters》米国芸術文学アカデミー。1898年創立。米国の優れた芸術家・作家・作曲家250人で構成。本部はニューヨーク。

エーエーエー-てんたい【AAA天体】地球近傍小惑星の別称。軌道要素によって分類されたアポロ群(Apollo)、アテン群(Aten)、アモール群(Amor)という三つの小惑星群があり、その頭文字から名づけられた。アポロ-アモール-アテン型小惑星。

エー-エー-エム〘AAM〙《air-to-air missile》空対空ミサイル。

エー-エー-オー〘AAO〙《Antarctic oscillation》▶南極振動

エーエー-かいぎ【AA会議】クワイギ《Afro-Asian Conferences》アジア-アフリカ会議。

エー-エー-シー〘AAC〙《advanced audio coding》音声データの圧縮技術の一。動画圧縮方式のMPEG-2またはMPEG-4で用いられる。

エー-エー-シー-エス〘AACS〙《advanced access content system》ブルーレイディスクなどに採用されている著作権保護技術の一。ソニー、松下電器産業(現パナソニック)、東芝、IBM、インテル、マイクロソフト、ウォルト-ディズニー-カンパニー、ワーナー-ブラザースにより策定。HDTV相当の高画質のアナログ映像出力は制限され、標準画質のアナログ映像出力に強制的に変換される。

エー-エー-ダブリュー〘AAW〙《anti-aircraft warfare》対航空戦。

エー-エー-ユー〘AAU〙《Amateur Athletic Union》全米体育協会。アメリカのアマチュア運動競技連盟。1888年設立。本部はフロリダ州オーランド。

エー-エー-ユー-ダブリュー〘AAUW〙《American Association of University Women》米国大学女性協会。女性に教育と公平をもたらし、生涯教育と積極的社会参加の促進を目的とする。1881年設立。

エー-エス〘AS〙《Anglo-Saxon》▶アングロサクソン

エー-エス-アール〘ASR〙《airport surveillance radar》空港監視レーダー。空港から110キロメートル以内の空域にある航空機の位置を探知。航空機の進入・出発の誘導など空港管制業務に使用される。

エー-エス-アイ-エヌ〘ASIN〙《Amazon Standard Identification Number》オンラインショッピングを運営する米国の企業アマゾンドットコムが、書籍以外の商品の識別用に設けた番号。10桁の数字とアルファベットで表され、アフィリエートプログラムなどで利用される。

エー-エス-アイシー〘ASIC〙《application specific integrated circuit》▶エーシック(ASIC)

エー-エス-アイ-ディー〘ASID〙《American Society of Interior Designers》アメリカインテリアデザイナー協会。1975年、アメリカ装飾家協会(AID)と全米インテリアデザイナー協会(NSID)が統合し設立。

エー-エス-イー〘ASE〙《American Stock Exchange》米国証券取引所。アメックス(AMEX)。

エー-エス-エー〘ASA〙《American Statistical Association》米国統計協会。1839年設立。本部、バージニア州アレクサンドリア。

エー-エス-エー〘ASA〙《Association of Southeast Asia》東南アジア連合。1961年結成。67年アセアン(ASEAN)に発展的解消。

エー-エス-エー〘ASA〙《Amateur Swimming Association》米国および英国の、アマチュア水泳協会。

エー-エス-エー〘ASA〙《Advertising Standards Authority》英国広告基準局。広告の基準・ルールの設定などのために広告業者が設立した独立の組織。1961年設立。本部はロンドン。

エーエスエー-かんど【ASA感度】▶アサ感度

エー-エス-エー-ピー〘ASAP¦asap〙《as soon as possible「アサップ」とも》できるだけ早く、の意。

エー-エス-エム〘ASM〙《air-to-surface missile》空対地ミサイル。

エー-エス-エム-ピー〘ASMP〙《asymmetric multiprocessor》非対称型マルチプロセッサー。一つのコンピューターに複数のマイクロプロセッサーを実装するマルチプロセッサーシステムにおいて、複数のマイクロプロセッサーが処理内容により、役割が決まっているものを指す。同等な役割のもとに同時に処理をする場合、SMP(対称型マルチプロセッサー)という。

エー-エス-エル-エー〘ASLA〙《American Society of Landscape Architects》米国ランドスケープ協会。米国に本部がある世界的な造園家の協会。1899年設立。本部はワシントン。

エー-エス-エル-ビー〘ASLB〙《Atomic Safety and Licensing Board》原子力安全許認可協議パネル。米政府機関の原子力規制委員会(NRC)の諮問機関。

エー-エス-オー〘ASO〙《arteriosclerosis obliterans》▶閉塞性動脈硬化症

エー-エス-キュー〘ASQ〙《American Society for Quality》米国品質協会。1946年ASQC(American Society for Quality Control)の名称で設立。97年ASQに改称。本部はミルウォーキー。

エー-エス-シー〘ASC〙《American Society of Cinematographers》米国撮影者協会。米国映画撮影技師協会。映画カメラマンの協会。信用ある映像監督にのみ入会が許される。1913年設立。カリフォルニア州ハリウッド所在。

エー-エス-ダブリュー〘ASW〙《anti-submarine warfare》対潜水艦戦。

エー-エス-ダブリュー〘ASW〙《anti-submarine weapon》対潜水艦兵器。爆雷、魚雷、対潜ミサイルなど。

エー-エス-ティー〘AST〙《Atlantic standard time》▶大西洋標準時

エー-エス-ディー〘ASD〙《acute stress disorder》▶急性ストレス障害

エー-エス-ピー〘ASP〙《application service provider》インターネットを経由して、サーバー上のアプリケーションソフトを利用するサービス。また、そのようなサービスを提供する業者のこと。

エー-エス-ピー〘ASP〙《American Selling Price》米国販売価格。米国の国産品保護のため、米国の同種国内産品の卸売価格に基づき関税をかける特殊な関税制度。

エー-エス-ビー-エム〘ASBM〙《anti-ship ballistic missile》対艦弾道ミサイル。空母などを対象とする中距離ミサイル。

エー-エス-ピー-シー-エー〘ASPCA〙《American Society for Prevention of Cruelty to Animals》米国動物愛護協会。1866年設立。本部はニューヨーク。

エー-エス-ビー-ジェー〘ASBJ〙《Accounting Standards Board of Japan》▶企業会計基準委員会

エー-エス-ブイ〘ASV〙《advanced safety vehicle》▶先進安全自動車

エーエスブイ-えきしょう【ASV液晶】―エキシヤウ《advanced super view liquid crystal》コンピューターのディスプレーやテレビなどに使われるTFT液晶の一。平成12年(2000)にシャープが開発。TFT液晶に比べ、視野角が広く応答性に優れる。アドバンストスーパーV液晶。

エー-エッチ-エー〘AHA〙《American Hospital Association》米国病院協会。1898年設立。本部はワシントン。

エー-エッチ-エー-エム〘AHAM〙《Association of Home Appliance Manufacturers》米国家庭用電化製品工業会。1915年、米国洗濯機工業会(AWMMA)として発足。本部はワシントン。

エー-エヌ-アール-ピー-シー〘ANRPC〙《Association of Natural Rubber Producing Countries》天然ゴム生産国連合。1970年、東南アジアのゴム生産国によって結成。本部はマレーシアのクアラルンプール。

エー-エヌ-エー〘ANA〙《American Nurses Association》米国看護婦協会。本部はメリーランド州シルバースプリング。

エー-エヌ-エー〖ANA〗《Association of National Advertisers》全米広告主協会。本部はニューヨーク。

エー-エヌ-エー〖ANA〗《anti-nuclear antibody》抗核抗体。血液中に存在する、自己の細胞に対する抗体。全身性エリテマトーデスなどの自己免疫疾患で認められ、疾患の病因と結びつけて考えられている。

エー-エヌ-エス-シー〖ANSC〗《American National Standard Committee》米国規格委員会。技術標準を制定する団体。日本の日本工業規格(JIS)に相当する。1918年設立。本部はワシントン。

エー-エヌ-エヌ〖ANN〗《All Nippon News Network》テレビ朝日をキー局とした民放ニュースネットワーク。昭和45年(1970)発足。準キー局は大阪府の朝日放送で、クロスネットを含めて26局が加盟(平成24年8月現在)。

エー-エヌ-エル〖ANL〗《Argonne National Laboratory》アルゴンヌ国立研究所。米国初の国立研究所。基礎科学から防衛政策まで研究対象とする。1946年設立。イリノイ州アルゴンヌ所在。

エー-エヌ-オー-シー〖ANOC〗《Association of National Olympic Committees》国内オリンピック委員会連合会。各国のNOC(国内オリンピック委員会)の連合体。1979年結成。オリンピックについてIOC(国際オリンピック委員会)と協議し必要な事項を要求したり、共通問題を討議する。本部はパリ。

エー-エヌ-シー〖ANC〗《African National Congress》►アフリカ民族会議

エー-エヌ-ピー〖ANP〗《atrial natriuretic peptide》►心房性ナトリウム利尿ペプチド

エー-エフ〖AF〗《audio frequency》可聴周波。低周波。

エー-エフ〖AF〗《air force》空軍。

エー-エフ〖AF〗《autofocus》►オートフォーカス

エー-エフ-アイ-ピー-エス〖AFIPS〗《American Federation of Information Processing Societies》米国情報処理学会。1961年、情報科学の普及のために設立。90年解散。

エー-エフ-イー-エス-ディー〖AFESD〗《Arab Fund for Economic and Social Development》アラブ経済社会開発基金。アラブ連盟加盟国がメンバーで、アラブ諸国の経済的・社会的発展に寄与する事業に融資を行う。1968年設立。本部はクウェート市。

エー-エフ-エス〖AFS〗《American Field Service》アメリカンフィールドサービス。国際奨学金を設け、各国の高校生の交換留学を推進する民間の国際的非営利団体。1947年に米国で設立。当初は米国との留学生交換が主であったが、現在は米国以外の国々の間での留学生交換事業にも力を入れている。国際本部はニューヨーク。

エー-エフ-エス-シー〖AFSC〗《American Friends Service Committee》アメリカフレンズ奉仕団。第一次世界大戦中の1917年にキリスト教フレンド派(クエーカー教徒)が平和運動のために組織した民間団体。社会奉仕、人道支援、平和運動などさまざまな活動を世界的規模で行う。1947年ノーベル平和賞受賞。

エー-エフ-エヌ〖AFN〗《American Forces Network》米国軍放送網。米軍向けテレビ・ラジオ局。1997年、FENより改称。

エー-エフ-エフ-エフ-シー〖AFFFC〗《Agriculture, Forestry and Fisheries Finance Corporation》►農林漁業金融公庫

エー-エフ-エム〖AFM〗《American Federation of Musicians》米国音楽家連盟。米国とカナダの音楽家の組合。1896年設立。本部はニューヨーク。

エー-エフ-エム〖AFM〗《atomic force microscope》►原子間力顕微鏡

エー-エフ-エル〖AFL〗《American Federation of Labor》米国労働総同盟。1886年結成。1955年CIOと合併、AFL-CIOとなった。

エーエフエル-シーアイオー〖AFL-CIO〗《American Federation of Labor and Congress of Industrial Organizations》米国最大の労働組合中央組織。1955年、AFL(米国労働総同盟)とCIO(産業別組合会議)が合同して結成。米国の組織労働者の約8割が加盟。米国労働総同盟産業別組合会議。

エーエフ-カメラ【AFカメラ】《automatic focusing camera》オートフォーカス(AF)機構を搭載し、レンズを被写体に向けてシャッターボタンを操作すると、自動的にピントが合うカメラ。自動焦点カメラ。

エー-エフ-シー〖AFC〗《Asian Football Confederation》アジアサッカー連盟。1954年設立。本部はマレーシアのクアラルンプール。

エー-エフ-シー〖AFC〗《American Football Conference》米国のプロフットボールで、ナショナルフットボールリーグ(NFL)傘下の二大カンファレンス(競技連盟)の一。⇒エヌエフシー(NFC)

エー-エフ-シー〖AFC〗《automatic flight control》自動飛行装置。

エー-エフ-シー〖AFC〗《automatic frequency control》自動周波数調整。

エー-エフ-ジー-イー〖AFGE〗《American Federation of Government Employees》米国行政府職員連合。1932年設立。本部はワシントン。

エー-エフ-ダブリュー-ジェー〖AFWJ〗《Associations of Foreign Wives of Japanese》日本人を夫にもつ外国人妻の会。昭和44年(1969)に設立。妻たちの出身国は50か国以上におよぶ。

エー-エフ-ティー〖AFT〗《American Federation of Teachers》米国教員組合。1916年設立。本部はワシントン。

エー-エフ-ティー-アール-エー〖AFTRA〗《American Federation of Television and Radio Artists》米国テレビ・ラジオ芸能人組合。1937年結成。2012年、映画俳優組合(SAG)と合併し、SAG-AFTRAとなった。

エー-エフ-ディー-エフ〖AfDF〗《African Development Fund》アフリカ開発基金。アフリカ開発銀行(AfDB)の融資活動を補完する。1973年設立。本部はコートジボワールのアビジャン。ADFとも。

エー-エフ-ディー-シー〖AFDC〗《Aid to Families with Dependent Children》被扶養児童のいる家庭への扶養制度。米国の生活保護制度の一つで、1935年社会保障法に基づいて発足した。

エー-エフ-ディー-ビー〖AfDB〗《African Development Bank》アフリカ開発銀行。ADBとも。

エー-エフ-ピー〖AFP〗《Agence France-Presse》フランスの通信社。1835年創立の世界最初の近代的通信社アバスを前身として、1944年創立。半官半民の経営。

エー-エフ-ビー-エフ〖AFBF〗《American Farm Bureau Federation》アメリカファームビューロー連合。米国最大の農業圧力団体。1919年設立。本部はワシントン。

エー-エム〖A.M.｜a.m.〗《ラテ ante meridiem》午前。時刻を表す数字または数詞の後に置く。⇔P.M.

エー-エム〖AM〗❶《amplitude modulation》振幅変調。❷「AM放送」の略。

エー-エム〖AM〗《asset management》►アセットマネージメント

エー-エム-アイ〖AMI〗《American Meat Institute》米国食肉協会。食肉業界の団体。1906年設立。本部はワシントン。

エー-エム-エー〖AMA〗《American Medical Association》米国医師会。1847年設立。事務局はシカゴ。

エー-エム-エー〖AMA〗《Australian Medical Association》オーストラリア医師会。1962年設立。それ以前は英国医師会(BMA)の支部が活動していた。本部はキャンベラ。

エー-エム-エー〖AMA〗《American Management Association》米国経営者協会。1923年設立。本部はニューヨーク。

エー-エム-エー〖AMA〗《American Marketing Association》米国マーケティング協会。1937年設立。本部はシカゴ。

エー-エム-エス〖AMS〗《Accelerator Mass Spectrometry》加速器質量分析。加速器を使って長半減期の同位体を核種分離する。

エー-エム-エフ〖AMF〗《Arab Monetary Fund》アラブ通貨基金。アラブ諸国への国際収支援助、保証業務などを行う。1976年設立。本部はアラブ首長国連邦のアブダビ。

エー-エム-エム〖AMM〗《anti-missile missile》ミサイル攻撃のためのミサイル。ミサイル迎撃ミサイル。

エー-エム-シー〖AMC〗《Air Mobility Command》米国の航空機動空軍。1992年にMAC(輸送空軍)とSAC(戦略空軍)の空中給油機部隊とを統合して創設された、米空軍を構成する主要な軍団の一。スコット空軍基地に司令部を置き、物資・人員の輸送、空中給油、航空医療救助などを担う。また、ハリケーン・洪水・地震などによる被災者に対する人道支援物資輸送も行う。

エー-エム-ティー〖AMT〗《α-methyltryptamine》幻覚作用を持つトリプタミン系薬物。浮揚感、視覚や聴覚の変容、瞳孔散大、情緒障害などの作用をもたらす。麻薬及び向精神薬取締法に基づく麻薬に指定されている。デートリッパー。

エー-エム-ディー〖AMD〗《age-related macular degeneration》►加齢黄斑変性症

エー-エム-ピー〖AMP〗《adenosine monophosphate》アデノシン一燐酸(いちりんさん)。

エー-エム-ピー-エー-エス〖AMPAS〗《Academy of Motion Picture Arts and Sciences》米国の映画芸術科学アカデミー。優れた映画や関係者に贈られるアカデミー賞を主催する。1927年設立。本部はカリフォルニア州ビバリーヒルズ。

エーエム-ほうそう【AM放送】(ニッケ)(ソウ) 振幅変調による、中波に相当する部分のラジオ放送。⇒FM放送

エー-エム-ユー〖amu｜AMU〗《atomic mass unit》原子質量単位。

エー-エム-ユー〖AMU〗《Asian Monetary Unit》►アジア通貨単位

エー-エム-ユー〖AMU〗《Arab Maghreb Union》アラブ・マグレブ連合。北アフリカ5か国(リビア、チュニジア、アルジェリア、モロッコ、モーリタニア)で構成。政策協力の推進、市場統合をめざす。本部はモロッコのラバト。

エー-エル〖AL〗《American Legion》米国在郷軍人会。1919年設立。本部はインディアナポリス。

エー-エル〖AL〗《Arab League》アラブ連盟。1945年設立。本部はエジプトのカイロ。正式名称はLeague of Arab States。

エー-エル〖AL〗《American League》►アメリカンリーグ

エー-エル-エー〖ALA〗《alpha-linolenic acid》►アルファリノレン酸

エー-エル-エー〖ALA〗《American Library Association》米国図書館協会。世界最大・最古の図書館協会。1876年設立。本部はシカゴ。

エー-エル-エス〖ALS〗《amyotrophic lateral sclerosis》►筋萎縮性側索硬化症

エー-エル-エス〖ALS〗《automatic landing system》自動着陸装置。

エー-エル-エフ〖ALF〗《Arab Liberation Front》アラブ解放戦線。イラク系のパレスチナゲリラ組織。1964年設立。

エー-エル-エフ〖ALF〗《Animal Liberation Front》動物解放戦線。動物実験に供される動物を救う目的で1970年代に英国で結成された団体。

エー-エル-エム〖ALM〗《assets and liabilities management》資産負債総合管理。銀行の資金管理手法の一。1970年代の中頃に米国の銀行が始めたもので、将来の金利・為替・利回りなどを予測し、

資産と負債のバランスをとりながら収益を増大しようとする技法。特に金利リスク、信用リスクなどのリスク管理に特色がある。

エー-エル-エム-ピー〖ALMP〗《Active Labor Market Policy》労働者に職業訓練・紹介を行い、雇用主に雇用に関する助成金を支給するなど、労働市場に積極的な働きかけを行う政策。労働者の能力開発を促進し、失業の長期化を防ぐことを目的に、北欧諸国などで導入。失業給付などの受動的な対応策と対比される。積極的労働市場政策。

エー-エル-シー〖ALC〗《autoclaved lightweight concrete》軽量気泡コンクリート。ケイ酸質、石灰質、アルミニウム粉末が主原料。軽量で断熱効果が高い。

エー-エル-シー-エム〖ALCM〗《air-launched cruise missile》空中発射巡航ミサイル。核弾頭を積め、B52などの戦略爆撃機に搭載可能。

エー-エル-ティー〖ALT〗《assistant language teacher》日本の中学・高校で日本人教師の助手として外国語を教える外国人講師。昭和62年度(1987)より導入。外国語指導助手。AETとも。

エー-エル-ビー〖ALB〗《American Land Bridge》アメリカンランドブリッジ。日本から米国太平洋岸をへて鉄道で北米大陸を横断し、大西洋岸からヨーロッパに至るコンテナ貨物輸送。海上輸送を中心に米国内のみ陸路を用いるもの。➡CLB ➡SLB

エー-エル-ビー-エム〖ALBM〗《air-launched ballistic missile》空中発射弾道ミサイル。航空機から地上目標に対して発射するミサイル。

エー-エル-ユー〖ALU〗《arithmetic logical unit》▶演算装置

エー-オー〖AO〗《admissions office》▶アドミッションオフィス

エー-オー〖AO〗《Arctic Oscillation》▶北極振動

エー-オー-アール〖AOR〗《adult-oriented rock》大人向きなロック音楽。従来のロックの騒々しさを抑えた都会的で、イージーリスニングやMORに近いロック。(補説)シングルヒットを狙わず、アルバム全体を聞かせるalbum-oriented rockをさすこともある。

エー-オー-エス-アイ-エス〖AOSIS〗《Alliance of Small Island States》小島嶼国連合。地球温暖化による海面上昇で領土の水没を懸念する南太平洋の島国などが構成する連合。

エー-オー-シー〖AOC〗▶アー-オー-セー(AOC)

エー-オー-ティー-エス〖AOTS〗《Association for Overseas Technical Scholarship》海外技術者研修協会。海外の産業技術研修者の受入・研修等を行う組織として昭和34年(1959)設立。平成24年(2012)海外貿易開発協会(JODC)と合併し、海外産業人材育成協会(HIDA)となった。

エーオー-にゅうし【AO入試】《AOはadmissions office(入学事務局)の略》大学入学試験の方式の一。学力試験では判断できない受験者の個性や目的意識などを総合的に評価するため、書類審査や面接、小論文などを組み合わせて合否を判定する。

エーオー-ゆうびんぶつ【AO郵便物】《AOはフランス autres objets「他のもの」の意》書状・葉書以外の外国通常郵便物。

エーカー〖acre〗ヤード・ポンド法の土地面積の単位。1エーカーは4840平方ヤードで、約4047平方メートル。記号ac.

エーガー〖Eger〗チェコ西部の都市、ヘプのドイツ語名。

エーがた-かんえん【A型肝炎】ウイルス性肝炎の一。A型肝炎ウイルス(hepatitis A virus：HAV)が経口感染し、発熱・倦怠感・吐き気・下痢などが起こり、やがて黄疸が現れる。感染力が強く、しばしば流行的に発生。感染症法の四類感染症に指定されている。➡流行性肝炎

ええかっこ-しい(関西地方で)人前で自分を格好よく見せようと、みえを張る人。

エーキャップ〖ACAP〗《Association of Consumer Affairs Professionals》消費者関連専門家会議。企業の消費者関連業務にたずさわる専門家の資質と地位の向上を図り、消費者と企業や行政間の理解を深めることを目的とする。1980年設立。東京都新宿区に事務局を置く日本の民間組織。

エー-キュー〖AQ〗《achievement quotient》学力が知能の程度に相応して獲得されているかどうかをみる指標。学力検査で得られた教育年齢を知能検査で得られた精神年齢で割ったもの(あるいは教育指数と知能指数の比)を100倍した値。成就指数。

エー-キュー-エル〖AQL〗《acceptable quality level》合格品質水準。抜き取り検査で、合格とできる上限値。不良率、また100単位当たりの欠点数で表す。

エーきゅう-せんぱん【A級戦犯】第二次大戦後、連合国が「平和に対する罪」を問うために訴追した日本の重要戦争犯罪人のこと。通例の戦争犯罪を裁いたBC級戦犯と区別された。A級戦犯容疑者として100人以上が逮捕されたが、うち28人だけが極東国際軍事裁判にかけられた。➡戦争犯罪 ➡極東国際軍事裁判

エークターラ〖ヒンディー ēktārā ⁝ ēktār〗《「エークタール」とも》ふくべなどの共鳴体を有する1弦のロングリュート属の撥弦楽器。インド亜大陸に広く分布する。

エー-クラス〖A class〗第一級。ある集団のうちで最も上位に属していること。A級。「一の成績」

エー-ケー-エス-ティー〖AKST〗《Alaska standard time》▶アラスカ標準時

エーケー-よんじゅうなな〖AK47 ⁝ AK-47〗《AKは、ロシア avtomat Kalashnikova の略》旧ソ連の技師M＝カラシニコフが開発した自動小銃。1947年ソ連軍の制式銃となる。取り扱いが簡単で、故障が少ない。弾倉には30発装塡。カラシニコフ自動小銃。カラシニコフ突撃銃。

エーゲ-かい【エーゲ海】《Aegean Sea》地中海東部の海域。ギリシャ本土およびクレタ島とトルコに囲まれ、多くの島が散在する。多島海。

エーゲ-ぶんめい【エーゲ文明】《Aegean civilization》前30〜前12世紀ころ、エーゲ海で栄えた青銅器文明。はじめ、非アーリア系地中海人によるクレタ文明を中心に展開し、のち、アーリア系民族によるミケーネ文明が主流となった。

エー-けん【A犬】警察犬種の略称の一。エアデールテリアのこと。

エーコ〖Umberto Eco〗[1932〜]イタリアの記号論学者・小説家。トマス＝アクィナス研究から出発。小説「薔薇の名前」は世界的ベストセラーとなった。他に「フーコーの振り子」「記号論」など。

エー-こうげん【A光源】CIE(国際照明委員会)が規定する標準光源の規格の一。照明器具や写真用フィルムの規格に使用。色温度は2856ケルビン。タングステン電球が発する光であり、一般的な家庭用電球の光に相当する。➡C光源 ➡D65光源

エーご-はん【A5判】紙の仕上げ寸法の一。148ミリ×210ミリの大きさ。A列5番。➡A判

エーコン-かん【エーコン管】《acornはどんぐりの意》超短波用の小型真空管。どんぐり形をしている。送信・受信両用。

エーサット〖ASAT〗《anti-satellite》対衛星攻撃兵器。米空軍が開発中の対衛星迎撃システム。誘導ミサイルをF15戦闘機で運び、上空で衛星に向けて発射するもの。

エージ〖age〗《「エイジ」とも》年齢。時代。世代。「ティーンー」「アトミックー」「ーグループ」

エー-シー〖AC〗《alternating current》交流電流。⇔DC.

エー-シー〖AC〗《analog computer》アナログコンピューター。

エー-シー〖AC〗《Advertising Council》米国の、広告協議会。公共広告を推進する非営利団体。

エー-シー〖a/c〗《account》簿記で勘定科目を示す記号。

エー-ジー-アール〖AGR〗《advanced gas-cooled reactor》改良型ガス冷却原子炉。英国原子力公社(AEA)がマグノックス炉を改良して開発。

エー-シー-アール-エス〖ACRS〗《Advisory Committee on Reactor Safeguards》米国原子炉安全諮問委員会。原子炉の安全研究、原子炉施設の許認可および安全基準などについて原子力規制委員会(NRC)に諮問する。1954年米国の原子力法に基づいて設立。

エー-ジー-アイ〖AGI〗《フランス Alliance Graphique Internationale》国際グラフィックデザイン連盟。1952年にフランス・パリで創立されたグラフィックデザイナーの団体。

エーシー-アダプター【ACアダプター】《alternating current adapter》小型の家電製品などに用いる電源装置。ノートパソコン、家庭用ゲーム機、携帯電話の充電などで使われる。家庭向けの交流電流を直流電流に変換し変圧するタイプが最も普及しているため、AC-DCアダプターともいう。

エー-シー-イー〖ACE〗《American Council on Education》米国教育協議会。1918年設立。本部はワシントン。

エー-シー-イー〖ACE〗《angiotensin-converting enzyme》▶アンギオテンシン変換酵素

エーシーイー-そがいやく【ACE阻害薬】《ACEは、angiotensin-converting enzyme の略》▶アンギオテンシン変換酵素阻害薬

エー-シー-エス〖ACS〗《American Chemical Society》アメリカ化学会。化学分野の学術団体。1876年創立。米国連邦議会公認の非営利団体。本部はワシントンDC、およびオハイオ州コロンバス。学術誌の発行、化学情報データベースの作成・提供、研究会議の主催、公共政策の立案などを行う。

エー-シー-エッチ〖ACh〗《acetylcholine》アセチルコリンのこと。

エー-ジー-エヌ〖AGN〗《active galactic nucleus》▶活動銀河核

エー-シー-エム〖ACM〗《Association for Computing Machinery》米国コンピューター学会。米国計算機協会。1947年設立。本部はニューヨーク。

エー-シー-エム〖ACM〗《advanced composite material》ガラス繊維強化プラスチックなどの先進型複合材料。

エー-シー-エム〖ACM〗《Andean Common Market》▶アンコム(ANCOM)

エー-ジー-エム〖AGM〗《air-to-ground missile》空対地ミサイル。ASMとも。

エー-ジー-エム〖AGM〗《air-launched guided missile》空中発射誘導ミサイル。

エー-シー-エル〖ACL〗《Atlantic Container Line》ヨーロッパコンテナ専用船グループ。米国のコンテナ輸送に対抗してスウェーデン、オランダ、フランス、イギリスなどが共同して1967年に結成した。

エー-シー-エル〖ACL〗《AFC champions league》AFCチャンピオンズリーグ。AFC(アジアサッカー連盟)が主催するサッカーの国際大会。

エー-シー-エル-ユー〖ACLU〗《American Civil Liberties Union》米国自由人権協会。米国最大の人権擁護団体。1920年設立。事務局はニューヨーク。米国市民的自由連合とも訳される。

エー-シー-シー〖ACC〗《Air Combat Command》米国の戦闘空軍。1992年にSAC(戦略空軍)とTAC(戦術航空)を統合して組織された、米空軍を構成する主要な軍団の一。ラングレー空軍基地に司令部を置き、統合軍に航空戦闘部隊を提供する。戦闘機、爆撃機、偵察機、早期警戒機、電子戦攻撃機などを運用し、指揮・統制・通信・情報システムの提供やグローバル情報作戦の遂行なども担う。

エー-シー-シー〖ACC〗《All Japan Radio and Television Commercial Confederation》全日本シーエム放送連盟。広告主、代理店、CM製作会社、民放連などでつくる審査機構。平成5年(1993)設立。前身のCM合同研究会は昭和35年(1960)発

足。事務局は東京都港区。

エー-シー-シー〔ACC〕《Administrative Committee on Coordination》国連行政調整委員会。国際連合の基金、計画、専門機関の最高行政官が集まり、国連全体として問題に取り組む上での調整と協力を強化するための協議を行う。事務総長が議長を務める。

エー-ジー-シー〔AGC〕《Associated General Contractors of America》米国建設業協会。1918年設立。本部はワシントン。

エー-ジー-シー〔AGC〕《automatic gain control》電波の強弱にかかわらず、出力を一定に保つ自動制御。

エー-シー-シー-ユー〔ACCU〕《Asia-Pacific Cultural Centre for UNESCO》ユネスコ・アジア文化センター。1971年創設、79年に事業対象国を太平洋地域に拡大。

エーシー-スリー〔AC-3〕《audio code number 3》米国ドルビーラボラトリーズ社が開発した音声データの圧縮・伸張技術。

エー-シー-ティー〔ACT〕《American College Test》米国大学入学能力テスト。民間企業が主催し、大学入学を希望する米国の高校生が受ける。共通試験科目は、英語・数学・理科・社会の4科目。

エー-シー-ティー〔ACT〕《Action for Children's Television》米国の子供向けテレビ番組改善のための市民運動団体。1968年、マサチューセッツ州ニュートンで設立。1992年解散。

エー-ジー-ティー〔AGT〕《automated guideway transit》►新交通システム

エー-シー-ディー-エー〔ACDA〕《Arms Control and Disarmament Agency》軍備管理軍縮局。米国大統領直属の独立政府機関。SALTなどの交渉を行った。1999年国務省に統合。

エーシー-ディーシー〔AC/DC〕《alternating current/direct current》電気器具で、交流・直流両用。

エーシーディーシー-アダプター【AC/DCアダプター】《AC/DC adapter》►ACアダプター

エー-シー-ピー〔ACP〕《African, Caribbean and Pacific Group of States》アフリカ・カリブ・太平洋諸国。欧米諸国との貿易などの際に連帯する国々。ACP諸国。

エー-ジー-ピー〔AGP〕《accelerated graphics port》米国インテル社が開発したグラフィックス専用のインターフェース。

エー-シー-ピー-アイ〔ACPI〕《advanced configuration and power interface》パソコンの電力管理に関するインターフェース規格。1996年、米国インテル社、米国マイクロソフト社、東芝が共同で策定。

エー-シー-ブイ〔ACV〕《air-cushion vehicle》「ホバークラフト」のこと。

エー-シー-ユー〔ACU〕《Asian Clearing Union》アジア決済同盟。インド、イラン、ネパール、バングラデシュ、パキスタン、スリランカの6か国が1974年に設立。域内の貿易・経済の発展を目的とした多角的決済機関。

エー-ジェー-エス〔AJS〕《America-Japan Society》日米協会。日米両国の理解・友好を深めるため、大正6年(1917)設立された。本部は東京都港区。

エージェンシー〔agency〕代理店。代理業。

エージェント〔agent〕❶代理人。代理業者。❷スパイ。諜報員。❸状況に応じて利用者の意図に沿った一連の作業を自動的に行うコンピューターシステム。➡エージェント指向

エージェント-しこう【エージェント指向】ｺﾝﾋﾟｭｰﾀ《agent-oriented》ソフトウエアやコンピューターシステムの設計概念の一。自律的かつ能動的に協調・連携するエージェントという各部分の要素で構成される。オブジェクト指向を更に発展させた概念と考えられる。

エージ-グループ〔age-group〕水泳などで、年齢別競技会のこと。また、若年齢競技者の総称。8歳以下から17歳まで、グループ分けする。

エージ-シューター〔age shooter〕ゴルフで、6000ヤード(5486メートル)以上の18ホールのコースを自分の年齢と同じか、それ以下のスコアで回った人。

エージ-シュート《和 age＋shoot》ゴルフで、18ホールを自分の年齢以下の打数で終えること。ゴルファーの憧れとされる。

エージス〔Aegis〕►イージス

エージズム〔ageism〕《「エイジズム」とも》年齢による差別。退職強制、居住家屋追い出しなど、職場や家庭などから高齢者を差別的に排除すること。

エーシック〔ASIC〕《application specific integrated circuit》特定用途向け集積回路。標準的メモリー、汎用集積回路と異なり、特定の用途のために、特別に設計された集積回路。

エージャックス〔Ajax〕《Asynchronous JavaScript＋XML》ブラウザーが実装するジャバスクリプトのHTTP通信機能を利用し、再読み込みを伴わずウェブページの一部を動的に書き換えたり、対話的な操作性を付与したりする技術の総称。サーチエンジンに検索語句を入力する際、検索語の候補の一覧をリアルタイムに絞り込んで表示したり、地図をドラッグして表示範囲を自由に変えたりする機能などに使われる。

ええじゃ-ないか ええぢ 慶応3〜4年(1867〜68)主に江戸以西の各地で起こった大衆的狂乱。農村のおかげ参りの伝統から発生したもので、老若男女が「ええじゃないか」と高唱、乱舞し、地主・富商の家に入り込み物品や酒食を強要した。幕府の倒壊を目前にし、世直し的な風潮を反映した騒動。おかげ踊り。

エージレス〔ageless〕《「エイジレス」とも》年齢にこだわらないこと。年齢を感じないこと。いつまでも年をとらないこと。

エージング〔aging〕《「エイジング」とも》❶年をとること。❷「エージング現象」の略。❸酒などを熟成させること。「じっくり—をしたワイン」

エージング-げんしょう【エージング現象】ｹﾞﾝｼｬｳ《aging phenomena》加齢現象。老化。人体の諸器官の機能低下と器質的な変化の総称をいう。

エージング-ハラスメント〔aging harassment〕年齢を理由としたいやがらせ。若さを優先し、その場にいる年長者をいたたまれなくさせる差別的言動。

エース〔ace〕❶トランプの1の札。A。❷第一人者。最高、最上の存在。「わが社若手の—」❸野球やソフトボールで、チームの柱となる投手。主戦投手。❹►サービスエース ❺ゴルフで、ホールインワンのこと。

エー-ゼット-ティー〔AZT〕《azidothymidine》アジドチミジン。エイズの治療薬。貧血などの副作用があるが、病気の発病や進行を抑える効力が確認されている。

エーゼル-とう【エーゼル島】ﾀｳ《Ösel》エストニアにあるサーレマー島のドイツ語・スウェーデン語名。

エーソれんがた-インフルエンザウイルス【Aソ連型インフルエンザウイルス】A型インフルエンザウイルスの一種。1977年から翌年にかけて世界的に大流行。その後も流行を繰り返している。糖たんぱく質の血清型を使ってH1N1型と表す。Aソ連型。➡インフルエンザウイルス

エータ〔H｜η｜eta〕❶〈H・η〉ギリシャ語アルファベットの第7字。イータ。❷〈η〉η中間子の記号。

エータ-ちゅうかんし【エータ中間子｜η中間子】核力を仲介する素粒子。中間子の一。電荷は中性、スピンは零。崩壊して光子、またはﾊﾟｲ中間子になる。日本の坂田昌一が提唱した素粒子の複合模型「坂田模型」で存在が予言され、1961年に発見された。

エー-ダブリュー-シー〔AWC〕《Army War College》米国の陸軍大学校。ペンシルベニア州カーライル所在。USAWCとも。

エー-ダブリュー-ユー〔AWU〕《atomic weight unit》原子量単位。

エー-ティー〔AT〕《automatic transmission》自動車の自動変速装置。ギアの入れ替えなしに、アクセルペダルの操作だけで自由に変速できる。オートマチックトランスミッション。➡MT

エー-ティー〔AT〕《alternative technology》代替技術。環境を破壊し資源やエネルギーを浪費する在来技術ではなく、太陽や風力など自然の力を活用するための新しい技術。

エー-ティー〔AT〕《anti-tank》対戦車の、という意味を表す語。

エー-ティー〔AT〕《achievement test》アチーブメントテスト。学習到達度を測るための学力検査。

エー-ティー〔AT〕《atomic time》►原子時

エー-ディー〔A.D.〕《ﾗﾃ anno Domini 主の年に、の意》西暦紀元。紀元。⇔B.C.

エー-ディー〔ad〕《advertisement》►アド

エー-ディー〔AD〕《assistant director》放送局などのアシスタントディレクター。

エー-ディー〔AD〕《art director》アートディレクター。

エー-ディー〔AD〕《Alzheimer's disease》アルツハイマー病、およびアルツハイマー型認知症の略称。

エー-ディー〔AD〕《analog-to-digital》アナログからデジタルへ(の変換)。A/Dとも書く。➡DA

エー-ディー〔AD〕《automatic depositor》現金自動預入機。

エー-ディー〔AD〕《aerodrome》飛行場。

エー-ディー〔AD〕《airworthiness directive》耐空性改善命令。米連邦航空局(FAA)が自国内の航空会社に対して、航空機の改善や検査を実施させる行政命令。日本の国土交通省が出す耐空性改善通報にあたる。

エー-ティー-アール〔ATR〕《Advanced Telecommunications Research Institute International》国際電気通信基礎技術研究所。1986年設立。電気通信分野の基礎的な産官学の共同研究の場として発足した国策的研究機関。音声翻訳、知能映像などを研究している。本社、京都府木津川市。

エー-ディー-アール〔ADR〕《American Depositary Receipt》米国預託証券。米国の証券市場で、外国株式の現物に代わって売買される代替証券。➡DR

エー-ディー-アール〔ADR〕《Alternative Dispute Resolution》►裁判外紛争解決手続き

エー-ディー-アイ〔ADI〕《acceptable daily intake》有害物質の一日当たりの許容摂取量。ある有害物質を一生取り続けても害がないとされる一日当たりの分量。

エー-ディー-アイ-ゼット〔ADIZ〕《air defense identification zone》►防空識別圏

エー-ティー-アンド-ティー〔AT&T〕《American Telephone & Telegraph》米国の情報通信会社。1885年グラハム＝ベルが創設。本社はサンアントニオ。

エー-ディー-イー-エー〔ADEA〕《Age Discrimination in Employment Act》米国の、年齢による雇用関係差別禁止法。1967年成立。

エー-ティー-エー〔ATA〕《advanced technology attachment》パソコンとハードディスクを接続するインターフェース規格。1989年、米国国家規格協会(ANSI)により標準化された。アタ。➡ハードディスク

エー-ディー-エー〔ADA〕《adenosine deaminase》アデノシンデアミナーゼ。

エー-ディー-エー〔ADA〕►エイダ

エー-ディー-エー〔ADA〕《Americans for Democratic Action》民主的行動のための米国人。1947年に結成された米国のリベラルな政治団体。

エーディーエー-けっそんしょう【ADA欠損症】ｹｯｿﾝｼｬｳ 体内でアデノシンデアミナーゼ(ADA)という酵素を作り出せないために重度の免疫不全になる病気。ADAを合成する遺伝子が先天的に欠損または変異しているために起こる。リンパ球の数が極度に少なく、治療を行わないと乳幼児期に感染症などで死亡することが多い。ADAを補充する従来の酵素補充療法は一生継続する必要があり、療養費も高額になる。近年、ADA遺伝子をベクターに組み込んでリンパ球に導入する遺伝子治療が行われ、一定の効

果をあげている。(補説)日本では平成7年(1995)に北海道大学で初めて遺伝子治療が行われた。リンパ球の生存期間は限られているため、骨髄幹細胞にADA遺伝子を導入することで生涯にわたってADAを作り出せるようにする遺伝子治療が行われている。
エーティーエー-さんじゅうさん〖ATA-33〗►ウルトラ-エーティーエー(Ultra ATA)
エー-ティー-エス〖ATS〗《automatic train stop》停止信号の手前で自動的に停車させる、列車の運転制御装置の一。自動列車停止装置。
エー-ディー-エス-エル〖ADSL〗《asymmetric digital subscriber line》非対称デジタル加入者回線。データの圧縮技術などを使って既存の電話用銅線ケーブルのデータ伝送速度や容量を飛躍的に拡大する技術。音声伝送より高い周波数帯域を使ってデータ通信を行う。音声や画像など大容量データの高速伝送を可能とするインターネットのブロードバンド化推進に貢献した。近年はより高速、大容量の光通信に取って代わられつつある。
エーディーエスエル-モデム【ADSLモデム】《ADSL modem》コンピューターをADSLの回線に接続するためのモデム。
エー-ティー-エス-シー〖ATSC〗《Advanced Television Systems Committee》米国の地上デジタルテレビ放送の規格、または規格の策定を行う組織の名称。映像圧縮にMPEG-2、搬送波にシングルキャリアを使用。米国以外では、カナダ・メキシコ・韓国で採用されている。⇒DVB-T ⇒ISDB ⇒SBTVD
エー-ティー-エックス〖ATX〗PC/AT互換機用のマザーボードの規格の一。米国インテル社が1995年に発表。マザーボードの形状やねじ穴の位置を規定している。
エー-ディー-エッチ〖ADH〗《antidiuretic hormone》►抗利尿ホルモン
エー-ディー-エッチ-ディー〖ADHD〗《attention deficit hyperactivity disorder》幼児期に現れる発達障害の一。不注意(物事に集中できない、忘れ物が多い)、多動性(落ち着きがない、じっとしていられない)、衝動性(突飛な行動を取る、順番を守れない)などを特徴とする。脳の器質的または機能的障害が原因とされる。注意欠陥多動性障害。(補説)多く、年齢が上がるとともに多動の症状は減少するが、不注意と衝動性は成人になっても残る場合があり、これを成人ADHDという。
エー-ティー-エフ〖ATF〗《Bureau of Alcohol, Tobacco, Firearms and Explosives》アルコール・タバコ・火器及び爆発物取締局。米司法省内の連邦法執行機関。南北戦争中の1862年、アルコール密造者を摘発するために脱税捜査官を設けたことに始まる。
エー-ディー-エフ〖ADF〗《automatic direction finder》自動方向探知器。航空機に搭載され、航路に設けられた地上のNDB(無指向性無線標識)からの電波を受信して正しい方向を探知する。
エー-ディー-エフ〖ADF〗《Asian Development Fund》アジア開発基金。特に所得の低いアジアの開発途上国向けに極めて緩やかな条件で貸付を行うための低利借款資金。1973年に開かれたアジア開発銀行の総会で設置が決められた。
エー-ディー-エフ〖ADF〗《African Development Fund》アフリカ開発基金。AfDFとも。
エー-ディー-エフ〖ADF〗《auto document feeder》►オートドキュメントフィーダー
エー-ティー-エム〖ATM〗《automatic teller machine》現金自動預け払い機。預金通帳・キャッシュカードを用いて預け入れ・引き出し・振り込み・残高照会などを行うことができる。
エー-ティー-エム〖ATM〗《antitank missile》対戦車ミサイル。戦車を攻撃する誘導弾。
エー-ティー-エム〖ATM〗《asynchronous transfer mode》►非同期転送モード
エー-ティー-エル〖ATL〗《adult T-cell leukemia》►成人T細胞白血病
エー-ティー-オー〖ATO〗《automatic train operation》ATC(自動列車制御装置)をさらに高度化し、発進・加速・速度制御・定位置停止などを自動的に行う装置。自動列車運転装置。
エー-ティー-ごかんき【AT互換機】►PC/AT互換機
エー-ティー-コマンド【ATコマンド】《AT command》モデムやターミナルアダプターを制御するコマンド体系。コマンドの先頭文字がATで始まることから。
エー-ディー-コンバーター【ADコンバーター¦A/Dコンバーター】《analogue-to-digital converter》►エーディー(AD)変換器
エー-ティー-シー〖ATC〗《air traffic control》►航空交通管制
エー-ティー-シー〖ATC〗《automatic train control》列車の運行速度や停止を自動的に管理する装置。自動列車制御装置。
エー-ティー-ジー〖ATG〗《Art Theater Guild》日本アートシアターギルド。映画の製作・配給会社。昭和37年(1962)発足、平成4年(1992)活動停止。
エー-ディー-シー〖ADC〗《assured destruction capability》確証破壊能力。核の先制攻撃を受けた後でも、確実に相手国に報復攻撃ができる能力。
エー-ディー-シー〖ADC〗《analogue-to-digital converter》►エーディー(AD)変換器
エー-ティー-シー-エム〖ATCM〗《Antarctic Treaty Consultative Meeting》►南極条約協議国会議
エー-ティー-しゃ【AT車】《automatic transmission car》AT(オートマチックトランスミッション)の機能をもつ自動車。オートマ車。⇒MT車
エー-ティー-ビー〖ATB〗《advanced technology bomber》先進技術爆撃機。米空軍の、ステルス技術を用いた爆撃機。
エー-ティー-ピー〖ATP〗《adenosine triphosphate》アデノシン三燐酸。
エー-ティー-ピー〖ATP〗《Association of Tennis Professionals》男子プロテニス選手協会。男子の世界テニスツアーの組織や選手の世界ランキングを決めるATPポイントを決定する。1972年設立。事務局はロンドン。⇒WTA
エー-ティー-ピー〖ATP〗《Association of All Japan TV Program Production Companies》►全日本テレビ番組製作社連盟
エー-ディー-ビー〖ADB〗《Asian Development Bank》►アジア開発銀行
エー-ディー-ビー〖ADB〗《African Development Bank》►アフリカ開発銀行
エー-ディー-ピー〖ADP〗《adenosine diphosphate》アデノシン二燐酸。
エー-ディー-ピー〖ADP〗《automatic data processing》コンピューターの、自動データ処理。
エー-ディー-ビー-アイ〖ADBI〗《Asian Development Bank Institute》►アジア開発銀行研究所
エー-ティー-ビー-エム〖ATBM〗《anti-tactical ballistic missile》対戦術弾道弾迎撃ミサイル。主として短距離・非核弾頭の戦術弾道ミサイルによる攻撃を防ぐもの。
エー-ディー-ピー-シー-エム〖ADPCM〗《adaptive differential pulse-code modulation》音声などのアナログ信号をデジタル信号に変換する技術。PCM方式よりデータ量を小さく圧縮できる。適応的差分パルス符号変調。
エー-ティー-ブイ〖ATV〗《all-terrain vehicle》全地形対応車。四輪バギーとも呼ばれ、泥地、砂浜、雪道、舗装道路など地形に関係なく走行できる。排気量50ccから660ccまでと種類は豊富で、値段も乗用車に比べると安く、レジャーや作業など多様な用途に用いられている。
エー-ディー-へんかん【AD変換¦A/D変換】《analogue-to-digital conversion》アナログ信号をデジタル信号に変換すること。⇒AD変換器
エー-ディー-へんかんき【AD変換器¦A/D変換器】《analogue-to-digital converter》アナログ信号をデジタル信号に変換する装置。ADコンバーター。ADC。
エーテボリ〖Göteborg〗►イェーテボリ
エーテル〖ether〗❶2個の炭化水素基が酸素原子1個と結合した化合物の総称。一般に中性で芳香のある揮発性の液体。特に、エチルエーテルをいう。❷光の波動説で光を伝える媒質として仮想され、光の電磁波説以後は電磁波の媒質とされた物質。相対性理論によって空間自体を電磁波の媒質とみなせばよいことがわかり、その存在は否定された。
エーテル-けつごう【エーテル結合】1個の酸素原子に2個の炭化水素基が結びついている時に、酸素と炭素の間に見られる結合(-C-O-C-)。一般に化学的に安定な結合として知られる。
エーデルワイス〖Edelweiß〗キク科の多年草。ヨーロッパ-アルプスやヒマラヤ山脈など高山に自生。高さ10〜30センチ。全体が白い毛で覆われ、葉は細いへら形。夏、茎の頂に葉を星形につけ、その間に花が集まってつく。日本には近縁種のヒメウスユキソウ・ハヤチネウスユキソウなどが自生。西洋うすゆきそう。(季 夏)
エーデンブルク〖Ödenburg〗ハンガリー北西部の町ショプロンのドイツ語名。
ええ-と〔感〕次に言う事柄や言葉を考えているときに発する語。「―、なんだったかな」
エード〖ade〗果汁を薄めて甘みを加えた飲み物。「オレンジー」「グレープー」
エートス〖ēthos〗《「エトス」とも》❶アリストテレス倫理学で、人間が行為の反復によって獲得する持続的な性格・習性。⇔パトス。❷一般に、ある社会集団・民族を支配する倫理的な心的態度。
エートック〖ATOK〗《Advanced Technology Of Kana-Kanji transfer》ジャストシステムが開発した日本語入力システム。同社のワープロソフト、一太郎に付属するほか、単体製品もある。商標名。
エードリアン〖Edgar Douglas Adrian〗[1889〜1977]英国の生理学者。神経伝導の悉無律を研究。神経細胞の機能に関する発見により、1932年、シェリントンとともにノーベル生理学医学賞受賞。
エーバーバッハ〖Eberbach〗►エーベルバッハ
エー-ばん【A判】JIS(日本工業規格)による紙の規格寸法の一系列。原紙寸法ではA列本判が625ミリ×880ミリ。加工仕上げ寸法ではA列0番が841ミリ×1189ミリで、この長辺を半截したものをA列1番とし、順次10番まである。
エー-ビー〖AB〗成人男子用の衣料品のサイズで、胸囲と胴囲との寸法差が10センチの人の体型を表す。
エー-ビー〖AB〗《American Bureau of Shipping》►ABS
エー-ビー〖AB〗《air base》空軍基地。
エー-ビー〖AB〗ABO式血液型のAB型。
エー-ピー〖AP〗《Associated Press》世界最大の米国の通信社。前身のハーバー-ニュース-アソシエーションは1848年設立。92年からAPとなる。新聞社・放送会社を加盟員とする非営利の協同組合組織。
エー-ピー〖AP〗《application program》アプリケーションプログラム。ワープロや表計算などのソフトウエア。⇒アプリケーションソフト
エー-ピー〖AP〗《access point》インターネットの、アクセスポイント。
エー-ピー〖AP〗《advise and pay》(送金為替の)通知払い。
エー-ピー〖AP〗《American plan》►アメリカンプラン
エー-ピー-アール〖APR〗《annual percentage rate》年率。
エー-ビー-アイ〖ABI〗《application binary interface》命令体系が似たCPUを搭載する異なるコンピューターにおいて、機械語レベル(バイナリーレベル)で

互換性を保証するインターフェースのこと。

エー・ピー・アイ〖API〗《application programming interface》オペレーティングシステムやアプリケーションソフトが、他のアプリケーションソフトに対し、機能の一部を利用できるよう提供するインターフェース。一般に、ファイル制御、文字制御、メモリー管理など、さまざまなアプリケーションソフトにとって共通で、かつ利用頻度が高い一連の手続きや関数の集まりを提供する。

エー・ピー・アイ〖API〗《American Petroleum Institute》米国石油協会。米国の石油・天然ガス業界団体。1919年設立。事務局はワシントン。

エーピーアイ・ど【API度】API(米国石油協会)が定めた比重測定単位。水の比重を10度とし、数値が高くなるほど軽質となる。カ氏60度の水fの比重の逆数から1を減じて141.5倍したものに10を加えて表される値。1952年米国で公認され、石油業界で通用している。APIボーメ度とも。

エー・ビー・エー〖ABA〗《American Bar Association》米国弁護士会。1878年設立。本部はシカゴ。

エー・ビー・エー〖ABA〗《American Bankers Association》米国銀行協会。1875年設立。本部はワシントン。

エー・ビー・エー〖ABA〗《abscisic acid》►アブシジン酸

エー・ビー・エス〖ABS〗《asset-backed securities》►資産担保証券

エー・ビー・エス〖ABS〗《anti-lock brake system》►アンチロックブレーキシステム

エー・ビー・エス〖ABS〗《American Bible Society》米国聖書協会。1816年、ニューヨーク州ニューヨークで設立。

エー・ビー・エス〖ABS〗《alkyl benzene sulfonate》アルキルベンゼンスルホン酸。石油系合成洗剤の主成分となる。

エー・ビー・エス〖ABS〗《American Bureau of Shipping》米国船級協会。1862年設立。ABとも。

エー・ビー・エス〖ABS〗《access and benefit-sharing　遺伝資源の取得と利益配分、の意》微生物・動物・植物などの生物資源を構成する遺伝資源や生化学化合物を利用することによって生じた利益を、関係者の間で公正・公平に配分する、という考え方。COP10(生物多様性条約第10回締約国会議→国連地球生きもの会議)の重要議題の一。例えば、先進国の企業が発展途上国で採集した遺伝資源を利用して新薬を開発し利益を得た場合、原産国や原産地には利益が配分されないといった問題を解決するため、国際的なルールの策定に向けて協議が行われている。遺伝資源のアクセスと利益配分。➡生物多様性条約締約国会議 ➡名古屋議定書

エー・ピー・エス〖APS〗《advanced photo system》カメラをより小型化し、カメラへの装着と取り出しを容易にした新フィルム様式。フィルム幅を従来の35ミリから24ミリに小型化してカートリッジに収め、カートリッジごとフィルムの装着・取り出しができる。撮影データなどの磁気情報の記録も可能。日本のカメラ・フィルムメーカーにより共同開発され、1996年実用化。

エー・ピー・エス〖APS〗《antiphospholipid antibody syndrome ; antiphospholipid syndrome》►抗燐脂質抗体症候群

エーピーエス・エッチ〖APS-H〗フィルム用カメラのAPS規格で採用された画面サイズの一。縦横比は35ミリフィルムよりも横長の9：16で、16.7×30.2ミリメートル。➡APS-Hサイズ

エーピーエスエッチ・サイズ【APS-Hサイズ】《APS-H size》レンズ交換式デジタルカメラのイメージセンサーのサイズ規格の通称。フィルム用カメラの仕様APS-Hの横幅に近い。横28～29ミリ、縦19ミリ程度で、メーカーや機種によりサイズは異なる。35ミリフルサイズに比べ画角が狭く、交換レンズの画角は焦点距離の約1.3倍のレンズと同等になる。

エービーエス・ぎていしょ【ABS議定書】►名古屋議定書

エーピーエス・シー〖APS-C〗フィルム用カメラのAPS規格で採用された画面サイズの一。縦横比は35ミリフィルムと同じ2：3で、16.7×23.4ミリメートル。➡APS-Cサイズ

エーピーエスシー・サイズ【APS-Cサイズ】《APS-C size》レンズ交換式デジタルカメラのイメージセンサーのサイズ規格の通称。フィルム用カメラの仕様APS-Cに近い。横22～24ミリ、縦15～16ミリ程度で、メーカーや機種によりサイズは異なる。35ミリフルサイズに比べ画角が狭く、交換レンズの画角は焦点距離の1.5～1.6倍程度のレンズと同等になる。ニコンではDXフォーマットと呼ぶ。

エービーエス・じゅし【ABS樹脂】アクリロニトリル(A)・ブタジエン(B)・スチレン(S)の3成分からなる熱可塑性樹脂。耐衝撃性にすぐれ、化学薬品や油にもおかされず、硬い。テレビのキャビネットや冷暖房器・自動車部品などに使用。

エービーエスそうちゃくしゃ・わりびき【ABS装着車割引】自動車保険の契約に際し、被保険自動車にアンチロックブレーキシステム(ABS)が装着されている場合に適用される保険料の割引。

エー・ビー・エム〖ABM〗《antiballistic missile》飛んでくる大陸間弾道弾を迎撃して破壊するミサイル。弾道弾迎撃ミサイル。

エー・ピー・エル〖APL〗《a programming language》数値計算に向いたインタープリター型のプログラミング言語の一。多次元の配列の計算や操作に適している。

エー・ピー・オー〖APO〗《Asian Productivity Organization》アジア生産性機構。アジア諸国の生産性向上運動の連合体。昭和36年(1961)発足。本部は東京都千代田区。

エービーオーしき・けつえきがた【ABO式血液型】人間の血液型分類方式の一。AおよびBの凝集原と抗Aおよび抗Bの凝集素の有無により、A・B・O・ABの4型に分ける。血液型のうちで最初に発見され、臨床的にも最も重要。

エービー・こうか【AB効果】►アハラノフボーム効果

エー・ビー・シー〖ABC〗❶英語のアルファベットの最初の3文字。また、英語のアルファベット。❷初歩。基本。いろは。「登山の―」(類語)(❷)基本・大本・基礎・根本・根幹・中心・基軸・基調・基底・根底・基・土台・下地・初歩・いろは・基幹・大根

エー・ビー・シー〖ABC〗《American Broadcasting Companies》米国の放送会社。NBC・CBS・FOXとともに、米国の4大放送ネットワークの一。1943年に、NBCから分割されたブルー・ネットワーク・カンパニーが改称したもの。53年、ユナイテッド・パラマウント映画劇場と合併。96年にウォルト・ディズニー・カンパニーの傘下に入る。

エー・ビー・シー〖ABC〗《Audit Bureau of Circulations》新聞雑誌部数公査機構。1914年米国で発足。52年に設立された日本ABC協会(JABC)をふくめ、34か国(2012年現在)にそれぞれ独自のABC組織がある。63年には国際的組織として国際ABC連盟(IFABC)が創設された。

エー・ビー・シー〖ABC〗《ABC World Airways Guide》ABC航空時刻表。世界の航空時刻が出発地別、ABC順に配列されている。ABCトラベルガイズ社発行。

エー・ピー・シー〖APC〗《armored personnel carrier》装甲人員輸送車。

エー・ピー・シー〖APC〗《antigen presenting cell》►抗原提示細胞

エービーシー・ちょうさ【ABC調査】日本ABC協会が実施している雑誌の発行部数調査。

エービーシーディー・ほういじん【ABCD包囲陣】太平洋戦争直前、米国・英国・中国・オランダの4か国が、南進する日本に対抗して形成した対日経済制裁を主とした封鎖網。日本政府が対外危機感をあおるため宣伝した語。ABCDはAmerica, Britain, China, Dutchの頭文字。

エー・ビー・シー・ピー〖ABCP〗《asset-backed commercial paper》►資産担保コマーシャルペーパー

エービーシー・ぶんせき【ABC分析】企業の管理する対象を重要度によってABCのグループに分け、それぞれの特性に応じた管理方式を実施するために行われる分析。多品種を扱う企業で、在庫管理・品質管理・得意先管理などに用いる。パレート分析。

エービーシー・へいき【ABC兵器】《atomic, biological and chemical weapons》Aは原子爆弾・水素爆弾などの原子兵器、Bは細菌などの生物兵器、Cは毒ガス・焼夷弾などの化学兵器のこと。また、Aに代わりradioactive(放射能の)の頭文字をとってCBR兵器ともいう。

エー・ピー・ティー〖APT〗《automatically programmed tools》工作機械の数値制御用に開発されたプログラミング言語。アプト。

エー・ピー・ティー〖APT〗《automatic picture transmission》自動送画装置。衛星などからアナログデータを自動的に送信する装置。無指向性アンテナで受信できるので受信機が安価ですむ。

エー・ピー・ティー〖APT〗《Asia-Pacific Telecommunity》アジア太平洋電気通信共同体。アジア太平洋地域の電気通信技術の向上、電気通信網の整備を目的とする。1979年設立。本部はバンコク。

エー・ピー・ディー〖APD〗《avalanche photodiode》►アバランシフォトダイオード

エー・ピー・ニック〖APNIC〗《Asia Pacific Network Information Centre》アジア・太平洋地域において、IPアドレス・ドメイン名など、インターネット上のアドレス資源の割り当て、管理・調整を行っている民間の非営利組織。ICANNの下部組織。

エー・ピー・ピー〖APP〗《approach control office》航空機の、進入管制所。航空機の空港上空への進入を誘導、監視し、空港官制所に着陸管制を引き継ぐ。

エー・ピー・ピー〖APP〗《amyloid precursor protein》►アミロイド前駆体蛋白質

エー・ピー・ピー〖APP〗《atactic polypropylene》アタクチックポリプロピレン。未精製のガソリンのナフサからポリプロピレンを製造する過程で、副産物的に生産される石油製品。自動車部品やアスファルトの接着剤などに使われている。

エー・ピー・ビー・アイ〖APBI〗《Accelerated Partial Breast Irradiation》►加速乳房部分照射法

エーピー・フィッシング【APフィッシング】《AP phishing》►ワイフィッシング

エー・ビー・ユー〖ABU〗《Asia-Pacific Broadcasting Union》アジア太平洋放送連合。アジア太平洋地域の放送局および関連団体が集まり、1964年に結成。本部はマレーシアのクアラルンプール。

エー・ピー・ユー〖APU〗《auxiliary power unit》航空機の補助動力装置。

エービーユー・しょう【ABU賞】ABU(アジア太平洋放送連合)が主催するテレビ・ラジオ番組のコンテストの最優秀賞。1964年創設。

エー・ブイ〖AV〗《audio visual》視聴覚。「―教育」

エー・ブイ〖AV〗《adult video》成人向けビデオ。

エー・ブイ・アイ〖AVI〗《audio video interleave》米国マイクロソフト社が開発したウインドウズ用の動画ファイル形式。

エーブイ・エッチディーディー〖AVHDD〗オーディオビジュアル向けに特化したハードディスク。IEEE1394に対応し、MPEG-2形式のデータ記録・再生に最適化されている。放送番組の一時停止、リプレイ、追っ掛け再生、早送り・巻き戻し再生などを可能とする制御技術を搭載する。

エーブイエッチディーディー・レコーダー【AVHDDレコーダー】《AVHDD recorder》テレビ放送または専用カメラを通して送られてくる画像・音声を、オーディオビジュアル向けに特化したハードディス

クであるAVHDDに記録・再生する装置。

エー-ブイ-エム〘AVM〙《automatic vehicle monitoring》車両動態表示システム。コンピューターを利用して運行管理センターで車両の位置や状況などを把握し、車両を効率的に運行・管理する。タクシーやバス、トラックなどの運送業界に広く導入されている。

エーブイ-きき【AV機器】映像と音声とを同時に視聴できる電子機器の総称。テレビジョン・ビデオテープレコーダー・ビデオディスクなど。

エー-ブイ-ジー〘AVG〙《和 adventure＋game》▶アドベンチャーゲーム

エー-ブイ-シー-エッチ-ディー〘AVCHD〙《advanced video codec high definition》デジタルビデオカメラでハイビジョン映像を記録するための規格の一。平成18年(2006)、ソニーと松下電器産業(現パナソニック)が基本仕様を策定。映像データの圧縮符号化にはH.264を採用している。

エーブイシー-エッチにろくよん〘AVC/H.264〙▶エッチにろくよん(H.264)

エーブイシー-レック〘AVCREC〙記録可能なDVDやブルーレイディスクにHDTV相当の映像を記録するためのフォーマットの一。映像の圧縮方式としてH.264、音声圧縮はAACを採用し、AACS対応の著作権保護機能ももつ。

エー-ブイ-ブロック【AVブロック】《atrioventricular block》▶房室ブロック

エーブベリー〘Avebury〙英国イングランド南部、ウィルトシャー州ソールズベリ平原にある巨石遺跡。直径約1.3キロメートルの円周上に100個程度の立石が並んでいる。紀元前2600年頃のものと考えられている。1986年、近くにあるストーンヘンジの巨石記念物とともに世界遺産(文化遺産)に登録された。

エープリル〘April¦Apr.¦Ap.〙《「エイプリル」とも》4月。

エープリル-フール〘April fool〙4月1日の午前中に、罪のないうそをついて人をかついでも許されるという風習。また、4月1日のこと。あるいは、かつがれた人のこと。西洋、もしくはインドに始まる風習で、日本には江戸時代に中国から伝わったといわれる。「エープリルフール」という言葉は大正時代に定着。四月ばか。万愚節。(季 春)

エーペック〘APEC〙《Asia-Pacific Economic Cooperation》アジア太平洋経済協力。アジア太平洋経済協力会議。アジア太平洋地域の持続可能な発展を目的とする地域協力の枠組み(フォーラム)。協力地域の自由貿易拡大、経済・技術協力、人材開発などを推進。1989年の設立時には、日本・アメリカ・カナダ・オーストラリア・ニュージーランド・韓国・タイ・インドネシア・マレーシア・フィリピン・シンガポール・ブルネイが参加。その後、中国・台湾・香港(ホンコン)・メキシコ・パプアニューギニア・チリ・ロシア・ペルー・ベトナムが加盟した。なお、APECでは加盟した国や地域をメンバーエコノミーと称する。⇒表

エーペックス-うんちん【APEX運賃】▶アペックス運賃

エーベルト〘Friedrich Ebert〙[1871〜1925]ドイツの政治家。1918年社会民主党党首としてドイツ帝国の最後の宰相に就任。19年のドイツ革命に際しては、軍部・保守派と結んで革命派を弾圧。臨時政府主班を経て、ワイマール共和国初代大統領に就任。在任1919〜1925。

エーベルトフト〘Ebeltoft〙デンマーク、ユトランド半島東部、エーベルトフト湾に面する町。観光保養地として知られ、ガラス工芸が盛ん。世界最長の木造軍艦、ユラン号を展示する博物館やガラス工芸の博物館がある。

エーベルバッハ〘Eberbach〙ドイツ南西部、バーデン-ビュルテンベルク州の都市。ネッカー川沿いに位置。旧市街には中世の防衛施設だったローゼン塔やプルファー塔をはじめ、歴史的建造物が数多く残る。温泉保養地としても知られる。エーバーバッハ。

エー-ポップ〘APOP〙《authenticated post office protocol》電子メールを受信する際、パスワードを暗号化してユーザー認証をする手法。POP3に比べ、安全性が高い。

エーホンコンがた-インフルエンザウイルス【A▽香▽港型インフルエンザウイルス】A型インフルエンザウイルスの一種。1968年から翌年にかけて世界的に大流行。その後も流行を繰り返している。糖たんぱく質の血清型を使ってH3N2型と表す。A香港型。⇒インフルエンザウイルス

エームズ-テスト〘Ames test〙化学物質の発癌(はつがん)性の試験法の一。細菌の突然変異の頻度から判定する。その結果は発癌性をよく示すため汎用されている。アメリカの生化学者の名にちなむ。

エー-ユー〘au〙KDDIおよび沖縄セルラー電話が提供する携帯電話サービス。平成12年(2000)より日本移動通信(IDO)とDDIセルラーグループが展開していた携帯電話事業を継承した。

エー-ユー〘AU〙《African Union》▶アフリカ連合

エー-ユー〘AU〙《astronomical unit》天文単位。地球と太陽の平均距離(約1億4960万キロ)が1AU。

エー-ユー〘A.U.〙《angstrom unit》オングストロームユニット。電磁波や原子の大きさをはかる単位。

エー-ユー-エス〘AUS〙《Army of the United States》米国陸軍。

エー-ユー-ピー〘AUP〙《acceptable use policy》インターネットなどのコンピューターネットワークにおける、利用目的に関する制限。商用利用や公序良俗に反する利用の制限などがある。

エー-ライン〘A-line〙Aの字形に裾(すそ)に向かうにつれて広がるドレスやコートの形。

エーラスダンロス-しょうこうぐん【エーラスダンロス症候群】《Ehlers-Danlos syndrome》小児慢性特定疾患の一。先天的な結合組織の異常で、皮膚の過弾力性、関節の過伸展、血管の脆弱(ぜいじゃく)性が特徴。EDS。

エーランド-とう【エーランド島】《Öland》スウェーデン南部、バルト海にある南北約130キロメートルの島。本土との間には全長6070メートルのエーランド橋が架かる。中心地はボリホルム。バイキングの集落遺跡エケトルプや、16〜18世紀に造られた水車群などがある。2000年「エーランド島南部の農業景観」として世界遺産(文化遺産)に登録された。ウーランド島。

エール〘ale〙英国の伝統的なビール。アルコールの度数がやや高いものが多い。

エール〘Eire〙アイルランドのゲール語名。1937年に独立宣言をしたときに称した国名。⇒ゲール語

エール〘yell〙学生のスポーツの試合などで、声をそろえて発する応援の掛け声。声援。「—を交換する」

エールグリュ-だんがい【エールグリュ断崖】《Érgļu klintis》ラトビア、ビゼメ地方の町ツェーシス北郊にある断崖。ガウヤ川沿いに約1キロメートルの断崖が続いており、緑豊かな自然景観で知られる。

エール-だいがく【エール大学】《Yale University》▶イェール大学

エールリヒ〘Eugen Ehrlich〙[1862〜1922]オーストリアの法学者。法社会学を提唱。社会団体の内面秩序としての法の探究が法学の任務と説く。著「法社会学の基礎論」など。

エールリヒ〘Paul Ehrlich〙[1854〜1915]ドイツの実験医学者。近代免疫学・化学療法の基礎を確立。秦佐八郎との共同研究により、梅毒に効くサルバルサンを発見。1908年にE=メチニコフとともにノーベル生理学医学賞受賞。著「免疫学研究総説」など。

エーレンシュレーガー〘Adam Gottlob Oehlenschläger〙[1779〜1850]デンマークの詩人・劇作家。ゲーテやドイツ-ロマン派詩人と交友。北欧ロマン主義を確立。作「北欧詩集」など。エーレンシュレーゲル。エーレンスレーヤ。

エーろく-ばん【A6判】紙の仕上げ寸法で、A5判を半截(はんせつ)したもの。105ミリ×148ミリの大きさ。文庫本に用いられる判型。⇒A判

エーロゾル〘ドイツ Aerosol〙コロイドの一。気体の中に固体または液体の微粒子が分散し浮遊しているもの。煙・霧など。煙霧質。エアゾール。エアロゾル。

[エーペック] APEC、ASEAN、EAS参加国・地域一覧

数字は加盟年

国・地域	APEC	ASEAN	EAS
インドネシア	1989	1967	2005
シンガポール	1989	1967	2005
タイ	1989	1967	2005
フィリピン	1989	1967	2005
マレーシア	1989	1967	2005
ブルネイ	1989	1984	2005
アメリカ合衆国	1989	—	2011
オーストラリア	1989	—	2005
カナダ	1989	—	—
ニュージーランド	1989	—	2005
韓国	1989	—	2005
日本	1989	—	2005
香港	1991	—	—
台湾	1991	—	—
中国	1991	—	2005
パプアニューギニア	1993	—	—
メキシコ	1993	—	—
チリ	1994	—	—
ベトナム	1998	1995	2005
ペルー	1998	—	—
ロシア	1998	—	2011
ミャンマー	—	1997	2005
ラオス	—	1997	2005
カンボジア	—	1999	2005
インド	—	—	2005

注:ASEAN＝東南アジア諸国連合、EAS＝東アジアサミット

エーワックス〘AWACS〙《airborne warning and control system》空中警戒管制機。早期警戒管制機。警戒空域に侵入する敵機を機上のレーダーで捕捉し、味方の迎撃機を誘導する機能を持つ航空機。

エー-ワン〘A1〙《英国船級協会の船名録による船級「Aの第一級」から》第一流のもの。最上級品。

え-えん【会×厭】エ ▶喉頭蓋(こうとうがい)

エオアントロプス〘ラテン Eoanthropus〙《曙人(あけぼのじん)の意》英国のピルトダウンで発掘された骨から名づけられた原始人類の名。のちに偽物と判明した。ピルトダウン人。

え-おうぎ【絵扇】ゑあふぎ 絵のかいてある扇。(季 夏)「一や是も二見のうら表/也有」

エオシン〘eosine〙赤色の酸性染料の一。赤インク・レーキ顔料・分析用試薬などに使用。ヨーシン。

エオス〘Eōs〙ギリシャ神話で、曙(あけぼの)の女神。2頭立ての馬車に乗り、太陽神ヘリオスの先駆として空を走る。ローマ神話のアウロラ(オーロラ)にあたる。

え-おとこ【▽愛男】えをとこ いとしい男。愛らしい男。「あなにやし—を」〈記・上〉

え-おとめ【▽愛▽少女】えをとめ いとしい少女。美しい乙女。「あなにやし—を」〈記・上〉

エオニズム〘eonism〙異性の服装を好む性的倒錯。42歳以降、女装で通した18世紀のフランスの外交官エオン=ド=ボーモンにちなむ称。衣装倒錯。

エオリア-しょとう【エオリア諸島】《Eolie》シチリア島の北に浮かぶ七つの島からなる火山群島。イタリア有数のリゾート地としても名高い。6座の火山が集中し、そのうち二つが今も活発に活動中。火山学の重要な研究拠点として、ブルカノ式・ストロンボリ式などの噴火形態が明らかにされたことで知られる。2000年に世界遺産(自然遺産)に登録。

エオルス-おん【エオルス音】細い棒に強い空気の流れが当たるときに発生する空気力学的な音。送電線や細い木の枝に風が当たり、電線の背後にカルマン渦が生じて発生する音などが知られる。

えおん【慧遠】ヱヲン [334〜416]中国、東晋の僧。中国浄土教の祖とされる。廬山(ろざん)に入り修行・教化を行い、同志と白蓮社(びゃくれんしゃ)を設立。出家は王権に屈服する必要はないとする「沙門不敬王者論」を著した。廬山慧遠。

えおん【慧遠】ヱヲン [523〜592]中国、隋の僧。北周の武帝の仏教廃止令に抗した。のち、長安の浄影寺(じょうようじ)に住み、講説を行った。著「大乗義章」など。浄影

寺慧遠。

え-か【会下】ヱ「えげ(会下)」に同じ。

えか【恵果】ヱクヮ ▶けいか(恵果)

えか【慧可】ヱカ［487〜593］中国、南北朝時代の禅僧。初祖の菩提達磨に師事。禅宗の第二祖とされる。

え-が【▽垣下】ヱ「えんが」の撥音の無表記。「君達の、斎院の一にとて、日の装束うるはしうして」〈枕・二二二〉

え-がい【絵貝】ヱガヒ 貝合わせの一つで、名所などの絵とそれに関連した和歌とを貝殻の左右両片に分けて書き、合わせて取る遊戯。

え-がい【餌飼い】ゑがひ 鳥獣などを、えさで飼いならすこと。また、その人。

え-がお【笑顔】ゑがほ にこにこと笑った顔。笑い顔。
(類語)笑い顔・恵比須顔・にこにこ顔・地蔵顔・破顔・喜色・朗色・生色

え-かがみ【柄鏡】柄つきの円形の銅鏡。明からの輸入品の影響で、室町時代以降に多く作られた。

え-かがみ【絵▽鑑】ヱ 鑑定用の古画帖で、画家たちの手法の特徴を収録してあるもの。

え-かき【絵書き｜絵描き】ヱ ❶絵をかくことを職業とする人。画家。❷絵をかくこと。今日では幼児語で「お絵かき」というほかは、あまり用いない。
(類語)画家・画工・絵師・画伯・画工・画人・イラストレーター

えかき-うた【絵書き歌】ヱカキ 歌詞に合わせて線を引くと絵ができ上がる、子供の遊びの中で歌われる歌。

えがき-だ・す【描き出す】ゑがき〔動サ五(四)〕❶絵や図にかいて表現する。❷文章や音楽などによって、物の形や事柄のありさまを目に見えるように表現する。「政界の内幕を一・す」❸物事を想像によって思い浮かべる。「脳裏に一・す」❹物の動いた跡が、ある形となる。「航跡がゆるやかな弧を一・す」
(類語)写す・描出する・活写する・直写する・写生する・スケッチする

え-がく【依学】仏語。信仰のためではなく、学問研究の対象として教義を学ぶこと。

え-が・く【描く｜▽画く】ヱ〔動カ五(四)〕❶物の形を絵や図にかき表す。「田園の風景を一・く」❷物事のありさまを文章や音楽などで写し出す。描写する。表現する。「下町の生活を一・いた小説」❸物事のありさまを心に思い浮かべる。「夢に一・く」❹物の動いた跡が、ある形をとる。「波紋を一・く」(可能)えがける
(類語)描く・象る・彩る・描写・写生・模写・素描・点描・線描・寸描・スケッチ

えがく-の-しゅう【依学の宗】依学を尊ぶ宗旨。倶舎宗・成実宗などの南都仏教に多い。

え-がすり【絵×絣】ヱ 主として横糸によって絵画的文様を織り出した絣。

え-がた・い【得難い】〔形〕(文)えがた・し〔ク〕手に入れることがむずかしい。貴重だ。「一・い人材」「一・い経験をした」(派生)えがたさ〔名〕(類語)貴重・珍しい・貴い・稀・稀有・高貴・大切・重要・異色・珍貴・珍稀

得難きは時逢い難きは友　《謡曲「西行桜」から》よい機会をつかむのはむずかしく、よい友に出会うのはむずかしい。

えか-だんぴ【×慧可断×臂】ヱカ 慧可が達磨に入門を請うが許されず、片臂を切って決意を示し、許されたという故事。

え-がち【笑勝ち】ゑ〔形動ナリ〕笑みを含んださま。にこやかなさま。「心ゆきたる気色して物言ひ、一なるを聞くが」〈狭衣・一〉

エカチェリーナ〖Ekaterina〗ロシアの女帝。㊀(1世)［1684〜1727］在位1725〜1727。ピョートル大帝の妃で、皇帝の死後、即位。ロシア科学アカデミーを創設。㊁(2世)［1729〜1796］在位1762〜1796。ピョートル3世の妃。クーデターによって即位。啓蒙専制君主として君臨したが、プガチョフの反乱後、貴族の特権を拡大し、農奴制を強化。ポーランド分割、クリム・ハン国の併合で領土を拡げた。また、学芸を奨励、美術品の収集でも有名。

エカチェリーナ-きゅうでん【エカチェリーナ宮殿】《Ekaterininskiy dvorets》ロシア連邦北西部、レニングラード州のかつてのロシア皇帝の避暑地ツァールスコエセローにある宮殿。18世紀にエカチェリーナ1世が夏の離宮を建造し、続いてエリザベータ女帝がバロック様式で改築した。設計はイタリアの建築家バルトロメオ＝ラストレッリによる。壁一面を琥珀で装飾された「琥珀の間」が有名。第二次大戦中にドイツ軍により琥珀が持ち去られたが、2003年に復元された。1990年に「サンクトペテルブルグ歴史地区と関連建造物群」の名称で世界遺産(文化遺産)に登録された。エカテリーナ宮殿。

エカチェリンブルグ〖Ekaterinburg〗《「エカテリンブルグ」とも》ロシア連邦、スベルドロフスク州の都市。同州の州都。ウラル山脈の東麓、イチセ川沿いにある工業都市で、シベリアへの交通の要地として発展。1924年から91年までの旧称はスベルドロフスク。人口、行政区133万、都市圏136万(2008)。

エカテリーナ〖Ekaterina〗▶エカチェリーナ

エカテリーナ-きゅうでん【エカテリーナ宮殿】《Ekaterininskiy dvorets》▶エカチェリーナ宮殿

エカテリンブルグ〖Ekaterinburg〗▶エカチェリンブルグ

エカトンタピリアニ-きょうかい【エカトンタピリアニ教会】ケウクワイ《Panagia Ekatontapiliani》ギリシャ南東部、エーゲ海に浮かぶパロス島の北西部に位置する港町パリキアにある、ビザンチン様式の教会。名称は「百の門の教会」を意味する。4世紀に古代ローマ皇帝コンスタンティヌス1世が建てた教会に起源するとされ、後の皇帝により再建された。盛大な聖母被昇天の祭りが催されることで有名。

えか-の-いち【餌香の市】ゑか 古代、河内国に置かれたという市。現在の大阪府藤井寺市国府付近、もしくは羽曳野市古市付近が考えられる。

エカフェ〖ECAFE〗《Economic Commission for Asia and the Far East》アジア極東経済委員会。1974年、ESCAP(エスカップ)と改称。

え-がみ【絵紙】ヱ ❶子供が遊びに使う、色刷りにした絵や模様のある紙。「牡丹の花の模様のついた一」〈中勘助・銀の匙〉❷画用紙。「一一枚に大きく馬の頭を書いた」〈独歩・画の悲み〉

えがみ-なみお【江上波夫】ナミヲ［1906〜2002］考古学者・東洋史学者。山口の生まれ。東大卒。東大教授・上智大教授・古代オリエント博物館館長。アジアの民族・文化形成史、東西文化交渉史を研究。日本国家の起源について、騎馬民族征服王朝説を唱える。著作に「騎馬民族国家」「ユーラシア古代北方文化」など。文化勲章受章。

えがみ-ふじお【江上不二夫】フジヲ［1906〜1982］生化学者。東京の生まれ。東大教授。核酸の構造・機能を研究し、日本における分子生物学を育てた。有機化学分野でも業績があり、国際生命の起源学会会長などを務めた。著「生化学」「生命を探る」など。

え-がら【絵柄】ヱ 絵・模様の構図。また、絵・模様の取り合わせ、品格。(類語)模様・柄・文様・図柄・地紋・パターン・紋・文・文目・紋柄・意匠・デザイン

え-がら・い【×蘞辛い】ゑ〔形〕(文)ゑがら・し〔ク〕のどが強く刺激されるさま。えがらっぽい。
(類語)えぐい・えがらっぽい・いがらっぽい

え-からつ【絵唐津】ヱ 唐津焼の一。慶長(1596〜1615)以降、肥前各地で焼かれたもので、鉄砂釉で描いた文様の上に釉がかけられている。

えがらっ-ぽ・い【×蘞辛っぽい】ゑがら〔形〕刺激が強くてのどがひりつく感じがするさま。いがらっぽい。「一・い咳が二つ三つ出る」〈漱石・虞美人草〉
(類語)えぐい・えがらい・いがらっぽい

えがらてんじんえんぎ【荏柄天神縁起】絵巻物。3巻。鎌倉時代、元応元年(1319)の制作。もと鎌倉の荏柄天神社に伝来したところからこの名称がある。内容は「北野天神縁起」と同じ。

えがら-てんじんしゃ【荏柄天神社】神奈川県鎌倉市二階堂にある神社。祭神は菅原道真。「荏柄天神縁起」は、この社に伝来したもの。荏柄の天神。

え-がわ【江川】ェガハ 川が入り江と連なっている所。「東には一はるかに流れ」〈なくさめ草〉

え-がわ【絵革｜▽画×韋】ヱガハ 獅子・牡丹・不動尊などの文様の彫り型を当て、藍や赤で染めた革。

えがわ-たろうざえもん【江川太郎左衛門】［1801〜1855］江戸後期の砲術家。伊豆韮山の代官。名は英竜。号、坦庵。高島秋帆に砲術を学び、江戸で教授。門下に佐久間象山・木戸孝允らがいる。韮山につくった反射炉が現存。

えがわ-の-たまのり【江川の玉乗り】エガハ 明治初期から関東大震災前まで東京の浅草六区で興行していた江川作蔵一座の玉乗りの曲芸。

え-かんばん【絵看板】ヱ 劇場・映画館の前に、上演中の作品の場面などを描いて掲げる看板。

えき【役】❶戦争。「前九年の一」❷人民に公の労務を課すこと。夫役。えだち。「諸大名の一に課せらる」〈折たく柴の記・中〉➡漢「やく(役)」
(類語)戦争・戦・戦い・合戦・戦役・戦闘・兵戈・干戈・戦火・兵火・戦乱・兵乱・戦雲・戦塵・戦禍

えき【易】㊀古代中国から伝わった占い。50本の筮竹を用い、得られた卦により吉凶を占う。日本には6世紀ごろ伝わったといわれる。「一を立てる」㊁易経のこと。➡漢「えき(易)」
(類語)占い・占・卜占・占卜・八卦・易断

えき【×奕】碁を打つこと。「桃の実の大なるを啗ひつつ一の手段を見る」〈読・雨月・夢応の鯉魚〉

えき【疫】伝染して流行する病気。はやりやまい。えやみ。「およそ一は日数あり、その程を過ぎぬれば、寿命を過さたず」〈読・雨月・菊花の約〉➡漢「えき(疫)」

えき【益】❶役に立つこと。ためになること。「世の中に一をもたらす活動」(対)害。❷利益。もうけ。「多くの一をもたらす」➡漢「えき(益)」
(類語)利益・儲け・利・収益・利潤・得・利得・利沢・黒字・得分・実益・益金・利金・純利・純益・差益・利鞘・マージン・ゲイン・プロフィット

えき【液】水や油のような、形のない流動する物体。液体。➡漢「えき(液)」(類語)液体・固体・気体・流動物・流動体・液汁・汁液・しる・つゆ

えき【駅】❶列車を止めて、乗客の乗降、貨物の積み降ろしをする所。停車場。❷律令制で、官道に設けて公の使いのために人馬の継ぎかえや宿舎・食糧などを提供した所。うまや。➡漢「えき(駅)」(補説)明治初年に鉄道が敷かれた時は新橋ステーションといい、以後、新橋停車場、新橋駅へと変わった。(類語)停車場・停留所・ステーション・ターミナル・ストップ

え-ぎ【餌木】ゑ 大形のイカを釣るのに用いる擬餌鉤。主にクスノキの材で作る。

えきあつしき-ブレーキ【液圧式ブレーキ】制止力を液体の圧力によって伝達して作動するブレーキ。

エギーユ〖フランス aiguille〗《針の意》登山で、針のように鋭くとがった岩峰のこと。アルプス-モンブラン山塊の針峰群が有名。針峰。ニードル。ピナクル。

エギーユ-デュ-ミディ-さん【エギーユデュミディ山】《Aiguille du Midi》フランス南東部、アルプス山脈西部、モンブラン山系のシャモニー針峰群の最高峰。南峰(3842メートル)、北峰(3795メートル)の2峰からなる。モンブラン北麓の町、シャモニーから頂上までロープウエーで結ばれる。モンブランを間近に望む展望地として知られる。ミディ針峰。

えき-いん【駅員】ヰン 鉄道の駅の従業員。

えき-う【液雨】秋から冬にかけて短時間降る雨。立冬のあと10日を入液、小雪を出液といい、このころに降る時雨。(季 冬)

えき-うり【駅売り】駅の構内で物品を売ること。また、売っている物やそれを売る人。「一の弁当」

えき-えき【役役】〔ト・タル〕(文)〔形動タリ〕苦心して努めるさま。「建築家の一としてその業に従うや…楼閣を起こすの算あり」〈藤村・春〉

えき-えき【×奕×奕】〔ト・タル〕(文)〔形動タリ〕❶非常に美しいさま。「その色彩何ぞ一たる」〈鴎外訳・即興詩人〉❷光り輝くさま。「霞光一万道一と閃めき出でて

屋の内は明るくなりし如くなれば〈露伴・新浦島〉

えきえ-ぼし【えきえ星】(エキヘー) 二十八宿の一、胃宿(いしゅく)の和名。➡胃(い)

えき-か【液化】(エキクヮ)〔名〕(スル) 気体が液体の状態に変化すること。また、変化させること。

えき-か【液果】(エキクヮ) 3層からなる果皮のうち、中果皮または内果皮が多肉質で水分が多く、軟らかい果実。ミカン・トマト・ブドウなど。漿果(しょうか)。多肉果。

えき-か【×腋下】わきの下。わき。

えき-か【×腋花】(エキクヮ) 葉の付け根に開く花。⇔頂花。

えき-か【×腋×窩】(エキクヮ) わきの下のくぼんだ所。えきわ。

えき-か【駅家】律令制で、人馬を用意し、駅使に宿舎・食糧を提供した施設。駅館。駅舎。駅亭。

えき-が【×腋芽】葉の付け根にできる芽。側芽。わきめ。⇔頂芽。

えき-がく【易学】易に関することを研究する学問。

えき-がく【疫学】人間集団を対象として、病気の原因や本態を究明する医学の一分野。感染症の原因や動向を調べる学問であったが、今日では、公害など広く健康を損ねる原因などを研究対象とする。

えきがく-ちょうさ【疫学調査】(テウサ) 地域や集団を調査し、病気の原因と考えられる要因と病気の発生の関連性について、統計的に調査すること。例えば、喫煙者と非喫煙者の肺癌(はいがん)発生率を比較することで、喫煙によって肺癌になる危険性が何倍になるか調べる。➡疫学

えきがくてき-リンク【疫学的リンク】感染症の集団感染において、感染源や感染経路を示す、発症者・接触者のつながり。発生初期は、積極的疫学調査により、どこで誰から感染し、誰に感染させた可能性があるか特定できる。感染が拡大し、どこで誰から感染したか特定できない状態になることを、「疫学的リンクが切れた」などのように言う。

えぎ-かずゆき【江木千之】[1853〜1932]官僚・政治家。山口の生まれ。大正13年(1924)清浦内閣の文相。貴族院議員。枢密顧問官。

えきか-せきゆガス【液化石油ガス】(エキクヮ) 石油精製の副産物として出てくるプロパン・ブタンなどの炭素数が3または4の炭化水素ガスを、常温で加圧し液化したもの。工業用・家庭用燃料として広く使われる。プロパンガス。LPガス。LPG。

えきか-てんねんガス【液化天然ガス】(エキクヮ) 天然ガスの主成分であるメタンや、プロパン・ブタンなどを冷却し液化したもの。燃焼に際し、石油などに比べ、二酸化炭素の排出量が少ないといわれる。LNG。

えきか-ねつ【液化熱】(エキクヮ) 液化する際に放出される熱量。同量の液体を気化するのに必要な熱量(気化熱)と等しい。

えき-かん【駅館】(クヮン)「駅家(えきか)」に同じ。

えき-き【疫鬼】疫病をはやらせるという悪神。疫病神。

えきき-でん【駅起田】駅田(えきでん)の大宝令での称。

えきき-とう【駅起稲】(タウ) 駅稲(えきとう)の大宝令での称。

えき-ぎゅう【役牛】(ギウ) 耕作や運搬などに使う牛。

えききょう【易経】(エキキャウ) 五経(ごきょう)の一。伏羲(ふっき)氏が初めて八卦(はっけ)を作り、孔子が集大成したといわれるが未詳。天文・地理・人事・物象を陰陽変化の原理によって説いた書で、元来、占いに用いられた。六十四卦(け)およびそれぞれの爻(こう)につけられた占いの文章(経)と、易全体および各卦について哲学的に解説した文章(伝もしくは十翼という)とから成る。周代に流行したところから周易ともいう。易。

えき-きん【益金】❶もうけた金。利益。⇔損金。❷法人税法上の用語で、資本などの取引によるものを除いた法人の資産の増加をきたす収益。法人税の課税所得の基礎となる。⇔損金。

(類語)利益・売り上げ・売れ高・水揚げ・売り掛け・商い・稼ぎ・益・儲(もう)け・利・収益・利潤・得・利得・利沢・黒字・得分・実益・利金・純利・純益・差益・利鞘(りざや)・マージン・ゲイン・プロフィット

えき-けん【役権】他人の所有物を他人の行為を介しないで利用する権利。人役権と地役権とがある。現行民法は地役権だけしか認めていない。

えきけんじっくん【益軒十訓】貝原益軒著の教訓書から主なもの10種を集成したもの。50巻。西田敬止編。明治26年(1893)刊。

えき-こ【駅戸】律令制で、諸国の宿駅に所属していた家。一定戸数が指定され、駅馬の飼育、駅田の耕作などを受け持った。うまやべ。

え-きごう【絵記号】(エキガウ) 絵を使ってわかりやすく示した記号。➡PICシンボル

えき-ざい【液材】幹の木質部の外側の部分で、軟らかく、樹液を多く含む材。しらた。辺材。

えき-ざい【液剤】液体状の薬剤。

エキサイティング〘exciting〙〔形動〕人を興奮させるさま。白熱的。「—なカーレース」

エキサイト〘excite〙〔名〕(スル) 興奮すること。また、試合などが白熱すること。「—した観衆」

(類語)熱中・熱狂・興奮・高揚・感奮・激発・激昂(げきこう)・逆上・上気・フィーバー (—する)高ぶる・のぼせる・激する・かっとなる・いきり立つ・逸(はや)り立つ・わくわくする・ぞくぞくする・どきどきする

えき-さく【易×簀】《「礼記」檀弓上の、曽子が死に臨んで、季孫から賜った大夫用の簀(さく)を、身分不相応のものとして粗末なものに易(か)えたという故事から》学徳の高い人の死、または、死に際をいう語。

えき-し【役使】〔名〕(スル) 命じて召し使うこと。「その業益々熾盛にして、許多の工人を—し」〈中村訳・西国立志編〉

えき-し【駅子】律令制で、駅使を次の駅まで送る労役に服した、駅戸の課丁。駅丁(えきちょう)。

えき-し【駅使】律令制で、駅鈴を朝廷から下付されて、駅馬や駅家を利用することを許された公用の使者。はゆまづかい。

えきし【繹史】中国の史書。清(しん)の歴史学者馬驌(ばしゅく)撰。全160巻。上代から秦(しん)末期までの歴史資料を収集整理し、紀事本末体に配列したもの。

エキジビション〘exhibition〙《「エキシビション」とも》❶公開。展示。陳列。❷展示会。展覧会。品評会。

エキジビション-ゲーム〘exhibition game〙 勝負を見せることよりも、すぐれた技術や競技者の紹介を目的として行われる試合。公開試合。模範試合。

エキシマ〘excimer〙励起状態にある二つの原子分子が結合して分子化したもの。基底状態では結合しないXeCl(キセノン・塩素)、ArF(アルゴン・弗素(ふっそ))などのエキシマがエキシマレーザーに利用される。名称は励起二量体(excited dimmer)の略から。エキシマー。

エキシマ-レーザー〘excimer laser〙 XeCl(キセノン・塩素)、ArF(アルゴン・弗素(ふっそ))などの2原子分子の励起(エキシマ)を利用し、紫外線を出すレーザー。

えき-しゃ【易者】易などによる占いを業とする者。売卜者(ばいぼくしゃ)。八卦見(はっけみ)。

(類語)占い師・八卦見・手相見・陰陽師(おんようじ)・巫女(みこ)・巫女(ふじょ)・市子・いたこ・ゆた・口寄せ・かんなぎ・シャーマン

易者身(み)の上(うえ)知らず 易者は他人の身の上は占うが、かえって自分の身の上はわからない。陰陽師(おんようじ)身の上知らず。

えき-しゃ【益者】交際して自分の利益になる人。益友。⇔損者。

えき-しゃ【駅舎】❶鉄道の駅の建物。❷「駅家(えきか)」に同じ。

えきしゃ-さんゆう【益者三友】(サンイウ)《「論語」季氏から》益者となる3種類の友人。正直な人、誠実な人、物知りな人をいう。⇔損者三友。

えき-しゅ【駅手】鉄道の駅で貨物の積み降ろしや運搬などの雑務を行う人。現在は駅務掛という。

えき-しゅう【益州】(シウ) ㊀中国漢代に置かれた州の名。唐代に成都府と改称。現在の四川省とほぼ同じ区域にあたる。㊁成都の俗称。

えき-しゅう【×腋臭】(シウ) わきが。

えき-じゅう【液汁】(ジフ) しる。つゆ。

(類語)液・液体・流動物・流動体・汁液・しる・つゆ

えき-しょう【液晶】(シャウ) 液体と結晶との中間状態にある物質。液体の流動性と結晶の規則性とをあわせもち、光学的異方性を示す。透明な電極で挟んで、時計・パソコン・テレビ・携帯電話などの画面表示に用いる。液状結晶。

漢字項目 **えき**

【役】▶やく

易 (学)5 (音)エキ(漢) イ(呉)(漢) ヤク(呉) (訓)やさしい、やすい、かえる、かわる ‖ ㊀〈エキ〉①取りかえる。入れかえる。「易姓/改易・交易・不易・貿易」②占い。「易者・易断」③占いの書。五経の一。「易経/周易」㊁〈イ〉やさしい。たやすい。「安易・簡易・難易・平易・容易」(名付)おさ・おさむ・かね・やす・やすし (難読)易田(やくでん)

疫 (音)エキ(漢) ヤク(呉) (訓)え、えやみ ‖ ㊀〈エキ〉流行性の病気。伝染病。「疫学・疫病・疫痢/悪疫・検疫・防疫・免疫」㊁〈ヤク〉㊀に同じ。「疫病神(やくびょうがみ)」

益 (学)5 (音)エキ(漢) ヤク(呉) (訓)ます、ますます ‖ ㊀〈エキ〉①ます。ふやす。「増益」②役に立つ。役に立つこと。「益鳥・益友/公益・広益・国益・受益・裨益(ひえき)・便益・無益・有益」③もうけ。利得。「益金/巨益・差益・私益・収益・純益・損益・利益」㊁〈ヤク〉役に立つこと。「益体/御利益(ごりやく)」(名付)あり・すすむ・のり・まし・また (難読)益荒男(ますらお)

×掖 (音)エキ(漢) (訓)わき、たすける ‖ ①宮門や宮殿のわき。「掖庭/禁掖」②助け導く。「扶掖・誘掖」

液 (学)5 (音)エキ(漢) ‖ 流動性の物質。汁。「液化・液汁・液状・液体/胃液・血液・原液・樹液・唾液(だえき)・体液・乳液・粘液・薬液・溶液」

×腋 (音)エキ(漢) (訓)わき ‖ ①わき。わきの下。「腋下・腋臭」②葉のつけ根。「葉腋」(難読)腋腋(ひよどりごえ)・腋臭(わきが)

駅〔驛〕 (学)3 (音)エキ(漢) (訓)うまや ‖ ①宿場。馬継ぎ場。「駅逓・駅伝・駅路/宿駅」②電車・列車などの発着する所。「駅員・駅長・駅頭/各駅・着駅」

×繹 (音)エキ(漢) (訓)たずねる ‖ ①糸口を引き出す。たずねる。「演繹・尋繹」②糸を引くように続く。「絡繹(らくえき)」(名付)つぐ・つら・のぶ・みつ

えき-じょう【液状】(ジャウ) 液体の状態。

えきじょう-か【液状化】(エキジャウクヮ)〔名〕(スル) 地震などの振動によって地盤が液体のような状態になること。液状化現象。「地盤が—する」(補説)地下水を多く含んだ砂の層に強い揺れや衝撃が加わり、砂の粒子が水中に浮遊した状態になることによって起こる。埋立地などの軟弱な地盤で発生しやすく、地盤の支持力が低下するため、建物が沈下・傾斜したり、マンホールが浮上したりする被害が生じることがある。➡クイックサンド

えきじょうか-げんしょう【液状化現象】(エキジャウクヮゲンシャウ) ▶液状化

えきしょうシャッター-プリンター【液晶シャッタープリンター】(エキシャウ)《liquid crystal shutter printer》▶液晶プリンター

えきしょうシャッター-ほうしき【液晶シャッター方式】(エキシャウ―ハウシキ)《liquid crystal shutter glasses》▶アクティブシャッター方式

えきしょう-ディスプレー【液晶ディスプレー】(エキシャウ)《liquid crystal display》液晶に電圧を加えると光の透過性が変化する性質を利用して、文字や絵を表示する装置。パソコン・液晶テレビ・携帯電話などに広く用いられている。液晶モニター。LCD。

えきしょう-テレビ【液晶テレビ】(エキシャウ) 画面に液晶を使用したテレビ。ブラウン管と比べて、薄形軽量。

えきしょう-パネル【液晶パネル】(エキシャウ)《liquid crystal panel》液晶・ガラス基板・バックライト・偏光板などで構成される表示装置。液晶ディスプレーや液晶テレビの画像表示部分を指す。単に液晶ともいう。LCP。

えきしょう-プリンター【液晶プリンター】《liquid crystal shutter printer》プリンターの一種。インクを付着させる感光体への光照射制御に液晶シャッターを用いるもの。液晶シャッタープリンター。

えきしょう-プロジェクター【液晶プロジェクター】《liquid crystal display projector》液晶パネルを使って、スクリーンに拡大投影する装置。

えきしょう-モニター【液晶モニター】《liquid crystal display monitor》▶液晶ディスプレー

えき-じん【疫神】疫病をはやらせる神。疫病神。

えきじん-さい【疫神祭】悪病の流行を防ぐために、陰暦3月に行われた疫神を鎮める祭り。また、平安時代に、皇居の四隅や畿内の境界に疫神を祭ったこと。

えきしん-たいぶつレンズ【液浸対物レンズ】顕微鏡の対物レンズで、試料とレンズとの間を、レンズとほぼ屈折率の等しい液体で満たして用いるもの。開口数が増し、解像力を上げることができる。➡液浸法

えきしん-ほう【液浸法】顕微鏡で、試料とレンズとの間をレンズとほぼ屈折率が等しい液体で満たすこと。このための対物レンズを液浸対物レンズといい、開口数を増して、解像力を上げることができる。ふつうシーダー油が使われることが多いため、油浸法ともいう。

エキス《オランダ extract(抽出物、の意)から》❶薬物や食品の有効成分を水・アルコール・エーテルなどに浸して抽出し濃縮したもの。❷物事の最も本質的な部分。精髄。粋(すい)。エッセンス。

えき-すい【易水】中国河北省を流れる川。太行(たいこう)山脈北部の五廻嶺(ごかいれい)に源を発し、大清河(たいせいが)に合流。戦国時代、燕(えん)のため秦(しん)の始皇帝暗殺に赴く刺客荊軻(けいか)が、この川のほとりで太子丹との別れに「風蕭々として易水寒し、壮士ひとたび去って復(ま)た還らず」と詠じた。イーシュイ。

エキスカーション〖excursion〗▶エクスカーション

エキス-ざい【エキス剤】生薬を水やアルコールなどにつけて有効成分を抽出し、固形または半固形にしたもの。エキス薬。

エキストラ〖extra〗《「エクストラ」とも》❶映画やテレビで、群衆・通行人などの役を演じる臨時雇いの出演者。❷特別なこと。臨時のもの。「―イニング」「―ホール」
(類語)端役・ちょい役・脇役・バイプレーヤー

エキストラ-ベッド〖extra bed〗ホテルの客室で、定員以上に泊める場合の追加ベッド。

エキストリーム-スキー〖extreme ski〗富士山やエベレストなどの高山の頂上から、固い雪や厳しい急斜面と戦いながら滑降するスキー。

エキスパート〖expert〗ある分野に経験を積んで、高度の技術をもっている人。専門家。熟練者。「経営の―」

エキスパート-システム〖expert system〗専門知識を体系化してコンピューターに記憶させ、推論や問題解決などを自動的に行わせるシステム。ES。

エキスパンダー〖expander〗筋肉鍛錬のための運動用具。ゴムまたは鋼のばねなどを、両手または手と足で伸縮させるもの。

エキスパンド-ブック〖expanded book〗電子出版用フォーマットの一。またはその出版物のこと。1993年にボイジャー社が開発。

エキスポ〖expo〗《「エクスポ」とも》❶展覧会。博覧会。❷(Expo)万国博覧会。

エキス-やく【エキス薬】「エキス剤」に同じ。

えき・する【役する】〔動サ変〕文えき・す〔サ変〕使役する。使う。「運動奔走以て筋骨を―・し」〈福沢・福翁百話〉

えき・する【益する】〔動サ変〕文えき・す〔サ変〕利益を与える。役に立つ。「社会に―・する事業」「住民を―・する行政」

えき-せい【易世】《「世」は王朝のこと》王朝が代わること。

えき-せい【易姓】中国で、王朝が代わること。➡易姓革命

えき-せい【×奕世】《「奕」は重ねる意》世を重ねること。代々。奕葉。累世。

えき-せい【×腋生】〔名〕スル 芽や花が、葉の付け根から生じること。

えき-せい【駅制】古代、律令制で中央政府と地方との連絡・通信のために設けられた交通制度。諸道の30里(約16キロ)ごとに一駅が置かれ、官吏や使者に馬・食糧を提供した。

えき-ぜい【益税】消費者が支払う消費税のうち、国庫に納入されず、合法的に事業者の手元に残る部分。事業者免税点制度や簡易課税制度により発生。

えきせい-かくめい【易姓革命】中国古代の政治思想。天子は天命を受けて国家を統治しているから、天子の徳が衰えれば天命も革(あらた)まり、有徳者(他姓の人)が新たに王朝を創始するとするもの。

えきせい-めんえき【液性免疫】抗原に対して血液中の抗体が反応する免疫。主にB細胞から産生される免疫グロブリンによって行われる。体液性免疫。➡細胞性免疫

えき-せん【駅船】律令制において、水駅(すいえき)に常備して、公用の役人の往来に使用した船。

エキセントリック〖eccentric〗〔形動〕性格などが風変わりなさま。奇矯(ききょう)なさま。「―な行動」
(類語)型破り・風変わり・奇矯(ききょう)・奇抜・突飛・奇想天外・変

えき-そう【液相】液体の状態である相。液体の、どの部分も均一な物理的性質を示す状態。➡相❹

エキゾースト-パイプ〖exhaust pipe〗自動車などの排気管。

エキゾチシズム〖exoticism〗❶外国の文物にあこがれを抱く心持ち。異国趣味。❷異国的な感じ。異国情緒。エキゾチスム。「―にあふれる町並み」

エキゾチック〖exotic〗〔形動〕異国の情緒や雰囲気のあるさま。異国的。「―な建物」

エキゾチック-ショートヘア〖exotic shorthair〗ネコの一品種。ペルシアネコとアメリカンショートヘアの交配種。短毛のペルシアネコ。

エキソン〖exon〗真核生物の遺伝子で、DNAの塩基配列中、たんぱく質合成の情報をもつ部分。配列中ではイントロンが介在して分断されるが、このエキソン部分のみがつなぎ合わされて伝令RNAが完成し、たんぱく質合成の鋳型となる。エクソン。

えき-たい【液体】物質が示す状態の一。一定の体積をもつが、流動性があり、どのような形の器にも入るもの。➡気体 ➡固体 (類語)固体・気体・流動物・流動体・流体・液・液汁・汁液・しる・つゆ

えき-たい【液態】物質が液体の状態にあること。

えきたい-あつりょくけい【液体圧力計】気体の圧力を管内の液体の柱の底にかかる圧力とつりあわせて測る圧力計。U字管圧力計など。液柱圧力計。

えきたい-アンモニア【液体アンモニア】アンモニアを圧縮または冷却して液化したもの。溶媒・肥料・冷凍用寒剤などに使用。

えきたい-おんどけい【液体温度計】液体の体積が温度によって変化することを利用した温度計。アルコール温度計・水銀温度計など。

えきたい-くうき【液体空気】空気を圧縮または冷却して液化したもの。わずかに青みを帯び、沸点は1気圧下でセ氏零下約190度。放置すると沸点の低い窒素が先に蒸発し、あとに酸素が多くなるため、工業的に窒素と酸素を得るのに利用している。液化空気。

えきたいくうき-ばくやく【液体空気爆薬】液体空気を木炭粉末などに吸収させて作った爆薬。爆破用に使う。

えきたい-さんそ【液体酸素】液化した酸素。工業的には、液体空気から窒素を分留して除き、酸素95パーセント以上になったものをいう。純粋なものは沸点がセ氏零下183度、比重1.13で、微青色。ロケット燃料の酸化剤や液体酸素爆薬などに使用。

えきたい-すいそ【液体水素】液化した水素。沸点はセ氏零下252.7度。比重0.071で、無色。ロケット燃料に利用されるほか、地球温暖化の原因とされる二酸化炭素を全く排出しないため、地球温暖化の原因とされる二酸化炭素を全く排出しないため、再生可能エネルギーとしての研究開発が進められている。1896年、英国の化学者J＝デュワーが初めて液化に成功した。

えきたい-せっけん【液体石×鹸】水分を多く含む、液状の石鹸。多く、脂肪酸のカリウム塩を原料とする。洗濯・化粧用。

えきたい-ちっそ【液体窒素】液化した窒素。液体空気から分留して得られる。沸点はセ氏零下約196度。有機物が入っても爆発しないので、寒剤として広く使用。

えきたい-ねんりょう【液体燃料】常温常圧下で液体の燃料。石油系のガソリン・灯油・軽油・重油、石炭系のモーターベンゾール・人造石油、アルコール類、油脂類などがある。

えきたいねんりょう-ロケット【液体燃料ロケット】▶液体ロケット

えきたい-ヘリウム【液体ヘリウム】液化したヘリウム。ヘリウムはすべての物質中沸点が最低で、セ氏零下268.9度で得られる。極低温の冷却剤として広く使用。また超流動などの特異な性質を示すため、物性論的な研究の対象となる。

えきたい-まさつ【液体摩擦】液体が形を変えようとするときに生じる内部摩擦。

えきたい-レーザー【液体レーザー】誘導放出を起こす媒体として液体を用いるレーザー。気体の原子や分子などを管内などに封入して励起する。粉末状の色素を有機溶媒に溶かして発振媒体とする色素レーザーが知られる。

えきたい-ロケット【液体ロケット】化学ロケットの一種。液体の燃料と酸化剤を燃焼して高温・高圧のガスを発生させ、ノズルから超音速で噴き出すことで推力を得る。固体ロケットに比べ、推力の調整が容易で正確な誘導制御が可能だが、構造が複雑なため開発や製造が難しい。液体燃料ロケット。

えき-だし【益出し】企業会計で、時価が帳簿上の価格(簿価)よりも高い手持ちの有価証券を売って収益を計上すること。

えぎ-たすく【江木翼】[1873～1932]政治家。山口の生まれ。千之(かずゆき)の養子。憲政会・民政党に属し、内閣書記官長・法相・鉄道相を歴任。

えき-だん【易断】易によって運勢・吉凶などを判断すること。占い。
(類語)占い・易・占(うら)・卜占(ぼくせん)・占卜・八卦(はっけ)

えき-ちく【役畜】農耕や運搬などの労役に用いられる家畜。牛や馬など。

えき-ちゅう【益虫】人間の生活に直接・間接に利益をもたらす昆虫。一般に、害虫防除に役立つ寄生蜂やトンボ・カマキリ、花粉を媒介するミツバチなどをいう。⇔害虫。➡有用昆虫

えき-ちょう【役丁】古代、諸国から夫役(ぶやく)で都へ集められた青壮年の男。仕丁(しちょう)。えきてい。

えき-ちょう【益鳥】農林業上、有益とされる鳥。一般に、ツバメ・シジュウカラなどの食虫性の鳥をさす。⇔害鳥。

えき-ちょう【駅丁】「駅子(えきし)」に同じ。

えき-ちょう【駅長】❶鉄道駅の最高責任者。❷律令制で、駅の長。駅戸(えきこ)の中から選んで、駅使の送迎およびその事故の処置、駅鈴の検査、駅子(えきし)・駅馬・駅舎の監督を主な職務とした。うまやのおさ。

えき-てい【役丁】「えきちょう(役丁)」に同じ。

えき-てい【×掖庭】宮殿のわきの殿舎。皇妃・宮女のいる所。後宮(こうきゅう)。えきだい。「后妃遊宴のみぎりなり…一の露色愁ふ」〈平家・七〉

えき-てい【駅亭】❶「駅家(うまや)」に同じ。❷宿場の旅館。

えき-てい【駅逓】❶宿場から宿場へ荷物を送り届けること。宿(しゅく)つぎ。馬つぎ。❷郵便。「―の局に似通う両替のペンキの家に」〈白秋・断章〉

えき-てい【駅程】宿駅から宿駅への道のり。

えきてい-きょく【駅逓局】明治初期、駅逓・通信をつかさどった官庁。明治10年(1877)にそれまでの駅

逓寮を改称。同18年逓信省の所管となり、同20年廃止。

えき-でん【易田】古代、土地がやせていて、1年おきにしか耕作できなかった田地。口分田として給される場合は、2倍の面積が与えられた。やくでん。

えき-でん【駅田】養老令で、駅の経費に充てるために、租税免除で国から支給された田。駅戸が耕作にあたった。大宝令では駅起田と称した。

えき-でん【駅伝】❶「駅伝競走」の略。❷古代の駅制と伝馬の制度。律令制では、唐の制度にならって、官吏のために駅には駅馬を備えて宿舎の便宜をはかり、郡家には伝馬を置いた。駅伝制。➡駅制

えきでん-きょうそう【駅伝競走】数人で1チームを作り、一人が1区間を走って次の走者につなぎ、総所要時間で勝敗を決める長距離競走。

えき-とう【駅稲】養老令で、駅の経費に充てるために駅田から収穫した米。大宝令では駅起稲と称した。

えき-とう【駅頭】駅の付近。駅の前。また、駅。「―に降り立つ」

えき-どめ【駅止(め)|駅留(め)】鉄道で運ばれる荷物を、あて先まで配達しないで、着駅で受取人に渡すようにした扱い。「―荷物」

エギナ〖Aigina〗㊀ギリシャ南部、サロニコス湾に浮かぶエギナ島の中心都市。同島西部に位置し、本土のピレウスとフェリーで結ばれる。19世紀初頭のパナギツァ大聖堂や近代ギリシャの聖人ネクタリオスを祭るアギオスネクタリオス修道院があるほか、新古典主義様式の建物が多く残っている。アイーナ。アイギナ。アエギナ。㊁古代都市国家アイギナの現代名。

えき-なか【駅ナカ】《「駅の中」の意。「エキナカ」「駅中」とも書く》鉄道会社が駅の構内(特に改札口の内側のスペース)に設けた商店街をいう。鉄道会社の直営店だけでなく有名店の出店もあり、飲食店からマッサージ店・美容院・銀行のATM・薬局・コンビニエンスストア・書店など多種多様の業種が集まる。(補説)売店や立ち食いそばの店などはこれに入らない。都市部の大規模な駅に多く、集客をめぐって駅前商店街ともめているところもある。

エギナ-とう【エギナ島】《Aigina》ギリシャ南部、サロニコス湾に浮かぶ島。サロニコス諸島に属し、最も人口が多い。中心都市はエギナ。本土のピレウスの南西約30キロメートルに位置する。古代名アイギナというポリス(都市国家)が成立し、紀元前5世紀のアフェア神殿、アポロン神殿などが残っている。ギリシャ独立戦争の際、1827年から29年にかけて一時的に首都が置かれた。現在は海岸保養地として知られ、数多くの観光客が訪れる。アイギナ島。アイーナ島。

え-ぎぬ【絵▽衣】近世、采女の着用した装束の一。表は椿の花に雲を配した彩色の白練り絹、裏は萌葱色の無地の生絹を用いた。うねめぎぬ。

え-ぎぬ【絵絹】日本画を描くのに用いる平織りで薄地の絹織物。にじみ止めに礬水をひいて用いる。

エキノコックス〖ラテ Echinococcus〗エキノコックス属の条虫の総称。キツネ・猫などに寄生する多包条虫、羊・牛・犬などに寄生する単包条虫がある。宿主の体内で球形中空の嚢腫を形成し、包虫ともいう。人間が虫卵を飲み込むと肝臓などで発育して重い障害を起こす。エヒノコッカス。「―症」

エキノコックス-しょう【エキノコックス症】《echinococcosis》寄生虫病の一種。エキノコックス属条虫の幼虫が体内の種々の臓器に寄生して起こる難病。犬・野ネズミなどが感染源。

えき-ば【役馬】馬車馬や耕作などの労役に使う馬。

えき-ば【駅馬】律令制で、駅家に備えて駅使の乗用に使った馬。また、中世以降、宿駅に備えて一般の旅客の用に供した馬。はゆま。

えき-はかせ【易博士】古代、陰陽寮に属し、卜筮をつかさどった官。令外の官。やくのはかせ。えきはくじ。

えき-ばしゃ【駅馬車】17〜19世紀ごろ、欧米で、各主要都市間を定期的に運行して、旅客や貨物・郵便物を輸送した馬車。鉄道の発達で衰退。

えき-ひ【液肥】液状の肥料。糞尿の混合物や、化学肥料を水に溶いたもの。水肥。

えき-びょう【疫病】悪性の伝染病。はやりやまい。疫癘。えやみ。やくびょう。
(類語)伝染病・はやり病・感染症

えき-ビル【駅ビル】一部を鉄道の駅舎、他の部分をデパートや商店街などに使用するビルディング。ステーションビル。

えき-ふ【役夫】❶雇われて力仕事などをする者。人夫。❷古代、徭役に従事した人。

えき-ふ【駅夫】❶駅手の旧称。現在の駅務掛にあたる。❷古代の駅の人夫。

えき-べん【液便】液状の便。下痢のときにみられる、水または粘液が多くまじった便。

えき-べん【駅弁】鉄道の駅や車内で旅客に売っている弁当。明治18年(1885)栃木県の宇都宮駅で売った握り飯が最初。

えきべん-だいがく【駅弁大学】戦後の教育改革により次々にできた新制大学のこと。昭和24年(1949)新制大学が駅弁を売る駅のある所に必ずといってよいほどできたことを皮肉り、大宅壮一がいった。

えき-ほう【役法】中国古代から清代まで、人民に課した力役の制度。

えき-ほう【液胞】細胞内にあって、原形質を欠き、液胞膜に包まれ、細胞液を満たす部分。成長した植物細胞に発達し、代謝産物や色素なども含む。一部の動物細胞にもみられる。空胞。

えき-ぼく【易×卜】易でうらなうこと。

エキホス〖Exihos〗消炎・鎮痛・吸熱の湿布に用いられるパップ剤。商標名。

えき-まえ【駅前】駅の出入り口の前あたり。また、駅から非常に近い地域。

えき-む【役務】公的な仕事。また、他の人のために行う労働。(類語)作業・仕事・労働・労作・労務・労役・操業・業務・働く

えきむ-くちょう【駅務区長】東京地下鉄(東京メトロ)などでの駅長の呼称。

えきむ-しょうひょう【役務商標】►サービスマーク

えきむ-ばいしょう【役務賠償】相手方に与えた損害を、金銭によらず、技術・労務の提供で行う賠償。労務賠償。

えき-めん【液面】容器に入った液体の表面。

えき-もん【×掖門】宮殿の正門の左右にある小さな門。旁門。

エキュ〖フラ écu〗盾の模様のついたフランスの古い金貨や銀貨。

エキュー〖ECU〗《European Currency Unit》欧州通貨単位。EMS(欧州通貨制度)における共通の計算単位であり、同時に加盟各国の中央銀行間での決済手段でもあった。1999年、欧州通貨統合が実施され、単一通貨ユーロへと移行した。

えき-ゆう【益友】交わってためになる友人。㊥損友。(類語)良友・悪友

エキュメニカル-ムーブメント〖ecumenical movement〗►世界教会運動

えき-よう【×奕葉】《「奕」は重ねる、「葉」は世の意》世を重ねること。世々。代々。累世。奕世。

えぎょう【慧暁】►白雲慧暁

え-ぎょうじ【会行事】天台宗・真言宗などで、法会のときに一切を差配する役の僧。会奉行。

えき-り【疫痢】赤痢のうち、小児にみられる重症型のもの。顔面蒼白・血圧低下・ひきつけ・意識混濁などの症状を呈する。経過が急で死亡率が高いことから「はやて」ともよばれた。近年、発病はまれ。小児赤痢。(季 夏)

エキリブリアン〖ラテ aequilibrium〗《均衡の意》軍事力に基づく均衡に対し、経済・政治なども含めた総合的な力の均衡を意味する語。

えきりんぼん-せつようしゅう【易林本節用集】節用集の一。「乾」の項から始まる乾本系節用集として代表的なもの。慶長2年(1597)平井易林が刊行。➡節用集

えき-れい【疫×癘】悪性の流行病。疫病。

えき-れい【液冷】液体を使ってエンジンなどを冷却すること。

えき-れい【駅鈴】律令制で、官命によって旅行する者に中央官庁と地方国衙から下付した鈴。駅馬の供与を受ける資格を証明し、これを鳴らしながら旅行した。えきろのすず。うまやのすず。

えきれいしき-きかん【液冷式機関】液冷の方式を用いる内燃機関。水を用いる水冷式が多いが、航空機などでは沸点の高いエチレングリコール溶液を使用。

えき-ろ【駅路】❶宿駅から宿駅へ通じる道。うまやじ。❷歌舞伎で、宿場・街道の場面で用いる囃子。

えきろ-の-すず【駅路の鈴】「駅鈴」に同じ。

えき-わ【×腋×窩】「えきか(腋窩)」に同じ。

えきん【絵金】[1812〜1876]幕末から明治初期の町絵師。土佐の生まれ。本姓は弘瀬、通称は金蔵。絵金は俗称。江戸で狩野派に学び、土佐に帰って芝居絵に怪奇的で特異な画風を展開した。

エクアドル〖Ecuador〗《スペイン語で赤道の意》南アメリカ北西部、赤道直下の共和国。首都キト。石油やコーヒー・バナナ・カカオを産する。もとスペインの植民地。1830年独立。人口1479万(2010)。

えぐ-い【×蘞い|×醶い】〔形〕図ゑぐ・し〔ク〕❶あくが強くて、いがらっぽい感じがする。えがらっぽい。「山菜を食べたあと、のどが―・い」❷俗に、むごたらしいさま。また、どぎついさま。「―・い描写」❸我が強くて思いやりのないさま。きつい。「では何か…、―・い事でもお言いなしたのですかい?」〈三重吉・小鳥の巣〉(派生)えぐさ〔名〕えぐみ〔名〕
(類語)えがらっぽい・いがらっぽい・えがらい

エクイティー〖equity〗《衡平・公正の意》❶英国で、一般法(コモンロー)とは別に発達し、その欠陥を道徳律に従って補正した法。衡平法。❷《エクイティーキャピタル」の略》株式資本。自己資本。❸「エクイティーファイナンス」の略。

エクイティー-スワップ〖equity swap〗株価の変動によって生じる株式売買損益と固定金利による収入を交換する取引。ある額の株式ポートフォリオを保有する投資家は、証券会社などと、当該株式ポートフォリオの一定期間後の収益と一定の固定金利とを交換することにより、株価変動リスクの軽減が可能になる。日本では認められていないが、欧米では一般的であり、証券取引審議会は平成9年(1997)6月の報告書で解禁を提言している。

エクイティー-ファイナンス〖equity finance〗新株発行を伴う企業の資金調達。公募による時価発行増資や転換社債・ワラント債の発行によって株主資本の増加をもたらすもの。➡デットファイナンス

えぐ-いも【×蘞×芋】サトイモの一品種。子芋を多くつける。塊茎・葉柄ともに味がえぐいが、貯蔵して軟化すれば、えぐみがなくなる。(季 秋)

エクサ〖exa〗国際単位系(SI)で、メートル法の単位の上に付けて100京倍、すなわち10^{18}を表す語。記号E

エグザイル〖exile〗❶国外追放。流浪。❷追放された人。(国外を)流浪する人。

エグザクト〖exact〗〔形動〕❶正確な。ぴったりの。❷厳格な。また、精密な。

エクササイズ〖exercise〗❶練習。練習問題。❷運動。訓練。(類語)練習・訓練・特訓・稽古・トレーニング

エクササイズ-ウオーキング〖exercise walking〗健康増進や持久性を高めるために行う歩く運動。

エクサバイト〖exabyte|EB〗コンピューターで扱う情報量や記憶容量の単位の一。2^{60}(115京2921兆5046億684万6976)バイト。または10^{18}(100京)バイト。EB。➡エクスビバイト

エグザミネーション〖examination〗試験。考査。

エグザンプル〖example|ex.〗実例。模範。例題。

エクサン-プロバンス〖Aix-en-Provence〗フラン

ス南東部、プロバンス地方、ブーシュ-デュ-ローヌ県の都市。中世よりプロバンス伯爵領の首都になり、15世紀から16世紀にかけて、大学や高等法院が置かれ、政治、学問、司法の中心地となった。画家ポール=セザンヌの生地としても知られる。毎年夏に国際的なオペラの音楽祭が開かれる。エクスアンプロバンス。

エグジスタンシアリスム〘フランス existentialisme〙実存主義。

エクジソン〘ecdysone〙昆虫や甲殻類の脱皮・変態を引き起こすホルモン。昆虫では前胸腺ホルモンともいう。変態ホルモン。

エグジット〘exit〙出口。⇔エントランス。

エグジフ〘Exif〙《exchangeable image file format》デジタルカメラ用のファイルフォーマット。日本電子工業振興協会(現・電子情報技術産業協会)が平成7年(1995)に規格化。撮影日、シャッター速度、絞り値など、撮影時のデータを格納できる。

エクシム〘Exim┆Ex-Im〙《Export-Import Bank of the United States》米国輸出入銀行。民間に輸出促進のための融資を行う銀行。1934年、ワシントン輸出入銀行として設立、68年現称に変更。Exim-bankとも。

エクス-アン-プロバンス〘Aix-en-Provence〙►エクサンプロバンス

エクスカーション〘excursion〙❶団体の遊覧旅行。小旅行。❷共同で行う野外調査。

エクスカーション-チケット〘excursion ticket〙周遊券。割引回遊券。

エクスキューズ〘excuse〙言いわけ。弁解。

エクスクラメーション-マーク〘exclamation mark〙感嘆符に同じ。「!」の記号。

エクスクルーシブ-オア〘exclusive OR〙►排他的論理和

エクスクルーシブオア-かいろ【エクスクルーシブオア回路】ᵉᶜᵗᶦ《exclusive OR circuit》►XOR回路

エクスタシー〘ecstasy〙❶快感が最高潮に達して無我夢中の状態になること。恍惚こう。忘我。❷宗教的儀礼などの際に体験される神秘的な心境。しばしば幻想・予言、仮死状態などを伴う。脱魂。❸俗に、錠剤型の麻薬のこと。MDMA(メチレンジオキシメタンフェタミン)を主成分とするものが多い。[補説]ギリシャ語のエクスタシス(ekstasis)が語源で、魂が現象界の外に出る意。

エクスタシス〘ギリシャ ekstasis〙►エクスタシー

エクスチェンジ〘exchange〙❶交換すること。両替すること。また、その場所。❷為替。為替相場。

エクステ「エクステンション❹」の略。

エクステラ〘xterra〙自然の中で行われるトライアスロン。水泳・マウンテンバイク・トレールランニングの3種目を一人が連続して行う。1996年にハワイで初の大会が開催された。

エクステリア〘exterior〙住居の外側、外観。「一のデザイン」⇔インテリア。

エクステンション〘extension〙❶広がり。拡張。伸張。延長。❷内線電話。❸延長コード。❹《extension hairから》つけ毛。ビーズや金糸などで飾ったものもある。ウイッグと違い、洗髪もできる。エクステ。❺►拡張子

エクストラ〘extra〙►エキストラ

エクストリーム〘extreme〙過激なさま。極端なさま。「一スポーツ」

エクストリーム-スポーツ〘extreme sports〙断崖や雪山などの厳しい環境下で行い、危険度や技術を競うスポーツ。エクストリームスキーなど。

エクスパンド〘XpanD〙立体映画の映写システムの一。また、その開発を手がける米国企業。1台の映写機で左眼用と右眼用の映像を交互に投影する。観客は、映像の切り替えと同期して左右交互に遮光する液晶シャッターを備えた眼鏡をかけて映像を鑑賞する。通常のスクリーンで上映が可能。

エクスビバイト〘exbibyte┆EiB〙コンピューターで扱う情報量や記憶容量の単位の一。2^{60}(115京2921兆5046億684万6976)バイト。EiB。[補説]もとは2^{60}バイトを表す単位はエクサバイト(EB)だったが、これが100京ちょうどの10^{18}バイトも意味するようになったため、前者だけを示す単位としてエクスビバイトが使われるようになった。

エクスプレス〘express〙列車や自動車で、普通より高速なもの。急行列車。急行便。急行。

エクスプレス-カード〘ExpressCard〙パソコン用カード型周辺機器の統一規格。または同規格の拡張カード。PCカードの後継として開発された。データ転送速度が向上し、低消費電力化もなされ、電源を入れたまま脱着できるホットプラグに対応している。

エクスプレッショニズム〘expressionism〙「表現主義」に同じ。

エクスプレッション〘expression〙❶表現。表出。表情。❷言い回し。語法。

エクスプロージョン-ショット〘explosion shot〙《「エクスプロージョン」は爆発の意》ゴルフで、バンカーに入ったボールを、強い衝撃を加えて砂とともに打ち出すショット。

エクスプローラー〘explorer〙❶探険家。❷マイクロソフト社のオペレーティングシステムに搭載されているファイル管理ソフト。❸「インターネットエクスプローラー」の略。

エクスプロラトリアム〘exploratorium〙参加型・体験型科学博物館。来館者自身が、装置に触れたり動かしたりすることによって、音や光などの性質を体感できる科学館。

エクスペディション〘expedition〙登山や探検などを目的とする遠征。また、その遠征隊。

エクスペリエンス〘experience〙経験。

エクスペリメント〘experiment〙実験。試み。[類語]実験・試験・試行・テスト・試みる・試す

エクスペンス〘expense〙費用。出費。

エクスポ〘expo〙《exposition》►エキスポ

エクスポージャー〘exposure〙《晒さらすことの意》❶写真で、露出・露光のこと。❷経済的なリスクの程度。出資金や貸付金がリスクにさらされる度合い。保有する資産や負債の中で、市場の価格変動リスクの影響を直接受ける資産の割合。例えば、為替ヘッジを行わない外貨建て資産の保有比率を外貨エクスポージャーという。

エクスポート〘export〙❶輸出。⇔インポート。❷他のアプリケーションソフトで利用できる形式にデータを変換する機能。

エクス-ラ-シャペル〘Aix-la-Chapelle〙►アーヘン

エクスラン〘Exlan〙アクリル合成繊維の商標名。羊毛に似た風合いをもつ。

エクス-リブリス〘ラテン ex libris〙《…の蔵書より、の意》蔵書票。

エクス-レ-バン〘Aix-les-Bains〙フランス南東部、ローヌ-アルプ地方、サボア県の都市。ブルジェ湖東岸近くに位置する観光保養地。古代ローマ時代より温泉地として知られ、当時の神殿や浴場の遺跡がある。

エグゼキューション〘execution〙実施。実行。執行。

エグゼクティブ〘executive〙企業などの上級管理職。経営幹部。重役。転じて、高級。ぜいたく。「一カー」

エグゼクティブ-カドレー〘executive cadre〙《経営幹部の意》多国籍企業の経営責任者。

エグゼクティブ-クラス〘executive class〙►ビジネスクラス

エクセター〘Exeter〙英国イングランド南西部、デボン州の都市。同州の州都。コーンウォール半島南西部、エクセ川に沿う。古代ローマ時代に駐屯地が置かれ、当時の城壁が残る。13〜14世紀にかけて建造されたエクセター大聖堂、16〜18世紀にかけて運河交易で栄えたヒストリックキーサイドなどがある。

エクセター-だいせいどう【エクセター大聖堂】ᵉᶜᵗᶦ《Exeter Cathedral》英国イングランド南西部、デボン州の都市エクセターにあるイギリス国教会の大聖堂。13世紀から14世紀にかけて建造され、ゴシック様式の丸天井やステンドグラスで知られるほか、15世紀以前に制作された天文時計がある。

エクセドラ〘ラテン exedra〙❶散歩者の休息用などに設けた半円形の階段状座席。❷ギリシャ・ローマ時代に、列柱廊内部に三方にめぐらした壁に沿ってベンチを配した部屋。❸初期キリスト教教会堂東端部の、半円形の高位聖職者席。

エクセプション〘exception〙例外。除外。

エクセ-ホモ〘ラテン ecce homo〙《「エッケホモ」とも》❶「この人を見よ」の意。ユダヤの太守ピラトが民衆の前で、いばらの冠のキリストを指さしていった言葉。「新約聖書-ヨハネ福音書」が出典。❷いばらの冠をかぶったキリストの肖像画。❸苦難の道を歩む人。

エクセル〘Excel〙►マイクロソフトオフィスエクセル

エクセルギー〘exergy〙有効エネルギー。外部に取り出して利用できるエネルギー。

エクセレンス〘excellence〙❶卓越していること。優秀なこと。❷すぐれている点。長所。

エクセレント〘excellent〙〔形動〕優秀な。卓越した。(品質などの)すぐれた。「一な出来映え」

エクセレント-カンパニー〘excellent company〙超優良会社。

エグゾースト-ノイズ〘exhaust noise〙内燃機関、およびそれを用いた自動車などの排気音。エグゾーストノート。

エグゾースト-パイプ〘exhaust pipe〙自動車などの排気管。マフラー。

エクソシスト〘exorcist〙悪魔払いの祈祷師きとう。

エクソス-エー〘EXOS-A〙《Exospheric Satellite A》►きょっこう

エクソス-シー〘EXOS-C〙《Exospheric Satellite C》►おおぞら

エクソス-ディー〘EXOS-D〙《Exospheric Satellite D》►あけぼの

エクソス-ビー〘EXOS-B〙《Exospheric Satellite B》►じきけん

エグゾセ〘フランス Exocet〙フランス製の対艦ミサイル。

エクソダス〘exodus〙国外脱出。大量出国。元来は、「旧約聖書」にあるイスラエル人のエジプト脱出をいう。

エクソトキシン〘exotoxin〙►外毒素

エクソンフロリオ-じょうこう【エクソンフロリオ条項】ᵉᶜᵗᶦ《Exon-Florio Provision》米国の安全保障を脅かすような、外国企業による米国企業の買収を差し止めることを目的とした条項。包括通商法5021条に規定。

えぐち【江口】[一]大阪市東淀川区の地名。淀川と神崎かんざき川の分流点。古くは京都と西国を結ぶ海路の河港で、遊女が多くいた。[二]謡曲。三番目物。観阿弥作。世阿弥改作ともされる。撰集抄などに取材。江口の君の霊が現れ、歌ったり舞ったりするうち、普賢菩薩ふげんぼさつに変身し、西方へ去る。

えぐち-の-きみ【江口の君】平安時代から鎌倉時代にかけて摂津国江口にいた遊女の総称。また、謡曲「江口」で西行法師と歌問答をしたとされる遊女の妙たえをさす。

エクトプラズム〘ectoplasm〙心霊科学で、霊媒の身体から発出すると仮想される物質。

えくに-かおり【江国香織】[1964〜]小説家・児童文学作家。東京の生まれ。童話作家として評価され、詩的でみずみずしい作風の恋愛小説で若い女性の支持を得る。「号泣する準備はできていた」で直木賞受賞。他に「こうばしい日々」「きらきらひかる」など。

エグバート〘Egbert〙[775ころ〜839]英国、ウェセックスの王。在位802〜839。829年イングランドを統一し、その初代の王となった。エグベルト。

エクバタナ〘Ecbatana〙古代ペルシアの中心都市。今のイランのハマダーンにあたる。

エクファ〘ECFA〙《Economic Cooperation Framework Agreement》►両岸経済協力枠組み協定

え-くぼ【ˣ靨】ぇ《「笑窪」の意》笑うとき、ほおにできる

小さなくぼみ。
エクマ〖ECMA〗《European Computer Manufacturers Association》欧州電子計算機工業会。情報通信技術に関する規格統一、標準化を行う機関。またその規格。1961年設立。94年にエクマインターナショナル(Ecma International)と改称。本部はスイスのジュネーブ。
エクマ-インターナショナル〖Ecma International〗情報通信技術に関する規格統一と標準化を行う国際機関。1961年エクマ(ECMA)として設立、1994年に現名称となる。本部はスイスのジュネーブ。
エクマン-りゅう【エクマン流】《Ekman current》摩擦層内で方向や大きさをしだいに変える風や潮の流れ。スウェーデンの海洋物理学者の名にちなむ。
え-ぐみ【絵組(み)】❶絵を組み合わせること。また、その絵。❷図案。❸書籍などに絵を組み入れること。また、その絵。
えぐ-み【×蘞味|×醶味】えぐい味。あくが強くて、のどや舌がいがらっぽく感じる味。
エクメネ〖ドイツ Ökumene〗地球上で人類が常住し、活動している地域。現在では、地表の約80パーセントといわれる。エクメーネ。⇔アネクメネ。
エクメノポリス〖ecumenopolis〗メガロポリス・メトロポリス・ダイナポリスなどが成長発展してできるという未来都市。地球をくまなく網目状に結び合わせる状態を想定した語。
エグ-モルト〖Aigues-Mortes〗フランス南部、ガール県の港町。ローヌ川の三角州、カマルグ湿原地帯の潟湖に面し、13世紀、ルイ9世によって築かれた城郭都市に起源する。十字軍遠征の拠点として栄えたが、運河に土砂が溜まり港湾としての機能を失い、次第に衰退。中世の歴史的建造物が数多く残る。
エグモント〖Lamoral Egmont〗[1522～1568]オランダ、フランドルの軍人・政治家。フランドルのアルトア州総督。スペインのフェリペ2世の絶対主義政策に反対して、ネーデルランドの独立をはかったが、反逆者として処刑された。
エクラ〖ECLA〗《Economic Commission for Latin America》ラテンアメリカ経済委員会。国連経済社会理事会の地域委員会の一。1948年設立。ラテンアメリカ諸国のほか米・英・仏などが加盟。84年エクラック(ECLAC)に改称。
エクラック〖ECLAC〗《Economic Commission for Latin America and the Caribbean》ラテンアメリカ・カリブ経済委員会。国連経済社会理事会の地域委員会の一。1948年設立。ラテンアメリカ経済委員会、略称エクラ(ECLA)から84年に現在の名称に改称。ラテンアメリカ・カリブ海地域の経済水準の向上、社会発展の促進等を目的とする。ラテンアメリカ・カリブ海諸国のほか、米・英・仏・日などが加盟。本部はチリのサンティアゴ。
え-グラフ【絵グラフ】物の数や量を絵で表したグラフ。人口を人間の絵の大きさで表すなど。
エクラン〖フランス écran〗映写幕。転じて、映画。
えぐり【×抉り|×刳り】❶えぐること。くりぬくこと。❷一風変わった趣向で人の意表に出ること。ひねり。うがち。「女郎もいい男を捨てて、醜夫(ぶおとこ)を見えにするさうだから、人も段々—とやらになったのさ」〈滑・浮世風呂・二〉
えぐり-だ・す【×抉り出す|×刳り出す】〔動サ五(四)〕❶刃物などを突き刺し、くりぬくように取り出す。「患部を—・す」❷隠されている事実や真実を明らかにする。「根本的な問題点を—・す」
エクリチュール〖フランス écriture〗文字。筆跡。また、書くこと。書き方。文章以外の映画・演劇・音楽などの表現法、書法の意味にも用いる。
エクリプス〖eclipse〗❶日食。月食。❷繁殖期を終えたあとのカモ類の雄で一時的に見られる、雌に似た地味な羽色。またその羽色の状態。
えぐり-ぶね【×刳り舟】大木の幹をくりぬいてつくる舟。丸木船。くり船。
エクリュ〖フランス écru〗生糸や未漂白の麻の色。黄色みがかった白。生成り色。エクル。
エクリン-せん【エクリン腺】《eccrine gland》汗腺の一。全身の皮膚に分布し、日本人で200万～500万個あるといわれる。180万～280万個が常時働いて、発汗により体熱の放散を行う。
エクル〖フランス écru〗▶エクリュ
えぐ・る【×抉る|×刳る】〔動ラ五(四)〕❶刃物などを深く刺し入れ、回して穴をあける。くりぬく。「りんごの芯を—・る」❷心に強い衝動や苦痛を与える。「胸を—・られる悲しみ」❸物事の隠れた面を鋭く追及する。「事件の核心を—・る」(可能)えぐれる〔動ラ下二〕「えぐれる」の文語形。
(類語)くりぬく・ほじる・ほじくる・くる
エクルートナ〖Eklutna〗米国アラスカ州、アンカレジの北東約40キロの、クニック入り江に面する村。エクルートナ湖やサンダーバード滝があるチュガッチ州立公園の玄関口にあたる。ロシア正教会の影響を受けたアサバスカンインディアンの独特な墓地が残る。
エクルビス〖フランス écrevisse〗外来のザリガニのフランス名。フランス料理の材料として使われる。
エクレア〖フランス éclair〗細長い形のシュークリームの表面にチョコレートをかけた洋菓子。エクレール。
エクレクチック-ファッション〖eclectic fashion〗異質なファッションを混合、折衷して調和させた着こなしのこと。ツイードのテーラードジャケットにネクタイでジーンズと組み合わせるような例が代表的。
エクレシア〖ラテン ecclesia〗教会。聖堂。天主堂。エケレジヤ。
えぐ・れる【×抉れる|×刳れる】〔動ラ下一〕図えぐ・る〔ラ下二〕えぐったような切れ込みや穴があく。「地震で大きく—・れた地面」
エクロジャイト〖eclogite〗塩基性の完晶質粒の変成岩。ほとんど柘榴石(ざくろいし)と輝石からなり、高圧型変成帯に産する。榴輝岩(りゅうきがん)。
え-げ【会下】《会座(えざ)に集まる門下の意》❶禅宗・浄土宗などで、師の僧のもとで修行する所。また、その集まり。えか。❷師のもとで修行する僧。えか。
え-げ【×慧解】仏語。智慧(ちえ)によって物事を正しく理解すること。
えけい【恵瓊】▶安国寺恵瓊(あんこくじえけい)
エゲス〖Aiges〗古代マケドニア王国の首都アイガイの現代名。
えげ-そう【会下僧】「会下❷」に同じ。
えげつな・い〔形〕ものの言い方ややり方が露骨・無遠慮で節度を超えているさま。ずうずうしく、いやらしい。あくどい。もと関西方言。「—・い商売」「—・い話」(派生)えげつなさ〔名〕(類語)図図しい・ふてぶてしい・おこがましい・厚かましい
エゲル〖Eger〗㊀ハンガリー北東部の都市。ティサ川の支流エゲル川沿いに位置する。11世紀より司教座が置かれたエゲル大聖堂、13世紀建造のエゲル城、オスマン帝国時代につくられたエゲル温泉などがある。同国有数のワイン産地で、特に「雄牛の血」を意味する赤ワイン「エグリビカベール」が有名。㊁チェコ西部の都市、ヘプのドイツ語名。
エゲル-おんせん【エゲル温泉】《Egri Termálfürdő》ハンガリー北東部の都市エゲルにある温泉。オスマン帝国時代につくられ、現在もトルコ式の八角形の浴槽などが残っている。
エゲルサローク〖Egerszalók〗ハンガリー北東部の村。エゲルの南西約7キロメートルに位置する。温泉地として知られ、源泉から湧出した湯が白い石灰棚を流れる様子が見られる。
エゲル-じょう【エゲル城】《Egri vár》ハンガリー北東部の都市エゲルにある城跡。13世紀の建造。16世紀半ば、既にブダを攻め落としたオスマン帝国が来襲した際、城主ドボー＝イシュトバーンがわずかな兵力で城を守ったことで知られる。16世紀末の戦いで敗れ、現在城壁内には城は無く、聖堂跡と司教館のみが残っている。
エゲル-だいせいどう【エゲル大聖堂】《Egri főszékesegyház》ハンガリー北東部の都市エゲルにある大聖堂。11世紀以来、司教座が置かれていたが、オスマン帝国の攻撃により破壊され、19世紀に建築家ヒルド＝ヨージェフの設計により新古典主義様式で再建。堂内には国内最大級のパイプオルガンがある。
エケルト-ずほう【エケルト図法】《Eckert Projections》地図投影法の一。中高緯度地方のひずみは小さく、緯線は平行直線で示される。世界全図に利用。正積図法。発案者の名にちなむ。エッケルト図法。
エケレジヤ〖ポルトガル ecclesia〗「エクレシア」に同じ。
エゲレス〖ポルトガル Ingles|オランダ Engelsch〗江戸時代にイギリスを呼んだ称。「—船一艘、長崎の津へ来たりて」〈長崎夜話草・二〉
え-けん【×慧剣】仏語。煩悩(ぼんのう)を断ち切る智慧(ちえ)の力を、剣にたとえていう語。「学海智水を涌(わか)し、—を闘(たたか)はしむる事なるに」〈太平記・四〇〉
え-げん【×慧眼】仏語。五眼(ごげん)の一。二乗(にじょう)の人がもつ、一切の事物を空であると見通す智慧(ちえ)の目。
え-こ【依×怙】❶一方だけをひいきにすること。不公平。えこひいき。「あながち—の沙汰にはあたるまいと信じます」〈里見弴・多情仏心〉❷頼ること。また、頼りにするもの。「父母に早く別れて、まさに人の—なし」〈地蔵菩薩霊験記・一〉❸自分だけの利益。私利。「謀リヲモッテ人ヲ誑ラカシ、己ガーヲ尋ネウ者ワ」〈天草本伊曽保・獅子と馬〉
エコ〖eco〗〔接頭〕「エコロジー」の略。「—カー」「—クッキング」
えごエゴノキの別名。(季 花=夏)「—の花ながれ溜ればにほひけり／草田男」
エゴ〖ラテン・英 ego〗❶自我。❷「エゴイズム」の略。「—をむき出しにする」❸「エゴイスト」の略。
エコアクション-ポイント〖Eco-Action-Point〗マイバッグの利用、省エネ型家電製品の購入、環境に配慮した宿泊施設の利用などの温室効果ガスを削減する行動に対してエコポイントが付与され、それに応じて商品やサービスの提供などが受けられる仕組み。環境省が平成20年(2008)に導入。EAP。
えご・い【×蘞い|×醶い】〔形〕図えご・し〔ク〕「えぐい」に同じ。「苦く、—・く、すっぱく…稀有な声だぞ」〈滑・虚誕計・後〉
エゴイスチック〖egoistic〗〔形動〕《「エゴイスティック」とも》自分勝手なさま。利己的。利己主義的。「—な行動」(類語)勝手・利己的・わがまま・横着・身勝手・得手勝手・手前勝手・自己本位・傍若無人・好き放題・好き勝手・気随・気まま・ほしいまま・恣意的(しいてき)・好き・自分勝手・気任せ・奔放・自由
エゴイスト〖egoist〗❶利己的な人。利己主義者。❷エゴイズム❷を信奉する人。主我主義者。唯我(ゆいが)論者。独我論者。
エゴイズム〖egoism〗❶自分の利益を中心に考えて、他人の利益は考えない思考や行動の様式。利己主義。❷哲学で、自我だけが確実に存在し、他は一切認識不能であるとする説。唯我(ゆいが)論。独我論。
え-こう【回向|×廻向】〔名〕スル 仏語。❶死者の成仏を願って仏事供養をすること。「冥福を祈って—する」❷自分の修めた功徳(くどく)を他にも差し向け、自他ともに悟りを得るための助けとすること。❸浄土真宗で、阿弥陀仏が人々に救いの働きを差し向けて浄土に迎えること。❹寺への寄進のこと。「沙金錦絹を徳長寿院へ—し奉るべし」〈盛衰記・一〉❺「回向文(えこうもん)」の略。(類語)供養・花供養・施餓鬼
え-こう【▽衣▽桁】「いこう(衣桁)」に同じ。
え-こう【▽壊×劫】仏語。四劫(しこう)の第三。世界が破滅する時期。
えこう-いん【回向院】東京都墨田区両国にある浄土宗の寺。無縁寺ともいう。山号は国豊(こくほう)山。開創は明暦3年(1657)、開山は遵誉貴屋(じゅんよきおく)。幕府が明暦の大火の犠牲者を供養するため建立。その後も牢死者・刑死者・安政の大地震の死者などを弔う。18世紀末、境内で勧進相撲を興行したのが、両国の大相撲の起源という。鼠小僧次郎吉の墓が

ある。

え-ごうし【絵合子】エガフシ 表面に絵模様のある、ふたつきの椀ﾜﾝ。

えごう-しゅう【会合衆】エガフ 室町時代、都市の自治活動の指導を行った特権的な商人層。特に、堺の納屋衆ﾅﾔｼｭｳが著名。

えこう-ちょう【回向帳】ヱカウチャウ 葬儀に際して、贈られた供物や香典の額、贈り主の氏名などを記録しておく帳面。香典帳。

えこうほつがん-しん【回向発願心】ヱカウホツグワンシン 三心の一。自分が修めた善根功徳を他にも振り向けて、自他ともに極楽浄土に往生しようと願う心。

えこう-もん【回向文】ヱカウ 日常の勤行ｺﾞﾝｷﾞｮｳや法会ﾎｳｴの終わりに、修めた功徳を一切衆生ｼｭｼﾞｮｳに振り向けるために唱える願いの経文。ふつう偈頌ｹﾞｼﾞｭまたは陀羅尼ﾀﾞﾗﾆを唱える。回向偈ｴｺｳｹﾞ。えこうぶみ。

え-こうらい【絵高▽麗】ヱカウライ《「えごうらい」とも》白泥土で化粧がけした素地の上に、鉄砂釉ﾃｯｼｬﾕｳの文様が描かれた陶器。江戸時代には李朝ﾘﾁｮｳ時代の朝鮮産をさしたが、近年は中国の磁州窯のものもいう。

え-ごうろ【柄香炉】エガウロ《「えこうろ」とも》仏具の一。持ち運びできるように柄をつけた香炉。手炉。

えご-えご〔副〕スル ❶肩を前後左右に揺するさま。「欽哉は肩を―させながら」〈風葉・青春〉❷肥え太ったさま。また、太って動作がのろいさま。のそのそ。「大きな腹だよのう。われながらなぜこんなに―するだら」〈滑・浮世風呂・三〉

エコー〘echo〙〔名〕スル ❶こだま。山びこ。❷残響。「―を効かせた録音」❸「エコー検査」の略。

エコー〘Ēchō〙ギリシャ神話の森のニンフ。女神ヘラに憎まれ、他人の言葉をそのまま返すことしかできなくなり、美青年ナルキッソスに失恋し、やつれて声だけになった。

エコー-キャンセラー〘echo canceller〙音声の入出力や電気信号などのエコー成分を除去する技術や機器。マイクとスピーカーなどの音響機器の間で生じるエコーやハウリングを、逆位相の信号と干渉させて除去する。

エコーグラフィー〘echography〙►エコー検査

エコー-けんさ【エコー検査】超音波が密度の異なる境界で反響を生じることを利用して行う、脳・心臓などの検査。エコーグラフィー。

エコー-チェック〘echo check〙受信側でデータを送信側に返送し、送信側で元のデータと照らし合わせるチェック法。

エコー-マシン〘echo machine〙残響効果を人工的につくりだす機械。放送・音楽の分野で主に使用される。

エコール〘フランス école〙❶学校。❷学派。流派。

エコール-ド-パリ〘フランス École de Paris〙《パリ派の意》1920年代より第二次大戦前まで、パリに集まった画家たち。主に外国人で、のちにフランス人画家も含める。シャガール・モディリアニ・藤田嗣治ﾌｼﾞﾀﾂｸﾞﾊﾙ・スーチン・ユトリロなど。

エコー-ロケーション〘echolocation〙《「エコロケーション」とも》反響定位。動物が音や超音波を発し、その反響で物体の距離・方向・大きさなどを知ること。コウモリ・イルカ・マッコウクジラなどで知られる。

エコ-カー《和 eco＋car》環境に優しい車の総称。従来のエンジンの改良、電気自動車、エンジンと電気モーターのハイブリッドなどが試みられている。エコロジーカー。環境対応車。

エコカー-げんぜい【エコカー減税】《「自動車重量税・自動車取得税の時限的減免」の通称》燃費・排ガス性能が一定の基準を満たした環境対応車を購入すると、自動車取得税・自動車重量税が50〜100パーセント減免される特例措置が受けられる制度。内需振興と環境対策を兼ねた施策として、平成21年(2009)4月から3年間の時限措置として実施。同時期にエコカー補助金制度も導入された。

エコカー-ほじょきん【エコカー補助金】《「環境対応車普及促進対策費補助金」の通称》燃費・排ガス性能が一定の基準を満たした環境対応車を購入すると、政府から補助金が受けられる制度。環境対策と景気対策を兼ねた施策として、平成21年(2009)6月から同22年9月まで、および同24年4月から7月まで実施された。➡エコカー減税

エコカー-わりびき【エコカー割引】自動車保険の契約に際し、被保険自動車がハイブリッドカー・電気自動車・天然ガス自動車などの低燃費・低公害・低排出ガス車の場合に適用される保険料の割引。

エコ-かでん【エコ家電】《「エコ」は「エコロジー」の略》省エネルギーの効果が高い家庭用電化製品。従来の製品よりも、消費電力や二酸化炭素の排出量が少ないもの。➡エコアクションポイント

エコ-ガラス　複層ガラスの内側に特殊な金属膜を張ったガラス。断熱効果が高く、冷暖房費の節約、冷暖房から発生する二酸化炭素排出量の削減ができる。

エコキュート〘EcoCute〙自然冷媒の二酸化炭素を使用し、大気の熱を利用して湯を沸かすヒートポンプ式の電気給湯機の愛称。商標名。正式名称は「自然冷媒ヒートポンプ給湯機」。

え-こく【×穢国】ヱ「穢土ｴﾄﾞ❶」に同じ。

エコ-クッキング《和 eco＋cooking》食材を無駄なく使う料理法。キャベツの芯、ダイコンの葉など捨ててしまいがちなものも役立てて料理すること。商標名。

え-ごころ【絵心】ヱ ❶絵をかく心得や趣味。また、絵を理解する能力。「―がある」❷絵をかきたい気持ち。「―が動く」

エコサイド〘ecocide〙《ecologyとgenocideとの合成語》環境および生態系の破壊。

えこ-じ【依×怙地】ヂ〔名・形動〕つまらないことに我を張ること。また、そのさま。片意地。いこじ。「しかし負けた仲間でも―な者は」〈野上・迷路〉

エコシステム〘ecosystem〙►生態系

エコ-シティー《和 eco＋city》環境共生都市。環境問題に配慮し、人間と自然が共生することを目指す町づくり。平成5年(1993)に建設省(現在の国土交通省)が開始した環境共生都市事業で提唱された。

エコ-スクール《和 eco＋school》文部科学省が提唱する学校施設。太陽熱・風力などを利用し環境保全に配慮する、というもの。

エコ-ステーション《和 eco＋station》ガソリン・軽油のかわりに電気・天然ガス・メタノールなどを使う「環境対策自動車」のための燃料補給所。

エコセーズ〘フランス écossaise〙19世紀前半に流行した、4分の2拍子の速い舞曲。ベートーベンやショパンのものが有名。

エコソク〘ECOSOC〙《Economic and Social Council》►経済社会理事会

エゴチスト〘egotist〙《「エゴティスト」とも》自己中心主義の人。自分勝手な人。

エゴチズム〘egotism〙《「エゴティズム」とも》❶自己中心主義。❷哲学で、自我を特に重視し、これを行動の原理とする性向。主我主義。

エコ-ツアー《和 eco＋tour》旅行代金の一部を、旅行先と関係のある遺跡保存や環境保護などの基金に寄付するツアー。また、環境問題に重点を置いて実施される観光旅行。エコツーリズム。

エコツーリズム〘ecotourism〙❶環境問題に重点を置きながら、自然と調和した観光開発を進めようという考え方。❷►エコツアー

エゴティスト〘egotist〙►エゴチスト

エゴティズム〘egotism〙►エゴチズム

エコデザイン〘ecodesign〙製品の生産・使用・リサイクル・最終廃棄など、すべての段階で環境保全と経済性に配慮したデザイン。また、その生産技術。

え-ことば【絵▽詞】ヱ ❶絵巻物で、絵を説明するために書き添えた文章。絵巻物の詞書ｺﾄﾊﾞｶﾞｷ。絵解き言葉。❷詞書のついている絵巻物。

えご-の-きヱゴ エゴノキ科の落葉高木。山野に自生。樹皮は濃紫褐色。葉は互生し、卵形で先がとがる。初夏、枝の先に白い花が垂れ下がって咲く。実は丸く、果皮の汁はのどを刺激し有毒。材は木目が細かくて堅く、柱・細工物などに用いる。ろくろぎ。ちしゃのき。やまぢさ。えご。

エコノミー〘economy〙❶経済。理財。❷節約。

(類語)(❶)経済・産業・流通・金融・財政・理財／(❷)倹約・節約・セーブ・切り詰める・引き締める・始末・経済

エコノミー-オブ-スケール〘economy of scale〙►スケールメリット

エコノミー-クラス〘economy class〙旅客機・客船などの普通料金の座席。

エコノミークラス-しょうこうぐん【エコノミークラス症候群】シャウコウグン 飛行機などの狭い座席に長時間座っていることから起きる疾患。足の血管内に血栓ができ、それが肺に流れ込み胸痛、呼吸困難、心肺停止などの症状を起こし、最悪の場合死に至る。旅行者血栓症。ロングフライト血栓症。

エコノミー-しゃりょうほけん【エコノミー車両保険】シャリャウホケン 他車との接触事故や衝突事故の場合のみ補償される車両保険。当て逃げや自損事故、自動車以外の物との接触事故・災害などでの損害は補償されないが、保険料は割安になる。

エコノミーパートナーシップ-アグリーメント〘economic partnership agreement〙►経済連携協定

エコノミー-ホテル《和 economy＋hotel》サービスや建築コストの圧縮で、宿泊価格を低めに設定しているホテル。

エコノミー-ラン〘economy run〙自動車の燃料節約競走。一定区間を走って燃料消費が少ないほどよいとする。エコラン。

エコノミカル〘economical〙〔形動〕経済的。安上がり。徳用。「―な方法」

エコノミクス〘economics〙《「エコノミックス」とも》経済学。

エコノミスト〘economist〙経済の専門家。

エコノミスト〘The Economist〙英国の週刊経済雑誌。1843年、ロンドンで創刊。中立的でリベラルな編集方針には定評がある。

エコノミック〘economic〙外来語の名詞の上に付き、経済上の、経済的、などの意を表す。「―サイクル」

エコノミック-アニマル〘economic animal〙経済的利潤の追求を第一として活動する人を批判した語。昭和40年(1965)、パキスタンのブット外相が日本の経済進出のあり方について言ったもの。

エコノミックス〘economics〙►エコノミクス

エコノメトリックス〘econometrics〙計量経済学。

エコノモ-のうえん【エコノモ脳炎】ナウエン 嗜眠性ｼﾐﾝｾｲ脳炎の別名。1917年にオーストリアの神経病学者エコノモ(C.Economo)が報告。

えご-のり【恵×胡海×苔】ヱゴ イギス科の紅藻。日本海沿岸などに産し、主にホンダワラ類に着生する。紫紅色を帯び、太い糸状で末端は鉤ｶｷﾞ状に曲がり絡み合う。寒天の材料、また食用。えご。おきうと。からくさいぎす。(季 夏) ➡おきゅうと

エコ-バッグ《和 eco＋bag》「マイバッグ」に同じ。

エコバンク〘ecobank〙環境銀行。環境改善や平和目的の開発などに携わる企業への優先的な融資を目的とするもの。1987年に西ドイツ(当時)に世界で初めて設立された。

えこ-ひいき【依×怙×贔×屓】〔名〕スル 自分の気に入ったものだけの肩をもつこと。「女子学生を―する」

(類語)ひいき・判官贔屓ﾎｳｶﾞﾝﾋﾞｲｷ・身びいき・愛顧

エコビジネス〘ecobusiness〙地球環境の保全に配慮した製品・サービスを製造・販売・提供する企業活動。

エコ-ファーマー《和 eco＋farmer》持続農業法(正称「持続性の高い農業生産方式の導入の促進に関する法律」)に基づき、堆肥などを施して土地の力を高め、化学肥料、化学農薬を減らす生産計画を都道府県知事に提出し認定された農業者をいう。

エコファンド〘ecofund〙環境への配慮や環境問題への取り組みを積極的に行っている企業を投資対

象として運営される投資信託のこと。環境ファンド。➡社会的責任投資

エコ-ポイント《和 eco＋point》❶マイバッグや公共機関の利用、電気の節約など、環境に配慮した行動に対して付与される点数。また、その数に応じて商品やサービスの提供が受けられる仕組み。➡エコアクションポイント ❷グリーン家電を購入することによって付与される点数。スイカやイコカなどの交通機関カード、商品券、各地の特産品、環境に配慮した商品などと交換ができる。環境省・経済産業省・総務省が主導し、平成21年(2009)から同23年にかけて実施された。地球温暖化防止のほか、経済の活性化や地上デジタルテレビ放送対応機器の普及などの目的があった。家電エコポイント。➡住宅エコポイント

エコポイント-せいど【エコポイント制度】►エコポイント❷

え-ごま【×荏×胡麻】シソ科の一年草。高さ60〜90センチ。全体に白い毛があり、シソに似る。花は白色。種子をしぼって荏えの油をとり、またゴマの代用にもする。東南アジアの原産で、古くから栽培。

エコ-マーク《「エコ」はエコロジーの略》フロンを使用しないスプレーなど、資源の再利用による商品や環境保全型の商品につけるマーク。環境省の指導のもとに財団法人日本環境協会が認定する。

えごま-あぶら【×荏×胡麻油】►荏えの油

え-ごよみ【絵暦】ヱ ❶暦日を説明するため干支えと・暦神などの絵を加えた暦。絵入り暦。❷文字を用いず絵と記号だけで暦日・歳事などを表した暦。

エコライト〘ecoright〙地球温暖化の原因とされる二酸化炭素などの排出権。大気汚染物質の排出量について、企業、または国ごとに一定基準を設け、その基準を上回って排出を削減できた企業や国は、その分を排出権として達成できなかった企業や国に売ることができるというもの。1989年、オランダのハーグで開かれた「気候変動対策に関する政府間パネル」(IPCC)で日本が提唱したもの。

エコラベル〘ecolabel〙地球環境の保全に役立つと認定された商品につけるマーク。ドイツで始められたもので、日本ではエコマークと呼ばれる。

エコルシェ〘フランス écorché〙美術解剖学で、人体の筋肉を示す標本。

エコロケーション〘echolocation〙►エコーロケーション

エコロジー〘ecology〙❶生態学。❷自然環境保護運動。人間も生態系の一員であるとの視点から、人間生活と自然との調和・共存をめざす考え方。

エコロジー-カラー〘ecology color〙自然を象徴する色。植物の緑、海や空の青、土のベージュなど。

エコロジー-ファッション〘ecology fashion〙自然素材を使い、自然な色合いを用いた、あまり人工的な感じのしないファッションのこと。

エコロジカル〘ecological〙〘形動〙生態上の。生態学的な。また、自然や環境と調和するさま。「―な商品」「―な素材」

エコロジカル-スポーツ〘ecologycal sports〙競争を目的としないで、自然の中でのんびり楽しむスポーツ。

エコロジカル-バランス〘ecological balance〙生物と自然環境の間にある均衡関係。

エコロジカル-フットプリント〘ecological footprint〙人間の生活が自然環境に依存している度合いを分かりやすく示した指標。生活を維持するために必要な一人当たりの面積を算出したもので、数値が大きいほど環境に与える負荷が大きい。EF。(補説)食料や木材などの資源を供給するために必要な陸地・水域、二酸化炭素を吸収するために必要な森林の面積、住宅・道路・工場などの建造物が占有する土地の面積を合計して算出し、平均的生物生産力を持つ土地1ヘクタールに相当するグローバルヘクタール(gha)という単位で表される。世界の全人口が日本人と同じ水準の生活をするためには地球が2.5個必要とされる。

エコロジスト〘ecologist〙生態学者。また、自然環境保護の考えをもち、行動する人。

エコワス〘ECOWAS〙《Economic Community of West African States》西アフリカ諸国経済共同体。1975年設立。事務局はアブジャ。

え-こん【×慧根】ヱ 仏語。五根の一。煩悩ぼんのうを抑え、悟りを開かせる働きのある智慧ちえ。

え-コンテ【絵コンテ】ヱ 映画・テレビドラマの制作に際し、各カットの画面構成を絵で示し、映像の流れをたどれるようにしたもの。

え-さ【餌】ゑ ❶動物を飼育したり、誘い寄せたりするための食物。え。「金魚に―をやる」❷生き物の食物。また、食事をわざと下品にいう語。「スズメが―をあさる」「―にありつく」❸人をだましたり、誘ったりするために提供される金品や利益。「景品を―に客を集める」
(類語)飼料・餌え・飼い葉・秣まぐさ・擂すり餌・生き餌

え-ざ【会座】ヱ 法会ほうえ・講説などで参会者が集まった場所。また、その集まりや、集まりでの席。

エサウ〘ヘブライ 'ēśāw〙「旧約聖書-創世記」中のイサクとリベカとの間の子。イスラエルの先祖であるヤコブの双生の兄。長子としての特権を、レンズ豆のスープ1杯で、弟ヤコブに売り渡した。

え-さがし【絵探し】ヱ 絵の中に、ちょっと見ただけではわからないように他のものの形を描き込んであるのを探し出す遊び。また、その絵。

エサキ-ダイオード〘Esaki diode〙電圧を増していくと電流が減るという負性抵抗をもつダイオード。不純物濃度の高い半導体のpn接合を用いて、接合面でのトンネル効果によって負性抵抗特性を示す。江崎玲於奈えさきれおなが発明。トンネルダイオード。

えざき-まさのり【江崎誠致】[1922〜2001]小説家。福岡の生まれ。復員して政治活動に身を投じた後、冷静な筆致で戦記ものを執筆。「ルソンの谷間」で直木賞受賞。他に「名人碁所ごどころ」「十字路」など。

えさき-れおな【江崎玲於奈】[1925〜]物理学者。筑波大学学長。大阪の生まれ。昭和32年(1957)エサキ-ダイオードを発明。同48年、半導体の研究でノーベル物理学賞受賞。文化勲章受章。

えさし【江刺】岩手県南部、北上川東岸にあった市。平成18年(2006)2月、水沢市・前沢町・胆沢いさわ町・衣川村と合併して奥州市となる。➡奥州(市)

えさし【江差】北海道檜山郡の地名。渡島おしま半島西岸にある港町で、ニシン漁で発展。檜山振興局所在地。

え-さし【餌刺｜餌差】ゑ ❶さおの先端に黐もちをつけ、鷹たかの生き餌とする小鳥を捕らえること。また、それを業とする者。❷江戸幕府の職名。鷹匠たかじょうの配下にあり、❶を任務とした。

えさし-おいわけ【江差追分】―おひわけ 北海道の民謡で、江差地方の座敷歌。信濃追分が越後から船乗りなどによって伝えられ、変化したとされる。松前追分。

えさし-し【江刺市】►江刺

えさし-まち【江差町】►江差

え◦さす【得さす】〘連語〙《動詞「う(得)」の未然形＋使役の助動詞「さす」》❶与える。「便りごとに、物もたえず―◦させたり」〈土佐〉❷(動詞の連用形、またはそれに接続助詞「て」を添えた形に付いて、補助動詞のように用いる)…してやる。…してくれる。「盥たらひに水を入れて―◦させんや」〈今昔・二七・五〉

えさ-まさ〘感〙力仕事をするときの掛け声。「声を合はせて、―と引き上げ騒ぐ」〈栄花・疑ひ〉

え-ざら【絵皿】ヱ ❶大皿などに鑑賞用の絵を描いて装飾・調度としたもの。❷日本画で、絵の具を水や膠にかわとまぜるのに用いる皿。

え-さら◦ず【得▽避らず】〘連語〙《副詞「え」＋動詞「さ(避)る」の未然形＋打消しの助動詞「ず」》どうしても避けることができない。よんどころない。「―◦ぬ馬道めだうの戸を鎖さしこめ」〈源・桐壺〉

え-さん【恵山】ヱ 北海道、渡島おしま半島南東端にある二重式成層火山。標高618メートル。火口原には高山植物が群生。山麓に恵山温泉がある。

え-し【絵師｜▽画師】ヱ ❶絵かき。画家。❷(画師)律令制で、中務省なかつかさしょう画工司えだくみのつかさに属して絵画制作に従事した工人。宮殿・寺院の建立、調度の敷設などに際し、装飾・文様・彩色に携わった。❸平安末期以後、院や幕府の絵所に属した画工。
(類語)画家・絵かき・画伯・画工がこう・画工えだくみ・画人・墨客・イラストレーター

え-し【▽壊死】ヱ〘名〙スル 生体の一部の組織や細胞が死ぬこと。また、その状態。血液が供給されなくなった部分や火傷をした部分などに生じる。ネクローシス。

え-し【▽良し｜▽善し｜▽好し】〘形ク〙《「よし」の古形》よい。「さ雄鹿の伏すや草むら見えずとも児ころが金門かなとよ行かくし―・しも」〈万・三五三〇〉

え-じ【依▽止】仏語。力や徳のあるものに依存し、それを頼みとすること。

えじ【慧慈】ヱジ [?〜623]高麗の僧。推古天皇3年(595)に来日、聖徳太子の師となり、法興寺で仏法を説いた。同23年帰国。太子の「法華義疏」を広めた。

え-じ【▽衛士】ヱ ❶律令制で、諸国の軍団から選抜されて1年交代で左右衛士府・衛門府に配属されて宮廷の警護に当たった兵士。❷神宮司庁および熱田神宮の警護に当たった職員の旧称。

えじかり-また【えじかり股】「いじかり股」に同じ。「足はくたびれたり、―になりて宿を通る」〈仮・東海道名所記・五〉

えしき【兄磯城｜兄師木】大和国磯城の豪族。弟磯城おとしきの兄。神武東征の際、召しに応じないで殺されたと伝えられる。

え-しき【会式】ヱ ❶法会ほうえの儀式。❷「御会式おえしき」に同じ。(季 秋)

え-しき【▽壊色】ヱ《梵 kaṣāya の訳。袈裟けさと音写。「えじき」とも》僧の衣。青・黄・赤・白・黒の五正色を避け、汚く濁った色を用いたのでいう。

え-じき【餌食】ゑ ❶動物のえさとして食われる、命あるもの。❷野心や欲望のための犠牲となるもの。くいもの。「巨大資本の―となる」❸食物。食料。「生き身には―あり」〈浄・博多小女郎〉
(類語)犠牲・償い・代償・いけにえ・好餌

え-じぐち【絵地口】ヱヂ― 絵を主にして、地口を添えたもの。祭礼のときの地口行灯あんどんなどに使われた。

えしぞうし【絵師草紙】ヱシザウシ 鎌倉時代の絵巻。1巻。伊予国を賜った喜びがはかなくついえ、仏道に志すようになる貧乏絵師の身の上を、滑稽こっけい味を交えて自由な筆致で描いたもの。えしのそうし。

エジソン〘Thomas Alva Edison〙[1847〜1931]米国の発明家。電気学を学ぶ。1869年、電気投票記録機の発明に始まり、株式相場表示機・電信機・送話器・蓄音機・白熱電球・映画用撮影機・映写機・蓄電池などを次々に発明。特許は1300以上にのぼった。トーマス＝エジソン。

エジソン-こうか【エジソン効果】―カウクワ ►熱電子効果

エジソン-でんち【エジソン電池】アルカリ蓄電池の一。負極に鉄を用いたもの。

えじ-ふ【▽衛士府】ヱジ― 律令制における官司の一。左右2府があり、宮廷の警護や行幸の護衛などに当たった。弘仁2年(811)左右衛門府に改称。

エジプシャン-バザール〘Egyptian Bazaar〙トルコ北西部の都市イスタンブールの旧市街にある伝統的な商業地区の通称。トルコ語でムスルチャルシュス(エジプトの市場の意)と呼ばれる。17世紀半ば、隣接するイェニモスクの建物の一部を改装して設営。イスタンブール市街ではグランドバザールに次いで大きい。香辛料を扱う店が多いことで知られる。

エジプト〘Egypt〙アフリカ北東部の共和国。首都カイロ。国土の多くは砂漠で、ナイル川流域で綿花・サトウキビなどを栽培。スエズ湾岸などから石油も産する。古代文明の発祥地で、ピラミッドなどの遺跡が多い。1922年王国として独立。53年共和国となり、58年アラブ連合共和国、71年エジプト-アラブ共和国に改称。人口8047万(2010)。ミスル。(補説)「埃及」とも書く。

エジプトはナイルの賜 ナイル川が運ぶ肥沃な土のおかげで、エジプトの壮大な文明・国家が築かれたの意。ギリシャの歴史家ヘロドトスの言葉。

エジプト-つちいなご【エジプト土稲子】サバクバッタの別名。

エジプト-ねずみ【エジプト×鼠】クマネズミの亜種。エジプト・アメリカをはじめ世界各地に分布。体長約20センチで、背は褐色、腹が白色。

エジプト-ぶんめい【エジプト文明】前5000年ごろからナイル川下流域に発達した古代文明。ナイル川の定期的な洪水により地味が肥え、豊かな農耕文化が栄えた。前3000年ごろに成立した統一国家のもとで、ピラミッドや神殿が建設され、象形文字が使われ、測量術・暦法などの科学技術が発達した。➡四大文明

エジプト-めん【エジプト綿】エジプトのナイル川流域で生産される綿花。繊維は細く、長く、柔らかく、光沢がある。

エジプト-もじ【エジプト文字】前3000年ごろ作られた古代エジプトの象形文字。表意文字・表音文字と漢字の偏にあたるものの3種、約3000字がある。ヒエログリフ。

エジプト-れき【エジプト暦】前2000年ごろのエジプトで使われていた暦法。太陽暦で、1か月を30日、1年を12か月と5日の、合計365日とした。

えじま【江島】・【絵島】[1681～1741]江戸城大奥の女中。7代将軍徳川家継の母月光院に仕えた。歌舞伎役者生島新五郎との恋愛事件のかどで、信濃高遠に流された。

え-じま【絵島】兵庫県淡路島、岩屋港の南東にある岩。月の名所。〔歌枕〕「さよ千鳥ふけひの浦に音づれて一がいそに月傾ぶきぬ」〈千載・雑上〉

えじま-きせき【江島其磧】[1667～1736]江戸中期の浮世草子作者。京都の人。本名、村瀬権之丞。通称、庄左衛門・市郎左衛門。井原西鶴のあとを受け、八文字屋自笑のもとで役者評判記・浮世草子を著した。著「傾城色三味線」「傾城禁短気」「世間子息気質」など。江島屋其磧。

え-しゃく【会釈】〔名〕スル《もと仏教語で、混乱した内容を、前後照合して意味が通じるようにする意の「和会通釈」の略》❶軽くあいさつや礼を交わすこと。また、そのあいさつや礼を示す所作。「一してすれ違う」「一を返す」❷相手に心配りをすること。思いやり。斟酌。「遠慮一もなく割り込む」「一国独立の為とあれば試みにも政府を倒すに一はあるまい」〈福沢・福翁自伝〉❸事情を納得して理解すること。趣旨をのみこむこと。「之を尺度として、一もなく百般の著述を批評するをいうなり」〈逍遥・批評の標準〉❹事情を説明したりすること。「入道朝家を恨み奉る由聞こえしかども、静憲法印院宣の御使ひにて様々一申しければ」〈盛衰記・一二〉❺(多く、あとに「こぼる」「こぼす」などを伴って用いる)打ち解けて愛敬のあること。また、その所作。「一こぼして、御機嫌取りの追従顔」〈浄・振袖始〉

〔類語〕お辞儀・礼・目礼・黙礼・最敬礼・叩頭・一礼・敬礼・答礼・握手・一揖・叩首・低頭・拝礼

えしゃ-じょうり【会者定離】仏語。会う者は必ず離れる運命にあるということ。人生の無常をいう語。

エシャルプ〘フランス écharpe〙スカーフ。また、斜めに掛ける肩帯。元来は、戦士が肩から腰へ斜めに掛けていた細い布。

エシャロット〘フランス échalote〙ユリ科ネギ属の多年草。ニンニクやラッキョウに近縁の西洋野菜。鱗茎を香草として用いる。シャロット。

え-しゅ【会衆】法会・説法などに集まった人々。

え-しょう【依正】《「依正二報」の略》仏語。依報と正報。過去の業の報いとして受ける、環境とそれをよりどころとする身体。

えじょう【懐奘】➡孤雲懐奘

えじり【江尻】静岡県静岡市の地名。もと東海道五十三次の宿駅。

え-しん【回心】【×廻心】〔名〕スル 仏語。心を改め、正しい仏の道に入ること。改心。

え-しん【依身】仏語。心やその働きのよりどころとなる肉体。身体。

え-しん【×穢身】仏語。けがれた身体。凡夫の身。「いかでか有待の一を救療せん」〈平家・三〉

えしん-そうず【恵心僧都】➡源信

えしん-に【恵信尼】[1182～1268?]親鸞の妻。越後の豪族三善為則の娘という。親鸞の越後配流のときに結ばれ、信蓮房らを産んだ。消息10通が現存。

えしん-は【恵心派】恵心僧都源信を開祖とする、仏像・仏画作者たちの一派。

エジンバラ〘Edinburgh〙英国北東部、フォース湾南岸にある都市。もとスコットランド王国の首都。1583年創立の大学など歴史的建造物が多い。中世の面影を残す旧市街とジョージアン様式の町並みの新市街が、1995年、世界遺産(文化遺産)に登録された。エディンバラ。

エジンバラ-じょう【エジンバラ城】《Edinburgh Castle》英国スコットランドの首都エジンバラにある城。旧市街中心部に聳えるキャッスルロックという岩山の上に建つ。イングランドとの攻防の舞台となり、幾度となく破壊と再建が繰り返された。現存する最古の建物は12世紀初期のセントマーガレット礼拝堂。ほかに16世紀のグレートホール、宮殿だったキングズロッジング、スコットランド王家の宝器を展示するクラウンルームなどがある。

エジンバラ-ツイード〘Edinburgh tweed〙英国のエジンバラ地方産の毛織物ツイードのこと。弾力性と腰のある丈夫なツイード。

えしん-りゅう【恵心流】恵心僧都源信を祖とする天台宗の一学派。檀那流とともに恵檀二流と称された。

エス〘S｜s〙❶英語のアルファベットの第19字。❷〈S〉《small》衣服のサイズのS判。➡M ➡L ❸〈S〉《south》南・南極を示す記号。⇔N。❹〈S〉《sulfur》硫黄の元素記号。❺〈S〉《subject》英文法などで、主語を示す符号。❻〈s〉《second》時間の単位、秒の記号。❼《save point》野球で、セーブポイントを示す符号。❽《sister》女学生や若い女性の間で、きわめて親しい同性の相手をさす隠語。❾〈s〉《speed の頭文字から》覚醒剤を指す隠語。

エス イエス＝キリストのこと。

え・す【会す】〔動サ変〕理解する。会得する。「涅槃の真を一・して」〈露伴・五重塔〉

え-ず【絵図】❶家屋・土地・庭園などの平面図。絵図面。❷絵。絵画。

エズ〘Eze〙フランス南東部、アルプ-マリチーム県の村。ニースとモナコの中間に位置する。中世に異教徒からの攻撃を防ぐために、急峻な岩山や丘の上に城壁をめぐらして築いた「鷲の巣村」の一。

え・ず【▽怨ず】〔動サ変〕《「えんず」の撥音の無表記》「えん(怨)ずる」に同じ。「もの憎みはいつならふべきにかと一・じ給へば」〈源・澪標〉

エス-アール-アイ〘SRI〙《socially responsible investment》➡社会的責任投資

エス-アール-アイ〘SRI〙《Stanford Research Institute》スタンフォード研究所。米国のシンクタンク。政府や企業からの委託による先端技術の研究開発、政策立案のための調査分析などを行う。1946年、スタンフォード大学の研究機関として発足。70年に大学から分離独立、77年、SRI Internationalと改称。本部はカリフォルニア州メンロパーク。

エス-アール-アイ-エヌ-エフ〘SRINF〙《Short Range Intermediate-range Nuclear Force》短射程中距離核戦力。従来のINFがLRINFと呼ばれるようになったのに伴って、LRINFと戦術核の中間の、射程距離500～1000キロメートルのミサイルをさす呼称となったもの。INF全廃条約により、1991年5月までに廃棄された。

エス-アール-エス〘SRS〙《supplemental restraint system》補助拘束装置。交通事故の際に運転者・乗員を保護するための各種装置。シートベルト、エアバッグなどをいう。

エス-アール-エス〘SRS〙《sex reassignment surgery》➡性別適合手術

エス-アール-エム〘SRM〙《specified risk material》➡特定危険部位

エス-アール-シー〘SRC〙《steel reinforced concrete》鉄骨鉄筋コンクリート。高層建築などに用いられる。

エス-アール-シー〘SRC〙《Semiconductor Research Corporation》半導体研究会社。米国の半導体コンピューター製造会社13社が1982年に設立した非営利会社。

エス-アール-ジー-ビー〘sRGB〙《standard RGB》色空間の標準規格の一。1998年、IEC(国際電気標準会議)がコンピューターなどのディスプレーによる色の再現性を重視して策定。

エスアール-せつ【SR説】心理学の学習理論の一。学習現象をすべて刺激(stimulus)と反応(response)の結びつきとして説明する連合主義的学習理論。考え方や知識の変化を無視する点で行動主義的である。刺激反応理論。⇔SS説。➡行動主義

エス-アール-ビー-エム〘SRBM〙《short-range ballistic missile》短距離弾道ミサイル。射程1000キロメートル以下のもの。

エス-アイ〘SI〙《フランス Système International d'Unités》メートル法の国際単位系の公式略称。

エス-アイ〘SI〙《system integration》➡システムインテグレーション

エス-アイ〘SI〙《system integrator》➡システムインテグレーター

エス-アイ〘SI〙《Socialist International》➡社会主義インターナショナル

エス-アイ〘SI〙《school identity》スクールアイデンティティー。イメージアップを図るため、学校が打ち出す独自性。制服のモデルチェンジという形が多い。

エス-アイ-アイ〘SII〙《structural impediments initiative》日米構造協議。日米間の貿易不均衡の原因となっている構造的な問題を解決するため、1989年9月から90年6月まで行われた2国間協議。

エス-アイ-エー〘SIA〙《Semiconductor Industry Association》米国半導体工業会。1977年、五つの超小型電子技術関連会社により設立。本部はカリフォルニア州サンホセ。

エス-アイ-エー〘SIA〙《Securities Industry Association》米国証券業協会。1972年、証券取引所協会(ASEF)と投資銀行協会(IBA)の合併により設立。2006年、債券市場協会(BMA)と合併し、証券業金融市場協会(SIFMA)となる。

エス-アイ-エス〘SIS〙《strategic information system》➡シス(SIS)

エス-アイ-エス〘SIS〙《Secret Intelligence Service》英国情報局秘密情報部。通称MI6。

エス-アイ-エフ-エム-エー〘SIFMA〙《Securities Industry and Financial Markets Association》米国証券業金融市場協会。2006年、証券業協会(SIA)と債券市場協会(BMA)が合併し、設立。本部はニューヨーク。

エス-アイ-エム〘SIM〙《subscriber identity module》➡シムカード

エスアイがた-ひかりファイバー【SI型光ファイバー】《step-index optical fiber》光ファイバーの一。内部の屈折率が一様なものをさす。構造が単純で安価だが、長距離の広帯域伝送には向かない。ステップインデックス型光ファイバー。➡GI型光ファイバー ➡MI型光ファイバー

エス-アイ-シー-ビー-エム〘SICBM〙《small intercontinental ballistic missile》小型大陸間弾道ミサイル。アメリカが開発していたミサイルで、従来のミニットマンミサイルより小型の、ミゼットマンとよばれる弾頭1発だけのICBM。

エス-アイ-ティー〘SIT〙《static induction transistor》静電誘導トランジスター。

エス-アイ-ティー〘SIT〙《special investigation team》特殊犯捜査係。都道府県警察本部に置かれ、誘拐事件や人質立てこもり事件などを担当する。

エス-アイ-ディー-エス〘SIDS〙《sudden infant death syndrome》▶乳幼児突然死症候群

エス-アイ-ビー〘SIB〙《Securities and Investments Board》英国証券投資委員会。投資家の保護、証券市場の秩序維持を図るための組織。

エス-アイ-ピー-アール-アイ〘SIPRI〙《Stockholm International Peace Research Institute》▶ストックホルム国際平和研究所

エス-アイ-ピー-シー〘SIPC〙《Securities Investor Protection Corporation》米国証券投資家保護公社。1970年設立の準公的機関。所在はワシントン。

エス-アンド-エル〘S&L〙《savings and loan association》貯蓄貸付組合。小口の貯金を主な資金として住宅抵当貸付に運用する米国の金融機関の一。1980年代後半に多くの組合が経営難におちいって破綻、公的機関による整理統合が進められた。

エス-アンド-ピー〘S&P〙《Standard and Poor's》企業を格付けする米国の機関の一つ。1941年、スタンダード統計会社とプアーズ出版社が合併して設立。スタンダードアンドプアーズ。

えず・い〔形〕《中世・近世語》❶不快である。いとわしい。「きたなさうに、―・い色が見へたぞ」〈史記抄・佞幸列伝〉❷怖い。恐ろしい。〈日葡〉❸ひどい。乱暴である。「お家主どのへことわって、―・い目にあはせてくれべい」〈滑・膝栗毛・発端〉

エス-イー〘SE〙《systems engineer》▶システムエンジニア

エス-イー〘SE〙《sales engineer》販売担当技術者。

エス-イー〘SE〙《sound effects》▶サウンドエフェクト

エス-イー〘SE〙《ラテン Societas Europaea》▶欧州会社

エス-イー-アイ-ユー〘SEIU〙《Service Employees International Union》サービス従業員国際労働組合。米国・カナダ・プエルトリコに支部組織を持つ労働組合。医療・介護・福祉・ビル管理・公務員などを中心に多様な職種の労働者で組織される。1921年BSEIU(ビルサービス従業員国際組合)として設立。68年に現名称に変更。少数民族や移民を含む非正規の低賃金労働者を積極的に組織化し急成長をとげた。組合員数は210万人(2012年7月現在)。

エス-イー-エー〘SEA〙《Southeast Asia》東南アジア。

エス-イー-エー〘SEA〙《Single European Act》単一欧州議定書。EC(欧州共同体)の市場統合などをうたい、1986年EC首脳会議で採択。87年発効。93年1月から欧州単一市場が始動し、議定書は役割を終え、当時の加盟12か国の間で人、物、資本、サービス(保険、医療、教育など)の移動が自由となった。

エス-イー-エー-キュー〘SEAQ〙《Stock Exchange Automated Quotation》ロンドン証券取引所の、コンピューターオンラインシステムによる証券取引。1986年、イギリスの金融・証券制度の大改革(ビッグバン)の際に導入された。

エス-イー-オー〘SEO〙《search engine optimization》インターネット上のウェブサイトを検索するサーチエンジンにおいて、ある特定のウェブサイトが検索結果の上位に表示されるようにサイト設計をする手法の総称。サーチエンジン最適化。検索エンジン最適化。ウェブポジショニング。

エスイーオー-スパム【SEOスパム】《SEO spam》▶サーチエンジンスパム

エス-イー-シー〘SEC〙❶《Securities and Exchange Commission》▶証券取引委員会 ❷《❶から》日本の「証券取引等監視委員会」の略称。

エス-イー-ダブリュー〘SEW〙《shared early warning》▶早期警戒情報

エス-イー-ティー〘SET〙《secure electronic transaction》▶セット(SET)

エス-イー-ディー〘SED〙《surface-conduction electron-emitter display》コンピューターのディスプレーやテレビなどに使われる薄型表示装置の一。電子線を蛍光体にぶつけて発光させる原理はブラウン管と同様だが、電子の放出部に表面伝導型電子放出素子という素子を用いる。ブラウン管に比べ、薄型で大画面、低消費電力のディスプレーにすることができる。表面電界ディスプレー。➡FED

エス-イー-ディー〘SED〙《strategic economic dialogue》▶戦略経済対話

エス-えいぞうたんし【S映像端子】ーエイゾウタンシ《S-video interface》▶S端子

エス-エー〘SA〙《store automation》小売店舗の自動化。POSシステムの導入などにより、店舗内の設備や機器を連動させ、店舗運営の自動化・省力化を図ること。

エス-エー〘SA〙《フランス société anonyme》フランス語で、株式会社。例えば、フランスの自動車会社ルノーはRenault S.A.と書く。

エス-エー〘SA〙《systems analysis》システム分析。経営工学の用語。

エス-エー〘SA〙《shop automation》会社や工場などの作業・製造現場のオートメーション。

エス-エー〘SA〙《South America》南米。

エス-エー〘SA〙《South Africa》南アフリカ共和国。

エス-エー〘SA〙《Salvation Army》▶救世軍

エス-エー〘SA〙《service area》▶サービスエリア

エス-エー-アール〘SAR〙《synthetic aperture radar》合成開口レーダー。地表観測装置の一種。アンテナを搭載した人工衛星や航空機の動きによって多重に合成された画像をコンピューターを駆使して分解し、真の画像を得る。

エス-エー-アール〘SAR〙《Special Administrative Region》特別行政区。中国返還後の香港・マカオをさす。

エス-エー-アール〘SAR〙《search and rescue》捜索救難システム。遭難した航空機・船舶などの救難信号を人工衛星でとらえ、救助活動を行う国際的システム。サー。

エス-エー-アール〘SAR〙《screen aspect ratio》映画のスクリーンの画面アスペクト比。

エスエーアール-きょうてい【SAR協定】ーキョウテイ《Agreement on search and rescue regions》昭和54年(1979)に発効した「海上における捜索及び救助に関する国際条約」(SAR条約)に基き、海上での遭難者捜索・救助活動を迅速かつ適切に行う体制を関係国が協力して整備するため定められた協定。海難捜索救助協定。[補説]日本は米国・ロシア・韓国と締結。中国との間では、「日中海上捜索・救助協定」として原則合意に達している(平成24年7月現在)。

エス-エー-アイ-シー〘SAIC〙《Shanghai Automotive Industry Corporation》▶上海シャンハイ汽車

エス-エー-イー〘SAE〙《self-addressed envelope》返信用封筒。

エス-エー-イー〘SAE〙《Society of Automotive Engineers》自動車技術者協会。9万人以上の自動車関連技術者が参加する国際的団体。1905年設立。本部は米国のペンシルベニア州ワレンデール。

エス-エー-エス〘SAS〙《Special Air Services》英国の特殊空挺部隊。第二次大戦中に対ドイツ戦における陸軍の後方撹乱部隊として創設され、戦後は陸軍の特殊部隊として再編された。サス。

エス-エー-エス-イー〘SASE〙《self-addressed stamped envelope》自分の住所を記した、返信用切手付き封筒。

エス-エー-エフ〘SAF〙《Structural Adjustment Facility》構造調整ファシリティー。国際通貨基金(IMF)の最貧国向け低利融資制度。1986年発足。1987年、規模を拡大したESAF(拡大構造調整ファシリティー)に移行した。

エス-エー-エム〘SAM〙《surface-to-air missile》地対空ミサイル。サム。

エス-エー-オー〘SAO〙▶セッションアットワンス

エス-エー-シー〘SAC〙《Space Activities Commission》宇宙開発委員会。

エス-エー-シー-オー〘SACO〙《Special Action Commitee on Okinawa》沖縄に関する特別行動委員会。沖縄の米軍基地の整理・縮小等を協議した日米両国政府による委員会。1995年設置、96年12月に最終報告を取りまとめた。

エス-エー-シー-ディー〘SACD〙《super audio CD》高品質な音声記録を目的として開発された光ディスク規格の一。120デシベルのダイナミックレンジと100キロヘルツ以上の周波数特性をもつ。

エス-エー-シー-ユー〘SACU〙《Southern African Customs Union》南部アフリカ関税同盟。1969年に南アフリカ・ボツワナ・レソト・ナミビア・スワジランドの5か国によって成立。域内国産品の無税通過、商品の自由流通、共通域外関税を目的とする。

エス-エー-ジェー〘SAJ〙《Ski Association of Japan》全日本スキー連盟。日本のスキー競技を統括する団体。大正14年(1925)結成。

エス-エー-ティー〘SAT〙《scholastic assessment test》大学進学希望者を対象に行われる米国の共通試験。英語と数学からなるSAT-Ⅰと、科目別のSAT-Ⅱがある。以前はscholastic aptitude testとよばれていた。大学進学適性試験。大学進学能力基礎テスト。

エス-エー-ティー〘SAT〙《special assault team》▶サット(SAT)

エス-エー-ディー〘SAD〙《social anxiety disorder》▶社交不安障害

エス-エー-ディー〘SAD〙《seasonal affective disorder》特定の季節に発症する躁鬱病そううつびょう。特に、日照時間が短く暗い冬に、気候の影響を受けて気分がひどく落ち込むこと。冬季鬱病。季節性感情障害。季節性情動障害。

エス-エー-ディー-シー〘SADC〙《Southern African Development Community》南部アフリカ開発共同体。アフリカ南部15か国で構成する経済共同体。1980年南部アフリカ開発調整会議(SADCC)として発足。92年現在の名称に変更し、組織を改編。本部はハボローネ。

エス-エー-ディー-シー-シー〘SADCC〙《Southern African Development Coordination Conference》南部アフリカ開発調整会議。南アフリカ周辺のアンゴラ・ザンビアなど9か国が参加して1980年に結成された経済協力機構。相互経済交流と南アフリカへの経済依存度減少、経済的独立を目標とする。92年、南部アフリカ開発共同体(SADC)に発展、解消。

エス-エー-ピー〘SAP〙《special automobile policy》自家用自動車総合保険。対人賠償保険・自損事故保険・無保険車傷害保険・対物賠償保険・搭乗者傷害保険・車両保険の六つがセットになっている自動車保険。自家用普通乗用車・自家用小型乗用車・自家用軽四輪乗用車・自家用小型貨物車・自家用軽四輪貨物車の自家用自動車5車種が対象。➡PAP ➡BAP

エス-エス〘SS〙《shortstop》野球で、遊撃手。ショート。

エス-エス〘SS〙《suspended solids》浮遊物質。懸濁物質。水に溶けずに浮遊し、水を濁らせている微粒物質。通常は直径2ミリ以下の微粒物質をさす。水1リットル中に含まれている割合を重さに換算して浮遊物質量とし、数値はppmで表示する。

エス-エス〘SS〙《speed sensitive》白黒フィルムの感度表示係数の一。感度がISO100のものをさす。

エス-エス〘SS〙《ドイツ Schutzstaffel》ナチス親衛隊。

エス-エス〘SS〙《sporty sedan》スポーティーセダン。軽快な感覚を取り入れた普通乗用車。

エス-エス〘Ss〙《stainless》ステンレス。材質を示す記号。

エス-エス〘SS〙《service station》ガソリンスタンド。

エス-エス〘SS〙《Security Service》英国情報局保安部。通称MI5。
エス-エス〘SS〙《steamship》汽船、または商船。
エス-エス〘SS〙《superstore》►スーパーストア
エス-エス〘SS〙《Secret Service》►シークレットサービス❷
エス-エス-アール〘SSR〙《surface-to-surface rocket》地対地ロケット。
エス-エス-アール〘SSR〙《secondary surveillance radar》二次監視レーダー。航空管制区域内の航空機監視のため、地上から質問電波を発するレーダー。
エス-エス-アール-アイ〘SSRI〙《Selective Serotonin Reuptake Inhibitors》選択的セロトニン再取り込み阻害薬。脳内のシナプス間隙に放出されたセロトニンを神経終末に再回収するたんぱく質(セロトニントランスポーター)に選択的に作用し、セロトニンの吸収を阻害することによって、鬱症状を改善する抗鬱薬。不安や鬱などの感情を抑制する働きをもつとされるセロトニンの不足を解消し、神経細胞間の情報伝達を正常な状態に近づける。従来の抗鬱薬に比べて口の渇きや便秘などの副作用は少ないが、SSRIの服用によって敵意や攻撃性が増す事例が報告され、慎重に投与する必要があるとされる。➡SNRI
エス-エス-アイ〘SSI〙《small-scale integration》小規模集積回路。素子数にして100個以下程度の集積回路(IC)に対する呼称。
エス-エス-イー〘SSE〙《supply side economics》需要面より供給面を重視する経済政策。資源を公共部門から民間部門へ、消費財から資本財へ向け、生産力の増強と物価水準の安定をめざす。
エス-エス-エス〘SSS〙《super speed sensitive》白黒フィルムの感度表示係数。感度がISO200のものをさす。
エス-エス-エス〘SSS〙《Selective Service System》米国の選抜徴兵制度。また、選抜徴兵局。ベトナム戦争後は志願兵制度となり、廃止された。
エス-エス-エス〘SSS〙《sick sinus syndrome》►洞不全症候群
エス-エス-エス-ビー〘SSSB〙《small solar system bodies》►太陽系小天体
エス-エス-エッチ〘SSH〙《Secure Shell》ネットワークを通じて他のコンピューターを遠隔操作するためのソフトウエア。また、そのための暗号化された通信プロトコルのこと。主にUNIX系のコンピューターで利用される。セキュアシェル。
エス-エス-エム〘SSM〙《surface-to-surface missile》地対地または艦対艦ミサイル。
エスエスエム-ちょうさ【SSM調査】《SSM survey》社会階層(Social Stratification)と社会移動(Social Mobility)に関する全国調査。日本社会の開放性と平等性を明らかにし、社会構造の国際比較を行う目的で、昭和30年(1955)に日本社会学会によって第1回が実施された。以降はさまざまな団体により10年ごとに行われている。
エス-エス-エル〘SSL〙《secure sockets layer》インターネットで、暗号化したデータを送受信するためのプロトコル。米国旧ネットスケープ-コミュニケーションズ(現ＡＯＬ)社が開発。公開鍵暗号と共通鍵暗号、デジタル署名などのセキュリティー技術を組み合わせ、安全性を高めている。
エスエスエル-ブイピーエヌ〘SSL-VPN〙《secure socket layer virtual private network》インターネットVPNのうち、暗号化にSSL技術を使って安全性を高めたもの。
エス-エス-オー〘SSO〙《Sun-synchronous orbit》►太陽同期軌道
エスエス-せつ【SS説】《sign-significate theory》学習は環境内の刺激を構造的に把握したり、新しい意味づけをすることによって成立し、強化を必要条件とはしないとする心理学説。㊞SR説。
エス-エス-ダブリュー〘SSW〙《school social work》スクールソーシャルワーク。訪問教育相談。非行、登校拒否などの問題に直面する子供たちを、学校と家庭のパイプ役になって支えるシステム。1900年代初めに米国で誕生し、日本でも導入が進められている。そのような支援に携わる専門家のことをスクールソーシャルワーカー(SSW)という。
エス-エス-ダブリュー〘SSW〙《school social worker》スクールソーシャルワーク(SSW)に携わる専門家。
エス-エス-ティー〘SST〙《supersonic transport》超音速旅客機。
エス-エス-ティー〘SST〙《social skills training》►ソーシャルスキルトレーニング
エス-エス-ディー〘SSD〙《solid state detector》シリコンやゲルマニウムなどの半導体を利用した放射線検出器。半導体に放射線が入射する際に発生する電子・正孔を電極に集め、これを増幅し測定することで、放射線が損失したエネルギーが得られる。エネルギー分解能が高いという特長をもち、原子核物理学、高エネルギー天文学などの分野で用いられる。半導体検出器。固体検出器。
エス-エス-ディー〘SSD〙《super Schottky diode》超伝導体と半導体を組み合わせたダイオードの一種。超高周波電波の検出器として用いられる。
エス-エス-ディー〘SSD〙《Special Session on Disarmament of the United Nations General Assembly》国連軍縮特別総会。非同盟諸国の要求で軍縮問題を討議するため、1978年に開催された国際連合の特別総会。82年に第2回、88年に第3回が開催された。㊞第3回総会での日本の提案により、89年から毎年2回(うち1回は日本)、UNDC(国連軍縮委員会)が開かれている。
エス-エス-ディー〘SSD〙《solid state drive, solid state disk》►半導体ディスク
エス-エス-ディー-エス〘SSDS〙《system of social and demographic statistics》社会人口統計体系。国連が、社会・人口統計の国際比較を可能にするために、各国に指定した統計体系。
エス-エス-ピー-イー〘SSPE〙《subacute sclerosing panencephalitis》亜急性硬化性全脳炎。麻疹(はしか)に感染後、数年から十数年の潜伏期を経て発病する進行性の難病。麻疹ウイルスによるスローウイルス感染症で小児に多くみられる。軽度の知的障害や脱力発作、歩行異常などの初期症状から不随意運動(ミオクローヌス)、運動・知能障害の進行、全身の筋肉緊張、意識喪失などの経過をたどる。麻疹罹患者の数万人に一人が発症。麻疹の予防接種を受けた人の発症率が低いことなどから、麻疹ワクチンがSSPEの発症予防に有効とされている。
エス-エックス-ジー-エー〘SXGA〙《super XGA》パソコンの液晶ディスプレー画面などにおける、1280×1024ピクセル(ドット)の解像度をさす。➡XGA
エス-エッチ〘SH〙《scrum half》ラグビーで、スクラムハーフ。
エス-エッチ-エフ〘SHF〙《super high frequency》センチ波。
エスエッチエム-シーディー〘SHM-CD〙《Super High Material CD》►スーパーハイマテリアルCD
エス-エッチ-ティー-ティー-ピー〘SHTTP〙《secure hypertext transfer protocol》インターネット上でデータ転送をするための標準的なプロトコル、HTTPのセキュリティー機能を強化したもの。
エス-エヌ-アール〘SNR〙《signal-to-noise ratio》►SN比
エス-エヌ-アール〘SNR〙《supernova remnant》►超新星残骸
エス-エヌ-アール-アイ〘SNRI〙《Serotonin-Norepinephrine Reuptake Inhibitors》セロトニンノルアドレナリン再取り込み阻害薬。鬱病の治療に用いられる抗鬱薬の一種。神経伝達物質であるセロトニンとノルアドレナリンの再吸収を阻害し、脳内での遊離量を増加させることによって、抑鬱気分や不安を緩和し、鬱状態を改善する。
エス-エヌ-エー〘SNA〙《United Nations System of National Accounts》国民経済計算体系。1953年国連統計委員会が作成した国民所得勘定などの国民経済計算の国際標準体系。68年および93年に改定。UNSNA。
エス-エヌ-エー〘SNA〙《System Network Architecture》システムネットワーク体系。IBM社のコンピューターネットワークに関する体系的な考え方。
エス-エヌ-エス〘SNS〙《social networking service》個人間のコミュニケーションを促進し、社会的なネットワークの構築を支援する、インターネットを利用したサービスのこと。趣味、職業、居住地域などを同じくする個人同士のコミュニティーを容易に構築できる場を提供している。ソーシャルネットワーキングサービス。ソーシャルネットワーキングサイト。
エス-エヌ-エフ〘SNF〙《short-range nuclear force》短距離核戦力。
エス-エヌ-エム〘SNM〙《special nuclear material》特定核物質。水爆の核融合を起こすために用いる原爆の核物質。
エス-エヌ-エム-ピー〘SNMP〙《simple network management protocol》TCP/IPネットワークの管理に用いられるプロトコル。ネットワークに接続されたコンピューター、通信機器、端末を監視・制御する。
エス-エヌ-オー-エム〘SNOM〙《scanning near field optical microscope》►走査型近接場光顕微鏡
エス-エヌ-シー〘SNC〙《Supreme National Council》カンボジア最高国民評議会。プノンペン政権と民主カンボジア連合政府3派の合意による、カンボジア新政権樹立までの移行期間におけるカンボジアの主権を代表した唯一の機関。1991年のパリ和平協定で成立。議長は故シアヌーク。
エス-エヌ-ジー〘SNG〙《satellite news gathering》通信衛星を利用したニュース現場からの映像・音声の送信システム。生中継放送の範囲が広がる。
エス-エヌ-ディー-ブイ〘SNDV〙《strategic nuclear delivery vehicle》戦略核運搬手段。大陸間弾道ミサイルなどを目標まで運搬するロケットや長距離爆撃機などをいう。
エスエヌ-ひ【SN比】《signal-to-noise ratio》有効な信号成分(シグナル)と雑音(ノイズ)成分との量の比率。電子工学や音響機材の分野で使われる。信号成分中に含まれる雑音の量を表し、この値が大きいほど信号の品質や機材の性能がよい。単位はデシベル(dB)。また、品質工学の分野においても、製品のばらつきをノイズとみなし、同様の評価尺度として用いられる。信号対雑音比。S/N比。SNR。
エス-エヌ-ピー〘SNP〙《Scottish National Party》スコットランド民族党。スコットランドの英国からの分離独立を主張する地域政党。1934年結成。スコットランド国民党。
エス-エフ〘SF〙《science fiction》►サイエンスフィクション
エス-エフ〘SF〙《San Francisco》サンフランシスコ。
エス-エフ〘SF〙《和 stored＋fare》あらかじめ入金した運賃の意。
エス-エフ〘SF〙《small forward》バスケットボールで、スモールフォワード。
エス-エフ-エー〘SFA〙《sales force automation》IT技術を駆使して企業の営業活動を効率化するシステム。
エス-エフ-エックス〘SFX〙《special effectsの略。effectsの発音をFXと表記したもの》映画などで、実際にはありえない映像をつくりだす技術。高速度撮影、ミニチュアの利用、映像の合成など。特殊効果。➡VFX
エス-エフ-エフ〘SFF〙《split-fingered fastball》►スプリットフィンガードファストボール
エスエフ-しょうほう【SF商法】《SFは、この商法を最初に行った「新製品普及会」の頭文字から》催

眠商法のこと。

エスエフディーじ【SFD児】《small for dates neonates》在胎期間にくらべて、出産時体重が平均より少ない新生児。

エスエフ-マーク【SFマーク】《SFはsafety fireworks》日本煙火協会の安全基準に合格した花火につけられるマーク。

エスエフ-メトロカード【SFメトロカード】《SFは「ストアードフェアー方式」の意》東京メトロ発売の自動改札用プリペイドカード。乗車駅の改札機で初乗り運賃が引かれ、降車駅の改札機で精算される。平成8年(1996)都営地下鉄の「Tカード」と共通化してスタート、同12年には多くの私鉄も参加するパスネットのシステムに参加。➡パスモ(PASMO)

エス-エム〘SM〙《sadism and masochism, sadomasochism》サディズムとマゾヒズム。

エス-エム〘SM〙《systems management》システム管理。情報システムの管理。

エス-エム〘SM〙《supermarket》▶スーパーマーケット

エス-エム〘SM〙《state militia》米国の州兵。

エス-エム-エー〘SMA〙《superplastic metal alloy》形状記憶合金。低温で塑性変形させたのちに高温にすると変形前の形に戻り、再び低温にすると、塑性変形された形になる合金。チタン・ニッケル合金、銅・亜鉛・アルミニウム合金など。

エス-エム-エス〘SMS〙《short message service》ショートメッセージサービス。携帯電話間で数十文字程度の短いメッセージを送受信するサービスのこと。

エス-エム-エス-エー〘SMSA〙《standard metropolitan statistical area》米国で標準大都市地区。大都市と日常生活上関係をもつ地域範囲を統計的に示したもの。

エス-エム-ジー〘SMG〙《International Stoke Mandeville Games》国際ストークマンデビル競技会。脊椎損傷者のスポーツ競技会。1948年、英国のストークマンデビルにある国立脊椎損傷者センターのグッドマン所長が提案し、52年国際競技会に発展。のち数度にわたり改称され、現在はIWAS World Gamesという名称で開催されている。

エスエム-スリー〘SM3〙《standard missile 3》海上配備型迎撃ミサイル。BMD(弾道ミサイル防衛)用に開発されたもので、イージス艦に配備される。艦対空ミサイル。

エス-エム-ティー-ピー〘SMTP〙《simple mail transfer protocol》インターネットで電子メールを転送するためのプロトコルの一。ユーザーがメールをサーバーへ送信したり、サーバー同士がメールをやり取りしたりする際に用いられる。

エスエムティーピー-サーバー【SMTPサーバー】《SMTP server》インターネットで電子メールを送信するためのサーバー。ユーザーのメールを他のサーバー同士でやり取りをすることにより、メールが送信される。➡SMTP

エス-エム-ピー〘SMP〙《symmetric multiprocessor》一つのコンピューターに複数のマイクロプロセッサーを実装するマルチプロセッサーシステムにおいて、複数のマイクロプロセッサーが同等な役割のもとで同時に処理をする方式をいう。

エス-エル〘SL〙《steam locomotive》蒸気機関車。

エス-エル〘SL〙《sleep learning》睡眠学習。テープを利用し、浅い睡眠状態のときに大脳に繰り返しはたらきかけて記憶させる学習方法。

エス-エル〘SR〙《ロシア Partiya Sotsialistov-Revolyutsionerov》社会革命党。

エス-エル-イー〘SLE〙《systemic lupus erythematosus》▶全身性エリテマトーデス

エス-エル-エー-シー〘SLAC〙《Stanford Linear Accelerator Center》スタンフォード線型加速器センター。1962年、カリフォルニア州メンローパークのスタンフォード大学内に設立。2008年、SLAC国立加速器研究所に名称変更。

エス-エル-エフ-ピー〘SLFP〙《Sri Lanka Freedom Party》スリランカ自由党。シンハラ人を中心とする二大政党の一つ。

エス-エル-オー-アール-シー〘SLORC〙《State Law and Order Restration Council》国家法秩序回復評議会。ミャンマーの軍事政権機構。1988年9月、国軍のクーデターにより政権を掌握。97年、国家平和開発評議会(SPDC)に改組。

エス-エル-シー-エム〘SLCM〙《sea-launched cruise missile》海洋発射巡航ミサイル。

エス-エル-シー-エム〘SLCM〙《submarine-launched cruise missile》潜水艦発射巡航ミサイル。

エス-エル-ディー〘SLD〙《Social and Liberal Democrats》英国の社会自由民主党。政界中道勢力の一本化を目指し、1988年、自由党と社会民主党が統合して発足した政党。89年、自由民主党と改称。

エス-エル-ディー〘SLD〙《second level domain》▶セカンドレベルドメイン

エス-エル-ビー〘SLB〙《Siberian Land Bridge》シベリアンランドブリッジ。シベリアを横断して日本とヨーロッパを結ぶコンテナ貨物輸送。日本・ナホトカ間が海上輸送、ナホトカ・ヨーロッパ間がシベリア鉄道を利用した陸上輸送となる。➡ALB ➡CLB

エス-エル-ビー-エム〘SLBM〙《submarine-launched ballistic missile》潜水艦発射弾道ミサイル。原子力潜水艦に搭載され、水中から発射する。

エス-エル-ブイ〘SLV〙《satellite launching vehicle》人工衛星打ち上げ用ロケット。

エス-オー〘SO〙《standoff》ラグビーで、スタンドオフ。

エス-オー〘SO〙《shipping order》船積指図書。出荷指令。

エス-オー〘SO〙《Special Olympics》▶スペシャルオリンピックス

エス-オー〘SO〙《stock option》▶ストックオプション

エス-オー-アイ〘SOI〙《silicon on insulator》シリコン基板上に薄い絶縁層を介して、シリコンの単結晶薄膜を形成し、この薄膜上に2次元的に広がった形で作製されたシリコンデバイス。従来のものに比して素子間のアイソレーションが取れ、動作が2次元的となるので、設計性がよくなる。

エス-オー-エー〘SOA〙《service-oriented architecture》利用者の立場から情報システムを構築する手法。動作環境や開発言語という視点ではなく、利用者が享受するサービスという視点から包括的に構築する。サービス指向アーキテクチャー。ソア。

エス-オー-エス〘SOS〙❶無線電信で、遭難を伝えるモールス電信符号。船舶・航空機が救助を求める際に発した。1999年以降、モールス信号は廃止され、GMDSSが用られるようになった。❷緊急の救助を求める状態にあること。(補説)俗にsave our souls(ship)またはsuspend other serviceの略といわれるが、それらとは関係なく、モールス符号の「・・・(S)－－－(O)・・・(S)」という注意を引きやすい組み合わせとしたもの。

エス-オー-エス〘SOS〙《silicon on sapphire》サファイア単結晶基板上にシリコン単結晶を気相成長させた構造。

エス-オー-エフ〘SOF〙《Special Operation Force》特殊作戦部隊。アメリカの軍事組織の一つで、危機の際、武力の行使や心理作戦などを通じて重要な役割を果たす特殊任務部隊。

エス-オー-シー〘SOC〙《Space Operation Center》NASAが計画している恒久的な大型有人宇宙ステーション。

エス-オー-ディー〘SOD〙《superoxide dismutase》スーパーオキシドディスミュターゼ。スーパーオキサイド消去酵素。抗酸化酵素。ヒトや動物の体内に微量に存在する酵素で、インターフェロン2世ともいわれる。細胞に障害を与えたり各種臓器に病気を引き起こす活性酸素を分解する働きをもち、ベーチェット病や膠原病などの難病治療、老化防止などへの利用が期待されている。

エス-オー-ピー〘SOP〙《standard operating procedure》標準作業手続き。組織がその目的を達成するのに望ましいとして定め、さらに関係者によって容認された仕事のやり方の手順。

え-すがた【絵姿】ヱ 絵にかいた姿。画像。

えすがた-にょうぼう【絵姿女房】ヱすがたにようばう 昔話の一。百姓の美しい妻が、その絵姿を見た殿様に連れて行かれるが、機知を働かせて殿様と夫を入れかえる。

エスカップ〘ESCAP〙《Economic and Social Commission for Asia and the Pacific》▶アジア太平洋経済社会委員会

エスカトロジー〘eschatology〙キリスト教神学で、終末論。世界の窮極的破滅、最後の審判、人類の復活など人間と世界の終末についての思想。

エスカベーシュ〘フランス escabèche〙魚を空揚げにしてから、酢漬けにしたもの。前菜にする。

エスカルゴ〘フランス escargot〙マイマイ科のカタツムリ。ヨーロッパの原産で、フランス料理に用いる。食用カタツムリ。

エスカレーション〘escalation〙段階的に増大したり、激化したりすること。「戦闘規模の―」

エスカレーター〘escalator〙❶階段状の踏み板がモーターにより循環移動し、昇降する装置。もと商標名。❷一度その制度に乗ると、あとは自動的に上に行けること。進学などについていう。

エスカレーター-じょうこう【エスカレーター条項】―デウカウ ❶労働協約で、賃金を消費者物価指数や売上高などの変動に応じて自動的に調整することを決める条項。❷輸出入取引で、契約成立後の物価や為替相場の変動による損失を防ぐため、契約価格に幅をもたせることを決める条項。

エスカレート〘escalate〙〘名〙スル 段階的に増大したり激化したりすること。「争いが―する」

エスカロープ〘フランス escalope〙薄切りの肉片。また、それを使った料理。

エスカロプ〘フランス escalope〙▶エスカロープ

エスキー-テニス【ESCIテニス】《「エスキー」は、Education Science and Culture Institute(教育科学文化研究所)の頭文字から》日本生まれの球技。8メートル×4メートルのコートに高さ55センチのネットを張り、左右に分かれてボールを打ち合う競技。ラケットは木製で卓球のラケットより大きめ、ボールはゴルフボール大のスポンジボールで羽根を植えてある。試合形式はシングルとダブルスとある。(補説)第二次大戦後、広島の実業家宇野本信が、廃墟の中でも楽しめるスポーツとして考案。

エスキ-ジャーミー〘Eski Camii〙▶エスキモスク

エスキス〘フランス esquisse〙❶下絵。スケッチ。画稿。❷彫刻の粗造り。❸文学作品の草稿。

エス-きっぷ【Sきっぷ】JRの往復割引切符の一つ。指定された近距離都市間で新幹線か在来特急・急行の自由席を利用できる。

エスキプーラス〘Esquiplas〙グアテマラ南東部、ホンジュラスとの国境近くにある町。黒いキリスト像が祭られた教会堂があり、巡礼者が数多く訪れる。

エスキモー〘Eskimo〙シベリア東端から、アラスカ・カナダ・グリーンランドに至る極北ないし亜極北地帯に住む、モンゴロイド系の民族。漁労や狩猟で生活するため、移動することが多い。(補説)自称の民族名として「人間」の意のイヌイットがエスキモー全体を指すように使われるが、これはカナダでの自称で、他にイヌピアック(北アラスカ)、ユピック(西南アラスカ)などの称がある。

エスキモー-けん【エスキモー犬】北極地方で、そり犬として用いられる犬。雑種化しており、固定した品種ではない。主に立ち耳で巻き尾。

エスキモー-ご【エスキモー語】エスキモーによって話される言語。抱合語に属し、アメリカ先住民の言語と同型。

エスキモー-ロール〘Eskimo roll〙カヌーで、艇が転覆したとき、水中で櫂を操り体を回転させて浮き上がる技術。

エスキ-モスク〖Eski Mosque〗トルコ北西部の都市エディルネの旧市街中央部にあるイスラム寺院。トルコ語で「古いモスク」を意味し、エディルネに現存する最古のモスクとして知られる。15世紀初頭、オスマン帝国のスルターン、メフメット1世の時代に建造。18世紀に地震による被害を受けたが、マフムト1世により再建された。エスキジャーミー。

エス-キュー〖SQ〗《special quotation》特別清算指数。株式先物取引で反対売買を行わないときの最終的な決済価格。

エス-キュー〖SQ〗《string quartet》▶弦楽四重奏

エス-キュー-エル〖SQL〗《structured query language》リレーショナルデータベースの照会言語の一。データの更新や検索などの処理に用いられる。1976年、米IBM社が元となる言語を開発。現在はISO(国際標準化機構)、およびJIS(日本工業規格)の標準規格。シークェル。

エス-きょく【S極】磁石上で南を指すほうの極。

え-ず-く【嘔=吐く】〔動カ四〕吐き気をもよおす。また、へどを吐く。〈易林本節用集〉

エスクード〖ポルトガル escudo〗❶ポルトガルの旧通貨単位。1エスクードは100センターボに相当した。2002年1月(銀行間取引は1999年1月)、EU(欧州連合)の単一通貨ユーロ導入以降は廃止。❷カーボ-ベルデの通貨単位。1エスクードは100センターボ。

エスクロウ〖escrow〗❶債権を、一定の条件が満たされた場合に、相手に支払うという約束のもとに第三者に預託すること。❷売り手と買い手を仲介し、代金の預かりや商品の発送などの取引の安全性を第三者が保証するサービス。ネットオークションの出品者と落札者を仲介するサービス事業などがある。

エスクロウ-サービス〖escrow service〗▶エスクロウ

エスクロウ-バーター〖escrow barter〗貿易で、先に輸入した者が、その代金を相手方に送らず、自国の為替銀行に預けておき、相手方へ輸出した場合、その預金を取りくずして決済の代金にあてるという仕組み。

エス-ケー-ディー〖SKD〗《semi knockdown》セミノックダウン。ノックダウン方式で、輸入国の部品を一部に用いるもの。➡KD

エスケープ〖escape〗〔名〕スル ❶逃亡・脱出すること。❷授業を怠けて抜け出すこと。〖補説〗英語で❷はcut a schoolまたcut a class 〖類語〗逃げ・とんずら

エスケープ-キー《escape sequence keyから》パーソナルコンピューターなどで、編集中のデータを取り消したり、メニュー画面に戻したりする役目のキー。キーボードではESCと略記。

エスケープ-クローズ〖escape clause〗免責条項。特に、国際条約などで、特定の国に対して、重大な支障が生じるおそれのある条文の適用を例外的に免除することを定めた条項。

エスケープ-げんしょう【エスケープ現象】薬剤を長期間継続して使用したときに、薬剤の効果が急に減弱または消失すること。抗リウマチ薬にみられる現象。原因は不明。心疾患などに用いるACE阻害薬でもこの現象が起きることが知られている。

エスケープ-シーケンス〖escape sequence〗コンピューターのプリンターやディスプレーなどの周辺機器を制御したり、テキストの文字属性を変更するときに用いられる特殊な文字列。

エス-けん【S犬】警察犬種の略称の一つ。シェパードのこと。

エスコ〖ESCO〗《energy service company》省エネルギー効果が見込まれるシステム・設備などを提案・提供し、維持・管理まで含めた包括的なサービスを提供する事業、およびその事業者。ESCO事業者は、顧客が省エネにより節減できたランニングコストの一部を報酬として受け取る。省エネ効果がなくコストが増加し、顧客に損失が生じた場合は、ESCO事業者が補償する。ESCO導入コスト(設備改修費用・金利など)も省エネによるコスト削減でカバーする。欧米では民間事業として広く普及している。日本では平成8年(1996)、資源エネルギー庁にESCO検討委員会が設置されて以降、導入・普及が進んでいる。

エス-ご【エス語】「エスペラント」に同じ。

エスコート〖escort〗〔名〕スル 人に付き添っていくこと。また、その人。主に男性が女性を送り届けるときや、儀礼的護衛についていう。〖類語〗付き添い・添乗

エスコート-キッズ《和 escort＋kids》サッカーの試合で、出場選手と手をつないでピッチに入場する子供たちのこと。選手が子供たちにフェアプレーを誓う意味などがあるとされる。フェアプレーキッズ。

エスコ-じぎょう【ESCO事業】▶エスコ(ESCO)

エスコリアル〖Escorial〗スペイン、マドリードの北西にある修道院。正称はサン-ロレンソ-デル-エスコリアル僧院。16世紀末フェリペ2世が修道院兼王宮として建設。聖堂はスペイン-ルネサンスの代表的建築。

え-すごろく【絵▽双六】エ 絵入りのすごろく。今日普通にいうすごろくをさす。〖季 新年〗

エス-じ【S字】「S字形」に同じ。「―カーブ」

エス-シー〖SC〗《shopping center》▶ショッピングセンター

エス-シー〖SC〗《steeplechase》▶障害物競走

エス-シー〖SC〗《Supreme Court》米国の最高裁判所。

エス-シー〖SC〗《Security Council》▶安全保障理事会

エス-ジー〖SG¦s.g.〗《specific gravity》比重。

エス-ジー〖SG〗《senior grade》上級。

エス-ジー〖SG〗《secretary general》事務局長。事務総長。

エス-ジー〖SG〗《safeguard》▶セーフガード

エス-ジー〖SG〗《shooting guard》バスケットボールで、シューティングガード。

エス-シー-アール〖SCR〗《silicon controlled rectifier》シリコンで作った半導体整流素子。大電流を制御する整流器として、照明灯・モーター・ヒーターなどに使用。サイリスタ。シリコン制御整流器。

エス-シー-アイ〖SCI〗《Service Civil International》国際市民奉仕団。国際的なボランティア活動団体。1920年創設。国際事務局はアントワープ。

エス-シー-アイ-ディー〖SCID〗《severe combined immunodeficiency》重度複合免疫不全症。免疫を作るためのT細胞(特殊な白血球)ができない病気。軽度のウイルス感染でも死に至る。新生児に多い。

エス-シー-エー-アール〖SCAR〗《Scientific Committee on Antarctic Research》南極研究科学委員会。ICSU(国際科学会議、旧国際学術連合会議)の内部に設けられた、南極観測に関する国際研究連絡機関。1958年設立。事務局は英国のケンブリッジ。

エス-シー-エス〖SCS〗《和 Sogin＋Cash＋Service》全国の相互銀行が提携して設けた共同利用のシステム。キャッシュカードを、登録してある相互銀行だけでなく、提携している相互銀行でも使用できた。

エス-シー-エス-エー〖SCSA〗《Sun Certified System Administrator for Solaris》米国旧サン・マイクロシステムズ(現オラクル)社が開発したUNIX系のオペレーティングシステム、Solarisの技術認定資格。

エス-シー-エム〖SCM〗《supply chain management》▶サプライチェーンマネージメント

エス-シー-エム〖SCM〗《software configuration management》▶ソフトウエア構成管理

エス-シー-エム-エス〖SCMS〗《serial copy management system》CDからMDやDATなどへのデジタルコピーを制限する技術。デジタル音源からのコピーを1度に制限し、コピーしたMDやDATから別のデジタルメディアへのコピーは拒否される。著作権保護のため開発され、デジタル音声記録のできるMD、DAT、DCCなどのオーディオ機器に標準装備。

エス-ジー-エム-エル〖SGML〗《standard generalized markup language》マークアップ言語の一。文書データのレイアウトや修飾、論理・意味構造を決められたマークによって記述するための規格。題名・章・節といった構造にマークをつけ、文書情報をデータベースとして利用するためのもので、電子出版の分野などで注目され、ISO(国際標準化機構)の定める国際規格となっている。ウェブページ作成に使われるHTMLやXMLはこれを簡略化したもの。

エス-シー-エル-シー〖SCLC〗《Southern Christian Leadership Conference》米国の南部キリスト教指導者会議。黒人による人種差別撤廃運動の団体。キング牧師により1957年創設。

エス-シー-オー〖SCO〗《Shanghai Cooperation Organization》▶上海協力機構

エス-シー-オー-アール〖SCOR〗《Scientific Committee on Oceanic Research》海洋研究科学委員会。ICSU(国際科学会議、旧国際学術連合会議)内部に設けられた、国際的な海洋研究推進のための委員会。1957年設立。事務局はボルティモア。

エス-シー-シー〖SCC〗《Japan-United States Security Consultative Committee》日米安全保障協議委員会。日本の外相、防衛大臣(かつては防衛庁長官)と米国の国務、国防両長官が、国際安全保障問題等を協議する。1990年開始。この下に日米安全保障高級事務レベル協議(SSC)、審議官級協議(ミニSSC)、防衛協力小委員会(SDC)などの会議体がある。ツープラスツー(Two plus Two)。

エス-シー-ジェー〖SCJ〗《Science Council of Japan》日本学術会議。日本の人文・社会科学、自然科学の全分野の科学者を代表する機関。内閣府所管の独立機関。昭和24年(1949)設立。

エス-シー-ティー〖SCT〗《sentence completion technique》文章完成法。心理学で、不完全な文章を完成させることにより、被験者の深層心理や性格を判断する方法。

エス-シー-ディー〖SCD〗《Spinocerebellar Degeneation》▶脊髄小脳変性症

エス-シー-ピー〖SCP〗《single cell protein》単細胞(生物)たんぱく質。石油化学・食品工業・農業などの副産物・廃棄物などの炭素源で酵母や細菌を育て、その菌体でつくったたんぱく。

エスジー-マーク【SGマーク】《SGはsafety goods》一般財団法人製品安全協会の安全基準に合格した生活用品につけられるマーク。乳幼児用品、福祉用具、台所用品、家具類、スポーツ・レジャー用品などを対象とする。

エス-シー-ユー〖SCU〗《stroke care unit》脳卒中集中治療室。

エス-ジー-エックス〖SGX〗《Singapore Exchange》シンガポール証券取引所。アジア太平洋地区で初の、証券とデリバティブの総合取引市場。1999年、旧シンガポール証券取引所(SES, Stock Exchange of Singapore)とシンガポール国際金融取引所(SIMEX)が合併して設立された。

エスじ-カーブ【S字カーブ】小さなカーブが二つ以上連続して、Sの字のような形になったもの。「―を描く山間の道」

えすじ-がた【S字形】Sの字のように、左右に曲がりくねっている形。S字。「平野を―に流れる川」

エスじ-けっちょう【S字結腸】▶S状結腸

エス-ジス〖SJIS〗▶シフトJIS

エスじょう-けっちょう【S状結腸】大腸の主要部分である結腸の末端にあたる部分。腹部の左側にある下行結腸に続き、S字型にカーブしながら直腸へつながる。S字結腸。

エスタ〖ESTA〗《Electronic System for Travel Authorization》▶電子渡航認証システム

エスタブリッシュメント〖establishment〗社会的に確立した制度や体制。または、それを代表する支配階級・組織。

エス-ダブリュー〖SW〗《shortwave》短波。波長が10〜100メートルの電波。

エス-ダブリュー〚SW〛《switcher》スイッチャー。テレビで、ディレクターの指示によりショットを切り替える技術係。
エス-ダブリュー〚SW〛《software》►ソフトウエア
エス-ダブリュー〚SW〛《和 silver＋week》シルバーウイークのこと。
エス-ダブリュー-エフ〚SWF〛《sovereign wealth fund》►政府系投資ファンド
エス-ダブリュー-ユー〚SWU〛《separative work unit》分離作業単位。天然ウランから濃縮ウランを分離する際の作業量単位。原子力産業の分野で使われる単位。重さの単位で表し、キログラムはkgSWUまたは単にSWU、トンはtSWUで表示する。
エス-たんし【S端子】《S-video interface; Sはseparate(分離)の意》テレビやビデオデッキなどに用いられる映像信号の入出力端子。輝度信号と色信号を別々にやり取りするため、コンポジット端子に比べ信号劣化が少ない。テレビのアスペクトレシオの違いに対応するため、S1端子、S2端子といった拡張仕様がある。S映像端子。Sビデオ端子。
エスタンシア〚スペイン estancia〛アルゼンチンのパンパにおける大牧場経営のこと。
エスタンピ〚フランス estampie〛西洋音楽で、13～14世紀の器楽舞曲。反復するいくつもの小分節から成る。
エスツー-たんし【S2端子】《S2-video interface》►S端子
エステ「エステティック❷」の略。
エス-ティー〚ST〛《speech therapist》►言語治療士
エス-ティー〚ST〛《sensitivity training》感受性訓練。人間関係の学習として、小集団を形成して行う訓練をいう。能力開発訓練法の一つ。
エス-ティー〚ST〛《space telescope》►スペーステレスコープ
エス-ディー〚SD〛《standard deviation》標準偏差。
エス-ディー〚SD〛《sustainable development》►サステイナブル-デベロップメント
エス-ディー〚SD〛《spasmodic dysphonia》►けいれん性発声障害
エス-ディー-アール〚SDR〛《Special Drawing Rights》特別引出権。IMF(国際通貨基金)加盟国が、国際収支の悪化などに際し、自国に配分されているSDRを他の加盟国に引き渡すことにより、必要とする外貨を入手することができる権利。1969年に創設され、70年から配分が始められた。
エス-ディー-アイ〚SDI〛《Strategic Defense Initiative》米国の戦略防衛構想。先端技術を用いて、飛来する敵ミサイルを大気圏外で迎撃しようというもの。1993年5月、事実上中止。スターウオーズ計画。
エス-ディー-アイ〚SDI〛《selective dissemination of information》情報の選択的提供。利用者が、ある情報が欲しいと登録しておくと、自動的に最新情報を検索して、提供してくれるシステム。
エス-ディー-アイ〚SDI〛《single document interface》アプリケーションソフトで、複数の文書を表示する際に、個別にウインドウを開くこと。⇔MDI。
エスディー-アソシエーション【SDアソシエーション】►エス-ディー-エー(SDA)
エス-ティー-エー〚STA〛《Science and Technology Agency》科学技術庁。科技庁。省庁再編で現在は文部科学省。
エス-ディー-エー〚SDA〛《SD Card Association》東芝、松下電器産業(現パナソニック)、米国サンディスク社が共同で開発した小型メモリーカード、SDメモリーカードの業界団体。機能や仕様の標準化を行っている。
エス-ティー-エー-シー〚STAC〛《Scientific Technical Administration Committee》科学技術行政協議会。昭和25年(1950)設立、同31年、科学技術庁の設立母体の一つとなった。
エス-ティー-エー-シー〚STAC〛《Science and Technology Advisory Committee》NASA(アメリカ航空宇宙局)の科学技術諮問委員会。
エス-ディー-エー-ティー〚SDAT〛《senile dementia of Alzheimer's type》►アルツハイマー型老年認知症
エス-ティー-エス〚STS〛《serologic tests for syphilis》梅毒血清反応。梅毒を診断する検査法。
エス-ティー-エス〚STS〛《space transportation system》宇宙輸送システム。打ち上げ、帰還後に再整備して再び飛行できる、再使用型の宇宙往還機。スペースシャトルがこれにあたる。
エス-ディー-エス〚SDS〛《special discount sale》特別割引販売。
エス-ディー-エス〚SDS〛《Satellite Data System》衛星データシステム。米空軍の衛星通信システムの一種。
エス-ディー-エス〚SDS〛《Students for a Democratic Society》米国の民主社会学生同盟。1962年結成。反戦・平和、教育改革の運動を行ったが、その後分裂、弱体化した。
エス-ティー-エヌ〚STN〛《super twisted nematic》液晶ディスプレーの表示方式の一。液晶分子のねじれ角を180度以上にし、コントラストを高めたもの。1990年前後に普及したが、現在の主流は、より品質の優れたTFT方式に移行している。
エス-ティー-エヌ〚STN〛《Science and Technology Network International》国際科学技術情報ネットワーク。日本科学技術情報センター(JICST)、米国ケミカルアブストラクツサービス(CAS)、独エネルギー・物理数学専門情報センター(FIZ)の相互乗り入れによる国際的データベース。1987年開始。
エスティーエヌ-えきしょう【STN液晶】《super twisted nematic liquid crystal》液晶ディスプレーの一方式。単純マトリックス方式の液晶を用いる。
エス-ティー-エム〚STM〛《synchronous transfer mode》データ通信の方式の一。同期転送モードの略。時分割多重と呼ばれる方法で1本の通信回線を複数の回線で共用し、同時に通信を行う。
エス-ティー-エム〚STM〛《scanning tunneling microscope》►走査型トンネル顕微鏡
エス-ディー-オー〚SDO〛《Solar Dynamics Observatory》2010年にNASA(米航空宇宙局)が打ち上げた太陽観測衛星。従来の観測衛星に比べて高解像度かつ短い時間間隔での多波長観測が可能であり、太陽表面と大気の活動、太陽風や太陽フレアと磁場の関係について詳細な観測を行う。ソーラーダイナミクスオブザーバトリー。
エスディー-カード【SDカード】《secure digital card》►SDメモリーカード
エスディーカード-アソシエーション【SDカードアソシエーション】►エス-ディー-エー(SDA)
エス-ディー-ケー〚SDK〛《software development kit》ある特定のハードウエアやオペレーティングシステム上で動作するソフトウエアを開発する際に必要な各種のツールをひとまとめにしたもの。通常、サンプルプログラム、APIのライブラリー、技術文書などが含まれており、企業が自社製品のソフトウエア開発を促すために無償で配布することが多い。ソフトウエア開発キット。
エス-ティー-シー〚STC〛《Society for Technical Communication》米国のテクニカルコミュニケーション協会。科学技術情報をいろいろな手段で伝えるテクニカルコミュニケーションの分野で働く、またはその分野に関心のある教育者、科学者、技術者、芸術家、出版者の集まり。1957年設立。本部アーリントン。
エス-ティー-ディー〚STD〛《sexually transmitted disease》►性行為感染症
エス-ディー-ティーブイ〚SDTV〛《standard-definition television》従来のNTSC方式にあたる標準的な画質のテレビ。走査線数は525本程度、画面の縦横比は9対16。SDテレビ。SD放送。➡HDTV
エス-ティー-ビー〚STB〛《set-top box》►セットトップボックス
エス-ティー-ピー〚STP〛《shielded twisted pair》►シールド-ツイストペアケーブル
エス-ディー-ピー〚SDP〛《self-development program》自己啓発計画。
エス-ティー-ブイ〚STV〛《subscription television》空中波による有料テレビサービス。番組は映画とスポーツ中継が多く、加入契約者はスクランブル(攪乱)をかけて送信される信号をデコーダー(解読装置)によって元の信号に戻して視聴する。
エス-ディー-ブイ〚SDV〛《Shuttle Derived Vehicle》シャトル派生型ロケット。アメリカで開発が進められている、無人型の大量物資輸送用ロケット。
エスディー-ほう【SD法】ﾃﾞﾞ ►セマンティック-ディファレンシャル
エスディー-ほうそう【SD放送】ﾊｳｿｳ《standard-definition television》►エス-ディー-ティーブイ(SDTV)
エスティー-マーク【STマーク】《STは、和 safety＋toy》安全玩具マーク。日本玩具協会が設定したおもちゃの安全基準に合格した玩具につけるマーク。
エスディー-メモリーカード【SDメモリーカード】《SD memory card》小型メモリーカードの規格の一。著作権保護機能を内蔵し、デジタルカメラやデジタルオーディオプレーヤーなどに広く利用されている。SDカード。➡マイクロSDメモリーカード
エスディーラム〚SDRAM〛《synchronous dynamic random-access memory》半導体記憶素子で、コンピューターのメーンメモリーに使用されるRAM規格の一。66、100、133メガヘルツのバスクロックに同期する。同期DRAM。シンクロナスDRAM。
エステート〚estate〛封建的地主の大所有地。特に、欧米人が熱帯・亜熱帯地方に開いた大規模な農園をいう。ここでプランテーション農業が営まれる。
エステート-カー〚estate car〛後部に大きな荷物を積める乗用車の一型式。ステーションワゴンのイギリス式のよび方。
エステーリャ〚Estella〛スペイン北部、ナバラ州の町。スペイン語で「星」を意味する。サンティアゴ-デ-コンポステラへの巡礼路にあり、12世紀にナバラ王国の宮廷が置かれた。12世紀建造のサンミゲル教会は正面入口のロマネスク様式の彫刻で有名。
エステけ-べっそう【エステ家別荘】ﾍﾞｯｿｳ《Villa d'Este》►ビラデステ
エステ-じょう【エステ城】ｼﾞｬｳ《Castello Estense》イタリア北東部、エミリアロマーニャ州の都市フェラーラにある初期ルネサンス様式の城。14世紀後半、フェラーラ公ニコロ2世によりエステ家の居城として建造。16世紀後半に改築されて現在見られる建物になった。四方を掘割に囲まれ、れんが造りの外観をもつ。リッピ親子によるフレスコ画がある。現在は市庁舎として使われ、一部が公開されている。1995、99年に「フェラーラ：ルネサンス期の市街とポー川デルタ地帯」として世界遺産(文化遺産)に登録された。エステンセ城。
エステティーク〚フランス esthétique〛►エステティック
エステティシャン〚フランス esthéticien〛全身美容を行う美容師。
エステティック〚ドイツ Ästhetik｜フランス esthétique〛《「エステティク」「エステティーク」とも》❶美学。審美眼。❷美顔術・メイクアップ・脱毛・痩身法などによって美しくすること。全身美容。
エステティック-サロン〚aesthetic salon〛全身美容の美容院。
エステポナ〚Estepona〛スペイン南部、アンダルシア州の町。地中海に面し、コスタ-デル-ソル西端の海岸保養地として知られる。旧市街にはイスラム時代のモスクの尖塔を改築した時計塔、16世紀のサンルイス城跡、18世紀のロスレメディオス教会などの歴史的建造物が残っている。
エステラーゼ〚esterase〛エステルを酸とアルコールに加水分解する酵素の総称。リパーゼなど。

エステル〘ester〙酸とアルコールとから、水を分離し縮合して生成する化合物の総称。酢酸とエチルアルコールとから得られる酢酸エチルなど。

エステルゴム〘Esztergom〙ハンガリー北部の都市。首都ブダペストの北西約40キロ、ドナウ川右岸に位置。対岸にスロバキアの町シュトロボがあり、マーリアバレーリア橋で結ばれる。8世紀頃からフランク王国の城塞が築かれ、1000年頃イシュトバーン1世がハンガリー王となり、同国初の都になった。ハンガリーのカトリック教会の中心、エステルゴム大聖堂がある。

エステルゴム-だいせいどう【エステルゴム大聖堂】ﾊﾝｶﾞﾘｰ《Esztergomi bazilika》ハンガリー北部の都市エステルゴムにある大聖堂。同国におけるカトリック教会の中心であり、国内最大の規模をもつ。初代ハンガリー王イシュトバーン1世により最初の建物が築かれ、オスマン帝国の攻撃により完全に破壊された。現在の聖堂は19世紀に建築家ヒルド=ヨージェフの設計により新古典主義様式で再建されたもの。宝物館を併設し、シュキの聖杯、マーチャーシュ王受難図など同国有数のコレクションを所蔵。

エステルハージ-きゅうでん【エステルハージ宮殿】㊀《Schloß Esterházy》オーストリア東部、ブルゲンラント州の都市、アイゼンシュタットにあるエステルハージ侯の宮殿。イタリアの建築家、カルロ=カルローネの設計により1672年に建造されたバロック様式の宮殿で、作曲家ハイドンが仕えていたことで知られる。エステルハージ城。㊁《Esterházy-kastély》ハンガリー北西部の町フェルトゥードにあるバロック様式の宮殿。18世紀、オーストリア軍元帥を務めたエステルハージ=ミクローシュにより建造。作曲家ハイドンが宮廷音楽家として仕えたことで知られる。現在は博物館になっており、18世紀当時の調度品や陶磁器を公開。ハイドンゆかりの品々を展示するハイドン記念室を併設している。

エステルハージ-じょう【エステルハージ城】ﾄﾞｲﾂ《Schloß Esterházy》►エステルハージ宮殿㊀

エステルマルム〘Östermalm〙スウェーデンの首都、ストックホルムの中心部の地区名。高級住宅街で、王立公園、国立美術館、中央市場などがある。

エステンセ-じょう【エステンセ城】ｲﾀﾘｱ《Castello Estense》►エステ城

エストゥロイ-とう【エストゥロイ島】ﾌｪﾛｰ《Eysturoy》北部大西洋上に浮かぶデンマーク領フェロー諸島の島。同諸島中で2番目に大きい。西側の主島ストレイモイ島とはスンディニ海峡を隔てて橋で結ばれ、2006年には東側のボルウォイ島との間に海中トンネルが開通した。主な町に南部のルナビーク、北部のフグラフィヨルズル、東部のレイルビークなどがある。10世紀頃のバイキングの住居跡が残る。

エストール-き【STOL機】《short takeoff and landing airplane》500メートル前後の短い滑走路で発着できる航空機。短距離離着陸機。ストール機。

エストッペル〘estoppel〙►禁反言

エストニア〘Estonia〙ヨーロッパ北東部の共和国。ラトビア・リトアニアとともにバルト三国の一。首都タリン。第一次大戦後ロシアから独立。1940年ソ連邦を構成する共和国の一となり、91年分離独立。酪農、水産加工業が行われ、オイルシェールを原料とするガスを産する。人口129万(2010)。通貨はユーロ(2011年のユーロ導入前はクローン)。

エストラーダ-ドクトリン〘Estrada doctrine〙武力革命やクーデターによって成立した政権に対し、政府承認の問題を切り離して、外交関係はそのまま維持しようとする考え。1930年メキシコの外務大臣エストラーダにより初めて提唱された。

エストラゴン〘ﾌﾗﾝｽ estragon〙キク科の多年草。全草を乾燥して香辛料として用いる。甘い香りがあり、サラダ・ソース・野鳥料理の臭み消しなどに使う。酢に浸したタラゴンビネガーは有名。タラゴン。

エストリオール〘estriol〙エストロゲン(女性ホルモン)の一種。妊婦の尿中に多量に含まれる。性腺の発育を促し、出産時には頸管を広げる。卵胞と胎盤で合成・分泌される。➡発情ホルモン

エストリル〘Estoril〙ポルトガル西部、リスボン近郊の都市。コスタ-ド-ソルの代表的な海岸保養地として知られ、高級ホテル、カジノなどがある。

えすとる【恵須取】ロシア連邦、サハリンにある町ウグレゴルスクの、日本領時代の名称。

エストレマドゥーラ〘Extremadura〙スペイン南西部にある州。州都メリダのほか、カセレスやグアダルーペなど世界遺産をかかえる都市が多い。

エストレモス〘Estremoz〙ポルトガル東部の町。13世紀に建造された城があり、ポルトガル王ディニス1世がスペインから王妃としてイザベルを迎え住んでいた。イザベルは死後、聖女として祭られ、サンタイザベル王妃礼拝堂が建てられた。16世紀より続く素焼きの陶器や土人形が有名。

エストレラ-せいどう【エストレラ聖堂】ﾎﾟﾙﾄｶﾞﾙ《Basílica da Estrela》ポルトガルの首都リスボンの中央部、シアード地区にある聖堂。ポルトガル女王マリア1世が男児の誕生を神に感謝し、18世紀末に建造。バロックと新古典様式が混在する。マリア1世の墓所。

エストロゲン〘estrogen〙►発情ホルモン

エストロン〘estrone〙卵巣から分泌される発情ホルモンの一。コレステリンから合成もされ、更年期障害などの治療に用いられる。

エズナ-いせき【エズナ遺跡】ﾒｷｼｺ《Edzná》メキシコ東部、ユカタン半島西部の都市、カンペチェの南東約50キロメートルにあるマヤ文明の遺跡。マヤ古典期の遺跡で、5層の神殿やプウク様式と呼ばれる複雑なモザイク装飾が見られる。

エスニシティー〘ethnicity〙民族性。ある民族に固有の性質や特徴。➡エスニック

エスニック〘ethnic〙〖形動〗風俗・習慣などが民族特有であるさま。民族的。「—な音楽」「—な料理」

エスニック-グループ〘ethnic group〙多民族国家における少数民族集団。また、一国内のエスニシティーで結ばれた特定民族で形成する社会。

エスニック-クレンジング〘ethnic cleansing〙►民族浄化

エスニック-マイノリティー〘ethnic minority〙ある地域、社会における少数民族。

エスニック-メディア〘ethnic media〙ある国や地域に居住する少数民族のための新聞・雑誌・ラジオ・テレビなどのメディア。インターネットを利用して情報を発信するものもある。

エスニック-りょうり【エスニック料理】ﾘｮｳﾘ 民族料理。特に、アジア・アフリカの料理のこと。

エスニック-ルック《和 ethnic＋look》民族服のもつ素朴で土くさい感覚を取り入れた装い。

エスノ〘ethno〙《元来は、民族を意味する接頭語》民族音楽。また、民族音楽の要素を取り入れた音楽、特にポップスをいう。

エスノグラフィー〘ethnography〙民族誌。

エスノ-サイエンス〘ethno-science〙民族誌学。各文化圏のもつ、それぞれの価値観や自然観に基づいた独自の知識体系。また、それを研究する学問。

エスノセントリズム〘ethnocentrism〙►自民族中心主義

エスノメソドロジー〘ethnomethodology〙現代社会学の方法論の一。社会秩序の自明性や基盤が、日常生活の常識的な合理性によることを、事例研究や会話分析などの手法で究明しようとするもの。1960年代に、米国のガーフィンケルらが提唱。

エスノロジー〘ethnology〙民族学。

エス-は【S波】《secondary wave(第2波)から》地震の際、地球内部を伝わる横波。速度はP波(縦波)より小さくP波の次に現れる。ねじれ波。➡P波

エスパ「エスパドリーユ」の略。

エスパー〘esper〙《extrasensory perception(超能力)の頭文字ESPに、行為者を表す英語の接尾辞erを付けたもの》人間の知覚以外の力、テレパシー・テレキネシス・テレポーテーションなど、常人にはない力をもつ人間。超能力者。

エスパーニャ〘España〙「スペイン」のスペイン語による呼称。

エスパドリーユ〘ﾌﾗﾝｽ espadrille〙縄底の女性用リゾート風サンダル。わらじのように、ひもで足首を縛るなどして用いる。エスパ。

エスパニョル〘ﾌﾗﾝｽ espagnole〙《スペインの、の意》主にトマトを多く用いたスペイン風の料理の名称につける語。「ソース—」「オムレット—」

エスパルス►清水エスパルス

エス-ばん【S判】衣服などのサイズで、普通より小さいもの。Sサイズ。➡M判 ➡L判

エス-バンド【Sバンド】1550～5200メガヘルツの超高周波帯。

エス-ビー〘SB〙《sideback》サッカーなどで、サイドバック。

エス-ビー〘SB〙《store brand》ストアブランド。スーパーマーケットなど小売業者が、独自に開発・販売する自社ブランド商品。

エス-ビー〘SB〙《station break》►ステーションブレーク

エス-ビー〘SB〙《straight bond》►普通社債

エス-ピー〘SP〙《standard playing record》1分間78回転のレコード。EP・LP以前に製造されていた。SP盤。

エス-ピー〘SP〙《short program》フィギュアスケートで、ショートプログラム。

エス-ピー〘SP〙《Standard & Poor's》スタンダードアンドプアーズ社。➡S&P

エス-ピー〘SP〙《save point》►セーブポイント

エス-ピー〘SP〙《structured programming》コンピューターの構造化プログラミング。すべてのプログラムを、順次制御・選択制御・繰り返し制御の三つの組み合わせで行うもの。

エス-ピー〘SP〙《和 security＋police》要人警護のための警官。昭和50年(1975)警視庁に設置。要人警護官。〖類語〗刑事・巡査・機動隊・婦警・私服・でか

エス-ピー〘SP〙《shore patrol》米国海軍憲兵隊。

エス-ピー〘SP〙《sales promotion》販売促進。

エス-ピー〘SP〙《service point》サービスポイント。➡アクセスポイント

エス-ビー-アール〘SBR〙《styrene butadiene rubber》スチレンブタジエンゴム。合成ゴムの一種。

エス-ピー-アイ〘SPI〙《service price index》サービス価格指数。卸売物価指数(WPI)と消費者物価指数(CPI)のすき間となるサービス分野の物価動向を知る目安。

エス-ビー-アイ-シー〘SBIC〙《Small Business Investment Company》米国の中小企業投資育成会社。民間ベースの投資会社。中小企業庁により認可される。

エスビーアイ-だいがくいんだいがく【SBI大学院大学】ﾀﾞｲｶﾞｸ 横浜市にある私立大学院大学。平成20年(2008)に開学した通信制大学院で、働きながらMBAを取得できる経営管理研究科がある。

エス-ビー-エー〘SBA〙《Small Business Administration》米国の中小企業庁。1953年設立の連邦政府の独立機関。

エス-ピー-エー〘SPA〙《specialty store retailer of private label apparel》アパレル製造小売専門店。本来は小売企業だが、自社で商品企画、生産から販売までを一貫して行う形態の小売業のこと。米国のGAP、日本のユニクロなどが代表的。反対にアパレルメーカーで自社小売店を経営し、自社商品を販売する業態の企業もSPAという。製造小売業。

エス-ビー-エス〘SBS〙《social bookmark service》►ソーシャルブックマーク

エス-ビー-エス〘SBS〙《shaken baby syndrome》►揺さぶられっ子症候群

エス-ビー-エス〘SBS〙《Seoul Broadcasting System》大韓民国のテレビ・ラジオ兼営の民放局。1990年に「ソウル放送」として開局。2000年にそれまでの略称だった「SBS」に社名変更した。KBS・MBCと

ともに同国の三大テレビ局の一つ。

エス-ビー-エス〘SBS〙《Shizuoka Broadcasting System》静岡放送の略称。静岡県にあるテレビ・ラジオ兼営局。昭和27年(1952)開局。テレビはJNN系列、ラジオはJRNとNRNのクロスネット。

エス-ピー-エフ〘SPF〙《South Pacific Forum》南太平洋諸国会議。南太平洋域内の政治的問題を討議する国際機構。1971年発足。2000年、太平洋諸国会議、太平洋諸島フォーラム(Pacific Islands Forum)に改称。本部はフィジー。

エスピーエフ-ち【SPF値】《SPFはsun protection factor》日焼け止めオイルや化粧品が、UVB(紫外線B波)を防止する効果を示す数値。数値が高いほど防止効果が高い。➡PA(protection grade of UVA)

エスピーエフ-どうぶつ【SPF動物】《SPFはspecific-pathogen free》有害な病原体をもたない動物。医学実験や食用家畜で実用化されている。

エス-ビー-エム〘SBM〙《social bookmark》▶ソーシャルブックマーク

エス-ピー-エム〘SPM〙《suspended particulate matter》浮遊粒子状物質。粒径10ミクロン以下の大気中に浮遊する粒子状物質で、大気汚染の原因となる。

エス-ピー-エム〘SPM〙《scanning probe microscope》▶走査型プローブ顕微鏡

エス-ピー-シー〘SPC〙《special purpose company》▶特別目的会社

エス-ピー-シー〘SPC〙《Secretariat of the Pacific Community》太平洋共同体。南太平洋に植民地を持つ英国・米国・フランス・オランダ・オーストラリア・ニュージーランドの6か国により、南太平洋委員会(South Pacific Commission)として1947年設立。植民地の独立に伴い、独立した国や自治領も参加し、経済・技術面発展のための組織となった。1998年、同組織を発展的に拡大して現名称に改称。本部はニューカレドニア。

エス-ピー-シー〘SPC〙《Suicide Prevention Center》自殺予防センター。米国精神衛生研究所などの援助で、1958年ロサンゼルスに設置。

エス-ピー-シー〘SPC〙《specific purpose company》▶特定目的会社

エス-ビー-シー-エス〘SBCS〙《single byte character set》コンピューターの文字コード体系において、1文字を1バイトのデータで表す文字の集合のこと。

エスピーシー-ほう【SPC法】ーハフ ▶資産流動化法

エス-ピー-ディー〘SPD〙《ドイ Sozialdemokratische Partei Deutschlands》▶社会民主党㊂

エス-ピー-ディー-シー〘SPDC〙《State Peace and Development Council》国家平和開発評議会。ミャンマーの軍事政権機構。1997年、国家法秩序回復評議会(SLORC)を改組して設立。2011年に解散した。

エス-ピー-ディー-ピー-エム〘SPDPM〙《Subcommission on Prevention of Discrimination and Protection of Minorities》差別防止・少数者保護小委員会。国連人権委員会の補助機関で、差別行為の根絶と人種的・民族的・宗教的・言語的少数者の保護に関する研究と人権委員会への勧告を主な任務としている。NGO(非政府間組織)の参加資格を認めている。1947年設立。

エス-ビー-ティー-ブイ-ディー〘SBTVD〙《Sistema Brasileiro de Televisão Digital》ブラジルの地上デジタルテレビ放送の規格。日本のISDB-Tを改良し、動画圧縮にH.264、搬送波にマルチキャリアの変調方式OFDMを使用。ペルーやアルゼンチンをはじめとする南米諸国でも採用されている。SBTVD-T(Sistema Brasileiro de Televisão Digital Terrestre)。ISDB-TB(Integrated Services Digital Broadcasting-Terrestrial Brazil)。

エスビーティーブイディー-ティー〘SBTVD-T〙《Sistema Brasileiro de Televisão Digital Terrestre》▶エス-ビー-ティー-ブイ-ディー(SBTVD)

エス-ビー-ピー〘SBP〙《strategic business planning》戦略的事業計画。企業内の各事業部の活動を全社的立場から調整すること。

エスピー-モード【spモード】《sp mode》NTTドコモがスマートホン向けに提供するISPサービス。インターネット接続のほか、従来のiモード用電子メールアドレスや、メールに絵文字や装飾を付与できるデコメールなどを利用できる。商標名。

エス-ビー-ユー〘SBU〙《strategic business unit》戦略事業単位。企業の長期的な戦略的経営計画の策定と各事業部門の戦略的調整を目的に設置される組織で、通常は各事業部制の上に敷かれる。米国のGE(ゼネラルエレクトリック社)が初めて導入。

エスピオナージ〘espionage〙スパイ。スパイ活動。スパイ組織。

エス-ビデオたんし【Sビデオ端子】《S-video interface》▶S端子

エスピリト-サント〘Espírito Santo〙ブラジル南東部にある州。19世紀からのコーヒー栽培に加え、近年は石油化学工業が盛ん。州都はビトリア。

エスファハーン〘Eşfahān〙▶イスファハン

エス-ブイ〘SV〙《Street View》▶グーグル-ストリートビュー

エス-ブイエッチエス〘S-VHS〙《super video home system》高画質VHS方式ビデオ。➡VHS

エスフィグメヌ-しゅうどういん【エスフィグメヌ修道院】ーシウダウヰン《Moni Esphigmenou》ギリシャ北部、ハルキディキ半島にある東方正教会の聖地アトス山の修道院。半島北東岸の海沿いに位置する。10世紀末の創設とされる。14世紀にコンスタンチノープル総主教アサナシオス1世や、神秘主義神学者グレゴリオス=パラマスが一時期滞在していた。主聖堂は19世紀初頭の建造。現在も共住修道士らが初期キリスト教の原始共産性的な共同生活を営んでいる。

エス-ブイ-ジー〘SVG〙《scalable vector graphics》ブラウザー上で画像を表示する際、線や面などの図形をXMLで記述する画像形式。

エス-ブイ-ジー-エー〘SVGA〙《super VGA》パソコンのディスプレー画面などにおける、800×600ピクセル(ドット)の解像度をさす。米国の標準化団体VESAが作成したグラフィックスシステムの規格。➡VGA

エス-ブイ-ピー〘SVP〙《senior vice president》上席副社長。専務・常務の訳にも用いられる。

エスプリ〘フランス esprit〙❶精神。精髄。❷機敏な才気。機知。「—に富んだ作品」

(類語)機知・頓知とんち・機転・ウイット・ユーモア

エスプリ〘ESPRIT〙《European Strategic Program for Research and Development in Information Technology》欧州情報技術研究開発戦略計画。1983年に開始したITに関する欧州の共同プロジェクト。90年に後継プロジェクトに移行。

エスプレッシボ〘イタリア espressivo〙《「エスプレッシーボ」とも》音楽で、発想標語の一。表情豊かに、の意。

エスプレッソ〘イタリア espresso〙コーヒー粉に高圧蒸気を通していれた濃いコーヒー。また、その器具。

エスプレッソ-コーヒー〘espresso coffee〙▶エスプレッソ

エス-ペー-デー〘SPD〙《ドイ Sozialdemokratische Partei Deutschlands》▶社会民主党㊂

エスペランサ〘ポルトガル esperança〙キリシタン用語で、希望。望徳。

エスペランチスト〘Esperantist〙エスペラントを使う人。エスペラント主義者。

エスペラント〘Esperanto〙《エスペラント語で、希望する人の意》ポーランドの眼科医ザメンホフが考案し、1887年に発表した人工の国際語。ラテン系の語彙ごいを根幹とし、母音5、子音23を使用する。基礎単語数は1900ほどで、造語法もあり、文法的構造はきわめて簡単である。日本では、明治39年(1906)日本エスペラント協会を設立。エス語。

エス-マーク【Sマーク】《Sはsafety》特に高い安全性が求められる特定の生活用品につける、安全基準合格マーク。家庭用圧力鍋なべ・乳幼児用ベッド・野球用ヘルメットなどに適用される。

エス-まき【S巻(き)】女性の髪形の一。夜会結びの変形で、後頭部の髪をS字形に巻いて留めるもの。明治後期に流行した。

え-ずめん【絵図面】ヱヅメン 家屋や土地・庭園などの平面図。図面。絵図。

エス-ユー-エム〘SUM〙《surface-to-underwater missile》艦対水中ミサイル。また、地対水中ミサイル。

エス-ユー-ビー〘SUB〙《supplemental unemployment benefits》失業給付補助。企業が、レイオフされた者に対して、正規の失業給付以外に支払う補助金。

エス-ユー-ブイ〘SUV〙《sports utility vehicle》スポーティーな多目的乗用車の総称。特に厳密な定義はないが、ワゴンスタイルの多用途ボディーに四輪駆動をもつものが典型的。悪路での走行性能が高く、多くの荷物を積め、市街地での走行や長距離ドライブにも向く。スポーツ用多目的車。

エス-ラム〘SRAM〙《static random access memory》データの随時書き込み、読み出しができる半導体メモリー(RAM)のうち、一度書き込んだデータは電源を切らないかぎり記憶され、再書き込み(リフレッシュ)の必要がないもの。スタティックRAM。➡ディーラム(DRAM)

エスワン-たんし【S1端子】《S1-video interface》▶S端子

えせ【似=非|似=而=非】㊀〔接頭〕名詞に付く。❶似てはいるが本物ではない、にせものである、の意を表す。「—文化人」「—学問」❷つまらない、とるにたりない、質の悪い、の意を表す。「—牛ならましかば、ひかれて落ちて、牛も損なはれまし」〈宇治拾遺・一〇〉㊁〔形動ナリ〕劣っているさま。つまらない。「—なる男親を持たりて」〈枕・三〇七〉

(類語)偽物にせもの・偽・贋物にせもの・贋物がんぶつ・偽物ぎぶつ・まがい物・まがい・もどき・まやかし

えせ-うた【似=非歌】形ばかりで、本当の歌とはいえないような歌。つまらない和歌。「—どもにいたりては、またいづれもよろしからず」〈無名抄〉

エセーニン〘Sergey Aleksandrovich Esenin〙[1895〜1925]ソ連の詩人。農村の出身で、ロシアの自然への愛情をこめた抒情詩を作った。社会主義革命を支持したが、心理的破綻から自殺。作「ラドゥニツァ」「酒場のモスクワ」など。

エゼキエル〘Ezekiel〙[?〜前571ころ]イスラエルの預言者。ユダヤの民の堕落を指摘して、エルサレムの陥落を預言。陥落後はイスラエルの救済と新生を説いて同胞を激励した。その預言を集めたものが、旧約聖書の「エゼキエル書」といわれる。

えせ-ざいわい【似=非幸ひ】ーざいはひ 見せかけだけの幸福。「—など見てゐたらむ人は、いぶせくあなづらはしく思ひやられて」〈枕・二四〉

えせ-ずりょう【似=非▽受領】ーズリヤウ とるにたりない下級の受領。「何とも見入れ給ふまじき—のむすめなどさへ」〈源・葵〉

え-ぜに【絵銭】ヱー 江戸時代のおもちゃの銭。恵比須・大黒などの絵が鋳つけてあった。えせん。

エゼムベイ-モスク〘Et'hem Bey Mosque〙▶ジャーミアエトヘムベウト

えせ-もの【似=非者】❶身分の卑しい者。「よき人さらなり、—、下衆げすの際だになほゆかし」〈枕・一五九〉❷にせ者。「但し、—にこそ候ふめれ」〈今昔・二七・三四〉❸くせ者。したたか者。意地の悪い者。「此家のあるじは世に聞こえたる—にて候」〈義経記・二〉

えせ-わら・う【似=非笑ふ】ーわらふ〔動ハ四〕あざけり笑う。せせら笑う。「慮外な下衆げすめがやりをったはと—・ふ」〈浄・宵庚申〉

エセン〘Esen〙[?〜1454]中国明代、モンゴルのオイラート部の族長。全モンゴルを制覇して、オイラートの全盛期を築き、1449年には明に進攻して土木堡どぼくほで明軍を破り英宗を捕虜にした(土木の変)。のちみずから大ハン位に就き、大元天聖大ハンと称したが、部下に殺された。也先。
えそ【狗=母=魚┊×鱛┊×鮧】ハダカイワシ目エソ科の海水魚の総称。アカエソ・オキエソなどがあるが、ふつうマエソをさす。マエソは全長約30センチ。体は細長く円筒状で、背部は黄褐色、腹面は白色。南日本に多く、浅海底にすむ。かまぼこの原料。(季 夏) ➡めひかり (補説)「鱛」は国字。
え-そ【▽壊×疽】ヱ 壊死えしの状態から、腐敗菌感染などのためにさらに悪化したもの。脱疽だっそ。
えぞ【蝦=夷】㊀古代、北陸・関東北部から北海道にかけて居住した人々。大和政権から異民族視され、大化の改新後は朝廷の征討によってしだいに北方に追われ、しばしば抵抗した。えみし。㊁►蝦夷地えぞち
えぞ-いたち【蝦=夷×鼬】オコジョの別名。
え-ぞう【絵像】ヱザウ 肖像画。画像。
え-ぞうし【絵双紙┊絵草紙】ヱザウシ ❶江戸時代、世間の出来事を1、2枚の絵入りの読み物にした印刷物。読み売り。瓦版かわらばん。❷草双紙のこと。❸絵本番付えほんばんづけのこと。❹錦絵にしきえのこと。
えぞうし-うり【絵双紙売り】ヱザウシ 瓦版を節をつけて読みながら売り歩いた人。
えぞうし-や【絵双紙屋】ヱザウシ 草双紙・浮世絵・役者絵などを印刷して販売する店。
えぞ-かんれい【蝦=夷管▽領】クワンリヤウ 鎌倉幕府の職名。奥羽や北海道の蝦夷を鎮め、辺境を防備するために津軽に置かれた。蝦夷代官。
えぞ-ぎく【蝦=夷菊】キク科の一年草。高さ30〜60センチ。卵形の葉が対生する。夏から秋、紫・淡紅・青紫色などの大形の頭状花を開く。中国の原産で、観賞用。多くの園芸品種があり、アスターともいう。薩摩紺菊さつまこんぎく。江戸菊。朝鮮菊。(季 夏)「一に日向ひなたながらの雨涼し/鳴雪」
えぞ-さんしょううお【蝦=夷山×椒魚】サンセウウヲ サンショウウオの一種。北海道の固有種で、森林と止水のある所に生息。全長14〜19センチ。繁殖期は4〜6月ごろ。幼形成熟をするものもある。
えぞし【蝦夷志】江戸中期の地誌。1巻。新井白石著。享保5年(1720)自序。日本初の本格的な北海道方面の地誌で、蝦夷地研究の先駆をなした。
えぞ-しか【蝦=夷鹿】シカの一種。北海道の森林や原野に生息し、やや大形で、体高約1メートル。ニホンジカの亜種とされることもある。
えぞ-しろちょう【蝦=夷白×蝶】シロテフ シロチョウ科の一種。翅はねは白色で、黒いすじがある。日本では北海道に分布。
えぞ-すみれ【蝦=夷×菫】エイザンスミレの別名。
えぞ-ぜみ【蝦=夷×蝉】セミの一種。体長は翅はねの先まで約6.5センチ。体は黒色の地に黄緑色と赤褐色の斑紋があり、翅は透明。本州以南では山地のアカマツの林などにすむが、北海道などでは平地にもみられ、夏、ギャーギャーと高い声で鳴く。
えぞ-せんにゅう【蝦=夷潜入】ニフ ヒタキ科ウグイス亜科の鳥。全長18センチくらいで背面は赤褐色。鳴き声はホトトギスに似る。北海道では夏鳥として繁殖、本州・四国では旅鳥。えぞほととぎす。
えぞ-だいかん【蝦=夷代官】クワン ►蝦夷管領えぞかんれい
えぞ-ち【蝦夷地】明治以前の北海道・千島・樺太からふとの総称。また、特に北海道のこと。
エソックス〘ラテ Esox〙サケ目カワマス科の淡水魚。北米やユーラシア大陸の淡水にすむ。スポーツフィッシングの対象となる。カワカマス。
えぞ-つゆ【蝦=夷梅-雨】梅雨のころ、北海道の太平洋側で雨が多く降る現象。➡梅雨 (補説)オホーツク海高気圧から冷たく湿った風が吹くことによって起こる。梅雨前線はふつう北海道に到達する前に衰えるため、本州のような梅雨はみられない。
えぞ-にしき【蝦=夷錦】《蝦夷地を経て伝えられたところから》中国産の錦。赤地・紺地または緑地に金糸・銀糸などで、雲竜うんりゅうの文様を織り出したもの。今は京都の西陣でも作り、袈裟けさ地、装飾用に使う。えぞでにしき。
えぞ-ぶぎょう【蝦=夷奉行】ブギヤウ 江戸幕府の遠国おんごく奉行の一。蝦夷地の行政を管掌。享和2年(1802)に設置、まもなく箱館奉行となり、文化4年(1807)松前奉行と改称。蝦夷地奉行。
えぞ-ふじ【蝦夷富士】羊蹄山ようていざんの別名。
えぞ-ぼん【蝦=夷盆】アイヌによる手作りの盆。トドマツ・ブナなどの材に、小刀で巧みに彫刻する。
えぞ-まつ【蝦=夷松】マツ科の常緑高木。北海道以北の山野に自生し、高さは40メートルになる。枝はすべすべし、小さい線形の葉を密生。葉は表面が白みを帯びる。5、6月ごろ、黄色の花粉をもつ雄花と紫色の雌花とがつく。球果は黄褐色。材は樹脂が少なく、製紙・人絹パルプ・建築材などに用いる。くろえぞまつ。
えぞ-らいちょう【蝦=夷雷鳥】ライテウ キジ科の鳥。全長36センチくらい。全体に灰褐色で、冬季に白変しない。ユーラシア北部に広く分布。日本では北海道の針葉樹林にすむ。えぞやまどり。
え-そらごと【絵空事】ヱ《絵には美化や誇張が加わって、実際とは違っている意から》大げさで現実にはあり得ないこと。誇張した表現。「一に過ぎない」
えぞ-りす【蝦=夷×栗×鼠】キタリスの亜種。冬毛では耳の先端に総状の長毛が生える。北海道の森林に生息。
エソロジー〘ethology〙動物行動学。
えぞ-わかめ【蝦=夷若▽布】チガイソの別名。
えた 中世および近世における賤民せんみん身分の一。江戸時代には非人ひにんと呼ばれた人々とともに士農工商の下におかれ、居住地も制限されるなど、不当な差別を受けた。主に皮革業に従事し、犯罪者の逮捕や罪人の処刑などに使役された。明治4年(1871)の太政官布告で法的には平民とされたが、なお「新平民」とよばれた。社会的差別は今も残存している。➡部落解放運動 (補説)中世以降、差別視して「穢多」の字をあてた。
エタ〘ETA〙《バスク Euzkadi ta Azktasuna》バスク祖国と自由。バスク地方の分離独立をめざし、スペイン政府に対しテロ活動を行ってきた過激派民族主義グループ。1959年設立。2006年、無期限停戦に入ることを宣言した。
えだ【枝】㊀〔名〕❶茎や幹から分かれて出た部分。葉をつけたり、さらに小枝を出したりする。「一もたわわに実がなる」❷本もととなるものから分かれて出たもの。「一道」「話の一葉」❸子孫。一族。うから。「今に一広ごり給へり」〈大鏡・道長上〉❹人間や獣の手足。四肢しし。「其の一を引き闕かきて」〈記・中〉㊁〔接尾〕《贈り物を木の枝につけて差し出したことから》助数詞。贈り物を数える語。「雉きじ一一奉らせ給ふ」〈源・行幸〉 (下接語)打ち枝・上ほ枝・折り枝・枯れ枝・小枝・小さ枝・下枝・作り枝・釣り枝・役枝・連理の枝
枝の雪 《「晋書」孫康伝の、家が貧しくて灯火用の油が買えず、雪明かりで勉強したという孫康の故事から》苦学すること。学問に努めること。
枝を交かわ・す 男女の愛情の深いことのたとえ。枝を連つらぬ。➡連理の枝
枝を鳴らさ・ず 《「論衡」是応から》天下が太平であることのたとえ。世の中が無事であるさま。
エターナル〘eternal〙〔形動〕永遠の。
エターニティー〘eternity〙►エタニティ
え-たい【得体】正体。本性。「一の知れない生き物」
え-だいこ【柄太鼓】打楽器の一。両面に皮を張った扁平な太鼓に柄をつけたもの。片手で持って、桴ばちで打ち鳴らす。手鼓しゅこ。
えだ-うち【枝打ち】〔名〕スル 下枝や枯れ枝を切り落とすこと。植林してある杉などで、節のない良質の材を得るために行う。えだおろし。(季 冬)
えだ-うつり【枝移り】〔名〕スル 鳥などが木の枝から枝へと渡り移ること。
えだ-おうぎ【枝扇】アフギ 扇のように使う、葉のついた枝。「もとよりうち切りて、定澄僧都じょうちょうそうづの一にせばや」〈枕・一二〉
えだ-おろし【枝下ろし】〔名〕スル 「枝打ち」に同じ。
えだ-がき【枝柿】❶枝のついた柿の実。❷枝つきの渋柿の皮をむき、日に干したもの。つるし柿。
えだ-がみ【枝神┊×裔神】末社の祭神。
えだ-がわ【枝川】ガハ 本流に流れ込む川。または、本流から分かれ出た川。支流。枝流れ。
えだ-がわり【枝変(わ)り】ガハリ 芽の生長点の細胞が突然変異を起こし、それから生じた枝全体が、他と異なる形質をもつようになること。芽条がじょう変異。
えだ-ぎ【枝木】木の枝。幹の部分に対していう。
え-だくみ【▽画▽工】ヱ 絵かき。絵師。
(類語)絵描き・画家・画工がこう・絵師・画伯・画人
えだくみ-の-つかさ【▽画▽工▽司】ヱダクミ 律令制で、中務省なかつかさしょうに属し、宮廷関係の絵画活動を担当した役所。大同3年(808)内匠寮たくみりょうに併合。
えだ-ぐり【枝×栗】枝つきの栗の実。
えだ-げ【枝毛】毛先が枝のように裂けた髪の毛。
え-だこ【絵×凧】ヱ 絵のかかれた凧。(季 春) ➡字凧
えだ-ごう【枝郷】ガウ 新田開発や開拓において、その拡大とともに分出した小集落。親郷を中心とする組織に付属した。枝村。(対)親郷。
えだ-ざし【枝差し】枝の出ているぐあい。枝ぶり。「竜胆りんどうは、一などもむつかしけれど」〈枕・六七〉
えだ-ざし【枝挿(し)】前年または今年生えた新しい枝をとって挿し木にすること。
えだ-さんご【枝×珊×瑚】枝の形をしたサンゴ。
えだ-した【枝下】樹木のいちばん下の枝から根元までの長さ。木の大きさを表すのにいう。
えた-じま【江田島】㊀広島湾東部の島。能美島のうみじまと地峡で連なる。もと海軍兵学校の所在地。現在は海上自衛隊第1術科学校などがある。㊁広島県南西部、瀬戸内の市。㊀と能美島と周辺の島からなる。カキ・ちりめんざこなどの海産物や柑橘かんきつ類を産出。平成16年(2004)11月江田島町、能美町、沖美町、大柿町が合併して成立。人口2.7万(2010)。
えたじま-し【江田島市】►江田島㊁
えだ-しゃく【枝尺=蛾】シャクガ科エダシャク亜科のガの総称。幼虫は枝尺取とよぶ。
えだ-しゃくとり【枝尺取】エダシャクの幼虫。体は細長く、腹部に腹脚ふくきゃくがない。体を輪のように曲げて進み、指で寸法を測るのに似る。おどすと小枝に斜め直線状にとまり、枯れ枝に似せる。おぎむし。つえつきむし。寸取虫。尺取虫。
えだ-じろ【枝城】本城の外に築かれた城。出城でじろ。根城ねじろに対していう。
えだ-ずみ【枝炭】茶道で、ツツジ・クヌギの小枝を焼いて作った細い炭。火つきがよい。胡粉ごふんを塗ったものを白炭しろずみ、塗らないものを山色やまいろという。横山炭。(季 冬)「一の白粉おしろいぬりて京に入る/一茶」
え-だち【▽役】❶税の一種として公用の労働に従事すること。え。夫役ぶやく。❷《人民が徴発されて戦争に従軍する意から》戦争。戦役。役えき。「新羅の一に由よりて、天皇を葬ること得ず」〈仲哀紀〉
エタチスム〘フラ étatisme〙国家管理主義。
えだ-ちょうし【枝調子】テウシ 雅楽の調子で、基本となる六調子に対して、主音が同一で音階の違うもの。壱越いちこつ調に対する沙陀さだ調、黄鐘おうしき調に対する水すい調などをいう。
え-だ・つ【▽役つ】〔動タ四〕夫役ぶやくを命じられて出る。「堤池に一・ちて百済池を作りき」〈記・中〉
えだ-づか【枝▽束】屋根を支える小屋組みで、陸梁ろくばりと合掌の間に斜めに張り渡す束柱つかばしら。方杖ほうづえ。
えだ-つき【枝付き】❶枝の差し出ているようす。枝ぶり。❷枝がついたままになっていること。また、そのもの。「一のミカン」❸枝状のものがついていること。また、そのもの。「一燭台しょくだい」
えだ-つぎ【枝接ぎ】台木に他の優良種の枝を接ぐこと。
えだ-づの【枝角】シカ科の哺乳類に見られる、枝分かれした角。えだつの。
エタップ〘ETAP〙《Expanded Technical Assistance Program》►エプタ(EPTA)
えだ-にく【枝肉】家畜の、頭部・内臓や四肢の先端

を取り除いた部分の骨付きの肉。
エタニティ〖eternity〗永久。永遠。永劫(えいごう)。
エタニティ-リング〖eternity ring〗宝石をすき間なくちりばめた指輪。永遠の愛を象徴するとされる。
えだ-にょう【▽支×繞】ニョウ ►しにょう(支繞)
えだ-ね【枝根¦▽支根】主根(しゅこん)から分かれ出た根。側根。しこん。
エタノール〖ドイツ Äthanol〗►エチルアルコール
エタノールアミン〖ドイツ Äthanolamin〗アミノアルコールの一。酸化エチレンとアンモニアから製し、アミンとアルコールの両方の性質をもつ。硫化水素・炭酸ガスの吸収剤、油のしみ抜きや界面活性剤の原料などに使用する。化学式$HOCH_2CH_2NH_2$
えだ-は【枝葉】❶枝と葉。❷本筋や中心から離れた重要でない部分。末節。しよう。「話が—に及ぶ」
えだ-ばり【枝針】釣りで、仕掛けの先端でなく、幹糸の途中に取り付けた針。
えだ-ばん【枝番】《「枝番号」の略》通し番号や分類番号などに属するものを、さらに細かく分けるときに、その番号の下位につける番号。
えたふなやま-こふん【江田船山古墳】熊本県玉名郡和水(なごみ)町にある5世紀の前方後円墳。銀象眼の銘文のある鉄製太刀が出土した。
えだ-ぶり【枝振り】木の枝の出ているぐあい。枝のかっこう。「格好の—のモミの木」
えだ-まめ【枝豆】大豆を未熟なうちに茎ごと取ったもの。さやのままゆでて食べる。月見豆。(季 秋)「—の真白き塩に愁眉(しゅうび)ひらく/三鬼」
エタミーン〖フランス étamine〗目をやや粗く織った、薄い織物。ドレスのほか、旗やカーテンなどに用いる。
えだ-みち【枝道¦▽岐▽路】❶本通りから分かれたわき道。横道。❷事の本筋から外れていること。横道。「議論が—にそれる」
(類語)岐路・分かれ道・二筋道・横道・脇道・間道・裏街道・裏通り・裏道・抜け道
エダム〖Edam〗オランダ、ノルトホラント州の町。首都アムステルダムの北約20キロメートルに位置する。17世紀頃からチーズの生産が盛んで、エダムチーズの生産地として世界的に知られる。
エダム-チーズ〖Edam cheese〗硬質のチーズの一。市場に出すとき、丸く形を整え、赤い着色料を加えたワックスでおおう。オランダ北部の都市エダムで初めて作られた。赤玉チーズ。
えだ-むら【枝村】「えだごう(枝郷)」に同じ。(対)親村。
えだ-もの【枝物】►木物(きもの)
え-たり【得たり】〔連語〕《動詞「う(得)」の連用形＋完了の助動詞「たり」。感動詞的に用いる》事がうまく運んだときや、うまくしとげたときに発する語。しめた。うまくいった。「統一もなき無趣味の三十一文字(みそひともじ)となし自ら—とする事初心の弊なり」〈子規・墨汁一滴〉
えたり-おう【得たりおう】〔連語〕「得たりやおう」に同じ。「打たれてちっとひるむところに、太刀を捨てて、—とて組んだりけり」〈平家・五〉
えたり-がお【得たり顔】ガホ 得意そうな顔つき。得意顔。したり顔。「隆方つかうまつりて侍らんなど、—に言ひけるを」〈今鏡・一〉
えたり-かしこし【得たり賢し】〔連語〕(多く「と」を伴って副詞的に用いる)物事が自分の思いどおりになったときの喜びの気持ちを表す語。しめた。うまくいった。「意地の悪い鳥は…、—と頭の上を啼いて通る」〈藤村・破戒〉
えたり-や-おう【得たりやおう】〔連語〕《「や」は間投助詞、「おう」は感動詞》うまく仕留めたとき、また、それ来たと応戦するときに発する語。えたりおう。「ひるむところを—とて十騎の兵轡(くつばみ)をならべて懸けたりければ」〈古活字本保元・上〉
エタル〖Etar〗ブルガリア中部の都市ガブロボの南約8キロメートルにある村。民族復興期の街並みを再現したエタル野外博物館があることで有名。
え-だる【柄×樽】一対の高い柄を付け、それに提げ手を通した酒樽。小売り酒屋が得意先に配達するのに用いた。その一種で、祝儀用として漆塗りにしたものを角樽(つのだる)とよぶ。
えだ-わかれ【枝分(か)れ】〔名〕スル ❶幹または枝から小枝が分かれ出ること。また、そのような形のもの。❷もとは一つの物から、いくつかの物が派生すること。「いくつかの流派に—する」(類語)派生
エタン〖ドイツ Äthan〗飽和炭化水素の一。無色無臭の気体。天然ガスや石油分解ガスに含まれる。燃料やエチレン製造に用いる。化学式CH_3CH_3
え-だん【え段¦エ段】五十音図の第四段に並び、エ母音を含む音節の総称。「え・け・せ・て・ね・へ・め・え・れ・ゑ」のこと。え列。
えだん-にりゅう【恵×檀二流】エダンニリウ 日本天台宗における恵心(えしん)流と檀那(だんな)流の二流。良源門下の源信と覚運をそれぞれ祖とする。
エチェガライ〖José Echegaray〗[1832〜1916] スペインの劇作家。数学者・経済学者・政治家としても活躍。1904年、ノーベル文学賞受賞。作「狂か聖か」「恐ろしきなかだち」など。
エチオピア〖Ethiopia〗アフリカ北東部の独立国。首都アジスアベバ。国土の大部分は高原地帯で、ナイル川水源をなす。コーヒーの栽培や牧畜が盛ん。アフリカ最古の独立国で、紀元前10世紀から王国が成立、「シバの女王の国」と称される。4世紀以来キリスト教(コプト派)が行われる。1936年イタリアに併合されたが、41年独立を回復。75年、革命により帝政を廃止。93年海岸部がエリトリアとして独立し、内陸国となった。人口8801万(2010)。アビシニア。アルハバシャ。
エチオピア-あく【エチオピア亜区】動物地理区の一。旧熱帯区に属し、サハラ砂漠以南のアフリカの地域。キリン・ゴリラ・チンパンジー・ライオン・ダチョウなどが特徴。
エチオピア-こうげん【エチオピア高原】カウゲン エチオピアの主要部を占める高原。大地溝帯により北西部と南東部とに分かれ、標高千数百メートルから4000メートルを超える山地が続く。アビシニア高原。
エチオピア-せんそう【エチオピア戦争】サウ イタリアがエチオピアを侵略した2回の戦争。第一次(1895〜96)ではエチオピアに撃退されたが、ファシスト政権下の第二次(1935〜36)の侵略でエチオピアを併合。アビシニア戦争。
えち-がわ【愛知川】ガハ 滋賀県東部を流れる川。鈴鹿山脈の御池(おいけ)岳(標高1247メートル)付近に源を発し、彦根市・東近江市の境で琵琶湖に注ぐ。長さ48キロ。上流部は深い渓谷をなし、永源寺ダム下流付近から平野に出ると大規模な扇状地を形成する。
エチケット〖フランス étiquette〗礼儀作法。
(類語)礼儀・作法・行儀・礼・マナー
エチケット-ぶくろ【エチケット袋】嘔吐(おうと)物を受けるための袋。乗り物酔いをして、吐き気をもよおした際に用いる。
えちご【越後】ヱチ 旧国名。北陸道7か国の一。現在の新潟県の、佐渡を除く全域にあたる。越(こし)の国を天武天皇の時代に3分して成立。古称、こしのみちのしり。
えちご-うさぎ【▽越後×兎】ヱチ トウホクノウサギの別名。
えちご-おいわけ【越後追分】ヱチゴオヒワケ 越後地方に広く歌われる座敷歌。信濃追分が江差追分に発展する中間に位置するものといわれる。以前は、その歌詞から松前節といわれた。越後追分節。
えちご-かたびら【▽越後帷▽子】ヱチ 越後小千谷(おぢや)地方で産出する、越後上布(じょうふ)や越後縮(ちぢみ)で仕立てた単(ひとえ)。
えちごさんざんただみ-こくていこうえん【越後三山只見国定公園】ヱチゴサンザンタダミコクテイコウヱン 新潟県と福島県にまたがる山岳国定公園。越後三山(駒ヶ岳・中ノ岳・八海(はっかい)山)、奥只見湖など雄大な山岳や渓谷美に富む。
えちご-さんみゃく【越後山脈】ヱチ 新潟・群馬・福島3県にまたがって連なる山地。朝日山地・飯豊(いいで)山地・上越山地の総称。広くは、三国山脈・帝釈(たいしゃく)山脈を含む。
えちご-じし【▽越後×獅子】ヱチ ㊀越後国西蒲原(にしかんばら)郡月潟(つきがた)村(現・新潟市)から出て諸国を回っていた一人立ちの獅子舞。獅子頭(ししがしら)をかぶった子供が、親方の笛・太鼓に合わせて曲芸をして、銭を請うた。江戸中期から後期に盛行。角兵衛獅子。蒲原獅子。(季 新年) ㊁(一)地歌。手事物(てごともの)。天明年間(1781〜1789)に峰崎勾当(みねざきこうとう)が作曲。市浦検校や八重崎検校が手を加えたものもある。歌詞は㊀を題材にして越後名物をよみ込む。(二)歌舞伎舞踊。長唄。篠田金次作詞、9世杵屋六左衛門(きねやろくざえもん)作曲。七変化「遅桜手爾葉七字(おそざくらてにはのななもじ)」の一つとして、文化8年(1811)江戸中村座で3世中村歌右衛門が初演。
えちご-じょうふ【▽越後上布】ヱチゴジヤウフ 越後の小千谷(おぢや)・十日町などを中心に産する麻織物のうちで、特に上等なもの。指で紡いだカラムシの糸で織り、雪ざらしをして漂白する。この技術は重要無形文化財。
えちご-ちぢみ【▽越後縮】ヱチ 越後小千谷(おぢや)地方で産出される、横糸によりをかけて縮織りにした麻織物。小千谷縮。越後布。(季 夏)
えちご-ぬの【▽越後布】ヱチ ►越後縮(えちごちぢみ)
えちご-ふじ【越後富士】ヱチ 妙高山の異称。
えちご-ぶし【▽越後節】ヱチ 江戸末期から明治中期にかけて、越後の民謡から出て瞽女(ごぜ)などが全国に広めた歌謡。芝居の心中物や社会事件などを題材にした長編の口説(くどき)歌。越後口説き。
えちご-へいや【越後平野】ヱチ 新潟平野の別名。
えちご-や【越後屋】ヱチ 江戸日本橋駿河町にあった三井家経営の呉服店。延宝元年(1673)三井高利が江戸本町に開店したのに始まり、現金掛け値なしの商法により発展。現在の三越の前身。
えちご-ゆざわ【越後湯沢】ヱチゴユザハ ►湯沢(二)
えちご-りゅう【▽越後流】ヱチゴリウ 上杉謙信の流れをくむ軍学の流派の総称。宇佐美流・神徳流・要門流の三流がある。謙信流。
え-ちず【絵地図】ヱヅ 記号を用いず、絵で表した地図。大まかな位置関係を示すときなどに用いる。
えちぜん【越前】ヱチ ㊀(一)旧国名。北陸道7か国の一。現在の福井県北部にあたる。越(こし)の国を天武天皇の時代に3分して成立。8〜9世紀に能登・加賀2国を分離。古称、こしのみちのくち。(二)福井県中部の市。もと越前国府の所在地で、明治2年(1869)まで府中といった。越前和紙や、越前鎌などの打刃物の伝統技術がのこる。平成17年(2005)10月、武生(たけふ)市と今立町が合併して成立。人口8.6万(2010)。㊁《越前松平家の行列で立てる槍鞘(やりざや)からの連想》包茎。「—は一生幼な顔うせず」〈柳多留・二四〉
えちぜん-かいがん【越前海岸】ヱチゼン 福井県中部、敦賀(つるが)市杉津(すいづ)から坂井市三国町安島の東尋坊に至る海岸。敦賀市から福井市西部にかけて海岸段丘と海食による断崖が続く。中心は越前岬で、岬付近にはスイセンが自生する。越前加賀海岸国定公園に属する。
えちぜんかがかいがん-こくていこうえん【越前加賀海岸国定公園】ヱチゼンかがカイガンコクテイコウヱン 石川県加賀市の尼御前(あまごぜ)岬から福井県敦賀(つるが)市の杉津(すいづ)に至る海岸を占める国定公園。東尋坊・越前岬などがある。
えちぜん-がに【▽越前×蟹】ヱチゼ ズワイガニの別名。
えちぜん-がみ【▽越前紙】ヱチゼ 福井県越前市今立地区から産出される和紙の総称。特に奉書紙・鳥の子紙は良質で有名。
えちぜん-くらげ【▽越前水▽母】ヱチゼ ビゼンクラゲ科のクラゲ。淡褐色をし、傘は半球形で厚く硬い。直径1メートル、重さ150キロを超すものもある。朝鮮半島南岸や中国沿岸に産し、海流に乗って日本海を北上。ビゼンクラゲと同様、食用ともされる。(季 夏)
(補説)平成14年(2002)頃から不定期に大発生して日本沿岸に流れ着き、漁業に深刻な被害を与えている。
えちぜん-し【越前市】ヱチゼ ►越前㊀(二)
えちぜん-みさき【越前岬】ヱチゼ 福井県中部、丹生(にゅう)郡越前町にある岬。若狭湾の北端に位置する。
えちぜんみさきおき-じしん【越前岬沖地震】ヱチゼ

みさきおきヂシン 昭和38年(1963)3月27日、福井県沖で発生したマグニチュード6.9の地震。同県敦賀(つるが)市・小浜(おばま)市に被害を及ぼした。

えちぜん-やき【▽越前焼】福井県丹生(にゅう)郡越前町付近で産出された陶器。鎌倉時代以降、壺・甕(かめ)などが生産された。

エチミアツィン-だいせいどう【エチミアツィン大聖堂】《Echmiatsin》アルメニア北西部の都市エチミアツィンにある大聖堂。301年にアルメニア正教の大主教座が置かれ、大聖堂が建築された。後世のアルメニア正教聖堂の規範とされ、聖地としてアルメニア全土から崇敬を集める。2000年に、近郊のズバルトノツの古代遺跡とともに「エチミアツィンの大聖堂と教会群及びズバルトノツの古代遺跡」として世界遺産(文化遺産)に登録された。

エチモロジー〖etymology〗▶エティモロジー

エチュード〖フランス étude〗❶美術で、絵画・彫刻制作の準備のための下絵。習作。❷音楽で、楽器の練習のために作られた楽曲。練習曲。

エチュベ〖フランス étuvée〗蒸し煮。煮込み。エトゥフェ。

え-ぢょうちん【絵▽提▽灯】薄い和紙に絵をかいて張った提灯。岐阜提灯が有名。

エチル〖ドイツ Äthyl〗アルキル基の一。C_2H_5-で表される一価の基。

エチルアルコール〖ドイツ Äthylalkohol〗糖類のアルコール発酵によって生成する無色で芳香性のある液体。揮発性が強く燃えやすい。酒類の主成分。日本酒で15〜16パーセント、ぶどう酒で7〜14パーセント、ビールで3〜4パーセント、ウイスキーなどの蒸留酒で35〜55パーセント含まれる。また、不凍剤・医薬品などに使用。化学式C_2H_5OH　アルコール。酒精。エタノール。〘補説〙近年、ガソリンなどに代わる自動車燃料として注目され、研究が進んでいる。➡バガス ➡バイオエタノール

エチルエーテル〖ドイツ Äthyläther〗エチルアルコールを濃硫酸によって脱水して得られる、無色で特異臭のある液体。揮発性と引火性が強い。麻酔剤や溶剤として使用。化学式$(C_2H_5)_2O$　エーテル。

エチルエステル〖ドイツ Äthylester〗エチルアルコールが有機酸や無機酸とエステル結合した化合物。芳香があり、水に溶けにくく有機溶媒に溶けやすい。

エチル-ガソリン〖ethyl gasoline〗アンチノック剤に4エチル鉛を加えたガソリン。オクタン価が高い。

エチル-ターシャリー-ブチル-エーテル〖ethyl tertiary-butyl ether〗エタノールとイソブチレンを合成して製造する含酸素燃料。水分と結合しにくく、ガソリンと分離しにくいなどの特性を持つ。ガソリンに配合して自動車の燃料などに使われるが、車体や人体への影響・安全性が確認されていないことなどから、低混合比率で使用されている。サトウキビなどに由来するバイオエタノールとイソブチレンを合成したバイオETBEをガソリンに配合した燃料はバイオガソリン(バイオETBE配合)と称され、バイオマス燃料の一つとされる。ETBE。〘補説〙日本政府は京都議定書の温室効果ガス削減目標を達成するため、数値目標として、平成22年(2010)までに原油換算50万キロリットルのバイオ燃料導入を掲げた。石油業界はこの方針に沿って、同19年4月からバイオガソリンの試験販売を開始。同24年7月現在、全国約3210か所のガソリンスタンドでバイオガソリンが販売されている。

エチレン〖ethylene〗二重結合をもつ炭化水素の一。無色の可燃性の気体。プロピレンとともに石油化学工業で重要な原料で、ポリエチレン・塩化ビニル・酢酸などの合成に利用。また、植物ホルモンの一種で、果実の熟成を促進するが、傷害などによっても産生され、成長抑制作用もある。化学式$CH_2=CH_2$

エチレン-オキシド〖ethylene oxide〗エチレンを酸化して得られる、芳香のある無色の液体。ポリエチレンオキシドとして洗剤・合成樹脂などの原料。化学式C_2H_4O 酸化エチレン。

エチレン-グリコール〖ethylene glycol〗二価アルコールの一。無色で粘りけと甘みのある液体。合成繊維・合成樹脂の原料、自動車の不凍液に使用。化学式$(CH_2OH)_2$　グリコール。

エチレンけい-たんかすいそ【エチレン系炭化水素】炭素間に二重結合を一つもつ鎖式炭化水素の総称。一般式C_nH_{2n}で表される。エチレン・プロピレン・ブチレンなど。オレフィン系炭化水素。アルケン。

エチレンジアミン-しさくさん【エチレンジアミン四酢酸】《ethylenediaminetetraacetic acid》アミノポリカルボン酸の一。無色の結晶性粉末で、水に溶ける。2ナトリウム塩などはほとんどの金属イオンとキレート化合物をつくるため、金属イオン分析・硬水軟化・医薬品・食品添加剤・洗浄剤に使用。EDTA。

エチレンジアミンテトラ-さくさん【エチレンジアミンテトラ酢酸】エチレンジアミン四酢酸の通称。

エチレン-プロピレン-ゴム《ethylene-propylene rubberから》エチレンとプロピレンが共重合した合成ゴム。耐老化性・耐薬品性・耐水性などにすぐれ、タイヤ・電気絶縁体に使用。

えっ〔感〕❶驚いたり、疑ったりしたときに発する語。え。「一、うそだろう」❷問い返すときに発する語。え。「一、何かおっしゃいましたか」❸力を入れるときに発する声。えい。「そこ立って失せう、一」〈狂言記・絹粥〉

えつ【斉=魚｜鱭=魚】カタクチイワシ科の海水魚。全長約30センチ。体は長く、尾部に向かって細くなる。背が暗青色、側面が銀白色。日本では有明海に多く、初夏、川に上って産卵する。

えつ【悦】喜ぶこと。うれしがること。➡漢「えつ(悦)」

悦に入(い)・る　事がうまく運び、満足して喜ぶ。「ひとり一・っている」〘補説〙この句の場合、「入る」を「はいる」とは読まない。

えつ【粤】㊀(「越」とも書く)中国南部、現在の浙江(せっこう)省以南からベトナム北部にかけて住んでいた南方系の民族。また、その国。㊁中国広東(カントン)省の異称。

えつ【越】㊀中国、春秋時代の列国の一。都は会稽(かいけい)。前473年、呉を滅ぼして北上、中原に覇を唱えたが、前334年、楚(そ)に滅ぼされた。㊁中国浙江(せっこう)省の異称。㊂▶えつ(粤)㊀　➡漢「えつ(越)」

えつ【×鉞】古代中国の、青銅製の大斧(おおおの)。罪人の首を切るのに用いた。また王権の象徴ともされる。

えつ【謁】❶貴人や目上の人に会うこと。お目通り。「一を賜る」❷名刺。「一を通じ、おおやけの紹介状を出だして」〈鴎外・舞姫〉➡漢「えつ(謁)」

えつ【閲】❶書き物の内容などを調べること。調べて読むこと。「一を請う」❷検閲に使う、見たという印。➡漢「えつ(閲)」

えっ-かい【越階】▶おっかい(越階)

えっ-き【悦喜】〔名〕スル　非常に喜ぶこと。「料理をして君を一させる事受合だ」〈露伴・日ぐらし物語〉

え-つき【▽役▽調｜課=役】律令制での租税の総称。租・庸・調・雑徭からなる。えだちとみつぎ。「当(そ)の郡の一悉(ことごとく)に免(ゆる)さる」〈北野本天武紀〉

え-づき【餌付き】❶動物が人になれ、与えるえさを食べるようになること。❷魚群の、えさの食べぐあい。撒(ま)き餌(え)に魚が集まるぐあい。「一がいい」

エッギスホルン〖Eggishorn〗スイス中南部、バレー州、アレッチ地域の山。標高2869メートル。アレッチ氷河全体を見渡せる展望地として知られる。山麓の町、フィーシュと山頂直下の展望地までロープウエーで結ばれる。

えっ-きょう【越×僑】《「越」は「越南(ベトナム)」の略。「僑」は仮住まいの意》外国在住のベトナム人。ベトナム戦争中から終結(1975年)までに国外へ脱出した人々をいうことが多い。

えっ-きょう【越境】〔名〕スル　境界線を越えること。特に、法的に定められた領界を無視して侵入すること。「一して亡命する」〘類語〙越える・越す・過ぎる・渡る・通り越す・またぐ・踏み越える・超す

えっきょう-おせん【越境汚染】ある国で発生した汚染物質が、風や川の流れに乗って国境を越え、風下や下流の国々の環境を汚染すること。

えっきょう-にゅうがく【越境入学】定められた学区内の公立の小・中・高校でなく、他の学区にある学校に入学すること。

エッグ〖egg〗卵。特に鶏卵。「スクランブル一」

え-づ・く【餌付く】〔動カ五(四)〕動物が人になれ、与えるえさを食べるようになる。「白鳥が一・く」

エッグ-アート〖egg art〗中身を出した卵の殻に彩色、彫刻、装飾などを施したもの。また、その技術。

エックス〖X｜x〗❶英語のアルファベットの第24字。❷〈X〉ローマ数字の10。❸〈x〉数学で、未知数や、変数・座標などを表す記号。❹未知の物事。未知数。

エックス-ウインドーシステム〖X Window System〗UNIX系のオペレーティングシステムで用いられる標準ウインドーシステム。1984年に米国マサチューセッツ工科大学が開発。

エックス-エス-エス〖XSS〗《cross site scripting》▶クロスサイトスクリプティング

エックス-エス-エル〖XSL〗《extensible stylesheet language》XML文書のレイアウトを指定するためのスタイルシートを記述する言語。

エックス-エッチ-ティー-エム-エル〖XHTML〗《extensible hypertext markup language》ウェブページ記述のためのマークアップ言語。従来のHTMLを拡張性に富むXMLに準拠するよう定義したもの。WWWコンソーシアム作成の規格による。

エックス-エフ-イー-エル〖XFEL〗《X-ray free electron laser》▶X線自由電子レーザー

エックス-エム-エル〖XML〗《extensible markup language》マークアップ言語の一。文書やデータの論理構造、意味を記述するタグを独自に指定することができ、拡張性に富む。

エックス-エム-ディー-エフ〖XMDF〗《mobile document format》電子書籍用のファイル形式の一。文章のほか、画像・音声・動画を扱うことができる。シャープが自社のPDA向けに開発したファイル形式だが、同形式対応の閲覧ソフトを使用すれば、他社の携帯電話やパソコンでもファイルを閲覧できる。

エックス-エル〖XL〗《extra large》特大サイズ。〘補説〙extraをXで表示したもの。

エックス-オア〖XOR〗《exclusive OR》論理演算の一で排他的論理和。または、コンピューターでXOR回路。

エックスオア-えんざんかいろ【XOR演算回路】《exclusive OR circuit》▶XOR回路

エックスオア-かいろ【XOR回路】《exclusive OR circuit》コンピューターで用いる論理回路の一で、排他的論理和の演算を行うもの。2個の入力端子のどちらか一方に入力が加えられたときだけ、出力端子に出力信号が現れる。エクスクルーシブオア回路。排他的論理和回路。XOR演算回路。XORゲート。

エックスオア-ゲート【XORゲート】《exclusive OR gate》▶XOR回路

エックス-オー〖XO〗《extra old》ブランデーの等級の一。貯蔵年数が50年以上のもの。

エックスオー-ジャン【XO醤】干し貝柱、干しエビ、トウガラシなどとブランデーで作った中華調味料。香港で1980年代ごろ作られたもので、名称はブランデーの最高級を表すXOから。そのまま食べたり料理の味つけに用いられる。

エックス-きゃく【X脚】大腿骨(だいたいこつ)の直線軸に対して、膝関節(しつかんせつ)の部分で、すねが外側に傾いてX字状を呈するもの。外反膝(がいはんしつ)。➡O脚

エックス-こうせん【X光線】▶X線

エックス-ジー-エー〖XGA〗《extended graphics array》パソコンのディスプレー画面などにおける、1024×768ピクセル(ドット)の解像度を指す。もとは、米国IBM社が1990年に発表した同解像度のグラフィックスシステムの規格。➡QXGA ➡SXGA ➡UXGA ➡VGA

エックス-ジー-ピー〖XGP〗《extended global platform》高速無線通信ネットワークの規格の一。次世代PHSの標準規格として策定され、ITU(国際

電気通信連合)の無線通信部門で承認を受けた。最大伝送速度約100Mbps、時速300キロメートルで移動中でも利用可能とされる。日本では平成21年(2009)4月から同24年1月までサービスが提供された。

エックス-じく【*x*軸】ーヂク 座標系において、*x*と名づけられた座標軸。*xy*座標においては、横軸。

エックスシリーズ-かんこく【Xシリーズ勧告】ークワンコク《X-series recommendations》ITU(国際電気通信連合)が標準化した、データ通信ネットワークに関する勧告。

エックス-スリーディー〘X3D〙《extensible 3D》インターネット上で三次元画像や三次元のアニメーションを表示するための規格。VRMLの後継にあたり、互換性がある。既存のVRMLのデータを表示することも可能。➡VRML

エックス-せだい【X世代】《Generation Xの訳語》米国で、1960〜74年の間に生まれた世代。個人主義的傾向が強いといわれ、「ミージェネレーション」ともよばれる。これに続く1975年以降に生まれた世代をY世代とよぶ。ジェネレーションX。

エックス-せってん【X接点】シンクロ接点の一。カメラ本体のシャッターと外部に取り付けたストロボの発光を同調させることができる。

エックス-せん【X線】高速の陰極線が陽極に衝突したときに発生する放射線。電磁波のうち、波長は紫外線より短く、γ(ガンマ)線より長いもので、100〜0.01オングストローム程度。透過力が強く、また干渉・回折などの現象を起こす。病気の診断、結晶構造の研究、スペクトル分析などに利用。1895年、ドイツの物理学者レントゲンが発見、未知の放射線の意味でX線と命名した。レントゲン線。X光線。

エックスせん-かいせつ【X線回折】ークワイセツ X線が示す回折現象。また、これを利用して、物体の原子配列や非晶質・液体の構造などを調べること。

エックスせん-かん【X線管】ークワン X線を発生させるための真空管。陰極と対陰極(陽極)を備えた二極真空管で、電子線を高電圧で加速し、陽極に衝突させるもの。

エックスせん-シーティー【X線CT】X線を用いたCT。

エックスせん-しゃしん【X線写真】X線を光源として用いた写真。直接目で見えない物体内部の透過像を得ることができる。疾病の発見、美術品の鑑定、結晶構造の研究などに利用。レントゲン写真。

エックスせん-じゆうでんしレーザー【X線自由電子レーザー】ージイウデンシ 自由電子レーザーの一。電子をほぼ光速に加速し、アンジュレーターという磁石が多数並ぶ装置で電子を蛇行させて放射光を発生・増幅し、X線領域の電磁波を発振するレーザー。ごく短時間に起こる化学反応の観察やたんぱく質構造解析の高速化・効率化への応用が期待されている。第3期科学技術基本計画に盛り込まれた国家基幹技術の一。XFEL(X-ray free electron laser)。

エックス-せんしょくたい【X染色体】性染色体の一。雌は同型同大の2個のX染色体をもち、雄は1個もつ。➡Y染色体

エックスせん-しんせい【X線新星】X線領域で急激に増光し、1年程度かけて緩やかに減光するX線天体。近接連星系を成す中性子星やブラックホールに伴星からガスが流れ込んで降着円盤が形成され、その円盤の構造的な不安定性によりX線の増光が生じると考えられている。X線トランジェント。

エックスせん-スペクトル【X線スペクトル】物質にX線または電子線を当てたときに、物質から放出される電磁波のスペクトル。組成分析に利用。

エックスせん-せい【X線星】▻X線天体

エックスせん-てんたい【X線天体】X線を強く放射している天体。恒星と中性子星・ブラックホールなどとの近接連星や、超新星の残骸、クエーサー、セイファート銀河などがある。太陽などの恒星も、弱いX線を放射している。

エックスせん-てんもんがく【X線天文学】太陽系外の天体から来るX線を観測し、その天体を研究する天文学の一分野。X線は大気に吸収されて地上まで届かないので、観測は人工衛星を利用して大気圏外で行われる。

エックスせん-トランジェント【X線トランジェント】▻X線新星

エックスせん-バースター【X線バースター】X線の強度が数秒から数百秒の間に10倍以上増加するX線天体。近接連星系を成す磁場の弱い中性子星に伴星からガスが流れ込み、中性子星表面で爆発的な核融合反応が起こることによってX線が発せられると考えられている。X線パルサーと異なり、パルス状の放射は見られない。またこのようなX線の増光現象をX線バーストという。

エックスせん-パルサー【X線パルサー】パルス状のX線を周期的に放射するX線天体。連星系を成す磁場の強い中性子星に伴星からガスが流れ込み、中性子星の両磁極が高温になることでX線が発せられると考えられている。中性子星の磁場が弱いと流れ込んだガスは表面全体を覆うためX線バースターとして観測される。

エックスせん-ぼうえんきょう【X線望遠鏡】ーバウヱンキヤウ《X-ray telescope》天体の発するX線を観測する装置。X線は大気を透過せず、光学レンズも透過しないので、細い金属線を平行に多数配置した特殊装置を人工衛星に搭載して大気圏外で観測を行う。

エックスせん-りょうほう【X線療法】ーレウハフ X線を照射して行う治療方法。癌(がん)などに用いる。

エックスせん-ルミネセンス【X線ルミネセンス】ルミネセンスの一種。蛍光体などの物質が外部からX線のエネルギーを吸収して励起し、基底状態に戻るときに発光する現象。また、その光。医療用X線撮像装置のスクリーンなどに利用される。➡ルミネセンス

エックスせん-レーザー【X線レーザー】波長が0.1〜10ナノメートル程度のX線領域の電磁波を発生するレーザー。高電離イオンのプラズマを用いる方法により3ナノメートル以上のパルスレーザーを発生することができる。1ナノメートル以下のレーザーは原理的に実現不可能と考えられていたが、加速器を用いたX線自由電子レーザーが有望とされ、研究が進められている。

エックスせん-れんせい【X線連星】X線を強く放射している連星。中性子星やブラックホールと通常の恒星からなる近接連星が知られ、その活動性からX線バースター・X線パルサー・X線新星などに分類される。

エックス-ディー-エス-エル〘xDSL〙《x digital subscriber line》既存の電話回線(銅線)を使って、高速デジタル通信を行う技術の総称。DSL。

エックスディー-ピクチャーカード【xDピクチャーカード】《xD picture card》小型メモリーカードの規格の一。2002年にオリンパス光学工業と富士写真フイルムが共同で開発。

エックス-デー《和X＋day》近い将来に重大な出来事がおきると予想される日。また、計画実行の日。➡エックス❹

エックス-はちろく〘x86〙米国インテル社が開発したマイクロプロセッサーのシリーズ名。1978年に発売された初の16ビットマイクロプロセッサー8086にはじまり、8088、80186、80286、同社初の32ビットマイクロプロセッサーi386、i486がリリースされた。また、米国AMD社やIBM社などが互換プロセッサーを製造している。x86アーキテクチャー。

エックス-ビー-アール-エル〘XBRL〙《extensible business reporting language》各種財務報告用の情報を作成・流通・利用できるように標準化されたXMLベースの言語。世界規模での財務データの共有化が期待されている。日本では2000年代に入って以降、普及が進み、2008年度から東京証券取引所の開示書類がXBRLを使って作成される。

エックス-ブイ-アイ-ディー〘Xvid〙MPEG-4(エムペグフォー)対応の圧縮・伸張形式の一。または同形式のフリーソフトウエアの名称。➡MPEG-4

漢字項目　えち

【▽越】▻えつ

漢字項目　えつ

【▽咽】▻いん

悦　音エツ㊥　訓よろこぶ‖よろこぶ。よろこび。「悦楽/喜悦・恐悦・法悦・満悦・愉悦」名付のぶ・よし

越　音エツ(ヱツ)㊥　オチ(ヲチ)㊦　エチ(ヱチ)㊦　訓**こす、こえる**‖㊀〈エツ〉①ある所・時の境をこえる。「越境・越冬・越年」②物事の範囲・程度をこえる。「越権/僭越(せんえつ)・卓越・超越・優越」③古代中国の国名。「呉越」④「越前」「越後」「越中」の略。「越州/上越・北越・甲信越」⑤ベトナム。「中越」㊁〈エチ〉越(こし)の国。「越後・越前」名付お・こえ・こし 難読越天楽(えてんらく)・越度(おちど)・越階(おつかい)・越訴(おっそ)・檀越(だんおち・だんおつ)・夏越(なごし)・越南(ベトナム)

謁〔謁〕　音エツ㊥　訓まみえる‖身分の高い人に面会する。お目通りする。「謁見/上謁・内謁・拝謁・来謁」名付つく・ゆく

閲　音エツ㊥　訓けみする‖①改め調べる。「閲読・閲兵・閲覧/観閲・検閲・校閲・披閲」②経過する。「閲歴」名付かど・み

エックス-ボックス〘Xbox〙米国マイクロソフト社が2001年(日本では翌年)に発売した家庭用ゲーム機の商標名。PC/AT互換機と共通するマイクロプロセッサーやビデオチップのほか、WindowsのAPIであるDirectXの技術などを採用。マイクロソフト社のゲーム業界への初参入が話題を集めた。

エックスボックス-さんろくまる〘Xbox 360〙米国マイクロソフト社が開発した家庭用ゲーム機の商標名。Xboxの後継機として2005年に発売された。IBMのPowerPCを改良したマルチコアプロセッサー、高性能のGPU、ワイヤレスのコントローラーを採用。CD、DVDを再生できるほか、Windows XPのオペレーティングシステムの一つ、メディアセンターエディションを搭載するパソコンとの連携が可能。

エックスボックス-ライブ〘Xbox LIVE〙米国マイクロソフト社が同社の家庭用ゲーム機Xbox、Xbox360向けに提供するオンラインサービス。ゲームの成績が同程度の相手と対戦したり、ゲームソフトをダウンロードしたりできる。

エックス-マス〘XMASS〙《xenon detector for weakly interacting massive particles》岐阜県飛騨市、神岡鉱山の地下1000メートルにある東京大学宇宙線研究所の暗黒物質検出装置。624本の光電子増倍管を取り付けた球状の断熱容器に、セ氏零下100度に冷却した約1トンの液体キセノンを収めたもの。暗黒物質の候補とされるWIMPという未知の粒子(ニュートラリーノ・アクシオンなど)が、キセノンの原子核に衝突した際に発する微弱な光・熱・電気を検出する。平成22年(2010)より観測開始。

エックスマス【Xマス】《Xmas, Christmas》クリスマスのこと。補説Xは、Christ(キリスト)をギリシャ語で綴ったときの頭文字。X'masとするのは誤り。

エックスマス-じっけん【XMASS実験】▻XMASS

エックス-モデム〘XMODEM〙パソコン通信で使われていたバイナリーファイルを転送する規格の一。最も普及していたプロトコルだったがファイルの転送速度が遅いため、YMODEM、ZMODEMが一般的になった。

エックス-ユー-ブイ〘XUV〙《extreme ultraviolet》▻極紫外線

エックスワイ-がた【XY型】性染色体にX・Yの2型あるもの。ショウジョウバエ、ヒト、その他の哺乳類にみられる。哺乳類では男性を示す。リゲウス型。

エックスワイ-ざひょう【*xy*座標】ーザヘウ 平面上の点の位置を数値で表す直交座標系で、座標軸を*x*・*y*と名づけるもの。一般に*x*を横軸に、*y*を縦軸にとり、*x*と*y*の値の組み合わせで表現する。

エックスワイ-プロッター〘X-Y plotter〙コンピューターで、図形を描くための出力装置の一。図盤の上をx軸方向とy軸方向にペンが動いて図形を表示する。ペンプロッター。

エッグノッグ〘eggnog〙卵・牛乳・砂糖などをよくかき混ぜたソフトドリンク。また、これにブランデーやラム酒などを加えたカクテル。

エックハルト〘Johannes Eckhart〙[1260ころ〜1327]ドイツの神学者。ドミニコ会士。一般にマイスター＝エックハルトとよばれる。神秘主義の代表的人物で、魂と神との神秘的合一を説いたが、死後の1329年、教皇によって異端と断罪された。

え-つけ【絵付け】〔名〕ｽﾙ 陶磁器に、絵模様をかき、焼き付けること。

え-づけ【餌付け】〔名〕ｽﾙ 野生動物をならして、人の与えるえさを食べるようにすること。

エッケ-ホモ〘ecce homo〙▶エクセホモ

エッケルト〘Franz Eckert〙[1852〜1916]ドイツの軍楽隊指揮者・作曲家。明治12年(1879)来日。海軍軍務局で軍楽隊の指導・養成に当たった。また、伊沢修二に協力して、日本の音楽教育に多大な貢献をした。

エッケルト-ずほう【エッケルト図法】▶エケルト図法

えっ-けん【越権】自分に属する権限をこえて事をなすこと。おっけん。「一行為」(類語)僭越

えっ-けん【謁見】〔名〕ｽﾙ 貴人または目上の人に会うこと。「将軍に一する」
(類語)お目見え・目通り・拝謁・見参・内謁・朝見

えっけん-だいり【越権代理】代理人がその代理権の範囲をこえてなした法律行為。代理権踰越行為。➡表見代理

えづ-こ【江津湖】熊本県中部、熊本市内の南東部にある、ひょうたん形をした湖。北側を上江津湖、南側を下江津湖という。面積約0.5平方キロ、周囲約6キロ。緑川水系の加勢川によって形成された膨張湖。名勝・史跡指定の水前寺公園は江津湖の上流で水源の一。一部は埋め立てられ動植物園になっている。国指定天然記念物スイゼンジノリの発生地。

エッサ〘ESSA〙《Environmental Survey Satellite》米国環境科学事業庁の打ち上げた気象衛星。

エッサ〘ESSA〙《Environmental Science Services Administration》米国環境科学事業庁。気象・地震・測地などに関する業務を担当した官庁。1965年設立。70年、海洋大気圏局(NOAA)に改編。

えっさ〔感〕多人数で重い物を動かすときなどに発する声。調子をつけて物事をするときの掛け声。

えっ-さい【悦×哉・雀=鷂】小型の鷹、ツミの雄。

エッサウィラ〘Essaouira〙《見事な設計の意》モロッコ西部、大西洋沿岸の港湾都市。2001年、世界遺産(文化遺産)に登録された旧市街は、18世紀後半にアラウィー朝のスルターン(君主)が貿易と軍事の拠点として整備させたもので、フランス人建築家が設計を担当したことから、近代ヨーロッパの建築が混在している。旧称モガドール。

えっさっさ〔感〕❶物を担いで走るときの調子をつける掛け声。❷民謡などの囃子詞。

えっさっさ-ぶし【えっさっさ節】江戸末期、大坂で流行した俗謡。なお天保年間(1830〜1844)にも同名の俗謡が流行した。

エッジ〘edge〙❶ふち。へり。端。❷スケート靴の滑り金具の、氷面に接する縁の部分。❸スキー板の滑走面の両側端。また、両側端に沿って細くつけた金属。❹卓球台の上面の端。「一ボール」

エッジ-コネクター〘edge connector〙▶カードエッジコネクター

エッシネン-こ【エッシネン湖】《Oeschinensee》スイス中西部、ベルン州、ベルナーオーバーラントの町、カンデルシュテークにある湖。周囲を急峻な岩峰で囲まれた美しい景観で知られる。エッシネンゼー。

エッシネンゼー〘Oeschinensee〙▶エッシネン湖

エッシャー〘Maurits Cornelis Escher〙[1898〜1972]オランダの版画家。位相幾何学の原理をヒントに、非現実的な錯視的空間を精密に描いた。

えっ-しゅう【越州】㊀越前・越中・越後の総称。㊁中国浙江省紹興に置かれた、隋唐代の州。

えっしゅう-よう【越州窯】中国、浙江省北部(古くは越)を中心に栄えた古青磁窯。後漢代に始まり、特に晩唐から五代にかけて秘色とよばれるすぐれた青磁を製したが、北宋代には衰退。

エッジワースカイパー-たい【エッジワースカイパー帯】▶カイパーベルト

エッジワースカイパー-ベルト〘Edgeworth-Kuiper belt〙▶カイパーベルト

エッジワースカイパーベルト-てんたい【エッジワースカイパーベルト天体】▶カイパーベルト天体

えつじん【越人】▶越智越人

エッジング〘edging〙スキーの滑降技術の一。エッジを雪面に立てて抵抗を与えること。方向転換や停止の際の基本動作。

えっ-する【謁する】〔動サ変〕図えっ・す〔サ変〕貴人や目上の人に会う。お目にかかる。「将軍に一・して」〈福沢・福翁自伝〉

えっ-する【閲する】〔動サ変〕図えっ・す〔サ変〕❶読む。目を通して調べる。「下刷りを一・する」❷経過する。けみする。「其の後三箇月を一・して」〈中村訳・西国立志編〉
(類語)調べる・検する・閲する・改める・検査する・点検する・検分する・吟味する・実検する・臨検する・検閲する・査閲する・監査する・チェックする

エッセイ〘essay〙▶エッセー

エッセイスト〘essayist〙随筆家。

エッセー〘Essais〙▶随想録

エッセー〘essay〙《「エッセイ」とも》❶自由な形式で意見・感想などを述べた散文。随筆。随想。❷特定の主題について述べる試論。小論文。論説。
(類語)随筆・随想・小品

エッセネ-は【エッセネ派】《Essenes》パリサイ・サドカイ両派とともに、イエス時代のユダヤ教三大宗派の一。儀式的、律法的な清潔を重んじ、独身を守り、農業を中心とする修道院的共同生活を営んだ。

エッセン〘Essen〙ドイツ西部、ルール工業地帯の中心都市。製鉄・機械工業が発達。兵器生産で知られたクルップ社がある。

エッセンシャル〘essential〙〔形動〕本質的なさま。絶対必要なさま。不可欠。「一な要素」

エッセンシャル-オイル〘essential oil〙❶精油。植物の枝葉・根茎・花・果実などから得られる芳香をもつ揮発性の油。アロマテラピーに用いられる。❷美容液。スキンケア化粧品で保湿性が高く、粘度のある透明液、半透明ジェル状のものなどがある。美白・賦活・紫外線カットの特徴をもつ。

エッセンス〘essence〙❶本質的なもの。最も大切な要素。精髄。❷植物から抽出した香気の高い精油。アルコールに溶かしたもの。化学合成もされる。食品の香り付けに使用。香油。「バニラ一」
(類語)因子・要素・ファクター・エレメント・成分

えっ-そ【越×俎】《「荘子」逍遥遊の、料理人が仕事を怠けても、神官が俎をうばって料理人の代わりをすることはないという故事から》自分の職分をこえて、他人の事にまで口出しや干渉をすること。

えっ-そ【越訴】〔名〕ｽﾙ「おっそ(越訴)」に同じ。

エッダ〘Edda〙アイスランドに伝わる北欧の神話と英雄伝説の集大成。古歌謡の集成である古エッダと、スノッリ＝ストゥルルソンによる散文の新エッダの2種類がある。神話詩は天地創造や神と巨人の闘争などを主題とし、ゲルマン神話の宝庫。

エッタール-しゅうどういん【エッタール修道院】《Kloster Ettal》ドイツ南部、バイエルン州の村、オーバーアマーガウの近郊にある修道院。神聖ローマ皇帝ルートウィヒ4世(バイエルン人王)により、1330年に建造。18世紀にバロック様式に改築。内部の丸天井はロココ様式のスタッコ装飾家、ヨゼフ＝シュムッツァーが制作した。

エッチ〘H｜h〙《「エイチ」とも》❶英語のアルファベットの第8字。❷〈H〉《hydrogen》水素の元素記号。❸〈H〉《hard》鉛筆の芯の硬度を表す記号の一。1Hから9Hまであり、数が大きいほど硬い。➡B ➡F ❹〈h〉《hour》時間を表す記号。❺〈h〉《henry》インダクタンスの単位、ヘンリーの記号。❻〈h〉《hecto》ヘクトの記号。❼〈H〉《hip》ヒップを表す記号。❽〈H〉《hit》野球で、安打を表す記号。

エッチ〔名・形動〕《「変態」のローマ字書きhentaiの頭文字からという》❶言動が性的にあらわで、いやらしいこと。また、そのさま。「ちょっと一な話」❷俗に、性行為。性交。

エッチ-アール〘HR〙《human relations》人間関係。特に企業の経営管理などで重視される人間関係。

エッチ-アール〘HR〙《House of Representatives》日本の衆議院。米国議会の下院。

エッチ-アール〘HR〙《homeroom》▶ホームルーム

エッチ-アール-エス-アイ〘HRSI〙《high-temperature reusable surface insulation》高温用耐熱タイル。スペースシャトルオービターの表面部分に使われる耐熱材。

エッチアール-ず【HR図】▶ヘルツシュプルング-ラッセル図

エッチ-アール-ティー〘HRT〙《Hostage Rescue Team》FBI(米国連邦捜査局)の人質救出部隊。1984年創設。

エッチ-アール-ティー〘HRT〙《hormone replacement therapy》ホルモン補充療法。更年期障害の治療法で、卵胞ホルモンと黄体ホルモンを服用する。

エッチアイアン-ほう【Hアイアン法】《H iron process》高温高圧の水素(H)ガスの中で、粉末化した鉄鉱石を直接還元させる製鉄法。純度の高い鉄が得られる。

エッチ-アイ-ブイ〘HIV〙《human immunodeficiency virus》レトロウイルスの一種。人間のT細胞に感染するため、免疫不全をきたし、エイズを発症させる。1983年にフランスで発見。エイズウイルス。ヒト免疫不全ウイルス。

エッチ-アルファせん【Hα線】電離した水素原子が発する輝線スペクトルの一。波長は656.3ナノメートル。肉眼では赤っぽく見える。散光星雲などに見られ、この輝線を発する領域はHⅡ領域とよばれる。

エッチ-イー〘HE〙《home electronics》ホームエレクトロニクス。家庭用電子機器やホームコンピューターを導入して、家事を合理化・自動化するとともに、防犯や防災、室温制御、金融機関の利用などさまざまな機能を果たさせること。

エッチ-イー〘HE〙《human engineering》▶人間工学

エッチイー-エーエーシー〘HE-AAC〙《high-efficiency advanced audio coding》音声データの圧縮技術の一。従来のAACの拡張仕様で、圧縮効率を約2倍に高めたもの。携帯電話向けの音楽配信サービスである着うたフルで採用されている。

エッチ-イー-エー-オー〘HEAO〙《high energy astronomy observatory》米国の高エネルギー天体観測衛星。高エネルギーのX線放射をする天体を観測する科学衛星。1977年、NASAが打ち上げ。

エッチ-イー-エス-エッチ〘HESH〙《high explosive squash head》粘着榴弾。対戦車用弾薬の一つで、内部の可塑性爆薬が装甲板に圧着されて爆発、装甲裏面が剥離して内部に損傷を与える。

エッチ-イー-エル〘HEL〙《helicopter》ヘリコプターのこと。

エッチ-イー-エル〘HEL〙《high energy laser》高エネルギーレーザー。

エッチ-イー-ブイ〘HEV〙《hepatitis E virus》▶E型肝炎ウイルス

エッチ-イー-ユー〘HEU〙《high enriched uranium》▶高濃縮ウラン

エッチ-エー〔HA〕《home automation》►ホームオートメーション
エッチ-エー-アイ〔HAI〕《Health Action International》健康のための国際行動。医薬品の生産・販売にかかわる多国籍企業による薬害や開発途上国への不要医薬品の販売などを禁止するための監視体制。1979年設立。
エッチ-エー-エス-ティー〔HAST〕《Hawaii-Aleutian standard time》►ハワイ標準時
エッチ-エー-エム〔HAM〕《HTLV-1 associated myelopathy》►ハム(HAM)
エッチ-エー-ブイ〔HAV〕《hepatitis A virus》►A型肝炎ウイルス
エッチ-エス〔HS〕《hyper storage》3.5インチの光磁気ディスク規格。ソニー・日立製作所・米国3M社の3社が共同開発したもの。記憶容量は650MB。
エッチ-エス〔HS〕《Harmonized Commodity Description and Coding System》国際統一商品分類。商品の名称および分類についての国際的統一システム。1983年、従来の関税協力理事会品目表(CCCN)に代えて作成され、日本は88年から採用。
エッチ-エス〔HS〕《high school》ハイスクール。
エッチ-エス-エス-ティー〔HSST〕《high speed surface transport》常電導磁気浮上システム。常電導磁石の吸引力でレールから浮上し、リニアモーターで前進するリニアモーターカー。日本航空と名古屋鉄道が中心となり開発が進められ、2005年の愛知万博の主要アクセス手段として導入された。万博閉会後は、愛知高速交通東部丘陵線(リニモ)として営業運転が行われている。
エッチ-エス-ティー〔HST〕《hypersonic transport》極超音速旅客機。音速の5～6倍、時速7000キロ程度のスピードで成層圏の上を飛ぶもので、NASA(米国航空宇宙局)などで開発の検討を始めている。
エッチ-エス-ティー〔HST〕《Hubble Space Telescope》►ハッブル宇宙望遠鏡
エッチ-エス-ディー-ディー〔HSDD〕《Hypoactive Sexual Desire Disorder》►性的欲求低下障害
エッチ-エス-ディー-ピー-エー〔HSDPA〕《high-speed downlink packet access》第三世代携帯電話の通信方式を改良した高速データ通信の規格の一。第三・五世代携帯電話とも位置づけられる。下り方向の最大通信速度は約14Mbps。上り方向の高速データ通信の規格であるHSUPAと合わせてHSPAと呼ばれる。
エッチ-エス-ピー〔HSP〕《heat shock protein》熱ショックたんぱく質。平常より5～10度高い温度まで急激に熱せられた細胞に誘導されるたんぱく質で、細胞を耐熱性にする。癌細胞を熱して殺す治療法の研究で注目されている。
エッチ-エス-ピー-エー〔HSPA〕《high-speed packet access》第三世代携帯電話の通信方式W-CDMAを改良した高速データ通信の規格の一。第三・五世代携帯電話とも位置づけられる。下り方向を高速化したHSDPA、上り方向を高速化したHSUPAを組み合わせたもので、最大通信速度は下り約14Mbps、上り約5.7Mbps。
エッチエスピーエー-エボルーション〔HSPA Evolution〕►エッチ-エス-ピー-エー-プラス(HSPA＋)
エッチ-エス-ピー-エー-プラス〔HSPA＋〕《high-speed packet access plus》第三世代携帯電話の通信方式W-CDMAを改良した高速データ通信の規格の一。第三・五世代と第三・九世代の間に位置づけられる。従来のHSPAの通信効率を高めたもので、最大通信速度は下り約28.8Mbps、上り約11.5Mbpsとなり、理論上の値はHSPAの約2倍になっている。HSPAエボルーション。
エッチ-エス-ユー-エス〔HSUS〕《Humane Society of the United States》米国動物愛護協会。1954年設立。本部はワシントン。
エッチ-エス-ユー-ピー-エー〔HSUPA〕《high-speed uplink packet access》第三世代携帯電話の通信方式を改良した高速データ通信の規格の一。第三・五世代携帯電話とも位置づけられる。上り方向の最大通信速度は約5.7Mbps。EUL(enhanced uplink)ともいう。また、下り方向の高速データ通信の規格であるHSDPAと合わせてHSPAと呼ばれる。
エッチ-エッチ-エス〔HHS〕《Department of Health and Human Services》►ディー-エッチ-エッチ-エス(DHHS)
エッチエッチ-てんたい【HH天体】►ハービッグハロー天体
エッチ-エヌ-エス〔HNS〕《host nation support》►ホストネーションサポート
エッチ-エフ〔HF〕《high frequency》►短波
エッチ-エフ-エス-ピー〔HFSP〕《human frontier science program》生体機能応用技術に関する国際基礎研究協力計画。国際的な研究体制により、生物の脳や生体がもつ機能を探究し、その成果を未来の技術として体系化することを目的とする。1987年ベネチアサミットで日本が提案し、サミット参加7か国にEC、旧ソ連、中国などが加わり発足。1989年フランスのストラスブールに、事業の実施母体、国際HFSP推進機構(HFSPO)が設置された。
エッチ-エフ-シー〔HFC〕《hydrofluorocarbon》フルオロカーボン(フロン)の一種。塩素を含まずオゾン層を破壊しないため、代替フロンの一つとして使用されるが、強い温室効果をもたらす。ハイドロフルオロカーボン。➡フロン
エッチ-エム〔HM〕《His Majesty, Her Majesty》陛下。
エッチ-エム-アール〔HMR〕《home meal replacement》家庭料理の代行業。調理済み食品を家庭に提供するフードサービスの形態。素材をその場で加工・調理して売る。また、その調理済み食品をもいう。
エッチ-エム-アール-シー〔HMRC〕《Her Majesty's Revenue and Customs》英国の歳入税関庁。2005年、HMCE(関税消費税庁)とIRO(国税局)が合併し設立。
エッチ-エム-オー〔HMO〕《health maintenance organization》会員制の健康医療団体。医療友の会。加入した機関の指定するネットワークの中で医療サービスや保険などが提供される。
エッチ-エム-シー-イー〔HMCE〕《Her Majesty's Customs and Excise》英国の関税消費税庁。2005年、IRO(国税局)と合併し、HMRC(歳入税関庁)となる。➡HMRC
エッチ-エム-ディー〔HMD〕《head mounted display》►ヘッドマウントディスプレー
エッチ-エル〔HL〕《House of Lords》英国議会の上院。英国の貴族で構成される。日本の参議院に相当。➡HC
エッチ-エル-エー〔HLA〕《human leukocyte antigen》ヒト白血球抗原。免疫を担当する。組織適合抗原ともいい、皮膚・臓器移植の際には患者とドナー(提供者)とで一致しないと拒絶反応を起こす。
エッチ-エル-エル-ブイ〔HLLV〕《heavy lift launch vehicle》大重量物打ち上げロケット。打ち上げコストの軽減のために研究・開発が進められているロケット。HLV(heavy lift vehicle)。
エッチ-エル-ティー〔HLT〕《high leveraged transaction》高リスクの貸し付け。
エッチ-エル-ディー〔HLD〕《high lift device》高揚力装置。航空機が離着陸時に主翼から大きな揚力を得るための装置。
エッチ-エル-ブイ〔HLV〕《heavy lift vehicle》►エッチ-エル-エル-ブイ(HLLV)
エッチ-オー〔HO〕《head office》本社。
エッチ-オー〔HO〕《Home Office》英国内務省。法律、警察、移民などを担当する。
エッチ-オー-エル-シー〔HOLC〕《Home Owners' Loan Corporation》住宅所有者資金貸付会社。価値が下落した都市不動産に対するローンを借り換えるために設立された米国政府機関。1933年から36年まで存在した。
エッチオー-ゲージ〔HO gauge〕鉄道模型の規格の一。線路のレール幅が16.5ミリのもの。車両は、実物の87分の1の大きさとなる。エッチゼロゲージ。
エッチがた-こう【H形鋼】ｶﾞﾀ形鋼の一。横断面がH形をした圧延鋼材。構造物や基礎杭などに用いる。
エッチ-キュー〔HQ〕《headquarters》本部。司令部。
エッチ-キュー-シー-ディー〔HQCD〕《Hi Quality CD》►ハイクオリティーCD
エッチ-ケー〔HK〕《Hong Kong》香港のこと。
エッチ-さんにさん〔H.323〕コンピューターネットワークで音声や動画を一対一、一対多で送受信するためのプロトコル。テレビ電話やテレビ会議などで用いられる。
エッチ-シー〔HC〕《hydrocarbon》►炭化水素
エッチ-シー〔HC〕《House of Commons》英国議会の下院。日本の衆議院に相当する。➡HL
エッチ-シー〔HC〕《home center》►ホームセンター
エッチ-ジー-エッチ〔HGH〕《human growth hormone》ヒト成長ホルモン。脳下垂体で分泌される。
エッチ-シー-エフ〔HCF〕《highest common factor》最大公約数。二つ以上の自然数の公約数の中で最大のもの。GCM(greatest common measure)。GCD(greatest common divisor)。
エッチ-シー-エフ-エル〔HCFL〕《hot cathode fluorescent lamp》熱陰極放出による放電で発光させる蛍光管。発光効率が高く、光量が大きいため、一般的な蛍光灯に用いられる。熱陰極蛍光ランプ。熱陰極蛍光管。熱陰極管。➡CCFL
エッチ-シー-エフ-シー〔HCFC〕《hydrochlorofluorocarbon》フルオロカーボン(フロン)の一種。代替フロンの一つとして使用されたが、温室効果をもたらすため、先進国では2020年、開発途上国では2030年までに全廃される予定。ハイドロクロロフルオロカーボン。➡フロン
エッチ-シー-エム〔HCM〕《hypertrophic cardiomyopathy》►肥大型心筋症
エッチ-シー-ジー〔HCG〕《human chorionic gonadotropin》ヒト絨毛性ゴナドトロピン。胎盤から分泌されるゴナドトロピン。妊娠すると尿中に排泄されるので、妊娠判定に利用される。
エッチ-シー-シー-エッチ〔HCCH〕《Hague Conference on Private International Law》►ハーグ国際私法会議
エッチ-シー-ビー〔HCB〕《hexachlorobenzene》ヘキサクロロベンゼン。肝臓障害などを引き起こす有害物質。
エッチ-シー-ブイ〔HCV〕《hepatitis C virus》►C型肝炎ウイルス
エッチ-シー-ユー〔HCU〕《high care unit》高度治療室。ICU(集中治療室)と一般病棟の中間に位置する病棟で、ICUよりもやや重篤度の低い患者を受け入れる治療施設。手術直後の患者などを一時的に収容する。➡ICU
エッチし-しょう【H氏賞】ｼｬｳ《「H」は基金の提供者平沢貞二郎の頭文字から》日本現代詩人会がすぐれた詩集を発表した新人に贈る賞。昭和26年(1951)に創設。
エッチ-シンク〔HSYNC〕《horizontal synchronizing signal》水平同期信号。テレビ画像の水平位置を決める信号。
エッチ-ダブリュー〔HW〕《hardware》►ハードウエア
エッチ-ダブリュー〔HW〕《highway》►ハイウエー
エッチ-ダブリュー-アール〔HWR〕《heavy water reactor》►重水炉
エッチツーエー-ロケット【H-ⅡAロケット】《H-2A Launch Vehicle 「エッチにエーロケット」とも》NASDA(宇宙開発事業団、現JAXA)が開発した大型ロケットで、H-Ⅱロケットの後継機。高度3万6000キロメ

ートルの静止軌道に重量2.5トン級の人工衛星を打ち上げる能力をもつ。平成13年(2001)8月に試験機1号機が打ち上げられ、同19年9月に13号機が月探索機「かぐや」を打ち上げた。➡H-ⅡBロケット

エッチ-ツー-オー〘H_2O〙《水の化学式から》水のこと。

エッチツービー-ロケット【H-ⅡBロケット】《H-2B Launch Vehicle 「エッチにビーロケット」とも》JAXA(宇宙航空研究開発機構)と三菱重工業が開発している大型ロケット。H-ⅡAロケットの後継機で、宇宙ステーションへ重量の大きいHTV(無人物資補給機)を輸送するためにエンジンやブースターなどが強化されている。1号機は平成21年(2009)9月に打ち上げ成功。次いで、同23年1月に2号機が宇宙ステーション補給機「こうのとり」2号を打ち上げた。

エッチツー-りょういき【HⅡ領域】電離した水素ガスが、近傍の若い大質量星からの紫外線によって励起されて、光を放射している領域。電離水素が再結合する際に赤っぽい輝線(Hα線)を放つ。代表的なHⅡ領域としてオリオン星雲、干潟星雲、薔薇星雲が知られる。電離水素領域。

エッチツー-ロケット【H-Ⅱロケット】《H-2 Launch Vehicle 「エッチにロケット」とも》NASDA(宇宙開発事業団、現JAXA)が開発した、液体水素を燃料とする国産の大型ロケット。高度3万6000キロメートルの静止軌道に重量2トン級の人工衛星を打ち上げる能力をもつ。平成6年(1994)試験機の成功以来、7機を打ち上げたが、同11年8号機の打ち上げに失敗。それ以降は打ち上げ中止。改良型にH-ⅡAロケット、H-ⅡBロケットがある。

エッチ-ディー〘HD〙《hard disk》コンピューターの、ハードディスク。

エッチ-ディー〘HD〙《Huntington's disease》►ハンチントン病

エッチ-ディー〘HD〙《high-definition》►ハイデフィニション

エッチ-ディー-アール〘HDR〙《hard disk recording》►ハードディスクレコーディング

エッチ-ディー-アイ〘HDI〙《human development index》►人間開発指数

エッチ-ティー-エー〘HTA〙《heavier-than-air aircraft》LTA(気球や飛行船など空気より軽い航空機)に対して、空気より重い一般の飛行機をいう。➡LTA

エッチ-ディー-エム〘HDM〙《hot dark matter》►熱い暗黒物質

エッチ-ディー-エム-アイ〘HDMI〙《high-definition multimedia interface》デジタル対応のテレビやAV機器など、デジタル家電で使われるインターフェース規格の一。パソコンのディスプレーの接続などに使われるDVI規格を発展させたもので、1本のケーブルで映像・音声・制御信号を伝送する。また、著作権保護機能ももつ。信号の暗号化にはHDCPを採用している。

エッチ-ティー-エム-エル〘HTML〙《hypertext markup language》ウェブページ記述のためのマークアップ言語。文書の論理構造や見栄えを記述するほか、画像や音声、他のウェブページへのハイパーリンクを埋め込むことができる。通常、ブラウザーを用いて閲覧する。WWWコンソーシアムが作成した規格による。

エッチティーエムエル-メール【HTMLメール】《HTML e-mail》電子メールで、本文がHTML形式のもの。ウェブページと同様に、フォントの色やサイズを変更したり、画像を貼り付けたりできる。その一方、迷惑メールの受信確認やコンピューターウイルスの埋め込みに悪用されることもある。

エッチ-ディー-エル〘HDL〙《high-density lipoprotein》❶高比重リポたんぱく質。血液中にあって動脈硬化の原因となる酸化したLDLコレステロールを取り除き、肝臓へ運ぶ働きをする。高密度リポたんぱく質。❷「HDLコレステロール」の略。

エッチディーエル-コレステロール【HDLコレステロール】《high-density lipoprotein cholesterol》HDL(高比重リポたんぱく質)と複合したコレステロール。HDLは体内の末梢で酸化して害をなすコレステロールを取り除き、動脈硬化などを防ぐ働きがあるところから、この複合体を善玉コレステロールともいう。HDL-C。

エッチ-ディー-エル-シー〘HDLC〙《high-level data link control》データ伝送技術の一。厳密な誤り制御などにより信頼性が高い。➡CRC

エッチディーエル-シー〘HDL-C〙《high-density lipoprotein cholesterol》►HDLコレステロール

エッチ-ティー-エル-ブイ〘HTLV〙《human T-cell leukemia virus》レトロウイルスの一群。人間のT細胞に感染し、成人T細胞白血病やハム(HAM)の原因となるHTLV-1、エイズを起こすHIVなどがある。ヒトT細胞白血病ウイルス。

エッチティーエルブイワンかんれん-せきずいしょう【HTLV-1関連脊髄症】►ハム(HAM)

エッチティーエルブイワンかんれん-ミエロパチー【HTLV-1関連ミエロパチー】►ハム(HAM)

エッチ-ディー-シー-ピー〘HDCP〙《high-bandwidth digital content protection》デジタル対応のテレビやAV機器などの、デジタル家電で使われる著作権保護技術の一。HDMI規格のインターフェースを経由するデジタル画像信号の暗号化に用いる。

エッチ-ディー-ダブリュー〘HDW〙《hardware》ハードウエアのこと。

エッチ-ディー-ディー〘HDD〙《hard disk drive》►ハードディスク

エッチディーディー-オーディオプレーヤー【HDDオーディオプレーヤー】《HDD audio player》デジタルオーディオプレーヤーの一。記憶装置にハードディスクを用いる。➡シリコンオーディオプレーヤー

エッチ-ティー-ティー-ピー〘HTTP〙《hypertext transfer protocol》インターネット上でのデータ転送のためのプロトコル。WWWサーバーとブラウザーがHTMLファイルや画像、音声などのデータの送受信に用いられる。

エッチ-ティー-ティー-ピー-エス〘HTTPS〙《hypertext transfer protocol over transport layer security》インターネット上でのデータ転送をするためのプロトコル、HTTPに暗号化機能SSLを追加したプロトコル。

エッチティーティーピー-プロキシー【HTTPプロキシー】►プロクシー

エッチティーティーピー-プロクシー【HTTPプロクシー】►プロクシー

エッチディーディー-ビデオレコーダー【HDDビデオレコーダー】《HDD video recorder》►HDDレコーダー

エッチディー-ティーブイ〘HDTV〙《high-definition television》従来のテレビに比べ、走査線の数が多く、縦横の比が9対16になっている高画質のテレビ。高品位テレビ。高精細テレビ。〖補説〗日本で一般的に用いられるハイビジョンという呼称は日本放送協会(NHK)がつけたもので、国際的にはHDTVを用いる。➡ハイビジョン ➡SDTV

エッチディー-ディーブイディー〘HD DVD〙《high-definition DVD》光ディスク規格の一。記憶容量は再生専用型が15ギガバイト(2層書き込みの場合は30ギガバイト)、書き換え型が20ギガバイト(同40ギガバイト)。DVDの次世代規格として平成14年(2002)に東芝とNECが提案し、ブルーレイディスク(BD)とシェア争いを繰り広げたが、映画会社などが次々とBD支持を表明したため、同20年に東芝が撤退して生産・販売が終了した。

エッチディーディーブイディー-アール〘HD DVD-R〙《high-definition DVD-R》HD DVDの規格の一。一度だけ書き込み可能な追加記録型の規格。➡DVD-R

エッチディーディーブイディー-アールダブリュー〘HD DVD-RW〙《high-definition DVD-RW》HD DVDの規格の一。データの書き換えが可能。かつてはHD DVD-RRという略称だったが名称変更された。➡DVD-RW

エッチディーディーブイディー-ラム〘HD DVD-RAM〙《high-definition DVD-RAM》HD DVDの規格の一。データの書き換えが可能。かつてはHD DVD-RWという略称だったが名称変更された。➡DVD-RAM

エッチディーディーブイディー-リライタブル〘HD DVD-Rewritable〙《high-definition DVD-Rewritable》►エッチディーディーブイディー-ラム(HD DVD-RAM)

エッチディーディーブイディー-リレコーダブル〘HD DVD-Re-recordable〙《high-definition DVD-Re-recordable》►エッチディーディーブイディー-アールダブリュー(HD DVD-RW)

エッチディーディーブイディー-ロム〘HD DVD-ROM〙《high-definition DVD-ROM》HD DVDの規格の一。読み出し専用。映画などの映像ソフトに利用される。➡DVD-ROM

エッチディーディー-プレーヤー【HDDプレーヤー】《HDD player》►HDDオーディオプレーヤー

エッチディーディー-レコーダー【HDDレコーダー】《HDD recorder》テレビ放送または専用カメラを通して送られてくる画像・音声を、ハードディスクに記録したり、それを再生したりする装置。HDレコーダー。HDDビデオレコーダー。パーソナルビデオレコーダー。➡ハイブリッドレコーダー

エッチディーディー-レコーディング【HDDレコーディング】►ハードディスクレコーディング

エッチディー-テレビ【HDテレビ】《high-definition television》►エッチ-ディー-ティーブイ(HDTV)

エッチ-ディー-ピー-イー〘HDPE〙《high-density polyethylene》高密度ポリエチレン。強さと耐熱性でLDPE(低密度ポリエチレン)に勝る。

エッチ-ティー-ブイ〘HTV〙《H-Ⅱ Transfer Vehicle》地上約400キロメートルの上空を周回する国際宇宙ステーション(ISS)に向けて、ロケットと共に打ち上げられる無人の軌道間輸送機。各種実験装置や滞在中の宇宙飛行士への供給物資などを運ぶ。宇宙ステーションとのドッキングなど高度な技術や安全性が要求される。軌道間輸送機としては日本初。全長約10メートル、直径約4メートルの円筒形で、最大6トンの物資輸送が可能。補給後は使用済みの機器や不要になった物資などを積載し、大気圏再突入によって機体ごと燃やされる。無人補給機。無人物資補給機。宇宙ステーション補給機。〖補説〗平成21年(2009)9月11日、H-ⅡBロケットによる第1回目の打ち上げに成功、7日後に国際宇宙ステーションとのドッキングが完了。11月2日に大気圏突入しミッションを終えた。HTVは人が搭乗することを想定して設計され、将来の有人化を視野に入れて、生命維持システムの確立やISSの実験サンプルを回収し地上に帰還する技術などの検討・開発が進められている。同22年11月11日、同機の愛称が「こうのとり」に決定。

エッチ-ディー-ブイ〘HDV〙《hepatitis D virus》►D型肝炎ウイルス

エッチ-ディー-ブイ〘HDV〙《high-definition video》デジタル方式の高画質ビデオテーププレコーダー規格の一。DVカセットにHDTVと同じく、走査線数720本、プログレッシブ方式と、走査線数1080本、インタレース方式の映像の記録再生が可能。

エッチディー-ほうそう【HD放送】《high-definition television》►エッチ-ディー-ティーブイ(HDTV)

エッチディー-レコーダー【HDレコーダー】《HD recorder》►HDDレコーダー

エッチ-にろくいち〔H.261〕映像データの圧縮符号化に関する標準規格。1990年にITU(国際電気通信連合)が策定。

エッチ-にろくよん〔H.264〕映像データの圧縮符号化に関する標準規格。2003年にITU(国際電気通信連合)が策定。MPEG-4の一部としても勧告されており、H.264/MPEG-4 AVC、またはH.264/AVCと併記することが多い。圧縮率が高く、ハイビジョン映像から携帯電話まで幅広く利用される。

エッチ-ビー〔HB〕《hardとblackの頭文字》鉛筆の芯(しん)の硬さを表す記号。普通の硬さ。

エッチ-ビー〔HB〕《halfback》サッカー・ラグビーなどで、ハーフバック。

エッチ-ピー〔HP〕《half pipe》ハーフパイプ。スノーボード競技種目の一つ。

エッチ-ピー〔HP〕《homepage》►ホームページ

エッチピー-アイビー〔HP-IB〕《Hewlett-Packard interface bus》米国のヒューレットパッカード社が自動計測システム構成用として、計測器間の信号交換の標準化を目的に開発した規格。IEC(国際電気標準会議)などで標準規格として承認され、GP-IB、IEEE 488バスともよばれる。

エッチ-ビー-エス〔HBS〕《Harvard Business School》ハーバード大学経営大学院。

エッチ-ビー-エス〔HBS〕《home bus system》ホームバスシステム。ホームオートメーションの基盤となる、各種の機器やシステムを結ぶ情報伝送路。情報の乗り合いバス、の意。➡ホームバス

エッチ-ピー-エヌ-エー〔HPNA〕《Home Phoneline Networking Alliance》►ホーム-ピーエヌエー(HomePNA)

エッチ-ピー-エフ〔HPF〕《high pass filter》►ハイパスフィルター

エッチ-ピー-エム〔HPM〕《high-power microwave》高性能のマイクロ波。高度にエレクトロニクス化した電子兵器を狂わすものとして、軍事利用される。

エッチ-ビー-オー〔HBO〕《Home Box Office》米国最大の有料有線テレビ。タイム・ワーナー社の子会社が運営する映画放送専門の有線テレビ。

エッチビー-こうげん【HB抗原】《hepatitis B antigen》B型肝炎や肝硬変などを引き起こすと考えられているウイルスの中に存在する抗原。

エッチビー-こうたい【HB抗体】《hepatitis B antibody》HB抗原に対する抗体。一般に過去に肝炎ウイルスに感染して、その結果抗体ができる。

エッチ-ビー-ブイ〔HBV〕《hepatitis B virus》►B型肝炎ウイルス

エッチ-ピー-ブイ〔HPV〕《human papilloma virus》ウイルスの一種。ヒトの子宮頸癌(けいがん)・食道癌で検出率が高く、その原因ウイルスとされている。パピローマまたは乳頭腫とよばれるいぼを形成する。北米の乳頭腫ができたウサギから発見された。ヒトパピローマウイルス。ヒト乳頭腫ウイルス。

エッチピーブイ-けんさ【HPV検査】子宮頸癌(けいがん)の原因となるHPV(ヒトパピローマウイルス)への感染の有無を判定する検査。膣(ちつ)から検体を採取し、複数種あるHPVのうち子宮頸癌のリスクが中～高程度とされるウイルスのDNAの有無を調べる。

エッチビー-プロセス〔H.B.process〕《HBは発明者の米国人HuebnerとBleisteinの頭文字から》多色写真平版の製版法。多色刷りオフセット平版で、原画と同じ色彩に刷ることができる。

エッチ-ピー-ユー〔HPU〕《hydraulic power unit》水力発電装置。

エッチピー-ユーエックス〔HP-UX〕UNIX互換のオペレーティングシステムの一。米国ヒューレットパッカード社が開発・販売。

エッチ-ピット〔etch pit〕►腐食孔

エッチ-ブイ〔HV〕《hybrid vehicle》►ハイブリッドカー

エッチ-ブイ-ジェー〔HVJ〕《hemagglutinating virus of Japan》►センダイウイルス

エッチ-ボム〔H-bomb〕《hydrogen bomb》水素爆弾のこと。

えっちゅう【越中】㊀旧国名。北陸道7か国の一。現在の富山県にあたる。越(こし)の国を天武天皇の時代に3分して成立。古称、こしのみちのなか。㊁「越中褌(ふんどし)」の略。

エッチ-ユー-エス〔HUS〕《hemolytic uremic syndrome》溶血性尿毒症症候群。病原性大腸菌の食中毒による溶血性貧血と急性腎不全を伴う症候群。

えっちゅう-おわらぶし【越中おわら節】富山県の民謡。富山市八尾(やつお)地区で毎年9月1日から3日間行われる、「風の盆」でうたわれる盆踊り歌。「おわら」は囃子詞(はやしことば)。おわら節。

えっちゅう-じま【越中島】東京都江東区南西部の地名。明治8年(1875)日本最初の商船学校(のちの東京商船大学、現・東京海洋大学)が設置された。名は榊原越中守の別邸があったことによる。

えっちゅう-じま【越中×縞】富山地方で産する木綿の縞織物。

エッチ-ユー-ティー〔HUT〕《households using television》テレビの視聴率調査の一。調査対象の世帯全体のうち、テレビ放送を放送と同時に視聴していた世帯の割合。録画やパソコンによる視聴は含まれない。総世帯視聴率。➡世帯視聴率 ➡個人視聴率 〔補説〕各テレビ局ごとの視聴率を示すものではない。例えば、5世帯のうち3世帯でテレビをつけていれば、その3世帯はテレビを視聴しているとみなされ、HUTは60パーセントとなる。ある世帯にテレビが3台あり、そのうち2台をつけていても、1世帯とみなされる。また、つけている2台のテレビで、それぞれA局とB局の番組を同時に視聴していた場合も、HUTでは1世帯とみなされる。

エッチ-ユー-ディー〔HUD〕《Department of Housing and Urban Development》米国の住宅都市開発省。1965年設立。所在はワシントン。

えっちゅう-ばい【越中×蛽】エゾバイ科の巻き貝。日本海の水深200～500メートルの海底にすむ。殻高約10センチ。食用。

えっちゅう-ふんどし【越中×褌】❶《細川越中守忠興が始めたというところから》長さ1メートルほどの小幅の布の一端にひもをつけたふんどし。❷《越中ふんどしの前の方が外れやすいところから》あてにしていたことが外れること。「何も彼(か)も―で、お話にならんです」〈魯庵・社会百面相〉

えっ-ちょう【越鳥】❶中国の越の国の鳥。❷クジャクの別名。

　越鳥南枝(なんし)に巣くう　南の越から来た鳥は南向きの枝に巣をつくる。故郷の忘れがたいことのたとえ。➡胡馬(こば)北風に依る

えっちら-おっちら〔副〕疲れたり重い物を担いだりして、たどたどしく苦しそうに歩くさま。「―(と)坂を登っていく」

〔類語〕すたすた・てくてく・しゃなりしゃなり・とぼとぼ・のこのこ・よちよち

エッチ-りゅうし【H粒子】►ヒッグス粒子

エッチング〔etching〕❶印刷などで、銅版に蝋(ろう)を主剤とする防食剤を塗り、針などで彫り、露出した銅面を硝酸などで腐食させて凹版を作る技法。腐食銅版の代表。❷ガラス工芸の技法。耐酸性の被膜の一部を切り、強酸でガラスを腐食させる装飾加工。

エッツェル-じょう【エッツェル城】《Edzell Castle》英国スコットランド東部、アンガス州の村エッツェルにある16世紀に建造された城。17世紀初頭にデビッド＝リンゼイにより造られた、家紋や家訓を意匠化した独創的な庭園が有名。

え-つづみ【▽兄鼓】「大鼓(おおつづみ)」に同じ。㊥弟鼓(おとつづみ)。

えっ-とう【越冬】〔名〕スル 冬を過ごすこと。冬の寒さを越すこと。「南極で―する」「―地」

えつ-どく【閲読】〔名〕スル 書物・書類などの内容を調べながら読むこと。「古文書を―する」

えつなん【越南】ベトナムのこと。

えつ-ねん【越年】〔名〕スル 古い年を送って新しい年を迎えること。年越し。おつねん。「今年は郷里で―した」「―資金」

えつねん-せい【越年生】一年生植物のうち、秋から年を越して翌年まで育つもの。

えつねんせい-しょくぶつ【越年生植物】一年生植物のうち、秋に発芽して冬を越し、翌春に開花・結実して枯死する草本植物。大麦・ダイコン・アブラナなど。越年生草本。越年草。

えつねん-そう【越年草】►越年生植物

えっぱん【悦般】5世紀ころ、中央アジアのイリ地方に住んでいたトルコ系の遊牧民族。また、その国。中国南北朝の史書に現れる。

エッフェル〔Alexandre Gustave Eiffel〕[1832～1923]フランスの技師。橋梁(きょうりょう)設計の経験を生かして鉄骨構造を研究、当時世界一の高さをもつエッフェル塔を設計した。

エッフェル-とう【エッフェル塔】《フランス Tour Eiffel》パリのセーヌ河畔に立つ鉄骨塔。1889年のパリ万国博覧会会場に建てられた。高さ約300メートル(現在は放送用アンテナが付加されて318メートル)。設計者ギュスタブ＝エッフェルの名による。

えっ-ぷく【悦服】〔名〕スル 心から喜んで服従すること。「国民―せざる者無し」〈柳河春三編・万国新話〉

えっ-ぺい【閲兵】〔名〕スル 元首・大臣・司令官などが、整列した軍隊の前を見回ること。「儀仗兵(ぎじょうへい)を―する」「―式」

え-つぼ【笑×壺】笑い興じること。また、満足して笑うこと。

　笑壺に入(い)る　思い通りになって大いに喜ぶ。「博士が三四歳の男の子を抱えて、独り―っている」〈白鳥・何処へ〉〔補説〕この句の場合、「入る」を「はいる」とは読まない。

　笑壺の会(かい)　その場に居合わせる人がみんな笑い興じること。「其の座にありける大名小名、興に入りて、―なりけり」〈盛衰記・三四〉

え-つぼ【餌×壺】鳥のえさを入れる容器。

えつもくしょう【悦目抄】歌論書。2巻。藤原基俊著といわれるが偽作。成立年代は鎌倉中期とされるが未詳。和歌の作り方・仮名遣い、先人の作風などについて述べたもの。更科記(さらしなき)。和歌一流。和良自久佐(わらじくさ)。

えつ-らく【悦楽】喜びを得て楽しむこと。喜び満足すること。「―にひたる」

〔類語〕快楽・歓楽・享受・逸楽・淫楽

えつ-らん【閲覧】〔名〕スル 書物・新聞・書類・ウェブページなどの内容を調べながら読むこと。「選挙人名簿を―する」「サイト―者」

えつり【▽桟】❶茅(かや)・わらなどで葺(ふ)く屋根の下地として、垂木(たるき)の上に並べ敷いた細い竹やアシなど。瓦(かわら)葺きなどの屋根下地にもいう。❷壁の下地に組んだり、土蔵の柱の外側に渡した板に取りつけたりする木舞(こまい)。❸茶室などで、木と竹とを交互に並べた化粧垂木(けしょうだるき)。桟竹(えつりだけ)。

エッリアポ〔Erriapo〕土星の第28衛星。2000年に発見。名の由来はケルト神話の巨人。非球形で平均直径は約8.6キロ。エリアポ。

えつ-りゅう【越流】〔名〕スル 水があふれ出ること。また、その水。溢流(いつりゅう)。

えつりゅう-てい【越流堤】河川や水路で、水量調節の目的で、堤防の一部を低くしたもの。一定水位以上になると越流させ、その水を貯水池や遊水池にたくわえる。溢流堤(いつりゅうてい)。

えつ-れき【閲歴】〔名〕スル ❶人が今まで社会的にたどってきた跡。経歴。履歴。❷経験すること。「只それ丈の刹那(せつな)の知覚を―したというに過ぎなかったのだ」〈鴎外・雁〉

え-て【得手】❶巧みで、得意とすること。最も得意とするところ。えて物。えて吉。「人にはそれぞれ一不得手がある」❷「得手勝手」の略。「―のお方が、今宵一夜はおれが物、一寸側を離さぬと」〈浄・傾城酒呑童子〉❸相手がそれと了解できるものをさしていう語。例の所。例の物。例の人。えて物。えて吉。「―へ行

って、ももんじいで四文二合半しもんにごうときめべい」〈滑・浮世風呂・三〉❹《猿が「去る」に通じるのを忌むところから》猿。えて公。えて吉。

(類語)特技・専売特許・売り物・十八番・おはこ・お家芸・お株・お手の物

得手に帆ほを揚・げる　得意なわざを発揮できる好機が到来し、調子に乗って事を行う。

え-て【得て】〘副〙❶「得てして」に同じ。「そう云う恩知らずは、一哲学者にあるもんだ」〈漱石・虞美人草〉❷得意として。「一相撲を取りまする」〈虎明狂・鼻取相撲〉

エディ〖Edy〗▶楽天Edyエディ

エディアカラ-どうぶつぐん【エディアカラ動物群】オーストラリア南部のトレンズ湖北岸、エディアカラ(Ediacara)の丘で発見された動物化石群。先カンブリア時代末、約6億5000万年前の地層から発見され、原生動物以外では最古。腔腸こうちょう動物や原始的な環形動物などで、印象化石として産出。

エティエンヌ〖Robert Estienne〗[1503〜1559]フランスの出版業者・人文主義者。ラテン語辞典を編集刊行。また、今日の章節区分を初めて導入した聖書の刊行で知られる。

エディション〖edition〗出版物の、版。「サードー(=三版)」

エディター〖editor〗❶雑誌・書籍などの編集者。❷映画フィルムの編集者。❸コンピューターで、文章やソースコードなどを書くときに使われる、文字データの作成・編集用ソフト。テキストエディター。

エティック〖etic〗言語学や文化人類学などで、ある現象を分析する方法の一つ。外部の観察者の視点から客観的に分析を行うもので、アメリカの言語学者K=L=パイクによって提唱された。phonetic(音声学の)という語の後の部分を取って作られた言葉で、emicと対をなす。➡イーミック

エティック〖ETIC〗《Enterprise Turnaround Initiative Corporation of Japan》▶企業再生支援機構

エディトリアル〖editorial〗❶社説。論説。❷多く複合語の形で用い、編集の、編集上の、の意を表す。「一デザイン」「一スタッフ」

エディトリアル-デザイン〖editorial design〗新聞・雑誌などの印刷物で、写真・イラスト・図形などをそれぞれの機能に応じて整理配列し、その全体を視覚的に表現し構成する編集技法。

エディトリアル-ライター〖editorial writer〗新聞の社説を執筆する論説委員。また、時事的な問題などに個性的な主張を展開する作家・評論家など。

エディネット〖EDINET〗《Electronic Disclosure for Investors' Network》「金融商品取引法に基づく有価証券報告書等の開示書類に関する電子開示システム」の略称。有価証券報告書・四半期報告書・親会社等状況報告書などの開示書類を無料で閲覧できる金融庁の情報公開サイト。平成13年(2001)から運用が開始されている。

エディプス〖Ödipus〗オイディプスのドイツ語名。

エディプス-コンプレックス〖ドイツ Ödipuskomplex〗男子が、同性の親である父を憎み、母に対して性的な思慕を抱く無意識の傾向。ギリシャ神話のオイディプスにちなみ、フロイトが精神分析学の用語としたもの。➡エレクトラ-コンプレックス

エディブル-フラワー〖edible flower〗食用花しょくようか。ラン・ミニバラ・カーネーション・ナスターチウムなど。

エティモロジー〖etymology〗《「エチモロジー」とも》❶語の起源・由来。語源。❷語源学。

エディルネ〖Edirne〗トルコ北西部の都市。ギリシャ・ブルガリアとの国境近く、メリチ川とその支流トゥンジャ川の合流点に位置する。古代ローマ時代、皇帝ハドリアヌスが建設してハドリアノポリスと命名し、のちにアドリアノープルとよばれた。14世紀にオスマン帝国のムラト1世に征服されて首都になり、コンスタンチノープル(現イスタンブール)陥落後は帝国第二の都市としてバルカン半島征服の拠点になった。旧市街には16世紀末に宮廷建築家ミマール=スィナンが設計したセリミエモスクをはじめ、ユチュシェレフェリモスク、エスキモスクなどのイスラム寺院が残る。

エディントン〖Arthur Stanley Eddington〗[1882〜1944]英国の天文・物理学者。ケンブリッジ天文台長。白色矮星わいせいの研究など、宇宙物理学に貢献。相対性理論・量子力学に独自の理論を展開。

エディンバラ〖Edinburgh〗▶エジンバラ

エディンバラ-じょう【エディンバラ城】エディンバラじゃう《Edinburgh Castle》▶エジンバラ城

えて-かって【得手勝手】〘名・形動〙他人のことは考えず、自分に都合のよいように行動すること。また、そのさま。わがまま。「一が過ぎる」「一な注文」

(類語)勝手・わがまま・好き・自分勝手・手前勝手・身勝手・好き勝手・気随・気任せ・ほしいまま・奔放・自由

え-てがみ【絵手紙】ヱ 絵を書き添えた手紙。形式の制約はないが、葉書を使い、絵に簡単な文を添えるのが一般的。(補説)書家小池邦夫が昭和中期に始めたとされる。

えて-きち【得手吉】《「得手」を人名めかした語》❶「得手❶」に同じ。「二十三、四にて器量もよし、泣く事が一なり」〈洒・面和具喩〉❷「得手❸」に同じ。「ああ、また一へやられましたか」〈伎・四谷怪談〉❸「得手❹」に同じ。

えて-こう【▽猿公】猿を擬人化した言い方。

えて-して【得てして】〘副〙ある事態になる傾向のあるさま。ややもすると。ともすると。とかく。えて。「頭のいい人は一策におぼれるものだ」

エデッサ〖Edessa〗㊀ギリシャ北部、マケドニア地方の町。テッサロニキの北西約90キロ、ベルミオ山の北東麓に位置する。古代マケドニア王国時代の墳墓があるほか、ケサリアナ修道院をはじめとするビザンチン様式の建物が多く残る。また町の東部にある滝は景勝地として知られる。㊁▶シャンルウルファ

えて-は【得ては】〘副〙《副詞「えて」+係助詞「は」から》ともすると、えてして。「どなたも御用心なさりませ、一心のおもやとらるる」〈松翁道話・三〉

え-でほん【絵手本】ヱ 絵のかき方を習うのに用いる手本。絵の手本。

えて-もの【得手物】❶「得手❶」に同じ。「一の片足立ちや小田の雁」〈おらが春〉❷「得手❸」に同じ。「一にいい日だのうとぶらり来る」〈柳多留拾遺・一〇〉

エデュケーション〖education〗教育。

エデュテインメント〖edutainment〗《education(教育)+entertainment(娯楽)》エンターテインメントの要素を取り込んだ教育ソフトのジャンル。ゲームの要素を入れて楽しみながら学習できるように工夫され、子供向けワープロから図鑑ソフトまで幅広い。

え-でん【絵伝】ヱ 社寺の縁起や高僧の伝記などを、連続する絵と詞書きで示したもの。「一遍上人一」

エデン〖Eden〗《ヘブライ語で歓喜の意》旧約聖書の創世記に記される、神が人類の始祖アダムとイブのために設けた楽園。のち二人は神の命に背いて、ここを追放された。エデンの園。

えてんらく【越天楽|越殿楽】ヱテンラク ㊀雅楽。唐楽の小曲で、舞はない。平調ひょうじょう、早四拍子はやよひょうしのものが有名であるが、古くは盤渉ばんしき調で奏され、また黄鐘おうしき調のものもある。その旋律に歌詞をつけた越天楽今様としても歌われた。㊁箏曲そうきょく。箏組歌ことくみうた中の富貴ふうき曲の別称。

え-と【干=支】《「え」は兄え、「と」は弟との意》❶十干じっかんと十二支を組み合わせたもの。十干を五行にあてはめて作った、甲きのえ・乙きのと・丙ひのえ・丁ひのと・戊つちのえ・己つちのと・庚かのえ・辛かのと・壬みずのえ・癸みずのとに十二支を順に組み合わせ、甲子きのえねから癸亥みずのといまで60の組み合わせを作り、年・月・日・時刻・方位などを表す。十干十二支。かんし。❷十干を省略し、十二支だけで表した年。子年ねどし・丑年など。

えど【江戸】㊀現在の東京都千代田区を中心とする地域。古くは武蔵むさし国豊島郡の一部であったが、平安末期、秩父ちちぶ平氏の一族江戸氏が今の皇居の地に居館を造り、室町時代、上杉氏の将太田道灌おおたどうかんが江戸城を築いてから城下町として発達、さらに天正18年(1590)徳川家康が入城して以来、幕府の所在地として繁栄した。18世紀ころの地域は、おおよそ東は亀戸かめいど、西は新宿、南は大崎・南品川、北は千住・尾久おぐ辺りの範囲内。幕末の総町数は2770余、推定人口100万に上った。慶応4年(1868)7月東京と改称、翌年には首都となった。㊁新吉原から見て、遊郭外の江戸市内、特に神田・日本橋辺りをさしていった語。「今日は一へ参りました」〈洒・遊子方言〉㊂新吉原遊郭の5町の中の江戸町。「一から京(=京町)まで残らず素見すけんなり」〈柳多留・四〇〉

江戸の敵かたきを長崎で討つ　意外なところで、または筋違いのことで、以前の恨みの仕返しをする。

江戸は諸国の入いり込こみ　江戸は全国各地の人々が集まっている都会である、の意。江戸は諸国の立ち入り。江戸は諸国の掃き溜だめ。

江戸八百八町はっぴゃくやちょう　江戸の町の数の多いことをいった言葉。江戸全域。

え-ど【×穢土】ヱ ❶仏語。けがれた国土。迷いから抜けられない衆生しゅじょうの住むこの世。現世。娑婆しゃば。穢国。「厭離えん一、欣求ごん浄土」↔浄土。❷大便。糞ふん。「四条の北なる小路に一をまる」〈宇治拾遺・二〉

えど-あきない【江戸商ひ】えどあきなひ 上方の商人が江戸に支店などを出して商売すること。江戸の人々を相手にする商売。「天下泰平、国土万人一を心がけ、その道々の棚出して」〈浮・胸算用・五〉

えど-あぶらざめ【江戸油×鮫】カグラザメ科の海水魚。全長約2メートル。背部が青灰褐色、腹部が淡色。えらあなは七対で、目に瞬膜しゅんまくがない。本州中部以南の深海底に分布。練り製品の材料。あぶらざめ。

エドゥアルドななせい-こうえん【エドゥアルド七世公園】コウヱン《Parque Eduardo Ⅶ》ポルトガルの首都リスボンの中央部にある広場。1902年、イギリス王エドワード7世のリスボン訪問を記念して造営されたフランス式庭園。公園内には熱帯植物園エストゥファフリアがある。ポンバル侯爵広場に隣接する。

えとう-じゅん【江藤淳】[1932〜1999]文芸評論家。東京の生まれ。本名、江頭淳夫えがしらあつお。保守主義を代表する評論家。昭和51年(1976)芸術院賞受賞。日本文芸家協会理事長などを歴任するが、夫人の死後、病苦により自殺。著作に「漱石とその時代」「小林秀雄」「海は甦える」「妻と私」など。

えとう-しんいち【江藤慎一】[1937〜2008]プロ野球選手・監督。熊本の生まれ。昭和34年(1959)中日に入団。同39年から2年連続で首位打者を獲得。ロッテ移籍後の同46年にも首位打者となり、プロ野球初の、セ・パ両リーグで首位打者を獲得した選手となる。大洋(現横浜DeNA)を経て、同50年には太平洋クラブ(現西武)で選手兼任監督として活躍した。通算2057安打。

えとう-しんぺい【江藤新平】[1834〜1874]幕末・明治初期の政治家。佐賀の人。名は胤雄。佐賀藩を脱藩して尊王攘夷運動に参加。明治維新後、司法卿として司法制度の確立に尽力。のち参議となり、征韓論を唱える西郷隆盛に同調したが敗れて下野。民撰議院設立建白書に署名。佐賀の乱を起こし、敗れて刑死した。

えど-うた【江戸唄】江戸で流行した三味線伴奏歌曲のこと。長唄・端唄はうた・歌沢など。➡上方かみがた唄

えとう-だいし【慧灯大師】ヱトウ 蓮如れんにょの諡号しごう。

えど-うちわ【江戸団=扇】えどうちは 江戸特産のうちわ。初めは割り竹に白紙を張っただけのものであったが、のちに墨絵・紅絵べにえ・漆絵など美しい彩色を施すようになった。東あずまうちわ。

エトゥフェ〖フランス étouffée〗▶エチュベ

えどうまれうわきのかばやき【江戸生艶気樺焼】えどうまれうはきのかばやき 黄表紙。3冊。山東京伝作・画。天明5年(1785)刊。醜男ぶおとこのくせにうぬぼれの強い仇気屋艶二郎あだきやえんじろうが、色男の評判をとろうとして次々に失敗する滑稽こっけいを描く。

えど-え【江戸絵】ヱ 浮世絵版画の前身となった紅彩色の江戸役者絵。江戸中期から売り出され、2、3

色刷りからしだいに多彩となり、錦絵として人気を博した。紅摺絵。東錦絵。➡上方絵

えど-おもて【江戸表】政治・文化の中心である江戸を、地方からさしていう語。

エドガータウン〖Edgartown〗米国マサチューセッツ州南東部の島、マーサスビニヤード東部の港町。19世紀に捕鯨基地として発展。当時の町並みが現在も残っている。

えど-がくもんじょ【江戸学問所】昌平黌の異称。

えど-がね【江戸金】江戸から為替として上方に送られていた金。江戸銀。

えど-かのう【江戸狩野】江戸で活躍した狩野派諸家の総称。徳川幕府成立とともに狩野探幽が京都から江戸に移って、その基礎を築いた。

えど-かぶき【江戸歌舞伎】「江戸狂言」に同じ。

えど-がろう【江戸家老】大名の家老で、江戸藩邸に勤務した者。江戸詰めの家老。➡国家老

えど-がわ【江戸川】❶㊀利根川の支流。千葉県北西端の野田市関宿で分流し、東京湾に注ぐ。下流は、河川法では市川市を流れる江戸川放水路を主流とする。長さ59.9キロ。㊁神田川中流の呼称。東京都文京区水道・関口の江戸川橋の辺り。㊂東京都東部の区名。江戸川と荒川の間にあり、東京湾に面する。人口67.9万(2010)。❷「江戸川紙」の略。

えどがわ-がみ【江戸川紙】明治初期、現在の東京都文京区の江戸川付近で作られた良質の手漉き紙。主に書簡用の巻き紙とした。

えどがわ-く【江戸川区】►江戸川❶㊂

えど-がわせ【江戸為-替】大坂などの上方地方から江戸あてに送られた為替手形。

えどがわ-だいがく【江戸川大学】千葉県流山市にある私立大学。平成2年(1990)に開学。

えどがわ-らんぽ【江戸川乱歩】［1894～1965］小説家。三重の生まれ。本名、平井太郎。筆名は19世紀米国の文学者エドガー=アラン=ポーのもじり。大正12年(1923)雑誌「新青年」に「二銭銅貨」を発表、日本の探偵小説の基礎をつくった。他に「人間椅子」「陰獣」「黄金仮面」、評論集「幻影城」など。

えどがわらんぽ-しょう【江戸川乱歩賞】江戸川乱歩の寄付を基金として創設された文学賞。昭和30年(1955)と翌年は業績のあった作家に対して、それ以降は優れた推理小説に贈られている。

えど-かんばん【江戸看板】江戸三座(中村座・市村座・森田座)などで用いた看板。また、それに似せて作り京坂の歌舞伎劇場で用いた看板。

え-とき【絵解き】〔名〕スル ❶絵の意味を説明すること。また、その説明。特に、仏画・絵巻などの内容を説明すること。平安末期以後、それを職業とする人が現れ、地獄絵などを説明するのに琵琶に合わせて語ったりした。江戸時代には、大道芸にもなった。❷絵をかいて説明を補うこと。「一事典」❸事情や推理の過程をわかりやすく説明すること。「事件を一する」 類語 図説・図解

えど-ぎく【江戸菊】❶エゾギクの別名。❷中輪の菊のこと。

えとき-びくに【絵解き▽比▽丘尼】歌念仏を歌い、地獄・極楽など六道の絵解きをしながら勧進して回った熊野比丘尼。のちには、遊女同然となった。歌比丘尼。勧進比丘尼。

えど-きゃはん【江戸脚×絆】《江戸で多く用いられたところから》表は紺木綿、裏は浅葱木綿で作り、上部に片ひもをつけ、こはぜで留める脚絆。

えど-きょうげん【江戸狂言】江戸で発達した歌舞伎狂言。初世市川団十郎の創始した荒事や、鶴屋南北・河竹黙阿弥などによって完成された生世話物がその代表。江戸歌舞伎。➡上方狂言

えど-きりこ【江戸切(り)子】江戸末期に江戸で作られたカットグラス。

エドキンズ〖Joseph Edkins〗［1823～1905］英国の宣教師・東洋学者。ロンドン伝道教会から派遣され、北京・上海で布教した。著「中国口語文法」など。

え-とく【会得】〔名〕スル 物事の意味を十分理解して自分のものとすること。「芸の奥義を一する」
類語 体得・同化・学習・習得・覚える・学ぶ・つかむ・のみこむ・身に付ける・マスター

えど-げいしゃ【江戸芸者】吉原の郭芸者に対して、柳橋・葭町など江戸の市中に住み営業していた芸者。町芸者。

え-とこ【餌床】イワシなどの小魚の群れが、これをえさとするマグロなどに追われ、密集して海面から盛り上がった状態。いとこ。はみ。いき。

えど-ご【江戸語】「江戸言葉」に同じ。

えど-こうた【江戸小唄】❶隆達節や投げ節が、元禄(1688～1704)の前後に江戸風に歌われたもの。❷幕末のころ、歌沢に対し、江戸端唄から分かれて一派を立てたもの。座興的な三味線の爪弾きに乗せたテンポの速い歌い方が特色。❸江戸時代の小唄。また、江戸趣味の小唄。

えど-ことば【江戸言葉】江戸中期以降、江戸で発達した言葉。在来の関東方言に各地の方言が影響を与え、宝暦年間(1751～1764)以降に確立したといわれる。東京語のもととなった。江戸語。江戸弁。

えど-こもん【江戸小紋】江戸時代の武士の裃に用いられた染め物。柄が非常に小さいにもかかわらず、遠目にはっきりと見える。1色染めが特色。

え-どころ【絵所｜▽画所】絵画に関することをつかさどった役所。平安時代には朝廷に置かれたが、鎌倉時代以後は住吉・春日神社、本願寺など大きな社寺にも設けられるようになり、室町幕府・江戸幕府もこれを設けた。また、そこに属した絵師。

えどころ-あずかり【絵所預】朝廷や江戸幕府の絵所に所属する絵師の長。

えど-ざ【江戸座】芭蕉の死後、江戸で都会趣味的な洒落と機知とを主とする句を作った俳諧の一派。芭蕉の門人、宝井其角に始まる。

えど-ざくら【江戸桜】❶ソメイヨシノの別名。❷江戸で流行した白粉の名。また、その発売元の名。

エドサック〖EDSAC〗《electronic delay storage automatic calculator》史上初のプログラム内蔵計算機。1949年ケンブリッジ大学で開発。

えど-さんざ【江戸三座】幕府から興行特権を認められていた江戸の三大歌舞伎劇場。初め四座であったが、正徳4年(1714)山村座廃絶以後、中村・市村・森田の三座で、明治初年まで続いた。

えど-じだい【江戸時代】徳川家康が征夷大将軍に任ぜられた慶長8年(1603)から、徳川慶喜が大政奉還して将軍職を辞した慶応3年(1867)までの、江戸に徳川幕府(江戸幕府)の存続した265年間。家康が関ヶ原の戦いに勝利を収めた慶長5年を始期とする説もある。徳川時代。

えどじゅうりしほう-おかまい【江戸十里四方▽御構】江戸時代の刑罰の一。罪人が江戸日本橋から四方へ5里ずつの範囲内に居住・立ち入りすることを禁止したもの。➡江戸払

えど-じょう【江戸状】江戸の商店または支店から上方の店へ届いた商用の手紙。「一どもをさらへ、失念したる事どもを見出し」〈浮・胸算用・二〉

えど-じょう【江戸城】東京都千代田区にあった江戸幕府の本城。現在の皇居。中世の江戸氏の居館跡に、長禄元年(1457)太田道灌が築城。のち、天正18年(1590)の徳川家康関東移封入城後、3代将軍家光に至る数回の工事で完成。その後、数度の火災と改修を繰り返したが、本丸は幕末に焼失。明治になって皇居となり、西の丸跡に宮殿が建てられた。富士見櫓・伏見櫓・桜田二重櫓のほか多くの城門を残す。千代田城。

えどじょう-あけわたし【江戸城明(け)渡し】慶応4年(1868)4月、徳川慶喜が恭順の意を示し、東征大総督の有栖川宮熾仁親王に江戸城を明け渡したこと。

えどじょう-もん【江戸城門】江戸城に出入する各所の門。内曲輪の主な城門は、大手・竹橋・半蔵などの14門。外曲輪は、一ツ橋・数寄屋橋・虎ノ門などの18門と江戸中期の一時期に芝口門があった。

えど-じょうるり【江戸浄瑠璃】江戸で発生し、流行した浄瑠璃の総称。古くは薩摩節・金平節・土佐節・外記節・永閑節・大薩摩節・半太夫節、やや遅れて、享保(1716～1736)以降の河東節・常磐津節・富本節・清元節・新内節などをいう。一般には、河東節以降のものをさす場合が多い。吾妻浄瑠璃。➡江戸節 ➡上方浄瑠璃

エトス〖ギリシャ ēthos〗►エートス

えど-すずめ【江戸×雀】江戸市中の事情に通じていて、それをしゃべって回る者。

エトセトラ〖ラテン et cetera〗その他いろいろ。等々。…など。etc.と略記する。

えど-せんけりゅう【江戸千家流】千家流茶道の分派の一。川上不白を開祖とし、江戸で広められた表千家流。江戸千家。

えどそだちおまつりさしち【江戸育御祭佐七】歌舞伎狂言。世話物。3幕。3世河竹新七作。明治31年(1898)東京歌舞伎座で初演。鳶の者の佐七と柳橋の芸者小糸との悲恋を中心とし、4世鶴屋南北らの「心謎解色糸」を書き替えたもの。通称「お祭佐七」。

えど-ぞめ【江戸染(め)】江戸で染めること。また、その染め物。特に、江戸紫に染めたもの。

えど-だな【江戸棚｜江戸▽店】江戸時代、上方の商人が江戸に出した支店。

えどっ-こ【江戸っ子｜江戸っ▽児】❶江戸で生まれ江戸で育った人。また、現在では、父祖以来東京、特にその下町に住んでいる人についてもいう。いなせで、さっぱりとした気風や、歯切れがよく、銭遣いがきれいで、反面、浅慮で、けんかっぱやいところが特徴とされる。「三代江戸に住めば一」「ちゃきちゃきの一」❷江戸言葉。江戸弁。「わざと一を使った叔父は」〈漱石・明暗〉 補説「江戸っ子」の初見は、明和8年(1771)の「川柳評万句合」の「江戸ッ子のわらんじをはくらんがしさ」といわれ、それ以前は東男または江戸者といった。江戸中期の繁栄期に、その語感が彼らの気質と誇りに合って普及した。

江戸っ子は五月の鯉の吹き流し 江戸っ子は口は悪いが、腹にはこだわりがなく気性はさっぱりしていることをいう。また、江戸っ子は口先だけで意気地のないことにもいう。

江戸っ子は宵越しの銭は持たぬ 江戸っ子は、金をためることをいさぎよしとはしないで、その日に得た金はその日のうちに使ってしまう。江戸っ子の気前のよさを自慢していう言葉。

えど-づま【江戸×褄】女性の長着の裾模様。地色は黒または色無地にし定紋を置き、衽から前身頃にかけて、斜めに模様を染め出し、金銀の刺繡や箔で飾ったもの。礼服に用いる。江戸褄模様。

えど-づめ【江戸詰め】江戸時代、参勤交代の制度に基づき、諸国の大名・家臣が江戸にある藩邸で勤務したこと。江戸番。

えど-な【江戸菜】高菜の別名。

えど-ながうた【江戸長唄】長唄を上方の地歌の長歌と区別して呼んだ称。

エトナ-さん【エトナ山】《Etna》イタリア、シチリア島北東部にある活火山。標高3330メートル。山麓は果樹園地帯。

えど-のぼり【江戸上り】琉球の王家(尚氏)が江戸幕府に派遣した使節。謝恩使と慶賀使があった。

えど-は【江戸派】賀茂真淵の門人、加藤千蔭・村田春海らを中心とする和歌の流派。歌風は古今調または新古今調。

えど-ばくふ【江戸幕府】慶長8年(1603)徳川家康が江戸に開いた武家政権。慶応3年(1867)の大政奉還まで、15代265年間存続。執政の組織は、老中・若年寄・大目付・目付および寺社・勘定・町の三奉行を中心とし、必要に応じて老中の上に大老が置かれた。また、地方には京都所司代・大坂城代・遠国奉行などを置いた。徳川幕府。

▷**歴代将軍一覧**
第1代:徳川家康 第2代:徳川秀忠 第3代:徳川家光 第4代:徳川家綱 第5代:徳川綱吉 第6代:徳川家宣 第7代:徳川家継 第8代:徳川吉宗 第9代:徳川家重 第10代:徳川家治 第11代:徳川家斉 第12代:徳川家慶 第13代:徳川家定 第14代:徳川家茂 第15代:徳川慶喜

えど-ばらい【江戸払】えどばらひ 江戸時代の刑罰の一。江戸市内に居住を許さず、品川・板橋・千住・四谷の大木戸、および本所・深川の外に追放するもの。➡江戸十里四方御構おかまい

えどハルマ【江戸ハルマ】▶波留麻和解はるまわげ

えどはんじょうき【江戸繁昌記】えどハンジャウキ 江戸後期の地誌。5編5冊。寺門静軒著。天保3～7年(1832～36)刊。相撲・吉原など、江戸市中の繁栄を記したもの。作者の皮肉な目と批判精神により、天保改革では風俗を乱したとの理由で発禁。

えど-はんだゆう【江戸半太夫】―ハンダイフ [?～1743]江戸中期の浄瑠璃の太夫。初世。江戸の人。貞享(1684～1688)ごろに半太夫節を創始。操り芝居を興行。語り口が優美で人気を得た。のちに河東節かとうぶしの流行で衰えたが、名義は幕末まで7世続いた。

えど-ひがん【江戸彼岸】桜の、ウバヒガンの別名。

えど-ひきまわし【江戸引き回し】―ひきまはし 火刑・磔はりつけ・獄門などの刑を執行する前に罪人を見せしめのために江戸市中を引き回したこと。➡引き回し

エト-ピリカ《アイヌ語。美しいくちばしの意》ウミスズメ科の海鳥。全長約37センチ。全身が黒く、繁殖期には頭の黄色い飾り羽と赤いくちばしが目立つ。北太平洋に分布。北海道で少数が繁殖。おいらんどり。

えど-ふう【江戸風】❶江戸の特徴的な流儀。江戸の人の好みのやり方。江戸前。❷江戸座の俳諧のもつ特徴的傾向。浮世風。洒落風。

えど-ぶし【江戸節】江戸浄瑠璃のうち、江戸肥前掾ひぜんのじょうの肥前節、江戸半太夫の半太夫節、十寸見河東ますみかとうの河東節の三流をいう。また、特に半太夫節だけをいうこともある。

えど-ぶね【江戸船】関西・九州方面から江戸へ貨物を運んだ大きな船。江戸廻船。「一―艘いっそう、五人乗りの御座船、通ひ舟付けて売り申し候」〈浮・胸算用・一〉

えど-ぶんがく【江戸文学】江戸後期、明和・安永ごろから幕末まで、江戸で行われた文学。天明から文政のころ最盛期を迎え、読本よみほん・洒落本しゃれぼん・滑稽本・人情本・黄表紙・合巻ごうかん・川柳・狂歌などがあり、通つうを尊び、軽快・洒脱しゃだつの傾向が強い。広義には江戸時代に行われた文学をさし、近世文学とよぶが、元禄のころを中心に栄えた前期の上方かみがた文学と、後期の江戸文学とに大別するのが普通である。

えど-べん【江戸弁】「江戸言葉」に同じ。

えど-ま【江戸間】「田舎間いなかま」に同じ。

えど-まえ【江戸前】―まへ ❶《江戸の前の海の意》江戸の近海。特に、芝・品川付近の海をさす。❷江戸湾(東京湾)でとれる新鮮な魚類。銚子・九十九里浜産と区別していった。❸人の性質や食物の風味などが江戸の流儀であること。江戸風。江戸好み。

えど-ます【江戸×枡】江戸枡座が製作した枡。一升枡で、方5寸、深さ2寸5分。官許を得て東国33か国で販売された。➡京枡きょうます

えど-まちどしより【江戸町年寄】江戸町奉行の配下に属した町役人。お触れの伝達、名主なぬしの任免など江戸市政の全般を掌握していた。樽屋たるや・奈良屋(のち館氏と改称)・喜多村の三家が世襲。

えど-まちぶぎょう【江戸町奉行】―マチブギャウ 江戸幕府の職名。老中の支配下にあって、江戸の武家地・社寺地を除く地域と町人に関する行政・裁判・警察などを担当した。数寄屋橋に南町奉行、呉服橋に北町奉行があり、一月交代で職務に就いた。寺社奉行・勘定奉行とともに三奉行という。➡町奉行

えど-まんざい【江戸万歳】三河万歳のまねをして江戸市中を回った門付け芸。

えど-みそ【江戸味×噌】江戸時代以来、東京で製造される味噌。米こうじを使い、甘味噌に属する。

えど-むらさき【江戸紫】❶《武蔵野に生えていたムラサキの根を染料として江戸で染めはじめたところから》藍色の勝った紫色。江戸を代表する染め色とされた。「一に京鹿きょうがの子」❷ムラサキの別名。

えどめいしょき【江戸名所記】江戸の絵入り地誌で最古のもの。7巻。著者は浅井了意。寛文2年(1662)刊。江戸を代表する名所・神社・仏閣などについて、その沿革や伝説・縁起などを記す。

えどめいしょずえ【江戸名所図会】えどメイショヅヱ 絵入りの江戸地誌。7巻20冊。斎藤幸雄・幸孝・幸成の親子3代で完成。長谷川雪旦画。天保5～7年(1834～36)刊。江戸とその近郊の神社・仏閣・名所・旧跡の由来や故事などを説明したもの。

えど-もとゆい【江戸元結】―もとゆひ《江戸で作りはじめたところから》元結のこと。「渡世に一の賃びねりして」〈浮・置土産・一〉

エドモントン〘Edmonton〙カナダ南西部のアルバータ州の州都。油田地帯の中心都市で、化学工業が盛ん。人口、行政区112万(2008)。

エトランジェ〘フランス étranger〙▶エトランゼ

エトランゼ〘フランス étranger〙《「エトランジェ」とも》見知らぬ人。外国からの旅行者。異邦人。

え-とり【餌取り】ゑ― 古代・中世に、鷹狩りの鷹のえさとするため、獣肉の供給を業とした人。〈和名抄〉

エトル〘フランス étole〙肩掛け。毛皮・毛・ベルベットなどで作られ、イブニングドレス着用の際、装飾をかねて軽くまとう。補説英語ではstole

え-ど-る【絵取る】ヱ―〔動ラ五(四)〕❶一度書いた文字や絵の上をさらになぞって整える。また、そっくり写す。「一遍に書かないで同じところを何度も―・ったり」〈三重吉・おみつさん〉❷いろどる。彩色する。「わらはが顔を、いか様になりとも、うつくしう―・ってたもれ」〈虎明狂・金若〉

エトルタ〘Étretat〙フランス北西部、ノルマンディー地方、セーヌ-マリチーム県、ルアーブル近郊にあるイギリス海峡に臨む町。画家クールベやモネにより描かれた断崖の景観で知られる。怪盗ルパンを主人公とする一連の作品を著した推理小説家モーリス=ルブランの生地。

エトルリア〘Etruria〙イタリア中部、トスカーナ地方の古称。壁画や壺つぼなどの美術品(エトルリア美術)が残る。

エトルリア-ご【エトルリア語】古代エトルリア人の言語。ローマの発展とともにラテン語に吸収されて滅びた。文字はギリシャ系のアルファベットを使用しているが、言語構造も系統も明らかでない。

エトルリア-じん【エトルリア人】前10世紀ごろからトスカーナ地方を中心に定住していた民族。前3世紀ローマに征服されたが、建築・衣服や政治制度などローマに与えた影響は大きい。エトルスキ。トウスキ。

えとろふ-とう【択捉島】―タウ 北海道東部、千島列島中最大の火山島。北洋漁業の基地として紗那しゃななどの漁港がにぎわった。第二次大戦後、ソ連(現在はロシア連邦)の統治下。面積3139平方キロメートル。

エドワード〘Edward〙㊀[1002ころ～1066]懺悔ざんげ王(～the Confessor)。イングランド王。在位1042～1066。エセルレッド2世の子。敬神の念があつく、ウエストミンスター寺院を再建。法令集「エドワード懺悔王の法」を作った。㊁(1世)[1239～1307]イングランド王。在位1272～1307。ヘンリー3世の長子。シモン=ド=モンフォールを敗死させて即位。ウェールズを征服、併合。模範議会を開催し、議会制度の発展にも尽くした。㊂(3世)[1312～1377]イングランド王。在位1327～1377。エドワード2世の長子。母がカペー朝の出身であったことからフランス王位継承権を主張して、百年戦争を開始。この治世に、上院・下院の別がほぼでき上がった。ガーター勲章を制定。㊃[1330～1376]黒太子こくたいし(～the Black Prince)。エドワード3世の長子。フランスとの百年戦争に活躍。南フランス、アキテーヌとガスコーニュを統治。黒い鎧を着用して活躍し、その行動は中世騎士道の華とされる。㊄(6世)[1537～1553]イングランド王。在位1547～1553。ヘンリー8世の子。16歳で死去。熱心な新教徒で、「四十二箇条宗義」「一般祈祷きとう書」を発布してイギリス国教会の確立を指導。㊅(7世)[1841～1910]英国王。在位1901～1910。ビクトリア女王の長子。60歳で即位。南ア戦争を終結させ、三国協商の成立に尽くして英国の国際的地位の向上に努めた。㊆(8世)[1894～1972]英国王。在位1936年1～12月。ジョージ5世の長子。米国生まれのシンプソン夫人との結婚問題で退位。以後、ウィンザー公と称した。

エトワール〘フランス étoile〙❶星。❷花形スター。

エトワール-がいせんもん【エトワール凱旋門】《フランス Arc de Triomphe de l'Étoile》パリのドゴール広場(旧称エトワール広場)中央に位置する凱旋門。ナポレオン1世が戦勝記念として建設を命じたもので、1836年完成。古代ローマの凱旋門にならう。

エトワス〘ドイツ etwas〙あること。あるもの。何か。

えど-わずらい【江戸煩ひ】―わづらひ《江戸の風土病とみられたところから》脚気かっけのこと。

え-な【胞=衣】胎児を包んでいた膜や胎盤など。後産あとざんとして体外に排出される。ほうい。ほうえ。

えな【恵那】ゑな 岐阜県南東部の市。中心の大井はもと中山道なかせんどうの宿駅。精密機械や製紙、電機工業が盛ん。人口5.4万(2010)。

エナ〘ÉNA〙《フランス École Nationale d'Administration》国立行政学院。フランスの高級官僚養成機関。1945年設立。

えな-おけ【胞=衣×桶】―をけ 昔、胞衣を納めて土中に埋めるのに用いた薄板の桶。外側に鶴・亀・松・竹などのめでたい絵を描いた。押し桶。

えな-おさめ【胞=衣納め】―をさめ 産後5日または7日目に、胞衣を桶おけや壺つぼに納め、吉日を待って恵方えほうに埋めること。また、その儀式。

え-なが【柄長】スズメ目エナガ科の鳥。林にみられ、全長14センチくらいで、尾が長く、全体の形がひしゃくに似る。全体に白っぽく、背が小豆色。ユーラシアの温帯・亜寒帯に広く分布。(季 夏)

えな-がたな【胞=衣刀】昔、出産のとき、胞衣を切るのに使った竹の小刀。刃物を使うのを避けようとするもの。

えな-ぎ【胞=衣着】生まれた子の宮参りに、産着の上から着せる衣類。白羽二重または晒さらしで作り、紅絹もみの襟を掛ける。

えな-きょう【恵那峡】ゑなケフ 岐阜県南東部、木曽川中流の峡谷。景勝地。大正13年(1924)日本最初のダム式発電所として作られた大井ダムがある。

えな-さん【恵那山】ゑな― 長野・岐阜県境、木曽山脈にある山。標高2191メートル。北方を貫通する中央自動車道の恵那山トンネルは昭和50年(1975)に完成(長さは上り線8649メートル、下り線8489メートル)。

えな-し【恵那市】ゑな― ▶恵那

エナジー〘energy〙「エネルギー」に同じ。

エナジー-スター〘Energy Star〙▶国際エネルギースタープログラム

え-なしじ【絵梨=子地】ゑなしヂ 蒔絵まきえの技法の一。模様の一部に粉を淡く蒔まいて色彩的変化を表すもの。高台寺蒔絵の技法的特色の一。

エナミン〘enamine〙炭素-炭素二重結合にアミノ基の結合した物質の総称。

エナメル〘enamel〙❶塗料の一。エナメルペイントと、ラッカーに顔料を入れて作ったラッカーエナメルとがある。❷金属・陶器・ガラス器などの表面に焼きつけるガラス質の塗料。また、琺瑯ほうろうのこと。

エナメル-がわ【エナメル革】―がは なめし革の表面にエナメルペイントを塗って光沢を出し耐水性を強めたもの。ハンドバッグ・靴などに用いる。

エナメル-しつ【エナメル質】歯冠の象牙質を覆う乳白色半透明の硬質組織。カルシウムを主とする無機物を特に多く含み、硬度は石英に勝り、身体中で最も硬い。琺瑯質ほうろうしつ。

エナメル-せん【エナメル線】エナメルワニスを焼き

付けた細い銅線。絶縁、耐熱性に優れ、電気機器のコイルの巻き線などに使われる。

エナメル-ペイント〘enamel paint〙顔料をワニスに混ぜ合わせて作った塗料。塗膜は滑らかでガラスのような光沢があり、油ペイントに比べて乾きが速い。

え-なら◦ず【え成らず】〘連語〙《副詞「え」＋動詞「な(成)る」の未然形＋打消しの助動詞「ず」》❶なみひと通りでない。「いはけなき鶴の一声聞きしより葦間になづむ舟ぞ—◦ぬ」〈源・若紫〉❷なみなみでなく、すぐれている。「琴の音も月も—◦ぬ宿ながら」〈源・帚木〉(補説)「なら」を助動詞「なり」の未然形とし、その上に来る状態を表す語が略されたものとする説もある。

えなんじ【淮南子】中国、前漢時代の哲学書。21編。淮南王劉安が編纂させた「鴻烈」の現存部分。道家思想を基礎に周末以来の諸家の説を取り入れ、治乱興亡・逸事などを体系的に記述。

エナンチオトロピー〘enantiotropy〙►互変

エナンチオマー〘enantiomer〙►鏡像異性体

えに【縁】《「えん(縁)」の「ん」を「に」で表記したもの》えん。ゆかり。ちなみ。和歌では「江に」に掛けて用いることが多い。「みをつくし恋ふるしるしにここまでもめぐり逢ひける—は深しな」〈源・澪標〉

エニ〘ENI〙《伊 Ente Nazionale Idrocarburi》イタリア政府保有の持ち株会社。エネルギー分野を中心に、機械、繊維、鉱山などをグループ企業が経営。1953年設立、95年民営化。

え-に【得に】〘連語〙《動詞「う(得)」の未然形「え」＋上代の打消しの助動詞「ぬ」の連用形「に」という》…できないで。「言へば一言はねば胸にさわがれて心ひとつに嘆くころかな」〈伊勢・三四〉

エニアック〘ENIAC〙《electronic numerical integrator and computer》世界最初のコンピューター。1946年米国ペンシルベニア大学で開発。約1万8000本の真空管と1万5000個のリレーから構成され、水爆実験で使用された。

エニグマ〘enigma〙謎。謎めいた言葉。

えに-し【縁】《「えに(縁)」＋強意の副助詞「し」から》えん。ゆかり。多く男女間についていう。「われら二人、なんという薄い—であろう」〈藤村・春〉

(類語)ゆかり・縁え・よしみ・絆きず・かかわり・かかりあい・関係・つながり・縁故・縁由・つて

エニシダ《スペイン hiniestaから》マメ科の落葉小低木。枝は緑色で細く、しだれる。葉は3枚の小葉に分かれ、互生。初夏、黄色の蝶形花をつける。ヨーロッパの原産。花びらに赤色の入るものや白花の品種もある。(季 夏)(補説)「金雀児」とも書く。

エニス〘Ennis〙アイルランド南西部、クレア州の都市。同州の州都。ファーガス川が市街を流れる。13世紀創建のエニス修道院に起源し、18世紀以降、商業と工業で栄えた。毎年5月にフレアヌーアという伝統音楽祭が開かれる。

エニスキレン〘Enniskillen〙英国、北アイルランド南西部、ファーマナ州の町。同州の州都。町の中心部はアーン湖を二分した島に位置する。15世紀建造のエニスキレン城があるほか、近郊のデベニシュ島には初期キリスト教時代の遺跡が残っている。

エニスキレン-じょう【エニスキレン城】《Enniskillen Castle》英国、北アイルランド南西部、ファーマナ州の町エニスキレンにある城。15世紀に軍事的な要衝である同地の防備のため、マグワイア家により建造。現在は歴史博物館になっている。

エニスケリー〘Enniskerry〙アイルランド東部、ウィックロー州の村。首都ダブリンの南約24キロメートル、ウィックロー山地の麓、グレンカレン川沿いに位置する。同国屈指の庭園をもつ邸宅パワーズコートがあり、観光客が数多く訪れる。

エニス-しゅうどういん【エニス修道院】《Ennis Friary》アイルランド南西部、クレア州の都市エニスにあるフランシスコ派の修道院跡。13世紀オブライエン家により設立。15世紀から16世紀にかけて地元の石灰岩を使って建てられた。身廊や柱に施された聖フランシスコ・キリスト・聖母などの彫刻が有名。

エニセイ-がわ【エニセイ川】《Enisey》ロシア連邦、サヤン山脈に源を発してシベリア中部を流れ、北極海エニセイ湾に注ぐ川。長さ4130キロ。木材などの輸送路、水力発電に利用。冬季は結氷。

エニセイスク〘Eniseysk〙ロシア連邦中部、クラスノヤルスク地方の都市。エニセイ川とアンガラ川の合流点付近に位置し、河港を有す。17世紀にコサックが砦とりでを築いたことに起源し、東シベリアへの玄関口となり、交易の要地として栄えた。18世紀半ばに建てられたプレオブラジェンスカヤ教会をはじめとする歴史的建造物が残っている。

え-にち【慧日】仏語。仏の智慧が煩悩や罪障を除くことを、太陽にたとえていう語。

え-にっき【絵日記】日々の出来事を絵に書き、文章を添えた日記。

えにわ【恵庭】北海道、石狩平野南部の市。自衛隊の演習地がある。スズランの名所。人口6.9万(2010)。

えにわ-し【恵庭市】►恵庭

えにわ-だけ【恵庭岳】北海道西部、支笏しこつ湖の北西岸にある活火山。標高1320メートル。

エヌ〘N｜n〙❶英語のアルファベットの第14字。❷〈N〉《north》北・北極を示す記号。⇔S。❸〈N〉《nitrogen》窒素の元素記号。❹〈n〉《natural number》数学で、任意の自然数を示す記号。「一次方程式」❺〈N〉《newton》力の単位、ニュートンの記号。❻〈n〉《normal》溶液の濃度を表す単位、規定の記号。❼〈n〉《nano》数の単位、ナノの記号。

エヌ-アール〘NR〙《noise reduction》►ノイズリダクション

エヌ-アール〘NR〙《和 no＋return》出かけたまま戻らない、の意。

エヌ-アール〘NR〙《non-returnable》返却不可。

エヌ-アール-エー〘NRA〙《National Recovery Administration》米国復興局。ニューディール政策の一環として設けられた政府機関。➡ニラ(NIRA)

エヌ-アール-エー〘NRA〙《National Rifle Association》全米ライフル協会。銃砲規制法を何度も廃案に追い込むなどして「全米最強のロビイスト」とよばれる。1871年設立。本部はバージニア州のフェアファックス。

エヌ-アール-エヌ〘NRN〙《National Radio Network》ニッポン放送・文化放送をキー局とするAMラジオ放送網。昭和40年(1965)発足。

エヌ-アール-シー〘NRC〙《Nuclear Regulatory Commission》原子力規制委員会。米国政府の独立機関。1974年、原子力委員会(AEC)の廃止にともない、その規制機能を移管して設立。原子炉・核物質・核廃棄物施設から出る放射線から、住民の健康と安全、および環境を保護することが主たる目的。

エヌ-アール-シー〘NRC〙《National Research Council》全米研究評議会。1916年、全米科学アカデミーによって設立、その実務を行う機関。

エヌアール-すう【NR数】《noise rating number》騒音評価数。騒音に対する聴力安全基準の単位。

エヌ-アール-ディー-シー〘NRDC〙《Natural Resources Defense Council》自然資源防衛協議会。自然保護活動や米国の核実験についてのデータ収集を行う。1970年設立。本部はニューヨーク。

エヌ-アイ〘NI〙《national income》国民所得。

エヌ-アイ-アール〘NIR〙《near infrared》►近赤外線

エヌ-アイ-アール-エス〘NIRS〙《National Institute of Radiological Sciences》►放射線医学総合研究所

エヌ-アイ-アイ〘NII〙《National Information Infrastructure》全米情報基盤。情報スーパーハイウエー。米国が提唱する情報革命を推進するためのハード・ソフト一体となった官民共同の情報環境の整備構想。相互接続されたコンピューターネットワークや情報機器、情報サービス、それらを支える人材などで構成される。1993年に発足したクリントン政権が打ち出した構想で、ゴア副大統領が中心となって推進。

エヌ-アイ-アイ〘NII〙《National Institute of Informatics》►国立情報学研究所

エヌ-アイ-イー〘NIE〙《newspaper in education》「教育に新聞を」の意で、学校教育で新聞を教材として利用する学習活動のこと。米国では1930年代から広く行われており、日本でもNIE委員会が88年に設置され、NIEの導入が進められた。現在は、日本新聞教育文化財団の運営するNIE全国センターによって全国的に推進されている。

エヌ-アイ-エー-アイ-ディー〘NIAID〙《National Institute of Allergy and Infectious Diseases》米国立アレルギー感染症研究所。感染症・免疫関連疾患・ワクチン開発などに関連する研究を実施・支援する米国の研究機関。米国立衛生研究所(NIH)の一部門。所在地はメリーランド州ベセスダ。

エヌ-アイ-エス〘NIS〙《network information service》ネットワーク上の複数のコンピューター間でユーザー名やホスト名を管理するシステム。UNIXで使われる。米国旧サン・マイクロシステムズ(現オラクル)社が開発。

エヌ-アイ-エス〘NIS〙《New Independent States》旧ソ連新独立国家。ロシアを除く旧ソビエト連邦諸国。

エヌ-アイ-エス〘NIS〙《National Intelligence Service》韓国の国家情報院。1961年、韓国中央情報部(KCIA)として創設、81年、国家安全企画部(ANSP)に改組、99年、国家情報院となる。

エヌ-アイ-エス-エー〘NISA〙《Nuclear and Industrial Safety Agency》►原子力安全・保安院

エヌ-アイ-エス-シー〘NISC〙《National Information Security Center》►内閣官房情報セキュリティーセンター

エヌ-アイ-エッチ〘NIH〙《National Institutes of Health》米国の国立衛生研究所。世界有数の医学・生物学の研究機関。専門別の27の研究所やセンターなどから成る健康福祉省(DHHS)所管の統合研究組織。所在地はメリーランド州ベセスダ。国立保健研究所。国立衛生試験所。

エヌ-アイ-エフ〘NIF〙《note issuance facility》中長期引受短期証券発行方式。銀行の中長期引受をバックに、借り手が短期証券を繰り返し発行し、販売がうまくいかない場合、銀行が証券を買い取って中長期の資金調達を保証する方式。

エヌ-アイ-エム-エッチ〘NIMH〙《National Institute of Mental Health》米国国立精神衛生研究所。米国国立衛生研究所の構成機関。1946年設立。メリーランド州ベセスダ所在。

エヌ-アイ-エル-アイ-エム〘NILIM〙《National Institute for Land and Infrastructure Management》►国土技術政策総合研究所

エヌ-アイ-オー〘NIO〙《National Institute of Oceanography》インド国立海洋学研究所。海洋物理学を中心とした研究所で、波浪の研究に大きな業績がある。所在地はゴア。

エヌ-アイ-オー-シー〘NIOC〙《National Iranian Oil Company》国営イラン石油会社。イラン石油省の管理下にあり、石油と天然ガスの生産および流通を行う。1948年創立。本社はテヘラン。

エヌ-アイ-シー〘NIC〙《network interface card》►ネットワークカード

エヌ-アイ-ジー〘NIG〙《National Institute of Genetics》►国立遺伝学研究所

エヌ-アイ-シー-ティー〘NICT〙《National Institute of Information and Communications Technology》►情報通信研究機構

エヌ-アイ-シー-ユー〘NICU〙《neonatal intensive care unit》低体重児や先天性のハイリスク疾患がある新生児に対応する設備と医療スタッフを備えた集中治療室の略称。新生児集中治療室。新生児集中治療管理室。➡周産期母子医療センター

エヌ-アイ-ディー-ディー-エム〘NIDDM〙《non-insulin-dependent diabetes mellitus》►二型糖

尿病

エヌ-イー-エー〘NEA〙《National Education Association》全米教育協会。幼稚園から大学までの教職者を網羅する米国最大の教育者団体。1857年結成。

エヌ-イー-エー〘NEA〙《Nuclear Energy Agency》▶オーイーシーディー-エヌイーエー(OECD-NEA)

エヌ-イー-エー〘NEA〙《near earth asteroid》▶地球近傍小惑星

エヌ-イー-オー〘NEO〙《near earth object》▶地球近傍天体

エヌ-イー-シー〘NEC〙《National Economic Council》▶国家経済会議

エヌ-イー-ダブリュー〘NEW〙《net economic welfare》純経済福祉。国民総生産(GNP)を、福祉の実態を反映するように修正した数量指数。国民経済の指標。

エヌ-イー-ディー〘NED〙《A New English Dictionary》オックスフォード英語辞典の旧称。

エヌ-イー-ディー-シー〘NEDC〙《National Economic Development Council》英国国民経済発展審議会。政府、労使間の協議機関として1962年設立され、92年まで活動。通称ネディ(Neddy)。

エヌ-イー-ビー〘NEB〙《New English Bible》英国国教会および英国内プロテスタントの諸教会による公認の英訳聖書。1970年完成。

エヌ-イー-ピー-エー〘NEPA〙《National Environmental Policy Act》国家環境政策法。1969年に成立した環境アセスメント制度に関する米国の法律。連邦政府に対して、環境アセスメントの実施を義務付け、環境保全に関する政府の役割および責任を定めたもの。

エヌ-エー〘NA〙《neuraminidase》▶ノイラミニダーゼ

エヌ-エー-アール-イー-ビー〘NAREB〙《National Association of Real Estate Brokers》全米不動産組合協会。1947年設立。本部はメリーランド州ランハム。

エヌ-エー-アール-エー-エル〘NARAL〙《National Abortion Rights Action League》妊娠中絶権擁護全国連盟。1977年設立。本部はワシントン。2003年、NARAL Pro-Choice Americaに改称。

エヌ-エー-イー-ビー〘NAEB〙《National Association of Educational Broadcasters》全米教育放送者協会。1925年設立、81年解散。

エヌ-エー-エー〘NAA〙《National Aeronautic Association》全米飛行家協会。1905年設立。本部はバージニア州アレクサンドリア。

エヌ-エー-エー-シー-ピー〘NAACP〙《National Association for the Advancement of Colored People》全米有色人種地位向上協議会。人種的偏見と差別の撤廃、非白人の社会的・経済的地位向上のための活動を行う団体。会の目的に賛同するあらゆる人種、宗教の約40万人の会員からなる。1934年設立。本部はボルティモア。

エヌ-エー-エス〘NAS〙《National Aerospace Standard》米国航空宇宙規格。航空機やロケットなどの製造に関する各種の規格。航空工業会(AIA)の航空宇宙企画委員会が策定する。

エヌ-エー-エス〘NAS〙《National Academy of Sciences》全米科学アカデミー。科学や工学研究の分野で業績を上げた学者を会員とする。1863年設立。本部はワシントン。

エヌ-エー-エス-シー-エー-アール〘NASCAR〙《National Association for Stock Car Auto Racing》全米改造自動車競技連盟。アメリカ特有の量産乗用車(一定の改造が許される)によるストックカーレースを統括する組織。1948年設立。ナスカー。

エヌ-エー-エス-ディー〘NASD〙《National Association of Securities Dealers》全米証券業者協会。投資家保護の観点から公正な市場慣行のルール作り等を行う米国証券業界の自主規制機関。

エヌ-エー-エス-ディー-エー〘NASDA〙《National Space Development Agency of Japan》▶ナスダ(NASDA)

エヌ-エー-エス-ピー〘NASP〙《National Aerospace Plane》アメリカエアロスペースプレーン。米国が研究中の大気圏外往還機。通常の滑走路で離着陸し、大気圏内は超高速ラムジェット、圏外は液体水素ロケットを使用してマッハ25の最高速度を目指している。

エヌ-エー-エス-ビー-アイ-シー〘NASBIC〙《National Association of Small Business Investment Companies》全米中小企業投資育成会社協会。ベンチャーキャピタル会社の最古の団体。1958年設立。本部はワシントン。

エヌ-エー-エヌ〘NaN〙《not a number》▶ナン(NaN)

エヌ-エー-エム〘NAM〙《National Association of Manufacturers》米国製造業者協会。1895年設立。本部はワシントン。

エヌ-エー-ケー〘NAK〙《negative acknowledge, negative acknowledgement》テレプリンターで、否定応答。接続状態が異常だったり送信中に誤りがあったとき、そのことを受信側から通告するもの。

エヌ-エー-シー-エー〘NACA〙《National Advisory Committee for Aeronautics》全米航空諮問委員会。1915年創設。航空機の発展に中心的役割を果たし、58年、NASAとなる。

エヌ-エー-シー-エス〘NACS〙《National Association of College Stores》全米大学書店協会。毎月会員に、本に関する情報を送る機関。本部はオハイオ州オバーリン。

エヌ-エー-ディー-ピー〘NADP〙《National Association of Disaster Prevention》全国防災協会。災害防止や災害復旧に関わる事業の促進をはかる。昭和29年(1954)設立。

エヌ-エー-ビー〘NAB〙《National Association of Commercial Broadcasters in Japan》日本民間放送連盟。全国の民放事業者を会員とする社団法人。昭和26年(1951)設立。民放連。

エヌ-エー-ビー〘NAB〙《National Association of Broadcasters》全米放送事業者連盟。ラジオ・テレビ関係者の同業組合。本部はワシントン。

エヌ-エー-ビー〘NAB〙《new arrangements to borrow》▶ナブ(NAB)

エヌ-エー-ビー-イー〘NABE〙《National Association for Business Economists》全米企業エコノミスト協会。経済関連専門家を会員とする。1959年設立。本部はワシントン。

エヌエーピー-じょうこう【NAP条項】▶特許非係争条項

エヌ-エー-ピー-ティー〘NAPT〙《network address port translation》企業や組織などのLANに接続された複数のコンピューターで、インターネット上のひとつのグローバルアドレスを共有する仕組み。

エヌ-エス〘NS〙《nuclear ship》原子力船。

エヌ-エス-アイ〘NSI〙《new social indicators》国民生活指標。国民総生産などではとらえられない生活実感や価値観をはかるための指標。従来の社会指標(SI, social indicators)を拡充し、昭和61年(1986)から経済企画庁(現内閣府)国民生活局が発表。平成4年(1992)から新国民生活指標(PLI, people's life indicators)に改定された。

エヌ-エス-アイ-ディー〘NSID〙《National Society of Interior Designers》全米インテリアデザイナー協会。1975年アメリカ装飾家協会(AID)と統合し、アメリカインテリアデザイナー協会(ASID)に発展。

エヌ-エス-エー〘NSA〙《National Security Agency》米国国家安全保障局。国防総省の情報機関。1952年創設。本部はメリーランド州フォートジョージミード。

エヌ-エス-エー〘NSA〙《National Society of Accountants》米国会計士協会。1945年、米国公認会計士協会(NSPA, National Society of Public Accountants)として設立。95年改称。本部はバージニア州アレクサンドリア。

エヌ-エス-エー〘NSA〙《National Student Association》全米学生協会。学生自治会の連合組織として1947年に結成。大学進学に際して奨学金を貸し付けるなどの活動をする。78年、全米学生団体(NSL; National Student Lobby)と統合して米国学生協会(USSA; United States Student Association)を組織。USSAには400を超す大学から450万人を超す学生が参加している。

エヌ-エス-エフ〘NSF〙《National Science Foundation》全米科学財団。大学や企業の技術研究などに助成金を提供する連邦政府の独立機関。1950年に設立。

エヌ-エス-エフ〘NSF〙《National Sports Federation》国内競技連盟。➡NF

エヌ-エス-オー-エム〘NSOM〙《near field scanning optical microscope》▶走査型近接場光顕微鏡

エヌエス-クラス【NSクラス】《Nippon Standard class》日本標準船級。日本海事協会(NK)が賦与する。この格付けなしでは外洋を航海することはできない。NKクラスとも。

エヌ-エス-ケー〘NSK〙《Nihon Shinbun Kyokai》日本新聞協会。昭和21年(1946)新聞・通信・放送の各社を会員に設立。新聞倫理の向上、新聞教育の普及などが目的。本部は東京都千代田区。

エヌ-エス-シー〘NSC〙《National Security Council》▶国家安全保障会議

エヌ-エス-シー〘NSC〙《Nuclear Safety Commission》▶原子力安全委員会

エヌ-エス-ジー〘NSG〙《Nuclear Suppliers Group》▶原子力供給国グループ

エヌ-エス-ピー-アイ-エックス-ピー〘NSPIXP〙《network service provider internet exchange point》インターネットの相互接続ポイント(IX)の総称。複数のインターネットサービスプロバイダーとWIDEプロジェクトによって運営される。

エヌ-エッチ-エス〘NHS〙《National Health Service》英国の国民保健サービス。全国民を対象に、予防・治療・機能回復などを国が提供する制度。

エヌ-エッチ-エル〘NHL〙《National Hockey League》米国とカナダのプロアイスホッケーリーグ。東西二つのカンファレンスとそれぞれ三つのディビジョンで構成。ディビジョン1位の3チームを含むカンファレンスのレギュラーシーズン勝率上位8チームでプレーオフを行い、カンファレンスの優勝チームを決める。シーズンの最後に両カンファレンスの優勝チームが対戦しリーグチャンピオンを決める。チャンピオンチームに与えられる優勝カップをスタンレーカップという。1918年発足。79年、WHA(世界ホッケー協会)を吸収統合。

エヌ-エッチ-ケー〘NHK〙《Nippon Hōsō Kyōkai》▶日本放送協会

エヌエッチケー-オンデマンド【NHKオンデマンド】《NHK on demand》日本放送協会(NHK)が運営するビデオオンデマンドサービスの名称。過去に放送された番組を、インターネットの回線を通じて有料で配信するもの。NOD。

エヌエッチケー-けいえいいいんかい【NHK経営委員会】NHKの最高意思決定機関。経営方針など重要事項の議決、会長の任免、役員の職務執行の監督などを行う。放送法によって設置・権限などが規定されている。12人の委員で構成され、委員は衆参両議院の同意を得て、内閣総理大臣によって任命される。

エヌ-エッチ-ティー-エス-エー〘NHTSA〙《National Highway Traffic Safety Administration》国家道路交通安全局。自動車や運転者の安全を監視する米国運輸省の部局。交通事故による死亡・障害の防止および経済的損失の削減を図るため、自動車の安全性に関する調査の実施、情報の公開、安全規格の制定などを行う。1970年設置。米国運輸省道路交通安全局。米運輸省高速道路交通安全局。全米高速道路交通安全委員会。

エヌ-エヌ-イー〖NNE〗《net national expenditure》国民純支出。GNE(国民総支出)から資本減耗引き当てを控除したもの。

エヌ-エヌ-エス〖NNS〗《navy navigation satellite》米国海軍の衛星航法システム(NNSS)に用いられる衛星。信号を送り船の現在位置を知らせる。

エヌ-エヌ-エス-エス〖NNSS〗《Navy Navigation Satellite System》米国海軍衛星航法システム。

エヌ-エヌ-エヌ〖NNN〗《Nippon News Network》日本テレビ放送網をキー局とした民放ニュースネットワーク。昭和41年(1966)発足。準キー局は大阪府の読売テレビ放送で、クロスネットなどを含めて30局が加盟(平成24年現在)。

エヌ-エヌ-ダブリュー〖NNW〗《net national welfare》純国民福祉。国民福祉指標。GNP(国民総生産)から、防衛費など福祉に結びつかない項目を削除し、余暇、主婦労働などの福祉的要素を加えて作った指標。

エヌ-エヌ-ピー〖NNP〗《net national product》国民純生産。GNP(国民総生産)から減価償却部分を除いたもの。

エヌ-エフ〖NF〗《nonfiction》▶ノンフィクション

エヌ-エフ〖NF〗《National Federation》国内競技連盟。国際オリンピック委員会(IOC)公認の国際競技連盟(IF)に加盟している国内の競技連盟。NSF(National Sports Federation)とも。

エヌ-エフ〖NF〗《National Front》国民戦線。英国の極右政党。1967年設立。80年代に支持を集めたが、2000年以降は低落傾向。本部はイングランド中部のウエストミッドランズ。

エヌ-エフ-エス〖NFS〗《network file system》UNIX系オペレーティングシステムで利用される分散ファイルシステム。ネットワーク上の他のコンピューターにあるファイルの読み書きができる。

エヌ-エフ-エス〖NFS〗《not for sale》「売り物にあらず」の意。

エヌ-エフ-エル〖NFL〗《National Football League》ナショナルフットボールリーグ。米国のプロフットボールリーグ。傘下にAFCとNFCの二つのカンファレンス(競技連盟)があり、双方の優勝チームがスーパーボウルを争う。1920年設立。

エヌ-エフ-シー〖NFC〗《National Football Conference》米国のプロフットボールで、ナショナルフットボールリーグ(NFL)傘下の二大カンファレンス(競技連盟)の一つ。➡AFC

エヌ-エフ-シー〖NFC〗《nuclear fuel cycle》核燃料サイクル。

エヌ-エム-アール〖NMR〗《nuclear magnetic resonance》核磁気共鳴(かくじききょうめい)。

エヌエムアール-シーティー〖NMR-CT〗《nuclear magnetic resonance computer tomography》核磁気共鳴コンピューター処理断層撮影装置。一般にはMRI(核磁気共鳴映像法)とよぶ。

エヌ-エム-エス〖NMS〗《National Market System》▶全米市場システム

エヌ-エム-エフ〖NMF〗《natural moisturizing factor》天然保湿因子。アミノ酸などの水溶性の物質で、皮膚の角質層の水分を保つ働きをしている。

エヌ-エム-ディー〖NMD〗《National Missile Defense》米国本土ミサイル防衛。1990年代後半、北朝鮮やイランなどのミサイル開発に対抗して、クリントン政権が開始した。2000年代に、ブッシュ㊁政権による新ミサイル防衛構想に組み込まれた。

エヌ-エム-ピー-エー〖NMPA〗《National Music Publishers' Association》全米音楽出版社協会。音楽出版社の全米団体。著作権保護を活動の中心とする。1917年設立。本部はワシントン。

エヌ-エル〖NL〗《National League》▶ナショナルリーグ

エヌ-エル-アール-アイ〖NLRI〗《National Language Research Institute》国立国語研究所の旧英語名称。

エヌ-エル-アール-エー〖NLRA〗《National Labor Relations Act》米国の全国労働関係法。通称ワグナー法。1935年制定。

エヌ-エル-アール-ビー〖NLRB〗《National Labor Relations Board》全米労働関係委員会。1935年制定の全米労働関係法(NLRA)に基づき、団結権・団体交渉権・不当労働行為の禁止など主要な労働関係法を執行する連邦政府の独立行政機関。

エヌ-エル-アイ-アール-オー〖NLIRO〗《Non-Life Insurance Rating Organization of Japan》▶損害保険料率算出機構

エヌ-エル-エル〖NLL〗《northern limit line》▶北方限界線

エヌ-エル-ピー〖NLP〗《night landing practice》航空母艦艦載機の陸上基地における夜間離着陸訓練。搭乗員の技術を低下させないために行う。

エヌ-オー-アール-シー〖NORC〗《Nippon Ocean Racing Culb》日本外洋帆走協会。昭和23年(1948)クルージング・クラブ・オブジャパンとして設立。同29年ニッポン・オーシャン・レーシング・クラブに、同39年社団法人日本外洋帆走協会に改組。平成11年(1999)に日本ヨット協会と統合し、公益財団法人日本セーリング連盟(JSAF)となる。

エヌ-オー-エム-エー〖NOMA〗《Nihon Omni-Management Association》日本経営協会。経営の近代化、事務の効率化、人材育成事業などを行う社団法人。1949年設立。本部は東京都渋谷区。

エヌ-オー-シー〖NOC〗《National Olympic Committee》国内オリンピック委員会。オリンピック参加国が組織する、その国のオリンピック委員会。日本ではJOCがこれにあたる。

エヌ-オー-ディー〖NOD〗《NHK on demand》▶NHKオンデマンド

エヌがた-はんどうたい【n型半導体】(ニガタハンドウタイ) 不純物を入れて、負電荷をもつ電子によって電気伝導が起こるようにした半導体。ふつうシリコン・ゲルマニウムに微量の燐(りん)・砒素(ひそ)・アンチモンなどを加えて作る。➡p型半導体

え-ぬき【絵▽緯】㋓ 紋織物で、文様を織り出す絵色や金銀の横糸。えよこ。➡地緯(じぬき)

エヌ-キュー〖NQ〗《network quotient》▶共存指数

エヌ-きょく【N極】磁石上で北を指すほうの極。

エヌ-ケー〖NK〗《Nippon Kaiji Kyokai》日本海事協会。船級検査・賦与や開示関連事業を行う。明治32年(1899)、帝国海事協会として設立。昭和21年(1946)現名に改称。本部は東京都千代田区。

エヌケー-クラス【NKクラス】日本海事船級。➡NSクラス

エヌケー-さいぼう【NK細胞】(サイボウ) ▶ナチュラルキラー細胞

エヌ-ゲージ〖N gauge〗鉄道模型の規格の一。線路のレールの幅が9ミリのもの。車両は、実物の150分の1から160分の1程度の大きさとなる。

エヌ-シー〖NC〗《numerical control》数値制御。

エヌ-シー〖NC〗《Nordic Council》北欧理事会。1953年アイスランド・ノルウェー・デンマーク・スウェーデンの4か国で創設した北欧諸国の地域間協力組織。56年フィンランドが加盟。本部はコペンハーゲン。

エヌ-シー〖NC〗《network computer》▶ネットワークコンピューター

エヌ-シー〖NC〗《next cabinet》▶次の内閣

エヌ-ジー〖NG〗《no good》映画やテレビで撮影や俳優の演技がうまくいかないこと。また、そのために使えなくなったフィルム。「一を出す」

エヌ-ジー〖NG〗《National Guard》米国で、民兵。

エヌ-ジー〖NG〗《National Gallery》ナショナルギャラリー。英国ロンドンにある国立美術館。

エヌ-シー-アール-ピー〖NCRP〗《National Council on Radiation Protection and Measurements》米国放射線防護測定審議会。放射線被曝とそれからの保護について知識の普及を行う。1964年設立。メリーランド州ベセスダ所在。

エヌ-シー-アイ〖NCI〗《National Cancer Institute》米国の国立癌(がん)研究所。米国国立衛生研究所の構成機関。リハビリテーション・診断・予防および処理などに関する研究、トレーニング、健康情報普及活動などを行う。1971年、国家癌法(National Cancer Act)により設立。メリーランド州ベセスダ所在。

エヌ-シー-エー〖NCA〗《National Command Authority》国家指揮最高部。米国の軍事システムの最高指導部。

エヌ-ジー-エー〖NGA〗《National Gallery of Art》ワシントン-ナショナル-ギャラリー。1937年、アンドリュー=メロンの収集品を中心に開館。旧エルミタージュ美術館のコレクションを収蔵することでも知られる。

エヌ-ジー-エー〖NGA〗《National Governors' Association》▶全国知事会

エヌ-シー-エー-エー〖NCAA〗《National Collegiate Athletic Association》全米大学体育協会。1905年、合衆国大学体育協会(IAAUS, Intercollegiate Athletic Association of the United States)として設立。1910年、NCAAに改称。本部はインディアナポリス。

エヌ-シー-エス-エヌ-ピー〖NCSNP〗《National Committee for a Sane Nuclear Policy》▶セーン(SANE)

エヌ-ジー-エヌ〖NGN〗《next generation network》インターネットで用いられるIP技術を利用した次世代の通信網。従来の回線交換式の電話網に代わり、IPネットワークの利便性と経済性、電話網の信頼性と安全性という双方の長所を採り入れたもの。電話、データ通信、動画のストリーミング配信などを融合したサービスの提供、有線通信と移動体通信を区別せずに使用できるFMCの実現、通信品質(QoS)とセキュリティーの確保を目標とする。国際電気通信連合(ITU)、欧州電気通信標準化協会(ETSI)、日本の次世代IPネットワーク推進フォーラムなどにより、標準化が推進されている。IP NGN。次世代IPネットワーク。

エヌ-シー-エヌ-エー〖NCNA〗《New China News Agency》新華社通信。中国の国営通信社。1937年設立。英名はXinhua News Agencyとも。

エヌ-シー-エヌ-ディー〖NCND〗《Neither Confirm Nor Deny》否定も肯定もしない、の意。核兵器の配備について肯定も否定もしないとする米国政府の政策。機密・核抑止力の保持を目的とするものだが、日本など非核政策をとる同盟国への核持ち込みの有無や核軍縮プロセスの透明性を妨げる要因ともなっている。➡核持ち込み密約

エヌ-ジー-エフ〖NGF〗《nerve growth factor》脳の老化防止・活性化や神経細胞の分化・成長に関係するたんぱく質。認知症などさまざまな神経障害の予防と治療に有効とされる。神経成長因子。

エヌ-ジー-エル〖NGL〗《natural gas liquids》天然ガス液。天然ガソリン。産出された天然ガスから分離・回収された液体炭化水素。

エヌ-ジー-オー〖NGO〗《nongovernmental organization》非政府組織。平和・人権問題などで国際的な活動を行っている非営利の民間協力組織。

エヌ-シー-シー〖NCC〗《National Council of Churches》全米キリスト教会協議会。宗派を超えた全キリスト教会の全国組織。1950年結成。本部はニューヨーク。

エヌ-シー-シー〖NCC〗《new common carrier》▶新電電

エヌ-シー-シー〖NCC〗《National Culture Center》日本文化財団。伝統芸術・芸能の振興、美術品の展示などの事業を行い、日本の芸術・文化の向上に寄与することを目的とした財団法人。昭和42年

(1967)設立。平成23年(2011)解散。

エヌジーシー-せいひょう【NGC星表】《New General Catalogue of Nebulae and Clusters of stars》英国の天文学者ドライヤーが1888年に編集した星表。7840個の星雲・星団の位置・形・見え方などを記載。

エヌシー-セブンティーン〖NC17〗《not for children under 17》アメリカの映画規定で「17歳未満入場禁止映画」の符号。一般映画館で上映できるが、過激な性描写・暴力描写などがあるために青少年には不適切とされるもの。(補説)1990年新設。それ以前はXを使用。

エヌシー-そうち【NC装置】《numerical control unit》▶NCマシン

エヌ-シー-ディー〖NCD〗《negotiable certificate of deposit》譲渡性預金。金融機関が発行する譲渡可能な定期預金証書。CDとも。

エヌ-シー-ティー-エー〖NCTA〗《National Cable Television Association》全米有線テレビ事業者連盟。1952年設立。本部はワシントン。

エヌシー-マシン【NCマシン】《numeral control machine》数値制御工作機械。加工に関する情報を数値信号で与えるようにした工作機械。NC装置。

エヌ-シー-ユー〖NCU〗《network control unit》電話回線へのダイヤル信号の送出、および受信を行うために必要な機器。モデムなどに内蔵されている。

エヌ-シー-ユー〖NCU〗《nervous care unit》集中治療室(ICU)のうちで、脳神経病などの患者の治療をする設備のある場所。脳神経外科集中治療室。

エヌセイド〖NSAIDs〗《nonsteroidal anti-inflammatory drugs》▶非ステロイド性抗炎症薬

エヌ-ゼット〖NZ〗《New Zealand》ニュージーランド。

エヌ-ダブリュー-ピー-シー〖NWPC〗《National Women's Political Caucus》全米婦人政治連盟。1971年設立。連邦議会女性議員の超党派組織。

エヌ-ち【N値】土の硬さや締まり具合を表す単位。重さ63.5キロのハンマーを75センチの高さから落とし、測定用さし棒を30センチ打ち込むのに要する打撃数。

エヌ-ティー〖NT〗《New Testament》新約聖書。旧約聖書はOT(Old Testament)と略される。

エヌ-ティー〖NT〗《Near Threatened》レッドリストのカテゴリー「準絶滅危惧」の略号。

エヌ-ティー-アイ-エー〖NTIA〗《National Telecommunications and Information Administration》米国電気通信情報庁。大統領の電気通信・情報関連政策に関する諮問機関。1978年設立。所在はワシントン。

エヌ-ティー-アイ-エス〖NTIS〗《National Technical Information Service》全米技術情報局。商務省の付属機関で、外国の先端技術情報を英語に翻訳し、民間企業や大学に販売している。本部はバージニア州スプリングフィールド。

エヌ-ディー-イー〖NDE〗《near death experience》臨死体験。病気・事故などでいったん意識上死の世界をのぞいてから、生き返ったという体験。

エヌ-ディー-エー〖NDA〗《non-disclosure agreement》▶秘密保持契約

エヌ-ディー-エス〖NDS〗《Nintendo DS》▶ニンテンドーDS

エヌ-ティー-エス-シー〖NTSC〗《National Television System Committee》地上波アナログカラーテレビ放送の標準方式の一。または同方式を策定した米国テレビ放送規格審議会の名称。白黒テレビと同一周波数帯でカラー放送を行い、カラーテレビではカラー画像が、白黒テレビでは白黒画像が再現できる。北米、中南米、日本を含む東アジアで採用。NTSC方式。➡セカム(SÉCAM) ➡パル(PAL) (補説)日本では平成23年(2011)7月以降のアナログ停波に伴い、ISDB-T方式の地上デジタルテレビ放送に移行した。

エヌティーエスシー-ほうしき【NTSC方式】《National Television System Committee》▶エヌ-ティー-エス-シー(NTSC)

エヌ-ティー-エス-ビー〖NTSB〗《National Transportation Safety Board》米国の国家運輸安全委員会。運輸事故を調査し、原因を究明、その結果から将来の事故防止にむけて対策を研究する。大統領直属の独立行政機関の一つ。1967年設立。

エヌ-ティー-エフ-エス〖NTFS〗《NT file system》米国マイクロソフト社のオペレーティングシステムで採用されているファイルシステム。Windows NT、Windows XPなどに用いられている。

エヌ-ティー-エル-ディー〖nTLD〗《national top level domain》▶シー-シー-ティー-エル-ディー(ccTLD)

エヌ-ディー-シー〖NDC〗《Nippon Decimal Classification》▶日本十進分類法

エヌ-ティー-ティー〖NTT〗《Nippon Telegraph and Telephone Corporation》日本電信電話株式会社。

エヌ-ディー-ティー〖NDT〗《non-destructive testing》▶非破壊検査

エヌティーティー-ほう【NTT法】NTTとその地域会社であるNTT東日本・西日本の経営目的、業務内容、株式等について定めた「日本電信電話株式会社法」の通称。昭和59年(1984)施行。改正・改称を経て、現在の正式名称は「日本電信電話株式会社等に関する法律」。

エヌ-ティー-ビー〖NTB〗《non-tariff barrier》▶非関税障壁

エヌ-ティー-ピー〖n.t.p.〗《normal temperature and pressure》標準気圧。セ氏0度、1気圧の状態。

エヌ-ティー-ピー〖NTP〗《network time protocol》インターネットを介して、コンピューターの内部時計を正しく調整し、同期させるためのプロトコル。

エヌ-ディー-ビー〖NDB〗《non-directional radio beacon》無指向性無線標識。無指向性電波を発して航空機に飛行方向と着陸位置を知らせる装置。

エヌ-ディー-ピー〖NDP〗《net domestic product》▶国内純生産

エヌ-ティー-ブイ〖NTV〗《Nippon Television Network》▶日本テレビ放送網

エヌディー-フィルター【NDフィルター】《neutral density filter》カメラやビデオカメラのレンズに装着して用いるフィルターの一。画像の発色に影響を与えることなく、光量のみを少なくする。光量減少の度合いに応じ、ND2、ND4、ND8、ND400などがあり、それぞれ光量を1/2、1/4、1/8、1/400に減じる。減光フィルター。

エヌ-ビー〖NB〗《national brand》▶ナショナルブランド

エヌ-ビー〖NB〗《ラテ nota bene》よく注意せよ、の意。

エヌ-ピー〖NP〗《nurse practitioner》▶ナースプラクティショナー

エヌ-ビー-アール〖NBR〗《nitril-butadiene rubber》ニトリルブタジエンゴム。合成ゴムの一種。加硫されて用いられ、強度、弾性、耐油性にすぐれているので、人工ゴムとして利用される。ニトリルゴム、GRA、ブナルなどともよばれる。

エヌ-ピー-アール-アイ〖NPRI〗《National Policy Research Institute》中央政策研究所。政治・社会・経済に関する政策をまとめるときに必要な調査・研究を行う機関。昭和38年(1963)設立。所在地は東京都千代田区。

エヌ-ビー-イー-アール〖NBER〗《National Bureau of Economic Research》全米経済研究所。米国の代表的な民間経済研究機関。政策提言とその経済効果の予測、政策効果のアセスメントなどの活動を行う。1920年設立。本部はマサチューセッツ州ケンブリッジ。

エヌ-ビー-エー〖NBA〗《National Basketball Association》米国とカナダの30チームで構成される北米のプロバスケットボールリーグ。東西二つのカンファレンスから成り、各カンファレンスはそれぞれ三つのディビジョンに分かれ、10月から翌年4月にかけてレギュラーシーズンの試合を行う。その後、それぞれのカンファレンスで各ディビジョンの1位チームを含めた上位8チームでプレーオフを行い、カンファレンスの優勝チームを決める。両カンファレンスの優勝チーム同士による決勝戦は「NBAファイナル」とよばれ、6月に行われる。1946年に前身のBAAが設立。49年、NBAに改称。全米バスケットボール協会。全米プロバスケットボール協会。アメリカプロバスケットボール協会。

エヌ-ビー-エー〖NBA〗《National Bankers Association》全米銀行協会。

エヌ-ビー-エー〖NBA〗《National Bar Association》全米弁護士協会。

エヌ-ビー-エー〖NBA〗《National Braille Association》全米点字協会。

エヌ-ビー-エー〖NBA〗《National Boxing Association》全米ボクシング協会。1920年結成。62年発展的に解消し、世界ボクシング協会(WBA)となる。

エヌ-ピー-エー〖NPA〗《Newspaper Publishers Association》英国の新聞発行者協会。新聞発行者の全英団体。1906年設立。本部はロンドン。

エヌ-ビー-エス〖NBS〗《National Bureau of Standards》米国の、商務省規格基準局。度量衡単位の標準を定める機関。改組されてNIST(国立標準技術研究所)となる。

エヌ-ピー-エス〖NPS〗《nuclear power station》原子力発電所。

エヌ-ピー-エフ-エル〖NPFL〗《National Patriotic Front of Liberia》リベリアの民兵組織、リベリア国民愛国戦線。米国から渡った解放奴隷の子孫と先住民部族との対立が続く同国で、前者を基盤として1989年に結成。内戦を起こして部族系の政権を倒し、97年にリーダーのチャールズ=テーラーが大統領に就任した。NPFLは国民愛国党(NPP)となったが、内戦が再燃し、2003年にテーラーが亡命したため勢力は衰えた。

エヌ-ビー-エム〖NBM〗《narrative-based medicine》▶ナラティブ-ベースト-メディシン

エヌ-ピー-オー〖NPO〗《non-profit organization》民間非営利団体。政府や企業などではできない社会的な問題に、非営利で取り組む民間団体。➡特定非営利活動

エヌピーオー-ぎんこう【NPO銀行】▶金融NPO

エヌピーオー-バンク【NPOバンク】▶金融NPO

エヌピーオー-ほう【NPO法】「特定非営利活動促進法」の通称。

エヌピーオー-ほうじん【NPO法人】平成10年(1998)施行の「特定非営利活動促進法」により法人格を認証された民間非営利団体。法的には「特定非営利活動法人」という。➡認定NPO法人

エヌ-ビー-シー〖NBC〗《National Broadcasting Company》米国の放送会社。CBS・ABC・FOXとともに米国4大放送ネットワークの一。1926年、初の全米ラジオネットワークとして発足。41年にテレビ放送開始。86年ゼネラルエレクトリック社の傘下に入る。

エヌ-ビー-シー〖NBC〗《nuclear, biological and chemical》核・生物・化学の、の意を表す。

エヌ-ピー-シー〖NPC〗《National People's Congress》全国人民代表大会。中国の国会に相当する最高国家機関。

エヌビーシー-さいがい【NBC災害】《Nはnuclear(核の)、Bはbiological(生物の)、Cはchemical(化学の)の頭文字から》原発事故のような核による災害、炭疽菌事件のような生物による災害、サリン事件のような化学物質による災害の総称。

エヌビーしー-へいき【NBC兵器】核、生物、化学を用いた兵器。ABC兵器とも。

エヌ-ピー-ティー〖NPT〗《Non-Proliferation Treaty》▶核不拡散条約

エヌ-ピー-ディー〖NPD〗《ドイ Nationaldemokratische Partei Deutschlands》ドイツ国家民主党。ドイツの極右政党。1964年結成。

エヌ-ピー-ディー-エー〖NPDA〗《Nippon Police Dog Association》▶日本警察犬協会

エヌ-ピー-ビー〖NPB〗《Nippon Professional Baseball Organization》プロ野球運営組織である日本野球機構の愛称。また、日本プロ野球組織の愛称。米国のメジャーリーグを表す略称MLB(Major League Baseball)にならって付けられたもの。

エヌ-ピー-ブイ〖NPV〗《net present value》正味現在価値。将来のキャッシュフローを資本コストで割り引いた現在価値から、投資額の現在価値を引いたもの。

エヌ-ブイ-エスラム〖NVSRAM〗《nonvolatile SRAM》電源を切っても、記憶内容が保持される不揮発性メモリーの一種。SRAMと小型電池を組み合わせたもの。コンピューターの設定情報の記録などに多く用いられる。不揮発性SRAM。

エヌ-ブイ-オー-ディー〖NVOD〗《near video on demand》▶ニア-ビデオオンデマンド

エヌ-ブイ-ラム〖NVRAM〗《nonvolatile RAM》電源を切っても、記憶内容が保持される不揮発性メモリーのうち、内容を書き換え可能なものの総称。SRAMと小型電池を組み合わせたNVSRAMが、コンピューターの設定情報の記録などに多く用いられる。不揮発性RAM。

エヌ-ホスホノメチルグリシン【N-ホスホノメチルグリシン】除草剤「グリホサート」の化学名。

エヌマ-エリシュ〖Enūma Elish〗バビロニアの創造神話。全7章、現存するものは約1000行。原初の海を表すティアマトをマルドゥクが殺害するという形で、天地創造が語られる。バビロンの神殿では、マルドゥク神をたたえて新年祭で朗誦された。

エヌ-モス〖NMOS〗《negative-channel metal oxide semiconductor》N型金属酸化膜半導体。負の電荷を持つ電子が電流を運ぶMOS。

エヌ-ワイ〖NY｜N.Y.〗《New York》ニューヨーク州。ニューヨーク市。➡ニューヨーク

エヌ-ワイ-エス-イー〖NYSE〗《New York Stock Exchange》ニューヨーク証券取引所。米国最大の証券取引所。全世界の株式売買高のほぼ半分を占める。1792年設立。

エヌ-ワイ-ティー〖NYT〗《New York Times》▶ニューヨーク-タイムズ

エヌ-ワイ-ビー-オー-ティー〖NYBOT〗《New York Board of Trade》▶ニューヨーク商品取引所

エネ「エネルギー」の略。「省—」

エネスコ〖Georges Enesco〗[1881～1955]ルーマニアのバイオリン奏者・作曲家。民族色の濃い作品を残し、20世紀ルーマニア音楽の指導的役割を果たした。バッハの演奏でも有名。作「ルーマニア狂詩曲」など。エネスク。

エネ-ちょう【エネ庁】「資源エネルギー庁」の略。

エネ-ファーム《「エネルギー」と「ファーム(農場)」からの造語》燃料電池実用化推進協議会が定めた、「家庭用燃料電池コージェネレーションシステム」の統一名称。商標。一般家庭に設置する自家発電・給湯設備で、都市ガス・LPガス・灯油などから水素を取り出し、空気中の酸素と反応させて発電するシステムで、発電時の排熱も給湯に利用する。水素を取り出す過程で二酸化炭素が排出されるが、従来の給湯器と比べて排出量を約4割削減できるとされる。(補説)平成21年(2009)5月からガス会社などが販売を開始。販売開始時点での価格は約320～350万円で、国から上限140万円の補助金が出る。

エネルギー〖ドイ Energie〗❶物事をなしとげる気力・活力。精力。「仕事で—を消耗する」「若い—」❷物体が物理的な仕事をすることのできる能力。力学的エネルギー(運動エネルギーと位置エネルギー)のほか、化学・電磁気・熱・光・原子などの各エネルギーがある。さらに相対性理論によれば、質量そのものもエネルギーの一形態である。❸「エネルギー資源」の略。(類語)原動力・活力・体力・精力・精・パワー・動力・馬力

エネルギー-かくめい【エネルギー革命】エネルギー資源が急激に交替すること。特に、第二次大戦後の石炭から石油への転換をさす。

エネルギー-きほんけいかく【エネルギー基本計画】エネルギーの需給・利用に関する国の政策の基本的な方向性を示したもの。エネルギー政策基本法に基づいて政府が策定する。(補説)平成15年(2003)に策定され、同19年に一次改定、同22年に二次改定が行われた。政府は少なくとも3年ごとに検討を加え、必要があるときには変更する。

エネルギーきょうきゅうこうぞうこうどか-ほう【エネルギー供給構造高度化法】《「エネルギー供給事業者による非化石エネルギー源の利用及び化石エネルギー原料の有効な利用の促進に関する法律」の通称》電力会社などのエネルギー供給事業者に対し、太陽光や風力など非化石エネルギー源の利用拡大と化石エネルギー源の有効利用促進を義務づけた法律。平成21年(2009)施行。電力会社に対して、家庭などの太陽光発電設備で生じた余剰電力の買い取りを義務づけている。

エネルギー-さんぎょう【エネルギー産業】石炭・石油・電力・液化ガス・原子力など動力源を供給する産業の総称。

エネルギー-しげん【エネルギー資源】産業・運輸・消費生活などに不可欠な動力源。石炭・石油・天然ガス・水力・風力・原子力・太陽熱など。

エネルギー-じゅんい【エネルギー準位】原子や分子・電子などの定常状態のエネルギーの値。例えば特定の軌道上をエネルギーを放出せずに運動している電子のエネルギー値。

エネルギー-しょう【エネルギー省】▶ディー-オー-イー(DOE)

エネルギー-スター〖Energy Star〗▶国際エネルギースタープログラム

エネルギーせいさく-きほんほう【エネルギー政策基本法】エネルギーの需給に関する施策の基本方針について定めた法律。平成14年(2002)施行。政策の基本方針として、エネルギー資源の安定供給を確保するために供給源の多様化や自給率・利用効率の向上を図ること、地球温暖化の防止や環境保全が図られたエネルギーの需給を実現すること、エネルギー市場の規制緩和を推進することなどを規定している。➡エネルギー基本計画

エネルギー-たいしゃ【エネルギー代謝】生物が物質代謝に伴って行うエネルギーの出入り・変換。一般に、植物は太陽光線のエネルギーを化学的エネルギーに換え、動物は化学エネルギーを熱エネルギー・力学的エネルギーなどに換える。

エネルギー-たいしゃりつ【エネルギー代謝率】生体のある運動動作が、基礎代謝の何倍にあたるかを求める数値。運動・作業時のエネルギー消費量の算出に用いる。静的運動にはあてはまらない。

エネルギーほぞん-の-ほうそく【エネルギー保存の法則】エネルギーが、ある形態から他の形態へ変換する前後で、エネルギーの総量は常に一定不変であるという法則。高所にある物体は落下によって位置エネルギーが減少するが、運動エネルギーを得て、その和は常に一定であり、これを力学的エネルギー保存の法則とよぶ。マイヤー・ジュール・ヘルムホルツらによって1840年代に確立。

エネルギッシュ〖ドイ energisch〗〔形動〕活力にあふれているさま。精力的。「一な人」「一に動き回る」

エネルゲイア〖ギリ energeia〗アリストテレス哲学で、生成の過程の終局として実現する姿。現実性。可能態に対する現実態。

え-の-あぶら【荏の油】エゴマの種子からとった油。アルファリノレン酸を多く含み、食用とするほか、ペンキ・ワニスなどに使用。古くは灯用や雨傘などの塗料に用いた。荏胡麻油。紫蘇油。えのゆ。

えのう【慧能】[638～713]中国、唐代の僧。禅宗の第六祖。漸悟を尊ぶ神秀の北宗禅に対し、頓悟を尊び、南宗禅の開祖となった。遺録「六祖壇経」。曹渓大師。

え-の-き【榎｜朴】ニレ科の落葉高木。高さ20メートルに達する。葉は非相称の卵円形。初夏、淡黄色の雌花と雄花をつけ、秋に橙色で小豆大の甘い実を結ぶ。材は器具・薪炭用。江戸時代には街道の一里塚に植えられた。え。(季 花=夏 実=秋)「懸巣鳴いて—の花をこぼしけり/句仏」

えのき-ぐさ【榎草】トウダイグサ科の一年草。道端に生え、高さ約30センチ。エノキに似た形の葉が互生する。夏から秋に、葉のわきに、小さな褐色の雄花を穂状に、基部に雌花をつける。編笠草。

えのき-しゃ【榎社】▶榎寺

えのき-たけ【榎茸】シメジ科のキノコ。晩秋から春にかけ、広葉樹の切り株などに生える。傘は直径3～6センチ、黄褐色か栗色をし、湿気のあるときは粘りけが強い。吸い物などに用いる。栽培ものは、もやし状で白っぽく、傘も小さい。なめこ。なめたけ。なめすすき。ゆきのした。(季 冬)「くち木となおぼしめされそ—/嵐雪」

えのき-でら【榎寺】福岡県太宰府市にある寺。菅原道真の配所。現在は榎社と称する。

え-の-ぐ【絵の具】絵に色をつけるための材料。ふつう日本画・水彩画・油絵用の、水・油などで溶くものをいうが、広くはパステル・クレヨンなども含めていう。顔料。

えの-けん【榎健】「榎本健一」の愛称。

え-の-こ【犬子｜犬児｜狗】子犬。えのころ。「白い—の走り出でたるをとらんとて」〈平家・一二〉

えのこしゅう【犬子集】江戸初期の俳諧集。17巻5冊。松江重頼編。寛永10年(1633)刊。「守武千句」「犬筑波集」以後の発句・付句の秀作集。

えのこ-ずち【牛膝】イノコズチの別名。

えのこ-ろ【犬子｜犬児｜狗】「えのこ」に同じ。「折ふし—一疋来るをとらへて抱き」〈咄・きのふはけふ・下〉

えのころ-ぐさ【狗尾草】イネ科の一年草。路傍や空き地の至る所にみられ、高さ40～70センチ。葉は細長く、先がとがる。夏、茎の頂に円柱状の太い緑色の穂を1本出し、子犬の尾に似る。ねこじゃらし。(季 秋)「朔北や—も花痩せて/楸邨」

え-の-しま【江の島】㊀神奈川県藤沢市、片瀬川河口にある陸繋島。海食洞の稚児ヶ淵や江島神社(弁財天)がある。鎌倉時代からの行楽地。㊁(江島)謡曲。脇能物。観世流。観世弥次郎長俊作。勅使が東海に出現した江野島を見に下向すると、竜口明神などが現れる。

え-の-だけ【可愛岳】宮崎県北東部の山。標高728メートル。西南戦争のときに西郷軍がこの山を越えて鹿児島へ脱出。

え-の-みや【埃宮】神武天皇東征の際、行宮の置かれたとされる所。現在の広島県安芸郡府中町にあたるという。

えのもと-きかく【榎本其角】▶宝井其角

えのもと-けんいち【榎本健一】[1904～1970]喜劇俳優。東京の生まれ。浅草オペラの出身で、エノケンの愛称で人気を博した。一座を主宰して舞台出演するかたわら、映画でも活躍した。

えのもと-たけあき【榎本武揚】[1836～1908]政治家。通称釜次郎。江戸の人。オランダに留学。帰国後、幕府の海軍奉行となる。戊辰戦争では箱館の五稜郭にこもり、政府軍と交戦するが降伏。特赦され、北海道開拓使となる。のち、ロシアとの間で樺太・千島交換条約を締結。文部・外務などの各大臣を歴任。

え-の-や【慧の矢】密教で、慧(智慧)を矢にたとえていった語。➡定の弓

え-の-ゆ【荏の油】▶えのあぶら(荏の油)

エノラ-ゲイ〖Enola Gay〗米軍のB29爆撃機のうち、昭和20年(1945)8月6日、広島に原子爆弾を投下した機の愛称。米国ワシントンのスミソニアン国立航空宇宙博物館で展示されている。名称は、機長の母親の名からという。

え-ば【絵羽】エ ❶「絵羽模様えばもよう」の略。❷「絵羽羽織えばばおり」の略。

え-ば【餌ば】え《「餌食えばみ」の略》❶鳥獣や魚のえさ。え。❷人を誘うために利用するもの。えさ。「斯るわずかの功名を―となして」〈井上勤訳・狐の裁判〉❸人の欲望を満たすためのもの。えじき。「この一語でまんまと好奇心の―になるかと思いの外」〈荷風・ふらんす物語〉

エバ〖Eva〗イブのラテン語名。

エパ〖EPA〗《Environmental Protection Agency》環境保護庁。米国の環境保護政策を主管する独立行政機関。1970年設立。連邦環境保護庁。米環境保護局。

エバー〖ever〗他の外来語の上に付いて複合語をつくり、いつも、絶えず、などの意を表す。「―グリーン」

エバーグレーズ〖Everglaze〗樹脂加工をした布地に熱処理により凹凸の模様を浮き立たせた織物。夏の婦人・子供服、カーテンなどにする。商標名。

エバーグレーズ-こくりつこうえん【エバーグレーズ国立公園】コクリツコウエン《Everglades National Park》米国フロリダ州南部にある国立公園。フロリダ半島南西端に広がるエバーグレーズ湿地帯を含む。熱帯・亜熱帯性の多様な動植物が生息する本土屈指の地域として、1979年世界遺産(自然遺産)に登録。

エバーソフト〖Eversoft〗ゴム・合成樹脂をスポンジ状に加工したもの。布団・クッションなどに使用。商標名。

え-ばおり【絵羽織】エ「絵羽羽織えばばおり」に同じ。

え-はがき【絵葉書】エ 裏面に写真・絵などのある葉書。1870年ごろ、ドイツで創案。日本への渡来は明治20年代。

(類語)手紙・封書・はがき・書簡・郵便・書信・書状・書面・紙面・信書・私信・私書・書と・状・一書・手書・親書・手簡・書札しょさつ・尺牘せきとく・書牘しょとく・雁書がんしょ・消息・便り・文ふみ・玉章ぎょくしょう・レター

エバグレーズ〖Everglaze〗►エバーグレーズ

えば-しぼり【絵羽絞(り)】エば 絞り染めの一。仮仕立てをした着物に模様を描き、仮仕立てを解いてから絞り染めにすること。また、その染めたもの。

え-はだ【絵肌】エ 絵の材質が与える効果。材質感。マチエール。

え-はつ【▽衣鉢】►いはつ(衣鉢)

えば-ぬい【絵羽縫い】エばぬひ 和服で、縫い目で絵羽模様が食い違わないように仮仕立てをすること。

エバネッセント-こう【エバネッセント光】クワウ《evanescent light》プリズムなどの全反射における反射面の背後に、1波長程度にじみ出る電磁波(光)。近接場光の一で、表面近傍にしか存在しない。

えば-ばおり【絵羽羽織】エば 絵羽模様のついた、女性の訪問・外出用の羽織。えばおり。えば。

え-ばみ【餌▽食み】え えさを食うこと。また、そのえさ。「これ金魚の―なるが」〈浮・置土産・二〉

エパミノンダス〖Epameinōndas〗[前418ころ〜前362]古代ギリシャ、テーベの将軍。レウクトラで、新戦術の斜線陣法を用いてスパルタ軍を破った。

エバ-ミルク《evaporated milkから》砂糖を加えないで牛乳を濃縮したもの。無糖練乳。➡コンデンスミルク

え-ば-む【餌▽食む】え〔動マ四〕鳥や獣がえさを食う。「鳥、獣けだものの―・むをばうらやましがる御詞ことば」〈浄・先代萩〉

えば-もよう【絵羽模様】エばモヤウ 和服で、背・脇わき・衽おくみ・襟などにも模様が続くように染めたもの。絵羽羽織・絵羽絞りなどがある。えば。

えばら【荏原】東京都品川区西部の地名。住宅地・商店街。もと東京市の区名。

えばら-そろく【江原素六】[1842〜1922]教育家・政治家・宗教家。江戸の生まれ。キリスト教徒で、麻布あざぶ中学校を設立。衆議院議員、のち勅選議員。立憲政友会に重きをなし、終始教育問題に活躍。

えばら-たいぞう【頴原退蔵】タイザウ[1894〜1948]国文学者。長崎の生まれ。京大教授。江戸文学、特に俳諧を研究。著「俳諧史の研究」「江戸時代語の研究」など。

エバリュエーション〖evaluation〗評価。算定。

え-ば-る【▽威張る】〔動ラ五(四)〕「いばる」の音変化。「公言して―・ってるんだからね」〈漱石・明暗〉

え-はんきり【絵半切り】エ《「えばんきり」とも》淡彩の花鳥山水などの描かれている半切り紙。儀礼的な手紙などに用いた。

エバンジェリスト〖evangelist〗❶キリスト教で、福音ふくいん伝道者。❷製品などの啓発・宣伝を行う人。

エバンズ〖Arthur John Evans〗[1851〜1941]英国の考古学者。クレタ島にあるクノッソスの宮殿遺跡を発掘、クレタ文明の研究に功績をあげた。

エバンス-プリチャード〖Edward Evan Evans-Pritchard〗[1902〜1973]英国の文化人類学者。マリノフスキーに師事。アフリカ各地の民族を現地調査し、その思考体系などを研究した。著「ヌアー族の宗教」など。

エバン-バハ〖Emain Macha〗►ナバンフォート

えび【海=老|×蝦】❶十脚目長尾亜目の甲殻類の総称。海水または淡水にすむ。体は頭胸部と腹部に区別される。頭胸部は1枚の甲殻で覆われ、二対の触角、五対の歩脚をもつ。腹部は7節からなり、五対の遊泳脚がある。歩行するイセエビ・ザリガニ、遊泳するクルマエビ・サクラエビ・シバエビなどがある。食用、魚類のえさとして重要。❷「海老錠えびじょう」の略。

海老で鯛たいを釣る 少しの元手または労力で大きな利益を得ることのたとえ。えびたい。

海老の鯛たい交じり つまらないものが、すぐれたものの中に交じっていること。雑魚ざこの魚とと交じり。

えび【葡=萄】❶「葡萄色えびいろ」の略。❷「葡萄染め」の略。❸ブドウやエビヅルなどの別名。

えび【×褎▽衣|×褎▽被】「褎衣香えびこう」に同じ。

えび-あがり【海=老上(が)り】器械運動で、鉄棒にぶら下がり、からだを内側にエビのように曲げて、足先から回転しながら上がるもの。

エビア-とう【エビア島】タウ《Euboia》ギリシャ、エーゲ海西部の島。古代名エウボイア島。ベネチア共和国時代はネグロポンテ島とよばれた。ギリシャ本土の東岸に沿って北西から南東に延びる。中心都市ハルキダと本土の間は最狭部が約40メートルの海峡で隔てられ、2本の橋が架かる。紀元前2000年初期以降、イオニア人の居住地となり、前8世紀頃よりハルキス・エレトリアなどの都市国家が生まれ、前3世紀マケドニアに征服され、2世紀に古代ローマ属州となる。以降、ベネチア・オスマン帝国などの支配下に置かれ、19世紀よりギリシャ領。エボイア島。ユービア島。

エビアン〖Évian〗フランス東部、ローヌ-アルプ地方、オート-サボア県の観光保養地。正式名称はエビアンレバン。レマン湖南岸に面し、スイスのローザンヌの対岸に位置する。鉱泉が多く、ミネラルウオーターの産地として知られる。

エビアン-レ-バン〖Évian-les-Bains〗►エビアン

えび-いも【海=老芋|×蝦芋】サトイモの一品種。形はエビ状で、柔らかい。京都市の東寺付近で栽培され、京都名物料理の芋棒いもぼうに使う。京芋。(季 冬)

えび-いろ【葡=萄色】赤みを帯びた紫色。エビカズラの熟した実の色。また、イセエビの色とも。

えび-お【海=老尾|×蝦尾】ヲ ❶三味線や琵琶の棹さおの先端の、エビの尾のように反った部分。かいろうび。❷尾がエビの尾の形に似た金魚。

エピオルニス〖ラテ Aepyornis〗マダガスカル島に生息していた巨大な走鳥類。頭までの高さ約3メートル、重さ約500キロと推定。卵の化石は長径が33センチもある。飛ぶ力はなく、ダチョウのような体形をしていた。生態や生息年代、絶滅の理由は不詳だが、18世紀ごろまで生存していたとされる。象鳥。

え-ひがさ【絵日傘】エ 絵模様の描いてある日傘。(季 夏)

えび-かずら【葡=萄▽葛】かづら ❶エビヅルの別名。(季 秋) ❷ブドウの古名。〈和名抄〉❸かもじのこと。「―してぞ繕ひ給ふべき」〈源・初音〉

えび-がた【海=老型】飛び込み競技や競泳スタートでの、空中姿勢の一。エビのようにからだを腰の部分で二つに折る型。パイク。

えび-がため【海=老固め】レスリングの技の一。一方の手で相手の首の後ろを巻き、他方の手でひざの後ろを巻いて、相手のからだをエビのように曲げながらフォールする。

えび-がに【海=老×蟹|×蝦×蟹】ザリガニの別名。

えびがら-すずめ【×蝦殻天=蛾】スズメガ科のガ。翅はねの開張12センチくらい。体は灰褐色、腹部の両側に赤色の列があり、エビに似る。夜行性で、吻ふんが長く、筒状の花の蜜を吸う。幼虫はサツマイモやヒルガオなどの葉を食べる。日本・東南アジア・アフリカに分布。夕顔別当ゆうがおべっとう。

エピキュリアン〖epicurean〗快楽主義者。享楽主義者。(補説)本来はエピクロスの教説を奉じる哲学者たちの意。

エピクテトス〖Epiktētos〗[55ころ〜135ころ]ストア学派の哲学者。奴隷であったが、のちに解放された。理性的な意志の力によって不動の心境(アパテイア)に達すべきことを説いた。死後に弟子が講義集録「綱要」などをまとめた。

エピグラフ〖epigraph〗❶碑銘。碑文。❷書物の巻頭などに引用されている銘句。題辞。

エピグラム〖epigram〗機知・風刺に富んだ短い文や詩。警句。寸鉄詩。

エピクロス〖Epikūros〗[前341ころ〜前270ころ]古代ギリシャの哲学者。エピクロス学派の祖。人生の目的は精神的快楽にあるとし、心境の平静(アタラクシア)を求めた。

エピクロス-しゅぎ【エピクロス主義】❶エピクロスの教説を奉じる立場。❷快楽主義。享楽主義。

えび-こうりょう【海=老▽虹×梁|×蝦▽虹×梁】コウリヤウ エビのように湾曲した虹梁。側柱と本柱など、高低差のある所に用いる。唐様建築の特色の一。

エピゴーネン〖ドイ Epigonen〗思想・文学・芸術などの、追随者。独創性のない模倣者。亜流。(補説)語源はギリシャ語のepigonosで、後に生まれた者の意。

えび-こおろぎ【海=老蟋=蟀|×蝦蟋=蟀】こほろぎ カマドウマの別名。(季 秋)

えひこ-さん【英彦山】►ひこさん(英彦山)

えひこさん-じんじゃ【英彦山神社】►ひこさんじんぐう(英彦山神宮)

えび-ごし【海=老腰|×蝦腰】エビのように曲がった腰。

えび-さやまき【海=老×鞘巻|×蝦×鞘巻】刀の柄や鞘にエビの殻のような刻み目をつけて赤漆塗りにしたもの。えびざや。

えびさわ-やすひさ【海老沢泰久】えびさは [1950〜2009]小説家。茨城の生まれ。自動車レースなどのスポーツを描いた小説で知られる。「帰郷」で直木賞受賞。他に「乱」「監督」「F1地上の夢」など。

エピジェネシス〖epigenesis〗►後成説

エピジェネティクス〖epigenetics〗遺伝情報であるDNAの塩基配列の変化を伴わず、DNAやヒストンへの後天的な化学修飾によって遺伝子が制御される現象、およびその機能を研究する学問領域。後成遺伝学。

エビシディック〖EBCDIC〗《extended binary coded decimal interchange code》米国IBM社が策定した8ビットの文字コード体系。メインフレームなどの汎用大型コンピューターでよく用いられた。

えび-じゃこ【海=老雑=魚|×蝦雑=魚】十脚目エビジャコ科のエビ。体長約4.5センチで、環境によって体色を変える。第1歩脚は大きく、はさみ状。内湾の浅海でとれ、佃煮つくだにする。えびざこ。ざこえび。

えび-じょう【海=老錠|×蝦錠】ヂャウ ❶エビのように半円形に曲がった錠。唐櫃からびつや門扉のかんぬきに用いる。えび。❷南京錠なんきんじょう。

えびす【×夷|×戎】《「えみし(蝦夷)」の音変化》❶「蝦夷えぞ❶」に同じ。「その国の奥に―といふものありて」〈今昔・三一・一一〉❷都から遠く離れた未開の土地の人。田舎者。「かかることは―、町女まちなどこそいへ」

〈栄花・浦々の別〉❸情趣を解しない荒々しい人。特に、東国の荒くれ武士。あずまえびす。「一は弓引くすべ知らず」〈徒然・八〇〉❹異民族を侮蔑ぶべつしていう語。蛮夷ばんい。「一のこはき国あり。その一、漢に伏して」〈徒然・二一四〉

えびす【恵比須|夷|戎|恵比寿|蛭子】《「夷えぞ」と同語源》古くは豊漁の神。のち七福神の一人として、生業を守り、福をもたらす神。狩衣かりぎぬ・指貫さしぬき・風折烏帽子かざおりえぼしをつけ、右手に釣りざおを持ち、左わきに鯛たいをかかえている。〔補説〕歴史的仮名遣いは「えびす」で、「恵(ゑ)」の字は仮名遣いを無視した当て字。

えびす-あば【恵比須×網端】漁網の中央部につける大きな浮き。愛媛県、高知県室戸岬、また島根県隠岐島などでいう。

えびす-うた【×夷歌】❶歌曲の歌いぶりで、粗野な田舎風のもの。ひなぶり。「古今仮名序に貫之の書ける、天の浮橋の一と云ふは則ち連歌なり」〈筑波問答〉❷狂歌。「おしなべて一大はやり」〈咄・一雅話三笑〉〔補説〕古事記の「夷振ひなぶり」、日本書紀の「夷曲ひなぶり」が誤解されて生じた語。

えびす-おうぎ【恵比須扇】ぇふぎ しめ飾りなどにつけて、新年の祝いに用いる粗末な作りの扇。伊勢国山田(三重県伊勢市)の産。

えびす-がお【恵比須顔】ぉぉ 恵比須のように、にこにこした顔。〔類語〕笑顔・笑い顔・にこにこ顔・地蔵顔・破顔・喜色・朗色・生色

えびす-かき【恵比須×舁き】「恵比須回し」に同じ。

えびす-がみ【恵比須紙】紙を重ねて裁つとき、角が内へ折れ込んで裁ち残しになったもの。福紙。

えびす-ぎれ【恵比須切れ】恵比須講の日の誓文払いに、呉服屋が見切り売りする小ぎれ。➡誓文払せいもんばらい

えびす-ぐさ【×夷草|恵比須草】❶マメ科の一年草。高さ約1.5メートル。葉は羽状複葉で、夏、葉のわきに黄色い花を1、2個つける。さやは細長く、弓形。種子はひし形で、漢方で決明子けつめいしといい薬用に、また、はぶ茶として飲用。北アメリカの原産で、日本には江戸時代に中国から渡来。ろっかくそう。❷ワレモコウの別名。❸シャクヤクの古名。えびすぐすり。

えびす-こう【恵比須講】陰暦10月20日に恵比須を祭る行事。商売繁盛を祈願して、親類・知人を招いて宴を開く。関西などでは正月10日(十日恵比須)とし、また11月20日に行う地方もある。恵比須祭り。〔季 冬〕「振売の雁がんあはれなり一/芭蕉」

えびす-ごころ【×夷心】荒々しい心。転じて、田舎びて情趣を解しない心。「さるさがなき一を見ては、いかがはせむは」〈伊勢・一五〉

エピスコパリアン-は【エピスコパリアン派】《Episcopalian》プロテスタント教会のうち主教制度を有する教会。英国国教会および各国の聖公会、北欧諸国やドイツのルーテル派教会、各国のメソジスト教会など。監督教会。

えびす-さぶろう【恵比須三郎】ーサブ ラウ 恵比須の異称。伊弉諾尊いざなぎのみこと・伊弉冉尊いざなみのみことの第3子といわれる俗説からという。

えびす-ぜに【恵比須銭】❶数人でお金を分配したときに割り切れないはした金。❷絵銭の一。表に恵比須が描いてある貨幣。

えびす-ぜん【×夷膳|恵比須膳】❶一人用の膳の側面を人の面前に向けて据えること。礼儀に反した行いとして忌まれる。横膳。❷飯と汁とを反対に並べること。えびすおしき。左膳。

えびす-だい【恵美須×鯛】ーだひ イットウダイ科の海水魚。全長約45センチ。マダイに似るが、うろこが硬いので鎧鯛よろいだい・具足鯛ぐそくだいともいう。南日本で漁獲。見栄えがよいので祝儀に用いる。

えびすだいこく【夷大黒】狂言。長者が比叡山の大黒天と西宮の夷を勧請かんじょうすると、両神が数々の宝を持って訪れ、おのおののいわれを語る。

エピステーメー〘ギリシャ epistēmē〙❶知識。ドクサ(臆見おっけん。根拠のない主観的信念)に対して、学問的に得られる知識。❷フランスの哲学者フーコーの用語。各時代の基盤にある、知の総体的な枠組み。

えびす-ば【恵比須歯】上あごの第一門歯のうち右側の歯の俗称。左側を大黒歯とよぶ。

えびす-ばしら【恵比須柱】民家で、大黒柱に次ぐ主要な柱。大黒柱と相対するものをさすことが多い。

えびす-まい【恵比須舞】ーまひ ❶民俗芸能の一つで、大漁を祈って恵比須に扮して舞うもの。神楽などの一部、七福神の舞の一として行われる。また、人形で演じることもある。❷近世、正月に恵比須に扮して祝福して歩いた門付け芸。❸「恵比須回し」に同じ。

えびす-まつり【恵比須祭(り)】❶「恵比須講」に同じ。❷西日本で不漁のときに、好漁になることを願ってする酒盛り。まんなおし。

えびす-まわし【恵比須回し】ーまはし 近世、初春の祝福芸として、首にかけた箱の中で、恵比須の人形を舞わせて見せた大道芸人。摂津国西宮の夷宮(兵庫県西宮神社)をその根拠地とした。えびすかき。えびすまい。〔季 新年〕

えびす-むかえ【恵比須迎え】ーむかへ 近世、奈良で正月2日の早朝、吉野の村民が恵比須の絵像を売り歩いたこと。また、その呼び声。「二日のあけぼのに、一、と売りける」〈浮・胸算用・四〉

えび-ぜめ【海=老責め|×蝦責め】江戸時代の拷問の一。罪人にあぐらをかかせ、後ろ手に縛り、からだを前に押し曲げて、首と足とがつくまで縄で締めつけるもの。

エピセラトーダス〘ラテ Epiceratodus〙オーストラリアに分布する肺魚の一。オーストラリア北部の川にすみ、全長約1.8メートルになる。ネオケラトドゥス。

えび-せんべい【海=老煎餅】エビを米粉・小麦粉などにまぜ、油で揚げるか焼くかしたせんべい。

えび-そうめん【海=老▽素麺】ーサウメン エビの身をすりつぶし、小麦粉をつなぎとして、そうめんのように細くしてゆでたもの。すまし汁の実にする。

エピソード〘episode〙❶小説・劇などで本筋の間にはさむ、本筋とは直接関係のない、短くて興味ある話。挿話。❷ある人について、あまり知られていない興味ある話。逸話。❸ロンド形式の楽曲などで、二つの主部の間に挿入される部分。挿入句。

エピゾーム〘episome〙染色体に組み込まれて増殖する状態と、細胞内で染色体と離れて独立に増殖する状態の両方をとる遺伝単位(遺伝的因子)。プラスミドの一種であり、溶原性ファージ、大腸菌の薬剤耐性因子やF因子などがその例。➡プラスミド

えび-ぞめ【葡=萄染(め)】❶染め色の名。薄い赤紫色。ブドウの実の色。❷織り色の名。縦糸は蘇芳すおう、横糸は紫。❸襲かさねの色目の名。表は蘇芳、裏は縹はなだ。一説に、表は紫、裏は赤。

えび-たい【海=老×鯛】ーたひ「海老で鯛を釣る」の略。

エピダウロス〘Epidaurus〙ギリシャ、ペロポネソス半島東部のアルゴリダ丘陵にある古代遺跡。医神アスクレピオスの生誕地とされ、古くから巡礼者を集めた。紀元前4世紀に最盛期を迎え、アスクレピオス神殿を中心に、医療・入浴施設や野外劇場・音楽堂などを備えた。1988年「エピダウロスの古代遺跡」として世界遺産(文化遺産)に登録。エピダブロス。

エピタキシー〘epitaxy〙ある結晶表面に、構造のよく似た他の結晶が成長する現象。ダイオードやトランジスターなどの製造工程に応用。

エピタキシャル-せいちょう【エピタキシャル成長】ーセイチャウ《epitaxial growth》基板となる結晶の上に、新しく結晶を成長させること。集積回路製作のために用いられる。

エピタフ〘epitaph〙墓碑銘。

エピダブロス〘Epidavros〙➤エピダウロス

えび-ちゃ【葡=萄茶|海=老茶】❶黒みを帯びた赤茶色。えび茶色。❷「葡萄茶式部」「葡萄茶袴」の略。「頗すこぶる大した一と言うことです」〈木下尚江・良人の自白〉

えびちゃ-しきぶ【葡=萄茶式部】《えび茶色の袴はかまをよく着けたところから》明治30年代の女学生のこと。えび茶袴。紫衛門むらさきえもん。「今に三人が一か鼠式部になって」〈漱石・吾輩は猫である〉

えびちゃ-ばかま【葡=萄茶×袴】❶えび茶色の袴。明治の女学生が用いた。下田歌子が華族女学校の制服に考案したのが始まり。❷「葡萄茶式部」に同じ。

えび-チリ【海=老チリ】《「海老のチリソース煮」の略》殻をむいたエビを、豆板醤トウバンジャン・ケチャップ・ショウガなどを合わせたソースで炒めた料理。

え-びつ【絵×櫃】ヱー 曲げ物の一。飯櫃のような木製の容器に桃・柳・菊などの絵を彩色したもの。3月や9月の節句に草餅くさもち・赤飯などを入れた。

えび-づか【海=老▽束|×蝦▽束】違い棚の、上下の棚板をつなぐ細く短い柱。雛束ひなづか。

エピック〘epic〙叙事詩。史詩。⇔リリック。

えび-づる【蘡=薁|×蝦×蔓】ブドウ科の蔓性つるせいの落葉低木。山野に生え、葉と対生して巻きひげが出て、他に絡む。葉は三～五つに裂けている。葉の裏面や葉柄・茎に白か赤褐色の毛が密生。雌雄異株。夏、淡黄緑色の小花が密集して咲く。実は熟すと黒くなり、食べられる。えび。えびかずら。〔季 秋〕

えびづる-むし【葡=萄×蔓虫|蘡=薁虫】スカシバガ科の昆虫、ブドウスカシバの幼虫。体長3センチくらいで白っぽく、頭部は赤茶色。ブドウ・エビヅルの茎の内部にもぐりこんでいる。小鳥や、ヤマメ・イワナ釣りのえさにする。かまえび。ぶどうむし。

えびで-の-にんじん【海=老手の人▽参】朝鮮半島の白頭山に産するチョウセンニンジン。根は飴色をし、曲がっていてエビに似る。

エビデンス〘evidence〙❶証拠。証言。❷医学で、臨床結果などの科学的根拠。その治療法がよいとされる証拠。➡エビデンスベースト-メディシン

エビデンスベースト-メディシン〘evidence-based medicine〙《科学的根拠に基づく医療、の意》医師の個人的な経験や慣習などに依存した治療法を排除し、科学的に検証された最新の研究成果に基づいて医療を実践すること。1990年代に提唱され、西洋医学の医療において重要視されている。EBM。➡ナラティブベースト-メディシン

エピドラスコピー〘epiduroscopy〙➤硬膜外内視鏡手術

えびな【海老名】神奈川県中部の市。もと相模さがみ国の中心地。交通の要地で、大工場が進出。住宅地化も著しい。人口12.8万(2010)。

えびな-し【海老名市】➤海老名

えびな-だんじょう【海老名弾正】ーダンジャウ［1856～1937］宗教家・教育家。福岡の人。東京、本郷教会の牧師。のち、同志社大学総長。著「基督キリスト教十講」「帝国之新生命」など。

えび-ね【海=老根|×蝦根】ラン科エビネ属の多年草。山林や竹林に生え、高さ30～40センチ。根茎は太くて節が多く、横にはい、エビに似る。葉は長楕円形で縦ひだがある。春、紫褐色で中央が白または紅紫色の花を10個ほど開く。エビネ属にはキエビネ・ニオイエビネなども含まれ、観賞用に栽培され、園芸品種が多い。〔季 春〕

エピネフリン〘epinephrine〙➤アドレナリン

えびの 宮崎県南西部の市。米作や畜産が盛ん。南部に、えびの高原がある。人口2.2万(2010)。

えびの-こうげん【えびの高原】ーカウゲン 宮崎県南西部にある高原。標高約1200メートル。韓国からくに岳・白鳥しらとり山・甑こしき岳に囲まれ、六観音池などの火口湖や温泉がある。中央にある硫黄山の噴気で、秋にススキがえび色に染まる。

えびの-し【えびの市】➤えびの

えびの-じしん【えびの地震】ーヂシン 昭和43年(1968)2月21日、鹿児島県薩摩地方を震源としたマグニチュード6.1の地震。最大震度6。大きな余震が続き、山崩れが多発した。

えび-の-しっぽ【海=老の尻尾】霧氷の一。高山などで、セ氏零度以下に過冷却した霧や雲の粒が岩石・樹木などに吹きつけられて着氷したもの。風上側に伸び、エビの尾状になる。

えび-の-はたふね【×蝦の×鰭▽槽】大嘗祭(だいじょうさい)や新嘗祭(しんじょうさい)で、天皇が手を洗う器。土器で、両端にエビの尾に似た取っ手がつく。えびはたふね。

えびはら-きのすけ【海老原喜之助】[1904～1970]洋画家。鹿児島の生まれ。川端画学校で学んだのち、渡仏して藤田嗣治に師事。帰国後、独立美術協会展に出品した「曲馬」などが代表作。骨太い造形性を備えた斬新な作風で、国際的に活躍した。

え-ひめ【▽兄姫】姉妹のうち年長のほうのむすめ。「名は一、弟比売(おとひめ)、この二柱の女王(ひめみこ)、浄き公民(たみ)なり」〈記・中〉⇔弟姫(おとひめ)。

えひめ【愛媛】四国地方北西部の県。もとの伊予(いよ)国にあたる。県庁所在地は松山市。名は、古事記に「伊予国は愛比売(えひめ)と謂(い)ひ」とあるところによる。人口143.1万(2010)。

えひめ-あやめ【愛媛菖=蒲】タレユエソウの別名。

えひめ-エフシー【愛媛FC】日本プロサッカーリーグのクラブチームの一。ホームタウンは松山市を中心とする愛媛全県。昭和45年(1970)創設の地元クラブチームが、平成13年(2001)に改称。同18年にJリーグに加入した。

えひめ-けん【愛媛県】►愛媛

えひめけんりつ-いりょうぎじゅつだいがく【愛媛県立医療技術大学】(エヒメケンリツイリョウギジュツダイガク) 愛媛県伊予郡砥部(とべ)町にある公立大学。平成16年(2004)の設立。保健科学部の単科大学。同22年、公立大学法人となる。

えひめ-だいがく【愛媛大学】愛媛県松山市に本部のある国立大学法人。松山高等学校・愛媛師範学校・愛媛青年師範学校・新居浜(にいはま)工業専門学校を母体に、昭和24年(1949)新制大学として発足。のち、愛媛県立松山農科大学を吸収。平成16年(2004)国立大学法人となる。

エピメテウス〖Epimetheus〗土星の第11衛星。1966年に発見。名の由来はギリシャ神話の神。公転軌道がヤヌスとほぼ同じで、およそ4年に一度、接近して運動エネルギーを交換しつつ軌道が入れ替わる。非球形で平均直径は約110キロ。

えび-も【海=老藻¦×蝦藻】ヒルムシロ科の多年草。池や流水中に群生。全体に緑褐色で、葉は細長く、縁が波状に縮れる。初夏、水中で、淡黄褐色の小花を穂状につける。

えびら【×箙】❶矢を入れる武具。矢を差す方立(ほうだて)とよぶ箱と、矢をよせかける端手(はた)とよぶ枠からなる。この左右の端手に緒をつけて腰につける。❷《❶に差す矢の数が24本であることから》連句の形式で、二十四節気にかたどったもの。24句で一巻をなす。二十四節。

えびら【箙】謡曲。二番目物。世阿弥作。「箙の梅」の故事に基づく。生田川を通った旅僧に、梶原景季(かじわらかげすえ)の霊が修羅道の苦しみのさまを見せる。

えびら-がたな【×箙刀】箙の中に矢とともに収めてある短刀。「一、首掻き刀」〈幸若・信太〉

えびら-の-うめ【×箙の梅】❶寿永3年(1184)の源平生田の森の合戦で、梶原景季(かじわらかげすえ)が梅の枝を箙に差して戦った故事。神戸の生田神社に遺跡があり、能や浄瑠璃の題材となった。❷梅の一品種。花は淡紅色で大きく、桃の花に似ている。

エビル-ツイン〖Evil Twin〗►ワイフィッシング

エピローグ〖epilogue〗❶劇の最後に俳優が観客に向かって述べる言葉。納め口上(こうじょう)。⇔プロローグ。❷詩歌・小説・戯曲などで、結びの部分。終章。終曲。また、物事の結末。⇔プロローグ。❸音楽のソナタ形式で、第2主題に基づく小終結部。
類語 結末・終章・エンディング・終わり

エビングハウス〖Hermann Ebbinghaus〗[1850～1909]ドイツの心理学者。記憶を数量的に測定して、忘却曲線を考案、実験心理学の創始者の一人となった。著「記憶について」「心理学要綱」など。

え-ふ【絵符¦会符】(エ) ❶江戸時代、運送の際に特別な便宜をはかるように公卿・武家など特定の者の荷物につけた目印の札。❷荷札。

え-ふ【▽衛府】(エ) ❶古代、宮城の警備、行幸・行啓の供奉(ぐぶ)などに当たった官司。律令制下では衛門府(えもんふ)・左右衛士府(えじふ)・左右兵衛府(ひょうえふ)の五衛府であったが、弘仁2年(811)以後、左右近衛府・左右衛門府・左右兵衛府の六衛府となった。衛府司。❷衛府の役人。衛府司。

エフ〖F¦f〗❶英語のアルファベットの第6字。❷音楽用語。㋐〈F〉音名の一。ヘ音。㋑〈*f*〉《(イタリア) forte》強弱標語の一つ、フォルテの記号。❸〈F〉《firm》鉛筆の芯(しん)の硬度(黒さ)を表す記号の一。HとHBの中間。➡H ➡B ❹〈F〉《floor》ビルなどの地上の階を表す略号。❺〈F〉《fluorine》弗素(ふっそ)の元素記号。❻㋐〈F〉《focal》レンズの明るさや絞りの大きさを表す記号。➡F値 ㋑〈f〉《focus》レンズの焦点距離を表す記号。f=55mmのように示す。❼〈F〉《(ドイツ) Fahrenheit》華氏温度を表す記号。❽〈F〉《farad》電気容量の単位、ファラッドの記号。❾〈*f*〉《function》数学で、関数を表す記号。❿〈F〉《female》女性を表す記号。⇔M。⓫《filial 子としての、の意》遺伝学で、雑種の代を示す記号。雑種第一代をF_1、雑種第二代をF_2と示す。⓬〈f〉《femto》数の単位、フェムトの記号。

え-ぶ【×閻浮】「えんぶ(閻浮)」の撥音の無表記。

エフ-アール〖FR〗《front engine rear drive》自動車で、エンジンを車体の前部に置き、動力を後輪に伝える方式。後輪駆動。⇔FF。

エフ-アール-アイ〖FRI〗《Fire Research Institute》消防庁消防研究所。平成18年(2006)、総務省消防庁消防大学校消防研究センターに改組。

エフ-アール-エス〖FRS〗《Federal Reserve System》連邦準備制度。連邦準備制度理事会(FRB)、連邦公開市場委員会(FOMC)と、12の連邦準備銀行(FRB)からなる米国の中央銀行制度。1914年創設。

エフ-アール-エヌ〖FRN〗《floating rate note》変動利付債。外貨資金調達のために発行されるユーロ債の一種で、利率が利払い期ごとに市場金利に連動して変化する。金利の乱高下の激しい市場で、資金調達・運用者双方の利益を均衡させるために発行されている。

エフ-アール-エム〖FRM〗《fiber reinforced metal》繊維強化金属。金属を基材に繊維で強化した複合材料。アルミ・マグネシウム・チタンなどが基材として使用される。

エフ-アール-シー〖FRC〗《fiber reinforced concrete》繊維強化コンクリート。炭化ケイ素繊維で補強したコンクリート。比重が水より小さく、釘やかんなを使うことができる。

エフ-アール-シー〖FRC〗《Foreign Relations Committee》米上院外交委員会。

エフ-アール-ティー-ピー〖FRTP〗《fiberglass reinforced thermoplastic》熱可塑性樹脂を用いた繊維強化プラスチック。

エフ-アール-ビー〖FRB〗《Federal Reserve Board》米国の連邦準備制度理事会。大統領が任命する7人の理事で構成され、うち一人が議長として統括する。中央銀行として公定歩合・FFレートの変更などを行うが、実際の中央銀行業務は下部組織である全米12の連邦準備銀行(FRB；Federal Reserve Bank)が担当する。➡FOMC 補説 連邦準備銀行と略称が同じだが、一般的に報道などで「FRB」とよばれるのは連邦準備制度理事会。

エフ-アール-ビー〖FRB〗《Federal Reserve Bank》連邦準備銀行。米国の連邦準備制度において、全国12の連邦準備区に1行ずつ設けられ、連邦準備制度理事会(FRB；Federal Reserve Board)の統括下、紙幣の発行などを行う。各区の市中銀行に対し地区の中央銀行としての役割を果たす。1913年設置。連銀。地区連銀。補説 地区連銀がある都市：ボストン・ニューヨーク・フィラデルフィア・クリーブランド・リッチモンド・アトランタ・シカゴ・セントルイス・ミネアポリス・カンザスシティー・ダラス・サンフランシスコ

エフ-アール-ピー〖FRP〗《fiberglass reinforced plastics》繊維強化プラスチック。➡強化プラスチック

エフ-アイ〖FI〗《fade-in》映画・テレビなどで、画面をだんだん明るくしていく手法。また、音をしだいに大きくしていくこと。溶明。⇔FO。

エフ-アイ-アール〖FIR〗《flight information region》航空情報区。ICAO(国際民間航空機関)が各加盟国に割り当てた空域。各国はその空域内を通行する航空機に運行に関する情報を提供する。

エフ-アイ-アール〖FIR〗《far infrared》►遠赤外線

エフ-アイ-イー-ジェー〖FIEJ〗《(フランス) Fédération Internationale des Editeurs de Journaux et Publications》国際新聞発行者協会。世界各国の新聞協会、新聞社経営者、編集長などが加盟する民間国際団体。現在はWAN(世界新聞協会)に改称。1948年設立。本部はパリ。

エフ-アイ-エー〖FIA〗《(フランス) Fédération Internationale de l'Automobile》国際自動車連盟。国際自動車レースの統括機関。国際ルールの決定などを行う。1904年設立。本部はジュネーブ。

エフ-アイ-エー〖FIA〗《Futures Industry Association》米国先物取引業協会。銀行・証券・商品業者が組織する商品先物市場取引業者の協会。

エフ-アイ-エー-ピー-エフ〖FIAPF〗《Fédération internationale des associations des producteurs de films》国際映画製作者連盟。映画・テレビ制作者団体の国際的な組織。著作権の保護や技術の共有、国際映画祭の監査などを行う。1933年に設立され、本部はパリ。

エフ-アイ-エス〖FIS〗《(フランス) Fédération Internationale de Ski》►フィス

エフ-アイ-エス-シー〖FISC〗《Center for Financial Industry Information Systems》►金融情報システムセンター

エフ-アイ-エヌ-エー〖FINA〗《(フランス) Fédération Internationale de Natation》国際水泳連盟。1908年設立。本部はスイスのローザンヌ。スポーツとしての水泳を国際的に統括し、その技術の育成と普及を図る。約200の国と地域が加盟。

エフ-アイ-エム〖FIM〗《(フランス) Fédération Internationale de Motocyclisme》国際モーターサイクル連盟。三輪以下の車両のモータースポーツを統轄。1904年設立。本部はスイスのミース。

エフ-アイ-エム〖FIM〗《field ion microscope》►電界イオン顕微鏡

エフ-アイ-エム-エス〖FIMS〗《(フランス) Fédération Internationale de Médecine du Sport》国際スポーツ医学連盟。スポーツ医学の研究・発展およびスポーツ選手の競技能力向上支援を目的に1920年設立。

エフ-アイ-エル〖FIL〗《(フランス) Fédération Internationale de Luge de Course》国際リュージュ連盟。1957年設立。

エフ-アイ-エル-エー〖FILA〗《(フランス) Fédération Internationale des Luttes Associées》国際レスリング連盟。1912年設立。

エフ-アイ-ジー〖FIG〗《(フランス) Fédération Internationale de Gymnastique》国際体操連盟。1921年設立。

エフ-アイ-ティー〖FIT〗《foreign independent travel; foreign independent tour; foreign individual tourist》個人手配の海外旅行。パッケージツアーに対して、個人や少人数で、コースや日程・宿泊施設などを自由に決めて行う旅行。ビジネスマンや旅慣れた人に人気があったが、格安航空券の普及に伴い一般旅行者にも広がっている。

エフ-アイ-ティー〖FIT〗《feed-in tariff》►固定価格買い取り制度

エフ-アイ-ティー-エー〖FITA〗《(フランス) Fédération Internationale de Tir à l'Arc》国際アーチェリー連盟。1931年設立。2012年、WA(World Archery Federation)に名称変更。

エフ-アイ-ビー-エー〖FIBA〗《(フランス) Fédération Internationale de Basketball》国際バスケットボール連盟。1932年設立。本部はジュネーブ。

エフ-アイ-ビー-ティー〖FIBT〗《(フランス) Fédération Internationale de Bobsleigh et de Tobogganing》

国際ボブスレー・トボガニング連盟。1923年設立。

エフ-アイ-ピー-ピー〘FIPP〙《フランス Fédération Internationale de la Presse Périodique》国際雑誌連合。世界各国の雑誌協会、出版社などが加盟する民間国際組織。言論、広告、出版物流通の自由の擁護、知的財産の保護などを活動目的とする。1925年設立。

エフ-アイ-ブイ-ビー〘FIVB〙《フランス Fédération Internationale de Volleyball》国際バレーボール連盟。1947年設立。本部はローザンヌ。

エフ-イー-エル〘FEL〙《free electron laser》▶自由電子レーザー

エフ-イー-オー-ジー-エー〘FEOGA〙《フランス Fonds Européen d'Orientation et de Garantie Agricole》欧州農業指導保証基金。EU(欧州連合)のCAP(共通農業政策)実施のための基金。発展の遅れた農村地域の振興と農民への助成を行った。2007年廃止、EAGF(欧州農業保証基金)とEAFRD(欧州農業農村開発基金)が創設された。(補説)英語での略称はEAGGF(European Agricultural Guidance and Guarantee Fund)。

エフ-イー-ティー〘FET〙《field-effect transistor》外部電界によって導電率を制御する半導体増幅素子。電界効果トランジスター。

エフ-イー-ディー〘FED〙《field emission display》コンピューターのディスプレーやテレビなどに使われる表示装置の一。電子線を蛍光体にぶつけて発光させる原理はブラウン管と同様だが、画素と同数の微小な電極を並べ、蛍光体に向けて電子線を放出する。ブラウン管に比べ、薄型で大画面、低消費電力のディスプレーにすることができる。電界放出ディスプレー。⇒SED

エフ-イー-ピー-シー〘FEPC〙《Federation of Electric Power Companies of Japan》電気事業連合会。昭和27年(1952)、全国九つの電力会社によって設立。

エフィシェンシー〘efficiency〙❶能率。❷効率。有効性。

エフィラ〘ephyra〙鉢クラゲ類の幼生。プラヌラ幼生を経て生じたポリプに横のくびれができ、分離して泳ぎ出したもの。体は平たい花びら状で、やがてクラゲとなる。

エフ-エー〘FA〙《factory automation》工場の受注品の生産計画から出荷までの全工程を、コンピューターを導入して自動化すること。

エフ-エー〘FA〙《focus aid》フォーカスエイド。カメラの焦点が合っていることを表示する機能。

エフ-エー〘FA〙《free agent》フリーエージェント。プロスポーツ、特にプロ野球で、一定期間の試合経験を積み、自由に他チームに移籍できる立場にある選手。

エフ-エー〘FA〙《Football Association》イングランドサッカー協会。1863年設立。本部はロンドン。

エフ-エー〘FA〙《Funding Agency》▶ファンディングエージェンシー

エフ-エー-アイ〘FAI〙《フランス Fédération Aéronautique Internationale》国際航空連盟。航空スポーツの普及と発展を目的とする民間団体。1905年設立。本部はローザンヌ。

エフ-エー-アイ-エス〘FAIS〙《Foundation for Advancement of International Science》国際科学振興財団。学際的・国際的研究の支援、関連国際学術会議・シンポジウムの開催などを行う。1977年設立。本部は茨城県つくば市。

エフ-エー-エー〘FAA〙《Federal Aviation Administration》連邦航空局。米国運輸省の一部局。民間航空の運行、管制、安全管理などを統轄する。

エフ-エー-エス〘FAS〙《free alongside ship》船側渡し。貿易取引条件の一。船積み港において、買い主の指定した本船の船側で貨物を引き渡すまでの価格で取引するもの。以後の所有権・費用・危険は売り主から買い主に移転する。舷側渡し。⇒FOB

エフ-エー-エス〘FAS〙《Federation of American Scientists》米国科学者連盟。第二次大戦後の1945年、マンハッタン計画に参加した原子力科学者を中心に米国の核科学者たちが集まって結成された非政府組織(NGO)。科学者の立場から軍備競争の中止、核兵器の使用禁止などを訴える。事務局はワシントン。

エフ-エー-エス〘FAS〙《fetal alcohol syndrome》▶胎児性アルコール症候群

エフ-エー-エス-アイ-ディー〘FASID〙《Foundation for Advanced Studies on International Development》国際開発高等教育機構。日本の海外経済協力のための人材養成などを目的とする外務省・文部科学省共管の財団法人。1990年創設。

エフ-エー-エス-ビー〘FASB〙《Financial Accounting Standards Board》米国財務会計基準審議会。米国の企業会計基準の取りまとめを行う機関。1973年設立。国際的な会計基準であるIFRS(国際財務報告基準)を規定するIASB(国際会計基準審議会)と会計基準の統合に向け協議を行っている(2012年7月現在)。

エフ-エー-エム〘FAM〙《foreign airmail》外国航空郵便。

エフ-エー-エム-アイ-シー〘FAMIC〙《Food and Agricultural Materials Inspection Center》▶農林水産消費安全技術センター

エフ-エー-オー〘FAO〙《Food and Agriculture Organization of the United Nations》国連食糧農業機関。国際連合の専門機関の一。世界各国民の栄養と生活水準の向上、食糧と農産物の生産と分配の改善を目的として、各種統計の作成・調査研究・勧告などを行う。1945年設立。本部はローマ。日本は1951年(昭和26)加盟。

エフ-エー-キュー〘FAQ〙《frequently asked question》頻繁に尋ねられる質問。あらかじめ予想される質問に対して、その質問と答えをまとめたもの。よくある質問に対するQ&A集。行政機関や企業などのインターネットのウェブサイトなどによく見られる。想定問答集。フェイク。

エフ-エー-ダブリュー〘FAW〙《First Automobile Works》▶第一汽車

エフ-エー-ディー〘FAD〙《familial Alzheimer's disease》▶家族性アルツハイマー病

エフェクター〘effector〙電気楽器に接続して音質を微妙に変化させることができる装置の総称。

エフェクティブ〘effective〙〔形動〕有効であるさま。効果的。「一な演出」

エフェクト〘effect〙❶効果。効力。❷舞台や放送などで用いる擬音効果。「サウンド一」

エフェス〘Efes〙▶エフェソス

エフ-エス〘FS〙《flight surgeon》▶フライトサージャン

エフ-エス-エー〘FSA〙《Financial Services Authority》英国の金融サービス業者を監督する機関。1997年の発足後、イングランド銀行が持つ銀行監督権限や、金融業界の複数の自主規制機関が統合され、2000年成立の「金融サービス・市場法」により、包括的な権限が付与された。金融サービス機構。

エフ-エス-エックス〘FSX〙《Fighter Support X から》航空自衛隊の次期支援戦闘機。国内開発も想定されたが、昭和62年(1987)、政治的配慮からF16戦闘機をもとに日米共同開発になった。

エフ-エス-エッチ〘FSH〙《follicle-stimulating hormone》卵胞刺激ホルモン。脳下垂体前葉から分泌されるホルモンで、卵巣の卵胞を成熟させ、卵胞ホルモンの分泌を促進させる。

エフ-エス-エフ〘FSF〙《Free Software Foundation》フリーソフトウエア財団。オープンソースのソフトウエアの普及を進めている米国の団体。GNUなどのUNIX互換ソフトウエアの開発プロジェクトで知られる。

エフ-エス-エフ〘FSF〙《Flight Safety Foundation》飛行安全財団。航空機の安全運航に関する諸規則や技術的問題を研究・提言する国際航空組織。本部は米国アレキサンドリア。

エフ-エス-エフ〘FSF〙《financial stability forum》▶金融安定化フォーラム

エフ-エス-エル-アイ-シー〘FSLIC〙《Federal Savings and Loan Insurance Corporation》米国連邦貯蓄貸付保険公社。貯蓄貸付組合(S&L)の預金を保険する政府機関。1934年設立。1980年代後半、多くのS&Lの経営破綻のため支払い不能に陥り、89年解体。連邦預金保険公社(Federal Deposit Insurance Corporation)に引き継がれた。

エフ-エス-ダブリュー〘FSW〙《friction stir welding》▶摩擦攪拌接合

エフ-エス-ビー〘FSB〙《Financial Stability Board》金融安定理事会。金融システムの監視機能を強化するため、従来の金融安定化フォーラムを拡充して、2009年に創設された組織。世界主要国の中央銀行や金融監督当局、IMFや世界銀行などの国際機関で構成され、規制や監視を通じて世界の金融秩序の維持を目指す。

エフ-エス-ピー〘FSP〙《Food Stamp Program》米国の食糧切符制度。生活保護者、失業者などに政府が切符(クーポン券)を発行し、指定された店で食料と交換できるようにした制度。

エフェソス〘Ephesos〙小アジアのエーゲ海岸にあった古代ギリシャの植民都市。現在のトルコ西部の町セルチュク近郊に位置。のちローマの支配下となるが、紀元前7世紀から紀元後6世紀にかけて栄えた。ドミティアヌス神殿、ハドリアヌス神殿、図書館、公衆浴場、大劇場などの遺跡がある。エペソ。エフェス。

エフェソス-こうかいぎ【エフェソス公会議】431年、東ローマ皇帝テオドシウス2世の召集によりエフェソスで開かれた宗教会議。キリストの神性を否定したコンスタンチノープルの大主教ネストリウスを異端として破門、ニカイア信条の再確認が行われた。

エフ-エックス〘FX〙《fighter experimental》自衛隊の、次期主力戦闘機。

エフ-エックス〘FX〙《「FX取引」の略。FXは、foreign exchange(外国為替)の略》▶外国為替証拠金取引

エフエックス-とりひき【FX取引】《foreign exchange margine trading》▶外国為替証拠金取引

エフエックス-フォーマット〘FX format〙▶三十五ミリフルサイズ

エフ-エッチ-エー〘FHA〙《Federal Housing Administration》連邦住宅局。米国の住宅政策に関する独立政府機関。住宅抵当融資についての保険制度を通じて住宅購入・修理のための民間資金調達、住宅建設を促進。住宅ローンの債務保証を行う。1934年設立。

エフェドリン〘ephedrine〙アルカロイドの一。無色の結晶。劇薬で、覚醒剤の原料。漢方薬の麻黄に含まれ、明治18年(1885)長井長義が初めて抽出。喘息の治療に用いる。化学式$C_{10}H_{15}NO$

エフ-エヌ-エヌ〘FNN〙《Fuji News Network》フジテレビジョンをキー局とした民放ニュースネットワーク。昭和41年(1966)発足。準キー局は大阪府の関西テレビで、クロスネットを含めて28局が加盟(平成24年8月現在)。

エフ-エヌ-エム-エー〘FNMA〙《Federal National Mortgage Association》米国連邦抵当権協会。連邦住宅局(FHA)などの保証する抵当証券や一般の住宅証券を流通させる金融・投資会社。1938年政府機関として発足。1968年に改組、民営化された。通称、ファニーメイ。

エフ-エフ〘FF〙《front engine front drive》自動車で、エンジンを車体の前部に置き、動力を前輪に伝える方式。小型車向き。前輪駆動。⇔FR。

エフ-エフ〘FF〙《federal funds》▶フェデラルファンド

エフ-エフ-エー〘FFA〙《Forum Fisheries Agency》南太平洋フォーラム漁業機関。南太平洋16か国が設立した総合漁業研究機関。各国経済水域などでの他国の漁業に対し、入漁料などに関する集団交渉などを行う。1979年設立。本部はソロモン諸島のホニアラ。

エフ-エフ-ピー〖FFP〗《frequent flier program》マイレージプログラム。航空会社が、常連の顧客に、利用飛行距離に応じて無料航空券などの特典を提供するサービス。
エフ-エフ-ブイ〖FFV〗《flexible fuel vehicle》▶フレックス燃料車
エフエフ-レート【FFレート】《FFは、federal funds の略》▶フェデラルファンドレート
エフ-エム〖FM〗❶《frequency modulation》周波数変調。❷「FM放送」の略。
エフ-エム〖FM〗《facility management》ファシリティーマネージメント。設備の運用管理。企業内の諸設備や資源の管理を効率よく行うための経営手法。
エフ-エム-アール-アイ〖fMRI〗《functional magnetic resonance imaging》MRI(磁気共鳴映像法)の原理を応用して、脳が機能しているときの血流の変化などを画像化する方法。また、その装置。機能的核磁気共鳴断層画像。機能的磁気共鳴断層撮影装置。
エフ-エム-エス〖FMS〗《flexible manufacturing system》フレキシブル生産システム。コンピューター・ロボットなどを活用した自動化生産システム。消費者の多様なニーズに合わせ、多品種生産に対応する。
エフ-エム-エス〖FMS〗《foreign military sales》米国の対外有償軍事援助。製造会社と輸入国の間に、国防総省が仲介に入る武器輸出方式。
エフエム-おんげん【FM音源】《frequency modulation sound source》合成音源の一。複数の正弦波の周波数を変調して合成することにより、さまざまな音色を表現する。携帯電話やゲーム機の音源として用いられる。ほかに、楽器の音や声の波形をデジタル化したPCM音源がある。
エフ-エム-シー〖FMC〗《Federal Maritime Commission》米国連邦海事委員会。海運、港湾を所管する米国連邦政府の独立行政委員会。1961年設立。
エフ-エム-シー〖FMC〗《flexible machining cell; flexible manufacturing cell》フレキシブル加工セル。フレキシブル生産セル。機械加工や組み立てにおける工場自動化のシステムで、NC(数値制御)工作機械と産業用ロボット・無人搬送車などを組み合わせたもの。
エフ-エム-シー〖FMC〗《fixed mobile convergence》固定電話などの有線通信と移動体通信を組み合わせた通信サービスの総称。携帯電話やPHSを家庭の固定電話の子機や企業の内線電話として利用するサービスをさす。
エフ-エム-シー-エス〖FMCS〗《Federal Mediation and Conciliation Service》アメリカ連邦調停局。州間にわたる労働争議を調停する。大統領直属の独立行政機関。1918年設立。
エフ-エム-シー-ティー〖FMCT〗《Fissile Material Cut-off Treaty》▶カットオフ条約
エフエム-データほうそう【FMデータ放送】ﾊｳｿｳ《FM-multiplexed data broadcast》▶FM文字多重放送
エフ-エム-ブイ〖FMV〗《fair market value》公正市場価格。米国政府が輸入製品価格などに関して設定した基準価格。ダンピング審査などに対して用いる。
エフ-エム-ブイ〖FMV〗富士通が販売するパソコンのブランド名。初代は平成5年(1993)に登場。
エフ-エム-ブイ-エス-エス〖FMVSS〗《Federal Motor-Vehicle Safety Standard》米国連邦自動車安全基準。1967年開始。
エフエム-ほうそう【FM放送】ﾊｳｿｳ 周波数変調方式による放送。音声や画像を送るとき、広い周波数帯を使用するところから、AM方式より送信能率が高く良質の放送ができ、また雑音の混入を防ぐ。日本ではラジオ放送として昭和32年(1957)NHK東京の実験放送に始まる。
エフエム-もじたじゅうほうそう【FM文字多重放送】ﾓｼﾞﾀﾁﾞﾕｳﾊｳｿｳ《FM multiplex telecasting》音声信号とともに文字データを同時に送信するFM放送。ニュースや天気予報、放送中の曲に関する情報などを提供する。
エフ-エル-キュー〖FLQ〗《ﾌﾗﾝｽ Front de Libération du Québec》ケベック解放戦線。1960年代から70年代にかけて、フランス系住民が多数を占めるケベック州のカナダからの分離独立を要求して、要人の誘拐や殺人、軍事施設の爆破などテロ活動を行った過激派組織。
エフ-オー〖FO〗《fade-out》映画・テレビなどで、画面をだんだん暗くしていく手法。また、音をしだいに小さくしていくこと。溶暗。⇔FI.
エフ-オー〖FO〗《ﾌﾗﾝｽ Force Ouvrière》フランス労働総同盟のうち、右派が1947年に結成した組合。
エフ-オー-アール〖FOR〗《Fellowship of Reconciliation》友和会。キリスト教系の反戦主義者団体。1914年設立。本部はロンドン。
エフ-オー-アール-ティー-エッチ〖FORTH〗《For Traveler's Health》厚生労働省検疫所が海外感染症情報を提供するプロジェクト。
エフ-オー-アイ〖FOI〗《freedom of information》情報の自由。個人のプライバシーや国家の安全に影響を与えないという範囲内で、政府など公的機関の情報を公開すること。
エフ-オー-アイ-エー〖FOIA〗《Freedom of Information Act》米国の情報公開法。一部の例外を除いて、請求に応じてすべての政府情報を公開することを義務づけている。1966年制定。
エフ-オー-イー〖FoE〗《Friends of the Earth》地球の友。気候変動・エネルギー問題・森林破壊など、エコロジー問題に取り組んでいる国際環境保護団体。1971年設立。事務局はアムステルダム。80年には日本の組織としてFoE Japanが結成された。
エフ-オー-エフ〖FOF〗《fund of funds》▶ファンドオブファンズ
エフ-オー-エム〖FOM〗《fosfomycin》ホスホマイシン。抗生物質の一種。
エフ-オー-エム-シー〖FOMC〗《Federal Open Market Committee》連邦公開市場委員会。米国内でのドル供給の大枠を決めることによって、公開市場操作に重要な役割を果たす機関。米連邦準備制度理事会(FRB)の理事および地区連邦銀行総裁(ニューヨーク連邦銀行総裁を含む)5名で構成される。FRBと連携して米国の金融政策をリードする。
エフ-オー-シー〖FOC〗《free of charge》無料。
エフ-オー-シー〖FOC〗《flag of convenience》便宜国旗。税金その他の点で便宜を与えてくれる国で船籍登録した船舶が掲げる登録国の国旗。また、そのような外国に登録された船舶。
エフォート〖effort〗努力。奮闘。
エフ-オー-ビー〖FOB〗《free on board》本船渡し。貿易取引条件の一。船積み港において、買い主の指定した本船甲板上に貨物を積み込むまでの価格で取引するもの。以後の所有権・費用・危険は売り主から買い主に移転する。甲板渡し。⇒CIF
エフォリエ-ノルド〖Eforie Nord〗ルーマニア南東部、黒海に面する海岸保養地。コンスタンツァの南約10キロメートルに位置する。テキルギョル湖の泥はリウマチ治療や美容に効果があるとされ、療養地としても有名。
エフ-キュー-ディー-エヌ〖FQDN〗《fully qualified domain name》インターネットやイントラネットなどのTCP/IPネットワークにおいて、ホスト名、サブドメイン名、ドメイン名を省略せずに完全に指定する記述形式。完全修飾ドメイン名。
エフクシヌグラート-きゅうでん【エフクシヌグラート宮殿】《Euxinograd》ブルガリア北東部の都市バルナの北郊にある宮殿。19世紀末、ブルガリア公アレクサンダル1世の夏の離宮として建造。現在は、政府の迎賓館および大統領の夏の別荘として使用されるほか、毎年オペラ音楽祭が催されている。
え-ぶくろ【餌袋】ゑ ❶鷹狩りに際して携行した、鷹のえさや獲物を収める竹かごなどの容器。のちには、弁当などを入れて携行した。えふご。❷魚・鳥の胃袋。また、人の胃袋を卑しめていった語。
エフ-ケー〖FK〗《free kick》サッカー・ラグビーなどで、フリーキック。
エフゲニー-オネーギン〖Evgeny Onegin〗▶エウゲニー＝オネーギン
え-ふご【餌×畚｜餌×籠】ゑ ❶「餌袋ゑぶくろ❶」に同じ。❷茶器で、❶に似た形のもの。
エフご-こうげき【F5攻撃】コンピューターネットワークを通じて攻撃を与える不正アクセスの一種。サービス拒否攻撃とよばれる手法の一つで、Internet Explorerなどのウェブブラウザーの画面表示を更新するファンクションキー「F5」を連打することで、ウェブサーバーに対し短時間に大量の負荷を与えることができる。近年はサーバーの性能やネットワークの環境が著しく向上したため、システムダウンには至らないとされる。F5アタック。
エフ-シー〖FC〗《和 franchise＋chain》▶フランチャイズチェーン
エフ-シー〖FC〗《football club》フットボールクラブ。サッカーのチーム名に使われることが多い。FCバルセロナ、FCバイエルンミュンヘンなど。
エフ-シー〖FC〗《fine ceramics》ファインセラミックス。寸法精度や強さを著しく向上させた窯業製品。
エフ-ジー〖FG〗《field goal》アメリカンフットボールで、フィールドゴール。
エフ-シー-アイ〖FCI〗《Fédération Cynologique Internationale》▶国際畜犬連盟
エフ-シー-エー〖FCA〗《fast critical assembly》日本原子力研究開発機構の東海研究開発センターにある高速炉臨界実験装置。同機構の前身である日本原子力研究所の東海研究所に設置され、昭和42年(1967)初臨界を達成。
エフ-シー-エス〖FCS〗《flight computer system, flight control system》飛行操縦コンピューターシステム。戦闘機をコンピューターを用いて操縦する方式。
エフ-ジー-エフ〖FGF〗《fibroblast growth factor》線維芽細胞増殖因子。このうち、ヒト塩基性線維芽細胞増殖因子は褥瘡じょくそう、皮膚潰瘍の治療剤として利用されている。
エフ-シー-エム〖FCM〗《flow cytometry》▶フローサイトメトリー
エフシー-ぎふ【FC岐阜】日本プロサッカーリーグのクラブチームの一。ホームタウンは岐阜市を中心とする岐阜全県。平成13年(2001)に発足。NPO法人が運営してきたが同18年に株式会社化し、同20年にJリーグに加入した。
エフ-シー-シー〖FCC〗《Federal Communications Commission》連邦通信委員会。大統領直属の米国の独立政府機関。米国のテレビ・ラジオ・電報・電話などの事業の許認可権限をもつ。1934年設立。
エフ-シー-シー-ジェー〖FCCJ〗《Foreign Correspondents' Club of Japan》日本外国特派員協会。日本に派遣されている報道機関で構成される特例社団法人。通称プレスクラブ(Press Club)。1945年設立。本部は東京都千代田区。在日外国特派員クラブ。
エフシー-とうきょう【FC東京】ﾄｳｷﾔｳ 日本プロサッカーリーグのクラブチームの一。ホームタウンは東京都。昭和10年(1935)創設の東京ガスのクラブチームが、平成11年(1999)に名称を変更しJリーグに加入。
エフ-シー-ビー-ピー〖FCBP〗《foreign currency bills payable》外貨支払い手形。
エフじ-こう【ｆ字孔】バイオリンやチェロなどの西洋弓奏弦楽器で、表板の左右にあけたｆ字形の孔あな。共鳴胴内の空気振動を外に伝える役割をする。響孔。
エプスタイン〖Jacob Epstein〗[1880〜1959]英国の彫刻家。ニューヨークの生まれ。パリでロダンに師事したのち、ロンドンに定住。古代エジプト彫刻の影響を受けた力強い作品を残した。
エプスタインバール-ウイルス〖Epstein-Barr virus〗▶EBウイルス

エフスリー-そう【F3層】《Fは、female(女性)の頭文字から》視聴率調査や、広告業界が商品開発の際にターゲットとする世代区分で、50歳以上の女性のこと。これより若い女性世代をF2層・F1層。同世代の男性をM3層という。

エブセディック〘EBCDIC〙《Extended Binary-Coded Decimal Interchange Code》コンピューターの、拡張2進化10進コード。米国IBM社が開発したメインフレーム用文字コード体系。8ビットを1バイトとして数字や文字を表す符号体系。

エフ-そう【F層】地上から約130キロ以上の高さにある電離層。酸素原子Oと窒素分子N_2が紫外線によって電離されたもの。

エフタ〘EFTA〙《European Free Trade Association》欧州自由貿易連合。1960年、EEC(欧州経済共同体)に加わらなかった英国・スウェーデン・ノルウェー・デンマーク・オーストリア・スイス・ポルトガルの7か国で結成された経済統合機構。のちフィンランド(1961)・アイスランド(1970)・リヒテンシュタイン(1991)が加盟したが、EC(欧州共同体)、EU(欧州連合)への加盟などにより、英国(1973)・デンマーク(1973)・ポルトガル(1986)・オーストリア(1995)・スウェーデン(1995)・フィンランド(1995)が脱退。2012年現在の加盟国は、アイスランド・スイス・ノルウェー・リヒテンシュタインの4か国。➡EEA

え-ふだ【絵札】ヱ ❶カルタの、絵の描いてある札。❷トランプで、ジャック・クイーン・キングの描かれた12枚の札。❸絵のかいてある立て札。「小れんが河端に立てた―の文字を」〈荷風・牡丹の客〉

エプタ〘EPTA〙《Expanded Program of Technical Assistance》拡大援助計画。国連の技術援助計画の一つ。1950年発足、66年UNSFと統合されUNDPに発展。エタップ(ETAP)。➡UNDP

エフ-ダブリュー〘FW〙《forward》サッカー、ラグビーなどで、フォワード。

エフ-ダブリュー-ディー〘FWD〙《front-wheel drive》前輪駆動車。

エフ-ダブリュー-ディー〘FWD〙《four-wheel drive》四輪駆動車。4WD。

エフ-ダブリュー-ワイ〘FWY〙《freeway》高速道路。

エフタル〘Ephtalite〙5世紀から6世紀にかけて大国家をつくり、中央アジアを支配した遊牧民族。6世紀後半、突厥(とっけつ)とササン朝ペルシアに滅ぼされた。(補説)「嚈噠」「挹怛」とも書く。

エフ-ち【F値】❶《Fはfocal(焦点)の意》カメラなどのレンズの焦点距離を有効口径で割った値。F/2.0などと表記する。一般に、カメラのレンズには光線の量を調節する絞りがあり、その絞りの値を指す。絞り値。Fナンバー。F数。F番号。➡開放F値 ❷《fixation index》►近交係数

エフツー-そう【F2層】《Fは、female(女性)の頭文字から》視聴率調査や、広告業界が商品開発の際にターゲットとする世代区分で、35歳から49歳までの女性のこと。これより若い女性世代をF1層、同世代の男性をM2層、年上の女性世代をF3層という。

えふ-づかさ【▽衛府▽司】ヱフ「衛府」に同じ。

え-ぶっし【絵仏師】ヱ 寺院の絵所に属し、仏教絵画の制作、仏像の彩色を職業とした者。平安時代に始まり、僧籍にあって、鎌倉中期までは僧位が与えられていた。京の宅磨(たくま)派・奈良の巨勢(こせ)派など。

え-ふで【絵筆】ヱ 絵を描くのに使う筆。画筆(がひつ)。

エフ-ティー〘FT〙《The Financial Times》►フィナンシャルタイムズ

エフ-ティー〘FT〙《floor technician》►フロアテクニシャン

エフ-ディー〘FD〙《floppy disk》►フロッピーディスク

エフ-ディー〘FD〙《floor director》►フロアディレクター

エフ-ディー〘FD〙《food defense》►フードディフェンス

エフ-ディー-アール〘FDR〙《flight data recorder》►フライトレコーダー

エフ-ディー-アイ-シー〘FDIC〙《Federal Deposit Insurance Corporation》連邦預金保険公社。被保険銀行における預金を保護するため預金保険業務を行う米国政府の独立機関。1933年設立。本社はワシントン。

エフ-ティー-エー〘FTA〙《free trade agreement》►自由貿易協定

エフ-ティー-エー〘FTA〙《fault tree analysis》故障の木解析。システム各部分における故障の因果関係と発生確率の分析による、システム全体の故障防止の研究。フォールトツリー解析。

エフ-ティー-エー〘FTA〙《fluorescent treponemal antibody》►蛍光抗体法

エフ-ティー-エー〘FTA〙《free trade area》►自由貿易地域❶

エフ-ディー-エー〘FDA〙《Food and Drug Administration》食品医薬品局。保健福祉省に属する米国の政府機関。食品添加物の検査や取り締まり、医薬品の認可などを行う。

エフ-ティー-エー-エー〘FTAA〙《Free Trade Area of the Americas》米州自由貿易圏。南北アメリカ大陸全域を一つの自由貿易圏にするとの構想。1994年12月の米州サミットにおいて、2005年末までの成立を目指すことで合意したが、一部南米諸国の反対により交渉が中断、2012年現在妥結に至っていない。

エフ-ティー-エー-エー-ピー〘FTAAP〙《Free Trade Area of the Asia Pacific》アジア太平洋自由貿易圏。APEC地域内に関税を撤廃した自由貿易圏を作る構想。2006年にベトナムで開催されたAPEC首脳会議で、米国の提案を受け、検討課題として首脳宣言(ハノイ宣言)に盛り込まれた。

エフ-ディー-エックス〘FDX〙《full duplex》全二重。両方向同時に通信できる方式。

エフ-ディー-エム〘FDM〙《frequency division multiplexing》周波数分割多重。同時に複数の信号を異なる周波数帯に割り当て送受信する方式のこと。

エフ-ディー-エム-エー〘FDMA〙《Fire and Disaster Management Agency》►消防庁㊀

エフ-ディー-エム-エー〘FDMA〙《frequency division multiple access》周波数分割多元接続。無線通信などの利用効率を高めるための技術の一つ。同一周波数帯を複数の帯域に分割し、利用者ごとに異なる搬送波を使用して同時に通信を行う。日本では第一世代携帯電話(1G)や自動車電話の通信方式として採用された。

エフティー-サーバー【FTサーバー】《fault tolerant server》►フォールトトレラントサーバー

エフ-ティー-シー〘FTC〙《Federal Trade Commission》米国の連邦取引委員会。1914年設立の独立行政委員会。独占禁止法の実施状況の監査、反トラスト法に関する調査などを行う。

エフ-ティー-シー〘FTC〙《Fair Trade Commission》►公正取引委員会

エフ-ティー-シー〘FTC〙《fault tolerant computer》►フォールトトレラントコンピューター

エフ-ディー-シー〘FDC〙《food distribution center》食糧集配センター。生鮮食料品の流通を合理化する拠点。

エフ-ティー-ゼット〘FTZ〙《free trade zone》►自由貿易地域

エフ-ディー-ディー〘FDD〙《floppy disk drive》►フロッピーディスクドライブ

エフ-ディー-ディー〘FDD〙《frequency division duplex》一つの伝送路(または搬送波)で周波数帯を半分に分割し、送信と受信を同時に行うことで全二重通信を実現する方式。第三世代携帯電話(3G)のW-CDMAやCDMA2000などで採用された。周波数分割複信。周波数分割双方向伝送。

エフ-ディー-ディー-アイ〘FDDI〙《fiber distributed data interface》光ファイバーによるLAN接続の標準規格の一。内回り・外回りの二重リング構造で耐障害性を高めている。リング一つ当たりの最大データ転送速度は100Mbps。最長100キロメートルまでの延伸が可能。

エフ-ティー-ティー-エッチ〘FTTH〙《fiber to the home》光ファイバーを利用した家庭用の高速データ通信サービス。➡FTTB

エフ-ティー-ティー-シー〘FTTC〙《fiber to the curb》光ファイバーを利用した高速データ通信サービスの導入形態の一。光ケーブルを利用者の建物の手前まで敷設し、屋内の各部屋やオフィスへの引き込みにはメタルケーブルを使用する。直接家庭やオフィスに光ケーブルを引き込むFTTPに比べ、低コストという特徴がある。(補説)curbは「道路脇の縁石」の意。建物周囲までの配線であることを示す。

エフ-ティー-ティー-ビー〘FTTB〙《fiber to the building》光ファイバーを利用した、オフィスビル、集合住宅などを対象とする高速データ通信サービス。➡FTTH

エフ-ティー-ティー-ピー〘FTTP〙《fiber to the premises》光ファイバーを利用した高速データ通信サービスのうち、光ケーブルを利用者の元まで直接引き込む導入形態の総称。一般家庭を対象とするサービスをFTTH、オフィスビルや集合住宅を対象とするサービスをFTTBとよぶ。➡FTTC (補説)premiseは敷地、建物の意。屋内まで光ケーブルを引き込むことを表す。

エフ-ティー-ピー〘FTP〙《File Transfer Protocol》インターネット上でファイルを転送するためのプロトコル。インターネット上でのファイル転送サービスを意味する場合もある。

エフ-ディー-ビー〘FDB〙《fluid dynamic bearing》►流体軸受け

エフ-ディー-ピー〘FDP〙《fibrin degradation product》フィブリン分解産物。血液凝固機能の検査。基準値は、10mg/ml未満。

エフ-ディー-ピー〘FDP〙《(ドイ) Freie Demokratische Partei》►自由民主党㊁

エフディスク〘FDISK〙ハードディスクの記録領域の区分を設定するためのMS-DOSのコマンド。

エフ-デー-ペー〘FDP〙《(ドイ) Freie Demokratische Partei》►自由民主党㊁

え-ぶな【江×鮒】ボラの幼魚のこと。上方でいう。

エフ-ナンバー〘F-number〙►F値❶

え-ぶね【▽家船】《「えふね」とも》九州北西部、特に長崎県沿岸で、住居として一家族が船に乗り、漁業や行商をして生活していた漂泊漁民。

えふ-の-かみ【▽衛府▽督】ヱフ 六衛府の長官の総称。左右の近衛大将(このえのだいしょう)、左右の兵衛督(ひょうえのかみ)、左右の衛門督(えもんのかみ)をいう。

えふ-の-すけ【▽衛府▽佐】ヱフ 六衛府の次官の総称。左右の近衛中・少将、左右の兵衛佐、左右の衛門佐をいう。

えふ-の-たち【▽衛府の太▽刀】ヱフ 六衛府の武官が帯びる兵仗(ひょうじょう)の太刀。初め警備用であったが、のちに儀仗(ぎじょう)用の飾り太刀となった。毛抜き形の太刀。平鞘(ひらざや)の太刀。革緒の太刀。陽の太刀。野太刀。

えぶ-の-み【×閻浮の身】「えんぶ(閻浮)の身」に同じ。「一なればなほやまず思ひは深し」〈古今・雑体〉

エフパリノス-の-トンネル《Efpalinio orygma》ギリシャ、エーゲ海南東部、サモス島の港町ピタゴリオンにある地下導水路跡。紀元前6世紀、僭主ポリュクラトスの命により、メガラ出身の技術者エフパリノスの設計で建造。全長1キロメートル以上のトンネルが今も残り、当時の土木技術の高さをうかがうことができる。

エフ-ビー〘FB〙《financing bill》►政府短期証券

エフ-ビー〘FB〙《fullback》ラグビー・サッカーなどで、フルバック。

エフ-ビー〘FB〙《Facebook》►フェースブック

エフ-ピー〘FP〙《financial planner》►ファイナンシャルプランナー

エフ-ビー-アール〘FBR〙《fast breeder reactor》►高速増殖炉

エフ-ビー-アイ〘FBI〙《Federal Bureau of Investigation》米国の連邦捜査局。司法省に属し、連邦法違反に対する捜査や公安情報の収集などを行う。

エフ-ビー-イー〔FBE〕《foreign bill of exchange》外国為替手形。

エフ-ビー-エス〔FBS〕《fasting blood sugar》空腹時血糖。糖尿病の検査では、まず空腹時の血糖値を測定する。

エフ-ビー-エス〔FBS〕《forward base system》前進基地システム。米国の海外核兵器配備体系。

エフ-ピー-エス〔fps〕《frame per second》フレームレートの単位。動画を構成する個々の静止画の、1秒間当たりの連続表示回数を表す。動画のなめらかさを表す指標となる。フレーム毎秒。

エフ-ビー-エム〔FBM〕《fleet ballistic missile》艦隊用弾道ミサイル。潜水艦発射弾道ミサイル。➡SLBM

エフ-ビー-シー〔FBC〕《fluidized-bed combustion》流動床燃焼技術。石炭などを高温の粉粒子を浮遊させた流動床で燃焼させて、公害源の亜酸化窒素を減少させ、燃焼効率を上げる方式。

エフ-ピー-ディー〔FPD〕《flat-panel display》►フラットパネルディスプレー

エフピー-ほう【FP法】ﾃﾞ《function point method》►ファンクションポイント法

エフ-ピー-ユー〔FPU〕《floating-point number processing unit》浮動小数点数演算装置。マイクロプロセッサーの性能強化を目的とする、実数計算に特化したコプロセッサー(補助プロセッサー)。

え-ぶみ【絵踏み】ｴ ❶江戸時代、幕府がキリスト教禁止の手段として、長崎などで正月4日から8日まで、聖母マリアやキリスト像を彫った木板・銅板などを踏ませて教徒でないことを証明させたこと。➡踏み絵 ❷「踏み絵❷」に同じ。(補説)❶で、もとは、踏ませた絵や像を「踏み絵」といい、踏む行為を「絵踏み」といった。踏む行為を「踏み絵」とするのは本来は誤り。

エブラ〔Ebla〕シリアの古代都市国家。紀元前3000年代中期から2000年にかけて繁栄。遺跡から西セム語の最古の資料である楔形(くさびがた)粘土板文書が大量に発見されている。

え-ぶり【ˣ杁｜柄振(り)】❶農具の一。長い柄の先に横板のついたくわのような形のもの。土をならしたり、穀物の実などをかき集めたりするのに用いる。えんぶり。❷能の小道具の一。竹ざおの先に板をつけたもので、雪かきに用いる。

えぶり-いた【柄振(り)板】塀や庇(ひさし)の出し桁(げた)の端などを覆うための化粧板。

えぶりこ　サルノコシカケ科のキノコ。カラマツの老木の幹に寄生し、下方に生長して釣り鐘形となる。表面は白または灰黄色。肉は白色でもろく、苦い。健胃剤・制汗剤に用いる。本州中部以北に分布。とうぼし。

えぶり-すり【ˣ杁ˣ摺り】田植前の田の土をえぶりでならす作業。東北地方で、予祝行事として小正月にその年の豊作を願って、雪上で模擬的に行うこともある。えぶりおし。➡荒(あら)くろ摺(ず)り

エプロン〔apron〕❶衣服の汚れを防ぐため、胸からひざ、または腰から下を覆う洋風の前掛け。❷飛行場で、旅客の乗降や貨物の積み降ろし、整備点検などを行うため、航空機が停留する区域。❸ゴルフで、フェアウエーからグリーンへの入り口になっている斜面。花道。❹「エプロンステージ」の略。
(類語)前垂れ・前掛け・割烹着(かっぽうぎ)・上っ張り

エプロン-ステージ〔apron stage〕劇場で、客席の中までせり出している正面舞台。張り出し舞台。

エプロン-ドレス〔apron dress〕前掛け型の婦人用仕事着で、ドレスの役目を兼ねるように作られ、後ろをひもで結ぶもの。

エフ-ワイ〔FY〕《fiscal year》会計年度。

エフ-ワイ-アイ〔FYI〕《for your information》ご参考までに、の意。

エフ-ワン〔F1〕《Formula One》FIA(国際自動車連盟)が最大の重量・排気量を規定する一人乗りレーシングカー。レースは、世界各地を転戦する。フォーミュラワン。

エフ-ワン〔F1〕《first filial》►一代雑種

エフワン-しゅし【F1種子】異なる特性をもつ近交系または純系の品種を交配した一代雑種(F1)の種子。雑種強勢を利用し、両親よりも優れた品種を作り出すことができる。優れた遺伝特性が現れるのは一代限りで、2代目以降はメンデルの法則によって形質が一定しなくなる。ハイブリッド種子。

エフワン-そう【F1層】《Fは、female(女性)の頭文字から》視聴率調査や、広告業界が商品開発の際にターゲットとする世代区分で、20歳から34歳までの女性のこと。これより若い世代をT層、同世代の男性をM1層、年上の女性世代をF2層・F3層という。

エペ〔ﾌﾗﾝｽ épée〕フェンシングに用いる鋼鉄製の剣。また、それを用いる競技。もと決闘用の細身の剣で、突きだけが認められている。1900年からオリンピック種目。近代五種競技の一。➡フルーレ ➡サーブル

えべす【恵ˇ比須】「えびす」の音変化。

えべつ【江別】北海道、石狩平野中部の市。明治11年(1878)屯田兵の入植・開拓に始まる。製紙工業・酪農が盛ん。札幌に接し、住宅地・文教地区。人口12.4万(2010)。

えべっ-さん　関西地方で、「えびす(恵比須)さん」の音変化。➡えびす(恵比寿)

えべつ-し【江別市】►江別

えへへ〔感〕てれたり、その場をつくろおうとしたり、人にこびたりするときなどに出す笑い声。

えへら-えへら〔副〕人を小ばかにして、また、しまりなく笑うさま。「―(と)するだけで返事もしない」

エペルネー〔Épernay〕フランス東部、シャンパーニュ地方、マルヌ県の都市。同県の副県都。マルヌ川沿いに位置し、ランスと並び、シャンパンの一大産地として知られる。百年戦争と第一次世界大戦における激戦地の一。エペルネ。

エベレスト〔Everest〕ヒマラヤ山脈の主峰。ネパールと中国チベット自治区との国境にあり、標高8848メートル。1852年に世界最高峰と判明したとき、インド測量局長官であったG=エベレストを記念して命名。1953年、英国登山隊が初登頂。チベット語名チョモランマ、ネパール語名サガルマータ。

えへん〔感〕せきばらいをするときの声。また、人の注意を引くために出す、せきばらいの声。

エベンキ〔Evenki〕シベリア・中国東北地方北部に住む少数民族で、エベンキ語を話す民族の自称。狩猟やトナカイの飼育を主な生業とする。旧称、ツングース族。

エベント〔event〕►イベント

エボイア-とう【エボイア島】ﾀｳ《Euboia》►エビア島

え-ほう【依報】仏語。過去の業(ごう)の報いとして受ける、心身のよりどころとしての国土などの環境。⇔正報(しょうほう)。

え-ほう【恵方】ｴﾊｳ・【ˇ吉方】ｴﾊｳ その年の干支(えと)によって定められる、最もよいとされる方角。その方向に歳徳神(としとくじん)がいるとされる。吉方(えほう)。明(あき)の方(かた)。(季 新年)「ひとすぢの道をあゆめる―かな/青畝」

えほう-がみ【恵方神】ｴﾊｳ「歳徳神(としとくじん)」に同じ。

え-ぼうし【ˣ烏帽子】「えぼし(烏帽子)」に同じ。

え-ぼうしょ【絵奉書】ｴ ❶淡彩で草花などを描いてある奉書紙。祝儀用。❷錦絵(にしきえ)の色刷りなどに用いられる上質の奉書紙。

えほう-だな【恵方棚】ｴﾊｳ「歳徳棚(としとくだな)」に同じ。

えほう-まいり【恵方参り】ｴﾊｳﾏｲﾘ 元旦に恵方にあたる社寺に参詣して、その年の幸福を祈ること。恵方詣で。(季 新年)「めでたさや―の酔ひ戻り/秋桜子」

えほう-まき【恵方巻(き)】ｴﾊｳ・【ˇ吉方巻(き)】ｴﾊｳ 節分の日に、その年の恵方を向いて食べる太巻き寿司。心の内に願い事をしながら黙って食べると願い事がかなうという。大阪地方の習慣であるが、平成12年(2000)ごろから全国に広がった。(補説)大阪地方の地元では単に「巻き寿司」と呼ぶことが多い。

エポキシ〔Epoxi〕米国の彗星(すいせい)探査機。旧称ディープインパクト。2005年1月に打ち上げられテンペル第1彗星に衝突体を撃ち込み、衝突の様子を観測した。計画当初の役割を終え、現名称に改称。引き続き系外惑星と彗星の観測を行う。2010年10月、ハートレー第2彗星に約700キロメートルまで接近し、中心核を観測した。

エポキシ-じゅし【エポキシ樹脂】《epoxy resin》分子中にエポキシ基とよぶ炭素2個と酸素1個の三員環からなる基をもつ構造の熱硬化性樹脂。耐薬品性が高いので塗料・電気絶縁材・接着剤として使用。

エポケー〔ｷﾞﾘｼｬ epochē〕❶哲学で、判断をいっさい差し控える態度。判断中止。古代ギリシャの懐疑論者たちが哲学上の独断的主張に反対して唱えた。❷フッサールの現象学で、純粋意識の領域に至るために、自然的態度に基づく判断を中止すること。現象学的判断中止。

え-ぼし【ˣ烏ˇ帽子】《「えぼうし」の音変化で、烏塗(くろぬ)りの帽子の意》❶元服した男子のかぶり物の一。古代の圭冠(はしはこうぶり)の変化したもの。もと平絹や紗(しゃ)などで袋形に作り、薄く漆を引いて張りをもたせたが、平安末より紙を漆で固く塗り固めて作った。貴族は平常用として、庶民は晴れの場合に用いた。階級・年齢などの別によって形と塗りを異にするようになり、立(たて)烏帽子・風折(かざおり)烏帽子・侍烏帽子・引立(ひきたて)烏帽子・揉(もみ)烏帽子などの区別が生じた。❷紋所の名。❶をかたどったもの。
烏帽子を着(き)・せる　飾り物を付けることから、転じて、妙な誇張をする。尾鰭(おひれ)をつける。

えぼし-おや【ˣ烏ˇ帽子親】武家で男子が元服するとき、烏帽子をかぶせてやり、烏帽子名をつける仮の親。元服親。

えぼしおり【烏帽子折】ｴﾎﾞｼｵﾘ 謡曲。四番目物。金春(こんぱる)以外の各流。宮増(みやます)作で、義経記などに取材。牛若丸が鏡の里の烏帽子折の家で元服し、夜盗の熊坂長範を退治する。

えぼし-おり【ˣ烏ˇ帽子折り】ｦﾘ 烏帽子を作ること。また、その職人。(補説)曲名別項。

えぼし-がい【ˣ烏ˇ帽子貝】ｶﾞﾋ 甲殻綱エボシガイ科の節足動物。体長約5センチ。頭部は烏帽子形をした5枚の殻に覆われ、柄部は肉質で、船底・流木などに付着。殻の間からひげ状の蔓脚(まんきゃく)を出し、プランクトンを集めて捕食する。

えぼし-かけ【ˣ烏ˇ帽子掛(け)｜ˣ烏ˇ帽子懸(け)】❶烏帽子が脱げないように、後部の風口(かざぐち)につけて後頭部で結んだり、頂上からかけてあごの下で結んだりする紐(ひも)。武士の折烏帽子では組緒を用い、頂頭(ちょうず)掛けという。❷烏帽子を掛けるため柱に打つくぎ。

えぼし-がみ【ˣ烏ˇ帽子髪】烏帽子をかぶるときに結う髪形。えぼしした。

えぼし-ぎ【ˣ烏ˇ帽子着】《元服に烏帽子をつけるところから》元服。元服式。よぼしぎ。〈日葡〉

えぼし-ご【ˣ烏ˇ帽子子】元服のとき、烏帽子親から烏帽子をかぶせてもらい、烏帽子名をつけてもらう者。元服子。

えぼし-どり【ˣ烏ˇ帽子鳥】❶エボシドリ科の鳥。全長約45センチ。全体に緑色。❷ホトトギス目エボシドリ科の鳥の総称。羽色は緑・紫・灰色などのものが多く、頭に冠羽がある。アフリカに分布。カンムリエボシドリなど。

えぼし-な【ˣ烏ˇ帽子名】男子が元服のとき、幼名を改めて、烏帽子親の名前から1字をもらってつける名。元服名。

えぼし-はじめ【ˣ烏ˇ帽子始め】男子が元服して、初めて烏帽子をつけること。また、その儀式。

えぼし-やま【烏帽子山】和歌山県南部、新宮市と東牟婁(ひがしむろ)郡那智勝浦町の境にある山。標高910メートル。那智山の一峰。南西方に那智の滝がある。吉野熊野国立公園に属する。名の由来は山頂直下に烏帽子形をした帽子岩があることから。

えぼ-だい【えぼˣ鯛】ｴﾋﾞ イボダイの別名。

エポック〔epoch〕時代。特に、新しく画期的な時代・時期。新紀元。「―を画する」
(類語)時代・年代・時期・世紀・時世(じせい)・時節・世(よ)

エポック-メーカー〔epoch maker〕新時代を開くような画期的なことを成し遂げた人。

エポック-メーキング〔epoch-making〕〔形動〕

ある事柄がその分野に新時代を開くほど意義をもっているさま。画期的。「—な発明」
エボナイト〖ebonite〗生ゴムに多量の硫黄をまぜ、加熱して得られる黒色の角質状の物質。化学的に安定で、電気絶縁性にすぐれる。万年筆の軸や電気器具などに使用。硬化ゴム。硬質ゴム。
エボニー〖ebony〗黒檀こくたん。
エボニックス〖Ebonics〗《ebony(漆黒、黒人)＋phonics(音声学)》米国の黒人英語。学問的にはBlack English Vernacularとよばれる。thereがdere、boyがboahとなるなどの発音上の違い、三人称単数現在・複数形・所有格のsを省くなどの文法上の違いなど、標準英語と比べて多くの相違がある。
エポニミー-こうか【エポニミー効果】《eponymy effect》「ニュートンの運動法則」「マクスウェルの電磁方程式」などのように、新しい法則や方程式を発見した研究者の名前を名称に付けると、業績を上げる効果があるという考え方。
エホバ〖Jehovah〗▶ヤーウェ
エボラ〖Évora〗ポルトガル中南部の都市。古代ローマ時代から交通の要路に位置し、アレンテージョ地方の中心都市として発展。イスラム支配後はポルトガル王ジョアン3世の治下、宮廷が置かれた。16世紀にイエズス会の大学が創設され、学芸も隆盛。1584年には天正遣欧使節が立ち寄った。城壁に囲まれた旧市街にはディアナ神殿、エボラ大聖堂、ロイオス教会、サンフランシスコ教会などの歴史的建造物が多く、1986年に「エボラ歴史地区」の名称で世界遺産(文化遺産)に登録された。
エボラ-しゅっけつねつ【エボラ出血熱】《Ebola hemorrhagic fever》エボラウイルスの感染による病気。感染症予防法の一類感染症、検疫法の検疫感染症の一つ。高熱・頭痛・腰痛・結膜炎・咽頭炎で始まり、やがて歯肉・鼻からの出血が起こる。発病後4〜10日での死亡が多い。コンゴ民主共和国、南スーダンなどで集団的な患者の発生がみられる。確実な治療法はない。〖補説〗名称は、ザイール(現コンゴ民主共和国)のエボラ川近くに住む患者からウイルスが発見されたことに由来する。
エボラ-だいせいどう【エボラ大聖堂】《Sé de Évora》ポルトガル中南部の都市エボラの旧市街にある大聖堂。12世紀末から13世紀初頭にかけて建造。以降、回廊や礼拝堂などが増築された。1584年に天正遣欧使節が立ち寄った。ディアナ神殿、ロイオス教会、サンフランシスコ教会などとともに、城壁に囲まれた旧市街全体が1986年に「エボラ歴史地区」の名称で世界遺産(文化遺産)に登録された。
エボリューション〖evolution〗進化。
エボリュート〖evolute〗インボリュート(伸開線)のもとになる曲線。縮閉線。
エポレット〖フランス épaulette〗❶礼装用軍服などの肩につける飾り。肩章。❷婦人服の肩につける飾り。
え-ほん【会本】仏教関係の書物で、本文とは別に作られた注釈書の各部分を、本文と対照させて1冊にしたもの。
え-ほん【絵本】❶絵を主にした子供向きの本。❷江戸時代、絵を主にした通俗的な本。絵草紙。❸絵をかくための手本。絵手本えでほん。「本朝名木の松の—を集めらる」〈浄・反魂香〉〖類語〗画報・グラフ・画集
えほんたいこうき【絵本太功記】浄瑠璃。時代物。13段。近松柳・近松湖水軒・近松千葉軒の合作。寛政11年(1799)初演。「絵本太閤記」などをもとにしたもので、10段目「尼ヶ崎」(通称「太十たいじゅう」)が有名。太功記。
えほんたいこうき【絵本太閤記】読本。7編84冊。寛政9〜享和2年(1797〜1802)刊。武内確斎著とされ、岡田玉山画。豊臣秀吉の一代記。太閤記物の流布書に精細な挿絵を入れたもの。禁令に触れ、文化元年(1804)絶版を命ぜられた。
えほん-ばんづけ【絵本番付】芝居番付の一。序幕から大詰めまでの場面を描き、主な役名・役者名などを書き入れた小冊子。寛保(1741〜1744)ごろから明治中期まで行われた。芝居絵本。芝居絵双紙。えばんづけ。
え-ま【絵馬】祈願や報謝のために、社寺に奉納する絵の額。生きた馬の代わりに絵に描いて奉納したのが始まりといわれる。屋根形の小絵馬や大形の額絵馬などがある。
えま【絵馬】謡曲。脇能物。金春こんぱる以外の各流。節分の夜、伊勢斎宮で白馬・黒馬の絵馬を掛けて農作を占う風習に、天の岩戸の故事を添えて脚色したもの。えんま。
エマージェンシー〖emergency〗緊急事態。EMG。「—コール」「—シグナル」
エマージェンシー-パワー〖emergency power〗非常大権。国家非常事態において、通常の権限を超えて発動される権力。
エマージェンシー-ランディング〖emergency landing〗緊急着陸。緊急に着陸しなければ航空機が危険に陥ると予想されるとき、あるいは故障などで正常な着陸ができないときの着陸。
エマージェンシー-ルーム〖emergency room〗▶イー-アール(ER)
エマージング〖emerging〗発展段階の、新興の、の意を表す語。
エマージング-かんせんしょう【エマージング感染症】▶新興感染症
エマージング-こく【エマージング国】「新興国❷」に同じ。エマージング諸国。
エマージング-ディジーズ〖emerging disease〗▶新興感染症
エマージング-テクノロジー〖emerging technology〗将来、実用化が期待される先端技術。
エマージング-マーケット〖emerging market〗投資や貿易によって急激な経済成長を続ける新興の市場。中南米・東アジア・BRICSブリックスといった地域的な市場をさすときと、バイオ産業・情報産業など分野的な市場をさすとき、また、両方をさす場合がある。新興成長市場。新興国市場。
エマーソン▶エマソン
エマーユ〖フランス émail〗七宝焼き。
エマール〖Emaar〗アラブ首長国連邦ドバイの政府系不動産開発会社。ナキールとともに中東最大級の規模をもち、超高層ビル、大型複合商業施設、娯楽施設、リゾートなどの建設・開発を行う。2010年完成時に世界一高い超高層ビルとなった、ブルジュハリファ(828メートル)を建設したことで知られる。
えまい【笑まひ‖咲まひ】❶ほほえむこと。微笑。「思はぬに妹が—を夢に見て心のうちに燃えつつぞをる」〈万・七一八〉❷花のつぼみがほころびること。「春くれど野辺の霞につつまれて花の—のくちびるも見ず」〈永久百首〉
えま-いしゃ【絵馬医者】《往診するふりをして、暇つぶしに社寺の絵馬を見て歩くというところから》はやらない医者をからかっていう語。「人には—といはれて、口惜しかりし」〈浮・永代蔵・二〉
えま・う【笑まふ‖咲まふ】〔連語〕《動詞「え(笑)む」の未然形＋反復継続の助動詞「ふ」。上代語》❶ほほえむ。「さ馴らへる鷹は無けむと心には思ひ誇りて—・ひつつ」〈万・四〇一一〉❷花が咲く。「梅柳常より殊に敷き栄え—・ひ開きて」〈続後紀宣命・嘉祥二年〉
え-まき【絵巻】経典の絵解き、社寺の縁起、高僧の伝記、説話や作り物語などを絵に描き、変化する画面を鑑賞する巻物。ふつう、画面を説明する詞書ことばがきを絵と交互に書き添える。奈良時代に始まり、平安・鎌倉期に盛行、室町期には衰えた。「信貴山しぎさん縁起絵巻」「源氏物語絵巻」「鳥獣戯画」など。絵巻物。
えまき-もの【絵巻物】「絵巻」に同じ。
えま-こしろう【江馬小四郎】北条義時の通称。
えま-さいこう【江馬細香】[1787〜1861]江戸後期の女流漢詩人・画家。美濃大垣藩医の娘。頼山陽に漢詩を学ぶ。繊細で濃艶な詩風が特徴。著「湘夢遺稿」。
えま・し【笑まし】〔形シク〕《動詞「え(笑)む」の形容詞化》ほほえましい。「なまめかしう愛敬づきて、見るに—・しく」〈源・藤裏葉〉
えま・す【笑ます】〔連語〕《動詞「え(笑)む」の未然形＋尊敬の助動詞「す」》ほほえまれる。にっこりとなさる。「己おのが命をを凡おほにな思ひそ庭に立ち—・すがからに駒に逢ふものを」〈万・三五三五〉
エマソン〖Ralph Waldo Emerson〗[1803〜1882]米国の詩人・思想家。神性を宿す自然の一部としての人間は、自然に従って生きるべきであるとする超越主義の代表者で、初期アメリカ哲学の確立者。著「自然論」「神学部講演」「アメリカの学者」など。
えま-たろう【江馬太郎】北条泰時の通称。
えま-どう【絵馬堂】寺社などで、奉納された絵馬を掲げておく建物。絵馬殿えまでん。額堂。
エマナチオン〖ドイツ Emanation〗▶エマネーション
エマネーション〖emanation〗❶放射性希ガス元素の総称。天然に存在するものとしてラドン(^{222}Rn)・トロン(^{220}Rn)・アクチノン(^{219}Rn)の3種のラドンの同位体がある。医療に利用される。❷「ラドン」に同じ。❸化学反応・核反応において放出の意味に使われる語。
エマルション〖emulsion‖ドイツ Emulsion〗《「エマルジョン」とも》互いに混じり合わない2種の液体で、一方が他の液体中に微粒子状で分散しているもの。水中に油滴の分散する牛乳、油中に水滴の分散するバターなど。乳濁液。
エマルション-ナンバー〖emulsion number〗▶乳剤番号
エマルション-ばくやく【エマルション爆薬】《「エマルジョン爆薬」とも》硝酸アンモニウムの水溶液、および油とワックスをゲル状にした爆薬。10パーセント程度の水を含む含水爆薬の一種。1970年代から開発が進み、安全性が高く耐水性があり海中でも使用できる。
エマンシペーション〖emancipation〗社会的、政治的束縛からの解放。
エマンセ〖フランス émincé〗肉やタマネギのスライス。料理名としても用いられる。
えみ【笑み‖咲み】❶にっこりとすること。笑うこと。ほほえみ。微笑。「口もとに—がこぼれる」「満面に—を浮かべる」❷つぼみが開くこと。花の咲くこと。また、果実が熟して割れること。「—栗」❸鐙あぶみの、鳩胸はとむねの脇のくぼんだ所。〖類語〗笑い・微笑ほほえみ・微笑・朗笑・一笑・破顔一笑・スマイル
　笑みの眉まゆ開ひら・く　❶にこにこする。笑顔になる。「よろづ思ふ事なげなる御けしきの、—・けさせ給へれば」〈栄花・初花〉❷花のつぼみが開く。「白き花ぞおのれひとり—・けたる」〈源・夕顔〉
エミー-しょう【エミー賞】《Emmy Award》アメリカテレビ芸術科学アカデミーが、国内のすぐれたテレビ番組に与える賞。海外の番組を対象にした国際エミー賞もある。
エミール〖Émile〗《原題、フランス Émile ou De l'éducation》ルソーの書いた小説形式の教育論。1762年刊。主人公エミールの誕生から結婚までを5編に分けて叙述。児童の本性を尊重して、自由で自然な成長を促すことが教育の根本であると主張。後代の教育理念に大きな影響を与えた。
えみ-ぐさ【笑み草】アマドコロ・ナルコユリ・ボタンヅルなどの別名。
エミグラント〖emigrant〗移住民。移住者。
エミグレーション〖emigration〗他国への移民。国外への移住。⇔イミグレーション。
えみ-こだ・る【笑みこだる】〔動ラ下二〕笑い崩れる。「横座の鬼、杯を左の手に持ちて—・れたるさま、ただこの世の人のごとし」〈宇治拾遺・一〉
えみ-さか・ゆ【笑み栄ゆ】〔動ヤ下二〕華やかな笑顔をする。大いに喜び笑う。「—・えつつ、御座おましひきつくろひなどす」〈源・総角〉
えみし【蝦=夷】「えぞ(蝦夷)」の古称。
えみ-すいいん【江見水蔭】[1869〜1934]小説家。本名は忠功ただかつ。岡山の生まれ。硯友社けんゆうしゃ同人。

大衆文学の先駆者。著「女房殺し」「炭焼の煙」など。

エミック〖emic〗▶イーミック

エミッション〖emission〗❶熱・光などの放射、放出。また、放出されるもの。❷特に、煙突からの煤煙、自動車からの排気ガスなど大気中に排出される大気汚染物質。

エミッション-コントロール〖emission control〗自動車エンジンなどの排気ガス中の有害物の量を抑制、管理すること。

エミッター〖emitter〗トランジスターの電極の一。電極間にあって、電子または正孔を注入する領域。真空管の陰極に相当する。記号E

エミネスク〖Mihai Eminescu〗[1850〜1889]ルーマニアの国民詩人。貧窮のなかで、ルーマニア語の美しさを駆使した叙情詩を残した。のち、精神を病み数年の闘病生活を経て死亡。著「金星」「不毛の天才」など。

えみ-の-おしかつ【恵美押勝】エミ 藤原仲麻呂が淳仁天皇から賜った名。

えみ-ひろご・る【笑み広ごる】ヱみ〔動ラ四〕満面に笑みを浮かべる。笑い崩れる。「女ばら、物のうしろに近づき参りて、―・りて聞き居たり」〈源・宿木〉

えみ-ま・ぐ【笑み曲ぐ】ヱみ〔動ガ下二〕顔つきを崩して大いに笑い喜ぶ。「講師、―・げて、よしと思ひたり」〈宇治拾遺・九〉

えみ-めん【▽咲面】ヱみ 舞楽の「二の舞」で使われる、老爺の笑顔をかたどった面。➡腫面

エミュー〖emu〗ダチョウ目エミュー科の鳥。全長約2メートル、頭高1.57メートルくらい。現生鳥類ではダチョウに次ぐ大きさで、体形も似る。飛ぶことはできないが、脚が強くてよく走る。オーストラリアに分布。

エミュレーション〖emulation〗❶競争。対抗意識。また、模倣。❷あるシステムの動作を他のシステムで模擬的に動作させること。コンピューターでは、ある機種のプログラムを、それを解析したプログラムを介して別の機種で実行できるようにすることをいう。

エミュレーター〖emulator〗オペレーティングシステムやCPUなどの機能や動作環境を仮想的に作り出すソフトウエア、ハードウエアのこと。➡エミュレーション

え-みょう【×慧命】ヱミャウ ❶仏語。悟りの智慧を生命にたとえた語。法命。❷比丘の尊称。慧寿。

エミリア-ロマーニャ〖Emilia-Romagna〗イタリア北部の州。オリーブ油やバルサミコ酢の製造が盛ん。パルマ県・ピアチェンツァ県・フェラーラ県・フォルリ-チェゼーナ県・ボローニャ県・モデナ県・ラベンナ県・リミニ県・レッジョ-エミリア県がある。州都はボローニャ。

エミルスルターン-ジャーミー〖Emir Sultan Camii〗▶エミルスルターンモスク

エミルスルターン-モスク〖Emir Sultan Mosque〗トルコ北西部の都市ブルサにあるイスラム寺院。もともと14世紀に建てられたモスクがあり、19世紀初頭、オスマン帝国のスルターンであるセリム3世によって、ヨーロッパの建築様式を採り入れたロココオスマン様式で建造。1855年の地震で破壊された後に再建された。エミルスルターンジャーミー。

えみ-わ・れる【笑み割れる】ヱみ〔動ラ下一〕図ゑみわ・る〔ラ下二〕果実などが熟して自然に裂けて開く。また、はちきれる。「見ともない面を―・れそうに莞爾つかせて」〈二葉亭・平凡〉

エム〖M｜m〗❶英語のアルファベットの第13字。❷〈M〉ローマ数字の1000。❸〈M〉《medium》衣服のサイズのM判。➡S ➡L ❹〈M〉㋐《man》男性を表す略号。↔W。㋑《male》男性を表す記号。↔F。㋒《ラテ membrum virile》陰茎を表す略号。❺〈M〉《nautical mile》海洋や航海上の距離の単位、海里の記号。❻〈m〉《フラ mètre》長さの単位、メートルの記号。❼〈M〉《magnitude》地震の大きさの単位、マグニチュードの記号。❽〈M〉《ドイ Mach》高速飛行速度の単位、マッハの記号。❾〈M〉《master、master course》修士・修士課程を表す記号。M1(修士課程の1年生)、M2(修士課程の2年生)のように用いる。❿数の単位。㋐〈m〉《フラ milli》ミリの記号。㋑〈M〉《mega》メガの記号。⓫《money》金銭。「―の心配は要らん」〈魯庵・くれの廿八日〉

え・む【笑む｜▽咲む】ゑむ〔動マ五(四)〕❶にこにこする。笑い顔になる。「細く長き眼は常に―・めるが如く」〈柳浪・黒蜥蜴〉❷花が咲きはじめる。つぼみがほころびる。❸果実が熟して裂け開く。「綿の綺麗に―・んでるのを見て」〈左千夫・野菊の墓〉類語 笑う・微笑む・にこつく・目を細める・相好を崩す

エム-アール〖MR〗《medical representative》医薬情報担当者。薬についての知識や情報を医師や薬剤師に提供する製薬メーカーの営業担当者。

エム-アール〖MR〗《mixed reality》▶ミクストリアリティー

エム-アール〖MR〗《magnetoresistance》▶磁気抵抗効果

エム-アール〖MR〗《mitral regurgitation》▶僧帽弁閉鎖不全症

エム-アール-アイ〖MRI〗《magnetic resonance imaging》磁気共鳴映像法。核磁気共鳴の物理現象を応用して、人体の断層撮影や含有物質の同定を行う方法。また、その装置。

エムアールエー-うんどう【MRA運動】《Moral Re-Armament》道徳再武装運動。第一次大戦後、米国の宗教家ブックマンが提唱し、オックスフォード-グループ運動に始まる平和運動。キリスト教の精神を基調に、宗教・国籍・人種・階級の別なく精神的道義の再建を通じて人類の和合を説く。

エム-アール-エス-エー〖MRSA〗《Methicillin-resistant Staphylococcus aureus》▶メチシリン耐性黄色葡萄球菌

エム-アールエヌエー〖mRNA〗《messenger RNA》▶伝令RNA

エム-アール-エフ〖MRF〗《money reserve fund》証券総合口座として用いる、オープン型の公社債投資信託。1円以上1円単位で購入でき、毎日計上される収益は1か月分まとめて再投資されるので複利運用が期待できる。引き出しが自由で流動性が高いため、安全な高格付け債券、CP(コマーシャルペーパー)、CD(譲渡性預金)などの短期金融商品で運用される。証券会社が扱う金融商品を購入する際、代金に相当するMRFを売却して買い付けるという方法を取る。マネーリザーブファンド。

エム-アール-エフ-エー〖MRFA〗《mutual reduction of forces and armaments》▶エム-ビー-エフ-アール(MBFR)

エム-アール-シー〖MRC〗《Medical Research Council》医学研究協議会。イギリスの国立医科研究機関で、各国の製薬会社に医学関係の特許やノウハウを与えたり、受託研究などを行っている。1913年設立。本部はロンドン。

エム-アール-シー-エー〖MRCA〗《multi-role combat aircraft》多目的戦術機。制空、対地攻撃、要撃、偵察などを行う。

エムアール-そし【MR素子】《magnetoresistive device》▶磁気抵抗素子

エム-アール-ティー-エー〖MRTA〗《スペ Movimiento Revolucionario Tupác Amarú》トゥパクアマル革命運動。ペルーの反政府武装勢力。補説 1996年12月17日リマの日本大使公邸を襲撃し、青木大使他を人質に立てこもり服役中の幹部の釈放などを要求したが、翌年4月22日ペルー軍特殊部隊が突入、メンバー全員が射殺され、人質は解放された。

エム-アール-ピー〖MRP〗《material requirements planning》資材所要量計画。生産計画に合わせ、製品の資材や部品の必要量をコンピューターで総合的に管理する、生産在庫管理方式。

エムアール-ヘッド【MRヘッド】《magnetoresistive head》ハードディスク用の読み取り装置(ヘッド)。磁気抵抗効果を応用している。➡GMRヘッド

エムアール-りゅうたい【MR流体】リウタイ ▶磁性流体

エムアール-ワクチン【MRワクチン】麻疹・風疹の罹患・発症および症状の重篤化を予防するために接種される製剤。麻疹・風疹の病原体を弱毒化したもので、生ワクチンに分類される。注射接種により体内で能動免疫が作られ、麻疹・風疹への感染を予防。日本では平成18年(2006)の予防接種法改正に伴い、1歳から2歳の間(第1期)に1回、小学校就学前の1年間(第2期)に1回の計2回接種が法定定期接種として推奨されている。麻疹・風疹混合ワクチン。

エム-アイ〖MI〗《mitral insufficiency》▶僧帽弁閉鎖不全症

エム-アイ-エー〖MIA〗《missing in action》戦闘中の行方不明者。

エムアイがた-ひかりファイバー【MI型光ファイバー】《multistep index optical fiber》光ファイバーの一。内部の屈折率が中心部から外へ行くに従い、段階的に小さくなるもの。GI型光ファイバーとSI型光ファイバーの中間的な性質をもつ。マルチステップインデックス型光ファイバー。

エム-アイ-シー〖MIC〗《military-industrial complex》▶軍産複合体

エム-アイ-シー〖MIC〗《management of indirect costs》間接部門効率化計画。企業内の生産・販売部門以外の人員を削減し、多くの人員を生産・販売部門に回して、経営効果を高めようとする計画。

エム-アイ-シー-アール〖MICR〗《magnetic ink character reader》磁気インクによって印字された文字を読み取る装置。

エム-アイ-シックス〖MI6〗《Military Intelligence 6》英国情報局秘密情報部(SIS, Secret Intelligence Service)の通称。外務省管轄の情報機関。海外での情報活動を専門に行う。前身は軍事情報部第六課。

エム-アイ-ティー〖MIT〗《Massachusetts Institute of Technology》▶マサチューセッツ工科大学

エム-アイ-ピー〖MIP〗《most important person》最重要人物。

エム-アイ-ピー〖MIP〗《most improved player》最も成長したプレーヤー。

エム-アイ-ファイブ〖MI5〗《Military Intelligence 5》英国情報局保安部(SS, Security Service)の通称。内務省管轄の情報機関。国内での外国スパイの摘発、国家機密の漏洩阻止などの防諜活動、テロ組織の情報収集や取り締まりなど、国内の治安維持活動を専門に行う。前身は軍事情報部第五課。

エム-アンド-エー〖M&A〗《merger and acquisition》企業の合併・買収。企業の多角化、競争力の強化、最新技術の獲得などを目的とする企業戦略とされる。

エム-イー〖ME〗《microelectronics》▶マイクロエレクトロニクス

エム-イー〖ME〗《Middle East》中東。

エム-イー〖ME〗《Middle English》中期英語。1150〜1500年の間の英語。

エム-イー〖ME〗《macroengineering》マクロエンジニアリング。宇宙や海洋開発のように、最高の技術と最大の組織で運営される巨大プロジェクト。

エム-イー〖ME〗《medical electronics ; medical engineering》工学の理論・技術を医学・医療に応用して診断・治療に役立てること。また、その学問。ME機器にはCTスキャナー・レーザーメス・人工心臓などがある。

エム-イー-エヌ-エー〖MENA〗《Middle East News Agency》中東通信社。エジプトの通信社。中東・アフリカ地域で最初の通信社。1956年設立。

エム-イー-エフ〖MEF〗《Meat Export Federation》米国食肉輸出連合会。米国産食肉の輸出促進を図る。USMEF。

エム-イー-エフ〖MEF〗《Major Economies Forum》▶主要経済国フォーラム

エム-イー-エム〖MEM〗《Major Economies Meeting》▶主要排出国会議

エム-イー-エム-エー〖MEMA〗《Motor and Equipment Manufacturers Association》米国自動車部品工

業会。自動車部品工業の業界団体。1929年設立。本部はノースカロライナ州のリサーチトライアングルパーク。

エム-イー-オー〔MEO〕《medium earth orbit》►中軌道

エムイー-こうか【ME効果】ﾃﾞｶﾞ ﾌﾞｶﾞ►電気磁気効果

エム-イー-ダブリュー〔MEW〕《microwave early warning radar》マイクロ波早期警戒レーダー。第二次世界大戦中に英国により開発された防空レーダー。

エム-イー-ピー〔MEP〕《Member of the European Parliament》欧州議会議員。加盟国を単位として選出される。

エム-エー〔MA〕《Master of Arts》文学修士。

エム-エー〔MA〕《mental age》精神年齢。

エム-エー〔MA〕《message area》メッセージエリア。市内通話区域。NTTが設定した単位料金区域。

エム-エー〔MA〕《military academy》陸軍士官学校。

エム-エー-アイ〔MAI〕《Multilateral Agreement on Investment》多国間投資協定。OECDにおいて締結交渉が進められている投資自由化と紛争処理機構に関する協定。

エム-エー-ピー〔MAP〕《Middle Atmosphere Program》中層大気観測計画。ICSU(国際学術連合会議。現国際科学会議)が主唱し、1982年から85年まで実施された中層大気に関する国際協力観測計画。

エム-エー-ブイ-アール〔MAVR〕《modulating amplifier by variable reactance》マイクロ波増幅装置。

エムエー-まい【MA米】《MAは、minimum accessの略》►ミニマムアクセス米

エム-エー-ユー〔MAU〕《medium attachment unit》同軸ケーブルなどの伝送媒体に流れる信号とデジタル情報を相互に変換するハードウエア。

エム-エス〔MS〕《Master of Science》理学修士。

エム-エス〔MS〕《multiple sclerosis》►多発性硬化症

エム-エス〔MS〕《meal solution》ミールソリューション。女性の社会進出などに伴う、家庭での調理時間の短縮に対応した、食材の加工・調理業。また、そのような調理食品。1990年代半ばに、米国のスーパーマーケット業界が外食産業に対抗するために提案したコンセプト。日本における中食ﾅｶｼｮｸに相当する。

エム-エス〔MS〕《manuscript》原稿。また、写本。複数はMSS。

エム-エス〔MS〕《mission specialist》►ミッションスペシャリスト

エム-エス〔MS〕《management service》公認会計士の提供する経営コンサルティングサービス。

エム-エス〔MS〕《mitral stenosis》►僧帽弁狭窄症

エム-エス〔M/S〕《meters per second》メートル毎秒。速度を表す記号。

エム-エス-アイ〔MSI〕《medium scale integration》中規模集積回路。

エムエス-アイエムイー〔MS-IME〕《Microsoft input method editor》米国マイクロソフト社が開発した日本語入力システム。

エム-エス-エー〔MSA〕《Mutual Security Act》米国が1951年に制定した相互安全保障法。自由主義諸国に対する軍事・経済等の対外援助の条件として、被援助国は防衛力を強化する義務を負う。

エム-エス-エー〔MSA〕《Maritime Safety Agency of Japan》海上保安庁の旧略称。平成12年(2000)から、JCG(Japan Coast Guard)に改められた。

エムエスエー-きょうてい【MSA協定】ｷｮｳﾃｲ 米国の相互安全保障法(MSA)に基づいて米国と自由主義諸国の間で締結された安全保障協定。相互防衛援助協定(MDA協定)・農産物購入協定・経済措置協定・投資保証協定の総称。日本は昭和29年(1954)3月に調印した。MSA四協定。

エムエスエー-よんきょうてい【MSA四協定】ﾖﾝｷｮｳﾃｲ►MSA協定

エム-エス-エス〔MSS〕《mass storage system》大容量記憶装置。

エム-エス-エス〔MSS〕《manned space station》有人宇宙ステーション。

エムエス-エックス〔MSX〕《Microsoft X》米国マイクロソフト社などが開発した、8ビットパソコンの統一規格。異機種間でも動く共通のソフト。

エム-エス-エヌ〔MSN〕《The Microsoft Network》米国マイクロソフト社が運営するポータルサイト。

エムエスエヌ-ホットメール〔MSN Hotmail〕►ウインドウズライブ-ホットメール

エム-エス-エフ〔MSF〕《ﾌﾗﾝｽ Médecins Sans Frontières》►国境なき医師団

エム-エス-エフ〔MSF〕《mass storage facility》コンピューターで、大量記憶装置。

エム-エス-エフ-シー〔MSFC〕《Marshall Space Flight Center》マーシャル宇宙飛行センター。1960年7月米国アラバマ州ハンツビルに設立。

エムエス-エフツー〔MS-F2〕►しんせい

エムエス-オフィス〔MS Office〕►マイクロソフトオフィス

エムエス-かんじコード【MS漢字コード】►シフトJIS

エムエス-コンチン〔MSコンチン〕《MS contin》硫酸モルヒネ徐放剤。モルヒネを主成分とする内服用の鎮痛剤(痛み止め)。1日2回の服用で、癌などの強い痛みを確実に和らげることができる。

エム-エス-シー〔MSC〕《Manned Spacecraft Center》有人宇宙飛行センター。ジョンソン宇宙センター(JSC)の旧称。

エム-エス-ジー〔MSG〕《Madison Square Garden》マジソンスクエアガーデン。ニューヨーク市にあるスポーツセンター。

エム-エス-シー-ティー〔MSCT〕《multi-slice CT》►マルチスライスCT

エム-エス-シー-ビー〔MSCB〕《Moving Strike Convertible Bond》►転換社債型新株予約権付社債

エム-エス-ダブリュー〔MSW〕《medical social worker》医療ソーシャルワーカー。

エム-エス-ティー〔MST〕《mountain standard time》►山岳標準時

エムエス-ティーファイブ〔MS-T5〕►さきがけ

エムエス-ドス〔MS-DOS〕《Microsoft disk operating system》米国マイクロソフト社が16ビット・32ビットパソコン用に開発したオペレーティングシステム。商標名。

エム-エス-ワイ〔MSY〕《maximum sustainable yield》►最大持続生産量

エム-エックス〔MX〕《missile experimental》米国の次期主力ICBM(大陸間弾道ミサイル)。

エム-エッチ-エス〔MHS〕《message handling system》電子メールシステムおよびそのプロトコルの規格。ITU-T(国際電気通信連合電気通信標準化セクター)のX.400勧告として定められている。

エム-エッチ-エル-ダブリュー〔MHLW〕《Ministry of Health, Labour and Welfare》厚生労働省のこと。

エム-エッチ-ダブリュー〔MHW〕《Ministry of Health and Welfare》厚生省。2001年からは、厚生労働省。⇒MHLW

エム-エッチ-ディー〔MHD〕《magnetohydrodynamics》►電磁流体力学

エムエッチディー-はつでん【MHD発電】《MHDは、magnetohydrodynamics》►電磁流体発電

エム-エヌ-エル-エフ〔MNLF〕《Moro National Liberation Front》モロ民族解放戦線。イスラム教徒が多数を占めるフィリピンのミンダナオ島の分離独立のため、武装闘争を続けていた。1970年に結成。1996年の和平成立後は政治組織として活動。

エム-エヌ-シー〔MNC〕《multinational corporation》多国籍企業。

エムエヌしき-けつえきがた【MN式血液型】人間の血液型分類方式の一。血球中の凝集原であるM抗原とN抗原の有無により、血液をM・N・MNの3型に分ける。親子鑑定などに利用される。

エム-エヌ-ピー〔MNP〕《mobile number portability》►番号ポータビリティー

エム-エフ〔MF〕《medium frequency》►中波

エム-エフ〔MF〕《midfielder》サッカーで、ミッドフィールダー。フォワードとディフェンダーの中間に位置し、攻撃・防御の両方に参加する選手。

エム-エフ〔MF〕《microfinance》►マイクロファイナンス

エム-エフ〔MF〕《manual focus》►マニュアルフォーカス

エム-エフ-アイ-シー-ユー〔MFICU〕《Maternal Fetal Intensive Care Unit》重い妊娠中毒症、前置胎盤、合併症妊娠、切迫早産や胎児異常など、ハイリスク出産の危険度が高い母体・胎児に対応するための設備と医療スタッフを備えた集中治療室の略称。母体胎児集中治療室。母体胎児集中治療管理室。⇒周産期母子医療センター

エム-エフ-エー〔MFA〕《Multi-Fiber Arrangement》多国間繊維取り決め。GATT(現在のWTO)理事会の承認で1974年発効した繊維貿易に関する国際協定。開発途上国などの安い繊維製品が集中的に輸入国に流れ込むことを規制する。2004年撤廃。(補説)正式名称は、Multi-Fiber Arrangement Regarding International Trade in Textiles(繊維製品の国際貿易に関する多国間取り決め)。

エム-エフ-エス〔MFS〕《Mobilization for Survival》生存のための動員。アメリカの全国的な反核団体。1977年設立。本部はニューヨーク。

エム-エフ-エヌ〔MFN〕《most favored nation》最恵国待遇。

エム-エフ-オー〔MFO〕《Multinational Force and Observers》多国籍監視軍。キャンプデービッド合意に基づいて、エジプト・イスラエル両軍の兵力引き離しを監視するためシナイ半島に配備された。アメリカ、イギリス、フランス、イタリアなどが中心となり1981年に設立。

エム-エフ-ピー〔MFP〕《multifunction peripheral/product/printer》プリンター、複写機、スキャナー、ファクシミリなど複数の機能を一つの筐体ｷｮｳﾀｲにまとめた機器の総称。多く、プリンター複合機を指す。多機能周辺装置。多機能プリンター。

エム-エム-アール〔MMR〕《measles, mumps, rubella》麻疹ﾏｼ、流行性耳下腺炎、風疹の混合ワクチン。平成元年(1989)から一般に接種され始めたが、接種開始後から各地で無菌性髄膜炎の発生が報告され、このワクチンの副作用として問題となり平成5年(1993)中止された。DPTに対して新三種混合ワクチンともいう。⇒三種混合ワクチン (補説)麻疹と風疹については、平成20年(2008)からMRワクチンの接種が開始された。

エムエムアール-ワクチン【MMRワクチン】►エム-エム-アール(MMR)

エム-エム-アイ-エフ-エフ〔MMIFF〕《Money Market Investor Funding Facility》FRBが短期金融市場に流動性を供給するために創設した制度。FRBが特別目的会社を設置して資金を供給。特別目的会社は、格付けなどの要件を満たした機関(主に米MMF)からCDやCPなどの短期金融商品を買い上げる。金融危機以降、米MMFは投資家による解約が続き、償還・投資能力が低下していた。2008年11月開始。09年10月終了。

エム-エム-エー〔MMA〕《money market account》金融市場預金勘定。証券会社のMMFに対抗して、米国の銀行が提供している高利回りの金融商品。MMDAとも。

エム-エム-エー〔MMA〕《Metropolitan Museum of Art》メトロポリタン美術館。ニューヨークにあ

る世界屈指の美術館。

エム-エム-エックス〔MMX〕《multimedia extension》音声や動画データなどを高速処理するために米国のインテル社が開発した、CPUのマルチメディア関連の拡張機能。

エム-エム-エフ〔MMF〕《money management fund》株式を組み込まずに、国内外の公社債、CP(コマーシャルペーパー)、CD(譲渡性預金)などの短期金融商品で運用するオープン型投資信託。1円以上1円単位で購入でき、毎日計上される収益は1か月分まとめて再投資されるので複利運用が期待できる。信託期間は無期限で運用実績により分配される。平成4年(1992)から募集。マネーマネージメントファンド。➡MMF(マネーマーケットファンド)

エム-エム-エフ〔MMF〕《money market fund》外貨で運用される追加設定可能なオープンエンド型投資信託。高い格付けの外国債券や政府保証債など安全性の高い短期金融商品を中心に運用される。投資単位が小口で換金自由、期限が無制限で提携銀行の小切手振り出しが可能であるのが特徴。運用実績により分配されるが、為替変動によるリスクがある。為替差益は非課税。外貨預金と比べ制約が少なく、利率や為替手数料が有利なことが多い。日本では、USドル建てMMF、カナダドル建てMMF、豪ドル建てMMF、ニュージーランドドル建てMMF、ユーロ建てMMFなどの外貨MMF商品として購入できる。短期金融資産投資信託。マネーマーケットファンド。➡MMF(マネーマネージメントファンド)

エムエム-カートリッジ【MMカートリッジ】《moving magnet cartridge》レコードの音溝の変化を電気信号に変換するカートリッジの一方式。音溝に従ってカートリッジの内部のマグネットが振動して電気信号を得るもの。

エム-エム-シー〔MMC〕《money market certificate》❶1978年から米国の商業銀行・貯蓄金融機関が売り出しているTB(財務省短期証券)金利基準定期預金。❷昭和60年(1985)、金融自由化に伴って日本に導入された市場金利連動型預金。

エム-エム-シー〔MMC〕《mytomycine》►マイトマイシン

エム-エム-ティー〔MMT〕《Multiple Mirror Telescope》アリゾナ州・ホプキンス山頂にある多面反射望遠鏡。スミソニアン協会とアリゾナ大学が運営する。

エム-エム-ディー-エー〔MMDA〕《money market deposit account》市場金利連動型普通預金。MMA。

エム-エル〔ML〕《mailing list》メーリングリスト。

エム-エル-アール-エス〔MLRS〕《multiple launch rocket system》多連装ロケットシステム。12発のロケット弾を連射し約30キロメートル先まで正確に誘導し、戦車などの目標を撃破できる自走式ロケット兵器。

エム-エル-アイ-ティー〔MLIT〕《Ministry of Land, Infrastructure and Transport》国土交通省。

エム-エル-エー〔MLA〕《Modern Language Association》米国近代語協会。1883年設立。事務局所在地はニューヨーク。

エム-エル-エス〔MLS〕《microwave landing system》►マイクロ波着陸装置

エム-エル-エス〔MLS〕《Major League Soccer》米国およびカナダのプロサッカーリーグ。

エム-エル-エム〔MLM〕《multilevel marketing》►マルチ商法

エム-エル-ディー〔MLD〕《minimum lethal dose》薬物の、最小致死量。

エム-エル-ディー〔MLD〕《median lethal dose》半数致死量。一定条件下で、試験動物数の50パーセントが死ぬ薬剤または病原菌毒素の量。

エム-エル-ビー〔MLB〕《Major League Baseball》►メジャーリーグ

エム-オー〔MO〕《magneto-optical disc》►光磁気ディスク

エム-オー-アール〔MOR〕《middle-of-the-road》気軽に聴ける親しみやすいポップミュージック。➡AOR

エム-オー-エス〔MOS〕《management operating system》標準経営管理方式。コンピューターを利用した経営管理システムの一つ。

エム-オー-エックス〔MOX〕►モックス(MOX)燃料

エム-オー-エフ〔MOF〕《Ministry of Finance》財務省。「モフ」とも。

エム-オー-エフ-エー〔MOFA〕《Ministry of Foreign Affairs》外務省。

エム-オー-エム-エー〔MOMA┊MoMA〕《Museum of Modern Art》►モマ

エム-オー-エル〔MOL〕《maximum output level》最高出力値。

エム-オー-エル〔MOL〕《Ministry of Labour》労働省。平成13年(2001)からは厚生労働省(MHLW)。

エム-オー-シー〔MOC〕《Ministry of Construction》建設省。平成13年(2001)からは国土交通省(MLIT)。

エム-オー-ダブリュー〔MOW〕《Memory of the World》►世界記憶遺産

エム-オー-ティー〔MOT〕《Ministry of Transport》運輸省。平成13年(2001)からは国土交通省(MLIT)。

エム-オー-ディー-ワイ〔MODY〕《maturity onset diabetes of the young》常染色体優性遺伝によって25歳未満で発症する二型糖尿病。若年発症成人型糖尿病。若年発症インスリン非依存性糖尿病。モディ。

エム-オー-ブイ〔MOV〕米国アップル社のマルチメディア系アプリケーションソフト、QuickTimeに対応するファイル形式。

エム-オー-ユー〔MOU〕《memorandum of understanding》覚え書き。条約や契約書と異なり、法的な拘束力はない。

エムケーエスエー-たんいけい【MKSA単位系】MKS単位系に、電流の単位アンペア(A)を加えた単位系。

エムケーエス-たんいけい【MKS単位系】基本単位として、長さにメートル(m)、質量にキログラム(kg)、時間に秒(s)を採用した単位系。国際単位系(SI)はこれを拡張したもの。

エムケー-こう【MK鋼】《MKは開発者三島(旧姓喜住)徳七の頭文字》磁石鋼の一。ニッケル・アルミニウム・コバルト・銅・マンガンを含む合金。昭和6年(1931)開発。

エムケー-じしゃくこう【MK磁石鋼】►MK鋼

エム-コマース【mコマース】《m commerce》►モバイルコマース

エム-シー〔MC〕《master of ceremonies》司会者。進行係。式場係。また、転じて、ロックコンサートなどで、曲と曲の間での演奏者のおしゃべり。

エム-シー〔MC〕《Member of Congress》(米国の)国会議員。

エム-シー〔MC〕《machining center》►マシニングセンター

エム-シー〔MC〕《Marine Corps》米国海兵隊。

エム-ジー〔MG〕《MagicGate》►マジックゲート

エム-ジー〔MG〕《machine gun》機関銃。

エム-ジー〔MG〕《Morris Garages》英国の小型スポーツカーブランド。現在は中国・南京汽車が所有。

エム-シー-アール〔MCR〕《magnetic character reader》磁気文字読み取り装置。

エム-シー-アイ〔MCI〕《mild cognitive impairment》►軽度認知障害

エム-シー-アイ〔MCI〕《media control interface》米国マイクロソフト社とIBM社が共同で開発したAPIの一。音声や動画など、マルチメディア関連のファイルや機器を制御する。

エム-シー-エー〔MCA〕《multi-channel access system》複数チャンネルを複数の加入者が共用する無線通信システム。トラック業界などで用いられる。

エム-シー-エス-イー〔MCSE〕《Microsoft Certified Systems Engineer》マイクロソフト認定システムエンジニアのこと。MCPの上位資格。➡MCP

エム-ジー-エム〔MGM〕《Metro-Goldwyn-Mayer Inc.》米国の映画製作・配給会社。1924年創立。2005年ソニーの傘下に入る。本社はロサンゼルス。

エム-シー-エル-エス〔MCLS〕《mucocutaneous lymph node syndrome》急性熱性皮膚・粘膜リンパ節症候群。川崎病。小児の皮膚に赤い発疹ができ、指先の皮がむけ、リンパ節がはれ、発熱を伴う原因不明の疾患。

エム-シー-オー〔MCO〕《miscellaneous charges order》航空運送に関連する種々の目的用途に使える運送券。航空会社や代理店が旅客に対して発行する旅行用の有価証券で、追加運賃、超過手荷物、パッケージツアー、ホテルの料金、払い戻しなどに使える。

エムシー-カートリッジ【MCカートリッジ】《moving coil cartridge》レコードの音溝の変化を電気信号に変換するカートリッジの一方式。音溝の変化に従ってカートリッジ内部のコイルが振動し電気信号を得るもの。

エム-シー-シー〔MCC〕《mission control center》ミッション管制センター。米国ジョンソン宇宙センターにあり、宇宙輸送システムを管理する。

エム-シー-ピー〔MCP〕《male chauvinist pig》男性中心主義者。男性優越主義者。

エム-シー-ピー〔MCP〕《Microsoft Certified Professional》米国マイクロソフト社の製品知識や実践的スキルを認定する世界共通の資格。MCP認定プログラムのいずれか1科目に合格すると資格を得られる。マイクロソフト認定プロフェッショナル。

エムシー-プロテクター【MCプロテクター】《MC protector》カメラのレンズの前面に取り付け、レンズを保護するためのフィルター。MCはマルチコーティングを意味し、光の透過率を高めたり、フレアやゴーストの原因となる内面反射を抑えたりする役割もつ。レンズ保護フィルター。

エムシー-ほうしき【MC方式】►マネージメントコントラクト

エムシー-ろくまんはっせん〔MC68000〕►ろくまんはっせん(68000)

エム-ジェーペグ〔MJPEG〕《motion JPEG》►モーションジェーペグ

エムス〔EMS〕《European Monetary System》►イー-エム-エス(EMS)

エム-スリー〔M_3┊M3〕日本銀行が集計・公表するマネーストック統計の代表的な指標で、M1(現金通貨と預金通貨の合計)に準通貨(定期性預金)とCD(譲渡性預金)を加えたもの。➡M1　➡M2　➡広義流動性〔補説〕日本銀行は郵政民営化や金融商品の多様化などによる環境の変化に対応するため、従来の「マネーサプライ統計」を見直し、集計対象や指標の定義を改定。平成20年(2008)6月から名称を「マネーストック統計」に変更した。マネーストック統計のM3の集計対象はマネーサプライ統計のM3＋CDとほぼ同じだが、非居住者の預金が除外されている。

エムスリー-そう【M3層】《Mは、male(男性)の頭文字から》視聴率調査や、広告業界が商品開発の際にターゲットとする世代区分で、50歳以上の男性のこと。これより若い男性世代をM2層・M1層、同世代の女性をF3層という。

エム-ダブリュー〔Mw〕地震を引き起こす断層のずれ幅などからその破壊力を表す、モーメントマグニチュードの記号。➡マグニチュード

エム-ダブリュー-アイ-エー〔MWIA〕《Medical Women's International Association》国際女医会。女性医師による国際NGO。1919年設立。事務局はドイツのドルトムント。

エム-ダブリュー-エー〔MWA〕《Mystery Writers of America》米国探偵作家クラブ。米国推理作

家協会。推理小説の普及、作家の地位向上・利益保護などを目的とし、1945年に設立。

エム-ツー〘M_2┆M2〙日本銀行が集計・公表するマネーストック統計の指標の一つで、現金通貨と国内銀行等に預けられた預金の合計。➡M1 ➡M3 ➡広義流動性 (補説)日本銀行は郵政民営化や金融商品の多様化などによる環境の変化に対応するため、従来の「マネーサプライ統計」を見直し、集計対象や指標の定義を改定。平成20年(2008)6月から名称を「マネーストック統計」に変更した。マネーストック統計のM2の集計対象はマネーサプライ統計のM2＋CDとほぼ同じだが、非居住者の預金が除外されている。

エムツー-そう【M2層】《Mは、male(男性)の頭文字から》視聴率調査や、広告業界が商品開発の際にターゲットとする世代区分で、35歳から49歳までの男性のこと。これより若い男性世代をM1層、同世代の女性をF2層、年上の男性世代をM3層という。

エムツー-プラス-シーディー〘M_2＋CD┆M2＋CD〙日本銀行のマネーサプライ統計でM2に譲渡性預金(CD)を加えたもの。広義のマネーサプライと呼ばれる。(補説)日本銀行は郵政民営化や金融商品の多様化などによる環境の変化に対応するため、従来のマネーサプライ統計を見直し、集計対象や指標の定義を改定。平成20年(2008)6月から名称をマネーストック統計に変更した。マネーサプライ統計のM2＋CDはマネーストック統計のM2にほぼ対応するが、後者には非居住者の預金が含まれない。

エム-ティー〘MT〙《medical technologist》衛生検査技師。

エム-ティー〘MT〙《magnetic tape》磁気テープ。

エム-ティー〘MT〙《master tape》►マスターテープ

エム-ティー〘MT〙《manual transmission》自動車で、運転者が手動でギアを入れ替えて変速する仕組み。AT(オートマチックトランスミッション)に対していう。マニュアルトランスミッション。➡AT

エム-ディー〘MD〙《Mini Disc》ソニーが開発した直径64ミリの光磁気ディスクによるオーディオシステム。再生だけでなく録音もでき、振動にも強い。ミニディスク。

エム-ディー〘MD〙《merchandising》►マーチャンダイジング

エム-ディー〘MD〙《magnetic disk》磁気ディスク。ハードディスクやフロッピーディスクなどの記憶媒体。コンピューターの外部記憶装置などに用いられる。

エム-ディー〘MD〙《missile defense》ミサイル防衛。攻撃者のミサイル(特に弾道ミサイル)によって被害が出ないよう、飛行中のミサイルを迎撃ミサイルで攻撃し破壊すること。地上や艦船に配備する方式などがあり、宇宙空間で迎撃する研究も進められている。➡BMD

エム-ティー-アール〘MTR〙《multi-track recorder》マルチトラックレコーダー。多重録音機。多数の録音トラックを持つテープを使い、別々に楽器の音や音楽のパートを録音できる。

エム-ティー-アール〘MTR〙《material testing reactor》材料試験炉。原子炉に用いる材料の適格性を調べるために照射実験する原子炉。

エム-ティー-アール〘MTR〙《missile tracking radar》ミサイル追尾レーダー。

エム-ディー-アイ〘MDI〙《multiple document interface》アプリケーションソフトで、一つのウインドウに複数の文書を表示すること。⇔SDI。

エム-ティー-エー〘MTA〙《medical technology assessment》医療テクノロジーアセスメント。医療技術の安全性、経済性、倫理性などについてのアセスメント。

エム-ディー-エー〘MDA〙《methylenedioxyamphetamine》メチレンジオキシアンフェタミン。興奮剤の一種。

エムディーエー-きょうてい【MDA協定】ーケフテイ《Mutual Defense Assistance Agreement》米国の相互安全保障法(MSA)に基づいて米国と自由主義諸国の間で締結された防衛協定。MSA協定の一つ。相互防衛援助協定。(補説)日本は昭和29年(1954)に日米相互防衛援助協定(正式名称「日本国とアメリカ合衆国との間の相互防衛援助協定」)を締結。これに基づいて米国は日本に軍備を配置し、日本は防衛を目的とした再軍備が認められ、保安隊を自衛隊に改編した。

エム-ディー-エー-ピー〘MDAP〙《Mutual Defense Assistance Program》相互防衛援助計画。相互安全保障法(MSA)協定に従って、米国が相手国に供する軍事援助計画。

エム-ディー-エス〘MDS〙《multipoint distribution system》多点配線システム。パラボラアンテナを備えた特定の受像機だけに電波を送信するシステム。

エム-ディー-エス〘MDS〙《myelodysplastic syndromes》►骨髄異形成症候群

エムティーエス-たんいけい【MTS単位系】ータンヰケイ 基本単位として、長さにメートル(m)、重さにトン(t)、時間に秒(s)を採用した単位系。

エム-ティー-エヌ〘MTN〙《medium-term note》中期社債。発行総額をあらかじめ設定しておき、その範囲内であれば何回でも発行でき、償還期間も自由に選ぶことができる。

エム-ティー-エヌ〘MTN〙《Multilateral Trade Negotiation》GATTの多角的貿易交渉。東京ラウンドとも呼ばれる。昭和48年(1973)に東京で開催されたGATT閣僚会議の決議に基づいて開始、同54年、調印。

エム-ティー-エフ〘MTF〙《modulation transfer function》白から黒へ連続して濃度が変わる正弦波チャートをレンズで結像した場合の、ある空間周波数(像面上で1ミリあたりの白黒パターンの本数)におけるコントラストの減少率。レンズおよび感光材料のコントラスト再現性を測定する性能評価法の一つ。

エム-ディー-エム-エー〘MDMA〙《methylenedioxymethamphetamine》►メチレンジオキシメタンフェタミン

エム-ディー-エル-ピー〘MDLP〙《mini disc long play mode》長時間の音声記録をするためのMDの規格。データの圧縮率を高めたATRAC3を採用している。従来の記録時間を約2倍にしたLP2、約4倍にしたLP4という録音モードなどがある。

エムティー-こう【MT鋼】ーカウ 三島徳七、牧野昇が発明した磁石鋼。鉄にアルミニウム、炭素を加え、鋳造後に焼きなましのみを施したもの。永久磁石に用いられる。

エムティー-サット〘MTSAT〙《Multi-functional Transport Satellite》運輸多目的衛星。NASDA(宇宙開発事業団)及びJAXA(宇宙航空研究開発機構)によって打ち上げられた静止衛星。気象観測や航空交通管理などの機能をもつ。➡ひまわり

エム-ディー-シー〘MDC〙《more developed country》開発途上国より発展した国。中進国。

エム-ティー-シー-アール〘MTCR〙《missile technology control regime》►ミサイル技術管理レジーム

エム-ディー-ジーズ〘MDGs〙《Millennium Development Goals》►ミレニアム開発目標

エム-ディー-シー-ティー〘MDCT〙《multi-detector row CT》►マルチスライスCT

エムディー-しけん【MD試験】《microdose study》►マイクロドーズ試験

エムティー-しゃ【MT車】MT(マニュアルトランスミッション)を採用している自動車。マニュアル車。➡AT車

エム-ティー-ティー-アール〘MTTR〙《mean time to repair》システムの信頼性を表す指標の一。コンピューターシステムやシステムを構成する機器が故障してから復旧するまでの平均時間。

エム-ティー-ビー〘MTB〙《mountain bike》►マウンテンバイク

エム-ティー-ピー〘MTP〙《minimum tour price》海外パック旅行最低公示価格。航空会社の過当競争を防ぐため、国際航空運送協会(IATA)で定めたもの。

エム-ティー-ピー〘MTP〙《management training program》管理者訓練計画。日本の民間企業の管理技術を向上させるため、昭和25年(1950)通商産業省(現経済産業省)が米国から導入したもの。

エム-ティー-ビー-エフ〘MTBF〙《mean time between failures》機器の信頼性の尺度で、ある故障から次の故障が起きるまでの平均時間によって表すもの。平均故障間隔。

エム-ディー-ファイブ〘MD5〙《message digest algorithm 5》デジタル署名などに使われるハッシュ関数。

エム-ティー-ブイ〘MTV〙《Music Television》ロック音楽専門に24時間放送を行う、米国の有線テレビ局。1981年、ワーナーコミュニケーションズとアメリカンエクスプレスの両社の出資により開局。85年バイアコム-インターナショナル社に買収された。プロモーションビデオによるロックの販売促進に大きく貢献した。

エム-ティー-ユー〘MTU〙《maximum transmission unit》コンピューターネットワークにおける、一度に転送できるデータの最大値。最大のパケットサイズのこと。

エムデン-かいえん【エムデン海淵】フィリピン海溝中部、ミンダナオ島の北東にある海淵。深度1万400メートル。1927年、ドイツ巡洋艦エムデン号が発見。

エムデン-グース〘Emden goose〙ガンカモ科の家禽(かきん)。大形純白のガチョウの一品種。ドイツ原産。成育が早く、肉量が多く美味。

エム-ネット〘Em-Net〙国と地方公共団体の間で緊急情報通信を行う情報ネットワークシステム。行政専用ネットワーク(LGWAN)を利用して、首相官邸の危機管理センターと全国の都道府県・市区町村との間でメッセージを送受する。国民保護法に基づいて平成18年(2006)から整備が進められている。緊急情報ネットワークシステム。➡J-ALERT

エム-ばん【M判】衣服などのサイズで、普通寸法のもの。Mサイズ。並判(なみばん)。➡S判 ➡L判

エム-ピー〘MP〙《military police》米国陸軍憲兵隊。

エム-ピー〘MP〙《multilink protocol》►マルチリンクプロトコル

エム-ピー〘MP〙《Member of Parliament》英国の下院議員。

エム-ピー〘MP〙《Multi-Picture》►マルチピクチャー

エム-ビー-アール〘MBR〙►マスターブートレコード

エム-ビー-イー〘MBE〙《molecular-beam epitaxy》分子線エピタキシー。分子線を用いて、超高真空下で、薄膜結晶を成長させる方法。

エム-ピー-イー-エー〘MPEA〙《Motion Picture Export Association of America》米国映画輸出協会。1945年設立。94年、映画協会(MPA)に改称。

エム-ビー-エー〘MBA〙《Master of Business Administration》経営管理学修士。経営学修士。米国で、ビジネススクールと呼ばれる大学院修士課程で経営学を専攻・修了した者に与えられる称号。実業界で重要視され、MBAの資格がエリートの条件ともいわれる。

エム-ビー-エー〘MBA〙《military bases agreement》軍事基地協定。他国軍に国内駐留基地を供与する協定。日米、米韓などの間で締結されている。

エム-ピー-エー〘MPA〙《Magazine Publishers of America》米国雑誌発行者協会。1919年設立。本部はニューヨーク。

エム-ピー-エー〘MPA〙《Motion Picture Association》映画協会。米国映画協会(MPAA)の海外部門。1945年、映画輸出協会(MPEA)として設立。94年、現称に改称。

エム-ピー-エー-エー〘MPAA〙《Motion Picture Association of America》米国映画協会。1922年

設立。アメリカ映画産業界の業界団体。格付けをおこなったり、著作権保護などの活動をおこなう。本部はワシントン。

エム-ビー-エス〖MBS〗《mortgage-backed securities》►不動産担保証券

エム-ピー-エス〖MPS〗《muco-polysaccharidosis》►ムコ多糖症

エム-ビー-エフ-アール〖MBFR〗《mutual and balanced force reduction》中欧相互兵力削減交渉。1973年ウィーンで開催。82年2月閉幕。MRFA (mutual reduction of forces and armaments)。

エム-ピー-エル〖MPL〗《maximum permissible level》最大許容レベル。

エム-ピー-エル-エー〖MPLA〗《ポルトガル Movimento Popular de Libertação de Angola》アンゴラ解放人民運動。ポルトガルの植民地だった1950年代から独立闘争が活発化し、75年、ソ連の支援を背景に独立を宣言。後に、政権を獲得。91年には対立するUNITAと和平協定を結び、内戦に終止符を打った。

エム-ビー-オー〖MBO〗《management by objectives》目標管理制度。組織全体の目標と個々の作業員の目標を関連づけ、企業の目標を達成することに人間としての目標達成の満足感を味わわせようとするもの。

エム-ビー-オー〖MBO〗《management buyout》経営陣が自ら調達した資金で自社あるいは事業部門を買収し、親会社など株主から経営権を取得すること。マネージメントバイアウト。

エムピー-コンデンサー【MPコンデンサー】誘導体に金属を蒸着した紙を用いたコンデンサー。シリコン油などを含浸させ、重ねて巻き込んだもの。絶縁破壊が生じると紙に穴があき、蒸着した金属が蒸散して瞬時に絶縁を自己回復する作用をもつ。ペーパーコンデンサーに比べ、3分の1程度の容量にすることができる。金属化紙コンデンサー。

エム-ビー-シー〖MBC〗《Munhwa Broadcasting Corporation》►文化放送㊁

エム-ビー-シー〖MBC〗《Minaminihon Broadcasting Corporation》南日本放送の略称。鹿児島県にあるテレビ・ラジオ兼営局。昭和28年(1953)開局。テレビはJNN、ラジオはNRN系列。

エム-ピー-ジー〖m.p.g.｜MPG〗《miles per gallon》ガソリン1ガロン当たり走行マイル数。

エム-ビー-シー-エス〖MBCS〗《Multiple Byte Character Set》コンピューターの文字コード体系において、1文字を2バイト以上のデータで表す文字の集合のこと。

エム-ピー-スリー〖MP3〗《MPEG audio layer 3》映像データ圧縮方式MPEGで用いられる音声データの圧縮技術の一。

エムピースリー-プレーヤー【MP3プレーヤー】《MP3 player》MP3形式で記録された音楽データを再生するデジタルオーディオプレーヤー。

エム-ビー-ティー〖MBT〗《main battle tank》主力戦車。軽戦車に対して、地上戦闘の主力となる重装甲の戦車のこと。

エム-ピー-ティー〖MPT〗《Ministry of Posts and Telecommunications》郵政省。

エム-ピー-ディー〖MPD〗《maximum permissible dose》放射線の、最大許容線量。放射線を浴びても身体障害や遺伝障害は起こらない、という最大値を示す。国際放射線防護委員会(ICRP)による基準などがある。

エム-ピー-ピー〖MPP〗《massively parallel processor》►超並列コンピューター

エム-ピー-ユー〖MPU〗《micro-processing unit》►マイクロプロセッサー

エムピーユー-クーラー【MPUクーラー】►シーピーユー(CPU)クーラー

エム-ブイ-エヌ-オー〖MVNO〗《mobile virtual network operator》仮想移動体通信事業者。携帯電話の無線通信ネットワークなどを独自にもたず、他社から借り受けて自社ブランドのサービスを提供する事業者。携帯電話サービスのほかに、同じ回線を使って、ポットの使用状況から高齢者の安否を確認するサービス、車載通信機器を通じてカーナビのデータを更新したり、事故や盗難時に車の状況を知らせるなどのサービス、幼児や高齢者の所在位置確認サービスなど、独自のサービスを提供する。

エム-ブイ-ピー〖MVP〗《most valuable player》スポーツ、特にプロ野球で、最優秀選手。リーグの公式戦で、全試合、または、ある期間を通じ最も活躍し、チームに貢献した選手に与えられる賞。

エムヘグ〖MHEG〗《Multimedia and Hypermedia Information Coding Experts Group》マルチメディアコンテンツを記述するためのマークアップ言語の仕様、または同言語の標準を策定したISO専門委員会の名称。

エムペグ〖MPEG〗《Moving Picture Experts Group》映像データ圧縮方式の一。圧縮率の違いにより、MPEG-1、2、4、7の各規格が策定されている。再生品質は、1でVTR、2でハイビジョン程度。もともとは、そのための符号化方式の標準化を進めるために、ISO(国際標準化機構)とCCITT(国際電信電話諮問委員会)が共同で設置した専門家グループを指した。

エムペグ-ツー〖MPEG-2〗映像データ圧縮方式の一。再生品質が高く、デジタル衛星放送やDVD-Videoなどで用いられる。➡エムペグ

エムペグ-フォー〖MPEG-4〗映像データ圧縮方式の一。携帯情報端末やアナログ電話回線などの低ビットレート回線での利用を目的として開発された。➡エムペグ

エムペグフォー-エー-ブイ-シー〖MPEG-4 AVC〗《MPEG-4 Part 10 Advanced Video Coding》►エッチにろくよん(H.264)

エム-ユー-エッチ-エッチ〖MUHH〗《Marie Unna hereditary hypotrichosis》►先天性貧毛症

エムよんじゅうに-マウント【M42マウント】フォトグラフィー《M42 mount》►スクリューマウント

えむら-ほっかい【江村北海】カホク［1713～1788］江戸中期の儒学者・漢詩人。名は綬。播磨はりまの人。宮津藩に仕えたが、のち退任。京都に住み、漢詩文の普及に尽くした。著「日本詩史」「日本詩選」など。

エム-ワン〖M_1｜M1〗日本銀行が集計・公表するマネーストック統計の指標の一つで、現金通貨と預金通貨の合計。➡M2 ➡M3 ➡広義流動性 (補説)日本銀行は郵政民営化や金融商品の多様化などによる環境の変化に対応するため、従来の「マネーサプライ統計」を見直し、集計対象や指標の定義を改定。平成20年(2008)6月から名称を「マネーストック統計」に変更した。マネーサプライ統計のM1では、日本銀行・国内銀行(ゆうちょ銀行を除く)・外国銀行在日支店・信用金庫・信金中央金庫・農林中央金庫・商工組合中央金庫などが発行する現金通貨・要求払預金を集計対象としていたが、マネーストック統計のM1では、ゆうちょ銀行・農業協同組合・信用組合などを含めた預金を扱う全ての金融機関が対象となる。

エムワン-そう【M1層】《Mは、male(男性)の頭文字から》視聴率調査や、広告業界が商品開発の際にターゲットとする世代区分で、20歳から34歳までの男性のこと。これより若い世代をT層、同世代の女性をF1層、年上の男性世代をM2層・M3層という。

エメラルド〖emerald〗緑柱石の一種。濃緑色で透明なもの。宝石にする。緑玉。翠玉すいぎょく。

(類語)緑・緑色りょくしょく・翠緑すいりょく・深緑しんりょく・草色くさいろ・萌葱もえぎ色・柳色・松葉色・利休色・オリーブ色・グリーン・エメラルドグリーン・黄緑・深緑・浅緑

エメラルド-かいがん【エメラルド海岸】《Costa Smeralda》►コスタズメラルダ

エメラルド-グリーン〖emerald green〗❶エメラルドのような鮮やかな緑色。❷►花緑青はなろくしょう

(類語)緑・グリーン・黄緑・深緑・浅緑・緑色りょくしょく・翠緑すいりょく・深緑しんりょく・草色くさいろ・萌葱もえぎ色・柳色・松葉色・利休色・オリーブ色・エメラルド

エメラルド-の-どうくつ【エメラルドの洞窟】《Grotta dello Smeraldo》イタリア南部、カンパニア州、アマルフィの南西約4キロメートルの町コンカ-ディ-マリーニにある海食洞。1932年に発見。海岸の洞窟入り口から差し込む光線が海底に反射し、水面がエメラルド色に輝いて見える。グロッタ-デッロ-ズメラルド。

エメリー〖emery〗「金剛砂こんごうしゃ」に同じ。

エメリー-ペーパー〖emery paper〗紙やすり。サンドペーパー。

エメリー-ボード〖emery board〗マニキュア・ペディキュア用の爪やすり。粗密2種の紙やすりを表裏に張り合わせたもの。

エメンタール〖Emmental〗㊀スイス西部、ベルン州北東部の丘陵地帯。牧草地と耕地が広がる田園景観になっている。世界的に知られるエメンタールチーズの産地。㊁「エメンタールチーズ」の略。

エメンタール-チーズ〖Emmental cheese〗スイス西部のエメンタール地方産のチーズ。円形大形の硬質ナチュラルチーズ。内部にチーズアイと呼ばれる気孔があり、チーズフォンデュに用いる。エメンタール。

えめん-の-みえ【絵面の見得】ヱヅラ 歌舞伎の見得の一。登場人物が動作をいったん止めてそれぞれ型をつけ、舞台全体の絵画的美しさを強調すること。

え-も〔連語〕《副詞「え」＋係助詞「も」》❶(あとに肯定の表現を伴って)よくもまあ。よくぞ。「恋ふといふは―名づけたり」〈万・四〇七八〉❷(あとに打消しの語を伴って)どうしても…できない。「いとせばう、―通るまじう見ゆる行く先を」〈枕・二二二〉

えも-いわ-ず【えも言はず】いは〔連語〕❶なんとも言いようがないほどである。なんとも言いようがないほどすばらしい。「花も―ぬ匂ひを散らしたり」〈源・胡蝶〉❷口に出しては言えないほどよくない。「築泥ついひぢ、門の下などに向きて、―ぬ事どもし散らし」〈徒然・一七五〉❸言うに足りない。つまらない。「―ぬ者まで涙を流して」〈栄花・楚王の夢〉

えも-いわれぬ【えも言われぬ】いはれぬ〔連語〕言葉で言いようもない。「―趣がある」

(類語)素晴らしい・素敵すてき・見事みごと・立派・最高・絶妙・卓抜・秀逸・結構・目覚ましい・輝かしい・妙なる

エモーショナル〖emotional〗〔形動〕感情に動かされやすいさま。感情的。「―な言動」

エモーション〖emotion〗情緒。感情。感動。心理学では情動という。

(類語)感情・情じょう・情感・心情・情緒じょうしょ・情緒じょうちょ・情調・情操・情念・情動・喜怒哀楽・気分・気き・気色きしょく・機嫌きげん・気持ち・感じ

え-もじ【絵文字】ヱ ❶記録や意志伝達のために用いられる絵画的表現。文字発生の初期の形態で、象形文字以前のもの。ピクトグラフ。❷簡単な絵のような形で、言葉・文字・記号の代わりとするもの。例えば、非常口や禁煙を表すマークなど。❸携帯メールやインターネットメール、メッセンジャーなどで、気持ちを表したり、場所や乗り物、状況などを表すために用いる、1文字サイズのアイコンやアニメーションのこと。記号を組み合わせて表情を表す顔文字を含んでいう場合もある。

え-もの【得物】❶最も自分の得意とする武器。また、広く武器のこと。「―を手に戦う」❷自分の最も得意なこと。得意な技。「左様のをさない御方に御指南を申すは私の―で御座る」〈虎寛狂・腹立てず〉

え-もの【獲物】❶漁猟でとったもの。❷他人から奪い取って手に入れたもの。

え-ものがたり【絵物語】ヱ 物語の主要場面を絵に描いたもの。また、絵入りの物語。

エモリエント-こうか【エモリエント効果】カウクワ《emollient effect ; emollientは、皮膚を軟化させるの意》化粧などで、皮膚に潤いと柔軟性、栄養分を保たせる効果をいう。

え-もん【▽衣紋｜▽衣文】❶衣服を形よく、着崩れしないように着ること。また、そのための着用のしかた。❷和服の襟の、胸で合わせる部分。「―を合わせる」

「抜き―」❸衣服。身なり。❹人物画や彫像における衣装のひだやしわの表現のこと。衣褶(いしゅう)。衣襞(いへき)。

衣紋を繕(つくろ)・う　衣服・装束に乱れがないよう心を配る。また、衣服の着崩れを整える。「須賀は―・って、…すたすたと歩き出した」〈円地・女坂〉

え-もん【▽衛門】ヱ ❶「衛門府」の略。❷「右衛門府(うえもんふ)」の略。

えもん-かがみ【▽衣紋鏡】服装を整えるために用いる鏡。姿見(すがたみ)。

えもん-かけ【▽衣紋掛(け)】❶短い棒の中央にひもをつけ、衣服の肩・袖を通してつるしておくもの。❷衣桁(いこう)。

えもん-かた【▽衣紋方】公家・武家で、故実に従った装束の着用指導に当たる役。

えもん-け【▽衣紋家】公家や武家の装束の着装法などをつかさどった家。山科(やましな)家・高倉家など。

えもん-ざお【▽衣紋×竿】ざを 衣服をかけるさお。(季 夏)

えもん-ざか【衣紋坂】江戸新吉原の日本堤から大門(おおもん)までの間にあった坂。遊客がここで衣服をつくろったところからこの名がある。

えもん-だけ【▽衣紋竹】竹製の衣紋掛け。(季 夏)「抜衣紋して衣(きぬ)かかる―/虚子」

えもん-つき【▽衣紋付き】衣服の着方。着こなし。衣装つき。「背向きに頸(うなじ)を捻じて、―を映した時」〈鏡花・婦系図〉

えもん-ながし【▽衣紋流し】蹴鞠(けまり)の余興の一。立ちながらからだをかがめて、一方の腕にのせた鞠を転がして後ろ襟から他方の腕に渡らせるもの。

えもん-の-じん【▽衛門の陣】ヱモン 衛門府の官人の控え所。左衛門の陣は建春門に、右衛門の陣は宜秋門(ぎしゅうもん)の内にあった。

えもん-ふ【▽衛門府】ヱモ 律令制の官司の一。宮城諸門の警備、部署の巡検、行幸の先駆けなどにあたった。大同3年(808)左右衛士府(えじふ)に併合、弘仁2年(811)左右衛門府となった。職員は、多く検非違使(けびいし)を兼任した。靫負司(ゆげいのつかさ)。

エヤ〖air〗《「エヤー」とも》▶エア

え-や〔連語〕《副詞「え」+係助詞「や」》❶疑問の意を表す。…できるだろうか。「皆下屋(しもや)におろし侍りぬるを、―まかりおりあへざらむ」〈源・帚木〉❷反語の意を表す。どうして…できようか、できるはずがない。「この僧達の様、姿ども…菩薩、聖衆の参り集まり給ひけむも、かくは―と見ゆ」〈栄花・音楽〉

えや-は〔連語〕《連語「えや」+係助詞「は」》反語の意を表す。どうして…できようか。「かくとだに―いぶきのさしも草さしも知らじな燃ゆる思ひを」〈後拾遺・恋一〉

え-やみ【▽疫病み】❶悪性の流行病。ときのけ。えきびょう。❷(「瘧」とも書く)おこり。今のマラリアのような病気。わらわやみ。〈和名抄〉

えやみ-ぐさ【▽疫病草】❶リンドウの古名。❷植物オケラの古名。

えやみ-の-かみ【▽疫病みの神】病気を流行させる神。行疫神(ぎょうやくじん)。やくびょうがみ。

エユップスルターン-ジャーミー〖Eyüp Sultan Camii〗▶エユップスルターンモスク

エユップスルターン-モスク〖Eyüp Sultan Mosque〗トルコ北西部の都市イスタンブールの旧市街北西部にあるイスラム寺院。15世紀半ば、オスマン帝国のスルターン、メフメット2世により建造。7世紀にコンスタンチノープルで戦死したという、預言者ムハンマドの弟子アイユーブ=アル=アンサーリー(トルコ語名エユップ=エンサル)を祭る。モスク周辺にはオスマン朝時代の宰相などの霊廟や墓地が多く、イスラム教徒の聖地として知られる。エユップスルターンジャーミー。

え-よう【会陽】ヱヤウ 岡山市の西大寺で、陰暦1月15日未明、修正会(しゅしょうえ)の結願(けちがん)として行われる裸押しの行事。吉井川で水垢離(みずごり)をとった裸の男たちが、神木(しんぎ)と称する棒を取り合う。正月の予祝行事として、山陽・四国の各地に広まった。(季 新年)

え-よう【▽栄×耀】エウ「えいよう(栄耀)」の音変化。「禅宗坊主だって、是よりは口に―をさせて居るだろう」〈漱石・坊っちゃん〉

栄耀に餅(もち)の皮(かわ)を剝(む)く　ぜいたくに慣れると、餡餅(あんもち)の皮をむいて、餡だけ食べるようになる。ぜいたくを尽くすことのたとえ。栄耀の餅の皮。

栄耀の隠し食い　栄華をきわめている者が、なお満ち足りないで、人に隠れて快楽にふけること。

え-よう【絵様】ヱヤウ ❶物を作ったりする場合の見本としてかかれた絵や模様。また、下がきの絵。絵図面。下絵。「物の―やるとて、これがやうに仕うまつるべしと書きたる」〈枕・一〇三〉❷図案。模様。「鴛鴦(をし)の波の綾に文(もん)をまじへたるなど、物の―にも描き取らまほしき」〈源・胡蝶〉❸鎌倉時代以後の建築で、梁(はり)などに施された模様や彫刻。

えよう-えいが【▽栄×耀栄華】エエウエイグワ「えいようえいが(栄耀栄華)」に同じ。

えよう-ぐい【▽栄×耀食ひ】エエウぐひ ぜいたくなものを食べること。美食。「夕には博奕(ばくち)をうち、あしたは口に―」〈浮・沖津白波〉

えよう-どうぐ【▽栄×耀道具】エエウダウグ 実際の生活に必要のないぜいたくな品。

え-よこ【絵▽緯】ヱ「えぬき(絵緯)」に同じ。

えら【▽豪】《形容詞「えら(偉)い」の語幹から》❶はなはだしいこと。すぐれていること。「こちとらが夕べの働き、―ぢゃぞえ」〈浄・源頼家源実朝鎌倉三代記〉❷名詞・形容詞語幹の上に付き接頭語的に用いて、たいそうな、ひと通りでない、の意を表す。「尚さんは一怒りの、―癇癪(かんしゃく)ぢゃぞえ」〈伎・飛馬始〉

えら【×鰓|×腮|×顋】❶水中にすむ動物の呼吸器官。魚類のものは、ふつう櫛(くし)の歯のような鰓弁(さいべん)に毛細血管が分布し、これに触れる水から酸素をとり、二酸化炭素を出す。❷人のあごの骨の左右に角をなす部分。えらぼね。「―の張った顔」

鰓が過・ぎる　口幅ったい物言いをする。言葉が高慢だ。「世間手代の習ひとは、―・ぎて聞きにくい」〈浄・歌念仏〉

エラ〖ERA〗《Equal Rights Amendment》米国の、男女平等憲法修正条項。男女差別を禁じる憲法修正27条案。1972年に議会で承認されたが、82年6月の批准期限までに規定数の州が批准しなかったため不成立となった。

エラー〖error〗❶やりそこない。失策。❷理論的に正しい数値と、計算・測定された値とのずれ。誤差。❸野球で、守備側が捕球・送球などに失敗して、アウトにできたはずの走者を生かすこと。失策。

(類語)(❶)ミス・失敗・失策・過失・過誤・失態・不覚・粗相・しくじり・間違い・へま・どじ・ぽか/(❸)失策・トンネル・落球・悪投・ボーンヘッド

エラー-カード《和 error+card》テレホンカードなどで、製造番号の打ち間違えなどのミスのあるもの。コレクターの間で高値で取り引きされる場合もある。

エラー-ていせい【エラー訂正】《error correction》▶誤り訂正

エラーていせい-プロトコル【エラー訂正プロトコル】《error correction protocol》▶誤り訂正プロトコル

エラー-トラップ〖error trap〗コンピューターの処理中に、誤りが起きると働くプログラム。

えら-あな【×鰓▽孔】❶えらの後方にある水の排出口。❷脊椎動物の発生の途中でできる、咽頭部と外界との連絡口。鰓裂(さいれつ)。さいこう。

エラー-メッセージ〖error message〗コンピューターが誤りと判断したときに出す、誤りの箇所・種類などの表示。

えら・い【偉い|▽豪い】〔形〕文えら・し〔ク〕❶普通よりもすぐれているさま。㋐社会的地位や身分などが高い。「会社の―・い人」㋑人間として、りっぱですぐれている。「苦労しただけあって、―・い人だ」❷物事の状態が普通ではないさま。㋐程度がはなはだしい。ひどい。「今日は―・く寒い」「―・い混雑だった」㋑予想外である。ひどく困ったさまである。「―・い目にあった」㋒苦しい。つらい。しんどい。「歩きどおしでからだが―・い」(派生)えらがる〔動ラ五〕えらさ〔名〕

(類語)(❶㋐)(連体修飾語として)重立った・有力な・錚錚(そうそう)たる/(❶㋑)偉大・立派・有徳(連体修飾語として)大した・優れた/(❷㋐)大変・大層・異常・極度・桁(けた)外れ・桁違い・著しい・甚だしい・すごい・ものすごい・恐ろしい・ひどい・途方もない・途轍(とてつ)もない・この上ない・筆舌(ひつぜつ)に尽くしがたい・言語に絶する・並並(なみなみ)ならぬ・頗(すこぶ)る・やけに・馬鹿(ばか)に

えら・く〔動カ四〕喜び楽しむ。「黒き白きの御酒(みき)を赤丹のほにたまへ―・き」〈続紀宣命・三八詔〉

えら-こ【×鰓×蚕】多毛綱ケヤリ科の環形動物。体長約10センチ、黄褐色。細かい砂をつけた管に入っていて、その先端から冠状のえらを出す。北日本の海岸の岩の間などに群生。釣りのえさにする。

えら-こきゅう【×鰓呼吸】コキフ 水中でえらを用いてガス交換を行う外呼吸の形式。魚類・両生類の幼生、および甲殻類・軟体動物などにみられる。

エラザ〖Ellada〗「ギリシャ」のギリシャ語による呼称。➡ヘラス㊁

エラスチック〖elastic〗伸び縮みする布地。ゴムを織り込んだ布や伸縮性のある合成繊維。

エラスチン〖elastin〗血管壁や靭帯(じんたい)など、弾性組織の一部をなすゴム状たんぱく質。

エラストマー〖elastomer〗常温で非常に大きな弾性をもつ高分子物質の総称。ゴム・合成ゴムなど。➡プラストマー

エラスムス〖Desiderius Erasmus〗[1466ころ～1536]オランダの人文学者。人文主義的立場から宗教改革の精神に同調したが、ルターの教皇・教会批判には反対した。ギリシャ語新約聖書の印刷校訂本を初めて出版。著「愚神礼讃」「自由意志論」など。

エラトステネス〖Eratosthenēs〗[前272ころ～前192ころ]ギリシャの学者。アレクサンドリア文庫の管理者。文学・数学・天文学・地理学・哲学にすぐれ、「五種競技選手」ともよばれた。主著「地理学」。

えらび-だ・す【選び出す】〔動サ五(四)〕二つ以上のものの中から、よいものや目的に合うものを抜き出す。えりだす。「好みの洋服を―・す」

えらび-と・る【選び取る】〔動ラ五(四)〕選んで取る。より取りする。「好きな物を―・る」

えら・ぶ【選ぶ|▽択ぶ】〔動バ五(四)〕❶多くの中から目的や基準にかなうものを取り出す。選択する。よる。えらむ。「贈り物を―・ぶ」「すぐれた作品を―・ぶ」❷抜き出してその職に任ずる。選び出す。「議長に―・ばれる」❸(あとに打消しの語を伴って用いる)区別する。えり好みする。「目的のためには手段を―・ばない」❹(「撰ぶ」とも書く)著作を集めて書物を作る。撰する。「歌集を―・ぶ」(可能)えらべる

(類語)(❶)選(え)る・選(よ)る・篩(ふる)う・選択する・取捨する・選定する・選考する・選別する・セレクトする・ピックアップする・より分ける・すぐる/(❷)選任する・選抜する・抜擢(ばってき)する

選ぶ所(ところ)がな・い　違ったところがない。同様である。「これでは子供のすることと―・い」

えらぶ-うみへび【▽永▽良部海蛇】コブラ科の海産の毒蛇。全長約1.5メートル。体は青緑色で、暗褐色の輪紋がある。性質は温和。南西諸島以南の暖海に分布し、産卵期には岩礁に上陸する。食用。えらぶうなぎ。

えら-ぶた【×鰓蓋】硬骨魚類のえらを外側から保護する骨質の薄い板。頭部の両側にあり、開閉し、水を入れて呼吸をする。さいがい。

えら-ぶつ【偉物|▽豪物】腕前や度量のすぐれた人物。剛の者。えらもの。「彼はなかなかの―だ」

えら-ぶ・る【偉ぶる】〔動ラ五(四)〕偉そうに振る舞う。偉そうに見せる。「―・った態度」

えら-ぼね【×鰓骨】❶魚類のえらの内側にあって、えらを支えている弓状の骨。❷あごの骨。えら。❸相手の口をののしっていう語。「や、ちょこざいな、けさい六。―ひっかいてくれべい」〈浄・油地獄〉

えら・む【選む|▽択む】〔動マ五(四)〕❶「えらぶ」に同じ。「名誉の執筆に―・まれて」〈風葉・寝白粉〉❷取り調べる。「山伏を堅く―・み申せ」〈謡・安宅〉

えら‐もの【偉者|▽豪者】「偉物」に同じ。
エララ〖Elara〗木星の第7衛星で、すべての衛星のうち13番目に木星に近い軌道を回る。名の由来はギリシャ神話のゼウスの愛人。1904年に発見。非球形で平均直径は約90キロ。
え‐らん【▽栄×蘭】タコノキの別名。
エランド〖eland〗《「イランド」とも》ウシ科の哺乳類。大形のレイヨウで、体高約1.8メートル。角は長さ約1.2メートルにもなり、ねじれている。アフリカに分布。おおかもしか。
エラン‐ビタール〖(フランス) élan vital〗ベルクソンの用語。生の飛躍。生物が内的衝動によって進化する生命の躍進力。エランビタル。
えり【▽彫り】❶彫り刻むこと。ほり。「御手跡(=御筆跡)は…一深う、強う固う書き給へり」〈源・行幸〉❷弦をかけるため、矢筈の上部を削って彫りくぼめた所。
えり【×魞|×箆】河や湖沼・内湾で、よしずや竹垣を魚道に迷路のように張り立てて、魚を自然に誘導して捕らえる定置漁具。琵琶湖のものが有名。(補説)「魞」は国字。
魞挿・す えりを仕掛ける。(季 春)
えり【襟|×衿|▽領】❶衣服の首回りの部分。また、そこにつける縁どりの布。❷首の後ろの部分。首筋。えりくび。❸上着、下着を重ねて着て、一つに前を合わせること。「三つ一」❹掛け布団の、首のあたる部分にかける細い布。
(一語)赤襟・裏襟・上襟・折り襟・角襟・掛け襟・狭襟・立ち襟・竪襟・伊達襟・突き襟・詰め襟・共襟・抜き襟・撥襟・半襟・広襟・坊主襟・丸襟・三つ襟
(類語)(❶)カラー・ネック・首・衣紋・襟元
襟に付・く 《金持ちは重ね着をして襟が厚かったところから》金持ちや権勢のある者にこびへつらう。襟元に付く。
襟を正・す 《蘇軾「前赤壁賦」から》❶自己の乱れた衣服や姿勢を整える。❷それまでの態度を改めて、気持ちを引き締める。「一・して話を聞く」
襟を開・く 隠しだてせず心の中を打ち明ける。胸襟を開く。「一・いて語り合う」
エリア〖area〗区域。地域。地帯。「サービス一」
(類語)地域・区域・地区・地方・方面・一円・一帯・地帯・界隈・土地・地・境域・境・領域・ゾーン・境・区画
エリアーデ〖Mircea Eliade〗[1907～1986]ルーマニア生まれの宗教史学者・文学者。インドに留学し、ヨーガを研究。第二次大戦後はシカゴ大学教授。神話・象徴・儀礼を通じて幅広く世界の宗教思想を研究。著「永遠回帰の神話」「シャーマニズム」など。
えり‐あか【襟×垢】衣服の襟についた垢。
えり‐あし【襟足|▽領脚】首筋の髪の毛の生え際。
エリアずいひつ【エリア随筆】《原題、Essays of Elia》チャールズ=ラムが、エリアの筆名で書いた随筆集。正編は1823年、続編は1833年刊。ユーモアとペーソスに満ちた高雅な文体で、自己の体験・回想などを書いたもの。
えり‐あて【襟当て】衣服や掛け布団の襟に当てて、襟垢などの汚れを防ぐ布。
エリアフランチャイズ‐せい【エリアフランチャイズ制】《area franchise system》ある地区の企業にフランチャイズを与え、その地区全般の販売権を与える制度。
エリアポ〖Erriapo〗►エッリアポ
エリア‐マーケティング〖area marketing〗地域特性の差異を重視して、マーケットに適合するきめの細かい対応策を実施して商品の販売を促進するマーケティング手法。
エリア‐マガジン〖area magazine〗一定の地域の歴史や見所、レストラン、遊園地などを詳しく記した情報誌。地域雑誌。
エリー‐うんが【エリー運河】《Erie》米国ニューヨーク州にある運河。バルジ運河の幹線。ハドソン河畔トロイからエリー湖岸バッファローへ至る。長さ563キロ。1827年完成。
エリー‐こ【エリー湖】《Erie》北アメリカ五大湖の一。米国とカナダとの国境にあり、湖水はヒューロン湖から受け、ナイアガラの滝を経てオンタリオ湖に流れる。湖岸にクリーブランド・バッファローなどの工業都市がある。面積2万5820平方キロメートル。
えり‐いし【▽碑】《「彫り石」の意》事跡などを示す文字を彫り刻んだ石。石碑。いしぶみ。
えり‐い・ず【▽選り▽出づ】〔動ダ下二〕選び出す。えり分けて取り出す。えりだす。「御供に、慕ひ聞こゆる限りは、また一・で給へり」〈源・須磨〉
エリーゼのために《原題、(ドイツ) Für Elise》ベートーベン作曲のピアノ用小曲。1810年ころの作。
エリート〖(フランス) élite〗社会や集団で、指導的、支配的役割を受け持つ層。選良。「一意識」
エリウゲナ〖Johannes Scotus Eriugena〗[810ころ～877ころ]アイルランド生まれの神学者・哲学者。スコラ学の先駆者。新プラトン学派の流れをくみ、中世神秘主義に影響を与えた。著「予定論」「自然区分論」。
えり‐うち【▽選り討ち】強い敵を選んで討ち取ること。「さては渡辺のしたしいやつばらこそ候ふらめ。一なんどもし候ふべきに」〈平家・四〉
えり‐うら【襟裏】襟の裏につける布。うらえり。
エリ‐エリ‐レマ‐サバクタニ〖(ギリシャ) ēli ēli lemā sabachthani〗「わが神、わが神、なぜ私をお見捨てになったのですか」と訳される。十字架にかけられたイエス=キリストが叫んだとされる言葉。
えり‐おしろい【襟白粉】襟首から肩にかけてつける濃いおしろい。江戸中期から、上方風の厚化粧をまねて流行した。牡丹刷毛を使って塗る。
エリオット〖George Eliot〗[1819～1880]英国の女流小説家。本名、メアリ=アン=エバンズ(Mary Ann Evans)。丹念な心理分析を特色とする写実的作品を書いた。著「アダム=ビード」「フロス川の水車小屋」「サイラス=マーナー」。
エリオット〖Thomas Stearns Eliot〗[1888～1965]英国の詩人・劇作家・批評家。米国生まれ。革新的な技法と宗教性の深い作品により英文壇を代表した。1948年、ノーベル文学賞受賞。詩「荒地」、詩劇「カクテル‐パーティー」、批評集「神聖の森」など。
エリカ〖(ラテン) Erica〗ツツジ科エリカ属の植物の総称。一般に常緑低木。枝は細かく分かれ、葉は細く短い。白・黄・紅などの色の筒状や壺状の花を開く。ヨーロッパ・アフリカに産し、ツリガネエリカ・ジャノメエリカなど約500種がある。ヒース。(季 春)
えり‐がえ【襟替え|襟換え】《ジュバンの襟の色をかえるところから》半玉や舞妓が一人前の芸妓になること。
えり‐かざり【襟飾り】❶首飾りやブローチなど、洋服の襟元につける装飾品。❷ネクタイ。「一の横っちょに曲がっているのを注意して」〈漱石・明暗〉
えり‐かた【襟肩】背縫いが襟に接する所から、左右の肩にかけての部分。
えりかた‐あき【襟肩明き】和服で、襟を付けるために襟肩の部分を背から左右にはさみを入れて裁ち明けた所。
えり‐がみ【襟髪|▽領髪】❶首の後ろ側の髪。❷首の後方。首筋。えりくび。
エリキシル〖elixirs〗甘みと芳香をもち、エタノールを含む澄明な内用液剤。飲みやすくした水薬。
えり‐ぎらい【▽選り嫌い】《「えりきらい」とも》好きなものだけを選び取り、嫌いなものを捨てること。えりごのみ。「善の悪のと一をするがものも無いてのう」〈木下尚江・良人の自白〉
えり‐くず【▽選り×屑】選び取ったあとの残り物。よりくず。よりのこり。「かかる一にミネルワの昏いかで触れんや」〈鴎外・うたかたの記〉
エリクソン〖Ericsson〗スウェーデンの通信機器会社。1876年設立。1918年、大手電話会社SATと合併。1980年代に携帯電話事業に進出。携帯電話の通信設備の分野で世界有数のシェアをもつ。
エリクソン〖Erik Homburger Erikson〗[1902～1994]米国の精神分析学者。ドイツ生まれのデンマーク人。学校教育を嫌い、アイデンティティーについて考えながら各地を放浪。フロイトの精神分析の流れをくむ。著「アイデンティティー」「幼児期と社会」。
えり‐くび【襟首|▽領×頸】首の後ろの部分。首筋。うなじ。
(類語)首筋・首根っこ・項・首根
えり‐ぐり【襟×刳り】洋服の首回りに沿ってくりこむ襟の線。ネックライン。
エリコ〖Jericho〗《「イェリコ」とも》パレスチナ地方の古都。死海の北東約8キロメートルに位置する。最も古くから人々が定住した都市の一つとして知られ、旧約聖書にもその名が残る。紀元前7800年頃からの古代遺跡テルアルスルターン、新約聖書に記された誘惑の山、ウマイヤ朝時代のヒシャーム宮殿などがある。ジェリコ。
えり‐こし【襟腰】襟の折り返しの内側の、首に沿って立っている部分。立ち代。
えり‐ごのみ【▽選り好み】〔名〕(スル) 自分の好きなものだけを選び取ること。よりごのみ。えりぎらい。「一が激しい人」「一しないで誰とでもつきあう」
(類語)好悪・好き嫌い
えり‐さいぼう【襟細胞】海綿動物の胃腔や鞭毛室の壁にある特有の細胞。細胞体の上端に1本の鞭毛があり、その基部は襟とよばれ、円筒状または漏斗状をなす。鞭毛により水流を起こし、入ってきた微生物などを襟で食する。
えり‐さき【襟先】❶洋服の襟の先端。❷和服の襟の最下端。長着では腰の辺りにあたる。
エリザベート‐きょうかい【エリザベート教会】《Elisabethkirche》ドイツ中西部、ヘッセン州の都市、マールブルクにある教会。ハンガリー王女、チューリンゲンの聖エリザベートを称え、ドイツ騎士修道会により建造。1235年に建設が始まり、1340年に塔が完成した。ドイツ最古のゴシック様式教会の一。
エリザベス〖Elizabeth〗㊀(1世)[1533～1603]イングランド女王。在位1558～1603。ヘンリー8世の娘。前代までのカトリックを廃し、新教のイギリス国教会を確立。スペインの無敵艦隊を破って海外発展を果たすなど、イギリス絶対主義の最盛期を築く。シェークスピアやベーコンなど多くの文人が出て、文芸上、エリザベス朝として名高い。生涯独身を通し、チューダー朝最後の王となった。㊁(2世)[1926～]英国王。ジョージ6世の第1王女。1947年、エジンバラ公と結婚。52年に即位。53年、戴冠式を行った。
エリザベス‐カラー《Elizabethan collarから》犬や猫などが傷口をなめるのを防ぐため、首の周囲に装着するらっぱ状の器具。(補説)エリザベス朝時代に流行したラッフル(ひだ飾り)の形に似ていることから。
エリザベテス‐どおり【エリザベテス通り】《Elizabetes iela》ラトビアの首都リガの新市街にある通り。アルベルタ通りとともに、20世紀初めに建てられたユーゲントシュティール様式の建物が多い。装飾性豊かな初期の様式の建物の中には、建築家ミハイル=エイゼンシュテイン(映画監督セルゲイ=エイゼンシュテインの父)が手がけたものもある。
エリザベト‐おんがくだいがく【エリザベト音楽大学】広島市に本部のある私立大学。イエズス会の宣教師らによって昭和22年(1947)に開設された広島音楽教室を前身として、同38年に開学した。音楽学部の単科大学。
エリサ‐ほう【エリサ法|ERISA法】《ERISAはEmployee Retirement Income Security Actの頭文字》企業年金制度の運営に関する規制について包括的に定めた米国の法律。1974年制定。従業員の受給権の保護を主な目的とし、企業が破綻した場合に年金を引き継ぐ年金給付保証公社の創設や、企業年金の運営状況の情報開示義務などが定められている。従業員退職所得保障法。
エリジウム〖Elysium〗►エリュシオン
えり‐した【襟下】和服の、襟先から褄先までの間。

立て褄。褄下。
えり-しょう【襟章】 洋服の襟につける、階級・所属・学年などを示す記章。
えり-しん【襟心｜襟芯】 衣服の襟に張りをもたせるために入れる、やや堅い布。
エリス〖ERIS〗《exoatmospheric reentry vehicle interceptor system》大気圏外における再突入体迎撃システム。宇宙空間から大気圏へ再突入しようとしてくる敵の弾道ミサイルに高速弾を衝突させて、突入前に破壊する防衛システム。SDI(戦略防衛構想)の一環として構想された。
エリス〖Eris〗準惑星の一つ。太陽系外縁天体の冥王星型天体に属す。2003年、パロマー山天文台からの観測で発見された。名の由来はギリシャ神話の戦いの女神。冥王星の外側の軌道を公転する。冥王星より大きいため惑星に分類すべきか論議されたが、2006年に国際天文学連合が設けた区分の「準惑星」に分類された。衛星(ディスノミア)をもつ。直径は2400～3000キロメートルと推定される。
エリス〖Henry Havelock Ellis〗[1859～1939]英国の医師・心理学者。性心理の研究で有名。著「性心理学研究」など。
えり-すぐ・る【▽選りすぐる】〔動ラ五(四)〕よいものの中から、さらによいものを選び抜く。よりすぐる。「優秀な人材を―・る」
エリスリトール〖erythritol〗甘味料の一種。ぶどう糖を原料に酵母の発酵によって製造される。低エネルギーで虫歯になりにくい甘味料として加工食品に利用。
エリスリナ〖ラテン Erythrina〗マメ科デイゴ属の植物の総称。デイゴ・アメリカデイゴなど。
エリスロポイエチン〖erythropoietin〗《「エリスロポエチン」とも》腎臓で放出される赤血球増多作用のあるホルモン。低酸素状態になると放出される。人工的に合成したものは医薬品として利用する。EPO。
エリスロポエチン〖erythropoietin〗►エリスロポイエチン
エリスロマイシン〖erythromycin〗放線菌のストレプトミセス-エリスレウスが産生する抗生物質の一。ジフテリア菌などのグラム陽性菌に対する効力が強い。
エリセーエフ〖Sergey Grigor'evich Eliseev〗[1889～1975]ロシア生まれの日本学者。ハーバード大教授。1908年に来日し、東大に学ぶ。ロシア革命後はフランスに亡命・帰化。渡米後、エドウィン=ライシャワーやドナルド=キーンら多くの日本研究者を育てた。東京神田の古書店街の空襲防止に尽力したとされる。著「赤露の人質日記」など。
エリゼ-きゅう【エリゼ宮】《フランス Palais de l'Élysée》パリにあるフランス大統領官邸。セーヌ川右岸、サントノレ通りに面する。1718年にエブルー伯爵が建築、ポンパドール夫人やナポレオン1世の妻ジョゼフィーヌなどが住んだ。ナポレオン3世失脚後の1873年から大統領官邸。
えり-ぜに【×撰り銭】 貨幣授受にあたり、受ける者が良銭を選び取ること。特に、私鋳銭の横行した室町時代に多い。幕府は、貨幣の流通を妨げるものとして、しばしば特定の悪銭以外は撰り銭を禁止した。せんせん。えりせん。
エリソン〖Ralph Ellison〗[1914～1994]米国の黒人小説家。小説「見えない人間」は、黒人という存在を白人の目には見えないものとして描き出した。他に人種問題などを論じた評論集「影と行為」など。
えり-たけ【襟丈】 和服で、一方の襟先から他方の襟先までの長さ。または、襟肩から襟先までの長さ。
エリダヌス-ざ【エリダヌス座】 南天の星座の一。オリオン座のリゲル付近から南西に細長く伸びる。1月中旬の午後8時ごろ南中するが、南端にあるα星のアケルナルは鹿児島以南でないと見えない。ギリシャ神話にみえる川の名に由来する。学名ラテンEridanus
エリダノス〖Ēridanos〗ギリシャ神話に出てくる川。極北あるいは西の果てにあると考えられていた。エリダヌス。
エリチェ〖Erice〗イタリア南部、シチリア島、シチリア自治州の町。同島西部、標高751メートルのサンジュリアーノ山の頂上部に位置する。先住のエリミ人の聖地とされ、紀元前8世紀頃に古代フェニキア人の入植が始まり、カルタゴの支配下に置かれた。市街は石畳で覆われ、中世のアラブ、ノルマン朝支配の下で建造された二つの城や、ゴシック様式のマトリーチェ教会が残されている。
エリツィン〖Boris Nikolaevich El'tsin〗[1931～2007]ロシア連邦の政治家。モスクワ市共産党第一書記、ロシア共和国最高会議議長などを歴任。1991年、国民投票によりロシア連邦初代大統領に就任。➡プーチン
えり-つき【襟付き】 ❶衣服に襟がついていること。また、その衣服。❷着物を重ねて着たときの襟元のようす。❸《江戸時代、重ね着のできるのは裕福であったところから》懐ぐあいのよいこと。金持ち。「―になびく君ぢゃものを」〈浮・万金丹・二〉
襟付きが厚・い 《襟元の厚さ薄さで貧富を判断したところから》金持ちである。襟が厚い。
エリック〖ERIC〗《Education Resources Information Center》米国の教育資源情報センター。教育関係のデータベース。1966年運用開始。
えり-つけ【襟付け】 ❶着物の襟を縫いつけること。襟肩から襟先へ襟をつけていく手順。❷首や襟に濃くつける油入りのおしろい。
えり-つ・ける【▽彫り付ける】〔動カ下一〕文ゑりつ・く〔カ下二〕刻みつける。ほりつける。「正面に、葛飾郡永代築地と―・け」〈鏡花・葛飾砂子〉
エリテマトーデス〖ドイツ Erythematodes〗顔面などに生じる紅斑(エリテマ)を主症状とする疾患。膠原病の一。急性で全身がおかされるものと、慢性で皮膚に限局して円形の紅斑が現れるものとがある。紅斑性狼瘡。➡全身性エリテマトーデス
えり-どめ【襟止(め)｜襟留(め)】 ❶和服の襟の合わせ目が乱れないように、襟に留める金具。❷ブローチ。
えり-どり【▽選り取り】 好きなものを選び取ること。よりどり。
エリトリア〖Eritrea〗アフリカ北東部、紅海に面する国。首都アスマラ。イタリア領から1962年にエチオピアに統合されたが、1993年独立。人口579万(2010)。
えり-と・る【▽選り取る】〔動ラ五(四)〕《「えりどる」とも》「選び取る」に同じ。よりどる。「妙に―・って揃えたもんだな」〈鏡花・婦系図〉
エリニュス〖Erīnūs〗ギリシャ神話の、三人の復讐の女神。頭髪は蛇で翼があり、鞭と炬火を手に罪人を追及して発狂させるという。
えり-ぬき【▽選り抜き】 多くのものの中から選び出すこと。また、選び出されたもの。粒より。よりぬき。「―の品物」類語 特選
えり-ぬ・く【▽選り抜く】〔動カ五(四)〕多くのものの中から、すぐれたものやよいものだけを選んで抜き出す。よりぬく。「―・かれた材料」
エリネック〖Jellinek〗►イェリネック
エリノメ〖Erinome〗木星の第25衛星。2000年に発見。名の由来はローマ神話の女神。非球形で平均直径は約3キロ。
えり-はば【襟幅】 衣服の襟の幅。
エリブルース〖El'brus〗ロシア南西部にある山。カフカス山脈の主峰で、ヨーロッパの最高峰。二峰からなり、西の峰は標高5633メートル、東の峰は5621メートル。氷河が多くみられる。エルブルース。エリブルス。
えり-まき【襟巻(き)】 防寒または装飾用に首に巻くもの。毛糸・毛皮・絹布などで作る。首巻き。マフラー。(季 冬) 類語 マフラー・首巻き
えりまき-しぎ【襟巻×鷸】 シギ科の鳥。全長約30センチ、雌は小形。夏羽の雄に襟巻き状の飾り羽があり、ディスプレーに用いる。日本には春・秋に少数が渡来。
えりまき-とかげ【襟巻蜥=蜴】 有鱗目アガマ科のトカゲ。全長約90センチ。首に大きなひだ飾りがあり、自衛や繁殖期のディスプレーのときに広げる。樹上性で、地上では驚くと後肢だけで走る。オーストラリア北部・ニューギニア南部に分布。
えり-まわり【襟回り】 ❶襟の周囲。襟のあたり。❷首の周囲の寸法。❸円座での順番が、和服の襟合わせの方向に右に回ること。
エリミネーター〖eliminator〗交流電源を整流して、直流電源を得る機器。電池を用いる電気器具などに組み込んで、交流電源での使用を可能にする。交流整流器。
えり-もと【襟元】 ❶衣服の襟が前で合わさるあたり。❷襟の後ろ側のあたり。えりくび。
襟元に付・く 「襟に付く」に同じ。「さきの異人さんは、…心意気のいい人だから、…襟元へ付かないのは、やぼのゆきどまりで」〈魯文・安愚楽鍋〉
えりも-みさき【襟裳岬】 北海道中南部、日高地方南端の岬。太平洋に面し、寒流・暖流の合流地。濃霧が発生しやすい。補説 アイヌ語「エンルム」(岬)から。
エリヤ〖Elijah〗アハブ王・アハジア王時代(前875～前851)に活躍したといわれるイスラエルの預言者。バール神の祭司らと戦い、ヤーウェ礼拝を確立した。
エリュアール〖Paul Eluard〗[1895～1952]フランスの詩人。ダダイスム、シュールレアリスム運動に加わったのち、共産党に入党。第二次大戦中、対独抵抗運動に参加。民衆語による情熱的詩風を築いた。詩集「苦悩の首都」「詩と真実一九四二年」など。
エリューセラ-とう【エリューセラ島】《Eleuthera》西インド諸島北部、バハマ中北部の島。サンゴ礁に囲まれた細長い島で、ガバナーズハーバー、ロックサウンドなどの町がある。カリブ海域の代表的観光・保養地。
エリュシオン〖Ēlusion〗ギリシャ神話で、神々に愛された人々が死後に幸福な生活を送る野。「幸福(者)の島」ともいわれる。エリジウム。
えり-わ【襟輪】 木材を組み合わせて接合するとき、一方の木材の縁につくる突出部分。入輪。
えり-わ・ける【▽選り分ける】〔動カ下一〕文えりわ・く〔カ下二〕一定の基準に従って区分けする。また、基準にかなうものだけを選ぶ。選別する。よりわける。「リンゴを―・けて市場に出荷する」
えりん【慧琳】[737～820]中国、唐代の僧。梵語や訓詁学などに通じ、「一切経音義(慧琳音義)」100巻を著した。
エリンギ〖ラテン eryngii〗ヒラタケ科のキノコ。南ヨーロッパ原産で、セリ科植物エリンギウムの根に寄生する。白く太い柄は歯ごたえが良く、食用とされる。
エリンギウム〖ラテン Eryngium〗セリ科の二年草または多年草。多く地中海沿岸地方に分布する観賞用植物。夏に、白また紫色の花が咲く。
えりん-じ【恵林寺】 山梨県甲州市にある臨済宗妙心寺派の寺。山号は乾徳山。開創は元徳2年(1330)、開山は夢窓疎石、開基は二階堂道蘊。武田信玄・柳沢吉保の墓がある。天正10年(1582)織田信長勢の焼き打ちにあったとき、住職快川紹喜が「心頭を滅却すれば火もまた涼し」の言葉を残し、火中に死んだことで有名。
エリント〖ELINT〗《electronic intelligence》電子情報。外国の発射するレーダー波・ミサイル誘導電波などの電磁波を傍受・測定して得られる情報・知識。
エリントン〖Duke Ellington〗[1899～1974]米国のジャズピアニスト・作曲家。本名はエドワード=ケネディ=エリントン(Edward Kennedy Ellington)で、デューク(公爵)は通称。オーケストラリーダーとして大きな影響力をもったジャズ界の巨匠。作品に「A列車で行こう」「ソリチュード」など。
エル〖L｜l〗❶英語のアルファベットの第12字。❷〈L〉ローマ数字の50。❸〈L〉《large》衣服のサイズのL判。➡S ➡M ❹〈L〉《left》左を表す記号。野球では左翼手を表す。⇔R。❺〈l〉《line》文の行や行数を表す記号。❻〈l〉《フランス litre》体積の単位、リットルの記号。❼〈L〉《literature》文学部・文学科を示す記

号。学生の襟章などに用いた。

エル〖ell〗英国や米国で布の長さに用いる慣習的な単位。1エルは45インチで約1.14メートル。

え・る【▽彫る・ˣ雕る・ˣ鐫る】〘動ラ五(四)〙❶彫刻する。ほりつける。「この二つの法諡は孰れも石に―・られなかった」〈鷗外・渋江抽斎〉❷ほり刻んで、金銀・珠玉をはめ込む。「朧に薄紅の螺鈿を―・る」〈漱石・虞美人草〉❸くりぬく。穴をあける。「穴を―・りて獄をつくりて」〈愚管抄・七〉

える【得る】〘動ア下一〙文う〘ア下二〙❶努力して自分のものにする。手に入れる。獲得する。「利益を**える**」「信頼を**える**」「承認を**える**」❷納得する。理解できる。悟る。「要領を**え**ない質問」「よくその意を**え**ない」❸好ましくないものを身に受ける。「罪を**える**」「病を**える**」❹(多く、活用語の連体形に助詞「を」を添えた形に付いて)可能である、の意を表す。…できる。「そうせざるを**え**ない」「ようやく監視の目を逃れることを**え**た」❺(動詞の連用形に付いて) ㋐…できる。「微笑を禁じ**え**ない」㋑そのようになる可能性がある。「交渉決裂もあり**える**」「起こり**え**ない事故」❻得意とする。すぐれている。「これかれ**え**たる所**え**ぬ所、互ひになむある」〈古今・仮名序〉**補説**鳥や獣のえものを手に入れる場合には「獲る」とも書く。また、終止するときは文語形の「うる」となることがあり、特に❺の終止形・連体形は「うる」を用いることが多い。➡う(得)る
…句簡にして要を得る・九死に一生を得る・御意を得る・志を得る・事なきを得る・力を得る・時を得る・所を得る・名を得る・万死の中に一生を得る・要領を得ない・我が意を得る・蛟竜雲雨を得・虎穴に入らずんば虎子を得ず・二兎を追う者は一兎をも得ず　**類語**取る・収める・稼ぐ

え・る【▽選る・▽択る】〘動ラ五(四)〙選び取る。選ぶ。よる。「よいものだけを―・る」
類語選ぶ・選る・篩う・選択する・取捨する・選定する・選考する・選別する・セレクトする・ピックアップする・より分ける・すぐる

エル-アール〖LR〗《Lloyd's Register》ロイド船級協会。最古の船級協会。1760年設立。本部はロンドン。

エル-アール-アイ-エヌ-エフ〖LRINF〗《long-range INF》長射程中距離核戦力。射程が1000から5500キロメートルまでの比較的長い射程を持つミサイル。米国のパーシングⅡ、旧ソ連のSS20、SS4などがこれにあたる。従来は単にINFと呼ばれていた。INF全廃を取り決めた米ソ間により、1991年までに廃棄された。

エル-アール-エフ〖LRF〗《luteinizing hormone-releasing factor》黄体形成ホルモン放出因子。LH-RH。

エル-アール-エフ〖LRF〗《laser range finder》レーザー照準機。

エル-アール-シー-エス〖LRCS〗《League of Red Cross Societies》赤十字社連盟。各国赤十字社の国際的連合体として1919年に設立。91年国際赤十字・赤新月社連盟(IFRC)に改称。LORCSとも。

エル-アール-ティー〖LRT〗《light-rail transit》►ライトレールトランジット

エル-アイ-シー〖LIC〗《low intensity conflict》低強度紛争。大規模の戦争ではなく、国際テロや暴動、化学・生物兵器の拡散、麻薬取引のような間接的な侵略行為。

エル-イー-オー〖LEO〗《low earth orbit》►低軌道

エル-イー-ディー〖LED〗《light emitting diode》►発光ダイオード

エルイーディー-バックライト【LEDバックライト】《LED backlight》液晶テレビや液晶ディスプレーのバックライトに白色発光ダイオードを搭載したもの。従来のCCFLに比べ消費電力が小さく、画像のコントラスト比が高い。LED液晶。

エルイーディー-プリンター【LEDプリンター】《light emitting diode printer》発光ダイオード(LED)の光でトナーを付着させるプリンター。

エル-イー-ユー〖LEU〗《low enriched uranium》►低濃縮ウラン

エルイエロ-とう【エルイエロ島】《El Hierro》大西洋、モロッコ沖にあるスペイン領カナリア諸島を構成する島の一。同諸島の南西端に位置し、主要7島の中で最も小さい。中心地はバルベルデ。風力発電をはじめ、再生可能エネルギーの利用が進んでいる。イエロ島。

エルー〖Paul Louis Toussaint Héroult〗[1863～1914]フランスの冶金学者。電気分解による金属アルミニウム製法(ホール-エルー法)や電気製鋼炉(エルー炉)を発明した。

エル-エー〖LA〗《Los Angeles》ロサンゼルスのこと。

エル-エー〖LA〗《laboratory automation》ラボラトリーオートメーション。コンピューターやロボットなどを利用し、研究開発作業を効率化させること。

エル-エー〖L.A.〗《Latin America》►ラテンアメリカ

エル-エー-エス〖LAS〗《linear alkyl benzenesulfonic acid》リニアアルキルベンゼンスルホン酸。ソフト型イオン性合成洗剤。汚れを落とすのに重要な界面活性剤の一種。成分中のリン酸が藻類の異常発生を招き、河川や湖沼汚染となるといわれて問題化した。現在では、リン酸はふくんでいない。

エル-エー-エヌ-エル〖LANL〗《Los Alamos National Laboratory》米国のロスアラモス国立研究所。1943年設立の国立研究所。最初の原子爆弾が製造された。所在はニューメキシコ州ロスアラモス。

エルエーケー-りょうほう【LAK療法】《LAKは、lymphokine-activated killerの略》►活性化自己リンパ球移入療法

エル-エー-シー-イー〖LACE〗《lysergic acid diethylamide》リゼルグ酸ジエチルアミド。幻覚剤の一種。LSD。

エル-エー-シー-エー〖LACA〗《Latin America Coffee Agreement》中南米コーヒー協定。1957年締結。59年、輸出国のみにより国際コーヒー協定に発展した。

エル-エー-ダブリュー〖LAW〗《low active waste》►低レベル放射性廃棄物

エル-エス-アイ〖LSI〗《large-scale integration》多数の集積回路(IC)群に相当する機能を、1枚の基板に集積化したもの。回路素子の数が1000個から10万個程度のものを指す。大規模集積回路。**補説**集積化技術の向上に伴い、80年代には集積度が10万～1000万個程度のVLSI、90年代には1000万個を越えたULSIが登場し、それぞれを区別したが、2000年代になってからはこのような区別をせず、集積回路全般をLSIまたはICと呼ぶことが多い。

エル-エス-イー〖LSE〗《London Stock Exchange》ロンドン証券取引所。1801年設立。**補説**1698年に、ジョン=キャステインがコーヒーハウスで株式と商品の価格一覧表を発行したのが始まりとされる。

エル-エス-エス〖LSS〗《life-support system》宇宙飛行士の、生命維持装置。

エルエスコリアル-しゅうどういん【エルエスコリアル修道院】《スペイン El Escorial》スペイン、マドリード郊外にある建造物。1563年にフェリペ2世が建設を命じたもので、南北207メートル、東西162メートルの敷地に、王宮、聖堂、修道院、図書館などが配置され、聖堂の地下に国王の墓所がある。1984年、「マドリードのエルエスコリアル修道院とその遺跡」として世界遺産(文化遺産)に登録された。エスコリアル修道院。サン-ロレンソ-デル-エスコリアル僧院。

エル-エス-ティー〖LST〗《landing ship tank》米軍の戦車揚陸艦。海岸に乗り上げて艦首を開き、兵士・武器・戦車などを揚陸させる。

エル-エス-ディー〖LSD〗《lysergic acid diethylamide》リゼルグ酸ジエチルアミド。麦角アルカロイドの研究中に発見された強力な幻覚剤。極微量で幻覚や恍惚状態が起こる。麻薬に指定。

エル-エス-ディー〖LSD〗《long, slow, distance》長い距離を、ゆっくり時間をかけて走るトレーニング方法。

エル-エス-ディー〖LSD〗《landing ship dock》米国のドック型揚陸艦。船体の後半が浮きドック式になっており、その中から直接揚陸艇を発進させる。

エル-エス-ピー〖LSP〗《lightest supersymmetric particle》素粒子物理学の超対称性理論から導かれる未知の超対称性粒子のうち、電気的に中性で最も軽い粒子のこと。宇宙論における暗黒物質の候補として、宇宙に安定的に存在し、かつ直接観測にかかりにくいニュートラリーノが挙がっている。

エル-エッチ〖LH〗《luteinizing hormone》►黄体形成ホルモン

エル-エッチ〖LH〗《left half》サッカーなどで、レフトハーフ。中衛の左翼。また、その選手。

エルエッチ-アールエッチ〖LH-RH〗《luteinizing hormone-releasing hormone》►エル-アール-エフ(LRF)(ホルモン)

エル-エッチ-エー〖LHA〗コンピューターのファイルの圧縮・解凍形式の一。または、その処理を行うソフトウエア。主に日本で普及している。圧縮ファイルにlzhという拡張子がつくため、LZH形式ともいう。

エル-エッチ-シー〖LHC〗《Large Hadron Collider》セルン(CERN)が運用している、世界最大の素粒子加速器。スイスとフランスの国境をまたいだ地下に建設された。ビッグバンの瞬間を人工的に再現し、そこから生じる粒子を観察するために、高速に加速した陽子を互いに衝突させ高エネルギー状態を作り出す実験などに用いられている。大型ハドロン衝突型加速器。➡ハドロン ➡ヒッグス粒子

エルエッチ-テープ【LHテープ】《low-noise high-output tape》低雑音高出力のオーディオテープ。

エル-エヌ-ジー〖LNG〗《liquefied natural gas》液化天然ガス。

エルエヌジー-せん【LNG船】LNGを輸送する船。超低温で運ぶため、建造に高度の技術が要求される。LNGタンカー。

エル-エフ〖LF〗《low frequency》►長波

エル-エフ〖LF〗《left fielder》野球で、レフト。左翼手。

エル-エフ〖LF〗《left forward》サッカーなどで、レフトフォワード。前衛の左翼。また、その選手。

エル-エフ〖LF〗《low-fat》►ローファット

エル-エフ〖LF〗《line feed》制御文字の一。ASCIIコード体系の改行を表す。

エル-エム-アール〖LMR〗《longitudinal magnetic recording》►水平磁気記録

エル-エム-イー〖LME〗《London Metal Exchange》ロンドン金属取引所。非鉄金属中心の取引所で、国際取引の指標。

エル-エム-オー〖LMO〗《living modified organism》►遺伝子組み換え生物

エル-エム-ジー〖LMG〗《liquefied methane gas》液化メタンガス。

エルエムシー-エックスさん〖LMC・X3〗存在が確認された中で最大級とみられるブラックホール。大マゼラン星雲の中に存在する。1983年発見。

エル-エル〖LL〗❶衣服などのサイズで、L判よりもさらに大きい規格のもの。LL判。❷「ランゲージラボラトリー」の略。「一教室」

エル-エル-エル-ティー-ブイ〖LLLTV〗《low light level TV》低光量テレビ。微細な光にエネルギーを与えて可視まで増幅する装置。銃砲の目標追跡装置などに使う。

エルエル-ぎゅうにゅう【LL牛乳】《LLはlong-lifeの略で、長く鮮度を保つ意》牛乳をセ氏135～150度で数秒間連続して滅菌し、気体透過性のない容器に入れたもの。常温でも60～90日の保存が可能。

エル-エル-シー〖LLC〗《Limited Liability Company》米国における事業組織の形態の一つ。出資

者はメンバーと呼ばれ、出資額の範囲で責任を負う。また、出資額に関係なく利益配分や権限などを定めることができる。事業体には課税せず出資者の所得に課税するパススルー課税を選択できるため、二重課税を回避できる。日本では平成18年(2006)に合同会社の制度が導入されたが、パススルー課税は認められていない。有限責任会社。リミテッドライアビリティーカンパニー。➡LLP ➡有限責任事業組合

エル-エル-ディー-シー〖LLDC〗《least among less-developed countries》後発開発途上国。LDC。LDDC。

エル-エル-ディー-ピー-イー〖L-LDPE〗《linear low-density polyethylene》直鎖状低密度ポリエチレン。低圧の重合反応により得られ、柔軟性などにすぐれている。

エル-エル-ピー〖LLP〗《Limited Liability Partnership》事業組織の形態の一つ。個人または法人が共同で出資し事業を営むために設立する。出資者は出資額の範囲までしか責任を負わず、自ら経営を行うことができる。LLPには課税されず、出資者に直接課税されるため、事業体に法人税が課された上に出資者への配当にも課税される二重課税を回避できる。IT産業やサービス産業などさまざまな分野で産学連携、ジョイントベンチャー、専門家集団による共同事業・創業を振興する制度として活用されている。リミテッドライアビリティーパートナーシップ。➡LLC (補説)法律事務所や会計事務所などが無限責任のリスクを回避するための制度として1990年ごろから米国の各州で、2000年から英国で導入され、カナダ・シンガポールなどでも採用されている。日本では平成17年(2005)に有限責任事業組合(日本版LLP)の制度が創設された。英国・シンガポールのLLPは法人格を有するが、米国・日本のLLPは法人格を有しないなど、国によって異なる点がある。

エル-オー-アール-シー-エス〖LORCS〗《League of Red Cross Societies》赤十字社連盟。LRCSとも。各国の赤十字・赤新月社の国際的連合体。1919年設立。91年、国際赤十字・赤新月社連盟(IFRC)に改称。

エル-オー-エス〖LOS〗《land observation satellite》陸地観測衛星。

エル-オー-エス〖LOS〗《Law of the Sea》海洋法。

エル-オー-エックス〖LOX〗《liquid oxygen》液体酸素。

エルガー〖Edward Elgar〗[1857〜1934]英国の作曲家。パーセル以来の天才といわれ、英国音楽の再建に貢献。代表作に変奏曲「謎」、行進曲「威風堂々」など。

エルガマル-あんごう【エルガマル暗号】—アンガウ《ElGamal encryption》公開鍵暗号の一。解を得ることが困難な離散対数問題の数学的な性質に基づく。

エル-カラファテ〖El Calafate〗アルゼンチン南部、パタゴニア地方の町。アルヘンティーノ湖に面する。世界遺産に登録されたロスグラシアレス国立公園への観光拠点として知られる。

エル-カンポイスモ《和el campoismo》《スペイン語の「カンポ(地方、田舎)」と「イスモ(主義)」からの造語》地方の豊かな暮らしを求める、新しい地方生活運動。

エルキャック〖LCAC〗《landing craft, air cushion》エアクッション型揚陸艇。ホバークラフト型であるため、高速で積載量も大きく、水深に関係なく自由に上陸行動ができ、従来の上陸用舟艇に比べ、機動性がはるかに優れている。

エルギン〖James Bruce, 8th Earl of Elgin〗[1811〜1863]英国の政治家・外交官。中国特派大使として清と天津条約・北京条約を結んだ。また1858年に来日して、江戸幕府と日英通商条約を締結。のち、初代インド総督。エルジン。

エルク〖elk〗❶ヘラジカの別名。❷北アメリカ産ワピチの別名。

エルグ〖erg〗《仕事の意のギリシャ語ergonから》CGS単位系の仕事の単位。1エルグは、1ダインの力で物体を力の方向に1センチ動かすのに要する仕事量で、10^{-7}ジュール。記号erg

エルクアイランド-こくりつこうえん【エルクアイランド国立公園】—コクリツコウエン《Elk Island National Park》カナダ、アルバータ州中部の都市、エドモントンの近郊にある国立公園。1906年、絶滅の危機にあったエルクを保護することを目的に設立。同国最古の野生動物保護区として知られ、エルクのほかに、バイソン、ムース、ビーバーなどが生息する。

エル-グレコ〖El Greco〗[1541ころ〜1614]《ギリシャ人の意》スペインの画家。本名はドメニコス=テオトコプーロス(Domenikos Theotokopoulos)で、ギリシャ生まれ。劇的な構図と明暗構成、細長く様式化された人物像などにより、独自の宗教画を多く残した。作「オルガス伯の埋葬」。

エルクレス-の-とう【エルクレスの塔】—タフ《Torre de Hércules》➤ヘラクレスの塔

エル-けん【L犬】警察犬種の略称の一。ラブラドルレトリバーのこと。

エルゴード-かせつ【エルゴード仮説】《ergodic hypothesis》統計力学において、時間平均を位相平均で置き換えるための仮説。十分長い時間の間に系はあらゆる状態を同じように経験するという仮説。

エルゴカルシフェロール〖ergocalciferol〗ビタミンD_2の化学名。シイタケ・卵黄などに多く含まれ、欠乏すると、くる病などを引き起こす。

エルゴステリン〖ドイツ Ergosterin〗➤エルゴステロール

エルゴステロール〖ergosterol〗ステロールの一種。麦角・酵母・シイタケなどに含まれる。紫外線照射によりビタミンD_2になる。エルゴステリン。

エルゴデザイン〖ergodesign〗機器と人間の関係に着目して、人間が使う形を意図した機器の造形表現。それらの形をエルゴフォルムと呼ぶ。

エルゴノミクス〖ergonomics〗➤人間工学

エルゴノミクス-キーボード〖ergonomics keyboard〗➤エルゴノミックキーボード

エルゴノミック-キーボード〖ergonomic keyboard〗人間工学(エルゴノミックス)に基づいて設計されたコンピューター用のキーボード。長時間の作業でも疲労が少ないよう、形状や配列が最適化されたものを指す。エルゴノミクスキーボード。エルゴノミックスキーボード。

エルゴノミックス〖ergonomics〗➤人間工学

エルゴノミックス-キーボード〖ergonomics keyboard〗➤エルゴノミックキーボード

エルゴメーター〖ergometer〗スポーツを実際に行っているのと似た条件の負荷をかけて、運動者の体力測定やトレーニングを行う器具。自転車のペダル踏み運動器やトレッドミルなど。

エルコラーノ〖Ercolano〗イタリア南部、カンパニア州の都市。79年のベスビオ火山の大噴火で埋没した古代都市ヘルクラネウム(エルコラーノのラテン語名)があった。公衆浴場、体操場、貴族の邸宅などの遺跡がある。同じく噴火により埋没した近郊のポンペイとトッレアヌンツィアータとともに、1997年、世界遺産(文化遺産)に登録された。エルコラノ。

エル-サルディネーロ〖El Sardinero〗スペイン北部の港湾都市サンタンデールの市街地東部にある海岸保養地。19世紀末、隣接するマグダレナ半島にスペイン王室の夏の離宮マグダレナ宮殿が置かれ、上流階級の避暑地として広く知られるようになった。

エル-サルバドル〖El Salvador〗中央アメリカ、太平洋側の共和国。首都サンサルバドル。平野が少ない。コーヒー・砂糖・綿花などを産する。1841年独立。人口605万(2010)。

エルサレム〖Jerusalem〗《平和の町の意》パレスチナ地方の古都。ユダヤ教・キリスト教・イスラム教の聖地で、古くからの巡礼地。キリストの宣教・受難・復活の地。新市街の西エルサレムはイスラエル領、旧市街の東エルサレムはヨルダン領であったが、1967年の中東戦争後、東エルサレムもイスラエルが併合。81年、「エルサレムの旧市街とその城壁群」の名称で世界遺産(文化遺産)に登録。翌82年に危機遺産に登録された。人口、行政区76万(2008)。イェルサレム。

エルサレム-しょう【エルサレム賞】—シャウ イスラエルの文学賞の一。2年に一度、個人の自由や尊厳、社会などをテーマに活動する優れた作家に与えられる。

エル-シー〖LC〗《letter of credit》信用状。貿易で、輸入商の信用を銀行が保証する証書。

エル-シー〖LC〗《landing craft》上陸用舟艇。

エル-シー〖LC〗《Least Concern》レッドリストのカテゴリー「軽度懸念」の略号。

エル-ジー〖LG〗《left guard》アメリカンフットボールで、レフトガード。

エル-シー-エー〖LCA〗《life cycle assessment》ライフサイクルアセスメント。

エル-シー-エム〖LCM〗《lowest common multiple; least common multiple》最小公倍数。

エルジー-エレクトロニクス【LGエレクトロニクス】《LG Electronics》韓国の総合電機メーカー。財閥LGグループの中核をなす。1958年に前身である金星社が設立され、1995年にLG電子と改称。2008年に韓国・中国・台湾以外での社名を現名称に変更。液晶テレビ、携帯電話、エアコンや冷蔵庫をはじめとする家電製品などを扱う。

エルシー-かいろ【LC回路】—クワイロ 電気振動の共振を生じさせる共振回路の一種。コイルとコンデンサーを直列した直列共振回路と、並列した並列共振回路があり、特定の周波数の信号を生成したり抽出したりすることに使われる。

エル-シー-シー〖LCC〗《low-cost carrier》➤格安航空会社

エル-シー-ディー〖LCD〗《liquid crystal display》➤液晶ディスプレー

エルジー-でんし【LG電子】《LG Electronics》➤LGエレクトロニクス

エル-シー-ピー〖LCP〗《liquid crystal printer》液晶プリンター。電子写真(ゼログラフィー)の技術を使ったページプリンターで、高解像度・高速印字が特徴。

エル-シー-ピー〖LCP〗《liquid crystal panel》➤液晶パネル

エルジー-ワン〖LGWAN〗《Local Government Wide Area Network》電子政府構想の基盤となる広域の行政専用のコンピューターネットワーク。地方公共団体のコンピューターネットワークを相互に接続し、情報の共有、行政事務の効率化を目的とする。総合行政ネットワーク。

エルジェーベト-ばし【エルジェーベト橋】《Erzsébet híd》ハンガリーの首都ブダペストを流れるドナウ川に架かる橋。西岸のブダ地区と東岸のペスト地区を結び、自由橋の北側に位置する。オーストリア-ハンガリー帝国皇帝フランツ=ヨーゼフの妃エリーザベトの名を冠する。19世紀末から20世紀初頭にかけて吊り橋が建造されたが、第二次大戦中に破壊され、1964年に再建された。

エルジェム-の-えんけいとうぎじょう【エルジェムの円形闘技場】—エンケイトウギヂヤウ《El Jem》チュニジア北部の町エルジェムにある円形闘技場の遺跡。3世紀初頭、ローマ帝国の支配のもとに建造され、約3万5000人を収容した。1979年、世界遺産(文化遺産)に登録された。

エルステッド〖Hans Christian Oersted〗[1777〜1851]デンマークの物理学者。電流の磁気作用を発見し、電磁気学の基礎を確立した。

エルステッド〖oersted〗CGS単位系の磁界の強さの単位。1エルステッドは単位磁極に働く力が1ダインのときの磁界の強さで、$10^3/4\pi$アンペア毎メートル。H=C=エルステッドの名にちなむ。記号Oe

エルズルム〖Erzurum〗トルコ北東部の都市。標高1800メートル以上の高地に位置。東部アナトリアにおける交通、商業の中心地で、周辺には小麦などを産する農地が広がる。冬季はスキーなどウインタース

ポーツが盛ん。東ローマ帝国時代、テオドシウス2世の名にちなみテオドシオポリスと呼ばれた。11世紀にセルジュークトルコ、16世紀にオスマン帝国領になり、その当時に建てられたイスラム寺院や神学校が残る。

エルゼットエッチ-けいしき【LZH形式】▶エル-エッチ-エー(LHA)

エルゼットエッチ-ファイル【LZHファイル】▶エル-エッチ-エー(LHA)

エルダー-ホステル〖elder hostel〗高齢者向け生涯教育プログラムの一つで、旅をしながら同時に学べる施設。ユースホステルをヒントに米国で始まった。

エルダップ〖LDAP〗《lightweight directory access protocol》インターネットやイントラネットを通じてディレクトリーサービスを利用するためのプロトコル。

エル-タヒン〖El Tajin〗メキシコ、ベラクルス州、メキシコ湾岸の都市、ポサリカの南東約10キロメートルにある遺跡。ベラクルス古典期文化の代表的な都市遺跡として、1992年「古代都市エル-タヒン」の名で世界遺産(文化遺産)に登録された。多数の神殿や何らかの祭祀が行われた球戯場がある。

エル-ダブリュー〖LW〗《left wing》サッカーなどで、レフトウイング。

エル-ダブリュー〖LW〗《living will》▶リビングウイル

エル-ダブリュー-アール〖LWR〗《light water reactor》▶軽水炉

エル-ダブリュー-ブイ〖LWV〗《League of Women Voters》女性有権者同盟。アメリカの草の根政治組織。1920年設立。本部はワシントン。

エルチェ〖Elche〗スペイン南東部、バレンシア州の都市。紀元前にイベリア人が築いた町に起源する。イスラム教徒がもたらした集約的な灌漑農業が行われ、ヨーロッパ最大規模のナツメヤシ園が広がり、2000年に「エルチェの椰子園」として世界遺産(文化遺産)に登録された。また、サンタマリア教会で催される聖母被昇天の宗教劇が無形文化遺産「エルチェの神秘劇」に登録された。

エルチェ-の-やしえん【エルチェの椰子園】《Palmeral of Elche》スペインのエルチェにあるヤシ園。広さ約2平方キロメートルで、樹齢300年以上のナツメヤシが約20万本群生する。ヤシと、アラブ特有の灌漑システムは、イスラム教徒によりもたらされたもの。2000年、世界遺産(文化遺産)に登録された。

エル-チャルテン〖El Chaltén〗アルゼンチン南部、サンタクルス州、パタゴニア地方の町。標高3405メートルのフィッツロイ山の麓、ロスグラシアレス国立公園の入り口にあたり、観光拠点になっている。

エルツ-じょう【エルツ城】《Burg Eltz》ドイツ西部、ラインラント-プファルツ州の都市、コブレンツの近郊にある城。モーゼル川の支流、エルツ川沿いの山中に位置。12世紀の建造以来、一度も陥落したことがなく、創建当時のロマネスク様式の姿を留める。

エル-ティー〖LT〗《local time》地方時。現地時間。

エル-ティー〖LT〗《left tackle》アメリカンフットボールで、レフトタックル。

エル-ティー〖LT〗《living together》同居生活者。同棲。両方とも職業を持ち、生計費用を折半して生活しているカップルをさす。LTR(living together relationship)とも。

エル-ティー〖LT〗《letter telegram》書信電報。

エル-ディー〖LD〗《laser disk》▶レーザーディスク

エル-ディー〖LD〗《lethal dose》薬物の、致死量。

エル-ディー〖LD〗《light director》ライトディレクター。テレビなどの照明担当者。

エル-ディー〖LD〗《learning disability》▶学習障害

エル-ディー-アール〖LDR〗《London Depositary Receipts》ロンドン預託証券。ロンドンで発行される預託証券(DR)。

エル-ディー-アール〖LDR〗《light-dependent resistor》▶フォトレジスター

エル-ティー-イー〖LTE〗《long term evolution》携帯電話の高速データ通信の規格の一。HSDPAをさらに改良したもの。下り方向の最大通信速度は100Mbps以上。W-CDMAと同じ周波数帯、帯域幅を使用するため、既存設備に大きな変更を伴わないという長所がある。ロングタームエボリューション。スーパー3G。

エル-ディー-イー-エフ〖LDEF〗《long duration exposure facility》長期露出実験装置。各種の部品や材料を長期にわたって宇宙空間にさらし、回収後にその変化を調査・分析する。

エル-ティー-エー〖LTA〗《Long Term Arrangement on Cotton Textiles》国際綿製品長期取り決め。日本・米国間の綿製品の貿易に関して、1963年から65年の期間についての取り決め。74年に、綿以外の繊維製品も対象としたMFA(多国間繊維取り決め)に拡大された。

エル-ティー-エー〖LTA〗《lighter-than-air aircraft》空気より軽い航空機。ヘリウムで飛ぶ軽飛行機や飛行船。➡HTA

エル-ティー-エー〖LTA〗《Lawn Tennis Association》英国庭球協会。ウィンブルドンテニス大会の主催者を構成する団体。1888年設立。本部はロンドン。

エル-ティー-エッチ〖LTH〗《Low To High》▶ビーディーアール-エルティーエッチ(BD-R LTH)

エル-ディー-エル〖LDL〗《low-density lipoprotein》❶低比重リポたんぱく質。血清リポたんぱくの主要分画の一つで、肝臓で作られたコレステロールを血液を使って運ぶ働きをする。この働きが限度を超えた場合に、動脈硬化の原因となる。低密度リポたんぱく質。❷「LDLコレステロール」の略。

エル-ディー-エル-コレステロール【LDLコレステロール】《low-density lipoprotein cholesterol》LDL(低比重リポたんぱく質)と複合したコレステロール。LDLは肝臓で作られたコレステロールを体内の末梢まで運ぶ働きがある。これが過剰になると動脈硬化などの原因となるところから、この複合体を悪玉コレステロールともいう。LDL-C。

エル-ディー-エル-シー〖LDL-C〗《low-density lipoprotein cholesterol》▶LDLコレステロール

エル-ティー-オー〖LTO〗《linear tape open》磁気テープを用いた外部記憶装置の規格の一。

エル-ディー-ケー〖LDK〗《living room, dining room, kitchen》一室で居間・食堂・台所を兼ねたもの。3LDKは、三室とLDKという間取りを表す。

エルディー-ごじゅう〖LD50〗《LDはlethal doseで、致死量の意》毒性試験で、実験動物の50パーセントが死亡する薬物の量。50パーセント致死量。

エル-ディー-シー〖LDC〗《least developed countries》後発開発途上国。開発途上国の中でも特に経済的な発展が遅れている国。1974年の国連総会で初めて指定され、配慮を払うことが合意された。国連開発政策委員会が定めた基準に基づいて、国連経済社会理事会の審議を経て、国連総会の決議により認定される。(補説)LDCのリストは3年に一度見直される。2009年の認定基準は、一人当たり国民総所得(2005〜2007年平均)が905米ドル未満、HAI(栄養不足人口の割合・5歳以下乳幼児死亡率・中等教育就学率・成人識字率などを基に測定される人的資源指数)が60未満、EVI(人口規模・遠隔性・製品輸出集中度・国内総生産に占める農林水産部門の割合・自然災害によるホームレス人口・農業生産の不安定性・財貨サービス輸出の不安定性などを基に測定される経済的脆弱性指数)が42以上、人口が7500万人以下。認定国は以下の48か国。

▷ **LDC認定国**(2012年7月現在)
アフリカ(33)＝アンゴラ、ベナン、ブルキナファソ、ブルンジ、中央アフリカ、チャド、コモロ、コンゴ民主共和国、ジブチ、赤道ギニア、エリトリア、エチオピア、ガンビア、ギニア、ギニアビサウ、レソト、リベリア、マダガスカル、マラウイ、マリ、モーリタニア、モザンビーク、ニジェール、ルワンダ、サントメプリンシペ、セネガル、シエラレオネ、ソマリア、スーダン、トーゴ、ウガンダ、タンザニア、ザンビア **アジア・大洋州**(14)＝アフガニスタン、バングラデシュ、ブータン、カンボジア、キリバス、ラオス、ミャンマー、ネパール、サモア、ソロモン諸島、東ティモール、ツバル、バヌアツ、イエメン **中南米**(1)＝ハイチ

エル-ディー-シー〖LDC〗▶ロンドン条約

エル-ティー-ディー〖LTD〗《laser target designator》レーザー目標照射機。目標物にレーザーを照射し、レーザー兵器を誘導する装置。

エル-ディー-ディー-シー〖LDDC〗《least developed among developing countries》後発開発途上国。LDC。

エル-ティー-ピー〖LTP〗《low temperature passivation》低温処理。シリコン半導体のシリコン酸化膜を低温で処理する技術。

エル-ディー-ピー-イー〖LDPE〗《low-density polyethylene》低密度ポリエチレン。透明性にすぐれ、機械的強度でHDPE(高密度ポリエチレン)に劣る。

エルディー-ほう【LD法】オーストリアのリンツLinzとドナビッツDonawitzにある製鉄所で工業化された、転炉製鋼法の一。溶けた鋼に酸素を吹きつけて精製する。純酸素転炉法。

エル-ドーパ〖L-DOPA〗《L dioxyphenylalanine》L型ジオキシフェニルアラニン。アミノ酸の一種。パーキンソン病の治療薬。

エルトールがた-コレラ【エルトール型コレラ】《El Tor cholera》コレラの一型。1906年シナイ半島の港町エルトールで発見された。東南アジアに常在するエルトール型コレラ菌により起こる。症状はアジア型コレラより軽い。

エルトールがた-コレラきん【エルトール型コレラ菌】《El Tor Cholera bacillus》コレラ菌の一種。かつてのアジア型コレラ菌に代わり、原因菌の主流である。東南アジア・アフリカで毎年流行がみられる。

エルドギャウ〖Eldgjá〗《アイスランド語で「火の谷」の意》アイスランド南部にある峡谷。深さは200メートル以上あり、長さ約30キロメートルにわたる。火山の噴火によってできた峡谷としては世界最大級とされる。

エル-とっきゅう【L特急】《Lはliner, light, lovelyにちなんだ愛称という》ほぼ等間隔で運転していて、発車時間を気にせず、気軽に乗れるJRの在来線の特急列車。昭和47年(1972)から運行。

エルトマン〖Johann Eduard Erdmann〗[1805〜1892]ドイツの哲学者。ヘーゲル学派中央派に属し、哲学史の分野に業績を残した。著「哲学史綱要」など。

エル-ドラド〖El Dorado〗16世紀の探検家たちが南アメリカのアマゾン川上流奥地にあると想像した黄金郷。転じて、理想郷の意にもいう。

エルトン〖Charles Sutherland Elton〗[1900〜1991]英国の動物生態学者。「動物の生態学」を著し、食物連鎖・生態的地位・個体群動態を基本に、現代生態学を確立した。他に「動物群集の様式」など。

エル-ニーニョ〖El Niño〗㊀《幼子キリストの意》南米ペルー沖の近海で、ほぼ毎年12月ごろに水温が高くなる現象。貿易風が弱まることで付近の暖流が移動して発生する。㊁「エルニーニョ現象」の略。

エルニーニョ-げんしょう【エルニーニョ現象】《El Niño events》赤道付近のペルー沖から中部太平洋にかけて、数年に1度、海水温が平年より高くなる現象。発生海域のみならず、世界的な異常気象の原因となる。逆に海水温が下がるラニーニャ現象も知られる。➡ダイポールモード現象 (補説)この海域は通常、貿易風が暖水を西に移動させ、深海から冷たい湧昇があることで同緯度の他の海域より水温が低い。ところが貿易風が異常に弱まることで、暖水の移動や湧昇が抑制され、この現象が発生する。狭い海域のみで生じるエルニーニョ㊀より広範囲で甚大な影響を及ぼす。

エル-バジェ〖El Valle〗パナマ中部、首都パナマの南西約90キロメートルにある町。標高600メートルの高原の避暑地として知られる。

エルバス〘Elvas〙ポルトガル東部の町。スペインとの国境近くに位置し、古くから戦略上の要地として知られ、旧市街は17世紀に築かれた城壁と二つの要塞に守られている。19世紀初頭のナポレオンによるスペイン侵略の戦地にもなった。イベリア半島最長のアモレイラの水道橋がある。

エル-パソ〘El Paso〙米国テキサス州西端の都市。リオグランデを挟んでメキシコのシウダー-フアレスと対する。中継交易地として発達。人口、行政区52万、都市圏61万(2008)。

エルバ-とう【エルバ島】《Elba》イタリア半島とコルシカ島との間にある島。イタリア領。1814年にナポレオンが流された地。面積223平方キロメートル。

エル-ばん【L判】衣服などのサイズで、普通より大きいもの。Lサイズ。大判。➡S判 ➡M判

エル-ビー〘LB〙《linebacker》アメリカンフットボールで、ラインバッカー。

エル-ビー〘LB〙《left back》サッカーなどで、レフトバック。後衛の左翼。また、その選手。左サイドバック。

エル-ピー〘LP〙《long-playing record》1分間に33回3分の1回転するレコード。LP盤。

エル-ピー〘LP〙《linear programming》線形計画法。リニアプログラミング。企業経営における生産・輸送や長期経済計画の立案に用いる数学的方法。制約条件をいくつかの一次等式または不等式で表し、計画の効果をはかる尺度も一次式によって得られる。

エル-ピー〘LP〙《Labour Party》労働党。英国の二大政党の一つ。1900年設立。本部はロンドン。

エル-ピー〘LP〙《Liberal Party》自由党。英国の旧政党名。19世紀から20世紀初頭にかけ、保守党とともに英国二大政党制の一翼を担う。1859年設立。1988年、社会民主党と合併し、現在は自由民主党(Liberal Democrats)。

エル-ピー-アール〘LPR〙《line printer daemon protocol》TCP/IPネットワークを通じてプリンターで印刷を行うためのプロトコル。

エル-ピー-エフ〘LPF〙《low pass filter》►ローパスフィルター

エル-ビー-オー〘LBO〙《leveraged buyout》►レバレッジドバイアウト

エルピー-ガス【LPガス】►液化石油ガス

エル-ビー-ジー〘LBG〙《liquefied butane gas》液化ブタンガス。ライターやコンロの燃料などに用いる。

エル-ピー-ジー〘LPG〙《liquefied petroleum gas》液化石油ガス。

エル-ピー-ジー-エー〘LPGA〙《Ladies Professional Golfers' Association of Japan》日本女子プロゴルフ協会。昭和42年(1967)日本プロゴルフ協会女子部として設立。本部は東京都中央区。

エル-ピー-ジー-エー〘LPGA〙《Ladies Professional Golf Association》全米女子プロゴルフ協会。1950年設立で、女性プロスポーツ団体としては現存最古。本部はフロリダ州のデイトナ-ビーチ。

エル-ピー-シー-エム〘LPCM〙《linear pulse-code modulation》►リニアPCM

エル-ビー-ダブリュー-アイ〘LBWI〙《low birth weight infant》►低出生体重児

エル-ピー-ティー-ブイ〘LPTV〙《low power television》低出力テレビ。サービスエリアが10～15マイル程度の、出力の小さいミニテレビ局。米国で普及し始めている。

エル-ビー-ピー〘LBP〙《laser beam printer》►レーザープリンター

エルビー-フィルター【LBフィルター】《light balancing filter》►色温度変換フィルター

エルビー-まく【LB膜】《Langmuir-Blodgett film》有機単分子層を重ねた機能性超薄膜。水面上に25万分の1ミリで広がった有機分子膜を、ガラスなどの固体基板上に移したもの。〔補説〕考案者のラングミュア博士とブロジェット女史の名から。

エルビウム〘erbium〙希土類元素のランタノイドの一。元素記号Er 原子番号68。原子量167.3。

エルビウムヤグ-レーザー〘Erbium-YAG laser〙YAGレーザーの一種。イットリウムとアルミニウムの複合酸化物からなるガーネット構造の結晶を製造する際に、エルビウムを添加した結晶を使用する。生体組織の水分に対する反応が高く、発熱も少ないため、その安全性の高さから歯科治療をはじめとするレーザー治療に利用される。Er:YAGレーザー。

エルフ〘elf〙小妖精。英国の民間伝説で、森や野にすみ、いたずらをすると想像されている。

エルブイ-ち【LV値】《light value》光量値。ある露出条件で撮影する際の光量を示す。フィルム面に達する光量を表す。

エルブルース〘El'brus〙►エリブルース

エルフルト〘Erfurt〙ドイツ中部、チューリンゲン州の都市。同州の州都。ゲーラ川沿いに位置し、中世には交通の要衝として発展。1949年から1990年まで旧東ドイツに属した。大聖堂、ゲーラ川にかかるクレーマー橋、アウグスティヌス会修道院をはじめ、歴史的建造物が数多く残っている。花卉生産が盛んで、毎年、国際園芸博覧会が催される。エアフルト。

エルフルト-だいせいどう【エルフルト大聖堂】《Erfurter Dom》ドイツ中部、チューリンゲン州の都市、エルフルトにある大聖堂。8世紀の創建。1154年にロマネスク様式のバシリカが建造され、1349年から1370年にかけてゴシック様式の内陣が増築された。毎年夏に同聖堂および隣接するセベリ教会の階段において、マルティン=ルターの誕生日にちなんだ野外音楽祭が開かれる。

エルベ-がわ【エルベ川】《Elbe》ヨーロッパ中部を流れる川。チェコのボヘミア盆地の水を集めて北流し、ドイツを貫流、ハンブルクを経て北海に注ぐ。長さ1170キロ。

エルベシウス〘Claude Adrien Helvétius〙[1715～1771]フランスの唯物論哲学者。百科全書派に属し、教権・王権を痛烈に批判。フランス革命の思想的先駆者の一人。著「精神論」「人間論」など。

エルベ-ひろば【エルベ広場】《Piazza delle Erbe》㊀イタリア北東部、ベネト州の都市ベローナにある広場。古代ローマ時代の公共広場に起源し、当時はシニョーリ広場と併せてひとつの広場だった。14世紀に作られた「ベローナのマドンナ」と呼ばれる噴水、ベネチア共和国の象徴であるサンマルコの獅子の石柱があり、周囲には中世からルネサンス期にかけての歴史的建造物が並ぶ。㊁イタリア北部、ロンバルディア州の都市マントバにある広場。11世紀のサンロレンツォ教会、13世紀のラジョーネ宮殿、ルネサンス様式のサンタンドレア教会などの歴史的建造物がある。

エルボー〘elbow〙ひじ。「一パッチ」

エルボー-パッチ〘elbow patch〙スポーツジャケットやセーターの袖のひじ(エルボー)に付けられる当て布のこと。革で作られることも多い。

エルマーク〘Ermak〙►イェルマーク

エル-マーク【Lマーク】《Lはライセンス(license)の頭文字から》一般社団法人日本レコード協会が、正規の音楽・映像配信サービスのウェブサイトに対して発行するマーク。レコード会社や映像制作会社などから正当な手続きを経て提供されたコンテンツを配信していることを表す。

エルマル-きょうかい【エルマル教会】《Elmalı Kilise》►林檎の教会

エルマル-キリセ〘Elmalı Kilise〙►林檎の教会

エルミート〘Charles Hermite〙[1822～1901]フランスの数学者。ソルボンヌ大教授。整数論・代数方程式・楕円関数など、多岐にわたる業績を残した。エルミートの多項式、エルミート行列、エルミート形式などにその名を残す。また、自然対数の底eが超越数であることを証明したことでも知られる。

エルミタージュ〘フランス ermitage〙隠者の住まい。人里離れたところ。

エルミタージュ-びじゅつかん【エルミタージュ美術館】《ロシア Gosudarstvennïy Ermitazh》サンクトペテルブルクにあるロシア連邦国立美術館。1764年創建の離宮を改造したもの。エカチェリーナ2世のコレクションを中心に、名品を多数収蔵。〔補説〕「エルミタージュ」は元来フランス語で、隠遁所の意。

エルミン〘フランス hermine〙►アーミン

エルム〘elm〙ヨーロッパ産のニレ属植物の総称。日本のハルニレに似る。

エルムポリス〘Ermoupolis〙ギリシャ南東部、エーゲ海に浮かぶシロス島の港湾都市。キクラデス諸島の行政上の中心地。旧市街にはベネチア共和国時代の街並みが残る。ギリシャ独立戦争以降、同国における商工業の中心地として発展し、新市街には新古典主義様式の建物(現在の市庁舎、考古学博物館など)が多い。エルムポリ。

エルメス〘Thierry Hermès〙[1801～1878]フランスの馬具職人。1837年、パリに開いた馬具専門の工房がフランスやロシアの貴族御用達として発展。没後、子孫によって受け継がれた工房は鞄・時計・衣料品など服飾事業に転換、ケリーバッグのような世界的流行を生み出すブランドに成長した。

エルメティズモ〘イタリア ermetismo〙第一次大戦後のイタリアで主流を占めた詩派。マラルメやバレリーといったフランス象徴詩の影響を受けて成立。言葉から政治・歴史などの非詩的要素を排除し、純粋に言葉そのものの持つ力を表現することを目指した。代表的詩人にウンガレッティ、クアジーモドなど。

エル-モード【Lモード】《L mode》NTT東日本・西日本が提供する固定電話用の情報提供サービスの商標名。インターネットの閲覧や、電子メールの送受信ができる。平成18年(2006)11月に新規加入の受付を終了、同22年3月にサービスを終了した。

エル-リーグ【Lリーグ】《L league》日本女子サッカーリーグの愛称。Lはレディー(Lady)の頭文字。平成6年(1994)に、JLSL(Japan Ladies Soccer League)から改称したもの。同16年には「なでしこリーグ」と改称し、L1(1部)・L2(2部)の2部制に移行。同18年からL1・2はディビジョン1・2に変更された。

エルロン〘aileron〙補助翼。飛行機の主翼の後縁に取り付けられている操縦翼面。機体の左右の傾きを制御する。

エルンスト〘Max Ernst〙[1891～1976]ドイツの画家。フランスで活躍し、シュールレアリスムの指導的人物。コラージュやフロッタージュを発表。作品に「百頭の女」「博物誌」。

エルンダ〘Elounda〙ギリシャ南部、クレタ島の港町。同島北東岸、ミラベル湾に面する。海岸保養地。沖合に浮かぶスピナロンガ島には、ベネチア共和国時代に築かれた要塞がある。

エレア-がくは【エレア学派】前6世紀後半から前5世紀初めにかけて、南イタリアのエレア(Elea)に興った古代ギリシャ哲学の一派。運動変化を否定して一元論を説いた。パルメニデス・ゼノンらが有名。

エレウシス〘Eleusis〙現在のアテネの北西にあった古代都市。豊作の女神デメテルとその娘ペルセフォネ(別名コレー)の密儀が行われた神殿の遺跡が残る。エレフシス。

エレガンス〘elegance┊フランス élégance〙上品な美しさ。優雅。気品。典雅。

エレガンテ〘イタリア elegante〙音楽で、発想標語の一。「優雅に」の意。

エレガント〘elegant〙〔形動〕落ち着いて気品のあるさま。優美なさま。「一な身のこなし」
〔類語〕シック・スマート

エレキ ❶「エレキテル」の略。❷「エレキギター」の略。

エレキ-ギター エレクトリックギターのうち、抱えて演奏する型のもの。

エレキテル《オランダ electriciteitから》❶電気。エレキ。エリキ。❷江戸中期にオランダから伝来した医療用の摩擦発電装置。

エレクター〘erector〙建設者。建設作業員。

エレクテイオン〘Erechtheion〙アテネのアクロポリス上のイオニア式神殿。前420～前408年ごろ建造。有名なカリアティード(女像柱)は、現在はアクロポ

リス美術館と大英博物館にある。

エレクト〘erect〙〔名〕スル 勃起すること。

エレクトーン〘Electone〙日本で開発された電子オルガンの商標名。昭和34年(1959)より発売。補説「電子オルガン」などと言い換える。

エレクトラ〘Ēlektrā〙ギリシャ神話で、ミケーネ王アガメムノンとクリュタイムネストラの娘。弟オレステスを助け、父を殺した母とその情夫アイギストスに対して復讐を果たす。

エレクトラ-コンプレックス〘Electra complex〙女子が同性である母親を憎み、父親を思慕する無意識の心的傾向。男子のエディプスコンプレックスに対する。ギリシャ神話のエレクトラにちなむ。

エレクトリック〘electric〙多く複合語の形で用い、電気の、電気式の、の意を表す。「一ピアノ」

エレクトリック-ギター〘electric guitar〙ギターにマイクを装置し、アンプで増幅してスピーカーから音を出すようにした楽器。抱えて演奏する型(エレキギター)と横にねかせる型(スチールギター)がある。電気ギター。

エレクトリック-ピアノ〘electric piano〙電気ピアノ。電気的に音を増幅することによって、生(アコースティック)ピアノとは異なった音色をもつ。実際にハンマーによって音源となる部分を打つものをいい、電子発振回路やデジタル音源を用いたものはelectronic piano(電子ピアノ)という。

エレクトレット〘electret〙ある種のろうや樹脂の混合物を、直流電圧を加えた電極の間で固化させたもの。電極を取り去った後もその電荷が失われない。

エレクトロ-オフィス〘electro-office〙高度にOA化され、企業内のどこにいても必要な情報を自由に検索・交換・加工できる環境をもつオフィス。

エレクトロクロミック-ディスプレー〘electrochromic display〙電圧印加による電気化学的可逆反応(電解酸化還元反応)による物質の色変化現象を利用した非発光型表示装置。時計の表示板などに利用される。

エレクトロスターリ〘Elektrostal'〙ロシア連邦西部、モスクワ州の都市。1928年までの旧称ザチシエ。首都モスクワの東約50キロメートルに位置する。ロシア革命後、電気製鋼業、重工業が発展し、同国有数の企業が集まる。

エレクトロセラミックス〘electroceramics〙電気・電子材料として用いられるセラミックス。セラミックスの誘電性・電子放射性などを利用。

エレクトロタイプ〘electrotype〙電鋳の方法で作った印刷用の版。電鋳版。

エレクトロテクニックス〘electrotechnics〙電力の発生・分配・制御、電気機器などの設計と応用に関する工学の一分野。電気工学。

エレクトロニクス〘electronics〙▶電子工学

エレクトロニック-ガバメント〘electronic government〙▶電子政府

エレクトロニック-コテージ〘electronic cottage〙情報機器やOA機器を設置し、通信回線で接続した住居。在宅勤務が可能となる。

エレクトロニック-コマース〘electronic commerce〙電子商取引。インターネットを介して受発注や決済、契約などの商取引を行うこと。サイバーモール、オンライントレード、ネットオークションなどがある。取引の主体が企業間の場合はBtoB、企業と消費者の間ではBtoC、消費者同士ではCtoCという。

エレクトロニック-ジャーナル〘electronic journal〙コンピューターの端末を利用し、画面を通して読む、紙を使わない電子化雑誌。

エレクトロニック-スモッグ〘electronic smog〙無線機・ラジオ・テレビなどの電波や車、コンピューター、その他電気機械から発生する電磁波が環境に影響を与えているようすをスモッグにたとえた語。

エレクトロニック-セラミックス〘electronic ceramics〙絶縁材料として用いられるセラミックス。

エレクトロニック-パブリッシング〘electronic publishing〙書籍の植字・組版・製版などのすべての工程を、コンピューターを活用して電子化した出版。電子出版。EP。

エレクトロニック-バンキング〘electronic banking〙コンピューターや通信技術を駆使して、銀行が取引の機械化を進めたり、サービスの向上を図ったりすること。企業向けのファームバンキング、家庭向けのホームバンキングなどがある。従来、専用の端末を電話線に接続して利用していたが、インターネットが普及してからは、インターネットバンキングが主流となった。オンラインバンキング。EB。

エレクトロニック-ビューファインダー〘electronic viewfinder〙▶イー-ブイ-エフ(EVF)

エレクトロニック-フューエルインジェクション〘electronic fuel injection〙エンジンの電子制御燃料噴射。燃料の噴射量、噴射時期などをマイクロコンピューターで制御する装置。EFI。

エレクトロニック-メール〘electronic mail〙❶▶レタックス ❷▶電子メール

エレクトロニック-ライブラリー〘electronic library〙図書館にある文献資料などをコンピューターやディスクに蓄え、データベース化して電気通信的手段で情報提供をはかる図書館。電子図書館。

エレクトロメーター〘electrometer〙電位計。

エレクトロルミネセンス〘electroluminescence〙《「エレクトロルミネッセンス」とも》蛍光体に電界を加えると発光する現象。蛍光体に無機材料を用いるもの(無機EL)と有機材料を用いるもの(有機EL)がある。発光ダイオード(LED)が点光源であるのに対し、エレクトロルミネセンスは面全体を均一に発光させることができる。低消費電力で高輝度が得られ、薄型・軽量化が可能なため、次世代の照明・テレビ・ディスプレーなどの材料として期待されている。電解ルミネセンス。EL。

エレクトロン〘electron〙❶電子。❷マグネシウムを主成分とし、亜鉛・アルミニウム・マンガンを含む軽合金。ドイツのエレクトロン社が創製。機械部品などに使用。補説❶の語源はギリシャ語で琥珀の意。琥珀をこすると静電気が起こることから。

エレクトロン-しょういだん【エレクトロン焼×夷弾】エレクトロン合金を使い、中にテルミットを入れた焼夷弾。

エレクトロン-ボルト〘electron volt〙電子ボルト。

エレゲイア〘ギリシャ elegeia〙ヘクサメーター(六韻律)にペンタメーター(五韻律)の一行を加えた二行単位のギリシャの詩型。笛の伴奏によって歌い、のちエレジーに変化。

エレジー〘elegy｜フランス élégie〙悲歌。哀歌。挽歌。類語 哀歌・悲歌

え-れつ【え列｜エ列】「え段」に同じ。

エレツ〘Elets〙ロシア連邦西部、リペツク州の都市。ドン川の支流ソスナ川沿いにある。12世紀にリャザン公国の砦が置かれ、13世紀にモンゴル帝国、15世紀にタタール人の攻撃を受けた。その後、モスクワ大公国の下、ボリス=ゴドノフにより要塞が築かれた。交易拠点として栄え、レース編みは名産。19世紀にロシアの建築家コンスタンチン=トンの設計で建造されたネオビザンチン様式の大聖堂がある。

エレック〘ELEC〙《English Language Education Council》英語教育協議会。英会話教室を運営するほか、個人・企業向けに英語教育を行う一般財団法人。昭和38年(1963)設立。

エレバン〘Erevan〙アルメニア共和国の首都。前7世紀に建設された古都。ばら色の石造建築物が多い。人口、都市圏111万(2008)。

エレファント-グラス〘elephant grass〙イネ科チカラシバ属の多年草。熱帯アフリカ原産で、牧草にする。高さ4〜5メートルに達し、葉は下垂する。葉身長は30〜120センチ。ネピアグラス。

エレフシス〘Eleusīs〙▶エレウシス

エレフシナ〘Elefsina〙ギリシャの首都アテネの北西約20キロメートルに位置する港町。サロニコス湾に面し、アテネとピレウスを結ぶ臨海工業地帯の一角。古代都市エレウシスの遺跡がある。

エレプシン〘erepsin｜ドイツ Erepsin〙腸液に含まれるペプチダーゼの混合物。

エレフテリアス-ひろば【エレフテリアス広場】《Plateia Eleftherias》㊀キプロスの首都ニコシアにある中央広場。城壁に囲まれた旧市街の南西端に位置し、オナサゴル通りやリドラス通りなど旧市街の主要道路の起点となっている。1974年以前はギリシャの首相イオアニス=メタクサスにちなみ、メタクサス広場と呼ばれていた。㊁ギリシャ南部、クレタ島の港湾都市イラクリオンにある広場。旧市街と新市街の間に位置し、市内交通の中心。

エレベーション〘elevation〙建築で、建物の垂直面の外観を示す図面。

エレベーター〘elevator〙ワイヤロープにつるした箱を、専用の昇降路内をモーターで上昇・下降させ、人・貨物を運搬する装置。昇降機。EV。

エレミヤ〘Jeremiah〙前7世紀のイスラエルの預言者。前627年から約40年間、ユダヤ王国の滅亡、神との新しい契約と救済の預言をし、国民の悔い改めを説いた。エジプトで死去。旧約聖書の「エレミヤ書」は、その預言集。イルメヤ。

エレメンタリー〘elementary〙多く複合語で、初歩の、基本の、の意を表す。「一スクール(小学校)」

エレメント〘element〙❶要素。成分。❷化学元素。❸▶務歯 類語 因子・要素・ファクター・エッセンス・モーメント・成分

エレン-ケイ〘Ellen Key〙▶ケイ

エレンブルグ〘Il'ya Grigor'evich Erenburg〙[1891〜1967]ソ連の小説家。たびたび西欧に滞在。鋭い時代感覚と柔軟な知性をもって多彩な文学活動を展開。小説「トラストDE」「パリ陥落」「嵐」「第九の波」「雪解け」、回想録「人間・歳月・生活」など。

エロ〔名・形動〕《「エロチシズム」「エロチック」の略》エロチックであること。わいせつなこと。また、そのさま。「一な話」「一本」

エロア〘EROA〙《Economic Rehabilitation in Occupied Area Fund》占領地域経済復興資金。第二次大戦後、米国が占領地に対して、経済復興を目的に軍事予算から支出した援助資金。日本は綿花・羊毛などの工業原料の購入代金に充てた。➡ガリオア

エロ-い〔形〕《「エロ」の形容詞化》好色なさま。また、性的魅力があるさま。

エロイカ〘イタリア Eroica〙ベートーベンの交響曲第3番「英雄」の称。

え-ろうそく【絵×蝋×燭】表面に花鳥などの絵や種々の模様をかいて彩色したろうそく。

エローラ〘Ellora〙インド西部、アウランガバードの北、アジャンタの南西にある村。7世紀から10世紀ごろの仏教・ヒンズー教・ジャイナ教の石窟寺院が現存。1983年「エローラ石窟群」の名称で世界遺産(文化遺産)に登録された。

エロキューション〘elocution〙朗読・演説、俳優のせりふなどの発声の技術。発声法。朗読法。

エログラム〘フランス aérogramme〙▶エアログラム

エロ-グロ《「エロチック」と「グロテスク」の略》扇情的で猟奇的なこと。

エログロ-ナンセンス 扇情的で猟奇的、かつばかばかしいこと。また、そのようなもの。大正末期・昭和初期の低俗な風潮をさす語。

エロシェンコ〘Vasiliy Yakovlevich Eroshenko〙[1889〜1952]ロシアの盲目の詩人・童話作家。大正3年(1914)に来日して数年間滞在。その間、日本語とエスペラントで童話などを発表した。作「夜明け前の歌」「人類のために」など。

エロス〘ギリシャ Erōs〙■㊀ギリシャ神話で、愛の神。アフロディテの子。ローマ神話のクピド(キューピッド)またはアモルにあたる。恋の弓矢を持つ幼児の姿で表されることが多い。㊁小惑星の一。直径約20キロで、周期的に地球に2300万キロまで接近するので、太陽系

の距離測定の基準にされた。㊁❶異性に対する、性愛としての愛。愛欲。❷プラトン哲学で、真善美へのあこがれという純化された衝動。

エロス〖EROS〗《Earth Resources Observational Satellite》地球資源観測衛星。日本では、宇宙開発事業団(現宇宙航空研究開発機構)が1992年に打ち上げた「ふよう1号」(Japanese Earth Resources Satellite-1)などがある。

エロチシズム〖eroticism〗《「エロティシズム」とも》性愛・情欲をよび起こす性質。芸術作品などで、そのような傾向の表現。「―を漂わせる裸婦像」

エロチック〖erotic〗〘形動〙性的な欲望をそそるさま。また、色気があるさま。肉感的。「―な姿態」「―な描写」

エロティシズム〖eroticism〗►エロチシズム

エロトマニア〖erotomania〗❶色情狂。異常性欲。❷医学で、色情症、または恋愛妄想などの妄想症のこと。

エロパ〖EROPA〗《Eastern Regional Organization for Public Administration》行政に関するアジア・太平洋機関。1960年設立。事務総局はケソンシティ。東京都立川市に地方行政センターがある。

えわ・す【ˣ酔はす】ゑはす〘動サ四〙酔うようにする。酔わせる。「果物、さかななど召させよ、人々―・せ、などおほせらるる」〈枕・一〇四〉

え-わらい【笑笑ひ】ゑわらひ にっこりと笑うこと。また、声を立てて笑うこと。「こと所の局のやうに声たかく―などもせで、いとよし」〈枕・七六〉

え-わら・う【笑笑ふ】ゑわらふ〘動ハ四〙にこやかに笑う。また、声を出して笑う。「行きちがふさまなどの慎ましげならず、もの言ひ、―・ふ」〈枕・一八四〉

えん【円】ヱン ❶まるいこと。また、その形。「地面に―を描く」⇔方。❷平面上で一点から等しい距離を保ちながら動く点の軌跡(円周)と、その内部。「同心―」❸《Yen》日本の通貨単位。1円は100銭。明治4年(1871)の新貨条例により、両に代わって円が定められた。記号は¥。➡漢「えん(円)」

えん【ˣ冤】ヱン 無実の罪。ぬれぎぬ。冤罪。「―をすすぐ」➡漢「えん(冤)」

えん【宴】飲食・歌舞などをして、遊び楽しむこと。宴会。うたげ。「―を張る」➡漢「えん(宴)」
類語 宴会・うたげ・パーティー

えん【ˣ焉】《漢文の助字》句末に置いて語調を整え、また、断定の意を表す語。訓読ではふつう読まないが、「我関せず焉」などの場合には読む。➡漢「えん(焉)」

えん【ˣ筵】❶むしろ。敷物。❷座席。会合などの席。酒宴の席。「南湨老人が喜寿の―」〈魯文・安愚楽鍋〉➡漢「えん(筵)」

えん【塩】酸と塩基との中和反応によって生じる化合物で、酸の陰性成分と塩基の陽性成分とからなるものをいう。塩化ナトリウム・硫酸カルシウムなど。酸の水素イオンを金属で置換した化合物とみることもできる。えんるい。➡漢「えん(塩)」

えん【縁】❶《梵 pratyayaの訳》仏語。結果を生じる直接的な原因に対して、間接的な原因。原因を助成して結果を生じさせる条件や事情。「前世からの―」❷そのようになるめぐりあわせ。「一緒に仕事をするのも、何かの―だろう」❸関係を作るきっかけ。「同宿したのが―で友人になる」❹血縁的、家族的なつながり。親子・夫婦などの関係。「兄弟の―を切る」❺人と人とのかかわりあい。また、物事とのかかわりあい。関係。「金の切れ目が―の切れ目」「遊びとは―のない生活」❻(「椽」とも書く)和風住宅で、座敷の外部に面した側に設ける板敷きの部分。雨戸・ガラス戸などの内側に設けるものを縁側、外側に設けるものを濡れ縁ということが多い。➡漢「えん(縁)」
類語 (❷)因縁・巡り合わせ・回り合わせ/(❸)きっかけ・機縁・縁因/(❻)えにし・ゆかり・つながり・かかりあい・かかわり・関係・誼み・縁故・縁由・つて・絆

縁と浮き世は末を待て　良縁と好機とはあせってもだめで、自然に訪れるのを待つべきである。

縁なき衆生は度し難し　仏縁のない者は、すべてに慈悲を垂れる仏でも救えない。転じて、人の忠告を聞こうともしない者は救いようがない。

縁に付・く　嫁入りする。また、嫁入りさせる。「あの子を国で―・けるとて」〈浄・氷の朔日〉

縁に付・ける　嫁入りさせる。縁づける。

縁に繋が・る　血縁関係がある。ゆかりがある。

縁に連るれば唐の物　►縁に連るれば唐の物を食う

縁に連るれば唐の物を食う　縁があれば、遠い所の物でも食べることができる。何かの因縁で思いがけないものと関係ができることのたとえ。

縁は異なもの味なもの　男女の縁はどこでどう結ばれるかわからず、不思議でおもしろいものであるということ。縁は異なもの。

縁もゆかりもな・い　何のかかわりもない。類義の語を重ねて強調した表現。「―・い他人」

縁を離・る　世俗との関係を断つ。「―・れて身を静かにし」〈徒然・七五〉

縁を結・ぶ　❶夫婦や養子などの縁組みをする。縁を組む。❷仏道に入り、往生するつながりをもつ。仏縁を結ぶ。結縁。「額に阿字を書きて、―・ばしむるわざをなんせられける」〈方丈記〉

えん【燕】㊀中国、春秋戦国時代の国。戦国七雄の一。周の武王の弟、召公奭を祖とし、薊(北京付近)に都して、現在の河北・遼寧省と朝鮮半島北部を領有。前222年、秦に滅ぼされた。㊁中国、五胡十六国の時代の国。鮮卑の慕容部の建てた前燕・後燕・南燕・西燕と、漢人馮跋の建てた北燕の総称。➡漢「えん(燕)」

えん【艶】〘名・形動〙❶あでやかで美しいこと。なまめかしいこと。また、そのさま。「―を競う」「―な姿」❷情趣に富むさま。美しく風情のあるさま。「月限なくさしあがりて、空のけしきも―なるに」〈源・藤袴〉❸しゃれているさま。粋なさま。「鈍色の紙の、いとかうばしう―なるに」〈源・澪標〉❹思わせぶりなさま。「いとこそ―に、われのみ世にはもののゆゑを知り、心深き、類はあらじ」〈紫式部日記〉❺中世の歌学や能楽における美的理念の一。感覚的な優美さ。優艶美。妖艶美。「詞のやさしく―なるほか、心もおもかげも、いたくはなきなり」〈後鳥羽院御口伝〉➡漢「えん(艶)」

えん-あい【縁合(い)】えんあひ ❶親類という関係。血縁。縁続き。「吉川と岡本と岡本とお延との―」〈漱石・明暗〉❷結びつき。関係の深いこと。「五ヶ年養育致候―を以て」〈漱石・道草〉

えんあん【延安】中国陝西省北部の都市。古くから渭水盆地とオルドスを結ぶ軍事上の要地。1935年から中国共産党の抗日・解放運動の根拠地とされた。旧称、膚施。イエンアン。

えん-あん【宴安】遊楽にふけること。「将兵皆戦を忘れ、―を事として」〈吉岡徳明・開化本論〉

宴安は酖毒　《「春秋左伝」閔公元年の故事から》いたずらに遊び楽しむことは猛毒の酖毒と同じで、最後には身を滅ぼす。➡酖毒

えん-あん【塩安】塩化アンモニウムの通称。

えんい【円伊】ヱンイ 鎌倉後期の画僧。僧位は法眼。絵巻物「一遍上人絵伝」(歓喜光寺本)を描いた。生没年未詳。

えんい【円位】ヱンイ 西行の法名。

えん-い【炎威】エンヰ 夏の燃えるような暑さ。「天午に近くなり、―敵すべからず」〈柳北・航西日乗〉

えん-いた【縁板】縁に張る板。通常ヒノキを用い、濡れ縁にはケヤキを用いる。

えん-いん【延引】〘名〙スル《連声で「えんにん」とも》物事を先に延ばすこと。遅らせること。「此戦争を暫く―して貰いたい」〈福沢・福翁自伝〉類語 延期・引き延ばし・遅滞・延滞・遅延・遷延・順延・日延べ・延ばす

えん-いん【宴飲|讌飲】酒盛り。「銭つもりて尽きざる時は、―声色を事とせず」〈徒然・二一七〉

えん-いん【援引】ヱン〘名〙スル ❶他の文献などを引用して自説の証拠とすること。「古今の書を―して自説を裏づける」❷引き寄せること。味方にすること。「互に―、人の為に官を設け吏のために職を択び」〈東海散士・佳人之奇遇〉

えん-いん【遠因】ヱン ある結果を導いた原因として、直接ではないが、何らかのかかわりをもつ事柄。遠い原因。間接の原因。⇔近因。
類語 原因・もと・種・起こり・きっかけ・因・因由・素因・真因・要因・一因・導因・誘因・理由・事由・近因・せい・起因する・因る・基づく・発する・根差す

えん-いん【縁因】❶仏語。物事の間接的な原因。⇔正因。❷物事が進行する原因やきっかけ。
類語 縁・きっかけ・機縁

えん-う【煙雨】煙るように降る雨。きりさめ。

えん-うり【円売り】ヱン 円貨を対価にして、ドル手形・ポンド手形などの外国為替を買うこと。

えん-うん【煙雲】❶煙と雲。雲煙。❷雲のように高く立ちのぼる煙。「猛火虚空にみちて、暴風―をあぐ」〈古活字本平治・上〉

えんうん-じゅうろくしゅう【燕雲十六州】エンウンジフロクシウ 中国、五代の後晋を建国した石敬瑭が、936年、契丹族の遼に割譲した華北平野の16州。幽(燕とも。北京)・薊・涿・檀・順・瀛・莫・新・媯・儒・武・蔚・雲(大同)・寰・応・朔の各州。

えん-うんどう【円運動】ヱン 円周に沿って動く物体の運動。

えん-えい【遠泳】ヱン〘名〙スル 海などで、長い距離を泳ぐこと。多く、集団で泳ぐ場合にいう。季 夏「―や高浪越ゆる一の列/秋桜子」

えん-えき【演ˣ繹】〘名〙スル ❶一つの事柄から他の事柄へ押しひろめて述べること。「身近な事象からすべてを―する」❷与えられた命題から、論理的形式に頼って推論を重ね、結論を導き出すこと。一般的な理論によって、特殊なものを推論し、説明すること。「三角形の定理から―する」⇔帰納。

えんえき-てき【演ˣ繹的】〘形動〙演繹することによって論を展開するさま。

えんえき-ほう【演ˣ繹法】ハフ 演繹による推理の方法。三段論法が代表的。⇔帰納法。

えん-えん【煙炎|煙ˣ焔】煙と炎。

煙焔天に漲・る　煙と炎が空一面をおおう。火災が盛んに燃え広がるさまにいう。

えん-えん【ˣ奄ˣ奄】〘ト・タル〙図〘形動タリ〙息も絶え絶えであるさま。生気のないさま。「気息―」「吐つく気息さえも―として」〈井上勤訳・狐の裁判〉
類語 くたくた・へとへと・ぐったり

えん-えん【延延】〘ト・タル〙図〘形動タリ〙非常に長く続くさま。「同点のまま―と試合は続いた」「会議は――昼夜に及んだ」類語 長長・脈脈・ずっと・無際限・果てしない・エンドレス

えん-えん【炎炎】〘ト・タル〙図〘形動タリ〙❶火の盛んに燃え上がるさま。「―と燃え盛る市街地」❷熱気の盛んなさま。「理想は其―たる熱血を煽られ」〈秋水・兆民先生〉類語 めらめら・ぼうぼう・かっか

えん-えん【ˣ焔ˣ焔|ˣ燄ˣ燄】〘ト・タル〙図〘形動タリ〙❶火が燃えはじめて、まだ火勢の強くない状態。❷「炎炎❶」に同じ。「―として燃え上る、猛火の勢いすさまじく」〈逍遥・当世書生気質〉

焔焔に滅せずんば炎炎を如何せん　《「孔子家語」観周から》火は燃えはじめた段階で消さなければ猛火となり、手がつけられなくなる。災いは小さいうちに除去するのがよいという戒め。

えん-えん【ˣ蜿ˣ蜒】ヱン〘ト・タル〙図〘形動タリ〙蛇がうねりながら行くさま。また、うねうねとどこまでも続くさま。「―長蛇の列をなす」「二条の鉄路の―たるが」〈堺利彦・望郷台〉

えん-お【ˣ厭悪】ヲ〘名〙スル 嫌い憎むこと。ひどくいやに思うこと。嫌悪。「生きる事それ自身を―させるこの悩ましい頭の前には」〈三重吉・小鳥の巣〉
類語 嫌悪・憎悪・憎しみ

えんおう【延応】鎌倉前期、四条天皇の時の年号。1239年2月7日～1240年7月16日。

えん-おう【ˣ冤ˣ枉】ヱンワウ 無実の罪。冤罪。ぬれぎぬ。「―に陥れる」

えん-おう【閻王】閻魔王。「―の口や牡丹を吐かんとす」〈蕪村句集〉

えん-おう【×鴛×鴦】《「鴛」は雄の、「鴦」は雌のオシドリ》❶オシドリのつがい。❷《オシドリの雌雄がいつも一緒にいるところから》夫婦の仲のむつまじいことのたとえ。

えんおう-の-ちぎり【×鴛×鴦の契り】夫婦仲のむつまじいことのたとえ。

えんおう-の-ふすま【×鴛×鴦の×衾】夫婦が共寝をする夜具。

えん-おん【延音】「延言」に同じ。

えんおん-の-ざ【宴穏の座】朝廷の儀礼用の饗宴のときなどに設けられる酒宴の座。宴の座と穏の座とがある。

えん-か【円価】円の貨幣価値。外国貨幣に対する円の購買価値。

えん-か【円貨】円単位で表される日本の貨幣。

えん-か【炎火】炎を上げて激しく燃える火。心中に起こる激しい感情のたとえにもいう。

えん-か【炎夏】暑い夏。真夏。(季 夏)

えん-か【煙火】❶煙と火。また、炊事の煙。❷のろし。烽火。❸花火。「この水楼―を見しの夕べに始まる事を」〈芥川・開化の殺人〉

えん-か【煙×霞｜×烟×霞】❶煙と霞。また、煙のように立ちこめた霞やもや。❷自然の風景。

えん-か【鉛華】おしろいのこと。昔、鉛を原料にした。鉛白。鉛粉。

えん-か【塩化】塩素と化合すること。また、塩化物であること。

えん-か【塩課】中国で、専売の塩に課した税金。塩は前漢から官の専売であり、国家の有力な財源となっていた。➡塩法

えん-か【演歌｜艶歌】《「演説歌」から》❶明治10年代に、自由民権運動の壮士たちが、その主義主張を歌にして街頭で歌ったもの。のちに政治色が薄くなり、悲恋・心中の人情歌をバイオリン・アコーディオンなどに合わせて歌う遊芸になり、「艶歌」とも書かれるようになった。❷日本調流行歌の一。小節をきかせた浪曲風メロディーで二拍子、短調の曲が多く、義理人情を歌う。❸「つやうた(艶歌)」に同じ。

えん-か【縁家】縁続きの家。特に、婚姻によるつながりのある家。

えん-か【×燕×窩】中国料理の材料とするアナツバメの巣。多く湯菜とよぶスープの実とする。燕巣。つばめの巣。

えん-か【×轅下】《「轅」は牛車などのながえの意》人に使われること。人の部下。門下。

轅下の駒 《「史記」魏其武安侯列伝から。「駒」は、2歳でまだ車を引くだけの力のない馬》人の束縛を受けて自由にならないこと、また、任務を果たす力のないことのたとえ。

えん-か【×嚥下】〔名〕スル 口の中の物を飲み下すこと。えんげ。「錠剤を―する」(補説)「咽下」とも書く。

えん-が【▽垣下】《「えんか」とも》❶平安時代、朝廷や公卿などの恒例・臨時の行事の供応の席に伺候した、正客以外の相伴の人。えが。かいもと。かいのもと。❷「垣下の舞」の略。❸「垣下の座」の略。

えん-が【×偃×臥】〔名〕スル うつぶして寝ること。腹ばうこと。「余終日―す」〈中井弘・航海新説〉

えんか-あえん【塩化亜鉛】酸化亜鉛または亜鉛を塩酸に溶かして得られる、潮解性のある白色の結晶。セ氏28度以下では数種の水和物が得られる。木材防腐剤・染色剤に使用。化学式$ZnCl_2$

えんか-アルミニウム【塩化アルミニウム】アルミニウム粉と塩素を熱反応させて得られる無色の結晶。熱すると昇華して気体となる。空気中では水分を吸い、白煙をあげて加水分解する。各種触媒に使用。また、水溶液から六水和物が得られ、水によく溶け、加水分解して酸性を示し、染色・繊維工業などで使用。化学式$AlCl_3$

えんか-アンモニウム【塩化アンモニウム】アンモニアを塩酸で中和して得られる無色の結晶。苦みを帯びた辛みがあり、水によく溶ける。天然には火山の噴出物中などに存在。肥料や乾電池製造・めっきなどに使用。化学式NH_4Cl　塩安。硇砂。

えん-かい【延会】❶予定されていた会議・会合などの日取りを延ばすこと。❷国会などで、時間切れや定足数不足などの支障のため、議事日程が次回に持ち越されること。❸株主総会で、議事に入る前に延期することを決議した場合、その後日に開かれる総会。

えん-かい【沿海】❶海に沿った陸地。うみぞい。❷海の、陸地に沿った辺り。
(類語)海岸・海辺・沿岸・海沿い・浜・浜辺・海浜・砂浜

えん-かい【宴会】酒食を共にし、歌や踊りを楽しむ集まり。えん。うたげ。(類語)宴・うたげ・酒宴・祝宴・饗宴・酒盛り・パーティー・コンパ

えん-かい【遠海】陸地から遠く隔たっている海。⇔近海。

えん-かい【縁海】大陸の外縁にあって、列島や半島で不完全に外海の大洋から区画されている海。日本海・ベーリング海など。付属海の一種。

えん-がい【円蓋】ドームのこと。

えん-がい【×掩蓋】物の上を覆うもの。特に、軍隊で、敵弾を防ぐため塹壕などの上部を覆ったもの。

えん-がい【煙害】工場や製錬所などの煙突から出る亜硫酸ガスなどを含む煙により、住民や動植物などが受ける被害。

えん-がい【塩害】高潮による海水の浸入や、塩分を多量に含む風、あるいは、干魃などで土壌中の塩分濃度が高まることで起こる災害。植物が枯れたり、送電線の絶縁不良による事故が起きたりする。

えんか-いおう【塩化硫-黄】硫黄と塩素の化合物。二塩化二硫黄(S_2Cl_2)・二塩化硫黄(SCl_2)・四塩化硫黄(SCl_4)などがある。二塩化二硫黄はゴムの冷加硫用や殺虫剤に使用。

えんかい-ぎょ【遠海魚】遠海にすむ魚類。カツオ・マグロなど。

えんかい-ぎょぎょう【沿海漁業】▶沿岸漁業

えんかい-くいき【沿海区域】船舶安全法施行規則に定められている航行区域の一。海岸から20海里以内の水域。沿海航路。➡遠洋区域 ➡近海区域 ➡平水区域

えんかい-しゅう【沿海州】ロシア南東部、シホテアリニ山脈周辺の地域。日本海北西岸を占める。ロシア帝国における呼び名で、ソビエト連邦では南北に分割され北はハバロフスク地方に編入、南は沿海地方となった。

えんかい-しょく【鉛灰色】鉛の色のような灰色。なまり色。

えんかい-ちほう【沿海地方】ロシア連邦、シベリア南東端の地方。ロシア帝国以来の沿海州がソ連時代の1938年に分割された南部地域。日本海に面し、中心都市はウラジオストク。鉛・亜鉛など地下資源に富み、林業・水産業も盛ん。プリモルスキー地方。

えんかいな-ぶし【縁かいな節】明治初期から中期にかけて流行した俗謡。歌の末尾ごとに「…が取り持つ縁かいな」と添えるもの。

エンカウスティック〔ドイツ Enkaustik〕古代ギリシャ・エジプトなどで行われた絵画の技法。また、その絵。蝋で溶いた顔料で描き、熱で基底材に顔料層を定着させるもの。蝋画。

エンカウンター〔encounter〕遭遇すること。接触。出会い。

えんか-エチレン【塩化エチレン】エチレンに塩素を付加して得られる、無色で芳香のある油状の液体。塩化ビニルの原料、溶剤などに使用。化学式$ClCH_2CH_2Cl$

えんか-カリ【塩化カリ】▶塩化カリウム

えんか-カリウム【塩化カリウム】無色立方体の結晶。工業的にはカーナル石などから分別結晶で得られ、天然にはカリ岩塩として産し、海水中に少量存在する。化学的性質は塩化ナトリウムに似る。カリ肥料・カリウム塩の原料に使用。化学式KCl

えんか-カルシウム【塩化カルシウム】潮解性のある白色の結晶。工業的にはアンモニアソーダ法の副産物として得られ、天然には海水中に少量存在。各種の水和物もあり、乾燥剤・吸湿剤・寒剤・医薬品などに使用。化学式$CaCl_2$

えんか-きん【塩化金】❶塩化金(Ⅰ)。黄白色の結晶。化学式AuCl　塩化第一金。❷塩化金(Ⅱ)。赤色の針状結晶。化学式$AuCl_3$　塩化第二金。❸「塩化金酸」の略。

えんか-ぎん【塩化銀】硝酸銀水溶液に塩酸を加えると沈殿する、白色の微細な結晶。天然には角銀鉱として産出。光を当てると分解して黒化する。写真感光材料として使用。化学式AgCl

えんかきん-さん【塩化金酸】金を王水に溶かして得られる淡黄色の針状結晶。水・アルコールに溶ける。化学式$HAuCl_4$　テトラクロロ金酸。金塩化水素酸。

えんかきんさん-ナトリウム【塩化金酸ナトリウム】塩化金酸を炭酸ナトリウムで中和すると得られる黄色の結晶。めっきに使用。化学式$NaAuCl_4$　テトラクロロ金酸ナトリウム。金塩。

えん-かく【沿革】《「沿」は前に因って変わらない、「革」は旧を改め新しくする意》物事の移り変わり。今日までの歴史。変遷。「町の―」
(類語)歴史・来歴・由来・由緒・縁起・変遷・道程・歴程・足跡・歩み・年輪

えん-かく【煙客】霞を食べて生きているという人。仙人。

えん-かく【遠隔】遠く離れていること。「―の地」
(類語)遠方・僻遠・遠く

えん-がく【円覚】仏語。すべての根源である仏の悟りの本性。完全にして円満な悟り。本覚。

えん-がく【縁覚】《梵 pratyeka-buddhaの訳。辟支仏と音写》仏語。仏の教えによらず十二因縁を観じて理法を悟った者、また飛花落葉などの無常を観じて悟った者。ともに師によらないため独覚ともいう。声聞とともに二乗といい、菩薩と区別する。

えん-がく【×燕楽】中国で、古代から宴会の席で演奏した音楽。各時代の新しい流行や、西域から移入された胡楽などを取り入れたもの。儀式のときの雅楽に対して俗楽ともいった。

えんかく-いりょう【遠隔医療】医師と医師、医師と患者との間をインターネットなどでつなぎ、患者情報を伝送して、診断、指示などの医療行為及び医療に関連した行為を行うこと。遠隔診療。

えんがく-きょう【円覚経】大乗経典。1巻。唐の仏陀多羅訳とされるが、偽経ともいわれる。大乗円頓の教理と観行の実践を説く。注釈書も多い。大方広円覚修多羅了義経。

えんかく-さよう【遠隔作用】空間を隔てた二つの物体間に働き、途中の媒質に何ら変化を残すことなく瞬間的に伝わる作用。現在、物理学上の基本的な力は、遠隔作用でなく、すべて近接作用と考えられている。

えんがく-じ【円覚寺】神奈川県鎌倉市山ノ内にある臨済宗円覚寺派の大本山。山号は瑞鹿山。開創は弘安5年(1282)、開山は無学祖元、開基は北条時宗。鎌倉五山の第二位。入母屋造りの舎利殿と梵鐘は国宝。

えんがく-じょう【縁覚乗】仏語。縁覚の者がみずからの立場とする教え。二乗・三乗の一。

えんかく-しんだん【遠隔診断】医師と患者が直接面接せずに、心電図・血圧・脳波などの情報やX線の写真を、テレメーターで送って行う診断。遠隔病理診断。

えんかく-しんりょう【遠隔診療】▶遠隔医療

えんかく-せいぎょ【遠隔制御】機械・装置などを、離れた所から運転・制御すること。自動制御の信号を送る場合をいい、それ以外を遠隔操作ということもあるが、区別しないことが多い。リモートコントロール。

えんかく-そうさ【遠隔操作】離れた場所に

漢字項目 えん

【▽咽】▶いん
【▽羨】▶せん

円〔圓〕 学1 音エン(エン)呉漢 訓まるい、まどか、つぶら ‖ ㊀〈エン〉①まるい。まる。「円周・円錐えんすい・円卓・円盤／全円・楕円だえん・団円・長円・半円・方円」②欠けたところがない。角かどがない。「円滑・円熟・円満」③ある場所を中心として、その一帯。「関東一円」④貨幣の単位。「円貨／新円」㊁〈まる〉「円顔・円鏡・円窓・円天井」名付 かず・のぶ・まど・まる・みつ

人**奄** 音エン呉漢 ‖ ①気がふさがって通じない。「気息奄奄」②にわかに。たちまち。「奄忽えんこつ」名付 ひさ 難読 奄美あまみ

▽**宛** 音エン(エン)漢 訓あてる、あて、ずつ、あたかも ‖ ㊀〈エン〉①曲がる。くねる。「宛転」②あたかも。まるで。「宛然」㊁〈あて〉「宛先・宛名」難読 宛行あてがう

延 学6 音エン呉漢 訓のびる、のべる、のばす、ひく ‖ ①長くのびる。のばす。「延焼・延長・延命／圧延・蔓延まんえん」②時間が予定より長びく。「延引・延滞／順延・遅延」③引き入れる。招く。「延見」名付 すけ・すすむ・ただし・とお・なが・のぶ・のぶる 難読 延縄はえなわ

沿 学6 音エン呉漢 訓そう ‖ ①流れや道にそって行く。「沿岸・沿線・沿道」②従来のやり方に従う。「沿革」

炎 音エン呉漢 訓ほのお、ほむら ‖ ①ほのお。「火炎・外炎・内炎・余炎」②燃え上がる。「炎炎・炎上」③ほのおのように激しい感情。「気炎・情炎」④燃えるように熱い。「炎暑・炎天・炎熱」⑤体の局部に熱や痛みの症状を起こすこと。炎症。「胃炎・筋炎・肺炎・結膜炎」難読 陽炎かげろう

▽**垣** 音エン(エン)漢 訓かき ‖ ㊀〈エン〉かき。かきね。「垣下えんか／牆垣しょうえん」㊁〈かき(がき)〉「垣根／石垣・歌垣・柴垣・竹垣・玉垣・人垣」難読 透垣すいがい

怨 音エン(エン)漢 オン(ヲン)呉 訓うらむ ‖ ㊀〈エン〉うらむ。うらみ。「怨恨・怨嗟えんさ／仇怨きゅうえん・旧怨・閨怨けいえん・私怨・衆怨・宿怨・積怨」㊁〈オン〉うらむ。「怨敵・怨念・怨霊おんりょう」

×**衍** 音エン呉漢 訓あまる ‖ ①余分にあまる。余計な。「衍字・衍文」②延び広がる。押し広げる。「衍義／敷衍」名付 のぶ・ひろ・ひろし・みつ

人**苑** 音エン(エン)漢 オン(ヲン)呉 訓その ‖ ㊀〈エン〉①囲いをして植物を植え、または鳥獣を放し飼いにする所。その。「外苑・御苑ぎょえん・禁苑」②学問・芸術の集まる所。「芸苑・文苑」㊁〈オン〉㊀の①に同じ。「紫苑・鹿苑ろくおん」

×**冤** 音エン(エン)漢 ‖ 無実の罪。ぬれぎぬ。「冤枉えんおう・冤罪／雪冤」補説「寃」は俗字。

宴 音エン呉漢 訓うたげ ‖ ①酒盛り。うたげ。「宴会・宴席／賀宴・饗宴きょうえん・酒宴・祝宴・小宴・招宴・盛宴」②楽しむ。くつろぐ。「宴居」名付 もり・やす・よし

×**捐** 音エン呉漢 訓すてる ‖ ①すてる。「捐館／棄捐」②金を出す。寄付する。「義捐金」補説「捐」は俗字。

×**婉** 音エン(エン)漢 ‖ ①しとやかで美しい。「婉然・婉麗／妖婉ようえん」②おだやかで、かどがない。「婉曲・婉語」名付 しな・たお・つや

×**掩** 音エン呉漢 訓おおう ‖ おおい隠す。かばう。「掩護・掩蔽えんぺい」

人**淵** 音エン呉漢 訓ふち ‖ ①水を深くたたえている所。「海淵・深淵」②物事の出てくる根源。「淵源」③物の多く集まる所。「淵藪えんそう」補説「渕」「渊」は俗字。名付 すえ・すけ・なみ・のぶ・ひろ・ふか・ふかし 難読 淵瀬ふちせ・淵釣り

×**焉** 音エン呉漢 訓いずくんぞ、なんぞ、ここに、いずくにか、これ ‖ ①ようすを表す語に添える助字。状態を示す。「溘焉こうえん・忽焉こつえん」②「ここに」の意を添える助字。「終焉」難読 少焉しばらく・于焉ここに・焉爾のみ

人**焔** 音エン呉漢 訓ほのお、ほむら ‖ ほのお。「火焔・気焔・紅焔」補説「炎」と通用する。「燄」は異体字。人名用漢字表(戸籍法)の字体は「焰」。

媛 音エン(エン)呉漢 訓ひめ ‖ ㊀〈エン〉美しい女。「才媛・名媛」㊁〈ひめ〉女性の美称。また、女性の名に添える語。「磐之媛いわのひめ・弟橘媛おとたちばなひめ」難読 愛媛えひめ

援 音エン(エン)漢 訓たすける、ひく ‖ ①手をさしのべて助ける。助け。「援護・援助／応援・救援・後援・支援・声援・無援・来援」②他から例を引き入れる。「援引・援用」補説「義援金」「援護射撃」の「援」はそれぞれ「捐えん」「掩えん」の代用字。名付 すけ・たすく

園 学2 音エン(エン)漢 オン(ヲン)呉 訓その ‖ ㊀〈エン〉①野菜や果樹を植える畑。「園芸／茶園・菜園・田園・農園・薬園」②一定の目的でつくった庭や区域。「園地・園庭／開園・学園・公園・造園・庭園・梅園・名園・楽園・霊園・動物園」③子供が学んだり遊んだりする施設。「園児・園長／卒園・保育園・幼稚園」㊁〈その(ぞの)〉「園生そのう／花園」補説「薗」は異体字。人名用漢字。難読 祇園ぎおん

煙 音エン呉漢 訓けむる、けむり、けむい、けぶい ‖ ㊀〈エン〉①けむり。「煙害・煙突・煙幕／薫煙・黒煙・硝煙・人煙・炊煙・噴煙・砲煙」②煙のようにかすんだもの。もや。「煙雨・煙霞・煙霧／雲煙・水煙」③すす。「松煙・油煙」④タバコ。「愛煙・喫煙・禁煙・嫌煙・節煙」㊁〈けむり〉「潮煙・砂煙・血煙・土煙・湯煙」補説「烟」は異体字。難読 煙管キセル・煙草タバコ・狼煙のろし・煙火はなび

猿 音エン(エン)漢 訓さる ‖ ㊀〈エン〉動物の名。サル。「猿猴えんこう／犬猿・三猿・野猿・意馬心猿・類人猿」㊁〈さる(ざる)〉「猿芝居／山猿」補説「猨」は異体字。

×**筵** 音エン呉漢 訓むしろ ‖ ①竹で編んだむしろ。敷物。座席。「講筵」②酒宴の席。宴会。「賀筵・祝筵」

遠 学2 音エン(エン)漢 オン(ヲン)呉 訓とおい ‖ ㊀〈エン〉①空間的、時間的に隔たっている。とおい。「遠隔・遠近・遠征／以遠・永遠・望遠・悠遠・遼遠りょうえん」②とおざける。「遠心力／敬遠」③深くて大きい。奥深い。「遠大・遠謀／高遠・深遠」④うとい。「遠戚／疎遠」⑤遠江とおとうみ国。「遠州」㊁〈オン〉とおい。とおざける。「遠国・遠流おんる／久遠くおん」名付 とお 難読 遠近おちこち

鉛 音エン呉漢 訓なまり ‖ ①なまり。「鉛管・鉛錘えんすい・鉛毒・鉛版」②おしろい。「鉛白・鉛粉」③なまりに似た物質。「鉛筆／亜鉛・黒鉛・蒼鉛そうえん」

塩〔鹽〕 学4 音エン呉漢 訓しお ‖ ㊀〈エン〉①しお。「塩害・塩分／海塩・岩塩・山塩・食塩・製塩・米塩・無塩」②塩づけにする。「塩蔵」③酸類と金属の化合物。「塩基／正塩」④塩素。「塩化・塩酸」㊁〈しお(じお)〉「塩辛・塩気・塩水／甘塩・粗塩・酒塩さかしお・手塩」難読 塩梅あんばい・塩汁しょっつる・苦塩にがり

×**厭** 音エン呉漢 オン慣 ヨウ(エフ)呉漢 訓あきる、いとう、いや ‖ ㊀〈エン〉いとう。いやになる。「厭世・厭戦・厭離穢土えんりえど／倦厭けんえん」㊁〈オン〉いとう。「厭離おんり」㊂〈ヨウ〉おさえつける。「禁厭きんよう」補説 ㊂は慣用音で「エン」と読むことがある。

演 学5 音エン呉漢 訓のべる ‖ ①意味を押し広める。引き延ばしてわかりやすく説明する。「演繹えんえき・演義・演説／講演」②技を展開する。芸能などを実際に行ってみせる。「演技・演芸・演劇・演習・演出・演奏／開演・共演・競演・公演・実演・主演・出演・助演・上演・熱演・力演」名付 のぶ・ひろ・ひろし 難読 演物だしもの

縁〔緣〕 音エン呉漢 訓ふち、へり、よる、ゆかり、えにし、よすが ‖ ㊀〈エン〉①物のへり。ふち。「縁海・縁辺／外縁・周縁」②物事のつながり。かかわりあい。ゆかり。「縁由／奇縁・絶縁・地縁・無縁・由縁ゆえん」③婚姻によって生じる関係。親子・夫婦のつながり。「縁故／血縁・再縁・遠縁とおえん・内縁・復縁・離縁・良縁・類縁」④仏教で、ある結果を生じる間接的な原因。「縁起／因縁いんねん・機縁・宿縁・前縁」㊁〈ふち(ぶち)〉「額縁・金縁きんぶち・黒縁」名付 まさ・むね・やす・ゆか・よし・より 難読 薄縁うすべり・所縁ゆかり

人**燕** 音エン呉漢 訓つばめ ‖ ①鳥の名。ツバメ。「燕雀えんじゃく・燕尾服／海燕・飛燕」②くつろぐ。「燕居」③酒盛り。「燕飲」④古代中国の国名。「燕京えんけい」補説 ②③は「宴」「讌えん」と通用する。難読 燕子花かきつばた

艶〔艷〕 音エン呉漢 訓つや、なまめかしい、あでやか ‖ ㊀〈エン〉①なまめかしい。色っぽい。「艶歌・艶冶えんや・艶麗／濃艶・豊艶・妖艶ようえん」②男女の情事に関すること。「艶書・艶聞」㊁〈つや〉「艶事／色艶」補説「豔」は本字。名付 おお・もろ・よし

ある機械や装置を、間接的に運転・制御すること。マニピュレーターの使用など。リモートオペレーション。

えんかくてつづき-よびだし【遠隔手続(き)呼(び)出し】エンカクテツヅキ《remote procedure call》▶リモートプロシージャコール

えんかく-びょうりしんだん【遠隔病理診断】エンカクビャウリシンダン 遠隔診断の一種。遠隔地にいる病理医が、伝送された病理組織の画像をもとに診断を行うこと。テレパソロジー。

えんか-クロム【塩化クロム】エンクワ ❶塩化クロム(Ⅱ)。白熱した金属クロムに塩化水素を通じて得られる無色の針状結晶。水に溶かして得られる六水和物は、青色の結晶。化学式$CrCl_2$ 塩化第一クロム。❷塩化クロム(Ⅲ)。金属クロムを塩素気流中で強熱して得られる赤紫色の結晶。水に不溶。水酸化クロム(Ⅲ)を塩酸に溶かして得られる六水和物は、緑色の結晶。皮なめし・触媒・媒染剤として使用。化学式$CrCl_3$ 塩化第二クロム。

えんか-コバルト【塩化コバルト】エンクワ コバルトの微細粉末を塩素中で熱して得られる青色の結晶。水に溶けると淡紅色になる。あぶり出しや湿度指示薬などに使用。化学式$CoCl_2$

えんか-し【演歌師|艶歌師】明治後期から昭和の初めごろまで、盛り場や街頭でバイオリン・アコーディオンなどを弾きながら流行歌を歌い、その歌詞の本を売った楽士。

えんか-すいぎん【塩化水銀】エンクワ ❶塩化水銀(Ⅰ)。硫酸水銀(Ⅱ)あるいは塩化ナトリウムと水銀との混合物を熱すると生じる白色の結晶。多少甘みがある。標準電極などに使用。化学式Hg_2Cl_2 カロメル。甘汞かんこう。塩化第一水銀。❷塩化水銀(Ⅱ)。酸化水銀(Ⅱ)を塩酸に加温溶解してから放冷して作る無色の針状結晶。水に溶けにくい。猛毒。殺菌剤・有機触媒・分析試薬に使用。化学式$HgCl_2$ 昇汞しょうこう。塩化第二水銀。

えんか-すいそ【塩化水素】エンクワ 食塩に濃硫酸を加えて熱すると得られる、常温で無色、刺激臭のある気体。湿った空気中では発煙する。工業的には水素と塩素とから直接合成。水溶液は塩酸。塩化ビニルの製造原料。化学式 HCl

えんか-すず【塩化×錫】エンクワ ❶塩化錫(Ⅱ)。錫を濃塩酸に溶かして得られる無色の結晶。還元剤・媒

染剤に使用。化学式$SnCl_2$　塩化第一錫。❷塩化錫(Ⅳ)。錫に塩素を反応させて作る無色の液体。媒染剤・縮合剤・有機錫化合物の原料として使用。化学式$SnCl_4$　塩化第二錫。

えん-かずら【縁▽葛】ヅラ 縁板を支えるために、縁束(えんづか)の頭部を内側で連結する横木。

えんかだて-がいさい【円貨建(て)外債】エンクヮダテグワイサイ ►円建て債

えんかちゅう-の-ひと【煙火中の人】エンクヮチュウ 物を煮たり焼いたりして食べる人。俗世間の人。人間。

えんが-ちょ〔感〕東京地方で、不浄なものに触れた人を、子供がはやしたてる言葉。語源は不詳。「縁がちょんと切れる」ことからとも「因果な性」の音変化とも。

えん-かつ【円滑】ヱンクヮツ〔名・形動〕❶物事が滞らず、すらすら運ぶこと。また、そのさま。「会の―な運営」❷かどばらず滑らかなこと。また、そのさま。「家の外ではきわめて―な人として通っていたが」〈藤村・家〉
派生えんかつさ〔名〕

えんか-てがた【円貨手形】エンクヮ 記載金額が円で表示された外国為替手形。邦貨手形。➡外貨手形

えんか-てつ【塩化鉄】エンクヮ ❶塩化鉄(Ⅱ)。乾いた塩化水素の中で鉄を熱すると得られる、白色または淡緑色の鱗片(りんぺん)状結晶。四水和物は潮解性のある緑色の結晶。塩化鉄(Ⅲ)の原料や媒染剤に使用。化学式$FeCl_2$　塩化第一鉄。❷塩化鉄(Ⅲ)。鉄粉を比較的低温で塩素中で熱して得られる、赤褐色で潮解性のある結晶。六水和物は黄色の結晶。媒染剤・金属腐食剤に使用。化学式$FeCl_3$　塩化第二鉄。

えんか-どう【塩化銅】エンクヮ ❶塩化銅(Ⅰ)。硫酸銅(Ⅱ)と塩化ナトリウムの混合水溶液に二酸化硫黄などを作用させて還元して作る、無色の結晶。水・エタノールに溶けにくい。化学試薬に使用。化学式CuCl　塩化第一銅。❷塩化銅(Ⅱ)。銅片を王水に溶かし真空中で加熱脱水して作る、黄色の吸湿性結晶。消毒剤や木材の保存剤に使用。化学式$CuCl_2$　塩化第二銅。

えんか-ナトリウム【塩化ナトリウム】エンクヮ 無色の立方晶系結晶。塩辛みをもち、水によく溶ける。天然には岩塩として産出し、海水の主成分で2.8パーセント含まれる。動物体内では生理的に重要な作用をする。塩素化合物、ナトリウム化合物の原料。化学式NaCl　食塩。

えんか-の-こしつ【煙×霞の×痼疾】《「唐書」田遊巌伝から》自然の風景を愛し旅を好む習性。煙霞の癖(へき)。

えんが-の-ざ【▽垣下の座】ヱンガ 垣下の人の着座する場所や座席。えがのざ。

えんか-の-しょく【煙火の食】エンクヮ 火で煮たり焼いたりした食物。熟食。

えんが-の-まい【▽垣下の舞】ヱンガノマヒ 垣下の座で演じられた舞踊。えがのまい。

えんかはっきん-さん【塩化白金酸】エンクヮハクキン 白金を王水に溶かして得られる赤褐色の結晶。水によく溶け、強酸性。このアンモニウム塩を熱すると白金海綿が得られる。化学式H_2PtCl_6 ヘキサクロロ白金酸。

えんか-バリウム【塩化バリウム】エンクヮ 重晶石・木炭・塩化カルシウムの混合物を赤熱して作る、白色の結晶。水によく溶ける。媒染剤・皮なめし・分析用試薬に使用。化学式$BaCl_2$

えんか-ビニリデン【塩化ビニリデン】エンクヮ 塩化ビニルに塩素を付加して得られるトリクロロエタンを、水酸化ナトリウムなどを用いた脱塩化水素反応によって作る無色の液体。熱・光・触媒などによって重合し、塩化ビニリデン樹脂となる。塩化ビニルやアクリロニトリルなどと共重合したものを繊維・食品包装用フィルム・漁網などに使用。化学式$CH_2{=}CCl_2$

えんか-ビニル【塩化ビニル】エンクヮ アセチレンと塩化水素、またはエチレンと塩素から合成される、常温で無色の気体。塩化ビニル樹脂の原料。化学式$CH_2{=}CHCl$

えんかビニル-じゅし【塩化ビニル樹脂】エンクヮ 塩化ビニルを重合させた合成樹脂の総称。硬質のものはパイプ・板などに、軟質のものは塗料・電線被覆・フィルム・レザーなどに使用。

えんか-ぶつ【塩化物】エンクヮ 塩素と、それより陽性の元素または原子団との化合物。

えんかぶつ-せん【塩化物泉】エンクヮブツ 泉質の一。ナトリウムイオンと塩化物イオンを主成分とする温泉。神経痛・冷え性などに効く。食塩(塩化ナトリウム)を含むことから食塩泉ともいう。

えんか-マグネシウム【塩化マグネシウム】エンクヮ マグネシウムと塩素の化合物。海水に0.5パーセント含まれ、製塩の副産物である苦汁(にがり)に約20パーセント含まれる。常温で普通のものは六水和物で、潮解性のある無色の結晶。豆腐の凝固剤や木材の防腐剤に利用。無水和物は吸湿性のある無色の結晶性粉末で、金属マグネシウムの原料になる。化学式$MgCl_2$

えん-がまち【縁×框】縁の外端に、縁束(えんづか)より少し外に取り付けた横木。

えん-が-る【艶がる】〔動ラ四〕あだっぽく振る舞う。風流ぶる。「―り、よしめくかたはなし」〈紫式部日記〉

エンカルナシオン〖Encarnación〗パラグアイ南東端、アルゼンチンとの国境沿いにある都市。イタプア県の県都。パラナ川に面し、農・林産物の集散に適した河港都市として発展。

エンカルナシオン-しゅうどういん【エンカルナシオン修道院】シウダウヰン ㊀《Real Monasterio de la Encarnación》スペインのマドリードにあるアウグスティヌス会の修道院。1611年にスペイン王フェリペ3世の妃マルガリータにより創建。3世紀の殉教者聖パンタレオンの血液をガラス容器に納めた聖遺物や、ホセ＝デ＝リベラ、アントニオ＝デ＝ペレダら、17世紀スペイン-バロック絵画の名品を所蔵する。㊁《Monasterio de la Encarnación》スペイン中部の都市アビラにあるカルメル会修道院。修道会カルメル会の改革を進め「跣足(せんそく)カルメル会」を創立した聖女テレサ＝デ＝ヘススが、修道女として27年間過ごした。

エンカレッジ〖encourage〗❶勇気づけること。励ますこと。❷発達などを促進すること。助成すること。

エンカレッジ-スクール《和 encourage＋school》東京都が指定した新しい型の高等学校。小学校や中学校で学習についていけなかったが、高校でやり直したいという生徒を対象とする。30分授業、習熟度別授業、二人担任制、体験学習の重視など特色ある教育課程を持つ。

えん-がわ【縁側】ガハ ❶「縁(え)❻」に同じ。❷魚のひれの基部にある骨。担鰭骨(たんきこつ)のこと。また、カレイやヒラメの背びれ・しりびれの付け根にある肉。
類語(❶)濡れ縁・縁台

えん-かわせ【円為-替】エンかはせ 円建ての外国為替。

えん-かん【円環】ヱンクヮン まるい輪。また、まるく連なっている形。

えん-かん【×捐官】ヱンクヮン 中国の制度で、政府に金や米を納めて官職を買ったこと。また、その官職。財政を補うために漢代に始められた。捐納(えんのう)。

えん-かん【×捐館】ヱンクヮン《館を捐(す)てて世を去る意》高貴な人の死去をいう語。〈下学集〉

えん-かん【煙管│烟管】エンクヮン ❶喫煙具の一。キセル。❷煙管ボイラーで用いる、高温の燃焼ガスを通す管。❸煙突。

えん-かん【遠感】ヱン テレパシー。

えん-かん【鉛管】クヮン 鉛で作った管。耐酸性が大きく容易に屈曲できるので、ガス・酸性液体・汚水用管などとして用いられる。

えん-かん【塩干】魚介類を塩に漬けてから干したもの。また、塩辛や干物など、魚介類を塩漬けにしたり干したりしたものの総称。「―品」「―物」

えん-かん【塩乾】魚などを塩漬けにしたのち乾燥させること。

えん-かん【×閹官】クヮン「宦官(かんがん)」に同じ。

えん-がん【沿岸】❶陸地の、海・川・湖などに沿った部分。「地中海―の国々」❷海・川・湖などの、陸地に沿った部分。「―での漁業」
類語海岸・海辺・沿海・海沿い・浜・浜辺・海浜・砂浜

えん-がん【遠眼】ヱン「遠視」に同じ。⇔近眼。

えんがん-かい【沿岸海】国の領土の海岸線に沿う一定範囲の海。領海の一部で、その国の主権に属する。沿岸領海。➡領海

えんかん-ぎょ【塩乾魚】塩漬けにして乾燥させた魚。

えんがん-ぎょ【沿岸魚】陸地に近い海にすむ魚類。岩礁にすむウツボやイシダイ・フグ、浅海の表層を泳ぐイワシ・ニシン、その底にすむアナゴ・カレイ・ヒラメなど。沿岸性魚類。

えんがん-きょう【遠眼鏡】ヱンガン キャウ 遠視用の凸レンズの眼鏡。

えんがん-ぎょぎょう【沿岸漁業】ゲフ 陸地近くの水域で行われる漁業。小型漁船漁業・定置網漁業のほか浅海養殖業も含めていう。沿海漁業。

えんがんぎょぎょうとう-しんこうほう【沿岸漁業等振興法】エンガンギョゲフ トウシンコウハフ 沿岸漁業などの発展を期し、併せて漁業従事者の福祉の増進などを目的とする法律。昭和38年(1963)制定、平成13年(2001)廃止。

えんがん-こけい【×燕×頷虎×頸】《「後漢書」班超伝から。燕(つばめ)のような頷(あご)と虎(とら)のような頭を持った人の意》遠国で諸侯となるべき人の顔つき。封侯(ほうこう)となるべき貴人の相。燕頷虎頭。

えんがん-す【沿岸州】海岸線とほぼ平行に、海を隔てて形成された堤防状の砂州(さす)。

えんがん-すい【沿岸水】海の沿岸域に存在する水。一般に河川・湖・地下水など陸水の影響を受けている。➡外洋水

えん-かんすう【円関数】エンクヮンスウ ►三角関数

えんがん-どうぶつ【沿岸動物】海・湖などの沿岸近くに生活する動物の総称。海では水深200メートル以内の海底、湖や沼では水深3～20メートルの沿岸にすむものをさす。

えんかん-ボイラー【煙管ボイラー】エンクヮン ボイラーの胴内の水中に多数の管を配置し、その管の中に高温の燃焼ガスを通して水を加熱し、蒸気を発生させる方式のボイラー。

えんがん-ほう【沿岸砲】パウ ►海岸砲

えんがん-ぼうえき【沿岸貿易】船便によって、同一国内の沿岸各港の間で行われる貿易。沿海貿易。

えんがん-ほげい【沿岸捕鯨】沖合・近海・遠洋で行われる捕鯨に対して、沿岸海域でクジラを捕獲する漁業。かつては世界各地で行われていたが、現在は日本だけで行われている。補説昭和61年(1986)に国際捕鯨委員会(IWC)の商業捕鯨モラトリアムが実施されるまで、日本では、母船式捕鯨(捕獲したクジラを処理・加工する設備を備えた母船による遠洋捕鯨)、マッコウクジラ・ニタリクジラなどを対象とする大型沿岸捕鯨、ミンククジラを主な対象とする小型沿岸捕鯨などが行われていた。小型沿岸捕鯨では年間約300頭のミンククジラを捕獲していたが、昭和63年(1988)に同種がIWCの規制対象となり商業捕獲が禁止されたため、現在は規制対象外のツチクジラ・ゴンドウクジラなどを捕獲している。母船式捕鯨・大型沿岸捕鯨は現在行われていない。➡小型捕鯨

えんかん-めん【円環面】ヱンクヮン 平面上に円周とそれに交わらない直線があるとき、この直線を軸にして円周を回転したときできる回転面。ドーナツ形になる円環体の表面。輪環面。トーラス。

えんがん-りゅう【沿岸流】リウ 海岸に沿ってほぼ平行する海水の流れ。磯波(いそなみ)帯から数十キロ沖合までの海域にみられる。

えん-き【円規】ヱン ❶►コンパス❶ ❷天球儀。❸まるい形。まるいもの。「(神鏡ハ)―損ずることなくして」〈神皇正統記・村上〉

えん-き【延期】〔名〕スル 期日や期限を延ばすこと。「開催を来月に―する」「公開をさらに一週間―する」
類語日延べ・順延・延長・猶予

えん-き【×冤鬼】ヱン 無実の罪で刑に処せられて死んだ人の、恨みのこもった霊。

えんき【焉耆】中国の歴史書にみえる西域諸国の一。現在の新疆ウイグル自治区の都市カラシャール

にあたる。天山山脈の南側にあってシルクロードの要衝を占め、唐の都護府が置かれた、安西四鎮の一。

えん-き【遠忌】エン「おんき(遠忌)」に同じ。

えん-き【塩基】❶水溶液中で水素イオンを受け取り、水酸イオンを生じる物質。酸と反応して塩を生じる。❷核酸の塩基性成分。DNA・RNAを構成する、窒素を含む複素環式化合物。プリン塩基のアデニン・グアニン、ピリミジン塩基のチミン・シトシン・ウラシルがある。

えん-き【×厭忌】〔名〕スル いやがり嫌うこと。「人生に対する一種の―の情を抱かないではいられない」〈倉田・愛と認識との出発〉

えんぎ【延喜】平安前期、醍醐天皇の時の年号。901年7月15日～923年閏4月11日。

えん-ぎ【×衍義】意味をおし広めて詳しく説明すること。また、その説明されたもの。「六諭―」

えん-ぎ【演技】〔名〕スル ❶見物人の前で芝居・曲芸・歌舞や、体操などの技を行って見せること。また、その技。「模範―」❷本心を隠して見せかけの態度をとること。「ことさらに仲のよさを―する」

(類語)(❶)所作・実演・実技・芸・演芸/(❷)振り・身振り・しぐさ・素振り・思わせ振り・風・様子・体・格好・ジェスチャー・ポーズ・パフォーマンス

えん-ぎ【演義】❶物事の道理や意味をわかりやすくくだいて説明すること。❷中国で、歴史上の事実をおもしろく脚色し、俗語をまじえて平易に述べた小説。演義小説。「三国志―」

えん-ぎ【演戯】❶「演劇」に同じ。❷「演技」に同じ。

えん-ぎ【縁起】《「因縁生起」の略》❶吉凶の前触れ。兆し。前兆。「―がよい」❷物事の起こり。起源や由来。❸社寺・宝物などの起源・沿革や由来。また、それを記した書画の類。「信貴山―絵巻」❹仏語。因縁によって万物が生じ起こること。

(類語)(❶)験/(❷)歴史・由緒・由来・来歴・故事・謂れ・変遷・道程・歴程・足跡・歩み・年輪

縁起でもな・い　不吉で縁起が悪い。「事故にあいそうだなんて、―・い」

縁起を祝・う　よいことがあるようにと祝い祈る。

縁起を担・ぐ　ちょっとした物事に対して、よい前兆だとか悪い前兆であるとかを気にする。「―・いで同じユニホームを着る」

えんぎ-えまき【縁起絵巻】社寺の造立や、その祭神・本尊の造像に関する由来・霊験譚などの伝承説話を題材として描いた絵巻。縁起絵。

えんぎきゃく【延喜格】弘仁格・貞観格以降の詔勅・官符を集大成したもの。12巻。三代格の一。藤原時平・紀長谷雄らが編集。延喜7年(907)成立。一部を除き、現存しない。

えんき-こうべん【延期抗弁】請求を一時的に阻止して延期させる効力をもつ抗弁。➡抗弁権

えんぎしき【延喜式】㊀弘仁式・貞観式以降の律令の施行細則を取捨・集大成したもの。50巻。三代式の一。延喜5年(905)醍醐天皇の勅により藤原時平・忠平らが編集。延長5年(927)成立。康保4年(967)施行。㊁堅苦しいことを言う人をあざけっていう語。「あらむつかしの論語風や。あら嫌の―や」〈仮・浮世物語・二〉

えんぎ-じょう【縁起状】社寺がつくられた由来を記した文書。縁起。縁起文。

えんき-せい【塩基性】塩基としての性質を示すこと。水溶液では水素イオン指数(pH)が7より大きいときをいい、酸を中和し、赤色リトマスを青変させる。ふつうアルカリ性と同義。⇔酸性。

えんきせい-えん【塩基性塩】酸と塩基との中和が完全ではなく、塩基性成分が残っている塩。

えんきせい-がん【塩基性岩】火成岩のうち、鉄・マグネシウム・カルシウムなどに富み、珪酸の含有量が比較的少なく45～52パーセントである岩石。色は黒っぽい。斑糲岩・玄武岩など。基性岩。➡酸性岩

えんきせい-さんかぶつ【塩基性酸化物】酸と反応して塩となる酸化物。酸化カルシウムなど、一般に金属の酸化物はこれに属する。

えんきせい-せいこうほう【塩基性製鋼法】ドロマイト・マグネシアなどの塩基性の耐火材を用いた製鋼法の総称。

えんきせい-せんりょう【塩基性染料】分子中にアミノ基やイミノ基などの塩基をもち、水溶液中で陽イオンとなる染料。絹・毛などの動物性繊維には直接染着し、木綿などには媒染する。オーラミン・マラカイトグリーン・メチレンブルーなど。カチオン染料。

えんきせい-たんさんどう【塩基性炭酸銅】炭酸銅の塩基性塩。銅製品などの表面に生じる緑青の主成分。孔雀石または藍銅鉱として産する。

えんきせい-たんさんなまり【塩基性炭酸鉛】炭酸鉛の塩基性塩。無色の結晶。水には溶けない。水道用鉛管では表面にこの緻密な皮膜が生じ、内部を保護する。鉛白の主成分として白色顔料に用いる。化学式$2PbCO_3 \cdot Pb(OH)_2$

えんきせい-ひりょう【塩基性肥料】塩基性の反応を示す肥料。炭酸カリ・草木灰・石灰窒素・魚肥・下肥など。

えんぎ-だな【縁起棚】客商売の家で、商売繁盛を祈って設ける神仏混淆の神棚。

えんき-つい【塩基対】核酸の塩基の2個が特異的に対合するもの。水素結合により、アデニンとチミンまたはウラシル、グアニンとシトシンとで形成される。

えんき-てがた【延期手形】既存の手形の支払いを延期する目的で、満期を変更して振り出される新手形。書換手形。切換手形。

えんき-ど【塩基度】酸1分子中に含まれる、電離しうる水素原子の数。酸は塩基度によって一塩基酸、二塩基酸などとよばれる。

えんぎ-なおし【縁起直し】縁起の悪いのをよくなるように祝い直すこと。「―に酒でも飲む」

えんぎ-の-ち【延喜の治】延喜年間、醍醐天皇の治世をいう。天暦の治とともに天皇親政の最も充実していた時代として並び称された。

えんぎ-は【演技派】すぐれた演技力をもつ役者。「―の女優」

えんき-はいれつ【塩基配列】核酸の分子内での、4種ある塩基の並ぶ順序。遺伝情報の発現はこれによる。

えんぎ-もの【縁起物】❶縁起を祝うための品物。社寺や境内で参詣人に売る、だるま・招き猫や酉の市の熊手など。❷しめ飾り・門松など正月祝賀用の品物。

えんキャリー-とりひき【円キャリー取引】エン 機関投資家やヘッジファンドなどが、円で投資資金を調達し、金利の高い通貨に交換して金融商品を購入、運用すること。円キャリートレード。➡キャリートレード

(補説)日本がデフレ脱却のために超低金利政策を続けたことから、海外のヘッジファンドなどが多用した。円を売って外貨を買うことから円安傾向となる。2008年後半、世界的に株安が進むと投資先から資金を回収する動きが強まり、投資資金として借りた円を返済する必要から円買いが増加、円高となった。

えん-きゅう【円丘】❶頂上がまるくなっていて傾斜の緩やかな丘。❷昔、天皇が冬至に天を祭るために、郊外に築いた円形の塚。古代中国の天子にならったもの。❸まるい塚。円形の陵。「―を高く築いて、北向きに葬り奉る」〈太平記・二一〉

えん-きゅう【円球】まるいたま。

えんきゅう【延久】平安中期、後三条天皇・白河天皇の時の年号。1069年4月13日～1074年8月23日。

えん-きょ【×燕居】《「燕」はやすらう意》仕事をしないで、くつろいで過ごすこと。「地頭の出仕も相やめ、―せる川勝」〈浄・聖徳太子〉

えん-ぎょ【塩魚】塩漬けにした魚。

えん-きょう【円鏡】❶まるい鏡。❷まるい月。満月。「―の暈今傾く」〈経国集・一三〉❸丸餅。鏡餅。「元三の歳旦に上頭へあがる―で御ざる」〈虎明狂・餅酒〉

えんきょう【延享】江戸中期、桜町天皇・桃園天皇の時の年号。1744年2月21日～1748年7月12日。

えんきょう【延慶】《「えんぎょう」とも》鎌倉後期、花園天皇の時の年号。1308年10月9日～1311年4月28日。延享の年号ができてから「えんけい」と読んで区別するようになった。

えん-きょう【遠境】遠く離れた土地、または場所。遠国。遠地。

えん-ぎょう【円教】仏語。円満完全な教え。天台宗では法華経の教えをいい、華厳宗では華厳経の、浄土真宗では本願一乗の法をいう。

えんぎょう-じ【円教寺】兵庫県姫路市にある天台宗の寺。山号は書写山。康保3年(966)、性空が開山、開基は花山天皇。盛時は天台三大道場の一。西国三十三所の第27番札所。書写寺。

えん-ぎょうどう【縁行道】〔名〕スル ❶法会などで、僧が列を作り念仏・経文などを唱えながら、本堂の縁側や本尊仏の周囲などを巡り歩くこと。❷仏縁を求めて諸国を行脚すること。「西行は一期行脚にて、歌を読みしかば、―して案じ」〈正徹物語・上〉❸縁側などをそぞろ歩きすること。「折ふし―して四方の梢を眺めつつ」〈伽・鉢かづき〉

えん-きょく【宴曲】鎌倉中期から室町時代にかけて、貴族・武家・僧侶の間で流行した歌謡の一。院政時代の雑芸・今様の系統を引き、これに天台声明の節まわしを取り入れたもの。作者には天台宗の僧、明空・月江などがいる。内容は物尽くし、道行きの歌で、多くは七五調。初めは伴奏なしの扇拍子で、のちには尺八の伴奏で歌われた。早歌。

えん-きょく【×婉曲】〔形動〕〔文〕〔ナリ〕言い回しが穏やかでかど立たないさま。露骨でなく、遠回しに言うさま。「申し出を―に断る」「―な表現」(類語)遠回し

えん-きょり【遠距離】距離の遠いこと。長距離。「―通学」⇔近距離。(類語)長距離・長丁場

えんきょり-しんごう【遠距離信号】船舶の行う万国共通の信号の一。遠距離のときなどに、特定の形で発する信号。

えんきょり-りょく【遠距離力】▶長距離力

えんぎらく【延喜楽】雅楽の舞曲。高麗楽の一。高麗壱越調の中曲。四人舞。延喜年間(901～923)の作といい、万歳楽の答舞としてめでたいときに舞う。花栄楽。

えん-きり【縁切り】〔名〕スル 親子・夫婦・師弟・交友などの関係を絶つこと。絶縁。

えんきり-でら【縁切り寺】江戸時代、妻がそこに駆け込み、一時在住すると離婚できた尼寺。中期以降は鎌倉の東慶寺、上州の満徳寺に限られた。駆け込み寺。駆け入り寺。

えん-きん【遠近】遠い所と近い所。遠いことと近いこと。「―を問わず、多くの人々が集まる」

えんきん-ほう【遠近法】絵画で距離感を表現する方法。遠上近下の位置や遠小近大の透視図法、また色調の変化などで表す。パースペクティブ。

えんきん-ほせい【遠近補正】▶パースペクティブ補正

えんくう【円空】[1632?～1695]江戸初期の臨済宗の僧。美濃の人。生涯に12万体の造像を発願し、諸国を遍歴、布教しながら、円空仏とよばれる仏像を多数制作した。

えんくう-ぶつ【円空仏】円空作の木彫りの仏像。鉈彫りによる素朴で大胆な作風が特色。現在まで二千数百体が発見されている。

えん-くつ【×冤屈】❶志を曲げること。枉意。❷無実の罪をこうむること。冤罪。

エンクハイゼン〖Enkhuizen〗オランダ、ノルトホラント州、アイセル湖に面する港町。16世紀頃からニシン漁の基地として発展。17世紀、オランダ東インド会社の支社が置かれた。

えん-ぐみ【縁組(み)】〔名〕スル ❶夫婦の関係を結ぶこと。婚姻。「町長の仲人で―する」❷法律上、親子の関係を結ぶこと。養子縁組み。

(類語)縁結び・縁談・良縁・結婚・婚約・ゴールイン・婚姻・嫁入り・輿入れ・嫁取り・婿入り・婿取り・成婚・おめでた

えん-グラフ【円グラフ】全体を一つの円で表し、中心角を各部分の数量に比例する角度に分けていくつかの扇形にしたグラフ。

エンクリプション〖encryption〗▶暗号化

エンクルマ〖Kwame Nkrumah〗[1909〜1972]ガーナの政治家。独立運動を指導し、1957年、ガーナ独立時に初代首相、のち大統領に就任。社会主義化政策をとり、アフリカ統一運動を推進した。

エンクロージャー〖enclosure〗❶中世末から近代にかけて、特に英国で、それまで開放耕地制だった土地を、領主や地主が牧羊場や農場にするため垣根などで囲い込み、私有地化したこと。その結果、耕地を失った農民の都市流入や賃労働者化を招いた。囲い込み。❷オーディオ機器のキャビネットのこと。

えん-ぐん【援軍】❶救援の軍隊。援兵。援隊。❷加勢の仲間。(類語)援兵・加勢・支援・助太刀

えん-げ【×嚥下】〘名〙スル「えんか(嚥下)」に同じ。(補説)「咽下」とも書く。

えん-げ【艶げ】〘形動ナリ〙優美でなまめいたさま。「今やうの若人たちのやうに、―にもてなさで」〈源・椎本〉

えん-けい【円形】まるい形。(類語)丸・真ん丸・円盤状・輪形・球形・球状・円やか・円か・円ら

えんけい【延慶】▶えんきょう(延慶)

えん-けい【煙景/×烟景】霞のたなびく春の景色。(類語)景色・山色・水色・白砂青松・野色・野景・柳暗花明・春景・秋景・雪景・夕景・夕景・暮景・晩景・夜景

えん-けい【遠計】❶遠い将来についての計画。❷遠大な計画。大計。

えん-けい【遠景】❶遠方の景色。遠くに見える景色。⇔近景。❷画面の背景で、遠方となる部分。(類語)景色・眺め・眺望・展望・遠望・見晴らし・パノラマ・全景・背景・バック

えんけい【燕京】中国、北京の古称。春秋戦国時代に燕の都があったところからいう。

えん-げい【園芸】果樹・野菜・花卉などを植え育てること。また、その技術。(類語)栽培・培養・栽植・水耕・ガーデニング・土いじり

えん-げい【演芸】公衆の前で演じられる落語・漫才・講談・浪曲・曲芸・奇術その他、庶民的な演劇・音楽・舞踊などの芸。「―会」(類語)芸・芸能・演技・芸道・一芸・遊芸

えんけい-げきじょう【円形劇場】❶中央を舞台とし、その四方を囲むように観客席を配した劇場形式。また、それを用いる上演形式。❷古代ローマで、剣闘士の試合などを見せるための円形・楕円形の建造物。競技の場を中心に同心円状、階段式に観覧席がある。ローマのコロセウムが有名。

えんげい-さくもつ【園芸作物】園芸として栽培される植物。

えんげい-じょう【演芸場】種々の芸能を演じるために設けられた会場。主に講談や落語などの、大衆芸能を興行する建物をいう。

えんけい-だつもうしょう【円形脱毛症】頭髪が円形に抜けてくる病気。自律神経失調・内分泌障害・栄養障害や心理的なことによって起こるといわれる。円形禿髪。台湾坊主。

えんけい-どうぶつ【円形動物】▶袋形動物

えんげい-のう【園芸農】園芸を中心として経営を行う農業。

エンゲージ〖engage〗婚約すること。

エンゲージ-ブルー〖engage blues〗▶マリッジブルー

エンゲージメント〖engagement〗約束。婚約。

エンゲージ-リング《engagement ringから》婚約指輪。婚約のしるしとして、通常、男性から女性に贈る。

えん-げき【×掩撃】〘名〙スル 小部隊で敵を急に襲うこと。不意打ち。「不意に起って奸党を―せば之を除くこと甚だ容易なり」〈竜渓・経国美談〉

えん-げき【演劇】観客を前に、俳優が舞台で身ぶりやせりふで物語や人物などを形象化し、演じて見せる芸術。舞台装置・照明・音楽など視覚・聴覚上の効果を伴う総合芸術。芝居。劇。(類語)劇・芝居・ドラマ・猿芝居

えんげきかいりょう-うんどう【演劇改良運動】明治初期から20年代にかけて行われた、歌舞伎を近代化しようとする改革運動。急激すぎて一般観客から遊離し、十分な成果は上がらなかった。

えんげき-はくぶつかん【演劇博物館】演劇に関する文献や資料を収集・保存し、一般に観覧させる博物館。日本では、昭和3年(1928)坪内逍遥の功績を記念して早稲田大学構内に開設されたものがある。

えんげ-しょうがい【×嚥下障害】病気や老化などにより、飲食物をうまく飲み込めなくなったり、誤って気管に入った物を吐き出せなくなったりする障害。

えんげ-しょく【×嚥下食】高齢や疾患などのため嚥下障害を持つ人が飲み下しやすいように工夫した食事。適度な粘度があり、変形しながら滑らかに喉を通過しやすいもの。

エンケ-すいせい【エンケ×彗星】公転周期3.3年の短周期彗星。1786年にフランスの天文学者ピエール＝メシャンが発見。以降、1818年まで4度確認され、それぞれ別の彗星だと思われていたが、ドイツの天文学者ヨハン＝フランツ＝エンケが軌道を計算し、同一の彗星であることがわかった。2012年現在、最も短い周期の彗星として知られる。牡牛座流星群の母天体。

えんげせい-はいえん【×嚥下性肺炎】飲食物などを口腔内の細菌とともに気管や気管支に入れてしまったために起こる肺の炎症。誤嚥性肺炎。

えん-げた【縁桁】❶縁側のふち・はし。❷縁先の柱の上にあって、縁側の垂木を支える横木。

えんげつ【円月】臨済宗の僧、中巌の諱。

えん-げつ【×偃月】❶半円形の月。半月。弓張り月。弦月。また、その形。❷兵法で、陣立ての一。中央部を後退させて半月形に組んだ陣形。

えんげつ-じょう【×偃月城】本城から半月形に張り出して造った出丸。

えんげつ-とう【円月島】和歌山県南西部、西牟婁郡白浜町の西方約100メートルにある島。東西35メートル、南北130メートル、標高25メートル。中央部に海食による縦15メートル、横12メートルの丸い洞穴があることから名付けられた。正式名称は高島。夕景の名所で、白浜町のシンボルになっている。

えんげつ-とう【×偃月刀】「偃月❶」の形をした中国の刀。

エンケファリン〖enkephalin〗脳のほか脳下垂体・脊髄・副腎髄質などに分布し、モルヒネ受容体と結合して鎮静作用を生じるペプチド。アミノ酸5個からなり、2種が知られている。

エンケラドゥス〖Enceladus〗土星の第2衛星。1789年にF＝W＝ハーシェルが発見。名の由来はギリシャ神話の巨人。表面を覆う氷にひび割れ状の地形があり、その地下から氷が供給されて新たな地表となるプレートテクトニクスのような現象が見られる。水蒸気を主成分とした大気がわずかにある。直径は約500キロ(地球のおよそ0.04倍)。平均表面温度はセ氏マイナス200度。

エンゲリス〖Engel's〗ロシア連邦西部、サラトフ州の都市。ボルガ川東岸、州都サラトフの対岸に位置する。旧称ポクロフスク。帝政ロシア時代、多くのドイツ人が入植。1931年、ドイツのマルクス主義の思想家フリードリヒ＝エンゲルスにちなみ、現名称に改称。

エンゲル〖Christian Lorenz Ernst Engel〗[1821〜1896]ドイツの統計学者。「エンゲルの法則」で有名。著「人間の価値」「ベルギー労働者家族の生活費」など。

エンゲル-けいすう【エンゲル係数】家計の消費支出総額中に占める食料費の割合。一般に、この係数が高いほど生活水準が低いとされる。

エンゲルス〖Friedrich Engels〗[1820〜1895]ドイツの思想家・革命家。マルクスと科学的社会主義を創始。「ドイツ-イデオロギー」「共産党宣言」を共同で執筆。マルクス死後は、社会主義運動に参加しつつ、その遺稿を整理して「資本論」の第2・第3巻を刊行。著「反デューリング論」「フォイエルバッハ論」「家族、私有財産および国家の起源」「自然弁証法」など。

エンゲル-の-ほうそく【エンゲルの法則】家族の所得が増えるにつれて家計の消費支出総額中に占める食料費の割合は小さくなるという法則。エンゲルがベルギーの労働者の家計調査から明らかにしたもの。

エンゲルベルク〖Engelberg〗スイス中部、オプワルデン準州、中部アルプスの山岳地帯にある町。12世紀のベネディクト派修道院を中心に発展。標高3239メートルのティトリス山への観光拠点。

えん-けん【延見】〘名〙スル 呼び寄せて面会すること。引見。「独りペロピダスを、其の朝廷に―し」〈竜渓・経国美談〉

えん-けん【遠見】〘名〙スル ❶遠くを見ること。遠望。とおみ。「峠から村落の灯を―する」「かの滋藤が漫々たる海上を―して」〈平家・五〉❷将来のことを見通すこと。「大利の基いをひらくの理だから、落付いて―すべし」〈魯文・西洋道中膝栗毛〉❸遠くの眺め。遠景。「万山いちじろき―は」〈九位〉❹能楽用語。㋐遠くを見渡すしぐさをして、観客に遠景を想像させる演技。㋑ある演技が間接的に何かを観客に想像させる効果。「無上の上手は…舞歌の風義の―現はるる所にて」〈花鏡〉

えん-けん【×厭×倦】〘名〙スル 飽きていやになること。「卿既に船行を―するや」〈織田訳・花柳春話〉

えん-けん【×鳶肩】角張って、鳶の姿のような肩。あがりがた。いかりがた。

えん-けん【×偃×蹇】〘ト・タル〙図〘形動タリ〙❶物が延び広がったり高くそびえたりしているさま。また、多く盛んなさま。「―として澗底に嘯く松が枝には」〈漱石・薤露行〉❷おごり高ぶるさま。「故らに作った―恣睢」〈二葉亭訳・あひゞき初稿〉

えんげん【延元】南北朝時代、南朝の後醍醐天皇・後村上天皇の時の年号。1336年2月29日〜1340年4月28日。

えん-げん【延言】江戸時代の国学者の用語。もと1音であった語の一部が延びて2音ないしそれ以上となったとされるもの。「語らふ(←語る)」「老いらく(←老ゆ)」などの類。延音。

えん-げん【怨言】うらみの言葉。怨語。「―も聞かなくてはなりません」〈漱石・こゝろ〉

えん-げん【×淵源】物事の起こり基づくところ。根源。みなもと。「文化の―にさかのぼる」

えん-げん【艶言】男女間の色めいた言葉。

えん-げんどう【×袁×彦道】《中国、東晋時代のばくちに巧みだった人の名から》ばくち。「ある時は博徒を聚合つどへて、―の技に耽り」〈読・八犬伝・八〉

えんこ〘名〙スル ❶座ることをいう幼児語。しりをつき、足を前に出した座り方をいう。❷乗り物などが故障して動かなくなること。「ぽんこつ車が―する」

えん-こ【円弧】円周の一部。弧。

えん-こ【塩湖】湖水の塩分が、1リットル中0.5グラム以上の湖。内陸湖で塩分が濃縮されたものや火山地帯でみられるものがある。西アジアの死海、日本の蔵王御釜など。鹹水湖。鹹湖。塩水湖。

えん-こ【縁故】❶血縁・姻戚などによるつながり。また、その人。「犠牲者の―を探す」❷人と人との特別なかかわりあい。よしみ。つて。「―採用」(類語)(❶)縁者・縁続き・身寄り・遠縁・縁/(❷)つて・手蔓・コネ・人脈・関係・えにし・ゆかり・つながり・かかりあい・かかわり・関係・誼み・縁由・絆

えん-ご【怨語】「怨言」に同じ。

えん-ご【×婉語】遠まわしに言う言葉。露骨でなく、当たりの柔らかい言葉。

えん-ご【×掩護】〘名〙スル《「掩」はおおう意》味方の行動や拠点を敵の攻撃から守ること。転じて、かばって危険から守ること。「船団を―する」「酔と云う牆壁を築いて、その―に乗じて」〈漱石・それから〉(補説)「援

護」とも書く。

えん‐ご【援護】〔名〕スル 困っている人をかばい助けること。「苦学生に―の手を差し伸べる」

類語 援助・支援・助力・扶助・救護・保護・庇護ひご・愛護・擁護・防護・介護・養護・警護・後見こうけん・守護

えん‐ご【縁語】修辞法の一。和歌や文章の中で、ある言葉と意味内容上で関連のある言葉。主に連想により導き出され、相互の照応により表現効果を増す。例えば、「糸による物ならなくに別れ路の心ぼそくも思ほゆるかな」〈古今・羇旅〉では、「よる」「ほそく」は「糸」の縁語。古今集以降の歌に多い。

えん‐こう【円光】❶まるい形の光。❷仏・菩薩ぼさつの頭の後方から放たれる光の輪。後光ごこう。

えん‐こう【援交】「援助交際」の略。

えん‐こう【猿×猴】❶猿類の総称。古くは多く手長猿をいった。❷河童かっぱの別名。❸人形浄瑠璃で、手のこと。❹月経のこと。「―へ手を出し亭主ひっかかれ」〈柳多留・七七〉

猿猴が月つき ▶猿猴が月を取る

猿猴が月を取る 《「僧祇律」七の、猿が井戸に映った月を取ろうとして水におぼれたという故事から》身分不相応な大望を抱いて破滅することのたとえ。猿猴捉月えんこうそくげつ。猿猴が月。猿猴が月に愛をなす。

えん‐こう【遠行】❶遠くへ行くこと。遠出。遠征。❷死ぬこと。遠逝えんせい。長逝ちょうせい。えんぎょう。

えん‐こう【遠郊】都会から離れた土地。

えん‐ごう【×掩×壕】兵員などを敵弾から守るために掘った壕。

えんこう‐いた【縁甲板】床張り用の幅の狭い板。両側面に凹凸の加工をし、実矧さねはぎなどで接ぐ。壁・天井などにも使用。えんこいた。

えんこう‐かえで【猿×猴×楓】イタヤカエデの変種。山野にみられ、葉は五つまたは七つに深く切れ込み、つやがある。秋に黄葉する。あさひかえで。

えんこう‐がに【猿×猴×蟹】十脚目エンコウガニ科のカニ。甲は楕円形で、甲幅6センチくらい、表面は滑らかで赤褐色。はさみ脚が長い。北海道南部から南アフリカ沖まで分布。

えんこう‐きんこう【遠交近攻】遠い国と親交を結び、近い国を攻める外交政策。中国の戦国時代に、魏ぎの范雎はんしょが唱えたもの。

えんこう‐すぎ【猿×猴杉】杉の園芸品種。高さ約3メートル。枝の先は伸びて垂れ下がり、長い葉と短い葉が交互につく。あやすぎ。

えんこう‐スペクトル【炎光スペクトル】バーナーの炎の高熱により励起された原子、分子、イオンなどが発するスペクトル。このスペクトルを利用して試料の化学分析を行うことを炎光分光分析という。

えんこう‐そう【猿×猴草】キンポウゲ科の多年草。山野の湿地に生え、茎は四方に広がる。高さ約50センチ。葉は腎臓形で長い柄がある。初夏、茎の先に花柄が長く伸び、黄色い花を開く。

えんこう‐だいし【円光大師】法然ほうねんの勅諡ちょくし号。

えん‐こうどう【袁宏道】[1568～1610]中国、明末の詩人・文人。字あざなは中郎。号は石公。公安(湖北省)の人。兄の宗道・弟の中道とともに三袁とよばれる。思想家李贄りしの影響を受け、性霊の発露を重んじる公安派を開き、形式主義の復古派に対した。

えんこう‐ぶんこうぶんせき【炎光分光分析】分光分析の一。試料をバーナーの炎で熱し、試料中に含まれる原子、分子、イオンなどが高熱により励起されて発する炎光スペクトルを利用して化学分析を行う。アルカリ金属、アルカリ土類金属の分析に適する。フレーム分光分析。

えんこう‐るい【円口類】軟骨魚類・硬骨魚類とともに広義の魚類を構成する一群。現生では最も原始的な魚で、ヤツメウナギ目とヌタウナギ目がある。体はウナギ形で、骨は軟骨。うろこを欠き、粘液に富む。胸びれ・腹びれがなく、背びれ・尾びれ・しりびれはつながる。口は円形の吸盤状で、あごがない。嚢状のうじょうのえらが6～15対ある。大部分は淡水産、一部が海産。嚢鰓類のうさいるい。

エンコーダー〖encoder〗アナログ信号をコンピューターなどで処理するのに適したデジタルデータに変換(エンコード)する装置や回路。また、音声や動画のファイルを特定のファイル形式に変換したり、データを一定の規則に従って別のデータに変換したり、圧縮・暗号化したりするソフトウエアを指す。符号器。➡デコーダー

エンコーディング〖encoding〗▶エンコード

エンコード〖encode〗〔名〕スル 符号化すること。アナログ信号をコンピューターなどで処理するのに適したデジタルデータに変換すること。また、コンピューターで、音声や動画のファイルを特定のファイル形式に変換したり、データを一定の規則に従って別のデータに変換したり、圧縮・暗号化したりすることを指す。エンコーディング。➡デコード

えん‐ごく【遠国】遠い国。特に、都から遠く離れた国。おんごく。

えんごく‐ぶぎょう【遠国奉行】▶おんごくぶぎょう(遠国奉行)

えんご‐こくごん【圜悟克勤】[1063～1135]中国、宋代の臨済宗の僧。中国臨済宗第五祖の法演ほうえんの門下。夾山きょうざんの碧巌ぺきがんに住み、「碧巌録」(10巻)を著した。仏果禅師。真覚禅師。

えんご‐さく【延×胡索】ケシ科の多年草数種の総称。ジロボウエンゴサク・ヤマエンゴサク・エゾエンゴサクなど。山野に生え、地下の塊茎から1本の茎が出て枝分かれし、先に小さい葉をつける。塊茎を漢方で浄血・鎮痛・鎮痙ちんけい薬に用いる。

えんご‐しゃげき【×掩護射撃】〔名〕スル 敵の攻撃から味方を守るために、側面や後方から射撃を行うこと。また、その射撃。転じて、関係のある人などの立場をかばうため、発言したり行動したりすること。補説「援護射撃」とも書く。

えんこ‐そかい【縁故疎開】親類や知人を頼ってする疎開。➡集団疎開

えんご‐ほう【援護法】▶戦傷病者戦没者遺族等援護法

えんこ‐ぼしゅう【縁故募集】❶求人の際、経営者・従業員と特別なかかわりあいのある者に限って募集すること。❷株式や社債を募集する際、その対象を役員・従業員・取引先・金融機関など関係者中の特定の者に限定して行うこと。

エンコミエンダ‐せい【エンコミエンダ制】16世紀から18世紀半ばにかけて、中南米のスペイン植民地で実施された封建的土地支配制度。

えん‐こん【怨恨】うらむこと。また、深いうらみの心。「―による犯行」類語 恨み・遺恨・逆恨み・私怨・怨念・恨めしい・怨嗟えんさ・意趣・宿意・宿怨しゅくえん・宿恨・積怨せきえん・旧怨きゅうえん・仇あだ・憎しみ・復讐心ふくしゅうしん

えん‐さ【怨×嗟】〔名〕スル うらみ嘆くこと。「―の声」類語 恨み・怨恨えんこん・意趣・私怨しえん・遺恨いこん・怨念おんねん・宿意・宿怨しゅくえん・宿恨・積怨せきえん・旧怨きゅうえん・仇あだ・憎しみ・復讐心ふくしゅうしん・逆恨み・恨めしい

えん‐ざ【円座｜円×坐】〔名〕スル ❶多くの人が輪の形に座ること。車座くるまざ。「―して話し合う」❷菅すげ・藺い・蒲がまなどで、渦巻き形に、まるく編んだ敷物。わろうだ。わらざ。季 夏「君来ねば―さみしくしまひけり／鬼城」❸茶の湯で、露地の腰掛けに座布団代わりに置く敷物。真菰まこもや竹の皮などで円形に作る。

類語 車座・円居まどい・団欒だんらん・対座・膝詰め・鳩首きゅうしゅ

えん‐ざ【宴座｜×燕×坐】❶「宴の座」に同じ。❷座禅をすること。「面壁―すといへども習禅にはあらざるなり」〈正法眼蔵・行持下〉

えん‐ざ【縁座｜縁×坐】重い犯罪について、犯罪人の家族や家人までが罰せられる制度。奈良時代から行われ、特に江戸時代、武士に対してきびしく適用された。明治15年(1882)廃止。➡連座

えんさい【奄蔡】古代、中央アジア西部の国。アラル海北辺の遊牧国家で、のち西に移動して黒海北岸に達した。漢代の歴史書に見える。阿蘭あらん。

えん‐ざい【×冤罪】罪がないのに罰せられること。無実の罪。ぬれぎぬ。「―を晴らす」

エンサイクロペディア〖encyclopedia〗百科事典。百科全書。

エンザイム〖enzyme〗酵素こうそ。エンチーム。

えんざ‐がき【円座柿】柿の一品種。実は円形で大きく、へたの周りがこぶ状に盛り上がる。

えん‐さき【縁先】❶縁側の庭寄りの端。また、縁側のすぐ前。❷娘の嫁ぎ先。

えん‐さく【鉛酢】塩基性酢酸鉛の水溶液。収斂しゅうれん作用があり、湿布剤に用いる。

えんさく‐ほうぜい【円×鑿方×枘】まるいほぞ穴に、四角いほぞを入れること。二つのものがうまく合わないことのたとえ。円孔方木えんこうほうぼく。

えん‐ざしき【縁座敷】本座敷と縁側との間につくられる座敷。普通は1間(約1.8メートル)幅。庇ひさしの間ま。➡入り側❶

えんざ‐むし【円座虫】ヤスデの別名。

えん‐さん【塩酸】塩化水素の水溶液。強い刺激臭があり、純粋のものは無色。ふつう濃度35パーセント以上を濃塩酸といい、湿った空気中で発煙する。金・銀・白金族以外の金属と反応して水素を発生する。工業的にきわめて用途が広い。胃酸の主成分。化学式HCl

えん‐ざん【遠山】遠くに見える山。とおやま。

えん‐ざん【鉛×槧】詩文を書くこと。文筆に携わること。補説「鉛」は鉛粉、または胡粉ごふん。「槧」は薄く削って字を書いた木の板。昔、中国で、「槧」に「鉛」で文字を書いたり塗り消したりしたことに基づく。

鉛槧に付ふ**・す** 印刷して書物にする。

えんざん【塩山】山梨県甲州市の地名。旧市名。青梅街道の旧宿場町で、甲州ブドウ・モモの産地。恵林寺えりんじ・向嶽寺こうがくじがある。平成17年(2005)勝沼町・大和村と合併して甲州市となった。➡甲州㊀

えん‐ざん【演算】〔名〕スル ❶計算すること。運算。❷数学で、ある集合の要素間に一定の法則を適用して、他の要素を作りだす操作。二数間に加法・減法を適用してその結果を出す二項演算など。

類語 計算・運算・加減乗除・算術・算出・算定・概算・試算・見積もり・指折り・逆算

えんさん‐アニリン【塩酸アニリン】アニリンの塩酸塩。無色板状の結晶。黒色染料アニリンブラックの原料。

えんざん‐かいろ【演算回路】コンピューターなどで、四則演算や論理演算を実行する電子回路。

えんさん‐ガス【塩酸ガス】塩化水素のこと。

えんさん‐カリ【塩酸カリ】塩化カリウムの俗称。

えんざん‐し【塩山市】▶塩山

えんざん‐し【演算子】❶ある集合の元げんに他の集合の元を対応させる一定の演算記号。例えば微分方程式において、関数を導関数に対応させる記号 d/dt など。作用素。❷《operator》▶オペレーター❻

えんざんし‐ほう【演算子法】演算子を用いて、ある演算を行う方法。例えば、微分の演算を、記号 d/dt を用いて微分方程式で解く方法。

えんざん‐そうち【演算装置】コンピューターを構成する基本部分で、四則演算・論理演算などを行う装置。算術論理ユニット。ALU。

えんざん‐の‐まゆ【遠山の眉】遠山の色のようにうっすらと青いまゆ。美人のまゆをたとえていう。

えんざん‐りゅう【遠山流】❶生け花の流派の一。江戸末期に大坂の遠山国古亭一清らが始め、関西で流行した。❷盆石の流派の一。平安中期に恵心僧都が始めたといわれる。

えん‐し【円×匙】小型のシャベル。補説「えんぴ」は誤読。

えん‐し【×偃師】《中国、周代の細工師の名から》人形遣い。傀儡師くぐつし。

えん‐し【煙死】火事で、有毒ガスを吸い込んだり、煙にまかれたりして死ぬこと。

えん‐し【遠視】調節していない状態の目に入る平行光線が、網膜よりも後ろに像を結ぶ状態。若年者では水晶体の調節で補正できるが、年齢が進む

と、近くのものが見にくく、強度の遠視では遠近ともに視力が低下する。凸レンズで矯正する。遠視眼。⇔近視。〘類語〙遠目

えん-し【鉛糸】一端に鉛のおもりをつけた糸。測量などで、鉛直方向を知るために使用する。

えん-し【艶姿】女性のなまめかしい姿。あでやかな姿。艶容。

えん-じ【×衍字】《「衍」は余りの意》語句の中にまちがって入った不必要な文字。

えん-じ【園児】幼稚園・保育園に通う子供。〘類語〙生徒・学生・学徒・学童・在校生・塾生・門下生・門生・弟子・教え子・スチューデント・児童

えん-じ【遠寺】遠くにある寺。中国の瀟湘(しょうしょう)八景の一つ「煙寺晩鐘」をふまえた用例が多く、「煙寺」とも書く。

えん-じ【遠×邇】遠い所と近い所。遠近。「鉦鼓(しょうこ)は一に喧鞠(けんきく)し」〈露伴・運命〉

えん-じ【×臙脂・×燕脂】❶エンジムシの雌から採取する赤色染料。生臙脂(しょうえんじ)。❷紅花(べにばな)から作った染料。べに。❸紫と赤を混ぜた絵の具。❹「臙脂色」の略。〘類語〙赤・真っ赤・赤色(せきしょく)・紅色(こうしょく)・紅(くれない)・紅(べに)・真紅(しんく)・鮮紅(せんこう)・緋(ひ)・緋色・朱(しゅ)・朱(あか)・丹(に)・茜(あかね)色・薔薇(ばら)色・小豆(あずき)色・暗紅(あんこう)・唐紅(からくれない)・レッド・スカーレット・バーミリオン・マゼンタ・ローズ・ワインレッド

えんじ-いろ【×臙脂色】臙脂で染めた濃い紅色。黒みを帯びた赤色。

エンジェル〘angel〙▶エンゼル

えんし-が【遠視画】「浮き絵」に同じ。

えん-しがいせん【遠紫外線】波長10〜200ナノメートル程度の紫外線。大気中の酸素分子や窒素分子に吸収されるため、地表には到達しない。真空状態で伝播することから真空紫外線ともいう。

えんじ-ずみ【×臙脂墨】臙脂に墨を混ぜた絵の具。赤黒い色をしている。

えん-しつ【煙室】ボイラーで、煙を集めて煙突へ導き出すために設ける部分。

えん-しつ【×燕室】《「燕」はくつろぐ意》休息する部屋。休憩室。「某伯爵の一に題す」〈鉄幹・東西南北〉

えんじつ-てん【遠日点】惑星・彗星(すいせい)の楕円軌道上で、太陽から最も遠い点。⇔近日点(きんじつてん)

えんじつ-とんご【円実頓悟】仏語。物事の完全な実相を、段階を経ないで一足とびに悟ること。天台宗の教理をさす。円頓。

えんしつ-ほう【鉛室法】硫酸の工業的製法の一。二酸化硫黄に触媒として酸化窒素をまぜ、鉛張りの室内で空気と水を作用させて作る。現在は用いられない。

エンジニア〘engineer〙機械・電気・土木・建築などの技術者。技師。〘類語〙技師・技術者

エンジニアリング〘engineering〙工学。工学技術。

エンジニアリング-セラミックス〘engineering ceramics〙耐熱性、耐食性、耐摩耗性に優れ、強度と靭性が高いセラミックス。エンジン、ガスタービンなどの機械部品や切削工具に用いられる。

エンジニアリング-プラスチック〘engineering plastics〙強度・耐熱性・耐摩耗性にすぐれ、機械部品・電気電子部品などに用いられるプラスチック。ポリカーボネート・ポリアミドなど。エンプラ。

エンジニアリング-ワークステーション〘engineering workstation〙科学技術計算やCAD・CAMなどの目的のために作られたワークステーション。EWS。➡キャド(CAD) ➡キャム(CAM)

えん-シフト【円シフト】商社などが輸入の決済資金調達を外貨から円貨に変えること。商社はこの円貨で外貨を買い、対外決済を行う。日本の金利が外国の金利より低くなると起こる。

えんじ-むし【×臙脂虫】カイガラムシ科の昆虫。体長2ミリほどで、赤褐色。雌は翅(はね)がなく、体に多量の紅色色素を含み、紅色染料コチニールの原料になる。メキシコに分布し、サボテンに寄生。また、古くはインド・西アジア産のものをさした。えんじちゅう。

えんじ-むらさき【×臙脂紫】赤みのまさった紫色。

えん-しゃ【園舎】幼稚園・保育園などの建物。

えん-しゃ【遠写】写真・映画などで、遠くから場面を写すこと。ロングショット。

えん-じゃ【演者】《「えんしゃ」とも》❶テレビ・舞台などに出て、芸や劇を演じる人。出演者。❷演説をする人。

えん-じゃ【縁者】縁続きの人。親戚。「親類一」〘補説〙近世では、血のつながった親類と区別して、婚姻・養子縁組みによって縁続きとなった家の人をさした。〘類語〙縁続き・縁故・身寄り・縁類・姻戚・遠縁

えん-じゃく【円寂】〔名〕スル❶悟りの境地。涅槃(ねはん)。❷僧が死ぬこと。入寂。「和尚は…たくましい一篇の偈(げ)を留めて一し」〈柳田・山の人生〉〘類語〙死ぬ・寂(じゃく)する・入寂・入滅・遷化(せんげ)・大往生・お陀仏・辞世

えん-じゃく【×燕×雀】❶ツバメとスズメ。また、そのような小鳥。❷度量の小さい人物。小人物。

燕雀安(いずく)んぞ鴻鵠(こうこく)の志(こころざし)を知らんや　《「史記」陳渉世家から》ツバメやスズメのような小さな鳥には、オオトリやコウノトリのような大きな鳥の志すところは理解できない。小人物には大人物の考えや志がわからない、というたとえ。

えん-じゃくきょ【閻若璩】[1636〜1704]中国、清代の古典学者。経史に詳しく、精密な考証にすぐれ、清代考証学の基礎をきずいた。著「尚書古文疏証(そしょう)」「四書釈地」など。

えん-しゃくざん【閻錫山】[1883〜1960]中国の軍人・政治家。辛亥(しんがい)革命を機に、山西省の軍および政権を握った。対日戦中は蒋介石(しょうかいせき)に協力。国民政府(台湾)の行政院長兼国防部長。イェン=シーシャン。

えんじゃく-るい【×燕×雀類】❶ツバメやスズメのような小鳥類。❷スズメ目に分類される鳥の総称。

えん-しゃっかん【円借款】開発途上国の経済援助のために、日本政府が政府間の合意に基づいて行う円建ての低金利融資。➡政府開発援助

えんじゃ-つづき【縁者続き】「縁続き」に同じ。

えん-しゅ【園主】庭園・幼稚園など園という名称がつく施設の所有者、または代表者。

えん-じゅ【延寿】寿命を延ばすこと。長生き。

えんじゅ【×槐】マメ科の落葉高木。葉は羽状複葉で、小葉は長卵形。夏に、黄白色の小花が群生して咲き、くびれたさやのある実がなる。中国の原産。庭木や街路樹とし、木材は建築・器具などに用いる。花・実は薬用。きふじ。玉樹。槐樹(かいじゅ)。〘季 花＝夏〙「葉がくれの星に風湧く一かな/久女」

えんじゅあんざっき【円珠庵雑記】江戸時代の随筆。2巻。契沖(けいちゅう)著。元禄12年(1699)成立、文化9年(1812)刊。古語の考証や解釈を中心としたもの。円珠庵は契沖の住んでいた庵の名。続編に「円珠庵雑雑記」がある。

えん-しゅう【円周】❶円を形づくる線。円のまわり。❷円を描くようにして動くこと。「互ひに手を取り一して踊る」〈航米日録・三〉

えん-しゅう【円宗】天台宗の異称。円頓(えんどん)宗。

えん-しゅう【怨×讐】うらんでかたきとすること。うらみのあるかたき。おんしゅう。

えん-しゅう【遠州】■㊀遠江(とおとうみ)国の異称。㊁▶小堀遠州(こぼりえんしゅう) ■「遠州流」の略。

えん-しゅう【演習】〔名〕スル❶慣れるために繰り返し習うこと。練習。「一問題」❷実戦や非常時を想定して行う訓練。「実弾一」「消防一」❸大学・大学院などで、教授の指導のもと学生が研究・発表・討議を行うことを主眼とした、少人数の授業の形式。ゼミナール。ゼミ。〘類語〙実習・ゼミナール・フィールドワーク・練習

えんしゅう-あんどん【遠州行▽灯】小堀遠州が考案したと伝えられる円筒形の行灯。丸行灯。

えんしゅう-おりもの【遠州織物】静岡県浜松市付近で産する織物の総称。縞(しま)・絣(かすり)・織り色木綿など。

えんしゅう-かく【円周角】円周上の一点から他の二点に引いた二つの弦のつくる角。

えんしゅう-しがらき【遠州▽信▽楽】小堀遠州の好みで作られた信楽焼の茶道具。「花橘(はなたちばな)」茶碗が代表的。

えんしゅう-じま【遠州×縞】浜松市付近で産する木綿の縞織物。

えんしゅう-だいさきゅう【遠州大砂丘】静岡県南部、御前崎付近から天竜川河口西方にかけての砂丘群。遠州灘(えんしゅうなだ)の沿岸流で堆積した。長さ50キロメートル、幅30〜100メートル。東から西に浜岡砂丘・千浜(ちはま)砂丘・中田島(なかたじま)砂丘などが連なる。

えんしゅう-たかとり【遠州高取】小堀遠州の好みで作られた高取焼の茶道具。「染川」「横岳」「秋の夜」などの茶入れが代表的。

えんしゅう-なだ【遠州灘】静岡県の御前崎(おまえざき)から愛知県の伊良湖(いらご)岬に至る太平洋の海域。

えんしゅう-なながま【遠州七窯】江戸前期、小堀遠州の好みの茶器を焼いた七つの窯。遠江(とおとうみ)の志戸呂(しとろ)焼、近江(おうみ)の膳所(ぜぜ)焼、山城宇治の朝日焼、大和の赤膚(あかはだ)焼、摂津の古曽部焼、筑前の高取焼、豊前(ぶぜん)の上野(あがの)焼。

えんしゅう-ピッチ【円周ピッチ】▶サーキュラーピッチ

えんしゅう-りつ【円周率】円周の、直径に対する比。記号はπ(パイ)で表し、値は3.14159…で、ふつう3.14として計算する。

えんしゅう-りゅう【遠州流】❶茶道の流派の一。小堀遠州を開祖とし、江戸初期に成立した。❷生け花の流派の一。宝暦・明和(1751〜1772)期に春秋軒一葉が創始したという。生花(せいか)が主で、枝の強い湾曲の花形が特色。

えんしゅう-りん【演習林】林学を専攻する学生の実地研究のための森林。

えんじゅ-がはま【煙樹ヶ浜】和歌山県中西部、日高郡美浜町にある浜。日高川河口から西方の日ノ御埼(ひのみさき)に向かって最大幅500メートル、長さ5キロメートルにわたって弓なりにのびる松林の海岸。波に洗われて丸くなった小石からなる浜で、キャンプ場としてにぎわう。

えん-じゅく【円熟】〔名〕スル人格・知識・技術などが円満に発達し、豊かな内容をもっていること。「一の域に達する」「一した人間味」〘類語〙練達・熟練・熟達・習熟・老練

えんじゅ-さい【延寿祭】奈良県橿原(かしはら)市にある橿原神宮で、元旦に行われる神事。高齢の参拝者に延寿盃、一般の参拝者に延寿箸を頒布し、これを受けると無病長寿を保てるとされる。〘季 新年〙

えん-しゅつ【演出】〔名〕スル❶演劇・映画・テレビなどで、台本をもとに、演技・装置・照明・音響などの表現に統一と調和を与える作業。❷効果をねらって物事の運営・進行に工夫をめぐらすこと。「結婚式の一」「一された首班交代劇」

えん-しゅつ【×燕出】天子のお忍びの外出。微行。

えん-じゅつ【演述】〔名〕スル自分の意見・思想を口頭あるいは文書で述べること。「若(も)しこれを知らば忌憚(きたん)なく一せよ」〈竜渓・経国美談〉

えんしゅつ-か【演出家】「演出❶」を専門の業とする人。演出者。〘類語〙監督・ディレクター

えんじゅ-どう【延寿堂】❶病気の僧のための治療所。安楽堂。❷禅宗で、火葬場のこと。

えん-じゅんれつ【円順列】n個の異なるものを円周上に並べる順列。その数は$(n-1)!$となる。

えん-しょ【炎暑】《古くは「えんじょ」とも》真夏の焼けつくような暑さ。酷暑。〘季 夏〙「うまや路の一にたかき槙(まき)一樹/蛇笏」〘類語〙猛暑・暑気・酷暑・極暑・激暑・厳暑・暑さ・大暑・暑熱・炎熱・酷熱・温気・向暑・残暑

えん-しょ【艶書】《古くは「えんじょ」とも》恋心を書き送る手紙。恋文。懸想文(けそうぶみ)。艶状。「袂(たもと)の中へいつの間にか入れられてあった一の文句を」〈荷風・褒顔〉〘類語〙ラブレター・恋文・艶文・付け文

えん-じょ【怨女】婚期が遅れたり、夫が不在であったりして、独り身である自分を哀れと思って嘆く女。

えん-じょ【援助】エン〔名〕スル 困っている人に力を貸すこと。「資金を—する」「国際—」(類語)支援・後援・応援・助成・バックアップ・フォロー・賛助・助ける・助(す)ける・手伝う・手助け・助力・幇助(ほうじょ)・助勢・加勢・助太刀(すけだち)・力添え・協力・後押し・守(も)り立てる・力を貸す・手を貸す・肩を貸す・補助・補佐

えん-じょ【艶女】ヨヅ なまめかしい女。あでやかな女。

えんしょ-あわせ【艶書合(わ)せ】ぁはせ 歌合わせの一。左右の組に分かれ、恋文や恋歌を作り合って優劣を競う遊び。懸想文(けそうぶみ)合わせ。

エンジョイ〖enjoy〗〔名〕スル 十分に楽しむこと。享楽すること。「青春を—する」
(類語)楽しむ・興ずる・堪能(たんのう)・満喫・享受・享楽

えん-しょう【延焼】エンセウ〔名〕スル 火事が火元から他に燃え広がること。「—を免れる」「風にあおられて山火事が—する」(類語)類焼・もらい火・飛び火

えん-しょう【炎症】エンシャウ 生体が微生物の侵入や物理的・化学的刺激などを受けて、発熱・発赤・はれ・痛みなどの症状を呈すること。

えん-しょう【袁紹】エンセウ［?〜202］中国、後漢末の群雄の一人。汝南汝陽の人。霊帝の没後、宮廷の宦官(かんがん)勢力を一掃。献帝を擁した董卓(とうたく)を倒した。のち曹操(そうそう)と対立し、官渡の戦いで大敗、病死した。

えん-しょう【煙硝・×焔硝】エンセウ ❶硝酸カリウムのこと。❷火薬。

えん-しょう【煙×嶂・×烟×嶂】エンシャウ 霞(かすみ)や雲などのかかっている峰。「石を集めては—の色を仮(か)り」〈太平記・二四〉

えん-しょう【遠称】エン 文法で、指示代名詞のうち、話し手・聞き手のいずれからも離れた事物・場所・方向を示すもの。口語の「あれ」「あそこ」「あちら」、文語の「か」「かしこ」「かなた」「あなた」など。➡近称 ➡中称 ➡不定称

えん-しょう【塩商】エンシャウ 中国で、専売制となっていた塩を販売していた商人。独占的地位を占めて経済界を支配した。➡塩法

えん-しょう【×厭勝】まじない。また、まじないによって、他人を屈服させること。

えん-しょう【縁生】エンシャウ 仏語。❶すべての存在が因縁によって生まれること。因縁生。縁起。❷因縁によって生じた結果。縁已生(えんいしょう)。

えん-しょう【艶笑】エンセウ ❶あでやかに笑うこと。❷おかしみが含まれた性風俗の描写。「—譚(たん)」

えん-じょう【炎上】エンジャウ〔名〕スル ❶《古くは「えんしょう」》火が燃え上がること。特に、大きな建造物が火事で焼けること。「タンカーが—する」❷(比喩的に)野球で、投手が打たれて大量に点を取られること。「救援投手—5失点」❸(比喩的に)インターネット上のブログなどでの失言に対し、非難や中傷の投稿が多数届くこと。また、非難が集中してそのサイトが閉鎖に追い込まれること。
(類語)引火・全焼・出火・失火・火事・火災・火難

えん-じょう【縁成】エンジャウ 仏語。すべてのものが因縁によって成り立っていること。

えん-じょう【艶状】エンジャウ「艶書(えんしょ)」に同じ。

えん-じょう【艶情】エンジャウ ❶男女の情事に関する感情。色情。「青楼の—を究めんと」〈魯文・安愚楽鍋〉❷女性のもっている、なまめかしい風情。

えんしょう-ざい【延焼罪】エンセウ 自宅その他の自己所有物に放火し、予期せず他人の家などに燃え広がらせる罪。刑法第111条が禁じる。他人の家などの建物・列車・船舶などを燃えさせた場合は3か月以上10年以下の懲役、その他の物の場合は3年以下の懲役に処せられる。

えんじょう-じ【円成寺】ヱンジャウ 奈良市忍辱山(にんにくせん)町にある真言宗御室(おむろ)派の寺。山号は忍辱山。天平勝宝8年(756)、聖武・孝謙両天皇の勅願により建立。開創は唐の僧虚滝(ころう)。中興は実範。初め忍辱施寺と称したが、応仁の乱後京都鹿ヶ谷の円成寺を移して再興。鎮守春日堂・白山堂は国宝。

えんしょうせい-ちょうしっかん【炎症性腸疾患】エンシャウセイチャウシックヮン 腸管に繰り返し炎症を起こす難病の総称。長期間にわたって下痢や血便が続く。潰瘍性大腸炎・クローン病・腸管ベーチェット病など。原因は不明で根治的治療法は確立されていない。IBD(inflammatory bowel disease)。(補説)潰瘍性大腸炎・クローン病・腸管ベーチェット病は厚生労働省の特定疾患に指定されている。

えんしょう-せん【×厭勝銭】縁起のよい語句や図を鋳出し、災難よけや幸運を願った、まじない用の銭の形をしたお守り。中国では漢から六朝時代にかけて流行し、日本では、室町時代から江戸時代にかけて行われた。

えんしょ-うた【艶書歌】艶書合わせのために詠んだ歌。

えんしょう-び【煙硝火】エンセウ 歌舞伎の小道具。幽霊や化け物などの出る場面で、また、銃砲を撃つ場面で、火薬を発火させて見せる火。

えん-しょく【炎色・×焔色】炎の色。

えん-しょく【怨色】エン うらみに思っている顔つき。また、そのような気配。

えん-しょく【艶色】❶あでやかな色。美しい色。❷つややかな容色。また、美貌の女性。「島原祇園の—には横眼遣い一つせず」〈露伴・風流仏〉

えん-しょく【×饜食】腹いっぱいに物を食うこと。

えんしょく-せい【演色性】照明による物体の色の見え方の特性。色が自然光で見た場合に近いほど、演色性がよいという。

えんしょく-はんのう【炎色反応】ーハンオウ アルカリ金属・アルカリ土類金属の塩化物、または揮発しやすい塩などを炎の中に入れると、炎にその元素特有の色がつく反応。ナトリウムは黄色、バリウムは緑色などを示す。元素の定性分析に用いられる。ドイツの化学者ブンゼンが発見。ブンゼン反応。

えんじょ-こうさい【援助交際】エンジョカウサイ 金銭の援助を伴う交際。主に未成年の女子が行う売春をいう俗語。援交。

えん・じる【怨じる】ヱンじる〔動ザ上一〕「えん(怨)ずる」(サ変)の上一段化。「—・じるようなまなざし」

えん・じる【演じる】〔動ザ上一〕「えん(演)ずる」(サ変)の上一段化。「白雪姫を—・じる」

エンシレージ〖ensilage〗►サイレージ

えんじろう【艶二郎】エンジラウ《黄表紙「江戸生艶気樺焼(えどうまれうわきのかばやき)」の主人公の名から》自称好男子。うぬぼれや。「—は青楼の通り句なり」〈洒・通言総籬〉

えん-しん【円心】ヱン 円の中心。

えん-しん【延伸】〔名〕スル 時間や距離などをのばすこと。また、のびること。延長。「僅に其の死刑を、—せるは、誠に危く見えにけり」〈竜渓・経国美談〉

えん-しん【炎心・×焔心】炎の中心部の透明に近い部分。まだ燃えていない蒸気の集まり。

えん-しん【遠心】ヱン 中心から遠ざかろうとすること。「—作用」⇔求心。

えん-じん【円陣】ヱンヂン ❶円形をなす陣立て。❷人が集まって円形に並ぶこと。「—を組む」(類語)方陣

えん-じん【煙×塵・×烟×塵】エンヂン ❶煙とちり。❷煙突から出る煙に含まれる微粒子。❸戦乱。戦塵。

えん-じん【猿人】ヱン 原人に先だつ最古の化石人類。300万年前に生息したアウストラロピテクスの類。直立二足歩行し、簡単な打製石器を使用した。➡原人 ➡旧人❷ ➡新人❷

えん-じん【×厭人】人との交わりを嫌うこと。人間嫌い。「—癖(へき)」

えん-じん【×閹人】「宦官(かんがん)」に同じ。

エンジン〖engine〗❶機械的エネルギーを継続的に発生させる装置。内燃機関と外燃機関がある。自動車のガソリンエンジンなど。発動機。原動機。❷特定の機能を付与したり、サービスを提供したりするハードウエアやソフトウエアのこと。グラフィックエンジンやサーチエンジンなどがある。
エンジンが掛か・る 調子が出る。本調子になる。「受験勉強もようやく—・ってきた」

えんしん-あっしゅくき【遠心圧縮機】ヱンシン 空気・ガスなどの気体を、遠心力を利用して圧縮する機械。高速度で回転する羽根車を通過させて、回転軸と直角の方向へ圧送する。

エンジン-オイル〖engine oil〗エンジンの潤滑油。エンジン内部の摺動部分の摩擦抵抗を小さくし、燃焼と摩擦で生じる熱を取り除き、各部の焼き付きや摩耗を防ぐ。

えんしん-か【円唇化】ヱンシンクヮ 音声学で、調音の際に二次的調音として唇のまるめを伴い、音声を変化させること。

えんしん-き【遠心機】ヱンシン ►遠心分離機

えんしんせい-しんけい【遠心性神経】ヱンシンセイ 中枢からの興奮を末梢へ伝導する神経。筋肉の運動を支配する運動神経、腺の分泌を支配する分泌神経などがある。➡求心性神経

えんしん-ちゅうぞうほう【遠心鋳造法】ヱンシンチウザウハフ 遠心力を利用して、中子(なかご)なしに中空の鋳物を製造する方法。鋳型を高速度で回転させながら溶融金属を注入し、遠心力で鋳型に密着させる。緻密で強度の大きなものができる。

えん-しんどうすう【円振動数】ヱン ►角振動数

エンジン-ブレーキ〖engine brake〗自動車の走行中、アクセルペダルを離すことによって起こる制動作用。エンジンの回転が落ち、摩擦や圧縮抵抗が生じて駆動輪を制動する。下り坂道・高速道路などでは通常ブレーキと併用。

えんしん-ぶんりき【遠心分離機・遠心分離器】ヱンシン 遠心力を利用して、密度の異なる2種の液体、または液体と固体などの混合物を分離する装置。遠心機。

えんしん-ぼいん【円唇母音】ヱンシン 唇のまるめを伴う母音。例えば、英語では[ɑ]を除くすべての後舌母音。

えんしん-ポンプ【遠心ポンプ】ヱンシン ►渦巻きポンプ

えんしん-りょく【遠心力】ヱンシン ❶円運動をしている物体が受ける慣性力の一。円の中心から遠ざかる向きに働く力をいう。⇔向心力。❷(政界で首相、党代表などの)中心人物の人望が薄れ、周囲の人々が離れていく傾向をいう。「首相の—は強まる一方だ」⇔求心力❷。

えん・す〔動サ特活〕《「あんす」の音変化》江戸時代の遊里語。…であります。「ながなが九郎兵衛殿を囲(かこ)まうて下はって過分に—・す」〈浄・浪花鑑〉(補説)「あります」が「ありんす」→「あんす」→「えんす」と変化したもの。一説に「ござります」の変化ともいう。

えん-ず【×燕巣】「燕窩(えんか)」に同じ。

えん-すい【円×錐】ヱン 円の平面の外にある一定点から円周上に伸ばした線分が円周上を1周してつくる曲面と、もとの円とによって囲まれる立体。直円錐と斜円錐がある。円錐体。

えん-すい【×淵酔】《古くは「えんずい」とも》平安時代以降、宮中の清涼殿殿上(てんじょう)の間(ま)に殿上人を召して催した酒宴。参会者は朗詠・今様などを歌い、歌舞を楽しんだ。正月三が日中の吉日、または新嘗祭(にいなめさい)などのあとに行われた。宴水。殿上の淵酔。

えん-すい【遠水】ヱン 遠くにある水。遠方の河川。
遠水は近火(きんか)を救わず 《「韓非子」説林から》遠くにある水は火事を消す役に立たない。遠くのものは急場の役に立たない。遠水は渇(かつ)を救わず。

えん-すい【鉛×錘】鉛で作ったおもり。

えん-すい【塩水】❶しおみず。食塩水。❷►鹹水(かんすい)❷

えん-ずい【延髄】脊椎動物の脳の最下部で脊髄に続く部分。脳の命令の伝達路にあたり、呼吸中枢・反射中枢などがある。髄脳。

えんすい-かくまく【円×錐角膜】ヱンスイ 角膜の中央部が円錐状に突出する進行性の病気。不正乱視を起こし、視力が低下する。コンタクトレンズで矯正できるが、重症になると角膜移植が必要になる場合がある。

えんすい-かじょ【円×錐花序】ヱンスイクワジョ 無限花序のうち、主軸の周りに総状花序が何度も分枝し、全体が円錐形になるもの。複総状花序の一。ナンテン・ノリウツギなどにみられる。

えんすい-きょくせん【円×錐曲線】ヱンスイ 直円錐の円錐面を、頂点を通らない平面で切ったときの切り

ロの平面曲線。切る傾きによって、円・楕円・双曲線・放物線ができる。二次方程式が円錐曲線に対応するところから、二次曲線ともいう。
えんすい-けい【円×錐形】エンスイ 円錐の形。円錐に似た形。
えんすい-こ【塩水湖】►塩湖
えんすい-さいぼう【円×錐細胞】エンスイサイバウ ►錐状体すいじょうたい
えんすい-ずほう【円×錐図法】エンスイヅハフ 地図投影法の一。ある緯線で地球に接する円錐をかぶせ、地球の中心に視点を置いて経線・緯線などを投影し、その円錐面を広げたもの。円錐投影法。
えんすい-せん【塩水選】稲・麦・豆などの種子の選別方法の一。塩水に入れて沈む、よく実って重い種子だけを選び、種まきに用いる。
えんすい-だい【円×錐台】エンスイ 円錐を底面に平行な平面で切り、小円錐の部分を除いた立体。
えんすい-ふりこ【円×錐振(り)子】エンスイ 一端を固定した糸の他端におもりをつるし、おもりを水平面内で等速に円運動をさせる振り子。糸が円錐面をつくる。
えんすい-まさつクラッチ【円×錐摩擦クラッチ】エンスイ 摩擦クラッチの一。凹凸一組の円錐形の胴を接触させ、その摩擦力を利用して動力伝達を調節する。コーンクラッチ。
えんすい-めん【円×錐面】エンスイ 円錐の側面をなす曲面。
えん-すう【遠×陬】ヱンスウ 都から遠く離れた地方。「一に赴く」「一の地」
エンスー《enthusiastから》熱狂者。熱中する人。ファン。
えん-ずう【円通】ヱンヅウ ►えんつう(円通)
エンスージアスティック〔enthusiastic〕〔形動〕熱狂的な。非常に熱心な。「マニアックで一な質問」
えんずう-だいし【円通大士】ヱンヅウ 《円満融通の菩薩ぼさつの意》観世音菩薩の異称。
えん-すけ【円助】ヱン 1円のこと。明治・大正期、花柳界での隠語。
えん-すずみ【縁涼み】〔名〕スル 夏の夕方、縁側に出て涼むこと。(季 夏)
エン-スト《和 engine＋stopの略》エンジンが突然止まること。「一を起こす」(補説)英語ではengine stall
えん・ずる【怨ずる】ヱンズル〔動サ変〕図ゑん・ず〔サ変〕うらみ言をいう。うらむ。「すげない恋人を一・ずる」
えん・ずる【演ずる】〔動サ変〕図えん・ず〔サ変〕❶人々の前で芝居・舞踏・演奏などをして見せる。また、芝居や映画などで、ある役を務める。「狂言を一・ずる」「敵役を一・ずる」❷ある役目を務める。「物分かりのいい父親を一・ずる」❸目立つようなことを行う。「醜態を一・ずる」(類語)(❶)出演・主演・共演・助演・独演・競演・好演・熱演/(❷)振る舞う
えん-せい【延性】物体が、その弾性の限界を超えても破壊されずに引きのばされる性質。金・銀・白金・銅などが延性に富む。⇨展性
えん-せい【怨声】ヱン うらみのこもった声。
えん-せい【遠征】ヱン〔名〕スル ❶遠方の敵を征伐しにいくこと。「十字軍の大一」❷試合・登山・探検などで遠方へ出かけていくこと。「日本チームのアメリカ一」「ヒマラヤへ一する」
えん-せい【遠逝】ヱン 遠方の地に行くこと。転じて、死ぬこと。長逝。遠行。
えん-せい【×厭世】世の中をいやなもの、人生を価値のないものと思うこと。「一自殺」
えんせい-か【×厭世家】厭世観をもっている人。ペシミスト。(対)楽天家。
えん-せいがい【袁世凱】ヱン［1859～1916］中国の政治家。河南省項城の人。天津で洋式の新建陸軍を編成。辛亥しんがい革命後、中華民国初代大総統に就任。在任1913～1915。帝制を実施しようとしたが、反袁運動のため失敗。ユアン＝シーカイ。
えんせい-かん【×厭世観】クワン ❶この世の中では幸福や満足を得られず、積極的な価値は認めがたいとする人生観。また、そのような人生観に基づく哲学上の立場。厭世主義。ペシミズム。(対)楽天観。❷物事の成り行きを悪い方向にばかり考えやすい傾向。悲観主義。
えんせい-しゅぎ【×厭世主義】「厭世観❶」に同じ。
えんせい-しょくぶつ【塩生植物】海浜植物のように、塩分の多い水に耐える植物。葉は多肉性で、水分を多く保つ。アッケシソウ・ハマサジなど。
えんせい-てき【×厭世的】〔形動〕人生に悲観し、生きているのがいやになっているさま。「一な気分」
えんせい-もん【延政門】平安京内裏内郭十二門の一。東面し、宣陽門の南にあった。
えん-せき【円石】ヱン まるい石。まるいし。
円石を千仞せんじんの山やまに転ず 《「孫子」兵勢から》勢いが盛んで抑えようがないことのたとえ。
えん-せき【宴席|×燕席】宴会の席。酒盛りの席。「一を設ける」「一に連なる」(類語)酒席・お座敷
えん-せき【×筵席】敷物。座席。転じて、宴席。
えん-せき【遠戚】ヱン 血縁の遠い親戚。
えん-せき【塩析】主に有機質の溶液に、可溶性の塩類を加えて、溶けていた物質を析出させること。石鹸せっけん溶液に食塩を加え、石鹸を析出させるなど。
えん-せき【縁石】歩道と車道、歩道と私有地などの境に置くコンクリート製のブロック。ふちいし。へりいし。
えん-せき【縁戚】身内の者。親戚。親類。
えん-せき【×燕石】《燕山から出る、玉ぎょくに似るが玉でない石の意》まがいもの。また、価値のないものを珍重し、誇ること。小才の者が慢心するたとえ。
えん-せきがいせん【遠赤外線】ヱンセキグワイセン 赤外線のうち、波長が長く、100～25マイクロメートル程度の光線。水や高分子物質・有機物に吸収されやすく、ヒーター・調理器・サウナなどのほか、除菌・脱臭にも利用。FIR(far infrared)。
えんせきざっし【燕石雑志】江戸後期の随筆。5巻6冊。曲亭馬琴著。文化8年(1811)刊。多岐にわたる古今の事物を、和漢の書物から引用しつつ考証したもの。
えんせきじっしゅ【燕石十種】江戸後期の叢書そうしょ。達磨屋活東子だるまやかっとうし(岩本佐七)編。達磨屋五一補。文久3年(1863)成立。江戸時代の風俗関係の稀書60冊を、1集に10冊ずつ収録。明治40年(1907)3巻本刊。
えん-ぜつ【演説|演舌】〔名〕スル ❶大勢の前で自分の意見や主張を述べること。「税制について一する」「選挙一」❷道理や意義を説き明かすこと。「宿老畏まって一々に是を一す」〈太平記・一一〉(類語)弁論・遊説
エンゼル〔angel〕《「エンジェル」とも》❶天使。また、天使のような人。❷起業家に資金を提供する個人投資家。
エンゼル-けいすう【エンゼル係数】家計支出に占める、子供のための教育費・衣類・預貯金などの出費の割合。家計支出が多い世帯ほど上がる傾向がある。エンゲル係数をもじった言葉。
エンゼル-ケーキ〔angel cake〕泡立てた卵白に小麦粉と砂糖などを混ぜてオーブンで焼いた菓子。
エンゼル-たき【エンゼル滝】《Angel Fall》►アンヘル滝
エンゼル-フィッシュ〔angelfish〕カワスズメ科の淡水魚。全長約15センチ。体は側扁し、銀白色の地に数本の黒色横帯があり、背びれ・しりびれが長く伸びる。アマゾン水系原産の熱帯魚。
エンゼル-フォール〔Angel Fall〕►アンヘル滝
エンゼル-プラン《和 angel＋plan》厚生省(現厚生労働省)が平成7年(1995)に策定した「子育て支援のための総合計画」の通称。少子化傾向を食い止めるため、共働き家庭の育児を援護するなどさまざまな施策が盛り込まれている。
えん-せん【沿線】鉄道の線路や幹線道路に沿った所・地域。「一の住民」(類語)沿道
えん-せん【塩泉】塩分が多い鉱泉。塩類泉。
えん-せん【×厭戦】戦争をするのをいやに思うこと。戦争を嫌うこと。「一思想」
えん-ぜん【▽宛然】ヱン〔ト・タル〕図〔形動タリ〕そっくりそのままであるさま。「一たる列仙伝中の人物だね」〈漱石・吾輩は猫である〉「県会は、一戦争の如き有様を呈した」〈嶺雲・明治叛臣伝〉
えん-ぜん【×婉然】ヱン〔ト・タル〕図〔形動タリ〕しとやかで美しいさま。「一と舞う」「一たる挙措」
(類語)妖艶・艶麗・豊麗・あでやか・妖美・綺麗
えん-ぜん【×嫣然|艶然】〔ト・タル〕図〔形動タリ〕にっこりほほえむさま。美人が笑うさまについていう。「四分の羞はじ六分の笑えみを含みて、一として灯光ほかげの中うちに立つ姿を」〈蘆花・不如帰〉
えんぜん-とごふ【×燕然都護府】中国、唐の太宗が647年、帰服した蒙古の鉄勒てつろく諸部を統治するために設けた役所。669年に安北都護府と改称。
えん-そ【×偃×鼠】もぐら。「氷苦く一が咽のどをうるほせり/芭蕉」〈虚栗〉
偃鼠河かわに飲むも満腹まんぷくに過ぎず 《「荘子」逍遥遊から》もぐらが川で水を飲んだとて、腹がいっぱいになればもう飲めない。人はそれぞれ定まった分に応じて安んずるのがよいというたとえ。
えん-そ【遠祖】ヱン 遠い祖先。とおつおや。
えん-そ【塩素】ハロゲン族元素の一。単体は常温で黄緑色の刺激臭のある気体。水によく溶け、空気より重い。酸化力が強く、反応性が高い。きわめて毒性が強く、空気中に微量存在しても人体に影響があり、高濃度では呼吸困難となる。工業的には食塩水の電解によって作られる。殺菌・漂白剤、塩酸や塩化ビニルの製造原料などに使用。元素記号Cl　原子番号17。原子量35.45。
えん-そ【塩×噌|塩▽酢】❶(塩噌)塩と味噌。❷(塩酢)塩と酢。❸日常の食べ物。また、日々の生活。「一に困るやうなことはねえ」〈伎・三人吉三〉
えん-そう【円相】ヱンサウ 禅宗で、悟りの形象として描くまるい形。心性の完全円満を表す。
えん-そう【円窓】ヱンサウ 円形の窓。まるまど。
えん-そう【×淵×藪|×淵×叢】《「淵」は魚の、「藪」は鳥獣の集まる所の意》物事の寄り集まる所。活動の中心地。「百工技芸の一にて」〈竜渓・経国美談〉
えん-そう【演奏】〔名〕スル 音楽を奏すること。「タンゴを一する」(類語)奏楽
えん-そう【×燕巣】サウ 「燕窩えんか」に同じ。
えん-ぞう【怨憎】ヱン うらむことと、にくむこと。うらみと、にくしみ。おんぞう。
えん-ぞう【塩蔵|×醃蔵】ザウ〔名〕スル 塩に漬けて長く保存すること。また、そのもの。塩漬け。
えんそう-かい【演奏会】クワイ 聴衆を集めて音楽を演奏する催し。コンサート。
えんそうかい-けいしき【演奏会形式】エンソウクワイ 声楽と管弦楽の演奏だけで、舞台装置や演技なしのオペラの公演。
えんそう-きごう【演奏記号】ガウ 演奏に際し、音符や休止符だけでは表現できないニュアンスを演奏者に指示するために、補助的に楽譜に記される記号や標語。速度・発想・強弱・奏法などを示す。
えんそう-こうどう【沿層坑道】カウダウ 石炭層に沿って掘り進めた坑道。
えんぞう-じ【円蔵寺】ヱンザウ 福島県河沼郡柳津町にある臨済宗妙心寺派の寺。山号は霊巌山。開創は大同2年(807)、開山は法相宗の徳一。のち禅宗となった。本尊の柳津虚空蔵菩薩は空海作といわれる。
えん-そうば【円相場】ヱンサウバ 外国為替市場における円と他通貨との交換比率。通常はドルとの交換比率をいう。
えん-そく【×堰塞】〔名〕スル 水の流れを土砂などでせき止めること。
えん-そく【遠足】ヱン〔名〕スル ❶学校で、運動や見学を目的として、教師の引率で行う日帰りの小旅行。(季 春) ❷遠い所まで出かけること。「家弟をつれて多摩川の方へ一したときに」〈独歩・武蔵野〉
(類語)ピクニック・ハイキング・遠出
えんそく-こ【×堰塞湖】►堰止せきとめ湖
えん-そくど【円速度】ヱン ►宇宙速度❶
えんそ-さん【塩素酸】塩素のオキソ酸の一。無色の強い一塩基酸。水溶液中でのみ存在。強い酸化

剤で、濃水溶液に有機物が触れると爆発する。化学式$HClO_3$
えんそさん-カリウム【塩素酸カリウム】塩素酸のカリウム塩。無色の板状結晶。強い酸化作用を示す。固体のままでも、有機物あるいは酸化されやすいものが混在すると、爆発する。マッチ・花火・漂白剤などに使用。化学式$KClO_3$　塩ポツ。
えんそさん-ナトリウム【塩素酸ナトリウム】塩素酸のナトリウム塩。無色の結晶。水に溶ける。強い酸化剤で、マッチ・花火・爆薬の材料、染色・皮なめし・除草剤に使用。化学式$NaClO_3$
えんそ-すい【塩素水】塩素の水溶液。黄緑色をし、酸化作用が強く、漂白剤・殺菌剤として使用。
えんそ-ばくめいき【塩素爆鳴気】塩素と水素との等量混合気体。光・加熱・放電などの影響によって連鎖反応を起こし、爆発的に化合する。
エンソレイト-マット《和 insolate＋mat》ウレタンやポリエチレンなどの合成樹脂を素材にした断熱・保温性の高いマット。軽さを生かして登山や海水浴などで利用される。
えん-そん【遠孫】ヱン 血縁の遠い子孫。
エンター〖enter〗❶入ること。加入すること。❷コンピューターなどで、入力すること。
エンターテイナー〖entertainer〗《「エンタテーナー」とも》人々を楽しませる方法を身につけている人。歌手やコメディアンのような芸能人。
エンターテインメント〖entertainment〗《「エンタテイメント」とも》❶娯楽。気晴らし。また、そのための催し。❷演芸。余興。
エンタープライズ〖enterprise〗企業。会社。
えん-たい【延滞】〔名〕スル ❶物事が順調に進まないで、とどこおること。遅滞。淹滞えんたい。「貨物輸送が—する」❷納入や支払いがとどこおること。「授業料が—している」(類語)遅れる・延びる・遅滞・延引・遅延・延着・遅刻・遅参・遷延・順延・溜める
えん-たい【ˣ掩体】敵弾から味方の射手を守るための土嚢どのうなどの設備。
えん-たい【ˣ淹滞】〔名〕スル ❶「延滞えんたい❶」に同じ。❷能力のある者がいつまでも昇進しないこと。
えんたい【煙台】中国山東省、山東半島北部の港湾都市。渤海ぼっかい湾に臨み、明代に倭寇わこう来襲を知らせるのろし台が建てられた。ぶどう酒を産する。旧称、芝罘チーフー。イエンタイ。
えん-たい【艶態】あでやかで、なまめかしい姿。嬌態きょうたい。
えん-だい【演台】講演や演説をする人の前に置く机。また、演説をする人がのぼる台。演壇。
えん-だい【演題】講演や演説などの題目。
(類語)題・題名・題目・題号・標題・表題・タイトル
えん-だい【縁台】茶店の店先、また住居の庭先や路地などに置く、木や竹などで作った細長い腰掛け。
(類語)涼み台・ベンチ
えん-だい【遠大】ヱン〔形動〕図〔ナリ〕計画の規模や志が、将来まで見通して大きいさま。「—な計画」
えんたい-きん【延滞金】地方税を納期限までに完納しない場合に、遅延利子の意味で課せられる徴収金。また、金銭債務の不履行の場合に、延滞期間に応じて支払わなければならない金銭。延滞料。
えんだい-しょうぎ【縁台将棋】ーシャウギ 夏の夕涼みなどに縁台でする将棋。転じて、あまり上手でない将棋。
えんたい-ぜい【延滞税】国税を法定納期限までに納めない場合に加算される税。
エンタイトル〖entitled〗《権利を与える意》野球で、走者に定められた数の進塁を認めること。
エンタイトル-ツーベース《entitled two-base hit の略》野球で、規則や申し合わせにより、打者・走者に二つ先の塁へ進む権利を与えること。ワンバウンドで外野のフェアスタンドに入ったときなど。
エンタイトルメント〖entitlement〗資格。権利。
えんたい-にち【ˣ厭対日】暦注の一。婚礼・外出・種まきなどを忌む日。11月は午うまの日、12月は巳みの日、正月は辰たつの日と、十二支を逆回りに各月に当てはめたもの。厭日と対向関係にある。厭対。
えんたい-ひぶ【延滞日歩】延滞利息の利率を日歩で定めたもの。
エンダイブ〖endive〗▶アンディーブ
えんたい-りそく【延滞利息】▶遅延ちえん利息
えんたいりゃく【園太暦】ヱンタイリャク 南北朝時代の日記。洞院公賢とういんきんかた著。正式書名は「中園太相国暦記」。重要な政治史料で、応長元年から正平14＝延文4年(1311〜59)までに、120余巻が書かれたが、応長元年の完本と興国5＝康永3年(1344)以降の抄本だけが残る。園太記。
えんたい-りょう【延滞料】ーレウ「延滞金」に同じ。
えん-だか【円高】ヱン 外国為替相場で、円貨が外国通貨に対して相対的に価値が高いこと。㊀円安。
えんだか-かんげん【円高還元】ヱンダカクワンゲン 円高差益を消費者に還元すること。円高が進行し、輸入品の価格が下落したことで企業が得た利益を、販売価格の引き下げなどによって消費者に還元する。
えんだか-さえき【円高差益】ヱンダカー 円高によって得られる利益。外国製品や原材料の輸入価格が安くなることから生じる。
えん-たく【円卓】ヱン まるいテーブル。
えん-タク【円タク】ヱン《「一円タクシー」の略》1円均一の料金で大都市を走ったタクシー。大正13年(1924)大阪で始まり、同15年に東京に現れた。料金が変わってからもタクシーの通称として残った。
えんたく-かいぎ【円卓会議】ヱンタククワイギ 身分による席順を定めないで、円卓を囲んで行う会議。
えんたくものがたり【円卓物語】ヱンタクものがたり 平等と友情を期して円卓を囲んだ、アーサー王と配下の騎士たちの、冒険と恋の物語。ケルト民族の伝説であったが、12世紀以降ヨーロッパ各地に広まり、各種の騎士道物語の素材となった。
エンタシス〖entasis〗古代ギリシャ建築の柱に施された、ゆるやかなふくらみ。視覚的な安定感を与える。日本の法隆寺にもみられる。
えん-だ・つ【艶立つ】〔動タ四〕優美な振る舞いをする。「花の中にまじり給へる御さま、殊更に—・ち色めきても」〈源・宿木〉
えん-だて【円建て】ヱン ❶外国為替相場で、外国貨幣と日本の円との交換比率を、外国貨幣の一定単位を基準にして定めること。邦貨建て。支払い建て。❷貿易で、輸出・輸入品の価格が日本の円で示され、支払われること。㊀外貨建て。
エンタテイメント〖entertainment〗▶エンターテインメント
エンタテーナー〖entertainer〗▶エンターテイナー
えんだて-がいさい【円建(て)外債】ヱンダテグワイサイ ▶円建て債
えんだて-さい【円建(て)債】ヱンダテー 外国の政府・企業などの非居住者が、日本の国内で、円建てで発行する外債のこと。国内法の規制を受ける。外貨建て外債よりも金利は安く設定されるが、為替リスクはない。円建て債券。円建て外債。円貨建て外債。サムライボンド。サムライ債。➡外貨債 ➡ショーグンボンド
エンタブラチュア〖entablature〗古代ギリシャ・ローマ建築で、柱で支えられる水平材の総称。3部分からなり、下から順に、アーキトレーブ・フリーズ・コーニスとよぶ。
エン-タメ「エンターテインメント」の略。
エンタルピー〖enthalpy〗《温まる意のギリシャ語から》熱力学的な物理量の一。物質または場の内部エネルギーと、それが定圧下で変化した場合に外部に与える仕事との和。定圧下でのエンタルピーの変化量は、その物質または場に出入りするエネルギー量に等しい。熱関数。熱含量。
えんたろう-ばしゃ【円太郎馬車】ヱンタラウー《落語家橘家たちばなや円太郎が、明治10年代、当時の乗り合い馬車の御者のまねをして評判になったところから》乗り合い馬車のこと。がた馬車。えんたろう。
えん-たん【鉛丹】赤色顔料の一。黄色がかった鮮やかな赤色。主成分は四酸化三鉛。古くから日本画の絵の具や陶磁器の釉うわぐすりとして使用。光明丹。
えん-だん【演壇】講演や演説をする人が上がる壇。
えん-だん【縁談】候補者を挙げてする結婚や婿養子縁組みの話。(類語)縁結び・縁組・良縁
エンタングルメント〖entanglement〗▶量子縺もつれ
えん-ち【園地｜ˣ苑地】ヱン ❶自然公園で、公園施設を設けた区域。❷公園・庭園などになっている土地。❸律令制で、口分田くぶんでんのほかに、桑や漆を植えるために、私有財産として与えられていた土地。
えん-ち【園池】ヱン 庭園と泉水。
えん-ち【遠地】ヱン 遠く離れた土地。
エンチーム〖ドイツ Enzym〗酵素こうそ。エンザイム。
えんち-てん【遠地点】ヱンチー 月や人工衛星の楕円軌道上で、地球から最も遠い点。アポジー。㊀近地点きんちてん。
えんち-ふみこ【円地文子】ヱンー［1905〜1986］小説家・劇作家。東京の生まれ。本名、富美ふみ。上田万年かずとしの二女。戯曲から小説に転じ、抑圧された女性の自我を官能的に描く。源氏物語の現代語訳にも尽力。文化勲章受章。著「ひもじい月日」「女坂」など。
えん-ちゃく【延着】〔名〕スル 予定の時刻や期日より遅れて着くこと。「大雪で列車が—する」㊀早着。
(類語)遅滞・遅延・遅刻・遅参・延滞・延引
えん-ちゅう【円柱】ヱン ❶まるい柱。❷円周の一点を通り円と同一平面上にない直線が、円周上を平行移動するときにできる曲面と、その円およびそれと平行な面によって囲まれる立体。直円柱と斜円柱とがある。円筒。円壔えんとう。円柱体。
えんちゅう-ざひょう【円柱座標】ヱンチウザヘウ 空間の点の位置を表す座標の一。Oを原点とする$x \cdot y \cdot z$の直交座標をとり、点Pからxy平面に下ろした垂線の足をQとするとき、OQの長さrと、OQがx軸となす角θと、Pのz座標により$P(r, \theta, z)$と表す。円筒座標。円壔座標。
えん-ちゅうどく【鉛中毒】▶なまりちゅうどく
えんちゅう-レンズ【円柱レンズ】ヱンチウー 円柱軸に平行の円柱面を屈折面とするレンズ。屈折面から入った光線は、円柱軸に平行した直線上に集まり、線状の焦点をつくる。乱視用の眼鏡や体温計のガラス管に用いる。シリンドリカルレンズ。
えん-ちょう【円頂】ヱンチャウ ❶まるい、いただき。❷髪をそった頭。坊主頭。円顱えんろ。
えん-ちょう【延長】ーチャウ〔名〕スル ❶長さや期間を延ばすこと。また、延びること。「会期を—する」㊀短縮。❷足し合わせた全体の長さ。「—二万キロに及ぶ航空路線」❸ひと続きのもの。つながるもの。「仕事を遊びの—とする人」❹数学で、線分を、それを含む直線上の両方向または一方向へ、より長く延ばすこと。❺哲学で、物体が空間を占める存在の様式。延長を物体の本性として物そのものに帰属させる立場(デカルト)と、純粋直観の形式として主観に帰属させる立場(カント)とがある。広がり。
(類語)延期・日延べ・順延・引き延ばし・猶予
えんちょう【延長】エンチャウ 平安前期、醍醐だいご天皇・朱雀すざく天皇の時の年号。洪水・疾疫のため改元。923年閏うるう4月11日〜931年4月26日。
えん-ちょう【園長】ヱンチャウ 幼稚園・動物園など園という名称がつく施設の長。
えんちょう-きごう【延長記号】エンチャウキガウ ▶フェルマータ
えんちょう-こくい【円頂黒衣】ヱンチャウー まるめた頭に墨染めの衣。僧の姿。
えんちょう-せん【延長戦】エンチャウー スポーツ競技の試合で規定の回数・時間になっても勝敗が決しないとき、さらに延長して行う試合。
えんちょう-せん【延長線】エンチャウー ❶線分の一端から、さらに引き延ばした半直線。「線分ABの—と円周との交点」❷基本方針をさらに先へ進めること。「趣味の—で小さな店をもつ」❸既設の交通路線を、さらに先へ延ばすこと。また、そのようにして延ばした路線。「隣県への—が開通する」
えんちょう-ほいく【延長保育】エンチャウー 保育所で、通常の保育時間(保育所によって異なる)を超えて子供を預かること。

えんちょう-ほしょう【延長保証】メーカーによる修理保証は通常1年だが、販売店がさらに2年、3年とその保証を延長すること。対価として購入価格の5パーセントの料金を取るなど有料の場合が多い。

えん-ちょく【鉛直】〘名・形動〙❶鉛直線の方向。水平面に対して垂直であること。また、そのさま。❷ある直線が、他の直線・平面に垂直であること。また、そのさま。〖類語〗垂直・直角

えんちょく-きょり【鉛直距離】二点を結ぶ線分を、鉛直線上に正射影したときの長さ。

えんちょく-せん【鉛直線】❶おもりをつけて垂らした糸が示す方向の直線。水平面と直角をなす直線。❷ある点から、ある直線に対して垂直に引いた線。垂直線。

えんちょくせん-へんさ【鉛直線偏差】地球上のある地点の実際の鉛直線と、その点を通る仮想の地球楕円体に立てた法線とのなす角。ジオイドの形や地下構造を知る手がかりとなる。

えんちょく-めん【鉛直面】水平面と直角をなす平面。垂直面。

エンチラーダ〘スペイン enchilada〙メキシコ系料理の一。トルティーヤで肉や野菜などの具を包み、トマトソースをかけ、オーブンで煮込んだもの。また、トルティーヤで加熱した具を包み、熱いソースをかけたりもする。

えんちん【円珍】[814〜891]平安前期の天台宗の僧。讃岐(さぬき)の人。延暦寺の第5世座主(ざす)。寺門派の祖。義真に師事。入唐して多数の経疏(きょうしょ)を請来(しょうらい)し、天台密教(台密)を盛んにした。智証大師。著「法華集論記」など。

エンツァイ【蕹菜】《中国語》▶ようさい(蕹菜)

えん-つう【円通】《「えんづう」とも》❶《「周円融通」の略》仏語。智慧によって悟られた絶対の真理は、あまねくゆきわたり、その作用は自在であること。また、真理を悟る智慧の実践。❷「円通大士」の略。

えんつう-じ【円通寺】青森県むつ市新町にある曹洞宗の寺。山号は吉祥山。開創は大永2年(1522)、開山は宏智聚覚(こうちじゅかく)。恐山として有名。大祭は7月20〜24日。➡恐山

えんつう-だいじ【円通大士】▶えんずうだいし(円通大士)

エンツェンスベルガー〘Hans Magnus Enzensberger〙[1929〜]ドイツの詩人・評論家。季刊誌「時刻表」を主宰し、現代社会の批判を中心に政治や文学を論じた。詩集「狼たちの弁護」、評論集「意識産業論」など。エンツェンベルガー。

エンツォおう-きゅうでん【エンツォ王宮殿】《Palazzo di Re Enzo》イタリア北東部、エミリアロマーニャ州の都市ボローニャにある建物。マッジョーレ広場に面する。13世紀半ば、司法庁を置くために建造。ボローニャは、フォッサルタの戦いで神聖ローマ皇帝フリードリヒ2世に勝利し、息子エンツォを捕虜として、死ぬまでの23年間この建物に幽閉した。

えん-づか【縁▽束┊縁▽柄】縁框(えんがまち)を支えるため、その下に立てる短い柱。

えん-づ・く【縁付く】㊀〘動カ五(四)〙嫁に行く。とつぐ。また、婿入りする。「次女は去年―・いた」㊁〘動カ下二〙「えんづける」の文語形。
〖類語〗娶る・めあわせる・連れ添う・妻帯

えん-づ・ける【縁付ける】〘動カ下一〙文えんづ・く〘カ下二〙嫁にやる。とつがせる。また、婿入りさせる。「娘をさる商家に―・けるとて」〈二葉亭・浮雲〉

えん-つづき【縁続き】❶親類関係にあること。親戚。縁者続き。「彼とは遠い―にあたる」❷部屋などが縁側でつながっていること。
〖類語〗縁者・縁故・縁類・姻戚・身寄り・遠縁

えん-で【×燕手】歌舞伎のかつらで、月代(さかやき)の毛がツバメの翼のように、髷(まげ)の両脇へ突出したもの。「伽羅先代萩(めいぼくせんだいはぎ)」の仁木弾正など、時代物の敵役が用いる。えんでん。えんでかずら。

エンデ〘Michael Ende〙[1929〜1995]ドイツの児童文学者。父エドガーはシュールレアリスムの画家。時間泥棒から人々を救う少女を描いた「モモ」が、世界的ベストセラーとなる。文明批判を織りこみながら空想の世界をたくみに描き、広く人気を得た。他に「はてしない物語」「鏡の中の鏡」など。

えん-てい【炎帝】❶中国で、夏をつかさどる神。太陽。〔季 夏〕❷《火の徳によって王となったところから》中国古代の伝説上の帝王、神農氏のこと。

えん-てい【×淵底】❶深い水の底。❷物事の奥深いところ。おくそこ。❸(副詞的に用いて)深く。詳しく。「―しりてしかけたる方便(てだて)おそろし」〈浮・昼夜用心記〉

えん-てい【×堰堤】川水を他に引いたり、流れを緩やかにしたり、また釣り場をつくったりするために築かれる堤防。ダムより小規模。〖類語〗ダム・堰

えん-てい【園丁】❶造園を職業とする人。庭師。❷公園の草木の手入れや清掃などをする人。
〖類語〗庭師・植木屋

えん-てい【園庭】にわ。庭園。

エンディアン〘endian〙多バイトのデータをメモリーに記録・転送する際の順番のこと。データの上位バイト(上位の桁)から順序づける方式をビッグエンディアン、下位バイト(下位の桁)からの方式をリトルエンディアンという。エンディアンネス。バイトオーダー。

エンディアンネス〘endianness〙▶エンディアン

エンティティ〘entity〙❶実在。存在。❷本体。❸データベースや情報システム設計における、データの対象物。顧客、商品、場所など、データの対象となる具体的な実体を指す。❹文字実体参照。HTMLやXMLなどのマークアップ言語において、ある文字や記号を、特定の文字列で指定または置き換えたもの。例として、「&」は「&」、「"」は「"」と置き換えられる。ほかに、セント、ポンド、円などの通貨記号、アクセント記号やウムラウト記号などがある。「―表現」

エンディミオン〘Endymiōn〙ギリシャ神話で、月の女神セレネに愛された羊飼いの美少年。不老不死の永遠の眠りを与えられた。エンデュミオン。

エンディング〘ending〙物事の終わり。テレビ番組や催し、楽曲などの終わりの部分。「―テーマ」
〖類語〗結末・終章・エピローグ・終わり・おしまい・終了・終結・終焉(しゅうえん)・終末・果てし・幕切れ・閉幕・幕・打ち止め・ちょん・完(かん)・了(りょう)・ジエンド・終(しま)い・最後・最終・結び・締め括(くく)り・結尾・末尾・掉尾(とうび)・掉尾(ちょうび)・終局・終幕・大詰め・土壇場(どたんば)・どん詰まり・末(すえ)・ラスト・フィニッシュ・フィナーレ

エンデカ〘NDK〙《Natsionalen dvorets na kulturata》▶国立文化宮殿

えん-てき【×簷滴】軒から落ちる雨垂れ。

えんてつろん【塩鉄論】中国、漢代の政論書。10巻60編。桓寛(かんかん)の選。前漢、武帝時代の塩・酒・鉄の専売制をめぐって、前81年に朝廷で行われた会議の討論を、宣帝のときにまとめたもの。当時の政治・経済・文化・学問を知る貴重な文献。

エンデュアランス-レース〘endurance race〙自動車・バイクなどの耐久レース。自動車でのルマン24時間など。

エンデューロ-レース《和 enduro＋race》▶エンデュアランスレース

エンテレケイア〘ギリシャ entelecheia〙アリストテレス哲学で、デュミナス(可能態)としての質料がその形相を実現して現実に存在し、そのものの機能を十分に発揮している状態。完全な現実態。

エンテロウイルス〘enterovirus〙ポリオウイルス・コクサッキーウイルス・エコーウイルスなどの総称。通常は感染しても無症状、または軽度の下痢程度で治癒するが、時に小児麻痺(まひ)・ヘルパンギーナや手足口病・小児下痢症などを起こすことがある。

エンテロキナーゼ〘enterokinase〙十二指腸の粘膜から分泌される酵素。膵液(すいえき)中のトリプシノーゲンを活性化してトリプシンにする。

エンテロストマール-セラピスト〘enterostomal therapist〙人工肛門(こうもん)や人工膀胱(ぼうこう)を取り付けた人の相談にのる専門家(セラピスト)。ET。

えん-てん【円転】〘名〙スル❶まるく回ること。転がること。❷とどこおったり、ぎくしゃくしたりしないで、滑らかに動くこと。「―自在の弁舌」

えん-てん【炎天】夏の焼けつくような空・天気。「―下」〔季 夏〕「―の空美しや高野山/虚子」
〖類語〗干天・暑天・晴天・炎暑・炎熱・あぶら照り

えん-てん【遠点】❶目の調節作用によらず、毛様体(もうようたい)の筋肉が弛緩(しかん)したままの状態で、はっきりと見ることのできる外界物点の位置。正視眼では、前方の無限大の遠方にある。➡近点❶　❷中心天体のまわりを楕円運動している天体が最も遠ざかる点。遠日点・遠地点など。➡近点❷

えん-てん【▽宛転】〘ト・タル〙文〘形動タリ〙《「えんでん」とも》❶言葉・声などがよどみなく、なめらかに発せられるさま。「―と何かしゃべり出した」〈芥川・湖南の扇〉❷緩やかな曲線を描くさま。特に、眉がゆるく弧を描いているさま。「八字の細眉―たり」〈浄・天智天皇〉

えん-でん【塩田】海水から塩をとるために砂浜などに設けた区画。日光で海水を濃縮し、鹹水(かんすい)を得る所。塩浜(しおはま)。

えんてん-かつだつ【円転滑脱】〘名・形動〙❶言動が角立たず自由自在なこと。動きが滑らかなこと。また、そのさま。「―な話術」「ろくろ首の踊りはますます―となり」〈谷崎・幇間〉❷物事にこだわらないこと。また、そのさま。「―な人柄」

えんでん-ほう【塩田法】塩田による製塩法。揚げ浜式・入り浜式・流下式が行われた。

えん-と【遠図】遠大なはかりごと。「其の功を聞けば、大略―あるに服し」〈竜渓・経国美談〉

エンド〘and〙▶アンド

エンド〘end〙❶終わり。最後。結末。「ウイーク―」「ハッピー―」❷端(はし)。「ウエスト―」

えん-とう【円筒】❶まるい筒。❷▶円柱❷

えん-とう【円頭】❶髪を剃り落とした頭。僧侶の頭。❷葉の先の形が丸みを帯び、裂けたりしていないもの。❸古代の太刀の一種で、柄頭は稜角がなく、側面から見ると丸いもの。

えん-とう【円×壔】▶円柱❷

えん-とう【煙筒】❶煙突。「製造場の―の上には、雲走る事早し」〈荷風・ふらんす物語〉❷キセル。

えん-とう【煙×濤】「煙波(えんぱ)」に同じ。

えん-とう【遠投】〘名〙スル ボールなどを遠くへ投げること。

えん-とう【遠島】❶陸地から遠く離れている島。❷江戸時代の刑罰の一。財産を没収したうえ、伊豆七島・隠岐(おき)・壱岐(いき)などの島へ送る刑。追放より重く、死罪より軽い。島流し。

えん-とう【鉛刀】鉛でつくった刀。切れ味の悪い刀。なまくらな刀。鈍刀。
鉛刀の一割(いっかつ)《鉛刀は一度しか切ることができないところから》❶《左思「詠史」から》一度しか使えないことのたとえ。❷《「後漢書」陳亀伝から》自分の力を謙遜(けんそん)していう言葉。

えん-とう【鉛糖】酢酸鉛(さくさんなまり)(Ⅱ)のこと。

えん-どう【円堂】寺院の建物で、八角形または六角形の構造の堂。

えん-どう【沿道】道路に沿った所。沿路。
〖類語〗沿線・道筋・街道筋

えん-どう【煙道】ボイラー・ストーブなどからの排ガスが煙突に達するまでの筒状の部分。

えん-どう【×筵道】天皇や貴人が徒歩で進む道筋や、神事に祭神が遷御するときの道に敷く筵(むしろ)。筵の上に白い絹を敷く場合もある。えどう。

えん-どう【▽羨道】▶せんどう(羨道)

えん-どう【×豌豆】マメ科の一・二年草。カフカスからイラン付近の原産といわれ、石器時代からすでに栽培。茎は、蔓性(つるせい)のものは約2メートル、矮性(わいせい)のものは高さ約25センチ。葉は羽状複葉で、先端は巻きひげとなる。品種は用途別にさまざまあり、花の色、さや・種子の大小・色などで分ける。種子を煮豆・あん・蜜豆に、また若いさやを食用にする。グリンピース。シュガーピース。のらまめ。文豆(ぶんどう)。〔季 夏 花＝春〕「―の実のゆふぐれに主婦かがむ/誓子」

えんとう-ゲージ【円筒ゲージ】円筒の外径や

穴の内径の標準寸法を検査するゲージ。旋盤加工で用いる。

えんとう-けんさくばん【円筒研削盤】 円筒形の工作物を回転させて外面を研削加工する機械。シリンダー研削盤。円筒研摩盤。

えんとう-し【鉛糖紙】 酢酸鉛(Ⅱ)を濾紙にしみ込ませて乾かしたもの。硫化物に触れると黒変するので、硫黄化合物の検出に使用。

えんどう-しゅうさく【遠藤周作】［1923～1996］小説家。東京の生まれ。「第三の新人」の一人。「白い人」で芥川賞受賞。日本人の罪の観念やキリスト教を主題とした「海と毒薬」「沈黙」などの作品があるほか、軽妙なエッセー「狐狸庵」シリーズでも知られる。他に「侍」「深い河」など。芸術院会員。平成7年(1995)文化勲章受章。

えんとう-ずほう【円筒図法】 地図投影法の一。地球に接する円筒面に、経線・緯線などを地球の中心に視点を置いて投影し、それを平面に広げたもの。経線は等間隔の平行線に、緯線はそれと直交する直線になり、高緯度ほど間隔が広くなる。メルカトル図法などがある。

えんとう-どき【円筒土器】 縄文時代前期から中期の円筒形をした土器。東北地方北部から北海道南西部にかけて出土する。

えんとう-はにわ【円筒×埴輪】 土管に似た円筒形で、外側に数本の突起した帯をめぐらせた埴輪。高さ60～100センチ。墳丘上に垣根のように同心円状にめぐらせた。

えんとう-ぶんすい【円筒分水】 農業用水を分配するための設備。円筒の下部より噴き上げられた水が、各土地の面積の比率に合わせて仕切られた外周部から流れ落ちる仕組み。流量にかかわらず一定の比率で水の分配ができる。

えんどう-まめ【×豌豆豆】 エンドウの種子。

えんどう-みのる【遠藤実】［1932～2008］作曲家。東京の生まれ。演歌師をしながら独学で作曲を学ぶ。創作活動のほか、レコード会社の創業など音楽文化の振興と普及活動に取り組んだ。日本音楽著作権協会会長。没後、国民栄誉賞受賞。代表作「高校三年生」「せんせい」「北国の春」など。

えんどう-もりとお【遠藤盛遠】 真言宗の僧文覚の俗名。

えん-どお・い【縁遠い】〔形〕区えんどほ・し〔ク〕❶きわめて関係が薄い。「庶民に―・い店」❷よい結婚相手になかなかめぐり会えない。「―・い人」

エンドースメント〖endorsement〗裏書き。特に、同一航空券で他の航空会社に変更する場合、元の航空会社によってなされる裏書き。

エンド-カーラー〖end curler〗髪をカールさせるために使う円筒形のセット器具。カーラー。

えんとく【延徳】室町後期、後土御門天皇の時の年号。1489年8月21日～1492年7月19日。

えん-どく【怨毒】 ひどくうらみ憎むこと。「―を買う」〈東海散士・佳人之奇遇〉

えん-どく【煙毒】工場の煙突から吐き出される煙や、銅を精錬するときに出る煙に含まれる有毒物。

えん-どく【鉛毒】❶鉛の毒。❷「鉛中毒」に同じ。

えんとく-ばん【延徳版】延徳4年(1492)薩摩で出版された「大学章句」の再刊本。日本最初の漢籍新注として有名。文明13年(1481)刊行の原刻本は現存しない。

えんと-して【▽宛として】〔副〕非常によく似ているさま。まるで。さながら。あたかも。「一孤舟に座するの思いがある」〈蘆花・自然と人生〉

エンドセリン〖endothelin〗血管内皮細胞から形成・放出される強力な血管収縮因子。昭和63年(1988)、真崎知生らにより発見された。21個のアミノ酸からなるペプチドである。

エンド-ゾーン〖end zone〗❶アメリカンフットボールで、エンドラインとゴールラインとの間の区域。ここにボールを持ち込めばタッチダウンになり6点を得る。❷アイスホッケーで、3分されたリンクの両側の区域。自軍のゴールのある側をディフェンディングゾーン、相手側をアタッキングゾーンという。➡ニュートラルゾーン

えん-とつ【煙突｜×烟突】❶燃料を燃焼させるための通風の役をし、その際に発生する煤煙を空中に排出するための筒状の設備。けむ出し。煙筒。❷料金を着服するなどの目的で、タクシーの運転手が空車の標示のまま客を乗せて走ること。

エンド-ツー-エンド〖end-to-end〗電話サービスで、発信から着信までの両端をさす。

エンドトキシン〖endotoxin〗▶内毒素

エンド-マーク〖end mark〗❶映画が終わったことを示す文字。終、完、THE END、FINなど。❷転じて、一般的に終わりの印。「迷走経済に―を打つ」

エントモノチス〖ラテ Entomonotis〗▶モノチス

エンド-ユーザー〖end user〗流通経路の末端の消費者。一般使用者。また特に、コンピューターの端末の利用者。

エンドユーザー-コンピューティング〖end-user computing〗情報の利用者が、自ら情報を取り扱えるようになっているコンピューターシステム。特に、企業内でコンピューターを利用して現場で実務を行う者(エンドユーザー)が、自らシステムの構築や管理・運用にかかわること。システム構築を外部に任せっきりにしないで、役立つものを作ろうという目的から生まれた。

エンド-ライン〖end line〗球技などで、長方形の競技場やコートの短い側の区画線。

エンド-ラン〖end run〗アメリカンフットボールの攻撃プレー。ラインの最も外側を回るランニングプレー。スイープ。

エンド-ラン「ヒット-エンド-ラン」の略。

エントランス〖entrance〗入り口。玄関。「―ホール」⇔エクジット。(類語)玄関・門口・戸口・勝手口・表口・門戸・車寄せ・ポーチ

エントランス-ホール〖entrance hall〗玄関ホール。玄関口にある広間。

エントラント〖entrant〗入る人。参加者。新入会員。

エントリー〖entry〗❶〔名〕スル 競技会・コンテストなどへの参加の申し込み。また、その参加登録。参加者名簿。「全日本選手権に百余名が―した」❷ブログに投稿された個々の記事のこと。ブログエントリー。(類語)申し込み・応募

エントリー-サービス《和 entry＋service》ゴルフ場などの入場予約を代行するサービス。

エントリー-シート《和 entry＋sheet》企業が就職希望者に提出させる人物調書。学歴・職歴・取得資格など通常の履歴項目のほかに、自己PR、志望動機など独自の質問について記入させる。ES。(補説)平成3年(1991)ソニーが初めて採用したといわれる。オープンな方法として急速に広まった。

エントリー-モデル〖entry model〗入門者向けのパーソナルコンピューターのこと。

エンドリン〖endrin〗農業用殺虫剤。白色の結晶。

エンドルフィン〖endorphin〗脳・脳下垂体などに含まれ、脳内のモルヒネ受容体と結合して鎮静作用を表す一群のペプチド。

エンドレス〖endless〗〔形動〕終わりのないさま。無限。「―な戦い」

エンドレス-テープ〖endless tape〗連続して反復再生ができる録音テープ。

エンド-ロール〖end roll〗映画の終わりに表示される、製作者・監督・小道具係などの名前を列挙した一覧。エンディングロール。➡スタッフロール

エントロピー〖entropy〗《変化の意のギリシャ語tropēから》❶熱力学において物質の状態を表す量の一。等温可逆的な変化で、ある物質系が熱量を吸収したとき、エントロピーの増加は吸収熱量を温度で割った値に等しい。熱的に外部から孤立した系では、内部変化はつねにエントロピーが増す方向に起こる。1865年クラウジウスが導入。系の秩序に関連する度合いで、エントロピーが高くなることは乱雑さが増すことを示す。❷情報理論で、ある情報が得られる確率をもとに、情報がどれだけ欠如しているかの状態を示す量。情報の不確定さの度合い。

えん-どん【円頓】《「円満頓足」の略》天台宗の教義で、一切を欠くことなくたちどころに備えることができる意。実相をたちまち悟って成仏すること。

えんどん-かい【円頓戒】 天台宗で、円頓の妙旨に基づいて授けられる大乗戒。梵網経に説く菩薩戒。円戒。

えんどん-かいだん【円頓戒壇】 天台宗に入門した者に円頓戒を授ける式場。最澄没後、比叡山に開かれた。これに対し、園城寺の開いた戒壇を三摩耶戒壇とよぶ。

えんどん-きょう【円頓教】 天台宗の教え。円頓の妙旨を説く教え。

えんどん-しゅう【円頓宗】 天台宗の異称。円宗。

エンナ〖Enna〗イタリア南部、シチリア島、シチリア自治州の都市。同島中央部、標高1000メートル近い丘の上に位置する。古代ギリシャの植民都市ヘンナに起源する。13世紀に神聖ローマ皇帝フリードリヒ2世(シチリア王フェデリコ1世)が建造したロンバルディア城、14世紀にシチリア王フェデリコ2世の妃エレオノーラが建てた大聖堂(16世紀に再建)などがある。復活祭と聖週間にスペイン支配時代から続く盛大な宗教行事が行われることで知られる。

えん-なげし【縁▽長▽押】「切り目長押」に同じ。

えんに【円爾】［1202～1280］鎌倉中期の臨済宗の僧。駿河の人。京都・鎌倉で参禅し、入宋。帰国後、九州・京都で説法。東福寺の開山となる。勅諡号、聖一国師を賜り、これが日本の国師号の最初。著「三教要略」。円爾弁円。

エンニウス〖Quintus Ennius〗［前239～前169］古代ローマの詩人。ラテン文学の父といわれた。叙事詩「年代記」など。

えん-にち【×厭日】暦注の一。婚礼・旅立ちなどを忌む日。正月は戌の日、2月は酉の日、3月は申の日と、十二支を逆行させて各月に当てはめたもの。厭対日と対向関係にある。厭。

えん-にち【縁日】ある神仏に特定の由緒ある日。この日に参詣すれば特に御利益があると信じられている。毎月の、5日は水天宮、18日は観世音、28日は不動尊など。有縁の日。結縁の日。
(類語)祝日・祝祭日・旗日・佳節・物日・祭日

えん-にゅう【円融】「えんゆう」の連声。

えん-にょう【延×繞】 漢字の繞の一。「延」「建」などの「廴」の称。いんにょう。

えんにん【円仁】［794～864］平安初期の天台宗の僧。下野の人。最澄に師事。入唐し、多くの経書を請来した。比叡山に総持院・常行三昧堂を建立、第3世天台座主に任ぜられ、興隆の基礎を確立。著「入唐求法巡礼行記」など。慈覚大師。

えん-にん【延引】「えんいん」の連声。

えん-にん【延任】国司などの地方官の任期4年が終わったのち、特に1、2年そのまま在任させること。➡重任

エンネア〖ギリシャ ennea〗数の9。

えん-ねつ【炎熱】❶燃え盛る火の熱さ。❷夏の厳しい暑さ。炎暑。(季 夏)(類語)熱・温熱・火熱・焦熱・熱気・熱れ・熱気・猛暑・暑気・酷暑・極暑・激暑・厳暑・炎暑・暑熱・暑さ・酷熱・温気

えんねつ-じごく【炎熱地獄】▶焦熱地獄

えん-ねん【延年】❶寿命を延ばすこと。長生きすること。❷「延年舞」の略。

えんねん-そう【延年草】 エンレイソウの別名。

えんねん-まい【延年舞】 寺院で、法会のあと僧侶・稚児たちが行った遊宴の歌舞。平安中期に起こり、鎌倉・室町時代に盛行。曲目は多彩。現在は数か所でその面影を伝えるものが行われる。延年の舞。

えん-のう【延納】〔名〕スル 料金などを、期日に遅れて納めること。「会費を―する」(類語)滞める・延滞

えん-のう【×捐納】▶捐官

えん-のう【演能】能を演じること。

えん-の-うばそく【役の優婆塞】▶役の行者

[円盤投げ] 円盤投げの世界記録・日本記録　(2012年8月現在)

		記録	更新日	選手名(国籍)
世界記録	男子	74.08メートル	1986年6月6日	ユルゲン＝シュルト(東ドイツ)
	女子	76.80メートル	1988年7月9日	ガブリエレ＝ラインシュ(東ドイツ)
日本記録	男子	60.22メートル	1979年4月22日	川崎清貴
	女子	58.62メートル	2007年5月13日	室伏由佳

えん-の-おづの【役の小角】ヅヌ《「えんのおづぬ」とも》►役の行者

えん-の-ぎょうじゃ【役の行者】ギヤウジヤ ㊀奈良時代の山岳修行者。修験道の祖。大和国葛城山で修行し、吉野の金峰山きんぷ・大峰山などに霊場を開いた。仏教に通じ、祈祷きと・呪術などをよくしたが、文武天皇の時、讒言ざんげんにより一時伊豆に流された。生没年未詳。役の優婆塞うばそく。役の小角えんのおづぬ・おづの。神変大菩薩じんぺんだいぼさつ。㊁坪内逍遥つぼうちしょうようの戯曲。3幕。大正5年(1916)発表。役の行者がさまざまな危機に打ち勝ち、悟りを開く物語。同15年3月に築地小劇場で初演。

えん-の-ざ【宴の座】朝廷の節会せちえ・大饗だいきょうなどのときの、改まった正式の酒宴。管弦・歌舞を伴うくつろいだ穏座おんざに対し、ここでは杯をやりとりするにとどめた。宴座。

えん-の-した【縁の下】縁側の下。また、床下ゆかした。
縁の下の鍬くわ使い　窮屈で十分動きがとれないことのたとえ。
縁の下の筍たけのこ　立身出世のできない人のたとえ。
縁の下の力持ち　他人のために陰で苦労、努力をすること、また、そのような人のたとえ。

えん-の-しょうかく【役の小角】セウカク ►役の行者

えん-の-つな【縁の綱】❶寺の開帳のとき、本尊を安置してある内陣から本堂前の供養塔まで張る白木綿の綱。これに手を触れれば、本尊に触れたと同じ功徳くどくがあるという。❷葬式のとき、棺の前や後ろにつける白布の綱。善の綱。

えん-ば【×焉馬】《「焉」と「馬」とは字形が似ていて誤りやすいところから》まちがいやすい文字。また、文字の誤り。烏焉馬うえんば。魯魚ろぎょ焉馬。

えん-ば【遠馬】ヱン 馬に乗って遠方まで走ること。遠乗り。

えん-ぱ【円派】ヱン 平安中期から鎌倉時代にかけての仏師の一派。定朝じょうちょうの弟子長勢を祖とし、三条仏所を形成して活躍。長勢の弟子円勢以下長円・賢円・明円と円の字を名にもつ仏師が多いため、後世このように名づけられた。

えん-ぱ【煙波|×烟波】もやの立ちこめた水面。また、水面が煙るように波立っているようす。煙濤えんとう。煙浪えんろう。

エンバーゴー〖embargo〗国際法上、自国の港にある外国の船舶を抑留すること。船舶抑留。エンバーゴ。

エンバーミング〖embalming〗遺体に防腐処理を施す技術。長期保存や感染症の防止のほか、葬儀に際して、傷を修復したり生前の面影を復元したりする目的でも行われる。

えん-ばい【袁枚】ヱン［1716～1797］中国、清代の文人。字あざなは子才。号は簡斎・随園老人。詩は格式にとらわれず、自己の性情を自由に表現すべきものと性霊せいれい説を主張。食通としても知られ、「随園食単」は有名。著「小倉山房集」「随園詩話」など。

えん-ばい【煙×煤】すす。油煙。

えん-ばい【塩梅】❶調味料の塩と梅酢うめず。❷料理の味を調えること。味加減。あんばい。「連日竹葉(＝酒)宴酔を勧め、一鼎味ていみを調ととのふ」〈吾妻鏡・三〉❸臣下が主君を助けて政治や仕事を程よく処理すること。「地に降下あまくだっては一の臣となって群生を利し給ふ」〈太平記・一二〉

エンパイア〖empire〗帝国。帝政。

エンパイア-ウエスト〖empire waist〗洋服のウエストラインの一種。19世紀初頭のナポレオン帝政時代に流行したもので、きわめて高い位置で絞り、そこからフレアさせるもの。

エンパイア-クロス〖empire cloth〗綿布・絹布などに油性ワニスをしみ込ませて加熱乾燥した電気絶縁布。ワニスクロス。

エンパイア-ステート-ビルディング〖Empire State Building〗ニューヨークの5番街にある超高層建築物。地上102階、381メートル。1931年完成。

エンバイロメント-マッピング〖environment mapping〗►環境マッピング

えん-ばく【×燕麦】イネ科の一・二年草。高さ50～90センチ。葉は線形。花序の小穂には2個の小花をつける。牧草とするほか、実をオートミールなどの原料とする。まからすむぎ。オートむぎ。《季 夏》

えん-ぱく【延泊】〘名〙スル 旅館やホテルなどに、本来の予定を延ばしてさらに何泊かすること。「当地が気に入って一する」

えん-ぱく【鉛白】古くからある白色顔料。塩基性炭酸鉛が主成分。かつて、おしろいにも用いられたが、有毒。白鉛。唐土。

エンバシー〖embassy〗大使館。また、使節団。

えん-ばしら【縁柱】縁側の外側にある柱。縁先に立って縁桁えんげたを支える柱。

えん-ぱつ【延発】〘名〙スル 予定した出発の時刻や期日が延びること。また、延ばすこと。「機体点検のため三〇分一する」

えん-ばな【縁×端】縁側のはし。縁先。「しばらく一に立って、庭を眺めていたが」〈漱石・それから〉

エンパワーメント〖empowerment〗❶権限を与えること。❷社会福祉政策において、従来のサービスを提供するやり方とは別に、受益者に直接手渡す補助金を増やして、それを選択する権利を与え、政府の介入や裁量を減らそうという考え。

えん-ばん【円板】ヱン まるい平面の板。

えん-ばん【円盤】ヱン ❶円形で平たい形のもの。「空飛ぶ一」❷円盤投げに用いる、中心と縁に金属をはめ込んだ木製のまるい盤。重さは男子用2キロ、女子用1キロ。❸レコード盤。

えん-ばん【鉛板】鉛を薄く平らにのばしたもの。なまり板。

えん-ばん【鉛版】組版の版面から写し取った紙型しけいに、鉛・すず・アンチモンの合金を流し込んで作った印刷版。ステロタイプ。紙型鉛版。

えん-ぱん【遠帆】ヱン 遠くに見える船の帆。また、その帆船。

えんばん-クラッチ【円板クラッチ】ヱンバン 摩擦クラッチの一。円板を接触させ、その摩擦力を利用して動力伝達を調節する。ディスククラッチ。

エンハンサー〖enhancer〗遺伝子の発現を強めるように働くDNAの短い塩基配列。

エンハンスト-おんがくシーディー【エンハンスト音楽CD】《enhanced music CD》►エンハンストCD

エンハンスト-シーディー【エンハンストCD】《enhanced CD》音楽用CDに映像や画像、文書などのパソコン用のマルチメディアデータを混在して記録するためのフォーマットの総称。「アクティブオーディオ」や「CDエクストラ」といったフォーマットがある。エンハンスト音楽CD。エンハンスドCD。

エンハンスメント〖enhancement〗高めること。強化すること。

えんばん-なげ【円盤投げ】ヱンバン 陸上競技の投擲とうてき種目の一。直径2.5メートルのサークルの中から円盤を投げ、その達した距離を競う。➔表

えん-び【×婉美】ヱン〘名・形動〙しとやかで美しいこと。また、そのさま。婉麗。「一な舞姿」

えん-び【×鳶尾】イチハツの漢名。〈色葉字類抄〉

えん-び【×燕尾】❶ツバメの尾。❷冠の纓えいの一。先が円形の裾開きの纓。加冠の際に用いる。❸鏃やじりの一で、末端が二つに分かれたもの。❹掛け軸の表装で、上部の中央に並べて垂らしてある二条の細長い布。

えん-び【艶美】〘名・形動〙あでやかで美しいこと。つややかでなまめかしいこと。また、そのさま。艶麗。婉艶えんえん。「一な風情の女性」(類語)綺麗・麗しい・美しい・秀麗・端麗・美麗・流麗・壮麗・見目好い・見目麗しい・佳麗・艶麗・あでやか・妖艶・豊麗・妖美

えん-ビ【塩ビ】「塩化ビニル」の略。

えん-ぴ【円×匙】ヱン《「えんし」の誤読から》土を掘る道具の一。小型のシャベル。旧軍隊で使用。

えん-ぴ【猿×臂|×猨×臂】ヱン 猿の腕。転じて、そのように長い腕。
猿臂を伸ばす　物をつかもうと腕を長く伸ばす。「一し、弟の襟上をつかみながら」〈芥川・偸盗〉

えん-びき【縁引き】❶血縁や親類の関係にあること。縁故。ゆかり。❷縁故を理由にひいきすること。「兵部様の御一がよろしいゆゑ」〈伎・早苗鳥伊達聞書〉

えんぴ-せん【鉛被線】多くの絶縁線を束ねて鉛管に通した電線。

えんび-せんのう【×燕尾仙翁】センヲウ ナデシコ科の多年草。本州中北部の原野にまれに自生。高さ約50センチ。深紅色の5弁花をつける。花びらの先は細かく裂け、中央の2裂片が長く、ツバメの尾を思わせる。

えん-ぴつ【鉛筆】筆記用具の一。木の軸に、黒鉛の粉末と粘土を混ぜ高熱で焼き固めた芯しんを入れたもの。1565年に英国で考案。江戸初期にオランダから幕府に献上され、商品として輸入されたのは明治10年(1877)前後。

えんぴつ-が【鉛筆画】グワ 鉛筆だけで描いた画。スケッチや画稿として描かれる。

えんぴつ-の-き【鉛筆の木】ヒノキ科の常緑高木。材質は柔らかで、繊維もまっすぐ通り、鉛筆の軸木に使用。北アメリカの原産。鉛筆柏槙えんぴつびゃくしん。

えんぴつ-びゃくしん【鉛筆×柏×槙】エンピツノキの別名。

えんび-ふく【×燕尾服】男子の正式礼服。色は黒で、上着の後ろの裾が長く、先がツバメの尾のように長く割れており、ズボンの側線を黒絹で縁どる。ネクタイは白の蝶ちょう結びとする。

えん-ぶ【円舞】ヱン ❶多くの踊り手が円陣を作って踊るダンス。❷男女の一組がまるく回りながら踊る社交ダンス。ワルツやポルカなど。

えん-ぶ【振鉾|厭舞】《厭えんぶの舞の意》雅楽の曲名。舞楽の始めに邪気を払い悪魔を抑え鎮めるため、左右各一人の舞人が鉾ほこを持って舞う曲。えぶ。

えん-ぶ【×偃武】武器を伏せて使わないこと。戦争がやみ、世の中が治まること。「元和一」

えん-ぶ【演武】武芸を人前で演じること。また、武芸をけいこすること。

えん-ぶ【演舞】〘名〙スル 舞を舞って公衆に見せること。また、舞を練習すること。「一場」

えんぶ【×閻浮】❶「閻浮提えんぶだい」の略。❷「閻浮樹えんぶじゅ」の略。

えん-ぶ【怨府】ヱン 人々のうらみの集まる所。

えん-ぶ【×厭符】まじないのお札ふだ。護符。「身禊みそぎして一をもいただき給へ」〈読・雨月・吉備津の釜〉

エンファシス〖emphasis〗強調すること。

エンフォースメント〖enforcement〗法律を執行すること。法執行。

えんぶ-きょく【円舞曲】ヱンブ ►ワルツ

えん-ぷく【艶福】男性が、多くの女性に愛され慕われること。「一の相」

えんぷく-か【艶福家】多くの女性に愛され慕われる男性。女にもてる男。

えんぶ-じゅ【×閻浮樹】閻浮提の雪山せっせんの北、香酔山こうすいせん南麓の無熱池むねっちのほとりに大森林をなすという大木。

えんぶ-しゅう【×閻浮×洲】ヅウ ►閻浮提えんぶだい

エンプソン〖William Empson〗［1906～1984］英国の批評家・詩人。ケンブリッジ大学在学中に書いた評論「曖昧の七つの型」で、ニュークリティシズムへの道を開いた。詩風は難解。日本の大学で教鞭をとったこともある。詩集「吹き募る嵐」、評論集「複合

語の構造」など。

えんぶ-だい【×閻浮▽提】《梵 Jambu-dvīpa の音写》仏教の世界観で、人間世界のこと。この世。現世。世界の中心である須弥山しゅみせんの四方にある大陸のうち、南方にあり、閻浮樹が生えているとされ、もとはインドをさした。閻浮洲えんぶしゅう。南閻浮提。南贍部洲なんせんぶしゅう。

えんぶだ-ごん【×閻浮×檀金・×閻浮▽提金】《梵 Jambūnada-suvarṇa》閻浮樹の森を流れる川の底からとれるという砂金。赤黄色の良質の金という。えんぶだんごん。

エンプティー〖empty〗〘形動〙からの。からっぽの。

エンプティーネスト-シンドローム〖empty-nest syndrome〗▶空からの巣症候群

えんぶ-の-ちり【×閻浮の×塵】この世のけがれた事物。

えんぶ-の-み【×閻浮の身】人間世界に生まれた身。凡夫ぼんぷ。

エン-プラ「エンジニアリング-プラスチック」の略。

えんぶり【×朳】❶「えぶり(朳)」に同じ。❷民俗芸能の一。青森県八戸はちのへ市およびその付近で、小正月、現在は2月17日に家々を回って、その年の豊作を祈念する舞。(季 新年)

エンブリオ〖embryo〗萌芽。胚。胎児。

エンブリオロジー〖embryology〗発生学。エンブリオ(胎児)の形成と発達を扱う学問。

エンブリオロジスト〖embryologist〗ヒト配偶子を取り扱う特殊技能を身につけた医療技術者。医療機関で顕微授精や人工授精などの操作を行う。日本臨床エンブリオロジスト学会の認定資格。➡胚培養士

エンプレス〖empress〗女帝。皇后。

エンブレム〖emblem〗標章。記章。紋章。特に、ブレザーの胸ポケットに縫いつける校章などのワッペン類や、自動車のボンネットにつけるメーカーのマークなどをいう。

エンブロイダリー〖embroidery〗縫い取り刺繡ししゅう。「―レース」

えんぶん【延文】南北朝時代、北朝の後光厳天皇の時の年号。1356年3月28日～1361年3月29日。

えん-ぶん【×衍文】文章の中に誤ってさしはさまれた不要の文句。

えん-ぶん【遠聞】ヱン うわさや評判などが遠くまで聞こえること。「此事兼ねても内々知らせたくは有りつれ共、事―に達せば」〈太平記・一七〉

えん-ぶん【鉛分】物の中に含まれている鉛の量。

えん-ぶん【塩分】❶物の中に含まれている食塩の量。しおけ。❷海水中に溶けている塩類の量。ふつう海水1キログラム中のグラム数(パーミル)で表す。平均海水で約35パーミル。陸水中で塩類の量は、1キログラム中のミリグラム数(ppm)で表す。

えん-ぶん【艶文】恋文。艶書。つやぶみ。
(類語)ラブレター・恋文・艶書・付け文

えん-ぶん【艶聞】男女間のつやっぽいうわさ。色めいたうわさ。「―が立つ」(類語)浮き名・あだ名

えん-ぷん【円墳】ヱン 平面図が円形の古墳。斜面は湾曲せず、頂上は平らで、截頭円錐形をなす。円塚まるづか。

えん-ぷん【鉛粉】古くおしろいに用いた、鉛を原料とする白色顔料。現在は塗料や絵の具に用いる。

えん-ぺい【×掩蔽】〘名〙スル ❶おおい隠すこと。「旧悪を―する」❷地球と恒星または惑星との間に月が入り、恒星・惑星を隠す現象。月の位置の精密測定に利用される。星食せいしょく。

えん-ぺい【援兵】ヱン 応援の軍勢。援軍。

えんぺい-ち【×掩蔽地】見通しを妨げる岩石・樹木などがあって、相手から自分の方が隠されるような所。

エンベッド-オーエス【エンベッドOS】《embedded OS》▶組み込みOS

エンベッド-システム〖embedded system〗▶組み込みOS

エンベデッド-オーエス【エンベデッドOS】《embedded OS》▶組み込みOS

エンベデッド-システム〖embedded system〗▶組み込みOS

エンペドクレス〖Empedoklēs〗[前493ころ～前433ころ]古代ギリシャの哲学者・詩人・政治家・医師。シチリア島の生まれ。万物は地・水・火・風の4元素からなり、愛と憎が動力因として働き、結合分離・生成消滅があると説いた。著「自然について」「浄め」。

えんぺら イカの胴の、脚と反対側にある三角形のひれ。みみ。

エンペラー〖emperor〗皇帝。帝王。

エンペラー-ペンギン〖emperor penguin〗ペンギン科の鳥。ペンギン類では最大で、立ち上がると高さ1メートル以上ある。頭・背・尾が黒ないし灰青色、腹が白く、くびの一部が黄色。南極大陸に分布。冬、雄が卵を足の上にのせて2か月間温め続ける。皇帝ペンギン。

エンベロープ〖envelope〗❶封筒。❷包むもの。覆い。

えんぺん【延辺】中国吉林省東部の自治州。州都は延吉。林業・製材業が盛ん。イエンピエン。延辺朝鮮族自治州。

えん-ぺん【縁辺】❶物のまわり。物の周縁部。また、一国の周辺。❷縁故のある人・家。特に血縁・婚姻による親族関係。「―の事なれば妻娘さいじょうをも呼びて」〈露伴・風流魔〉❸結婚すること。また、縁づかせること。「娘の―の事に就きましても…御心配を願いましたそうで」〈漱石・吾輩は猫である〉

えん-へんこう【円偏光】ヱンヘンクワウ ▶回転偏光

えんへんこう-フィルター【円偏光フィルター】ヱンヘンクワウ《circular polarizing light filter》偏光フィルターの一。水面やガラス、木々の葉などの表面反射を除去し、鮮やかな色調でコントラストを強くする効果があり、風景写真や展示物撮影などに使用される。C-PLフィルター。

えん-ぽ【園×圃】ヱン 果樹・野菜を植えて育てる所。

えん-ぼう【延×袤】《「延」は横で東西の、「袤」は縦で南北の長さの意》土地の広さ、大きさ。「荒原の―四里に下らざれども」〈織田訳・花柳春話〉

えん-ぼう【怨望】ヱンバウ〘名〙スル うらみに思うこと。「其交際に害あるものは―より大なるはなし」〈福沢・学問のすゝめ〉

えん-ぼう【遠望】ヱンバウ〘名〙スル 遠くを望み見ること。遠見とおみ。「―がきく」「見晴らし台から―する」

えん-ぼう【遠謀】ヱン 遠い将来まで見通したはかりごと。「―深慮」(類語)陰謀・策略・計略・作戦・謀略・はかりごと・企み・画策・策動・術策・権謀・謀計・奸策・詭計・深謀・深慮・悪だくみ・わな・機略

えんぽう【延宝】江戸前期、霊元天皇の時の年号。1673年9月21日～1681年9月29日。

えん-ぽう【遠方】ヱンパウ 遠くの方。遠い所。「―からの客」「―へ旅立つ」(類語)遠く・遠隔・僻遠

えん-ぽう【塩法】エンパフ 中国で、国家が専売とする塩の製造・販売を統制し、密売を取り締まった法律。漢代に始まり、宋代に確立された。➡塩課

エンボス〖emboss〗《浮き上がらせる、型押しする、の意》模様や図柄を彫ってあるロールを、紙・布・皮などに押しつけながら転がして、浮き出し模様をつけること。「―加工」

エンボス-かこう【エンボス加工】▶エンボス

エンボス-レザー〖embossed leather〗トカゲ・ワニなどの革に似せて模様を型押しした革。

えん-ポツ【塩ポツ】塩素酸カリウムの俗称。(補説)「塩剥」とも書く。「剥」はカリウムの別名ポタシウムの当て字「剥荅叟母」から。

えん-ぽん【円本】ヱン 定価が1冊1円均一の廉価な全集。大正15年(1926)改造社の「現代日本文学全集」に始まり、昭和初期の出版界に同様の全集が流行したところから、この名が生まれた。

えん-ぽん【艶本】男女の性交渉を絵や文章で表現した本。春本。

えんま【絵馬】ゑんま ▶えま(絵馬)

えんま【閻魔】《梵 Yama-rājaの音写「閻魔羅社えんまらじゃ」の略》㊀「閻魔王」に同じ。㊁❶閻魔堂。また、閻魔詣もうで。(季 夏)「蒟蒻こんにゃくに切火たばしる―かな/茅舎」❷《㊀がうそつきの舌を抜き取るという俗説から》釘抜くぎぬき。❸《恐ろしく思うところから》借金取り。❹《「借かる時の地蔵顔、済なす時の閻魔顔」から》借金のある人。「鬼が来て―を責る大晦日おおみそか」〈柳多留・一六七〉

えんま-おう【閻魔王】ワウ インド神話で、正法・光明の神。のち死の神と考えられ、仏教では、冥界めいかいの王、地獄の王として、人間の死後に善悪を裁く者とされる。閻魔。閻魔大王。閻魔羅えんまら。閻羅えんら。閻王。

えんま-がお【×閻魔顔】がほ 閻魔王のような恐ろしい顔つき。えんまづら。

えん-まく【煙幕】戦線で、敵の視界を遮ってその攻撃を困難にしたり、味方の所在・行動などを隠したりするための人工的な煙。

煙幕を張・る 相手に真意を悟らせないために、ごまかしたり、あいまいな言い方をしたりする。「―・って追及をはぐらかす」

えんま-こおろぎ【×閻魔蟋＝蟀】こほろぎ コオロギの一種。日本産では最大のコオロギで、体長約2.5センチ。体は褐色または黒褐色で、晩夏、雄はコロコロコロリと鳴く。顔面の感じが閻魔王を連想させるのでいう。

えんま-そつ【×閻魔卒】閻魔王に使われて、罪人を責めるという鬼。獄卒。阿防羅刹あぼうらせつ。

えんま-だいおう【閻魔大王】―ダイワウ 閻魔王の敬称。

えんま-ちょう【×閻魔帳】―チャウ ❶閻魔王が死者の生前の行為や罪悪を書きつけておくという帳簿。❷教師が受け持ちの生徒の成績や出欠などを記入しておく手帳の俗称。

えんま-ちょう【×閻魔鳥】―テウ 地獄めぐりのからくりの中で、罪人を追いつめる、作り物の鳥。寛文(1661～1673)のころ評判になった。「一年は―とて作り物珍しく」〈浮・永代蔵・四〉

えんま-てん【閻魔天】八方天・十二天の一としての閻魔王の称。南方の守護神。図像は冥界十王の場合と異なり、水牛に乗り左手に人頭の幢とうを持つ姿に表し、密教で除病・延寿祈祷きとうなどの本尊とする。

えんまてん-くほう【×閻魔天供法】―クホフ 密教で、除病・延寿・安産などを祈るために閻魔王を本尊として行う修法。

えんまてん-まんだら【×閻魔天×曼×荼羅】密教で、閻魔天供法を行うときに用いる曼荼羅。人頭の幢とうを持ち、白い水牛に乗る温顔の閻魔王を中尊として描いたもの。

えんま-どう【×閻魔堂】―ダウ 閻魔王を祭ってある堂。京都引接寺いんじょうじ(千本閻魔堂)が著名。

えんまどう-だいねんぶつ【×閻魔堂大念仏】エンマダウ― 京都大報恩寺(千本釈迦堂)で行われる、千本せんぼん念仏のこと。

えんま-の-ちょう【×閻魔の庁】―チャウ 閻魔王がいる庁舎。ここで死者の生前の罪を裁くという。

えんま-むし【×閻魔虫】甲虫目エンマムシ科の昆虫の総称。体長1センチくらい。体は扁平な卵形、黒色で光沢があり、脚は太く短い。触角の中央が赤褐色。堆肥たいひや動物の死体に集まり、蛆うじを食べる。

えんま-もうで【×閻魔詣で】―まうで 陰暦1月16日(初閻魔)と7月16日(大斎日)に閻魔堂に参詣さんけいすること。この日は地獄の釜かまのふたが開き、罪人が責め苦を免れると伝えられる。閻魔参り。(季 夏)

えんま-ら【閻魔羅】「閻魔王」に同じ。

えん-まん【円満】ヱン〘名・形動〙❶物事のようすや人柄などが、調和がとれていて穏やかなこと。また、そのさま。「―な夫婦」「話が―に収まる」❷まるく満ちていること。特に、顔などが豊かで福々しいこと。また、そのさま。「―な相好そうごう」❸完全に満ち足りていること。すべて備わっていること。また、そのさま。「元来家に子を養うて―なりとは」〈福沢・福翁百話〉❹功徳などが十分に満ち足りること。願いなどが十分に満たされること。「一度参詣の輩ともがらは、所願成就―すと承る」〈平家・七〉(類語)物柔らか・おとなしやか・おとなしい・穏やか・穏和・温柔・柔和

えんまんい-ざ【円満井座】ヱンマンヰ― 大和猿楽四座の

一。四座中最も古い歴史をもち、興福寺・春日(かすが)神社に奉仕した。のちの金春(こんぱる)座。竹田の座。円満寺座。えまいざ。

えんまん-いん【円満院】滋賀県大津市にある天台系単立宗教法人の寺。もと園城寺の本坊で三井三門跡の一。寛和3年(987)京都岡崎に悟円法親王が創建、平等院と称した。江戸初期に現在地へ移転。

えんまん-ぐそく【円満具足】〔名〕スル すべて欠けるところなく備わっていること。完全無欠。「―した人格」

えんまん-たいしゃ【円満退社】〔名〕スル 上司や同僚の理解を得、職務の始末を済ませて互いに気持ちよく退職すること。円満退職。

えん-み【塩味】❶料理で、塩のきかせ加減。塩加減。❷いろいろな事情を考慮して物事を処理すること。手加減。斟酌(しんしゃく)。

えん-み【×魘魅┊×厭魅】まじないで、のろい殺すこと。「玉体不予して―を献じ呪咀す」〈愚管抄・二〉

えん-みょう【円明】理知円満の境地に達して明らかに悟ること。

えん-む【煙霧】❶煙と霧。また、もやや霞(かすみ)。❷乾いた微小粒子が大気中に浮遊して見通しが悪くなる現象。スモッグ。(季冬)

えんむ-き【煙霧機】農薬を、噴霧器よりもさらに細かい煙霧状にして散布する機械。

えん-むすび【縁結び】❶男女の縁を結ぶこと。縁組み。❷思う人の名と年齢を小さな紙に書いて折り、社寺の格子や木の枝などに結んで、夫婦になれるように祈願すること。❸遊女の間に行われた一種の遊戯。多くの男女の名を、それぞれ小さな紙片に書いてひねり、でたらめに結びあわせて占うこと。宿世(すくせ)結び。(類語)縁談・縁組・良縁

えんむすび-の-かみ【縁結びの神】❶男女の縁を結ぶ神。特に、出雲(いずも)の神。❷仲人のこと。

えん-めい【延命】寿命を延ばすこと。えんみょう。「内閣が―を図る」「―息災(そくさい)」

えん-めい【艶名】色恋についてのうわさ。

えんめい-えん【円明園】中国、北京の北西郊にあった清朝の離宮。1709年、雍正帝(ようせいてい)が康熙帝(こうきてい)より譲り受けたものを、乾隆帝(けんりゅうてい)が増改修した。バロック風建物と優美な庭園があったが、1860年のアロー戦争の際に英・仏軍が破壊。

えんめい-かじゃ【延命▽冠者】能面の一で、目を細めて笑っている若男の面。また、それを用いる、「翁」の特殊演出「父尉(ちちのじょう)延命冠者」の登場人物。

えんめい-かんのん【延命観音】三十三観音の一。呪詛(じゅそ)・毒薬の害を除き寿命を延ばすという。

えんめい-ぎく【延命菊】ヒナギクの別名。

えんめい-じぞう【延命地蔵】延命・利生(りしょう)を誓願する地蔵尊。新しく生まれた子を守り、その寿命を延ばすという。後世は、短命・若死にを免れるため信仰された。

えんめい-しゅ【延命酒】薬酒の一種。飲むと長生きができるという。

えんめい-そう【延命草】❶ヒキオコシの別名。❷エンレイソウの別名。

えんめい-ちりょう【延命治療】快復の見込みがなく死期の迫った患者に、人工呼吸器や心肺蘇生装置を着けたり、点滴で栄養補給をしたりなどして生命を維持するだけの治療。

えんめい-ぶくろ【延命袋】❶福の神の持つ宝の袋。腹をふくらませ口をくくってあるもの。❷油揚げの袋に、鶏のひき肉やシイタケなどの入った煎(い)り豆腐を詰め、油で揚げてから煮込んだもの。

えんめい-ほう【延命法】密教で、普賢延命菩薩(ふげんえんめいぼさつ)を本尊とし、寿命を延ばし福徳を得ることを祈願する修法。

えんめい-ぼさつ【延命菩薩】「普賢(ふげん)延命菩薩」の略。

えん-めつ【煙滅】〔名〕スル《「湮滅(いんめつ)」の誤りから》跡形もなく消えてなくなること。

えん-もく【演目】上演される演劇などの題名。または、それを記したもの。

えん-もく【×鳶目】鳶(とび)の目。転じて、よく見える目。他人の欠点などのよく見える目。

えんもく-とじ【×鳶目×兎耳】よく見える目と、よく聞こえる耳。それを備えたジャーナリストなどをいう語。飛耳長目(ひじちょうもく)。

えん-もん【▽羨門】▶せんもん(羨門)

えん-もん【×轅門】❶《昔、中国で、車の轅(ながえ)を向かい合わせたところを出入り口としたところから》陣営の門。軍門。❷役所の外門。

えん-や【塩冶】海水を煮て塩をつくることと、鉱山を掘って冶金(やきん)をすること。

えん-や【艶冶】〔名・形動〕なまめいて美しいこと。また、そのさま。「観世音や弥勒菩薩の―な尊容に」〈谷崎・二人の稚児〉

えん-やく【延約】江戸時代の国学の用語。延言(えんげん)と約言(やくげん)。

えんや-こりゃ〔感〕力を入れて重い物を動かすときの掛け声。特に、地固めのときなどに発する。

えん-やす【円安】外国為替相場で、円貨が外国通貨に対して相対的に価値が低いこと。⇔円高。

えんや-はんがん【塩谷判官】浄瑠璃「仮名手本忠臣蔵」の登場人物。浅野長矩(ながのり)に擬せられる。吉良義央(きらよしなか)をモデルとする高師直(こうのもろなお)を、殿中で刃傷(にんじょう)した罪で切腹。

えん-やら〔感〕重い物を押したり引いたりするときの掛け声。えんやらや。

えんやらやっ-と〔副〕ようやくのことで。やっとのことで。「―持ち上げる」

えん-ゆ【縁由】▶えんゆう(縁由)

えん-ゆう【円融】《連声(れんじょう)で「えんにゅう」とも》仏語。それぞれの事物が、その立場を保ちながら一体であり、互いにとけ合っていて障りのないこと。

えん-ゆう【宴遊】酒宴を開いて楽しむこと。

えん-ゆう【園×囿┊×苑×囿】《「囿」は鳥獣を放し飼いにする所の意》草木を植え、鳥や獣を飼う所。

えん-ゆう【遠遊】〔名〕スル ❶故郷を離れて遊学すること。「―して泰西に学び」〈雪嶺・偽悪醜日本人〉❷遠くへ出かけること。「妹達を背中に縛りつけられ、―をしたこともあったが」〈秋声・縮図〉

えん-ゆう【遠×猷】遠い将来まで考えたはかりごと。遠謀。「深謀―の才智に乏しく」〈東海散士・佳人之奇遇〉

えん-ゆう【縁由】❶ゆかりや関係があること。縁故。えんゆ。❷物事の由来。理由。❸法律で、人が意思表示や法律行為などをなすに至る動機。
(類語)縁・えにし・ゆかり・つながり・かかりあい・かかわり・関係・誼(よし)み・縁故・つて・絆

えんゆう-かい【園遊会】庭園に模擬店や余興場などを設け、多くの客を招いてもてなす会。

えんゆう-さんたい【円融三▽諦】天台宗で、空・仮(け)・中の三諦は独立した真理でなく、それぞれ他の二諦を含んで三者が相互にとけ合っていること。

えんゆう-てんのう【円融天皇】[959～991]第64代天皇。名は守平(もりひら)。村上天皇の第5皇子。在位969～984。

えんゆう-むげ【円融無×碍】仏語。すべての事物が完全にとけ合って、障りのないこと。

えん-よう【炎陽】照りつける夏の太陽。また、夏のこと。

えん-よう【×婉容】女性のしとやかな姿。おとなしい態度。

えん-よう【援用】〔名〕スル ❶自分の主張の助けとするため、他の意見・文献などを引用したり、事例を示したりすること。「海外の論文を―する」❷法律で、ある事実を自己の利益のために主張すること。時効の援用、証拠の援用、抗弁の援用など。
(類語)運用・使用・利用・活用・所用・盗用・悪用・転用・流用・通用・愛用・引用・応用・逆用・供用・誤用・充用・試用・常用・善用・適用・乱用

えん-よう【遠洋】陸地から遠く離れた大海。

えん-よう【艶容】女性のあでやかでなまめかしい姿。

えん-よう【艶陽】はなやかな晩春のころ。「―桃李の候」

えんよう-ぎょぎょう【遠洋漁業】根拠地を離れた外洋、または遠隔海域で行われる漁業。赤道水域やインド洋・大西洋でのマグロ漁業、アフリカ沖のトロール漁業など。

えんよう-くいき【遠洋区域】船舶安全法施行規則に定められている航行区域の一。平水区域・沿海区域・近海区域を除くすべての水域。

えんよう-こうかい【遠洋航海】遠く陸地を離れた大海を航海すること。

えんよく-ろ【塩浴炉】鋼鉄の脱炭素と酸化を防ぎながら焼き入れなどの熱処理をする炉。ナトリウム塩類を溶解して、その中へ材料を浸して加熱する。

えん-ら【閻羅】「閻魔王」に同じ。

エンラージメント〖enlargement〗写真の引き伸ばし。DPEのEにあたる。

えん-らい【遠来】遠方から来ること。「―の客」

えん-らい【遠雷】遠くのほうで鳴る雷。(季夏)「―や睡ればいまだいとけなく/汀女」
(類語)雷・雷(いかずち)・鳴る神・雷(らい)・雷鳴・雷電・天雷・急雷・疾雷(しつらい)・迅雷(じんらい)・霹靂(へきれき)・雷公・春雷・界雷・熱雷・落雷・稲妻(いなずま)・稲光(いなびかり)・電光・紫電(しでん)

えんら-おう【閻羅王】「閻魔王」に同じ。

えん-らく【宴楽┊×燕楽】酒宴を開いて遊興すること。また、その酒宴・宴会。

えんら-にん【×閻羅人】「閻魔卒(えんまそつ)」に同じ。

えん-らん【煙▽嵐┊×烟▽嵐】山中にかかったもや。山靄(さんあい)。嵐気(らんき)。

えん-らん【遠×巒】遠くに見える山々。遠山。

えん-り【円理】和算の算法の一。円周、円の面積、球の体積などを計算できる。江戸中期、関孝和(せきたかかず)の弟子建部賢弘(たけべかたひろ)に始まり、安島直円(あじまなおのぶ)らによって完成した。

えん-り【遠離】〔名〕スル 距離・思想・性格などが遠くかけ離れていること。「理想とは―した世界」

えん-り【×厭離】仏語。けがれた現世を嫌い離れること。おんり。

えんり-えど【×厭離×穢土】仏語。煩悩(ぼんのう)にけがれた現世を嫌い離れること。おんりえど。➡欣求浄土(ごんぐじょうど)

エンリケ〖Henrique〗ポルトガル王子ヘンリーのこと。エンリケ航海王子。

エンリッチ〖enrich〗❶豊かにすること。富ませること。❷ビタミン・カルシウムなどを添加して食品の栄養価を強化すること。また、その強化食品。「―パン」

えん-りっぽん【閻立本】[?～673]中国、唐代初期の画家。陝西(せんせい)省万年の人。人物画にすぐれた。唐太宗に仕え、「秦王府十八学士図」などを描いた。「歴代帝王図巻」が現存する。

えんりゃく【延暦】奈良後期・平安初期の、桓武天皇の時の年号。782年8月19日～806年5月18日。

えん-りゃく【遠略】遠大で奥深い策略。「年尚お若しと雖ども、英武にして―あり」〈竜渓・経国美談〉

えんりゃく-じ【延暦寺】滋賀県大津市坂本本町にある天台宗の総本山。山号は比叡山(ひえいざん)。延暦7年(788)に最澄が創建した一乗止観院に始まり、弘仁14年(823)、大乗戒壇の勅許とともに延暦寺の寺号を賜った。元亀2年(1571)、織田信長の焼き打ちにあい全焼したが、豊臣・徳川両氏によって復興された。園城寺を寺門・寺というのに対して、山門・山といい、奈良の興福寺を南都というのに対し、北嶺(ほくれい)ともいう。平成6年(1994)「古都京都の文化財」の一つとして世界遺産(文化遺産)に登録された。叡山。

えんりゃく-そうろく【延暦僧録】奈良時代の伝記書。唐からの帰化僧思託(したく)の著。延暦7年(788)成立。日本最初の僧の伝記といわれるが、現存せず、宗性(そうしょう)の「日本高僧伝要文抄」などに一部が引用されている。

えん-りゅう【×淹留】〔名〕スル 長く同じ場所にとどまること。滞留。滞在。「余若(も)し永く―せば」〈織田訳・

花柳春話〉

えん-りょ【遠慮】エンー〔名〕スル《❸が原義》❶人に対して、言葉や行動を慎み控えること。「—なくいただきます」「先輩への—がある」「室内ではタバコは—してください」❷辞退すること。また、ある場所から引き下がること。「せっかくですが出席を—します」「君は—してくれ」❸遠い将来のことを思慮に入れて、考えをめぐらすこと。遠謀。「深謀—」❹江戸時代、武士や僧に科した刑罰の一。軽い謹慎刑で、自宅での籠居ろうきょを命じたもの。夜間のひそかな外出は黙認された。
類語(❶)気兼ね・心置き・憚はばかり・控え目・斟酌しんしゃく・忌憚きたん (—する)憚る・控える・差し控える・慎む

遠慮会釈えしゃくもな・い　相手の意向を考えないで強引に事を進めるようす。「—・く批判する」

遠慮無ければ近憂きんゆうあり　《「論語」衛霊公から》遠い将来のことを考えずにいると、必ず目前に心配事が起こる。

えん-りょう【円領】エンリヤウ ►盤領ばんりよう

えんりょ-がち【遠慮勝ち】エンリヨー〔形動〕文〔ナリ〕言葉や態度が控えめであるさま。他人に気兼ねをして、思いどおりにしないことの多いさま。「—な態度」

えんりょ-ぶか・い【遠慮深い】エンリヨー〔形〕他人に対する態度や言動が非常に控えめである。たいへんつつましい。「—・い物言い」
類語慎ましい・恭しい・消極的・慎ましやか・丁寧・丁重・慇懃・しとやか

エンリル〘Enlil〙シュメールのパンテオンの最高神。風と嵐の神。バビロン王朝以後にマルドゥク神が優位になるまで、信仰の中心地ニップールをはじめ、広くメソポタミア各地で信仰された。

えん-りん【円×鱗】エンー サケ・マス・コイなど硬骨魚類の、円形の滑らかで硬いうろこ。

えん-りん【園林】エンー 庭園の中の林。また、庭園と林。

えん-る【遠流】エンー ►おんる(遠流)

えん-るい【遠類】エンー 血筋の遠い親類。

えん-るい【塩類】►塩えん

えん-るい【縁類】結婚や縁組みによって縁続きになった人。縁者。姻戚いんせき。

えんるい-せん【塩類泉】塩素イオンをもつ塩類、主として食塩を多量に含む温泉。

えんるい-せん【塩類腺】海ガメや海鳥などに発達している分泌腺ぶんぴつせんで、海水から過剰に摂取した塩分を排出するもの。塩腺。

えん-れい【延齢】寿命を延ばすこと。延年。延命。

えん-れい【×婉麗】エンー〔名・形動〕しとやかで美しいこと。また、そのさま。「—な微笑」

えん-れい【艶麗】〔名・形動〕❶容姿があでやかで美しいこと。また、そのさま。「—な女優」❷文章・音楽・絵画などの表現がはなやかで美しいこと。また、そのさま。「文章の—は評判の男なりしが」〈一葉・暁月夜〉類語綺麗・妖艶・豊麗・婉然・妖美・あでやか・麗しい・美しい・秀麗・端麗・美麗・流麗・壮麗・見目好い・見目麗しい・端整・佳麗・艶美

えんれい-かく【延齢客】ヒナギクの別名。

えんれい-そう【延齢草】ーサウ ユリ科の多年草。山野の木陰に生え、高さ約20センチ。茎が1〜3本出て、その先に、広卵円形の葉を3枚輪生する。初夏、紫色の花を1個開く。萼がくは3枚あり、花びら状。たちあおい。延年草。延命草。

えんれい-たん【延齢丹】江戸時代の健康常備薬。曲直瀬道三まなせどうさんの養子玄朔げんさくの創製。

えん-ろ【円×顱】エンー 髪をそった頭。坊主頭。円頂。

えん-ろ【沿路】道に沿った所。沿道。みちぞい。

えん-ろ【遠路】エンー 遠い道のり。「—をいとわず駆けつける」「—はるばるおいでいただく」類語長途

えん-ろう【煙浪｜×烟浪】ーラウ「煙波えんぱ」に同じ。

エンロールメント〘enrolment〙入会すること。また、会員にすること。特に、自己啓発セミナー受講を家族や友人に勧める勧誘行動。

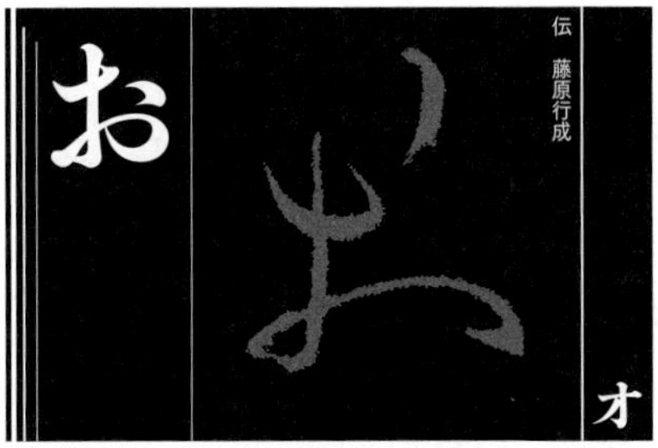

お　❶五十音図ア行の第5音。五母音の一。後舌の半閉母音。[o] ❷平仮名「お」は「於」の草体、片仮名「オ」は「於」の偏から変化したもの。

お【オ】「表」の意の符丁。和本など袋綴ふくろとじにした本の表ページにあたる紙面を示す。「十五丁オ」のように片仮名で書く。⇔ウ。

お【尾】を ❶動物のしりから細長く突き出た部分。魚の尾びれ、鳥の尾羽をいうこともある。しっぽ。「犬が—を垂れる」❷ある物の後方から、細長く伸びたり垂れたりしたもの。「凧たこの—」「彗星の—」❸山裾の、なだらかに延びた部分。「山の—」❹物事の終わりの部分。「永く—を引っ張る呼び声が聞こえた」〈啄木・葬列〉類語(❶)しっぽ・尾っぽ/(❸)裾野

尾に尾を付・ける　物事を大げさにいう。尾ひれをつける。尾に尾を添える。「天神の不可思議霊怪談は伝え又伝えて枝に枝を生じ—・け」〈福沢・福翁百話〉

尾に付・く　他人の言動につき従うようにふるまう。また、他人のことばからきっかけをつかんで述べる。「伯爵夫人のわが軍服褒めたまう言葉の—・きて、『…ブラウンシュワイヒの士官に似たり』と一人いえば」〈鴎外・文づかひ〉「儂わたしは知りませんとすねる—・いて何の知らぬ事があるものぞ」〈緑雨・売花翁〉

尾を泥中に曳ひく　《楚王に仕官を求められた荘子が「亀は、殺されて占いの用に立てられて大切にされるよりは、泥の中に尾をひきずってでも生きているほうを望むだろう」と言って断わったという「荘子」秋水の故事から》仕官して自由を束縛されるよりも、貧しくとも郷里で気楽に暮らすほうが良いということのたとえ。尾を塗中とちゅうに曳く。曳尾えいび。

尾を引・く　物事がすんだあとまでも、名残が続く。のちのちまで影響する。「一年前の事件が、今でも—・いている」

尾を振・る　《犬が飼い主にこびて尾を振る意から》目上の者のご機嫌をとる。へつらう。

尾を見・せる　《化けた狐きつねが尾を出して正体を現す意から》今まで隠していた実態が現れる。やりくりに破綻はたんをきたす。尾を出す。「今までは化けたる—・せて、ここも道ふさがり」〈浮・諸艶大鑑・五〉

お【▽男｜▽夫】を《「雄お」と同語源。「女め」に対する語》❶おとこ。男子。「吾が大国主汝なこそは—にいませば」〈記・上・歌謡〉❷おっと。「吾あはもよ女めにしあれば、汝なを置きて—はなし」〈記・上・歌謡〉❸(「雄」「牡」とも書く)他の語の上または下に付いて複合語をつくる。㋐男性、または動植物のおすを表す。「—牛」「—花」「益荒ますら—」㋑一対の物のうち、大きいもの、または男性的と思われるほうのものを表す。「—岳」「—竹」㋒おおしい、勇ましい意を表す。「—たけび」「—心」

お【▽峰｜▽丘】を ❶山の高い所。みね。尾根。「—の上に降り置ける雪し風のむたここに散るらし春にはあれども」〈万・一八三八〉❷おか。「我が逃げのぼりし在ありの—の榛はりの木の枝」〈記・下・歌謡〉

お【▽魚】を「うお」が他の語と複合して変化した語。「氷ひ—」

お【▽麻｜×苧】を《「緒」と同語源か》❶麻の古名。〈和名抄〉❷麻または苧からむしの茎の繊維から作った糸。「—を縒よりて」〈土佐〉

お【緒】を ❶繊維をよった細長い線状のものの総称。糸やひもなど。「堪忍袋の—が切れる」❷履物につけて足にかけるひも。鼻緒。「下駄げたに—をすげる」❸楽器や弓に張る糸。弦げん。「琴の—」❹長く続くこと。また、そのもの。「息の—が絶える」❺命。生命。「おのが—を凡おほにな思ひそ庭に立ち笑ますがからに駒に逢ふものを」〈万・三五三五〉

漢字項目 お

【和】►わ
【悪】►あく

汚　音オ(ヲ)漢　訓**けがす、けがれる、けがらわしい、よごす、よごれる、きたない**‖①よごす。よごれる。きたない。「汚水・汚染・汚濁・汚物・汚穢おわい・おあい」②行為・評判などをけがす。けがれる。「汚職・汚辱・汚点・汚名・汚吏」
補説「汚」「汙」は異体字。

×嗚　音オ(ヲ)漢‖悲しんだり泣いたりする声。また、悲しみ泣くこと。「嗚咽おえつ」難読嗚呼ああ

お〔感〕驚いたときや急に気がついたときに発する語。あっ。「—、あれはなんだろう」

お【▽諾】を〔感〕承諾・応答の意を表す語。はい。「こなたにと召せば、—と、いとけざやかに聞こえて」〈源・行幸〉

おを〔助〕►を〔助詞〕

お【小】を〔接頭〕❶名詞に付く。㋐小さい、細かい意を表す。「—川」㋑語調を整えたり、表現をやわらげたりして、やさしい感じの意を表す。「言出でしは誰が言なるか—山田の苗代水の中淀にして」〈万・七七六〉❷用言に付いて、少し、わずかという意を表す。「—暗い」「—やみない長雨」

お【▽御】〔接頭〕《「おん(御)」の音変化で、中世以降の成立》❶名詞に付く。㋐尊敬の意を表す。相手または第三者に属するものに付いて、その所属、所有者を敬う場合と、敬うべき人に対する自己の物や行為に付いて、その対象を敬う場合とがある。「先生の—話」「—手紙を差し上げる」㋑丁寧に、または上品に表現しようとする気持ちを表す。「—米」❷女性の名に付いて、尊敬、親しみの意を表す。「—花さん」❸動詞の連用形に付く。㋐その下に「になる」「なさる」「あそばす」「くださる」などの語を添えた形で、その動作主に対する尊敬の意を表す。「—連れになる」「—書きなさる」「—読みあそばす」「—話しくださる」㋑その下に「する」「いたします」「もうしあげる」などの語を添えた形で、謙譲の意を表し、その動作の及ぶ相手を敬う。「—連れする」「—書きいたします」「—話しもうしあげる」㋒その下に「いただく」や「ねがう」を添えた形で、相手にあることをしてもらうことをへりくだって言う。「—買い上げいただく」「—引き取りねがう」❹動詞の連用形に付いて、軽い命令を表す。「用がすんだら早く—帰り」「—だまり」❺動詞の連用形や形容動詞の語幹に付いて、その下に「さま」「さん」を添えた形で、相手に対する同情やねぎらい、なぐさめの気持ちを表す。「—疲れさん」「—待ち遠さま」「—気の毒さま」❻形容詞・形容動詞に付く。㋐尊敬の意を表す。「—美しい」「—元気ですか」㋑丁寧、または上品に表現しようとする気持ちを表す。「—寒うございます」「—りこうにしていなさい」㋒謙譲または卑下の意を表す。「—恥ずかしいことです」㋓からかい、皮肉、自嘲じちょうなどの気持ちを表す。「—高くとまっている」「—熱い仲」
用法**お・ご**——「お(おん・おおん)」は和語であるから「お父さん」「お早く」のように和語に付き、「ご(ぎょ)」は「御」の漢字音からできた接頭語であるから「ご父君」「ご無沙汰」のように漢語(漢字音語)に付くのが一般的である。◆話し言葉での敬語表現にも多用され、漢語意識の薄れた語では、「お＋漢語(漢字音語)」も少なくない。お客、お札さつ、お産、お酌、お膳、お宅、お茶、お得です、どうぞお楽に、お礼、お椀、お菓子、お勘定、お行儀、お稽古けいこ、お化粧、お元気、お時間、お七夜、お邪魔、お正月、お食事、お歳暮、お餞別せんべつ、お達者、お知恵、お銚子、お天気、お電話、お徳用、お弁当、お帽子、お役所、お歴々など。◆「ご＋和語」は数少ないが、「ごもっとも」「ごゆっくり」「ごゆるり」など多少改まった言い方で登場する。◆「—返事」「—相伴」「—丈夫」など、「お」「ご」両方が付くものもあるが、「ご」は多少改まった表現、書き言葉的表現である。◆「おビール」のような例外はあるが、「お」「ご」ともに、ふつう

外来語には付かない。

オア〖or〗❶二つ以上の語句からいずれか一つを選択させる語。「オール―ナッシング」❷(OR)論理演算の一で論理和。または、コンピューターで、OR回路。

お-あい【汚×穢】▶おわい(汚穢)

お-あい【▽御相｜▽御▽間】酒席で、主人と客の間に入って酒の相手をすること。また、その人。お相手。「しっかりしてもう一杯、アア、いくじのねえ―だ」〈魯文・安愚楽鍋〉

お-あいそ【▽御愛想】《おあいそうとも》❶「愛想❸㋐」に同じ。「―を言う」「―にあいさつだけして帰る」❷「愛想❸㋒」に同じ。「おにいさん、―」❸「愛想❸㋑」の丁寧な言い方。「何の―もできず失礼しました」

お-あいそう【▽御愛想】▶おあいそ(御愛想)

お-あいだ【▽御間】❶不用になること。おろそかにされること。「陸汽車とやらが彼是に落成したが…人車も馬車も―だが、一体ありゃ何の利益かね」〈松田敏足・文明田舎問答〉❷異性から相手にされないこと。「自己といふ好男子がゐるから、他のものはとても―だ」〈滑・七偏人・二〉

おあいにく-さま【▽御▽生憎様】〔形動〕《「生憎」を丁寧にいう語》相手の希望に応じられず申し訳ないという気持ちを表す語。皮肉の気持ちを込めていうこともある。「まことに―なことですが、主人は出かけております」「―、ただ今満席でございます」「―、そうはいきませんよ」

オア-えんざんかいろ【OR演算回路】《OR circuit》▶OR回路

オア-かいろ【OR回路】《OR circuit》コンピューターで用いる論理回路の一で、論理和の演算を行うもの。2個以上の入力端子と1個の出力端子をもち、1個以上の入力端子に信号が加えられると、出力端子に出力信号が現れる。論理和回路。OR演算回路。ORゲート。

おあかん-だけ【雄阿寒岳】北海道東部にある円錐形の火山。阿寒カルデラに生じた中央火口丘の一。火口原に阿寒湖・パンケトウ・ペンケトウなどの湖がある。標高1370メートル。

オア-ゲート【ORゲート】《OR gate》▶OR回路

お-あさ【雄麻】麻の雄株。⇔雌麻。

お-あし【▽御足｜▽御▽銭】《女房詞から》おかね。ぜに。「―をためる」➡足❻ (類語)金・銭・金銭・銭金・金子・黄白・鳥目・貨幣・通貨

オアシス〖oasis〗❶砂漠の中で、水が湧き、樹木の生えている所。❷疲れをいやし、心に安らぎを与えてくれる場所。憩いの場。「都会の―」

オアシス〖OASIS〗《Organization for the Advancement of Structured Information Standards》ビジネス分野におけるXML関連技術の国際的な標準化団体。ビジネスでよく利用されるオフィスソフトのためのデータ形式(ODF)や、ウェブサービスのインターフェース(WSDM)などの技術標準を策定している。

オアシス-とし【オアシス都市】砂漠の中のオアシスに成立した都市。特に、シルクロードに沿って成立・発達したものを指す。敦煌、トルファン、ダマスカスなど。

お-あずけ【▽御預け】❶犬などの前に食物を置き、許しを出すまでは食べさせないこと。❷約束や計画だけで、実施が保留されること。「旅行は当分―になった」「―を食う」❸「預け❷」に同じ。❹「御預人」の略。(類語)(❷)延期・後回し・棚上げ

おあずけ-にん【▽御預人】江戸時代、罪により、他の大名家に禁錮された大名・旗本など。

お-あそび【▽御遊び】❶遊ぶことをいう幼児語。❷真剣に物事に取り組んでいないさま。「今のはほんの―だ」

お-あつらえ【▽御×誂え】❶あつらえる人を敬って、その注文をいう語。御注文。「―の品」❷希望どおりであること。「新婚生活に―のアパート」

おあつらえ-むき【▽御×誂え向き】〔名・形動〕「誂え向き」に同じ。「サーフィンには―の波だ」

お-あと【▽御後】「後」の丁寧語・尊敬語。「―に続きます」

御後が宜しいようで　《「次の出演者の用意ができたようで」の意》落語家が高座から下りる時のせりふ。

オアナ〖OANA〗《Organization of Asia-Pacific News Agencies》アジア・太平洋通信社機構。1961年アジアの通信社8社が参加しアジア通信社連盟(Organization of Asian News Agencies)として設立。79年現在の名称に変更。2012年現在44社が加盟。

オアフ-とう【オアフ島】《Oahu》太平洋中部、ハワイ諸島の主島。米国ハワイ州に属し、州都ホノルルがある。ワイキキビーチ・真珠湾がある。面積1554平方キロメートル。

オアペック〖OAPEC〗《Organization of Arab Petroleum Exporting Countries》アラブ石油輸出国機構。産油国が石油産業を中心に経済活動の協力を目的に設立した国際機関。1968年、クウェート・サウジアラビア・リビアの3国で結成され、2012年現在11か国が加盟(うちチュニジアは原油生産量減退のため資格停止中)。

おあま-おんせん【小天温泉】熊本県玉名市にある温泉。泉質は単純温泉。夏目漱石「草枕」に登場する那古井温泉のモデル。

お-あわせ【緒合(わ)せ】琴・琵琶などの弦楽器を調弦すること。また、合奏すること。

おあんものがたり【おあむ物語】《「おあん」は尼の敬称》江戸前期の見聞記。1冊。享保初年(1716)ごろまでに成立か。石田三成の家臣山田去暦の娘が、美濃大垣城で見聞した関ヶ原の戦いのようすを、尼になってから子供たちに語った追憶談の筆録。

おい【老い】❶年老いること。老年。「―を感じさせない身のこなし」❷年とった人。老人。「―も若きも」❸名詞の上に付いて複合語をつくり、年とった、の意を表す。「―松」「―武者」

老いを養・う　年老いたからだをいたわって、静養に努める。「故郷に戻って―・う」

おい【×笈】《背に負う物の意》修験者などが仏具・衣服・食器などを収めて背に負う箱。

おい【×甥】自分の兄弟・姉妹が生んだ男の子。「叔父―の間柄」⇔姪。

おい〔感〕❶呼びかけたり、注意を促したりするときに発する語。主に男性が同輩・目下に対して用いる。「―、待たないか」❷呼びかけられて軽く答えるときの語。「―、合点、承知の助」❸やや驚いたときに発する語。おや。おお。「―、この君にこそ」〈枕・一三七〉❹思いついたときなどに発する語。おお。「―、さりさりとうなづきて」〈源・玉鬘〉

おい-あが・る【生ひ上がる】〔動ラ四〕上の方へ生え伸びる。「つくろはせ給ひし前栽、植木どもも、心に任せて―・り」〈栄花・月の宴〉

おい-あ・げる【追(い)上げる】〔動ガ下一〕文おひあ・ぐ〔ガ下二〕❶追って上の方へ行かせる。「犬が獲物を山の上に―・げる」❷激しく追いかけて、相手との距離や差をしだいに縮める。「後半の勝負で相手を―・げる」

おい-い・ず【生ひ▽出づ】〔動ダ下二〕❶生まれ出る。生えて出る。はえ出る。「水底に生ふる玉藻の―・でずよしこのころはかくて通はむ」〈万・二七七八〉❷育って大きくなる。成長する。「何事も勝れて見所あるさまに―・で給ひぬべきを」〈狭衣・四〉

おい-うぐいす【老い×鶯】夏になっても、さえずっているウグイス。夏うぐいす。残鶯。老鶯。(季 夏)「山門の日に―のこだまかな/石鼎」

おい-うち【追(い)撃ち｜追(い)討ち｜追(い)打ち】❶逃げていく者を追いかけて討ち取ること。追撃。「浮き足立つ敵に―をかける」❷弱っているところに重ねて打撃を与え、さらに厳しい状態に追いやること。「不況に物価高の―が加わる」
(類語)攻撃・襲撃・急襲・強襲・突撃・進撃・進攻・侵攻・攻勢・狙い撃ち・征伐・総攻撃・攻略・直撃・迫撃・挟み撃ち・挟撃・出撃・追撃・アタック・襲う・襲いかかる・攻める・攻めかかる・攻め立てる

おい-う・つ【追ひ▽棄つ】〔動タ下二〕追い出して捨てる。追放する。「俄に親、この女を―・つ」〈伊勢・四〇〉

おい-う・つ【追ひ撃つ｜追ひ討つ｜追ひ打つ】〔動タ四〕❶逃げる敵を追いかけ、重ねて攻撃する。追撃する。「設けし弦を採り出だして、更に張りて―・ちき」〈記・中〉❷相手の弱みにつけこむ。「此の女の方より帯、着物、頭巾―・っての恋」〈浮・新色五巻書・四〉

おい-うつし【追(い)写し】〔名〕スル ▶流し撮り

お-いえ【▽御家】❶貴人・主君などの家の敬称。また、他人の家の敬称。「―の一大事」❷主婦の居間。また、畳を敷いた部屋。座敷。「母者人、女房ども…―の真中、どっかと坐れば」〈浄・忠臣蔵〉❸上方で、良家の妻の敬称。お内儀。「―はどうぢゃいな」〈滑・膝栗毛・六〉❹芸能の家元。「謡の太夫はどれどれぞ、―のしぶや、金春」〈仮・竹斎・上〉(類語)家庭・家・一家・家族・家内・ファミリー・お宅・おうち・貴家

おいえ-きょうげん【▽御家狂言】浄瑠璃・歌舞伎で、御家騒動や仇討ちなどを扱った狂言の総称。伊達騒動に取材した「伽羅先代萩」など。御家物。

おいえ-げい【▽御家芸】❶その家に伝わる独特の芸。歌舞伎の市川家の「勧進帳」の類。❷最も得意とする事柄。「柔道は日本の―」(類語)十八番・おはこ・売り物・お株・お手の物・特技・得意・得手・達者・専売特許・堪能・上手・巧者・得手者

おいえ-さま【▽御家様】近世、上方で中流以上の商家の主婦を敬っていった語。おえさま。「よい衆の娘子達や、―方」〈浄・油地獄〉

おいえ-そうどう【▽御家騒動】❶江戸時代、大名などの家中で、家督相続や権力争いなどから起こった紛争。加賀・伊達・黒田・鍋島藩などのものが有名。❷会社・団体などの内輪もめ。内紛。

おいえ-ほお【▽御家頬】兜の付属品の名称。面頬の、しわもひげもないもの。

おいえ-もの【▽御家物】▶御家狂言

おいえ-りゅう【▽御家流】❶和様書道の流派の一。江戸時代、幕府の文教政策で広く一般に流布した青蓮院派をいう。❷香道の流派の一。三条西実隆が創始。

おい-おい　㊀〔副〕大声で激しく泣くさま。また、その声。「大の男が―(と)泣きだした」㊁〔感〕❶呼びかけるときに発する語。主に男性が同輩・目下に対して用いる。「―、びっくりさせるなよ」「―、ちょっと待ってくれよ」❷肯定・承諾の意を表す語。はいはい。「―、いみじう貴し」〈宇治拾遺・八〉
(類語)わんわん・わあわあ

おい-おい【追い追い】〔副〕❶順を追って。だんだんに。しだいに。「この問題は―(と)説明します」❷引き続いて。つぎつぎと。「奥筋の方でもあの御家中方には―難儀をしたとありましたが」〈藤村・夜明け前〉(類語)だんだん・次第に・徐徐に・漸次・やがて・次第次第に・歩一歩・一歩一歩・着着・日に日に・日増しに・漸く・年年

おい-おとし【追(い)落(と)し】❶追い落とすこと。追い払うこと。「反対派の―を謀る」❷通行人を脅したり追いかけたりして、財布などを奪うこと。また、その人。追いはぎ。「―をしたり人を殺したりする様な怖ろしいことは」〈鉄腸・花間鶯〉❸囲碁で、当たりをかけられたとき、そこを継いでもそれに続く部分が最後まで当たりとなる状態。

おい-おと・す【追(い)落(と)す】〔動サ五(四)〕❶下位にあったものが勢力を増してきて、上位のものをその地位から追いやる。「首位の座から―・される」❷追って、下の方へ落とす。「敵勢を谷へ―・す」❸都から地方へ追い払う。「入道身を捨てて凶徒を―・し」〈平家・二〉❹城兵を追い払って、その城を奪う。「大手、搦め手三方より攻め上って城を―・し」〈太平記・七〉❺追いかけて奪い取る。追いはぎをする。「下種徳人あらば―・して、若党どもに興ある酒を飲ませて」〈義経記・二〉(類語)追い出す・追い立てる・追い払う・追っ払う・たたき出す・はじき出す・つまみ出す・打ち払う・追い散らす・蹴散らす

おい-かえ・す【追(い)返す】おひかへす〔動サ五(四)〕来た者を、追い立てて帰らせる。「使いの者を玄関先で―・す」

おい-かがま・る【老い▽屈まる】〔動ラ四〕年をとって、腰が曲がる。「―・りて、室の外にもまかでず」〈源・若紫〉

おい-がき【追(い)書(き)】おひ 手紙で、本文の後に付け足して書くこと。また、その文。追伸。追って書き。

おい-かけ【老懸・×緌】武官の正装の冠につけて顔の左右を覆う飾り。馬の尾の毛で扇形に作ったものを掛緒でつける。冠の緒。ほおすけ。

おい-か・ける【追(い)掛ける】おひ〔動カ下一〕図おひか・く〔カ下二〕❶先に行くものに追いつこうとして、あとから追う。おっかける。「先発隊を―・ける」「流行を―・ける」❷(「おいかけて」の形で、副詞的に用いる)ある事をしたあとに、続けて事を行う。また、ある事に続いてさらに事が起こる。「とりあえず事件発生の一報を入れ、―・けて詳細を伝える」類語追う・追い回す・追いすがる・追い詰める・追走・追跡

おい-がしら【老頭】►老冠おいかんむり

おい-かぜ【追(い)風】おひ ❶後ろから吹いてくる風。進む方向に吹く風。おいて。順風。⇔向かい風。❷有利な状況。後押しとなる出来事。「参院選の与党に景気回復が―となる」⇔逆風。❸着物にたきしめた香のかおりなどを運び漂わせる風。「君の御―いと異なれば」〈源・若紫〉類語追い手・順風・フォロー

おいかぜ-はんえん【追(い)風半円】おひかぜ ►可航半円

おいかぜ-ようい【追ひ風用意】おひかぜ 通りすぎたあとによいかおりが漂うように、着物に香をたきしめること。「寝殿より御堂の廊に通ふ女房の―など」〈徒然・四四〉

おい-がつお【追い×鰹】おひがつを 鰹節でとった出し汁にさらに鰹節を加えること。うまみを増すためで、煮物に使う。差し鰹。

おい-かぶさ・る【▽覆い▽被さる】おほひ〔動ラ五(四)〕「おおいかぶさる」の音変化。「大きな枝が道の両側から―・る」

おい-かわ【負(い)革】おひかは ❶物を背負うための袋物の革帯。❷銃を背負ったり、射撃の際に腕と銃とを固定するために用いるベルト。

おい-かわ【追河】おひかは コイ科の淡水魚。全長約15センチ。体は長く側扁し、背は暗緑色、腹は銀白色。6～8月の産卵期の雄には、濃い赤と青の婚姻色や追い星が現れる。代表的な釣り魚で、関東以南の河川に多い。やまべ。はえ。はや。(季 夏)

おい-かんむり【老冠】漢字の冠の一。「考」「者」などの「耂」、「耄」などの「老」の称。老頭おいがしら。

おい-き【老い木】年数のたった木。老木ろうぼく。老樹。

老い木に花　一度衰えたものがまた栄えることのたとえ。

おい-きた〔感〕呼びかけなどに、すぐさま応じるときの語。よしきた。ほいきた。

オイキムチ《朝鮮語》キュウリのとうがらし漬。キュウリを使ったキムチ。➡キムチ

おい-きり【追(い)切り】おひ 競馬で、出走の数日前に、仕上げの調教として馬を走らせること。

おい-くずお・る【老い×頽る】おいくづほる〔動ラ下二〕年をとってよぼよぼになる。老いぼれる。「色好みの―・れたる」〈枕・一六三〉

おい-くち【追(い)口】おひ 樹木を伐採するとき、倒そうとする側と反対の側。⇔受け口。

おい-く・ちる【老(い)朽ちる】〔動タ上一〕図おい く・つ〔タ上二〕年をとって役に立たなくなる。年をとって、むなしく過ごす。「世に迎えられることなく―・ちる」

お-いくつ【▽御幾つ】「幾つ❶」の尊敬語・丁寧語。

補説「今年お幾つにおなりですか」は尊敬語、「お幾つ差し上げましょうか」は丁寧語。

お-いくら【▽御幾ら】「幾ら□❶」の丁寧語。

オイゲノール〘ドイ Eugenol〙丁子油などに含まれる香気のある淡黄色の液体。香料・化粧品や歯科用消毒剤に用いる。ユージノール。

オイケン〘Rudolf Eucken〙[1846～1926]ドイツの哲学者。19世紀後半の唯物論的、自然主義的風潮に反対し、精神生活の再評価を説いて新理想主義を唱えた。1908年、ノーベル文学賞受賞。著「大思想家の人生観」「精神的生活内容のための闘争」など。

おい-ご【×甥御】をひ 他人の甥を敬っていう語。

おい-ごえ【老い声】ごゑ 盛りを過ぎて、老い衰えた声。「(鶯ウグイス)夏、秋の末まで―に鳴きて」〈枕・四一〉

おい-ごえ【追(い)肥】おひ 種まきや移植したのちの作物の生育途中で施す肥料。一般に、速効性肥料を使用。補肥ほひ。ついひ。➡基肥もとごえ

おい-こくら【追いこくら】おひ 追いかけっこ。

おい-こし【追(い)越し】おひ 追い越すこと。多く自動車や船舶が前に走っているものを後ろから追い抜いて前方に出ること。「―車線」

おい-こ・す【追(い)越す】おひ〔動サ五(四)〕❶後ろから行って、先行するものを抜いてその前に出る。追い抜く。「前の車を―・す」❷劣っていたものが上位のものを抜いて、まさったものになる。「先進国に追いつき―・す」補説道路交通法では、後車が車線を変えて前車の前に出るのを「追い越す」、車線を変えずに先行車の前に出るのを「追い抜く」としている。

類語追い抜く・抜く・越す・通り越す・上回る・超える・過ぎる・凌しのぐ・突破・超越・凌駕りょうが

おい-こみ【追(い)込み】おひ ❶追い込むこと。追い立てて中に入れること。❷仕事などの最終段階で、全力を出してがんばること。また、その段階。「―をかける」「―に入る」❸競走で、決勝点近くになって、後方にいたものが先行するものに一気に迫ること。また、そうして追い抜くこと。「ゴール前の―がきまる」❹料理屋などで、ひと部屋に多くの客を入れること。また、その部屋。❺「追い込み場」の略。❻印刷の組み版で、行やページを改めずに、活字を続けて組むこと。「―記事」

おいこみ-ば【追(い)込み場】おひこみ 劇場などで、人数を制限せずに客を詰め込む、料金の安い観覧席。立ち見席の類。大入り場。

おいこみ-りょう【追(い)込み漁】おひこみれふ 仕掛けた網に人や漁船で魚やイルカなどを追い込んで獲る漁法。沖縄のトビウオ漁、紀州のクジラ漁など、伝統漁法として各地に残る。

おい-こ・む【老(い)込む】〔動マ五(四)〕年をとって体力や気力が衰える。「まだ―・む年ではない」

類語老いる・老ける・老け込む・老いさらばえる

おい-こ・む【追(い)込む】おひ〔動マ五(四)〕❶広い所にいるものを、追い立ててある場所に入れる。「牛を柵の中に―・む」❷相手を苦しい立場に立たせる。追い詰める。「窮地に―・む」「辞任に―・む」❸最後の段階で、全力を出してがんばる。「期日までに―・んで完成させる」❹競走で、後方にいたものが、決勝点近くになって、先行するものに迫る。「ゴール直前で一気に―・む」❺印刷の組み版で、前の行や前ページに続けて活字を組む。「一行―・む」

おい-こ・る【生ひ凝る】おひ〔動ラ四〕密生する。生い茂る。「つくろはせし草なども…うち捨てたりければ、―・りて」〈かげろふ・上〉

おい-さき【生い先】おひ 子供などが成長していく将来。行く末。「―が楽しみな子」

生い先遠・し　これから先の人生が長い。「―・き人さへ、かくいささかにても世を思ひ湿り給へれば」〈源・少女〉

おい-さき【老い先】年とった人の、これからの人生。余生。「―が短い」

おい-ざけ【追い酒】おひ 酒を十分に飲んだうえに、さらに飲む酒。

おい-ざま【生ひ様】おひ 草木の生えているようす。「そそけたる葦の―など」〈源・梅枝〉

おい-さらば・う【老いさらばふ】さらばふ〔動ハ四〕►老いさらぼう

おい-さらば・える【老いさらばえる】さらばへる〔動ア下一〕《「おいさらぼう」から変化したもの》年をとってみすぼらしくなる。年老いてよぼよぼする。「―・えて別人のようだ」

類語老いる・老ける・老い込む・老け込む

おい-さらぼ・う【老いさらぼう】さらぼふ〔動ワ五(ハ四)〕「老いさらばえる」に同じ。「きわめて―・うてその女が戻ってきた」〈柳田・山の人生〉

お-いし・い【美=味しい】〔形〕《味がよい意の女房詞「いしい」に接頭語「お」の付いたもの》❶食べ物の味がよい。美味だ。「うまい」に比べて丁寧・上品な感じが強い。「魚の―・い店」「山の空気が―・い」❷自分にとって都合がよい。具合いがよい。好ましい。「そんな―・い話が、あるはずがない」➡旨うまい用法

派生おいしがる〔動ラ五〕おいしげ〔形動〕おいしさ〔名〕類語うまい・美味・佳味・滋味・珍味

おい-じき【追敷】おひ ►追証おいしょう

おい-し・く【生ひ▽及く】おひ〔動カ四〕草木が次々と生えてくる。「このころの恋のしげけく夏草の刈り払へども―・くごとし」〈万・一九八四〉

おい-しげ・る【生(い)茂る】おひ〔動ラ五(四)〕草木が枝葉を広げて生え重なる。繁茂する。「庭木の―・った大邸宅」類語茂る・はびこる・繁茂

おいし-こうげん【生石高原】おひしカウゲン 和歌山県北部、海草郡紀美野きみの町と有田ありだ郡有田川町にまたがる高原。郡境の長峰山脈の最高峰生石ヶ峰(標高870メートル)を中心とする隆起準平原。高さ500～800メートルで、一面ススキの草原。

おいした-えん【▽覆下園】おほひした 日光をさえぎるためにすだれやむしろでおおいをした茶畑。上質の茶を得る目的で、新芽を柔らかに育てるためにする。

おい-しょう【追証】おひ 株式の信用取引や商品の先物取引で、相場の変動による損失が生じて委託保証金または委託証拠金の担保力が不足したときに、顧客から追加徴収する金銭。有価証券で代用することができる。追加保証金。追証拠金。追敷おいじき。

おい-しょうこきん【追証拠金】おひ ►追証おいしょう

おい-しら・う【老い▽痴らふ】〔動ハ四〕年をとってぼける。もうろくする。「―・へる人々、うち泣きつつめで聞こゆ」〈源・賢木〉

おい-し・る【老い▽痴る】〔動ラ下二〕年をとってぼける。老いぼれる。「我は―・れて、おぼえもなくなり行く」〈落窪・二〉

おい・す【老いす】〔動サ変〕老いる。「亀の上の山も尋ねじ船の内に―・せぬ名をばここに残さむ」〈源・胡蝶〉

おい-すえ【生ひ末】おひすゑ 「生い先」に同じ。「命あらばそれとも見まし人知れぬ岩根にとめし松の―」〈源・橋姫〉

オイスカ〘OISCA〙《Organization for Industrial, Spiritual and Cultural Advancement-international》産業、特に農業を通して、世界の友好と平和の実現を目指す日本の民間団体。アジアの開発途上国の農業技術指導や植林計画など国際的な支援活動を行っている。1961年結成。

おい-すが・う【追ひ▽次ふ】おひすがふ〔動ハ四〕追いついて来る。あとに続く。「かう言ふ幸ひ人の腹の后きさきがねこそ、また―・ひぬれ」〈源・少女〉

おい-すが・る【追い×縋る】おひ〔動ラ五(四)〕❶あとを追って取りすがる。「母親に―・って泣く」❷断られても、無理に頼む。「―・って懇願する」

オイスター〘oyster〙「牡蠣かき」に同じ。

オイスター-ソース〘oyster sauce〙塩漬けした牡蠣を発酵させて作った調味料。濃厚なうまみがあり、広東カントン料理で多く用いられる。蠔油ハオユ。牡蠣油かきあぶら。

オイスター-プラント〘oyster plant〙キク科の二年草。青紫色の花をつける。根は直根性で白く、牡蠣かきのような風味があり、食用にする。

オイスター-ホワイト〘oyster white〙牡蠣かきの身の色に似た、やや灰色がかった白色。

オイスターマウス-じょう【オイスターマウス城】ジャウ《Oystermouth Castle》英国ウェールズ南部の都市スウォンジーの西郊マンブルズの丘にある城跡。12世紀にノルマン人貴族ヘンリー=ボーモントの居城として建造。13世紀に改築されたが、その直後の戦いで被害を受け廃墟になった。

オイストラフ〖David Fyodorovich Oystrakh〗[1908～1974]ソ連のバイオリニスト。技巧の完全さと感情表現の新しさで、世界的に有名となった。

おい-ずり【×笈×摺】おひ 巡礼などが笈を負うとき、衣服の背が擦れるのを防ぐために着る単の袖なし。おいずる。

おい-ずり【負×簏】おひ 巡礼などが背に負う箱形の容器。おいずる。笈。

おい-ずり【追(い)刷り】おひ 部数をさらに追加して印刷すること。また、その印刷物。増し刷り。

おい-ずる【×笈×摺】おひ「おいずり(笈摺)」に同じ。

おい-せん【追(い)銭】おひ 支払ったうえに、さらに余分に払う金。おいがね。「盗人に—」

おい-そだ・つ【生(い)育つ】おひ〔動タ五(四)〕育って大きくなる。成長する。「すくすくと—・つ」

おいそ-の-もり【老蘇森｜老曽森】滋賀県近江八幡市の奥石神社の森。ホトトギスの名所。〔歌枕〕「東路のおもひでにせむ郭公老いその森の夜半の一声」〈後拾遺・夏〉

おい-それ〔名・形動〕《感動詞「おい」に代名詞「それ」が付いてできた語。「おい」と呼ばれ、直ちに「それ」と応じる意から》簡単に応じること。即座に物事が行われること。また、そのさま。「菊見の催頗ぶる妙だが、—というも不見識と思ったか」〈二葉亭・浮雲〉

おいそれ-と〔副〕簡単に応じるさま。「—承諾できる話ではない」

おいそれ-もの【おいそれ者】深く考えずに物事をする人。軽はずみな人間。「お勢は根生の—なれば」〈二葉亭・浮雲〉

お-いた《「いた」は「いたずら」の略》いたずら。多く、母親が幼児に対して用いる。「もう—はやめなさい」

お-いた【▽御板】板付き蒲鉾をいう女房詞。

おい-だき【追(い)炊き｜追い×焚き】おひ〔名〕スル ❶(追い炊き)炊いた飯が足りないとき、追加して炊くこと。また、その飯。❷(追い焚き)冷めた風呂などをもう一度火をたいて温めること。

おい-だし【追(い)出し】おひ ❶追い出すこと。追放。「反対派の—にかかる」「卒業生—コンパ」❷芝居・寄席・相撲などで、1日の興行の終わった時に打ち鳴らす太鼓。追い出し太鼓。打ち出し太鼓。❸遊里で、明け六つ(午前6時ごろ)の鐘。泊まり客の帰る時刻に鳴るのでいう。追い出し鐘。

おい-だ・す【追(い)出す】おひ〔動サ五(四)〕❶追い立てて外へ出す。追い払う。「猫を部屋から—・す」❷その人が属している社会・集団から締め出して関係を断つ。「組合から—・される」
〔類語〕追い立てる・追い払う・追っ払う・たたき出す・はじき出す・つまみ出す・追い落とす・打ち払う・追い散らす・蹴散らす

おい-たち【生(い)立ち】おひ ❶育ってゆくこと。成長すること。「子供の—を見守る」❷成人するまでの過程・経歴。「—を語る」〔類語〕育ち

おい-た・つ【生(い)立つ】おひ ㊀〔動タ五(四)〕❶草木が生えて大きくなる。「ある年のちょうど若苗の—・つころ」〈堀辰雄・かげろふの日記〉❷伸び育つ。成長する。「加茂川の水柔らかなる所に—・ちて」〈露伴・風流仏〉㊁〔動タ下二〕育てる。「一人養ひて—・て給ひたるとこそは聞き侍れ」〈成尋母集・詞書〉〔類語〕成長・生長・成育・生育・発育・発達・成熟・育つ・長ずる

おい-たて【追(い)立て】おひ ❶追い払おうとすること。❷借家などからの立ち退きを迫ること。「家主から—を食う」❸唐鋤の後部に柄のように長く出ている部分。

おい-た・てる【追(い)立てる】おひ〔動タ下一〕図おひた・つ〔タ下二〕❶追ってほかへ行かせる。「やじうまを—・てる」❷借家などの立ち退きを迫る。「家を—・てられる」❸せきたてる。せかす。「原稿の締め切りに—・てられる」〔類語〕(❶❷)追い出す・追い払う・追っ払う・たたき出す・はじき出す・つまみ出す・追い落とす・打ち払う・追い散らす・蹴散らす／(❸)急く・急かす・急き立てる・急ぐ・追いまくる

オイタナジー〖ドイツ Euthanasie〗安楽死。安死術。ユータナジー。

お-いたみ　塩をいう女房詞。

お-いち【▽御市】落雁に似た駄菓子の名。「—なら饅頭でありさうなもの」〈滑・浮世風呂・前〉

おいち-の-かた【お市の方】➤小谷の方

おい-ちょう【追(い)丁】おひチャウ 書籍などで、巻や冊が分かれても、全体を通して連続したページを打つこと。通しノンブル。

おいちょ-かぶ《「おいちょ」は8、「かぶ」は9の数》花札賭博の一。手札とめくり札との数の和の末尾が9またはそれに最も近い数を勝ちとする。かぶ。

おい-ちら・す【追(い)散らす】おひ〔動サ五(四)〕❶追い立てて、散り散りにさせる。「群衆を—・す」❷貴人の通行時、威勢よく先払いを進める。「例のきらきらしう、—・してわたる日あり」〈かげろふ・中〉
〔類語〕追い出す・追い立てる・追い払う・追っ払う・たたき出す・はじき出す・つまみ出す・追い落とす・打ち払う・蹴散らす

おい-づかい【追(い)使い】おひづかひ ❶追い使うこと。また、追い使われる人。❷前にやった使いのあとに重ねて次の使いを出すこと。また、その使い。

おい-つか・う【追(い)使う】おひつかふ〔動ワ五(ハ四)〕休む暇も与えずこき使う。追いかけ回すように使う。「部下を休みなく—・う」

おい-づき【老い月】陰暦14日以後の月。

おい-つ・く【追(い)付く｜追(い)着く】おひ〔動カ五(四)〕❶追いかけて先に出たものに行き着く。「先発隊に—・く」❷能力・技術などが目標とするものに達する。「先進国の技術に—・く」❸(多く「おいつかない」の形で用いる)間に合う。取り返しがつく。埋め合わせがつく。おっつく。「今さら後悔しても—・かない」
〔類語〕追う・追い上げる・追いすがる・追い詰める

おい-つ・ぐ【生ひ継ぐ】おひ〔動ガ四〕次々と生え代わる。「臣の木も—・ぎにけり」〈万・三二二〉

おい-づ・く【老い就く】〔動カ四〕❶年寄りになる。年老いる。「かく恋ひば—・くあが身けだし堪へむかも」〈万・四二二〇〉❷年寄りじみる。年寄りめく。「ただ今、かう…まだきに(＝マダ幼イノニ)—・かすまじうはべれど」〈源・少女〉

おいっ-こ【×甥っこ】をひ 甥を親しんでいう語。「—が遊びに来る」

おい-つ・める【追(い)詰める】おひ〔動マ下一〕図おひつ・む〔マ下二〕逃げ場のないところまで追い込む。ぎりぎりのところまで追及する。「犯人を袋小路に—・める」「野党が政府を—・める」
〔類語〕追う・追い込む・追いかける・追いつく

おい-て【追▽風】おひ「追い風」に同じ。
　追風に帆を上・げる　勢いに乗じて、思うままに力を発揮することのたとえ。また、物事が順調に進行することのたとえ。

おい-て【追(い)手】おひ 逃げる敵や罪人などを追いかける人。おって。

おい-て【×於て】〔連語〕《動詞「お(置)く」の連用形に接続助詞「て」の付いた「おきて」の音変化》(「…において」の形で用いる)❶場所を表す。…で。…にて。「東京に—大会を挙行する」❷時間を表す。…のときに。「過去に—そうであったことが現在もそうとは限らない」❸場合・事柄を表す。…に関して。…について。…にあって。「技術に—劣る」「人にはなんでもないことが、彼に—は苦痛であった」❹(係助詞「は」を伴って)仮定条件を表す。…の場合には。「還幸なからんに—は」〈平家・一〇〉

おい-て【▽措いて】〔連語〕《動詞「お(措)く」の連用形に接続助詞「て」の付いた「おきて」の音変化》(「…をおいて」の形で、多く下に打消しの語を伴う)…を除いて。…以外に。「君を—ほかに人はない」

お-いで【▽御▽出で】㊀〔名〕❶《「出ること」の尊敬語から転じて》「行くこと」「来ること」「居ること」の尊敬語。「—を待つ」「そこに—ですか」❷祭礼で、御輿が本社を離れて御旅所に鎮座すること。㊁〔連語〕《「おいでなさい」の略。多く、目上の者が目下の者に対して親しみを込めていうときに用いる》❶行きなさい。来なさい。居なさい。「仕事のじゃまになるからあっちへ—」「こっちへ—」「しばらくそこに—」❷動詞連用形に接続助詞「て」を添えた形に付いて、補助動詞「行く」「来る」「居る」の尊敬の命令表現を作る。…ていらっしゃい。「帰る前にここで御飯を食べて—」「行って—」「待って—」〔類語〕お運び・お越し・お出まし

オイディプス〖Oidipūs〗ギリシャ神話で、テーベ王ライオスとイオカステの子。アンティゴネの父。宿命により、知らずして父王を殺し、生母を妻としたが、事の真相を知って自ら両目をえぐり取り、諸国を放浪して死んだ。怪物スフィンクスのなぞを解いたことでも有名。エディプス。

オイディプス-おう【オイディプス王】ワウ《原題、ギリシャ Oidipūs Tyrannos》ギリシャ悲劇。ソフォクレス作。前430年ごろの上演とされる。オイディプスの悲劇を描いたもの。

オイディプス-コンプレックス➤エディプスコンプレックス

おいで-おいで【▽御▽出で▽御▽出で】幼児などを、手招きして呼び寄せること。「—をする」

おいてき-ぼり【置いてきぼり】「置いてけぼり㊁」に同じ。「早くしないとまた—を食うおそれがある」〈漱石・坑夫〉

おいてけ-ぼり【置いてけぼり】㊀(置いてけ堀)江戸本所の堀の名。本所七不思議の一。釣りをして帰ろうとすると、水中から「置いてけ、置いてけ」と呼ぶ声がして、魚を返すまで言いつづけたという。㊁他の者を残したまま、その場を去ってしまうこと。置き去りにすること。おいてきぼり。「—を食う」「出世仲間に—にされる」

おいで-なさい【▽御▽出でなさい】〔連語〕《「おいでなさる㊀」の命令形。また、「おいでなさいませ(まし)」の略とも》❶「行く」「来る」「居る」の動作を勧誘する気持ちで、軽い敬意を含めていう。いらっしゃい。「なるべく早く—」「ここで待って—」❷来客を迎えるときのあいさつの言葉。「やあ、—。お待ちしてましたよ」

おいで-なさ・る【▽御▽出でなさる】㊀〔動ラ五(四)〕❶「行く」「来る」「居る」の尊敬語。いらっしゃる。おいでになる。「どちらへ—・るのですか」「事務所にはいつも—・るということです」「たいそうきまじめな方で—・る」❷(補助動詞)動詞・形容詞の連用形に接続助詞「て」を添えた形に付いて、…ている、の意の尊敬を表す。「おそくまで残って—・ったそうですね」「品行がよくて—・るお方と聞きました」➡おいでなさい ㊁〔動ラ下二〕「おいでなされる」の文語形。

おいで-なさ・れる【▽御▽出でなされる】〔動ラ下一〕図おいでなさ・る〔ラ下二〕❶「おいでなさる㊀❶」に同じ。「教会へ—・れたことのあるじゃ無し」〈木下尚江・火の柱〉❷(補助動詞)「おいでなさる㊀❷」に同じ。「昔の事をよく知って—・れました」

おいで-なん・す【▽御▽出でなんす】〔動サ特活〕❶「行く」「来る」「居る」の尊敬語。「さあ二階へ—・し」〈洒・辰巳之園〉❷(補助動詞)動詞・形容詞の連用形に接続助詞「て」を添えた形に付いて、…ている、…である、の意の尊敬を表す。「宵からわっちをじらして—・すよ」〈洒・四十八手〉

おいで-に-な・る【▽御▽出でになる】〔動ラ五(四)〕❶「行く」「来る」「居る」の尊敬語。いらっしゃる。「日曜日は教会へ—・るそうです」「もう—・るころだろう」「明日はお宅に—・りますか」❷(補助動詞)動詞・形容詞の連用形に接続助詞「て」を添えた形に付いて、…ている、の意の尊敬を表す。「調べものをして—・る」「ご機嫌よくて—・る」〔類語〕居る・居る・居合わせる・控える・存在・いらっしゃる・おられる・おわす・おわします・まします・ある・来る・参る・行く

おいで-ぶぎょう【▽御▽出奉行】ーブギャウ 鎌倉幕府・室町幕府の職名。将軍が外出するとき、供の者の人数を定め、また、行列の整備などにあたった。

お-い・でる【▽御▽出でる】〔動ダ下一〕❶「行く」「来る」「居る」の尊敬語。おいでになる。いらっしゃる。「何処へ—・でることやらと」〈鏡花・葛飾砂子〉❷(補助動詞)動詞の連用形に接続助詞「て」を添えた形に付

いて、動作の継続・進行の意を表す尊敬語。おいでになる。いらっしゃる。「首を長くし待って―・でた所へ」〈漱石・坊っちゃん〉
お-いど【▽御居▽処】おゐど《「いど」はすわる所の意》尻しりをいう女性語。
おいとこ-ぶし【おいとこ節】宮城県の民謡。仙台市を中心に東北地方で歌われる座敷歌。幕末ごろ、千葉・茨城地方で歌われた「高砂たかさごそうだよ」や「白桝粉屋しらますこや」が広まったものという。囃子詞はやしことば「おいとこそうだよ」からの名。
お-いとま【▽御▽暇】〔名〕スル ❶訪問先から退出すること。「もうそろそろ―しようか」❷奉公先などを離れること。「―をいただきます」
おい-とり【追い鳥】おひ「追い鳥狩り」の略。
おいとり-がり【追い鳥狩(り)】おひとり 武家時代、勢子せこに追い出させたキジ・ウズラなどを騎馬武者が狩る行事。
おい-どん〔代〕(鹿児島地方で)一人称の人代名詞。わがはい。
おい-なお・る【生ひ直る】おひなほる〔動ラ四〕成長するにつれて、悪かったものが改まりよくなる。「人目にすこし―・り給ふかなと見ゆるを」〈源・蜻蛉〉
おい-な・す【負ひなす】おひ〔動サ四〕(修飾語を受け)その状態に背負う。「尻籠しこの矢、筈下りに―・して」〈義経記・五〉
おい-なみ【老い▽次】《「なみ」は動詞「な(並)む」の連用形から》年をとること。また、その境遇。老境。老年。「事もなく生き来しものを―にかかる恋にも我はあへるかも」〈万・五五九〉
おいなめ-も・つ【負ひ▽並め持つ】おひなめ〔動タ四〕あわせ持つ。一緒に持つ。「我が持てるまそみ鏡に蜻蛉領巾あきづひれ―・ちて馬買へ我が背」〈万・三三一四〉
おいなり-さん【▽御稲▽荷さん】❶稲荷神、また、稲荷神社を敬い親しんで呼ぶ語。「小さい―のある近所に」〈鴎外・雁〉❷稲荷鮨ずしを丁寧にいう語。
おい-な・る【生ひ成る】おひ〔動ラ四〕成長する。育つ。成人する。「いと美しう―・りにけり」〈更級〉
おい-なわ【負(い)縄】おひなは 物をしばり背負うのに使う縄。
おい-なわ【追(い)縄】おひなは 放し飼いの馬を捕らえるのに使う縄。
おいにっき【笈日記】おひにっき 江戸中期の俳書。3冊。各務支考かがみしこう編。元禄8年(1695)成立。東海・近畿の蕉門の発句700余句などを収めるが、特に芭蕉終焉しゅうえんの記事に詳しい。
おい-ぬ・く【追(い)抜く】おひ〔動カ五(四)〕❶先に出たものに追いつき、さらにその先に出る。追い越す。「最後の一〇〇メートルで―・く」❷劣っていたものが目標とする相手に追いついて、さらにまさる。「先進国の生産高を―・く」(類語)追い越す・上回る・超える・超す・過ぎる・凌しのぐ・突破・超越・凌駕りょうが・越す・通り越す・踏み越える・行き過ぎる
おいぬ-こども【▽御犬子供】江戸城の大奥に仕え、雑用をしていた少女。おいぬ。
おい-の〔感〕応答するときの語。多く女性が使う。はい。おいのう。「『いやあお千世か』『―』」〈浄・宵庚申〉
おい-の-いってつ【老いの一徹】老人が、自分の決めたことをどこまでも押し通して、他人の意見を聞こうとしないこと。「―に手を焼く」
おい-の-いりまい【老いの入舞】―いりまひ 年をとってから最後の一花を咲かせること。「そのまま人の嫌ふ事をも知らで―をし損ずるなり」〈花鏡〉
おい-の-かたうど【老いの方▽人】老人のために気を吐く人。年寄りの味方。「この人の後には誰にか問はん、などいはるるは、―にて」〈徒然・一六八〉
おい-の-くりごと【老いの繰(り)言】老人が、言ってもしかたのないことを、くどくどと繰り返し言うこと。「―と聞き流す」
おい-の・ける【追い▽退ける】おひ〔動カ下一〕文おひの・く〔カ下二〕追って、そこからどかせる。追い払う。「暁の光は次第に四方よもの闇を―・け」〈美妙・武蔵野〉
おいのこぶみ【笈の小文】おひのこぶみ 江戸中期の俳諧紀行。1冊。松尾芭蕉著。宝永6年(1709)刊。貞享4年(1687)10月に江戸を出立し、尾張・伊賀・伊勢・大和・紀伊を経て、須磨・明石を遊覧した時の紀行。卯辰うたつ紀行。芳野紀行。
おい-の-さか【老いの坂】苦難に耐えながら年をとってゆくのを、坂道を上るのにたとえた語。
おい-の-さか【老ノ坂】京都市と亀岡市との間にある峠。山陰道の京都への入り口。標高193メートル。老齢を重ねることに掛けても用いる。(補説)「大枝おほえの坂」とも書いた。
おい-の-つもり【老いの積もり】年齢が重なって老いること。「―にや、悩ましくのみして、もの心細かりければ」〈源・関屋〉
おい-の-なみ【老いの波】老齢になること。「年寄る」の「寄る」の縁で「波」を出し、また顔に寄るしわから波を連想した言い方。「一磯額ひたひにぞ寄りにける、哀れ恋しき若の浦かな」〈梁塵秘抄・四九〇〉
おい-の-はる【老いの春】❶晩春と人の老齢とを掛けていう語。「花鳥になほあくがるる心かな―とも身をば思はで」〈風雅・雑上〉❷老いて迎える新春。(季 新年)「それも応おう是ぜもおうなり―/涼菟」〈一幅半〉
おい-の-ひがみみ【老いの×僻耳】年をとって耳が遠くなり、聞き誤りが多くなること。また、ひがんで悪く解釈すること。
おい-のぼ・る【生ひ上る】おひ〔動ラ四〕草木などが生長して丈が高くなる。「しげき蓬よもぎは、軒をあらそひて―・る」〈源・蓬生〉
おいのり-ぶぎょう【▽御祈奉行】―ブギヤウ 鎌倉幕府・室町幕府の臨時の職。陰陽家や僧侶に、将軍家の疾病や怪異・天災などを払う祈祷きとうをさせた。祈奉行。
おい-はぎ【追(い)剝ぎ】おひ 通行人を襲い、衣服・持ち物などを奪い取ること。また、その盗賊。ひきはぎ。「―にあう」
(類語)泥棒・盗人・盗賊・強盗・賊・こそ泥・ギャング
おい-はご【追(い)羽子】おひ「追い羽根」に同じ。
おい-は・てる【老(い)果てる】〔動タ下一〕文おいは・つ〔タ下二〕年をとり衰える。「往年の名優もすっかり―・てた」
おい-はな・す【追(い)放す】おひ〔動サ五(四)〕❶とらえていた鳥獣を自由にする。「傷のなおった鷹たかを山に―・す」❷「おいはなつ❶」に同じ。「彼石を背せなに負おはせて楚山にこそ―・されけれ」〈太平記・二六〉
おい-はな・つ【追(い)放つ】おひ〔動タ五(四)〕❶遠くへ立ち退かせる。「反対派を国外へ―・つ」❷「おいはなす❶」に同じ。「獣ヲ山ニ―・ツ」〈日葡〉
おい-ばね【追(い)羽根】おひ 二人以上で、一つの羽根を羽子板でつき合う正月の遊び。追い羽子ご。(季 新年)
おい-ば・む【老いばむ】〔動マ四〕年寄りじみる。「―・みたる者こそ火桶ひをけの端に足をさへもたげて」〈枕・二八〉
おい-ばら【追(い)腹】おひ 家来が、死んだ主君のあとを追って切腹すること。供腹ともばら。「―を切る」⇔先腹さきばら。(類語)割腹・切腹・腹切り・詰め腹
おい-はらい【追(い)払い】おひはらひ ❶追い払うこと。「農作物を荒らす害獣の―に知恵を絞る」❷江戸時代の刑罰の一。長崎で、市中・郷中から追放した刑。(補説)「おいばらい」は別語。
おい-ばらい【追(い)払い】おひばらひ〔名〕スル あとから追加として支払うこと。追加払い。「時効になった年金の―対象者」(補説)「おいはらい」は別語。
おい-はら・う【追(い)払う】おひはらふ〔動ワ五(ハ四)〕じゃまなものを追い立てて、そこにいないようにする。おっぱらう。「ハエを―・う」「その一言が私の不安を―・った」(類語)追い出す・追い立てる・追っ払う・たたき出す・はじき出す・つまみ出す・追い落とす・打ち払う・追い散らす・蹴散らす
おい-びと【老い人】《「おいひと」とも》年寄り。老人。「―の若き人に交はりて」〈徒然・一一三〉
おい-ぼし【追(い)星】おひ コイ・サケなどの魚類の生殖期に、雄の頭部やひれに現れる多くの白い円錐えんすい形の小突起。
おい-ぼれ【老い×耄れ】《古くは「おいほれ」とも》老いぼれること。また、老いぼれた人。老人が自分を卑下していう場合や、老人をののしっていう場合に用いる。「わたしのような―にはその仕事は無理です」「この―の出る幕じゃない」
おい-ぼ・れる【老い×耄れる】〔動ラ下一〕文おいぼ・る〔ラ下二〕《古くは「おいほれる」とも》年をとって、からだや心の働きが鈍くなる。「―・れて足元もおぼつかない」
おい-まくら・れる【追い×捲られる】おひ〔連語〕《動詞「おいまくる」の未然形＋受身の助動詞「れる」》「追い捲る❷」に同じ。「過密スケジュールに―・れる」
おい-まく・る【追い×捲る】おひ〔動ラ五(四)〕❶激しく追い立てる。徹底的に追い散らす。「どこまでも敵を―・る」❷(多く「…に追いまくられる」の形で用いる)休む間もなくせきたてる。「仕事に―・られる」
(類語)急く・急かす・急き立てる・追い立てる・急ぐ
おい-まさ・る【生ひ▽優る】おひ〔動ラ四〕成長するにつれて容姿が美しくなる。「沼水に君は生ひねど刈る菰こものめに見す見す―・るかな」〈平中・三七〉
おい-まつ【老い松】長い年月を経た松。老松ろうしょう。
おいまつ【老松】㊀謡曲。脇能物。世阿弥作。都の人が天神のお告げで筑紫の安楽寺へ行くと、老松の精が現れ、飛び梅と追い松の伝説を語って舞をまう。㊁能の「老松」をもとにした常磐津ときわづ・富本・清元・長唄・一中節いっちゅうぶしなどの曲名。
おい-まどわ・す【追ひ惑はす】おひまどはす〔動サ四〕❶追いかけているうちに相手を見失う。取り逃がす。「もし、また―・したらむ時と、危ふく思ひけり」〈源・玉鬘〉❷しつこく追いかけまわして困らせる。「牛飼ひに―・されて」〈今昔・一・三四〉
おい-まわし【追(い)回し】おひまはし ❶おいまわすこと。❷掃除や走り使いなど雑役をする人。召使い。「ベタリベタリと―が長き廊下を雑巾にて、押拭う音の」〈逍遥・当世書生気質〉❸水域の四方に竹を立てて網を張っておき、その中で魚を追い回して捕る装置。❹歌舞伎の下座音楽の一。逃げる相手を追いかけるときや祭礼などでの立ち回りに用いるもの。❺盤双六ばんすごろくで行う遊戯。盤面の両端に白黒の駒を一地から六地までの間にそれぞれ6個並べ、さいの目の出るままに進めて、早く敵陣内に入ったほうを勝ちとする。
おい-まわ・す【追(い)回す】おひまはす〔動サ五(四)〕❶逃げまわるもののあとを追いかける。また、しつこく追いかける。「猫がネズミを―・す」「静養先まで芸能記者が―・す」❷休む間も与えずこき使う。酷使する。追い使う。「仕事に―・される」
おい-みどり【老い緑】濃い緑色。
おいみ-まつり【▽御忌祭(り)】祭りのための物忌みが、それ自体で祭事となったもの。山口県・島根県などに多い。山口県下関市の忌宮いみのみや神社では、氏子が12月7日から15日まで、鳴り物・夜業などを避けて謹慎生活をする。
オイミャコン〖Oymyakon〗ロシア連邦東部、サハ共和国の村。インディギルカ川上流、オイミャコン盆地内にあり、北極圏のわずかに南側に位置。ベルホヤンスクと並ぶ北半球の寒極の一つとして知られる。
おい-むしゃ【老い武者】❶老いた武士。❷老練な武者。「信玄は―と申し度度の合戦になれたる人なり」〈三河物語・三〉
おい-め【負(い)目】おひ ❶恩義があったり、また自分の側に罪悪感などがあったりして、相手に頭が上がらなくなるような心の負担。「道義的に僕は彼に―がある」❷負債。借金。「四五十円の―の為に、頗すこぶる急迫なしたりしを」〈逍遥・当世書生気質〉
おい-め【追(い)目】おひ ❶ばくちで、何度負けても4割増しずつかけて、勝てば一挙にそれまでの負けを取り戻す方法。❷さいころばくちで、続けて負ける運となること。負け目。
おい-も・つ【負ひ持つ】おひ〔動タ四〕名としてもつ。名のる。「名をば大久米主おほくめぬしと―・ちて」〈万・四〇九四〉
おい-もと・める【追(い)求める】おひ〔動マ下一〕文おひもと・む〔マ下二〕❶追いかけてさがす。「犯人を

—・める」❷努力を重ねて手に入れようとする。「理想を—・める」

おいもの-い【追(い)物射】おひもの 騎馬で獲物を追って馬上から矢を射ること。転じて、逃げる敵を馬上から射ること。おんものい。

おい-や〔感〕不意のことに驚いたり、ふと思いついたりしたときに発する語。おやっ。「一、聞きし人なりなり」〈源・宿木〉

おい-や・る【追い▽遣る】おひ〔動ラ五(四)〕❶追ってその場から去らせる。追い払う。「犬を—・る」「疑念を頭から—・る」❷無理やりある状態におちいらせる。「閑職に—・る」「苦境に—・る」

おい-ゆ・く【生ひ行く】おひ〔動カ四〕育っていく。成長していく。「初草の—・く末も」〈源・若紫〉

おい-ら【▽己▽等｜▽俺▽等】〔代〕《「おれら」の音変化》一人称の人代名詞。おれ。おら。ふつう、男性が用いる。(類語)おれ・僕・わし・おら・あっし・こちとら

オイラー〖Leonhard Euler〗[1707〜1783]スイスの数学者。解析学など数学の諸分野での膨大な研究のほか、医学・化学・天文学などでも功績がある。著「無限小解析入門」「力学」など。

オイラー〖Ulf Svante von Euler〗[1905〜1983]スウェーデンの生理学者。オイラー＝ケルピンの子。ノルアドレナリンを発見し、神経伝達物質であることを確認した。B＝カッツ、J＝アクセルロッドとともに1970年にノーベル生理学医学賞を受賞。

オイラー-ケルピン〖Hans von Euler-Chelpin〗[1873〜1964]スウェーデンの化学者。ドイツの生まれ。広く化学全般を研究したが、特に酵母のアルコール発酵の酵素の研究が有名。1929年、A＝ハーデンとともにノーベル化学賞受賞。

オイラート〖Oirat〗モンゴル系の一部族。モンゴル西北部に興り、元の衰退後勢力を拡大。15世紀、エセンのとき全モンゴルを支配し、明に侵入するなど全盛をきわめたが、16世紀に韃靼(だったん)の台頭とともに衰えた。のち、その一部ジュンガルが王国を築いたが、清に滅ぼされた。現在はモンゴルのほか、中国の新疆(しんきょう)、ロシア連邦カルムイク共和国に住む。オイラト。

オイラー-のず【オイラーの図】ヅ 集合における元(げん)の範囲を線で囲み、集合相互間の関係を図で示したもの。L＝オイラーが論理学の説明に採用して広め、ベン図へと発展。

オイラー-の-ためんたいていり【オイラーの多面体定理】多面体での性質として、面の数をf、頂点の数をv、辺の数をeとするとき、$f+v-e=2$という関係式が成立するという定理。

おい-らか〔形動ナリ〕❶性格が、こせこせせずおっとりしているさま。穏やか。「対の君は、一なれど心深ければこそ」〈宇津保・楼上上〉❷態度が素直でとげとげしくないさま。あっさりしているさま。「すべて人は一に、すこし心おきてのどやかに、おちゐぬるをもととしてこそ」〈紫式部日記〉

おいら-が【▽己▽等が】《江戸時代の吉原言葉》禿(かむろ)や新造が姉女郎を呼ぶ語。おいらがん。「二ぼさつは—といふ立ち姿」〈柳多留拾遺・二〉

おい-らく【老いらく】❶《「お(老)ゆ」のク語法「おゆらく」の音変化》年老いること。老年。「さくら花散りかひくもれ—の来むといふなる道まがふがに」〈古今・賀〉❷(「らく」を「楽」の意にとって「老い楽」と書く)老後の楽しみ。老後の安らぎ。「今歳の暮にはお袋を引取って、ちと—をさせずばなるまい」〈二葉亭・浮雲〉

おいらく-の-こい【老いらくの恋】こひ 年老いてからの恋愛。昭和23年(1948)、68歳の歌人川田順が弟子と恋愛、家出し、「墓場に近き老いらくの、恋は怖るる何ものもなし」と詠んだことから生まれた語。

おいらせ-がわ【奥入瀬川】がは 青森県東部を流れる川。十和田湖から発し、おいらせ町で太平洋に注ぐ。上流の子ノ口(ねのくち)から焼山の間は、奥入瀬渓流とよばれ、滝や奇岩が多い景勝地。長さ67キロ。

おいらせ-けいりゅう【奥入瀬渓流】ケイリウ 青森県東部を流れる奥入瀬川の一部。十和田湖岸の子ノ口(ねのくち)から焼山までの14キロメートルの渓流。両岸にはカエデ・ブナの林が続く。十和田八幡平国立公園に属し、景勝地として知られる。

おいらん【花＝魁】❶《江戸吉原の遊郭で、新造・禿(かむろ)などが姉女郎を「おいらの(己等の姉さんの略)」と呼んだところからという》㋐姉女郎のこと。㋑位の高い遊女。太夫(たゆう)。㋒一般に、遊女、女郎。❷《「花魁芋」の略》サツマイモの一品種。芋は紫がかった白色で水けが多い。

おいらん-そう【花＝魁草】サウ ❶クサキョウチクトウの別名。(季 夏)「揚羽蝶—にぶらさがる/素十」❷ゴゼンタチバナの別名。

おいらん-どうちゅう【花＝魁道中】ダウチュウ 江戸時代、位の高い遊女が馴染み客を迎えに郭内の茶屋の行き帰りや特定の日に美しく着飾って遊郭の中を練り歩いたこと。

おいらん-どり【花＝魁鳥】エトピリカの別名。

お-いり【▽御入り】入って来ることの意の尊敬語。おいで。御入来。「今日(こんにち)は早速の—で誠に御苦労様に存じまする」〈円朝・怪談牡丹灯籠〉

お-いり-あ・る【▽御入りある】〔動ラ四〕❶「行く」「来る」「ある」「居る」の尊敬語。「天子はどこへ—・ったことはないほどに」〈史記抄・孝文本紀〉「明宗は沙漠に御座あるほどに、卒とは—・るまいとて」〈勅規桃源鈔・一〉❷(補助動詞)「で」「にて」のあとに付く。補助動詞「ある」の尊敬語。…いらっしゃる。「後小松院やらうは、…相撲の上手で—・ったほどに」〈史記抄・秦始皇本紀〉「これはことし生まれ、片子(かたこ)で—・る」〈咄・醒睡笑・一〉(補説)「お…ある」の間に動詞「入る」の連用形が入った形が一語化したもの。のちに音変化して「おりゃる」となる。

オイリー〖oily〗〔形動〕脂性の。油質の。油性の。油状の。「一肌用の化粧水」

オイリュトミー〖(ドイツ) Eurythmie｜Eurhythmie〗ドイツの哲学者・教育者ルドルフ＝シュタイナーが1911年ごろ創出した教育法。音楽・言葉のリズムに合わせた身体表現を行う。

オイル〖oil〗❶燃料用・食用・機械用などの油。「サラダー」「モーター—」❷石油。❸自動車の潤滑油。「—交換」❹油絵の具。また、油絵。

お・いる【老いる】〔動ア上一〕文お・ゆ〔ヤ上二〕❶年をとる。老齢になる。「—・いてますます意気軒昂(けんこう)」❷年をとって心身の働きが衰える。「以前にくらべると、さすがの彼も—・いた感が深い」❸草木が枯れかかる。「大荒木の森の下草—・いぬれば駒もすさめずかる人もなし」〈古今・雑上〉❹季節が終わりに近づく。「野べに春—・いたり」〈宇津保・春日詣〉
(類語)老ける・老い込む・老け込む・老いさらばえる

老いたる馬は路(みち)を忘れず 《「韓非子」説林から》道に迷ったときは、老馬を放ってそのあとをついて行けば道に出るものだ。経験を積んだ者は、行うべき道を誤らないことのたとえ。老馬の智。老いたる馬は路を知る。

老いては騏驎(きりん)も駑馬(どば)に劣る 《「戦国策」斉策から》すぐれた人も年老いると働きが劣り、凡人に及ばなくなることのたとえ。騏驎も老いぬれば駑馬に劣る。

老いては子(こ)に従え 《「大智度論」九九から》年をとってからは、何事も子に任せ従ったほうがよいということ。

老いては益々(ますます)壮(さか)んなるべし 《「後漢書」馬援伝から》年老いても元気が衰えず、ますます盛んな意気がなければならないということ。

老いて二度(にど)児(ちご)にな・る 人は年を取ると、理解力や判断力が衰えて、また子供のようになる。老いては愚にかえる。老いて再び稚児になる。

オイル-エンジン〖oil engine〗►石油機関

オイルガス〖oilgas〗原油、または重油・ナフサなどを熱分解して得られるガス。都市ガスに用いる。

オイル-カラー〖oil color〗油絵の具。

オイル-クリーナー〖oil cleaner〗自動車で、オイルの浄化装置。

オイルクロス〖oilcloth〗綿・ネルなど厚手の布地の表面にエナメルや桐油(とうゆ)を塗った布。模様をつけたものもある。防水性があり、汚れが落ちやすいのでテーブル掛けや床張りに用いる。

オイル-ご【オイル語】中世のフランスで、ロアール川より北の地域で話されていた言語。このうちパリを中心に行われていた方言が現代の標準フランス語の源になった。oïlは現代フランス語のouiにあたり、「然(しか)り」を意味した。⇒オック語

オイル-サーディン《和 oil＋sardine》小形のイワシ(サーディン)の頭を除き、油に漬けた食品。また、その缶詰。

オイル-サンド〖oil sand〗粘稠(ねんちゅう)な炭化水素を含む砂。合成石油を得ることができる。カナダのアルバータ州やベネズエラのオリノコ川北岸などに分布。タールサンド。油砂。

オイル-シェール〖oil shale〗有機化合物を含む黒褐色の頁岩(けつがん)。乾留により石油が得られる。油母頁岩(ゆぼけつがん)。石油頁岩。油頁岩。含油頁岩。

オイル-シャンプー〖oil shampoo〗オリーブ油などを頭の地肌にすり込んでからシャンプーで髪を洗うこと。また、油性の原料が配合されているシャンプー。

オイル-ショック《和 oil＋shock》アラブ産油国の原油生産削減と価格の大幅引き上げが、石油を主なエネルギー資源とする先進工業諸国に与えた深刻な経済的混乱のこと。第一次は昭和48年(1973)、第二次は昭和54年(1979)。石油危機。

オイル-シルク〖oiled silk〗桐油(とうゆ)または樹脂溶液で防水加工した絹布。レーンコート・雨傘などに用いられた。

オイルスキン〖oilskin〗油を塗って防水性を与えた布地。

オイル-ステイン〖oil stain〗油に濃い鉄さび色の染料や顔料を溶かした塗料。木製の外壁・塀・柱・床などの着色や防腐に用いる。

オイルストーン〖oilstone〗油砥石(あぶらといし)。

オイル-ダラー〖oil dollars〗原油の輸出や採掘の利権などで、産油国に蓄積されたドル。ドル以外の外貨を含めてオイルマネーともいう。

オイル-ダンパー〖oil damper〗油の粘性を利用して衝撃や振動をやわらげる装置。自動車や航空機などに使用。

オイルド-ジャケット《和 oiled＋jacket》布地の表面に植物性油や合成油を塗って、表面に光沢や防水性、保温性をもたせたジャケット。

オイルド-セーター〖oiled sweater〗脱脂されていない毛糸で編まれたセーターのこと。防水性・保温性に富む。もとは、漁師たちの労働着。

オイル-バーナー〖oil burner〗重油・軽油・灯油を噴霧し、空気と混合して燃焼させる機器。

オイル-パン〖oil pan〗自動車のエンジン底部にあるエンジンオイル溜め。潤滑後のオイルはここに戻り、冷却、ろ過され、再びポンプで必要箇所へ送られる。

オイル-ヒーター〖oil heater〗❶密閉したパネルの中に難燃性のオイルを入れ、電気で暖めて循環させ、輻射熱で部屋を暖める暖房器具。燃焼を伴わないので、一酸化炭素・二酸化炭素などを発生しない。オイルラジエーターヒーター。❷石油を燃料とする暖房装置。石油ストーブ。

オイル-フィルター〖oil filter〗油ろ過器。潤滑油・作動油などに混入した粒子状の汚染要因物をこし取る機器。

オイル-フェンス〖oil fence〗流出した石油類の拡散を防ぐため、水面に設ける囲い。

オイル-フォンデュ《和 oil＋fondue(フランス)》フランスのブルゴーニュ地方の料理。牛肉の角切りを串に刺し、卓上で、油で揚げながら好みのソースで食べる。ミートフォンデュ。

オイル-フリー〖oil-free〗油分を含んでいないこと。

オイルフリー-ファンデーション〖oil-free foundation〗化粧品のファンデーションの一種で、油分を含まず、さっぱりとした使用感のもの。また、使用後油分が蒸発して肌に残らないものもある。

オイル-ブレーキ〖oil brake〗ブレーキペダルに加えた力を、油圧に変えて各車輪に伝達する方式のブ

漢字項目 おう

【皇｜黄】▶こう

王 学1 音オウ(ワウ)呉漢 訓きみ、おおきみ ‖①天子。君主。「王侯・王国・王座・王子・王者・王女・王政・王妃/勤王・国王・女王・尊王・大王・帝王・仁王・覇王・法王・魔王・四天王」②皇族の親族。「女王・親王」③実力のすぐれたもの。第一人者。「三冠王・打撃王」 名付 たか・み・わか 難読 親王

凹 音オウ(アフ)漢 訓くぼむ、へこむ ‖へこんだ状態。くぼみ。「凹凸・凹版・凹面鏡」 難読 凸凹

央 学3 音オウ(アウ)呉 訓なかば ‖なかほど。まんなか。「震央・中央」 名付 あきら・ちか・てる・なか・ひさ・ひさし・ひろ・ひろし

応〔應〕 学5 音オウ呉 ヨウ漢 訓こたえる、いらえる ‖①問いや呼びかけにこたえる。「応酬・応答/呼応」②承知する。「応諾」③外からの求めや働きかけを受けて動く。「応援・応急・応戦・応対・応募・応用/感応・順応・即応・対応・内応・反応」④ふさわしい。つりあう。「応分/相応」 名付 かず・たか・のぶ・のり・まさ 難読 相応しい

往 学5 音オウ(ワウ)呉漢 訓ゆく、いぬ ‖①出かけて行く。「往還・往生・往診・往復・往来・往路/勇往・右往左往」②時間が過ぎ去る。過去。「往古・往時・往昔・往年/既往」③これから先。将来。「以往」④おりおり。「往往」 名付 なり・ひさ・もち・ゆき・よし

押 音オウ(アフ)漢 訓おす、おさえる ‖①印をおす。署名する。「押印・押捺/花押」②とりおさえる。「押収・押送・押領」③詩の韻をふむ。「押韻」 名付 おし 難読 長押

旺 音オウ(ワウ)呉漢 訓さかん ‖盛んなさま。「旺盛・旺然」 名付 あきら

×**枉** 音オウ(ワウ)呉漢 訓まがる、まげる ‖①道理をむりにまげる。「枉法」②寄り道をする。「枉駕」③無実の罪。「冤枉」

欧〔歐〕 音オウ漢 ‖ヨーロッパ。「欧州・欧文・欧米/西欧・渡欧・東欧・南欧・訪欧・北欧」 補説 原義は、口から物を吐いてもどす意。 難読 欧羅巴

殴〔毆〕 音オウ漢 訓なぐる ‖たたく。なぐる。「殴殺・殴打」

桜〔櫻〕 学5 音オウ(アウ)漢 訓さくら ‖㊀〈オウ〉①木の名。サクラ。「桜花/観桜」②木の名。ミザクラ。「桜桃」㊁〈さくら(ざくら)〉「桜色/葉桜・山桜・夜桜・彼岸桜・八重桜」 難読 桜桃

翁 音オウ(ヲウ)漢 訓おきな ‖①男の老人。おきな。「村翁・老翁・白頭翁・不倒翁」②男の老人の敬称。「杜翁(トルストイ)・奈翁(ナポレオン)」 名付 おい・おき・とし・ひと 難読 信天翁

奥〔奧〕 音オウ(アウ)呉漢 訓おく ‖㊀〈オウ〉①おくまった場所。「胸奥・堂奥・内奥」②意味が深い。おく深い。「奥義・蘊奥・深奥・秘奥」③陸奥国。「奥羽・奥州」 補説 原義は部屋の西南の隅。㊁〈おく〉「奥書・奥底・奥地/大奥・山奥」 名付 うち・おき・すみ・ふか・むら 難読 奥津城・陸奥

×**嘔** 音オウ漢 訓はく ‖吐く。もどす。「嘔気・嘔吐」

横〔橫〕 学3 音オウ(ワウ)呉 訓よこ ‖㊀〈オウ〉①よこ。よこにする。よこになる。「横臥・横断・横転/縦横」②ほしいまま。かって気まま。「横行・横柄・横暴・横領/専横」③普通でない。「横禍・横死」④あふれ出る。「横溢・横流」㊁〈よこ〉「横顔・横綱・横道・横文字/真横」

×**墺** 音オウ(アウ)呉漢 ‖オーストリア。「独墺合邦・普墺戦争」 難読 墺太利

×**懊** 音オウ(アウ)呉漢 ‖深く思い悩む。憂えもだえる。「懊悩」

×**謳** 音オウ漢 訓うたう ‖声をそろえて歌う。「謳歌」

レーキ。油圧ブレーキ。

オイル-ベアリング〘oil bearing〙▶流体軸受け

オイルペーパー〘oilpaper〙電気絶縁紙。ワニス・シリコン油などの絶縁油をしみ込ませた絶縁紙。ケーブル・各種コイルの絶縁あるいはコンデンサーの誘電体として用いられる。

オイル-ボール〘oil ball〙排水に混じった原油や廃油などが揮発し、ボール状の固形物となって海に流れ出たもの。廃油ボール。

オイルポンプ〘oilpump〙❶油の蒸気流を利用して高度の真空を作るポンプ。油ポンプ。❷エンジンなどに油を送るために用いるポンプ。油ポンプ。

オイル-マネー《和 oil＋money》▶オイルダラー

オイル-やき【オイル焼(き)】鉄板に油を引き、肉や野菜を焼きながら食べる料理。

オイルリグ〘oilrig〙石油の掘削装置。特に、海底油田の掘削のために海上に設ける設備。リグ。

おいれ【▽老▽入れ】《「おいいれ」の音変化》老後。また、老後の境遇。「六郎兵衛さんもいい―だ」〈滑・浮世風呂・前〉

お-いろ【▽御色】❶「色」また「顔色」の丁寧語・尊敬語。❷紅をいう女性語。「―をつけて、化粧をして」〈滑・浮世風呂・前〉

お-いろなおし【▽御色直し】「色直し」の丁寧語。

オイロピーデ〘ドイ Europide〙現代人を人種的に三大別したうち、白色人種。コーカソイド。

おいわ【お岩】歌舞伎狂言「東海道四谷怪談」の女主人公。毒を飲まされ、醜悪な形相に変じて悶死し、幽霊となって恨みを晴らす。

お-いわい【▽御祝(い)】「いわい❶・❷」の丁寧語。

おいわい-ぶぎょう【▽御祝奉行】室町幕府の職名。将軍宣下・任大臣・大饗などの儀式の際、宴席のことをつかさどった職。

おい-わけ【追分】❶街道が左右に分かれる所。各地に地名として残る。❷「追分節」の略。
類語 十字路・四つ辻・四つ角・三叉路・丁字路・交差点・曲がり角

おいわけ-ぶし【追分節】民謡の一。中山道と北国街道の分岐点であった信州追分の宿(長野県軽井沢町)の飯盛り女たちが、碓氷峠を往来する馬子のうたう馬子唄に三味線の手をつけたものが馬方三下がりまたは追分節(信濃追分)とよばれて、東日本を中心に各地に伝わったもの。一般に声を緩やかにのばし、旋律は哀調を帯びる。越後追分・江差追分などが有名。

おう【王】ワウ ❶国などを治める人。㋐一国の最高主権者。君主。国王。中国では、始皇帝以後「帝」より一級下の称号。㋑儒教で、道徳をもって天下を治める者。王者。❷皇族で、親王宣下のない男子。皇室典範では、天皇の3世(旧制では5世)以下の皇族男子。❸同類中、またその道で最もすぐれているもの。「百獣の―」「発明―」❹将棋の駒の王将。➡漢「おう(王)」
類語 国王・帝王・皇帝・キング・大王・王様

おう【翁】ヲウ ❶男の老人。おきな。❷㋐接尾語のように用いて男の老人の敬称とする。「芭蕉―」「福沢―」「沙―(シェークスピア)」㋑単独で代名詞のように用いる。「―の伝記を読む」➡漢「おう(翁)」 類語 おじいさん・じいさん・じじい・老夫・老爺・翁・老翁

お-う【▽麻▽生】麻の生えている土地。「桜麻の―の下草露しあれば」〈万・二六八七〉

おう【×襖】アウ ▶あお(襖)

お-う【生ふ】〘動ハ上二〙草や木などが生ずる。生え伸びる。「ぬばたまの夜のふけゆけば久木―・ふる清き川原に千鳥しば鳴く」〈万・九二五〉

おう【▽会ふ】〘動ハ四〙▶あ(会)う

おう【▽合ふ】〘動ハ四〙▶あ(合)う

お-う【負う】〘動ワ五(ハ四)〙❶背中や肩にのせる。背負う。「重い荷を―・う」❷身に受ける。また、自分で引き受ける。かぶる。「責任を―・う」「恨みを―・う」❸傷を受ける。「重傷を―・う」「損害を―・う」❹お陰をこうむる。「先輩のご指導に―・うところが大きい」❺後ろに位置させる。背景とする。「後ろに山を―・う」❻借金する。「その人は、わが金を千両―・ひたる人なり」〈宇治拾遺・一〉❼名としてもつ。名前に適合する。「名にし―・はばいざ事とはむ都鳥わが思ふ人はありやなしやと」〈伊勢・九〉❽ふさわしいさまである。適応する。「文屋康秀は、ことば巧みにて、そのさま身に―・はず」〈古今・仮名序〉 可能 おえる

用法 おう・せおう――「負う」は文語的。話し言葉では多く「背負う」を使う。◆「負う」「背負う」には抽象的に負担する意味もあり、「責任を負う」「罪を負う」「一家を背負って働く」などと使われるが、「背負う」のほうが具体的動作を表す度合いが強い。傷・痛手については「負う」を用い、「背負う」は使わない。◆類似の語に「担う」「担ぐ」がある。ともに、肩で重みを受けるようにして物を運ぶ意。「大きな荷を担う」「おみこしを担ぐ」、また、抽象的に「役割を担う」「次代を担う」などとも使う。 類語 担ぐ・担う

負うた子に教えられて浅瀬を渡る 時には自分より未熟な者から教えられることもあるということのたとえ。

負うた子より抱いた子 離れている者よりも、身近な者をまず大切にするのが人情の常であるということのたとえ。

負わず借らずに子三人 借金がなく、子供が三人ぐらいいる家庭が、まずは幸福といえるということ。

お-う【追う】【▽逐う】〘動ワ五(ハ四)〙❶㋐先に進むものに行き着こうとして急ぐ。あとをついて行く。追いかける。「母親のあとを―・う幼な子」「逃走者を―・う」「機影をレーダーで―・う」㋑目標となるものに至り着こうとする。また、あるものを得ようとする。追い求める。「理想を―・う」「世の流行を―・う」「掘り出し物を―・って古本屋をまわる」❷㋐順序に従って進む。「順を―・って話す」「話の筋を―・ってみる」㋑時間が経過するのに従って変化する。「日を―・って忙しくなる」❸無理にその場所・地位などを去らせる。追い払う。追い立てる。「地位を―・われる」「子犬が―・っても―・ってもついてくる」「蠅を―・う」❹(「…に追われる」の形で)せきたてられて余裕のない状態である。「生活に―・われる」「仕事に―・われる」❺せきたてて先に進ませる。「牛を―・う生活」❻目的の場所を目ざして進む。「和泉の灘より小津のとまりを―・ふ」〈土佐〉❼貴人の行列の先払いをする。先追う。「容儀をいつくしく整へ、御さきに―・ひて」〈継体紀〉 可能 おえる 類語 追いかける・追い詰める・追いつく

…句 顎で蠅を追う・頭の上の蠅を追う・跡を追う・頤で蠅を追う・巻を追う・先を追う・去る者は追わず・鹿を逐う・中原に鹿を逐う・二兎を追う・日を追って

追いつ追われつ 追いかけたり、追いかけられたり。抜きつ抜かれつ。「―の大接戦」

お-う【終ふ】〘動ハ下二〙「お(終)える」の文語形。

おう【▽敢ふ】〘動ハ下二〙▶あ(敢)う

お-う【▽覆ふ】〘動ハ四〙「おお(覆)う」に同じ。「上枝は天を―・へり」〈記・下・歌謡〉

おう【×饗ふ】〘動ハ下二〙▶あ(饗)う

おう〘感〙▶おお〘感動詞〙

おう-あ【欧亜】欧羅巴と亜細亜。亜欧。

おうあん【応安】南北朝時代、北朝の後光厳天皇・後円融天皇の時の年号。1368年2月18日～1375年2月27日。

おうあんしんしき【応安新式】南北朝時代の連歌式目。1巻。二条良基著。応安5年(1372)成立。救済の助力により、連歌の規則を新しく制定したもの。連歌新式。

おう-あんせき【王安石】ワウ[1021～1086]中国、

北宋の政治家・文学者。臨川(江西省)の人。字(あざな)は介甫(かいほ)。神宗の信任を得て宰相となり、青苗(せいびょう)法など多くの新法を実施したが、旧法党の反対にあって辞職した。唐宋八家の一人。

おう-い【王位】ワウヰ ❶王の位。帝位。「一継承」❷将棋の七大タイトルの一。王位戦の勝者がタイトルの保持者となる。(類語)皇位・帝位

おう-い【王威】ワウヰ 王のもつ威光。威厳。

おう-い【王維】ワウヰ[701ころ～761]中国、唐の詩人・画家。太原(山西省)の人。字(あざな)は摩詰(まきつ)。安禄山の乱後、粛宗に起用され、尚書右丞(しょうしょうゆうじょう)になった。仏教を信仰し、長安郊外の輞川(もうせん)に別荘を設けて、友人たちと詩画の創作や音楽を楽しんだ。自然詩・山水画に長じ、南宗画の祖と仰がれる。

おう-い【横位】ワウヰ 胎児が子宮内で横になっていること。この胎位のままの分娩(ぶんべん)は危険。

おう-い・く【奥行く】アウ〔動カ四〕奥の方へ行く。さらに先の方に行く。「人目も知らず走られつるを、一・かむことこそ、いとすさまじけれ」〈枕・九九〉

おうい-せん【王位戦】ワウヰ 将棋の七大タイトル戦の一。昭和35年(1960)創設。毎年7月から9月にかけて、七番勝負で行われる。勝者には王位の称号が与えられ、通算で10期または連続で5期以上にわたり王位の称号を手にした棋士には永世王位を名乗る資格が与えられる。

おう-いつ【横×溢｜×汪×溢】ワウ〔名〕スル 水がみなぎりあふれること。また、気力などがあふれるほど盛んなこと。「一する若い力」「生気一」「太陽が出るや否や、水門の水が放たれたような一で、光は地平線まで一気にほとばしる」〈野上・迷路〉

オウィディウス〘Publius Ovidius Naso〙[前43～後18ころ]古代ローマの詩人。官能的で優雅な叙情詩「愛の技術」で名をなした。ほかに神話に材をとった物語詩「メタモルフォセス」や「祭暦」「悲歌」など。

おう-いん【王×胤】ワウ 王の子孫。

おう-いん【押印】アフ〔名〕スル 印を押すこと。捺印(なついん)。「署名して一する」(補説)当用漢字の制定などにより、捺印に代わって用いられるようになった語。(類語)押捺

おう-いん【押韻】アフヰン〔名〕スル 詩歌などで、同一または類似の音韻をもった語を一定の箇所に用いること。韻を踏むこと。➡脚韻(きゃくいん)　➡頭韻(とういん)

おういん-かい【桜蔭会】アウイン 自治 お茶の水女子大学卒業生の同窓会。

おう-う【奥羽】アウ 陸奥(むつ)国と出羽(でわ)国。今の東北地方。青森・秋田・岩手・宮城・山形・福島の6県。

おううえつ-れっぱんどうめい【奥羽越列藩同盟】アウウエツ 慶応4年(1868)の戊辰戦争の時に、東北・北越の諸藩が結んだ反維新政府軍事同盟。

おうう-さんみゃく【奥羽山脈】アウウ 東北地方の中央部を南北に走る山脈。青森県の陸奥(むつ)湾に突出する夏泊(なつどまり)半島から福島県に至る。

おうう-だいがく【奥羽大学】アウウ 福島県郡山(こおりやま)市にある私立大学。昭和47年(1972)東北歯科大学として開学。平成元年(1989)に、現校名に改称。同17年に薬学部を設置した医療系6年制大学。

おうう-ちほう【奥羽地方】アウウチハウ 東北地方㊀の異称。

おう-うつ【×蓊×鬱】ヲウ〔ト・タル〕〔文〕〔形動タリ〕草木が盛んに茂るさま。「既にして松林の一たるを見る」〈東海散士・佳人之奇遇〉

おうう-ほんせん【奥羽本線】アウウ 東北本線福島から秋田を経て青森に至るJR線。全長484.5キロ。

おうう-ようらくがい【奥羽×瓔×珞貝】アウウヤウラク アッキガイ科の巻き貝。潮間帯の岩礁底(がんしょうてい)にすむ。貝殻は紡錘形で硬く、殻高約5センチ、殻表は淡褐色で、肩の部分がとげ状。肉食性で、カキなどに穴をあけて食害する。

おう-うん【桜雲】アウ 桜の花が一面に咲きつづいて、遠方からは白雲のように見えること。花の雲。

お-うえ【▽御上】ヘ ❶主人の妻や目上の人の妻を敬っていう語。「いかなればーにはかくあぢきなき御顔のみにて候ふぞやと」〈仮・是楽物語下〉❷㋐土間・庭に対して、畳の敷いてある部屋。座敷。「毎年お庭で舞ひまして、お前はーに結構な蒲団敷いて」〈浄・大経師〉㋑主婦の居間。茶の間。おいえ。「ーには亭主夫婦、あがり口に料理人」〈浄・曽根崎〉

おうえい【応永】室町中期、後小松天皇・称光天皇の時の年号。1394年7月5日～1428年4月27日。

おうえい-の-がいこう【応永の外寇】グワイコウ 応永26年(1419)倭寇(わこう)の被害に悩む李氏朝鮮が、その根拠地とみなした対馬(つしま)を兵船227隻で襲撃した事件。宗貞盛(そうさだもり)の反撃を受けて撤退。

おうえい-の-らん【応永の乱】応永6年(1399)大内義弘が足利義満に背き堺に挙兵、敗死した事件。これを機に、守護大名に対する将軍権力が確立した。

おう-えき【応益】各自が受け取る利益の程度に応じること。➡応能

おうえき-ふたん【応益負担】自分が受けた利益に応じたものを負担すること。特に、医療・介護・福祉サービスで、所得に関係なく受けたサービスの内容に応じて対価を支払うこと。医療費を一律1割負担とするなど。定率負担。➡応能負担

おうえ-さま【▽御上様】おうへ「おうえ❶」に同じ。おいえさま。おうえ。「一のおつかひものがなうてなるまい」〈天理狂・釣針〉

おう-えん【応援】ヱン〔名〕スル ❶力を貸して助けること。また、その助け。「選挙運動の一に駆けつける」「一演説」❷競技・試合などで、声援や拍手を送って選手やチームを励ますこと。「地元チームを一する」「一団」(類語)援助・支援・後援・助成・バックアップ・フォロー・賛助・助ける・手助け・助力・幇助(ほうじょ)・助勢・加勢・助太刀(すけだち)する・力添え・協力・後押し・守(も)り立てる・力を貸す・手を貸す・肩を貸す・補助・補佐

おう-えん【黄鉛】ワウ クロム酸鉛を主成分とする、代表的な黄色顔料。印刷インク・プラスチックの着色などに使用。クロムイエロー。

おうえん-か【応援歌】オウヱン 競技で、味方の選手・チームを励ますためにうたう歌。

おうえん-だん【応援団】オウヱン 特定のスポーツ選手やチームをひいきにして、試合などの際に組織的に応援する人々。また、広く、特定の人に助力したり賛同したりする人々。「人気チームの一」「働く母親たちの一」

おう-おう【×汪×汪】ワウワウ〔ト・タル〕〔文〕〔形動タリ〕水が豊かにたたえられているさま。転じて、人の心の広いさま。「一たる大河」

おう-おう【×怏×怏】アウアウ〔ト・タル〕〔文〕〔形動タリ〕心が満ち足りないさま。晴れ晴れしないさま。「一として楽しまず」「居常(きょじょう)一として不平を酒盃(しゅはい)に漏(も)らしつ」〈蘆花・不如帰〉

おう-おう【×嚶×嚶】アウアウ〔ト・タル〕〔文〕〔形動タリ〕鳥の鳴き交わす声。「いかなる名鳥か一として」〈鏡花・湯島詣〉

おう-おう【往往】ワウワウ〔副〕(多く「往往に」「往往にして」の形で)物事がしばしばあるさま。まま。「こういうことは一にしてあるものだ」

おうおうに-して【往往にして】ワウワウ〔連語〕「往往」に同じ。「そういった間違いは一あるものだ」

おう-おうりん【王応麟】ワウ[1223～1296]中国、南宋の学者。慶元(浙江省)の人。字(あざな)は伯厚(はくこう)。清朝考証学の先駆とされた。著「困学紀聞」「玉海」など。

おう-か【王化】ワウクワ 王者の仁徳により万民を感化し世の中をよくすること。君主の徳化。おうけ。「万民を一に浴させたい」〈藤村・夜明け前〉

おう-か【王家】ワウ ▶おうけ(王家)

おう-か【応化】クワ〔名〕スル 時世や環境の変化に応じて変わること。適応。

おう-か【欧化】クワ〔名〕スル 思想や風習などがヨーロッパ風になること。また、そうすること。(類語)洋風・欧風

おう-か【×殃×禍】アウクワ わざわい。災難。「豈(あに)水火を恐れ、一を憚(はばか)らんや」〈東海散士・佳人之奇遇〉

おう-か【桜花】アウクワ 桜の花。「一爛漫(らんまん)」(季 春)

おう-か【黄化】ワウクワ 植物の緑色になるべき部分がクロロフィルを欠き、黄色または白色化する現象。光や鉄分の不足などによって起こる。➡白化(はっか)

おう-か【横禍】ワウクワ 思いがけない災難。

おう-か【×謳歌】〔名〕スル ❶声を合わせて歌うこと。また、その歌。「或は之を諷詠し、或は之を一し」〈柳河春三編・万国新話〉❷声をそろえて褒めたたえること。「世は名門を一する、世は富豪を一する」〈漱石・野分〉❸恵まれた幸せを、みんなで大いに楽しみ喜び合うこと。「青春を一する」「平和を一する」(類語)快楽・歓楽・享楽・享受・悦楽・逸楽・淫楽・楽しむ

おう-が【×枉×駕】ワウ《乗り物の方向をわざわざ変えて訪ねて来る意から》相手の来訪を敬っていう語。枉車(おうしゃ)。枉顧(おうこ)。「御一の栄を得たく」(類語)光臨・光来・来駕・来車・来臨

おう-が【横×臥】ワウグワ〔名〕スル 横になって寝ること。からだを横たえること。「ベッドに一している」(類語)寝る・臥(ふ)す・臥(ふ)せる・横たわる・枕(まくら)する・寝転ぶ・寝転がる・寝そべる・安臥(あんが)する・仰臥(ぎょうが)する・伏臥(ふくが)する・側臥(そくが)する・横になる

お-うかがい【▽御伺(い)】おうかがひ「伺い」に同じ。「社長に一を立てる」「暑中一」

おうかがくえん-だいがく【桜花学園大学】アウクワガクヱン 愛知県豊明市にある私立大学。平成10年(1998)に開学した。

おう-かく【凹角】アフ 二直角(180度)よりも大きく、四直角(360度)よりも小さい角。⇔凸角(とっかく)。

おう-がく【王学】ワウ 王陽明の説く学問。陽明学。

おう-かくまく【横隔膜】ワウ 哺乳類の胸腔と腹腔とを仕切る横紋筋性の膜。その収縮・弛緩(しかん)により呼吸作用を行う。

おうかくまく-ヘルニア【横隔膜ヘルニア】ワウカクマク 横隔膜に生じたすきまから、腹腔にある臓器が胸腔へ脱出した状態。呼吸困難などの症状を呈する。

おうが-しゅうきょく【横×臥×褶曲】ワウグワシフキョク 褶曲作用がはなはだしく進み、軸面がほとんど水平に倒れている褶曲。

おうか-しゅぎ【欧化主義】オウクワ 国の制度・文化などをヨーロッパ風に変えようとする考え方や立場。特に、明治10～20年代、井上馨外相を中心に条約改正交渉促進のためにとられた政策をいう。鹿鳴館の舞踏会に象徴される皮相的なもので終わった。

おうか-しょう【桜花賞】アウクワシヤウ 日本の競馬のクラシックレースの一。毎年4月に三歳牝馬(ひんば)により争われる。英国の千ギニー競走にならったもの。

おう-がた【凹型】アフ 凹の字のように、中ほどがくぼんだ形。⇔凸型(とつがた)。

おうかっ-しょく【黄褐色】ワウカツ 黄色みを帯びた茶色。

おう-かん【王冠】ワウクワン ❶王位を表すものとして帝王がかぶる冠。「一をいただく」❷栄誉のしるしとして授けられる冠。❸《形が❶に似ているところから》ビール瓶などの口金(くちがね)。(類語)冠(かんむり)・宝冠・栄冠・月桂冠

おう-かん【王翰】ワウ[687ころ～726ころ]中国、盛唐の詩人。晋陽(しんよう)(山西省)の人。字(あざな)は子羽。辺塞(へんさい)の兵士の感慨を詠じた「葡萄(ぶどう)の美酒、夜光の杯」で始まる「涼州詞」は有名。

おう-かん【王鑑】ワウ[1598～1677]中国、清初の画家。字(あざな)は玄照・元照・円照。号は湘碧(しょうへき)・染香庵主。王世貞の孫。古画に学び、南宗画(なんしゅうが)系の山水画にすぐれた。四王呉惲(しおうごうん)の一人。著「染香庵画跋」など。

おう-かん【往還】ワウクワン〔名〕スル ❶道を行き来すること。往復。往来。「東京と大阪とを一する」❷人などが行き来するための道。主要な道路。街道。「丘の下の一に出ると」〈寅彦・写生紀行〉(類語)本道・街道・交通・道路・運行・通行・運転・走る・通る・走行・往来・行き来・行き交い

おう-かん【横貫】ワウクワン 土地を横、すなわち東西に貫くこと。

おう-がん【皇侃】ワウ[488～545]中国、南北朝時代、梁(りょう)の学者。呉郡(江蘇省)の人。武帝に仕え、国子助教となる。経書の古注釈を集め、多くの義疏(ぎそ)を残した。著「礼講義疏」「論語義疏」など。こうかん。

おうがん-しゃくじく【黄巻赤軸】ワウクワンシヤクヂク 仏教の経巻。黄色の紙に書写し、赤色の軸を使ったのでいう。

黄紙朱軸。黄巻朱軸。
おう-き【王圻】ワウ 中国、明代の学者。上海(江蘇省)の人。字あざなは元翰。馬端臨の「文献通考」に続けて、南宋から明中期までの記事を集めた「続文献通考」を著した。他に「三才図会」など。生没年未詳。
おう-き【王畿】ワウ 古代中国で、王城を中心とした周囲の地域。帝王の直轄地。畿内。「一千里」
おう-き【王翬】ワウ [1632～1717]中国、清初の画家。常熟(江蘇省)の人。字あざなは石谷。号は清暉主人・耕煙外史・鳥目きも山人など。人物・山水画にすぐれ、南宗画なんしゅうがと北宗画を集大成し、画聖と称される。四王呉惲ごうんの一人。虞山ぐざん派の祖。著「清暉画跋」。
おう-き【応器】▶応量器おうりょうき
おう-き【×嘔気】吐きけ。「僕、彼を一目せば常に一を催さんとす」〈織田訳・花柳春話〉
おうぎ【扇】あふぎ《動詞「あお(扇)ぐ」の連用形から》❶手に持ち、あおいで風を起こす道具。儀式・祭事などにも使う。ふつう、折り畳めるものをいい、檜扇ひおうぎと蝙蝠扇かわほりおうぎがある。前者を冬扇、後者を夏扇ともいう。すえひろ。せんす。(季 夏)「母がおくる紅き一のうれしき風/草田男」❷紋所の名。❶をかたどったもの。
扇忌々し 《漢代、班婕妤はんしょうよが、秋風が吹くと捨てられる扇に自分をたとえて「怨歌行」を作ったという「文選」の故事から》扇は男女の仲にとって不吉だということ。「名にし負はば頼みぬべきをなぞもかく一と名づけそめけむ」〈古今六帖・五〉
扇を請う・ける 芸事などで、奥義伝授の証あかしとして、その流儀の扇を師匠から与えられる。
扇を鳴ら・す ❶案内を請うとき、扇を打ち鳴らして人を呼ぶ。「一夜の戸口に寄りて、一・し給へば」〈源・総角〉❷扇を手で打って歌などの拍子をとる。「あるいはうそぶき、一・しなどするに」〈竹取〉
おう-ぎ【黄×耆】ワウ 中国産のマメ科の多年草キバナオウギ、またはその近縁の植物の根。漢方で止汗・利尿・強壮薬などに用いる。
おう-ぎ【奥義】アウ 学問・技芸・武芸などの最も奥深い大切な事柄。極意。おくぎ。「一を極める」
(類語)極意・神髄・秘伝
おう-ぎ【横議】ワウ〔名〕スル 勝手気ままに論議すること。また、その論議。「諸君と擅恣せんしに縦談一するは、誠に近来の快事です」〈魯庵・社会百面相〉
おうぎ-あみ【扇網】あふぎ 扇形に開く網。四手網よつであみの類。
おうぎ-あわせ【扇合(わ)せ】あふぎあはせ 平安時代に行われた物合わせの一。左右の組に分かれ扇を出し合い、その趣向の優劣を判者が判定して勝負を決めた。
おうぎ-いか【扇紙×鳶】あふぎ 扇形の凧たこ。おうぎだこ。
おうぎ-うり【扇売り】あふぎ ❶近世、夏に扇の地紙を売り歩いた商人。注文があると、その場で紙を折って扇を作った。地紙売り。❷近世、江戸で、元日未明から年玉用の扇を売り歩いた商人。
おうぎ-おとし【扇落(と)し】あふぎ ❶「投扇興とうせんきょう」に同じ。❷能で、扇を落とし、拾い上げる演技の型。
おうぎ-おり【扇折り】あふぎ 地紙を折って扇を作ること。また、その職人。
おうぎ-がき【扇垣】あふぎ アシや竹などで、建物や塀の端に扇形につくった垣。
おうぎ-かけ【扇掛(け)】あふぎ 書画などをかいた扇を広げて飾るための道具。扇架せんか。
おうぎ-かずら【扇×蔓】あふぎかづら シソ科の多年草。山地の木陰に生え、高さ8～20センチ。葉は縁に粗い波形のぎざぎざがあり、扇を思わせる。4、5月ごろ、紫色の唇形の花を数個つける。
おうぎ-がた【扇形】あふぎ ❶扇を広げた形。おうぎなり。せんけい。❷弧の両端を通る二つの半径と、その弧とで囲まれた図形。せんけい。
おうぎがた-はぐるま【扇形歯車】あふぎがた ▶セクター歯車
おうぎ-がに【扇×蟹】あふぎ 十脚目オウギガニ科のカニ。岩礁地の潮間帯にすむ。甲は前方に開いた扇形で、甲幅約2.5センチ。体色は暗青色から暗褐色。房総半島以南に分布。
おうぎ-がみ【扇紙】あふぎ 扇の骨に張る紙。扇の地紙。
おうぎがやつ【扇ヶ谷】あふぎがやつ 神奈川県鎌倉市中部の地名。もとは亀ヶ谷かめがやつの一部であったが、室町時代に管領上杉定正が住み扇谷殿と呼ばれてからの称。新田義貞が鎌倉を攻めた際の古戦場。寿福寺・英勝寺・浄光明寺などがある。
おうぎ-きり【扇切り】あふぎ 扇を、腰に差した刀の柄頭つかがしらに立てておき、その刀をすばやく抜いて、扇が地上に落ちないうちに切る技。また、投げつけられた扇を指で払い落とす技。
おうぎ-ぐるま【扇車】あふぎ ❶三つの扇を要かなめを中心にして円形に広げたもの。上棟式じょうとうしきのとき、棟木の上に立てる。扇子車せんすぐるま。❷紋所の名。畳んだ扇を、要を中心にして車輪状に並べた形。❸回り灯籠などにつける、❶の形に作った、おもちゃの風車。
おう-きし【王徽之】ワウ [?～388ころ]中国、東晋の文人。字あざなは子猷しゆう。王羲之おうぎしの第5子。竹を愛した。➡此君しくん
おう-ぎし【王羲之】ワウ [307～365]中国、東晋の書家。琅邪臨沂ろうやりんぎ(山東省)の人。字あざなは逸少いっしょう。その書は古今第一とされ、行書「蘭亭序」、草書「十七帖」などが有名。書聖と称される。子の王献之とともに二王といわれる。
おうぎ-しょ【奥義書】アウ 奥義を説き記した書物。
おうぎしょう【奥義抄】アウギセウ 平安後期の歌学書。3巻。藤原清輔ふじわらのきよすけの著。天治元年(1124)から天養元年(1144)の間に成立。序と式(上巻)、釈(中・下巻)に分かれ、式は六義や歌病などについて解説、釈は和歌の語句の注釈。
おうぎ-ずもう【扇相撲】あふぎずまふ「扇引き❷」に同じ。
おうぎ-ぞめ【扇染(め)】あふぎ 染め模様の一。扇形をしたものの中に、花鳥・人物などを染め出したもの。
おうぎ-だるき【扇垂木】あふぎ 放射状に配置された垂木。禅宗の寺院建築に用いられる。
おうぎ-づかい【扇使い】あふぎづかひ 扇を使うこと。扇であおぐこと。
おうぎ-ながし【扇流し】あふぎ ❶金や銀の美しい扇を川に流して興じる遊び。室町時代、大堰おおい川で行われたものに始まるという。❷扇が水に流れていくさまを図案化した模様。
おうぎ-の-が【扇の賀】あふぎ 夏に行われる長寿の祝い。
おうぎ-の-せん【扇ノ山】あふぎ 鳥取県・兵庫県の県境にある火山。標高1310メートル。大山だいせん火山帯に属し、山頂部は安山岩の溶岩で覆われている。頂上付近のブナ・カエデ・スギなどの自然林は特別保護地区。県境を南に連なる氷ノ山ひょうのせん山塊とともに氷ノ山後山那岐山国定公園に属する。山名の由来は、山容が扇を広げた形に似ていることから。
おうぎ-の-はい【扇の拝】あふぎ 平安時代、宮中で、孟夏もうかの旬しゅんに群臣を召して扇を賜った儀式。(季 夏)「庭の余花一に罷まかり出づ/月斗」
おうぎ-の-まと【扇の的】あふぎ 扇を開いて竹の先に挟み、高く立てて弓の的にしたもの。
おうぎ-ばこ【扇箱】あふぎ 扇を入れる箱。特に、近世は足付きの台に載せて、祝いの贈り物にした。
おうぎ-ばしょう【扇×芭×蕉】あふぎばせう バショウ科の常緑高木。高さ10～30メートル。葉は幹の先から左右2列に並んで出て、扇形になる。マダガスカル島の原産で、湿地に生え、葉鞘ようしょうにたまる水を旅行者が利用したことから、旅人の木・旅人木りょじんぼくともいう。
おうぎ-ばら【扇腹】あふぎ 江戸時代、武士の刑罰の一。切腹と斬罪ざんざいの中間の重さのもので、罰を受ける者が、短刀の代わりに三方さんぽうに載せた扇を取って礼をするのを合図に介錯人が刀でその首を切る。扇子腹せんすばら。
おうぎ-ひき【扇引き】あふぎ ❶扇を福引のように引き当てる遊戯という。「一など人々にせさせむなどありし」〈讃岐典侍日記・下〉❷二人が扇の端を親指と人さし指でつまみ、引き合う遊戯。扇相撲。「よい年をして螺ばい回し、一」〈浮・一代男・五〉
おうぎ-びょうし【扇拍子】あふぎびやうし 閉じた扇で手のひらや板の台などをたたいて拍子をとること。邦楽のけいこなどに行う。
おうぎ-ほぞ【扇×枘】あふぎ 断面が台形の枘。出隅ですみの土台に柱を枘差ほぞさしするときに用いる。
おうぎ-ぼね【扇骨】あふぎ 扇の芯にする細長く割いた竹。
おう-きゃく【押脚】アフ 書画の下方に押す印。
おう-きゃく【×鴨脚】アフ イチョウの別名。
おう-ぎゃく【横逆|×枉逆】ワウ〔名・形動〕わがままで道理に反すること。また、そのさま。横暴。「あまりにも一な振る舞い」
おうぎや-ぞめ【扇屋染(め)】あふぎや 布地の染め模様の一。江戸中期に流行した、円形・四角形・扇形・六角形・ひし形などを交えて、その中に花鳥や唐草などを染め出したもの。
おう-きゅう【王宮】ワウ 王の住む宮殿。
(類語)御殿・宮殿・宮廷
おう-きゅう【応急】 急場にとりあえず間に合わせること。急場しのぎ。「一の修理」(類語)代用・場当たり
おう-ぎゅう【黄牛】ワウギウ 家畜の牛の一品種。肩に小さなこぶがあり、黄褐色。中国や東南アジアで飼われ、体質が強健で暑さにも強く、農耕用。コブウシの小形の一系統といわれる。こうぎゅう。
おうきゅう-しょち【応急処置】オウキフ 急場の間に合わせに、とりあえず施す処置や手当て。
おうきゅう-てあて【応急手当(て)】オウキフ「応急処置」に同じ。
おうきょ【応挙】▶円山応挙まるやまおうきょ
おう-ぎょう【王業】ワウゲフ 国王が国を統治する事業。また、その業績。「代々の一を記す」
おう-ぎょう【横行】ワウギヤウ〔名〕スル ❶「おうこう(横行)❶」に同じ。❷「おうこう(横行)❷」に同じ。「斯かる一の行状ぎょうじょうも」〈人・恩愛二葉草〉
おう-きょく【×枉曲】ワウ 道理や法を曲げること。よこしま。
おう-ぎょく【黄玉】ワウ アルミニウムと弗素ふっそを含む珪酸塩けいさんえん鉱物。無色または黄色の透明な柱状結晶で、柱面に縦の条線がある。斜方晶系。宝石とする。トパーズ。トッパーズ。こうぎょく。
おうきょ-でら【応挙寺】兵庫県香美町にある真言宗大乗寺の別称。円山応挙が門人を引き連れて、襖絵ふすまえ・屏風びょうぶ・軸物などを揮毫きごうしたところからの名。
おう-ぐ【応供】《梵 arhatの訳。音写は阿羅漢あらかん》❶仏の十の号の一。供養を受けるにふさわしい者の意。❷小乗仏教で、最上の聖者。
おう-ぐう【王宮】ワウ「おうきゅう(王宮)」に同じ。〈日葡〉
おう-くつ【×枉屈】ワウ〔名〕スル ❶身をかがめ、へりくだること。❷力で押さえつけること。抑圧すること。「出版の自由を許さざれば人民の一を訴うる」〈東海散士・佳人之奇遇〉
おう-け【王気】ワウ 王者らしい気品。おうき。「今より様異に、一さへつかせ給へる様にて」〈狭衣・二〉
おう-け【王家】ワウ ㊀王の一族、また家筋。おうか。㊁神祇伯じんぎはくを世襲した白川家。伯家はっけ。伯王家。
おう-げ【応化】《「おうけ」とも》仏語。仏・菩薩ぼさつが世の人を救うために、相手の性質・力量に応じて姿を変えて現れること。応現。応作おうさ。
おう-けい【王×卿】ワウ 王と公卿くぎょう。
おう-けい【凹形】アフ 中央がへこんだ形。⇔凸形。
おう-けい【往詣】ワウ 神仏に参拝すること。「一参籠さんろうの人」〈源平盛衰記・四〇〉
おう-けい【黄経】ワウ ▶こうけい(黄経)
おう-けつ【×甌穴】河床の岩盤にできる円筒形の穴。岩のくぼみや割れ目に小石が入り込み、回転して深く削られたもの。ポットホール。かめあな。
おうけつ-えん【黄血塩】ワウケツ フェロシアン化カリウムの異称。黄色く、古くは動物の血液などから製したのでこの名がある。
おうけ-づ・く【王気付く】ワウケ〔動カ四〕王者らしい風格が備わる。「一・きて気高うこそおはしませ」〈源・柏木〉
おうけ-の-たに【王家の谷】ワウケ エジプト、ナイル川中流のテーベ西側の丘陵にあるエジプト新王国時代(前16～前11世紀)の王墓群。1922年にはツタンカーメンの墳墓が発掘された。

おうげ-りしょう【応化利生】仏・菩薩がそれぞれの人に応じた姿で現れ、説法、教化し、衆生に利益すること。

おう-けん【王建】[877〜943]朝鮮、高麗の太祖。在位918〜943。高麗王朝を建てたあと、935年、新羅を滅ぼして、翌年朝鮮半島を統一した。

おう-けん【王権】国王の権力。

おう-げん【応現】「応化」に同じ。

おう-げん【横言】わがままで、勝手気ままな言葉。横暴な言葉。

おう-げん【横×痃】►横根❷

おう-げんき【王原祁】[1642〜1715]中国、清初の画家。太倉(江蘇省)の人。字は茂京、号は麓台。祖父の王時敏に画を学ぶ。宮廷画家として正統南宗画の伝統を守る。四王呉惲の一人。婁東派の祖。著「雨窓漫筆」など。

おうけん-けいやく【黄犬契約】《yellow-dog contract》労働組合不加入または脱退を条件とする雇用契約。日本では、使用者の不当労働行為として労働組合法で禁止されている。

おう-けんし【王献之】[344〜388]中国、東晋の書家。字は子敬。王羲之の第7子。行・草書の大家で、父とともに二王と称される。楷書の「洛神賦十三行」、行草の「地黄湯帖」、草書の「中秋帖」などが有名。王大令。

おうけんしんじゅ-せつ【王権神授説】王権は神から国王に授けられたもので、その権力は神聖で絶対的なものである、とする政治思想。近世初期ヨーロッパで、王権の支持・擁護のために英国のロバート=フィルマーなどによって主張された。

おう-こ【往古】《古くは「おうご」》過ぎ去った昔。大昔。往昔。「―はイザ知らず、凡そ五世以降」〈福沢・福翁自伝〉
(類語)昔・過去・往時・当時・いにしえ・往年・旧時・一昔・昔年・往日・昔日・昔時・往昔・古昔・在りし日

おう-こ【×枉顧】まげて顧みること。相手の来訪を敬っていう語。枉駕。

おうご【×朸】《「おうこ」とも》物を担う棒。てんびん棒。和歌では多く「会ふ期」に掛けて用いる。「人恋ふることを重荷とになひもて―なきこそわびしかりけれ」〈古今・雑体〉

おう-ご【応護｜×擁護】仏語。衆生の祈願に応じて、仏や菩薩が守り助けること。

おう-ご【押後｜押×伍】戦陣のあとおさえ。しんがり。

おう-ご【×鶯語】鶯の鳴き声。

おう-こう【王公】王と諸公。また、身分の高い人。

おう-こう【王后】きさき。皇后。

おう-こう【王侯】王と諸侯。
王侯将相寧んぞ種あらんや　《「史記」陳渉世家から》王侯や将軍・宰相となるのは、家柄や血統によらず、自分自身の才能や努力による。
王侯に事えずその事を高尚にす　《「易経」蠱卦から》仕官を求めず、閑居して志を高潔にし、世間の俗事から離れ、孤高を守った生活をする。

おう-こう【往航】目的地に行くときの運航。往路の航海や飛行。⇔復航。

おう-こう【横行】〔名〕スル ❶自由気ままに歩きまわること。「やくざが街を―する」❷悪事がしきりに行われること。ほしいままに振る舞うこと。「汚職が―する」❸横へ進むこと。横向きに歩くこと。「カニの―」
(類語)氾濫・跋扈・跳梁

おうこう-かっぽ【横行×闊歩】〔名〕スル 自由気ままに大手を振って歩くこと。また、ほしいままに振る舞うこと。「天下の大道を―する」

おうこう-けっちょう【横行結腸】大腸の主要部分である結腸の一部。腹部の右側にある上行結腸の上部と、左側にある下行結腸の上部とをつなぐ部分。胃の下側に沿って右から左へ向かい、脾臓の下端付近へ至る。

おうこう-ぞく【王公族】王族と公族。韓国併合後、旧韓国皇帝の一族とその子孫に与えられた称号。日本国憲法施行により廃止。➡王族 ➡公族

おう-こく【王国】❶王を主権者とする国。「デンマーク―」❷その物事が非常な勢力をもって栄えている組織・地域をたとえていう。「野球―」
(類語)連邦・合衆国・共和国・君主国・帝国

おう-こく【横谷】山脈を直角に横切る谷。一般に峡谷をなすことが多い。⇔縦谷。

おう-こく【×鶯谷】《「詩経」小雅・伐木から》鶯が谷にいること。また、鶯のすむ谷。転じて、世の中にまだ名も知られず出世もしないこと。⇔鶯遷。

おう-こくい【王国維】[1877〜1927]中国、近代の歴史学者。海寧(浙江省)の人。字は静安。号は観堂。西欧の哲学を学び、それに基づいて中国古典の再評価を行う。羅振玉に認められ、日本に留学。辛亥革命のとき日本に亡命、中国古代史研究に画期的な業績を残した。著「観堂集林」など。ワン=クオウエイ。

おう-ごん【黄×芩】コガネバナの根。漢方で、解熱・嘔吐・腹痛・下痢などに用いる。

おう-ごん【黄金】❶こがね。きん。「―の仏像」❷金銭。貨幣。特に、大判の金貨。「―崇拝」❸価値のある貴重なもの。「―の日々」「―の脚」

おうごん-かいがん【黄金海岸】《Gold Coast》アフリカ西部、ギニア湾岸の一地域。旧英領植民地で、現在のガーナ共和国。

おうごん-かずら【黄金×葛】サトイモ科の蔓性の多年草。葉は長楕円形でつやがあり、茎とともに黄金色の斑が入っている。ソロモン諸島の原産で、日本に明治中期に渡来した観葉植物。ポトス。

おうごん-こみち【黄金小道】《Zlatá ulička》チェコの首都プラハのプラハ城内の細い石畳の小道。名称は神聖ローマ皇帝ルドルフ2世が錬金術師を集めて住まわせたという伝説にちなむとされる。小説家フランツ=カフカの仕事場がある。黄金の小道。

おうごん-さんち【黄金山地】《Zolotïe gory》►アルタイのゴールデンマウンテン

おうごん-じだい【黄金時代】《golden age》❶古代ギリシャの詩人ヘシオドスが人類の歴史を金・銀・銅・鉄の4期に分けた、その第1期。地上には永遠の春が続き、幸福と平和と正義に満ちた時代とした。❷あるものの歴史の中で、それが最も繁栄した時期・時代。最盛期。「王朝女流文学の―」
(類語)盛り・旬・盛期・盛時・最盛期・花

おうごん-しゅうかん【黄金週間】「ゴールデンウイーク」に同じ。(季 春)

おうごんでんせつ【黄金伝説】《(ラテ) Legenda Aurea》キリスト教聖者の伝記集成。ジェノバの大司教ヤコブス=デ=ウォラギネが13世紀に筆録。信仰上また文学的にも価値の高いものとして黄金の名をもってよばれるようになった。黄金聖人伝。

おうごん-の-さんかくちたい【黄金の三角地帯】ミャンマー・タイ・ラオスの国境にまたがる山岳地帯。ケシの大栽培地。ゴールデントライアングル。

おうごん-の-じゅつ【黄金の術】昔、中国で、丹砂を練って黄金とし、不老不死の薬にすると信じられていた神仙の術。

おうごん-の-はだえ【黄金の▽膚】❶仏の三十二相の一。仏の身体の黄金色の肌。❷極楽に往生した人の肌。

おうごん-の-もん【黄金の門】《Zolotïe Vorota》ロシア連邦西部の都市ウラジーミルにある城門。12世紀半ばに城壁の一部として、アンドレイ=ボゴリュープスキーの命によりキエフの黄金の門を模して建造。門の上部に礼拝堂があり、現在は13世紀のモンゴル侵略に関する歴史博物館として公開されている。1992年、ウスペンスキー大聖堂やドミトリエフスキー聖堂とともに「ウラジーミルとスーズダリの白亜の建造物群」の名称で世界遺産(文化遺産)に登録。

おうごん-の-わ【黄金の▽環】《Zolotoye kol'tso》ロシア連邦、首都モスクワの北東近郊にある古都の総称。ウラジーミル、スーズダリ、セルギエフポサード、ヤロスラブリをはじめ、世界遺産に登録された歴史地区や建造物群を有する都市も多い。同国を代表する観光地としても知られる。

おうごんバット【黄金バット】紙芝居の主人公。黄金の骸骨マスクに赤マント姿が子供の人気を呼んだ。昭和5年(1930)秋、鈴木一郎作、永松健夫(本名、武雄)画によるものが最初。その後、昭和10年ごろまで多くの作者によって全国に広まった。

おうごん-ひ【黄金比】線分を一点で分けるとき、長い部分と短い部分との比が、全体と長い部分との比に等しいような比率。1対1.618をいう。古代ギリシャでの発見以来、人間にとって最も安定し、美しい比率とされ、美術的要素の一つとされる。外中比。中外比。

おうごん-ぶんかつ【黄金分割】線分を黄金比に分けること。外中比分割。中外比分割。

おうごん-もんじょ【黄金文書】►金印勅書

おうごん-りつ【黄金律】《golden rule》内容が深遠で、人生にとってこの上なく有益な教訓。通例、キリストの山上の垂訓の一節「何事でも人々からしてほしいと望むことは、人々にもそのとおりにせよ」〈マタイによる福音書・七〉をさす。

おう-さ【王佐】王を助けること。帝王の補佐。

おう-さ【応作】「応化」に同じ。

おう-さ【×鶯×梭】鶯が枝から枝へ飛び移って鳴くようすを、機の梭の動くのにたとえていう語。

おう-ざ【王座】❶王の座る席。王の地位。王位。「―に就く」❷第一人者としての地位。首位の座。「業界の―を占める」「―決定戦」❸囲碁・将棋で、七大タイトルの一。王座戦の勝者がタイトル保持者。

おう-さい【往歳】過ぎ去った年。往年。

おう-さい【横災】《「おうざい」とも》思いもかけない災難。不慮の災難。「時の―をば権化の人も逃れ給はざるやらん」〈平家・二〉

おうさか【逢坂】㊀滋賀県大津市西部の地名。付近に逢坂山がある。㊁「逢坂の関」「逢坂山」の略。

おうさか-ごう【逢坂剛】[1943〜]小説家。東京の生まれ。本名、中浩正。スペイン通として知られ、現代スペインを舞台にした「カディスの赤い星」で直木賞受賞。他に「斜影はるかな国」「さまよえる脳髄」「クリヴィツキー症候群」など。

おうさか-ごえ【逢坂越】三重県の伊勢市と志摩市との境にある峠。逢坂峠。また、そこを越えること。

おうさか-の-せき【逢坂の関】逢坂山にあった関所。三関の一。東海道・東山道の京都への入り口にあたる要所。蝉丸が住んだという蝉丸神社(関明神)がある。[歌枕]「これやこの行くも帰るも別れつつ知るも知らぬも―」〈後撰・雑一〉

おうさか-やま【逢坂山】大津市と京都市との境にある山。標高325メートル。古来、交通の要地。下を東海道本線のトンネルが通る。関山。[歌枕]「吾妹子に―を越えて来て泣きつつ居れど逢ふよしも無し」〈万・三七六二〉

おうさ-きるさ〔名・形動〕《「さ」は、…する時の意を表す接尾語》❶行ったり来たりすること。また、そのさま。「くらまへ通り、人力車の一目まぐるしい中へ」〈魯文・安愚楽鍋〉❷一方がよければ他方が悪いこと。物事の食い違うこと。また、そのさま。「とあればかかり、―にてなのめに、さてもありぬべき人の少なきを」〈源・帚木〉❸あれこれ思うこと。あれやこれや。「あるいは呉竹のうきふしをたがひに言ひ、―に物を思ふもあり」〈仮・田夫物語〉

おうざ-せん【王座戦】❶囲碁の七大タイトル戦の一。五番勝負で行われる。勝者には王座の称号が与えられ、連続10期以上タイトルを獲得した棋士は現役で、連続5期または通算10期獲得した棋士は現役で60歳以上に達したときまたは引退時に、名誉王座を名乗ることができる。❷将棋の七大タイトル戦の一。五番勝負で行われる。勝者には王座の称号が与えられ、通算で10期または連続で5期以上にわたりタイトルを保持した棋士には名誉王座を名乗る資格が与えられる。

おう-さだはる【王貞治】[1940〜]プロ野球選手・監督。東京の生まれ。一本足打法により、巨人軍

お

で活躍。長嶋茂雄とともにON砲と呼ばれる。13年連続本塁打王、2年連続三冠王を経て、昭和52年(1977)には本塁打世界記録を達成。初の国民栄誉賞を受賞。通算安打2786本、打率3割1厘、本塁打868本。引退後、巨人・ダイエー・福岡ソフトバンクの監督。平成22年(2010)文化功労者。

おう-さつ【応札】〔名〕ｽﾙ 競争入札に加わること。

おう-さつ【殴殺】〔名〕ｽﾙ なぐり殺すこと。

(類語)絞殺・刺殺・射殺・銃殺・薬殺・毒殺・圧殺・扼殺・撲殺・斬殺・轢殺

おう-さつ【×鏖殺】ｱｳ〔名〕ｽﾙ 皆殺しにすること。「若し抵抗せば、―せんと」〈竜渓・経国美談〉

おう-さま【王様】ﾜｳ ❶王を尊敬、または敬愛していう語。❷㋐同類の中で第一のもの、最高のもののたとえ。「ドリアンは果物の―だ」㋑絶対的な権力・勢力をもつもののたとえ。「消費者は―だ」

(類語)王・国王・帝王・皇帝・キング・大王

おうさま-ペンギン【王様ペンギン】ﾜｳｻﾏ ▶キングペンギン

おうさわに〔副〕▶あうさわに

おう-さん【王粲】ﾜｳ［177〜217］中国、後漢から魏にかけての文人。高平(山東省)の人。字は仲宣。博覧多識で知られる。詩賦に長じ、建安七子の一人。「従軍詩」「七哀詩」「登楼賦」など。

おう-し【王氏】ﾜｳ 天皇の子孫で、姓を与えられていないもの。律令制で、2世以下5世以上の皇胤。「…王」とよばれる皇族。

おう-し【王師】ﾜｳ ❶王の軍勢。官軍。「半蔵は―を迎える希望に燃えていた」〈藤村・夜明け前〉❷帝王の師範。

お-うし【×牡牛｜雄牛】を 雄の牛。⇔牝牛。

おう-し【押紙】ｱﾌ ▶押し紙

おう-し【黄紙】ﾜｳ ▶黄麻紙❷

おう-し【奥旨】ｱｳ 宗教・学芸などの、奥深い意味。奥義。「輪説を好み珍しき所を求むるは、至極の一に至らざる時の事なり」〈連理秘抄〉

おう-し【横死】ﾜｳ〔名〕ｽﾙ 殺害されたり、災禍などのため、天命を全うしないで死ぬこと。不慮の死。非業の死。「無念の―を遂げる」「旅先で―する」

(類語)死ぬ・怪死・変死・惨死

おう-し【横恣】ﾜｳ〔名・形動〕ほしいままなこと。勝手気ままなこと。また、そのさま。「大国の―な振る舞い」

おう-じ【王子】ﾜｳ ❶王の息子。⇔王女。❷親王宣下のない皇族の男子。(類語)親王・プリンス

おうじ【王子】ﾜｳｼﾞ 東京都北区中部の地名。日本の製紙工業発祥の地。王子権現、落語「王子の狐」の舞台となった王子稲荷がある。もと東京市の区名。

おう-じ【王地】ﾜｳ「王土」に同じ。

おう-じ【王事】ﾜｳ 王・王室に関する事柄。

王事盬きことなし《「詩経」唐風・鴇羽から》王室の関与することは堅固であって敗れることはないということ。また、王の事業は堅固でなければならないということ。

王事を以て家事を辞す《「春秋公羊伝」哀公三年から》臣下たるものは、帝王の事のためには、個人の家の事は捨てて尽くすべきであるということ。

おう-じ【往事】ﾜｳ 過ぎ去った事柄。昔のこと。「―を思い起こす」

おう-じ【往時】ﾜｳ 過ぎ去った時。以前。「母校を訪ねて―をしのぶ」

(類語)過去・いにしえ・当時・昔・往年・旧時・一昔・昔年・往日・昔日・昔時・往昔・往古・古昔・在りし日

おう-じ【押字】ｱﾌ ▶花押

おう-じ【皇子】ﾜｳ 皇帝・天皇の息子。みこ。⇔皇女。

おうしい-つく ツクツクボウシの別名。

おうじ-が-たけ【王子が岳】ﾜｳｼﾞ 岡山県南部、児島半島南東部の倉敷市と玉野市の境にある山。標高235メートル。花崗岩の巨岩・奇岩が重なり、山頂からは瀬戸大橋・瀬戸内海の島々、対岸の屋島・四国連山を眺望できる。瀬戸内海国立公園に属する。名は昔、百済の王女が麓の唐桑に流れ着いて住み、やがて王子を産んだという伝説に由来。

おうし-かん【王之渙】ﾜｳｼｸﾜﾝ［688〜742］中国、盛唐の詩人。字は季陵。辺塞詩に優れた。絶句の「鸛鵲楼に登る」や「涼州詞」は有名。

おうし-かん【欧氏管】ｵｳｼ 耳管。エウスタキオ(欧氏)が発見した。

おうしき【黄▽鐘】ﾜｳ 日本音楽の十二律の一。基音の壱越より七律高い音で、中国の十二律の林鐘、洋楽のイ音にあたる。

おうしき-ちょう【黄▽鐘調】ﾜｳｼｷﾃｳ 雅楽の六調子の一。黄鐘の音を主音とする旋法。

おうし-きょう【王子喬】ﾜｳｼｹｳ 中国、周代の仙人。霊王の太子といわれる。名は晋。白い鶴にまたがり、笙を吹いて雲中を飛んだという。

おうし-ざ【×牡牛座】をうし 黄道十二星座の一。1月下旬の午後8時ごろ南中する。α星のアルデバランは光度0.8等。プレアデス星団(昴)・ヒアデス星団・蟹星雲などを含む。学名 Taurus

おうしざ-ティーがたせい【×牡牛座T型星】 原始星から恒星に進化する途中にある太陽程度の小質量の天体。牡牛座のT星という変光星にちなむ。重力エネルギーの解放によって輝き、水素の熱核融合は起こっていない。内部温度が上昇して水素燃焼が始まると主系列星になる。天体の近傍には原始星円盤の名残である原始惑星系円盤という濃いガスや塵による円盤が形成され、系外惑星探査の対象になっている。Tタウリ星。Tタウリ型星。

おうしざ-りゅうせいぐん【×牡牛座流星群】 牡牛座付近を輻射点とする流星群。10月中旬から11月下旬にかけて見られ、11月上旬にゆるやかな出現のピーク(極大)を迎える。輻射点は二つあり、北群・南群に分かれる。母天体は3.3年という最も短い公転周期をもつエンケ彗星。比較的、火球が多い流星群として知られる。

おう-ししん【王士禛】ﾜｳ ▶王士禎

おう-しつ【王室】ﾜｳ 国王の一家、一族。王家。また、皇室のことにもいう。(類語)皇室・皇族・帝室・王族

おう-じつ【往日】ﾜｳ 過ぎ去った日。昔日。「―を顧みる」(類語)昔・過去・往時・当時・いにしえ・往年・旧時・一昔・昔年・昔時・往昔・往古・古昔・在りし日

おうじつ-せい【横日性】ﾜｳｼﾞﾂ 植物の葉の生長の際にみられる、光に対して直角になるように屈曲する性質。傾斜日光屈性。おうにちせい。

おう-してい【王士禎】ﾜｳ［1634〜1711］中国、清代の詩人。新城(山東省)の人。本名は士禛。号は阮亭・漁洋山人。銭謙益の影響を受け、神韻説を唱え、新鮮な雅趣に富む詩を作った。詩文集「帯経堂集」、随筆「池北偶談」など。

おう-じびん【王時敏】ﾜｳ［1592〜1680］中国、明末・清初の画家。太倉(江蘇省)の人。字は遜之。号は烟客・西廬老人。董其昌に師事し、正統南宗画の山水画を確立した。四王呉惲の一人。著「王奉常書画題跋」など。

おう-しゃ【応射】〔名〕ｽﾙ 敵からの銃撃に対して、こちらからも撃ち返すこと。

おう-しゃ【往者】ﾜｳ ❶行く人。⇔来者。「一の便利は来者の不便なり」〈福沢・文明論之概略〉❷《「者」は漢文の助辞》過ぎ去ったこと。また、その時。既往。⇔来者。

往者諫むべからず《「論語」微子から》過去の事はいさめ止めようとしても、取り返しがつかない。

おう-しゃ【×枉車】ﾜｳ「枉駕」に同じ。

おう-しゃ【横斜】ﾜｳ〔名〕ｽﾙ 横に傾いていること。斜め。「崖の一した樹木」〈野上・真知子〉

おう-じゃ【王者】ﾜｳ《「おうしゃ」とも》❶王である人。王。❷同類のもののうち最も実力のある者。「一の貫禄を見せる」❸王道で天下を治める君。⇒覇者❶

おう-じゃ【王蛇】ﾜｳ ニシキヘビの別名。おうだ。

おう-じゃく【応×迹】《「おうしゃく」とも》仏語。仏・菩薩が世の人の素質に応じて仮に現した姿、体。

おう-じゃく【往昔】ﾜｳ「おうせき(往昔)」に同じ。〈字類抄〉

おう-じゃく【×尫弱｜×尪弱】ﾜｳ ㊀〔名・形動タリ〕❶体力・気力などが弱々しいこと。また、そのさま。柔弱。「―たる弓を敵のとりもて」〈平家・一一〉❷貧しいこと。また、そのさま。「一の官人、たまたま出仕の微牛をとらるべきやうなし」〈徒然・二〇六〉㊁〔名・形動ナリ〕つまらないこと。取るに足りないこと。また、そのさま。「一ナ事ナレドモ」〈日葡〉

(類語)弱い・ひよわ・虚弱・羸弱・病弱

おうしゃじょう【王舎城】ﾜｳｼｬｼﾞｬｳ《梵 Rājagṛhaの訳》古代インド、マガダ王国の都ラージャグリハの漢名。現在のビハール州パトナ市南方のラージュギルはその旧址で、付近に霊鷲山や竹林精舎などの遺跡がある。

おう-しゅ【応手】囲碁・将棋で、相手の打った手に対して打つ手。また、一般に物事の対策にもいう。

おう-しゅ【黄酒】ﾜｳ 中国酒で、穀類を原料とする醸造酒の総称。こうしゅ。ホワンチュー。

おう-じゅ【応需】要求に応じること。「入院―」

おう-じゅ【横×竪】ﾜｳ ❶よことたて。❷空間と時間。❸仏語。他力と自力。

おう-しゅう【応酬】ｼｳ〔名〕ｽﾙ ❶互いにやり取りすること。また、先方からしてきたことに対して、こちらからもやり返すこと。「杯の―が続く」「相手のやじに―する」❷贈られた書状や詩歌などに返事をすること。また、その返し。応答。(類語)受け答え・応対・やりとり

おう-しゅう【押収】ｱﾌｼｳ〔名〕ｽﾙ 裁判所や捜査機関が証拠物または没収すべき物を占有・確保すること。また、そのための強制処分。「証拠品を―する」

(類語)没収・接収・召し上げる

おう-しゅう【欧州｜欧×洲】ｼｳ《「欧羅巴州」の略》ヨーロッパのこと。(類語)西洋・欧米・泰西・西欧・西方・南蛮・あちら・ヨーロッパ

おう-しゅう【奥州】ｱｳｼｳ 陸奥国の異称。白河・勿来の関から北の磐城・岩代・陸前・陸中・陸奥の5か国の総称。現在の福島・宮城・岩手・青森の4県と秋田県の一部にあたる。◆市名別項。

おうしゅう【奥州】ｱｳｼｳ 岩手県南部にある市。中心の水沢地区は、江戸時代は伊達氏支藩の支配地で、幕末に高野長英・箕作省吾などが輩出。胆沢城趾・日高神社・国立天文台水沢観測所(旧水沢緯度観測所)がある。南部鉄器やたんすの製造が盛ん。平成18年(2006)2月に水沢市・江刺市・前沢町・胆沢町・衣川村が合併して成立。人口12.5万(2010)。⇒奥州

おう-しゆう【王子猷】ﾜｳｼｲｳ ▶王徽之

おう-じゅう【王充】ﾜｳ［27〜97ころ］中国、後漢の思想家。会稽上虞(浙江省)の人。字は仲任。「論衡」30巻を著して合理的批判精神に富む独自の思想を展開した。

おう-じゅう【王戎】ﾜｳ［234〜305］中国、晋代の隠士。琅邪臨沂(山東省)の人。字は濬沖。竹林の七賢の一人。

おうしゅうあだちがはら【奥州安達原】ｱｳｼｳｱﾀﾞﾁｶﾞﾊﾗ 浄瑠璃。時代物。五段。近松半二・竹田和泉・竹本三郎兵衛らの合作。宝暦12年(1762)大坂竹本座初演。前九年の役後の安倍貞任一族の再挙の苦心に、鬼女伝説などを配したもの。通称「安達原」。

おうしゅう-あんぜんほしょうきょうりょくきこう【欧州安全保障協力機構】ｵｳｼｳｱﾝｾﾞﾝﾎｼｬｳｹﾌﾘｮｸｷｺｳ ▶オー-エス-シー-イー(OSCE)

おうしゅう-いいんかい【欧州委員会】ｵｳｼｳｲｲﾝｸﾜｲ《European Commission》EU(欧州連合)における行政執行機関。加盟国から各1名の委員が選ばれ、任期は5年。委員長は欧州理事会が指名。ヨーロッパ委員会。ヨーロッパ連合委員会。EU委員会。正式名称はCommission of the European Communities.

おうしゅう-うちゅうきかん【欧州宇宙機関】ｵｳｼｳｳﾁｳｷｸﾜﾝ ▶イーサ(ESA)

おうしゅう-かあつすいがたげんしろ【欧州加圧水型原子炉】ｵｳｼｳ ▶イー-ピー-アール(EPR)

おうしゅう-かいけいかんさいん【欧州会計監査院】ｵｳｼｳｸﾜｲｹｲｶﾝｻﾕﾝ《European Court of Auditors》EU(欧州連合)の主要機関の一。EUの歳入・歳出およ

び財務管理を監査し、年次報告書を作成。委員は加盟国から1名ずつ選出される。所在地はルクセンブルク。ヨーロッパ会計監査院。EU会計監査院。

おうしゅう-がいしゃ【欧州会社】オウシウグワイシヤ 2004年10月施行の欧州会社法に基づいて設立される会社。EU(欧州連合)全域での事業展開が可能で、域内であれば移転・合併の際も各国固有の会社法の制約を受けないため、移転費用が削減できるなどの利点がある。ソシエタス-エウロパエア。SE。

おうしゅう-かいどう【奥州街道】アウシウカイダウ 江戸時代の五街道の一。江戸千住(せんじゅ)から白河に至る街道。その延長の陸奥(むつ)三厩(みんまや)までを含めていうこともある。奥州道中。

おうしゅう-かいはつききん【欧州開発基金】オウシウ― ▶イー-ディー-エフ(EDF)

おうしゅうかわせそうば-メカニズム【欧州為替相場メカニズム】オウシウかはせさうば― ▶イー-アール-エム(ERM)

おうしゅう-かんれい【奥州管▽領】アウシウクワンレイ ▶奥州探題(たんだい)

おうしゅう-ぎかい【欧州議会】オウシウギクワイ《European Parliament》EU(欧州連合)の主要機関の一。EU加盟各国から直接選挙で選出された議員によって構成される議会。EUの政策運営について討議・検討。立法権・予算審議・政治的監督などについての権限を有する。1962年、EUの前身のEEC(欧州経済共同体)で、総会を欧州議会とよぶ旨の決議が行われた。通常の本会議場はフランスのストラスブール、事務局はルクセンブルクにある。議席定数は754(2012年現在)、任期は5年。各加盟国の議席数配分は国別人口比をもとに決定。ヨーロッパ議会。EU議会。EP。

おうしゅう-きほんけんけんしょう【欧州基本権憲章】オウシウキホンケンケンシヤウ 欧州市民および欧州連合域内の住民の市民的・政治的・経済的・社会的権利について定めた憲章。尊厳・自由・平等・連帯・市民権・司法・一般規定の7章54条から成る。2000年12月に欧州理事会(EU首脳会議)で採択され、2009年のリスボン条約発効により法的拘束力が付与された。EU基本権憲章。

おうしゅう-きょうどうしじょう【欧州共同市場】オウシウキヨウドウシヂヤウ ▶イー-イー-シー(EEC)

おうしゅう-きょうどうたい【欧州共同体】オウシウ― ▶イー-シー(EC)

おうしゅう-きょうどうたいさんぎょうれんめい【欧州共同体産業連盟】オウシウキヨウドウタイサンゲフレンメイ ▶ユニセ(UNICE)

おうしゅう-けいざいきょうどうたい【欧州経済共同体】オウシウ― ▶イー-イー-シー(EEC)

おうしゅう-けいざいきょうりょくきこう【欧州経済協力機構】オウシウケイザイケフリヨクキコウ ▶オー-イー-イー-シー(OEEC)

おうしゅう-けいざいりょういき【欧州経済領域】オウシウケイザイリヤウヰキ ▶イー-イー-エー(EEA)

おうしゅう-けいじけいさつきこう【欧州刑事警察機構】オウシウ―《The European Police Office》欧州連合(EU)の法執行機関。テロ、違法薬物の取引、その他の組織犯罪の防止を目的として、EU加盟国の警察機関に対して情報の提供・分析、専門技術の提供・訓練などの支援を行う。1994年に麻薬対策室として設立され、1999年から本格的に稼働。本部はオランダのハーグ。オーストラリア・カナダ・米国・ノルウェーなどの警察機関とも連携する。通称、ユーロポール(Europol)。

おうしゅう-けっさいどうめい【欧州決済同盟】オウシウ― ▶イー-ピー-ユー(EPU)

おうしゅう-げんしかくけんきゅうきこう【欧州原子核研究機構】オウシウゲンシカクケンキウキコウ ▶セルン(CERN)

おうしゅう-げんしりょくきかん【欧州原子力機関】オウシウゲンシリヨクキクワン ▶イー-エヌ-イー-エー(ENEA)

おうしゅう-げんしりょくきょうどうたい【欧州原子力共同体】オウシウ― ▶ユーラトム(EURATOM)

おうしゅうごうどう-げんしかくけんきゅうきかん【欧州合同原子核研究機関】オウシウガフドウゲンシカクケンキウキクワン ▶セルン(CERN)

おうしゅう-さいばんしょ【欧州裁判所】オウシウ― ▶欧州司法裁判所

おうしゅう-し【奥州市】アウシウ― ▶奥州

おうしゅう-しっぺいたいさくセンター【欧州疾病対策センター】オウシウ― ▶イー-シー-ディー-シー(ECDC)

おうしゅう-しはらいどうめい【欧州支払同盟】オウシウしはらひドウメイ ▶イー-ピー-ユー(EPU)

おうしゅう-しほうさいばんしょ【欧州司法裁判所】オウシウシハフサイバンシヨ EU(欧州連合)の主要機関の一。EUの諸条約と法律を調整するほか、各加盟国において条約・法律が履行されているかどうかの監視を行う。所在地はルクセンブルク。欧州裁判所。EU司法裁判所。ヨーロッパ司法裁判所。

おうしゅう-じゆうぼうえきれんごう【欧州自由貿易連合】オウシウジイウボウエキレンガフ ▶エフタ(EFTA)

おうしゅう-しょくひんあんぜんきかん【欧州食品安全機関】オウシウシヨクヒンアンゼンキクワン ▶イー-エフ-エス-エー(EFSA)

おうしゅう-じんけんさいばんしょ【欧州人権裁判所】オウシウ―《European Court of Human Rights》欧州評議会の人権救済機関。欧州人権条約により1959年にフランスのストラスブールに設置。98年の同条約第11議定書発効によりに常設裁判所となった。裁判官は欧州人権条約加盟国から各1名ずつ選出される。すべての加盟国および個人は、条約で保障された権利が加盟国によって侵害された場合、同裁判所に直接申し立てることができる。

おうしゅう-せいばつ【奥州征伐】アウシウ― 文治5年(1189)源頼朝が義経をかくまった藤原泰衡(ふじわらのやすひら)を平泉に攻めて滅ぼした戦い。

おうしゅう-せきたんてっこうきょうどうたい【欧州石炭鉄鋼共同体】オウシウセキタンテツカウキヨウドウタイ ▶イー-シー-エス-シー(ECSC)

おうしゅう-そうぶぎょう【奥州総奉行】アウシウソウブギヤウ 鎌倉幕府の職名。奥州征伐後、葛西清重(かさいきよしげ)に始まり、陸奥国御家人統率や平泉郡の検非違使の管轄を行った。

おうしゅうたいせいようパートナーシップ-りじかい【欧州・大西洋パートナーシップ理事会】オウシウタイセイヤウ―リジクワイ ▶イー-エー-ピー-シー(EAPC)

おうしゅう-たいせん【欧州大戦】オウシウ― 第一次世界大戦の別称。

おうしゅう-たんだい【奥州探題】アウシウ― 室町幕府の職名。陸奥国内の軍政・民政をつかさどった。奥州管領。➡羽州(うしゅう)探題

おうしゅう-ちゅうおうぎんこう【欧州中央銀行】オウシウチユウアウギンカウ EU(欧州連合)の中央銀行。1998年、EMI(欧州通貨機関)を継承して設立。単一通貨ユーロの発行・管理および、加盟国の外国為替オペレーションや外貨準備などを業務とし、金融政策の決定と遂行を責務とする。本部はドイツのフランクフルト。ヨーロッパ中央銀行。ECB(European Central Bank)。

おうしゅう-つうかきかん【欧州通貨機関】オウシウツウクワキクワン ▶イー-エム-アイ(EMI)

おうしゅう-つうかきょうてい【欧州通貨協定】オウシウツウクワケフテイ ▶イー-エム-エー(EMA)

おうしゅう-つうかきょうりょくききん【欧州通貨協力基金】オウシウツウクワケフリヨクキキン ▶イー-エム-シー-エフ(EMCF)

おうしゅう-つうかせいど【欧州通貨制度】オウシウツウクワセイド ▶イー-エム-エス(EMS)

おうしゅう-つうかたんい【欧州通貨単位】オウシウツウクワタンヰ ▶エキュー(ECU)

おうしゅう-つうじょうせんりょくじょうやく【欧州通常戦力条約】オウシウツウジヤウセンリヨクデウヤク ▶CFE条約

おうしゅう-でんしけいさんきこうぎょうかい【欧州電子計算機工業会】オウシウデンシケイサンキコウゲフクワイ ▶エクマ(ECMA)

おうしゅう-とうしぎんこう【欧州投資銀行】オウシウトウシギンカウ EU(欧州連合)の金融機関の一。加盟国の共同出資によって成り立ち、EUの発展に寄与する事業に対して融資を行う。1958年、ローマ条約により設立。本部はルクセンブルク。ヨーロッパ投資銀行。EIB。BEI。(補説)EIBは英語European Investment Bankの略、BEIはフランス語Banque Européenne d'Investissementの略。

おうしゅう-とうししんたく【欧州投資信託】オウシウ― ▶ユーリット(Eurit)

おうしゅう-のうぎょうしどうほしょうききん【欧州農業指導保証基金】オウシウノウゲフシダウホシヨウキキン ▶エフ-イー-オー-ジー-エー(FEOGA)

おうしゅう-ひょうぎかい【欧州評議会】オウシウヒヤウギクワイ ▶シー-イー(CE)

おうしゅう-ふっこうかいはつぎんこう【欧州復興開発銀行】オウシウフクコウカイハツギンカウ ▶イー-ビー-アール-ディー(EBRD)

おうしゅう-ふっこうけいかく【欧州復興計画】オウシウフクコウ―《European Recovery Program》「マーシャルプラン」の正式名称。

おうしゅう-よたくしょうけん【欧州預託証券】オウシウ― ▶イー-ディー-アール(EDR)

おうしゅう-りじかい【欧州理事会】オウシウリジクワイ《European Council》EU(欧州連合)の主要機関の一。各加盟国の首脳と欧州委員会委員長とで構成される、EUの最高意思決定機関。ヨーロッパ理事会。EU首脳会議。EUサミット。(補説)欧州連合理事会は、EU各加盟国の閣僚で構成される別の機関。

おうしゅうりじかい-じょうにんぎちょう【欧州理事会常任議長】オウシウリジクワイジヤウニンギチヤウ EUの最高意思決定機関である欧州理事会の常任議長として、議事の進行、欧州議会への報告などの職務を遂行し、理事会内の総意形成、EU政策の継続性確保などを図る。また、EU外相(外務・安全保障上級代表)の権限を侵害しない範囲で、安全保障・防衛政策についてEUの対外的代表を務める。任免は欧州理事会の特定多数決により行われる。任期は2年半。1回のみ再選可能。自国内の公職兼務は禁止されている。通称、EU大統領。(補説)欧州理事会の議長は半年交替の輪番制で加盟国の首脳が務めてきたが、2009年12月、リスボン条約に基づいて常任議長が設置された。初代はベルギー首相(選出当時)ヘルマン=ファンロンパイが就任。

おうしゅう-れんごう【欧州連合】オウシウレンガフ ▶イー-ユー(EU)

おうしゅうれんごう-きょうそうほう【欧州連合競争法】オウシウレンガフキヤウサウハフ ▶EU競争法

おうしゅうれんごう-じょうやく【欧州連合条約】オウシウレンガフデウヤク マーストリヒト条約の正式名称。

おうしゅうれんごう-りじかい【欧州連合理事会】オウシウレンガフリジクワイ《Council of the European Union》EU(欧州連合)の主要機関の一。各加盟国の閣僚によって構成される。加盟国間の政策の調整、EU以外の諸国との外交などを担当する。本部はブリュッセル。ヨーロッパ連合理事会。EU閣僚理事会。(補説)欧州理事会は、EU各加盟国の首脳と欧州委員会委員長で構成される別の機関。

おうしゅう-ろうどうくみあいれんごう【欧州労働組合連合】オウシウラウドウくみあひレンガフ ▶イー-ティー-ユー-シー(ETUC)

おうしゅう-ろうれん【欧州労連】オウシウラウレン ▶イー-ティー-ユー-シー(ETUC)

おう-しゅく【王粛】ワウ―[195〜256]中国、三国時代の魏(ぎ)の学者。東海(山東省)の人。字(あざな)は子雍(しよう)。当時流行していた鄭玄(じょうげん)の学問を批判して「聖証論」を著し、「尚書」「詩」「三礼」「左伝」「論語」に注を施したが、現在は散逸。「孔子家語」は偽作とされる。

おう-じゅく【黄熟】ワウ―〘名〙スル 草木の実、特に稲・麦などの穂が熟して黄色くなること。こうじゅく。「稲が―する」

おうしゅく-ばい【×鶯宿梅】アウシユク― ❶村上天皇の時、清涼殿前の梅が枯れたので紀貫之(きのつらゆき)の娘紀内侍(きのないし)の家の梅を移し植えたところ、枝に「勅なればいと

もかしこしうぐひすの宿はと問はばいかが答へむ」という歌が結んであり、天皇はこれに深く感じて梅の木を返したという、拾遺集・大鏡などにみえる故事。また、その梅の木。❷梅の一品種。香りがすぐれ、花は白、または紅・白まじって咲く。(季 春)

おう-しゅじん【王守仁】▶王陽明

おうじゅ-ほうしょう【黄×綬褒章】業務に精励し、他の人の模範となる者に授与される褒章。昭和30年(1955)制定。綬(リボン)は黄色。

おう-しょ【押書】❶ある事を履行し、または命令に従うことを誓う文書。誓約状。❷鎌倉時代、武家の所領の訴訟に際し、訴人(原告)・論人(被告)が裁判所に提出した誓約書。あっしょ。

おう-じょ【王女】王の娘。⇔王子。
(類語)内親王・プリンセス

おう-じょ【皇女】皇帝・天皇の娘。ひめみこ。こうじょ。⇔皇子。

おう-しょう【王将】❶将棋の駒の一。大将に相当する駒で、上下左右と斜めの八方に1間ずつ動ける。この駒が攻められて動けなくなったとき負けとなる。ひと組の駒には王将と玉将があり、王将は上手または後手が用いる。王。❷将棋の七大タイトルの一。王将戦の勝者がタイトル保持者となる。

おう-しょう【応召】〔名〕スル 呼び出しに応じること。特に、在郷軍人などが召集に応じて軍務につくこと。「―して戦地におもむく」

おう-しょう【応唱】ローマ-カトリック教会の典礼で、先唱者の朗詠に続いて合唱隊や会衆が唱和すること。また、その聖歌。

おう-しょう【応鐘】❶中国音楽の十二律の一。基音の黄鐘より二律高い音。日本の十二律の上無にあたる。❷陰暦10月の異称。

おう-しょう【×鞅掌】〔名〕スル 忙しく立ち働いて暇のないこと。「各々の職務に―していた」〈虚子・続俳諧師〉

おう-じょう【王城】帝王の居住する城。王宮。また、その所在地。

おう-じょう【▽圧状】❶脅しつけて強制的に書かせた文書。「乞素―と申して政道にも用ひず」〈盛衰記・二三〉❷無理に押しつけて同意させること。当て字で「往生」とも書く。➡往生尽ずくめ

おう-じょう【往生】〔名〕スル ❶仏語。現世を去って仏の浄土に生まれること。特に、極楽浄土に往って生まれ変わること。❷死ぬこと。「大―を遂げる」❸あきらめて、行動などをやめ、おとなしくすること。「もう観念して、―しろよ」❹どうにもしようがなく、困り果てること。閉口。「自転車がパンクして―した」❺「圧状❷」に同じ。「無理―」
(類語)(❷)死ぬ・死亡・死去・死没・永逝・長逝・永眠・逝去・他界・物故・絶息・絶命・大往生・お陀仏・死する・辞世・成仏・昇天・崩御・薨去・卒去・瞑目・落命・急逝・夭折・夭逝/(❸)思い切る・断念・観念・諦める/(❹)難渋・手詰まり・困却・困る・参る・弱る・窮する・困ずる・苦しむ・困り果てる・困りきる・困りぬく・てこずる・難儀・閉口・困惑・当惑・途方に暮れる・手を焼く

おうじょう【皇×麞】雅楽の舞曲。唐楽。平調で新楽の大曲。舞は現在伝わっていない。

おうしょう-ぎむ【応召義務｜応招義務】医師が診察や治療を求められた際は、正当な理由なく拒否をしてはならないとする義務。医師法第19条に規定されている。

おうじょう-ぎわ【往生際】❶死に際。❷ついにあきらめなければならなくなった時の態度や決断力。「―が悪い」(類語)いまわ・死に際・死に目・断末魔・末期・臨終・終焉

おう-しょうくん【王昭君】中国、前漢の元帝の宮女。名は嬙。昭君は字。のちに明妃・明君ともよばれる。匈奴との和親政策のため呼韓邪単于に嫁がせられた。その哀話は、戯曲「漢宮秋」などの文学作品や、人物画「明妃出塞図」の題材となった。生没年未詳。

おうじょう-こう【往生講】極楽往生を願って阿弥陀仏を念ずる仏事。

おうじょうごくらく-いん【往生極楽院】京都市左京区にある三千院の本堂。

おうじょう-ずくめ【往生▽尽くめ】不本意なことを強制的に承諾させること。「遺言だと云うのを楯に取って―にして貰った」〈柳浪・骨ぬすみ〉

おうしょう-せん【王将戦】将棋の七大タイトル戦の一。昭和25年(1950)創設。七番勝負で行われる。勝者は王将のタイトルを手にし、通算で10期以上、タイトルを獲得した棋士には永世王将を名乗る資格が与えられる。

おうじょう-でん【往生伝】極楽浄土に往生した人々の伝記を集めた書物。「日本往生極楽記」「続本朝往生伝」など。

おうじょうようしゅう【往生要集】仏教書。3巻。源信著。寛和元年(985)成立。諸経論中より往生の要文を抜粋し、往生浄土の道を説いたもの。日本の浄土教に画期的な影響を与えた。

おう-しょうれい【王昌齢】[698～757]中国、盛唐の詩人。京兆(陝西省)の人。字は少伯。五言絶句にすぐれ、雄渾な詩風は生前から高く評価された。辺塞詩人の一人。

おう-しょく【黄色】きいろ。こうしょく。

おうしょく-かやく【黄色火薬】ピクリン酸を主とする黄色の火薬。黒色火薬に対していう。

おうしょく-くみあい【黄色組合】穏健で協調的な労働組合を軽蔑した呼び方。急進的、戦闘的な赤色労働組合に対する語。特にIFTU(国際労働組合連盟)をさす。

おうしょく-けつろえん【黄色血×滷塩】フェロシアン化カリウムのこと。

おうしょく-しょくぶつ【黄色植物】藻類の一群。淡水に多いが、海産もあり、黄緑色や金褐色をし、単細胞、あるいは群体をなす。不等毛類・黄色鞭毛藻類・珪藻類に分けられ、またその多くを褐色植物に含めることもある。黄藻植物。

おうしょく-じんしゅ【黄色人種】皮膚の色で分類した人種区分の一。黄色・黄褐色の皮膚をもつ人の総称。➡モンゴロイド

おうしょく-しんぶん【黄色新聞】▶イエローペーパー

おうしょく-ぶどうきゅうきん【黄色×葡×萄球菌】皮膚や消化管に常在するブドウ球菌の一つ。ブドウ球菌の中では毒素が強く、健常者でも傷口から侵入すると化膿症・肺炎・腹膜炎・髄膜炎などの重症感染症の原因となる場合がある。エンテロトキシンなどの毒素を産生するため、食中毒や腸炎などを引き起こすこともある。

おう-しょっき【黄×蜀×葵】トロロアオイの漢名。(季 夏)

おう・じる【応じる】〔動ザ上一〕「おうずる」(サ変)の上一段化。

おう-しん【王臣】王の家来。天皇の臣下。
王臣蹇蹇躬の故にあらず《「易経」蹇卦から》臣下たるもの、一身の利害を忘れて君主に尽くすべきであるということ。蹇蹇匪躬。

おう-しん【往信】こちらから出す通信。⇔返信。

おう-しん【往診】〔名〕スル 医師が患者の家に行って診察すること。「週一回―してもらう」➡宅診

おう-しん【桜唇】美人の唇の小さく美しいさまを桜にたとえていう語。

おう-じん【応身】《梵nirmāṇa-kāyaの訳語》仏の三身の一。世の人を救うため、それぞれの素質に応じてこの世に姿を現した仏。釈迦など。

おう-じん【横陣】横に並んだ陣形。艦隊の隊形にもいう。⇔縦陣。

おうじん-てんのう【応神天皇】記紀で、第15代の天皇。仲哀天皇の第4皇子。名は誉田別。母は神功皇后とされる。この時期に大和朝廷の勢力が内外に飛躍的に発展したとされ、「宋書」の倭の五王の一人、讃をこの天皇とする説がある。胎中天皇。

おうじんりょう-こふん【応神陵古墳】大阪府羽曳野市誉田にある、応神天皇陵と伝える5世紀の古墳。日本最大級の前方後円墳で、長さ420メートル、高さ35メートル。誉田御廟山古墳。

お-うす【▽御薄】薄茶を丁寧にいう語。

お-うす【雄臼】すり臼・ひき臼の、上下に重なった石のうち下の方の石。⇔雌臼。

おう・す【▽負す】〔動サ下二〕❶《「おお(仰)す」の上代東国方言》命令する。「潮舟の舳越そ白波にはしくも―・せたまほか思はへなくに」〈万・四三八九〉❷「おお(負)す❶」に同じ。「越後国より鮭を馬に―・せて」〈宇治拾遺・一〉

おう-すい【王水】容積が濃硝酸1、濃塩酸3の割合の混合液。通常の酸では溶けない金や白金などの貴金属をも溶かすのでこの名がある。

おう-すい【黄水】《「おうずい」とも》嘔吐のとき胃から出る、胆汁を含んだ黄色い液。きみず。

おうす-の-みこと【小碓尊】▶日本武尊

おう・ずる【応ずる】〔動サ変〕図おう・ず〔サ変〕❶相手の働きかけに対応して行動を起こす。こたえる。「招待に―・ずる」「注文に―・じきれない」❷呼びかけに返事をする。応答する。「相談に―・ずる」❸物事の変化に合わせて、それにふさわしく対応する。適合する。「その場に―・じた処置」
(類語)従う・承知・了承・了解・承諾・承認・承引・承服・納得・同意・受諾・応諾・許諾・オーケー・受け入れる・聞き入れる・うべなう・うけがう・がえんずる・諾する・引き受ける・首を縦に振る・承知する

おう-せ【×逢瀬】会う時。特に、愛し合う男女がひそかに会う機会。「たまさかの―を楽しむ」
(類語)あいびき・密会・忍び逢い

おう-せい【王制】❶王が主権をもつ政治制度。君主制。❷王の定めた制度。

おう-せい【王政】❶帝王の政治。❷君主政体。「絶対―」(類語)帝政・親政・院政

おう-せい【応制】《「制」は勅命の意》天皇の命令を受けて詩歌を作り、たてまつること。応詔。

おう-せい【旺盛】〔名・形動〕活動力が非常に盛んであること。また、そのさま。「―な好奇心」
(類語)盛ん・軒昂・衝天・盛大

おう-せい【黄精】ナルコユリの別名。また、その根茎。漢方で滋養強壮薬とする。

おう-せいえい【汪精衛】▶汪兆銘

おう-せいてい【王世貞】[1526～1590]中国、明代の政治家・文人。太倉(江蘇省)の人。字は元美。号は鳳州・弇州山人。李攀竜らとともに後七子の一人。盛唐の詩、秦漢の文を尊ぶ古典主義を唱えた。著「弇州山人四部稿」など。

おうせい-ふっこ【王政復古】武家政治・共和制などが廃されて、再びもとの君主政体に復すること。日本では、慶応3年12月9日、倒幕派による王政復古の大号令により政権が朝廷に戻ったことをいう。ヨーロッパでは、イギリスのピューリタン革命、あるいはフランス革命による共和制ののちに、もとの王朝政治に戻ったことなどをいう。

おう-せき【往昔】過ぎ去った昔。いにしえ。往古。おうじゃく。「―を回顧する」
(類語)昔・過去・往時・当時・いにしえ・往年・旧時・一昔・昔年・往日・昔日・昔時・往古・古昔・在りし日

おう-せつ【応接】〔名〕スル 訪れた人を招き入れて、その相手をすること。「次々と訪れる客に―する」
(類語)応対・接待・接客・面会・もてなし・人あしらい・客あしらい・客扱い
応接に暇がない《「世説新語」言語から》応接に追われて休む間のないほど、次々に人が訪れる。また、状況が次々と変化して、十分に応じきれない。

おう-せつ【横×截】〔名〕スル 横に断ち切ること。横断。「一刀のもとに―する」

おう-ぜつ【×鶯舌】鶯の声。また、美しい声のこと。「記者諸君を、只だ三寸の―もて右に左に叩たき伏せ」〈木下尚江・火の柱〉

おうせつ-しつ【応接室】「応接間」に同じ。

おうせつ-じゅせつ【横説×竪説】自由自在に述べたてること。縦横に説き述べること。
おうせつ-ま【応接間】来客に応対する部屋。
(類語)客間・応接室・客室
おう-せん【応戦】〔名〕スル 敵の攻撃に対して戦うこと。「敵襲にすぐさま―する」(類語)交戦・対戦・決戦・抗戦・大戦・一戦・夜戦・白兵戦・前哨戦・実戦
おう-せん【黄×癬】黄癬菌という真菌の感染によって起こる皮膚病。栄養不良の小児の頭の毛根周囲に小さな膿疱ができて毛が抜ける。
おう-せん【横線】横に引いた線。よこせん。⇔縦線。
おう-せん【×鏖戦】敵を皆殺しにするほどに激しく戦うこと。
おう-せん【×鶯遷】鶯が谷から出て大きな木に移ること。転じて、立身出世すること。進士の試験に及第すること。⇔鶯谷。
おう-ぜん【×汪然】〔ト・タル〕図〔形動タリ〕涙が盛んに流れるさま。「―として涙は時雄の鬚面を伝った」〈花袋・蒲団〉
おう-ぜん【旺然】〔ト・タル〕図〔形動タリ〕物事の盛んなさま。「此の難所を除こうと云う思い付きが―として起ったのも」〈菊池寛・恩讐の彼方に〉
おうせん-けいさん【横川景三】［1429～1493］室町中期の臨済宗の僧。播磨の人。別号、小補・補菴。五山文学の代表者。著「小補東遊集」「補菴京華集」など。
おうせん-こぎって【横線小切手】▶線引き小切手
おう-せんざん【王船山】▶王夫之
おう-せんし【王仙芝】［?～878］中国、唐末の黄巣の乱の指導者。濮州(山東省)の人。塩の密売商人。875年に挙兵し、華北を転戦したのち敗死。
おう-そ【応訴】〔名〕スル 民事訴訟で、原告の訴訟に対する防御行為として被告が訴訟を起こすこと。
おう-そう【往相】仏語。浄土に往生すること。その往生するまでの姿。⇔還相。
おう-そう【押送】〔名〕スル 拘束されている被疑者・被告人・受刑者を監視のもとに他の場所へ送ること。現在では護送という。
おうそう-えこう【往相回向】みずから積んだ功徳をすべての人に施して、ともに浄土に往生しようと願うこと。真宗では、そのような往生の手だては阿弥陀仏の本願の力によるとする。⇔還相回向。
おうそう-じん【王相神】陰陽道でまつる王神と相神。月ごとに所在の方角が変わる神で、その方向は移転・建築などを忌む。
おう-ぞく【王族】帝王の一族。王の一家。
(類語)王室・皇室・皇族・帝室
おう-そん【王孫】❶帝王の子孫。また、貴族の子弟。❷ツクバネソウの別名。
お-うた【▽御歌】❶他人の歌を敬っていう語。❷天皇・皇后や皇族の作歌の敬称。御製。
おう-だ【殴打】〔名〕スル ひどくなぐりつけること。素手または棒などで人のからだをひどくたたくこと。「顔面を―する」(類語)パンチ・打擲・袋だたき・打撲
おう-だ【横×舵】潜水艦や魚雷の後部にある、深度調節のための水平舵。
おうだ【復=輿】▶あんだ(箯輿)
おう-たい【応対】〔名〕スル 相手になって、受け答えすること。「どんな客にも巧みに―する」「電話の―がうまい」(類語)応接・接待・接客・人あしらい・客あしらい・客扱い・受け答え・やりとり・応酬
おう-たい【×拗体】▶ようたい(拗体)
おう-たい【黄体】脊椎動物の卵巣で、排卵後の卵胞から生じる黄色の組織。黄体ホルモンを分泌し、発情周期を調整する。
おう-たい【横体】日本の古式泳法で、のし泳ぎのときのように、水面に横臥する体形。水府流・神伝流で基本とする。
おう-たい【横隊】横に広がって並んだ隊形。「二列―」⇔縦隊。
おう-だい【王代】帝王が治めている時代。王朝時代。
おう-だい【王台】ミツバチの巣で、女王蜂を育てるために、働き蜂が作る小部屋。
おう-だい【往代】過ぎ去った世。いにしえ。往古。「一の成規によりて、御沙汰あるべきか」〈折たく柴の記・中〉
おうだい【皇帝】「皇帝破陣楽」の略。
おうたい-き【黄体期】排卵後、月経が始まるまでの時期。月経周期の後半にあたる。卵巣では、卵子を放出した後の卵胞が黄体に変化する。子宮では、黄体から分泌されるプロゲステロンやエストロゲンの作用によって、子宮内膜が厚みを増し、粘液を分泌して受精卵が着床できる状態になる。プロゲステロンの作用により基礎体温は高温期に入る。妊娠が成立しなかった場合、黄体は萎縮し、黄体ホルモンの分泌が低下することにより、子宮内膜の機能層が剝離して出血する(月経)。
おうたいけいせい-ホルモン【黄体形成ホルモン】脳下垂体前葉から分泌される生殖腺刺激ホルモンの一。雌では成熟した卵胞に作用して排卵を起こし、黄体化させる。雄では精巣に作用し、雄性ホルモンの分泌を促す。LH(luteinizing hormone)。
おうたいしげき-ホルモン【黄体刺激ホルモン】脳下垂体前葉から分泌される生殖腺刺激ホルモンの一。黄体に作用して黄体ホルモンを分泌させる。プロラクチン。
おうだいはじんらく【皇帝破陣楽】雅楽の舞曲。唐楽四大曲の一つ。壱越調で新楽の大曲。江戸時代に廃曲となった。武徳太平楽。
おうたい-ホルモン【黄体ホルモン】黄体や胎盤などから分泌される雌性ホルモンの一。主にプロゲステロンからなる。発情ホルモンとともに作用して子宮壁を受胎可能な状態にし、発情をコントロールして妊娠を継続させる。プロゲスチン。
おうだい-もの【王代物】浄瑠璃や歌舞伎で、主として奈良・平安時代の朝廷や公卿などの世界を題材としたもの。王朝物。大時代物。大時代狂言。
おうた-かい【▽御歌会】宮中で催される和歌の会。
おう-たかくけい【凹多角形】内角のうち一つ以上が180度より大きい角からなる多角形。⇔凸多角形。
おう-たく【王鐸】［1592～1652］中国、明末清初の書家・画家。字は覚斯。明・清の2朝に仕えた。自由奔放で感情に富んだ書と、簡素で平明な山水画で知られる。
おう-だく【応諾】〔名〕スル 人の頼みや申し込みをそのまま引き受けること。承諾。「二つ返事で―する」
(類語)承知・了承・了解・承諾・承認・承引・承服・納得・同意・受諾・許諾・オーケー・受け入れる・聞き入れる・うべなう・うけがう・がえんずる・諾する・応ずる・引き受ける・首を縦に振る・承る
おう-だつ【横奪】〔名〕スル 無理に奪い取ること。強奪。「積み荷を―される」
おうた-どころ【▽御歌所】もと、宮内省に属し、天皇・皇族の御歌や御歌会に関する事務を扱った所。明治21年(1888)創設、昭和21年(1946)廃止。
おうたどころ-は【▽御歌所派】御歌所に属した高崎正風らを中心とする歌人の一派。桂園派の流れをくみ伝統的で、明治初期歌壇の主流をなす。
おう-だん【黄丹】「おうに(黄丹)」に同じ。
おう-だん【黄×疸】胆汁色素が血液中に増加し、皮膚や粘膜が黄色くなる状態。胆嚢・肝臓の病気、赤血球が多量に破壊される病気などで起こる。
おう-だん【横断】〔名〕スル ❶横に断ち切ること。⇔縦断。❷横切ること。「道路を―する」❸大陸や大洋を東西の方向に通り過ぎていくこと。「アメリカ大陸を―する」⇔縦断。❹異なる分野・種類などを超えてつながること。「省庁―で取り組む」➡横断的
おうだん-くみあい【横断組合】企業別組合に対して、企業の枠を超えて組織される労働組合。一般組合・職業別組合・産業別組合など。
おうだんしゅっけつせい-レプトスピラびょう【黄×疸出血性レプトスピラ病】レプトスピラ病の一。ドブネズミの病原体を含む排泄物の混入した水から皮膚に感染して起こることが多く、高熱・頭痛・筋肉痛・嘔吐や目の充血がみられ、黄疸や鼻・歯肉・皮下の出血などが現れる。ワイル病。
おうだん-ちんぎん【横断賃金】企業別に決定される賃金に対して、企業の別を超えて、職種別・熟練度別に同一賃率で支払われる賃金。
おうだん-てき【横断的】〔形動〕異なる分野・種類などを超えたつながりがあるさま。「教科―な学習」
おうだん-ほどう【横断歩道】車道を横断する歩行者のために、道路標識や道路標示で歩行範囲を定めてある道路区域。
おうだん-まく【横断幕】スローガンや主張などを書き、道路などを横断する形で、その上方に掲げる横長の幕。
おうだん-めん【横断面】物体をその中心線に対し直角に切断したときの切り口の平面。⇔縦断面。
おう-ち【王地】《古くは「わうぢ」》帝王が支配する土地。王土。
おう-ち【凹地】くぼ地。低地。
おう-ち【奥地】「おくち(奥地)」に同じ。
お-うち【▽御内|▽御▽家】❶他人の家や家庭の敬称。お宅。「あすは―にいらっしゃいますか」❷自分の家の丁寧な言い方。「暗くなったので、ぼくも―に帰りましょうね」(類語)家庭・家い・所帯・世帯・一家・家族・家内・うち・我が家・ホーム・マイホーム・スイートホーム・ファミリー・お宅・お家・貴家
おうち【×楝|×樗】❶センダンの古名。(季 花＝夏|実＝秋)「大仏の下に―の花の数/虚子」❷襲の色目の名。表は薄紫、裏は青。一説に、表は紫、裏は薄紫。夏に用いた。
おうち-がた【邑知潟】石川県羽咋市の潟湖。能登半島基部にあり、トキの生息地であった。現在は干拓され、ほとんど消滅。もと大蛇潟とも。
おうち-せい【横地性】植物の根や茎が、重力と直角の方向に伸びる性質。
おう-ちゃく【横着】〔名・形動〕スル ❶すべきことを故意に怠けること。できるだけ楽をしてすまそうとすること。また、そのさま。「―を決め込む」「―なやりかた」「―して連絡しない」❷わがままで、ずうずうしいこと。ずるいこと。また、そのさま。「中には―で新しそうなのを選って穿く人もある」〈鷗外・百物語〉
(類語)(❶)怠慢・怠惰・無精・懈怠・懶惰/(❷)勝手・わがまま・身勝手・得手勝手・手前勝手・自己本位・傍若無人・好き放題・好き勝手・気随・気まま・ほしいまま・恣意的・利己的・エゴイスチック・好き・自分勝手・気任せ・奔放・自由
おう-ちゅう【×烏▽秋】スズメ目オウチュウ科の鳥。全長28センチくらい。全身黒色で、尾が長く、先が二またに分かれて上方に反る。南アジアに分布し、日本では迷鳥。オウチュウ科には22種が含まれ、南アジア・アフリカの森林に分布。
おう-ちょう【王朝】❶同じ王家に属する帝王の系列。また、その王家が支配している時期。「ブルボン―」❷「王朝時代」の略。❸帝王がみずから政治をとる所。
おうちょう【応長】鎌倉後期、花園天皇の時の年号。1311年4月28日～1312年3月20日。
おう-ちょう【横超】仏語。阿弥陀仏の本願の力によって迷いの世界を跳び越えて、浄土に往生すること。真宗の説く、他力浄土門の中の絶対他力の教えをいう。
おう-ちょうけい【王寵恵】［1881～1958］中国の政治家・法律家。東莞県(広東省)の人。字は亮疇。孫文と親しく、近代的中国法典作成に努力。国際連盟中国代表・国民政府外交部長などを歴任。ワン＝チョンホイ。
おうちょう-じだい【王朝時代】武家時代に対して、天皇親政の時代。奈良時代・平安時代をさし、特に平安時代をいうこともある。
おうちょう-ぶんがく【王朝文学】平安時代の、特に宮廷女性を主たる書き手とする仮名文学。

お

平安朝文学。
おう-ちょうめい【汪兆銘】ワウテウメイ[1883〜1944]中国の政治家。番禺県(広東省)の人。字あざなは精衛。法政大学在学中に中国革命同盟会に加入。国民党結成後は同党左派の中心。のち日中戦争が始まると和平救国を唱えて、日本との提携を主張し、1940年南京政府を樹立、主席となった。名古屋で病死。ワン=チャオミン。
おう-ちょく【王直】ワウ[?〜1557]中国、明代の倭寇わこうの首領。歙きゅう県(安徽省)の人。密貿易の取り締まりを避けて、平戸・五島を本拠に倭寇を率い明の沿岸を襲う海賊となったが、勧誘により帰国して殺された。
お-うつり【▽御移り】物をもらったとき、返礼としてその容器などに入れて返す、半紙などの品。
おう-て【王手】ワウ ❶将棋で、直接に王将を攻めたてる手。❷最終的な勝利を得るまであと一歩の段階。相手の死命を制するような決定的な手段。「優勝に—をかける」
おう-て【追手】《「おひて」の音変化》❶「大手❹」に同じ。「佐々木兄弟四人は搦め手に廻る、北条、土肥、岡崎等—なり」〈盛衰記・二〇〉⇔搦からめ手。❷「大手❶」に同じ。「市野辺山いちのべやまの麓を回って—へ向かふ」〈太平記・三〉
おう-てい【押丁】アフ 旧監獄官制で、看守長や看守を補佐した下級の職。明治42年(1909)の官制で廃止された。
おう-てい【奥底】アフ ❶奥深い所。❷心中の秘密。
おう-てき【横笛】ワウ ❶よこぶえ。❷雅楽に用いる笛の一。竜笛りゅうてき。「王敵」に音が通じるとして「ようじょう」と読むことが多い。
おう-てつ【王嚞】ワウ[1113〜1170]中国、金きんの道士。全真教の開祖。咸陽かんよう(陝西せんせい省)の人。字あざなは允卿いんけい。号は重陽子。48歳のとき、改心して道士となり、全真教を樹立し、山東半島に布教。著「重陽立教十五論」など。
おう-てっこう【黄鉄鉱】ワウテツクワウ 鉄と硫黄からなる鉱物。金属光沢を帯びた淡黄色であるが、条痕色じょうこんしょくは黒色。六面体の結晶のほか八面体や塊状をなして産出。等軸晶系。硫酸製造の硫黄の原料になる。
おうて-びしゃ【王手飛車】ワウテ 将棋で、同時に王手と飛車取りをかける強力な攻め手。王手飛車取り。
おうてもんがくいん-だいがく【追手門学院大学】オウテモンガクヰン 大阪府茨木市にある私立大学。明治21年(1888)創立の大阪偕行社付属小学校が前身。昭和41年(1966)に大学が開設された。
おう-てん【横転】ワウ〔名〕スル ❶横倒しになること。「乗用車が—する」❷水平飛行中の飛行機が、胴体を軸として、左または右に回転すること。(類語)転倒・転覆・反転・将棋倒し・倒れる・ひっくり返る・覆くつがえる・転がる・転げる・転ぶ・倒こける・卒倒する
おうてん-もん【応天門】《「おうでんもん」とも》平安京大内裏朝堂院の南面正門。外郭の朱雀門すざくもんの北に位置。東西両廊に栖鳳せいほう・翔鸞しょうらん2楼がある。
おうてんもん-の-へん【応天門の変】貞観8年(866)応天門の炎上をめぐる事件。大納言伴善男とものよしおは左大臣源信みなもとのまことの仕業と唱えて処罰を主張したが、藤原良房らによってかえって善男の子中庸なかつねの放火とされ、善男父子は遠流おんるとなった。藤原氏の摂関政治確立へとつながった事件。
お-うと【▽夫】をうと《「おひと」の音変化》おっと。「—は若く色衰へず盛りなる程なり」〈水鏡・上〉
おう-と【王都】ワウ 王宮のある都。帝王のいる都。
おう-と【×嘔吐】〔名〕スル 食べたものを胃から吐き戻すこと。「苦しそうに—する」(類語)反吐へど・吐瀉としゃ・げろ
嘔吐を催・す ❶吐き気がする。❷はなはだしく不快に感じる。「あまりのずるさに—・す」
おうと【嘔吐】《原題、フランスLa Nausée》サルトルの小説。1938年刊行。外界の事物によってもたらされる主人公ロカンタンの嘔吐感を通じて「存在」の偶然性が探求される。実存哲学が小説化された作品。
おう-ど【王土】ワウ 帝王の治める土地。国王の領地。王地。
おう-ど【黄土】ワウ ❶風で運ばれて堆積した淡黄色または灰黄色の細粒の土。中国北部・ヨーロッパ・北アメリカ・北アフリカ・ニュージーランドなどに分布。レス。こうど。❷珪酸けいさんアルミニウムに酸化鉄を含んだもの。天然の黄色顔料で、塗料・人造石・セメント・絵の具などに使用。オーカー。オークル。こうど。
おうど-いろ【黄土色】ワウ 黄色がかった茶色。(類語)黄色・クリーム色・山吹色・イエロー
おう-とう【王党】ワウタウ 国王を支持する党派。
おう-とう【王通】ワウ[584ころ〜617]中国、隋代の学者。竜門(山西省)の人。字あざなは仲淹ちゅうえん。諡おくりなは文中子。初唐の詩人王勃の祖父。官を退いて郷里で多くの門下生を育てた。著「文中子中説」。おうつう。
おう-とう【王統】ワウ 帝王の血統。皇統。
おう-とう【応答】ヲウ〔名〕スル 問いかけや呼びかけに答えること。受け答え。「三号車—せよ」「質疑—に移る」(類語)答える・返答・回答・解答・自答・答え・反応
おう-とう【桜桃】アウタウ ❶㋐バラ科サクラ属の落葉小高木。晩春、葉より先に白い花をつけ、6月ごろ、球形で紅色の果実がなる。中国の原産で、日本へは明治初期に渡来。みざくら。しなみざくら。㋑食用になる桜ん坊。また、その果実をつける種または品種の総称。セイヨウミザクラなど。(季 実=夏 花=春)「—のこの美しきもの梅雨の夜に/澄雄」❷ユスラウメの別名。
おう-とう【黄桃】ワウタウ モモの一品種。果肉は黄色。缶詰に加工されることが多いが、生食用の種類は甘味と酸味が強く、濃厚な味わいをもつ。
おう-どう【王道】ワウダウ ❶儒教で理想とした、有徳の君主が仁義に基づいて国を治める政道。⇔覇道はどう。❷《royal roadの訳語》安易な方法。近道。「学問に—無し」
おう-どう【王導】ワウダウ[267〜330]中国、東晋の政治家。琅邪ろうや(山東省)の人。字あざなは茂弘。元帝を助け、南下後の晋朝復興に尽力。明帝・成帝の宰相を務め、東晋の基礎を築いた。
おう-どう【黄道】ワウダウ ►こうどう(黄道)
おう-どう【黄銅】ワウ 銅と亜鉛との合金。黄色のものが多く、亜鉛の量が少ないと金色を呈する。金具・機械部品、金箔の代用などに使用。穴あきの5円硬貨の材料とする。真鍮しんちゅう。
おう-どう【横道】ワウダウ〔名・形動〕❶人間としての正しい道に外れていること。また、そのさま。よこしま。邪道。「この思いもよらない出来事には、いくら—な良秀でも、ぎょっと致したのでございましょう」〈芥川・地獄変〉❷本道からそれた道。よこみち。「—なれども…平泉寺を拝まん」〈義経記・七〉❸不正と知りながら行うこと。「私が少しの間—致せば事が済む」〈浄・大経師〉(類語)非道・無道・無法・不義・非常識
おうとう-き【桜桃忌】アウタウ 昭和23年(1948)6月、39歳で愛人と入水自殺した小説家、太宰治の忌日。遺体が発見された6月19日を命日とし、墓のある東京都三鷹市の禅林寺で法要が行われる。作品「桜桃」による命名。(季 夏)(補説)6月19日は太宰の誕生日でもある。
おうとう-き【奥陶紀】アウタウ オルドビス紀のこと。
おうどう-きちにち【黄道吉日】ワウダウ ►こうどうきちにち(黄道吉日)
おうどう-こう【黄銅鉱】ワウドウクワウ 銅・鉄・硫黄からなる鉱物。黄鉄鉱に似るが、条痕色じょうこんしょくは緑黒色で軟らかい。正方晶系。銅の鉱石として重要。
おうとう-じかん【応答時間】オウタフ ►レスポンスタイム
おうどう-らくど【王道楽土】ワウダウ 王道によって治められる、平和な楽しい土地。
おうとく【応徳】平安後期、白河天皇・堀河天皇の時の年号。1084年2月7日〜1087年4月7日。
おうとげり-しょう【×嘔吐下痢症】シヤウ ウイルスによる感染性胃腸炎。嘔吐に始まり、続いて下痢になる。原因となるウイルスにはノロウイルスやロタウイルスなどがある。冬期、乳幼児に多くみられ、通常は1週間くらいで治まる。下痢の間は水分の補給が大切。
おう-とつ【凹凸】アフ ❶表面が平らでないこと。でこぼこ。「—の激しい路面」❷均等でないこと。「月々の出来高に—がある」(類語)凸凹でこぼこ
おうな【▽女】おうな《「おみな(女)」の音変化》おんな。特に、若い女性。「強からぬは—の歌なればなるべし」〈古今・仮名序〉
おうな【×嫗|×媼】《「おみな(嫗)」の音変化》年をとった女。老女。「—おきな、召し集めてのたまはく」〈宇津保・藤原の君〉⇔翁おきな。(類語)おばあさん・ばあさん・ばばあ・老女・老婦・老婆・ばば・おばば・老媼ろうおう
おうな-おうな〔副〕❶►あふなあふな ❷►おおなおおな
おう-な・し【奥無し】アフ〔形ク〕思慮が浅い。軽率である。「幼きほどは、おのづから—・き有様もや御覧ぜむ」〈夜の寝覚・四〉
おう-なつ【押×捺】アフ〔名〕スル 判などを押すこと。捺印。押印。「受領書に—する」(類語)押印・捺印
おう-なん【王難】ワウ 国王の命令に背いたために受ける災難、刑罰。
おう-なん【横難】ワウ 思いがけなく起こる災い。不慮の災難。「諸仏護念したまへば一切—おそれなし」〈一遍上人語録・上〉
おう-に【黄▽丹】ワウ 染め色の名。梔子くちなしと紅花べにばなとで染めた赤みの多い黄色。皇太子の袍ほうの色とされ、禁色きんじきの一つであった。おうだん。
おう-にゅう【王乳】ワウ ►ロイヤルゼリー
おう-にょ【王女】ワウ ►おうじょ(王女)
おう-にょうご【王女御】ワウ 皇族出身の女御。「—にてさぶらひ給ふを」〈源・少女〉
おうにん【応仁】室町後期、後土御門ごつちみかど天皇の時の年号。1467年3月5日〜1469年4月28日。
おうにん-の-らん【応仁の乱】応仁元年〜文明9年(1467〜77)、細川勝元と山名宗全の対立に将軍継嗣問題や畠山・斯波しば両家の家督争いが絡んで争われた内乱。戦いは京都で始まり、のち諸国の大名・小名が勝元(東軍)・宗全(西軍)のいずれかに加わり、全国的規模に発展した。京都は戦乱のため荒れ果てて、将軍の権威は失墜した。
おう-ねつ【黄熱】ワウ アフリカや中南米の熱帯地域にみられる悪性の感染症。黄熱ウイルスによって起こり、蚊が媒介する。高熱・筋肉痛や出血・黄疸などがみられ、血液のまじった黒色のものを嘔吐おうとする。発病後5〜10日で死亡することが多い。感染症予防法の4類感染症の一。黄熱病。
おうねつ-びょう【黄熱病】ワウネツビヤウ ►黄熱
おう-ねん【往年】ワウ 過ぎ去った年。昔。「—の名演奏家」(類語)過去・往時・当時・いにしえ・旧時・一昔・昔年・往日・昔日・昔時・往昔・往古・古昔・在りし日
おう-ねんそん【王念孫】ワウ[1744〜1832]中国、清代の考証学者。高郵こうゆう(江蘇省)の人。字あざなは懐祖。音韻訓詁くんこの学にすぐれ、古典の実証的解釈学に新生面を開いた。著「広雅疏証」「読書雑志」など。
おう-のう【応能】各自の能力の程度に応じること。➡応益
おう-のう【×懊悩】アウナウ ■〔名〕スル なやみもだえること。煩悶はんもん。「行き詰まって—する日々」■〔ト・タル〕図〔形動タリ〕悩みもだえるさま。「腕を拱こまぬみ頤おとがいを襟に埋めて—たる物思いに沈んだ」〈二葉亭・浮雲〉(類語)悩む・苦しむ・煩わずらう・悶もだえる・思い煩う・思い迷う・思い乱れる・苦悩する・煩悶はんもんする・憂悶ゆうもんする・苦悶くもんする・苦慮する・頭を痛める・頭を悩ます・思い詰める
おうのう-ふたん【応能負担】各自の能力に応じて負担すること。特に、医療・介護・福祉サービスで、所得に応じて対価や保険料を支払うこと。また、所得に応じて租税を負担すること。➡応益負担
おう-の-はな【王の鼻】ワウ 神楽かぐら面の一。顔面が赤く鼻が高く突き出たもの。猿田彦さるたひこの相という。
おうのまつ-みどりのすけ【阿武松緑之助】おうのまつ[1791〜1852]江戸後期の力士。第6代横綱。能登のとの人。本名、佐々木長吉。優勝5回。➡小野川喜三郎(第5代横綱)➡稲妻雷五郎(第7代横綱)
おう-は【王覇】ワウ 王道と覇道。王者と覇者。
おう-は【横波】ワウ ►よこなみ(横波)
おう-ばい【黄梅】ワウ モクセイ科の落葉小低木。よく

枝分かれし、先が垂れ下がる。葉は3枚の小葉からなる複葉。早春、葉より先に、黄色く筒状で先の6裂した花をつける。中国の原産で、観賞用。迎春花。金梅(きんばい)。《季 春》

おう-ばく【黄×檗｜黄×蘗】ワウ― ㊀❶(「黄柏」とも書く)キハダの別名。また、キハダの樹皮から作った染料、または生薬。漢方で内皮を健胃・収斂(しゅうれん)薬などに使用。❷「黄檗宗」の略。㊁京都府宇治市の地名。

おうばく-きうん【黄檗希運】ワウバク― 中国、唐代の禅僧。閩県(びんけん)(福建省)の人。黄檗山で出家。のち、百丈懐海(ひゃくじょうえかい)に師事。門下に臨済義玄がいる。断際禅師。大中年間(847〜860)に没。

おうばく-さん【黄檗山】ワウバク― ㊀中国福建省東部の福清県にある山。福建寺(のち万福寺と改称)が開かれて唐・宋・明代にわたり栄えた。㊁中国、万福寺の山号。また、その住持の隠元が来日して宇治市に建立した万福寺の山号。

おうばく-し【黄×蘗紙】ワウバク―「きはだし(黄蘗紙)」に同じ。

おうばく-しゅう【黄×檗宗】ワウバク― 日本の三禅宗の一。承応3年(1654)来日した明僧(みんそう)隠元が開祖で、京都府宇治市の黄檗山万福寺を本山とし、明治9年(1876)臨済宗から独立して一宗となる。教禅一如を提唱、念仏禅に特色がある。➡禅宗

おうばく-ばん【黄×檗版】ワウバク― 江戸時代に黄檗宗の僧鉄眼(てつげん)が出版した大蔵経。6956巻。寛文9年(1669)から天和元年(1681)にかけて完成。隠元が持ってきた明の万暦版に訓点を加え、翻刻したもの。鉄眼版。

おうばく-りょうり【黄×檗料理】ワウバクレウリ 普茶(ふちゃ)料理のこと。黄檗山万福寺で作られたのに始まる。

おう-はん【凹版】アフ― 画線部分が版材面よりくぼんでいる印刷版。彫刻凹版・写真凹版(グラビア)などがある。紙幣・証券などの印刷に使用。➡凸版

おう-はん【往反】ワウ―〔名〕スル《「おうばん」とも》「おうへん(往返)」に同じ。「もし、辺地にあれば、一わづらひ多く」〈方丈記〉

おう-はん【黄斑】ワウ― 網膜の後極にある卵円形のくぼみで、黄色色素が沈着している、視覚の最も鋭敏な部分。中心部は錐状体だけで、桿状体(かんじょうたい)はない。黄点。

おう-はん【黄飯】ワウ― クチナシの実をせんじた汁で炊き、塩味をつけた黄色い飯。

おう-はん【横帆】ワウ― 帆船の帆桁(ほげた)に取り付け、船首と船尾を結ぶ線と直角に張られる帆。追い風による順走に適する。⇔縦帆(じゅうはん)。

おう-ばん【黄×幡】ワウ― ❶葬儀のときに用いる黄色の旗。❷暦注の八将神の一。軍陣の守護神。弓始めに、この神のいる方角に向かって射れば吉、また、その方角に門を建てたり土を掘ったりすることは凶とした。

おう-ばん【×椀飯｜×埦飯｜×垸飯】ワウ―《「わう」は「わん」の音変化》❶椀に盛った飯。❷饗応(きょうおう)すること。また、そのための食膳。公家では殿上(てんじょう)の集会などに、武家では家臣が主君をもてなすさいに行われ、鎌倉・室町時代には幕府の儀式ともなった。

おうはんか-けっしゅ【黄斑下血腫】ワウハンカ― 黄斑部の網膜下で出血し、血液がたまった状態。加齢黄斑変性症や網膜細動脈瘤などによって起こる。放置すると網膜の機能が低下するため、早期治療が必要。治療法として硝子体手術や血腫移動術などがある。

おうばん-ぶるまい【×椀飯振(る)舞(い)】ワウバンぶるまひ ❶《❷が原義。「大盤(おおばん)振る舞い」と当てて書くこともある》盛んなもてなし。また、金品などを気前よく人に施すこと。「祝いの客に一をする」❷椀飯の儀礼の影響を受けた江戸時代の正月の行事。一家の主人が親類縁者を招いて盛大な宴会を催したこと。また、その宴会。節(せち)振る舞い。

おう-ひ【王妃】ワウ― ❶国王のきさき。❷皇族で「王」の称号をもつ人の配偶者。

おう-ひ【応否】承諾することと承諾しないこと。「一の返答如何(いかん)」〈福沢・福翁自伝〉

おう-ひ【桜皮】アウ― 桜の樹皮の内皮。漢方で収斂(しゅうれん)・鎮咳(ちんがい)薬などに用いる。

おう-ひ【奥秘】アウ― 学問や技芸などで、めったに明かせない大事なことがら。奥義。

おう-ひ【横披】ワウ― 書画の表具の一。左右に軸木をつけた横長の巻物。よこもの。

おう-ひ【横被｜横×帔】ワウ― 僧が七条以上の袈裟(けさ)を掛けるとき、別に右肩に掛ける長方形の布。

おう-ひつ【王弼】ワウ― [226〜249]中国、三国時代の魏(ぎ)の思想家。山陽(河南省)の人。字(あざな)は輔嗣(ほし)。幼くして高名をはせ、何晏(かあん)とともに玄学(老荘の学)の始祖といわれる。著「周易注」「老子道徳経注」など。

おう-びゃく【黄白】ワウ― ➤こうはく(黄白)

おうびりん-だいがく【桜美林大学】アウビ― 東京都町田市などにある私立大学。昭和41年(1966)の開設。

おう-ふ【王父】ワウ― 死んだ祖父を敬っていう語。⇔王母。

おう-ふう【欧風】ヨーロッパ的であること。西洋風。「一家具」類語 洋風・欧化

おう-ふう【横風】ワウ―〔名・形動〕偉そうに人を見くだす態度をとること。また、そのさま。大風(おおふう)。「やに一な失敬な奴だと思ったが」〈漱石・坊っちゃん〉

おう-ふうし【王夫之】ワウ― [1619〜1692]中国、明末・清初の思想家。衡陽(湖南省)の人。字(あざな)は而農(じのう)。号は薑斎(きょうさい)。船山先生と称された。清軍の南下に抵抗したが、のちに隠退して学問著述に専心、各方面にわたる研究を残した。その強い民族思想や、独自の気の思想は、後世に大きな影響を及ぼした。著「周易外伝」「張子正蒙注」など。

おう-ふく【往復】ワウ―〔名〕スル ❶行きと帰り。行って帰ること。ゆきかえり。「一には三時間以上かかる」「駅まで自転車で一する」「一乗車券」❷手紙などのやり取り。「書簡を一する」❸交際すること。ゆきき。「彼とは親しく一している」類語 行き帰り・通う

おうふく-きかん【往復機関】ワウフクキクワン シリンダー内のピストンの往復運動により機械エネルギーを発生する原動機。内部の燃焼によって動かす内燃機関、蒸気の圧力で動かす蒸気機関などがある。往復動機関。

おうふく-きっぷ【往復切符】ワウフク― 往復の乗車切符が1枚になっているもの。往復乗車券。

おうふく-だい【往復台】ワウフク― 主に旋盤で、刃物に送りを与える部分。刃物台・サドル・エプロンからなり、送り棒や親ねじの回転運動によってベッドの上を往復する。

おうふく-はがき【往復葉書】ワウフク― 往信用と返信用をひと続きにした郵便葉書。

おうふく-ポンプ【往復ポンプ】ワウフク― シリンダー内をピストンやプランジャーが往復運動をして内部の弁が開閉し、吸入・排出する形式のポンプ。

おうぶつ-みょうごう【王仏冥合】ワウブツミヤウガフ 法華経の本門の教えが国家・社会の指導原理となることによって、この世に寂光浄土が実現するという日蓮の教え。

おう-ぶん【応分】〔名・形動〕身分や能力にふさわしいこと。また、そのさま。分相応。「一の負担をする」類語 相応・分相応

おう-ぶん【欧文】ヨーロッパ諸国で使われる言語による文章。また、その文字。特に、ローマ字。「一タイプ」「一直訳体」

おう-ぶん【横文】ワウ― 横に書き連ねた文字。特に、欧米諸国語の文をいうことが多い。「或は一を講じ、或は訳書を読み」〈福沢・学問のすゝめ〉

おうぶん-みゃく【欧文脈】欧文を直訳したような表現をとった日本文の文脈。

おう-へい【横柄】ワウ―・【押柄】アフ―〔名・形動〕《「おしから(押柄)」の音読からか》いばって、人を無視した態度をとること。無礼、無遠慮なこと。また、そのさま。大柄(おおへい)。「若いくせに一な態度をとる」「一に振る舞う」派生 おうへいさ〔名〕類語 尊大・傲然

おう-べい【欧米】欧州と米国。類語 西洋・泰西(たいせい)・西欧・欧州・西方・南蛮(なんばん)・あちら・ヨーロッパ

おう-へん【応変】思いがけない出来事に応じて、適切な処置をとること。「臨機一」

おう-へん【往返｜往▽反】ワウ―〔名〕スル 行って帰ってくること。往復。おうはん。「兄と離れ離れに田畑へ一しようとはしなかった」〈鷗外・安井夫人〉

おう-へん【黄変】ワウ―〔名〕スル 変色して黄ばむこと。

おうへん-まい【黄変米】ワウヘン― 子嚢菌(しのうきん)の一種が繁殖したため、白米が黄色に変色したもの。有毒。

おう-ぼ【王母】ワウ― 死んだ祖母を敬っていう語。⇔王父。

おう-ぼ【応募】〔名〕スル 募集に応じること。「コンクールに一する」「一者」類語 申し込み・エントリー

おう-ほう【王法】ワウハフ ❶国王の定めた法令。❷帝王として守り行うべき道。➡おうぼう(王法)

おうほう【応保】平安末期、二条天皇の時の年号。1161年9月4日〜1163年3月29日。

おう-ほう【応報】仏語。善悪の行いに応じて受ける吉凶・禍福の報い。果報。「因果一」類語 報い・祟り・業報・悪報・果報

おう-ほう【往訪】ワウハウ〔名〕スル こちらから人を訪ねていくこと。訪問。⇔来訪。

おう-ほう【×枉法】ワウハフ 私意によって法をまげて解釈・適用すること。

おう-ほう【黄×袍】ワウハウ 黄色の上着。養老の衣服令で定められた無位の制服。

おう-ぼう【王法】ワウバフ 仏教で、国王の定めた法令。また、仏法に対して政治をいう。世法。国法。「仏法一の相比するゆゑんなり」〈太平記・八〉

おう-ぼう【押妨】アフバウ《「おうほう」とも》他人の所領などに押し入って乱暴を働いたり、不当な課税をしたりすること。「先例に任せて、入部の一をとどめよ」〈平家・一〉

おう-ぼう【横暴】ワウ―〔名・形動〕権力や腕力にまかせて無法・乱暴な行いをすること。また、そのさま。「一な振る舞い」類語 専横・独断専行

おうほうけい-しゅぎ【応報刑主義】刑罰の本質は犯罪に対する応報であるとする考え方。応報刑論。➡教育刑主義 ➡目的刑主義

おうぼしゃ-りまわり【応募者利回り】―りまはり 新規発行の債券を発行価格で購入し、償還まで保有した場合の利回り。

おう-ぼつ【王勃】ワウ― [649?〜675?]中国、唐代の詩人。竜門(山西省)の人。字(あざな)は子安。王通の孫。初唐の四傑と称され、六朝の軽薄な詩風の改革に努めた。文章では「滕王閣序」が有名。

お-うま【×牡馬｜雄馬】を― 雄(おす)の馬。おすうま。⇔牝馬(めうま)。

おう-ま【黄麻】ワウ― ❶ツナソの別名。こうま。❷「黄麻紙」の略。

おうま-が-とき【×逢う魔が時】あふ― ➤大禍時(おおまがとき)

おうま-し【黄麻紙】ワウマ― ❶オウマと化学パルプを配合して作った紙。封筒・包装紙などに用いる。❷キハダで染めた麻紙。奈良時代、多く写経用に漉(す)かれた。黄紙(おうし)。こうまし。

おうま-どき【×逢う魔時】あふ― ➤大禍時(おおまがとき)

おうみ【近江｜淡海】あふ―《「あわうみ(淡海)」の音変化。淡水湖の琵琶湖があるところから》旧国名の一。現在の滋賀県にあたる。江州(ごうしゅう)。「近江」の文字は浜名湖のある遠江(遠つ淡海)に対して近江(近つ淡海)と称したもの。

近江泥棒伊勢(いせ)乞食(こじき) 近江の人は商才にたけ、伊勢出身の人は勤倹に努め、ともに商人として成功した者が多かったところから、宵越しの金は使わないと自負する江戸っ子が負け惜しみに言った言葉。

お-うみ【×苧×績】を― 苧(からむし)の繊維をより合わせて糸にすること。

おうみ-あきんど【近▽江▽商▽人】あふ―「おうみしょうにん」に同じ。

おうみ-おんな【近▽江女】あふみをんな 能面の一。若い女性の美しさを表現しているが、やや俗っぽいあでやかさのある女面。

おうみ-げんじ【近江源氏】あふ― 宇多源氏の流れで、近江蒲生郡佐々木荘に本拠を置いた源成頼の子孫。近江の守護として勢力があり、京極氏・六角氏・朽木氏などに分かれた。

おうみげんじせんじんやかた【近江源氏先陣

館』浄瑠璃。時代物。九段。近松半二らの合作。明和6年(1769)大坂竹本座初演。大坂冬の陣を鎌倉時代に移し変えたもので、「盛綱陣屋」のくだりが有名。

おうみ-さるがく【近=江猿楽】中世、近江の日吉神社・多賀神社に属した猿楽団体。みまじ・山階・日吉などの諸座があったが、室町末期には大和四座に押されて衰退した。

おうみ-しま【青海島】山口県長門市の日本海に浮かぶ島。仙崎と青海大橋によって結ばれる。面積約15平方キロメートル。北岸は海食による景観を呈し、東部に鯨墓がある。

おうみ-しょうにん【近=江商人】近江出身の商人。商売がうまく、江戸初期以来、伊勢出身の商人とともに成功者を多く出した。江商。おうみあきんど。

おうみ-じんぐう【近江神宮】大津市神宮町にある神社。旧官幣大社。祭神は天智天皇。昭和15年(1940)鎮座。

おうみ-せいじん【近江聖人】中江藤樹の尊称。

おうみ-の-うみ【近江の海┊淡海の海】琵琶湖の古称。おうみのみ。[歌枕]「一夕波千鳥汝が鳴けば心もしのに古思ほゆ」〈万・二六六〉

おうみのおおつ-の-みや【近江大津宮】▶大津宮

おうみ-の-おかね【近江のお兼】㊀鎌倉初期、近江国にいたという大力の遊女。「古今著聞集」などが伝える。㊁歌舞伎舞踊「晒女」の通称。

おうみ-の-みふね【淡海三船】[722～785]奈良時代の漢学者。大学頭・文章博士・刑部大輔などを歴任。鑑真の来朝を記した「唐大和上東征伝」の著者とされる。

おうみはちまん【近江八幡】滋賀県、琵琶湖東岸の市。八幡瓦・淡水真珠を特産。平成22年(2010)に安土町と合併。旧安土町には織田信長の安土城跡が、中央部の八幡山の南には豊臣秀次の城下町がある。江戸時代には近江商人の拠点。人口8.2万(2010)。

おうみはちまん-し【近江八幡市】▶近江八幡

おうみ-はっけい【近江八景】琵琶湖南西部の八つの景勝。石山の秋月、比良の暮雪、瀬田の夕照、矢橋の帰帆、三井の晩鐘、唐崎の夜雨、堅田の落雁、粟津の晴嵐。安藤広重の浮世絵で知られる。中国の洞庭湖の瀟湘八景にならって選んだという。

おうみ-ふじ【近江富士】三上山の異称。

おうみ-ぶし【近=江節】▶語斎節

おうみ-ぶな【近=江×鮒】琵琶湖産のゲンゴロウブナ。

おうみ-ぼんち【近江盆地】比良山地と鈴鹿山地に囲まれた断層盆地。ほぼ全域が滋賀県に属し、中央の低地に琵琶湖がある。

おうみ-まいこ【近江舞子】滋賀県南西部、大津市北部の琵琶湖西岸にある雄松崎の通称。景勝地。比良山地を背に白砂青松の広がる砂州で、夏は水泳場としてにぎわう。名は兵庫県神戸市にある舞子の浜にちなむ。

おうみ-やど【×苧▽績宿】「糸宿」に同じ。

おう-みょうぶ【王命婦】皇族で命婦である人。「暮るれば、一を責めありき給ふ」〈源・若紫〉

おうみ-りょう【近江令】天智天皇の時代、近江朝廷で制定されたといわれる令。22巻。藤原鎌足らが編纂。内容は不明で、存在しなかったとする説もある。

おう-みん【王民】王に統治される人々。

おう-む【×鸚×鵡】❶インコ目の鳥のうち、インコ類を除いたものの総称。一般に、尾が短く、体はずんぐりし、単色のものが多く、冠羽をもち、くちばしは下向きに曲がっている。人によく馴れ、人の言葉を巧みにまねる。オオバタン・キバタン・オカメインコなど。❷歌舞伎で、主要な役が引っ込みのときなどに、派手なしぐさをしたり、利きぜりふを言ったあと、三枚目役が、そのとおりのまねをして観客を笑わせる演出。

鸚鵡よく言えども飛鳥を離れず《「礼記」曲礼上から》鸚鵡は人間の言葉をまねてうまく話すが、やはり鳥でしかない。口先ばかり達者で、実際の行動が伴わないことをいうたとえ。

おうむ-いし【×鸚×鵡石】❶山間などにある、音をよく反響する岩石。言葉石。響き石。おうむせき。❷「おうむせき❷」に同じ。

おうむ-がい【×鸚×鵡貝】頭足綱オウムガイ科の軟体動物。カンブリア紀に出現し古生代前半に繁栄。現在、4あるいは6種が熱帯海域にすみ、生きている化石とよばれる。現生種は殻長約20センチ、平面に螺旋形に巻いた白い殻がオウムのくちばしを思わせる。殻の最外部の室にタコに似た軟体部があり、触手を雄で約60本、雌で約90本もち、吸盤はない。

おうむ-がえし【×鸚×鵡返し】❶他人の言ったとおりに言い返すこと。「一に答える」❷和歌の詠み方の一。相手から詠みかけられた歌の一部だけを変えて、別の趣向で返歌すること。❸酒宴の席で、相手の差す杯を干して、すぐ返杯すること。

おうむこまち【鸚鵡小町】謡曲。三番目物。金春流以外の各流。新大納言行家が天皇の与えた歌の返歌を求めて老いた小野小町を訪ねると、1字違いのおうむ返しで答えたことを描いたもの。

おうむしょう【鸚鵡抄】江戸中期の辞書。100巻。貞享2年(1685)完成。父盛徴の遺志を継ぎ荒木田盛員が撰。いろは順の辞書で、語数二万二千余語を収め、各語について和歌の用例を挙げ、仮名遣いの例を記している。

オウムしんりきょうはんざいひがいしゃ-きゅうさいほう【オウム真理教犯罪被害者救済法】《「オウム真理教犯罪被害者等を救済するための給付金の支給に関する法律」の通称》地下鉄サリン事件や松本サリン事件など、オウム真理教による一連の犯罪行為の被害者に、給付金を支給して救済するための法律。平成20年(2008)施行。オウム被害者救済法。

おうむ-せき【×鸚×鵡石】❶「おうむいし❶」に同じ。❷歌舞伎の名せりふを書き抜いた本。役者の声色の練習用に出版された。おうむいし。❸人の言ったことを、そのままに真似ていうこと。「先刻桐山から聞いた事をば、全然一で喋りたてる」〈逍遥・当世書生気質〉

おうむ-の-さかずき【×鸚×鵡の杯】鸚鵡貝・阿古屋貝など真珠光沢のある美しい貝でつくった杯。曲水の宴などで用いられる。おうむはい。

オウムひがいしゃ-きゅうさいほう【オウム被害者救済法】▶オウム真理教犯罪被害者救済法

おうむ-びょう【×鸚×鵡病】オウム・ハトなど鳥類の伝染病。病原体はオウム病クラミジアで、人間にも感染し、発熱・頭痛・せき・血痰などの症状を呈する。感染症予防法の4類感染症の一。

おうめ【青梅】東京都北西部の市。多摩川の谷口集落、青梅街道の宿駅として発展。戦前まで青梅縞の産地。御岳渓流は江戸以来の上水道源。人口13.9万(2010)。

おう-めい【王命】帝王の命令。

おう-めい【×鴎盟】《カモメと友達になる盟をする意から》俗世間を離れた風流な交わり。隠居して風月を楽しむこと。

おう-めい【×嚶鳴】《「詩経」小雅・伐木の「嚶として其れ鳴くは其の友を求むる声」から》❶鳥が仲よく鳴き交わしたり、友人を求めて鳴いたりすること。また、その声。❷友人同士が仲よく語り合うこと。

おうめい-しゃ【嚶鳴社】明治11年(1878)沼間守一らが主宰した自由民権系の政治結社。明治6年(1873)結成の法律講義会を改称したもので、「嚶鳴雑誌」を刊行。同15年解散。

おう-めいせい【王鳴盛】[1720～1797]中国、清代の歴史学者・経学者。嘉定(江蘇省)の人。字は鳳喈。号は礼堂・西荘。「十七史商榷」は考証的史学の名著といわれる。詩文にも長じ、「耕養斎詩文集」などがある。

おうめ-かいどう【青梅街道】東京都新宿区から山梨県甲府へ至る街道。新宿追分を起点として甲州街道と分かれ、青梅市・大菩薩峠・甲州市を経て、甲府市酒折で再び甲州街道に合流する。江戸時代に開かれた。現在の起点は新宿駅西口付近。甲州裏街道。

おうめ-し【青梅市】▶青梅

おうめ-じま【▽青▽梅×縞】青梅地方で産する格子や縞柄の綿織物。

おうめ-せん【青梅線】中央本線立川から青梅を経て奥多摩に至るJR線。明治27年(1894)青梅鉄道として青梅まで開業、昭和19年(1944)全通。全長37.2キロ。

おうめ-わた【▽青▽梅綿】和服に入れる上質の綿。3枚で本裁ちの長着1枚分に入るようにこしらえてある。もと、青梅の特産。小袖綿。

おう-めん【凹面】中央がへこんでいる面。⇔凸面。

おうめん-きょう【凹面鏡】反射面が凹形になっている球面鏡。広くは、表面が回転二次曲面である反射鏡をいう。反射望遠鏡・探照灯などに利用。⇔凸面鏡。

おう-もう【王莽】[前45～後23]中国、前漢末の政治家。新朝の創建者。在位9～23。字は巨君。成帝の母王太后の甥。平帝を立てて政権を握り、のち平帝を毒殺して帝位に就き、国号を新とした。在位15年。儒教的政策を強引におし進めたが失敗。劉秀(後漢の光武帝)に攻められ敗死した。

おう-もう【王猛】[325～375]中国、五胡十六国時代の前秦の政治家。寿光(山東省)の人。字は景略。苻堅に仕え、前秦の富国強兵に努力した。桓温の訪問を受けたとき、衣服のシラミをとりながら時世を語ったことで有名。

おう-もう【王蒙】[1308ころ～1385]中国、元末・明初の画家。呉興(浙江省)の人。字は叔明。号は香光居士・黄鶴山樵。董源・巨然らの画風を学び、山水画にすぐれた。元末四大家の一人。

おうもう-にち【往亡日】暦注の一。旅行・移転・結婚・建築などを忌むという日。1年間に12日ある。

おうもく-じゅうび【横目縦鼻】《横向きについている目と縦についている鼻の意から》人間の顔。また、人間。

おうもん-かい【桜門会】卒業年や地域・職域・出身サークルなどごとに活動する日本大学卒業生の同窓会。

おうもん-きん【横紋筋】顕微鏡で見ると横縞のある筋肉。脊椎動物の骨格筋と心筋がこれに属し、骨格筋は随意筋。⇔平滑筋。

おう-ゆう【王融】[467～493]中国、六朝時代の南斉の文人。琅邪臨沂(山東省)の人。字は元長。武帝の命で「曲水詩序」を作る。のち獄死。

おうゆう-かい【桜友会】学習院大学など、学習院の各学校卒業生の同窓会。

おうゆう-むへん【応▽用無辺】仏語。仏・菩薩が、世の人を救うために時と所を選ばないで現れる、その自由自在の働き。

おう-よう【応用】[名](スル)原理や知識を実際の事柄に当てはめて用いること。「習ったことを実生活に一する」「一力(⇒リテラシー)」
[類語]適用・利用・使用・運用・活用・所用・盗用・悪用・転用・流用・通用・愛用・引用・援用・逆用・供用・誤用・充用・試用・常用・善用・乱用

おう-よう【×鷹揚】[形動][文][ナリ]《鷹が悠然と空を飛ぶように》小さなことにこだわらずゆったりとしているさま。おっとりとして上品なさま。「一に構える」⇒大様 [類語]大らか・大様・おっとり

おう-よう【×汪洋】[ト・タル][文][形動タリ]❶水量が豊富で、水面が遠く広がっているさま。「一として光っている大河」〈二葉亭訳・片恋〉❷ゆったりとしたさま。広々と大きいさま。「一たる宇宙」

おうよう-か【応用花】立花や生花などの既成様式の花型を応用して生けた自由花風の生け花。

おうよう-かがく【応用化学】産業や生活に直接役立つような化学技術の応用を研究する化学の一分野。狭くは工業化学と同義だが、広くは農芸化学・薬化学などを含めていう。

おうよう-けんきゅう【応用研究】特定の目標を定めて理論・概念の実用化の可能性を確かめたり、新たな応用方法を探索する研究。現実問題への有効性・有用性を重視する。➡基礎研究

おうよう-しゅう【欧陽脩】[1007〜1072]中国、北宋の文学者・政治家。廬陵(ろりょう)(江西省)の人。字(あざな)は永叔。号は酔翁・六一居士。仁宗・英宗・神宗に仕えたが、王安石の新法に反対して引退。北宋随一の名文家で、唐宋八家の一人。詩の評論形式の一つである「詩話」を初めて書いた。著「新唐書」「新五代史」「集古録」など。欧陽修。

おうよう-じゅん【欧陽詢】[557〜641]中国、唐代初期の書家。潭州臨湘(りんしょう)(湖南省)の人。字(あざな)は信本。王羲之(おうぎし)の書法を学び、楷書の規範をつくる。初唐三大家の一人。高祖の勅命によって類書「芸文類聚(げいもんるいじゅう)」100巻を編集した。楷書にもっともすぐれ、碑刻に「九成宮醴泉銘(きゅうせいきゅうれいせんめい)」などがある。

おうよう-しんりがく【応用心理学】心理学、特に実験心理学の研究方法や成果を、産業・政治・司法・教育・臨床などの実用面に応用する心理学の一分野。産業心理学・教育心理学・臨床心理学・犯罪心理学など。

おうよう-じんるいがく【応用人類学】形質人類学や文化人類学の成果を実用的に利用する応用科学。開発途上国への経済援助に文化人類学の知識が利用されるなど。

おうよう-すうがく【応用数学】数学理論の工業・自然科学・社会科学などへの利用を研究する学問。

おうよう-ソフト【応用ソフト】《application software》▶アプリケーションソフト

おうよう-びじゅつ【応用美術】芸術としての美術を日常生活に応用したもの。工芸美術・装飾美術・デザインなどをさし、広義には建築も含まれる。

おうよう-ぶつりがく【応用物理学】技術面で出合う物理現象を研究する学問。工学と物理学との間にあって、主に放射線やプラズマ、計測や制御、量子エレクトロニクスなどの分野をいう。

おう-ようめい【王陽明】[1472〜1528]中国、明代の思想家。余姚(よよう)(浙江省)の人。名は守仁。字(あざな)は伯安。陽明は号。諡(おくりな)は文成。宸濠(しんごう)の乱を平定した功により、新建伯に封ぜられた。陸九淵の学をうけ継ぎ、知行合一説・致良知説を主張して一派を成し、王学・陽明学と呼ばれる。

おうよう-もんだい【応用問題】❶学習して得た知識を応用して解く問題。❷算数で、数式を応用して解く文章の問題。

おうよう-りきがく【応用力学】力学の一般原理を工学の技術的分野に応用しようとする学問。

おう-よ・る【奥寄る】〔動ラ四〕❶部屋の奥のほうへ寄る。「—・りて三四人さしつどひて絵など見るもあめり」〈枕・一八四〉❷昔風である。古風である。「御手の筋、ことに、—・りにたり」〈源・玉鬘〉❸年をとる。老齢になる。「齢(よはひ)なども—・りにたべければ」〈かげろふ・下〉

おう-らい【往来】〔名〕スル ❶行ったり来たりすること。行き来。「車が激しく—する」❷人や乗り物が行き来する場所。道路。「—で遊ぶ」❸互いに行ったり来たりすること。交際。「足しげく—する間柄」❹感情や考えが、心中に現れたり消えたりすること。去来。「いろいろな人たちのことがわたしの胸を—した」〈藤村・千曲川のスケッチ〉❺手紙などのやりとり。また、往復書簡。❻書簡文の模範文例集。➡往来物 ❼「往来物」の略。(類語)(❶)通い・交通・通る・運行・通行・走行・行き交い／(❷)道・通り・車道・街路・舗道(ほどう)・街道・往還・通路・路上・路面・ロード・ルート

おうらいきけん-ざい【往来危険罪】線路や標識の破壊、置き石などで列車の運行に危険を生じさせる罪。また、灯台や浮標の損壊などで船舶の航行に危険を生じさせる罪。刑法第125条が禁じ、2年以上の有期懲役に処せられる。

おうらいきけんによるきしゃてんぷく-ざい【往来危険による汽車転覆罪】▶往来危険による汽車転覆等罪

おうらいきけんによるきしゃてんぷくとう-ざい【往来危険による汽車転覆等罪】往来危険罪にあたる行為で、列車を転覆させたり船舶を転覆・沈没させたりする罪。刑法第127条が禁じ、無期または3年以上の懲役に処せられる。また、この行為で人を死亡させた場合は死刑または無期懲役に処せられる。往来危険による汽車転覆罪。

おうらい-そうば【往来相場】かなり長期間にわたり、限られた値幅で上下を繰り返す相場。

おうらい-てがた【往来手形】江戸時代、旅行者が所持した身分証明書兼通行許可証。百姓・町人には檀那寺(だんなでら)・町役人が、藩士には藩庁が発行。

おうらい-どめ【往来止(め)】人・馬・車などの通行を禁じること。通行止め。

おうらい-の-まきもの【往来の巻物】習字の手本として、手紙の文例を集めた巻物。また、それに似た形式の巻物。

おうらいぼうがいおよびどうちししょう-ざい【往来妨害及び同致死傷罪】陸路・水路・橋を破壊するなどして交通を妨害する罪。刑法第124条が禁じ、2年以下の懲役または20万円以下の罰金に処せられる。また、これによって人を死傷させた場合は、通常の傷害罪などより重い刑が科せられる。往来妨害罪。往来妨害致死傷罪。往来妨害致死罪。往来妨害致傷罪。

おうらいぼうがい-ざい【往来妨害罪】▶往来妨害及び同致死傷罪

おうらいぼうがいちし-ざい【往来妨害致死罪】▶往来妨害及び同致死傷罪

おうらいぼうがいちししょう-ざい【往来妨害致死傷罪】▶往来妨害及び同致死傷罪

おうらいぼうがいちしょう-ざい【往来妨害致傷罪】▶往来妨害及び同致死傷罪

おうらい-もの【往来物】平安末期から明治初期にかけて編集・使用された、一種の初歩教科書の総称。「明衡往来(めいごうおうらい)」に始まり、初めは手紙の模範文例集であったが、近世では項目も多様化し、寺子屋の教科書となった。

おうら-さん【▽御裏さん】公家から公家へ嫁いだ夫人の称。特に、東西両本願寺門主の夫人の称。おうらさま。

おう-りつ【王立】王または王族が設立すること。また、そのようにしてできた施設。「—劇場」

おうりつエンカルナシオン-しゅうどういん【王立エンカルナシオン修道院】《Real Monasterio de la Encarnación》▶エンカルナシオン修道院

おう-りゅう【横流】〔名〕スル あふれ流れること。勝手な方向に流れ出ること。「液体は、いたずらに女の顔を…うす黒く—するだけで」〈芥川・偸盗〉

おうりゅう-ざん【黄竜山】中国江西省南昌府修水西方にある寺。唐代に誨機(かいき)が開き、宋代に黄竜慧南(えなん)が禅法を説き、黄竜派を起こした。

おうりゅう-しゅう【黄竜宗】中国禅の七宗の一。臨済禅の一派で、宋の黄竜慧南(えなん)を開祖とするが、200年ほどで絶えた。鎌倉時代に栄西がこの系統を伝えた。黄竜派。

おうりゅう-は【黄竜派】▶黄竜宗

おう-りょう【押領】〔名〕スル ❶他人の物、所領などを力ずくで奪い取ること。「義親の出雲に叛き、為朝の九州を—し」〈田口・日本開化小史〉❷兵を監督・統率すること。「—せしめて、速やかに相救援せよ」〈続紀・淳仁〉

おう-りょう【横領】〔名〕スル 他人または公共の物を不法に自分の物とすること。「公金を—する」(類語)猫ばば・着服・失敬・横取り・くすねる

おうりょう-き【応量器】《梵 pātraの訳》仏道修行者の食器。材料・色・量が規定にかなうところからの名。現在は、僧が托鉢(たくはつ)のときに持つ鉄製の鉢。応器。

おうりょう-ざい【横領罪】他人から預かっている物などを、勝手に自分の物としたり売却・処分したりする罪。自分の物であっても、税務署などに差し押さえられつつ、当面の保管・使用を認められた物を処分した場合はこの罪にあたる。刑法第252条が禁じ、5年以下の懲役に処せられる。単純横領罪。

おうりょう-し【押領使】平安時代、兵を率いて反乱などの鎮定にあたった令外(りょうげ)の官。

おう-りょく【応力】物体が外力を受けたとき、それに応じて内部に現れる抵抗力。物体内部に任意の単位面積を考え、その両側が互いに及ぼし合う力の大きさと方向で表す。内力。歪力(わいりょく)。

おうりょっ-こう【鴨緑江】朝鮮民主主義人民共和国と中国との国境を西流する川。白頭山に源を発し、黄海に注ぐ。長さ790キロ。アムノック川。ヤールー川。

おうりょっこう-ぶし【鴨緑江節】大正年間(1912〜1926)に流行した俗謡の一。朝鮮の鴨緑江に出稼ぎに行った筏師(いかだし)が歌いはじめた。恵山鎮節。

おう-りん【黄×燐】燐の同素体の一。淡黄色の半透明な蠟状(ろうじょう)の固体。暗所では燐光を発し、湿った空気中では自然に燃えだす。猛毒。純粋なものは無色で、白燐ともいう。

おうりん-マッチ【黄×燐マッチ】黄燐を用いたマッチ。有毒で自然発火しやすく、1922年に世界的に生産禁止。摩擦マッチ。

おう-れいかん【王霊官】中国、宋代の人。明の永楽帝のとき、道士周思徳によって道教の守護神、二十六将の第一位とされた。その像は赤面三眼で、むちを手にする。王枢火府天将。生没年未詳。

おう-れつ【横列】横に並ぶこと。また、その列。「一に並び変わる」⇔縦列。

おう-れん【黄連・黄×蓮】キンポウゲ科の常緑多年草。山地の樹林下に生え、根茎は太く黄色で、多数のひげ根を出す。雌雄異株。早春、高さ約10センチの花茎を出し、白い花を数個開く。漢方で乾燥した根茎を健胃・消炎薬として用いる。

おう-レンズ【凹レンズ】中央部が縁より薄いレンズ。光を発散させる働きがあり、近視用眼鏡などに使用。⇔凸レンズ。(類語)レンズ

おう-ろ【往路】行きの道。また、行き。「—は列車を使い、復路は飛行機にした」⇔復路。(類語)片道

おう-ろ【欧露】ロシア(露西亜)領土のうち、ヨーロッパ(欧羅巴)に含まれる、ウラル山脈から西の部分。ヨーロッパロシア。

おう-ろく【▽女王×禄】《慣例で「女」の字は読まない》平安時代、白馬(あおうま)の節会(せちえ)の翌日(正月8日)と新嘗祭(にいなめさい)の翌日(11月中(なか)の巳(み)の日)に、紫宸殿(ししんでん)において皇族の女子に絹や綿などを賜った行事。

おうわ【応和】平安中期、村上天皇の時の年号。961年2月16日〜964年7月10日。

おう-わく【×枉惑】〔名・形動ナリ〕道義に反する言動によって人を惑わすこと。また、そのさま。「いかなる—の奴(やつ)、人たばかりて物取らんとて構へ事するならん」〈今昔・一四・四四〉

オウン-ゴール〖own goal〗サッカーで、誤って味方のゴールにボールを入れること。相手方の得点となる。自殺点。OG。

お-え【小江】小さい入り江。「難波(なには)の—に廬(いほ)作り」〈万・三八八六〉

お-え【汚×穢】「おわい(汚穢)」に同じ。〈和英語林集成〉

お-えかき【▽御絵書き・▽御絵描き】〔名〕スル 絵をかくことをいう幼児語。➡えかき❷

おえ-さま【▽御▽家様】《「おいえさま」の音変化》上方で、中流以上の商家の主婦を敬っていう語。「—にもお目にかからうと存じ、参りました」〈浄・氷の朔日〉

お-えしき【▽御会式】日蓮宗で10月12日・13日の祖師日蓮の忌日に行う法会(ほうえ)。12日の逮夜に

は、信者は万灯をかざして太鼓をたたき、題目を唱えて参拝する。御命講。御影供。(季 秋)

オエステ-こうえん【オエステ公園】《Parque del Oeste》マドリード西部にある英国式庭園。20世紀初頭に造営。エジプトで発掘されたデボ神殿とバラ園があり、毎年6月にバラの国際品評会が催される。

お-えつ【×嗚▽咽】〔名〕スル 声をつまらせて泣くこと。むせび泣き。「遺体にすがって—する」
(類語)泣く・涙する・涙ぐむ・噎ぶ・啜り上げる・噦り上げる・咳き上げる・哭する・落涙する・流涕する・涕泣する・歔欷する・慟哭する・号泣する・号哭する・めそめそする・涙に暮れる・涙に沈む・涙に噎ぶ・袖を絞る・むずかる・べそをかく

おえどにほんばし【お江戸日本橋】俗謡。江戸日本橋から京都までの東海道五十三次を歌い込んだもの。「こちゃえ節」の替え歌で、天保(1830〜1844)のころから明治にかけて流行。

おえ-な・い【負えない】〔形〕《連語「負えない」の一語化》どうしようもない。手がつけられない。「『—い妬漢だよ』と、吉里は腹立しげに見えた」〈柳浪・今戸心中〉

おえ◦ない【負えない】〔連語〕《動詞「お(負)う」の可能動詞「おえる」の未然形＋打消しの助動詞「ない」》引き受けることができない。「手に—◦ない」「始末に—◦ない」

おえら-がた【▽御偉方】身分や地位の高い人たち。多少ちゃかした言い方。「—が出席する」
(類語)お歴歴・お偉いさん

お・える【生へる】〔動ハ下一〕《「お(生)う」(上二)の下一段化》❶はえる。「庭に桑の木一夜に—・へて」〈太平記・三〇〉❷陰茎が勃起する。「男根の—・へるを陸梁すると云ふほどにぞ」〈史記抄・秦始皇本紀〉

お・える【終える】〔動ア下一〕文を・ふ〔ハ下二〕❶続けてきたことを済ませる。終わらせる。「学業を—・える」「収穫を—・える」⇔始める。❷続いてきたことが終わる。「仕事が—・えたら、つきあうよ」(類語)済ます・仕上げる・片付ける・卒業・上げる・こなす・やっつける・処理する・料理する・解決する・始末する・方を付ける・けりを付ける・畳む

オー〔O｜o〕❶英語のアルファベットの第15字。❷〈O〉ABO式血液型のO型。➡A ➡B ❸〈O〉《oxygen》酸素の元素記号。❹〈O〉《origin》数学で、座標軸の原点を表す記号。

おお【▽凡】〔形動ナリ〕《「おぼ」とも》❶事物の形状や人の心情などが、はっきりしないさま。ぼんやりしているさま。いいかげん。「佐保山を—に見しかど今見れば山なつかしも風吹くなゆめ」〈万・一三三三〉❷事物の状態などが、他と比べて特に際立っていないさま。普通。「吹く風も—には吹かず立つ波も和には立たぬ」〈万・三三三九〉

おお【大】㊀〔形動ナリ〕大きいさま。たっぷりしたさま。「夏影のつま屋の下に衣裁つ我妹裏設けてあがため裁たばやや—に裁て」〈万・一二七八〉㊁〔接頭〕名詞に付く。❶大きい、広い、数量が多い、などの意を表す。「—男」「—海原」「—人数」❷物事の程度がはなはだしい意を表す。「—急ぎ」「—地震」❸極限・根本などの意を表す。「—みそか」「—もと」❹序列が上位・年長であることを表す。「—先生」「—番頭」「—旦那」「—女将」❺おおよそ・大体の意を表す。「—ざっぱ」「—づかみ」❻尊敬・賛美の意を表す。「—御所」「—江戸」

おお〔感〕❶物事に感動したときに発する語。「—、きれいだ」❷意外なことに驚いたり不審に感じたりしたときに発する語。「—、驚いた」❸急に思い出したり思い当たったりしたときに発する語。「—、そうだ」❹承諾したり力強く応答したりするときに発する語。「—、合点だ」❺神事で霊を迎えたり送ったりするときに祭官の発する語。また、神楽で、曲の終わったときに唱える語。

オー〔oh〕〔感〕驚いたり感動したりしたときの声。おお。おや。まあ。「—、ワンダフル」

オー-アール〔OR〕《operations research》➡オペレーションズリサーチ

オー-アール〔OR〕《operating room》手術室。

オー-アール-エス〔ORS〕《Oral Rehydration Salts》経口補水塩。下痢などによる脱水症を抑えるため、ぶどう糖と塩、場合によっては栄養分を調合したもの。この粉末を水にとかして子供に飲ませる。

オー-アール-エヌ-エル〔ORNL〕《Oak Ridge National Laboratory》オークリッジ国立研究所。米国のテネシー州オークリッジにある原子力研究機関。1943年設立。

オー-アール-ディー〔ORD〕《optical rotatory dispersion》➡旋光分散

オー-アイ-イー〔OIE〕《(フランス) Office International des Épizooties》➡国際獣疫事務局

オー-アイ-エム-エル〔OIML〕《(フランス) Organisation Internationale de Métrologie Légale》国際法定計量機関。1955年、国際法定計量機関を設立するための条約によって設立。日本は61年加盟。中央事務局はパリ。

オー-アイ-シー〔OIC〕《Organisation of Islamic Cooperation》イスラム諸国会議機構。イスラム諸国の連帯強化、交流促進、民族独立のための闘争支援などを目的とする国際機構。1971年設立。2011年、Organization of the Islamic Conferenceから現名に改称した。本部はサウジアラビアのジッダ。

オー-アイ-シー〔OIC〕《optical integrated circuit》➡光集積回路

おお-あえ【大×饗】➡たいきょう(大饗)

おお-あかげら【大赤啄＝木＝鳥】キツツキ科の鳥。アカゲラより大形で、羽色は似るが、背が黒く腰が白い。日本では北海道から奄美大島までの森林にすむ。

おお-あきない【大商い】❶手広い商売。また、取引額の大きい商売。「この年一番の—」⇔小商い。❷取引で、売買高(出来高)が大きいこと。⇔薄商い。

おお-あきんど【大▽商▽人】資産が豊かで、手広く商売をしている商人。豪商。

おお-あぐら【大胡＝坐】無遠慮にあぐらをかいて腰を据えること。「遠慮なく入りこんで—をかく」

おお-あご【大顎】昆虫など節足動物の口にある左右一対の器官。食性に適した形となっている。

おお-あさ【大麻】麻の別名。たいま。

おお-あざ【大字】町村内の区画の一。小字を含む比較的広い地域。

おお-あざみ【大×薊】キク科の一年草。高さは1メートルにもなる。葉はアザミに似て大きく、つやがあり、乳白色の斑紋がある。初夏、紅紫色の花をつける。南ヨーロッパ・北アフリカ・アジアの原産で、観賞用。マリアあざみ。(季 秋)

おお-あし【大足】❶大きな足。足の裏の広いこと。「ばかの—」❷歩幅が大きいこと。おおまた。「—で歩く」❸田下駄。

おお-あじ【大味】〔名・形動〕❶食物の味にこまやかな風味が感じられないこと。また、そのさま。「料理が—でもの足りない」❷物事が大まかできめの細かさが見られず、趣の乏しいこと。また、そのさま。「—な文章」「—な試合運びで敗れる」

おお-あせ【大汗】大変な汗。多量の汗。「弁解に—をかく」

おお-あたま【大頭】❶大きな頭。また、頭の大きな人。❷主だった人々。かしら分。「—連中にも、賭博をやる、国家の機密を握って相場をやる」〈蘆花・黒潮〉❸金持ち。「向うは—ですから」〈漱石・吾輩は猫である〉

おお-あたり【大当(た)り】〔名〕スル ❶予想などがぴたりと当たること。また、くじ引きなどで、すばらしい賞品が当たること。「最終レースで—する」❷芝居や相撲などの興行で大好評を得ること。また、その分野で大成功を収めること。「作品が映画化されて—をとる」❸野球の打撃面で特によくヒットが出ること。「下位打線が—する」

おお-あな【大穴】❶大きな穴。❷大きな欠損。多額の損失。「経理に—をあける」❸競馬・競輪などで、大きな番狂わせ。また、それによる大もうけ。「—をねらう」「—を当てる」

おおあなむち-の-かみ【大己貴神】大国主命の異称。大己貴命。おおなむちのかみ。

おお-あぶらすすき【大油▽薄】イネ科の多年草。山地の日当たりのよい草地に生え、高さ1〜1.2メートル。全体に油を塗ったような光沢がある。葉は長大な線形。秋、大きな紫褐色の穂を出す。

おお-あま【大甘】〔形動〕厳しさに欠けてしまりのないさま。また、楽観的すぎるさま。「子供に—な親」「—な考え」

おおあま-の-おうじ【大海人皇子】➡天武天皇

おお-あめ【大雨】大量に降る雨。「—注意報」⇔小雨。(類語)豪雨

おおあらい【大洗】茨城県東茨城郡の地名。太平洋に面し、漁業・水産加工業が盛ん。大洗岬・大洗磯前神社がある。民謡「磯節」の地。

おおあらい-まち【大洗町】➡大洗

おお-あらめ【大荒目】鎧の威の一。札を普通より幅広にとり、太い緒であらくまばらにおどすもの。

おお-あり【大有り】「ある」ということを強めていう語。たくさんあること。十分にあること。もちろんあること。「文句は—だ」

大有り名古屋の金の鯱 「大有り」を「尾張」にかけて「名古屋…」と続けて、しゃれたもの。

大有り名古屋は城でもつ 「大有り」のしゃれ。「尾張名古屋は城でもつ」の句のもじり。

おお-ありくい【大×蟻食】アリクイ科の一種。南アメリカに分布し、体長1〜1.2メートル、尾長65〜90センチ。体色は黒灰色。尾に長い総状の粗毛がある。長い舌でシロアリなどを食べる。

おお-あれ【大荒れ】〔名・形動〕❶はなはだしく荒れはてていること。「—の家」❷振る舞いや気持ちのあり方が、非常に荒っぽくなること。また、そのさま。「酒に酔って—に荒れる」❸天候がひどく荒れること。暴風雨。「—の空模様」❹全く予想外の成り行きとなること。「悪天候で—のレース」(類語)時化・荒れ

おお-あれちのぎく【大荒地野菊】キク科の一・二年草。荒地に群生し、高さ約1メートル。全体に白い柔らかい毛がある。茎の上半分で枝分かれし、夏、白い小花を多数つける。アジア南部の原産で、大正年間に日本に帰化。

おお-あわ【大×粟｜▽粱】アワの一種。全体が大きく、実はややまばらにつく。

おお-あわて【大慌て】〔名・形動〕非常に慌てること。また、そのさま。「—で出掛ける」

おおい【大▽炊】《「おおいい(大飯)」の音変化》天皇の召し上がり物。また、それを調理すること。

おおい【覆い｜▽被い｜▽蔽い】❶物の上にかぶせて隠すこと。また、そのもの。「—をかける」「日—」❷かばう人。庇護者。「軍次はやがて—になり」〈浄・嫩軍記〉
(類語)カバー・上包み・被覆・包装・包み・外装

おお・い【多い】〔形〕文おほ・し〔ク〕❶数や量がたくさんある。物事がたびたび起こる。「商店が—・い」「交通事故が—・い」「—・いの少ないのと文句をつける」⇔少ない。❷全体の中で占めている割合が大きい。「子供に—・い病気」➡多かり ➡多く (補説)「多し」は、中古には訓点語系に用いられ、和文系統には、連用形「多く」を除いて「多かり」の系列が用いられた。
(派生)おおさ〔名〕
(一句)気が多い・命長ければ恥多し・歓楽極まりて哀情多し・好事魔多し・花の命は短くて苦しきことのみ多かりき
(類語)たくさん・いっぱい・夥しい・多く・数数・多数・数多・無数・多量・大量・大勢・あまた・多多・いくらも・いくらでも・ざらに・ごろごろ・どっさり・たっぷり・十二分に・豊富に・ふんだんに・腐るほど・ごまんと・わんさと・しこたま・たんまり・うんと・たんと・仰山・なみなみ・十分・しっかり・がっつり

おおい【大い】《「おお(大)き」の音変化》㊀〔形動ナリ〕❶大きいさま。「―なる木どものもとに車を立てたれば」〈枕・一四二〉❷程度のはなはだしいさま。状態が、ふつうよりもまさっているさま。「―なるわざし給ふなるを」〈宇津保・藤原の君〉➡大いなる ➡大いに ㊁〔接頭〕人物を表す名詞に付く。❶同じ官職・位階のうち上位であることを表す。「―もうちぎみ」「―三つの位」❷年長の人であることを表す。「―との」「―ぎみ」

おおい〔感〕遠くの人に呼びかけるときの声。「―、どこだ」

オー-イー〘OE〙《Old English》古英語。450年頃から1150年頃までの英語。

オー-イー-アイ-シー〘OEIC〙《optoelectronic integrated circuit》►光電子集積回路

オー-イー-イー-シー〘OEEC〙《Organization for European Economic Cooperation》欧州経済協力機構。マーシャルプラン(米国の欧州復興計画)受け入れのために、1948年に西欧の16か国によって設立された。1961年、OECDに改組。EECO(European Economic Cooperation Organization)。

オー-イー-エム〘OEM〙《original equipment manufacturing》相手先企業の商標(ブランド)をつけて販売される完成品や半成品の受注生産。相手先ブランド生産。相手先商標製品製造。

オー-イー-エル〘OEL〙《organic electroluminescence》►有機EL

オー-イー-シー-エス〘OECS〙《Organisation of Eastern Caribbean States》東カリブ海諸国機構。加盟国間の相互協力と連帯を目的にドミニカ、グレナダなど地域の7か国が参加して1981年発足。事務局はセントルシア。

オー-イー-シー-エフ〘OECF〙《Overseas Economic Cooperation Fund》海外経済協力基金。

オー-イー-シー-ディー〘OECD〙《Organization for Economic Cooperation and Development》経済協力開発機構。加盟国の経済的発展、開発途上国への援助、貿易の拡大などを目的とする国際協力機関。1961年、OEEC(欧州経済協力機構)を改組して、パリに設立された。2012年7月現在34か国が加盟。日本は1964年(昭和39)に加盟。

オーイーシーディー-エヌイーエー〘OECD-NEA〙《OECD Nuclear Energy Agency》経済協力開発機構原子力機関。OECD(経済協力開発機構)の原子力平和利用を目的とする下部機関。1972年、日本の加盟によりENEA(欧州原子力機関)から改名。本部はパリ。

オー-イー-ディー〘OED〙《The Oxford English Dictionary》オックスフォード英語辞典。

オー-イー-ピー〘OEP〙《Office of Emergency Planning》米国の緊急計画局。緊急時に備えて物資、人員計画を担当する大統領の直轄機関。

おおい-かく・す【覆い隠す】〔動サ五(四)〕❶外から見えないように、上から別の物をかぶせる。「シートで車を―・す」❷物事を世間の人に知られないようにする。「強て当時の心虚なりしを―・し」〈鴎外・舞姫〉

おおい-かぶさ・る【覆い▽被さる】〔動ラ五(四)〕❶全体を覆うようにかぶさる。「前髪が目に―・る」❷強い圧迫感をもって身に及んでくる。「責任が―・ってくる」

おおい-かぶ・せる【覆い▽被せる】〔動サ下一〕図おほひかぶ・す〔サ下二〕上から覆って物にかぶせる。「鳥かごに布を―・せる」〘類語〙包む・くるむ・くるめる・被覆する・掛ける・おっかぶせる・包装する

おおい-がわ【大井川】静岡県中部を南流する川。赤石山脈に源を発し、駿河湾に注ぐ。長さ160キロ。江戸時代、東海道の要所として架橋・渡船が禁止されたため、人足や輦台で渡河した。

おおい-がわ【大堰川】㊀京都府の桂川の上流の称。㊁桂川の嵐山渡月橋付近から桂橋までの称。船遊びが行われた。〘歌枕〙「―うかべる舟の篝火に小倉の山も名のみなりけり」〈後撰・雑三〉

おおいがわぎょうこうわか-じょ【大堰川行幸和歌序】宇多天皇の大堰川行幸のとき、紀貫之ら六人の歌人が奉った歌63首に、貫之がつけた序文。延喜7年(907)成立。天皇の治世をたたえた美文。歌は散逸して残っていない。

おお-いき【大息】落胆したり、心配したりしたときなどに、大きくつくため息。吐息。「―をつく」

おおい-ぎみ【大君】貴人の長女の敬称。1番目の姉君。「南面に大納言殿、一西に、中の君東に」〈源・紅梅〉➡中の君

おおい-ぐさ【大×藺草】フトイの古名。「上野伊奈良の沼の―よそに見しよは今こそまされ」〈万・三四一七〉

おおいけ-ただお【大池唯雄】[1908～1970]小説家。宮城の生まれ。本名、小池忠雄。「兜首」「秋田口の兄弟」で直木賞受賞。幕末や明治維新などを題材にした歴史小説を書いた。他に「おらんだ楽兵」「炎の時代」など。

おおい-けんたろう【大井憲太郎】[1843～1922]社会運動家。大分の生まれ。自由民権運動の指導者で、明治15年(1882)自由党に加わる。朝鮮政府の改革を意図して大阪事件を起こし、入獄。同25年東洋自由党を結成。労働者・小作人の保護に尽力。著「時事要論」「自由略論」。

おおい-こ【大子】長女の敬称。「故御息所の御姉、―にあたり給ひけるなむ」〈大和・一四二〉

おお-いし【大石】大きな石。

おおいし-き【大石忌】大石内蔵助(良雄)の命日である3月20日に行われる行事。「仮名手本忠臣蔵」の7段目「祇園一力茶屋の場」で知られる茶屋一力亭で行われる。〘季 春〙

おおいし-くらのすけ【大石内蔵助】「大石良雄」の通称。

おおいし-ちから【大石主税】[1688～1703]赤穂義士の一人。良雄の長男。義士中の最年少。

おおいし-ちびき【大石千引】[1770～1834]江戸後期の国学者・歌人。江戸の人。加藤千蔭に師事。著「言元梯」「日中行事略解」など。

おおいし-ひさたか【大石久敬】[1725～1794]江戸中期の農政学者。筑後国久留米の人。高崎藩の郡方役人。著「地方凡例録」。

おおいし-まこと【大石真】[1925～1990]児童文学作家。埼玉の生まれ。出版社勤務のかたわら童話を執筆。「風信器」で児童文学者協会新人賞、「見えなくなったクロ」で小学館文学賞を受賞。他に「チョコレート戦争」「教室二〇五号」「眠れない子」など。

おおいし-まさみ【大石正巳】[1855～1935]政治家。高知の生まれ。自由民権運動に参加。自由党・進歩党・憲政党の創立に加わる。大隈内閣の農商務相。

おおいし-よしお【大石良雄】[1659～1703]播磨赤穂藩士。浅野長矩の家老。通称、内蔵助。主君長矩の刃傷事件により浅野家断絶後、元禄15年(1702)12月14日、同志とともに江戸両国の吉良義央邸に討ち入り、吉良上野介の首を取り主君の仇を討った。幕命により細川家にお預けとなり、翌元禄16年、命により切腹。➡大石忌

おおいずみ-こうげん【大泉高原】山梨県北杜市にある高原。八ヶ岳南麓に扇状に広がる草原。大泉町谷戸には、縄文時代遺跡で国指定史跡の「金生遺跡」がある。避暑地・観光地。

おおいそ【大磯】神奈川県中南部の地名。相模湾に臨む。もと東海道の宿場町。明治18年(1885)日本最初の海水浴場が開かれ、別荘地として発展。西行ゆかりの鴫立沢の跡に鴫立庵がある。

おお-いそがし【大忙し】〔名・形動〕きわめて忙しいこと。また、そのさま。「田植えで―の時期だ」

おお-いそぎ【大急ぎ】〔名・形動〕たいへん急ぐこと。また、そのさま。「―で用を済ます」〘類語〙至急・早急・急ぎ・取り急ぎ・緊急・急遽・特急・超特急

おおいそ-まち【大磯町】►大磯

おおいた【大分】㊀九州地方北東部の県。もとの豊後国全域と豊前国南部にあたる。人口119.6万(2010)。㊁大分県中部の市。県庁所在地。もと豊後国府の地で、府内とよばれた。戦国時代は大友氏の、江戸時代は大給松平氏らの城下町。別府湾岸は重化学工業地域。人口47.4万(2010)。

おお-いた【大板】茶の湯で、風炉を据える敷板の一種。寸法は1辺1尺4寸(約43センチ)のものと、長板を二分したものとがある。

おおいた-いかだいがく【大分医科大学】大分県由布市にあった国立大学。昭和51年(1976)設置。平成15年(2003)大分大学と統合し、大分大学医学部となる。➡大分大学

おおいた-がわ【大分川】大分県中央部を流れる川。大分川水系の本流。由布岳南西麓に源を発し、湯布院盆地をほぼ南西流したのち、東流して大分市街地東で別府湾に注ぐ。長さ55キロ。支流が多く11か所に発電所がある。堂尻川。

おおいた-くうこう【大分空港】大分県国東市にある空港。国管理空港の一。昭和46年(1971)新大分空港として開港し、同48年現名称に変更。➡拠点空港

おおいた-けん【大分県】►大分㊀

おおいた-けんりつかんごかがくだいがく【大分県立看護科学大学】大分市にある公立大学。平成10年(1998)の開設。看護学部の単科大学。同18年、公立大学法人となる。

おおいた-し【大分市】►大分㊁

おおいた-だいがく【大分大学】大分市にある国立大学法人。大分経済専門学校・大分師範学校・大分青年師範学校を統合し、昭和24年(1949)新制大学として発足。平成15年(2003)大分医科大学が統合され医学部となる。同16年国立大学法人。

おおいた-トリニータ【大分トリニータ】日本プロサッカーリーグのクラブチームの一。ホームタウンは大分市ほか2市を中心とする大分全県。平成6年(1994)に発足。同8年にJFL㊁、同11年Jリーグに参加。〘補説〙「トリニータ」は英語の三位一体(トリニティー)と大分(おおいた)をあわせた造語。

おおいた-へいや【大分平野】大分県、別府湾南岸の平野。大分市が占める。

オー-いちいちいち〘O111〙病原性大腸菌(腸管出血性大腸菌)の一種。強い毒性をもつ。加熱が不十分な食べ物から感染し、はげしい腹痛、下痢、血便がみられる。感染者の便から二次感染が起こる。〘補説〙名称は、111番目に発見されたO抗原を持つ大腸菌ということから。重篤な症状を起こすのは血清型がO111:H－のもの。H－は鞭毛がなくH抗原をもたないことを意味する。

オー-いちごなな〘O157〙病原性大腸菌(腸管出血性大腸菌)の一種。強い毒性をもつ。加熱が不十分な食べ物から感染し、はげしい腹痛、下痢、血便がみられ、抵抗力が弱いと死亡することもある。感染者の便から二次感染が起こる。手洗いの励行や食材を十分に加熱するなどして予防する。〘補説〙名称は、157番目に発見されたO抗原をもつ大腸菌ということから。重篤な症状を起こすのは血清型がO157:H7およびO157:H－のもの。O157:H7型の大腸菌は157番目に発見されたO抗原と7番目に発見されたH抗原をもつ。O157:H－型の大腸菌は鞭毛がなくH抗原をもたない。

おお-いちざ【大一座】❶多人数の興行の一団。❷多人数の集まり。特に、遊里・宴会などでの多人数の客。「毎晩のように忘年会の―があって」〈鴎外・心中〉

おお-いちばん【大一番】❶相撲などで、優勝を左右するような大事な取組・試合。❷同類の中でいちばん大形であること。「―の丸髷姿を見ると」〈荷風・雪解〉

おお-いちょう【大銀＝杏】❶イチョウの大木。❷武士の髪形で、髷の先をイチョウの葉の形に広げて結うもの。相撲では十両以上の力士が結う。

おおい-づかさ【大▽炊▽寮】►おおいりょう(大炊寮)

おおいと-せん【大糸線】中央本線松本から信濃大町を経て糸魚川に至るJR線。昭和32年(1957)全通。松本・南小谷間はJR東日本、以北はJR西日本に所属。全長105.4キロ。

おおい-どの【大▽炊殿】貴族などの屋敷内にあって食物を調理する建物。「一とおぼしき屋に移し奉りて」〈源・明石〉

おおい-どの【大殿】《「おおいとの」とも》❶大臣の邸宅の敬称。「一にも寄らず」〈源・末摘花〉❷大臣の敬称。「左の一も、すさまじき心地し給ひて」〈源・賢木〉

おおい-なる【大いなる】〔連体〕《形容動詞「大いなり」の連体形から》大きい。また、偉大な。りっぱな。「一望み」「一業績」

おおいなるいさん【大いなる遺産】《原題 Great Expectations》ディケンズの長編小説。1860〜61年刊。ふとしたことから金持ちになるチャンスを得た孤児ピップを主人公に、金銭至上のビクトリア朝社会を批判。

おおい-に【大いに】〔副〕《形容動詞「大いなり」の連用形から》非常に。はなはだ。たくさん。「一感謝している」「今夜は一飲もう」
〔類語〕たいへん・とても・非常に・はなはだ・きわめて・すこぶる・ごく・盛ん・大層・至って・至極・いとも・実に・まことに・いたく・ひどく・恐ろしく・すごく・ものすごく・滅法

おおいぬ-ざ【大犬座】南天の星座の一。オリオン座の南東にあり、2月下旬の午後8時ごろ南中する。α星はシリウスで、全天で最も明るい恒星(マイナス1.5等)。学名 Canis Major

おお-いぬたで【大犬×蓼】タデ科の一年草。田畑などに生え、イヌタデより大きい。葉は長楕円形で先がとがり、互生する。夏から秋、淡紅色か白色の小花が穂状に咲く。

おお-いぬのふぐり【大犬の陰=嚢】ゴマノハグサ科の越年草。道端に生え、イヌノフグリより大きい。茎は地をはって四方に広がり、春、るり色の花を開く。ヨーロッパ原産。明治時代に日本に帰化。

おお-いばり【大威張り】〔名・形動〕❶得意になっていばりかえっていること。また、そのさま。「一で仲間に自慢する」❷少しも引け目を感じる必要がないこと。また、そのさま。「これで一で出席できる」

おおいまつりごと-の-おおまえつぎみ【太=政=大=臣】「だいじょうだいじん(太政大臣)❶」に同じ。

おおいまつりごと-の-つかさ【太=政=官】「だいじょうかん(太政官)❶」に同じ。

おおい-もうちぎみ【大=臣】「だいじん(大臣)❷」に同じ。

おおい-ものもうすつかさ【大=納=言】「だいなごん(大納言)❶」に同じ。

おお-いらつめ【大▽郎女｜大▽娘｜大▽嬢】貴人の長女を親しんでよぶ語。名前の下につける。おおおみな。

おお-いり【大入り】興行場などで、客がたくさん入ること。「一満員」

おおいり-ば【大入り場】「追い込み場」に同じ。

おおいり-ぶくろ【大入り袋】興行場などで、客が大入りのとき、関係者に慰労と祝儀を兼ねて出すお金を入れた袋。表に「大入」と記す。

おおい-りょう【大▽炊寮】律令制で、宮内省に属し、諸国からの米や雑穀を収納し、また、それを諸官庁に分配することなどをつかさどった役所。おおいづかさ。おおいのつかさ。

おお-いれ【大入れ】木造仕口の一。一方の木材の端部全体を他材に差し込むもの。尾入れ。

おお-いわぎりそう【大岩切草】グロキシニアの別名。

おお-う【覆う｜▽被う｜▽蔽う｜▽蓋う｜×掩う】〔動ワ五(ハ四)〕❶あるものが一面に広がりかぶさってその下のものを隠す。「雲が山の頂を一・う」「落ち葉に一・われた道」❷表面にある物を広げて、その物を外界からさえぎられた状態にする。「ベールで顔を一・う」「目を一・うばかりの惨状」❸すみずみまで行き渡って、いっぱいに満たす。「あたりは闇に一・われた」「場内を一・う熱気」❹本当のことがわからないように、つつみ隠す。「お師匠様の名によって、おのれの非を一・おうとするのは」〈倉田・出家とその弟子〉❺全体をつつみ含む。「これを、ひと言で一・えば…」❻広く行き渡らせる。「威をあまねく海内に一・ひしかども」〈太平記・一一〉〔可能〕おおえる
〔用法〕おおう・かくす——「おおう」は、表面に何かを広げて、中の物を隠したり、保護したりする動作。「布団をシーツでおおう」◆「隠す」は他人の目に触れないようにすることに重点があり、「両手で顔を隠す」は、両手で顔をおおって顔が見えないようにすること。◆見つからないようにしまい込んだりするのも「隠す」。「おおう」という方法で「隠す」のが「おおいかくす」で、この場合「かくしおおう」とはならない。◆類似の語に「かぶせる」がある。「かぶせる」は「帽子をかぶせる」「ふとんをかぶせる」のように上に何かをのせて、下の物を見えないようにしたり、保護したりすること。
〔類語〕被せる・掛ける・おっかぶせる・包む・くるむ・くるめる・覆いかぶせる・被覆する・包装する・パックする

おお-うえ【大上】貴人の母の敬称。おおきたのかた。「思ひよるまじきわざなりけりと、一は嘆き給ふ」〈源・竹河〉

オーウェル〖George Orwell〗[1903〜1950]英国の小説家・評論家。本名、エリック=アーサー=ブレア(Eric Arthur Blair)。スペイン内乱に共和国義勇軍として参加。全体主義を風刺・批判した作品を書いた。作「カタロニア讃歌」「動物農場」「一九八四年」など。

おお-うけ【大受け】〔名〕スル 非常によい評判を得ること。大変な人気を得ること。「一に受ける」「困ったあげくに出たギャグが一する」

おお-うそ【大×嘘】ひどいうそ。まっかなうそ。「一はつくとも小嘘はつくな」

おお-うた【大歌】❶宮廷の神事・宴遊などにうたわれる歌。❷唐・韓などからの外来の楽に対して、日本古来の楽。風俗歌・神楽歌・催馬楽など、大歌所で管理・伝承されたもの。

おおうた-どころ【大歌所】大歌の教習・管理をつかさどった役所。令外の官。平安初期に設置。

おおうた-はじめ【大歌始め】大歌所を開く日。陰暦10月21日に開き、翌年1月16日に閉じる。

おお-うち【大内】皇居。内裏。天皇の御所。大内山。

おおうち-がた【大内方】朝廷方。宮中の人々。⇔武家方。

おお-うちがり【大内刈(り)】柔道の足技の一。相手の体勢を崩し、重心のかかっている足のひざの裏へ自分の足を内側から掛け、刈るように倒す足技。

おお-うちき【大×袿】裄・丈などを大きく仕立てた袿。禄として与えられるもので、着るときは普通の袿に仕立て直す。

おおうち-ぎり【大内×桐】❶紋所の名。五七の桐。❷名物切れの一。花色の朱子地に57の桐紋を織った金襴。大内義隆が明にあつらえたのでこの名がある。

おおうち-じゅく【大内宿】福島県南西部にある、かつての宿場町。大内峠の南の山あいの、会津若松と日光今市を結ぶ会津西街道(下野街道)の宿駅として繁栄。昔ながらの茅葺き民家が残る。国の重要伝統的建造物群保存地区に指定。

おおうち-しゅご【大内守護】皇居を守護した職名。平安中期以後に設置され、武家が世襲して承久の乱のころまで存続した。

おおうち-せいらん【大内青巒】[1845〜1918]仏教学者。宮城の生まれ。尚学舎などを創立し、曙新聞・明教新誌・江湖新聞を刊行。築地訓盲院を設立し、社会事業にも尽力した。のち東洋大学長。

おおうち-ぬり【大内塗】山口県に産する漆器。椀および盆が主で、ベンガラ塗りに黄緑の彩漆で秋草を描き、菱形の切り箔をはったもの。大内義隆の奨励によって始められたといわれる。

おおうち-ばん【大内版】室町時代、周防の大内氏が出版した古版本。山口版。大内本。

おおうち-びし【大内×菱】❶唐花菱の一種。凹凸のある花菱。❷江戸中期、元禄(1688〜1704)のころ流行したヒシの花の形の染め文様。周防の領主大内家の紋がヒシであったところからの名。

おおうち-びと【大内人】伊勢神宮などで供御のことをつかさどった官人。

おおうち-ひょうえ【大内兵衛】[1888〜1980]経済学者。兵庫の生まれ。東大教授。のちに法政大学総長。マルクス(主義)経済学の立場で、日本経済学の形成に寄与。その門下からは多くの学者が輩出した。著「財政学大綱」「経済学五十年」など。

おおうち-やま【大内山】㊀京都市仁和寺の北にある山。宇多天皇の離宮が置かれた所。㊁皇居のこと。

おおうち-よしおき【大内義興】[1477〜1528]室町後期の武将。安芸など6国の守護として勢力を振るった。永正5年(1508)前将軍足利義稙を将軍に復職させ、自らは管領代となった。

おおうち-よしたか【大内義隆】[1507〜1551]戦国時代の武将。義興の子。周防など7か国の守護。少弐・大友・尼子氏らと対戦。老臣陶晴賢の反逆にあい自殺。明・朝鮮から文物を取り入れ、大内版を開板するなど文化の発展に功績を残した。

おおうち-よしひろ【大内義弘】[1356〜1399]室町前期の武将。周防など6か国の守護。南北両朝の合一に尽力。朝鮮と交易。3代将軍足利義満と対立し、鎌倉公方満兼と通じて応永の乱を起こしたが堺で敗死。

おお-うつし【大写し】〔名〕スル クローズアップ。「画面いっぱいに一する」〔類語〕映写・上映・試写・クローズアップ・投影・映す・映し出す

おお-うなぎ【大×鰻】ウナギ科の魚。全長約2メートルにもなる。熱帯性で、日本では黒潮の影響のある地方に生息し、利根川が北限。

おお-うなばら【大海原】広々とした海。大海。
〔類語〕海・海洋・大洋・大海・海原・領海・公海・青海原・内海・内海・外海・外海・わたつみ

おお-うみ【大海】❶広大な海。たいかい。❷「海賦」に同じ。「一の摺裳」〈紫式部日記〉

おおうら-てんしゅどう【大浦天主堂】長崎市南山手町にあるゴシック風のカトリック教会堂。日本現存最古の洋風建築で、二十六聖人殉教記念聖堂として元治元年(1864)完成。明治初期に改築。国宝。

おおうら-はんとう【大浦半島】京都府北東部、若狭湾に突出した半島。西側に舞鶴湾、東側に内浦湾(福井県)が位置する。北の突端に成生岬がある。東岸部は対馬海流にのったブリの回遊の好魚道。

おお-うりだし【大売(り)出(し)】商店で、ある特定の期間、値引きや福引きなどの催しをして商品を大量に販売すること。「中元一」

おお-え【大▽兄】❶兄弟のうち、年長の者。❷皇子につける尊称。特に、律令制以前、6、7世紀ごろの皇位継承資格者の称といわれる。〔補説〕日本書紀の古訓に、「大兄」を「おひね」とよんだ例がある。

おおえ【大江】㊀姓氏の一。㊁平安時代の学問の名家。もと土師宿禰で、のち大枝朝臣の姓を賜り、音人のとき大江に改めた。

オー-エー〖OA〗《office automation》▶オフィスオートメーション

オー-エー〖OA〗《on the air》放送中。オンエア。

オー-エー-エス〖OAS〗《Organization of American States》▶米州機構

オー-エー-オー〖OAO〗《Orbiting Astronomical Observatory》天体観測衛星。

オー-エー-ディー-エー〖OADA〗《Overseas Agricultural Development Association》海外農業開発協会。昭和50年(1975)に設立された社団法人。前身は同44年設立の海外農業開発財団。

オー-エー-ディー-ジー〖OADG〗《PC Open Architecture Developers' Group》PCオープン・アーキテクチャー推進協議会。日本のパソコンメーカーで構成され、パソコン関連製品の規格標準の策定などを行う団体。

オー-エー-ユー〖OAU〗《Organization of African Unity》アフリカ統一機構。

オーエー-リテラシー【OAリテラシー】パソコン・ファクシミリなどのOA機器を使いこなせる能力。コミュニケーションを図ったり、インターネットで情報検索を行ったりすること。

おおえ-けんざぶろう【大江健三郎】[1935～]小説家。愛媛の生まれ。東大在学中に「飼育」で芥川賞受賞。新しい文学の旗手として認められる。豊かな想像力と独特の文体による、現代に深く根ざした作品を発表。平成6年(1994)ノーベル文学賞受賞。小説「個人的な体験」「万延元年のフットボール」のほか、「ヒロシマ・ノート」など。

オー-エス〖OS〗▶オペレーティングシステム

オー-エス〖(フランス) oh hisse〗〘感〙《巻き上げ始め、の意》綱引きなどをするときの掛け声。

オー-エス-アイ〖OSI〗《open systems interconnection》開放型システム間相互接続。異なる機種間でデータ通信を行う際の規格。ISO(国際標準化機構)により制定。

オー-エス-エス〖OSS〗《Office of Strategic Services》米国の戦略事務局。第二次大戦中の米国政府機関。CIAの前身。1942年、大統領令により設立。

オー-エス-オー〖OSO〗《Orbiting Solar Observatory》太陽観測衛星。NASA(米航空宇宙局)が1962年から75年にかけて打ち上げた太陽観測を目的とした人工衛星。

オー-エス-シー-イー〖OSCE〗《Organization for Security and Co-operation in Europe》欧州安全保障協力機構。前身のCSCE(全欧安保協力会議)を発展させ、1995年に発足した全欧州の安全保障協力のための組織。欧州諸国とCIS(独立国家共同体)を中心に50か国以上が参加。

オーエス-ツー〖OS/2〗米国IBM社が開発したパソコン用のオペレーティングシステム。MS-DOSを拡張してマルチタスクなどの機能をもたせた16ビットおよび32ビットパソコン用のOS。当初はIBMとマイクロソフト社の共同で開発が進められたが、マイクロソフトが途中で撤退し、IBMも2006年末で撤退。

オー-エス-ディー〖OSD〗《on-screen display》ディスプレーの明るさやコントラストの設定を、画面上の表示を見ながら、本体のボタンを操作して行える機能のこと。オンスクリーン機能。

オー-エス-ティー-エー〖OSTA〗《Optical Storage Technology Association》世界中の主要な光ディスク関連企業で構成される業界団体。

オー-エス-ピー〖OSP〗《official selling price》公式販売価格。産油国の政府が設定する原油販売価格。GSPとも。

オー-エス-ピー-エフ〖OSPF〗《open shortest path first》TCP/IPネットワークにおける、経路選択に関するプロトコルの一。

おおえ-たく【大江卓】[1847～1921]政治家・実業家。土佐の人。神奈川県権令としてペルーの奴隷船から清国人を解放。1877年西南戦争に呼応して挙兵したが失敗し、翌年入獄。立憲自由党創立に参加したが、のち実業界に転じた。

オー-エッチ〖OH〗《orthostatic hypotension》▶起立性低血圧症

オー-エッチ-キュー〖OHQ〗《Operational Headquarters》地域経営本部。シンガポール政府が承認する多国籍企業のアジア統轄本部。税制上の優遇などが与えられる。

オー-エッチ-シー〖OHC〗《overhead camshaft》頭上弁式エンジンで、カム軸をシリンダーヘッド部に設け、吸気・排気弁を開閉するための押し棒を省略して、高速回転をしやすくした方式。

オーエッチ-つうしん【OH通信】《over-the-horizon communication》見通し外通信。遠距離または山岳などのために見通しのきかない地点間での通信。上方の大気に向けて電波を発する対流圏散乱伝搬と、山の稜線などに電波を当てる山岳回折伝搬とがある。

オー-エッチ-ピー〖OHP〗《overhead projector》▶オーバーヘッドプロジェクター

オー-エッチ-ブイ〖OHV〗《overhead-valve》頭上弁方式。吸気・排気弁がシリンダーヘッド部に設けられているエンジンの方式。

オーエッチ-レーダー【OHレーダー】《over-the-horizon radar》超水平線レーダー。OTHレーダーとも。

おお-えど【大江戸】江戸の美称。「一八百八町」

おおえ-の-あさつな【大江朝綱】[886～957]平安中期の学者。音人(おとんど)の孫。文章博士(もんじょうはかせ)。参議。祖父音人を江相公と称するのに対し、後江相公という。著「後江相公集」。

おおえ-の-おとんど【大江音人】[811～877]平安前期の学者。儒家としての大江家の基礎を築いた。師の菅原是善らと「貞観格式」を編纂(へんさん)。「弘帝範」「群籍要覧」を撰進(せんしん)。家集「江音人集」。江相公。

おおえ-の-ちさと【大江千里】平安前期の歌人。音人(おとんど)の子。兵部大丞(ひょうぶのたいじょう)。中古三十六歌仙の一人。宇多天皇の命により「句題和歌(大江千里集)」を撰進。生没年未詳。

おおえ-の-ひろもと【大江広元】[1148～1225]鎌倉前期の幕府の重臣。匡房(まさふさ)の曽孫。源頼朝に招かれて公文所(くもんじょ)別当となり、幕府政治の重要問題に関与。守護・地頭設置を献策。のち政所(まんどころ)別当。頼朝の死後は北条氏に協力。

おおえ-の-まさひら【大江匡衡】[952～1012]平安中期の学者・歌人。文章博士(もんじょうはかせ)となり、一条天皇の侍読(じとう)として仕えた。妻は赤染衛門(あかぞめえもん)。歌集に「大江匡衡朝臣集」、詩集に「江吏部集(ごうりほうしゅう)」など。

おおえ-の-まさふさ【大江匡房】[1041～1111]平安後期の学者・歌人。匡衡(まさひら)の曽孫。博学で有職故実に詳しく、後三条・白河・堀河天皇の侍読(じとう)をつとめた。著「江家次第(ごうけしだい)」、日記「江記」、説話集「江談抄」など。

オーエフ-ケーブル【OFケーブル】《oil-filled cable》内部に絶縁用の油を注入し、電気の絶縁性を高めたケーブル。超高圧送電用。油入りケーブル。

オー-エフ-ディー-エム〖OFDM〗《orthogonal frequency division multiplexing》直交波周波数分割多重。地上波デジタル放送や無線LANで使われるデジタル信号の変調方式の一。

おおえまる【大江丸】[1722～1805]江戸後期の俳人。大坂の人。本名、安井政胤(まさたね)。飛脚問屋を営む。大島蓼太(おおしまりょうた)に師事し、市井の人事句を得意とした。句文集に「俳懺悔」「俳諧袋」など。大伴大江丸。

オー-エム-アール〖OMR〗《optical mark reader》シートやカードに鉛筆などで塗ったマークを光学的に読み取る装置。コンピューターの入力に使用。光学式マーク読み取り装置。

オー-エム-エー〖OMA〗《orderly marketing agreement》市場秩序維持協定。特定商品の輸入の急増で米国の産業が重大な影響を受ける可能性が強い場合に、米国が輸出国と結ぶ輸入制限協定。

オー-エム-ジー〖OMG〗《Object Management Group》オブジェクト指向技術の標準化と普及を進めている米国の業界団体。➡コルバ(CORBA)

オー-エム-ビー〖OMB〗《Office of Management and Budget》米国行政管理予算局。大統領行政府の機関の一つ。連邦政府予算の編成などを主に担当する。1921年、ハーディング大統領のもとで予算局(Office of Budget)として発足。ホワイトハウス行政管理予算局。

おおえ-やま【大江山】㊀京都府北西部、丹波・丹後両地方の境をなす山。標高833メートル。山中に酒呑童子(しゅてんどうじ)が住んだといわれる洞窟(どうくつ)がある。源頼光の鬼退治の地ともされるが、それは京都市西方の老ノ坂峠付近の大枝山(おおえやま)であるともいわれる。〔歌枕〕「一いくのの道の遠ければまだふみも見ず天の橋立」〈金葉・雑上〉㊁謡曲。五番目物。作者は世阿弥とも宮増(みやます)ともいわれる。源頼光が大江山の酒呑童子を討つ話を脚色したもの。

オー-エル〖OL〗《和 office＋lady》▶オフィスレディー

オー-エル〖OL〗《(ドイツ) Orientierungslauf》▶オリエンテーリング

オー-エル〖OL〗《overlap》オーバーラップ。画面や音を重ね合わせること。

オー-エル-エー-ピー〖OLAP〗《on-line analytical processing》▶オンライン分析処理

オー-エル-ティー-ピー〖OLTP〗《on-line transaction processing》▶オンライントランザクション処理

オーエン〖Robert Owen〗[1771～1858]英国の社会主義者。紡績業者として成功したのち米国インディアナ州で共産主義的協同村建設を試みたが失敗。帰国後は協同組合運動・労働運動を指導した。空想的社会主義の代表者とされる。著「社会に関する新見解」「自叙伝」など。オーウェン。

オー-オー-エス-エー〖OOSA〗《Office for Outer Space Affairs》▶ユー-エヌ-オー-オー-エス-エー(UNOOSA)

オー-オー-エフ〖OOF〗《other official flows》その他政府資金。政府ベースによる開発途上国への経済協力の一つ。政府開発援助(ODA)以外の政府資金で、直接投資金融、国際機関に対する融資などがある。

おお-おおじ【大祖＝父】祖父母の父。曽祖父(そうそふ)。ひいじいさん。〈和名抄〉⇔大祖母(おおおおば)。

オー-オー-ビー〖OOB〗《off-off-Broadway》▶オフオフブロードウエー

オー-オー-ピー〖OOP〗《object-oriented programming》▶オブジェクト指向プログラミング

おおおか-あきら【大岡玲】[1958～]小説家。東京の生まれ。大岡信(まこと)の長男。「表層生活」で芥川賞受賞。他に「緑なす眠りの丘を」「黄昏のストーム・シーディング」「森の人」など。翻訳も多く手がける。

おおおか-さばき【大岡裁き】公正で人情味のある裁定・判決。江戸中期の名奉行といわれた大岡忠相(ただすけ)の裁判に仮託していう。

おおおか-しょうへい【大岡昇平】[1909～1988]小説家。東京の生まれ。戦争体験をもとにした「俘虜記(ふりょき)」で作家として出発。精細な心理描写と知的な作品構成で知られる。他に「武蔵野夫人」「野火」「レイテ戦記」など。

おおおか-せいだん【大岡政談】江戸町奉行大岡忠相の名裁判を描いた講談・脚本・小説など。

おおおか-ただすけ【大岡忠相】[1677～1751]江戸中期の幕臣。8代将軍徳川吉宗に認められ、江戸町奉行となる。公正な判断を下す名奉行として有名。越前守(えちぜんのかみ)と称した。のち寺社奉行・奏者番。三河1万石の大名。➡大岡裁き ➡大岡政談

おおおか-まこと【大岡信】[1931～]詩人・評論家。静岡の生まれ。長男は芥川賞作家大岡玲(あきら)。詩集「記憶と現在」「故郷の水へのメッセージ」、評論「紀貫之」「詩人・菅原道真」、随筆「折々のうた」など。平成7年(1995)芸術院恩賜賞。同9年文化功労者、15年文化勲章。芸術院会員。

おお-おく【大奥】❶江戸城内で、将軍の御台所(みだいどころ)(正妻)や側室が居住した所。将軍を除き、男子禁制。❷貴人の奥方の居所。また、その奥方。

おお-おじ【大伯＝父｜大叔＝父｜従＝祖＝父】祖父母の兄弟。両親のおじ。⇔大伯母(おおおば)。

おお-おそどり【大軽＝率鳥】《「おそ」はかるはずみの意》非常にそそっかしい鳥。「烏(からす)とふ一のまさでにも」〈万・三五二一〉

おお-おとこ【大男】体格が普通より大きな男。⇔小男。〔類語〕巨人・巨漢・大人・ジャイアント

大男総身(そうみ)に知恵が回りかね　からだばかり大きくて愚鈍な者をあざけっていう言葉。

おお-おとし【大落(と)し】義太夫節で、最も感動的な場面で用いる長い曲節。主音を繰り返し、登場人物が泣きくずれる場面などを盛り上げる。

おお-おどり【大踊(り)】大勢で踊る踊り。群舞。特に、歌舞伎の切りに行われる一座の全員の踊り。

おお-おにばす【大鬼×蓮】スイレン科の水生の多年草。葉は直径1～2メートルで、縁が約15センチの高さに立ち上がる。花は夏の夕方に水面で開花し、白色から桃・暗紅色に変わり、芳香がある。アマゾン流域の原産。

おお-おば【大伯-母｜大叔-母｜従=祖=母】祖父母の姉妹。両親のおば。⇔大伯父。

おお-おば【大祖=母】祖父母の母。曽祖母。ひいばあさん。〈和名抄〉⇔大祖父。

おお-おみ【大▽臣】大化以前の大和朝廷で、大連と並んで朝政を執った最高官。

おお-おんな【大女】体格が普通より大きな女。⇔小女。

おお-が【大×鋸】►おが(大鋸)

オーカー〘ocher〙►オークル

おお-がい【大貝｜×頁】漢字の旁の一。「順」「頭」「類」などの「頁」の称。貝偏と区別して頁という。一ノ貝。

おおが-いちろう【大賀一郎】[1883～1965]植物学者。岡山の生まれ。昭和26年(1951)、千葉市花見川区の検見川遺跡から約2000年前のハスの実を発掘し、発芽・開花させることに成功した。➡大賀蓮

おおかお-え【大顔絵】浮世絵の大首絵のうち、特に顔だけを強調して描いたもの。

おおかがみ【大鏡】平安後期の歴史物語。3巻本・6巻本・8巻本がある。著者未詳。白河院院政期の前後に成立か。大宅世継・夏山繁樹という二老人の昔語りに若侍が批判を加えるという形式で、藤原道長の栄華を中心に、文徳天皇の嘉祥3年(850)から後一条天皇の万寿2年(1025)までの歴史を紀伝体で記す。鏡物の最初で、四鏡の一。世継物語。

おお-がかり【大掛(か)り】〘名・形動〙多くの費用・人手をかけて、規模が大きいこと。また、そのさま。大仕掛け。「一な催し」「一に調査する」(類語)大規模

おお-がき【大垣】邸宅や寺院などの、いちばん外側の垣。外囲い。

おおがき【大垣】岐阜県南西部の市。もと戸田氏の城下町で中心部は河川や水路が縦横に流れる水郷地帯。繊維・化学工業が盛ん。平成18年(2006)3月に上石津町・墨俣町を編入したが、両町の旧域はそれぞれ別の飛び地となっている。人口16.1万(2010)。

おおがき-し【大垣市】►大垣

おおがき-じょう【大垣城】大垣市にあった城。天文4年(1535)の築城といわれる。寛永12年(1635)戸田氏鉄が入城し、以後戸田氏が在城。第二次大戦後、天守閣を復原。巨鹿城。

おお-かく【大角】斧や手斧で削っただけの山出しの角材で、30センチ角以上のもの。

おお-がさ【大傘｜大×笠】柄の長い大きな傘。特に、儀式の際、先行の貴人に後ろからさしかける柄の長い大きな傘。

おお-かざし【大×翳】近世、宮中の女房の用いた檜扇。大形に作って顔にかざして用いたところからいう。

おお-がしら【大頭】❶旗ざおの先に飾る、黒毛の牛馬の尾や墨染めの苧を束ねて垂らしたもの。即位・禊などの儀式に使用。おにがしら。大纛。❷ある集団の全体を統率する長。➡小頭 ❸キツツキ目オオガシラ科の鳥の総称。頭が大きく、ずんぐりして見え、ゴシキドリに似る。約30種が熱帯アメリカに分布。アメリカ五色鳥。❹幕下筆頭力士の称。

おおかしわでーの-つかさ【大▽膳▽職】「だいぜんしき(大膳職)」に同じ。〈和名抄〉

オーガスト〘August｜Aug.〙8月。

オーガズム〘orgasm〙「オルガスムス」に同じ。

おお-かぜ【大風】強く激しく吹く風。暴風。(類語)強風・烈風・暴風

おお-かた【大方】㊀〘名〙❶物事や事柄の大体。大部分。あらかた。「一は理解できた」「給料の一が食費に消える」❷普通の物事。世間一般。世間一般の人。「一のご希望に添いたい」㊁〘副〙❶だいたい。大部分。あらかた。「仕事は一かたづいた」❷恐らく。たぶん。「一寝坊でもしたのだろう」❸(多く、話を切り出すときに用いて)大づかみに言えば。だいたい。およそ。そもそも。「一、この京のはじめを聞ける事は」〈方丈記〉❹(否定の語を伴って)いっこう。全然。「人を遣りて見するに一逢へるものなし」〈徒然・五〇〉㊂〘形動ナリ〙普通であるさま。一般的なさま。ひととおり。「世にある人の有様を、一なるやうにて聞き集め、耳とどめ給ふ」〈源・末摘花〉(類語)殆ど・大抵

おお-がた【大形】〘名・形動〙❶形が大きいこと。また、そのものや、そのさま。「一の魚」⇔小形。❷大きな形の模様。大きな柄。「思い切ったる一の裕衣に」〈一葉・にごりえ〉(類語)大兵・大柄・大ぶり

おお-がた【大型】〘名・形動〙物事の内容・規模、また、人物などが他のものより大きいこと。また、そのさま。「一の台風」「一の新人」「一バス」⇔小型。

おおがた-かぶ【大型株】資本金の大きな会社の株。電力株・鉄鋼株・重電株などに多い。

おおが-たけお【相賀武夫】[1897～1938]出版業者。岡山の生まれ。大正11年(1922)小学館を創業、学年別学習雑誌「小学五年生」「小学六年生」を創刊。また大正15年(1926)、小学館から娯楽誌部門を独立させ、集英社を設立した。

おおがた-コンピューター【大型コンピューター】►汎用コンピューター

おおがた-じどうしゃ【大型自動車】道路交通法による自動車の区分の一つで、車両総重量11トン以上、最大積載量6.5トン以上、乗車定員30人以上の四輪車。(補説)平成16年(2004)の道路交通法改正で中型自動車の区分が新設される以前は、車両総重量8トン以上、最大積載量5トン以上、乗車定員11人以上と規定されていた。

おおがた-しゃ【大型車】►大型自動車

おおかた-どの【大方殿】貴人の母の敬称。大方様。「一より出家になし申せとこそ承り候ふに」〈謡・元服曽我〉

おおかた-は【大方は】〘副〙❶普通のことでは。「一何かも恋ひむ言挙げせず妹に寄り寝む年は近きを」〈万・二九一八〉❷よく考えてみると。「一月をもめでじこれぞこの積もれば人の老となるもの」〈古今・雑上〉

おおがた-ハドロンしょうとつがたかそくき【大型ハドロン衝突型加速器】►エル-エッチ-シー(LHC)

おおがた-はんようき【大型汎用機】►汎用コンピューター

おおがた-はんようコンピューター【大型汎用コンピューター】►汎用コンピューター

おお-かたびら【大帷=子】❶装束の下に着る麻布製の単の衣。暑中の汗取りとして用いた。❷糊を強くした白布で仕立て、武家の正装である直垂の下に重ねて着たもの。

おおがた-ほげい【大型捕鯨】国際捕鯨委員会(IWC)の規制対象である大型鯨類を捕獲する漁業。対象種はシロナガスクジラ・イワシクジラ・マッコウクジラ・ミンククジラなど13種。昭和57年(1982)に採択され、同61年から実施されている商業捕鯨モラトリアムにより、大型鯨類の商業捕鯨は禁止されているが、調査捕鯨や先住民生存捕鯨による捕獲は認められている。

オーガナイザー〘organizer〙►オルガナイザー

オーガナイズ〘organize〙組織すること。(企画・催しなどを)計画すること。

おお-かながい【大金▽書｜大金貝】楊弓の200本の矢数のうち、180本以上の当たり。看板に当たりの矢数と射手の名を金泥で記し、店頭に掲げて表彰した。(補説)「大金貝」は当て字。

オーガニゼーション〘organization〙組織。機構。機関。

オーガニック〘organic〙〘形動〙❶有機体の。❷化学肥料や農薬を使用しない野菜や、添加物を入れていない食料品などをさす言葉。「一パスタ」

オーガニック-ケミストリー〘organic chemistry〙「有機化学」に同じ。

オーガニック-コットン〘organic cotton〙無農薬有機栽培で育てた綿。

オーガニック-のうさんぶつ【オーガニック農産物】►有機農産物

おお-がね【大金】多額の金銭。たいきん。「相場で一をもうける」

おお-がね【大×矩】大形の木製の三角定規。土木・建築工事で、直角を測るのに用いる。

おお-がね【大鐘】大きな釣鐘。梵鐘。

おおがね-もち【大金持(ち)】財産家。富豪。

おおが-はす【大賀×蓮】昭和26年(1951)に千葉市花見川区の検見川遺跡から発見された古代のハスの実。約2000年前のものと鑑定されたが、発見者の大賀一郎が発芽・開花させることに成功した。千葉県の天然記念物。

おお-かべ【大壁】木造建築で、柱の両面を板張りまたは壁塗りにして、柱が外部に現れないようにした壁。➡真壁

おおかま-ざき【大釜崎】岩手県東部、陸中海岸中部にある岬。船越半島の東南にあり、突端は高さ150メートルの断崖。名の由来は釜の煮えたぎるような海鳴りがすることから。

おおがま-はんぞう【巨釜半造】宮城県北東部、唐桑半島にある地名。太平洋に突出した所で、北を巨釜、南を半造という。巨釜には、明治時代の三陸大津波で先端部が折れたという高さ16メートルの大理石の折石が立つ。半造には海食洞が多い。

おお-かみ【大神】神を敬っていう語。おおみかみ。「水の上は地行くごとく舟の上は床に居るごと一の斎へる国そ」〈万・四二六四〉

おお-かみ【×狼】❶《「大神」の意》食肉目イヌ科の哺乳類。中形で、吻が長く、耳は立ち、先がとがり、尾が太い。ヨーロッパ・アジア・北アメリカに分布。春から夏にかけて家族単位で暮らし、冬には群れをつくって共同で狩りをし、大形のシカなども襲う。亜種にヨーロッパオオカミやシンリンオオカミ、別種に絶滅したニホンオオカミなどがある。(季 冬)➡日本狼 ❷優しそうに装っているが、実際は恐ろしい人。「送り一」❸《「狼に衣」のことわざから》破戒僧。「一へ犬のついてる御殿山」〈柳多留・二四〉

狼に衣 表面は慈悲深そうであるが、内心は凶悪であることのたとえ。

おおかみ-おとこ【×狼男】ヨーロッパ各地に伝わる人狼伝説。昼間は普通の男だが、夜間に狼に変身して人間や家畜などを襲う話。

おおかみ-ざ【狼座】南天の小星座。7月上旬の午後8時ごろに南中し、南の地平線近くに見える。学名 Lupus

おおかみ-しょうねん【×狼少年】❶狼に育てられた人間の男の子。❷同じうそを繰り返す人。イソップ寓話の、何度も狼が来たとうそをついたために本当に狼が来たときには信用してもらえなかった少年の話からいう。

おおかみ-の-まつり【大神の祭(り)】大物主神の祭り。4月と12月の上卯の日に行われた。

おおかみ-はじき【×狼▽弾き】土葬墓の土饅頭の周囲に、弓なりに曲げた削ぎ竹の両端を土に差し込んだ垣。狼を弾き脅すという。犬はじき。目はじき。

おお-かめ【×狼】「おおかみ」の音変化。「一モ羊モ水ヲ飲ムニ」〈天草本伊曽保・狼と羊〉

おおかめ-の-き【大亀の木】ムシカリの別名。

おお-かもめづる【大×鴎×蔓】ガガイモ科の蔓性の多年草。山地に生え、細い茎で他に絡みつ

く。葉は細長い三角形。夏、葉のわきに淡い暗紫色の小花を数個ずつつける。

おお-から【大辛】《「おおがら」とも》辛みが非常に強いこと。塩鮭の塩分が強いことにもいう。➡激辛❶

おお-がら【大柄】〔名・形動〕❶体格が普通より大きいこと。また、そのさま。「―な人」⇔小柄。❷模様や縞柄が普通より大きいこと。また、そのさま。「―なネクタイ」⇔小柄。〔類語〕大兵・大形・大ぶり

おお-かり【多かり】〔形〕《形容詞「おほ(多)し」の連用形に動詞「あり」の付いた「おほくあり」の音変化》多くある。たくさんある。「いと聞きにくきこと―・かり」〈源・帚木〉➡多い〔補説〕カリ活用は形容詞に助動詞を付けるときの補助活用であるが、中古には「多かり」に限り、和文系で終止形「多かり」・連体形「多かる」・已然形「多かれ」が、「多し」「多き」「多けれ」に代わって多く用いられた。

おお-がり【大×雁｜×鴻】❶ヒシクイの別名。❷ガチョウの別名。

おおかれ-すくなかれ【多かれ少なかれ】〔連語〕数量や程度に多い少ないの差はあっても。大なり小なり。「―だれにでも夢がある」

おお-かわ【大川】大きい川。〔類語〕大河

おお-かわ【大川】㊀東京都を流れる隅田川の、吾妻橋から下流の通称。㊁大阪市内を流れる淀川下流の通称。

おおかわ【大川】福岡県南西部の市。筑後川下流の南岸にある。家具・指物工業が盛ん。人口3.7万(2010)。

おお-かわ【大▽鼓｜大革】➤おおつづみ

おおかわ-がり【大川狩(り)】大きな河川で、木材を筏に組まず、1本ずつ流し送ること。

おおかわ-ぐち【大川口】大きな川が、海や湖に注ぐ所。

おおかわ-し【大川市】➤大川(福岡)

おおかわ-しゅうめい【大川周明】［1886～1957］国家主義者。山形の生まれ。猶存社・行地社・神武会を結成。軍部と接近し、三月事件や五・一五事件に関係。第二次大戦後、A級戦犯として逮捕されたが、精神異常を理由に免訴。著「近世欧羅巴植民史」など。

おおかわ-ばた【大川端】東京、隅田川の下流、特に吾妻橋から新大橋付近までの右岸一帯の称。

オーガンディー〖organdy〗《「オーガンジー」とも》薄くて半透明の、張りのある綿・絹などの織物。夏の婦人服や造花などに用いる。

おお-かんばん【大看板】芝居・寄席などで、一流の役者・芸人。大正末期まで東京の寄席では、立て看板などに一流の人の芸名を他の人よりも大きく書く習慣であったところからいう。

おおき【大き】㊀〔形動ナリ〕《「多い」と同語源の文語形容詞「大し」の連体形から》❶大きいさま。「武蔵の国と、下つ総の国との中に、いと―なる河あり」〈伊勢・九〉❷はなはだしいさま。「―なる辻風おこりて」〈方丈記〉➡大きに ㊁〔接頭〕名詞に付く。❶大きい、偉大な、の意を表す。「―海」「―御門」「―聖」❷同じ官職・位階のうちで、上位であることを表す。「―ものもうすつかさ」「―三つの位」

おおぎ-あきら【仰木彬】［1935～2005］プロ野球選手・監督。福岡の生まれ。昭和29年(1954)西鉄(現西武)に入団、3連覇の原動力となる。引退後は近鉄・オリックスの監督を務める。イチローを育て上げ、「仰木マジック」と呼ばれる采配で注目された。平成16年(2004)オリックスと近鉄が統合して誕生したオリックスバファローズの初代監督。

おおき-い【大きい】〔形〕《形容動詞「おおきなり」の形容詞化。室町時代以後使われた》❶ある物の形・容積・面積などが、広い空間・場所を占めている。「―・い箱」「からだの―・い人」⇔小さい。❷量・数が多い。「質量が―・い」「声が―・い」「一〇より小さく一より―・い数」⇔小さい。❸程度がはなはだしい。「懸隔が―・い」「―・く右にそれる」⇔小さい。❹規模が並を超えている。「―・い事業」「―・い病院」「―・い台風」⇔小さい。❺範囲が広い。「問題を―・く三つに分ける」❻心が広い。度量がある。包容力がある。「人物が―・い」⇔小さい。❼重要である。価値がある。「―・い事件」「あそこで点をとっておいたのが―・い」⇔小さい。❽年齢が上である。成長している。「―・い兄さん」「―・くなったら医者になりたい」⇔小さい。❾大げさである。「できもしないのに―・い口をきく」❿いばっている。偉そうだ。「―・い顔をする」〔派生〕おおきさ〔名〕

〔用法〕おおきい・おおきな――「大きい」には「大きい家」「あの家は大きい」「大きくなる」「大きかった」のように活用があるが、「大きな」は「大きな家」「大きな打撃を受けた」のように体言の前にしか使わない。◇「大きい顔」と「大きな顔」とでは、前者は事実としての広さ、大きさを表しているが、後者は「大きな顔をする」のように主観的・心理的な判断を表す傾向がある。◇「大きな希望がわいてくる」「大きな過ちを犯した」など、抽象的な事柄を表す名詞にかかるときは、「大きい」よりも「大きな」を使うことが多い。これも「大きな」の上記のような特徴による。

〔類語〕大きな・でかい

おおき-おおいどの【太=政=大=臣】「だいじょうだいじん(太政大臣)❶」に同じ。

おおき-おおいもうちぎみ【太=政=大=臣】「だいじょうだいじん(太政大臣)❶」に同じ。

おおき-おとど【太=政=大=臣】「だいじょうだいじん(太政大臣)❶」に同じ。

おおき-おまえ【大▽御前】身分の高い人の中でも年齢・地位が上のほうの人を敬っていう語。「―の御覧ぜざらむほどに」〈源・浮舟〉

おお-きさい【大▽后】「おおきさき」の音変化。「―の、尚侍を参らせ奉り給ひて」〈源・若菜上〉

おおきさい-の-みや【皇=太=后宮】「こうたいこうぐう(皇太后宮)」に同じ。「―おはします方を」〈源・少女〉

おお-きさき【大▽后｜▽太▽后】❶(大后)皇后。おおきさい。「―とせむ美人をまぎたまふ時」〈記・中〉❷(太后)皇太后。おおきさい。「天皇―共に大納言藤原家に幸です日に」〈万・四二六八・詞書〉

オーキシン〖auxin〗植物ホルモンの一。微量で植物の根や茎の伸長を促す一方、落果・落葉を抑制する作用がある。天然のインドール酢酸のほか、合成もされる。生長素。

おおき-たかとう【大木喬任】［1832～1899］政治家。佐賀の生まれ。江藤新平とともに東京遷都を主張、東京府知事に就任。元老院議長・枢密院議長・法相・文相を歴任。

おお-きたのかた【大北の方】貴人の母の敬称。先代の正妻。大上。「―といふさがなものぞ」〈源・若菜下〉

おお-きたのまんどころ【大北の▽政所】摂政・関白の母の敬称。おおまんどころ。

オーキッド〖orchid〗❶洋蘭。❷淡紫色。

おお-きど【大木戸】❶《「大城戸」の意》大きな城門。❷近世、国境や都市の出入り口に設けた関門。❸近世、芝居小屋の木戸番の頭のこと。❹大坂の遊郭、新町にあった東の大門。

おおきど-もりえもん【大木戸森右衛門】［1876?～1930］力士。第23代横綱。兵庫県出身。本名、内田光蔵。生年は明治11年(1878)とする説もある。大阪相撲で吉田司家から免許を受けた二人目の横綱。引退後、年寄湊。➡太刀山峰右衛門(第22代横綱)➡鳳谷五郎(第24代横綱)

おおき-な【大きな】〔形動〕《形容動詞「おおきなり」の連体形「おおきなる」の音変化》❶容積・面積が広い空間・場所を占めるさま。「―箱」「―池」⇔小さな。❷数・量が多いさま。「―音」⇔小さな。❸程度がはなはだしいさま。「―格差」⇔小さな。❹規模が並を超えているさま。また、範囲の広いさま。「―計画」「問題の―とらえ方」⇔小さな。❺重大・重要なさま。「―原因となっている」⇔小さな。❻年長であるさま。「―息子」⇔小さな。❼大げさであるさま。また、いばっているさま。「―ことを言う」「―態度」➡大きい〔用法〕

〔補説〕「声の大きな人」のように、述語としても用いられるので、形容動詞と認められる。連体形だけが用いられる。〔類語〕大きい・でかい

大きな御世話 よけいなおせっかい。不必要な世話。他人の助言や手助けを拒絶するときに言う。余計なお世話。

大きな顔 いばった顔つき・態度。また、平然とした顔つき・態度。大きな面。「怠けてばかりいるくせに―をしている」

大きな口をき・く 偉そうなことを言う。大口をたたく。「何もしないのに―・くな」

おおきな-せいふ【大きな政府】政府が経済活動に積極的に介入することで社会資本を整備し、国民の生活を安定させ、所得格差を是正しようとする考え方。政府の財政支出が増えるため、税金や社会保障費などの国民負担率が高くなり、「高福祉高負担」となる傾向がある。公営事業が民間企業を圧迫したり、政府の規制によって市場の自由競争が抑制されるなどして、民間経済の活力が奪われるおそれもある。政府支出が増大し、財政破綻を招く懸念もある。⇔小さな政府。➡計画経済 ➡ケインズ

おおき-に【大きに】《形容動詞「おおきなり」の連用形から》㊀〔副〕❶大いに。たいへん。たいそう。「―ご苦労だった」「それは―ありそうなことだ」❷(相づちを打つときに用いる)なるほど。全く。「―そうだね」〈山本有三・波〉㊁〔感〕関西地方で、おおきにありがとう、の意で使う語。

大きにお世話お茶でもあがれ 他人のおせっかいをばかにしていう語。よけいなお世話。「酒を呑まうがのむめえが、おれが口だから勝手だによ、―」〈人・娘節用・後〉

おおぎまち-てんのう【正親町天皇】［1517～1593］第106代天皇。在位1557～1586。後奈良天皇の第2皇子。名は方仁。弘治3年(1557)践祚。毛利元就父子の献上金で、永禄3年(1560)になって即位。のち、織田信長・豊臣秀吉の援助を受けて、皇室の諸儀式の回復に努力。

おお-きみ【大君】❶天皇に対する敬称。❷親王・諸王、また皇女・女王に対する敬称。❸「親王」と区別して、諸王の敬称。❹主君の敬称。

おおきみ-すがた【大君姿】諸王が衣冠・束帯の正装でなく、直衣を着た、くつろいだ姿。「しどけなき―、いよいよたとへむものなし」〈源・行幸〉

おおきみ-の【大君の】〔枕〕天皇に差し掛ける御笠の意から、地名「三笠」にかかる。「―三笠の山のもみち葉は」〈万・一五五四〉

おおきみ-の-つかさ【正=親=司】律令制で、宮内省に属し、皇族の名籍などのことをつかさどった役所。おおきんだちのつかさ。

おおき-やか【大きやか】〔形動〕文〔ナリ〕大きなさま。いかにも大きく感じられるさま。「―ではあってもはなはだしく高くなく」〈藤村・夜明け前〉

オー-きゃく【O脚】膝関節の所で、左右の脚が外側に曲がってO字状を呈するもの。内反膝。➡X脚

オーギュメンテッド-リアリティー〖augmented reality〗➤拡張現実感

おお-ぎょう【大仰｜大形】〔名・形動〕❶大げさなこと。また、そのさま。誇大。「―な言い方」❷(大形)規模や計画の大きいこと。また、そのさま。「万事―になりて金銀を惜しまず」〈浮・禁短気・六〉

オーギョーチー【愛玉子】《中国語》台湾に生えるクワ科のつる植物の種子からつくる食品。乾燥させた種子を水の中でもむとペクチンが溶け出し、寒天状に固まる。シロップをかけ、甘味として供される。あいぎょくし。

おお-ぎり【大切(り)】❶大きく切り分けること。また、その切り身。❷(縁起をかついで「大喜利」とも書く)㋐芝居で、その日の最後の幕。㋑江戸時代の歌舞伎で、二番目狂言(世話物)の最終幕。幕末以後の歌舞伎では、二番目狂言のあとにつける一幕物。

切り狂言。㋒寄席で、とりの終わったあとにする演芸。大ぜいで珍芸・謎掛け・言葉遊びなどをするものが多い。追い出し。❸物事の終わり。結末。「誰の恋でもこれが—だよ」〈独歩・牛肉と馬鈴薯〉
（類語）大詰め・大団円・終幕

おおく【多く】《形容詞「おおい」の連用形から》㊀〔名〕❶たくさん。多くのもの。「—を望まない」❷大部分。「ファンの—は女性だ」㊁〔副〕ふつう。一般に。たいてい。「初心者は—こうした誤りをおかす」
（類語）大半・一般・大抵・たくさん・全般に・総じて・概して・おしなべて・おおむね・大概・普通・通例・通常・一体に・総体・およそ・広く・遍く
多くを問う者は多くを学・ぶ　何事にも疑問を持って追究することが、その人の知識を豊かにする。イギリスのことわざ。

オーク〘awk〙テキスト処理に用いられるスクリプト言語。Aho、Weinberger、Kernighanという3人の開発者名の頭文字から付けられた。

オーク〘oak〙ナラの木。材質が堅く、木目が美しいので、家具材などにする。カシと混同されることがある。

おお-ぐい【大食い】たくさん食べること。また、その人。大食漢。おおぐらい。「やせの—」
（類語）大食・牛飲馬食・健啖

おお-くかず【大句数】一定時間内あるいは一昼夜に、独吟で多くの句を詠むこと。井原西鶴の俳諧集名から出た語。

おおくかず【大句数】江戸前期の俳諧集。2冊。井原西鶴作。延宝5年（1677）成立。同年5月、大坂生玉の本覚寺で一昼夜に独吟1600句を詠んだもの。西鶴俳諧大句数。

おお-ぐけ【大×絎】くけ針の大きなもの。縫い目を粗くくけるのに用いる。

おお-ぐさり【大腐り】❶ひどく失望・落胆すること。❷ばくちで、ひどく負けること。「宵から暁の明星が茶屋で飲みほすやうな—」〈浄・丹波与作〉

オークショニア〘auctioneer〙競売人。

オークション〘auction〙競売。競り売り。
（類語）競り売り・競り・競売

オークション-サイト《auction web siteから》インターネット上でオークションのサービスを提供しているウェブサイト。➡ネットオークション

オークス〘Oaks〙❶英国ロンドン郊外のエプソムで毎年6月上旬に行われる、サラブレッド3歳牝馬による競馬。距離1.5マイル（約2400メートル）。クラシックレースの一つで、1779年創始。❷日本で、❶にならって毎年5月に行われる「優駿牝馬競走」の通称。中央競馬での5大クラシックレースの一。

おおくずれ-かいがん【大崩海岸】静岡県中央部、静岡・焼津市境の駿河湾に望む海岸。約4キロメートル、高さ50〜100メートル。急傾斜の海食崖のため「東海の親不知」といわれる。富士山を望む景勝地。

おお-ぐそく【大具足】弓・矢・刀・鎧などで、普通より大きなもの。

おお-くち【大口】《「おおぐち」とも》❶大きな口。大きく開けた口。「—を開けて笑う」❷おおげさなことをいうこと。偉そうにいうこと。「—をたたく」「—を利く」❸売買や取引などで、金額が多いこと。「—の寄付」⇔小口。❹茶道具の一。柄のない片口状の置き水指し。❺「大口袴」の略。❻猥談。「まして色の道…—いふより外はなし」〈浮・一代女・一〉

おおくち【大口】鹿児島県北部にあった市。平成20年（2008）菱刈町と合併して伊佐市となる。➡伊佐

おおくち-し【大口市】➤大口

おおくち-でんりょく【大口電力】契約電力が500キロワット以上の産業用電力需要。大規模な工場などで動力に使用される電力。➡大口電力使用量

おおくちでんりょく-しようりょう【大口電力使用量】景気動向指数の一致指数を構成する経済指標の一つ。契約電力または自家発電消費電力が500キロワット以上の工場などで産業用に使用される電力量。電気事業連合会が公表する「電力需要実績」のデータをもとに、内閣府が独自に季節調整を行って用いている。産業用電力の使用量は、景気の動向と連動して動く傾向がある。

おおくち-の【大口の】〔枕〕大きな口をした真神（狼）の意から、「真神」にかかる。「—真神の原にふる雪は」〈万・一六三六〉

おおくち-ばかま【大口×袴】裾の口が大きい下袴。平安時代以降、公家が束帯のとき、表袴の下に用いた。紅または白の生絹・平絹・張り絹などで仕立ててある。鎌倉時代以後は、武士が直垂・狩衣などの下に用いた。

おおくち-ぼんち【大口盆地】鹿児島県北部、伊佐市を中心とした県内最大の盆地。東西約4キロメートル、南北約15キロメートル、面積約43平方キロメートル、標高170メートル前後。川内川上流域に広がり水田耕作が盛んで、伊佐米を産する。盆地を囲む山地山麓はシラス台地を形成。伊佐盆地。

オークニー-しょとう【オークニー諸島】《Orkney》スコットランドの沖合約15キロメートルに点在する大小70の島々。新石器時代の遺跡で知られ、なかでも最大の島メインランド島には代表的な遺跡が残されている。スカラブラエの集落跡、円墳マエスホウ、環状列石リング-オブ-ブロッガーとストーンズ-オブ-ステネスは、1999年「オークニー諸島の新石器時代遺跡中心地」として、世界遺産（文化遺産）に登録。

オークニクスブール-じょう【オークニクスブール城】《Château du Haut-Kœnigsbourg》フランス北東部、アルザス地方の村、オルシュビエにある城塞。ボージュ山脈の標高755メートルに位置する。中世の要塞があったが、17世紀の30年戦争で破壊、20世紀初頭にドイツ皇帝ウィルヘルム2世により再建され、現在の姿になった。第一次世界大戦後にフランス領。アルザス地方屈指の古城として知られる。

おおくに-たかまさ【大国隆正】［1792〜1871］江戸末期の国学者。石見の津和野藩士。江戸の生まれ。姓は今井、のち野之口。平田篤胤・村田春海に師事、また、昌平坂学問所に学んだ。著「六句歌体弁」「古伝通解」など。

おおくにたま-じんじゃ【大国魂神社】東京都府中市宮町にある神社。旧官幣小社。祭神は大国魂大神を主神とし、ほかに八神を祭る。うち六神は、武蔵国の有力神であるところから、六所宮・六所明神ともいう。5月5日の例祭は、暗闇祭りともいわれる。武蔵国総社。

おおくにぬし-の-みこと【大国主命】素戔嗚尊の子、または6世の孫とされ、出雲大社の祭神。少彦名神とともに、中つ国の経営を行ったが、天照大神の使者が来ると国土を献上してみずからは隠退した。医療・まじないの法を定めた神とされる。因幡の白兎の話は有名。中世以来、大黒天と同一視されるようにもなった。別名は大己貴神・八千矛神・葦原色許男命など。古事記では大国主神。

おおく-の-ひめみこ【大伯皇女｜大来皇女】［661〜701］天武天皇の皇女。大津皇子の同母姉。13年間伊勢の斎宮をつとめ、大津皇子死刑後に帰京。万葉集に弟を思う歌6首が残る。

おお-くび【大×領｜×衽】袍・直衣・狩衣などの前襟。おくび。

おおくび-え【大首絵】浮世絵版画の一形式。人物の上半身を大きく、その表情を特に強調して描いたもの。写楽の役者絵、歌麿の美人画などが有名。

オーク-ブラフ〘Oak Bluffs〙米国マサチューセッツ州南東部の島、マーサスビニヤード北部の町。旧称コテージシティー。コッド岬の中心地、ハイアニスやナンタケット島を結ぶフェリーの港がある。

おおくぼ-しぶつ【大窪詩仏】［1767〜1837］江戸後期の漢詩人。常陸の人。名は行。字は天民。宋元の詩風の清新さを学ぶことを唱え、江戸詩壇の一中心となった。詩集に「詩聖堂詩集」。

おおくぼ-ただたか【大久保忠教】➤大久保彦左衛門

おおくぼ-ただちか【大久保忠隣】［1553〜1628］江戸初期の譜代大名。小田原6万5千石の領主。はじめ徳川家康の近習となり、のち秀忠付の家老。秀忠将軍就任後その老中をつとめ権勢を振るうが、讒訴によって改易。

おおくぼ-ただひろ【大久保忠寛】［1817〜1888］江戸末期の幕臣。隠居後、一翁と称する。老中阿部正弘に登用され、目付など諸役職を歴任。戊辰戦争では勝海舟とともに江戸城明け渡しに尽力。新政府にも仕えた。

おおくぼ-としみち【大久保利通】［1830〜1878］政治家。薩摩藩出身。討幕派の中心人物で、薩長同盟の推進者。版籍奉還・廃藩置県を敢行し、西郷隆盛らの征韓論に反対。参議・大蔵卿・内務卿を歴任、明治政府の指導的役割を果たした。不平士族により暗殺された。維新の三傑の一人。

おおくぼ-ながやす【大久保長安】［1545〜1613］江戸初期の金山奉行。甲斐の人。徳川家康に仕え、石見銀山・佐渡金山・伊豆金山を開発。その死後、不正があったとして遺子全員が切腹を命じられた。

おおくぼ-ひこざえもん【大久保彦左衛門】［1560〜1639］江戸初期の旗本。本名は忠教。徳川家康・秀忠・家光の3代に仕え、三河に2千石を領した。その知略・奇行に関する多くの逸話がある。著「三河物語」。

おおくま-ことみち【大隈言道】［1798〜1868］江戸後期の歌人。福岡の人。古典趣味を脱した、清新自由な歌風を興した。著「草径集」「ひとりごち」など。

おおぐま-ざ【大熊座】北天にほぼ一年中見える星座。5月上旬の午後8時ごろ南中する。北斗七星を含み、そのα星とβ星を結ぶ線の延長に北極星がある。学名 Ursa Major

おおくま-しげのぶ【大隈重信】［1838〜1922］政治家。佐賀の生まれ。明治14年（1881）の政変で下野し、翌年立憲改進党を組織。伊藤・黒田内閣の外相として条約改正にあたったが、爆弾を投げられて片脚を失う。同31年最初の政党内閣を組織。大正3年（1914）再び首相となり、第一次大戦への参戦を決定。東京専門学校（早稲田大学の前身）の創立者。

おおくま-よしくに【大熊喜邦】［1877〜1952］建築学者。東京の生まれ。芸術院会員。東大卒。国会議事堂・旧文部省庁舎などを設計。著作に「世界の議事堂」など。

おお-ぐみ【大組（み）】新聞の組み版で、部分ごとの版を集めて配列し、1ページ大の版にまとめること。また、その版。

オーグメンテッド-リアリティー〘augmented reality〙➤拡張現実感

おお-くら【大蔵】❶「大蔵省」の略。❷上代の三蔵の一。雄略天皇のときの創建と伝えられ、諸国からの貢ぎ物などを納めた蔵。

おおくら-きはちろう【大倉喜八郎】［1837〜1928］実業家。新潟の生まれ。江戸で乾物店・鉄砲店を開業、明治6年（1873）に大倉組商会を創立。軍の御用商人として巨利を得、大倉財閥を形成した。

おおくら-きょう【大蔵×卿】❶明治初年の官制で、大蔵省の長官の称。❷律令制で、大蔵省の長官。正四位下相当。おおくらのかみ。

おおくら-しょう【大蔵省】❶国家予算の編成、財務・通貨・金融・証券などに関する事務を担当した国の行政機関。明治2年（1869）設置。平成10年（1998）から12年の間に金融行政を分離した上で、同13年財務省に改組された。❷律令制で、太政官八省の一。諸国からの貢ぎ物を収納し、通貨・租税・度量衡などのことをつかさどった役所。おおくらのつかさ。

おおくらしょう-しょうけん【大蔵省証券】政府短期証券の一。政府が一時的な資金不足を補うために発行した国債で、当該年度の歳入で償還しなければならなかった。現財務省証券。

おおくら‐だいじん【大蔵大臣】❶大蔵省の長。蔵相。❷(比喩的に)財政の実権を握っている人。特に主婦のこと。

おおくら‐とらあきら【大蔵虎明】[1597～1662]江戸初期の狂言師。山城の人。大蔵流宗家13世。大蔵流最古の台本「狂言之本」(通称「虎明本」)を書き留め、狂言論「わらんべ草」を著した。

おおくら‐ながつね【大蔵永常】[1768～?]江戸後期の農学者。豊後の人。通称、徳兵衛。農業技術の指導と進歩に貢献した。著「農具便利論」「農家益」「広益国産考」など。

おおくら‐の‐かみ【大蔵×卿】「おおくらきょう(大蔵卿)❷」に同じ。

おおくら‐の‐つかさ【大蔵▽省】「おおくらしょう(大蔵省)❷」に同じ。

おおくら‐りゅう【大倉流】❶能の小鼓方の流派の一。安土桃山時代の大蔵権右衛門道意を流祖とする。❷能の大鼓方の流派の一。室町時代の金春禅竹の子、大蔵信喜道加を流祖とする。

おおくら‐りゅう【大蔵流】狂言の流派の一。南北朝時代の玄恵法印を初世とするが、事実上は8世の金春四郎次郎を祖とする。現在、大蔵宗家・山本・茂山・善竹の四家がある。

オークランド〖Auckland〗ニュージーランドの北島北部にある港湾都市。1865年まで首都。南太平洋の交通・経済の中心地。人口、行政区44万、都市圏131万(2008)。

オークランド〖Oakland〗米国カリフォルニア州、サンフランシスコ湾東岸にある港湾都市。ベイ-ブリッジにより対岸のサンフランシスコと結ばれる。食品加工・化学工業が盛ん。

オークル〖フランス ocre〗黄土。また、黄土色。オーカー。

おお‐ぐれ【大暮れ】年の暮れ。おおみそか。「九月の節句過ぎより—までは遠い事のやうに思ひ」〈浮・胸算用・三〉

おお‐けいず【大系図】諸氏の系図を集大成したもの。「尊卑分脈」など。

オー‐ケー〖OK〗㊀〔名〕スル 同意すること。承認。「先方の—を取る」「頼まれて—する」㊁〔感〕承知した、賛成だ、の意を表す語。よろしい。オーライ。補説 all correctのつづり誤りoll korrectからとも、米国の民主党のOK(Old Kinderhook)クラブからともいわれる。類語 許可・承知・認可・許諾・承認・認許・允許・允可・容認・許容・聴許・裁許・免許・公許・官許・許し・ライセンス・勘弁・容赦・裁可・特許・宥恕・黙許・批准 (—する)許す・認める

おおけ‐く【多けく】《形容詞「おおし」のク語法》多いこと。「柃実の—を」〈記・中・歌謡〉

おお‐げさ【大×袈×裟】㊀〔名〕《「おおけさ」とも》❶大きな袈裟。❷刀などで袈裟がけに人を斬ること。「肩先より背骨まで、—に切り放せば」〈浄・浪花鑑〉㊁〔形動〕〔文〕〔ナリ〕物事を実質以上に誇張するさま。また、誇張されたさま。おおぎょう。「—に驚いてみせる」「—な飾りつけ」
類語 オーバー・大層・事事しい・誇大

オーケストラ〖orchestra〗❶「管弦楽」に同じ。❷管弦楽を演奏する団体。管弦楽団。

オーケストラ‐ピット〖orchestra pit〗「オーケストラボックス」に同じ。

オーケストラ‐ボックス《和 orchestra＋box》劇場などの、舞台と観客席との間に設けられた音楽演奏席。補説 英語ではorchestra pit

オーケストレーション〖orchestration〗管弦楽の作曲法・編曲法に関する技法、およびその理論。管弦楽法。

おお‐けたで【大毛×蓼｜葒＝草】タデ科の一年草。高さ約2メートル。全体に毛が密生し、葉は大きく、卵形。秋、淡紅色の米粒大の小花の密生した穂が垂れる。アジアの原産で、古く日本に渡来。ハブテコブラ。いぬたで。〔季 秋〕

おおげつひめ‐の‐かみ【大宜都比売神｜大気都比売神】食物をつかさどる女神。伊弉諾尊・伊弉冉尊の子。素戔嗚尊が食物を求めたとき、鼻・口・尻から食物を取り出して奉ったため、怒った尊に殺されたが、その死体から蚕および五穀が生じたという。「日本書紀」では保食神。

おおけ‐な・し〔形ク〕❶態度・言動が、身分・能力・年齢などに比べ、出すぎているさま。身のほどをわきまえない。大胆である。大それている。「いと—・き心の侍りけると、思しとがめさせ給はむを」〈かげろふ・下〉❷おそれ多い。もったいない。「腹なる児は—・くも、琉球国王の世子と仰がれ」〈読・弓張月〉

おお‐げば【大下馬】❶城や社寺の正門の前に、下馬のしるしに置いた大きな石または木。❷江戸城大手門外の下馬所。

おお‐けみ【大▽検見】江戸時代、小検見のあとに代官がみずから行った検見。

オー‐こうげん【O抗原】《O antigen》大腸菌などグラム陰性菌の細胞がもつ抗原の一つ。菌の細胞壁にあり、熱に強い。大腸菌のO抗原は約180種に分類される。O157は157番目に発見されたO抗原をもつ大腸菌で、特にH抗原がH7またはH－のものは重篤な症状を引き起こす腸管出血性大腸菌として知られる。菌体抗原。補説 O抗原は熱に強いが、O157やO111などの腸管出血性大腸菌は熱に弱いため、食品を適切に加熱することで感染を防止できる。O抗原のOはドイツ語のohne Hauchbildungに由来。鞭毛をもつ菌をシャーレで培養すると、培地上を遊走して同心円状に広がる。この現象をHauchbildung(「ガラスに息を吹きかけたようなくもりが形成される」の意)という。一方、鞭毛をもたない菌の場合、一か所に固まってコロニーを形成し、「くもり」は形成されないことから、ohne Hauchbildung(ohneは「～がない」の意)といった。これを語源として後に、鞭毛の抗原をH抗原、菌体(細胞壁)の抗原をO抗原と呼ぶようになった。

おお‐ごうし【大格子】❶太い角材で組んだ格子。また、間を大きくあけて組んだ格子。↔小格子。❷江戸吉原で、最も格式の高い遊女屋。大籬。総籬。↔小格子。❸粗い格子縞。↔小格子。

おおこうち‐かずお【大河内一男】[1905～1984]経済学者。東京の生まれ。河合栄治郎に社会政策学を学び、社会政策を科学の領域まで高めた。昭和38年(1963)から東大総長。同43年、大学紛争の責任をとって辞任。「太った豚よりやせたソクラテスになれ」などの名言を残した。著「独逸社会政策思想史」「社会政策の経済理論」など。

おおこうち‐でんじろう【大河内伝次郎】[1898～1962]映画俳優。本名は大辺男。福岡の生まれ。伊藤大輔監督と組んで、昭和初期の時代劇映画に活躍した。代表作は「忠次旅日記」(三部作)「丹下左膳」「続大岡政談・魔像篇」など。

おおこうち‐まさとし【大河内正敏】[1878～1952]工学者・実業家。東京の生まれ。東大教授。理化学研究所長として、理研の発展と、理研コンツェルン60数社の創立、組織化に尽力。「科学主義工業」を唱えた。

おお‐こうもり【大蝙＝蝠】翼手目オオコウモリ科の哺乳類の総称。体長約30センチのものが多い。日本にはエラブオオコウモリ・オガサワラオオコウモリなどがいる。目が大きく、果実を食べ、ときに大群をなして果樹園に来る。

おお‐ごえ【大声】大きな声。↔小声。類語 大音声

おお‐ごし【大腰】❶柔道・相撲の技の一。相手のからだ全体を、自分の腰の上にのせるようにしてひねって投げる。❷女房装束で、裳の上端、後ろ腰に当てる部分。

おお‐ごしょ【大御所】❶すでに引退して表面に出ないが、その世界で大きな勢力をもっている人。また、その道の大家として大きな勢力をもつ人。「政界の—」❷親王の隠居所。また、隠居した親王の尊称。❸将軍の隠居所。また、隠居した将軍の尊称。江戸時代、特に徳川家康・家斉をいう。➡小御所
類語 (❶)権威・第一人者・泰斗・大家・巨匠・耆宿・オーソリティー

おお‐ごしょう【大小姓】小姓で、年配の者。使者役や主君への取り次ぎなどをした。元服した小姓。↔小小姓。

おおごしょ‐じだい【大御所時代】《徳川11代将軍家斉が職を退いたのちも大御所として実権を握っていたところから》寛政の改革から天保の改革に及ぶ時代。

おおこそ‐よしのり【大社義規】[1915～2005]企業家。香川の出身。昭和17年(1942)徳島に日本ハム株式会社の前身の食肉加工工場を設立。同38年、現社名に変更。同48年、日拓ホームフライヤーズを買収し、日本ハムファイターズとしてプロ野球に参入。頻繁に球場に通うオーナーとして知られた。

おお‐ごと【大事】重大な出来事。大きな影響を与える事件。「—にならずに済む」「そりゃ—だ」
類語 大事・一大事

おお‐このはずく【大木葉木＝菟】フクロウ科の鳥。全長約25センチで、コノハズクよりやや大きい。頭に耳状の羽毛がある。日本では大木のある森林にすむ留鳥。

おお‐ごま【大駒】将棋で、飛車と角行のこと。➡小駒

おお‐ごまだら【大胡＝麻＝斑＝蝶】マダラチョウ科のチョウ。日本産マダラチョウでは最大。翅は白地に黒い斑があり、幅が広く、ゆるやかに飛ぶ。沖縄県で普通にみられる。幼虫の食草はホウライカガミ。

オーサー〖author〗著者。作者。作家。

おお‐さいばり【大▽前張】神楽歌の前張の前半部分。↔小前張。

おおさか【大阪｜大坂】㊀近畿地方中央部の府。もとの摂津の東部と和泉・河内の全域にあたる。京都とともに2府の一。人口886.3万(2010)。㊁大阪府中部の市。府庁所在地。指定都市。古代の難波の地で、仁徳天皇高津宮、孝徳天皇長柄豊碕宮が造営された地。明応5年(1496)蓮如が石山本願寺を建立したころは小坂と称し、その跡地に天正11年(1583)豊臣秀吉が大坂城を築く。江戸時代は大坂と称し、幕府の直轄地として諸大名の蔵屋敷が集中、諸国の米や特産物の取引の中心地となり、天下の台所といわれた。明治4年(1871)大阪と表記されることになった。西日本の経済の中心地。また、阪神工業地帯の中心。人口266.6万(2010)。㊂古代、大和から河内へ越える坂。古代交通の要路。穴虫峠。「御杖をもちて—の道中の大石を打ち給へば」〈記・中〉

大阪の食い倒れ　大阪の人は飲食にぜいたくをして、財産をつぶしてしまうということ。「京の着倒れ」に対していう。

おおさか‐あおやまだいがく【大阪青山大学】大阪府箕面市にある私立大学。平成17年(2005)に開学した。健康科学部の単科大学。

おおさか‐いかだいがく【大阪医科大学】大阪府高槻市にある私立大学。昭和2年(1927)開校の大阪高等医学専門学校を母体として、同21年大阪医科大学に昇格。同27年新制大学に移行。

おおさか‐いちぶきん【大坂一分金】慶長初年ごろに製造された長方形の小形金貨。表面に「一分」の文字、裏面に「光次」の文字と花押がある。豊臣秀頼が発行したものとされるが、未詳。

おおさか‐おおたにだいがく【大阪大谷大学】大阪府富田林市にある私立大学。昭和41年(1966)に大谷女子大学として開学。平成18年(2006)に男女共学となり、現校名に改称された。

おおさか‐おんがくだいがく【大阪音楽大学】大阪府豊中市にある私立大学。大正4年(1915)創立の大阪音楽学校を母体として、昭和33年(1958)に開学した。

おおさか‐おんど【大坂音頭】江戸中期、大坂近辺で行われた音頭踊り。

おおさか‐かいぎ【大阪会議】明治8年(1875)、参議大久保利通・伊藤博文が、征韓論などをめ

ぐって辞職した木戸孝允・板垣退助に参議復職を求めた会議。立憲体制への漸次的移行で妥協が成立、二人の復帰が決まった。

おおさか-がいこくごだいがく【大阪外国語大学】大阪府箕面市にあった国立大学法人。大阪外国語学校、大阪外事専門学校を経て昭和24年(1949)新制大学として発足、平成16年(2004)国立大学法人となる。同19年大阪大学と統合し、同校の外国語学部となった。

おおさかがくいん-だいがく【大阪学院大学】大阪府吹田市にある私立大学。昭和38年(1963)に開学した。

おおさか-かばん【大坂加番】江戸幕府の職名。老中の支配下で大坂城の警備にあたった。

おおさかかわさき-リハビリテーションだいがく【大阪河崎リハビリテーション大学】大阪府貝塚市にある私立大学。平成18年(2006)に開学した。理学療法士・作業療法士・言語聴覚士を育成するリハビリテーション学部の単科大学。

おおさか-がわら【大阪瓦】宮殿・神社・仏閣などの屋根に用いる大形の瓦。広間物。櫓物。

おおさか-かんこうだいがく【大阪観光大学】大阪府泉南郡熊取町にある私立大学。平成12年(2000)に大阪明浄大学として開学。同18年現校名に改称した。観光学部の単科大学。

おおさか-かんじょうせん【大阪環状線】大阪から西九条・天王寺・京橋を経て大阪に至り、大阪市街を1周するJR線。大阪・天王寺間の城東線と、大阪・西九条間の西成線とをつなぐ西九条・天王寺間が昭和36年(1961)に開業し、全通。全長21.7キロ。

おおさか-きょういくだいがく【大阪教育大学】大阪府柏原市に本部のある国立大学法人。第二部の小学校教員養成課程がある。大阪第一師範学校と大阪第二師範学校を統合して、昭和24年(1949)大阪学芸大学として発足。同42年、改称。平成16年(2004)国立大学法人となる。

おおさか-きんてつバファローズ【大阪近鉄バファローズ】►オリックスバファローズ

おおさか-くらぶぎょう【大坂蔵奉行】江戸幕府の職名。大坂での米・穀物などの出納をつかさどった。

おおさか-けいざいだいがく【大阪経済大学】大阪市東淀川区にある私立大学。昭和10年(1935)創立の昭和高等商業学校に始まり、大阪女子経済専門学校、大阪経済専門学校を経て、同24年新制大学として発足。

おおさか-けいざいほうかだいがく【大阪経済法科大学】大阪府八尾市にある私立大学。昭和46年(1971)に開学した。

おおさか-げいじゅつだいがく【大阪芸術大学】大阪府南河内郡河南町にある私立大学。昭和39年(1964)に浪速芸術大学として開学。昭和41年(1966)に現校名に改称した。

おおさか-こうぎょうだいがく【大阪工業大学】大阪市旭区に本部のある私立大学。大正11年(1922)創立の関西工学専修学校に始まり、昭和24年(1949)摂南工業大学となり、同年、現校名に改称。

おおさか-こくさいくうこう【大阪国際空港】兵庫県伊丹市にある空港。国管理空港の一。昭和33年(1958)開港。国内・国際線ともに京阪神地域の輸送拠点であったが、平成6年(1994)の関西国際空港の開港後は、特別な場合を除いて国内線専用となった。伊丹空港。➡拠点空港

おおさか-こくさいだいがく【大阪国際大学】大阪府守口市などにある私立大学。昭和63年(1988)に開学した。

おおさかさやま【大阪狭山】大阪府南東部の市。もと北条氏の城下町。日本最古の溜め池の一つ、狭山池がある。人口5.8万(2010)。

おおさかさやま-し【大阪狭山市】►大阪狭山

おおさか-さんぎょうだいがく【大阪産業大学】大阪府大東市にある私立大学。昭和3年(1928)設立の大阪鉄道学校を前身に、同40年、大阪交通大学として開学。同年10月、現校名に改称。

おおさか-さんごう【大坂三郷】江戸時代、大坂を南組・北組・天満組の3区に分けたものの総称。

おおさか-し【大阪市】►大阪㊁

おおさか-しかだいがく【大阪歯科大学】大阪府枚方市にある私立大学。明治44年(1911)創立の大阪歯科医学校に始まり、大正6年(1917)大阪歯科医学専門学校となる。昭和22年(1947)大学に昇格し、同27年新制大学に移行。

おおさか-じけん【大阪事件】明治18年(1885)、旧自由党左派の大井憲太郎らが、朝鮮にクーデターを起こして独立党に政権を握らせようと企てた事件。渡航寸前に発覚し、大阪・長崎で逮捕された。

おおさか-じょう【大坂城|大阪城】大阪市中央区にある城。豊臣秀吉が石山本願寺跡に、天正11年(1583)から3年かけて築いた。名古屋城・熊本城とともに三名城の一。元和元年(1615)大坂夏の陣で落城し焼失。江戸時代に再建され、幕府の直轄で城代を置いた。その後、数度の火災と修築を経て明治元年(1868)大部分を焼失。昭和6年(1931)天守閣を復興。金城。錦城。

おおさか-しょういんじょしだいがく【大阪樟蔭女子大学】大阪府東大阪市にある私立大学。大正6年(1917)創立の樟蔭高等女学校に始まり、同14年樟蔭女子専門学校となる。昭和24年(1949)新制大学として発足。

おおさか-しょうぎょうだいがく【大阪商業大学】大阪府東大阪市にある私立大学。昭和3年(1928)創立の大阪城東商業学校に始まり、城東専門学校を経て、同24年大阪城東大学として発足。同27年現校名に改称。

おおさか-しょうけんとりひきじょ【大阪証券取引所】大阪市中央区北浜にある証券取引所(金融商品取引所)。明治11年(1878)創立の大阪株式取引所が、昭和24年(1949)株式組織を会員組織に改めたもの。平成13年(2001)株式会社化。略称は、大証。(補説)2013年1月1日に東京証券取引所グループと経営統合し、株式会社日本取引所グループ(仮称)となる予定。

おおさか-じょうだい【大坂城代】江戸幕府の職名。5、6万石の譜代大名を任命。大坂城に駐在し、城下や畿内の治安・警備、および西国諸大名の動向の監視にあたった。

おおさか-じょうばん【大坂定番】江戸幕府の職名。大坂城に在勤し、大坂城代を補佐して京橋口・玉造口の警備を担当。

おおさかじょがくいん-だいがく【大阪女学院大学】大阪市中央区にある私立大学。平成16年(2004)の開学。国際・英語学部の単科大学。

おおさか-じょしだいがく【大阪女子大学】大阪府堺市にあった府立大学。大正13年(1924)創立の大阪府女子専門学校に始まり、昭和24年(1949)新制大学として発足。平成17年(2005)に大阪府立看護大学とともに大阪府立大学に統合・再編された。

おおさか-しりつだいがく【大阪市立大学】大阪市住吉区に本部のある公立大学。大阪商科大学・大阪市立都島工業専門学校・大阪市立女子専門学校を母体に、昭和24年(1949)新制大学として発足。その後同30年に大阪市立医科大学を合併。同18年、公立大学法人となる。

おお-さかずき【大杯】❶大きな杯。たいはい。❷歌舞伎狂言「大杯觴酒戦強者」の通称。

おおさかずきしゅせんのつわもの【大杯觴酒戦強者】歌舞伎狂言。時代物。一幕二場。河竹黙阿弥作。明治14年(1881)東京猿若座初演。武田氏の旧臣馬場三郎兵衛が井伊掃部頭の酒の相手をして大杯を飲み干したことから、千五百石に取り立てられる。大杯。

おおさか-ずし【大阪×鮨】関西風の、甘みを利かせた鮨飯でつくった鮨。巻き鮨・箱鮨・バッテラなど。

おおさか-せいけいだいがく【大阪成蹊大学】大阪市などにある私立大学。平成15年(2003)に開学した。

おおさか-せき【大阪石】平成11年(1999)、大阪府箕面市の廃鉱で発見された鉱物。発見者は大西政之。同19年国際鉱物学連合により新鉱物と認定。硫酸亜鉛の一種。学名、オオサカアイト(osakaite)。

おおさか-そうごうほいくだいがく【大阪総合保育大学】大阪市東住吉区にある私立大学。平成18年(2006)に開学した。教育と保育の専門家を育てる児童保育学部の単科大学。

おおさか-たいいくだいがく【大阪体育大学】大阪府泉南郡熊取町にある私立大学。昭和40年(1965)に開学した。平成15年(2003)に健康福祉学部を増設、それまでの体育学部と合わせて2学部体制となった。

おおさか-だいがく【大阪大学】大阪府吹田市に本部のある国立大学法人。大阪医学所に始まり、大阪医科大学、大阪帝国大学を経て、昭和24年(1949)大阪高等学校・浪速高等学校・大阪薬学専門学校を統合して新制大学に移行。平成16年(2004)国立大学法人となる。

おおさか-つち【大坂土】壁の上塗りに使う、赤みを帯びた黄色い土。大坂の四天王寺付近のものが上等とされた。

おおさか-でんきつうしんだいがく【大阪電気通信大学】大阪府寝屋川市に本部のある私立大学。昭和36年(1961)の開学。

おおさか-ど【大坂戸】漆喰塗りにした、土蔵の引き込み戸。

おおさかどくぎんしゅう【大坂独吟集】江戸前期の俳諧集。2巻。延宝3年(1675)刊。上方談林九人の100韻10編を集め、西山宗因の評語を加えたもの。

おおさか-なつのじん【大坂夏の陣】元和元年(1615)夏、徳川方が冬の陣の和議の条件に反して大坂城内堀を埋めたため豊臣方が兵を挙げ、徳川家康らに攻め落とされた戦い。淀君と秀頼の母子は自害し、豊臣氏は滅亡。➡大坂冬の陣

おおさか-にわか【大阪×俄】江戸時代、大坂で流行した、こっけいを主とするしろうとの即興芝居。のちに寄席演芸として発達。また、曽我廼家劇のもととなった。➡俄狂言

おおさか-にんげんかがくだいがく【大阪人間科学大学】大阪府摂津市にある私立大学。平成13年(2001)に開学した。人間科学部の単科大学。

おおさか-の-じん【大坂の陣】徳川家康が豊臣氏を滅ぼした戦い。慶長19年(1614)冬の戦いを大坂冬の陣、元和元年(1615)夏に再開された戦いを大坂夏の陣という。

おおさか-ふ【大阪府】►大阪㊀

おおさか-ぶつりょうだいがく【大阪物療大学】大阪府堺市にある私立大学。平成23年(2011)開学。

おおさか-ふゆのじん【大坂冬の陣】慶長19年(1614)冬、京都、方広寺の鐘銘事件を口実に徳川家康が豊臣氏を大坂城に攻めた戦い。秀頼の軍の奮戦で城は落ちず、いったん和議を結んだ。➡大坂夏の陣

おおさか-ふりつだいがく【大阪府立大学】大阪府堺市に本部のある公立大学。昭和24年(1949)国立・府立の七つの旧専門学校を母体に、浪速大学として発足。同30年、現校名に改称。同56年、大阪社会事業短期大学を合併。平成17年(2005)大阪女子大学・大阪府立看護大学と統合・再編された。同年、公立大学法人となる。

おおさか-へいや【大阪平野】大阪湾に面し、

大阪府から兵庫県南東部にかけて広がる平野。淀川・大和川などの下流域。

おおさか-べん【大阪弁】大阪を中心とする地域で話されている方言。大阪ことば。

おおさか-ほけんいりょうだいがく【大阪保健医療大学】大阪市北区に本部がある私立大学。平成21年(2009)に開学した。保健医療学部の単科大学。

おおさか-まちぶぎょう【大坂町奉行】江戸幕府の職名。大坂に在勤し、大坂の市政と、摂津・播磨・河内・和泉4か国の幕府直轄地の訴訟を担当した。東西各一人の奉行が1か月交替で執務。➡町奉行

おおさか-めつけ【大坂目付】江戸幕府の職名。大坂に在勤し、非常監察の任務とともに、万石以下の士の取り締まりにあたった。上方目付。➡目付❶

おおさか-やっかだいがく【大阪薬科大学】大阪府高槻市にある私立大学。明治37年(1904)設立の大阪道修薬学校に始まり、帝国女子薬学専門学校、帝国薬学専門学校を経て、昭和25年(1950)新制大学として発足。

おおさか-ゆきおかいりょうだいがく【大阪行岡医療大学】大阪府茨木市にある私立大学。平成24年(2012)開学。

おおさか-わん【大阪湾】瀬戸内海の東端、大阪と淡路島との間にある湾。大阪・神戸の二大貿易港があり、沿岸は阪神工業地帯。古称、茅渟海。

おお-さき【大▽前｜大前=駆】先払いの声を長く引くこと。「殿上人のは短ければ、一小前とつけて聞きさわぐ」〈枕・七八〉

おおさき【大崎】宮城県北西部にある市。ささにしきなど多くの銘柄米の発祥の地。稲作を中心に農業がきわめて盛ん。平成18年(2006)3月に古川市・松山町・三本木町・鹿島台町・岩出山町・鳴子町・田尻町が合併して成立。人口13.5万(2010)。

おおさき-かみじま【大崎上島】広島県南部、瀬戸内海の芸予諸島中の島。竹原市南の沖合にある。面積38平方キロメートル。造船業は、かつて島の主要産業だった。農業ではミカン栽培が盛ん。南西に大崎下島がある。

おおさき-し【大崎市】➤大崎

おおさき-しもじま【大崎下島】広島県南部、瀬戸内海の芸予諸島中の島。呉市南東部にある。面積18平方キロメートル。ミカン(大長みかん)の栽培の中心。島東部の御手洗は潮待ち港として江戸時代に開かれた町。北東に大崎上島がある。御手洗島。旧称、大長島。

おおさき-はちまんじんじゃ【大崎八幡神社】仙台市八幡町にある神社。祭神は応神天皇・仲哀天皇・神功皇后。現社殿は慶長12年(1607)に伊達政宗が建立。現存する最古の権現造りで、国宝。大崎八幡宮。

おお-さくらそう【大桜草】サクラソウ科の多年草。深山の日当たりのよい湿地に自生。葉は根際からでて、夏、高さ20～40センチの花茎を伸ばし、紅紫色の花を数個輪状につける。

おお-ざけ【大酒】多量の酒。たいしゅ。「一をくらう」

おおざけ-のみ【大酒飲み】多量の酒を飲むこと。また、そのような人。

おおさざき-の-みこと【大鷦鷯尊】仁徳天皇の名。

おお-さじ【大×匙】❶大形のさじ。❷調理用計量スプーンの一。少量の調味量・粉類の計量に用いる。ふつう、容量はすりきり1杯15ミリリットル。

おお-さつ【大札】明治時代に、1円以上の高額の紙幣をいった語。「かけがえのねえ一を」〈魯文・安愚楽鍋〉

おお-ざっぱ【大雑把】〔形動〕❶細部にまで注意が届かず、雑であるさま。「一な仕事ぶり」❷細部にわたらず、全体を大きくとらえるさま。おおまか。「一な見積もりを出す」類語大まか

おお-ざつま【大×薩摩】「大薩摩節」の略。

おおざつま-ぶし【大×薩摩節】江戸の古浄瑠璃の一。享保年間(1716～1738)に初世大薩摩主膳大夫が創始。勇壮豪快な曲調で、歌舞伎荒事の伴奏音楽として用いられた。文政年間(1818～1829)以後は長唄に吸収された。

おお-ざと【×邑】漢字の旁の一。「郡」「部」などの右側の「阝」の称。「阝」が漢字の左側にある「こざとへん」に対していう。おおざる。のぼりざと。

おお-さび【大×皺】烏帽子の表面につけた、しわの大きいもの。

おおさむ-こさむ【大寒小寒】〔連語〕冬の寒さのきびしいときや雪の散らつくようなときに子供のうたう童歌の出だし。次に「山から小僧が飛んできた」などと続く。

オーサライズ〖authorize〗➤オーソライズ

オーサリング〖authoring〗〔名〕スル 音声や動画、静止画などを組み合わせたマルチメディアタイトルを制作すること。また、その作業。「3D映画を一する」

オーサリング-ソフト《authoring softwareから》音声や動画、静止画などを組み合わせたマルチメディアタイトルを制作するためのソフト。エンターテインメント分野や教育分野、ビジネス分野などで利用。

オーサリング-ソフトウエア〖authoring software〗➤オーサリングソフト

オーサリング-ツール〖authoring tool〗➤オーサリングソフト

おお-ざる【×邑】「おおざと」に同じ。

おおさわ-ありまさ【大沢在昌】[1956～　]小説家。愛知の生まれ。日本の正統派ハードボイルド作家の第一人者と評されるが、多彩なスタイルの作品でも人気を集める。「新宿鮫　無間人形」で直木賞受賞。他に「感傷の街角」「深夜曲馬団」「パンドラ・アイランド」など。

おお-さわぎ【大騒ぎ】〔名〕スル ひどく騒ぐこと。また、ひどく騒ぎたてるような事件。「ちょっとしたことから一になる」「つまらぬことで一する」類語どんちゃん騒ぎ・らんちき騒ぎ・ばか騒ぎ・お祭り騒ぎ

おおさわ-の-いけ【大沢の池】京都市右京区嵯峨にある池。もと嵯峨天皇の離宮であった大覚寺の東にあり、日本最古の庭園池の一。

おお-さんしょううお【大山×椒魚】有尾目オオサンショウウオ科の両生類。全長1～1.4メートルに達し、両生類中で世界最大。全体に暗褐色で、小さないぼがあり、頭が大きい。尾はひれ状で一生水中で生活する。半分に裂いても生きているというので、「はんざき」の名もある。本州中部以西および大分県の清流に生息。特別天然記念物。

おお-さんばし【大桟橋】江戸の山谷堀にあった桟橋。吉原へ通う船の発着場であった。

おお-し【大し】〔形ク〕《「多い」と同語源》大きい。また、偉大である。連体形「おおき」、また、その音変化「おおい」が接頭語として用いられるほか、形容動詞語幹としても用いられた。➡大きい ➡大き

おおし【▽凡】〔副〕おおよそ。総じて。「一垣下あるじ、甚だ非常に侍りたうぶ」〈源・少女〉

おお-じ【大路】《古くは「おおち」》幅の広い道路。町中の大きな道。大通り。「都一」「あをによし奈良の一は行き良けどこの山道は行き悪しかりけり」〈万・三七二八〉↔小路。類語大通り・表通り・大道・広小路・街路・ストリート・並木道

おお-じ【祖=父】《「おおち(大父)」の音変化》❶父母の父。そふ。「春宮の御一」〈源・桐壺〉↔祖母。❷年をとった男。じじい。「難波の里に、一とうばと侍り」〈伽・一寸法師〉

オー-シー〖OC〗《organizational climate》組織環境。企業の従業員、管理者の士気・行動に影響を与える社内の雰囲気を経営者の立場から研究する概念。

オー-シー〖OC〗《oral contraceptive》経口避妊薬。

おお-し・い【雄雄しい｜▽男▽男しい】〔形〕文をを・し〔シク〕男らしいさま。勇ましい。「難局に一・く立ち向かう」↔女女しい。派生おおしげ〔形動〕おおしさ〔名〕類語男らしい・男性的・勇ましい・凛凛しい・勇壮・勇猛・勇敢・剛勇・忠勇・果敢・精悍・壮・壮烈・英雄的・ヒロイック(「一と」「一たる」の形で)敢然・決然・凛然・凛凛・凛乎・颯爽

オージー〖Aussie〗オーストラリア。また、オーストラリア人。「一ビーフ」

オー-ジー〖OG〗❶《和 old＋girl》女性の卒業生。❷《和 office＋girl》会社などの女性事務員。❸《own goal》サッカーなどで、オウンゴール。類語(❶)OB・校友

オージー〖orgy〗《古代ギリシャ、ローマで秘密裏に行われていた酒神ディオニュソスの祭りから》底抜けの乱痴気騒ぎや酒宴。転じて、乱交。

オー-シー-アール〖OCR〗《optical character reader》手書きされたり印刷されたりした文字や数字を、光学的に読み取る装置。光学式文字読み取り装置。

オー-シー-エー〖OCA〗《Olympic Council of Asia》アジアオリンピック評議会。1982年、前身のAGF(アジア競技連盟)を改組して発足。アジア各国のオリンピック委員会を統括する機関。45の国と地域のオリンピック委員会が加盟。アジア大会を主催。本部はクウェート。

オー-シー-エー-ジェー〖OCAJ〗《Overseas Construction Association of Japan》海外建設協会。建設業界の海外での円滑な活動と、それを通じての国際協力の推進を支援する社団法人。昭和30年(1955)設立。所在地は東京都中央区。

オー-シー-エッチ-エー〖OCHA〗《Office for the Coordination of Humanitarian Affairs》国連人道問題調整部。自然災害時、紛争時の人道支援の調整、人道情報の収集・管理・提供、人道支援の政策立案などを行うための国連事務局の一部局。1997年にDHA(国連人道問題局)を廃止して設置。

オー-シー-エヌ〖OCN〗《Open Computer Network》NTTコミュニケーションズが提供するプロバイダーサービス事業。NTTコミュニケーションズはNTT(日本電信電話)傘下のインターネット、長距離・国際電話事業部門の子会社で、1999年設立。

オー-ジー-エル〖OGL〗《open general license》包括輸入許可制。特定商品について、輸入相手国より一定の輸入枠の許可を受けて輸入する制度。

オー-シー-オー〖OCO〗《one cancel the other order》FX取引における注文の方法の一つ。一度の注文で二つの指し値や逆指し値が可能で、片方が約定したらもう一方は自動的に取り消される。多く、既存ポジションの利益確定の指し値注文と、損切りの逆指し値注文を同時に設定するときに使われる。補説新規注文として、ボックス圏相場が予想される場合にも、逆にボックス圏から上下に抜けると予想される場合にも使われる。

オー-シー-オー-ジー〖OCOG〗《Organising Committee for the Olympic Games》オリンピック組織委員会。

オー-シー-ダブリュー〖OCW〗➤オープンコースウエア

おおしい-つく➤おうしいつく

オー-シー-ディー-アイ〖OCDI〗《Overseas Coastal Area Development Institute of Japan》国際臨海開発研究センター。臨海開発に関する分野での海外技術協力のために、昭和51年(1976)に設立された一般財団法人。所在地は東京都港区。

オージー-ボール〖Aussie ball〗オーストラリア独特の球技。1チーム18人ずつが、ラグビーの約3倍の大きさの楕円形のフィールドの両端に立てられた4本ずつのポールの間にボールをけり込み得点を競う。プロリーグもある。オーストラリアンフットボール。

オージー-よく【オージー翼】《ogee wing》二段の前縁後退角を曲線で結んだ形の三角翼。抵抗の減少に大きな効果があり、超音速機に使われている。

オー-ジェー-シー〖OJC〗《Opportunity Japan Campaign》1988年から91年までの3年間のイギリスの対日輸出拡大運動のこと。期間中に対日輸出額は80パーセント増加した。

オー-ジェー-ティー〖OJT〗《on-the-job training》職場での実務を通じて行う従業員の教育訓練。オン-ザ-ジョブ-トレーニング。⇔オフジェーティー。

オージェ-こうか【オージェ効果】《Auger effect》エネルギーを得て励起した原子がもとの基底状態に遷移するとき、余ったエネルギーを放出するかわりに、原子内の電子に与えて電子を放出する現象。1925年、フランスの化学者P＝V＝オージェが発見。

オージェ-でんし【オージェ電子】《Auger electron》原子が電子捕獲や内部変換によってX線を発生させたとき、X線がはじき出した最外殻電子をいう。発見者のフランス人化学者P＝V＝オージェの名にちなむ。

おお-しお【大潮】最も潮の干満の差の大きいこと。また、その日。満月・新月の1、2日後に起こる。朔望潮。⇔小潮。

オージオ〖audio〗▶オーディオ

おおしお-へいはちろう【大塩平八郎】[1793〜1837]江戸後期の陽明学者。阿波の人。大坂の生まれとも。名は後素。号は中斎。大坂町奉行所与力を辞職し、私塾洗心洞で子弟の教育にあたった。天保7年(1836)の飢饉に際して奉行所に救済を請うたが容れられず、蔵書を売って窮民を救った。翌8年、幕政を批判して大坂で兵を挙げたが、敗れて自殺。著「洗心洞箚記」。➡天保の飢饉

オージオメーター〖audiometer〗▶オーディオメーター

オージオロジー〖audiology〗▶オーディオロジー

おお-じか【大鹿｜×麋】❶大きな鹿。❷ヘラジカ・ワピチ・アカシカの別名。

おお-じかけ【大仕掛(け)】〔名・形動〕仕掛けや仕組みが大きいこと。また、そのさま。大がかり。大規模。「一な実験設備」

おおじ-が-ふぐり【螵＝蛸】《老人のふぐり(陰嚢)の意》カマキリ類の卵鞘。卵塊が褐色の泡状の物質に包まれたもの。球状または棒状で、秋、小枝などに産みつけられる。

おお-しきあみ【大敷網】定置網の一。海岸近くの魚の通路に垣網を張り、魚を袋網へ誘導して捕る漁網。

おお-しけ【大▽時化】暴風雨で海がひどく荒れること。また、そのために不漁になること。

おおしこうち-の-みつね【凡河内躬恒】平安前期の歌人。三十六歌仙の一人。歌合わせ・歌会・屏風歌などに作品が多い。古今集撰者の一人。家集に「躬恒集」がある。生没年未詳。

おお-しごと【大仕事】時間も費用もかかる仕事。また、重要な仕事。「就任初の一」

おおじ-しぎ【大地×鷸】シギ科の鳥。全長約30センチ。全身が茶色のまだら、くちばしはまっすぐで長い。本州中部以北で繁殖し、冬はオーストラリアまで渡りをする。急降下するときに大きな音をたてるので、かみなりしぎともいう。

おお-じしばり【大地縛り】キク科の多年草。田や道端にみられる。ジシバリに似るが、葉や花が大きい。春から夏に黄色い花を開く。

おお-じしん【大地震】「だいじしん(大地震)」に同じ。

おお-じだい【大時代】〔名・形動〕❶「大時代物」の略。❷古めかしく大げさで時代遅れなこと。また、そのさま。「一なせりふ」

おおじだい-もの【大時代物】「王代物」に同じ。

おおした-うだる【大下宇陀児】[1896〜1966]推理作家。長野の生まれ。本名、木下竜夫。農商務省臨時窒素研究所に勤務するかたわら小説を執筆、「金口の巻煙草」を発表。「石の下の記録」で探偵作家クラブ賞受賞。他に「蛭川博士」「鉄の舌」など。

おおし-た-つ【▽生し立つ】〔動タ下二〕育てて大きくする。育て上げる。「妹君は、故上の子のやうにて一・て給ひしかば」〈夜の寝覚・一〉

おおした-ひろし【大下弘】[1922〜1979]プロ野球選手・監督。兵庫の生まれ。昭和20年(1945)セネタース(現北海道日本ハム)に入団。翌年、20本塁打を放ち本塁打王を獲得した。「青バット」と呼ばれ、多くの記録を樹立。引退後はコーチ、監督として若手の指導に尽力した。

おお-しばい【大芝居】❶規模の大がかりな芝居。また、名優が多く出演する芝居。❷目的を遂げるため、運を天にまかせて行う、人目を欺くはかりごと。「一を打つ」❸江戸時代、幕府公許の劇場。江戸では、中村・市村・森田(のちに守田)の三座。➡小芝居

おお-しま【大島】㊀㊀東京都、伊豆諸島中最大の火山島。大島支庁に属する。中央に三原山がある。昭和61年(1986)に大噴火し、全島民が島外に避難した。面積91平方キロメートル。伊豆大島。㊁和歌山県南部、潮岬の東方にある島。串本節で知られる。面積9.5平方キロメートル。紀伊大島。㊂山口県南東部、瀬戸内海にある島。ミカン栽培が盛ん。昭和51年(1976)完成の大島大橋で本土と結ばれる。面積129.6平方キロメートル。周防大島。屋代島。㊃鹿児島県、奄美群島の主島。亜熱帯気候で高温多雨。天然記念物アマミノクロウサギが生息。大島紬の産地。面積709平方キロメートル。奄美大島。㊄北海道南西部、日本海にある島。松前町の西方60キロメートルにある火山島で、日本最大級の無人島。面積9.73平方キロメートル。オオミズナギドリの繁殖地。渡島大島。松前大島。㊁「大島紬」の略。

おおしま-ざくら【大島桜】ヤマザクラの変種。伊豆の大島に多く自生する。新葉とともに、白色または微紅色の香りのある5弁花をつけ、実は熟すと黒紫色。葉は塩漬けにし、桜餅に使う。

おおしま-じょうん【大島如雲】[1858〜1940]鋳金家。江戸の生まれ。本名、勝次郎。東京美術学校教授。精緻な蝋型技法で知られる。代表作に「濡獅子図額」など。

おお-しまだ【大島田】島田髷を大きく結い上げたもの。

おおしま-たかとう【大島高任】[1826〜1901]幕末から明治初期の冶金技術者。陸奥の人。安政4年(1857)釜石鉄鉱山に洋式高炉を建設、日本近代製鉄業の基礎を築いた。

おおしま-つむぎ【大島×紬】奄美大島から産出する、絣織りの紬。手で紡いだ糸を、当地産のティーチキという植物の煮出し液と、泥の中の鉄塩とで茶色に染めて織る。

おおしま-なぎさ【大島渚】[1932〜]映画監督。岡山の生まれ。「愛と希望の街」で監督デビュー。「青春残酷物語」で注目を集めた。その後、「日本の夜と霧」「儀式」など前衛的・政治的作品を連作し、「愛のコリーダ」「戦場のメリークリスマス」などで国際的に高い評価を受ける。他に「愛の亡霊」「御法度」など。

おおしま-の【大島の】〔枕〕島は鳴門や浦と縁があるところから、「なると」「うら」にかかる。「一なるとはなしに嘆く頃かな」〈後撰・恋一〉「一うら悲しげに声の聞こゆる」〈源・玉鬘〉

おおしま-ふうつう【大島風通】風通織りで黒地に白茶の絣模様を織り出した大島紬に似た絹と綿の混織物。

おおしま-ぶし【大島節】民謡の一。明治初期、伊豆大島野増村の茶もみの作業歌だったという。のち、各地の花柳界に紹介され、座敷歌となった。野増節。

おおしま-ゆみこ【大島弓子】[1947〜]漫画家。栃木の生まれ。繊細な感受性、詩的な世界観で読者を魅了し、少女漫画の第一人者と称される。特に短編にすぐれ、文学作品にも匹敵すると高い評価を得る。代表作「綿の国星」「バナナブレッドのプディング」「金髪の草原」など。

おおしま-りゅう【大島流】江戸初期に、大島伴六吉綱が始めた槍術の一派。

おおしま-りょうきち【大島亮吉】[1899〜1928]登山家。東京の生まれ。大正11年(1922)北アルプス槍ヶ岳の冬期初登頂に成功。登山思想の確立に努めたが、昭和3年(1928)3月、前穂高岳北尾根で墜落死。著「山」「先蹤者」など。

おおしま-りょうた【大島蓼太】[1718〜1787]江戸中期の俳人。本名は吉川陽喬。信濃の人。別号、雪中庵。桜井吏登に師事。江戸俳壇の実力者で、芭蕉への復帰を唱え、東西に吟行し、門人の数三千といわれた。編著「雪おろし」「蓼太句集」など。

おお-しも【大霜】たくさん降りる霜。また、その霜の降りた状態。(季冬)

オーシャン〖ocean〗大洋。大海。

オーシャン-ビュー《和 ocean＋view》(海浜のホテルなどで)海の眺めがよいこと。また、そのような部屋。

オーシャン-レース〖ocean race〗ヨットレースの一種。クルーザー艇を使い、大洋・湾・海峡などを航海して行う。

おお-じゅりん【大寿林】ホオジロ科の鳥。全長16センチくらい。背面が褐色のまだらで、頭部は赤褐色。夏羽の雄は黒色。ユーラシアの温帯以北に広く分布。日本では夏季に北海道で繁殖し、冬季は本州以南に移動。

おお-じょいん【大書院】《「おおしょいん」とも》書院床をつけた表座敷。武家では客間とした。

おお-しょうがつ【大正月】1月1日から7日までのこと。⇔小正月。

おお-しょうこ【大×鉦鼓】雅楽器の一つで、鉦鼓の大型のもの。舞楽に用いる。だいしょうこ。

おお-しょうじょう【大×猩×猩】ゴリラの別名。

おおじょうむ【大聖武】「賢愚経」の写経の断簡。奈良時代の書写で、字が大きくて聖武天皇宸筆と伝えられるところから、この名でよばれる。古筆手鑑に尊重された。

おお-じょうや【大×庄屋】《「おおしょうや」とも》江戸時代、地方行政を担当した村役人の一。代官または郡奉行の下で数村から数十村の庄屋を支配して、法規の伝達、年貢割り当て、訴訟の調停などを行った。大肝煎。大総代。検断。割元。

おお-じょうろう【大上×臈】宮中に仕えた上席の女房。摂関家出身の女性が任じられた。後には、幕府・大名の御殿女中の上位者にもいった。➡小上臈

おお-じょたい【大所帯｜大▽世帯】❶一家を構成する家族や使用人の人数が多いこと。また、その生計。「一を切り回す」❷ある集団の構成員が多いこと。「会員一万人を超す一になる」❸非常な財産家。大身代。

おお-しらびそ【大白×檜▽曽】マツ科の常緑高木。高さ約25メートル。樹皮は黒灰色。葉は針状で裏面が白い。6月ごろ花をつけ、球果は黒紫色。日本特産で、中部地方から北海道に分布。大竜髯。あおもりとどまつ。

おおしろ-たつひろ【大城立裕】[1925〜]小説家。沖縄の生まれ。米国軍占領下の沖縄で高校教師となり、のち琉球政府に勤務。沖縄史料編集所長、沖縄県立博物館長を務める。かたわら小説を執筆、「カクテル・パーティー」で芥川賞受賞。他に「小説琉球処分」「日の果てから」など。

おお-しんぶん【大新聞】明治前期の新聞の種類の一。大きい用紙を使い、文語体の政治議論を中心に、知識人を読者対象とした。東京日日新聞・郵便報知新聞などがその代表。➡小新聞

おお・す【▽生す】〔動サ四〕❶草木などを育てる。「誰が秋にあひて荒れたる宿ならむ我だに庭の草は一・さじ」〈平中・三六〉❷つめ・髪などを、伸ばす。生やす。「御髪ながく一・して」〈夜の寝覚・五〉❸子供を養い育てる。養育する。「あやしのきぬの中より一・しまゐらせて」〈讃岐典侍日記・上〉

おお・す【▽仰す】〔動サ下二〕《「負おす」と同語源。相手に言葉を負わせるというところから》❶上位者から下位者に命じる。言いつける。「急ぎ参るべき由

言へと―・せよ」〈源・夕顔〉❷命令する上位者への敬意が自然に生じて、命令する意の尊敬語。お命じになる。お言いつけになる。「惟光に車のこと―・せたり」〈源・葵〉❸「言う」の尊敬語。おっしゃる。「法皇、あれはいかにと―・せければ」〈平家・一〉補説❸の意に単独で用いるのは中世からで、中古には、多く「仰せらる」「仰せ給ふ」の形で用いられた。

おお·す【▽果す】〔動サ下二〕「おおせる」の文語形。

おお·す【▽負す・▽課す】〔動サ下二〕❶背に負わせる。かつがせる。「片思ひを馬荷ふつまにー・せ持て越辺に遣らば人かたはむかも」〈万・四〇八一〉❷責任や罪などを負わせる。「まさに重き罪にー・せむ」〈孝徳紀〉❸命じて、物などを出させる。課役する。課税する。「諸国にー・せて船舶を造らしむ」〈皇極紀〉❹名をつける。「且名をー・せて稲田宮主須賀之八耳神と号け給ひき」〈記・上〉❺危害などを被らせる。受けさせる。「やにはに十二人射殺して、十一人に手ー・せたれば」〈平家・四〉❻負債を負わせる。貸す。「ナンヂニー・セタ小麦一石」〈天草本伊曽保・犬と羊〉

おおず【大洲】愛媛県西部の市。もと加藤氏の城下町。大洲半紙の産地。中江藤樹の邸跡がある。人口4.7万(2010)。

おおすが-おつじ【大須賀乙字】[1881～1920]俳人。福島の生まれ。本名、績。明治41年(1908)「アカネ」誌上に俳論を発表し、新傾向俳句運動の口火を切り、のち「俳壇復古論」を唱えた。著「乙字句集」「乙字俳論集」など。

おお-すかしば【大透翅蛾】スズメガ科のガ。翅の開張6センチくらい、体は黄緑色。翅は羽化直後に鱗粉を落としてしまい、透明。昼間に活動し、花に集まる。幼虫はクチナシの葉を食べる。

おおす-かんのん【大須観音】名古屋市中区大須にある真福寺の通称。

おおすぎ-かつお【大杉勝男】[1945～1992]プロ野球選手。岡山の生まれ。昭和40年(1965)東映(現北海道日本ハム)に入団。同50年ヤクルトに移籍して初優勝に貢献。同58年プロ野球初となるセ・パ両リーグでの1000本安打を達成。

おお-すぎごけ【大杉×蘚】スギゴケ科の蘚類。日陰地の腐食土の上に群生し、高さ約10センチで、堅い。苔庭に利用。

おおすぎ-さかえ【大杉栄】[1885～1923]社会運動家。香川の生まれ。東京外国語学校在学中から平民社に参加。第一次大戦後、無政府主義運動を進めた。関東大震災直後、妻伊藤野枝、甥とともに憲兵大尉甘粕正彦に虐殺された。著「自叙伝」。➡甘粕事件

おおすぎ-だに【大杉谷】三重県中西部、大台ヶ原山を源流とする宮川の上流の峡谷。急崖と滝が多い。多雨地域。

おお-すけ【大▽介】平安中期以後に、守・権守・介などが公文書に署名するときなどに用いた自称。

おお-すじ【大筋】物事の内容のだいたいのところ、また、基本的なところ。あらまし。大略。「話の―をつかむ」「―で合意に達する」類語 概略・概要・大要・あらまし・概括・粗筋・大枠・枠組み・アウトライン・フレーム・骨格・大局・大綱・骨組み・目安

おおず-し【大洲市】➡大洲

おおず-じょう【大洲城】大洲市にある旧大洲藩の城。元弘元年(1331)、宇都宮豊房の創築という。慶長年間(1596～1615)藤堂高虎・脇坂安治らが修築。元和3年(1617)以降、加藤氏が在城。本丸の台所櫓・高欄櫓、二の丸の苧綿櫓、三の丸の隅櫓が現存。地蔵岳城。比志の城。

オースティン〖Austin〗米国テキサス州の州都。同州中部にあり、コロラド川に面し、食品加工業などが盛ん。オースチン。

オースティン〖Jane Austen〗[1775～1817]英国の女流小説家。地方中流階級の生活や人物を諧謔をまじえて描いた。作「高慢と偏見」「エマ」など。

オースティン〖John Austin〗[1790～1859]英国の法律学者。実定法の体系的、論理的分析を課題とする分析法学を樹立。著「法理学の職分規定」。

オースティン〖John Langshaw Austin〗[1911～1960]英国の哲学者。オックスフォード大学教授。オックスフォード学派の代表者の一人。著「言語と行為」など。

オーステナイト〖austenite〗焼き入れをした鋼の組織名の一。鉄がセ氏910～1400度で結晶形が変化し、立方最密構造となったγ鉄に、炭素が溶け込んだもの。名は英国の鉄鋼学者オースティン(W＝C＝R＝Austein)にちなむ。

オーステンデ〖Oostende〗ベルギー北西部の港湾都市。北海に面する港を擁し、英仏海峡を結ぶ海上交通の要衝として発展。ベルギー王室が訪れる保養地としても知られ、海岸沿いにはホテル、別荘、カジノなどが並ぶ。フランス語名オスタンド。

オーストララシア〖Australasia〗オセアニアのうち、オーストラリア大陸とタスマニア・ニュージーランド・ニューギニアおよび周辺の島々の地域。

オーストラリア〖Australia〗㊀南半球にある世界最小の大陸。東は南太平洋、西・南はインド洋に面する。1770年、英国人クックが東部海岸の英国領宣言をし、以後英国の植民地として開発された。㊁オーストラリア大陸、およびタスマニア島などからなる国。首都キャンベラ。1788年から英国の流刑植民地となって以来、経済的に自立・発展し、1901年、英連邦加盟の自治国となる。農牧業が盛んで、羊毛・牛肉や小麦の世界的な産地。鉱物資源に富む。人口2152万(2010)。豪州。補説「濠太剌利」とも書く。

オーストラリア-あく【オーストラリア亜区】動物地理区の一。オーストラリア大陸を中心とする地域で、カモノハシ・フクロネコ・カンガルー・コアラ・エミュー・コトドリ・キノボリカゲなどが特徴。

オーストラリア-く【オーストラリア区】❶動物地理区の一。南界に属し、さらにオーストラリア亜区とパプア亜区とに分けられる。❷植物区系の一。オーストラリア大陸とタスマニア島を含む地域。固有種が多く、ユーカリ・アカシア・フクロユキノシタなどが特徴。

オーストラリア-しょご【オーストラリア諸語】オーストラリア先住民の言語の総称。18世紀にヨーロッパ人が到来したころは推定約200の言語が話されていたが、現在はそのうちの多くが消滅して4、50にすぎない。系統は不明。

オーストラリアン-バロット〖Australian ballot〗1856年、オーストラリアで採用された投票制度。あらかじめ候補者の氏名を印刷しておき、これに順位や○×などを記入する。

オーストラロイド〖Australoid〗オーストラリア大陸の先住民とその類縁人種の総称。

オーストラロピテクス〖Australopithecus〗➤アウストラロピテクス

オーストリア〖Austria〗ヨーロッパ中部の共和国。首都ウィーン。アルプス山脈が国土の大半を占め、観光地。酪農や鉄鋼・化学工業などが盛ん。ハプスブルク家の支配が続いたが、第一次大戦の敗北で帝国は解体、1938年ナチス-ドイツに併合、第二次大戦後、英米仏ソの分割統治を経て、1955年主権を回復、永世中立国に。人口821万(2010)。オーストリー。ドイツ語名、エースターライヒ。補説「墺太利」とも書く。

オーストリア-がくは【オーストリア学派】1870年代に、限界効用理論を唱えた経済学者メンガーをはじめ、その理論体系を拡充・展開させたウィーン大学のウィーザーやベーム＝バベルクらをいう。また、第一次大戦後、諸経済理論に業績をあげたミーゼス・ハイエクらの後継者はウィーン学派、また新オーストリア学派などといわれる。

オーストリア-けいしょうせんそう【オーストリア継承戦争】1740～48年、オーストリアの王位継承をめぐって行われた国際戦争。オーストリア王女マリア＝テレジアの即位に反対するバイエルン・ザクセン諸侯、フランス・スペイン王などと、イギリスを味方にしたオーストリアが対抗。アーヘンの和約により、マリア＝テレジアの王位継承、プロイセンのシュレジエン領有などが認められた。

オーストリアハンガリー-ていこく【オーストリアハンガリー帝国】普墺戦争に敗北したオーストリアが、ハンガリーのマジャール人貴族と妥協して王国の建設を許し、オーストリア皇帝がハンガリー王を兼ねて、1867年に成立した二重帝国。第一次大戦の敗北とともに1918年に解体。

オーストリア-へいごう【オーストリア併合】1938年、ヒトラーによるドイツが、オーストリア国内のナチスへの抑圧を理由に侵入、オーストリアを合併した事件。アンシュルス。

オーストリー〖Austria〗オーストリアのこと。「―ワイン」

オーストリッチ〖ostrich〗➤オストリッチ

オーストリッチ-レザー〖ostrich leather〗➤オストリッチレザー

オーストロアジア-ごぞく【オーストロアジア語族】➤南アジア語族

オーストロネシア-ごぞく【オーストロネシア語族】➤マレーポリネシア語族

おおず-ばんし【大×洲半紙】大洲市付近で生産される半紙。ミツマタを原料とする薄手のもの。

おお-すべらかし【大垂＝髪】近世、宮中に仕えた女性の正装のときの髪形。両脇に広げながら後方へ垂らし、後ろ肩で束ねてハート形とし、髢を加えて長く垂らしたもの。武家の女性も用いた。さげがみ。すべらかし。

おおすみ昭和45年(1970)2月に打ち上げられた日本初の人工衛星。東京大学宇宙航空研究所(後の宇宙科学研究所、現JAXA：宇宙航空研究開発機構)が開発。名称は鹿児島宇宙空間観測所の打ち上げ基地が大隅半島にあったことに由来。4度の失敗を経ての成功。日本は旧ソ連、米国、フランスに次いで4番目に人工衛星保有国になった。

おおすみ【大隅】旧国名の一。現在の鹿児島県東部と種子島・屋久島などの大隅諸島にあたる。隅州。

おおすみ-かいきょう【大隅海峡】鹿児島県、大隅半島南端の佐多岬と大隅諸島の種子島・馬毛島などの間の海峡。幅40キロメートル、水深100～250メートルで、黒潮の影響により魚類が豊富。特にトビウオが多い。東シナ海と太平洋を結ぶ重要な航路となっている。

おおすみ-しょとう【大隅諸島】鹿児島県南部、大隅半島の南方にある諸島。種子島・屋久島・口永良部島・馬毛島などからなる。

おおすみ-はんとう【大隅半島】鹿児島県南東部の半島。西の薩摩半島とともに鹿児島湾をつくる。中北部にはシラス台地が発達し、南部にはソテツ・ビロウなどの亜熱帯性植物が自生。

おお-ずもう【大相×撲】❶盛大な相撲興行。特に、日本相撲協会が行う相撲興行。➡表 ❷力の入った見ごたえのある相撲の取組。

おお-ずり【大刷(り)】印刷で、大組み版の校正刷りのこと。組み体裁、見出しの適・不適など、全体的な点検に適する。➡大組み

おおせ【仰せ】《動詞「おお(仰)す」の連用形から》❶目上の人からの「言いつけ」「命令」の尊敬語。お言いつけ。ご命令。「―の通りに従う」❷おっしゃること。お言葉。「―のとおりです」類語 命令・言い付け・命・令・指令・下命・指示・指図・号令・発令・沙汰・主命・君命・上意・達し・威令・厳令・厳命・尊命・懇命・命ずる・言い付ける・申し付ける・仰せ付ける

おおせ-あわ·す【仰せ合はす】㊀〔動サ下二〕「言い合わせる」の尊敬語。ご相談になる。「上皇もこの大臣を深く御頼みありて、―・せらるる事懇なりし」〈古活字本保元・上〉㊁〔動サ四〕㊀に同じ。「ソノ夜ノ酒宴ニ、コノ謀叛ノ事ヲー・サレテアッタレバ」〈天草本平家・一〉

おお-ぜい【大勢】多くの人。多人数。副詞的にも用いる。「―の出席者」「―で見学する」↔小勢。類語 多勢・大人数・多数・たくさん・多く・多い・数数・

数多あまた・無数・多量・大量・夥おびただしい・いっぱい・あまた・多多・いくらも・いくらでも・ざらに・ごろごろ・どっさり・豊富に・ふんだんに・腐るほど・ごまんと・わんさと・しこたま・うんと・たんと・仰山ぎょうさん

おおせ-いだ・す【仰せ▽出だす】おほせ〔動サ四〕「言い出す」の尊敬語。言葉にお出しになる。また、お命じになる。「この事いかんあるべきと―・されければ」〈太平記・二〉

オーセール〘Auxerre〙フランス中東部、ヨンヌ県の都市。同県の県都。ヨンヌ川に面し、ブルゴーニュワインの産地として知られる。オーセール大聖堂やサンジェルマン修道院など、中世の歴史的建造物がある。

オーセール-だいせいどう【オーセール大聖堂】ダイセイダウ《Cathédrale Saint-Étienne d'Auxerre》フランス中東部、ヨンヌ県の都市オーセールにある大聖堂。ゴシック様式の内陣は13世紀から16世紀にかけて建造された。「白い馬に乗るキリスト」のフレスコ画が残るクリプト(地下祭室)や宝物殿は11世紀頃のロマネスク様式が残っている。サンテチエンヌ大聖堂。

おおせ-がき【仰せ書き】おほせ 貴人の言葉を書き記すこと。また、その文書。仰せ文。「人づての―にはあらぬなめりと、胸つぶれて、とく開けたれば、紙にはものも書かせ給はず」〈枕・一四三〉

おおせ-か・く【仰せ掛く】おほせ〔動カ下二〕上位の者が下位の者に言葉をかける。命令する。また、その意の尊敬語。「ゆるし給ふよし―・けて帰りぬれば」〈宇治拾遺・一〇〉

おおせ-かた【▽負せ方】おほせ 貸し方。貸し主。債権者。「―は身分相応の損あり」〈都鄙問答・二〉

おお-ぜき【大関】おほ ❶相撲で、横綱に次ぐ地位。近世では力士の最高位で、そのうち選ばれた者に横綱の称号が与えられた。三役の最高位。❷同類の中で最もすぐれているもの。「東の―は草津温泉、西の―は有馬温泉」

おおせ-き・ける【仰せ聞ける】おほせ〔動カ下一〕《「聞ける」は「聞かせる」の意》「言い聞かせる」の尊敬語。言ってお聞かせになる。「御生国はいづくいづくの御方ぞ、―・けられよ」〈浄・万年草〉

おおせ-ごと【仰せ言】おほせ 仰せられた言葉。お言葉。また、命令のお言葉。「雪は今日までありや、と―あれば」〈枕・八七〉

おお-せたい【大世帯】おほ 「大所帯おおじょたい❶」に同じ。

おお-せっか【大雪加】おほ ヒタキ科ウグイス亜科の鳥。全長13センチくらい。背中は褐色で黒い縦縞たてじまがあり、腹は白い。本州北部の湿地に分布するが、数が非常に少ない。

おおせ-つか・る【仰せ付かる】おほせ〔動ラ五(四)〕「言いつかる」の意の、命令する者を敬っていう語。お言いつけ、ご命令を受ける。「大役を―・る」

おおせ-つかわ・す【仰せ遣はす】おほせつかはす〔動サ四〕上の者が下の者に命じる。お言いつけになるために、人をおやりになる。「京のけいしのもとに―・して」〈源・須磨〉

おお-せっき【大節季】おほ《「おおぜっき」とも》年末。大みそか。(季 冬)「大坂の―、よろづ宝の市ぞかし」〈浮・胸算用・一〉

おおせ-つ・ける【仰せ付ける】おほせ〔動カ下一〕図おほせつ・く〔カ下二〕「言いつける」の尊敬語。お命じになる。「何事なりと―・けください」

(類語)命令・申し付ける・申し渡す・申し聞かせる・言い付ける・言い渡す・言い付け・命めい・令れい・指令・下命・指示・指図さしず・号令・発令・沙汰さた・主命・君命・上意・達し・威令・厳令・厳命・仰せ・尊命・懇命・命ずる

おおせ-ら・れる【仰せられる】おほせ〔動ラ下一〕図おほせら・る〔ラ下二〕《動詞「仰おおす」に受身・尊敬の助動詞「られる」の付いた連語の一語化》❶「言う」の尊敬語。おっしゃる。「お父上は何と―・れましたか」❷「命ずる」の尊敬語。お命じになる。「繕つくろふべき所、所の預り、いま加へたる家司けいしなどに―・る」〈源・松風〉(類語)おっしゃる・のたまう・言う・話す・しゃべる・語る・述べる・発言する・口を利く・口に出す・口にする・吐く・漏らす・口走る・抜かす・ほざく・うそぶく・言い出す・申し上げる・申す・言上ごんじょうする

おお-せる【▽果せる】おほせる〔動サ下一〕図おほ・す〔サ下二〕動詞の連用形に付いて、完全に…する意を表す。成し遂げる。すっかりし終える。「まんまと逃げ―・せる」

おお-せんじ【大宣旨】おほ 平安時代、太政官だいじょうかんから所属の官庁や寺社に下した公文書。大臣が発令し、弁官が奉ずる様式。⇔小宣旨こせんじ。

オーセンティケーション〘authentication〙▶認証

オーセンティコード〘Authenticode〙インターネットで配布されるプログラムやスクリプトコードが改竄かいざんされていないか、また正しい発行元であるかを認証する技術。米国マイクロソフト社のActiveXで採用。

オーセンティシティー〘authenticity〙信頼がおけること。確実性。真実性。信憑しんぴょう性。真正性。

オーセンティック〘authentic〙〘形動〙❶本物ほんものであるさま。正統的であるさま。「―なバー」❷ファッションで、着こなしなどが本格的なさま。「―なアイビースタイル」

おお-ぞうおほザウ〔名・形動ナリ〕特に取り立てていうほどではないこと。また、そのさま。とおりいっぺん。いいかげん。「―なるは事も怠りぬべし」〈源・玉鬘〉(補説)「ぞう」の歴史的仮名遣いは不明。「おほざま(大様)」または「おほざふ(大雑)」の音変化として、「おほざう」「おほざふ」とする説もあるが、「おほぞら(大空)」と関係づけて「おほぞう」を妥当とする見方もある。

おお-そうじ【大掃除】おほサウヂ〔名〕スル ❶大がかりに行う掃除。❷もと、春秋の2回、各戸で大がかりに行った家の内外の掃除。(季 春)❸やっかい者などを取り除いて、すっきりとさせること。「異端分子の―をする」

おお-そうだい【大総代】おほ ▶大庄屋おおじょうや

オーソグラフィー〘orthography〙社会的に認められている、字のつづり方。正書法。

おお-ぞこ【大底】おほ 取引相場で、一定期間にいくつかできる安値の中で最も安い値段。⇒大天井おおてんじょう

オーソシエ〘Orthosie〙▶オルトシエ

おお-そで【大袖】おほ ❶宮中で、礼服らいふく着用の際、小袖の上に着た表衣うわぎ。袖口が広く、たもとが長い。❷中世の鎧よろい付属の袖。幅が広く大きく、鎧の肩から垂らして、盾の代用となる。大袖の鎧。❸幅広く仕立てた袖。広袖。

おお-そと【大外】おほ 競馬で、コースの各コーナーの最も外寄りのところ。「―を回る」

おお-そとがり【大外刈(り)】おほ 柔道の技の一。相手を後ろに崩し、相手の重心のかかっている足を外側から刈って倒す技。

オーソドキシー〘orthodoxy〙正統性。正統的信仰。

おお-そとぐるま【大外車】おほ 柔道の技の一。相手のからだを引き落として右斜め前に崩し、自分の左足を相手の右足の後ろ斜めに踏み込んで、両手で相手をつり上げるようにして倒す。

オーソドックス〘orthodox〙〘形動〙正統的であるさま。「―な考え方」

おおぞらおほぞら 昭和59年(1984)2月に打ち上げられた科学衛星EXOS-Cエクソシーの愛称。宇宙科学研究所(現JAXAジャクサ:宇宙航空研究開発機構)が開発。1982年から1985年にかけて実施された中層大気に関する国際観測計画(MAP)への参加に伴い、高度10～100キロメートル程度の中層大気の構造と組成の解明、磁気圏の観測を実施。ロケットとの分離直後に接触事故が生じ、バッテリー容量が5分の1に低下する障害に見舞われたが、その後約4年間にわたって慎重に観測を継続。昭和63年(1988)に運用終了。

おお-ぞら【大空】おほ ㊀〔名〕広々とした空。㊁〔形動ナリ〕❶いいかげんで頼りないさま。「か様に―なる事を忘れず心にかくる事は」〈発心集〉「徒あだなる心をうらみかこてども、―にのみ聞きなして」〈読・雨月・吉備津の釜〉❷ぼんやりとしているさま。「秋の夜に、夢見る心地して―なるけしきにておはしけるが」〈伽・物くさ太郎〉(類語)空・天空・天・天穹てんきゅう・穹窿きゅうりゅう・蒼穹そうきゅう・太虚たいきょ・上天・天球・青空・青天井・宙ちゅう・空そら・空中・

[大相撲❶] 大相撲の主な記録

注:平成24年7月場所終了時、太字は現役力士

	順位	力士	優勝回数(うち全勝優勝)
幕内優勝回数	1位	大鵬幸喜	32回(8)
	2位	千代の富士貢	31回(7)
	3位	朝青龍明徳	25回(5)
	4位	北の湖敏満	24回(7)
	5位	貴乃花光司	22回(4)
	5位	**白鵬翔**	22回(8)
	7位	輪島大士	14回(3)
	8位	双葉山定次	12回(8)
	8位	武蔵丸光洋	12回(1)
	10位	曙太郎	11回(0)
	順位	力士	勝利数
幕内通算勝ち星	1位	魁皇博之	879勝
	2位	千代の富士貢	807勝
	3位	北の湖敏満	804勝
	4位	大鵬幸喜	746勝
	5位	武蔵丸光洋	706勝
	6位	貴乃花光司	701勝
	7位	高見山大五郎	683勝
	8位	小錦八十吉	649勝
	9位	安芸乃島勝巳	647勝
	9位	貴ノ浪貞博	647勝
	順位	力士	連勝数(年)
幕内連勝記録	1位	双葉山定次	69連勝(昭和11年～昭和14年)
	2位	**白鵬翔**	63連勝(平成22年)
	3位	千代の富士貢	53連勝(昭和63年)
	4位	大鵬幸喜	45連勝(昭和43年～昭和44年)
	5位	双葉山定次	36連勝(昭和17年～昭和19年)
	6位	朝青龍明徳	35連勝(平成16年)
	7位	大鵬幸喜	34連勝(昭和38年～昭和39年)
	7位	大鵬幸喜	34連勝(昭和41年～昭和42年)
	9位	**白鵬翔**	33連勝(平成21年)
	10位	羽黒山政司	32連勝(昭和20年～昭和22年)
	10位	北の湖敏満	32連勝(昭和54年)
	順位	力士	勝利数(年)
年間勝利数	1位	**白鵬翔**	86勝(平成21年)
	1位	**白鵬翔**	86勝(平成22年)
	3位	朝青龍明徳	84勝(平成17年)
	4位	北の湖敏満	82勝(昭和53年)
	5位	大鵬幸喜	81勝(昭和38年)
	6位	北の湖敏満	80勝(昭和52年)
	6位	千代の富士貢	80勝(昭和60年)
	6位	貴乃花光司	80勝(平成6年)
	6位	貴乃花光司	80勝(平成7年)
	10位	**白鵬翔**	79勝(平成20年)
	順位	力士	場所数
幕内在位場所数	1位	魁皇博之	107場所
	2位	高見山大五郎	97場所
	3位	寺尾常史	93場所
	4位	安芸乃島勝巳	91場所
	5位	琴ノ若晴将	90場所
	6位	麒麟児和春	84場所
	7位	千代の富士貢	81場所
	7位	小錦八十吉	81場所
	7位	栃乃洋泰一	81場所
	7位	**旭天鵬勝**	81場所
	順位	力士	金星数
通算金星数	1位	安芸乃島勝巳	16
	2位	高見山大五郎	12
	2位	栃乃洋泰一	12
	4位	土佐ノ海敏生	11
	5位	北の洋昇	10
	5位	安念山治	10
	5位	鶴ヶ嶺昭男	10
	5位	出羽錦忠雄	10
	5位	巨砲丈士	10
	10位	三根山隆司	9
	10位	玉乃海代太郎	9
	10位	長谷川戡洋	9
	10位	富士桜栄守	9
	10位	貴闘力忠茂	9

虚空・中空・中天・上空
オーソライズ〖authorize〗〔名〕スル　正当と認めること。公認すること。
オーソリゼーション〖authorization〗《「オーソライゼーション」とも》❶権限を与えること。許可。公認。❷クレジットカードの加盟店が、カード発行会社に対して与信枠やカードの有効性などを確認すること。信用承認。信用照会。
オーソリティー〖authority〗❶権威。威信。❷専門の道に通じて実力をもつ人。大家。権威者。
(類語)第一人者・泰斗・巨匠・耆宿・大御所
おお-そりはしとしぎ【大反×嘴×鷸】シギ科の鳥。全長約40センチ。赤褐色に黒い不規則な縞や斑があり、くちばしが長く、上に反っている。日本では春・秋に入り江や河口でみられる。
おそれ-ながら【▽恐れ×乍ら】〔副〕「おそれながら」を重々しく言った語。おそれ多いことですが。「一団三郎殿とこれにて刺し違へ申し候ふべし」〈謡・夜討曽我〉
おお-ぞん【大損】〔名〕スル　大きく利益を失うこと。大きな損害。「株の信用取引で一する」
おおた【大田】東京都南東部の区名。多摩川の北岸の住宅地・工業地。昭和22年(1947)大森・蒲田の両区が合併して成立。人口69.3万(2010)。
おおた【太田】群馬県南東部の市。子育て呑竜様として有名な大光院の門前町、日光例幣使街道の宿場・市場町として発展。自動車などの工業が盛ん。平成17年(2005)尾島町・新田町・薮塚本町と合併。人口21.6万(2010)。
おおだ【大田】島根県中部、日本海に面する市。市場町として発展し、牛馬市が開かれた。ソバ・ワサビ栽培が行われ、石州瓦を特産。平成17年(2005)10月、温泉津町・仁摩町と合併。人口3.8万(2010)。
オーダー〖order〗〔名〕スル　❶順序。配列。「バッティングー」❷注文。発注。「洋服を一する」❸古代ギリシャ・ローマ建築で、柱とエンタブラチュア(梁)の組み合わせの形式。古代ギリシャではドリス式・イオニア式・コリント式があり、ローマ時代にトスカーナ式・コンポジット式が加えられた。柱式。(類語)(❶)順序・順・順番・順位・序列・席順・配列・番・席次/(❷)頼む・注文・発注・用命・予約・申し込み
オーダー-エスティメーション〖order estimation〗主に理工学の分野で用いられる、概算値の見積もり。複雑な現象を簡単な物理モデルに置き換え、近似式や既知の情報を元に、有効数字1〜2桁程度の概算をすること。この類の概算を得意とした物理学者エンリコ=フェルミの名をとってフェルミ推定ともいう。
オーダーエントリー-サービス〖order entry service〗キャプテンシステムなどの、利用者が商品の注文や各種予約などを、画面を見て指示・入力し、提供を受けられるサービス。
オーダー-ストップ《和 order＋stop》レストランなどで、閉店の少し前に注文を取るのを打ち切ること。または、その時間。
オーダー-メード《和 order＋made》注文して作ったもの。あつらえ品。特に、注文服。⇔レディーメード。
(補説)英語ではmade-to-order; custom-made
オーダーメード-いりょう【オーダーメード医療】▶テーラーメード医療
オー-ターン【Oターン】《和 O＋turn》1度Uターン就職した若者が、田舎暮らしの刺激のなさや保守性などに嫌気がさして、再び大都市に戻って就職する風潮。
おお-だい【大台】❶株式相場で、100円を単位とした値段の区切りをいう。10円を単位とした「台」に対する語。「八〇〇円に一替わりした」❷金額・数量などで、大きな区切りや目安になる境目。「二兆円の一を突破した予算」
おお-だい【大×鯛】マダイの別名。
おおだいがはら-ざん【大台ヶ原山】奈良県吉野郡と三重県多気郡の境にある高原状の山脈。主峰は日出ヶ岳で標高1695メートル。日本での最多雨地帯で、宮川・吉野川などの水源をなす。大峰信仰の霊場。
おお-だいこ【大太鼓】❶舞楽で、伴奏に用いる大型の太鼓。大太鼓。❷歌舞伎や祭礼などで、囃子に用いる大型の太鼓。台に据えてばちで側面の皮を打ち鳴らす。❸▶バスドラム
おおだい-われ【大台割れ】株式相場で、値段が一つ下の桁まで下がること。
おお-たうえ【大田植(え)】❶家の持ち田のうち、いちばん大きな田に田植えをすること。❷村の旧家の田や神田に、村じゅう総出で、田植えの作業を1日で完了すること。また、その行事。花田植え。囃子田。牛供養。(季 夏)
おお-たか【大高】「大高檀紙」の略。
おお-たか【大×鷹】❶タカ科の鳥。全長は雄が約50センチ、雌が約56センチ。上面は青みがかった灰褐色、下面は白地に黒の横斑がある。ハト・ヒヨドリなどの中形の鳥や小獣を捕食。鷹狩りに用いられた。ユーラシアの温帯以北、北アメリカに分布。日本では森林にすむ留鳥。(季 冬)❷雌の鷹。雄より大きい。❸「大鷹狩り」の略。
おおたか-がり【大×鷹狩(り)】大鷹の雌を使って冬に行う狩り。➡小鷹狩り
おおたがき-れんげつ【大田垣蓮月】[1791〜1875]江戸後期の女流歌人。京都の人。名は誠。夫の没後、尼となり、法名蓮月を名乗る。陶器を作り、自詠の歌を書いて生活の資としたという。歌集「海人の刈藻」がある。蓮月尼。
おおたか-げんご【大高源吾】[1672〜1703]赤穂義士の一人。名は忠雄。浅野長矩の中小姓。吉良邸討ち入りに参加。宝井其角に俳諧を学び、子葉と号した。
おおたか-だんし【大高×檀紙】大判の檀紙。おおたかがみ。おおたか。高檀紙。
おおた-がわ【太田川】広島県西部を流れる川。冠山に源を発し、広島湾に注ぐ。水質が良く、水道取水源として利用される。長さ103キロ。広島市街で六つに分流する。
おおた-ぎょくめい【太田玉茗】[1871〜1927]詩人。埼玉の生まれ。本名、三村玄綱。僧職のかたわら叙情派詩人として知られ、田山花袋・国木田独歩らと「抒情詩」を刊行。
おおた-きんじょう【太田錦城】[1765〜1825]江戸後期の儒学者。加賀の人。名は元貞。門弟に教えながら独学し、折衷学派を大成。晩年、加賀前田侯に出仕。著「論語大疏」「九経談」など。
おおた-く【大田区】▶大田
おおたけ【大竹】広島県南西部、広島湾に面する市。山陽道の宿駅として発展。大正期まで製紙業が栄えたが、今は石油化学工業が盛ん。人口2.9万(2010)。
おおたけ-し【大竹市】▶大竹
おおた-し【太田市】▶太田
おおだ-し【大田市】▶大田
おおた-しげる【太田茂】[1881〜1940]新聞記者。香川の生まれ。筆名は四州。国民新聞、読売新聞に野球の戦評を執筆。大正10年(1921)から雑誌「運動界」の責任編集者として、野球だけでなくスポーツ全般の普及に尽力した。
おお-だすかり【大助かり】非常に助かること。「手伝いに来てくれるとは一だ」
おおた-ぜんさい【太田全斎】[1759〜1829]江戸後期の儒学者。福山藩士。名は方。音韻学に通じた。著「韓非子翼毳」「漢呉音図」など。また、「俚言集覧」の著者ともいわれる。
おお-だち【大太-刀】《古くは「おおたち」》❶大きな太刀。❷南北朝ごろから用いられた長い太刀。背負ったり従者に担がせたりして携行した。
おお-だち【大裁ち】和服の布地1反分で裁つ、大人用和服の裁ち方。また、その和服。本裁ち。➡小裁ち ➡中裁ち
おお-たちまわり【大立(ち)回り】❶歌舞伎などの芝居で、大ぜいが激しく争う演技。❷取っ組み合ったりしてはでにけんかをすること。「酒を飲んだ勢いで一を演じる」
(類語)喧嘩・諍い・争い・紛争・闘争・立ち回り・抗争・暗闘・争闘・共闘・ゲバルト
おおだて【大館】秋田県北東部の市。大館盆地を占める。秋田杉の産地で、製材・木工業が発達。花岡などの鉱山があった。平成17年(2005)6月、比内町・田代町と合併。人口7.9万(2010)。
おお-たてあげ【大立挙】小具足のすね当ての一。鉄製で、膝頭から大腿部の外側を大きく覆うようにしたもの。
おおだて-し【大館市】▶大館
おおだて-ぼんち【大館盆地】秋田県北東部、米代川の上流にある盆地。面積230平方キロメートル。中央部の沖積低地では米作が盛んで、周辺の山地は秋田杉の美林で知られる。中心都市は大館市。
おお-たてもの【大立物】兜の前立物の特に大形のもの。
おお-だてもの【大立(て)者】❶芝居の一座で最も実力のある俳優。❷ある社会で最も重んじられている人。「財界の一」
(類語)名優・千両役者・スター・花形・立て役者・座頭
おおた-どうかん【太田道灌】[1432〜1486]室町中期の武将。名は資長。上杉定正の執事となり、江戸城を築城。兵法に長じ、和漢の学問や和歌にもすぐれた。
おお-だな【大▽店】規模の大きな商店。大商店。
オータナティブ〖alternative〗▶オルターナティブ
おおた-なんぽ【大田南畝】[1749〜1823]江戸後期の狂歌師・戯作者。江戸の人。名は覃。別号は蜀山人・四方赤良。有能な幕臣でもあり、交遊は広く、天明調狂歌の基礎を作る。編著「万載狂歌集」、咄本「鯛の味噌津」、随筆集「一話一言」など。
おおたに【大谷】京都市東山の古地名。現在の知恩院の辺り。本願寺の発祥地。
おおたに-くぶつ【大谷句仏】[1875〜1943]俳人。真宗大谷派の第23世法主。京都の生まれ。名は光演。俳誌「懸葵」の中心的メンバー。句集に「夢の跡」「我は我」など。
おおたに-こうずい【大谷光瑞】[1876〜1948]浄土真宗本願寺派の第22世宗主。京都の生まれ。法名、鏡如。明治36年(1903)以来、3回にわたり中央アジアの発掘調査を行い、第二次大戦中は内閣参議・内閣顧問を歴任。
おおたに-そびょう【大谷祖廟】京都市東山区にある真宗大谷派の祖廟。承応2年(1653)東本願寺からこの地に移された。大谷別院。東大谷。
おおたに-だいがく【大谷大学】京都市北区にある私立大学。明治34年(1901)東京に真宗大学として設立、同44年京都に移転、大正11年(1922)大谷大学となり、昭和24年(1949)新制大学に移行。
おおたに-たけじろう【大谷竹次郎】[1877〜1969]興行師。松竹の創立者。京都の生まれ。兄の白井松次郎とともに松竹を興し、歌舞伎・新派・映画などを支配下に置き、興行界の中軸として活躍。文化勲章受章。
おおたに-は【大谷派】浄土真宗十派の一。第12世教如が、徳川家康の寄進を受けて烏丸に東本願寺を建立したのち、独立したもの。明治14年(1881)東派から大谷派に改称。
おおたに-べついん【大谷別院】大谷祖廟の別称。
おおたに-ほんびょう【大谷本廟】京都市東山区五条坂にある浄土真宗本願寺派の祖廟。親鸞の遺骨は初め大谷の地に葬られ、文永9年(1272)吉水の北に改葬。慶長8年(1603)この地に移された。西大谷。
おお-たにわたり【大谷渡】チャセンシダ科の常緑、多年生のシダ。暖地の岩や樹の上に生え、高さ約1メートル。多数の葉が漏斗状に広がって出る。葉

は幅が広く、切れ込みがなく、革質。みつながしわ。

おお-たば【大束】⊖〘名〙大きな束。⊜小束。⊖〘名・形動〙❶大ざっぱなこと。また、そのさま。大まか。雑。「悪く―なことを言って落着いているよ」〈紅葉・多情多恨〉❷偉そうな態度をすること。また、そのさま。おおふう。「―を言うな、駈落の身分じゃないか」〈鏡花・婦系図〉

おお-たぶさ【大×髻】昔、男子の結髪で、たぶさを普通より大きく結ったもの。

おお-たぶみ【大田文】鎌倉時代、各国ごとに田地の面積や領有関係などを記録した土地台帳。淡路・若狭・但馬・常陸などのものが現存。

おお-だま【大玉】《「おおたま」とも》❶大きい玉。❷打ち上げ花火で、火薬・発色剤などを調合して丸めた大きな玉。❸大型の弾丸。「鉄砲むしゃ、或いは一二つ玉、火ぶたを切ってはなしければ」〈洒・淫女皮肉論〉

おおた-みずほ【太田水穂】[1876〜1955]歌人。長野の生まれ。俳諧の要素を短歌に導入し、象徴の歌風を開いた。歌集に「冬菜」「螺鈿」、研究書に「芭蕉俳諧の根本問題」など。

オータム〘autumn〙秋。

おお-だら【大だら】《「大だんびら」の略》幅の広い太刀。「一腰にぼっこむところを」〈浄・浪花鑑〉

オーダリー-マーケティング〘orderly marketing〙相手国市場を混乱させないよう秩序をもって輸出し、あるいは、そのための協定を結ぶこと。

おおたわら【大田原】栃木県北東部の市。もと大田原氏の城下町、奥州街道の宿場町として発展。県北の商業中心地。ハトウガラシの栽培も盛ん。平成17年(2005)10月に湯津上村・黒羽町を編入。人口7.8万(2010)。

おおたわら-し【大田原市】➡大田原

オータン〘Autun〙フランス中東部、ソーヌ-エ-ロアール県の都市。古代ローマ時代に築かれた円形劇場、サンタンドレ門、アルー門、ジャニュ寺院が残っている。12世紀に建造されたサンラザール大聖堂の建築、彫刻はロマネスク様式の傑作として知られる。

おお-だんな【大×檀那｜大旦那】❶勢力のある檀家。また、布施をたくさん出す檀家。だいだんな。❷(大旦那)雇い人などが主人の父親を呼ぶ敬称。親だんな。

おお-ちから【大▽税】「正税」に同じ。

オーチャード〘orchard〙果樹園。

オーチャード-グラス〘orchard grass〙イネ科カモガヤ属の多年草。ヨーロッパ西部または中部原産で、牧草にする。高さ0.5〜1.2メートル。

オーチョ-リオス〘Ocho Rios〙西インド諸島、ジャマイカ北部の町。ダイビングなどのマリンスポーツが盛ん。同国のモンテゴベイに次ぐ観光拠点になっている。

おおつ【大津】滋賀県南西部の市。県庁所在地。琵琶湖の南西岸にあり、天智天皇の大津宮が置かれたという地。古くから水陸交通の要地で、東海道・中山道・北陸道の宿駅、また園城寺(三井寺)の門前町として発展。江戸時代は幕府直轄地。石山寺・延暦寺などの古社寺や史跡が多い。平成18年(2006)3月、志賀町を編入。人口33.8万(2010)。

オーツ〘oats〙➡オート(oat)

おお-つうじ【大通事｜大通詞】江戸時代、長崎に置かれた通訳官兼商務官である唐通事・オランダ通詞の長。

オーツー-センサー【O_2センサー】《O_2 sensor》自動車の排出ガス浄化装置の一部品。触媒は排ガス中の残存酸素量が一定でないと働かないので、残存酸素量を測定し、混合気を理論空燃比に維持するための測定装置。

おおつ-うま【大津馬】大津の宿駅で荷物の運送に使われていた馬。「一の、雨の降りたる日、粟田口の大道を通りけるに」〈著聞集・二〇〉

おおつ-え【大津絵】❶江戸時代、大津の追分、三井寺の辺りで売られていた軽妙な筆致による民芸的な絵。❷大津絵を題材にした舞踊。大津絵物。❸「大津絵節」の略。

おおつえ-ぶし【大津絵節】俗曲。大津絵のこっけいな画題を詠み込んだものだが、替え唄が多い。幕末に流行。

おおつか-きんのすけ【大塚金之助】[1892〜1977]経済学者。東京の生まれ。「日本資本主義発達史講座」の経済思想史を執筆。第二次大戦後、一橋大学経済研究所所長などを務めた。著「解放思想史の人々」など。

おおつか-くすおこ【大塚楠緒子】[1875〜1910]歌人・小説家。東京の生まれ。本名、久寿雄。美学者大塚保治の妻。著作に与謝野晶子の「君死にたまふことなかれ」と並称される厭戦詩「お百度詣で」、小説「晴小袖」「空薫」など。

おお-つかさ【大＝学＝寮】➡だいがくりょう(大学寮)

おおつか-ひさお【大塚久雄】[1907〜1996]経済学者。京都の生まれ。法大教授・東大教授・国際基督教大学教授。マックス＝ウェーバーやマルクスを研究し資本主義形成について独自の理論を確立。著作に「株式会社発生史論」「近代欧洲経済史序説」「共同体の基礎理論」など。平成4年(1992)文化勲章受章。

おお-づかみ【大×掴み】〘名・形動〙スル ❶手のひらを大きく広げてつかみ取ること。❷物事の大体をとらえること。また、そのさま。大ざっぱ。「事件の経過を一に説明する」〘類語〙わしづかみ・手づかみ

おおつか-やすじ【大塚保治】[1868〜1931]美学者。群馬の生まれ。東大教授。日本における美学を確立。

おおつか-やのすけ【大塚弥之助】[1903〜1950]地質学者。東京の生まれ。東京帝大地震研究所員・同大教授。地形学・古生物学・堆積学などを幅広く研究、活断層などの先駆的研究者として知られる。著作に「日本の地質構造」など。

おおつき【大月】山梨県東部の市。桂川が貫流し、日本三奇橋の一つ、猿橋がある。甲斐絹の産地。人口2.8万(2010)。

おおつき-げんたく【大槻玄沢】[1757〜1827]江戸後期の蘭学者。陸奥の人。名は茂質、字は子煥。杉田玄白・前野良沢にオランダ医学とオランダ語を学び、長崎に遊学。著「蘭学階梯」「重訂解体新書」など。

おおつき-し【大月市】➡大月

おおつき-じょでん【大槻如電】[1845〜1931]漢学者。江戸の生まれ。磐渓の長男。文彦の兄。本名、清修。和漢洋の学に通じ、特に日本音楽に精通。著「舞楽図説」「俗曲の由来」「東西年表」など。

おおつき-ばんけい【大槻磐渓】[1801〜1878]幕末から明治初期の儒学者。江戸の人。玄沢の次男。仙台藩侍講。外国事情と西洋砲術を研究し、開港論を主張。著「孟子約解」「近古史談」など。

おおつき-ふみひこ【大槻文彦】[1847〜1928]国語学者。江戸の生まれ。号は復軒。磐渓の三男。辞典の編修、文法書の著述、国字問題への尽力など多くの業績がある。編著「言海」「大言海」「広日本文典」など。

おおつ-きゃはん【大津脚×絆】《大津で作られたところから》綿布製で下を狭くし、上下にひもをつけた脚絆。紺染めが普通。

おお-づくり【大作り】〘名・形動〙❶普通より大きめに作ること。大きめに作ったもの。また、そのさま。⊜小作り。❷体型や目鼻だちの目立って大きいこと。また、そのさま。大柄。「すべて一にできている」⊜小作り。❸刺身などを厚めに大きく作ること。❹菊の花の作り方の一。1本に数百の花を咲かせるもの。

おおつごもり【大つごもり】樋口一葉の小説。明治27年(1894)発表。大みそかを背景に、女中奉公をしている薄幸の娘お峰の哀感を描く。

おお-つごもり【大×晦｜大晦＝日】おおみそか。〘季冬〙➡晦〘類語〙大みそか・除夜

おおつ-し【大津市】➡大津

おおつ-じけん【大津事件】明治24年(1891)、訪日したロシア皇太子ニコライ(のちのニコライ2世)が、大津市で警備中の巡査津田三蔵に切りつけられた事件。日露関係悪化を恐れた政府は、大逆罪の適用による死刑判決を強要したが、大審院長児島惟謙はそれを退け、普通謀殺未遂罪で無期徒刑とし、司法権の独立を守った。湖南事件。➡児島惟謙

おお-つち【大▽地】だいち。土地が広大なことをいう語。「一は採り尽くすとも世の中の尽くし得ぬものは恋にしありけり」〈万・二四四二〉

おお-づつ【大筒】❶大砲のこと。⊜小筒。❷酒などを入れる大きな竹筒。「一酒海縦据ゑ並べ」〈虎明狂・鎧〉❸《うそつきを鉄砲というところから》大うそつき。「鉄炮とは飛八が事、作公は一だ」〈滑・浮世風呂・四〉

おおづつ-まんえもん【大砲万右衛門】[1869〜1918]力士。第18代横綱。宮城県出身。本名、角張万治。優勝2回。引退後、年寄待乳山。➡小錦八十吉(第17代横綱)➡常陸山谷右衛門(第19代横綱)

おお-つづみ【大鼓】能・長唄などの囃子に用いる打楽器の一。大型で、左ひざの上に横たえて右手で打つ。おおかわ。大胴。➡小鼓

おおつづみ-かた【大鼓方】能楽の囃子方の一。大鼓を受け持つ。葛野・大倉・高安・石井・観世の各流派がある。

おお-つづらふじ【大▽葛藤】ツヅラフジの別名。

おお-づな【大綱】❶太い綱。❷物事の基本。おおもと。たいこう。

おおつ-の-おうじ【大津皇子】[663〜686]天武天皇の第3皇子。文武にすぐれ太政大臣となった。草壁皇子とともに皇位継承の候補とされたが、天武天皇の没後、謀反の疑いで捕らえられて自害させられた。詩歌は懐風藻・万葉集に収載。おおつのみこ。

おおつの-ひつじ【大角羊】ビッグホーンの別名。

おおつ-の-みや【大津宮】天智・弘文天皇2代の都。天智天皇6年(667)に遷都。弘文天皇1年(672)に壬申の乱で荒廃。大津市にあったといわれるが、正確な場所は不明。近江大津宮。滋賀宮。滋賀大津宮。

おおっ-ぴら【大っぴら】〘形動〙《「おおびら」の促音添加》❶人目をはばからないさま。隠しだてのないさま。「一に行動する」「一には言えない話」❷表ざたになるさま。「事件が一になる」

〘類語〙公・表向き・公然・オープン・筒抜け

おお-つぶ【大粒】〘名・形動〙粒が大きいこと。大きな粒。また、そのさま。「一な真珠」「一の雨」⊜小粒。

おおつ-ぶくろ【大津袋】茶の湯で、中棗を入れる紫縮緬または茶縮緬の袋。千利休の工夫という。

おお-つぼ【大×壺】❶大きな壺。❷溲瓶や、おまるのこと。「夜中、暁、一参らせなどし候ひし」〈宇治拾遺・五〉

おおつぼ-りゅう【大坪流】馬術の流派の一。室町初期、大坪慶秀が始めたもの。

おおつま-じょしだいがく【大妻女子大学】東京都千代田区に本部がある私立大学。大妻技芸学校、高等女学校、大妻女子専門学校を経て、昭和24年(1949)新制大学として発足。平成18年(2006)大学院を男女共学化。

おお-づめ【大詰(め)】❶芝居の最終の幕、また場面。江戸時代には、一番目狂言の最終の幕をいった。➡大切り ❷物事の終局の場面。最後の段階。「捜査は一を迎えた」〘類語〙(❶)終幕・大団円・大切り/(❷)終局・終焉・結末・終わり・おしまい・終了・終末・果てし・幕切れ・閉幕・幕・打ち止め・ちょん・完・了・ジエンド・終い・最後・最終・結び・締め括り・結尾・末尾・掉尾・掉尾・土壇場・末・ラスト・エンディング・フィニッシュ・フィナーレ

おお-づもり【大積(も)り】おおよその見積もり。大ざっぱな計算。「一国に八千づつの一にすれば、

かたく九万二千五百なり」〈甲陽軍鑑・一四〉
おお-づら【大面】❶大きい顔。「毬栗頭の一の眼のぎょろりとした意地の悪そうな男」〈魯庵・社会百面相〉❷偉そうな顔つき。いばった態度。「男の厭がる顔見ても関わずというほど一なお俊にもあらざれば」〈露伴・いさなとり〉
おお-て【大手】❶城の正面。また、正門。追手。⇔搦め手。❷取引所で、多額の売買をする人や会社。大手筋。❸同種の企業の中で、特に規模の大きい会社。大手筋。「一の私鉄」❹敵の正面を攻撃する軍勢。追手。「一、搦め手二手にわかって攻めのぼる」〈平家・九〉⇔搦め手。
おお-で【大手】肩から手の指先まで。「一を広げて道をふさぐ」
大手を振・る あたりをはばからないで、いばって歩くようすをいう。「疑いが晴れ、一・って歩ける」補説 この句の場合、「大手」を「おおて」と読むのは誤り。
おお-てあい【大手合(い)】囲碁で、専門棋士の昇段を決める対局。
オー-ティー〔OT〕《occupational therapist》▶作業療法士
オー-ティー〔OT〕《Old Testament》旧約聖書。新約聖書はNT(New Testament)と略される。
オー-ティー〔OT〕《overtime》時間外勤務。
オー-ディー〔OD〕《overdose》▶オーバードーズ
オー-ディー〔OD〕《overdraft》当座貸し越し。
オー-ディー〔OD〕《orthostatic disturbance》▶起立性調節障害
オー-ティー-イー-シー〔OTEC〕《ocean thermal energy conversion》▶海洋温度差発電
オー-ティー-エー〔OTA〕《Office of Technology Assessment》米国の技術評価局。新しく開発された科学技術がどんな意味、重要性を持つかを評価し、それを議会に助言する公的アセスメント機関。1972年成立の超党派の機関。
オー-ディー-エー〔ODA〕《official development assistance》▶政府開発援助
オーティーエッチ-レーダー【OTHレーダー】《over the horizon radar》超地平線レーダー。電波の反射・屈折現象を利用して、地平線の彼方まで探知するもの。
オー-ティー-エフ〔OTF〕《optical transfer function》白から黒へ連続して濃度が変わる正弦波チャートをレンズで結像した場合の、ある空間周波数(像面上で1ミリ当たりの白黒パターンの本数)におけるコントラストの減少率と位相ずれ(像のずれ)を表す。レスポンス関数とも。
オー-ディー-エフ〔ODF〕《opendocument format》国際標準化団体OASISにより策定されたファイル形式の一。XMLをベースとし、ビジネスで利用されるオフィスソフト(ワープロソフトや表計算ソフトなど)やコンピューターの機種の違いによらず、文書・表・グラフ・データを共通して扱えるよう標準化されている。
オーティーエル-アンプ【OTLアンプ】《output transformerless amplifier》出力変換器を使わない出力アンプ。三極真空管を特殊な回路などを使って組み合わせ、スピーカーに直接接続する。再生音がよい。
オー-ティー-シー〔OTC〕《over-the-counter》❶医師の処方箋がなくても、薬局で合法的に買える医薬品。大衆薬。❷証券会社などの店頭の意。取引所を通さずに金融商品の売買を行う店頭取引・相対取引、そこで取引される店頭株などの商品のこと。
オー-ティー-シー〔OTC〕《Organization for Trade Cooperation》国際貿易協力機構。1955年3月のGATT第9回総会で設立に関する協定が調印されたが、協定が発効せず、設立には至らなかった。
オー-ティー-シー〔OTC〕《Officer in Tactical Command》戦術指揮官。
オー-ティー-シー〔OTC〕《offshore technology conference》沖合技術会議。海洋石油開発に関する国際会議。1969年以降毎年米国テキサス州ヒューストン市で開かれる。
オーティーシー-いやくひん【OTC医薬品】▶オー-ティー-シー(OTC)❶
オーティーシー-しじょう【OTC市場】《OTCは、over-the-counterの略》▶店頭市場❶
オーティーシー-やく【OTC薬】▶オー-ティー-シー(OTC)❶
オーディー-じょう【OD錠】《oral dispersing tablet から》▶口腔内崩壊錠
オー-ティー-ピー〔OTP〕《one-time password》▶ワンタイムパスワード
オー-ディー-ピー〔ODP〕《Ocean Drilling Program》1984年に発足した国際深海掘削計画。
オー-ディー-ピー〔ODP〕《OverDrive Processor》▶オーバードライブプロセッサー
オー-ディー-ビー-シー〔ODBC〕《open database connectivity》米国マイクロソフト社が提唱した、データベースにアクセスするためのソフトウエアの標準規格。
オーディエンス〔audience〕観客。聴衆。
オーディエンス-サーベイ〔audience survey〕視聴者調査。放送の受け手が実際に番組に接したかどうか(視聴率調査)をはじめ、番組視聴の充足度、局への注文、さらには視聴者の生活時間、趣味嗜好、意識や価値観などを調べて経営や番組制作に反映させるために行う。
オーディエンス-セグメンテーション〔audience segmentation〕放送効果をあげるために、視聴者の性・年齢・職業別などに区分けし、標的を絞ってその特性に応じた番組編成をしようとするマーケティング戦略。ラジオで多く試みられている。
オーディエンスレスポンス-システム〔audience response system〕▶エー-アール-エス(ARS)
オーディオ〔audio〕❶テレビやラジオなどの音声・音響系統。❷音楽鑑賞用の音響装置。
オーディオ-ビジュアル〔audio-visual〕❶視聴覚の、の意を表す語。❷テレビ・ビデオディスク・VTRなどの映像と、高品質の音響を組み合わせたシステム。特に大型テレビとハイファイ音声システムの結合をいう。AV。
オーディオファイル〔audiophile〕高級オーディオ愛好者。オーディオマニア。
オーディオ-ブック〔audio book〕朗読や講演を、カセットテープ・CD・DVDなどに録音したもの。インターネットを通してパソコンに取り込み、デジタルオーディオプレーヤーにコピーして聞くこともできる。
オーディオメーター〔audiometer〕❶ラジオやテレビの視聴率の調査に使われる自動記録装置。❷聴力を測定する機器。
オーディオロジー〔audiology〕聴覚学。音を人体が受容する過程に関する学問。耳鼻科の一領域で、神経生理学にも関係する。
オーディカラー《和 audicolor》音声に合わせて、映像の色調が変化する特殊効果。
オーディション〔audition〕❶歌手・俳優などを起用する際に行う審査。❷新作番組の試作版。❸放送番組・レコードなどの試聴。
類語 試験・考査・考試・試問・入試・受験・テスト
オーディトリアム〔auditorium〕❶劇場などの観客席。聴衆席。❷音楽室。講堂。公会堂。
オーディナリー〔ordinary〕普通であること。
オーディナル-すう【オーディナル数】《ordinal number》「順序数」に同じ。
オーディン〔Odin〕北欧神話の最高神。もともと嵐の神であるが、文化・軍事・死などをもつかさどる。ゲルマン神話ではウォータンという。
おお-でき【大出来】みごとな出来栄え。また、みごとにやってのけること。上出来。「この成績は新人にしては一だ」
オー-デ-コロン〔フランス eau de Cologne〕《ケルン(コローニュ)の水の意》芳香油や植物性芳香を加えたアルコール性の水溶液。香料の含有量が2〜5パーセントのもので、香水のかわりに手軽に用いるもの。ドイツのケルンで創製、フランスに広まった。コロン。
おおて-すじ【大手筋】❶「大手❷」に同じ。❷「大手❸」に同じ。
おおて-たくじ【大手拓次】[1887〜1934]詩人。群馬の生まれ。北原白秋やボードレール・サマンなどフランス象徴詩の影響を受ける。著に詩集「藍色の蟇」、訳詩集「異国の香」など。
オー-デ-トワレ〔フランス eau de toilette〕▶オードトワレ
おお-てぼう【大手亡】インゲンマメの一品種。主産地は北海道。主に白あんに用いられる。
おおてまえ-だいがく【大手前大学】兵庫県西宮市などにある私立大学。昭和41年(1966)に大手前女子大学として開学。平成12年(2000)に現校名に改称するとともに男女共学校となった。
おおて-まち【大手町】東京都千代田区の地名。東京駅の北方にあり、官庁や商社の多いビジネス街。江戸城(皇居)大手門の門前に位置する。
おお-でまり【大手×鞠】ヤブデマリの変種。落葉低木。葉は広卵形。初夏、白色の花が多数集まって球状に咲く。中性花のため、実はできない。庭園に植えられる。てまりばな。(季 夏)
おおて-もん【大手門】城の正門。⇔搦め手門。
おおてらがっこう【大寺学校】久保田万太郎の戯曲。4幕。昭和2年(1927)発表。浅草の代用小学校が、明治末期の学制改廃という時代の推移の中で寂れていくようすを描く。
オーデル-がわ【オーデル川】《Oder》ヨーロッパ東部、ズデーテン山脈に源を発し、バルト海に注ぐ川。長さ910キロ。途中でナイセ川を合わせ、下流はポーランドとドイツとの国境をなす。オドラ川。
オーデルナイセ-せん【オーデルナイセ線】《Oder-Neiße-Linie》第二次大戦後、1945年のポツダム協定で定められた、ドイツとポーランドとの国境線。オーデル川・ナイセ川以東をポーランド領とした。
オーデン〔Wystan Hugh Auden〕[1907〜1973]米国の詩人。英国生まれ。スペイン内乱に参加後に米国へ移住し、帰化。スペンダー・ルイスらと1930年代の新詩運動に活躍。作「演説家」「別れの時」など。
おお-てんじょう【大天井】取引相場で、ある期間にいくつかできる高値の中で最も高い値段。「株価は一を付ける」⇒大底
オーデンセ〔Odense〕デンマーク中南部、フュン島にある港湾都市。アンデルセンの生地。オゼンセ。
おお-と【大▽門】大きな海峡。「灯火の明石一に入らむ日や漕ぎ別れなむ家のあたり見ず」〈万・二五四〉
オート〔auto〕❶「オートバイ」「オートレース」の略。❷「オート三輪」の略。❸他の語の上に付いて、自動の、自動式の、自動車の、の意を表す。「一プレーヤー」「一ショー」
オート〔oat〕燕麦。
おお-ど【大戸】《「おおと」とも》家の表口にある大きな戸。「一を閉める」
オード〔ode〕❶崇高な主題を、多く人や事物などに呼びかける形式で歌う、自由形式の叙情詩。頌歌。頌賦。❷古代ギリシャ劇で、合唱するために作られた詩歌。
オートインデント〔autoindent〕ワープロソフトやエディターなどの文書作成ソフトウエアにおいて、インデント(字下げ)の設定が解除されるまで連続的、自動的に行う機能。
おお-どう【大胴】大鼓のこと。
おお-どうぐ【大道具】❶舞台装置のうち、建物・背景・樹木・岩石など、大がかりな飾りつけの総称。⇔小道具。❷「大道具方」の略。
おおどうぐ-かた【大道具方】大道具の製作・飾りつけなどを担当する人。
おおとう-の-みや【大塔宮】護良親王の宮号。だいとうのみや。
おおとうのみやあさひのよろい【大塔宮曦鎧】浄瑠璃。時代物。五段。竹田出雲・松田和吉作。近松門左衛門添削。享保8年(1723)大坂竹

本座初演。太平記の中の大塔宮の北条氏討伐と、斎藤一族の悲運を脚色。

おお-どおり【大通り】町なかの幅の広い道路。本通り。(類語)表通り・大道・広小路・大路・街路・ストリート・並木道

おお-どか〔形動〕(文)〔ナリ〕性質がこせこせしないでおっとりしているさま。おうよう。おおらか。「王女の下脹れた豊かな頬と云い、一な眉と云い」〈宮本・伸子〉

おお-とかげ【大蜥=蜴】有鱗目オオトカゲ科の爬虫類の総称。多くは体長1メートルを超え、2メートル以上に達するものもある。小動物・鳥などを捕食。東南アジア・アフリカ・オーストラリアなどに分布。マライオオトカゲ・コモドオオトカゲなど。

オート-キャンプ《和 auto＋camp》自動車で移動しながら、宿泊もその車を利用する旅の仕方。

おお-ときん【大×兜巾】能の装束で、天狗の役が頭にかぶる金襴製の大きな兜巾。

おお-ど・く [一]〔動カ四〕おっとりしている。のんびりしている。おうようである。「人のさまいとらうたげに一・きたれば」〈源・東屋〉 [二]〔動カ下二〕[一]に同じ。一説に「おどける」の意とも。「うち一・けたる声に言ひなして」〈源・花宴〉

オート-クチュール〘フランス haute couture〙高級衣装店。特にパリの高級衣装店協会に加盟している店のこと。

オートクラシー〘autocracy〙支配者が権力を独占し、思いのままに行使する支配形態。➡独裁政治 ➡専制政治

オート-クラッチ《和 auto＋clutch》自動クラッチ。クラッチペダルはなく、シフトレバーに触れるだけで自動的にクラッチが切れ、ギアシフトできる。

オートグラフ〘autograph〙自筆のサイン。特に、有名人の肉筆のサイン。

オートクレーブ〘autoclave〙内部を高圧力状態にすることができる耐圧性の高い容器や装置。加圧下における化学合成や化学反応、医学・生化学分野の滅菌処理などに用いられる。また圧力鍋も原理的にオートクレーブの一種といえる。耐圧釜。

オートクロス〘autocross〙自動車による競技の一種。モトクロスの四輪車版で、いわば自動車によるクロスカントリーレース。

おお-どこ【大▽所】「おおどころ」の略。

大所の犬となるとも小家の犬となるな　どうせ人に仕えるならば、勢力のある人を選べ。犬になるとも大どこの犬になれ。

オートコリメーター〘autocollimator〙コリメーターと望遠鏡を組み合わせた微小な角度の差や振れなどを測定する光学機器。

オートコレクト〘autocorrect〙コンピューターで文字入力する際、スペルミスなどの誤入力を自動的に訂正する機能。

おお-どころ【大所】❶大きな構えの家。財産家。大家。おおどこ。❷勢力のある、主だった人。大家。重鎮。「財界の一が集まっている」

オートコンブ-しゅうどういん【オートコンブ修道院】《Abbaye d'Hautecombe》フランス東部、ローヌ-アルプ地方、ブルジェ湖畔にある修道院。エクスレバンの対岸に位置する。12世紀にシトー会により建造。イタリア王国の最後の国王ウンベルト2世をはじめ、サボイア家代々が眠る霊廟として知られる。

オートコンプリート〘autocomplete〙コンピューターで文字列を入力する際、過去の入力履歴を参照し、先頭の文字列から残りの文字列を予測して表示すること。

オート-サム【オートSUM】《autoSUM》米国マイクロソフト社の表計算ソフト、Microsoft Excelの機能の一。指定された範囲のセルに含まれる数値を自動的に加算して合計値を出力する。他社の表計算ソフトにも同様の機能がある。

オート-さんりん【オート三輪】三輪自動車。貨物輸送用。

おお-とし【大年┊大▽歳】《「おおどし」とも》おおみそか。「手前に銀子のたまりありとも、一の夜に入りて渡すべし」〈浮・永代蔵・五〉(季 冬)

おお-とじ【大▽刀自】❶上代、天皇のそばに仕えた女性の称号。❷妃の次位の、天皇の妻の称。

おおとし-の-かみ【大年神┊大歳神】《「とし」は穀物の意》稲の実りを守護する神。素戔嗚尊の子。

おお-どしま【大年▽増】年増の中でも、かなり年をとった女性。

オートジャイロ〘autogiro〙航空機の一。ヘリコプターに似るが、回転翼は前進するさいの風力で動かし、揚力を得る。垂直上昇や停止飛行はできない。ヘリコプター以前に発明され、現在は主にスポーツ用。

おお-どしより【大年寄】豊臣時代の五大老、および江戸幕府の大老のこと。

オート-ストップ《和 auto＋stop》レコードプレーヤーなどの自動停止装置。

オート-ストロボ《和 auto＋strobo》受光素子が被写体からの反射光を測光し、適正露出になると自動的に発光がとまるストロボ。自動調光ストロボ。

オートダイヤリング〘autodialing〙▶オートダイヤル

オートダイヤル《autodialingから》コンピューターなど、電話回線に接続された端末から自動的にダイヤル信号を発信する機能。インターネット接続サービスへのダイヤルアップ接続や電話セールスで使われる。

オートチューニング〘autotuning〙放送局の周波数をラジオやチューナーに記憶させて、選局のときにそのボタンやスイッチを合わせて受信する同調方式。

オート-チョーク《automatic chokeから》冬期や寒冷地では、エンジンが冷えているときにはチョークを引いてウォームアップしなければならないが、このチョークの操作を自動化したもの。

オート-テニス《和 auto＋tennis》機械の打ち出すボールを打ち返す練習用テニス。(補説)英語では automatic tennis

オート-ドア《和 auto＋door》自動ドア。(補説)英語では automatic door

オートドキュメント-フィーダー〘autodocument feeder〙コピー機やスキャナーなどで、自動で複数枚の原稿の紙送りを行い、まとめて読み取ることができる装置。1枚ごとの原稿の交換が不要となる。自動給紙装置。ADF。

オートドライブ〘autodrive〙自動車の自動調速装置。設定された速度に達した後はアクセルを離してもその速度を保って走り続ける。ブレーキを踏むとキャンセルされる。

オー-ド-トワレ〘フランス eau de toilette〙《化粧水の意》香水とオーデコロンとの中間の濃度のもの。オードトワレット。

おおとなぶら【大▽殿▽油】《「おおとのあぶら」の音変化》宮中や貴族の邸宅でともす油のともし火。「月もなきころなれば、灯籠に一まゐれり」〈源・常夏〉

おお-とねり【大舎=人】律令制で、大舎人寮に属し、宮中で宿直・警護、その他の雑事に従事した下級の役人。おおとね。

おおとねり-りょう【大舎=人寮】律令制で、中務省に属し、左右2寮に分かれて、大舎人に関する事務を扱った役所。のち、合併。

おお-との【大殿】❶《「殿」は建物の意》宮殿や貴人の邸宅の敬称。❷《「殿」はそこの主たる人物を間接的に表す》㋐貴人の当主の父、また、貴人の跡取り息子に対して当主をいう敬称。⊖若殿。㋑大臣の敬称。おおいどの。おとど。「一の御心いとほしければ」〈源・帚木〉

おおとの-あぶら【大殿油】「おおとなぶら」に同じ。「内は一のほのかに物より透りて見ゆるを」〈源・澪標〉

おお-とのい【大宿=直】大内裏を守護する人の詰め所。大宿直所。

おおと-の-きよがみ【大戸清上】[?～839]平安初期の雅楽家。河内の人。笛師として雅楽寮に仕えた。作曲にも優れ、仁明天皇の時代の楽制改革の中心人物。承和5年(838)渡唐。翌年帰国の際、殺された。

おおとの-ごもり【大殿籠もり】お休みになること。御寝。「なぞの一ぞ。物いひ知らずなありそ」〈落窪・一〉

おおとの-ごも・る【大殿籠もる】〔動ラ四〕「寝る」の尊敬語。貴人が寝所にお入りになる。また単に、お休みになる。「(帝ガ)まだ一・らせ給はざりけると」〈源・桐壺〉

おおとの-ほがい【大殿▽祭】《古くは「おおとのほかい」》宮殿に災害のないように、祈り鎮める儀式。神今食・新嘗祭・大嘗祭の前後、または皇居の移転などののちに行われた。

オートノミー〘autonomy〙自主性。自律性。

オート-バイ《和 auto＋bicycleから》ガソリン機関による動力で走る二輪車。自動二輪車。単車。モーターバイク。バイク。(補説)英語ではmotorcycle; motorbike

オートパイロット〘autopilot〙船や飛行機などの自動操縦装置。

おお-とびで【大飛出】能面の一。金泥で彩色され、大きな丸い目、大きく開けた口、耳をもつ。「嵐山」「国栖」などの神体を表す後ジテに用いる。

オートファージー〘autophagy〙生物が飢えた際に、その生物の細胞が自らのたんぱく質を分解して栄養源とする現象。パーキンソン病・アルツハイマー病などの予防や治療への応用が研究されている。自食作用。

オートフィル〘autofill〙表計算ソフトにおいて、規則的な数列や文字列を自動的に入力する機能。年月日のような昇順・降順の数列、曜日などの文字列の入力を簡便にする。スマートフィル。

オートフォーカス〘autofocus〙カメラやビデオカメラなどで、自動的に焦点(フォーカス)を合わせる機能、またはその方式。位相差や赤外光・超音波などを利用することによって、レンズの焦点を自動的に合わせる。AF。➡マニュアルフォーカス ➡位相差検出方式 ➡コントラスト検出方式

オートプシー-イメージング〘autopsy imaging〙《autopsyは、解剖の意》コンピューター断層撮影法(CT)や磁気共鳴映像法(MRI)などを使って遺体を撮影し、体内の出血や骨折の状態から、病状や死因などを調査する画像診断法のこと。死亡時画像診断。Ai。(補説)解剖ほど心理的負担が大きくなく、死因がはっきりすることで遺族の罪悪感を和らげたり、隠れた犯罪の発見にも役立つとされる。

オートブラケット-さつえい【オートブラケット撮影】▶オートブラケティング

オートブラケティング〘autobracketing〙《「オートブラケッティング」とも》カメラの機能の一。一度の撮影で露出やホワイトバランス、ストロボの光量を少しずつ変えて、複数枚の画像を記録する。オートブラケット。オートブラケット撮影。ブラケティング。ブラケット連写。➡フォーカスブラケティング ➡ホワイトバランスブラケティング (補説)単にオートブラケティングという場合、露出をずらして撮影する自動段階露出を指すことが多い。

オードブル〘フランス hors-d'œuvre〙《作品のほかに、の意》西洋料理で、食欲を促すため、食事の最初に出す軽い料理。前菜。オルドーブル。

オート-ボルタ〘Haute-Volta〙アフリカの国ブルキナファソの旧称。

オート-ホワイトバランス〘auto white balance〙▶ホワイトバランス

オートマ「オートマチック」「オートマチックコントロール」「オートマチックトランスミッション」などの略。

オートマ-しゃ【オートマ車】《オートマはautomatic transmissionの略》▶AT車

オートマタ〘automata〙自動からくり人形。

オートマチスム〘フランス automatisme〙▶オートマティスム

オートマチック〘automatic〙[一]〔名〕❶自動的に

操作される機械・装置。❷自動拳銃。また、自動小銃。❸「オートマチック-トランスミッション」の略。㊁〘形動〙自動的。特に、人間の手で操作せず、機械が自動的にするさま。「全工程が一に処理される」

オートマチック-コントロール〘automatic control〙機械などの自動制御。

オートマチック-トランスミッション〘automatic transmission〙▶エー-ティー(AT)

オートマチックリストレイント-システム〘automatic restraint system〙自動車などに備える自動安全保護装置。例えば衝突時に自動的に出るエアバッグなど。

オートマット〘automat〙《「オートマトン」から。もと商標名》❶機械の自動装置。❷食品などの、自動販売機。❸料理の自動販売機を並べた、セルフサービスの飲食店。

オートマティスム〘フランス automatisme〙フランスのシュールレアリスム運動のなかで提唱された手法。理性や既成概念にとらわれず、浮かんでくることを自動的に次々と速記し、意識下の世界を表そうとするもの。自動記述法。

オートマトン〘automaton〙自動機械のこと。また、コンピューターなどの数学的な抽象モデル。名はギリシャ語で、自らの意志で動くものの意による。

オートマニピュレーター〘automanipulator〙自動的に人間の手と同じような働きをする装置。原子炉や深海・宇宙空間などでの作業に使用。

おおどまり【大泊】おほどまり サハリン(樺太)の都市コルサコフの日本統治時代の名称。

オートミール〘oatmeal〙燕麦などをいって、ひき割りにしたもの。かゆ状に煮て、温かい牛乳と砂糖をかけて食べる。

オートメ「オートメーション」の略。

オートメーション〘automation〙製造工程や事務処理などを、人手によらず機械が自動的に調整しながら作業を行う機構。また、その装置。自動制御装置。

おおとも【大伴】おほとも 姓氏の一。古代の中央豪族。5、6世紀に大連おおむらじとなる者が出、物部もののべ氏とともに大和朝廷の軍事力を担う有力氏族となった。弘仁14年(823)、淳和じゅんな天皇の名大伴を避け伴と改めた。

おお-ども【大供】おほ-《「子供」に対して作られた語》大人。多く、子供っぽい大人をからかい、皮肉っていう語。「各町内の要所要所には一子供の一団が樽御輿たるみこしをとりまいて」〈中勘助・銀の匙〉

おお-ともい【弁=官|辨=官】おほともひ ▶べんかん(弁官)

おおとも-かつひろ【大友克洋】おほとも- [1954〜]漫画家・アニメーション作家。宮城の生まれ。緻密な描写と雄大なスケールのストーリー展開で、国内外で高い評価を得る。アニメ制作者としても活躍し、自作漫画を映画化した「AKIRA」はジャパニメーションの先駆けとなった。他に「童夢どうむ」「気分はもう戦争」など。

おおとも-そうりん【大友宗麟】おほとも- [1530〜1587]戦国時代の武将。豊後ぶんご臼杵城主。名は義鎮よししげ。キリスト教に入信し、洗礼名フランシスコ。北九州6か国を支配。ローマ教皇に少年使節を派遣。天正6年(1578)島津氏と戦って大敗し、以後衰退した。➡天正遣欧使節

おおとも-の【大▽伴の】おほとも- 〘枕〙大伴(現在の大阪辺りをさす地名)にある港「御津みつ」と同音の「見つ」にかかる。「一見つとは言はじ」〈万・五六五〉

おおとも-の-おうじ【大友皇子】おほとものわうじ ▶弘文天皇

おおとも-の-おおえまる【大伴大江丸】おほとものおほえまる ▶大江丸おおえまる

おおとも-の-かなむら【大伴金村】おほとも- 古代の中央豪族。5、6世紀のころの武烈・継体・安閑・宣化天皇時代の大連おおむらじ。欽明天皇のとき、朝鮮半島経営の失敗により失脚。生没年未詳。

おおとも-の-くろぬし【大友黒主|大伴黒主】おほとも- 平安前期の歌人。六歌仙の一人。近江の人。歌は古今集・後撰集に収載。謡曲・歌舞伎などの題材となっている。生没年未詳。

おおとも-の-さかのうえのいらつめ【大伴坂上郎女】おほとものさかのうへのいらつめ 奈良時代の女流歌人。大伴旅人の異母妹。万葉集に長歌6首、短歌78首がのっており、女流歌人中いちばん歌数が多い。生没年未詳。

おおとも-の-だいなごん【大伴大納言】おほとも- 竹取物語中の人物。かぐや姫に求婚する五人の貴公子の中の一人。大納言大伴御行。

おおとも-の-たびと【大伴旅人】おほとも- [665〜731]奈良時代の歌人。家持の父。征隼人持節使せいはやとじせつし・大宰帥だざいのそちをへて大納言。文武にすぐれ、漢詩・和歌は懐風藻・万葉集に収載。

おおとも-の-みゆき【大伴御行】おほとも- [?〜701]飛鳥時代の豪族・官人。安麻呂の兄。壬申の乱に天武天皇を助けた功臣。その後も持統・文武にも仕え、大納言となる。贈右大臣。和歌1首が万葉集に収載。

おおとも-の-やかもち【大伴家持】おほとも- [718ころ〜785]奈良時代の歌人。三十六歌仙の一人。旅人の子。中納言。越中守・兵部大輔ひょうぶたいふなど地方・中央の諸官を歴任。万葉集編纂者へんさんしゃの一人といわれる。万葉末期の代表的歌人で、歌数も最も多い。

おおとも-の-やすまろ【大伴安麻呂】おほとも- [?〜714]天武から元明朝にかけての武臣。大伴旅人の父。壬申じんしんの乱で功績を立て、大納言・大将軍となった。和歌3首が万葉集に収載。

オートモビル〘automobile〙自動車。

おお-とら【大虎】おほ- ひどく酒に酔った人。泥酔者。➡虎❷

オート-ラジオ《和 auto＋radio》カーラジオ。

オートラジオグラフィー〘autoradiography〙放射性物質を含む試料を写真乾板やフィルムに密着させて、放射性元素の位置や量を調べること。生体内における物質の移動、放射性核種の分離定量に用いられる。

オートラン-ウイルス〘autorun virus〙▶USBウイルス

おお-とり【大取(り)】おほ- 演芸会などで最後に出演する人。紅白歌合戦のように、出演者が複数の組に分かれている場合に、各組の中で最後になる人と区別していう。➡取とり㊁❷

おお-とり【大鳥|×鵬|×鳳】おほ- ❶コウノトリ・ツル・ハクチョウなど、大形の鳥の総称。古くは、主にコウノトリをいう。❷想像上の鳥。㋐(鵬)「荘子」逍遥遊に見える鵬ほうという巨大な鳥。㋑(鳳)鳳凰ほうおうのこと。

おおとり-いけ【大鳥池】おほとり- 山形県西部にある堰止せきとめ湖。新潟との県境にある以東いとう岳(標高1771メートル)の北西麓、標高963メートルにあり、酒田市で日本海に注ぐ赤川の水源となっている。周囲3.2キロメートル、深度68メートル、面積0.4平方キロメートル。幻の巨大魚タキタロウが生息するといわれる。

おお-とりげ【大鳥毛】おほ- 鷹たかなどの羽で、栗のいが状に大きく作り、槍やりの鞘さやや馬印としたもの。

おおとり-けいすけ【大鳥圭介】おほとり- [1833〜1911]江戸末期・明治初期の政治家。兵庫の人。緒方洪庵・江川英竜らに蘭学・兵学を学ぶ。戊辰ぼしん戦争で五稜郭にこもったが降伏。のち清国・朝鮮公使として日清戦争前後の外交工作を行った。枢密顧問官。

おおとり-じんじゃ【大鳥神社】おほとり- 大阪府堺市西区鳳北町にある神社。旧官幣大社。祭神は、大鳥連祖神おおとりのむらじのみおやのかみ、日本武尊やまとたけるのみこと。社殿は大鳥造り。和泉いずみ国一の宮。

おおとり-じんじゃ【鷲神社】おほとり- 東京都台東区にある神社。祭神は天之日鷲命あめのひわしのみこと、日本武尊やまとたけるのみこと。11月の酉とりの市で有名。➡酉の市

おおとり-たにごろう【鳳谷五郎】おほとりたにごらう [1887〜1956]力士。第24代横綱。千葉県出身。本名、滝田明。得意技の掛け投げから、ケンケンと呼ばれた。➡大木戸森右衛門(第23代横綱) ➡西ノ海嘉治郎(第25代横綱)

おおとり-づくり【大鳥造(り)】おほとり- 神社本殿形式の一。切妻造り、妻入りで、入り口は正面中央に設けられ、内部は外陣・内陣に分かれる。堺市の大鳥神社が代表例。

おおとり-の【大鳥の】おほとり- 〘枕〙大鳥の両翼が重なり合う「羽交い」の意から、地名の「羽易はがい」にかかる。「一羽易の山に」〈万・二一〇〉

オートリバース〘autoreverse〙テープレコーダーで、磁気テープが巻き終わりになると、自動的に逆転録音または逆転再生を行う方式。また、その装置。自動逆転装置。

おおと・る おほとる ㊀〘動ラ四〙▶おぼとる ㊁〘動ラ下二〙▶おぼとる

オート-レース《和 auto＋race》オートバイや自動車による競走。特に、勝者を当てる賭けの対象として公に行われる、オートバイによる競走。

おお-とろ【大とろ】おほ- マグロの腹肉。もっとも脂肪のある部分。刺し身・すしだねにする。➡中とろ

おお-どろ【大どろ】おほ- 歌舞伎下座音楽で、大太鼓を長ばちで小刻みに打つ鳴り物。幽霊・妖怪・神仏などの出現する場面の幕切れや、つなぎに用いる。大どろどろ。㊥うすどろ。

オートローディング〘autoloading〙カメラにフィルムを装填するとき、フィルムの先端をスプールの溝に差し込むだけか、単にゴムローラーの上にのせるだけであとは自動的にフィルムが巻き込まれること。

オート-ローン《和 auto＋loan》自動車の購入代金の貸し付け。補説英語では car loan

オート-ログイン《automatic loginから》インターネットの接続や会員制サービスを利用する際、あらかじめ記憶されたIDやパスワードを用いて、自動的にログインすること。

オート-ロック《和 auto＋lock》閉まると自動的に鍵がかかるドア。

オート-ワインダー《和 auto＋winder》シャッターを切ったあと、フィルムを自動的に巻き上げる装置。補説英語では automatic film winder

おお-な【大名】おほ- ❶事物の総称。❷村や町を大分けにした地区の名。大字おおあざ。㊥小名こな。

オーナー〘owner〙❶会社・商店などの所有者。特に、プロ野球の球団所有者。❷自分の所有物を人に委託・賃貸する場合の、その物の所有者。持ち船を自分で運航しない船主など。

オーナー-シェフ《和 owner＋chef(フランス)》自分の店の料理長も兼ねているレストラン経営者。

オーナー-システム《和 owner＋system》持ち主同士の自主的運営でマンションなどを管理していく方式。補説英語では coownership

オーナー-せいど【オーナー制度】消費者が生産者に事前に出資し、生産物を受け取る仕組み。農産物などの場合、出資者が農作業を体験できるものもある。補説農産物の他、畜産物や魚介類・酒・森林などを対象としたものもある。

オーナー-ドライバー〘owner-driver〙自家用車を自分で運転する人。

オーナー-ハウス《和 owner＋house》土地所有者が建設する3階程度の中低層の建物で、所有者は3階を自宅とし、1階はしゃれた店、2階は事務所にする、といった形態のもの。

おおな-おおな おほなおほな〘副〙❶人目をはばからず夢中になるさま。本気になって。ひたすら。「一言出づることをものうくはもてなすべきぞ」〈源・早蕨〉❷思慮に欠け軽はずみなさま。うっかり。うかうかと。「民部卿などの、一土器かわらけとり給へるを」〈源・少女〉❸事の簡単に行われるさま。無造作に。あっさりと。「一射伏せられぬ」〈かげろふ・中〉補説「おうなおうな(あふなあふな)」と同語であるか別語であるかは未詳。語源については、「おおなおおな(おほなおほな)」では「凡おおな無な凡無な」とする説、「あふなあふな」では「合ひな合ひな」、または「危あぶな危あぶな」とする説などがあり、決定しがたい。

おお-なおび【大直×毘|大直日】おほなほび 大直毘神を祭る行事。また、その後の宴会。

おおなおび-の-かみ【大直毘神】おほなほび- 禍まがいや穢けがれを改め直す神。伊弉諾尊いざなぎのみことの子。

おお-なかぐろ【大中黒】おほ- ❶鷲わしの矢羽根で、中央部の黒い斑ふが大きいもの。❷紋所の名。輪の中

央の横線が太いもの。一つ引両。

おお-なかじろ【大中白】 鷲の矢羽根で、中央部の白い斑が大きいもの。

おおなかとみ-の-よしのぶ【大中臣能宣】[921〜991]平安中期の歌人。三十六歌仙の一人。梨壺の五人の一人として後撰集を撰進。歌は拾遺集・後拾遺集などに収載。家集に「能宣集」がある。

おお-なき【大泣き】〔名〕スル 大きな声をあげて泣くこと。激しく泣くこと。「恩師の死に—する」

おお-なた【大×鉈】 大きな、なた。

大鉈を振る・う 思いきって切るべきものは切って整理をする。「予算削減に—・う」[補説]「大鉈を振る」とするのは誤り。

おお-なだい【大名題】 ❶江戸時代の歌舞伎で、1日の狂言全体に通じる題名。また、その題名を記して、劇場正面に立てる大きな看板。➡小名題 ❷歌舞伎俳優のうち、大幹部のこと。幹部俳優。

おお-なみ【大波】 高く大きな波。高く寄せてくる波。⇔小波。[類語]高波・波濤・荒波・激浪・怒濤

おおなみ-こなみ【大波小波】〔連語〕縄跳びで、長い縄の端を二人が持って振りまわし、他の子供が飛び越えるときに歌われる遊び歌の一節。あとに「ぐるりとまわして猫の目」などと続く。

おおなみ-の-いけ【大浪池】 鹿児島県北東部にある円形の火口湖。霧島火山群内にあり、山頂火口湖としては日本最大級のもの。面積0.4平方キロメートル、直径630メートル、水面高度1239メートル、最大深度11.6メートル。ハイキングのほか、冬季にはわが国最南端の天然スケートリンクとしてにぎわう。霧島錦江湾国立公園に属する。名の由来は、竜神の化身の美しい娘「お浪」にまつわる伝説から。

おおなむち-の-かみ【大己貴神|大穴牟遅神】 大国主命のこと。大己貴命。

おお-なめ【大滑】 馬具の一つで、鞍の下に敷く滑の大形のもの。唐鞍に用い、美しく飾った縁どりをしてある。はだつけ。

おお-なめ【大×嘗】 「大嘗祭」の略。➡だいじょうさい(大嘗祭)

おおなめ-まつり【大×嘗祭】 ►だいじょうさい(大嘗祭)

オーナメント〖ornament〗❶飾り。装飾。装飾品。❷飾り罫。メント。

おお-なら【大×楢】 ミズナラの別名。

おおなると-きょう【大鳴門橋】 本州四国連絡橋の一。鳴門海峡をまたいで淡路島と鳴門市の大毛島とを結ぶ吊り橋。昭和60年(1985)開通。大毛島と四国本土の間には小鳴門橋が架かる。

おおなんじ-こなんじ【大汝小汝】 ►磐次磐三郎

おお-なんど【大納戸】 納戸方の一。江戸時代、将軍・大名の納戸を管理して衣服・器物の出納をした役。御納戸。➡小納戸

おお-なんぼく【大南北】 4世鶴屋南北の敬称。

おお-にいさん【大兄さん】 一番年上の兄を敬っていう語。「お重は兄の事を—、自分の事をただ兄さんと」〈漱石・行人〉⇔小兄さん

おお-にえ【大×嘗】 「大嘗の祭」の略。➡大嘗祭

おお-にえ【大×贄】《りっぱな贄の意》朝廷や神に献上するその土地の産物。「鮮魚の—をもちて菟道宮に献る」〈前田本仁徳紀〉

おおにえ-の-まつり【大×嘗の祭】 ►大嘗祭

おおにしき-ういちろう【大錦卯一郎】[1891〜1941]力士。第26代横綱。大阪府出身。本名、細川卯一郎。大正12年(1923)力士会による待遇改善を求めたストライキ(三河島事件)の責任をとって引退。優勝5回。➡西ノ海嘉治郎(第25代横綱) ➡栃木山守也(第27代横綱)

おおにしき-だいごろう【大錦大五郎】[1883〜1943]力士。第28代横綱。愛知県出身。本名、鳥井吉三郎。旧姓、山田。大阪相撲で吉田司家から横綱免許を受けた3人目の横綱。優勝6回。➡栃木山守也(第27代横綱) ➡宮城山福松(第29代横綱)

おおにし-はじめ【大西祝】[1864〜1900]哲学者。岡山の生まれ。号は操山。東京専門学校で哲学・倫理学などを講じるかたわら「六合雑誌」を編集。ドイツに留学。カントの批判主義的態度に立ち、理想主義の普及に貢献し、明治中期の啓蒙家の役割を果たした。

おおにし-りょうけい【大西良慶】[1875〜1983]宗教家。奈良の生まれ。興福寺住職を経て法相宗管長、のち、清水寺貫主を兼務。日本宗教者平和会議の会長を務めるなど、平和運動にも貢献。著「菜根譚百則」など。

オーニソガラム〖Ornithogalum〗ユリ科の多年草。ヨーロッパおよびアフリカ原産。花壇・切り花用。5月下旬ごろ6弁の純白花をつける。

オーニッサンティ-きょうかい【オーニッサンティ教会】《Chiesa di Ognissanti》イタリア中部、トスカーナ州の都市フィレンツェにあるフランチェスコ修道会の教会。13世紀の創建。17世紀から18世紀にかけて改修されて、現在見られるバロック様式の建物になった。ボッティチェリ作「書斎の聖アウグスティヌス」、ギルランダイオ作「最後の晩餐」「聖ヒエロニムス」などのフレスコ画がある。

おお-にゅうどう【大入道】 からだの大きな坊主頭の男。また、その姿の化け物。

おお-にわ【大庭】 ❶宮中の紫宸殿の前面の庭。おおば。❷寝殿造りで、寝殿の前の広い庭。❸広い場所で上演される晴れの能。

オーニング〖awning〗喫茶店やブティックなどで使われる、日よけ・雨覆い。

おお-にんずう【大人数】 人数の多いこと。また、多くの人。多人数。おおにんず。⇔小人数。[類語]大勢・多勢・多数

おお-ぬき【大▽貫】 幅12センチ、厚さ3センチ前後、長さ360センチの杉・檜・松の板材。

おお-ぬさ【大▽幣】 ❶大祓のときに用いる大串につけた、ぬさ。祓のあと、人々がこれを引き寄せて身のけがれをそれに移して、川に流したという。「—の引く手あまたになりぬれば思へどえこそ頼まざりけれ」〈古今・恋四〉❷《❶に引用の歌から》引っ張りだこ。また、気の多いこと。「—になりぬる人のかなしきは寄る瀬ともなくしかぞ泣くなる」〈大和・一六〇〉

おお-ぬすびと【大盗人】 大どろぼう。また、人をののしっていうときにも用いる。

おお-ぬま【大沼】 北海道南西部にある堰止め湖。渡島半島の駒ヶ岳南麓にあり、その噴火によってできた。周囲26キロメートル。大沼国定公園の中で最大の湖。平成24年(2012)ラムサール条約に登録された。

おおぬま-こくていこうえん【大沼国定公園】 北海道南西部、渡島半島にある国定公園。火山の駒ヶ岳と堰止め湖の大沼・小沼・蓴菜沼からなる。

おおぬま-ちんざん【大沼枕山】[1818〜1891]江戸末期から明治初期の漢詩人。江戸の人。名は厚、字は子寿。詩塾「下谷吟社」を開き、江戸詩壇の中心として活躍。著「枕山詩鈔」など。

おお-ね【大根】 ❶物事の大もと。根本。「私はもともと事の—を攫んでいなかった」〈漱石・こゝろ〉❷太い矢の根。❸ダイコンの古名。「つぎねふ山代女の、木鍬持ち打ちし—」〈記・下・歌謡〉(季 冬) [類語]基本・根本・大本・基礎・基盤・根底・基幹・基部・基底・根幹・中心・基軸・基調・基・土台・下地・初歩・いろは・ABC

おお-ねえさん【大姉さん】 一番年上の姉を敬っていう語。➡小姉さん

おお-の【大野】 広い野原。

おおの【大野】 福井県東端、九頭竜川上流域を占める市。もと土井氏の城下町。織物業が盛ん。水引細工を特産。湧水が多い。平成17年(2005)11月、和泉村を編入。人口3.5万(2010)。

おお-のうかい【大納会】 ►だいのうかい(大納会)

おお-のか〔形動ナリ〕❶度が過ぎて大きいさま。大がかりなさま。大規模。「草のうち返りたる。さる—なるものは、所せくやあらんと思ひしに」〈枕・九七〉❷音色などが豊かでゆったりしているさま。「—なるものの音をゆるるかにおもしろくかき鳴らし」〈夜の寝覚・一〉❸大げさなさま。「あさましう—にも言ふものかな」〈宇治拾遺・一〉

おおの-がい【大野貝】 エゾオオノガイ科の二枚貝。内海の砂泥中にすむ。貝殻は長卵形で白く、殻長8センチくらい。太く長い水管をもち、黒褐色の皮が覆う。本州中部以南に分布。水管は食用。おおむらがい。

おおの-かずお【大野一雄】[1906〜2010]舞踏家。北海道の生まれ。江口隆哉に師事。昭和36年(1961)からは、土方巽との共演などで舞踏界に大きな影響を与えた。海外公演も多く、特にヨーロッパで高い評価を得た。作品に「わたしのお母さん」「死海」など。

おおの-がわ【大野川】 熊本県東部・大分県南東部・宮崎県北部を流れる大野川水系の本流。3県の県境にある祖母山(標高1756メートル)付近に源を発し、北東流して大分市で別府湾に注ぐ。大分県下最大の川。長さ107キロ。下流は大分平野に三角州を形成している。

おおのくに-やすし【大乃国康】[1962〜]力士。第62代横綱。北海道出身。本名、青木康。優勝2回。引退後、年寄芝田山。➡北勝海信芳(第61代横綱) ➡旭富士正也(第63代横綱)

おおの-し【大野市】 ►大野

おおの-しゃちく【大野洒竹】[1872〜1913]俳人・医師。熊本の生まれ。本名は豊太。明治27年(1894)佐々醒雪らと筑波会を起こす。古俳書の収集に努め、俳諧史に詳しかった。蔵書はのちに東大図書館に寄贈され「洒竹文庫」という。著「山崎宗鑑伝」「与謝蕪村」など。

おおのじょう【大野城】 福岡県中西部の市。福岡市に隣接し、住宅地。水城跡・大野城跡がある。人口9.5万(2010)。

おおの-じょう【大野城】 福岡県粕屋郡宇美町・太宰府市・大野城市にまたがる古代の山城。天智4年(665)大宰府の防衛のためにつくられた。

おおのじょう-し【大野城市】 ►大野城

おおの-すすむ【大野晋】[1919〜2008]言語学者・国語学者。東京の生まれ。橋本進吉に師事し、上代仮名遣いの研究をすすめる。また、日本語の起源や変遷についての考察、本居宣長の研究などでもすぐれた業績をあげた。著「日本語練習帳」「日本語の起源」「日本語以前」「日本語とタミル語」など。

おおの-の-あずまひと【大野東人】[?〜742]奈良時代の武将。蝦夷征討に参加、のち鎮守府将軍。天平12年(740)藤原広嗣の乱を鎮定。

おおの-はるなが【大野治長】[?〜1615]安土桃山時代の武将。通称、修理亮。豊臣秀吉に仕え、関ヶ原の戦いで徳川方に属したが、のち再び豊臣秀頼に仕えて徳川に対抗。大坂夏の陣で敗れ、秀頼とともに自殺。

おおの-へいや【大野平野】 ►函館平野

おおの-ぼんち【大野盆地】 福井県北東部、九頭竜川上流に広がる盆地。東西約10キロメートル、南北約10キロメートルのほぼ正方形の山間盆地。広義には北に続く九頭竜川の谷を含めていう。支流の真名川・清滝川流域は扇状地。中心は大野市。

おお-の-やすまろ【太安万侶|太安麻呂】[?〜723]奈良前期の文人。民部卿。稗田阿礼が誦習した旧辞を筆録して、3巻からなる古事記を完成させた。

おお-のり【大乗り】 ❶調子が大いに出ること。「—に乗って歌いまくる」❷(ふつう「大ノリ」と書く)謡曲のリズムの型の一。1音節に1拍をあてるもので、リズム感を強く出させる効果をもつ。舞踊的な場面や、動きを強調する部分に用いる。乗り地。➡中乗り

➡平乗

おおの-りんか【大野林火】 [1904〜1982]俳人。横浜の生まれ。本名、正。臼田亜浪に学び、俳誌「石楠」に作品を発表。第二次大戦後、俳誌「浜」を創刊し、主宰。句集に「冬青集」「早桃」、評論に「高浜虚子」など。

おお-ば【大場】 ㊀〔名〕❶広い場所。❷囲碁で、1着で地を大きく囲うことのできる点。「一を占める」❸人のにぎわう場所。「一にすめる商人の心だま」〈浮・胸算用・五〉❹「大庭❶」に同じ。「天皇、旧宮の安殿の一に宴きこしめす」〈天武紀〉㊁〔形動ナリ〕気持ちや動作が、大きくてこせつかないさま。「芸一にしてよし」〈伎・壬生大念仏〉

おお-ば【大葉】 ❶大きな葉。❷刺身の敷きづまなどに用いる青じその葉。

おお-ば【祖＝母】 《「おおはは(大母)」の音変化》父母の母。そぼ。「犬江親兵衛が一、妙真もをるなれば」〈読・八犬伝・九〉⇔祖父。

オーバ〖eoba〗《enriched oxygen breathing apparatusの略》酸素富化呼吸器。カートリッジ式の50ccガスが簡単に装着できる潜水器具。呼吸時に発生する炭酸ガスに酸素を補い、吸気として再利用する方式。スキューバダイビングの器具よりはるかに簡便で、水深5メートルまでの潜水が5分間可能。また水中に吐き出す泡がないので水中撮影に適する。

オーバー〖over〗㊀〔名〕スル ❶㋐数量などが限度を超えること。超過。「重量制限を一する」「予算一」㋑物の上を越したり、覆ったりすること。「外野のフェンスを一する」「一セーター」❷《「オーバーコート」の略》防寒用の外套。❸ゴルフで、打ったボールがねらった目標の先まで行くこと。⇔ショート。❹「オーバーパー」の略。「ツー一」⇔アンダー。❺《overexposureから》写真で、露出または現像が過度なこと。「露出一」⇔アンダー。㊁〔形動〕大げさなさま。「一なジェスチャー」〖補説〗英語で㊁の意はexaggerated; overdoneなど。〖類語〗㊀(❶)超過・過度・行き過ぎ・過剰・超える・上回る・超す・過ぎる・追い越す・追い抜く・はみ出す・凌ぐ・突破・超越・凌駕/(❷)外套・コート・マント・ケープ・ガウン・被布・合羽/㊁大袈裟・大層・事事しい・誇大

オーバーアクション〖overaction〗大げさに演技すること。また、大げさな動作をすること。演技過剰。

オーバーアチーバー〖overachiever〗心理学で、知能水準から期待される水準よりはるかに高い学業成績を示す者。⇔アンダーアチーバー。

オーバーアマーガウ〖Oberammergau〗ドイツ南部、バイエルン州の村。1633年のペスト流行の際、同村では奇跡的に被害が少なかったことを神に感謝し、以来、10年ごとにキリスト受難劇が演じられている。オーバーアマガウ。

オーバーアマガウ〖Oberammergau〗▶オーバーアマーガウ

オーバーウエイト〖overweight〗▶オーバーウエート

オーバーウエート〖overweight〗ボクシングなど重量制のスポーツで、選手の体重が規定重量を超過すること。

オーバーオール〖overall〗❶胸あて・つり紐のついた作業ズボン。子供の遊び着にも使われる。また、上着とズボンの続いた作業服。つなぎ。サロペット。❷作業用のゆったりした上っ張り。

オーバーオール-ポジション〖overall position〗為替の直物持高と先物持高を合算した総合持高。

オーバーキル〖overkill〗《殺し過ぎの意》❶核兵器などによる過剰殺傷、または過剰殺傷力。❷景気を引き締めすぎること。

オーバーグルグル〖Obergurgl〗オーストリア西部、チロル州の谷、エッツタールが分岐したグルグルタールにある村。標高3000メートル級のエッツタールアルプスのふもとに位置する。冬はスキー、夏はハイキングの観光客でにぎわう。

オーバー-クロック〖over clock〗マイクロプロセッサーなどの動作周波数(クロック)を定格以上に引き上げ、性能向上を図ること。クロックアップ。

オーバーケア〖overcare〗❶過保護。❷とりこし苦労。

オーバーコート〖overcoat〗「オーバー㊀❷」に同じ。

オーバーコミットメント〖overcommitment〗自分の担当の範囲を超えて介入したり、他人に余計な指示をしたりすること。越権行為。

オーバーサイズド-ルック〖oversized look〗実際の寸法よりも大きいサイズの服を着て、ゆったりとした着心地や、揺れ動くことによる布の流れの変化を感じさせるファッションのこと。

おおば-あさがら【大葉麻殻】 エゴノキ科の落葉高木。山地に自生。葉は楕円形で先がとがる。初夏、白色の小花を多数、下向きにつける。材質が麻殻のようにもろい。

オーバー-サンプリング〖over sampling〗アナログ信号をデジタル信号に変換する際、通常のサンプリング周波数を整数倍した、より高い周波数を用いること。特に音声信号を扱う際には、ノイズ除去などが簡便になり、音質劣化を軽減できる。一方、扱うべきデータ量が増えるため、高い処理能力が必要となる。

オーバーシーズ〖overseas〗海の向こうの、海外の、の意を表す語。「一モデル(＝海外仕様品)」

オーバーシューズ〖overshoes〗❶雨のときなど、防水用に靴の上に履くゴムやビニール製の靴。❷登山で、防寒用に登山靴の上に履く長靴。

オーバーシュート〖overshoot〗〔名〕スル 行き過ぎたり、度を越したりすること。為替相場についていうことが多い。

オーバースイング〖overswing〗ゴルフで、クラブを大振りすること。

オーバースカート〖overskirt〗スカートやドレスなどの上から、さらに重ねて着るスカート。また、二重に作られたスカートの外側のもの。

オーバーステア〖oversteer〗自動車の操縦上の一性質で、ハンドルの切り方に対して、車体の向きの変わり方が相対的に強いもの。広い平坦な舗装面でハンドルの切り角を一定に保って旋回しながら速度を高めていくと、しだいに内側へ切れ込んでいく性質。➡アンダーステア ➡ニュートラルステア

オーバーステイ〖overstay〗ビザなどの在留期限が切れても、在留資格の変更や在留期間の更新をせずにそのまま滞在すること。不法残留。

オーバー-ストア《和 over＋store》過当競争で店や企業が乱立すること。

オーバースペック〖overspec〗機械などに、多くの機能を取り入れ過ぎること。製品に注文をつけ過ぎたり、機能などを取り入れ過ぎること。元来は、軍関係者が用いていた言葉。

オーバー-ズボン 登山・スキーなどで、ズボンの上に重ねてはく防寒・防風用ズボン。両側にファスナーがあり、靴やスキーをつけたまま着脱できるものもある。

オーバー-スロー《overhand throwから》野球で、肩より上にあげた腕を振り下ろして球を投げる投げ方。上手投げ。オーバーハンド。⇔アンダースロー。〖補説〗英語のoverthrowは、高投・暴投の意。

オーバーセール〖oversale〗航空便の座席などで、定員以上に予約を受け付けること。オーバーブッキング。ダブルブッキング。

オーバー-ゾーン《和 over＋zone》陸上競技のリレーで、規定の区域(テークオーバー-ゾーン)外でバトンの受け渡しをすること。反則となる。

オーバータイム〖overtime〗❶規定外労働時間。超過勤務。❷バレーボール・ハンドボールなどで、規定の回数または時間以上にボールに触れること。反則になる。バレーボールでは4回触れると反則になることから、フォアヒットまたはフォアコンタクトともいう。

オーバーダビング〖overdubbing〗レコードを制作する際に、録音されたさまざまな音源を重ね合わせて、一つの曲に仕上げていく作業。ダビング。

オーバーチャージ〖overcharge〗❶金額をふっかけて要求すること。過剰請求。❷過充電。蓄電池を充電しすぎること。

オーバーチュア〖overture〗▶オーバチュア

オーバーテクノロジー〖overtechnology〗技術過剰。家電製品・車などに普通の人にはついていけないほどの、最新の技術が満ちあふれていること。

オーバー-トーク《和 over＋talk》誇張して話すこと。〖補説〗英語では overstatement

オーバードーズ〖overdose〗《「オーバードース」とも》薬や麻薬を過剰摂取すること。過剰摂取によって病気になったり障害が残ったりすること。また、致死量までの大量摂取のこと。OD。

オーバートーン〖overtone〗❶音楽で、上音。❷写真で、露光過度。

オーバー-ドクター《和 over＋doctor》大学院の博士課程を修了してはいるが、ふさわしい職に就かないでいる状態。また、その人。

オーバー-トップ《和 over＋top》「オーバードライブ❶」に同じ。

オーバードライブ〖overdrive〗❶自動車で、走行速度を下げずに、エンジンの回転数を下げる変速装置。燃費の節約になり、エンジンの摩耗を防ぐ。❷ゴルフで、他のプレーヤーよりティーショットを遠くへ飛ばすこと。英米ではアウトドライブ。

オーバードライブ-プロセッサー〖OverDrive Processor〗パソコンのCPUの処理能力を向上させる装置。マザーボード上にある専用のソケットに差し込むか、既存のCPUと差し替えて使用。商標名。ODP。

オーバードラフト〖overdraft〗金融機関の当座貸越。

オーバートレーニング〖overtraining〗スポーツのトレーニングの質や量が過剰になり、身体的障害を引き起こしたり、慢性疲労状態に陥ること。

オーバーナイト〖overnight〗手形取引の翌日物。

オーバーナイト-バッグ〖overnight bag〗航空旅客が機内に持ち込む小型のかばん。〖補説〗英語では、一泊旅行用のかばんの意。

オーバー-ネット《over the netから》テニス・バドミントン・バレーボールなどで、競技中にネットを越して相手方コート上にあるボールやシャトルに触れること。反則となる。

オーバー-パー〖over par〗ゴルフで、打数が基準打数(パー)を上回ること。⇔アンダーパー。

オーバー-パス〖over pass〗▶オーバーハンドパス

オーバーハング〖overhang〗登山用語。ひさし状に張り出している岩壁。

オーバーハンド〖overhand〗球技で、ボールを肩より上から投げること。

オーバーハンド-パス〖overhand pass〗バレーボールで、手のひらを外側に向けて額の前あたりでボールを軽くはじくようにして行うパス。オーバーパス。➡アンダーハンドパス

オーバーヒート〖overheat〗〔名〕スル エンジンなどが過熱すること。また、比喩的に過度の興奮状態になること。「売り込み合戦で業界が一する」

オーバー-フェンス《over the fenceから》野球で、打球が外野と観客席の間の柵を越えること。ホームランのこと。

オーバーブッキング〖overbooking〗航空機の座席やホテルの客室について、定員以上の予約を受け付けること。取り消し客を見越して行われる。

オーバーブック〖overbook〗▶オーバーブッキング

オーバーブラウス〖overblouse〗すそをスカートやスラックスの上に出して着るブラウス。

オーバープレゼンス〖overpresence〗目立ち過ぎること。また、過度の経済的進出についてもいう。

オーバーフロー〖overflow〗❶水などがあふれること。❷余分な液体の放出口。排水口。❸コンピューターで、四則演算の結果が、レジスターなどで取り扱う範囲の桁を超えること。桁あふれ。❹人口・商品などの過剰。

オーバー-ブロッキング〖over blocking〗インターネット上で児童ポルノ画像などを閲覧できないよう、インターネットのプロバイダーや通信事業者が強制的に遮断(ブロッキング)する際、一般のウェブサイトまで

遮断してしまうこと。➡ブロッキング❺

オーバープロネーション〖overpronation〗ランニングなどで、着地の際に足首が内側に傾くこと。⇔アンダープロネーション。

オーバーヘッド〖overhead〗《「間接費」の意》コンピューターで、ある処理を実行する際に発生する付加的な作業とそれにかかる時間のこと。ふつう、システム全体の負荷になるものを指す。

オーバーヘッド-キック〖overhead kick〗サッカーで、空中にあるボールを、自分の頭上を越して後方に蹴ること。

オーバーヘッド-プロジェクター〖overhead projector〗透明のシートに書いた文字・図表などを、スクリーン上に拡大して投映する装置。明るい部屋で投映でき、講義・研究発表などで使用。OHP。

オーバーホール〖overhaul〗〔名〕スル 機械などを分解して点検・修理を行うこと。「車のエンジンを一する」

オーバーボローイング〖overborrowing〗自己資本に比べて、社債や借入金からなる他人資本に対する依存度が高く、資本構成が悪化している状態。借り入れ超過。

オーバーユーズ〖overuse〗《「オーバーユース」とも》使い過ぎること。酷使すること。⇔アンダーユーズ。

オーバーライト〖overwrite〗▻上書き

オーバーライド〖override〗〔名〕スル オブジェクト指向プログラミングにおいて、上位のクラスで定義された関数や手続きを、下位のクラスで独自に再定義して上書きすること。

オーバーライド-すう【オーバーライド数】《override number》米国で、議会が可決した法案に対する大統領の拒否権を乗り越えるために要する、上下両院各3分の2以上の議席数。

オーバーラッピング-ウインドー〖overlapping window〗▻オーバーラップ表示

オーバーラップ〖overlap〗〔名〕スル ❶映像編集技術の一つ。映画やテレビなどで、一つの画面を消しながら、重ねて次の画面を写し出す技法。二重写し。ディゾルブ。クロスディゾルブ。❷二つ以上のものの姿が重なり合うこと。「イメージが一する」❸サッカーで、後方の選手がボールを持っている味方選手を追い越して、前線へ走り上がること。

オーバーラップ-ウインドー〖overlapped window〗▻オーバーラップ表示

オーバーラップ-ひょうじ【オーバーラップ表示】《overlap display》コンピューターの操作画面において、複数のウインドーを任意の場所に重ねて表示する機能のこと。オーバーラッピングウインドー。オーバーラップウインドー。

オーバーラン〖overrun〗〔名〕スル ❶野球で、走者が止まるべき塁を走り越すこと。❷飛行機が着陸後、滑走路を走り越すこと。「旅客機が一して火災を起こす」

オーバールール〖overrule〗《元来は、上級審が下級審の判決を破棄する、裁判長が異議を却下する、などの意》テニスの試合で、ラインズマン(線審)の判定について、主審がミスジャッジと判断した場合、これを主審の権限で訂正すること。

オーバーレイ〖overlay〗コンピューターのグラフィックソフトなどで、重ね合わせて画像を表示すること。コンピューターの操作画面にビデオ画像を重ねて表示する場合、ビデオオーバーレイという。オーバーレイ表示。

オーバーレイ-ひょうじ【オーバーレイ表示】《overlay display》▻オーバーレイ

オーバーロード〖overload〗❶負荷のかけ過ぎ。また、荷物の積み過ぎ。❷コンピューターのプログラミングにおいて、同名の関数や演算子を多重定義して用いること。具体的には引数の型や数が異なる定義を同名の関数に対して行うことを意味する。

オーバーローン〖overloan〗❶銀行の貸し出し額が、自らの預金額を超えること。日本では、日本銀行からの借り入れに常時依存している状態をいう。貸し出し超過。❷所有している不動産の借入金の残高が、現在の時価を上回っていること。その物件を売却してもローンが残ってしまう状態のこと。

オーバーワーク〖overwork〗働きすぎ。また、勉強や練習のやりすぎ。

おお-ばか【大馬鹿】〔名・形動〕ひどく愚かなこと。また、そのさまや、そういう人。「思慮のない一な所業」

おおば-かげちか【大庭景親】[?～1180]平安末期の武将。保元の乱で源義朝に属し、のち平氏に従った。石橋山で源頼朝を破ったが、のち再挙した頼朝に捕らえられて斬られた。

おおば-ぎぼうし【大葉擬宝▽珠】ユリ科の多年草。草原に自生する。葉は広楕円形で大きく、根元から束生。7月ごろ、高さ約80センチの花茎を伸ばし、淡紫色のらっぱ状の花が咲く。若葉は食用。唐擬宝珠(とうぎぼうし)。

おお-ばくち【大博▽打】規模の大きなばくち。転じて、危険性は大きいが、うまくいけば大きな成果を得られそうなことをすること。「伸(の)るか反(そ)るかの一を打つ」

おお-はくちょう【大白鳥｜大×鵠】カモ科の鳥。全長約1.4メートル。全身白色で、くちばしの黄色い部分はコハクチョウより大きい。脚は黒色。ユーラシア北部で繁殖し、日本には冬鳥として渡来。青森県東津軽郡小湊(こみなと)の渡来地では特別天然記念物、新潟県の瓢湖(ひょうこ)では天然記念物に指定されている。

おおば-こ【大葉子｜車=前=草】オオバコ科の多年草。道端などの踏み固められた所に生える。葉は楕円形で長い柄があり、根際から出る。春から秋、10～20センチの花茎を伸ばし、多数の小花を穂状につける。漢方では種子を車前子(しゃぜんし)、葉を車前葉といい、薬用。若葉は食用。おばこ。おんばこ。かえるば。(季 秋)「一や常着の袖のけふ短かに/桂郎」

おお-はし【大×嘴｜巨=嘴=鳥】キツツキ目オオハシ科の鳥の総称。熱帯アメリカの特産で、全長30～60センチ。体に比べてくちばしは巨大で、鮮やかな色をしている。オオオオハシは全体に黒色で顔から胸が白く、くちばしは橙色。

おお-はし【大橋】㊀大きな橋。地名を冠して橋の名に用いられることが多い。「三条一」㊁東京、隅田川に架かる両国橋の通称。

おお-はじ【大恥】ひどく面目を失うこと。赤恥。「人前で一をかかされる」

おおはし-おとわ【大橋乙羽】[1869～1901]小説家・出版人。山形の生まれ。旧姓、渡部。本名、又太郎。硯友社同人。博文館館主大橋佐平の長女と結婚して、博文館支配人として活躍した。小説「露小袖」、紀行文集「千山万水」など。

おおはし-がわ【大橋川】島根県北東部、宍道(しんじ)湖と中海(なかうみ)を結ぶ川。斐伊(ひい)川の一部。長さ約8キロ。宍道湖東端から流出し、松江市市街地を東に流れ中海に注ぐ。市街地内を流れる大橋川には上流から下流に向かって宍道湖大橋・松江大橋・新大橋・くにびき大橋が架かっている。

おおはし-しんたろう【大橋新太郎】[1863～1944]実業家。新潟の生まれ。父佐平とともに明治14年(1881)に「越佐毎日新聞」を創刊。上京して博文館を創立、出版界に貢献した。のち、衆議院議員・貴族院議員。

おおはし-そうけい【大橋宗桂】[1555～1634]安土桃山時代・江戸初期の将棋棋士。江戸時代の将棋家元大橋家の始祖。京都の人。旧名は宗慶。織田信長・徳川家康に仕え、幕府の将棋所の司(つかさ)となる。

おおはし-とつあん【大橋訥庵】[1816～1862]江戸末期の儒学者。江戸の人。日本橋の豪商大橋家の養子。佐藤一斎に学び、朱子学を唱えて、攘夷(じょうい)を主張。老中安藤信正襲撃を計画して投獄され、獄死。著「闢邪小言(へきじゃしょうげん)」「元寇紀略(げんこうきりゃく)」など。

おお-ばしょ【大場所】❶広い場所。❷正式の場所。❸相撲の本場所。

おおはし-りゅう【大橋流】書道の御家流(おいえりゅう)の一派。江戸前期、大橋重保・重政父子が創始。書風は流麗で近世に広く流行した。

おお-はず【大×筈】無責任なこと。いいかげんなこと。「嘘をつかず一いはぬ男」〈浮・禁短気・六〉

オーパス〖opus〗▻オプス

おおはず-もの【大×筈者】無責任でいいかげんな者。「生れつき如在(じょさい)なくて一といはれ」〈浮・懐硯・四〉

おお-はだぬぎ【大肌脱ぎ】上半身の衣服を全部脱いで裸になること。両肌(もろはだ)脱ぎ。「何しろ、一の荒事だからね」〈里見弴・安城家の兄弟〉

おお-ばたん【大×巴旦】インコ科の鳥。全長約50センチ。全身、薄い桃色を帯びた白色で、冠羽は濃い桃色。モルッカ諸島に分布。飼い鳥とされる。

オーバチュア〖overture〗《「オーバーチュア」とも》歌劇・オラトリオなどで最初に演奏される器楽曲。バロック期の組曲で冒頭に置かれることもある。序曲。

おお-ばなし【大話】❶盛んに話し込むこと。長話をすること。また、その話。「ちとお上んさい。今一があるところです」〈左千夫・隣の嫁〉❷民間説話の一種。空想的な誇張を次々と展開させる類のもの。特に、聞いてみんなが大笑いするような、男女間の秘事を題材にした話。

おお-ばね【大羽】鳥の羽毛のうち、綿羽(めんう)でなく、皮膚に植わっている羽。羽軸に沿って羽枝が密生している羽。

おお-はば【大幅】〔名・形動〕❶普通より幅の広いこと。また、そのさま。「一な洋紙に墨黒々と書いて」〈藤村・破戒〉⇔小幅。❷布地で、幅の広いもの。和服地では、小幅の2倍の約92センチ幅のもの。洋服地ではダブル幅(約140センチ)のものをいう。➡小幅(こはば) ➡中幅(ちゅうはば) ❸数量・価格などの変動の開きが大きいこと。また、そのさま。「一な(の)値上げ」「列車が一に遅れる」(類語)かなり・相当・結構・随分・なかなか

おおば-ひろし【おおば比呂司】[1921～1988]漫画家。北海道の生まれ。兵役、新聞社勤務を経て、新聞や雑誌に数多くの作品を発表。温かくほのぼのとしたタッチが幅広い層に愛され、挿絵や食品のパッケージデザインなどでも活躍した。

おおば-ぼだいじゅ【大葉×菩▽提樹】シナノキ科の落葉高木。東北から北海道の山地に自生。葉は円形で先がとがり、裏面に毛があって白く見える。夏、淡黄色の小花が集まってつく。合板原木として利用。

おおはま-かいがん【大浜海岸】徳島県南東部、海部(かいふ)郡美波(みなみ)町日和佐(ひわさ)浦にある海岸。日和佐川河口から北に続く約500メートルの砂浜で、ウミガメの産卵地として有名。海岸は景勝地としても知られ、夏は海水浴場としてにぎわう。

おおばみ-だけ【大喰岳】長野・岐阜県境、飛騨山脈の槍ヶ岳の南にある山。標高3101メートル。

おおば-みなこ【大庭みな子】[1930～2007]小説家。東京の生まれ。本名、美奈子。アラスカの風土を背景に描いた「三匹の蟹(かに)」で芥川賞受賞。他に「がらくた博物館」「寂兮寥兮(かたちもなく)」「啼(な)く鳥の」「海にゆらぐ糸」「赤い満月」など。芸術院会員。

おおば-みねばり【大葉峰×榛】ヨグソミネバリの別名。

おお-はむ【大波武】アビ科の海鳥。全長72センチくらい。羽色はシロエリオオハムに似る。潜水して魚などを捕る。北極圏で繁殖し、日本へは冬鳥として渡来。

おおばやし-のぶひこ【大林宣彦】[1938～　]映画監督。広島の生まれ。自主映画・テレビコマーシャルの制作を経て恐怖映画「HOUSE ハウス」を監督し、商業映画に進出。「青春デンデケデケデケ」で芸術選奨受賞。代表作は、出身地尾道(おのみち)を舞台にした三部作「転校生」「時をかける少女」「さびしんぼう」のほか「ねらわれた学園」「はるか、ノスタルジィ」など。

おおば-やどりぎ【大葉宿木】ヤドリギ科の常緑低木。暖地にみられ、シイ・カシ類に寄生する。葉は厚く、広楕円形。晩秋、赤褐色の花をつけ、実も赤褐色で粘りけがある。こがのやどりぎ。

おおば-やなぎ【大葉柳】ヤナギ科の落葉高木。

北地の川岸に多く、樹皮は灰色で深く縦に裂ける。葉は楕円形。雌雄異株。5、6月ごろ、新葉とともに尾状の雄花・雌花がつく。

おおはら【大原】おほはら ㊀京都市左京区の地名。比叡山の北西麓に位置し、三千院・寂光院などがある。大原女の風俗が残る。柴漬けの産地。おはら。㊁奈良県高市郡明日香村小原のこと。藤原鎌足の生地と伝える。〔歌枕〕「わが里に大雪降れり—の古りにし里に降らまくは後」〈万・一〇三〉

おお-はらい【大払ひ】おほはらひ 大みそかの支払い勘定。「ここにて年をとるが我等が家の嘉例といふは、—の借銭をすましかねるゆゑなり」〈浮・胸算用・四〉

おお-はらい【大×祓】おほはらひ「おおはらえ」の音変化。

おお-はらえ【大×祓】おほはらへ 毎年、6月と12月のみそかに、諸人の罪やけがれをはらい清めるため、宮中や神社で行われる神事。6月を夏越の祓・夏祓、12月を年越しの祓という。古くは、朱雀門の前で、親王・大臣をはじめ百官を集めて行われ、大嘗祭や疫病流行などのときには臨時に行われた。中臣の祓。おおはらい。〔季 夏・冬〕

おおはらえ-の-ことば【大×祓の▽詞】 大祓に読み上げる祝詞。古くは、中臣氏が宣読した。延喜式に所収。

おおはら-ごこう【大原御幸】 ▶おはらごこう(大原御幸)

おおはら-しげとみ【大原重徳】[1801〜1879]江戸末期の公卿。尊王論を唱え、安政の大獄に連座。幕政改革に尽力。維新後は参与。

おおはら-しゃかいもんだいけんきゅうじょ【大原社会問題研究所】 大正8年(1919)、大原孫三郎が大阪に設立した学術研究所。のち東京に移り、第二次大戦後、法政大学に移管。労働運動関係の貴重な資料を所蔵。

おおはら-だいがくいんだいがく【大原大学院大学】 東京都千代田区にある私立大学院大学。平成18年(2006)に開学。

おおはら-とみえ【大原富枝】[1912〜2000]小説家。高知の生まれ。結核による闘病生活のなかで作品を発表し、「ストマイつんぼ」で女流文学賞受賞。「婉という女」で毎日出版文化賞・野間文芸賞受賞。他に「イェルザレムの夜」「地上を旅する者」など。平成10年(1998)芸術院恩賜賞受賞。芸術院会員。

おおはらの【大原野】 京都市西京区の地名。淳和天皇陵・大原野神社・善峰寺・勝持寺(花の寺)など史跡が多い。古歌には「大原」ともいう。通称、西山。

おおはらの-じんじゃ【大原野神社】 京都市西京区にある神社。祭神は建御賀豆智命・伊波比主命・天之子八根命・比売神。古くは2月と11月に行われた大原野祭りは、現在は4月に行われている。

おおはら-びじゅつかん【大原美術館】 岡山県倉敷市にある美術館。昭和5年(1930)大原孫三郎が創設。児島虎次郎の代表作のほか、西洋絵画・日本近代洋画・エジプト古代美術品などを所蔵。特に、印象派を中心とした絵画は大原コレクションとして有名。

おおはら-びょう【大原病】 野兎病の別名。内科医の大原八郎(1882〜1943)が報告。

おおはら-まごさぶろう【大原孫三郎】[1880〜1943]実業家・社会事業家。岡山の生まれ。倉敷紡績などの社長を歴任。社会事業に尽力し、大原社会問題研究所・大原農業研究所・倉敷中央病院・大原美術館などを設立した。

おおはら-まりこ【大原まり子】[1959〜]SF作家。大阪の生まれ。大学在学中に「一人で歩いていった猫」でデビュー。「戦争を演じた神々たち」で日本SF大賞受賞。他に「銀河ネットワークで歌を歌ったクジラ」「ハイブリッド・チャイルド」など。

おおはら-め【大原女】 ▶おはらめ(大原女)

おおはら-もんどう【大原問答】 法然が文治2年(1188)比叡山の顕真の要請に応じ、京都大原の勝林院で、明遍・証真・智海・貞慶ら諸宗の学僧と浄土念仏の教理を論議・問答し、信服させた宗論。大原談義。

おおはら-ゆうがく【大原幽学】[1797〜1858]江戸末期の農村指導者。神道・仏教・儒教を学び、下総国香取郡長部村で村民を指導して村の建て直しを図ったが、幕府の圧力をうけ自殺。彼がつくらせた土地共有組織「先祖株組合」は、農業協同組合運動の先駆となった。著「性学趣意」「微味幽玄考」など。

オーバル〖oval〗〔形動〕楕円形の。卵形の。「—フレーム」

おお-ハルシャぎく【大ハルシャ菊】 コスモスの別名。

オーバル-ルーム〖Oval Room〗米国大統領官邸ホワイトハウスの大統領執務室。

おお-ばん【大判】 ❶紙・帳面・書籍などで、普通のものより紙の寸法の大きいもの。「—の日記帳」❷安土桃山・江戸時代の大形の楕円形の金貨。表裏に「拾両」などと墨書し、通貨としてよりも賜与・贈答などに用いられることが多かった。大判金。➡小判

おお-ばん【大番】 ❶「大番役」の略。❷「大番組」の略。

おお-ばん【大×鷭】 クイナ科の鳥。全長38センチくらい。アシなどの茂った水辺にみられ、全身黒色でバンに似るが、額からくちばしは白色。足指にひれがあり、頭を前後に振りながら泳ぐ。ユーラシア・オーストラリア・北アフリカに分布。北日本で繁殖。〔季 夏〕

オーバン〖Oban〗英国スコットランド西部、アーガイル地方の港町。古来、漁業、ウイスキー産業が盛んだったが、現在は海岸保養地として有名。マル島、ケレラ島、シール島、イーズデール島などへの観光拠点。

おおばん-がしら【大番頭】 ❶大番衆の長。❷大番組の長。

おおばん-きん【大判金】「大判❷」に同じ。

おおばん-ぐみ【大番組】 江戸幕府の職名。老中に属して戦時にはいくさの先頭に立ち、平時には江戸城・大坂城・京都二条城および江戸市中を交代で警備した。

おおばん-ざ【大判座】 江戸時代、幕府の命を受け、大判鋳造をつかさどった役所。京都の後藤徳乗がその特権を与えられ、後藤家が代々世襲。

おおばん-しゅう【大番衆】 鎌倉時代、大番役勤務の武士たち。

おお-パンダ【大パンダ】 ジャイアントパンダ。➡パンダ❶

オーパンバル〖ドイ Opernball〗オーストリアのウィーン国立歌劇場(オペラ座)で、毎年2月に開催される大規模な舞踏会。若い女性の社交界デビューの場としても知られる。オペラ座舞踏会。

おおばん-ぶるまい【大盤振(る)舞(い)】〔名〕スル「おうばんぶるまい(椀飯振る舞い)」に同じ。「仲間を連れて—する」

おおばん-やく【大番役】 平安末から鎌倉時代、内裏・院の御所や京都市中の警固役(京都大番役)。御家人役の一つで、諸国の武士が交代で当たり、守護・惣領の指揮に従った。承久の乱以後、将軍御所を警備する鎌倉大番役も制度化された。

オー-ビー〖OB〗《和 old＋boy》在校生に対し、その学校の卒業生。先輩。〔類語〕OG・校友

オー-ビー〖o.B.〗《ドイ ohne Befund》医学で、「所見なし」「異常なし」の意。

オー-ビー〖OB〗《off Broadway》▶オフブロードウエー

オー-ビー〖OB〗《out of bounds》▶アウトオブバウンズ❷

オー-ピー〖op.〗《ラテ opus》▶オプス

オー-ピー-アイ-シー〖OPIC〗《Overseas Private Investment Corporation》海外民間投資会社。開発途上国などへの米国企業の設備投資を奨励するため設立された半官半民の会社で、ローン貸し付け・ローン保証・損失補償などを行っている。1971年設立。

オー-ピー-エム〖OPM〗《output per man》一人当たり生産量。

オー-ピー-エム〖OPM〗《other people's money》投資用に集めた他人の金。投機家などの間でいわれる言葉。それを投資して儲かればよし、損をしても自分のふところは痛まない、という資金。

オー-ピー-エル-エル〖OPLL〗《ossification of the posterior longitudinal ligament》▶後縦靭帯骨化症

オー-ビー-サミット〖OBサミット〗世界の大統領・首相経験者が集まり、人類の直面する政治、経済、社会、倫理等の問題について提言をする会議。年1回開催。昭和58年(1983)日本の元首相福田赳夫の提唱で創設。正式名、インターアクション-カウンシル(InterAction Council)。

オー-ピー-シー-ダブリュー〖OPCW〗《Organisation for the Prohibition of Chemical Weapons》化学兵器禁止機関。化学兵器禁止条約(CWC)の実施のために、加盟国への査察などを行う国際機関。1997年発足。本部はハーグ。

オーピー-じしゃく【OP磁石】 磁鉄鉱Fe_3O_3と亜鉄酸コバルト$CoO \cdot Fe_2O_3$からなる永久磁石。フェライトの一種。昭和7年(1932)、加藤与五郎と武井武が発明。保磁力が強く、耐衝撃性、耐酸性にすぐれるが、比較的もろい。

オー-ピー-ピー〖OPP〗《orthophenylphenol》フェノールにベンゼン環が結合した構造をもつ化合物。発癌性があり、農薬としては現在使用禁止となっているが、防かび用食品添化物としてレモンやグレープフルーツなどに使用されたものの輸入が問題になっている。オルトフェニルフェノール。

おお-ひえ【大比叡】 比叡山の二峰のうち、大きいほうの呼称。大岳。

おお-びき【大引き】 ❶床板および根太を支える横材。尾引き。❷めくりカルタを三人でするとき、最後に札をめくる番に当たる者。「ことに拙者は—でござれば」〈黄・孔子縞〉

おお-ひきがえる【大×蟇】 無尾目ヒキガエル科のカエル。体長12〜25センチ。耳腺が大きく、強い毒液を出す。南アメリカ北部の原産で、害虫駆除のため世界各地に移入され、小笠原諸島にも分布。

おお-ひきめ【大×蟇目】 鏑の一種。犬追物や笠懸などに用いる蟇目で、大形のもの。また、それをつけた矢。

おお-びけ【大引け】 ❶取引所で、一日の最後に行われる取引。また、その値段。一日の取引がすべて終了した状態をいう場合もある。⇔寄り付き。❷昔、遊郭で、その日の営業を終え、消灯して大戸を閉じること。江戸新吉原では午前2時ごろ。

おおびけ-ね【大引け値】 ▶大引け値段

おおびけ-ねだん【大引け値段】 取引所で、一日の最後の取引(大引け❶)で成立した値段。大引け値。引け値。引け相場。終値。⇔寄り付き値段。〔補説〕大引けで売買が成立しない場合は、大引け値段は存在せず、ザラ場で最後に成立した売買の値段が終値となる。

オービス〖ORBIS〗自動車道に設置する、速度違反自動取り締まり装置の総称。方式はさまざまだが、違反車の速度と、車両・ナンバープレート・運転者の写真を記録するものが多い。元来は商標名。俗にねずみ取り機ともいう。

オービター〖orbiter〗《旋回するものの意》スペースシャトルの有人軌道船。大気圏再突入の際に地球周回軌道に乗って滑空・着陸する部分。三角翼をもち、宇宙ステーションへの乗員・資材の輸送などを行う。

おお-びたい【大額】 江戸時代、男子の髷を細く小さくして、額を広くそったもの。中間・小者・町奴などの間に流行。

オーピッツ〖Martin Opitz〗[1597〜1639]ドイツの詩人・批評家。ドイツ語の純化に貢献し、ドイツ詩学の基礎を作った。著「ドイツ詩学の書」など。

おおひと-おんせん【大仁温泉】 静岡県伊

豆の国市の南端にある温泉。狩野川に臨む。泉質は単純温泉・塩化物泉・硫酸塩泉。

おお-ひめぎみ【大姫君】貴人の長女の敬称。姉姫。おおいぎみ。「一をいかで内に参らせ奉らむとおぼす」〈栄花・花山尋ぬる中納言〉

おお-ひめぐも【大姫蜘＝蛛】ヒメグモ科のクモ。体長4〜8ミリ。腹部は球形に近く、褐・白・黒・緑・黄色などの複雑な模様で、変異が多い。家の中や野外の崖下などに不規則な網を張る。

おおひ-やき【大×樋焼】加賀金沢の楽焼き。寛文年間(1661〜1673)に、金沢の大樋で、京都の陶工長左衛門が創始。

おお-びゃくしょう【大百姓】多くの田畑を所有している百姓。豪農。

おお-びゃくにち【大百日】歌舞伎の立ち役のかつらの一種。月代を100日間もそらずにおいたようすを示し、「楼門五三桐」の石川五右衛門などに使う。大百。

おお-ひら【大平】平たくて大きな椀。煮物などを盛る。大平椀。

おお-びら【大びら】〔形動〕文〔ナリ〕「大っぴら」に同じ。「芸者の方が一で、面倒臭くなくって」〈荷風・つゆのあとさき〉

おおひら-さん【太平山】栃木県栃木市中部にある山。標高343メートル。山頂に太平山神社があり、関東平野の眺望がいい。桜の名所。

おおひら-は【大平派】自由民主党の派閥の一。宏池会の昭和46年(1971)から同55年における通称。会長は大平正芳。➡鈴木派

おおひら-まさよし【大平正芳】[1910〜1980]政治家。香川の生まれ。外相・蔵相などを経て、昭和53年(1978)首相。2年後不信任案可決で衆議院を解散、総選挙中に死去。➡鈴木善幸

おお-びる【大×蒜】ニンニクの古名。〈和名抄〉

おおひるめ-の-むち【大日孁貴】天照大神の異称。

おお-ひろま【大広間】❶多人数での会合・宴会などができる特別広い部屋・座敷。❷江戸城内の広間のうち、式日などに国持ち大名、四位以上の外様大名などが列席した部屋。

おお-びん【大瓶】大型の瓶。ビール瓶では、容量633ミリリットルのものをいう。

おおぶ【大府】愛知県、知多半島にある市。名古屋市に隣接し、住宅地化が進行。ブドウ・メロンの栽培や自動車関連工業が盛ん。人口8.5万(2010)。

オーファン-ドラッグ〖orphan drug〗《orphanは、孤児の意》希少疾病用薬。需要が少ないために開発・認可が進行しない薬物。

オー-ブイ〖OV〗《orbiter vehicle》宇宙工学で、オービター。軌道船。

おお-ふう【大風】〔名・形動〕❶おごり高ぶって、人を見下すような態度をとること。また、そのさま。横柄。「一に鼻音で答えると、急に言葉使いまでがぞんざいになって」〈里見弴・多情仏心〉❷気が大きくて小さなことにこだわらないこと。また、そのさま。「江戸子の物買ふ様に一に買うた所が」〈滑・浮世風呂・四〉

おお-ぶかし【大▽蒸かし】《「おおふかし」とも》サツマイモのふかしたもの。ふかしいも。「大福餅や一をむしゃりむしゃり」〈滑・浮世風呂・三〉

おお-ぶき【大×袘】着物の裾や袖口の裏地を大きく折り返して表地に縫いつけ、縁のようにしたもの。花嫁衣装の打掛などにみられる。

おお-ぶく【大服｜大福】❶茶や薬を一度にたくさん飲むこと。❷「大服茶」の略。

おおぶく-ちゃ【大服茶】元日に若水でたてた茶。梅干し・コンブなどを入れて飲み、縁起を祝う。福茶。《季 新年》「一昆布に長寿の味を飲む／句仏」

おおぶ-し【大府市】►大府

オーフス〖Århus〗デンマーク、ユトランド半島東岸の港湾都市。中世より北海、バルト海の交易で栄えた。現在は首都コペンハーゲンに次ぐ同国第2の規模をもつ。旧市街にはオーフス大聖堂やマーセリスボー城をはじめとする歴史的建造物のほか、国内各地の民家や商家を集めた野外博物館がある。毎年、国際的な芸術祭やジャズの音楽祭が開催されることでも知られる。

オープス〖ﾗﾃﾝ opus〗►オプス

おお-ふだ【大札】❶大きな札。また、大きな制札。❷歌舞伎劇場などで、大人用の入場券。➡小札 ❸劇場で、興行の会計を担当する者。

オーブダ〖Óbuda〗《ハンガリー語で「古いブダ」の意》ハンガリーの首都ブダペストの市街西部の一地区。ブダ城がある王宮の丘の北側約2キロメートルに位置する。1873年にブダ地区・ペスト地区と統合されて、その一部になった。

おお-ぶたい【大舞台】❶大きくてりっぱな舞台。❷俳優の堂々とした演技。❸自分の力量を存分に発揮できる、晴れの場所。檜舞台。「一度は一の甲子園に出てみたい」《補説》❸は、「だいぶたい」と読むこともある。

おお-ぶたくさ【大豚草】キク科の一年草。空き地や河原にみられ、高さ2メートル以上にもなる。葉は手のひら状に深い切れ込みがある。晩夏、緑色の小花の穂がつく。北アメリカ原産で、日本には第二次大戦後に渡来し、帰化。

オープナー〖opener〗❶缶詰やびんなどを開けるための道具の総称。❷競技での第1戦。開幕試合。また、演劇などでの最初の出し物。

おおふなと【大船渡】岩手県南東部の市。陸中海岸の大船渡湾に面し、臨海部は工業地。水産加工業も盛ん。碁石海岸などの景勝地がある。人口4.1万(2010)。

おおふなと-し【大船渡市】►大船渡

オープニング〖opening〗催し物や興行などを始めること。開幕。開演。開場。「一ショー」

オープニング-ゲーム〖opening game〗プロ野球などで、そのシーズンの最初の試合。開幕試合。

オープニング-ナイト〖opening night〗映画の封切りや、演劇の初演のための夜間興行。

オープニング-ナンバー〖opening number〗ジャズなどの演奏会や、放送の音楽番組などで、最初に演奏する曲。

おお-ぶね【大船】《「おおふね」とも》大きな船。

大船に乗ったよう　信頼できる者に任せて、安心しきっているようす。親船に乗ったよう。

おおぶね-の【大船の】〔枕〕❶船の泊まる所の意から、「津」「渡り」にかかる。「一津守が占に告らむとは」〈万・一〇九〉❷大船のゆったりとしたさま、または、揺れ動くところから、「ゆた」「ゆくらゆくら」「たゆたふ」にかかる。「一ゆくらゆくらに面影に」〈万・四二二〇〉❸大船を頼りにするところから、「たのむ」「思ひたのむ」にかかる。「一たのめる時に」〈万・六一九〉❹船を操る楫取と音が似ているところから、地名「香取」にかかる。「一香取の海に碇下ろし」〈万・二四三六〉

おお-ぶり【大振り】❶〔名〕スル　大きく振ること。「バットを一する」⇔小振り。❷〔名・形動〕同類の他のものに比べると普通より大きめであること。また、そのさま。「一な(の)茶碗」⇔小振り。《類語》大兵・大形・大柄

おお-ぶり【大降り】雨などが激しく降ること。「雪が一になる」⇔小降り。《類語》どしゃ降り・本降り

おお-ふりそで【大振袖】着たときに袂が裾と同じくらいの長さになるように仕立てた着物。若い女性が着る晴れ着。

おお-ぶるまい【大振(る)舞(い)】ごちそうなどをして人々を大いにもてなすこと。また、そのもてなし。椀飯振る舞い。

おお-ぶろしき【大風呂敷】❶大きなふろしき。❷現実性に乏しい大げさな話や計画。「彼一流の一だよ」《類語》誇張・誇称・大言壮語・豪語・壮語・広言

大風呂敷を広・げる　現実に合わないような大げさなことを言ったり、計画したりする。

オーブン〖oven〗天火。

オープン〖open〗❶〔名〕スル ❶営業や催しを始めること。開業。開店。開幕。「新しいゴルフ場が一する」❷閉じてあるものを開けること。開放。公開。❸サッカーなどで、相手のプレーヤーがいない方面。「一スペース」❹「オープンゲーム」の略。❷〔形動〕隠しだてのないさま。開放的。「一に話し合う」《類語》❶(❶)開店・店開き／❷公・表向き・公然・おおっぴら・筒抜け

オープン-アウトクライ〖open outcry〗《outcryは、競売の意》取引所で、手ぶりと声で注文を出し合う方式。鮮魚市場にも残っているが、主に株式取引所のものをいう。他社の手口がつかめ、瞬時に注文すれば実のある取引になる。

オープン-アカウント〖open account〗2国間の支払い協定に基づいて開設される清算勘定。協定国どうしが貿易取引ごとに現金決済をせず、当事国の中央銀行に設けたこの勘定に記録しておき、毎年定期的に貸借尻だけを現金決済する。オープン勘定。

オープン-アップ〖open up〗開放すること。開発すること。「国内市場の一を進める」

オープン-イノベーション〖open innovation〗新技術・新製品の開発に際して、組織の枠組みを越え、広く知識・技術の結集を図ること。一例として、産学官連携プロジェクトや異業種交流プロジェクト、大企業とベンチャー企業による共同研究などがある。

オープン-ウオーター〖open water〗❶海・湖・川など、戸外の自然の水域。❷《open water swimmingから》遠泳。

オープン-エア〖open air〗戸外。野外。露天。「一ステージ」

オープン-エアドーム《和 open＋air dome》開閉式の丸屋根。

オープン-エムジー〖OpenMG〗ソニーが開発した音楽データ用の著作権管理技術。音楽データの違法コピーや不正配信を防止することができる。➡マジックゲート

オープンエンドがた-とうししんたく【オープンエンド型投資信託】常時、自由に解約、換金することができる投資信託。発行者による買い戻しが保証されており、純資産価額(基準価額)に基づいて売却できる。➡クローズドエンド型投資信託

オープン-エンド-モーゲージ〖open-end mortgage〗開放式担保。担保付社債発行の一方式。あらかじめ社債の最高発行限度額を定め、これに対する物的担保を設定し、その額に達するまで同一順位の担保権をもつ社債を数回に分けて発行していくもの。➡クローズドモーゲージ

オープン-エントリー〖open entry〗《「門戸を開くこと」の意》競技大会や企業の採用試験などに、だれでも自由に応募できる方式。自由応募。《補説》日本の大手製造業の技術系社員の募集には、大学推薦と自由応募とがある。

オープン-オフィス〖open office〗部長から新入社員まで、大勢の社員が机を並べて働く広いオフィス。いくつかの部が同居し、遠くまで見わたせる広い事務室。

オープン-カー〖open car〗屋根のない自動車。また、折り畳み式の幌のついた自動車。

オープン-ガーデン〖open garden〗自宅の庭を、ある期間人々に公開すること。1920年代に英国で始まった。

オープン-カウンター〖open counter〗囲いや仕切りのない受付台。

オープン-かかく【オープン価格】製造会社が製品について標準小売価格を定めず、小売店側が売れ行きなどを考慮して価格を決める方式。オープンプライス。

オープンがた-とうししんたく【オープン型投資信託】証券投資信託で、最初に一定の限度額を設けておき、その額に達するまでは元本の追加設定(資金の途中追加)と、途中解約が認められるもの。追加の購入・換金価格は、基準価額による。MMFや公社債投資信託などがある。追加型投資信託。オープンファンド。➡ユニット型投資信託

オープン-カフェ《和 open＋café(ﾌﾗﾝｽ)》道路に面し

た壁を取り払って、テラスのように開放的な構造にしたカフェやレストラン。

オープンかぶしき-とうしん【オープン株式投信】株式投資信託のうち、運用開始後も信託金を追加したり、途中で解約したりできるもの。金利や株式市場の動向に合わせた資金運用ができる。国内株式型、国際債券型、インデックス型(日経平均株価などの指標に連動する運用成果をめざすもの)、ライフサイクル型など、さまざまな種類がある。➡スポット株式投信

オープン-カラー〖open collar〗開襟。

オープン-カレッジ〖open college〗学校、研究所などの行う公開講座。

オープン-かんじょう【オープン勘定】(ーカンヂヤウ) ▶オープンアカウント

オープン-カンファレンス〖open conference〗開放的同盟。運賃の水準維持を目的とする運賃同盟の競争規制的傾向を制限しようというもの。具体的には同盟規約の公開や新規加入希望者への門戸開放などを重視している。オープンコンファレンス。

オープン-キッチン〖open kitchen〗❶レストランで、客に見えるようにしてある調理場。❷食堂の中に設けられた台所。ダイニングキッチン。

オープン-キャンパス《和 open＋campus》大学が施設を公開し、受験希望者に対して行う説明会。

オープン-グループ《The Open Group》UNIXの標準化を推進している業界団体。

オープン-クレジット〖open credit〗手形の買い取りが、どの銀行でも自由にできることを保証した信用状。

オープン-ゲーム〖open game〗参加資格に制限がなく、だれでも参加できる試合や競技。公開競技。

オープン-けんしょう【オープン懸賞】(ーケンシヤウ) 商品の購入などの条件なしに、誰でも応募できる懸賞。

オープン-こうげき【オープン攻撃】❶バレーボールで、ネットの両端近くにトスを上げスパイクを打ち込む、最も基本的な攻撃法。❷サッカーなどで、相手選手の少ないスペースにパスを出して攻撃する戦法。

オープン-コース〖open course〗陸上競技の長距離競走やスピードスケート競技などで、各選手の走路が規定されていないコース。⇔セパレートコース。

オープンコースウエア〖opencourseware〗インターネットなどを利用して、大学や大学院で行われる講義の情報や関連する資料を公開すること。講義ノートやレジュメのほかに、講義内容をそのまま動画コンテンツとして公開することもある。OCW。

オープン-ゴルフ〖open golf〗プロとアマチュアの区別なく参加できるゴルフ競技。

オープン-サイド〖open side〗ラグビー、アメリカンフットボールなどで、プレーヤーの位置からみて、タッチラインまでの距離が広いほうのサイド。⇔ブラインドサイド。

オープン-サンドイッチ〖open sandwich〗パンの上に肉・野菜・チーズ・卵などをのせたサンドイッチ。オープンサンド。

オープン-ジーエル〖OpenGL〗コンピューターグラフィックスの三次元画像処理に特化したAPI。

オープン-しじょう【オープン市場】(ーシヂヤウ) ▶オープンマーケット

オープン-システム〖open system〗❶異なるメーカーのコンピューターでも同一のネットワークに接続できるように、共通のプロトコルに従っているコンピューターシステム。逆に、特定のメーカーのハードウエアやソフトウエアで構成されたコンピューターシステムをプロプライエタリーシステムという。❷医療制度の一方式。病院が、契約した開業医に対して設備を開放することで、患者が入院しても主治医を変えずに治療が受けられるというもの。❸一括請負ではなく、建築主が大工・屋根・左官など各種工事をそれぞれに発注する方式。

オープン-シャツ《open-necked shirtから》開襟シャツ。

オープン-ショップ〖open shop〗❶労働者が、採用・解雇・労働条件などについて、労働組合に加入していてもいなくても、使用者から平等の扱いを受ける制度。➡クローズドショップ ➡ユニオンショップ ❷コンピューターのプログラミングや機械操作を、計算処理を必要とする人がみずから行う方式。➡クローズドショップ

オープン-スカイ〖open sky〗国際航空における自由航行。便数・路線・以遠権(到着国を経由して第三国に運航する権利)などの完全自由化のこと。平成10年(1998)の日米航空協定改定においてアメリカの主張を容れて導入。

オープンスカイ-じょうやく【オープンスカイ条約】(ーデウヤク)《Treaty of Open Skies》領空開放条約。1992年3月に北大西洋条約機構(NATO)と旧ワルシャワ条約機構の加盟国、計24か国が調印した条約。締約国は軍事地域を含む全領土について、制限外の兵器保有や奇襲のための兵力集結などが行われていないかどうか、航空機による空からの査察を受けるために領空を開放するというもの。

オープン-スクール〖open school〗従来の画一的・固定的な教育内容・学級編制の枠をなくし、子供の能力・関心に応じた自由な教育を行う学校。

オープン-スタンス〖open stance〗野球・ゴルフなどで、体を開いた構え。打球方向側の足を他方の足より少し後ろに引いて立つ。⇔クローズドスタンス。

オープン-ストック〖open stock〗ばら買いできる、食器などのセット商品。

オープン-スペース〖open space〗❶都市または敷地内で、建造物の建っていない場所。空き地。❷サッカーなどで、ピッチ上に相手のプレーヤーがいない空間。

オープン-セット《和 open＋set》映画やテレビの撮影のために屋外に設けたセット。

オープン-せん【オープン戦】プロ野球などで、シーズン開幕前に行う非公式試合。補説 英語ではexhibition game

オープン-せんしゅけん【オープン選手権】スポーツで、プロ・アマ区別なく参加できる選手権競技。

オープン-ソース〖open source〗ソフトウエアのソースコードをインターネットなどで公開し、誰もが改良や機能追加、再配布できるようにすること。

オープン-ターン〖open turn〗水泳競技の折り返しの際、片手でプールの壁に触ってから体を回し、足で壁を蹴ってから泳ぎ出すこと。

オープン-チェーン〖open chain〗化学で、原子が鎖状に結合している状態。開鎖。⇔クローズドチェーン。

オープン-チケット〖open ticket〗予約されていない航空券。

オープン-チャンネル〖open channel〗自由販売経路。系列店を作らず、開放された流通経路。

オープン-ディスプレー《和 open＋display》商品を、客がじかに手にとって見ることができるような陳列をすること。

オープン-ドア〖open door〗門戸開放。港・市場などを外国に開放すること。

オープン-トースター《和 oven＋toaster》天火型のトースター。

オープン-トーナメント〖open tournament〗プロ・アマ区別なく参加できるトーナメント形式の競技会。

オープンドキュメント〖opendocument〗▶オー-ディー-エフ(ODF)

オープンネットワーク-ソリューション〖open network solution〗オープンネットワークシステムを導入することにより、現在生じている業務上の問題点を解決するサービス。

オープン-ビーエスディー〖OpenBSD〗UNIXと互換性をもつ、パソコン向けのオペレーティングシステム。無償公開されている同種のFreeBSDやNetBSDに比べ、セキュリティー機能を強化している。

オープン-ファスナー《和 open＋fastener》末端まで滑らせると留め具が外れ、左右または上下に分けられるファスナー。

オープン-ファンド〖open fund〗▶オープン型投資信託

オープン-プライス〖open price〗▶オープン価格

オープン-ブロー〖open blow〗ボクシングで、グローブを開いた状態で打つこと。反則となる。

オープン-マーケット〖open market〗金融機関だけでなく、企業・宗教法人・地方自治体などが参加する短期金融市場。CD(譲渡性預金)、現先(戻し条件付き債券売買)、政府短期証券(TB)、海外コマーシャルペーパーなどが対象。オープン市場。公開市場。

オープンマーケット-オペレーション〖open-market operations〗公開市場操作。

オープン-リール〖open reel〗磁気録音テープの枠で、カセットに入れず、自由に操作できるもの。また、それに巻いた磁気テープ。

オー-ペア〖フランス au pair〗《無給の、住み込みの、の意》家庭に住み込んで家事を手伝いながらその国の言語を習得する外国人。オペア。

おお-へい【大柄】(おほー)〘名・形動〙「横柄(おうへい)」に同じ。

おお-べし【大×癋】(おほー) 能の囃子事(はやしごと)の一。笛を主に、大鼓(おおつづみ)・小鼓・太鼓で演奏する。大癋見(おおべしみ)の面をつける天狗(てんぐ)・魔王などの登場時に用い、歌舞伎の時代だんまりにも用いる。

おお-べしみ【大×癋見】(おほー) 能面の一。癋見の一種。目を見開き、小鼻を張り、口をぐっと結んだ大形の面。天狗(てんぐ)に用いる。

オーベピーヌ〖フランス aubépine〗セイヨウサンザシの花からとった香料。ヒヤシンスに似た芳香がある。オーベピン。

おお-へびがい【大蛇貝】(おほへびがひ) ムカデガイ科の巻き貝。潮間帯の岩に固着する。不規則に巻いた管状の殻をもち、口から糸状の粘液を出して張り巡らし、餌をとる。本州以南に分布。食用。

おお-べや【大部屋】(おほー) ❶大きな部屋。❷劇場・映画撮影所の楽屋などにある、専用の控室を持てない俳優たちが雑居している部屋。また、その俳優。❸病院で、大ぜいの患者が入院している広い部屋。❹江戸時代、大名屋敷で、小者(こもの)・火消し人足などの起居していた部屋。

おお-べら【大べら】(おほー)〘形動〙図〘ナリ〙人目を気にせずにするさま。大っぴら。「精神的娯楽なら、もっと—にやるがいい」〈漱石・坊っちゃん〉

オーベルジュ〖フランス auberge〗おいしい料理をゆっくり堪能できる宿泊施設付きのレストラン。フランスが発祥国。

オーベルジュ-ド-プロバンス〖Auberge de Provence〗地中海中央部の島国、マルタ共和国の首都バレッタにあるルネサンス様式の建物。16世紀後半にプロバンス地方出身のマルタ騎士団の宿舎として建造。現在は国立考古学博物館になっており、同島の巨石神殿で見つかったビーナス像などを展示。

オーベル-シュル-オアーズ〖Auvers-sur-Oise〗フランス中北部、バル-ドアーズ県の村。画家ゴッホ終焉の地として知られ、死の直前の約2か月間過ごし、70点もの絵画を描いた。オーベル-シュル-オワーズ。

オーベルニュ〖Auvergne〗フランス中南部、中央高地の地方。風光明媚(めいび)で知られる。中心都市クレルモンフェラン。

オー-ヘンリー〖O. Henry〗[1862～1910]米国の短編小説家。本名、ウィリアム=シドニー=ポーター(William Sydney Porter)。庶民生活の哀歓を軽妙に描いた。作「賢者の贈り物」「最後の一葉」など。

オーボ〖Åbo〗フィンランドの都市トゥルクの、スウェーデン語名。

おお-ぼうしばな【大帽子花】(おほー) ツユクサの園芸品種。高さ約50センチに達する。花が大きい。花の青色の汁を、友禅染の下絵書きや和紙の着色に用いた。観賞用。

おお-ぼうしょ【大奉書】(おほー) 大判の奉書紙。縦約40センチ、横約55センチ。

オーボエ〖イタリア oboe〗木管楽器の一。リードを2枚も

つ縦笛。歌うような旋律に適し、合奏では高音部を受け持つ。オーボー。
オーボエ-ダモーレ〘イタリア oboe d'amore〙《愛のオーボエの意》オーボエと同族のダブルリードを有する木管楽器。音域はオーボエより短3度低い。
おおぼけ-こぼけ【大歩危小歩危】徳島県西部、四国山地を横断する吉野川の峡谷。景勝地で、上流側に大歩危、下流側に小歩危がある。
おおぼし-ゆらのすけ【大星由良之助】浄瑠璃「仮名手本忠臣蔵」などの登場人物。実在した赤穂藩の家老、大石内蔵助がモデル。
おお-ぼね【大骨】❶大きな骨。太い骨。❷非常に苦労すること。「とんだ―だった」「―を折る」
おお-ほん【大本】美濃紙を二つ折りにした判の大形の和本。
おお-ほんだ【大本多】本多髷の形を大きくしたもの。
おお-ま【大間】〘名・形動〙❶間隔の大きいこと。❷演劇で、俳優の動作や囃子の間が大きいこと。また、そのさま。「古風に―な味が、なんとも言われず好もしかった」〈里見弴・多情仏心〉❸広い部屋。❹「京間❶」に同じ。❺川船が通るために広くした橋柱の間。❻中世の貴族などにおいて行事に使われる部屋。❼「大間書」の略。
オー-マイ-ゴッド〘oh my God!〙〘感〙なんてこった。これは大変だ。
おお-まえ【大前】❶神や天皇の前を敬っていう語。みまえ。「天照大御神の―に白さく」〈祝詞・祈年祭〉❷数人で弓を射るとき、最初に射る射手。「総射手の前に射る故―と云ふは」〈貞丈雑記・一二〉
おおまえだ-の-えいごろう【大前田英五郎】[1793～1874]江戸末期の博徒。上野国勢多郡宮城村大前田(現前橋市)の人。15歳で地元の博徒を殺して逃走。のちに名古屋を中心に勢力をもった。
おお-まえつぎみ【大臣】《天皇の御前に仕える高官の意》「だいじん(大臣)❷」に同じ。
おお-まか【大まか】〘形動〙〘文〙〘ナリ〙細かいことにこだわらずに物事を済ませるさま。また、緻密でないさま。おおざっぱ。「―な見積もりを立てる」「万事に―な仕事ぶり」〘派生〙おおまかさ〘名〙〘類語〙大雑把
おおま-がき【大間書】《行間を大きく空けるところからという》平安時代、除目の際に用いた文書。闕官のある場合はその人名の行を空けておき、後で書き入れた。
おお-まがき【大×籬】江戸吉原で、最も格式の高い遊女屋。入り口を入ったところの格子(籬)が全面、天井まで達している。大店。総籬。
おおまがつひ-の-かみ【大禍津日神】凶事・災害などの源をつかさどる神。わざわいの神。
おおまが-とき【大▽禍時】《大きな災いの起こりがちな時刻の意から》夕方の薄暗いとき。たそがれどき。逢う魔が時。逢う魔時。
おおまがり【大曲】秋田県中南部にあった市。横手盆地北部の中心で、雄物川の米積み出しの河港として発展。古四王神社がある。平成17年(2005)3月に周辺町村と合併し大仙市となった。➡大仙
おお-まがり【大曲(が)り】道や川が大きく曲がっていること。また、曲がっている場所。
おおまがり-し【大曲市】▶大曲
おおまき-おんせん【大牧温泉】富山県南砺市にある温泉。泉質は塩化物泉・硫酸塩泉。小牧ダムから船で30分ほどさかのぼった、庄川峡の右岸にある。
おお-まけ【大負け】〘名〙スル ❶勝負事などで、ひどく負けること。大敗。❷大幅に値引きすること。「―に負けておきました」
おおま-ざき【大間崎】青森県、下北半島北西端の岬。本州最北端。津軽海峡をはさんで北海道の汐首岬に対する。
おお-ましま・す【大×坐します】〘動サ四〙「ましま す」よりさらに敬意の高い尊敬語。いらっしゃる。おいでになる。「(天皇ヲ)其の国の山方の地に―・さしめて」〈記・下〉
おお-まじめ【大真-面-目】〘形動〙〘文〙〘ナリ〙大層まじめなさま。「―に話を切り出す」〘類語〙まじめ・几帳面・生まじめ・くそまじめ・忠実・愚直・四角四面
おお-ます【大×枡】普通のものより大形の枡。伊勢・甲州など各地にあった。
おお-また【大股】❶両足を広く開くこと。歩幅の広いこと。「―を広げる」「―で歩く」⇔小股。❷相撲のきまり手の一。出し投げを打ったあと、相手が外側の足を出したとき、その足を内股からすくうように抱えて仰向けに倒す技。
おおまち【大町】長野県北西部の市。北アルプスの東麓にあり、登山基地。また仁科三湖・黒四ダムなどの観光基地。平成18年(2006)1月、八坂村・美麻村を編入。人口3.0万(2010)。
おおまち-けいげつ【大町桂月】[1869～1925]詩人・評論家。高知の生まれ。本名、芳衛。雑誌「帝国文学」に評論や詩を発表。のち、紀行文を多く書いた。詞華集「花紅葉」(共著)「黄菊白菊」、随想評論集「我が文章」など。
おおまち-し【大町市】▶大町
おお-まつよいぐさ【大待宵草】アカバナ科の二年草。川原などに群生し、高さ約1.5メートル。マツヨイグサより葉は幅広い。夏の夕方、黄色い4弁花を開き、翌朝しぼんでもあまり赤くならない。実は細長く、熟すと四つに裂ける。北アメリカの原産で、明治初期に渡来、帰化。〘季 夏〙
おお-まつりごと【太=政】天皇が行う政治。
おおまつりごと-の-おおまつぎみ【太=政大=臣】「だいじょうだいじん(太政大臣)❶」に同じ。
おおまつりごと-びと【参=議】「さんぎ(参議)❶」に同じ。
おお-まと【大的】歩射に用いる大きな的。直径5尺2寸(約1.58メートル)の的をいう。⇔小的。
おおまと-じょうらん【大的上覧】江戸幕府の年中行事の一。各番衆から射手を選び、将軍の御前で大的を射させたこと。大的御覧。
おお-まめ【大豆】ダイズの別名。
おお-まわり【大回り】〘名〙スル ❶大きな円弧を描いて回ること。また、道の曲がり角などを大きく外側にふくらんで回ること。⇔小回り。❷遠くを通って目的地にまで行くこと。遠回り。「道が不通になったので―して行く」❸能・歌舞伎などで、役者が舞台を大きくひと回りすること。
おお-まんどころ【大▽政所】《「大北の政所」の略》摂政・関白の母の敬称。
おおみ【大▽忌】《「おおいみ」の音変化》❶「荒忌み」に同じ。❷神事に奉仕する官人で、占いによって小忌に選ばれない人々。❸荒忌みの際に着る服。
おお-み【大▽御】〘接頭〙神・天皇に関する語に付いて、最高の尊敬の意を表す。「―あかし(大御灯)」「―け(大御食)」〘補説〙後に、「おほむ」を経て「おほん」「おん」「お」と変化した。
おおみ-あえ【大▽御×饗】天皇の食べる食事。おおみけ。「膳宮を作りて、―献りき」〈記・中〉
おおみ-あかし【大▽御▽灯】神前・仏前に供える灯明。
おおみ-あそび【大▽御遊び】天皇など貴人の催す管弦の会。
おおみ-いつ【大▽御稜=威】天皇の威徳、威光。
おおみ-うた【大▽御歌】天皇が詠んだ歌。御製。
おお-みえ【大見得】歌舞伎で、特に際だって演じる見得。➡見得
大見得を切・る ❶歌舞伎で、役者が特に際だった見得の所作をする。❷自信のあることを強調するために大げさな言動をとる。また、出来もしないことを出来るように言う。
おおみ-おや【大▽御▽祖】❶天皇の祖先。皇祖。❷天皇の母。「―と坐しし掛けまくも畏き我が皇天皇」〈続紀宣命・五詔〉
おおみ-かど【大▽御門】❶門の敬称。特に、皇居の門。❷皇居。宮殿。❸邸宅の総門。
おおみ-かみ【大▽御神】神の敬称。おおかみ。「諸の―たち、舟舳に導きまをし」〈万・八九四〉
おお-みがわり【大身替(わ)り】衣服で、左右の片袖と片身頃を別の色または模様にしたもの。片身替り。
おおみ-き【大▽御▽酒】神や天皇などに奉る酒。「親王にむまの頭、―まゐる」〈伊勢・八二〉
おおみ-ぎり【大×砌】寝殿の軒下の、雨垂れを受ける石畳。「―の石を伝ひて」〈徒然・六六〉
おおみ-くらい【大▽御位】天皇の位。皇位。天位。天祚。
おおみ-け【大▽御▽食】天皇の食べる食物。おおみあえ。「―に仕へ奉るとをちこちにいざり釣りけり」〈万・四三六〇〉
おおみ-こころ【大▽御心】天皇の心。叡慮。
おおみ-こと【大▽御言】天皇の言葉。勅旨。みことのり。「家の子と選ひたまひて―戴き持ちて」〈万・八九四〉
おお-みこともち【大=宰】《「みこともち」は勅旨を受けて任地を治める官》大宰府の官吏。
おおみこともち-の-かみ【大=宰=帥】「だざいのそち(大宰帥)」に同じ。
おおみこともち-の-つかさ【大=宰=府】「だざいふ(大宰府)」に同じ。
おおみ-しま【大三島】瀬戸内海にある芸予諸島で最大の島。愛媛県今治市に属する。ミカンの栽培が盛ん。宮浦に大山祇神社がある。瀬戸内しまなみ海道が通る。面積63.8平方キロメートル。
おお-みず【大水】大雨などのため、川や湖などの水があふれて陸地を浸すこと。洪水。
〘類語〙氾濫・洪水・出水・鉄砲水
おお-みずあお【大水=青=蛾】ヤママユガ科のガ。翅の開張8～11センチ、淡青緑色で、中央に一つずつ眼状紋があり、前翅の前縁は赤紫色、後ろ翅の後端は尾状に伸びている。幼虫は桜・ミズキ・リンゴなどの葉を食べる。
おお-みずなぎどり【大水×薙鳥】ミズナギドリ科の海鳥。全長49センチくらい。体の上面が黒褐色、下面は白色。島の傾斜地に穴を掘って産卵する。日本近海で繁殖し、ニューギニアにかけての太平洋に分布。〘季 夏〙
おお-みそか【大×晦日】1年の最終の日。12月31日。おおつごもり。〘季 冬〙「一分別ばかり残りけり/許六」〘類語〙大つごもり・除夜
おおみ-だいどころ【大▽御台所】先代将軍の夫人の敬称。
おおみ-たから【大▽御宝】天皇の民。国民。「天の下の―の取り作れる奥つ御歳を」〈祝詞・広瀬大忌祭〉
おお-みだし【大見出し】❶新聞・雑誌などで、目立つように大きな活字を用いた見出し。⇔小見出し。❷文章全体を総括した見出し。
〘類語〙見出し・小見出し・ヘッディング
おお-みち【大道】❶広い道。大通り。だいどう。⇔小道。❷36町(約3924メートル)を1里とする里程。⇔小道。❸長い道のり。「今日は―であった、二人共に草臥やったで、しんどかろ」〈伎・幼稚子敵討〉
おおみなと【大湊】青森県むつ市西部の地名。大湊港はもと旧日本海軍要港部のあった軍港。
おおみなと-わん【大湊湾】青森県北東部、下北半島のくびれた部分にある湾。陸奥湾の支湾。オオハクチョウ・コクガンの渡来地。港には海上自衛隊の基地があり、国の重要港湾に指定されている。
おおみね【大峰】大峰山の略称。
おおみね-いり【大峰入り】修験者が、大峰山に登って修行すること。順と逆の峰入りがある。峰入り。
おおみね-おくがけみち【大峰奥駈道】奈良県の吉野山と和歌山県の熊野三山を結ぶ道。修験者の修行道。熊野古道の中でも険しい道として知られる。靡と呼ばれる75か所の修行場が設けてあり、ここを順に修行して歩く。熊野本宮大社の本宮証

誠殿(1番)から吉野川河岸の柳の宿(75番)へ向かうのを順峰、その逆に巡るのを逆峰という。平成16年(2004)「紀伊山地の霊場と参詣道」の一部として世界遺産(文化遺産)に登録された。

おおみね-さん【大峰山】奈良県南部、大峰山脈の主要部の諸峰。特に、山上ヶ岳の通称。修験道の霊山。

おおみねさん-じ【大峰山寺】奈良県吉野郡天川村にある寺院。のちに修験道の開祖となった役の行者が修行をし、開いたとされる霊場。本堂は江戸時代の元禄4年(1691)に再建されたもので、国の重要文化財。蔵王権現像を祭る。大峰山の中心、山上ヶ岳の山頂にあり、吉野山にある金峰山寺の本堂を「山下の蔵王堂」と呼ぶのに対し、「山上の蔵王堂」と呼ばれる。平成16年(2004)「紀伊山地の霊場と参詣道」の一部として世界遺産(文化遺産)に登録された。

おおみね-ひじり【大峰▽聖】大峰山で修行する修験者。

おおみはふり-の-うた【大▽御▽葬の歌】雅楽寮大歌で、天皇の葬送のときに演奏するもの。古事記の上代歌謡をもとにしており、現代でも大葬のときに演奏する。

おおみ-み【大▽御身】天皇のからだ。玉体。「一に太刀取り佩かし」〈万・一九九〉

おお-みや【大宮】❶㋐神の御座所。神社。「今年一および大寺をつくらしむ」〈舒明紀〉㋑天皇の御所。皇居。「天皇の神の尊の一はここと聞けども」〈万・二九〉❷《「おお」は年をとった人、「みや」は身分の高い女性の意》㋐皇太后・太皇太后の敬称。「一この夕暮れより御胸悩ませ給ふを」〈源・東屋〉㋑母である皇族の女性の敬称。「一は、いよいよ若く」〈源・総角〉㋒皇族、または皇族出身の高齢の女性の敬称。「一の亡せ給へりしを」〈源・夕霧〉

おおみや【大宮】埼玉県さいたま市中北部の区。旧市名。武蔵国一の宮の氷川神社がある。江戸時代は中山道の宿駅、明治期は鉄道の町として繁栄。上越新幹線・東北新幹線の分岐点で、県の商業中心地。➡さいたま

おおみや-アルディージャ【大宮アルディージャ】日本プロサッカーリーグのクラブチームの一。ホームタウンはさいたま市。昭和44年(1969)発足の電電公社(NTT)関東サッカー部が前身。平成10年(1998)に改称し、翌年からJリーグに参加。(補説)「アルディージャ」はスペイン語のリス(アルディーリャ)に由来。

おおみや-く【大宮区】►大宮

おおみや-ごしょ【大宮御所】太皇太后または皇太后の御所。

おおみや-し【大宮市】►大宮

おお-みやすんどころ【大▽御▽息所】先帝の御息所。また、天皇の母。おおみやすどころ。「一とていますがりけるいとこなりけり」〈伊勢・六五〉

おおみや-づかえ【大宮仕へ】《「おおみやつかえ」とも》宮中に奉仕すること。「藤原の一生れつくや娘子がともはともしきろかも」〈万・五三〉

おおみや-づかさ【大宮▽司】「だいぐうじ(大宮司)」に同じ。

おおみや-どころ【大宮所】《「おおみやところ」とも》皇居のある地。また、皇居。「ももしきの一見れば悲しも」〈万・二九〉

おおみや-びと【大宮人】《上代は「おほみやひと」》宮中に仕える人。殿上人。「ももしきの一に語り継ぎてむ」〈万・四〇四〇〉

おおみや-ほうかだいがくいんだいがく【大宮法科大学院大学】さいたま市にある私立大学。平成16年(2004)に開校した法科大学院で、第二東京弁護士会の後援をうけている。

おおみ-よ【大▽御代】天皇の治める時代。天皇の治世。

おおみわ-じんじゃ【大神神社】奈良県桜井市三輪町にある神社。旧官幣大社。祭神は大己貴神の和魂である大物主神。三輪山が神体で、山麓に拝殿があるが、本殿はない。古くから酒の神とされ、酒造家が信仰する。大和国一の宮。三輪明神。三輪神社。

オーム〖Georg Simon Ohm〗[1789～1854]ドイツの物理学者。電磁気の実験研究を行い、1826年に「オームの法則」を発見。

オーム〖ohm〗国際単位系(SI)の電気抵抗の単位。二点間の電位差が1ボルトの導線に1アンペアの電流が流れるときの二点間の抵抗を1オームとする。名称はG=S=オームにちなむ。記号Ω

おお-む【▽御¦大▽御】〔接頭〕►おおん

おお-むかし【大昔】非常に遠い昔。太古。

(類語)太古・古代・上古・上代

おお-むかで【大蜈=蚣】オオムカデ科のムカデ。体長7～13センチと大形で、暗緑色であるが、頭だけ赤みを帯び、足は21対ある。本州以南に分布し、3亜種に分けられ、トビズムカデは日本最大で、かまれると腫れがひどい。

おお-むぎ【大麦】イネ科の一年草。高さ約1メートル。茎は中空で、節間は長い。葉は幅広く白緑色。太い円柱形の穂をつくり、長い芒がある。穂の形により六条大麦・四条大麦・二条大麦に分けられ、食用のほか、醤油・味噌・ビールなどの原料にする。茎は帽子などの細工物に使う。かちがた。ふとむぎ。(季 夏)

おお-むこう【大向こう】《向こう桟敷の後方にあるところから》❶劇場で、舞台から見て正面後方にある立見の場所。一幕見の観覧席。❷立見席の観客。芝居通の人が多かった。転じて、一般の見物人。

(類語)観客・観衆・見物人・ギャラリー・聴衆・ファン・客

大向こうを唸らせる 役者が、うまい芸で大向こうの観客を感嘆させる。また、一般にすぐれた技巧で多くの人々の人気を博する。(補説)「向こうを唸らせる」とするのは誤り。

おおむた【大牟田】福岡県南西部、有明海に面する市。三池炭田を背景に発展し、石炭関連工業で繁栄。現在は重化学工業が盛ん。人口12.4万(2010)。

おおむた-し【大牟田市】►大牟田

おお-むね【大旨¦▽概ね】㊀〔名〕だいたいの趣旨。あらまし。「一は了承した」㊁〔副〕(概ね)その状態が大部分を占めるさま。だいたい。おおよそ。「会員は一女性だ」

(類語)おおよそ・あらかた・あらまし・一般・大抵・全般に・総じて・概して・多く・おしなべて・大概・普通・通例・通常・一体に・総体・およそ・広く・遍く

おお-むね【大棟】屋根の頂部の、水平な棟。

オーム-の-ほうそく【オームの法則】導体を流れる電流の強さは、導体両端の電位差に比例し、電気抵抗に反比例するという法則。

おおむら【大村】長崎県、大村湾東岸の市。大村氏の城下町で、大村純忠のときに、ポルトガルとの交易で繁栄。大村入国管理センター・旧円融寺庭園や、箕島に長崎空港がある。人口9.1万(2010)。

おお-むらさき【大紫】❶(大紫蝶)タテハチョウ科で最大のチョウ。翅の開張9センチくらい。色は黒っぽく、雄では前翅に紫色の光沢があり、赤・白・黄色の斑紋が散在。クヌギなどの樹液に集まる。幼虫はエノキの葉を食べる。日本の国蝶。❷ツツジ科の常緑低木。花は5月ころ咲き、濃紫色で大輪。公害に強く、造園によく使われる。

おおむら-し【大村市】►大村

おお-むらじ【大▽連】大和朝廷で、大化の改新以前に大臣と並ぶ最高官。連の姓をもつ氏族中の最有力者が就任。大伴・物部氏が任ぜられた。

おおむら-すみただ【大村純忠】[1533～1587]戦国時代の武将。日本初のキリシタン大名。洗礼名バルトロメヨ。南蛮貿易中心の外交政策を行い、大友・有馬氏とともにローマ教皇に少年使節を派遣。➡天正遣欧使節

おおむら-ますじろう【大村益次郎】[1825～1869]幕末の兵法家。周防の人。初め村田蔵六と名乗った。戊辰戦争にすぐれた軍事指揮を執った。日本の兵制の近代化に尽力したが、反対派浪士に襲われて死亡。

おおむら-わん【大村湾】長崎県東部、本土と西彼杵半島との間の湾。北端の針尾瀬戸に西海橋が架かる。

おおむろ-やま【大室山】静岡県伊豆半島東岸、伊東市南部にある円錐形の火山。標高580メートル。頂上に直径300メートル、深さ70メートルのすり鉢形をした火口がある。山麓は海岸まで溶岩台地がのび、先端に城ヶ崎海岸がある。北部に一碧湖が位置する。山麓の大室高原には、伊豆シャボテン公園や別荘地などがある。

おお-め【大目】〔名・形動〕❶大きい目。❷200匁(750グラム)を1斤とする量り方。❸細部にこだわらず大ざっぱに見ること。寛大に扱うこと。また、そのさま。「如何に優しい一な政府でも」〈福沢・福翁自伝〉

大目に見る 人の過失や悪いところなどを厳しくとがめず寛大に扱う。「多少の失敗は一見る」

おお-め【多め】〔名・形動〕やや多いくらいの分量であること。また、そのさま。「予想より一な(の)応募者」「一に入れておく」

おお-めいぶつ【大名物】利休以前に選定された名物茶器で、最もいわれが深く、貴重なもの。東山御物がその代表。

おお-めし【大飯】多量の飯。多量の食事。

おおめし-ぐらい【大飯食らい】飯をたくさん食べること。また、その人。飯ばかり食べて、役に立たない人をののしっていう。おおめしくい。

おお-めだま【大目玉】❶大きくぎょろりとした目玉。❷ひどくしかること。「一を食う」

(類語)(❷)譴責・叱る・怒る・叱咤・叱責・叱りつける・一喝・大喝・お目玉

おお-めつけ【大目付】江戸幕府の職名。老中の支配下で、幕府の政務の監督、諸大名の監察などにあたった。定員は4～5名、旗本から選ばれた。総目付の改称で、大名目付・総横目ともいった。➡目付❶

オーメン〖omen〗前兆。きざし。特に、よくないことが起こる前兆。

おお-もうけ【大×儲け】〔名〕スル 非常に大きな利益を得ること。「株で一する」

おお-もうちぎみ【大=臣】「だいじん(大臣)❷」に同じ。

おお-もじ【大文字】❶欧文の文字で、文の初め、または固有名詞の最初などに用いるもの。アルファベットのA・B・Cの類。キャピタルレター。⇔小文字。❷基準のものよりも、大きな文字。

(類語)キャピタル・小文字

おお-もちあい【大▽保ち合い】相場の動きが長い間小幅にとどまり、大きく変動しない状態。

おお-もて【大持て】大いにもてること。非常に人気があり、歓待されること。「若者に一の歌手」

おお-もと【大本】物事の最も基本となるもの。根本。根源。「この言葉の一の意味」

(類語)基礎・基本・根本・基盤・根底・基幹・基部・基底・大根・根幹・中心・基軸・基調・基・土台・下地・初歩・いろは・ABC

おおもと-きょう【大本教】明治末、出口ナオを教祖として出口王仁三郎が組織した神道系の新宗教。ナオの「筆先」による艮の金神の世直しを唱えて、「みろくの世」(神の国)の到来を説いた。大正10年(1921)・昭和10年(1935)の二度の弾圧を受けた。第二次大戦後、愛善苑として再出発したが、正式名称は大本。京都府亀岡市に本部を置く。

おお-もとゆい【大元結】►入れ元結

おお-もの【大物】❶大きな形のもの。また、価値のあるもの。「一を釣り上げる」⇔小物。❷その方面で大きな勢力・影響力をもっている人物。また、器量の大きい、すぐれた人物。「財界の一」「一の相」⇔小物。(類語)大人物・大器・偉物・英傑・傑物・傑士・傑人・人傑・俊傑・怪傑・偉人・逸材・女傑・巨星・巨人・英雄・ヒーロー・老雄・群雄・奸雄・両雄・風雲児・雄

おお-ものいみ【大物忌(み)】伊勢神宮で、朝夕

の大御食(おおみけ)に奉仕した神官。➡物忌み

おおものいみ-じんじゃ【大物忌神社】山形県飽海郡遊佐町、鳥海山にある神社。祭神は大物忌神。出羽国一の宮。鳥海山大物忌神社。

おおもの-ぐい【大物食い】勝負の世界で、自分よりはるかに上位の相手を負かすこと。また、その人。ジャイアントキラー。「—の力士」

おおものぬし-の-かみ【大物主神】奈良県桜井市の大神神社の祭神。「出雲国造神賀詞」では、大己貴神の和魂としている。大物主櫛甕玉命。

おお-もり【大盛(り)】食べ物などを容器にたっぷりと盛ること。また、そのもの。

おおもり【大森】東京都大田区東部の地名。東京湾岸は浅草海苔の産地であったが、現在は埋め立て地。もと東京市の区名。

おおもり-かいづか【大森貝塚】東京都大田区、大森駅付近の縄文後期・晩期の貝塚。明治10年(1877)米国のモースが発見・発掘し、日本の近代考古学の端緒となった。

おおもり-かずき【大森一樹】[1952～]映画監督。大阪の生まれ。都会的なセンスにあふれた青春映画で支持を得る。代表作は、自らの医学生としての経験をいかした「ヒポクラテスたち」のほか、「すかんぴんウォーク」「恋する女たち」など。

おおもり-しょうぞう【大森荘蔵】[1921～1997]哲学者。岡山の生まれ。東大卒。東大教授。分析哲学から出発、物心二元論を批判して独自の哲学体系を築く。著作に「言語・知覚・世界」「物と心」「新視覚新論」「時は流れず」など。

おおもり-ひこしち【大森彦七】南北朝時代の北朝方の武士。名は盛長。足利尊氏が九州から都に攻め上ったとき、湊川の戦いで楠木正成を破った。太平記に、正成の亡霊に悩まされるが、大般若経により怨霊を退散させたとある。また、同名の歌舞伎舞踊劇がある。生没年未詳。

おおもり-ふさきち【大森房吉】[1868～1923]地震学者。福井の生まれ。東大教授。日本における地震学の創始者。初期微動と震源との関係を表す大森公式や地震帯の発見、地震計の考案、震災対策など多くの業績がある。

おおもり-よしたろう【大森義太郎】[1898～1940]経済学者・評論家。神奈川の生まれ。労農派の理論的指導者の一人として活躍。著「まてりありすむす・みりたんす」「史的唯物論」など。

おお-もん【大門】❶邸宅や城郭などの正門。表門。だいもん。❷遊郭の入り口の門。特に、江戸新吉原のものは有名。

大門を打つ ❶事件が起きた時、遊郭の大門を閉めて人の出入りを禁じる。❷遊郭内の遊女を買い占めて豪遊する。

おお-や【大矢｜大×箭】普通より長い矢。また、それを射ることができる人。「八郎殿の—をあたりてみんと存じ候」〈保元・中〉

おおや【大谷】栃木県宇都宮市の地名。

おお-や【大家｜大屋】❶貸家の持ち主。家主。⇔店子(たなこ)。❷母屋(おもや)。❸本家(ほんけ)。(類語)家主

大家と言えば親も同然店子と言えば子も同然 家主と借家人とは実の親子と同然の間柄である。江戸時代、借家人には公的な権利・義務がなく、家主がその保証・責任を負ったところからいう。

おおや-いし【大▽谷石】宇都宮市大谷町付近から産出する石材。凝灰岩の一種で、淡青緑色。軟らかく加工が容易で、耐火性・吸水性に富む。石垣や倉庫の外壁などに使用。

おお-やかず【大矢数】江戸時代、陰暦4、5月に京都三十三間堂などで行われた通し矢の競技。日暮れから翌日の暮れまでの一昼夜に数千本から一万数千本を射つづけて、その数の多さを誇った。(季 夏)「—弓師親子もまゐりたる/蕪村」

おおやかず【大矢数】江戸前期の俳諧集。5冊。井原西鶴著。延宝8年(1680)に大坂の生玉社で、京都三十三間堂の大矢数にならい1日に四千句の独吟を成し遂げ、翌年出版したもの。西鶴大矢数。

おお-やけ【大▽宅】㊀〔名〕大きな家。富裕な家。資産家。金持ち。「また小林という—もあった」〈中野重治・梨の花〉㊁〔形動〕《近世語》富裕なさま。「こなたは—な事でござれば」〈虎寛狂・米市〉

おおやけ【公】《「大宅(おおやけ)(大きな家)」の意から、皇居・天皇・朝廷、さらに公共の意に転じた語》㊀〔名〕❶政府。官庁。また、国家。「—の機関」「—の費用」❷個人の立場を離れて全体にかかわること。社会。公共。世間。「—のために尽くす」⇔私(わたくし)。❸表だつこと。表ざた。「—の場に持ち出す」「事件が—になる」❹天皇。皇后。または中宮。「おほかたの御心ざま広う、まことの—とおはしまし」〈栄花・月の宴〉❺朝廷。「—の宮仕へしければ」〈伊勢・八五〉㊁〔名・形動ナリ〕ものの見方・扱い方などが偏っていないこと。また、そのさま。公平。公正。「詞うるはしく、論—なり」〈難波物語〉

(類語)㊀(❶)政府・行政府・政庁・政権・内閣・台閣・官府・官庁・官衙・官・国・お上/(❷)公的・公共・公式/(❸)表向き・公然・おおっぴら・オープン・筒抜け

公にする 事実や意見を社会に知らせる。公表する。また、著書を世に出す。「当時の外交文書が初めて—された」

おおやけ-がた【公方】朝廷・政治などに関する方面。「—の御後見はさらにも言はず」〈源・澪標〉

おおやけ-ごと【公事】❶朝廷の政務・儀式・行事など。公事(くじ)。「源氏の—知り給ふ筋ならねば」〈源・紅葉賀〉❷朝廷への奉仕。租税を納め、賦役(ぶやく)に従うことなど。「武蔵国を預けとらせて、—もなさせじ」〈更級〉❸公式に定まっているやり方。「祭のほど、限りある—に添ふこと多く」〈源・葵〉

おおやけ-ざた【公沙汰】❶争いごとの解決を裁判所などの公的機関に任せること。裁判沙汰。❷隠しておきたいことが世間に知れ渡ること。表沙汰(おもてざた)。

おおやけ-ざま【公様】〔名・形動ナリ〕❶天皇・朝廷に関する方面。また、そのさま。「世の中騒がしくて、—に物のさとし繁く」〈源・薄雲〉❷形どおりであること。表向きであること。公式であること。また、そのさま。「例の—なるべし」〈紫式部日記〉

おおやけ-し【公し】〔形シク〕表だって、格式ばっている。作法どおりである。「さすがに、—・しき御まじらひにて」〈夜の寝覚・五〉

おおやけ-づかい【公使ひ】朝廷からの使い。勅使。「—来たりて付けたりし封を開きて」〈今昔・二・三三〉

おおやけ-どころ【公所】❶朝廷。官庁。また、宮中。「—に入りたちする男、家の子などは」〈枕・二六八〉❷朝廷の所有地。官有地。「(宇治院ハ)—なれど、人もなく、心安きを」〈源・手習〉

おおやけ-の-しせつ【公の施設】地方公共団体が、住民の福祉増進の目的で、住民の利用に供するために設置する施設。体育施設(運動場・体育館など)、教育文化施設(博物館・美術館・図書館など)、社会福祉施設(保育所・老人福祉施設など)、公営企業(上下水道・公立病院など)のほか、公営住宅・公園・道路・駐車場などが含まれる。庁舎や試験施設など住民の利用に供しないもの、競馬場や競輪場など福祉増進を目的としないもの、国など地方公共団体以外の公共団体が設置するものは含まれない。

おおやけ-の-わたくし【公の私】❶公私いずれにも。「—貴き聞こえのありければ」〈発心集・五〉❷公務の中に多少の私情の入ること。「さてもさても、—とかや申すことの候」〈謡・盛久〉

おおやけ-ばら【公腹】世の中全体の立場からみて腹が立つこと。公憤。「—とか、よからぬ人の言ふやうに、憎くこそ思う給へられしか」〈紫式部日記〉

おおやけ-はらだた・し【公腹立たし】〔形シク〕自分に直接関係はないが、公の立場から見て腹立たしい。公憤・義憤を覚える。「あやなき—・しく、心一つに思ひあまることなど多かるを」〈源・帚木〉

おおやけ-はらだ・つ【公腹立つ】〔動タ四〕自分の利害からではなく、公の立場から腹を立てる。他人事ながら腹が立つ。義憤を覚える。「らうたげにうち歎きてゐたるを、見捨てて行きなどするは、あさましう—・ちて」〈枕・二六八〉

おおやけ-びと【公人】朝廷に仕える人。官吏の類。大宮人(おおみやびと)。「中将などをば、すくすくしき—にしなしてむ」〈源・初音〉

おおやけ-もの【公物】朝廷・天皇の所有物。官有物。「私の領になり侍らむは便なきことなり。—にて候ふべきなり」〈大鏡・三条院〉

おおやけ-わざ【公業】天皇、朝廷の行う政務や行事。朝廷の催し。「—にて、あるじの宮の、仕うまつり給ふにはあらず」〈源・宿木〉

おおやけ-わたくし【公私】❶公に関することと私に関すること。こうし。「左の大臣も、—、引きかへたる世の有様に」〈源・賢木〉❷朝廷と民間。朝野。「かくて今は御禊、大嘗会など、—の大きなる事におぼし騒ぐに」〈栄花・日蔭のかづら〉❸表向きと内輪。「—おぼつかなからず」〈枕・三一〉

おお-やしま【大八洲】《「大八洲国(おおやしまぐに)」の略。多くの島からなる国の意》日本の異称。「深き御うつくしみ—にあまねく」〈源・明石〉(類語)日本・大和(やまと)・日の本・八洲国(やしまぐに)・秋津島・敷島・葦原(あしはら)の中つ国・豊葦原(とよあしはら)・瑞穂(みずほ)の国・和国(わこく)・日東・東海・扶桑(ふそう)・神州・本邦・本朝・ジャパン・ジパング

おおやしま-ぐに【大八洲国】▶大八洲

おお-やしろ【大社】㊀出雲大社(いずもたいしゃ)のこと。「(丹波ノ出雲ハ)—をうつして、めでたく造れり」〈徒然・二三六〉㊁謡曲。脇能物。観世・金剛・喜多流。観世弥次郎作。神無月に朝臣(あそん)が出雲の杵築(きづき)大社にもうでると大神などが現れる。

おおやしろ-づくり【大社造(り)】▶たいしゃづくり(大社造)

おお-やすみどの【大▽安殿】大極殿(だいごくでん)の古称。一説に、紫宸殿(ししんでん)をさすという。おおあんどの。

おおや-そういち【大宅壮一】[1900～1970]評論家。大阪の生まれ。東大中退。在野精神に支えられた軽妙・辛辣(しんらつ)な社会評論で活躍。「一億総白痴化」など多くの流行語を生む。著「炎は流れる」など。

おおや-とおる【大矢透】[1850～1928]国語学者。新潟の生まれ。片仮名・万葉仮名・漢字音・五十音図の変遷を研究、多くの業績を残した。著「仮名遣及仮名字体沿革史料」「仮名の研究」など。

おお-やね【大屋根】建物の中心部を覆う大きな屋根。庇(ひさし)や付属的な屋根に対していう。⇔小屋根(こやね)。

おおや-の-せきぶつ【大谷の石仏】宇都宮市大谷町の天台宗大谷寺にある磨崖仏(まがいぶつ)。千手観音・阿弥陀三尊像などで、多くは平安時代、一部は鎌倉初期の作とされる。

おお-やま【大山】❶大きな山。❷思いきった賭けや勝負。また、山師の大計画。「—を当てる」「—が外れる」

おお-やま【大山】神奈川県中部にある山。標高1252メートル。古来、修験(しゅげん)道場として知られ、頂上に雨ごいの神の阿夫利(あふり)神社、中腹には大山寺がある。雨降(あふり)山。阿夫利山。

おおやま-いくお【大山郁夫】[1880～1955]社会運動家。兵庫の生まれ。大正7年(1918)吉野作造らの黎明会(れいめいかい)に参加。翌年、河上肇(かわかみはじめ)らと「我等」を創刊。無産運動を指導、労働農民党委員長となる。第二次大戦中は米国に亡命、戦後帰国、平和運動に専念。

おおやま-いわお【大山巌】[1842～1916]元帥・陸軍大将。鹿児島の生まれ。西郷隆盛の従弟。陸相・参謀総長を務め、日露戦争では満州軍総司令官。

おおやま-かみいけ【大山上池】山形県鶴岡市にある池。面積0.15平方キロメートル。ハクチョウやカモなど渡り鳥が多く飛来し、夏にはハスの花が湖面一面に咲く。平成20年(2008)、隣接する大山下池とともにラムサール条約に登録された。

おおやまくい-の-かみ【大山咋神】日本神話で、大年神(おおとしのかみ)の子。大津の日吉(ひえ)神社、京都の

松尾神社などの祭神。山末之大主神。

おお-やまざくら【大山桜】バラ科サクラ属の落葉高木。中部地方以北の山地に自生。葉は広楕円形で先がとがり尾状となる。春、若葉と同時に淡紅色の花をつける。えぞやまざくら。べにやまざくら。(季 春)

おおやま-しもいけ【大山下池】山形県鶴岡市にある池。面積は0.24平方キロメートル。渡り鳥が多く飛来し、一年を通じて200種近い野鳥が確認されている。平成20年(2008)、隣接する大山上池とともにラムサール条約に登録された。

おおやまつみ-じんじゃ【大山祇神社】愛媛県今治市の大三島にある神社。旧国幣大社。祭神は大山祇神。伊予国一の宮。三島大明神。大三島。

おおやまつみ-の-かみ【大山祇神|大山津見神】山をつかさどる神。伊弉諾尊の子。大山祇命。

おお-やまと【大倭|大日本】❶日本国の美称。「一久邇の京は」〈万・四七五〉❷大和の古称。今の奈良県。

おおやまと-じんじゃ【大和神社】奈良県天理市新泉町にある神社。旧官幣大社。祭神は倭大国魂神・八千戈神・御年神。

おおやまと-とよあきつしま【大日本豊秋津洲】《秋の実り豊かな大和の島の意》本州の美称。また、日本国の美称。とよあきつしま。「次に一を生みき」〈記・上〉

おお-やまねこ【大山猫】ネコ科の哺乳類。体長1メートルに達する。尾は短いが四肢は長く、長距離の歩行に耐え、毛深く寒さに強い。耳の先端に黒い長毛がある。ヨーロッパ・アジア北部・北アメリカに分布。リンクス。

おおやま-もうで【大山詣で】大山の阿夫利神社に、白衣姿で参詣すること。6月にするものを初山、7月にするものを盆山という。石尊詣で。石尊参り。大山参り。(季 夏)

おおやま-やすはる【大山康晴】［1923～1992］将棋棋士。15世名人。岡山の生まれ。昭和27年(1952)木村義雄名人を破って名人となり、以後、名人・王将・十段・棋聖などのタイトルを長期にわたって保持した。永世名人・永世王位・永世王将・永世棋聖・永世十段。

おおやま-れんげ【大山×蓮華】モクレン科の落葉低木。本州以西の深山に自生し、葉は倒卵形で裏面に白い毛がある。5～7月、芳香をもつ大形の白い花を開く。観賞用に庭に植える。みやまれんげ。(季 夏)

おお-やもり【大守=宮】ヤモリ科の爬虫類。全長約30センチ。体色は青灰色で赤い斑点が散在。人家の周辺に生息し、夜間、大きな声でトッケイと鳴く。敵が近寄ると大きく口を開け、ガッと音を立てておどす。アジア南部一帯に分布。トッケイ。

オー-ユー-ピー〖OUP〗《Oxford University Press》オックスフォード大学出版局。1586年、星室庁から本を印刷する特権を得て創立。オックスフォード所在。

オー-ユー-ブイ〖OUV〗《outstanding universal value 「顕著な普遍的価値」などと訳す》世界遺産に登録されるための必要条件。国の違いを超えて、現代・将来の人類にとって貴重な文化遺産・自然遺産のこと。(補説)世界遺産条約では、歴史・芸術・学術・民族学・人類学・観賞・保存・景観などの観点から「顕著な普遍的価値を有するもの」を文化遺産・自然遺産と定義している。「世界遺産条約履行のための作業指針」では「国家の域を超えてなお例外的であり、かつ、全人類の現代及び将来の世代に共通して大切とされる文化的または自然的な重要性のこと」と解説している。

おおゆ-おんせん【大湯温泉】㊀秋田県鹿角市にある温泉。泉質は塩化物泉。付近に大湯環状列石がある。大湯。㊁秋田県湯沢市にある温泉。一軒宿のみが営業。泉質は硫黄泉。㊂新潟県魚沼市にある温泉。泉質は単純温泉。奥只見観光の基地。

おお-ゆか【大床】❶神社の簀子縁。➡浜床 ❷寝殿造り・武家造りの、簀子縁の内側の床。広庇。

おおゆ-かんじょうれっせき【大湯環状列石】秋田県北東部、鹿角市にある縄文時代後期の遺跡。中心には万座・野中堂の二つの環状列石があり、そのまわりには多くの貯蔵穴や柱穴などが発見され、土器や土偶も出土している。

おお-ゆき【大雪】雪が大量に降ること。また、大量に降り積もった雪。豪雪。(季 冬)「一の山をづかづか一人哉／一茶」⇔小雪。(類語)豪雪・吹雪

おお-ゆび【大指】手足の、親指。「餅椀に、一の爪浸しに盛りて」〈仮・仁勢物語・上〉

おお-ゆみ【大弓|×弩】大きな弓。昔、石をはじき飛ばした大形の弓。弩弓。石弓。〈和名抄〉

おお-よう【大様】㊀〔形動〕図〔ナリ〕❶《意味・音の類似から「鷹揚」とも書くが、元来は別語》落ち着きがあって、小さなことにこせこせしないさま。「一に構える」「一な性格」❷大まかなさま。大ざっぱ。「山法師の心の程を思へば、一ながらも理なり」〈太平記・八〉(派生)おおようさ〔名〕㊁〔副〕だいたい。おおよそ。おおかた。「一、人を見るに、少し心ある際は」〈徒然・五九〉(類語)大らか・おっとり・鷹揚

おお-よしきり【大×葦切】ヒタキ科ウグイス亜科の鳥。全長19センチくらいで、全体に淡褐色。淡い眉斑がある。日本へは夏鳥として渡来し、葦原などで繁殖。鳴き声から、行々子ともよばれる。(季 夏)

おお-よせ【大寄せ】多数の遊女や芸人を呼んで遊興すること。「一して飲み明かさう」〈伎・壬生大念仏〉

おお-よそ【大▽凡|▽凡】㊀〔名・形動〕❶だいたいのところ。あらまし。「計画の一を説明する」❷ひととおりであること。普通。「ひととせはいたく一にこそおもしろしと見え給ひしか」〈宇津保・楼上上〉㊁〔副〕❶細部にこだわらず概略を判断するさま。だいたい。大ざっぱに。およそ。「一一〇年ぐらい前」「事情は一見当がつく」❷話を切り出すときの言葉。全体的にみて。一般に。いったい。そもそも。「一国家としての独立を望まない者はいまい」➡大体(用法)(類語)おおむね・あらかた・あらまし・およそ

おおよそ-びと【大▽凡人】特別な関係のない人。世間一般の人。「君が名の立つに咎なき身なりせばーになしてみましや」〈後撰・恋四〉

おおよど【大淀】㊀大阪市の旧区名。平成元年(1989)北区に合併。㊁三重県多気郡明和町大淀の古名。北側の浜を大淀の浦といった。(歌枕)「一の浜のまさごを君が代の数にとれとや浪も寄すらん」〈風雅・賀〉

おおよど-がわ【大淀川】宮崎県南部の川。都城盆地南部に源を発し、北流し、東に転じて宮崎平野を形成し、宮崎市で日向灘に注ぐ。長さ107キロ。

おおよど-く【大淀区】➡大淀㊀

おおよど-みちかぜ【大淀三千風】［1639～1707］江戸前期の俳人。伊勢の人。本名、三井友翰。仙台に住んでのち、全国を遊歴。大磯で鴫立庵を再興した。著「日本行脚文集」「松島眺望集」など。

おお-よもぎ【大×艾】ヤマヨモギの別名。

おお-よろい【大×鎧】❶大形の鎧。❷《胴丸・腹巻などに比べ、大きめに作られたところから》中世の騎射戦用の鎧。胸に栴檀の板、鳩尾の板をつけ、背に逆板をつける。大腿部をおおう草摺は4枚からなる。大袖を左右の肩につける。着背長。式正の鎧。

おお-よろこび【大喜び】〔名〕スル 非常に喜ぶこと。「合格して一する」

おお-よわり【大弱り】〔名〕スル 非常に困ること。「降ってわいた難題に一する」

オーラ〖aura〗人体から発散される霊的なエネルギー。転じて、ある人や物が発する、一種独得な霊的な雰囲気。「一を発散する」

オー-ライ〖all right〗〔感〕同意・承知の意を表す。よろしい。よし。承知した。「『あとは頼むよ』『一』」

おお-らか【大らか|多らか】〔形動〕図〔ナリ〕❶心がゆったりとして、こせこせしないさま。おおよう。「気持ちを一にする」「一な話しぶり」❷(多らか)分量が多いさま。たくさん。「打ち蒔きの米を一にかきつかみて」〈今昔・二七・三〇〉(派生)おおらかさ〔名〕(類語)大様・おっとり・鷹揚

おお-らく【大楽】本拠地だけでなく地方での公演も含め、その演目の公演の最終日。大千秋楽。

オーラス《和 all＋lastから》麻雀用語。ゲームの最終局面、南の第4局めをいう。

オーラップ〖OLAP〗《on-line analytical processing》➡オンライン分析処理

オーラミン〖auramine〗代表的な黄色塩基性染料。着色性がよく、木綿・紙・皮革などの染色に広く用いられる。以前は食品にも用いたが、毒性があり現在は使用禁止。

オーラル〖oral〗口頭の。口を使って行うこと。また、口頭試問。「試験は一で行う」

オーラル-ケア〖oral care〗口腔の手入れ。歯ブラシや洗浄液などを使い、虫歯や歯周病を予防すること。

オーラル-コミュニケーション〖oral communication〗❶口頭での意思伝達。❷高等学校の英語科目。聞く・話すなど「使える英語」をめざして平成6年(1994)度から導入された。

オーラル-セックス〖oral sex〗性器接吻。

オーラル-メソッド〖oral method〗語学教育で、発音・会話を中心に行う教授法。口頭教授法。

オーランド〖Orlando〗米国フロリダ州中部の観光・保養都市。ウォルト-ディズニー-ワールドリゾート、シーワールド-アドベンチャーパーク-オーランドをはじめ、数多くのテーマパークや遊園地がある。

おおり【×撓り】花や葉がたくさんついて枝がしなうこと。「萩の花咲きの一を見よとかも」〈万・二二二八〉

オーリック〖Georges Auric〗［1899～1983］フランスの作曲家。ドビュッシーに対抗して新運動を起こした「六人組」の一人。軽妙で洗練された作風で、映画音楽・バレエ音楽・劇音楽に活躍。

オーリニャック-ぶんか【オーリニャック文化】フランス、ピレネー地方のオーリニャック(Aurignac)遺跡を標準遺跡とするヨーロッパの後期旧石器時代文化。前3万年ごろを中心とし、石器・骨器のほか、女人裸像(ビーナス像)や洞窟絵画などを残す。

オー-リング〖O-ring〗円形の線輪で、線材断面が円形のゴム製品。パッキン・シールに使用する。

オール〖all〗❶全部。多く複合語の形で用い、すべて、全部、の意を表す。「成績が一A」❷スポーツで、得点を数える際に、双方とも、両組とも、の意を表す。「ツー一」❸ある範囲のすべてから選抜した意を表す。全。「一日本チーム」❹《若者言葉》「オールナイト」の略。「一で飲み明かす」

オール〖oar〗ボートの櫂。棒状で先が平たい。

おお・る【×撓る】〔動ラ四〕花や葉の重みで枝がしなう。たわむほどに茂る。「巌には花咲き一・り」〈万・一〇五〇〉

オール-アウト〖all-out〗《全力で、の意》疲れきってへとへとになること。運動して、疲労困ぱいすること。

オール-イン-ワン〖all-in-one〗婦人用下着の一。ブラジャーとウエストニッパーとコルセットまたはガードルがひと続きになったもの。スリーインワン。

オールインワン-パソコン《all-in-one personal computerから》オペレーティングシステムのほか、主要な周辺機器や利用頻度の高いアプリケーションソフトが付属したパーソナルコンピューター。

オールウエーブ-じゅしんき【オールウエーブ受信機】《all wave receiver》一般の放送に用いる中波だけでなく、短波放送・FM放送なども受信できるラジオ受信機。全波受信機。

オール-ウエザー〖all-weather〗❶晴雨兼用。「一ジャンパー」❷テニスコートや陸上競技のトラックなどで、雨天でも使えるようになっていること。全天候型。

オールウエザー-トラック〖all-weather track〗

陸上競技場で、全天候走路。雨天の場合でも雨がたまらないように合成ゴムを材料としてつくられた走路で、弾力性があるので好記録が出せる。

オール-オア-ナッシング〔all-or-nothing〕すべてか無か。妥協を許さない立場や決意をいう。「一の選択を迫る」

オール-コンクール〔フランス hors-concours〕審査を受けないで展覧会に出品する作家。審査員であるとか、すでに賞を得ているなどのケースがある。

オールシーズン-タイヤ《和 all season＋tire》夏でも冬の雪道でも、天候に関わりなく使用できる、自動車のタイヤ。

オールシーズン-ドレス《和 all season＋dress》どの季節にも着られる服。

オール-スター〔all-star〕❶「オールスターゲーム」の略。❷「オールスターキャスト」の略。

オール-スター-キャスト〔all-star cast〕映画・演劇で、花形スターが大ぜい出演すること。

オール-スター-ゲーム〔all-star game〕花形選手で編成したチームの試合。特に、毎年プロ野球で、パシフィックリーグとセントラルリーグからそれぞれ選手を選抜して行うリーグ対抗試合。米国のプロ野球の慣例にならったもの。球宴。

オールスパイス〔allspice〕フトモモ科の常緑高木。また、その果実。ジャマイカの原産で、果実は古くから香辛料として利用され、ナツメグ・クローブ・シナモンを合わせたような香味がある。ピメント。

オール-ソース-アナリシス〔all source analysis〕政府が保有するあらゆる情報手段を活用した総合的な分析。政府の情報コミュニティーが収集した情報を一元的に集約した上で分析し、政府の重要な政策判断に反映される。

オール-チャンネル〔all channel〕テレビ受像機で、VHF(超短波)とUHF(極超短波)とを1台で受像できるようにしたもの。

オールディーズ〔oldies〕昔はやったポピュラー音楽や映画など。

オール-テレーン-クレーン〔all terrain crane〕トラッククレーンの一種。車軸・車輪の数が多く、大型の機種では8軸16輪のものなどがある。多軸駆動・多軸操舵機構を搭載し、整地されていない斜面での走行性や狭い場所での機動性も優れ、高速走行も可能。道路運送車両法では特種用途自動車(8ナンバー)に分類される。

オール-でんか【オール電化】主に一般住宅で調理・給湯・冷暖房などの熱源を電気でまかなうこと、及びそのシステムを導入した住宅。燃焼機器を使用しないため、従来型の住宅に比べて火災の危険性が低く、室内・空気の汚れも少ないなどの利点があるとされるが、停電時は稼動しないなどの弱点もある。➡低炭素社会

オールでんかじゅうたく-わりびき【オール電化住宅割引】►高機能住宅割引

オールド〔old〕古い、昔の、年老いた、などの意を表す。「一ジェネレーション」

オールド-アバディーン〔Old Aberdeen〕英国スコットランド北東部の港湾都市アバディーンの中心市街北部の歴史地区。15世紀末設立のキングズカレッジやアバディーン最古の大聖堂であるセントマーカー大聖堂がある。

オールドイングリッシュ-シープドッグ〔Old English sheepdog〕イギリス原産としては最大の牧羊犬。全身が長毛で覆われ、尾は短く断尾される。元来は牧羊犬であるが、家庭犬やショードッグとして人気がある。体高は55〜60センチほど。

オールド-オールド《和 old＋old》人口問題で、人口の年齢構造を考える際、75歳以上の後期高年齢人口をいう。➡ヤングオールド

オールドコーナー-しょてん【オールドコーナー書店】《Old Corner Book Store》米国マサチューセッツ州、ボストンの中心部にある歴史的建造物。19世紀中頃、エマソン、ホーソン、ロングフェローら当時のアメリカを代表する文学者が集った場所として知られる。現在は宝石店になっている。

オールドサウス-しゅうかいじょう【オールドサウス集会場】《Old South Meeting House》米国マサチューセッツ州、ボストンの中心部にある歴史的建造物。1729年、ピューリタン(清教徒)の礼拝堂として建築された。サミュエル＝アダムズやジェームス＝オーティスら、アメリカ独立革命の指導者や植民地市民の討論の場として知られる。

オールド-スクール〔old school〕〔形動〕保守的。伝統的。「一(な)ファッション」

オールドスターブリッジ-ビレッジ〔Old Sturbridge Village〕米国マサチューセッツ州中部の町、スターブリッジの野外博物館。19世紀ニューイングランド地方の建築物を移築、生活道具や家具なども収集し、1830年代の暮らしぶりを再現している。

オールド-スティープル〔Old Steeple〕英国スコットランド東部の都市ダンディーのセントメアリー教会にある鐘楼。高さは47メートル。15世紀に建てられたもので、スコットランド最古の鐘楼とされる。

オールド-セーラム〔Old Sarum〕英国イングランド南部、ウィルトシャー州の都市ソールズベリの前身にあたる町があった場所。11世紀頃の城砦や大聖堂の遺跡が残っている。13世紀に大聖堂がソールズベリに移転し廃墟になった。オールドセーレム。

オールド-タイマー〔old-timer〕❶古参。古顔(ふるがお)。❷時代遅れの人や物。

オールドノース-きょうかい【オールドノース教会】《Old North Church》米国マサチューセッツ州、ボストンの中心部、ノースエンドにある、1723年に創設されたボストン最古の教会。アメリカ独立革命勃発直前、イギリス軍の奇襲を知らせるランタンが掲げられたことで知られる。

オールト-の-くも【オールトの雲】太陽から約1光年の所を球状に取り囲んでいる、小惑星や氷・ちりなどが多く存在する領域。1950年にオランダの天文学者ヤン＝オールトが提唱したが、観測では実証されていない。重力散乱で外惑星によってはじき出された天体が、太陽の重力圏でとどまってできたとされる。

オールド-バザール〔old bazaar〕バザール❶の大規模なもの。マケドニア共和国の首都スコピエのものが有名。マケドニア語でスタラチャルシヤ。トルコやネパールにもある。

オールド-ファッション〔old-fashioned〕流行遅れ。時代遅れ。旧式。「一の家具」
(類語)古い・時代遅れ・流行遅れ・古風(こふう)・昔風(むかしふう)・旧式・陳腐・旧弊・前近代的・旧態依然・中古

オールド-ブラック-ジョー〔Old Black Joe〕フォスター作詞・作曲の歌曲。1860年作曲。黒人の老僕ジョーの哀感を歌ったもの。

オールド-ボーイ〔old boy〕►オー-ビー(OB)

オールドマン-オブ-ストー〔Old Man of Storr〕英国スコットランド北西岸、ヘブリディーズ諸島の島、スカイ島北部のトロタニッシュ半島にある岩山。港町ポートリーの北方約8キロメートルに位置する。尖塔のような岩山が林立し、最も高い岩山の標高は719メートル。奇岩の風景で知られる、同島の観光地の一。オールドマンオブストール。

オールド-ミス《和 old＋miss》婚期を過ぎても未婚でいる女性。老嬢。ハイミス。(補説)英語ではoldmaid; spinsterなどというが、現在はあまり用いない。

オールド-リベラリスト〔old liberalist〕世代の古い自由主義者。特に、第二次大戦後に、戦前の自由主義者をいった。

オールド-ローズ〔old rose〕褐紅(かっこう)色。

オール-ナイト〔all-night〕夜通し行うこと。特に、映画館・飲食店などの終夜営業。「大みそかは一で営業します」

オール-バック《和 all＋back》分け目をつけずに髪を全部後ろになで上げる髪形。(補説)英語ではstraight back

オールビー〔Edward Franklin Albee〕[1928〜　]米国の劇作家。社会や家庭の虚像を描くとともに、人間の弱さを追求した作品を発表。作「動物園物語」「バージニア＝ウルフなんかこわくない」など。

オール-ブラックス〔All Blacks〕ラグビーの、ニュージーランド代表チームの愛称。(補説)ユニホームの色が黒いことからとも、チームの全員がバックスのように走る「オールバックス」が転じた呼び名ともいわれる。

オールボー〔Aalborg〕デンマーク、ユトランド半島北部、リムフィヨルドに面する港湾都市。ニシン、カキなどの水産物のほか、シュナップスの産地として知られる。17世紀の豪商イェンス＝バングが建てた北欧ルネサンス様式の邸宅をはじめ、オールボー城、聖ブドルフィ教会などの歴史的建造物が残る。

オー-ルボワール〔フランス au revoir〕〔感〕《「オルボワール」とも》別れるときにいう言葉。さようなら。また会いましょう。

オールマイティー〔almighty〕〔名・形動〕❶なんでも完全にできること。また、そういう人や、そのさま。全能。「勉強もスポーツもよくする一な人」❷トランプで、最も強い札。ふつうは、スペードのエースをいう。
(類語)万能・オールラウンド

オール-やとう【オール野党】行政府の長が、議会で多数の支持を得られない状態。また、その状態で首長を支持しない各党のこと。主に地方政治で見られる。➡オール与党 (補説)首長が議会からでなく、有権者に直接選ばれる場合に見られる。このため日本の国政では、首相が勅選された第二次世界大戦前にはあったが、戦後はほとんど見られない。

オール-よとう【オール与党】国政で対立する与野党が、地方では同じ首長を支持している状態。また、その各党のこと。➡オール野党 (補説)日本共産党については地方でも他党と協調していないことが多いため、同党の支持を欠いて、他の国政政党の支持を得ている場合も「オール与党」という。

オール-ラウンダー〔all-rounder〕多領域に有能な人。万能選手。オールラウンドプレーヤー。

オール-ラウンド〔all-round〕❶スポーツで、どんな技術でもまんべんなくこなせること。万能。「一プレーヤー」❷ある限られた分野だけでなく、広い範囲の見識を有すること。「一の評論家」
(類語)万能・オールマイティー

オールラウンド-プレーヤー〔all-round player〕スポーツで、どんなポジション、役割でもこなせる選手。また、一般に、何でもこなす多才な人。万能選手。オールラウンダー。

おお-るり【大瑠璃】ヒタキ科ヒタキ亜科の鳥。全長17センチくらい。雄は背面が瑠璃色でのどから胸が黒色。雌は全体に褐色。日本へは夏鳥として渡来、渓流近くで繁殖し、冬季は東南アジアへ渡る。高い木の上で朗らかにさえずる。るり。(季 夏)「この沢やいま一の声ひとつ/秋桜子」

オーレ〔Åre〕スウェーデン中部、ノルウェー国境近くにあるスキーリゾート。スキーの世界選手権大会の開催地としても知られる。

オーレ〔OLE〕《object linking and embedding》コンピューターで、文書中に他のアプリケーションで作成した図表など(object)を埋め込むためのウインドウズの規格。複数のアプリケーションソフト間でデータ交換連携を実現できる。

オーレ〔スペイン olé〕《「オレ」とも。闘牛士やフラメンコの踊り手などへの賞賛・激励に用いる掛け声から》見事だ。しっかり。いいぞ。

オーレオマイシン〔Aureomycin〕抗生物質、クロルテトラサイクリンの商標名。

オーレスン〔Ålesund〕ノルウェー西部の港湾都市。三つの島からなり、橋やトンネルで結ばれる。漁業が盛ん。1904年に大火に見舞われ、復興当時に流行したアールヌーボー様式の建造物が数多く残る。ガイランゲルフィヨルドの観光拠点としても知られる。

おお-ろうか【大廊下】江戸城本丸内の大名の詰め所の一。上の部屋には御三家・御三卿、下の部屋には前田・島津などの大名が詰めた。

おお-ろか〘形動ナリ〙おろそかにするさま。なおざり。いいかげん。「大夫(ますらを)の行くといふ道そ―に思ひて行くな大夫の伴(とも)」〈万・九七四〉

オーロックス〘aurochs〙ウシ科の哺乳類。家畜の牛の原種。シベリアからヨーロッパにかけて分布していたが、1627年、ポーランドに残っていた1頭が死に、絶滅。原牛(げんぎゅう)。

オーロ-プレト〘Ouro Prêto〙ブラジル南東部、ミナス-ジェライス州の都市。金の産出地として発展。18世紀中頃に最盛期を迎えた。18世紀の建築家兼彫刻家、アレイジャディーニョが手掛けたミナス様式と呼ばれる建築様式の教会が数多く残る。1980年、「古都オーロ-プレト」の名で世界遺産(文化遺産)に登録。

オーロラ〘Aurora〙㊀ローマ神話の曙(あけぼの)の女神アウロラの英語名。㊁《aurora》北極や南極地方の上空110キロメートル前後に現れる大気の発光現象。形はコロナ状・幕状など、色は白・赤・緑などで、刻々に変化する。太陽面の爆発で放出された帯電微粒子が、電離層中の空気の原子・分子に衝突して発光する。極光。

オーロラ-オーバル〘aurora oval〙ある時刻にオーロラが同時に出現する領域。太陽に面する昼間側では地磁気緯度75度から80度、地磁気極を挟んだ夜間側では65度から70度付近に存在する。また、統計的にオーロラが見られる頻度が高い領域を極光帯という。

オーロラ-ソース《(フランス) sauce auroreから》ケチャップとマヨネーズを合わせて作ったソース。〔補説〕本来は、ベシャメルソースにトマトやバターなどを入れたものをいう。

オーロラ-ゾーン《auroral zoneから》⇒極光帯

オーロラ-たい【オーロラ帯】⇒極光帯

オーロラ-ビジョン〘AURORA VISION〙三菱電機の開発した大型ディスプレー。表面に発光ダイオードを使用する。野球場や競技場などで多く利用され、高さ10メートル、幅30メートルを超える大画面のものもある。商標名。

オーロン〘Orlon〙アクリル系合成繊維。軽く、保温性に富む。商標名。

おお-わ【大輪｜×輞】❶大きな輪。また、大きな輪の形。❷牛車(ぎっしゃ)の車輪の外周りの部分。

オー-ワイ〘OY〙《optimum yield》最適生産量。漁業における、最適漁獲量。

おお-わきざし【大脇差】長大な脇差。長脇差。

おお-わく【大枠】物事の大まかな枠組み。「システムの―を理解する」「―で合意する」〔補説〕「大枠理解した」のように副詞的にも用いる。
〔類語〕あらまし・大筋・大要・枠組み・アウトライン・フレーム・骨格・大局・大綱・骨組み・目安

おおわく-だに【大涌谷】神奈川県、箱根山の中央火口丘、神山(かみやま)中腹の谷。硫黄噴気孔群があり、箱根火山最新の爆裂によってできた。おおわきだに。

おお-わざ【大技】相撲・柔道などで、動きの大きい豪快な技。⇔小技。

おお-わざもの【大業物】切れ味の非常にすぐれた刀。

おお-わし【大×鷲】タカ科の鳥。全長約95センチ、翼を開くと2.4メートルくらいある。全体に黒褐色で、肩や尾は白く、くちばしは黄色。冬鳥として北海道などに渡来。尾羽を矢羽に使用するため捕らえられ、減少。天然記念物。〔季 冬〕

おお-わだ【大▽曲】川や湖などの、大きな入り江。「ささなみの志賀の―淀むとも昔の人にまたも逢はめやも」〈万・三一〉

おおわだ-たけき【大和田建樹】[1857～1910]国文学者・歌人・詩人。愛媛の生まれ。独学で国文学を研究。「鉄道唱歌」など唱歌の作詞が多い。著「詩人の春」「新体詩学」「大和田建樹歌集」など。

おおわだ-の-とまり【大輪田の泊】現在の神戸港内にあった古代の港。行基(ぎょうき)の築造と伝えられ、平清盛が修築して要港となった。中世以降、兵庫島・兵庫津と称された。

おおわに-おんせん【大鰐温泉】青森県南津軽郡大鰐町の温泉。建久年間(1190～1199)の発見と伝えられ、泉質は硫酸塩泉。

おお-わらい【大笑い】〘名・形動〙(スル)❶大声を上げて笑うこと。哄笑(こうしょう)。「落語を聞いて―する」❷物笑いのたね。また、物笑いになるさま。「私の身にも―な珍事が出来ました」〈福沢・福翁自伝〉❸猥談(わいだん)。「酒のうへの―」〈浮・織留・一〉
〔類語〕笑い・高笑い・哄笑・爆笑・呵呵(かか)大笑・抱腹絶倒・噴飯・吹き出す・笑い崩れる・笑い転(こ)ける・笑い転(ころ)げる・腹の皮を捩(よ)る・腹の皮を縒(よ)る・腹を抱える・御中(おなか)を抱える・頤(おとがい)を解く

おお-わらいたけ【大笑×茸】フウセンタケ科のキノコ。夏から秋に林内の枯れ株に発生。高さ5～17センチ。全体に黄金色または黄褐色。有毒で、食べると神経の異常な興奮を起こす。

おお-わらわ【大▽童】〘名・形動〙❶《❷が原義》一生懸命になること。夢中になってことをすること。また、そのさま。「記念式典の準備に―な役員たち」❷髻(もとどり)の結びが解けて髪がばらばらになっていること。また、そのさま。童は髪を結ばなかったところから、大きな童の意でいい、多く、ざんばら髪で奮戦するさまに用いる。「石切といふ太刀ぬいて―になり」〈平治・下〉
〔類語〕命懸け・必死・死に物狂い・捨て身・懸命・躍起

おお-ん【御｜▽大御】〘接頭〙《「おおみ(大御)」の音変化。「おほむ」とも表記》❶神仏・天皇や貴族に関する語に付いて、高い尊敬の意を表す。㋐主体自身や所有の主を敬う場合。「―かみ(大御神)」「―ぞ(御衣)」㋑貴人に向かってする行為について、物や行為を受ける対象を敬う場合。敬うべきお方への…の意。「(源氏ガ)召せば、(預リノ子ガ)一答へして起きたれば」〈源・夕顔〉❷下に来る名詞が省かれて単独で名詞のように使われることがある。「対の上の―(＝薫物(たきもの))は、三種ある中に梅花はなやかに今めかしう」〈源・梅枝〉〔補説〕中古仮名文学では、多く漢字で「御」と記されるため、「おおん」か「おん」「お」か、読み方が決めにくいが、少数の仮名書き例からみて「おん」の発生は中古後期からと考えられ、中古中期までの「御」は「おおん」と読むのが妥当であるとされる。

おおん-かた【▽御方】❶貴人の住居。お住まい。「父母、北の―になむ住み給ひける」〈宇津保・藤原の君〉❷貴人、特に、貴婦人・姫君の敬称。「―(＝中君)は、とみにも見給はず」〈源・総角〉

おおん-ぞ【▽御▽衣】❶着る人を敬って、その衣服をいう語。お召し物。みぞ。「なよよかなる―に、髪はつやつやとかかりて」〈源・若紫〉❷夜着(よぎ)。「―ひきかづきて臥し給へり」〈源・葵〉〔補説〕中世以降は「おんぞ」になったと思われる。

おおんぞ-がち【▽御▽衣勝ち】〘形動ナリ〙からだが小さくて、衣装ばかりが目立つさまを、その状態にある人を敬っていう語。「いと―に身もなくあえかなり」〈源・若菜上〉

おおん-とき【▽御時】天皇治世の時代。御代(みよ)。「いづれの―にか」〈源・桐壺〉

おお-んべ【大×嘗】《「おほむべ」とも表記》「おおにえ(大嘗)」の音変化。

おか【丘｜岡】❶小高くなった土地。山よりも低く、傾斜もなだらかなもの。丘陵。❷(名詞の上に付いて、複合語をつくり)かたわら、局外からの見方や立場のものである意を表す。「―目」「―ぼれ」「―焼き」
〔類語〕台地・高台・丘陵・高地

おか【▽陸】❶陸地。りく。❷硯(すずり)の墨をする所。⇔海。❸浴場の洗い場。流し。〔類語〕陸(りく)・陸地・大陸・内陸
陸へ上がった河童(かっぱ)《河童は水中では能力を十分発揮できるが、陸に上がると力がなくなるとされるところから》力のある者が、環境が一変するとまったく無力になってしまうことのたとえ。

おが【▽大×鋸】《「おおが」の音変化》板ひき用の大形の鋸(のこぎり)。二人でひく縦びき用のものが室町時代に中国から伝来し、江戸時代には一人でひく前挽(まえび)き大鋸ができて普及した。おおが。⇒鋸(のこぎり)

おが【男鹿】秋田県、男鹿半島を占める市。南部にある船川港は天然の良港。「なまはげ」の風習は有名。平成17年(2005)若美町と合併。人口3.2万(2010)。

お-かあ【▽御母】《「おかあさん」の略》子供が母親を親しんで呼ぶ語。また、夫が妻を呼ぶ語。

おか-あげ【▽陸上げ】ゆでたり煮たりした材料をざるなどに引き上げ、水に浸けずにそのまま冷ますこと。

おか-あさじろう【丘浅次郎】[1868～1944]動物学者。静岡の生まれ。東京高師教授。海産動物を研究。進化論の普及に尽力し、「進化論講話」はその代表作。また、文明批評家としても有名。

お-かあ-さま【▽御母様】《「おかかさま」の音変化》母を敬って呼ぶ語。「おかあさん」より丁寧な言い方。
〔類語〕母・母親・女親(おんなおや)・お母(ふくろ)さん・おっかあ・お袋・母じゃ人・母じゃ・阿母(あぼ)・慈母(じぼ)・ママ

お-かあ-さん【▽御母さん】❶子供が自分の母親を呼ぶ語。また、子供にとって母親のこと。もとは江戸末期、京坂地方の中流以上の家庭で使われていた。江戸の庶民は「おっかさん」「おっかあ」などと呼んでいたが、「おとうさん」とともに明治37年から使用した文部省「尋常小学読本」(国定教科書)に採用されて、全国的に広まった。「―、誕生日おめでとう」❷第三者がその人の母親を親しみを込めて呼ぶ語。「新聞の集金ですが、―はご在宅ですか」「あなたの―はいつもお元気そうで何よりですね」❸子供のいる家庭で、家族が子供の母親を呼ぶ語。子供の視点に立って、父親が妻を、祖父母が娘を指して言う語。「―、幸子ちゃんの帽子はどこですか」❹子供をもつ女性を親しんで呼ぶ語。また、子供をもつ母親のこと。「子育て中の―」❺母親が自分を指して言う語。「―といっしょに絵本を見ましょう」❻(特に「お義母さん」と書く場合)配偶者や婚約者の母親のこと。❼芸妓・女郎が、置屋や茶屋の女主人を敬って呼ぶ語。〔補説〕第三者に対して自分の母親をいう場合、公の場や手紙文などでは「お母さん」ではなく、通常「母」を用いる。
〔類語〕ママ・母上・おふくろ・母・母親・女親(おんなおや)・お母さま・おっかあ・母じゃ人・母じゃ・阿母(あぼ)・慈母(じぼ)

お-かいあげ【▽御買(い)上げ】「買(い)上げ❷」に同じ。「店頭でも―いただけます」

お-かいこ【▽御蚕】❶蚕を親しみをこめて丁寧にいう語。❷絹織物。また、絹の着物。「この乞食(こじき)は―を着てゐる」〈浄・博多小女郎〉

おかいこ-ぐるみ【▽御蚕▽包み】上から下まで絹物を身にまとうこと。ぜいたくな生活をいう。おかいこぐるめ。「―で育つ」

おかいこ-ぐるめ【▽御蚕▽包め】「御蚕包(おかいこぐる)み」に同じ。「妻妾共に絹布(けんぷ)ぐるめ」〈逍遥・当世書生気質〉

おかいどく-かん【▽御買(い)得感】値段の割に品質・性能がよく、また分量が多いなど、買うと得だという感じ。お値打ち感。「高性能で―のあるノートパソコン」

お-かえし【▽御返し】〘名〙(スル)《「御」は、返す相手を敬う意》❶「返し❷」に同じ。「お祝い金の半額相当の品を―する」❷「返し❸」に同じ。「この―はさせてもらうぜ」❸「返し❺」に同じ。「五〇円の―です」

お-かえり【お帰り】㊀〘名〙帰る人を敬って、その帰ることをいう語。「―にお寄りください」㊁〘感〙「お帰りなさい」の略。

おかえり-なさい【お帰りなさい】〘感〙外出から戻った者に対するあいさつの語。

おか-おにたろう【岡鬼太郎】[1872～1943]劇作家・劇評家。東京の生まれ。本名、嘉太郎(よしたろう)。新聞記者のかたわら小説も執筆。2世市川左団次の信を得、明治座主事・松竹顧問。戯曲「小猿七之助」「今様薩摩歌」など。

お-かか《女房詞から》鰹節(かつおぶし)。また、それを削ったもの。削り節。

お-かか【▽御▽母｜▽御×嬶】「かか」を丁寧にいう語。母・妻また他家の主婦を呼ぶときに用いる。

お-かかえ【▽御抱え】人を雇って専属にしておくこと。また、その雇われた人。「―の運転手」

おかか-さま【▽御▽母様｜▽御×嬶様】❶母を敬っていう語。近世、武家や豪商の子弟が用いたが、末期には広く一般的になった。❷他人の妻を敬っていう語。多くは子持ちの人妻をいう。「人の一並みに被衣(かづき)を着せて出かけ」〈浮・一代男・六〉

お-かがみ【▽御鏡】❶「鏡」を敬って、また丁寧にいう語。❷「鏡餅(かがみもち)」の女性語。(季 新年)

お-かき【▽御欠き】欠き餅(もち)のこと。もと女性語。

お-がき【▽男餓鬼】男の餓鬼。「寺々の女餓鬼申さく大神(おほみわ)の一賜(たば)りてその子産まはむ」〈万・三八四〇〉⇔女餓鬼(めがき)

おか-きよし【岡潔】[1901〜1978]数学者。和歌山の生まれ。奈良女子大教授。多変数複素関数論の分野を開拓し、層の概念の原型となる局所イデアルの概念を導入。文化勲章受章。著「春宵十話(しゅんしょうじゅうわ)」など。

おが-くず【▽大×鋸×屑】鋸(のこぎり)で木材をひいたときに出る木屑。ひきくず。のこくず。

お-かぐら【▽御神-楽】❶「神楽」を敬って、また丁寧にいう語。❷平屋に、あとから継ぎ足した2階。通し柱がない。❸灰かぐら。

おかくら-てんしん【岡倉天心】[1862〜1913]美術評論家・思想家。横浜の生まれ。本名、覚三。フェノロサに師事。東京美術学校開設に尽力し、のち校長となる。日本美術院を創立し、明治日本画家の指導者として活躍。その後ボストン美術館中国日本美術部長。英文著書による日本文化の紹介者としても知られる。著「東洋の理想」「日本の覚醒」「茶の本」など。

おかくら-よしさぶろう【岡倉由三郎】[1868〜1936]英語学者。横浜の生まれ。天心の弟。東京高師教授。英語の教育と普及に尽力。編著「新英和大辞典」「発音学講話」など。

お-かくれ【▽御隠れ】身分の高い人、また目上の人が死ぬこと。「一になる」「一あそばす」「お父さんも一の時まで、梅二郎さんの事ばかりを気に掛けて」〈鉄腸・雪中梅〉(類語)死ぬ・卒去・薨去(こうきょ)・薨(こう)ずる

お-かげ【▽御×蔭｜▽御陰】❶他から受けた力添え・恩恵。また、神仏の助け。加護。「一をこうむる」❷ある物事がもたらす結果。また、他から受けるよくない影響。「熟睡した一で気分がいい」「長雨の一で作物はさんざんだ」(類語)恩恵・恵み・徳・恩顧

おかげ-さま【▽御×蔭様】❶(多く「おかげさまで」の形で)他人から受けた助力や親切に対して感謝の意をこめていう語。「一で息子も卒業できました」❷「おかげ❶」をさらに敬っていう語。「すべて神様の一と感謝する」

おかげ-どし【▽御×蔭年】伊勢神宮で遷宮のあった翌年。この年には、特に御蔭(恩恵)を授かるとされて参詣者が多かった。➡御蔭参り

おかげ-まいり【▽御×蔭参り】❶江戸時代、御蔭年(おかげどし)に諸国の庶民が伊勢神宮に参詣(さんけい)したこと。(季 春)➡抜け参り ❷神仏にかけた祈願が成就したあとのお礼参り。

お-かげん【▽御加減】相手を敬ってその健康状態をいう語。「一はいかがですか」

おか-けんかい【岡研介】[1799〜1839]江戸後期の医師。周防(すおう)の人。名は精。漢学を広瀬淡窓に、蘭学・医学をシーボルトに学び、鳴滝塾頭となる。日本に初めて生理学を紹介。

おが-こくていこうえん【男鹿国定公園】秋田県北西部、男鹿半島にある国定公園。寒風山・本山(ほんざん)などの火山群と半島北端の入道崎の海岸を含む。国の天然記念物指定であるツバキの北限自生地(男鹿市の能登山)や、一ノ目潟などの火口湖のほか、多くの温泉地がある観光地域。

おか-サーファー【▽陸サーファー】ファッションとしてサーファーのような格好をしたりサーフボードをもったりしているが、実際にはサーフィンをしない人。

お-がさがけ【小×笠懸】笠懸の一。4寸(約12センチ)四方の小さい的を馬上から射る競技。中世に盛んに行われた。

おかざき【岡崎】婚礼のときの嫁のかぶりもの。約6センチ幅の白布を菱形(ひしがた)に畳み、それを広げてかぶる。葬列につく近親の婦人も用いる。岡崎帽子。

おかざき【岡崎】㊀愛知県中南部の市。西三河地方の経済の中心。本多氏らの城下町、東海道の宿駅として発展。徳川家康の生地。繊維・自動車工業が盛ん。八丁味噌の産地。平成18年(2006)1月、額田(ぬかた)町を編入。人口37.2万(2010)。㊁江戸初期のはやり歌。「岡崎女郎衆(じょろしゅう)はよい女郎衆」という歌詞で、時に踊りも伴う。各地に獅子舞(ししまい)の曲として残る。岡崎踊。岡崎女郎衆。㊂浄瑠璃「伊賀越道中双六(いがごえどうちゅうすごろく)」の八段目の通称。

おかざき-し【岡崎市】▶岡崎㊀

おかざき-じょう【岡崎城】岡崎市にある城。徳川家康の祖父松平清康が居城とし、家康もここで生まれ、一時本拠とした。明和6年(1769)以降は本多氏が在城。第二次大戦後、天守閣を復興。竜が城。

おかざき-へいや【岡崎平野】愛知県中央南部に広がる平野。矢作(やはぎ)川・境川流域の低地と周囲の台地からなる。かつては穀倉地帯だったが、現在は都市化が進み自動車工業の中心地。西三河平野。西三(せいさん)平野。

おかざき-まさむね【岡崎正宗】鎌倉末期の刀工。相模の人。五郎入道正宗と称する。新藤五国光に師事。相州物の大成者で、沸(にえ)の美の表現にすぐれた。無比の名匠といわれるが有銘の作は少なく、名物「庖丁(ほうちょう)正宗」「日向(ひゅうが)正宗」などの作者とされる。三作の一。生没年未詳。

おかざき-みそ【岡崎味×噌】▶八丁味噌

おか-さま《「おかたさま」または「おかかさま」の略という》近世、上方で、他人の妻の敬称。おかみさま。「あんな一持ちながら、あったら御身を墨染に」〈浄・用明天王〉

お-かざり【▽御飾り】❶神仏の前の飾りつけ、または供え物。「神棚の一」❷「飾り❹」に同じ。❸「飾り❸」に同じ。「一の会長」

おがさわら【小笠原】「小笠原諸島」の略。

おがさわら-おおこうもり【小×笠原大×蝙×蝠】オオコウモリ科の哺乳類。体長20〜25センチ。花や果実を食べる。小笠原諸島にのみ分布。天然記念物。

おがさわら-きだん【小×笠原気団】日本の南東の太平洋上に発生する海洋性熱帯気団。夏によく発達して日本付近に張り出し、暑い晴天をもたらす。

おがさわら-こうきあつ【小×笠原高気圧】小笠原気団のためにできる温暖高気圧。

おがさわら-こくりつこうえん【小笠原国立公園】小笠原諸島のうち聟島(むこじま)・父島・母島の各列島を中心とする国立公園。熱帯植物や海食地形に富む。

おがさわら-さだむね【小笠原貞宗】[1294〜1347]鎌倉末・南北朝時代の武将。元弘の変に足利尊氏に従って功をたて、信濃の守護となった。騎射・故実に通じ武家礼節の祖といわれる。

おがさわら-しょとう【小笠原諸島】東京都のほぼ南南東の太平洋上にある諸島。聟島(むこじま)・父島・母島・硫黄の各列島と、西之島・沖ノ鳥島・南鳥島などの島々からなる。文禄2年(1593)小笠原貞頼の発見といわれ、明治9年(1876)明確に日本領となり、同13年東京府に所属。第二次大戦後は米国の施政権下に置かれたが、昭和43年(1968)返還。動植物は固有種がきわめて多く、「東洋のガラパゴス」と称される。平成23年(2011)「小笠原諸島」の名で、聟島列島・父島列島・母島列島・西之島・北硫黄島・南硫黄島とその周辺海域が世界遺産(自然遺産)に登録された。

おがさわら-そうどう【小笠原騒動】豊前(ぶぜん)小倉藩小笠原家の御家騒動。藩主忠固(ただかた)の家格引き上げ運動を推進した家老小笠原出雲(いずも)と反対派とが争い、文化12年(1815)藩主・家老が処分された。

おがさわら-ながきよ【小笠原長清】[1162〜1242]鎌倉前期の武将。阿波の守護。小笠原氏の祖。源頼朝の挙兵に加わり、源義仲を討伐。奥州藤原氏の征討、承久の乱に功績があった。

おがさわら-ながとき【小笠原長時】[1514〜1583]戦国時代の武将。信濃の守護。天文17年(1548)塩尻峠の戦いで武田信玄に大敗し、のち流浪して没落。

おがさわら-ながひで【小笠原長秀】[?〜1424]室町中期の武将。信濃の守護。礼式や騎射の法に通じ、足利義満の弓馬術の師範となった。義満の命により武家の礼法を定めたと伝えられる。

おがさわら-やもり【小×笠原守×宮】ヤモリ科の爬虫(はちゅう)類。全長8センチくらいで、尾は扁平。雌だけで単為生殖するため、繁殖力が強い。熱帯アジアから太平洋の諸島、小笠原諸島に分布。

おがさわら-りゅう【小×笠原流】❶㋐武家礼式の一派。室町時代、足利義満の臣小笠原長秀が制定。以後、武家の正式の礼法とされた。明治以後、学校教育にも取り入れられ、特に女子の礼式として広く用いられた。㋑俗に、堅苦しい礼儀作法のこと。❷弓術・馬術の一派。源頼朝の臣である小笠原長清を祖とする。❸兵法の一派。小笠原宮内大輔氏隆が創始。

おかし 平安時代、「もののあわれ」と並ぶ美的理念の一。枕草子の主調美で、知的興味をそそられる感覚的、直観的な明るい情趣。室町時代以降は、こっけいの意で用いられ、狂言・俳諧・狂歌などの笑いの文学の底流となる。➡おかしい

おかし【犯し】罪を犯すこと。また、罪。罪科。「前(さき)の世の報いか、この世の一か」〈源・明石〉

おが-し【男鹿市】▶男鹿

おかし・い〔形〕図をか・し〔シク〕❶(「可笑しい」と当てても書く)普通とは違うところがあって笑いたくなるさま。㋐珍妙な言動・状況などがおもしろくて、思わず笑いたくなる。こっけいである。「この漫画は実に一・い」㋑どこか不釣り合いで、嘲笑(ちょうしょう)したくなる。ばかばかしい。「彼が代表だなんて一・くって」❷普通とようすが違うのに気づいて疑わしく思うさま。㋐普通ではないところが感じられる。変である。変わっている。「どうもからだの調子が一・い」㋑言動や状況が不審である。いぶかしい。怪しい。「なんとなくそぶりの一・い男」❸普通とは違った格別の趣のあるさま。㋐興味をそそられる。「一・しき事にもあるかな…興ある事申したり」〈竹取〉㋑景色などが興趣がある。風情がある。「夕月夜の一・しきほどに出だし立てさせ給ひて」〈源・桐壺〉㋒かわいらしい。「うへにさぶらふ御猫は…いみじう一・しければ」〈枕・九〉㋓美しい。魅力がある。また、りっぱである。「一・しの御髪(みぐし)や」〈源・若紫〉「身貧しけれど、よき人は、方異(かたこと)に操(みさを)に、一・しうぞある」〈落窪・四〉㋔じょうずである。「琴いと一・しうなつかしう弾き臥し給へり」〈落窪・一〉➡面白(おもしろ)い(用法)(派生)おかしがる〔動ラ五〕おかしげ〔形動〕おかしさ〔名〕おかしみ〔名〕

(類語)(❶)おもしろい・滑稽(こっけい)・傑作・笑止(しょうし)・剽軽(ひょうきん)・喜劇的・ユーモラス・コミカル・笑える・笑わせる/(❷)変(へん)・異常・妙(みょう)・奇異・不自然・不可解・不思議・不審・いぶかしい・解(げ)せない・腑(ふ)に落ちない・不可思議・奇妙・面妖(めんよう)・異(い)・謎(なぞ)・怪(かい)・奇(き)・奇怪・幻怪・怪奇・怪異・神秘・霊妙・霊異・あやかし・ミステリー・ミステリアス・奇天烈・摩訶(まか)不思議・けったい

おかし-がた・い【犯し難い】〔形〕立ち入ったり、干渉したりすることなどできない。「一・い気品がある」

おか-しかのすけ【岡鹿之助】[1898〜1978]洋画家。東京の生まれ。岡鬼太郎の長男。フランスに留学。帰国後、春陽会に所属。スーラに学んだ点描画法と理知的構成の中に詩情をたたえた作風で知られた。文化勲章受章。

おかし-な〔形動〕❶おかしいさま。こっけいなさま。「一格好をして笑わせる」❷変なさま。妙(みょう)なさま。「一話で合点がいかない」(補説)「動作のおかしな人」のように、述語としても用いられるので、形容動詞と認められる。連体形だけが用いられる。

おかじま-かんざん【岡島冠山】[1674〜1728]江戸中期の儒学者。長崎の人。名は璞(はく)、冠

山は号。儒学を修め、中国語に通じた。著書に水滸伝の日本語訳や「唐話纂要」「華音唐詩選」など。

おかし-やか【形動ナリ】いかにも趣のあるさま。「―なるほどに聞こえ交し給ひし年ごろよりも」〈源・総角〉

おか-じょうき【▽陸蒸気】汽車のこと。明治初期の語で、蒸気船に対し、陸を走るところからの称。

お-かしら【尾頭】❶尾と頭。❷尾から頭までの長さ。❸《「おがしら」とも》始めと終わり。「―もない夢とのみうち興じて」〈漱石・思ひ出す事など〉

お-かしら【▽御頭】頭領や親分の敬称。➡頭㊀❹

おかしら-つき【尾頭付き】尾と頭のついたままの魚。慶事での料理に用いる。

お-かしわ【▽御×柏】製本で、糸とじまたは針金とじの中身を1枚の表紙でくるみ、天・地・小口を化粧裁ちする方法。柏餅になぞらえていう。

おか・す【犯す】〔動サ五(四)〕❶法律・規則・倫理などに反した行為をする。「罪を―・す」「誤りを―・す」❷女性に対して力ずくで肉体関係を強制する。「暴漢に―・される」❸権威あるものに逆らう。「今はよも上を―・さんと好み、乱を起こさんとする者はあらじ」〈太平記・一六〉 (可能)おかせる

おか・す【侵す】〔動サ五(四)〕《「犯す」と同語源》❶他者の権利・権限などを損なう行為をする。侵害する。「所有権を―・す」「思想の自由を―・してはならない」❷他国の土地に不法に入り込む。侵入する。侵略する。「国境を―・す」「領海を―・す」❸(「冒す」とも書く)物事に害を与える。また、病気が心身を損なう。「霜に―・される」「酸に―・されにくい物質」「癌が全身を―・す」 (可能)おかせる

おか・す【冒す】〔動サ五(四)〕《「犯す」と同語源》❶危険や困難を覚悟のうえで、あえてする。「風波を―・して出港する」❷聖域・尊厳などを汚し傷つける。「神聖にして―・すべからず」❸他家の姓を名のる。「養家の姓を―・す」 (可能)おかせる (類語)蝕む・害する

お-かず【▽御数・▽御×菜】《数々取り合わせる意から。もと女房詞》副食物。お菜。 (類語)副食・菜・総菜・料理・割烹・膳・膳部・食膳・ご馳走・佳肴・酒肴・ディッシュ

おかず-パン【▽御数パン】コロッケ・カツ・サラダなどの総菜を挟んだパン。調理パン。

お-がせ【▽麻×桛・▽苧×桛・×纑】❶紡いだ麻糸を桛にかけて巻き取ったもの。また、その桛。❷乱れもつれるさまのたとえ。「恋に心をひねり麻の―乱いた胸のうち」〈浄・丹波与作〉❸自由を束縛するもののたとえ。「ああ、子は三界の―ぢゃなあ」〈伎・鼠小紋東君新形〉

お-かた【▽御方】❶他人を敬っていう語。「あの―の紹介なら信用します」➡方㊀❹❷貴人の妻妾や子女の敬称。「明日は殿ごの砧打ち、一姫ごも出て打たい」〈松の葉・一〉❸近世、庶民が他人の妻を敬っていう語。「なんと―茶はまだあるまい」〈浄・孕常盤〉

おか-だ【▽陸田】畑。りくでん。

おかだ-かんせん【岡田寒泉】[1740～1816]江戸後期の儒学者。江戸の人。名は恕。通称、清助。松平定信に登用され、朱子学振興に努力した。著「幼学指要」。

おかた-ぐるい【▽御方狂ひ】❶人妻に夢中になること。「―をやりをるか」〈浄・加増曽我〉❷遊女狂い。「すこし前かたなる―のやうに見えて」〈浮・一代男・六〉

おかだ-けいすけ【岡田啓介】[1868～1952]軍人・政治家。海軍大将。福井の生まれ。田中・斎藤両内閣の海相。のち、首相。二・二六事件で首相官邸を襲撃されたが、あやうく難を逃れた。事件後に内閣は総辞職した。

おかだ-げんざぶろう【岡田源三郎】[1896～1977]野球選手・監督。東京の生まれ。明大野球部で活躍。卒業後の大正12年(1923)同大野球部監督となりチームを初優勝に導く。昭和11年(1936)名古屋金鯱軍の選手兼初代監督。

おがた-けんざん【尾形乾山】[1663～1743]江戸中期の陶工・画家。京都の人。光琳の弟。陶法を野々村仁清に学び、京都で鳴滝窯を開き、晩年は江戸入谷に窯を築いた。絵画は「八ツ橋図」「花籠図」など。

おかだ-けんぞう【岡田謙三】[1902～1982]洋画家。横浜の生まれ。フランスに留学。帰国後は二科会に所属して叙情的な具象画を発表。のち渡米し、ニューヨーク定住。東洋美を抽象に託した画風で異彩を放った。

おがた-こうあん【緒方洪庵】[1810～1863]江戸後期の蘭学者・医者・教育者。備中の人。名は章。江戸・長崎で医学を学び、医業のかたわら蘭学塾(適塾)を開いて青年を教育。種痘の普及にも尽力し、日本における西洋医学の基礎を築いた。著「病学通論」など多数。

おがた-こうりん【尾形光琳】[1658～1716]江戸中期の画家・工芸意匠家。京都の人。名は惟富、通称、市之丞。乾山の兄。初め狩野派を学び、のち光悦や宗達の作風の影響を受け、大胆で軽妙な画風により独自の造形美を展開、琳派を確立した。代表作に「燕子花図屏風」「紅白梅図屏風」など。蒔絵にもすぐれた作品を残した。

おかだ-さぶろうすけ【岡田三郎助】[1869～1939]洋画家。佐賀の生まれ。黒田清輝らに学び、のちフランスに留学し、コランに師事。外光派的作風の風景画と日本的情趣の装飾的女性像を描いた。また、舞台美術・図案・工芸の分野にも貢献。第1回の文化勲章受章。

おかた-さま【▽御方様】《「おかた」をさらに敬っていう語》❶他人の妻を敬っていう語。お内儀さま。「又さる人の―」〈仮・竹斎・下〉❷他人を敬っていう語。深い敬意を表す。「貴様もよろづに気のつきさうなる―と見えて」〈浮・一代男・一〉

お-かたさま【▽御方様】〔代〕二人称の人代名詞。江戸時代、敬愛の気持ちをこめて、多く女性が男性に対して用いた。あなたさま。「すぎし年の五月に、竜右衛門小者を御搦めくだされしは、―か」〈浮・男色大鑑・一〉

おがた-じゅく【緒方塾】天保9年(1838)、緒方洪庵が大坂に開いた蘭学塾。大村益次郎・橋本左内・長与専斎・福沢諭吉などの人材を輩出した。適々斎塾。適塾。

おかだ-せいぞう【岡田誠三】[1913～1994]小説家。大阪の生まれ。新聞社の特派員として南方に従軍し、その経験から戦争を描いた小説や歴史ものを執筆する。「ニューギニヤ山岳戦」で直木賞受賞。他に「定年後」「雪華の乱」「字余り人生」など。

おがた-たけとら【緒方竹虎】[1888～1956]政治家。山形の生まれ。東京朝日新聞社の幹部を経て、昭和19年(1944)小磯内閣の国務相兼情報局総裁。第二次大戦後、戦時中の言論統制の責任者として公職追放。解除後、衆議院議員。

おかだ-たけまつ【岡田武松】[1874～1956]気象学者。千葉の生まれ。長く中央気象台長を務め、日本の気象観測制度を確立。文化勲章受章。著「日本気候論」など。

おかだ-ためちか【岡田為恭】[1823～1864]江戸末期の復古大和絵派の画家。京都の人。一時、冷泉三郎を自称。大量の古画を模写する一方、障壁画なども描いた。

おがた-ともさぶろう【緒方知三郎】[1883～1973]病理学者。東京の生まれ。東大・日本医大教授。東京医大学長。唾液腺の内分泌やカシンベック病、老人病などの研究で業績がある。文化勲章受章。著「病理学総論」など。

おかだ-はんこう【岡田半江】[1782～1846]江戸後期の画家。大坂の人。名は粛、字は子羽、通称、宇左衛門。父の米山人に儒学と画を学び、文人画家として名高い。

おかた-ぶち【▽御方▽打ち】正月の14日、新婚の嫁の尻を祝い棒でたたいて、懐妊を願う習俗。嫁たたき。はらみ節供。

おかだ-べいさんじん【岡田米山人】[1744～1820]江戸後期の画家。大坂の人。名は国、字は士彦、通称、彦兵衛。伊勢の津藩に仕えた。画趣は明るく放胆で、田能村竹田に影響を与えた。

おかた-ぼうこう【▽御方奉公】一定の年限を定めて婿が嫁方に入って働く習俗。年限により三年婿・五年婿などとよばれる。➡年季婿

おかた-ぼうちょう【▽御方包丁】大阪府堺から産出した、タバコの葉を刻む包丁。鍛冶職人が妻に手伝わせて作ったところからという。

おがた-まさのり【緒方正規】[1853～1919]医学者。熊本の生まれ。東大教授。ドイツに留学。日本の衛生学・細菌学の基礎を築いた。明治29年(1896)ペストがネズミのノミで媒介されることを発見。

おがたま-の-き【小賀玉の木】モクレン科の常緑高木。暖地に自生。葉は長楕円形で厚く、光沢がある。春、葉の付け根に芳香のある大形の花をつけ、萼・花びらとも白色で6枚ずつある。神社によく植えられ、材を床柱や器具に、葉を香料に用いる。

おか-たゆう【岡▽大▽夫】《醍醐天皇が好み、大夫(五位)の位を授けたという言い伝えから》蕨餅の異称。「ふだんはわらびの餅と申す。延喜の帝の聞こし召されて、官をなされ、―とも申したると申すが」〈虎明狂・岡太夫〉

おかだゆう【岡太夫】狂言。舅の家で蕨餅を食べた婿は、妻にも作らせようとするが名を忘れ、思い出すため、妻に漢詩を次々と朗詠させる。

おかだ-よしこ【岡田嘉子】[1902～1992]女優。広島の生まれ。女子美術学校卒。新劇から映画界に入り、昭和13年(1938)演出家の杉本良吉とソ連に亡命。スパイ容疑をかけられるが、のちソ連市民権を得る。著作に「悔いなき命を」など。

おかだ-りょうへい【岡田良平】[1864～1934]行政官・政治家。静岡の生まれ。大正6年(1917)内閣直属の諮問機関として臨時教育会議を設置し、学制改革を実施。文相などを歴任。

お-かち【▽御▽徒】►徒㊁❼

おかち-いし【雄勝石】宮城県石巻市雄勝地区から産出する黒色粘板岩。石碑・瓦・硯石などにする。玄昌石。

おかち-ぐみ【▽御▽徒組】►徒組

おかち-しゅう【▽御▽徒衆】►徒衆

おかち-の-き【雄勝の柵】古代、東北経営の拠点としてつくられた城柵。天平宝字3年(759)完成。所在地については、現在の秋田県湯沢市や雄勝郡羽後町など諸説がある。

おかち-めつけ【▽御▽徒目付】►徒目付

おかちめんこ　器量がよくない女性をいう俗語。 (類語)不美人・しこめ・醜女・醜婦・悪女・ぶす

おか-ちょうじがい【▽陸▽丁字貝】オカチョウジガイ科の陸生の巻き貝。田畑や庭の植木鉢の下などにみられ、貝殻は細長い円錐形で、殻高約1センチ。殻は薄く、半透明。体は黄色。

お-かちん《女房詞から》餅。かちん。「―をごちそうになって」〈宇野浩二・苦の世界〉

おかっ-さま【▽御▽方様】《「おかたさま」の音変化》他人の妻を敬っていう語。奥様。「―釣ろよ」〈狂言記・釣女〉

お-かったる・い〔形〕《近世江戸語》十分でない。不足である。「百足を後見に頼んでも、まだ―・い」〈洒・二筋道〉

お-かって【▽御勝手】「勝手㊁❶」の丁寧語。

お-かっぱ【▽御▽河▽童】《河童の頭髪に似ているところから》少女の髪形。前髪を額に垂らし、横・後ろを首筋の辺りで切りそろえたもの。

おかっ-ぴき【岡っ引(き)】《「おかびき」の促音添加。「おか」は「傍」で、そばにいて手引きをする者の意という》江戸時代、町奉行に属した与力・同心の下で、犯罪捜査や犯人の逮捕に当たった者。目明かし。

おか-づり【▽陸釣(り)・岡釣(り)】❶舟を使わないで、海岸や川岸などで魚を釣ること。➡磯釣り ➡沖釣り❷俗に、女性をあさること。

おか-でら【岡寺】奈良県明日香村岡にある真言宗豊山派の寺。山号は東光山。正しくは竜蓋寺。天智天皇2年(663)、天皇が義淵に岡本宮を与え、寺と

したのに始まるという。初めは法相宗。西国三十三所第7番札所。義淵僧正像(国宝)などがある。

おかど-ちがい【▽御門違い】❶訪問すべき家をまちがえること。❷目当てをまちがえること。見当ちがい。「その抗議は一だ」(類語)場違い・筋違い

おか-とらのお【岡虎の尾】サクラソウ科の多年草。山野に生え、高さ0.6～1メートル。地下茎で繁殖し、葉は長楕円形で両端がとがる。夏、茎の頂に、白色の小花が集まって尾状に咲く。とらのお。

オカナガン-ワインルート〖Okanagan Wine Route〗カナダ、ブリティッシュコロンビア州南部、果樹栽培が盛んなオカナガン地方にあるワイン産地の通称。オカナガン湖の東西両岸に多数のワイン醸造所が連なり、同国東部のナイアガラ地方と並ぶワイン産地として知られる。➡ナイアガラワインルート

おかにし-いちゅう【岡西惟中】[1639～1711]江戸前期から中期の俳人。因幡の人。号は一時軒など。西山宗因に師事し、談林随一の論客として知られた。著「俳諧蒙求」「近来俳諧風体抄」など。

おかの-けいじろう【岡野敬次郎】[1865～1925]法学者。群馬の生まれ。日本商法学の基礎を作った。東大教授・司法大臣・文部大臣などを歴任。著「日本手形法」「会社法」。

おか-ばしょ【岡場所】《吉原に対して、「傍」、すなわち、わきの場所の意》江戸で、官許の吉原に対し、非公認の深川・品川・新宿などの遊里。➡吉原

おか-はっく【岡白駒】[1692～1767]江戸中期の儒学者。播磨の人。中国の小説の訓訳もした。著「皇朝儒臣伝」「小説奇言」など。

おか-はるお【岡晴夫】[1916～1970]歌手。千葉の生まれ。本名、佐々木辰夫。鼻にかかった甘い歌声で人気を博し、デビューの昭和14年(1939)から昭和20年代にかけて活躍。「オカッパル」の愛称で親しまれた。ヒット曲は「上海の花売娘」「憧れのハワイ航路」など。

おが-はんとう【男鹿半島】秋田県中部、日本海に突出する半島。かつて島であったが、南北に砂州を形成し、八郎潟を抱く陸繋島となった。寒風山や一ノ目潟温泉などがある。

おか-び【岡▽辺】「おかべ(岡辺)」に同じ。「ほととぎす鳴きて過ぎにし一から秋風吹きぬよしもあらなくに」〈万・三九四六〉

オカピ〖okapi〗キリン科の哺乳類。体高約2.5メートル。首がやや長く、体は濃褐色で四肢に白い縞がある。アフリカのコンゴ地方の密林にすみ、1901年に初めてヨーロッパに紹介された。

おが-ひき【▽大×鋸×挽き】大鋸で木材をひくこと。また、それを業とする人。木挽き。

おか-ひじき【▽陸鹿=尾=菜】アカザ科の一年草。海岸の砂地に生え、高さ10～40センチ。全体が緑色で、よく分枝する。葉は肉質の線形で堅く、先は針状。夏、小花をつける。若葉をゆでて食べ、海藻のミルに似るので、みる菜ともいう。

オカピ-やせいせいぶつほごく【オカピ野生生物保護区】コンゴ民主共和国北東部、エプル川沿岸の森林地帯にある野生生物保護区。珍獣といわれるオカピの生息地で、1996年に世界遺産(自然遺産)に登録されたが、森林破壊や密猟などを理由に、1997年、危機遺産リストに登録された。➡オカピ

お-かぶ【▽御株】その人の得意とするわざ。また、特有の癖。「一を取る」「又母親の一が始まったのだと思った」〈秋声・足迹〉(類語)得意・売り物・十八番・おはこ・お家芸・お手の物・特技・得手・達者・専売特許

御株を奪う その人の得意とすることを別の人間がうまくやってのける。

お-かぶ【雄株】雌雄異株の植物で、雄花のみをつける株。➡雌株

おか-ふもと【岡麓】[1877～1951]歌人。東京の生まれ。本名、三郎。正岡子規に師事し、「アララギ」同人として活躍。歌集に「庭苔」「涌井」など。

おか-べ【岡辺│丘辺】《古くは「おかへ」》丘のほとり。丘のあたり。「父の家から六七丁も隔った山寄りの一で」〈嘉村・秋立つまで〉

おかべ【岡部】静岡県藤枝市の地名。宇津ノ谷峠の西にあり、もと東海道五十三次の宿駅。

お-かべ【▽御壁】「壁❻」に同じ。「一の汁、一の菜」〈咄・醒睡笑・三〉

おかべ-ちょう【岡部町】▶岡部

おか-ぼ【陸=稲】畑に栽培される稲。水稲に比べて収穫量が少なく、味も落ちる。りくとう。(季 秋)「痩せ一へ死火山脈の吹きおろし/三鬼」

おか-ぼり【▽陸掘り】露天掘り。

おか-ぼれ【▽傍×惚れ│岡×惚れ】〔名〕スル 他人の恋人や親しい交際もない相手をわきから恋すること。自分のほうだけがひそかに恋していること。また、その相手。「同僚の妻君に一する」(類語)片思い

お-かま【▽御釜│▽御×竈】❶「かま」「かまど」の丁寧語。❷(御釜)㋐尻の異称。㋑男色。また、その相手。❸(御釜)下女の異称。❹火山の噴火口、または火口湖。蔵王山のものが有名。

御釜が割れる 夫婦別れする。また、一家が離散する。「跡の月から一・れて」〈浄・忠臣蔵〉

御竈を起こす 《かまどを築き上げる意から》身代を築く。財産を作る。「あいつめは一・すはなしだが」〈滑・膝栗毛・発端〉

御釜を掘る ❶男色を行う。❷車が車に追突することをいう俗語。

お-かまい【▽御構い】❶(あとに打消しの語を伴う)「かまうこと」の尊敬語・丁寧語。㋐心にかけ、もてなすこと。おもてなし。お世話。「なんの一もできませんで」「どうぞもうこれ以上は一なく」㋑気にすること。頓着。「夜中でも一なく大声で歌っている」❷江戸時代の刑罰の一。特定地域への立ち入りを禁じるもの。追放。「江戸一」

おかまい-なし【▽御構い無し】❶周囲のことに考えを及ぼさないこと。無頓着なようす。また、そのような人。「人の思わくなんか一にしゃべりまくる」❷江戸時代の裁判で、お上としては罪に問う意思がなく、不問に付すこと。

おか-マイラー【▽陸マイラー】マイレージサービスにおいて、飛行機には乗らず、航空会社の提携する商店やクレジットカードなどを利用することでマイルをため、サービスを受ける人。

おかま-こおろぎ【▽御×竈蟋=蟀】カマドウマの別名。(季 秋)

おかまつ-かずお【岡松和夫】[1931～2012]小説家。福岡の生まれ。学生時代は政治運動に参加。「志賀島」で芥川賞受賞。体験や見聞に基づく作品が多い。他に「壁」「異郷の歌」「峠の棲家」など。

おかま-の-はらい【▽御×竈の×祓】正月・5月・9月の三斎月に、竈の神をまつって祓いを行うこと。荒神祓。

おか-み【岡見】❶大晦日の夜、蓑を逆さに着て岡に登り、自分の家のほうを見て翌年の吉凶を占った行事。逆さ蓑。(季 冬)「この村に長生多き一哉/召波」❷「傍目」に同じ。

お-かみ【▽御上】❶天皇の敬称。❷朝廷・幕府や政府など、時の政治を執り行う機関。また、為政者。❸(「女将」とも書く)旅館・料理屋・居酒屋などの女主人。じょしょう。「大一」「若一」(補説)大きな所では経営者の一族の女性がなり、主に接客関係をまとめる職名にもなっている。❹(「御内儀」「内儀」とも書く)他人の妻をいう。おかみさん。➡おないぎ(補説)かつては商人・職人の妻に用いた。❺主君・主人の敬称。「一にも御機嫌」〈浄・丹波与作〉(類語)(❷)政府・行政府・政庁・政権・内閣・台閣・官府・官庁・官衙・官・国・公辺/(❸)女将・ママ・マダム/(❹)主婦・おかみさん

おかみ【×龗】雨や雪など、水をつかさどると信じられていた神。竜神。「我が岡の一に言ひて降らしめし雪の摧けしそこに散りけむ」〈万・一〇四〉

お-がみ【尾髪】《「おかみ」とも》馬の尾とたてがみ。また、特に尾。「やがて一をきり、かなやきして、次の夜六波羅へつかはし」〈平家・四〉

お-がみ【▽男神】男性の神。⇔女神。(補説)日本神話では特に伊弉諾尊を指し、「陽神」「夫神」とも書く。

おがみ【拝み】❶拝むこと。礼拝。❷《合掌した手の形に似ているところから》破風板などが中央で接する所。

おがみ-いし【拝み石】庭園を眺めたり礼拝したりする場所に置く平たい石。

おがみ-い・る【拝み入る】〔動ラ四〕心をこめて祈願する。熱心に拝む。「なほさらに手を引き放たず、一・りてをり」〈源・玉鬘〉

おがみ-うち【拝み打ち│拝み討ち】刀の柄を両手で握って頭上に高く構え、上から下へ切り下げること。また、その切り方。おがみぎり。

おかみ-け【▽御上家】㊀〔名〕公家。貴族。「わが恋はただ一の女中」〈浮・一代男・四〉㊁〔形動ナリ〕いかにも貴族らしいさま。上品であるさま。「勤め姿去って、一なる御所風あり」〈浮・諸艶大鑑・一〉

おかみ-さん【▽御上さん】庶民が他人の妻や料理屋の女主人などを親しんで、また敬っていう語。(類語)主婦・おかみ

お-かみそり【▽御髪×剃】浄土宗や真宗で、在俗の男女がその宗門に入る儀式。僧(真宗では門主)がかみそりを当てて剃髪に擬し、戒名(真宗では法名)を与える。帰敬式。お髪剃り。

おがみ-たお・す【拝み倒す】〔動サ五(四)〕拝むように繰り返し頼んで、むりやり承知させる。「一・して金を貸してもらう」

おがみ-づき【拝み×搗き】杵を両手で頭上に持ち上げて、拝むようにしてつくこと。

おがみ-どり【拝み取り】野球で、両手で拝むようにして飛球を捕ること。

おが・む【拝む】〔動マ五(四)〕❶神仏などに、手を合わせ、頭を下げて祈る。「初日の出を一・む」❷「見る」の謙譲語。お目にかかる。また、珍しい物、大事な物などを拝見・拝観する。「お顔を一・みに伺います」「秘宝を一・ませていただいた」「彼女の顔を一・みたい」❸懇願する。嘆願する。「金を貸してくれと一・まれた」(可能)おがめる (類語)祈る

オガム-もじ【オガム文字】《ogham》古代アイルランド語の碑文に用いられた文字。直線と斜線とを組み合わせた母音字5、子音字15からなる。

おかむら-きんたろう【岡村金太郎】[1867～1935]海藻学者。東京の生まれ。日本近海の海藻を調査研究し、藻類学を確立。水産講習所長。著「日本藻類図譜」など。

おかむら-しこう【岡村柿紅】[1881～1925]劇作家。高知の生まれ。本名は久寿治。市村座の経営の責任者としても活躍。「身替座禅」「棒しばり」などの舞踊劇、世話狂言「椀久末松山」など。

お-かめ【お亀│×阿亀】❶「阿多福」に同じ。❷「阿亀蕎麦」の略。

おか-め【▽傍目│岡目】わきから見ていること。第三者の立場で見ること。おかみ。

おかめ-いんこ【×阿亀×鸚×哥】オウム科の鳥。全長32センチくらいで全体に灰色。冠羽があり、ほおに黄赤色の斑紋がある。オーストラリアの草地にすみ、飼い鳥にされる。

おかめ-こおろぎ【×阿亀蟋=蟀】コオロギ類の一群。日本にはハラオカメコオロギ・タンボオカメコオロギなど数種おり、いずれも雄の顔は扁平な楕円形で、おかめの面を思わせる。乾燥地にすみ、リリリリと鳴く。(季 秋)

おかめ-ざさ【×阿亀×笹】ササの一種。高さ1、2メートル。節から短い枝が5本出て、長楕円形の葉をつける。東京浅草の酉の市で、これにおかめの面をつるして売ったのでいう。植え込みや垣根に用いる。豊後笹。五枚笹。神楽笹。

おかめ-そば【×阿亀蕎=麦】かまぼこ・しいたけ・青菜などの具を入れたかけそば。具の並べ方がおかめ(阿多福)の面に似るところからの名という。

おかめ-はちもく【▽傍目八目】《他人の囲碁を

そばで見ていると、対局者より冷静で、八目先まで手が読める意から》第三者のほうが、物事の是非得失を当事者以上に判断できるということ。

おかめ-よへえ【お亀与兵衛】ｦｶﾒﾖﾍｴ 浄瑠璃「卯月の紅葉」の主人公の男女の名。

お-かもじ【▽御▽母文字】「母文字ｶﾓｼﾞ」を敬っていう語。お母様。また、奥様。「高綱の―こりゃ何処へ」〈浄・近江源氏〉

おか-もち【岡持(ち)】ｦｶ 平たくて浅い桶ｵｹに、持ち手とふたのついているもの。料理を入れて持ち運ぶのに用いる。

おかもと-いっぺい【岡本一平】ｦｶﾓﾄ［1886～1948］洋画家・漫画家。函館の生まれ。東京朝日新聞社に入社、漫画担当となり、鋭い描写と警句で社会や政治を風刺した。現代漫画の創始者。かの子は妻。

おかもと-かのこ【岡本かの子】ｦｶﾓﾄ［1889～1939］小説家・歌人。東京の生まれ。本名、カノ。女学校在学中から新詩社に参加、「明星」「スバル」に短歌を発表。漫画家岡本一平と結婚。仏教の研究家としても知られる。歌集「かろきねたみ」、小説「鶴は病みき」「母子叙情」「老妓抄」「河明り」「生々流転」など。

おかもと-きどう【岡本綺堂】ｦｶﾓﾄｷﾀﾞｳ［1872～1939］劇作家・小説家。東京の生まれ。本名、敬二。2世市川左団次と提携、新歌舞伎の劇作家として活躍した。戯曲「修禅寺物語」「鳥辺山心中」、小説「半七捕物帳」など。

おかもと-きはち【岡本喜八】ｦｶﾓﾄ［1924～2005］映画監督。鳥取の生まれ。本名、喜八郎。「結婚のすべて」で監督デビュー。巧みなカットによるテンポのよい娯楽作品を多く手がけた。代表作「独立愚連隊」「肉弾」「江分利満ｴﾌﾞﾘﾏﾝ氏の優雅な生活」「日本のいちばん長い日」「大誘拐 RAINBOW KIDS」など。

おかもとだいはち-じけん【岡本大八事件】ｦｶﾓﾄﾀﾞｲﾊﾁ 慶長17年(1612)幕閣本多正純の与力でキリシタンの岡本大八が、肥前のキリシタン大名有馬晴信を偽って収賄し、大八は火刑、晴信も死罪に処された事件。江戸幕府の禁教政策のきっかけとなった。

おかもと-たろう【岡本太郎】ｦｶﾓﾄﾀﾗｳ［1911～1996］洋画家・彫刻家。神奈川の生まれ。一平・かの子の長男。パリで抽象芸術やシュールレアリスム運動など前衛運動に参加。昭和45年(1970)には、大阪万博に「太陽の塔」を制作。絵画作品に「傷ましき腕」など。

おかもと-でら【岡本寺】ｦｶﾓﾄ 法起寺ﾎｯｷｼﾞの通称。

おかもと-ぶんや【岡本文弥】ｦｶﾓﾄ［1633～1694］江戸前期の古浄瑠璃太夫。大坂の人。大坂道頓堀の伊藤出羽掾座で活躍。文弥の泣き節といわれる文弥節の始祖。➡文弥節

おかもと-やすたか【岡本保孝】ｦｶﾓﾄ［1797～1878］幕末・明治初期の国学者。江戸の人。清水浜臣ｼﾐｽﾞﾊﾏｵﾐ・狩谷棭斎ｶﾘﾔｴｷｻｲに和文や考証を学んだ。著「韻鏡考」「難波江」など。

おかや【岡谷】ｦｶ 長野県中部の市。諏訪ｽﾜ湖北西岸にある。明治以来製糸業の中心地として発展し、第二次大戦後から精密機械工業が盛ん。人口5.3万(2010)。

おか-やき【▽傍焼(き)┆岡焼(き)】ｦｶ〔名〕ｽﾙ《「傍焼き餅ﾓﾁ」の略で、はたで焼き餅を焼くことの意から》自分とは直接関係がないのに、他人の仲がいいのをねたむこと。「一半分にひやかす」〔類語〕ジェラシー・嫉妬・焼き餅・悋気ﾘﾝｷ・法界悋気・妬心

おかや-し【岡谷市】ｦｶﾔ ➤岡谷

おかやすぎぬた【岡康砧┆岡安砧】ｦｶﾔｽｷﾞﾇﾀ 箏曲ｿｳｷｮｸ。山田流。手事物。作曲者不明。一説に、享保・元文年間(1716～1741)に岡安小三郎が作曲したという。胡弓ｺｷｭｳの曲に編曲されて伝えられ、明治20年ごろ、山室保嘉が箏曲として復活。

おか-やどかり【岡宿借┆▽陸宿借】ｦｶ オカヤドカリ科の陸生のヤドカリ。海岸近くの林床にすみ、甲長3.5～4センチ。夏、幼生を海に放つときだけ、海中に入る。小笠原・沖縄などに分布。

おかやま【岡山】ｦｶﾔﾏ ㊀中国地方南東部の県。もとの備前・備中・美作ﾐﾏｻｶ3国にあたる。人口194.5万(2010)。㊁岡山県南部の市。県庁所在地。江戸時代は池田氏の城下町。山陽・山陰・四国を結ぶ交通の要地で、商業・工業が発達。岡山城・後楽園などがある。平成19年(2007)1月、建部町・瀬戸町を編入。同21年4月、全国で18番目の指定都市となった。人口71.0万(2010)。

おかやまがくいん-だいがく【岡山学院大学】ｦｶﾔﾏｶﾞｸｲﾝﾀﾞｲｶﾞｸ 岡山県倉敷市にある私立大学。大正13年(1924)創立の岡山県生石高等女学校を源流として、平成14年(2002)に開設。

おかやま-けん【岡山県】ｦｶﾔﾏ ➤岡山㊀

おかやま-けんりつだいがく【岡山県立大学】ｦｶﾔﾏ 岡山県総社市にある公立大学。平成5年(1993)の開設。同19年、公立大学法人となる。

おかやま-し【岡山市】ｦｶﾔﾏ ➤岡山㊁

おかやま-じょう【岡山城】ｦｶﾔﾏｼﾞｬｳ 岡山市にある旧岡山藩の城。天正元年(1573)から宇喜多直家・秀家の2代にわたり築城。慶長8年(1603)以後は池田氏の居城となる。天守閣が黒色なので烏城ｳｼﾞｮｳとよばれた。月見櫓ﾔｸﾞﾗと西手櫓が現存。金烏城。

おかやま-しょうかだいがく【岡山商科大学】ｦｶﾔﾏｼｬｳｸﾜﾀﾞｲｶﾞｸ 岡山市にある私立大学。昭和40年(1965)の開設。

おかやま-だいがく【岡山大学】ｦｶﾔﾏ 岡山市にある国立大学法人。岡山医科大学・第六高等学校などを統合して、昭和24年(1949)新制大学として発足。平成16年(2004)国立大学法人となる。

おかやま-へいや【岡山平野】ｦｶﾔﾏ 岡山県南部の平野。吉井川・旭川・高梁ﾀｶﾊｼ川などの下流域の沖積平野で、干拓地も多い。米・ブドウ・モモなどの産地。

おかやま-りかだいがく【岡山理科大学】ｦｶﾔﾏﾘｸﾜﾀﾞｲｶﾞｸ 岡山市にある私立大学。昭和39年(1964)の開設。

おか-ゆ【▽陸湯】ｦｶ 銭湯などで、流し場に備えてあるきれいな湯。上がり湯。

おか-よい【▽陸酔い】ｦｶﾖﾋ〔名〕ｽﾙ 船に乗っていた人が、下船後もしばらく体が揺れているように感じること。➡船酔い

お-から【▽御殻┆雪＝花＝菜】《女房詞から。豆腐を作るときの豆乳をしぼったあとの「から(殻)」の意》大豆ﾀﾞｲｽﾞのしぼりかす。食用、また飼料にする。豆腐殻。きらず。うのはな。

お-がら【▽麻▽幹┆×苧殻】ｦ 皮をはいだ麻の茎。盂蘭盆ｳﾗﾎﾞﾝの門火ｶﾄﾞﾋﾞをたくときなどに用いる。あさがら。〔季 秋〕「子をつれて夜風のさやぐ―買ふ／林火」

お-からこ【▽御穀粉】東日本などで、粢ｼﾄｷﾞのこと。

おがら-ばし【▽麻▽幹箸】ｦｶﾞﾗ おがらで作った箸。盂蘭盆ｳﾗﾎﾞﾝの供え物に添える。

おがら-ばな【▽麻▽幹花】ｦｶﾞﾗ カエデ科の落葉小高木。山地の森林に自生。葉は手のひら状に五つまたは七つに裂けて、縁にぎざぎざがある。夏、黄緑色の小花が穂状に集まり、上向きにつく。ほざきかえで。

オカリナ〔ｲﾀﾘｱ ocarina〕陶土やプラスチックなどで作った、鳩笛ﾊﾄﾌﾞｴに似た楽器。吹き口と8～10ある指孔のほか開口部はなく、こもったやわらかい音を出す。

おかる【お軽】浄瑠璃「仮名手本忠臣蔵」中の女性。塩冶ｴﾝﾔ判官の腰元で、早野勘平の妻。夫のために祇園の遊女となる。大星由良之助の密書を、一力ｲﾁﾘｷ茶屋の階上から鏡で盗み見る場面が有名。

オカルティズム〔occultism〕超自然的な力や現象の存在を信じ、それらに権威を認めようとすること。錬金術・占星術や心霊術などをいう。

オカルティック〔形動〕《和 occult＋ic》神秘の。超自然的な。不思議な。「一な雰囲気」

オカルト〔occult〕❶超自然の現象。神秘的現象。❷目に見えないこと。隠れて見えないこと。

お-かわ【▽御×廁】ｦｶﾊ《「おかわや」の略》持ち運びのできる便器。おまる。

お-がわ【小川】ｦｶﾞﾊ 細い流れの川。〔類語〕せせらぎ・沢

おがわ-うせん【小川芋銭】ｦｶﾞﾊ［1868～1938］日本画家。東京の生まれ。本名、茂吉。本多錦吉郎に洋画を学び、独学で日本画を学ぶ。初め新聞などに風刺的な漫画を描いたが、のち茨城県牛久沼のほとりに住み、湖沼風物や河童をテーマに飄逸ﾋｮｳｲﾂ素朴な文人画を描いた。

おがわ-くにお【小川国夫】ｦｶﾞﾊｸﾆｦ［1927～2008］小説家。静岡の生まれ。「内向の世代」の代表的作家。20歳でカトリックに入信、聖書の世界を描く物語やエッセーを数多く手がける。「逸民」で川端康成文学賞受賞。他に「アポロンの島」「ハッシシ・ギャング」など。芸術院会員。

おがわ-しょうたろう【小川正太郎】ｦｶﾞﾊｼﾔｳﾀﾗｳ［1910～1980］野球選手・新聞記者。和歌山の生まれ。中学・早大では速球投手として活躍。昭和9年(1934)毎日新聞に入社し、野球評論を執筆するかたわら日本社会人野球協会の理事を務める。野球規則の統一にも尽力した。

おかわせ-ぐみ【▽御為-替組】ｦｶﾜｾ 江戸時代、大坂御金蔵の幕府公金を、為替によって江戸に送るのを請け負った商人組織。御為替方。

おがわ-たくじ【小川琢治】ｦｶﾞﾊﾀｸｼﾞ［1870～1941］地質学者・地理学者。和歌山の生まれ。日本列島の構造に関する研究に寄与。京大教授。小川芳樹・貝塚茂樹・湯川秀樹・小川環樹の父。著「地質現象の新解釈」「人文地理学研究」など。

おがわ-はりつ【小川破笠】ｦｶﾞﾊ［1663～1747］江戸中期の蒔絵師ﾏｷｴｼ。伊勢の人。江戸に移り、俳諧や土佐派の絵画もよくした。蒔絵に鉛・貝・陶片・牙角ｹﾞｶｸ・堆朱ﾂｲｼｭなどをはめ込む破笠細工を創始。作品に「柏に木菟ﾐﾐｽﾞｸ図料紙硯箱」など。

おがわ-へいきち【小川平吉】ｦｶﾞﾊ［1869～1942］政治家。長野の生まれ。政友会代議士。法相・鉄道相を歴任したが、五私鉄疑獄事件に連座して入獄。国家主義者で、大陸進出を主張した。

おがわ-みめい【小川未明】ｦｶﾞﾊ［1882～1961］小説家・童話作家。新潟の生まれ。本名、健作。ロマンチックな作風から社会主義的傾向へと変遷したのち童話に専念。童話を文学として確立した先駆者の一人。小説「魯鈍な猫」、童話「赤い蝋燭ﾛｳｿｸと人魚」など。

おがわ-ようこ【小川洋子】ｦｶﾞﾊﾔｳｺ［1962～ ］小説家。岡山の生まれ。「妊娠カレンダー」で芥川賞受賞。「博士の愛した数式」は第1回本屋大賞を受賞。他に「ブラフマンの埋葬」「ミーナの行進」など。

お-がわら【×牡瓦┆▽男瓦】ｦｶﾞﾊﾗ 本瓦葺ﾌﾞｷで用いる半円筒形の瓦。牝瓦ﾒｶﾞﾜﾗと組み合わせ、凹面を下向きに伏せて葺く。丸瓦。筒瓦。海鼠ﾅﾏｺ瓦。➡牝瓦

おがわら-こ【小川原湖】ｦｶﾞﾊﾗ 青森県東部の湖。海岸砂丘の発達により閉鎖されてできた汽水湖。北東から高瀬川が太平洋へ流出し、満潮時に海水が流入。ウナギ・ワカサギなどが多い。面積62.3平方キロメートル。最大深度24.4メートル。湖面標高0メートル。もと小川原ｵｶﾞﾜﾗ沼といった。

お-かわり【▽御代(わ)り】ｦｶﾊﾘ〔名〕ｽﾙ「代わり❹」に同じ。「御飯をもう一杯―する」

お-かん【悪寒】ｦ 発熱時などの、ぞくぞくとする寒け。「背筋に―が走る」

お-かん【▽御▽母】《「おかあはん」の変化した語》関西系方言で、子供が母親を呼ぶ語。また、夫が妻を呼ぶ語。

お-かん【▽御×燗】「燗」の丁寧語。酒を温めること。「―をつける」

お-かんむり【▽御冠】〔名・形動〕機嫌が悪いこと。怒っていること。不機嫌なさま。「冠ｶﾝﾑﾘを曲げる」から出た語という。「朝から―だ」

おき【沖┆×澳】❶海または湖などで、岸から遠く離れた所。「―に出る」❷広々とした田畑や野原の遠い所。〔類語〕沖合

沖を越・える《海辺の「辺」を「へた」と読むことから「下手」にかけ、海辺の反対の「沖」を上手ｼﾞｮｳｽﾞの意にとって》技芸などがすぐれた境地に達する。沖を漕ｺぐ。〈俚言集覧〉

おき【▽息】いき。「おきそ(息嘯)」など複合語の要素としてのみ用いられる。

おき【起き】起きること。「けさの―にぞ袖ぬらしつる」〈千五百番歌合・一七〉〔補説〕現代では通例、複合語の

要素として用いられる。「朝起き」「寝起き」「起き伏し」「四時起き」

おき【置き】㊀〔名〕❶置くこと。やめること。⇒置きにする ❷「置き唄」の略。❸「置き浄瑠璃」の略。㊁〔接尾〕時間・距離・数量などを表す語に付いて、それだけの間隔をおく意を表す。「一週間―」「二メートル―」「三行―」

置きに◦する　やめにする。よす。「女太夫へ甘気あまづくとは太い奴だ。―◦しろ」〈伎・初買曽我〉

おき【隠岐】旧国名の一。現在の島根県隠岐諸島にあたる。隠州いんしゅう。

おき【×燠｜×熾】❶赤くおこった炭火。おきび。「かっかと赤くおこった火鉢の―のやまに」〈野上・迷路・四〉❷まきなどが燃えて炭火のようになったもの。おきび。❸消し炭。

おぎ【小城】をぎ 佐賀県中部にある市。農業用水路のクリークと有明海の干拓地が広がる。平成17年(2005)3月に小城町、三日月町、牛津町、芦刈町が合併して成立。人口4.5万(2010)。

お-ぎ【▽男木｜雄木】をぎ ❶雌雄異株の植物で、雄花の咲く木。⇒女木めぎ ❷木材を接合するとき、継ぎ手が凸状をしたほうの木材。⇒女木めぎ

おぎ【×荻】をぎ イネ科の多年草。湿地に群生。高さ約2メートルになり、根茎が地中を走り、茎を1本ずつ立てる。葉は長く、幅広く、縁がざらつく。秋、ススキに似た花穂かすいを出すが、ススキより大形で銀白色。ねざめぐさ。めざましぐさ。おぎよし。(季 秋)「―の葉に折々さはる夜舟かな/鳴雪」

おき-あい【沖合】おきあひ 沖のほう。沖の辺り。(類語)沖

おきあい-ぎょぎょう【沖合漁業】おきあひぎょげふ 沖合で行われる漁業。沿岸漁業と遠洋漁業の中間規模のもの。沖合底引き網漁業・サンマ棒受け網漁業など。近海漁業。

おきあがり-こぼし【起(き)上(が)り小▽法師】達磨だるまの形などに作った人形の底におもりをつけ、倒れてもすぐに起き上がるようにしたおもちゃ。不倒翁ふとうおう。おきゃがりこぼし。

おき-あが・る【起(き)上(が)る】〔動ラ五(四)〕横になっていたものがからだを起こす。また、立ち上がる。「寝床から―・る」「―・って伸びをする」
(類語)起きる・立ち上がる・立つ

おき-あさり【沖浅×蜊】マルスダレガイ科の二枚貝。浅海の砂底にすむ。貝殻は三角形で厚く、殻長約5センチ、淡褐色の地に灰青色の斑紋がある。本州中部以南に分布。食用。

おき-あじ【沖×鰺】おきあぢ ❶アジ科の海水魚。全長約40センチ。体は側扁し、ぜんごとよぶ硬いうろこが体側にある。南日本および太平洋とインド洋の熱帯域にすむ。美味。❷ウマヅラハギの別名。❸カイワリの別名。❹ハタハタの別名。

おき-あま・る【置き余る】〔動ラ四〕露・霜などが、置き所もないほどにたくさんおりる。「秋の野らは―・る露に埋うづもれて」〈徒然・四四〉

おき-あみ【沖醤=蝦】甲殻綱オキアミ目の節足動物の総称。エビに似るが、えらが露出していることなどが異なる。体長1～5センチ。ナンキョクオキアミなどがあり、プランクトンとして世界の海洋に広く分布し、魚類やヒゲクジラの餌として重要。人間の食用資源としても見直されている。

おき-あみ【置(き)網】網を水中に張っておき、魚のかかるのを待つ漁法。また、その網。待ち網。

おき-あわせ【置(き)合(わ)せ】おきあはせ 取り合わせること。また、その対象。特に、茶道などで、道具を調和よく配置すること。

おき-いけ【置(き)生け】生け花で、下に置いた花器に花を挿す形式。畳床たたみどこには薄板を敷き、板床にはじかに置く。

おき-いし【置(き)石】❶趣を添えるために庭園などに置かれる石。❷囲碁で、弱いほうが前もって二子にし以上の石を置くこと。また、その石。❸鉄道のレールの上に置いた石。線路上に石を置くこと。「一事件」

おき-いち【置(き)位置】おきゐち 置いておく場所。置く場所。置き場。「灯籠の―を決める」

オキーフ〖Georgia O'Keeffe〗[1887～1986]米国の女性画家。夫は写真家のスティーグリッツ。ニューメキシコの荒涼とした風土を愛し、シュールレアリスム的な世界を描いた。代表作「牛の頭蓋骨―赤、白、青」など。

おき-うお【沖魚】おきうを 沖でとれる魚。

おき-うた【置(き)唄】長唄の舞踊曲で、踊り手が登場する前に歌われる、序奏的な部分。おき。

おきうと ▶おきゅうと

おき-うり【沖売り】商船や漁船が問屋を通さずに沖合で商品や漁獲物を売買すること。

おぎえ【荻江】をぎえ 荻江節の家元名。

おぎえ-ぶし【×荻江節】をぎえ 三味線歌曲の一。明和5年(1768)以降、荻江露友が始めた郭くるわ内の座敷芸風の長唄が独自の音楽様式を確立して成立。現在は古曲の一つに数えられている。

おき-かえ【置(き)換え｜置(き)替え】おきかへ ❶おきかえること。置換ちかん。❷《「おきがえ」とも》買い手が売り手に保証金を預けておき、必要に応じて品物を取り寄せ、代金の過不足は決算期に精算する取引方法。「―の約束も、年々かさみて」〈浮・永代蔵・五〉

おき-か・える【置(き)換える｜置(き)替える】おきかへる〔動ア下一〕文おきか・ふ〔ハ下二〕❶物をどかして他の物をそのあとに置く。「床の間の置物を生け花に―・える」「ここはもう少し的確な表現に―・えたい」❷置き場所を他にかえる。「机を窓際に―・える」

おき-がかり【沖掛(か)り｜沖×繋り】船が沖に停泊すること。

おき-かき【×燠×掻き｜×熾×掻き】❶燠をかき立てたり、かき寄せたりする道具。火かき。❷燠を持ち運ぶ道具。十能じゅうのう。〈物類称呼〉

おき-がけ【起(き)掛け】起きだしたばかりのこと。起きぬけ。

おき-がさ【置(き)傘】不意の雨に備えて、勤め先などに置いておく傘。また、店などで客に貸し出す傘。

おき-がた【置(き)形｜置(き)型】布や紙に型紙を置き、墨や絵の具をすりつけて模様を表したもの。また、その型紙。「細い矢羽根の―の浴衣」〈秋声・足迹〉

おぎがみ-なおこ【荻上直子】をぎがみなほこ［1972～　］映画監督。千葉の生まれ。平凡な人々の静かな日常を淡々と、かつ叙情的に描いた作品で注目される。代表作「バーバー吉野」「かもめ食堂」「めがね」など。

お-ききおよび【▽御聞(き)及び】「聞き及び」に同じ。「すでに―でしょうが」

おき-ぐすり【置(き)薬】使用分の代金をあとで支払ってもらう約束で、売薬行商人が家庭に置いていく薬。富山の薬売りが有名。配置薬。

おき-くち【置(き)口】《「おきぐち」とも》手箱・硯箱すずりばこの縁や、女性の衣服の袖口や裾を金銀などで縁飾りすること。また、その縁。

おきく-むし【▽阿菊虫｜×螠虫】アゲハチョウ類のさなぎの俗称。繭を作らず、枝に尾の先をつけ、胸部は1本の糸で枝に懸かる。その姿が後ろ手に縛られたようなので、「播州皿屋敷」のお菊になぞらえた名という。

オキクルミ《アイヌ語》アイヌの創世神話に登場する英雄神。アイヌの祖とされる。アイヌラックル。

おき-ご【置(き)碁】囲碁で、弱いほうが碁盤の星の位置に、前もって二子にし以上の置き石をして打つ碁。

おき-ごい【置き×鯉】おきごひ 近世、祝宴、特に婚礼の席の飾りとした雌雄の鯉。置き鳥と対をなす。

おき-ごたつ【置き▽火×燵｜置き×炬×燵】自由に移動できるこたつ。底板のあるやぐらの中に、炭火をいける陶器を置いたもの。切り火燵・掘り火燵に対していう。(季 冬)「住みつかぬ旅のこころや―/芭蕉」

おき-ことば【沖言葉｜沖▽詞】漁師や船乗りが海上で使うことを忌む言葉。転じて、その代わりとして使う言葉。「ながもの(蛇)」「こまもの(イワシ)」「えびす(鯨)」などの類。

オキサイド〖oxide〗「酸化物」に同じ。

お-きさき【▽御▽后｜▽御▽妃】「きさき」の尊敬語。

おき-ざり【置(き)去り】《「おきさり」とも》あとに残したまま、行ってしまうこと。置き捨て。「子供を―にする」「絶海の孤島に―にされる」

オキザリス〖ラテ Oxalis〗カタバミ科オキザリス属(カタバミ属)の植物の総称。特に園芸種をさし、花の色は黄・紫・桃色などがある。葉と花は、夜間あるいは雨天や曇天のときに閉じる。名は、酸っぱいの意のギリシャ語に由来。(季 春)

オキサロ-さくさん【オキサロ酢酸】《oxaloacetic acid》生物の呼吸で重要なTCA(トリカルボン酸)回路の一員。ジカルボン酸の一。ピルビン酸から生じた活性酢酸と結合して枸櫞くえん酸となり、回路が始動し、一巡すると、再びオキサロ酢酸が生成されて、回路は引き続き作動する。分子式$C_4H_4O_5$

おき-さわら【沖×鰆】おきさはら ウシサワラの別名。また、サワラをいうことがある。

おき-じ【置(き)字】❶漢文を訓読するとき、原文にはあるが、慣習的に読まない文字。助字の「焉えん」「矣い」「乎こ」などの類。❷手紙文で用いる副詞・接続詞などの文字。「凡およそ」「抑そもそも」「又」「将又はたまた」の類。

おぎ-し【小城市】をぎ ▶小城

オキシカルジウム〖ラテ oxycardium〗サトイモ科フィロデンドロン属の多年草。西インド諸島原産。葉は心臓形で肉厚。つる性で杪欏へごにからませたり、つり鉢にしたりして栽培する。ひめかずら。

オキシカルボン-さん【オキシカルボン酸】《oxycarboxylic acid》ヒドロキシカルボン酸のこと。1分子中に水酸基とカルボキシル基をもつ化合物。オキシ酸。

オキシゲナーゼ〖oxygenase〗酸化還元酵素の一。酸素分子中の酸素原子を基質に結合させる触媒となる。酸素添加酵素。酸素化酵素。

オキシ-さん【オキシ酸】《oxyacid》オキシカルボン酸の略称。また、オキソ酸のこと。

おき-しじみ【沖×蜆】マルスダレガイ科の二枚貝。内海の砂泥地にすむ。貝殻は円形でやや膨らみ、殻長約5センチ。殻表は黄褐色、周縁が紫色で、成長脈がはっきりしている。食用。

オキシダーゼ〖ドイ Oxidase〗酸化還元酵素のうち、酸化反応を促進する酵素。特に、酸素を直接に水素受容体として用いるもの。酸化酵素。

オキシダント〖oxidant〗《酸化体の意》大気中の窒素酸化物・炭化水素などが紫外線の作用で光化学変化を起こして生じた酸化性の強い物質。光化学スモッグの原因となる。オゾンのほかアクロレインやアルデヒドなどが含まれ、生物に有害。

オキシテトラサイクリン〖oxytetracycline〗放線菌の一種から分離された抗生物質の一。苦味のある黄色結晶。グラム陽性菌・陰性菌やリケッチア、一部のウイルスに有効で、医薬・農薬・食品保存料に利用。

オキシドール〖ドイ Oxydol〗過酸化水素水の日本薬局方名。過酸化水素を約3パーセント含む無色透明の水溶液。殺菌・消毒剤のほか、脱色・漂白にも用いる。

オキシトシン〖oxytocin〗視床下部で生合成され、脳下垂体後葉から分泌されるホルモン。出産時の子宮収縮作用や乳の分泌促進作用がある。

おき-しな【起きしな】《「しな」は、…するときの意の接尾語》起きようとするとき。また、起きたばかりのとき。起きがけ。起きぬけ。「―は機嫌が悪い」

オキシフル〖Oxyfull〗オキシドールの商標名。

オキシヘモグロビン〖oxyhemoglobin〗呼吸によって、ヘモグロビンに酸素が結合したもの。これを含む血液は鮮紅色を呈する。酸素ヘモグロビン。

おぎ-しま【男木島】をぎ 香川県高松市の北方、瀬戸内海の備讃びさん諸島東部にある島。面積1.4平方キロメートル、周囲4.7キロメートル、最高点は213メートル。平地が少なく、段々畑による麦・野菜などの栽培と沿岸漁業が行われる。南に女木めぎ島がある。瀬戸内海国立公園に含まれる。

おき-じゃく【置(き)尺】布地などを下に置いて、物

差しをあてがって測ること。⇔持ち尺。

おき-じょうるり【置(き)浄瑠璃】所作事浄瑠璃で、踊り手が登場する前に前置きとして演奏する部分。おき。

おき-しょとう【隠岐諸島】島根県北東部、日本海にある諸島。島前どうぜん(知夫里ちぶり島・西ノ島・中ノ島)と島後どうご、およびその他の小島からなる。後鳥羽上皇・後醍醐天皇などの配流の地。おきのしま。

おき-ずきん【置(き)頭巾】近世、袱紗ふくさの形をした布を二つ折りにして頭にのせたもの。また、丸頭巾のこと。

おぎす-たかのり【荻須高徳】[1901〜1986]洋画家。愛知の生まれ。フランスに留学。佐伯祐三に師事し、ユトリロ的な画風でパリの風景を描いた。帰国後、新制作協会会員となるが、再びパリに戻り、サロン-ドーメに毎年招待出品。文化勲章受章。

おき-ずて【置(き)捨て】《「おきすて」とも》❶捨てるつもりで、そのまま置いておくこと。❷置き去り。

おき-ずみ【置き墨】額の髪の生え際やまゆを墨で化粧すること。また、その墨。「眉そりて―こく」〈浮・一代女・一〉

おき-せんどう【沖船頭】江戸時代、廻船かいせんに乗り込み、船長として実務についた責任者。➡居い船頭

おき-そ【▽息×嘯】《「そ」は「うそ(嘯)」の音変化》ため息。「大野山霧立ち渡る我が嘆く―の風に霧立ちわたる」〈万・七九九〉

おき-そ・う【置き添ふ】㊀〔動ハ四〕置いてある上に、さらに置き加わる。「草葉こそ―・ふ霜にたへざらめ何にかれゆくやどの人めぞ」〈風雅・冬〉㊁〔動ハ下二〕置いてある上に、さらに置き加える。「いとどしく虫の音しげき浅茅生あさぢふに露―・ふる雲の上人」〈源・桐壺〉

オキソ-さん【オキソ酸】《oxoacid》➤酸素酸さんそさん

オキソニウム-イオン〖oxonium ion〗水和した水素イオンH_3O^+のこと。かつてヒドロニウムイオンとよばれた。

おきた-そうじ【沖田総司】[1844〜1868]江戸末期の新撰組隊士。奥州白河藩を脱藩し、新撰組設立当初から参加。近藤勇の刑死後、江戸で肺病により没。天然理心流の剣法にすぐれ、池田屋事件で活躍。

おき-た・つ【起き立つ】〔動タ四〕起き上がる。「―・たば母知りぬべし」〈万・三三一二〉

おきたま【置賜】山形県南部、最上川上流の地域名。置賜盆地(米沢盆地)をなし、中心は米沢市。

おき-ちぎ【置(き)千木】神社建築で、大棟に置かれる形式の千木。➡千木

おきつ【興津】静岡県静岡市の地名。もと東海道の宿駅。清見せいけん寺・清見関きよみがせき跡がある。

おき・つ【×掟つ】〔動タ下二〕❶あらかじめ心に決める。計画する。「(山吹ノ花ハ)品高くなどは―・てざりける花にやあらむ」〈源・幻〉❷計画的に処置する。執り行う。取り計らう。「とまり給はむ人々を思しやりて、えさは―・て給はざりけるにや」〈源・宿木〉❸命令する。指図する。「うちへも参り給はず、とかくの御事など―・てさせ給ふ」〈源・澪標〉

おき-つ【沖つ】〔連語〕《「つ」は「の」の意の格助詞》沖の。沖にある。

おき-つ-うみ【沖つ海】海の沖のほう。沖合の海。「―みなそこ深く思ひつつ裳引き馴らしし菅原の里」〈夫木・三一〉

おき-つ-かい【沖つ×櫂】沖をこぐ船の櫂。「―いたくな撥はねそ」〈万・一五三〉

お-きづかい【▽御気遣い】「気遣い❶」の尊敬語。

おき-つ-かぜ【沖つ風】沖を吹く風。また、沖から吹いてくる風。「若の浦に白波立ちて―寒き夕ゆふへは大和し思ほゆ」〈万・一二一九〉

おき-つぎ【置き▽注ぎ】手に持たないで下に置いたままの杯に酒をつぐこと。

お-きづき【▽御気付き】相手が気付くことを敬っていう語。「―の点はお申しつけください」

おき-つ-くに【沖つ国】沖のかなたの遠い国。黄泉よみの国をさすかともいう。「一領うしはく君が塗り屋形丹塗りの屋形神が門渡る」〈万・三八八八〉

おき-つけ【置(き)付け】いつもその場所に置いたままにしておくこと。

おき-づけ【沖漬(け)】小ダイ・小アジなどを背開きにし、酒・酢・塩をまぜた中に漬けたもの。

おき-つ-しまもり【沖つ島守】沖にある島の番人。「わが髪の雪と磯辺の白波といづれまされり―」〈土佐〉

おき-つ-しまやま【沖つ島山】滋賀県の琵琶湖にある沖島おきのしまの古称。〔歌枕〕「近江あふみの海―奥まけてわが思ふ妹が言の繁けく」〈万・二四三九〉

おき-つ-しらなみ【沖つ白波】沖に立つ白波。「なごのうみの霞の間よりながむれば入る日をあらふ―」〈新古今・春上〉〔補説〕沖の白波が「立つ」ところから「立田山」の、また、白波の「しら」と同音であるところから「知らず」の序詞ともなる。「海わたの底―竜田山」〈万・八三〉「近江の海―知らねども」〈万・二四三五〉

おきつ-だい【▽興津×鯛】静岡県興津地方の沿岸でとれるアマダイ。

おき-つ-たまも【沖つ玉藻】沖の美しい藻。「靡なびく」の序詞として多く用いられる。「わたつみの―のなびき寝む」〈万・三〇七九〉

おき-つち【置(き)土】❶地面の上に、さらに土を置くこと。上に土をかぶせること。❷➤客土きゃくど❶

おき-づつ【置(き)筒】竹製の花器で、釘穴がなく、据え置いて用いる筒形のもの。上に節のあるものと、節がなくて吹き抜きになっているものとがある。

おき-つづみ【置(き)鼓】能の特殊な囃子事はやしごとの一。翁付おきなつきなど、格別な能の会で、ワキの登場などに用いる。小鼓と笛だけで奏す。

おき-つ-とり【沖つ鳥】〔枕〕❶沖にいる水鳥の意から「鴨かも」にかかる。「―鴨といふ舟の帰り来ば」〈万・三八六六〉❷沖にいる水鳥「鴨あぢ」と同音であるところから、地名の「味経あぢふ」にかかる。「―味経の原に」〈万・九二八〉❸沖つ鳥の首を曲げて胸を見るようすから「胸みな見る」にかかる。「黒き御衣みけしをま具さに取り装ひ―胸見る時」〈記・上・歌謡〉

おき-つ-なみ【沖つ波】㊀〔名〕沖に立つ波。「―来寄する荒磯ありそをしきたへの枕とまきて寝なせる君かも」〈万・二二二〉㊁〔枕〕波の動く状態から「競きほふ」「頻しく」「高し」「立つ」「撓とをむ」などにかかる。「―撓む眉引まよびき」〈万・四二二〇〉「―たかしの浜の」〈古今・雑上〉

おきつ-のり【▽興津海▽苔】オキツノリ科の紅藻。本州・九州などの海岸の潮間帯に多くみられ、高さ約5センチ。やや硬くて扁平で、枝分かれして扇状に広がる。食用。きくのり。

おきっ-ぱなし【置きっ放し】ある場所に置いたままになっていること。「車を道ばたに―にする」

おき-つ-みかみ【沖つ▽御神】沖を支配する神。また、沖または沖の島を神格視していった語。「珠洲すの海人あまの―にい渡りて」〈万・四一〇一〉

おきつも-の【沖つ藻の】〔枕〕沖の藻が波になびくところから「靡なびく」にかかる。「―なびきし妹いもは」〈万・二〇七〉

おき-づり【沖釣(り)】沖に出て釣りをすること。➡磯いそ釣り ➡陸おか釣り

おきて【×掟】《動詞「おき(掟)つ」の連用形から》❶守るべきものとしてすでに定められている事柄。その社会の定め。決まり。また、法律。法度はっと。「家の―」「―に背く」❷かねてからの心づもり。計画。「この二年ばかりぞかくてものし侍れど、親の―にたがへりと思ひ嘆きて」〈源・帚木〉❸取りしきること。処置。処分。また、指図。命令。「おのづから位などいふことも高くなり、身の―も心にかなひがたくなどして」〈源・夢浮橋〉❹様式にかなったものの扱い方や配置のぐあい。「筆の―すまぬ心地して、いたはり加へたる気色なり」〈源・梅枝〉❺心のもち方。心構え。心ばせ。「一広きうつはものには、幸ひもそれに従ひ、せばき心ある人は、さるべきにて」〈源・若菜下〉〔類語〕規則・制度・約束・決まり・定め・規定・規程・条規・定則・規約・規準・規矩準縄きくじゅんじょう・規律・ルール・コード・本則・総則・通則・細則・付則・概則

おき-てがみ【置(き)手紙】〔名〕スル 用件を書いてその場に残しておくこと。また、その手紙。書き置き。「―して出掛ける」

おき-てぬぐい【置(き)手拭い】手ぬぐいを畳んで、頭や肩にのせること。また、その手ぬぐい。

おきて-まい【×掟米】江戸時代の小作料の名称。領主が取る年貢諸役のほかに、地主取り分の余米も含めて納入する場合にいう。定め米。

おき-どけい【置(き)時-計】机・棚などの上に置いて使う時計。

おき-どこ【置(き)床】床の間の床板のように作った台で、移動できるもの。狭い部屋などで、床の間代わりに使う。

おき-どころ【置(き)所】❶物を置くべき所。置き場所。置き場。「家具の―に困る」❷心や身体の落ち着ける所。多く、「身の置き所が(も)ない」の形で用い、どうしようもない気持ちでいることを表す。

おき-どめ【沖止め】❶空港の搭乗口、港の岸壁から離れた所に航空機や船舶を停泊させること。搭乗・上陸にはバスや小型船を使う。❷行事や事故などで漁船の出漁を一斉に止めること。

おき-とり【置(き)鳥】近世、祝宴、特に婚礼の席などの飾りとした雌雄の鳥。置き鯉ごいと対をなす。

おきとり-ぎょぎょう【沖取(り)漁業】沖合で行う漁業。主にサケ・マスなどの北洋漁業をいう。

おきな【▽翁】❶年取った男。おじいさん。⇔媼おうな・おみな。❷老人の自称。「―の申さむことは聞き給ひてむや」〈竹取〉❸能などに用いる老人の面。おきなめん。〔類語〕おじいさん・じいさん・じじい・老夫・老爺・翁おう・老翁

おきな【翁】能で、別格に扱われる祝言曲。翁・千歳せんざい・三番叟さんばそうの三人の歌舞からなり、正月初会や祝賀能などの最初に演じられる。翁役は白色尉はくしきじょう、三番叟役は黒色尉こくしきじょうという面をつける。➡式三番しきさんば

おきな-あめ【▽翁×飴】水飴に寒天・香料などを加えて作った飴。新潟県高田地方の名産。

おきな-あんどん【▽翁行▽灯】江戸歌舞伎で、顔見世興行の初日などに舞台左右の大臣柱にかけた角形の行灯。

おぎない【補い】おぎなうこと。おぎなうもの。埋め合わせ。「休んだ仕事の―をつける」

おぎない-ぐすり【補い薬】❶漢方で、精力の衰えを補強するための薬方。また、その薬。補薬ほやく。❷当座の間に合わせに用いる薬。

おぎな・う【補う】〔動ワ五(ハ四)〕❶足りないところを埋めて満たす。補足する。「欠員を―・う」「もう少し説明を―・いたい」❷損害や罪などの埋め合わせをする。「欠損を―・う」「彼の誠実さは他の欠点を―・って余りある」〔可能〕おぎなえる

おきなえびす-がい【▽翁×戎貝｜▽翁恵比須貝】オキナエビスガイ科の巻き貝。深い海の岩礁底にすみ、貝殻は円錐形で、殻高・殻径とも8〜10センチ。殻口は深く切れ込み、殻表に炎状の赤い模様がある。相模湾から房総沖に産する。近縁の化石種は多いが、現生種は少なく、生きている化石といわれる。長者貝。

おき-なお・る【起(き)直る】〔動ラ五(四)〕横になっていた者が、からだを起こして、きちんと座る。「床の上に―・る」

おきな-がい【▽翁貝】ソトオリガイ科の二枚貝。潮間帯付近の砂泥底にすむ。貝殻は楕円形で膨らみ、殻長約5センチ。殻は薄く、真珠光沢が強い白色。本州以南に分布。うすぎぬがい。

おき-なかし【沖仲仕】船舶内で貨物の積み降ろし作業に従事する港湾労働者。船内荷役にやく作業員。

おきながたらしひめ-の-みこと【息長足媛命｜息長帯比売命｜気長足姫尊】神功じんぐう皇后の名。

おきな-き【▽翁忌】《「翁」は松尾芭蕉をさす》松尾芭蕉の忌日、陰暦10月12日。芭蕉忌。桃青忌。時雨忌。おきなの日。〔季 冬〕

おきな-ぐさ【▽翁草】❶キンポウゲ科の多年草。日当たりのよい山野に生え、高さ約30センチ。全体に長く白い毛が生え、葉は羽状複葉。春、暗赤褐色の花を1個下向きにつける。実は白い毛をもち、風で飛ぶ。根を漢方で白頭翁といい、下痢に薬用。桂仙花

けいせんか。善界草ぜがいそう。(季 春)「一手になだらかな山の景/八束」②松の別名。③菊の別名。◆書名別項。

おきなぐさ【翁草】江戸中期の随筆。200巻。神沢貞幹著。初めの100巻は明和9年(1772)成立、のち100巻を加えたが天明8年(1788)大半を焼失、再び編述したもの。明治38年(1905)全巻を刊行。中古以来の古書からの伝説・奇事・異聞の抜き書きや自身の見聞を記録したもの。

おきな-ごうし【▽翁格子】格子縞の一。太い格子の中に、さらに多くの細かい格子を表したもの。

おきな-さ・びる【▽翁さびる】〔動バ上一〕図おきなさ・ぶ〔バ上二〕老人らしくなる。また、老人らしく振る舞う。おきなぶ。「いや、一・びた事を言う」〈鏡花・歌行灯〉

おきな-じる【沖▽魚汁】海でとった魚をすぐに用いて作った汁。沖汁。

おきな-じるこ【▽翁汁粉】白餡しろあんに、求肥ぎゅうひあるいは白玉・葛くずすいとんなどを入れた汁粉。

おきな-つき【▽翁付】能で、最初に「翁」を演じる正式な番組立て。原則として、「翁」に続いて同じシテ・地謡じうたい・囃子方はやしかたで脇能わきのうを演じる。

おきな・ぶ【▽翁ぶ】〔動バ上二〕老人らしくなる。年寄りくさくなる。「何となく一・びたる心地して、世間の事もおぼつかなしや」〈源・常夏〉

おき-なます【沖×膾】沖でとった魚を船中ですぐになますに作ったもの。また、それをまねた料理。(季 夏)「はらわたの塵を洗はん一/子規」

おきなもんどう【翁問答】江戸前期の教訓書。2巻。中江藤樹著。寛永17年(1640)ころ成立。慶安3年(1650)刊。孝行を中心とする道徳哲学を、わかりやすく問答形式で説いたもの。

おきな-やき【▽翁焼(き)】鯛たいの切り身を味醂みりんで溶いた白味噌に漬けておき、焼いてさらに白味噌を塗った料理。白髪の翁にあやかって祝膳に使う。

おきな-ゆり【▽翁百▽合】シラタマユリの別名。

おき-なり【沖鳴り】津波などの前兆として、沖合から普段と違った音が聞こえてくること。

おきなわ【沖縄】㊀日本最南端の県。沖縄諸島・先島さきしま諸島、および尖閣・大東両諸島からなる。県庁所在地は那覇市。琉球王国があったが、明治12年(1879)沖縄県設置、第二次大戦では日本国内唯一の戦場となり、戦後は米国の統治下に琉球政府設置、昭和47年(1972)、日本に返還され、県制を復活した。人口139.3万(2010)。㊁沖縄県、沖縄島中南部の市。もと越来ごえく村で、昭和31年(1956)コザ市となり、同49年美里村と合併して現名に改称。北部に米軍の嘉手納かでな基地がある。知花ちばな城跡・東南植物楽園がある。人口13.0万(2010)。

おきなわかいがん-こくていこうえん【沖縄海岸国定公園】沖縄県にある国定公園。沖縄本島中部の東シナ海に面した残波ざんぱ岬から名護なごにいたる海岸と、本部もとぶ半島の備瀬びせ崎から最北端の辺戸へど岬にいたる全長80キロメートルの海岸線一帯と島内最高峰の与那覇よなは岳など内陸部の自然景観地。慶良間けらま諸島の海岸も含む。

おきなわかいはつ-ちょう【沖縄開発庁】沖縄の総合的開発事業の立案・実施、経済の振興を主な任務とした中央行政機関。総理府の外局。沖縄の本土復帰に伴い、昭和47年(1972)、沖縄・北方対策庁を改編して設置。平成13年(2001)内閣府に統合され、関連事務は内閣府特命担当大臣(沖縄・北方対策特命担当)の掌理に移された。

おきなわかがくぎじゅつ-だいがくいんだいがく【沖縄科学技術大学院大学】沖縄県国頭くにがみ郡恩納村おんなそんにある私立大学院大学。平成24年(2012)開学。

おきなわキリストきょうがくいん-だいがく【沖縄キリスト教学院大学】沖縄県中頭郡西原町にある私立大学。平成16年(2004)の開設。人文学部の単科大学。

おきなわ-けん【沖縄県】▶沖縄㊀

おきなわけんりつ-かんごだいがく【沖縄県立看護大学】沖縄県那覇市にある公立大学。平成11年(1999)の開設。看護学部の単科大学。同16年に大学院を設置した。

おきなわけんりつ-げいじゅつだいがく【沖縄県立芸術大学】沖縄県那覇市にある公立大学。昭和60年(1985)設置。

おきなわ-こくさいだいがく【沖縄国際大学】沖縄県宜野湾市にある私立大学。昭和47年(1972)の開設。

おきなわ-し【沖縄市】▶沖縄㊁

おきなわ-じま【沖縄島】沖縄諸島中最大の島。北東から南西に細長い。面積1206.5平方キロメートル。中心は那覇市。第二次大戦の激戦地。沖縄本島ほんとう。

おきなわ-しゃかいたいしゅうとう【沖縄社会大衆党】沖縄県の地域政党。米軍施政下の昭和25年(1950)に結成。以降、日本社会党(現社会民主党)・民社党・日本共産党などの全国政党と協力しつつ、国政・県政で活動する。

おきなわ-しょとう【沖縄諸島】沖縄島を主島とする諸島。奄美あまみ群島と先島さきしま諸島の間にある。亜熱帯性気候で、サトウキビ・パイナップルの栽培が盛ん。

おきなわしんこう-とくべつそちほう【沖縄振興特別措置法】第二次世界大戦での苛烈な戦禍や米軍基地の集中といった沖縄の置かれた特殊な諸事情をふまえて沖縄振興計画を策定し事業を推進するなどの特別の措置を講ずることを定めた法律。10年間の時限立法。平成14年(2002)施行。同24年に改正法が成立・施行。沖縄振興計画の策定主体が国から県に変更された。沖振法。

おきなわ-せん【沖縄戦】第二次大戦末期、沖縄本島およびその周辺で行われた日米の激戦。昭和20年(1945)4月の米軍上陸から約3か月にわたる軍民混在の激しい地上戦のなか、集団自決強制、日本軍による住民虐殺なども起こり、県民約10万人が犠牲となった。

おきなわせんせき-こくていこうえん【沖縄戦跡国定公園】沖縄本島南部、第二次大戦の沖縄戦終焉しゅうえん地一帯と約15キロメートルの海岸線を中心とする国定公園。ひめゆりの塔・平和の礎・平和祈念公園ほか、数多くの戦跡がある。

おきなわ-だいがく【沖縄大学】沖縄県那覇市にある私立大学。沖縄で最初の私立大学で、昭和36年(1961)の開設。

おきな-わたし【▽翁渡】▶式三番しきさんば②

おきなわ-とくそほう【沖縄特措法】▶駐留軍用地特別措置法

おきなわへんかん-みつやく【沖縄返還密約】昭和47年(1972)の沖縄返還に際して、日米間で結ばれたとされる合意・密約。有事の際の米軍による核兵器の持ち込み、および軍用地の原状回復費用の肩代わりに関するもの。平成21年(2009)9月から翌年3月にかけて外務省の調査チームと有識者委員会がそれぞれ調査・検証を行った。➡密約問題 ①沖縄返還時に日米間で成立した、有事の際の核持ち込みに関する合意のこと。日本周辺で極めて重大な緊急事態が生じた際に、事前協議のみで、米軍が沖縄へ核兵器を持ち込み、また嘉手納などの基地を核兵器貯蔵地として活用する、というもの。返還前の沖縄の米軍基地には核兵器が配備されていたことから、「再持ち込み」という表現も使われる。日本政府が昭和43年(1968)に宣言した非核三原則と矛盾する。有識者委員会によって合意議事録の存在が確認されたが、沖縄返還当時の佐藤栄作内閣から後継内閣に議事録が引き継がれた形跡がないことなどから、有識者員会は必ずしも密約とは言えないと結論づけた。②沖縄返還協定では、米軍が使用していた軍用地を米国側の自発的支払いによって原状回復することが規定されていたが、この原状回復補償費を日本側が肩代わりする、という密約。昭和47年(1972)の外務省機密漏洩事件によって公にされた。有識者委員会は、明確に文書化されてはいないものの当時の書簡案や記録などの資料から日米間で合意・了解が成立していたことは確認できるとして、広義の密約があったと結論づけた。

おきなわ-ほんとう【沖縄本島】▶沖縄島おきなわじま

お-きにいり【▽御気に入り】①「気に入り」に同じ。「一の靴」②▶ブックマーク

おき-にし【沖×螺】オキニシ科の巻き貝。潮間帯の岩礁にすむ。貝殻は紡錘形で、殻高約5センチ。殻表はこぶ状の突起で覆われる。本州中部以南に分布。

おき-に-め・す【▽御気に召す】〔連語〕「気に入る」「好む」の尊敬語。「お客様の一・すかどうか」「こちらのほうが一・しましたか」

おき-にやく【沖荷役】沖に停泊している船と艀はしけの間で荷物の積み降ろしをすること。また、それを仕事にする人。

おき-ぬけ【起(き)抜け】寝床から起き出したばかりのこと。起きがけ。起きしな。「一に一服すう」

おぎの-あんな【荻野アンナ】[1956〜]小説家。神奈川の生まれ。本名、安奈。父はフランス系アメリカ人、母は画家の江見絹子。小学生のとき日本に帰化。「背負い水」で芥川賞受賞。エッセーでも知られる。他に「ホラ吹きアンリの冒険」など。

おき-の-いん【隠岐院】《承久の乱で隠岐に流されたところから》後鳥羽上皇の通称。

おき-の-えらぶじま【沖永良部島】鹿児島県、奄美あまみ群島南部の島。面積94.5平方キロメートル。サンゴ礁海岸・鍾乳洞などがある。サトウキビ・エラブユリの栽培が盛ん。

おぎの-がくせつ【×荻野学説】産婦人科医の荻野久作が大正13年(1924)に発表した、排卵期と受胎期についての学説。月経周期の長短にかかわらず、次回予定月経前12〜16日の5日間が排卵期、12〜19日の8日間が受胎期であるとする。避妊に応用される。

おぎの-ぎんこ【荻野吟子】[1851〜1913]医師・婦人運動家。武蔵の生まれ。明治18年(1885)医術開業試験に合格、近代日本の最初の女性医師となる。基督キリスト教婦人矯風きょうふう会風俗部長、大日本婦人衛生会幹事など社会運動にも従事した。

おき-の-しま【沖ノ島¦沖島¦沖の島】㊀(沖ノ島)福岡県北端、玄界灘げんかいなだにある小島。宗像むなかた市に属する。面積0.7平方キロメートル。宗像大社の沖津宮おきつみやがある。古代の文化財が豊富で「海の正倉院」といわれる。㊁(沖島)琵琶湖中で最大の島。滋賀県近江八幡市に属する。面積1.5平方キロメートル。㊂(沖の島)高知県、宿毛すくも湾口にある島。足摺宇和海国立公園の一部。宿毛市に属する。面積10.5平方キロメートル。中央部に妹背山がある。

おき-の-しま【隠岐島】㊀▶隠岐諸島おきしょとう ㊁(隠岐の島)隠岐諸島のうち、島後どうごを占める町。

おきのしま-いせき【沖ノ島遺跡】福岡県の沖ノ島にある遺跡。海上交通に関する国家的祭祀の場であったらしく、鏡・玉・石製模造品など豊富な遺物には、朝鮮・中国・ペルシアからの渡来品を含む。

おき-の-たゆう【沖の▽大▽夫】アホウドリの別名。

おきのどく-さま【▽御気の毒様】〔形動〕①相手の不幸に同情する気持ちを表す語。「事故に遭われたとは一です」②相手の期待に添えなかったり、相手に迷惑をかけたりしたときに謝る気持ちを表す語。皮肉に、またからかって用いられることもある。「一ですが、課長は不在です」

おき-の-とりしま【沖ノ鳥島】日本最南端の島。南硫黄島の南西、北緯20度25分、東経136度5分にある環礁で、満潮時にはわずかな岩礁を残して水面下に没するため、消滅しないように工事が行われ、波による浸食から岩礁を保護している。東京都小笠原村に属し、昭和6年(1931)日本領になった。

おき-のり【沖乗り】船が、陸の見えない沖で星などを頼りに航行すること。陸地の目標物を頼りに沿岸を航行する地乗り・地回りに対していう。

おぎの-りゅう【×荻野流】江戸時代、荻野安重の創始した砲術の一派。

おきのり-わざ【×賖り▽事】代金あと払いで買うこ

と。掛け買い。「一をして銭も持て来ず」〈土佐〉
おきの・る【×賒る】〘動ラ四〙《「おぎのる」とも》代金をあと払いにして買う。掛け買いをする。〈日葡〉
おき‐ば【置(き)場】置く場所。また、落ち着かせる所。置き所。「ごみ―」「身の―がない」
おき‐ばな【置(き)花】生け花で、床などに据え置きにした花器に生けた花。➡掛け花 ➡釣り花
おき‐ばり【置(き)針】川魚の漁法の一。前の晩、針に餌をつけて川に入れておき、翌朝かかった魚を引き上げる。ウナギやナマズに用いる。
おき‐ばん【起(き)番】当番で、ひと晩じゅう起きていること。また、その人。寝ずの番。
おき‐び【×燠火┊×熾火】「燠」に同じ。
おき‐びき【置(き)引き】〘名〙スル 置いてある他人の荷物を持ち逃げすること。また、その者。「駅の待合室で―される」
おき‐びしゃく【置き▽柄×杓】茶の湯の風炉点前で、湯をくみ出したあとの柄杓の置き方の一。柄の上から親指、下からその他の指をそろえて持って置く。
おき‐ピン【置(き)ピン】《ピンは「ピント」の略》カメラの撮影技法の一。ピントを合わせることが困難な動きの速い被写体に対し、前もって、ある位置にピントを固定しておき、被写体がその位置に来たらシャッターを押すもの。
おき‐ふし【起(き)伏し┊起き×臥し】㊀〘名〙スル 起きたり寝たりすること。また、日常の生活。「一人では―もままならない」「同じ部屋に―する」㊁〘副〙寝てもさめても。いつも。「―息子の行く末を案じる」
おき‐ぶたい【置(き)舞台】❶►所作舞台 ❷►敷舞台❶
おき‐ぶみ【置(き)文】❶置き手紙。❷子孫への書き置き。遺書。❸古文書で、守り行うべき規則などを書いた文書。
おき‐ふるし【置き▽旧し】《「おきぶるし」とも》置きふるすこと。また、そのもの。〈日葡〉
おき‐ふる・す【置き▽旧す】〘動サ変〙使わないでおいて、古くする。打ち捨てておいて、長い時間がたつ。「おしてる難波菅笠―・し後は誰(た)が着む笠ならなくに」〈万・二八一九〉
おき‐へ【沖▽辺┊沖▽方】《「おきべ」とも》沖のほう。沖のあたり。「―より潮満ち来らし可良(から)の浦に」〈万・三六四二〉
おき‐まち【沖待ち】〘名〙スル 船舶が港に入れないときに沖合で待機すること。
おき‐まつり【×釈×奠】孔子を祭る儀式。〈季 春〉➡釈奠(せきてん)
おき‐まどわ・す【置き惑はす】〘動サ四〙❶他と見分けがつきにくいように置く。「心あてに折らばや折らむ初霜の―・せる白菊の花」〈古今・秋下〉❷どこかに置き忘れて、見失う。「かぎを―・しはべりて、いと不便(ふびん)なるわざなりや」〈源・夕顔〉
おき‐まよ・う【置き迷ふ】〘動ハ四〙❶露や霜などが置き乱れる。ひどくおりる。「ひとり寝る山鳥の尾のしだり尾に霜―・ふ床の月影」〈新古今・秋下〉❷露や霜が置いたのかと見誤る。「霜を待つまがきの菊の宵のまに―・ふ色は山のはの月」〈新古今・秋下〉
お‐きまり【▽御決(ま)り】「決まり❹」に同じ。
おき‐みやげ【置(き)土‐産】❶立ち去るときに贈り物として残しておく品物。❷故人や前任者が残していったものや業績。「児童公園は前市長の―だ」
おぎ‐むし【尺=蠖┊蚇=蠖】尺取虫(しゃくとりむし)の古名。〈和名抄〉
おき‐め【置目】❶蒔絵(まきえ)の工程の一。紙に描いた下絵の模様を漆器の面に写すこと。❷㋐決まり。法規。「世の―を、もどかんより」〈仮・浮世物語・一〉㋑仕置き。処刑。「盗みをさせて―にあふ」〈浄・丹波与作〉
お‐きもじ【▽御き文字】《接頭語「御(お)」に「き」で始まる語の後半を略して、「文字」を添えた語》「お気持ち」「ご気分」「お気遣い」などの意。「かならず―安かれと」〈浄・源頼家源実朝鎌倉三代記〉
お‐きもち【▽御気持(ち)】相手の感情や考え方、気遣いなどを敬っていう語。「―だけありがたく頂戴いたします」
おき‐もの【置物】❶神仏に供える物。❷床の間などに置く飾り物。❸見かけだけで、実際にはなんの力も権限もない人。「―の会長」
おき‐や【置屋】芸者や遊女を抱えている家。料亭・待合・茶屋などの客の求めに応じて芸者や遊女を差し向ける。
おぎゃあ〘副〙赤ん坊の泣き声を表す語。「―と産声(うぶごえ)をあげる」
おきゃあがれ【置きゃあがれ】〘連語〙《動詞「お(措)く」の連用形に軽蔑やののしりの意を表す助動詞「やがる」の命令形の付いた「おきやがれ」の音変化》相手の言動を強く打ち消すのに用いる語。やめてくれ。いいかげんにしろ。よせやい。「―。大わらひだ」〈滑・膝栗毛・発端〉
お‐きゃく‐さま【▽御客様】「客」を敬っていう語。「―、お待たせいたしました」➡客(きゃく)
お‐きゃく‐さん【▽御客さん】「客」を敬っていう語。「お客様」のややくだけた言い方。また、役に立たない人、また、勝負ごとなどでくみしやすい相手の意にも使われる。「いい―にされる」➡客(きゃく)
お‐きゃん【▽御×侠】〘名・形動〙《「きゃん(侠)」は唐音》若い女性の、活発で慎みのないこと。また、そのさま。「―な娘」類語 おてんば・はすっぱ・尻軽
お‐きゅう【▽御×灸】「灸」の丁寧語。
おぎゅう‐そらい【荻生徂徠】[1666〜1728]江戸中期の儒学者。江戸の人。名は双松(なべまつ)。字(あざな)は茂卿(もけい)。別号、蘐園(けんえん)。また、物部氏の出であることから、中国風に物(ぶつ)徂徠と自称。朱子学を経て古文辞学を唱え、門下から太宰春台・服部南郭らが出た。著「弁道」「蘐園随筆」「政談」「南留別志(なるべし)」など。
おきゅうと エゴノリの別名。また、エゴノリを煮て薄く平らに固めた寒天状の食品。細く切り、削り節と醤油または酢醤油とで食べる。福岡の名産。〈季 夏〉
オキュパイド〖occupied〗占領された状態であること。占領下。補説 第二次大戦後の一時期、日本からの輸出品は「Made in occupied Japan」と表示された。
お‐きょう【▽御経】「経❶」の尊敬語。
お‐ぎょう【▽御形】ハハコグサの別名。春の七草の一。ごぎょう。
お‐ぎょうぎ【▽御行儀】「行儀❶」の丁寧語。
お‐きょうげんし【▽御狂言師】►狂言師❷
お‐きよどころ【▽御清所】►清所(きよどころ)
お‐きよめ【▽御清め┊▽御▽浄め】「きよめ❷」の丁寧語。
お‐ぎり【▽御義理】「義理❸」の丁寧語。
お・きる【起きる】〘動カ上一〙文お・く〘カ上二〙❶横になっていたものがからだを起こす。立ち上がる。「転んでもすぐ―・きる」❷眠りから覚める。また、目を覚まして床(とこ)を離れる。「毎朝五時に―・きる」❸寝ないでいる。目をさましている。「明け方まで―・きていた」❹何事かが発生する。起こる。「事故が―・きてからでは遅い」「混乱が―・きる」
類語 (❶)起き上がる・立ち上がる・立つ/(❷)目覚める・覚醒(かくせい)する・起床する・目を覚ます・目が覚める・覚める・覚ます・起こす/(❹)生まれる・起こる・生じる・湧く・兆(きざ)す・発する・生起する・発生する・出来る
起きて半畳(はんじょう)寝(ね)て一畳 人間が必要な広さは、起きている時が半畳で、寝ても一畳あれば足りる。贅沢(ぜいたく)は慎むべきであるという教え。
お・きる【×熾きる】〘動カ上一〙文お・く〘カ上二〙火が炭に移る。また、火の勢いがよくなる。おこる。「炭火が―・きる」
おぎろ【×賾ろ】〘名・形動ナリ〙❶広大・深遠であること。また、そのさま。「丈六の仏を造りたてまつる功徳(くどく)―なり」〈欽明紀〉❷程度のはなはだしいこと。また、そのさま。「事の―まことに思ひ切ったる体(てい)かなと」〈太平記・二五〉
おぎろ‐な・し【×賾ろなし】〘形ク〙《「なし」は形容詞をつくる接尾語》広大である。「そきだくも―・きかも」〈万・四三六〇〉➡賾ろ
おき‐わす・れる【置(き)忘れる】〘動ラ下一〙文おきわす・る〘ラ下二〙❶物を置いたままにして、持ってくるのを忘れる。「カメラをバスに―・れてきた」❷物をどこに置いたか、その場所を忘れる。
おき‐わた【置き綿】真綿を平らにのばして頭にのせる綿帽子。「もめん足袋に―、さし櫛」〈浮・織留・五〉
おき‐わたし【沖渡し】《free overside》船舶輸送を要する物品の売買で、到着港の本船から買い主の艀(はしけ)に約定品を引き渡すまでの費用・危険を売り主が負担するもの。船腹渡し。
おきわたり‐ほう【沖渡り法】観海流の遠泳術。多人数で海を渡る時、列を作り平泳ぎで進む方法。
おき‐わ・ぶ【起き×侘ぶ】〘動バ上二〙起きづらく思う。起きにくく思う。「―・びぬ長き夜あかぬ黒髪の袖にこぼるる露みだれつつ」〈拾遺愚草・上〉
おぎわら‐しげひで【荻原重秀】[1658〜1713]江戸中期の幕臣。勘定奉行。通称、彦次郎。貨幣改鋳を行い、一時的に幕府の財政難を救った。私利をむさぼったとされ、新井白石の弾劾により失脚。
おぎわら‐せいせんすい【荻原井泉水】[1884〜1976]俳人。東京の生まれ。本名、藤吉。河東碧梧桐(かわひがしへきごとう)とともに新傾向の俳句を唱え、俳誌「層雲」を創刊。自由律俳句を確立。句集「原泉」「長流」、評論「旅人芭蕉」「奥の細道評論」など。
おぎわら‐もりえ【荻原守衛】[1879〜1910]彫刻家。長野の生まれ。号は碌山(ろくざん)。小山正太郎に油絵を学び、のち渡仏して彫刻に転向。作風はロダンの内的生命力の表現に負うところが多く、近代彫刻の幕を開いた。遺作は郷里長野県安曇野(あづみの)市の碌山美術館に収蔵。
おく【奥】㊀❶入り口・表から中のほうへ深く入った所。「洞窟の―」「引き出しの―を探す」❷㋐家屋の、入り口から内へ深く入った所。家族が起居する部屋。また、奥座敷。「主人は―にいます」「客を―へ通す」㋑江戸時代、将軍・大名などの城館で、妻妾(さいしょう)の住む所。「大(おお)―」❸㋐表面に現れない深い所。内部。「言葉の―に隠された本音」㋑心の底。内奥(ないおう)。「心の―を明かす」㋒容易には知りえない深い意味。物事の神髄までの距離。「―が深い研究」㋓芸や学問などの極致として会得されるもの。奥義。秘奥。「茶道の―を極める」❹行く末。将来。「伊香保ろの沿ひの榛原(はりはら)ねもころに―をなかねそまさかし良かば」〈万・三四一〇〉❺物事の終わりのほう。特に、書物・手紙・巻物などの末尾。「―より端へ読み、端より―へ読みけれども」〈平家・三〉❻《❷㋑から》身分の高い人が自分の妻をいう語。また、貴人の妻の敬称。奥方。夫人。「この―の姿を見るに」〈浮・一代女・一〉➡奥さん ➡奥様 ㊁《「道の奥」の意》奥州。みちのく。「風流の初(はじ)めや―の田植うた」〈奥の細道〉類語 底・奥底・内部
奥を聞こうより口(くち)を聞け 深く心の底を問いただすまでもなく、ふとした言葉の端で本心が知られるということのたとえ。また、物事の真相は手近なところからわかるものだということ。
おく【億】❶数の単位。1万の1万倍。10の8乗。古くは万の10倍とも。❷数がきわめて多いこと。「一万長者」➡表「位(くらい)」 ➡漢「おく(億)」類語 一・二・三・四・五・六・七・八・九・十(じゅう)・百・千・万・兆・ゼロ・零・一つ・二つ・三つ・四つ・五つ・六つ・七つ・八つ・九つ・十(とお)
お・く【招く】〘動カ四〙まねく。呼び寄せる。「月立ちし日より―・きつつうち偲ひ待てど来鳴かぬほととぎすかも」〈万・四一九六〉
お・く【起く】〘動カ上二〙「お(起)きる」の文語形。
お・く【▽措く┊×擱く】〘動カ五(四)〙《「置く」と同語源》❶やめる。中止する。控える。「筆を―・く」「その話はちょっと―・いて」「感嘆―・くあたわず」❷除く。のける。さしおく。「君を―・いて適任者はいない」「何はさて―・き」
お・く【置く】〘動カ五(四)〙❶人や物をある位置・場所にとどめる。㋐そこに位置させる。「要所に見張りを―・く」「手をひざに―・く」㋑ある状態にすえる。「目的を―・く」「重点を―・く」㋒心をそこにとどめる。「信を―・く」「念頭に―・く」❷人をある立場につかせる。㋐雇う。抱える。「タイピストを―・く」㋑同居させる。「下宿人を―・く」❸ある場所に残す。残しとどめ

る。「家族を郷里に—いて働く」❹新たに設ける。設置する。「事務所を—く」❺時間的、空間的に間を隔てる。「一日—いて行く」「一軒—いた隣」❻その状態を続けさせる。そのままにする。「この肉は明日まで—くと腐る」「ただでは—かない」❼預け入れる。差し出す。「抵当を—く」「質に—く」❽算木などの用具の位置を決めて、計算する。占いをする。「そろばんを—く」❾蒔絵や箔を施しつける。「金箔を—く」❿相手に対して心を配る。気がねをする。「我に心—き、ひき繕へる様に見ゆるこそ」〈徒然・三七〉➡気が置けない ⓫露・霜などが降りる。「草に—く露」⓬(補助動詞)多く動詞の連用形、または、それに助詞「て」を添えた形に付く。㋐今後の用意のために、あらかじめ…する。「話だけは聞いて—こう」「この程度のことは勉強して—くべきだ」「名前は仮にAとして—こう」㋑その状態を続けさせる。そのままにする。「窓を開けて—く」「言わずに—く」[可能]おける [類語]据える・据え付ける・取り付ける・敷く・挟む [一句]朝雨馬に鞍置け・一目置く・重きを置く・風上に置けない・眼中に置かない・木にも草にも心を置く・気が置けない・奇貨居くべし・草木にも心を置く・算を置く・歯牙の間に置く・下にも置かない・質に置く・借金を質に置く・隅に置けない・赤心を推して人の腹中に置く・算盤を置く・泰山の安きに置く・念頭に置く・間を置く・胸に手を置く

おく-い【奥意】❶心の奥底。ほんとうの気持ち・考え。❷奥義。

おく-いし【奥医師】江戸幕府の職名。将軍や奥向きの人々の診療にあたった医者。奥医。

おくいずみ-ひかる【奥泉光】[1956〜]小説家。山形の生まれ。本名、康弘。「石の来歴」で芥川賞受賞。他に「ノヴァーリスの引用」「『吾輩は猫である』殺人事件」「グランド・ミステリー」など。

お-くいぞめ【御食(い)初め】➤食い初め

おくいり【奥入】鎌倉時代の注釈書。1巻。藤原定家著。安貞元年(1227)以後の成立とされる。源氏物語の中の故事・出典・引き歌などを考証したもの。源氏物語奥入。定家卿釈。

おく-いん【奥印】官公署または個人が、作成した書類の記載事項の正しいことを証明するために、その終わりに押す印。

おくいん-きん【奥印金】江戸時代、札差が旗本などからの借金依頼にあたって、現金がないのを口実に他の金主に口をきき、借用証文に保証人として奥印を押し、周旋料を取って貸す金。

おく-う【屋宇】ヲクウ 家。家屋。

おく-う【屋×烏】ヲク 屋根にとまっている烏。

屋烏の愛　《『説苑』貴徳から》人を深く愛すると、その家の屋根にとまっている烏にまで愛がおよぶようになるということ。愛情の深いことのたとえ。

おく-うら【奥裏】❶「胴裏」に同じ。❷物事や場所などの、隠れている奥の部分。

おく-えし【奥絵師】オクヱシ 江戸幕府の御用絵師のうち、最も格式の高い職位。狩野派の鍛冶橋・木挽町・中橋・浜町の四家。世襲された。

おく-えり【奥襟】和服の背中側のえり。柔道着についてもいう。

おく-か【屋下】ヲクカ 屋根の下。おっか。

屋下に屋を架す　《『顔氏家訓』序致から》屋根の下にさらに屋根を作る。むだなことをするたとえ。屋上屋を架す。

おく-か【奥▽処】《「おくが」とも》❶奥深い所。果て。「常知らぬ国の—を」〈万・八八六〉❷時間的にへだたった所。将来。「家にてもたゆたふ命波の上に思ひし居れば—知らずも」〈万・三八九六〉

おく-がい【屋外】ヲクグワイ 建物の外。家屋の外。戸外。「—に出る」⇔屋内。[類語]場外・野外・戸外・野天・露天・外・表・室外・窓外・アウトドア

おくがい-こうこくぶつ【屋外広告物】ヲクグワイクワウコクブツ 屋外に掲出・設置される広告物。表示の場所・方法は屋外広告物法や都道府県条例などで規制される。

おく-がき【奥書】❶著作や写本などの巻末の、著者名・書写年月日・来歴などについての書き入れ。識語。❷官公署で、書類に記載された事項が真正であることを証明するために末尾に書く文。❸芸能で、奥義伝授のときに門弟に授ける証文。[類語]後書き・後記・跋・跋文・末筆・後付け・奥付

おく-がた【奥方】■❶貴人の妻の敬称。夫人。❷《「おくかた」とも》奥の間のほう。「今日は—へ召され、姫君様よりお料理を下さるると承る」〈浄・反魂香〉■奥州方面。「—に知召したる人や御入り候」〈義経記・一〉[類語]奥様・奥さん・夫人・御寮人・人妻

おく-がろう【奥家老】オクガラウ 江戸時代、大名の家で奥向きの事柄を取り締まった家老。⇔表家老。

おく-ぎ【奥義】「おうぎ(奥義)」に同じ。

おくきぬ-おんせん【奥鬼怒温泉】オクキヌヲンセン 栃木県北西部、鬼怒川源流付近の温泉群。八丁ノ湯・加仁湯・手白沢・日光沢などの温泉がある。泉質は単純温泉・硫黄泉など。

おく-くじ【奥久慈】茨城県北西部、久慈川上流域をいう。奥久慈渓谷・袋田の滝などの景勝地がある。林産物のほか、こんにゃく・葉タバコなどを産する。

おく-ぐち【奥口】❶家の奥へ通じる出入り口。「時に—ざざめいて、はや御立ちと」〈浄・丹波与作〉❷反物の巻き口には品質のよい部分を出し、織りむらなどのある部分は奥のほうに巻き込んでごまかすこと。「絹物に—せず、薬種にまぎれ物せず」〈浮・永代蔵・四〉

おく-けん【臆見】➤おっけん(臆見)

おく-ご【屋後】ヲクゴ 家のうら。家屋の背面。「—のそば畑をとおして」〈佐藤春夫・晶子曼陀羅〉

おく-こう【億×劫】オクコフ ➤おっこう(億劫)

おく-ごうらい【奥高▽麗】オクガウライ 古唐津の茶碗の一。概して大ぶりで井戸形または熊川形。ごく薄い土灰釉がかけられ、火度によって種々変化している。

おく-ごしょう【奥小姓】オクゴシヤウ ❶江戸幕府の職名。将軍の身近に仕え、大奥出入りのときに、その送迎をした小姓。❷主君の身近に仕える小姓。

おく-ごてん【奥御殿】江戸時代、将軍・大名などの屋敷で、奥のほうにある建物。居間・寝所、また夫人・側室などの住まいにあてた。

お-ぐさ【小草】をぐさ 小さい草。また、草。「われは高萱を分け—を踏みて行きしに」〈鷗外訳・即興詩人〉

おく-ざしき【奥座敷】家の奥のほうにある座敷。⇔表座敷。

おく-さま【奥様】❶他人の妻を敬っていう語。❷女主人を敬っていう語。使用人などが使う。「—の用事で参りました」[補説]古くは、公家・大名などの妻の敬称だったが、のちに武家・富商などにもいうようになり、現在では広く一般に用いられる。[類語]奥さん・夫人・奥方・御寮人・人妻

おく-ざま【奥様】奥のほう。「—へ、ゐざり入り給ふ」〈源・末摘花〉

おく-さん【奥さん】他人の妻を敬っていう語。「おくさま」よりややくだけた言い方。[類語]奥様・夫人・奥方・御寮人・人妻

おく-じ【憶持】オクヂ ❶心に念じて思いとどめること。常に念頭に置いて忘れないこと。「僧、心経を—し、現報を得て、奇事を示す縁」〈霊異記・上〉❷執念。また、思慮、分別。「衆徒の軍拝見して候ふに、誠に—もなく」〈義経記・五〉

お-ぐし【▽御▽髪】《女性語。古くは、貴人の髪をいう女房詞》頭髪の敬称。みぐし。

おぐし-あげ【▽御▽髪上げ】貴人の頭髪を結うこと。また、その役の人。おかんあげ。みぐしあげ。「お腰元の笛竹—のひな鶴」〈浄・女護島〉

おくじた-ぼいん【奥舌母音】➤後舌母音

オクシデンタル〖occidental〗〘形動〙西洋的。西洋風。⇔オリエンタル。

オクシデント〖Occident〗《もとラテン語で、太陽が落ちる所の意》西欧。西洋。⇔オリエント。

おく-じま【奥×縞】《「奥」は遠い国、インドをさす》サントメ縞の一。紺地に赤色入りの縦縞の綿織物。

おく-しゃ【屋舎】ヲクシャ 建物。家屋。[類語]家・うち・家屋・住宅・住家・住居・家宅・私宅・居宅・自宅・居・宅・住まい・宿・ハウス・家・お宅・尊宅・尊堂・高堂・貴宅・拙宅・弊宅・陋宅・陋居・陋屋・寓居

漢字項目 おく

屋　学3　音オク(ヲク)呉漢　訓や ‖ ㊀〈オク〉①住まい。いえ。「屋外・屋内/家屋・社屋・書屋・廃屋・茅屋・陋屋」②やね。「屋上」㊁〈や〉「屋敷・屋根/母屋・楽屋・問屋・納屋・長屋・部屋」[名付]いえ

億　学4　音オク呉 ‖ ①数の単位。万の一万倍。「一億・千億」②数のきわめて多いこと。「億兆・億万/巨億」[名付]はかる・やす [難読]億劫

憶　音オク呉　訓おもう ‖ ①いろいろなことを思いやる。「憶念/回憶・追憶」②心にとどめて忘れない。「記憶」③(「臆」の代用字)おしはかる。「憶説・憶測」

臆　音オク呉 ‖ ①心のうち。「胸臆」②気おくれする。「臆病・臆面」③あれこれおしはかる。「臆説・臆測・臆断」[補説]③は「憶」を代用字とすることがある。

おく-しゃ【奥社】祭神が同じで、本社より奥にある神社。奥宮。おくやしろ。

オクジャワ〖Bulat Shalvovich Okudzhava〗[1924〜1997]ロシア(ソ連)の詩人・小説家。グルジア人を父、アルメニア人を母としてモスクワに生まれる。反戦と社会風刺をうたう自作詩に曲をつけ、ギターの弾き語りで発表する「吟遊詩人」として一世を風靡した。詩集「リリカ」「島」、歴史小説「シーポフの冒険」、自伝的長編「閉鎖された劇場」など。

おく-じゅしゃ【奥儒者】江戸幕府の職名。将軍の侍講をつとめた儒者。林家の世襲。

おく-しょいん【奥書院】オクシヨヰン 家の奥のほうにある書院造りの座敷。⇔表書院。

おく-じょう【屋上】ヲクジヤウ ❶屋根の上。❷ビルなどで、屋根にあたる所を平らにつくり、利用できるようにした場所。「—のビアガーデン」

屋上屋を架す　屋根の上にさらに屋根を架ける。むだなことをするたとえ。屋下に屋を架す。

おくじょう-ていえん【屋上庭園】ヲクジヤウテイヱン ビルの屋上に花壇・植え込み・噴水などを設けた所。ルーフガーデン。◆書名別項。

おくじょうていえん【屋上庭園】ヲクジヤウテイヱン 文芸雑誌。明治42年(1909)創刊。同43年2月発禁となり、終刊。同人は北原白秋・木下杢太郎・長田秀雄ら耽美派の詩人。

おくじょうのきょうじん【屋上の狂人】ヲクジヤウノキヤウジン 菊池寛の戯曲。大正5年(1916)発表。狂人であることのほうが、かえって幸福ではないかとする人生への懐疑と皮肉を描く。

おくじょう-りょっか【屋上緑化】ヲクジヤウリヨククワ 《「おくじょうりょくか」とも》建物の屋上を防水し、土を入れて植物を植え、緑をふやすこと。壁面緑化と併せて、美観の向上、ヒートアイランド現象の軽減、冬季の断熱効果向上という利点と、排水不良などの問題点とがある。

おく-じょうるり【奥浄瑠璃】オクジヤウルリ 古浄瑠璃の一つで、近世初頭から奥羽地方の盲人たちによって語られてきたもの。扇拍子・琵琶・三味線などを伴奏にする。御国浄瑠璃。仙台浄瑠璃。

おく-じょちゅう【奥女中】オクヂヨチユウ 江戸時代、将軍家や大名家の奥向きに仕えた女性。御殿女中。

おく-ション【億ション】《「マンション」を「万ション」と読み、それよりも高価な「億」であるとして》俗に、高価格の分譲マンションのこと。

おくしり-とう【奥尻島】オクシリタウ 北海道南西部、日本海上の島。奥尻郡奥尻町をなす。奥尻港・青苗港があり、漁業が盛ん。面積143平方キロメートル。

おく-す【▽遣す┊致す】〘動サ四〙《「おこ(遣)す」の音変化》よこす。「(船賃ヲ)それに—しやらぬ人は、向かふな島へ、うちあげておきまする」〈狂言記・薩摩守〉

おく-す【臆す】〘動サ変〙「おくする」の文語形。

おく-すじ【奥筋】オクスヂ 奥州地方。東北方面。「登り商に—の絹綿ととのへ」〈浮・永代蔵・四〉

おく-する【臆する】〔動サ変〕文おく・す〔サ変〕気後れしておどおどする。おじける。「強敵と対戦しても―・することがない」類語恐れる・おびえる・怖がる・びくつく・悪びれる・びくびくする・おどおどする・おじる・おじける・恐怖する・恐れをなす

おく-せつ【憶説┊臆説】根拠のない、推測に基づく意見。「ただの―にすぎない」

お-くそ【×苧×屑】カラムシのくず。

おく-そく【憶測┊臆測】〔名〕スル 自分でかってに推測すること。当て推量。「―をたくましくする」類語当て推量・当てずっぽう・心当て・邪推・想像・勘ぐる・推測・仮想・想見・空想・夢想・幻想・連想・妄想

おく-そこ【奥底】❶奥深い所。いちばん奥の所。「―の知れない哲理」❷深く秘めた本心。心底。「―を打ち明ける」類語底・奥・内部

おくそ-ずきん【×苧×屑頭巾】「ほくそずきん(苧屑頭巾)」に同じ。

おく-そで【奥袖】袍・狩衣・直垂などの袖で、袖つけのほうの部分。

オクタ〘ギリシャ okta〙数の8。

オクターブ〘フランス octave〙全音階で、ある音から8番目の音。また、その2音間のへだたり。完全8度音程をなし、物理的には両音の振動数は1対2となる。
　オクターブが上が・る　興奮して声の調子が高くなる。うわずる。「話に熱がこもって―・る」

おくだ-えいせん【奥田穎川】［1753〜1811］江戸後期の陶工。京都の人。名は庸徳。通称、茂右衛門。別号、陸方山。呉須赤絵風を得意とし、陶器だけであった京焼で、初めて磁器を焼いた。

おく-だか・し【臆高し】〔形ク〕臆病である。きわめて小心である。「―・きものどもは、ものもおぼえず」〈源・少女〉

オクタコサノール〘octacosanol〙小麦胚芽や野生植物のワイルドライスなどに微量に含まれている物質。渡り鳥のエネルギー源と考えられている。

おくただみ-こ【奥只見湖】新潟・福島県境にある只見川上流をせき止めてできた人造湖。重力式コンクリートダムである奥只見ダムの貯水池。面積11.5平方キロメートル、最大深度75メートル。正式名称は銀山湖。かつて付近を銀山平と呼んだことから。

オクタビアヌス〘Gaius Octavianus〙［前63〜後14］ローマの初代皇帝。在位、前27〜後14。養父カエサルの暗殺後、アントニウス・レピドゥスと第2回三頭政治を組織。のち、アクティウムの海戦でアントニウスを破り、ローマの単独支配者になってアウグストゥスの称号を受け、事実上の帝政を開始。ローマ文化の黄金時代をもたらした。オクタウィアヌス。

おくだ-ひでお【奥田英朗】［1959〜 ］小説家。岐阜の生まれ。日常生活に忍び込む非現実の世界を独特な感覚で描き出し、若年層の人気を集める。「空中ブランコ」で直木賞受賞。他に「ウランバーナの森」「邪魔」「サウスバウンド」など。

オクタボ〘スペイン octavo〙全判の紙を八つ折りとした書物の判型、およびその印刷物。

おく-たま【奥多摩】㊀東京都北西部、多摩川上流の地域。御岳山・鳩ノ巣渓谷・日原鍾乳洞などがある。㊁東京都の最西部、西多摩郡の地名。林業が盛ん。奥多摩湖がある。

おくたま-こ【奥多摩湖】奥多摩町にある人造湖。多摩川上流に小河内ダムが完成してできた。東京への給水源。

おくたま-まち【奥多摩町】►奥多摩㊁

お-くだり【▽御▽降り】❶神霊が神座にくだること。❷祭礼で、御輿がお旅所へ渡御すること。

オクタン〘octane〙メタン系炭化水素のうち、炭素数が8個のもの。多くガソリンの成分で、無色の液体。各種の異性体があり、その中の一種イソオクタンはオクタン価の基準物質。分子式C_8H_{18}

おく-だん【憶断┊臆断】〔名〕スル 根拠もなく推し量って判断すること。「事実を確かめずに―する」

オクタン-か【オクタン価】ガソリンのアンチノック性を示す指数。イソオクタンとノーマルヘプタンとの混合物を標準燃料とし、試料ガソリンと同じアンチノック性を示す標準燃料中のイソオクタンの容積の百分率を、その試料のオクタン価とする。オクタン価の高いほどアンチノック性も高い。ふつう、自動車ガソリンのオクタン価は85〜95で、95以上をハイオクタンという。

オクタント〘オランダ octant〙八分儀。

おく-ち【奥地】都市や海岸から遠く離れた地域。類語辺鄙・僻地・僻陬・辺土・辺地・辺境・田舎

おく-ちちぶ【奥秩父】秩父山地のうち、秩父盆地より西の険しい山地。三峰山・雲取山などがある。秩父多摩甲斐国立公園の北部を占める。

オクチャブリスキー〘Oktyabr'skiy〙ロシア連邦西部、バシコルトスタン共和国の都市。カマ川の支流イク川沿いに位置する。旧ソ連時代、第2バクー油田(ボルガウラル油田)の開発により発展。

おく-ちょう【億兆】❶限りなく大きい数。❷人民。万民。「―心を一にして」類語(❷)国民・人民・公民・市民・万民・四民・臣民・同胞・国人・国民・民・民草・蒼生・蒼氓・赤子

おく-ちょうば【奥帳場】店の奥にある帳場。主人や支配人などがいる所。

おくち-よごし【▽御口汚し】「口汚し」に同じ。

おく-つ-かた【奥つ方】奥の方。「東路の道のはてよりも、なほ―に生ひいでたる人」〈更級〉

おく-つ-き【奥つ▽城】《外界から遮られた奥まった境域の意》墓所。また、神道では、神霊を祭ってある所。神の宮居。おきつき。「亡母の墳塋を訪うて」〈木下尚江・良人の自白〉「大伴の遠つ神祖の―は著く標立て人の知るべく」〈万・四〇九六〉補説「奥津城」とも書く。

おく-づけ【奥付】書物の末尾に、書名・著者・発行者・印刷者・出版年月日・定価などを記した部分。類語後記・跋・跋文・末筆・奥書・後付け・後書き

おく-づとめ【奥勤め】江戸時代、将軍家や大名家などの奥向きに勤めること。また、その人。

おく-づま【奥妻】心の奥深く大切に思う妻。心から愛する妻。「はしけやし我が―」〈万・三九七八〉

おく-づめ【奥詰】江戸幕府の職名。5代将軍綱吉の時だけ設置された。譜代大名・外様大名の中から任命。隔日に登城し、将軍の諮問に応じた。

おくつゆ-の【置く露の】〔枕〕露の玉が落ちかかる意から、「たま」「かかる」などにかかる。「―たまさかに訪ふ人はたのまじ」〈金葉・恋上〉

おく-て【奥手┊晩生┊晩稲】❶(晩稲)比較的遅く成熟する品種の稲。中手・早稲に対していう。季秋「刈るほどに山風のたつ―かな/蛇笏」❷(奥手・晩生)一般に、遅く成熟すること。㋐花や実のつくのが遅い草木の品種。㋑成熟の遅い人。「あの子は―だ」㋒時節より遅く咲く草花。「咲く花もをそろ(=早熟)はいとはし―なる長き心になほしかずけり」〈万・一五四八〉

オクテット〘octet〙❶八重奏。八重唱。また、その楽曲・楽団。❷データ通信の分野でよく用いられる、情報量の単位の一。1オクテットは8ビット、あるいは1バイトに相当。

おく-でん【奥伝】「奥許し」に同じ。

オクトーバー〘October┊Oct.〙《「オクトバー」とも》10月。

オクトーバーフェスト〘ドイツ Oktoberfest〙ドイツのミュンヘンで秋に開催されるビール祭り。1810年、王家の結婚式に合わせて開かれたのが始め。9月中旬から10月上旬にかけての16日間行われ、祭りのために特別に醸造されたビールがふるまわれる。

おく-どこ【奥床】家の奥にある寝床。㊥外床。「―に母は寝ねたり外床に父は寝ねたり」〈万・三三一二〉

オクトパス〘octopus〙蛸。

お-ぐな【童=男】男の子。男児。少年。「是の小碓命は、亦の名は日本―」〈景行紀〉

おく-ない【屋内】家屋の内。建物の中。㊥屋外。類語室内・インドア・家内

おくないきんえん-じょうれい【屋内禁煙条例】►受動喫煙防止条例

おくに【阿国】►出雲阿国

お-くに【▽御国】❶自分の国を丁寧にいう語。母国。「―のために尽くす」❷相手の出身地・出生国を敬っていう語。「―はどちらですか」❸郷里。出身地。❹江戸時代、大名の領地を敬っていう語。「―替え」

おくに-いり【▽御国入り】〔名〕スル ❶江戸に出ていた領主が、参勤交代で領国に帰ること。❷「国入り❷」に同じ。

おくに-かぶき【×阿国歌舞伎】慶長年間(1596〜1615)に出雲大社の巫女出身といわれる阿国が、京都で演じた一種の舞踊劇。念仏踊り系統の舞踊と滑稽な寸劇とからなる。歌舞伎の始めとされる。

おくに-ことば【▽御国言葉】その人の出身地の言葉。方言。

おくに-じまん【▽御国自慢】故郷を自慢すること。

おくに-しゅう【▽御国衆】地方から江戸に出てきた侍。御国家。「―と見えて、花色小袖に浅黄裏を付け」〈洒・辰巳之園〉

おくに-じょうるり【▽御国浄瑠璃】►奥浄瑠璃

おくに-じんじゃ【小国神社】静岡県周智郡森町にある神社。祭神は大己貴命。別称、許登麻知神社。遠江国一の宮。

お-くにち【▽御九日】9月9日。また、その日に収穫を祝って行われる氏神の秋祭り。おくんち。くんち。季秋 ➡三九日

おく-にっこう【奥日光】日光国立公園のうち、華厳滝より西の地域。中禅寺湖・男体山・戦場ヶ原などがある。湯ノ湖から戦場ヶ原、小田代原にかけて広がる湿原と水域は、平成17年(2005)ラムサール条約に登録された。

おくに-なまり【▽御国×訛り】生まれ故郷の言葉のなまり。

おぐに-ぬま【雄国沼】福島県中北部にあるカルデラ湖。磐梯山の西方、猫魔ヶ岳(標高1404メートル)の西中腹にある。面積4.5平方キロメートル。湖岸にニッコウキスゲの大群落があり、「雄国沼湿原植物群落」として国の天然記念物に指定されている。尾瀬とならぶ高山植物の宝庫。

おくに-ばら【▽御国腹】►国腹

おくに-ぶり【▽御国振り】「国振り❶」に同じ。

おくに-もの【▽御国者】❶地方の人。田舎者。❷江戸時代、田舎侍のこと。

おく-にわ【奥庭】屋敷の奥にある庭。

おく-ねん【憶念┊臆念】深く思い、絶えず忘れないこと。また、その思い、執念。「霊あらはれたり。殊には讃岐院の御霊、宇治悪左府の―」〈平家・三〉

おく-の-いん【奥の院】❶寺社の本堂・本殿より奥にあり、開山祖師の霊像や神霊などを祭った所。❷人目に触れない奥深い所。また、女陰をいう俗語。

おく-の-て【奥の手】❶奥義。極意。「―を授かる」❷容易に人に知らせない、とっておきの策。最後の手段。「―を使う」❸《古くは、左を右より大切に思い、尊んだところから》左のほうの手。一説に、二の腕。「我妹子は釧にあらなむ左手の我が―に巻きて去なましを」〈万・一七六六〉類語秘訣・こつ・便法

おくのほそみち【奥の細道】江戸中期の俳諧紀行。1冊。松尾芭蕉著。元禄15年(1702)刊。元禄2年3月、門人曽良と江戸深川を出発、奥州・北陸の名所・旧跡を巡り、9月に大垣に至るまでの紀行を、発句をまじえて記したもの。

おく-の-ま【奥の間】家の奥のほうにある部屋。

おく-の-まき【奥の巻】❶書物の最後の巻。❷奥義。秘伝。

おくのみや-けんし【奥宮健之】［1857〜1911］社会運動家。高知の生まれ。自由民権運動に参加。人力車夫を組織して車会(界)党を組織。明治43年(1910)大逆事件に連座し、翌年刑死。おくのみやたけゆき。

おく-ば【奥歯】口の奥のほうにある歯。臼歯。㊥前歯。
　奥歯に衣着・せる　物事をはっきり言わず、どこか思わせぶりに言う。➡歯に衣着せぬ 補説「衣」は衣

服のこと。「奥歯に絹着せる」と書くのは誤り。

奥歯に剣(つるぎ)　腹の中では敵意をもちながら、表面には表さないこと。

奥歯に物(もの)**が挟**(はさ)**まったよう**　思っていること、言いたいことをはっきりと言わずに、なんとなくぼかしている感じである。「一な返答」

お-くび【ˣ衽｜ˣ袵】《「おおくび(大領)」の音変化》「おくみ(衽)」に同じ。

おくび【ˣ噯｜噯=気】胃にたまったガスが口から外に出るもの。げっぷ。

噯にも出さ◦ない　物事を深く隠して、決して口に出さず、それらしいようすも見せない。おくびにも見せない。「自分の苦労など一◦ない」

おく-びょう【臆病】(ビャウ)〘名・形動〙ちょっとしたことにも怖がったりしりごみしたりすること。また、そのような人や、そのさま。「一な子猫」「一者」[類語]こわがり・小心・小胆・怯懦(きょうだ)・怯弱(きょうじゃく)・腰抜け・意気地(いくじ)なし・弱虫・気弱(きよわ)・内気・弱気・引っ込み思案・内弁慶・陰弁慶・大人しい・肝が小さい・肝っ玉が小さい

臆病の神降ろし　臆病者が、信心とは関係なく、神々の名を次々に唱えて助けを求めること。

臆病の自火(じび)**に責められる**　臆病者が、おびえなくてもいいことにまでおびえて、一人で苦しむことのたとえ。

おくびょう-いた【臆病板】(オクビャウ)►背板(せいた)④

おくびょう-かぜ【臆病風】(オクビャウ)おじけづくこと。臆病な気持ち。「一に吹かれる」

おくびょう-がみ【臆病神】(オクビャウ)臆病な心を起こさせるという神。「一にとりつかれる」

おくびょう-ぐち【臆病口】(オクビャウ)①能舞台の、向かって右手側面の奥にある小さな引き戸の出入り口。切り戸口。②歌舞伎舞台で、能舞台を模した舞台装置のとき、上手(かみて)奥に作られる出入り口。古くは、上下(かみしも)両方の大臣柱の後ろの出入り口。

おくびょう-まど【臆病窓】(オクビャウ)商店の店先の戸に作った小窓。閉店後に来客と品物や金銭の受け渡しをしたり、来訪者を確かめたりする。

おく-ぶか・い【奥深い】〘形〙図おくぶか・し〘ク〙《「おくふかい」とも》①表・入り口から奥までが遠い。また、奥に入り込んでいる。奥まっている。「一・い山中」②意味が深い。深みがある。「一・い言葉」[類語]根深い

おく-ぼうず【奥坊主】(バウズ)江戸幕府の職名。江戸城内の茶室を管理し、将軍や大名・諸役人に茶の接待をした坊主。

おくほたか-だけ【奥穂高岳】長野・岐阜県境にある穂高岳の山群中の最高峰。標高3190メートル。

お-くま【▽御供▽米】《「おくましね」の略》神に供える米。「扇の骨に紙を一のごとくはさみ」〈虎明狂・目近籠骨〉➡奠稲(くましね)

おぐま-ひでお【小熊秀雄】(ヲグマ ひでを)[1901～1940]詩人。北海道の生まれ。プロレタリア詩人会に参加。貧窮と病の中で、詩・絵・評論を発表した。詩集「飛ぶ橇(そり)」「流民詩集」など。

おく-ま・る【奥まる】〘動ラ五(四)〙①奥のほうに位置する。奥深い所にある。「一・った部屋」②㋐内気である。引っ込みがちである。「古めかしう一・りたる身なれば」〈和泉式部日記〉㋑趣深く、上品である。奥ゆかしい心がある。「かのわたりのありさまの、こよなう一・りたるはやと」〈源・花宴〉

おく-まん【億万】数が非常に多いこと。[類語]巨万

おくまん-ごう【億万ˣ劫】(ゴフ)限りなく長い時間。「一の末掛けて」〈浄・日本武尊〉➡劫(こう)

おくまん-ちょうじゃ【億万長者】(チャウジャ)非常に多くの金や財産を持っている人。大金持ち。

おくみ【ˣ衽｜ˣ袵】《「おくび」の音変化》着物の左右の前身頃(まえみごろ)に縫いつけた、襟から裾(すそ)までの細長い半幅(はんはば)の布。おくび。

おくみ-さがり【ˣ衽下(が)り】前身頃(まえみごろ)の肩から衽先(おくみさき)までの寸法。

おくみ-さき【ˣ衽先】衽の最上端。襟と身頃に挟まれた、とがった所。剣先(けんさき)。

おく-みや【奥宮】「奥社(おくしゃ)」に同じ。

おく-むき【奥向き】①家の奥のほう。居間のほう。②家庭内に関すること。③幕府や藩で、家政に関する所。また、その方面の仕事。⇔表向き。

おく-むめお【奥むめお】[1895～1997]社会事業家・婦人運動家。福井の生まれ。平塚らいてう・市川房枝らと新婦人協会を結成して婦人運動に活躍。昭和22年(1947)参議院議員に当選。その後、主婦連合会を創立して会長に就任。

おくむら-いおこ【奥村五百子】(いほこ)[1845～1907]社会事業家。佐賀の生まれ。義和団事件の際は慰問使に参加し、のち愛国婦人会を設立した。

おくむら-とぎゅう【奥村土牛】(トギウ)[1889～1990]日本画家。東京の生まれ。本名、義三。梶田半古・小林古径に師事。深く温かい観照に基づく作風で知られる。文化勲章受章。

おくむら-まさのぶ【奥村政信】[1686～1764]江戸中期の浮世絵師。俗称、源八。絵草紙問屋を経営。紅絵(べにえ)・漆絵・紅摺(べにずり)絵など初期の浮世絵版画の彩色の改良に貢献。浮き絵・柱絵を考案した。

おく-め【奥目】目が普通より奥のほうにくぼんでいること。また、その目やそのような人。くぼ目。⇔出目。

おく-めつけ【奥目付】江戸時代、幕府・大名家で、奥勤めの女性などを監督した役。奥横目(おくよこめ)。

おく-めん【臆面】気後れした顔つき。臆したようす。「一もなくしゃしゃり出る」

お-くもつ【▽御供物】「供物」の謙譲語。

おく-やく【奥役】劇場で、楽屋に関するいっさいを取り仕切る人。今日では、興行主と役者・作者・裏方などの間に立って、狂言の選択・配役、また給料の処理などを行う。

おく-やしろ【奥社】「おくしゃ(奥社)」に同じ。

おく-やま【奥山】人里を遠く離れた山の中。山の奥深い所。深山。[類語]深山(しんざん)・深山(みやま)

おくやま【奥山】東京都の浅草にある浅草(せんそう)寺の裏側一帯の通称。

おくやま-の【奥山の】〘枕〙奥山に生える意から「まき」「たつき」にかかる。「一真木の板戸を」〈万・三四六七〉「一たつきも知らぬ」〈金槐集〉

お-くやみ【▽御悔(や)み】「くやみ②」を丁寧にいう語。

おく-ゆうひつ【奥右筆】(イウヒツ)江戸幕府の職名。若年寄の下で機密文書の作成・記録などにあたった役。奥方御右筆。➡表右筆

おく-ゆかし・い【奥床しい】〘形〙図おくゆか・し〘シク〙①深みと品位があって、心がひかれる。深い心遣いが感じられて慕わしい。「人柄が一・い」②《「奥行かし」で、心がひかれる意から》奥にひそむものに強く心がひかれる。さらによく知りたい。「いつしか聞かまほしく一・しき心ちするに」〈大鏡・序〉➡床(ゆか)しい [派生]おくゆかしがる〘動ラ五〙おくゆかしげ〘形動〙おくゆかしさ〘名〙[類語]ゆかしい

おく-ゆき【奥行(き)】①家屋や土地などの、表から奥までの距離。「一のある庭」⇔間口(まぐち)。②知識・思慮・人柄などの奥深さ。深み。「一がある作風」

おく-ゆるし【奥許し】師匠から奥義を伝授されること。奥伝(おくでん)。[類語]授ける・伝授・師伝・奥伝・口授・口伝

おく-よこめ【奥横目】「奥目付(おくめつけ)」に同じ。

お-くら【▽御蔵｜▽御倉】①映画・演劇などの公開を中止すること。また、使わないで、しまっておくこと。「一にする」「あの映画は一になった」②㋐江戸幕府の米蔵。㋑江戸幕府の御金蔵。

オクラ〖okra〗アオイ科の多年草。日本では一年草。高さ0.5～2メートル。葉は3～5裂し、長い柄をもち互生。夏から秋、黄色い5弁花を開く。実は角状で、若いものを食用にする。アフリカ北東部の原産。アメリカねり。

おぐら【小倉】(をぐら)①「小倉餡(あん)」の略。②「小倉汁粉」の略。

おぐら【小倉】(をぐら)京都市右京区の小倉山付近一帯の古称。

おぐら-アイス【小倉アイス】(をぐら)小豆(あずき)の粒餡(つぶあん)をまぜ込んで作ったアイスクリームや氷菓。小豆アイス。

おぐら-あん【小倉ˣ餡】(をぐら)小豆の漉(こ)し餡に蜜漬の小豆をまぜた餡。

お-ぐら・い【小暗い】(を)〘形〙図をぐら・し〘ク〙少し暗い。薄暗い。ほの暗い。「木立の下の一・い茂み」

おくら-いり【▽御蔵入り】〘名〙(スル)予定していた芝居や映画の上演・上映をある事情のために中止すること。転じて、計画が実行に移されなくなること。

おくら-か・す【遅らかす｜後らかす】〘動サ四〙①おくれさせる。あとに残らせる。「今は限りの道(=死出ノ旅路)にしも我を一・し」〈源・蜻蛉〉②いいかげんにする。おろそかにする。「のちの世のおん勤めも、一・し給はず」〈源・匂宮〉

おぐら-きんのすけ【小倉金之助】(をぐら)[1885～1962]数学者。山形の生まれ。「数学教育の根本問題」を著し、日本数学教育の改善に尽力。日本科学史学会会長。著「数学史研究」など。

おくら-ご【▽御▽座子】「御子良子(おこらご)」に同じ。「美しき娘を一に供ふべし」〈浮・諸国ばなし・一〉

おぐら-しきし【小倉色紙】(をぐら)藤原定家筆と伝えられる、小倉百人一首を書いた色紙。

おぐら-じるこ【小倉汁粉】(をぐら)小倉餡で作った汁粉。

おぐら-しんぺい【小倉進平】(をぐら)[1882～1944]言語学者。宮城の生まれ。東大教授。朝鮮語学の基礎確立に尽力。学士院恩賜賞受賞。著「郷歌及吏読の研究」「増訂朝鮮語学史」「朝鮮語方言の研究」など。

おくら・す【遅らす｜後らす】㊀〘動サ五(四)〙①「遅らせる」に同じ。「時間を一・して開演する」②あとに残していく。置き去りにする。「生ひたたむありかも知らぬ若草を一・す露ぞ消えむ空なき」〈源・若紫〉㊁〘動サ下二〙「おくらせる」の文語形。

おくら・せる【遅らせる｜後らせる】〘動サ下一〙図おくら・す〘サ下二〙①時間や時刻をあとに延ばす。「出発を一時間一・せる」②進み方を遅くする。「時計の針を一・せる」

おぐら-づけ【小倉付け】(をぐら)雑俳の冠付(かむりづ)けの一。小倉百人一首の歌の5文字を句頭に置き、七・五をつけて1句とするもの。

おぐら-の-いけ【巨椋の池】京都市伏見区・宇治市・久世郡久御山(くみやま)町にまたがってあった池。昭和8～16年(1933～41)干拓により水田化。巨椋(おおくら)の入り江。おぐらいけ。

おぐら-ひゃくにんいっしゅ【小倉百人一首】(をぐら)藤原定家が京都小倉山の山荘で選んだといわれる百首の歌。天智天皇から順徳院まで百人の和歌1首ずつを集めたもので、近世以後、歌ガルタとして広まった。百人一首。百人首(ひゃくにんしゅ)。➡表P.522

オクラホマ〖Oklahoma〗米国中南部の州。州都は同州中央部にあるオクラホマシティー。大農牧地帯で、小麦や乳牛を産する。➡表「アメリカ合衆国」

おぐら-まさつね【小倉正恒】(をぐら)[1875～1961]実業家・政治家。石川の生まれ。東大卒。内務官僚から転身して住友本社総理事。戦時体制下の財界を指導した。第三次近衛内閣蔵相。

おぐら-やま【小倉山】(をぐら)京都市右京区嵯峨にある山。保津川を隔てて嵐山(あらしやま)と対する。紅葉の名所。おぐらのやま。[歌枕]「一峰のもみぢ葉心あらばいまひとたびのみゆき待たなむ」〈拾遺・雑秋〉

おぐら-ゆき【小倉遊亀】(をぐら)[1895～2000]女流日本画家。滋賀の生まれ。旧姓、溝上(みぞかみ)。安田靫彦(ゆきひこ)に師事。大胆でおおらかな画面構成のうちに明るくさわやかな画風を示す。代表作「浴女」「磨針峠」など。文化勲章受章。

おぐら-ようかん【小倉羊ˣ羹】(をぐらやうかん)大納言小豆(だいなごんあずき)の蜜煮(みつに)をまぜた練りようかん。おぐらかん。

おくり【送り】①物品などを送ること。「被災地一の物資」②人を送ってゆくこと。また、人を見送ること。「一の車」③管轄を移すこと。「検察庁一」④死者を守って墓所まで行くこと。葬送。「野辺の一」⑤次へ移すこと。「ひざ一」「活字の一」⑥工作機械で、加工工具などを移動させる距離。⑦「送り状」の略。⑧「送り仮名」の略。⑨義太夫節で、場面の変わり目や登場人物の出入りなどに用いられる節。⑩歌舞伎で、役者が引っ込むときなどに奏する下座(げざ)音楽。⑪謡曲で、2拍を一連とする拍子。

お-くり【▽御庫裏】浄土真宗の僧の妻。

[小倉百人一首] 小倉百人一首

1 秋の田のかりほの庵(いほ)の苫(とま)を粗(あら)み わが衣手は露にぬれつつ ……天智天皇

2 春過ぎて夏来にけらし白妙の 衣干すてふ天(あま)の香具山(かぐやま) ……持統天皇

3 あしひきの山鳥の尾のしだり尾の 長々し夜をひとりかも寝む ……柿本人麻呂

4 田子(たご)の浦にうち出でて見れば白妙の 富士の高嶺に雪は降りつつ ……山部赤人

5 奥山に紅葉(もみぢ)踏み分け鳴く鹿の 声聞く時ぞ秋は悲しき ……猿丸大夫

6 鵲(かささぎ)の渡せる橋に置く霜の 白きを見れば夜ぞ更けにける ……大伴家持

7 天(あま)の原ふりさけ見れば春日なる 三笠の山に出でし月かも ……安倍仲麻呂

8 わが庵(いほ)は都の辰巳しかぞ住む 世をうぢ山と人はいふなり ……喜撰法師

9 花の色は移りにけりないたづらに わが身世にふるながめせしまに ……小野小町

10 これやこの行くも帰るも別れては 知るも知らぬも逢坂(あふさか)の関 ……蝉丸

11 海(わた)の原八十島(やそしま)かけて漕ぎ出でぬと 人には告げよ海人(あま)の釣舟 ……小野篁

12 天つ風雲の通ひ路吹きとぢよ 乙女の姿しばしとどめむ ……僧正遍昭

13 筑波嶺(つくばね)の峰より落つるみなの川 恋ぞ積もりて淵となりぬる ……陽成院

14 陸奥(みちのく)のしのぶもぢずり誰ゆゑに 乱れそめにしわれならなくに ……源融

15 君がため春の野に出でて若菜摘む わが衣手に雪は降りつつ ……光孝天皇

16 立ち別れいなばの山の峰に生ふる まつとし聞かば今帰り来む ……在原行平

17 ちはやぶる神代(かみよ)も聞かず竜田川 からくれなゐに水くくるとは ……在原業平

18 住の江の岸に寄る波よるさへや 夢の通ひ路人目よくらむ ……藤原敏行

19 難波潟(なにはがた)短き葦(あし)の節の間も 逢はでこの世を過ぐしてよとや ……伊勢

20 わびぬれば今はたおなじ難波(なには)なる 身をつくしても逢はむとぞ思ふ ……元良親王

21 今来むといひしばかりに長月の 有明の月を待ち出でつるかな ……素性法師

22 吹くからに秋の草木のしをるれば むべ山風を嵐といふらむ ……文屋康秀

23 月見れば千々(ちぢ)に物こそ悲しけれ わが身一つの秋にはあらねど ……大江千里

24 このたびは幣(ぬさ)も取りあへず手向山(たむけやま) 紅葉(もみぢ)の錦神のまにまに ……菅原道真

25 名にし負はば逢坂山(あふさかやま)のさねかづら 人に知られで来る由(よし)もがな ……藤原定方

26 小倉山峰の紅葉葉(もみぢば)心あらば いまひとたびのみゆき待たなむ ……藤原忠平

27 みかの原わきて流るるいづみ川 いつ見きとてか恋しかるらむ ……藤原兼輔

28 山里は冬ぞ寂しさまさりける 人目も草もかれぬと思へば ……源宗于

29 心あてに折らばや折らむ初霜の 置きまどはせる白菊の花 ……凡河内躬恒

30 有明のつれなく見えし別れより 暁ばかり憂(う)きものはなし ……壬生忠岑

31 朝ぼらけ有明の月と見るまでに 吉野の里に降れる白雪 ……坂上是則

32 山川に風のかけたるしがらみは 流れもあへぬ紅葉(もみぢ)なりけり ……春道列樹

33 ひさかたの光のどけき春の日に しづ心なく花の散るらむ ……紀友則

34 誰をかも知る人にせむ高砂の 松も昔の友ならなくに ……藤原興風

35 人はいさ心も知らずふるさとは 花ぞ昔の香に匂ひける ……紀貫之

36 夏の夜はまだ宵ながら明けぬるを 雲のいづこに月宿るらむ ……清原深養父

37 白露に風の吹きしく秋の野は つらぬきとめぬ玉ぞ散りける ……文屋朝康

38 忘らるる身をば思はず誓ひてし 人の命の惜しくもあるかな ……右近

39 浅茅生(あさぢふ)の小野の篠原忍ぶれど あまりてなどか人の恋しき ……源等

40 忍ぶれど色に出でにけりわが恋は ものや思ふと人の問ふまで ……平兼盛

41 恋すてふわが名はまだき立ちにけり 人知れずこそ思ひそめしか ……壬生忠見

42 契りきなかたみに袖をしぼりつつ 末の松山波越さじとは ……清原元輔

43 逢ひ見てののちの心にくらぶれば 昔はものを思はざりけり ……藤原敦忠

44 逢ふことの絶えてしなくはなかなかに 人をも身をも恨みざらまし ……藤原朝忠

45 あはれともいふべき人は思ほえで 身のいたづらになりぬべきかな ……藤原伊尹

46 由良(ゆら)の門(と)を渡る舟人かぢを絶え ゆくへも知らぬ恋の道かな ……曽禰好忠

47 八重むぐら茂れる宿の寂しきに 人こそ見えね秋は来にけり ……恵慶法師

48 風をいたみ岩打つ波のおのれのみ 砕けて物を思ふころかな ……源重之

49 御垣守(みかきもり)衛士(ゑじ)のたく火の夜は燃え 昼は消えつつものをこそ思へ ……大中臣能宣

50 君がため惜しからざりし命さへ 長くもがなと思ひけるかな ……藤原義孝

51 かくとだにえやは伊吹(いぶき)のさしも草 さしも知らじな燃ゆる思ひを ……藤原実方

52 明けぬれば暮るるものとは知りながら なほ恨めしき朝ぼらけかな ……藤原道信

53 嘆きつつひとり寝(ぬ)る夜の明くる間は いかに久しきものとかは知る ……藤原道綱母

54 忘れじのゆく末まではかたければ 今日を限りの命ともがな ……儀同三司母

55 滝の音は絶えて久しくなりぬれど 名こそ流れてなほ聞こえけれ ……藤原公任

56 あらざらむこの世のほかの思ひ出に いまひとたびの逢ふこともがな ……和泉式部

57 めぐり逢ひて見しやそれとも分かぬ間に 雲隠れにし夜半(よは)の月かな ……紫式部

58 有馬山猪名(ゐな)の笹原風吹けば いでそよ人を忘れやはする ……大弐三位

59 やすらはで寝なましものをさ夜更けて かたぶくまでの月を見しかな ……赤染衛門

60 大江山いく野の道の遠ければ まだふみも見ず天の橋立 ……小式部内侍

61 いにしへの奈良の都の八重桜 けふ九重(ここのへ)に匂ひぬるかな ……伊勢大輔

62 夜をこめて鳥のそら音(ね)は謀(はか)るとも よに逢坂(あふさか)の関は許さじ ……清少納言

63 今はただ思ひ絶えなむとばかりを 人づてならでいふよしもがな ……藤原道雅

64 朝ぼらけ宇治の川霧たえだえに あらはれわたる瀬々(せぜ)の網代木(あじろぎ) ……藤原定頼

65 恨みわび干さぬ袖だにあるものを 恋に朽ちなむ名こそ惜しけれ ……相模

66 もろともにあはれと思へ山桜 花よりほかに知る人もなし ……行尊

67 春の夜の夢ばかりなる手枕(たまくら)に かひなくたたむ名こそ惜しけれ ……周防内侍

68 心にもあらで憂(う)き世に長らへば 恋しかるべき夜半(よは)の月かな ……三条院

69 嵐吹く三室(みむろ)の山のもみぢ葉は 竜田の川の錦なりけり ……能因法師

70 寂しさに宿を立ち出でてながむれば いづくも同じ秋の夕暮 ……良暹法師

71 夕されば門田(かどた)の稲葉訪れて 葦(あし)のまろ屋に秋風ぞ吹く ……源経信

72 音に聞く高師(たかし)の浜のあだ波は かけじや袖のぬれもこそすれ ……祐子内親王家紀伊

73 高砂(たかさご)の尾(を)の上(へ)の桜咲きにけり 外山(とやま)のかすみ立たずもあらなむ ……大江匡房

74 憂(う)かりける人を初瀬の山おろし 激しかれとは祈らぬものを ……源俊頼

75 契りおきしさせもが露を命にて あはれ今年の秋も去(い)ぬめり ……藤原基俊

76 わたの原漕ぎ出でて見ればひさかたの 雲居(くもゐ)にまがふ沖つ白波 ……藤原忠通

77 瀬を早み岩にせかるる滝川の 割れても末に逢(あ)はむとぞ思ふ ……崇徳院

78 淡路島通ふ千鳥の鳴く声に いく夜寝覚めぬ須磨(すま)の関守 ……源兼昌

79 秋風にたなびく雲のたえ間より 漏れ出づる月の影のさやけさ ……藤原顕輔

80 長からむ心も知らず黒髪の 乱れて今朝はものをこそ思へ ……待賢門院堀河

81 ほととぎす鳴きつる方をながむれば ただ有明の月ぞ残れる ……藤原実定

82 思ひわびさても命はあるものを 憂(う)きに耐へぬは涙なりけり ……道因法師

83 世の中よ道こそなけれ思ひ入る 山の奥にも鹿ぞ鳴くなる ……藤原俊成

84 長らへばまたこのごろやしのばれむ 憂(う)しと見し世ぞ今は恋しき ……藤原清輔

85 夜もすがら物思ふころは明けやらで 閨(ねや)のひまさへつれなかりけり ……俊恵法師

86 嘆けとて月やはものを思はする かこち顔なるわが涙かな ……西行法師

87 村雨(むらさめ)の露もまだ干(ひ)ぬ槙(まき)の葉に 霧立ちのぼる秋の夕暮 ……寂蓮法師

88 難波江(なにはえ)の葦(あし)の仮寝(かりね)のひとよゆゑ 身を尽くしてや恋ひわたるべき ……皇嘉門院別当

89 玉の緒(を)よ絶えなば絶えね長らへば 忍ぶることの弱りもぞする ……式子内親王

90 見せばやな雄島(をじま)の海人(あま)の袖だにも 濡れにぞ濡れし色は変はらず ……殷富門院大輔

91 きりぎりす鳴くや霜夜(しもよ)のさむしろに 衣片敷(かたし)きひとりかも寝む ……藤原良経

92 わが袖は潮干(しほひ)に見えぬ沖の石の 人こそ知らね乾く間もなし ……二条院讃岐

93 世の中は常にもがもな渚漕ぐ 海人(あま)の小舟(をぶね)の綱手(つなで)かなしも ……源実朝

94 み吉野の山の秋風さ夜(よ)更けて ふるさと寒く衣打つなり ……藤原雅経

95 おほけなく憂(う)き世の民におほふかな わが立つ杣(そま)にすみ染めの袖 ……慈円

96 花さそふ嵐の庭の雪ならで ふりゆくものはわが身なりけり ……藤原公経

97 来ぬ人を松帆(まつほ)の浦の夕なぎに 焼くや藻塩(もしほ)の身もこがれつつ ……藤原定家

98 風そよぐ楢(なら)の小川の夕暮れは 禊(みそぎ)ぞ夏のしるしなりける ……藤原家隆

99 人も愛(を)し人も恨めしあぢきなく 世を思ふゆゑにもの思ふ身は ……後鳥羽上皇

100 百敷(ももしき)や古き軒端(のきば)のしのぶにも なほ余りある昔なりけり ……順徳院

おくり【贈り】《「送り」と同語源》品物や称号をおくること。

おくり-あし【送り足】❶相撲で、相手をつり上げたまま、自分から土俵外へ踏み出した足。負けにはならない。❷柔道で、相手の足の動きに合わせ、自分も動くこと。❸剣道で、片足を踏み出したあと、すぐ他の足を引きつける足さばき。❹貴人の面前に目録などを持参するとき、敷居ぎわで一度足を引いて踏み直してから越えていく足の運び。

おくり-あり【送り×蟻】▶寄せ蟻

おくり-おおかみ【送り×狼】❶親切を装って女性を送っていき、途中ですきがあれば乱暴を働こうとする危険な男。❷山中などで、人のあとをつけてきて、すきをみて害を加えると考えられていた狼。

おくり-かえ・す【送り返す】〔動サ五(四)〕送られてきた物を送り主に返す。返送する。「アンケート葉書を一・す」「賄賂の品を一・す」

おくり-がな【送り仮名】❶言葉を漢字を使って書き表す場合に、誤読を避け読みやすくするために、その漢字に添える仮名。「明かり」「明るい」「明ける」「明らか」の「かり」「るい」「ける」「らか」の類。送り。❷漢文の訓読を助けるために、漢字の右下に小さく添える仮名。片仮名で活用語尾や助詞・助動詞などを添える。添え仮名。捨て仮名。

オクリ-カンキリ〔ラテン oculi cancri〕《カニの目の意》ザリガニ類の胃石。胃内に2個ある。蘭方で利尿剤・眼病薬に用いた。

おくり-ぎょう【送り経】盂蘭盆の最終日に、親族の霊を送り出すときに読む経。

おくり-ごう【贈(り)号┊×諡号】戒名。

おぐり-こうずけのすけ【小栗上野介】[1827〜1868] 江戸末期の幕臣。江戸の人。名は忠順。外国奉行・軍艦奉行・勘定奉行などを歴任。フランスの援助下に将軍権力を強化しようと企てたが、鳥羽伏見の戦いに敗れた後、官軍に斬首された。

おぐり-こうへい【小栗康平】[1945〜]映画監督。群馬の生まれ。「泥の河」で監督デビュー。国内外で高い評価を得る。平成2年(1990)「死の棘」でカンヌ国際映画祭審査員特別グランプリと国際映画批評家連盟賞を受賞。他に「眠る男」など。

おくり-こ・む【送り込む】〔動マ五(四)〕人や物を送って先方に届ける。「優秀な人材を一・む」

おくり-ざる【送り猿】戸締まり用の猿で、戸の上方に取り付けた縦猿を上げたあとに、下がらないように横に差し込む木片。寄せ猿。

おくり-さんじゅう【送り三重】歌舞伎下座音楽の一。主な役者が愁嘆の思い入れで花道を引っ込むときの三味線の曲。

おくり-じ【送り字】「踊り字」に同じ。

おくり-じょう【送り状】❶商品発送の際に、荷送人が荷受人に対して作成する発送貨物の明細書。仕切り状。❷船積書類の一。外国貿易で、荷送人が荷受人に対して作成する明細書で、商品名・数量・価格・運賃・保険料・引渡条件などの諸明細を記載した商用文書。インボイス。仕切り状。

おくり-ぜん【送り膳】供応の席に欠席した人に、出席した人と同じ料理を送り届けること。また、その料理。

おぐり-そうたん【小栗宗湛】[1413〜1481]室町中期の画家。俗姓を小栗、出家して法名を宗湛という。相国寺に入って、画僧周文に学ぶ。足利将軍家に仕え、幕府御用絵師となる。漢画の正統を受け継ぐ穏健な作風。

おくり-そうち【送り装置】工作機械で、刃物または加工する物を取り付けた台を、縦や横方向に移動させる装置。

おくり-たおし【送り倒し】相撲のきまり手の一。相手の後ろにまわって、押すか寄るかして土俵内で倒す技。

おくり-だし【送り出し】相撲のきまり手の一。相手の攻めをかわし、背を見せた相手を押すか突くかして土俵外に出す技。

おくり-だ・す【送り出す】〔動サ五(四)〕❶人を、行くべき所に行かせる。また、人を世に出す。「子供を学校へ一・す」「各方面に卒業生を一・している」❷物を他の場所へ向けて送る。発送する。「製品を一・す」❸相撲で、相手の背中を押して土俵外に突き出す。(類語)送る・遣る・出す・発する・派する・差し向ける・差し遣わす・差し立てる・遣わす・回す・差し回す・派遣する・差遣する

おくり-つ・ける【送り付ける】〔動カ下一〕(文)おくりつ・く〔カ下二〕先方へ送り届ける。現在では、先方にとって望ましくないものを無理に送るという感じを伴う。「請求書を一・ける」(類語)送る・送り届ける・届ける・送付する・送達する・発送する・託送する・郵送する

おくり-づゆ【送り梅-雨】梅雨明けのころの雨。雷を伴うことが多く、集中豪雨になることもある。

おくり-て【送り手】送る側の人。物・金銭・情報などの発送者・発信者。(⇔)受け手。

おくり-とど・ける【送り届ける】〔動カ下一〕(文)おくりとど・く〔カ下二〕送って目的の所へ届ける。「友人の子供を自宅へ一・ける」(類語)送る・送り付ける・届ける・送付する・送達する・発送する・託送する・郵送する

おくり-な【贈(り)名┊×諡】❶死者にその生前の徳や行いなどに基づいて贈る称号。のちの、諱。諡号。❷戒名。(類語)戒名・法名・諡号・諱・追号・霊位

おくり-ぬし【送り主】人に金銭や品物を送った人。発送者。

おくり-ぬし【贈(り)主】祝い・礼・愛情などの気持ちから、金銭や品物を贈る人。

おくり-の-いた【贈の板】▶梅檀の板

おぐり-はんがん【小栗判官】伝説上の人物。常陸の城主。名は助重。父満重が管領足利持氏に攻め殺されたとき、照手姫に救われて、藤沢の遊行上人の道場に入る。説経節や浄瑠璃の主人公。

おくり-バント【送りバント】野球で、走者を二塁または三塁に進塁させるためのバント。

おくり-び【送り火】❶盂蘭盆の最終日、親族の霊を送るために門前などでたく火。門火。(季 秋)「一のあとは此世の蚊遣哉/也有」(⇔)迎え火。❷「門火❶」に同じ。

おぐり-ふうよう【小栗風葉】[1875〜1926]小説家。愛知の生まれ。本名、加藤磯夫。尾崎紅葉の門下。構成の巧みさと美文体を特色とするが、自然主義風の作品も発表。「亀甲鶴」「恋慕流し」「青春」など。

おくり-ぶみ【送り文】品物を送るとき、添えてやる文書。送り状。「政所の一添へてあり」〈かげろふ・下〉

おくり-ぼん【送り盆】盂蘭盆の最終日で、親族の霊を送る日。(季 秋)「茄子や瓜一つに流す一/かな女」(⇔)迎え盆。

おくり-むかえ【送り迎え】〔名〕スル 人を送ったり迎えたりすること。送迎。「バスで園児を一する」

おくり-もの【贈(り)物】人に贈る物。進物。プレゼント。(類語)プレゼント・進物・付け届け・ギフト・お遣い物

おく・る【送る】〔動ラ五(四)〕❶㋐物や情報などを、先方に届くようにする。「荷物を一・る」「信号を一・る」「視線を一・る」㋑人を、ある役割をもたせて差し向ける。派遣する。「刺客を一・る」「企業に人材を一・る」㋒管轄を移す。「身柄を検察庁に一・る」❷㋐行く人・去る人に付き従ってある所まで一緒に行く。「駅まで車で一・る」㋑去って行く人に別れを告げる。見送る。「遠征する選手を駅で一・る」「卒業生を一・る」㋒遺体に付き従って墓地まで行き葬る。また、死者を見送る。葬送する。「旧友を悲しみのうちに一・る」❸時を過ごす。「失意の日々を一・る」❹順々に先に移動させる。「手渡しでバケツを一・る」「バントで走者を次の塁に一・る」❺送り仮名をつける。「活用語尾を一・る」(可能)おくれる (類語)(❶㋐)届ける・送り付ける・送り届ける・送付する・送達する・発送する・託送する・郵送する・差し出す・仕向ける (便りを)出す・寄せる・遣る/(❶㋑)差し向ける・向ける・発する・遣わす・差し遣わす・遣る・派する・派遣する・差遣する/(❶㋒)回す・移す・送致する・移送する/(❷)見送る・送り出す/(❸)過ごす・費やす・暮らす・明かし暮らす・明け暮れる・消光する

おく・る【遅る┊後る】〔動ラ下二〕「おくれる」の文語形。

おく・る【贈る】〔動ラ五(四)〕《「送る」と同語源》❶感謝や祝福などの気持ちを込めて、人に金品などを与える。贈り物をする。「記念品を一・る」「はなむけの言葉を一・る」❷官位や称号などを与える。「位階を一・る」(可能)おくれる

(類語)贈与・寄贈・寄付・贈答・恵贈・与える・遣る

おぐるす【小栗栖】京都市伏見区の地名。明智光秀が竹槍で刺殺された所。

おぐるす-の-ちょうべえ【小栗栖の長兵衛】明智光秀を竹槍で殺したという、岡本綺堂の戯曲「小栗栖長兵衛」の主人公。

お-ぐるま【小車】❶小さな車。また、車、特に牛車をいう。「思ひまはせばーのわづかなりける憂き世かな」〈閑吟集〉❷キク科の多年草。湿地に生え、高さ30〜60センチ。地下茎で繁殖。葉は互生し、堅い。夏から秋、黄色い頭状花を開く。のぐるま。かまつぼぐさ。(季 秋)「一や何菊と名の付くべきを/越人」

お-くるまだい【▽御車代】「車代❸」に同じ。「一を包む」

おぐるま-にしき【小車錦】牛車の形を織り出した錦。黄色地に黒糸または黒地に黄糸で織り出す。

お-くるみ【▽御▽包み】「包み❷」に同じ。

おくれ【遅れ┊後れ】❶他よりあとになること。他に劣ること。負けること。「流行一」❷予定された進度、決められた時刻・期限などよりおくれること。おそくなること。また、その度合い。「仕事の一を取り戻す」「列車の一が出る」❸(後れ)ひるむこと。気後れ。「忽ち一の出でて」〈紅葉・不言不語〉❹「後れ毛」の略。「髪の一のはらはらはら、ともに乱るるわが心」〈浄・女腹切〉

遅れを取・る 他人に先を越される。戦いや競争に負ける。「先端技術の分野で一・る」

おくれ-げ【後れ毛】《後れて生えた毛の意》女性が髪を結い上げたとき、襟元に残って垂れた短い毛。

おくれ-ざき【後れ咲き】盛りの季節におくれて咲くこと。また、おくれて咲いた花。

おくれ-さきだ・つ【後れ先立つ】〔動タ五(四)〕❶一方が生き残り、一方が先に死ぬ。「一・つ嘆きのないように二人の寿命をおなじにとまで願った」〈中勘助・菩提樹の蔭〉「限りあらむ道にも一・たじとちぎらせ給ひけるを」〈源・桐壺〉❷あとになったり、先になったりする。「身をしれば雲居の雁の一つらも一・つねをや鳴くらん」〈新後撰・雑下〉

おくれ-ばせ【遅れ×馳せ┊後れ×馳せ】❶他の人よりも遅れて駆けつけること。「一に来る」❷時機に遅れること。「一ながらお礼を申し上げます」

おく・れる【遅れる┊後れる】〔動ラ下一〕(文)おく・る〔ラ下二〕❶他のものよりあとになる。取り残される。「前の走者に一・れまいとして必死に走る」「流行に一・れる」「勉強が人より一・れる」❷進み方が標準・基準より遅くなる。「今年は開花が一・れている」「時計が一・れている」(⇔)進む。❸決められた時刻・期限よりあとになる。また、それに間に合わない。「出発時間が一・れる」「門限に一・れる」❹(後れる)親しい人に先立たれる。自分だけが生き残る。「妻に一・れる」❺(後れる)気おくれがする。臆する。「一・れた様子もなく」〈鴎外・雁〉❻他の人に及ばない。「和歌のかたや少し一・れ給へりけむ」〈大鏡・伊尹〉(類語)(❶)立ち遅れる・遅れをとる/(❷)(❸)遅滞する・延滞する・延引する・遅延する・延着する・遅刻する・遅参する・手遅れ/(❻)劣る

おく-ろう【屋漏】❶家の西北の隅。家の最も奥まった所。❷人の目につきにくい所。❸屋根から雨が漏ること。

屋漏に愧じず 《「詩経」大雅・抑から》人の見ていない所でも恥ずかしい行いをしない。

お-くろど【▽御黒戸】「黒戸㊀」に同じ。

お-くんち【▽御▽九▽日】「おくにち」の音変化。

お-け【×桶┊▽麻×笥】《❷が原義》❶(桶)細長い板を縦に円形に並べて底をつけ、たがで締めた筒形の容器。「手一」「洗い一」❷(麻笥)紡いだ麻糸を入れる容器。檜の薄板を曲げて作る。「娘子らが一に垂れたる続麻なす長門の浦に」〈万・三二四三〉

類語たらい・バケツ・缶

桶な物打ち開けたような あけっぴろげで隠し立てをしないようす。「とんとー一お心」〈浄・宵庚申〉

オケ 「オーケストラ」の略。「一合わせ」「空一」

おけ〔感〕神楽歌や催馬楽の囃子詞。「飛鳥井に宿りはすべし、や、一」〈催馬楽・飛鳥井〉

オケアノス〖Ōkeanos〗ギリシャ神話で、水の神。ウラノス(天の神)とガイア(大地の神)の子。大陸を取り巻いて流れる大河または大洋で、すべての河川や海の源と考えられた。

オケーシー〖Sean O'Casey〗[1880〜1964]アイルランドの劇作家。労働運動・独立運動にも参加、貧民生活を写実的に描いた。作「革命戦士の影」「ジュノーと孔雀」など。

おけがわ【桶川】埼玉県中部の市。もと中山道の宿場町。東京のベッドタウン化が進んでいる。人口7.5万(2010)。

おけ-がわ【×桶側】❶桶の側面の板。❷「桶側胴」の略。

おけがわ-し【桶川市】▶桶川

おけがわ-どう【×桶側胴】鎧の胴の一。鉄板をはぎ合わせ、桶に似るところからいう。

オケゲム〖Johannes Ockeghem〗[1430ころ〜1495ころ]フランドル楽派初期の作曲家。フランス王室3代に仕え、礼拝堂楽長などを務める。複雑な対位法を得意とし、ミサ曲・モテット・シャンソンなどが現存。オケヘム。

おけさ-ぶし【おけさ節】新潟県の民謡。「佐渡おけさ」が有名。

おけしょう-がい【▽御化粧買い】▶ドレッシング買い

お-けつ【悪血】病毒を含んだ血。くろち。わるち。あくち。

お-けつ【×瘀血】漢方で、停滞している状態の血液。また、古い血がとどこおること。

おけ-どう【×桶胴】太鼓の一種で、桶のように板をつないで作った胴の両端に、馬革を張って紐で締めたもの。全長約35センチ、直径約20センチ。民俗芸能・歌舞伎下座音楽に用いる。

おけはざま【桶狭間】愛知県豊明市の地名。

おけはざま-の-たたかい【桶狭間の戦い】永禄3年(1560)、織田信長の領内尾張国桶狭間に陣取った今川義元を、信長が奇襲して破った戦い。信長の天下統一の第一歩となった。

おけ-ぶせ【×桶伏せ】江戸吉原で、遊興費の払えない客に対する私刑。小さな窓を開けた風呂桶をかぶせて路傍にさらした。

おけ-ぶろ【×桶風呂】大きな桶に焚き口をつけた風呂。

おけ-や【×桶屋】桶・樽・井戸側などの製造・修理・販売をする家。また、その職人。

おけら【×朮】キク科の多年草。山地の乾いた所に自生し、高さ30〜60センチ。茎は堅く、葉も楕円形で堅く、縁にとげ状の細かい切れ込みがある。夏から秋、白色または紅色の小花が頭状に集まった花をつける。若い苗を食用に、また乾かした根茎を漢方で白朮といい薬用にする。えやみぐさ。うけら。(季 花=夏)

お-けら【螻=蛄】❶昆虫ケラのこと。(季 夏)❷所持金のないこと。一文なし。「一になる」

類語裸・無一文・無一物・身一つ・すってんてん・文無し・裸一貫・丸裸・身すがら・素寒貧

おけら-の-もちい【×朮の▽餅】追儺の夜に供えた餅。

おけら-まいり【×朮参り｜×朮▽詣り】大みそかの深夜から元旦にかけて、京都の八坂神社で行われる朮祭に詣でること。おけらもうで。(季 新年)

おけら-まつり【朮祭｜白朮祭】京都の八坂神社で、大みそかから元旦にかけて行われる祭り。火鑽りで点じた火でオケラの根、柳の削り掛けを燃やして、かがり火にする。参詣人はそれを火縄に移して持ち帰り、雑煮を煮る火種とする。(季 新年)

おけ-る【×於ける】〔連語〕《動詞「お(置)く」の已然形＋完了の助動詞「り」の連体形。「…における」の形で》❶作用・動作の行われる場所・時間を表す。…の中の。…での。…にあっての。「日本に一生活」「過去に一経験」❷両者の関係を表す。…についての。…に関しての。…に対する。「古代史に一造詣の深さ」「西行の和歌に一、宗祇の連歌に一、雪舟の絵に一、利休が茶に一、其貫道する物は一なり」〈笈の小文〉

お-げん【汚言】汚物・糞便や排泄に関する語や猥褻な語を頻繁に言う状態。神経症・精神症やチック症の一症状としてみられ、また、小児の発達過程でも一時的に現れる。

お-けんつう 「けんつう」に同じ。「奥の一が、今手水に行ったよ」〈滑・膝栗毛・発端〉

おこ【▽痴｜×烏×滸｜尾▽籠】〔名・形動〕愚かなこと。ばかげていること。また、そのさま。「一の者」「退きれ卑きもの、魔道呼わり一なり」〈露伴・新浦島〉

おご【×於×胡｜海=髪】オゴノリの別名。

お-ご【▽御御】❶台所で炊飯の仕事をする女子。〈日葡〉❷「おごう」に同じ。「これの一は、ことし二十にこそなられ」〈咄・醒睡笑・四〉

オゴ〖OGO〗《Orbiting Geophysical Observatory》地球物理観測衛星。NASAにより1964年から69年まで投入された六つの衛星。大気圏、磁気圏、地球月面間空間の研究に当てられた。

お-こう【汚行】道徳に外れた不名誉な行い。

お-こう【▽御香】「香❶」の丁寧語。

お-こう【▽御講】❶寺院での読経、説経の集まり。❷宮中などで行われた法華八講などの法会。❸仏教各宗で、開祖の忌日などに行う仏事。報恩講。御正忌。

お-ごう【▽御▽御】《「おごぜ(御御前)」の音変化かという》他人の妻や娘を敬っていう語。また単に、妻、娘。おご。「いつも一が古着をやるものを」〈虎明狂・米市〉

お-こうこう【▽御香香】「香香」の丁寧な言い方。漬物。香のもの。おこうこ。類語漬物・お新香・香の物

おごう-さま【▽御▽御様】奥様。お嬢様。「うばが方から一へのことつてがござる」〈虎明狂・米市〉

おごうち-ダム【小河内ダム】東京都奥多摩町の多摩川上流にあるダム。東京への給電・給水用として昭和32年(1957)に完成。奥多摩湖が貯水池。

おこう-びより【▽御講日−和】報恩講の行われる11月の末ごろは好天気が続くこと。御講なぎ。(季 冬)

おこ-え【▽痴絵｜×烏×滸絵】滑稽あるいは風刺を目的とした絵。戯画。

おこえ-がかり【▽御声掛(か)り】「声掛かり」に同じ。「社長の一で抜擢する」

おごおり【小郡】㊀山口県山口市の地名。旧町名。山陽新幹線・山陽本線が通じ、山口線・宇部線が分岐する鉄道交通の要地。㊁福岡県中西部の市。米・麦の栽培などが行われるが、近年、都市化が著しい。人口5.9万(2010)。

おごおり-し【小郡市】▶小郡㊁

おこ-がまし・い【▽痴がましい｜×烏×滸がましい】〔形〕図をこがま・し〔シク〕❶身の程をわきまえない。差し出がましい。なまいきだ。「先輩をさしおいて一・いのですが…」❷いかにもばかばかしい。ばかげている。「世俗のそらごとを、ねんごろに信じたるも一・しく」〈徒然・七三〉派生おこがましげ〔形動〕おこがましさ〔名〕類語図図しい・ふてぶてしい・厚かましい・えげつない

おこ-が・る【▽痴がる】〔動ラ四〕ばからしいと思う。ばかにする。「この聞く男ども、一・りあざけりて」〈宇治拾遺・二〉

お-こげ【▽御焦げ】炊いた釜の底に焦げついた飯。こげめし。

お-こけ【▽麻小▽笥】「麻笥❷」に同じ。「ふるき一のそこ」〈浮・五人女・二〉

お-こごと【▽御小言】「小言❷」の尊敬語・丁寧語。

お-こころ【▽御心】相手を敬って、その気持ち・考え・思いやりなどをいう語。

お-ごころ【雄心】雄々しい心。勇気がある心。「天地に少し至らぬますらをと思ひし我や一もなき」〈万・二八七五〉

お-こころざし【▽御志】相手の厚意を敬っていう語。「一はありがたいのですが、辞退いたします」

おこさこ【右近左近】狂言「内沙汰」の、大蔵流での名称。

おこ-さま【▽御子様】❶相手を敬ってその子供をいう語。「一はおいくつですか」❷子供。「一用品」

類語子供・子・子女・児女・子弟・愛児・子息・息男・息女・息子・娘・倅・子種・子宝・二世・令息・令嬢・お坊っちゃん・お嬢さん・お嬢さま

おこさま-ランチ【▽御子様ランチ】子供の好む食べ物が一皿に盛り付けられた定食。

おこ-さん【▽御子さん】相手を敬ってその子供をいう語。「お子様」のややくだけた言い方。

おこし【起(こ)し】❶起こすこと。❷田畑を耕すこと。❸花札で、めくり札を開くこと。また、その札。

おこし【粔=籹｜興】米・粟などで作ったおこし種を水飴と砂糖で固めた菓子。大豆・ピーナッツなどをまぜることもある。

お-こし【▽御越し】「行くこと」「来ること」の意の尊敬語。「一を願う」類語おいで・お運び・お出まし・来る

お-こし【▽御腰】❶「腰」をいう尊敬語。❷「腰巻き」の女性語。

おこし-え【起(こ)し絵】建物・樹木・人物などを切り抜いて枠の中に立てると、風景・舞台などが立体的に再現されるようになっている絵。茶室の絵図面などに用いられたが、もともとは子供のおもちゃ。組立灯籠。立版古。(季 夏)

おこし-がね【起(こ)し金】鮑などを岩からはがすために用いる鉄製の漁具。海女金。

おこし-ごめ【粔=籹米】米に蜜をまぜ合わせながら煎った菓子。後世のおこしの原型。

おこし-ずみ【×熾し炭】赤くおこした炭火。

おこし-だね【粔=籹種】おこしの材料とする、米や粟を蒸し、乾かして煎ったもの。

おこし-び【×熾し火】真っ赤におこった炭火。

おこじょ イタチ科の哺乳類。体長18〜29センチ、尾長6〜12センチ。夏毛は背面が褐色、腹面は白色で、冬には尾端以外が白く変わる。ネズミやウサギを捕食。ユーラシア北部・北アメリカに分布し、日本では北海道・本州の山地にみられる。毛皮はヨーロッパではアーミンと呼ばれ、高級品。えぞいたち。やまいたち。

おこ・す【起(こ)す】〔動サ五(四)〕❶横になっているものを立たせる。「からだを一・す」「倒木を一・す」「転んだ子を一・す」❷目を覚まさせる。「寝入りばなを一・される」❸今までなかったものを新たに生じさせる。「風力を利用して電気を一・す」「波を一・す」❹新しく物事を始める。興す。「事業を一・す」❺㋐自然が働きや動きを示す。「噴火を一・す」「地滑りを一・す」㋑平常と異なる状態や、好ましくない事態を生じさせる。ひきおこす。「革命を一・す」「事故を一・す」㋒静かな状態を刺激して、ある影響をもたらす。「ブームを一・す」❻ある感情・欲望を生じさせる。また、からだの働きがある状態を示す。「やる気を一・す」「里心を一・す」「拒絶反応を一・す」「食中毒を一・す」❼表面に現れるようにする。㋐土を掘り返す。「畑を一・す」㋑へばりついている状態のものをはがす。「芝を一・す」「敷石を一・す」㋒伏せてあるカード・花札などをめくって表を出す。㋓隠されていた状態から表に出す。「伏せ字を一・す」❽速記や録音テープの音声などを文字化する。また、文章を書いたり文書を作ったりする。「講演の録音を原稿に一・す」「稿を一・す」「伝票を一・す」可能おこせる 類語引き起こす・起きる・目覚める・覚醒する・起床する・目を覚ます・目が覚める・覚める・覚ます・始める・開く・開ける・開く・創始する・開業する・始業する

〈…句〉願を起こす・事を起こす・甚助を起こす・寝た子を起こす・身を起こす・虫を起こす

おこ・す【▽遣す｜▽致す】㊁〔動サ下二〕❶よこす。届けてくる。「講師、もの、酒一・せたり」〈土佐〉❷(動詞の連用形に付いて)その動作が自分の方へ及ぶことを

表す。こちらへ…する。…してくる。「空合はせ(=夢判断)にあらず、いひー・せたる僧の疑はしきなり」〈かげろふ・下〉㊁〔動サ四〕《㊀の四段活用化》㊀❶に同じ。「極道めがー・しをらぬわい」〈滑・浮世床・初〉

おこ・す【×熾す】〔動サ五(四)〕《「起こす」と同語源》炭火などの勢いを盛んにする。また、炭などに火をつける。「火吹き竹で火をー・す」(可能)おこせる

おこ・す【興す】〔動サ五(四)〕《「起こす」と同語源》❶ひっそりしていたものを目立つ状態にする。衰えていたものを再び勢いづかせる。「家をー・す」「国をー・す」「弓道をー・す」❷「起こす❹」に同じ。「俳句の革新運動をー・す」❸気力を充実させる。奮い立たせる。「君もしひて御心をー・して、心の内に仏を念じ給ひて」〈源・夕顔〉❹大挙して立ち上がらせる。「十八日辰たつの一点に大衆だいしゅをー・し」〈平家・四〉(可能)おこせる

おこぜ【×鰧｜虎=魚】をこぜ オニオコゼの別名。また、ハオコゼ・ダルマオコゼなどを含めていうこともあり、一般に頭は凹凸が激しく、背びれのとげが強大で、奇異な姿をしている。(季 夏)

おごそか【厳か】〔形動〕図〔ナリ〕重々しくいかめしいさま。礼儀正しく近寄りにくいさま。「ーに式が進む」(類語)厳粛・粛粛・厳然

おこそ-ずきん【▽御▽高祖頭巾】ヅキン《日蓮上人の像の頭巾に似るところから》縮緬ちりめんなどの四角い布にひもをつけ、目だけを出して頭・顔を包む婦人の防寒用頭巾。袖頭巾そでずきん。(季 冬)

お-こた「炬燵こたつ」を丁寧にいう女性語。

オゴタイ〖Ögedei〗[1186～1241]モンゴル帝国第2代皇帝。在位1229～1241。廟号は太宗。チンギス=ハンの第3子。帝国の基礎を築き、カラコルムに都を造営。また、金を滅ぼし、バトゥを将とする西征軍を派遣して南ロシアから中部ヨーロッパを攻略。エゲディ。(補説)「窩闊台」とも書く。

オゴタイ-ハンこく【オゴタイハン国】モンゴル帝国の四ハン国の一。1224年、オゴタイがジュンガリア地方に建国。都はエミル。元朝のハン位継承をめぐって元と対立、40年に及ぶハイドゥの乱を引き起こしたが、1310年、チャガタイ-ハン国に併合された。

おこたり【怠り】❶なまけること。怠慢。「ーなく励む」❷怠慢から生じる過失。手落ち。「わがーにて流され給ふにしもあらず」〈大鏡・道隆〉❸過失をわびること。謝罪。「泣く泣くーを言へど」〈堤・はいずみ〉

おこたり-ぶみ【怠り文】謝罪の手紙。わび状。怠状たいじょう。「ーを書きてたてまつりてん」〈今昔・二八・三六〉

おこた・る【怠る】〔動ラ五(四)〕❶すべきことをしないでおく。なまける。また、気をゆるめる。油断する。「学業をー・る」「注意をー・る」❷病気がよくなる。快方に向かう。「発作が、夏が来ると共に、漸くー・り出したのを喜こんだ」〈芥川・忠義〉「読経、修法ずほうなどして、いささかー・りたるやうなれば」〈かげろふ・上〉❸過ちを犯す。「みづからー・ると思ひ給ふること侍らねど」〈栄花・浦々の別〉❹中断する。休む。「(水ガ)ー・る間まなく洩りゆかば、やがて尽きぬべし」〈徒然・一三七〉(可能)おこたれる (類語)怠ける・サボる・ずるける

お-こづかい【▽御小遣(い)】ヅカヒ「こづかいせん(小遣い銭)」の丁寧語。特に、子供に与える金銭をいう。

おこ-づ・く〔動カ四〕❶ひくひく動かす。ぴくつかす。「鼻のわたりー・きて、語りなす」〈源・帚木〉❷勢いづく。調子づく。「大石はづんで二つ三つ、どうどうどうとー・きて」〈浄・虎が磨〉❸力む。「さは言へ、とちょっとー・く」〈伎・韓人漢文〉❹ずきずき痛む。「合戦のきずロー・き」〈浄・千本桜〉

おこ-づ・く【▽痴付く｜×烏×滸付く】をこ〔動カ四〕❶愚かしく見える。「腰かがまりてー・きてなんありし」〈今昔・二八・二六〉❷ばかにする。「男どもこれを聞きてー・き嘲あざけりて」〈今昔・一〇・三六〉

おこつ・る【▽誘る】〔動ラ四〕だまして人をさそう。また、機嫌をとる。「このふみの、けしきなくー・り取らむの心にて、あざむき申し給へば」〈源・夕霧〉(補説)仮名遣いは「おこつる」か「をこつる」か不明。

お-こと【▽御事】㊀〔名〕「御事始め」または「御事納め」の略。㊁〔代〕二人称の人代名詞。あなた。親しみを込めていう語。主に中世・近世に用いた。「ただーの苦しさをこそ存じ候へ」〈保元・中〉

おこと-おさめ【▽御事納め】をさめ ❶江戸時代、陰暦2月8日に年神の棚を取り外したりして、正月の行事の終わりとしたこと。事納め。御事。❷東国で、陰暦12月8日に行った、その年の農事の終わりの行事。この日は、「目一つ小僧」の魔物が来るので、目の多い籠かごを掲げ、追い払うもの。事納め。御事。➡事八日ことようか

おごと-おんせん【雄琴温泉】をごとヲンセン 滋賀県大津市北部、琵琶湖南西岸の温泉。古くから霊泉として知られ、泉質は単純温泉。

おこと-じる【▽御事汁】御事始め・御事納めの日にこしらえた味噌汁。里芋・ごぼう・大根・小豆・人参・くわい・焼き栗・焼き豆腐などを入れたもの。御事煮。

お-ことづけ【▽御言付け｜▽御▽託け】「ことづけ❶」の尊敬語。

おこと-てん【×乎古▽止点】をこと ►をことてん

お-ことば【▽御言葉】相手の発言を敬っていう語。「校長先生のー」(補説)勅語に代わる用語。国会開会の勅語が「お言葉」となったのは第16回国会から。「おことば」と仮名書きになったのは昭和35年(1960)10月の第36回国会から。

おこと-はじめ【▽御事始め】❶江戸時代、陰暦12月8日にすす払いなどをして、正月の準備を始めたこと。事始め。御事。❷東国で、陰暦2月8日に行った、その年の農事の始めの行事。事始め。御事。➡事八日ことようか

お-ことわり【▽御断り［断わり］】「断り❶・❷」の謙譲語・丁寧語。(補説)「お客様へのお断り」は謙譲語、「押し売りお断り」は丁寧語。

おこない【行い［行ない］】おこなひ ❶物事をすること。振る舞い。行為。行動。「万が一君にどんな間違ったーがあったとしても」〈里見弴・多情仏心〉❷日常の生活態度。身持ち。品行。行状。「ーを慎む」「平素のーが物を言う」❸仏道の修行。また、勤行ごんぎょう。「阿闍梨あざなどにもなるべきものにこそあなれ。ーの労は積もりて」〈源・若菜〉❹近畿地方を中心に、年頭または春先に行われる祈祷きとう行事。主に寺堂などで行われるが、元来は農事祈願の神事。
(類語)行為・行動・沙汰・振る舞い・挙ま・活動・動き・所行しょぎょう・言動・言行げんこう・行状ぎょうじょう・行跡ぎょうせき

おこない-がち【行ひ勝ち】おこなひ〔形動ナリ〕仏道修行に専念するさま。「ーに、口ひひらかし、数珠の音高きなど」〈紫式部日記〉

おこない-すま・す【行い澄ます】おこなひ〔動サ五(四)〕❶自分だけが悟っているかのように振る舞う。もっともらしく、殊勝に振る舞う。気どる。「すっかり、ー・した顔でいる」❷ひたすら仏道を修行する。「尼が人の世に橋を隔て門を鎖して、斯る寒き雪の日をもー・しているのか」〈虚子・俳諧師〉

おこない-びと【行ひ人】おこなひ《「行人ぎょうにん」を訓読みにした語》仏道を修行する人。行者。修行僧。「若くより(鞍馬ニ)籠もれるーの」〈宇津保・忠こそ〉

おこな・う【行う［行なう］】おこなふ〔動ワ五(ハ四)〕❶物事をする。なす。やる。実施する。「儀式をー・う」「合同演習をー・う」「四月五日に入学式がー・われる」❷仏道を修行する。勤行ごんぎょうする。「いみじう額ぬかづきー・ひて寝たりしかば」〈更級〉❸処理する。指図する。「世の人の飢ゑず、寒からぬやうに、世をばー・はまほしきなり」〈徒然・一四二〉❹(「…におこなう」の形で)処する。付する。「死罪にー・はるべかりし人の」〈平家・二〉(補説)一定の手順を経て、または慣習・方式に従って何かをするのがもとの意。現在もその含みが残る。(可能)おこなえる
(類語)(❶)する・やる・為なす・される・なさる・あそばす・いたす・仕る・営む・催す・執り行う・施ほどこす・実施する・施行する・執行する・挙行する・敢行する・決行する・断行する・実行する・実践する・履行する・励行する

おこなわ・れる【行われる［行なわれる］】おこなはれる〔動ラ下一〕図おこなは・る〔ラ下二〕《動詞「おこな(行)う」の未然形に受身の助動詞「れる」の付いたものから》世間に広く用いられる。通用する。また、流行する。「昔の風習が今もー・れている」

お-このみ【▽御好み】「好み」の尊敬語・丁寧語。

おこのみ-しょくどう【▽御好み食堂】ショクダウ 和食・洋食・中国料理など献立を幅広くとりそろえて、客が好みのものを選べるようにした食堂。

おこのみ-やき【▽御好み焼(き)】水と卵で溶いた小麦粉にイカ・牛肉・豚肉や刻みキャベツなどの野菜を好みによってまぜ、熱した鉄板の上で焼き、ソース・青海苔あおのりなどで味つけをして食べるもの。

おご-のり【▽於×胡海=苔｜海=髪】オゴノリ科の紅藻。波の静かな沿岸や潮だまりに多く、岩に着生。長さ20～30センチのひも状で、多くの枝に分かれ、紫褐色であるが、ゆでると緑色になる。寒天の原料、また刺身のつまにする。なごや。うごのり。うご。おご。(季 春)

お-こぼれ【▽御▽零れ】「零こぼれ❷」に同じ。「ーにあずかる」

おこま-さいざ【お駒才三】浄瑠璃「恋娘昔八丈こいむすめむかしはちじょう」などの男女の主人公。城木屋の娘お駒と髪結い才三郎。

おこ-め・く【▽痴めく｜×烏×滸めく】をこ〔動カ四〕愚かなようすをする。ばかげている。ふざける。「昔物語などに、ことさらにー・きて作り出でたる物の譬に」〈源・総角〉

おご-め・く【×蠢く】〔動カ四〕ぴくぴく動く。うごめく。「鼻のほどー・きて言ふは」〈徒然・七三〉(補説)仮名遣いは「おごめく」か「をごめく」か不明。

お-こも【▽御▽薦】《こもをかぶっていたところから》乞食こじき。ものもらい。

お-こもり【▽御籠もり】〔名〕スル 神仏に祈願するため一定の期間、神社・仏寺にこもること。参籠さんろう。

おこら-ご【▽御子▽良子】伊勢神宮で、神饌しんせんを調える子良こらの館たちに仕える少女。おくらご。

おこり【怒り】いかり。立腹。「他の人ならば一通りのーでは有るまじと」〈一葉・たけくらべ〉

おこり【起(こ)り】物事の始まり。もと。起源。また、原因。「宗教のー」「争いのー」(類語)発端・原因・はじめ・もと・種たね・きっかけ・因いん・因由・素因・真因・要因・一因・導因・誘因・理由・事由じゆう・訳わけ・近因・遠因・せい・起因する・因よる・基づく・発する・根差す

おこり【×瘧】《隔日また周期的に起こる意》間欠的に発熱し、悪感おかんや震えを発する病気。主にマラリアの一種、三日熱をさした。えやみ。わらわやみ。瘧ぎゃく。(季 夏)
瘧が落・ちる ある物事に夢中になっていた状態から覚める。「ー・ちたように立ち直る」

おごり【×奢り】❶ぜいたく。奢侈しゃし。「ーを極める」❷自分の金で人にごちそうすること。「これは私のーだ」(類語)贅沢ぜいたく・贅・奢侈しゃし・驕奢きょうしゃ・おごる・豪奢ごうしゃ・豪勢・華奢かしゃ・驕侈きょうし

おごり【×驕り｜▽傲り】いい気になること。思い上がり。「言葉の端々にーがみえる」

おこり-じょうご【怒り上戸】ジャウゴ 酒に酔うと怒りっぽくなる性質。また、そういう人。

おごり-たかぶ・る【×驕り高ぶる｜▽傲り高ぶる】〔動ラ五(四)〕他人をあなどり、思い上がった態度をとる。「ー・って無茶な命令を下す」

おこりっ-ぽ・い【怒りっぽい】〔形〕ちょっとしたことに腹を立てやすい性質である。「疲れてくるとー・くなる」

おこりん-ぼう【怒りん坊】バウ 少しのことでもすぐ怒る人。怒りっぽい人。気短な人。おこりんぼ。

おこ・る【怒る】〔動ラ五(四)〕《「起こる」と同語源。感情が高まるところから》❶不満・不快なことがあって、がまんできない気持ちを表す。腹を立てる。いかる。「真っ赤になってー・る」❷よくない言動を強くとがめる。しかる。「へまをしてー・られた」(可能)おこれる
(用法)おこる・いかる――「父親は息子のうそにおこって(いかって)殴りつけた」のように、日常的な怒りが行為や表情となって外に現れる場合には、ほぼ共通して使える。◆抽象的ないかりの場合は「政界汚職にいかる」のように用い、「おこる」はふつう使わない。また、「いかる」は文章語的でもある。◆類似の語「しか

る」は、相手の言動やあやまちなどを強い調子で責めること。「父親はうそをついた息子をしかった」のように用いる。
〘類語〙(❶)怒る・憤る・むくれる/(❷)叱る・叱りつける・叱咤・叱責・譴責・一喝・大喝・お目玉

おこ・る【起(こ)る】〘動ラ五(四)〙❶今までなかったものが新たに生じる。おきる。「静電気が—・る」「さざ波が—・る」❷㋐自然が働きや動きを示す。おきる。「地震が—・る」「洪水が—・る」㋑平常と異なる状態や、好ましくない事態が生じる。おきる。「事件が—・る」「戦争が—・る」❸ある感情・欲望が生じる。また、からだの働きがある状態を示す。おきる。「疑いが—・る」「仏ごころが—・る」「発作が—・る」❹大ぜいの人が出てくる。大挙する。「大衆—・って西坂本より皆おっかへす」〈平家・一〉〘類語〙(❶❸)起きる・生ずる・生まれる・兆す・発する・生起する・発生する・湧く・出来る/(❷㋑)起きる・持ち上がる・出来する・勃発する・突発する・偶発する・始まる

おこ・る【×熾る】〘動ラ五(四)〙《「起こる」と同語源》火が炭に燃え移って、火勢が強くなる。また、炭に火がつく。おきる。「火鉢の炭火が—・る」

おこ・る【興る】〘動ラ五(四)〙《「起こる」と同語源》新しいものが生じ、勢いが盛んになる。また、ひっそりしていたものが目立つ状態になる。「新分野の学問が—・る」「志気が—・る」「国が—・る」
〘類語〙ふるう・盛る・新興・勃興

おご・る【×奢る】〘動ラ五(四)〙《「驕る」と同語源》❶程度を超えたぜいたくをする。「—・った生活」「口が—・っている」❷自分の金で人にごちそうする。物などを人に振る舞う。「先輩に—・ってもらう」〘可能〙おごれる 〘類語〙贅沢・贅・奢侈・驕奢・奢り

奢る者は心常に貧し　《「譚子化書」倹化から》ぜいたくをする者は、かえって満ち足りた思いをすることがなく、さもしいものだ。

おご・る【▽驕る｜▽傲る】〘動ラ五(四)〙地位・権力・財産・才能などを誇って、思い上がった振る舞いをする。「勝利に—・る」〘類語〙威張る・付け上がる・高ぶる

驕る平家は久しからず　《平家物語の「驕れる人も久しからず」から》地位や財力を鼻にかけ、おごり高ぶる者は、その身を長く保つことができないということのたとえ。

おころり-よ〘連語〙子供を寝かしつけるときにいう語。おねんねしなさい。「ねんねんよ—」

お-こわ【▽御▽強】❶《「こわめし」をいう女房詞から》赤飯。現在では、小豆以外の豆や栗、山菜などを入れた「おこわ」がある。❷人をだますこと。特に、「つつもたせ」にいうことが多い。「それはてっきり悪者の兄めが街の—であらふ」〈浄・前太平記〉

御強に掛く　人をだます。「ごま塩のそのからき目を見よとてや—・けし女恨めし」〈滑・膝栗毛・初〉

オコンナー〘Feargus O'Connor〙[1794～1855]英国のチャーチスト運動の指導者。アイルランド出身。左派の実力行動派を指導して暴力革命を主張した。

オコンネル〘Daniel O'Connell〙[1775～1847]アイルランド解放運動の指導者。英国の支配に反対し、カトリック教徒の被選挙権獲得運動、アイルランドの分離独立運動を進めた。

おさ【▽長】多くの人の上に立ち、統率する人。頭。ちょう。「一族の—」「村—」

おさ【訳＝語｜通＝事】外国語を通訳すること。また、その人。通訳。通弁。「鞍作福利を以て—とす」〈岩崎本推古紀〉

おさ【×筬】織機の付属具。竹または金属の薄片を櫛の歯のように並べ、枠をつけたもの。縦糸を整え、横糸を打ち込むのに使う。

お-ざ【▽御座】❶「座席・座敷」の丁寧語・尊敬語。❷浄土真宗で、説教・法座をいう尊敬語。

御座が醒める　❶一座の興が薄らぐ。座が白ける。❷興味がなくなる。

お-さい【▽御菜】「菜」の丁寧語。おかず。
〘類語〙副食・おかず・総菜

おさいふ-けいたい《「おサイフケータイ」と書く》ソニーが開発した非接触型ICカード機能、FeliCaを搭載した携帯電話の総称。または同技術を用いたサービスのこと。現金を使わず、レジで専用機に携帯電話をかざすだけで支払いが可能。JR東日本のSuicaや楽天Edy、および電子マネー、ポイントカード、コンサートや映画の電子チケット、各種会員証などに利用される。〘補説〙NTTドコモの登録商標だが、他社でも同サービスと商標を使用できる。

おさ・う【押さふ｜抑ふ】〘動ハ下二〙「おさえる」の文語形。

おさえ【押(さ)え｜抑え】❶物が動かないように押さえること。また、押さえるもの。「石で—をする」「飛ばされないように紙に—を置く」❷勢いを防ぎ止めること。「感情の—がつかない」❸敵の攻撃・侵入を防ぎ味方を支えること。防備。また、その役目。「東方の—は万全だ」「—のピッチャー」❹配下にかって行動をとらせないこと。「関八州の—としての北条氏」❺軍隊または行列の最後にあってその散乱を整えること。また、その人。しんがり。「弁慶は—の役」〈浄・冷泉節〉❻念を押すこと。だめ押し。「義朝の—のことば」〈浄・鎌田兵衛〉❼酒を差されたとき、その杯を押し返して重ねて飲ませること。「—の杯」〈浄・女腹切〉❽「押さえ物」の略。「—の島台」〈浄・国性爺後日〉❾囲碁で、相手の石に近接して打ち、その進出を阻止すること。❿和船を櫓で漕ぐとき、船首を右にむけること。⇔ひかえ。

押さえが利く　部下や仲間を統率する力がある。全体を引きしめる力がある。

おさえ-ぎ【押(さ)え木】物を押さえておく木。

おさえ-こみ【押(さ)え込み｜抑え込み】柔道の固め技の一。相手をほぼあお向けに倒し、その手足や体を上から押さえつけて自由を奪う技の総称。袈裟固め・肩固め・上四方固め・横四方固め・縦四方固めなど7種がある。押さえ込み技。

おさえ-こ・む【押(さ)え込む】〘動マ五(四)〙❶相手を押さえて動けなくする。また、物事が表面に出ないようにする。「ひったくりを—・む」「社外への発表を—・む」❷柔道で、「押さえ込み」の技をかける。
〘類語〙押さえる・押さえ付ける・押し付ける・ねじ伏せる・組み伏せる・組み敷く

おさえ-じ【押(さ)え字｜抑え字】連歌や俳諧で、句中に上下呼応する言葉があるとき、その上の言葉をいう。「や・か・いつ・何・誰」など。「藤ばかま誰窮屈にめでつらん」の句で、「誰」が句末の「らん」の押さえ字となっているのがその例。抱え字。

おさえ-つ・ける【押(さ)え付ける｜抑え付ける】〘動カ下一〙図おさへつ・く〘カ下二〙❶しっかり押さえて、相手が自由に動けないようにする。「首ねっこを—・ける」❷圧力を加えて相手の動きを封ずる。「少数意見を—・ける」❸心の動揺などを強くおさえる。「怒りを—・ける」〘類語〙押さえる・押さえ込む・押し付ける・ねじ伏せる・組み伏せる・組み敷く

おさえ-どころ【押(さ)え所】❶物を押さえるのに適当な箇所。❷研究や議論にとって大切な箇所として心得ておくべきところ。要点。

おさえ-ばしら【押(さ)え柱】板などを間に挟んだ2本の柱のうち、添え柱としてつけられているほうの柱。仮板塀を立てるときに用いられる。抱き柱。

おさえ-もの【押(さ)え物】酒宴の最後に出す、花鳥・山水の作り物の台の上に肴を盛ったもの。

おさ・える【押(さ)える｜抑える】〘動ア下一〙図おさ・ふ〘ハ下二〙❶㋐物が動かないように、押しつけて力を加える。「手で着物の裾を—・える」「文鎮で紙を—・える」㋑出入り口に手などを押し当てて覆う。「傷口を—・える」「耳を—・える」❷対象の動きを封じる。㋐動いたり逃げたりしないように、しっかりつかまえる。「犬を—・える」「賊を—・える」㋑勢いを増す傾向にあるものを防ぎ止める。おしとどめる。食い止める。「敵の侵略を—・える」㋒自分の支配下に置いて、自由な動きがとれないようにする。抑圧する。「反対派を—・える」❸(抑える)ある水準以上には高まらないようにする。また、感情・欲望などが高ぶるのをとどめる。抑制する。「値段を手ごろなところで—・える」「—・えた演技」「怒りを—・える」❹自己に属するものとして確保する。また、差し押さえる。「制空権を—・える」「証拠を—・える」「財産を—・えられる」❺大切なところをしっかり理解する。把握する。「要点を—・える」❻相手から杯を差されたとき、それをとどめて相手に飲ませる。「文六殿返盃申す、と言ひければ、こは母が—・へまし、間をいたしてあげません」〈浄・堀川波鼓〉〘類語〙(❶❷)押さえ込む・押さえ付ける・押し付ける・ねじ伏せる・組み伏せる・組み敷く・妨げる・遮る・立ち塞がる・せきとめる・捕まえる/(❹)制する・掌握する・確保する・保持する・独占する・占有する・支配する・手中に収める・我が物にする
〘一句〙勘所を押さえる・首根っ子を押さえる・差しつ押さえつ・瓢箪で鯰を押さえる・目頭を押さえる

おさ-おさ〘副〙❶(あとに打消しの語を伴って)ほとんど。まったく。「用意—怠りない」❷確かに。ちゃんと。「むこになり給へと—聞こえ給へども」〈宇津保・藤原の君〉

おさおさ・し【▽長▽長し】〘形シク〙しっかりしている。おとなびている。「かしこし、—・しきやうにも聞こえむこそよからめ」〈かげろふ・上〉

おさか【忍坂】奈良県桜井市忍阪の古称。神武天皇の命により道臣命が賊を討った所といわれる。おしさか。

おさ-がに【×筬×蟹】スナガニ科のカニ。砂泥地にすむ。甲幅約5センチ、甲長約2センチと横に長く、織機の筬に似る。雄のはさみは大きく、内面に長い剛毛が生える。東京湾以南から台湾にかけて分布。

おさかべ-ぎつね【於佐賀部狐｜刑部狐】姫路城の天守閣の第5層にすんでいたといわれる、神通力を持った狐。刑部大明神の正体とされる。長壁明神。おさかべ。

おさかべ-しんのう【忍壁親王｜刑部親王】[?～705]天武天皇の第9皇子。壬申の乱のとき東国で活躍。乱の後、修史事業に参加。文武天皇のとき、大宝律令を編纂。

おさ-がめ【▽長亀】オサガメ科の海ガメ。世界最大で、甲長約2メートルに達する。甲は滑らかで、背甲に7本、腹甲に5本の縦の隆起線がある。遠洋性で、熱帯の海に広く分布。革亀。

お-さがり【▽御下(が)り】❶「下がり❹」に同じ。「兄さんの—でがまんする」❷神仏の供物を下げたもの。❸客に出した飲食物の残り。❹都会から地方へ行くことを京都でいう。❺(「御降り」とも書く)正月三が日に降る雨や雪。〘季 新年〙「まんべんに—うける小家哉/一茶」

お-ざかり【▽男盛り】おとこざかり。「梯立の倉椅川の石の橋はも—に我が渡してし石の橋はも」〈万・一二八三〉

おざ-がわり【▽御座替(わ)り】茨城県つくば市にある筑波山神社で、陰暦4月1日と11月1日に行われる祭り。4月に親神が里に下って子神が山に登り、11月はその逆になるといわれる。

お-さき【▽御先】❶他人を敬って、その人の「先」をいう語。「—に失礼します」「どうぞ—へ」❷前途。将来。⇒御先真っ暗 ❸人の手先に使われる者を軽んじていう語。「—に使われる」

おさぎ【×兎】「うさぎ」の上代東国方言。「等夜の野に—ねらはり(＝ネラッテ)をさをさも寝なへ児故に母にころはえ」〈万・三五二九〉

おざき-かずお【尾崎一雄】[1899～1983]小説家。三重の生まれ。志賀直哉に師事。ユーモラスな独自の筆致の昭和期の代表的な私小説家。「暢気眼鏡」で芥川賞を受賞。他に「虫のいろいろ」「あの日この日」など。文化勲章受章。

おさき-ぎつね【尾裂き×狐】《俗に尾が裂けているといわれるところから》御先狐の異称。

おさき-ぎつね【▽御先×狐】憑きものの一種。飼い主の命じるままに不思議なことをすると伝えられる狐。尾裂狐。

おざき-こうよう【尾崎紅葉】[1867～1903]小説家。東京の生まれ。本名、徳太郎。別号、十千

万堂とちまんどうなど。山田美妙らと硯友社を興し、「我楽多文庫がらくたぶんこ」を発刊。泉鏡花・徳田秋声など多くの門人を世に送り出した。作「三人妻」「多情多恨」「金色夜叉」など。

おざき-しろう【尾崎士郎】をざきシラウ［1898～1964］小説家。愛知の生まれ。国士的情熱と正義感にあふれた作品が多い。作「人生劇場」「天皇機関説」など。

おさき-タバコ【▽御先タバコ】訪問先で、主人側が客にもてなしとして出すタバコ。また、人からタバコをもらうこと。

お-さきぼう【▽御先棒】人の手先となること。また、その人。「君こそ―に使役つかわれるんじゃ無いか」〈藤村・破戒〉➡先棒

御先棒を担かつ・ぐ　軽々しく人の手先になって働く。

おざき-ほうさい【尾崎放哉】をざきハウサイ［1885～1926］俳人。鳥取の生まれ。本名、秀雄。波乱に富んだ生活の中で、独自の自由律の句境を確立した。句集「大空たいくう」。

おざき-ほつき【尾崎秀樹】をざき［1928～1999］文芸評論家。台湾台北市の生まれ。兄秀実ほつみの処刑されたゾルゲ事件を追った「生きているユダ」「ゾルゲ事件」で知られる。中国文学や大衆文学の研究・評論など幅広い分野で活躍。「大衆文学論」で芸術選奨、「大衆文学の歴史」で吉川英治文学賞。

おざき-ほつみ【尾崎秀実】をざき［1901～1944］評論家。東京の生まれ。中国問題に詳しく、日本の中国侵略に反対していたが、ゾルゲ事件に連座し、検挙されて刑死。著「現代支那論」、獄中書簡集「愛情はふる星のごとく」など。

おざき-まさよし【尾崎雅嘉】をざき［1755～1827］江戸後期の国学者。大坂の人。通称、春蔵。号、蘿月・華陽。和漢のほか歌もよくした。著「群書一覧」「百人一首一夕話ひとよがたり」など。

おさき-まっくら【▽御先真っ暗】〘形動〙将来の見通しが全くつかないさま。「―な施策」

おざき-ゆきお【尾崎行雄】をざきゆきを［1858～1954］政治家。神奈川の生まれ。号、咢堂がくどう。明治15年(1882)立憲改進党の創立に参加。第1回総選挙以来、連続25回当選、代議士生活63年。東京市長・文相・法相を歴任。大正2年(1913)の第一次護憲運動では先頭に立って活躍。憲政の神様と称された。

お-さく【▽御×幘】冠の巾子こじに結び下げる白の平絹ひらぎぬ。

おさく-の-かむり【▽御×幘の▽冠】天皇が神事の際に用いる冠。無文の冠で、巾子こじに纓えいをかぶせて、白の絹でくくって結び下げたもの。

お-さげ【▽御下げ】❶少女の髪の結い方の一。長い髪を編んで肩のあたりに垂らしたもの。お下げ髪。下げ髪。❷女帯の結び方の一。両端を垂れ下げたもの。下げ帯。

おさげ-がみ【▽御下げ髪】「御下げ❶」に同じ。

お-ざさ【小×笹】をササ。「―の上の玉あられ」〈謡・昭君〉

おざさ-はら【小×笹原】をざさササが生い茂っている野原。「一風待つ露の消えやらずこのひとふしを思ひおくかな」〈新古今・雑下〉

お-さし【▽御差し】❶江戸時代、大名などの子に乳を差し上げるだけの乳母。差し乳母。「―、抱き乳母、御乳おちの人」〈浄・丹波与作〉❷《「御差し合い」または「御差し支え」の略》都合の悪いこと。「―がござりまして出られません」〈洒・南門鼠帰〉❸「刺身」の丁寧語。「比目魚ひらめの―が書抜き(=スグレタモノ)さ」〈伎・小袖曽我〉

お-さじ【▽御×匙】❶「さじ」の丁寧語。❷《さじで薬を盛るところから》江戸時代、将軍または大名の侍医。御殿医ごてんい。おさじ医師。

お-ざしき【▽御座敷】❶「座敷」の尊敬語・丁寧語。❷芸者・芸人などが呼ばれる酒宴の席。「―を勤める」 類語(❶)座敷・離れ・母屋/(❷)宴席・酒席

御座敷が掛か・る　❶芸者・芸人などが、客の座敷に呼ばれる。❷会合などに招かれる。「テレビ局から―・る」

おざしき-うた【▽御座敷唄】料亭に呼ばれた芸者が、三味線、鼓、太鼓を伴奏にうたう唄。多くは民謡だが、お座敷専用につくられたものもある。

おざしき-ながうた【▽御座敷長唄】歌舞伎や舞踊の伴奏用ではなく、演奏会用に作られた長唄。文化文政期(1804～1830)に起こった。「吾妻八景あずまはっけい」「秋色種あきのいろくさ」など。

おさ-しだ【×筬羊=歯】をさシシガシラ科の常緑、多年生のシダ。日本特産で、本州以西の山地に自生。栄養葉は羽状に裂けており、形が筬に似る。胞子葉は柄が長く、羽片が少ない。

お-ざ・す【▽建す】を〘動サ四〙《「尾指す」の意》北斗七星の柄の先が十二支のいずれかの方向を指す。陰暦の1月には寅とらの方向を、2月には卯うの方向をと、順に1年の間に十二支の方向を指す。「北斗も―・す丑三つの空ものすごく」〈浄・井筒業平〉

お-さすり【▽御▽摩り】❶なでさすることを、その相手を敬っていう語。また、丁寧にいう語。❷「摩すり❷」に同じ。「女房のお政は、―からずるずるの後配のちぞい」〈二葉亭・浮雲〉

おさだ-あらた【長田新】をさだ［1887～1961］教育学者。長野の生まれ。広島文理大学長。日本教育学会を創設。ペスタロッチ研究に業績を残す。被爆した広島の子供の手記「原爆の子」を編集し、平和運動に献身。著「ペスタロッチ伝」「教育哲学」など。

おさたけ-たけき【尾佐竹猛】をさたけ［1880～1946］司法官・歴史学者。石川の生まれ。明大教授。大審院判事・検事。明治維新史・憲政史を研究し、吉野作造と明治文化研究会を作り、「明治文化全集」の編纂へんさんなど多くの業績を残した。著「維新前後に於ける立憲思想」「日本憲政史大綱」など。

おさだ-しゅうとう【長田秋濤】をさだシウタウ［1871～1915］劇作家・翻訳家。静岡の生まれ。本名は忠一。演劇改良やフランス文学の紹介に努めた。ユゴー「椿姫」の訳や、「図南録」などの著書がある。

おさだ-の-みや【訳語田宮】をさ奈良県桜井市にあったとされる敏達びだつ天皇の皇居。

お-さだまり【▽御定まり】いつも同じであることを少し皮肉っていう語。おきまり。「―の自慢話」

おさだめ-がき【御定書】江戸時代の法令。また、特に「公事方御定書くじかたおさだめがき」をさす。さだめがき。

おさだめがき-ひゃっかじょう【御定書百箇条】ヒヤクカデウ「公事方御定書くじかたおさだめがき」の下巻。訴訟・裁判・刑罰などの103条。

お-さつ【▽御札】「札さつ」の丁寧語。紙幣。

お-さつ【▽御×薩】「薩摩芋さつまいも」をいう女性語。

おざ-つき【▽御座付き】芸者が宴席に呼ばれて、最初に三味線を弾いて祝儀の歌をうたうこと。また、その歌。「―一つ弾けぬ芸妓げいしゃ」〈鏡花・歌行灯〉

お-さっし【▽御察し】「察し」を、推察する人を敬っていう語。「―のとおり」「―がつく」

お-さと【▽御里】❶「実家」をいう尊敬語・丁寧語。➡里 ❷言動の端々に表れる、生い立ちや経歴。里。「―が出る」 類語出身・出・出自・出所・生まれ

御里が知・れる　言葉遣いやしぐさによって、その人の生まれや育ちがわかる。よくない意でいう。

お-さどう【▽御茶道】オサダウ江戸城中の茶坊主のこと。

おざと-は【小里派】をざと自由民主党の派閥の一。宏池こうち会分裂時の一方で、平成14年(2002)から同17年における通称。森喜朗内閣不信任案に賛成の姿勢を見せた加藤紘一に同調したメンバーによる。会長は小里貞利。➡谷垣派

おさ-な【幼】をさ形容詞「幼し」の語幹。

おさ-ない【幼い】をさ《形容詞「おさなし」の連体形「おさなき」のイ音便から》幼い者。幼児。「―をいだいて出られまして、やい太郎冠者、この子のもりをせいと言はれまする」〈虎寛狂・縄綯〉

おさな・い【幼い】をさ〘形〙図をさな・し〘ク〙《「長おさ無し」の意》❶年齢が若い。幼少である。いとけない。「息子はまだ―・い」❷幼稚である。子供っぽい。「考え方が―・い」 派生おさなげ〘形動〙 おさなさ〘名〙
類語(❶)若い・うら若い・若若しい・若やか・若やぐ・若気・ういういしい・みずみずしい・いとけない・青臭い・溌剌はつらつ/(❷)子供っぽい・青い・乳臭い・未熟・幼稚・嘴くちばしが黄色い

おさない-かおる【小山内薫】をさないカヲル［1881～1928］劇作家・演出家・小説家。広島の生まれ。雑誌「新思潮」を創刊。2世市川左団次と自由劇場を、土方与志ひじかたよしと築地小劇場を創立、新劇の確立に尽力。戯曲「息子」、小説「大川端」など。

おさな-おい【幼生ひ】をさなおひ「幼立ち」に同じ。「故院の―に少しもたがはせ給はぬものかな」〈平家・八〉

おさな-がお【幼顔】をさながほ幼いときの顔つき。 類語童顔

おさな-ご【幼子|幼▽児】をさ幼い子。ようじ。
類語幼児ようじ・幼女・童女・乳幼児・子供・子こ・小児しょうに・児童・学童・小人しょうにん・童わらわ・童わらべ・童わらし・童子どうじ・幼童・ちびっこ・わっぱ・こわっぱ・小僧・餓鬼がき・少年

おさな-ごこち【幼心地】をさ「幼心」に同じ。「―にも、はかなき花紅葉につけても志を見え奉る」〈源・桐壺〉

おさな-ごころ【幼心】をさ幼いときの心。幼児の気持ち。子供心。童心。「―にも悲しみを覚えた」

おさな-だち【幼立ち】をさ幼いときの成長のようす。また、そのころ。おさなおい。「―から互いに隔てぬふたりが中」〈緑雨・門三味線〉

おさな-づま【幼妻】をさ年が若くて子供っぽさを残している妻。多く十代の妻についていう。

おさな-ともだち【幼友達】をさ幼いときの友達。また、幼いときから親交が続いている友達。

おさな-な【幼名】をさ幼時の名。元服する前の名。ようめい。

おさな-なじみ【幼×馴染み】をさ子供のころに親しくしていたこと。また、その人。
類語旧友・昔馴染み・旧知・故人・故旧・旧識

おさな・びる【幼びる】をさな〘動バ上一〙図をさな・ぶ〘バ上二〙幼く見える。子供っぽいようすだ。「心の―・びた胸を躍らしていた」〈近松秋江・青草〉

おさな・び・る【幼びる】をさ〘動ラ下二〙「おさなびる」(上一)に同じ。「やはらかにおびれたる物からふかうよしづきたる、をびれ―・れたるといふ心か」〈河海抄・九〉

おさな・ぶ【幼ぶ】をさな〘動バ上二〙「おさなびる」の文語形。

おさならし・い【幼らしい】をさ〘形〙いかにも幼げだ。子供っぽい。「おもしろい談はなしをといって打解けて―・くねだった」〈鏡花・高野聖〉

おざ-なり【▽御座なり】〘名・形動〙いいかげんに物事をすませること。その場だけの間に合わせ。また、そのさま。「―を言う」「―な処置をする」 類語通り一遍

おさば-ぐさ【×筬葉草】をさケシ科の多年草。高山の針葉樹林に自生し、日本特産。葉は羽状複葉でくしの歯状をし、根元から放射状に出る。夏、約20センチの花茎を伸ばし、上部に白色の4弁花をつける。

おさ-びゃくしょう【▽長百姓】をさビヤクシヤウ「乙名百姓おとなびゃくしょう」に同じ。

おさふね【長船】をさふね岡山県南東部にあった町。中世は名刀の産地で知られ、備前の政治・経済の中心地であった。平成16年(2004)11月に牛窓町、邑久おく町と合併して瀬戸内市となった。➡瀬戸内㊂

おさふね-ながみつ【長船長光】をさふね鎌倉時代の刀工。備前の人。長船派の祖、光忠の子といわれるが、同名が数代続いている。足利将軍の宝刀「大般若長光」の作者とされる。生没年未詳。

おさふね-もの【▽長船物】をさふね備前国長船の刀工が作った刀剣。長船派は鎌倉中期の光忠を祖として多くの名工が輩出し、備前鍛冶かじ中最大の流派となった。➡備前物

おさべ-ひでお【長部日出雄】をさべひでを［1934～ ］小説家。青森の生まれ。郷里である津軽に取材した小説を多く執筆。「津軽世去れ節」「津軽じょんから節」で直木賞受賞。他に「鬼が来た」「見知らぬ戦場」「風雪平野」など。映画通としても知られる。

お-さほう【▽御作法】オサハフ「作法❶」の丁寧語。

おさまり【収まり|納まり】をさまり❶(「治まり」とも書く)物事のきまりがつくこと。始末。決着。「もめごとの―をつける」❷金銭の納入の状態。「会費の―がいい」❸物の入りぐあい。また、落ち着きぐあい。安定。「雨戸の―が悪い」「この花瓶は―がよくない」

おさまり-かえ・る【納まり返る】をさまりかへる〘動ラ五(四)〙

その地位・境遇などに、すっかり満足したようすで腰を据える。「社長の奥様に—・っている」

おさま・る【収まる｜納まる】をさまる〔動ラ五(四)〕《「治まる」と同語源》❶一定の範囲の中にきちんと入る。「押し入れに—・る」「予算の範囲に—・る」❷その場所に落ち着く。㋐受け入れられた状態になる。「食べた物が胃に—・る」「元の鞘(さや)に—・る」㋑当然と思われる所に身を置いて落ち着く。「猫がいすの上に—・っている」㋒その地位・境遇などに、満足したようすで落ち着く。「社長のいすに—・る」❸落ち着いて、穏やかな状態になる。争いや動揺がしずまる。治まる。「インフレが—・る」「ごたごたが丸く—・る」❹金品が受け取るべき所に入る。納入される。「会費が—・っていない」「国庫に—・る」❺承服する。納得する。「とことん話してやっと—・る」❻現れていたものがなくなる。消える。薄らぐ。「汗が—・る」
類語 落ち着く・静まる・済む・含む

おさま・る【治まる】をさまる〔動ラ五(四)〕❶「収まる❸」に同じ。「内乱が—・る」「騒ぎが—・る」「風が—・る」「このままでは気持ちが—・らない」❷政治の秩序が行き渡る。「国が—・る」❸痛みや、症状などがしずまる。「腹痛が—・る」「せきが—・る」
類語 落ち着く・治める・統べる

治まりて乱るるを忘れ◦ず 《「易経」繋辞下から》安定している世の中もいつかは乱れるのだから、政治を行う者は、そのことを忘れてはいけない。

おさま・る【修まる】をさまる〔動ラ五(四)〕《「治まる」と同語源》行いがよくなる。まともな状態になる。「素行が—・る」

おさ・む【収む｜納む】をさむ〔動マ下二〕「おさ(収)める」の文語形。

おさ・む【治む】をさむ〔動マ下二〕「おさ(治)める」の文語形。

おさ・む【修む】をさむ〔動マ下二〕「おさ(修)める」の文語形。

お-さむ・い【▽御寒い】〔形〕❶「寒い」の丁寧語。❷数量や内容が乏しくて心細い。「懐が—・い」「防災対策といえば—・いかぎりだ」

おさ-むし【歩=行=虫｜×筬虫】をさ 甲虫目オサムシ科オサムシ亜科の昆虫の総称。鞘翅(しょうし)(前翅)は先がとがる。後翅は退化し、飛べないが、敏速に歩行する。あごが強く、ミミズ・カタツムリなどを食べる。アオオサムシ・マイマイカブリ・セダカオサムシなど。

おさむる-つかさ【治=部=省】をさむる「じぶしょう(治部省)」に同じ。〈和名抄〉

おさめ【収め｜納め】をさめ ❶納めること。納入。❷物事をそれで終えること。しまい。最後。「—の会」「舞い—」

おさ-め【▽長女｜専=領】をさ 平安時代、雑用などにあたった下級の女官。一説に、その女官頭とも、下級の老女のことともいう。

おさめ-がお【納め顔】をさめがほ 平然と落ち着き払った顔つき。とりすました顔つき。「お中がくはへきせるで—」〈浮・仲人気質〉

おさめ-ざらい【納め×浚い】をさめざらひ 唄・踊りなどの芸事で、その年最後のおさらい。また、その会。

おさめ-そうば【納め相場】をさめさうば 年末最終の相場。

おさめつくる-つかさ【修=理=職】をさめつくる「しゅりしき(修理職)」に同じ。〈和名抄〉

おさめ-てぬぐい【納め手拭い】をさめてぬぐひ 神社や寺に奉納した手拭い。願主の名前や紋などを入れて御手洗(みたらし)のところなどにつるしておく。

おさめ-どの【納め殿】をさめ 宮中や貴族の邸宅で、貴重品・衣服・調度などを納めておく所。

おさめ-ふだ【納め札】をさめ ❶年末にその年に受けたお札を社寺に納めること。(季 冬)❷➡のうさつ(納札)❸江戸幕府の金蔵に納めた金、または米蔵に納めた米に対して、金奉行・蔵奉行が発行した受領書。

おさめ-もの【納め物】をさめ ❶上納する物品。年貢など。❷社寺に奉納する物。

おさめ-やど【納め宿】をさめ 江戸時代、江戸・大坂へ回漕されてきた年貢米の御蔵納入や払い米の仲介を請け負った業者。株仲間を組織して冥加金を幕府に納め、手数料を支給された。元来は、年貢米を回漕してきた百姓が、水揚げから御蔵納入までの間、滞在した指定の旅宿。大坂では蔵宿とも呼んだ。

おさ・める【収める｜納める】をさめる〔動マ下一〕図をさ・む〔マ下二〕《「治める」と同語源》❶一定の範囲の中にきちんと入れる。収納する。きまった所にしまう。「製品を倉庫に—・める」「刀を鞘(さや)に—・める」「カメラに—・める」「胸に—・めておく」❷金や物などを受け取って自分のものとする。手に入れる。受納する。獲得する。「薄志ですが、—・めてください」「勝利を—・める」「手中に—・める」❸渡すべき金や物を受け取る側に渡す。納入する。「授業料を—・める」「注文の品を—・める」「お宮にお札を—・める」❹乱れているものを、落ち着いて穏やかな状態にする。争いや動揺をしずめる。治める。「紛争を—・める」「怒りを—・める」❺物事をそれで終わりにする。「今日で今年の仕事を—・める」「歌い—・める」❻死骸を葬る。「骸(から)は、けうとき山の中に—・めて」〈徒然・三〇〉類語 (❶)入れる・仕舞う・仕舞い込む・蔵(ぞう)する・収蔵する・収納する・格納する・含む・包含する・収録する・収載する/(❷)得る・取る・貰う・押し頂く・受ける・受け取る・収受する・受納する・受領する・受給する・受贈する・譲り受ける・貰い受ける・授かる・頂く・賜(たま)わる・頂戴(ちょうだい)する・拝領する・拝受する・申し受ける/(❸)納入する・納付する・上納する・納金する・入金する・払い込む・予納する・前納する・全納する・分納する

おさ・める【治める】をさめる〔動マ下一〕図をさ・む〔マ下二〕❶「収める❹」に同じ。「暴動を—・める」「丸く—・める」❷世の中や家の中を秩序ある状態にする。統治する。「国を—・める」「家を—・める」❸病気などを治す。「その病を—・むる方(みち)を定む」〈吉田本神代紀・上〉類語 統べる・治まる

おさ・める【修める】をさめる〔動マ下一〕図をさ・む〔マ下二〕《「治める」と同語源》❶行いや人格を正しくする。心や行動が乱れないように整える。「身を—・める」❷学問・技芸などを、学んで身につける。「フランス語を—・める」❸壊れた所を補い直す。繕って整える。「—・め塗りし所の土いまだ乾かず」〈折たく柴の記・上〉
類語 習う・学ぶ・教わる・修する

お-さらい【▽御復=習い｜▽御×浚い】おさらひ〔名〕スル ❶教わったことを繰り返し確かめたり練習したりすること。復習。「英語を—する」❷芸事の師匠が弟子を集めて、日ごろ教えたことを演じさせること。また、その会。温習(おんしゅう)。「琴の—の会」類語 練習・温習

おさらぎ-じろう【大仏次郎】ヂラウ［1897～1973］小説家。横浜の生まれ。本名、野尻清彦。「鞍馬天狗」で大衆作家として認められる。著「赤穂浪士」「帰郷」「パリ燃ゆ」「天皇の世紀」など。文化勲章受章。

おさらぎじろう-しょう【大仏次郎賞】おさらぎヂラウシャウ 大仏次郎を記念して昭和48年(1973)に創設された文学賞。年に1回、優れた散文作品に対して贈られる。

お-さらば ㊀〔名〕スル 別れること。縁を切ること。「この世に—する」㊁〔感〕《「さらば」を丁寧にいう語》別れるときのあいさつの語。さようなら。類語 離れる・離反する・離背する・絶縁する・決別する・袂(たもと)を分かつ

おさ-らんま【×筬欄間】をさ 欄間の一。縦の桟を細かく多く入れ、横の桟を中央に三筋、上下に各一筋ほど入れたもの。

おさりざわ【尾去沢】をさりざは 秋田県北東部、鹿角(かづの)市中西部の地名。銅鉱山の産業遺跡がある。

おさりざわ-こうざん【尾去沢鉱山】をさりざはクワウザン 秋田県鹿角(かづの)市尾去沢にあった鉱山。江戸時代には南部藩が直営で採掘し、銅・亜鉛・硫化鉄・鉛などを産出した。昭和53年(1978)閉山。

おざ・る〔動ラ四〕《「ござる」の音変化という》❶「来る」「行く」の尊敬語。「丁字屋(ちゃうじや)へばっかし—・るから」〈滑・膝栗毛・二〉❷「ある」の丁寧語。「ちとおねがひが—・ります」〈滑・膝栗毛・四〉❸(補助動詞)「ある」の丁寧語。…でございます。「ありがたう—・りいす」〈洒・契情実之巻〉

おさる-まち【▽御▽申待】「庚申待(こうしんまち)」に同じ。

おされ◦ぬ【押されぬ】〔連語〕❶他人にあれこれ言われない。堂々としている。りっぱである。「座敷へ出ても—◦ぬ一本」〈鏡花・湯島詣〉❷否定できない事実である。動かしようがない。「殊に今日は土用の入り、それでか跡がきつうどよむ。暦の事は—◦ぬ」〈浄・大経師〉

おざわ-えいたろう【小沢栄太郎】をざはエイタラウ［1909～1988］俳優・演出家。東京の生まれ。プロレタリア演劇運動を経て、千田是也・東野英治郎らと俳優座を創立。映画・テレビでも活躍。代表作に「雨月物語」など。

おざわ-せいじ【小沢征爾】をざは［1935～ ］指揮者。満州の生まれ。斎藤秀雄から指揮を学ぶ。短大卒業後に単身渡仏し、昭和34年(1959)のブザンソン国際青年指揮者コンクールで優勝。その後、ミュンシュやカラヤンに師事した。また、バーンスタインに認められ、ニューヨーク・フィルハーモニー交響楽団の副指揮者に就任。のち、ボストン交響楽団、ウィーン国立歌劇場の音楽監督などを歴任した。平成13年(2001)文化功労者。同20年文化勲章受章。

おざわ-の-ふとうしき【小沢の不等式】をざは 平成15年(2003)に日本の数学者小沢正直が提唱した不確定性原理を修正する式。1927年にハイゼンベルクが提唱した不確定性原理の式は、A_qを測定による粒子の位置の誤差、B_pを位置の測定に伴う粒子の運動量の乱れとするとプランク定数を使い、$A_qB_p \geq h/4\pi$と表される。小沢はここに測定前の位置と運動量の量子ゆらぎC_qとC_pを導入し、$A_qB_p + C_qB_p + C_pA_q \geq h/4\pi$という式を提唱。測定値の誤差と測定による乱れを量子ゆらぎから区別したもので、これを小沢の不等式という。平成24年(2012)、長谷川祐司らが不確定性関係にある中性子のスピンの二つの成分を測定し、一方の測定誤差を零に近づけた際、もう一方の乱れは無限大に発散せず、ある有限の値に留まり、なおかつハイゼンベルクの式で表される左辺の誤差と乱れの積A_qB_pが右辺の$h/4\pi$より小さくなることが示された。このことにより小沢の不等式が実験的に正しいことが明らかになった。

おざわ-ろあん【小沢蘆庵】をざは［1723～1801］江戸中期の歌人。名は玄仲(げんちゅう)。尾張国犬山藩士。「ただごと歌」を主張、和歌は自然な感情を平淡に歌うべきものとした。著に、家集「六帖詠草」、歌論「蘆かび」など。

お-さん【▽御三｜▽御×爨】❶台所で働く下女の通称。おさんどん。「台所にては—が器物洗う音ばかりして」〈露伴・五重塔〉❷台所仕事。おさんどん。「—もする、お針もする」〈蘆花・思出の記〉補説 貴族の屋敷の奥向き「御三の間」の略から、また、かまどをいう「御爨」に掛けたしゃれから、などの説がある。

お-さん【▽御産】子を産むこと。出産。類語 出産・分娩・安産・難産・初産(ういざん)・初産(しょざん)・初産(はつざん)・生む・生み落とす・生(な)す・産する・身二つになる・腹を痛める

お-さんじ【▽御三時】午後3時ごろに食べる間食。おやつ。

おさん-どん【▽御三どん】《「どん」は接尾語》「御三(おさん)」に同じ。

おざん◦ない〔連語〕《動詞「おざる」の未然形「おざら」に打消しの助動詞「ない」のついた「おざらない」の音変化》❶「ない」の丁寧語。ありません。ございません。「離れべい様子も—◦ないから」〈滑・膝栗毛・二〉❷(「…じゃあおざんない」の形で)丁寧に否定する意を表す。…ではありません。…ではございません。「馬士(まご)ぢゃあ—◦ない」〈滑・膝栗毛・二〉

オザンファン〖Amédée Ozenfant〗［1886～1966］フランスの画家・美術理論家。1918年、ル=コルビュジエとの共著「キュビスム以後」でピュリスム(純粋主義)を提唱し、その代表的な存在となった。

おさん-もへえ【おさん茂兵衛】モヘヱ 京都烏丸(からすま)の大経師の妻おさんと手代茂兵衛。天和3年(1683)姦通の罪で磔刑(たっけい)となった。井原西鶴「好色五人女」、近松門左衛門「大経師昔暦」などに作品化される。

おし【押し｜▽圧し】㊀〔名〕❶力を加えること。㋐上から重みをかけること。また、そのもの。おもし。「漬物に

—をする」「ズボンの寝—」④相撲で、四つ身にならず手のひらを相手に当てて前へ進むこと。❷無理にでも自分の意志を通そうとすること。また、その力。「—の強い人」❸わなの一。知らずに踏むとおもしが人や動物を打ち、圧死させる仕掛け。「殿を作り、その内に—を張りて」〈記・中〉㊁〔接頭〕(押し)動詞に付く。❶強力に、強引に、無理に、などの意を表す。「—つける」「—通す」❷下に付く動詞の表す意味を強める。「—詰まる」「—黙る」

押しが利(き)・く　他人を従わせる威力がある。

押しが強・い　自分の意思どおりに強引に事を運ぼうとする。転じて、あつかましい。「—・いところが頼もしい」

押しの一手(いって)　ひたすら目的を遂げようとする強引なやり方。「—でいく」

おし【×唖】《「おうし」の音変化》口がきけないこと。➡聾唖(ろうあ) ➡聴唖(ちょうあ)

お-し【▽御師】《「御祈り師」の意》❶特定の社寺に属し、信者のために祈祷(きとう)を行い、参詣のために宿泊・案内などの世話をする下級の神職。伊勢神宮のものが有名。おんし。❷祈祷を専門にする神職や僧。「この—は、まだ深からねばにや、西の間に遠かりけるを」〈源・玉鬘〉

おし【鴛=鴦】をし　オシドリの古名。(季 冬)

鴛鴦の衾(ふすま)　夫婦仲がむつまじいようにと、オシドリの模様をつけた夜具。また、男女の共寝のたとえ。鴛鴦(えんおう)の衾(ふすま)。

おし〔感〕高貴な人が通るときや天皇に膳を供するとき、先払いが発する警告の言葉。警蹕(けいひつ)の声。「警蹕など—といふ声聞こゆるも」〈枕・二三〉

お-じ【小▽父】をぢ　よその年配の男性を呼ぶ語。「おじさん」「おじさま」などの形で用いる。⇔小母(おば)。

お-じ【老=翁】をぢ《「小父(をぢ)」と同語源》年老いた男。おきな。「あしひきの山田守(も)る—置く蚊火の下焦がれのみ我(あ)が恋ひ居(を)らく」〈万・二六四九〉

お-じ【伯-父｜叔-父】をぢ《「小父(をぢ)」と同語源》父母の兄や弟。また、父母の姉妹の夫。父母の兄には「伯父」、弟には「叔父」の字を用いる。⇔伯母(おば)・叔母(おば)。

お-じ【祖=父】ぢ《「おおじ」の音変化》父母の父。そふ。〈色葉字類抄〉⇔祖母(おば)。(類語)おじいさん

おし-あい【押(し)合い】あひ　❶互いに押すこと。❷相場に変動がないこと。❸言い合い。「値の—して」〈滑・浮世風呂・四〉

おしあい-へしあい【押(し)合い▽圧し合い】おしあひへしあひ〔名〕スル　大ぜいの人が集まってごった返すこと。「売場は—している」

おしあい-まつり【押(し)合い祭(り)】おしあひ　氏子や参詣人が、互いに押し合いをする祭礼。新潟県の弥彦神社、大阪市の四天王寺などのものが有名。

おし-あ・う【押(し)合う】あふ〔動ワ五(ハ四)〕互いに押す。「—・って改札口を出る」

おし-あげ【押(し)上げ】❶押し上げること。上方に押して移動させること。❷取引市場で、相場が上昇すること。また、収益や所得、需要、成長率などが上がること。「中国需要の拡大が原油相場の—につながっている」➡下押し

おしあげ-ポンプ【押(し)上げポンプ】円筒形の内部をピストンが往復することにより、液体を押し上げる方式のポンプ。

おし-あ・ける【押(し)開ける】〔動カ下一〕図おしあ・く〔カ下二〕押して開ける。また、戸・窓などを、勢いよく開ける。「戸を—・けて乱入する」

おし-あ・げる【押(し)上げる】〔動ガ下一〕図おしあ・ぐ〔ガ下二〕❶下から押して上へあげる。「船を砂浜へ—・げる」❷勢いがついて、物事の水準や度合いを高める。「思惑買いが株価を一気に—・げた」❸引き立てて、資格や身分を高くする。高い地位につかせる。「会長に—・げる」

おし-あて【推し当て】当て推量。「—にのたまへば」〈源・若紫〉

おし-あ・てる【押(し)当てる】〔動タ下一〕図おしあ・つ〔タ下二〕❶押しつけて、当てる。押しつける。「刀を首筋に—・てる」❷矢を射るとき、目標にねらいをつける。「おもてに進みたる伊藤六がまん中に—・てて放ちたり」〈保元・中〉

おし-あ・てる【推(し)当てる】〔動タ下一〕図おしあ・つ〔タ下二〕推量して、当てる。推し量る。「声を聞いてだれかを—・てる」

おし-あゆ【押し×鮎】塩押しにした鮎。昔、新年の祝いに用いた。(季 新年)「—はなくてもあらん氷頭鱠(ひずなます)/暁台」

おし-ある・く【押(し)歩く】〔動カ五(四)〕周囲を圧倒するように、勢いよく歩きまわる。のし歩く。「その界隈の不良少女団長として、神明や金刀比羅の縁日などを—・いて」〈秋声・仮装人物〉

オシアン〖Ossian〗3世紀ごろのアイルランドの伝説的詩人。その作とされるものが英国の詩人マクファーソン[1736〜1796]により翻訳され、ヨーロッパ文壇に大きな反響を呼んだ。

おし・い【惜しい】をしい〔形〕図を・し〔シク〕❶大切なものを失いたくない。むだにすることが忍びない。もったいない。「—・い人物を失った」「時間が—・い」「名残が—・い」❷もう少しのところで実現されずに終わって心残りである。残念だ。「—・くも受賞を逃す」「最後の一筆の足りないのが—・い」「—・い試合を失う」❸いとしい。かわいい。「汝、命と婦といづれかはなはだ—・しき」〈欽明紀〉(補説)❸は「愛し」を当てることが多い。(派生)おしがる〔動ラ五〕おしげ〔形動〕おしさ〔名〕(類語)もったいない・あたら・残念

お-じい【▽御×爺】ぢい《「おじいさん」の略》祖父または老年の男性を親しんでいう語。

オシイエク〖Osijek〗《「オシエク」とも》クロアチア北東部の都市。スラボニア地方の中心都市で、ドラバ川沿いに位置する。古代ローマの要塞都市ムルシアに起源し、16世紀から17世紀にかけてオスマン帝国の支配下に入る。旧市街のトゥブルジャ地区には、18世紀から19世紀にかけて、ハプスブルク帝国時代に建てられたバロック様式の建造物が数多く残る。

おじい-さま【▽御祖=父様】ぢい　祖父を敬っていう語。⇔御祖母様(おばあさま)。

おじい-さま【▽御×爺様】ぢい　老年の男性を敬っていう語。⇔御婆様(おばあさま)。

おじい-さん【▽御祖=父さん】ぢい　祖父を親しみ敬っていう語。⇔御祖母(おばあ)さん。(類語)祖父

おじい-さん【▽御×爺さん】ぢい　老年の男性を親しみ、また敬っていう語。⇔御婆(おばあ)さん。

(類語)じいさん・じじい・老夫・老爺(ろうや)・翁(おう)・翁(おきな)・老翁

おし-い・ず【押し▽出づ】づ〔動ダ下二〕❶押して外へ出す。押し出す。「心安くも対面し給はぬを、これかれ—・でたり」〈源・東屋〉❷出衣(いだしぎぬ)をする。押し出(い)だす。「あまた小半蔀(こはじとみ)の御簾(みす)よりも—・でたるほど」〈枕・二三〉

おし-いた【押(し)板】❶物の押しにする板。また、押すときに用いる板。❷中世の座敷飾りで、壁下に作り付けた奥行きの浅い厚板。現在の床の間の前身。❸書物・硯(すずり)などを置く台にする、作り付けでない板。

おし-いだし【押し▽出だし】「押し出だし衣(ぎぬ)」の略。

おしいだし-ぎぬ【押し▽出だし▽衣】「出衣(いだしぎぬ)」に同じ。

おし-いだ・す【押し▽出だす】〔動サ四〕❶押して外のほうへ出す。「(櫛(くし)ノ箱ノ蓋(ふた)ニ)髪の、筋、裾つきいみじう美しきを縮(わが)げ入れて—・す」〈堤・このついで〉❷出衣(いだしぎぬ)をする。押し出す。「衣(きぬ)のすそ、裳(も)などは御簾(みす)の外(と)にみな—・されたれば」〈枕・一〇四〉❸「出す」を強めていう語。「(銭五百文ヲ)ただ一度に—・して」〈著聞集・一二〉

おし-いただ・く【押(し)頂く｜押し▽戴く】〔動カ五(四)〕❶物を恭しく顔の前面の上方にささげ持つ。「賞状を—・く」❷その人を敬って組織の長として迎える。「総裁に—・く」

おしい-まもる【押井守】おしゐ[1951〜]アニメーション作家・映画監督。東京の生まれ。テレビアニメ「一発貫太くん」でアニメ演出家としてのスタートを切る。「うる星やつら オンリー・ユー」でアニメ映画の監督デビュー。「GHOST IN THE SHELL/攻殻機動隊」で国内外から高い評価を得る。他に「機動警察パトレイバー」「イノセンス」など。

おし-いり【押し入り】強盗。押し込み。「かや原といふ里に—ありて」〈浮・一代男・四〉

おし-い・る【押(し)入る】㊀〔動ラ五(四)〕人の家などに、無理に入り込む。「白昼、強盗が—・った」㊁〔動ラ下二〕「おしいれる」の文語形。

(類語)踏み込む・乗り込む・立ち入る

おし-いれ【押(し)入れ】家屋内の、ふすまなどで仕切り、寝具・道具などを入れておく所。押し込み。

おし-い・れる【押(し)入れる】〔動ラ下一〕図おしい・る〔ラ下二〕力を加えて入れる。無理に入れる。押し込める。「引き出しにタオルを—・れる」

おし・う【教ふ】をしふ〔動ハ下二〕「おしえる」の文語形。

オシウ-グレゴリウ-しゅうどういん【オシウグレゴリウ修道院】シウダウヰン《Moni Osiou Grigoriou》ギリシャ北部、ハルキディキ半島にある東方正教会の聖地アトス山の修道院。半島南西岸、アギオンオロス湾に臨む。ミラのニコラオスを祭る。14世紀に創設。

おし-うつ・る【推(し)移る】〔動ラ五(四)〕年月・時勢などが変化していく。「時代が—・る」

おし-うり【押(し)売(り)】〔名〕スル❶買う意志のない者にむりやりに売りつけること。また、その人。⇔押し買(が)い。❷相手の気持ちを考えずに、無理に押しつけること。無理強い。「親切の—はご免だ」

(類語)発売・販売・売る・ひさぐ・売り払う・売り捌(さば)く・売り付ける・売り込む・売り急ぐ・売り切れる・売り渡す・売れる・払い下げる・卸す

おし-え【押(し)絵】ゑ　厚紙を花鳥・人物などの形に切り抜き、綿をのせて美しい布で包み、物に張り合わせた細工。羽子板・壁掛けなどに用いる。

おしえ【教え】をしへ❶教えること。教育。「—を受ける」❷教える事柄・内容。教訓。戒め。「父母の—に従う」❸宗教の教えるところ。教義。「キリストの—」

(類語)示し・諭し・指導

オシエク〖Osijek〗▶オシイエク

おしえ-ご【教え子】をしへ　教師・師として、自分が教えたことのある相手。また、現在教えている生徒。弟子。(類語)弟子・門弟・門人・門下・門下生・高弟・愛弟子(まなでし)・生徒・学生・学徒・学童・在校生・塾生・門生・スチューデント・児童・園児

おしえ-こ・む【教え込む】をしへ〔動マ五(四)〕十分に教える。「イヌに芸を—・む」

おしえ-さと・す【教え諭す】をしへ〔動サ五(四)〕物事の道理を相手がよく理解できるように、話して聞かせる。「こんこんと—・す」

オシエツキー〖Carl von Ossietzky〗[1889〜1938]ドイツの平和運動家。第一次大戦後から反戦平和運動を指導し、ナチスにより投獄され、獄死。1935年、ノーベル平和賞受賞。

おしえ-の-にわ【教えの庭】をしへのには　教育する所。学校。学園。学びの庭。(類語)学校・学園・学院・学窓(がくそう)・学舎・学び舎(や)・学堂・塾・学府・スクール・貴校・御校

おし・える【教える】をし〔動ア下一〕図をし・ふ〔ハ下二〕❶知識・学問・技能などを相手に身につけさせるよう導く。教育する。教授する。「英語を—・える」「イヌに芸を—・える」「学校では三年生を—・えている」❷知っていることを相手に告げ知らせる。「道を—・える」「花の名所を—・える」❸ものの道理や真実を相手に悟らせて導く。戒める。教訓を与える。「父の生き方に—・えられた」「今回の事件が我々に—・えるところは多い」(補説)室町時代以降はヤ行にも活用した。➡教ゆ (類語)(❶)教授する・伝授する・講義する・講ずる・指南する・指導する・教育する・仕込む・叩(たた)き込む・手ほどきする・コーチする・育てる・導く・仕付ける・訓育・薫育・教化・教学・教習・文教・育英/(❷)知らせる・示す・教示する・示教する・指教する・助言する・入れ知恵する/(❸)啓発する・啓蒙(けいもう)する・蒙(もう)を啓(ひら)く

教うるにも術(じゅつ)多し　《「孟子」告子下から》人を教える方法にもいろいろある。教えないというのも、一つ

の教え方である。

教うるは学ぶの半ば　《「書経」説命下から》人に学問を教えることは、自分の勉強ともなる。

おしお【小塩】謡曲。四番目物。金春禅竹作。下京の男が大原野へ桜狩りに行くと、在原業平の霊が現れ、舞をまう。

お-しおき【▽御仕置き】〔名〕スル ❶「仕置き❶」に同じ。「子供を―する」❷「仕置き❷」に同じ。

おしおきれいるいしゅう【御仕置例類集】徳川幕府評定所の評議を、明和8年(1771)以後5回にわたって集めた刑事判例集。

おし-おくり【押し送り】「押し送り船」の略。

おしおくり-ぶね【押し送り船】帆をあまり使わず、数人で櫓をこいで進める船。特に、とれた魚類を魚市場に運んでいた早船。

おし-おけ【押し×桶】❶えな桶。❷漬物桶。

おじ-おじ【▽怖じ▽怖じ】〔副〕スル　恐れるさま。おずおず。おどおど。「いいわけもあとやさき、―して」〈魯文・西洋道中膝栗毛〉

オシオス-ルカス-しゅうどういん【オシオスルカス修道院】《Hosios Loukas》アテネの北西約100キロメートルにある修道院。東ローマ帝国最盛期の11世紀を代表する建造物。10世紀に没した修道士ルカスに献じられた。1990年に「ダフニ修道院群、オシオスルカス修道院群及びヒオス島のネアモニ修道院群」として世界遺産(文化遺産)に登録された。

おじ-おそ・れる【▽怖じ恐れる】〔動ラ下一〕文おぢおそ・る〔ラ下二〕ひどく恐れる。おびえ恐れる。「お島の権幕に―・れたように悄々出ていった」〈秋声・あらくれ〉

おしお-やま【小塩山】京都市西京区大原野にある山。岩塩を産したと伝えられる。大原山。〔歌枕〕「暮れてゆく秋の名残を一鹿も今宵や鳴きあかすらん」〈続千載・雑上〉

おし-およぼ・す【推(し)及ぼす】〔動サ五(四)〕さらに範囲を広げて考えて、行き渡らせる。「家に止るべからずして、必ず邦国天下に―・すべきことを」〈中村訳・西国立志編〉

おし-おろ・す【押(し)下ろす】〔動サ五(四)〕❶「下ろす」を強めていう語。力を入れて、また、勢いよくおろす。「縹色絹を膝から―・して」〈紅葉・二人女房〉❷地位などを、むりやりにさげる。「御心ならず―・されさせ給ひけんあはれさ」〈平家・四〉

お-じか【×牡鹿┆雄鹿】《「おしか」とも》雄のシカ。〔季 秋〕⇔牝鹿。

おし-がい【押(し)買(い)】〔名〕スル　売る意志のない者から、むりやりに財物などを買い取ること。また、その人。⇔押し売り❶。

おし-かえし【押し返し】〔副〕逆に。反対に。あべこべに。「藤宰相の童は、赤色を着せて、下仕への唐衣に青色を―着たる、ねたげなり」〈紫式部日記〉

おし-かえ・す【押(し)返す】〔動サ五(四)〕❶押してくるものを、逆にこちらからも押す。押し戻す。「寄せ来る人波を―・す」❷先方が差し出したものなどを、拒んでもとへ返す。「礼物を―・す」❸引き返す。「御車―・させて」〈源・花散里〉❹相手の言葉を受けて返す。「―・しいさめたてまつる」〈源・末摘花〉❺反対にする。裏返す。「鏡の敷きを―・して書き給ふ」〈落窪・三〉❻繰り返す。「―・し―・し三返うたひすましたりければ」〈平家・一〉

おし-かか・る【押し掛かる】〔動ラ四〕❶物に寄りかかる。おっかかる。「高欄に―・りて」〈源・幻〉❷無理に物事をする。〈日葡〉❸攻め寄せる。「実休旗本に―・り」〈常山紀談・三〉

おし-がく【押(し)角】木材で、4寸(約12センチ)角より小さい角材。押し。へしがく。

おし-かく・す【押(し)隠す】〔動サ五(四)〕けどられたり見られたりしないように、ひたすらつつみ隠す。「悲しみを―・す」〔類語〕隠す・遮る・包み隠す

おし-かけ【押(し)掛け】❶押しかけていくこと。また、その人。「―の客」❷馬の頭にかける面繋、胸にかける胸繋、尻にかける尻繋の総称。三繋。

おしかけ-にょうぼう【押(し)掛け女房】男の家に押しかけていくようにして妻となった女。

おし-か・ける【押(し)掛ける】〔動カ下一〕文おしか・く〔カ下二〕❶招かれないのに、かってに出向いていく。「祝い客が―・ける」❷勢いこんで出向いていく。また、大ぜいが一つところに出向く。押し寄せる。「―・けていって談判する」「特売場に客が―・ける」❸襲いかかる。「それに乗りて―・けたらんは、誰か手向かへはすべき」〈今昔・二五・五〉

おし-がた【押(し)型┆押(し)形】❶器物などの表面に型で押しつけた模様。❷(押し型)材料に押し当てて器物を成形する器具。❸版木の上に紙を当て、上から蝋墨でこすって、版木に彫刻された絵模様を写すこと。また、その絵模様。❹刀剣の上に和紙を押し当てて、墨で形や茎の名を刷りとり、刃文などを描き込んだもの。

おじ-がたき【伯-父敵】歌舞伎の役柄の一。お家騒動などの狂言に登場する悪い伯父の役。伯父悪。

おしがた-づけ【押(し)型付け】版木を織物に押しつけて、いろいろの文様を写し表すこと。

おしがたもん-どき【押(し)型文土器】縄文早期の土器の一。丸棒に山形・紡錘形などの文様を刻み、生乾きの土器面に押しつけながら回転させて文様をつけたもの。

おしか-はんとう【牡鹿半島】宮城県東部、太平洋に突き出る半島。リアス式海岸で、漁港が多く、先端にある属島の金華山の沖は好漁場。

おしかぶせ-こうぞう【押し▽被せ構造】著しい横倒しとなる横臥褶曲や、断層面が水平に近い衝上断層によって、遠くから運ばれてきた岩体が重なっている地質構造。アルプス山脈などにみられる。デッケン構造。

おしかぶせ-だんそう【押し▽被せ断層】断層面の傾斜が著しく緩い衝上断層。ふつう10度以下をいい、水平方向の移動量が大きく、上盤が関係のなかった地層の上へのし上がる。

おし-がみ【押(し)紙】❶注意事項や疑問事項などを記して、文書にはりつけた紙片。おうし。❷吸い取り紙のこと。❸張り紙。おうし。「毎日一貼り札して、狂歌狂句の悪口に」〈浄・艶狩剣本地〉❹新聞社が新聞販売店に、配達を委託している部数を超えて売り渡す新聞。また、そのように売り渡す行為。紙面の広告料を高く設定するために、販売部数を実態より多く見せかける目的で行うが、全ての新聞社がこの行為の存在を否定している。多くは配達されることなく廃棄されるといわれる。

おし-かも【鴛=鴦×鴨】オシドリの別名。

おし-がら【押し柄】《「おしから」とも》押しの強い性質。「肝太くして、―になんありける」〈今昔・二八・二三〉〔補説〕のち、「押柄」を音読みして「おうへい」といい、「横柄」と書くことが多い。

おしがら-だ・つ【押し柄立つ】〔動タ四〕押しの強い性質を持っている。「心ばへかしこく、肝太く―・ちてなんおはしける」〈宇治拾遺・七〉

おし-がり【押(し)借り】〔名〕スル　相手の意を無視して、無理に金銭や品物を借りること。

おし-が・る【惜しがる】〔動ラ五(四)〕惜しいと思う。残念に思う。「―・る様子もなく差し出す」

おしかわ-きよし【押川清】[1881～1944]野球選手・球団社長。宮城の生まれ。春浪の弟。早大野球部で活躍。大正9年(1920)河野安通志らとともに日本初のプロ野球チーム、日本運動協会を創設。昭和12年(1937)には後楽園球場を建設し、新球団イーグルスの社長を務めた。

おしかわ-しゅんろう【押川春浪】[1876～1914]小説家。愛媛の生まれ。本名、方存。冒険小説で有名。著「海底軍艦」「武侠の日本」「新日本島」など。

お-じかん【▽御時間】相手を敬ってその空き時間をいう語。「―がございましたら」

お-しき【▽折敷】檜のへぎで作った縁つきの盆。多く方形で、食器などをのせる。足打ち折敷・平折敷・隅の折敷・傍折敷などがある。

おじ-き【伯-父貴┆叔-父貴】おじを親しんで、また敬っていう語。

お-じき【▽御直】❶貴人が自分から直接に物事をすること。直接。おじきじき。「仮屋奉行夜廻り―の御用承り」〈浄・会稽山〉❷「御直衆」の略。

お-じぎ【▽御辞儀】〔名〕スル《「辞儀」の丁寧語》❶頭を下げて礼をすること。頭を下げてするあいさつ。「深々と―する」❷辞退。遠慮。「膳をする己るものを―は無躾だのと」〈滑・浮世風呂・二〉❸あいさつ。「おもしろい―がござりまする」〈狂言記・吟じ聟〉
〔類語〕(❶)礼・一礼・一揖・会釈・黙礼・敬礼・最敬礼・叩頭・叩首・低頭・拝礼・目礼・答礼・握手

おじき-しゅう【▽御直衆】直参の敬称。

おし-きず【押(し)傷】押したためにできる果物などの傷。

お-しきせ【▽御仕着せ】《「仕着せ」は、幕府または主人から支給されるものであるところから「お」を添えた》❶「仕着せ❶」に同じ。「盆暮れの―」❷㋐上から一方的にあてがわれたもの。「―の制服」㋑型どおりのもの。「―の祝辞」㋒定量となっている晩酌。「晩方になると…―を飲ませることに決まっている」〈秋声・あらくれ〉

おじぎ-そう【▽御辞儀草┆含=羞=草】マメ科の小低木。園芸では一年草。高さ20～90センチ、葉は羽状複葉で、物が触れると急に閉じて葉柄から垂れ下がり、また夜になると閉じる。夏、桃色の小花が球状に集まった花をつける。ブラジルの原産で、日本には江戸末期に渡来。ねむりぐさ。〔季 夏〕

おし-きり【押(し)切り】❶押しつけて切ること。❷まぐさや壁土にまぜるわらなどを切る道具。飼い葉切り。❸馬のたてがみを、5～6センチの長さに切りそろえたもの。❹「押し切り判」の略。

おしきり-ちょう【押(し)切り帳】商人が金銭を渡すとき、相手から受け取りの証印をもらう帳面。判取り帳。

おしきり-ばん【押(し)切り判】割り印。押し切り印。

おし-き・る【押(し)切る】〔動ラ五(四)〕❶押しつけて切る。「厚い紙を―・る」❷反対・抵抗・困難などを退けて目的を達しようとする。「反対派の意見を―・って実行した」❸「切る」を強めていう語。断ち切る。「自ら髻―・りて」〈太平記・二九〉
〔類語〕押し通す・粘り抜く・頑張る

おじ・く【▽怖く】〔動カ下二〕「おじける」の文語形。

おし-くくみ【押し▽包み】物をつつむもの。また、つつんだもの。「大路に子をすてて侍りける―にかきつけ侍りける」〈金葉・雑下・詞書〉

おし-くく・む【押し▽包む】〔動マ四〕つつみこむ。くるむ。「らうたくおぼえて、ひとへばかりを―・みて」〈源・若紫〉

おし-ぐま【押し×隈】歌舞伎俳優の顔面の隈取りを、紙または布を当てて写し取ったもの。

おし-くら【押し▽競】《「おしくらべ」の略》「押し競饅頭」に同じ。

おし-くらべ【押し▽競べ】「押し競饅頭」に同じ。

おしくら-まんじゅう【押し▽競×饅▽頭】子供の遊びの一。大ぜいが1か所に固まり、互いに押し合って、倒れたり押し出されたりした者を負けとする。おしくらべ。おしくら。〔季 冬〕「一路地を塞ぎて貧などなし／林火」

おし-げ【惜しげ】■〔名〕惜しむ気持ち。「―もなく与える」■〔形動ナリ〕惜しいと思わせるさま。「みづらゆひ給へるつらつき、顔のにほひ、さまかへ給はむこと―なり」〈源・桐壺〉

おじ-け【▽怖気】怖がる気持ち。恐怖心。おぞけ。「―がつく」「―をふるう」〔類語〕気後れ・畏縮

おしけ-く【惜しけく】《形容詞「お(惜)し」のク語法》惜しいこと。「かくのみし恋ひし渡ればたまきはる命も我は―もなし」〈万・一七六九〉

おしけ・し【惜しけし】〔形ク〕《「惜しけく」の形容詞化》惜しい。「紫のゆゑに心をしめたればふちに身なげむ名やは―・き」〈源・胡蝶〉

おじけ-だ・つ【▽怖気立つ】〔動タ五(四)〕恐怖

心が生じる。おじけづく。「敵の気迫に—・つ」

おじけ-づ・く【▽怖気付く】おぢ〘動カ五(四)〙恐ろしいという気持ちになる。恐怖心がわいて、ひるむ。「怪しい物音に—・く」

おじ・ける【▽怖ける】おぢ〘動カ下一〙文おぢ・く〘カ下二〙怖がってびくびくする。恐れてしりごみする。「爆音に—・けて逃げる」〘類語〙挫ける・へこたれる・参る・屈する・砕ける・恐れる・こわがる・臆する・おびえる・びくつく・びくびくする・おどおどする・おじる・恐怖する・恐れをなす・悪びれる

おじ-ご【伯-父御｜叔-父御】おぢ　おじを敬っていう語。

おし-ごと【押し事】無理を押しつけること。無理強い。「知ってゐながらこの叔母が—したるそのとがめ」〈浄・女腹切〉

おし-ごと【推し言】当てずっぽうにいう言葉。「さてはその事正体なし。此の人は—する人にこそと、沙汰ありて」〈著聞集・一一〉

おし-こみ【押(し)込み】❶無理に入れること。また、無理に入り込むこと。❷人家に押し入って金品を強奪すること。また、その賊。強盗。押し入り。❸押し入れ。

おしこみ-かたさ【押(し)込み硬さ】工業材料をはじめとする物質の硬さ(硬度)を測定する硬さ試験の一種。試験材料に物体を押し込み、そのくぼみの深さや面積、またはある一定の深さのくぼみができる時の荷重などを測定し、硬さを数値化して算出する。代表的な硬さの示し方に、ブリネル硬さ、ビッカース硬さ、ヌープ硬さ、ロックウェル硬さがある。押し込み硬度。

おしこみ-こうど【押(し)込み硬度】→押し込み硬さ

おしこみ-ごうとう【押(し)込み強盗】他人の家に押し入って、金銭や品物を奪い取ること。また、その者。押し込み。

おしこみ-つうふう【押(し)込み通風】❶炉やボイラーなどで、燃料の燃焼に必要な空気を強制的に送り込む装置。蒸気の圧力などを利用して行う。❷室内の換気のため、外気を人工的に送り込む装置。送風機・扇風機などを利用。強圧通風。

おし-こ・む【押(し)込む】■〘動マ五(四)〙❶押して中へ入れる。無理に入れる。詰め込む。「本をかばんに—・む」❷無理に入り込む。押しかける。「いきなり細君が—・んで来た」〈秋声・爛〉❸強盗に入る。「二人組が—・む」■〘動マ下二〙「おしこめる」の文語形。〘類語〙詰める・詰め込む・押し込める・突っ込む・閉じ込める

おし-こめ【押(し)込め】❶無理に入れること。❷江戸時代の刑罰の一。一定期間自宅に閉じ込めて外出を禁じるもの。武士のほか庶民にも科した。

おし-こ・める【押(し)込める】〘動マ下一〙文おしこ・む〘マ下二〙❶押して、中のほうへ入れる。無理に入れる。押し込む。「がらくたを物置に—・める」❷閉じ込めて外へ出さない。監禁する。「奥の部屋に—・める」❸心に収めて口に出さない。「言はぬをも言ふにまさると知りながら—・めたるは苦しかりけり」〈源・末摘花〉〘類語〙押し込む・詰める・詰め込む・突っ込む・閉じ込める

おし-こ・る【押し凝る】〘動ラ四〙集まってひとかたまりとなる。一団となる。「女房三十人ばかり—・りて」〈源・葵〉

おし-ころ・す【押(し)殺す｜▽圧し殺す】〘動サ五(四)〙❶おさえつけて殺す。圧殺する。❷感情などをおさえつけて、外へ表れないようにする。「笑いを—・す」「—・したような声」

おし-さ・げる【押(し)下げる】〘動ガ下一〙文おしさ・ぐ〘ガ下二〙❶押して下の方へさげる。「揚げ戸を—・げる」❷心を落ち着かせる。気持ちをおさえてしずめる。「日頃の強き死顔見て…膝節ががたがた、がたつく胸を—・げ—・げ」〈浄・油地獄〉

おし-さん【▽御師さん】《「御師匠さん」の略》「師匠」を敬い親しんでいう語。

おじ-さん【小▽父さん】おぢ❶よその年配の男性を親しんでいう語。「—、そのボールを取ってよ」⇔小母さん。❷子供に対して、大人の男性が自分をさしていう語。⇔小母さん。

おじ-さん【伯-父さん｜叔-父さん】おぢ「おじ(伯父・叔父)」を敬い親しんでいう語。⇔伯母さん/叔母さん。

おし-しずま・る【押(し)静まる】〘動ラ五(四)〙物音も立てず、静かになる。「迫真の演技に観客は—・った」

おし-しず・める【押(し)沈める】〘動マ下一〙文おししづ・む〘マ下二〙❶力を込めて沈ませる。「桶を川へ—・める」❷故意に待遇を悪くする。「おとどの、強ひて女御を—・め給ふもつらきに」〈源・少女〉

おし-しず・める【押(し)鎮める】〘動マ下一〙文おししづ・む〘マ下二〙落ち着かせる。鎮める。「二人が中に割って入り、ようよう—・めた」〈蘆花・思出の記〉

おじじゃ-ひと【伯-父者人｜叔-父者人】《おじである人の意。「者」は当て字》おじ。おじさん。おじじゃもの。「内々—も、某が参宮いたすならば、同道いたしたいと申されて」〈虎明狂・素襖落〉

おし-ずし【押し×鮨】押し枠の中に鮨飯を詰め、その上に具をのせて押してつくる鮨。何段にも重ねたもの、1日～数日寝かせたものもある。熟れ鮨のように枠を使わず、重石などで圧力をかけるものを含めていうこともある。箱鮨。大阪鮨。

おし-すす・める【押(し)進める】〘動マ下一〙文おしすす・む〘マ下二〙押して前進させる。

おし-すす・める【推(し)進める】〘動マ下一〙文おしすす・む〘マ下二〙物事をはかどらせる。発展させていく。推進する。「計画を—・める」「この考え方を—・めると」

お-しずまり【▽御静まり｜▽御▽寝】「寝ること」の意の尊敬語。おやすみ。「—に成った処を御迷惑をかけました」〈円朝・怪談牡丹灯籠〉

おし-ずもう【押(し)相-撲】❶相撲で、押しの技を使うこと。また、その技を使った相撲。❷子供の遊びの一。地面にかいた円の中で押し合い、外に出たほうが負けになる。

おし-す・る【押し▽摩る】〘動ラ四〙押しもむ。すり合わせる。「手を—・りて聞こえゐたり」〈源・行幸〉

おしず-れいざ【お静礼三】歌舞伎狂言。本名題「契情曽我廓亀鑑」。世話物。9幕。河竹黙阿弥作。慶応3年(1867)江戸市村座初演。手代の礼三郎と門付の女太夫お静との悲恋を題材としたもの。

おし-せま・る【押(し)迫る】〘動ラ五(四)〙まぢかに迫る。「暮れも—・った一二月二八日」「締め切りが—・る」〘類語〙迫る・差し迫る・押し詰まる・切迫する・来る

おし-ぜみ【×唖×蟬】鳴かないセミ。雌のセミ。〘季 夏〙

おし-ぞめ【×捺し染(め)】「なっせん(捺染)」に同じ。

お-した【▽御下】❶天皇が食べた食事の残り。おさがり。おろし。❷昔、宮中に仕えた女房のうち、格式の最も下の者。下臈。❸下男・下女のこと。

お-しだ【雄羊=歯】オシダ科の多年生のシダ。深山の樹林に自生。太い根茎から多数の葉が輪状に出て、葉は長さ1～1.5メートルあり、羽状複葉。根茎から葉柄にかけて鱗片や毛がある。根茎を綿馬といい、駆虫剤にする。オシダ科はシダ類中で最大の科で、オニヤブソテツ・ジュウモンジシダ・カナワラビなど約3000種が含まれる。

おし-だい【押し×鯛｜▽圧し×鯛】タイの身を酢に通してから塩をして押した食品。

おし-たおし【押(し)倒し】相撲のきまり手の一。双筈で押すか、片手を筈にするか、片手を浅く差して片手でおっつけるかして、相手を後ろに倒す技。

おし-たお・す【押(し)倒す】〘動サ五(四)〙押して転ばす。押して倒す。「立ち木を—・す」

お-したし【▽御▽浸し】「おひたし」の音変化。

お-したじ【▽御下地】「下地❹」の丁寧語。醤油。

おし-だし【押(し)出し】❶押して外へ出すこと。❷人目に映るその人の姿や態度。風采。「一がいい」❸相撲のきまり手の一。双筈にかかるか片手を筈にかけて、相手の体を押し上げるようにして土俵外に出す技。❹野球で、満塁のとき、四球や死球などで走者を順に進塁させ、相手に点を与えること。「—の一点」❺火山の山腹に流れ出た溶岩や泥流。「浅間山の鬼—」❻金属・合成樹脂などの素材を穴から押し出して、棒状・管状・線状など所定の形や太さに作る加工法。「一成形」❼歌舞伎で、車輪をつけた大道具を舞台の前面に後方から押し出すこと。〘補説〙❷は、ふつう、「押し出しがいい(よい)」「押し出しのいい(よい)」で成句となり、「押し出しが悪い」の形で使うことはない。

おしだし-ぶつ【押出仏】仏像造法の一。半肉彫りの原型の上に薄い銅板を置き、鎚で打って原型と同じ像形を浮き出させるもの。また、その像。中国の影響を受け、飛鳥・白鳳・天平時代に盛んに行われた。鎚鍱像。

おし-だ・す【押(し)出す】〘動サ五(四)〙❶押して中から外へ出す。「土俵の外へ—・す」❷いちだんと強く打ち出す。目立つようにする。「高級感を前面に—・した商品」❸大ぜいの人数で出かける。くりだす。「みんなで花見に—・す」❹公然のものとなる。よく知れ渡る。「(延暦寺、円城寺ハ)ともに—・したる霊場なり」〈本朝文選・二〉

おし-た・つ【押し立つ】■〘動タ四〙❶どっしりと立つ。「不動、火炎の前に—・ち」〈沙石集・二〉❷相手の気持ちを考えずに、無理押しする。我を張る。「今の人の親などは、—・ちて言ふやう」〈堤・はいずみ〉■〘動タ下二〙「おしたてる」の文語形。

おし-た・てる【押(し)立てる】〘動タ下一〙文おした・つ〘タ下二〙❶勢いよく立てる。高く掲げる。おったてる。「応援旗を—・てて声援する」❷先に立てる。「リーダーを—・ててデモ行進する」❸推挙する。「委員長に—・てる」❹むりやりに行わせる。「一たびにいと多く—・ててうち入れつつ」〈宇津保・蔵開下〉❺押して閉じる。閉める。「(屏風ヲ)—・て給ひつ」〈源・若紫〉

おした-の-わかいしゅ【▽御下の若い衆】昔、歌舞伎の最下級の役者の呼び名。稲荷町。

おし-だま・る【押(し)黙る】〘動ラ五(四)〙黙ってしまう。むっつりとしたまま口をきかないでいる。「何を聞かれても—・っていた」〘類語〙黙る・沈黙・黙りこくる・黙する

おしち【お七】→八百屋お七

おしち-かぜ【お七風】享和年間(1801～1804)ごろ、江戸本郷の八百屋お七の放火事件のあとではやった流行性感冒(インフルエンザ)。

お-しちや【▽御七夜】❶子供が生まれて7日目。また、その祝い。この日、赤ん坊に名をつけることが多い。❷浄土真宗の報恩講のこと。8日7夜にわたって行われるところからいう。

おし-つけ【押(し)付け】■〘名〙❶無理強いすること。「規則の—」❷「押付の板」の略。■〘副〙まもなく。おっつけ。「一奥座敷に替はりんすと、このやかましいがよくなりんす」〈洒・遊子方言〉

おしつけ-がまし・い【押(し)付けがましい】〘形〙文おしつけがま・し〘シク〙自分の考え方・感じ方などを、相手に当然のことのように受け入れさせようとする。「—・い親切」

おしつけ-の-いた【押付の板】❶大鎧の背の上部、肩上の下方の、化粧の板の上部。一説に、後立挙の一の板のこととも。❷腹巻き・胴丸の背の上部の金具回り。これに肩上を取り付ける。

おし-つ・ける【押(し)付ける】〘動カ下一〙文おしつ・く〘カ下二〙❶押して、離れないようにする。力を入れて押す。おっつける。「からだを—・けてくる」❷無理にやらせる。また、無理に受け入れさせようとする。おっつける。「責任を—・ける」〘類語〙押さえる・押さえ込む・押さえ付ける・ねじ伏せる・組み伏せる

お-しっこ「小便」をいう幼児語。〘類語〙小便・小水・尿

おし-つつ・む【押(し)包む】〘動マ五(四)〙❶すっかり包み込む。「夜の闇が—・む」❷強いて隠す。押し隠す。「胸中の苦しみを—・む」

おし-つぶ・す【押(し)潰す】〘動サ五(四)〙❶力を加えて、形を崩す。「空き缶を—・す」❷権力を振るって、やめさせる。「改革案を—・す」

おし-つま・る【押(し)詰(ま)る】〘動ラ五(四)〙❶事態・時日などに余裕がなく、目前に迫ってくる。切迫する。「情勢が—・る」❷年の暮れに近づく。「今年も

いよいよ―・りまして」
類語 迫る・差し迫る・押し迫る・切迫する・来る
おし-つ・める【押(し)詰める】〔動マ下一〕図おしつ・む〔マ下二〕❶押して、詰め込む。ぎゅうぎゅう入れる。「袋に―・める」❷押していって、行き詰まらせる。また、動けなくする。「土壇場に―・める」❸せんじ詰める。要約する。「―・めれば両者の言い分は同じことになる」
おし-て【押して】〔副〕無理に。強いて。「熱があるのに―出かける」
類語 強いて・敢えて・たって・むりやり・是非・無理に
おし-で【押(し)手】《「おして」とも》❶我が強いこと。我を通すこと。「嘶きをさせると―がきいていましたが」〈万太郎・末枯〉❷箏の奏法の一。左手で弦を押さえて張力を高め、音に変化を与える手法。❸印判。印鑑。また、手型をいう。「その戸には、文殿と―さしたり」〈宇津保・蔵開上〉➡手印 ❹弓を射るときの左手。ゆんで。⇔引き手
おし-て・る【押し照る】〔動ラ四〕一面に照る。照り渡る。「窓越しに月―・りてあしひきのあらし吹く夜は君をしそ思ふ」〈万・二六七九〉
おしてる【押し照る】〔枕〕一面に照り光る難波の海の意から、地名「難波」にかかる。「―難波の国は葦垣の古りにし里と」〈万・九二八〉
おしてる-や【押し照るや】〔枕〕「押し照る」に同じ。「―難波の津ゆり」〈万・四三六五〉
おし-とお・す【押(し)通す】〔動サ五(四)〕❶押して通す。また、無理に通す。「法案を―・す」❷その主張や状態などを無理をしても変えずに貫く。「わがままを―・す」「和服で―・す」
類語 押し切る・粘り抜く・頑張る
おし-とど・める【押し▽止める】〔動マ下一〕図おしとど・む〔マ下二〕ある行動に出ようとするのを、押さえてやめさせる。制止する。「転職しようとする娘を―・める」
おし-と・める【押(し)止める】〔動マ下一〕図おしと・む〔マ下二〕「押しとどめる」に同じ。「女はあわてて―・めながら、覚えずワッとなかんとせしが」〈逍遥・当世書生気質〉
おし-どり【鴛=鴦】❶カモ科の鳥。全長48センチくらい。雄の冬羽は橙黄色や緑色で美しく、翼に銀杏羽があり、冠羽やほおの飾り羽をもち、くちばしは赤い。雌は全体に地味な灰褐色で、目の周囲から後方へ白線がある。森の中の湖や川辺の木の洞に卵を産み、ドングリを好む。アジア東部に分布。おしかも。えんおう。(季 冬)「―や松ケ枝高く居静まり/茅舎」❷夫婦などの男女がむつまじく、いつも一緒にいること。また、そういう男女のたとえ。「―夫婦」❸女性の髪形の一。髪を左右に分け、笄の上でたすきをかけたように結ったもの。多く、近世、町娘が結った。
おしどり-の【鴛=鴦の】〔枕〕オシドリが水に浮くところから、「憂き」にかかる。「隠れなく流れての名を―憂き例にやならむとすらむ」〈千載・雑下〉
おし-と・る【押し取る】〔動ラ四〕無理に奪う。強奪する。「許さぬ物ども―・りて」〈徒然・一七五〉
お-しながき【▽御品書(き)】「品書き」の丁寧語。
おし-なが・す【押(し)流す】〔動サ五(四)〕❶水流の激しい勢いで物を運び去る。「濁流が家を―・す」❷時勢や感情など、意のままにならない強い力が動かす。「激情に―・される」
おし-な・ぶ【押し×靡ぶ|押し▽並ぶ】〔動バ下二〕❶力を加えてなびかせる。「婦負の野のすすき―・べ降る雪に宿借る今日し悲しく思ほゆ」〈万・四〇一六〉❷すべて一様にする。「軽々しう―・べたるさまにもてなすなるがいとほしきこと」〈源・葵〉❸(完了の助動詞「たり」を伴い、多く打消しに用いて)平凡である。普通である。「中納言の君、中務などやうの―・べたらぬ若人どもに」〈源・帚木〉
おしなべ-て【押し▽並べて】〔副〕❶全体にわたって一様に。概して。「今年の稲作は―できがいい」❷(あとに格助詞「の」を伴って)ありきたり。なみなみ。「はじめより―の上宮仕へし給ふべき際にはあらざりき」〈源・桐壺〉類語 一般・全般に・総じて・概して・多く・おおむね・大概・普通・通例・通常・一体に・総体・およそ・広く・遍く
おし-なみ【押(し)波】津波の時、陸地に向かって押し寄せる波。➡引き波 補説 津波の前に必ず引き波が生じるわけではなく、第一波が押し波になるか、引き波になるかは震源直上の海底の動きによるという。
おし-な・む【押し×靡む】〔動マ四〕「押し靡ぶ❶」に同じ。「秋の野の草葉―・み置く露に濡れてや人の尋ねゆくらむ」〈新古今・秋下〉
おし-なら・す【押し▽均す】〔動サ五(四)〕平らにする。平均化する。「―・してみれば成績は向上している」類語 平均・均等・均分・等分・平準・標準・アベレージ・均す・揃う
おし-なら・ぶ【押(し)並ぶ】《「おし」は接頭語》㊀〔動バ五(四)〕並ぶ。一緒に並ぶ。「手と手が触れ合わんばかりに―・んだ」〈有島・或る女〉㊁〔動バ下二〕「おしならべる」の文語形。
おし-なら・べる【押(し)並べる】〔動バ下一〕図おしなら・ぶ〔バ下二〕《「おし」は接頭語》「ならべる」を強めていう語。また、無理に並ばせる。「種々の珍肴美酒を卓の狭きまで―・べさせて」〈露伴・露団々〉
おし-な・る【押し成る】〔動ラ四〕無理になる。強引になる。「前関白松殿の姫君とりたてまって、やがて松殿の聟に―・る」〈平家・八〉
おしぬき-き【押(し)抜き機】鋼板などに棒状の工具を強く押しつけて穴を打ち抜く機械。
おし-ぬぐ・う【押(し)拭う】〔動ワ五(ハ四)〕力を入れてふく。「額の汗を―・う」
おしね【▽晩▽稲】《「おそいね」の音変化という》稲の、遅く成熟するもの。おくて。「うき身には山田の―おしこめて世をひたすらに恨みわびぬる」〈新古今・雑下〉
おし-ね・る〔動ラ四〕強く握る。「焼大刀の手かみ―・り」〈万・一八〇九〉
おし-の・ける【押し▽退ける】〔動カ下一〕図おしの・く〔カ下二〕❶力を込めてどかせる。「人を―・けて電車に乗る」❷その地位を無理に去らせる。また、競争相手を無理にしりぞける。「社長を―・けてそのいすに座る」類語 押しやる・押しまくる・突きのける・押す
おしの-はっかい【忍野八海】山梨県南東部、南都留郡忍野村にある八つの湧水池。富士山の溶岩の下の伏流水の湧出したもの。
お-しのび【▽御忍び】❶身分の高い人が、身分を隠して外出すること。微行。❷「御忍び駕籠」の略。
おしのび-かご【▽御忍び×駕▽籠】江戸時代、大名や奥方などが忍びの外出に用いた駕籠。屋根は黒ラシャで覆い、腰と棒を黒く塗った。
おし-ば【押(し)葉】植物を紙などに挟み、押しをかけて乾かしたもの。標本などにする。腊葉。
おし-はかり【推(し)量り】当て推量。「―に聞けど」〈源・手習〉
おし-はか・る【推(し)量る|推(し)測る】〔動ラ五(四)〕類似の事実を当てはめてみて、見当をつける。推測する。推量する。「当事者の心中を―・る」
類語 見越す・察する・感じ取る
おし-ばこ【押(し)箱|▽圧し箱】押し鮨、特に箱鮨を作るときに用いる箱枠。中に鮨飯と具を入れて蓋を当てて押して抜く。押し枠。
おし-ばな【押(し)花】草木の花を紙などの間に挟み、押しつけて乾かしたもの。
おし-は・る【押し張る】〔動ラ四〕❶意地を張る。あえて…する。「―・りてのたまはむことを」〈落窪・四〉❷「張る」を強めていう語。「すだれ高く―・りて」〈源・常夏〉
おしひき-ぶんぷ【押(し)引(き)分布】地震計に記録された初動が、震源から外側に向かう動きを押し、震源へ向かう動きを引きとよび、地図上に観測点の押し・引きの分布を記入したもの。これにより震源での断層運動が推定できる。
おし-ひし・ぐ【押し▽拉ぐ】〔動ガ五(四)〕❶押してつぶす。「―・がれた事故車」❷圧迫を加えて勢いを弱める。「責任の重圧に―・がれる」❸押さえつける。また、押しやる。「さる(=クシャミノ出ソウナ)をりも―・ぎつつあるものを」〈枕・一八四〉
おし-ひら・く【押(し)開く】〔動カ五(四)〕❶押してあける。「城門を―・く」❷「開く」を強めていう語。「秘法の書を―・く」
おし-ひろ・げる【押(し)広げる】〔動ガ下一〕図おしひろ・ぐ〔ガ下二〕❶のばして広げる。広げる。「畳の上に地図を―・げる」❷「押し広める❷」に同じ。
おし-ひろ・める【押(し)広める】〔動マ下一〕図おしひろ・む〔マ下二〕❶広く行き渡らせる。普及させる。「運動を全国に―・める」❷他に及ぼす。さらに範囲を広げる。押し広げる。「調査・研究を国際的に―・める」
おし-ピン【押(し)ピン】画鋲。
オシフィエンチム【Oświęcim】ポーランド南部にある都市。オシフェンチム。オシベンチム。ドイツ語名アウシュビッツ。➡アウシュビッツ
おし-ふ・せる【押(し)伏せる】〔動サ下一〕図おしふ・す〔サ下二〕力ずくで押さえつける。ねじふせる。「侵入者を―・せる」
おし-ぶた【押(し)蓋】漬物などに用いる、容器の中のものを押さえ付けるための蓋。容器より少し小さい。
おし-ぶち【押(し)縁】板などを押さえるため、その上から打ち付ける細い材。
おし-へ【×磯▽辺】「いそべ」の上代東国方言。おすひ。「駿河の海―に生ふる浜つづら」〈万・三三五九〉
お-しべ【雄×蕊】種子植物の花の雄性の生殖器官。葯と花糸からなり、葯の中に花粉を形成する。ゆうずい。⇔雌蕊
おし-へ・す【押し▽圧す】〔動サ四〕押しつぶす。「二藍、葡萄染めなどのさいでの―・されて」〈枕・三〇〉
おし-ボタン【押(し)ボタン】押すことによって電気回路の開閉を行うボタン。「―式のベル」
お-しぼり【▽御絞り】顔や手をふくための、湯や冷水に湿して絞った手ぬぐいやタオル。
おしま【渡島】㊀北海道の旧国名。渡島半島南部にあたる。現在の渡島総合振興局・檜山振興局の大半部。もと松前藩の所在地。㊁北海道南西部の総合振興局。局所在地は函館市。
お-しま【雄島】宮城県、松島湾の島。陸に近く渡月橋が架かる。歌枕「見せばやな―の蜑の袖だにもぬれにぞぬれし色はかはらず」〈千載・恋四〉
お-じま【小島】小さな島。おしま。こじま。
お-しまい【▽御仕舞(い)】「仕舞い」の丁寧語。❶終わること。「夏休みも今日で―だ」❷物事がだめになること。また、非常に悪い状態になること。「店が人手に渡ってはもう―だ」❸「仕舞い❼」に同じ。「―に手間の取れまするが無理は無い筈」〈露伴・五重塔〉➡仕舞い 類語 (❶)終わり・終了・終結・終焉・終末・果てし・幕切れ・閉幕・幕・打ち止め・ちょん・完・了・ジ・エンド/(❷)駄目・おじゃん・台無し・ふい・無駄・空中分解・挫折・くたびれもうけ・わや・パンク・ぽつ
おしま-おおしま【渡島大島】北海道南西部、松前町にある島。松前大島。➡大島㊀㊄
おし-ま・く【押し巻く】〔動カ四〕力を入れて強く巻く。また、きちんと巻く。「浅緑の薄様なる文の―・きたる端見ゆるを」〈源・若菜下〉
おし-まく・る【押し×捲る】〔動ラ五(四)〕最後まで押しつづける。終始圧倒する。「最初から―・って勝つ」「数を頼んで―・り承知させる」
類語 押しのける・押しやる・突きのける・押す
おし-ま・げる【押(し)曲げる】〔動ガ下一〕図おしま・ぐ〔ガ下二〕力を加えて曲げる。「鉄棒を―・げる」
おしま-さんち【渡島山地】北海道南西部にある山地。渡島半島の南北に連なり、大千軒岳はその秀峰といわれる。
おしま-しちょう【渡島支庁】渡島総合振興局の旧称。
おしまずき【×几|▽机】❶脇息。〈和名抄〉❷つくえ。「胸ふさがりて、ただ―にかかりて、夕の空に向かふのみ」〈笈日記・下〉❸牛車の前後の口の下に横に渡した仕切り板。〈名義抄〉
おじま-すけま【小島祐馬】[1881〜1966]中国

思想史家。高知の生まれ。京大卒。京大教授、京大人文科学研究所初代所長。著作に「古代支那研究」「中国思想史」など。

おしま-そうごうしんこうきょく【渡島総合振興局】▶渡島㊁

おしま-はんとう【渡島半島】北海道南西部の半島。南部はさらに東の亀田半島と西の松前半島に分かれる。道内で最も早く開発され、江戸時代からニシンの漁場として栄え、北斗市は道内の稲作の発祥地。

おしま-ふじ【渡島富士】北海道南西部にある駒ヶ岳の異称。

おし-まろが・す【押し▽丸がす】〔動サ四〕押しころがしてくるくると巻く。押し丸めて、玉にする。「黒方(=練り香ノ名)を―・して」〈紫式部日記〉

おし-まわし【押(し)回し】❶物事をあれこれ処理すること。また、顔がきくこと。「―が利く」❷和船で、舷側上部の垣立を艫やぐらの末端まで連続して作る構造のもの。❸江戸時代、千石積み以上の運送船。

おし-まわ・す【押(し)回す】〔動サ五(四)〕❶「まわす」を強めていう語。❷世の中に処していく。身を立てていく。「帰朝後も経済学で立派に―・される所では有るが」〈二葉亭・浮雲〉❸ぐるりと取り巻く。「―・して火かけてければ」〈愚管抄・四〉

おしみ【惜しみ】惜しむこと。惜しむ気持ち。「売り―」「物―」

おしみ-な・い【惜しみ無い】〔形〕惜しいという気持ちがない。出し惜しみしない。「―・い拍手」

おし・む【惜しむ】〔動マ五(四)〕❶心残りに思う。残念がる。「散る花を―・む」「別れを―・む」「人に―・まれて死ぬ」❷金品などを出すことを、もったいないと思う。出し惜しむ。「わずかの出費を―・んで大損をする」「骨身を―・まず働く」❸大切に思う。尊重する。「寸暇を―・む」「名を―・む」❹(「愛しむ」とも書く)愛する。めでる。慈しむ。「お前を憎み、お前を―・み」〈近松秋江・別れたる妻に送る手紙〉

(…句)体を惜しむ・名を惜しむ・名残を惜しむ・骨を惜しむ・骨身を惜しまず

おし-むぎ【押(し)麦】蒸した大麦を押しつぶして平たくし、乾かしたもの。米にまぜ、炊いて食べる。

おし-む・ける【押(し)向ける】〔動カ下一〕図おしむ・く〔カ下二〕押して、その方を向かせる。「肴を彼方へ―・けて」〈逍遥・当世書生気質〉

おしむらく-は【惜しむらくは】〔連語〕《「おしむ」＋接尾語「らく」＋係助詞「は」。副詞的に用いる》惜しいことには。残念なことには。「いい人だが一人情味に乏しい」(補説)「惜しむ」は五段活用であるが、下二段活用動詞などの終止形に付く接尾語「らく」を、後世、誤った類推によって用いたもの。

おし-め【押(し)目】上がっている相場が、一時的に下がること。

お-しめ【襁褓・褓｜▽御湿】《「しめ」は湿布の略》乳幼児などの股を覆って大小便を受ける布や紙。おむつ。むつき。「―を当てる」(類語)おむつ・むつき

お-じめ【緒締め】袋・巾着などの口にまわした緒を束ねて締めるための具。多くは球形で、玉・石・角・練り物などで作る。緒止め。

おしめ-がい【押(し)目買い】押し目のときに買うこと。

お-しめり【▽御湿り】時期・降雨量の適当な雨。乾燥した地面を湿らす程度に降る雨。「久しぶりにいい一になった」(類語)慈雨

お-しも【▽御下】❶「下」の丁寧語。大小便。また、便所。「病人の―の世話をする」❷宮中や貴人の家に仕えた女性。もと、内侍に次ぐ女官の敬称。

お-しもつき【▽御霜月】浄土真宗で、11月22日から親鸞の命日の28日までの期間。法要が営まれる。お七夜。(季 冬)

おし-もどし【押(し)戻し】❶押し戻すこと。❷(押戻)歌舞伎で、荒れ狂う怨霊や妖怪を、花道から舞台へ押し戻す演出。また、その役。歌舞伎十八番の一に加えられているが、独立した狂言としての台本は伝わらない。

おし-もど・す【押(し)戻す】〔動サ五(四)〕押して、もとの方へ戻す。押し返す。「舟が急流に―・される」

おし-もの【押(し)物】❶得意とするもの。また、よく行われるもの。おしもん。「さて芸子の―は」〈弦曲粋弁当〉❷押し固めて作った菓子。落雁・塩竈の類。

おし-もの【▽食し物】召し上がり物。「皇太子視て―を与へ給ふ」〈推古紀〉

おし-もん【鴛=鴦紋】家紋の一。オシドリを丸く図案化した紋章。近衛家・伊達家の替え紋。

おし-もんどう【押(し)問答】〔名〕スル 互いに自分の見解を主張して、あとにひかず言い争うこと。「渡した、受け取らないで―を繰り返す」(類語)水掛け論

おし-や【押(し)屋】ラッシュアワーに、満員の通勤電車に乗客を押してつめこむ係の駅員やアルバイト学生のこと。昭和38年(1963)ごろの言葉。

お-じや《女房詞から》味噌汁などで煮たかゆ。雑炊。「じや」は煮える音とも、「じやじや」と時間をかけて煮るからともいう。(季 冬)

お-しゃか【▽御▽釈×迦】作り損ねた製品。不良品。また、使いものにならなくなったもの。「―にする」「傘が―になる」(補説)阿弥陀像を鋳るはずが、誤って釈迦像を鋳てしまったことから出た語とされ、鋳物・製鉄工場などで使われ始めたという。

おしゃか-さま【御釈迦様】㊀釈迦(釈迦牟尼)の敬称。㊁灌仏会のこと。

御釈迦様でも気がつくまい 《過去・現在・未来を見通すお釈迦様でも知らないの意から》だれも気がつかないだろう。御釈迦様でも御存じあるまい。

お-しゃく【▽御酌】〔名〕スル ❶相手を敬って、その人への酌をいう語。「客に―する」❷酌をする女。酌婦。❸一人前になっていない芸者。東京では半玉、京阪では舞妓という。「芸者や―がぞろぞろ附いて」〈鴎外・雁〉

お-しゃこ【▽御×蝦×蛄】江戸末期から明治にかけての庶民の女性の髪形の一。おばこ結びに似て、左右の輪の穴に横にかんざしを挿す。

お-しゃぶり 乳児に持たせてしゃぶらせる玩具。

おし-やぶ・る【押(し)破る】〔動ラ五(四)〕力を加えて強引にこわす。うち破る。「扉を―・って乱入する」

お-しゃべり【▽御×喋り】㊀〔名〕スル 人と雑談すること。「電話で―する」㊁〔名・形動〕口数の多いこと。口が軽いこと。また、そのさまや、その人。「秘密を守れない―な人」(類語)㊀無駄話・雑談・よもやま話・世間話・駄弁・放談・余談／㊁饒舌・口まめ・多弁

おしゃま〔名・形動〕子供がませた言動をすること。また、そのさまや、そういう子供。多く、女の子についていう。「―を言う」「―な子」

お-じゃま【▽御邪魔】〔名〕スル《相手の仕事の邪魔をする意から》人の家などを訪問することをへりくだっていう語。訪問した時や帰る時のあいさつにも用いる。「―に上がる」「―しました」(類語)訪れる・訪ねる・訪問・訪う・見舞う・伺う・訪なう・上がる・歴訪

おしゃ-ま・す〔動サ特活〕《「おっしゃります」の音変化》「言う」の尊敬語。おっしゃいます。「これはまあもったいない事―・してくださります」〈浄・千両幟〉

おじゃま-むし【▽御邪魔虫】その場にいては困る人のことを、ふざけていう語。

おしゃまんべ【長万部】北海道南西部、渡島総合振興局北東部の地名。内浦湾に面し、漁業や酪農が盛ん。(補説)アイヌ語「オ-シャマム-ペッ(川尻が横になっている川)」からなどといわれる。

おしゃまんべ-ちょう【長万部町】▶長万部

お-しゃらく【▽御×洒落】❶身なりを飾ること。また、その人。おしゃれ。「あんな―は嫌いだ」〈花袋・田舎教師〉❷「おじゃれ」に同じ。

お-しゃり【▽御舎利】❶「仏舎利」の敬称。❷白彊病で死んだ、白くなった蚕。

おしゃ・る 《「おおせある」または「おおせらる」の音変化という》㊀〔動ラ四〕「おっしゃる」に同じ。「―・るごとくに、かようのめでたい事の出でくるも」〈虎清狂・薬水〉㊁〔動ラ下二〕㊀に同じ。「うってすてうと―・れまする」〈狂言記・二千石〉

おし-や・る【押し▽遣る】〔動ラ五(四)〕押して向こうへやる。押しのける。「荷物を片隅に―・る」
(類語)押しのける・押しまくる・突きのける・押す

おじゃ・る〔動ラ四〕《「おいである」の音変化》❶「来る」「行く」「居る」の尊敬語。おいでになる。いらっしゃる。「身どもがよい所へやって進ぜう。こちへ―・れ」〈虎清狂・猿座頭〉「木曽殿ハ…信濃国ニ―・ッテゴザル」〈天草本平家・三〉❷「ある」「居る」の丁寧語。ございます。あります。おります。「イソポト言ウテ、異形不思議ナ人体ガ―・ッタガ」〈天草本伊曽保・イソポが生涯〉❸(補助動詞)丁寧の意を表す。…でございます。…であります。「その水はどこに出で来て―・るぞ」〈虎清狂・薬水〉

お-しゃれ【▽御▽洒▽落】〔名・形動〕スル 服装や化粧などを洗練したものにしようと気を配ること。洗練されていること。また、そのさまや、その人。「―な若者」「―な店」(類語)おめかし・コーディネート・身繕い・身じまい・身拵え・盛装・ドレスアップ・着こなし・粋・小粋

おじゃれ 《動詞「おじゃる」の命令形から。客を「おじゃれ」といって呼び込んだところから》江戸時代、宿場の宿屋で客引きや売春をした女中。おしゃらく。

おじゃん 《昔、火事が鎮火したときに打った半鐘の一点打の音からという》物事が中途でだめになること。「計画が―になる」
(類語)駄目・台無し・ふい・無駄・空中分解・挫折・くたびれもうけ・おしまい・わや・パンク・ぽつ

おしゃん・す〔動サ特活〕《「おしゃります」の音変化。近世上方語》おっしゃいます。「おさん様いやらしい事―・すな」〈浄・大経師〉

おし-ゆ【押(し)湯】鋳物を作るときに、鋳型に余分に注入する溶融した金属。鋳物が冷却・凝固するときに全体が収縮したり、内部にすきまができたりするのを防ぐために行う。

おし・ゆ【教ゆ】〔動ヤ下二〕《「おし(教)う」が室町時代以降ヤ行に転じて用いられた語。終止形は「教ゆる」となる例が多い》「教える」に同じ。「タダ道理ノ推ストコロヲ人ニ―・ユルバカリデゴザル」〈天草本伊曽保・イソポが生涯〉

お-しゅう【汚臭】くさいにおい。悪臭。

お-しゅう【汚習】よくない習慣。

お-しゅう【汚醜】汚れて醜いこと。「住むに堪へざる程の―の沼と信じたならば」〈荷風・冷笑〉

お-しゅう【▽御▽主】ご主人。ご主君。「―のためをわきまへよ」〈浄・手習鑑〉

お-じゅう【▽御重】重箱を丁寧にいう語。もと女性語。

お-しゅうと【▽御×舅｜▽御×姑】舅または姑を敬っていう語。➡舅(補説)

お-しゅうとめ【▽御×姑】姑を敬っていう語。おしゅうと。➡舅(補説)

お-じゅうや【▽御十夜】▶十夜

お-じゅけん【▽御受験】俗に、私立(または国立)の幼稚園、小学校、中学校、高校を受験すること。有名私立小学校の受験、ならびに受験に必要な準備を指すことが多い。「我が家も来年は―なんですよ」

おしゅん-でんべえ【お俊伝兵衛】浄瑠璃「近頃河原達引」などの主人公の男女の名。恋敵の官左衛門を刺殺した井筒屋伝兵衛は、相愛の遊女お俊と心中に赴く。実在については諸説がある。

おしょう【和尚】《梵 upādhyāyaの俗語khoshaの音写。師の意》❶戒を授ける師の僧。また、修行を積んだ僧の敬称。❷僧位の一、法眼のこと。❸寺の住職。また、僧侶のこと。「山寺の―さん」❹㋐技芸に秀でた者。武道・茶道の師匠など。㋑江戸初期、上位の遊女。(補説)禅宗・浄土宗では「おしょう」、天台宗・華厳宗では「かしょう」、真言宗・法相宗・律宗・浄土真宗では「わじょう」といい、律宗・浄土真宗では「和上」と書く。(類語)上人・大師・阿闍梨・三蔵・猊下

お-じょう【▽御嬢】他人の娘の敬称。お嬢様。「あの飯島の―もかわいそうに亡くなりましたよ」〈円朝・怪

談牡丹灯籠〉

おしょう-きちさ【和尚吉三】歌舞伎狂言「三人吉三廓初買」に登場する三人吉三の一人。坊主上がりの盗賊。

おじょう-きちさ【お嬢吉三】歌舞伎狂言「三人吉三廓初買」に登場する三人吉三の一人。女装の盗賊。

お-じょうぐち【▽御錠口】▶錠口❷

おじょう-さま【▽御嬢様】❶大家の娘、また、主人の家の娘を敬っていう語。❷他人の娘を敬っていう語。❸何不自由なく育てられて世間の苦労を知らない女性。「いくつになっても—で困ったものだ」
(類語)娘・息女・令嬢・箱入り娘・いとはん・子供・子こ・子女・児女・子弟・愛児・子息・息男・息子・伜・子種・子宝・二世・お子さま・令息・お坊っちゃん・お嬢さん

おじょう-さん【▽御嬢さん】「お嬢様」よりもくだけた言い方。若い女性に呼びかけるときにも使う。「お嬢ちゃん」は年少の女児に使う。
(類語)子供・子こ・子女・児女・子弟・愛児・子息・息男・息女・息子・娘・伜・子種・子宝・二世・お子さま・令息・令嬢・お坊っちゃん・お嬢さま

おじょうさん-そだち【▽御嬢さん育ち】大切に育てられたため、世間にうとく、苦労知らずであること。また、そのような女性。「いつまでも—で困る」
(類語)世間知らず・坊ちゃん育ち

お-じょうず【▽御上手】〔名・形動〕❶巧みなようすを敬ったり、また、丁寧にいったりする語。「絵が—ですね」❷「上手❷」に同じ。「—を言う」

お-しょく【汚職】公職にある人が、地位・職権を利用して収賄などの不正な行為をすること。「涜職」の言い換え語。(類語)背任・裏切り・内応・内通・気脈を通じる・背信・背徳・変心・寝返り・密告・おためごかし

お-しょく【▽御職】❶同類の中で最高のもの。随一。「ここの店の—はバクライという献立で」〈万太郎・市井人〉❷仲間うちで頭だった人。「—だけ一つ目のあるとこに住み」〈柳多留・二二〉❸遊女屋で、上位の遊女。初めは江戸吉原遊郭だけでの名。御職女郎。「この吉田屋の—にて」〈洒・錦之裏〉

お-じょく【汚辱】地位・名誉などをけがされることによる、はずかしめ。「—をこうむる」
(類語)恥辱・屈辱・侮辱・凌辱・辱め・恥

お-じょく【汚▽濁】「おだく(汚濁)」に同じ。

おしょく-じょろう【▽御職女郎】「御職❸」に同じ。

おしょ-さん《「おししょう(御師匠)さん」の音変化》「師匠」を敬い、また、親しみをこめていう語。「—、また寝ちまったんですか」〈里見弴・今年竹〉

おし-よ・せる【押(し)寄せる】〔動サ下一〕図おしよ・す〔サ下二〕❶激しい勢いで迫る。「群衆が—・せる」「大波が—・せる」❷押して一方に寄せる。「机を窓際に—・せる」❸押してその方に近づける。「御簾のもと近く(琴ヲ)—・せ給へど」〈源・横笛〉
(類語)寄せる・迫る

オジョルスキー〖Ozerskiy〗ロシア連邦、サハリン州(樺太)南部の村。コルサコフの東約40キロメートルに位置し、アニワ湾に面する。1945年(昭和20)以前の日本領時代には長浜と称し、昆布の産地として知られた。

おしら-こう【おしら講】蚕の神を祭る行事。多く関東の養蚕地帯で、正月19日に行われる。女性だけが参加する。蚕日待ち。

おしら-さま【おしら様】東北地方に伝わる民間信仰の一。神体は約30センチの桑の一対の棒で、男女や馬の顔を彫ったり描いたりし、「おせんたく」とよぶ布を着せる。農神・蚕神として信仰される。おしらぼとけ。おしんめさま。

オシリス〖Osiris〗古代エジプトの冥府の神。大地の神ゲブと天の神ヌートの子。女神イシスと結婚する。弟セトに殺されるが、イシスの秘術で復活し、冥府の神となる。

お・じる【▽怖じる】〔動ザ上一〕図お・づ〔ダ上二〕こわがる。びくびくする。「物の影に—・じる」
(類語)恐れる・こわがる・臆する・おびえる・びくつく・びくびくする・おどおどする・おじける・恐怖する・恐れをなす・悪びれる

お-しろい【白=粉】《お白い、の意。元来は女性語》顔や首筋などにつけて肌を色白に美しく見せるための化粧品。粉おしろい・水おしろい・練りおしろいなどがある。

おしろい-くさ・い【白=粉臭い】〔形〕図おしろいくさ・し〔ク〕❶おしろいのにおいがする。❷水商売のような感じがする。「—・いところが残る」

おしろい-した【白=粉下】おしろいを塗る前に、つきやのびをよくするために地肌に塗る化粧水・クリームなど。化粧下。

おしろい-ちゅうどく【白=粉中毒】昔、おしろいに含まれていた鉛による中毒。皮膚や内臓の障害のほか、胎児や乳児にも重大な障害を起こした。

おしろい-ばな【白=粉花】オシロイバナ科の多年草。園芸上は一年草としても扱われる。高さ約1メートル。葉は広卵形で、対生する。花は夏から秋にかけて咲き続け、色は紅・白色や絞りなどがあり、らっぱ状で、夕方に開く。江戸時代、種子の白い粉をおしろいの代用にした。南アメリカの原産。夕化粧。(季 秋)

おしろい-やけ【白=粉焼け】〔名〕スル おしろいを長期間、使用することにより、皮膚がしだいにつやを失って、茶色になること。

オシログラフ〖oscillograph〗変化の速い現象の時間的な推移を記録する装置。普通は電気信号に変えて記録するものをさす。電磁オシログラフ・陰極線オシログラフなどがある。

オシログラム〖oscillogram〗オシログラフによって記録された図形。

おしろ-ご【御城碁】江戸時代、寺社奉行管轄のもとに、年1回江戸城で行われた碁の御前試合。

おじろ-じか【尾白鹿】シカ科の一種。体は冬毛では暗灰褐色、夏毛は赤褐色。雄は角をもつ。走るときに尾を立て、下面の白色を見せる。南北アメリカの森林に分布。しらおじか。

オシロスコープ〖oscilloscope〗陰極線を利用して、オシログラフによる電気信号の波形をブラウン管上に映し出す装置。電圧・周波数などの観測に利用。陰極線オシログラフ。

おじろ-わし【尾白×鷲】タカ科の鳥。全長約85センチ、翼を開くと約2メートル。全体に茶色で、尾羽が白く、くちばしは黄色。ヨーロッパ・アジアの北部に分布。日本では北海道で少数が繁殖するほか、冬鳥として渡来。天然記念物。(季 冬)

おし-わ・ける【押(し)分ける】〔動カ下一〕図おしわ・く〔カ下二〕群がっているものを左右に押しつけるように分け開く。かき分ける。「夏草を—・けて歩く」

おしわり-むぎ【押(し)割り麦】大麦を押しつぶして割ったもの。おしわり。

お-しん【汚×疹】膿疱や潰瘍などがかさぶた状に固まった状態。

お-しん【悪心】気持ちが悪くて、吐きそうな感じ。吐き気。

おじ-ん《「おじさん」の音変化》若々しさが感じられない中年の男性をいう俗語。嘲笑の気持ちを込めて使われる。「考え方が—くさい」(対)おばん。

お-じん【汚×塵】よごれたちり。

お-しんこ【▽御新▽香】「新香」の丁寧語。
(類語)漬物・お香香・香の物

お-す【小×簾】小さい簾。また、簾。「玉だれの—の外には」〈一葉・暁月夜〉

おす【雄・×牡】動物の性別で、精巣をもち、精子をつくるほう。また、植物で雄花をつけるもの。お。(対)雌。
(類語)男・男性・男子・野郎・男児・おのこ・壮丁・壮夫・士・ますらお・丈夫・紳士・殿方・ジェントルマン

お・す〔動サ特活〕《近世、江戸の遊里語》❶「ある」「居る」の丁寧語。あります。ございます。おります。「まだ妹も—・すから」〈洒・甲子夜話〉❷(補助動詞)形容詞のウ音便形、形容動詞・指定の助動詞「だ」の連用形「で」に付いて、丁寧の意を表す。(で)ございます。(で)あります。「主の心意気が未だ詳かならずで—・すよ」〈黄・盧生夢魂〉(補説)活用は、連用形「おし」、終止形「おす」の用例がみられる。

お・す【押す】〔動サ五(四)〕❶動かそうとして上や横から力を加える。㋐向こうへ動かそうとして力を加える。「荷車を—・す」「—・しても引いても動かない」㋑櫓を使って舟を進める。「櫓を—・す」❷圧力を加える。㋐(「圧す」とも書く)上から重みを加える。「重石で—・す」㋑(「捺す」とも書く)印判などを押しつけて形を写す。「判を—・す」㋒はりつける。「箔を—・す」❸状態・事柄をある基点から先へ進めようとする。㋐強力に迫る。「いま一押し—・せば要求を通せる」㋑威力で押さえつける。優勢になる。圧倒する。「大資本に—・される」㋒そのままで物事を進める。「この方針で—・していく」❹無理にする。強行する。「病を—・して出席する」❺確かめる。「念を—・す」「駄目を—・す」❻一面に行き渡らせる。「春日山—・して照らせるこの月は妹が庭にもさやけかりけり」〈万・一〇七四〉❼軍勢を進める。攻める。「岨伝ひに—・す」〈甲陽軍鑑・三五〉(可能)おせる
(…句)尻を押す・太鼓のような判を捺す・太鼓判を捺す・駄目を押す・念を押す・判で押したよう・横に車を押す・横車を押す・烙印を押される
(類語)押しのける・押しやる・押しまくる・突きのける

押しも押されもせぬ どこへ出ても圧倒されることがない。実力があって堂々としている。押すに押されぬ。「—財界の大立て者」(補説)文化庁が発表した平成15年度「国語に関する世論調査」では、本来の言い方である「押しも**押されもせぬ**」を使う人が36.9パーセント、間違った言い方「押しも**押されぬ**」を使う人が51.4パーセントという逆転した結果が出ている。

押すな押すな 人が押し合うほど、いっぱい詰めかけて混雑しているさま。

押すに押されぬ 「押しも押されもせぬ」に同じ。「—大スター」

お・す【▽食す】〔動サ四〕❶「治める」の尊敬語。統治なさる。しろしめす。「大君の命かしこみ—・す国の事取り持ちて」〈万・四〇〇八〉❷「食う」「飲む」の尊敬語。召し上がる。「献り来し御酒ぞ残さず—・せ」〈記・中・歌謡〉❸「着る」の尊敬語。お召しになる。「臣の子は栲のはかまを七重—・し」〈雄略紀・歌謡〉

お・す【推す】〔動サ五(四)〕《「押す」と同語源》❶人や事物を、ある地位・身分にふさわしいものとして、他に薦める。推薦する。「候補者に—・す」「優良図書に—・す」❷あることを根拠として、他のことを判断する。推し量る。「彼の口ぶりから—・すと失敗したらしい」❸さらに突き詰めて考える。「その点を—・していくと、問題の本質が明らかになる」(可能)おせる

推して知るべし 推し量ればわかるはずだ。容易に推察できる。「他は—」

おす〔感〕若い男性どうしが出会ったときに使うあいさつ語。親しい間柄で使われる。おっす。

お・ず【▽怖づ】〔動ダ上二〕「おじる」の文語形。

お-すい【汚水】汚れた水。汚物・廃液などを含む、家庭・工場などからの排水。「—処理」(類語)濁水・下水

おすい【▽襲】古代の衣服の一。頭からかぶって衣服の上を覆い、下は裾まで長く垂れた衣という。

お-すいもじ【▽御推文字】《「すいもじ」は「推察」などの後半を略したものに「文字」を添えた語》「御推察」の意の女性語。「まだ男の肌を知らない極おぼこなお嬢さんを、跡は言はずと—さ」〈伎・魚屋茶碗〉

オスウィーゴ-うんどう【オスウィーゴ運動】《Oswego movement》19世紀半ば、米国ニューヨーク州のオスウィーゴ師範学校を中心に起こったペスタロッチ主義による教育改革運動。明治初期、これを学んだ高嶺秀夫によって、日本にも伝えられた。

お-すえ【▽御末】❶内裏、または室町時代の将軍家で、諸臣との応対に用いられた奥向きの一室。また、そこに詰めた者。❷江戸時代、将軍家または大名家で、水仕・雑役などに従事した下級の侍女。また、その詰め所。はしため。おはした。

おすえ-しゅう【▽御末衆】室町時代、幕府で雑役・宿直などを務めた下級の武士。御半下衆。

おず-おず【▽怖ず▽怖ず】〔副〕《動詞「おず」の終止形を重ねたもの》恐れてためらいながら物事をするさま。おそるおそる。「―(と)進み出る」
類語 おどおど・びくびく

オスカー〖Oscar〗米国の映画賞のアカデミー賞受賞者に贈られる黄金の小さな彫像。また、アカデミー賞の別名。

オスカー〖OSCAR〗《orbiting satellite carrying amateur radio》アマチュア無線を搭載した人工衛星。アマチュア無線用通信衛星。1961年に米国で世界初のアマチュア無線衛星OSCAR-1が打ち上げられ、それ以後OSCARの名前を冠した多くの衛星が打ち上げられている。

オスカー-しょう【オスカー賞】▶アカデミー賞

おすぎ-おたま【お杉お玉】江戸時代、伊勢神宮の内宮と外宮の中間の間の山に小屋掛けし、三味線・胡弓などを弾いて歌い、旅人から銭をもらっていた女芸人。➡間の山節

おすきや-ぼうず【▽御数寄屋坊主】▶数寄屋坊主

オスグッドシュラッテル-びょう【オスグッドシュラッテル病】米国の整形外科医オスグッド(R.B.Osgood)とスイスの外科医シュラッテル(C.Schlatter)が発見した、骨端症の一。脛骨の結節が突出し、正座時あるいは運動時に痛む病気。発育期の男子に多い。オズグッドシュラッター病。

おず・し【×悍し】〔形ク〕性格が強く、荒々しい。強情で勝ち気である。おそし。「大后の―・きに因りて」〈記・下〉

お-すすめ【▽御勧め｜▽御▽奨め】「すすめ❶」の尊敬語・謙譲語。補説「君のお勧めだから買ったのだ」は尊敬語。「この品がお勧めですよ」は謙譲語。

おすず-やま【尾鈴山】宮崎県中部、児湯郡都濃町と木城町の境にある山。標高1405メートル。尾鈴山地の主峰。東側の名貫川源流部には多くの滝があり「尾鈴山瀑布群」の名で国の名勝に指定。また照葉樹原生林に覆われ、カンラン・シャクナゲの自生地としても知られる。新納山。男鈴山。

お-すそわけ【▽御裾分け】〔名〕スル「裾分け」の丁寧語。お福分け。「―にあずかる」

おすたか-やま【御巣鷹山】群馬県南西部、多野郡上野村にある山。標高1639メートル。昭和60年(1985)8月12日、羽田発大阪行きの日本航空機が付近の尾根に墜落、520名の犠牲者を出した。

オスタンキノ-きゅうでん【オスタンキノ宮殿】《Usad'ba Ostankino》モスクワ北郊にある宮殿。18世紀末、シュレメチェフ伯爵により建造。200人もの観客を収容する劇場をもつ。大理石や漆喰を模した木造の宮殿で、農奴のアルグーノフが設計した。

オスタンド〖Ostende〗▶オーステンデ

オスチャコ-ボグルスク〖Ostyako-Vogul'sk〗ロシア連邦の都市ハンティマンシースクの旧称。

オスティア-アンティカ〖Ostia Antica〗ローマ南西郊にある古代ローマ時代の都市遺跡。紀元前4世紀に植民都市として建設。テベレ川の河口部、ティレニア海に面する貿易港として栄え、最大時の人口は10万人を超えたとされる。3、4世紀頃、土砂の堆積や別の場所での新港建設に伴い衰退した。現在は遺跡公園として公開されており、カピトリウム神殿、野外劇場、七賢人の浴場などの遺跡が残る。

オスティナート〖イタ ostinato〗音楽で、一定の音型を何度も反復する技法。低声部でこれを行うバッソ-オスティナートは、この技法の代表的なもので、「固執低音」「執拗低音」などとも訳される。

オステオパシー〖osteopathy〗整骨療法。病気の原因を骨格のずれ・ゆがみなどに求め、その修復によってあらゆる病気は治るとする。

オストメート〖ostomate〗事故や排泄障害のために、腹部に瘻孔を開け、人工肛門や人工膀胱を備えた人。

オストラコン〖ostracon〗❶古代において、一般に文書として用いられた土器片。❷特に、古代ギリシャで、オストラシズムに用いられた陶片。➡オストラシズム

オストラシズム〖ostracism〗紀元前5世紀、古代ギリシャで行われた僭主出現防止のための市民投票。僭主の可能性のある者の名を陶片(オストラコン)に書いて投票したためこの名がある。票が一定数に達すると、指名された者は10年間追放された。陶片追放。オストラキスモス。補説もと「貝殻追放」と訳された。

オストリッチ〖ostrich〗ダチョウ。また、その革。

オストリッチ-レザー〖ostrich leather〗ダチョウの皮をなめした軽くて丈夫な革。羽根を抜いた跡が盛り上がり、独特の模様をかたちづくる。

オストロフスキー〖Aleksandr Nikolaevich Ostrovskiy〗[1823～1886]ロシアの劇作家。ロシア-リアリズム演劇の祖。作「内輪のことだ、勘定はあとで」「雷雨」「森林」など。

オストロフスキー〖Nikolay Alekseevich Ostrovskiy〗[1904～1936]ソ連の作家。革命運動で活躍。自伝的小説「鋼鉄はいかに鍛えられたか」など。

オストロフスキー-ひろば【オストロフスキー広場】《Ploshchad' Ostrovskogo》ロシア連邦、レニングラード州の都市サンクトペテルブルグにある広場。名称は劇作家A＝N＝オストロフスキーにちなむ。中央にエカチェリーナ2世の像が立ち、周囲にはイタリアの建築家カルロ＝ロッシが設計したアレクサンドリンスキー劇場、国立図書館、アニチコフ宮殿がある。

オストワルト〖Friedrich Wilhelm Ostwald〗[1853～1932]ドイツの物理化学者。酸と塩基の化学親和力、反応速度論と触媒の作用などを研究。1909年、ノーベル化学賞受賞。著「化学の学校」など。

オストワルト-ほう【オストワルト法】白金を触媒に、アンモニアを酸化して硝酸を合成する方法。オストワルトが1902年に完成。アンモニア酸化法。

オズのまほうつかい【オズの魔法使い】《原題、The Wonderful Wizard of Oz》米国の作家ライマン＝フランク＝ボームの児童文学。1900年刊。竜巻によって不思議の国オズに飛ばされた少女ドロシーが、さまざまな冒険を経て故郷に帰るまでを描く。

おす-ひ【×磯▽辺】「いそべ」の上代東国方言。おしへ。「葛飾の真間の手児奈がありしかば真間の―に波もとどろに」〈万・三三八五〉

オスピッツォ-ベルニーナ〖Ospizio Bernina〗スイス東端、グラウビュンデン州のサンモリッツとイタリアのティラノを結ぶベルニーナ急行の駅。同路線の最高地点、標高2253メートルに位置する。眼下にラーゴビアンコ湖、眼前にベルニーナアルプスの最高峰であるピッツベルニーナ山を望む。

お-すべらかし【▽御垂＝髪】▶垂髪

お-すべり【▽御滑り】❶「滑り台」の丁寧語。❷《女房詞から》神仏への供物や貴人の食物・所持品のお下がり。「『あなた、―でございます。一つお戴き遊ばせ』と青柳夫人は菊の御紋をうち出した紅葉雁を東老人にはさむ」〈蘆花・黒潮〉❸布団のこと。「夜のしとねをば、公家にては、よるのおましとも、―とも申さる る由なり」〈貞丈雑記・三〉

オズボーン〖John Osborne〗[1929～1994]英国の劇作家。既成の社会秩序を批判する処女戯曲「怒りをこめて振り返れ」で世に衝撃を与え、「怒れる若者たち」という言葉を生んだ。

オズボーン-ハウス〖Osborne House〗英国イングランド南部、サウサンプトンの南方に浮かぶワイト島北部にある離宮。19世紀中頃、ビクトリア女王とアルバート公のために建造。女王は特に夏の離宮として好んで滞在した。イタリアルネサンス風の外観をもち、インド風の装飾を施した広間やインドの風景を描いた絵画コレクションがある。

お-すまい【▽御住(ま)い】相手を敬ってその住居をいう語。➡住まい

オズマ-けいかく【オズマ計画】《Ozma Project》近い恒星から出る電波を大型電波望遠鏡で受信して、高度の知力をもつ宇宙人の存在を確かめようとする米国の宇宙探査計画の一つ。補説米国の児童文学「オズの魔法使い」シリーズの登場人物オズマ姫にちなむ。

お-すまし【▽御澄まし】〔名〕スル❶取り澄ますこと。また、その人。「そんなに―しなくてもいいんだよ」❷「澄まし汁」を丁寧にいう語。

オスマン〖Osman〗(1世)[1258～1326]オスマン帝国の初代君主。在位1299～1326。小アジアのトルコ系遊牧民の族長エルトゥルルの子。オスマン＝ベイ。オットマン。

オスマン-ご【オスマン語】オスマン帝国時代にトルコで使われた言語。現代トルコ語の前身。

オスマンダ〖osmunda〗ゼンマイの根茎。乾燥させたものを洋ランの植え込み材料として使う。

オスマン-ちょう【オスマン朝】▶オスマン帝国

オスマン-ていこく【オスマン帝国】1299年、オスマン1世が小アジアに建国したトルコ系イスラム国家。地中海周辺のアラブ諸地域、バルカン半島をも支配下におき、アッバース朝滅亡後のイスラム世界の覇者として君臨。16世紀のスレイマン1世のころが最盛期。17世紀末から衰退に向かい、第一次大戦に同盟国側に加わって敗北。1922年、トルコ革命により滅亡。オスマン朝。オスマン-トルコ。オットマン帝国。

オスマン-トルコ〖Ottoman Turkey〗▶オスマン帝国

オスミウム〖osmium〗白金族元素の一。青灰色の硬い金属。比重は物質中最大の22.5。合金として電気接点材料・ペン先などに使用。元素記号Os 原子番号76。原子量190.2。

お-すみつき【▽御墨付き】❶室町・江戸時代、幕府や大名から、後日の証拠として臣下に与えた花押のある文書。❷権力・権威のある人の与える保証。「公認の―をもらう」

おすもう-さん【▽御相-撲さん】相撲取りを親しんで呼ぶ語。

お-すもじ【▽御す文字】《女房詞から》❶《御酢文字の意》「鮨」の丁寧語。「近ごろは、―でもお結びでも一口にいけますし」〈康成・十六歳の日記〉❷《御推文字の意》推察の意の尊敬語。ご推察。おすいもじ。「その折からのせつなさ、申さねとても、―あれかしに候」〈浮・御前義経記・七〉

オスロ〖Oslo〗ノルウェー王国の首都。同国南東部、フィヨルドの湾奥にあり、不凍の良港を有する。造船・機械などの工業が盛ん。旧称クリスチャニア。人口、行政区57万(2008)。

オスロ-ごうい【オスロ合意】《交渉がノルウェーの首都オスロで行われたことから》イスラエルとPLO(パレスチナ解放機構)の間で合意した、ヨルダン川西岸・ガザ地区でのパレスチナ人による暫定的な自治の実施に関する一連の協定。ノルウェーのホルスト外相らにより極秘交渉が進められ、1993年にワシントンで調印。1995年には自治区を拡大するオスロ合意Ⅱが調印され、翌年パレスチナ暫定自治政府が成立。パレスチナ暫定自治合意。➡中東和平会議

オスロ-こくさいへいわけんきゅうじょ【オスロ国際平和研究所】世界の安定的平和や国際紛争の平和的解決のための研究・情報公開をする国際機関。1959年ヨハン＝ガルトゥングにより創設され、平和研究機関の先駆となる。PRIO(Peace Research Institute Oslo)。

オスロ-じょうやく【オスロ条約】▶クラスター爆弾禁止条約

オスロ-だいせいどう【オスロ大聖堂】《Oslo Domkirke》ノルウェーの首都、オスロの中心部にある大聖堂。同国の国教であるキリスト教ルーテル派の総本山。17世紀末に建造、19世紀半ばに改築され、現在の姿になった。6000本のパイプがあるパイプオルガンが有名。

オスロ-プロセス〖Oslo process〗クラスター爆弾禁止条約の締結を目的とした交渉過程のこと。同爆弾の主要生産・保有国が参加するCCW(特定通常

兵器使用禁止制限条約)では規制に向けた交渉が進展しなかったことから、ノルウェーを中心とする有志国やNGOなどが主導して、2007年2月に協議・交渉を開始。15か月の短期間で条約を採択した。➡オタワプロセス 補説 2007年2月にオスロで国際会議で禁止条約の策定を提言。3回の国際会議を経て合意を形成し、2008年5月のダブリン会議で条約を採択。同年12月にオスロで署名式を行った。同プロセスでは、ノルウェーと連携して、国際的NGO連合体のクラスター爆弾連合(CMC)、オーストリア・バチカン市国・アイルランド・メキシコ・ニュージーランド・ノルウェー・ペルーの各国および国連開発計画(UNDP)・赤十字国際委員会(ICRC)などの国際組織が中心的な役割を果たした。

お-すわり【▽御座り】〔名〕スル ❶座ることをいう幼児語。「―してお絵かきしなさい」❷犬に座るように命令するときにいう語。「―、お手」

オスンオソボ-せいりん【オスンオソボ聖林】《Osun-Osogbo》ナイジェリアのオスン州の州都オソボにある原生林。ヨルバ族の豊穣の女神オスンが住むといわれる聖なる森で、オスンや他の神々を祭る社や礼拝所が置かれている。2005年、世界遺産(文化遺産)に登録された。オスンオソボの聖なる森。

おぜ【尾瀬】をぜ 群馬・福島・新潟の3県にまたがって広がる、尾瀬沼や尾瀬ヶ原を中心とする地域。燧ひうちヶ岳・至仏しぶつ山などを含む。日本最大の高層湿原で、ミズバショウなど湿性植物の宝庫。平成17年(2005)ラムサール条約に登録。日光国立公園の一部だったが、同19年に尾瀬国立公園として分離した。

オセアニア〖Oceania〗六大州の一。太平洋のポリネシア・メラネシア・ミクロネシアの諸島とオーストラリア大陸・ニュージーランドなどの総称。大洋州。

お-せいぼ【▽御歳暮】「歳暮❷」に同じ。

おせ-おせ【押せ押せ】《動詞「お(押)す」の命令形を重ねた語》❶試合や勝負事などで、勢いに乗じて相手を一気に圧倒すること。「―で行く」「―ムード」❷日程や仕事がたてこんで、時間の余裕がなくなること。「仕事が―になる」

おぜき-さんえい【小関三英】をぜき ▶こせきさんえい

おぜ-こくりつこうえん【尾瀬国立公園】をぜコクリツコウヱン 群馬県北部を中心に福島・新潟・栃木の4県にまたがる国立公園。尾瀬沼・至仏しぶつ山・燧ひうちヶ岳・会津駒ヶ岳などがある。昭和9年(1934)に日光国立公園として国立公園に指定されたが、植生や地形が栃木県の日光地区とは異なることから、平成19年(2007)に分離し、会津駒ヶ岳などを加えて独立指定された。

お-せじ【▽御世辞】相手を敬って、その人への世辞をいう語。「―を使う人」

お-せせ《おせわ(世話)」の変化という》よけいな世話を焼くこと。おせっかい。「きつい―だの」〈滑・浮世風呂・三〉

おせせの蒲焼かばやき（「世話を焼く」を「蒲焼き」にかけて)いらぬ世話を焼くこと。よけいなおせっかい。大きなお世話。「いらぬ―やい」〈滑・浮世床・初〉

おぜ-そう【尾瀬草】をぜサウ ユリ科の多年草。尾瀬の至仏しぶつ山で発見され、日本特産。高さ約20センチ。根茎が横にはい、線形の葉が根元から出る。夏、黄緑色の花を総状につける。

お-せち【▽御節】❶節せちの日に特に作る料理や御供えの餅もち。節供せち。❷正月や五節句などの節日せちにちのこと。節せち。

おせち-りょうり【▽御節料理】―レウリ 節の日に作る料理。特に正月用の料理をさし、煮しめ・昆布巻・ごまめ・きんとん・かまぼこ・数の子・なます・伊達巻だてまきやコハダの粟漬あわづけなど。重箱に詰めておく。おせち。

お-せっかい【▽御節介】〔名・形動〕出しゃばって、いらぬ世話をやくこと。また、そういう人や、そのさま。「―をやく」「―な人」
類語 口出し・手出し・ちょっかい・干渉・介入・容喙ようかい

おせなが【を背長】を〔形動ナリ〕胴の長いさま。「居丈いだけの高く、―に見え給ふに」〈源・末摘花〉

おぜ-ほあん【小瀬甫庵】をぜ［1564〜1640］安土桃山・江戸初期の儒学者・医者。尾張の人。名は道喜。豊臣秀次・堀尾吉晴・前田利常に仕えた。著「太閤記」「信長記」など。

オセルタミビル〖Oseltamivir〗抗インフルエンザウイルス薬の一つ。商品名タミフル。1999年にスイスの製薬会社ロシュが発売、日本では平成13年(2001)2月に健康保険適用となり、ロシュグループの中外製薬が製造・販売している。経口薬でカプセルとドライシロップの2種があり、世界生産量の70パーセント以上が日本で使用されている。服用による異常行動が報告されたため、10代の患者への使用は制限されているが、因果関係は明らかではない。オセルタミビルが効きにくい耐性ウイルスが世界的に拡大していることが確認されている。➡ザナミビル ➡ノイラミニダーゼ

オセロ〖Othello〗㊀シェークスピアの四大悲劇の一。5幕。1604年ごろ初演。ムーア人の将軍オセロは部下イヤゴーの奸計かんけいに乗せられて妻デズデモーナの貞操を疑い、殺害したあと、真相を知って自殺する。㊁縦横8ずつ計64のますの盤と、白と黒の二面の丸い駒を使う二人用のゲーム。交互に必ず相手の駒を挟むように駒を置き、挟んだ駒を自分の色に変えてその数を競う。商標名。オセロゲーム。補説 ㊁は、「リバースゲーム」などと言い換える。

オセロ-ゲーム《和 Othello＋game》▶オセロ㊁

オセロット〖ocelot〗ネコ科の哺乳類。体長65〜95センチ、尾長25〜45センチで、体にはヒョウに似た斑点がある。南北アメリカの森林に分布。

オセロ-とう【オセロ塔】―タフ《Othello Kalesi》キプロス北部の港町ファマグスタにある塔。旧市街を囲む城壁の海側に位置する。14世紀に塔と城塞が築かれ、ベネチア共和国時代に堅固な城壁が加わった。城門には、ベネチアの紋章である翼をもつ獅子のレリーフがある。シェークスピアの悲劇「オセロ」の舞台。

お-せわ【▽御世話】「世話㊀❶・❷」の尊敬語・謙譲語。補説「お世話になる」は尊敬語、「病人のお世話をする」は謙譲語。

おせわ-さま【▽御世話様】〔名・形動〕他人が自分のために力を尽くしてくれたことに対して、お礼の気持ちをこめていう語。多く、あいさつの言葉に用いる。「どうも―でした」

お-せん【汚染】ヲ―〔名〕スル 汚れること。特に、細菌・ガス・放射能などの有毒成分やちりなどで汚れること。また、汚すこと。「工場廃液が河川を―する」「大気―」
類語 汚点・汚され・汚ぶれ

お-せん【▽御煎】「おせんべい」を略していう語。煎餅のこと。「―にキャラメル」

御煎にキャラメル《「御煎」は「おせんべい」の略》昔、映画館などで休憩時間に菓子を売り歩いた売り子の呼び声。

お-ぜん【▽御膳】膳を、出す相手を敬い、また、丁寧にいう語。食卓・食事をいうこともある。

おせんころがし【お仙転がし】千葉県南東部、勝浦市の海岸の断崖。昔、孝女お仙が転落したという伝説がある。

おせんしゃふたん-の-げんそく【汚染者負担の原則】ヲセンシャフタン― ▶ピー-ピー-ピー(PPP)

オゼンセ〖Odense〗▶オーデンセ

お-ぜんだて【▽御膳立て】〔名〕スル「膳立ぜんだて」に同じ。「―を調える」「旧友との対面を―する」

お-センチ【▽御センチ】〔形動〕《「センチ」は「センチメンタル」の略》感じやすく涙もろいさま。感傷的。センチ。「―な女の子」

おせん-まい【汚染米】ヲセン― かび毒や基準以上の残留農薬で汚染された、食用にならない米。➡事故米

お-そ【悪阻】ヲ― つわり。

おそ【遅】【鈍】《形容詞「おそい」の語幹》心の働きの鈍いこと。愚か。まぬけ。「みやびをと我は聞けるをやど貸さず我を帰せり―のみやびを」〈万・一二六〉

おそ【▽獺】をそ カワウソの別名。「片身壊こわうて―が食べてござる」〈虎明狂・鱸庖丁〉

おそ-あき【▽晩秋】秋のすえ。ばんしゅう。「―の静かなる落日いりひのなかに」〈白秋・謀叛〉季 秋

おそ-あし【遅足】ゆっくり歩くこと。

おそい【襲】おそひ ❶上着。女房などが、袿うちき・打ち衣ぎぬの上に着たもの。「御―はいづれをかか奉らむ」〈宇津保・内侍督〉❷上を覆うもの。覆い。「車の簾、かたはらなどに挿し余りて、―、棟などに」〈枕・九九〉❸屏風びょうぶの縁を押さえる添え木。襲木おそいぎ。「―にはみな蒔絵まきえしたり」〈栄花・衣の珠〉❹屋根板を押さえる石や木。「今朝、―の石、水門へおびただしく落ちて候ふほどに」〈戴恩記〉

おそ-い【遅い】【▽鈍い】〔形〕文おそ・し〔ク〕❶物事の進む度合いが小さい。動作・進行などに時間がかかる。のろい。「列車の進み方が―・い」「仕事が―・い」「進歩が―・い」「物わかりが―・い」⇔速い。❷(「晩い」とも書く)ある基準より、かなり時がたっている。時期が遅れている。「―・い朝食をとる」「もう―・いから寝よう」「今年は花が―・い」⇔早い。❸時機に遅れている。間に合わない。「悔やんでももう―・い」
派生 おそさ〔名〕類語 (❶)のろい・のろくさい・まだるい・まだるっこい・とろい・緩慢・緩徐・遅緩・スロー・スローモー・遅遅ちち・のろのろ・そろそろ・ゆっくり/(❸)手遅れ・後あとの祭り

遅かりし由良之助ゆらのすけ《歌舞伎「仮名手本忠臣蔵」で、大星由良之助が主君塩冶えんや判官の切腹の場に駆けつけるのが遅れたところから》待ちかねた場合、また、機を逸して用をなさない場合に使う言葉。

遅きに失・する 遅すぎて間に合わなくなってしまう。用をなさない。「救援は―・した」補説「遅きに逸する」とするのは誤り。

おぞ-い【▽悍い】〔形〕文おぞ・し〔ク〕❶気が強い。強情だ。おぞましい。「うちの后、いと―・く心賢くおはし給ふ」〈宇津保・国譲中〉❷恐ろしい。こわい。「おどろおどろしく―・きやうなりとて」〈源・蜻蛉〉❸悪賢い。ずるい。「そちが今度の―・い仕様」〈浄・歌念仏〉

おぞ-い【▽鈍い】〔形〕文おぞ・し〔ク〕《「おそい」の音変化》頭の働きがにぶい。気が利かない。愚かだ。「―・いこと仕しした、行き過ぎたこと仕たと悔んでも」〈露伴・椀久物語〉

おそい-かか・る【襲い掛(か)る】おそひ―〔動ラ五(四)〕相手に向かって危害を加えようと突然向かっていく。「猛犬が―・ってきた」
類語 攻撃・襲撃・急襲・強襲・突撃・進撃・進攻・侵攻・攻勢・狙ねらい撃ち・征伐せいばつ・総攻撃・攻略・直撃・追撃・挟み撃ち・挟撃・出撃・追い撃ち・追撃・アタック・襲おそう・攻める・攻めかかる・攻め立てる

おそ・う【襲う】おそふ〔動ワ五(ハ四)〕❶不意に攻めかかる。不意に危害を加える。襲撃する。「敵を―・う」「寝込みを―・う」「暴漢に―・われる」❷不意にやって来る。急におしかける。「新婚家庭を―・う」「清い香りがかすかに鼻を―・う気分がした」〈漱石・草枕〉❸風雨や地震などが起こって、被害を及ぼす。「津波が三陸沿岸を―・う」❹(多く受け身の形で)好ましくないことが、覆いかぶさるようにやってくる。「死の恐怖に―・われる」「激痛に―・われる」➡魘うなされる ❺家系・地位などを受け継ぐ。「先代の跡を―・う」❻押しつける。のしかかる。「船は―・ふ、海のうちの空を」〈土佐〉可能 おそえる 類語 (❶)攻撃・襲撃・急襲・強襲・突撃・進撃・進攻・侵攻・攻勢・狙ねらい撃ち・征伐せいばつ・総攻撃・攻略・直撃・追撃・挟み撃ち・挟撃・出撃・追い撃ち・追撃・アタック・襲いかかる・攻める・攻めかかる・攻め立てる/(❺)継ぐ・受け継ぐ・引き継ぐ・受ける

おそ-うし【遅牛】《「おそうじ」とも》歩みの遅い牛。

遅牛も淀よど早牛はやうしも淀 京を出発した牛は、歩みが遅くても速くても、結局、淀に着くことに変わりはない。ものに遅速はあっても、結果においては同じであることのたとえ。

お-そうしき【▽御葬式】―サウシキ「葬式」の尊敬語・丁寧語。補説「お葬式に参列する」は尊敬語、「近所にお葬式があった」は丁寧語。

お-そうそう【▽御草草】―サウサウ〔形動〕文〔ナリ〕客あしらいの粗末であるさま。あいさつ語として使う。「茶も注いれねえで、余まり―だっけね」〈柳浪・骨ぬすみ〉

おそうそう-さま【▽御草草様】オサウサウ〔形動〕図〔ナリ〕「御草草」をさらに丁寧にいう語。

おそ-うまれ【遅生(ま)れ】4月2日から12月31日までに生まれたこと。また、その人。同じ年の早生まれの子供より1年遅く就学するところからいう。⇔早生まれ。

おそかれ-はやかれ【遅かれ早かれ】〔副〕時期に遅い早いの違いはあっても。いつかは。早晩そうばん。「—返事はよこすだろう」[類語]何時いつか・軈やがて・近日・そのうち・いずれ・近近・早晩・追って

おそ-き【襲着|襲▽衣】上に重ねて着る衣。上着。「栲衾たくぶすま白山風の寝なへども児ろがーのあろこそ良えしも」〈万・三五〇九〉

おそき-ひ【遅き日】〔連語〕《「遅日ちじつ」を訓読みにした語》春の日。日なが。(季 春)

お-ぞく【汚俗】ヲ けがれた風俗。悪風。

おそく-とも【遅くとも】〔副〕「遅くも」に同じ。「—明日には仕上がる」

おそく-も【遅くも】〔副〕遅くなったとしても。遅くとも。「—夕方までには帰る」

おぞ-け【▽怖気】こわがる心。おじけ。「—がつく」

怖気を震ふるう 恐ろしさに身ぶるいをする。非常に恐ろしく思う。「—って立竦たちすくむと涼しさが身に染みて」〈鏡花・高野聖〉

おぞけ-だ・つ【▽怖気立つ】〔動タ五(四)〕恐ろしさや、いとわしさで身の毛がよだつ。おじけだつ。「髪を解いた生際はえぎわの抜上り方が—・つほど厭いとわしく」〈荷風・ふらんす物語〉

おそ-ざき【遅咲き】❶同類のものより時期が遅れて花が咲くこと。また、その草木。⇔早咲き。❷世に出るのに時間のかかった人をたとえていう語。「30代半ばで陶芸の道に入り成功した—の人」⇔早咲き。

おそ-ざくら【遅桜】遅咲きの桜。(季 春)「風声の下おり居の君や—/蕪村」

おそし-さま【▽御祖師様】祖師の尊称。特に、日蓮宗で日蓮の尊称。

おそ-じも【遅霜|▽晩霜】晩春・初夏のころの季節はずれの霜。晩霜ばんそう。

おそ-ぢえ【遅知恵】ヂヱ ❶子供の知恵の発達のしかたが遅れていること。奥知恵。❷事が終わったあとに出てくる知恵。あと知恵。

おそ-で【遅出】❶いつもより遅く出勤すること。⇔早出はやで。❷遅番おそばん。⇔早出はやで。

お-そなえ【▽御供え】ソナヘ ❶神仏に供える物。金・食品・花など。おそなえもの。お供物くもつ。❷「御供え餅」の略。[類語]供物・盛り物・捧げ物

おそなえ-もち【▽御供え餅】オソナヘ 正月や祭礼のときに、神仏に供える餅。鏡餅。

おそなえ-もの【▽御供え物】オソナヘ「御供え❶」に同じ。

おそなわ・る【遅なわる】オソナハ〔動ラ五(四)〕遅くなる。遅れる。「阿母おっかさん、大層—・りました」〈蘆花・不如帰〉

おその-ろくさ【お園六三】寛延2年(1749)に起こった大坂南地の遊女お園と大工の六三郎との心中事件を脚色した、浄瑠璃・歌舞伎などの通称。常磐津節「三世相錦繍文章さんぜそうにしきぶんしょう」が有名。

お-そば【▽御▽側】❶貴人・主君を敬って、その近辺をいう語。❷主君の身近に仕える人。近習きんじゅ・腰元など。「奥勤めの—玉章たまづさ」〈人・娘節用・前〉

おそ-ば【遅場】稲の成熟の遅い地方。⇔早場はやば。

おそ-ば【×齵歯】八重歯やえば。〈和名抄〉

おそば・う【動ハ下二】ふざける。じゃれる。そばえる。「—・へて、あれおしこぼちてむと腹立ちののしれば」〈落窪・一〉

おそば-ごようにん【▽御▽側御用人】►側用人そばようにん

おそば-さらず【▽御▽側去らず】常に主君のそばに仕えている家来。主君の寵愛ちょうあいの厚い側近。「平家譜代の—、瀬尾の十郎兼氏」〈浄・布引滝〉

おそば-しゅう【▽御▽側衆】►側衆そばしゅう

おそば-ちたい【遅場地帯】農林水産省が米(水稲)の作柄を調査する際の区分の一つ。早場地帯の19道県と二期作を行う沖縄県を除く27都府県。

おそば-づき【▽御▽側付き】貴人・主君のそばに仕えること。また、その人。

おそば-まい【遅場米】稲の収穫期の遅い地方でとれる米。⇔早場米。

おそ-ばん【遅番】交代制勤務で、後から出勤するほうの番。遅出おそで。⇔早番はやばん。

おそ-ひ【遅日】「遅き日」に同じ。

おそ-びん【遅便】郵便や飛行機などの定期便のうち、その日のうちで遅く出発したり到着したりするもの。⇔早便。

おそぶ・る【動ラ四】押して揺さぶる。「嬢子おとめの寝なすや板戸を—・らひ」〈記・上・歌謡〉

おそ-まき【遅×蒔き】❶時期を遅らせて種をまくこと。また、その品種。「—の麦」❷(多く「おそまきながら」「おそまきでも」の形で)時機に遅れて物事をすること。「—ながら調査に乗り出す」

おぞまし・い【×悍ましい】〔形〕図おぞま・し〔シク〕❶いかにも嫌な感じがする。ぞっとするほど、いとわしい。「口にするのも—・い事件」❷我がが強い。強情だ。「かく—・しくは、いみじき契り深くとも絶えてまた見じ」〈源・帚木〉❸たけだけしく、恐ろしい。こわい。「いづくにも守護といふものの、日代よりは—・しきを据ゑたれば」〈増鏡・久米のさら山〉[派生]おぞましげ〔形動〕おぞましさ〔名〕[類語]いとわしい・忌まわしい・うとましい

おぞまし・い【▽鈍ましい】〔形〕図おぞま・し〔シク〕にぶい。愚かしい。「絵画や書の事になると葉子は—・くも鑑識の力がなかった」〈有島・或る女〉

お-そまつ【▽御粗末】〔形動〕下等・低級であるとして、ひやかし、また謙遜・自嘲などの気持ちをこめていう語。「値段の割には—な料理」「我ながら—な話だ」

おそまつ-さま【▽御粗末様】〔形動〕他人に提供したものについて礼を言われたとき、謙遜の気持ちをこめていう語。「—でございました」

おそ-まつり【×獺祭(り)】をそ►だっさい(獺祭)

おそめ【お染】歌舞伎舞踊。清元。本名題「道行浮塒鴎みちゆきうきねのともどり」。4世鶴屋南北作詞、初世清元斎兵衛作曲。文政8年(1825)江戸中村座初演。心中しようと隅田川の堤へ来かかったお染と久松に、猿回しが意見する。

おそ-め【遅め】〔名・形動〕❶決まった時刻よりやや遅いこと。また、そのさま。「ふだんより—に家を出る」❷速さが普通よりやや遅いこと。また、そのさま。「—なペースで走る」

おそめ-はんくろう【お染半九郎】ハンクラウ 歌舞伎「鳥辺山心中」の両主人公の名。

おそめ-ひさまつ【お染久松】宝永5年(1708)に起こった大坂瓦屋橋かわらやばし油屋の娘お染と丁稚でっち久松の心中事件を題材にした浄瑠璃・歌舞伎などの通称。浄瑠璃「新版歌祭文」、歌舞伎狂言「お染久松色読販うきなのよみうり」など。

おそめひさまつうきなのよみうり【お染久松色読販】歌舞伎狂言。世話物。3幕。4世鶴屋南北作。文化10年(1813)江戸森田座初演。早変わりを見せ場とするお染久松物。通称「お染の七役」。

おそらかん-ざん【恐羅漢山】広島県山県やまがた郡安芸太田あきおおた町と島根県益田ますだ市の境にある山。標高1346メートル。冠山かんむりやま山地の一峰で広島県の最高峰。県内有数の豪雪地帯で、中腹北東斜面にスキー場がある。西中国山地国定公園に属する。

おそらく【恐らく】〔副〕《「恐らくは」の略》❶確度の高い推量を表す語。きっと。「明日は—雨だろう」❷はばかりながら。「身共は一人ぢゃと思うて、あなどっておぢゃるが、—、いづれも大勢なれども、負くる太郎ではおりないぞ」〈虎寛狂・千切木〉➡多分たぶん[用法]

[類語]多分・どうやら・大抵

おそらく-は【恐らくは】《動詞「おそる」のク語法「おそるらく」に係助詞「は」の付いた「おそるらくは」の音変化》㊀〔副〕❶「恐らく❶」に同じ。「—もう会えないだろう」❷「恐らく❷」に同じ。「—貞敏に授け残しし曲の侍るを授け奉らんと申す」〈十訓抄・一〇〉㊁〔連語〕恐れることは。「—なほ此の心得る事如何」〈拾玉得花〉

おそり【恐り】《動詞「恐る」(上二段)の連用形から》心配。危険。おそれ。「このわたり、海賊の—ありといへば」〈土佐〉

おそ・る【恐る|▽怖る|畏る|×懼る】㊀〔動ラ上二〕「恐れる」に同じ。「善根には微少なる広説せば、ないし後世の苦果を見ず—・りじ」〈東大寺本地蔵十輪経元慶七年点〉㊁〔動ラ四〕「恐れる」に同じ。「若もし疾疫の鬼魅きみ身に著くこと—・らば」〈不空羂索神呪心経寛徳二年点〉㊂〔動ラ下二〕「おそれる」の文語形。[補説]古語では、「かつは人の耳におそり、かつは歌の心に恥ぢ思へど」〈古今・仮名序〉のように、上二段・四段のいずれかはっきりしない例が多いが、上二段活用のほうが多く現れる。

おそる-おそる【恐る恐る】〔副〕恐れからひどく緊張して事を行うさま。「—丸木橋を渡る」[類語]こわごわ

おそる-べき【恐るべき】〔連語〕❶恐れなければならない。恐れるのが当然の。「—自然破壊」❷程度がはなはだしいさま。非常な。「—速さ」

おそれ【恐れ|畏れ|虞】❶こわがる気持ち。恐怖。不安。「将来への漠たる—」❷敬い、かしこまる気持ち。畏怖いふ・畏敬いけいの念。「神の偉大さに—をいだく」❸よくないことが起こるかもしれないという心配。懸念。「自殺の—がある」[類語](❶)恐怖・畏怖/(❸)懸念・憂慮・取り越し苦労・危惧きぐ・杞憂きゆう・悲観・危険・心配・不安・危惧き・疑懼ぎく・胸騒ぎ・気がかり・心がかり・不安心・憂い

恐れ入谷いりやの鬼子母神きしもじん 《「恐れ入りやした」の「いりや」を地名の「入谷」に掛け、同地にある「鬼子母神」と続けたもの》「恐れ入りました」をしゃれていう語。

恐れをな・す ❶ひどい目にあうのではないかとこわがる。「仕返しされるのではないかと—・す」❷あまりのすごさに、遠慮したい気持ちになる。「受験者の多さに—・して引き下がる」

おそれ-い・る【恐れ入る|畏れ入る】〔動ラ五(四)〕❶相手の好意などに対して、ありがたいと思う。恐縮する。「ご厚情のほど—・ります」❷相手に失礼したり、迷惑をかけたりしたことに対して、申し訳なく思う。「恐れ入りますが」の形で、ものを頼んだり尋ねたりするときなどのあいさつの言葉としても用いる。恐縮する。「ご心配をおかけして—・ります」❸あまりのことに驚き入るばかりである。㋐相手の才能・力量に太刀打ちできないと思う。脱帽する。「—・った腕前だ」㋑物事のひどさにあきれる。「あれで秀才とは—・るよ」❹非常にこわがる。「この法師いよいよ—・りたり」〈著聞集・一七〉

[類語]驚く・びっくりする・どきっとする・ぎくっとする・ぎょっとする・たまげる・仰天する・動転する・喫驚きっきょうする・驚愕きょうがくする・驚倒する・一驚する・驚嘆する・瞠目どうもくする・あきれる・唖然あぜんとする・愕然がくぜんとする・呆気あっけにとられる・目を疑う・目を丸くする・目を見張る・息をのむ・肝きもをつぶす・腰を抜かす・参る

おそれ-おお・い【恐れ多い|畏れ多い】オホイ〔形〕図おそれおほ・し〔ク〕❶貴人や尊敬する人などに対して、失礼になるので申し訳ない。「—・いことですが一言申し上げます」❷わが身にはありがたく、もったいない。「—・くも国王からお言葉を賜る」[類語]有り難い・勿体もったい無い・忝かたじけない・嬉うれしい・恐縮・幸甚

おそれ-おのの・く【恐れ▽戦く】ヲノノ〔動カ五(四)〕恐ろしさのためにからだが震える。ひどく恐れる。「一連の放火事件に住民は—・いている」

おそれ-げ【恐れ気】恐れるようす。「—もなく」

おそれ-ざん【恐山】青森県、下北半島北部の火山。標高828メートル。山頂はカルデラが形成され、火山湖や温泉があり、多数の硫気孔が異様な景観を呈する。湖岸の円通寺では7月の地蔵講に「いたこ」とよばれる巫女みこの口寄せが行われる。宇曽利うそり山。

おそ-レス【遅レス】インターネット上の電子メールや掲示板(BBS)のやり取りで、ある程度時間が経過してから返事を書くこと。また、その返事。➡即レス ➡亀レス

おそれ-ながら【恐れ×乍ら】〔副〕恐れ多いことですが。恐縮ですが。「—申し上げます」

おそ・れる【恐れる|▽怖れる|畏れる|×懼れる】

〔動ラ下一〕図おそ・る〔ラ下二〕❶危険を感じて不安になる。恐怖心を抱く。「報復を―・れる」「死を―・れる」「社会から―・れられている病気」❷よくないことが起こるのではないかと心配する。危ぶむ。「失敗を―・れるな」「トキの絶滅を―・れる」❸近づきがたいものとしてかしこまり敬う。畏敬いけいする。「神をも―・れぬしわざ」❹《近世江戸語》「恐れ入る❸㋑」に同じ。「栄螺さざえの壺へ赤辛螺あかにしを入れて出すから―・れらあ」〈洒・四十八手〉 類語(❶)こわがる・臆おくする・おびえる・びくつく・びくびくする・おどおどする・おじる・おじける・恐怖する・恐れをなす・悪びれる/(❷)危惧きぐする・危懼きくする・懸念する・憂える・気づかう/(❸)憚はばかる・畏怖いふする・畏かしこまる・謹む

おそろ【恐ろ】〔形動〕《形容詞「おそろし」の語幹から出た近世江戸語》❶恐れ入ったさま。「この白紙はくしをしたためおき、水にひたせばみな読める。こりゃ―だ」〈浄・矢口渡〉❷恐ろしいさま。「あれ―の有様やな、助け給へ」〈黄・高漫斎〉

お-そろい【▽御×揃い】おそろい ❶二人以上の人が連れ立っていることを敬っていう語。「皆さん―でおいでください」❷衣服の色柄や持ち物などが同じであることを丁寧にいう語。「―のセーター」

おそろし・い【恐ろしい】〔形〕図おそろ・し〔シク〕《動詞「恐る」の形容詞化》❶危険を感じて、不安である。こわい。「―・い目にあう」「戦争になるのが―・い」「ほめるだけほめて後が―・い」❷程度がはなはだしい。㋐驚くほどすぐれている。はかりしれない。「―・く頭の回転が速い」「人の一念とは―・いものだ」㋑驚きあきれるほどである。ひどい。「―・く寒い」「こんなことも知らないとは―・い」 派生 おそろしがる〔動ラ五(四)〕おそろしげ〔形動〕おそろしさ〔名〕

用法 おそろしい・こわい――「草原で恐ろしい毒蛇にあい、怖かった」「彼の恐ろしい考えを知って、怖くなった」のように用いる。それぞれの「恐ろしい」「怖い」を入れ換えるのは不自然である。◆「恐ろしい」は、「怖い」に比べて、より客観的に対象の危険性を表す。「怖い」は主観的な恐怖感を示す。「草原で恐ろしい蛇にあって」も「怖い」とは感じない場合もあるわけである。◆「恐ろしい」は、「日曜の行楽地は恐ろしいばかりの人出だ」「習慣とは恐ろしいものだ」のように、程度がはなはだしいとか、驚くほどだ、ということを示す場合もある。この場合、「怖い」とはふつう言わない。「怖いほどの人出」と言えば、自分に危険が及びそうな、という主観的表現となる。

類語(❶)怖い・おっかない・空恐ろしい・物恐ろしい・おどろおどろしい・気味悪い・無気味・不安・恐れる・心配・懸念・危惧きぐ・危懼きく・疑懼ぎく・恐れ・胸騒ぎ・気がかり・心がかり・不安心・心細い・心許こころもとない・憂い・危なっかしい・おぼつかない/(❷)とても・非常・大層・大変・極めて・至って・甚はなはだ・頗すこぶる・至極しごく・極ごく・いとも・実に・まことに・大いに・いたく・ひどく・すごく・ものすごく・滅法めっぽう

おそわ・る【教わる】をそはる〔動ラ五(四)〕教えを受ける。教えてもらう。「小学校で―・った先生」「やり方を―・る」 類語 習う・学ぶ・修める・修する

おそわ・る【×魘はる】おそはる〔動ラ下二〕「おそわれる」の文語形。

おそわ・れる【×魘われる】おそはれる〔動ラ下一〕図おそは・る〔ラ下二〕《動詞「おそ(襲)う」の未然形＋受身の助動詞「れる」から》夢の中で、怖い目にあって苦しめられる。うなされる。「悪夢に―・れる」

お-そん【汚損】ヲ〔名〕スル 物が汚れたり傷んだりすること。また、汚したり傷めたりすること。「器物を―する」 類語 痛む・傷つく・損ずる・損傷する・毀損きそんする・損耗する・磨損する・腐る

オゾン〖ozone〗特有の生臭い匂いのある淡青色の気体。酸素の同素体で、酸素分子に紫外線などが作用して生じる。酸化力が強く、消毒・殺菌・漂白に用いられる。目や呼吸器をおかし、有毒。分子式O_3

オゾン-そう【オゾン層】大気の成層圏の、地上から10～50キロにある、オゾン濃度の比較的高い層。生物に有害な紫外線を吸収する働きがある。

オゾン-ホール〖ozone hole〗オゾン層の濃度が、南極大陸や北極圏の上空で春(南極は9～10月、北極は3～4月)に急激に下がり、穴のあいているようになる現象。また、その部分。オゾン分子を破壊することによって起こり、地球温暖化をもたらし、皮膚癌ひふがんを引き起こす。原因は、大気中に放出されたフロンガスが有力とされる。補説 オゾンホールは1980年代に南極大陸の上空で初めて確認された。北極は、海陸の分布が複雑なため成層圏の気温が南極よりも高く、オゾン層の破壊に密接にかかわる極成層圏雲が発達しにくいことから、大規模なオゾンホールは観察されなかったが、2011年、北極圏上空でも南極に匹敵する規模のオゾンホールの存在が確認された。

おだ　かってに気炎を上げること。「―を上げる」

お-だ【小田】を 小さな田。また、田。「湯種ゆだね蒔まくあらきの―を求めむと」〈万・一一一〇〉

おだ【織田】㊀姓氏の一。㊁越前国丹生にゅう郡織田に住んだ藤原氏の一族。のちに平氏を称した。尾張の守護斯波しば氏に仕えて守護代になり、諸家に分かれたが、信秀のときに一族を統一して戦国大名として勢力を得、その子信長が全国統一をはかった。

おたあ-さま【▽御▽母様】《「対の屋」に住んだところから》母を敬っていう語。宮中・宮家・公家、また、東西本願寺両家などの家庭で用いる。おたたさま。⇔御父様おもうさま。

お-だい【▽御代】「代金」の尊敬語・丁寧語。「―は見てのお帰り」 類語 勘定・会計・支払い・精算・お愛想あいそ・レジ・代金・清算・決済

お-だい【▽御台】《「御台盤」の略》❶飯・菜などを盛った器をのせる長方形の台。「―に、はしの台ばかりする為たり」〈宇治拾遺・七〉❷飯めしをいう女性語。「二合半の盛り切り―、咽のどに詰まって」〈浄・宵庚申〉

おだい【▽穏ひ】おだひ〔形動ナリ〕穏やかなさま。「心も―に思ひて」〈続紀宣命・五一詔〉

おだい-がい【▽御台×匙】ひがひ 飯を盛るのに使う杓子しゃくし。飯匙いいがい。「もはやそのままこれの家主になれ。明日から―を渡さうぞ」〈咄・醒睡笑・六〉

お-たいこ【▽御太鼓】❶「御太鼓結び」の略。❷太鼓持ち。

おたいこ-むすび【▽御太鼓結び】女帯の結び方の一。掛けを結び目の中に入れて、太鼓の胴のように丸く膨らませて結ぶもの。

お-だいし【▽御大師】「大師」を敬っていう語。特に、弘法大師をさす。

おだい・し【▽穏ひし】おだひし〔形シク〕《形容動詞「おだい」の形容詞化》穏やかなさま。おだし。「頼もしく―・しくあり」〈続後紀宣命・一詔〉

お-だいば【▽御台場】㊀江戸幕府が江戸品川沖に築いた砲台。特にそのうち、品川台場をさす。㊁▶台場㊁

おだい-ばなし【▽御題×噺｜▽御題×咄】落語家が客から題をもらったり、品物を預かったりして、それを即座に咄に仕立てて演じる芸。⇒三題噺さんだいばなし

おだい-びつ【▽御台×櫃】炊いた飯を入れる容器。めしびつ。

お-だいみょう【▽御大名】―だいみやう ❶大名を敬っていう語。❷世事に疎く、苦労を知らない人。

お-だいもく【▽御題目】❶「題目❸」の丁寧語。❷口にするだけで、実質の伴わない主張。「―を並べただけで終わる」

お-たいらに【▽御平らに】―たひらに〔副〕足を崩して楽な姿勢で座るように勧めるときにいう語。

お-たうえ【▽御田植(え)】―たうゑ「御田植え祭り」に同じ。

おたうえ-まつり【▽御田植(え)祭(り)】おたうゑ― 年頭または田植えの前に、豊作を祈って行われる田植えの神事。伊勢神宮や住吉神社などのように、神田しんでんに実際に田植えを行うものと、予祝行事として農作の演技を行うもの(田遊び)とがある。御田植え。御田おんだ。御田おんだ祭り。田植えの神事。〔季 夏〕

おだ-うらく【織田有楽】[1547～1621]安土桃山・江戸初期の武将。信秀の子。信長の弟。名は長益。兄の死後、一時は豊臣秀吉と対立したが、のち秀吉に仕え、大坂夏の陣の直前、京都に隠棲して風流を友とした。利休高弟七人の一。有楽流の祖とされる。織田有楽斎。

おだ-うらくさい【織田有楽斎】▶織田有楽

おた-おた〔副〕スル 不意の出来事に驚いたり、相手に気おされたりして、うろたえるさま。「急な来客に―(と)する」 類語 どぎまぎ・まごまご・うろうろ・うろちょろ・どぎどぎ・そわそわ・もじもじ・もぞもぞ

お-たか・い【▽御高い】〔形〕《ひやかしの気持ちで、丁寧の意の「お」を付けたもの》気位が高い。人を見下した態度である。「―・く構えた女性」

お高くとま・る　気位が高く、とりすましている。

お-たがい【▽御互い】―たがひ「互い」の丁寧語。「―の健闘をたたえる」

おたがい-さま【▽御互い様】おたがひ―〔名・形動〕両方とも同じ立場や状態に置かれていること。また、そのさま。「困るのは―です」

おたがい-に【▽御互いに】おたがひ―〔副〕「互いに」の丁寧語。「―助け合う」

おたが-じゃくし【▽御多賀×杓子】❶滋賀県多賀町の多賀神社からお守りとして出す杓子。❷「御玉杓子おたまじゃくし❷」に同じ。

おだか-ともお【尾高朝雄】をだか―［1899～1956］法哲学者。朝鮮の生まれ。東大教授。国民主権と天皇制の調和を求め、また、マルクス主義法思想を批判。法哲学の啓蒙けいもうに尽力。

おたか-ひさただ【尾高尚忠】をたか―［1911～1951］指揮者・作曲家。東京の生まれ。尾高朝雄の弟。ウィーンに留学。指揮法をワインガルトナーに学ぶ。日本交響楽団の常任指揮者となり、日本の交響楽運動に貢献。死後、作曲に関する「尾高賞」が設けられた。

お-たかもり【▽御高盛(り)】椀に飯を高く盛り上げること。また、その飯。誕生の産飯うぶめし、婚礼の日の夫婦固めの飯、葬式の枕飯など。

お-たから【▽御宝】❶「宝」の丁寧語。❷非常に大切なもの。秘蔵の品。❸金銭。かね。❹他人の子供を褒めていう語。❺紙に刷った宝船の絵。よい初夢が見られるよう、正月2日の夜、枕の下に敷いて寝る風習があった。

お-たからこう【雄宝香】をたからかう キク科の多年草。深山の湿った場所に生え、高さ約1メートル。茎は直立し、葉は大きく、心臓状卵形で縁に鋭いぎざぎざがある。夏から秋、黄色い花を総状につける。

オタカルにせい-ひろば【オタカル二世広場】《Náměstí Přemysla Otakara Ⅱ》チェコ南部の都市チェスケーブデヨビツェの旧市街にある広場。13世紀に町を建設したボヘミア国王プジェミスル＝オタカル2世の名を冠する。周囲には市庁舎、聖ミクラーシュ教会と黒塔などの歴史的建造物が数多くある。

お-だき【雄滝】を 一対の滝のうち、大きくて勢いの強いほう。〔季 夏〕⇒雌滝めだき

おだきゅう-でんてつ【小田急電鉄】をだきふ― 東京都と神奈川県に路線をもつ鉄道会社。また、その鉄道。新宿・小田原間の小田原線のほか江ノ島線・多摩線がある。大正12年(1923)創立。小田急。

おだぎり-ひでお【小田切秀雄】をだぎり―［1916～2000］文芸評論家。東京の生まれ。昭和16年(1941)「万葉の伝統」刊行。戦後、雑誌「近代文学」創刊に参加。著書に「民主主義文学論」「頽廃たいはいの根源について」「私の見た昭和の思想と文学の五十年」など。

お-たく【▽御宅】㊀〔名〕❶相手または第三者を敬って、その家・住居をいう語。「先生の―にうかがう」❷相手または第三者の家庭を敬っていう語。「―は人数が多いからにぎやかでしょうね」❸相手の夫を敬っていう語。「―はどちらへお勤めですの」❹相手の属している会社・団体などの敬称。「―の景気はどうですか」❺ある事に過度に熱中していること。また、熱中している人。「アニメ―」 補説 ❺は「オタク」と書くことが多い。1980年代半ばから使われ始めた言葉か。初めは仲間内で相手に対して「おたく」と呼びかけていたところからという。特定の分野だけに詳しく、そのほかの知識や社会性に欠ける人物をいうこ

とが多い。㊁〔代〕同等の、あまり親しくない相手を、軽い敬意を込めていう語。「私より一のほうが適任でしょう」(類語)/(㊀❶❷)家・家庭・所帯・世帯・一家・家族・家内・うち・我が家・ホーム・マイホーム・スイートホーム・ファミリー・おうち・お家・貴家・家屋・屋舎・住宅・住家・住居・家宅・私宅・居宅・自宅・居・宅・住まい・住みか・ねぐら・宿・ハウス・家(尊敬)尊宅・尊堂・高堂・貴宅(謙譲)拙宅・弊宅・陋宅・陋居・陋屋・寓居/(㊁)あなた・汝

お-だく【汚濁】〔名〕スル 汚れ濁ること。おじょく。「一した湖水」(類語)濁る・白濁・混濁・濁す

お-だけ【雄竹|▽男竹】マダケのこと。また、そのように壮大な竹。

お-たけび【雄▽叫び|雄×誥び】勇ましく叫ぶこと。また、その声。「一を上げる」

おだ-さくのすけ【織田作之助】[1913〜1947]小説家。大阪の生まれ。大阪庶民の生活を描いた作家として知られる。小説「夫婦善哉」「世相」「土曜夫人」、評論「可能性の文学」など。

お-だし【▽御出し】「出し❷」の丁寧語。

おだ-し【▽穏し】〔形シク〕人心や世の中などが、安らかで落ち着いている。穏やかである。「世も乱れ一・しからぬことにてのみ侍れば」〈愚管抄・三〉

おたずね-もの【▽御尋ね者】警察などが行方を追っている犯罪容疑者。

おだ-たけお【小田嶽夫】[1900〜1979]小説家。新潟の生まれ。本名、武夫。外務省書記として中国杭州に赴任。「城外」で芥川賞受賞。他に「魯迅伝」「紫禁城の人」など。

おたた-さま【▽御▽母様】「おたあさま」に同じ。

お-たち【▽御立ち】❶立つことをいう尊敬語。ご起立。「一の方」❷出立すること、来客が帰ることをいう尊敬語。「明日の一は何時ごろですか」

お-たちあい【▽御立(ち)会い】その場に居合わせている人たち。縁日などで露天商が見物人に呼びかける言葉としても用いる。「さあ、さあ、一」

おたち-ざけ【御立ち酒】民謡の一。宮城県で、婚礼の儀式が終わって客を送るときに庭先でうたう。

おたち-だい【▽御立ち台】❶謁見やあいさつ、また、インタビューなどの際に上がって立つ台。❷俗に、列車の撮影ポイント。多数の列車ファンがカメラを並べる場所。

お-だちん【▽御駄賃】「駄賃❷」の丁寧語。

おだ-つ【×煽つ】〔動タ下二〕「おだてる」の文語形。

お-たっし【▽御達し】❶上の者からの命令や指図。特に、官庁からの訓令・指令。「その筋の一により」❷江戸時代、幕府から関係機関に発せられた法令や命令。➡御触書 (類語)下達・示達

お-だて【小×楯】㊀〔名〕小さな楯。また、楯。「木幡の道に遇はしし嬢子後手(=ウシロ姿)は一ろかも」〈記・中・歌謡〉㊁〔枕〕《楯を立て並べたように山が連なるところからという》地名「やまと」にかかる。「一大和を過ぎ」〈記・下・歌謡〉

おだて【×煽て】おだてること。「一が効く相手」「一に乗る」

おだ-てる【×煽てる】〔動タ下一〕図おだ・つ〔タ下二〕❶うれしがることを言って、相手を得意にさせる。何かをさせようと、ことさらに褒める。もちあげる。「一・ててやる気にさせる」❷人が落ち着いていられないほどに騒ぎたてる。「やれ出せそれ漕げと、滅多無性に一・てられ」〈浄・近江源氏〉
(類語)唆す・仕向ける・教唆・指嗾

お-たな【▽御▽店】❶商家の奉公人や出入りの商人・職人などが、その商家をよぶ語。❷相手の所有または管理する借家をいう語。

おたな-もの【▽御▽店者】商家の奉公人。「どこかの一らしい、鳥打帽をかぶった男が」〈芥川・あの頃の自分の事〉

おだに-せいいちろう【男谷精一郎】[1798〜1864]江戸後期の幕臣・剣客。直心影流の達人で、江戸に道場をもつ。のち、講武所頭取兼剣術師範役をつとめ、後世剣聖と呼ばれた。

おだに-の-かた【小谷の方】[1547〜1583]織田信長の妹。名は市。小谷城主浅井長政に嫁ぎ、長政の没後、柴田勝家に再嫁。羽柴秀吉に攻められ、勝家とともに自刃。淀君、崇源院の母。お市の方。

おたね-にんじん【▽御種人▽参】チョウセンニンジンの別名。享保年間(1716〜1736)に、徳川吉宗が朝鮮から取り寄せ、日光の薬草園で試植させた。

お-たの【▽御楽】《江戸の女性語》「おたのしみ」の略。「へん、一だの。ほんにあきれもしねえ」〈滑・浮世風呂・三〉

お-たのしみ【▽御楽しみ】「楽しみ」の丁寧語。「続きは見ての一」

おだの-なおたけ【小田野直武】[1749〜1780]江戸中期の洋風画家。秋田藩士。平賀源内に西洋画法を学び、のち江戸で活躍。「解体新書」の挿絵を描いた。

おだ-のぶかつ【織田信雄】[1558〜1630]安土桃山・江戸初期の武将。信長の次男。名は「のぶお」とも。豊臣秀吉と小牧・長久手で戦ったが、その後に和睦。大坂の陣では徳川家康に味方し、大和国宇陀郡松山に5万石を与えられた。

おだ-のぶたか【織田信孝】[1558〜1583]安土桃山時代の武将。信長の三男。本能寺の変後、豊臣秀吉とともに明智光秀を破った。のち、柴田勝家とともに秀吉と対立。兄信雄に攻められて降伏し、自殺。

おだ-のぶただ【織田信忠】[1557〜1582]安土桃山時代の武将。信長の長男。父に従い転戦し、岐阜城主となった。甲斐に攻め入り、武田勝頼を滅ぼしたが、本能寺の変で宿所の妙覚寺を攻められ自殺。

おだ-のぶなが【織田信長】[1534〜1582]戦国・安土桃山時代の武将。信秀の子。桶狭間に今川義元を討って尾張一国を統一。のち、京都に上って比叡山を焼き、浅井氏・朝倉氏を破り、将軍足利義昭を追放、武田勝頼を三河の長篠に破ったのち、安土に築城。中国出陣の途中、京都本能寺で明智光秀の謀反にあって自殺。

おだ-のぶひで【織田信秀】[1508〜1551]戦国時代の武将。尾張の人。信長の父。今川義元・斎藤道三と対立。のち、斎藤氏と和睦して道三の娘を信長の妻とした。

お-タバコぼん【▽御タバコ盆】昔の少女の髪形の一。左右の髪を両方から横に合わせてタバコ盆のつるの形に結び、その上にきれを掛けたもの。

お-たび【▽御旅】「御旅所」の略。「四条通りを一まで行き」〈志賀・暗夜行路〉

おたび-しょ【▽御旅所】神社の祭礼で、祭神が巡幸するとき、仮に神輿を鎮座しておく場所。神輿宿り。仮宮。旅の宮。おたびどころ。たびしょ。

お-たふく【×阿多福】❶「阿多福面」の略。❷おたふく面のような顔の女性。多く、醜い顔の女性をあざけっていう語。❸「阿多福風邪」の略。

おたふく-あめ【×阿多福×飴】棒状のさらし飴で、どこを輪切りにしてもおたふく面の模様が出るように作ってあるもの。

おたふく-かぜ【×阿多福風-邪】《おたふく面のような顔になるところから》流行性耳下腺炎の俗称。

おたふく-まめ【×阿多福豆】ソラマメの大粒のもの。また、それを甘く煮たもの。

おたふく-めん【×阿多福面】顔が丸く、ひたいが高く、鼻が低くてほおの豊かな女性の面。おかめ。

お-だぶつ【▽御×陀仏】《往生際に阿弥陀仏の名を唱える意から》❶死ぬこと。「この高さから落ちたら一だ」❷物事がだめになること。また、失敗に終わること。「計画が一になる」(類語)死ぬ・永逝・死亡・死去・死没・長逝・永眠・往生・逝去・他界・物故・絶息・絶命・大往生・死する・辞世・成仏・昇天・崩御・薨去・卒去・瞑目・落命・急逝・夭折・夭逝

お-たま【▽御玉】❶「御玉杓子❶」の略。❷《「玉」は「玉子」の略》鶏卵の女性語。

おたま-が-いけ【お玉ヶ池】東京都千代田区神田にあった池。また、その周辺の地名。お玉という女性が投身したところからの名といい、周辺に千葉周作の道場や種痘所があった。

お-だまき【×苧▽環】❶麻糸を空洞の玉のように巻いたもの。おだま。❷キンポウゲ科の多年草。ミヤマオダマキから栽培改良されたもの。高さ20〜30センチ。全体に白粉を帯び、葉は長い柄をもち、扇形の小葉からなる複葉。初夏、青紫色または白色の花を下向きにつける。花びら状で同色の萼があり、花びらの基部は距となって曲がる。(季 花=春)「雲行きて一の花も家もなし/秋桜子」❸和菓子の一。餡入りの求肥餅の上に、そば粉でいくつもの筋をつけたもの。❹イトカケガイの別名。❺「苧環蒸し」の略。❻紋所の名。籰に糸を打ち違えに巻きつけた形。❼枝も葉もない枯れ木。「朽ちねただ思ひくらぶの山高み立つ一は知る人もなし」〈夫木・二九〉

おだまき-むし【×苧▽環蒸(し)|小田巻蒸(し)】うどんを入れた茶碗蒸し。

おだ-まこと【小田実】[1932〜2007]小説家・文芸評論家。大阪の生まれ。米国留学中に世界を巡った旅行記「何でも見てやろう」がベストセラーとなる。「ベトナムに平和を! 市民連合」(ベ平連)を結成、反戦運動に取り組む。「『アボジ』を踏む」で川端康成文学賞受賞。他に「現代史」「HIROSHIMA」「ベトナムから遠く離れて」など。

おたま-じゃくし【▽御玉×杓子】❶汁をすくうのに使う丸い杓子。「御多賀杓子」に基づく語ともいう。❷カエルの幼生。卵から孵化して成体になるまでをいい、丸い体に尾がある。蝌蚪。かえるご。(季 春)❸《形が❷に似ているところから》楽譜の音符の俗称。

お-たまや【▽御霊屋】先祖の霊や貴人の霊を祭っておく建物。霊廟。みたまや。

お-たまり【▽御×溜まり】(下に打消しの語を伴って)耐えること。我慢すること。「忘れて一があるものか」〈滑・浮世床・初〉

おたまり-こぼし【▽御×溜まり小▽法師】《「起き上がり小法師」に語呂を合わせていう》「御溜まり」に同じ。「お酒が毒になって一があるもんか」〈柳浪・今戸心中〉

お-ため【▽御×為】❶相手を敬って、その利益をいう語。「それでは一になりません」❷もらい物の返礼としてその器に入れて相手に返す品。お移り。また、使いの者に与える駄賃。

おため-がお【▽御▽為顔】本心とはうらはらに、人のためを思っているように見せかける顔つき。忠義ぶるようす。

おため-ごかし【▽御▽為ごかし】表面は人のためにするように見せかけて、実は自分の利益を図ること。じょうずごかし。「一の親切」「一を言う」
(類語)裏切り・内応・内通・気脈を通じる・背信・背徳・背任・変心・寝返り・密告

お-ためし【▽御試し】美化語。食料品・酒類・化粧品などを試食、試飲、試用すること。家具・住宅などの試用もある。無料・有料いろいろ。「一品」

おため-しゃ【▽御▽為者】もっぱら主人の利益になるように努める者。領民から重税を徴収する家臣の類。おためもの。「世間いづれの御家にも、一といふ出来出頭人ありて」〈仮・可笑記・一〉

おため-すじ【▽御▽為筋】商家などからみて、利益になる客筋。

おだ-やか【穏やか】〔形動〕図〔ナリ〕《形容動詞「おだ(穏)い」から派生した「おだいか」の音変化》❶静かでのどかなさま。安らか。「一な天気」「世の中が一だ」❷気持ちが落ち着いていて物静かなさま。「一な人柄」「一に話し合う」「心中一でない」❸極端でなく、人に受け入れられやすいさま。穏当。「新制度へ一に移行する」「こう言っては一でないかもしれないが」
(派生)おだやかさ〔名〕(類語)(❶)麗らか・のどか・うらうら・安らか・安穏/(❷)優しい・おとなしい・温順・柔順・従順・温柔・温良・順良・素直・穏和・物静か・おとなしやか・控えめ・内気/(❸)平穏・平安・安全・無事・大丈夫・平らか・温和・小康・静か・安泰・安寧・安穏・安心・確実・無難・無害

お-だや・む【小×弛む】〘動マ四〙少し緩やかになる。雨などが小降りになる。「神鳴なるも落ち方知れずをさまり、雨も一・みて」〈浮・武家義理・六〉

お-だゆ・む【小×弛む】〘動マ四〙「おだやむ」に同じ。「五月雨のひとしきり一・みて」〈浄・会稽山〉

お-たより【▽御便り】「たより(便り)❷」の尊敬語・丁寧語。〘補説〙「先生からのお便りを読む」は尊敬語、「彼のお便りを見せてもらう」は丁寧語。

お-たらい【▽御×盥】女性の髪形の一。笄こうがいに髪を打ち違いに巻いたもの。

オタリア〖otaria〗アシカ科の哺乳類。南アメリカ近海に分布。頭胴長2メートルほど。

オダリスク〖フランス odalisque〗トルコの後宮(ハーレム)の女に仕える女奴隷。18世紀以降の東洋趣味の高揚の中で、後宮の美女は、多く、ヨーロッパ絵画の画題となった。アングルの作品が有名。

おたる【小樽】北海道西部の市。石狩湾に面し、石狩炭田の石炭積み出し港、のちに貿易港として繁栄した。現在は商工業が盛ん。人口13.2万(2010)。〘補説〙近世は小樽内といい、アイヌ語「オタ-オル-ナイ」(砂浜の中の川)また、「オタ-ル-ナイ」(砂のとける川)からという説がある。

お-だるき【尾垂木】社寺建築で、小屋組み内の斗栱ときょうから斜め下方へ突き出している垂木。

おたる-し【小樽市】▶小樽

おたる-しょうかだいがく【小樽商科大学】小樽市にある国立大学法人。小樽高等商業学校・小樽経済専門学校を経て、昭和24年(1949)新制大学として発足。平成16年(2004)国立大学法人となる。

お-だれ【尾垂れ】❶軒先の垂木の木口を隠すための横板。鼻隠し。❷近世、関西の町屋で、軒先にとりつけた幕掛け。❸庇ひさし。関西でいう。

オタワ〖Ottawa〗カナダの首都。オンタリオ州南東部に位置し、オタワ川に面する。製材・製紙工業、エレクトロニクス・宇宙科学などの産業が盛ん。人口、都市圏120万(2008)。

オタワ-かいぎ【オタワ会議】1932年、オタワで開催された英連邦諸国の経済会議。世界恐慌対策として、連邦内での特恵関税制度を中心とする相互通商協定を締結、英帝国経済ブロックが形成された。

オタワ-じょうやく【オタワ条約】《「対人地雷の使用、貯蔵、生産及び移譲の禁止並びに廃棄に関する条約」の通称》▶対人地雷禁止条約

オタワ-プロセス〖Ottawa process〗1997年に採択された対人地雷禁止条約(オタワ条約)の交渉過程のこと。ジュネーブ軍縮会議での交渉が進展しないことから、カナダ・ノルウェー・ベルギー・南アフリカなどの有志国と国際NGO連合体の地雷禁止国際キャンペーン(ICBL)などが連携。全面禁止に賛同する国を集めて協議・交渉を進め、14か月という短期間で厳格な禁止条約を成立させた。➡オスロプロセス

おだわら【小田原】㊀神奈川県南西部の市。戦国時代は北条氏、江戸時代は大久保氏の城下町。また、東海道の旧宿場町で、箱根の東方の出入り口にあたる要所。箱根観光の基地。商工業が発達し、梅干し・かまぼこを特産。人口19.8万(2010)。㊁❶「小田原提灯おだわらぢょうちん」の略。❷「小田原評定」の略。

おだわら-し【小田原市】▶小田原㊀

おだわら-じょう【小田原城】小田原市にある城。鎌倉時代初め、土肥氏が築城。戦国時代、北条早雲が入城して後、北条氏の本城となり、関東の中心となった。天正18年(1590)豊臣秀吉が攻略。江戸時代には幕府の重要拠点として譜代大名を配した。小峰山城。

おだわら-せいばつ【小田原征伐】天正18年(1590)、豊臣秀吉が小田原城を包囲して、北条氏政・氏直父子を攻め滅ぼした戦い。

おだわら-ぢょうちん【小田原▽提▽灯】円筒形で、不用のときは畳んで袂たもとまたは懐中に入れて携帯のできる提灯。天文年間(1532〜1555)小田原の甚左衛門の創製という。懐ふところ提灯。

おだわら-ひょうじょう【小田原評定】《豊臣秀吉の小田原征伐のとき、北条方の和戦の評定が容易に決定しなかったところから》長引いて容易に結論の出ない会議・相談。

おだわら-ぶき【小田原×葺き】「柿葺こけらぶき」に同じ。

お-だん【お段｜オ段】五十音図の第五段に並び、オ母音を含む音節の総称。「お・こ・そ・と・の・ほ・も・よ・ろ・を」のこと。お列。

おたんこなす　のろまな者やぼんやりしている者をののしっていう語。まぬけ。のろま。おたんちん。〘類語〙馬鹿・阿呆あほう・魯鈍ろどん・愚鈍・無知・蒙昧もうまい・愚昧ぐまい・愚蒙ぐもう・暗愚・頑愚・愚か・薄のろ・盆暗ぼんくら・まぬけ・とんま・たわけ・馬鹿者・馬鹿野郎・馬鹿たれ・与太郎・抜け作・おたんちん・あんぽんたん・べらぼう

おたんちん　❶「おたんこなす」に同じ。❷江戸新吉原で、嫌な客をいった語。「色男いろも一も、かよひ郭の仲衛なかえ」〈洒・恵比良濃梅・後序〉〘類語〙馬鹿・阿呆あほう・魯鈍ろどん・愚鈍・無知・蒙昧もうまい・愚昧ぐまい・愚蒙ぐもう・暗愚・頑愚・愚か・薄のろ・盆暗ぼんくら・まぬけ・とんま・たわけ・馬鹿者・馬鹿野郎・馬鹿たれ・与太郎・抜け作・おたんこなす・あんぽんたん・べらぼう

お-ち【×洿池】低い土地に水がたまっている所。

お-ち【▽御乳】《「御乳の人」の略》貴人の乳母。「涙は一が胸の内」〈浄・先代萩〉

おち【▽復ち｜変=若ち】《動詞「お(復)つ」の連用形から》❶もとにかえること。「(ソノ鷹ハ)手放たばれも一もかやすきこれをおきて」〈万・四〇一一〉❷若返ること。復活すること。「我がやどに咲けるなでしこ賂まいはせむゆめ花散るないや一に咲け」〈万・四四四六〉

おち【落ち】❶落ちること。㋐地位や階級などが下がること。「十両一」㋑付着していたものが取れること。「一のいい洗剤」❷抜けること。㋐あるべきものが入っていないこと。漏れ。「招待客のリストに一がある」㋑怠って、するべきことをしないでおくこと。おちど。手落ち。「手続きに一がある」❸行き着くところ。結末。㋐落語で、しゃれや語呂合わせなどで話の終わりを締めくくる部分。下げ。また、一般に、話の効果的な結末。「この話には一がついている」㋑物事について予想されるよくない成り行き。「断られるのが一だ」❹多く複合語の形で用い、ひそかに逃亡する意を表す。「一武者」「都一」❺魚が、産卵や冬ごもりなどのために、川の上流から下流へ、または浅い所から深い所へ移動すること。「一鮎」❻謡曲で、声調を下げること。また、その部分。❼品質が劣ること。また、劣るもの。「こいらが一だけれど、これをおめえに買へてったら高々三文だらう」〈滑・浮世風呂・四〉〘類語〙抜け・漏れ

落ちを取・る　拍手喝采かっさいを受ける。「かみさまや女中たちが見物してぢゃが、一ばん一・る気はねえか」〈滑・膝栗毛・七〉

おち【▽遠｜彼=方】❶遠い所。遠方。「川より一にいと広くおもしろくてあるに」〈源・椎本〉❷現在から隔たった時。㋐以前。昔。「昨日より一をば知らずももとせの春の始めは今日にぞありける」〈拾遺・雑賀〉㋑以後。将来。「このころは恋ひつつもあらむ玉くしげ明けて一よりすべなかるべし」〈万・三七二六〉〘補説〙元来、遠く隔たった向こうの意。代名詞的に、「かなた」「あちら」の意にも用いる。

おちあい【落合】ロシア連邦の町ドリンスクの、日本領時代の名称。

おち-あい【落(ち)合い】❶一つ所で出合うこと。また、出合う所。❷二つの川の合流点。「一ノ水」〈日葡〉

おちあい-なおぶみ【落合直文】[1861〜1903]国文学者・歌人。宮城の生まれ。旧姓、鮎貝。号は萩之家はぎのや。長編新体詩「孝女白菊の歌」で世に知られた。短歌革新を唱えて「浅香あさ社」を結成。著「萩之家歌集」「ことばの泉」など。

おちあい-ひろみつ【落合博満】[1953〜　]プロ野球選手・監督。秋田の生まれ。社会人野球を経てプロ野球のロッテに入団。神主打法かんぬしだほうと呼ばれる打撃フォームで、3度の三冠王を獲得した。その後、中日、巨人、日本ハムと移籍して活躍。通算安打2371本、打率3割1分1厘、本塁打510本。引退後は解説者を経て中日の監督に就任。平成19年(2007)にはチームを日本一に導いた。

おち-あ・う【落(ち)合う】〘動ワ五(ハ四)〙❶一つ所で出合う。また、打ち合わせておいて、ある場所で一緒になる。「喫茶店で一・う」❷川が合流する。「本流と支流が一・う」❸考えや気持ちが一致する。「兄弟の中不快なりける間、今こそ一・ふところよ」〈保元・中〉❹相手に立ち向かって争う。「直実に一・へや、一・へ」〈平家・九〉❺その場にのぞんで加勢する。「矢を抜くに隙ひまなく、組んで下になれども、一・って助くる者なし」〈太平記・一六〉❻大ぜいが一時に集まって、込み合う。「あいにく客人が一・ひまして」〈洒・二筋道〉

おち-あし【落ち足】❶戦いに負けて逃げ落ちていくこと。また、その時。敗走。「一ノ谷の一屋島の一にも爰にては次信、かしこにては忠信と名乗って」〈幸若・屋島軍〉❷川の水が引くこと。また、その時。「水の一をやまつべき」〈平家・九〉

おち-あゆ【落ち×鮎】秋、産卵のために川を下るアユ。くだりあゆ。さびあゆ。〘季 秋〙「一の哀れや一二三の簗やな/白雄」

おちいし-みさき【落石岬】北海道東部、根室市にある岬。根室半島の付け根に当たり、太平洋に面している。周囲に40メートル近い海食崖がいがある。

おち-いり【落(ち)入り】歌舞伎で、臨終から絶命に至る演技。

おち-い・る【陥る｜落(ち)入る】〘動ラ五(四)〙❶落ちて中に入る。はまる。「深みに一・る」❷望ましくない状態になる。「重態に一・る」「ジレンマに一・る」❸相手の策謀にはまりこむ。計略にかかる。「敵の術中に一・る」❹攻め落とされる。陥落する。「城が一・る」❺死ぬ。息を引き取る。「いつ一・りあそばすかも知れない」〈倉田・出家とその弟子〉❻深くくぼむ。へこむ。「目皮まからいたく黒み一・りて」〈源・紅葉賀〉〘類語〙落ちる・落ち込む・落っこちる

おち・いる【落ち居る】〘動ア上一〙図〘ワ上一〙❶気持ちが落ち着く。心が静まる。「大切な用事を仕懸けて罷やめたようで心が一・居ず」〈二葉亭・浮雲〉❷あるべき場所に落ち着く。「昔、同じ所に宮づかへし侍りける女の、男につきて人の国に一・ゐたりけるを聞きつけて」〈後撰・雑二・詞書〉

おち-うお【落ち魚】❶産卵のため川を下る魚。落ち鮎・落ち鰻など。❷冬に近づき、水温が低くなったため川や海の深い所へ移る魚。落ち鮒・落ち鱸すずきなど。❸死んだ魚。

おち-う・す【落ち▽失す】〘動サ下二〙戦いに負けて逃亡する。「其の勢みな一・せて、只主従二騎になり給ふ」〈平家・九〉

おち-うど【落▽人】▶おちゅうど

おち-うなぎ【落ち×鰻】秋、産卵のため川を下って海へ入るウナギ。くだりうなぎ。〘季 秋〙「砂川やありあり見ゆる一/梓月」

おち-えつじん【越智越人】[1656〜1730ころ]江戸中期の俳人。越後の人。名古屋に住んだ。別号、槿花翁きんかおう。蕉門十哲の一人で、「更科紀行」に芭蕉と同行、尾張おわりの蕉風を開拓した。著「鵲尾冠しゃくびかん」「庭竈集にわかまどしゅう」など。

おち-えん【落(ち)縁】一段低く設けた縁側。普通は雨戸より外のぬれ縁をいう。

おち-おち【落ち落ち】〘副〙(あとに打消しの語を伴って)落ち着いて。安心して。「忙しくて一食事もしていられない」

おち-かえ・る【▽復ち返る｜変=若ち返る】〘動ラ四〙❶若返る。「露霜の消け易き我あが身老いぬともまた一・り君をし待たむ」〈万・三〇四三〉❷もとに戻る。また、繰り返す。「あかつきの寝覚めの千鳥誰たがためか佐保の川原に一・り鳴く」〈拾遺・雑上〉

おち-がかり【落(ち)掛(か)り】傾斜した材木と水平な材木とが合わさる所。

おち-かか・る【落(ち)掛(か)る】〘動ラ五(四)〙❶物の上に落ちる。落ちて物の上に止まる。「雨垂れが

庭石に—・る」❷落ちそうになる。「壁の絵が—・っている」

おち-かさな・る【落(ち)重なる】〔動ラ五(四)〕❶落ちたものの上に、さらに落ちて重なる。「木の葉が—・った山道」❷重なって落ちる。「馬の上にて引っ組んで、波打ち際に—・って」〈謡・敦盛〉

おち-かた【落(ち)方】❶落ちるときの状態。落ちぐあい。「—がうまく木にひっかかった」❷花などが終わろうとするころ。落ちはじめるころ。「御前の梅は…すこし—になりたれど、なほをかしきに」〈枕・八三〉❸逃げる機会。「—を失ひて惘然(ばうぜん)として居たるを」〈太平記・三八〉

おち-かた【▽遠方】をち 遠くの所。ずっと向こうの方。「この目は常に—にのみ迷うようなれど」〈鴎外・文づかひ〉

おちかた-びと【▽遠方人】をちかた 遠方の人。あちらにいる人。「我(あ)が待ちし秋萩咲きぬ今だにもにほひに行かな—に」〈万・二〇一四〉

お-ちかづき【▽御近付き】「近付き」に同じ。「—になれて光栄です」

お-ちからおとし【▽御力落(と)し】「力落とし」の尊敬語。「どうか—になりませんよう」

おち-ぐち【落(ち)口】❶水の流れの落下する所。「滝の—」❷抽籤(ちうせん)や入札に当たった人。❸落ち始め。「あしひきの山の木の葉の—は色のをしきぞあはれなりける」〈拾遺・物名〉

おち-くぼ【落ち×窪】《落ちくぼんだ所の意》家の中で、普通の床より一段低い所。落ち間。「—なる所の、二間なるになむ住ませ給ひける」〈落窪・一〉

おち-くぼ・む【落ち▽凹む｜落ち×窪む】〔動マ五(四)〕周囲より低くなっている。「やせて目が—・む」

おちくぼものがたり【落窪物語】平安時代の物語。4巻。作者不詳。源氏物語よりもやや早い成立か。中納言忠頼の娘が、継母にいじめられて落窪の間に押し込められるが、左近少将道頼に迎えられ、中納言一家も栄える。継子いじめという陰湿な主題を、客観的叙述により明るくおもしろく描いたところなど、後世の物語に与えた影響は大きい。

おち-ぐり【落ち×栗】地上に落ちた栗の実。《季 秋》「—や墓に経よむ僧の前/召波」

おち-けん【落研】高校や大学などでの「落語研究会」の略称。➡落語

お-ちご【▽御稚児｜▽御▽児】❶「稚児(ちご)❸❹」に同じ。❷「稚児髷(ちごまげ)」に同じ。

おち-こち【▽遠▽近】をち ❶遠い所と近い所。あちらこちら。「鶏の声も—に聞こえる」〈藤村・千曲川のスケッチ〉❷将来と現在。昔と今。「またまつく—兼ねて言(こと)は言へど逢ひて後こそ悔いはありといへ」〈万・六七四〉
類語 そこかしこ・ここかしこ・あちこち・あちらこちら

おちこち-びと【▽遠▽近人】をちこち あちこちの人。「信濃(しなの)なる浅間の嶽(たけ)に立つけぶり—の見やはとがめぬ」〈伊勢・八〉

おちご-なり【▽御稚児成り】祭礼などのとき、稚児が行列をつくって練り歩くこと。稚児行道(ちごぎやうだう)。

おち-こぼれ【落ち▽零れ】❶容器からこぼれ落ちたもの。穀物などにいう。❷全部処理しきれないで残ったもの。余り物。❸ある組織や体制についていけない人を俗にいう。「—を作らない授業」類語 劣等生

おち-こ・む【落(ち)込む】〔動マ五(四)〕❶落ちて、中のほうへ入る。おちいる。「穴に—・む」❷周囲より、その部分だけがへこむ。くぼむ。「やせて目が—・む」❸成績・業績などが悪い状態になる。目立って下がる。「景気が—・む」❹気持ちがめいる。ふさぎこむ。「失恋して—・む」類語 落ちる・陥る・落っこちる・下がる・沈む・下降する・降下する・沈下する・低下する・低落する・下落する

おちご-わげ【▽御稚児×髷】➤稚児髷(ちごまげ)

おち-しお【落(ち)潮】ほし 引き潮。

おち-たぎ・つ【落ち×滾つ】〔動タ四〕水が高い所から流れ落ちて、激しく泡立つ。おちたぎる。「—・ち流るる水の岩に触れ淀める淀に月の影見ゆ」〈万・一七一四〉

おち-たぎ・る【落ち×滾る】〔動ラ四〕「おちたぎつ」に同じ。「水ひたりまきの淵々—・り氷魚(ひを)けさいかに寄りまさるらん」〈新拾遺・雑下〉

おち-つき【落(ち)着き｜落(ち)付き】❶気持ちや態度が物事に動じないで、安定した状態にあること。また、そのような状態・態度。平静さ。「—がない子供」「—を取り戻す」❷動いていた物事が安定した状態になること。「相場の—を待つ」「世の中が—を失う」❸器物の座りぐあい。また、物事の調和のぐあい。「—の悪い置物」「下(しも)の句の—が悪い」❹旅館などに着いたとき、最初に飲食するもの。「—は御雑煮、餅(もち)は大方一人前」〈浄・傾城酒呑童子〉

おちつき-ぞうに【落(ち)着き雑煮】ざふに 婚礼の日に、花嫁が婚家に到着して最初に食べる餅入りの吸い物。落ち着き餅。落ち着きの吸い物。

おちつき-はら・う【落(ち)着き払う】はらふ〔動ワ五(ハ四)〕少しも慌てないで、ゆったりとかまえる。「—・って話す」

おち-つ・く【落(ち)着く｜落(ち)付く】㊀〔動カ五(四)〕❶移り動いていた物事が安定した状態になる。㋐居所や職業が決まって、そこにとどまる。「新居に—・く」「やっと今の仕事に—・く」㋑大きな変動のない、安定した状態になる。また、事件などが鎮まる。「病状が—・く」「騒ぎが—・く」㋒心が安まる。「気持ちが—・く」㋓流動的であったものに決着がつく。「結局、原案に—・く」❷言動が、慌てず静かである。また、堂々としている。沈着である。「—・いた人」「—・いた話し方」「—・いて行動する」❸その場にしっくりあてはまる。うまく調和する。「この上着とズボンとでは—・かない」❹渋くて上品な感じがする。「—・いた色合い」❺安心する。得心する。「やれやれ、そなたの咄を聞いて—・いた」〈虎寛狂・惣八〉可能 おちつける ㊁〔動カ下二〕「おちつける」の文語形。
類語 ㊀(❶㋐)収まる・居着く・定着する・腰を据える/(❶㋑)治まる・鎮(しづ)まる・定まる・鎮静する・沈静する・収束する・安定する/(❶㋒)静まる・安まる・安らぐ・くつろぐ・憩う・リラックス・休む/(❶㋓)収まる・落着する・決着する・帰着する・けりが付く/(❷)冷静・沈着・平静・悠揚・悠然・泰然・綽然(しゃくぜん)・自若・どっしり

おち-つ・ける【落(ち)着ける｜落(ち)付ける】〔動カ下一〕文 おちつ・く〔カ下二〕❶物事を安定した状態にさせる。「気持ちを—・ける」❷同じ状態で続けるようにする。「職場に腰を—・ける」❸議論などに決着をつける。「やっと話を—・けることができた」

おち-つの【落(ち)角】夏になると自然に落ちる牡鹿(をじか)の角。落とし角。

おち-てんじょう【落(ち)天井】てんじゃう 他の部分より低く作ってある天井。おとしてんじょう。

おち-ど【落(ち)度】をち・【▽越度】ヲチ《「おつど(越度)」の音変化》手落ち。あやまち。過失。「手続き上に—があった」「当方の—を認める」
類語 過失・粗相・不手際・過誤・手違い

おち-とま・る【落ち止まる｜落ち留まる】〔動ラ四〕❶物がそのまま後に残る。「—・りてかたはなるべき人の御文ども」〈源・幻〉❷人が居残る。生き残る。「はかばかしき後見なくて—・る身どもの悲しきを思ひつづけ給ふに」〈源・総角〉

おち-の-ひと【▽御乳の人】貴人の子の乳母。江戸時代、乳を飲ませる「お差し」、抱くだけの「抱き乳母」に対して、幼児の保育全般に携わった婦人の称。おち。「—の滋野井殿(しげのゐどの)」〈浄・丹波与作〉

おち-の・びる【落(ち)延びる】〔動バ上一〕文 おちの・ぶ〔バ上二〕遠くまで逃げてゆく。逃げおおせる。「追っ手から無事—・びる」

おち-ば【落(ち)葉】❶散り落ちた木の葉。また、散ってゆく木の葉。落葉(らくえふ)。《季 冬》「むさしのの空真青なる—かな/秋桜子」❷貴人の落としだね。落胤(らくいん)。「朝臣(あそん)や、さやうの—をだに拾へ」〈源・常夏〉❸「落ち葉色」の略。類語 朽ち葉・枯れ葉・わくら葉

おちば-いろ【落(ち)葉色】枯れた落ち葉の色。茶色に黄赤を帯びた色。

おちば-ごろも【落ち葉衣】❶木の間を漏れる月光が着衣の上に葉影を落として、落ち葉を散らしたように見えるもの。一説に、落ち葉を集めてつづった仙人の着物。「秋の夜の月の影こそ木のまより—と身にうつりけれ」〈後撰・秋中〉❷落ち葉の散りかかった着物。「—の袖(そで)添へて」〈謡・高砂〉

おちばしゅう【落葉集】おちばシフ《歌謡集「松の葉」にもれた歌の集の意》江戸中期の歌謡集。7巻。大木扇徳編。元禄17年(1704)刊。上方の歌謡を収録したもので、のち「松の落葉」に改編。

おちば-たき【落ち葉×焚き】晩秋に落ち葉を集めて燃やすこと。《季 冬》

おちば-ぶね【落ち葉船】水面に浮かんでいる落ち葉を船に見立てていう語。「嵐漕ぎ行く—」〈浄・振袖始〉

おち-びと【落(ち)人】「おちゅうど」に同じ。

おち-ふだ【落(ち)札】富くじや入札で当たった札。落札(らくさつ)。

おち-ぶ・れる【落ちぶれる｜落=魄れる｜零=落れる】〔動ラ下一〕文 おちぶ・る〔ラ下二〕社会的地位や生活程度などが悪くなって、惨めな状態になる。零落する。「—・れた姿をさらす」
類語 没落・零落・凋落(てうらく)・転落・落魄(らくはく)

おち-ぼ【落(ち)穂】❶収穫したあとに落ちこぼれている稲・麦などの穂。《季 秋》「足跡のそこら数ある—かな/召波」❷落ち葉。「—、松笠(まつかさ)など打ちけぶりたる草の庵(いほり)」〈奥の細道〉類語 瑞穂(みづほ)・初穂・垂り穂・稲穂

おちぼ-ひろい【落(ち)穂拾い】ひろひ 落ち穂を拾うこと。《季 秋》

おち-ま【落(ち)間】❶他の部屋よりも床が一段低い部屋。おちくぼ。「長四畳の—にでも、肩身の狭い日々をくすぶっているとしたら」〈嘉村・秋立つまで〉❷京阪地方の歌舞伎劇場で、平土間のこと。

おち-みず【▽復ち水｜変=若ち水】をち 飲むと若返るという水。月は欠けて、また満ちるところから、月の神が持っているとされた。「セーヌ川の水が夫には—になりそうである」〈佐藤春夫・晶子曼陀羅〉「月読(つくよみ)の持てる—」〈万・三二四五〉

おち-むしゃ【落(ち)武者】戦いに負けて逃げてゆく武者。

落ち武者は薄(すすき)の穂(ほ)に怖(お)ず　落ち武者はおびえているので、ちょっとしたことにも怖がる。怖いと思えば、何でもないものまで、すべて恐ろしく感じることのたとえ。落ち武者は薄の穂に恐(お)ずる。

おち-め【落(ち)目】❶勢いなどが盛りを過ぎて下り坂になること。「人気が—になる」❷商品の量目が、送り状の記載よりも減っていること。類語 減退・後退・下火・退潮・尻すぼまり・廃頽(はいたい)・下り坂・左前・不振

お-ちゃ【▽御茶】❶「茶」の丁寧語。❷仕事の合間の小休憩。「そろそろ—にしよう」❸茶の湯。「—を習う」
類語 茶道・茶の湯・野点(のだて)・点茶・茶会

御茶を濁(にご)・す　いいかげんに言ったりしたりしてその場をごまかす。「冗談を言って—・す」

御茶を挽(ひ)・く　《遊女が、客のないときに茶臼(ちゃうす)で葉茶をひく仕事をさせられたところから》芸者・遊女などが客がなく暇でいる。

おぢや【小千谷】をぢや 新潟県中部の市。信濃川の谷口にあり、河岸(かし)町、三国街道の宿場町として発展。小千谷縮の産地。人口3.9万(2010)。

お-ちゃうけ【▽御茶請け】「茶請け」の丁寧語。

お-ちゃくみ【▽御茶×汲み】「茶汲み」の丁寧語。

おちゃ-こ【▽御茶子】京阪地方の劇場・寄席などで、客を座席へ案内したり、飲食物などを運んだりする女性。

おちゃ-こしょう【▽御茶小姓】こしやう お茶の給仕をする小姓。

おぢや-し【小千谷市】をぢや ➤小千谷

おちゃ-しょ【▽御茶所】《「おちゃじょ」とも》寺社の境内にあって参詣人に湯茶をふるまう休憩所。

おぢや-ちぢみ【小千▽谷縮】をぢや 新潟県小千谷地方で織られる麻の縮。越後縮(ゑちごちぢみ)。越後上布(ゑちごじやうふ)。

お-ちゃづけ【▽御茶漬(け)】「茶漬け」の丁寧語。

おちゃっぴい〔名・形動〕❶女の子が、おしゃべりで、出しゃばりなさま。また、そういう少女。「—な小娘」❷《「おちゃひき」の音変化》働いても金にならず、割の合

わないこと。「御褒美を貰ふ時は親方一人であたたまる。この六蔵は一」〈浄・矢口渡〉

おちゃ-どころ【▽御茶所】❶「おちゃしょ」に同じ。❷「茶店」を店側からいう語。❸茶の名産地。

おちゃ-ない【落ちゃない】《「(毛髪の)落ちはないか」という呼び声から》近世、髢の材料にするための抜け毛を買い集めた人。落ち買い。

お-ちゃのこ【▽御茶の子】❶「茶の子」の丁寧語。茶を飲むときにつまむ菓子など。❷《❶が腹にたまらないところから》たやすくできること。朝飯前。「そんなことは一だ」

御茶の子さいさい 《「さいさい」は囃子詞》物事がたやすくできること。

お-ちゃのま【▽御茶の間】「茶の間」の丁寧語。

おちゃのみず【御茶の水】東京都文京区湯島と千代田区神田駿河台の間を流れる神田川の掘り割り付近の称。ニコライ堂・湯島聖堂がある。江戸初期、この地にあった高林寺境内の湧き水を将軍のお茶用としたところからの名。

おちゃのみず【御茶の水】狂言。和泉流では「水汲」。住持に頼まれて野中の清水をくみにいった娘を、新発意が追って小歌で思いを語り、迎えにきた住持と争う。

おちゃのみず-じょしだいがく【お茶の水女子大学】東京都文京区大塚にある国立大学法人。御茶の水に設立された東京女子師範学校に始まり、東京女子高等師範学校などを経て、昭和24年(1949)に新制大学として発足。平成16年(2004)国立大学法人となる。

おちゃ-ひき【▽御茶×挽き】「茶挽き❷」に同じ。➡御茶を挽く

おちゃ-ぼうず【▽御茶坊主】➤茶坊主

お-ちゃめ【▽御茶目】〘名・形動〙「茶目」に同じ。「一な坊や」「一なしぐさ」

おちゃら-か・す〘動サ五(四)〙ふざけた態度でふまじめに応対する。ちゃかす。「人の話を一・す」

(類語)からかう・冷やかす・茶化す・おひゃらかす

おちゃら-け ふまじめな態度や、おちゃらけた言葉。「一を言ってしかられる」➡おちゃらける

おちゃら・ける〘動カ下一〙こっけいなことや、ふざけたことを、言ったりしたりする。「まじめな席でわざと一・てみせる」

お-ちゅうげん【▽御中元】「中元❷」に同じ。

おちゅうど【▽落▽人】《「おちびと」の音変化》㊀戦に負け、人目を避けて逃げていく人。「平家の一」㊁歌舞伎舞踊「道行旅路の花聟」の通称。

おち-ゆ・く【落(ち)行く】〘動カ五(四)〙❶遠くへ逃げていく。「最果ての地に一・く」❷結局は、そこに行き着く。帰着する。「いろいろ意見はあるが一・く先は一つだ」❸落ちぶれていく。劣っていく。「一・くけぢめこそやすくはべめれ」〈源・行幸〉

オチョア〖Severo Ochoa〗[1905～1993]米国の生化学者。スペイン生まれ。酸化・合成・エネルギー転移の酵素を研究。RNA(リボ核酸)の生体外での合成に成功し、1959年、ノーベル生理学医学賞受賞。

お-ちょう【▽御町】江戸時代の公許の遊郭。京都の島原、大坂の新町、江戸の吉原。おまち。「一の辻に立ちながら」〈浮・一代男・六〉

お-ちょう【▽御帳】❶江戸時代、犯罪者の罪状や所在などを記録した奉行所の帳簿。❷江戸時代、勘当・除籍された者を記載した帳簿。町村の名主が保管した。

御帳に付・く 罪を犯したり、親から勘当されたりして、御帳にその名前が記される。「主人を倒し、親の家を質に書きこみ、つひには一・いて所をはらはれ」〈吉原すずめ・上〉

お-ちょう【雄×蝶】❶雄の蝶。➡雌蝶 ❷「雄蝶雌蝶❷」の、雄の蝶にかたどった折り紙。➡雌蝶

お-ちょうし【▽御×銚子】「銚子」の丁寧語。また、銚子に入れてある酒。

おちょうし-もの【▽御調子者】「調子者」に同じ。

お-ちょうず【▽御▽手▽水】❶「手水」の丁寧語。❷用便。また、便所を丁寧にいう語。

おちょうず-の-ま【▽御▽手▽水の間】➤手水の間

おちょう-つき【▽御帳付き】御帳❶に名前が記載された者。前科者。

おちょう-めちょう【雄×蝶雌×蝶】❶雌雄の蝶。❷婚礼のとき、一対の銚子や提子につける、紙で折った雌雄の蝶。❸婚礼のとき、❷のついた銚子で三三九度の酌をする役の稚児。

おちょく・る〘動ラ五(四)〙からかう。ばかにする。主に関西地方でいう。「人を一・るのはやめろ」

お-ちょこ【▽御▽猪▽口】❶「猪口」の丁寧語。❷開いた傘が風にあおられて、猪口の形に裏返しになること。「一になる」

おちよ-はんべえ【お千代半兵衛】享保7年(1722)大坂で起こった八百屋半兵衛とその妻お千代の心中事件を題材にした浄瑠璃・歌舞伎などの通称。浄瑠璃「心中宵庚申」「心中二つ腹帯」など。

お-ちょぼ ❶《「ちょぼ」は小さい意》江戸時代、かわいらしい少女につけた名。また、かわいいおぼこ娘。❷江戸後期、京都・大坂の揚屋・茶屋などで、遊女・芸者の供や呼び迎えなどをした15、6歳までの少女。

おちょぼ-ぐち【おちょぼ口】小さくかわいい口。小さくつぼめた口つき。おつぼぐち。

お・ちる【落ちる|▽堕ちる|▽墜ちる】〘動タ上一〙文お・つ〘タ上二〙❶上から下へ自然に、また、急に移動する。㋐落下する。「谷底へ一・ちる」「涙が頬を伝って一・ちる」「吊り橋が一・ちた」㋑雨・雪などが降る。「寒いと思ったら白いものが一・ちてきた」㋒日・月が沈む。「山際に日が一・ちる」㋓光・視線などが注ぐ。「木漏れ日が地に一・ちる」㋔客のお金などがその場所で使われる。「観光地に多くの金が一・ちる」❷その場所から離れてなくなる。㋐ついていたものが取れる。「色が一・ちる」「化粧が一・ちる」㋑病気・憑き物などが除かれる。「狐が一・ちる」㋒減って細くなる。ある部分がくぼんだ状態になる。へこむ。「頬の肉が一・ちる」❸その中に入れるはずのものが漏れる。一部分が欠ける。ぬける。「電話番号がリストから一・ちている」❹落第する。落伍する。「試験に一・ちる」「予選で一・ちる」⇔受かる。❺都を離れて地方へ移っていく。また、戦いに敗れて他の土地へ逃げていく。「山間の地へ一・ちる」「都を一・ちる」❻物事の程度や段階、価値や力などが下がったり、悪くなったりする。低下する。㋐劣った状態になる。衰える。「鮮度が一・ちる」「味が一・ちる」「人気が一・ちる」「腕が一・ちる」「スピードが一・ちる」「人後に一・ちない」㋑地位などが下がる。「十両に一・ちる」㋒落ちぶれる。零落する。「一・ちる所まで一・ちる」㋓品性が低くなる。堕落する。「道義心も一・ちたものだ」「話が一・ちる」❼物事が終わりの状態に行き着く。㋐その人の所有となる。また、落札する。「店が人手に一・ちる」「入札の結果は他社に一・ちた」「手形が一・ちる(=手形ガ現金化サレル)」㋑仕掛けた計略などに、はまり込む。陥る。「わなに一・ちる」「謀略に一・ちる」㋒問いつめられて自白する。本音をはく。「容疑者が一・ちるのは時間の問題だ」「それこそ語るに一・ちるというものだ」㋓強く迫られてついに相手の思い通りの状態になる。説得などに負けて、相手に従う。「くどかれて彼女もとうとう一・ちた」㋔結果として、そうなる。帰する。「なんのかのといっても話はいつもそこに一・ちる」㋕抜き差しならない状態、引き込まれる感じのする状態に至る。「恋に一・ちる」「深い眠りに一・ちる」❽城などが攻め取られる。陥落する。「城が一・ちる」❾柔道で、気絶する。「締められて一・ちる」❿納得する。「腑に一・ちない」「胸に一・ちる」⓫コンピューターで、アプリケーションやOSが急に命令を受け付けなくなって停止する。アプリケーションが勝手に終了したり、OSがシャットダウンや再起動したりする。「ブラウザーが一・ちる」⓬寒くなって魚が深場へ移動する。⓭鳥や魚が死ぬ。「鶉あまた飼ひ置きける人のいかがしけん皆一・ちたると聞きて」〈万載狂歌集・五・詞書〉➡抜ける(用法)

(…句)顎が落ちる・胃の腑に落ちる・瘧が落ちる・頤が落ちる・語るに落ちる・雷が落ちる・小鼻が落ちる・猿も木から落ちる・人後に落ちない・心腹に落つ・地に墜ちる・手に落ちる・飛ぶ鳥も落ちる・腹に落ちる・腑に落ちる・札が落ちる・頬が落ちる・目から鱗が落ちる・理に落ちる・罠に落ちる

(類語)落ち込む・陥る・落っこちる・下がる・沈む・下降する・降下する・沈下する・低下する・低落する・下落する

お-ちんちん ❶陰茎をいう幼児語。おちんこ。❷男女の仲のよいこと。ちんちんかもかも。「外の子共はてんでんにがつ(=色事)をこしらへて、とんだ一だが」〈洒・船頭深話〉

おっ〘感〙驚いたとき、急に気がついたとき、また人に呼ばれたときなどに発する声。「一、忘れ物だ」

おっ【押っ】〘接頭〙《動詞「お(押)す」の連用形「おし」の音変化》動詞に付いて、意味・語調を強める。「一ぱじめる」「一たまげる」

おつ【乙】㊀〘名〙❶十干の第二。きのと。❷甲を第一位としたときの第二位。「甲一をつけがたい」❸物事を図式的に説明するときなどに、甲・丙などとともに、ものの名の代わりに用いる語。「甲一丙の三人」「甲一の距離」❹邦楽で、甲より一段低い音。⇔甲。㊁〘形動〙❶《㊀❹の低音の意から》普通と違って、なかなかおもしろい味わいのあるさま。味。「一な事を言う」❷普通とは違って変なさま。妙。「一にすます」「始めて出勤した時は一な感じがした」〈二葉亭・浮雲〉➡漢「おつ(乙)」 仮名遣 ㊀はオツ、㊁はオツ。

乙に絡・む いつもと違って変に嫌みを言う。いつもと違って妙にしつこく言う。

お・つ【▽復つ|変=若つ】〘動タ上二〙もとに戻る。若返る。「雲に飛ぶ薬食むよは(=ヨリハ)都見ばいやしき我が身また一・ちぬべし」〈万・八四八〉

お・つ【落つ|▽堕つ|▽墜つ】〘動タ上二〙「おちる」の文語形。

おつう【乙う】〘副〙《形容動詞「おつ」の連用形「おつに」の音変化》変に。妙に。ばかに。「一気取ったような咳払いをするよ」〈宮本・伸子〉

お-つうじ【▽御通じ】「通じ❷」の丁寧語。

おっ-か【屋下】➤おくか(屋下)

おっ-かあ 《「おかか」の音変化》❶子が母親を呼ぶときの語。江戸末期から中流以下で用いられた。❷《子の母親の意から》夫が妻を呼ぶときの語。他人の妻にもいう。❸店などの女主人を親しんで呼ぶ語。「大津屋の一にたいそう世話になったのう」〈人・梅児誉美・三〉(類語)母・母親・女親・お母さん・お母さま・お袋・母じゃ人・母じゃ・阿母・慈母・ママ

おっ-かい【屋階】屋根裏につくった部屋。屋根裏部屋。

おっ-かい【▽越階】順序を飛び越えて位階が昇進すること。越任。「一とて二階をするこそありがたき朝恩なるに」〈平家・一〉

お-つかい【▽御使い|▽御遣い】❶「使い❶」の丁寧語。「一を頼まれる」❷「使い❷」の丁寧語・尊敬語。「お稲荷様の一」

おっかい-はれた【おっかい晴れた】〘連語〙《「おっかい」は語義未詳》だれはばかることない。公然たる。天下晴れての。「これからが一女郎買ひ」〈伎・吾嬬鑑〉

おっ-かか・る【押っ掛(か)る】〘動ラ五(四)〙《「おしかかる」の音変化》❶よりかかる。よっかかる。「壁に一・る」❷今にもなろうとする。なりかかる。「弟とは言ひながら三十に一・り」〈浄・天の網島〉

おっ-かけ【追っ掛け】❶追いかけること。❷(副詞的に用いて)物事を引き続いてすぐすること。「試験が終わると一夏の合宿がある」❸映画で、追跡の場面。❹熱狂的なファンが俳優、歌手などの移動先まで追っていくこと。また、そのような熱狂的なファンのこと。❺人力車夫などが辻待ちをして客を引くこと。

おっかけ-さいせい【追っ掛け再生】《chasing playback》テレビ番組などを録画している最中に、録画済の映像を再生すること。録画の終了を待つことなく再生できる。タイムシフト再生。

おっかけ-つぎ【追っ掛け継ぎ】二つの木材の端部を互いに補うような、同形に斜めに切り取り、かみ合わせてつなぐ継ぎ手。曲げに強く、桁けた・土台などに使う。

おっ-か・ける【追っ掛ける】〔動カ下一〕文おっか・く〔カ下二〕「おいかける」の音変化。「親のあとを一・ける」

おっか-さん【▽御っ▽母さん】《「おかかさま」の音変化》子が母を呼ぶ語。「おかあさん」が一般化する前には広く使われた呼び方。

おつ-かつ〔形動〕「おっつかっつ」に同じ。「兄と弟は一な成績だ」

おっかな・い〔形〕怖い。恐ろしい。「一・い顔」「一・い目にあう」派生おっかながる〔動ラ五〕おっかなげ〔形動〕おっかなさ〔名〕類語怖い・恐ろしい・空恐ろしい・物恐ろしい・おどろおどろしい・気味悪い・無気味・不安・恐れる・心配・懸念・危惧きぐ・危懼きく・疑懼ぎく・恐れ・胸騒ぎ・気がかり・心がかり・不安心・心細い・心許こころもとない・憂い・危なっかしい・おぼつかない

おっかな-びっくり〔副〕こわがって、びくびくしながら事をするさま。おそるおそる。こわごわ。「一馬に乗る」

おっ-かぶさ・る【押っ▽被さる】〔動ラ五(四)〕「かぶさる」を強めた語。覆いかかる。「手すりに一・って下をのぞく」

おっ-かぶせ【押っ▽被せ】❶おっかぶせること。❷にせもの。まがいもの。また、それを売りつけること。「他国の人ひとと見ると、一にかかる、さんごじゅの偽物ぎぶつだ」〈魯文・西洋道中膝栗毛〉

おっ-かぶ・せる【押っ▽被せる】〔動サ下一〕❶勢いよく覆いかぶせる。「布団を一・せる」❷人に負わせる。なすりつける。「責任を他人に一・せる」❸相手の言葉が終わるか終わらないうちに、すぐ次の言葉を高圧的に言う。かぶせる。「一・せるように決めつける」類語覆う・被せる・掛ける・包む・くるむ・くるめる・覆いかぶせる・被覆する・包装する・パックする

オッカム〖William of Occam〗［1285ころ〜1349ころ］英国のスコラ哲学者。実在論に反対して唯名論を唱え、英国における経験論の基を開いた。オッカムのウィリアム。

おつかれ-さま【▽御疲れ様】〔名・形動〕相手の労苦をねぎらう意で用いる言葉。また、職場で、先に帰る人へのあいさつにも使う。「ご苦労様」は目上の人から目下の人に使うのに対し、「お疲れ様」は同僚、目上の人に対して使う。補説文化庁が発表した平成17年度「国語に関する世論調査」では、(1)**自分より職階が上の人に**「お疲れ様(でした)」を使う人が69.2パーセント、「ご苦労様(でした)」を使う人が15.1パーセント。また、(2)**自分より職階が下の人に**「お疲れ様(でした)」を使う人が53.4パーセント、「ご苦労様(でした)」を使う人が36.1パーセントという結果が出ている。

お-つき【▽御付き】身分の高い人のそばについていて、その世話をする役。また、その人。おとも。

お-つぎ【▽御次】❶順番の次のこと、また次の人を敬っていう語。「一の方、お入りください」❷貴人の居室の次の間。また、そこに控える奥女中。❸他家の女中の敬称。

お-つきあい【▽御付(き)合い】おつき あい「付き合い」の丁寧語。「親しく一をいただく」

おっき・い〔形〕「おおきい」の音変化。対ちっちゃい。

おつき-さま【▽御月様】月を敬い親しんでいう語。補説「お月様に願を掛ける」は尊敬語、「お月様が見える」は丁寧語。

おっ-くう【億×劫】オクコフ〔形動〕文〔ナリ〕《「おっこう(億劫)」の音変化》めんどうで気が進まないさま。「ものを言うのも一だ」➡億劫おくこう 派生おっくうがる〔動ラ五〕おっくうさ〔名〕

オック-ご【オック語】❶中世のフランスで、ロアール川より南の地域で話されていた言語。「はい」の意のouiをocと言ったことからの称。古プロバンス語。➡オイル語 ❷❶の系統に連なる南フランス諸方言の総称。プロバンス語。

オックステール〖oxtail〗牛の尾。ゼラチン質を含み、シチューやスープにする。

オックスフォード〖Oxford〗英国イングランド南部、テムズ川に面した大学都市。補説「牛津」とも書く。

オックスフォード-うんどう【オックスフォード運動】1833年以来英国国教会内部で、初代カトリック教会の教理や規律を復活導入し、教会の主体性確立を目的としておこされた、信仰復興と教会改革の運動。オックスフォード大学を中心に展開された。

オックスフォード-えいごじてん【オックスフォード英語辞典】《The Oxford English Dictionary》オックスフォード大学出版局発行の英語辞典。初版刊行は1884〜1928年。当初は『新英語辞典(NED)』と称された。1989年第2版(全20巻)発行。略称、OED。

オックスフォード-がい【オックスフォード街】《Oxford Street》➤オックスフォードストリート

オックスフォード-がくは【オックスフォード学派】後期のウィトゲンシュタインに影響され、主として英国のオックスフォード大学を中心に展開された分析哲学の一学派。哲学的言語分析の手段・素材として日常言語を重視する。ライル、オースティン、ストローソンらが代表者。日常言語学派。

オックスフォード-グレー〖Oxford gray〗黒ずんだグレー。黒っぽい霜降り縞の生地をオックスフォードシャーティング(シャツ地)と呼んだことから。

オックスフォード-シューズ〖Oxford shoes〗甲をひもで結ぶ型の靴。17世紀に、英国のオックスフォードの学生が使用したところからこの名がある。

オックスフォード-ストリート〖Oxford Street〗ロンドン中心部、ウエストエンドを東西に貫く大通り。東のニューオックスフォードストリート、ハイホルボーン、西のベーズウォーターロードとつながり幹線道路を成す。市内屈指のショッピング街。オックスフォード街。

オックスフォード-だいがく【オックスフォード大学】《Oxford University》英国オックスフォード市にある私立大学。12世紀にヘンリー2世が創設。寄宿制の学寮(カレッジ)と指導教師(チューター)による個人指導を特色とする。英国最古の大学で、ケンブリッジ大学と並ぶ名門。

オックスブリッジ〖Oxbridge〗イギリスのオックスフォード・ケンブリッジ両大学の併称。

お-つくり【▽御作り】❶化粧を丁寧にいう女性語。❷《女房詞から。「お作り物」の略》刺身。
類語(❶)化粧・作り・美容・粉黛ふんたい・脂粉・メーキャップ・メーク・薄化粧・厚化粧・寝化粧・若作り・拵こしらえ

お-つけ【▽御付け|▽御▽汁】❶《女房詞から。本膳ほんぜんで飯に添えて出すところから》吸い物の汁。おつゆ。❷特に、味噌汁。おみおつけ。「一の実」

お-つげ【▽御告げ】告げることを、また、その言葉をいう尊敬語。特に、神仏がその意思・預言などを人間に告げ知らせること。また、その知らせ。託宣。
類語託宣・神託・示現

オッケー〔感〕➤オーケー(OK)

おつげ-ぶみ【▽御告げ文】天皇が皇祖皇宗の神霊に奏上する文。御告文ごこうぶん。

おっ-けん【▽越権】ヲツ ケン ➤えっけん(越権)

おっ-けん【臆見】オク ケン 憶測による意見。無責任な推量に基づく意見。おくけん。

おっ-こう【億×劫】オク コフ ❶〔名〕仏語。一劫の億倍。すなわち、非常に長い時間。永遠。➡劫こう ❷〔形動〕《それをするには長い時間がかかるところから》「おっくう(億劫)」に同じ。「其の法と言ふは、殊外ことのほか一にて、中々むさと授けられぬことなれども」〈洒・当世花街談義〉

おっこち【落っこち】恋に落ちること。情人関係になること。また、その情人。「君の一は何うしたんでげす」〈鏡花・湯島詣〉

おっこ・ちる【落っこちる】〔動タ上一〕❶関東地方で「落ちる」をいう語。「屋根から一・ちた」「試験に一・ちる」❷恋に落ちる。惚ほれる。「女ニー・チタ」〈和英語林集成〉類語落ちる・落ち入る・落ち込む

おっこと・す【落っことす】〔動サ五(四)〕関東地方で「落とす」をいう語。「橋の上から石を一・す」

漢字項目　おち

【▽越】➤えつ

漢字項目　おつ

乙 音オツ呉　イツ漢　訓きのと、おと‖㊀〈オツ〉①十干の二番目。きのと。「甲乙」②順位で、第二位。「乙種」㊁〈イツ〉①きのと。「乙卯いつぼう」②二番目。「乙夜いつや」③文末を止めるしるし。「不乙ふいつ」㊂〈おと〉「乙姫おとひめ・乙女おとめ」名付お・き・くに・たか・つぎ・と・とどむ 難読早乙女さおとめ・独乙ドイツ・乙甲めりかり・乙張めりはり

おっ-こ・む【押っ込む】《「おしこむ」の音変化》㊀〔動マ四〕❶無理に入る。押し入る。「誰たが館やかたとも、何の宗旨ともいはせず、一・みー・み」〈咄・醒睡笑・七〉❷打ち込む。攻め入る。「弓手ゆんでへー・み馬手めてへ切りこみ」〈浄・用明天王〉㊁〔動マ下二〕やりこめる。「それはなはだ異なことばぞと一・めたるに」〈咄・醒睡笑・一〉

おっ-さん をつ《「おじさん」の音変化》多く関西地方で、中年の男性を親しんで呼ぶ語。「隣の一」

おっ-さん【▽和▽尚さん】ヲツ ー《「おしょうさま」の音変化》和尚・僧侶などを親しんでいう語。

オッジ〖イタリア oggi〗今日。本日。

おつじ【乙字】➤大須賀乙字おおすがおつじ

おつじ-かつひこ【尾辻克彦】をつじ ➤赤瀬川原平

おっしゃ・る【▽仰る|▽仰▽有る】㊀〔動ラ五(四)〕《「おおせある」の音変化》❶「言う」の尊敬語。言葉を口にお出しになる。言われる。おおせられる。「先生はこう一・いました」「早く一・い」❷(人名などを受けて)そういう名前でいらっしゃる。「佐藤さんと一・る方」「お名前はなんと一・いますか」可能おっしゃれる 補説命令形「おっしゃい」は、多く女性が使う。㊁〔動ラ下二〕㊀に同じ。「おゆき様とお前と逢はせた時、これ限りと一・れたか」〈浄・鑓の権三〉
類語のたまう・仰せられる・言う・話す・しゃべる・語る・述べる・発言する・口を利く・口に出す・口にする・吐く・漏らす・口走る・抜かす・ほざく・うそぶく・言い出す・申し上げる・申す・言上ごんじょうする

おつ-しゅ【乙種】❶甲・乙・丙などと分類したときの2番目。第2種。❷「乙種合格」の略。

おつしゅ-ごうかく【乙種合格】ガフ カク もと徴兵検査で、甲種に次ぐ合格順位。のちに第1、第2などの段階ができた。

おっしょう-さん【▽御▽師▽匠さん】おつシヤウ《「おししょうさん」の音変化》「師匠」を敬い、また、親しみをこめて呼ぶ語。

オッズ〖odds〗競馬・競輪などで、当たった場合の配当を賭け金に対する倍率で表したもの。

おっ-すが・う【追っ×縋ふ】すがふ〔動ハ四〕《「おいすがう」の音変化》追いすがる。「逃ぐる敵に一・うて」〈太平記・八〉

おっ-そ【▽越訴】ヲツ ❶江戸時代、管轄の役所・役人を越えて上級の官司に提訴したこと。直訴じきそ・駆け込み訴えはこの類。❷中世、敗訴人が裁判に誤りがあるとの理由で、上訴・再審請求をしたこと。

オッソブーコ〖イタリア ossobuco〗《子牛のすねの骨の意》イタリア料理の一種。骨ごと輪切りにした子牛のすね肉に小麦粉をまぶし、タマネギ・ニンジンなどとともに炒めて白ワイン・トマトなどと煮込んだもの。

おっそ-ぶぎょう【▽越訴奉行】ヲツソ ブギヤウ 鎌倉幕府の職名。越訴❷の受理・再審に当たった臨時の職。審理が始まると、引付ひきつけ奉行人の中から1、2名が選ばれ、頭人の指揮に従った。

オッター-トロール〖otter trawl〗オッターボードで網を左右に展開させる底引き網。

オッター-ハウンド〖otter hound〗川獺かわうそ狩り専門の猟犬の一種。毛色は鉄灰色または砂色で、黒の斑まだらがある。泳ぎがうまい。

オッター-ボード〖otter board〗トロール網を引くとき、水の抵抗を利用して網を展開させるために、左右の袖網そであみの端と引き綱の間に取り付けてある鉄板。

おっ-た・つ【押っ立つ】㊀〔動タ五(四)〕「立つ」を強めていう語。「耳の一・った犬」㊁〔動タ下二〕「おった

てる」の文語形。

おっ-たて【追っ立て】《「おいたて」の音変化》❶追い出すこと。「家主から―をくう」❷流罪人を都から追放すること。

おったて-じり【押っ立て尻】《「おったて」は「おしたて」の音変化》今にも立ち上がりそうな、尻を浮かせた落ち着きのない座り方。「旦那は早や―をしかけた」〈上司・兵隊の宿〉

おったて-の-かんにん【追立の官人】おつたて流罪に処せられた者を流刑地へ護送した役人。追立おったての使つかい。

おっ-た・てる【押っ立てる】〔動タ下一〕図おった・つ〔タ下二〕「立てる」を強めていう語。「屋上にアンテナを―・てる」

おっ-た・てる【追っ立てる】〔動タ下一〕図おった・つ〔タ下二〕「おいたてる」の音変化。「―・てられるように下宿を移す」

おっ-たま・げる【押っ▽魂▽消る】〔動ガ下一〕非常に驚く。ぶったまげる。「心臓が止まるほど―・げる」

おっ-ち・ぬ【押っ▽死ぬ】〔動ナ五(四)〕「死ぬ」の俗な言い方。「犬が急に―・んだ」

おっちょこ-ちょい〔名・形動〕落ち着いて考えないで、軽々しく行動すること。また、そのさまや、そういう人。「―な(の)面がある」「あの―がまた失敗をしでかした」〈類語〉慌て者・そそっかしい

おつつ【▽現】をつつ現在。うつつ。「今の―に尊きろかむ」〈万・八一三〉〈補説〉助詞「に」に続くときは「おつづに」と濁音化することもあった。

お-づつ【尾筒】をづつ❶馬の尾にかぶせる袋。尾袋おぶくろ。❷獣の尾の、付け根の丸く膨れた部分。「最前ののら犬めと、―を取って引き戻し」〈浄・井筒業平〉

おっつ-かっつ〔形動〕《「おつかっつ(乙甲)」、また「お(追)っつすが(縋)っつ」の音変化かという》ほとんど差がつけられないさま。優劣の差がないさま。また、時間などの差がないさま。おつかつ。「二人の力量は―だ」「父と母は―に外出した」〈類語〉互角・伯仲・五分五分・拮抗きっこう・どっこいどっこい・とんとん

おっ-つ・く【追っ付く｜追っ着く】〔動カ五(四)〕「おいつく」の音変化。「今さら悔やんでも―・くものか」〈可能〉おっつける

おっ-つく・ねる〔動ナ下一〕どうにか決まりをつける。なんとか片をつける。「俗務を―・ねて、課長の顔色を承けて」〈二葉亭・浮雲〉

おっ-つけ【押っ付け】相撲の技の一。相手の差し手、または筈はずに掛けたひじを、外側または下方から押しつけて相手の攻撃力を鈍らせる。

おっ-つけ【追っ付け】〔副〕❶やがて。そのうちに。まもなく。「―来るだろう」❷すぐに。ただちに。「―参らせられい。今まで遅うござる」〈虎明狂・伊文字〉〈類語〉間もなく・程なく・今に・遠からず・近く・やがて

おっ-つ・ける【押っ付ける】〔動カ下一〕図おっつ・く〔カ下二〕《「おしつける」の音変化》❶ぴたりとついて押す。「窓ガラスに頬ほおを―・ける」❷無理に引き受けさせる。「友人に掃除当番を―・ける」❸相撲で、相手の差し手を外側から手と腕で下から押しつける。防ぎと攻めの同時効果がある。「右から―・けて寄る」

おっ-て【追っ手】《「おいて」の音変化》逃げていく者をつかまえるために追いかける人。「―をかける」

おっ-て【追って】〔副〕❶近いうちに。のちほど。後日。「結果は―ご連絡いたします」❷手紙や掲示などで、一応書き終えたあと、さらに書き加えるとき、その初めに置く言葉。なお。付け加えて。〈類語〉聴きって・近日・そのうち・いずれ・近近・遅かれ早かれ・早晩・何時いつか

おって-がき【追って書(き)｜追×而書(き)】手紙の本文に付け加えて書くこと。また、その文章。なおなお書き。追伸ついしん。二伸。〈類語〉追伸・二伸・再伸

おっと【夫｜良=人】をっと《「おひと(男人)」の音変化》配偶者である男性。結婚している男女の、女性を「妻」というのに対し、男性をいう語。亭主。「―のある身」⇔妻。〈類語〉主人・旦那・ハズ・夫君・宅・内の人

おっ-と〔感〕❶驚いたとき、急に気がついたときなどに発する語。「―、これは失礼」❷相手の呼びかけに答える語。「―、合点」

おっと合点がってん承知の助　承知したの意を、しゃれていう言葉。

おつ-ど【▽越度】ヲツ❶律令制で、関所を破ること。通行許可証を持たず、関門を経ずに通過すること。罪科に処せられた。❷法に反すること。〈日葡〉❸「おちど」に同じ。「隠れたる瑕きずの少し候を、かくとも知らせまゐらせで進じおき候ひし事、第一の―にて候」〈太平記・二六〉

オットー〘Nikolaus August Otto〙[1832〜1891]ドイツの技術者。4行程サイクルを完成し、実用的な内燃機関を初めて製作。

オットー〘Otto〙(1世)[912〜973]神聖ローマ帝国初代皇帝。在位962〜973。936年、ザクセン朝第2代のドイツの国王となり、他民族の侵入を防ぎ、教会勢力と提携することで諸侯をおさえ王権を確立。イタリア遠征後、教皇から帝冠を受けた。オットー大帝。

おっとせい【×膃×肭×臍】アシカ科の哺乳類。体長は雄が約2メートル、雌が約1メートル。頭は丸く、四肢はひれ状で、全身に刺毛と綿毛が密生。北太平洋に分布し、夏、小さな島に多数集まり、一夫多妻の集団をつくって繁殖する。毛皮は良質だが、国際条約によって保護されている。ウニウ。〈補説〉アイヌ語「オンネップ」を中国で「膃肭」と音写、この臍へそが薬用として膃肭臍または海狗腎かいくじんの名で日本に入った。

おっとっ-て【押っ取って】〔副〕❶おおよそ。だいたい。ざっと。「一銀になほして九十貫目なり」〈浮・禁短気・四〉❷さしあたってすぐに。意のままに。「私にも―つかはるるほど金が欲しや」〈浮・諸艶大鑑・三〉

おっとっと〔感〕器に注ぐ酒などがこぼれそうになったり、失敗しそうになったりするときに発する声。おっと。「―危ない、危ない」

オッド-ベスト〘odd vest〙《oddは、半端の、片方の、の意》上着とセットになっていない単独のベストのこと。普通のベストと比べて変わったデザインが多く、アンティークな雰囲気をもつのが特徴。

おっと-まかせ【おっと任せ】〔感〕気軽に承諾したり、引き受けたりするときに発する語。引き受けた。よしきた。「―と饒舌しゃべり出した」〈二葉亭・浮雲〉

オットマン〘ottoman〙❶太い横畝よこうねのある、絹・綿・化繊などの織物。❷背の低い幅広の長椅子。1900年ころ英国で異国趣味として流行した。❸背もたれのないクッション台。足のせ台。

オットマン〘Ottoman〙▶オスマン

オットマン-ていこく【オットマン帝国】▶オスマン帝国

お-つとめ【▽御勤め】❶相手を敬って、その勤めをいう語。「―はどちらですか」❷仏前で日課として読経すること。勤行ごんぎょう。❸商人が客に奉仕すること。サービス。❹義務だと思って、やむをえずすること。「万更義務おつとめでしているとも見えぬが」〈紅葉・多情多恨〉❺遊女の揚げ代。花代はなだい。「げんなまでさきへ―を渡しておいたから」〈滑・膝栗毛・初〉〈類語〉勤め・勤行ごんぎょう・看経かんきん・読経どきょう・礼拝らいはい

おつとめ-ひん【▽御勤め品】客に奉仕したり、客寄せのため、特に安い値段で売る商品。サービス品。

おっとり〔副〕スル❶人柄・しぐさなどが、落ち着いていてせこせこしないさま。おおようなさま。「―(と)構える」「良家の出らしい―した振る舞い」❷日ざしなどが、暖かく穏やかに感じられるさま。「白い霜を一度に摧くだいた日が、…往来を―と一面に照らしていた」〈漱石・彼岸過迄〉〈類語〉大らか・大様・鷹揚おうよう

おっとり-がたな【押っ取り刀】急な出来事で、刀を腰に差す暇もなく、手に持ったままであること。急いで駆けつけることの形容に用いる。「―で駆けつける」

おっ-と・る【押っ取る】〔動ラ四〕《「おしとる」の音変化》❶急いで手に取る。また、すっかり手に入れる。「童わっぱにもたせたる太刀―・り、するりと抜きて」〈曽我・一〉❷相手の言葉をすぐに引き取る。「まづ何者ぞと問ひければ、五位の介すけ―・って」〈浄・用明天王〉

おっとん-がえる【おっとん×蛙】がへるアカガエル科のカエル。体長10〜14センチで、日本産では大形。前肢の指は5本あり、第1指が鋭いとげ状。昼間は穴にひそむ。奄美大島の森林に生息。

おつに【乙二】[1756〜1823]江戸後期の俳人。陸前白石の人。本名、岩間清雄。別号、松窓。権大僧都。重厚で独自な俳風を確立。「乙二七部集」「松窓乙二発句集」などの編著がある。

おつ-にょう【乙×繞】ゼウ漢字の繞にょうの一。「乾」「乳」などの「乙」や「乚」の称。

おつ-にん【▽越任】ヲツ一定の順序を経ないで、上級の官職に任ぜられること。越階おっかい。おちにん。

おつ-ねん【▽越年】ヲツ〔名〕スル「えつねん(越年)」に同じ。

おつねん-とんぼ【▽越年×蜻×蛉】ヲツネンアオイトトンボ科の昆虫。体長約4センチくらい。体は黄褐色に青銅色の紋が散在する。成虫で越冬し、春になってから卵を産む。北海道・本州・ユーラシア大陸に分布。

おっ-ぱをっ《「尾っ端」、または連歌俳諧で懐紙の一折の最後の句をさす「折をり端は」の音変化という》いちばん端はし。物事の結末。最後。「月の―に勘当を親父おやじ付け」〈柳多留・二一〉

おっぱい　乳汁や乳房をいう幼児語。〈類語〉乳・母乳

おっ-ぱじ・める【押っ始める】〔動マ下一〕「はじめる」を強めた俗な言い方。「けんかを―・める」

おっ-ぱな・す【押っ放す】〔動サ五(四)〕「放す」を強めていう語。ぱっと放す。一気に放す。「手綱を解いて馬を―・す」

おっ-ぱら・う【追っ払う】ぱらふ〔動ワ五(ハ四)〕「おいはらう」の音変化。「のら犬を―・う」

おっ-ぴら・く【押っ開く】〔動カ五(四)〕《「おしひらく」の音変化》❶「開く」を強めた俗な言い方。「袖が長過ぎて、襟が―・いて」〈漱石・吾輩は猫である〉❷隠したりせずにおおっぴらに行動する。公然と物事をする。「さりとは花の都の粋方は、―・いた格別な物ぢゃ」〈浮・歌三味線・三〉

おっ-ぴろ・げる【押っ広げる】〔動ガ下一〕「ひろげる」を強めた俗な言い方。「股ももを―・げる」

オップ-アート〘op art〙▶オプアート

オッフェンバック〘Jacques Offenbach〙[1819〜1880]フランスの作曲家。オペレッタを確立した。作品に「天国と地獄」「ホフマン物語」など。

オッフェンバッハ〘Offenbach〙ドイツ中西部、ヘッセン州の都市。マイン川に面する。近世にフランスからユグノー教徒が移住して伝えた皮革工業が発達。フランクフルトに隣接し、現在もライン-マイン工業地帯を代表する都市として知られる。オッフェンバハ。オッフェンバッハアムマイン。

オッフェンバッハ-アム-マイン〘Offenbach am Main〙▶オッフェンバッハ

おっ-ぷ・せる【押っ伏せる】〔動サ下一〕図おっぷ・す〔サ下二〕「おしふせる」の音変化。「拍子で声を―・せられると、張った調子がすぐにたるんだ」〈鏡花・歌行灯〉

おっぺけぺえ-ぶし【おっぺけぺえ節】《歌詞の最後につく囃子詞はやしことば「おっぺけぺ、おっぺけぺっぽう、ぺっぽっぽ」からの名》明治20年代にはやった歌。壮士芝居の川上音二郎が、それまでの節に時事風刺の歌詞をつけて歌ったもの。おっぺけぺ節。

おっ-ぺしょ・る【押っ▽圧▽折る】〔動ラ五(四)〕「へしおる」を強めた俗な言い方。力を込めて折る。「木の枝を―・る」

オッペンハイマー〘Franz Oppenheimer〙[1864〜1943]ドイツの社会学者。ナチスに追放され、米国に亡命。社会主義的国家論を主張。著「社会学大系」「国家論」。

オッペンハイマー〘John Robert Oppenheimer〙[1904〜1967]米国の理論物理学者。宇宙線シャワー理論などの研究がある。第二次大戦中、原子爆弾の製造を指導し、戦後は水素爆弾製造に反対して公職を追放された。

お-つぼ【▽御×壺】❶膳部ぜんぶにのせる壺に入れた盛り物。❷宮中の局つぼねの敬称。❸御所などの中庭の敬称。「広綱を―のうちへめし」〈平家・一一〉

おっ-ぽ【尾っぽ】尾。「犬の一」類語尾・しっぽ
おつぼ-ぐち【御壺口】「おちょぼ口」に同じ。
お-つぼね【御局】❶宮中で、局(個室)を与えられた女官の敬称。❷江戸時代、将軍家・大名家で局を与えられた奥女中の敬称。また、その奥女中を取り締まった老女の敬称。❸ ▶局女郎
おつぼね-さま【御局様】職場で、勤続年数が長く、特に同性の同僚に対して力を持つ女性のこと。
おっ-ぽらか・す〔動サ五〕物を放り投げたままにすることをいう俗な言い方。ほっぽらかす。「かばんを玄関に一・して遊びに行く」
おっ-ぽりだ・す【押っ放り出す】〔動サ五〕「ほうりだす」を強めた俗な言い方。「居候を家から一・す」「宿題を一・して遊びまわる」
おっ-ぽ・る【押っ放る】〔動ラ五〕「ほうる」を強めた俗な言い方。「甘やかさず一・っておく」
おつま-はちろべえ【お妻八郎兵衛】大坂の古手屋八郎兵衛が嫉妬から、遊女のお妻を殺した事件を主題とする歌舞伎・浄瑠璃の通称。歌舞伎狂言「文月恨切子」、浄瑠璃「桜鍔恨鮫鞘」など。
お-つまみ【御摘み・御撮み・御抓み】「つまみ❸」の丁寧語。
お-つむ【御頭】《もと女房詞「おつむり」の略》頭。主として幼児に対して用いる。類語頭・頭・こうべ・つむり・かぶり・頭部・ヘッド・雁首
おつむてんてん 幼児が、両手で自分の頭を軽くたたく動作。また、そうするように、あやすときの言葉。
お-つめ【御詰】❶茶会で、亭主を助けて、正客への茶碗などの取り次ぎ、待ち合い、その他のあと始末に気を配り、茶事を円滑に進める役。末客。詰め。❷茶を製した茶師の名。詰め。
おつめ-しゅう【御詰衆】▶詰衆
お-つもり【御積(も)り】「積もり❹」に同じ。「これで一だよ」
おつ-や【乙夜】▶いつや(乙夜)
お-つや【御通夜】「通夜」の尊敬語・丁寧語。
おづ-やすじろう【小津安二郎】[1903〜1963]映画監督。小市民映画で作品のスタイルを確立。日本の家庭生活を描き続けて数々の名作を生み出した。代表作「生れてはみたけれど」「晩春」「麦秋」「東京物語」など。
お-つゆ【御汁】「汁」の丁寧語。
おつゆう【乙由】▶中川乙由
お-つり【御釣(り)】相手を敬って、その釣り銭をいう語。また、釣り銭を丁寧にいう語。
御釣りが来・る 十分過ぎてあまりが出る。「マイナス面を差し引いても一・来るほどの価値」
おつ-りき【乙りき】〔名・形動〕一風変わっていること。また、そのさま。「なんぞ一な遊びはあるめえかノ」〈魯文・西洋道中膝栗毛〉
おつるい-しょうちゅう【乙類焼酎】焼酎の種別の一。単式蒸留機で1回だけ蒸留した焼酎。芋や麦、蕎麦など原料の風味が残るのが特徴で、九州・沖縄地方での伝統的な焼酎の製法。泡盛もこれに分類される。焼酎乙類。本格焼酎。➡甲類焼酎
お-つれ【御連れ】相手の同伴者を敬っていう語。「一様が見えました」
お-て【御手】㊀〔名〕❶相手を敬って、その手、また、その筆跡をいう語。「一を拝借」「一をわずらわす」「見事な一の軸」❷犬などが、片前足を上げ、差し伸べた人の手のひらにのせる芸。また、それを命じる語。㊁〔感〕相撲で、行司が二人を合わせるときの掛け声。「『今度は心得て行司をせい』『畏ってござる。いや、一』」〈虎寛狂・鼻取相撲〉
御手を上・げる (「御手を上げられい」「御手をお上げください」などの形で)手をついて丁寧なあいさつをされては恐縮である、の意。「是はまずまず一・げなすって」〈円朝・真景累ヶ淵〉
お-てあげ【御手上げ】《両手を上げて降参する意から》解決する手段が全くないこと。どうにもしようがないこと。「騒音対策は一の状態だ」
お-てあらい【御手洗い】「手洗い❷」の丁寧語。
お-でい【汚泥】❶汚いどろ。❷人を堕落させるような、好ましくない環境。「彼女を一の中から救抜する」〈鴎外・雁〉❸ ▶スラッジ
おて-いしゃ【御手医者】「手医者」に同じ。御手前医者。侍医。「一坂川玄春」〈浮・伝来記・五〉
オディッセー〖Odyssey〗オデュッセイアの英語名。
お-でいり【御出入り】「出入り❷」に同じ。「一を止められる」
お-てうち【御手打ち・御手討ち】「手打ち❸」に同じ。「一に逢ふまでもなく、静めやうありしものを」〈浮・伝来記・七〉
オデオン〖フランス odéon〗古代ギリシャ・ローマの音楽堂。
お-でかけ【御出掛け】出掛けることをいう尊敬語・丁寧語。補説「どちらへお出掛けですか」は尊敬語、「子供を連れてのお出掛けは一苦労だ」は丁寧語。
お-てかず【御手数】▶おてすう(御手数)
お-てき【御敵】「敵❹」に同じ。「殿達は三人わたしが一はどれぢゃえ」〈浄・女楠〉
お-でき【御出来】できもの。はれもの。
お-てこ【御手子】江戸時代、大名お抱えの火消し人足。
お-でこ ❶額が普通以上に出ていること。また、その人。❷俗に、額のこと。「一をぶつける」❸釣りで、獲物が全然ないこと。ぼうず。類語額・眉間
おてごろ-かん【御手頃感】値段、品質ともに買い手の条件に合っているという感じ。「性能もよく、一のある機種だ」
お-てしょ【御手塩】「手塩皿」の女性語。
お-てすう【御手数】「手数❷」の尊敬語。
お-てすき【御手透き・御手隙】相手の手があいていることをいう尊敬語。「今、一でしょうか」➡てすき
お-てだま【御手玉】❶小さな布袋に小豆などを入れた玩具。これを数個、歌に合わせて投げ上げたり、受けたりして遊ぶ。また、その遊戯。➡石子 ❷野球で、ボールをしっかりとグラブに収められずに一、二度はじくこと。ジャッグル。
お-てつき【御手付き】「手付き❷❸」に同じ。
オテック〖OTEC〗《ocean thermal energy conversion》▶海洋温度差発電
お-てつけ【御手付け】「御手付き」に同じ。
オデッサ〖Odessa〗ウクライナの港湾都市。黒海北岸にあり、貿易港として発展。機械・造船などの工業が盛ん。1905年、戦艦ポチョムキンの反乱の舞台となった。人口、行政区99万(2008)。
オデッソス〖Odessos〗ブルガリア北東部の都市ヴァルナの、古代ギリシャ時代における名称。
おてつだい-さん【御手伝いさん】雇われて家事の手助けをする女性。従来の「女中」の言い換え語。類語女中・メード・家政婦・派出婦・ねえや・ハウスキーパー
オデッツ〖Clifford Odets〗[1906〜1963]米国の劇作家。現代社会への批判が特徴。作「ゴールデンボーイ」「ビッグナイフ」「田舎娘」など。
お-てて ❶お守り役。「宇治の通円殿とて、貴殿の主人頼長公の一同然の御家来筋」〈浄・菖蒲前操弦〉❷乳母の夫。「お乳が肩車、一が日傘」〈浄・寿の門松〉
お-てて【御手手】手をいう幼児語。類語手
お-でで-こ【御出木偶】❶江戸中期、放下師などが見世物に使った人形。ざるを伏せて開けるたびに異なった人形を出した。❷「御出木偶芝居」の略。
おででこ-しばい【御出木偶芝居】江戸三座以外の小芝居。おででこを用いた大道芸から発達したのでいう。
お-てなが【御手長】「手長❹」に同じ。
おてなみ-はいけん【御手並(み)拝見】相手の腕前や能力がどれくらいあるか拝見しよう。相手をやや見下した言い方。「まずは一といきましょう」
おて-の-もの【御手の物】慣れていてたやすくできる事柄。得意とするもの。「中華料理なら一だ」類語売り物・十八番・おはこ・お家芸・お株・特技・得意・得手・達者・専売特許
オテパー〖Otepää〗エストニア南部の町。「冬の首都」と称され、同国屈指のスキーリゾートとして知られる。
お-てふき【御手拭き】「手拭き」の丁寧語。
お-てまえ【御手前】㊀〔名〕❶相手の腕前。技量。手並み。「一を拝見したいものですね」❷(「御点前」とも書く)茶の湯の作法・様式。また、その手並み。㊁〔代〕二人称の人代名詞。主として武士が同輩の間で用いた。「一が手にかかりて夫婦共に殺さるる事の無念や」〈浮・伝来記・七〉
お-でまし【御出座し】相手を敬って、その人の外出や出席をいう語。「本日は遠路一をたまわりまして」類語来る・行く・お出で・お運び・お越し
お-てもと【御手元・御手許】❶相手を敬って、その手元をいう語。「一の資料をご覧ください」❷《料理屋などで、客の手元に置くところから》箸。類語(❷)箸・割り箸・菜箸・太箸
おてもと-きん【御手元金】高貴な人の手元にある金銭。
おてもやん 熊本県の民謡。熊本弁の歌詞が評判となって全国的に歌われる座敷歌。熊本甚句。
お-てもり【御手盛(り)】《自分で好きなように食事を盛りつける意から》自分の都合がいいように物事を取り計らうこと。「一の予算案」
おて-やわらか【御手柔らか】〔形動〕相手が手加減してやさしく扱ってくれるさま。「おてやわらかに」の形で、試合などを始めるときのあいさつの語として用いる。「一に願います」
オデュッセイア〖Odysseia〗古代ギリシャの長編叙事詩。24巻約1万2000行。ホメロス作と伝えられる。前8世紀ごろ成立。オデュッセウスが、トロイア戦争からの凱旋の帰途に体験した10余年の漂流と、不在中に王妃ペネロペに言い寄った男たちへの報復を描く冒険物語。オディッセー。
オデュッセウス〖Odysseus〗ギリシャ神話の英雄。イタカ島の王で、ペネロペの夫。「オデュッセイア」の主人公。トロイア戦争で知勇兼備の名将として活躍、木馬の奇計によりギリシャ軍を勝利に導いた。ユリシーズ。
お-てら【御寺】❶「寺」の尊敬語・丁寧語。❷「御寺様」の略。❸《寺では檀家から物をもらっても返礼しないところから》物をもらってもお返しをしないこと。もらいっぱなし。❹「仰願寺蝋燭」の異称。
おてら-さま【御寺様】❶寺の住職・僧の敬称。お寺さん。❷寺を敬ったり、丁寧にいったりする語。
オテル-デザンバリッド〖Hôtel des Invalides〗▶アンバリッド
オテロ〖Otello〗ベルディ作曲のオペラ。4幕。1887年ミラノで初演。シェークスピアの戯曲「オセロ」に基づく。
お-てん【汚点】❶物にぽつんとついた汚れ。染み。❷不名誉な点。きず。「経歴に一を残す」類語汚れ・汚れ・汚染
お-でん【御田】《「でん」は「田楽」の略》❶さつまあげ・はんぺん・焼きちくわ・つみれ・蒟蒻・大根などを、汁をたっぷり使って煮込んだ料理。煮込みおでん。関西では、関東だき・関東煮とよぶ。(季 冬)「硝子戸に一の湯気の消えてゆく／虚子」❷田楽豆腐。また、木の芽田楽。❸蒟蒻を串に刺し、練り味噌を付けた食品。
お-てんき【御天気】❶天気を丁寧にいう語。「一が怪しい」「一の日」❷人の機嫌のよしあし。また、機嫌のよいこと。「おやじの一が変わらないうちに」類語移り気・多情・浮気・気まぐれ・むら気・むら・飽き性・気移り
おてんき-し【御天気師】詐欺師の一。偽金などを路上に落としておき、通行人と二人で発見したように見せかけ、配分しようなどと口実を作ってその通行人の金品とすり替えて逃げ去るもの。晴天の日にするところからいう。
おてんき-もの【御天気者】「お天気屋」に同じ。
おてんき-や【御天気屋】《天気は、その時その時で変わるところから》機嫌や気分の変わりやすい人。お天気者。

おてんとう-さま【▽御天道様】▶おてんとさま(御天道様)

おてんと-さま【▽御天▽道様】《「おてんとうさま」とも》❶太陽を敬い親しんでいう語。❷天地をつかさどり、すべてを見通す超自然の存在。「悪いことをすればー一に筒抜けだ」「ー一に恥じない行動」(類語)太陽・日・天日・日輪・火輪・金烏・日天子・白日・赤日・烈日・お日様・今日様・サン・ソレイユ・陽光・日光・日色・日差し・日影・天日

おてんば【▽御転婆】〔名・形動〕若い女性が、恥じらいもなく、活発に行動すること。また、そのさまや、そのような娘。おきゃん。「ーな少女」➡転婆

(類語)はすっぱ・おきゃん・尻軽

おでん-や【▽御田屋】おでんを売る店。また、売る人。(季冬)

おと【▽弟|▽乙】㊀〔名〕❶上代、男女の別なく、兄弟または姉妹の関係にある者のうち年少の者。おとうと。また、いもうと。「其の一木花之佐久夜毘売を留めて」〈記・上〉⇔兄。❷末の子。おとご。「姉が手を引き、ーは抱く」〈浄・油地獄〉❸狂言面の一。不器量な若い女の面。乙御前。おたふく。おかめ。㊁〔接頭〕名詞に付いて、❶年下の、年が若い、末の、などの意を表す。「ーおじ(弟叔父)」「ーご(弟子)」❷年若く美しい意を表す。「ーたなばた(弟棚機)」「ーたちばなひめ(弟橘媛)」

弟は血の緒 末の子は親と血が最も近いから、最もかわいい。弟は血の余り。「ーといとをしく、あくがれたづね給ひしを」〈浄・十二段草子〉

おと【音】❶物の振動によって生じた音波を、聴覚器官が感じとったもの。また、音波。人間の耳に聞こえるのは、振動数が毎秒約16〜2万ヘルツの音波。❷うわさ。評判。「ーに聞こえた絶世の美人」➡音に聞く❸鳥獣の声。「うぐひすのー聞くなへに梅の花」〈万・八四一〉❹訪れ。便り。音沙汰。「年越ゆるまでーもせず」〈竹取〉

(下一語)足音・雨音・風音・楫音・川音・靴音・瀬音・槌音・筒音・爪音・弦音・波音・刃音・羽音・葉音・歯音・撥音・水音・物音・矢音

(類語)物音・音声・音・音・音色・楽音・サウンド

音に聞・く ❶人伝えに聞く。うわさに聞く。❷名高い。有名である。「ー・く勇将」

おと【▽遠|彼=方】「おち(遠)」の音変化。「大宮の一つ端手」〈記・下〉(補説)現代語の「おととし(一昨年)」「おととい(一昨日)」の「おと」もこの語にもとづき、時間的に遠いことの意を表す。

オドアケル〖Odoacer〗[433ころ〜493]ゲルマン人の傭兵隊長。476年、皇帝を廃位して西ローマ帝国を滅ぼしイタリア王となったが、のち、東ゴート王テオドリックに暗殺された。

おと-あわせ【音合(わ)せ】〔名〕スル ❶合奏・合唱などを始める前に、楽器や声の調子を合わせること。チューニング。❷放送・演劇などの本番に先立って、効果音などをあらかじめ流してみること。

おと-いれ【音入れ】〔名〕スル ❶映画・テレビで、先に撮影した画像に合わせて、せりふ・音楽・効果音を録音すること。❷録音すること。レコーディング。

お-とう【▽御▽父】《「おとうさん」の略》子供が父親を親しんで呼ぶ語。また、妻が夫を呼ぶ語。

おとう-え【▽御頭会】日蓮宗総本山、身延山久遠寺の年頭法会。毎年正月13日に行われる。

おとうかし【弟猾】伝説上の人物。大和の菟田県の豪族の長。神武天皇を暗殺しようとした兄の兄猾を密告。功により猛田邑を与えられた。

お-とう-さま【▽御父様】《「おととさま」の音変化》父を敬って呼ぶ語。「おとうさん」より丁寧な言い方。

(類語)父・父親・男親・てて・てて親・お父さん・おやじ・ちゃん・父じゃ人・乃父・阿父・慈父・パパ

お-とう-さん【▽御父さん】❶子供が自分の父親を呼ぶ語。また、子供にとって父親のこと。「おかあさん」とともに明治37年(1904)から使用した文部省「尋常小学読本」(国定教科書)に採用されてから、「おとっさん」に代わって普及した。「ー、お早う」「ーの小さいころの夢はどんなだった?」❷第三者がその人の父親を親しみを込めて呼ぶ語。「会社の者ですが、ーはご在宅でしょうか」「先日、本屋で君のーを見かけたよ」❸子供のいる家庭で、家族が子供の父親を呼ぶ語。子供の視点に立って、母親が夫を、祖父母が息子を指して言う語。「ー、次の休日に子供と遊園地に出かけること忘れないでね」❹子供をもつ男性を親しんで呼ぶ語。また、子供をもつ父親のこと。「ー、お子さんの進路についてどうお考えですか」「若いのにもうーですか」❺父親が自分を指して言う語。「ーに任せなさい」「ーの若いころはもっと我慢したもんだ」❻(特に「お義父さん」と書く場合)配偶者や婚約者の父親のこと。❼芸妓・女郎が、置屋や茶屋の男主人を敬って呼ぶ語。(補説)第三者に対して自分の父親をいう場合、公の場や手紙文などでは「お父さん」ではなく、通常「父」を用いる。

(類語)パパ・父上・おやじ・父・父親・男親・てて・てて親・ちゃん・父じゃ人・乃父・阿父・慈父

おとう-づき【▽弟月】▶おとづき(弟月)

おと-うと【弟】《「おとひと(弟人)」の音変化》❶きょうだいのうち、年下の男。⇔兄。❷《「義弟」とも書く》夫や妻の弟。また、妹の夫。義弟。❸古く、性別に関係なく、年下のきょうだいを呼んだ語。➡弟㊀❶「妻のーをもて侍りける人に」〈古今・雑上・詞書〉

おとうと-ご【弟御】他人の弟を敬っていう語。弟さん。⇔兄御。

おとうと-でし【弟弟子】同じ師匠のもとに、あとから入門した弟子。⇔兄弟子。

おとうと-ぶん【弟分】弟と仮定して弟と同様に扱われる者。⇔兄分。

オドエフスキー〖Vladimir Fyodorovich Odoevskiy〗[1803〜1869]ロシアの作家・音楽批評家。哲学者のシェリングやドイツ-ロマン派の影響を受けて哲学的小説を書き、哲学サークル「愛智会」を主宰。音楽評論でも活躍した。代表作は連作短編集「ロシアの夜」。

お-とおし【▽御通し】「通し❸」の丁寧語。

おど-おど〔副〕スル《「おずおず」(おづおづ)の音変化》緊張・不安や恐怖心で落ち着かないさま。「人前ではいつもーしている」(類語)おずおず・びくびく・恐れる・こわがる・臆する・おびえる・びくつく・おじる・おじける・恐怖する・恐れをなす・悪びれる

お-とおり【▽御通り】❶通行することを、その動作をする人を敬っていう語。❷貴人の前に召し出されること。お目通り。「御次に祗候して…さてー へ罷り出づべし」〈早雲寺殿廿一箇条〉❸《「御通りの杯」の略》貴人が自らついだ酒を頂くこと。また、その杯。「ーを下さるる」〈虎明狂・鴈雁金〉

オドール〖Francis Joseph O'Doul〗[1897〜1969]米国の野球選手・指導者。遠征選手、コーチとしてたびたび来日し、日米野球交流に尽力。ベーブ＝ルースの来日も実現させた。戦後も国際交流の再開に貢献し、米国メジャーリーグ経験者初の野球殿堂入りを果たす。

おとがい【×頤】〔名・形動〕❶下あご。あご。❷減らず口。また、減らず口をたたくこと。また、そのさま。「えらいーなわろぢゃ」〈滑・膝栗毛・七〉(類語)顎

頤が落・ちる ❶寒くて震え上がるさま。「寒きことい とわりなく、頤など落ちぬべきを」〈枕・二九八〉❷食べ物が非常にうまいことのたとえ。あごが落ちる。「ー・つるやうな」〈虎寛狂・附子〉❸口数が多いことのたとえ。多弁である。「舌の吊り緒、頤の落つる程、こっちからもしゃべる、あっちからもしゃべる」〈浄・艶狩剣本地〉

頤で蠅を追・う 「顎で蠅を追う」に同じ。「朝夕の供御を参らずは、ー・うて御ざらう」〈虎寛狂・牛馬〉

頤で人を使・う 「顎で使う」に同じ。

頤を利・く 「頤を叩く」に同じ。「まだー・きをるかと、頬桁三つ四つくらはせて」〈浄・大経師〉

頤を叩・く 盛んにしゃべることをののしっていう言葉。つべこべ言う。「何の顔の皮でがやがやー・く、恥をしれやい」〈浄・盛衰記〉

頤を解・く 《「漢書」匡衡伝から》あごを外すほど大きな口を開けて笑う。大笑いをする。「いまだその詞を出ださざるに、万人のー・く」〈新猿楽記〉

頤を養・う ❶生計を立てる。❷養ってやる。他人の生活の面倒をみてやる。「ながながー・うてゐた此の、此の、此の顔が立たぬか」〈浄・浪花鑑〉

おとがい-の-しずく【×頤の▽雫】《下あごにつたしずくを飲むことはできないところから》手近にありながら、自分の思うようにならないことのたとえ。「見るもの食はうあだ思ひ、是ーなり」〈浄・袂の白絞〉

おとかがく-ルミネセンス【音化学ルミネセンス】音の刺激に伴う化学変化によるルミネセンス。音ルミネセンスの一種で、超音波により液体中に発生した微細な気泡が圧壊し、液体の分子を励起することで発生する化学発光を指す。音響化学ルミネセンス。ソノケミルミネセンス。

おどかし【脅かし|▽嚇かし】脅かすこと。おどし。「口先だけのー」

おどか-す【脅かす|▽嚇かす】〔動サ五(四)〕❶怖がらせる。脅迫する。おどす。「有り金全部置いていけとー・す」❷びっくりさせる。驚かす。「隠れていてー・してやろう」(可能)おどかせる (類語)(❶)脅す・脅しつける・脅かす・凄む/(❷)驚かす

おと-がね【音金】弓の末弭のほうの弓弦の中に包み込んである銅、または鉛。矢を射るとき、よく響くようにしたもの。

おとかわ-ゆうざぶろう【乙川優三郎】[1953〜]小説家。東京の生まれ。本名、島田豊。江戸時代の武士や庶民の人情を描いた時代小説で知られる。「生きる」で直木賞受賞。他に「藪燕」「五年の梅」「椿山」など。

お-とき【▽御▽斎】仏事法会のときに出す食事。

お-とぎ【▽御×伽】《貴人・敬うべき人のための「とぎ」の意》❶夜のつれづれを慰めるために話し相手となること。また、その人。「若君のーをする」❷寝所に侍ること。また、その人。侍妾。❸「御伽話」の略。「ーの国」❹「御伽小姓」の略。

お-どき【▽男時】好運に恵まれているとき。運のついているとき。「一切の勝負に、定めて、一方色めきて、よき時分になることあり。これをーと心得べし」〈花伝・七〉➡女時

おとぎ-いぬ【▽御×伽犬】「犬箱」に同じ。

おと-ぎき【音聞き】世間での評判。うわさ。外聞。「ー見苦しきことなり」〈大鏡・師輔〉

おとぎ-こしょう【▽御×伽小姓】幼君に仕えて、その遊び相手となる小姓。

おとぎ-しばい【▽御×伽芝居】おとぎ話を芝居に仕組んで演出した児童劇。明治末期から大正にかけて行われた。

おとぎ-しゅう【▽御×伽衆】室町末期以後、将軍・大名のそばにいて話し相手や書物の講釈などをした人。御伽坊主。

おとぎ-ぞうし【▽御×伽草子】室町時代から江戸初期にかけて作られた短編物語の総称。平安時代の物語文学から仮名草子に続くもので、空想的・教訓的な童話風の作品が多い。また、特に江戸中期、享保(1716〜1736)のころ、大坂の渋川清右衛門がそのうちの23編を「御伽文庫」と名づけて刊行したものをいう。

おとぎ-の-くに【▽御×伽の国】おとぎ話に出てくる、美しく楽しい世界。

おとぎ-ばなし【▽御×伽話|▽御×伽×噺】❶子供に聞かせる伝説・昔話など。「桃太郎」「かちかち山」の類。また、比喩的に、現実離れした空想的な話。❷おとぎ❶の際にする話。(類語)童話・メルヘン

おとぎ-ぼうこ【▽御×伽×這子|▽御×伽×婢子】天児の一。白い練り絹で綿をくるんで、小児の姿に作り、黒糸を髪として左右に垂らした人形。小児の魔よけとした。◆書名別項。

おとぎぼうこ【御伽婢子】仮名草子。13巻。浅井了意著。寛文6年(1666)刊。中国の「剪灯新話」中の「牡丹灯記」の翻案「牡丹灯籠」など、怪

異談68話をのせる。近世怪異小説の祖といわれる。

おとぎ-ぼうず【▽御×伽坊主】ボウズ ❶通夜のとき、死者の枕元で経を読む僧。❷「御伽衆(おとぎしゅう)」に同じ。

おとぎり-そう【弟切草】サウ オトギリソウ科の多年草。山野に生え、高さ30～60センチ。葉は披針(ひしん)形で対生し、基部は茎を抱く。夏～秋、黄色い5弁花をつける。花は1日の寿命で、日中だけ咲く。茎や葉を痛み止めや切り傷の薬にする。小連翹(しょうれんぎょう)。〔季 秋〕

お-とく【汚×涜】ヲ〔名〕スル けがすこと。「神域を―する」

お-とく【▽御得】「得❶」の丁寧語。「こちらの方が―です」

お-どく【汚毒】ヲ〔名〕スル けがれや毒になるもの。また、毒物などで、水や空気をよごすこと。

おど・く〔動カ下二〕《「おおどく」の音変化》おっとりしている。「何事にもあるに従ひて、心を立つる方もなく、―・けたる人こそただ世のもてなしに従ひて」〈源・椎本〉

お-とくい【▽御得意】❶その人が得意とする技芸などを敬意を込めて、また、丁寧にいう語。また、それをからかっていう語。「どういう歌が―ですか」「また―の講釈が始まった」❷その店の常連の客。ひいき。顧客。「店の―」

おとくに【乙州】▶川井乙州(かわいおとくに)

おどけ【▽戯け】おどけること。しゃれ。こっけい。冗談。「―を言う」

おどけ-え【▽戯け絵】ヱ おどけたところのある絵。ざれ絵。

おどけ-ぐち【▽戯け口】おどけた口の利き方。冗談。

おどけ-しばい【▽戯け芝居】シバヰ おどけたしぐさをする芝居。俄(にわか)狂言・茶番狂言など。

おどけ-ばなし【▽戯け話】こっけいな話。

おどけ-もの【▽戯け者】❶わざとおどけたりこっけいなことをする人。ひょうきんもの。❷ばかげたことをする人。たわけもの。

おど・ける【▽戯ける】〔動カ下一〕こっけいなことを言ったり、したりする。ふざける。「大勢を前に―・けてみせる」

お-とこ【男】ヲトコ《「おと」は、動詞「お(復)つ」と同語源で、若々しいの意。「おとめ」に対する語》❶㋐人間の性別で、子を産ませる能力と器官をもつほう。男性。男子。⇔女。㋑人以外の動植物で雄性のもの。おす。「―馬」❷成熟した男性。子供を産ませる力を持つようになった男性。また、一人前の男子。「―になる」❸強いとかたくましいとか、一般に❶が備えていると考えられる性質をもっている人。「―たるもの初志を貫徹せよ」❹男子としての面目、体面。また、男ぶり。「―が立つ」「―をあげる」❺情夫。情人。愛人。「―ができる」❻男子の奉公人。下男。「―を何人も使って商売をやる」❼(接頭語的に名詞の上に付いて)一対のもののうち、大きいほうのもの、険しいほうのものなどを表す。「―坂」❽(上代、少女(おとめ)に対して)未婚の若い男子。「あなにやし、えー―を」〈記・上〉❾夫婦関係にある男子。夫。「乳母なる人は、―なども無くなして」〈更級〉❿出家していない男子。「西行法師―なりける時」〈十訓抄・八〉⓫元服した男子。「汝七歳にならば―になして」〈平家・二〉⓬男色。若道(じゃくどう)。「順礼にはあらぬ―修行の君」〈浮・三代男・二〉〔類語〕(❶㋐、❷❸)男性・男子・野郎・雄(特に❷❸の意で)男児・おのこ・壮丁(そうてい)・壮夫・士(し)・ますらお・丈夫(じょうぶ)・紳士・殿方・ジェントルマン/(❺)情夫・間夫・間男・紐(ひも)

男が廃(すた)・る 男としての面目がつぶれる。「ここでがんばらねば―・る」

男が立・つ 男としての名誉が保たれる。「ここで負けては―・たぬ」

男心と秋(あき)の空(そら) 男の女に対する愛情は、秋の空模様のように変わりやすいということ。

男にな・る ❶一人前の男になる。また古く、元服する意でいう。❷初めて女性と肉体関係をもつ。❸僧が俗人となる。還俗(げんぞく)する。

男の心(こころ)と大仏(だいぶつ)の柱(はしら)は太うても太かれ 男は大胆であれということのたとえ。

男の目には糸を引け女の目には鈴を張れ 男の目はきりりとまっすぐなのがよく、女の目はぱっちりと大きいのがよいということのたとえ。

男は気(き)で持て 男は気性で生きよ。男は意気を高くもって世の中を生きていけ。男は気で食え。

男は敷居を跨(また)げば七人の敵がある 男は社会に出て活動するようになると、多くの敵と出会うということのたとえ。

男は辞儀(じぎ)に余(あま)れ 男は、謙遜(けんそん)しすぎるくらいでよい。「はて、―といふ。まづ某(それがし)次第に召され」〈虎寛狂・千切木〉

男は度胸(どきょう)女は愛嬌(あいきょう) 男には度胸が、女には愛嬌が大切だ、の意。

男は裸百貫(はだかひゃっかん) 男は、裸でも百貫の値うちがある。男は無一物であっても、働いて巨万の富を築くことができるの意。

男は松女(まつおんな)は藤(ふじ) 松に藤が絡まるように、女は男を頼りにするものだということのたとえ。

男を上・げる りっぱな行為をして、男の面目を施す。「名演説で―・げる」⇔男を下げる。

男を売・る 男らしい性格をもっているという評判を広める。

男を拵(こしら)・える 女が愛人をつくる。情夫をもつ。男をつくる。

男を下・げる 一人前の男性として恥ずかしい行為をして、自分の価値を低くする。⇔男を上げる。

男を知・る 女が男と初めて肉体関係をもつ。

男を磨(みが)・く 男の名誉を保とうと義侠心(ぎきょうしん)を養う。男だてになる修業をする。

おと-ご【▽乙子｜▽弟子】❶末っ子。おと。「―なる女童(めのわらわ)」〈今昔・一六・一五〉❷「乙子月(おとごづき)」の略。

おとこ-あるじ【男▽主】ヲトコ 男の主人。また、一家の主人たる男。亭主。⇔女主(おんなあるじ)。

おとこ-いっぴき【男一匹】ヲトコ 一人前の男子であることを強め、また自負していう語。「―約束はたがえぬ」

おとこ-うん【男運】ヲトコ その女性が、どんな恋人・夫にめぐりあうかの運勢。「―がよい(悪い)」⇔女運。

おとこ-え【男絵】ヲトコヱ ❶平安時代、女絵(おんなえ)に対して使われた語。その意味ははっきりしないが、一説に、彩色の絵、また専門絵師の絵ともいう。「―など、絵師恥づかしうかかせ給ふ」〈栄花・根合〉❷男の姿を描いた絵。「絵にかける―を見て、このやうなる君に情かはしてこそと」〈浮・三代男・二〉

おとこえし【男=郎=花】ヲトコヘシ オミナエシ科の多年草。山野に自生し、高さ約1メートル。オミナエシに似るが全体に毛が多く、葉が大きい。晩夏から秋、白い小花を多数つける。敗醤(はいしょう)。おとこめし。〔季 秋〕「森の家いねて月さす―/秋桜子」

おとこ-おうぎ【男扇】ヲトコアフギ 男持ちの扇。⇒女扇

おとこ-おび【男帯】ヲトコ 男性が締める帯。角帯・兵児帯(へこおび)など。⇒女帯

おとこ-おや【男親】ヲトコ 男のほうの親。父親。父。⇔女親。〔類語〕てて・てて親・お父さん・お父さま・おやじ・ちゃん・父じゃ人・乃父(だいふ)・阿父(あふ)・慈父・パパ

おとこ-おんな【男女】ヲトコヲンナ 男でありながら女のような、また、女でありながら男のような性徴や性質を持つ人。

おとこ-がた【男方】ヲトコ ❶男と女とを二組に分けた、その男の側。「御前などにても、―の御遊びにまじりなどして」〈源・紅葉賀〉⇔女方。❷夫の身内。夫の親戚。「はらからも人も見るに、―のやんごとなき人にかく用ゐて」〈落窪・三〉❸ある女の夫、または恋人である男性。男の方。「負くるやうにてもなびかめと思すに、―は、さらに焦(こ)がられきこえ給はず」〈源・常夏〉

おとこ-がた【男形】ヲトコ 歌舞伎で、もっぱら男役を演じる役者。また、その役柄。⇔女形(おんながた)。

おとこ-がな【男仮名】ヲトコ 男文字(漢字)を仮名(表音文字)として用いたもの。万葉仮名。⇒女仮名(おんながな)

おとこ-がら【男柄】ヲトコ 男が着るのにふさわしい柄。⇒女柄

おとこ-ぎ【男気｜×侠気】ヲトコ 弱い者が苦しんでいるのを見のがせない気性。男らしい気質。義侠心(ぎきょうしん)。「―のある人」⇔女気(おんなぎ)。〔類語〕侠気(きょうき)・義侠・任侠・一本気・きっぷ

おとこ-ぎみ【男君】ヲトコ ❶貴族の子息の敬称。男の公達(きんだち)。「日さしあがるほどに生れ給ひぬ。―と聞き給ふに」〈源・柏木〉⇔女君(おんなぎみ)。❷貴族の婿・夫の敬称。「―もにくからずうち笑みたるに」〈枕・三〉

おとこ-ぎらい【男嫌い】ヲトコギラヒ 女が、男を好まないこと。また、そういう女。

おとこ-ぎれ【男切れ】ヲトコ (多く打消しの語を伴う)わずかな男のけはい。男一人。男っ気。「夫妻に子供のほかは―なしと聞いて」〈蘆花・思出の記〉⇔女切れ。

おとこ-くさ・い【男臭い】ヲトコ〔形〕図をとこくさ・し〔ク〕❶男性特有のにおいがする。「―・い部屋」❷態度・考え方や服装などが男性的である。「―・いしぐさ」

おとこ-ぐるい【男狂い】ヲトコグルヒ〔名〕スル 女が、男との情事におぼれること。また、そういう女。

おとこ-ぐるま【男車】ヲトコ 平安時代、男の乗り物とされていた牛車(ぎっしゃ)。「一条より詣づる道に、―二つばかりひきたてて」〈更級〉

おとこ-げいしゃ【男芸者】ヲトコ たいこもち。幇間(ほうかん)。

おとこ-こうぶり【男▽冠】ヲトコカウブリ 男が位階を与えられること。叙位。叙爵。⇒女冠(おんなこうぶり)

おとこ-ごころ【男心】ヲトコ ❶男の気持ち。男に特有の心理。「―をだれが知る」❷女にひかれる男の気持ち。男の浮気な心。「―をそそる」❸女が男を恋い慕う心。「落窪はよに心とはせむと思はじ。―は見えざりつ」〈落窪・一〉

おとこ-ごろし【男殺し】ヲトコ 男を悩殺するほどあだっぽい美女。

おとこ-ざか【男坂】ヲトコ 高所にある神社・仏閣などに通じる2本の坂道のうち、急なほうの坂。⇒女坂
〔類語〕坂・坂道・山坂・急坂・女坂・上り坂・下り坂

おとこ-ざかり【男盛り】ヲトコ 男性の、心身ともに充実し、最も活力の旺盛な年ごろ。

おとこ-さび【男さび】ヲトコ 男らしく振る舞うこと。「ますらをの―すと剣太刀腰に取り佩(は)き」〈万・八〇四〉⇔少女(おとめ)さび。

おとこ-じまん【男自慢】ヲトコ ❶男が、自分の顔かたち、手腕などを自慢すること。「若い時には―であったかと思われるような」〈鴎外・金毘羅〉❷女が、自分の夫や恋人を自慢すること。⇔女自慢。

おとこ-しゅう【男▽主】ヲトコ 男の主人。「人の家の―ならでは、たかく鼻ひたる、いとにくし」〈枕・二八〉

おとこ-しゅう【男衆】ヲトコ ❶男の人たち。おとこしゅ。おとこし。「御輿(みこし)を担ぐ―」⇔女子衆(おなごしゅう)/女衆。❷男の奉公人。おとこしゅ。おとこし。⇔女子衆/女衆。❸役者・芸者などの身の回りの世話をする男。

おとこ-じょたい【男所帯｜男▽世帯】ヲトコ 男だけで暮らしている所帯。⇔女所帯。

おとこ・す【男す】ヲトコ〔動サ変〕❶男と交わる。夫をもつ。「―・したるけしきは見れど」〈落窪・一〉❷男らしく振る舞う。「侍(さぶらい)が何方(いずかた)にて、―・せんや」〈甲陽軍鑑・四七〉

おとこ-ずき【男好き】ヲトコ ❶女の容姿・気質などが男の好みに合うこと。「―のする顔」⇔女好き。❷女が、男との情事を好むこと。また、そのような女。
〔類語〕女好き

おと-ごぜ【▽乙御▽前】❶末娘。また、若く美しい娘。「主ぞ恋しかりける、―ぞ恋しかりける」〈虎明狂・枕物狂〉❷顔の醜い女。おたふく。おかめ。「姫が被(かず)きたる小袖を取りて、―を見つけて」〈虎明狂・賽の目〉❸狂言面の一。乙(おと)。

おとこ-だて【男伊=達｜男▽達】ヲトコ 男としての面目が立つように振る舞うこと。強きをくじき、弱きを助け、命を捨てても信義を重んじること。また、そういう人。侠客(きょうかく)。「頼まれて嫌とは言えぬ―」

おとこ-づかい【男使ひ】ヲトコヅカヒ 平安時代、平野神社・春日神社・大原野神社などの祭りに派遣された男の勅使。「はじめて平野祭に―たてし時」〈拾遺・賀・詞書〉⇒女使い

おとご-づき【▽乙子月】陰暦12月の異称。おとづき。おとご。

おとこっ-け【男っ気】ヲトコ 男のいるような気配、雰囲気。⇔女っ気(け)。

おとこっ-ぷり【男っ振り】をとこ「男振り」に同じ。⇔女っ振り。

おとこ-で【男手】をとこ ❶男の労力。また、男の働き手。「一だけで育てる」「一が欲しい」⇔女手。❷男の書いた文字。男の筆跡。男文字。⇔女手。❸《昔、男が多く用いたところから》漢字。真名。男文字。「一も女手も習ひ給ふめれ」〈宇津保・国譲上〉⇔女手。

おとこ-でいり【男出入り】をとこ 男性関係のもめごと。「一の絶えない女」

おとこ-とうか【男踏歌】をとこタフカ 男だけの踏歌。平安時代、正月14日に行われた。おどうか。➡女踏歌

おとこ-な【男名】をとこ ❶男の名前。男につける名。「一で出す手紙」❷昔、男子が元服したときにつける名。えぼしな。

おとこ-なき【男泣き】をとこ〔名〕スル 男が激しい感情に堪えかねて泣くこと。「一に泣く」「友人の死に一する」

おとご-の-いわい【▽乙子の祝い】いはひ 乙子の朔日に行う行事。

おとこ-のう【男能】をとこ 能で、男を主人公としたもの。特に直面の男を主人公としたものについていう。男物。➡女能

おとこ-の-こ【男の子】をとこ ❶男性である子供。男児。❷若い男性。「女の子」に対して、女性の側から言い出された語。〔類語〕男子・男児・少年・ボーイ

おとこ-の-せっく【男の節句】をとこ 5月5日の端午の節句のこと。

おとこ-のぞみ【男望み】をとこ 女が男の容姿・才能などについてえり好みをすること。また、そのような女。

おとこ-の-たましい【男の魂】をとこ―たましひ《男の魂が宿るものとしたところから》刀剣のこと。「一といふ脇指一腰もなくて」〈浮・織留・三〉➡女の魂

おとご-の-ついたち【▽乙子の朔＝日】陰暦12月1日。この日、餅をついて食べると、水難を免れるという。〔季 冬〕

おとご-の-もち【▽乙子の餅】乙子の朔日に、ついて食べる餅。川浸り餅。

おとこ-ばしょり【男▽端▽折り】をとこ《男がするところから》和服の後ろの裾をまくり上げて帯に挟むこと。

おとこ-ばしら【男柱】をとこ 橋・階段などの左右の端にある大きな柱。親柱。おばしら。

おとこ-ばら【男腹】をとこ 男ばかり産む女。➡女腹

おとこ-ひでり【男×旱り】をとこ 男が少ないため、女が結婚や恋愛などの相手を求めにくいこと。⇔女ひでり。

おとこ-ぶり【男振り】をとこ ❶男としての容姿や気性。おとこっぷり。「一がいい」⇔女振り。❷男の風采がよいこと。また、その人。美男。おとこまえ。おとこっぷり。「なかなかの一だ」❸男子としての面目。「危機を救って一を上げる」

おとこ-べや【男部屋】をとこ 下男などが寝起きする部屋。⇔女部屋。

おと-ごほう【▽乙護法】―ゴホフ 仏法を守護するために童子の姿をして現れる鬼神。おとごおう。

おとこ-まい【男舞】をとこまひ ❶中世、白拍子が、白い水干に立烏帽子、白鞘巻の太刀という男装で舞ったという舞。❷能で、直面の男が舞う勇壮な舞。また、そのときの囃子。❸歌舞伎舞踊で、白拍子の男舞の手を取り入れた踊り。

おとこ-まえ【男前】をとこまへ ❶男としての容姿。特に顔だち。「一が上がる」❷「男振り❷」に同じ。「一の役者」

おとこ-まげ【男×髷】をとこ ❶江戸時代、男の結ったまげ。❷江戸時代の少女が男のまげにまねて結った髪形。

おとこ-まさり【男勝り】をとこ〔名・形動〕女ではあるが、男にも勝るほど勝ち気でしっかりしていること。また、そのさまや、そういう女性。「一な気性の持ち主」

おとこ-まつ【男松】をとこ クロマツの別名。

おとこ-みこ【男▽御子｜男皇＝子】をとこ 男子の御子。皇子。おのこみこ。「一にさへおはすれば」〈源・若菜上〉⇔女御子。

おとこ-みや【男宮】をとこ 男子の皇族。皇子。親王。「宮に紅葉奉れ給へれば、一おはしましける程なりけり」〈源・宿木〉⇔女宮。

おとこ-みょうが【男冥加】をとこミャウガ「男冥利」に同じ。

おとこ-みょうり【男冥利】をとこミャウリ ❶男に生まれた甲斐のあること。男に生まれたことの幸せ。男冥加。「一に尽きる」⇔女冥利。❷神仏の御利益で、よい夫にめぐりあえること。「これほど生まれまさったわしをいやがると、お前、一に尽きて罰があたるよ」〈伎・時桔梗出世請状〉❸《男冥利にかけて誓うの意で、男の誓いの言葉として》断じて。決して。「一、商ひ冥利、虚言はござらぬ」〈浄・博多小女郎〉

おとこ-むき【男向き】をとこ 男に適していること。また、そのもの。「一の仕事」➡女向き

おとこ-むすび【男結び】をとこ ひもの結び方の一。右の端を左の下に回して返した輪に、左の端を通して結ぶもの。もろむすび。➡女結び

おとこ-めかけ【男×妾】をとこ 情夫として女に養われている男。

おとこめし【男＝郎＝花】をとこ― オトコエシの別名。

おとこ-めん【男面】をとこ 能面の分類の一。老人以外の男性に扮するときに用いるもの。中将・平太・邯鄲男・喝食・怪士・痩男など。➡女面

おとこ-もじ【男文字】をとこ ❶「男手❷」に同じ。「一の手紙」➡女文字 ❷「男手❸」に同じ。「言の心を一に様を書き出だして」〈土佐〉➡女文字

おとこ-もち【男持ち】をとこ 大人の男が使うように作った品物。男物。「一の財布」⇔女持ち。

おとこ-もの【男物】をとこ ❶男性が身につけたり、持って歩いたりするのにふさわしく作った品物。「一の時計」⇔女物。❷能で、主人公が現実の男性であり、面をつけないで男舞か斬り合いを最後に演じる劇的な作品。

おとこ-ものぐるい【男物狂い】をとこものぐるひ 能で、男の物狂いを主人公とする曲。「高野物狂」「蘆刈」「弱法師」「歌占」「木賊」「土車」の6曲。➡女物狂い

おとこ-やく【男役】をとこ ❶演劇・映画などで、男に扮する役。男形。❷男が務めるべき役。男にふさわしい役目。〔類語〕立ち役・女形

おとこ-やま【男山】をとこ 険しい男性的な山。一対の山のうち、一方を男性に見立てていう語。➡女山

おとこ-やま【男山】をとこ 京都府南西部、八幡市にある山。標高143メートル。山頂に石清水八幡宮がある。雄徳山。八幡山。

おとこやま-はちまんぐう【男山八幡宮】をとこ― 石清水八幡宮の異称。

おとこ-やもめ【男×鰥】をとこ 妻を亡くして再婚しない男。やもお。「一に蛆が湧き、女寡に花が咲く」⇔女寡。

おとこ-ゆ【男湯】をとこ 銭湯・温泉などで、男が入るほうの浴室。男風呂。⇔女湯。

おとこ-ようぞめをとこ スイカズラ科の落葉低木。日本特産で、山地に自生。高さ約2メートル。樹皮は灰色。葉は卵形で縁にぎざぎざがある。5、6月ころ、白色の花を数個ずつ下向きにつけ、実は赤色でのちに黒変する。こねそ。

おとこ-よもぎ【男×艾｜×牡×蒿】をとこ キク科の多年草。山野に生え、高さ0.5〜1メートル。全体に毛がなく、茎の上部で枝が分かれ、秋、淡黄色の小花を多数つける。種子は長さ1ミリ以下と小さい。からよもぎ。

おとこ-らし・い【男らしい】をとこ〔形〕図をとこら・し〔シク〕いかにも男であると思えるようすである。体格・気質や行動・態度などが、男性のもつべきと考えられている特質を備えている。「一・い顔」「一・くあきらめる」⇔女らしい。〔派生〕おとこらしさ〔名〕〔類語〕雄雄しい・男性的

お-ところ【▽御所｜御▽処】相手を敬ってその住所・住居をいう語。お住まい。

おと-さた【音沙汰】(多く下に打消しの語を伴う)便り。連絡。また、訪れ。「別れて以来何の一もない」〔類語〕便り・音信・沙汰

おとし【落(と)し】❶落とすこと。❷入れるべきものを忘れること。落ち。「名簿に一がある」❸鳥獣などを捕らえるための仕掛け。わな。また、落とし穴。「猪が一にかかる」❹戸の桟に作り付けて、閉めたときに敷居の穴に落とし入れる、戸締まり用の木片。また、そのような装置。枢。❺話の結末。落語などの落ち。❻布を裁断した余り。裁ち落とし。❼「落とし懸け❸」の略。「長火鉢の一」❽「落とし巾着」の略。❾謡曲で、節を一段下げて歌うこと。落ち。❿浄瑠璃で、強く訴えるときに用いる種々の節回し。大落とし・文弥落としなど。⓫採掘価値のある鉱脈で、山の傾斜方向にのびているもの。

おどし【▽威｜×縅】をどし 鎧の札を革や糸で結び合わせること。また、その革や糸。〔補説〕「縅」は国字。

おどし【脅し｜▽威し｜▽嚇し】❶おどすこと。脅迫。恐喝。「一をかける」「一がきく」❷田畑に来る鳥獣をおどすもの。案山子など。

〔類語〕威嚇・威喝・恫喝・こけおどし

おとし-あな【落(と)し穴】❶歩いている人や獣が気がつかずに、そのまま落ち込むように仕掛けた穴。❷人を陥れるための策略。「うまい話には一がある」

おとし-あぶ・す【落としあぶす】〔動サ四〕見くびって問題外とする。「さしも深き御心ざしなかりけるをだに、一・さず取りしたため給ふ」〈源・玉鬘〉

おとし-あみ【落(と)し網】定置網の一。網に入った魚が逃げ出さないように、傾斜のある登り網をつけたもの。

おとし-いも【落(と)し×薯】熱い吸い物あるいは味噌汁に、ヤマノイモをすり下ろして落とし入れた料理。

おとし-い・れる【陥れる｜落(と)し入れる】〔動ラ下一〕図おとしい・る〔ラ下二〕❶だまして苦しい立場に追いやる。わなにかける。「罪に一・れる」❷城などを攻め取る。「砦を一・れる」❸(落とし入れる)落として、中へ入らせる。「公衆電話に硬貨を一・れる」

おとし-がけ【落(と)し懸け｜落(と)し掛け】❶床の間や書院窓の上にかけ渡した横木。❷欄間の下などに取り付ける雲形などの彫り物。❸木製火鉢の内側の、銅やブリキで作った、灰を入れる部分。落とし。❹江戸中期、元禄(1688〜1704)ごろに流行した元結の掛け方。普通より根元の近くを結ぶもの。❺急な坂。また、坂道などの下りかかる所とも。「一の高き所にみつけて」〈源・東屋〉

おとし-がみ【落(と)し紙】便所で使う紙。ちり紙。

おとしき【弟磯城｜弟師木】伝説上の人物。大和国磯城の族長。兄磯城の弟。神武天皇東征の際、磯城の県主に任ぜられたといわれる。

おとし-ぎんちゃく【落(と)し巾着】ひもをつけて首や襟に掛けるようにした巾着。

おどし-げ【▽威毛】をどし 鎧の札をおどした糸や革。毛。

おとし-ご【落(と)し子】❶妻以外の女に生ませた子。落としだね。落胤。❷大きな事件・事業などに付随して生じた物事。「戦争の一」

〔類語〕落胤・落とし胤・申し子

おとし-ざし【落(と)し差し】刀を無造作に、垂直に近い形に腰に差す差し方。➡閂差し

おとし-だて【落(と)し▽閉て】戸を上から落として閉めるようにしたもの。

おとし-だな【落(と)し棚】床の間や書院のわきに作る棚の一種で、地板近くに設けたもの。落とし違い棚。

おとし-だね【落(と)し×胤】「落とし子❶」に同じ。

お-としだま【▽御年玉】新年を祝って贈る金品。主に子供や目下の者などに贈る。〔季 新年〕

おとし-たまご【落(と)し玉子】すまし汁や味噌汁の中に鶏卵を落とし入れた料理。

おどし-つ・ける【脅し付ける】〔動カ下一〕図おどしつ・く〔カ下二〕ひどくおどす。「大声で一・ける」

〔類語〕脅かす・脅す・脅かす・凄む

おどし-てっぽう【▽威し鉄砲】をどしテッパウ 鳥獣などをおどして追い払うための空砲。威し銃。

おとし-てんじょう【落(と)し天井】―テンジャウ ►落ち天井

おとし-どころ【落(と)し所】もめ事や話し合いの妥協点。双方が納得する決着点。「関税交渉の一を探る」

おどし-と・る【脅し取る】〔動ラ五(四)〕脅迫して人

から物を取る。「金を—る」

おとし-ぬし【落(と)し主】お金や品物を落とした人。

おとし-ばなし【落(と)し話｜落(と)し×噺】しゃれや語呂合わせを使って、最後をおもしろく結ぶ話。落ちのある話。➡落語 (類語)一口話・お笑い・小話・笑い話

おとし-ぶた【落(と)し蓋】❶鍋などの容器の中にすっぽり落ち込み、直接材料にかぶさるふた。漬物桶のものもいう。さしぶた。❷箱の側面をふたとし、左右の溝に沿って上げ下げして開閉するもの。

おとし-ぶみ【落(と)し文｜落(と)し▽書】❶政治批判など公然とは言えないことを書いて、人目につきやすい所に落としておく文書。落書らくしょ。❷甲虫目オトシブミ科の昆虫の総称。小形でゾウムシに似るが、首が長い。体色は黒・赤などで光沢がある。クヌギ・ナラなどの葉を巻いて巻物の書状に似た巣を作り、卵を産みつける。その後、切って地上に落とすものや、そのままとするものがある。(季 夏)「音たてて落ちてみどりや—/石鼎」

おとし-まえ【落(と)し前】まへ《もと、てき屋などの隠語》もめごとの後始末。また、そのための金品。「けんかの—をつける」

おとし-まく【落(と)し幕】歌舞伎などの舞台の幕で、ひもを引くと落ちるように仕掛けたもの。振り落とし幕。

おとし-みず【落(と)し水】みづ 稲を刈る前に、田を干すために流し出す水。(季 秋)「阿武隈や五十四郡の—/蕪村」

おとし-みそ【落(と)し味×噌】粒味噌を、すったりせず、そのまま汁に入れること。また、その味噌汁。

おとし-む【×貶む】〔動マ下二〕「おとしめる」の文語形。

おとしめ-ごと【×貶め言】さげすんでいう言葉。悪口。「あいなき御—になむと、はてはては腹立つを」〈源・若菜下〉

おとし・める【×貶める】〔動マ下一〕文おとし・む〔マ下二〕❶劣ったものと軽蔑する。さげすむ。見下す。「人を—・めるような言い方をする」❷下落させる。成り下がらせる。「社名を—・める行為」(類語)嘲あざける・見下す・見くびる・侮る・見下げる・卑しめる・蔑さげすむ

おとし-もの【落(と)し物】不注意からどこかへ落としてなくした金品。遺失物。(類語)忘れ物・遺留品

おどし-もんく【脅し文句】人をこわがらせる言葉。「—を並べる」

お-どしゃ【▽御土砂】密教で行う土砂加持どしゃかじに用いる、洗い清めた白砂。おどさ。

御土砂を掛か・ける《御土砂を掛けると、硬直した死体も和らぐということころから》お世辞を言うなどして相手の心を和らげる。おべっかを使う。

おとし-やき【落(と)し焼(き)】油をひいたフライパンに、卵や菓子などの材料を流し落として焼くこと。また、その料理や菓子。

お-としより【▽御年寄(り)】老年の人を敬い親しんでいう語。➡年寄り

おと・す【落(と)す】〔動サ五(四)〕❶上から下へ勢いよく、また急に移動させる。㋐落下させる。「鉛筆を床へ—・す」「柿の実を—・す」「はらはらと涙を—・す」㋑光・視線などを注ぐ。その方向に向けて届かせる。「主役の立つ位置にライトを—・す」「書類に目を—・す」㋒液体を入れる。また、流し入れる。「紅茶にウイスキーを少し—・す」「川の水を田に—・す」㋓あとに残す。「学園紛争が—・した影響は大きい」❷ある所・手元から離す。㋐ついているものを取り去る。そこにあるものを、なくなるようにする。「汚れを—・す」「ひげを—・す」「風呂の火を—・す」㋑持っているもの、備わっているものをなくす。失う。「不慮の事故で命を—・す」「財布を—・す」㋒客などがお金をその場所で使う。「観光客の—・す金で町がうるおう」㋓入るはずのものを入れないでおく。ぬかす。もらす。「名簿から名前を—・す」「一字—・してしまった」㋔こっそり逃がす。「幼君を西国に—・す」❸㋐試合で、負ける。「初戦を—・す」「星を—・す」㋑不合格にする。落第させる。また、不合格となる。「一次審査で半数を—・す」「必修の単位を—・す」㋒選挙で、落選させる。❹物事の水準をこれまでよりも低くする。㋐普通より位置を下げる。「肩を—・す」㋑程度・数量などを下げたり、低い状態にしたりする。「声を—・す」「生産を—・す」「体重を—・す」「力を—・す」㋒段階・価値などを低くしたり、悪くしたりする。「平社員に—・される」「評判を—・す」「質を—・す」㋓悪口を言う。見下げる。あなどる。「目薬のびんが歩くようであろうと—・すに」〈一葉・たけくらべ〉㋔零落させる。「身を—・す」❺物事を終わりの段階・状態に行き着かせる。㋐あるところまで至らせる。陥らせる。「窮地に—・す」「罪に—・す」㋑最終的に自分の所有とする。落札する。「名画を競売で—・す」「手形を—・す」㋒城などを攻め取る。陥落させる。「敵陣を—・す」㋓強く迫って相手を自分の思い通りにする。熱心に説得して相手を従わせる。また、問い詰めて白状させる。「美女を—・す」「容疑者を—・す」㋔物事の決まりをつける。処理する。「必要経費で—・す」「口座から—・す」❻コンピューターで、本体に記憶されているデータなどを別の媒体に移す。「文書をフロッピーディスクに—・す」❼柔道で、気絶させる。「絞め技で—・す」❽落語などで、話をしめくくる。「駄洒落だじゃれで—・す」❾精進などの期間・状態を終わらせる。(補説)意図的な場合のほか、「定期入れを落とす」「単位を落とす」「平凡なフライを落とす」のように、不用意にも、うっかりして、の意で用いられる場合も少なくない。(可能)おとせる
(…句)命を落とす・影を落とす・肩を落とす・気を落とす・声を落とす・空飛ぶ鳥も落とす・力を落とす・幕を切って落とす・身を落とす・目を落とす
(類語)無くす・失う・喪失・無くなる・紛失・亡失・遺失・無くする・無くなす

おど・す【▽威す｜×縅す】をどす〔動サ五(四)〕《「緒通す」の意》鎧よろいの札さねを糸または革でつづり合わせる。「黒糸で—・した鎧」(補説)「縅」は国字。

おど・す【脅す｜▽威す｜▽嚇す】〔動サ五(四)〕❶相手を恐れさせる。脅迫する。おどかす。「—・して金を取る」❷びっくりさせる。驚かす。「ねぶりてゐたるを—・すとて」〈枕・九〉(可能)おどせる
(類語)脅おびやかす・脅しつける・脅おどかす・凄すごむ

おと-ずれ【訪れ】おとづれ ❶訪れること。訪問。「春の—」❷便り。消息。音信。「お前は何時までも梅次郎さんの—を待つ心算つもりか」〈鉄腸・雪中梅〉

おと-ず・れる【訪れる】おとづれる〔動ラ下一〕文おとづ・る〔ラ下二〕《「音連つれる」の意》❶人やある場所をたずねる。訪問する。「新居を—・れる」❷季節やある状況がやって来る。「夏が—・れる」「やっと平和が—・れた」❸音や声を立てる。「比ころは卯月十日あまりの事なれば、雲井に郭公二声三声—・れてぞ通りける」〈平家・四〉❹便りをする。手紙を出す。「いと恥づかしくて、え—・れやらず」〈紫式部日記〉(類語)訪ねる・訪問・訪とう・見舞う・伺う・お邪魔・訪おとなう・上がる・歴訪・来る

お-とそ【▽御×屠×蘇】「屠蘇❷」の丁寧語。

おとたちばな-ひめ【弟橘媛】日本武尊やまとたけるのみことの妃きさき。尊の東征に従い、相模から上総に渡るとき、海が荒れたので、海神の怒りを鎮めるために尊の身代わりに海に身を投じたと伝える。橘媛。

おと-つ-い【一=昨＝日】をとつひ《「遠をとつ日」の意》「おととい」に同じ。

おと-づき【▽弟月】陰暦12月の異称。おとうづき。おととづき。

お-とっ-さん【▽御▽父さん】《「おととさま」の音変化》父を敬い、親しみをこめて呼んだ語。近世末期から、明治末期に「おとうさん」が一般化するまで、中流以上の家庭で用いられた。

お-とっ-ちゃん【▽御▽父ちゃん】《「おととさま」の音変化》子供が甘えをこめて父親を呼ぶ語。

お-とっ-つぁん【▽御▽父つぁん】《「おととさま」の音変化》子供が父を敬い、親しみをこめて呼んだ語。近世後期から中流以上の家庭で使われた。

おと-と【弟】《「おとうと」の音変化》おとうと。古くは、同性のきょうだいの年下の者。「いや—などを有もっていると、随分厄介なものですよ」〈漱石・門〉「姉—(=妹)の中につとまとはれて」〈更級〉

おとど【▽大▽殿｜大＝臣】《「おおとの」の音変化か》❶貴人の邸宅の敬称。御殿ごてん。「—の瓦さへ残るまじく吹き散らすに」〈源・野分〉❷貴人や、大臣だいじん・公卿くぎょうなどの敬称。「さぶらひ給ふ右大将の—」〈宇津保・俊蔭〉❸貴婦人や女房・乳母めのとなどの敬称。「命婦みゃうぶの—」〈枕・九〉

おと-と-い【一=昨＝日】をととひ《「おとつひ(遠つ日)」の音変化》昨日の前の日。いっさくじつ。おとつい。

一昨日来い いやなものをののしって追い払うときにいう言葉。もう二度と来るな、の意。

おとと-い【▽弟▽兄】《「おととえ」の音変化か》兄弟、また、姉妹。「祇王ぎわう祇女ぎによとて—あり」〈平家・一〉

おと-とし【一=昨＝年】をとと《「おちとし(遠年)」の音変化という。「おとどし」とも》昨年の前年。いっさくねん。

おとと-づき【▽弟月】▶おとづき(弟月)

おと-な【▽乙名】《「おとな(大人)❷」の意》❶(「長老」「宿老」とも書く)室町時代、惣そうを指導した有力な名主みょうしゅ。❷江戸時代、長崎で町役人の職名。長崎奉行に属し、町内の行政事務を扱った。

おとな【大-人】❶成長して一人前になった人。㋐一人前の年齢に達した人。「入場料—二〇〇円、子供—〇〇円」⇔子供。㋑一人前の人間として、思慮分別があり、社会的な責任を負えること。また、その人。「—としての自覚」「青臭いことを言ってないでもっと—になれ」㋒昔は、元服後の男子、裳着もぎを済ませた女子。「—になり給ひて後は、ありしやうに御簾みすの内にも入れ給はず」〈源・桐壺〉❷一族・集団の長や、年配で、主だった人。長おさ。頭かしら。女房の頭、武家の譜代の老臣、大小名の家老・宿老・年寄などの類。「父ちちは、ただ我を—にしするて」〈更級〉「資賢卿すけかたのきやうはふるい人、—にておはしき」〈平家・二〉
(類語)(❶)成人・社会人・大人だいにん・成丁せいてい・成年・丁年ていねん・壮年・一人前・分別盛り・訳知り・アダルト

おとな〔形動〕幼児が、聞きわけがよく、おとなしいさま。多く女性が使う。「—にして待っているのよ」

おと-ないおとなひ ❶訪れ。訪問。「友の—を待つ」❷音がすること。その響き。また、音から判断されるようすや気配。「なつかしう、うちそよめく—あてはかなりと、聞き給ひて」〈源・若紫〉❸評判。とりざた。「世の—聞こし召す入道の宮」〈増鏡・春の別れ〉

おと-な・うおとなふ〔動ワ五(ハ四)〕《「なう」は接尾語。❷が原義》❶来訪を告げる。訪れる。『「ハンスルが家はこなりや」と—・えば』〈鴎外・うたかたの記〉❷音を立てる。「木の葉に埋もるる懸樋かけひの雫ならでは、露—・ふものなし」〈徒然・一一〉❸便りをする。手紙を出す。「まことに心憂しとおぼえいりて—・ひ給はぬを」〈夜の寝覚・二〉(類語)訪れる・訪ねる・訪問・訪とう・見舞う・伺う・お邪魔・上がる・歴訪

おとなおとな・し【大-人大-人し】〔形シク〕《形容詞「おとなし」を強めていう語》いかにも大人らしい思慮分別がある。いかにも大人びている。「御ぐし掻きくだし給へと、—・しうつくろへど」〈落窪・一〉

おとな-がい【大-人買い】がひ〔名〕スル 俗に、大人が、おまけ付き菓子や漫画などの子ども向け商品を大量に買うこと。

おとなげ-な・い【大-人気無い】〔形〕文おとなげな・し〔ク〕大人らしい思慮分別に欠けている。幼稚でみっともない。「—・いことを言う」
(類語)たわいない・無分別・心ない

おとな-ごころ【大-人心】大人のように落ち着いた心。世なれた心。

おと-なし【音無し】音がしないこと。静かなこと。

おとな-し・い【大-人しい】〔形〕文おとな・し〔シク〕《「おとな(大人)」の形容詞化で、大人らしいが原義》❶性質や態度などが穏やかで従順なさま。「内気で—・い子」「—・く従う」❷騒いだりしないで、静かなさま。比喩的にも用いる。「もう少し—・くしていなさい」「健康なときは—・い細菌も体調を崩すと活発に活動を始める」❸色・柄などが落ち着いた感じがするさま。また、大胆さがあまり感じられないさま。「—・い色合い」「—・い着こなし」❹他と比べて際だったところがないさま。抑制しているように感じられるさま。

「一・い試合運び」「性能テストでは一・い数値が並ぶが、実際使ったときの感じは数値以上だ」❺大人びている。大人っぽい。「年のほどよりはいと一・しく」〈紫式部日記〉❻思慮分別のある年長者らしい。主だっている。「一・しき侍さぶらひどもをば、太政大臣、左大臣、大納言になし」〈保元・中〉(派生)おとなしげ〔形動〕おとなしさ〔名〕(類語)(❶)温順・柔順・従順・温柔・温良・順良・素直・穏和・おだやか・物静か・おとなしやか・控えめ・内気・優しい

おとなし-がわ【音無川】がは ㊀和歌山県田辺市本宮ほんぐう町本宮の熊野本宮大社付近を流れ、熊野川に合流する川。この地一帯を音無の里と呼んだところからこの名がある。(歌枕)「名のみして岩波たかく聞こゆなり一の五月雨の頃」〈続拾遺・夏〉㊁東京都北区王子付近を流れる石神井しゃくじい川の称。

おとなし-の-かまえ【音無しの構え】かまへ ❶音を立てない姿勢。❷行動を起こさないこと。働きかけに対して反応を示さないこと。「一を決め込む」

おとなし-の-たき【音無の滝】京都市左京区大原の来迎らいごう院の東にある滝。(歌枕)「恋ひわびてひとりふせやに夜もすがら落つる涙や一」〈詞花・恋上〉

おとな-じ・みる【大-人染みる】〔動マ上一〕子供なのに言動が大人のようである。大人っぽくなる。「一・みたことを言う」

おとなし-やか【大-人しやか】〔形動〕(文)〔ナリ〕❶性質や態度が落ち着いていて穏やかなさま。「一な話し方」❷大人びているさま。「あけて御覧ずれば…と、よに一に書き給へり」〈平家・一二〉❸年長者らしくしっかりしているさま。「容儀、事柄一にて、大将軍なりとぞみえし」〈保元・上〉(類語)大人しい・静か・優しい・温順・柔順・従順・温柔・温良・順良・素直・穏和・おだやか・物静か・控えめ・内気

おとな-だ・つ【大-人立つ】〔動タ四〕大人びて見える。年配に見える。「受領ずりゃうなど一・ちぬるも、ふくらかなるぞよき」〈枕・五八〉

おとなっ-ぽ・い【大-人っぽい】〔形〕外見や態度などが実際よりも大人に見える。「服装が急に一・くなる」(対)子供っぽい。(派生)おとなっぽさ〔名〕

おとな-なみ【大-人並(み)】〔名・形動〕子供ではあるが大人と同等であること。また、そのさま。「一な(の)食欲」「言うことは一だ」

おとな-びゃくしょう【▽乙名百姓|▽長百姓】ヒャクシャウ 近世の村落での主だった百姓のこと。多くは名主なぬし・庄屋に次ぐ地位にあった。おさびゃくしょう。

おとな-び・る【大-人びる】〔動バ上一〕(文)おとな・ぶ〔バ上二〕❶外見や態度が大人らしくなる。一人前になる。「一・びた声」❷かなりの年配になる。「まさご君の御乳母めのと、一・びにたれど、かたち宿徳しゅくとくにてあり」〈宇津保・国譲中〉(類語)ひねる・ませる・分別くさい

おとな-ぶ・る【大-人振る】〔動ラ五(四)〕わざと大人のようなふりをする。「一・ったしぐさ」

おと-の-かべ【音の壁】飛行機の速度が音速に近づくときに生じる抵抗・振動・揚力低下などの物理的障害。越えられないと考えられたところからの名で、現在の超音速機では克服されている。

お-とのさま【▽御殿様】殿様を敬っていう語。➡殿様

おと-ひと【▽弟】おとうと。「行き友ゆきとも一に鬩せめけり」〈雄略紀〉

おと-ひめ【▽弟姫|▽乙姫】❶竜宮に住むという美しい姫。❷妹の姫。「一、父そその憂ふる色を怪しびて」〈皇極紀〉(対)兄姫えひめ。❸年若い姫。「篠原の一の子ぞ」〈肥前風土記〉

おとひめ-えび【▽乙姫×蝦】十脚目オトヒメエビ科のエビ。体長6センチくらい。体色は透明で深紅色の横縞がある。房総以南の太平洋、インド洋に分布。

おとひめ-の-はながさ【▽乙姫の花×笠】オオウミヒドラ科の腔腸こうちょう動物。深海底の泥の中に直立し、高さ約1.5メートルになる世界最大のヒドロ虫。長い柄の先端に多数の細い糸状の触手が並び、全体に紅橙こうとう色。日本では相模湾や駿河湾に生息。

おとふけ-がわ【音更川】がは 北海道南東部を流れる川。石狩山地のニペソツ山に源を発し、十勝川に注ぐ。長さ94.5キロ。

お-とぼけ【▽御×恍け|▽御×惚け】わざと知らないふりをすること。しらばくれること。「一がうまい」

おと-ぼね【音骨】《「おどぼね」とも》❶音声を卑しめていう語。「一立つるな、女め」〈浄・油地獄〉❷音声を出す口・のどを卑しめていう語。「大言の吐くその一、おっつけ踏みさいてくれんず」〈浄・先代萩〉

お-とまり【▽御泊(ま)り】「泊まり❶」の尊敬語・丁寧語。(補説)「どちらにお泊まりですか」は尊敬語、「友達の家にお泊まりに行く」は丁寧語。

おどみ【×澱み】をど 「よどみ」に同じ。「赤さびの浮いたすみっこの一には」〈中勘助・銀の匙〉

おとみ-づわり【▽弟見悪=阻】―づはり 乳児のある母親が妊娠してつわりになったため、その乳児が乳離れをして起こす栄養失調症。

おと-みや【▽弟宮】弟または妹である宮。「一のうぶやしなひを、姉宮のし給ふ見るぞ」〈大鏡・道長上〉

おとみ-よさぶろう【お富与三郎】―ヨサブラウ 歌舞伎狂言「与話情浮名横櫛よわなさけうきなのよこぐし」およびその影響を受けた諸作品の登場人物。博徒赤間源左衛門の妾お富と、小間物商伊豆屋の若旦那与三郎。

おど・む【×澱む】をど〔動マ五(四)〕「よどむ」に同じ。「碧黒く一・んだ水には」〈秋声・足迹〉

おと-むすこ【▽弟息-子|▽乙息-子】長男に対し、それより下の息子。また、末の息子。「それがしは故河津が一、祐成が弟箱王丸と申して」〈浄・五人兄弟〉

おと-むすめ【▽弟娘|▽乙娘】長女に対し、それより下の娘。また、末の娘。「愛娘まなむすめといへ、一といへ」〈催馬楽・我が門に〉

お-とむらい【▽御弔い】―とむらひ 「弔い」の尊敬語・丁寧語。(補説)「お弔いに参列する」は尊敬語、「町内でお弔いがある」は丁寧語。

おと-め【乙女|▽少女】をとめ ㊀《「おと」は、動詞「お(復)つ」と同語源で、若々しいの意。本来は「おとこ」に対する語。「乙」は後世の当て字》❶年の若い女。また、未婚の女性。むすめ。しょうじょ。処女。「一の悩み」「一壮士をとこの行き集ひかがふ嬥歌かがひに」〈万・一七五九〉❷五節の舞姫のこと。「あまつ風雲の通ひ路吹きとぢよ一の姿しばしとどめむ」〈古今・雑上〉㊁(少女)源氏物語第21巻の巻名。夕霧の元服、大学教育、雲井くもいの雁かりとの恋、六条院の新築などを描く。(類語)女の子・女児・女子・娘・少女・子女・ガール・ギャル

おと-め【▽夫▽妻|▽夫▽婦】をとめ《「おひとめ(男人妻)」の音変化》夫と妻。めおと。「みとのまぐはひして一と為る」〈神代紀・上〉

お-どめ【緒止め|緒留め】を 「緒締をじめ」に同じ。

オドメーター【odometer】自動車の走行距離を記録する器械。走行距離計。走行計。

おとめ-がり【乙女刈(り)】をとめ 少女の髪形の一つ。おかっぱに似るが、後頭部をやや短めに切りそろえ、えり足を刈り上げたもの。

おとめ-ご【乙女子】をとめ おとめ。しょうじょ。「一が裳裾もすそをはへて袖かざし」〈謡・竜田〉(類語)少女・女の子・娘・小娘・童女どうじょ・乙女おとめ・女子をなご・ガール・ギャル・女児・女子じょし・子女

おとめ-ごころ【乙女心】をとめ 少女の純情で感じやすい心。

おとめ-ざ【乙女座】をとめ 黄道十二星座の一。6月上旬の午後8時ごろ南中する。αアルファ星のスピカは光度1.0等。最大規模の銀河の集団、乙女座銀河団がある。現在、秋分点はこの星座にある。学名(ラ)Virgo

おとめ-さび【▽少女さび】をとめ おとめらしく振る舞うこと。「娘子をとめらが一すと韓玉からたまを手本たもとに巻かし」〈万・八〇四〉(対)男さび。

おとめ-づか【乙女塚|処=女塚】をとめ 妻争いの犠牲者となったおとめを葬ったと伝える塚。菟原処女うないおとめ、葛飾の真間の手古奈の墓など。

おとめ-つばき【乙女×椿】をとめ ツバキの一品種。花はふつう桃色で重弁。

おとめ-とうげ【乙女峠】をとめたうげ 神奈川・静岡県境にある峠。標高1005メートル。箱根火山の稜線を越える場所で、金時山(標高1213メートル)と丸岳(標高1156メートル)の鞍部にあたる。箱根越え最古の街道の峠。名の由来は「御留峠」から。一説に峠近くに住む孝心の厚い乙女の悲話からとったともいわれる。

お-とめば【▽御留場】一般の狩猟を禁止する場所。江戸時代、将軍の狩猟場をいう。

お-とも【▽御供|▽御▽伴】〔名〕スル ❶目上の人などに、つき従っていくこと。また、その人。同行することをへりくだっていうのにも用いる。「そこまで私も一します」❷料亭などで、帰る客のために呼ぶ車。「一が参りました」(類語)従う・付く・くっつく・随行する・随伴する・随従する・追随する

おとも-しゅう【▽御供衆】❶貴人を敬って、その従者らをいう語。❷室町幕府の職名。将軍に近侍し、外出の際の供などをした役。

おどもり ❶滞ること。また、そのもの。累積した結果。「年々の湿気の一出まして」〈浮・禁短気・三〉❷水たまり。「どぶでも小用の一が、残ってあったものぢゃあろぞい」〈滑・膝栗毛・六〉

おと-もれ【音漏れ】音がもれること。特に、使用中のヘッドホンから音がもれて、周囲の人に聞こえること。

おと-や【▽乙矢】弓道で、2本持って射る矢のうち、2番目に射る矢。二の矢。

おど-やき【尾戸焼】をど 土佐藩主山内家の御用窯から産した陶器。承応2年(1653)大坂の陶工久野正伯が招かれて高知の小津おづに窯を開いたのが始まり。

おどら・す【踊らす】をどらす〔動サ五(四)〕❶踊るようにさせる。「黒田節を一・す」❷人を操って、自分の思いどおりにさせる。「きっとだれかに一・されているのだ」

おどら・す【躍らす】をどらす〔動サ五(四)〕❶飛び跳ねるようにさせる。「馬体を一・す」❷(「胸をおどらす」「心をおどらす」などの形で)喜びや期待で心をわくわくさせる。「合格の知らせに胸を一・す」❸(「身をおどらす」の形で)飛び上がるようにして、からだをある場所から素早く離す。「絶壁から身を一・す」

オトラント【Otranto】イタリア南部の港町。アドリア海のオトラント海峡に面し、イタリア半島最東端に位置する。古代ギリシャの植民都市が置かれ、古代ローマ時代はヒドルントゥムと呼ばれていた。11～15世紀にかけて、交易の拠点として栄えた。1480年から翌年にかけて、オスマン帝国とナポリ王国との「オトラントの戦い」の舞台となった。旧市街には11世紀建造のオトラント大聖堂、ビザンチン様式のフレスコ画があるサンピエトロ教会などの歴史的建造物が残る。

オトラント-だいせいどう【オトラント大聖堂】―ダイセイダウ《Cattedrale di Otranto》イタリア南部の町オトラントにあるロマネスク様式の大聖堂。11世紀に建造。ファサードのバラ窓は15世紀にアラブ風の装飾が施された。内部の床は、旧約聖書の生命の樹を題にとったモザイクで覆われる。1480年から82年にかけて、オスマン帝国との間で行われた「オトラントの戦い」に敗れ、イスラム教への改宗を拒んで殺された800人の殉教者の遺骨を納める。

おとり【劣り】劣ること。劣るもの。また、年などが下であること。「与之助には六歳むつ一にて」〈一葉・花ごもり〉「いかでか、中に一優りは知らむ」〈竹取〉

お-とり【×囮|媒=鳥】を 《「おきとり(招き鳥)」の音変化か》❶鳥や獣を捕らえようとするとき、誘い寄せるために使う同類の鳥・獣。(季 秋)「椋むくの木に一掛けたり家の北/子規」❷相手を誘い寄せるために利用するもの。「格安品を一に客を集める」

おどり【踊り|躍り】をどり《跳ね上がること、飛び跳ねることが原義》❶(踊り)音楽などに合わせて踊ること。また、その動作。舞踏。舞踊。ダンス。❷(踊り)㋐日本の芸能で、舞まいと区別して、跳躍運動を主体としたもの。多くは集団性・熱狂性・庶民性をもつ。㋑特に、盆踊り。(季 秋)「四五人に月落ちかかる一かな/蕪村」❸「踊り歌」の略。❹「踊り字」の略。❺「躍り食い」の略。また、その料理。「エビの一」❻「題門ひよめき」に同じ。〈日葡〉❼動悸どうきがすること。「胸の一は未だ止まず」〈浄・扇八景〉❽江戸時代、高利貸し業者が返済期日を月末とせずに25日限りとし、これに遅れた場合は以後の4,5日でさらに1か月分の利子を取った

こと。踊り歩。(類語)舞踏・舞踊・舞・ダンス
(一語)足踊り・雨乞い踊り・阿波踊り・伊勢踊り・大踊り・掛け踊り・傘踊り・歌舞伎踊り・看看踊り・組踊り・小歌踊り・小躍り・鹿踊り・素踊り・雀踊り・すててこ踊り・総踊り・太鼓踊り・大漁踊り・辻踊り・手踊り・灯籠踊り・練り踊り・念仏踊り・馬鹿踊り・裸踊り・豊年踊り・盆踊り・奴踊り

おどり-あが・る【躍り上(が)る】〔動ラ五(四)〕❶喜びや驚きなどで、その場で飛び上がる。「―・って喜ぶ」❷高い所へ勢いよく飛び上がる。「壇上へ―・る」「イルカが水中から―・る」(類語)躍る・跳ね上がる・小躍り・飛び跳ねる・舞い上がる・跳ね上げる・飛ぶ

おどり-うた【踊り歌】民謡の一。盆踊り・雨乞い踊りなどの踊りに伴ってうたわれる歌。また、広く、踊りのときにうたわれる歌。(季 秋)

おどり-おび【踊り帯】踊り衣装に用いられる帯。鏡仕立てが多く両面が使用できる。

おどり-かか・る【躍り掛(か)る｜躍り懸(か)る】〔動ラ五(四)〕激しい勢いで飛びかかる。「賊に―・って捕らえる」

おどり-ぐい【躍り食い】エビ・シラウオなどを生きたまま食べること。

おどり-くどき【踊り口説き】盆踊り歌としてうたわれる民謡で、歌詞が一連の物語になっているもの。八木節・江州音頭・河内音頭など。口説き節。くどき。

おどり-くる・う【踊り狂う】〔動ワ五(ハ四)〕夢中になって激しく踊る。「若者たちが―・う」

おどり-こ【踊り子】❶盆踊りなどで踊る少女。踊り手。(季 秋)「―よ翌は畠の草ぬかん／去来」❷踊りを職業とする女性。ダンサー。❸題門のこと。❹《生きたまま味噌汁に入れると、苦しがって躍り上がるところから。もと僧侶の隠語》ドジョウ。

おとり-こうこく【×囮広告】消費者に魅力のある商品を格安で売ると広告し、注文を受けるとその品は売り切れたとして別の商品を売りつける行為。景品表示法の不当表示にあたり、公正取引委員会の規制の対象となる。

お-とりこし【▽御取越】浄土真宗の門徒が、親鸞の忌日である11月28日に行われる親鸞忌を繰り上げ、陰暦10月に各自の家で行う報恩講。(季 冬)

おどりこ-そう【踊子草】シソ科の多年草。山野のやや日陰に生え、高さ30～50センチ。茎は四角柱で、節に長い毛がある。葉は卵形で対生する。4～6月ごろ、葉の付け根ごとに淡紅紫色または白色の唇形の花を輪生する。名は、花を笠をかぶった踊り子に見立てたことによる。野芝麻。(季 夏)「一咲きむらがれる坊の庭／青邨」

おどり-ことば【踊り言葉｜躍り言葉】同音の語を重ねた言葉。「しとしと」「ぴかぴか」など。

おどり-こ・む【躍り込む】〔動マ五(四)〕❶勢いよく飛び込む。「敵陣に―・む」❷強盗に入る。「屋根から―・む衆ぢゃないか」〈滑・膝栗毛・七〉(類語)駆け込む・転がり込む・滑り込む・突っ込む・逃げ込む

おとり-さま【▽御×酉様】酉の市のこと。(季 冬)

おとり-ざま【劣り様】〔名・形動〕劣っていること。また、そのさま。「やむごとなき基を見ながら、我はこよなき―にてまじらむかたをこそ」〈夜の寝覚・三〉

おどり-じ【踊り地】❶歌舞伎下座音楽の一。京阪の郭の場面に用いる三下りの合方。❷歌舞伎舞踊やその伴奏の三味線音楽の中で、華やかな手踊りの部分。

おどり-じ【踊り字｜躍り字】国語で、同じ漢字や仮名を重ねるときに用いる符号。「あゝ」の「ゝ」(一の字点)、「国々」の「々」(同の字点、もしくはノマ)、「〳〵」の「〳〵」(くの字点)、「〻」の「〻」(二の字点)などの類。重ね字。送り字。畳字。繰り返し符号。

おとり-そうさ【×囮捜査】捜査員が身分を隠して犯行グループに潜入したり、犯行を起こしやすい状況を作ったりして、犯罪の実行を待って逮捕する方法。

おどり-だいもく【踊り題目】踊りながら法華経の題目を唱えること。

おどり-て【踊り手】踊りをおどる人。

おどり-でる【躍り出る】〔動ダ下一〕❶飛び跳ねるようにして、勢いよく出てくる。「舞台に―・でる」❷目立つ地位・場所に、はなばなしく登場する。「首位に―・でる」

おどり-とうげ【小鳥峠】岐阜県北部、高山市清見にある峠。標高1000メートル。峠西方にはミズバショウなどの群落の見られる湿原がある。

おどり-ねんぶつ【踊り念仏】太鼓や鉦を打って、踊りながら一心不乱に念仏する空也念仏のこと。また、そのように念仏する泡斎念仏・六斎念仏・葛西念仏などの称。念仏踊り。

おどり-ば【踊り場】❶踊りをおどる場所。❷階段の途中に、やや広く場所をとった平らな所。❸経済用語。景気が上昇する局面で、景気の回復が鈍り、横ばいの状態にあること。ふつう景気が悪くなる局面では用いない。「日本経済が―を脱却する」
(類語)(❸)横ばい・足踏み・停滞・渋滞・難航・難渋・停頓・とどまる

おとり-ばら【劣り腹】正妻以外の女。身分の低いほうの女。また、その女から生まれた子。「聞けばかれも―なり」〈源・行幸〉

おどり-やたい【踊り屋台】祭礼などのとき、街を引き回しながら、上で踊りをおどる屋台。

おどり-りそく【踊り利息】銀行や貸金業者が行う手形貸付で、満期に貸付金が弁済されず、貸付手形が書替継続となった場合、その書替日の利息が新旧ともに算入されて二重になること。昭和48年(1973)10月廃止。

おと・る【劣る】〔動ラ五(四)〕❶価値・能力・質・数量などが、他に比べて程度の低い状態にある。引けを取る。「技量は数段―・る」(対)勝る。❷(「…におとらず」の形で)…と同じように。「今日も昨日に―・らず暑い」❸身分・階級などが下である。「―・りたる人の、ゐずまひもかしこまりたるけしきにて」〈枕・一四六〉❹年齢が下である。年月が後である。「年、我より少し―・りたるをば弟の如く哀れび」〈今昔・五・一三〉❺減る。損をする。「益る所無くして、―・り費ゆる極めて甚し」〈皇極紀〉(類語)後れる・負ける・輸する・見劣りする・引けを取る・遅れを取る

おど・る【踊る】〔動ラ五(四)〕《「躍る」と同語源》❶音楽などに合わせて体を動かす。舞踊を演ずる。「ワルツを―・る」❷他人に操られて行動する。「札束に―・る政治家」❸「躍る❹」に同じ。❹利息を二重に取る。踊り歩にする。「借銭の利を一月に二月―・る松坂越えて」〈浄・丹波与作〉(可能)おどれる (類語)舞う

踊る阿呆に見る阿呆　徳島の阿波踊り歌の出だし。「同じ阿呆なら踊らにゃ損々」と続く。どちらも似たようなものだというたとえにも使う。

おど・る【躍る】〔動ラ五(四)〕❶飛び跳ねる。跳ね上がる。「網の中で銀鱗が―・る」❷喜びや期待などで鼓動が激しくなる。わくわくする。「希望に心が―・る」「血湧き肉―・る」❸激しく揺れ動く。「でこぼこ道で車体が―・る」❹書いた文字などが乱れる。踊る。「手紙の字が―・っている」(類語)躍り上がる・飛び上がる・小躍り・舞い上がる・跳ね上げる

おと-ルミネセンス【音ルミネセンス】音の刺激によるルミネセンス。超音波により液体中に発生した微細な気泡が急激に高温状態になり、パルス状の光を発する現象。また、その光。気泡が圧壊して液体の分子を励起し化学発光を生じる場合は、音化学ルミネセンスという。音響ルミネセンス。ソノルミネセンス。

おどれ【▽己】〔代〕《「おのれ」の音変化》二人称の人代名詞。相手をののしっていう語。きさま。うぬ。「―はろくなことをしくさらん」〈黒島・二銭銅貨〉

おどろ【×棘｜荊＝棘】〔名・形動〕❶髪などの乱れているさま。「髪は―と乱れて」〈鴎外・舞姫〉❷草木・いばらなどの乱れ茂っていること。また、その場所やそのさま。やぶ。「奥山の―が下もふみ分けて道ある世ぞと人に知らせむ」〈新古今・雑中〉

おとろ・う【衰ふ】〔動ハ下二〕「おとろえる」の文語形。

おとろえ【衰え】衰えること。衰弱。衰微。「体力の―を覚える」

おとろ・える【衰える】〔動ア下一〕(文)おとろ・ふ〔ハ下二〕力や勢いなどが弱くなる。盛んでなくなる。衰弱する。「記憶力が―・える」「雨脚が―・える」「文化が―・える」「家が―・える」(類語)廃れる・寂れる

おどろ-おどろ〔副〕いかにも激しく恐ろしいさま。「山嵐の絶えず―と吹廻りて」〈紅葉・金色夜叉〉

おどろおどろ-し・い〔形〕(文)おどろおどろ・し〔シク〕《「驚く」と同語源》❶不気味で恐ろしい。すさまじい。「怪奇映画の―・い演出」❷ぎょうぎょうしい。大げさだ。「あななひに―・しく二十人の人ののぼりて侍ればく」〈竹取〉❸声や音などが人を驚かすように大きい。騒々しい。「そこら集ひたる響き、―・しきを」〈源・御法〉(派生)おどろおどろしげ〔形動〕おどろおどろしさ〔名〕(類語)グロテスク・異様・グロ・怖い・恐ろしい・おっかない・空恐ろしい・物恐ろしい・気味悪い・無気味・不安・恐れる・心配・懸念・危惧・危懼・疑懼・恐れ・胸騒ぎ・気がかり・心がかり・不安心・心細い・心許ない・憂い・危なっかしい・おぼつかない

おどろかし【驚かし】《「驚かすものの意」》鳴子・案山子などをいう語。(季 秋)「小山田の―にも来ざりしをいとひたぶるに逃げし君かな」〈後撰・雑一〉

おどろか・す【驚かす】〔動サ五(四)〕《意識しない物事に、はっと気づかせる意が原義》❶びっくりさせる。「世間を―・すニュース」❷気づかせる。注意を呼び起こす。「なかなか物思ひの―・さるる心地し給ふに」〈源・葵〉❸目を覚まさせる。起こす。「添ひ臥して、ややと―・し給へど」〈源・夕顔〉❹思いがけないときに便りをする。訪れる。「我とは(＝自分自身デハ)―・したてまつるべきやうもなく」〈狭衣・四〉(類語)脅かす

おどろき【驚き｜×愕き｜×駭き】驚くこと。また、驚くべき事件・事柄。「―のあまり立ちすくむ」「―の声を上げる」(類語)驚愕・驚嘆・愕然・喫驚・驚倒・驚天動地・驚異

驚き桃の木山椒の木　「驚き」の「き」に「木」をかけた語呂合わせ。たいそう驚いたの意。

おどろき-い・る【驚き入る】〔動ラ五(四)〕ひどく驚く。本当に驚く。「まことにもって―・った話」

おどろき-がお【驚き顔】驚いた顔つき。びっくりしたようす。

おどろき-ばん【驚き盤】円盤に、少しずつ変化した絵をはりつけ、その周りの円筒には多くの小窓をつけて、速く回転させながら窓からのぞいて見る仕掛け。絵が運動しているように見える。きょうばん。

おどろ・く【驚く｜×愕く｜×駭く】〔動カ五(四)〕《意識していなかった物事に、はっと気づく意が原義》❶意外なことに出くわして、心に衝撃を受ける。びっくりする。感嘆する。「宇宙の神秘に―・く」「父の博識に―・く」❷はっと気がつく。「ほととぎすけさ鳴く声に―・けば君に別れし時にぞありける」〈古今・哀傷〉❸目が覚める。「あまたたび言ふ声にぞ―・きて見れば」〈枕・八〉(可能)おどろける
(類語)(❶)びっくりする・どきっとする・ぎくっとする・ぎょっとする・たまげる・仰天する・動転する・喫驚する・驚愕する・驚倒する・一驚する・驚嘆する・瞠目する・恐れ入る・あきれる・唖然とする・愕然とする・呆気にとられる・目を疑う・目を丸くする・目を見張る・息をのむ・肝をつぶす・腰を抜かす

おどろく-なかれ【驚く×勿れ】〔連語〕驚いてはいけない。大変なことを述べるときの前置きに用いる。「―、一二月なのに桜の咲いた所があるそうだ」

おどろく-べし【驚くべし】〔連語〕❶驚いたことには。話の前置きとして使う。「―べし、発明者はまだ小さな子供だったのだ」❷(「おどろくべき」の形で)驚くほどはなはだしい。「―べき進歩」

おどろ・し【驚し】〔形シク〕驚くべきさまである。恐ろしい。また、ぎょうぎょうしい。「あやしく―・しけれど、胸うち心さだめて」〈新花摘〉

おどろ-の-みち【×棘の▽路】❶雑草やいばらなどの生い茂った道。「うづもれし―を尋ねてぞふるきみゆきの跡もとひける」〈新後撰・神祇〉❷《「棘路」を訓読みにした語》公卿のこと。「位山―も程とほし花の

外なる嶺のしゐ柴」〈新拾遺・雑上〉
おとわ【音羽】おとは 東京都文京区西部の地名。護国寺の門前町として発展。音羽局(おとわのつぼね)が徳川家からこの地を給されたのでこの名があるとも、護国寺を京都清水寺に模して、清水観音の音羽の滝にちなむともいわれる。
おとわ-や【音羽屋】おとは 歌舞伎俳優の尾上菊五郎・坂東彦三郎両系統の称する屋号。初世菊五郎の父が、京都都万(みやこ)太夫座の出方をしていた音羽屋半平であったところからいう。
おとわ-やき【音羽焼】おとは 京焼の一。その源流にあたるもの。享保(1716～1736)ごろ、五条坂付近に窯を移し、五条清水焼となった。
おとわ-やま【音羽山】おとは ㊀㈠京都、東山三十六峰の一。標高240メートル。中腹に清水寺があり、その奥に音羽の滝がある。㈡京都市山科区と滋賀県大津市との境の山。北は逢坂(おうさか)山に連なる。標高593メートル。〔歌枕〕「一今朝こえくればほととぎす梢(こずゑ)はるかに今ぞなくなる」〈古今・夏〉㊁〔枕〕「おと」にかかる。「一音にききつつ」〈古今・恋一〉
オナー〘honor〙《名誉の意》ゴルフで、そのホールにおいて最初にティーショットをする人。前ホールの打数が最も少ない人にその権利が与えられる。
お-ないぎ【▽御内儀】他人の妻を敬っていう語。近世、主に京都で町屋の妻に対して使われ始めた。
おない-どし【同い年】《「おなじとし」の音変化》同じ年齢。また、その人たち。「一のいとこ」
お-なか【▽御中】❶(「お腹」とも書く)腹を丁寧にいう語。もと女性語。「一が痛い」「一がすいた」❷飯・食事をいう女房詞。❸綿(わた)・真綿をいう女房詞。❹室町時代、武家の奥向きに仕えた女中の役名。中﨟(ちゅうろう)。
〔類語〕腹・腹部
御中を痛(いた)・める 「腹を痛める」を丁寧にいう言葉。
御中を抱(かか)・える 「腹を抱える」を丁寧にいう言葉。ひどく笑うことの形容。「一・えて笑う」
お-なが【尾長】を ❶尾の長いこと。❷カラス科の鳥。全長37センチくらいで、その半分は尾の長さ。頭は帽子をかぶったように黒く、体は青灰色、尾と翼は青い。アジア東部とヨーロッパのイベリア半島に分布し、日本では、特に関東の人里に多い。
おなが-がも【尾長×鴨】をなが カモ科の水鳥。全長約70センチ。尾が長く、雄は頭が茶色で背面は灰色、胸が白色。雌は全体に褐色。北半球北部で繁殖し、日本では冬鳥。
おなが-ざめ【尾長×鮫】をなが ネズミザメ目オナガザメ科の海水魚の総称。日本近海に、深海性のハチワレ、表層性のマオナガ・ニタリの3種がある。ニタリは全長約4メートル、他は6メートルに達し、いずれも尾が長く、全長の約半分を占める。卵胎生で、子は母胎内で他の卵を食べる。
おなが-ざる【尾長猿】をなが 霊長目オナガザル科の哺乳類の総称。長い尾の猿で、しりだこ・ほお袋をもつ。オナガザル亜科とコロブス亜科に分けられ、特にそのうち、アフリカに分布するサバンナモンキーとその仲間、また、ラングールなどをさす。
おなが-どり【尾長▽鶏】をなが 鶏の一品種。江戸末期に土佐(高知県)で作り出された。雄の尾羽は抜け換わらずに伸び続け、8メートルを超すものもある。羽色は白色、褐色、白と黒のまじりなどがある。特別天然記念物。ちょうびけい。
お-ながれ【▽御流れ】❶予定していたことができなくなること。「雨で試合が一になる」❷酒席で、貴人や目上の人から杯を受けて、これについでもらう酒。古くは、飲み残しの杯を渡され、そのまま飲んだ。「一を頂く」❸目上の人からもらう、使い古しの品や不用品。おさがり。おすべり。〔類語〕中止・休止・停止・中断・中絶・ストップ・沙汰止み・立ち消え・断絶・途絶
おながわ-わん【女川湾】をながは 宮城県東部にある湾。牡鹿(おしか)半島の基部にあり、南北の二つの支湾に分かれる。北側の湾奥に女川(おながわ)漁港、南岸に女川原子力発電所がある。湾内ではカキ・ワカメの養殖が盛ん。南三陸金華山国定公園に属する。
お-なぐさみ【▽御慰み】その場の楽しみ。お楽しみ。座興。たわむれや皮肉の気持ちを込めていう。「ほんの一に歌いましょう」「うまくできたら一」
〔類語〕座興・余興・即興・アトラクション
おな-ご【▽女子】をな《「おんなご」の音変化》❶女。女性。❷女の子供。女の子。❸女中。下女。「高島屋の一に呼びかけられて」〈浮・一代男・七〉〔補説〕現在、多く東北地方や関西で使われる。
〔類語〕少女・女子(じょし)・婦女・婦女子・おみな・たおやめ・あま・女史・雌・婦人・女人(にょにん)・女人(にょうにん)・ウーマン
おなご-おうぎ【▽女子扇】をなごあふぎ 女性用の小さい扇。
おなご-しゅう【▽女子衆】をなご ❶女たち。おなごしゅ。おなごし。⇔男衆。❷女中。おなごしゅ。おなごし。⇔男衆。
おなご-だけ【▽女子竹】をなご メダケの別名。
おなご-むすび【▽女子結び】をなご「女結(おんなむす)び」に同じ。
おなご-らし・い【▽女子らしい】をなご〔形〕〔文〕をなごら・し〔シク〕いかにも女性らしく、しとやかで優しい。おんならしい。〔派生〕おなごらしさ〔名〕
おなごり-きょうげん【▽御名残狂言】…キャウゲン ❶歌舞伎で、役者が引退するときやその土地・劇場を去るときに暇乞(いとまご)いとして出す狂言。❷►秋狂言(あききょうげん)
お-なさけ【▽御情け】❶特別の思いやりや哀れみ。「一で合格させてもらう」❷目上の人からの特別の愛情。寵愛(ちょうあい)。「主君の一を受ける」
おな・じ【同じ】〔形シク〕《「おなし」とも》形容動詞「おなじ」に同じ。体言に続くときには、連体形「おなじき」のほか、和文脈のものでは語幹「おなじ」がそのまま用いられることが多かった。「あしひきの山は無くもが月見れば一・じき里を心隔てつ」〈万・四〇七六〉「一・じ程、それより下臈の更衣たちは」〈源・桐壺〉
おなじ【同じ】《「おなし」とも》㊀〔形動〕《形容詞「おなじ」の形容動詞化》❶別のものではなく、そのものであるさま。同一である。「一学校の卒業生」「行きと一船で帰る」❷二つ以上のものの内容・状態などに区別がないさま。同様である。「収入と支出が一だ」「やってもやらなくても一ことだ」〔補説〕連体形に「おなじ」「おなじな」の二形がある。一般には「おなじ」の形が用いられるが、助詞「の」や「ので」「のに」などに続くときには「おなじな」の形が用いられる。「服装がおなじなので、見分けがつきにくい」㊁〔副〕(多く「おなじ…なら」の形で)どうせ。どっちみち。「一買うなら安いほうがいい」
〔用法〕おなじ・ひとしい――「訪ねてきたのは昨日と同じ人だった」「彼のカバンは私のと同じだ」のように、人や物、あるいは種類・性質などに相違点がない場合には「同じ」を用い、「等しい」とはいわない。◆これに対して「児戯に等しい」「詐欺にも等しい行為」など、異質のものでも状態・様子が互いに非常によく似ているときに、「等しい」が用いられる。◆「同じ(等しい)圧力を加える」「AとBとは長さが同じ(等しい)」などのように、物理的・数量的に同一の場合には相通じて用いられるが、物理学・数学などでは多く「等しい」を使う。
〔類語〕等しい・同一・等価・同等・均等・等し並み・一律・一様(いちよう)・イコール・互角・五分(ごぶ)
同じ穴(あな)の狢(むじな) 一見関係がないようでも実は同類・仲間であることのたとえ。多くは悪事を働く者についていう。同じ穴の狸(たぬき)(狐(きつね))。
同じ釜(かま)の飯(めし)を食・う 生活を共にした親しい仲間であることのたとえ。「一・った仲」
同じ流れを掬(むす)・ぶ 《同じ川の水をすくって飲む意から》縁のつながった人間どうしであることのたとえ。
おなじ・い【同じい】〔形〕《シク活用形容詞「おなじ」の口語化》❶同じである。変わらない。等しい。「異種諸民族間の貿易の起源と一・かった」〈柳田・山の人生〉❷(「おなじく」の形で副詞的に用いて)同様に。等しく。「彼と一・く私も東京の生まれです」
おなじく【同じく】〔接〕《形容詞「同じ」の連用形から》同様の事柄を列挙するとき、その説明部分を繰り返す代わりに用いる語。「入選A、一B」〔類語〕矢張り・相変わらず・依然・なお・なおかつ・なおも・やっぱり
おなじく-は【同じくは】〔副〕同じことなら。いっそのこと。「さらば一、今日いでさせ給へ」〈かげろふ・中〉
おなじ-まいまい【同蝸=牛】オナジマイマイ科の陸生の巻き貝。庭や田畑にいるカタツムリ。貝殻は低い円錐形で殻径約15ミリ。殻は薄く、淡黄白色または赤褐色。東南アジアの原産で、農業害虫。
お-なじみ【▽御×馴染み】「馴染み」の丁寧語・尊敬語。「一の落語家」「店の改築祝いに一が集まる」
おなじゅう・する【同じゅうする】おなじうする〔連語〕《「おなじくする」の音変化》(「…をおなじゅうする」の形で)…が同じである。…と同列である。「時を一・して火の手が上がる」
おなつ-せいじゅうろう【お夏清十郎】…ラウ 姫路の宿屋但馬屋(たじまや)の娘お夏と手代の清十郎。寛文2年(1662)ごろ駆け落ちしようとして捕らえられ、清十郎は刑死、お夏は狂乱した。この事件を題材とした作品に、井原西鶴「好色五人女」、近松門左衛門「五十年忌歌念仏」などがある。
オナニー〘ドイ Onanie〙《旧約聖書「創世記」中の人物オナンの名による》自慰。手淫(しゅいん)。マスターベーション。
おなはま【小名浜】をな 福島県いわき市の地名。旧磐城(いわき)市の中心。太平洋に面する国際貿易港、また遠洋漁業の基地。化学工業が盛ん。
お-なべ【▽御鍋】❶「鍋」の丁寧語。❷《近世の文芸作品に下女の名としてしばしば用いられたところから》下女をいう俗語。
オナ-ペット《和 Onanie(ドイ)＋petから》オナニーをするときの対象とする異性のスターなどの人物。
お-なみ【▽男波|▽男▽浪】を 低い波の次に打ち寄せてくる高い波。また、高低のある波の中で、高いほうの波。⇔女波(めなみ)。
おなみだ-ちょうだい【▽御涙頂戴】…チャウダイ 映画や演劇などで、観客を泣かせるように作ること。また、そういう作品。
おなもみ【葈=耳|巻=耳】をなもみ キク科の一年草。道端などに生え、高さ約1メートル。葉は浅く3～5裂し、互生する。夏から秋、枝先に雄花を、下部に雌花をつける。実は楕円形で鉤(かぎ)状のとげがあり、他にくっつく。果実は漢方で蒼耳子(そうじし)といい、風邪・蓄膿症(ちくのうしょう)・神経病に薬用。〔季 秋〕
お-なら 《「鳴らす」に基づく語か》屁(へ)。放屁(ほうひ)。
お-なり【▽御成り】皇族・摂家・将軍などの貴人を敬って、その外出や訪問・臨席などをいう語。
おなり-がみ【おなり神】《「おなり」は姉妹の意》沖縄・奄美(あまみ)諸島で、兄弟を守護するために、その姉妹が持っている霊力。古代、沖縄では女性は巫女(みこ)の役割を持ち、その兄弟を守護するのが任務とされた。
おなり-きり【▽御成切】亥(い)の子の日に、宮中、のちには幕府から臣下に賜った亥の子餅(もち)。碁石ほどの大きさに丸めて平たくしたもの。「本朝にも十月のゐのこなんどを一と云ひて」〈四河入海・六〉
おなり-そうぶぎょう【▽御成総奉行】…ソウブギャウ 室町時代、将軍が大名の屋敷を訪問するとき、大名家でその接待をするために臨時に設けた役。
おなり-みち【▽御成道】貴人がお成りのときに通る道。御成筋(すじ)。
おなり-もん【▽御成門】大名家や寺院などで、貴人を迎えるために設けた門。御成御門。
お-なわ【▽御縄】…なは 罪人を捕縛すること。「一になる」「一を頂戴する」⇒縄
お-なんど【▽御納戸】❶「納戸」の丁寧語・尊敬語。❷江戸城大奥にあった部屋の一。着替え部屋や化粧部屋として使った。❸「御納戸役」の略。
おなんど-いろ【▽御納戸色】►納戸色(なんどいろ)
おなんど-やく【▽御納戸役】►納戸方(なんどかた)
おに【鬼】《「おん(隠)」の音変化で、隠れて見えないものの意とも》㊀〔名〕❶仏教、陰陽道(おんようどう)に基づく想像上の怪物。人間の形をして、頭には角を生やし、口は横に裂けて鋭い牙をもち、裸で腰にトラの皮のふんどしを締める。性質は荒く、手に金棒を握る。地獄には赤鬼・青鬼が住むという。❷《❶のような人の意から》㋐勇猛な人。「一の弁慶」㋑冷酷で無慈悲な

人。「渡る世間に━はない」「心を━にする」㋒借金取り。債鬼。㋓あるひとつの事に精魂を傾ける人。「仕事の━」「土俵の━」❸鬼ごっこや隠れんぼうで、人を捕まえる役。「━さん、こちら」❹紋所の名。鬼をかたどったもの。❺目に見えない、超自然の存在。㋐死人の霊魂。精霊。「異域の━となる」㋑人にたたりをする化け物。もののけ。「南殿の━の、なにがしの大臣脅かしけるたとひ」〈源・夕顔〉❻飲食物の毒味役。「鬼一口の毒の酒、是より毒の試みを━とは名付けそめつらん」〈浄・枕言葉〉➡鬼食い ➡鬼飲み ㊁〔接頭〕名詞に付く。❶荒々しく勇猛である意を表す。「━将軍」❷残酷・無慈悲・非情の意を表す。「━婆」「━検事」❸外見が魁偉・異形であるさま、また大形であるさまを表す。「━歯」「━やんま」

(…語)異郷の鬼・牛鬼・屈み鬼・隠れ鬼・心の鬼・人鬼・向かい鬼・雪鬼

(類語)化け物・お化け・妖怪・怪物・魔・悪魔・通り魔

鬼が住むか蛇が住むか　どんな恐ろしいものが住んでいるかわからない。人の心の底にはどんな考えが潜んでいるのか想像がつかない。

鬼が出るか蛇が出るか　前途にはどんな運命が待ち構えているのか予測できない。鬼が出るか仏が出るか。(補説)からくり人形師の口上から出た語。

鬼が笑・う　実現性の薄いことや予想のつかないことをからかっていう言葉。「来年のことを言うと━・う」

鬼とも組・む　《「組む」は組み打ちするの意》❶非常に強そうに見えることのたとえ。❷強いばかりで少しも人情を解しないことのたとえ。

鬼に金棒　《強い鬼にさらに武器を持たせる意から》ただでさえ強いものに、一層の強さが加わること。鬼に鉄杖。

鬼に衣　❶表面は慈悲深そうなようすをしていても、内心は鬼のように恐ろしいこと。狼に衣。❷《鬼は本来裸で衣服を必要としないところから》不必要なこと。また、ふつりあいなこと。

鬼の居ぬ間に洗濯　怖い人や気兼ねする人のいない間に、思う存分くつろぐこと。

鬼の霍乱　《「霍乱」は日射病のこと》ふだんきわめて健康な人が珍しく病気になることのたとえ。

鬼の首を取ったよう　大変な功名・手柄を立てたかのように得意になるさま。「━な喜びよう」

鬼の空念仏　無慈悲な者が心にもなく殊勝なようすをすることのたとえ。鬼の念仏。

鬼の目にも涙　無慈悲な者も、時には慈悲心を起こし、涙を流すことがあるということ。

鬼も十八番茶も出花　鬼でも年ごろになれば少しは美しく見え、番茶でもいれたばかりは香りがある。器量が悪くても年ごろになれば少しは娘らしい魅力が出てくるということのたとえ。

鬼を欺・く　鬼かと思われるほど勇猛である。また、容貌が恐ろしげである。「━・く景清も声を上げてぞ泣きゐたり」〈浄・出世景清〉

鬼を酢にして食・う　恐ろしいものをなんとも思わないことのたとえ。

お-にあい【▽御似合(い)】「似合い」の丁寧語。「着物がよく━です」

おに-あざみ【鬼×薊】❶キク科の多年草。日本特産で、本州の山中に自生。高さ0.5〜1メートル。全体に毛が多い。葉は基部が広く、縁に長いとげがある。6〜9月ごろ、粘りけのある紫色の頭状花をつける。❷一般に、夏から秋に大形のたくましい花を開くアザミ。(季 秋)

おに-あそび【鬼遊び】「鬼ごっこ」に同じ。

お-にい【▽御兄】《おにいさんの略》兄または若い男性を親しんでいう語。

お-にい-さん【▽御兄さん】❶自分の兄や他人の兄、あるいは、家庭内で兄にあたる人を敬い親しんでいう語。❷若い男を親しみをこめて呼ぶ語。

おに-いた【鬼板】檜皮葺きや柿葺きで、箱棟の両端に鬼瓦の代わりに取り付ける板。

おに-いとまきえい【鬼糸巻×鱝】エイ目イトマキエイ科の海水魚。世界中の熱帯海域にすむ。エイ類中最大で、全長約6〜7メートル。大形魚であるが、もっぱらプランクトンを食べる。マンタ。➡イトマキエイ

オニール〔Eugene Gladstone O'Neill〕[1888〜1953]米国の劇作家。写実心理劇から表現主義、さらに超自然主義に移り、神を見失い安住の場を求めて苦悩する人間を描いた。1936年、ノーベル文学賞受賞。作「楡の木陰の欲望」「奇妙な幕間狂言」など。

おに-うち【鬼打ち】「鬼遣らい」に同じ。

おにうち-ぎ【鬼打ち木】「新木」に同じ。(季 新年)

おにうち-まめ【鬼打ち豆】鬼やらいにまく、煎った大豆。年の豆。(季 冬)

おにおう-どうざぶろう【鬼王団三郎】浄瑠璃や歌舞伎などの曽我物に登場する二人の人物の略称。曽我兄弟に仕えた鬼王新左衛門と、その弟の団三郎(道三郎)のこと。

おに-おこぜ【鬼×鰧｜鬼虎=魚】カサゴ目オニオコゼ科の海水魚。全長約20センチ。目が突出し、口は大きくて上を向き、頭部は凹凸が激しい。うろこはない。背びれのとげの基部に毒腺があり、刺されると痛い。本州中部以南に分布し、生息深度によって体色が変化する。鍋料理や吸い物にして賞味。古くから、山神の供物とする風習がある。おこぜ。(季 冬)

おにおしだし【鬼押出】群馬県西部、浅間山の北斜面に広がる溶岩。天明3年(1783)の大噴火の溶岩流が固まったもので、南北約5.5キロメートル、東西1〜2キロメートル。巨岩・奇岩が重なり、また高山植物が見られることから、観光地としてにぎわう。名は「火口で鬼が暴れて岩を押し出した」といわれたことから。

おに-おどし【鬼▽威し】事八日や節分に鬼を脅すため軒先に立てた飾り物。長いさおの先にざるをつけ、それにヒイラギまたはシキミの葉をつける。

おに-おどり【鬼踊(り)】悪魔を払うため、鬼の姿をしておどる踊り。

おにおにし・い【鬼鬼しい】〔形〕文おにおに・し〔シク〕《「鬼し」を強めていう語》鬼のように荒々しく恐ろしい。無慈悲である。「何処か柔しい中にも、━・い所があって」〈二葉亭訳・夢かたり〉

オニオン〔onion〕玉ねぎ。「━スープ」

おに-が-しま【鬼ヶ島】鬼がすむとされる想像上の島。

おに-が-じょう【鬼ヶ城】三重県熊野市木本町の海岸の奇岩や洞窟の群。天然記念物。

おに-がしら【鬼頭｜×纛】「大頭❶」に同じ。

おに-かます【鬼×魳｜鬼×魣】カマス科の海水魚。全長2メートルにもなり、口が大きく歯が鋭い。暖海に広く分布。熱帯産のものには体内にシガテラ毒をもつものがある。バラクーダ。どくかます。

おに-がみ【鬼神】《「鬼神」を訓読みにした語という》荒々しく恐ろしい神。きじん。

おにがら-やき【鬼殻焼(き)】イセエビやクルマエビを殻のまま背開きにし、付け焼きにした料理。

おに-かわ【鬼皮】木の実などの、外側の厚く堅い皮。内側の薄い皮に対していう。

おに-がわら【鬼瓦】大棟や降り棟の端に飾る瓦。獣面のほか蓮華文などがあり、鬼面がなくてもいう。

おにがわら【鬼瓦】狂言。都に出てきた大名が訴訟に勝って因幡堂へお礼参りに行ったとき、鬼瓦を見て国もとの妻の顔を思い出して泣くが、太郎冠者に慰められて、笑う。

おに-ぎ【鬼木｜▽御▽新木】「新木」に同じ。

オニキス〔onyx〕►オニックス

お-にぎり【▽御握り】握り飯を丁寧にいう語。もと女性語。

お-にく【▽御肉】ハマウツボ科の一年草。ミヤマハンノキの根に寄生し、高さ15〜30センチ。根茎は寄主の根を包んで伸び、黄褐色の鱗片葉が覆う。夏、茎の先が膨らんで暗紫色の花を穂状につける。全草を干したものを和肉蓯蓉といい、強壮剤にする。黄紫茸。

おに-くい【鬼食ひ】貴人の食物の毒味。宮中で、元旦に天皇が飲む屠蘇を、薬子と称する少女が鬼の間から出て試食したところからという。「国国より奉る氷室の雪氷を、くすりのつかさになめ、━をさせて」〈歌林四季物語・六〉➡鬼飲み

おに-くさ【鬼草】テングサ科の紅藻。本州中部以南にみられ、干潮線付近の波の当たる所に生える。高さ10〜20センチ。細長く、枝分かれし、さらに細かい枝を多数つける。寒天の原料とする。

おに-ぐも【鬼蜘=蛛】コガネグモ科のクモ。体長は雄が約2センチ、雌が約3センチ。黒に近い褐色をし、背面には葉状の斑点がある。夏の夕方、軒先などに円形の網を張る。翌朝に網を畳むものもある。雷蜘蛛。大名蜘蛛。

おに-ぐるみ【鬼胡=桃】クルミ科の落葉高木。渓谷沿いの山林中に多い。新しい枝には黄褐色の毛が密に生え、葉は羽状複葉。5月ごろ、新葉とともに緑色の雄花と雌花とが穂状につく。実は球形で、核にしわが多い。やまぐるみ。(季 秋)

おに-げし【鬼×芥子】ケシ科の多年草。高さ約1メートル。全体に剛毛が生え、葉は羽状に深く裂けている。5月ごろ、紅色の大形の花をつける。地中海地方の原産で、明治時代に渡来。(季 夏)

おに-ご【鬼子】《「おにっこ」とも》❶両親に似ない子。❷歯が生えて生まれた子。❸荒々しい子。「さあ、━と熊との棒捻ぢぢゃ」〈浄・浦島年代記〉

おにこうべ-おんせん【鬼首温泉】宮城県玉造郡鳴子町北部、荒雄岳山麓の温泉群。雌釜・雄釜の間欠泉は特別天然記念物。

おに-ごころ【鬼心】鬼のように残忍な心。「何と云う恐ろしい━が」〈木下尚江・良人の自白〉

おに-ごっこ【鬼ごっこ】一人が鬼になって、他の者たちを追い回し、つかまった者が次の鬼となる子供の遊び。鬼事。鬼遊び。鬼渡し。

おに-ごと【鬼事】❶能・狂言で、鬼・鬼神などを主人公とするもの。鬼物。❷「鬼ごっこ」に同じ。

おに-ころし【鬼殺し】《「おにごろし」とも》❶辛くて強い酒。鬼好み。❷アルコール分が強く、悪酔いする酒。鬼よけ。「竹に雀の馬士唄には、━を燗せしむ」〈滑・膝栗毛・初〉❸将棋で、飛車・角行・桂馬の利きを左から三間目の筋に集中する戦法。

おに-ザラサ【鬼ザラサ】節の多い太い綿糸で織った布に更紗模様を染めたもの。

お-にし【お西】西本願寺、または浄土真宗の本願寺派のこと。⇔お東。

おに・し【鬼し】〔形シク〕《「おに」の形容詞化》鬼のように荒々しく残酷であるさま。「いと━・しう侍るさがなものを」〈源・夕霧〉

おに-しばり【鬼縛】ジンチョウゲ科の落葉低木。本州以西の山地に自生し、高さ約1メートル。葉は細長い。雌雄異株で、早春、黄緑色の花を開き、実は紅色。樹皮の繊維は強く、名は鬼をも縛れるというところから。夏に葉が落ちるので、なつぼうずともいう。

おに-せんびき【鬼千匹】《「小姑一人は鬼千匹に向かう」ということわざから》小姑のこと。

おに-そてつ【鬼×蘇鉄】ソテツ科の常緑樹。幹は短く太い。高さ約2メートル。球果は朱紅色。南アフリカの原産で、明治初期に渡来し、観賞用。

おに-だいこ【鬼太鼓】新潟県佐渡地方で春の祭礼などに行われる民俗芸能。黒頭青面の雄鬼と白頭赤面の雌鬼とが大太鼓を打ち獅子2頭がからむものが多い。おんでこ。

おに-たびらこ【鬼田平子】キク科の一年草または越年草。道端などに生え、茎は直立して高さ1メートルにもなる。茎・葉ともに褐紫色を帯び、細毛をもつ。葉は茎の下部につき、縁は羽状に裂けている。初春から秋に、黄色の頭状花が密につく。

オニックス〔onyx〕瑪瑙の一種、縞瑪瑙のこと。オニキス。

おに-っこ【鬼っ子】「鬼子」に同じ。

おにつら【鬼貫】►上島鬼貫

おに-と【鬼斗】隅肘木の上にあって、上部の直角に交わる肘木の交点を支える特殊な形の斗。菊斗。隅斗。

おに-どころ【鬼野=老】ヤマノイモ科の多年草トコロ

の別名。

おに-どの【鬼殿】鬼・妖怪が住むという家。特に平安時代、京都三条の南にあった、憤死したと伝えられる藤原朝成の家をさす。「此の三条よりは北、東の洞院よりは東の角は一と云ふ所也」〈今昔・二七・一〉

おに-なべな【鬼山=芹菜】ラシャカキグサの別名。

おに-のげし【鬼野×芥子】キク科の越年草。高さ1.2メートルになる。葉は縁に切れ込みがあり、先は堅いとげ状。春から夏、黄色い花を多数つける。ヨーロッパ原産で、明治年間に渡来、帰化した。

おに-の-こ【鬼の子】ミノムシの別名。(補説)「みのむし、いとあはれなり。鬼の生みたりければ」〈枕・四三〉に基づくという。

おに-の-しこぐさ【鬼の▽醜草】シオンの別名。

おに-の-ねんぶつ【鬼の念仏】大津絵の画題の一。鬼が法衣を着て、鉦鼓と撞木を持った姿を描く。これを室内に張っておくと、子供の夜泣きがなおるという言い伝えがあった。

おに-の-ま【鬼の間】《壁に、白沢王が鬼を切る絵が描かれていたところから》内裏の清涼殿の西庇の南端にある一室。

おにのままこ【鬼の継子】狂言。幼児を連れて実家に帰る途中の女に鬼が言い寄り、三人で蓬莱の島へ行こうと出立するが、途中で鬼は幼児を食おうとするので、女は幼児を抱いて逃げる。

おに-のみ【鬼飲み】酒や湯茶の毒味。「杯をはじむるに一といふ事あり」〈御傘・二〉➡鬼食い

おに-の-やがら【鬼の矢▽幹】ラン科の多年草。山野の林中に生える腐生植物。茎は直立し、高さ約1メートルにもなる。暗色の鱗片葉をつける。初夏、黄褐色の壺状の花が穂状に咲く。根茎を漢方で天麻といい、薬用。

おに-ば【鬼歯】❶外側へ牙のように生え出た八重歯。❷籾を落とす器具の一。横に柄をつけた杵のようなもので、打つ面にぎざぎざがついている。

おに-ばす【鬼×蓮】スイレン科の水生の一年草。池沼に生える。全体にとげがあり、葉は円形で大きく、しわと光沢があり、水面に浮かぶ。夏、花柄を伸ばし鮮紫色の花が咲く。種子は球形で、食用。また漢方で芡実といい、薬用。水蕗。いばらばす。

おに-ばば【鬼▽婆】❶老婆の姿をした鬼。おにばばあ。「安達原の一」❷残酷で無慈悲な老女をののしっていう語。おにばばあ。

おに-び【鬼火】❶雨の降る暗夜などに、墓地や湿地の空中を漂う青い火。燐化水素の燃焼によるとする説もあるが不明。陰火。幽霊火。狐火。❷「鬼火焚き」に同じ。

おにび-たき【鬼火×焚き】九州地方で正月7日に行う火祭り。左義長。

おに-ひとくち【鬼一口】《鬼が一口に女を食ってしまったという伊勢物語の説話から》❶非常に危険なこと。尋常でない苦難。「(死ニ対シテ)つい気を許して…高慢にふるまおうとする。と一だ」〈有島・生れ出づる悩み〉❷すばやく、たやすいこと。「一にかんでやる」〈浄・艶狩剣本地〉

おに-ひとで【鬼海=星】オニヒトデ科のヒトデ。大形で直径約30センチ。黄色をし、腕は11〜16本あり短く、表面は毒のあるとげで覆われる。イシサンゴ類の肉質を食べ、紀伊半島以南の珊瑚礁海域に分布。

おに-ふうふ【鬼夫婦】❶残酷で無慈悲な夫婦をののしっていう語。❷性格が全く違う者どうしの夫婦。「似た者は夫婦といふが、わたしらが夫婦は一」〈滑・浮世風呂・三〉

おに-ふすべ【鬼×燻】ホコリタケ科のキノコ。秋、竹林に生える。巨大な球状で直径20〜40センチ。外皮は白、内皮は黄色で、熟すと古綿状になり、粉状の胞子にまみれる。若いうちは食用。やぶだま。

おに-ぼし【鬼星】二十八宿の一、鬼宿の和名。➡鬼

おに-まい【鬼舞】民俗芸能の一つで、鬼の面をつけてまう舞。大分県国東半島の修正鬼会で行われるもの、岩手県一帯に伝わる鬼剣舞などど、種類は多い。

おに-まつり【鬼祭(り)】修正会・節分などに行われる行事。鬼が降伏・退散する追儺の形式が一般的。鬼会。

おに-みかげ【鬼▽御影】❶和歌山県新宮市の明神山から産する結晶の大きい流紋岩。❷粗粒の花崗岩。

おに-みそ【鬼味×噌】❶唐辛子で辛みをつけた焼き味噌。❷外見は強そうで、実際は気の弱い人のたとえ。よわみそ。「取っては投げのけ掴んでは、十王みじんの一ども」〈根無草・後・四〉

おに-むしゃ【鬼武者】勇猛な武士。荒武者。

おに-むすめ【鬼娘】❶見世物で、死体を食うなどというふれこみの娘。❷容姿が醜く恐ろしいようすの娘。また、気性の激しい娘。

おに-もじ【鬼×綟】麻糸または太い綿糸で紗織りにした目の粗い布。「麻袴に一の肩衣」〈浮・永代蔵・二〉

お-にもつ【▽御荷物】❶持ち主を敬って、その荷物をいう語。「一をお持ちいたしましょう」❷「荷物❷」に同じ。「仲間の一になる」

おに-もの【鬼物】狂言の分類の一。和泉流で、鬼・閻魔・雷の登場するもの。鷺流では鬼事、大蔵流では山伏物も含め、鬼山伏狂言という。➡鬼畜物

おに-やく【鬼役】貴人に出す飲食物の毒味役。「貴人に物を参らするには、一毒味をなすべき筈」〈伎・吉備大臣〉➡鬼食い ➡鬼飲み

おに-やぶそてつ【鬼×藪×蘇鉄】オシダ科の常緑、多年生のシダ。暖地の海岸近くに自生し、高さ約1メートル。ヤブソテツより堅い。葉は羽状で、柄に褐色の鱗片がある。

おに-やらい【鬼▽遣らい】《悪鬼すなわち疫病を追い払うことの意》「追儺」に同じ。(季冬)

おに-やんま【鬼蜻=蜓|馬=大=頭】オニヤンマ科のトンボ。体長約10センチで、日本のトンボでは最大。体は黒色に黄色の横縞がある。幼虫は細流の砂中で育ち、初夏のころに羽化し、道路や水路の上を往復して飛ぶ。(季秋)

お-ニュー【▽御ニュー】新しくそろえたものであること。新品であること。「一のドレス」

おに-ゆり【鬼百=合】ユリ科の多年草。山野に自生し、高さ約1メートル。地下に白い鱗茎をもつ。葉は細長く、付け根に黒紫色のむかごを生じる。夏、紫色の斑点のある黄赤色の花が咲く。鱗茎は食用。観賞用に栽培。(季夏)

おに-よめ【鬼嫁】残酷で無慈悲な嫁をののしっていう語。また、夫が妻のことをおどけていう。

おに-わたし【鬼渡し】「鬼ごっこ」に同じ。

おにわ-ばん【▽御庭番】江戸幕府の職名。8代将軍徳川吉宗が設置した、将軍直属の隠密。表向きは御庭御番所に勤めたが、内密の御用は御側御用取次の指図を受け、諸大名の領地に潜入して、その動静や政治・軍事などの機密を探り、報告した。

おにわ-やき【▽御庭焼(き)】江戸中期以降、大名・重臣などが、城内や邸内に窯を築き、陶工を招いて自分の趣向に合わせて焼かせた陶磁器。

お-ぬし【▽御主】(代)二人称の人代名詞。おまえ。そなた。室町以降用いられ、同輩以下に対する語。古くは男女に用いた。「日頃一が兎や角と、異見がましく悋気をするも」〈伎・小袖曽我〉

お-ね【尾根】山の峰と峰とを結んで高く連なる所。また、隣り合う谷と谷とを隔てて連なる突出部。脊梁。稜線。(類語)山稜・稜線・分水嶺

おねうち-かん【▽御値打ち感】値段の割に品質がよい、量が多いなどの理由で消費者が買い得だと感じること。お買い得感。

お-ねえ【▽御姉|▽御×姐】《おねえさんの略》姉または若い女性を親しんでいう語。

オネーギン〖Onegin〗➤エウゲニー＝オネーギン

お-ねえ-さん【▽御姉さん|▽御×姐さん】❶(御姉さん)自分の姉や他人の姉、あるいは、家庭内で姉にあたる人を敬い親しんでいう語。❷若い女性を親しみをこめて呼ぶ語。❸(御姐さん)「ねえさん❸❹」を親しんでいう語。

お-ねがい【▽御願い】「願い❶」の謙譲語・丁寧語。(補説)「折り入ってお願いがあります」は謙譲語、「ずいぶん都合の良いお願いだね」は丁寧語。

オネガ-こ【オネガ湖】《Onezhskoe ozero》ロシア連邦北西部、カレリア共和国にある湖。北はビゴゼロ湖を通り白海と、西はラドガ湖を通りバルト海と運河で結ばれる。面積9890平方キロメートル。西岸にカレリア共和国の首都ペトロザボーツクがある。世界遺産の木造教会建築群で知られるキジ島が浮かぶ。

オネゲル〖Arthur Honegger〗[1892〜1955]フランスで活躍したスイスの作曲家。「六人組」の一人。作品に「ダビデ王」「火刑台上のジャンヌ＝ダルク」など。

お-ねじ【雄螺=子】ねじ山が円筒または円錐状の棒の外面にあるねじ。⇔雌螺子

お-ねしょ〔名〕寝小便をいう幼児・女性語。(類語)粗相・失禁・おもらし・垂れ流し・遺尿・寝小便

お-ねだり【▽御強=請り】「強請り」の丁寧語。

お-ねつ【▽御熱】夢中になるさま。すっかりのぼせるさま。「実はあの子に一なんだ」(補説)かつての女学生言葉。「お熱を上げる」の略。

お-ねば【▽御粘】(女性語)❶水を多くして炊いた飯からとったねばねばした汁。煮抜き。❷飯が煮え立ったとき、釜の外に噴きこぼれるねばねばした汁。

お-ねむ【▽御眠|▽御▽睡】眠いことをいう幼児・女性語。

お-ねり【▽御練り|▽御×邌り】❶大名行列や祭礼の行列などが、ゆっくり行進すること。また、その行列。転じて、物事がゆっくりと進むこと。❷祭礼などの練り物を敬っていう語。❸《「御練り供養」の略》寺院で行う行道を敬っていう語。

お-ねんが【▽御年賀】「年賀」の丁寧語。

おの【大沼】群馬県中東部にある火口原湖。赤城山の山頂付近にある。面積約0.9平方キロメートル、湖面標高1320メートル、最大深度16.5メートル、周囲4キロメートル。冬季氷結し、ワカサギ釣りでにぎわう。赤城湖。➡小沼

お-の【小野】《「お」は接頭語》野。野原。「さねさし相摸の一に」〈記・中・歌謡〉

おの【小野】㊀京都市左京区高野から八瀬・大原にかけた一帯の古称。小野当岑の所領地で、惟喬親王が幽居した所。㊁京都市山科区の地名。真言宗の随心院がある。小野小町の出身地と伝える。㊂兵庫県中南部の市。加古川中流にある。もと一柳氏の城下町。はさみ・鎌などの刃物、そろばんの産地。人口5.0万(2010)。

おの【×斧】木をたたき切ったり、割ったりする道具。刃をもつ楔形の鉄に、堅い木の柄をつけたもの。よき。(類語)鉈・手斧・手斧・鉞

斧の柄朽つ　《「述異記」にみえる爛柯の故事から》何かに心を奪われているうちに思わず長い時間を過ごしてしまうことのたとえ。➡爛柯

おの【▽己】〔代〕❶反射代名詞。自分自身。自分。❷一人称の人代名詞。わたし。❸二人称の人代名詞。相手をさげすんでいう。おまえ。「一、のちに会はざらんやは」〈宇治拾遺・九〉(補説)通常、格助詞「が」を伴って用いる。➡己が

おのあし-るい【×斧足類】➤ふそくるい(斧足類)

おの-あずさ【小野梓】[1852〜1886]政治家。高知の生まれ。号、東洋。自由主義を唱え、大隈重信を助けて立憲改進党の指導者として活躍。東京専門学校(のちの早稲田大学)の創立に参画。著「国憲汎論」など。

おの-いし【×斧石】➤ふせき(斧石)

お-の-え【尾▽上】《「峰の上」の意》山の高い所。山の頂。「越えなやみ我が行きとまる夕山の一を月は今ぞ出づなる」〈風雅・旅〉

おのえ【尾上】兵庫県加古川市の地名。尾上神社があり、境内の松は、高砂の松、尾上の松、相生の松ともよばれた。(歌枕)「一なる松の木末はうちなびき浪の声にぞ風もふきける」〈拾遺・雑上〉

おのえ【尾上】 浄瑠璃「加賀見山旧錦絵」の登場人物。足利家の中老で、局の岩藤に草履打ちの侮辱を受けて自害する。

おのえいだはち【尾上伊太八】 ㊀新内節。本名題「帰咲名残命毛」。初世鶴賀若狭掾作曲。延享4年(1747)に起こった、武士原田伊太夫と遊女尾上の心中未遂事件に取材。㊁岡本綺堂の戯曲。3幕6場。㊀をもとにした時代劇。

おのえ-きくごろう【尾上菊五郎】 歌舞伎俳優。屋号、音羽屋。㊀(初世)［1717〜1783］京都の人。初め女形、のち江戸で立役となり、華やかな芸風で人気があった。㊁(5世)［1844〜1903］12世市村羽左衛門の次男。前名、13世羽左衛門、市村家橘。家の芸として新古演劇十種を定めて上演。江戸の世話物を得意とする。9世市川団十郎とともに明治期を代表する名優として団菊と併称された。㊂(6世)［1885〜1949］5世の長男。初世中村吉右衛門とともに、昭和初期を代表する名優。世話物と舞踊を得意とし、近代的な芸風を確立。通称、6代目。文化勲章受章。

おのえ-さいしゅう【尾上柴舟】［1876〜1957］歌人・国文学者・書家。岡山の生まれ。本名、八郎。和歌を落合直文に学ぶ。歌誌「水甕」を創刊。書家としても活躍し、平安時代の草仮名の研究に業績を挙げた。歌集に「静夜」「永日」など。

おのえ-しょうろく【尾上松緑】［1913〜1989］歌舞伎俳優。2世。東京の生まれ。屋号、音羽屋。7世松本幸四郎の三男。6世尾上菊五郎に師事し、時代物・世話物の立役のほか、舞踊にもすぐれた。文化勲章受章。

おのえ-ばいこう【尾上梅幸】［1870〜1934］歌舞伎俳優。6世。名古屋の生まれ。屋号、音羽屋。5世菊五郎の養子。女形の名人で、特に世話物にすぐれていた。

おのえ-まつすけ【尾上松助】 歌舞伎俳優。屋号、音羽屋。㊀(初世)［1744〜1815］大坂の人。初世尾上菊五郎の門弟。敵役を得意とし、鶴屋南北と結んで怪談劇を演じて評判となった。㊁(4世)［1843〜1928］大坂の人。5世尾上菊五郎の門弟。脇役で平敵の名手。

おのえ-まつのすけ【尾上松之助】［1875〜1926］映画俳優。岡山の生まれ。本名、中村鶴三。牧野省三監督に見いだされ、多くの時代劇に主演し、「目玉の松ちゃん」の愛称で親しまれた。

おのえ-やなぎ【尾▽上柳】 ヤナギ科の落葉高木。本州中部以北と四国の山野に自生。葉は細長く、若葉は白色の毛に覆われる。雌雄異株。初夏、穂状の花を斜め上向きにつけ、実は7月ごろ、風に乗って飛ぶ。樺太柳。

おのえ-らん【尾▽上×蘭】 ラン科の多年草。日本特産で、本州中部以北の高山に自生し、高さ5〜15センチ。楕円形の葉が根元に2枚つく。7月ごろ、針状の苞をもつ白い鐘状の花を2〜6個つける。

おの-おの【各｜各々】《「己が己が」の意》㊀〔名〕多くのもののそれぞれ。めいめい。副詞的にも用いる。「学生一の自覚にまつ」「入選作は一すぐれている」➡其其 用法 ㊁〔代〕二人称の人代名詞。皆さん。「是御覧ぜよ、一」〈平家・三〉 類語 個個・別別

おのおの-がた【各方】〔代〕二人称の人代名詞。複数の人を敬っていう語。近世、武士の用語。あなたがた。皆さん。

おの-おれ【×斧折】 カバノキ科の落葉高木。中部地方の北部山岳地帯に自生。樹皮は灰色。葉は広卵形で縁に不規則なぎざぎざがある。初夏、黄褐色の尾状の雄花と、円筒状の上向きの雌花をつける。材が非常に堅い。あずさみねばり。

おの-が【▽己が】〔連語〕《代名詞「おの」＋格助詞「が」》❶(連体格として)㋐《「おの」は反射指示》自分自身の。各自の。「一罪におののく」「一分を知りて」〈徒然・一三一〉㋑《「おの」は一人称》自分の。わたしの。「一志、いまだ果たせずにいる」㋒《「おの」は二人称》おまえの。「一主は、わが口によりて人にてもおはするは知らぬか」〈宇治拾遺・一〇〉❷(主格として)㋐《「おの」は反射指示》自分自身が。各自が。「あるいは一行かまほしき所へいぬ」〈竹取〉㋑《「おの」は一人称》自分が。わたしが。「一あらむ此方は」〈源・真木柱〉

おの-が-きぬぎぬ【▽己が▽衣▽衣】《掛け合っていた着物を、朝になって男女がそれぞれに着るところから》共寝の朝の別れ。「しののめのほがらほがらと明けゆけば一なるぞ悲しき」〈古今・恋三〉

おの-が-じし【▽己がじし】〔副〕《「己が為し為し」の意》各自がめいめいに。それぞれに。「彼等は一勝手な真似をするだろう」〈漱石・草枕〉

おの-が-ちりぢり【▽己が散り散り】 それぞれがちりぢりになるさま。てんでんばらばら。「秋のもみぢとひとびとは一わかれなば」〈古今・雑体〉

おの-がどう【小野鵞堂】［1862〜1922］書家。静岡の生まれ。本名、鐗之助。和様の研究や書道の普及に努めた。特に、書の実用性と芸術性の融合を主張して、鵞堂流と称する独自の平明優美な書風を完成。

おの-が-どち【▽己がどち】 自分たち仲間どうし。「一の心よりおこれる懸想にもあらず」〈源・若菜上〉

おの-が-よよ【▽己が世世】 夫婦または恋人が離別して、それぞれが別の生活をすること。「一になりにければ、疎くなりにけり」〈伊勢・二一〉

おのがわ-きさぶろう【小野川喜三郎】［1758〜1806］江戸後期の力士。第5代横綱。近江の人。谷風・雷電の好敵手として活躍し、相撲の黄金時代を築いた。➡谷風梶之助(第4代横綱) ➡阿武松緑之助(第6代横綱)

おのがわ-こ【小野川湖】 福島県中北部にある堰止め湖。明治21年(1888)磐梯山の爆発で小野川がせき止められてできた。面積1.7平方キロメートル、最大深度24.4メートル。磐梯朝日国立公園に属する。

お-の-こ【▽男の子｜▽男】 ❶成人の男子。おとこ。「一やも空しくあるべき万代に語り継ぐべき名は立てずして」〈万・九七八〉⇔女の子。❷男の子。むすこ。「すべて一をば、女に笑はれぬやうにおほしたつべしとぞ」〈徒然・一〇七〉❸殿上に奉仕する男子。殿上人。「何にても一どもに賜はせぬべからん賭物」〈増鏡・おどろの下〉❹召使いの男。下男。「あの一こちよれ」〈更級〉❺目下の男子の名の下に付けて、親しみの意を表す語。「又五郎一を」〈徒然・一〇二〉 類語 男・男性・男子・野郎・雄・男児・壮丁・壮夫・士・ますらお・丈夫・紳士・殿方・ジェントルマン

おのこ-ご【▽男の子子】 男の子。また、男性。「一にはうちとくまじきものなり」〈源・少女〉

おの-ごこう【小野御幸】 白河院が、雪の朝に洛北小野の皇太后歓子を訪問した故事。皇太后が、「屋内から雪見もなされまい」と、庭に席を設けたので、院はその風雅の心に感嘆したという。古今著聞集・十訓抄などにみえる。雪見御幸。

おの-こざん【小野湖山】［1814〜1910］江戸後期から明治時代の儒者・漢詩人。近江の人。本姓、横山。名は巻。三河吉田藩の儒官。維新後、明治政府に出仕、のち辞して詩作に専念。詩集「湖山楼詩鈔」など。

おのこ-みこ【▽男の子▽御子】 男の御子。皇子。おとこみこ。「世になく清らなる玉の一」〈源・桐壺〉

おのころ-じま【磤馭慮島】《「自凝島」の意で、自然に陸地が凝り集まってできた島の意》日本神話で、伊奘諾尊と伊奘冉尊の二神が、はじめて作ったという島。転じて、日本の称。

おの-さま【▽己様】〔代〕二人称の人代名詞。近世、女性が男性をさしていう。あなた。おまえさま。おのさん。「きぬ織らせて一のお小袖にして参らせん」〈浄・京わらんべ〉

おの-し【小野市】 ▶小野㊂

お-のし【▽御▽主】〔代〕《「おぬし」の音変化》二人称の人代名詞。男女ともに用いたが、近世、特に町人の女性や遊女が使った。おまえ。そなた。「これ番頭、一が呑むものはなんだ」〈滑・浮世風呂・前〉

おの-ず-から【▽自ずから】〔副〕《「己つ(格助詞)柄」の意》❶そのもの自体の力、成り行きに基づくさま。自然に。ひとりでに。おのずと。「この誤解は時が来れば一解ける」❷偶然。たまたま。まれに。「一礎ばかり残るもあれど」〈徒然・二五〉❸(下に仮定・推測の語を伴って)もしも。ひょっとすると。万一。「一平家の事あしざまに申す者あれば」〈平家・一〉❹みずから。「一祈らずとも神ゐます宮のわたしは浪風もなし」〈滑・膝栗毛・四〉 類語 自ずと・独りでに・自然

おの-ず-と【▽自ずと】〔副〕ひとりでに。おのずから。「繰り返し読めば一意味がわかってくる」 類語 自然

お-のぞみ【▽御望み】「望み❶」の尊敬語。「何を一ですか」

おのだ【小野田】 山口県南西部にあった市。古代は陶業の中心であった。明治中期以来、セメント・化学工業が盛ん。平成17年(2005)3月に山陽町と合併して山陽小野田市となった。➡山陽小野田

おのだ-し【小野田市】 ▶小野田

おの-ただあき【小野忠明】［1565〜1628］江戸初期の剣客。安房の人。通称、次郎右衛門。前名、神子上典膳。小野派一刀流の祖。伊藤一刀斎に剣術を学び、秘伝を伝授され、徳川秀忠に仕えた。

おの-ちくきょう【小野竹喬】［1889〜1979］日本画家。岡山の生まれ。本名、英吉。竹内栖鳳に師事。土田麦僊らと国画創作協会を結成。初期には洋画的手法を大胆に駆使したが、しだいに穏やかな自然観照的作品に移った。文化勲章受章。

おのづか-きへいじ【小野塚喜平次】［1870〜1944］政治学者。新潟の生まれ。東大総長。日本における近代政治学の基礎を築いた。著「政治学大綱」「現代政治の諸研究」「現代欧州之憲政」など。

おの-づくり【×斧×旁】 漢字の旁の一。「断」「斬」などの「斤」の称。

おの-づま【▽己妻｜▽己▽夫】 自分の配偶者。妻、または夫。「他夫の馬より行くに一し徒歩より行けば」〈万・三三一四〉

おのでら-じゅうない【小野寺十内】［1643〜1703］赤穂義士の一人。名は秀和。浅野家の京都留守居役。

おの-とおざぶろう【小野十三郎】［1903〜1996］詩人。大阪の生まれ。東洋大中退。帝塚山学院短大教授。本名、藤三郎。詩誌「赤と黒」同人。反俗・反権力のアナーキズム詩人として出発、短歌的叙情の否定を提唱。戦後は勤労者のための大阪文学学校校長を務める。「拒絶の木」で読売文学賞。詩集に「大阪」「重油富士」など。

おの-の-いもこ【小野妹子】 日本最初の遣隋大使。推古天皇15年(607)隋に渡り、翌年、隋使裴世清とともに帰国。同年、再び渡海。生没年未詳。

おの-の-おつう【小野お通】 安土桃山時代の女性。織田信長や豊臣秀吉・秀次らに仕えたという。音曲・書画にすぐれ、浄瑠璃「十二段草子」の作者と伝えるが、現在では否定されている。生没年未詳。

おの-の-おゆ【小野老】［689ころ〜737ころ］奈良時代の万葉歌人。大宰大弐。

おのの・く【▽戦く｜▽慄く】〔動カ五(四)〕恐ろしさ・寒さ・興奮などのために、からだや手足が震える。わななく。「恐怖に一・く」「期待に一・く」 類語 震え上がる

おの-の-こうたいこう【小野皇太后】［1021〜1102］後冷泉天皇の皇后。藤原教通の娘。歓子。関白頼通の娘が宮中に入ると、怒って小野の山房に移り、出家した。

おの-の-こまち【小野小町】 平安前期の女流歌人。六歌仙・三十六歌仙の一人。仁明・文徳両天皇の後宮に仕えた。美貌の歌人といわれ、多くの伝説があり、謡曲・歌舞伎の題材となっている。家集に「小町集」がある。生没年未詳。

おの-の-たかむら【小野篁】［802〜852］平安前期の漢学者・歌人。清原夏野らとともに令義解を編纂。遣唐副使となったが大使と争って行かず、隠岐に流され、のち許されて参議となる。詩文は経国集・和漢朗詠集・扶桑集に、和歌は古今集な

どに収載。野宰相。野相公。

おの-の-とうふう【小野道風】［894～966］平安中期の書家。尾張の人。篁の孫。書道にすぐれ、和様書道の基礎を築いた。三蹟の一人で、その筆跡を野跡という。真跡とされるものに「智証大師諡号勅書」「屏風土代」など。本名は「みちかぜ」で、「とうふう」は後世に尊んで音でよんだもの。

おの-の-みちかぜ【小野道風】▶小野道風

おの-の-よしふる【小野好古】［884～968］平安中期の武人・歌人。道風の兄。藤原純友の乱に、追捕使として、これを鎮定。歌は後撰集・拾遺集に収載。

おのは-いっとうりゅう【小野派一刀流】江戸時代、小野忠明を祖とする剣術の流派。

おの-はじめ【斧始め】❶「手斧始め❶」に同じ。❷新年に初めて斧で木を切ること。《季 新年》「音のきて雑木山すそ―/爽雨」

お-のぼり【御上り】上京すること。また、その人。

おのぼり-さん【御上りさん】田舎から見物などのため都会に出てきた人を、からかっていう語。

おの-ぼれ【己惚れ】「うぬぼれ」に同じ。「そういうと、―になるようですが」〈漱石・こゝろ〉

おの-ぼ・れる【己惚れる】〔動ラ下一〕「うぬぼれる」に同じ。「あの方は少し―・れ過ぎてる所があるのよ」〈漱石・明暗〉

オノマトペ〘フランス onomatopée〙擬声語および擬態語。類語 擬声語・擬音語・擬態語

お-の-み【尾の身】鯨の背びれから尾の付け根までの肉。刺身にして賞味。

おのみち【尾道】広島県南東部の市。瀬戸内海に面し、古くから商業港として発展。向島との間の尾道水道に尾道大橋が架かる。千光寺・浄土寺など古寺が多く、志賀直哉・林芙美子などの作品に描かれた。千光寺公園に文学碑の立つ「文学の小道」がある。平成17年(2005)御調町・向島町を、翌18年に因島市・瀬戸田町を編入。人口14.5万(2010)。

おのみち-し【尾道市】▶尾道

おのみち-しりつだいがく【尾道市立大学】広島県尾道市にある公立大学。昭和21年(1946)開設の尾道市立女子専門学校を源流に、平成13年(2001)に尾道大学として開学した。同24年、現校名に改称。

おのみち-だいがく【尾道大学】尾道市立大学の旧名称。

おの-みちまろ【小野三千麿】［1897～1956］野球選手・新聞記者。神奈川の生まれ。慶大で投手として活躍後、慶応OBからなる三田倶楽部に入り、大正11年(1922)米国メジャーリーグ選抜から初の白星を挙げた。のち毎日新聞社に入社し、都市対抗野球の発展に尽力。「小野賞」にその名を残す。

おの-もんぜき【小野門跡】京都市山科区にある随心院の通称。

おの-ようこ【オノ・ヨーコ】［1933～　］美術家・音楽家。本名ヨーコ=オノ=レノン(Yoko Ono Lennon)、日本名は小野洋子。昭和35年(1960)ごろからニューヨークで前衛芸術家として活動を開始。昭和44年ジョン=レノンと結婚、楽曲の共作などを行った。国際的な平和運動家としても知られる。

おの-ら【己等】〔代〕❶一人称の人代名詞。われら。自分たち。「―がいとけなきを見捨てて」〈宇津保・俊蔭〉❷二人称の人代名詞。相手を卑しめののしっていう語。おまえら。きさまら。「―が口からいひにくくば」〈浄・千本桜〉

おの-らんざん【小野蘭山】［1729～1810］江戸中期の本草学者。京都の人。名は職博。松岡恕庵に学ぶ。幕命により江戸の医学館で講義するかたわら、諸国で薬草を採集。著「本草綱目啓蒙」など。

おの-りゅう【小野流】真言宗の事相における東密二流の一。平安初期の僧聖宝を祖とし、その弟子仁海が山城国小野に曼荼羅寺(随心院の旧称)を建て、この流儀を広めた。➡広沢流

おの-れ【己】《「れ」は「われ」「たれ」などの「れ」と同じもの》■〔代〕❶反射代名詞。その人、またはそのもの自身。自分。自分自身。「―を省みる」❷二人称の人代名詞。目下に対して、または相手をののしっていう。おまえ。きさま。「―には関係ないことだ」❸一人称の人代名詞。わたくし。卑下して用いることが多い。「風をいたみ岩打つ波の―のみくだけてものを思ふ頃かな」〈詞花・恋上〉■〔副〕自分自身で。ひとりでに。「松の木の―起きかへりて」〈源・末摘花〉■〔感〕激して発する語。やい。ちきしょう。「―、逃がしてなるものか」

類語 自分・自分自身・自己・自身

己達せんと欲して人を達せしむ　《「論語」雍也から》自分が目的を遂げようと思うときは、まず人を助けて目的を遂げさせる。仁ある者は事を行うのに自他の区別をしないことをいう。

己に克ち礼に復る　《「論語」顔淵から》私欲を抑え、人間の踏むべき礼に従って行動する。

己に如かざる者を友とする勿れ　《「論語」学而から》善を求め道を修め、みずからを向上させるためには、自分より劣る者と交わってはならない。

己の欲せざるところは人に施す勿れ　《「論語」顔淵などから》自分が好まないことを他人に無理じいしてはならない。

己を知りうる者は賢者なり　自己を知る者こそ賢い。英国の詩人G=チョーサーの処世訓。

己を責めて人を責めるな　《「東照公遺訓」から》自分の責任でさせたことを、他人のせいにするな。

己を枉・げる　《「孟子」万章上から》自分の信念をまげる。節をまげる。「―・げないで生きる」

己を虚しゅう・する　《「漢書」五行志上から》私情を捨てて謙虚で素直な気持ちになる。「―・して人の意見に耳を傾ける」

おのれ-がお【己顔】自分だけはという誇らしげな顔つき。得意顔。我は顔。「―に幅をして」〈花袋・春潮〉

おのれ-と【己と】〔副〕自分から。みずから。また、ひとりでに。自然に。「空には星があるが、高い所に一光るのみで」〈漱石・満韓ところどころ〉

おのれ-やれ【己やれ】〔感〕期するところがあって発する語。えい。なにくそ。おどれやれ。「女なりとも、―、一太刀なりとも恨みん」〈伎・四谷怪談〉

おのれ-ら【己等】〔代〕❶二人称の人代名詞。おまえら。きさまら。「―は役立たずばかりだ」❷一人称の人代名詞。私ども。「―よりは、なかなか御存知などもこそ候はめ」〈徒然・六七〉

オノン-がわ【オノン川】《Onon》モンゴル高原北東部を流れる川。モンゴル東部に源を発し、ロシア連邦チタ州に入ってアムール川支流のシルカ川に注ぐ。流域はモンゴル帝国発祥の地。長さ1032キロ。

お-は【尾羽】鳥の尾と羽。

尾羽うち枯ら・す　《鷹の尾羽が傷ついてみすぼらしくなるところから》落ちぶれて、みすぼらしい姿になる。尾羽うち枯れる。「失業して―・した姿」

オハ〘Okha〙ロシア連邦、サハリン州(樺太)最北端の都市。石油採掘により発展。

お-ば【小母】よその年配の女性を呼ぶ語。「おばさん」「おばさま」などの形で用いる。⇔小父。

お-ば【伯母・叔母】《「小母」と同語源》父母の姉や妹。また、父母の兄弟の妻。父母の姉には「伯母」、妹には「叔母」の字を用いる。⇔伯父・叔父。

お-ば【祖母】《「おおば」の音変化》父母の母。そぼ。「かの御―北の方」〈源・桐壺〉⇔祖父。類語 おばあさん

お-ば【御婆・姥】老婆。老女。〈名義抄〉

お-ばあ【御婆】《「おばあさん」の略》祖母または老年の女性を親しんでいう語。

お-ばあ-さま【御祖母様】祖母を敬っていう語。⇔御祖父様。

お-ばあ-さま【御婆様】老年の女性を敬っていう語。⇔御爺様。

お-ばあ-さん【御祖母さん】祖母を親しみ敬っていう語。⇔御祖父さん。類語 祖母

お-ばあ-さん【御婆さん】老年の女性を親しみ、また敬っていう語。⇔御爺さん。

類語 ばあさん・ばばあ・老女・老婦・老婆・ばば・おばば・嫗・媼・老媼

オパーリン〘Aleksandr Ivanovich Oparin〙［1894～1980］ソ連の生化学者。生命の起源に関する研究に貢献。また世界平和擁護委員など社会活動でも貢献。著「生命の起源」

オパール〘フランス opale〙「蛋白石」に同じ。

オパール-かこう【オパール加工】《opal finishing》2種の繊維による布地に薬品で種々の形をプリントし、その部分の一方の繊維を溶かして透明効果を生かす加工のこと。

オハイオ〘Ohio〙米国北東部、エリー湖の南にある州。南の州境をオハイオ川が流れる。州都コロンバス。鉄鋼・ゴムなど各種工業のほか、農業・牧畜も盛ん。➡表「アメリカ合衆国」

おばがさけ【伯母ヶ酒】狂言。酒好きの男が、伯母の営む酒屋へ鬼に化けて入り込み、酒をせしめるが、酔ったあげくに見破られる。

お-はぎ【御萩】❶《萩の餅をいう女房詞から》もち米、またはもち米とうるち米とをまぜて炊き、軽くついて丸め、小豆餡・きな粉・すりごまなどをまぶしたもの。彼岸に作る。ぼたもち。はぎのはな。❷醜い女の意の「ぼたもち」のもじり。「待女郎―で嫁に花が咲き」〈柳多留・五三〉

おはぎ【薺蒿】ヨメナの古名。〈和名抄〉

お-はぐるま【御羽車】▶羽車

お-はぐろ【御歯黒・鉄漿】《「歯黒め」の女房詞》❶歯を黒く染めること。上代から上流婦人の間に行われた風習。平安後期には公家や武家の男子も行い、のち民間にも流行し、江戸時代には既婚婦人のしるしとなった。かねつけ。❷歯を黒く染めるのに用いる液。古い鉄くずを茶の汁または酢に浸して作る。筆にこの液を含ませ、五倍子の粉をつけて歯に塗る。かね。❸「御歯黒蜻蛉」の略。《季 夏》「一や旅人めきて憩らへば/汀女」

おはぐろ-おや【御歯黒親】女性が初めてお歯黒をする時、その儀式の世話をする婦人。筆親。かねおや。

おはぐろ-つぼ【御歯黒壺】お歯黒の液を入れておく壺。

おはぐろ-どぶ【御歯黒溝】《遊女たちが使ったお歯黒の汁を捨てたところからという》江戸新吉原遊郭を囲むみぞ。遊女の逃亡を防ぐために設けたもの。大どぶ。

おはぐろ-とんぼ【御歯黒蜻蛉】ハグロトンボの別名。

おはぐろ-ばな【御歯黒花】ウマノスズクサの別名。

お-はけ　祭りのとき、頭屋の家の前に立てる標識。普通は、青竹の先に御幣や神符をつける。近畿から中国・北陸にかけて広く行われる。

おば-け【尾羽毛】鯨の尾の部分。白色で脂肪が多い。食用。おばいき。おばいけ。

お-ばけ【御化け】❶ばけもの。妖怪。変化。❷死人が生前の姿になってこの世に現れるというもの。幽霊。❸普通よりずぬけて大きいもの。また、異形のもの。「提灯の―」❹「御化け暦」の略。

類語 化け物・妖怪・怪物・鬼・魔・悪魔・通り魔

おばけ-がい【御化け貝】ヤドカリの別名。

おばけ-ごよみ【御化け暦】明治・大正時代、伊勢神宮司庁発行の官製暦ではなく、民間で秘密に刊行された私製の暦。

お-はこ【御箱・十八番】《箱に入れて大切に保管する意》❶得意の芸。得意とする物事。じゅうはちばん。「―を出す」❷その人の、よくやる動作や口癖。「また―の小言が始まった」補説 市川家が得意の歌舞伎十八番の台本を箱に入れて保存したところから出た語ともいう。類語 十八番・売り物・お家芸・お株・お手の物・得意・特技・得手・達者・専売特許

おばこ（東北地方で）少女。娘。

お-はこび【御運び】行くこと、来ることの意の尊敬語。「わざわざ―をいただきまして恐れ入ります」

類語 おいで・お越し・お出まし・来る

おばこ-ぶし【おばこ節】秋田・山形・福島県などに分布する民謡。「秋田おばこ」など。

おばこ-むすび【祖=母子結び】・【×姨子結び】江戸末期の女性の髪形の一。髪を束ねて左右に小さい輪を作り、横に笄(こうがい)を挿して、中央を余った髪で巻いたもの。喪中の髪形とされ、のち、多く町家の主婦が結った。おばこ。

おば-さん【小▽母さん】❶よその年配の女性を親しんでいう語。「行商の―」⇔小父(おじ)さん。❷子供に対して、大人の女性が自分をさしていう語。「―にも見せて」⇔小父さん。

おば-さん【伯-母さん┊叔-母さん】「おば(伯母・叔母)」を敬い親しんでいう語。⇔伯父(おじ)さん・叔父さん。〔類語〕おば

お-はじき【▽御▽弾き】平たいガラス製・陶製の小さい玉などをばらまき、一人ずつ順番に指先ではじいて当てたものを取り合う女の子の遊び。また、その玉。昔は、貝殻・小石などを使った。

お-はした【▽御▽半下┊▽御▽端】奥方や姫君に仕えて、雑用をする女。おすえ。はしため。「―は宮重(みやしげ)二本ひんまくり」〈柳多留拾遺・二〉

おばしま【▽欄】てすり。欄干。「楼上の―に干したる敷布、襦袢(はだぎ)などまだ取入れぬ人家」〈鴎外・舞姫〉

おばじゃ-ひと【伯-母者人┊叔-母者人】《おばである人の意。「者」は当て字》おば。おばさん。「―の自慢を召さるるは道理ぢゃ」〈虎寛狂・伯母が酒〉

お-はしょり【▽御▽端▽折り】女の着物で、着丈より長い部分を腰の辺りでひもで締め、たくし上げること。また、その部分。

おばすて【姨捨┊伯母捨】謡曲。三番目物。観世・宝生・金剛・喜多流。名月の夜、信濃の姨捨山に、昔この山に捨てられた老女が現れて舞をまう。「三老女」の一。

おばすて-やま【姨捨山】長野県千曲(ちくま)市にある冠着(かむりき)山の別名。標高1252メートル。古くから「田毎(たごと)の月」とよばれる月見の名所。更級(さらしな)に住む男が、山に捨てた親代わりの伯母を、明月の輝きに恥じて、翌朝には連れ戻しに行ったという、姨捨て伝説で知られる。〔歌枕〕「わが心なぐさめかねつ更級や―に照る月をみて」〈古今・雑上〉

お-はせ【▽男▽茎】陰茎。男根。おはし。

おばた-かげのり【小幡景憲】[1572～1663]江戸初期の軍学者。甲州流軍学の祖。甲斐の人。通称、勘兵衛。関ヶ原の戦いに東軍で功をあげ、大坂夏の陣では城内にあって徳川軍に内通。門弟に山鹿素行(やまがそこう)がいる。「甲陽軍鑑」を編纂(へんさん)したと伝える。

お-はち【▽御鉢】❶飯びつ。おひつ。❷火山の火口。特に、富士山頂の噴火口跡。〔類語〕飯櫃(めしびつ)・お櫃(ひつ)

御鉢が回(まわ)・る《人の多い食事の席で、飯びつが回って自分の所へやってくる意から》順番が回ってくる。「とうとう世話役の―・ってきた」

お-ばち【雄蜂】雄のハチ。

おはち-いれ【▽御鉢入れ】お鉢を入れて御飯が冷めないようにする、わらを編んで作った、ふたつきの容器。〔季 冬〕「―渋光りとも煤(すす)光りとも/虚子」

おはち-めぐり【▽御鉢巡り】火口の周囲を巡り歩くこと。特に、富士山のものが代表的。おはちまわり。

おはつ【お初】❶浄瑠璃「加賀見山旧錦絵(かがみやまこきょうのにしきえ)」における、中老尾上(おのえ)の召使いの名。自害した主人の仇(あだ)を討つ。❷浄瑠璃「曽根崎心中」の女主人公の名。➡お初徳兵衛

お-はつ【▽御初】❶初めてであることを丁寧にいう語。「―にお目にかかります」❷初めての物。新品。また、初物。「君の服は―だね」「―を供える」

おは-づけ【▽御葉漬(け)】「菜漬け」をいう女房詞。

おはつ-てんじん【お初天神】▶曽根崎天神

おはつ-とくべえ【お初徳兵衛】大坂内本町の平野屋の手代徳兵衛と北の新地の遊女天満屋のお初。また、元禄16年(1703)に起こった二人の情死事件を題材にした浄瑠璃・歌舞伎などの通称。近松門左衛門作「曽根崎心中」が有名。

オパティヤ〖Opatija〗クロアチア北西部、イストラ半島の町。アドリア海のクバルネル湾に面する。19世紀より温暖な海岸保養地として知られ、オーストリア-ハンガリー帝国の王侯貴族により別荘が建てられた。

お-はな【▽御花】❶「花」の丁寧語。❷生け花。華道。「―を習う」〔類語〕華道・生け花・挿花

お-ばな【尾花】❶《馬などの尾に似ているところから》ススキの別名。また、ススキの花穂。秋の七草の一。はなすすき。〔季 秋〕「牛群れて小川を渡る―かな/鳴雪」❷襲(かさね)の色目の名。表は白、裏は薄縹(うすはなだ)。秋に用いる。

お-ばな【雄花】単性花で、雌しべがなく、雄しべをもつ花。雄性花。ゆうか。⇔雌花(めばな)。

おばな-いろ【尾花色】枯れたススキの穂のような、白に薄い黒のまじった色。

おばな-がゆ【尾花×粥】昔、宮中で疫病よけのために、八朔(はっさく)(8月1日)に食べたかゆ。ススキの花穂を黒焼きにして入れた。江戸時代には民間でも行われ、早稲(わせ)の黒焼きや黒ごまを用いることもあった。おばなのかゆ。〔季 秋〕

おはな-ごま【▽御花独=楽】六角形または八角形で各面に種々の絵が描いてあるこま。また、これを使ってするばくち。

おばなざわ【尾花沢】山形県北東部の市。羽州街道の宿駅として発展。南東部の船形山山麓に銀山温泉がある。多雪地帯。人口1.9万(2010)。

おばなざわ-し【尾花沢市】▶尾花沢

お-はなし【▽御話】❶話す人を敬って、その話をいう語。また、「話」の丁寧語。「先生の―をうかがう」「これは、私の郷里の―です」❷江戸末期、富籤(とみくじ)の当たり番号を印刷した紙。また、それを売る者。「お話」と呼びながら売り歩いた。〔類語〕物語・話(はなし)・叙事・ストーリー・作り話・虚構・フィクション・説話・小説・口碑(こうひ)・伝え話・昔話・民話・伝説・言い伝え

お-はなばたけ【▽御花畑┊▽御花×畠】❶「花畑」の丁寧語。❷高山で、高山植物が群生する場所。夏の短期間にいっせいに開花するところからいう。〔季 夏〕「―見下ろしつつも峰づたひ/泊月」

おはな-はんしち【お花半七】大坂の刀屋の手代半七と遊女お花の心中事件を題材とした浄瑠璃・歌舞伎などの通称。近松門左衛門作「長町女腹切(ながまちおんなのはらきり)」など。

おばな-みさき【尾花岬】北海道南西部にある岬。日本海に面し、北海道本島の最西端に位置する。

お-ばなり【小放り】上代の少女の髪形。振り分け髪。はなり。

おはな-りょう【▽御花料】《「死者の霊前に供える花の代」の意》キリスト教による葬儀の際に、香典の上書きに使う言葉。

お-はね【▽御跳ね】はねかえり娘。おてんば。

お-ばね【尾羽】鳥の尾骨から生えている羽。

おばま【小浜】福井県西部の市。もと酒井氏の城下町。小浜湾に面し、中世以来港町として発展。漁業が盛ん。若狭(わかさ)塗の産地。遠敷(おにゅう)川の流域には奈良東大寺のお水取りの水を送る神事で知られる鵜(う)の瀬がある。人口3.1万(2010)。

オバマ〖Barack Hussein Obama〗[1961～　]米国の第44代大統領。民主党所属。ケニア人留学生を父に米国人を母にハワイ州で生まれる。弁護士などを経て、2004年に上院議員に当選。08年の大統領選挙で共和党のマケインに勝利し、翌09年、米国初の黒人大統領となる。核なき世界についての理念や取り組みなどが評価され、同年ノーベル平和賞を受賞。

オバマ-ケア〖Obama-care〗オバマ政権が推進する米国の包括的な医療保険制度改革。国民に保険加入を義務付け、保険料の支払いが困難な中・低所得者には補助金を支給することにより、保険加入率を94パーセント程度まで高める。〔補説〕米国には、高齢者・障害者向けと低所得者向けの公的医療保険制度があるが、国民皆保険制度は採用していないため、一般の国民は民間の医療保険に加入する。しかし、無保険者と医療費の増大が深刻な社会問題となりつつあることから、オバマ政権は医療保険制度改革を内政の最重要課題に位置づけ、2010年3月に医療保険制度改革法を成立させた。

おばま-し【小浜市】▶小浜

おばま-わん【小浜湾】福井県西部、若狭(わかさ)湾のうち東側の内外海(うちとみ)半島と西側の大島半島に囲まれた内湾。湾内はハマチ・真珠養殖が盛ん。湾外は海食による断崖が続き、内外海半島先端の蘇洞門(そとも)は景勝地。若狭湾国定公園に属する。

お-はむき【▽御歯向き】へつらい。お世辞。ご気嫌取り。「もしうっかりしたことを―に云えば、抜きさしならないことになりそうだ」〈幸田文・流れる〉

お-はもじ【▽御は文字】《「は」は「はずかし」の第1文字》恥ずかしいこと。「―ながら此の子が参ったしるし」〈浄・手習鑑〉

お-はやし【▽御林】江戸幕府が直轄した山林。御林奉行が支配。明治維新以後は官林(国有林)となった。公儀林。

お-はやし【▽御×囃子】「囃子」の丁寧語。

おはやし-ぶぎょう【▽御林奉行】江戸幕府の職名。勘定奉行の支配に属し、御林の伐採や木材運搬などをつかさどった。

お-はよう【▽御早う】〔感〕《「おはやく」のウ音便から》朝、会ったときのあいさつの語。丁寧に言うときは「おはようございます」。

おはら【大原】「おおはら(大原)㊀」に同じ。

お-はらい【▽御払い】❶「払い」の尊敬語・丁寧語。「今月分の―はお済みですか」❷「お払い物」の略。

お-はらい【▽御×祓】❶災厄を除くために神社などで行う儀式。「交通安全の―を受ける」❷毎年6月と12月のみそかに、神社で行う祭事。大阪の天満宮・住吉神社などの夏越(なごし)の祓(はらえ)が有名。お祓祭り。❸神社から出す災厄よけのお札。特に、伊勢神宮からの大麻(たいま)。また、それを入れる箱。
〔類語〕お札・お守り・守り札・護符

おはらい-ばこ【▽御×祓箱┊▽御払い箱】❶(御祓箱)中世から近世にかけて、御師(おし)が、毎年諸国の信者に配って歩いた、伊勢神宮の厄よけの大麻を納めた小箱。はらえばこ。❷(御払い箱)㋐勤めを辞めさせられること。「会社を―になる」㋑不用品を捨てること。廃棄。「古くなった机を―にする」〔補説〕❷は、毎年暮れに❶の古いものを捨てて新しいものに取り替えたところから、「お祓」を「お払い」に掛けていう語。〔類語〕解雇・馘首(かくしゅ)・首切り・くび・失業・失職・食い上げ・食いはぐれる・あぶれる

おはらい-もの【▽御払い物】「払い物」を買い取る側からいう語。

おはらえ-たて【▽御×祓立】兜(かぶと)の眉庇(まびさし)の上部にある、前立(まえだて)を差し込む所。

おはら-ぎ【▽大原木】大原女が京都へ売りに来る薪(たきぎ)。かまどで蒸して黒くしたもの。黒木。おおはらぎ。

おばら-くによし【小原国芳】[1887～1977]教育家。鹿児島の生まれ。玉川学園を創設。玉川大学総長。全人教育を唱え、新教育運動を推進。著「教育の根本的問題としての宗教」など。

おはらごこう【大原御幸】謡曲。三番目物。観世・宝生(ほうしょう)・金剛・喜多流。後白河法皇が大原寂光院に建礼門院を訪ねると、女院は安徳帝の最期などを物語る。金剛・喜多流では「小原御幸」。

おはら-ぶし【おはら節】《「おはら」は囃子詞(はやしことば)》鹿児島県の民謡。昭和初期、全国に広まる。鹿児島おはら節。

おはら-め【▽大原女】大原(おおはら)や八瀬(やせ)の里から、しば・薪・花などを頭にのせて、京都の町に売りにくる女。おおはらめ。〔補説〕「小原女」とも書く。◆曲名別項。

おはらめ【大原女】歌舞伎舞踊。長唄。2世瀬川如皐(じょこう)作詞、9世杵屋六左衛門作曲。文化7年(1810)江戸中村座で、3世中村歌右衛門が演じた九変化「奉掛色浮世図画(かけたてまつるいろのうきよえ)」の一。大原女と国入奴(くにいりやっこ)の風俗を見せる。〔補説〕「小原女」とも書く。

おはら-りゅう【小原流】生け花の流派の一。明治45年(1912)盛り花を創始した小原雲心によって、国風瓶花(くにぶりへいか)と名のり、創設される。

お-はり【▽御針】❶裁縫。針仕事。❷「御針子」に同じ。
オバリウム〖ラテ ovarium〗「卵巣」に同じ。
おはり-こ【▽御針子】雇われて針仕事をする娘。針子。
おはりだ【小墾田】奈良県高市郡飛鳥(あすか)地方のこと。「一の板田の橋の壊(こほ)れなば桁(けた)より行かむな恋ひそ我妹(わぎも)」〈万・二六四四〉
おはりだ-の-みや【小墾田宮】奈良県高市郡明日香村(あすかむら)にあったとされる推古天皇と皇極天皇の皇居。
お-はれ【▽御晴(れ)】❶晴れ着。また、晴れ姿。❷貴人を敬って、その外出や臨席をいう語。お成り。
オパレセンス〖opalescence〗▶蛋白光(たんぱくこう)
おばーん《「おばさん」の音変化》若々しさが感じられない中年の女性をいう俗語。嘲笑の気持ちを込めて使われる。「一くさい服装」⇔おじん。
お-ばん【▽御晩】〔感〕《「御晩です」「御晩でございます」などの形で》北海道・東北地方などで使われる、夜のあいさつ。こんばんは。
お-ばんざい【▽御番菜】京都の家庭の日常のおかず。身欠き鰊(にしん)・棒鱈(ぼうだら)・野菜・豆・油揚げなどを使った食べ物。お総菜。
おはん-ちょうえもん【お半長右衛門】信濃屋の娘お半と、隣家の帯屋長右衛門の心中事件を題材とした、浄瑠璃「桂川連理柵(かつらがわれんりのしがらみ)」の通称。
おび【帯】《身に帯びるものの意》❶和服を着るとき、腰の辺りに巻いて結ぶ細長い布。「一を結ぶ」「一を緩める」❷岩田帯。また、それを巻くこと。❸❶に似た形のもの。帯紙の類。❹「帯番組」の略。❺太刀。「二つなき宝にめで給ふ一あり」〈読・雨月・蛇性の婬〉
(類語)角帯・兵児(へこ)帯・丸帯・袋帯・名古屋帯・博多帯
帯に短(みじか)し襷(たすき)に長(なが)し　中途半端で役に立たないことのたとえ。
帯を解・く　❶女が男と肉体関係をもつ。肌を許す。❷安心して眠る。また、くつろぐ。
おび【飫肥】宮崎県日南(にちなん)市の中心地区。もと伊東氏の城下町で、武家屋敷が残る。
おび-あげ【帯揚(げ)】女帯の結び目が下がらないように、帯の中の結び目に当てて形を整え、後ろから前へ回して締める小幅の布。背負(しょ)い揚げ。
お-ひい-さま【▽御▽姫様】「おひめさま」の音変化。
おび-いた【帯板】❶帯状の板・鉄板など。❷女性が帯を締めるとき、前側の帯の間に入れて形を整えるための板状の小物。前板。
おび-いわい【帯祝(い)】妊娠5か月目の戌(いぬ)の日に安産を祈って、妊婦が岩田帯を締める儀礼。
オピウム〖opium〗阿片(あへん)。
おび-うら【帯▽占】「常陸帯(ひたちおび)」に同じ。
お-ひえ【▽御冷え】麻布・木綿などの綿入れの夜着(よぎ)。北のもの。「そなたの寝巻の一も貸して」〈浄・大経師〉
おびえ【×怯え】おびえること。恐怖。
おびえ-あが・る【×怯え上(が)る】〔動ラ五(四)〕ひどく恐れおののく。ふるえあがる。「殺人鬼の噂(うわさ)に一・る」
オビエド〖Oviedo〗スペイン北西部の都市。8世紀初頭、イスラム勢力に抵抗するキリスト教徒の築いたアストゥリアス王国の首都となる。多くの聖堂や修道院が建てられ、レコンキスタ(国土回復運動)の発祥の地となった。郊外に残る三つの教会は1985年に世界遺産(文化遺産)に登録された。1998年にはさらに三つの建造物が追加され、名称は「オビエド歴史地区とアストゥリアス王国の建造物群」となった。
オビエド-だいせいどう【オビエド大聖堂】《Catedral de San Salvador de Oviedo》スペイン北西部の都市オビエドの旧市街にある大聖堂。正式名称はサンサルバドル大聖堂。9世紀にアストゥリアス王アルフォンソ2世により、トレドから運び出した聖遺物を納めるための建物カマラサンタを建造。カマラサンタは1998年に「オビエド歴史地区とアストゥリアス王国の建築物群」の名称で世界遺産(文化遺産)に登録された。
おび・える【×怯える｜▽脅える】〔動ア下一〕文おび・ゆ〔ヤ下二〕❶怖がってびくびくする。「飛行機の爆音に一・えて子供が泣く」「不安に一・える」❷悪夢にうなされて目を覚ます。「物におそはるる心地して、やと一・ゆれど」〈源・帚木〉(類語)恐れる・怖がる・びくつく・臆(おく)する・びくびくする・おどおどする・おじる・おじける・恐怖する・恐れをなす
オピオイド-ちんつうやく【オピオイド鎮痛薬】《オピオイド(Opioid)は、アヘン様物質の意》体内のオピオイド受容体と結合することで脊髄と脳への痛みの伝達を遮断する医療用鎮痛剤の総称。癌の激痛を和らげるなどの目的で使用される。➡医療用麻薬
おび-おや【帯親】❶帯解きの祝いに仮親になる人。❷帯祝いのとき、妊婦に帯をつけてやる人。
おひかえ-なすって【▽御控えなすって】〔連語〕やくざ、香具師(やし)が仁義を切るとき、最初に言う言葉。
おび-かけ【帯掛(け)】❶江戸時代、奥女中などが用いた帯留め。❷岩田帯を締めること。帯祝い。
お-ひがし【お東】東本願寺、または浄土真宗の大谷派のこと。⇔お西(にし)。
おび-がね【帯金】❶容器などに巻き付ける帯状の金具。「ビヤ樽の一」❷刀を帯に結びつける緒を通すために、鞘(さや)につけてある鐶(かん)。❸女帯を結ぶとき、左右を結ぶ代わりに、重ね合わせて挟み留めるのに用いる留め金。帯挟み。
おび-がみ【帯紙】❶書籍やその外箱に帯状に巻いた、内容紹介などの紙。腰巻き。帯。❷新聞や薄い雑誌を郵送する帯封(おびふう)に用いる細長い紙。
お-ひがら【▽御日柄】「日柄」を丁寧にいう語。「本日はまことに一もよく」
おび-かれは【帯枯=葉=蛾】カレハガ科のガ。全体に茶褐色で、前翅(まえばね)に、雄では2本の褐色の線、雌では褐色の幅広い1本の帯がある。卵は梅などの小枝に帯状に産み付けられて越冬する。春に孵化(ふか)し、若齢幼虫は木の枝分かれしたところにテント状の巣を張って群生するので天幕毛虫ともいう。また、梅によく付くので梅毛虫ともいう。
おび-かわ【帯皮｜帯革】❶革製の帯。ベルト。バンド。かわおび。❷機械で、動力を伝えるベルト。調べ革。
おび-がわ【帯側】女帯の表側に用いる織物。
オビ-がわ【オビ川】《Ob'》ロシア連邦、西シベリアを流れる大河。アルタイ山脈に源を発し、北へ流れて北極海のオビ湾に注ぐ。本流の長さ3680キロ。
おびき-い・れる【▽誘き入れる】〔動ラ下一〕文おびきい・る〔ラ下二〕だましてさそい入れる。「敵を難所に一・れる」
お-ひきずり【▽御引き×摺り】❶着物の裾を引きずるように着ること。また、そのように仕立てた着物。花嫁衣装の類。❷「引き摺り❶」に同じ。「おふくろは一と来ているから」〈二葉亭・平凡〉
おびき-だ・す【▽誘き出す】〔動サ五(四)〕だましてさそい出す。「おとりを使って一・す」
(類語)釣り出す・おびき寄せる
お-ひきのうし【▽御引直=衣】天皇が日常に用いた身丈の長い直衣。裾を長く引いて着用し、下に紅(くれない)の長袴をはく。御下げ直衣。ひきのうし。
おびき-よ・せる【▽誘き寄せる】〔動サ下一〕文おびきよ・す〔サ下二〕だまして近くに引き寄せる。「集魚灯でイワシを一・せる」(類語)おびき出す・釣り出す
おび-ぎわ【帯際】帯の結び際。帯を締めた所。
おび-きん【帯筋】鉄筋コンクリート柱の軸方向主鉄筋を取り囲むように、一定の間隔で帯状に巻く横方向の鉄筋。軸方向主鉄筋を固定する。帯鉄筋。
おび・く【▽誘く】〔動カ四〕だましてさそう。また、引き寄せる。現代語では「おびきだす」「おびきよせる」など、複合して用いる。「客(まらうと)を一・くは日文(ひぶみ)の迎ひ人」〈人・辰巳園・四・序〉(補説)歴史的仮名遣いは「をびく」とも。
おび-くらげ【帯水=母】オビクラゲ科の有櫛(ゆうしつ)動物。体が平たい帯状のクラゲで、全長約1メートルに達し、寒天質で透明。世界の温水域に広く分布し、浮遊生活をする。
おび-グラフ【帯グラフ】統計図表の一。帯状の長方形を全体量とし、各要素の占める割合を帯の区切りによって示すもの。
お-ひげ【▽御×髭】「ひげ」の尊敬語・丁寧語。
御髭の塵(ちり)を払(はら)・う　《宋の参政丁謂(ていい)が、宰相の寇準(こうじゅん)の髭が吸い物で汚れたのを拭いたという「宋史」寇準伝の故事から》高貴の人や権力のある者にこびへつらう。おべっかを使う。
おび-こう【帯鋼】薄く長い帯状の鋼板。ふつう厚さは6ミリ以下。ストリップ。
おび-こうこく【帯広告】書籍の帯紙などに印刷した広告。また、その印刷物。帯紙。
おひ-さま【▽御日様】太陽を親しんでいう語。主に女性・幼児が使う。(類語)太陽・日(ひ)・天日(てんぴ)・日輪(にちりん)・火輪(かりん)・金烏(きんう)・日天子(にってんし)・白日(はくじつ)・赤日(せきじつ)・烈日(れつじつ)・お天道(てんと)様・今日(こんにち)様・サン・ソレイユ・陽光・日光・日色(にっしょく)・日差し・日影・天日(てんぴ)
お-ひざもと【▽御膝下｜▽御膝元】❶貴人のおそば。❷天皇や将軍などのいる土地。首都。「幕府の一を騒がす」❸権力者の直接の支配下。「家元の一で起こった不祥事」
おび-ざん【帯桟】戸の中ほどに横に取り付けた桟。横桟(よこざん)。
おび-じ【帯地】帯に仕立てる布地。金襴(きんらん)・博多・繻子(しゅす)など。
おび-した【帯下】❶帯を締める腰の辺り。❷帯を締める位置から足首までの長さ。主に袴(はかま)の丈にいう。❸掻取(かいどり)を着るときに使う小袖。
お-ひしば【雄日芝】イネ科の一年草。日当たりのよい道端などに生える。高さ30〜50センチ。根は強く、引き抜きにくい。葉は線形。夏、茎の先に、緑色の穂を数本つける。ちからぐさ。おひじわ。
おび-しばり【帯縛り】腰の上の、締めた帯の当たるところ。弱腰(よわごし)。おびし。
おび-じめ【帯締(め)】女帯を結んだとき、解けないように帯の上から締める丸ぐけ・組紐など。お太鼓の内側を通して前面で結ぶ。組紐の両端につけた金具で留めるものはふつう帯留めという。
お-びしゃ【▽御▽歩射】正月に徒歩(かち)で弓を射て、その結果で1年の豊凶を占う神事。関東地方東部では、祭りの共同飲食だけになったところが多い。➡百手(ももて)祭り
おび-じゅうぞう【小尾十三】[1909〜1979]小説家。山梨の生まれ。朝鮮の元山商業学校で教師をしたのち、満州の新京中央放送局などに勤務。日本統治下の朝鮮人を描いた「登攀(とうはん)」で芥川賞受賞。他に「雑巾(ぞうきん)先生」「新世界」など。
おび-じょう【帯状】帯を広げたような形状。
おび-じょう【飫肥城】宮崎県南部、日南市の飫肥地区にある城。築城年代・建造者とも不詳。広渡(こうと)川支流の酒谷(さかたに)川が大きく南に曲がった丘陵末端に位置する。平山城で、飫肥藩伊東氏の居城だった。舞鶴城。
おびしろ-はだか【帯代裸】細帯を締めただけの、女のだらしのない姿。また、そのさま。細帯姿。帯広裸(おびひろはだか)。
お-ひじわ【雄▽陽×皺】オヒシバの別名。
おび-しん【帯心｜帯芯】女帯の形を保つために芯として入れる厚い綿布。三河木綿・河内木綿など。
お-ひたき【▽御火×焚｜▽御火▽焼】京阪地方で、陰暦11月に行われる火祭り。寺社で広く行われた。火をたき、神酒(みき)を供え、神楽を奏する。おほたき。(季 冬)「一や霜うつくしき京の町/蕪村」
お-ひたし【▽御浸し】葉菜類や山菜などをゆでて、醤油などをかけた料理。浸し物。
おびただし・い【×夥しい】〔形〕文おびただ・し〔シク〕《近世中期まで「おびたたし」》❶数や量が非常に多い。ものすごい。「一・い人出」❷(「…することおびただしい」の形で)程度がはなはだしい。ひどい。激しい。多く悪い意味に使う。「だらしのないこと一・い」❸非常に盛んである。「乱声(らんじゃう)鼓、物の音(ね)、ひとたびに打ち吹き、弾き合はせたり。一・しくめでたし」〈宇津保・吹上下〉(派生)おびただしげ〔形動〕おびただしさ〔名〕(類語)甚だしい・いっぱい・たくさん・多い・多く・数

数かずかず・多数・数多すうた・無数・多量・大量・大勢おおぜい・あまた・多多・いくらも・いくらでも・ざらに・ごろごろ・どっさり・たっぷり・十二分に・豊富に・ふんだんに・腐るほど・ごまんと・わんさと・しこたま・たんまり・うんと・たんと・仰山ぎょうさん・なみなみ・十分・しっかり・がっつり

お-ひつ【▽御×櫃】飯びつ。おはち。類語 飯櫃・お鉢

おびつ-がわ【小櫃川】おびつがは 千葉県中西部を流れる川。元清澄もときよすみ山(標高344メートル)北斜面に源を発し、木更津市北部で東京湾に注ぐ。長さ75キロ。中・下流域は米作・野菜栽培が盛ん。

おひつじ-ざ【×牡羊座】をひつじ 黄道十二星座の一。12月下旬の午後8時ごろ南中し、天頂のやや南に見える。ギリシャ時代には春分点がここにあった。学名 ラテン Aries

オビッド〖Ovid〗オウィディウスの英語名。

おび-てつ【帯鉄】帯状やテープ状に長く薄く圧延した鉄。

お-ひと【▽夫】を―「夫おっと」に同じ。

お-びと【▽首】《「おおひと(大人)」の音変化という》❶長官。首領。「汝なは我が宮の―たれ」〈記・上〉❷古代の姓かばねの名の一。伴造とものみやつこなど地方の小豪族に与えられた。おうと。

おび-ど【帯戸】帯桟のついている戸。帯桟戸おびざんど。

お-ひとかた【▽御一方】「一方ひとかた㊀❶」に同じ。

おび-とき【帯解き】着物の付けひもをとって、初めて普通の帯を締める祝い。中世末ごろから男女とも5歳、のちに女児7歳の11月吉日に行った。江戸中期ごろから11月15日の七五三に移行した。ひもとき。おびなおし。(季 冬)「―も花橘はなたちばなのむかしかな/其角」

おびとき-すがた【帯解き姿】帯を解いたままのだらしのない姿。

オビドス〖Óbidos〗ポルトガル西部の町。町の起源は古く、古代ローマ時代には城砦じょうさいが築かれた。イスラム支配の後、アフォンソ＝エンリケス(後のポルトガル王アフォンソ1世)が奪還。13世紀にディニス1世の妃イザベルが山間のこの地を気に入り、以降19世紀まで代々の王妃の直轄地となった。城壁に囲まれた街並みには、中世の面影が色濃く残っている。

おび-どめ【帯留(め)】❶帯締めの、結ばないで貴金属製などの金具で留めるもの。また、その金具。また、平打ちのひもに通して帯の前面につける、さんご・めのう・宝石などの飾り。❷刀を抜いたとき、鞘さやを帯に留めるため、鞘にとりつけた角・木・金属製の鉤状かぎじょうのもの。折り金がね。

おひと-よし【▽御人▽好し】〔名・形動〕何事も善意にとらえる傾向があり、他人に利用されたりだまされたりしやすいこと。また、そのさまや、そういう人物。「頼まれたら嫌と言えない―な性格」

おび-ドラマ【帯ドラマ】テレビやラジオの帯番組になっているドラマ。

おび-とり【帯取り】太刀の鞘さやの足金物あしかなものと、腰に巻く佩はき緒おとをつなぐひも。飾り太刀・細太刀は紫革または藍革、野太刀は燻ふすべ革・白革などを用いる。

おびとり-の-お【帯取りの緒】を 中世以降、佩はき緒おの異称。

お-びな【▽男×雛】を 内裏雛のうち天皇をかたどった雛人形。⇔女雛めびな。

おび-なおし【帯直し】なほし「帯解き」に同じ。

おひな-さま【▽御×雛様】❶雛人形を親しみ敬っていう語。❷雛祭り。

オピニオン〖opinion〗❶意見。見解。所信。❷世論。類語 主張・説・論・所説・所論・持説・持論・私見・私意・私考・所思・所見・考え・見方 (尊敬)貴意・高見 (謙譲)愚見・卑見・私見・管見

オピニオン-リーダー〖opinion leader〗ある集団の意見の形成に方向づけをする人。特に、社会全体の世論の形成に影響を与える人。

お-ひねり【▽御▽捻り】洗米や金銭を白い紙に包んでひねったもの。本来は神仏に供えたものだが、祝儀にも使うようになった。紙捻り。

類語 心付け・祝儀・チップ

おび-のこ【帯×鋸】《「おびのこぎり」の略》鋼製の薄い帯状ののこぎり。片刃で、輪状に溶接してある。

おび-のこぎり【帯×鋸】「おびのこ」に同じ。

おびのこ-ばん【帯×鋸盤】帯のこぎりを直径の等しい2個の調べ車にかけ、回転させて木材や金属を切断する機械。

おび-ばさみ【帯挟み】❶男の角帯が解けないように、帯の一端を挟んでおく具。❷「帯金おびがね❸」に同じ。❸「根付❶」に同じ。

おび-ばんぐみ【帯番組】テレビやラジオで、毎日、または毎週、同時刻に連続して放送される番組。

おび-ひき【帯引き】互いに1本の帯の両端を引っ張り合って、力を競う遊び。

おび-ひも【帯×紐】衣服を着るときの帯と紐。

帯紐解と・く ❶男女が共寝をする。❷安心してくつろぐ。警戒の気持ちをもたないでいる。

おびひろ【帯広】北海道中南部の市。十勝総合振興局所在地。十勝平野の開拓に伴い、その中心地として発展。商業・軽工業が発達し、酪農も盛ん。人口16.8万(2010)。補説 アイヌ語「オ-ペレペレケ-プ(川尻がいくつにも裂けているもの、すなわち帯広川)」から。

おびひろ-くうこう【帯広空港】―クウカウ 北海道帯広市にある空港。特定地方管理空港の一。昭和56年(1981)新帯広空港として開港し、同年、現名称に変更。ターミナルビルは黒川紀章の設計による。愛称、とかち帯広空港。⇒拠点空港

おびひろ-し【帯広市】▶帯広

おびひろ-ちくさんだいがく【帯広畜産大学】帯広市にある国立大学法人。昭和16年(1941)創立の帯広高等獣医学校が前身で、同24年新制大学として発足。平成16年(2004)国立大学法人となる。

おびひろ-はだか【帯広裸】「帯代裸おびしろはだか」に同じ。

おび-ふう【帯封】新聞やパンフレットなどを郵送するとき、あて名を書いた紙で、その中央を帯のように巻くこと。また、その紙。帯紙。

おび-まくら【帯枕】女帯をお太鼓などに結ぶとき、背中に固定させたり、形を整えたりするために帯揚げの中に入れる枕状の芯しん。

お-ひめ-さま【▽御姫様】❶姫を敬っていう語。❷純情で世事にうとく、おっとりした娘。お嬢様。❸《姫糊ひめのりから》糊。

おひめさま-だっこ【▽御姫様抱っこ】俗に、相手の背中とひざ裏に腕を回して、相手を引き寄せながら抱き上げること。また、その抱き上げたポーズ。海外では、新郎が新婦をこの方法で抱きかかえて新居に入る風習もある。

お-ひも【雄×紐】を 先端を結び玉にし、雌紐めひもの輪に通して結び合わす紐。⇒雌紐

おび-もの【×佩び物】❶身におびるもの。腰に下げるもの。❷▶玉佩ぎょくはい

お-ひや【▽御冷や】❶《女房詞「お冷やし」の略から》冷たい飲み水。❷《冷御膳ひやごぜんの「ひや」に「お」を付けたもの》冷や飯。

おびや-か・す【脅かす】〔動サ五(四)〕❶おどかして恐れさせる。こわがらせて従わせる。「刃物で人を―・す」❷危険な状態にする。危うくする。「インフレが家計を―・す」可能 おびやかせる

類語 (❶)脅おどかす・脅す・脅しつける・凄すごむ

お-ひゃくど【▽御百度】「百度参り」に同じ。

御百度を踏ふ・む ❶願い事がかなうように社寺に一〇〇度お参りをする。お百度を上げる。❷頼み事を聞き入れてもらうために、同じ人や場所を何度も繰り返し訪ねる。「―・んで契約を取りつける」

お-ひやし【▽御冷やし】水をいう女房詞。おひや。

おひゃら-か・す〔動サ五(四)〕冷やかす。からかう。おひゃる。「折に触れては気に障ることを言うか、さなくばいやに―・す」〈二葉亭・浮雲〉

類語 からかう・冷やかす・茶化す・おちゃらかす

おひゃ・る〔動ラ四〕❶「おひゃらかす」に同じ。「おいらが顔の棚おろしか。いいかげんに―・るものだ」〈人・娘節用・前〉❷おべっかを言う。へつらう。「―・る手合を四、五人ひきつれて」〈滑・浮世風呂・三〉

おび・ゆ【×怯ゆ|▽脅ゆ】〔動ヤ下二〕「おびえる」の文語形。

おひょう ニレ科の落葉高木。北地の山中に自生。葉は先が大きく三つに裂けていて、縁にぎざぎざがある。春、淡黄色の小花が群がって咲く。名は、アイヌ語の「オピウ」に由来するといわれ、繊維をとり、厚司あつしとよぶ布を織る。

おひょう【▽大×鮃】カレイ科の海水魚。全長は雄が約1.4メートル、雌が約2.6メートル。体は楕円形で、両眼のある右側は暗褐色の地に斑紋が散在。北海道の沖から北太平洋に広く産し、肉は美味で、良質の肝油もとれる。

お-ひより【▽御日-和】「日和❶・❷」の丁寧語。

お-ひら【▽御平】❶《女房詞から》平椀ひらわん。❷平椀に盛りつけた料理。❸鯛たいをいう女房詞。

御平の長芋ながいも 《平椀に盛られた長芋の煮物は見かけばかりでおいしくないところから》きれいだが、のっぺりして締まりのない顔つきのたとえ。

お-ひらき【▽御開き】❶祝宴や会合などが終わること。「終わる」「閉じる」などというのを忌んでいう。「―にする」❷落ち延びることをいう忌み詞。「まづ筑紫へ―候へかし」〈太平記・一五〉

お-ひる【▽御昼】❶「昼」の丁寧語。㋐正午。㋑昼食。「―の支度をする」❷起きることをいう尊敬語。お目覚めになること。「―より先にと急ぎ参りたれば」〈中務内侍日記〉⇒御昼成る 類語 (❶㋑)昼食・昼御飯・昼飯ひるはん・昼飯ひるめし・昼餉ひるげ・午餐ごさん・ランチ

おび・る〔動ラ下二〕❶内気でおっとりしている。「女御の、あまりやはらかに―・れ給へるこそ」〈源・若菜下〉❷おびえる。「この勢ひに―・れて、山路にかかって逃ぐるを」〈浮・諸国心中女〉

お・びる【帯びる】〔動バ上一〕文 お・ぶ〔バ上二〕❶(「佩びる」とも書く)身につける。腰に下げる。「太刀を―・びる」❷引き受ける。負う。「重大な使命を―・びる」❸ある性質・成分・傾向などを含み持つ。その気味がある。「丸みを―・びる」「磁気を―・びる」補説 上代は四段活用。⇒帯おぶ

お-ひるぎ【雄×蛭木】を ヒルギ科の常緑高木。奄美大島以南の海岸の浅い泥地に生え、マングローブをつくる。葉は長楕円形で厚くつやがある。花は黄白色で、葉の付け根から下向きにつき、種子は樹上で発芽する。べにがくひるぎ。

おひる-な・る【▽御昼成る】〔動ラ四〕お起きになる、お目覚めになるの意の女房詞。「―・りて、けふもむめほうしにて大ふくまゐる」〈御湯殿上日記〉

お-ひれ【尾×鰭】を ❶魚の尾とひれ。おびれ。❷本体以外につけ加わった余分なもの。「話に―がつく」

尾鰭が付・く 話が伝わる間に実際にないことが付け加わって大げさになる。「うわさに―・く」

尾鰭を付・ける 実際にないことを付け加えて話を大げさにする。「ささいなことに―・けて言う」

お-びれ【尾×鰭】を 《「おひれ」とも》魚類の体の後端にあるひれ。

お-ひろい【▽御拾い】―ひろひ 歩くことをいう尊敬語。「―で来られた」

お-ひろめ【▽御披露目】〔名〕スル 《「お広め」の意》❶人々に広く知らせること。結婚や縁組み、また、襲名の披露をいう。「―の祝宴」「新居を―する」❷芸者などがその土地で初めて出ること。また、そのあいさつ回り。補説「披露目」は当て字。

お-びんずる【▽御▽賓頭×盧】―ビンヅル 賓頭盧の像を敬い親しんでいう語。

おひん-な・る【▽御▽昼成る】〔動ラ四〕「おひるなる」の音変化。「よく寝るあしかのやうだ。あしかは早く―・れはどうだらう」〈黄・卵角文字〉

お-ふ【▽麻▽生】を 麻の生えている所。「桜麻の―の下草露しあれば明かしてい行け母は知るとも」〈万・二六八七〉

オフ〖off〗❶電気機器などで、スイッチが切られている状態。作動していない状態。「エアコンが―になっている」⇔オン。❷「オフシーズン」「シーズンオフ」の略。特にスポーツで、1年のうち試合・競技の行われない時期。「―のトレーニング」❸仕事が休みのとき。

非番。「次の一の予定を立てる」❹割合を表す語の下に付いて、価格の割引の意を表す。「25パーセントー」❺他の外来語の上に付いて、ある範囲・場所・状態などから外れている意を表す。「ーブロードウエー」「ーライン」

お·ぶ【帯ぶ】㊀〔動バ四〕❶身につける。「我が大君の一・ばせる細紋ぎの御帯の結び垂れ」〈継体紀·歌謡〉❷細長くまわりに巻く。「三諸の神の一・ばせる泊瀬川みなぎ水脈しも絶えずは我忘れめや」〈万·一七七〇〉㊁〔動バ上二〕「お(帯)びる」の文語形。

オファー〔offer〕提示。申し込み。特に商取引で、品名・数量・品質・価格を示しての売り手の申し入れ。

オプ-アート〔op art〕《optical artの略》現代抽象芸術の傾向の一。錯視的な効果をもつ幾何学的構成が特色。

オフィーリア〔Ophelia〕天王星の第7衛星。1986年にボイジャー2号の接近によって発見された。名の由来はシェークスピアの「ハムレット」の登場人物。天王星に2番目に近い軌道を公転し、主要な環であるイプシロン環を、コーディリアと内外から挟んで安定させている。非球形で平均直径は約24キロ。平均表面温度はセ氏マイナス209度以下。

オフィオライト〔ophiolite〕上位から下位へチャートを含む堆積岩、枕状溶岩、玄武岩、斑糲岩、橄欖岩と成層した複合岩体。海洋地殻の断片とする説がある。

オフィキナリス〔ラテ officinalis〕《薬用の、の意》薬用に用いられる植物の学名の種小名に使用される語。例えば、サボンソウの学名はSaponaria officinalis。

オフィサー〔officer〕❶高級船員。❷将校。士官。

オフィサー-カラー〔officer collar〕折り返しのない詰まった立ち襟、または高い立ち襟から折り返った襟のこと。士官(将校)の服に多くこの形がみられることからの名。

オフィシエ〔フランス officier〕将校。士官。また、レジオンドヌール勲章などの階級の一つ。

オフィシャル〔official〕〔形動〕公式のものであるさま。公認であるさま。公的。「一な場での発言」

オフィシャル-ゲーム〔official game〕公式に認められた試合。公式試合。

オフィシャル-サプライヤー〔official supplier〕スポーツの大会や文化イベントの開催に際し、組織委員会・選手団などへ物品(薬品や飲料水・計測器など)を有償無償で提供し、その見返りとして公式エンブレム・マスコットなどの使用許可を得た企業・団体。

オフィシャル-プラクティス〔official practice〕自動車レースの公式予選のこと。そのタイムでスターティングポジションが決められる。

オフィシャル-ライセンシー〔official licensee〕ライセンス契約を結んでスポーツ選手の似顔絵などを商品に使用することを許された企業。

オフィシャル-レコード〔official record〕世界および各国などの競技連盟が公認した大会において、公式に認められた記録。世界記録・各国記録など。公認記録。

オフィス〔office〕❶事務所。会社。官公庁。「一街」❷(Office)ビジネス用アプリを数点まとめたオフィスソフトの略。特にマイクロソフトオフィスを指す。

オフィス-オートメーション〔office automation〕コンピューター・コピー機・ファクシミリなどを利用して事務の省力化を図り、必要情報を即時に使用したり送受信したりできるようにすること。また、そのシステム。OA。

オフィス-ガール《和 office＋girl》会社・官庁などで働く女性の事務員。OG。➡オフィスレディー 類語 OL

オフィス-カジュアル〔office casual〕金曜日にオフィスで着用されるカジュアルウエアのこと。メンズファッション業界のキャンペーンから生まれた。

オフィス-コンピューター《和 office＋computer》事務処理を主目的とする小型のコンピューター。ミニコンピューターやワークステーションと同程度の性能を有し、日本では1980年代を中心に導入されたが、パソコンの高性能化に伴い、パソコンへの代替が進んでいる。オフコン。

オフィス-スイート〔office suite〕▶オフィスソフト

オフィス-ソフト《office softwareから》ビジネスでよく利用される、ワープロソフト・表計算ソフト・データベースソフト・プレゼンテーションソフトなどをセットにしたパッケージ製品全般。オフィススイート。

オフィス-ビル《office buildingから》企業の事務所や営業所などが集まったビル。

オフィス-ポリティックス〔office politics〕職場政治学。職場内の自分の立場を正確にとらえ、うまく立ち回っていくために、上下関係や横の人間関係などを分析し、それに基づいて行動すること。

オフィス-ラブ《和 office＋love》社内恋愛。

オフィス-レディー《和 office＋lady》女性の会社員・事務員。オフィスガールに代わって用いられている語。OL。

オフィス-ワーカー〔office worker〕会社員。事務員。

おぶい-ひも【負ぶい紐】幼児を背に負うのに用いる太い紐。

お-ぶう《「おぶ」とも》❶湯・茶などをいう幼児・女性語。❷風呂をいう幼児・女性語。

おぶ·う【負ぶう】〔動ワ五(ハ四)〕《「お(負)う」の音変化》❶背負う。おんぶする。「子供を一・って買い物に行く」❷仕事・責任などを引き受ける。「長さんもいい男だが、よく一・ひなさるね」〈伎·八幡祭小望月賑〉 可能 おぶえる 類語 背負う

オフェーリア〔Ophelia〕シェークスピアの悲劇「ハムレット」に登場する女性。宰相ポローニアスの娘で、ハムレットの恋人。ハムレットに捨てられ、父も殺されて狂死する。オフィーリア。

オフェンシブ-ハーフ〔offensive half〕サッカーで、ミッドフィールダーのポジションの一つ。フォワードのすぐ後ろに位置し、攻撃の基点となりゲームの組み立てを行う。攻撃的ミッドフィールダー。OH。➡ディフェンシブハーフ

オフェンス〔offense〕スポーツ競技で、攻撃。また、攻撃する側・選手。⇔ディフェンス。

オフ-オフブロードウエー〔off-off-Broadway〕1950年代末から60年代初めにかけて、ニューヨークで、オフブロードウエーよりさらに急進的、反体制的、実験的な方向をめざした演劇運動。OOB。➡オフブロードウエー

オフ-かい【オフ会】▶オフラインミーティング

オフ-カメラ〔off camera〕複数のテレビカメラを用いて放送する場合、テレビ画面に画像が使われていないカメラ。⇔オンカメラ。

オフ-ギャラリー〔off gallery〕既成の展示空間である画廊や美術館以外のところで、制約を受けずに作品を展示しようとする現代美術の動き。

お-ふく【御福】❶「ふく(福)㊀❷」に同じ。「多聞の一を、清水にて給はらうずる間」〈虎明狂·毘沙門〉❷おたふく。おかめ。「姫君はさて置きたとへ餅屋の一でも」〈浄·反魂香〉❸文楽人形の首の一。下女や下級の女郎の役に使う。

お-ぶく【御仏供】仏前に供える物、特に米飯。御仏飯。おぶっく。「一、まだかと、お文さまを持ちながら、問ひ給ふに近寄り」〈浮·一代女·三〉

お-ふくろ【御袋】自分の母親を親しんでいう語。古くは敬称として用いたが、現在では主に男性が、他人に対して自分の母をいうのに用いる。⇔親父。類語 お母さん・ママ・母上・母・母親・女親・お母さま・おっかあ・母じゃ人・母じゃ・阿母・慈母

お-ぶくろ【尾袋】❶唐鞍の付属具の一。馬の尾を包むのに用いる袋。❷鷹の尾を傷めぬようにかける生絹の袋。

おふく-わけ【御福分け】〔名〕スル「ふくわけ」に同じ。「いただいた柿を一する」

おふけ-やき【御深井焼】尾張徳川家の御庭焼き。窯場が名古屋城の御深井丸にあったところからの名。

オフ-コン「オフィスコンピューター」の略。

オブザーバー〔observer〕《観察者・観測者の意》会議などで、発言権はあるが議決権のない人。また、発言権・議決権ともにない傍聴者。補説 国連総会のオブザーバーには、バチカンほか、PLO(パレスチナ解放機構)・赤十字国際委員会などの団体が参加している。

オフサイド〔offside〕サッカーやラグビーなどで、反則の一。選手が競技してはならない位置にいてプレーすること。⇔オンサイド。

オフサイト-センター〔offsite center〕▶緊急事態応急対策拠点施設

オフサイド-トラップ〔offside trap〕サッカーの守備の戦術。攻め込んでくる選手とすれ違うように守備側選手が一斉に前へ出て、攻撃側の選手をオフサイドの位置に残すもの。

オフサイド-ライン〔offside line〕ラグビーで、スクラム・ラック・モールに参加している味方の最後列の選手の足を通って、ゴールラインに平行していると想定した線。また、ラインアウトで、ラインオブタッチの後方10メートルでゴールラインに平行した線か、ゴールラインのうち、いずれか近いほうの線。そのラインを越え、前へ出てプレーすると反則となる。

オフ-ザ-ジョブ-トレーニング〔off-the-job training〕▶オフ-ジェー-ティー(Off JT)

おふさ-とくべえ【お房徳兵衛】宝永元年(1704)に起こった、大坂万年町の紺屋徳兵衛と六軒町重井筒屋の遊女お房の心中事件を題材とした浄瑠璃・歌舞伎などの通称。浄瑠璃「心中重井筒」が有名。

オブザベーション〔observation〕監視。観察。

おぶさ·る【負ぶさる】〔動ラ五(四)〕❶背に負われる。おんぶをしてもらう。「父の背に一・る」❷《おぶさって自分の足、すなわち金を使わない意から》他人の力によりかかる。「頭金を親に一・る」

オフサルモグラフ〔ophthalmograph〕眼球運動記録装置。眼球に光をあて、反射光を記録して視線の動きを解析するもの。アイカメラ。

お-ぶし【雄節・男節】カツオの背側の肉で作ったかつお節。背節。⇔雌節。

オフ-シーズン〔off-season〕▶シーズンオフ

オフ-シーン《和 off＋scene》映画やテレビで、画面に写っていないところから入ってくる音や声。

オブシーン-ブック〔obscene book〕猥褻な本。エロ本。

オブジェ〔フランス objet〕《物体・対象の意》前衛芸術で、作品中に用いられる石・木片・金属などさまざまな物。また、その作品。

オフ-ジェー-ティー〔Off JT〕《off-the-job training》職場とは別の所で特別に行う従業員の教育訓練。オフ-ザ-ジョブ-トレーニング。⇔オージェーティー。

オブジェクト〔object〕❶対象。客観。客体。➡サブジェクト ❷文法で、目的語。➡サブジェクト

オブジェクト-コード〔object code〕コンピューターの自動プログラミング用の言語で、アセンブラーやコンパイラーなどによって翻訳され、機械語で表されたプログラム。オブジェクトプログラム。目的プログラム。ネイティブプログラム。ネイティブコード。➡ソースコード ➡ネイティブアプリケーション

オブジェクト-しこう【オブジェクト指向】《object-oriented》ソフトウエアの設計や開発において、データや処理対象そのものに重点を置く考え方のこと。プログラムの内部動作や操作手順の詳細を知ることなく利用できるという利点がある。

オブジェクトしこう-プログラミング【オブジェクト指向プログラミング】《object-oriented programming》コンピューターのプログラミング技法の一。データに対する処理はデータそのものに付随したものであるというオブジェクト指向の概念に基づく。プログラムの内部動作や操作手順の詳細を知ることなく利用でき、また、再利用が容易になるため、ソフトウエアの設計や開発の効率化を図ることができる。こ

の手法によるプログラミング言語としてC++、Java、スモールトークなどがある。OOP。
オブジェクト-プログラム〖object program〗▶オブジェクトコード
オフショア〖offshore〗❶陸風。サーフィンなどでいう。⇔オンショア。❷他の語に付いて、沖で、海外で、の意を表す。
オフショア-かいはつ【オフショア開発】《offshore development》コンピューターシステムの開発・運用・保守・管理などを、人件費の安い海外の企業に委託すること。➡分散開発
オフショア-きんゆう【オフショア金融】《offshore banking》国内市場と切り離した形の自由金融市場を拠点にして、国外からの外貨資金を有利な条件で取り込み、運用する国際金融業務。
オフショア-しじょう【オフショア市場】《off-shore market》外国から資金を調達して他国へ融資するため、国内の金融・税制・為替管理上の規制を緩和ないし撤廃し、国内金融市場と切り離した形で運営される市場。一般的には源泉所得税は課されず、税制・金融政策上の制約が少ない。日本では、東京市場の国際化を図り、円の国際化を推進すべく、昭和61年(1986)に東京オフショア市場(JOM)が創設された。
オフショア-せいさん【オフショア生産】《offshore production》開発途上国などで、工業化の推進や外資の獲得などを目的として、税制上の優遇措置をとる地域に先進国の民間資本が工場を設け、本国および第三国市場向けに行う生産。域外生産。再輸出生産。
オフショア-センター《offshore banking centerから》金融機関や金融取引に対する税が安く、為替管理が緩やかなため、国際金融取引の拠点となっている地点。アジアではシンガポール・香港など。
オフショア-ファンド〖offshore fund〗バハマ・バーミューダ・ルクセンブルクなど、外国企業に対し税制上の優遇措置をとっている租税回避地(タックスヘイブン)に登記上の本拠地を置き、各国の有利な株式市場で資産を運用する投資信託。
オプショナル-ツアー〖optional tour〗セットになっている旅行で、自由時間に別料金を払って任意に参加する小旅行。多く海外旅行でいう。
オプショナル-パーツ〖optional parts〗商品自体に最初は組み込まれていないが、客の注文があると取り付ける部品。
オフ-ショルダー〖off-shoulder〗《肩から離れた、の意》えりぐりが、両方の肩が出るほど大きく開いている洋服。イブニングドレスや舞台衣装などに多い。
オプション〖option〗❶選択権。自由選択。❷仮発注。航空機購入の際、正式契約を締結する前に製造中の航空機について製造番号を特定し、注文すること。❸標準仕様のほかに、客の注文によって取り付ける部品・装置。❹「オプション取引」の略。
オプション-とりひき【オプション取引】通貨・債券・株式などについて、一定の期間内または一定の期日に、あらかじめ定めた価格で買う権利あるいは売る権利を売買する取引。選択権売買。➡コールオプション➡プットオプション
オプション-プレー〖option play〗アメリカンフットボールで、ボールを持った選手が自ら走るか、他のバックスにパスするかの選択を伴ったプレー。
オプス〖ラテ opus〗《作品の意》作曲家の作品に制作年代順に番号をつけるのに用いる語。オーパス。オープス。略号op.
オブストラクション〖obstruction〗《妨害・障害の意》❶ラグビーやサッカーなどで、反則の一。相手のプレーを妨害すること。❷野球で、走塁妨害のこと。❸ゴルフで、障害物のこと。
おぶすまさぶろうえことば【男衾三郎絵詞】鎌倉中期の絵巻物。現存一巻。作者未詳。武蔵国の吉見二郎・男衾三郎という武士の兄弟をめぐる物語を絵巻にしたもの。
お-ふせ【▽御布施】喜捨する相手を敬って、布施をいう語。
オブセッション〖obsession〗❶魔物や恐怖観念などに取り憑かれていること。❷妄想。固定観念。強迫観念。
オフセット〖offset〗❶相殺するもの。埋め合わせとなるもの。「排出する二酸化炭素を―にする取り組み」➡カーボンオフセット❷平版印刷の一。印刷版から紙に印刷せず、一度ゴムブランケットに転写してから紙に印刷する方式。ゴムの弾力性によって鮮明な印刷ができ、平版印刷のほとんどを占める。オフセット印刷。
オフセット-いんさつ【オフセット印刷】▶オフセット❷
オプソニン〖opsonin〗食菌促進物質。活性化された補体(感染・炎症反応・免疫反応などに働く血清たんぱく質の総称)など。細菌やウイルスに付着して白血球の食作用を促進する。
オプソニン-こうか【オプソニン効果】《opson-in effect》抗体や補体が示す、白血球の食作用を亢進する効果。これらが付着した異物は白血球の受容体と結合し食作用をうけやすくなる。➡オプソニン
お-ふだ【▽御札】神仏の守り札。護符。神符。
(類語)お守り・守り札・護符・お祓い
オフ-タートル〖off turtle〗ネックラインが首から離れて前に大きく垂れさがった感じの襟のデザイン。
オフ-タイム〖off time〗休暇。休み。
おぶち-けいぞう【小渕恵三】[1937〜2000]政治家。群馬県の生まれ。昭和38年(1963)父・光平の地盤を継ぎ衆議院議員に当選。同62年に竹下内閣の官房長官となり、新元号「平成」の発表で注目を集めた。その後、自民党幹事長・外相などを歴任。平成10年(1998)首相に就任。翌年から自由党・公明党との連立政権となる。同12年、在任中に脳梗塞で倒れ死去。➡森喜朗
おぶち-ぬま【尾駮沼】青森県下北半島の付け根の部分にあり、太平洋から海水が流れ込む海跡湖。小河原湖沼群の最北端にある。面積3.6平方キロメートル。渡り鳥の指定観測地。
おぶち-は【小渕派】自由民主党の派閥の一。経世会・平成研究会の平成4年(1992)から同12年における通称。佐川急便事件で金丸信が経世会会長を辞任し小渕恵三が継承するも、小沢一郎らが離脱して新生党を結成したため勢力が縮小。➡橋本派
オプチミスト〖optimist〗楽天家。楽観主義者。⇔ペシミスト。
オプチミズム〖optimism〗楽天主義。楽観主義。楽観論。⇔ペシミズム。(補説)語源は、ラテ optimusで、最善の、の意。
オプチメーター〖opti-meter〗コンパレーター(比較測定器)の一つ。測定子の変位を反射鏡の回転に変え、光学的に拡大して測定する。
お-ぶつ【汚物】汚いもの。特に、排泄物。
お-ぶつみょう【▽御仏名】▶仏名会
オプティカル〖optical〗〘形動〙《「オプチカル」とも》❶視覚の。視力の。❷美術用語で、視覚芸術的な、の意。視覚芸術とは円・四角などの幾何学形を組み合わせて、見る人に視覚的な錯覚を与える効果を意図した芸術のこと。
オプティカル-ズーム〖optical zoom〗▶光学ズーム
オプティカル-センサー-マウス〖optical sensor mouse〗▶光学式マウス
オプティカル-ドライブ〖optical drive〗▶光学ドライブ
オプティカル-マウス〖optical mouse〗▶光学式マウス
オプティシャン〖optician〗光学器械商。特に、めがね商。
オプティマイズ〖optimize〗▶最適化
オプティマイゼーション〖optimization〗▶最適化
お-ふでさき【▽御筆先】神のお告げ。神がかりの言葉。特に、天理教や大本教で、教祖が神のお告げを書き記したという文書。
オフ-デューティー〖off-duty〗勤務時間外である、非番の、の意。⇔オンデューティー。
お-ぶと【緒太】❶草履や下駄などの鼻緒の太いもの。❷藺で編んだ、太い鼻緒の、裏をつけない草履。裏無し。藺金剛。
オプトアウト〖opt-out〗❶規定の適用除外。特に、EU(欧州連合)において、各国の特別な事情を考慮し、条約の適用を一部免除すること。❷受信者の事前承諾なしに、一方的にダイレクトメールを送ること。➡オプトイン
オプトアウト-メール〖opt-out mail〗電子メール利用者の事前承諾なしに送られてくるダイレクトメール。
オプトイン〖opt-in〗自発的に受諾した受信者にのみダイレクトメールを送ること。➡オプトアウト❷
オプトイン-メール〖opt-in mail〗電子メールの利用者が自発的に承諾した上で送られてくるダイレクトメール。
オプトエレクトロニクス〖optoelectronics〗物質のもつ光学的特性を電子工学の分野に応用する技術や工学。光通信やレーザー通信、光ディスクを用いた超高速情報処理などが含まれる。光電子工学。フォトニクス。
オプトバイスタビライザー〖optobistabilizer〗光双安定素子。光の入力信号に対して2種類の光の出力信号を持つヒステリシス特性を持った素子。光の増幅器・スイッチ・振幅制限器などへの応用が考えられている。
オプトメトリスト〖optometrist〗視力測定医。眼鏡士。
オブドルスク〖Obdorsk〗ロシア連邦の都市サレハルドの旧称。
オプトロニクス「オプトエレクトロニクス」の略。
お-ふなうた【▽御船歌】江戸時代、新造官船の進水式の際や、将軍や諸侯の乗船、御輿の渡御などの際に歌われた祝言の歌謡。
お-ぶね【小舟】小さい舟。こぶね。
お-ふねいり【▽御舟入り】天皇など高貴な人の遺体を棺に納めること。また、その儀式。
オフ-ネック〖off neck〗首から離れて大きく開いた襟ぐり、襟あき。
おふね-まつり【▽御船祭(り)】御輿を船に乗せて川・湖・海を渡る神事。鹿島神宮・香取神宮・熊野速玉大社のものが有名。また、諏訪大社下社の8月1日遷座祭をもいう。
オフ-バランス〖off-balance〗一般的に資産・負債とみなされているものが会計上資産・負債とみなされず、貸借対照表に計上されていないこと。また、その資産・負債。⇔オンバランス。
オフバランス-とりひき【オフバランス取引】貸借対照表に数字が計上されない帳簿外の取引のこと。国際決済銀行(BIS)の規制から逃れられるため、1980年代初めから急激に拡大した。
オフ-ピーク〖off-peak〗ピーク時でないこと。閑散時。「―通勤」
オフビート〖offbeat〗音楽で、通常とははずれたところに強拍があること。また、そのリズム。ジャズ演奏で特徴的に現れる。
オフ-ブロードウエー〖off Broadway〗ブロードウエーの大劇場で演じられる商業演劇に対抗して、ニューヨークの小劇場で演じられる前衛的演劇。OB。
オフ-ホワイト〖off-white〗わずかに灰色または黄色がかった白。(類語)白・白色・白妙・純白・雪白・雪色・乳色・乳白色・ミルク色・灰白色・象牙色・ホワイト・アイボリー・真っ白
おふみ【御文】蓮如が浄土真宗の教義を説いて門徒に与えた書簡80通を選んで編集したもの。主に大谷派でいい、本願寺派では御文章という。おふみさま。
オフミ「オフラインミーティング」の略。
おふゆ-みさき【雄冬岬】北海道中西部、石狩市にある岬。日本海に突き出した断崖の中にあり、

展望台や公園も整備されている。

オブラート〔オランダ oblaat｜ドイツ Oblate〕でんぷんなどで薄い膜状に作ったもの。粉薬などを包んで飲む。

オブラートに包・む　相手を直接的に刺激するような表現を避け、遠回しな言い方をする。「―・んで発言する」

オブライエン-の-とう【オブライエンの塔】〔テラ〕《O'Brien's Tower》アイルランド西部、大西洋岸のモハーの断崖にある展望台。クレア州のドゥーランからハグ岬まで、約8キロメートルにわたって連なる断崖のほぼ中間に位置する。ビクトリア朝時代に領主コーネリアス＝オブライエンにより建造。

オフ-ライン〔off-line〕コンピューターの中央処理装置と入出力装置などとが切り離されている状態。装置間が電気的に結合されていないこと。⇔オンライン。

オフライン-システム〔off-line system〕取得データ(情報)を紙テープや磁気テープなどの中間記憶媒体に記録し、適当な時間を経てから、計算機(情報処理機械)に投入し処理する方式。

オフライン-ミーティング〔off-line meeting〕インターネット上のグループや特定の電子掲示板で知り合った人たちが、実際に集まる会合のこと。オフ会。オフミ。

オブラドイロ-ひろば【オブラドイロ広場】《Plaza del Obradoiro》スペイン北西部、宗教都市サンティアゴ-デ-コンポステラの旧市街にある中心的広場。巡礼聖堂として知られるサンティアゴ-デ-コンポステラ大聖堂の西側正面に位置する。17世紀の王立救護院(現在はホテル)、16世紀初頭のサンヘロニモ修道院、18世紀のラホイ宮殿(現在は市庁舎)など、歴史的建造物に囲まれる。名称は大聖堂の建設中石切り場(オブラドレス)だったことに由来。1985年、サンティアゴ旧市街が世界遺産(文化遺産)に登録された。

オフ-ランプ〔off-ramp〕自動車用高速道路の出口。⇔オンランプ。

オブリガート〔イタリア obbligato〕独奏または独唱部の効果を高めるため、伴奏楽器で奏される主旋律と相競うように奏される助奏。

オブリガード〔ポルトガル obrigado〕〔感〕ありがとう。

オブリゲーション〔obligation〕義務。責任。債務。

オフリド〔Ohrid〕マケドニア西部の都市。アルバニアとの国境にあるオフリド湖東岸に位置。旧市街には、ブルガリア帝国支配下の9～11世紀に多数の教会が建造され、スラブ世界における正教文化の拠点となった。1979・80年に、オフリド地域の自然・文化的景観が世界遺産(複合遺産)に登録された。

オフリド-こ【オフリド湖】《Ohridsko Ezero》マケドニアとアルバニアとの国境にある湖。最深部285メートル、面積348平方キロメートル。バルカン山脈中の標高695メートルに位置。1979・80年に、湖岸の古都オフリドとともに世界遺産(複合遺産)に登録された。

オフ-リミット〔off-limits〕立ち入り禁止。また、その区域。⇔オンリミット。

お-ふる【▽御古】人が使い古したもの。お下がり。「姉の―を着る」〔類語〕古着・着古し

お-ふれ【▽御触れ】《多くの人にふれてまわる意から》❶(「御布令」とも書く)役所などから一般民衆に出す布告。「集会禁止の―が出る」❷「御触書」の略。

おふれ-がき【▽御触書】江戸時代、幕府や藩主から一般民衆に公布した公文書。

おふれがきしゅうせい【御触書集成】江戸幕府の成文法である御触書を評定所で編集したもの。延享元年(1744)8代将軍徳川吉宗のときの「寛保集成」50巻をはじめ、「宝暦集成」33巻、「天明集成」51巻、「天保集成」107巻がある。御触書。

オフ-レコ《非公式の、の意のoff the recordの略》記者会見などで、記録や公表をしないことを条件にすること。また、そうした条件でする発言。記録外。「これから先の話は―にしたい」⇔オンレコ。

オプレナツ〔Oplenac〕セルビア中央部の町。19世紀初頭、オスマン帝国に反抗して第一次セルビア蜂起を先導したカラジョルジェ(ジョルジェ＝ペトロビチ)ゆかりの地として知られる。近代セルビア王国およびユーゴスラビア王国を治めたカラジョルジェビチ王家歴代の霊廟や、聖ジョルジェ教会がある。

オフ-ローダー〔off-roader〕一般の道路以外で使用されるように作られた車。山野や砂浜などを走る車。また、この車を好んで乗りまわす人のこと。〔補説〕本来は、雪上車・砂上自動車・キャタピラ付き大型トラックなどをさす。

オフ-ロード〔off-road〕❶道路以外の場所。また、舗装されていない道。❷舗装路でないところを自動車やオートバイで走行すること。

オフロード-バイク〔off-road bike〕舗装路外を走ることを主目的としたオートバイ。

オフロード-レース〔off-road race〕自動車・オートバイなどの道路外レースの総称。

オブローモフ〔Oblomov〕ゴンチャロフの長編小説。1859年刊。地主で余計者的知識人のオブローモフが、才能をもちながら無気力・無為の生活を送るさまを描いたもの。

オペ　❶「オペレーション❷」の略。❷《ドイツ Operationの略》手術。

オ-ペア〔au pair〕▶オーペア

オペ-アンプ《operational amplifierから》IC(集積回路)を用いた高増幅率の直流増幅器。二つの入力端子への入力の差を増幅する機能をもつ。演算増幅器。

お-べっか　相手の機嫌をとろうとして、へつらったり、心にもないお世辞を言うこと。また、その言葉。おべんちゃら。「―を使う」〔類語〕世辞・追従・社交辞令

おべっか・る〔動ラ五(四)〕おべっかを言う。「課長に―・らなかったから其れで免職にされたのかな」〈二葉亭・浮雲〉

オペック〔OPEC〕《Organization of the Petroleum Exporting Countries》石油輸出国機構。国際石油資本に対抗してみずからの利益を守るため、1960年にイラン・イラク・サウジアラビア・クウェート・ベネズエラの産油5か国が、石油の価格維持・生産調整などを目的として結成した国際機構。〔補説〕加盟国はアラブ首長国連邦・アルジェリア・アンゴラ・イラク・イラン・エクアドル・カタール・クウェート・サウジアラビア・ナイジェリア・ベネズエラ・リビアの12か国(2012年7月現在)。

お-べべ　「べべ」の丁寧語。

お-へや【▽御部屋】❶「部屋」の尊敬語・丁寧語。❷宮中で、局の下に属し雑役をした女。❸貴人の妾。おへやさま。「たとへ―にもせよ、傾城・遊女を屋敷へ入れてはよその聞え」〈伎・幼稚子敵討〉❹中流の人妻の敬称。おへやさま。「姆、御新造、―などいふは子細らし」〈浮・好色訓蒙図彙・上〉❺遊女屋の主人。また、その居間。「商ひをたんとなすって、―の御機嫌のよいやうになすったがいいのさ」〈洒・南閨雑話〉

おへや-さま【▽御部屋様】❶「御部屋❸」の敬称。❷「御部屋❹」に同じ。

おへや-しゅう【▽御部屋衆】▶部屋衆

オペラ〔イタリア opera〕歌唱を中心にして演じられる音楽劇。16世紀末イタリアで誕生。管弦楽を伴奏とし、扮装した歌手が舞台上で演技を行う。歌劇。〔補説〕語源はラテン語で、骨折りの意。〔類語〕オペレッタ・楽劇

オペラ〔Opera〕ノルウェーのオペラソフトウエア社が開発したブラウザー。複数のウェブページを表示し、タブキーで切り替えて閲覧することができるタブブラウザー機能をもつ。パソコンのほか、携帯型ゲーム機器や携帯電話でも使用されている。

オペラ-ガルニエ〔Opéra Garnier〕▶オペラ座

オペラ-グラス〔opera glasses〕観劇用の小形の双眼鏡。

オペラ-クローク〔opera cloak〕観劇や正式の夜会で、イブニングドレスの上に着るゆるやかなケープ型の上衣。毛皮などの豪華な素材を用いる。

オペラ-コミック〔フランス opéra-comique〕普通のせりふを交えた歌劇。ビゼーの「カルメン」など。

オペラ-ざ【オペラ座】《l'Opéra de Paris》パリ国立歌劇場の通称。1671年に開設され、現在のネオバロック様式の建築は、J＝L＝ガルニエの設計で、1875年に完成。ガルニエ宮。

オペラ-セリア〔イタリア opera seria〕《「セリア」はまじめな、の意》18世紀のイタリアで栄えた、神話や伝説に基づくオペラ。正歌劇。➡オペラブッファ

オペラ-ハウス〔opera house〕オペラ劇場。

オペラ-バッグ〔opera bag〕観劇・パーティーなどに女性の持つ小形のハンドバッグ。

オペラ-ハット〔opera hat〕折り畳み式のシルクハット。ばね仕掛けで、押すと平らになる。細めの縁が特徴。観劇の際に用いる。

オペラ-パンプス〔opera pumps〕ひもや留め具などのない礼装用の靴。

オペラ-ブッファ〔イタリア opera buffa〕《「ブッファ」はおどけた、の意》日常生活に題材をとった喜劇的なオペラ。喜歌劇。➡オペラセリア

オペランド〔operand〕コンピューターのプログラムで、演算の対象となる数値や変数のこと。演算の内容を指示する記号はオペレーターまたは演算子という。被演算子。

オベリスク〔obelisk〕古代エジプトで、神殿の門前の両脇に立てられた石造の記念碑。方形で上に向かって細くなり、先端はピラミッド形。柱面には象形文字の碑文や図像を刻む。方尖柱。方尖塔。方尖碑。〔補説〕語源は、ギリシャ語のobelosで、串の意。

オベルネ〔Obernai〕フランス北東部、アルザス地方の町。町を取り囲む城壁内には、木組み造りの民家をはじめ、市庁舎、鐘楼、穀物取引所など歴史的建造物が数多く残っている。ワイン産地としても知られ、毎年10月に行われるぶどうの収穫祭が有名。

オペレーション〔operation〕❶機械などの操作。運転。❷中央銀行(日本では日本銀行)が手持ちの有価証券を売買して金融を調節する市場操作。オペ。❸作戦。軍事作戦行動。❹外科手術。オペ。

オペレーションズ-リサーチ〔operations research〕組織運営上の問題について、最適・有効な解決の指標を、数学的、科学的方法によって求めようとする研究。第二次大戦中、英米で作戦決定の研究として発達。戦後、企業などに広く導入された。OR。

オペレーション-センター〔operation center〕航空用語で、航空会社の運航部門が入っている建物の通称。本社組織のほか、運航管理室・運航統制室・乗員控え室などがあり、飛行計画の作成承認、乗員のブリーフィングなどが行われる。

オペレーション-ツイスト〔operation twist〕中央銀行が長期証券の買い操作(あるいは売り操作)と短期証券の売り操作(あるいは買い操作)を同時に行うことにより、通貨の供給量は変えないで長・短期の金利を逆の方向に動かす操作。

オペレーション-プラン〔operation plan〕政府・軍隊などが作成する行動計画。

オペレーション-ルーム〔operations room〕作戦指令室。

オペレーション-ローリー〔Operation Raleigh〕1984年から4年間、世界各地を舞台に行われた冒険行事。各国の若者たちが旅をしながら、探検や調査、ボランティア活動などを通じて、現代では見失われた冒険精神を呼び起こし、国際的連帯感を育むことを目標としたもの。16世紀のイギリスの探検家ウォルター＝ローリーに由来。

オペレーター〔operator〕❶機械を操作する人。電話交換手・無線通信士やコンピューターの操作者など。❷船舶を運航している海運業者。船舶を賃貸しているオーナーに対する語。運航業者。❸手術者。執刀者。❹▶作動遺伝子 ❺▶演算子❶ ❻コンピューターのプログラムで、演算の内容を指示する記号や命令のこと。演算の対象となる数値や変数はオペランド、または被演算子という。演算子。

オペレーティング-システム〔operating system〕コンピューターのシステム全体を管理し、種々のアプリケーションソフトに共通する利用環境を提供する基本的なプログラム。キーボード・マウス・ディスプレー・プリンターなどの入出力機器と、メモリー・ハードディスク

などのハードウエア、およびファイルシステムの管理を行う。システムソフトウエア。システムプログラム。基本ソフト。OS。

オペレッタ〘イタリア operetta〙普通のせりふと歌のまじった、軽い内容のオペラ。19世紀後半以降、パリやウィーンを中心に流行した。軽歌劇。喜歌劇。
類語 歌劇・オペラ・楽劇

オベロン〘Oberon〙㊀ヨーロッパ中世以来の伝説で、妖精の王。仙女ティタニアの夫。シェークスピア・ウィーラントなどの作品に登場する。㊁天王星の第4衛星。1787年にF=W=ハーシェルが発見。名はシェークスピアの「真夏の夜の夢」に登場する㊀に由来。天王星系で2番目の大きさで、表面にはクレーターや峡谷が見られる。直径は約1520キロ(地球のおよそ0.12倍)。平均表面温度はセ氏マイナス212度以下。

オペロン〘operon〙一つの形質を発現させる遺伝単位。DNA鎖上に隣接して存在する遺伝子群と、さらにこれに隣接する作動遺伝子をいう。作動遺伝子によって、遺伝子群からの伝令RNAの転写の開始が制御されている。1961年にフランスのフランソワ=ジャコブとジャック=モノーがこの学説を提唱。

お-べんちゃら　相手を喜ばせるための口先ばかりのお世辞。また、それを言う人。「一を真に受ける」

おぼ【▽凡】〘形動ナリ〙▶おお(凡)

おぼう-きちさ【お坊吉三】歌舞伎狂言「三人吉三廓初買(さんにんきちさくるわのはつがい)」に登場する三人吉三の一人。武家上がりの盗賊。

お-ぼうさん【▽御坊さん】❶僧を敬い親しんでいう語。❷世俗のことに通じていない人。「所帯向の事は一向一であったから」〈紅葉・多情多恨〉❸男の子を親しんでいう語。お坊ちゃん。「これ一、おまんひとつあげやせう」〈滑・膝栗毛・七〉

おぼえ【覚え】❶覚えること。習得。理解。「一が早い」❷記憶に残っている事柄。また、思い当たること。心覚え。「この顔には一がある」「身に一がない」❸感じること。感覚。「冷たくて足に一がなくなる」❹技術などに対する自信。「腕に一がある」❺「覚え書き❶」に同じ。❻《❼の意が限定されて》上の人からの寵愛(ちょうあい)。また、その信任。「主人の一がめでたい」❼他人から思われること。世間の思わく。評判。声望。「非参議の四位どもの、世の一口惜しからず」〈源・帚木〉
類語 (❶❷)記憶・物覚え・覚える・聞き覚え・見覚え/(❻❼)信用・信(しん)・信頼・信任・信望・人望・名(な)・定評・暖簾(のれん)・名望・徳望・人気・魅力・受け・名誉・名聞(めいぶん)・面目・体面・面子(メンツ)・一分(いちぶん)・沽券(こけん)・声価

おぼえ-がき【覚(え)書(き)】❶忘れないように書き留めておくこと。また、その文書。メモ。備忘録。覚え。❷条約に付帯した、あて名も署名もない略式の外交文書。条約の解釈・補足、また、自国の希望・意見を述べたもの。外交使節の署名のあるものは正式な外交文書となる。了解覚書。❸契約をする者同士が交わす、契約の補足や解釈などを記した文書。
類語 (❶)書き付け・メモ・雑記・ひと筆・一筆・手控え・備忘録/(❷)コミュニケ・声明・ステートメント・宣言

おぼえ-こ・む【覚え込む】〘動マ五(四)〙頭の中にしっかりと記憶する。技術などを身につける。「操作のしかたを一・む」

おぼえ-ず【覚えず】〘副〙無意識のうちに。知らず知らず。「迫真の演技に一息をのむ」

おぼえ-ちょう【覚え帳】❶備忘録。❷商家で、売買の金額などを書いておく帳面。

おぼえ-な・し【覚え無し】〘形ク〙思いがけない。心当たりがない。「扇を鳴らし給へば、一・き心地すべかめれど」〈源・若紫〉

おぼ・える【覚える】〘動ア下一〙図おぼ・ゆ〘ヤ下二〙《「おもほゆ」の音変化。「ゆ」は、もと、自発・可能の助動詞で、自然に思われる、他から思われる意が原義》❶(「憶える」とも書く)見聞きした事柄を心にとどめる。記憶する。「子供のころのことは一・えていない」❷学んだり経験したりして、身につける。習得する。「こつを一・える」「技術を一・える」❸からだや心に感じる。「疲れを一・える」「愛着を一・える」❹(古風な言い方)思われる。「お言葉とも一・えません」❺思い出して話す。「いで一・え給へ」〈大鏡・序〉❻自然と思い出される。ふと想像される。「昔一・ゆる花橘、撫子、薔薇(さうび)」〈源・少女〉❼似る。似合う。「御かたちありさま、あやしきまでぞ一・え給へる」〈源・桐壺〉❽他人からそう思われる。「この世の中に恥づかしきものと一・え給へる弁の少将の君」〈落窪・一〉❾意識がはたらく。分別する。「物は少し一・ゆれども腰なむ動かれぬ」〈竹取〉
類語 (❶)記憶する・銘ずる・銘記する・牢記(ろうき)する・暗記する/(❷)学ぶ・学習する・習得する・会得する・体得する・つかむ・のみこむ・マスターする・身に付ける/(❸)感じる・催す・抱(いだ)く・持つ

オホーツク〘Okhotsk〙㊀ロシア連邦東部の港湾都市。オホーツク海北西岸にあり、19世紀半ばまで東方の探検の基地。㊁北海道北東部の総合振興局。旧網走(あばしり)支庁にあたる区域を所管する。局所在地は網走市。➡網走

オホーツク-かい【オホーツク海】アジア大陸北東部・カムチャツカ半島・千島(クリル)列島・北海道・樺太(からふと)(サハリン)に囲まれる海。太平洋の縁海。ニシン・サケ・マス・カニ・コンブなどの好漁場。冬季には結氷する。

オホーツクかい-きだん【オホーツク海気団】オホーツク海方面の海上で発生する湿った冷たい海洋性寒帯気団。梅雨や秋雨の時期に東日本をしばしば覆う。

オホーツクかい-こうきあつ【オホーツク海高気圧】オホーツク海付近を中心に発達する高気圧。5月下旬に発生し、6月に最盛期になる。湿った冷たい北東風を日本にもたらす。

オホーツク-そうごうしんこうきょく【オホーツク総合振興局】▶オホーツク㊁

オホーツク-ぶんか【オホーツク文化】奈良・平安時代から鎌倉時代にかけて、北海道北東部、樺太(サハリン)南部、千島(クリル)列島など、オホーツク海沿岸に発達した狩猟・漁労文化。代表的な遺跡は、網走市のモヨロ貝塚。

オホーツコエ〘Okhotskoe〙ロシア連邦、サハリン州(樺太)の村。1945年(昭和20)以前の日本領時代には富内(とんない)と称した。ユジノサハリンスク(豊原)の南東約40キロメートル、トゥナイチャ湖(富内湖(とんないこ))から流れ出る川の河口に位置する。

おぼ-おぼ〘副〙態度がはっきりしないさま。ぼんやり。「怪しきまで言(こと)少なに、一とのみ物し給ひて」〈源・蜻蛉〉

おぼおぼ・し〘形シク〙❶ぼんやりして、はっきりとしない。おぼろげである。「たそがれ時の一・しきに」〈源・常夏〉❷隔てがましい。よそよそしい。「思し隔てて、一・しくもてなさせ給ふには」〈源・夢浮橋〉❸たどたどしい。未熟である。「弓ひく道も一・しき若侍などを」〈増鏡・月草の花〉

おぼこ〘名・形動〙《「うぶこ(産子)」の音変化か》❶まだ世慣れていないこと。また、そのさまや、そういう人。「一な娘」❷生娘(きむすめ)。処女。おぼこ。「もんはそんなー らしいものはすっかり無くしているのだ」〈犀星・あにいもうと〉❸ボラの幼魚。類語 (❶❷)初々しい・うぶ

おぼこ-むすめ【おぼこ娘】世間ずれしていない、うぶな娘。

お-ぼし【▽男星】彦星(ひこぼし)。

おぼし・い【▽思しい｜覚しい】〘形〙図おぼ・し〘シク〙《「おもほし」の音変化》❶(「…とおぼしい」「…とおぼしき」の形で)…と思われる。…のように見える。「犯人と一・い男」❷こうありたいと望まれる。希望している。「一・しき事言はぬは、げにぞ腹ふくるる心地しける」〈大鏡・序〉

おぼし-さま【▽御星様】星を敬い親しんでいう語。
補説「お星様に祈る」は尊敬語、「お星様がきらきらと光る」は丁寧語。

オポジション〘opposition〙反対。対抗。「一パーティー(=野党)」

おぼし-めし【▽思し召し】❶相手を敬って、その考えや気持ちをいう語。お考え。ご意向。「神の一にかなう」「せっかくの一ですが」❷金額を相手の考えに任せること。お志。「ご喜捨は一で結構です」❸異性にひかれる気持ち。いくぶんふざけた感じでいう。恋情。「彼女は僕に一があるようだ」
類語 考え・貴慮・尊慮・賢慮・御意(ぎょい)・貴意・尊意

おぼし-め・す【▽思し召す】〘動サ五(四)〙《「おもほしめす」の音変化》「思う」の尊敬語。「おぼす」より敬意が高い。❶お思いになる。お考えになる。「ばかなやつと一・してお許しください」❷心を向けて、大切にお思いになる。お目をかける。愛しなさる。「昔おはしましける帝の、ただ若き人をのみ一・して」〈枕・二四四〉類語 思う・考える・思い巡らす・存ずる

おぼ・す【▽思す】〘動サ四〙《「おもほす」の音変化》「思う」の尊敬語。❶お思いになる。お考えになる。「そもそもいかやうなる心ざしあらむ人にか、あはむと一・す」〈竹取〉❷心を向けて、大切にお思いになる。お目をかける。愛しなさる。「童(わらは)なりしより、朱雀院の、とり分きて一・し使はせ給ひしかば」〈源・若菜下〉

お-ほたき【▽御火×焚｜▽御火▽焼】「おひたき」に同じ。「一に稲荷どのへ進ぜたるお神酒(みき)徳利のちひさきに」〈浮・胸算用・五〉

おぼ-ち《「おぼ」は心のふさがる意。「ち」は釣り針》釣り針をのろっていう語。持ち主を不幸にするよくない釣り針。「この鉤は、一」〈記・上〉

オポチュニスト〘opportunist〙日和見(ひよりみ)主義者。御都合主義者。

オポチュニズム〘opportunism〙定見をもたず大勢に追随して立場を変えること。日和見(ひよりみ)主義。御都合主義。

オポチュニティー〘opportunity〙機会。好機。チャンス。

オポチュニティー-コスト〘opportunity cost〙▶機会費用

おぼつか-な・い【覚▽束無い】〘形〙図おぼつか-な・し〘ク〙❶物事の成り行きが疑わしい。うまくいきそうもない。「昨年並みの収穫は一・い」「今の成績では合格は一・い」❷はっきりしない。あやふやである。「一・い記憶をたどる」❸しっかりせず、頼りない。心もとない。「足もとが一・い」「一・い手つき」❹はっきり見えないで、ぼんやりとしている。「門上の楼に、一・い灯(ひ)がともって」〈芥川・偸盗〉❺ようすがはっきりせず、不安である。気がかりだ。「一・く思ひつめたること、少しはるかさむ」〈伊勢・九五〉❻不審である。おかしい。「やや久しくものも言はでありければ、人ども一・く思ひけるほどに」〈宇治拾遺・一〉❼疎遠で相手のようすがわからない。「かのわたりには、いと一・くて、秋暮れ果てぬ」〈源・末摘花〉❽待ち遠しい。もどかしい。「返り事せずは一・かりなむ」〈堤・虫めづる姫君〉派生 おぼつかながる〘動ラ五〙おぼつかなげ〘形動〙おぼつかなさ〘名〙類語 危なっかしい・心細い・心もとない・不安・心配・懸念・危惧(きぐ)・危懼(きく)・疑懼(ぎく)・恐れ・胸騒ぎ・気がかり・心がかり・不安心・憂い・怖い

オポッサム〘opossum〙有袋(ゆうたい)目オポッサム科の哺乳類の総称。ネズミに似た外形で、キタオポッサムは、体長40～65センチ、尾長25～50センチ。体の上面は灰色の霜降り。雑食性で夜行性。木登りがうまい。北アメリカからアルゼンチンまで分布。ミナミオポッサムは南アメリカに分布。ふくろねずみ。

お-ぼっちゃん【▽御坊ちゃん】❶他人の息子を敬っていう語。❷世間を知らない男をあざけっていう語。「いくつになっても一で困る」
類語 子供・子(こ)・子女(しじょ)・児女・子弟・愛児・子息・息男(そくなん)・息女・息子(むすこ)・娘・倅(せがれ)・子種・子宝・二世・お子さま・令息・令嬢・お嬢さん・お嬢さま

おぼっぽ〘形動〙うわついているさま。のんきに遊び回るさま。うぼっぽ。「そう何時(いつ)までも一で遊ばせても置けないと思うと」〈二葉亭・浮雲〉

おぼと・る㊀〘動ラ四〙乱れ広がる。「葎(むぐら)に延(は)ひ一・れる屎葛(くそかづら)絶ゆることなく宮仕へせむ」〈万・三八五五〉㊁〘動ラ下二〙㊀に同じ。「(ススキガ)冬の末まで、かしらのいとしろく一・れたるも知らず」〈枕・六七〉❷しまりがなくなる。だらしなくなる。「大路近き所に、一・れたる声して」〈源・東屋〉補説「おぼとる」と読む説

もあるが、「観智院本名義抄」で「蓬頭」を「おぼとれがしら」と読んでいるので、「おぼとる」と読む説に従う。

おほほ〔感〕女性などが口をすぼめて笑う声。

おぼほ・し〔形シク〕《「おほほし」「おぼぼし」とも》❶おぼろげである。ぼんやりしている。「雲間よりさ渡る月の—・しく相見し児らを見むよしもがも」〈万・二四五〇〉❷心が沈んで晴れない。「玉梓たまづさの道だに知らず—・しく待ちか恋ふらむ愛はしき妻らは」〈万・二二〇〉❸愚かである。「はしきやし翁おきなの歌に—・しき九ここのの児らや感かまけて居らむ」〈万・三七九四〉補説 一説に、「おぼおぼし」の音変化とも。

おぼほ・す【▽思ほす】〔動サ四〕《「おもほす」の音変化か》「思う」の尊敬語。お思いになる。「見も知らずをかしく—・して歩み入り給へど」〈とりかへばや・三〉

おぼほ・る【×惚ほる】〔動ラ下二〕《「溺おぼほる」と同語源》放心する。ぼんやりする。「むげに世を思ひ知らぬやうに—・れ給ふなむ、いとつらき」〈源・帚木〉

おぼほ・る【▽溺ほる】〔動ラ下二〕❶水中に沈む。転じて、おぼれる。「俊蔭は、激しき浪風に—・れ、知らぬ国に放たれしかど」〈源・絵合〉❷涙にむせぶ。「涙に—・れて」〈浜松・一〉

おぼ-めか・し〔形シク〕《動詞「おぼめく」の形容詞化》❶はっきり見えない。おぼろげである。「夕涼みといふほど、物のさまなども—・しきに」〈枕・二二四〉❷記憶などが確かでない。「そのかた(=和歌ノ方面)に—・しからぬ人」〈枕・二三〉❸あいまいにして、はぐらかすさま。「女君、さばかりならむと心得給へれど、—・しくもてなしておはす」〈源・若菜上〉

おぼ-めか・す〔動サ四〕❶それとなくわからせる。ほのめかす。「思はずにも—・い給ふかな」〈源・帚木〉❷得意になって、小鼻をぴくぴく動かす。「粋め粋めとそやしたてられ、手代は鼻を—・して」〈浮・西鶴伝授車・五〉

おぼ-め・く〔動カ四〕❶はっきりしないさまである。あいまいである。ぼやける。「源氏に琴きんの御こと賜ひて遊ばす。つつむことなく—・くことなし」〈宇津保・吹上下〉❷いぶかしく思う。不審に思う。「やや、こはいかにとのみこそ—・かせ給へ」〈栄花・衣の珠〉❸はっきりわからないふりをする。はぐらかす。とぼける。「姫君なんどをいさ知らずと、—・き給ふべき御事にあらじ」〈浜松・二〉

おぼ・ゆ【覚ゆ】〔動ヤ下二〕「おぼえる」の文語形。

おぼ・る【溺る】〔動ラ下二〕「おぼれる」の文語形。

オポルト〘Oporto〙ポルトの英語名。

オポルト-だいせいどう【オポルト大聖堂】ーダイセイダウ《Oporto Cathedral》▶ポルト大聖堂

おぼれ-じに【溺れ死に】〔名〕スル おぼれて死ぬこと。水死。溺死できし。「深みにはまって—する」

おぼれ-だに【溺れ谷】陸上で谷であった所が、陸地の沈降や海面の上昇によって海水が浸入し、入り江となったもの。

おぼ・れる【溺れる】〔動ラ下一〕図おぼ・る〔ラ下二〕《「おぼ(溺)ほる」の音変化》❶泳げないで死にそうになる。また、水中に落ちて死ぬ。「川で—・れる」❷理性を失うほど夢中になる。心を奪われる。ふける。「酒色に—・れる」

類語 (❷)ふける・凝る・耽溺たんでき・惑溺・いかれる

溺れる者は藁わらをも掴つかむ 危急に際しては、頼りにならないものにもすがろうとする。

おぼ-ろ【×朧】㊀〔名〕❶タイ・ヒラメ・エビなどの肉をすりつぶして味を付け、いり煮にした食品。そぼろ。❷「朧昆布」「朧豆腐」「朧饅頭まんじゅう」などの略。㊁〔形動〕図〔ナリ〕❶ぼんやりとかすんでいるさま。はっきりしないさま。「—な月影」「—に見える」季春「辛崎からさきの松は花より—にて/芭蕉」❷不確かなさま。「—な記憶」類語 ぼんやり・陰る・曇る・霞む・掻き曇る

おぼろ-おぼろ【×朧×朧】〔副〕ぼうっとかすんでいるさま。ぼんやり。「過ぎ去った事は山媛さほひめの霞に籠こもって、—とんと判らぬ事而已のみ」〈二葉亭・浮雲〉

おぼろ-か〔形動〕図〔ナリ〕はっきりしないさま。ぼんやりとしているさま。「総てが如何にも又、間のろく—な色を帯んで聞える」〈左千夫・告げびと〉

おぼろ-ぎん【×朧銀】❶銀細工の器物の表面を梨子地なしじにして光沢を消したもの。❷銅3、銀1の割合の合金。装飾品などに使う。

おぼろ-ぐも【×朧雲】空一面に広がる高層雲のこと。雨の前兆になる。類語 雲

おぼろ-け〔形動ナリ〕❶(多く、あとに否定表現を伴って用いる)程度が普通であるさま。通り一遍であるさま。「歌詠むと知りたる人の—ならざらむは」〈能因本枕・九四〉❷(あとに否定表現を伴わないで、または、二重否定の表現を伴って用いる)程度が普通でないさま。並々でないさま。「—に忍ぶるにあまるほどを、慰むるぞや」〈源・胡蝶〉補説「おおろか(おほろか)」の音変化という。後世「おぼろ(朧)」と混同して「おぼろげ」の形を生じた。

おぼろ-げ【×朧げ】〔形動〕図〔ナリ〕《「げ」は接尾語》はっきりしないさま。不確かなさま。「—な記憶」補説「おぼろけ」が、月などについて「おぼろ(朧)」と掛け詞に用いられ、両者混同して生じた語。

類語 不確か・うやむや・あやふや・漠然・曖昧・煮え切らない・どっちつかず・要領を得ない・ぼんやり

おぼろ-こぶ【×朧▽昆布】昆布を酢で湿らせ、ごく薄く長く削ったもの。とろろこぶの一種。吸い物などに用いる。おぼろ。

おぼろ-ぞめ【×朧染(め)】染め色の名。着物の裾を薄く、上のほうへだんだん濃くぼかして染めたもの。江戸前期、寛文(1661〜1673)のころ、京都の紺屋新右衛門が始めたという。

おぼろ-づき【×朧月】霧や靄もやなどに包まれて、柔らかくほのかにかすんで見える春の夜の月。季春「大原や蝶ちょうの出て舞ふ—/丈草」

おぼろ-づきよ【×朧月夜】おぼろ月の出ている夜。おぼろ夜。また、古くは、おぼろ月のこと。おぼろづくよ。季春「人黒し—の花あかり/子規」

おぼろづくよ【朧月夜】源氏物語の中の「花の宴」「賢木さかき」の巻に登場する人物。二条太政大臣の娘で、弘徽殿こきでん太后の妹。朱雀院の御匣殿みくしげどの。のち、尚侍ないしのかみ。

おぼろ-どうふ【×朧豆腐】にがりを加えてから圧縮する前の、固まりかけの豆腐。水けを切り、汁の実などにする。おぼろ。

おぼろ-まんじゅう【×朧×饅▽頭】ーマンヂユウ 蒸し上げてすぐに上皮をむいたまんじゅう。中の餡あんがうっすらと見えるもの。おぼろ。

おぼろ-よ【×朧夜】おぼろ月の夜。季春「—や南下りにひがし山/几董」

おほん〔感〕気取ってせきばらいをする声。

お-ぼん【▽御盆】盂蘭盆うらぼんのこと。

オマージュ〘フランス hommage〙敬意。尊敬。また、献辞。賛辞。

オマール〘フランス homard〙海産のザリガニ。ウミザリガニ。ロブスター。

オマール-テルミドール〘フランス homard thermidor〙フランス料理の一つ。オマールを殻のまま縦半分に切り、ローストしたあと身を取り出し、ベシャメルソースなどと合わせて殻に戻し、オーブンで焼いたもの。

オマーン〘Oman〙アラビア半島の南東端にある首長国。首都はマスカット。1871年以降、英国の保護下に置かれたが、1970年に独立。石油を産出。旧称マスカット-オマーン。人口297万(2010)。ウマーン。

オマーン-げんゆ【オマーン原油】オマーンで生産される原油。東京工業品取引所などに上場され、国際的な原油価格の指標の一つとなっている。

お-まいり【▽御参り】ーまゐり〔名〕スル 神仏を拝みに行くこと。参詣さんけい。「お不動様に—する」

類語 参詣・礼参り・代参・参拝・参る

お-まい・る【▽御参る】ーまゐる〔動ラ四〕「食う」「飲む」の尊敬語。召し上がる。「そなたは二粒づつ—・れ」〈咄・醒睡笑・六〉

お-まえ【▽御前】ーまへ ㊀〔名〕《「おおまえ(大前)」の音変化で、神仏・貴人の前を敬っていう。転じて、間接的に人物を表し、貴人の敬称となる》❶神仏・貴人のおん前。おそば近く。みまえ。ごぜん。「主君の—へ進み出る」❷貴人を間接にさして敬意を表す言い方。「…のおまえ」の形でも用いる。「かけまくもかしこき—をはじめ奉りて」〈枕・二四〉「宮の—の、うち笑ませ給へる、いとをかし」〈枕・二七八〉㊁〔代〕《古くは目上の人に対して用いたが、近世末期からしだいに同輩以下に用いるようになった》二人称の人代名詞。❶親しい相手に対して、または同輩以下をやや見下して呼ぶ語。「—とおれの仲じゃあないか」❷近世前期まで男女ともに目上の人に用いた敬称。あなたさま。「私がせがれにちゃうど—ほどながござれども」〈浄・阿波鳴渡〉類語 君・貴様

御前百ひゃくまでわしゃ九十九くじゅうくまで 《「お前」は夫を、「わし」は妻をさす》夫婦が共に元気で長生きできるようにとの願いを女性の立場から言ったもの。「共に白髪しらがの生えるまで」と続く。

おまえ-がた【▽御前方】おまへー〔代〕二人称の人代名詞。複数をさす。近世、男女ともに目上の人に用いた敬称。のちには、対等・目下の者にも使うようになった。「この席に並んでござる—」〈道二翁道話〉

おまえ-ざき【御前崎】おまへー ㊀静岡県、駿河湾と遠州灘えんしゅうなだを分ける岬。隆起海食台地で、灯台がある。㊁静岡県南部の市。観光業、茶やメロンの栽培が盛ん。浜岡原子力発電所がある。平成16年(2004)御前崎町、浜岡町が合併して成立。人口3.5万(2010)。

おまえざき-し【御前崎市】おまへー ▶御前崎㊁

おまえ-さま【▽御前様】おまへー〔代〕二人称の人代名詞。近世、男女ともに目上の人に用いた敬称。きわめて高い敬意を表す。あなたさま。「—はどれさまにおあひなされます」〈浮・一代女・二〉

おまえ-さん【▽御前さん】おまへー〔代〕二人称の人代名詞。❶庶民層で、親しい間柄の人を呼ぶ語。また、特に妻が夫を呼ぶときの語。❷「お前様」のややくだけた言い方。近世、かなり高い敬意を表す語として用いられた。「—、是をお浴び遊あそばしてお上がりあすばせ」〈滑・浮世風呂・二〉

おまえ-たち【▽御前▽達】おまへー ㊀〔代〕二人称の人代名詞。複数の同輩以下の相手をさしていう語。㊁〔名〕宮仕えの女房たち。「—も必ずさ思すゆゑ侍らむかし」〈更級〉

おまえ-まち【▽御前町】おまへー 寺社などの前にある町。門前町。「天神橋と行き通ふ、所も神の—」〈浄・天の網島〉

お-まかせ【▽御任せ】物事の判断や処理などを他人に任せること。特に、料理屋で料理の内容を店に一任すること。「—コース」「荷造りからすべて—でやってくれる引っ越しサービス」

お-まき【緒巻(き)】をー ❶(関東地方で)滕ちきりのこと。❷紡錘つむの異称。

おまき-ざる【尾巻猿】をまきー 霊長目オマキザル科オマキザル属の猿の総称。体長32〜56センチで、尾の長さも同じくらいある。樹上で暮らし、尾の先が巻くが、尾だけでぶら下がることはできない。南アメリカと中央アメリカの一部に分布。かつらざる。

お-まけ【▽御負け】〔名〕スル ❶商品を値引きすること。値引きの代わりに、景品を添えたりすること。また、その景品。「一〇〇円—しておきます」「—のキャラメル」❷ある事に付け加えること。また、そのもの。「話に—がつく」類語 (❶)負ける・勉強する・奉仕する・サービスする・泣く・色を付ける/(❷)付き物・添え物

おまけ-に【▽御負けに】〔接〕それに加えて。その上。さらに。「今日は寒くて、—雨が降っている」類語 然も・また・剰あまつさえ・加うるに・糅かてて加えて・のみならず

お-まし【▽御▽座】《「まし」は尊敬の動詞「ます」の連用形から》❶「御座所おましどころ」に同じ。「御車入れさせて、西の対に—などよそふ程」〈源・夕顔〉❷敷物などを、その使用者を敬っていう語。「塗り籠めに—ひとつ敷かせ給ひて」〈源・夕霧〉

おまし-どころ【▽御▽座所】貴人の居室。ござしょ。おまし。「—の塵ちり払ひそそくりて」〈落窪・一〉

おましま・す〔動サ四〕《「おおまします」の音変化か》「ある」「居る」の尊敬語。おいであそばす。おわします。「仁和にんなのみかど、みこに—・しける時に」〈古今・春上・詞書〉

お‐まじり【▽御交じり┊▽御混じり】重湯(おもゆ)の中に飯粒のまじったもの。病人・乳児用の食物。

おま・す《「おまらす」の音変化》㊀〔動サ四〕❶与える、の意の謙譲語。差し上げる。「二人の衆にも酒―・せ」〈浄・博多小女郎〉❷(補助動詞)…してあげる、の意の謙譲語。「御機嫌を直す囃子物を教へて―・さうかといふ事ぢゃ」〈虎寛狂・末広がり〉㊁〔動サ下二〕❶㊀❶に同じ。「何ぞ―・せたいものぢゃが」〈虎寛狂・入間川〉❷(補助動詞)㊀❷に同じ。「今生未来の晴れの月額(さかやき)、母が剃(そ)って―・せうぞ」〈浄・兜軍記〉

おま・す〔動サ特活〕❶「ある」「居る」の丁寧語。あります。ございます。「お母はんの旦那が―・す」〈宇野浩二・苦の世界〉「このふけのとれることが―・すがな」〈滑・膝栗毛・五〉❷(補助動詞)…である、の意の丁寧語。「ややこし―・すな」〈上司・鱧の皮〉「あなたのそのなりは、何で―・すぞいな」〈滑・膝栗毛・八〉補説 近世大坂新町の遊女ことばに始まるが、文政(1818〜1830)ごろには一般女性語となり、のちには男性も用いた。現在は京阪地方などで用いられる。なお、打消し形「おません」は、文政以降「おまへん」の形をとるようになった。

おませ〔名・形動〕ませていること。また、そのさまや、そのような子供。早熟。「―な女の子」

お‐まち【御町】❶江戸時代、町役人の集会所。町会所(まちかいしょ)。❷「おちょう(御町)」に同じ。

お‐まち【雄町】水稲の一品種。晩生種で、西日本で多く栽培。酒造米として最優良といわれる。

おまちかね【▽御待(ち)兼ね】待ち兼ねていることを、その人を敬っていう語。「お連れ様が―でございます」

おまちどお‐さま【▽御待(ち)遠様】〔形動〕人を待たせたときに、わびる気持ちで言う語。

お‐まつ【雄松┊▽男松】クロマツの別名。↔雌松(めまつ)。

お‐まつり【▽御祭(り)】❶「祭り」の尊敬語・丁寧語。❷魚釣りで、釣りをしている人どうしの釣り糸が絡み合うこと。❸男女の交合。「―の最中坊が目を覚まし」〈柳多留・三七〉

おまつりさしち【お祭佐七】歌舞伎狂言「心謎解色糸(こころのなぞとけたいろいと)」(4世鶴屋南北・2世桜田治助らの作)または「江戸育御祭佐七」(3世河竹新七作)の通称。

おまつり‐さわぎ【▽御祭(り)騒ぎ】祭礼のときのにぎやかな騒ぎ。転じて、浮かれてはでに騒ぐこと。ばか騒ぎ。どんちゃん騒ぎ。類語 大騒ぎ・らんちき騒ぎ

オマハ〖Omaha〗米国ネブラスカ州最大の都市。ミズーリ川に臨む。家畜・穀物の集散地。食品加工業や保険業が盛ん。フラナガン神父が孤児のために建設した「少年の町(Boys Town)」で知られる。

おま‐はん〔代〕《「おまえさん」の音変化》二人称の人代名詞。近世、大坂の遊里で芸妓などが客に対して使ったのがはじめ。「―もいらざる世話やき爺(おやぢ)だね」〈滑・浮世風呂・三〉

おまむき‐さま【▽御真向き様】多く浄土真宗で仏壇に飾る、阿弥陀如来の正面向きの画像。

お‐まもり【▽御守り】身につけていると危難を逃れることができると信じられているもの。特に、社寺の守り札。護符。「交通安全の―」類語 お札・お祓(はら)い

お‐まら・す〔動サ下二〕《「おまいらす」の音変化》❶与える、の意の謙譲語。差し上げる。「布施半分もそなたへ―・せうぞ」〈虎清狂・泣尼〉❷(補助動詞)…してあげる、の意の謙譲語。「なるならばかなへて―・せう」〈虎明狂・枕物狂〉

お‐まる【▽御丸┊▽御虎子】《「まる」は、大小便をする意の動詞「放(ま)る」から》病人や小児が使う、持ち運びのできる便器。おかわ。

オマル〖Omar〗►ウマル

おまる‐がわ【小丸川】宮崎県中部を流れる川。東臼杵(ひがしうすき)郡椎葉(しいば)村南東部の九州山地に源を発し、ほぼ東流したのち尾鈴山地に阻まれて南流に転じ、宮崎平野北部の児湯(こゆ)郡高鍋町で日向灘(ひゅうがなだ)に注ぐ。長さ73キロ。中流部の木城(きじょう)町石河内(いしかわうち)に武者小路実篤(むしゃのこうじさねあつ)ゆかりの「新しき村」がある。下流部は洪積台地を浸食した小さな沖積平野があり、高鍋町の市街地となっている。

オマル‐ハイヤーム〖'Umar Khayyām〗►ウマル＝ハイヤーム

お‐まわり【▽御回り┊▽御▽巡り】❶(御巡り)巡査のこと。警察官。❷犬にぐるぐる回るように命令するときにいう語。❸《飯の周りに置くところから》飯の菜(さい)をいう女房詞。おかず。おめぐり。

類語 (❶)警察官・警官・お巡りさん

おまわり‐さん【▽御巡りさん】巡査を親しんで呼ぶ語。類語 警察官・警官・お巡り

おまん‐が‐あめ【×阿万が×飴】江戸後期、文化年間(1804〜1818)から天保年間(1830〜1844)に、女装して女の声色で飴を売った行商人。また、その飴。

おまん‐げんごべえ【おまん源五兵衛】心中をして寛文年間(1661〜1673)の俗謡などに歌われた、おまんと薩摩源五兵衛。二人の話を題材として、近松門左衛門の「おまん源五兵衛薩摩歌」、井原西鶴の「好色五人女」などの作品がある。

お‐まんこ　女性性器の俗称。また、俗に性交すること。おめこ。

お‐まんま【▽御▽飯】飯(めし)・食事の、俗な言い方。「仕事がなくては―の食い上げだ」

おみ【小▽忌】《「おいみ」の音変化》❶大嘗祭(だいじょうさい)・新嘗祭(にいなめさい)などの大祭に、官人が行った厳しい斎戒。小忌衣(おみごろも)を着用する。❷「小忌衣(おみごろも)」の略。❸「小忌人(おみびと)」の略。

おみ【▽臣】❶主君に仕える人。臣下。❷姓(かばね)の一。古代、有力な豪族に与えられた、連(むらじ)と並ぶ最も高い家柄。天武天皇の八色(やくさ)の姓では第六位。

おみ【使=主】古代の姓(かばね)の一。渡来人に多い。

おみ【▽麻┊▽績】《「おうみ」の音変化》麻(お)を細く裂いて、より合わせて糸にすること。また、それを職とする人。「打麻(うちそ)やし―の子ら」〈万・三七九一〉

お‐み【▽御身】〔代〕二人称の人代名詞。対等またはそれに近い相手に用いる。あなた。「番頭、これ、―はいろいろの事をいふの」〈滑・浮世風呂・前〉

お‐み【▽御┊▽御┊大▽御】〔接頭〕名詞に付いて、尊敬の意を表す。「―足」「―ぐし」補説「おおみ(大御)」の音変化したものとする説や、尊敬の接頭語「み」の上にさらに「お」を重ねたものとする説がある。母音で始まる語の上に付く場合が多い。

お‐みあい【▽御見合(い)】「見合い❷」の丁寧語。

おみ‐あかし【▽御▽御明かし┊▽御▽御▽灯】神仏に供える灯火。

おみ‐あし【▽御▽御足】相手を敬って、その足をいう語。もと女性語。

お‐みえ【▽御見え】「来ること」の尊敬語。お越し。おいで。「時間までに―でない場合はキャンセルとなります」

おみ‐おつけ【▽御味▽御▽汁】《「おみ」は味噌の意の、「おつけ」は吸い物の汁の意の女性語》味噌汁をいう丁寧語。

お‐みかぎり【▽御見限り】愛想をつかして見限ること。特に、なじみの店にしばらく行かないこと。「あら、とんと―でしたわねえ」

お‐みき【▽御神‐酒】❶神前に供える酒。❷酒をしゃれていう語。

御神酒上(あ)がらぬ神(かみ)はない　神様でさえ酒を召し上がるのであるから、人間が酒を飲むのは当然であるということ。酒飲みが好んで言う言葉。

おみき‐どくり【▽御神‐酒徳利】❶酒を入れて神前に供える一対の徳利。おみきどっくり。❷同じような姿をした一対の人や物。また、いつも連れ立っている二人。おみきどっくり。

おみ‐くじ【▽御▽御×籤┊▽御▽神×籤】神仏のお告げを得て吉凶を知るために引く、くじ。

類語 くじ・あみだくじ・宝くじ・福引き・空くじ・貧乏くじ

オミクロン〖Ο ο omicron〗ギリシャ語アルファベットの第15字。

お‐みこし【▽御神=輿】❶「神輿(みこし)」の尊敬語・丁寧語。❷腰。尻。「輿」を「腰」にかけて、たわむれていう。「―を上げる」

おみ‐ごろも【小▽忌衣】物忌みのしるしとする清浄な上着。大嘗祭(だいじょうさい)・新嘗祭(にいなめさい)などに奉仕する小忌人(おみびと)や祭官などが装束の上に着る。白布に花鳥草木などの文様を青摺(あおずり)にし、右肩に赤ひもという赤黒2本のひもを垂らす。おみのころも。おみ。季 冬

おみ‐さま【▽御身様】〔代〕二人称の人代名詞。「御身(おみ)」の敬称。あなたさま。おまえさま。「―も若い殿、我も若い女の身」〈浄・堀川波鼓〉

オミシュ〖Omiš〗クロアチア南部、アドリア海に面する町。ツェティナ川の河口に位置する。中世に海賊の拠点となり、ベネチア共和国に抵抗したが、15世紀以降、その支配下に置かれた。海岸保養地。

お‐みしりおき【▽御見知り置き】相手が自分を見知りおくことを、その相手を敬っていう語。初対面のあいさつに使う。「どうぞ―ください」

おみず‐かり【▽御水借り】雨乞いの一方式。信仰する社寺の神水を持ち帰って、日照りの田畑にかけると降雨があるというもの。神水は手から手へ移して持ち帰り、途中で休むと、そこに雨が降るという。

お‐みずとり【▽御水取り】奈良東大寺二月堂の修二会(しゅにえ)のこと。3月12日(もとは陰暦2月12日)の深夜から明け方にかけて、堂前の若狭井(わかさい)から香水(こうずい)をくみ、本堂内陣に運ぶ儀式があるところから、この名がある。その水を飲めば万病が治るといわれる。みずとり。季 春

お‐みそれ【▽御見▽逸れ】〔名〕スル ❶行き会っても、その相手に気づかないこと、また、だれだか思いつかないことを謙遜(けんそん)していうあいさつ語。「つい―しました」❷相手の才能・手腕などに気づかないでいること。自分のまちがった見方をわびるときに用いる。「これほどお詳しいとは、―しました」

おみたま【小美玉】茨城県中部にある市。ニラ・イチゴなどの栽培が盛ん。東部に航空自衛隊百里基地がある。平成18年(2006)3月に小川町・美野里(みのり)町・玉里村が合併して成立。人口5.2万(2010)。

おみたま‐し【小美玉市】►小美玉

オミット〖omit〗〔名〕スル 除外すること。省くこと。「名簿から―する」「違反者を―する」類語 除外

お‐みとおし【▽御見通し】相手の心の中をすっかり見抜いていること。「そんなことは先刻―」

おみな【▽女】女。女性。「妻とすべき好き―を覓(ま)めて」〈霊異記・上〉

類語 女・女性・女子・婦女・婦女子・おなご・たおやめ・あま・女史・雌・婦人・女人(にょにん)・女人(にょうにん)・ウーマン

おみな【×嫗】老女。おむな。おうな。「汝(な)は誰の―ぞ」〈記・下〉↔翁(おきな)。

おみなえし【女=郎=花】❶オミナエシ科の多年草。日当たりのよい山野に生え、高さ約1メートル。葉は羽状に裂けていて、対生する。夏の終わりから秋に、黄色の小花を多数傘状につける。秋の七草の一。漢方で根を敗醤(はいしょう)といい、利尿剤とする。おみなめし。季 秋「ひょろひょろと猶露けしや―／芭蕉」❷襲(かさね)の色目の名。表は縦糸が青、横糸が黄、裏は青。または、表は黄、裏は萌葱(もえぎ)。7、8月ごろに用いる。

おみなえし‐あわせ【女=郎=花合(わ)せ】物合わせの一。和歌を添えたオミナエシの花を持ち寄って比べ、その優劣を競う。

おみなえし‐づき【女=郎=花月】陰暦7月の異称。おみなめしづき。季 秋

おみな‐がみ【▽女神】晴天を祈って作る紙人形。てるてる坊主の類。

おみな‐ご【▽女子】《古くは「おみなこ」》女児。また、一般に女性のこと。「遂に―を生めり」〈雄略紀〉

おみなめし【女=郎=花】オミナエシの別名。

おみなめし【女郎花】謡曲。四番目物。旅僧が山城の男山の麓に来かかると、小野頼風夫婦の霊が現れ、邪淫の悪鬼に責められていることを語る。

おみ‐ぬぐい【▽御身拭い】4月19日(もとは陰暦3月19日)に、京都嵯峨(さが)の清凉寺で行われる、本尊の釈迦像を白布でぬぐい清める行事。おみのごい。季 春「乗り物で優婆夷(うばい)も来るや―／召波」

おみ‐びと【小▽忌人】大嘗祭(だいじょうさい)・新嘗祭(にいなめさい)な

どの大祭に、小忌衣おみごろもを着て神事に奉仕する官人。おみ。

お-みまい【▽御見舞(い)】「見舞い❶」の丁寧語。

お-みや 土産みやげをいう幼児・女性語。

お-みや【▽御宮】神社の敬称。「一参り」

おみや-いり【▽御宮入り】《「迷宮」の「宮」にかけて》犯人がわからないで、事件が解決しないままになること。迷宮入り。

お-みやげ【▽御土-産】❶「土産」の尊敬語・丁寧語。❷「土産❸」に同じ。「とんだ一をもらってきた」

おみ-わたり【▽御▽神渡り】冬、湖水の氷結面の一部にできる盛り上がった氷堤。気温が下がると氷が収縮して裂け、そこに下の水が上がって結氷し、気温の上昇に伴って氷が膨張して、裂け目の氷が持ち上げられる現象。古来、長野県の諏訪すわ湖では、諏訪大社の神が渡ったものとし、その方向や出来ぐあいによってその年の豊凶を占う。(季 冬)

オム〘フランス homme〙男性。また、男性服。

お-む【▽怖む】〘動マ下二〙「おめる」の文語形。

お-むかい【▽御向(か)い】向かい側の家を丁寧にいう語。おむこう。「一の奥さん」

お-むかえ【▽御迎え】〘名〙スル ❶迎える人を敬って、その人を迎えることをいう語。「一にあがりました」「賓客を一する」❷盂蘭盆うらぼんに祖先の精霊を迎えること。また、そのときにたく火。❸臨終に、阿弥陀仏が浄土に導くため迎えに来ること。「冥土めいどから一が来る」

お-むく【▽御無×垢】㊀〘形動〙〘文〙〘ナリ〙ういういしいさま。純情なさま。「一な品の良い女郎でござりやす」〈洒・契国策〉㊁〘名〙ういういしい生娘きむすめ。「あのやうな洒落者より、一むくむくの手入らずを抱かせうぞ」〈浄・今宮の心中〉

お-むし【▽御蒸し】《豆を蒸して作るところから》味噌みそをいう女房詞。

お-むす【▽御▽娘】《「おむすめ」の略》他人の娘を親しんで呼ぶ語。娘御むすめご。娘さん。「こりゃー、袖留めめでたい。どりゃ見たい」〈咄・鹿の子餅〉

オムスク〘Omsk〙ロシア連邦、オムスク州の都市。同州の州都。シベリア西部、イルティシ川と支流オミ川の合流点に位置する河港都市。シベリア鉄道が通り、農畜産物の集散地。石油化学工業も盛ん。18世紀初頭に建造された要塞に起源する。帝政ロシア時代の流刑地の一つで、作家ドストエフスキーも服役した。ロシア革命に反対した指導者コルチャークが一時首都を置いた。人口、行政区113万(2008)。

お-むすび【▽御結び】握り飯を丁寧にいう語。おにぎり。

お-むつ【▽御襁=褓】《「むつ」は「むつき」の略》おしめ。(類語)おしめ・むつき

オム-テモアン〘フランス Homme Témoin〙《目撃者の意》フランスのロルジュ、ビュッフェなど第二次大戦後頭角を現した新進画家たちが、社会や人間の悲惨・困苦など、時代の目撃者たらんことを期して1948年に結成した団体。

おむな【×媼】《「おみな(媼)」の音変化》老女。おうな。「わらはも一も、いつしかとし思へばにやあらむ」〈土佐〉

オムニサイド〘omnicide〙《omni(総、すべての)＋cide(殺害)から》(核兵器による)皆殺し。

オムニバス〘omnibus〙《乗合自動車の意から》映画・演劇・文学などで、いくつかの独立した短編を集め、全体として一つの作品となるように構成したもの。「一映画」(類語)合作・連作・競作

オム-ライス《和 omelet＋riceから》飯をいためてケチャップなどで味付けし、薄い卵焼きで包んだ料理。

オムレツ〘omelet｜フランス omelette〙卵をといて塩・こしょうで味を付け、フライパンで軽くかきまぜて焼き上げた料理。ひき肉・ハム・タマネギなどを加えることもある。➡プレーン-オムレツ

オムレット〘フランス omelette〙スポンジケーキなどの生地を丸くのばして焼いたものを二つに折り、泡立てた生クリームと果物をはさんだ菓子。

おむろ【御室】㊀京都市右京区の地名。仁和寺にんなじがある。㊁仁和寺の異称。また、その住職、門跡。宇多天皇が仁和寺内に一室を設けて隠棲いんせいし、御室御所と称したことからいう。

おむろ-ごしょ【御室御所】仁和寺の異称。

おむろ-もんぜき【▽御室門跡】仁和寺の住職。宇多天皇が出家後、仁和寺に入って寛平法皇と名のったのが最初で、以後、明治まで代々法親王が住職となった。

おむろ-やき【▽御室焼】江戸初期、京焼の大成者、野々村仁清が、京都御室の仁和寺の門前に窯を開いて焼いた陶器。仁清焼にんせいやき。

お-め【▽御目】❶他人を敬って、その目をいう語。「一に触れる」❷相手を敬って、その眼力をいう語。「一が高い」

御目が参・る 目上の人の目にかなう。気に入ってもらう。お目に入る。

御目に入・る お気に入る。お目が参る。「一・ったら、そのまま御見参であらう」〈狂言記拾遺・文相撲〉

御目に掛か・る ❶「会う」の謙譲語。お会いする。「一・れて光栄です」❷目上の人の目に留まる。「院、内の一・り、日本一番の名を得たる相撲なり」〈曽我・一〉

御目に掛・ける お見せする。ご覧に入れる。「一・けるほどのものではありません」

御目に留ま・る 目上の人に認められる。注目される。「勤勉さが社長の一・る」

お-めい【汚名】悪い評判。不名誉な評判。「一を着せられる」「一をそそぐ」「一返上」(補説)「汚名挽回ばんかい」「汚名を挽回する」は誤用。「汚名返上」「汚名を返上する」「名誉挽回」「名誉を挽回する」が正しい使い方。文化庁が発表した平成16年度「国語に関する世論調査」では、「前回失敗したので今度は一しようと誓った」という場合に、本来の言い方である「汚名返上」を使う人が38.3パーセント、間違った言い方「汚名挽回」を使う人が44.1パーセントという逆転した結果が出ている。(類語)悪名・悪声・札付き

お-めいく【▽御▽影供】「御会式おえしき」に同じ。

お-めいこう【▽御命講】「御会式おえしき」に同じ。(季 秋)

おめい-へんじょう【汚名返上】新たな成果を挙げて、悪い評判をしりぞけること。➡汚名(補説)

お-めえ【▽御▽前】〘代〙《「おまえ」の音変化》二人称の人代名詞。「おまえ」のぞんざいな言い方。

おめえっ-ち【▽御▽前っち】〘代〙《「おまえたち」の音変化》二人称の人代名詞。対等以下の相手に呼びかける語。

おめ-おめ〘副〙《動詞「怖おめる」の連用形を重ねた語》恥ずべきことと知りながら、そのままでいるさま。また、恥とも思わないで平気でいるさま。「今さら一(と)帰れない」「よくも一(と)来られたものだ」

(類語)平気・平静・冷静・事も無げ・平ちゃら・平気の平左・無頓着むとんちゃく・大丈夫・悠然・泰然・自若じじゃく・平然・冷然・恬然てんぜん・けろりと・しれっと・しゃあしゃあ・ぬけぬけ・のめのめ・事ともせず・何のその・何処どこ吹く風・屁への河童かっぱ・痛くも痒かゆくもない

オメガ〘Ω｜ω｜omega〙❶〈Ω・ω〉ギリシャ語アルファベットの最後の字。❷物事の最後。最尾。❸〈Ω〉電気抵抗の単位オームの記号。❹〈ω〉数学で、角速度を表す記号。

オメガ-きょく【オメガ局｜Ω局】《omega station》オメガ航法のための送信局。世界に8局あり全地域をカバーしている。

オメガ-こうほう【オメガ航法｜Ω航法】双曲線航法の一。地球上に8か所ある送信局から送られてくる超長波を受信し、その位相差を測定して船の位置を知る方法。オメガシステム。

お-めかし【▽御▽粧し】〘名〙スル 化粧をしたり着飾ったりすること。おしゃれ。「一して出かける」

(類語)おしゃれ・コーディネイト・身繕い・身じまい・身拵みごしらえ・盛装・ドレスアップ・着こなし

オメガ-システム《omega navigation systemから》►オメガ航法

お-めがね【▽御眼-鏡】物の善悪・可否を見きわめる能力。「社長の一どおりの実力の持ち主」

御眼鏡に適かな・う 目上の人に評価される。お気に入る。「監督の一・った新人選手」(補説)文化庁が発表した平成20年度「国語に関する世論調査」では、本来の言い方である「お眼鏡にかなう」を使う人が45.1パーセント、間違った言い方「お目にかなう」を使う人が39.5パーセントという結果が出ている。

お-め・く【▽喚く】〘動カ四〙《「お」は擬声語、「めく」は接尾語》叫び声を上げる。わめく。「とってふせて一・かせよ」〈平家・二〉

お-めぐり【▽御▽回り】❶宮中で、夏の土用中に供えられた味噌煮の団子。❷飯の菜、あるいは菜を盛る器をいう女房詞。❸すりこ木をいう女房詞。❹月経。つきのもの。

お-めこ「おまんこ」に同じ。

お-めこぼし【▽御目×溢し】「目溢し」の尊敬語。「恐れながら一のほどを」

お-めざ《「おめざめ」の略》目を覚ますことの幼児語。また、子供が目覚めたときに与える菓子など。

お-めし【▽御召(し)】❶呼び寄せること、乗ること、着ることなどの意の尊敬語。「一にあずかる」「上着を一ですか」❷お召し物。「早く一をお脱ぎ遊ばしませ」〈木下尚江・良人の自白〉❸「御召縮緬ちりめん」の略。(表記)❶はオメシ、❷❸はオメシ。

お-めしかえ【▽御召(し)替え】〘名〙スル 着かえること。また、着かえる物を、その動作の主を敬っていう語。

おめし-ちりめん【▽御召▽縮×緬】《昔、貴人が着たところから》縮緬の上質のもの。縦横に練り糸を用い、横糸に強く縒よりをかけて織った縮緬。縞しま縮緬。

おめし-もの【▽御召(し)物】着る人を敬って、その着物をいう語。「一が汚れます」(類語)衣服・衣類・着物・着衣・被服・装束・衣・衣装・衣料・ドレス・洋品

おめし-れっしゃ【▽御召(し)列車】天皇・皇后・皇太子の専用列車。

おめず-おくせず【▽怖めず臆せず】〘連語〙気後れしないで。恐れないで。「一堂々と自分の意見を述べる」

お-めだま【▽御目玉】目上の人からしかられること。おしかり。「一を食う」「一を頂戴する」(類語)譴責けんせき・叱る・怒る・叱咤しった・叱責・一喝・大喝・大目玉

お-めつけ【▽御目付け】《武家の役職の「目付」から》他人の行動を監督する役割。また、その人。

お-めつけやく【▽御目付役】「目付役」の丁寧語。「政党の一」

お-めでた めでたいことをいう尊敬語・丁寧語。結婚・妊娠・出産などにいう。「一が近い」(類語)吉事・慶事・好事・寿・吉・婚約・ゴールイン・婚姻こんいん・縁組み・嫁入り・輿こし入れ・嫁取り・婿むこ入り・婿取り・成婚

お-めでた・い〘形〙〘文〙おめでた・し〘ク〙❶「めでたい」の丁寧語。喜ばしい。❷お人よしである。ばか正直である。また、楽観的にすぎる。「今まで何も知らなかったなんて、君も一・いね」(補説)「御目出度い」「御芽出度い」などと当てて書く。

おめでたくな・る 「死ぬ」を忌んでいう言葉。

おめでたきひと【お目出たき人】武者小路実篤の小説。明治44年(1911)発表。理想実現のため一人の少女と結婚を願うが、結局は失恋する。その過程を真摯に、善意をもって描いた初期の代表作。

おめで-とう【▽御目出糖】菓子の一。蒸した米を干して煎いり、食紅で着色した砂糖蜜をかけてかきまぜ、甘納豆をまぜたもの。赤飯の代用として、出産・結婚などの祝儀に配る。

お-めでとう〘感〙《形容詞「おめでたい」の連用形「おめでたく」のウ音便》新年や、相手にめでたい出来事があったときに言うあいさつの言葉。丁寧に言うときは「おめでとうございます」。「ご結婚、一」(補説)「御目出度う」「御芽出度う」などと当てて書く。

お-めどおり【▽御目通り】〘名〙スル ❶貴人にお目にかかること。拝謁。「一がかなう」「大統領に一する」❷貴人の面前。「天晴あっぱれ御馬のさきに立ち、一にて高名感状取るべき」〈浮・武家義理・三〉

お-めみえ【▽御目見｜▽御目見得】〘名〙スル ❶貴人や目上の人に会うこと。お目にかかること。「社長に一する」❷新しくできたものなどが、初めて人々の前

に姿を現すこと。「近く新車が―する」❸歌舞伎などで、俳優が初めて、または久しぶりに観客の前で演技をすること。初舞台、ある劇場への初出演など。❹江戸時代、大名・旗本が将軍に直接お目通りすること。また、その資格。➡御目見以上 ➡御目見以下 ❺奉公人が正式に雇われる前に、試験的に短期間使われること。「たびたび―に出ますが、兎角とかく故障がございまして」〈滑・浮世風呂・二〉
(類語)目通り・拝謁・謁見・見参・内謁・朝見

おめみえ-いか【▽御目見以下】江戸時代、将軍直参じきさんの武士で、将軍に謁見する資格のない者。御家人がこれに相当する。➡御目見以上

おめみえ-いじょう【▽御目見以上】―ジャウ 江戸時代、将軍直参じきさんの武士で、将軍に謁見する資格のある者。旗本がこれに相当する。➡御目見以下

おめみえ-かせぎ【▽御目見得稼ぎ】「御目見得泥棒」に同じ。

おめみえ-きょうげん【▽御目見得狂言】―キャウゲン 御目見得❸のときに演じる芝居。

おめみえ-どろぼう【▽御目見得泥棒】御目見得❺の奉公人として住み込んで、勝手知った家の金銭などを盗んで逃げ出すこと。また、そのような泥棒。

おめ-もじ【▽御目文字】〔名〕スル《「もじ」は接尾語》お目にかかることをいう女性語。手紙文などに用いる。「近日―いたしたく存じます」

お・める【▽怖める】〔動マ下一〕文お・む〔マ下二〕気後れする。恐れる。臆おくする。「名に負う僕のこったから、少しも―・めたる顔色なく」〈逍遥・当世書生気質〉➡怖おめず臆おくせず

おも【▽母】❶はは。「韓衣からころも裾に取り付き泣く子らを置きてそ来ぬや―なしにして」〈万・四四〇一〉❷乳母。ちおも。「みどり子のためこそ―は求むといへ乳ち飲めや君が―求むらむ」〈万・二九二五〉

おも【面】❶顔。顔つき。容貌ようぼう。「いと美うるはしき君が―」〈上田敏訳・海潮音・春の貢〉❷表面。「川の―」❸おもかげ。「佐野山に打つや斧音をのとの遠かども寝もとか児ろが―に見えつる」〈万・三四七三〉(類語)表面・表おもて・上面うわつら・上側うわがわ・上面じょうめん・界面・表層

おも【主┆重】㊀〔形動〕文〔ナリ〕重要なさま。中心になるさま。「この地方の―な産物」「―なメンバー」㊁〔名〕（ふつう「オモ」と書く）狂言用語。❶主役のこと。現在はシテという。❷「主おもあど」の略。(類語)主しゅ・主要

おも-あど【主あど┆重あど】狂言で、二人以上のアドの、主となるほう。

おも-あわせ【面合(わ)せ】―あはせ 物をたたんだり重ねたりするときに表と表が合うようにすること。⇔裏合わせ。

おもい【思い┆▽想い┆▽念い】おもひ ❶ある物事について考えをもつこと。また、その内容。所懐。「年頭の―を述べる」❷予想。予期。想像。「―もしない結末」❸願い。望み。「長年の―がかなう」「―を遂げる」❹物思い。回想。「秋の夜長に―にふける」❺思慕の情。愛情。恋心。「彼女への―が募る」❻執念。恨み。「この世に―を残す」❼あることを経験してもたらされる感じ。「胸のすく―」「自分だけいい―をする」❽(多く名詞の下に付いて)ある対象を気にかけ、大切にする気持ちが特に強いことを表す。「親―の息子」❾《❹の意から》喪に服すること。また、その期間。喪中。「ちちが―にてよめる」〈古今・哀傷・詞書〉
(類語)(❶)想念・思念・念ねん・気持ち・感懐・感想・所懐・胸懐・心懐・胸中・心中しんちゅう・心事・心情・心境・感慨・万感・偶感・考え・思考・思索・一存

思い内うちにあれば色いろ外そとに現あらわる 《「礼記」大学から》心に思っていることは、自然に言葉の端や顔色に現れる。

思い半なかばに過すぐ 《「易経」繋辞下から》考えて得るところが多い。なるほどと悟る。

思いも掛け◦ない 思ってもみない。思いもよらない。「―◦ない結果」

思いも寄ら◦ない 思いつきもしない。全く予想しない。「試験に落ちるとは―◦なかった」

思い邪よこしまなし 《「論語」為政から》心が素直で、偽り飾るところがない。少しも邪悪な考えがない。

思いを致・す 特にある物事に対し心を向ける。また、時間的・空間的に遠く離れた物事に心を向ける。「先人の努力に改めて―・す」

思いを掛・ける ❶深い恋情を寄せる。恋い慕う。また、執着する。「長年―・けた人」❷心配をさせる。「自らが名をも朽たし、母御に―・け申すことよもあらじ」〈謡・鳥追舟〉

思いを凝こら・す 心を集中して一心に考える。「新しい構想に―・す」

思いを遂と・げる 願っていたことを実現させる。望みを遂げる。「かねてからの―・げる」

思いを馳は・せる 遠く離れている人や物事を思いやる。「故郷の妻子に―・せる」

思いを晴ら・す 心のわだかまりの原因を取り除いてすっきりした気持ちになる。恨みを晴らす。憂さを晴らす。また、望みを遂げる。「積年の―・す」

思いを巡ら・す あれこれと多方面に心を働かせる。「国の将来に―・す」

思いを寄・せる ❶自分の気持ちを向ける。「遠い故郷に―・せる」❷特に、ある異性を恋い慕う。「ひそかに―・せる」

おも・い【重い】〔形〕文おも・し〔ク〕❶目方が多い。力を入れないとそのものを支えたり動かしたりできない。「―・い本」「からだが二キロ―・くなった」「坂道で自転車のペダルが―・い」⇔軽い。❷動きが鈍い。動作がてきぱきとしない。軽快なところがない。「腰が―・い」「口が―・い」「まぶたが―・い(=眠い)」⇔軽い。❸心が晴れ晴れとしない。気分がさっぱりしない。「気分が―・い」「頭が―・い」⇔軽い。❹物事の程度がはなはだしい。㋐容易でない。「―・い病気」「罪が―・い」⇔軽い。㋑意味が大きい。重要である。重大である。「―・い任務」「事を―・く見る」⇔軽い。❺競馬で、競走馬の体重が理想体重より多い。また、馬場の状態が降雨などで悪い。❻囲碁で、石の手割り上の価値が大きく、捨てにくい。❼将棋で、駒の働きが重複している。❽コンピューターの動作が遅いさま。コンピューターの性能に比べて負荷が大きいソフトウエアを動かす時などに、命令や処理に要する時間が余計にかかるさまを指す。「動作が―・いブラウザー」⇔軽い。❾態度・性質に軽率なところがない。重厚である。「物深く―・き方はおくれて、ひたぶるに若びたるものから」〈源・夕顔〉(派生)おもげ〔形動〕おもさ〔名〕おもみ〔名〕
(一句)頭が重い・気が重い・口が重い・腰が重い・尻しりが重い・荷が重い

おもい-あ・う【思い合う】おもひあふ〔動ワ五(ハ四)〕❶互いに恋しく思う。愛し合う。「―・った仲」❷偶然、双方の考えが一致する。「『…身共の御館もここぢゃ』『これは―・うた事ぢゃ』」〈狂言記・鴈雁金〉

おもい-あえ◦ず【思ひ▽敢へず】おもひあへず〔連語〕❶思い切れない。「たまの緒の短き心―◦ず」〈古今・雑体〉❷考えつかない。思い及ばない。「思ひなるやうもありしかど、ただ今、かく―◦ず」〈源・総角〉

おもい-あか・す【思ひ明かす】おもひ〔動サ四〕❶物思いにふけりながら夜を明かす。「夜ひと夜―・して」〈夜の寝覚・一〉❷思い続ける。「道々―・して行くに」〈ひとりね・上〉

おもい-あがり【思い上(が)り】おもひ 思い上がること。うぬぼれ。「―もはなはだしい」

おもい-あが・る【思い上(が)る】おもひ〔動ラ五(四)〕❶うぬぼれる。いい気になる。「―・った態度」❷気位を高くもつ。自負する。「はじめより我はと―・り給へる御方々」〈源・桐壺〉
(類語)誇る・自慢・うぬぼれる・おのぼれる

おもい-あた・る【思い当(た)る】おもひ〔動ラ五(四)〕なるほどそうかと気がつく。納得がいく。「そう言われれば―・るふしがある」

おもい-あ・つ【思ひ当つ】おもひ〔動タ下二〕❶こうだろうと見当をつける。推定する。「まだ見ぬ御様なりけれど、いとしるく―・てられ給へる御そばめを」〈源・夕顔〉❷考えて割り当てる。「女房の中にも、品々に―・てたる際々きはぎは」〈源・柏木〉

おもい-あつか・う【思ひ扱ふ】おもひあつかふ〔動ハ四〕❶心を尽くして世話をする。「ねんごろに―・ひ聞こえまほしき心の」〈浜松・四〉❷思い悩む。思い煩う。「三解脱門風涼しきに、―・ふ煩悩の焔ほのほ皆滅除すらむ」〈栄花・玉の台〉

おもい-あつ・む【思ひ集む】おもひ〔動マ下二〕あれこれと考える。さまざまなことを思う。「さまざまに―・むる事し多かれば」〈源・宿木〉

おもい-あなず・る【思ひ▽侮る】おもひあなづる〔動ラ四〕軽く見る。見くびる。「かかる貧しき辺りと―・りて言ひ来るを」〈源・蓬生〉

おもい-あま・る【思い余る】おもひ〔動ラ五(四)〕さんざん思い悩んで、どうにも考えが決まらなくなる。思案に余る。「―・って相談する」

おもい-あり・く【思ひ▽歩く】おもひ〔動カ四〕一つのことを思い続ける。あれこれと思いめぐらす。「うらみかくるをわびしと―・き給ふ」〈源・紅葉賀〉

おもい-あわ・す【思い合(わ)す】おもひあはす ㊀〔動サ五〕「思い合わせる❶」に同じ。「あれこれ―・してみるとよくわかる」㊁〔動サ下二〕「おもいあわせる」の文語形。

おもい-あわ・せる【思い合(わ)せる】おもひあはせる〔動サ下一〕文おもひあは・す〔サ下二〕❶他の事例を引き合いに出して考える。考え合わせる。「彼の言動を―・せると納得できる」❷思い当たる。「一二の枝のへだて、不思議なりとて、―・せける」〈曽我・七〉

おもい-い・ず【思ひ▽出づ】おもひいづ〔動ダ下二〕「思い出す❶」に同じ。「今はとて天の羽衣着る折ぞ君をあはれと―・でける」〈竹取〉

おもい-いた・る【思い至る】おもひ〔動ラ五(四)〕考えがそこに及ぶ。「そこまでは―・らなかった」

おもい-いら・る【思ひ▽苛る】おもひ〔動ラ下二〕気持ちがいらいらする。あせる。「乳母めのとよろづに、いかで人並々になさむと―・れしを」〈源・手習〉

おもい-いり【思ひ入り】おもひ ❶深く思い込むこと。考え込むこと。❷思いをかけた人。意中の人。「どこぞに―がなあるかいの」〈浄・今宮の心中〉

おもい-い・る【思い入る】おもひ ㊀〔動ラ五(四)〕いちずに思う。深く心に思う。また、思い詰める。「仔細しさいは語らず唯ただ―・ってそう言うた」〈鏡花・高野聖〉㊁〔動ラ下二〕深く心に留める。「―・れたる心ざし、見るに涙ぞこぼれける」〈曽我・五〉

おもい-いれ【思い入れ】おもひ ㊀〔名〕❶深く思いを寄せること。また、その思い。執心。「著者の―が感じられる作品」❷俳優が無言のうちに気持ちを表情やしぐさで表すこと。また、その演技。❸思わく。見込み。予想。「―違ひまして迷惑いたすなり」〈浮・胸算用・四〉❹人望。人気。「人の―もよろしく」〈浮・織留・四〉㊁〔副〕思いきり。「―ひどい目に会わして頂戴ちょうだい」〈荷風・あぢさゐ〉

おもい-う【思ひ得】おもひう〔動ア下二〕考えつく。心に悟る。「四人ばかりをへだててゐたれば、よう―・えたらむにても言ひにくし」〈枕・九〇〉

おもい-うか・ぶ【思い浮(か)ぶ】おもひ ㊀〔動バ五(四)〕心に浮かぶ。「名案が―・んだ」㊁〔動バ下二〕「おもいうかべる」の文語形。

おもい-うか・べる【思い浮(か)べる】おもひ〔動バ下一〕文おもひうか・ぶ〔バ下二〕心に浮かべる。心に描く。「父の姿を―・べる」(類語)思う・思い出す・思い返す・追想する・回想する・回顧する・想起する

おもい-うたが・う【思ひ疑ふ】おもひうたがふ〔動ハ四〕不審を抱く。疑わしく思う。「更にな―・ひ給ひそ」〈落窪・二〉

おもい-うと・む【思ひ疎む】おもひ〔動マ四〕疎ましく思う。嫌に思う。「―・み給はば、いと心憂くこそあるべけれ」〈源・胡蝶〉

おもい-うらぶ・る【思ひうらぶる】おもひ〔動ラ下二〕心がしおれるほど悲しくつらく思う。「下恋したごひに―・れ門かどに立ち」〈万・三九七八〉

おもい-うん・ず【思ひ▽倦んず】おもひ〔動サ変〕嫌になる。煩わしく思う。「むげにこそ―・じにしか。などさる者をば置きたる」〈枕・八三〉

おもい-えが・く【思い描く】おもひゑがく〔動カ五(四)〕ものの姿・形などを、心の中で想像してみる。「将来の自

分の姿を―・く」(類語)想像

おもい‐おき・つ【思ひ×掟つ】おもひ〔動タ下二〕あらかじめ、どのように取り計らうかを心に決める。「この―・つる宿世(すくせ)たがはば、海に入りね」〈源・若紫〉

おもい‐お・く【思い置く】おもひ〔動カ五(四)〕❶あとに、残念だという気持ちを残す。思い残す。「充分御饌(ごぜん)も頂戴し、…もう―・く事はないと考えて居ると」〈漱石・吾輩は猫である〉❷心に決めておく。思い定める。「藤内侍の典侍という人も、かたよりつかうまつるべく―・きたり」〈夜の寝覚・三〉

おもい‐おく・る【思ひ後る】おもひ〔動ラ下二〕決心がおくれる。心を決めかねる。「あま舟にいかがは―・れけむ明石の浦にいさりせし君」〈源・若菜下〉

おもい‐おこ・す【思い起(こ)す】おもひ〔動サ五(四)〕❶思い出す。想起する。「若かりしころを―・す」❷心を奮い立たせる。気を取り直す。「少将、御文を見て驚きながら、苦しき心地を―・して参りたり」〈宇津保・嵯峨院〉

おもい‐おこ・す【思ひ▽遣す】おもひ〔動サ下二〕思いをはせる。思いやる。「かくて眺むらむと―・する人あらむやは」〈更級〉

おもい‐おと・す【思ひ×貶す】おもひ〔動サ四〕見下げる。さげすむ。「我をいかにおもなく心浅きものと―・すらむ」〈紫式部日記〉

おもい‐おと・る【思ひ劣る】おもひ〔動ラ四〕自分を劣っていると思う。劣等感をもつ。「―・り卑下せむも、かひなかるべし」〈源・紅梅〉

おもい‐おもい【思い思い】おもひおもひ〔形動〕図〔ナリ〕めいめいが思うままにするさま。副詞的にも用いる。「―の意見を述べる」「―に料理を注文する」
(類語)離れ離れ・ばらばら・散り散り・てんでんばらばら・別れ別れ

おもい‐おも・う【思ひ思ふ】おもひおもふ〔動ハ四〕❶深く思う。思い続ける。「更に部屋の戸あかず、わびしと―・ふ」〈落窪・二〉❷互いに思い合う。「―・うたその仲を」〈人・辰巳園・初〉

おもい‐およ・ぶ【思い及ぶ】おもひ〔動バ五(四)〕考えつく。思い至る。「そこまでは―・ばなかった」

おもい‐かえ・す【思い返す】おもひかへす〔動サ五(四)〕❶過ぎ去ったことを思い出す。改めて考える。「当時を―・してみる」❷考えを改める。考え直す。「―・して自分の非を認める」(類語)思い出す・思う・思い浮かべる・追想する・回想する・回顧する・想起する

おもい‐かえ・る【思ひ返る】おもひかへる〔動ラ四〕前と同じ気持ちになる。「年来(としごろ)悪を好むと云へども、―・りて善に趣きぬれば」〈今昔・一五・二二〉

おもい‐がお【思ひ顔】おもひがほ ❶(多く「…とおもいがお」の形で)…と思っている顔つき。「いぎたなしと―にひきゆるがしたる」〈枕・二八〉❷恋しいと思っているような顔つき。「夜(よ)のほどもうしろめたきは花の上を―にてあかしつるかな」〈和泉式部続集〉

おもい‐か・く【思ひ掛く・思ひ懸く】おもひ〔動カ下二〕❶予測する。「浅茅原はかなく置きし草の上の露をかたみと―・けきや」〈新古今・哀傷〉❷恋い慕う。恋しく思う。「男、―・けたる女の、え得(う)まじうなりての世に」〈伊勢・五五〉

おもいがけ‐ず【思い掛けず】おもひがけず〔副〕予期しなかったのに。思いがけなく。「―賞をもらう」

おもいがけ‐な・い【思い掛け無い】おもひがけない〔形〕図おもひがけな・し〔ク〕意外である。思ってもみない。予期しない。「―・いお客さま」(類語)思いのほか・案外・意外・慮外・存外・望外・予想外・意表

おもい‐かしず・く【思ひ×傅く】おもひかしづく〔動カ四〕心を込めて世話をする。「その後は、この猫を北おもてにもいだざず―・く」〈更級〉

おもい‐か・ぬ【思ひ兼ぬ】おもひ〔動ナ下二〕❶思いをおさえられなくなる。「―・ね心は空にみちのくの千賀の塩釜ちかきかひなし」〈平家・六〉❷判断がつかなくなる。「新羅(しらぎ)へか家にか帰る壱岐(いき)の島行かむたどきも―・ねつも」〈万・三六九六〉

おもいかね‐の‐かみ【思金神・思兼神】おもひかねのかみ 日本神話で、高皇産霊神(たかみむすひのかみ)の子。天照大神(あまてらすおおみかみ)が天の岩屋戸に隠れたとき、誘い出す計画を立てた思慮のすぐれた神。八意思兼神(やごころおもひかねのかみ)。

おもい‐かま・う【思ひ構ふ】おもひかまふ〔動ハ下二〕心の中であれやこれや計画を立てる。企てる。「下に―・ふる心をも知り給はで」〈源・総角〉

おもい‐がわ【思い川】おもひがは ❶福岡県太宰府天満宮の境内を流れる、御笠川の上流。❷思いが深く絶えることのないのを川にたとえていう語。「―たえず流るる水の泡のうたかた人に逢はで消えめや」〈後撰・恋一〉

おもい‐かわ・す【思ひ交はす】おもひかはす〔動サ四〕互いに心を通わす。「のうさんの君と言ひける人、浄蔵とはいとになう―・す仲なりけり」〈大和・六二〉

おもいきっ‐た【思い切った】おもひきった〔連体〕ためらいを捨てて大胆であるさま。「―改革を実施する」

おもいきっ‐て【思い切って】おもひきって〔副〕❶ためらう気持ちを振り切って物事をするさま。決心して。「―秘密を打ち明ける」❷ためらうことなく物事をするさま。思い切り。「―バットを振る」

おもいき‐や【思いきや】おもひ〔連語〕《動詞「おもう」の連用形＋過去の助動詞「き」＋係助詞「や」》❶…と思ったところが意外にも。「直ったと―またすぐに壊れてしまった」❷…と思っただろうか、思いもしなかった。「―夢をこの世の契りにて覚むる別れを嘆くべしとは」〈千載・恋二〉

おもい‐き・ゆ【思ひ消ゆ】おもひ〔動ヤ下二〕気持ちが沈んでしょんぼりする。「白雪の降りて積もれる山里は住む人さへや―・ゆらむ」〈古今・冬〉

おもい‐きり【思い切り】おもひ ❶〔名〕思い切ること。あきらめ。「―がいい」❷〔副〕満足できるまでするさま。思う存分。「―遊びたい」

おもい‐き・る【思い切る】おもひ〔動ラ五(四)〕❶あきらめる。断念する。「画家になる夢を―・る」❷決心する。覚悟する。「しばらく間を置いて、姉は―・ったように、言葉をつづけた」〈永井竜男・胡桃割り〉➡諦(あきら)める
(用法)➡思い切った　➡思い切って
(類語)(❶)あきらめる・断念・観念・往生／(❷)踏み切る

おもい‐ぐさ【思い草】おもひ ❶ナンバンギセルの別名。(季 秋)「異草(ことぐさ)にまぎれてかなし―／風生」❷《物思いのときにのむもの、また、物思いを消すものの意か》タバコの別名。「相合煙管(あひあひぎせる)―思ひし甲斐(かひ)も夏の蝉(せみ)」〈浄・丹波与作〉

おもい‐ぐさ【思ひ▽種】おもひ ❶物思いのたね。心配のもと。「日を経つつ繁さはまさる―あふ言の葉のなどなかるらむ」〈千載・恋一〉❷思う人。思い者。「更級とて、桔梗が本の太夫職、七草四郎が―」〈浄・島原蛙合戦〉

おもい‐くずお・る【思ひ×頽る】おもひくづほる〔動ラ下二〕気落ちする。落胆する。「山がつになりて、いたう―・れ侍りし年ごろの後」〈源・朝顔〉

おもい‐くだ・く【思ひ砕く】おもひ ❶〔動カ四〕あれこれと心を砕く。「降る雨のあしとも落つる涙かな細かにものを―・けば」〈詞花・雑上〉❷〔動カ下二〕あれこれと思い乱れる。思い悩む。「―・くる心のうちをも、つれなく忍び返して」〈狭衣・二〉

おもい‐くた・す【思ひ▽腐す】おもひ〔動サ四〕心の中でけなす。軽蔑する。「口惜しき品に―・し給ふとも」〈宇津保・俊蔭〉

おもい‐くっ・する【思い屈する】おもひ〔動サ変〕図おもひくっ・す〔サ変〕元気がなくなる。ふさぎ込む。「恋い煩ったり、―・したり」〈蘆花・思出の記〉

おもい‐ぐま【思ひ×隈】おもひ 心が行き届くこと。相手への思いやりがあること。「―ありて、心くるしうものせさせ給ふべきなり」〈浜松・四〉

おもいぐま‐な・し【思ひ×隈無し】おもひぐまなし〔形ク〕❶心が行き届かない。思慮分別が足りない。「―・く悪しうしたり」〈枕・一三六〉❷相手の立場を考えない。思いやりがない。「桜ゆゑ風に心のさわぐかな―・き花と見る見る」〈源・竹河〉

おもい‐くら・す【思い暮(ら)す】おもひ〔動サ五(四)〕物思いにふけって日を過ごす。恋しく思いながら暮らす。「風が吹けば変る事と思い、…月に花に変る事と―・していた」〈漱石・虞美人草〉

おもい‐くら・べる【思い比べる】おもひ〔動バ下一〕図おもひくら・ぶ〔バ下二〕比較して考える。「昔と今を―・べる」

おもい‐ぐる・し【思ひ苦し】おもひ〔形シク〕つらくせつない。心苦しい。「家の妹に物言はず来にて―・しも」〈万・三四八一〉

おもい‐くん・ず【思ひ▽屈ず】おもひ〔動サ変〕「おもいくっす」の音変化。「今日を限りにおぼし捨てつるふるさとと―・じて」〈源・葵〉

おもい‐け・つ【思ひ消つ】おもひ〔動タ四〕❶強いて思わないようにする。忘れようとする。「よろづの事すさびにこそあれ、と―・たれ給ふ」〈源・澪標〉❷無視する。軽蔑する。「こよなく―・ちたりし人も、嘆き負ふやうにて亡くなりにき」〈源・藤裏葉〉

おもい‐ご【思ひ子】おもひ かわいく思う子。いとしご。「父母の―にて」〈宇津保・俊蔭〉

おもい‐こ・う【思ひ恋ふ】おもひこふ〔動ハ上二〕恋しく思う。恋い慕う。「心には火さへ燃えつつ―・ひ」〈万・四〇一一〉

おもい‐こが・れる【思い焦がれる】おもひ〔動ラ下一〕図おもひこが・る〔ラ下二〕いちずに恋しく思う。ひたすら恋い慕って悩む。「先輩に―・れる」

おもい‐こみ【思い込み】おもひ 深く信じこむこと。また、固く心に決めること。「―の強いやつ」

おもい‐こ・む【思い込む】おもひ〔動マ五(四)〕❶深く心に思う。固く心に決める。「―・んだら命がけ」❷そうだと独り決めして信じてしまう。「成功すると―・んでいる」

おもい‐こ・む【思ひ▽籠む】おもひ〔動マ下二〕思うことを心中に隠す。外に表さないで、心中に深く思う。「恋しきも―・めつつあるものを人に知らるる涙何なり」〈後撰・恋三〉

おもい‐ざし【思ひ差し】おもひ この人と思う人に杯を差すこと。相手を指定して酒をつぐこと。また、その杯。「熊井や片岡に―せん」〈義経記・七〉

おもい‐さだ・める【思い定める】おもひ〔動マ下一〕図おもひさだ・む〔マ下二〕心にしっかりと決める。固く決心する。「一生の伴侶と―・めた人」

おもい‐さま・す【思ひ▽醒ます】おもひ〔動サ四〕気持ちを静める。迷いを捨てて平常の心を取り戻す。「強ひてこのことを―・さむと思ふ方にて」〈源・若菜下〉

おもい‐しお・る【思ひ▽萎る】おもひしをる〔動ラ下二〕気がめいる。しょげる。「むげに―・れて心細かりければ」〈源・帚木〉

おもい‐しずま・る【思ひ鎮まる】おもひしづまる〔動ラ四〕❶心が落ち着く。気持ちがしずまる。「そのほど過ぎなば、世にあるべきと―・りて」〈浜松・四〉❷もの静かに落ち着いている。冷静である。「あまりうるはしき御有様のとけがたく恥づかしげに―・り給へるを」〈源・帚木〉

おもい‐しず・む【思ひ沈む】おもひしづむ〔動マ四〕物思いに気持ちが沈む。気がふさぐ。「女はさらにもいはず―・みたり」〈源・明石〉

おもい‐しず・む【思ひ鎮む】おもひしづむ〔動マ下二〕心を落ち着かせる。「めづらしく御目おどろくことのなき程、―・め給ふなめり」〈源・澪標〉

おもい‐じに【思ひ死に】おもひ 思い続けて死ぬこと。「―して悪霊となりにけるにや」〈愚管抄・四〉

おもい‐し・ぬ【思ひ死ぬ】おもひ〔動ナ変〕思い続けて死ぬ。恋い焦がれて死ぬ。「言ふことの恐(かしこ)き国そ紅の色にな出でそ―・ぬとも」〈万・六八三〉

おもい‐し・む【思ひ染む】おもひ ❶〔動マ四〕心に深く思う。深く心に感じる。「いとあはれとものを―・みながら」〈源・桐壺〉❷〔動マ下二〕「おも(思)いし(染)める」の文語形。

おもい‐し・める【思い染める】おもひ〔動マ下一〕図おもひし・む〔マ下二〕深く心に染み込ませる。「眼早くそれを視(み)て取って、直ちに心に―・める」〈二葉亭・浮雲〉

おもい‐しめ・る【思ひ湿る】おもひ〔動ラ四〕悲しみに沈む。また、悲観的に考える。「常よりもいみじう―・り給へるけしきありさまの」〈浜松・五〉

おもい‐しら・す【思い知らす】おもひ ❶〔動サ五(四)〕「思い知らせる」に同じ。「身のほどを―・してやる」❷〔動サ下二〕「おもいしらせる」の文語形。

おもい‐しら・せる【思い知らせる】おもひ〔動サ下一〕図おもひしら・す〔サ下二〕相手に、身に染みてわから

せる。なるほどと悟らせる。「力の違いを—・せる」

おもい-し・る【思い知る】おもひ〔動ラ五(四)〕ある物事を身に染みて理解する。なるほどと悟る。「火事の恐ろしさを—・る」

おもい-す・ぐ【思ひ過ぐ】おもひ〔動ガ上二〕思う気持ちがなくなる。忘れる。「—・ぐべき君にあらなくに」〈万・四二二〉

おもい-すぐ・す【思ひ過ぐす】おもひ〔動サ四〕❶心に留めず、そのまま過ごす。「かたじけなき方も、心苦しさも、なべての様に—・してやみぬべき心もせねど」〈狭衣・二〉❷あれこれ思いながら月日を送る。「心憂きことのみ—・ししかば」〈成尋母集・詞書〉

おもい-すごし【思い過ごし】おもひ 思い過ごすこと。考えすぎ。「私の—でした」

おもい-すご・す【思い過ごす】おもひ〔動サ五(四)〕❶余計なことまで考える。あれこれと考えすぎる。「つい、いらぬことまで—・す」❷「思い過ぐす❶」に同じ。「小菅ろの末吹く風のあどすすかかなしけ児ろを—・さむ」〈万・三五六四〉

おもい-す・つ【思ひ捨つ】おもひ〔動タ下二〕捨てて顧みない。見捨てる。見放す。「うきものと、—・てつる世も」〈源・須磨〉

おもい-すま・す【思ひ澄ます】おもひ〔動サ四〕❶心を静める。心を落ち着けて考える。「宮の中将、谷にむかひたる高欄に押しかかりて、—・したるに」〈狭衣・二〉❷俗念を去って仏道に専念する。「世を—・したる尼君たちの」〈源・賢木〉

おもい-せ・く【思ひ▽塞く】おもひ〔動カ四〕思いをせき止める。心を抑えつける。「—・く心のうちのしがらみも堪へずなりゆく涙川かな」〈千載・恋二〉

おもい-そ・む【思ひ初む】おもひ〔動マ下二〕❶思いはじめる。心にかけはじめる。「何となくあだなる花の色をしも心に深く—・むらむ」〈西行家集〉❷恋しはじめる。「あすか川淵は瀬になる世なりとも—・めてむ人は忘れじ」〈古今・恋四〉

おもい-そ・む【思ひ染む】おもひ ㊀〔動マ四〕深く思い込む。強く決心する。「いとかりそめに入りし山の、やがて出でじとさへ—・みぬ」〈幻住庵記〉㊁〔動マ下二〕深く心中に思う。深くかわいがる。「子ども多くはべれど、これはさまことに—・めたる者にはべり」〈源・東屋〉

おもいだし-わらい【思い出し笑い】おもひだしわらひ〔名〕スル 以前にあったことを思い出して、ひとりで笑うこと。

おもい-だ・す【思い出す】おもひ〔動サ五(四)〕❶過去のこと、忘れていたことを心によみがえらせる。「青春時代を—・す」「急用を—・す」❷思いはじめる。「彼のほうが正しいのではないかと—・してきた」〔類語〕思い返す・思う・思い浮かべる・追想する・回想する・回顧する・想起する

思い出したように　とだえていた物事が急に起こるようす。「昔の友人から—手紙が来た」

おもい-たち【思い立ち】おもひ 思い立つこと。決心。「突然な岸本の—は反って見ず知らずの人々の好奇心を引いた」〈藤村・新生〉

おもい-た・つ【思い立つ】おもひ〔動タ五(四)〕あることをしようという考えを起こす。心を決める。「急に—・って出掛ける」

思い立ったが吉日きちにち　何かをしようという気持ちになったら、その日が吉日と思ってすぐに始めるのがよい。思い立つ日が吉日。

おもい-た・つ【思い断つ┊思い絶つ】おもひ〔動タ五(四)〕思い切る。断念する。「伝道はしばらく—・っていたきょうこのごろ」〈蘆花・思出の記〉

おもい-たの・む【思ひ頼む】おもひ〔動マ四〕頼みに思う。当てにする。「大舟の—・むに」〈万・九〇四〉

おもい-た・ゆ【思ひ絶ゆ】おもひ〔動ヤ下二〕思い切る。あきらめる。断念する。「旅なれば—・えてもありつれど」〈万・三六八六〉

おもい-たゆ・む【思ひ×弛む】おもひ〔動マ四〕心が緩む。油断する。「今はさりともと—・みたりつるに」〈源・葵〉

おもい-たわ・む【思ひ×撓む】おもひ〔動マ四〕心がくじける。「ますらをの心はなしにたわやめの—・みて」〈万・九三五〉

おもい-ちがい【思い違い】おもひちがひ〔名〕スル 間違えて思い込むこと。また、その事柄。勘違い。思い違え。「うっかり曜日を—していた」〔類語〕誤解・勘違い・心得違い・曲解・混同・本末転倒・取り違える

おもい-ちが・う【思い違う】おもひちがふ ㊀〔動ワ五(ハ四)〕「思い違える」に同じ。「らんぼうものと—・い、からめとらんとするにこそ」〈魯文・西洋道中膝栗毛〉㊁〔動ハ下二〕「おもいちがえる」の文語形。

おもい-ちが・える【思い違える】おもひちがへる〔動ア下一〕図おもひちが・ふ〔ハ下二〕実際と違うことを間違えて思い込む。考え違いをする。「明日を日曜だと—・えていた」

おもい-つき【思い付き】おもひ ❶思いついたこと。ふと浮かんだ考え。「なかなかいい—だ」「—で行動されては迷惑だ」❷いい考え。おもしろい着想。「お前の言って来て呉れた下宿屋は至極—だと思う」〈虚子・続俳諧師〉〔類語〕発想・着想

おもい-つ・く【思い付く】おもひ ㊀〔動カ五(四)〕❶ある考えがふと心に浮かぶ。考えつく。「いいアイデアを—・く」❷忘れていたことを思い出す。「急用を—・く」❸思いを寄せる。好意をもつ。恋い慕う。「頗る付きの別品、加之も実のあるのに—・かれて」〈二葉亭・浮雲〉㊁〔動カ下二〕㊀❶に同じ。「—・けたる事こそあれ」〈浮・五人女・三〉〔類語〕考えつく・ひらめく

おもい-つづ・ける【思い続ける】おもひ〔動カ下一〕図おもひつづ・く〔カ下二〕❶いつまでもそのことを思う。いつも考える。「亡き子を—・ける」❷思いを歌の形で表す。述懐する。「ある女房、君かくれさせ給ひぬと承って、かうぞ—・けける」〈平家・六〉

おもい-つつ・む【思ひ包む】おもひ〔動マ四〕心の内が表にもれないようにする。つつしむ。「色に出でてはえあらず—・むことありて」〈宇津保・内侍督〉

おもい-つの・る【思い募る】おもひ〔動ラ五(四)〕思慕の情がますます強まる。「もう江口を自分の独占にしたというまでに—・って来た」〈近松秋江・青草〉

おもい-づま【思ひ妻┊思ひ▽夫】おもひ 深く愛する妻、または夫。「奥山の岩本菅の根深くも思ほゆるかも我が—は」〈万・二七六一〉

おもい-つ・める【思い詰める】おもひ〔動マ下一〕図おもひつ・む〔マ下二〕そのことだけを深く考えて悩む。いちずに思い込む。「—・めた表情」〔類語〕悩む・煩う・思い煩う・苦しむ・悶える・思い迷う・思い乱れる・苦悩する・懊悩する・煩悶する・憂悶する・苦悶する・苦慮する・頭を痛める・頭を悩ます

おもい-つら・ぬ【思ひ連ぬ】おもひ〔動ナ下二〕いろいろのことを思い続ける。「つつましくする事どもを—・ねて書きたるも」〈十六夜日記〉

おもい-で【思い出】おもひ ❶過去に自分が出会った事柄を思い出すこと。また、その事柄。「—にひたる」❷あることを思い出すよすがになるもの。「旅の—に写真を撮る」〔類語〕記念・記憶

おもいでのき【思出の記】おもひでのき 徳冨蘆花の自伝的小説。明治33～34年(1900～01)に発表。作者自身の生活体験に基づいた教養小説であり、同時に明治の時代精神を描く。

おもいで-ばなし【思い出話】おもひでー 昔の自分の体験・見聞を思い出してする話。回想談。

おもい-どおり【思い通り】おもひどほり〔名・形動〕思っていたとおりになること。また、そのさま。「世の中は—にならないものだ」

おもい-とじ・む【思ひ閉ぢむ】おもひとぢむ〔動マ下二〕思うことをやめる。断念する。「さらに立ちかへらじと—・めて」〈源・若菜上〉

おもい-どち【思ひどち】おもひ（ある人から）愛されている者どうし。「上も、かぎりなき御—にて」〈源・桐壺〉

おもい-とどこお・る【思ひ滞る】おもひとどこほる〔動ラ四〕決心が鈍る。決断をためらう。「はかなき事に—・り」〈源・橋姫〉

おもい-とどま・る【思い▽止まる】おもひ〔動ラ五(四)〕しようと思っていたことをやめる。考えたすえ、やめにする。思いとまる。「脱会を—・る」

おもい-とど・む【思ひ▽止む】おもひ〔動マ下二〕❶思い切る。あきらめる。「いみじからむ過ちを、さしあたりて見つけたりとも、えとがめ—・むべうもあらず」〈夜の寝覚・三〉❷深く考える。「物をいたう—・めたりし心に」〈源・夕霧〉❸心に残るようにする。心にとめる。「つどへる方々の中に、かの折の心ざしばかり—・むる人なかりしを」〈源・玉鬘〉

おもい-とま・る【思い止(ま)る】おもひ〔動ラ五(四)〕❶思いとどまる。「旅行を—・る」❷心が残る。心を残す。「捨てがたく—・る人はものまめやかなりと見え」〈源・帚木〉

おもい-どり【思ひ取り】おもひ この人と思う人から杯をもらうこと。また、思うところあって、差された杯を受けること。「おもひざし、—、その後は乱舞になる」〈曽我・六〉

おもい-と・る【思ひ取る】おもひ〔動ラ四〕❶悟る。わきまえる。理解する。「世の道理を—・りて、恨みざりけり」〈源・帚木〉❷心に思い定める。決心する。「ただ念仏を修して後世を祈りて、この所をいでじと—・りて」〈今昔・一五・六〉

おもい-なお・す【思い直す】おもひなほす〔動サ五(四)〕心に決めたことを改める。考えを改める。思い返す。考え直す。「辞任を—・す」

おもい-なお・る【思ひ直る】おもひなほる〔動ラ四〕考えが変わる。気持ちが改まる。「いづくをまた—・るべき折とか待たむ」〈源・真木柱〉

おもい-なが・す【思ひ流す】おもひ〔動サ四〕❶次から次へと思い浮かべる。連想する。「この世のほかの事まで—・され」〈源・朝顔〉❷あきらめる。断念する。「父母の御ためと—・せば悔やみはなし」〈浄・大磯虎〉

おもい-なぐさ・む【思ひ慰む】おもひ ㊀〔動マ四〕心が休まる。気が晴れる。「すずろなる旅居のみして、—・む折もなきに」〈源・蜻蛉〉㊁〔動マ下二〕気を取り直す。気を晴らす。「かく長らふれば少しも(=多少トモ)—・めつべき折もあるを」〈源・東屋〉

おもい-なし【思い×做し】おもひ ❶そうであろうと思い込むこと。気のせい。「—でもあろうが、其面相も大きく厳めしくなって」〈二葉亭訳・片恋〉❷まわりの人が推定して決めること。世間の評判。「これは、人の御際まさりて、—めでたく」〈源・桐壺〉

おもいなし-か【思い×做しか】おもひなしー〔連語〕(副詞的に用いて)そう思うせいか。気のせいか。「—元気がない」

おもい-な・す【思い×做す】おもひ〔動サ五(四)〕❶…のように心に受け取る。思い込む。「センチメンタルな彼を一個超人のようなと—・している友だちさえあった」〈佐藤春夫・都会の憂鬱〉❷推定して、それと決める。「おのづから、さるやうありて聞こゆるならむと—・し給へかし」〈源・若紫〉

おもい-なや・む【思い悩む】おもひ〔動マ五(四)〕あれこれ考えて苦しむ。思い煩う。「将来について—・む」

おもい-なら・う【思ひ習ふ】おもひならふ〔動ハ四〕❶習い覚える。「君により—・ひぬ世の中の人はこれをや恋といふらむ」〈伊勢・三八〉❷そう思うのが習慣となる。いつもそう思う。「さのみうけとるべき物と—・ひては、かならず心苦しく」〈夜の寝覚・四〉

おもい-な・る【思ひ成る】おもひ〔動ラ四〕自然とそう思うようになる。…の気になる。「世の中、心憂きものに—・りて」〈狭衣・一〉

おもい-ね【思ひ寝】おもひ ものを思いながら、特に、恋しい人を思いながら眠ること。「君をのみ—にねし夢なればわが心から見つるなりけり」〈古今・恋二〉

おもい-ねん・ず【思ひ念ず】おもひ〔動サ変〕❶一心に祈る。「この君を、あながちに、ながらへて見むと—・じけむ」〈夜の寝覚・二〉❷じっと我慢する。堪える。「しかれども—・じていはく」〈今昔・二九・二八〉

おもい-のこ・す【思い残す】おもひ〔動サ五(四)〕❶未練を残す。心残りに感じる。「—・すことはない」❷物思いをしつくさないで残す。感興を味わい残す。「かかる所に住む人、心に—・すことはあらじかし」〈源・若紫〉〔類語〕悔いる・後悔・悔やむ・悔悟・悔恨・悔い・懲りる

おもい-の-たけ【思いの丈】おもひ 思うことのありったけ。特に、恋い慕う気持ちのすべて。思いの限り。「—を打ち明ける」

おもい-のど･む【思ひ▽和む】〔動マ下二〕心を落ち着かせる。ゆったりした気持ちにさせる。「少し―･めよと思されば」〈源・若菜下〉

おもい-の-ほか【思いの外】考えていたことと違っているさま。案外。意外。多く副詞的に用いる。「―の好成績」「到着が―(に)早かった」

(類語)案外・意外・思いがけない・慮外・存外・望外・予想外・意表・結構・なかなか・割合

おもい-のぼ･る【思ひ上る】〔動ラ四〕気位を高くもつ。望みを高くもつ。「いみじう―･れど、心にしもかなはず」〈源・梅枝〉

おもい-の-まま【思いの×儘】心に思うとおり。思う存分。副詞的にも用いる。「―を述べる」「―(に)振る舞う」

おもい-ば【思い羽】オシドリなどの雄にある、イチョウの葉に似た羽。詩文で、夫や恋人を思う心にたとえる。剣羽。

おもい-ば【思ひ葉】触れ合い、重なり合って茂っている葉。多く男女の相愛にたとえる。「うそなしに今年二十一社、茂りたる森は―となり」〈浮・一代男・三〉

おもい-はか･る【思ひ量る】〔動ラ四〕考えをめぐらす。「よき人にあはせむと―･れど」〈竹取〉

おもい-はげ･む【思ひ励む】〔動マ四〕心を励ます。努力する。「後の世までのことをも思はむと―･みて」〈更級〉

おもい-は･つ【思ひ果つ】〔動タ下二〕❶そうだとはっきり判断する。最後に思い当たる。「宮なりけりと―･つるに、乳母の言はむ方なくあきれてゐたり」〈源・東屋〉❷思い切る。あきらめる。「(源氏ヲ)つらき方に―･て給へど」〈源・葵〉❸最後まで愛し続ける。「つらきゆかりにこそ、え―･つまじけれ」〈源・空蝉〉

おもい-はな･つ【思ひ放つ】〔動タ四〕思いをきっぱり捨てる。ふりきる。愛想をつかす。また、あきらめる。「したり顔にて、もとのことを―･ちたらむ気色こそ愁はしかるべけれ」〈源・末摘花〉

おもい-はな･る【思ひ離る】〔動ラ下二〕心にかけなくなる。気持ちが離れる。「あらぬ様になりなば、少しも―･れ給ひなむと、思ふなり」〈狭衣・二〉

おもい-はばか･る【思ひ×憚る】〔動ラ四〕気がねする。心配する。「忍びたる御歩きに、いかがと―･りてなむ」〈源・若紫〉

おもい-はる･く【思ひ晴るく】〔動カ下二〕気持ちを晴らす。「例の気色なる今朝の御文にもあらざめれど、なほえ―･けず」〈源・夕霧〉

おもい-びと【思い人】恋しく思う人。恋人。愛人。

おもい-ふけ･る【思い×耽る】〔動ラ五(四)〕考えに没頭する。思いをめぐらす。「―･って樹の下を歩いて居ると」〈藤村・破戒〉

おもい-へだ･つ【思ひ隔つ】〔動タ下二〕心に隔てを置く。分け隔てをする。よそよそしくする。「二の宮―･てずおぼせ」〈栄花・根合〉

おもい-ほ･る【思ひ×惚る】〔動ラ下二〕心がぼんやりする。放心する。おもいほく。「堪へがたう悲しければ、夜昼―･れて」〈源・松風〉

おもい-まが･う【思ひ▽紛ふ】〔動ハ下二〕思い違いをする。錯覚を起こす。「さだめなく鳥や鳴くらむ秋の夜の月の光を―･へて」〈山家集・上〉

おもい-ま･す【思ひ増す】〔動サ四〕❶ますます恋い焦がれる。「彦星の―･すらむことよりもみる我くるし夜のふけゆけば」〈拾遺・秋〉❷他よりよいと思う。「待てといふに散らでしとまるものならば何を桜に―･さまし」〈古今・春下〉

おもい-まつわ･す【思ひ×纏はす】〔動サ四〕思慕の情をまつわらせる。「煩はしげに―･す気色見えましかば」〈源・帚木〉

おもい-まど･う【思い惑う】〔動ワ五(ハ四)〕《上代は「おもいまとう」》心が迷う。あれこれ思い迷う。「自分の将来について―･う」

おもい-まよ･う【思い迷う】〔動ワ五(ハ四)〕あれかこれかと考えが定まらない。思い惑う。「叔父の家の門へ行くまでも―･った」〈藤村・家〉(類語)悩む・苦しむ・煩う・悶える・思い煩う・思い乱れる・苦悩する・懊悩する・煩悶する・憂悶する・苦悶する・苦慮する・頭を痛める・頭を悩ます・思い詰める

おもい-まわ･す【思い回す】〔動サ五(四)〕❶思いめぐらす。あれこれ思う。「―･してお玉は覚えずぞっとした」〈木下尚江・良人の自白〉❷昔のことを思う。回顧する。「―･せば七年前、あの伯爵めに」〈露伴・あやしやな〉

おもい-みだ･れる【思い乱れる】〔動ラ下一〕図おもひみだ･る〔ラ下二〕❶あれこれと思い悩む。「心が千々に―･れる」❷恋しさに心が乱れる。「かりごもの―･れて我恋ふと妹知るらめや人し告げずは」〈古今・恋一〉(類語)悩む・苦しむ・煩う・悶える・思い煩う・思い迷う・苦悩する・懊悩する・煩悶する・憂悶する・苦悶する・苦慮する・頭を痛める・頭を悩ます・思い詰める

おもい-み･る【思い見る｜×惟る】〔動マ上一〕図〔マ上一〕よく考える。思いめぐらす。おもんみる。「将来の自分の姿を―･みる」

おもい-むすぼお･る【思ひ結ぼほる】〔動ラ下二〕「おもいむすぼる」に同じ。「さやうの事を言ひは出でで、―･れたるなめり」〈狭衣・一〉

おもい-むすぼ･る【思ひ結ぼる】〔動ラ下二〕心がふさいで、気が晴れない。気がふさぐ。おもいむすぼおる。「ねもころに―･れ嘆きつつ」〈万・四一一六〉

おもい-むつ･ぶ【思ひ▽睦ぶ】〔動バ上二〕むつまじく思う。「見そめたる人には、うとからず―･び給はむこそ本意ある心地すべけれ」〈源・末摘花〉

おもい-めぐら･す【思い巡らす】〔動サ五(四)〕いろいろと考えてみる。あれやこれやと思案する。思い回す。「卒業後のことを―･す」

(類語)思う・考える・思し召す・存ずる

おもい-もう･ける【思い設ける】〔動カ下一〕図おもひまう･く〔カ下二〕前もって心の準備をする。そのつもりでいる。予期する。「―･けぬ視線にまごついて」〈康成・招魂祭一景〉

おもい-もの【思い者】愛人。情人。また、愛妾。多く男性の側からみていう。

おもい-やす･む【思ひ休む｜思ひ▽息む】〔動マ四〕心にかけなくなる。「おしてる難波の国は葦垣の古りにし里と人皆の―･みて」〈万・九二八〉

おもい-やすら･う【思ひ▽休らふ】〔動ハ四〕ためらう。決心がつきかねる。「いかにせましと―･ひて」〈かげろふ・下〉

おもい-や･む【思ひ▽止む】〔動マ四〕思いとどまる。あきらめる。「身の上になりては、え―･むまじきわざなりけり」〈狭衣・四〉

おもい-やり【思い▽遣り】❶他人の身の上や心情に心を配ること。また、その気持ち。同情。「―のある処置」「病人に対する―がない」❷想像。推察。「奥山の―だに悲しきにまたあま雲のかかるなになり」〈かげろふ・上〉❸思慮。分別。「ことに責むれば、若き人の―少なきにや」〈堤・花桜をる少将〉

(類語)同情・あわれみ・情け

おもいやり-よさん【思い▽遣り予算】防衛省の予算として計上される在日米軍駐留経費負担の通称。昭和53年(1978)、米軍基地に勤務する日本人従業員の給与を日本側で一部負担したことに始まる。円高ドル安が進行し、米側の負担が増えることに配慮した防衛庁長官(当時)が衆議院内閣員会で「思いやりというものがあってもよい」と発言したことに由来。

おもい-や･る【思い▽遣る】〔動ラ五(四)〕❶他人の身の上や心情を推し量って、同情する。また、配慮する。「被災者の生活を―･る」❷遠く隔たっている人や物事を思う。思いをはせる。「故郷の母を―･る」「老後を―･る」❸(「おもいやられる」の形で)悪くなりそうだと心配される。案じられる。「これからが―･られる」❹うれいを追い払い、心を慰める。気を晴らす。「―･る方もしられず苦しきは心まどひのつねにやあるらむ」〈後撰・雑四〉(類語)あわれむ・思う・慮る

おもい-ゆず･る【思ひ譲る】〔動ラ四〕世話などを、安心して人に任せる。頼む。「―･る人なきをば、とりわきて後めたく見煩ひはべる」〈源・若菜上〉

おもい-ゆる･す【思ひ許す】〔動サ四〕❶心の中で認めて、とがめないでおく。容認する。「こたみはさもありぬべしと―･して、帰りぬ」〈源・手習〉❷その人のために特に許す。免じて許す。「ただ我に―･して、内侍所を都へ返し入れ奉れ」〈平家・一〇〉

おもい-よ･す【思ひ寄す】〔動サ下二〕あるものに結びつけて考える。連想する。「もて離れたる事をも―･せて疑ふもをかしとおぼせど」〈源・帚木〉

おもい-よそ･う【思ひ寄そふ｜思ひ▽準ふ】〔動ハ下二〕他に引き比べて考える。「木高き木より咲きかかりて、風になびきたる匂ひは、かくぞあるかしと―･へらる」〈源・野分〉

おもい-よ･る【思い寄る】〔動ラ五(四)〕❶思い当たる。考えつく。「ここまでこじれるとは―･らなかった」❷心が引かれる。好意をもつ。「わがいとよく―･りぬべかりし事を」〈源・夕顔〉

おもい-よわ･る【思ひ弱る】〔動ラ四〕気が弱くなる。我を折る。「平中かくあながちに懸想しければ、女、心に―･りて遂に忍びて会ひにけり」〈今昔・三〇・二〉

おもいれ【思入れ】《「おもいいれ」の音変化》㊀〔名〕❶「思い入れ㊀❶」に同じ。「三人―してついと這入る」〈伎・幼稚子敵討〉❷考えをめぐらすこと。思案。「みなみな―を言へば」〈咄・筆のはじめ〉㊁〔副〕思う存分。「―金をつかって」〈黄・艶気樺焼〉

おもい-わ･く【思ひ分く】㊀〔動カ四〕物事を理解し判断をする。分別する。「さばかりの色も―･かざりけりや」〈源・野分〉㊁〔動カ下二〕㊀に同じ。「とりどりに―･けつつ、ものいひたはぶるるも」〈堤・ほどほどの懸想〉

おもい-わずら･う【思い煩う】〔動ワ五(ハ四)〕あれこれ考えて悩む。「進路について―･う」(類語)煩う・思い詰める・苦しむ・悶える・思い迷う・思い乱れる・苦悩する・懊悩する・煩悶する・憂悶する・苦悶する・苦慮する・頭を痛める・頭を悩ます

おもい-わた･る【思ひ渡る】〔動ラ四〕いつも思い続ける。「もろともに行かぬ三河の八橋は恋しとのみや―･らむ」〈拾遺・離別〉

おもい-わ･ぶ【思ひ×侘ぶ】〔動バ上二〕思い悲しむ。思い煩う。「塵泥の数にもあらぬ我故に―･ぶらむ妹が悲しさ」〈万・三七二七〉

おも･う【思う｜▽想う｜▽憶う｜▽念う】〔動ワ五(ハ四)〕❶ある物事について考えをもつ。考える。㋐判断する。信じる。「これでよいと―･う」「そうは―･わない」「自分の―･ったとおりに行動しなさい」㋑決心する。決意する。「新しく事業を始めようと―･う」「―･うところがあって酒を断つ」㋒あやしむ。疑う。「変だと―･った」「そんなことがあるはずはないと―･っていた」❷眼前にない物事について、心を働かせる。㋐推量する。予想する。「この本はいくらだと―･うか」「―･わぬ事故」㋑想像する。「―･ったほどおもしろくない」「夢にも―･わなかった」㋒思い出す。追想する。回顧する。「亡き人を―･い悲しくなる」「あのころを―･えば隔世の感がある」❸願う。希望する。「―･うようにいかない」「美人に生まれていたらなあと―･う」❹心にかける。心配する。気にする。「君のことを―･って忠告する」「このくらいの暑さは何とも―･わない」❺慕う。愛する。恋する。「故郷を―･う」「心に―･う人」❻ある感じを心にもつ。感じる。「別れは悲しいと―･う」「歓待されて心苦しく―･った」❼表情に出す。そういう顔つきをする。「もの悲しらに―･へりし我が子の刀自を」〈万・七二三〉➡考える(用法)

(可能)おもえる

(…句)蚊の食う程にも思わぬ・人を思うは身を思う・人を人とも思わない・人を見たら泥棒と思え・糸瓜の皮とも思わない・老驥千里を思う・我と思う

(類語)(❶)考える・思い巡らす　(尊敬)思し召す　(謙譲)存ずる／(❷㋐㋑)想像する・推測する・予想する／(❷㋒)思い浮かべる・思い出す・思い返す・追想する・回想する・回顧する・想起する／(❸)望む・願う・念ずる／(❹)思いやる・慮る／(❺)恋する・恋う・慕う・愛する

思い思わ◦れる　相手を思うし、相手から思われもする。互いに恋し合う。相思相愛である。

思う事言わねば腹膨(ふく)る　心に思っていることを言わないでいると不満がたまり、腹が張ったようで不快である。

思うところ無・し　思慮分別がない。「所せきさましたる人こそ、うたて一・く見ゆれ」〈徒然・二〉

思う仲(なか)の小諍(こいさか)い　むつまじい二人は、かえって小さないさかいをよくするということ。思う余りの小諍い。思う仲のつづり諍い。

思うに任せ◦ない　望んだとおりに事が進まない。「意見が続出して議事進行が一◦ない」

思うに別れ思わぬに添う　好きな人とは結婚できないで、そうでない人と一緒になる。男女の縁は思いどおりにならないということ。

思う念力(ねんりき)岩(いわ)をも通す　どんなことでも一心に行えばできないことはない。

おもう-こころ【思ふ心】(おもふ)〔連語〕❶愛する心。恋心。「家にして結ひてし紐を解き放(さ)けず一を誰か知らむも」〈万・三九五〇〉❷このようにしたいという気持ち。「生まれし時より一ありし人にて」〈源・桐壺〉

おもう-さま【▽御▽父様】《母屋(おもや)にいる人の意から》父を敬っていう語。宮中・宮家・公家、また、東西本願寺両家などの家庭で用いる。おもうさん。⇔御母様(おたあさま)。(補説)「御孟様」「御申様」とも書く。

おもう-さま【思う様】(おもふ) ㊀〔副〕満足のゆくまで。思う存分。「一酒を飲む」㊁〔名〕心に思っていること。考え。「あやしう思ひやりなきやうなれど、一ことなる事にてなむ」〈源・澪標〉㊂〔形動ナリ〕❶申し分のないさま。「ふたばの人をも、一にかしづきおほしたて」〈更級〉❷自由で気ままなさま。「父親王(おやみこ)も一に聞こえかはし給ふ」〈源・賢木〉(類語)十分・存分に・良く・みっちり・みっしり・篤(とく)と・万万(ばんばん)

おもう-ぞんぶん【思う存分】(おもふ)〔副〕満足がいくまで。思いきり。「一(に)遊びたい」「一の働き」

おもう-つぼ【思う×壺】(おもふ)〔連語〕《「壺」は、ばくちでさいころを入れて振る道具》意図した状態。たくらんだとおり。「相手の一にはまる」

おもう-どち【思ふどち】(おもふ)〔連語〕気の合った者どうし。親しい者どうし。「梅の花今盛りなり一かざしにしてな今盛りなり」〈万・八二〇〉

おもう-に【思うに|×惟うに】(おもふ)〔副〕考えてみるに。推察すると。「一彼はああいう性格なのだ」

おもう-ひと【思う人】(おもふ)〔連語〕❶いとしい人。恋人。おもいびと。❷気の合った人。親しい友。「鶉(うづら)鳴く古りにし郷(さと)の秋萩を一どち相見つるかも」〈万・一五五八〉❸自分をいとしく思い、かわいがってくれる人。「ちひさき人は、ただ一にむつるるものなり」〈宇津保・楼上上〉

おもう-まま【思う×儘】(おもふ)〔副〕心に思うとおりに。思うさま。「ピアノを一(に)操る」

おもう-よう【思ふ様】(おもふやう) ㊀〔名〕「おもうさま(思う様)㊁」に同じ。「この人をかうまで思ひやり言とふは、なほ一の侍るぞ」〈源・澪標〉㊁〔形動ナリ〕「おもうさま(思う様)㊂」に同じ。「大将いと一なる心地し給ふ」〈宇津保・楼上上〉

おもえ-らく【思えらく|▽以▽為らく|×謂えらく】(おもへ)〔連語〕《動詞「おもう」の已然形＋完了の助動詞「り」のク語法「らく」》思っていることには。考えるには。「われ一、両者の短歌全く標準を異にす」〈子規・墨汁一滴〉「蝦夷(えびす)一、軍衆なほ多(さは)なりと」〈舒明紀〉

おもえ-り(おもへ)《動詞「おも(思)う」に完了の助動詞「り」の付いた「思えり」の連用形から》顔つき。表情。「若(も)し服(まつろ)はぬ一あらば、即ち殺せ」〈天武紀〉

おも・える【思える】(おもへる)〔動ア下一〕そう感じられる。自然に思われる。「人ごととは一・えない」

おもおも-し・い【重重しい】〔形〕図おもおも・し〔シク〕❶落ち着いていて威厳が感じられる。「一・い口調」⇔軽軽(かるがる)しい。❷いかにも重そうである。重圧感を覚える。「一・い靴音」「一・い苦悩(くのう)」〈独歩・運命論者〉❸身分や地位が重い。並々でない。「一・しうて常にしも参り給はず」〈源・蜻蛉〉❹主だっているさま。「この御後見(うしろみ)どものなかに一・しき御乳母(めのと)のせうと」〈源・若菜上〉(派生)おもおもしげ〔形動〕おもおもしさ〔名〕(類語)息苦しい・重苦しい・息詰まる・胸苦しい

おも-がい【面×繋|面▽懸|×羈|面▽掛】《「おもがき」の音変化》馬具の一。轡(くつわ)を固定するために、馬の頭にかける緒。おもづら。➡三繋(さんがい)

おも-かくし【面隠し】《「おもがくし」とも》❶恥ずかしさに顔を隠すこと。「玉かつま逢はむと言ふは誰(たれ)なるか逢へる時さへ一する」〈万・二九一六〉❷恥ずかしさを紛らすこと。てれ隠し。「一にや…まめごとをのたまへば」〈源・宿木〉❸醜いもの、汚いものの表面を覆い隠すこと。「あやしき賤(しづ)の屋も雪にみな一して」〈枕・三〇二〉

おも-かく・す【面隠す】〔動サ四〕《「おもがくす」とも》❶恥ずかしさに顔を隠す。「相見ては一・さるるものからに継ぎて見まくの欲しき君かも」〈万・二五五四〉❷醜いもの、汚いものの表面を覆い隠す。「あやしき賤(しづ)の屋も一・して」〈能因本枕・二八二〉

おもかげ【於母影】森鷗外・落合直文ら新声社同人の訳詩集。明治22年(1889)発表。ゲーテ・バイロンなどの西欧の詩を収録。和文・漢語の長所を取り入れ、新体詩を芸術的に高めるきっかけとなった。

おも-かげ【面影|×俤】❶記憶によって心に思い浮かべる顔や姿。「亡き人の一をしのぶ」❷あるものを思い起こさせる顔つき・ようす。「目もとに父親の一がある」「古都の一は今やない」❸実際には存在しないのに見えるように思えるもの。まぼろし。幻影。「夢に見えつるかたちしたる女、一に見えて、ふと消えうせぬ」〈源・夕顔〉❹歌論用語で、作品から浮かびあがってくる心象。「詞(ことば)のやさしく艶なる他、心も一もいたくはなきなり」〈後鳥羽院御口伝〉❺「面影付け」の略。❻名香の名。香木は伽羅(きゃら)。(補説)「俤」は国字。(類語)顔・顔付き・顔立ち・容貌・面構え・面差し・面立ち・人相・面相・容色・相好・血相・形相・剣幕・面魂・表情

面影に立・つ　目の前に姿が浮かぶ。「故郷の家の様子が一・って来るに過ぎない」〈鷗外・妄想〉

おもかげ-ぐさ【面影草】ヤマブキの別名。

おもかげ-づけ【面影付け】連歌・連句で、付合(つけあい)手法の一。故事・古歌・古物語などを材料にして句をつけるとき、その内容をほのかに示す表現でつける方法。特に、蕉風で用いられた。

おも-かじ【面×舵】(おもかぢ) ❶船首を右に向けるときの舵の取り方。「一いっぱい」⇔取り舵(かじ)。❷右舷(うげん)。

おも-かた【面形】顔かたち。面ざし。「一の忘れむしだは大野ろにたなびく雲を見つつ偲(しの)はむ」〈万・三五二〇〉

おも-がわり【面変(わ)り】(おもがはり)〔名〕スル ❶年をとったり病気をしたりなどして、顔つきが変わること。「以前より太って一している」❷物のようすが変わること。「あけぬともなほ秋風はおとづれて野辺のけしきよ一すな」〈千載・秋下〉(類語)様変わり・変形・変容・変貌・変身・イメージチェンジ・変態・変異・変わる

おもき【重き】重いこと。重み。重点。
(類語)重点・主眼・眼目・軸足・立脚点・立脚地・力点・主力・重きを置く・重視・要点・要所・要・ポイント・要領・大要・キーポイント・急所・つぼ

重きを置・く　重要と考える。重くみる。「生徒の情操教育に一・く」

重きをな・す　重んじられる。重要な地位を占める。「経済界で一・す」

おも-ぎらい【面嫌ひ】(おもぎらひ) 幼児が見慣れない人を見て、嫌うこと。人見知り。「男をば怖(お)ぢずや、一をもせず」〈宇津保・国譲中〉

おもく・す【重くす】〔動サ変〕重んじる。「才学といふもの、世にいと一・する物なれば」〈源・絵合〉

おも-くるし・い【重苦しい】〔形〕図おもくる・し〔シク〕❶押さえつけられるようで、息苦しい。気分が晴れ晴れしない。「胸が一・い」「会場に一・い空気が漂う」❷さわやかでない。「一・い口調」(派生)おもくるしげ〔形動〕おもくるしさ〔名〕
(類語)重重しい・息苦しい・息詰まる・胸苦しい

おも-く・れる【重くれる】〔動ラ下一〕重そうである。重苦しそうに見える。「常なる着る物の下がへに綿をふくませ、その姿一・れて」〈浮・一代女・二〉

おも-くろ・い【面黒い】〔形〕❶「おもしろい」をしゃれていった語。「これは一・い。ぜひやってみましょう」〈独歩・号外〉❷「おもしろい」の反対の意で、「つまらない」をしゃれていった語。「富士なくば一・からん東路」〈一息〉

おも-げぎょ【▽本▽懸魚】破風(はふ)の拝みの下、中央部にある懸魚。拝み懸魚。

おもご-けい【面河渓】愛媛県、石鎚山を源とし南流する面河川の渓谷。断崖や甌穴(おうけつ)が多く、景勝地。

おも-さ【重さ】❶重いこと。また、その度合い。「一を量る」❷地球上の物体に作用する重力の大きさ。その物体の質量と重力加速度との積に等しい。地球上の場所により重力加速度の値が異なるので、同一物体の重さも異なる。重量。
(類語)重量・目方・ウエート・重み・体重・重心

おも-ざし【面差(し)】顔つき。顔だち。面だち。「母親に似た一」(類語)顔・顔付き・顔立ち・容貌・面構え・面立ち・面影・人相・面相・容色・相好・血相・形相・剣幕・面魂・表情

おもし【重し|重▽石】《形容詞「おも(重)し」の終止形から》❶物を押さえつけるために置くもの。おし。「辞書を一にする」❷人を押さえ鎮める力。また、その力をもっている人。「若輩で一がきかない」❸秤(はかり)のおもり。(補説)後世「おもいし」の音変化と意識されて「重石」の字を当てる。(類語)重り

おもしゃ・る〔動ラ四〕《「おもう(申)しある」の音変化か》おっしゃる。仰せになる。「ええ何を一・る久介」〈浄・三井寺開帳〉

おも-しろ【面白】《形容詞「おもしろし」の語幹》おもしろいこと。「今のあさはかなるも、昔の跡に恥ぢなくにぎははしく、あな一と見ゆる筋はまさりて」〈源・絵合〉

面白狸(おもしろだぬき)の腹鼓(はらつづみ)　《「面白」を「尾も白」と解釈し、「狸」と続け、「狸」にかけて「腹鼓」と続けたもの》「おもしろい」をしゃれていった言葉。

おも-しろ・い【面白い】〔形〕図おもしろ・し〔ク〕《もと、目の前が明るくなる感じをいった語》❶興味をそそられて、心が引かれるさま。興味深い。「何か一・いことはないか」「仕事が一・くなってきた」「この作品は一・くなかった」❷つい笑いたくなるさま。こっけいだ。「この漫画はなんとも一・い」「一・くもない冗談」❸心が晴れ晴れするさま。快く楽しい。「夏休みを一・く過ごした」「無視されたようで一・くなかった」❹一風変わっている。普通と違っていてめずらしい。「一・い癖」「一・い声」❺(多く、打消しの語を伴って用いる)思ったとおりである。好ましい。「結果が一・くない」❻風流だ。趣が深い。「月の一・きに、夜更くるまで遊びをぞし給ふなる」〈源・桐壺〉(派生)おもしろがる〔動ラ五〕おもしろげ〔形動〕おもしろさ〔名〕おもしろみ〔名〕
(用法)おもしろい・おかしい――「おもしろおかしく話す」「おもしろい(おかしい)形の木の根」のように、滑稽(こっけい)な、奇妙な、の意味では、相通じて用いられる。◇「おもしろい」は、「おもしろい小説」「仕事もだいぶおもしろくなってきた」のように、その内容が(話し手の)興味をひく場合に用いられる。◇「おかしい」は、「何となくおかしい作品」のように、形式その他が風変わりだ、調和的でない意を表し、また、「先月来、からだの調子がおかしい」「彼が勲章をもらうなんてちゃんちゃらおかしい」と不調・不審の用法に及ぶ。これらは「おもしろい」に置き換えられない。◇「おもしろい試合」は、緊迫した内容の試合であり、「おかしい試合」は、普通でない変な経過、珍プレーのある試合ということになる。
(類語)愉快・痛快・おかしい・滑稽・ひょうきん・コミカル

おもしろ-おかし・い【面白おかしい】(こっけい)〔形〕図おもしろをか・し〔シク〕おもしろくて愉快である。「一・く暮らす」

おもしろ-ずく【面白▽尽く】(づく) ❶おもしろいというだけで、無責任にすること。興味本位。「一でやられてはたまらない」❷おもしろみの限りを尽くすこと。「此の道の第一の一の芸能なり」〈花伝・二〉

おもしろ-はんぶん【面白半分】〔名・形動〕興味本位の気持ちがあって、真剣さに欠けていること。また、そのさま。「一に練習しても上達しない」

おもた・い【重たい】〔形〕文おもた・し〔ク〕❶目方が多い。「荷物が一・い」❷軽快でない。「一・い口調」❸心が晴れ晴れしない。「頭が一・い」派生おもたがる〔動ラ五〕おもたげ〔形動〕おもたさ〔名〕

おも-だか【沢瀉｜面高】■❶オモダカ科の多年草。池沼や水田に生える。葉は鏃やじり形で、30〜60センチの長い柄をもつ。夏から秋、高さ40〜70センチの花茎を伸ばし、白色の3弁花を輪生する。はなぐわい。補説生薬の沢瀉たくしゃは、サジオモダカの球茎。季夏「一や芥あくた流るる朝の雨／紅緑」❷紋所の名。オモダカの葉と花を組み合わせたもの。立て沢瀉・抱き沢瀉など。❸文様の名。オモダカの葉を文様化したもの。❹オモダカの葉の形をした鏃やじり。■源氏八領の鎧よろいの一。札さねは黒塗り、総萌黄そうもえぎの糸で沢瀉威おどしにし、耳糸は白を用いたという。

おも-だか【面高】〔名・形動〕鼻が高いなど、中高なかだかな顔のこと。また、そのさま。「一な美人」

おもだか-おどし【沢＝瀉▽威】鎧よろいの威の一。オモダカの葉の形に似せて上を狭く、裾開きに、周囲の色と変えておどす。周囲の地色から紫地沢瀉威、萌葱もえぎ地沢瀉威などという。

おもだか-くわい【沢＝瀉慈＝姑】オモダカの球茎。クワイの球茎に似て、小形。正月料理に用いる。

おもだか-ずり【沢＝瀉×摺り】布地にオモダカの葉の模様をすったもの。

おもだか-ひさたか【沢瀉久孝】［1890〜1968］国文学者。三重の生まれ。万葉集の研究に専念し、訓詁注釈に業績を残した。著「万葉集注釈」「万葉の作品と時代」「万葉古径」など。

おもだか-や【沢瀉屋】歌舞伎俳優市川猿之助、およびその一門の屋号。

お-もたせ【▽御持たせ】《「御持たせ物」の略》来客を敬って、持ってきた土産物をいう語。多く、その客へのもてなしにその品をすすめるときに使う。「一で失礼ですが」補説近ごろでは、客が持ってきた土産物を受けた側からいうのではなく、「このお菓子がお持たせに最適です」のように、客が持って行く手土産の意で使うことが増えている。

おも-だた・し【面立たし】〔形シク〕名誉だ。光栄だ。晴れがましい。「祭りの使ひなどにいでたるも、一・しからずやはある」〈枕・二四〉

おも-だち【面立ち】顔だち。容貌ようぼう。面差し。類語顔・顔付き・顔立ち・容貌・面構え・面差し・面影・人相・面相・容色・相好・血相・形相・剣幕・面魂・表情

おも-だ・つ【主立つ｜重立つ】〔動タ五(四)〕集団の中で重要な地位を占める。中心となる。ふつう、「おもだった」の形で用いる。「会社の一・った人」類語偉い・有力な・錚錚そうそうたる

おも-ちち【▽母父】母と父。父母。あもしし。「一に妻に子どもに語らひて」〈万・四四三〉

お-もちゃ【玩＝具】《「もちゃ」は「もちあそび(持遊)」から》❶子供が手に持って遊べるように作ってあるもの。がんぐ。❷慰みのためにもてあそばれる人や物。

玩具に・する 慰みものにする。もてあそぶ。「相手の気持ちを一・する」

玩具箱を引っくり返したよう 非常に散らかっていることのたとえ。

おもちゃ-え【玩＝具絵】ヱ 江戸時代末から明治時代まで多くあった、子供を対象とした一種の絵草紙。1枚の紙に、種々の品物・動植物・着せ替え人形・組み立て絵・年中行事などが印刷してあった。

おも-ぢゃわん【主茶×碗】❶茶会で、複数の茶碗を使うときに主となる茶碗。正客に使う。→替え茶碗 ❷重ね茶碗を使うときの第1碗。

おも-づかい【主遣い】づかひ 三人遣いの操り人形で、人形の首かしらと右手を受け持つ人。三人の遣い手の最上位で、番付に名前が出る。

おもったる・い【重ったるい】〔形〕からだが重く感じられて、だるい。「冷えたので腰が一・い」

おも-づら【羈＝頭｜×羈】→面繋おもがい

おも-て【表】《「面おもて」と同語源》■〔名〕❶物の二つの面のうち、主だったほう。表面。また、外側。「答案は一を上にして集める」「コインを投げて一か裏かで占う」「鏡の一」⇔裏。❷他のものより前に位置すること。前面。「長男を一に立てる」❸畳・草履・下駄などの表面につけるござ。❹衣服の表地。⇔裏。❺うわべ。外見。「一を飾る」⇔裏。❻表向きのこと。おおやけ。公式。正式。「人生の一と裏に通じている」「一通り」「一参道」⇔裏。❼正面。家の入り口。「一から入る」⇔裏。❽家の外。戸外。また、家の前の通り。「一で遊ぶ」❾野球で、各回の、先攻チームが攻撃する番。「七回一の攻撃」⇔裏。❿「表千家」の略。⓫連歌・俳諧で、二つに折った懐紙の第一面。単に「おもて」というときは、初折しょおりの第一面。⓬江戸幕府または大名家で、公的な事務や儀式をする所。商家では店をいう。⓭表座敷。「まづ一へと通らせられい」〈虎明狂・梟〉⓮人前にそれをはっきり示すこと。また、そのもの。証拠。「安心の一とし」〈浄・念仏往生記〉⓯文書などの記載面。文面。「御制札の一にまかせ、さうさうにと参りて」〈虎明狂・牛馬〉■〔接尾〕方角・場所などを示す名詞に付く。❶その方角に向かっていること、その側に面していることを表す。「南一」❷その方向の土地・地方を表す。「江戸一」「国一」
下接語 裏表・江戸表・木表・国表・初うい表・外表・畳表・中なか表・名残の表・二の表・琉球りゅうきゅう表
類語 表面・外面・正面・面て・面おもて・上面うわつら・上側うわがわ・上面じょうめん・界面・表層／外・屋外・戸外・室外・野外・窓外そうがい・アウトドア

表を張・る うわべを豪華に見せようとする。「内証は殻大名でも一・って」〈浮・渡世身持談義・一〉

おも-て【面】《「おも(面)」に、方向・方面を表す「て」の付いたもの。正面のほう、の意》❶顔面。顔。「一を赤らめる」「一を伏せる」❷仮面。めん。主として能・狂言に用いるものにいう。❸物の表面。外面。「池の一」❹面目。体面。「いづこを一にかはまたも見え奉らむ」〈源・賢木〉類語顔面・面かお・面つら・フェース・顔

面置・く 顔向けをする。多く「面置かむ方かたなし」の形で、恥ずかしくて顔向けができない意に用いる。「一・かむ方なくぞおぼえ給ふや」〈源・真木柱〉

面も振らず わき目も振らず。まっしぐらに。「一戦ひけるが、大敵凌しのぐに叶かなはねば」〈太平記・八〉

面を冒おか・す 目上の人の気持ちに逆らうのを恐れずにいさめる。「一・して苦言を呈する」

面を起こ・す 面目をほどこす。名誉をあげる。「よき女子にょしは、親の面をも起こすものにはあらずや」〈宇津保・国譲中〉

面を輝か・せる 喜び・興味・希望の思いがあふれて、生き生きとした表情を示す。「吉報に一・せる」

面を曝さら・す ❶人前に顔を現す。「報道陣に一・す」❷人前で恥をかく。「かやうに一・す事、前世のむくひといひながら」〈謡・千手〉

面を伏・す 面目を失う。名誉を傷つける。「亡き親の一・せ、影を恥づかしむるたぐひ」〈源・若菜上〉

面を向か・う ❶顔を向ける。対面する。「是を射そんずる物ならば、弓きりをり自害して、人に二たび一・ふべからず」〈平家・一一〉❷まともに立ち向かう。正面から敵対する。「十万余騎にて都を立ちし事柄は、なにに一・ふべしとも見えざりしに」〈平家・七〉

おも-で【重手｜重▽傷】重い傷。深手。「一を負う」

おもて-あみ【表編み】棒針で編む基礎編みの一。メリヤスの表側と同様の編み目になる編み方。メリヤス編み。⇔裏編み。

おもて-うた【面歌】面目をほどこすような歌。すぐれた和歌。代表的な歌。「御詠の中にはいづれをかすぐれたりとおぼす。…是をなん身にとりては一と思ひ給ふる」〈無名抄〉

おもて-うら【表裏】❶表と裏。❷人目に立つ態度と、心のうち。「一のない人物」

おもて-おこし【面起こし】面目をほどこすこと。名誉を回復すること。おもてだて。「何事にもはかばかしからぬみづからの一になむ」〈源・賢木〉

おもて-かいどう【表街道】カイダウ ❶正式の街道。本街道。⇔裏街道。❷まともで正しい人生、また、人の目に立つ華やかな経歴のたとえ。⇔裏街道。

おもて-がえ【表替え】ーがへ 畳表を新しくすること。

おもて-がき【表書(き)】封書・小包・文書などの表に、住所・氏名などを書くこと。また、その文字。上書き。

おもて-かた【表方】劇場で、営業・会計・観客係などの事務系統の人。→裏方

おもて-がた【面形】仮面。めん。「一を取りのけては人もぞ見知る」〈今昔・二八・三五〉

おもて-がまえ【表構え】ーがまへ 外側から見た、家屋・塀・門扉などの造り。「一のりっぱな家」

おもて-がろう【表家老】ーガラウ 江戸時代、大名家などで表向きの政務に携わった家老。⇔奥家老。

おもて-がわ【表側】ーがは 表のほう。表に面する部分。表面。「布の一」⇔裏側。
類語 正面・表おもて・前面・表面・外面・ファサード

おもて-かんばん【表看板】❶劇場の正面に掲げる、出演者名や演目名などを書いた看板。❷世間に対して掲げる名目。「低利金融を一にして詐欺を働く」類語 看板・立て看板・立て看・プラカード・金看板・一枚看板

おもて-ぐち【表口】❶表に面した出入り口。⇔裏口。❷間口まぐち。❸登山道の本道の入り口。類語 玄関・門口・戸口・勝手口・門戸もんこ・車寄せ・ポーチ・エントランス

おもて-ぐみ【表組】近世の邦楽で、教習の便宜上、楽曲を分類したものの一。三味線組歌・箏こと組歌などにあり、いずれもいちばん初歩の組となっている。三味線組歌では本手組と同じ。⇔裏組。

おもて-けい【表×罫】印刷用の罫線の一。裏罫より細い。

おもて-げい【表芸】その人の専門として世間に認められている技芸。⇔裏芸。

おもて-げんかん【表玄関】ーゲンクワン ❶家の正面の玄関。来客のために用いる正式の出入り口。⇔内玄関。❷国家・都市などの主要な入り口としての駅・空港・港の類。「日本の一である成田国際空港」

おもて-こうけ【表高家】ーカウケ 江戸幕府の職名。官位をもたない高家のことで、幼年者や、事務に未熟な者。

おもて-ござしょ【表御座所】皇居宮殿で、天皇・皇后が公の事務を行う建物。

おもて-ごしょう【表小姓】ーゴシャウ 江戸幕府で表向きの雑用をしていた小姓。

おもて-ごてん【表御殿】公の政務・儀式などを行う正殿。

おもて-さく【表作】同じ田畑に年間2種の作物を栽培するとき、最初の、主となる作物を栽培すること。また、その作物。⇔裏作。

おもて-ざし【表差(し)】刀の鞘さやに納める笄こうがい。腰に差した鞘の表に差し添えるところからの名。→裏差し

おもて-ざしき【表座敷】玄関に近いほうの、主に客間として使う座敷。⇔奥座敷。

おもて-ざた【表沙汰】❶内密にしたいことが世間に知れ渡ること。表立つこと。「事件が一になる」❷公の機関によって取り扱われること。裁判ざた。おおやけざた。「一にして決着をつける」⇔内沙汰うちざた。
類語 表面化

おもて-ざり【面去り】連歌・俳諧で、懐紙の同一の面では一度使った語句を二度使わないこと。面嫌い。

おもて-じ【表地】ーヂ 袷あわせ仕立ての衣服や袋物などで、表側になる布地。⇔裏地。

おもて-じき【表敷(き)】和船の底板の前半分。

おもて-しょいん【表書院】ーシヨヰン 家の表のほうにある書院造りの座敷。⇔奥書院。

おもて-せんけ【表千家】千家流茶道の分派の一。元伯宗旦の三男、江岑こうしん宗左を開祖とする。表流。表。

おもて-そで【表袖】袷あわせなど、袖口が2枚に見えるように仕立てた袖の表側。⇔裏袖。

おも-てだい【重手代】商家で、事務を総括する古参の手代。「家内うちのしまりの一」〈人・梅児誉美・三〉

おもて-だいみょう【表大名】ーダイミャウ 江戸時代、外様とざま

大名のこと。

おもて-だか【表高】江戸時代、大名の表向きの禄高(ろくだか)。⇔内高(うちだか)。

おもて-だ・つ【表立つ】〔動タ五(四)〕❶表面にはっきりと現れる。世間に広く知れる。「―・たないように動く」❷正式なこととする。改まった形をとる。「この件で―・った反応はない」❸裁判ざたになる。表ざたになる。「話し合いがこじれて、とうとう―・ってしまった」
(類語)ばれる・発覚・露見・露呈

おもて-だな【表▽店】表通りに面して建てられている家。⇔裏店。

おもて-づかい【面使い】(ーづかひ)能の演技で、顔を左右に動かして見回す型。

おもて-つき【表付き】❶建物の正面。「銀座通りに面した―とはちがって」〈荷風・つゆのあとさき〉❷雪駄などで、畳表のついたもの。❸外見。みてくれ。「内証はともあれ、―のよい、親にかかりの息子には」〈浮・禁短気・六〉

おもて-どうぐ【面道具】(ーダウグ)❶眉・目・鼻・口など顔に属する部分の総称。顔の造作。「其他の―もまずくは無く」〈露伴・いさなとり〉❷《代表的な道具の意から》その人の職業柄、または体面を保つうえに必要な道具。「時々の着る物に相応の羽織、麻の上下、中脇差一腰は、町人の―なれば」〈浮・織留・五〉

おもて-どおり【表通り】(ーどほり)市街の主要な道路。⇔裏通り。(類語)大通り・大道・広小路・大路・街路・ストリート・並木道

おもて-ながや【表長屋】表通りに建てられている長屋。⇔裏長屋。

おもて-にほん【表日本】本州の太平洋に面する地方を称した語。太平洋沿岸地域。⇔裏日本。

おもて-はっく【表八句】百韻または五十韻の連歌・連句で、懐紙の1枚目の表に書く8句。

おもて-ぶせ【面伏せ】〔名・形動〕恥ずかしくて顔を伏せるほどであること。また、そのさま。不名誉。おもぶせ。「自分の品行の修まらないところから、何となく―な気がしだして」〈荷風・つゆのあとさき〉

おもて-ぶたい【表舞台】表立って活動のできる状況や場所。「―から遠ざかる」

おもて-ぼうず【表坊主】(ーバウズ)江戸幕府の職名。同朋頭の支配に属し、江戸城内で大名および諸役人の給仕をした。

おもて-みごろ【表身頃】袷(あわせ)・綿入れなど裏がある着物の、表に出るほうの身頃。⇔裏身頃。

おもて-むき【表向き】❶内実とは違った、世間に対する名目。うわべ。表面上。副詞的にも用いる。「―の理由」「―出張ということにしておく」❷表立つこと。表ざた。「この話は―にしないでもらいたい」❸政府・役所などの公的な機関。また、そこで扱う事柄。特に、訴訟。「―に申し出る」❹幕府や藩で政治をつかさどる所。また、その方面の仕事。⇔奥向き。❺店の仕事。家業。「万(よろづ)にかしこき人もがな、跡を預けて、―をさばかせ」〈浮・五人女・三〉
(類語)公・公然・おおっぴら・オープン・筒抜け・上面・皮相・上辺・表面・外見(がいけん)・外見(そとみ)・外面(がいめん)・外面(そとづら)・見掛け・外観・みてくれ・見た目・見栄え・なりふり

おもて-めい【表銘】日本刀の中子(なかご)にある銘。刃を下にして腰に差したとき、外側になる面に彫る。刀工名・その出身地・製造地名などからなる。⇔裏銘。

おもて-もん【表門】建物などの表口にある門。正門。⇔裏門。(類語)門(もん)・門(かど)・正門・裏門・ゲート・アーチ

おもて-もん【表紋】「定紋(じょうもん)」に同じ。⇔裏紋。

おもて-やま【表山】山の、日当たりや水の便のいい所。⇔裏山。

おもて-ゆうひつ【表右筆】(ーイウヒツ)江戸幕府の職名。若年寄の下で幕府の通常の公文書の作成、日記の記入などにあたった。➡奥右筆

おもて-りゅう【表流】(ーリウ)►表千家(おもてせんけ)

おもと【万=年=青】ユリ科の多年草。山地に自生し、肥厚した地下茎から多数の濃緑色の葉を出す。葉は長さ30〜50センチで、厚くつやがある。春、短い茎を出して淡黄色の小花を穂状に密集してつけ、実は丸く赤色、まれに黄色。園芸品種が多い。(季 実=秋)「花の時は気づかざりしが―の実/几董」

お-もと【▽御▽許】㊀〔名〕❶女性が使う脇付(わきづけ)の一。おんもと。❷御座所。また、貴人のおそば。「―にさぶらふ人の中に、内侍仕うまつるべき人はありや」〈宇津保・内侍督〉❸「御許人(おもとびと)」の略。「ただ我どちと知らせて、ものなど言ふ若き―の侍るを」〈源・夕顔〉❹女房の呼び名などの下につけて用いる敬称。「大式部の―」〈紫式部日記〉㊁〔代〕二人称の人代名詞。主として女性、特に女房を親しんでいう語。「―だに物し給はば、何かさらむ」〈宇津保・内侍督〉

おも-とじ【▽母▽刀自】母の敬称。ははとじ。「かの―をも人誓はむとて」〈宇津保・春日詣〉

オモドス〖Omodos〗キプロス中西部、トロードス山脈中腹の村。キプロスワインの産地として知られ、毎年8月末から9月初めにかけてワイン祭りが催される。

おもと-だけ【於茂登岳】沖縄県、石垣島のほぼ中央部にある山。標高526メートルで県内の最高峰。島の霊山とされる。名蔵(なぐら)川・宮良(みやら)川の水源。全山が亜熱帯性樹林の自然植生からなり、県の天然記念物に指定されている。西表(いりおもて)石垣国立公園に属する。於茂登山。

おもと-びと【▽御▽許人】貴人のそば近くに仕える人。侍従。侍女。女房。「帝(みかど)の御母后(ははきさき)の―」〈平中・一〉

おも-なが【面長】〔名・形動〕❶顔が長めなこと。また、そのさま。「―な人」❷態度や気持ちがのんびりしていること。また、そのさま。「懐紙をな、眉にあてて私を、―に御覧なすって」〈鏡花・眉かくしの霊〉❸お人よしであること。また、そのさま。「少し―なる大臣共へ」〈浮・禁短気・二〉

おも-な・し【面無し】〔形ク〕❶合わせる顔がない。恥ずかしい。面目ない。「はしたなかるべきやつれを―・く御覧じとがめられぬべきさまなれば」〈源・橋姫〉❷遠慮がない。厚かましい。「われをいかに―・く心浅きものと思ひおとすらむと」〈紫式部日記〉

おも-ならい【重習い】(ーならひ)能・狂言などで、師匠の免許が必要な習い物のうち、特に重要とされるもの。

おも-な・る【面×馴る】〔動ラ下二〕❶見なれて珍しく感じなくなる。「あまた年越ゆる山辺に家居して、綱ひく駒も―・れにけり」〈かげろふ・中〉❷なれなれしくなる。「ほの好きたる方に―・れなましかば、かう初々しうも覚えざらまし」〈源・夕霧〉

おも-に【重荷】❶重い荷物。❷能力をこえた大きな責任。「今回の役目を―に感じる」
重荷に小付(こづけ)　大きな負担がある上に、さらに負担の加わること。
重荷を下ろ・す　責任を果たしてほっとする。気にかかっていたことが解決して安心する。「末の子が成人してやっと―・した」

オモニ《朝鮮語》母。母親。⇔アボジ。

おも-に【主に】〔副〕主として。大部分。ほとんど。「大学では―物理を学んだ」➡主(おも)
(類語)主として・専ら・ひとえに・一に

オモニア-ひろば【オモニア広場】《Plateia Omonoias》ギリシャの首都アテネの中心部にある広場。市内交通の要所で、ロータリーから大小8本の道路が放射状に延び、地下鉄路線が通る。付近には中央市場・国立考古学博物館・アテネ大学がある。

おも-にく・し【面憎し】〔形ク〕顔を見るのも憎らしい。つらにくい。「などか必ずしも―・く引き入りたらむが賢からむ」〈紫式部日記〉

おも-ね【主根】►しゅこん(主根)

おもね・る【×阿る】〔動ラ五(四)〕人の気に入るように振る舞う。へつらう。「上役に―・る」(類語)こびる・取り入る・ごますり・阿諛(あゆ)・おためごかし・卑屈

お-もの【▽御物】❶(「御膳」とも書く)㋐天皇や貴人の食物、また食事。「(中宮ノ)―の折は必ず向かひさぶらふに」〈枕・九〉㋑食べる人を敬って、その食物をいう語。「―も断ちて十日ばかり籠もりありしかど」〈読・春雨・宮木が塚〉㋒おかずに対する御飯。「次にあはせをみな食ひつれば、―は不用なめりと」〈能因本枕・三一三〉❷「ぎょぶつ(御物)」に同じ。❸「御物奉行」の略。

おもの-がわ【雄物川】(をものがは)秋田県南部を流れる川。神室(かむろ)山地に源を発し、北西に流れて秋田市で日本海に注ぐ。長さ133キロ。御物川。御膳川。

おもの-し【▽御物師】公家(くげ)や武家に仕えた裁縫師。のち、裁縫専門の女奉公人。ものし。「―がぬうてくれし前巾着」〈浮・一代男・一〉

おもの-ちゃし【▽御物茶師】江戸時代、宮中および将軍家の御用をつかさどった宇治の茶師。

おもの-ぶぎょう【▽御物奉行】(ーブギヤウ)室町幕府の職名。将軍参内のとき、衣冠・刀剣などを入れた唐櫃(からびつ)に添い従い、禁中では将軍の装束の着替えなどのことをつかさどった。唐櫃(からびつ)奉行。直廬役(じきろやく)。ごもつぶぎょう。おもの。

おもの-やどり【▽御物宿り】宮中で催される儀式や宴会用の食膳を納めておく場所。紫宸殿(ししんでん)の西廂(にしびさし)にあった。

おも-ばしら【主柱】建物の主要な柱。大柱。➡袖柱(そでばしら)　➡控え柱

おも-ばば【重馬場】競馬で、雨などのため水分を多く含んだ状態の馬場。馬が走りにくい。

おも-はゆ・い【面▽映ゆい】〔形〕文おもはゆ・し〔ク〕《顔を合わせるとまばゆく感じられる意》きまりが悪い。てれくさい。「みんなからほめられて―・かった」
(派生)おもはゆがる〔動ラ五〕おもはゆげ〔形動〕おもはゆさ〔名〕(類語)恥ずかしい・照れくさい・こそばゆい・うら恥ずかしい・気恥ずかしい・小恥ずかしい・きまり悪い・ばつが悪い・尻こそばゆい

おも-ぶ・く【▽赴く｜▽趣く】㊀〔動カ四〕「おもむく㊀」に同じ。「薬をもて忽(たちま)ちに―・かしむ」〈大慈恩寺三蔵法師伝承徳三年点〉㊁〔動カ下二〕「おもむく㊁」に同じ。「民(おほみたから)を導く本(もと)は、教へ―・くるに在り」〈崇神紀〉

おも-ぶせ【面伏せ】〔名・形動〕「おもてぶせ」に同じ。「二人共―な気持ちで御飯をたべた」〈林芙美子・放浪記〉

おもほえ。ず【思ほえず】〔連語〕《動詞「おもほゆ」の未然形＋打消しの助動詞「ず」》思いがけず。不意に。「―。ず来まし君を佐保川(さほがは)のかはづ聞かせず帰しつるかも」〈万・一〇〇四〉

おもほ・し【思ほし】〔形シク〕《動詞「おもふ」の形容詞化》心に望んでいる。願わしい。「―・しき言伝(ことづ)て遣らず恋ふるにし心は燃えぬ」〈万・三九六二〉

おもほし-め・す【思ほし召す】〔動サ四〕《動詞「おもほす」の連用形＋補助動詞「めす」から》「思う」「考える」の尊敬語。「思ほす」よりも敬意が高い。お思いあそばす。「いかさまに―・せか」〈万・二九〉

おもほ・す【思ほす】〔動サ四〕《動詞「おもふ」の未然形に尊敬の助動詞「す」の付いた「おもはす」の音変化》「思う」の尊敬語。お思いになる。「藤波の花は盛りになりにけり奈良の都を―・すや君」〈万・三三〇〉

おもほ・ゆ【思ほゆ】〔動ヤ下二〕《動詞「おもふ」の未然形に自発の助動詞「ゆ」の付いた「おもはゆ」の音変化》思うまいとしても、自然に思われる。「瓜(うり)はめば子ども―・ゆ」〈万・八〇二〉

おも-み【重み】❶目方の重いこと。また、その度合い。「雪の―で屋根がつぶれた」❷その人や物事から受ける重厚な、また厳粛な感じ。「社長としての―をつける」「伝統の―」「―のある言葉」❸気持ちのうえの負担。「責任の―」❹連歌・俳諧で、観念的で古くさい作り方。「越人が句、已(すで)に落ち付きたりと見ゆれば、又―出で来たり」〈去来抄・先師評〉
(類語)ウエート・重さ・重量・目方・体重・重心

おもみ-づけ【重み付け】《「おもみつけ」とも》評価する項目ごとに、それぞれの重要度に応じて5・3・1などの重みを付け、集計して総合評価を出す方法。

おも-むき【趣】❶そのものが感じさせる風情。しみじみとした味わい。「冬枯れの景色も―がある」❷全体から感じられるようす・ありさま。「異国的な―のある街」「大陸とは―を異にした文化」❸言おうとしていること。趣旨。「お話の―は承知しました」❹聞き及んだ事情。ようす。「承りますればご病気の―、お案じ申しております」❺やり方。方法。「合戦の―はからひ申

せ」〈保元・上〉
(類語)風情・気韻・風韻・幽玄・気分・興味・内容
おも-む・く【赴く・▽趣く】《「背"向く」に対して「面"向く」の意》■〔動カ五(四)〕❶ある場所・方角に向かって行く。「現場に—・く」❷物事がある方向・状態に向かう。「心の—・くままに行動する」「病気が快方に—・く」❸従う。同意する。「なでふ事のたばかりをしてか、女の—・くべき」〈宇津保・藤原の君〉(可能)おもむける■〔動カ下二〕❶向かわせる。行かせる。「岳"の上より南のそひを下りざまに—・けたり」〈今昔・二五・五〉❷うまくことが運ぶようにする。「わが大事の聖"の君、このこと—・けしめ給へ」〈宇津保・藤原の君〉❸従わせる。同意させる。「恥づかしげなる御気色"なれば、強ひてもえ聞こえ—・け給はず」〈源・少女〉❹そのような方向・趣旨で考える。「人にあまねく知らせじと—・け給へるけしき」〈源・藤袴〉
(類語)行く・出向く・たどる・向かう
おも-むけ【赴け・▽趣け】《動詞「おもむく」(下二)の連用形から》ある方向へ向けようとする態度。しむけ。また、意向。おもぶけ。「命に違ひ—に背きて」〈常陸風土記〉
おもむろ-に【▽徐に】〔副〕落ち着いて、ゆっくりと行動するさま。「—立ち上がる」「—口を開く」
おも-め【重め】〔名・形動〕やや重いこと。少し重い感じがすること。また、そのさま。「—のバーベルでトレーニングする」(対)軽め。
おも-もち【面持(ち)】ある感情の表れている顔つき。表情。「不安げな—」(類語)表情・顔"・顔つき・顔色"・色"・血相・形相"・相好"・気色"・神色"
おも-や【母屋・母家・主屋】❶敷地内の中心になる建物。主人や家族が住む。本屋"。❷庇"・廊下などに対して、家屋の中央の部分。❸分家・出店に対して、本家"。本店。「惣じて其処"は出店で…—は松屋町九之助橋の角」〈浄・生玉心中〉
(類語)お座敷・離れ・座敷
おも-やか【重やか】〔形動〕(文)〔ナリ〕重く感じられるさま。おごそかなさま。「かの男がどさりと取り落した懐中の—なるに」〈蘆花・思出の記〉
おも-やく【重役】責任の重い役目。また、その役目の人。じゅうやく。「あの御方が商会の—を勤め給うと聞けども嘘のようなり」〈紅葉・不言不語〉
おも-やせ【面痩せ】〔名〕(スル)「面窶"れ」に同じ。「寝不足で—した顔」
おも-や・せる【面痩せる】〔動サ下一〕(文)おもや・す〔サ下二〕顔がやせてほっそりした感じになる。顔がやつれる。「長患いですっかり—・せる」
おも-やつれ【面×窶れ】〔名〕(スル)病気や心配事などのため、顔がやつれること。「—するほどの苦労」
おもや・る【思やる】〔動ラ四〕《「おもいある」の音変化》思いなさる。思われる。ふつう、同輩以下に用いる。「そなたもそれほどに—・ればちかごろぢゃ」〈虎清狂・薬水〉
おも-ゆ【重湯】多量の水で米を炊いたときの、米粒以外ののり状の汁。病人や乳児の流動食とする。
(類語)粥"・白粥
おも-よう【面様】"❶顔色。表情。「旦那の—いかにと覗"いしが」〈一葉・われから〉❷顔だち。「額髪長やかに、—よき人の」〈枕・二九四〉
お-もらい【▽御×貰い】"乞食"。
おも-らか【重らか】〔形動ナリ〕「重りか」に同じ。「小さき唐櫃"の、金物したるが、いと—なるを」〈増鏡・おどろの下〉「大の男の—に歩みなして舞台に上り」〈義経記・六〉
お-もらし【▽御漏らし】〔名〕(スル)小便を漏らすことをいう幼児語。
(類語)粗相・失禁・垂れ流し・遺尿・寝小便・おねしょ
おもり【重り・×錘】❶重さを増すために付け加えるもの。❷秤"の付属品で、物の重さとつりあわせるための金属。分銅。❸釣りの仕掛けを沈めるために付ける鉛。また、漁網を沈めるために付けるもの。沈子"。(類語)重し
お-もり【▽御守(り)】〔名〕(スル)❶子供の相手をしたり、世話をしたりすること。また、その人。子守り。❷手のかかる相手に付き添って世話などをすること。また、その人。「新入社員の—をする」
(類語)世話・心配・扶助・扶育・付き添い・介添え・介助・介護・介抱・看護・面倒見"・ケア
おもり-か【重りか】〔形動ナリ〕❶いかにも重そうなさま。おもらか。「衣箱の—に古代なる」〈源・末摘花〉❷態度などが重々しいさま。重厚なさま。おもらか。「げにいと人柄—に」〈源・竹河〉
おもり-ずきん【×錘頭巾】"額を覆った布の両端に鉛を入れて、風にひるがえらないようにした頭巾。江戸初期、女形の荻野沢之丞が使い始めた。沢之丞頭巾。
おも・る【重る】〔動ラ五(四)〕❶病気が重くなる。「この山の上で夫の病気が—・りでもしたら」〈藤村・破戒〉❷目方が重くなる。「そま山の梢"に—・る雪折れに」〈新古今・雑上〉
おもろ　沖縄・奄美"諸島に伝わる古代歌謡。神事や宮廷の祝宴などに歌われた叙事詩。(補説)「思い」と同語源の「うむい」の変化した語で、神に申し上げるの意というが、ほかにも諸説がある。
おもろ・い〔形〕(関西地方で)おもしろい。「—・い人やなあ」
おもろそうし【おもろさうし】"沖縄・奄美"諸島に伝わる古代歌謡の集成書。22巻。首里王府編。1531〜1623年に成立。琉球の古語で書かれた歌謡1554編(実数は1248編)を収録。
おも-わ【面輪】《「わ」は輪郭の意》顔。顔面。「もう—がさだかに見えない」〈三重吉・千鳥〉
おもわ・う【思はふ】"〔動ハ下二〕《「おも(思)いあ(敢)う」の音変化か》思い比べて考える。「皆これらを—・へて書くべきなり」〈無名抄〉
おもわ-く【思わく・思惑】"■《■が原義。「惑」は当て字》❶あらかじめ考えていた事柄。考え。意図。また、見込み。「なにか—がありそうだ」「—が外れる」❷自分のしたことに対する他人の反応、評価。評判。「世間の—が気になる」❸相場の変動を予想すること。また、その予想によって売買すること。❹人に思いをかけること。恋心。「何の—がありて、美形の女の方より、指爪を放しやるべし」〈浮・禁短気・二〉❺思いをかけた人。恋人。情人。「この—の心算用をすまさせいでは」〈浮・禁短気・一〉■《動詞「おもう」のク語法》❶思うこと。「あしひきの山は百重"に隠せども君を—止む時もなし」〈万・三一八九〉❷(副詞的に用いて)思うことには。思うには。「里見れど里も見かねて怪しみとそこに—」〈万・一七四〇〉
(類語)意図・積もり・心組み・心積もり・考え
おもわく-うり【思惑売り】"相場の値下がりを予測して売ること。見越し売り。(対)思惑買い。
おもわく-がい【思惑買い】"相場の値上がりを予測して買うこと。見越し買い。(対)思惑売り。
おもわく-し【思惑師】"相場の変動を予測して株の売買をする投機家。
おもわく-ちがい【思惑違い】"❶思わくが外れること。見込み違い。❷双方の考えが相違すること。考えが違うこと。
おもわく-ばなし【思惑話】"何か別の目的がありながら、それを隠してする話。
おもわし・い【思わしい】"〔形〕(文)おもは・し〔シク〕《動詞「おもう」の形容詞化》❶好ましい状態である。よく思われる。現代では、多く否定の表現を伴って用いられる。「回復が—・くない」「声にくからざらむ人のみなむ—・しかるべき」〈枕・四九〉❷そう思われるようすである。「郵便局、裁判所を出た人、そう—・い人々が」〈有島・星座〉
おもわ-ず【思わず】"■〔副〕❶そのつもりではないのに。考えもなく。無意識に。「—かっとなる」「うれしくて—跳び上がる」❷思いがけず。意外なことに。「四鳥の塒"に親と子の、—帰り逢ひながら」〈謡・雲雀山〉■〔形動ナリ〕❶思いのほか。意外。案外。「かかる世を見るより外に、—なる事は何事にか」〈源・須磨〉❷心外である。期待がはずれて気に入らない。「いかが、世の中さびしく、—なる事あるとも忍び過ぐし給へ」〈源・若菜下〉(類語)うっかり・つい・知らず知らず・無意識・ひょっと・思わず知らず
思わず知らず　知らず知らず。無意識のうちに。副詞的に用いる。「—涙がこぼれる」
おも-わすれ【面忘れ】〔名〕(スル)人の顔を忘れること。「しばらく会っていないので—していた」
おもわせ-ぶり【思わせ振り】"〔名・形動〕いかにも意味ありげな言葉やしぐさで、期待をもたせること。また、そのさま。「—を言う」「—な態度」
(類語)振り・身振り・所作・しぐさ・素振り・風"・様子・体"・格好・演技・ジェスチャー・ポーズ・アクション
おもわ-ぬ【思わぬ】"〔連語〕《動詞「おもう」の未然形＋打消しの助動詞「ず」の連体形》思いもよらない。意外な。「—結果になる」「—失敗をする」
おもん・じる【重んじる】〔動ザ上一〕「おもんずる」(サ変)の上一段化。「名誉を—・じる」
おもん・ずる【重んずる】〔動サ変〕(文)おもん・ず〔サ変〕《「おもみする」の音変化》価値のあるものとして重くみる。尊重する。重んじる。「芸術を—・ずる」(対)軽んずる。(類語)尊重・重視
おもん-ぱかり【▽慮り】おもんぱかること。思慮。また、計略。「遠き—なき者は必ず近き憂いあり」
おもん-ぱか・る【▽慮る】〔動ラ五(四)〕《「おもいはかる」の音変化。古くは「おもんばかる」》周囲の状況などをよくよく考える。思いめぐらす。「相手の対面を—・る」(類語)思う・思い遣る
おもん・みる【×惟る】〔動マ上一〕(文)〔マ上一〕「おもいみる」の音変化。「つらつら—・みるに」
おや【親・▽祖】❶(親)子を生んだ人。父と母の総称。また、その一方。養父母などにもいう。また、人間以外の動物にもいう。「実の—」(対)子。❷(親)同類を増やすもとになるもの。「サトイモの—」「—木」(対)子。❸(親)同種のもののうち、中心的役割を果たすもの。また、比較して大きいもの。「—会社」「—指」(対)子。❹(親)花札・トランプ遊びなどで、札などを配り、中心となってゲームを進行させる人。「—を決める」(対)子。❺(親)無尽などの発起人。❻「親株❷」の略。❼祖先。「—代々の土地」「おぼろかに心思ひて空言"も—の名絶つな」〈万・四四六五〉❽物事の始め。元祖。「物語の出で来はじめの—なる竹取の翁"」〈源・絵合〉❾上に立つ人。かしら。「国の—となりて」〈源・桐壺〉
(…親)命の親・生みの親・烏帽子"親・男親・帯親・女親・片親・仮親・契約親・講親・里親・実親・育ての親・乳"親・父"親・父"親・胴親・名親・名付け親・母親・二親・褌"親・継"親・養い親・寄り親
(類語)(❶)両親・二親・父母"・父母"/(❷)母胎・母
親思う心"にまさる親心"　《吉田松陰の歌「親思ふ心にまさる親心けふの音づれ何ときくらん」から》子が親を思う心よりも、子を思いやる親の気持ちのほうがはるかに深いということ。
親が親なら子"も子　親が悪事を働き、子もまた悪事を働いた場合、その親子を非難する言葉。
親に似ぬ子"は鬼子"　親に似ていない子は人の子ではなく、鬼の子である。子は当然親に似るものであるということ。
親の因果"が子"に報"ゆ　親のした悪業の結果がその子に現れて、罪もないのに災いを受ける。
親の顔"が見"たい　《「育てた親の顔を見たい」の意》よその子の言動に呆れて発する言葉。
親の心"子"知らず　親が子を思う気持ちが通じないで、子は勝手気ままなものであるということ。
親の脛"を齧"・る　子が自立できないで、親に養われている。「まだ—・る身なので」
親の光"は七光"　親の社会的地位や名声が高いと、子はそのおかげを受けることが大きいということ。親の七光。
親の欲目"　親はわが子がかわいいため、実力以上に評価すること。
親は無くとも子"は育つ　実の親がいなくとも、子はどうにか成長していくものだ。世の中のことはそう心配するほどのこともないというたとえ。

おや〔感〕意外なことにであったときなどに発する語。「―、まだ起きていたの」「―、まあ」
おや-いも【親芋】サトイモの地下茎の中央にある大きな塊。周りにたくさんの子芋ができる。芋頭いもがしら。(季秋)
おや-おもい【親思い】〔名・形動〕親のことをいつも気遣って、大切にすること。また、そのさまや、そういう人。「―な娘」
おや-おや【親親】❶めいめいの親。「―が心安く成るにつれ娘同志も親しくなり」〈二葉亭・浮雲〉❷祖先。「我が―の墓にをさめん事ゆるさじ」〈読・春雨・死首の咲顔〉
おや-おや〔感〕《感動詞「おや」を重ねた語》意外なことに対して、軽く驚いたり、失望したり、あきれたりしたときに発する語。「―、おかしいぞ」
おや-がいしゃ【親会社】ある会社に対して、資本や取引関係などで実質的に支配権をもっている会社。⇔子会社。
おや-がかり【親掛(か)り】子がまだ自立できないで、親に養われていること。また、その人。
おや-かぜ【親風】子に対して親の権威を振るうこと。「―を吹かす」
おや-かた【親方】❶職人・弟子・奉公人などを指導・保護する立場にある人。「―のもとで修業をする」⇔子方。❷一人前の職人を敬ってよぶ語。❸相撲の年寄を敬っていう語。❹一門・一座の頭に立つ役者を敬っていう語。❺《「おやがた」とも》親代わりとして頼る人。「―になりて聞こえ給ふ」〈源・総角〉❻兄。年長者。〈日葡〉
(類語)親分・親玉・棟梁・首領・頭目・ボス・ドン
親方思いの主倒し 親方・主人のためを思ってしたことが、かえってよくない結果になる。「―といふやつらが、なんぞ事にして、うぬらが喰物にしようと思って」〈滑・虚誕計・後〉
親方日の丸 《親方は日の丸、すなわち国の意》官庁や公営企業は、経営に破綻をきたしても、倒産する心配がないので、厳しさに欠け、経営が安易になりやすい点を皮肉っていう語。
おやかた-かぶ【親方株】▶年寄名跡
おやかた-もち【親方持(ち)】❶親方の世話を受けている身であること。また、その人。主人持ち。主持ち。❷親方が使用人の費用などを受け持つこと。
おや-かぶ【親株】❶根を分けて苗木をとるときの、もとになる株。⇔子株。❷株式会社の増資で発行された新株に対して、それまでに発行されている元の株式のこと。旧株。⇔子株。
お-やかましゅう【御喧しゅう】《「おやかましゅうございました」の略》❶人を訪問して別れるときに言うあいさつの語。❷芸人・芸者などが演技を始めるとき、または終わったときに言うあいさつの語。「毎度―」
おや-が・る【親がる】〔動ラ四〕親のように振る舞う。「いづれも分かずー・り給へど」〈源・紅梅〉
おや-がわり【親代(わ)り】親に代わって、世話をしたり養育したりすること。また、その人。「姉が―となって弟を育てる」
お-やき【御焼(き)】❶小麦粉をこねて平たくし、両面を焼いたもの。調味したナスや野沢菜、小豆餡などをくるむものもある。❷焼き餅などをいう女性語。❸嫉妬しっと。「又―がはじまりさ、めづらしくございませんし」〈人・娘節用・後〉
おや-き【親機】親子電話で、電話回線に直接接続している電話機本体。⇒子機
おや-ぎ【親木】接ぎ木をするときの接ぎ穂や、挿し木をするときの挿し穂をとる、もとの木。
おや-きょうだい【親兄弟】親と兄弟姉妹。肉親。(類語)家族・一家・家内・家人・家うちの人・親子・妻子・骨肉・血肉・身内・身寄り・係累・家累・家眷・一家眷属・妻子眷属・一族・ファミリー・家庭
おや-きょく【親局】放送番組を制作し、系列局に送り出す放送局。キー局。キーステーション。
おや-ぎんこう【親銀行】普通銀行のうち、小銀行を系列に組み入れ、資金の融通や、手形の再割引などの便宜を与えている銀行。
お-やく【御役】❶「御役目」の略。❷月経をいう女房詞。
おやく-ごめん【御役御免】❶ある役目をやめさせられること。また、仕事をしなくてもよくなること。「管理職を―になる」❷古くなったり不用となったりした物を処分すること。
おやくしょ-しごと【御役所仕事】とかく形式的で不親切・非能率になりがちな役所の仕事を非難していう語。
お-やくそく【御約束】❶「約束❶」の尊敬語・謙譲語。(補説)「これがお約束の品ですか」は尊敬語、「そのようなお約束はできません」は謙譲語。❷特定の状況で、大多数から次の展開として期待される物事。また、映画や小説などで、定番の状況設定や典型的な物語の展開。「夏の浜辺で―の曲」「―の落ちで爆笑する」「医者といえば白衣姿が―だ」(類語)約束・約束事・決め事・決まり事・規則・ルール・定番
お-やくめ【御役目】❶公儀から命じられた務め。また、相手を敬ってその務めをいう語。「―御苦労」❷義務としてやむをえずする仕事。「―の勉強じゃ身につかない」
おや-こ【親子】❶親と子。また、その間柄。「―の情」❷親と子の関係にたとえていう二つのもの。「―電話」❸「親子丼」の略。❹親類。親戚。「汝が―の内に、鬼になった者はないか」〈虎明狂・清水〉
(類語)父子・母子・家族・一家・家内・家人・家うちの人・肉親・親兄弟・妻子・骨肉・血肉・身内・身寄り・係累・家累・家眷・一家眷属・妻子眷属・一族・ファミリー・家庭
親子は一世 親子の関係は、この世だけのものであるということ。⇒夫婦は二世 ⇒主従は三世
おや-ご【親御】他人の親の敬称。今日では多く「親御さん」の形で用いる。「―さんはお元気ですか」
おや-ごう【親郷】新田開発や開拓において、開発や開拓の拡大とともに分出した小集落(枝郷)に対し、年貢納入など郷村全体の行政を司る集落のこと。親村。⇔枝郷。
おや-こうこう【親孝行】〔名・形動〕スル 親を大切にし、真心をもってよく尽くすこと。また、そのさまや、その人。「―したいときには親はなし」「―な少年」⇔親不孝。(類語)孝行
おや-こうもく【親項目】「親見出し」に同じ。
おやこ-がき【親子垣】建仁寺垣の一種。竹を縦に大小交互に並べて結ったもの。
おやこかんけいふそんざい-かくにん【親子関係不存在確認】▶しんしかんけいふそんざいかくにん(親子関係不存在確認)
おや-ごころ【親心】❶子を思う親の愛情。「はえば立て、立てば歩めの―」❷親の愛情に似た温かい心遣い。「福祉政策にはもっと政府の―が欲しい」
(類語)母性愛・父性愛
おやこ-づき【親子月】陰暦12月の異称。
おやこ-でんわ【親子電話】電話回線に直接接続する親機と、親機に付属する複数の子機を備えた電話装置。⇒親機 ⇒子機
おやこ-どんぶり【親子丼】❶《鶏肉と鶏卵で親子の意》どんぶり飯の上に、味付けして煮た鶏肉とタマネギ・シイタケなどとを鶏卵でとじてのせたもの。明治の中ごろに始まったとされる。おやこどん。⇒他人丼❷母親とその娘の両方に、肉体交渉を持つこと。また、一人の女性に、父と息子の両方が肉体交渉を持つこと。
おやこ-なべ【親子鍋】鶏肉と鶏卵とを一緒に鍋で煮た料理。
おやこ-なんばん【親子南蛮】鶏肉とネギとを鶏卵でとじて入れた汁そば。
おや-さく【親作】地主のこと。小作に対していう。
おや-ざと【親里】嫁、婿養子、住み込みの奉公人などの親がいる家。親元。実家。里。
おや-ざま【親様】親同様に頼みにする人。親代わりの人。「かの六条院にこそ、―に譲りきこえさせ給はめ」〈源・若菜上〉
おや-じ【親父｜親仁｜親爺】❶自分の父親を親しんで、また、他人に対してへりくだっていう語。⇔おふくろ。❷中年または老齢の男をいう語。「隣の―」❸店の主人。「飲み屋の―」❹部下がその集団の長を親しんでいう語。❺ヒグマの俗称。山のおやじ。❻父母の父。祖父。「―を殺さしておめおめと其人と同道して是迄来る腰ぬけと」〈浄・国姓爺明朝太平記〉(類語)(❶)お父さん・パパ・父上・父・父親・男親・てて・てて親・お父さま・ちゃん・父じゃ人・乃父・阿父・慈父/(❸)店主・主人・あるじ・マスター
おや-じ【親字】漢和辞典で、各部首ごとに画数順に配列されている見出しの漢字。親文字。
(類語)漢字・真名・本字・国字・簡体字・俗字
おや・じ【同じ】〔形シク〕《上代語》形容詞「おなじ」に同じ。「橘は己が枝々生れれども玉に貫く時―・じ緒に貫く」〈天智紀・歌謡〉
おや-しお【親潮】ベーリング海に発し、千島列島・北海道・本州の太平洋側を南下する寒流。夏は金華山沖で、冬は銚子沖で黒潮に接する。プランクトンに富み、流域は好漁場。千島海流。
おやじ-がた【親仁方｜親仁形】歌舞伎で、老人の役。また、それに扮する役者。
おやじ-がり【親父狩(り)】数人の青少年が会社員風の中年男を襲って、金品を強奪する行為。1990年代後半から使われはじめた語。
おやじ-ギャグ【親父ギャグ】《多く、中年男性が口にするとされることから》俗に、言い古された冗談や、おもしろくないだじゃれ。
おやじゃ-ひと【親者人】《親である人の意。「者」は当て字》親。おやじゃもの。「してしてーはなんとしてゐらるるぞ」〈虎明狂・武悪〉
おや-じゅうだい【親重代】先祖代々受け継いできていること。また、そのもの。家重代。累代。
おやしらず【親不知】新潟県糸魚川市外波から市振までの海岸。断層海岸で、北陸街道は波打ち際を通り、難路であった。親子でも互いに気遣う暇がなかったところからの名という。親不知子不知。
おや-しらず【親知らず】❶生みの親を知らないこと。また、その人。❷第三大臼歯。人間の歯のうち最も遅く生える、上下左右計4本の奥歯。知恵歯。知歯。
おや-しろ【親代】親に代わって子供の世話をする人。おやがわり。「殿の二歳の時より、家安―となって」〈盛衰記・二〇〉
おや・す【生やす】〔動サ四〕❶生えさせる。はやす。「若き時尼になりて、後悔して男をして髪を―・し」〈伽・富士の人穴草子〉❷陰茎を勃起させる。「馬めがかの物を―・して」〈咄・きのふはけふ・上〉
お-やす・い【御安い】〔形〕❶容易だ。簡単だ。「―・いご用ですとも」❷(「おやすくない」の形で)男女が特別な関係にあるようすをうらやんで、また、からかっていう語。「―・くない仲」
おやす-きょう【小安峡】秋田県南東部にある渓谷。皆瀬川上流の急流が小安岳(標高1292メートル)を浸食してできた約4キロの深い谷。上流の小安峡大噴湯は第一の景勝地。栗駒国定公園の一部。
おやすく-な・い【御安く無い】〔連語〕《形容詞「おやす(御安)い」の連用形＋形容詞「ない」》▶御安い❷
お-やすみ【御休み】❶「休み」の丁寧語。「今日から一週間―です」❷相手を敬って、その眠ることをいう語。「よく―になれましたか」❸「御休みなさい」の略。
おやすみ-なさい【御休みなさい】〔連語〕就寝のときや、夜、人と別れるときなどに言うあいさつの言葉。
おや-だいだい【親代代】祖先から代々伝えてきたこと。また、そのもの。先祖代々。「―の家業」
おや-だま【親玉】❶仲間の中心になる人物。頭かしら。「不良グループの―」❷芝居の座頭・立役者などを褒めていう語。特に、4世以後の市川団十郎をさすことがある。❸数珠の中の最も大きな玉。
(類語)親方・親分・棟梁・首領・頭目・ボス・ドン

おや-だんな【親旦那】若旦那の父親を敬っていう語。大旦那。「なにが手ひどい—」〈浄・盛衰記〉

お-やつ【▽御八つ】《八つ時どきに食べたところから》午後3時前後に食べる間食。また、一般に間食のこと。お三時。(類語)間食・間食い・三時

おや-づき【親月】陰暦7月の異称。盂蘭盆会うらぼんえの行われる月で、「親の墓参りに行く月」の意。

おやとい-がいこくじん【▽御雇外国人】おやといガイコクジン 明治初期、西洋の技術・学芸を摂取するため、官公庁・学校などで雇った外国人。

おや-どけい【親時-計】子時計のもとになる電気時計。一定間隔で電流を送り子時計の針を進める。

おや-どり【親鳥】親である鳥。

おやとり-ことり【親取り子取り】子供の遊びの一。鬼が親の後ろにつき従う子を捕らえようとするが、先頭の親が立ちふさがって捕らえさせまいとする遊び。おやとろことろ。こをとろことろ。

おや-なかせ【親泣かせ】〔名・形動〕子供の行いが悪くて親を嘆かせること。また、そういう子供。「—の夜遊び」

おやなぎ-しげた【小柳司気太】をやなぎ［1870～1940］漢学者。新潟の生まれ。道教・老荘思想の研究家。学習院・大東文化学院教授。著「東洋思想の研究」、服部宇之吉との共著「詳解漢和大字典」など。

おや-なし【親無し】親がないこと。また、その子。みなしご。孤児。親なし子。

おやにない-ぼし【親荷星|親担星】おやになひ 二十八宿の一、心宿の和名。➡心しん

おや-にらみ【親×睨】スズキ科の淡水魚。全長13センチくらい。体は楕円形で側扁する。全体に褐色で、えらぶたに円紋がある。目を中心として放射状に暗赤色の条帯があり、にらみつけているように見える。西日本の河川の上・中流域にすむ。清平せいへい。

おや-ねじ【親螺=子】ねぢ 旋盤にあり、ねじの加工や長さの測定などの際、ピッチなどの寸法の基準となる送りねじ。

おや-ばか【親馬鹿】わが子かわいさのあまり、子供の的確な評価ができないで、他人から見ると愚かに思える行動をすること。また、その親。

おや-ばしら【親柱】高欄・階段・垣根などの両端や曲がり角に立つ太い柱。

おや-ばなれ【親離れ】子供が成長して、親の保護なしに自力で行動できるようになること。「成人したのにまだ—ができていない」

おや-はん【親判】娘の身売りなどの際に、親が立ち会って証文に押す印。「十三で売られて、—さ」〈洒・二筋道〉

おや-ひけ【親引け】株式を公募するとき、全部を公募としないで、その一部を特定の取引先や銀行に売り渡すことを、発行会社と引受業者（証券会社）が約束すること。おやびき。

おや-びと【親人】親である人。親。「我跡あとにては二人分—を大事にして」〈紅葉・二人女房〉

おや-ふこう【親不孝】かう〔名・形動〕スル 親を大切にしないで、心配や迷惑をかけること。また、そのさまや、その人。「—な娘」(対)親孝行。(補説)「親不幸」と書くのは誤り。(類語)不孝

おや-ぶね【親船】❶多数の小型漁船を従えた大船。母船ぼせん。❷連絡用の小船に対し、沖に停泊している大船。(類語)本船・母船

親船に乗ったよう　頼りにしていると、心丈夫でいられるさま。大船おおぶねに乗ったよう。

おや-ぶん【親分】❶侠客きょうかく・ばくち打ちなどの仲間で、頭かしらとして頂く人。「一子分の杯を交わす」(対)子分。❷仮に親と決めて、頼りにする人。仮親。「伯母婿ながらそなたの—」〈浄・宵庚申〉(対)子分。(アクセント)❶はオヤブン（オヤブン）、❷はオヤブン。
(類語)親方・親玉・棟梁・首領・頭目・ボス・ドン

おやぶん-はだ【親分肌】人の面倒をよくみて頼りになるような気性であること。「—の上司」

おやべ【小矢部】をやべ 富山県西部、小矢部川流域の市。中心の石動いするぎは北陸街道の宿場町として発達。倶利伽羅くりから峠の古戦場がある。人口3.2万（2010）。

おやべ-がわ【小矢部川】をやべがは 富山県西部を流れる川。石川県との県境にある大門だいもん山（標高1572メートル）付近に源を発し、支流を加え南砺なんと市・小矢部市を経て高岡市と射水いみず市の境で富山湾に注ぐ。長さ68キロ。流域の砺波となみ平野は水田地帯。

おやべ-し【小矢部市】をやべ ▶小矢部

おや-ぼね【親骨】扇の両端にある太い骨。(対)子骨。

おやま【女=形|女=方|お山】《「おやまにんぎょう」から出た語という》❶歌舞伎のおんながた。また、操り人形の女役の人形。❷上方で、遊女。「昼三とやらいふ—を買うたが」〈滑・膝栗毛・三〉❸美しい女。「今の世までも眉目みめよき女を—といふも、この香具山のいはれなるべし」〈浄・会稽山〉(補説)歴史的仮名遣いは、「をやま」「おやま」のいずれか未詳。(類語)男役・立役

おやま【小山】をやま 栃木県南部の市。中世は小山氏の城下町、江戸時代は日光街道の宿駅として発展。鉄道交通の要地。電機などの工業が盛ん。人口16.4万（2010）。

お-やま【▽御山】❶山を丁寧に、また、親しんでいう語。❷宗教上の霊地としての山を敬っていう語。「六根清浄ろっこんしょうじょう—は晴天」❸山伏やまぶし。

おや-まあ〔感〕多く、女性が意外なときや驚いたときなどに発する語。「—、お珍しい」

おや-まさり【親勝り】〔名・形動〕子が親よりも才能・技能などですぐれていること。また、そのさま。「—な（の）器量人」

おやま-し【小山市】をやま ▶小山

おやまだ-ともきよ【小山田与清】をやまだ［1783～1847］江戸後期の国学者。武蔵の人。一時、高田姓を名のる。号は松屋まつのや。村田春海はるみに師事、故実考証の学に通じた。「八洲文藻」を撰し、著書に「松屋筆記」がある。

おやま-にんぎょう【女=形人形】をやまニンギヤウ ❶江戸初期、承応年間（1652～1655）ごろ、江戸の人形遣い小山次郎三郎の使った女の人形。のちには、女役の人形一般をさす。❷少女の形に作った人形。

おやま-の-たいしょう【▽御山の大将】―タイシヤウ ❶子供の遊びの一。山なりに盛られた土の上に、数人が先を争って登り、先頭の者があとから来る者を突き落とし、「お山の大将われ一人」と言って誇る。❷狭い範囲の中で自分が一番だと得意になっている人のこと。

おやま-ばやし【飾=山×囃子】民俗芸能の一。秋田県仙北市角館かくのだて地区で、9月7～9日の神明社の祭礼に行われる歌舞。飾山という人形などを飾った山車だしの上で演じる。

お-やみ【小▽止み】を 雨・雪などが少しの間降りやむこと。「雨が—になる」

おや-みだし【親見出し】辞書で独立した形で太字などを使って掲出される見出し。➡子見出し

おやみ-な・い【小▽止み無い】をやみ〔形〕(文)をやみな・し〔ク〕少しの間もやむことなく続くさま。間断ない。「雨が—・く降る」

お-や・む【小▽止む】を〔動マ四〕❶少しの間やむ。「雷かみ鳴りやみ、雨すこし—・みぬる程に」〈源・賢木〉❷とぎれる。中断する。「講師はあきれつつ、—・みがちなり」〈栄花・玉の飾り〉

おや-むら【親村】「おやごう（親郷）」に同じ。(対)枝村。

おや-め・く【親めく】〔動カ四〕親らしく振る舞う。「大方の事どもはとりもちて、—・き聞こえ給ふ」〈源・絵合〉

おや-もじ【親文字】❶「親字」に同じ。❷欧文の大文字。頭文字。❸活字の字母。❹ルビに対して、そのルビを付ける文字のこと。

おや-もと【親元|親▽許】親の所。親の家。「—へ帰る」

おやもと-みうけ【親▽許身請け】芸者・遊女の身請けを、客でなく、親がすること。

おや-ゆずり【親譲り】―ゆづり 親から性格・財産などを受け継ぐこと。また、そのもの。「—の性分」(類語)世襲・襲名

おや-ゆび【親指】❶手足の指で、いちばん太い指。拇指ぼし。母趾ぼし。❷《❶で表し示すところから》俗に、亭主・親方・主人などのこと。「—は御不在で?」〈木下尚江・良人の自白〉(類語)人差し指・中指・薬指・小指・拇指・食指・高高指たかたかゆび・紅差し指

おやゆび-シフトキーボード【親指シフトキーボード】《NICOLA keyboard》富士通が開発したキーボード。効率良く日本語入力が行えるよう、キー配列を工夫している。

オヤングレン〖Oyanguren de Santa Inés〗［1668～1747］スペインのフランシスコ会宣教師。フィリピン・メキシコなどに布教。1738年「日本文典」を著した。

お-ゆ【▽御湯】「湯❶・❷」の丁寧語。

お・ゆ【老ゆ】〔動ヤ上二〕「おいる」の文語形。

お-ゆうぎ【▽御遊戯】―イウギ「遊戯❷」の丁寧語。

お-ゆどの【▽御湯殿】❶「湯殿」の尊敬語・丁寧語。❷清涼殿の北西、後涼殿に続く渡殿わたどのにある、天皇が沐浴する部屋。❸「御湯殿の儀式」の略。❹御湯殿の儀式に奉仕する女房。❺近世、大名などの湯あみに奉仕する女。

おゆどの-の-うえ【御湯殿の上】―うへ ❶清涼殿の西廂にしびさし北端にある、近侍の女官の詰め所。西側に御湯殿がある。❷院・女院・将軍などの殿舎の、御湯殿近くにある侍女の詰め所。

おゆどののうえのにっき【御湯殿上日記】おゆどののうへのニッキ 清涼殿の御湯殿の上の間に奉仕する代々の女官がつけた仮名書きの日記。文明9年（1477）から貞享4年（1687）のものが伝存。宮中儀式や女房詞などを知るうえで貴重な史料。

おゆどの-の-ぎしき【▽御湯殿の儀式】皇子誕生のとき、吉日を選んで産湯うぶゆを使わせる儀式。御湯殿始め。「—をはじめて、御弦打ち、書ふみ読む人も」〈夜の寝覚・五〉

おゆどの-はじめ【▽御湯殿始め】❶「御湯殿の儀式」に同じ。❷鎌倉時代以降、武家で正月に行われた、その年初めて入浴する儀式。

お-ゆび【▽指】❶ゆび。および。「左の—にて強くとらへ」〈読・雨月・夢応の鯉魚〉❷親ゆび。おおゆび。「『…まづこれほどな大きさでおぢゃる』と言ひて—を見する」〈虎明狂・祭化〉

おゆみ-の-しんじ【▽御弓の神事】正月（多くは小正月）に、神前で矢を射る神事。元来魔よけのためとされたが、年占・武芸の奉納などの意義をもつようになった。奉射ぶしゃ。

おゆ-らく【老ゆらく】〔ク法〕《動詞「おゆ」のク語法》老いること。おいらく。「天あめなるや月日のごとく我あが思へる君が日に異けに—惜しも」〈万・三二四六〉

おゆら-そうどう【お由良騒動】―サウドウ 江戸後期、薩摩藩主島津斉興なりおきの継嗣をめぐって起きたお家騒動。斉興の長子斉彬なりあきら派と、愛妾あいしょうお由良の子久光派が対立したが、斉興の引退により斉彬が跡を継いで落着した。高崎崩れ。嘉永朋党事件。

お-ゆるし【▽御許し】「許し❶」の尊敬語。

およが・す【泳がす】〔動サ五（四）〕❶表面上は自由にさせながら、その行動をひそかに監視する。「容疑者をしばらく—・しておく」❷遊里で、客を遊びに深入りさせる。「歴々の帥仲間すいなかまも—・されて」〈浮・男色大鑑・六〉

およが・せる【泳がせる】〔動サ下一〕❶前方にからだをのめらせる。からだをふらつかせる。「バランスを失い、からだを—・せる」❷「泳がす❶」に同じ。「被疑者を—・せる」

およぎ【泳ぎ|×游ぎ】泳ぐこと。また、泳ぎ方。水泳。「—を習う」「—がうまい」(季 夏)(類語)水泳・水練

およぎ-まわ・る【泳ぎ回る】―まはる〔動ラ五（四）〕❶水中をあちらこちらと泳ぐ。「アヒルが池を—・る」❷うまく世の中を渡り歩く。「巧みに政界を—・って大臣にのし上がる」

およ・ぐ【泳ぐ|×游ぐ】〔動ガ五（四）〕《古くは「およく」か》❶人や動物などが手足やひれを動かして水面や水中を進む。「海で—・ぐ」「コイの—・ぐ池」(季 夏)❷前のめりになってよろめく。「つまずいてからだが前へ—・ぐ」❸人がたくさんいる間をかき分けるようにして進む。「人ごみの中を—・いで追いついた」❹うまく世間を渡る。「芸能界を巧みに—・いでまわる」❺遊里

で、遊びに夢中になる。「そのつやつやとしたお顔に、主人六波羅殿―・がるるも道理道理」〈浄・大塔宮〉 (可能)およげる

およす・く【動カ下二】《「す」「く」の清濁はともに未詳。連用形の例だけがみられる》❶成長する。成人する。「若君のいと美しう―・け給ふままに」〈源・浮舟〉❷大人ぶる。ませる。「まだきに―・けて、ざれありき給ふ」〈源・少女〉❸じみである。老けた感じである。「昼は、事そぎ、―・けたる姿にてもありなん」〈徒然・一九一〉

およずれ【▽妖】《「妖言(およずれごと)」の略。「我(あ)が待ち問ふに―の狂言(たはごと)とかも」〈万・三九五七〉

およずれ-ごと【▽妖言】根拠のない、人を迷わせる言葉やうわさ。「狂言(たはごと)か―かこもりくの泊瀬(はつせ)の山に廬(いほ)りせりといふ」〈万・一四〇八〉

およそ【▽凡そ】《「おおよそ」の音変化》㊀【名・形動】❶物事のだいたいのところ。大要。あらまし。「計画の―は承知している」「―の見積もりを立てる」❷いいかげんなさま。ぞんざいなさま。「かやうに大事の謡ひを―にしては叶(かな)ふまじい」〈虎明狂・二千石〉㊁【副】❶大まかに言って。だいたい。約。「―二キロ離れている」「被害は―どのくらいか」❷そもそも。総じて。一般に。話を切りだすときに用いる。「―日本人は働きすぎるきらいがある」❸（否定的な表現を伴って用いる）全く。全然。「これは―おもしろくない本だ」 (類語)（㊁❶）おおよそ・あらまし・概略・大略・大約・大要・大体・一通り・一応・一般・全般に・総じて・概して・多く・おしなべて・おおむね・大概・普通・通例・通常・一体に・総体・広く・遍く／（㊁❶）ほぼ・ざっと・大体・約・大約・大略・無慮(むりょ)・かれこれ

およばず-ながら【及ばず×乍ら】【副】十分にはいかないが。人の手助けをするときなどに謙遜(けんそん)していう語。「―お手伝いいたしましょう」

およば-ない【及ばない】【連語】《動詞「およ（及）ぶ」の未然形＋打消しの助動詞「ない」》▶及ぶ❻

お-よばれ【▽御呼ばれ】人から酒食のもてなしに招かれること。

お-よび【▽指】ゆび。「いとをかしげなる―にとらへて」〈枕・一五一〉

お-よび【▽御呼び】人を呼ぶことを、その呼んでいる人を敬っていう語。おまねき。お召し。「―がかかる」「先生が―です」

御呼びでな・い　仲間にしたくない、誘いたくない、また、関係がないなどの意の俗語。御呼びじゃない。「いまさらあんたなんかは―・い」

および【及び】㊀【接】《漢文訓読で接続詞に使う「及」の字を「および」と読んだところから》複数の事物・事柄を並列して挙げたり、別の事物・事柄を付け加えて言ったりするのに用いる語。と。ならびに。また。そして。「生徒―父兄」「国語、数学、―英語は必修」(補説)多くの語を並列するときは、最後にくる語との間にだけ置くことが多い。㊁【名】及ぶこと。届くこと。「これも心の―はいかでかおろかに侍らん」〈海人刈藻・三〉

(用法)および・ならびに――「会長及び（並びに）社長から祝辞をいただきます」「賞状及び（並びに）カップを授与します」のように一般には区別なく使っている。「並びに」のほうが口語的だが、それも改まった場合に多く用いる。◆法令用語としては、「A及びB、並びにC及びD」「A及びB、並びにC」のように、小さな段階のつなぎに「及び」を、より大きな段階のつなぎに「並びに」を用いる。(類語)並びに

及びもつか・ない　到底及ばない。とてもかなわない。「あの人の才能には、私など―・ない」

およびーかか・る【及び掛かる】【動ラ四】❶届きそうになる。「七十(ななそぢ)に―・れる杖なれぱすがりてのみぞ足も立ちける」〈新撰六帖・四〉❷前方へのしかかる。「人の後ろにさぶらふは、様悪しくも―・らず、わりなく見んとする人もなし」〈徒然・一三七〉

およびーがた・い【及び難い】【形】(文)およびがた・し【ク】そこまで達することがむずかしい。かなわない。「彼の弁舌には到底―・い」

およびーごし【及び腰】❶中腰で手を伸ばして物を取ろうとする、不安定な腰つき。へっぴり腰。❷自信がなさそうなようす。遠慮したり恐れたりしているような中途半端な態度。「政治改革に―になる」
(類語)屁っ放り腰

お-よびたて【▽御呼び立て】【名】(スル)人を呼び出すことを、その相手を敬っていう語。「―して、すみません」

およびーな・し【及び無し】【形ク】及びもつかない。力が及ばない。「―・く見たてまつりし御有様のいと悲しく心苦しきを」〈源・蓬生〉

およ・ぶ【及ぶ】【動バ五（四）】❶物事が続いたり広がったりして、ある所・範囲に届く。達する。「五時間に―・ぶ討論」「被害は各地に―・んだ」「議論が国際問題に―・ぶ」❷ある状態にたちいたる。「この期に―・んで、まだ決めかねている」❸結果として、ある状態・段階になる。「実力行使に―・ぶ」❹自分の力が届く。なしとげられる。「―・ぶ限りの努力をする」「―・ばぬ恋」❺（多く打消しの語を伴って用いる）能力・地位・実質などの程度がある基準に達する。㋐追いつく。また、とり返しがつく。「想像も―・ばない進歩」「悔やんでも―・ばない」㋑匹敵する。かなう。「英会話では彼に―・ぶ者がない」➡及びもつかない❻（「…にはおよばない」の形で）…する必要がない。…しなくともよい。「遠慮するには―・ばない」❼動詞の連用形に付いて、動詞の意味を強調し、その動作が最後の段階にまで到達していることを表す。「聞き―・ぶ」❽及び腰になる。「榊をいささか折り給ひて、少し―・びて、参らせ給ふ」〈狭衣・三〉
(一句)足元にも及ばない・言うに及ばず・一議に及ばず・駟(し)も舌に及ばず・疾雷(しつらい)耳を掩(おほ)うに及ばず・過ぎたるは猶(なお)及ばざるがごとし・是非に及ばず
(類語)達する・上る・適う

およぼ・す【及ぼす】【動サ五（四）】及んだ状態にする。ある作用・影響などが達するようにする。「感化を―・す」「甚大な被害を―・す」(可能)およぼせる
(類語)与える・もたらす

およりーこう【▽御寄講】浄土真宗の信徒が、寺でなく自宅に寄り集まって行う念仏講。

お-よる【▽御夜・▽御▽寝】寝ることをいう尊敬語。御就寝。「―の後も、とみに寝られず」〈中務内侍日記〉

お-よ・る【▽御▽寝る】【動ラ五（四）】《名詞「およる（御夜）」の動詞化》「寝る」の尊敬語。おやすみになる。「今晩は酔った勢いでぐっすり―・りたいんですとさ」〈志賀・濁った頭〉「御門(みかど)はいづくに―・るぞ」〈増鏡・さしぐし〉

およんーな・る【▽御▽寝んなる】【動ラ四】《「およるなる」の音変化》「寝る」の尊敬語。おやすみになる。およる。

おら【▽己】【代】一人称の人代名詞。おれ。おいら。近世には、江戸町人の女性も用いた。
(類語)おれ・僕・わし・おいら・あっし・こちとら

オラ〖スペイン hola〗【感】《「オーラ」とも》やあ。こんにちは。

オライオン〖Orion〗▶オリオン㊁

おらがはる【おらが春】江戸後期の俳諧俳文集。1冊。小林一茶著。文政2年（1819）成立。一茶死後25年たった嘉永5年（1852）刊。一茶57歳の年の元旦から歳末までの見聞・感想などを、長女の死を中心に発句を交えて記したもの。

オラクル〖oracle〗神のお告げ。神託。託宣。

オラクル〖Oracle Corporation〗米国の大手データベースソフトウエア会社。または同社が開発・販売するデータベース管理システム（DBMS）「Oracle Database」の通称。1977年、ラリー＝エリソンにより設立。

オラシュチエ-さんみゃく【オラシュチエ山脈】《Munții Orăștie》ルーマニア中西部、トランシルバニアアルプスの山脈の一つ。紀元前1世紀から後1世紀にかけて、ダキア王国のブレビスタ王やデケバルス王らが古代ローマの侵入に備えて建造した六つの要塞（サルミゼゲトゥサ、バニツァ、カプルナ、コステシュティ村のチェタツャとブリダル、ルンカニ村のピアトラロシエ）が残っており、1999年に「オラシュチエ山脈のダキア人の要塞群」の名称で世界遺産（文化遺産）に登録された。オラシュティエ山脈。

オラショ〖ラテン oratio〗キリシタン用語で、祈禱(きとう)。

おらっち【代】《「おらたち」の音変化》一人称の人代名詞。卑俗な男性語。おれ。「ここらで出すのが、―の持ちめえだ」〈魯文・西洋道中膝栗毛〉

オラデア〖Oradea〗ルーマニア西部の都市。ハンガリー語名ナジバーラド。ハンガリーとの国境に近く、クリシュルレペデ川沿いに位置する。17世紀、オスマン帝国に一時支配されたが、オーストリア-ハンガリー帝国時代に商工業で発展。18世紀半ばには都市計画に基づいて街並みが整備され、バロック様式の宮殿や大聖堂が多数建造された。ほかに、11世紀頃の建造のオラデア要塞、20世紀初頭の黒鷲宮殿、新古典主義様式の国立劇場、ハンガリーの詩人アディ＝エンドレの博物館などがある。また、近郊には温泉保養地バイレフェリックスがある。

オラデア-ようさい【オラデア要塞】《ルーマニア Cetatea Oradea》ルーマニア西部の都市オラデアにある、星型の城壁に囲まれた要塞。11世紀、ハンガリー王ラースロー1世の時代に建造され、その後、モンゴル帝国の攻撃に備えて増改築が繰り返された。現在、内部にはカトリック教会やオラデア大学の校舎の一部がある。

おらてがま【遠羅天釜】江戸中期の仮名法語集。3巻。寛延2年（1749）刊。白隠慧鶴(はくいんえかく)著。禅に対する考え方や武士の参禅、病中の修行の用意、さらに法華経観を語ったもの。遠羅天賀麻。

オラトリオ〖イタリア oratorio〗《祈禱所(きとうしょ)の意》宗教的な題材をもとに、独唱・合唱・管弦楽から構成される大規模な楽曲。オペラとは異なり、演技を伴わない。ヘンデルの「メサイア」、ハイドンの「天地創造」などが有名。聖譚曲(せいたんきょく)。

オラニエ-ナッサウ-け【オラニエナッサウ家】《Oranje-Nassau》オランダの王家。16世紀に、ドイツのナッサウ家が南フランスのオラニエ家を相続してからの家名。オランダ総督を輩出し、1815年の王国成立によって王家となる。名誉革命後のイギリス国王ウィリアム3世も同家の出身。オレンジ家。

オラニエンバウム〖Oranienbaum〗ロシアの都市ロモノーソフの旧称。「オレンジの木」を意味するドイツ語に由来する。

オラビ-じょう【オラビ城】《フィンランド Olavinlinna》フィンランド南東部の観光保養地、サボンリンナにある城。フィンランド三古城の一。スウェーデン統治時代の1475年に、対ロシアの防衛目的で建設された。世界的に有名なオペラフェスティバルが夏に催される。

おら・ぶ【▽叫ぶ】【動バ四】大声で叫ぶ。また、大声で泣き叫ぶ。「菟原壮士(うなひをとこ)い天仰(あふ)ぎ叫び―・び地(つち)を踏み」〈万・一八〇九〉

お-らん【雄×蘭】スルガランの別名。

オラン〖Oran〗アルジェリア北西部、地中海に面する港湾都市。独立まで、ヨーロッパ人が多かった。カミュの「ペスト」の舞台。

オランウータン〖orangutan〗《マレー語で、「オラン」は人、「ウータン」は森の意》ショウジョウ科の哺乳類。大形の類人猿で、身長110～150センチ。雄のほうが大きい。体毛は長く赤褐色、顔面は無毛。上肢は著しく長く、ほとんど樹上で生活し、木の枝を集めて寝床を作る。スマトラ・ボルネオに分布。猩々(しょうじょう)。

オランジュ〖Orange〗フランス南東部、プロバンス地方の都市。保存状態の良い古代ローマ時代の劇場や凱旋門が残っていることで知られ、1981年、「オランジュのローマ劇場とその周辺および凱旋門」の名称で世界遺産（文化遺産）に登録された。

オランダ〖ポルトガル Holanda〗ヨーロッパ北西部の立憲王国。首都はアムステルダムだが、王室・政府機関などはハーグにある。北海沿岸の低地にあり、国土の4分の1は海面より低い。ハプスブルク家領・スペイン領を経て、1581年独立を宣言。17世紀にはヨーロッパ一の海外貿易国として発展し、1609年以来日本とも交易。農牧畜業、チューリップなどの園芸、金属などの工業が盛ん。正式名称はネーデルラント王国。人口1678万（2010）。(補説)同国の中心地域をさす「ホラ

ント」の訛なまりからの称。「和蘭」「阿蘭陀」とも書く。

オランダ-あやめ【オランダ菖=蒲】❶グラジオラスの別名。❷アヤメの園芸品種の一。地中海地方原産の数種を交雑しオランダで作られた。5、6月ころ、白・黄・青紫色などの花を開く。ダッチアイリス。

オランダ-いちご【オランダ×苺】バラ科の多年草。匍匐茎ほふくけいで繁殖し、全体に縮れた毛が密生。葉は3枚の小葉からなり、長い柄がある。春、白い5弁花を開き、実は卵形で赤く熟し、食用。南アメリカの原産で、日本には天保年間(1830～1843)にオランダから渡来したという。

オランダ-かいう【オランダ海▽芋】サトイモ科の多年草カラーの別名。

オランダ-がらし【オランダ×芥子】クレソンの別名。

オランダ-きじかくし【オランダ×雉隠】アスパラガスの別名。

オランダ-きょうばいほう【オランダ競売法】売り手が最高値をつけ、買い手が出てくるまでその値を少しずつ下げていく競売法。ダッチオークション。

オランダ-くだり【オランダ下り】江戸時代、長崎のオランダ商館長が江戸にのぼって将軍に拝謁したこと。はじめ年1回であったが、寛政2年(1790)以後は4年に1回を原則とした。オランダ渡り。

オランダ-げんげ【オランダ紫=雲=英】シロツメクサの別名。

オランダ-ご【オランダ語】インド-ヨーロッパ語族の西ゲルマン語派に属する言語。ドイツ語・英語と特に近い関係にある。オランダのほか、ベルギー北部、旧オランダ植民地である南アメリカのスリナムなどでも話されている。

オランダ-ざか【オランダ坂】長崎市南部にある、幕末以来の外国人居留地跡に残る石畳の坂。

オランダじい【和蘭字彙】蘭和辞典。桂川甫周かつらがわほしゅうが「ドゥーフハルマ」を校訂し、安政2～5年(1855～58)に刊行したもの。➡ドゥーフハルマ

オランダ-ししがしら【オランダ×獅子頭】金魚の一品種。体や尾びれはリュウキンに似て、頭部に大きなイチゴ状の肉こぶがある。

オランダ-しょうがつ【オランダ正月】太陽暦の正月。江戸後期、寛政6年閏11月11日(1795年1月1日に相当)、蘭学者の大槻玄沢おおつきげんたくが太陽暦による新年を祝ったのに始まる。

オランダ-しょうかん【オランダ商館】江戸時代、日本に置かれたオランダ東インド会社の支店。慶長14年(1609)平戸に設置されたが、寛永18年(1641)長崎の出島に移転を命じられ、幕末に及んだ。

オランダ-ずみ【オランダ墨】インクのこと。

オランダ-せきちく【オランダ石竹】カーネーションの別名。

オランダ-ぜり【オランダ×芹】パセリの別名。

オランダ-つうじ【オランダ通詞】江戸時代、長崎でオランダとの貿易や外交に通訳を務めた人。蘭通詞。

オランダ-どくりつせんそう【オランダ独立戦争】スペイン領ネーデルラントが行った独立戦争。フェリペ2世の新教徒弾圧、重税政策などに反抗して1568年開戦。79年、北部7州がユトレヒト同盟を結成して抗戦を継続し、81年にネーデルラント連邦共和国を樹立して独立を宣言。1648年のウエストファリア条約によって正式に独立を承認された。八十年戦争。

オランダ-ひがしインドがいしゃ【オランダ東インド会社】1602年、オランダの諸会社が合同で設立した会社。政府の保護のもとに、ジャワ島を中心にして、独占的に香料貿易や植民地経営に当たった。1799年解散。

オランダ-ふうせつがき【オランダ風説書】江戸時代、オランダ商館長がまとめた海外事情の報告書。通詞が和訳して長崎奉行から幕府に提出した。

オランダ-みつば【オランダ三葉】セロリの別名。

オランダ-やき【オランダ焼(き)】❶魚料理の一。白身魚の切り身に、酒・塩で味つけした卵をかけて焼いたもの。または、魚に塩をふり、日光で乾かしたあと卵白を塗り、その上に、味つけした卵黄の薄焼きをはりつけてあぶったもの。❷江戸時代、オランダ船で運ばれてきたヨーロッパ産の陶磁器の総称。日本の柿右衛門などに影響を受けたものが輸入されたという。

オランダ-やしき【オランダ屋敷】江戸時代、長崎の出島に置かれたオランダ人専用の居留地。また、その商館。

オランダ-りゅう【オランダ流】❶オランダ伝来、またはその系統の流儀・学問など。「一の外科の所へやる」〈浮・万金丹・一〉❷貞門ていもんの古風な俳諧を打破しようとした井原西鶴を中心とする一派の俳風。初め貞門一派がさげすみ用いた呼称。のちには清新奇抜を誇示する談林派の一端を示す名称となる。

オランダりょう-アンティル【オランダ領アンティル】《Nederlandse Antillen》カリブ海に六つあるオランダ領の島のうち、アルバ島を除く島々で構成される自治領。ベネズエラ沖の2島と小アンティル諸島北部の3島とは850キロメートル離れる。主島のキュラソー島はキュラソー酒発祥の地。人口23万(2010)。

オランダりょう-ひがしインド【オランダ領東インド】蘭領らんりょうインド

オランダ-わたり【オランダ渡り】❶オランダから日本に渡来したもの。「一の薬」❷「オランダ下くだり」に同じ。

オランデーズ-ソース〘hollandaise sauce〙泡立てた卵黄に溶かしバターを加え、レモン汁・塩で調味したクリーム状のソース。野菜・魚料理などに用いる。

オランド〘François Hollande〙［1954～ ］フランスの政治家。フランス会計監査院の検査官を経て、ミッテランの側近として経済問題を担当。社会党第一書記、欧州議会議員などを歴任したのち、2012年、大統領に就任。

お-り【汚吏】《「孟子」滕文公から》汚職など、不正なことをする役人。

おり【折(り)】■〔名〕❶折ること。また、折ったもの。「線にそって一をつける」「九十九つづら一の坂」❷薄い木の板などで浅く箱型に作った容器。料理や菓子などを詰める。折り箱。また、それに食べ物を詰めたもの。折り詰め。「赤飯を一に詰める」「和菓子の一」❸過ぎゆく時の中の、区切られたある時点。機会。「一を見て伺います」「上京の一」❹季節。時節。「お寒い一から」❺製本で、全紙1枚を印刷したものを16ページとか32ページとかになるよう折り畳んだもの。また、その作業。❻連歌・俳諧で、懐紙の1枚(表・裏)をいう語。「名残の一」➡頃ころ〔用法〕 ■〔接尾〕助数詞。❶折り重ねたものを数えるのに用いる。「半紙一一」❷折り箱に入れたものや折り詰めにしたものなどを数えるのに用いる。「鰹節かつおぶし一一」「四さお入りの羊羹二一」〔類語〕(■❸)時・場合・ところ・際・場・段・機会

折に触れて 機会があるたびに。「一注意する」

折もあろうに あいにくこんな時に。「一旅行の前日に寝込んでしまうとは」

折も折 ちょうどその時。「外出しようとした一電話が鳴った」

折も折とて ちょうどその時にあたって。大切な時期なので。

おり【×澱｜×滓】❶液体の底に沈んだかす。おどみ。❷すっきりと吐き出されないで、かすのようにして積もりたまるもの。「心にたまった一」

おり【×檻】《「居おり」からという》猛獣や罪人が逃げないように入れておく、鉄格子などを使った頑丈な囲い、または室。

おり【織(り)】布などを織ること。その織り方や織りぐあい。また、織ったもの。「珍しい一」〔類語〕織物

お-り【居り】〔動ラ変〕「お(居)る」の文語形。

おり-あい【折(り)合い】❶折り合うこと。譲り合って解決すること。「大筋で一がつく」❷人と人との関係。仲。「お姑しゅうとさんとの一が悪い」❸連句で、長句の止めと短句の止めとの「てには」が同じになること。避けるべきものとされる。

おり-あ・う【折(り)合う】〔動ワ五(ハ四)〕意見などが対立する場合に、互いに譲り合って解決する。妥協する。おれあう。「値段が一・う」

〔類語〕片付く・纏まとまる・締め括る・纏める・折れる・譲歩する・妥協する・歩み寄る

おり-あがり【織(り)上(が)り】布などを織って仕上がること。また、仕上がりぐあい。

おり-あ・がる【織り上がる】〔動ラ五(四)〕織っている布が出来上がる。「帯が一・る」

おり-あげ【折(り)上げ】建築で、天井の中央部をまわりより高くした構造。回り縁から支輪を立てて湾曲した面を作り、天井の中央平面を高くする。また、その曲面。

おりあげ-てんじょう【折(り)上げ天井】折り上げにした天井。

おり-あ・げる【織り上げる】〔動ガ下一〕図おりあ・ぐ〔ガ下二〕織っている布を完成させる。「絣かすりを一・る」

おり-あ・し【折▽悪し】〔形シク〕時機が悪い。あいにくである。「院の御忌みさしあひて、いと一・しくて、なに事の栄はえもなし」〈夜の寝覚・五〉

おり-あしく【折▽悪しく】〔副〕《形容詞「おりあし」の連用形から》時機が悪いことに。あいにく。「訪問した相手は一不在だった」㊐折好よく。

おり-い【下り居】❶下りていること。馬や車などから下りて地面に座ること。「ここより花車、一の衣播磨潟はりまがた」〈謡・熊野〉❷天皇が位を譲ること。退位。❸宮仕えの女が里に下がること。「風声かざごえの一の君や遅桜」〈落日庵句集〉

おりいっ-て【折(り)入って】〔副〕深く心を込めて。特別に。ぜひとも。「一お願いしたいことがあります」

おり-いと【織(り)糸】布を織るために用いる糸。

おりい-の-みかど【下り居の▽帝】退位した天皇。上皇。「一の位に定まり給ひぬ」〈狭衣・四〉

オリーバ-しゅきょうかい【オリーバ主教会】《Katedra Oliwska》➤オリーバ大聖堂

オリーバ-だいせいどう【オリーバ大聖堂】《Katedra Oliwska》ポーランド北部の都市グダニスクの西郊にある大聖堂。12世紀初頭に創設された僧院に起源する。12世紀に木造の教会が建てられ、17世紀にバロック様式の2本の尖塔をもつ建物に改築された。18世紀製作の8000本近くのパイプをもつロココ様式のパイプオルガンがあることで知られる。オリーバ主教会。

オリーブ〘olive〙モクセイ科の常緑高木。高さ7～18メートル。葉は細長く、表面が暗緑色、裏面が銀色で、対生する。5～7月ごろ、黄白色の香りのよい花を総状につける。黄緑色の実は熟すると黒紫色になり、油がとれる。地中海地方の原産で、日本では小豆しょう島などで栽培。〔季 花=夏｜実=秋〕〔補説〕平和の象徴とされ、国連旗のデザインなどに使われる。旧約聖書で、ノアの方舟から放たれたハトがオリーブの枝をくわえて戻り、洪水の水が引いた土地を知らせたことに由来する。

オリーブ-いろ【オリーブ色】オリーブの果実のような色。くすんだ黄緑色。橄欖色かんらんしょく。

〔類語〕緑・緑色りょくしょく・翠緑すいりょく・深緑しんりょく・草色くさいろ・萌葱もえぎ色・柳色・松葉色・利休色・グリーン・エメラルド・エメラルドグリーン・黄緑・深緑・浅緑

オリーブ-オイル〘olive oil〙➤オリーブ油

オリーブ-やま【オリーブ山】《Mount of Olives》パレスチナ地方の古都エルサレム東部の山。標高814メートル。西麓せいろくに、キリストが最後の祈りをささげたゲッセマネの園がある。聖書ではかつて橄欖山かんらんざんと訳された。

オリーブ-ゆ【オリーブ油】オリーブの果実から圧搾してとる不乾性油。食用・医薬用・化粧用など用途は広い。オリーブオイル。橄欖油かんらんゆ

おり-い・る【下り居る】〔動ワ上一〕❶下りたままでいる。下りてそこにいる。「住吉の浜を行くに、いとおもしろければ、(馬カラ)一・ゐつつ行く」〈伊勢・六八〉❷下りて座る。下りてとどまる。「その沢のほとりの木の蔭に(馬カラ)一・ゐて、乾飯かれいひ食ひけり」〈伊勢・九〉❸天皇などが位を退く。退位する。「その時の帝みかども一・ゐ給ふ」〈宇津保・春日詣〉

おり-い・る【折り入る】■〔動ラ四〕特別に心を込めて行う。「ちと一・りまして御相談申したい義がござ

りまして〈滑・八笑人・四〉➡折り入って ㊁〔動ラ下二〕特定の言葉や事柄を歌などに詠み込む。「萩の花を―・れ、当座によむ歌の事でござる」〈虎寛狂・萩大名〉

おり-いろ【織(り)色】❶染めた糸で織った織物の色。❷縦糸と横糸とで、色を変えて織った色合い。緯白(ぬきじろ)・麹塵(きくじん)などの類。

おり-えいそう【折(り)詠草】「横詠草(よこえいそう)」に同じ。

おり-えだ【折(り)枝】❶折り取った木の枝。また、その模様。❷能楽の小道具で、シテが持って出る造花の木の枝。

おり-えぼし【折×烏▽帽子】頂を折り伏せた形の烏帽子。武士がかぶったので侍烏帽子ともいう。

おり-えり【折(り)襟】洋服の襟で、首の周りに沿って外側に折ってあるもの。

オリエンタリスト〖Orientalist〗東洋の歴史・文化・言語などを研究する者。東洋学者。

オリエンタリズム〖Orientalism〗❶オリエント世界(西アジア)へのあこがれに根ざす、西欧近代における文学・芸術上の風潮。東洋趣味。❷東洋の言語・文学・宗教などを研究する学問。東洋学。

オリエンタル〖oriental〗〔形動〕東洋的。東洋風。「―な色調」「―調」⇔オクシデンタル。

オリエンティア〖orienteer〗オリエンテーリングの参加者。オリエンテーリングの選手。

オリエンテーション〖orientation〗《「方向づけ」の意》新しい環境などに人を順応させるための教育指導。特に、学校・会社などで、新しく入った者に対し、組織の仕組み・ルール、学習や仕事の進め方などについて説明すること。

オリエンテーリング〖orienteering〗山野で行われるスポーツの一。地図と磁石を使って指示された地点を発見、通過して目的地に達する速さを競うもの。20世紀初頭、スウェーデンで考案された。ドイツ語のOrientierungslaufから、略してOLともいう。

オリエンテ-きゅう【オリエンテ宮】《Palacio de Oriente》►マドリード王宮

オリエンテ-ひろば【オリエンテ広場】《Plaza de Oriente》スペインの首都、マドリード中央部にある広場。マドリード王宮と王立劇場の間に位置。中央にスペイン王フェリペ4世の騎馬像があり、周囲にはかつて王宮の屋根を飾った石像の一部が置かれている。

オリエント〖Orient〗㊀東方の国々。東洋。東方。⇔オクシデント。㊁メソポタミアおよびエジプトを中心とする地方。地中海以東、インダス川以西をいう。また特に、トルコ・アラブをさす。

オリオール〖Vincent Auriol〗[1884～1966]フランスの政治家。第二次大戦中、レジスタンス運動に参加。第四共和国初代大統領。在任1947～1954。

おり-おき【折置】家屋の構造で、柱の上に梁(はり)を架け、その上に軒桁(のきげた)を置いたもの。

おり-おり【折折】㊀〔名〕その時その時。「四季―の花」㊁〔副〕❶時々。時たま。「一見かける人だ」❷だんだん。徐々に。「齢は歳々にたかく、栖(すみか)は―にせばし」〈方丈記〉【類語】時時・時折・時たま・間間・折節

オリオン〖Ōrīōn〗㊀ギリシャ神話で、美男子で巨人の猟師。女神アルテミスの怒りにふれて殺されたとも、さそりに刺されて死んだともいわれる。死後、天に昇って星座となった。㊁(Orion)NASAが開発を進める有人宇宙船。2004年にコンステレーション計画の一部として研究が開始。シャトル型でなく、アポロ計画の探査機に見られたカプセル型の形状を採用。最大6人乗りで国際宇宙ステーションとのドッキングのほか、月や火星の探査にも使われる予定だった。2010年、コンステレーション計画は中止されたが、2017年に打ち上げを目指す次世代大型ロケットに、オリオンの設計を継承した多目的有人宇宙船(オリオンMPCV)が搭載される。

オリオン-ざ【オリオン座】南天の大星座。2月上旬の午後8時ごろ南中する。三つ星とそれを取り囲む四辺形からなり、α(アルファ)星は赤いベテルギウスで光度0.4等、β(ベータ)星は青白いリゲルで0.1等。オリオン星雲・馬頭星雲などがあり、若い世代の星が多い。名称はギリシャ神話のオリオンにちなむ。学名(ラテン)Orion

オリオン-せいうん【オリオン星雲】オリオン座の三つ星のやや南にある散光星雲。別名、NGC1976またはM42。距離は約1600光年。明るく大きな天体で、肉眼でも見ることができる。内部に重星であるトラペジウムを含む。若い高温の星の紫外線によって水素が電離し、赤っぽい輝線(Hα線)を放っており、代表的なHⅡ領域として知られる。オリオン大星雲。

オリオン-だいせいうん【オリオン大星雲】►オリオン星雲

オリガーキー〖oligarchy〗►寡頭(かとう)制

おり-かえし【折(り)返し】㊀〔名〕❶着物などを折って二重にすること。また、その部分や折り目。「ズボンの―」❷ある地点から引き返すこと。また、その地点。折り返し点。❸詩歌の、末尾の語句の繰り返し。リフレーン。ルフラン。㊁〔副〕手紙・問いかけなどに対し、間を置かず対応するさま。また、着いてすぐ帰っていくさま。すぐさま。ただちに。「―電話します」「―帰路につく」

おりかえし-うんてん【折(り)返し運転】鉄道・バスなどで、不通区間が生じたとき、その両端の駅・停留場まで行き、そこから引き返す形で運行すること。

おり-かえ・す【折(り)返す】〔動サ五(四)〕❶紙・布などをもとの方へ折って重ねる。折って二重にする。「襟を―・す」❷ある地点まで行って、来た方向へ戻る。引き返す。「この先不通のため当駅で―・します」❸手紙や話などの返事を、あまり時間がたたないうちにする。「―・して返事の手紙が届く」❹詩歌や管弦などを繰り返す。「曲(ごく)のめでたと言ふ手、―・し遊ばす」〈宇津保・春日詣〉

おり-かがみ【折り▽屈み】《腰やひざを折ってかがむ意から》立ち居振る舞い。行儀作法。「三つ指づきの―が、こんな中でも打ち上がる」〈鏡花・歌行灯〉

おり-か・く【折り掛く｜折り懸く】〔動カ下二〕❶折って物に掛ける。「賤(しづ)の男(を)が篠(しの)に―・けて干す衣」〈梁塵秘抄・二〉❷折ったままにしておく。「鎧(よろひ)に矢の立つこと数を知らず、―・け―・けしたりければ、蓑(みの)を逆さまに著(き)たるやう」〈義経記・八〉❸波が、折り返して寄せる。「いはねこすきよ滝川のはやければ波―・くる岸の山吹」〈新古今・春下〉

おり-か・く【織り掛く｜織り懸く】〔動カ下二〕布などに織って掛け渡す。「竜田川錦―・く神無月時雨の雨をたてぬきにして」〈古今・冬〉

おり-かけ【折(り)掛け｜折(り)懸け】❶折り曲げて物に掛けること。❷「折り掛け垣」の略。❸「折り掛け灯籠(どうろう)」の略。❹「折掛け旗」の略。

おりかけ-がき【折(り)掛け垣】折り曲げた竹や柴(しば)などを、両端を地に挿して連ねた垣根。

おりかけ-どうろう【折(り)掛け灯籠】細く削った竹2本を交差させて折り曲げ、その四端を方形の薄板の四隅に挿して、紙を張った盆灯籠。【季 秋】

おりかけ-ばた【折(り)掛け旗】旗ざおの先に横手をつけて、四半(しはん)をつけた旗。幟(のぼり)の一種。

おり-かさな・る【折(り)重なる】〔動ラ五(四)〕人や物が次々と乱れて重なり合う。「乗客が―・って倒れる」

おり-かさ・ねる【折(り)重ねる】〔動ナ下一〕文をりかさ・ぬ〔ナ下二〕折って重ねる。畳んで重ねる。「古新聞を―・ねる」【類語】畳む・折り畳む・折る

おり-がし【折(り)菓子】折り箱に入っている菓子。折り詰めの菓子。

おり-かた【折(り)形】❶目録または進物を包む紙の折り方。❷赤飯を他家へ配るときのごま塩など、薬味類を入れて小さく折った紙包み。❸紙を折っていろいろな物の形を作ること。折り紙細工。

おり-かばん【折り×鞄】書類などを入れて携帯する、二つに折り畳めるかばん。

おり-がみ【折(り)紙】《古くは「おりかみ」》❶紙を折って種々の物の形を作る遊び。また、それに使う紙。ふつう、正方形の色紙(いろがみ)を使う。❷二つ折りにした紙。❸奉書・鳥の子紙・檀紙(だんし)などを横に二つに折ったもの。公式文書・進物用目録・鑑定書などに用いる。❹書画・刀剣・器物などの製作者・伝来などについての鑑定書。❺物事の価値・資格などについての保証。❻「折り紙道具」の略。

折り紙(がみ)を付・ける　《美術品などに鑑定保証書をつける意から》品物・人物などについて、信用できるものとして保証する。太鼓判を押す。

おりがみ-つき【折(り)紙付き】❶鑑定保証書がついていること。また、その物。❷そのものの価値・資格などに定評のあること。保証ができること。「―の技術」【補説】❷は、良い意味でしか使わない。悪い評判の場合はふつう「札付き」を使う。

【類語】好評・定評・高評・極め付き

おりがみ-どうぐ【折(り)紙道具】❶鑑定書や価格の証明などの書き付けが添えられている貴重な道具。❷保証つきのもの。最上のもの。「神崎が芸を―と言へり」〈浮・元禄大平記・八〉

おり-から【折▽柄】❶ちょうどその時。折しも。副詞的にも用いる。「―の豪雨をついて出発」「―聞こえる祭り囃子(ばやし)」❷(接続助詞的に用いる)…の時なので。…の時節だから。「天候不順の―」❸その物事にふさわしい折。ちょうどよい折。「はかないことも、所柄―なりけり」〈紫式部日記〉【類語】(❶)折しも/(❷)時節柄

おり-からど【折(り)唐戸】蝶番(ちょうつがい)を使って折り畳めるようにした唐戸。

おり-き【織(り)機】►織機(しょっき)

おり-きごう【折(り)記号】製本で、まちがえずに丁合いするために、折り丁の背に当たる部分に印刷しておく記号。

おり-く【折句】短歌・俳句・川柳などの各句の初めに、物の名や地名などを1字ずつ置いて詠んだもの。「かきつばた」の5字を「**か**ら衣**き**つつなれにし**つ**ましあれば**は**るばる来ぬる**た**びをしぞ思ふ」〈伊勢・九〉と詠み込む類。

おり-くぎ【折り×釘】「折れ釘❷」に同じ。

おり-くち【下り口｜降り口】《「おりぐち」とも》❶階段や山道などの、下りようとするとっつきの所。❷乗り物の出口。降車口。❸駅などで、そこを通って外へ出る所。

おりくち-しのぶ【折口信夫】[1887～1953]国文学者・民俗学者・歌人。大阪の生まれ。号、釈迢空(しゃくちょうくう)。国学院大・慶応大教授。日本文学・古典芸能を民俗学の観点から研究。歌人としても独自の境地をひらいた。歌集「海やまのあひだ」、詩集「古代感愛集」、小説「死者の書」、研究書「古代研究」など。

おり-けい【折り×罫】字を書くときに罫の代用として紙につけた折り目。

オリゲネス〖Ōrigenēs〗[185ころ～254ころ]ギリシャの神学者。ギリシャ思想による聖書解釈を試みた。アレクサンドリア生まれ。主著「聖書注解」「ケルソス反駁論」。

おり-こ【織(り)子】機(はた)を織る女子工員。

お-りこう【▽御利口】・【▽御利巧｜▽御×悧巧】「利口❸」に同じ。「―にしていなさい」

おりこう【織工】《原題、(ドイツ) Die Weber》ハウプトマンの戯曲。5幕。1893年初演。シュレジエン地方の搾取に苦しむ織工たちの暴動事件を扱った社会劇。作者の自然主義時代の代表作。

おり-こう【織(り)工】織物を織る工具。しょっこう。

おり-こうばい【織(り)紅梅】❶縦横両方に太さの異なる2種以上の糸を用いた織物。紅梅織り。❷縦糸に紫、横糸に紅色を用いた織物。

おり-ごと【折り琴】折り畳みができるように作った琴。「いはゆる―、継ぎ琵琶これなり」〈方丈記〉

オリゴ-とう【オリゴ糖】《oligosaccharide》►少糖類

オリゴマー〖oligomer〗同種の分子の数が2個から多くても20個程度からなり、比較的に分子量の低い重合体。【補説】例えば、ヘモグロビンは2種類のポリペプチド鎖が2本ずつ会合したオリゴマーたんぱく質である。

おり-こみ【折(り)込み】❶折り込むこと。また、その物。特に、雑誌や新聞などの間に折り込む広告びらや薄い付録など。❷雑俳で、課題の漢字の2文字

を1句の中に詠み込むもの。「振向」を詠み入れた「松の振見て向け直す春日形（かすがかた）」の類。

おりこみ-こうこく【折(り)込み広告】をりこみクワウコク 新聞や雑誌に挟み込まれて配布される、別紙の広告。ちらし。

おりこみ-ずみ【織(り)込み済み】ある事柄や条件などを前もって予定や計画に入れておくこと。「株価は総選挙の結果を―だ」

おり-こ・む【折(り)込む】をり― 〔動マ五(四)〕❶内側に折る。また、折り曲げて中の方へ入れる。「シーツの端をマットレスの下に―・む」❷折って他の物の間に挟み入れる。「新聞に広告を―・む」

おり-こ・む【織(り)込む】〔動マ五(四)〕❶地色と違う色の糸や模様を入れて織る。「金糸を―・む」❷一つの物事の中に、他の物事を含み込ませる。組み入れる。「教訓を―・んだ童話」❸株価を予測する際に、株価に影響を与えそうな事柄や条件を予測して読み込んでおく。
(類語)組み入れる・繰り込む・繰り入れる・属する

おり-こん【織(り)紺】盲縞（めくらじま）の異称。

オリザ-スポンタニア〖ラテン Oryza spontanea〗主にインドシナからインドにかけて分布する野生稲の一種。一年生。

オリザニン〖Oryzanin〗ビタミンB_1剤の商標名。明治43年(1910)鈴木梅太郎が米糠（こめぬか）から抽出して創製し、イネの学名oryzaから命名。

オリサバ-さん【オリサバ山】《Orizaba》メキシコ南東部の火山。同国の最高峰で、標高5675メートル。万年雪をいただき、北西麓にオリサバ市がある。

おり-じ【織(り)地】―ヂ 織物の地。また、その性質・品質。地合い。

おり-しき【折(り)敷(き)】をり― 左足のひざを立て、右足を折って腰を下ろした構え。

おり-し・く【折(り)敷く】をり― 〔動カ五(四)〕❶銃撃などのために、片ひざをついた姿勢をとる。「私は砂に―・き、いい加減に発射した」〈大岡・野火〉❷木の枝や草などを折って敷く。「其蘆（あし）を―・いて」〈蘆花・自然と人生〉

オリジナリティー〖originality〗独創性。創意。「―に富む」

オリジナル〖original〗㊀〔名〕❶原型。原本。原図。原画。複写・複製・ダビングされたものに対していう。❷文芸作品・楽曲などの原作や原曲。脚色・翻案・翻訳されたり、編曲されたりしたものに対していう。❸「オリジナルシナリオ」の略。㊁〔形動〕独自のものであるさま。独創的。「当店だけの―な商品」(類語)原作・原著・書き下ろし・戯曲・台本・脚本・シナリオ

オリジナル-カロリー〖original calorie〗食糧として用いられる肉・卵・魚などを生産するために必要な飼料をカロリーで表した量。

オリジナル-シナリオ〖original scenario〗小説などを脚色したものではなく、映画・テレビ放送のために新たに書き下ろした脚本。

オリジナル-ティーシャツ〖original T-shirt〗ファッションメーカーなどが自社(またはブランド)の宣伝をかねて、Tシャツに社名やブランド名、オリジナルキャラクターなどをプリントまたは刺繍したもの。

オリジナル-プリント〖original print〗写真家が撮影し、自ら焼き付け、署名した、芸術作品としての写真。広義では、作者の署名があれば、第三者がプリント処理したものもさす。

オリジナル-プログラム〖original program〗フィギュアスケートのショートプログラムの旧称。

オリジネーター〖originator〗資産流動化の仕組みにおいて流動化の対象となる資産を保有している企業。オリジネーターは、債券や不動産などの資産を特定目的会社に譲渡するなどして資産を証券化することで資金調達を行う。

おり-し-も【折しも】をり― 〔副〕《「し」「も」はともに強めの助詞》ちょうどその時。折から。「―強風が吹き荒れる」
(類語)折から・丁度・折よく・運よく・たまたま・折節（おりふし）
折しもあれ　ちょうどその時。折もあろうに。「―、対面に聞こえつべきほどにもあらざりければ」〈かげろふ・中〉

おり-じゃく【折(り)尺】をり― 折り畳み式の物差し。

おり-じり【織(り)尻】織物の織り終わりの部分。織り留め。⇔織り付け。

おり-しりがい【織(り)尻×繋】糸を織って作ったしりがい。

おりしり-がお【折知り顔】をりしりがほ その時節をよく知っていると言いたそうな顔つき、ようす。「垣の山茶花（さざんか）―に匂いて」〈一葉・われから〉

おり-しろ【折り代】をり― 紙や布の端の、折り曲げて貼りつけたり縫いつけたりする部分。

オリジン〖origin〗起源。根源。出所。

おり-すえ【折(り)据え】をりすゑ ❶茶道の七事式の花月などで用いる札入れ。檀紙（だんし）・奉書などで折ったもの。❷紙を折っていろいろな物の形を作ること。「ある時は―をあそばし」〈浮・一代男・一〉

おり-すけ【折助】をり― 近世、武家で使われた下男の異称。

おりすけ-こんじょう【折助根性】をりすけコンジャウ 骨惜しみをし、主人の目を盗んで怠けようとする根性。

おり-すじ【織(り)筋】―すぢ 練貫（ねりぬき）の一。横筋を太く織り出した絹織物。

おり・そう おりさう 〔連語〕《「おいりそうろう(御入り候)」の音変化》❶「行く」「来る」の尊敬語。「汝はどこから―・さうたぞ」〈四河入海・一〇〉❷(補助動詞)動詞・形容詞または助動詞「たい」「だ」の連用形に付いて、「である」の意の丁寧語として用いられる。「信陵君は縁者で―・さうほどに」〈史記抄・平虞列伝〉(補説)歴史的仮名遣いは「おりさふ」とも。

おり-ぞこ【織(り)底】▶石底（いしぞこ）織り

おりたくしばのき【折たく柴の記】をりたくしばのキ 新井白石の自叙伝。3巻。享保元年(1716)成立。父祖のことから始め、将軍徳川家宣（いえのぶ）を補佐した事績などを、平易な和漢混交文で記したもの。

おり-だ・す【織(り)出す】〔動サ五(四)〕❶織って作り出す。「鮮やかな模様を―・す」❷いくつかの事柄が集まって、ある状況や情景を作り出す。「虚誕（うそ）を組み立てて事実を―・すのが探偵の手腕だと」〈木下尚江・火の柱〉❸織り始める。

おり-たたみ【折(り)畳み】をり― 折り畳むこと。折り畳めるようになっていること。「―のいす」

おりたたみ-がさ【折(り)畳み傘】をりたたみ― 持ち運びに便利なように、折りたたんで小さくできる傘。

おり-たた・む【折(り)畳む】をり― 〔動マ五(四)〕いくつかに折り重ねて小さくする。「ハンカチを―・む」
(類語)畳む・折り重ねる・折る

おり-た・つ【下り立つ｜降り立つ】〔動タ五(四)〕❶乗り物などからおりて地面に立つ。「空港に―・つ」❷川や田など、水のある低い所におりていく。「―・ちて汲みはみねども渡り川人の瀬とはた契らざりしを」〈源・真木柱〉❸直接、自分自身でする。「―・ちて尋ね歩（あり）かむもかたくなし」〈源・手習〉❹度を過ごして行う。熱中する。「恋し悲しと―・たねど、常にあひ見ぬ恋の苦しさを」〈源・浮舟〉

おり-ちょう【折(り)丁】をりチャウ 製本する前に、印刷された紙をページ順になるように折り畳んだもの。折り本。おり。

おり-つ・ぐ【織り次ぐ】〔動ガ四〕続けて織る。織り続ける。「かにかくに人は言ふとも―・がむ我が機物（はたもの）の白き麻衣」〈万・一二九八〉

オリックス〖oryx〗ウシ科オリックス属の哺乳類の総称。大形から中形で、アフリカやアラビア半島の砂漠や草原に生息するが、数は減少。雌雄とも槍状あるいはサーベル状の長い角をもつ。シロオリックス・ベイサオリックス・アラビアオリックスなど。

オリックス-バファローズ〖Orix Buffaloes〗プロ野球球団の一。パシフィックリーグに所属し、フランチャイズは大阪府。昭和11年(1936)、阪急軍として発足。のち、阪急ブレーブス→オリックスブレーブス→オリックスブルーウェーブと改称、平成16年(2004)大阪近鉄バファローズと合併し、現在の名称となる。

おり-つけ【織(り)付け】織物の織り始めの部分。⇔織り尻/織り留め。

オリッサ〖Orissa〗インド中東部の州。州都ブバネシュワル。ベンガル湾岸は農業地帯で米・豆・ジュート・サトウキビなどを産する。北部は鉄鉱石などの資源が豊富。

オリッシ〖Orissi〗インド東部のオリッサ州に伝承される舞踊。女性のソロによる優雅な舞踊。

おり-づまり【織(り)詰(ま)り】織り上がった布の長さが、もとの縦糸の長さより詰まること。また、その詰まった長さ。

おり-づめ【折(り)詰(め)】をり― 食品を折りに詰めること。また、詰めた折り。「―の鮨（すし）」

おりづめ-だけ【折爪岳】をりづめ― 岩手県北部にある山。標高852メートル。周囲が丘陵地のため頂上からの眺望がよく、遠く岩手山を望むことができる。山頂付近はヒメボタルの生息地。馬仙峡とともに県立自然公園に指定されている。

おり-づる【折(り)鶴】をり― 色紙（いろがみ）などを折って鶴の形にしたもの。

おりづる-らん【折鶴×蘭】をりづる― ユリ科の常緑多年草。葉は長い線形で、多くは白線があり、根から群がって出る。葉の間から長い枝を出し、その先に新葉と根を出す。初夏、白い花をつける。アフリカ南部の原産。観賞用。

おり-て【織(り)手】機（はた）を織る人。

おり-でほん【折(り)手本】をり― 折り本に仕立てた書画の手本。

おり-ど【折(り)戸】をり― 蝶番（ちょうつがい）で折り畳めるように作った開き戸。

おり-どころ【▽居り所】をり― いる場所。いどころ。

おり-どめ【織(り)留め】❶布を織り終わること。また、織った最後の部分。織り尻。⇔織り付け。❷物事の最後。「今ぞ一期（いちご）の―と」〈浄・薩摩歌〉

おり-な・い〔連語〕《「おい(入)りない」の音変化。「おりゃる」の否定形》❶「いない」の尊敬語。いらっしゃらない。「父母の―・い国へは、お帰りない法で候ふと云ふぞ」〈毛詩抄・三〉❷「ない」「いない」の丁寧語。ございません。おりません。「金竜山の米饅頭（よねまんじゅう）は―・いか」〈松の葉・三〉❸(「…でおりない」の形で)…でございません。「これへ参るも、別（べち）なる事で―・い」〈虎清狂・禁野〉

おり-な・す【織(り)成す】〔動サ五(四)〕❶織って模様などを作る。「錦（にしき）を―・す秋の山」❷いろいろな要素を絡み合わせて物事を構成する。「男と女の―・す愛憎の図」

オリノコ-がわ【オリノコ川】―がは《Orinoco》ベネズエラ中央を東流する川。ギアナ高地のブラジル国境付近に源を発し、下流で大デルタを形成して大西洋に注ぐ。長さ2060キロ。

おり-のし【折り熨=斗】をり― 熨斗の一。小形の方形の紙を、熨斗包みの形に折り、中に熨斗鮑（あわび）の小片を貼り付けたもの。

おり-のべ【織り延べ】「織り延べ絹」の略。「―を一きれも得ぬ我らさへ」〈平家・四〉

おりのべ-ぎぬ【織り延べ絹】普通のものより丈が長い絹織物。「北国の―三千疋（びき）」〈平家・四〉

おり-のぼり【下り上り】❶おりることと、のぼること。のぼりおり。❷宮中に仕える人が出仕し、また退出すること。「局（つぼね）の―などにも」〈たまきはる〉❸都と地方とを行き来すること。「売り買ひのため筑前へは毎年の―」〈浄・博多小女郎〉

おり-のぼ・る【下り上る】〔動ラ四〕❶高い所と低い所との間をおりたりのぼったりする。のぼりおりする。「この国の海山より竜は―・るものなり」〈竹取〉❷貴人の御前に出仕し、退出する。「女房ぞ弘徽殿に局して―・りける」〈栄花・殿上の花見〉❸都と地方との間を往復する。「肥前の松浦より都へ一日に―・る馬」〈平家・七〉

おり-のり【降り乗り｜下り乗り】❶おりることと、のること。のりおり。❷交渉。やりとり。「奥で―引合て、三百両の身の代まで渡して置たこっちの代呂物」〈伎・黄金鱐〉

おり-は【折(り)羽】をり 双六すごろく遊びの一。互いに12個ずつの駒を持ち、2個のさいころを竹筒に入れて振り出し、出た目の数だけ駒を取っていき、多く取ったほうを勝ちとする。

オリバー-ツイスト〖Oliver Twist〗ディケンズの長編小説。1838年刊。孤児オリバーの遍歴を描きつつ、社会悪を追及した作品。当時の救貧院の惨状を告発した点にも意義があるとされる。

おり-は・う【折り▽延ふ】をりはふ〔動ハ下二〕時を長く延ばす。長く続ける。「―・へてねをのみぞ鳴くほととぎす繁きなげきの枝ごとにゐて」〈後撰・夏〉 補説 連用形「おりはえ」、また「おりはえて」の形で、いつまでもの意に使うことが多い。

おり-ばこ【折(り)箱】をり 薄く削った板やボール紙などを折り曲げて作った、底の浅い箱。おり。

おり-はし【折(り)箸】をり《「おりばし」とも》1本の木の枝などを、二つに折り曲げて作った箸。

オリビエ〖Laurence Olivier〗[1907〜1989]英国の俳優・演出家。シェークスピア劇で名声を得た。映画「ハムレット」「リチャード三世」などを主演・監督。

おり-びつ【折り×櫃】をり 檜ひのきの薄板を折り曲げて作った小箱。形は四角・六角などさまざまで、菓子・肴さかななどを入れる。

おりびつ-もの【折り×櫃物】をりびつ 折り櫃に入れたもの。「―、籠物こもどもなど、殿の御かたより」〈紫式部日記〉

おり-ひめ【織(り)姫】❶機はたを織る女性の美称。❷「織り姫星」の略。(季 秋)

おりひめ-ぼし【織(り)姫星】「織女星しょくじょせい」に同じ。

オリフィス〖orifice〗流体が噴流して出る開口部。また、流量を測定するため、水槽の壁面や管路の途中に設ける小さな流水口。この前後に生じる圧力差から流量を求める。

おり-ふし【折節】をり ㊀〔名〕❶その時々。その場合場合。「―の思いを日記にしたためる」❷季節。「―のあいさつ」㊁〔副〕❶ちょうどその時。折しも。「窓の外を眺めると、―桜が満開で」❷時々。時おり。時たま。「―見かけることもある」 類語 時季・時節・時候・候・四季・四時しじ・春夏秋冬・シーズン/丁度・折折・間間

おり-べ【織▽部】「織部司おりべのつかさ」の略。また、その職員。

おりべ【織部】▶古田織部ふるたおりべ

おりべ-がた【織▽部形】石灯籠いしどうろうの一種。茶人古田織部が愛好したといわれ、茶室の庭などに用いる。台座のないものなど形に特色がある。織部灯籠。

おりべ-さかずき【織▽部杯】さかづき 古田織部が始めたとされる、織部焼の浅く開いた小型の杯。

おりべ-だな【織▽部棚】古田織部の好みにより、幸阿弥長玄こうあみちょうげんが蒔絵まきえを施して作った厨子ずし棚。

おりべ-づかさ【織▽部▽司】律令制で、大蔵省に属し、錦にしき・綾などを織り、また、染め物をつかさどった役所。おりべのつかさ。

おりべ-どこ【織▽部床】床の間の形式の一。天井の回り縁ぶちの下に、織部板とよぶ幅18〜21センチの横板を取り付け、釘を打って掛け物ができるようにしたもの。古田織部の考案という。

おりべ-ぼん【織▽部本】天保年間(1830〜1844)、観世織部かんぜおりべが刊行した謡本。現行観世流謡本の底本。

おりべ-まど【織▽部窓】茶室の床の間の脇壁にあける下地窓。古田織部の考案という。花明かり窓。

おりべ-やき【織▽部焼】桃山時代、美濃地方で産した陶器。その名は茶人古田織部好みの奇抜な形・文様の茶器を多く産したことによる。釉ゆうやくの色により青織部・赤織部・黒織部などがある。

おりべ-りゅう【織▽部流】リウ 茶道の流派の一。流祖は千利休の高弟古田織部。茶風は力強く、武人に好まれた。

おり-ほん【折(り)本】をり ❶和本の装丁の一。横に長くつなぎ合わせた紙を端から折り畳んで作った、とじ目のない本。習字の手本や経典などに多い。❷「折り丁」に同じ。 類語 綴本・巻子本・草紙・冊子

おり-ま・げる【折(り)曲げる】をり〔動ガ下一〕図をりま・ぐ〔ガ下二〕折って曲げる。「針金を―・げる」 類語 ひん曲げる・ねじ曲げる・歪める

おり-ま・ぜる【織(り)交ぜる】〔動ザ下一〕図おりま・ず〔ザ下二〕❶模様などを交ぜて織り込む。「金糸銀糸を―・ぜる」❷ある物事に別の物事を組み入れる。「講演にユーモラスな失敗談を―・ぜる」

おり-まつ【折り松】をり 薪たきぎ・篝火かがりび・松明たいまつなどにするために折った松の枝。「いでゐの殿上人の―するも」〈弁内侍日記〉

おり-みまい【折見舞い】をりみまひ 寒暑の折などの見舞い。時候のあいさつ。「聟入りといふは一代に一度の物で、其の後行くは、時の―でおりゃる」〈虎寛狂・庖丁聟〉

おり-むら【織り▽斑】織っている間に生地に厚薄などの不揃いが生じること。また、その部分。

おり-め【折(り)目】をり ❶紙・衣服などを折りたたむときにできる境目の筋。「ズボンに―をつける」❷物事のくぎり。けじめ。「生活に―をつける」❸立ち居振る舞い。行儀作法。❹よい折。機会。〈日葡〉 類語 区切り・一線・境・一段落・節目

おり-め【織(り)女】機織はたおりの女性。

おり-め【織(り)目】織り地の、糸と糸のすきま。「―の粗い布」

おりめ-だか【折(り)目高】をりめ〔名・形動〕❶衣服の折り目が、くっきりと高く現れていること。また、そのさま。「同一色どういろの無地の袴、―に穿はいたのが」〈鏡花・草迷宮〉❷立ち居振る舞いのきちんとしていること。礼儀正しく堅苦しいこと。また、そのさま。「―にきりきりと」〈鏡花・歌行灯〉

おりめ-ただし・い【折(り)目正しい】をり〔形〕図をりめただ・し〔シク〕態度がきちんとしているさま。行儀作法にかなっているさま。礼儀正しい。「―・くあいさつする」

おり-もと【織元】織物の製造元。

おり-もの【下り物】女性の子宮から出てくる粘液や組織片などの総称。こしけ。

おり-もの【織物】❶織機にかけ、縦糸と横糸とを組み合わせて平たく作った布地。❷平安時代以降、染め糸や練り糸で織った絹の布地。「黄朽葉きくちばの―、薄物などの小袿こうちぎ着て」〈枕・二〇〇〉 類語 織り

おりもの-そしき【織物組織】織物を作る縦糸と横糸の組み合わせ。基本的な組織は平織り・斜文しゃもん織り・繻子しゅす織りで、これを三原組織というが、絡み織りを加えて四原組織とすることもある。

おり-もよう【織(り)模様】ヤウ 布帛ふはくに織り出した模様。綾・錦にしき・緞子どんす・厚板・繻珍しゅちん・金襴きんらんなどをいう。➡書き模様 ➡染め模様

おり-もん【織(り)紋】布に織り出した紋。

おり-や【折(り)屋】をり 製本で、印刷された紙を順序をそろえて折り畳む職業。また、その人。

おり-や【織(り)屋】機織はたおりを職業とする家。また、その人。機屋はたや。

おり-やま【折(り)山】をり 布や紙を折ったとき、その外側に現れる折り目の部分。

おりゃら◦します〔連語〕《動詞「おりゃる」の未然形＋尊敬の助動詞「します」》❶「ある」の尊敬語で、補助動詞的に用いる。…でいらっしゃる。「清水の観音は、妻観音に―◦します」〈虎明狂・誓女座頭〉❷「ある」の丁寧語で、補助動詞的に用いる。…でございます。「さてこれは、何の用に立つ物で―◦しますぞ」〈虎清狂・鏡男〉 補説 尊敬語の例は少なく、江戸初期の狂言本では丁寧語として、主として女性が改まった場面で用いた。

おりゃ・る〔動ラ四〕《「おい(入)りある」の音変化》❶「行く」「来る」の尊敬語。いらっしゃる。おいでになる。「いざさらば行かう。―・れ―・れ」〈虎清狂・猿座頭〉❷「ある」「居る」の尊敬語。おありになる。いらっしゃる。「内に―・るか。これへお出やれ」〈虎清狂・猿座頭〉❸「ある」の丁寧語。あります。「そなたのけなげで、訴訟かなうて、お下りやったほどのみやげが―・らうか」〈虎清狂・鏡男〉❹(補助動詞)「ある」の丁寧語。…でございます。…でおります。「なにごとで―・るぞ」〈謡・鞍馬天狗〉「怪我がなうて嬉しう―・る」〈浄・手習鑑〉

オリャンタイタンボ〖Ollantaytambo〗ペルー南部、アンデス山中の都市、クスコの近郊にあるインカ時代の遺跡。「インカの聖なる谷」と呼ばれるウルバンバ川渓谷の北西部に位置する。

おり-ゆ【▽居り湯】をり・【下り湯】おり 別に沸かした湯を湯船に移し入れて使う風呂。のちには据え風呂と混同された。

オリュデニズ〖Ölüdeniz〗トルコ南西部の村。フェティエの南約15キロメートルに位置し、エーゲ海に面する。同国有数の美しさを誇る白い砂浜があり、海岸保養地として知られる。

オリュンピア〖Olympia〗▶オリンピア

オリュンポス〖Olympos〗▶オリンポス

お-りょう【▽御寮】レウ《「御寮人ごりょうにん」の略》❶尼。比丘尼びくに。特に比丘尼の長。お庵あん。「比丘尼の師たるものを―といひて」〈風俗文選・師説〉❷江戸時代、勧進比丘尼の元締め。比丘尼を抱え、売春をさせた。「いつ頃より―猥みだりになして、遊女同前に相手も定めず」〈浮・一代男・三〉

おりょう-にん【▽御寮人】おれうにん《寮に住んでいる人の意から》尼僧の敬称。

オリョール〖Orel〗ロシア連邦西部、オリョール州の州都。モスクワの南西約360キロ、オカ川と支流オルリク川の合流点に位置する。16世紀半ば、タタールの侵入を防ぐために要塞が築かれた。水運の要衝であり商都として発展。ロシア革命以降、工業が盛んになった。小説家ツルゲーネフ、文芸学者バフチンの生地。

おり-よく【折▽好く】をり〔副〕その時、都合よく。「駅に着いたら、―電車が来た」⇔折悪あしく。 類語 丁度・運よく・たまたま・折しも・折節おりふし

お・りる【下りる|降りる】〔動ラ上一〕図お・る〔ラ上二〕❶高い所から低い方へと移って、ある位置・場所に着く。上から下へ移動する。「山を―・りる」「木から―・りる」⇔あがる。❷物が人の操作によって下の方へ移動する。「錠が―・りる」「幕が―・りる」⇔あがる。❸㋐乗っていた乗り物から出る。「バスを―・りる」⇔のる。㋑(下りる)からだの外へ出る。「回虫が―・りる」❹負担になっていたものがなくなる。「胸のつかえが―・りる」「肩の荷が―・りる」❺㋐官位・役職を退く。職を辞める。「管理職を―・りる」㋑俳優などが配役を断って、その役を辞める。「主役を―・りる」❻(下りる)官公庁などから、支給・下付される。「認可が―・りる」「年金が―・りる」❼勝負事で、勝敗を争う権利を捨てる。「勝ち目がないので―・りる」❽(降りる)霧や霜などが地上・空中などに生じる。「露が―・りる」❾貴人の前から退出する。さがる。「局つぼねへいととく―・るれば」〈枕・八七〉

用法 おりる・くだる――高い所から低い所へ位置を移す、位置をかえるの意で共通性があるが、「おりる」は「階段を(から)おりてください」「一階におりる」など、下への場所の移動を表すほか、「電車をおりる」など、ある物事から離れる意味でも使われる。人以外のものが主体になっても「幕がおりる」「霜がおりる」など下方への移動の意味が中心となる。◆「下る」は「坂道を下る」「船で川を下る」など、やはり下への場所の移動であるが、どこを通って移動するかに意味の重点がある。「石段を下っていった」と「石段をおりたところに広場がある」とはその点で使い分けられる。◆「あがる⇔おりる」「のぼる⇔くだる」の対応が考えられる。 類語 飛び降りる・降ろす

オリンダ〖Olinda〗ブラジル、ペルナンブコ州の大西洋に面する港湾都市。1537年、ポルトガルの植民都市として築かれたが、1630年にオランダが占領、1654年に再びポルトガルが奪還した歴史をもつ。町並みには両国の面影が残る。1982年、「オリンダ歴史地区」の名で世界遺産(文化遺産)に登録された。

オリンピア〖Olympia〗《「オリュンピア」とも》ギリシャ、ペロポネソス半島北西部にあったゼウスの神域。古代オリンピック発祥の地。1989年「オリンピアの古代遺跡」の名で世界遺産(文化遺産)に登録された。

オリンピアード〖Olympiad〗❶古代ギリシャで、オリンピア祭と次のオリンピア祭との間の4年間。前

［オリンピック❷］オリンピックの開催地

回	開催年	開催地(国)
1	1896	アテネ(ギリシャ)
2	1900	パリ(フランス)
3	1904	セントルイス(米国)
4	1908	ロンドン(英国)
5	1912	ストックホルム(スウェーデン)
6	1916	ベルリン(ドイツ)＊中止
7	1920	アントワープ(ベルギー)
8	1924	パリ(フランス)
9	1928	アムステルダム(オランダ)
10	1932	ロサンゼルス(米国)
11	1936	ベルリン(ドイツ)
12	1940	東京(日本)＊返上→ヘルシンキ(フィンランド)＊中止
13	1944	ロンドン(英国)＊中止
14	1948	ロンドン(英国)
15	1952	ヘルシンキ(フィンランド)
16	1956	メルボルン(オーストラリア)・ストックホルム(スウェーデン)
17	1960	ローマ(イタリア)
18	1964	東京(日本)
19	1968	メキシコシティ(メキシコ)
20	1972	ミュンヘン(西ドイツ)
21	1976	モントリオール(カナダ)
22	1980	モスクワ(ソ連)
23	1984	ロサンゼルス(米国)
24	1988	ソウル(韓国)
25	1992	バルセロナ(スペイン)
26	1996	アトランタ(米国)
27	2000	シドニー(オーストラリア)
28	2004	アテネ(ギリシャ)
29	2008	北京(中国)
30	2012	ロンドン(英国)
31	2016	リオデジャネイロ(ブラジル)＊予定

［オリンピック冬季競技大会］オリンピック冬季競技大会の開催地

回	開催年	開催地(国)
1	1924	シャモニーモンブラン(フランス)
2	1928	サンモリッツ(スイス)
3	1932	レークプラシッド(米国)
4	1936	ガルミッシュパルテンキルヘン(ドイツ)
5	1948	サンモリッツ(スイス)
6	1952	オスロ(ノルウェー)
7	1956	コルティーナダンペッツォ(イタリア)
8	1960	スコーバレー(米国)
9	1964	インスブルック(オーストリア)
10	1968	グルノーブル(フランス)
11	1972	札幌(日本)
12	1976	インスブルック(オーストリア)
13	1980	レークプラシッド(米国)
14	1984	サラエボ(ユーゴスラビア)
15	1988	カルガリー(カナダ)
16	1992	アルベールビル(フランス)
17	1994	リレハンメル(ノルウェー)
18	1998	長野(日本)
19	2002	ソルトレークシティ(米国)
20	2006	トリノ(イタリア)
21	2010	バンクーバー(カナダ)
22	2014	ソチ(ロシア)＊予定
23	2018	平昌(韓国)＊予定

776年の第1回古代オリンピックからギリシャ人はこれを基準として年代を数えた。オリンピア紀。➡オリンピア祭 ❷「オリンピック❷」に同じ。

オリンピア-さい【オリンピア祭】オリンピアで4年ごとの夏に開催された、ゼウスにささげる祭典。前776年からローマ皇帝の勅令で廃止される393年まで293回続き、各種の競技が行われた。この期間中は、全ギリシャの戦争は休戦となった。➡オリンピック

オリンピア-ゼウス-しんでん【オリンピアゼウス神殿】《Naos tou Olimpiou Dios》ギリシャの首都アテネの中心部にある古代ローマ時代の神殿跡。アマリアス大通りの南端に位置する。ギリシャ神話の最高神ゼウスを祭る。紀元前6世紀にアテネの僭主ペイシストラトスにより着工されたが、失脚などの理由で工事は度々中断し、2世紀のローマ皇帝ハドリアヌスの時代に完成。建造当初は104本のコリント式の柱があったが、現在はそのうち15本が残っている。付近には同時期に建てられたハドリアヌスの門がある。

オリンピアン〘Olympian〙オリンピック選手。

オリンピコ-げきじょう【オリンピコ劇場】《Teatro Olimpico》イタリア北東部、ベネト州の都市ビチェンツァにある16世紀建造の劇場。アンドレア＝パラディオが古代ローマ時代の円形劇場を模して設計したが、建設半ばにして死去し、弟子のスカモッツィが完成させた。現存するルネサンス期唯一の劇場として知られる。市街とベネト地方のパラディオが設計した邸宅は、1994年、世界遺産(文化遺産)として登録された。オリンピコ座。テアトロオリンピコ。

オリンピコ-ざ【オリンピコ座】《Teatro Olimpico》▶オリンピコ劇場

オリンピック〘Olympics〙❶古代ギリシャ人が、オリンピア祭の余興として催した運動・詩・音楽など各種の競技。古代オリンピック。❷国際オリンピック委員会(IOC)が主催する、スポーツで最大の国際競技大会。フランス人クーベルタンの提唱により、1896年ギリシャのアテネで第1回大会が催され、以後4年ごとに開かれている。日本の参加は1912年の第5回ストックホルム大会からで、1964年には東京で第18回大会が開かれた。近代オリンピック。オリンピアード。五輪。➡オリンピック冬季競技大会 ➡東京オリンピック ❸国際的な競技会につける名称。「技能—」➡表

オリンピック-イヤー〘Olympic year〙オリンピックの行われる年。

オリンピック-こくりつこうえん【オリンピック国立公園】《Olympic National Park》米国ワシントン州北西部、オリンピック半島にある国立公園。コースト山脈の一部、オリンピック山地にある。太平洋からの湿った空気が山地に吹き付けることにより、西側の低地に温帯多雨林が広がり、頂上付近には山岳氷河が見られる。1981年、世界遺産(自然遺産)に登録された。

オリンピック-コングレス〘Olympic Congress〙国際オリンピック委員会(IOC)が構成員であるIOC委員・各IF(国際競技連盟)・NOC(国内オリンピック委員会)の代表者や、IOCが招待した団体・個人までを集めての大会議。8年に一度開かれる。

オリンピック-しゅもく【オリンピック種目】オリンピック大会の競技の種目。オリンピック憲章によると、陸上競技・体操・ボクシング・レスリング・柔道・フェンシング・ウエートリフティング・射撃・馬術・水上競技・ヨット・弓術・ホッケー・ハンドボール・バスケットボール・バレーボール・サッカー・自転車・近代5種・テニスなどで、このうち15種目以上の競技は必ず行うものとされている。冬季には、スキー・スケート・アイスホッケー・ボブスレーなどの種目を行う。(補説)オリンピック種目として認定されるためには、男子は3大陸・50か国以上、女子は3大陸・35か国以上で行われていること、世界選手権大会または大陸別選手権大会が二度以上実施されていることなどが条件となる。

オリンピック-デー〘Olympic Day〙クーベルタンがオリンピック復活を呼びかけた日を記念した日。6月23日。(補説)最初1892年に提案したが反響がなく、94年6月に再度提案して採択された。

オリンピック-とうききょうぎたいかい【オリンピック冬季競技大会】冬季競技のオリンピック大会。1924年、フランスのシャモニーで開催された「冬季スポーツ週間」を、国際オリンピック委員会(IOC)が第1回オリンピック冬季競技大会と認定したことに始まる。その後、オリンピック大会の開かれる年の初春に開かれるようになり、1992年以後は、従来の夏季大会と同一暦年開催から、冬季・夏季の2年ごとの交互開催に改められた。日本では、1972年に札幌で第11回大会、1998年に長野で第18回大会が開かれている。冬季オリンピック。冬季五輪。➡表 ➡オリンピック

オリンピック-むら【オリンピック村】オリンピック大会に出場する各国選手のための、合同宿舎を設けた地域。選手村。

オリンピック-リレー〘Olympic relay〙四人一組で走る陸上競技のリレー種目。第1走者はセパレートコースで200メートル、第2走者は400メートル、第3走者は800メートル、最後の走者は200メートルを走る。

オリンプ〘Olimp〙ルーマニア南東部、黒海に面する海岸保養地。マンガリアの北約7キロメートルに位置する。社会主義政権下の1970年代に開発され、近隣のネプトゥン・ジュピテル・アウロラ・ベヌス・サトゥルヌとともに、同国有数の保養地群を形成する。

オリンポス〘Olympos〙㊀ギリシャ北部、テッサリアとマケドニアの両地方の境にある山。標高2917メートル。ギリシャ神話の神々が頂上に住んだといわれる。同国の最高峰。オリュンポス。㊁小アジアにあった古代都市。現在のトルコ南西部の都市アンタリヤの南西約90キロメートル、タフタル山(古称オリンポス山)南麓に位置する。古代リキア王国の主要都市として栄え、のちに古代ローマ帝国に征服された。公衆浴場などの遺跡がある。1972年、タフタル山周辺が国立公園に指定された。

オリンポス-の-じゅうにしん【オリンポスの十二神】ギリシャ神話で、オリンポスの頂上に住む、主神ゼウスを中心とする12人の神々。ゼウス・ヘラ・アポロン・アルテミス・アテナ・アレス・アフロディテ・ヘファイストス・ヘルメス・ディオニュソス・デメテル・ポセイドンの12神。(補説)ディオニュソスの代わりにヘスティアを入れる説もある。

お・る【下る｜降る】〔動ラ上二〕「おりる」の文語形。

お・る【折る】㊀〔動ラ五(四)〕❶棒状・板状のものを鋭角的に曲げる。また、そのようにして切り離す。「指を—・って数える」「枝を—・る」❷紙や布などの平面状のものを畳んで重ねる。「新聞紙を二つに—・る」❸紙や布などを畳み重ねて物の形を作る。「千羽鶴を—・る」❹(「筆をおる」などの形で)文筆の業をやめる。❺頑固な気持ちを弱める。くじく。「鼻柱を—・る」「我(が)を—・る」❻(「骨をおる」などの形で)あるもののために苦労する。「友人の職探しに骨を—・る」❼波が幾重にも重なって砕ける。「今日もかも沖つ玉藻は白波の八重—・るが上に乱れてあるらむ」〈万・一一六八〉(可能)おれる ㊁〔動ラ下二〕「おれる」の文語形。(類語)へし折る・手折る・折れる・畳む

(一句)我(が)を折る・陰に居て枝を折る・高木は風に折らる・腰を折る・節(せつ)を折る・大木は風に折られる・月の桂(かつら)を折る・角(つの)を折る・出端(では)を折る・七重(ななえ)の膝(ひざ)を八重(やえ)に折る・鼻を折る・膝(ひざ)を折る・一骨(ひとほね)折る・筆を折る・ペンを折る・骨を折る・指を折る

お・る【▽居る】〔動ラ五〕図を・り〔ラ変〕❶㋐人が存在する。そこにいる。「海外に何年—・られましたか」㋑「いる」の古風な、または尊大な言い方。また、「いる」に比べて方言的な響きを帯びる。「君はそこに—・ったのか」「都会にはセミも—・らんようになった」❷(「おります」の形で、自分や自分の側の者について いう)「いる」の丁寧な言い方。「五時までは会社に—・ります」❸動詞の連用形に付いて用いる。㋐(相手を軽蔑する気持ちを込めて)…やがる。「あんなやつに負け—・って」㋑自分を卑下する気持ちを表す。「私も隣の京屋にゐ—・ります」〈伎・夕霧七年忌〉❹(「立つ」に対して)すわっている。「しきたへの床の辺(へ)去らず立てれども—・れどもともに戯(たはぶ)れ」〈万・九〇四〉❺(補助動詞)動詞の連用形に接続助詞「て」を添えた形に付いて用いる。㋐「…ている」の古風な、または尊大な言い方。「そこに控えて—・れ」㋑(「…ております」の形で)「…ている」の丁寧な言い方。「ただ今、外出して—・ります」(補説)(1) 助動詞「れる」の付いた「おられる」「…ておられる」の形で尊敬表現に用いられる。(2) もとはラ変活用。室町時代以後、四段活用に変化。(可能)おれる

(類語)居る・居合わせる・控える (尊敬)いらっしゃる・おられる・おいでになる・おわす・おわします・まします

お・る【▽愚る】〔動ラ下二〕愚かになる。心を奪われる。「花に—・れつつ聞こえあへり」〈源・胡蝶〉

お・る【織る】〔動ラ五(四)〕❶機(はた)で縦糸と横糸を組み合わせて布地を作る。「絣(かすり)を—・る」❷藺(い)・わら

など細いものを組み合わせてむしろ・ござなどを作る。「花ござを―・る」❸いろいろなものを組み合わせて作り上げる。「夢物語を―・る」可能おれる
類語機織り・手織り

オルーロ〖Oruro〗ボリビア西部、アルティプラノ高原にある鉱山都市。オルーロ県の県都。17世紀初頭より銀採掘で発展。毎年2月末、南米三大祭りに数えられるカーニバルが開かれる。オルロ。

オルカ〖orca〗英語で、マイルカ科の哺乳類シャチのこと。

オルガスムス〖ドイツ Orgasmus〗性的快感の最高潮の状態。絶頂感。極致感。クライマックス。オーガズム。

オルガナイザー〖organizer〗❶オルグをする人。組織者。❷主催者。❸►形成体

オルガニズム〖organism〗❶有機体。生物体。❷組織。機構。

オルガヌム〖ラテン organum〗9～13世紀、ヨーロッパで流行した初期の多声音楽。グレゴリオ聖歌などの旋律を主声部とし、いくつかの声部を加えた楽曲。

オルガネラ〖ラテン organella〗►細胞小器官

オルガノン〖ギリシャ Organon〗《道具・機関の意》アリストテレスの論理学書の総称。論理学は知識の構造や論証法を論じるものであって哲学ではなく、学問研究のための道具であるという見方からの称。

オルガン〖ポルトガル orgão〗パイプオルガン・リードオルガン・電子オルガンなどの総称。

オルガン-コラール《和 organ＋Choral(ドイツ)》コラール旋律を用いて作曲したオルガン音楽の総称。コラール前奏曲、コラール変奏曲などがある。➡コラール

オルガンチノ〖Gnecchi-Soldi Organtino〗[1530～1609]イタリアのイエズス会士。元亀元年(1570)来日、京都を中心に伝道し「宇留岸伴天連」と親しまれた。織田信長の厚遇を受け、京都に南蛮寺(教会)、安土にセミナリオ(神学校)を創設。長崎で没。オルガンティノ。

オルグ〔名〕スル《「オルガナイザー」の略》組合や政党の組織拡充などのため、本部から派遣され、労働者・大衆の中で宣伝・勧誘活動を行うこと。また、その人。

オルゲルプンクト〖ドイツ Orgelpunkt〗音楽で、最低声部が同音を長く持続すること。その上部に旋律・和声が変化、展開させられる非和声音。

オルゴール〖オランダ orgel〗❶小曲を自動的に演奏する装置を小箱などに組み込んだもの。表面に針を植えつけた円筒や円盤がぜんまい仕掛けなどで回転し、順次その針が音階板に触れて音を出す。自鳴琴。❷歌舞伎下座音楽の楽器の一。❶の音色を模したもので、大きさの異なる鈴を3～5個木板にとりつけたもの。2本の貝撥で打つ。天界の音を表すときなどに用いる。

オルコック〖Sir Rutherford Alcock〗[1809～1897]英国の外交官。中国滞在ののち、安政6年(1859)駐日総領事として赴任、のち公使。通商の拡大を目ざして強硬な政策を推進したが、下関砲撃事件後、本国に召還された。著「大君の都」。

オルコット〖Louisa May Alcott〗[1832～1888]米国の女流作家。自身の姉妹をモデルにした自伝的な家庭小説「若草物語」などで有名。

オルサンミケーレ-きょうかい【オルサンミケーレ教会】《Chiesa di Orsanmichele》イタリア中部、トスカーナ州の都市フィレンツェにある教会。13世紀末に穀物倉庫として建造。一旦は火災で失われたが、14世紀にフィレンツェの同業者組合により再建され、教会が併設された。外壁にはギベルティ・ベロッキオ・ドナテロら、ルネサンスを代表する芸術家が手がけた聖人像(複製)が配されている。

オルスク〖Orsk〗ロシア連邦西部、オレンブルグ州の都市。ウラル山脈南麓、オリ川とウラル川の合流点に位置。18世紀に要塞が築かれたことに起源し、中央アジアとの交易の要地になった。旧ソ連時代に工業都市として発展。ウラル川南岸の旧市街には19世紀末から20世紀初頭にかけての街並みが残る。

オルセー-びじゅつかん【オルセー美術館】フランス、パリにある国立近代美術館。旧オルセー駅(Orsay)を増改築し、1986年に開館。1848年から1914年の美術作品を中心に所蔵。

オルソゲネシス〖orthogenesis〗進化学説の一つ。生物の進化のあとにみられる定向性は、生物体にある内的なものだとする要因説。➡定向進化

オルターナティブ〖alternative〗《「オータナティブ」「オルタナティブ」とも》二者択一。また、代案。代替品。「―テクノロジー」

オルターナティブ-テクノロジー〖alternative technology〗1960～70年の公害問題やオイルショックを契機に、これまでの科学技術に代わるものとして考えられた技術。石油・原子力エネルギーに対する太陽熱・水力エネルギーなどがこれにあたる。

オルターナティブ-ロック〖alternative rock〗非商業的・アンダーグラウンド的ロック音楽。商業主義に染まった既存のロックに包括されない傾向のロックをさして、1980年代初頭から使われだした言葉。主流に対する「そうではないもう一つのもの、代替物」という意味合いであり、共通する特定の音楽的傾向があるわけではない。ニルヴァーナ、パールジャムなどが代表的存在。オルタナ。

オルターナティブ-ワーキング〖alternative working〗代替労働。新しい就業法。従来の仕事とは異なる価値観と秩序をもち、仕事をする場所も時間も自分で選べる就業法。

オルターネーター〖alternator〗《「オルタネーター」とも》►交流発電機

オルタ-こ【オルタ湖】《Lago d'Orta》イタリア北西部、ピエモンテ州にある湖。同国北部の湖水地方にある湖の中で最も小さい。湖には同地方の守護聖人ジュリオを祭る教会があるサンジュリオ島が浮かぶ。主な町はオルタサンジュリオ。

オルタ-サン-ジュリオ〖Orta San Giulio〗イタリア北西部、ピエモンテ州にある町。オルタ湖の東側、湖に突き出た半島状の場所に位置する。町の名称は同地方の守護聖人ジュリオに由来する。町の東側にあるサンニコラオという小高い山の上には「オルタのサクロモンテ」という16世紀末から18世紀末にかけて建てられた至聖所があり、「ピエモンテ州とロンバルディア州のサクリモンティ」の名称で、2003年に世界遺産(文化遺産)に登録された。

オルタナ「オルターナティブロック」の略。

オルタナティブ〖alternative〗►オルターナティブ

オルチア-けいこく【オルチア渓谷】《Val d'Orcia》イタリア中部トスカーナ地方の丘陵地帯に広がる渓谷。14～15世紀に発展した都市国家シエナの農業用地として開発された。現在もオリーブ・ブドウの畑・イトスギの並木などの田園風景を展開している。ピエンツァ・モンタルチーノなど五つの町や村は、中世の面影を色濃く残している。2004年、世界遺産(文化遺産)に登録された。オルチャ渓谷。

オルティジア-とう【オルティジア島】《Isola di Ortigia》イタリア南部、シチリア島、シチリア自治州の都市シラクサの旧市街がある小島。19世紀後半に本島と橋で結ばれた。シラクサ大聖堂・アレトゥーザの泉・紀元前7世紀のアポロ神殿などがある。オルティージャ島。

オルティセイ〖Ortisei〗イタリア北東部、トレンティーノアルトアディジェ自治州の町。ドロミティ山地、セチューダ山(標高2518メートル)の麓に位置する。山岳リゾートとして知られ、スキーや登山を楽しむ観光客が数多く訪れる。伝統的な木彫りの工芸品が有名。

オルテガ-イ-ガセー〖José Ortega y Gasset〗[1883～1955]スペインの哲学者。独自の「生の哲学」を構築し、現代文明一般を論評。著「現代の課題」「大衆の反逆」など。オルテガ＝イ＝ガセット。

オルテリウス〖Abraham Ortelius〗[1527～1598]ベルギーの地図学者。1570年に出版した「世界の舞台」は、世界最初の近代的地図帳。

オルデンバーグ〖Claes Oldenburg〗[1929～]米国の彫刻家。スウェーデンのストックホルムに生まれる。ポップアートの代表的作家の一人。石膏でつくった大きなハンバーガーや、ビニールなどで日用品の複製をつくった「柔らかい彫刻」で知られる。

オルト〖ortho〗《正規の、の意のギリシャ語orthosから》❶ベンゼン環で、二つの置換基が隣り合って一位と二位の位置にあること。➡パラ ➡メタ ❷酸素酸のうち、水和の程度の高いもの。オルト酸。

オルト-キー【Altキー】《alternate key》コンピューターのキーボード上に設けられた、特殊キーの一。他のキーと組み合わせ、特定の機能の実行に使われる。アルトキー。

オルトシエ〖Orthosie〗木星の第35衛星。2001年に発見。名の由来はギリシャ神話のニンフ。非球形で平均直径は約2キロ。オーソシエ。

オルドス〖Ordos〗中国、内モンゴル自治区南部、湾曲する黄河と万里の長城に囲まれる地域。草原・砂漠からなる高原。古来、漢族と北方遊牧民族が奪い合った地域で、明末にモンゴル族のオルドス部が占拠したが、1635年、清朝の支配下に入った。中国名、河套。補説「鄂爾多斯」とも書く。

オルドバイ-いせき【オルドバイ遺跡】《Olduvai》アフリカ東部のタンザニアのオルドバイ峡谷で発見された旧石器時代の遺跡。180万年以前の猿人・原人の化石や、最も初歩的な礫石器および握斧などを出土。堆積層の保存がよく、人類の初期を示す重要な遺跡。オルドワイ遺跡。

オルドビス-き【オルドビス紀】《Ordovician Period》地質時代の区分の一。カンブリア紀に続く、古生代第二紀。5億900万年前から4億4600万年前まで。オウムガイの全盛期で、三葉虫や筆石が発展し、甲冑魚が出現した。名は、模式地の英国に住んだ古代民族の名に由来。奥陶紀。

オルドビス-けい【オルドビス系】《Ordovician System》オルドビス紀の地層。

オルトフェニル-フェノール〖orthophenyl phenol〗芳香族炭素の一種。フェノールにベンゼン環の結合した物質。グレープフルーツ・レモンなどの輸入柑橘類に、かび防止剤として用いられる。発癌性があるとされる。OPP。

オルト-ボタニコ〖Orto Botanico〗ベネチアの西約30キロメートルにあるパドバ大学付属植物園。自然科学研究のために1545年に設立されたもので、大学の付属植物園としては世界最古のもの。ゲーテが1786年に訪れており、ゆかりの「ゲーテのヤシの木」は有名。1997年に「パドバの植物園(オルトボタニコ)」として世界遺産(文化遺産)に登録された。

オルナン〖Ornans〗フランス東部、フランシュ-コンテ地方、ドゥー県の町。19世紀フランス写実主義の画家クールベの生誕地。同地の名を冠した「オルナンの埋葬」(オルセー美術館蔵)が有名。クールベの墓や美術館がある。

オルニチン〖ドイツ Ornithin〗塩基性アミノ酸の一種。たんぱく質の構成成分ではないが、アルギニンを分解すると生じる。オルニチン回路の一員として重要。

オルニチン-かいろ【オルニチン回路】肝細胞内にあって尿素を合成する代謝回路。たんぱく質分解過程で生じる有毒なアンモニアが肝臓中のオルニチンと反応し、やがてアルギニンとなり、酵素アルギナーゼによって無毒な尿素とオルニチンとに分解される。オルニチンは再び回路に入る。尿素回路。

オルバ〖Olba〗ヘレニズム時代の古代都市。現在のウズンジャブルチュに当たる。

オルハンガーズィ-ジャーミー〖Orhan Gazi Camii〗►オルハンガーズィモスク

オルハンガーズィ-モスク〖Orhan Gazi Mosque〗トルコ北西部の都市ブルサの中心部にあるイスラム寺院。14世紀前半、オスマン帝国のスルターン、オルハンにより建造。ブルサ最古のイスラム建築の一つとして知られる。オルハンガーズィジャーミー。

オルビア〖Olbia〗イタリア半島の西方、サルデーニャ島、サルデーニャ自治州の都市。同島北東部に位置し、この地域における経済の中心地であるほか、高

級リゾート地コスタズメラルダ(エメラルド海岸)の玄関口として知られる。

オルビエート〖Orvieto〗イタリア中部、ウンブリア州の都市。エトルリア人が築いた町に起源する。テベレ川の支流パーリア川沿いの丘上に城壁に囲まれた旧市街があり、オルビエート大聖堂をはじめ中世の歴史的建造物が多く残る。ワインの産地としても有名。

オルビエート-だいせいどう【オルビエート大聖堂】《Duomo di Orvieto》イタリア中部、ウンブリア州の都市オルビエートにある大聖堂。13世紀末から14世紀半ばにかけて建造された。着工当初はロマネスク様式だったが、最終的にゴシック様式の教会として完成。その後も増改築が続けられた。ファサードは、モザイクで「聖母の戴冠」を描いた破風と繊細な彫刻が施されたバラ窓の美しさで知られ、同国屈指のゴシック建築の傑作とされる。内部のサンブリツィオ礼拝堂にはルカ=シニョレリやフラ=アンジェリコが手がけたフレスコ画がある。

オルフ〖Carl Orff〗[1895～1982]ドイツの作曲家・教育家。「カルミナ-ブラーナ」「賢い女」など、劇音楽に多数の作品を残した。音楽教育の分野でも活躍し、教則本「子供のための音楽」全5巻がある。

オルフィウム〖Orphium〗リンドウ科の常緑低木。南アフリカ原産。花は淡紫色で、花冠は5裂する。

オルフェウス〖Orpheus〗ギリシャ神話で、詩人・音楽家で竪琴の名手。死んだ妻エウリュディケを連れ戻そうと冥界に下ったが、冥界の王ハデスとの約束に反して、後ろを振り向いて妻を見たため、望みを果たせなかった。その死後、竪琴は天に昇って星座となったという。オルペウス。オルフェ。

オルフェオ《原題、La favola di Orfeo》モンテベルディ作曲のオペラ。1607年マントバで初演。ギリシャ神話のオルフェウスの物語に基づく。オペラ創成期の代表作。

オ-ルボアール〖au revoir〗▶オールボワール

オルホン-ひぶん【オルホン碑文】モンゴルのオルホン(Orkhon)河畔で発見された古代トルコ語の碑文。732年と735年に建立した墓碑に突厥文字と漢字で刻まれており、突厥文字解読のかぎとなった。現存する最古のトルコ語資料。オルコン碑文。

オルミュッツ〖Olmütz〗オロモウツのドイツ語名。

オルモ-てい【オルモ邸】《Villa Olmo》▶ビラオルモ

オルレアン〖Orléans〗フランス中部、ロアール川に臨む古都。百年戦争末期の1429年、少女ジャンヌ=ダルクによってイギリス軍の包囲から解放されたことで知られる。

おれ【折れ】折れること。また、折れた物や部分。

おれ【俺｜▽己｜乃=公】〔代〕一人称の人代名詞。元来、男女の別なく用いたが、現代では、男子が同輩または目下に対して用いる。「—と貴様の仲」
(類語)僕・わし・おいら・おら・あっし・こちとら・自分・私・私・吾人・余・我が輩・手前・不肖・小生・愚生・迂生

おれ【×爾｜×儞】〔代〕二人称の人代名詞。相手を卑しめていう。貴様。おのれ。「虜爾が造れる屋には、—自ら居よ」〈三条本神武紀〉

オレ〖olé〗▶オーレ

おれ-あ・う【折れ合う】〔動ワ五(ハ四)〕「おりあう」に同じ。「双方が—・って和解する」

オレアンドマイシン〖oleandomycin〗マクロライド系抗生物質。小児の呼吸器感染症や異型肺炎に効力があり副作用も少ない。放線菌の一種から発見された。

お-れい【▽御礼】感謝の気持ちを表すこと。また、その言葉や贈り物。

おれい-ぼうこう【▽御礼奉公】奉公人が、決められた期間の奉公が済んでも、恩返しとして主家や雇い主のもとに、ある期間とどまって働くこと。

おれい-まいり【▽御礼参り】❶神仏にかけた願が成就した礼に参詣すること。報賽。❷刑期を終えて出所したやくざなどが、自分を密告したり、自分に不利な証人となったりした人に、仕返しをすること。(類語)(❶)お参り・参詣・代参・参拝・礼参り/(❷)仕返し・報復・返報・復讐・しっぺ返し・敵討ち・仇討ち・雪辱

オレイン-さん【オレイン酸】《Olein》代表的な不飽和脂肪酸の一。油状の液体で、無色無臭。グリセリンとのエステルとして動植物油脂中に存在。オリーブ油・つばき油などに多く含まれる。油酸。

オレーフ〖olijf〗「オリーブ」に同じ。

オレーム〖Nicole Oresme〗[1325ころ～1382]フランスの聖職者・科学者。宗教的著作のほか、地動説や解析幾何学の先駆をなしたとされる。

おれおれ-さぎ【俺俺詐欺】《「オレオレ詐欺」と書くこともある》「オレだよ、オレ」と子供や孫のふりをして高齢者などに電話し、事故で金がいる、サラ金の取り立てが厳しいなどとだまして現金を架空の口座に振り込ませる詐欺。また、親族のほかに警察官や弁護士に成りすます場合もある。平成15年(2003)頃から多発。➡振り込め詐欺

おれおれ・し【▽愚れ▽愚れし】〔形シク〕愚かしい。いかにもぼんやりしている。「もとより、—・しき人の心にて」〈源・手習〉

おれがで-に〔副〕自分自身で。わがでに。「—打ったのぢゃ」〈浄・女舞衣〉

オレガノ〖oregano〗シソ科の多年草。高さ約50センチ。夏から秋にかけ淡紅紫色の小花をつける。葉に芳香と辛みがあり、薬味、香辛料とする。ヨーロッパ南部からアジアの原産。花薄荷。

オレキエッテ〖orecchiette〗《小さな耳の意》パスタの一種。耳たぶのような形をしたもの。

お-れきれき【▽御歴歴】身分や家柄の高い人たち。名士たち。(類語)お偉方・お偉いさん

おれ-くぎ【折れ×釘】❶折れた釘。❷頭部を直角に折り曲げたくぎ。柱などに打ちつけて物を掛ける。おりくぎ。

おれくぎ-りゅう【折れ×釘流】ひどく稚拙な筆跡をあざけっていう語。金釘流。

おれ-くち【折れ口】❶物の折れた所にできる断面。折れ目。❷人の死・喪にあうこと。「『—って何という筋の—だ』『三よしが亡くなりました』」〈万太郎・末枯〉❸折れ合う機会。和解する機会。「粋な女房の挨拶もよい—」〈浄・浪花鑑〉

おれ-こだ・る【折れこだる】〔動ラ下二〕❶からだを折り曲げる。身をくねらせる。「—・れ、身をなきになして舞ひたりし」〈弁内侍日記〉❷儀式ばらず、くつろいだきまになる。うちくつろぐ。「—・れたる九献の式」〈とはずがたり・一〉

おれ-こ・む【折れ込む】〔動マ五(四)〕❶内側に折れ曲がる。「奥へ—・んだ路地」❷折れた先が内部に入る。「針が指先に—・む」❸妊娠する。はらむ。「—・んだとは、めでたい」〈伎・倭荘子〉

オレゴン〖Oregon〗米国北西部太平洋岸の州。州都セーラム。製材・パルプ工業や農業が盛ん。➡表「アメリカ合衆国」

オレゴン-パイン〖Oregon pine〗マツ科トガサワラ属の常緑高木。北米西部に分布する。高さは約90メートル。建築・家具・ベニヤ・パルプなどに広く用いられる。米松。ダグラスファー。

おれ-さま【俺様｜▽己様】〔代〕一人称の人代名詞。話し手自身を尊大にいう語。「この—を見習え」

オレステス〖Orestēs〗ギリシャ神話で、ミケーネ王アガメムノンとクリュタイムネストラの子。姉エレクトラの助けを受け、父を暗殺した母とその情夫を討って復讐を遂げた。

おれ-せん【折れ線】方向の違う線分を接続してできる線。折線。

おれせん-グラフ【折れ線グラフ】数量を示す点を順につないだ折れ線で表される統計図表。時間とともに変化する数量を示すときに用いる。

おれ-それ❶あれこれ。何やかや。「傍輩中の—も中よく見ゆる中庭より」〈浄・廿四孝〉❷あれこれの作法。人との対応。「お屋敷様へ上げておきますと、—がどこか違って参ります」〈滑・浮世風呂・二〉

お-れつ【お列｜オ列】「お段」に同じ。

オレビステ-きょうかい【オレビステ教会】《Oleviste kirik》エストニアの首都タリンの旧市街にある教会。13世紀頃の創設とされ、ノルウェー王オーラフ2世を祭る。14世紀に改築されたほか、何度か落雷による火災に見舞われた。現在高さ124メートルある尖塔は、15世紀には159メートルあり、当時世界で最も高い建造物の一つとされていた。聖オレフ教会。

オレビッチ〖Orebić〗クロアチア南部、アドリア海に面する港町。ペリェシャツ半島に位置し、海峡をはさんだコルチュラ島の町コルチュラとフェリーで結ばれる。オーストリア-ハンガリー帝国時代、アドリア海における海運で活躍した船長を何人も輩出したことで知られる。海岸保養地としても有名。

オレフィン〖olefin〗「オレフィン系炭化水素」の略。

オレフィンけい-たんかすいそ【オレフィン系炭化水素】▶エチレン系炭化水素

オレホボ-ズエボ〖Orekhovo-Zuevo〗ロシア連邦西部、モスクワ州の都市。首都モスクワの東約90キロメートル、オカ川の支流クリャジマ川沿いに位置する。18世紀末に絹織物工場が建設され、19世紀から20世紀にかけて繊維工業が発展した。

おれ-まが・る【折れ曲(が)る】〔動ラ五(四)〕まっすぐなものや平面状のものが、折れて曲がる。また、進む方向を変えて曲がる。「針金が—・る」「—・った川」「交差点を左へ—・る」(類語)曲がりくねる・くねる・うねる・蛇行・折れる・曲がる

おれ-め【折れ目】物の折れた境目。折れ口。

おれ-め【×爾▽奴】〔代〕《「め」は卑しめの意をもつ接尾語》二人称の人代名詞。相手を卑しめていう。「—は身共を臆病者にするか」〈虎明狂・清水〉

おれ-もの【▽愚れ者】おろかもの。ばかもの。しれもの。「深き労なく見ゆる—も」〈源・絵合〉

おれ-ら【俺▽等｜▽己▽等】〔代〕一人称の人代名詞。「おれ」の複数。また、単数にも用いられる。われら。おれたち。

おれ-ら【×爾▽等｜×儞▽等】〔代〕二人称の人代名詞。相手を卑しめていう。きさまら。おのれら。「法師は物をえ書かぬぞ。さらば—書け」〈平家・五〉

お・れる【折れる】〔動ラ下一〕図を・る〔ラ下二〕❶棒状・板状のものが鋭く曲がる。また、物が曲がって切れる。「線香が—・れる」❷平面状のものが曲がって二重になる。「紙の端が—・れる」❸道などが曲がる。また、曲がって進む。「次の信号を右に—・れる」❹頑固な意見や主張などが弱くなる。譲歩する。「こちらが—・れて話がまとまる」❺(「骨がおれる」などの形で)苦労する。「気骨の—・れる仕事」❻和歌の第3句と第4句の続きぐあいがうまくいかない。「腰はなれぬばかり—・れかかりたる歌を詠み出で」〈紫式部日記〉
(類語)(❶❸)折れ曲がる・曲がる・折損する・屈折する・曲折する・屈曲する・右折する・左折する・カーブする/(❹)譲歩する・妥協する・折り合う・歩み寄る・片付く・纏まる・締め括る・纏める

オレンジ〖orange〗ミカン科ミカン属の一群の果樹。また、その果実。バレンシアオレンジ・ネーブルなど。

オレンジ-いろ【オレンジ色】オレンジの果実のような色。だいだい色。(類語)橙色・蜜柑色・柿色

オレンジエード〖orangeade〗オレンジの果汁に甘みを加え、水あるいは湯で割った飲み物。

オレンジ-カード《和 Orange＋card》JRが発行している運賃の前払いカード。専用の券売機によって近距離切符が購入できる。

オレンジ-クイーン《和 Orange＋Queen》ヨーロッパ産のカブと国産のハクサイを交配した、結球内部がオレンジ色の一代雑種のハクサイ。

オレンジ-け【オレンジ家】▶オラニエ-ナッサウ家

オレンジ-じゆうこく【オレンジ自由国】《Orange Free State》1854年、ボーア人が南アフリカ北東部、オレンジ川上流に建てた国。首都ブルームフォンティーン。ダイヤモンド鉱の発見後、英国の圧迫を受け、南ア戦争の結果、英国に編入、1910年の南ア

フリカ連邦の成立後はその一州となった。

オレンジ-ジュース〖orange juice〗オレンジ類の果汁。

オレンジピール-スキン〖orange peel skin〗《peelは、むいた皮の意》オレンジの表面のようにでこぼこのある皮膚。➡セルライト

オレンジ-ボウル〖Orange Bowl〗米国のカレッジフットボールのボウルゲームの一つ。毎年1月1日またはその前後にフロリダ州マイアミで行われる。内陸部の有力リーグ、ビッグエイトカンファレンスの優勝校が招待され、他の優秀チームが対戦する。フロリダ州の特産オレンジにちなむ。➡ボウルゲーム

オレンブルグ〖Orenburg〗ロシア連邦西部、オレンブルグ州の都市。同州の州都。1938年から57年までの旧称チカロフ。ウラル山脈の南西、ウラル川沿いに位置する。18世紀半ば、タタールの侵入に備えて要塞を築いたことに起源し、中央アジアとの交易の要地となった。19世紀後半の鉄道開通以降、工業都市として発展。

お-ろ【悪露】分娩(ぶんべん)後の数週間、子宮や膣(ちつ)から出る分泌物。おりもの。

おろ【▽疎】〔接頭〕動詞・形容詞などに付いて、少し、わずかに、ぼんやり、などの意を表す。「—おぼえ」「—ねぶる」「—よし」

おろ-い・ゆ【▽疎癒ゆ】〔動ヤ下二〕病気・傷などが、いくらかよくなる。「三日ばかりを隔てて、杖(つゑ)の目—・ゆるほどに」〈今昔・二九・三〉

おろ-おぼえ【▽疎覚え】ぼんやりした記憶。うろおぼえ。「国をお出なされたは、三つの時で—」〈浄・丹波与作〉

おろ-おろ〔副〕スル ❶驚きや悲しみなどの衝撃でうろたえるさま。「父の死にただ—(と)するばかりだった」❷声を震わせ、涙を流して泣くさま。「涙—と落しながら」〈露伴・艶魔伝〉❸不十分なさま。ざっと。「この事知りたる聖はありと聞き侍りしか、と—言ひ出たりけるを」〈無名抄〉❹全体に行きわたらないさま。ところどころ。「髪もはげて、白きとても—ある頭に」〈宇治拾遺・一一〉

おろおろ-ごえ【おろおろ声】取り乱したときの、不安におびえ今にも泣きだしそうな声。

おろおろ-なみだ【おろおろ涙】取り乱して分別もなく泣いて流す涙。「思案して見てくだされと小声ながらも—」〈一葉・別れ霜〉

おろ-か【▽疎か】〔形動〕文〔ナリ〕❶(「…はおろか」「…もおろか」などの形で)言うまでもないことである。もちろん。「掃除は—、布団を上げたこともない」❷いいかげんに扱うさま。思いやりが薄いさま。おろそか。「—にそ我は思ひし乎布(をふ)の浦の荒磯(ありそ)の巡り見れど飽かずけり」〈万・四〇四九〉

おろ-か【愚か】〔形動〕文〔ナリ〕《「疎か」と同語源》❶頭の働きが鈍いさま。考えが足りないさま。「彼の言葉を—にも信じてしまう」❷ばかげているさま。「戦争など—なことだ」❸未熟なさま。「この芸に—なるを見て」〈徒然・一九三〉[派生]おろかさ〔名〕

[類語]愚かしい・低能・愚・馬鹿・馬鹿らしい・馬鹿馬鹿しい・阿呆らしい・下らない・愚劣・無思慮(ぶしりょ)・無考え・浅はか・浅薄(せんぱく)・軽はずみ・軽率・阿呆(あほう)・魯鈍(ろどん)・愚鈍・無知・蒙昧(もうまい)・愚昧(ぐまい)・愚蒙(ぐもう)・暗愚・頑愚・薄のろ・盆暗(ぼんくら)・まぬけ・とんま・たわけ・馬鹿者・馬鹿野郎・馬鹿たれ・与太郎・抜け作・おたんこなす・おたんちん・あんぽんたん・べらぼう

おろか-し・い【愚かしい】〔形〕文おろか・し〔シク〕愚かである。ばかげている。「—・い行為」[派生]おろかしげ〔形動〕おろかしさ〔名〕

[類語]愚か・低能・愚・馬鹿・馬鹿らしい・馬鹿馬鹿しい・阿呆らしい・下らない・愚劣・無思慮(ぶしりょ)・無考え・浅はか・浅薄(せんぱく)・軽はずみ・軽率

おろが・む【▽拝む】〔動マ四〕おがむ。「—・みて仕へまつらむ」〈推古紀・歌謡〉

おろか-もの【愚か者】おろかな人間。愚者(ぐしゃ)。

[類語]愚人・愚物・痴人・愚者・痴(し)れ者

おろ・く〔動カ下二〕ぼける。ぼんやりする。「—・け酔へるが如し」〈景行紀〉

おろく-ぐし【お六×櫛】長野県木曽郡藪原(やぶはら)の名物のすき櫛。黄楊(つげ)などで作り、歯が細く、密で長い。江戸中期にお六という女性が作り広めたという。

おろし【下ろし｜降ろし】❶下ろすこと。下へ移すこと。「雪—」❷役職・地位を下げたり、辞めさせたりすること。「総理—が本格化」❸新しい品の使い始め。「仕立て—」❹(「卸し」とも書く)㋐大根・わさびなどをすりくだいたもの。「もみじ—」㋑「下ろし金」の略。❺魚の身を、中骨に沿って包丁を入れ、二つまたは三つに切り離すこと。「三枚—」❻能の舞事で、笛が特殊な演奏をする部分。❼義太夫節で、序詞の終わりのひとくぎりに使われる、荘重にゆっくりと語る旋律型。❽神仏に供えた物のお下がり。また、貴人の飲食物の食べ残しや使い古しのお下がり。「御仏供(ごぶく)の—たべむと申すを」〈枕・八七〉

おろし【卸(し)】《「下ろし」と同語源》問屋が商品を小売店に売り渡すこと。「—の値段」

[類語]卸売り・仲買・小売り

おろし【×颪】《「下ろし」と同語源》冬季に山などから吹き下ろす風。「六甲—」[補説]「颪」は国字。

おろし-あえ【下ろし▽和え｜卸し▽和え】下ろし大根で野菜・きのこ・魚・貝類などをあえること。また、あえたもの。

おろし-あゆみ【下ろし歩み】足をまっすぐに踏み下ろしゆっくり歩く歩き方。遊女の歩き方。「—の道中は、花の立ち木のそのままに、ぬめり出でたる如くなり」〈浄・反魂香〉

おろし-うり【卸売(り)】〔名〕スル 生産者や輸入業者から大量の商品を仕入れ、小売商に売り渡すこと。また、その業種や業者。[類語]卸・仲買・小売り

おろしうり-がし【卸売(り)菓子】►流通菓子

おろしうり-しじょう【卸売市場】生鮮食料品などの卸売取引のための市場。

おろしうりしじょう-ほう【卸売市場法】卸売市場の開設や卸売取引に関する規制等について定めることにより、卸売市場の健全な運営ならびに生鮮食料品等の生産・流通の健全化を図るために制定された法律。昭和46年(1971)施行。

おろしうり-てすうりょう【卸売(り)手数料】生産者などが生鮮食品等を卸売市場に出荷し、販売を卸売業者に委託する際に支払う手数料のこと。競り・相対売り等を通じて卸売業者から売買参加者に販売された価格に、一定の手数料率を掛けて算出する。中央卸売市場では、品目ごとに全国一律の料率が定められていたが、卸売市場法の改正により平成21年(2009)から自由化された。

おろしうり-ぶっかしすう【卸売物価指数】卸売り段階での物価の変動を測るための指数。日本銀行が基準年次・品目を定めて調査し、発表する。WPI(wholesale price index)。

おろし-がね【下ろし金｜卸し金】大根・しょうが・わさび・山芋などをすり下ろす器具。金属・陶器などの板に、多くの小突起をつけたもの。

おろし-きょうきゅうじぎょうしゃ【卸供給事業者】一般電気事業者に電気を供給する一般電気事業者および卸電気事業者以外の事業者で、一般電気事業者と1000キロワットを超す電力を10年以上、または10万キロワットを超す電力を5年以上供給する契約を交わした事業者。独立発電事業者。独立系発電事業者。IPP(Independent Power Producer)。

おろし-ぐすり【下ろし薬｜▽堕ろし薬】堕胎のための薬。

おろし-こ・む【下ろし▽籠む】〔動マ下二〕御簾(みす)・格子などを下ろして、中に身をこもらせる。「御精進(さうじ)にて、御簾—・めて行はせ給ふ」〈源・澪標〉

おろし-ごめ【下ろし米】お下がりの米。「大饗(だいきやう)の—とて、給仕したる恪勤(かくご)の者どもの食ひけるなり」〈宇治拾遺・一〉

おろし-しょう【卸商】卸売りを業とする商人。卸売商。

おろし-ず【下ろし酢】大根おろしと合わせ酢を混ぜたもの。みぞれ酢。

おろし-だいこん【下ろし大根｜卸し大根】大根をすり下ろしたもの。大根下ろし。

おろし-た・つ【下ろし立つ】〔動タ下二〕❶下ろして立たせる。牛車(ぎっしゃ)から牛を外して轅(ながえ)を榻(しぢ)に掛ける。「御車—・てよ」〈かげろふ・上〉❷身分の低い者たちの間に交わらせる。下げ渡す。「さりとも真人(まうと)たちのつきづきしく今めきたらむに—・てむやは」〈源・帚木〉❸蔀戸(しとみど)を締め切る。「坊の蔀—・てたるをとりて」〈宇治拾遺・一二〉

おろし-たて【下ろし立て】新調した品を使い始めたばかりのこと。また、その品。「—の洋服」

おろし-でんきじぎょうしゃ【卸電気事業者】200万キロワットを超える発電設備を有し、一般電気事業者に対して電気を供給する事業者。電源開発と日本原子力発電の2社がある。200万キロワット以下の事業者は電気事業法上、卸供給事業者と同じ扱いとなる。

おろし-でんきつうしんえきむ【卸電気通信役務】►キャリアズキャリア

おろし-どんや【卸問屋】小売りをしない、卸売り専門の問屋。

おろし-なみ【卸並(み)】商品の小売値段が卸値と同じか、それに近いこと。

おろし-に【下ろし煮｜卸し煮】サバ・カレイなどを薄味で煮て、仕上がりに下ろし大根を加えたもの。

おろし-ね【卸値】卸売りの値段。卸値段。

おろし-ねだん【卸値段】「卸値」に同じ。

オロシャ　ロシアの旧称。江戸末期に用いられた。

おろ・す【下ろす｜降ろす】〔動サ五(四)〕❶上から下に移動させる。㋐高い所から低い方へ移す。「屋根の雪を—・す」「腰を—・す」⇔上げる。㋑操作によって物がおりた状態にする。下に垂らす。「ブラインドを—・す」⇔上げる。㋒陸から水面に移す。「ボートを—・す」⇔上げる。❷掲げたものを取り外す。「旗を—・す」「看板を—・す」❸㋐乗り物などから外へ出す。「駅前で客を—・す」「積み荷を—・す」㋑(「堕ろす」とも書く)体外へ出す。堕胎する。「子を—・す」❹神仏・貴人・客などに供した物を下げる。また、お下がりをもらう。「膳を—・す」「供物(くもつ)を—・す」❺生えているものを切ったり、そったりして落とす。「枝を—・す」「髪を—・す」❻役職・地位を下げたり、辞めさせたりする。「主役を—・される」❼深部へしっかりと伸ばす。「木が根を—・す」❽㋐料理のために魚・獣の肉を切り分ける。「アジを三枚に—・す」㋑(「卸す」とも書く)下ろし金ですり砕く。「わさびを—・す」❾納めてある物や、あらかじめ作ってある物を取り出す。㋐引き出す。「貯金を—・す」㋑衣類・道具などの、新品を初めて使う。「新調の服を—・す」㋒別の用途に当てる。「古タオルを雑巾に—・す」❿扉をしめる。かぎをかける。とざす。「鎧戸(よろいど)を—・す」⓫製版・印刷に回す。下版する。⓬神降ろしをする。「この類の小さな神を招き—・す方式となっていたものであろう」〈柳田・山の人生〉⓭貴人の前から退出させる。「みな下屋(しもや)に—・しはべりぬるを」〈源・帚木〉⓮悪く言う。けなす。「ここにても、また—・しののしる者どもありて」〈源・少女〉⓯高い所から風が吹く。吹き下ろす。「三室山(みむろやま)—・す嵐の寂しきに妻よぶ鹿の声たぐふなり」〈千載・秋下〉[可能]おろせる [類語](❶)下げる・下す・下りる・飛び降りる／(❻)退ける・免ずる

[…句]錨(いかり)を下ろす・重荷を下ろす・飾りを下ろす・頭(かしら)を下ろす・肩揚げを下ろす・髪を下ろす・看板を下ろす・錠を下ろす・根を下ろす・暖簾(のれん)を下ろす・箸(はし)を下ろす・筆を下ろす

おろ・す【卸す】〔動サ五(四)〕問屋が商品を小売店に売り渡す。「定価の七掛けで—・す」[可能]おろせる

おろ・す【織ろす】〔動サ四〕《動詞「お(織)る」の未然形に上代の尊敬の助動詞「す」が付いた「おらす」の音変化》お織りになる。「女鳥(めどり)のわが王(おほきみ)の—・す機(はた)」〈記・下・歌謡〉

オロスコ〖José Clemente Orozco〗[1883〜1949]メキシコの画家。革命戦線の悲劇的な光景を強烈なタッチで象徴的に描いた壁画で有名。

おろせ【下ろせ】《上方の遊里語》❶駕籠かき。「姿の入れ物、一が急げば」〈浮・一代男・六〉❷「下ろせ駕籠」の略。

おろせ-かご【下ろせ×駕▽籠】遊里通いの客を乗せる駕籠。江戸時代、上方の遊里で、駕籠かきが「重くばおろせ」と歌いながら担いだことによるという。

おろせ-やど【下ろせ宿】江戸時代、駕籠かきが泊まり込んで詰めていた宿。

おろ-そか【▽疎か】〔形動〕図〔ナリ〕❶いいかげんにすませたり軽く扱ったりして、まじめに取り組まないさま。疎略。なおざり。「遊びに夢中で勉強が一になる」❷簡素なさま。粗末。「いと一に、軟障ばかりを引きめぐらして」〈源・須磨〉❸まばらなさま。「歯一に欠け」〈霊異記・上〉❹劣っているさま。「前生の運一にして」〈宇治拾遺・四〉(類語)なおざり・ゆるがせ・仮初め

おろ-た【▽峰ろ田】小高い所にある田。山田。「安波をろの一に生はるたはみづら引かばぬるぬる我をを言な絶え」〈万・三五〇一〉

おろ-ち【大=蛇】《「ち」は霊威あるものの意》非常に大きな蛇。うわばみ。だいじゃ。

おろち【大蛇】謡曲。宝生・金剛・喜多流。観世小次郎作。素戔嗚尊の八岐大蛇退治を脚色したもの。

オロチョン〖Orochon〗北方ツングース系の一種族。バイカル湖からアムール川流域、中国の黒竜江省にかけて居住。馬やトナカイの飼育や漁労を生業とする。

オロッコ〖Orokko〗▶ウイルタ

おろ-ぬ・く【▽疎抜く】〔動カ五(四)〕❶密生しているものの中から不要なものなどを抜き取って、適当な間隔を作る。間引く。うろぬく。「菜を一・く」❷産児を間引く。❸間を置く。遠ざかる。「女郎買ひも当分一・くつもりだ」〈黄・見徳一炊夢〉

オロネツ〖Olonets〗ロシア連邦北西部、カレリア共和国南部の都市。ペトロザボーツクの南西約150キロメートル、オロンカ川沿いに位置する。カレリア人が人口の大半を占める。18世紀に北方戦争が起きるまで、ロシアとスウェーデンの交易の要衝として栄えた。カレリアの文化や歴史を紹介する郷土史博物館があるほか、周辺には風光明媚な湖が点在する。

おろ-ねぶ・る【▽疎▽眠る】〔動ラ四〕軽く目をつぶる。うとうと眠る。「足をうちひろげて、一・りたるを」〈宇治拾遺・一〉

オロブランコ〖oroblanco〗▶スイーティー

オロモウツ〖Olomouc〗チェコ東部、モラバ地方にある都市。かつてのモラビア王国の首都であり、1063年には司教座がおかれるなどして文化的な発展を遂げた。中心部の広場にある高さ約35メートルの聖三位一体碑は18世紀に作られたもので、2000年に「オロモウツの聖三位一体柱」として世界遺産(文化遺産)に登録された。

おろ-よ・し【▽疎良し】〔形ク〕❶少しよい。「一・し。少しよきをいふ」〈町人嚢・三〉❷よくない。悪い。「あんがい一・いことぬかいてよかばいものか」〈滑・膝栗毛・八〉

オロロン-サントマリー〖Oloron-Sainte-Marie〗フランス南西部、ピレネーザトランチック県の都市。ピレネー山脈の麓、アスプ川とオソー川が合流してオロロン川となる地点に位置する。サンティアゴデコンポステラの巡礼路上にあり、12世紀から13世紀にかけて建造されたロマネスク様式のサントマリー大聖堂が世界遺産(文化遺産)に登録されている。

おろろん-ちょう【おろろん鳥】《鳴き声から》ウミガラスの別名。

お-わい【汚×穢】❶けがれていること。よごれているもの。おあい。❷大小便。糞尿。おあい。

おわい-や【汚×穢屋】便所の汲み取りを職業とする人。

おわさ・う【▽御▽座さふ】〔動ハ四〕《「おわしあう」の音変化》❶複数者の「ある」「居る」「行く」「来る」の尊敬語。(人々が)いらっしゃる。「この一・ふ人々に…聞かせたてまつらむ」〈大鏡・序〉❷(補助動詞)(人々が)…ていらっしゃる。「生まれ給ひつる御子をうつくしみ一・ふ」〈宇津保・国譲中〉

おわしまさ・う【▽御▽座しまさふ】〔動ハ四〕《「おわしましあう」の音変化》❶複数者の「ある」「居る」「行く」「来る」の尊敬語。(人々が)いらっしゃる。「こなたかなたの君たち、数を尽くして一・ふ」〈宇津保・嵯峨院〉❷(補助動詞)(人々が)…ていらっしゃる。「立ちなみ一・ふ」〈枕・二七八〉

おわしま・す【▽御▽座します】〔動サ四〕《「おおまします」の音変化。「おわす」よりさらに敬意が高い》❶「ある」「居る」の尊敬語。いらっしゃる。「東の五条に大后の宮一・しける西の対に」〈伊勢・四〉❷ものの所有者を敬って、そのものがあるの意を表す。おありである。「さるべき契りこそ一・しけめ」〈源・桐壺〉❸「行く」の尊敬語。いらっしゃる。「惟喬のみこ、例の狩しに一・す供に」〈伊勢・八三〉❹「来る」の尊敬語。いらっしゃる。「さてよく弾きとり給ひてむほどに、宮は一・しなむ」〈宇津保・楼上上〉❺(補助動詞)…てある、…ているの意の尊敬語。…ていらっしゃる。「上も御涙のひまなく流れ一・すを」〈源・桐壺〉
(類語)居る・居ある・居合わせる・控える (尊敬)いらっしゃる・おられる・おいでになる・おわす・まします

おわ・す【▽御▽座す】〔動サ変〕❶「ある」「居る」の尊敬語。存在する人を敬う。いらっしゃる。おいでになる。「昔、太政大臣と聞こゆる一・しけり」〈伊勢・九八〉❷ものの所有者を敬って、そのものがあるの意を表す。おありになる。「真実の心一・せむ人は、などか恥づかしとおぼさざらむ」〈大鏡・後一条院〉❸「行く」の尊敬語。いらっしゃる。おいでになる。「鴨院へ見に一・しつれば」〈かげろふ・下〉❹「来る」の尊敬語。いらっしゃる。おいでになる。「内裏にて御対面のついでに聞こえ給ひしかど、一・せねば」〈源・花宴〉❺(補助動詞)㋐形容詞・形容動詞の連用形、断定の助動詞「なり」の連用形「に」などに付いて、…であるの意の尊敬語。…ていらっしゃる。「世に知らずさとうかしこく一・すれば」〈源・桐壺〉「御息所はさもきよげに一・すれど」〈栄花・月の宴〉㋑動詞の連用形、または、それに「て」を添えた形に付いて、動作の継続の意を添える「ある」、経過・移動の意を添える「行く」「来る」などの尊敬語。…ていらっしゃる。…ておいでになる。「かかる人も世に出で一・するものなりけりと」〈源・桐壺〉(補説)上代の「います」に代わって、平安仮名文学で多用された尊敬語。ただし、平安時代でも訓点語としては「います」が用いられ、「おはす」はほとんど使用されていない。活用については、四段・下二段の両用とする説もあったが、いずれも確例がなく、サ変とみるのが穏当である。しかし、後世には、四段活用として用いられた例もみられる。「盂蘭盆会にあなたの精霊を、祀ること在すがごとくに、私がお迎え申したことは」〈康成・抒情歌〉
(類語)居る・居ある・居合わせる・控える (尊敬)いらっしゃる・おられる・おいでになる・おわします・まします

おわせ【尾鷲】三重県南部の市。熊野灘に面し、遠洋漁業の基地。林業も盛んで尾鷲檜が有名。多雨地帯。人口2.0万(2010)。

おわせ-し【尾鷲市】▶尾鷲

おわせ-ぶし【尾鷲節】民謡の一。三重県尾鷲市付近の踊り歌・座敷歌。元来は漁師のうたった船歌という。

おわせ-わん【尾鷲湾】三重県南部、尾鷲市と北牟婁郡紀北町に囲まれたリアス式の湾。紀伊山地の沈水によって生じた溺れ谷。水深があり真珠・ハマチの養殖が盛ん。また、湾奥に位置する尾鷲港は天然の良港として発展、遠洋漁業の基地として指定されている。

おわそ・う【▽御▽座さふ】〔動ハ四〕▶おわさう

おわそう・ず【▽御▽座さうず】〔動サ変〕《動詞「おはさふ」の連用形にサ変動詞「す」の付いた「おはさひす」の音変化。動作主は、多く複数》❶(人々が)いらっしゃる。「いま二所も、にがむにがむ各一・じぬ」〈大鏡・道長上〉❷(補助動詞)(人々が)…ていらっしゃる。「(若君タチガ)小鳥のやうにさへづりざれ一・ずめる」〈紫式部日記〉

お-わび【▽御×詫び】わびる人、また、その相手を敬っていう語。「一のしるし」「一を申し上げる」

お-わらい【▽御笑い】❶客を笑わせるための芸。特に、落語。「一を一席」「一番組」❷もの笑いの種となるもの。笑いぐさ。「そいつはとんだ一だ」
(類語)落語・落とし話・小話・一口話・笑い話

おわらい-ぐさ【▽御笑い▽種】「笑い種」に同じ。「こんな物に大金を払うなんてとんだ一だ」

おわら-ぶし【おわら節】▶越中おわら節

おわり【尾張】旧国名の一。現在の愛知県西部にあたる。尾州。

おわり【終(わ)り】❶物事が終わること。また、終わろうとするところ。最後。しまい。果て。「話はこれで一だ」「週の一の二日」⇔始め。❷一生の最後。死。臨終。終焉。
(類語)(❶)(物事が終わること)おしまい・終了・終結・終焉・終末・果てし・幕切れ・閉幕・幕・打ち止め・ちょん・完・了・ジエンド (終わりのところ)終い・最後・最終・結末・結び・締め括り・結尾・末尾・掉尾・掉尾・終局・終幕・大詰め・土壇場・どん詰まり・末・ラスト・エンディング・フィニッシュ・フィナーレ

終わり良ければすべて良し　物事は、結末さえよければ、発端・過程がまずくても問題にならないということ。

終わりを告・げる　❶終わりになる。終了する。「大会もあと二日で一・げる」❷終わりの来たことを知らせる。「一年の一・げる除夜の鐘」

終わりを全う・する　最後まできちんとやり遂げて、恥ずかしくないようにする。

おわり-あさひ【尾張旭】愛知県北西部、名古屋市の東にある市。陶磁器や電気機械工業が盛ん。人口8.1万(2010)。

おわりあさひ-し【尾張旭市】▶尾張旭

おわり-け【尾張家】▶尾州家

おわり-だいこん【尾▽張大根】宮重大根の別名。

おわり-ね【終(わ)り値┆終値】取引所で、立会時間の最後に行われる取引で成立した値段。特に、後場の最後の取引で成立した値段のこと。⇔始値。➡大引け値段 (補説)大引けで売買が成立しない場合は、大引け値段は存在せず、ザラ場で最後に成立した売買の値段が終値となる。

おわりのいえづと【尾張廼家苞】新古今集の注釈書。5巻9冊。石原正明著。文政2年(1819)刊行。本居宣長の「美濃家苞」の注釈に対し、自説を述べたもの。

おわりのくにぐんじひゃくしょうら-の-げぶみ【尾張国郡司百姓等解文】永延2年(988)、尾張国の郡司・百姓らが、国司である藤原元命の非法を31か条に列挙して朝廷に訴えた文書。翌年、元命は解任された。

おわり-の-はまぬし【尾張浜主】平安初期の雅楽家。笛と舞の名手で、大戸清上とともに、仁明天皇の時代の楽制改革の中心人物。遣唐使として渡唐している。生没年未詳。

おわり-はつもの【終(わ)り初物】野菜や果物で、多く出回る時期が過ぎてから成熟したものを、初物と同様に珍重していう語。穏座初物。末の初物。

おわり-まんざい【尾▽張万歳】尾張の知多を本拠地とし、正月に家々をめぐった門付け万歳。(季新年)

おわ・る【終(わ)る】〔動ラ五(四)〕❶続いていた物事が、そこでなくなる。しまいになる。済む。「授業が一・る」「一生が一・る」⇔始まる。❷(「…におわる」「…でおわる」などの形で)期待された結果が得られないまま、それが最後の状態になる。「失敗に一・る」「夢で一・る」❸動詞の連用形に付いて、動作・作用が完結する意を表す。…しおわる。…てしまう。「食べ一・る」❹しまいにする。終える。「会議を一・ります」⇔始める。❺生命が尽きる。死ぬ。「笑へるごとくにて一・り給ひにけり」〈著聞集・二〉(可能)おわれる
(類語)(❶)済む・片付く・上がる・引ける・跳ねる・終了

する・完了する・完結する・結了する・終結する・終決する・終止する・終息する・閉幕する・幕になる・幕を閉じる・ちょんになる・けりが付く・方(かた)が付く（期間が）明ける・満了する（終わってなくなる）尽きる・果てる・極まる・止(や)む

おわれ-ごころ【追われ心】おわれ いつも何かに追われているようで、せかせかと落ち着かない気分をいう。「百日紅―は昔より/草田男」

おわ◦れる【追われる】【▽逐われる】おわ 〔連語〕《動詞「おう」の未然形＋受身の助動詞「れる」》「追う④」に同じ。「問い合わせが殺到し、対応に―◦れる」

おわん-くらげ【▽御×椀水=母】《Aequorea》オワンクラゲ科のクラゲ。傘の直径は最大約20センチ。刺激を与えるとGFP（緑色蛍光たんぱく質）のはたらきにより、生殖腺が青白く発光する。この発光原理が分子イメージングなどに応用できるとして、平成20年（2008）、研究者の下村脩(おさむ)にノーベル化学賞が授与された。

おわん◦ぬ【×畢んぬ】おはん 〔連語〕《動詞「おわる」の連用形に完了の助動詞「ぬ」の付いた「おわりぬ」の音変化》終わった。…してしまった。「すでに四百余回の年月をおくり―◦ぬ」〈曽我・一〉

おん【音】❶おと。ねいろ。「ドの―」❷人の口から発せられる言葉を構成する、一つ一つのおと。「『ひ』と『し』の―を混同する」❸漢字の読み方の一。字音。「―で読む」⇔訓(くん)。➡漢「おん（音）」

類語 音(ね)・物音・音声・音(おと)・音色・楽音・サウンド

おん【恩】人から受ける、感謝すべき行為。恵み。情け。「―を施す」➡漢「おん（恩）」 類語 恩義・芳恩

恩に着・せる　恩を施したことについて、ことさらにありがたく思わせようとする。恩に掛ける。

恩に◦着る　受けた恩をありがたく思う。補説「恩に着ります」とするのは誤りで、正しくは「恩に着ます」。

恩の主(しゅ)より情けの主(しゅ)　恩を受けた人よりも情けを受けた人のほうをありがたく思うものである。人は情に感ずるものであるということ。

恩の腹(はら)は切(き)らねど情(なさ)けの腹(はら)は切(き)る　受けた恩に報いるために命を捨てる者は少ないが、義理人情のために命を捨てる者は多い。恩の死にはせねども情けの死にはする。

恩を仇(あだ)で返・す　恩返しをしないで、かえって恩人に害を与える。恩を仇で報ずる。「世話になった人に―・すようなことをする」⇔仇を恩で報いる。

恩を売・る　相手からの感謝や見返りなどを期待して恩を施す。「後々のために―・る」

恩を返・す　❶受けた恩に報いる。❷相撲で、若い力士がけいこをつけてくれた先輩力士を、本場所の土俵で負かす。

おん【×唵】《梵 oṃの音写》インドの宗教や哲学で、神聖で神秘的な意味をもつとされる語。仏教でも、真言や陀羅尼(だらに)の冠頭に置かれることが多い。帰命(きみょう)・供養あるいは仏の三身を表すとするなど、種々の解釈がある。

おん【▽雄】をん おす。お。「―はいないのだが、どこかで子種をもらって来たよ」〈志賀・暗夜行路〉⇔雌(めん)。

オン〖on〗〔名〕スル ❶スイッチが入った状態。機械などが作動中の状態。⇔オフ。❷ゴルフで、ボールがグリーンにのること。「第二打で―する」

おん【御】〔接頭〕《「おおん」の音変化》名詞に付いて、尊敬（相手への尊敬を含む）の意を表す。「お」よりも敬意が強く、やや改まった場合に用いられる。「―身」「―礼」補説 中古の「御」は「おおん」と読むのが妥当とされる。中世ごろには「御所ざまの御やうも御(おん)ゆかしくて」〈とはずがたり・五〉のように形容詞（さらに形容動詞など）に付くこともあった。➡おおん

おん-あい【恩愛】《連声(れんじょう)で「おんない」とも》❶恵み。慈しみ。「―の情が深い」❷夫婦・肉親間の愛情。また、それに対する執着。「―のきずな」

類語 慈愛・慈悲・いつくしみ・情け

おん-あつ【音圧】音のない状態に比べて、音があるときに加わる圧力。ふつう、瞬間的な圧力の2乗平均の平方根を実効音圧として表示する。

おんあつ-かんど【音圧感度】マイクロホンが音の強弱を電気の強弱に変換する際の、電圧と音圧の比。

おんあつ-こうせい【音圧校正】コウセイ マイクロホンが音の強弱を電気の強弱に変換する際の音圧感度を測定し、校正すること。

おん-あびらうんけん【×唵×阿×毘羅×吽▽欠】《梵 oṃ a vi ra hūṃ khaṃの音写。「唵」は帰依(きえ)の意》大日如来に祈る呪文(じゅもん)の言葉。➡阿毘羅吽欠蘇婆訶(あびらうんけんそわか)

おんあみ【音阿弥】《連声(れんじょう)で「おんなみ」とも》観世元重(かんぜもとしげ)の法名。

おん-あんぽう【温×罨法】ヲンアンパフ 蒸しタオルなどで患部を温める治療法。痛みや咳(せき)を軽くしたり、痰(たん)の排出を促したりする効果がある。⇔冷罨法。

おん-い【恩威】ーヰ 恩恵と威光。温かい情けと厳しい態度。「―共に行われて其向う所を示すことあらば」〈福沢・学問のすゝめ〉

おん-い【温位】ヲンヰ 水蒸気を含んでいない空気の塊の圧力を断熱的に1000ヘクトパスカルまで変化させたときに、その空気が示す温度。ポテンシャル温度。

おん-い【×蔭位】ーヰ《父祖のお蔭(かげ)で賜る位の意》律令制で、親王以下五位以上の者の子と、三位以上の者の孫とが、21歳になると自動的に従五位下から従八位下の位階を授けられること。また、その位階。いんい。

おん-いき【音域】ーヰキ 楽器や肉声が発することのできる音の高低の範囲。音の幅。「―が広い」

おん-いり【御入り】来ることの意の尊敬語。ご入来。おいで。お越し。「これに曽我十郎殿の―のよし」〈曽我・六〉

おん-いり-あ・る【御入りある】〔連語〕「おいりある」の改まった形。多く謡曲で用い、連声(れんじょう)で「おんにある」とも発音される。「さてさておん労はりはなにと―・るぞ」〈謡・熊野〉

おん-いり-そうろ・う【御入り候ふ】ーさうらふ〔連語〕❶「ある」「居る」「行く」「来る」の尊敬語。いらっしゃる。おいでになる。「照日の前と申す御方…御里に―・ふ」〈謡・花筐〉❷「ある」の丁寧語。あります。ございます。「申し上げたき儀の―・ふ」〈浮・一代男・四〉

おん-いん【音韻】ーヰン ❶音と響き。ねいろ。❷漢字の音と韻。声母（漢字音の子音）と韻母（漢字音の頭子音を除いた後の部分）。❸言語学で、音韻論的な考察を経て、具体的な音声から抽象された言語音。

おんいん-がく【音韻学】オンヰン ❶中国語の漢字音に関する学問。❷広く言語音を研究する学問。

おんいん-こうたい【音韻交替】オンヰンカウタイ 語の中のある音が、文法的な機能や派生的な意味の違いに応じて他の音と交替する現象。例えば、「脚」の意の英語foot（単数形）とfeet（複数形）の母音部にみられる交替など。

おんいん-へんか【音韻変化】オンヰンヘンクワ ある言語のある音が、歴史上の一時期に他の音へ変化すること。例えば、日本語のハ行の頭子音が[ɸ]から[h]になった類。

おんいん-ろん【音韻論】オンヰン《phonology》言語学の一部門。言語の音（アクセントなどをも含む）を記述し、その歴史的変化の過程、そこにみられる原則を研究する学問。また、ある言語の言語音を音素という単位に抽象して、その構造や体系を記述する共時論的研究についても用いられる。➡音素論(おんそろん)

おん-うた【御歌】神仏や皇族・貴人などの作る歌。➡御製(ぎょせい)

おん-うち【御内】手紙の脇付(わきづけ)の一。相手の妻、または家族全体にあてる場合に用いる。

オン-エア〖on the air〗〔名〕スル　放送局で、番組放送中のこと。番組を電波にのせること。

おん-えん【恩怨】ーヱン 情けとうらみ。「心残りのないように、―に清算をつけるのだった」〈秋声・縮図〉

オン-オフ〖on-off〗電気や器具・機械などのスイッチが入ったり切れたりすること。

オンオフ-どうさ【オンオフ動作】弁の開・閉、スイッチの入・切など、一般的な二位置動作。

おん-か【音価】言語学で、一つ一つの文字に該当すると認められる音声。

漢字項目 おん

【怨 ×苑 ▽園 遠 ×厭】►えん
【▽陰 ▽飲 ▽隠 ▽蔭】►いん

音 学1 音オン(呉) イン(漢) 訓おと、ね ‖ ㊀〈オン〉①おと。「音響・音質・音波／擬音・跫音(きょうおん)・玉音・高音・轟音(ごうおん)・雑音・消音・心音・騒音・低音・爆音・美音・防音・録音」②音楽のふし。ねいろ。「音頭(おんど)・音符・音律／楽音・主音・半音・和音」③言葉の音声的な要素。「音韻・音声／唇音・清音・舌音・促音・濁音・短音・長音・同音・発音・撥音(はつおん)・鼻音・表音・拗音(ようおん)」④漢字の読み方の一。中国語音に由来するもの。「音訓／漢音・呉音・字音・唐音・和音」⑤たより。「音信」㊁〈イン〉①おと。「余音」②音楽。「知音」③言葉の音声的な要素。「子音・母音」④たより。「音信・音物(いんもつ・いんぶつ)／疎音・訃音・無音(ぶいん)・福音」㊂〈おと〉「足音・雨音(あまおと)・羽音(はおと)・水音・物音」㊃〈ね〉「音色／遠音・初音・本音(ほんね)・弱音」名付 お・と・なり

恩 学5 音オン(呉)(漢) ‖ めぐみ。いつくしみ。情け。「恩愛(おんあい・おんない)・恩恵・恩師・恩賜・恩赦・恩情・恩人・恩寵(おんちょう)・恩典／感恩・旧恩・君恩・厚恩・高恩・鴻恩(こうおん)・謝恩・重恩・大恩・朝恩・仏恩・報恩・忘恩」名付 おき・めぐみ

温〔溫〕 学3 音オン（ヲン）(呉)(漢) ウン(唐) 訓 あたたか、あたたかい、あたたまる、あたためる、ぬくい ‖ ①あたたかい。「温気(おんき・うんき)・温室・温泉・温暖」②あたたかさの度合い。温度。「気温・検温・高温・常温・水温・体温・地温・低温・適温・保温」③顔色や心がおだやかである。「温顔・温厚・温情」④大切にする。「温存」⑤おさらいをする。「温故・温習」名付 あつ・あつし・いろ・おつ・すなお・ただす・なが・ならう・のどか・はる・まさ・みつ・やす・ゆたか・よし 難読 温州(うんしゅう)・温明殿(うんめいでん)・微温湯(ぬるまゆ)・微温(ぬる)む

穏〔穩〕 音オン（ヲン）(呉)(漢) 訓おだやか ‖ 落ち着いている。おだやか。「穏健・穏和／安穏(あんのん・あんおん)・静穏・不穏・平穏」名付 しず・とし・やす・やすき

おん-が【音画】ーグワ《ドイツ Tonmalerei》標題音楽の一。自然現象や風景などを、音によって絵画的に表現した楽曲。

おん-が【温雅】ヲン〔名・形動〕穏やかで上品なこと。しとやかなこと。また、そのさま。「―な人柄」

おん-かい【音階】楽音を高さの順に並べた、音の列。全音階・半音階・五音音階・十二音音階などがある。スケール。

類語 調子・音調・音律・調性・音程・音高・トーン

おん-がえし【恩返し】ーがへし〔名〕スル　受けた恩に報いること。報恩。「世話になった人に―する」

類語 報いる・返礼

おんが-がわ【遠賀川】をんがが 福岡県東部を北流する川。馬見(うまみ)山・英彦(ひこ)山などに源を発し、響灘(ひびきなだ)に注ぐ。流域に炭鉱が多く、筑豊炭や米などの物資輸送に利用された。長さ61キロ。

おん-かく【温覚】ヲン 皮膚の温度よりも高い温度の刺激による、皮膚の感覚。⇔冷覚(れいかく)。

おん-がく【音楽】❶音による芸術。音の長短・高低・強弱・音色などを組み合わせて肉声や楽器で演奏する。❷歌舞伎の鳴り物の一。寺院の場面などに、笛・大太鼓・鈴などで雅楽風の演奏をする。類語 楽・ミュージック・声楽・器楽・洋楽・邦楽・雅楽・音曲

おんがく-か【音楽家】音楽を専門とする人。作曲家・指揮者・声楽家・器楽奏者など。

おんがく-かい【音楽会】ークワイ 音楽を演奏して、聴衆に聴かせる会。演奏会。コンサート。

おんがく-がく【音楽学】音楽をあらゆる側面から研究する学問の総称。音楽理論・音楽史・音楽美学・音楽音響学・音楽心理学・音楽社会学などを含む。

おんがく-さい【音楽祭】一定期間に集中的に演奏やオペラなどの上演が行われる一連の音楽の催し。

おんがく-たい【音楽隊】音楽を演奏する一団。主に野外で吹奏楽を演奏する楽団をいう。

おんがくダウンロード-サービス【音楽ダウンロードサービス】《music download service》►音楽配信サービス

おんがく-どう【音楽堂】音楽の演奏会場としてつくられた建物。コンサートホール。

おんがく-とりしらべがかり【音楽取調掛】明治12年(1879)に文部省内に設置された音楽教育の研究、音楽教師の育成のための機関。「小学唱歌集」を編集。同20年、東京音楽学校(現在の東京芸術大学音楽学部の前身)に改編。

おんがく-はいしん【音楽配信】►音楽配信サービス

おんがくはいしん-サービス【音楽配信サービス】インターネットを通じて配信される音楽のデジタルデータを、パソコンや携帯電話などにダウンロードして楽しめるサービス。音楽ダウンロードサービス。

おん-かた【御方】㊀〔名〕「おおんかた」に同じ。「小松殿、中宮の―に参らせ給ひて」〈平家・三〉㊁〔代〕二人称の人代名詞。貴人を敬っていう。あなたさま。「―をばまったくおろかに思ひ参らせ候はず」〈平家・七〉

おん-がな【音仮名】万葉仮名のうち、字の意味とは無関係にその漢字の音を借りて日本語の音節にあてたもの。「島」を「志麻」、「時」を「登岐」と書く類。字音仮名。⇔訓仮名。

おん-がまし・い【恩がましい】〔形〕㊇おんがま・し〔シク〕恩を着せた態度である。恩着せがましい。「此品をば与やって此源太が―・くでも思うと思うか」〈露伴・五重塔〉㊥おんがましさ〔名〕

オン-カメラ〖on camera〗テレビで複数のカメラを使って放送する場合、実際の画面に画像が使われているカメラ。⇔オフカメラ。補説英語では、本番撮影中で、生放送中で、の意。

おん-かん【音感】音に対する感覚。音の高低・音色などを聴き分ける能力。「―が鋭い」

おん-かん【温感】❶「温度感覚」の略。❷あたたかい感じ。「―湿布」

おん-がん【恩顔】情け深い顔つき。多く主君の顔にいう。「―を拝し奉らずんば」〈平家・一一〉

おん-がん【温顔】穏やかな、あたたかみのある顔つき。温容。「―に接する」

おんかん-きょういく【音感教育】音楽の学習に必要な、リズム・メロディー・ハーモニーなどの感覚を養う教育。

おん-き【温気】気候・空気などの、あたたかみ。暖気。うんき。「雨戸のそとに―と雨が待っている」〈犀星・寂しき都会〉類語熱・温熱・火熱・炎熱・焦熱・熱気・温気・熱れ・熱り・ほとぼり・余熱

おん-き【遠忌】❶五十年忌、百年忌など、没後に長い期間を経て行われる年忌。❷仏教諸宗派で、宗祖や中興の祖などの五十年忌ののち、50年ごとに遺徳を追慕して行う法会。

おん-ぎ【音義】❶漢字の字音と意味。❷音義説で、言語が一音ごとにもっている意味。❸漢籍・仏典に出てくる語句の発音や意味を注釈した書物。唐の玄応の「一切経音義」など。

おん-ぎ【恩義｜恩×誼】報いなければならない、義理のある恩。「―を感じる」「―に報いる」類語恩・芳恩

おんきせ-がまし・い【恩着せがましい】〔形〕いかにも恩に着せるように厚かましい。「―・い態度」㊥おんきせがましさ〔名〕

おんぎ-せつ【音義説】国語の各音、また五十音図の各行の音に固有の意義を認めて語義を説き、語源解釈をしようとする説。平田篤胤などにより、主に江戸時代に唱えられた。

おん-きゅう【恩給】❶資格を得て退職した公務員や旧軍人軍属またはそれらの遺族に、国が恩給法に基づいて支給する一時金や年金。戦後、すでに受給権のある者以外は共済組合制度に移行。❷中世の封建的主従関係で、家臣の奉公に対し主人が土地などを与えること。類語年金

おん-きゅう【温×灸】灸の跡がつかないように、皮膚の上に味噌・塩・ニンニクやビワの葉などを置くか、温灸器にもぐさを入れて間接的に加熱する方法。

おんきゅう-しょうしょ【恩給証書】国の恩給を受ける権利があることを証明する証書。

おんきゅう-ほう【恩給法】恩給制度について定めている法律。大正12年(1923)施行。

おん-きょう【音響】音のひびき。

おん-ぎょう【▽隠形】呪術を用い、自分の姿を隠して見えなくすること。「おそろしさに―の印を結びて、息を沈めてゐて見るに」〈沙石集・七〉

おんきょうかがく-ルミネセンス【音響化学ルミネセンス】►音化学ルミネセンス

おんきょう-がく【音響学】音波や超音波の発生・伝播・検出などの理論と応用を研究する物理学の部門。電気音響学・建築音響学・音響生理学など。

おんきょう-カプラー【音響カプラー】《acoustic coupler》電話の送受話器を利用し、音声信号によってデータの送受信を行う装置。コンピューターの入出力を電話線を使って伝送するときなどに使われる。アコースティックカプラー。

おんきょう-こうか【音響効果】❶演劇・放送・映画・音楽などに使われる擬音などの効果。❷ホールやスタジオなどで演奏などをするときの、音のひびき方の特性や良否。

おんきょう-しんごう【音響信号】夜間や濃霧のときなどに、船が汽笛・サイレン・号鐘などを鳴らして行う信号。

おんきょう-そくしん【音響測深】超音波を発信し、水底からの反射音を受信し、その時間を測定して深度を知る方法。

おんきょうそくしん-ぎ【音響測深儀】音響測深を行うための機器。漁船では魚群探知機を兼ねる。

おんぎょう-ほう【▽隠形法】真言宗の修法の一。摩利支天の隠形印を結んで真言を唱えると、自分の姿を隠すことができるとする。

おんきょう-りょうし【音響量子】►フォノン

おんきょう-ルミネセンス【音響ルミネセンス】►音ルミネセンス

おん-ぎょく【音曲】❶邦楽で、特に大衆的、軽音楽的なもの。ふつう三味線などに合わせてうたう俗曲をいう。❷邦楽で、楽器で演奏するものや人が歌うものの総称。音楽。「歌舞―」❸能楽などで、舞・働きなどの視覚的要素に対して謡・囃子などの音楽的要素のこと。類語音楽・楽・ミュージック・声楽・器楽・洋楽・邦楽・雅楽

おんぎょく-し【音曲師】俗曲をうたう芸人。音曲者。

おんぎょく-ばなし【音曲×咄】鳴り物を取り入れた落語。文化年間(1804～1818)に初代船遊亭扇橋が始めたといわれる。

おん-きん【恩金】人の情けで貸してもらった金。また、めぐんでもらった金。

おん-ぐう【恩遇】情け深いもてなし。厚遇。「厚く多年の―を謝し」〈竜渓・経国美談〉

オングストレーム〖Anders Jonas Ångström〗[1814～1874]スウェーデンの物理学者。太陽光のスペクトル分析を行い、太陽の大気中に水素があることを発見。➡オングストローム

オングストローム〖angstrom〗光学や結晶学で用いられる長さの単位。1億分の1センチ。スウェーデンの物理学者オングストレームが太陽光の波長を記載するのに用いたことにちなむ名。記号AまたはÅ

オングル-とう【オングル島】《Ongul》南極大陸、リュツォホルム湾東岸にある島。東西二つあり、1957年、東オングル島に昭和基地が建設された。

おん-くん【音訓】❶漢字の字音と和訓。「常用漢字表の―」❷漢字の字音と字義。音義。

おん-くん【温×燻】燻製を作る方法。50～80度で数時間ないし数日かけて燻煙する。肉質は柔らかいが、水分が多いため長く貯蔵はきかない。

おん-けい【恩恵】❶恵み。いつくしみ。「―を施す」「自然の―に浴する」❷キリスト教で、神の恩寵。類語恵み・徳・恩顧・御蔭

おんけい-きかん【恩恵期間】国際法で、開戦の際に自国港にある敵商船、および開戦を知らずに入港した敵商船に対して、抑留せずに出港のために与える期間。

おんけい-び【恩恵日】《days of grace》手形または小切手の債務者の利益のために、支払いの猶予を与える期間。日本の法律はこれを認めない。愛敬日。

おん-けつ【温血】あたたかい血。⇔冷血。

おんけつ-どうぶつ【温血動物】►恒温動物

おん-けん【恩×眷】めぐみや情けをかけること。目をかけていつくしむこと。「仇敵となせしものの家に往き、―を求る事はなしがたく」〈中村訳・西国立志編〉

おん-けん【▽隠顕】仏語。❶隠れたものと、あらわれたもの。❷浄土真宗で、浄土三部経について、観経と阿弥陀経は外にあらわされたものとしては方便の教えであるが、内にかくされている面では無量寿経の弘願の真実と一致すると説くもの。

おん-けん【穏健】〔形動〕㊇〔ナリ〕考え方や言動などがおだやかで、行きすぎがなく、しっかりしているさま。「―な思想」⇔過激。㊥おんけんさ〔名〕類語温厚・温和・柔和・温良

おん-げん【音源】音の出ているもと。また、音を出すもととなるもの。

おん-げん【温言】あたたかみのある優しい言葉。「『お銀ちゃん!』などと―で呼留める」〈紅葉・二人女房〉

おんけん-は【穏健派】直面した問題を、強硬手段を用いず、穏やかに解決しようとする立場の人。⇔強硬派。類語鳩派

おんこ《アイヌ語から》常緑高木イチイの別名。

おん-こ【恩顧】情けをかけること。よくめんどうをみること。「―をこうむる」「―に報いる」類語恩恵・恵み・徳・御蔭

おん-ご【温語】あたたかみのある言葉。ものやわらかな言葉。「―をきいた事も無い」〈二葉亭・浮雲〉

おん-こう【音溝】レコード盤に刻まれた、音を記録したみぞ。

おん-こう【恩光】《万物を生育する太陽の光、春の光の意から》君主の広大な恵み。君恩。

おん-こう【恩降】律令制で、恩赦により罪が軽減されたこと。➡恩赦

おん-こう【御校】相手を敬って、その人が属する学校などをいう語。書き言葉では「貴校」を使うのが普通。➡貴校 類語学校・学園・学院・学窓・学舎・学び舎・学堂・塾・教えの庭・学びの庭・学府・スクール（尊敬）貴校

おんこう【飲光】真言宗の僧、慈雲の諱。

おん-こう【温厚】〔形動〕㊇〔ナリ〕穏やかで、優しくまじめなさま。「―な人柄」「―篤実」㊥おんこうさ〔名〕類語温和・穏健・柔和・温良・温かい・優しい

オン-コール〖on call〗呼べばすぐ来ること。待機していること。

おん-ごく【遠国】❶都から遠く離れた国。辺鄙な所。えんごく。❷律令制で、都から遠く離れた国々。関東・越後以北、石見・安芸以西、四国の伊予・土佐、および九州の諸国。➡近国 ➡中国

おんごく-ぶぎょう【遠国奉行】江戸時代、幕府直轄の要地に配した奉行の総称。京都・大坂・駿府の町奉行のほかに、長崎・伏見・堺・奈良・山田・日光・下田・浦賀・新潟・佐渡・箱館などの各奉行を含み、伏見奉行は大名が、その他は旗本がその任にあたった。えんごくぶぎょう。

オンコジーン〖oncogene〗癌遺伝子。癌遺伝子は正常な細胞にもあり、細胞増殖のシグナル伝達を担うが、その異常で発癌をもたらすと考えられる。➡

アンチオンコジーン

オンコセルカ-びょう【オンコセルカ病】《onco-cerciasis》細長い糸状の線虫オンコセルカによって起こる風土病。皮下に大きなこぶ状の腫瘤しゅりゅうを作る。幼虫が血液から目に入り失明する。ブユにより媒介される。

おんこ-ちしん【温故知新】《「論語」為政から》過去の事実を研究し、そこから新しい知識や見解をひらくこと。[補説]「故ふるきを温たずねて新しきを知る」と訓読する。「温」を「あたためて」と読む説もある。なお、「温古知新」と書くのは誤り。

おんこちしんしょ【温故知新書】室町後期の国語辞書。3巻。大伴広公著。文明16年(1484)成立。日本最古の五十音引き辞書。節用集と共通する語も多い。

おん-こと【御事】㊀〔名〕❶人を敬って、その人に関する事柄をいう語。「主上御不予の―と聞こえさせ給ひしかば」〈平家・一〉❷貴人を敬って、その誕生や死を婉曲にいう語。「後朱雀院の―をおぼしめし嘆きて」〈玉葉集・雑四・詞書〉❸人を敬っていう語。おひと。おかた。「まことに尊き―で渡り候はば」〈謡・江口〉㊁〔代〕二人称の人代名詞。あなたさま。「かやうに付き副ひ奉るも、我らが身の上はさておきぬ。ただ―の苦しさをこそ存じ候へ」〈金刀比羅本保元・中〉

おんこ-やき【温故焼】岐阜県大垣市で産する陶器。江戸末期に清水平七(号、温故)が創始したとされ、ふつう、釉うわぐすりをかけず、赤褐色で万古焼に似ている。御勝山おかちやま焼。

おんこよみ-の-そう【御暦の奏】▶ごりゃくのそう(御暦の奏)

オンコロジー〖oncology〗腫瘍しゅよう学。癌がんなどの腫瘍の原因・治療などについて研究する学問分野。

おん-さ【音×叉】たたくと一定の振動数の音を発生する音響器で、均質な鋼をU字形に曲げ中央に柄を付けたもの。楽器の調律、音の実験などに使われる。

おん-ざ【穏座】❶大饗だいきょうなどのとき、正式の宴のあとで、管弦舞楽を催し歓談を行う、くつろいだ席。おんのざ。➡宴の座 ❷野菜・果物などの、盛りが過ぎたあとにできたもの。

オンサーガー〖Lars Onsager〗[1903～1976]米国の物理学者・理論化学者。ノルウェー生まれ。不可逆過程に適用できる可逆定理を証明し、不可逆過程における熱力学の基礎を確立。液体ヘリウムの理論、希薄強電解質溶液の理論など多くの業績がある。1968年ノーベル化学賞受賞。

オン-サイト〖on-site〗現場。その場所。「―での環境影響診断」

オンサイド〖onside〗サッカーやラグビーなどで、選手がプレーして反則にならない区域。また、その区域にいること。⇔オフサイド。

オンサイド-キック〖onside kick〗アメリカンフットボールで、キックオフする側が、わざと短く蹴って相手より早く押さえ、攻撃権を得ようとして行う短いキック。

オンサイト-サービス〖on-site service〗コンピューターやネットワークシステムの保守や修理の際、メーカーの担当者を直接現場に派遣するサービス。出張修理。

オン-ザ-ジョブ-トレーニング〖on-the-job training〗▶オー-ジェー-ティー(OJT)

おんさ-はっしんき【音×叉発振器】音叉の一定周期の振動をマイクロホンなどで電気信号に変え、低周波の電圧や電流を発生させる装置。

おんざ-はつもの【穏座初物】「終わり初物」に同じ。

オンザフライ-かきこみ【オンザフライ書(き)込み】《on-the-fly recording》CD-RやDVD-Rなどへデータを書き込む時、ハードディスクからデータを読み出し、リアルタイムでデータ形式を変換しながら直接書き込む方式のこと。

おん-サラダ【温サラダ】加熱した野菜にドレッシングなどをかけ、温かいまま供するサラダ。温野菜サラダ。

オン-ザ-ロック〖on the rocks〗グラスに氷塊を入れ、ウイスキーなどの酒類を注いだ飲み物。

オン-サン〖Aung San〗▶アウン=サン

おん-し【音子】▶フォノン

おん-し【音詩】《ドイツ Tondichtung》標題音楽の一。詩的・文学的印象を表した楽曲。

おん-し【恩師】教えを受けた、恩のある先生。[類語]先生・師・師匠・指南役・師範・宗匠・師父・教師・教員・教諭・教授・教官・講師・ティーチャー・プロフェッサー・チューター・インストラクター・尊師・旧師・先師

おん-し【恩賜】天皇・君主から物を賜ること。また、その賜り物。「―のたばこ」[類語]下賜・拝領

おん-し【御師】❶自分の師を敬っていう語。師の君きみ。❷「おし(御師)❷」に同じ。

おん-し【×蔭子】律令制で、蔭位おんいを受ける資格のある五位以上の貴族の子。いんし。➡蔭孫おんそん

おん-じ【音字】表音文字。⇔意字/義字。

おん-じ【遠志】中国産のヒメハギ科の多年草、イトヒメハギの根。漢方で鎮咳ちんがい薬などにする。

オン-シーズン《和 on＋season》シーズン中。観光地などで、気候がよく大勢の人々が訪れてくる季節。⇔オフシーズン。[補説]英語ではin season

おん-じき【▽飲食】飲むことと食べること。飲み物と食べ物。いんしょく。「下物は極楽の―乃至ないしは北鬱単越ほくうったんおつの香厨こうちゅうより掠かすめ来らせましたる」〈露伴・新浦島〉

オンシジウム〖ラテ Oncidium〗ラン科の多年草。中南米原産。唇弁は主に黄色で、花弁は褐色の模様が入る。切り花または鉢植え用。

おんし-しょう【恩賜賞】皇室の下賜金に基づき、日本学士院賞・日本芸術院賞の受賞者のうち、特に1名ずつに授与される賞。

おんし-タバコ【恩賜タバコ】皇室特別注文の紙巻きタバコ。白地にキクの紋章入り。旧日本軍に、また第二次大戦後は皇居の清掃奉仕団などに配られた。

おん-しつ【音質】音や声の性質。また、ラジオ・テレビや録音再生装置などの音のよしあし。

おん-しつ【温室】内部の温度を一定に保てるように設備した、ガラスやビニール張りの建物。(季 冬)

おんしつ-こうか【温室効果】太陽光に暖められた地表が放出する赤外線を二酸化炭素などの温室効果ガスが吸収するため、地表が温室のように保温される現象。二酸化炭素などの濃度が増大すると、地球全体の気温の上昇が予想される。➡地球温暖化

おんしつこうか-ガス【温室効果ガス】地球に温室効果をもたらすガス。二酸化炭素・メタン・亜酸化窒素・フロンなど。グリーンハウスガス(GHG)。[補説]京都議定書では、二酸化炭素(CO_2)・メタン(CH_4)・亜酸化窒素(N_2O)・ハイドロフルオロカーボン(HFC)・パーフルオロカーボン(PFC)・六フッ化硫黄(SF_6)の6種類の温室効果ガスを規制の対象としている。温暖化ガス。

おんしつこうかガス-はいしゅつけん【温室効果ガス排出権】各国や各企業などに割り当てられた、温室効果ガスを排出してよいと認められる量。京都議定書に定める。割り当て量を下回った場合、余剰分の排出権は売買できる。➡排出量取引

おんしつ-さいばい【温室栽培】温室で野菜・果樹・草花や熱帯植物などを栽培すること。

おんしつ-そだち【温室育ち】大事にされて育ったために、世間の苦労を知らず、きたえられていないこと。また、そういう人。[類語]過保護・おんば日傘

おん-しっぷ【温湿布】温湯に浸してしぼった布で患部を温める治療法。温罨法おんあんぽうの代表的なもの。➡冷湿布

おん-しゃ【音写】〔名〕スル ある言語の語音を、他の言語の文字を用いて書きうつすこと。「梵語を漢字を用いて―する」

おん-しゃ【恩赦】❶行政権によって公訴権を消滅させ、あるいは刑の言い渡しの効果の全部または一部を消滅させること。大赦、特赦、減刑、刑の執行の免除、および復権の5種がある。❷律令制で、天皇の大権によって刑罰を軽減すること。皇室・国家の慶事、凶災の際などに行われた。江戸時代には幕府や諸大名も行った。[類語]特赦・大赦・減刑

おん-しゃ【御社】相手を敬って、その人が属する会社などをいう語。書き言葉では「貴社」を使うのが普通。➡貴社 [補説]同音の言葉が多く紛らわしい「貴社」に代わり、主に話し言葉において使われ始めた。1990年代初めころからか。[類語]貴社・小社・弊社

おん-しゃ【温×藉】〔名・形動〕あたたかく、心が広いこと。また、そのさま。蘊藉うんしゃ。「その怨み方が―でなく感情の露骨なのを非難する」〈佐藤春夫・晶子曼陀羅〉

おん-しゃく【恩借】〔名〕スル《「おんじゃく」とも》人の好意によって金銭や品物を借り受けること。また、その金品。「手紙を書いて―の礼を述べた」〈漱石・こゝろ〉[類語]借りる・借用する・寸借する・借金する・借財する・賃借する・賃借りする・拝借する・借り入れる・借り切る・チャーターする

おん-じゃく【温石】軽石などを焼いて布などに包み、懐に入れたりしてからだをあたためるもの。焼き石。(季 冬)「草庵に―の暖唯一つ/虚子」

おんしゃ-ほう【恩赦法】恩赦の種類・効力などについて定めている法律。昭和22年(1947)施行。

おんじゃ・る〔動ラ四〕「おじゃる」の音変化。「ちょこちょこ濡れたがよく―・る」〈浄・丹波与作〉

おん-しゅ【▽隠首】律令制で、戸籍・計帳に名を登録されていない者が、自分から申し出て登録されること。➡括出かっしゅつ

おん-じゅ【▽飲酒】《「おんしゅ」とも》❶酒を飲むこと。飲酒いんしゅ。❷「飲酒戒おんじゅかい」の略。

おん-しゅう【怨×讐】うらんでかたきとすること。えんしゅう。「天下大いに乱れて、父子兄弟―を結び」〈太平記・二七〉

おん-しゅう【恩×讐】恩義と、うらみ。情けと、あだ。「―を越えて」

おんしゅう【温州】中国浙江せっこう省南東部の港湾都市。甌江おうこう河口にあり、木材・茶・柑橘かんきつ類の集散地。ウエンチョウ。うんしゅう。

おん-しゅう【温習】〔名〕スル 繰り返して習うこと。おさらい。復習。「昼の―、夜の舞台と緊きびしく使われ」〈鷗外・舞姫〉[類語]練習・おさらい

おん-しゅう【隠州】隠岐おき国の異称。

おん-じゅう【温柔】〔名・形動〕❶穏やかで優しいこと。また、そのさま。温和柔順。「―な人柄」❷あたたかで柔らかな感じがすること。また、そのさま。「彼かの―なる美術を用いて」〈逍遥・小説神髄〉[類語]大人しい・優しい・温順・柔順・従順・温良・順良・素直・穏和・おだやか・物静か・おとなしやか・控えめ・内気

おんしゅう-かい【温習会】芸事などの総ざらいとして、習った成果を発表する会。

おんじゅう-きょう【温柔郷】遊里。花柳界。「―の歓楽につかれて青山流水の清淡に接したくなった為」〈荷風・あめりか物語〉

おんじゅう-とんこう【温柔×敦厚】《「礼記」経解から》人柄などが穏やかで優しく、誠実で人情に厚いこと。温厚篤実。

おんしゅうのかなたに【恩讐の彼方に】菊池寛の小説。大正8年(1919)発表。耶馬渓、青ノ洞門由来を脚色。あだ討ちの非人間性と、ヒューマニズムの勝利を描く。

おんじゅ-かい【▽飲酒戒】仏語。五戒の一。酒を飲んではならないという戒め。不飲酒戒。

おんじゅく【御宿】千葉県、房総半島南東部、太平洋に面する地名。沖合漁業が盛んで、海女によるアワビ採取が江戸時代から続いている。

おんじゅく-まち【御宿町】▶御宿

おん-じゅつ【恩×恤】恵み哀れむこと。「其心を苦め身を労し暫くも安居せず、数々―の典を垂れ」〈阪谷素・明六雑誌一五〉

おん-じゅん【温順】〔名・形動〕おとなしくすなおなこと。また、そのさま。「―な人」[類語]素直・柔順・大人しい・従順・温柔・温良・順良・穏和・おだやか・物静か・おとなしやか・控えめ・内気・優しい

オンショア〘onshore〙海風。サーフィンなどでいう。㊀オフショア。

おん-しょう【恩詔】《「おんじょう」とも》情け深いみことのり。慈しみの仰せ言。

おん-しょう【恩賞】❶功績のあった者に対し、褒美として主君が金品・地位・領地などを与えること。また、そのもの。「―にあずかる」❷恩返し。「かく厄介になれる―に」〈浮・永代蔵・五〉

おん-しょう【温床】❶苗を早く育てるために床土をあたたかくした苗床。板・コンクリートなどで囲い、上をビニール・ガラスなどで覆う。熱源には堆肥などの発酵熱や電熱を利用。フレーム。おんどこ。〔季 冬〕㊀冷床。❷ある結果が生じやすい環境。多く、悪い意味に用いる。「非行の―」〘類語〙始め・始まり・起こり・元・発端・端緒・濫觴・嚆矢・権輿・起源・根源・源・源流・本元・物種・源泉

おん-じょう【音声】❶人間の発する声。おんせい。「大―」❷「音声楽」の略。

おん-じょう【音場】可聴周波数の音波が存在する空間。

おん-じょう【恩情】情け深い心。慈しみの心。「―に富む」「―に感謝する」〘類語〙温情・情け

おん-じょう【温情】あたたかみのある優しい心。思いやりのある寛大な心。「―のこもった言葉」

おんじょう-がく【音声楽】雅楽で、管弦の音楽。

おんしょう-かた【恩賞方】建武中興政府の職名。論功行賞を取り扱ったが、事務が遅延し、公平を欠いたために諸将の不満を買った。

おんじょう-じ【園城寺】滋賀県大津市にある天台宗寺門派の総本山。山号は長等山。奈良時代末ごろの創建。円珍が再興し、貞観8年(866)延暦寺の別院となったが、円仁門徒と対立した円珍門徒は正暦4年(993)当寺に拠って独立。延暦寺を「山門」「山」というのに対して「寺門」「寺」という。金堂・新羅善神堂・円珍像などは国宝。三井寺。

おんじょう-しゅぎ【温情主義】❶あたたかく寛大な心で接しようとする考え方。❷企業経営で、従業員へ温情を施すことで不満を抑え、相互の関係を平穏に維持していこうとする考え方。

おんしょう-ぶぎょう【恩賞奉行】室町幕府の職名。勲功を評定して恩賞を定めた。幕府の頭人・執事・奉行人などが兼任。

おん-しょく【音色】その音のもつ感じ。ねいろ。

おん-しょく【温色】❶穏やかな顔つき。❷あたたかい感じを与える色。赤・黄・緑とそれらの間色。暖色。㊀冷色。〘類語〙暖色

おん-しょく【˟慍色】►うんしょく(慍色)

おん-しらず【恩知らず】恩を受けてもありがたいと思わず、それに報いる気のないこと。また、そういう人。「―の行い」

おん-しん【音信】手紙などによる連絡。便り。いんしん。「―不通」〘類語〙便り・音沙汰・沙汰

おん-じん【恩人】情けをかけ、力になってくれた人。「命の―」

おんしん-ふつう【音信不通】《「いんしんふつう」とも》電話や手紙などによる連絡が何もないこと。「卒業以来―の友人」

オンス〘オランダ ons｜イギリス ounce〙❶ヤード-ポンド法の質量の単位。㋐常用オンス。1オンスは16分の1ポンドで、約28.35グラム。記号oz,avdp ㋑トロイオンス。貴金属・宝石の計量に用いられる。1オンスは12分の1トロイポンドで、約31.10グラム。記号oz,t ㋒薬用オンス。薬の計量に用いられる。1オンスは480グレーンで、約31.10グラム。記号oz,ap, ℥ ❷ヤード-ポンド法の体積の単位。液量オンス。1オンスは、米国では4分の1ギルで、約29.57ミリリットル、英国では5分の1ギルで、約28.41ミリリットル。記号fl, oz

おん-ず【音図】ある言語の音韻をまとめて図表にしたもの。日本語の五十音図など。

おん-すい【温水】あたたかい水。湯。「―プール」㊀冷水。

おんすいせんじょう-べんざ【温水洗浄便座】温水で肛門などを洗浄する装置のついた洋式便座。温水を出すノズルの位置が移動する、便座が温まる、尻を乾燥させるなど、さまざまな機能のついた製品がある。

おんすい-だんぼう【温水暖房】ボイラーで加熱した温水を建物各室の放熱器に送って暖房する方式。

おんすい-プール【温水プール】温水を満たしたプール。冬季や気温の低い地域でも利用できるように、水温を高めに調節したプール。

おんすい-よく【温水浴】温水を満たした風呂に入ること。特に、健康法の一つとして温水に入ること。➡冷水浴

おん-すう【音数】和歌などで、1句の中に含まれる言語の音や音節の数。

おんすう-りつ【音数律】詩歌の、句ごとの音節の数で組み立てる韻律。五七調・七五調など。

オンスクリーン-キーボード〘on-screen keyboard〙►ソフトウエアキーボード

オンスクリーン-きのう【オンスクリーン機能】►オー-エス-ディー(OSD)

オンスクリーン-ディスプレー〘on-screen display〙►オー-エス-ディー(OSD)

オンステージ〘onstage〙《舞台で、の意》歌謡や演劇などのショー。また、それらを上演すること。

おん-せい【音声】❶人間が音声器官を通じて発する音の総称。おんじょう。❷人間が音声器官を通じて、話し言葉として発する音。言語学では、特に音韻と区別して用いる。❸テレビなどの音。〘類語〙声・発声・美声・悪声・金切り声・だみ声・どら声・胴間声・鼻声・裏声・小声・猫撫で声・音・物音・音響・音・音色・楽音・サウンド

おん-せい【音勢】《「おんぜい」とも》言語、楽器などの音の強弱。

おん-せい【温˟凊】《「礼記」曲礼上から》子が父母に礼をもって仕え、冬は父母の身をあたたかくし、夏は涼しくすること。

おんせいアイピー-もう【音声IP網】《VoIP infrastructure》デジタル化した音声データを送受信して音声通話を行うVoIP技術を用いたTCP/IPネットワーク。VoIPネットワーク。VoIP基盤網。

おんせい-がく【音声学】言語学の一分野。言語音の発音運動と、その音声とを研究する学問。

おんせい-きかん【音声器官】人間が音声を発する際に活用する器官。肺・気管・喉頭・咽頭・声帯・鼻腔・口腔や、舌・歯・唇など。

おんせい-きごう【音声記号】言語音を音声学的に表記するための記号。字母記号と非字母記号とに大別される。発音記号。発音符号。表音記号。音標文字。

おんせい-げんご【音声言語】文字や身振りによる表現に対し、音声により伝えられる言語。話し言葉。

おんせい-しゅうは【音声周波】►可聴周波

おんせいたじゅう-ほうそう【音声多重放送】テレビ放送で、一つの映像に対し、同時に複数の音声を送り出す放送形式。ステレオ放送や二か国語放送など。多重音声放送。

おんせい-でんりゅう【音声電流】音の振動に応じて変化する電流。

おんせいにゅうりょく-ソフト【音声入力ソフト】《voice input software》マイクなどから入力された人の声を認識するソフトウエア。パソコンの文字入力や操作などに用いられる。

おんせい-にんしき【音声認識】《speech recognition》人間の声などを、コンピューターに認識させること。音声の特徴から発声者を識別したり、話し言葉を文字列に変換したりする機能を指す。

おん-せつ【音節】言語における音の単位。ひとまとまりの音として意識され、単語の構成要素となる。開音節と閉音節との別がある。シラブル。

おんせつ-もじ【音節文字】表音文字のうち、1字が1音節を表すもの。日本語の平仮名・片仮名など。➡音素文字

おん-せん【音栓】オルガンなどで、音色や音域などを変化させるために用いる一種のスイッチ。ストップキー。ストップ。

おん-せん【温泉】❶地熱のために、その土地の平均気温以上に熱せられた地下水。さまざまな泉質があり、浴用または飲用することで治療・健康増進の効果がある。日本の温泉法ではセ氏25度以上のものか、特定の溶存物質が一定値以上含まれているものを指す。➡鉱泉 ➡冷泉❷ ❷❶を利用し、入浴する施設のある所。〘類語〙出で湯・鉱泉・冷泉・間欠泉・秘湯

おんせん-か【温泉華】温泉中に溶けている硫黄・珪酸・石灰などの成分が沈殿したもの。湯の花。

おんせん-けん【温泉権】温泉源を利用する権利。湯の湧出に対する権利だけでなく、湧出口から引き湯する権利も含む。温泉専用権。湯口権。源泉権。

おんせん-たまご【温泉卵｜温泉玉子】ゆで卵の一種。黄身が半熟状態で、白身がどろりとかたまり始めた状態のもの。卵黄が65度、卵白が75度くらいでかたまり始めることを利用して、65度より少し高めの湯で30分ほどゆでて作る。温泉のお湯に入れて作ったところからの名。温玉。

おんせん-ば【温泉場】温泉に入浴できる設備のある場所・地域。湯治場。

おんせん-ほう【温泉法】温泉を定義し、その保護や適正な利用などについて定めた法律。採掘については都道府県知事の許可が必要で、違反者には罰則が適用される。昭和23年(1948)施行。

おんせん-マーク【温泉マーク】❶地図などで温泉を示す記号。♨。❷《♨の看板を出したところから》男女のアベック客専門の旅館の俗称。つれこみ旅館。さかさくらげ。

おんせん-やど【温泉宿】温泉場の宿屋。

おんせん-よど【温泉余土】火山地帯で、噴気孔や温泉湧出口付近の岩石が熱水の作用で変質してできた軟らかい粘土。

おんせん-りょうほう【温泉療法】温泉を利用して病気や外傷を治療する方法。入浴のほか、飲用・洗浄・蒸気浴なども行われる。

おん-そ【音素】《phoneme》ある言語の実際の調音と音韻体系全体を考慮して設定される、その言語の音韻論上の最小単位。ふつう/a/,/k/のように、//に入れて示す。

おん-ぞ【御˅衣】《中古の「おおんぞ」の中世以降の言い方》「おおんぞ」に同じ。「鈍色の―引き掛けさせ給ひて」〈とはずがたり・一〉

おん-ぞう【怨憎】うらみ、憎むこと。えんぞう。

おん-ぞう【音像】感覚上の音源。同一信号源からの音を、左右の耳に別々に与えると生じる。立体音響の再生に利用。「―がぼける」

おんぞう-えく【怨憎会苦】仏語。八苦の一。うらみ憎む相手に会う苦しみ。

おん-ぞうし【御曹司｜御曹子】《「曹司」は部屋の意》❶名門・名士の子弟。「社長の―」❷公家の、部屋住みの子息を敬っていう語。❸平家の公達に対して、源氏の嫡流の子息。特に、源義経。〘類語〙若旦那・坊ちゃん・令息・ぼんぼん

おんぞ-がち【御˅衣勝ち】〔形動ナリ〕「おおんぞがち」に同じ。

おん-そく【音速】音波の速さ。空気中を伝わる速さは、セ氏零度で毎秒約331.5メートル、1度温度が上昇するごとに0.6メートルずつ増し、水中では毎秒約1500メートル。

おんそ-もじ【音素文字】表音文字のうち、原則として1字が1音素・1単音を表す文字。古代ギリシャ語のアルファベットなど。単音文字。➡音節文字

おん-ぞろ-か〔連語〕《「恩候か」の意からか》もちろん。言うまでもなく。「さう申すは―なり」〈耳底記〉

おんそ-ろん【音素論】《phonemics》音素について研究する音韻論の一部門。

おん-そん【×蔭孫】蔭位を受ける資格をもった三位以上の貴族の孫。
おん-ぞん【温存】〔名〕スル 大切に保存すること。使わずにしまっておくこと。「主力を―する」
[類語]保存・保管・残す
おんぞん-りょうほう【温存療法】がんなどにかかった器官を全摘出せずに、薬物や放射線で治療したり、切除をがん部分のみにとどめたりするなどして、機能の温存をはかる治療法。
おん-だ【御田】「御田祭り」の略。
オンターデ〘ポルトガル vontade〙キリシタン用語で、意志。
おん-たい【恩貸】〔名〕スル 情けを施すこと。慈しみの心をもって与えること。「射的銃一挺を―せよ」〈竜渓・浮城物語〉
おん-たい【御大】《「御大将」の略》仲間・団体の首領、一家や店の主人などを親しんで呼ぶ語。
おん-たい【温帯】寒帯と熱帯の間の地帯。気候的には、温帯気候の緯度30～50度の地帯をいうが、回帰線(23度27分)と極圏(66度33分)の間とする区分もある。
おんたい-きこう【温帯気候】温帯地方にみられる気候。高温の夏と温和な冬があり、四季の変化が明らかである。最寒月の平均気温がセ氏18度とセ氏零下3度との間、最暖月の平均気温がセ氏10度以上をいう。
おんたい-こ【温帯湖】表面水温が、夏は高温、冬はセ氏4度以下になる湖。日本の湖の多くはこれにあたる。
おんたい-しょくぶつ【温帯植物】主として温帯に生育する植物。杉・ブナなどの樹木や、菊・キキョウなどの草花。
おんたいち-せい【恩貸地制】ローマ帝政末期から中世にかけて欧州各地で行われた風習で、一定の奉仕の代償として、主君が家臣に土地の使用権を貸与したこと。期限付きのものから、終身・世襲のものへと拡大され、封建制度成立の要素となった。
おんたい-ていきあつ【温帯低気圧】温帯や寒帯で発生する低気圧。前線を伴う。
オン-タイム〘on time〙❶定刻に、時間どおりに、の意。❷就業時間。勤務中。[対]オフタイム。[補説]❷は日本語での用法。
おんたい-りん【温帯林】温帯に発達する森林。ブナ・ナラ・カエデなどの落葉広葉樹を主とし、早春、林床に多くの草花が咲き、秋に紅葉が目立つ。狭義には夏緑樹林をさす。
おん-たく【恩沢】《古くは「おんだく」とも》人や物に利益や幸いをもたらすこと。また、そのもの。おかげ。恵み。恩恵。「文明の―に浴する」「―を施す」
おんたく-ぶぎょう【恩沢奉行】鎌倉幕府の職名。御家人の勲功を調査し、恩賞の施行をつかさどった。勲功奉行。
おんたけ-きょう【御嶽教】神道十三派の一。自然宗教的な山岳信仰から出発、下山応助により組織化され、明治15年(1882)神道大成派から独立。神仏習合的で、木曽の御嶽山を崇拝し、御嶽大神(国常立尊・大己貴命・少彦名命)を祭る。「みたけきょう」と称した時期もある。
おんたけ-さん【御嶽山｜御岳山】長野・岐阜両県境にある活火山。飛騨山脈南部にあり、標高3067メートル。火口跡はあったが、昭和54年(1979)有史以来初めて噴火。中央火口丘の剣ヶ峰に御嶽神社がある。古代からの信仰登山の対象。木曽御嶽。
おん-だ・す【追ん出す】〔動サ五〕「おいだす」の音変化。「会場から―・された」
おん-たで【御×蓼】タデ科の多年草。高山の砂礫地に生え、高さ20～80センチ。葉は大きく、卵形。雌雄異株。夏、黄白色の小花を総状につける。白山たで。いわたで。(季 夏)
おん-たま【温玉】「温泉玉子」の略。
おんだ-まつり【御田祭(り)】▶御田植え祭り
おん-だらし【御▽弓｜御▽執】《「おんたらし」とも》貴人の弓を敬っていう語。大将の持つ弓。みたらし。「たとひ千疋万疋にかへさせ給ふべき―なりとも」〈平家・一一〉
おんだらし-の-そう【御▽弓の奏】平安時代、正月7日の白馬の節会で、17日の射礼のため兵部省から弓を奉ることを内弁が取り次いで奏上したこと。
オンタリオ〘Ontario〙カナダ南東部、五大湖の北にある州。州都トロント。首都オタワ、ナイアガラの滝があり、鉱物の産出量が多い。
オンタリオ-こ【オンタリオ湖】北アメリカの五大湖の一。米国とカナダとの国境にあり、五大湖中最小。エリー湖との間にナイアガラの滝があり、セントローレンス川に流れる。面積1万9009平方キロメートル。最大深度244メートル。湖面標高75メートル。
おん-だん【温暖】〔形動〕[文]〔ナリ〕気候があたたかなさま。「―な地方」[対]寒冷。
[類語]あたたかい・あたたか・生あたたかい・ほかほか・ぽかぽか・温和・あったか・優しい・温い・ぬくい・生ぬるい・ぬくぬく・ぬくもり・ほやほや
おんだん-か【温暖化】温室効果ガスなどの影響で地球全体の平均気温が上がっていること。➡地球温暖化
おんだんか-ガス【温暖化ガス】▶温室効果ガス
おんだん-こうきあつ【温暖高気圧】気温が周囲より高い高気圧。小笠原高気圧など。
おんだん-ぜんせん【温暖前線】暖気団が優勢で寒気団に乗り上げて押して進むとき、二つの気団の境界と地表との間にできる前線。進行前面では広く雨が降る。
おん-ち【音痴】❶生理的欠陥によって正しい音の認識と発声のできないこと。❷音程や調子が外れて歌を正確にうたえないこと。❸あることに関して感覚が鈍いこと。また、その人。「方向―」
おん-ち【恩地】武家時代、将軍や大名が家臣に御恩として与えた土地。恩賞地。恩領。
おん-ち【御地】相手を敬って、その住んでいる土地をいう語。主に手紙に用いる。貴地。
おん-ち【▽隠地】中世・近世に、隠れて耕作し、検地を受けず、租税を免れた田畑。隠田と隠し畑がある。
おんち-こうしろう【恩地孝四郎】[1891～1955]版画家。東京の生まれ。詩と版画の同人誌「月映」を刊行し、木版画による抽象作品の分野を開拓。
おん-ちゅう【御中】郵便物などで、個人名でなく、官庁・会社・団体などの宛名の下に書き添える語。
おん-ちょう【音調】❶音の高低。❷話し言葉における音の高低や調子。アクセントやイントネーションなど。❸詩文における韻律。❹音楽の曲節。
[類語]節・節回し・旋律・メロディー・調子・音律・調性・音階・音程・音高・トーン・拍子・拍・律動・乗り・リズム・テンポ・調べ
おん-ちょう【恩×寵】❶神や主君から受ける恵み。慈しみ。❷キリスト教で、人類に対する神の恵み。
オン-ツアー〘on tour〙巡業。巡業中。
おん-つう【音通】❶五十音図の同行または同段の音と音が転換する現象。「たけぼうき」と「たかぼうき」、「ぬかご」と「むかご」の類。❷漢字で、同一字音を通用すること。「寤」を「悟」に通用する類。❸俳句で、五十音図の同行または同段の音が句の切れ目で重なること。「古池やかはづとびこむみづの音」で、「や」と「か」、「む」と「み」の類。
おん-づかい【音遣い】義太夫節で、声の出し方や節回しなどの技法を総合的にいうもの。
おん-てい【音程】二つの音の高さの隔たり。「ピアノの―が狂っている」
[類語]調子・音調・音律・調性・音階・音高・トーン
おん-ていいん【温庭筠】[812?～870]中国、唐の詩人。太原(山西省)の人。字は飛卿。李商隠とともに晩唐を代表する詩人で、艶麗な詩風。また、詞を初めて本格的に制作。著「温飛卿集」。
オンディマンド-システム〘on-demand system〙▶オンデマンドシステム
おん-てき【怨敵】《古くは「おんでき」とも》恨みのある敵。あだかたき。
おんてき-たいさん【怨敵退散】怨敵を退散させること。降伏の祈願などで唱える。
おんでこ ▶鬼太鼓
オン-デマンド〘on demand〙《「要求に応じて」の意》サービスの提供を、要求に応じた形で行うこと。「―で人材を派遣する」「―出版」
オンデマンド-システム〘on-demand system〙端末装置と中央のホストコンピューターがオンラインで接続され、リアルタイム処理が行われるシステム。オンラインリアルタイムシステム。
オンデマンド-しゅっぱん【オンデマンド出版】希望者の注文に応じて書籍などを印刷・製本して販売する出版形態。雑誌や書籍のデータをデジタル化しておき、インターネットなどを通じて注文を受ける。在庫を持たないで小口の注文にも対応できるように考えられたもの。既刊の書籍用に開発されたものだが、雑誌の特集などを集めて特注の冊子を作るといった利用方法もある。プリントオンデマンド。POD(print on-demand)。
おん-でも-な・い〔連語〕《当然のことで恩に着るまでもない、の意から》いうまでもない。もちろんだ。「『ていと、さう言ふか』『―・いこと』」〈虎寛狂・鍋八撥〉
オン-デューティー〘on duty〙勤務時間中である、の意。[対]オフデューティー。
おん・でる【追ん出る】〔動ダ下一〕《「おんだす」を自動詞化した語》自分から進んで出る。さっさと出る。「下宿を―・でる」
おん-てん【恩典】ありがたい処置。情けある取り計らい。「授業料免除の―がある」
おん-てん【温点】皮膚や粘膜の、あたたかみを感じる感覚点。全身に分布する。[対]冷点。
おん-でん【恩田】仏語。三福田の一。恩に報いなければならない父母や師・年長者などのこと。
おん-でん【▽隠田】中世・近世に、隠れて耕作し、年貢や租税を免れた田。かくしだ。忍び田。
おん-と【音吐】ものを言うときの声。こわね。
おん-ど【音頭】《「おんどう」の音変化》❶多人数で歌うとき、まず一人が歌いだして調子をとること。また、その人。❷多人数が歌につれて踊ること。また、その踊り・歌。「東京―」❸人の先に立って、物事をすること。また、その人。❹雅楽で、各管楽器の首席奏者。
音頭を取・る ❶大勢で歌うとき、調子を示すために先に歌う。❷人の先に立って手はずを整え、実現するように皆をまとめてゆく。「乾杯の―・る」「歓迎会の―・る」
おん-ど【温度】物体のあたたかさ・冷たさを示す尺度。熱力学的には物体中の分子や原子の平均運動エネルギーに比例した量を示す。普通の温度計ではセ氏温度やカ氏温度による目盛りがつけられ、熱力学では絶対温度が用いられる。[類語]気温
おん-とう【温湯】あたたかい湯。
[類語]さ湯・湯冷まし・湯水・湯茶
おん-とう【穏当】〔名・形動〕❶おだやかで無理がないこと。また、そのさま。「取り扱いに―を欠く」「―な処置」❷すなおでおとなしいさま。「何でも此のあたりに評判の美い女で、それで優しくって、―で、人柄で」〈鏡花・照葉狂言〉[派生]妥当 [用法] [派生]おんとうさ〔名〕
[類語]適当・適切・適正・適確・至当・妥当・相応・好適・頃合い・程合い・手頃
おん-どう【音頭】《「おんとう」とも》「おんど(音頭)」に同じ。
おんとう-しんぽう【温湯浸法】❶農作物の種苗を温湯に浸す消毒法。麦の黒穂病、サツマイモの黒斑病などの予防に有効。❷農作物の種子を温湯に浸して発芽を促進する法。休眠を破って発芽を早める。
おんど-かんかく【温度感覚】温度の刺激によって起こる皮膚感覚。冷覚と温覚の総称。冷温覚。温感。
おん-とく【恩徳】《「おんどく」とも》❶恵み。情け。恩

恵。「母の御一七生しちしやうむまれかはりても報じがたく存ずる折節」〈浄・嫗山姥〉❷仏語。三徳の一。仏が世の人を救おうとしてたれる恵みの徳。

おん-どく【音読】〔名〕スル ❶声を出して文章を読むこと。⇔黙読。❷漢字を字音で読むこと。おんよみ。⇔訓読。〔類語〕黙読・朗読・棒読み

おんど-けい【温度計】ヲンド 温度を測定する計器。物質の規則的な熱膨張などを利用し、アルコール・水銀を使う液体温度計や、金属温度計・気体温度計などがある。

おんど-けいすう【温度係数】ヲンド 絶対温度が1度上がるたびに物体の性質が変化する割合。特に、運転中の原子炉での反応度の変化。

おんど-けん【温度圏】ヲンド ▶熱圏ねつけん

おん-どこ【温床】ヲン ▶おんしょう(温床)

おんど-こうばい【温度勾配】ヲンド 物体や空間の温度分布が定常状態(時間的に変化しない場合)にあるとき、任意の二点間における温度の変化率。一般に、2点A、Bの温度をT_A、T_B(ただし、T_AはT_Bより大きい)、AB間の距離をDとすると、その温度勾配は$(T_A-T_B)/D$で表される。気象学の分野では気温勾配ともいう。

おんど-さ【温度差】❶計った温度の差。❷物事に対する関心の度合いや態度の違い。「与野党間に―がある」

おんどさ-はつでん【温度差発電】ヲンド 温度の高い水でアンモニアを気化させてタービンを回して発電し、使用後のアンモニアのガスを水で冷やして液体に戻す発電方式。海表面と深海底の水の温度差や、70度以上の温泉と水の温度差などを利用する。前者を海洋温度差発電(OTEC)ともいう。

おんど-ていてん【温度定点】ヲンド 温度を測定するのに基準となる温度。特定の物質の融点・沸点が利用される。

おんど-とり【音頭取り】❶歌の音頭をとること。特に、盆踊り歌の音頭をとること。また、その人。〔季 秋〕❷多人数の先に立って物事をすること。また、その人。「募金運動の―」〔類語〕率先

おんとなぶら【御▽殿▽油】《「おんとのあぶら」の音変化》「大殿油おほとなぶら・おほとのあぶら」に同じ。

おんとの-ごも・る【御殿籠もる】〔動ラ四〕「大殿籠おほとのごもる」に同じ。「いづこをか縫ひ侍らむ。などか―・りにける」〈落窪・一〉〔補説〕「おおとのごもる」の異表記とする説もある。

おんど-の-せと【音戸ノ瀬戸】広島県南西部、広島湾口の倉橋島と呉市警固屋けごや町との間の水路。潮流が激しい。平清盛の開削と伝える。昭和36年(1961)完成の音戸大橋が架かる。

おんど-へいこう【温度平衡】ヲンドカウ ▶熱平衡

おんど-ほうしゃ【温度放射】ヲンドハウ ▶熱放射

オンド-マルトノ〖フランス ondes Martenot〗電子楽器の一。フランスのマルトノ(Maurice Martenot)が発明。鍵盤操作によって、澄んだ単音を電気的に発するが、和音は出せない。

おん-ども【▽俺共・▽己共】〔代〕《「おれども」の音変化》一人称の人代名詞。おれ。われわれ。「―が二十七の年」〈浄・博多小女郎〉

おん-どり【▽雄鳥】をん《「おとり」の音変化》おすの鳥。多く鶏の雄をさし、「雄鶏」とも書く。⇔雌鳥めんどり。

オンドル【温突】《朝鮮語》朝鮮半島・中国東北地方などで用いられている暖房装置。床下に煉瓦れんがなどで仕切った煙道を設け、焚たき口から煙を送り込んで部屋を暖める。〔季 冬〕

おんと-ろうろう【音吐朗朗】ラウラウ〔ト・タル〕図〔形動タリ〕声が豊かで、よどみなくはっきりと響きわたるさま。「―と声明文を読み上げる」

オントロギー〖ドイツ Ontologie〗存在論。

おんな【女】をんな《「をみな」の音変化》❶㋐人間の性別で、子を産む機能のあるほう。女性。女子。⇔男。㋑人以外の動植物で雌性のもの。めす。「―馬」❷成熟した女性。子供を産むことができるまでに成長した女性。一人前の女性。❸やさしいとか弱いとか、一般に❶が備えていると考えられる性質をもっている人。「強いようでも、やっぱり―だ」❹女性としての名誉。容貌ようぼうや器量。女ぶり。「いい―」「―をあげる」❺愛人。情婦。妾。「―ができる」❻女中。下女げじょ。「宿の―」❼売春婦。商売女。❽(接頭語的に名詞の上に付いて)一対のもののうち、小さいほうのもの、容易なほうのものなどを表す。「―扇」「―坂」❾妻。女房。「西の京にて―を持ちけり」〈仮・仁勢物語・上〉〔類語〕(❶㋐、❷❸)女性・女子・婦女・婦女子・おなご・おみな・たおやめ・あま (特に❷の意で)婦人・女人にょにん・女人にょうにん・ウーマン/(❺)情婦・妾めかけ・手掛け・二号

女賢さかしくて牛うし売り損そこなう 女が利口なようすをしてでしゃばると、かえってその浅知恵を見すかされて物事をやりそこなうことのたとえ。

女三人さんにん寄れば姦かしましい 《「女」の字を三つ合わせるとやかましい意の「姦」の字になるところから》女はおしゃべりで、三人集まるとやかましい。

女にな・る ❶成長して年ごろの女性になる。月経が始まり一人前の女性になる。❷男性と肉体関係をもち、処女でなくなる。男を知る。

女の足駄あしだにて作れる笛ふえには秋の鹿しか寄る 女の色香に男は迷いやすいことのたとえ。

女の一念いちねん岩をも通す 女の執念が深いことのたとえ。

女の髪の毛には大象たいぞうも繋つながる 女は、男の心を引きつける強い力をもっていることのたとえ。

女の腐くさったよう ぐずぐずしていて優柔不断な男をあざけっていう言葉。

女の知恵は後あとへ回る 女は知恵の回りが遅く、事が終わってからいろいろと考えつく。

女は氏うじ無なくて玉たまの輿こしに乗る 女は生まれがよくなくても、容姿や運しだいで金持ちや貴人の妻になることもできる。

女は門開かどびらき 《天鈿女命あめのうずめのみことが踊ったところ、天の岩戸に隠れていた天照大御神が戸を開けて、世の中を明るくしたという故事から》女は縁起がよいということ。

女は三界さんがいに家いえ無し 《「三界」は仏語で、欲界・色界・無色界、すなわち全世界のこと》女は幼少のときは親に、嫁に行ってからは夫に、老いては子供に従うものだから、広い世界のどこにも身を落ち着ける場所がない。

女は化ばけ物もの 女が化粧や服装などによって見違えるほど変わってしまうことをいう。

女は弱し、されど母は強し 女性は母親になると、子供を守るために強い力を発揮するものだ。

女を拵こしら・える 男が愛人をもつ。女をつくる。

女を知・る 男が女と初めて肉体関係をもつ。

おんな【▽嫗】《「おみな」の音変化》老いた女。おうな。「―翁おきな、手おしつべし」〈土佐〉

おんな-あそび【女遊び】をんな 「女道楽をんなどうらく」に同じ。

おんな-あるじ【女▽主】をんな 一家の主人である女。女主人。⇔男主おとこあるじ。

おん-ない【恩愛】「おんあい」の連声れんじょう。

おんな-いちのみや【女一の宮】をんな 第1皇女。最年長の皇女。「寝殿に、―、女三の宮のおはします」〈源・花宴〉

おんないまがわ【女今川】をんないまがは 江戸前期の往来物。1巻。沢田きち著。貞享4年(1687)刊。絵入り・仮名書きで、今川貞世(了俊りょうしゅん)の「今川状」をまねたもの。教訓書としてだけでなく、女性の習字手本としても使用された。今川。

おんな-うん【女運】をんな その男が、どんな恋人・妻にめぐりあうかの運勢。⇔男運。

おんな-え【女絵】をんな ❶平安時代、男絵おとこえに対して使われた語。情趣に富んだ濃彩の絵をいうとするが、その内容ははっきりしない。一説には、墨がきの絵といい、素人絵のことともいう。「をかしげなる―ども、恋する男の住まひなど書きまぜ」〈源・総角〉❷女をかいた絵。美人画。

おんな-おうぎ【女扇】をんなあふぎ 女持ちの小型の扇。⇒男扇

おんな-おび【女帯】をんな 女性の締める帯。⇒男帯

おんな-おや【女親】をんな 女のほうの親。母親。母。⇔男親。〔類語〕母・母親・お母かあさん・お母さま・おっかあ・お袋・母じゃ人・母じゃ・阿母あぼ・慈母じぼ・ママ

おんな-がく【女楽】をんな 女ばかりで、または、女が中心となって演奏する音楽。「箏そう・琵琶びわの音ねも合はせて、―試みさせむ」〈源・若菜下〉

おんな-がた【女方】をんな ❶男と女とを二組に分けた、その女の側。⇔男方。「―の心ゆるし給はぬ事の紛れあるは」〈源・竹河〉❷妻の身内。妻の親戚。「―よりもたびたびものすることありしにも」〈宇津保・楼上上〉❸女のいる所。特に、女官の控えている台盤所だいばんどころなど。「男、―許されたりければ」〈伊勢・六五〉❹ある男の妻、または、恋人である女性。女の方。「たどり薄かるべき―にだに皆思ひおくれつつ」〈源・若菜下〉

おんな-がた【女形|女方】をんな 歌舞伎で、女役を演じる男の役者。また、その役柄。江戸初期に、女歌舞伎が禁止されて以後に現れた。おやま。⇔男形おとこがた。

おんな-がな【女仮名】をんな 平仮名ひらがな。草仮名そうがな。⇒男仮名

おんな-かぶき【女歌舞伎】をんな 慶長年間(1596～1615)京都に始まった、女性を主とする歌舞伎。寛永6年(1629)に風紀を乱したとして禁止された。阿国おくに歌舞伎・遊女歌舞伎など。

おんな-がら【女柄】をんな 女が着るのにふさわしい柄。⇒男柄

おんな-ぎ【女気】をんな 女が自然に備えているとされる気質。しとやかで優しい気持ち。女心。⇔男気おとこぎ。「流石さすがに―の悲しき事胸に迫りて」〈一葉・われから〉

おんな-ぎだ【女義太】をんな 「女義太夫」の略。

おんな-ぎだゆう【女義太▽夫】をんなぎだいふ 寄席演芸の一つで、若い女性が義太夫節の触りを弾き語りするもの。また、その芸人。江戸末期から大正時代にかけて流行した。⇒娘義太夫 ⇒どうする連

おんな-ぎみ【女君】をんな ❶貴族の息女の敬称。姫君。めぎみ。「―たち御琴どもかき合はせ」〈宇津保・祭の使〉⇔男君おとこぎみ。❷貴族の妻の敬称。「―、例の、はひ隠れてとみにも出で給はぬを」〈源・若紫〉

おんな-ぎらい【女嫌い】をんなぎらひ 男が、女を好まないこと。また、そういう男。

おんな-ぎれ【女切れ】をんな (多く、打消しの語を伴う)わずかな女のけはい。女気。「―の無い所帯と云う奴は不都合なものだ」〈紅葉・多情多恨〉⇔男切れ。

おんな-くさ・い【女臭い】をんな〔形〕図をんなくさ・し〔ク〕❶女性特有のにおいがする。また、女の気配がする。「―・い部屋」❷態度・言動・考え方などがいかにも女のようである。「作品には―・い表現があふれている」

おんな-ぐせ【女癖】をんな 男がすぐ、女性関係を持つこと。多く「女ぐせが悪い」の形で用いる。

おんな-ぐるい【女狂い】をんなぐるひ〔名〕スル 男が、女との情事におぼれること。また、そういう男。

おんな-ぐるま【女車】をんな 宮中の女房などが乗る牛車ぎっしゃ。男性用より少し小さく、簾すだれの下から下簾を出して垂らす。「よろしき―の、いたう乗りこぼれたるより」〈源・葵〉

おんな-け【女気】をんな《「おんなげ」とも》「女っ気け」に同じ。

おんな-げいしゃ【女芸者】をんな 女の芸者。芸妓げいぎ。男芸者(幇間ほうかん)に対していう。

おんなけいず【婦系図】をんなけいづ 泉鏡花の小説。明治40年(1907)発表。芸者お蔦つたと別れさせられた早瀬主税ちからは、恩師の敵である河野一家を破滅させてみずからも毒を飲む。劇化され、新派名狂言の一つとなった。

おんな-けんげき【女剣劇】をんな 女性を主役とした剣劇。昭和5年(1930)ごろから流行。大江美智子や不二洋子が初期に活躍した。

おんな-ご【女子】をんな ❶女児。息女。「京にてうまれたりし―」〈土佐〉❷若い女性。女。おなご。「―ども呼びて床をとらせ」〈浮・諸艶大鑑・五〉

おんな-こうぶり【女▽冠】をんなかうぶり 宮中の女房が位階

を与えられること。➡男冠

おんな-ごころ【女心】❶女の心。女性に特有な、しとやかで優しい心。❷女が男を恋しく思う心。「一のせつなさ」❸男が女にひかれる心。女を求める心。「仁俊は一あるものの、空聖だちけると申しけるを」〈十訓抄・四〉

女心と秋の空　女の男に対する愛情は、秋の空模様のように変わりやすいということ。「男心と秋の空」が本来のかたち。

おんな-こしゅ【女戸主】民法旧規定で、女性の戸主。

おんな-こども【女子供】女と子供。とるにたりない意や、足手まといになる意で引き合いに出されることが多い。「一にもできることだ」

おんな-ごろし【女殺し】多くの女を迷わせる好男子。女たらし。(類語)プレーボーイ・女たらし

おんなころしあぶらのじごく【女殺油地獄】浄瑠璃。世話物。三段。近松門左衛門作。享保6年(1721)大坂竹本座初演。大坂天満の油屋河内屋の次男与兵衛が放蕩のすえ、同業の豊島屋の女房お吉を殺して金を奪い、捕らえられる。油地獄。

おんな-ざか【女坂】高所にある神社・仏閣などに通じる2本の坂道のうち、傾斜の緩やかなほうの坂。➡男坂 (類語)坂・坂道・山坂・急坂

おんな-ざかり【女盛り】女性の、心身ともに成熟して最も美しい年ごろ。(類語)娘盛り・妙齢・芳紀

おんな-さんのみや【女三の宮】㊀第3皇女。㊁源氏物語に登場する女性。朱雀院の第3皇女。院の計らいで光源氏の妻となるが、柏木と密通し、薫(薫大将)を産んだのを恥じて出家する。入道の宮。にょさんのみや。

おんな-し【女し】〔形シク〕いかにも女らしい。「いとおほどかに一・しきものから、気色づきてぞおはするや」〈源・野分〉

おんなじ【▽同じ】《「おなじ」の撥音添加。「おんなし」とも》㊀〔形動〕「おなじ㊀」に同じ。「二人は体重が一だ」㊁〔副〕「おなじ㊁」に同じ。「一勉強するなら、もっとしっかりやれ」

おんな-ししょ【女四書】女性のための教訓書4種を集めたもの。❶江戸前期に辻原元甫が和訳した「女誡」「女論語」「内訓」「女孝経」の4種。明暦2年(1656)刊。❷中国、清代に王晋升(王相)が編修した「女誡」「女論語」「内訓」「女範」の4種。康熙年間(1662～1722)成立。のちに、西坂天錫が和訳。

おんな-しばい【女芝居】女だけで演じる芝居。また、その劇団。

おんな-じまん【女自慢】❶女が、自分の容色の美しさを誇ること。❷男が、自分の妻や恋人を自慢すること。⇔男自慢。

おんな-しゅう【女衆】❶大勢の男女が集まった中の、女の人たち。おなごしゅう。おんなしゅ。⇔男衆。❷下女。女中。おなごしゅう。おんなしゅ。⇔男衆。

おんな-しょうがつ【女正月】《この日に女が年賀に出向くところから》正月15日のこと。(季 新年)

おんな-じょうるり【女浄瑠璃】女の語る浄瑠璃。また、語る女。江戸初期に流行したが、寛永年間(1624～1644)に禁止された。江戸中期以降は女義太夫をさす。

おんな-じょたい【女所帯｜女▽世帯】女だけで構えている所帯。⇔男所帯。

おんな-ずき【女好き】❶男の容姿・気質などが女の好みに合うこと。「一のする顔」⇔男好き。❷男が、女との情事を好むこと。また、そのような男。

おんな-ずもう【女相‐撲】女が相撲をとること。また、女の相撲とり。

おんなせいげん【女清玄】歌舞伎狂言「隅田川花御所染」の通称。

おんな-せつぶん【女節分】江戸時代、正月19日に、女子が京都吉田神社の厄払い神事(疫神祭)に参詣したこと。節分に参詣する代わりにしたことから、この名がついたとされる。吉田の清祓。吉田の大祓。(季 新年)

おんな-だいがく【女大学】女子のための教訓書一般をいう語。また、封建的な女子教育をもいう。

おんなだいがく【女大学】江戸中期以降広く普及した女子用の教訓書。貝原益軒の「和俗童子訓」をもとに後人が抄出したとされる。享保年間(1716～1736)ごろ刊。女子の修身・斉家の心得を仮名文で記したもの。

おんな-だて【女伊=達｜女▽達】女で、男だてのような言動をすること。また、その人。女の侠客。女侠。「己が好き自由に勝手に振舞う男勝りの一」〈魯庵・社会百面相〉

おんな-だてら【女だてら】〔副〕(女に似つかわしくないという非難を込めて)女らしくもなく。「一に大酒を飲む」

おんな-だゆう【女太▽夫】㊀❶江戸時代、菅笠をかぶり、三味線・胡弓の弾き語りをして歩いた女の門付け芸人。正月には鳥追いとなった。❷浄瑠璃・水芸・奇術などの演芸をする女芸人。㊁歌舞伎の変化舞踊「七小町容彩四季」の一。清元。福森喜宇助作詞、清沢万吉作曲。文化13年(1816)江戸中村座初演。女太夫の風俗を舞踊化したもの。

おんな-たらし【女×誑し】女を誘惑してもてあそぶこと。また、それに巧みな男。色魔。(類語)プレーボーイ・女殺し

おんな-づかい【女使ひ】平安時代、春日神社・賀茂神社の祭に勅使として遣わされていた内侍。「周防内侍一にて下りたりけるに」〈金葉・賀・詞書〉➡男使い

おんなっ-け【女っ気】女のいるような気配。また、女がいることで生じる雰囲気。おんなけ。「一のない家」⇔男っ気。

おんなっ-ぷり【女っ振り】「女振り」に同じ。⇔男っ振り。

おんな-で【女手】❶女の労力。また、女の働き手。「一一つで育てた息子」「一が足りない」⇔男手。❷女の書いた文字。女性の筆跡。女文字。「一の手紙」⇔男手。❸《主として女が用いたところから》平仮名。「一を心に入れて習ひしさかりに」〈源・梅枝〉⇔男手。(補説)❶は、「女手一人で」とするのは誤り。

おんな-ていきん【女庭▽訓】江戸時代、女子の手本となるような教訓などを記した書物。

おんな-でいり【女出入り】女性関係のもめごと。「一が絶えない男」

おんな-てがた【女手形】江戸時代、女性用の関所手形。関所通過は男よりもきびしく、手形の記載内容も詳細であった。

おんな-でら【女寺】❶尼寺のこと。❷江戸時代、女児を教えた寺子屋。また、師匠が女の寺子屋。「一へもやらずして筆の道を教へ」〈浮・永代蔵・二〉

おんな-とうか【女踏歌】女のする踏歌。平安時代、正月16日に行われた。➡男踏歌

おんな-どうらく【女道楽】女性との色事にふけること。女遊び。

おんな-どころ【女所】女のいる所。特に、女官などが控えている所。「一にて、しどけなくよろづのこと習ひたる宮の内に」〈源・夕霧〉

おんな-どち【女どち】女の仲間。女どうし。「紀伊守国に下りなどして、一のどやかなる夕闇」〈源・空蝉〉

おんな-ども【女共】❶女たち。現在では、見下した言い方に用いる。❷(へりくだった言い方)自分の妻。「一のみやげに、たから物を一つかひとつてくだる程に」〈虎明狂・鏡男〉

おんな-にのみや【女二の宮】㊀第2皇女。㊁源氏物語に登場する女性。朱雀院の第2皇女。柏木の妻。

おんなのいっしょう【女の一生】㊀《原題、フランス Une Vie》モーパッサンの長編小説。1883年刊。純真な女主人公ジャンヌの結婚生活にかけた夢が、夫の裏切り、息子の放蕩によって打ち砕かれていく幻滅の一生を描く。フランス自然主義文学の代表作。㊁山本有三の小説。昭和7～8年(1932～33)発表。夫には先だたれ、一人息子に背かれながらも、後半生を積極的に生きようとする女性を描く。㊂森本薫の戯曲。5幕。昭和20年(1945)初演。明治・大正・昭和の3代、家のために献身的に働きながらも、報われることのない女性の姿を描く。

おんな-のう【女能】❶能で、女性を主人公としたもの。女物。鬘物。➡男能　❷女性だけで演じる能。女猿楽。

おんな-の-こ【女の子】❶女性である子供。女児。❷若い女性。むすめ。「うちの会社の一」(類語)女児・女子・娘・少女・乙女・子女・ガール・ギャル

おんな-の-せっく【女の節句】3月3日の雛祭りのこと。

おんな-の-たましい【女の魂】《女の魂が宿る意から》鏡のこと。➡男の魂

おんな-の-みち【女の道】❶女の守るべき道徳。❷女色の方面。色恋の道。

おんな-ばかま【女×袴】女のはく袴。女学生や女教師がはいた行灯袴。

おんな-ばら【女腹】女の子ばかりを産む女。➡男腹

おんな-ひでり【女×旱り】女が少なく、男が恋愛や結婚などの相手を求めにくいこと。⇔男ひでり。

おんな-ぶ【女ぶ】〔動バ上二〕女らしくなる。女っぽく見える。「男君の目の細きは一・びたり」〈枕・二三三〉

おんな-ぶみ【女文】女性の書いた手紙。「さるまじき(=漢字ヲ書クベキデハナイ)どちの一に」〈源・帚木〉

おんな-ぶり【女振り】女としての容姿。女の器量。おんなっぷり。⇔男振り。

おんな-べや【女部屋】❶女のいる部屋。ふだん女だけが使う部屋。❷下女などが寝起きする部屋。女中部屋。⇔男部屋。❸江戸時代、女を入れた牢の俗称。

おんな-へん【女偏】漢字の偏の一。「好」「如」などの「女」の部分。

おんな-まい【女舞】❶女性がまう舞。㋐舞楽で、内教坊の妓女がまった舞。妓女舞。㋑白拍子の舞。曲舞・幸若舞・田楽・猿楽などで行われた女による舞。㋒風流踊りや歌舞伎踊り、また民俗芸能などの女による舞。❷民俗芸能などで、男性が女性に扮してまう舞。

おんなみ【音阿弥】►おんあみ(音阿弥)

おんな-みこ【女▽御子】皇女。内親王。ひめみこ。おんなみや。「さるべき一やおはせざりけむ」〈源・賢木〉⇔男御子。

おんな-みや【女宮】おんなみこ。ひめみや。「ただ一一所をぞ持ちたてまつり給へりける」〈源・宿木〉⇔男宮。

おんな-みょうが【女冥加】「女冥利」に同じ。

おんな-みょうり【女冥利】女に生まれた甲斐があること。女に生まれたことの幸せ。女冥加。「一に尽きる」⇔男冥利。

おんな-むき【女向き】女性に適していること。また、そのもの。「一の柄」➡男向き

おんな-むすび【女結び】ひもの結び方の一。男結びの結び方を左のほうから始めるもの。おなごむすび。➡男結び

おんな-めか-し【女めかし】〔形シク〕いかにも女らしい。「さこそ細やかに一・しけれども」〈今昔・二三・二四〉

おんな-めん【女面】能面の分類の一。女性に扮するときに用いるもの。小面・孫次郎・曲見・深井・姥・泥眼・痩女など。➡男面

おんな-もじ【女文字】❶「女手❷」に同じ。➡男文字　❷「女手❸」に同じ。「是は流れの一。情け色めくいろはは仮名」〈浄・賀古教信〉➡男文字

おんな-もち【女持ち】大人の女が使うように作った品物。女物。「一の扇子」⇔男持ち。

おんな-もの【女物】❶女性が身につけたり、持ち歩いたりするのにふさわしく作った品物。婦人物。

「―の時計」⇔男物。❷「女能おんなのう❶」に同じ。
おんな-ものぐるい【女物狂い】をんなものぐるひ 能で、女性の物狂いを主人公とする曲。「隅田川」「花筐はながたみ」「百万」など。狂女物。➡男物狂い
おんな-やく【女役】をんな ❶演劇・映画などで、女に扮ふんする役。女形おんながた。❷女が務めるべき役。女にふさわしい役目。
おんな-やま【女山】をんな 比較的なだらかな山。一対の山のうち、一方を女性に見立てていう語。⇔男山。
おんな-やもめ【女▽寡】をんな 夫を亡くして再婚しない女。未亡人。寡婦。「男鰥やもめに蛆うじが湧わき、―に花が咲く」⇔男鰥おとこやもめ。
おんな-ゆ【女湯】をんな 銭湯・温泉などで、女が入るほうの浴室。女風呂。⇔男湯。
おんな-らし・い【女らしい】をんな〔形〕文をんなら・し〔シク〕気性・態度・容姿などが、いかにも女であると思えるようすである。女性のもつべきと考えられている特質を備えている。女性的である。「―・い心配り」⇔男らしい。派生おんならしさ〔名〕
おんな-わらわ【女▽童】をんなわらは 女の子。少女。めのわらわ。「ありける―なむ此の歌を読める」〈土佐〉
おん-ぬすびと【恩盗人】恩を受けながらそれを忘れている者をののしっていう語。恩知らず。「日本の恩を受けて恩を知らぬ―」〈浄・国性爺後日〉
オンネス〖onnes〗エントロピーの単位。1オンネスは1J/deg。オランダの物理学者K＝オンネスの名にちなむ。➡エントロピー
おん-ねつ【温熱】ヲン あたたかく感じる熱。あたたかみ。類語熱・火熱かねつ・炎熱・焦熱・ほとぼり・余熱
おんねつ-せい【温熱性】ヲンネツ 東洋医学で、体を温めたり血の巡りをよくしたりする性質。➡寒涼性 ➡平性 補説ショウガ・トウガラシ・エビ・羊肉などは温熱性の食物とされる。
おんねつ-りょうほう【温熱療法】ヲンネツレウハフ 全身または患部をあたためることにより、新陳代謝を促進して老廃物を除去し、血液やリンパの流れをよくする治療法。温浴・蒸気浴・砂浴・罨法あんぽうなど。
おんね-とう【温根沼】ヲンね《アイヌ語「オンネトウ」(大きい沼)から》北海道東部にある湖。根室半島の付け根、根室湾から入り込んだ潟せき湖。周囲14キロメートル、面積5.7平方キロメートル。
おん-ねん【怨念】ヲン うらみのこもった思い。うらみに思う気持ち。「―を晴らす」類語恨み・遺恨・怨恨えんこん・逆恨み・私怨しえん・怨嗟えんさ・意趣・宿意・宿怨しゅくえん・宿恨・積怨せきえん・旧怨きゅうえん・仇あだ・憎しみ・復讐心ふくしゅうしん
おん-の-ざ【穏の座】ヲン「穏座おんざ❶」に同じ。
おん-の-じ【御の字】《江戸初期の遊里語から出た語。「御」の字を付けて呼ぶべきほどのもの、の意から》❶非常に結構なこと。望んだことがかなって十分満足できること。「出費がこの程度で済めば―だ」❷最上のもの。「―の太夫」〈浮・諸艶大鑑・八〉補説❶について、文化庁が発表した平成20年度「国語に関する世論調査」では、「70点取れれば御の字だ」を、本来の意味である「**大いにありがたい**」で使う人が38.5パーセント、間違った意味「**一応、納得できる**」で使う人が51.4パーセントという逆転した結果が出ている。類語有り難い・うれしい・好都合
おんば【乳＝母】《「おうば」の音変化》うば。めのと。
おん-ぱ【音波】物体の振動によって空気などの弾性体に生じる疎密波。縦波の一。普通は人間が音として聞く周波数16〜2万ヘルツのものをいうが、超音波や低周波音を含めていうこともある。
おん-はいすい【温排水】ヲン あたためられて排出される水。特に、原子力発電所で冷却に使われた海水が取水時より高温になって海に排水されるもの。
おん-はかせ【音博士】《「おんぱかせ」とも》律令制で、式部省大学寮の博士の一。経書の音について明経みょうぎょうの学生に教授した。こえのはかせ。
おんば-こ【車＝前＝草】「おおばこ」の音変化。
おんばしら-まつり【御柱祭】諏訪大社の祭礼。申さる年と寅とら年の春、依り代となる御柱を山中から曳ひき出し、上社の本宮・前宮と下社の春宮・秋宮それぞれの四隅に建てる。おんばしら。みはしらさい。
おんば-ひがさ【乳＝母日傘】幼児に、乳母をつけたり、強い日に当たらぬように傘を差しかけたりすること。子供が大事に育てられることにいう。補説この句の場合、「乳母」を「うば」と読むのは誤り。類語過保護・温室育ち
おんば-ひからかさ【乳＝母日▽傘】「おんばひがさ」に同じ。「―にて長ひととなり」〈洒・通言総籬〉
オン-バランス〖on-balance〗貸借対照表に計上されている項目、あるいはその額。⇔オフバランス。
オン-パレード〖on parade〗❶俳優などの勢ぞろい。総出演。❷物事がずらりと並ぶこと。勢ぞろい。「値上げの―」
おん-ばん【音盤】レコード盤。
おん-びき【音引き】❶辞書で、語や漢字を発音によって引くこと。また、そのように編集された辞書。➡画引かくびき ❷俗に、長音符「ー」のこと。
オン-ビジネス〖on business〗商用。仕事上。仕事に関することを表す。「―での服装」
おんぴょう-もじ【音標文字】オンペウ ❶ ►表音文字 ❷ ►音声記号
おん-びん【音便】国語学での用語。発音上の便宜により、語中・語尾の音が他の音に変化すること。音声上は、音韻の脱落・転化・挿入などによる現象。イ音便・ウ音便・撥音便・促音便の4種がある。
おん-びん【穏便】ヲン〔名・形動〕❶物事をかど立てずおだやかに行うこと。また、そのさま。「―な処置」❷手軽なこと。便利なこと。また、そのさま。「ここに五軒の娼家あり、至りて―なるあそびにして」〈寛天見聞記〉
おんびん-けい【音便形】音便の結果生じた語形。特に、用言の一活用形が特定の語に続くときに音便の形をとる場合、その語形をもとの活用形に対していう。「咲く」の連用形「咲き」が「て」「た」に続くときにとる「咲い」の類。
おんぶ【▽負んぶ】〔名〕スル《動詞「おぶう」の音変化から》❶子供などを背負うこと、また、背負われることをいう幼児語。「赤ん坊を―する」❷他人の援助を受けること。特に金銭面で他に頼ること。「経費はすべて寄付に―する」類語だっこ・肩車
　おんぶに抱だっこ 何から何まで人の世話になること。他人の好意に甘えて頼り切ること。「親に―の状態」
おん-ぷ【音符】❶漢字や仮名の文字につけて、発音を示すための補助符号。濁音符「゛」・半濁音符「゜」・促音符「っ」・反復音符「ゝ」「〱」「々」「〻」・長音符「ー」など。❷漢字の構成で、音を表す部分。「胴」「銅」の「同」など。❸音楽で、個々の音を示す記号。形の違いで音の長さを、譜表上の位置で高さを示す。
おん-ぷ【音譜】❶楽譜。❷レコード盤。日本で作られはじめた明治末ころの呼び方。「乱暴な真似をして―に瑕きずをつけたりすると」〈谷崎・異端者の悲しみ〉類語楽譜・譜・譜面・総譜・スコア
おん-ぷう【温風】ヲン ❶あたたかい春の風。❷暖房器具などが送り出す、あたたかい風。❸陰暦の晩夏に吹く、あたたかい風。〔季 夏〕
おんぶ-きごう【音部記号】…キガウ 五線譜上の音の高さを定める記号。ト音記号(高音部記号)・ハ音記号(中音部記号)・ヘ音記号(低音部記号)の3種がある。
おん-ぷく【温服】ヲン 薬をあたためて飲むこと。
おん-ぷく【▽隠覆】表に出さないように隠していること。ひたかくしにすること。
オンブズパーソン〖ombudsperson〗《スウェーデン語のombudsmanのmanを女性に対する差別と捉え、personに置き換えたアメリカ英語》「オンブズマン」に同じ。
オンブズマン〖スウェーデン ombudsman〗《代理人の意》苦情調査官。役所や公務員の違法行為を見張り、行政に関する苦情を調査・処理する機関、または人。
オンブズマン-せいど【オンブズマン制度】オンブズマンを置き、市民の側からの行政に対する苦情を処理したり、それを監察したりする制度。
おん-ぶつ【恩物】《ドイツ Gabeの訳語。神が幼児に賜った贈り物の意》幼児の自己活動を促進するための遊び道具。ドイツのフレーベルの創案。明治初期に日本に導入された。
おんぶ-ばった【▽負蝗＝虫】直翅ちょくし目オンブバッタ科の昆虫。体長は翅はねの先まで雄が約2.2センチ、雌が約3.7センチ。体は緑色または淡褐色。雌が交尾期に雄を背負うところからの名。
オンフルール〖Honfleur〗フランス北西部、ノルマンディー地方、カルバドス県の都市。イギリス海峡に注ぐセーヌ川の河口南岸にある。対岸はルアーブル。旧港周辺には15世紀に建造された木造のサントカトリーヌ教会や歴史的建造物が数多く残る。画家ウジェーヌ＝ブーダン、作曲家エリック＝サティの生地。印象派の画家たちが度々訪れたことでも知られる。
オンブレ〖フランス ombrer〗《陰影をつけるの意》絵画などで、色に段階的に濃淡をつけ、ぼかし効果(グラデーション)を出すこと。
おん-べい【御幣】「御幣ごへい」に同じ。
おん-ぽ【×蔭補】父祖の功績によって、子孫が官位を授かること。
おん-ぼう【▽隠亡｜▽隠坊｜御坊】…バウ 古く、火葬や墓所の番人を業とした人。江戸時代、賤民の取り扱いをされ差別された。
おん-ぽう【×縕×袍】ヲンパウ《「おんぼう」とも》綿入れ。どてら。ぬのこ。また転じて、粗末な着物。わんぼう。「破れたる―を着て母に逢ひ」〈柳多留・一〇〉
オンボード〖onboard〗コンピューターのマザーボードに、付加機能をもつLSIチップが直接実装されていること。
おん-ぼろ〔名・形動〕使い古して非常に傷んでいるもの。また、そのさま。「―な(の)車」
おん-まえ【御前】ごまへ ❶「前」の敬称。神仏や貴人などの前。❷女性が手紙の脇付わきづけに用いる語。御前に。
おん-まつり【御祭】奈良市の春日大社の摂社若宮神社で、12月17日を中心に行われる祭礼。田楽・舞楽・猿楽など多くの芸能が演じられる。
おん-み【御身】㊀〔名〕「身」の敬称。おからだ。「時節柄―お大切に」㊁〔代〕二人称の人代名詞。敬意を含んでいう語。あなた。「彼は改めて―にさえ異存なくば、この際結婚して」〈福田英子・妾の半生涯〉
おん-みつ【▽隠密】〔名・形動〕❶人に悟られないように隠して事を行うこと。また、そのさま。いんみつ。「―に事を運ぶ」❷戦国時代から近世にかけて、情報活動に従った下級武士。幕府や各藩に属し、スパイ活動を行った。間者かんじゃ。忍びの者。類語内密・内証ないしょ・内内ないない・極秘ごくひ・厳秘げんぴ・丸秘まるひ・機密・枢密すうみつ・天機・機事・密事・秘事・暗部・隠し事・秘め事・密みそか事・内証ないしょ事・秘中の秘・秘ひそか・密みそか
おん-みょう【▽陰陽】…ヤウ「おんよう」の連声れんじょう。
おんみょう-じ【▽陰陽師】オンヤウ ►おんようじ(陰陽師)
おんみょう-どう【▽陰陽道】オンヤウダウ ►おんようどう(陰陽道)
オンムン ►オンモン(諺文)
おん-めい【音名】一定の振動数をもつ音に与えられた音楽上の固有の名称。オクターブごとに同じ名称を繰り返す。日本の「ハニホヘトイロ」、ドイツの「CDEFGAH」など。➡階名
おん-めい【恩命】情けあるご命令。恵み深いお言葉。
おんめい-もん【陰明門】平安京内裏の内郭十二門の一。西面中央にあった。右兵衛の陣。いんめいもん。
おんも 家の外をいう幼児語。「―で遊ぶ」
おん-もと【御▽許】❶貴人の居場所を敬っていう語。おもと。みもと。❷(多く「おんもとに」「おんもとへ」の形で)おそばまでの意で、女性が手紙の脇付わきづけに用いる語。類語侍史じし・机下・台下・足下・座右・硯北けんぽく・膝下しっか・玉案下・御前おんまえ・拝
おんもの-い【▽追物射｜御物射】►追おい物射ものい
オンモン【諺文】《朝鮮語。「諺文」の朝鮮漢字音から》ハングルの旧称。オンムン。
おん-やく【音訳】〔名〕スル 漢字の音や訓を借りて、外国語や外来語を書き表すこと。「仏陀ぶっだ」「菩薩ぼさつ」(梵語)、「更紗サラサ」「合羽カッパ」(ポルトガル語)、「倶楽部クラブ」

郵 便 は が き

料金受取人払郵便

神田支店承認

8352

差出有効期間
平成26年11月
1日まで

（切手は不要です）

101-8021

123

（受取人）
東京都神田支店郵便私書箱8号
小学館 コミュニケーション編集局
『大辞泉 第二版』
愛読者係行

（フリガナ） ご芳名	男・女	生年月日 明・大 昭・平 年 月 日

郵便No. □□□-□□□□ お電話 （ ）

ご住所

ファックス （ ） 携帯電話 （ ）

E-mailアドレス

■ご職業 1.学生〔小学・中学・高校・大学(院)・専門学校〕 2.会社員・公務員 3.会社・団体役員 4.教師（ ） 5.自営業 6.医師 7.看護師 8.自由業（ ） 9.主婦 10.無職 11.その他（ ）

■ご関心のある読書分野 1.日本美術（絵画・浮世絵・陶芸・城郭・彫刻・庭園） 2.東洋美術 3.西洋美術 4.写真 5.書道 6.茶道 7.華道 8.園芸 9.料理 10.旅行 11.音楽（クラシック・ポピュラー） 12.文学 13.歴史 14.建築 15.科学 16.宗教 17.その他（ ）

■小社PR誌『本の窓』を1部、見本として送付いたします。ご希望の方は○をつけてください。 • 希望する

小学館では、お客様のご了解を得た上で、ご記入いただいた情報をご愛読者名簿として登録させていただいております。名簿は、小学館（および関係会社）の企画などのご案内、アンケートご協力のお願いなどのために利用し、そのほかの目的では利用いたしません。

ご愛読者名簿に登録してもよろしいですか? □はい □いいえ

※登録情報の変更・削除・お問い合わせはコチラ→（電話番号03-5281-3555・3556 メールアドレスinfo@shogakukan.co.jp）

お手数ですが裏面もお書きください。

大辞泉 第二版

愛読者カード

小学館の出版物をお買い上げいただき、ありがとうございました。今後の編集の資料にさせていただきますので、下記の設問にお答えいただければ幸いです。ご協力をお願いいたします。なお、お答えいただきましたデータは編集資料以外には使用いたしません。

該当する項目の番号を○で囲み、空欄はご記入ください。

■この辞典を何でお知りになりましたか。(いくつでも可)

1.(　　　　　　　　)新聞の広告　2.(　　　　　　　　)雑誌の広告
3.新聞・雑誌の紹介記事　4.学校ですすめられて(先生のお名前　　　　　　)
5.書店ですすめられて　6.友人・知人の紹介　7.書店で実物を見て
8.プレゼントでもらった(誰から　　　　　　)　9.カタログ・チラシを見て
10.インターネット・小学館のホームページで
11.その他(　　　　　　　　)

■この辞典をいつ頃ご購入されましたか。(　　　　年　　　月　　　日)

■この辞典をどこでご購入されましたか。

1.書店　2.インターネット書店での販売　3.その他(　　　　　　)

■この辞典の他にお持ちの商品はありますか。(いくつでも可)

1.大辞泉(初版)　2.日本国語大辞典　3.精選版日本国語大辞典
4.広辞苑　5.大辞林　6.デジタル大辞泉搭載の電子辞書
7.デジタル大辞泉以外の国語辞典搭載の電子辞書
8.デジタル大辞泉のスマートホンアプリ
9.デジタル大辞泉以外の国語辞典のスマートホンアプリ

■この辞典のどの点に興味をお持ちになりましたか。(いくつでも可)

1.大辞泉を初版から使っているから　2.収録語数が多いから
3.横組みで読みやすいから　4.DVD-ROMが付いているから
5.DVD-ROMのデータが更新されるから
6.解説、補説、類語、用例など内容が優れているから

■本書についてのご感想および小社に対するご意見・ご要望をお書きください。

★ご協力ありがとうございました。

「馬穴(バケツ)」(英語)の類。

おん-やさい【温野菜】ヲン ゆでる、蒸すなどして加熱した野菜。温かいまま料理の付け合わせにしたり、サラダにしたりする。補説日本料理では使わない言葉。

オン-ユア-マーク〘on your mark〙陸上競技で、スターターが競技者にかける「位置について」の号令。オンザマーク。

おん-よう【音容】声と姿。「一幻を去らずして、幾ほどと幽明の界を弁ぜず」〈紅葉・金色夜叉〉

おん-よう【▽陰陽】ヤウ《連声(れんじょう)で「おんみょう」とも》❶易で、相対する概念。陰(いん)と陽。いんよう。❷「陰陽道(おんようどう)」の略。❸「陰陽師(おんようじ)」の略。

おん-よう【温容】ヲン 穏やかであたたかみのある顔つき。温顔。「老師の一に接する」

おんよう-け【▽陰陽家】オンヤウ 陰陽道をつかさどる家。また、陰陽師となる家柄。おんみょうけ。

おんよう-じ【▽陰陽師】オンヤウ 陰陽寮に属し、占筮(せんぜい)・地相判定などをつかさどった人。おんみょうじ。

陰陽師身の上知らず 陰陽師は他人の吉凶ばかり占っているが、自分の運命についてはわからない。他人のことはよくわかる人でも自分のことはわからない。

おんよう-どう【▽陰陽道】オンヤウダウ 中国伝来の陰陽五行説に基づき、天文・暦数・卜筮(ぼくぜい)などの知識を用いて吉凶・禍福を占う方術。朝廷は早くからこれを採用、陰陽寮を設け、平安時代には全盛を極めた。おんみょうどう。いんようどう。

おんよう-の-かみ【▽陰陽▽頭】オンヤウ 陰陽寮の長官。うらのかみ。

おんよう-の-つかさ【▽陰陽▽寮】オンヤウ 「おんようりょう(陰陽寮)」に同じ。

おんよう-の-はかせ【▽陰陽博士】オンヤウ 陰陽寮で、陰陽道を教授した人。おんみょうはかせ。

おんよう-りょう【▽陰陽寮】オンヤウレウ 律令制で、中務省(なかつかさしょう)に属し、陰陽道のことをつかさどった役所。陰陽博士・暦博士・漏刻博士などが配属された。うらのつかさ。おんようのつかさ。おんみょうりょう。

おん-よく【温浴】ヲン〔名〕スル 湯に入ること。⇒水浴

おん-よみ【音読み】〔名〕スル 漢字を字音で読むこと。おんどく。⇔訓読み。

おん-らい【恩頼】神や天皇などから受ける恩徳。みたまのふゆ。「専(もっぱ)ら東照大神君の御一によることと」〈古道大意・上〉

オン-ライン〘on-line〙❶コンピューターの入出力装置などが、中央処理装置と直結している状態。また、通信回線などによって、人手を介さず情報を転送できる状態。⇔オフライン。❷《on the lineから》球技で、ボールがライン上に落ち、打撃として有効であること。

オンライン-アルバム〘on-line album〙デジタルカメラで撮影した写真などをウェブ上にアップロードして公開できるサービス。また、そのサービスを行うウェブサイトのこと。

オンライン-オークション〘on-line auction〙►ネットオークション

オンライン-かぶとりひき【オンライン株取引】►オンライントレード

オンライン-ぎんこう【オンライン銀行】ギンカウ《on-line bank》►インターネット銀行

オンライン-ゲーム〘on-line game〙コンピューターゲームの一種。インターネットなどのコンピューターネットワークを介して行う。複数プレーヤーが同時に参加できるものが多い。インターネットゲーム。ネットゲーム。

オンライン-サインアップ〘on-line sign up〙仮のIDやパスワードを利用してインターネットのプロバイダーなどに接続し、正式な入会手続きをする方法。

オンライン-サポート〘on-line support〙パソコンやソフトウエアの製造業者が、インターネットなどのネットワークを通じて、製品の使用方法やトラブルに関する問い合わせに対応するサービス。

オンライン-ジェネレーション〘on-line generation〙子供のころからコンピューターを使うことになれた世代。

オンライン-システム〘on-line system〙オンラインによって処理を行う方式。端末から通信回線を通じてホストコンピューターやデータベースに接続し、データの入出力を行う。銀行のキャッシュディスペンサー、駅の発券機、コンビニエンスストアーの店頭端末などで利用されている。

オンライン-しょうけん【オンライン証券】《on-line broker》►インターネット証券

オンライン-ショッピング〘on-line shopping〙インターネットを利用した通信販売。また、それを利用して買い物をすること。ネットショッピング。インターネットショッピング。ネット通販。

オンライン-ショップ〘on-line shop〙インターネット上で商品を販売するウェブサイト。オンラインストア。オンライン商店。eショップ。ウェブショップ。サイバーショップ。電子商店。⇒サイバーモール

オンライン-しょめい【オンライン署名】►ネット署名

オンライン-ストア〘on-line store〙►オンラインショップ

オンライン-ストレージ〘on-line storage〙インターネットを通じて、データを保管するためのディスクスペースを貸すサービスのこと。

オンラインストレージ-サービス〘on-line storage service〙►オンラインストレージ

オンライン-ソフト《on-line softwareから》インターネットを通じて流通するソフトウエア。無償利用が可能なフリーソフトウエアと、一定の試用期間や機能制限がある有料のシェアウエア、初めに購入が必要な商用のソフトウエアがある。

オンライン-ソフトウエア〘on-line software〙►オンラインソフト

オンライン-ディーピーイー-サービス【オンラインDPEサービス】►オンラインプリントサービス

オンライントランザクション-しょり【オンライントランザクション処理】《on-line transaction processing》コンピューターネットワーク上で、端末からの処理要求があるとホストコンピューターが即座に処理応答する方式。一般に、インターネットバンキングや電子商取引などに利用される。OLTP。

オンライン-トレーディング〘on-line trading〙►オンライントレード

オンライン-トレード〘on-line trade〙インターネットを利用して株式の取引をすること。ネットトレード。インターネットトレード。⇒トレード❶

オンライン-にんしょう【オンライン認証】《on-line authentication》►デジタル認証

オンライン-バンキング〘on-line banking〙►エレクトロニックバンキング

オンライン-バンク〘on-line bank〙►インターネット銀行

オンライン-ビジネス〘on-line business〙►サイバービジネス

オンライン-プリント►オンラインプリントサービス

オンラインプリント-サービス《on-line photo printing service》デジタルカメラで撮影した写真の画像データを、インターネットを利用して送ると、専門業者が印刷・配送をしてくれるサービス。ネットプリントサービス。オンラインDPEサービス。

オンライン-ブローカー〘on-line broker〙►インターネット証券

オンライン-ぶんせきしょり【オンライン分析処理】《on-line analytical processing》企業の顧客情報や販売実績から構築されたデータベースを、多次元的・多角的に分析すること。また、それを行うコンピューターシステム。多次元データ分析。多次元分析処理。オーラップ(OLAP)。

オンライン-ヘルプ〘on-line help〙ソフトを利用し、同一の画面上で操作方法などを参照することができるソフト化されたマニュアル。オンラインマニュアル。

オンライン-マガジン〘on-line magazine〙雑誌のような情報を提供するウェブサイト。最新トピックスや連載コラムなどを定期的に更新するものをさす。紙媒体で発行される雑誌と連動させ、同じ記事が読めるようにしたものもある。ウェブマガジン。ウェブジン。

オンライン-マニュアル〘on-line manual〙►オンラインヘルプ

オンライン-モール〘on-line mall〙►サイバーモール

オンラインリアルタイム-システム〘on-line real-time system〙コンピューターで、通信回線によって中央処理装置と端末機とが結合されていて、データがその場で即座に処理される方式。座席予約や銀行の預け入れ・払い戻しなどに利用。

オン-ランプ〘on-ramp〙自動車用高速道路の入り口。⇔オフランプ。

おんり〔名〕スル 降りることをいう幼児語。「一しなさい」

おん-り【遠離】ヲン ❶遠ざかり離れること。また、遠くへ離すこと。〈日葡〉❷仏語。執着を捨て悟りの境界にあること。

おん-り【×厭離】►えんり(厭離)

オンリー〘only〙❶名詞の下に付いて、ただ…だけ、たった…だけ、の意を表す。「商売一の人」❷第二次大戦後、特定の一人の外国人を相手とした売春婦。

オンリー-ワン〘only one〙(世界に)ただ一つであること。また、そのもの。

おんり-えど【×厭離×穢土】ヱド ►えんりえど(厭離穢土)

おん-りつ【音律】❶楽音の調子。また、音楽。❷音の高さの相対的な関係を整理した体系。純正調・平均律など。

類語調子・音調・調性・音階・音程・音高

オン-リミット〘on-limits〙立ち入り自由。⇔オフリミット。

おん-りょう【怨霊】ヲンリヤウ 受けた仕打ちにうらみを抱いて、たたりをする死霊または生き霊。

類語悪霊・物の怪・死霊・生き霊

おん-りょう【音量】リヤウ ❶音の大きさ・強さの度合い。ボリューム。「一をしぼる」❷音声学で、音の長短の度合い。

おん-りょう【恩領】リヤウ「恩地」に同じ。

おん-りょう【温良】ヲンリヤウ〔名・形動〕性質などがおだやかで、すなおなこと。また、そのさま。「概して一な君子で」〈花袋・田舎教師〉

類語温厚・温和・穏健・柔和・大人しい・温順・柔順・従順・温柔・順良・素直・おだやか・物静か・おとなしやか・控えめ・内気・優しい

温良恭倹譲(おんりょうきょうけんじょう) 《「論語」学而から》おだやかで、すなおで、うやうやしく、つつましく、ひかえめなこと。孔子が人に接する態度を評していった言葉。

おん-る【遠流】ヲン 古代の律に定めた三流(さんる)の一。流罪(るざい)のうち最も重いもの。平安時代には、伊豆・安房(あわ)・常陸(ひたち)・佐渡・隠岐(おき)・土佐など、都を遠く離れた土地に流した。えんる。⇒近流(こんる) ⇒中流(ちゅうる)

おんれい-かん【温冷感】ヲンレイ 暑い、寒いと思う感覚。また、物に触れたときの温かさ、冷たさの感じ。

オン-レコ《on the recordの略》公表してさしつかえないこと。記者会見などで用いられる。⇔オフレコ。

おん-ろう【音×聾】聴覚は正常であるが、楽音の識別ができないこと。また、その人。音楽聾。

オン-ロード〘on-road〙公道上。舗装路上。⇔オフロード。

おん-ろく【恩×禄】主君から受ける禄。「臆しぬれば、一欠くるのみならず」〈保元・中〉

おん-わ【温和┆穏和】ヲン〔名・形動〕❶(温和)気候が暖かで、厳しい変化のないこと。また、そのさま。「一な土地」❷性質などが、落ち着いていて、優しく穏やかなこと。また、そのさま。「一な人柄」❸物事が、かど立たず人に受け入れられやすいこと。また、そのさま。「一な表現に改める」類語温厚・穏健・柔和・温良・温かい・優しい・穏やか・平穏・平らか

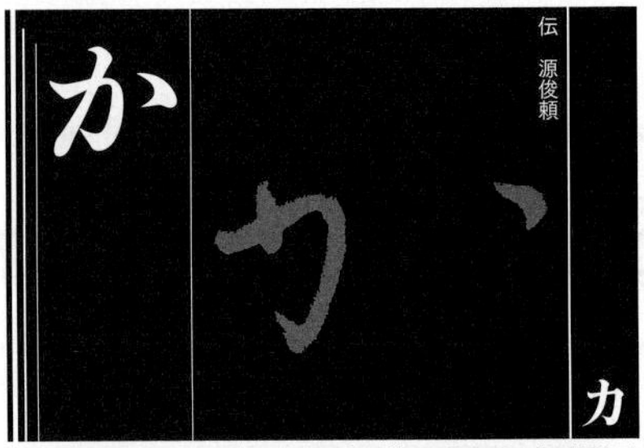

か ❶五十音図カ行の第1音。軟口蓋の無声破裂子音[k]と母音[a]とから成る音節。[ka] ❷平仮名「か」は「加」の草体。片仮名「カ」は「加」の偏。〔補説〕歴史的仮名遣いの合拗音「くゎ」は現代仮名遣いでは「か」と書く。「くゎじ(火事)」は「かじ」、「くゎがく(科学)」は「かがく」など。

か【化】クヮ ㊀〔名〕影響を他に及ぼすこと。「恵を施し、道を正しくせば、その―遠く流れん事を知らざるなり」〈徒然・一七一〉 ㊁〔接尾〕主として漢語に付いて、そのような物や事、状態に変える、または変わるという意を表す。「映画―」「合理―」「近代―」➡漢「か(化)」〔類語〕様・的・風

か【戈】クヮ 古代中国で使われた武器。ほこ。➡漢「か(戈)」

か【火】クヮ ❶火曜日。❷五行の第二位。方位では南、季節では夏、五星では火星、十干では丙・丁に配する。➡漢「か(火)」

か【可】❶良い悪いの二段階評価で合格を示す。「栄養―」❷《「可能」の略》よいとして許すこと。「分売も―」❸成績などの段階を示す語。優、良の次。学校の成績評価では、及第を認められるものの最下位。➡漢「か(可)」

可もなく不可もなし 《「後漢書」光武紀から》特によくもなく、また、悪くもない。普通である。

か【価】❶化学で、元素・基の原子価、イオンの電荷の価数や、アルコールに含まれる水酸基の数を表す。「二―の基」「多―アルコール」❷数学で、変数の各値についての関数の値の数を表す。「一―関数」➡漢「か(価)」

か【佳】〔名・形動〕よいこと。すぐれていること。美しいこと。また、そのさま。「味すこぶる―なり」「夕方の景色もまた―である」➡漢「か(佳)」

か【果】クヮ ㊀〔名〕❶《梵 phalaの訳》仏語。㋐原因から生じた結果。⇔因。㋑過去の行為から生じた結果。報い。⇔因。㋒仏道修行によって得た悟りの境地。❷木の実。くだもの。㊁〔接尾〕助数詞。くだものを数えるのに用いる。「柿一―」➡漢「か(果)」

か【科】クヮ ❶物事を区分した、その一つ。学問・教育の場で系統別に分類したもの。「英文―の学生」❷生物分類学上の基本階級の一。目の下位で、いくつかの属の集合からなるが、1属で1科を形成する場合もある。➡漢「か(科)」

科に盈ちて後進む 《「孟子」離婁下から。「科」はくぼんだ所の意》水が流れるとき、くぼんだ所があると、まずそこにたまってから先へ流れていく。学問も、一歩一歩順を追って進むべきことをいう。

か【香】❶かおり。におい。現代では、良いにおいをさすことが多い。「磯の―」「湯の―漂う温泉街」❷美しい色つや。光沢。「榊葉の―をかうばしみ」〈宇津保・嵯峨院〉〔類語〕香り・芳香・香気

か【夏】㊀殷以前にあった中国最古の王朝。始祖は禹。紀元前15世紀ごろの桀王が暴政を行ったため、殷の湯王に滅ぼされたという。㊁五胡十六国の一。大夏のこと。㊂中国宋の時代に北西部のタングート族が建てた国。西夏。➡漢「か(夏)」

か【華】クヮ 華やかなこと。はでなこと。➡漢「か(華)」

華を去り実に就く 見かけをはでに飾ることをやめて、質実な態度をとる。

か【蚊】双翅目カ科の昆虫の総称。体や脚は細く、翅も細くて2枚あり、吻が発達し針状。飛ぶときは毎秒2000回以上も翅を動かすため、羽音の周波数は高い。雌は人畜を刺し血を吸う。水面に産みつけた卵からかえった幼虫は水中にすみ、ぼうふらとよばれる。さなぎは勾玉形をしていて、鬼ぼうふらとよばれる。主に夏に成虫になる。イエカ・ハマダラカ・ヤブカなど種類が多く、アカイエカは日本脳炎を、ハマダラカはマラリアを媒介する。〔季 夏〕「叩かれて昼の―を吐く木魚かな/漱石」

蚊の食う程にも思わぬ 少しも苦痛を感じない。少しも困ったりしない。

蚊の脛 蚊の足のように、細く、やせたすね。

蚊の鳴くような声 蚊の羽音のように、かすかで弱々しい声。「きまり悪そうに―で話す」

蚊の涙 わずかな分量のたとえ。雀の涙。

か【鹿】シカの古名。「妻恋に―鳴く山辺の秋萩は露霜寒み盛り過ぎ行く」〈万・一六〇〇〉

か【禍】クヮ 災い。ふしあわせ。「―を転じて福となす」⇔福。➡漢「か(禍)」

か【窠】クヮ 瓜を輪切りにした形に似た文様または紋所。一説に、蜂の巣の形ともいう。窠の紋。木瓜。

か【寡】クヮ ❶人数または勢力の少ないこと。「―は遂に衆の敵ではなかった」〈芥川・老いたる素戔嗚尊〉⇔衆。❷配偶者のない人。やもめ。「―を守る」➡漢「か(寡)」

寡は衆に敵せず 《「孟子」梁恵王上から》「衆寡敵せず」に同じ。

か【歌】漢詩の一体。もとは歌謡形式の楽府で、のちには「長恨歌」のように、古詩でも作られた。➡漢「か(歌)」

か【銙】クヮ 古代の革帯・石帯の表面に配列されている飾り金具。金属または玉石製。

か【課】クヮ ❶事務機構の小区分。多く局・部の下にあり、係の上にある。「人事異動で―が変わる」「資材―」❷教科書などの内容のひと区切り。単元より小さい単位。「前の―を復習する」「第一―」➡漢「か(課)」〔類語〕省・庁・局・部・係・署・セクション

か【彼】〔代〕❶(多く「の」「は」を伴って用いる)遠称の指示代名詞。あれ。かれ。「兎追いし―の山」〈文部省唱歌・故郷〉「―の児ろと寝ずやなりなむはだすすき浦野の山に月片寄るも」〈万・三五六五〉❷「何」と対になって、並列される事物を漠然とさす。「なんとか―とか不平を並べたてる」「何や―やとうるさい」

か〔副〕(主に「かく」と対比した形で用いられ)あのように。「上つ瀬に生ふる玉藻は下つ瀬に流れ触らばふ玉藻なす―寄りかく寄り」〈万・一九四〉

か ㊀〔副助〕種々の語に付く。❶(疑問語に付いて、または「…とか」の形で)不確かな意を表す。「どこ―で会った」「彼も来ると―言っていた」❷疑いの気持ちで推定する意を表す。「心なし―顔色がさえないようだ」「気のせい―彼女のひとみがぬれているように思われる」❸(「かもしれない」「かもわからない」の形で、または「かも」の形で終助詞のように用いて)不確かな断定を表す。「急げば間に合う―もしれない」「やってはみるが、だめ―もわからないからね」㊁〔終助〕文末にある種々の語に付く。❶質問や疑問の意を表す。「君も行きます―」❷反語の意を表す。「いいかげんな意見にどうして賛成できよう―」❸難詰・反駁の意を表す。「そんなこと知るもの―」❹勧誘・依頼の意を表す。「そろそろ行こう―」「手伝っていただけません―」❺(多く「…ないか」の形で)命令の意を表す。「はやく歩かない―」「よさない―」❻驚きや感動の気持ちを表す。古語では、多く「も…か」の形をとる。「だれかと思ったら、君だったの―」「なかなかやるじゃない―」「浅緑糸よりかけて白露を珠にもぬける春の柳―」〈古今・春上〉❼引用した句の意味やある事実を確かめ、自分自身に言い聞かせる意を表す。「急がば回れ―」「そろそろ寝るとする―」㊂〔並助〕❶(「…か…か」または「…か…」の形で)いくつかの事物を列挙し、その一つ、または一部を選ぶ意を表す。「午後からは雨―雪になるでしょう」「都へのぼって、北野―、祇園―へ参ったとみえて」〈虎明狂・目近籠骨〉❷(「…かどうか」「…か否か」の形で)疑いの意を表す。「公約が実現される―どう―」「資格がある―否―が問題だ」❸(「…か…ないかのうちに」の形で)ある動作と同時に、または、引き続いて、別の動作の行われる意を表す。「横になる―ならない―のうちに、もういびきをかいている」❹(「…か何か」「…かどこか」「…か誰か」の形で)最初の「か」の上にある語と類似・同類のものである意を表す。「ライター―何―火をつける物を貸して下さい」「喫茶店―どこ―で話をしませんか」㊃〔係助〕体言・活用語の連体形・連用形、副詞、助詞などに付く。上代では活用語の已然形にも付く。❶文中にあって係りとなり、文末の活用語を連体形で結ぶ。㋐疑問を表す。「かかる道はいかで―いまする」〈伊勢・九〉㋑反語を表す。「桃李もの言はねば、たれとともに―昔を語らむ」〈徒然・二五〉❷文末用法。㋐疑問を表す。「石見のや高角山の木の間よりわが振る袖を妹見つらむ―」〈万・一三二〉㋑反語を表す。「心なき鳥にそありけるほととぎす物思ふ時に鳴くべきもの―」〈万・三七八四〉㋒(「(も)…ぬか」「(も)…ぬかも」の形で)願望の意を表す。…てくれないものかなあ。「わが命も常にあらぬ―昔見し象の小川を行きて見むため」〈万・三三二〉〔補説〕㊃の「か」は、係助詞「や」と違って疑問語を含む文にも用いられる。中世後半になり、係り結びが行われなくなるとともに両者とも本来の性質を失い用いられなくなり、「か」は副助詞、さらに江戸時代以降は並立助詞としての用法も一般化する。また、「か」は「や」の衰退に伴ってその文末用法を拡大し、現代の終助詞としての用法に引き継がれている。

か〔接頭〕主として形容詞に付いて、意味を強め、語調を整える。「―弱い」「―細い」「―黒い」

か【過】クヮ〔接頭〕化学で、標準となるものの原子価で表されているよりも、多い割合で元素が結合していることを示す。「―酸化物」「―塩素酸」「―マンガン酸カリウム」➡漢「か(過)」

か〔接尾〕状態・性質を表す語または語素に付いて、そのような状態・性質であることを表す。多く、さらにその下に「に」または「だ(なり)」を伴って、副詞または形容動詞として用いられる。「さだ―」「しず―」「のど―」「いささ―」

か【下】〔接尾〕名詞に付いて、そういう状態のもとにある、その中でのことである意を表す。「戦時―」「意識―」➡漢「か(下)」

か【日】〔接尾〕助数詞。数を表す和語に付いて、日数を数えるのに用いる。「十一―」「三―三晩」「二月七―に雪が降った」「いま幾―ありて若菜摘みてむ」〈古今・春上〉

か【家】〔接尾〕名詞に付く。❶そのことに従事している人であることを表す。「咄―」「革命―」「芸術―」❷そうした性向の強い人、また、そういう状態にいる人であることを表す。「愛妻―」「情熱―」「努力―」「好事―」「財産―」➡漢「か(家)」

か【荷】〔接尾〕助数詞。数を表す漢語に付いて、一人が肩に担える物の量を単位として数えるのに用いる。「稲三―」➡漢「か(荷)」

か【箇/個/个】〔接尾〕助数詞。数を表す漢語に付いてものを数えるのに用いる。「三―月」「五―条」「数―所」〔補説〕「箇」の略体「个」を「ケ」と略したところから、「三ヶ月」のようにも書く。この「ケ」は、「介」から出たかたかなの「ケ」と同形になっているが、起源は異なる。➡漢「か(箇)」

か【処】〔語素〕《「が」とも》名詞または動詞の連用形に付いて、場所の意を表す。「奥―」「山―」「すみ―」「隠れ―」

が 「か」の濁音。軟口蓋の有声破裂子音[g]と母音[a]とから成る音節。[ga] ただし、現代共通語においては、一般に語頭以外では鼻音の頭音をもつ[ŋa]となる(これを鼻濁音の「が」ともいう)。〔補説〕歴史的仮名遣いの合拗音「ぐゎ」は現代仮名遣いでは「が」と書く。「ぐゎか(画家)」は「がか」、「ぐゎいこく(外国)」は「がいこく」など。

が【我】❶われ。自分。自我。「―の意識」❷自分の意志や考えを言い張って、人の言葉に従わないこと。

【▽和】▶わ

下 [学]1 [音]カ[漢] ゲ[呉] [訓]した、しも、もと、さげる、さがる、くだる、くだす、くださる、おろす、おりる ‖ [一]〈カ〉①空間的位置関係の低い方。「下部・下方/階下・眼下・地下・直下・天下・皮下」②時間・順序が後の方。「下記・下元・下弦/以下」③階級・身分・程度が低い方。「下院・下情・下層・下等・下僚」④空間的・時間的範囲を限定する語。「県下・言下・時下・城下・目下・占領下」⑤支配・影響を受ける側。「管下・麾下(きか)・傘下・配下・部下・門下」⑥貴人の尊称に添える語。「閣下・貴下・殿下・陛下」⑦脇付(わきづけ)に用いる語。「机下・虎皮下(こひか)」⑧上から下へ、高い方から低い方へ移動する。「下降/却下・降下・沈下・低下・投下・落下」⑨中央から地方へ、中心から周辺へ移る。「西下(さいか)・南下」⑩上位者から下位者へ渡し与える。「下賜・下付・下命」[二]〈ゲ〉①[一]の①に同じ。「下界・下段/上下」②[一]の②に同じ。「下巻・下刻・下旬」③[一]の③に同じ。「下品・下郎・下剋上(げこくじょう)・下世話/凡下」④[一]の⑧に同じ。「下山・下車・下馬・下落・下痢」⑤[一]の⑨に同じ。「下向・下野」⑥[一]の⑩に同じ。「下知/宣下」⑦へりくだる。「卑下」[三]〈した〉「下着・下手・下見・下役/靴下・手下・年下・軒下・幕下・目下・床下」[四]〈しも〉「下座・下下(しもじも)・下手/風下・上下(かみしも)・川下」[五]〈もと〉「足下・膝下(ひざもと)」[難読]下火(あこ)・下炬(あこ)・下司(げす)・下種(げす)・下衆(げす)・白帯下(こしけ)・下枝(しずえ)・下総(しもうさ)・下野(しもつけ)・下手(へた)

化 [学]3 [音]カ(クヮ)[漢] ケ[呉] [訓]ばける、ばかす ‖ [一]〈カ〉①前と違った姿・状態になる。「化合・化石/悪化・羽化・開化・気化・激化・硬化・消化・進化・退化・同化・孵化(ふか)・風化・分化・変化・緑化・老化」②教育で人をよい方に変える。「感化・教化・徳化」③自然が万物を育てる働き。「化育/造化」④「化学」の略。「化繊/理化」[二]〈ケ〉①[一]の①に同じ。「化粧・化身」②[一]の②に同じ。「教化・能化」③怪しい姿に変わる。ばける。「化生(けしょう)/権化(ごんげ)・変化(へんげ)」[名付]のり [難読]時化(しけ)

×**戈** [音]カ(クヮ)[呉][漢] [訓]ほこ ‖ ①横に撃って敵を引っかける武器。ほこ。「銅戈」②武器。戦争。「干戈・兵戈」[名付]かた・とも・もち [難読]戈壁(ゴビ)

火 [学]1 [音]カ(クヮ)[呉][漢] コ[唐] [訓]ひ、ほ ‖ [一]〈カ〉①ひ。ほのお。「火炎・火事・火勢・火力/引火・炬火(きょか・こか)・情火・聖火・耐火・点火・灯火・発火・噴火・猛火・烈火」②火事。「火災・火難/怪火・近火・戦火・大火・鎮火・防火・類火」③火力を使う。「火食・火田」④火力を使う道具。鉄砲。「火器・火薬/鉄火」⑤物事の差し迫ること。「火急」[二]〈ひ(び)〉「火種・火柱・火花・火元/熾火(おきび)・鬼火・篝火(かがりび)・口火・下火・炭火・野火・花火」[三]〈ほ〉「火影・火屋」[難読]下火(あこ)・火燵(こたつ)・不知火(しらぬい)・烽火(のろし)・火熨斗(ひのし)・火傷(やけど)

加 [学]4 [音]カ[漢] [訓]くわえる、くわわる ‖ ①その上にのせる。足す。「加算・加増/増加・追加・添加・倍加・付加」②行為を及ぼす。「加害・加護・加工・加療/冥加(みょうが)」③仲間にくわわる。「加入・加盟/参加」④足し算。「加法」⑤加賀(かが)国。「加州」⑥カナダ。「日加」⑦カリフォルニア。「加州」[名付]ます・また [難読]五加(うこぎ)・加答児(カタル)・加奈陀(カナダ)・加農砲(カノンほう)・加之(しかのみならず)

可 [学]5 [音]カ[呉][漢] [訓]よい、べし ‖ ①よい。よろしい。成績評価では良の次のランク。「可否/不可・優良可」②よろしいと認める。「可決/許可・裁可・認可」③できる。なし得る。「可視・可能・可燃性/不可解・不可欠・不可思議・不可侵・不可分」④…するがよい。それに値する。「可憐(かれん)・可及的」[名付]あり・とき・よく・よし・より [難読]可惜(あたら)・可笑(おか)しい・可愛(かわい)い・可哀相(かわいそう)・生半可(なまはんか)・成可(なるべ)く・可漆(べくるし)・可杯(べくさかずき)

人**禾** [音]カ(クヮ)[漢] [訓]いね、のぎ ‖ 穀物の総称。特に、イネ・アワ。「禾穀・禾穂」[名付]ひで・ひいず

仮〔假〕 [学]5 [音]カ[漢] ケ[呉] [訓]かり ‖ [一]〈カ〉①本物・本式ではなく一時的な間に合わせ。一時的な見せかけ。「仮称・仮性・仮説・仮題・仮定・仮名・仮面」②一時的に。「仮寓(かぐう)・仮設・仮想・仮泊・仮眠」③かりる。「仮借(かしゃ)・仮託」④ゆるす。「仮借(かしゃく)/寛仮(かんか)」[二]〈ケ〉[一]の①に同じ。「仮病/虚仮(こけ)」[三]〈かり〉「仮初(かりそめ)・仮寝・仮処分」[難読]仮字(かな)・仮令(たとい・たとえ)

人**瓜** [音]カ(クヮ)[漢] [訓]うり ‖ [一]〈カ〉①植物の名。ウリの総称。「瓜田/甜瓜(てんか)」②(「瓜」の文字分析から)女の十六歳。または、男の六十四歳。「破瓜」[二]〈うり〉「烏瓜(からすうり)・白瓜・苦瓜・真桑瓜(まくわうり)」[難読]野木瓜(あけび・むべ)・南瓜(カボチャ)・胡瓜(きゅうり)・黄瓜(きゅうり)・西瓜(すいか)・冬瓜(とうがん)・糸瓜(へちま)・木瓜(ぼけ)・甜瓜(まくわうり)

何 [学]2 [音]カ[漢] [訓]なに、なん、いずれ、なんぞ ‖ [一]〈カ〉物事を問いただす疑問詞。「幾何・誰何(すいか)・無何有(むかう)」[二]〈なに〉「何事・何分・何者・何故」[三]〈なん〉「何回・何時(なんじ・なんどき)・何人(なんにん・なんびと)」[名付]いず [難読]如何(いかが・いかん・どう)・奈何(いかん)・幾何(いくばく)・何処(いずこ)・何処(どこ)・何時(いつ)・何所(どこ)・何方(どちら・どっち・どなた)・何故(なぜ)・何某(なにがし)・何卒(なにとぞ)・何為(なにをかなす)・何為者(なんするものぞ)

人**伽** [音]カ[漢] ガ[呉] キャ[慣] [訓]とぎ ‖ [一]〈カ・ガ〉梵語のカ・ガの音に当てた字。「伽藍(がらん)/閼伽(あか)・頻伽(びんが)・瑜伽(ゆが)」[二]〈とぎ〉話し相手になること。「お伽話・夜伽(よとぎ)」[難読]伽羅(きゃら)

花 [学]1 [音]カ(クヮ)[漢] ケ[呉] [訓]はな ‖ [一]〈カ〉①はな。「花壇・花瓶・花弁/開花・菊花・献花・国花・生花・造花・百花・落花・風媒花」②花のように美しい。美しいもの。「花押・花街・花顔/詞花・名花」[二]〈ケ〉はな。「供花(くげ)・香花(こうげ)・沈丁花(じんちょうげ)」[三]〈はな(ばな)〉「花形・花束・花火・花見・花道・花嫁・花輪/徒花(あだばな)・尾花・草花・総花・出花・初花・火花・雌花」[名付]はる [難読]紫陽花(あじさい)・八仙花(あじさい)・無花果(いちじく)・花魁(おいらん)・女郎花(おみなえし)・燕子花(かきつばた)・花梨(かりん)・花櫚(かりん)・花車(きゃしゃ)・山茶花(さざんか)・胡蝶花(しゃが)・石楠花(しゃくなげ)・茅花(つばな)・浪花(なにわ)・凌霄花(のうぜんかずら)・唐棣花(はねず)

価〔價〕 [学]5 [音]カ[漢] [訓]あたい ‖ ①物の値段。あたい。「価格・価額/安価・株価・原価・高価・市価・紙価・時価・代価・単価・地価・定価・特価・売価・物価・廉価」②ねうち。「価値/真価・声価・評価」③数値。「原子価」

佳 [音]カ[慣] [訓]よい ‖ ①姿形が整って美しい。「佳境・佳景・佳人・佳麗/絶佳」②すぐれている。りっぱな。「佳句・佳作・佳品」③時機がちょうどよい。めでたい。「佳日・佳辰(かしん)・佳節」[名付]よし

×**呵** [音]カ[呉][漢] ‖ ①しかる。どなる。とがめる。「呵責(かしゃく)」②大きな声で笑うさま。「呵呵大笑(かかたいしょう)」

果 [学]4 [音]カ(クヮ)[呉][漢] [訓]はたす、はてる、はて ‖ ①木の実。「果実・果樹・果汁・果糖・果肉/結果・堅果・青果・摘果・落果」②原因があって生じるもの。「果報/悪果・因果(いんが)・結果・効果・成果・戦果」③仏教の悟りの境地。「仏果」④思い切ってする。「果敢・果断」⑤予想どおり。はたして。「果然」[名付]あきら・はた・まさる [難読]無花果(いちじく)・果物(くだもの)・果敢(はか)ない

河 [学]5 [音]カ[漢] [訓]かわ ‖ [一]〈カ〉①かわ。「河岸・河口・河川・河畔/運河(うんが)・山河(さんが・さんか)・大河(たいが)・渡河(とか)・氷河(ひょうが)」②黄河のこと。「河清・河北/江河(こうが・ごうか)」③天の川。「河漢/銀河(ぎんが)・星河(せいが・せいか)」④河内(かわち)国。「河州/摂河泉」[二]〈かわ〉「河上・河岸・河口」[補説][二]は普通名詞では「川」を使うことが多い。[難読]河岸(かし)・河童(かっぱ)・河内(かわち)・河原(かわら)・河骨(こうほね)・河内(ハノイ)・河豚(ふぐ)

科 [学]2 [音]カ(クヮ)[呉][漢] [訓]しな、とが、しぐさ ‖ ①物事を系統的に分類すること。分類された部門の一つ一つ。「科学・科目/医科・学科・教科・外科・工科・専科・百科・分科・文科・予科・理科」②罪を区分した法律の条文。また、それで罪を決めること。とが。「科料/罪科・重科・前科・金科玉条・犯科帳」③中国で、官吏登用試験の科目。「科挙」④俳優の動作。しぐさ。「科白」[難読]科白(せりふ)・莫斯科(モスクワ)

架 [音]カ[漢] [訓]かける、かかる ‖ ①物を載せるため支柱の上にかけ渡した台。また、棚。「架蔵/画架・開架・銃架・書架・担架・十字架」②上にかけ渡す。「架橋・架空・架設・架線/高架」[名付]みつ [難読]稲架(はさ)

苛 [音]カ[呉][漢] [訓]さいなむ、いら ‖ ①きびしい。むごい。「苛酷・苛税・苛政・苛斂(かれん)」②いらいらさせる。ちくちくする。「苛性」

夏 [学]2 [音]カ[漢] ゲ[呉] [訓]なつ ‖ [一]〈カ〉①なつ。「夏季・夏期/初夏・銷夏(しょうか)・盛夏・晩夏・孟夏(もうか)・立夏・冷夏」②古代中国の王朝名。「夏暦」③中国の自称。「華夏」[二]〈ゲ〉なつ。「夏至・夏安居(げあんご)/解夏(げげ)・結夏・半夏」[三]〈なつ〉「夏草・夏場・夏山/常夏(とこなつ)・真夏」[難読]夏越(なごし)

家 [学]2 [音]カ[漢] ケ[呉] [訓]いえ、や、うち ‖ [一]〈カ〉①人の住む建物。「家屋・家宅/人家・農家・廃家・民家・隣家」②血縁集団の生活の場としての家。一家。一族。「家事・家政・家族・家庭・家風/旧家・国家・婚家・実家・主家・生家・檀家(だんか)・貧家・名家」③自分の家の。「家兄・家厳・家父」④その道を専門にする人。一事に秀でた人。「画家・作家・儒家・諸家・書家・大家・兵家・専門家」[二]〈ケ〉[一]の②に同じ。「公家(くげ)・後家(ごけ)・在家・出家・他家・当家・武家・分家・平家・本家・宮家(みやけ)」[三]〈いえ〉「家柄・家路・家元」[四]〈や〉「家賃・家主/借家(しゃくや)・平家(ひらや)」[名付]え・お・やか [難読]家鴨(あひる)

荷 [学]3 [音]カ[漢] [訓]に、になう ‖ [一]〈カ〉①植物の名。ハス。「荷葉」②にもつをかつぐ。になう。「荷重・荷担/負荷」③にもつ。「在荷・集荷・出荷・入荷」[二]〈に〉「荷車・荷台・荷主・荷札・荷物・荷役/重荷・倉荷・初荷・船荷」[名付]もち [難読]稲荷(いなり)・荷前(のさき)・薄荷(はっか)・歩荷(ぼっか)・茗荷(みょうが)

華 [音]カ(クヮ)[漢] ケ[慣] ゲ[呉] [訓]はな ‖ [一]〈カ〉①はな。「華道」②はでで、はなやかなこと。「華燭(かしょく)・華美・華麗/栄華(えいが)・豪華・繁華・浮華」③輝き。光。栄え。「月華・光華・国華」④すぐれて美しいもの。「詞華・精華」⑤白い粉末。「鉛華」⑥中国の自称。「華僑・華語・華字/中華・日華」⑦(「華」の文字分析から)六十一歳。還暦。「華甲」[二]〈ケ・ゲ〉はな。「香華・散華・法華(ほけ・ほっけ)・蓮華(れんげ)・優曇華(うどんげ)・万華鏡・曼陀羅華(まんだらげ)」[名付]は・はる [難読]華奢(きゃしゃ)・華盛頓(ワシントン)

菓 [音]カ(クヮ)[呉][漢] ‖ おかし。「菓子/製菓・粗菓・茶菓・乳菓・氷菓・名菓・冷菓」[補説]原義は、お茶うけなど食用とされる果実。

漢字項目 か-2

×**訛** 音カ(クヮ)慣　訓なまり ‖ ①本来の話や考えなどの内容がいつのまにか変わる。「訛伝」②正式の発音・文字からずれる。なまる。なまり。「訛音・訛言・訛字/転訛」[補説]「譌」は異体字。[難読]訛声(だみごえ)

貨 学4　音**カ**(クヮ)呉漢 ‖ ①お金。「貨幣/悪貨・外貨・金貨・硬貨・通貨・邦貨・法貨」②財産として値うちのある品物。「貨殖/財貨」③商品。品物。荷物。「貨客・貨車・貨物(かぶつ・かもつ)/奇貨・雑貨・滞貨・百貨」[名付]たか

渦 音**カ**(クヮ)慣　訓**うず** ‖ ㊀〈カ〉①うず。「渦動」②混乱した状態。「渦中/戦渦」㊁〈うず〉「渦潮」

過 学5　音**カ**(クヮ)呉漢　訓**すぎる、すごす、あやまつ、あやまち**、よぎる ‖ ①通りすぎる。「過客・過程・過渡/一過・経過・通過・濾過(ろか)」②時間がたつ。すぎ去る。「過去・過日・過般・過年度」③事態をそのままにしてすごす。「看過・黙過」④ある範囲や基準をこえる。「過激・過酷・過剰・過度・過半・過分・過不足/超過」⑤あやまつ。あやまち。「過誤・過失/罪過・大過」

嫁 音**カ**漢　訓**よめ、とつぐ** ‖ ㊀〈カ〉①女が他家にとつぐ。「降嫁・再嫁」②他になすりつける。「転嫁」㊁〈よめ〉「相嫁・兄嫁・花嫁」[難読]許嫁(いいなずけ)

暇 音**カ**漢　訓**ひま**、いとま ‖ ㊀〈カ〉仕事のない時間。仕事のあい間。「閑暇・休暇・賜暇・小暇・寸暇・請暇・余暇」㊁〈ひま〉「暇人(ひまじん)/手間暇(てまひま)」

×**瑕** 音カ漢　訓きず ‖ 玉のきず。欠点。「瑕瑾(かきん)・瑕疵(かし)/微瑕」

禍〔禍〕 音**カ**(クヮ)漢　訓わざわい、まが ‖ 思いがけない災難。「禍根・禍福/奇禍・災禍・惨禍・水禍・舌禍・戦禍・筆禍・輪禍」[難読]禍事(まがごと)・禍禍(まがまが)しい

靴 音**カ**(クヮ)呉漢　訓**くつ** ‖ ㊀〈カ〉くつ。「軍靴・製靴・半靴(はんか・ほうか)・隔靴掻痒(かっかそうよう)」㊁〈くつ(ぐつ)〉「靴音・靴下・靴墨/雨靴・革靴・木靴・短靴・長靴・半靴」

人**嘉** 音カ漢　訓よい、よみする ‖ ①すばらしい。りっぱな。「嘉肴(かこう)」②めでたい。「嘉節」③ほめる。「嘉賞・嘉納」[名付]ひろ・よし・よしみ・よみし

寡 音**カ**(クヮ)呉漢　訓すくない、やもめ ‖ ①少ない。「寡言・寡少・寡聞・寡黙・寡欲/衆寡・多寡」②(徳の少ない意から)古代中国で、王侯が謙遜していう自称。「寡君・寡人」③独り者。配偶者のない人。夫に死なれた女。「寡婦/鰥寡(かんか)」[難読]寡婦(やもめ)

歌 学2　音**カ**呉漢　訓**うた、うたう** ‖ ㊀〈カ〉①うた。「歌曲・歌劇・歌詞・歌謡/哀歌・演歌・凱歌(がいか)・軍歌・校歌・国歌・賛歌・聖歌・挽歌(ばんか)・牧歌・四面楚歌・流行歌」②うたう。「歌手・歌唱・歌舞/謳歌(おうか)・高歌・放歌」③和歌・短歌のこと。「歌人・歌壇・歌碑・歌風/狂歌・作歌・詩歌・選歌・長歌・連歌(れんが)」㊁〈うた〉「歌会・歌声/船歌・元歌・童歌(わらべうた)・子守歌」[難読]嬥歌(かがい)

×**窩** 音カ(クヮ)慣　ワ呉漢 ‖ あな。あなぐら。「腋窩(えきか・えきわ)・眼窩(がんか・がんわ)・蜂窩」[難読]窩主(けいず)買い

箇 音**カ**呉漢　コ唐 ‖ ㊀〈カ〉個別のものを数える語。「箇所・箇条/三箇日(さんがにち)」㊁〈コ〉①㊀に同じ。「一箇」②物や場所を指す語。これ。この。「箇中/好箇・真箇」[補説]古くは「竹」の半分をとって「个(か)」と書き、物を数える語に用い、後に形声文字の「箇(か)」に変えた。[名付]かず・とも

稼 音**カ**漢　訓**かせぐ** ‖ ①穀物を植える。「稼穡(かしょく)」②取り入れた穀物。「禾稼(かか)」③働く。かせぐ。「稼業・稼動・稼働/参稼報酬」[名付]たか・たね

課 学4　音**カ**(クヮ)呉漢 ‖ ①仕事・勉強・税などを義務として割り当てる。「課業・課税・課題・課徴金/公課・賦課」②割り当てられた仕事や勉強。「課外・課程・課目/学課・正課・日課・放課後」③官庁や会社の事務の一区分。「課長/庶務課」

人**霞** 音カ漢　訓かすみ、かすむ ‖ ①かすみ。もや。「雲霞・煙霞」②朝焼けや夕焼け。「晩霞」

×**顆** 音カ(クヮ)呉漢　訓つぶ ‖ 丸くて小さなもの。つぶ。「顆粒(かりゅう)/一顆」

×**譁** 音カ(クヮ)漢　訓かまびすしい ‖ やかましく騒ぎ立てる。「諠譁(けんか)」[補説]「嘩」は異体字。

漢字項目 が

【×伽】▶か

牙 音**ガ**漢　**ゲ**呉　訓**きば** ‖ ①きば。「歯牙・爪牙(そうが)・象牙(ぞうげ)・毒牙」②大将の旗。「牙城」[難読]葦牙(あしかび)・西班牙(スペイン)・猪牙(ちょき)・洪牙利(ハンガリー)・勃牙利(ブルガリア)・葡萄牙(ポルトガル)

瓦 音**ガ**(グヮ)漢　訓**かわら**、グラム ‖ ㊀〈ガ〉粘土を素焼きにしたもの。かわら。「瓦解・瓦礫(がれき)/釉瓦(ゆうが)・煉瓦(れんが)」㊁〈かわら(がわら)〉「瓦版/鬼瓦・屋根瓦」[難読]瓦斯(ガス)・瓦落(がら)

我 学6　音**ガ**呉漢　訓**われ、わ** ‖ ①自分。自己。「我田引水/個我・自我・彼我・忘我・没我」②自分本位。ひとりよがり。「我意・我見・我執・我利・我流」③インド哲学で、自我の本質。アートマン。「大我」[難読]怪我(けが)

画〔畫〕 学2　音**ガ**(グヮ)慣　**カク**(クヮク)漢　訓えがく ‖ ㊀〈ガ〉①絵。「画集・画風・画廊/絵画・戯画・書画・図画・動画・版画・壁画・漫画・山水画・水彩画」②絵をかく。「画家・画材・画餅(がべい)・画竜点睛/臨画」③映画。また、テレビやビデオの映像。「画質/映画・邦画・録画」④写真。「陰画・陽画」㊁〈カク〉①線を引いて境をつける。区切り。「画一・画定・画期的/区画」②境目がついたようにはっきりしている。「画然」③はかる。はかりごと。「画策/企画・計画・参画」④漢字を構成する一筆分の線や点。「画数/字画・点画・一点一画」[補説]㊁の①②は「劃(かく)」と通用する。

人**臥** 音ガ(グヮ)呉漢　訓ふす、ふせる ‖ 横になって寝る。「臥床・臥竜・臥薪嘗胆(がしんしょうたん)/安臥・横臥・起臥・仰臥・病臥・行住坐臥」[名付]お [難読]草臥(くたび)れる・臥所(ふしど)

芽 学4　音**ガ**漢　訓**め**、めぐむ ‖ ㊀〈ガ〉①草木のめ。「腋芽(えきが)・肉芽・胚芽・麦芽・発芽・葉芽」②物事がめばえる。きざす。「萌芽(ほうが)」㊁〈め〉「新芽・若芽」[名付]めい

人**俄** 音ガ呉漢　訓にわか ‖ ㊀〈ガ〉だしぬけ。急に。「俄然」㊁〈にわか〉「俄雨」[難読]俄羅斯(オロス)(ロシア)

人**峨** 音ガ呉漢 ‖ 山が高くけわしいさま。「峨峨・嵯峨(さが)」[補説]「峩」は異体字。

賀 学5　音**ガ**呉 ‖ ①喜びの言葉を述べて祝う。祝い。「賀宴・賀詞・賀正・賀状/慶賀・参賀・祝賀・年賀」②加賀(かが)国。「賀州」[名付]いわう・しげ・のり・ます・よし・より

×**蛾** 音ガ呉漢　訓ひむし ‖ 昆虫の名。ガの総称。「蛾眉(がび)/穀蛾・灯蛾・毒蛾・誘蛾灯」

雅 音**ガ**漢　訓みやび、みやびやか ‖ ①洗練されていて上品なこと。風流なこと。みやびやか。「雅趣・雅遊/温雅・閑雅・古雅・高雅・清雅・典雅・風雅・優雅」②正しい。「雅歌・雅楽・雅言・雅量/博雅」③平素からの。「雅意」④「詩経」に説く、六義(りくぎ)の一。「小雅・大雅」⑤他人に対して敬意を表す語。「雅兄」[名付]ただ・ただし・つね・なり・のり・ひとし・まさ・まさし・まさり・まさる・もと [難読]雅楽頭(うたのかみ)

餓 音**ガ**呉漢　訓うえる、かつえる ‖ 食物が乏しく、空腹のためひどく苦しむ。うえる。うえ。「餓鬼・餓死/飢餓・凍餓」

人**駕** 音ガ慣 ‖ ①乗り物。また、馬車などに乗る。「枉駕(おうが)・車駕・宝駕・鳳駕(ほうが)・来駕」②他より上に出る。「凌駕(りょうが)」[名付]のり [難読]駕籠(かご)

わがまま。「あくまでも―を張り通す」❸《梵 ātmanの訳》仏語。人間の個体そのもの。また、その個体の中心生命。➔漢「が(我)」[類語]意地・我意

我が強・い　強情である。意地っ張りである。

我を折・る　❶自分の考えを押し通すことをやめて、他人の意見に従う。譲歩する。❷驚きあきれる。閉口する。「是は我の折れた穿鑿(せんさく)」〈浮・曲三味線・四〉

我を出・す　隠していた、わがままな本性を現す。

我を立・てる　自分の思うことを強く主張して変えない。意地を張る。

我を通・す　自分の考えを変えないで押し通す。

我を張・る　自分の考えを押し通して譲らない。

が【画】(グヮ) 絵。絵画。➔漢「が(画)」[類語]絵・絵図・絵画・図画・図絵・素描・イラスト・イラストレーション・スケッチ・デッサン・カット・クロッキー

が【賀】❶喜び祝うこと。祝い。「米寿の―」❷勅撰(ちょくせん)和歌集の部立ての一。祝賀の歌をおさめる。➔漢「が(賀)」[類語]祝い・祝賀・よろこび

が【×蛾】鱗翅(りんし)目の昆虫のうち、チョウ類を除いたものの総称。主に、夜間活動し、胴が太く地味な色で、触角は糸状・羽毛状・くしの歯状などをし、静止するときにチョウのように翅(はね)を立てないものをいう。幼虫は毛虫や芋虫が多く、さなぎになるときに繭を作るものが多い。日本には約5000種が分布。カイコガ・ハマキガ・ドクガ・スズメガ・ヤガ・シャクガ・ヒトリガなど。(季 夏) ➔漢「が(蛾)」

が【雅】㊀〔名・形動〕みやびやかなこと。奥ゆかしいこと。また、そのさま。風流。「馬が尿(いばり)するのをさえ―な事と見立てて」〈漱石・草枕〉㊁〔名〕「詩経」の六義(りくぎ)の一。周王朝の儀式や宴席でうたわれた詩歌。大雅・小雅に分かれる。➔漢「が(雅)」

が【×駕】馬が引く車や駕籠(かご)。➔漢「が(駕)」

駕を枉(ま)・げる　《「蜀志」諸葛亮伝から》貴人がわざわざ来訪する。転じて、来訪するの意の尊敬語。

が〔接〕《接続助詞「が」から》前に述べた事柄と相反する内容を述べるのに用いる語。だが。けれども。「早朝だった。―、多くの人が集まっていた」
[類語]けれども・だが・ところが・しかし・けれど・それでも・でも・しかしながら・然(しか)るに

が　㊀〔格助〕名詞または名詞に準じる語に付く。❶動作・存在・状況の主体を表す。「山―ある」「水―きれいだ」「風―吹く」「兼行(かねゆき)―書ける扉」〈徒然・二五〉❷希望・好悪・能力などの対象を示す。「水―飲みたい」「紅茶―好きだ」「中国語―話せる」「さかづき―たべたいと申して参られてござる」〈虎明狂・老武者〉❸(下の名詞を修飾し)所有・所属・分量・同格・類似などの関係を示す。㋐所有。…の持つ。「われら―母校」「君―名もわ―名もたてじ難波なるみつとも言ふなあひきとも言はず」〈古今・恋三〉㋑所属。…のうちの。「上(かみ)(＝上級)―上はうちおきはべりぬ」〈源・帚木〉㋒分量。「この二三年―うちの事なるべし」〈今昔・二七・三七〉㋓同格。…という。「明日―日、眼(まなこ)をふさぐとも」〈浄・宵庚申〉㋔類似。…のような。「象潟(きさかた)や雨に西施(せいし)―ねぶの花/芭蕉」〈奥の細道〉❹(準体助詞的に用いて)下の名詞を表現せず、「…のもの」「…のこと」の意を表す。「この歌はある人のいはく、大伴のくろぬし―なり」〈古今・雑上・左注〉❺形容詞に「さ」の付いたものを下に伴って、それとともに感動を表す。…が…(であることよ)。「塵泥(ちりひぢ)の数にもあらぬ我ゆゑに思ひわぶらむ妹(いも)―かなしさ」〈万・三七二七〉❻連体句どうしを結んで、その上下の句が同格であることを表す。…(なもの)であって…(なもの)。「いとやむごとなき際(きは)にはあらぬ―、すぐれて時めきたま

ふありけり」〈源・桐壺〉 ❼（「からに」「ごとし」「まにまに」「むた」「やうなり」などの上に置かれ）その内容を示す。「吹く風の見えぬ―ごとく跡もなき世の人にして」〈万・三六二五〉 [補説]❷は、中古末期に生じた。対象語とよぶ説や連用修飾語とする説もある。❸は、現代語では、文語的表現や、「それがために」などの慣用的表現に使われる。なお、古語で、人名や人を表す体言に付く場合、「の」に比して、「が」は親しみを込めたり卑しんだりする意を表すといわれる。❺は、上代に限られ、連体格助詞から主格助詞への過渡的用法とみられる。❻は、連体格または体言相当句中の主格を示すものとみる説もある。㊁〔接助〕《㊀の❹の用法から発達して中古末期に確立した》活用語の終止形（古語では連体形）に付く。❶単に前の句をあとの句へつなぐ意を表す。「なかなかの美人だ―、話しじょうずだ」「すみません―、しばらくお待ちください」「御むすめのはらに女君二人男君一人おはせし―、この君たちみな大人び給ひて」〈大鏡・道隆〉 ❷相反する句をつなげる。けれども。「昼は暖かい―、夜はまだまだ寒い」「走りつづけた―、間に合わなかった」「昔より多くの白拍子ありしー、かかる舞はいまだ見ず」〈平家・一〉 ❸（推量の助動詞に付いて）それに拘束されない意を表す。「行こう―行くまい―、君の勝手だ」㊂〔終助〕❶言いさしの形で用いる。㋐ある事柄の実現することを願う意を表す。「この風がやめばいい―」㋑はっきり言うのをためらう意を表す。「こちらのほうがよろしいと思います―」「なるほどさう聞きや、おまへのがほんまにもっともらしい―」〈滑・浮世風呂・二〉 ㋒不審の意を表す。「おかしいな、八時に集合のはずだ―」❷（多く体言や体言の下にののしる意の接尾語「め」を伴ったものに付いて）ののしりの感情を強める。「このあほうめ―」「あいつめ―」「敵の回し者め―」〈伎・幼稚子敵討〉 ❸（助詞「も」に付き、多くは下に感動の助詞「な」「も」などを伴って）感動を込め、実現できそうもない願望を表す。…があったらなあ。…であってほしいなあ。「あしひきの山はなくも―月見れば同じき里を心隔てつ」〈万・四〇七六〉 ➡もが ➡もがな [補説]❶は接続助詞「が」でとめ、下を省略した形から生じた用法。❸は「てしか」（てしが）「にしか」（にしが）の「か」「が」と関係づける説もある。

が…だから （「が」と「だから」の前に同一の名詞を伴って）その事柄が内包している性質や内情が、最も大きな原因・理由になっていることを示す。「ものがものだから、大切に扱えよ」「場合が場合だから、しかたがない」

が…なら…も 《「なら」は断定の助動詞「だ」の仮定形》中心となる上の者がだめだとその下の者も同様にだめだという意を表す。悪口や非難に用いる。「親が親なら子も子だ」

カー〘car〙❶自動車。「マイ―」「―ラジオ」❷列車の車両。「ロマンス―」

カー〘Edward Hallett Carr〙[1892～1982]英国の政治学者・歴史学者。外交官の経験から、国際政治を研究、また、ロシア史に関する多くの著作を残す。著「ドストエフスキー」「危機の二十年」「歴史とは何か」「ソビエト連邦の歴史」など。

カー〘John Dickson Carr〙[1906～1977]米国の推理小説家。カーター＝ディクスン（Carter Dickson）などのペンネームも使い分け、怪奇趣味・不可能犯罪を特徴とした多くの推理小説を書いた。作「火刑法廷」「三つの棺」「皇帝のかぎ煙草入れ」など。

カー-エレクトロニクス《和 car＋electronics》自動車の各機構部分の操作にエレクトロニクスを応用する技術。エンジン・変速機・サスペンション・ステアリング・ブレーキ・空調など、広範囲にわたる。

カー-オーディオ《和 car＋audio》自動車の中で聴くためのオーディオシステムの総称。

かあ-かあ ㊀〔副〕カラスの鳴き声を表す語。㊁〔名〕カラスをいう幼児語。

カーカス〘carcass｜carcase〙《胴体・骨組みの意》自動車用タイヤの胴体部。合成ゴムの中にナイロン・ポリエステル・スチールなどの丈夫な織布を混ぜ込んで作られる。

カーキ-いろ【カーキ色】《カーキはkhaki（土ぼこりの意で、もとウルドゥー語）から》黄色に茶色の混じったくすんだ色。軍服などに用いられる。枯れ草色。

カークウォール〘Kirkwall〙英国スコットランド北岸、オークニー諸島、メーンランド島の港町。11世紀のノルマン人居住地に起源する。天然の良港を擁し、漁業とウイスキー製造が盛ん。12世紀建造のセントマグヌス大聖堂、司教宮殿と伯爵宮殿、16世紀から18世紀にかけての家並みが残っている。

カークゲート-マーケット〘Kirkgate Market〙英国イングランド北部、ウエストヨークシャー州の都市リーズにある中央市場。エドワード朝時代に建てられたドーム屋根をもつ建物で、生鮮食品や生活用品などの店が屋内外に約600店舗ある。

カーグ-とう【カーグ島】《Kharg》イランのペルシア湾北東部にある島。原油輸出の大半を扱う積み出し港。ハールク島。

カー-ゲー-ベー〘KGB〙《ロシア Komitet Gosudarstvennoy Bezopasnosti》ソ連の国家保安委員会。1954年、内務省から分離し、反体制派の取り締まりをはじめ、国境警備、海外での情報収集などを行った。91年に解体され、ロシア連邦の保安省に引き継がれたが93年廃止。新たに防諜局が設けられた。ケー-ジー-ビー。

カーゴ〘cargo〙船・飛行機・列車などの積み荷。

ガーゴイル〘gargoyle〙ゴシック式建築の屋根などに配される、怪物の形をした石像。本来は雨水の吐水口としての機能をもつ。

カーゴ-パンツ〘cargo pants〙両ももの部分に大きめのポケットをつけた、厚手の木綿製ズボン。もともとは、カーゴ（貨物船）の乗組員が作業着として着ていたもの。

カーサ〘スペイン casa〙家。住宅。

かあ-さま【母様】《「かかさま」の音変化》母を敬い親しんで呼ぶ語。㊥父様。

カーサ-ロッカ-ピッコロ〘Casa Rocca Piccola〙地中海中央部の島国、マルタ共和国の首都バレッタにある邸宅。16世紀に貴族の館として建造。当時の貴族の生活を伝える食堂、寝室、礼拝堂、第二次大戦中に使われた防空壕などが一般公開されている。

かあ-さん【母さん】《「かかさん」の音変化》母を親しみを込めて呼ぶ語。「かあさま」よりくだけた言い方。㊥父さん。➡御母さん

カージー〘kersey〙紡毛織物の一種。紡毛糸を用いて綾織りし、その後縮絨をほどこして起毛し、さらに逆毛仕上げをした丈夫な毛織物のこと。英国サフォーク州の町カージーで作られ始めたことからの名。

カー-シェアリング〘car sharing〙自動車を複数の個人会員や会社で共有し、互いに利用する仕組み。欧米で普及。平成14年（2002）日本でも事業化が始まる。維持費やメンテナンスの手間などが省け、短時間・短距離の利用ならレンタカーより割安という。

ガージ-カーシム-パシャ-モスク《Gázi Kászim pasa dzsámija》ハンガリー南西部の都市ペーチにある旧イスラム寺院。13世紀以来、教会が建っていたが、16世紀半ばにオスマン帝国に占領され、イスラム寺院に改築。17世紀末にキリスト教徒の手に戻り、部分的に改修された。現在は教会として利用されるが、随所にイスラム文化の名残が見られる。

カージフ〘Cardiff〙➤カーディフ

カージフ-じょう【カージフ城】《Cardiff Castle》➤カーディフ城

カージャール-ちょう【カージャール朝】《Qājār》18世紀末から20世紀初めにかけて、イランを支配したイスラム王朝。1779年、アガー＝ムハンマドがゼンド王朝を倒して創始。首都はテヘラン。ロシア・イギリスの侵略に弱体化して、1925年に断絶。

ガーシュイン〘George Gershwin〙[1898～1937]米国の作曲家。ジャズの感覚と技法をクラシック音楽に取り入れた。作品に「ラプソディー-イン-ブルー」「パリのアメリカ人」、オペラ「ポーギーとベス」など。

カー-ステレオ《和 car＋stereo》自動車の中で聴くためのステレオ装置。

カースト〘caste〙《ポルトガル casta（血統）に由来》インド社会で歴史的に形成された身分制度。インドに侵入したアーリア人が定住する過程で形成されたバルナ（四種姓）を起源とするが、社会の複雑化や階級の細分化につれて種々の副次的な階層が派生し、その数は2000種にも達するといわれる。各階層ごとに職業・交際・通婚・慣習などについて厳格な規制がある。1950年の憲法はカーストに基づく差別を否定したが、なお存続。インドではジャーティ（生まれの意）という。➡バルナ

カースル-クーム〘Castle Combe〙➤カッスルクーム

ガーゼ〘ドイツ Gaze〙織り目の粗い平織りの、柔らかい綿布。医療用や肌着・ハンカチーフなどに用いる。パレスチナの港町ガザ産の織物が用いられたところからの名という。

カーソル〘cursor〙❶計算尺・測量器などで、前後または左右に滑らせて目盛りを読み取る透明な小板。滑子。遊標。❷コンピューターのディスプレー上で、次の入力の位置を示す印。

カーソル-キー〘cursor key〙コンピューターのキーボードで、→、←、↓、↑マークが記されたキー。主にカーソルを移動させる場合に使用する。

カーソン〘Rachel Louise Carson〙[1907～1964]米国の女性海洋生物学者・作家。農薬などの化学薬品による環境汚染を指摘した「沈黙の春」は、世界に大きな衝撃を与えた。他に海洋生物の生態を描いた「われらをとりまく海」など。

カーゾン-せん【カーゾン線】第一次大戦後の1919年、連合国最高会議が定めたポーランド・ソ連間の国境線。ポーランドは実力を行使してさらに東方に国境線を設定したが、第二次大戦後は、ほぼこの線に戻して国境線が定まった。提案者の英外相カーゾン（Curzon）にちなむ名。

カーター〘James Earl Carter〙[1924～]米国の政治家。第39代大統領。在任1977～81。民主党㊀。「人権外交」により中東和平などを推進。大統領退任後も外交に手腕を発揮し、2002年、ノーベル平和賞受賞。ジミー＝カーター。➡レーガン

ガーター〘garter〙靴下留め。特に、女性用のストッキングが落ちないように留めるもの。太ももに付けるガーターリングと、腰に付けるガーターベルトがある。

ガーター〘gutter〙➤ガター

ガーター-あみ【ガーター編み】棒針編みの基礎編みの一。平編みの場合、表・裏側とも毎段表編みをする方法。また、その編み地。

ガーター-くんしょう【ガーター勲章】《the Garter》英国の最高勲章。ナイトの位を授けられた者が佩用する。1340年代にエドワード3世によって制定されたといわれ、左ひざの下につけるのが習わし。

ガーター-スネーク〘garter snake〙北アメリカでは最も普通に見られるヘビ。カナダからメキシコまでの全域に分布する。11種ほどがあり、全長60センチ前後。胎生で、一度に数十匹の子を産む。

ガーター-ベルト〘garter belt〙ガーター（女性用の靴下留め）の一。ベルト状の布から4本のリボンを下げた形で、先端のクリップでストッキングを留める。腰回りに付けて用いる。

ガーター-リング〘garter ring〙ガーター（女性用の靴下留め）の一。太ももに装着してストッキングが落ちるのを防ぐ、伸縮性のあるリング状のバンド。

カー-ダンパー〘car dumper〙ばら積み貨物を敏速に降ろすため、貨車の荷台を転倒させる装置。

カー-チェイス〘car chase〙自動車と自動車の、壮烈な追跡。「―が見ものの映画」

カーチフ〘kerchief〙女性が装飾のため、または頭を覆うのに用いる、主に模様のプリントされた四角い布の総称。ハンカチーフ・ネッカチーフ・スカーフなど。

かあ-ちゃん【母ちゃん】❶幼児などが母親を呼ぶ語。❷仲間うちで自分または他人の妻をいう語。

か-あつ【加圧】〔名〕スル 圧力を加えること。㊥減圧。

カー-ツェット〖KZ〗《ドイツ Konzentrationslager》強制収容所。特に、ナチスドイツのものをいう。

かあつすいがた-げんしろ【加圧水型原子炉】原子炉内を高圧にし、一次冷却水が沸騰しないまま熱を二次冷却水に伝え、蒸気を発生させる方式の軽水炉。加圧水型炉。PWR(Pressurized Water Reactor)。

かあつすいがた-ろ【加圧水型炉】►加圧水型原子炉

カーデ「カーディガン」の略。

ガーディアン〖The Guardian〗英国の代表的な日刊高級紙の一。1821年に週刊の「マンチェスター-ガーディアン」として創刊。55年に日刊となり、59年現紙名に改題。64年に本社をマンチェスターからロンドンに移転。自由主義・進歩主義的な論調を特色とする。発行部数は約26万部(2011年6月)。

ガーディアン-エンジェルス〖Guardian Angels〗地域を見回り、防犯活動や環境美化などを行う民間団体。1979年ニューヨークで活動が始まり、米国の各都市に広まった。日本では平成8年(1996)の東京支部設立以降、全国に支部が作られている。赤いベレー帽がトレードマーク。GA。(補説)guardian angelは、キリスト教で個人を守るとされる守護天使のこと。

カーディー〖アラビア qāḍī〗イスラム教国における裁判官。特に、シャリーア裁判所の裁判官をさす。

カーディガン〖cardigan〗毛糸類で編んだ、前あきのジャケット。(季 冬)(補説)考案者、英国のカーディガン伯爵の名にちなむ。(類語)セーター・ブレザー・ジャケット・ブラウス・ジャンパー・ブルゾン・ガウン

カーティス〖Tony Curtis〗[1925〜2010]米国の俳優。主に1950年代から60年代にかけ、ハリウッドのスターとして活躍。代表作は「手錠のままの脱獄」「お熱いのがお好き」「スパルタカス」など。カーチス。

カーディナル〖cardinal〗❶主要なこと。基本のもの。「一数」❷ローマ-カトリック教会の枢機卿。❸深紅色。❹北アメリカに分布するフィンチの一種。全長約20センチ。冠羽があり、雄は全体に深紅色でのどが黒い。猩々紅冠鳥。

カーディナル-すう【カーディナル数】►基数

カーディフ〖Cardiff〗英国ウェールズの都市。ウェールズの南部、ブリストル海峡に注ぐタフ川の河口に位置する港湾都市。産業革命期に石炭の輸出港として急速に発展。20世紀末より臨海地区の再開発が進む一方、カーディフ城やスランダフ大聖堂などの歴史的建造物も数多く残っている。カージフ。

カーディフ-じょう【カーディフ城】《Cardiff Castle》英国ウェールズの都市カーディフにある城。1世紀に造られた古代ローマ人の砦に起源し、ノルマン征服後に再び要塞が築かれた。19世紀に石炭の輸出で富を得た第3代ビュート侯が現在の建物を建造。建築家ウィリアム=バージェスの設計による。ネオゴシック様式の外観で、アラブ風やイタリア風などさまざまな意匠をこらした部屋がある。カージフ城。

ガーデナー〖gardener〗庭園の造作・維持・管理などに関わる職業に携わる人をいう。植物学的知識を併せもち、英国では社会的地位が高い職業とみなされている。造園家。ガードナー。

ガーデニア〖gardenia〗くちなし。また、その花。

ガーデニング〖gardening〗趣味としての園芸、庭仕事。

カーテル-せん【カーテル船】《cartelは捕虜交換協定書の意》戦時に捕虜の交換、敵との公の通信の輸送、軍使の派遣など、交戦国間の交通に用いられる船舶。

カーテン〖curtain〗❶窓を覆ったり、室内・屋内の空間を仕切ったりするためにつるす布。窓掛け。❷舞台の幕。❸お互いの交流・交通を遮る物。「鉄の一」(類語)ブラインド・暖簾・簾・帳

ガーデン〖garden〗庭園。庭。「フラワー一」「ビヤー一」

ガーデン-ウエディング〖garden wedding〗屋外の庭園での結婚式。

カーテン-ウォール〖curtain wall〗❶建築物で、構造上の荷重を支えない壁。総ガラスの壁やパネルの外壁など。帳壁。❷西洋の中世城郭で、敵の侵入を防ぐため、特に高く築いた城壁。

カーテン-エアバッグ〖curtain air bag〗エアバッグの一。自動車内部の両側面に備え付けられる。衝突時には窓を覆うようにふくらみ、乗員の側面衝突や車外への飛び出し、ガラスの飛散によるけがなどを防止する。

カーテン-コール〖curtain call〗音楽会・演劇・ショーなどで、終幕後に観客が拍手喝采し、いったん退場した出演者を舞台に呼び戻すこと。

ガーデン-トラクター〖garden tractor〗庭園・菜園の手入れに用いる二輪の小型耕耘機。ハンドトラクター。

ガーデン-パーティー〖garden party〗庭園など屋外で催されるパーティー。園遊会。

ガーデン-ハウス〖garden house〗庭に造られた小さな家。

カーテン-レーザー〖curtain raiser〗開幕劇。前狂言。短い一幕物が多い。

カーテン-レール〖curtain rail〗カーテンをつるすフックをはめ込んで滑らせるレール。

カーテン-レクチャー〖curtain lecture〗寝室で妻が夫に言う小言。

カート〖cart〗❶物を運ぶのに使う小型の手押し車。「ゴルフ一」❷エンジンのついた、簡単な構造の車。「ゴー一」

カート〖CART〗《Championship Auto Racing Teams》1978年にインディカーシリーズから分裂して組織されたレースシリーズの主催団体ならびに同レースの総称。2003年からはチャンプカー(Champ Car)に引き継がれたが、2008年に終了。

カード〖card〗❶小さな四角い紙。特に、ある規格に従ってそろえたものをいう。「単語一」「蔵書一」「クリスマス一」❷トランプ。また、その札。「一を切る」❸野球などで、試合の組み合わせ。「好一」❹「クレジットカード」「キャッシュカード」「テレホンカード」などの略。(類語)(❶)券・札/(❷)トランプ・カルタ・百人一首

カード〖curd〗乳汁が酵素や酸の作用で凝固したもの。牛乳を飲んだあと胃内で、カゼインなどが胃酸によって凝固してできる。また、チーズやヨーグルト製造時にも生じる。

ガード〖guard〗〔名〕スル ❶攻撃や危険から身を守ること。また、そのためのもの。防御。「一が固い」「コピー一」❷見張りや護衛をすること。また、その人。「要人を一する」❸ボクシング・フェンシングなどで、防御の構えや動作。「一が下がる」❹バスケットボールで、後衛。❺アメリカンフットボールで、センターの両側にいる選手。(類語)守る・庇う・保護する・守護する・防護する・警護する・警衛する・護衛する

ガード《girderから》道路をまたいで架け渡した、鉄道線路の通る橋。陸橋。「一下」
(類語)陸橋・歩道橋・跨線橋

ガード-インターバル〖guard interval〗デジタル信号の変調方式OFDMにおいて、データ伝送の際に付与される冗長部分。地上デジタルテレビ放送や無線LANなどで使われる。建物や壁に電波が反射して遅延が生じても、受信時に正確な信号を復元することができる。

カード-ウィービング《和 card+weaving》プラスチックやボール紙などカード状のものを使った手織り手芸。カードに穴をあけ、穴に糸を通して操作し、ひも様のものを織り出す。

カートゥーン〖cartoon〗漫画。特に、風刺漫画。カルトン。

ガードウッド〖Girdwood〗米国アラスカ州南部、アンカレジ近郊の町。アリエスカ山の麓にあり、アラスカ有数のスキーリゾートとして知られる。

カードエッジ-コネクター〖card edge connector〗コンピューターの拡張ボードなどに見られる、基板の一辺に電極が並ぶコネクターのこと。エッジコネクター。

カートグラファー〖cartographer〗►カルトグラファー

カートグラム〖cartogram〗►カルトグラム

カード-システム〖card-system〗必要なデータを、一つずつカードに記入して整理する方式。カード式。

カード-しょくひん【カード食品】食品をペースト状にして練り、延ばして乾燥させて、名刺程度の大きさにカットしたもの。

カード-ショップ〖card-shop〗クリスマスカードなどのカードを専門に売る店。

カード-テーブル〖card table〗トランプ用テーブル。

ガードナー〖gardener〗►ガーデナー

ガードナー-こくさいしょう【ガードナー国際賞】カナダのガードナー財団により、医学の分野に優れた業績を残した人に与えられる国際的な賞。1959年創設。

カード-ばらい【カード払い】クレジットカードで決済すること。「保釈金の一が可能になる」

カード-バンキング〖card banking〗窓口に行かなくても、カード1枚で処理できる銀行関係業務。現金引き出し、残高照会などができる。

ガード-フェンス〖guard fence〗道路に設ける事故防止用の柵。ガードレールなど。

カード-フォーマット〖card format〗〔名〕スル メモリーカードの初期化。メモリーカードに記録されるデータの配列や形式を設定し、デジタルカメラや携帯情報端末などで使用可能な状態にすること。既に記録していたデータは消去される。

ガード-マン《和 guard+man》警備・護衛を業務内容とする会社に属し、それらの任務に当たる人。

カートライト〖Edmund Cartwright〗[1743〜1823]英国の牧師・発明家。1785年蒸気機関による織機を発明し、産業革命の推進に貢献した。

カード-ラジオ〖card radio〗厚さ数ミリ、名刺程度の大きさで、2〜3個のLSIで構成される、イヤホン付きのAM・FMラジオ。

カード-リーダー〖card reader〗❶穿孔カードを読み取る、コンピューターの入力装置。カード読み取り機。❷►PCカードアダプター

カートリッジ〖cartridge〗本体に容易に着脱できる交換用の小さな部品。❶万年筆にはめ込むスペアインクの入った小筒。❷カメラに装塡するフィルムを巻いて包んだ容器。❸レコードプレーヤーのピックアップの先端に取り付ける部品。針の運動を電気信号に変えるもの。❹装置にそのまま入れるビデオテープなどを所定のケースに収めたもの。❺弾薬筒。

カートリッジ-ディスク〖cartridge disk〗取り外しが可能な外部記録媒体。フロッピーディスクや光磁気ディスク、リムーバブルハードディスクなどがある。

ガードル〖girdle〗女性の腹部・腰部の形を整えるための基礎下着。(類語)ブラジャー・コルセット

ガードレール〖guardrail〗❶鉄道線路の急カーブや踏切などで、車両の脱線を防ぐため、走行レールの内側に設置されるレール。護輪軌条。❷車道と歩道の境、車道の端や反対車線との間などに設けられ、自動車が車道から外れるのを防ぐための防護柵。

カー-トレーン《和 car+train》トラックや乗用車を貨車に積んで運ぶ貨客列車。

カード-ローン《和 card+loan》銀行などの消費者金融の一種。あらかじめ決められた融資限度額まではカードで現金自動支払機を利用することによって何度でも借り入れができる。

カードロック-キー《和 card+lock+key》カードを差し込むことにより、扉の鍵を開閉する方式。(補説)カード型の鍵は、英語ではkeycard

カートン〖carton〗❶厚紙製の箱。❷一定数の製品を紙箱に詰めたもの。タバコ10箱を詰めた紙箱など。❸銀行・商店などで、現金の受け渡しに使われる小さな盆。

ガーナ〖Ghana〗アフリカ西部のギニア湾に面する共和国。首都アクラ。ココア生産が主要産業。金・ダイヤモンド・マンガンなどを産する。もと英国の植民地

で、黄金海岸とよばれた。1957年独立し、名は古代ガーナ王国にちなむ。英連邦加盟国。人口2434万(2010)。

カーナーボン〘Caernarfon〙►カナーボン

カーナーボン-じょう【カーナーボン城】《Caernarfon Castle》►カナーボン城

カー-ナビ「カーナビゲーションシステム」の略。

カーナビー-ルック〘Carnaby look〙ロンドンのカーナビー-ストリートで発生した、花柄のシャツ・ネクタイ・パンツ、ミリタリー調のファッションのこと。

カーナビゲーション-システム〘car navigation system〙あらかじめ入力された経路情報とGPS衛星などを利用して、自動車の現在位置と進行方向を画面上の地図に表示する装置。自動車経路誘導システム。カーナビ。

カーナライト〘carnallite〙カリウムとマグネシウムの塩化物を主成分とする鉱物。無色、斜方晶系結晶。塩化カリウムの原料。カーナル石。

ガーニッシュ〘garnish〙►ガルニ

カーニバル〘carnival〙《ラテン語で、肉を断つことの意》❶謝肉祭。カトリック教国で、四旬節しじゅんせつの直前に3日ないし1週間にわたって行われる祝祭。冬の悪霊追放、春の豊作・幸運祈願に由来し、仮装行列を伴いしばしば狂騒的となる。(季 春) ❷陽気なお祭り騒ぎ。

カーニュ-シュル-メール〘Cagnes-sur-Mer〙フランス南東部、アルプ-マリチーム県の都市。ニースの西約10キロに位置する。画家ルノワール㊀が晩年を過ごし没したことで知られる。オ-ド-カーニュとよばれる城壁に囲まれた旧市街は中世の面影を色濃く残しており、中心の丘の上にはグリマルディ城がある。

カーニョネグロ-やせいほごく【カーニョネグロ野生保護区】《Refugio Nacional Caño Negro》コスタリカ北部、アラフエラ県、ニカラグア国境近くにある国立野生保護区。カーニョネグロ湖に注ぐフリオ川沿いにあり、多数の水鳥が生息する。

カーニング〘kerning〙ワープロソフトやDTPソフトなどで、文字と文字の間隔を調整すること。また、その機能。

カーヌーン〘アラビア qānūn〙隣り合う二角が直角をなす不等脚台形の薄い木箱に多数の弦をはったチター型の撥弦はつげん楽器。左右の人差し指にはめたプレクトラムで弾く。主として、アラブ諸国で用いられる。

カーネーション〘carnation〙ナデシコ科の多年草。高さ20～90センチ。葉は線状で対生し、茎とともに白みを帯びる。夏に花をつけ、花色は赤のほか桃・白色などがあり、八重が多く栽培されるが、本来は5弁花。南ヨーロッパ・西アジアの原産で、江戸時代に渡来。母の日のシンボルとする。オランダ石竹せきちく。オランダなでしこ。アンジャベル。(季 夏)「灯を寄せし―のピンクかな/汀女」

カーネギー〘Andrew Carnegie〙[1835～1919]米国の実業家。スコットランド生まれで米国に移住。製鋼業に成功、鋼鉄王といわれる。カーネギー教育振興財団・カーネギーホールなどに資金を投じ貢献した。著「富の福音」。

カーネギー-ホール〘Carnegie Hall〙ニューヨークにある演奏会用ホール。1891年開場。98年の改築の際、A=カーネギーの寄付を得て以来現在の名となる。座席数約3000。

ガーネット〘garnet〙►石榴石ざくろいし

カーネマン〘Daniel Kahneman〙[1934～]米国とイスラエルの二重国籍をもつ心理学者・経済学者。経済学者エイモス=トゥベルスキーとともに、経済学に心理学の手法を導入し、人間の非合理的な意思決定を理論化したプロスペクト理論を提唱、行動経済学を確立した。2002年、ノーベル経済学賞受賞。

カーネル〘kernel〙コンピューターのオペレーティングシステムの基本機能を実行するソフトウエア。一般的にオペレーティングシステムの中核的な役割を担う。

カーネル-コーン〘kernel corn〙トウモロコシの穀粒のこと。缶詰と冷凍品がある。

カーバ〘Kaaba〙《立方体の意》サウジアラビア中西部の都市メッカのハラームモスクにあるイスラム教の最も聖なる所。石造の聖殿で、その壁に聖なる黒石が安置されている。「神の館」として、巡礼の目ざすところ。また、礼拝はこの方向に向かって行われる。カーバ神殿。

ガーパイク〘garpike〙北米やキューバに分布するガーパイク科の淡水魚。口が細長く、強大な針状の歯をもち、魚や小形の動物を食べる。釣りの対象魚。

カーバイド〘carbide〙炭化物の総称。そのうち特に、炭化カルシウムをさす。

ガービ-アライアンス【GAVIアライアンス】《GAVI alliance; GAVIは、Global Alliance for Vaccines and Immunisationの略》途上国の子供への予防接種の普及に取り組む、資金援助プログラム。加盟国政府・世界保健機関(WHO)・国連児童基金(UNICEF)・世界銀行グループ、および製薬業界・民間財団・NGOなどが連携して運営する。1999年創設。予防接種のための国際金融ファシリティー(IFFIm)が調達した資金を、約70か国以上の途上国に寄付金として提供している。2009年に改組され、GAVI(ワクチンと予防接種のための世界同盟)から改称。

カービング〘carving〙❶彫刻をすること。彫ること。❷木彫りの鳥や魚。また、石鹸やろうそく、果物を彫って花や生き物の形に作ったもの。そのような彫刻を作ること。「フルーツ―」「ソープ―」「キャンドル―」➡デコイ ❸「カービングスキー」の略。

カービング-スキー〘carving ski〙板の前後の幅が広く、中程が狭いスキー板。両側面の湾曲を利用して切れのよい高速回転ができる。初心者にも扱いやすい。カービング。

カービング-ナイフ〘carving knife〙食卓で用いる、肉切り用大型ナイフ。ローストした塊肉を切り分けるのに用いる。

カービン-じゅう【カービン銃】《carbine》銃身の短い小銃。主として米国陸軍が使用した自動装塡そうてん式の近距離戦闘用小銃をいう。もとは、騎兵銃をさした。

カーフ〘calf〙子牛の皮。また、それをなめしたもの。カーフレザー。

カーブ〘curve〙〔名〕スル ❶曲線。「―を描く」❷弧を描くようにして曲がること。また、道などの弧状に曲がったところ。「道が―する」❸野球で、投手の投球が、打者の近くで投手の利き腕の側とは反対の方へ曲がりながら落ちること。また、その球。(類語)湾曲・紆曲うきょく・七曲がり・九十九つづら折り・曲がり・曲がる・折れる

カープ〘carp〙鯉こい。

カープ〘Carp〙►広島東洋カープ

ガープ〘GARP〙《Global Atmospheric Research Program》地球大気観測計画。WMO(世界気象機関)とICSU(国際科学会議)が共同して行った長期気象予報の科学的確立をめざした国際観測事業。1967年から続けられ、80年に世界気候研究計画(WCRP)として引き継がれた。

ガーフィールド〘James Abram Garfield〙[1831～1881]米国の政治家。第20代大統領。南北戦争に従軍の後、下院議員などを経て大統領に就任。在任は1881年。共和党。就任後半年にして、猟官運動に失敗した男により暗殺された。➡アーサー

カーフィリー-じょう【カーフィリー城】《Caerphilly Castle》►ケーフェリー城

ガーフィンケル〘Harold Garfinkel〙[1917～2011]米国の社会学者。カリフォルニア大教授。A=シュッツの現象学の影響を受けて、エスノメソドロジーを創始した。著「エスノメソドロジー研究」など。

カー-プール〘car pool〙同地域から同方向への複数の通勤者が、交代で自分の車で送迎し合うこと。それによって交通量を減らし、大気汚染の防止、資源の保存などを図ろうとするもの。

カー-フェリー〘car ferry〙自動車ごと乗せて旅客・貨物を運搬する船。フェリーボート。

カープタラン-どおり【カープタラン通り】《Káptalan utca》ハンガリー南西部の都市ペーチの市街中心部にある通り。ペーチ大聖堂より東に延び、通り沿いにはヘレンドと並んで同国を代表する高級陶磁ジョルナイの博物館をはじめ、ビクトル=バザルリ・マルティン=フェレンツ・ネメシュ=エンドレらペーチゆかりの芸術家の美術館が集まっている。

カーブ-ミラー《和 curve+mirror》曲がり角などに設置し、道路を見通せるようにする凸面鏡。

カーブル〘Kabul〙►カブール

カーフ-レザー〘calf leather〙生後6か月以内の子牛の皮をなめしたもの。牛革の中でも最高級。

カーベキュー〘carbecue〙《car+barbecueから》役目を終えた自動車を元の素材に戻すとき、焼却して可燃物を取り除き、金属だけ残す方法。

カーペット〘carpet〙絨緞じゅうたん。また、それに似た体裁に作られた敷物。(季 冬)

カーペット-ボミング〘carpet bombing〙「絨緞じゅうたん爆撃」に同じ。

ガーベラ〘ラテン Gerbera〙キク科の多年草。葉は根際から放射状に出る。5月ごろ、高さ10～50センチの花茎を伸ばし、赤・白・桃・黄色などの頭状花をつける。南アフリカ原産で、明治末年に渡来。名はドイツの博物学者ゲルバー(T.Gerber)にちなむ。(季 夏)

カーペンター〘carpenter〙大工。

カーペンター〘Edward Carpenter〙[1844～1929]英国の社会思想家・詩人。牧師であったが、ホイットマンの影響で社会批判を開始し、牧師職を辞して社会主義運動に参加した。著「イギリスの思想」「わが生涯と夢」、詩集「民主主義へ向けて」。

カーポート〘carport〙屋根を設けただけの簡易な車庫。

カー-ボディーランゲージ〘car body language〙ライトを点滅させて「どうぞお先に」を表したり、身振りなどで交わす、車を運転中の合図。

カーボ-ベルデ〘Cabo Verde〙《ポルトガル語で、緑の岬の意》アフリカ西岸のベルデ岬の西方沖にある共和国。15の島からなるベルデ岬諸島を占め、首都プライアはサンティアゴ島にある。コーヒー・サトウキビ・バナナ栽培や水産業が盛ん。ポルトガルの植民地から1975年独立。人口51万(2010)。

カーボランダム〘Carborundum〙炭化珪素たんかけいその商標名。宝石などの研磨材。

カーボ-ローディング《Carbohydrate Loadingから》グリコーゲンを多く蓄えるため、炭水化物を効果的に取り入れる食事法。スポーツ選手などが行うもので、試合1週間前、激しいトレーニングを行って、肝臓や筋肉の中の燃料にあたるグリコーゲンを使い切り、その後3日間ほど脂質の多い食事を、さらに3日間ほど内容の充実した食事をとって試合に臨む、などの方法がある。

カーボン〘carbon〙❶炭素。❷「カーボン紙」の略。

カーボン-オフセット〘carbon offset〙《offsetは、相殺するもの、埋め合わせ、の意》日常生活や経済活動によって排出される二酸化炭素を、何か別の手段を用いて相殺しようという考え方。クリーンエネルギーの開発、森林保護、植林といった事業に投資するなどの方法がある。

カーボン-クレジット〘carbon credit〙►炭素排出権

カーボン-コピー〘carbon copy〙❶カーボン紙による写し。❷うりふたつ。そっくりなこと。❸►シーシー(cc)

カーボン-し【カーボン紙】油煙と脂肪・パラフィンなどの混合物を雁皮紙がんぴしにしみ込ませたもの。書類作成などで用紙の間に挟んで写しを得るのに用いる。複写紙。炭酸紙。

カーボン-しゃしん【カーボン写真】ゼラチン溶液にカーボンブラックなどの顔料をまぜて紙面に塗り、重クロム酸カリウム液で処理したものを印画紙として用いる写真。美術写真に用いる。カーボン印画。

カーボン-シャフト〘carbon shaft〙炭素繊維を筒

状にしたゴルフクラブなどの柄。

カーボン-スチール〘carbon steel〙炭素鋼。ふつう、鋼とよんでいるのは鉄と炭素の固溶体で、これを合金鋼などと区別するために、炭素鋼とよぶ。

カーボン-デーティング〘carbon dating〙▶放射性炭素年代測定法

カーボン-ナノチューブ〘carbon nanotube〙炭素原子が六角形に並んだ表面構造をもつ、管状の物質。フラーレンの一種。繊維状に細長い形状を得ることが可能で、軽量ながら、高い引っ張り強度をもつ新素材として注目される。CNT。

カーボン-ニュートラル〘carbon neutral〙植物や植物を原料とするバイオエタノールなどを燃やして出る二酸化炭素は、植物が生長過程に吸収した二酸化炭素と同量で温室効果ガスを増やすことにはならず、環境破壊にはつながらないという考え方。➡バイオマス

カーボン-ファイバー〘carbon fiber〙炭素繊維。

カーボン-ブラック〘carbon black〙黒色の非常に細かい炭素の粉末。天然ガス・油・タールなどを不完全燃焼または熱分解させて製する。ゴムの補強剤として多用されるほか、印刷インキ・乾電池・墨の原料などにする。

カーボン-ロッド《carbon fiber rodから》カーボン繊維製の釣りざお。軽量で強靭、弾性率が高い。

カーマ〘梵 Kāma〙《意欲・愛欲の意》インド神話で、愛の神。リグ-ベーダでは宇宙創造の原動力としてうたわれたが、のち愛欲の神とされた。

カーマイン〘carmine〙▶カルミン

カーマスートラ〘梵 Kāmasūtra〙古代インドの性愛書。4世紀ごろのバラモンの学者バーツヤーヤナの作と伝えられる。性愛に関する事項をサンスクリットの韻文で記し、文学的価値も高い。愛経。

カーマライト-きょうかい【カーマライト教会】ーケウクワイ《Carmelite Church》地中海中央部の島国、マルタ共和国の首都バレッタにあるカルメル会の教会。16世紀後半に聖ヨハネ大聖堂の設計を手掛けたマルタ騎士団のジェローラモ=カサールにより建造。高さ62メートルの巨大なクーポラ(丸天井)をもつ。第二次大戦で大きな被害を受けたが、戦後に再建された。

カーメル〘Carmel〙米国カリフォルニア州中部、モンテレー半島南部の町。芸術家の町として知られ、ギャラリーが多い。

カーメンスク-シャフチンスキー〘Kamensk-Shakhtinskiy〙ロシア連邦南西部、ロストフ州の工業都市。ドネツ川沿いに位置し、河港を有す。17世紀末、コサックにより建設。ドネツ炭田東部の主要な採炭地の一つとして知られる。

ガーメント-ケース《和 garment＋case》▶ガーメントバッグ

ガーメント-バッグ〘garment bag〙スーツなどを、ハンガーに掛けたまま持ち運べる衣服かばん。

ガーラ〘gala〙▶ガラ

カーラー〘curler〙髪を巻きつけてカールさせるための筒形の器具。カールクリップ。

カー-ライフ《和 car＋life》車のある生活。車を利用する生活。

カーライル〘Carlisle〙英国イングランド北西部、カンブリア州の都市。同州の州都。スコットランドとの境界に近く、古代ローマ時代にハドリアヌスの長城が築かれたほか、スコットランドとの抗争が繰り返され、軍事上の要衝地であった。スコットランド女王メアリー=スチュアートが幽閉されたカーライル城や12世紀建造のカーライル大聖堂など、歴史的建造物が多く残る。

カーライル〘Thomas Carlyle〙[1795〜1881]英国の評論家・歴史家。ロマン主義の立場から、功利主義を批判。英雄的指導者による社会の改革、人間性の回復を主張した。著「衣装哲学」「フランス革命史」「過去と現在」など。

カーライル-じょう【カーライル城】ージャウ《Carlisle Castle》英国イングランド北西部、カンブリア州の都市カーライルにある城。11世紀のウィリアム2世の時代、スコットランドに対する防備を目的とし、ケルト人や古代ローマ人の砦があった場所に建造。16世紀にスコットランド女王メアリー=スチュアートが幽閉された。現在、城の一部は国境部隊博物館になっている。

カーライル-だいせいどう【カーライル大聖堂】ーダイセイダウ《Carlisle Cathedral》英国イングランド北西部、カンブリア州の都市カーライルにある大聖堂。8世紀創建のセントメアリー修道院に起源する。12世紀に火事で焼失し、その後再建。14世紀のステンドグラスや16世紀にベルギーで制作された祭壇画が有名。

カーラッシュ〘Curlash〙まつげをカールさせる器具。巻き毛(curl)とまつげ(eyelash)の合成語。商標名。

ガーリー〘girly〙〘形動〙(子供っぽさを残した)少女らしいようす。「一スタイル」「飾りの多い一な服」

カーリー-ヘア〘curly hair〙全体に軽い感じのカールをほどこした髪形。

カーリ-クレーター〘Kaali kraater〙エストニア西部、バルト海に浮かぶサーレマー島の中南部にあるクレーター。直径約110メートル、深さ約16メートル。7500〜7600年前に隕石が衝突してできたものと考えられ、現在は湖になっている。

カーリダーサ〘Kālidāsa〙4世紀後半から5世紀初めごろのインドの詩人・劇作家。サンスクリット文学の代表者。叙事詩「ラグバンシャ」、叙情詩「メーガドゥータ」、戯曲「シャクンタラー」など。

カー-リターダー〘car retarder〙鉄道操車場で、転送されてきた貨車に軌道上の目的の位置で制動をかける装置。軌道貨車制動装置。カーレタイダー。

ガーリック〘garlic〙ニンニクのこと。特に粉末状にした香辛料をいう。「一トースト」

ガーリッシュ〘garish〙〘形動〙けばけばしいさま。派手に飾られているさま。「一な室内装飾」

ガーリッシュ〘girlish〙〘形動〙少女らしいさま。少女の。「一なフリルのワンピース」

カーリット〘Carlit〙過塩素酸アンモニウムを主成分とする爆薬の商標名。土木工事などに使用。スウェーデンのカールソン(O.B.Carlson)が発明。

カーリング〘curling〙氷上で行うスポーツの一種。4人一組の2チームが、ストーン(握りのついた丸い石)を氷の上で投げて滑らせ、約37メートル離れたハウス(目標区域)に入れて得点を競うもの。ブルーム(箒)で氷上を掃き、石の進路を変える。発祥地はスコットランド。

カール〘curl〙〘名〙スル 髪の毛を巻いた状態にすること。また、その髪。巻き毛。「内巻きに一させる」

カール〘ドイツ Kar〙氷河の浸食により、山頂直下の斜面が、すくい取ったように円形に削られた地形。日本では飛騨・赤石・日高山脈などにみられる。圏谷。

カール〘Karl〙㊀(1世)[742〜814]フランク王。小ピピンの子。ゲルマン民族を統合し、西欧をほぼ統一。法制を整備して中央集権国家をつくり、800年、教皇から西ローマ帝国皇帝を戴冠。学術文化を奨励、その成果はカロリング-ルネサンスとよばれた。カール大帝。シャルルマーニュ大帝。㊁(4世)[1316〜1378]神聖ローマ帝国皇帝。チェコ王。ボヘミア王ヨハンの子。金印勅書を発布して皇帝選挙の手続きを確定。アビニョン捕囚中の教皇のローマ帰還を実現した。プラーグ大学の創立者。㊂(5世)[1500〜1558]神聖ローマ帝国皇帝。スペイン王としてはカルロス1世。生涯、内外の反乱の処理に終始。宗教改革に反対しルター派を弾圧、新教諸侯と争ったが、アウグスブルクの和議で、信教の自由を承認。㊃(12世)[1682〜1718]スウェーデン王。列強のスウェーデン分割に対抗、北方戦争を起こしたが、ポルタバの戦いで敗北。

ガール〘girl〙女の子。少女。若い女性。「オフィス一」「モダン一」㊤ボーイ。〘類語〙少女・女の子・女児・女子・娘・乙女・子女・ギャル

カール-こ【カール湖】カールの底に水がたまってできた湖。

ガール-スカウト〘Girl Scouts〙修養と社会奉仕を目的とする少女のための団体。1912年、米国で、ジュリエット=ロー夫人が英国のガールガイドにもとづいて創始。日本では大正9年(1920)日本女子補導団として発足。第二次大戦中は解散していたが、戦後ガールスカウトとして再発足。

カールス-きょうかい【カールス教会】ーケウクワイ《Karlskirche》オーストリアの首都、ウィーンの中心部にある教会。マリア=テレジアの父、カール6世がペスト撲滅を祈願し、フィッシャー=フォン=エルラッハとその息子ヨーゼフ=エマニュエルの設計により1739年に建造。バロック建築の傑作として名高い。

カールスクローナ-ぐんこう【カールスクローナ軍港】ーグンカウ《Naval Port of Karlskrona》スウェーデン南部の都市カールスクローナにある海軍港。17世紀半ばにバルト海沿岸の支配を確立したスウェーデンが、ヨーロッパ列強に対抗するために建設したもの。1998年、世界遺産(文化遺産)に登録された。

ガールズ-トーク《和 girls'＋talk》女性どうしでする世間話。親しい女友達とうわさ話や恋愛、男性観などについて話し合うこと。英語では「ガールトーク」。

カールスバート〘Karlsbad〙チェコの都市カルロビバリのドイツ語名。

カールスルーエ〘Karlsruhe〙ドイツ南西部の都市。ライン川右岸に位置する。1715年にバーデン公国の首都として建設され、城を中心とする放射状の街路をもつ。石油化学などの工業が盛ん。

カールスルーエ-じょう【カールスルーエ城】ージャウ《Schloß Karlsruhe》ドイツ南西部の都市、カールスルーエにある城。1715年、バーデン辺境伯カール=ウィルヘルムにより、フランスのベルサイユ宮殿を模して建造。現在は州立博物館になっている。

カールソン-かきん【カールソン課金】ークワキン《Karlsson charging》電話料金などの課金方式の一。単位料金あたりの通話時間を設定する。カールソン料金。➡ハドソン課金

カールソン-りょうきん【カールソン料金】ーレウキン▶カールソン課金

カール-たいてい【カール大帝】《Karl der Große》▶カール㊀

カールテオドール-ばし【カールテオドール橋】《Karl-Theodor-Brücke》ドイツ南西部、バーデン-ビュルテンベルク州の都市、ハイデルベルクにある、ライン川の支流ネッカー川に架かる石造橋。1786年から88年にかけて、プファルツ選帝侯カール=テオドールにより建造。アルテブリュッケ(古い橋)ともよばれる。

カールトン-ヒル〘Calton Hill〙英国スコットランドの都市エジンバラの中心部にある小高い丘。トラファルガー沖の海戦の勝利を記念したネルソン記念碑や、ナポレオン戦争の戦没者のためにパルテノン神殿を模して建てられた国民記念碑などがある。市街を一望できる場所として知られる。

ガール-ばし【ガール橋】《Pont du Gard》フランス南部の都市ニームとアビニョンの間を流れる、ガルドン川に架かる古代ローマ時代の水道橋。3層のアーチを積み重ねた構造で、高さ49メートル、全長275メートルにおよぶ。古代ローマの優れた土木技術の代表例として、1985年、世界遺産(文化遺産)に登録。

ガール-ハント《和 girl＋hunt》男性が、遊び相手を求めて女性に近づくこと。

カールフェルト〘Erik Axel Karlfeldt〙[1864〜1931]スウェーデンの詩人。郷里の自然と生活を、音楽性に富んだ叙情詩で表現した。死後にノーベル文学賞受賞。作「荒野と愛の詩集」「秋の角笛」など。

ガールフレンド〘girlfriend〙男性にとっての女友達。

カール-マルテル〘Karl Martell〙[689?〜741]フランク王国の分国アウストラシアの宮宰。中ピピンの庶子。732年、侵入するイスラム軍を撃退、王国を統一してカロリング朝支配の基礎を築いた。

カールヨハン-どおり【カールヨハン通り】ードホリ《Karl Johans gate》ノルウェーの首都、オスロの中心部にある通り。オスロ中央駅と国会議事堂を結ぶ。オスロの目抜き通りの一つとして知られ、レストランやデパートが並ぶ。

カール-レタス〖curled lettuce〗レタスの一種。葉は緑色の品種と赤紫色が入る品種があり、縮みがあって結球しない。柔らかくて苦みが少ない。

カーレンベルク〖Kahlenberg〗オーストリアの首都、ウィーンの西部郊外ウィーンの森にある丘。展望台があり、ウィーン市街やドナウ川を一望できる。

か-あん【何晏】[?〜249]中国、三国時代の魏の学者。字は平叔。南陽・宛(河南省)の人。老荘の学を好み、王弼とともに玄学の風を開いた。明帝に仕え列侯となったが、司馬懿に殺された。著「論語集解」など。

カーン〖Caen〗フランス北西部、ノルマンディー地方、カルバドス県の都市。同県の県都。第二次大戦のノルマンディー上陸作戦で大きな被害を受けたが、戦後の復興がいち早くなされ、工業化が進んだ。カーン城、サンピエール教会、サンテチエンヌ教会など、戦災を免れた歴史的建造物が残っている。カン。

ガーンジー〖Guernsey〗家畜の乳牛の一品種。イギリス海峡のチャンネル諸島にあるガーンジー島の原産。乳の量が多く、質もすぐれる。ゲルンジー。

ガーンジー-セーター〖Guernsey sweater〗防水・防寒用のセーターの一種。縄目模様を特徴とする。イギリス海峡にあるガーンジー島にちなむ。

ガーンジー-とう【ガーンジー島】《Guernsey》イギリス海峡のフランス沖、チャネル諸島にある島。英王室固有の属領で、英国の法律や税制は適用されない。植民地や自治領以上の自治権をもつ。乳製品を特産。人口6万(2010)。

カーン-じょう【カーン城】《Château de Caen》フランス北西部の都市カーンにあった城。ノルマンディー公ウィリアム1世(征服王)が1060年頃に建造。現在は城壁だけが残り、敷地内にカーン美術館とノルマンディー博物館がある。カン城。

カーンプル〖Kanpur〗インド中北部、ウッタル-プラデーシ州のガンジス川西岸にある商工業都市。交通の要衝。織物・機械などの工業が盛ん。人口、行政区255万、都市圏272万(2001)。

かい【▽甲×斐・▽詮・▽効】❶行動の結果として現れるしるし。努力した効果。「我慢した—があった」❷期待できるだけの値うち。「生きている—がない」➡がい(甲斐)　(類語)効果・効き目・徴し・成果・効う・実効・効験・効能・効力・効用・霊験・験・作用

かい【甲斐】㊀旧国名の一。現在の山梨県にあたる。甲州。㊁山梨県中西部、釜無川東岸にある市。武田信玄が築いた信玄堤の遺構がある。江戸時代には綿花栽培が盛んで、現在はぶどうなど果樹栽培のほか、電子産業も発達。平成16年(2004)竜王町、敷島町、双葉町が合併して成立。人口7.4万(2010)。

かい【会】❶催し事のために多くの人が集まること。集まり。「—を開く」❷目的や好みを同じくした人々が作る組織。「原生林を守る—」❸出あうこと。めぐりあうこと。「鴻門の—」❹ちょうどその時。折。「風雲の—」➡漢「かい(会)」(類語)寄り合い・集まり・会合・会議・集会・ミーティング・集い・まどい・団欒

かい【回】㊀〔名〕❶ある事柄を繰り返すときの、ひと区切り。回数。「—を重ねる」❷野球で、イニング。「早い—」㊁〔接尾〕助数詞。数または順序を表す語に付いて、度数または順序を表すのに用いる。「七—裏」「次—」➡漢「かい(回)」

かい【▽卵・▽殻・×稃】《「貝」と同語源》たまご。また、たまごの殻。かいご。「—のうちに命こめたる雁の子は君が宿にてかへさざるらむ」〈宇津保・藤原の君〉

かい【快】㊀〔名〕気持ちがよいこと。「—をむさぼる」「—、不快の感情」㊁〔接頭〕漢語名詞に付いて、こころよい、胸のすくような、などの意を表す。「—男児」「—記録」➡漢「かい(快)」

かい【戒】❶いましめ。さとし。「—を破る」❷《梵 śīla の訳。習慣・性格などの意》仏語。在家や出家が過ちを防止するために守らなければならない禁制。また、その個々の条目。「五—」「—学」❸漢文の文体の一。訓戒を目的としたもの。➡漢「かい(戒)」

(類語)戒める・戒告・訓戒・諭旨・教戒・勧戒

かい【貝】❶貝殻をもつ軟体動物。ハマグリなどの二枚貝、サザエなどの巻き貝、ツノガイなどの掘足類を主にいう。❷貝殻。「—細工」❸貝殻で作ったもの。貝香の粉末、螺鈿など。❹ほらがい。時刻を知らせたり、武士の出撃の合図などに用いられた。❺「貝合わせ」の略。

貝を作・る　《泣くとき、ハマグリのように口をへの字形にするところから》泣きだしそうな顔をする。べそをかく。「—・るもいとほしながら」〈源・明石〉

かい【怪】㊀〔名〕❶あやしいこと。不思議、あるいは不気味なこと。「自然界の—」「古井戸の—」❷化け物。変化。「古猫の—」㊁〔接頭〕漢語名詞に付いて、あやしい、うさんくさい、不思議な、などの意を表す。「—文書」「—人物」「—事件」➡漢「かい(怪)」(類語)不思議・不可思議・不可解・不審・奇妙・面妖・妙・変・異・謎・奇・奇異・奇怪・幻怪・怪奇・怪異・神秘・霊妙・霊異・玄妙・あやかし・ミステリー・ミステリアス・奇天烈・摩訶不思議・けったい

かい【▽峡】《動詞「か(交)う」の連用形「交い」から。交差するところの意》両側に山が迫っている所。山と山の間。山かい。「月が山の—から覗いて谷間に堆い屍を照らした」〈中島敦・李陵〉

かい【界】❶区切り。境。仕切り。「—を接する」❷限られた社会や範囲。多く接尾語的に用いる。「社交—」「文学—」❸《梵 dhātu の訳。部類・要素・基礎などの意》仏語。㋐人間存在の構成要素として類別の範疇となるもの。六根と六境と六識のそれぞれを界として、十八界をたてる。㋑宇宙の構成要素。地・水・火・風・空・識の六大のこと。六界。㋒領域または世界。欲界・色界・無色界の三界。❹生物分類学上の基本階級の最高位。動物界と植物界の二つに分けるが、菌類界を独立させたり、原核生物界と真核生物界とに大別したりする傾向にある。❺地質年代による地層区分の最大の単位。年代区分の「代」に対応し、「系」をいくつか集合したもの。古生代・中生代・新生代の地層を、古生界・中生界・新生界とよぶ。➡漢「かい(界)」

かい【×匙・×匕】《もと貝殻を用いたところから》飯などをすくうもの。しゃくし。さじ。「箸、—など、とりまぜて鳴りたる、をかし」〈枕・二〇一〉

かい【×粥】「かゆ」の音変化。

かい【階】㊀〔名〕❶上がり段。きざはし。階段。❷多層の建物の一つの層。「受付は二—にある」❸地質年代による地層区分の最小の単位。年代区分の「期」に対応し、「統」を細分したもの。❹数学で、微分方程式に含まれる未知関数の導関数の最高次数。㊁〔接尾〕助数詞。❶建築物の層を数えるのに用いる。「三五—建てのビル」❷位階の等級を数えるのに用いる。「一—こえて、内侍督なんど三位の加階し給ふ」〈宇津保・蔵開下〉➡漢「かい(階)」(類語)(㊀❶)階段・階梯・段段・きざはし・石段・石階/(㊀❷)フロア・床

かい【解】❶意味をときあかすこと。解釈。また、その説明。➡解する　❷与えられた問題に対する答え。❸数学で、問題を解いて得られた結果。方程式の根、微分方程式を満足させる関数など。➡漢「かい(解)」

かい【楷】「楷書」の略。「—、行、草」➡漢「かい(楷)」

かい【隗】➤郭隗

隗より始めよ　《中国の戦国時代、郭隗が燕の昭王に賢者の求め方を問われて、賢者を招きたければ、まず凡庸な私を重く用いよ、そうすれば自分よりすぐれた人物が自然に集まってくる、と答えたという「戦国策」燕策の故事から》大事業をするには、まず身近なことから始めよ。また、物事は言い出した者から始めよということ。

かい【買い】❶品物などを買うこと。「安物—」⇔売り。❷相場の騰貴を見越して買い手に回ること。⇔売り。(類語)買い物・買い出し・買い付け

かい【飼い】❶動物などを養い育てること。「牛—」❷牛や馬の飼料。「馬の—」

かい【×魁】❶かしら。頭領。首領。❷他に先んじること。また、そのもの。さきがけ。「伊太利国を以て絃歌の—となす」〈織田訳・花柳春話〉❸古代中国の杓子の一種。➡漢「かい(魁)」

かい【懐】心中の思い。「—を述べる」➡漢「かい(懐)」

かい【×櫂】《「か(掻)き」の音変化》船を人力で進めるための棒状の船具。棒の先端を翼状に削ったもので、舷にかけて水を掻いて船を進める。「—をこぐ」

櫂は三年櫓は三月　櫂の使い方は、櫓に比べてずっとむずかしいということ。

か-い【下位】地位や順位などが低いこと。「成績が—に落ちる」「打順が—の選手」⇔上位。

か-い【下意】しもじもの者の考え。⇔上意。

か-い【果位】仏語。仏道修行によって得られた悟りの位。仏果。⇔因位。

か-い【華×夷】《「華」は中国、「夷」はえびす》中国からみて、中国と外国。文明の地と野蛮未開の地。

か-い【歌意】歌の意味。歌の心。

カイ〖X｜χ｜chi〗ギリシャ語アルファベットの第22字。キー。

か-い〔終助〕《終助詞「か」＋終助詞「い」から》文末にくる種々の語に付く。❶(親しみをもって)疑問・反問・確かめの意を表す。「おや、雷—」「そんなことでいいの—」❷反語の意を表す。「そんなに簡単にできるもん—」❸強く相手を促す意を表す。「つべこべ言わずいますぐ返事をしてくれん—」

かい【×掻い】〔接頭〕《「か(掻)き」の音変化》動詞に付いて意味を強め、語調を整える。「—くぐる」「—つくろう」など。

かい【交い】〔語素〕《動詞「か(交)う」の連用形から》動詞の連用形や名詞などに付いて、それらの動作や物の互いに交わること、また、重なり合う所を表す。「打ち—」「羽—」「まな—」

がい【×垓】数の単位。1京の1万倍。10の20乗。古くは京の10倍とも。➡表位取り

がい【害】悪い結果や影響を及ぼす物事。「健康に—がある」「農作物に—を及ぼす」⇔益。➡漢「がい(害)」(類語)有害・害悪・害毒・危害・被害・禍害・惨害・惨禍・災禍・災害・難・災い・被災

がい【概】その人から感じとれる風格。おもむき。「古武士の—がある」➡漢「がい(概)」

がい【蓋】《「かい」とも》㊀〔名〕仏語。❶人間の善智や善心を覆い隠すもの。すなわち、煩悩。❷法会のとき、高僧の歩行に際し、その上にかざす笠状のもの。❸仏像や導師の高座を覆い飾る天蓋。㊁〔接尾〕助数詞。笠または笠状のものを数えるのに用いる。「大笠一—」➡漢「がい(蓋)」

が-い【我意】㊀〔名〕自分一人の考え。自分の思うままにしようとする心持ち。わがまま。我。「あくまでも—を通す」㊁〔形動〕《中世後期以降の口語》❶自己中心で独断的な考えや意志を押し通そうとするさま。「—ナ者」〈日葡〉❷程度がはなはだしいさま。たいそうである。ひどい。むやみだ。「天の気がをりて—なれば旱になるぞ」〈詩学大成抄・一〉「—に働いて、息が切れべいならば」〈雑兵物語・上〉(補説)本来形容動詞として成立していたものと思われるが、のちに「がいな」「がいに」という形でのみ用いられる。(類語)我・意地

が-い【画意】絵画に示された意味。絵の趣。

が-い【×臥位】寝た姿。寝た状態。上を向いた寝姿の仰臥位(背臥位)、横を向いた寝姿の側臥位、うつぶせになった伏臥位(腹臥位)などがある。

が-い【賀意】祝う心持ち。祝意。「—を表す」

ガイ〖guy〗男。やつ。「タフ—」「ナイス—」

がい【該】〔接頭〕名詞に付けて、ある場面で問題になっている当面の物事をさしていう。その。この。当の。「—事件についての報告書」「—資料」➡漢「がい(該)」

がい【▽甲×斐】〔語素〕《名詞「かい(甲斐)」から》❶動詞の連用形や動作性の名詞などに付いて、その行為をした効果・効験の意を表す。「生き—」「働き—」❷主として人間関係を表す名詞に付いて、その人間関係の効果を発揮する意を表す。…としてのよ

しみ。「友達―」❸打消しや希望の助動詞などに付いて、動作や状態の程度を表す。「理窟につまって、あげくには死なず―な目にあうて、一分(いちぶん)はすたった」〈浄・曽根崎〉

ガイア〖Gaia〗㊀《大地の意》ギリシャ神話で、最古の大地の女神。子の天空神ウラノスを夫として、ティタン神族その他を産んだ。ゲー。㊁地球。地球全体を一つの生命体と考える「ガイア理論」による語。

かい-あお・る【買い×煽る】〔動ラ五(四)〕相場を上げるために盛んに買う。「電機株を―・る」

ガイア-かせつ【ガイア仮説】▶ガイア理論

かい-あく【改悪】〔名〕スル 物事を改めて、かえって悪くすること。「独断専行で規約を―する」⇔改善。

がい-あく【害悪】他に災いを与えるような、よくない事。害毒。「社会に―を流す」
(類語)害・有害・害毒・危害・被害

かい-あげ【買(い)上げ】❶買い上げること。「余剰米の―」❷(「おかいあげ」の形で)自分の物を買ってくれる人を敬っていう語。「お―の品」

かいあげ-しょうかん【買上償還】政府関係機関の資金により、時価で国債などを買い戻すこと。

かいあげ-まい【買上米】❶政府が民間から買い上げる米。❷江戸時代、幕府・諸藩が米価調整や飢饉対策のために、米市場で買い上げた米。

かい-あ・げる【買(い)上げる】〔動ガ下一〕図かひあ・ぐ〔ガ下二〕❶官公庁などが民間から物を買い取る。「農地を―・げる」⇔払い下げる。❷すっかり買う。買い尽くす。「極月(ごくげつ)二十七八日より所々の魚の棚に―・げて」〈浮・胸算用・一〉(類語)買う・買い取る・買い入れる・買い込む・買い受ける・買い切る・買い戻す・買い漁(あさ)る・買い叩(たた)く

かい-あさ・る【買い▽漁る】〔動ラ五(四)〕あちこち探し求めて盛んに買う。買い集める。「稀覯本(きこうぼん)を―・る」(類語)買う・購入・購買・購(あがな)う・買い取る・買い上げる・買い入れる・買い込む・買い受ける・買い切る・買い戻す・買い叩(たた)く・仕入れる・買収

かいあし-るい【×橈脚類】▶とうきゃくるい(橈脚類)

がい-あつ【外圧】外部から働く力。外部からの強い干渉。「―を跳ね返す」⇔内圧。
(類語)プレッシャー・圧力・風当たり

ガイアナ〖Guyana〗南アメリカ北東部の協同共和国。大西洋に面する。首都ジョージタウン。サトウキビ・米の栽培が盛んで、ボーキサイトのほか、金・ダイヤモンドなども産する。1831年英領ギアナとなり、1966年独立。人口75万(2010)。

ガイア-りろん【ガイア理論】地球上において、大気や地殻などの自然環境と、動植物などの生物が相互に影響し合うことで、地球という惑星が一つの大きな生命体のように活動していると見なす理論。英国の科学者ラブロックが提唱。ガイア仮説。➡ガイア㊁

かい-あわせ【貝合(わ)せ】❶平安時代の物合わせの一。左右二組に分かれ、種々の貝を出し合い、その珍しさ、美しさなどを競う遊び。❷平安末期から行われた遊び。360個のハマグリの貝殻を数人に配り、左貝(出し貝)・右貝(地貝(じがい))の両片に分けたうえ、右貝を全部伏せて並べ、左貝を一つずつ出しながら、これと対になる右貝を多く選んだ者を勝ちとする。のちには、左右の貝を合わせやすいように、同趣の絵をかいたり、和歌を上の句と下の句に分けて書いたりするようになった。貝覆い。(季 春)

かい-あん【×艾安・×乂安】《「がいあん」とも》世の中がよく治まって穏やかなこと。「国家―」

かい-あん【改案】〔名〕スル 案を改めること。また、改めた案。「―して、再度上程する」

かいあん-こく【槐安国】中国、唐の李公佐(りこうさ)の「南柯記」に書かれた、想像上の国。➡南柯(なんか)の夢

かい-い【介意】〔名〕スル（あとに打消しの意の言葉を伴って用いる）気にかけること。心配すること。「将来のことは一向に―しない」

かい-い【会意】漢字の六書(りくしょ)の一。二つ以上の漢字を組み合わせ、その意味を合成して独立した文字とするもの。例えば「人」と「言」を合わせて「信」、「木」を三つ合わせて「森」を作る類。

かい-い【快意】心を楽しませること。気持ちのよいこと。「一時の―に百年の定命(じょうみょう)を縮める」

かい-い【×乖違】そむきたがうこと。

かい-い【怪異】〔名・形動〕❶現実にはありえないような、不思議な事実。また、そのさま。「世にも―な事件」❷化け物。変化(へんげ)。妖怪(ようかい)。
(類語)不思議・妙・奇妙・奇怪・奇異・怪奇・不可思議・面妖(めんよう)・奇天烈(きてれつ)・摩訶(まか)不思議・けったい

かい-い【海尉】海上自衛官の階級の一。海佐と准海尉との間で、一・二・三等がある。諸外国海軍および旧日本海軍の大・中・少尉に相当する。

かい-い【階位】階級。位階。

かい-い【解×頤】《「漢書」匡衡伝から》あごがはずれそうになるほど、大きな口をあけて笑うこと。

かい-い【×槐位】「槐門(かいもん)」に同じ。

かい-い【×痒い】〔形〕「かゆい」の音変化。

かい-い【×魁偉】〔形動〕図〔ナリ〕顔の造作やからだが人並外れて大きく、たくましい感じを与えるさま。また、いかついさま。「容貌(ようぼう)―な人物」

がい-い【外×夷】外国や外国人をいやしめていう語。「―の患(うれ)い」

がい-い【外衣】上着。また、外套(がいとう)。

がい-い【外位】▶げい(外位)

がい-い【外囲】❶宅地などの囲い。そとがこい。❷生物体を取り囲むすべてのもの。

がい-い【害意】他人を、傷つけよう、害を与えようという気持ち。害心。「―を抱く」

かい-いき【海域】ある限られた範囲の海。「日本の―」

かいいき-こうえん【海域公園】海域の景観と資源の保護や研究利用、自然観察などのために、国立公園・国定公園内の海に特に指定される区域。昭和45年(1970)に海中公園として設置。平成22年(2010)に改称。和歌山県の串本(くしもと)海域公園など。

かい-いし【貝石】❶化石になった貝殻。❷貝殻のついた石。

がい-いちがい【×咳一×咳】〔名〕スル 1回せきばらいをすること。「俊三は…―して徐(おもむ)ろに椅子を離れた」〈木下尚江・良人の自白〉

かい-いぬ【▽甲×斐犬】日本犬の一。山梨県の原産。中形で、体高約45センチ、毛色は虎毛。元来は猟犬で、動作が敏捷(びんしょう)。かいけん。

かい-いぬ【飼(い)犬】人が飼っている犬。

飼い犬に手を噛(か)まれる　ふだんから目をかけてやっている者に裏切られ、ひどい目にあう。

かい-いれ【買(い)入れ】代金を払って品物を手に入れること。仕入れ。「米の―価格がきまる」

かいいれ-げんか【買入原価】買い入れたときの値段。仕入れ値段。元値。

かいいれ-しょうかん【買入償還】会社が発行した自己の社債を流通市場から買い入れて、償還すること。市場価格が下落したときに取得することで、結果として市場価格は騰貴する。

かいいれ-しょうきゃく【買入消却】会社が発行した社債または株式を流通市場から買い入れて、消滅・失効させること。社債の場合は、満期に全額返済する負担を避けるための一方法として、株式の場合は、資本減少の一方法として用いられる。

かい-い・れる【買(い)入れる】〔動ラ下一〕図かひい・る〔ラ下二〕代金を支払って品物を自分のものとする。「新型の電化製品を―・れる」
(類語)買う・購(あがな)う・買い取る・買い上げる・買い込む・買い受ける・買い切る・買い戻す・買い漁(あさ)る・買い叩(たた)く・仕入れる・買収・購入・購買

かい-いん【会員】ある会に加わっている個人または法人。「―制クラブ」「名誉―」
(類語)成員・メンバー・一員・団員・顔ぶれ・委員

かい-いん【会飲】〔名〕スル 会合して酒を飲むこと。「クラスの仲間と―する」

かい-いん【快飲】〔名〕スル（酒を）気持ちよく飲むこと。「同輩醵銭(きょせん)して―し賭場を開き」〈松原岩五郎・最暗黒之東京〉

かい-いん【改印】〔名〕スル 届け出てある印鑑を別の物と替えること。「通帳の印を―する」「―届」

かい-いん【拐引】〔名〕スル 人をだまして連れ去ること。かどわかし。誘拐。

かい-いん【海印】仏語。静かに澄みわたった大海が万物を映し出すように、仏の知恵は宇宙のすべてのことを知っているということ。

かい-いん【海員】船長以外の船舶の乗組員。
(類語)船員・船乗り・水夫・クルー・セーラー・マドロス

かい-いん【開院】〔名〕スル ❶もと、帝国議会が開かれること。⇔閉院。❷病院など「院」と名のつく施設・機関を新設すること。また、そのような施設が新たに業務を始めること。⇔閉院。❸病院などが、その日の業務を始めること。⇔閉院。

かい-いん【×誨淫】男女間のみだらなことを教えること。「―の書」

がい-いん【外印】▶げいん(外印)

がい-いん【外因】❶物事について外部から生じた原因。⇔内因。❷生体に病気をもたらす、外界の原因。病原微生物や化学物質・温度などの刺激。

がい-いん【外陰】「外陰部」の略。「―炎」

かいいん-ざんまい【海印三昧】仏語。仏が華厳経(けごんきょう)を説いたときに入ったという三昧。一切の事物が映し出される、静かに動じない仏の心。海印定(かいいんじょう)。

かいいん-じ【海印寺】韓国慶尚南道陜川郡の伽倻山(かやさん)にある寺。山号は伽倻山。韓国三宝寺刹の一。802年、新羅(しらぎ)の哀荘王が創建。13世紀開板の高麗版大蔵経の版木を所蔵。1995年「八萬大蔵経の納められた伽倻山海印寺」の名称で世界遺産(文化遺産)に登録された。ヘインサ。

がいいん-し【外因死】病気ではなく、外傷による死亡。特に、事故や殺人などによって外傷を受けたことによる死亡。⇔内因死。

かいいん-しき【開院式】開院❶のための儀式。貴族院に集まった両院議員に対し、天皇が開院の勅語を賜った。現在の国会では「開会式」という。

がいいんせい-はんどうたい【外因性半導体】▶不純物半導体

がい-いんぶ【外陰部】▶外性器(がいせいき)

かいいん-めいぼ【海員名簿】船長が備えておく書類の一つで、海員の氏名・生年月日・住所や雇用契約などを記したもの。

かい-う【怪雨】つむじ風で巻き上げられた土砂や魚・虫などが、雨にまじって降ってくるもの。

かい-う【海宇】《「宇」は四方の果ての意》天下。国内。海内(かいだい)。

かい-う【海▽芋】オランダカイウの別名。

かい-う・ける【買(い)受ける】〔動カ下一〕図かひう・く〔カ下二〕売ろうとしている他人の所有物や権利などを買って手に入れる。買い取る。「別荘を安く―・ける」(類語)買う・購入・購買・購(あがな)う・買い取る・買い上げる・買い入れる・買い込む・買い切る・買い戻す・買い漁(あさ)る・買い叩(たた)く・仕入れる・買収

かい-うさぎ【飼×兎】家畜のウサギの総称。ヨーロッパのアナウサギを品種改良したもので、肉用・毛用・毛皮用・愛玩(あいがん)用などとする。アンゴラウサギ・チンチラウサギ・ヒマラヤン・レッキス・ロップイアード・ニュージーランドホワイト・日本白色種など。家うさぎ。

ガイウス〖Gaius〗2世紀ごろのローマの法学者。その著「法学提要」は法学入門書として帝国内に長く普及。ユスティニアヌス帝の「法学提要」を通して、後世の法体系に大きな影響を与えた。生没年未詳。

かい-うめ【買(い)埋め】❶不足した分だけ買って補っておくこと。「使っただけ―をしておく」❷▶買い戻し❸

かい-うん【海運】船舶で旅客や貨物を運ぶこと。
(類語)水運・陸運・空輸

かい-うん【開運】運が開けること。幸運に向かうこと。「―の守り札」「―を祈る」

かいうん-ぎょう【海運業】海上輸送によって利益を得ることを目的とする事業。また、その会社。

介 【音】**カイ**(漢)　ケ(呉)　【訓】すけ ‖ ①物の間にはさまる。「介意・介在」②間に入ってとりもつ。「紹介・仲介・媒介」③そばに付き添って助ける。世話をする。「介護・介錯（かいしゃく）・介助・介抱」④外側から覆って中身を守るもの。よろいや甲殻の類。「介冑（かいちゅう）/魚介」⑤固く身を守る。「狷介（けんかい）」⑥ひとり。一つ。「一介」【名付】あき・かたし・たすく・ゆき・よし

会〔會〕 【学】2　【音】**カイ**(クヮイ)(漢)　**エ**(ヱ)(呉)　【訓】**あう** ‖ ㊀〈カイ〉①ある目的のために多くの人々が集まること。集まり。寄りあい。「会員・会議・会合・会社・会場・会同/宴会・開会・学会・議会・協会・散会・司会・集会・盛会・大会・茶会・入会・来会・委員会・園遊会・博覧会」②多くの人々が集まる所。「社会・都会」③その場に出会う。「会見・会戦・会談・会話/再会・際会・密会・面会」④何かにめぐりあう時。チャンス。「機会」⑤かなう。さとる。「会心/理会」⑥合わせる。「会意/照会・付会」⑦計算する。「会計」㊁〈エ〉①出会う。集まる。集まり。「会式・会者定離（えしゃじょうり）/講会・斎会・節会（せちえ）・法会」②悟る。「会釈・会得」③絵などを集めたもの。「図会」【名付】あい・かず・さだ・はる・もち【難読】会津（あいづ）・直会（なおらい）

回 【学】2　【音】**カイ**(クヮイ)(漢)　**エ**(ヱ)(呉)　【訓】**まわる、まわす**、めぐる、かえる ‖ ㊀〈カイ〉①ぐるりとまわる。「回転・回避/迂回・周回・巡回・旋回・転回」②順に送る。「回状・回送・回読・回覧」③元の状態に戻る。戻す。かえす。「回帰・回収・回春・回答・回復/奪回・撤回・挽回」④前の事を振り返る。「回顧・回想」⑤度。度数。「回数/今回・初回・数回・前回・毎回」⑥イスラム。「回教」⑦(「蛔（かい）」の代用字)体内に寄生する虫。「回虫」㊁〈エ〉まわす。めぐる。めぐらす。「回向・回心」【補説】「囘」は「回」の古字。【難読】浦回（うらみ）・回回教（フイフイきょう）

灰 【学】6　【音】**カイ**(クヮイ)(漢)　【訓】**はい** ‖ ㊀〈カイ〉①はい。「灰燼（かいじん）/降灰・骨灰・塵灰・石灰」②はい色。「灰白色/鉛灰色」③生気のないもの。「死灰」㊁〈はい(ばい)〉「灰色・灰皿/骨灰（こつばい）」【難読】灰汁（あく）・石灰（しっくい）

快 【学】5　【音】**カイ**(クヮイ)(漢)　ケ(呉)　【訓】**こころよい** ‖ ①気持ちがよい。胸のすくような感じ。「快活・快感・快挙・快勝・快晴・快適・快楽（かいらく・けらく）/欣快（きんかい）・豪快・爽快（そうかい）・痛快・不快・明快・愉快」②病気がよくなる。「快復・快方・快癒/全快」③はやい。「快走・快足・快速」④すばらしい。「快漢・快記録・快男児」【名付】はや・やす・よし

戒 【音】**カイ**(漢)　【訓】**いましめる** ‖ ①よくない事態に備えて気を引き締める。「戒厳・戒心/警戒・厳戒・哨戒（しょうかい）」②(「誡」と通用)過ちのないように注意を与える。いましめ。「戒告/教戒・訓戒・自戒・懲戒」③仏道を修める者の守るべきおきて。「戒律・戒定慧（かいじょうえ）/五戒・斎戒・持戒・十戒・受戒・破戒・殺生（せっしょう）戒」

改 【学】4　【音】**カイ**(呉)(漢)　【訓】**あらためる、あらたまる** ‖ ①古いものをやめて新しいものに変える。「改革・改竄（かいざん）・改修・改悛（かいしゅん）・改正・改善・改組・改造・改廃・改良/更改・変改・朝令暮改」②検査する。「改札」【名付】あら

怪 【音】**カイ**(クヮイ)(漢)　ケ(呉)　【訓】**あやしい、あやしむ** ‖ ㊀〈カイ〉①不思議な。あやしい。「怪異・怪火・怪奇・怪死・怪獣・怪談・怪盗・怪物・怪文書/奇怪・醜怪」②並外れている。「怪童・怪腕」③不思議な事柄。「怪力乱神/幻怪・妖怪」㊁〈ケ〉あやしい。あやしむ。「怪訝（けげん）/変怪（へんげ）」【補説】「恠」は俗字。【難読】怪我（けが）・勿怪（もっけ）

拐 【音】**カイ**(呉)(漢) ‖ 金品をだましとる。だまして連れ去る。かどわかす。「拐引・拐帯/誘拐」

人**芥** 【音】カイ(漢)　ケ(呉)　【訓】からし、あくた ‖ ①からし菜。香辛料のからし。「芥子（がい）」②小さなごみ。あくた。「塵芥（じんかい）・土芥」【名付】しな【難読】芥子（からし・けし）

人**廻** 【音】カイ(クヮイ)(漢)　エ(ヱ)(呉)　【訓】めぐる、まわる ‖ ㊀〈カイ〉まわる。まわす。かえる。「廻状・廻船・廻転」㊁〈エ〉めぐらす。まわす。めぐる。「廻向（えこう）/輪廻（りんね）」【補説】「回」と通用する。【名付】のり

悔〔悔〕 【音】**カイ**(クヮイ)(漢)　ケ(呉)　【訓】**くいる、くやむ、くやしい** ‖ ㊀〈カイ〉失敗や過ちを残念に思う。くいる。「悔悟・悔恨・悔悛（かいしゅん）/後悔・追悔」㊁〈ケ〉㊀に同じ。「懺悔（ざんげ・さんげ）」

人**恢** 【音】カイ(クヮイ)(漢) ‖ ①広い。大きい。「恢恢」②盛んにする。大いに。「恢復」【補説】人名用漢字表(戸籍法)の字体は「恢」。

海〔海〕 【学】2　【音】**カイ**(呉)(漢)　【訓】**うみ** ‖ ㊀〈カイ〉①うみ。「海外・海岸・海水・海浜/外海・近海・公海・航海・山海・四海・深海・大海・内海・領海・臨海」②豊かに集まっているもの。「雲海・官海・苦海・樹海・人海」③度量が広く大きいさま。「海容/天空海闊」㊁〈うみ〉「海辺・海山/青海・荒海・内海・大海・外海」【名付】あま・うな・み【難読】海豹（あざらし）・海驢（あしか）・熱海（あたみ）・海人（あま）・海女（あま）・海参（いりこ）・海豚（いるか）・海上（うなかみ）・海境（うなさか）・海胆（うに）・海老（えび）・淡海（おうみ）・海髪（おごのり）・海月（くらげ）・海鼠腸（このわた）・海象（セイウチ）・海馬（セイウチ）・海鼠（なまこ）・海苔（のり）・海星（ひとで）・海盤車（ひとで）・海鞘（ほや）・海人草（まくり）・海仁草（まくり）・海松（みる）・海蘊（もずく）・海神（わたつみ）・海（わた）の原

界 【学】3　【音】**カイ**(漢)　【訓】さかい ‖ ①空間を分けた区切り。物事のさかい目。「境界・結界・限界・分界・臨界」②範囲を区切った特定の場所。「界隈（かいわい）/外界・各界・眼界・業界・苦界（くがい）・下界・財界・三界（さんがい）・視界・斯界（しかい）・世界・政界・租界・俗界・他界・冥界・社交界」

皆 【音】**カイ**(漢)　【訓】**みな** ‖ 全部。すっかり。「皆勤・皆伝・皆兵・皆無・皆既食/悉皆（しっかい）」【名付】とも・み・みち

人**晦** 【音】カイ(クヮイ)(漢)　【訓】つごもり、くらい、くらます ‖ ①月の末日。「晦朔（かいさく）」②月が出ず、暗い。「晦冥」③よくわからない。「晦渋」④人に知られない。くらます。「韜晦（とうかい）」【補説】人名用漢字表(戸籍法)の字体は「晦」。【難読】晦日（みそか）

×**偕** 【音】カイ(呉)(漢) ‖ ともに。ともども。「偕楽・偕老同穴」【名付】とも

械 【学】4　【音】**カイ**(漢) ‖ 組み立てられた道具。「機械・器械」【補説】原義は、罪人の手足にはめて自由を奪う木製の刑具。

絵〔繪〕 【学】2　【音】**カイ**(クヮイ)(漢)　**エ**(ヱ)(呉) ‖ ㊀〈カイ〉彩色を施して描いたもの。え。「絵画・絵事」㊁〈エ〉㊀に同じ。「絵皿・絵師・絵図・絵筆・絵本・絵馬・絵巻/油絵・影絵・口絵・砂絵・墨絵・錦絵・蒔絵（まきえ）・浮世絵・似顔絵」

開 【学】3　【音】**カイ**(呉)(漢)　【訓】**ひらく、ひらける、あく、あける** ‖ ①閉じているもの、ふさがっているものをあけ放つ。「開花・開眼（かいがん・かいげん）・開港・開閉・開放・開門/公開・散開・全開・疎開・展開・満開」②埋もれているもの、人手が加わっていないものを掘り起こす。「開墾・開拓・開発/新開・切開・打開」③文化が開ける。「開化・開明/未開」④物事を始める。始まる。「開演・開会・開催・開始・開戦・開祖・開幕/再開」⑤数字で、累乗根を求める。「開平・開法・開立」【名付】さく・はる・はるき・ひら・ひらき

階 【学】3　【音】**カイ**(漢)　【訓】きざはし ‖ ①段になった通路。はしご段。「階段・階梯（かいてい）」②地位などの上下の順序。「階級・階層・階調/位階・越階（おっかい）・音階・職階・段階」③建物の床の重なり。「階下/各階・地階」【名付】とも・はし・より

解 【学】5　【音】**カイ**(漢)　**ゲ**(呉)　【訓】**とく、とかす、とける**、ほどく ‖ ㊀〈カイ〉①一つにまとまったものを解き分ける。ばらばらになる。「解散・解体・解凍・解剖/瓦解・電解・氷解・分解・融解・溶解」②もつれ・ごたごたを解きほぐす。「解決/和解」③役目や束縛から解き放す。「解禁・解雇・解除・解消・解職・解任・解放・解約」④解き明かす。「解釈・解析・解説・解答・解明/曲解・見解・誤解・詳解・図解・正解・注解・読解・弁解・明解」⑤物事の筋道・意味がはっきりとらえられる。わかる。「難解・理解・諒解（りょうかい）・不可解・一知半解」㊁〈ゲ〉①解き放す。「解脱・解毒・解熱」②説明・解釈。「義解・集解」【名付】ざ・さとる・とき・ひろ

塊 【音】**カイ**(クヮイ)(呉)(漢)　【訓】**かたまり**、つちくれ ‖ かたまり。「塊根・塊状/金塊・血塊・山塊・団塊・土塊・肉塊・氷塊」【難読】石塊（いしくれ・いしころ）

楷 【音】**カイ**(呉)(漢) ‖ ①手本。模範。「楷式」②漢字の書体の一。「楷書・楷行草」

人**魁** 【音】カイ(クヮイ)(漢)　【訓】さきがけ ‖ ①かしら。首領。「魁首/巨魁・首魁」②堂々として大きい。「魁偉・魁傑」③北斗七星の第一星。「魁星」【名付】いさお・いさむ・つとむ【難読】花魁（おいらん）

×**誨** 【音】カイ(クヮイ)(漢) ‖ 知らない者を教えさとす。「誨淫（かいいん）/教誨・訓誨」【名付】こと・のり

×**誡** 【音】カイ(漢)　【訓】いましめる、いましめ ‖ ①言葉で注意する。いましめる。いましめ。「誡飭（かいちょく）/遺誡・教誡・訓誡」②文体の一。いましめの言葉。「女誡」【補説】①は「戒」と通用する。【名付】まさ

潰 【音】**カイ**(クヮイ)(漢)　【訓】**つぶす、つぶれる**、ついえる ‖ ①秩序ある形がくずれる。乱れ散り散りになる。「潰走・潰滅・潰乱/決潰・崩潰」②ただれてくずれる。「潰瘍（かいよう）」【補説】①は「壊」を代用字とすることがある。

壊〔壞〕 【音】**カイ**(クヮイ)(漢)　エ(ヱ)(呉)　【訓】**こわす、こわれる** ‖ ㊀〈カイ〉こわれる。「壊滅・壊乱・壊血病/自壊・全壊・損壊・倒壊・破壊・崩壊」㊁〈エ〉㊀に同じ。「壊死・壊疽（えそ）/金剛不壊（こんごうふえ）」【名付】つち

懐〔懷〕 【音】**カイ**(クヮイ)(漢)　【訓】**ふところ、なつかしい、なつかしむ、なつく、なつける**、おもう、いだく ‖ ㊀〈カイ〉①胸中にいつまでも思いをいだく。心にいだく思い。「懐疑・懐郷・懐旧・懐古/感懐・旧懐・胸懐・述懐・所懐・素懐・坦懐（たんかい）・追懐・抱懐・本懐」②中に包みいだく。「懐石・懐胎・懐妊」③だき込んで手なずける。「懐柔」④ふところ。「懐剣・懐紙・懐中・懐炉/胸懐」㊁〈ふところ(ぶところ)〉「懐刀・懐具合・懐手/内懐・山懐」【名付】かぬ・かね・きたす・たか・ちか・つね・もち・やす

×**懈** 【音】カイ(漢)　ケ(呉)　【訓】おこたる ‖ おこたる。なまける。「懈惰（かいだ）・懈怠（かいたい・けたい）」

×**獪** 【音】カイ(クヮイ)(漢) ‖ 悪賢い。ずるい。「狡獪（こうかい）・老獪」

諧 【音】**カイ**(漢) ‖ ①調和する。やわらぐ。「諧声・諧調・諧和/和諧」②冗談。ユーモア。「諧謔（かいぎゃく）/俳諧」【名付】なり・ゆき

人**蟹** 【音】カイ(漢)　【訓】かに ‖ ㊀〈カイ〉節足動物の名。カニ。「蟹甲・蟹行」㊁〈かに(がに)〉「蟹座・蟹玉・蟹工船/沢蟹・山蟹」【補説】「蠏」は異体字。【難読】蟹股（がにまた）

漢字項目　がい

外 (学)2 [音]**ガイ**(グヮイ)(漢) **ゲ**(呉) ウイ(唐) [訓]**そと、ほか、はずす、はずれる** ‖ ㈠〈ガイ〉①物の表側。表面。「外観・外見・外面・外柔内剛・外用薬」②ある範囲から離れた外側。「外国・外出・外野/屋外・海外・戸外・郊外・国外・社外・野外」③外国。「外貨・外交・外務/在外・対外・中外・排外」④一定の枠・意向などからはずれること。「案外・以外・意外・課外・言外・号外・心外・番外・法外・例外・論外」⑤正統からはずれていること。「外史・外戚(がいせき)・外伝」⑥ある範囲の外側におく。「除外・疎外」㈡〈ゲ〉①㈠の①に同じ。「外科・外題・外面」②㈠の②に同じ。「外宮」③㈠の⑤に同じ。「外典・外道」㈢〈そと〉「外側・外堀・外枠/内外」[名付]と・との・ひろ [難読]外郎(ういろう)・外様(とざま)・外国(とつくに)

人**亥** [音]ガイ(呉) [訓]い ‖ 十二支の一二番目。い。「癸亥(きがい)・辛亥(しんがい)」

劾 [音]**ガイ**(呉) ‖ 罪を調べ追及する。「弾劾」

×**咳** [音]ガイ(呉) [訓]せき、せく、しわぶき ‖ ㈠〈ガイ〉せき。せきをする。「咳嗽(がいそう)/謦咳(けいがい)・鎮咳・労咳」㈡〈せき(ぜき)〉「空咳(からぜき)・百日咳」

×**孩** [音]ガイ(呉) ‖ 乳飲み子。あかご。「孩嬰(がいえい)/嬰孩(えいがい)・童孩・幼孩」

害 (学)4 [音]**ガイ**(呉) [訓]そこなう ‖ ①生命を途中で断つ。そこなう。傷つける。「害意/加害・危害・殺害・自害・傷害・侵害・迫害」②順調な生存の妨げになるもの。災い。「害悪・害虫・害毒/公害・災害・惨害・実害・水害・損害・被害・弊害・無害・有害・利害・冷害」③邪魔をする。「障害・阻害・妨害・要害」

崖 [音]**ガイ**(漢) [訓]**がけ** ‖ 切り立ったがけ。「懸崖・絶崖・断崖」[補説]「厓」は異体字。

涯 [音]**ガイ**(漢) ‖ ①水ぎわ。岸。「水涯」②遠い果て。限り。「涯際/際涯・天涯・辺涯」③終わりに至るまでの間。「境涯・生涯」

人**凱** [音]ガイ(慣) ‖ ①かちどきをあげる。「凱歌・凱旋」②やわらぐ。「凱風」[名付]たのし・とき・よし

街 (学)4 [音]**ガイ**(慣) **カイ**(漢) [訓]**まち** ‖ ㈠〈ガイ〉①町中を区切る通り。「街頭・街灯・街路」②町中の通りに面した一角。「花街・市街・官庁街・住宅街・商店街・繁華街」㈡〈カイ〉大通り。「街道」㈢〈まち〉「街角」

慨〔慨〕 [音]**ガイ**(慣) ‖ 心を揺さぶる思いで一杯になる。「慨世・慨然・慨嘆/感慨・慷慨(こうがい)・憤慨」

×**碍** [音]ガイ(漢) ゲ(呉) [訓]さまたげる ‖ 進行を邪魔して止める。「碍子」[補説]もと「礙」の俗字。

該 [音]**ガイ**(慣) ‖ ①全体に広く行き渡って備わる。「該博」②枠の全体にぴったり当てはまる。「該当/当該」[名付]かた・かぬ・かね・もり

概〔槪〕 [音]**ガイ**(慣) [訓]おおむね ‖ ①ならして一様にする。全体をならして扱うこと。大体。あらまし。「概括・概観・概況・概算・概数・概説・概要・概略・概論/一概・梗概(こうがい)・大概」②その人の表面に現れた風格や気迫。「気概」[補説]原義は、升の面を平らにならす升かき棒。「槩」は異体字。[名付]むね

蓋 [音]**ガイ**(慣) [訓]**ふた**、おおう、かさ、けだし ‖ ①上から覆いかぶせる。「蓋世」②覆い。ふた。かさ。「円蓋・口蓋・頭蓋(ずがい・とうがい)・天蓋・無蓋・有蓋」③文頭にかぶせて、推測することを表す語。おもうに。けだし。「蓋然性」[補説]「盖」は俗字。

骸 [音]**ガイ**(呉) [訓]むくろ ‖ ①骨組みだけ残った体。「骸骨/形骸・残骸」②死人の体。「遺骸・死骸」

人**鎧** [音]ガイ(慣) [訓]よろい、よろう ‖ 体をおおい守る武具。よろい。「鎧袖(がいしゅう)一触」

×**礙** [音]ガイ(漢) ゲ(呉) [訓]さまたげる ‖ 進行を邪魔して止める。さまたげる。「障礙・阻礙・妨礙・無礙(むげ)」[補説]「害」を代用字とすることがある。「碍」は俗字。「碍子」などはもっぱら「碍」を用いる。

かいうん-しょうほう【開運商法】(—シヤウハフ)「霊感商法」に同じ。

かいうん-どうめい【海運同盟】同一航路に定期船を就航させている海運業者間において、相互間の競争を抑制し他者の参入を制するため、運賃率・配船計画その他の営業上の事項について協定をする国際カルテル。運賃同盟。

かい-え【開会】(—ヱ)仏語。三乗がそれぞれ異なるという誤った考えを切り開いて取り除き、三乗がそのまま仏の絶対の一乗であることを承認、会得させること。天台宗でいう。

カイエ〘(フランス) cahier〙帳面。練習帳。「—デュシネマ(＝フランスの映画雑誌)」

かい-えい【快泳】(クワイ—)見ていて気持ちがよくなるほど、すばらしい泳ぎをすること。

かい-えい【開映】〔名〕(スル) 上映を開始すること。その日の第1回目の上映を開始すること。

がい-えい【×孩×嬰】《「孩」は子供の笑い声、「嬰」は乳飲み子の意》2、3歳の子供。みどりご。孩児(がいじ)。

かい-えき【改易】〔名〕(スル) ❶改めかえること。更新すること。❷中世、罪科などによって所領・所職・役職を取り上げること。❸江戸時代、士分以上に科した刑罰。武士の身分を剝奪(はくだつ)し、領地・家屋敷などを没収する刑。蟄居(ちっきょ)より重く、切腹より一段軽い。

がい-えき【外役】(グワイ—)❶国外で兵役に服すること。外征。❷囚人を刑務所の外で使役すること。また、その作業。

がい-えふ【外▽衛府】(グワイヱフ)奈良時代の令外(りょうげ)の官。宮中の警衛に当たった。外衛(げえ)。げえふ。

かい-えん【快演】(クワイ—)すばらしい演技や演奏。

かい-えん【怪演】(クワイ—)《「快演」のもじり》不気味でありながら、奇妙な魅力のある演技。「特殊メークを施した二枚目俳優の—ぶりが見もの」

かい-えん【海×淵】海底の特に深い凹地。ふつう海溝中にあり、発見船の名を冠してよぶことが多い。世界最深はマリアナ海溝のチャレンジャー海淵で、1万920メートル。

かい-えん【海塩】海水から製した食塩。

かい-えん【海×燕】❶ウミツバメのこと。❷イトマキヒトデの別名。❸タコノマクラの別名。

かい-えん【開園】(—ヱン)〔名〕(スル) ❶幼稚園・動物園など「園」と名のつく施設を新たに開くこと。また、そのような施設が新たに開かれること。「四月一日—」⇔閉園。❷公園・動物園などが、客を入れてその日の業務を始めること。「九時に—する」⇔閉園。

かい-えん【開演】〔名〕(スル) 音楽・演劇・演芸などの催し物を始めること。⇔終演。

がい-えん【外延】(グワイ—)論理学で、概念が適用される事物の集合。例えば、惑星という概念の外延は水星・金星・地球・火星・木星・土星など。⇔内包。

がい-えん【外炎｜外×焔】(グワイ—)炎(ほのお)の外側の部分。⇔内炎。➡酸化炎

がい-えん【外×苑】(グワイヱン)神社・皇居などの外にある付属の庭園。「神宮—」⇔内苑。

がい-えん【外援】(グワイヱン)よそからの助け。ほかからの援助。

がい-えん【外縁】(グワイ—)外側のへり。外側にそったところ。外周。⇔内縁。

かいえん-たい【海援隊】(カイヱン—)江戸末期、坂本竜馬らが長崎亀山で組織した貿易結社。慶応元年(1865)結成、当初は亀山社中と称したが、同3年竜馬が隊長となって改称。主として薩長両藩のために西洋の物産・武器・船舶などの輸入に当たった。竜馬死後の同4年解散。

カイエンヌ-ペッパー〘cayenne pepper〙▶カイエンペッパー

かいえん-ふ【懐遠府】(クワイヱン—)もと皇居内にあった記念館。義和団事件で戦死した将兵の肖像・名簿や戦利品を保管。昭和21年(1946)解体。

カイエン-ペッパー〘cayenne pepper〙《「カイエンヌペッパー」とも》辛味の特に強い赤トウガラシ粉。肉料理の調味や各種ソースに用いられる。

がいえん-りょう【外延量】(グワイエンリャウ)質量・長さ・体積などの同じ種類で加え合わせることのできる量。⇔内包量。

かいおう-せい【海王星】(カイワウ—)太陽系の8番目の惑星。太陽からの平均距離45億440万キロ、すなわち30.1104天文単位、公転周期164.774年、赤道半径2万4764キロ。質量は地球の17.15倍あり、自転周期は0.671日。4本の環とトリトンなど13個の衛星をもつ。1846年にベルリン天文台のJ＝G＝ガレが発見した。ネプチューン。

▷**海王星の衛星**
トリトン、ネレイド、ナイアッド、タラッサ、デスピナ、ガラテア、ラリッサ、プロテウス、ハリメデ、プサマテ、サオ、ラオメデイア、ネソ

かいおうせい-いえんてんたい【海王星以遠天体】(カイワウセイイヱンテンタイ)▶太陽系外縁天体

かいおおい【貝おほひ】(かひおほひ)江戸前期の俳諧発句合わせ。1巻。松尾芭蕉編。寛文12年(1672)刊。当時の小歌(こうた)や流行詞などを用いた発句30番の句合わせに、その判詞を添えたもの。

かい-おおい【貝覆い】(かひおほひ)「貝合わせ❷」に同じ。

かい-おき【買(い)置き】(かひ—)〔名〕(スル) ❶余分に買って蓄えておくこと。また、その品。「タバコを—しておく」❷値上がりの時に売って、利益を得ようとして、買い込んでおくこと。

かい-おく【壊屋】(クワイヲク)壊れた家。破屋(はおく)。

かい-おけ【貝×桶】(かひをけ)貝合わせの貝殻を入れるふた付きの桶。八角・六角・四角・丸形などがあり、地貝(じがい)用と出し貝用と2個で一組となる。蒔絵(まきえ)を施し、江戸時代には嫁入り道具の一つとされ、現在でも雛道具の一つとなっている。〔季 春〕

かい-おけ【飼い×桶】(かひをけ)かいばおけ。

かい-オペ【買(い)オペ】(かひ—)「買いオペレーション」の略。

かい-オペレーション【買(い)オペレーション】(かひ—)市場が資金不足のときに、中央銀行(日本では日本銀行)が金融機関の保有する債券などを買い上げて市場に資金を供給すること。金融機関の支払準備金が増加し、金融が緩和される。買いオペ。➡公開市場操作

かいおれ-くぎ【×搔い折れ×釘】(かいをれ—)断面が四角く、頭部が鉤(かぎ)の手に少し曲がっている大きな釘。和船などに使用。

かい-おん【介音】中国音韻学で、頭子音と母音との間に入る半母音[i][u][ü]の音。介母。

かい-おん【回音】(クワイ—)▶ターン❺

かい-おん【快音】(クワイ—)聞いて気持ちのよい音。

かい-おん【開音】❶室町時代の日本語で、アウ・カウ・サウや、キャウ・シャウ・チャウなどが長音化した場合の母音。[ɔː]で表す。⇔合音(ごうおん)。❷中国音韻学の用語。口の開きの大きい音節で、円唇性の音をもたないもの。

かいおんじ-ちょうごろう【海音寺潮五郎】(—テウゴラウ)[1901〜1977]小説家。鹿児島の生まれ。本名、末富東作(すえとみとうさく)。虚構を排した歴史小説作家の第一人者として史伝文学の復興に貢献した。「天正女合戦」「武道伝来記」で直木賞受賞。他に「西郷隆盛」「平将門」「天と地と」など。

かい-おんせつ【開音節】母音で終わる音節。日本語の音節のほとんどがこれにあたる。⇔閉音節。

かい-か【改嫁】女性が再婚すること。〈日葡〉

かい-か【怪火】(クワイクワ)❶不思議な火。怪しい火。鬼火、狐火(きつねび)の類。❷原因不明の火事。不審火。

かい-か【開化】(—クワ)〔名〕(スル) ❶人間の知識が開け、文化が進歩すること。「文明が—する」❷西洋風俗や新知識を身につけていることを気どること。ハイカラで

あること。「勝野君なぞは―した高尚な人間で」〈藤村・破戒〉 補説 明治維新後の急激な西洋文化の流入に伴って、主に「文明開化」の形で一つの流行語となった。 類語 文明・文化・文華・文運

かい-か【開花】ークワ〔名〕スル ❶草木の花が咲くこと。「梅がいっせいに―する」❷物事が盛んになること。また、成果が現れること。「市民芸術の―」「日ごろの努力が―する」 類語 咲く

かい-か【開架】図書館で、利用者が直接に書架から資料を取り出すことができる方式。開架式閲覧法。

かい-か【階下】❶階段の下。きざはしのもと。⇔階上。❷2階以上の建物で、下の階。⇔階上。

かい-か【諧▽和】ークワ ▶かいわ(諧和)

かい-が【怪×訝】クワイー〔名〕スル 納得がいかず、けげんに思うこと。「少年の頃に、浮世を―し、厭嫌するの情起り易きは」〈透谷・厭世詩家と女性〉

かい-が【界画】ーグワ 中国画の一技法。楼閣・舟・車・橋などの構築物を、定規を用いて線書きする。また、この画法による絵画。屋木画(おくぼくが)。宮室画。

かい-が【絵画】クワイグワ 造形美術の一。線や色彩で、物の形・姿を平面上に描き出したもの。絵。画。
類語 絵・絵図・図画・図絵・素描・画・イラスト・イラストレーション・スケッチ・デッサン・カット・クロッキー

がい-か【外貨】グワイクワ ❶外国の貨幣。❷外国の品物・商品。「―輸入」 類語 金・銭・金銭・貨幣・通貨

がいか【垓下】中国安徽(あんき)省の古戦場。紀元前202年、漢の高祖劉邦(りゅうほう)の大軍が楚(そ)の項羽(こうう)を包囲した地。項羽は四面楚歌のうちに敗れ、烏江(うこう)で自殺して、漢王朝による天下統一が成った。

がい-か【崖下】がけの下。絶壁の下。

がい-か【×凱歌】戦いに勝ったときに歌う喜びの歌。かちどき。 類語 勝ちどき・ときの声
凱歌を揚(あ)・げる 《勝利を喜ぶ歌を歌う意から》戦いに勝つ。凱歌を奏する。

がい-か【蓋果】ークワ 成熟すると果皮が横に裂け、上部がふたのように取れ、下部が椀(わん)状に残る果実。スベリヒユ・オオバコ・マツバボタンなどにみられる。

ガイガー〖Hans Wilhelm Geiger〗[1882〜1945]ドイツの物理学者。ラザフォードのもとで放射線を研究。放射能の測定器を発明。また、α(アルファ)崩壊に関する「ガイガー-ヌッタルの法則」を発見した。

ガイガー-カウンター〖Geiger counter〗▶ガイガーミュラー計数管

ガイガー-けいすうかん【ガイガー計数管】ーケイスウクワン ▶ガイガーミュラー計数管

ガイガーミュラー-カウンター〖Geiger-Müller counter〗▶ガイガーミュラー計数管

ガイガーミュラー-けいすうかん【ガイガーミュラー計数管】ーケイスウクワン 放射線測定器の一。アルゴンなどの気体を封入した金属円筒を陰極、その中心に張った針金を陽極とし、高電圧をかけたもの。放射線が入射すると放電が起こり、その時の電流を増幅して計測する。1928年にガイガーとミュラー(W.Müller)が考案。ガイガーカウンター。ガイガー計数管。ガイガーミュラーカウンター。GM管。

かい-かい【×痒×痒】《「かゆいかゆい」から》疥癬(かいせん)の俗称。

かい-かい【開会】ークワイ〔名〕スル 会議や集会を始めること。また、始まること。「司会者のあいさつで―する」⇔閉会。

かい-かい【×詼諧】クワイー こっけいな言動をしてふざけること。おどけ。諧謔(かいぎゃく)。「目前の滑稽に、僕が拙作の―を潤色なしたれば」〈魯文・西洋道中膝栗毛〉

かい-かい【怪怪】クワイクワイ〔形動〕文〔ナリ〕非常にあやしいさま。「奇々―な事件」

かい-かい【×恢×恢】クワイクワイ〔形動タリ〕大きく広く包み入れるさま。ゆったりとしているさま。「天網―として疎(おろそ)かなれども漏らさずと言へり」〈仮・浮世物語・五〉

かい-がい【海外】ーグワイ 海の向こうの国。外国。「―に進出する」「―旅行」
類語 外国・異国・他国・異邦・異境・異郷・他郷・外つ国・外邦・他邦・異朝・異土・外地・海彼(かいひ)

がい-かい【外海】グワイー ❶周囲を陸地などに囲まれていない海。また、陸地から遠く離れた海。そとうみ。「―に出る」⇔内海(ないかい)。❷海外の地。外国。
類語 海・海洋・大洋・大海・海原・領海・公海・大海原・青海原・内海(うちうみ)・内海(ないかい)・外海(そとうみ)・わたつみ

がい-かい【外界】グワイー ❶外の世界。まわりの世界。❷哲学で、意識から独立してその外部に存在するすべてのもの。客観的実在の世界。⇔内界。
類語 外・外方・外部・域外・圏外・枠外・埒外(らちがい)・外側

がい-がい【×皚×皚】〔ト・タル〕文〔形動タリ〕雪や霜で辺り一面が真っ白く見えるさま。「―たる雪の中の一つの別れ」〈長与・竹沢先生と云ふ人〉

かいがいけいざいきょうりょく-ききん【海外経済協力基金】カイグワイケイザイケフリヨクー 開発途上国の経済開発資金を供給するために設置された融資機関。また、その基金。全額政府出資の資本金と借入金を資金とした。昭和36年(1961)設立、平成11年(1999)国際協力銀行に業務を引き継ぎ解散。OECF(Overseas Economic Cooperation Fund)。

かいがい-けん【海外県】カイグワイー 1946年、フランスの海外領土の一部に設置された県。国内の県と同等に扱われ、国会議員を出す。マルティニーク島(カリブ海)、グアドループ(カリブ海)、フランス領ギアナ(南米)、レユニオン島(マダガスカル島沖)、マヨット(コモロ諸島)の5県。

かいがい-し・い【▽甲×斐▽甲×斐しい】かひがひー〔形〕文かひがひ・し〔シク〕❶動作などがいかにも手ぎわよく、きびきびしているさま。「―・く立ち働く」「―・いエプロン姿」❷骨身を惜しまずに仕事に打ち込むさま。けなげだ。「―・く看病する」❸効果がはっきり現れるさま。物事が期待どおりになるさま。「いみじう急ぎたたせ給ふもことわりなり。よろづに―・しき御ありさまなり」〈栄花・初花〉❹頼りがいのあるさま。頼もしいさま。「年老い、身―・しく候はで」〈義経記・八〉 派生 かいがいしげ〔形動〕かいがいしさ〔名〕

かいかい-しき【開会式】カイクワイー ❶開会にあたって行う儀式。❷国会が、天皇の臨席を得て会期のはじめに行う式典。

かいがい-しんぶん【海外新聞】カイグワイー 幕末に横浜で発行された、海外のニュースを中心とした新聞のこと。「官板(かんぱん)海外新聞」「海外新聞」など。

かいがいちゅうざいいん-そうごうほけん【海外駐在員総合保険】カイグワイチユウザイヰンソウガフホケン 海外長期滞在者を対象に、海外に長期滞在する場合に特有の危険を総合的に担保する目的の保険。

カイカイデ【快快的】〔副〕《中国語》急いで。早く。

かいがいとうし-ほけん【海外投資保険】カイグワイー ▶投資保険

かいがい-とこう【海外渡航】カイグワイトカウ 飛行機や船で外国に行くこと。

かいがいとこう-いしょく【海外渡航移植】カイグワイトカウー ▶渡航移植

かいがいとこう-きんしれい【海外渡航禁止令】カイグワイトカウー 江戸幕府の鎖国政策の一部をなす法令。寛永10年(1633)奉書船以外の日本船の海外渡航を禁じ、同12年海外渡航と在外日本人の帰国を全面的に禁止した。

かい-がいねん【下位概念】カキー 論理学で、二つの概念が包括・被包括の関係にあるとき、包括されるほうの概念。例えば、生物に対する動物や植物。低級概念。⇔上位概念。

かいがい-ほうそう【海外放送】カイグワイハウソウ 外国に向けて発信される放送。国際放送。

かいがい-りょこう【海外旅行】カイグワイリヨカウ 海を隔てた外国への旅行。

かいがいりょこう-ほけん【海外旅行保険】カイグワイリヨカウー 海外旅行先での病気・けがや盗難などによる損害を塡補する目的の保険。海外旅行傷害保険。

かいかえ-じゅよう【買(い)換え需要｜買(い)替え需要】かひかへジユエウ 今使っているものが古くなった、性能が落ちたなどの理由で新しい製品に買い換えるところから生じる需要。

かい-かえ・す【買(い)返す】かひかへす〔動サ五(四)〕一度売ったものを再び買いとる。買いもどす。「売った株を―・す」

がいか-エムエムエフ【外貨MMF】グワイクワー ▶エム-エム-エフ(MMF)

かい-か・える【買(い)換える｜買(い)替える】かひかへる〔動ア下一〕文かひか・ふ〔ハ下二〕新しく買い入れて、今までの物ととりかえる。「車を―・える」

かい-がかり【買(い)掛(か)り】かひー「買い掛け」に同じ。「細々した近所の―に支払いをした残りで」〈秋声・あらくれ〉

がいか-きんゆう【外貨金融】グワイクワー 外貨建ての金融。外国為替を取り扱う銀行が国内で行う金融と、海外で行う金融とがある。

かい-かく【介殻】貝殻(かいがら)。

かい-かく【改革】〔名〕スル 従来の制度などを改めてよりよいものにすること。「機構を―する」 類語 変革・改変・革命・改造・改新・維新・世直し・クーデター

かい-かく【海角】陸地が海に細く突き出した先端の部分。岬。

かい-がく【海岳】海と山。大恩のたとえに用いられる。「―の鴻恩(こうおん)実以て報答(ほうとう)奉るべきようもこれなく候」〈染崎延房・近世紀聞〉

かい-がく【開学】〔名〕スル 大学を開設し、教育活動を始めること。「―の精神」

がい-かく【外角】グワイー ❶多角形で、1辺とその隣の辺の延長とに挟まれた角。凸多角形の外角の和は4直角に等しい。⇔内角。❷野球で、本塁ベースの、打者から遠い側のかど。アウトコーナー。⇔内角。
類語 アウトコース・アウトサイド・アウトコーナー

がい-かく【外客】グワイー 外国から来た客。がいきゃく。

がい-かく【外核】グワイー 地球の核のうち、内核の外側の部分。地表から2900〜5000キロの間。鉄を主成分とし、高温・高圧の液体と考えられている。外部コア。

がい-かく【外殻】グワイー 外側を包んでいる殻(から)。

がい-かく【外郭｜外×廓】グワイクワク 城や建物の周囲にめぐらす囲い。そとがこい。そとぐるわ。転じて一般に、そとまわり、外側のもの。⇔内郭。

かいかく-かいほう【改革開放】ーカイハウ 中国で、1978年から鄧小平を中心として実施された経済政策。文化大革命後の経済を立て直すため、経済特別区の設置、人民公社の解体、海外資本の積極的な導入などが行われ、市場経済への移行が推進された。

がいかく-だんたい【外郭団体】グワイクワクー 官庁などの組織の外部にあって、これと連携し、その活動や事業を支援する団体。

かいかく-は【改革派】従来の制度などを改めてよりよいものにしようとする勢力。革新派。⇔守旧派。

かいかくは-きょうかい【改革派教会】ーケウクワイ プロテスタント教会の一。カルバンの神学的伝統を継ぐ教会で、組織的には長老制をとる。

がいかく-もん【外郭門】グワイクワクー ❶城や王宮などの外がこいにある門。❷大内裏(だいだいり)の外郭にある諸門。朱雀門(すざくもん)など14門がある。⇔内郭門。

かい-かけ【買(い)掛け】かひー 代金あと払いで商品を買うこと。買い掛かり。掛け買い。⇔売り掛け。

かい-がけ【皆掛(け)】品物を、入れ物ごとはかりにかけること。うわめ。〈和英語林集成〉

かいかけ-きん【買掛金】かひかけー 商品買い掛けの代金。仕入代金の帳簿上の未払額。⇔売掛金。

かいかけきん-かんじょう【買掛金勘定】かひかけキンカンヂヤウ 簿記で仕入先に対する買掛金を記録する勘定。買掛勘定。⇔売掛金勘定。

がいか-さい【外貨債】グワイクワー 債券発行者の国以外で募集される債券。外国の通貨で表示され、その通貨で払い込まれ、原則としてその通貨で償還される。日本円を外貨債で運用して日本円で回収する場合には為替リスクを伴う。日本国内で非居住者が発行する外貨建て債券はショーグンボンド(東京外貨債)とよばれる。外貨建て債。外貨建て債券。➡円建て債

がいか-しさん【外貨資産】グワイクワー 外国の通貨で価値が表示される資産の総称。外貨預金・外貨債・外

か

貨建て投資信託・外国株式など。資産固有のリスクに加えて為替リスクが存在する。外貨建て資産。

がいかしゅうちゅう-せいど【外貨集中制度】為替管理の一。貿易業者などが輸出その他によって得た外貨を、政府または為替銀行へ集中させる法制度。全面集中制と持ち高集中制がある。外国為替集中制度。

がいか-じゅんびだか【外貨準備高】政府や中央銀行が、外国への支払いに充てるために保有している金および外貨資産の総額。通貨当局が外国為替市場に介入するための資金にも利用される。

がいか-しょうけん【外貨証券】外貨で表示される証券。また、外国で支払いを受けられる証券。

かいか-ぜんせん【開花前線】同一の植物の開花日が同じ地点を地図上で1本の線で結んだもの。天気図の前線に似るところからいい、春の北上を示す。桜(染井吉野)・梅・椿などについて観測している。➡桜前線

かい-かた【買(い)方】❶買う方法。❷買うほうの人。特に、株式の信用取引や商品の先物取引での買い手。⇔売り方。〔類語〕買い手・買い主・バイヤー

がいかだて-さい【外貨建(て)債】►外貨債

がいかだて-さいけん【外貨建(て)債券】►外貨債

がいかだて-しさん【外貨建(て)資産】►外貨資産

がいかだて-しゃさい【外貨建(て)社債】外国通貨と引き換えに発行される社債のうち、劣後特約が付されていないもの。社債の発行体は、必要な外貨の調達から償還までを為替リスクなしで行える。国内で発行される場合と、国外(対象通貨の流通している国など)で発行される場合がある。

がいかだて-そうば【外貨建(て)相場】「受取勘定建相場」に同じ。

かい-かつ【快活】〔形動〕図〔ナリ〕気持ちや性質が明るく元気のよいさま。「一な性質」「一な少女たち」〔派生〕かいかつさ〔名〕〔類語〕活発・精彩・明るい

かい-かつ【快×闊｜快×豁】〔形動〕図〔ナリ〕❶「開豁❶」に同じ。「此場所は如何にも静で且つ一で」〈独歩・運命論者〉❷「開豁❷」に同じ。「達雄は眉を動かして一らしく笑った」〈藤村・家〉❸「快活」に同じ。「顔に生気を漲ぎらして一に表へ出た」〈漱石・彼岸過迄〉

かい-かつ【開×豁】〔形動〕図〔ナリ〕❶広々として眺めのよいさま。快闊。「一な田野」❷心が広く、こせこせしていないさま。快闊。「一な人柄」
〔類語〕闊達・磊落・広い

がい-かつ【概括】〔名〕スル ❶内容のあらましをまとめること。「意見を一する」❷論理学で、さまざまな事物に共通する性質を抽象し、その性質を一つの概念にまとめること。一般化。
〔類語〕大筋・概略・概要・大要・あらまし・粗筋

がいか-てがた【外貨手形】手形の額面金額が、外国通貨で表示されている外国為替手形。⇔円貨手形。

がいか-てどりりつ【外貨手取率】商品の輸出価格に占める外貨の純手取額の割合。輸出価格からそれに使用した原材料の輸入価格を差し引いた純手取額を、輸出価格で割った百分比で表す。

かいか-てんのう【開化天皇】記紀で、第9代の天皇。孝元天皇の第2皇子。名は稚日本根子彦大日日尊。皇居は大和春日率川宮。

かいか-どんぶり【開化丼】どんぶり飯に、牛肉とタマネギの卵とじをのせたもの。明治初期に入ってきたタマネギと、一般に禁忌だった牛肉を新しく使ったところからいう。

かい-が-ね【甲斐ヶ嶺｜甲斐ヶ根】甲斐にある高山。赤石山脈の主峰、白根山のこと。甲斐の白根。〔歌枕〕「一をさやにも見しが心なく横ほり伏せるさやの中山」〈古今・東歌〉

かい-がね【貝鐘｜貝×鉦】❶寺で用いたほら貝と鐘。「三井寺には一鳴らいて、大衆僉議すす」〈平家・四〉❷陣中で、号令や合図に用いたほら貝と鐘。「軍に勝ちて一を鳴らし」〈盛衰記・一三〉

かいがね【×胛】肩甲骨。貝殻骨。「わたり七寸ばかりなる雁俣を以て、一より乳の下へ、かけずふっと射通さるる」〈太平記・三三〉

かいか-は【開化派】朝鮮の李朝末期、清からの独立と明治維新にならった改革を目標とした政治的党派。1882年の壬午の変後、金玉均・朴泳孝らを中心に結成。守旧派(事大党)と対立し、84年、独立を目ざして甲申事変を起こしたが失敗。独立党。

がい-かひ【外果皮】種子植物の心皮が発達してできた果皮のうち、いちばん外側の層。桃では毛があり、リンゴでは赤、ミカンでは橙色の部分。

かい-かぶ・る【買い▽被る】〔動ラ五(四)〕❶人物を実際以上に高く評価する。「そう一・られても困る」❷品物を実際の価値よりも高く買う。「お前に泣いて口説かれるので、五十か六十いつでも一・らあ」〈伎・小紋単地〉

かいか-ホルモン【開花ホルモン】植物の茎の先端に作用し、花芽形成を起こさせるホルモン。花成素。花成ホルモン。

かい-かむり【貝▽被】十脚目カイカムリ科のカニ。浅海の岩場にすむ。甲幅約8センチ。甲は半球形にふくらみ、体表は茶色の毛で覆われる。後ろ二対の歩脚は短くて背面につき、先が鉤状で貝殻・ホヤや海綿を背負う。生殖孔の位置から原始的とされる。

がいか-よきん【外貨預金】外国為替を取り扱う銀行に開設する外貨建ての預金。

がいか-よたく【外貨預託】政府が、外国為替資金として、外国為替資金特別会計から外国為替を取り扱う銀行へ外貨を預けること。

かい-がら【貝殻】貝の軟体を外側から包む石灰質などからなる硬い物質。

かいがら-ついほう【貝殻追放】►オストラシズム

かいがら-ぶし【貝殻節】鳥取県の民謡。鳥取市賀露港一帯で、ホタテガイ漁の際に歌われたもの。昭和初期、浜村温泉の宣伝歌として流布。

かいがら-ぼね【貝殻骨】肩甲骨の俗称。

かいがら-むし【貝殻虫】半翅目カイガラムシ上科の昆虫の総称。二齢以降の幼虫は体から蝋物質などを分泌して貝殻状のものを作り、植物に固着して樹液を吸う。雌の成虫は幼虫の形態があまり変化せず、無翅で貝殻状。雄の成虫は2枚の翅をもち飛ぶ。ルビーロウムシ・ヤノネカイガラムシなどがあり、多くは害虫であるが、ラックカイガラムシ・イボタロウムシなど有用のものもある。

かいが-りょうほう【絵画療法】絵画を通じて行う心理療法の技法の一。患者が自由に描いた絵をもとに、言語では表現できない内面的な問題を読み取り、治療に役立てる。絵を描くことに集中することで患者自身が不安やストレスから解放されたり、作品を通して自分を見つめ直すこともできる。

かい-かわせ【買(い)為-替】為替銀行が外国為替などを買い取ること。また、その手形。⇔売り為替。

かい-かん【会館】集会・会議・儀式などに用いる目的で建てた建物。「産業一」
〔類語〕公会堂・講堂・ホール・議事堂

かい-かん【快感】こころよい感じ。いい気持ち。「優勝の一にひたる」

かい-かん【快漢】気性のさっぱりした、感じのよい男。快男児。好漢。

かい-かん【怪漢】怪しい男。怪人物。

かい-かん【×挂冠】►けいかん(挂冠)

かい-かん【海関】海港に置かれた税関。本来、清代の中国で外国貿易のための開港場に設けられたものをいう。

かい-かん【開巻】❶書物を開くこと。また、書物の初めの部分。書きだし。「一第一ページの句」❷遊戯的な俳諧で、作句を一座の前で公開すること。「応柳庵と源氏庵の評の年籠りを一するから」〈滑・七偏人・初〉

かい-かん【開館】〔名〕スル ❶図書館・博物館・映画館など「館」と名のつく施設の業務を新たに始めること。⇔閉館。❷図書館・博物館・映画館などがその日の業務を始めること。「11時一」⇔閉館。

かい-かん【解官】官職を免じること。げかん。

かい-がん【回×雁】❶返事の手紙。返書。返信。➡雁の使い ❷北へ帰る雁。帰雁。

かい-がん【海岸】陸地が海と接する地帯。海辺。
〔類語〕海辺・沿海・沿岸・海沿い・浜・浜辺・海浜・砂浜

かい-がん【開眼】〔名〕スル ❶よく見えなかった目が、よく見えるようになること。また、よく見えるようにすること。「一手術」❷►かいげん(開眼)

かい-がん【開×龕】《「龕」は厨子のこと》厨子を開いて中の仏像を拝ませること。開帳。

かい-がん【解顔】顔の表情を和らげること。特に、笑顔になること。

かい-がん【×魁岸】体躯が大きく、たくましいこと。「一勇偉、膂力絶倫、満身の花文、人を驚かして自ら異とにす」〈露伴・運命〉

かい-がん【×蟹眼】《カニの目のような小さな泡が立つところから》茶釜の湯の煮えたぎること。

がい-かん【外患】外国や外部からの圧迫や攻撃を受けるおそれ。外憂。「内憂一」⇔内患。

がい-かん【外間】当事者以外の人々の間。その事に関係のない人々。「一へ暴露した行動を見たのであるが」〈鷗外・青年〉

がい-かん【外観】外側から見た感じ。見かけ。うわべ。外見。〔類語〕表面・上面・皮相・上辺・表面・外見・外見・外面・外面・表向き・見掛け・みてくれ・見た目・見栄え・なりふり

がい-かん【×碍管】電線を中に通す絶縁用の陶製の管。屋内配線を壁などに通すときに用いる。

がい-かん【概観】〔名〕スル 物事のあらましを見渡すこと。また、大体のありさま。「世界の情勢を一する」

がい-かん【蓋棺】棺にふたをすること。人の死をいう。

がいかんえんじょ-ざい【外患援助罪】外国から武力行使されたときに、その国の軍に参加したり協力したりする罪。刑法第82条が禁じ、死刑または無期、もしくは2年以上の懲役に処せられる。

かいがん-きこう【海岸気候】海岸に特徴的な気候。海洋気候と内陸気候の中間の特性を示し、気温の年・日変化は内陸より小さく、海陸風が発達する。

かいかんきょうききょうかくでん【開巻驚奇侠客伝】読本。4集20巻。曲亭馬琴著。天保3〜6年(1832〜35)刊。新田氏と楠氏の子孫が、足利将軍の時代に南朝のため忠義を尽くす物語。未完。嘉永2年(1849)萩原広道が続編5集5巻を著したが、これも未完。

かいがん-きょく【海岸局】洋上の船舶と交信するために陸上に設置された無線局。

かいがん-こうがく【海岸工学】海岸の水理現象や、海岸構造物などを工学的に研究する学問。

がいかん-ざい【外患罪】国家の対外的安全を害する罪。外国と通謀して日本国に対して武力を行使するに至らせる罪(外患誘致罪)と、外国からの武力行使に助力する罪(外患援助罪)とがある。刑法第2編第3章に定められている。

かいがん-さきゅう【海岸砂丘】海岸にあって、風の作用で砂が堆積して生じた小高い丘。海岸線に平行するもの、斜交した砂丘列を作るものなど。

かいかん-じゅうごう【開環重合】環式化合物が環を開き、鎖式化合物となって重合する反応。カプロラクタムがナイロンとなる反応など。

かいがん-しんしょく【海岸浸食】打ち寄せる波の力によって、海岸が少しずつ削られていくこと。

かいがん-せん【海岸線】❶陸地と海水面との境界にあたるとみなされる線。満潮時の境界線を高潮海岸線、干潮時のものを低潮海岸線といい、ふつう地形図では前者、海図では後者が描かれている。汀線。❷海岸に沿う鉄道線路。

かいがん-だんきゅう【海岸段丘】過去の海

底が相対的に隆起して形成された、階段状の地形。海岸線に沿って分布する。海成段丘。
かいかん-へい【海関平】 中国で、海関税を査定するのに用いた秤。関平。
かいがん-へいや【海岸平野】 土砂の堆積した浅海底が、地盤の隆起や海面の低下により陸上に現れてできた平野。海岸地帯にある海岸砂丘・三角州・扇状地などの低平な地形をもいう。
かいがん-ほあんりん【海岸保安林】 海岸に造成される保安林。飛砂・塩害・潮害・風害の防止のほか、魚の海岸への接近、航行目標の保存などを目的とする。クロマツが多く用いられる。
かいがん-ほう【海岸砲】 海からの侵略者を撃退するために海岸に据え付けられた大砲。口径が大きく、射程距離の長い大砲が多い。沿岸砲。
がいかんゆうち-ざい【外患誘致罪】 外国に働きかけて日本国に武力行使させたり、武力行使されると知ってそれに協力したりする罪。刑法第81条が禁じ、死刑に処せられる。
かい-き【会記】 茶会の記録。客の名前、道具立て、花・懐石・菓子などを記したもの。茶会記。
かい-き【会規】 会の規則。会則。
かい-き【会期】 ❶集会などが行われる時期・期間。❷国会や地方議会が活動する期間。通常国会の期間は原則として150日。臨時国会・特別国会の期間は両議院一致で決めるが、不一致のときは衆議院の議決による。地方議会では当該議会が決める。
かい-き【回忌】《「年回忌」の略》人の死後、毎年回ってくる祥月命日。満1年目を一回忌または一周忌、満2年目を三回忌または三周忌、以後は、七・十三・三十三・五十・百回忌などといい、供養を行う。年忌。周忌。
かい-き【回帰】〔名〕(スル) ひとまわりして、もとの所に帰ること。「伝統への―」
かい-き【快気】〔名〕(スル) ❶さっぱりして気持ちがよいこと。❷病気が治ること。全快。(類語)全治・全快・完治・治癒・平癒・根治・全癒・快癒・本復・回復
かい-き【怪奇】〔名・形動〕❶あやしく不思議なこと。また、そのさま。「―な物語」「複雑―」❷姿かたちが不気味なこと。また、そのさま。グロテスク。「―な風貌」(派生)かいきさ〔名〕
(類語)不思議・妙・奇妙・奇怪・奇異・怪異・不可思議・面妖・奇天烈・摩訶不思議・けったい
かい-き【海気】 海辺の空気。「―浴」
かい-き【海気｜海黄】 絹織物の一。ふつう縦糸も横糸もともに練り糸を用いた平織。滑らかで光沢がある。近世初期に渡来した中国産で、日本でも甲斐国郡内地方で産するようになり、甲斐絹の字を当てた。夜具地・羽織地などに用いられる。
かい-き【皆既】「皆既食」の略。
かい-き【買(い)気】 ❶物を買おうとする気持ち。(対)売り気。❷取引所などでの買い手の人気。
かい-き【開基】〔名〕(スル) ❶物事のもとを開くこと。基礎を築くこと。「ビホロ町では、…一六十六周年、町制施行三十周年の祝典が催される〈武田泰淳・森と湖のまつり〉」❷仏寺または一宗派を創立すること。また、その僧。開山。❸仏寺創建の際、財政的支持を行う世俗の人。特に禅宗で、開山と区別していう。
かいき【槐記】 ㊀江戸時代の随筆。近衛家熙の侍医であった山科道安が、享保9年(1724)から同20年までの間、家熙の言行を日録風に記述したもの。茶道に関する記録が多い。槐下与聞。雲上茶語。㊁藤原頼長の日記「台記」の異称。
かい-ぎ【会議】〔名〕(スル) ❶関係者が集まって相談をし、物事を決定すること。また、その集まり。「編集方針について―する」「―室」❷ある事柄を評議する機関・組織。「日本学術―」
(類語)(❶)協議・評議・商議・審議・合議・会談・会合・話し合い・ミーティング・会・集会・寄り合い・集まり
会議は踊るされど会議は進まず 1814年から翌年、ウィーン会議の舞台裏で、参加国の元首や大使たちがかけひきに終始しているのを、フランスの代表タレーランが皮肉を込めて言った言葉。
かい-ぎ【回議】〔名〕(スル) 担当者が原案を作り、関係者の間に順次に回して、意見を聞き、または承諾を求めること。「細則については後日―する」「―録」
かい-ぎ【快技】 見ていて気持ちがよい、みごとな技。妙技。美技。「会場の観衆に―を披露する」
かい-ぎ【海技】 船舶職員として必要な技術。
かい-ぎ【解義】 意義をときあかすこと。解釈。(類語)釈義・講釈・評釈・義解・読解・釈する・説き明かす
かい-ぎ【懐疑】〔名〕(スル) 物事の意味・価値、また自他の存在や見解などについて疑いをもつこと。「新療法の効果について私は―的だ」「人生を―する」
(類語)疑問・疑い・疑義・疑惑・疑念・疑心・不審・猜疑・狐疑・疑団・疑点・半信半疑
がい-き【外気】 戸外の空気。外の空気。「―に触れる」(類語)空気・大気・気・エア
がい-き【×咳気】 せきが出ること。また、せきの多く出る病気をいう。がいけ。「此のわたりの人、古くは、風引きたることを―といへりき〈玉勝間・一二〉」
がい-ぎ【外議】 世間のうわさ。世評。
かいき-いわい【快気祝(い)】 病気の全快を祝うこと。また、病気が全快したとき、病中に見舞ってくれた人に贈物などして、お礼の気持ちを表すこと。
かい-きえん【快気炎】《「怪気炎」をもじっていったもの》さっぱりしていて威勢のいい言動。
かい-きえん【怪気炎】 調子がよすぎて、真実味がないように聞こえる、盛んな意気。「―をあげる」
かいき-きどう【回帰軌道】 人工衛星がとる軌道の一。1日に地球を数回周り、毎日同一地域の上空を通過する。地球の自転周期の整数分の1の周期で公転し、衛星は1日に公転周期の逆数回だけ周回して元の位置に戻ってくる。極軌道またはそれに近い軌道をとり、偵察衛星、気象衛星、地球観測衛星などの軌道として利用することが多い。
かいき-げっしょく【皆既月食｜皆既月×蝕】 月食で、月全体が地球の本影に入る現象。地球の大気で屈折された太陽光が月に当たるため、銅色に淡く見え、全く見えなくなることは少ない。
がいき-けん【外気圏】 大気圏の最も外側の層。地上500キロ以上。この領域からは気体分子の宇宙空間への逸出が可能。外圏。
かいぎ-し【海技士】「船舶職員及び小型船舶操縦者法」に基づく、大型船舶を操縦するために必要な資格の一種。有資格者には海技免状が交付される。海技士(航海)、海技士(機関)、海技士(通信)、海技士(電子通信)の4種類があり、それぞれに複数の等級がある。⇨海技士国家試験 ⇨小型船舶操縦士
かいぎし-こっかしけん【海技士国家試験】 20トン以上の大型船舶を運航する海技士になるための国家試験。各地方運輸局で年4回行われ、合格すると海技免状が交付される。航海・機関・通信・電子通信の4分野があり、航行区域・船のトン数・出力機関などで等級分けされる。内航船員になるには4級、外航船員になるには3級の資格(航海)を取得するのが一般的。20トン未満の小型船舶を操船するには小型船舶操縦士の免許が必要となる。
かいぎ-じゅうじしゃ【海技従事者】「船舶職員及び小型船舶操縦者法」に基づく国家試験である海技士や小型船舶操縦士の有資格者。船舶職員。
かいぎ-しょ【会議所】 ❶会議の場所。❷一定の事柄について会議するための団体または機関。商工会議所の類。
かいき-しょうせつ【怪奇小説】 超自然的で怪奇な世界を描く小説。ポー・ビアス・ホフマンを始め、多くの作家によって書かれている。⇨ゴシック小説
かいき-しょうほう【開基勝宝】 天平宝字4年(760)鋳造された日本最初の金貨。交換率は、同時に発行された銀貨(太平元宝)の10、銅貨(万年通宝)の100に相当する。
かいき-しょく【皆既食｜皆既×蝕】 日食や月食で、太陽や月の全面が隠される現象。(対)部分食。⇨皆既日食
かいき-せい【回帰性】 動物がもといた生息場所にもどる性質。帰巣性。
かいき-せん【回帰線】 地球上の北緯23度26分と南緯23度26分の緯線。それぞれ北回帰線・南回帰線という。太陽は、夏至のときに北回帰線の真上に、冬至のときに南回帰線の真上にくる。両回帰線の間の地域が熱帯にあたる。
かいき-テスト【回帰テスト】 ▶リグレッションテスト
かいき-にっしょく【皆既日食｜皆既日×蝕】 日食で、太陽全面が月に隠される現象。太陽が全く見えなくなるのは理論上では7分40秒であるが、実際は2〜4分が多い。⇨ダイヤモンドリング
かいき-ねつ【回帰熱】 世界各地、特に熱帯地方に存在する悪性の感染症。病原体はスピロヘータの一種で、シラミやダニが媒介する。高熱・頭痛・嘔吐・黄疸・下痢・四肢痛などの症状が数日続き、1週間前後の周期で繰り返す。感染症予防法の四類感染症の一。再帰熱。
かいき-ねん【回帰年】 ▶太陽年
かいぎ-は【懐疑派】 懐疑論の考え方に立つ思想家たち。特に、ヘレニズム-ローマ時代、ストア哲学やエピクロス哲学の独断論的態度に反対して現れた。ピュロン・ティモン・アルケシラオス・カルネアデス・アイネシデモス・セクストゥス゠エンピリクスなど。
かいきふけいぞく-の-げんそく【会期不継続の原則】 国会や地方議会が会期の終了によって閉会となった場合、議決されなかった案件は消滅し、次の会期に継続しないという原則。⇨継続審議
かいぎ-めんじょう【海技免状】「船舶職員及び小型船舶操縦者法(旧船舶職員法)」に基づき、船舶職員の資格を証明する免状。国土交通大臣が行う国家試験の合格者に交付される。20トン未満の小型船舶の操縦資格に対しては小型船舶操縦免許証が交付される。⇨海技士 ⇨小型船舶操縦士
かい-きゃく【開脚】 ❶両足を左右または前後にまっすぐ伸ばして開いた体勢。「―倒立」(対)閉脚。❷スキーで、つま先を外側に向けて、スキー板をV字形に開くこと。
かい-ぎゃく【諧×謔】 こっけいみのある気のきいた言葉。しゃれや冗談。ユーモア。「―を弄する」
(類語)軽口・冗談・ジョーク・洒落・駄洒落
がい-きゃく【外客】 ▶がいかく(外客)
かいぎゃく-きょく【諧×謔曲】 ▶スケルツォ
かいきゃく-とこう【開脚登行】 スキーをV字形に開いて斜面を登る方法。
かいきゃく-るい【皆脚類】 ウミグモ類の別名。
かい-きゅう【階級】 ❶身分・地位などの上下の段階。軍隊などでの位。「二―特進」❷同一の政治的、経済的利害やイデオロギーを共有することによって、他と区別され、あるいは対立する社会集団。生産手段の所有の有無によって区別される資本主義社会の資本家階級と労働者階級など。❸統計上、一定の基準によって分類される階層。❹ものごとの段階。相互の位置を示す段階。
(類語)(❶)位・地位・身分・格・位置・ポスト・ポジション・椅子・肩書き・役職・役付き・席・等級・序列・職階・官位・官等・グレード・ランク/(❷)階層・層・クラス
かい-きゅう【懐旧】 昔のことを、なつかしく思い出すこと。懐古。「―の念」「―談」
(類語)懐古・追憶・追想・回想・懐かしむ
かい-ぎゅう【海牛】 海牛目の哺乳類の総称。ジュゴン科1種とマナティー科3種が現存。浅海や河川にすみ、前肢はひれ状、後肢は退化して外形は鯨に似るが、分類上は象に近い。草食性で、特徴的な口を持ち、動作は緩慢。
がい-きゅう【外×舅】 妻の父。岳父。(対)外姑。
がい-きゅう【×鎧球】《鎧のような防具をつけるところから》アメリカンフットボール。
かいきゅう-いしき【階級意識】 ある階級に特有の自己意識やものの考え方。その階級の社会的・経済的立場を反映するものとされる。

かいきゅう-こっか【階級国家】カイキフコクカ 国家は支配階級がみずからの利害を実現するために組織した権力機関であるとする、マルクス主義における国家の概念。

かいきゅう-しゃかい【階級社会】カイキフシヤクワイ 社会の成員が二つ以上の階級に分かれ、その間に支配と服従、または対立の関係が存在する社会。

かいきゅう-せいとう【階級政党】カイキフセイタウ 特定階級の立場や利益を代表する政党。ふつう、労働者階級を代表する政党をさす。

かいきゅう-ち【階級値】カイキフ 統計資料の分布を度数分布表に示したときの、各階級の中央の値。

かいきゅう-とうそう【階級闘争】カイキフトウサウ 対立する階級の間で、経済的・政治的・文化的な支配権を獲得するために展開される闘争。マルクス主義では歴史発展の基本的動因とされた。

かい-きょ【快挙】クヮイ 胸のすくような、すばらしい行為。痛快な行動。「前例のない―」
(類語)壮挙・美挙・義挙・フェアプレー

かい-きょ【海×渠】海岸線にほぼ直角に走る海底の凹地。断層などによって形成され、陸地に食い込んだ深い湾となる。

かい-きょ【開×渠】❶ふたをしていない水路。⇔暗渠(あんきょ)。❷鉄道や軌道の下を横切る水路または道路で、横断部分に覆いのないもの。

かい-ぎょ【怪魚】クヮイ 見たことのない、奇妙な魚。

かい-ぎょ【海魚】海にすむ魚。海でとれる魚。海水魚。

がい-きょ【街×渠】舗装された街路の雨水などが流れ込む排水用の側溝。

かい-きょう【回教】クヮイケウ イスラム教。西域居住の回紇(ウイグル)族を経て中国に伝わったので、この名がある。

かいきょう【回疆】クヮイキャウ 中国、新疆(しんきょう)ウイグル自治区の天山山脈以南の天山南路の地方。東トルキスタン。

かい-きょう【改×鋏】ーケフ 駅などで係員が乗客の乗車券にはさみを入れること。入鋏(にゅうきょう)。

かい-きょう【▽契経】ーキャウ ❶仏語。仏教経典の総称。経。人の心にかない、法の理に合するので契という。❷▶修多羅(しゅたら)❷

かい-きょう【海況】ーキャウ 海の状況。水温・塩分・海流・プランクトンの分布などを総合しての海の状態。

かい-きょう【海峡】ーケフ 陸地に挟まれた狭い幅の水路となって、二つの海域をつなぐ海。水道。瀬戸。

かい-きょう【開経】ーキャウ ❶経文を読み始めること。❷本経(ほんぎょう)の前に読む経。法華三部経で、本経の法華経が説かれる前に、序説としてあらかじめ説かれる無量義経をさす。⇔結経(けっきょう)。

かい-きょう【懐郷】クヮイキャウ 故郷をなつかしく思うこと。望郷。「―の情にひたる」

かい-ぎょう【戒行】ーギャウ 戒律を守り修行に励むこと。

かい-ぎょう【改行】ーギャウ〔名〕スル 文章の中で行を新しくすること。行を変えること。また、そのように活字を組むこと。「段落で―する」

かい-ぎょう【開業】ーゲフ〔名〕スル ❶新しく事業や商売を始めること。「病院を―する」❷事業や商売をしていること。「―中」(類語)創業・始業・創始・始める・開(あ)く・開ける・開(ひら)く・起こす

がい-きょう【外教】グヮイケウ ❶外国から伝来した宗教。特に、キリスト教のことをいう。❷▶げきょう(外教)

がい-きょう【概況】ーキャウ 大体のようす。「気象―」
(類語)状態・有り様(さま)・様子・動静・様相・模様・態様・様態・具合・状況・情勢・形勢・容体・気配・調子

かいぎょう-い【開業医】カイゲフ 個人で医院・病院を経営し診療している医師。

かいきょう-と【回教徒】クヮイケウ イスラム教徒。ムスリム。

かいきょうと-れんめい【回教徒連盟】クヮイケウト ▶ムスリム連盟

かいきょう-びょう【懐郷病】クヮイキャウビャウ ▶ホームシック

かいきょうりょうがんけいざいきょうりょくわくぐみ-きょうてい【海峡両岸経済協力枠組(み)協定】カイケフリヤウガンケイザイケフリヨクわくぐみケフテイ ▶両岸経済協力枠組み協定

かい-きょく【開局】〔名〕スル ❶放送局・郵便局など「局」と名のつく施設・機関が新しく業務を始めること。「一五周年」❷囲碁の勝負を始めること。

かい-きょく【×槐×棘】クヮイ 三槐と九棘。三公と九卿。公卿(くぎょう)。宮廷の人。

かい-ぎょく【買(い)玉】かひ 「買建玉(かいたてぎょく)」に同じ。⇔売り玉。

がい-きょく【外曲】グヮイ ❶尺八・胡弓などで、本来他の楽器のために作られた曲を編曲して演奏するもの。⇔本曲。❷地歌で、組歌(三味線組歌)でないもの。また箏(そう)曲で、組歌(箏(こと)組歌)でないもの。

がい-きょく【外局】グヮイ 内閣府、各省に直属するが、その内部部局の外にあって、特殊な任務を所管する行政機関。庁と委員会の2種があり、庁には金融庁・国税庁・文化庁など、委員会には公正取引委員会・国家公安委員会などがある。⇔内局。

かい-きり【買(い)切り】かひ ❶残らず買うこと。「劇場を―にして慰安会を催す」❷小売業者が返品しない条件で商品を買い取ること。「―制」

かい-き・る【買(い)切る】かひ〔動ラ五(四)〕❶入手しうる品物などを全部買う。また、乗り物や劇場などの座席を予約して残らず買う。「在庫品を―・る」「桟敷を―・る」❷小売業者が発売元や問屋などから、売れ残っても返品しない約束で物を買い取る。「特約店が大量に品物を―・る」
(類語)買い取る・買い上げる・買い入れる・買い込む・買い受ける・買い戻す・買い漁(あさ)る・買い叩(たた)く・仕入れる

かいぎ-ろく【会議録】クヮイギ 会議の内容、経過を記録した文書。議事録。

かいぎ-ろん【懐疑論】クヮイギ 哲学で、人間の認識力を不確実なものとし、客観的、普遍的真理の認識の可能性を疑っていっさいの判断を差し控える態度。懐疑主義。

かい-きん【戒禁】❶戒めて禁止すること。禁戒。❷仏語。不善を戒め禁じる戒律・禁制のこと。

かい-きん【皆勤】〔名〕スル 一定期間内を、指定の休日以外は1日も休まずに出席・出勤すること。無欠勤。無欠席。「―して表彰された」

かい-きん【開襟】❶襟(えり)を開くこと。また、開くようにした襟。❷「開襟シャツ」の略。❸自分の心中を他人に打ち開けること。

かい-きん【解禁】〔名〕スル 法律などで禁止していたことを解くこと。「アユ漁が―される」(類語)解除

かい-きん【塊金】クヮイ 砂金と一緒にとれる大きな金のかたまり。

がい-きん【外勤】グヮイ 会社などで、受注・販売・集金などのような、外回りの仕事を担当すること。また、その人。外務。「―の社員」⇔内勤。(類語)内勤・出向

かい-きんしゃ【海金砂】カニクサの漢名。

かいきん-シャツ【開襟シャツ】襟を開いて着るように仕立てたシャツ。ネクタイを結ばないで着る。オープンシャツ。(季 夏)

か-いく【化育】クヮ〔名〕スル 天地自然が万物をつくり育てること。「異端邪説を除き以て万民を―したるが如き」〈加藤弘之・人民新説〉

かい-く【戒×懼】〔名〕スル 過ちを犯さないよう気をつけること。

かい-く【海区】漁業行政や研究などのために区分された海上の区域。

かい-ぐ【戒具】刑事施設に拘禁されている人の暴行・逃走・自殺などを防ぐため、その身体の自由を拘束する器具。手錠・捕縄などの類。

かい-ぐ【皆具】❶装束・武具・馬具などのその具一式がそろっているもの。❷茶の湯で、台子(だいす)や長板に飾る茶道具一式。風炉・釜・水指・杓立て・建水・蓋置きなど。

がい-く【外×懼】グヮイ 外国に対する恐れ。外患。

がい-く【街区】市街地で、道路に囲まれた一区画。街郭。ブロック。

がい-く【街×衢】《「衢」は四方に分かれた道》人家などの立ち並ぶ土地。町。ちまた。「整然とした―」

かい-ぐい【買(い)食い】かひぐひ〔名〕スル 菓子などを自分で買って食べること。主に子供の場合にいう。

かい-ぐう【会遇】クヮイ〔名〕スル 偶然出あうこと。出くわすこと。めぐりあい。遭遇。

かい-くかん【開区間】数学で、両端を含まない区間。すなわち、不等式 $a<x<b$ を満足させる x の集合。ふつう、記号 (a,b) で表す。⇔閉区間。

かい-くぐ・る【×掻い▽潜る】〔動ラ五(四)〕巧みにすばやく物の下や間を通る。また、困難や危険のあるところをうまく通り抜ける。「監視の目を―・る」

かい-ぐさ【飼(い)草】かひ 家畜の飼料にする草。かいば。

かい-ぐすり【買(い)薬】かひ 医師の処方によらないで、薬屋から買う薬。売薬(ばいやく)。

かい-ぐら【貝×鞍】かひ《「かいくら」とも》鞍橋(くらぼね)の一。鞍橋の表面に、夜光貝や青貝で文様を刻んではめ込み、漆を塗って研ぎ出したもの。螺鈿(らでん)の鞍。

かい-ぐり【×掻い繰り】❶掻い繰ること。❷幼児の遊びで、両手を胸の辺りで横にしてぐるぐる回すもの。「ちょちちょちあわわ、―、―、とっとのめ」

かい-く・る【×掻い繰る】〔動ラ五(四)〕《「かきくる」の音変化。「かいぐる」とも》両手を交互に動かして、手元に引き寄せる。たぐり寄せる。「馴れない手に手綱を―・りながら、言った」〈芥川・芋粥〉

かい-くれ【×掻い暮れ】〔副〕《動詞「掻き暮れる」の連用形から》(あとに打消しの語を伴って用いる)全く。いっこう。「行先を捜した男もあるが―解らなかった」〈魯庵・社会百面相〉

かい-くん【回訓】クヮイ〔名〕スル 外国に駐在する外交官が指示を仰いだ事項に対する、本国政府の回答の訓令。「本国からの―を待つ」⇔請訓(せいくん)。

かい-ぐん【海軍】海上の国防を主な任務とする軍備・軍隊。日本では江戸末期に成立。維新後は天皇の統帥のもとに陸軍と併存したが、第二次大戦後に廃止。

かいぐん-きねんび【海軍記念日】旧日本海軍で、日露戦争における日本海海戦の勝利を記念した日。5月27日。第二次大戦後廃止。

かいぐん-こうしょう【海軍工×廠】ーコウシヤウ 海軍の艦船・兵器・弾薬などの製造・修理・購入・実験などをする施設。旧日本海軍では、横須賀・呉・佐世保・舞鶴の各軍港に設置されていた。

かいぐん-しょう【海軍省】ーシヤウ もと、内閣各省の一。海軍に関する軍政事務一般を担当した中央官庁。長官は海軍大臣。

かいぐん-そうさい【海軍総裁】江戸末期の幕府海軍を統轄した職。初め、老中格の稲葉正巳が兼任し、実権は副総裁の榎本武揚にあった。慶応2年(1866)設置。明治元年(1868)廃止。

かいぐん-そうれんじょ【海軍操練所】ーサウレンジョ ㊀江戸幕府が神戸に設置した海軍の教育機関。勝海舟が総管し、幕臣子弟・西国藩士を教育した。元治元年(1864)開所し、翌年廃止。神戸海軍操練所。㊁明治政府が東京に設置した海軍士官養成機関。明治2年(1869)開所、のち、海軍兵学校となった。

かいぐん-だいがっこう【海軍大学校】ーダイガクカウ 海軍士官に高等学術を教授し、併せてその研究を行う機関。旧日本海軍では、東京の品川区大崎にあった。

かいぐん-だいじん【海軍大臣】もと、内閣各省大臣の一。海軍の行政を管理し、軍人・軍属を統轄した。海相(かいしょう)。

かいぐんていとく-の-せいぼマリアきょうかい【海軍提督の聖母マリア教会】ーケウクワイ《Chiesa di Maria dell'Ammiraglio》▶マルトラーナ教会

かいぐん-でんしゅうじょ【海軍伝習所】ーデンシフジョ 江戸幕府の海軍教育機関。安政2年(1855)洋式海軍創設のため、長崎に開設。勝海舟・榎本武揚らの幕臣のほか、五代友厚ら諸藩士が、オランダ海軍士官から海軍の諸技術を習得。安政6年(1859)廃止。

かいぐん-ひこうよかれんしゅうせい【海軍飛行予科練習生】ーヒカウヨクワレンシフセイ ▶予科練

かいぐん-ぶぎょう【海軍奉行】ーブギャウ 江戸幕府の職名。幕府の海軍を統轄したもの。慶応元年(1865)設置。明治元年(1868)廃止。

かいぐん-へいがっこう【海軍兵学校】ーヘイガクカウ 海軍の兵科将校を養成する学校。明治9年(1876)設置。昭和20年(1945)廃止。明治21年(1888)から広島県江田島にあった。兵学校。海兵。
かいぐん-りくせんたい【海軍陸戦隊】海軍が陸上戦闘などのために編成した部隊。
かい-け【界×繋】仏語。三界のいずれかにつながれていて自由でないこと。
かい-げ【改▽悔】《「がいけ」とも》❶罪を悔い改めること。❷浄土真宗で、報恩講の初夜などに、信仰上の心得違いを悔い改めること。また、懺悔さんげ告白すること。➡改悔文がいけもん
がい-け【外家】グワイー 外戚がいせきの家。母方の親族。
がい-け【×咳気】「がいき(咳気)」に同じ。〈日葡〉
かい-けい【会計】クワイー ❶代金の支払い。勘定。「一をすませて店を出る」❷金銭の収支や物品・不動産の増減など財産の変動、または損益の発生を貨幣単位によって記録・計算・整理し、管理および報告する行為。また、これに関する制度。(類語)(❶)支払い・勘定・精算・お愛想あいそ・レジ・代金・お代・清算・決済/(❷)計理・経理・出納すいとう・簿記・帳付け
かいけい【会稽】クワイケイ ㊀「会稽山」の略。㊁❶「会稽の恥」の略。「敵かたきを平らげ、一を濯すすがん」〈謡・鞍馬天狗〉❷《会稽の恥をすすぐ意》あだ討ち。仕返し。復讐ふくしゅう。「今度にあらずは、いづれの日か一をとげん」〈平家・四〉
かいけい【快慶】クワイ 鎌倉前期の仏師。号、安阿弥あんなみ。運慶の父康慶の弟子といわれる。作風は運慶の剛健な表現に対して、安阿弥様とよばれる理知的で流麗な形式美を見せ、後世の仏像様式に大きな影響を与えた。作品に浄土寺阿弥陀三尊像、東大寺僧形八幡神像、同寺南大門金剛力士像などのほか、多数の阿弥陀如来立像がある。生没年未詳。
かい-けい【塊茎】クワイー 地下茎の一部が養分を蓄え、肥大したもの。ジャガイモやコンニャクイモなど。
がい-けい【外形】グワイー 外から見た形またはようす。見かけ。外見。「一はまあまあだが、内部は貧弱だ」(類語)格好・形かたち・形状・姿すがた・姿形すがたかたち・形なり・なりかたち・様子・身なり・なりふり・服装・風体ふうてい・スタイル・姿勢・姿態・体勢・ポーズ・形なり・風・体
がい-けい【外径】グワイー 円筒形や球形の物体の外側の直径。⇔内径。
がい-けい【概形】おおまかな形。だいたいの形。でこぼこした形をならして直線などで表した形。➡概測
がい-けい【概計】おおよその計算。大体の数量・金額など。概算。「費用の一」
かいけい-がく【会計学】クワイケイー 財産および損益に関する計算を研究の対象とする学問。
かいけい-かんさ【会計監査】クワイケイー 企業の会計記録、会計処理、計算書類または財務諸表が適正であるかどうかを、公認会計士・監査法人・監査人などが一定の監査手続を経て意見を表明すること。
かいけいかんさ-にん【会計監査人】クワイケイカンサー 会社法により大会社や委員会設置会社などに設置が義務付けられている株式会社の機関の一。会社が選任した公認会計士または監査法人が就任し、会社の監査役と連携・分担しながら独立的な立場で財務諸表等の計算書類を監査する。大会社・委員会設置会社以外の株式会社も会計監査人を設置できる。
かいけい-きじゅん【会計基準】クワイケイー《accounting standards》企業の経営実績、財務状況を報告する財務諸表を作成するうえでのルール。➡企業会計基準 ➡企業会計原則 ➡IAS ➡IFRS
かいけい-けんさ【会計検査】クワイケイー 国および公共団体の会計が、法令と予算にしたがって適正に処理されているかどうかについて、会計検査院または普通地方公共団体の監査委員が検査すること。
かいけいけんさ-いん【会計検査院】クワイケイケンサヰン 国の収入・支出の決算の検査を行い、その他、法律に定める会計の検査を行う行政機関。三人の検査官で構成する検査官会議と事務総局から成り、内閣に対し独立の地位を有する。
かいけいけんさ-かん【会計検査官】クワイケイケンサクワン 会計検査院の検査官会議を構成する三人の検査官。国会の同意を得て内閣が任命する認証官。任期は7年。
かいけい-こうどう【海警行動】ーカウドウ「海上警備行動」の略。
かいけい-ざん【会稽山】クワイケイー 中国浙江せっこう省の紹興の南方にある山。春秋時代、越王勾践こうせんが呉王夫差ふさに敗れた地。会稽。
かいけい-さんよ【会計参与】クワイケイー 取締役と共同で会社の計算書類を作成するために、会社が任意で設置する機関。税理士・公認会計士などの会計専門家からなる。平成18年(2006)5月施行の会社法で新設された。
かいけい-し【会計士】クワイケイー 公認会計士・会計士補の総称。
かい-けいし【▽蓋×檠子】《「蓋」はふた、「檠子」は台の意》ふた付きの青磁の茶碗をのせる台。宮中で元日の供御くごに用いた。
かいけいし-ほ【会計士補】クワイケイシー 公認会計士法に定める資格を有し、公認会計士・監査法人の補助のほか、みずから財務書類の調製、財務に関する調査・立案および相談に応ずることができる者。
かいけい-せきにん【会計責任】クワイケイー ▶アカウンタビリティー❸
かいけい-ねんど【会計年度】クワイケイー 国および地方公共団体の歳入・歳出のくぎりとされる期間。日本では、4月1日から翌年3月31日までとする。
かいけい-の-はじ【会稽の恥】クワイケイー《中国の春秋時代、越王勾践こうせんが呉王夫差ふさと戦って、会稽山で囲まれ、負けて辱めを受けたという「史記」越世家の故事から》敗戦の恥辱。以前に受けたひどい恥。「一をすすぐ」
かいけい-ほう【会計法】クワイケイハフ 国の収入・支出・契約および出納官吏などに関する手続き的規定を定めた一般法。昭和22年(1947)施行。
かいけい-るい【貝形類】カひケイー 貝形目の甲殻類の総称。海水・淡水にすみ、体は微小で、貝のように左右2枚の殻に包まれている。ウミホタル・マルカイミジンコなど。
かいけ-おんせん【皆生温泉】ーヲンセン 鳥取県北西部、米子よなご市にある温泉。美保みほ湾に面する。ナトリウム・カルシウム塩化物泉。
かい-けつ【怪傑】クワイー 非常にすぐれた力を持つ不思議な人物。(類語)英傑・傑物・傑士・傑人・人傑・俊傑・偉人・大人物・逸材・大物・女傑・大器・巨星・巨人・英雄・ヒーロー・老雄・群雄・奸雄かんゆう・両雄・風雲児・雄
かい-けつ【開結】開経かいきょうと結経けっきょう。
かい-けつ【解決】〔名〕スル ❶問題のある事柄や、ごたごたした事件などを、うまく処理すること。また、かたづくこと。「紛争を一する」❷疑問のあるところを解きほぐして、納得のいくようにすること。また、納得のいくようになること。「疑問が一する」(類語)決着・落着・落ち着く・決まる・済む・片付ける・済ます・終える・上げる・仕上げる・こなす・やっつける・処理・料理・始末・方かたを付ける・けりを付ける・畳む
かい-けつ【×魁傑】クワイー 体躯たいくがずばぬけて大きい人。また、すぐれた人物。
かい-けつ【潰決】クワイー〔名〕スル 堤防などが切れて水が流出すること。決壊。「積水の一し其勢の禦ぐ可からざるに至り」〈箕作麟祥・明六雑誌七〉
かい-げつ【海月】❶海上の空に見える月。また、海面に浮かんでいる月影。「山の端の月と共に、一も入りにけり」〈謡・海人〉❷クラゲの別名。〈日葡〉
かいけつ-きょう【開結経】ーキャウ 本経ほんぎょうの前に読む開経と、後に読む結経。法華三部経では開経が無量義経、結経が観普賢経。開結二経。
かいげつどう-あんど【懐月堂安度】クワイゲツダウー 江戸中期の浮世絵師。懐月堂派の祖。肉筆を専門とし、懐月堂美人といわれる、豪華な衣装をつけた一人立ちの遊女姿の美人画を多く描いた。江島生島事件に連座、一時は伊豆大島に流された。生没年未詳。
かいげつどう-は【懐月堂派】クワイゲツダウー 江戸中期の浮世絵の一派。懐月堂安度あんどを祖とし、肉筆遊女絵に新機軸を出した。
かいけつ-びょう【壊血病】クワイケツビヤウ ビタミンCの欠乏によって起こる病気。皮膚や歯肉からの出血、貧血、衰弱などの症状がある。人工栄養乳児にみられるものを、報告した二人の医師の名からメラー-バーロー病ともよぶ。
かい-けはい【買(い)気配】かひー 株式などの市場で、買い注文はあるものの売り注文がない状態。価格がストップ高まで上昇することが多い。⇔売り気配
がいけもん【改悔文】蓮如れんにょの書いた文。自力を捨てて阿弥陀如来の本願をたのみ、報謝の称名を唱え、宗規を守ることを述べたもの。領解文りょうげもん。
かい-けん【会見】クワイー〔名〕スル 改まった形で人に会うこと。公式な場合に用いられる。「二か国首脳が一する」「記者一」(類語)対面・面会・面接・インタビュー・顔合わせ・見合い・会う
かい-けん【改憲】〔名〕スル 憲法を改正すること。
かい-けん【海権】海上を支配する権力。制海権。
かい-けん【開顕】「開権顕実かいごんけんじつ」の略。
かい-けん【懐剣】クワイー ふところに携える護身用の短刀。懐刀ふところがたな。
かいげん【戒賢】《梵 Śīlabhadra》6世紀末のインド、マガダ国ナーランダー寺の僧。玄奘げんじょうの師。
かい-げん【戒厳】❶戦時またはこれに準じる非常事態の際、立法・行政・司法の事務の全部または一部を軍隊の手にゆだねること。❷厳重に警戒すること。厳戒。(類語)警戒・厳戒
かい-げん【改元】〔名〕スル 年号を改めること。改号。「昭和を一して平成となった」(類語)改号
かい-げん【開元】基礎を築くこと。特に、国を始めること。
かいげん【開元】中国唐代、玄宗皇帝の時の年号。713年～741年。
かい-げん【開眼】〔名〕スル ❶新作の仏像・仏画を供養し、眼を点じて魂を迎え入れること。また、その儀式。「大仏一」「一供養」❷真理を悟ること。特に、技術・芸能の道で真髄を悟り、極致を窮めること。また、こつを会得えとくすること。かいがん。「演技に一する」
かい-げん【開▽関】《「かいかん」とも》古代、朝廷の大礼または変乱などが済んだあと、固めていた逢坂おうさか(はじめは愛発あらち)・鈴鹿すずか・不破ふわの三つの関を開いて警護を解くこと。⇔固関こげん。
がい-けん【外見】グワイー ❶外側から見たようす。外観。うわべ。そとみ。「一をつくろう」❷他人に見せること。また、他人に見られること。「一をはばかる」「コノ経ヲ一アルナ」〈日葡〉(類語)見かけ・見た目・外観・外面がいめん・外面そとづら・見場・見栄え・観・見てくれ・なりふり・表面・皮相・上辺・表向き・外見そとみ
がい-けん【外圏】グワイー ▶外気圏
がい-けん【概見】〔名〕スル ざっと見ること。大体のようすを知ること。おおよその観察。
がい-げん【概言】〔名〕スル 大体の要旨を言うこと。また、その言葉。「文章全体を一する」
かいけん-き【開×瞼器】瞼まぶたを開いた状態で固定する器具。眼の治療・診断などで使用する。
かい-げんさき【買(い)現先】かひー ▶債券現先
かいげん-じ【開元寺】738年(開元26)、唐の玄宗が勅によって各州(郡)に建立させた寺。時の年号をとって名づけられた。現存するものでは、泉州福建省のものが有名。
かいげん-つうほう【開元通宝】中国、唐の高祖の武徳4年(621)に初めて鋳造された貨幣。約290年にわたって流通した。一般に誤って、「開通元宝」とよばれたという。
かいげん-の-ち【開元の治】中国、唐の第6代皇帝玄宗による開元年間の治世。則天武后以来の混乱を平定し、綱紀の粛正、農業振興、辺境の防備に努めた。また文化的には唐の最盛期をなした。
かいげん-れい【戒厳令】「戒厳❷」を宣告する命令。明治憲法下では天皇が宣告した。「一をしく」
かい-こ【回顧】クワイー〔名〕スル ❶過ぎ去ったことを思い起

こすこと。「学生時代を━する」❷後ろを振り返ること。「客室内を━し、アリスの一隅に坐するを観みて」〈織田訳・花柳春話〉類語追憶・追想・回想・懐旧・懐かしむ・思い浮かべる・思い出す・思い返す・想起する

かい-こ【蚕】カヒ《「飼い蚕こ」の意》❶カイコガの幼虫。孵化ふかしたては黒く小さいが、のち白い芋虫となり、体長7センチくらい。桑の葉を食べ、ふつう4回脱皮し、繭を作ってさなぎになる。繭から生糸がとれ、育つ時期により春蚕はるご・夏蚕・秋蚕などとよぶ。養蚕が全国に普及したのは近世以降。家蚕かさん。(季 春)「逡巡しゅんじゅんとして繭ごもらざる━かな/虚子」❷蚕を飼うこと。養蚕を始めること。(季 春)「髪結うて花には行かず━どき/太祇」

かい-こ【開▽口】「かいこう(開口)❷」に同じ。

かい-こ【解雇】〔名〕スル 使用者側から雇用契約を解除すること。首にすること。「不況で従業員を━する」「━手当」類語馘首かくしゅ・首切り・くび・お払い箱・失業・失職・食い上げ・食いはぐれる・あぶれる

かい-こ【懐古】クワイ〔名〕スル 昔のことをなつかしく思うこと。懐旧。「町の歴史を━する」「━趣味」類語懐旧・追憶・追想・回想・懐かしむ

かい-ご【介護】〔名〕スル 病人などを介抱し看護すること。「寝たきりの母を━する」➡看護用法 類語世話・保護・心配・扶助・扶育・御守おもり・付き添い・介添え・介助・介抱・看護・面倒見めんどうみ・ケア

かい-ご【回護】クワイ〔名〕スル ❶かばい守ること。庇護ひご。❷弁護。「其の挙動是まで毫も、悪意を挿まざることを━せり」〈竜渓・経国美談〉

かい-ご【▽卵】カヒ《「かい」は殻の意》小鳥や鶏などの、殻のついたままのたまご。「うぐひすの━の中にほととぎすひとり生まれて」〈万・一七五五〉

かい-ご【戒護】❶いましめ、まもること。❷刑務所や拘置所内の保安を維持し、また、在監者の逃亡や反則行為を防止すること。

かい-ご【改悟】〔名〕スル 自分の犯した悪事や失敗を認め、それをあらため直すこと。改悛かいしゅん。「懲戒するとか━さすとか云うは既決監のことで」〈鉄腸・雪中梅〉

かい-ご【悔悟】クワイ〔名〕スル 自分のした事の悪かったことを認めて後悔すること。「前非を━する」類語悔いる・悔やむ・後悔・悔恨・悔い・懲りる・思い残す

かい-ご【開悟】〔名〕スル 迷いから脱却して真理を悟ること。

かい-ご【解悟】〔名〕スル 悟ること。気がつくこと。「書をひもとき━する」

かい-ご【解語】言葉がわかること。

かい-ご【×魁×梧】クワイ《「魁」はおおきい、「梧」は壮大なさまの意》からだが大きくりっぱであること。魁偉。「一貞任さだとうをあざむく新五が身材」〈蘆花・思出の記〉

がい-こ【外×姑】グワイ 妻の母親。⇔外舅がいきゅう。

がい-ご【外語】グワイ ❶外国語。❷「外国語大学」「外国語学校」の略。

かい-こう【回航┆×廻航】クワイカウ〔名〕スル ❶船を目的の港に向かわせること。「横浜に━する指示」❷あちこちの港を巡る航海。類語運航・通航・航行・航海・舟航・進航・周航・就航・巡航・直航

かい-こう【戒功】仏語。戒めを守ることによって生じる功徳くどく。「吾十善の━によって、万乗の宝位を保つ」〈平家・一〉

かい-こう【戒香】カウ 持戒の人の徳が四方に影響することを、芳香の遠くまで香ることにたとえていう語。「忍辱にんにくの衣を著きつれば、一句ひにしみ薫かをりて」〈栄花・玉の台〉

かい-こう【改稿】カウ〔名〕スル 一度書き上げた原稿を書きなおすこと。「掲載した論文を━する」類語推敲すいこう・添削・リライト

かい-こう【貝香┆▽甲香】カヒカウ 貝、アカニシのふた。粉末にして練り香の材料とする。へなたり。こうこう。

かい-こう【怪光】クワイクワウ 正体のわからない、怪しい光。不思議な光。

かい-こう【×恢×弘】クワイ〔名〕スル 事業や制度などを押し広めること。

かい-こう【海×寇】海上から侵入する外敵。海賊。

かい-こう【海港】カウ 海に面している港。また、航海船が外国貿易のために出入りする港。類語港・港湾・波止場はとば・船着き場・船泊まり・桟橋・埠頭ふとう・岸壁がんぺき・築港・河港かこう・津つ・商港・漁港・軍港・ハーバー・ポート

かい-こう【海溝】比較的急な斜面に囲まれた、細長い深海底の凹地。多くが深さ6000メートル以上を示し、長さは数百から数千キロに及ぶ。海洋プレートが沈み込む境界と考えられ、陸側は地震活動が活発。

かい-こう【×偕行】カウ 連れ立って行くこと。また、一緒に行うこと。

かい-こう【開口】❶口を開くこと。ものを言い始めること。❷外に向かって開いていること。「一部の多い部屋」❸㋐能で、1曲の最初の謡いだしの部分。かいこ。㋑中世の猿楽で、最初に登場して祝賀の意を含めたこっけいな文句を述べること。能の形成に伴い、まじめなものとなった。開口猿楽。㋒中世の延年などの一芸で、こっけいな地口じぐちやしゃれを唱えたりする話芸的なもの。㋑を取り入れたものらしい。㋓近世、幕府の大礼能や本願寺の礼能などの儀式的な演能で、脇能の初めにワキの役が新作の祝賀の文句を謡うこと。また、その謡うたい。

かい-こう【開孔】〔名〕スル 穴を開けること。また、開けた穴。「油圧━機」「━部」

かい-こう【開坑】カウ 鉱山で、新しく坑道を切り開くこと。

かい-こう【開校】カウ〔名〕スル 学校を新設して授業を始めること。また、新設された学校の授業が始まること。⇔閉校。

かい-こう【開港】カウ〔名〕スル ❶新しく港や空港を開くこと。また、新しくできた港や空港の業務が始まること。「来年この町に空港が━する」❷条約や法令によって外国との貿易のために港を開くこと。「横浜は安政六年に━された」⇔鎖港。

かい-こう【開講】カウ〔名〕スル 講義や講習を始めること。また、講義が始まること。「夏期講習の━」⇔閉講。

かい-こう【開×闔】カフ《「かいごう」とも》❶開くことと閉じること。「一往来しばらくもやまぬ景色の妙みょうなるを賞玩しょうがんした」〈蘆花・思出の記〉❷平安時代の朝廷の記録所・御書所・和歌所・文殿などの職名。書物の出納や雑務に従事。❸鎌倉・室町時代の引付ひきつけ・侍所さむらいどころなどの職名。訴訟事務の進行などにあたった。

かいこう【歌意考】カイカウ 江戸中期の歌論書。1巻。賀茂真淵かものまぶち著。明和元年(1764)成立。和歌は正しく万葉集の風姿に帰るべきだと主張した、近世歌学史上重要なもの。

かい-こう【×邂×逅】〔名〕スル 思いがけなく出あうこと。偶然の出あい。めぐりあい。「旧友と━する」類語出会い・巡り合い・奇遇・鉢合わせ・会う

かい-こう【×蟹甲】カフ カニのこうら。

かい-こう【×蟹行】カウ〔名〕スル ❶カニのように横に歩くこと。横ばい。❷「蟹行文字」の略。「時に━鳥跡に倦みたる眼まなこを移して」〈蘆花・自然と人生〉

かい-ごう【会合】クワイガフ〔名〕スル ❶相談・討議などのために人が寄り集まること。また、その集まり。寄り合い。❷➤合ごう❷ ❸同種の分子またはイオンが集まって、水素結合や分子間力などの比較的弱い結び付きにより、一つの分子またはイオンのように動くこと。類語(1)会・会議・集会・寄り合い・集まり・ミーティング・座談会・集い・まどい・団欒だんらん

かい-ごう【改号】ガウ〔名〕スル ❶称号を改めること。❷年号を改めること。改元。

かい-ごう【開合】ガフ ❶開いたり合わせたりすること。❷開音と合音。開音(開口音)は口の開きの広い音、合音(合口音)は狭い開きの音。オの長音についての2種の漢字音では、韻の主母音に、円唇母音uまたは副母音wをもつものを合、その他を開とする。❸一般的に発音、発声のこと。本来は声明しょうみょう・謡曲の用語。

がい-こう【外交】グワイカウ ❶外国との交渉・交際。国家相互の関係。ディプロマシー。❷外部との交渉・交際。特に会社・商店などで、外部に出て勧誘・受注などの仕事をすること。また、その人。「━販売」類語(2)営業・商売・ビジネス・外商・セールス

がい-こう【外光】グワイクワウ 家の外の太陽の光。また、戸外から差し込む光。

がい-こう【外向】グワイカウ 興味・関心が外部の物事に向かいがちな性格上の傾向。「━的な性格」⇔内向。

がい-こう【外航】グワイカウ「外国航路」の略。⇔内航。

がい-こう【外×寇】グワイ 国外から敵が攻めてくること。また、その軍勢。「応永の━」

がい-こう【外港】グワイカウ ❶港のない大都市の近くにあって、その都市の物資の積み下ろしなどをする港。❷港の一部で、防波堤の外側の区域。船が仮泊したり、沖荷役を行う海域。⇔内港。

がい-こう【外項】グワイカウ 比例式で、外側にある項。$a:b=c:d$ではaとdをいう。⇔内項。

がい-ごう【外合】グワイガフ 地球から見て、内惑星の水星・金星が太陽の向こう側にあって、太陽と内惑星との黄経が等しい時。上合。⇔内合。

かいこう-いちばん【開口一番】口を開いてものを言いだすとすぐに。口を開くやいなや。「━相手を批判した」

がいこう-いん【外交員】グワイカウヰン 外交❷を主に担当している人。「保険の━」

かいこう-おん【開口音】オ列長母音のうち、口の開きが比較的広いものをいう。すなわち、「アウ」「カウ」「アフ」「カフ」および「キャウ」「シャウ」の連母音[au]が、長音化して[ɔː]と発音されたもの。開音。⇔合口音ごうこうおん。

がいこう-か【外交家】グワイカウ 他との交渉・応対がじょうずな人。社交家。

かいこうがた-じしん【海溝型地震】ヂシン 海側のプレートと大陸側のプレートとが接する海溝で、下に潜り込もうとする海側プレートに引きずられてたわんだ大陸側プレートが跳ね返って発生する地震。関東大震災・十勝沖地震・スマトラ沖地震など。また、平成23年(2011)3月に起きた東北地方太平洋沖地震も、典型的な海溝型地震であった。➡直下型地震

がいこう-かん【外交官】グワイカウクワン 国家を代表して外国に派遣され、外務大臣の監督のもとに外交事務に従う官職。大使・公使および参事官・書記官など。駐在国では外交特権を認められる。ディプロマット。

かいこう-き【開口器】口腔内の検査や手術に使用する、口を開けた状態を保つための医療器具。

がいこう-きかん【外交機関】グワイカウキクワン 外交に関する事務を担当する国家の機関。

がいこう-きみつひ【外交機密費】グワイカウ ➤外務省報償費

がいこう-こうでん【外交公電】グワイカウ 外務当局と在外公館、または在外公館どうしの間で電信によってやり取りされる公式の文書。

がいこう-しせつ【外交使節】グワイカウ 外国に派遣されて、外交交渉を行い、自国民を保護し、駐在国の情勢を本国に報告する国家の代表者。常駐の大使・公使・弁理公使・代理公使、臨時の特派大使・全権委員など。

かいこう-しゃ【偕行社】カイカウ 明治10年(1877)に創立された、陸軍将校の親睦しんぼくおよび学術研究を目的とする団体。第二次大戦後に解散したが、のち親睦団体として復活。➡水交社

かいごう-しゅうき【会合周期】クワイガフシウキ 惑星の相対的位置が同じになるまでの周期。内惑星では内合または外合から次の内合または外合までの時間、外惑星では衝または合から次の衝または合までの時間。

かいこう-じょう【開港場】カイカウヂヤウ 条約や法令によって外国との貿易に使用される港。かいこうば。

かい-こうしょく【灰黄色】クワイクワウショク 灰色がかった黄色。

がいこう-じれい【外交辞令】グワイカウ 相手に好感を抱かせるように、表面を繕っていう言葉。おせじ。「━に過ぎない賛辞」

かいこう-ず【海紅豆】ヅ アメリカデイゴの別名。

かいこう-すう【開口数】顕微鏡の対物レンズの解

像力を示す量の一。光軸上の物体からレンズの有効半径を見る角の正弦と、物体の存在する媒質の屈折率との積。この値が大きいほど解像力がよい。

がいこう-せい【外向性】グワイカウ 興味や関心が外界に向けられ刺激に敏感に反応し、決断が速く、行動的で社交的な性格特性。⇔内向性。

がいこう-せいしょ【外交青書】グワイカウ 日本外交の実態を明らかにし、国民の理解と関心を深めるために、外務省が毎年発行する文書。昭和32年(1957)の第1号刊行当時、英国議会の外交委員会報告書の表紙が青色であったことにならってこの名称がつけられた。昭和61年以前に発行のものは「わが外交の近況」が表題。

がい-こうせん【外光線】グワイクワウセン 屋外の太陽光線。

がいこう-せん【外航船】グワイカウ 外国航路を行き来する大型の船。⇔内航船。

がいこう-たいけん【外交大権】グワイカウ 明治憲法下で、宣戦・講和および条約締結に関して天皇の有していた権限。

かいこう-たけし【開高健】カイカウ［1930〜1989］小説家。大阪の生まれ。「裸の王様」で芥川賞受賞。ベトナム戦争の取材など、行動派の作家として活躍。他に「パニック」「輝ける闇」「夏の闇」など。

がいこう-だん【外交団】グワイカウ 一国に駐在する諸外国の外交使節の団体。法律その他で定められたものではなく、必要に応じての便宜的な呼称。

かいご-うつ【介護鬱】家族を介護している人がストレスから鬱状態になること。

がいこうてき-ほご【外交的保護】グワイカウテキ 外国にいる自国民が受けた損害について、本国がその国に対し外交手続きによって適切な救済を与えるよう要求すること。

がいこう-とっけん【外交特権】グワイカウ 外交官が駐在国において有する不可侵権、治外法権などの特権。

がいこう-は【外光派】グワイクワウ《フランス pleinairisme》19世紀後半のフランス絵画の一派。スケッチから完成画まで戸外で描き、自然の光・空気を画面に再現しようとした。

かいごう-はん【会合犯】クワイガフ 二人以上の人の対向行為によって成立する犯罪。賄賂供与罪と収受罪など、その罪の成立するためには相手方の行為を必要とするもの。対向犯。

がいこう-ぶんしょ【外交文書】グワイカウ 外交交渉に用いられる一切の公文書。また、国家間の合意または一方的意思表示を記載した文書。条約・通牒・宣言など。

かいこう-もんじ【蟹行文字】カイカウ 横書きにするのが習慣になっている文字。欧文のこと。横文字。

がいこう-るい【外肛類】グワイカウ コケムシ類の別名。

かいこう-ろん【開港論】カイカウ ▶開国論

かいこ-えん【懐古園】クワイコ 長野県小諸市にある小諸城跡の公園。島崎藤村「千曲川旅情の歌」で知られる。藤村記念館がある。

かいこ-が【蚕蛾】かひこ 鱗翅目カイコガ科のガ。全身白色で胴が太く、翅をもつが飛ぶことはできず、口も退化している。繭を作ってから20日余りで繭に穴をあけて出て、すぐ交尾に入り卵を産む。寿命は1週間ほど。蚕の蝶。さんが。(季 夏)

かいごがた-りょうようびょうしょう【介護型療養病床】 ▶療養病床

かい-ごかん【下位互換】カキクワン《lower compatibility》機能や性能で下位に位置付けられるソフトウエアなどの製品が、上位の後発製品のデータやファイルを扱えること。

がい-こきゅう【外呼吸】グワイコキフ 生物体が空気中あるいは水中の酸素を呼吸器官あるいは体表から取り入れ、二酸化炭素を放出するガス交換。肺呼吸・えら呼吸・皮膚呼吸など。⇔内呼吸。

かいご-きゅうか【介護休暇】キウカ「介護休業」に同じ。

かいご-きゅうぎょう【介護休業】キウゲフ 法律に基づいて労働者が家族の介護のために一定期間取得できる休業。また、その制度。一定の条件を満たす労働者が、事業主に申し出ることで取得できる。育児介護休業法による。企業によっては法律の規定以上の条件で介護休業(制度)を設けるところもある。

かいごきゅうぎょう-きゅうふ【介護休業給付】カイゴキウゲフキフ 雇用保険法に規定される雇用継続給付の一。介護休業の取得を容易にすることと、休業後の職場復帰の支援が目的。対象家族のために介護休業を取得した受給資格者が職場復帰後に支給される。

かいごきゅうぎょう-ほう【介護休業法】カイゴキウゲフハフ ▶育児介護休業法

かいご-きゅうふ【介護給付】キフ ❶平成12年(2000)に始まった介護保険制度で要介護状態と認定された被保険者に提供される介護サービス、介護に関わる費用の支給のこと。5段階の給付区分があり、訪問介護・訪問入浴・訪問リハビリテーション・訪問看護などの居宅サービスや、介護保険施設を利用した施設サービス、市区町村が行う地域密着型サービスなどが受けられる。➡予防給付 ❷通勤災害に対して給付される労災保険の一。障害年金または傷病年金の受給者のうち、重度の精神神経障害・胸腹部臓器障害があり、介護を受けている場合に支給される。業務災害の場合は介護補償給付という。

かい-こく【回国｜×廻国】クワイ〔名〕スル ❶諸国を回って歩くこと。「吾子を尋ね当てる為、六十余州を一して」〈漱石・草枕〉❷「回国巡礼」の略。

かい-こく【戒告｜×誡告】〔名〕スル ❶過失・失態・非行などを強く戒めること。「厳重に一する」❷(戒告)公務員などの職務上の義務違反に対する懲戒処分の一。本人に将来を戒める旨の申し渡しをする。もと「譴責」といった。❸(戒告)行政上の義務の履行を催告する通知行為。代執行の前提となるもの。
(類語)戒める・訓戒・戒・教戒・勧戒・諭旨

かい-こく【海谷】▶海底谷

かい-こく【海国】四方が海に囲まれた国。海の利用によって繁栄を図る国。「一日本」(類語)島国

かい-こく【開国】〔名〕スル ❶外国との交際、通商を始めること。「日本は安政の仮条約で一した」⇔鎖国。❷初めて国を開くこと。建国。肇国。

がい-こく【外国】グワイ 自分の国ではない、よその国。(類語)他国・異国・異邦・外邦・他邦・異朝・異境・異郷・異土・外地・海外・海彼・外つ国・他郷

がいこく-かわせ【外国為替】グワイコクかはせ ❶通貨を異にする国際間で、債権者と債務者の間の貸借の決済や送金を現金の輸送によらずに電信為替・荷為替手形などを用い、支払い・取り立ての指図によって行う方法。外為。❷一般に、円とドル、円とユーロなど、異なる通貨を交換すること。外貨を売買すること。❸「外国為替手形」の略。

がいこくかわせおよびがいこくぼうえきかんり-ほう【外国為替及び外国貿易管理法】グワイコクかはせおよびグワイコクボウエキクワンリハフ 外国為替及び外国貿易法の旧称。為替管理法。

がいこくかわせおよびがいこくぼうえき-ほう【外国為替及び外国貿易法】グワイコクかはせおよびグワイコクボウエキハフ 貿易の正常な発展、国際収支の均衡、通貨の安定を図ることなどを目的とした日本の貿易為替管理の基本法。昭和24年(1949)「外国為替及び外国貿易管理法」として制定、同54年大幅に改正(同55年施行)された。その後、外国為替取引の自由化を図るため、平成9年(1997)にも大幅に改正(同10年施行)されて現在の名称となる。外為法。

がいこくかわせ-ぎんこう【外国為替銀行】グワイコクかはせギンカウ 外国為替銀行法によって大蔵大臣の免許を受け、主に外国為替取引および貿易金融を営んだ銀行。平成10年(1998)外国為替銀行法の廃止に伴い、該当する銀行はなくなった。外為銀行。為銀。

がいこくかわせ-こうにんぎんこう【外国為替公認銀行】グワイコクかはせコウニンギンカウ 外国為替及び外国貿易管理法によって大蔵大臣の認可を受けた銀行と、外国為替銀行法によって大蔵大臣の免許を受けた外国為替銀行の総称。平成10年(1998)外国為替業務の自由化により廃止。

がいこくかわせ-しきん【外国為替資金】グワイコクかはせ 外国為替資金特別会計法に基づいて設けられた資金。政府が行う外国為替などの売買とそれに伴う取引を円滑に行うために運用される。財務大臣が管理・運用を行う。➡外国為替資金特別会計

がいこくかわせしきん-とくべつかいけい【外国為替資金特別会計】グワイコクかはせシキントクベツクワイケイ 政府が行う外国為替などの売買やそれに伴う取引を円滑に行うための外国為替資金を、一般会計と区別して管理するため、昭和26年(1951)に「外国為替資金特別会計法」に基づいて設置された特別会計。財務大臣が管理する。外国為替相場を安定させるために日本銀行が行う為替介入の資金に充てられるほか、政府が保有する外国為替等の管理、国際通貨基金(IMF)への出資などにも使用される。円売り介入の場合、政府短期証券の一つである外国為替資金証券を発行して調達した円貨を外国為替市場で売却して外貨を購入し、米国債などの外貨建て債券などとして運用する。円買い介入の場合、外貨建て債券の売却などによって調達した外貨を外国為替市場で売却して円貨を購入し、外国為替資金証券の償還に充てる。運用収支は外国為替資金特別会計の歳入歳出として計上され、積立金を控除した利益が一般会計に繰入れられる。外為特会。外為会計。
(補説)平成20年度(2008)政府予算案作成時に外国為替資金・財政融資資金などの特別会計に計上されている準備金(積立金)が、「霞が関埋蔵金」(大きな財源が眠っている、という意味)として話題になった。

がいこくかわせ-しじょう【外国為替市場】グワイコクかはせシヂヤウ 外国為替取引の行われる市場。為替銀行・為替仲立人・中央銀行などによって構成される。インターバンク市場(銀行間取引)と、対顧客市場(銀行と、個人・一般企業などとの取引)に大別される。証券取引所(金融商品取引所)のような取引所は存在せず、取引は電話回線・情報通信端末・インターネットなどを通じて行われる。

がいこくかわせ-しゅうちゅうせいど【外国為替集中制度】グワイコクかはせシフチユウセイド ▶外貨集中制度

がいこくかわせ-しょうこきんとりひき【外国為替証拠金取引】グワイコク 証拠金を証券会社などに預託し、外国通貨の売買取引を行うこと。証拠金の何倍もの取引が可能で、売買代金の総額ではなく、差額の授受による差金決済が行われる。外国為替保証金取引。FX取引。FX(foreign exchange)。

がいこくかわせ-そうば【外国為替相場】グワイコクかはせサウば 外国通貨と自国通貨との交換比率。外貨建て相場と邦貨建て相場の別がある。為替レート。➡実効為替レート

がいこくかわせ-てがた【外国為替手形】グワイコク 当事者の一方が外国にあるときの為替手形。国際間の貸借関係を決済するために用いられる。

がいこくかわせ-へいこうそうさ【外国為替平衡操作】グワイコクかはせヘイカウサウサ ▶為替介入

がいこく-ご【外国語】グワイコク 外国の言語。また、その語彙。

がいこく-こうろ【外国航路】グワイコクカウロ 自国内の港と外国の港とを結ぶ船の通り道。外航。

がいこくご-かつどう【外国語活動】グワイコクゴクワツドウ 小学校の高学年で週1時間(年間35時間)行われる外国語(原則として英語)の授業。あいさつ・買い物・遊びなど身近な場面を設定し、外国語を聞いたり話したりする活動を通してコミュニケーション能力の素地を養う。学習指導要領の改訂に伴い平成23年度(2011)から必修化された。

がいこくこくしょうそんかいとう-ざい【外国国章損壊等罪】グワイコクコクシヤウソンクワイトウザイ 外国に対して侮辱を加える目的で、その国の国旗や国章などを損壊・除去・汚損する罪。ただし、相手国政府の求めがなければ起訴されない。刑法第92条が禁じ、2年以下の懲役または20万円以下の罰金に処せられる。(補説)行為対象の外国旗・外国章が自分の所有物であっても罪となる。外国公館や競技場などでの掲揚旗や他人の

か

所有する外国旗などの場合は、併せて器物損壊罪などに問われる。ただし、日本の国旗(日章旗)については、自分の所有物である場合、同様の行為を処罰する法はない。

がいこくご-しどうじょしゅ【外国語指導助手】グワイコクゴシダウジョシュ ▶エー-エル-ティー(ALT)

がいこく-さい【外国債】グワイコク― ▶外債

かいこくざっき【廻国雑記】クワイコクザッキ 室町後期の紀行。聖護院門跡道興准后(どうこうじゅごう)著。文明18年(1486)6月、京都を出発し、翌年3月にかけて北陸・関東・奥州を遊歴したときのもの。簡略な記事に和歌・俳諧・漢詩などをまじえた紀行歌文集。

がいこく-しせつ【外国使節】グワイコク― 外国から派遣されて来たその国の代表者。特命全権大使・公使など。

かいこくしまつ【開国始末】伝記。1巻。島田三郎著。明治21年(1888)刊。井伊家の諸記録をもとに、井伊直弼(いいなおすけ)の大老就任から暗殺に至る間の始末を詳述し、直弼の立場を弁護している。

かいこく-じゅんれい【回国巡礼】クワイコク― 諸国の霊場や札所を参拝して回ること。また、その人。

がいこく-じん【外国人】グワイコク― その国の国籍を持たない人。外人。法律用語としては、外国の国籍を持つ者と無国籍の者をいう。(類語)外人・異人・異邦人

がいこくじん-けんしゅうぎのうじっしゅうせいど【外国人研修・技能実習制度】グワイコクジンケンシウギノウジッシフセイド ▶研修・技能実習制度

がいこくじん-とうろく【外国人登録】グワイコクジン― 外国人登録法に基づき、日本に在留する外国人に登録が義務づけられていた住居・身分などに関する記録。また、その制度。平成24年(2012)の同法廃止に伴い、入国管理法などに基づく在留管理に一本化された。

がいこくじん-とうろくげんぴょう【外国人登録原票】グワイコクジントウロクゲンペウ 外国人登録で得た情報を記載した原簿。市区町村が保管・管理した。平成24年(2012)の外国人登録法の廃止とともに廃止。

がいこくじんとうろく-しょうめいしょ【外国人登録証明書】グワイコクジントウロク― 外国人登録法に基づいて、日本に在留する外国人に交付されていた証明書。市区町村が発行し、常時携帯が義務づけられていた。平成24年(2012)の同法廃止に伴い、法務省が交付する在留カードと特別永住者証明書に切り替わった。

がいこくじん-とうろくせいど【外国人登録制度】グワイコクジン― ▶外国人登録

がいこくじん-とうろくほう【外国人登録法】グワイコクジントウロクハフ 日本に在留する外国人の居住関係および身分関係を明確にするための登録について定めた法律。昭和27年(1952)施行。平成24年(2012)廃止。➡在留管理制度

がいこくじん-もちかぶひりつ【外国人持(ち)株比率】グワイコクジン― 発行済み株式数のうち、外国人投資家が保有する株式が占める割合。外国人投資家には、外国の金融機関や投資信託、外国企業、外国籍の個人投資家などが含まれる。

がいこくつうかぎぞうおよびこうしとう-ざい【外国通貨偽造及び行使等罪】グワイコクツウクワギザウおよびカウシトウ― 行使の目的で、日本国内に流通している外国の貨幣・紙幣などを偽造・変造し、あるいはそれらを輸入する罪。刑法第149条が禁じ、2年以上の有期懲役に処せられる。外国通貨偽造及び行使罪。外国通貨偽造罪。外国通貨偽造行使罪。偽造外国通貨行使罪。

がいこく-ぶぎょう【外国奉行】グワイコクブギャウ 江戸幕府の職名。遠国(おんごく)奉行の一。安政5年(1858)設置。安政の仮条約締結後の対外交渉を担当。慶応4年(1868)廃止。

かいこくへいだん【海国兵談】江戸中期の兵学書。16巻。林子平著。天明6年(1786)成立。寛政3年(1791)全巻刊。幕府に忌まれ同年に絶版。ロシア船の南下に警告を発し、国防の急務を論じた。

がいこく-ほう【外国法】グワイコクハフ ❶外国の主権によって制定された法規。外国の法規。❷国際私法関係の準拠法として用いられる外国の法規。

がいこく-ぼうえき【外国貿易】グワイコク― 自国と外国との間に行われる商業取引。海外貿易。貿易。(類語)通商・交易・取引・互市(ごし)・輸出入・国際貿易・トレード

がいこく-ほうじん【外国法人】グワイコクハフジン 外国の法律に基づいて設立された法人。

がいこく-まい【外国米】グワイコク― 外国からの輸入米。外米。

がいこく-ゆうびん【外国郵便】グワイコクイウビン「国際郵便」の古い呼び方。

かいこく-ろん【開国論】江戸中期以後、鎖国・攘夷(じょうい)を廃し、外国との通商を主張した論。工藤平助・本多利明・渡辺崋山・高野長英らが主張。安政の開国後は、尊王攘夷論に対して佐幕開国論も行われ、文久期には尊攘論者のなかから開国論が生じた。開港論。

かい-こし【買(い)越し】かひ― ❶投資家や証券会社が一定期間内に買った金額または量が、売った金額または量より多いこと。⇔売り越し。❷信用取引で、いままで売っていた人が全部買い戻した上、改めて買い方に転じること。⇔売り越し。

かいごしえん-せんもんいん【介護支援専門員】カイゴシエンセンモンヰン 介護保険法に基づいて定められたケアマネージメントの専門職。介護保険の要介護認定で要支援・要介護と認定された人が適切なサービスを受け、自立した日常生活を送れるように、ケアプランの作成や、自治体・各種サービス事業者・介護保険施設との間で連絡調整を行う。居宅介護支援事業所・介護保険施設・地域包括支援センターなどに勤務する。各都道府県が実施する介護支援専門員実務研修受講試験に合格し、実務研修を修了後、資格登録簿に登録され、専門員証が交付される。5年ごとに研修を受けて登録を更新することが義務づけられている。ケアマネージャー。ケアマネ。➡主任介護支援専門員

かいごしえん-ボランティア【介護支援ボランティア】カイゴシエン― 介護ボランティア活動を行った高齢者に、現金や商品券などと交換可能なポイントを付与する制度。東京都稲城市など一部の自治体で実施。

かいご-しせつ【介護施設】介護保険法に基づいて、入所する要介護者に対して入浴・排泄(はいせつ)・食事等の介護や日常生活上の世話、機能訓練、健康管理、療養上の世話を行う施設。介護老人福祉施設(特別養護老人ホーム)・介護老人保健施設(従来型老健)・介護療養型医療施設(療養病床)・介護療養型老人保健施設(介護療養型老健)。他に、介護付有料老人ホーム・軽費老人ホーム(ケアハウス)・グループホームなどがある。

かいごせんようがた-とくていしせつ【介護専用型特定施設】介護保険法で定められた特定施設(有料老人ホーム・養護老人ホーム・軽費老人ホーム)のうち、入居者が要介護者とその配偶者などに限られる施設。➡混合型特定施設

かいこ-だな【蚕棚】かひこ― ❶蚕を飼う平たい籠(かご)を載せる棚。(季 春) ❷何層かの棚状につくられた寝台。

かいこつ【回×紇｜回×鶻】クワイコツ ▶ウイグル

がい-こつ【骸骨】❶死体の皮や肉が腐り落ちて、骨だけになったもの。白骨。❷からだの骨。骨格。

骸骨を乞(こ)う 《「晏子春秋」外篇から。主君に一身をささげて仕えた身だが、老いさらばえた骨だけは返していただきたいの意》辞職を願い出る。

がい-こっかく【外骨格】グワイ― 動物体の外側を覆い、体を支え、内部を保護し、筋肉の付着点となる硬い構造。甲殻・甲ら・貝殻など。⇔内骨格。

かいご-とくやく【介護特約】生命保険における特約の一。認知症や寝たきりなど保険会社が定める要介護状態になり、所定の日数が経過した場合に一時金が支払われるもの。➡介護保障特約

かい-ことば【買(い)言葉】かひ― 他人から言われた悪口などに対して負けずに言い返す言葉。「売り言葉に―」⇔売り言葉。

かいこ-にん【開▽口人】能で、最初に出て口を開く者。主としてワキの役。かいこうにん。

かいごにんてい-しんさかい【介護認定審査会】―シンサクワイ 要介護認定の審査を行う、市町村に設置された機関。保健・医療・福祉の専門家で構成され、介護保険の被保険者の心身の状況を調査し、かかりつけ医の意見に基づいて審査判定する。

かいこ-の-うじばえ【蚕の×蛆×蠅】かひこ―うじばへ ヤドリバエ科のハエ。体長約1.5センチ。体は黒色で、腹の側部は赤褐色。桑の葉に卵を産み、それを食べた蚕に寄生し、蚕がさなぎになってから繭に穴をあけて出る。蠁蛆(きょうそ)。

かいご-の-はな【解語の花】《玄宗皇帝が楊貴妃をさして言ったという、「開元天宝遺事」の故事から。言葉のわかる花の意》美人のこと。

かいご-ふくしし【介護福祉士】身体または精神に障害があって日常生活に支障のある人に食事・入浴・排泄(はいせつ)などの世話をし、家族に介護の指導をする職。昭和62年(1987)に成立した「社会福祉士及び介護福祉士法」による国家資格。

かいご-ほうしゅう【介護報酬】―ホウシウ 介護保険が適用される介護サービスにおいて、そのサービスを提供した事業所・施設に支払われる報酬。支給限度基準額は厚生労働大臣が審議会(介護給付費分科会)の意見を聞いて定める。原則として1割を利用者から受け取り、残り9割を保険者である市町村に請求する。この9割の費用は、介護保険料と、国・地方公共団体の公費(税)で折半してまかなわれる。

かいご-ほけん【介護保険】❶高齢者の介護サービスや介護支援を保障するための社会保険制度の一種。平成12年(2000)に施行された介護保険法に基づいて実施される。市町村が運営し、被保険者はその住民で65歳以上の者(第1号被保険者)と、40歳以上65歳未満で医療保険に加入している者(第2号被保険者)とに分類される。財源の半分は国と地方公共団体が負担する。被保険者の種類によって財源の負担割合や保険料の算定方法が異なる。要介護認定によって介護給付が、要支援認定によって予防給付が、原則1割の自己負担で受けられる。❷民間の保険会社などが介護用として販売する保険商品。

かいごほけん-しせつ【介護保険施設】介護保険法に基づいて設立される、介護サービスを提供するための施設。指定介護老人福祉施設・介護老人保健施設・指定介護療養型医療施設などがある。

かいごほけん-とくべつかいけい【介護保険特別会計】―トクベツクワイケイ 介護保険事業の収支を経理するために市町村や特別区が設ける会計。介護保険料、国および県の支出金、市町村の一般会計からの繰入金を主な歳入とし、介護給付費(介護サービス費の保険負担分)を主な歳出とする。

かいごほけん-ほう【介護保険法】―ハフ 介護保険制度について定めた法律。加齢による心身の疾病などで介護や支援が必要になった人が、その能力に応じて自立した日常生活を営むために必要な保健医療サービス・福祉サービスを受けられるよう、国民の共同連帯による介護保険制度を設け、介護保険料の徴収、給付の条件や給付サービスなどの詳細を定める。平成9年(1997)制定、同12年施行。

かいごほけん-りょう【介護保険料】―レウ 介護保険制度の維持のために課せられる保険料。第1号被保険者(65歳以上)と第2号被保険者(40～64歳)とに分けて課せられる。➡介護保険

かいごほしょう-きゅうふ【介護補償給付】カイゴホシヤウキフフ 業務災害に対して給付される労災保険の一。障害補償年金または傷病補償年金の受給者のうち、重度の精神神経障害・胸腹部臓器障害があり、介護を受けている場合に支給される。通勤災害の場合は介護給付という。

かいごほしょう-とくやく【介護保障特約】カイゴホシヤウ― 生命保険における特約の一。認知症や寝たきりなど保険会社が定める要介護状態になり、所定の期間以上継続した場合、その状態が続く限り介護年金が支払われるもの。➡介護特約

かい-こまがたけ【甲斐駒ヶ岳】かひ― 山梨・長野県境にある駒ヶ岳の通称。甲斐駒。➡駒ヶ岳(六)

かい-こ・む【×掻い込む】〔動マ五(四)〕《「かきこむ」の音変化》❶わきの下に抱え込む。「洋銀の握りのついた細い杖を―・みながら」〈芥川・葱〉❷液体をすくいとる。「水を―・む」

かい-こ・む【買(い)込む】〔動マ五(四)〕物をたくさん買い入れる。特に、品物の値上がりや欠乏を見越して、多く買い入れる。「値上がりを見越して―・む」(類語)買い取る・買い上げる・買い入れる・買い受ける・買い切る・買い戻す・買い漁る・買い叩く

かいこ-よこく【解雇予告】労働基準法上、使用者が労働者を解雇する場合、少なくとも30日前にしなければならない解雇の予告。しないときには30日分以上の平均賃金の支払い義務が使用者に生じる。

かいご-よぼう【介護予防】介護が必要になることをできるだけ遅らせ、介護されるようになってからは、その状態を維持、改善して悪化させないようにすること。介護保険制度の基本理念。また、それを目的とした介護予防サービスや介護予防事業といった取り組み。

かいごりょうようがた-ろうけん【介護療養型老健】▶介護療養型老人保健施設

かいごりょうようがた-ろうじんほけんしせつ【介護療養型老人保健施設】厚生労働省が推進する療養病床再編の一環として、平成20年(2008)5月に新設された老人保健施設(老健)。厚労省は医療費の抑制や、家庭の事情で高齢者が病院にとどまる社会的入院の解消のため、介護保険が適用される介護型療養病床の全廃や、医療型療養病床の大幅削減の方針を打ち出しているが、受け皿となる従来の老健では医療必要度の高い患者の受け入れが難しく、適切な介護を受けられない高齢者の急増が懸念されていた。新型老健は従来の老健よりも医療機能を強化したもので、廃止・削減される療養病床の転換先として位置づけられている。新型老健。介護療養型老健。

かいご-りょうようびょうしょう【介護療養病床】▶療養病床

かいごろうじん-ふくししせつ【介護老人福祉施設】「指定介護老人福祉施設」の略称。➡特別養護老人ホーム

かいごろうじん-ほけんしせつ【介護老人保健施設】介護保険法に基づく介護保険施設の一。病状が安定している要介護者を対象に、入所者の能力に応じた自立と自宅での生活復帰を目指し、当人の意思を尊重しながら日常生活の世話や看護・医療・リハビリテーションなどのサービスを提供する施設。介護老人福祉施設や介護療養型医療施設が、介護保険法に基づく「指定」であるのに対し、介護老人保健施設は「許可制」である。老健。

かいこ-ろく【回顧録】過去の思い出などを書いたもの。

かい-ごろし【飼(い)殺し】❶役に立たなくなった家畜を死ぬまで飼っておくこと。❷本人の能力を十分生かせないような地位や職場に置いたまま雇っておくこと。

かい-こん【悔恨】〔名〕スル 過ちを後悔して残念に思うこと。「―の情」「是余が非徳の致す所―するとも曷ぞ及ばん」〈染崎延房・近世紀聞〉(類語)後悔・悔やむ・悔悟・悔いる・悔い・懲りる・思い残す

かい-こん【開梱】〔名〕スル 梱包された荷物を開くこと。「輸入品の―検査」

かい-こん【開墾】〔名〕スル 山野を切り開いて農耕できる田畑にすること。「原野を―する」(類語)開拓・開発

かい-こん【塊根】養分を蓄えて肥大し、塊状になった根。サツマイモ・ダリアなどの芋。

がい-こん【外婚】▶族外婚

かいごん-けんじつ【開権顕実】《「権」は方便、「実」は真実の意》天台宗で、法華経以前の諸経の教え(三乗)はすべて方便にすぎず、法華経こそ真実の教えであることを表したもの。教理に関していい、実践上は開三顕一という。開顕。

かい-さ【海佐】海上自衛官の階級の一。海将補と海尉の間で、一、二、三等の階級に分かれる。諸外国海軍および旧日本海軍の大・中・少佐に相当。

かい-さ【開鎖】開くことと、閉ざすこと。特に、開国と鎖国。「当時の争に―など云う主義の沙汰は少しもない」〈福沢・福翁自伝〉

かい-さ【階差】ある数列で、隣り合う項について、次にある項から前の項を引いた差。

カイザー〘Georg Kaiser〙[1878～1945]ドイツの劇作家。表現主義の代表者。ナチスに弾圧されスイスに亡命。作「カレーの市民」「朝から夜中まで」など。

カイザー〘ドイツ Kaiser〙▶カイゼル

カイザーウィルヘルム-きねんきょうかい【カイザーウィルヘルム記念教会】《Kaiser-Wilhelm-Gedächtniskirche》ドイツの首都、ベルリンにあるネオロマネスク様式の教会。1888年に死去したドイツ皇帝ウィルヘルム1世の追悼のため、95年に建造。1943年のベルリン大空襲で破壊されたが、戦争の悲惨さを伝える記念碑として最低限の修復を施して保存されている。ウィルヘルム皇帝記念教会。

カイザードーム〘Kaiserdom〙▶聖バルトロメウス大聖堂

カイザーバル〘ドイツ Kaiserball〙オーストリアのホーフブルク宮殿で毎年大みそかに開かれる大規模な舞踏会。皇帝舞踏会。

カイザーブルク-じょう【カイザーブルク城】《Kaiserburg》ドイツ中南部、バイエルン州の都市、ニュルンベルクにある城。1040年頃、神聖ローマ皇帝ハインリヒ3世により要塞を建造。後にコンラート3世が皇帝の居城に改築。16世紀まで帝国議会の会場として利用された。ロマネスク様式の二重礼拝堂やジンベル塔をはじめとする80もの塔がある。

かい-さい【快×哉】《「快なる哉」の意から》ああ愉快だと思うこと。胸がすくこと。「―を叫ぶ」

かい-さい【改歳】改まった年。新年。開歳。

かい-さい【皆済】〔名〕スル《「かいざい」とも》❶借りた金を返しおわること。「借金を―する」❷年貢・税金などを完納すること。

かい-さい【開催】〔名〕スル 集会や催し物を開き行うこと。「総会を―する」(類語)挙行・主催・共催・執行

かい-ざい【介在】〔名〕スル 二つのものの間にはさまってあること。両者の間に存在すること。「二国間に―する難問題」

がい-さい【外債】債券発行者の国外で募集される公債や社債。日本の政府・企業などが外国で募集する債券と、外国の政府・企業などが日本で募集する債券に分けられる。外国債。⇔内債。

▷**発行者の違いから見た外債の種類**
円建て債　サムライボンド(日本に居住していない者が円建てで発行)、ユーロ円債(国際金融市場で円建てで発行)　**外貨建て債**(日本で発行する場合はショーグンボンドとも)　米ドル建て債、豪ドル建て債、ユーロ建て債など　**二重通貨建て債**　デュアルカレンシー債、リバースデュアルカレンシー債

がい-さい【外×鰓】両生類や肺魚などの幼生の呼吸器官で、頭部の両側から突出する羽毛状のえら。多くの種では成長につれて退化・消失する。そとえら。⇔内鰓。

がい-さい【涯際】物事の終わりの所。はて。「真理の大海は浩として、―なし」〈中村訳・西国立志編〉

がい-さい【×睚×眥】《「睚」も「眥」も、目尻、にらむ、の意》目を怒らして、憎らしそうににらみつけること。また、その目つき。

がい-ざい【外在】〔名〕スル 外界に存在すること。また、ある事象の原因・理由などが、その事象の外にあること。「―する原因」⇔内在。

がい-ざい【外材】外国から輸入される材木。

がいざい-いん【外在因】ある事物の外部にあって、その運動・変化を引き起こす原因。アリストテレス哲学における概念。有神論では神が世界の外在因とされる。超越因。⇔内在因。

かい-ざいく【貝細工】❶貝殻を材料にして細工物を作ること。また、その作品。❷キク科の多年草。園芸上は一年草とする。高さ60～90センチ。全体に綿毛をかぶり、茎と葉の基部とに長い翼がある。夏から秋、黄色い頭花を開く。花は乾いているように見え、貝殻の細工物を思わせる。オーストラリアの原産。ドライフラワーにする。アンモビウム。

がいさい-の-うらみ【×睚×眥の×怨み】《「史記」范雎伝から》ちょっとにらまれたくらいのうらみ。わずかなうらみ。「―は人を欺く笑の衣に包めども」〈漱石・幻影の盾〉

がいざい-ひひょう【外在批評】文芸作品を内面から分析・批評するのでなく、それを一つの社会的現象とみて、階級意識や歴史的意義などの社会的観点から行う批評。⇔内在批評。

かいさい-もくろく【皆済目録】▶年貢皆済目録

かい-ざいりょう【買(い)材料】▶好材料

かい-さき【×櫂先】❶櫂の先。❷茶杓の先端の部分。茶をすくう櫂状の部分。葉先。

かい-さく【快作】鑑賞する者が感動するような、すぐれた作品。「映画界ひさびさの―」

かい-さく【改作】〔名〕スル 作りかえること。特に、文学作品に修正を加え、新しいものに作りなおすこと。また、その作品。「若いころの脚本を―する」(類語)翻案・焼き直し・潤色・リメーク

かい-さく【改削】〔名〕スル 語句などをあらためたり除いたりして、文章を直すこと。改刪。

かい-さく【怪作】常識にとらわれない、怪しげで不思議な作品。

かい-さく【×晦×朔】みそかと、ついたち。また、1か月間。「是より始めて、昼夜、―春秋、あり」〈神皇正統記・序〉

かい-さく【開作】〔名〕スル 土地を開墾して作物を植えつけること。また、その田や畑。「荒野を―する」

かい-さく【開削・開×鑿】〔名〕スル 土地を切り開いて道路や運河などを通すこと。「新道を―する」

かいさく-こう【快削鋼】炭素鋼に少量の硫黄・鉛・マンガンなどを加えて切削性を向上させ、加工しやすくした鋼材。

かいさく-ほう【改作法】江戸時代、金沢藩が行った農政改革。慶安4年(1651)に開始され、武士と農民の困窮を救済する目的で、給人の知行所直接支配の禁止、検地の精密化、郷村支配の整備などを実施し、藩体制を確立させた。改作仕法。

かい-さぐ・る【×掻い探る】〔動ラ五(四)〕《「かきさぐる」の音変化》手で、触ってようすをみる。「袂の中を―・りて、揉皺みたる二通の書類を取出しつ」〈紅葉・金色夜叉〉

かい-ささえ【買(い)支え】相場が下落しかけたときに、買いの注文を出して値下がりを防ぐこと。

かいさ-すうれつ【階差数列】ある数列の階差を順に並べた数列。もとの数列に対していう。

かい-さつ【改札】〔名〕スル ❶駅の出入り口で、乗客の切符などを調べ、はさみを入れたり回収したりすること。「列車発着時に―する」「―係」❷「改札口」の略。

かい-さつ【開札】〔名〕スル 入札した箱を開いて、札を調べること。

かいさつ-ぐち【改札口】駅で、改札をするために設けた出入り口。改札。

かいさつ-どめ【改札止(め)】駅で、ホームなどが乗降客であふれた時など、混雑を防ぐため改札を一時中止すること。

かい-さん【改×刪】〔名〕スル 文章の字句を削ったり、直したりすること。改削。

かい-さん【海産】❶海でとれること。また、海でとれたもの。❷船舶所有者などが、一定の種類の債務の免責任を得るために、債権者に委付できる財産の総称。船舶・運送賃・損害賠償請求権など。

かい-さん【開山】〔名〕スル《寺を山に建て、寺が山号で呼ばれたところから》❶仏寺を初めて開くこと。また、開いた僧。開基。❷一宗一派を初めて開いた僧。祖師。開祖。❸ある物事の創始者。「達人は自ら法門を開く、僕も菊池流の茶の湯の―をしようと」〈蘆花・思出の記〉❹ある物事の権威者、第一人者。

「露に時雨に両袖をぬれの一、高雄が女郎盛りを見んと」〈浮・一代男・七〉

かい-さん【解散】〔名〕スル ❶集会・行事などが終わって、集まっていた人が分かれてばらばらになること。散会。「デモ隊が一する」「現地一」⇔集合。❷会社・法人・結社などの団体組織を一定の手続きにより解消させること。❸議会の全議員に対し、任期満了前に議員資格を失わせること。国会では衆議院のみに認められ、内閣不信任案を可決、または信任案を否決したときは、内閣は総辞職するか衆議院を解散しなければならない。また、憲法第七条に基づき、内閣の裁量による衆議院の解散が行われる。地方公共団体の議会では、有権者の請求による場合、議会が長に対して不信任決議をした場合などに行われる。

かい-さん【潰散】〔名〕スル 争いやいくさに負けてちりぢりになること。「大軍の一時に一する有様も」〈鉄腸・花間鶯〉

かい-ざん【改×竄】〔名〕スル《「竄」は文字を変える意》文書などの字句を直すこと。特に、悪用するために、勝手に直すこと。「登記簿を一する」

かい-ざん【海山】深海洋底から1000メートル以上の高さに隆起している海中の地形。比較的孤立しているものをいう。玄武岩からなる。

かい-ざん【壊残】破れ損なわれること。また、そのもの。破損。

がいさん【厓山】中国広東省、珠江の河口付近にある小島。1279年、元の張弘範の猛攻を受け、南宋の陸秀夫が幼帝の昺を背負って入水した地。

がい-さん【概算】〔名〕スル 大体の数量または金額を計算すること。「経費を一する」
(類語)勘定・計算・算出・算定・試算・見積もり・指折り

かいさん-かぜ【解散風】解散しそうな雰囲気。特に、衆議院が解散しそうな政界の動きを風に例えた語。「一が吹く」「一をあおる」

かいさんき【改算記】江戸時代の和算書。山田正重著。万治2年(1659)刊。それまでの算書の誤りを訂正し、「塵劫記」に次いで世に流布した。

かいさん-き【開山忌】開山の僧の祥月命日に営む法会。

かいさん-けんいち【開三顕一】天台宗で、法華経以前に説かれた三乗の教えはすべて方便であり、法華の一乗こそ仏の悟りに導く絶対真実の教えと説くもの。➡開権顕実

かいさん-せいきゅう【解散請求】地方自治法の認める直接請求の一種。地方公共団体の議会が住民の意思に反するとき、議会の解散を直接に請求すること。議員の解職請求とは別にこれを認める。➡直接請求

かいさん-とう【開山塔】開山の僧の遺骨を納めた石塔。

かいさん-どう【開山堂】開山の僧の像や位牌を安置した堂。御影堂。祖師堂。

がいさん-ばらい【概算払(い)】❶支払額が未定のときに、後で精算する条件でおよその見積額を支払うこと。概算渡し。❷国や地方公共団体が、法規に従って、支出金額の未確定な債務について概算金額を支払うこと。

かいさん-ぶつ【海産物】海でとれる魚介・海藻などの産物。また、その加工品。

かいさん-めいれい【解散命令】会社の存在あるいは行動が法令などに違反するときに、裁判所が行う解散の命令。会社解散命令。

がいさん-ようきゅう【概算要求】国の予算編成に先立って、各省庁が毎年8月末までに財務省に翌年度予算の見積りに関する資料を提出すること。➡シーリング

がいさんようきゅう-きじゅん【概算要求基準】►シーリング❸

かい-し【介士】甲冑をつけた武士。よろい武者。

かい-し【甲斐市】►甲斐㊁

かい-し【会子】中国北宋のころ、大都市の金融業者が発行した約束手形の一。南宋に入って政府の発行となり、乱発されたため、流通価値を失った。

かい-し【会試】中国の科挙の試験の一。郷試に及第した挙人が都で受ける第2の試験。合格すると貢士となり、最終の殿試を受ける資格を得る。

かい-し【会誌】会員に定期的に配布される雑誌。

かい-し【回視】〔名〕スル ❶過去をふりかえってみること。回顧。「それは一するに忍びないような、各々の思い出を」〈葉山・海に生くる人々〉❷あたりを見回すこと。「男前後を一して…、恐怖色に現れ」〈織田訳・花柳春話〉

かい-し【戒師】出家を望む者などに、戒を授ける法師。また、授戒にたずさわる三師七証の僧。大乗戒和上。戒の師。

かい-し【改氏】姓を変えること。申し立てにより家庭裁判所が許可する。

かい-し【怪死】〔名〕スル 死因に疑いのある死に方をすること。「一を遂げる」「山中で一する」
(類語)変死・惨死・横死

かい-し【×芥子】カラシナの種子。乾燥させ粉末にして香辛料のほか、薬用にする。がいし。

かい-し【海士】海上自衛官の階級の一。海曹の下で、海士長、一、二等海士の階級に分かれる。諸外国海軍および旧日本海軍の水兵長、上等・一等・二等水兵に相当する。

かい-し【海市】蜃気楼の異称。(季 春)
(類語)蜃気楼・空中楼閣

かい-し【界紙】罫を引いた紙。罫紙。

かい-し【開士】《「かいじ」とも。梵bodhi-sattvaの訳。菩提薩埵と音写》❶菩薩の異称。❷高僧の尊称。

かい-し【開市】市場を開くこと。また、貿易を始めること。「横浜以下三港は既に一に至ると雖も」〈染崎延房・近世紀聞〉

かい-し【開始】〔名〕スル 始めること。また、始まること。「交渉を一する」「試合一」⇔終了。(類語)幕開き・開幕・始まる・始める・しだす・やりだす・掛かる・取り掛かる・しかかる・しかける・着手する

かい-し【解×屍】死体を解剖すること。「又、其の間には、一の事もあり」〈蘭学事始〉

かい-し【懐紙】❶畳んでふところに入れておく紙。臨時に書状や詩歌の料紙に用いたり、茶席で菓子を取り分けたり茶碗の縁などをふくのに用いたりする。ふところがみ。畳紙。❷詩歌・連歌・俳諧を正式に記録、詠進するときに用いる料紙。檀紙・奉書紙・杉原紙など。寸法・折り方・書き方などにおのおの規定がある。

かい-じ【快事】気分がすっきりするような出来事。痛快な事柄。「近来の一」

かい-じ【怪事】不思議な出来事。奇怪な事件。

かい-じ【海自】「海上自衛隊」の略称。

かい-じ【海事】海上に関係する事柄。海でおこる事柄。

かい-じ【界磁】発電機・電動機などの、磁界を発生させる磁石。

かい-じ【絵事】絵をかくこと。絵画の道。
絵事は素を後にす 《「論語」八佾から。「素」は白色の意》絵を描くとき、さまざまな色を塗ったあと、最後に白粉を用いて色彩を鮮明にして浮き立たせるように、人間もさまざまな教養を積んだのち礼を学べば、教養が引き立って人格が完成する。

かい-じ【開示】〔名〕スル《「かいし」とも》❶はっきり示すこと。「勾留の理由の一を請求する」❷説き明かし示すこと。教えさとすこと。「真義を一する」
(類語)呈示・提示・明示・表示・示す・見せる・掲げる

がい-し【外史】❶朝廷の命などによらずに個人・民間の資格で書いた歴史書。野史。❷民間の歴史家。❸文人などの雅号に添える称号。❹外記の唐名。❺中国周代の官名の一。外国に出す文書を取り扱った職。❻►げし(外史)

がい-し【外姉】妻の姉。

がい-し【外紙】外国の新聞。外字紙。

がい-し【外資】ある国の事業に投資される外国・外国人および外国系企業の資本。外国資本。「一の進出」

がい-し【×碍子】電線を支持し絶縁するために、電柱や鉄塔に取り付ける絶縁体の器具。陶磁器製・合成樹脂製のものが多い。

がい-じ【外字】❶外国の文字。❷常用漢字表にない文字。表外字。表外漢字。➡表外音訓(補説) ❸《external character》パソコンなどで、標準的に備えられている以外の文字。特にJISの漢字符号体系外の文字で、ユーザーが独自に作成・追加した文字を指す。同じ文字コードと字形データの組み合わせを登録したコンピューター同士であれば、どちらも同一の文字を表示できる。「一登録」

がい-じ【外耳】聴覚器のうち、鼓膜より外の部分。耳介と外耳道からなり、音を中耳・内耳に伝える。

がい-じ【外事】❶外国・外国人に関する事柄。「一課」❷ある組織の、部外に関する事柄。⇔内事。

がい-じ【×孩児】《「孩」は、いとけないの意》❶幼児。嬰児。おさなご。「一婦女を合せて」〈東海散士・佳人之奇遇〉❷幼児の戒名につける法号。

がいじ-えん【外耳炎】外耳、特に外耳道の炎症。細菌や真菌の感染による化膿や、湿疹などがみられる。外耳道の痛みがある。

かいしえんがでん【芥子園画伝】中国、清初に刊行された画譜。芥子園は南京の名士沈心友の別荘名または書店の名という。3集。初集は沈氏所蔵の明の李流芳の山水画譜を王槩が増補したもので、李漁の序がある。1679年刊。2・3集は王槩・王蓍・王臬兄弟が編した花鳥の画譜で1701年刊。日本には元禄(1688〜1704)ごろに伝えられ、南画の発展に影響を与えた。

か-いしき【下意識】意識されていないが、思い出す努力によって意識化できる精神の領域。前意識。

かい-しき【開式】〔名〕スル 式を始めること。また、始まること。「五時に一される」⇔閉式。

かい-しき【解式】解答を出すための計算方法を一定の記号を用いて表したもの。

かい-しき【皆式¦皆色】〔副〕《近世語》(多くあとに打消しの語を伴って用いる)全く。まるっきり。かいもく。「酒は一請けねども」〈浮・一代女・二〉

がいし-けい【外資系】企業などが外国の資本で経営されていること。また、外国人によって経営されていること。「一企業」➡日系

がいしけい-きぎょう【外資系企業】ある国で活動する外国の企業。また、資本の一定割合を外国企業・外国人投資家が支配している企業。➡日系企業 (補説)出資割合の明確な定義はないが、経済産業省の「外資系企業動向調査」は、資本の3分の1以上が外資である企業を調査対象としている。

かいじ-こうほう【海事公法】海事に関する公法。領海・公海・公海自由・封港・捕獲を規定する国際公法と船舶法・船舶安全法・船員法・水先法・海難審判法などの国内公法とがある。

かいじ-ごにゅう【開示悟入】仏語。世の人々に、仏の智見を開示し、悟らせ、仏道に入らせること。法華経に説く、仏がこの世に現れた目的を要約した語。

かいじ-しほう【海事私法】海事に関する私的法律関係を規定する法規の総称。

かいじ-しゅうだん【海爾集団】►ハイアールグループ

かいじ-しょうほう【海事商法】►海商法

がいじ-しんぶん【外字新聞】外国の文字で印刷されている新聞。外字紙。

かい-しすい【介之推】中国、春秋時代の人。晋の文公に従って長い間亡命生活をともにしたが、帰国後、文公から俸禄を与えられなかったので、緜山に隠れた。

かいし-せい【×芥子精】芥子油10パーセントとアルコール90パーセントをまぜたもの。皮膚の刺激剤。

かいじ-だいりし【海事代理士】他人の委託を受けて、行政機関などに対し、船舶法・海員法などに基づく申請・届け出・登記その他の手続きなどをなすこ

とを業とする者。
かいし-だて【懐紙立て】クワイシ 懐紙を用いて和歌・連歌などを作ろうとすること。
かい-しつ【改質】ガソリンなどの炭化水素の組成・性質を改良すること。重質ナフサを加熱あるいは触媒を用いて、芳香族成分を多く含むオクタン価の高いガソリンにすることなど。リフォーミング。
かい-しつ【開室】〔名〕スル ❶部屋を人が出入りできる状態にすること。⇔閉室。❷企画室・開発室など、「室」の付く組織が仕事を開始すること。⇔閉室。
かい-じつ【会日】クワイ 会合をする日。集まりのある日。かいび。
かい-じつ【×晦日】クワイ 毎月の最終日。みそか。
がいじつ-どけい【概日時-計】▶サーカディアンリズム
がいじつ-リズム【概日リズム】▶サーカディアンリズム
がいじつリズム-すいみんしょうがい【概日リズム睡眠障害】スイミンシヤウガイ 睡眠時間帯が普通とずれる障害。特に、夜更かしに慣れて明け方に眠るようになると、日中の眠気、慢性疲労感、集中できないなど、日常生活に支障が生じる。➡サーカディアンリズム
がいし-て【概して】〔副〕大体において。一般に。「この生徒は―おとなしい」類語 総じて・一般に・遍あまねく・大抵・普通・全般に・多く・おしなべて・おおむね・大概・通例・通常・一体に・総体・およそ・広く
かいし-でい【×芥子泥】芥子の粉末に水を加えて練り、泥状にしたもの。紙・布に塗りつけて湿布剤として使用。からしでい。
がいじ-どう【外耳道】グワイダウ 外耳の一部。耳の穴の入り口から鼓膜に達するS字状の管。外聴道。
がいし-どうにゅう【外資導入】グワイシダウニフ 外国から資金または財貨を導入すること。技術導入や株式投資・貸付投資などの形で行われる。
かい-しのぎ【貝×鎬】かひ 刀剣のしのぎが角立たないで、普通よりは少し丸みのあるもの。その膨らみが貝の形に似ているところからいう。
かい-しぶ・る【買(い)渋る】かひ〔動ラ五(四)〕買うのをためらう。「高値が続き―・る」
かい-しぼう【下位子房】カヰシバウ 花びら・萼がくのつく位置より下にある子房。菊・アヤメなどにみられ、一般に上位子房より進化した構造とされる。子房下位。
がいし-ほう【外資法】グワイシハフ 「外資に関する法律」の略。外国資本の導入を促進するため、利潤、元本の送金の確保などの外資の保護・優遇を目的に制定された。昭和25年(1950)施行、同55年廃止。
かい-しめ【買(い)占め】かひ 買い占めること。
かい-し・める【買(い)占める】かひ〔動マ下一〕文かひし・む〔マ下二〕❶ある物を、一人で全部買う。買いきる。「周辺の土地を―・める」❷ある意図をもって特定の商品や株式を一手に買い集める。「―・めて相場を上げる」
かい-しゃ【会社】クワイ ❶会社法に基づいて設立された法人。株式会社・合名会社・合資会社・合同会社の4種がある。❷同じ目的で物事を行う集団。結社。類語(❶)企業・社しゃ・商会・カンパニー・コーポレーション (尊敬)貴社・御社 (謙譲)小社・弊社
かい-しゃ【会者】クワイ《「かいじゃ」とも》連歌の会に参加する人。「―ことに堪能かんのうを選ぶべし」〈連理秘抄〉
かい-しゃ【×膾×炙】クワイ〔名〕スル《「膾」はなます、「炙」はあぶり肉の意で、いずれも味がよく、多くの人の口に喜ばれるところから》世の人々の評判になって知れ渡ること。「人口に―する」
がい-しゃ【外車】グワイ ❶外国製の自動車。❷汽船の両舷または船尾につけ、回転して水をかくことによって船を推進させる水車形の車。水上に大部分が出ている。外輪。
がい-しゃ【害者】刑事事件の被害者。警察関係での隠語。
がい-しゃ【蓋車】屋根付きの貨物車。有蓋貨車。
かいしゃ-いん【会社員】クワイシャヰン 会社に雇われ、働いている人。類語 サラリーマン・勤め人・勤労者・労働者・ビジネスマン・ホワイトカラー・グレーカラー・ブルーカラー
かいしゃかんり-くうこう【会社管理空港】クワイシャクワンリクウカウ 拠点空港のうち、株式会社が設置・管理をする空港。成田国際空港、中部国際空港、関西国際空港がある。
かい-しゃく【介×錯】〔名〕スル ❶切腹する人のそばに付き添っていて、その人が刀を腹に突き刺すと同時に、その首を斬って死を助けてやること。また、その人。❷付き添って世話をすること。また、その人。後見。介添え。「この女房―して、やや久しう浴ゆあみ、髪洗ひなどしてあがり給ひぬ」〈平家・一〇〉
かい-しゃく【戒尺】授戒の時に儀式の順序を指示するため、また、読経の拍子をそろえるために打ち鳴らす道具。拍子木の類。
かい-しゃく【界尺】写経などをするとき、用紙に罫線けいせんを引いたり文鎮に用いたりする文具。
かい-しゃく【解釈】〔名〕スル ❶言葉や文章の意味・内容を解きほぐして明らかにすること。また、その説明。「徒然草を―する」「英文―」❷物事や人の言動などについて、自分なりに考え理解すること。「善意に―する」類語(❶)釈義・講釈・評釈・解義・義解ぎげ・読解 (―する)釈する・説き明かす/(❷)理解・判断 (―する)解する・取る・受け取る・とらえる
かい-じゃく【海若】海の神。海神。わたつみ。「蒐集した古刊本等の大部分が―の有に帰した」〈鷗外・渋江抽斎〉
かいしゃく-がく【解釈学】❶古典解釈の方法を研究する学問。古典解釈学。❷人間の精神活動の所産を人間体験の表現として客観的に了解するため、その解釈の方法や理論を扱う学問。古代ギリシャやルネサンス期に文献学の方法として展開、19世紀にディルタイによって哲学的方法として大成された。
かい-じゃくし【貝×杓子】かひ ホタテガイなどの平たい貝殻に、竹や木の柄をつけた杓子。江戸では、扇子とともにお年玉としてよく用いられた。
かいしゃ-くみあい【会社組合】クワイシャくみあひ ▶御用組合ごようくみあい
かいしゃ-こうせいほう【会社更生法】クワイシャカウセイハフ 経営困難ではあるが再建の見込みのある株式会社について、事業の維持・更生を目的としてなされる会社更生手続きについて規定する法律。昭和27年(1952)施行。平成14年(2002)に全面改正。改正前のものを「旧会社更生法」ともいう。➡民事再生法
かいしゃ-ごろ【会社ごろ】クワイシャ《「ごろ」は「ごろつき」の略》❶会社を設立するともちかけて、資金などをだまし取ることを常習にしている者。❷会社の不正や役員の醜聞などを種に、会社をおどして金品をまきあげることを常習にしている者。
がい-しゃし【外斜視】グワイ 目標物を見たとき、一眼の視線が外側にずれている斜視。
かいしゃしきほう【会社四季報】クワイシャシキホウ 東洋経済新報社が発行する、株式公開企業の業績や状況などを掲載した情報誌。昭和11年(1936)創刊。年4回発行され、投資家が投資先を選ぶ際の資料とする。➡日経会社情報
がいしゃ-せん【外車船】グワイシャ 「外車❷」を推進器として取り付け、蒸気機関などで回転させて航行する船。スクリュー発明以前に用いられた初期の汽船で、現在はミシシッピ川などにみられる。外車汽船。外輪船。
かいしゃつごう-たいしょく【会社都合退職】クワイシャツガフ 会社(雇用者)が、人員削減などの理由によって労働者を退職させること。労働者が自ら退職届を提出しても、賃金の不払いや劣悪な労働条件など会社側に理由があると認められる場合はこれに含まれる。⇔自己都合退職。
かいしゃ-にんげん【会社人間】クワイシャ 会社が生活の全てであり、仕事一途で他に趣味などもない人。仕事人間。補説 日本経済の高度成長期に目立った生き方。
かいしゃ-ほう【会社法】クワイシャハフ 会社の設立、組織、運営、管理などについて定めた法律。従来は商法第2編、商法特例法、有限会社法など、会社に関して規定した法を総称して「会社法」と呼んでいたが、これらを統合、再編して成立したのが現在の会社法である。平成18年(2006)5月施行。
かいしゃ-ほうもん【会社訪問】クワイシャハウモン 学生が就職を希望する会社を採用試験に先立ち訪問すること。
かい-しゅ【会主】クワイ 会を主催し運営する人。
かい-しゅ【快手】クワイ すぐれた手腕・技術。
かい-しゅ【拐取】法律で、誘拐と略取の併称。
かい-しゅ【皆朱】朱または辰砂しんしゃをまぜて全面を赤く塗りつぶした漆塗りの器物。
かい-しゅ【×魁首】クワイ 集団の中で主だった者。かしら。長。特に、悪者のかしら。首魁。
かいし-ゆ【×芥子油】▶からしゆ(芥子油)
かい-じゅ【×槐樹】クワイ ❶エンジュの別名。❷《中国で周代、エンジュを朝廷に植え、大臣がこの木に向かって座を占めたところから》大臣の異名。
がい-じゅ【外需】グワイ 外国からの需要。⇔内需。
がいじゅいそんがた-さんぎょう【外需依存型産業】グワイジュイソンがたサンゲフ 原料輸入や製品輸出など、海外市場と密接な関係にある産業。海外市場の動向に大きく左右される産業。自動車や電気など。⇔内需依存型産業。
かい-しゅう【会衆】クワイ 会合・集会などに寄り集まった人々。
かい-しゅう【会集】クワイシフ〔名〕スル 多くの人々が集まること。また、集めること。「―の期日毎に、児女の祭見に行く心地にて」〈菊池寛・蘭学事始〉
かい-しゅう【回収】クワイシウ〔名〕スル ❶一度配った物や使った物などを、また集めること。「調査用紙を―する」「廃品―」❷人工衛星・宇宙船などを地上に帰還させること。
かい-しゅう【改宗】〔名〕スル 今まで信じていた宗教や宗派を捨てて他の信仰に入ること。宗旨変え。
かい-しゅう【改修】シウ〔名〕スル 道路・建物などの悪い部分を直すこと。「橋を―する」「―工事」類語 直す・繕う・修繕・修理・修復・修正・手直し・直し・手入れ
かいしゅう【海州】カイシウ ▶ヘジュ
かい-しゅう【開宗】教えが開かれ、宗教・宗派が新たに生まれること。立教。立宗。
かい-じゅう【怪獣】クワイジウ ❶正体の知れない不思議な動物。❷多く恐竜に模して創作した、巨大な動物。「―映画」
かい-じゅう【海獣】ジウ 海にすむ哺乳類の総称。最も海中生活に適応した鯨のほか、カイギュウ・オットセイ・アザラシ・ラッコなど。
かい-じゅう【×晦渋】クワイジフ〔名・形動〕言葉や文章がむずかしく意味がわかりにくいこと。また、そのさま。難解。「―な文章」類語 難解・詰屈きっくつ・深遠・高度・ハイブロー・歯が立たない・七難しい・小難しい
かい-じゅう【懐柔】クワイジウ〔名〕スル うまく扱って、自分の思う通りに従わせること。「議会を―する」類語 籠絡
がい-しゅう【外周】グワイシウ ❶物の外側で測ったまわりの長さ。「円柱の―」⇔内周。❷ある範囲をとりまく外側の部分。外側の周囲。
がい-しゅう【×鎧袖】シウ よろいのそで。
がい-じゅう【害獣】ジウ 人間や家畜を襲ったり農作物を荒らしたりして、害を加えるけもの。
がいしゅう-いっしょく【×鎧袖一触】ガイシウ 鎧よろいの袖が一度触れたぐらいで、簡単に敵を打ち負かすこと。
かい-しゅうごう【開集合】シフガフ 数直線上では開区間 $a<x<b$ を満足させる点 x の集合。平面上では $x^2+y^2<r^2$ を満足させる点(x,y)の集合。
かい-しゅうごう【解集合】シフガフ xを含む条件が文章や式で示されたとき、xを成り立たせるような要素の集合。例えば、「xは5より小さい自然数」の解集合は{1,2,3,4}となる。
かい-じゅうごう【解重合】ヂユウガフ 重合の逆の反応。重合している物質が熱あるいは紫外線・放射線などの作用によって分解し、単量体になること。
かい-じゅうせき【灰重石】クワイヂユウセキ カルシウムのタング

ステン酸塩鉱物。無色・白色・淡黄色などで透明、ガラス光沢があり、紫外線を当てると青色の蛍光を示す。錐状の結晶が普通。正方晶系。タングステンの主な鉱石。

かいじゅうせん-じ【海住山寺】京都府木津川市加茂町例幣にある真言宗智山派の寺。山号は補陀落山。天平7年(735)聖武天皇の勅願により、良弁が建立と伝える。承元2年(1208)貞慶が中興。建保2年(1214)建立の五重塔は国宝。文殊堂・十一面観音像・海住山寺文書などは重文。

がいじゅう-ないごう【外柔内剛】《「唐書」盧坦伝から》うわべは優しくおとなしそうに見えるが、意志が強くしっかりしていること。

かいしゅう-は【会衆派】キリスト教プロテスタントの一派。16世紀後半、英国国教会から分離した人たちが形成した。各個教会の独立・自治を主張する。➡組合教会

かいじゅうぶどう-きょう【海獣×葡×萄鏡】中国唐代に盛行した銅鏡。鏡背のつまみと、そのまわりに獅子(狻猊)・有角獣・葡萄唐草文などを配する。日本にも伝わり、法隆寺五重塔心礎や高松塚古墳出土のものが有名。

がいじゅかんれん-かぶ【外需関連株】国内での需要の増減や為替変動が収益に大きく影響する業種の株式。輸出関連株。「信用収縮不安や円高によって—が下落する」➡内需関連株

がい-しゅく【外叔】母方の叔父。母の弟。

がい-しゅつ【外出】〔名〕スル ❶自宅や勤め先などから、よそへ出かけること。「急用で—する」❷物が外部に出ていくこと。「正金の次第に—するは当然のことなり」〈神田孝平・明六雑誌二二〉 類語 他出・出かける

がい-しゅっけつ【外出血】組織とともに血管が損傷され、血液が体外に流れ出ること。また、その血。⇔内出血。

がい-しゅひ【外珠皮】種子植物の胚珠を包む2枚の珠皮のうち、外側のもの。⇔内珠皮。

がい-しゅひ【外種皮】植物の種子の外側を包む2枚の種皮のうち、外側のもの。⇔内種皮。

かい-しゅん【回春】❶春が再びめぐってくること。新年になること。❷若返ること。「一の妙薬」❸病気が治ること。快復。類語 回復・快復・平復・平癒・治癒・快癒・本復・全快・快気・快方

かい-しゅん【改春】年が改まって春となること。また、新春。新年。

かい-しゅん【改×悛】〔名〕スル 犯した悪事や過ちを悔い改め、心を入れ替えること。改心。改悟。悔悛。「一の情が顕著である」

かい-しゅん【悔×悛】〔名〕スル ❶犯した罪を悔い改めること。改悛。❷キリスト教で、過去の罪を悔いて、神の赦しを請うこと。

かい-しゅん【買春】➡買春 補説「買春(ばいしゅん)」の湯桶読み。「売春(ばいしゅん)」と紛らわしいところからの言い換え語。1999年に法律名(児童買春処罰法)にも採用。

かい-しゅん【懐春】《古代、中国では婚姻の時期を仲春(陰暦2月)に定めていたところから》年ごろになって春情を抱くこと。異性を思うようになること。特に、女子にいう。「一の年紀となるも、家訓甚だ、厳正なるが故に」〈竜渓・経国美談〉

かいしゅん-の-ひせき【悔×悛の秘跡】「ゆるしの秘跡」の旧称。

かいしゅん-びょういん【回春病院】熊本市にあったハンセン病の療養所。明治28年(1895)英国人の女性宣教師ハンナ=リデルが、キリスト教聖公会の信仰に基づいて設立。

かい-しょ【▽甲×斐▽性】「かいしょう」の音変化。「一がない」

かい-しょ【会所】❶人の集会する所。また、そのための建物や部屋。「碁一」❷中世、公家・武家・寺社の住宅に設けられた施設の一。室町時代に発達し、歌会・闘茶・月見などのための会合に用いられた。❸江戸時代、種々の目的をもって人の集会した所。株仲間の組合事務所、町役人・村役人の事務所、両替所、取引所など。

かい-しょ【回書¦×廻書】❶返事の文。返書。❷順に回して読ませる文書。回章。回状。

かい-しょ【開所】〔名〕スル 事務所・研究所など「所」のつく施設・機関を新しく設けて業務を始めること。⇔閉所。

かい-しょ【楷書】漢字の書体の一。点画を正確に書き、現在、最も標準的な書体とされている。隷書から転じたもので、六朝中期に始まり唐のころ完成した。真書。正書。類語 行書・草書・隷書・篆書・行草・三体・五体・勘亭流

かい-じょ【介助】〔名〕スル そばに付き添って動作などを手助けすること。介添え。類語 世話・扶助・付き添い・介添え・介護・介抱・看護・面倒見・ケア

かい-じょ【海×恕】海のように広い度量で、相手を許すこと。多く手紙などで「御海恕」の形で用いられる。「失礼の段何とぞご—ください」「師亦た幸に—するあれど」〈菊亭香水・世路日記〉

かい-じょ【解除】〔名〕スル ❶今まであった制限・禁止、あるいは特別の状態などをなくして、もとの状態に戻すこと。「規制を—する」「武装—」❷法律で、契約当事者の一方の意思表示によって、成立している契約を初めからなかったものとすること。類語 解禁

かい-じょ【解×舒】繭から生糸を繰り取る際の、繭糸のほぐれぐあい。品質などに影響する。

がい-しょ【外書】❶外国の書物。❷仏教で、仏教書以外の書物。外典。

かい-しょう【▽甲×斐性】物事をやり遂げようとする気力、根性。また、働きがあって頼もしい気性。多く、経済的な生活能力をいう。かいしょ。「一のある息子」類語 ガッツ・気力・根性・精神力・意気地・意力

かい-しょう【会商】〔名〕スル 《「商」は、おしはかる意》会合して相談すること。また、その相談。

かい-しょう【回章¦×廻章】❶順に回して見せる文書、書状。ふつう、あて名が列記してある。回文。回状。❷返事の手紙。返書。回書。

かい-しょう【快勝】〔名〕スル あざやかに、またはあっさりと、気持ちよく勝つこと。「大差で—する」 類語 大勝・圧勝・楽勝・完勝・辛勝

かい-しょう【快×翔】〔名〕スル 気持ちよく空を高く飛ぶこと。空を速く飛んでいくこと。

かい-しょう【改称】〔名〕スル 名前や呼び名を変えること。改名。「社名を—する」

かい-しょう【海相】海軍大臣の略称。

かい-しょう【海将】海上自衛官の階級の一。最高位の階級。海将補の上。諸外国海軍および旧日本海軍の大・中将に相当する。

かい-しょう【海商】海上における商行為。海運業など。

かい-しょう【海象】海洋の自然現象の総称。

かい-しょう【海×嘯】❶海鳴り。❷満潮の際、河口に入る潮波の前面が垂直の高い壁状になり、砕けながら川上に進む現象。河口が三角形状の川にみられ、中国の銭塘江、ブラジルのアマゾン川などに起こるものが有名。ボア。潮津波。

かい-しょう【開×敞】❶前面がひらけていて、さえぎるもののないこと。❷港湾が外海に面していて、直接、風波を受けること。

かい-しょう【解消】〔名〕スル 今までの状態や関係、約束などが消えてなくなること。また、それらをなくすこと。「不満を—する」「契約を—する」 類語 撤廃・廃止・撤回

かい-しょう【快×捷】〔形動〕図〔ナリ〕動作などがすばやいさま。敏捷。「機を察し、兵を用ゆるの—なるは」〈竜渓・経国美談〉

かい-じょう【会場】会合・催し物・集会などを開く場所。類語 式場

かい-じょう【回状¦×廻状】❶関係者の間で連絡事項を回し読みさせる文書。回章。❷江戸時代、領主が村から村へ年貢収納・夫役などの用件を通達した書状。

かい-じょう【戒×杖】山伏などが護身用に持って歩くつえ。錫杖。

かい-じょう【戒場】仏教で、僧に戒律を授ける式場。高く築く戒壇に対して、平地に設けられる。

かい-じょう【海上】《古くは「かいしょう」》海の上。海面。海路。類語 海面・洋上

かい-じょう【開城】〔名〕スル 降伏して城や要塞を敵に明け渡すこと。「兵糧攻めにあってついに—する」

かいじょう【開城】➤ケソン

かい-じょう【開場】〔名〕スル ❶劇場や会場などを開いて人を入場させること。「五時に—する」⇔閉場。❷新しい建物・施設などを公開すること。「十月の—めざして工事を急ぐ」

かい-じょう【開静】《静睡を開覚する意》❶禅宗寺院で、早朝、雲版などをたたいて、起床を促すこと。❷曹洞宗で、座禅をやめて座を離れること。

かい-じょう【開錠】〔名〕スル ❶鍵のかかっている錠を、破壊することを含めて何らかの方法で開けること。⇔施錠。❷電子的な暗号で施錠されてアクセスできないようになっているコンピューターやサーバー、システムなどに、電子的な鍵を用いてアクセスできるようにすること。⇔施錠。

かい-じょう【階上】❶階段の上。⇔階下。❷2階建て以上の建物の、下からみて上の階。⇔階下。

かい-じょう【階乗】1からnまでの連続するn個の自然数の積をnの階乗という。n!と書き、例えば4!=1×2×3×4=24と表す。ただし、0の階乗は1とする。

かい-じょう【解錠】〔名〕スル 鍵のかかった錠を、合い鍵、不正な工具などを使って壊さずに開けること。

かい-じょう【塊状】❶物体が不規則に固まっている状態。また、その形。❷岩石の構造に層理や片理がなく、均質で、固まっていること。「一鉱床」

がい-しょう【外×妾】❶自宅以外に住まわせているめかけ。❷外国人のめかけ。ラシャめん。

がい-しょう【外相】外務大臣のこと。

がい-しょう【外商】❶外国の商社・商人。❷デパートなどで、店内の売場でなく、直接客のところへ出かけて行って販売をすること。外売。「一に回る」

がい-しょう【外傷】体外から加えられた力によってできた傷。打撲による損傷など。広くは放射線・熱・寒冷などによる皮膚の傷害や骨折・内臓破裂なども含めていう。類語 創傷・創痍・怪我

がい-しょう【街商】路上であきなう商人。露天商。類語 露天商・行商・セールス

がい-しょう【街×娼】街頭で客をさそう売春婦。

がい-じょう【外城】城の本丸を囲んで設けられた城郭。⇔内城。

がい-じょう【外情】❶外部の事情。⇔内情。❷外国の事情。

がい-じょう【街上】街路の上。路上。

かい-じょう-え【戒定×慧¦戒定恵】仏語。仏道修行に必要な三つの大切な事柄。悪を止める戒と、心の平静を得る定と、真実を悟る慧。三学。「一の三学を兼備して」〈太平記・八〉

かいじょう-かざん【塊状火山】噴出した溶岩の粘りけが非常に強く、流れ広がらず、火口の周囲に盛り上がって山となった火山。昭和新山など。鐘状火山。トロイデ。溶岩ドーム。

かいしょう-き【回照器】三角測量で、目標点を示すために、日光を反射させて信号とする器械。

かいじょう-けいさつけん【海上警察権】自国の主権または主権的権利がおよぶ海域において、国家機関が行使する管轄権。海賊船・不審船・不法操業を行う外国漁船などに対して、臨検・拿捕・抑留・引致を行うことができる。日本では海上保安庁が海上警察権の実施を担い、対応が困難な場合は、自衛隊が海上警備行動などを発動して対応する。

かいじょう-けいびこうどう【海上警備行動】海上での人命・財産の保護、治安の維持を目的とする自衛隊の活動。自衛隊法82条に基づき、防衛大臣が首相の承認を得て発令する。武器の使用については、警察官職務執行法・海上保安庁法を準用

し、正当防衛、緊急避難の場合を除き、人に危害を与えてはならないとされる。海警行動。➡危害射撃 ➡部隊行動基準 〔補説〕平成11年(1999)に能登沖で見つけた不審船が逃走した際に自衛隊発足以来初めて発令された。海上警備行動で対応できない場合は、内閣総理大臣によって防衛出動が発令される。

かいじょう-けん【海上権】カイジャウ 軍事・通商・航海などに関して、一定の海域を支配する権利または権力。制海権。

かいじょうこうつう-あんぜんほう【海上交通安全法】カイジャウカウツウアンゼンハフ 船舶交通が混雑する海域において特別の交通方法を定め、危険防止と安全の確保を目的とした法律。昭和48年(1973)施行。

かいじょう-じえいたい【海上自衛隊】カイジャウジヱイタイ 自衛隊の一。海上幕僚監部、自衛艦隊・地方隊・教育航空集団などの部隊、各種学校などからなり、海上幕僚長の補佐を受けた防衛大臣の統括の下に、海上における防衛を主な任務とする。昭和29年(1954)警備隊を改組・改称して設置。海自。

かいじょうしょうとつ-よぼうほう【海上衝突予防法】カイジャウショウトツヨバウハフ 海洋その他の水域において、船舶および水上航空機の衝突防止のため、灯火・航法・針路信号などについて定めた法律。昭和52年(1977)施行。同58年、一部改正。

がいしょうせい-こうまくかけっしゅ【外傷性硬膜下血腫】グワイシヤウセイカウマクカケツシユ 外傷によって発生する硬膜下血腫。急性硬膜下血腫と慢性硬膜下血腫がある。

がいしょうせい-ショック【外傷性ショック】グワイシヤウセイ 外傷による損傷の範囲が広く、程度が重度の場合に、急激な血圧の低下や大量の出血・内出血でショック状態を引き起こすこと。➡ショック③

かいじょう-せん【海上戦】カイジャウ 「海戦」に同じ。

かい-じょうたつ【下意上達】ージャウタツ 下の者の気持ちや意見が上位にある人に届くこと。⇔上意下達じょういかたつ。

かいしょう-なし【▽甲×斐性無し】カヒシャウ 意気地のないこと。頼りにならないこと。また、その人。かいしょなし。「いつまでも親のすねをかじるー」

かいじょう-ばくりょうかんぶ【海上幕僚監部】カイジャウバクレウカンブ 防衛省に置かれ、防衛大臣に直属する機関の一。幕僚長の統率のもとに、海上自衛隊の、防衛・教育訓練・装備・人事などに関する計画の立案、部隊の管理・運営などを行う。➡幕僚監部

かいしょう-ひん【×醢×醤品】カイシャウ 魚介類の肉・内臓・卵などを塩漬けにし発酵させた食品。塩辛しおからの類。

かいじょう-ふうさ【海上封鎖】カイジャウ 海軍力を用いて、他国の海上交通を遮断すること。➡封鎖②

かいじょう-ほあんかん【海上保安官】カイジャウホアンクワン 海上警備・海難者救助・海図作成・灯台や航路標識の設置など海上の安全確保に関する業務を行う海上保安庁の職員。特別司法警察職員として、海上で発生した事件について一般の警察官と同等の権限を行使する。必要な範囲内で武器の携帯・使用を認められている。

かいじょうほあん-だいがっこう【海上保安大学校】カイジャウホアンダイガクカウ 海上保安庁の付属機関の一。幹部職員の養成を目的とするもので、昭和26年(1951)広島県呉くれ市に開設。

かいじょう-ほあんちょう【海上保安庁】カイジャウホアンチャウ 国土交通省の外局の一。日本の沿岸水域における各種法令の順守、海難の防止、安全の確保、環境保全などを任務とする。海洋調査なども行う。本庁のほか、国内各地に管区海上保安本部をもつ。付属機関に海上保安大学校がある。昭和23年(1948)設置。海保。保安庁。JCG(Japan Coast Guard)。

かいじょう-ほあんほんぶ【海上保安本部】カイジャウ 「管区海上保安本部」の略。

かいしょう-ほう【海商法】カイシャウハフ 海上運送業・海上保険業など海上における商行為に関する法律。狭義には商法第3編に定めるものをいい、広義には条約・特別法規・慣習法なども含まれる。海事商法。

かいじょう-ほう【海上法】カイジャウハフ 「海法」に同じ。

かいじょう-ほかく【海上捕獲】カイジャウホクワク 交戦国が公海または領海で、敵国の艦船やその貨物、あるいは中立違反の嫌疑のあるものなどを捕獲すること。

かいじょう-ほけん【海上保険】カイジャウ 船舶の沈没・座礁・衝突・火災・盗難など、航海に関する事故によって船舶・積み荷に生じる損害の塡補てんぽを目的とする損害保険。

かいしょう-もん【会昌門】クワイシャウ 平安京大内裏の朝堂院の中門。南面し、朝堂院正門の応天門に相対する。

かいじょう-れいしき【海上礼式】カイジャウ 軍艦が、他国の海岸砲台のある軍港に入ったとき、また、海上で他国の艦船と遭遇したとき、礼砲または旗章をもって相手に敬意を表する礼式。

かい-しょく【会食】クワイ〔名〕スル 人が集まって一緒に食事をすること。「恩師を囲んでーする」
〔類語〕懇親会・茶話会

かい-しょく【灰色】クワイ はいいろ。

かい-しょく【快食】クワイ 体調がよく、食事が進むこと。おいしく食事をすること。「ー快便」

かい-しょく【戒×飭】「かいちょく(戒飭)」の誤読。

かい-しょく【海食・海×蝕】〔名〕スル 潮流や波が海岸や海底を少しずつ崩し削り取ること。

かい-しょく【解職】〔名〕スル その職を辞めさせること。免職。「事件の責任を問いーする」〔類語〕解任・罷免

がい-しょく【外食】グワイ〔名〕スル 家庭以外で食事をとること。また、その食事。➡中食なかしょく ➡内食ないしょく

かいしょく-がい【海食崖】海食によってできた海岸のがけ。海崖かいがい。波食崖。

がいしょく-けん【外食券】グワイショク 第二次大戦中および戦後の米の統制下において、外食する者のために発行された食券。昭和16年(1941)4月1日実施、同44年廃止。

がいしょくけん-しょくどう【外食券食堂】グワイショクケンショクダウ 外食券持参者に食事を提供するよう指定された食堂。

がいしょく-さんぎょう【外食産業】グワイショクサンゲフ 大規模のチェーン店形式による飲食業の総称。ファーストフード店やファミリーレストランなど。

かいしょく-せいきゅう【解職請求】ーセイキウ ►リコール

かいしょく-だい【海食台】海食崖かいしょくがいの下のほうに、海食によって生じた緩やかな斜面。波食台とほぼ連続し、常に海面下にある。波食台も含めていうことも多い。

かいしょく-どう【海食洞】波の浸食によって海食崖かいしょくがいにつくられた洞穴。ほぼ海水面の高さに、がけの一部に断層などの弱い部分があるときできる。海食洞窟かいしょくどうくつ。

かいしょく-どうもん【海食洞門】波の浸食によってつくられた海食洞が、岩を貫通してトンネル状になったもの。和歌山県の円月島などにみられる。

かいじょ-けん【介助犬】身体障害者や介護の必要な高齢者の自立を助けるために特別に訓練された犬。ドアの開け閉め、電気の点灯・消灯から、車いすを引く、落ちた物を拾う、人を呼びに行く、電話の受話器をくわえて渡すなど、さまざまなことができる。パートナードッグ。➡補助犬

かいじょ-けん【解除権】カイヂヨ 契約当事者が、その一方的な意思表示によって契約を解除しうる権利。契約当事者の契約によって生じる約定解除権と、法律の規定によって生じる法定解除権とがある。

かいじょ-じょうけん【解除条件】カイヂヨデウケン すでに生じている法律行為の効力を消滅させる条件。「落第すれば給費をやめる」の場合の「落第すれば」など。➡停止条件

かいしょ-たい【楷書体】楷書の書体。特に活字書体についていう。

がいし-るい【外×翅類】グワイシ 不完全変態をする昆虫の一群。幼虫の体形は成虫に似て、発育中に翅はねが外部に発達してくる。バッタ・トンボ・カゲロウなど。⇔内翅類。

かい-しろ【▽垣代】《「かきしろ」の音変化》❶垣の代わりとして用いる幕。帳とばりを隔てとして用いるときの呼び名。❷青海波せいがいはの舞楽のとき、庭上に垣根のように立ち並ぶ楽人の称。「四十人のー、いひ知らず吹き立てたる物の音ねども」〈源・紅葉賀〉

かい-しん【会心】クワイ ❶心にかなうこと。期待どおりにいって満足すること。「一の笑みを浮かべる」❷納得すること。会得すること。「以上の道理をーして妥に人に就て云わんに」〈福沢・福翁百話〉

かい-しん【回心】クワイ〔名〕スル キリスト教で、罪のゆるしと洗礼によってひきおこされる、心の大きな転換。➡回心えしん ➡発心ほっしん

かい-しん【回申】クワイ〔名〕スル 目上の人にあてて返事の手紙や文書を出すこと。

かい-しん【回信】クワイ 返事の手紙。返信。

かい-しん【回診】クワイ〔名〕スル ❶病院で、医師が病室を回って患者を診察すること。「病院長がーする」❷医者が患者の家へ診察・治療に行くこと。往診。

かい-しん【快心】クワイ 気持ちのよいこと。また、よい気持ち。「彼が其の夕にして瞑せんとするーの事とは何ぞ」〈紅葉・金色夜叉〉

かい-しん【戒心】〔名〕スル 油断しないこと。よく用心すること。「ーを怠らない」〔類語〕注意・用心・警戒・配慮・用意・留意・心掛け・気配り・気遣い

かい-しん【戒慎】〔名〕スル 言動をいましめつつしむこと。「向後に注意せざるべからずと、皆々互にーせり」〈竜渓・経国美談〉

かい-しん【改心】〔名〕スル 今までの行いを反省し、心を改めること。改悛かいしゅん。「ーして出直す」

かい-しん【改進】〔名〕スル 物事が改まり進むこと。また、古い制度などを改めて進歩させること。

かい-しん【改新】〔名〕スル ❶物事を改めて新しくすること。革新。「大化のー」❷年の初め。〔類語〕革命・改革・変革・改変・改造・維新・クーデター・世直し

かい-しん【海深】海の深さ。「一三〇〇メートル」

かい-しん【海進】海面の上昇、あるいは陸地の沈降によって海が陸に入り込んでくること。⇔海退。

かい-しん【海震】海上の船舶が感じる地震。地震波が縦波となって伝わるため、短周期の上下動が激しい。

かい-しん【開申】〔名〕スル ❶申し開きをすること。❷自己の職権内でしたことを上級者や監督官庁に告げ知らせること。上申。

かい-しん【開進】〔名〕スル ❶文明や人知が開け進むこと。「ーの歩頗る迅速にして」〈織田訳・花柳春話〉❷隊形が、縦隊から横隊に変わること。

かい-じん【灰×塵】クワイヂン 灰と塵ちり。取るに足りないもの、価値のないもののたとえ。

かい-じん【灰×燼】クワイ《「かいしん」とも》灰や燃え殻。建物などが燃えて跡形もないこと。

灰燼に帰き・す 跡形もなくすっかり焼けてしまう。灰燼と化す。「重要な文化財がー・した」

かい-じん【怪人】クワイ 正体不明の、不思議な人物。

かい-じん【海人】❶漁民。あま。「ほだはら、数の子を売るーまでも」〈浮・織留・三〉❷「海神かいじん」に同じ。「御母は玉より姫、ーのむすめなり」〈平家・五〉

かい-じん【海神】《「かいしん」とも》海をつかさどる神。海の神。わたつみ。

がい-しん【外心】グワイ ❶三角形の外接円の中心。三角形の各辺の垂直二等分線の交点に一致する。⇔内心。❷隔てのある心。うちとけない心。「今ぬしがーが出来て、わたくしがつき出されてお見なんし」〈洒・三人酩酊〉

がい-しん【外臣】グワイ ❶他国から来た臣下。❷朝廷に仕えている臣の中で、自分の仲間以外の者。「仲成ーを遠ざけんとはかりては」〈読・春雨・血かたびら〉

がい-しん【外信】グワイ 外国からの通信。「一部」

がい-しん【害心】害を加えようとする心。害意。「ーをいだく」

がい-じん【外人】グワイ ❶外国人。特に、欧米人をいう。❷仲間以外の人。他人。「ーもなき所に兵具ひょうぐをととのへ」〈平家・一〉〔類語〕外国人・異人・異邦人

がい-じん【外陣】グワイ 「げじん(外陣)」に同じ。

がい-じん【×凱陣】ヂン《古くは「かいじん」とも》戦いに勝って軍隊を引き揚げ、自分の陣営に帰ること。

凱旋がいせん。「西郷以下の将士に総すべて一に及べるは其年十二月の事なり」〈染崎延房・近世紀聞〉

がいしん-せい【外進生】グワイシン《「外部進学生」の略》「外部生」に同じ。⇔内進生。

かいじん-そう【海人草】サウ ▶かいにんそう(海人草)

かいしん-とう【改進党】タウ ㊀立憲改進党の略称。㊁昭和27年(1952)、重光葵しげみつまもるを総裁とし、国民民主党・新政クラブ・農民協同党を合同して結成した政党。同29年、日本民主党となった。

かい-じんどう【▽甲×斐神頭】かひ ヂ シソ科の多年草。山地に生え、高さ20〜40センチ。茎は赤紫色を帯び、全体に白い毛を密生する。葉は卵形で、対生。初夏、紅紫色の花を穂状につける。名は、甲斐に産するリンドウの意という。甲斐神草かいじんそう。

かいしん-の-とも【会心の友】クワイシン 気心のよく合った友。

がいじん-ぶたい【外人部隊】グワイジン 外国人の志願者で編制した傭兵ようへい部隊。

かい-す【介す】㊀〔動サ五〕「かい(介)する」(サ変)の五段化。「意に一・さない」㊁〔動サ変〕「かい(介)する」の文語形。

かい-す【会す】クワイ ㊀〔動サ五〕「かい(会)する」(サ変)の五段化。「一年に一度ここに一・そうと約束する」(可能)かいせる ㊁〔動サ変〕「かい(会)する」の文語形。

かい-す【解す】㊀〔動サ五〕「かい(解)する」(サ変)の五段化。「そんな意味に一・さないでもらいたい」(可能)かいせる ㊁〔動サ変〕「かい(解)する」の文語形。

かいず　クロダイの若魚。関東や和歌山の地方でいう。(季 夏)

かい-ず【海図】ヅ 海の深さや岩礁の存在、海底の性質、潮流・航海標識など、海洋の状態を記入した航海者用の地図。総図や、大洋用の航洋図、陸地付近用の航海図、沿岸用の海岸図、港内用の港泊図などがある。水深はふつう最低低潮線を基準にする。

がい-す【害す】㊀〔動サ五〕「がい(害)する」(サ変)の五段化。「感情を一・さないように話す」㊁〔動サ変〕「がい(害)する」の文語形。

がい-す【概す】〔動サ変〕大体のところをまとめる。大まかにしめくくる。「種々の事件我国に起りしかど、之を一・するに」〈田口・日本開化小史〉

かい-すい【海水】海の水。ナトリウム塩・カルシウム塩を主成分とする多くの無機塩類を重量比で約3.5パーセント含み、含有成分の濃度は海域により異なるが、組成は一定している。

かい-すい【×魁帥】クワイ 賊徒などのかしら。頭目。

がい-すい【崖×錐】がけや急斜面の下に、落下した岩屑がんせつが堆積たいせきしてできた半円錐状の地形。

かいすいえん-やき【×魁×翠園焼】クワイスイエン 嘉永年間(1848〜1854)美濃高須藩主の松平義建が、江戸郊外角筈つのはず(東京都新宿区)の下屋敷魁翠園に瀬戸の陶工を招いて作らせた焼き物。

かいすい-ぎ【海水着】水泳や海水浴のときに着る衣服。水着。水泳着。(季 夏)「まつはりて美しき藻や一／秋桜子」

かいすい-ぎょ【海水魚】海水域にすむ魚。海にいる魚。鹹水魚かんすいぎょ。⇔淡水魚。

かいすい-せっけん【海水石×鹸】セキケン 海水などの硬水中でも使える特殊な石鹸。低級脂肪酸のナトリウム塩が主成分。

かいすい-パンツ【海水パンツ】水泳のときに男性が着用するパンツ。水泳パンツ。

かいすい-よく【海水浴】海に行って泳いだり、日光浴をしたりすること。(季 夏)

かい-すう【回数】クワイ ある物事が繰り返し行われた数。または、繰り返し起こる数。度数。

かい-すう【階数】❶建築物の階の数。❷数学で、微分方程式に含まれる最高次の導関数の次数。また、ある行列の小行列式のうち、零でないものの最高次数。

がい-すう【概数】切り上げ・切り捨て・四捨五入などによって表される、おおよその数。「一をつかむ」

かいすう-けん【回数券】クワイスウ 乗車券・入場券・飲食券などで、何回分かがひとつづりになっているもの。料金の一定額を割り引くのが普通。

ガイスト【ドイツ Geist】魂。精神。

ガイスラー-かん【ガイスラー管】クワン 放電管の一。管内の真空度は水銀柱数センチから数ミリ程度で、真空放電の実験やスペクトル研究に使用。ドイツの技師ガイスラー(Heinrich Geissler)が物理学者プリュッカー(Julius Plücker)の依頼により製作したので、プリュッカー管ともいう。

ガイスラー-ほうでん【ガイスラー放電】ハウデン ガイスラー管内での真空放電。

かい-すり【貝▽磨り｜貝×摺り】かひ 青貝などをすって細工をすること。また、それを職業とする人。

かい-する【介する】〔動サ変〕図かい・す〔サ変〕❶両者の間に立てる。仲立ちとする。「人を一・して頼む」❷(「意に介する」の形で)心に留めて心配する。気にかける。「少しも意に一・する必要はない」

かい-する【会する】クワイ 〔動サ変〕図くゎい・す〔サ変〕❶ある場所に寄り集まる。「一堂に一・する」❷ある場所で一緒になる。複数のものが出あって一つになる。「すべてこの一点に一・する」❸人や物事と出あう。あう。「非常な困難に一・する」

かい-する【解する】〔動サ変〕図かい・す〔サ変〕❶わかる。理解する。「風流を一・する」❷解釈する。「真意を曲げて一・する」(類語)解釈・理解・判断・把握・承知・認識・取る・受け取る・とらえる・知る・分かる

がい-する【害する】〔動サ変〕図がい・す〔サ変〕❶傷つける。損なう。「健康を一・する」「気分を一・する」❷さまたげる。邪魔する。「展望を一・する」❸殺害する。殺す。「人を一・する」(類語)冒す・蝕むしばむ

がい-する【慨する】〔動サ変〕図がい・す〔サ変〕嘆く。憂える。憤慨する。「世を一・する」(類語)嘆く・慨嘆する・慷慨こうがいする・悲憤する

かい-せい【回生】クワイ 〔名〕スル 生き返ること。よみがえること。蘇生そせい。「起死一の妙薬」

かい-せい【回青】クワイ 中国明代にイスラム圏から輸入された、青花(染め付け)に用いる青色のコバルト顔料。回回青。

かい-せい【快晴】クワイ 空が気持ちよく晴れ渡ること。たいへん天気がよいこと。気象観測では、雲量1以下、視程1キロ以上の状態の天気。(類語)晴れ・日本晴れ・晴天・好天・上天気・炎天

かい-せい【改正】〔名〕スル 不適当なところや、不備な点を改めること。主に、規則・規約・法令などについて使う。「校則を一する」「料金一」(類語)変更・改定・補正・修正・是正・規正・改善・改良・訂正・修訂・改訂・補訂・補綴ほてい・手直し・直す・改める・正す・訂する・手を入れる・手を加える

かい-せい【改姓】〔名〕スル 姓を変えること。また、その変えた姓。「結婚して一する」

かい-せい【皆▽済】「かいさい(皆済)」に同じ。

かい-せい【開成】《「易経」繫辞上の「夫れ易は物を開き務めを成し天下の道を冒おおふ」から》人知を開発し、仕事を成しとげること。

かい-せい【×魁星】クワイ ❶北斗七星を柄杓ひしゃくになぞらえたとき、水をくむ部分の先端にある第1星。❷進士の試験に第1位の成績で及第した者。

かい-せい【諧声】❶よく調和する声。❷漢字の六書りくしょの一。形声けいせいの異称。

がい-せい【外声】グワイ 多声部の楽曲で、最上声部と最下声部のこと。混声四部合唱では、ソプラノとバスの声部。⇔内声。

がい-せい【外姓】グワイ 母または妻の生家の姓。

がい-せい【外征】グワイ〔名〕スル 外国へ兵を出して戦うこと。外役がいえき。遠征。

がい-せい【外政】グワイ 外国に関する政治。⇔内政。

がい-せい【外×甥】グワイ ❶妻の兄弟姉妹の男の子供。❷他家に嫁した姉妹の産んだ男子。

がい-せい【慨世】世の中のありさまについて不満をもち、憤慨すること。「一の士」

がい-せい【蓋世】《「史記」項羽本紀の「力は山を抜き、気は世を蓋おおう」から。「かいせい」とも》世をおおいつくすほど意気が旺盛なこと。功績や名声などが大きいこと。「一の勇」(補説)「抜山蓋世ばつざんがいせい」の形でも用いられる。

がい-せい【×駭世】世間をおどろかせるほど規模などが大きく、すぐれていること。

かいせい-エスピーシーほう【改正SPC法】ハフ ▶資産流動化法

かいせい-がっこう【開成学校】ガクカウ 明治初期の官立学校。江戸幕府の開成所が、明治元年(1868)新政府に接収されて改称したもの。その後、大学南校・第一大学区第一番中学・開成学校・東京開成学校などの名称を経て、同10年東京大学の一部となる。

かいせい-かん【開成館】クワン 慶応2年(1866)開設された土佐藩の機関。後藤象二郎が中心となって設けたもので、富国強兵をめざした。

がい-せいき【外性器】グワイ 体外に現れている性器。女性では大陰唇・小陰唇・陰核・膣前庭ちつぜんてい・処女膜、男性では陰茎・陰嚢いんのうなど。⇔内性器。

かいせい-じょ【開成所】江戸幕府の設けた洋学校。オランダ語・英語・フランス語・ドイツ語などの外国語、天文・地理・数学などの科学、また、活字術などを教授。文久2年(1862)蕃書調所ばんしょしらべしょを洋書調所と改称、さらに組織を拡充して翌年に開成所と改称された。今日の東京大学の前身。

かいせい-そう【海成層】海底に堆積たいせきしてできた地層。

かいぜい-やくしょ【改税約書】慶応2年(1866)、江戸幕府がイギリス・フランス・アメリカ・オランダの四国と結んだ貿易約書。安政の仮条約の関税引き下げについて、外国の強い要求により締結。これによって欧米の日本市場への進出が決定的なものとなった。のち、明治時代における条約改正の主目標となり、明治27年(1894)廃棄。

かい-せき【会席】クワイ ❶多数の人が寄り集まる席。寄り合いの席。多く、連歌・俳諧や茶会などを行う席をいう。❷「会席料理」の略。

かい-せき【怪石】クワイ 形の変わった石。「奇岩一」

かい-せき【開析】〔名〕スル 台地状の地形が川によって浸食され、数多くの谷が刻まれること。

かい-せき【解析】〔名〕スル ❶事物の構成要素を細かく理論的に調べることによって、その本質を明らかにすること。「調査資料を一する」❷数学的論法の一。Aの事柄を証明するために、Aが成立するためにはBが成立しなければならないことを示し、Bが成立するためにはCが成立しなければならないことを示し、以下順次これを繰り返して既知の事柄に帰着させること。❸「解析学」の略。

かい-せき【懐石】クワイ《温石おんじゃくを懐ふところに抱いて腹を温めるのと同じ程度に、腹中を温め一時の空腹をしのぐものの意》茶の湯の席で、茶をすすめる前に出す簡単な手料理。一汁三菜が一般的。茶懐石。懐石料理。

がい-せき【外戚】グワイ 母方の親類。げしゃく。

がい-せき【外積】グワイ 二つのベクトルを$\vec{a}$, $\vec{b}$とするとき、大きさが$\vec{a}$, $\vec{b}$を2辺とする平行四辺形の面積に等しく、向きは、この平行四辺形に垂直で、かつ、$\vec{a}$から$\vec{b}$の方向に右ねじの進む向きであるベクトル。ベクトル積。

かいせき-がく【解析学】微分積分学とそれから発展した数学の諸分科の総称。微分積分学・微分方程式論・積分方程式論・実関数論・複素関数論など。

かいせき-きかがく【解析幾何学】図形の性質を、座標を導入することによって数式で記述し、代数的計算によって解析的に研究する幾何学。

かいせき-こ【海跡湖】海湾の一部に砂嘴さしや砂州が発達し、外海から分離されてできた潟湖せきこ。サロマ湖・浜名湖など。

かいせき-ぜん【会席膳】クワイセキ 会席料理をのせて出す、1尺2寸(約36.4センチ)四方の、脚のない漆塗りの膳。

かいせき-ぢゃや【会席茶屋】クワイセキ 会席料理を出

す料理店。

かいせき-りょうり【会席料理】クワイセキ 江戸時代以降に発達した酒宴向きの料理。本膳料理と懐石が変化・発達したもので、現在では日本料理の主流となっている。

かいせき-りょうり【懐石料理】クワイセキ「懐石」に同じ。

かい-せつ【回折】クワイ〔名〕スル 波が障害物に遮られたとき、その物陰の部分にも波がまわりこんで伝播する現象。波特有の現象で、海波・音波・光波やX線のほか、波動性をもつ電子線や中性子線でもみられる。

かい-せつ【回雪】クワイ ❶風に舞う雪。❷雪が舞うようにひらひらと袖を翻す舞。「神女空より降り下り、清見原の庭にて一の袖を翻し」〈盛衰記・一〉

かい-せつ【開設】〔名〕スル 新しい施設や設備などをこしらえること。また、新たにその運用を開始すること。「新駅を一する」(類語)新設・出来る

かい-せつ【解説】〔名〕スル 物事の要点・意味などをわかりやすく説明すること。また、その説明。「映画の内容を一する」「ニュース一」➡説明(用法)
(類語)説明・論説・説く・達意

かい-ぜつ【快絶】クワイ〔名・形動〕非常に爽快(そうかい)な気分であること。また、そのさま。「一の極」

がい-せつ【外接|外切】グワイ〔名〕スル 一つの多角形の各頂点が一つの円の円周に接すること。一つの円の円周が一つの多角形の各辺に一点で接すること。二つの円が互いに外側にあって一点で接すること。一つの多角形の各頂点が他の多角形の各辺に接すること。以上は、球や多面体でもいえるが、多面体では面についていわなければならない。⇔内接。

がい-せつ【×剴切】〔名・形動〕非常によく当てはまること。また、そのさま。「実に肯綮(こうけい)に中(あた)った一な御考えで」〈漱石・坊っちゃん〉

がい-せつ【概説】〔名〕スル ある事柄の全体にわたって、そのあらましを説明すること。また、その説明。「日本文学の流れを一する」
(類語)汎論・総論・概論・通論・総説・略説・各論

がいせつ-えん【外接円】グワイセツエン 円や多角形に外接する円。⇔内接円。

かいせつ-げんかい【回折限界】クワイセツ 望遠鏡や顕微鏡などの光学系における、光の回折により制限される解像力または分解能の理論的限界。望遠鏡の場合、角度分解能は波長λ、口径Dとすると、1.2λ/Dラジアン程度、顕微鏡の場合、空間分解能は波長λの半分程度となる。

かいせつ-こうし【回折格子】クワイセツカウシ 光の回折を利用してスペクトルを得る装置。ガラス板に多数の細いすきまを平行に等間隔に刻んだもの。グレーティング。

かいせつ-じま【回折×縞】クワイセツ 光の回折によって生じる明暗の縞模様。白色光では縞に色がついて見える。

がいせつ-たかくけい【外接多角形】グワイセツ 円や多角形に外接する多角形。⇔内接多角形。

カイセリ〖Kayseri〗トルコ中央部の都市。エルジエス山の北麓に位置する。古代名マザカ。現名称は古代ローマ時代に皇帝ティベリウスが名付けたカエサレア(皇帝カエサルの町)に由来する。交通の要衝であり、中部アナトリアにおける商業の中心地。11世紀から13世紀にかけて栄え、セルジューク朝時代に築かれたカイセリ城やルームセルジューク朝の霊廟ドネルキュンベットなどがある。オスマン帝国時代の宮廷建築家ミマール=スィナンの生地。

カイセリ-じょう【カイセリ城】ジャウ〖Kayseri Kalesi〗トルコ中央部の都市カイセリの市街中心部にある城塞。一説には、3世紀に古代ローマ帝国のゴルディアヌス3世の時代に築かれた城塞に起源し、続いて東ローマ帝国のユスティニアヌス1世の時代に増強、改築が繰り返された。現在の城塞はセルジュークトルコ時代に建造されたものと考えられている。近郊で採れた火山岩を用いた重厚な壁に囲まれる。

カイゼル〖ドイツ Kaiser〗《皇帝の意で、ローマのカエサルに由来》ドイツ皇帝の称号。日本ではウィルヘルム2世を指すことが多い。カイザー。

カイゼルスベルグ〖Kaysersberg〗フランス北東部、アルザス地方、オー・ラン県の町。ドイツ語で「皇帝の山」を意味する。ホーエンシュタウフェン朝フリードリヒ2世の嫡男ハインリヒ7世が、町を見下ろす高台に13世紀に築いた城の廃墟があるほか、15世紀から17世紀の歴史的建造物が多数残っている。ワイン産地としても有名。ノーベル平和賞を受賞したシュバイツァーの生地。ケゼルスベール。

カイゼル-ひげ【カイゼル×髭】ドイツ皇帝ウィルヘルム2世風の、両端がはね上がった八の字形の口ひげ。

かい-せん【会戦】クワイ〔名〕スル 敵味方双方の多数の軍勢が出あって戦うこと。また、大規模な陸上戦。「両国が奉天に一する」(類語)戦争・戦う・戦(いくさ)・戦い・合戦・戦役・役(えき)・戦闘・兵(へい)・兵馬(へいば)・兵戈(へいか)・干戈(かんか)・交戦・事変・戦火・兵火・戦乱・兵乱・戦雲・戦塵(せんじん)・戦禍・大戦・争う・渡り合う・切り結ぶ・一戦を交える・砲火を交える・兵刃(へいじん)を交える・干戈(かんか)を交える

かい-せん【回旋|×廻旋】クワイ〔名〕スル ❶くるくる回ること。くるりと回すこと。旋回。❷植物の茎が支柱などに巻きつきながら伸びていくこと。アサガオなどにみられ、右巻きと左巻きとがある。

かい-せん【回線】クワイ ❶電信・電話をつなぐ線。「通信一」❷電気回路のこと。

かい-せん【改選】〔名〕スル 任期満了のときなどに、議員・役員などを改めて選挙すること。「委員の半数を一する」(類語)選挙・選出・公選・民選・互選・投票・直接選挙・間接選挙・地方選挙・総選挙・官選

かい-せん【×廻船|回船】クワイ 港から港へ旅客や貨物を運んで回る船。中世以後に発達し、江戸時代には菱垣(ひがき)廻船・樽(たる)廻船のほか、西回り航路・東回り航路、さらに北国廻船が成立して船による輸送網が発達した。

かい-せん【海戦】海洋における戦闘。「日本海一」

かい-せん【海鮮】海で獲れた新鮮な魚介類。「一料理」

かい-せん【界線】❶二つの地域の境界を表す線。❷投影図で、正面と平面との境界を示す横の線。❸非ユークリッド幾何学で、平行線群を直角に切る線。半径が無限大の円弧で、直線ではないとする。

かい-せん【×疥×癬】疥癬虫の寄生によって起こる伝染性の皮膚病。下腹部・わきの下・内またなどに散発する赤い丘疹(きゅうしん)、指の間に多発する小水疱(すいほう)・水膿疱(すいのうほう)と線状の皮疹などが特徴で、非常にかゆい。馬・メンヨウ・ヤギなどにも発生し、家畜伝染病予防法の監視伝染病(届出伝染病)の一。湿瘡(しっそう)。皮癬(ひぜん)。

かい-せん【開戦】〔名〕スル 戦争を始めること。「吾国既に清朝と一す」〈独歩・愛弟通信〉⇔終戦。

かい-ぜん【戒善】仏語。戒律を守ることによって得られる善根。前世で五戒を保てば現世で人間に生まれ、十戒を保てば天子・国王に生まれるという教え。持戒善根(じかいぜんこん)。

かい-ぜん【改善】〔名〕スル 悪いところを改めてよくすること。「生活を一する」⇔改悪。(補説)トヨタの生産方式を象徴する言葉として世界で知られる。
(類語)改良・改める・直す・正す・訂する・修正する・是正・規正・改正・補正・訂正・修訂・改訂・補訂・補綴(ほてい)する・手直し・手を入れる・手を加える

かい-ぜん【階前】❶建物に出入りする階段の前。きざはしの前。❷庭先。

かい-ぜん【快然】クワイ ㊀〔ト・タル〕図〔形動タリ〕気分がよいさま。楽しい気持ちのさま。「水兵は一と笑みつつ」〈蘆花・不如帰〉㊁〔名・形動ナリ〕病気が治ること。快復すること。また、そのさま。「当今の御脳、日を追って一ならず」〈浄・手習鑑〉

かい-ぜん【塊然】クワイ〔ト・タル〕図〔形動タリ〕孤立しているさま。また、不動であるさま。「枯野の広きに一として横たわる石」〈紅葉・金色夜叉〉

がい-せん【外船】グワイ ❶外国船。❷外国航路の船。

がい-せん【外戦】グワイ 外国との戦争。⇔内戦。

がい-せん【外線】グワイ ❶屋外の電線。「一工事」⇔内線。❷外部に通じる電話線。また、その電話。⇔内線。❸外側の線。⇔内線。

がい-せん【×凱旋】〔名〕スル《「凱」は戦勝のときに奏する音楽、「旋」は帰る意》戦いに勝って帰ること。凱陣。凱帰。「故国に一する」

がい-せん【街宣】《「街頭宣伝」の略》道路や広場など、町なかで行う宣伝活動。

がい-ぜん【蓋然】たぶんそうであろうと考えられること。ある程度確実であること。⇔必然。

がい-ぜん【慨然】〔ト・タル〕図〔形動タリ〕❶憤り嘆くさま。嘆き憂えるさま。「一として嘆息する」❷心を奮い起こすさま。「一として敵に向かう」

がい-ぜん【×駭然】〔ト・タル〕図〔形動タリ〕ひどく驚くさま。びっくりするさま。愕然(がくぜん)。「皆人目を見張りて一たり」〈逍遥・内地雑居未来之夢〉

かい-せんきょ【開船×渠】出入り口が開放されていて、潮汐(ちょうせき)の出入りの自由なドック。

かいせん-きょう【回旋橋】クワイセンケウ 可動橋の一。中央または両端を支点として橋桁(はしげた)を水平に回転して開き、船舶が通過できるもの。旋開橋。

かいせん-こうかん【回線交換】クワイセンカウクワン《circuit switching》➤回線交換サービス

かいせんこうかん-サービス【回線交換サービス】クワイセンカウクワン《circuit switching service》交換機を介して通信回線を確保する方式。一般的な電話回線がこれに相当する。

かいぜん-こうせい【改善更生】カウセイ 犯罪者や非行少年が、誤った生き方を改め、社会生活に復帰できるようにすること。

がいせん-さくせん【外線作戦】グワイセン 敵を包囲、または挟み打ちにする位置にあって作戦を展開すること。

かいせん-しきもく【廻船式目】クワイセン 日本最古の海商法規と目されているもの。海上運送に関して、船の使用や事故の際の処置の方法などを規定。貞応2年(1223)北条義時制定の旨の奥書があるが、実際には室町末期に瀬戸内海の海賊衆の間で慣習法をまとめたものらしい。

がいせん-しゃ【街宣車】《「街頭宣伝車」の略》宣伝活動をしながら街頭を走る自動車。また特に、スピーカーを積んで大音量で軍歌などを流しながら走る、右翼団体の宣伝車。

かいせん-じょうき【快川紹喜】クワイセンゼウキ[?〜1582]戦国時代の臨済宗の僧。美濃の人。俗姓、土岐氏。武田信玄に招かれ、甲斐(かい)の恵林寺で禅風を伝えた。織田信長が武田勝頼を攻めたとき、「心頭を滅却すれば火もまた涼し」と唱え、諸僧とともに兵火の中に没した。大通智勝国師。

がいぜん-せい【蓋然性】ある事柄が起こる確実性や、ある事柄が真実として認められる確実性の度合い。確からしさ。これを数量化したものが確率。「一の乏しい推測」(類語)可能性・プロバビリティー

かいせん-せつぞくりょう【回線接続料】クワイセンセツゾクレウ 通信事業者が他の通信事業者の回線を借りるときに支払う利用料。例えば、携帯電話から固定電話(光ファイバー回線を含む)に通話するときに、携帯電話会社は東西NTTに回線接続料を支払う。

かいせん-そくど【回線速度】クワイセン ➤通信速度

かいせん-ちゅう【×疥×癬虫】ヒゼンダニの別名。

がいぜん-てき【蓋然的】〔形動〕ある事柄が起こりうると考えられるさま。ある程度確かであるさま。「一な結末」

かいせん-どいや【×廻船問屋】クワイセンドひや 江戸時代、荷主と船主の間にあって、積み荷の取り扱いをした業者。廻漕店(かいそうてん)。かいせんどんや。

かいせん-とう【回旋塔】クワイセンタフ 遊戯器具の一。高い柱の頂から数本の鉄のつり輪を下げて、子供がそれにぶら下がって回る装置。

かいせん-なべ【海鮮鍋】魚や貝類を主に、白菜・大根・ニンジン・キノコ類・豆腐などを入れた鍋料理の総称。材料によって、牡蠣(かき)鍋・鯛(たい)ちり・鱈(たら)ちり・鮟鱇(あんこう)鍋などという。

がいぜん-はんだん【蓋然判断】論理学で、判断の様相の一。主語と述語の関係が、可能性によってのみ示される判断。「sはpであろう」という形式をと

る。➡実然判断 ➡必然判断

かいぜん-ばんり【階前万里】《「唐書」宣帝紀から》万里の遠方も階前の出来事と同様である。地方政治の実情を、みな天子が聞き知っていて、欺くことができないことのたとえ。

かいぜん-ほうこくしょ【改善報告書】上場会社に、会社情報の適時開示を適切に行わないなどの不備があり、管理体制等の改善が必要と認められる場合に、証券取引所が企業に対して提出を求める報告書。再発防止が目的。企業は問題とされた事柄の経緯や改善措置を記載し、6か月後に改善措置の実施状況を記した改善状況報告書を提出しなければならない。提出しない場合や改善が見られない場合は、上場廃止基準に抵触する。

がいせん-もん【×凱旋門】凱旋の軍隊を歓迎するため、または、凱旋を記念して作られたアーチ門。古代ローマで盛んに建造された。➡エトワール凱旋門 ◆書名別項。

がいせんもん【凱旋門】《原題、Arc de Triomphe》レマルクの長編小説。1946年刊。第二次大戦前夜、パリへの避難民であるドイツ人外科医ラビックの望みのない生活を中心に、当時の不安な世相を描く。

かいせんらく【海仙楽】雅楽の曲名。船楽として作られたといわれ、舞はない。海青楽。

がいぜん-りつ【蓋然率】►確率

かいせん-りょうり【海鮮料理】海で獲れた新鮮な魚介類を具材に使った料理。

かい-そ【改組】〔名〕スル 組織を改めること。改編。「機構を―する」

かい-そ【海×鼠】ナマコのこと。

かい-そ【絵素】《「論語」八佾の「絵事は素を後にす」から》絵画。絵。➡絵事

かい-そ【開祖】❶ある宗教を新たに開始した人。また、新たな宗派を開始した人。❷学問・芸能などで、一流派のもとを開いた人。(類語)元祖・始祖・教祖・ルーツ

かいそ【懐素】[725ころ～785ころ]中国唐の書家・僧。永州零陵(湖南省)の人。俗姓は銭。字は蔵真。玄奘三蔵の弟子。風変わりな味のある草書を得意とし、酔っては書きなぐった。「草書千字文」「自叙帖」など。

がい-そ【外祖】母方の祖父。母の父。外祖父。

かい-そう【会葬】〔名〕スル 葬式に参列して、弔意を表すこと。「会の代表として―する」「―御礼」

かい-そう【回送｜×廻送】〔名〕スル ❶一度送られてきたものを、改めて他の場所に送ること。転送。「郵便物を移転先に―する」❷電車やバスなどを、空車で他の場所へ動かすこと。「車庫へ―する」
(類語)転送・逆送・返送・送還

かい-そう【回想】〔名〕スル かつて経験したことを思いめぐらすこと。過去のことをふりかえって思いおこすこと。「少年の日を―する」(補説)「き」「けり」など、一般には過去の助動詞とされるものを回想の助動詞ともいう。山田孝雄の用語にもとづく。
(類語)懐旧・懐古・懐かしむ・追憶・追想・回顧・思う・思い浮かべる・思い出す・思い返す・想起する

かい-そう【回×漕｜×廻×漕】〔名〕スル 物資などを船で運送すること。「米を江戸へ―する」

かい-そう【快走】〔名〕スル 気持ちがよいほど速く走ること。「追い風を受けてヨットが―する」
(類語)駆け足・疾走・力走・疾駆・ダッシュ・早足・走る

かい-そう【改葬】〔名〕スル 一度葬った遺体や遺骨を、別の所へ葬り直すこと。「郷里の墓に―する」

かい-そう【改装】〔名〕スル ❶建物の内部や外の構えを直すこと。模様替え。新装。「店内を―する」❷荷造りや包装をし直すこと。❸本の装丁を新しいものに変えること。「―材料」(類語)模様替え・新装

かい-そう【怪僧】不思議な行法・能力の持ち主と見なされている僧。

かい-そう【海草】❶海中に生える顕花植物。アマモの類。❷海中に生えるアマモや藻類の総称。

かい-そう【海送】〔名〕スル 海上を船舶で輸送すること。海上輸送。

かい-そう【海曹】海上自衛官の階級の一。准海尉と海士の間で、一・二・三等海曹がある。諸外国海軍および旧日本海軍の上等・一等・二等兵曹に相当。

かい-そう【海×葱】❶ユリ科の多年草。葉は根際から出て、幅の広い線形で肉質。秋、高さ1メートル近く花茎を伸ばし、白色の花を総状につける。地中海沿岸の原産で、鱗茎を利尿薬などに使用。❷コトジツノマタの別名。

かい-そう【海藻】海に生える藻類の総称。アオサなどの緑藻、コンブなどの褐藻、テングサなどの紅藻類をさすことが多い。

かい-そう【開創】〔名〕スル ひらき、はじめること。特に、一寺を開くこと。「―年代」

かい-そう【階層】❶社会的、経済的地位がほぼ同じ程度の人々の集団。職業・収入・財産・学歴・年齢などが基準となって、格づけ・識別される。界層。「富裕な―」❷建築物の階の上下の重なり。
(類語)階級・層・クラス

かい-そう【潰走】〔名〕スル 戦いに惨敗して、秩序なく、逃げること。敗走。「算を乱して―する」(類語)敗走

かい-そ-う【×掻い添ふ】《「かきそう」の音変化》■〔動ハ四〕ぴったりと寄り添う。「渡殿の口に―・ひてかくれ立ち給へれば」〈源・空蝉〉■〔動ハ下二〕寄り添わせる。「御髪長くうつくしうて―・へて臥させ給へり」〈栄花・花山尋ぬる中納言〉

かい-ぞう【改造】〔名〕スル 建物・機械・組織などをつくり直すこと。別の用途にかなうようにつくりかえること。「応接間を―する」「内閣―」(類語)改革・変革・改変・革命・改新・維新・クーデター・世直し

かいぞう【改造】総合雑誌。大正8年(1919)4月、山本実彦創立の改造社が創刊。大正デモクラシーの思潮を背景に進歩的な編集方針をとり、文芸欄にも力をそそいだ。昭和30年(1955)廃刊。

かい-ぞう【海象】❶セイウチの別名。❷ゾウアザラシの別名。

かい-ぞう【海蔵】❶大蔵経のこと。❷海中にあるという蔵。特に、竜宮城の宝の蔵。「―の御宝も、心の如くなるべし」〈謡・和布刈〉

かい-ぞう【×晦蔵】〔名〕スル ❶自分の才能や学識を人に知られないように隠すこと。❷資源などがうずもれていること。「潜伏―して未だ世の知る所とならざる富源に至りては」〈雪嶺・真善美日本人〉

かい-ぞう【解像】レンズを通して像を細部まで写し出すこと。

がい-そう【外相】外から見たその人のようす。「―はいみじう清廉なるやうにて、偏頗といふ事つゆも気色に現さず」〈無名抄〉

がい-そう【外装】❶建物・自動車などの、外から見える部分の設備や装飾。「ビルの―工事」⇔内装。❷荷物の外側の包み。
(類語)上包み・覆い・カバー・被覆・包装・包み

がい-そう【外層】層をなしているものの外側の重なり。外側の層。⇔内層。

がい-そう【劾奏】官吏の罪状を暴いて、君主に奏上すること。弾劾奏聞。

がい-そう【×咳×嗽】〔名〕スル せき。しわぶき。「一歩一歩に喘ぎ、―す」〈蘆花・自然と人生〉

かいぞう-かん【解像感】写真や画像のきめの細かさを表す言葉。「―が良い」

かいぞう-ど【解像度】❶《resolution》テレビやコンピューターのディスプレーの表示や、プリンターの印刷における精細さ。走査線の密度や画面を構成する画素(ドット)数を縦横の積(1024×768など)で表す。プリンターやスキャナーでは、1インチあたりのドット数(dpi)がよく用いられる。❷カメラや望遠鏡などの光学系において、近接した2線、または2点を分離する能力。➡分解能。

かいぞう-ないかく【改造内閣】内閣改造によって組織された内閣。

かいそう-ばい【海藻灰】アラメ・カジメ・ホンダワラなどの褐藻を干し、蒸し焼きにして作った灰。カリ肥料およびヨードなどの原料にする。

がいそう-ほう【外挿法】►補外法

かいそう-メニュー【階層メニュー】《hierarchical menu》コンピューターのユーザーインターフェースの一。ある選択肢を選ぶと、複数の項目が表示されるという、階層化された選択肢(メニュー)で構成される。

かいぞう-りょく【解像力】❶写真撮影で、被写体の鮮明な像を再現できるレンズ・フィルム・イメージセンサーなどの能力。❷顕微鏡などで、像の微細な部分を識別できるレンズの能力。

かいそう-ろく【回想録】過去の出来事について、関係者が回想し、つづった記録。回顧録。メモワール。

かい-ぞえ【介添え】〔名〕スル《「かきそえ」の音変化》❶そばに付き添って世話をすること。また、その人。❷結婚式で、新婦に付き添って世話をすること。また、その役の女性。昔はその女性が実家から新婦についてゆき、里帰りまでその身辺の世話をした。(補説)「介」は当て字。(類語)看護・介抱・養護・看病・世話・扶助・扶育・御守り・付き添い・介助・介護・ケア

かい-そく【会則】会に関する決まり。会規。

かい-そく【快足】❶きわめて足の速いこと。また、速く走れる足。「―を飛ばす」「―ランナー」❷ここちよく満ち足りること。また、その状態。「心思の―、身体の安適を求むとも」〈中村訳・西国立志編〉(類語)駿足・健脚

かい-そく【快速】〔名・形動〕❶気持ちがよいほど速いこと。また、そのさま。「英国兵が実戦準備の―なことにもひどく驚かされた」〈藤村・夜明け前〉❷「快速電車」の略。「通勤―」

かい-ぞく【回族】中国の少数民族の一。イスラム教を信仰し、主に寧夏回族自治区に居住する。13世紀に西アジアから移住したイスラム教徒が先祖で、漢族などと混血して少数民族的集団を形成。もと、回民とよばれた。ホイ族。ホイホイ。

かい-ぞく【海賊】❶海上を横行し、往来の船などを襲い、財貨を脅し取る盗賊。❷中世、海上戦力にすぐれた武士とその集団。北九州・瀬戸内海に本拠をもつものが多かった。水軍。❸法律用語。公海や公空を横行し、船や航空機を襲って暴行・略奪などする盗賊で、国際条約による取り締まりの対象とされるもの。(補説)国連海洋法で「海賊行為」を、「私有の船舶または航空機の乗組員または旅客が、私的目的のために、公海における他の船舶または航空機等に対して行うすべての不法な暴力行為、抑留または略奪行為等」と定義。

がい-そく【外側】そとがわ。⇔内側。

がい-そく【概則】おおよその規則。大筋のきまり。➡細則 (類語)規則・決まり・定め・規定・規程・条規・定則・規約・約束・規準・規矩準縄・規律・ルール・コード・本則・総則・通則・細則・付則・おきて

がい-そく【概測】〔名〕スル おおよその測定・測量。目測・歩測などの類。また、概形を使って面積や体積などを計算すること。「琵琶湖の概形から面積を―する」

がい-ぞく【外族】母または妻の親族。外戚。

かいそく-しゅ【×蟹足腫】ケロイドのこと。

かいぞく-しゅう【海賊衆】「海賊❷」に同じ。

かいぞく-せん【海賊船】❶海賊が使用する船舶。❷中世の水軍に属した船。

かいそく-でんしゃ【快速電車】停車駅を少なくして、速く走る電車。

かいぞく-ばん【海賊版】《pirated edition》外国の著作物を著者・出版社の許可を受けずに複製したもの。同一国内のものについてもいう。(補説)レコードやCD、DVDなどの場合は「海賊盤」とも書く。➡ブートレグ

かいぞく-ほうそう【海賊放送】無許可で行われる放送。

がい-そふ【外祖父】母方の祖父。母の父。

がい-そぼ【外祖母】母方の祖母。母の母。

かい-ぞめ【買(い)初め】新年になって初めて買い物をすること。(季 新年)「―に雪の山家の絵本かな/鏡花」

かい-ぞろえ【貝×揃え】►貝尽くし❶

かい-そん【海損】航海中の事故などによって生じ

た、船または積み荷の実物損害。
かい-そん【塊村】クヮイ 民家が雑然とかたまっている集落。
かい-ぞん【買(い)損】かひ 買って損をすること。⇔買い得。
がい-そん【外孫】グヮイ 他家へ嫁に行った娘が産んだ子。そとまご。⇔内孫。
がい-そん【街村】街道に沿って帯状に発達した集落。宿場町・門前町など。
かいそん-けいやくしょ【海損契約書】共同海損が起こった場合に、関係者が負担する損害額の分担条件について記載した契約書。海損盟約書。
かい-だ【快打】クヮイ〔名〕スル 野球などで、胸のすくようなすばらしい打撃。また、そのような打撃をすること。クリーンヒット。
かい-だ【×懈惰】なまけること。おこたること。懈怠(かいたい)。「―怠慢」
がい-だ【×咳唾】❶せきとつば。また、せきばらい。❷目上の人のお言葉。謦咳(けいがい)。
咳唾珠(たま)を成す 《趙壱「刺世疾邪賦」から》かりそめに出た言葉も、珠玉のように美しいものである。詩文の才が非常にすぐれていることのたとえ。
かい-たい【戒体】仏語。戒を受けることによって備わる、悪を防ぎ止め善を行う力。
かい-たい【改替】物事をあらため、新しいものにかえること。また、あらたまりかわること。「多年管領の守護職を―せられければ」〈太平記・三六〉
かい-たい【拐帯】〔名〕スル 人から預かった金や品物を持ち逃げすること。「公金を―する」
かい-たい【×芥×蔕】《「芥」はからし粒、「蔕」は小さなとげの意》❶胸のつかえ。わずかな心のわだかまり。❷きわめてわずかなこと。「―も親をおろそかにするかたちあるものは、果して賊子となる」〈神皇正統記・仁徳〉
かい-たい【海退】海面の低下、あるいは陸地の隆起によって、海岸線が海側に後退し、陸地が広がること。⇔海進。
かい-たい【解体】〔名〕スル ❶まとまっているもの、組み立ててあるものを、分解すること。また、ばらばらになること。「建築物を―する」❷組織をこわして、その機能を失わせること。また、組織がばらばらになって機能を失うこと。「共同戦線が―する」「財閥―」❸からだを解剖すること。ふわけ。「腑分(ふわけ)といひ古りしことを新たに―と訳名し」〈蘭学事始〉 類語 分裂・分離・分解
かい-たい【懐胎】クヮイ〔名〕スル 子をはらむこと。身ごもること。懐妊。妊娠。類語 妊娠・懐妊・受胎・身重
かい-たい【×懈怠】❶法律用語。㋐ある義務を怠ること。民法上、過失と同義とされる。㋑一定の訴訟行為をなすべき期日にそれを怠り、また期間内に一定の訴訟行為をしないで過ごすこと。❷「けたい(懈怠)」に同じ。
かい-だい【改題】〔名〕スル 題名を変えること。「時流に合わせて書名を―する」
かい-だい【海内】❶四海の内。国内。「崇神天皇の時に、一疫病流行して」〈田口・日本開化小史〉❷天下。「父中将の名声―に噪ぎ」〈蘆花・不如帰〉
かい-だい【海台】大洋底にある、頂部が比較的平坦な台地状の地形。広さが100平方キロメートル以上あり、周囲の海底から200メートル以上隆起しているものをいう。日本海西部の朝鮮海台、北大西洋のアゾレス海台など。
かい-だい【開題】❶経典の題目を解釈し、一部のあらましを提示すること。また、それを記した書物。❷「解題(かいだい)❶」に同じ。
かい-だい【解題】〔名〕スル ❶書物や作品の著者・成立事情・内容・体裁・出版・発表の年月、他に及ぼした影響などについて解説すること。また、その解説。開題。❷問題を解くこと。「僕が算術の―に苦しんで考えて居ると」〈左千夫・野菊の墓〉
がい-たい【外帯】グヮイ ❶弓なりに曲がった山脈、または弧状列島の、凸側の地帯。❷ ▶西南日本外帯
かいたいしんしょ【解体新書】日本最初の、西洋医学書の翻訳書。本文4巻、解体図1巻。安永3年(1774)刊。ドイツ人クルムスの「解剖図譜」のオランダ語版「ターヘル-アナトミア」を前野良沢・杉田玄白らが翻訳したもの。神経・軟骨・動脈などの訳語がつくられ、その苦心のようすは杉田著の「蘭学事始(らんがくことはじめ)」に記されている。
かい-たおり【×掻い手折り】かきたをり 折れ曲がること。特に、道が曲がる所。「牛の逸物にて辻の―などを、おもしろくありきまはりければ」〈十訓抄・一〉
かい-だか【階高】建物の、ある階の床面からすぐ上の階の床面までの高さ。
かい-たく【開拓】〔名〕スル ❶山林・原野などを切り開いて田畑や居住地・道路をつくること。開墾。「荒野を―する」❷新しい分野・領域・進路などを切り開くこと。「販路を―する」類語 開墾・開発・切り開く
かい-だく【快諾】クヮイ〔名〕スル 依頼や申し入れを快く承諾すること。「資金の援助を―する」
類語 認める・承認・同意・肯定・うべなう・うけがう・是認・容認・認容・許容・許可・認許・認可・公認・許す・受け入れる・聞き入れる・聞き届ける・承諾・受諾する・受け付ける・心得る・応じる・承る・承服・黙認・自認・約諾・内諾・甘受・オーケー・受容
かいたく-し【開拓使】明治2年(1869)、北海道・サハリン(樺太)の開拓のために設けられた機関。米国人ケプロンほか多数の外国人の指導で各種の開発事業を行った。同15年廃止。
かいたくしかんゆうぶつはらいさげ-じけん【開拓使官有物払い下げ事件】カイタクシクワンイウブツはらひさげ 明治14年(1881)、北海道開拓使長官の黒田清隆が、1400万円余を投じて得た船舶・鉱山などの官有物を、同郷の薩摩の政商五代友厚らの関西貿易商会に38万円余、無利子30年賦で払い下げようとして政治問題化した事件。世論や自由民権派の攻撃により払い下げは取りやめとなった。
かいたく-しゃ【開拓者】❶山野の開拓にたずさわる人。❷新しい領域を切り開く人。「現代音楽の―」
かいたく-だん【開拓団】❶未開発の土地に入植してその土地の開拓を組織的に行う農業移民団。❷ ▶満蒙(まんもう)開拓団
かい-だこ【貝×蛸】かひ アオイガイの動物体。タコの一種で、雌は殻をもっているのでいう。
かい-だし【買(い)出し】かひ ❶問屋・市場・産地などに出向いて商品を買い入れること。❷第二次大戦中や戦後の食糧不足により、都会の消費者が農村へ食糧を買いに出かけたこと。類語 買い物・買い付け
かい-た・す【買(い)足す】かひ〔動サ五(四)〕足りない分を買って補う。現在あるものをさらに買って増やす。「不足分は―・してください」
かい-だ・す【×掻い出す】〔動サ五(四)〕《「かきだす」の音変化》たまり水などをかきさらうようにして外にくみ出す。「船底の水を―・す」
かい-だ・す【買(い)出す】かひ〔動サ五(四)〕❶買いはじめる。「急に株を大量に―・した」❷問屋・市場・産地などに出向いて商品を買い入れる。「生産地から野菜を―・す」
かい-たた・く【買い×叩く】かひ〔動カ五(四)〕不当に値引きさせて買う。売る側の事情につけいって、ふつうでは考えられないほど安く値切って買う。「足もとを見て―・く」類語 買う・購入・購買・購(あがな)う・買い取る・買い上げる・買い入れる・買い込む・買い受ける・買い切る・買い戻す・買い漁(あさ)る・仕入れる・買収
かい-たつ【回達】クヮイ〔名〕スル《「かいだつ」とも》次々に送り届けること。順送りに回して知らせること。「両院の普く―すること三回に及て」〈村田文夫・西洋聞見録〉
かい-た・つ【飼ひ立つ】かひ〔動タ下二〕幼時より養い育てる。また、動物などを飼い育てる。「ひよひよより御所に御手ならさせおはしまして―・てられしいみじさばかりにてこそ侍れ」〈弁内侍日記〉
かい-たて【買(い)立て】かひ ❶買って間もないこと。また、その品物。❷むやみに物品を買うこと。
かい-だて【買(い)建て】かひ ❶株式の信用取引や商品の先物(さきもの)取引で成立した買い注文。または、買い約定。⇔売り建て。❷「買建玉(かいだてぎょく)」の略。
かいだて-ぎょく【買建玉】かひだて 株式の信用取引や商品の先物(さきもの)取引で、買い注文や買い約定をしたままで、未決済のもの。⇔売建玉(うりだてぎょく)。
かい-た・てる【買(い)立てる】かひ〔動タ下一〕図かひた・つ〔タ下二〕むやみに買い込む。どんどん買い入れる。「出物を端から―・てる」
かい-だめ【買い×溜め】かひ〔名〕スル 物資の不足、物価の値上がりを見越して、さしあたっての必要以上に品物を買い込んでおくこと。「不時の場合に備えて食糧を―する」
がい-ため【外▽為】グヮイ 外国為替(がいこくかわせ)の俗称。「―銀行」
がいため-かいけい【外為会計】グワイタメクワイケイ「外国為替資金特別会計」の略称。「外為特会」ともいう。
がいため-とっかい【外為特会】グワイタメトククワイ「外国為替資金特別会計」の略称。「外為会計」ともいう。
がいため-ほう【外▽為法】グワイタメハフ「外国為替及び外国貿易法」の通称。
かい-だゆ・し【▽腕×弛し】かひ〔形ク〕《「かいなたゆし」の音変化。「かいたゆし」とも》「かいだるい」に同じ。「悔しくもかへりにけるか唐衣(からころも)―・きまでかへすかひなし」〈清慎公集〉
かい-だる・い【▽腕×弛い】かひ〔形〕図かひだる・し〔ク〕《「かいなだるい」の音変化。中世・近世語》腕が疲れてだるい。また、からだなどが疲れて動かすのがおっくうだ。かったるい。「頤(おとがい)の―・い程詫びれども」〈浄・二つ腹帯〉
かい-だれ【×掻い垂れ】《「かきたれ」の音変化》神事や農耕儀礼に用いる紙の幣(しで)。後には注連(しめ)や御幣(ごへい)のこともさした。
がい-タレ【外タレ】グヮイ《「外国人タレント」の略》外国から日本に営業に来た芸能人。
かい-たん【怪誕】クヮイ〔名・形動〕《「誕」はいつわりの意》奇怪で、つかみどころのないこと。また、そのさま。でたらめ。「教祖の記録は―にして信ずるに足らずとせり」〈中村訳・自由之理〉
かい-たん【塊炭】クヮイ 大きなかたまりの石炭。直径4センチ以上のものをいう。
かい-だん【会談】クヮイ〔名〕スル 会って話し合うこと。また、その話し合い。「外国の首脳と―する」
類語 合議・協議・謀議・評議・審議・会議・相談・打ち合わせ・下相談・談合・示談・話し合い・商議・評定(ひょうじょう)・鳩首(きゅうしゅ)・凝議(ぎょうぎ)・内談
かい-だん【快談】クヮイ〔名〕スル 互いに気持ちよく楽しく話し合うこと。また、その話。「旧友と―する」
かい-だん【戒壇】戒律を授ける儀式を行うために設けた特定の壇。類語 祭壇・仏壇・仏間
かい-だん【怪談】クヮイ ❶化け物・幽霊などの出てくる気味の悪い話。❷真相がさだかでなく、納得のいかない出来事。
かい-だん【開壇】密教で、伝法灌頂(でんぽうかんじょう)を行う灌頂壇を設け開くこと。その灌頂を授ける師僧は開壇阿闍梨(あじゃり)とよばれる。
かい-だん【階段】❶建物の上下の階など、高さの異なる場所をつなぐ、段々のある通路。はしごだん。❷順序に従って進む等級。段階。
類語 階梯(かいてい)・段段・階・きざはし・石段・石階
かい-だん【解団】〔名〕スル 団体の組織を解散すること。「任務を終えて調査団を―する」⇔結団。
がい-たん【慨嘆/慨×歎】〔名〕スル うれいなげくこと。憤りなげくこと。「現代の世相を―する」
類語 憤慨・慷慨(こうがい)・嘆く
がい-たん【骸炭】コークスのこと。
がい-だん【街談】《「かいだん」とも》ちまたの話。世間のうわさ。世評。風説。
かいだん-いん【戒壇院】ヰン 戒壇の設けてある建物。東大寺・延暦寺などにある。
かいだん-きょうしつ【階段教室】ケウシツ 席が後方に行くほど高くなるように、階段状に座席を設けた教室。
かいだん-こうさく【階段耕作】カウサク 傾斜地に階段状に平地を作って田畑とし、農作物を作ること。段々畑・棚田(たなだ)など。
がいだん-こうせつ【街談×巷説】カウセツ 世間のうわ

さ。ちまたの声。
かい-だんし【快男子】クワイ 「快男児」に同じ。
かい-だんじ【快男児】クワイ 性質がさっぱりした気持ちのよい男。快活で男らしい男。好漢。快男子。
(類語)快男子・好漢・好男子
ガイダンス〖guidance〗❶不慣れで事情のわからない者に対して、初歩的な説明をすること。案内。手引き。また、そのための催し。「新入生への―」❷児童・生徒・学生が、自分の適性を知り、進路を決定できるように指導すること。
かいだん-せき【戒壇石】律宗・禅宗などの寺院の前に立てた石標。寺院全体を戒壇と見立てたもの。多くは「不許葷酒入山門(くんしゅさんもんにいるをゆるさず)」の句を刻む。結界石。➡葷酒(くんしゅ)
かいだん-だんそう【階段断層】ほぼ同じ走向・傾斜をもつ多くの正断層が、一方から順にずり落ち、断面で見ると階段状を呈するもの。
かいだん-とこう【階段登行】カイダン スキーを斜面に対して直角・水平に並べ、階段を作るようにして斜面を登る方法。
かいだん-ばなし【怪談×咄|怪談×噺】クワイダン 落語で、幽霊・化け物などを主題としたもの。
かいだんぼたんどうろう【怪談牡丹灯籠】クワイダンボタンドウロウ 人情噺(ばなし)。三遊亭円朝作。文久・元治年間(1861〜1865)に成立。明治17年(1884)筆録、出版。「御伽婢子(おとぎぼうこ)」所収の「牡丹灯籠」をもとに、当時起こった江戸牛込の旗本騒動などを取り入れたもの。お露の幽霊が牡丹灯籠の光に導かれ、カランコロンと下駄の音を響かせて恋しい男のもとへ通う場面が有名。明治25年には歌舞伎化された。
かいだん-めぐり【戒壇×廻り】戒壇のまわりを仏名を唱えながらめぐり歩くこと。のちに、仏堂内陣の縁の下にあたる暗い所をめぐり歩くこと。長野の善光寺のものが有名。
かいだん-もの【怪談物】クワイダン 小説・芝居・浄瑠璃・講談・落語などで、幽霊・化け物などを主題としたものの総称。
かい-ち【開知|開×智】知識を広くすること。また、知識が広くなること。「そこが開化とも―ともいふのでげす」〈魯文・西洋道中膝栗毛〉
がい-ち【外地】グワイ ❶日本の国土からみて、外国の土地。❷第二次大戦敗戦前に、本土以外の日本領土を呼んだ語。朝鮮半島・台湾など。⇔内地。
(類語)外国・他国・異国・異邦・外邦・他邦・異朝・異境・異郷・異土・海外・海彼(かいひ)・外(と)つ国・他郷
かい-ちく【改築】〔名〕スル 建造物の全部または一部を新しくつくりなおすこと。「二階を―する」
(類語)建築・建設・建造・築造・営造・造営・建立(こんりゅう)・普請(ふしん)・作事(さくじ)・造作(ぞうさく)・新築・増築・移築・建てる
かいちばい-ほう【加一倍法】ハフ 1を原数とし、1に1を加えて2とし、2に2を加えて4とし、4に4を加えて8とするように、倍加していく方法。「易経」繋辞上の「易に太極有り、是(これ)両儀を生じ、両儀四象を生じ、四象八卦(はっけ)を生ず」に基づき、中国北宋の邵雍(しょうよう)が、天地万物の変化・消長の数理を推測するのに用いたという算法。
かいちゃく-まい【回着米】クワイチャク 陸上輸送により、産地から市場に運ばれてきた米。➡入津米(にゅうしんまい)
かい-ちゅう【介×冑】チウ よろいとかぶと。また、それを身につけること。甲冑(かっちゅう)。
かい-ちゅう【回虫|×蛔虫】クワイ 線虫綱回虫科の袋形動物。人間の小腸に寄生。体は細長く、黄白色。体長20〜40センチになり、雄のほうが小さい。虫卵が野菜などに付着して人間の口から体内に入り、小腸で孵化(ふか)した幼虫は肝臓・心臓・肺に入り、さらに気管を経て胃・小腸に達して成虫になる。出血性肺炎や臓器への侵入によるさまざまな障害の原因となるが、人糞(じんぷん)肥料を用いなくなってから減少した。豚・犬・猫などにも特定のものが寄生する。
かい-ちゅう【改鋳】チウ〔名〕スル 鋳造しなおすこと。鋳(い)なおすこと。「鈞鐘を―する」
かい-ちゅう【海中】海のなか。また、海の真ん中。「―の小島」
かい-ちゅう【懐中】クワイ〔名〕スル ❶ふところ、またはポケットの中。また、そこに入れて持っていること。「山道の往来に論語を―して」〈蘆花・思出の記〉❷「懐中物」の略。❸(接頭語的に用いる)携帯用の小型の物。「―電灯」「―本」
がい-ちゅう【外注|外×註】グワイ〔名〕スル 会社などで、仕事の一部を、外部に注文してさせること。「一部の部品の製造を―する」
がい-ちゅう【害虫】人間の生活に直接または間接に害を与える昆虫。蚊・ノミ・ハエ・ウンカ・アブラムシなど。ダニや人体寄生虫など昆虫でないものも含めていうこともある。⇔益虫。
かいちゅう-かがみ【懐中鏡】クワイチュウ 女性がふところや帯の間などに入れて携帯する小型の鏡。
かいちゅう-がたな【懐中刀】クワイチュウ ふところに入れる守り刀。懐剣。ふところがたな。
かいちゅう-こうえん【海中公園】コウヱン ►海域公園
かいちゅう-じるこ【懐中汁粉】クワイチュウ 乾燥させたあん・かたくり粉などを最中(もなか)の皮で包んだもの。携帯でき、熱湯を注いでかきまぜるとすぐ汁粉になる。
かいちゅう-でんとう【懐中電灯】クワイチュウ 携帯用の小型電灯。乾電池などを電源とする。
かいちゅう-どけい【懐中時-計】クワイチュウ ひも・鎖で帯やバンドに結びつけて、ふところやポケットに入れて携帯する小型の時計。たもと時計。
かいちゅう-にっき【懐中日記】クワイチュウ 日付が入り、日記式になった小型手帳。ポケット日記。
がいちゅう-ひ【外中比】グワイチュウ ►黄金比
かいちゅう-もの【懐中物】クワイチュウ ふところやポケットに入れているもの。特に財布・紙入れなど。
かいちゅう-りん【海中林】海中でコンブ・ワカメなど比較的大きな海藻が密生している所。水深約20メートルくらいまでの岩礁地にみられ、魚介類が豊富。藻場(もば)。
かい-ちょ【快著】クワイ すばらしい著作物。
かい-ちょう【会長】クワイチャウ ❶会や団体の仕事を統括し、代表する人。❷会社で、社長の上に置かれる役職。また、社長を退いた人の名誉職。
かい-ちょう【回腸】クワイチャウ 小腸の終末部分。空腸と、大腸の盲腸との間の部分。
かい-ちょう【快×暢】クワイチャウ〔名・形動〕調子がよく、のびのびしていること。また、そのさま。「どんなに―な脳髄の人でも」〈漱石・文学評論〉
かい-ちょう【快調】クワイテウ〔名・形動〕すばらしく物事の調子がよいこと。思うように事が運ぶこと。また、そのさま。「機械は―に動いている」「新製品の―な売れ行き」(類語)順調・好調・スムーズ
かい-ちょう【戒×牒】テフ 戒を受けて僧尼になったことを証明する公文書。➡度牒(どちょう)
かい-ちょう【改丁】チャウ 本や書類をつくるとき、編や章の変わり目で丁を改め、次の奇数ページからその続きを始めること。➡丁(ちょう)
かい-ちょう【怪鳥】クワイテウ あやしい鳥。けちょう。
かい-ちょう【海鳥】テウ 海洋で生活する鳥。ふつう、繁殖のみ陸上で行う。ミズナギドリ・ペンギン・ウミスズメ・カモメなど。うみどり。
かい-ちょう【海潮】テウ 海の水。うしお。
かい-ちょう【開庁】チャウ〔名〕スル ❶新しく官庁を開設し、仕事を始めること。⇔閉庁。❷官庁がその日の業務を始めること。また、業務を行っていること。⇔閉庁。
かい-ちょう【開帳】チャウ〔名〕スル ❶ふだんは閉じてある厨子(ずし)の扉を、特定日に限って開き、中の秘仏を一般の人に拝ませること。開龕(かいがん)。啓龕(けいがん)。開扉(かいひ)。(季 春)「―の破れ鐘つくや深山寺/蛇笏」❷隠すべきものを人目にさらすこと。❸賭博(とばく)の座を開くこと。(補説)❸は、法律では「開張」と書く。
かい-ちょう【開張】チャウ チョウ・ガ・トンボなどの昆虫が、翅(はね)を広げたときの長さ。鳥は翼開張という。
かい-ちょう【階調】テウ《gradation》写真、テレビ、デジタルカメラ、コンピューターの画像などにおける濃淡の変化の度合い。グラデーション。
かい-ちょう【諧調】テウ 調和のよくとれた音・調子。全体がしっくり溶け合った調子。「秋の森の複雑な色の―は」〈寅彦・写生紀行〉(類語)和声・ハーモニー
がい-ちょう【外朝】グワイテウ ❶宮廷で、君主が国政をとる所。外廷。❷外国の朝廷。
がい-ちょう【害鳥】テウ 農作物などに有害な鳥類。同じ鳥でも季節によって害鳥となることがある。スズメは春は害虫を食べる益鳥とされるが、秋には稲の害鳥とされる。⇔益鳥(えきちょう)。
かいちょう-おん【海潮音】カイテウ ❶波の音。潮の響き。潮音。❷仏語。仏・菩薩(ぼさつ)の広大な慈悲の音声があまねく聞こえることを波の音にたとえた語。潮音。◆書名別項。
かいちょうおん【海潮音】カイテウオン 上田敏の訳詩集。明治38年(1905)刊。西欧の詩人29人の作品57編を訳したもの。日本の近代詩、特に象徴主義導入に大きな影響を与えた。
かい-ちょうせき【灰長石】クワイチャウセキ 斜長石の一。カルシウムに富み、白色または灰白色で、半透明の柱状結晶。三斜晶系。玄武岩・斑糲岩(はんれいがん)中などに多い。アノーサイト。
がい-ちょうどう【外聴道】グワイチャウダウ ►外耳道(がいじどう)
かいちょう-ば【開帳場】カイチャウ ❶江戸時代、寺社の秘仏秘宝を公開していた場所。また、人が出てにぎわうところから、盛り場のこと。❷歌舞伎などの大道具で、舞台上に設けられた斜面。山や坂道などに用いる。寺社の開帳で、階段のところに特設される斜面に似ているところからいう。
かいちょう-ふん【海鳥×糞】カイテウ ►グアノ
かいちょう-ほせい【階調補正】カイテウ 画像処理の方法の一。デジタルカメラなどの画像において、階調やコントラストを整えること。
かいちょう-もの【開帳物】カイチャウ ❶寺社の開帳を当て込んで作った歌舞伎や人形浄瑠璃など。❷開帳を当て込んで興行した見世物。からくり仕掛け・細工物など。
かい-ちょく【回勅】クワイ ローマ-カトリック教会で、教皇が全教会の司教または信者にあてて、教会全体の重要問題について書き送るラテン語の手紙。回章。
かい-ちょく【戒×飭】〔名〕スル 人に注意を与えて慎ませること。また、自分から気をつけて慎むこと。「一処分」「諄々(じゅんじゅん)として党員を―したが」〈田岡嶺雲・明治叛臣伝〉(補説)「かいしょく」と読むのは誤り。
かい-ちん【開×枕】《「開被安枕(かいひあんちん)」の略。布団(被)を敷き枕を置く意》禅宗で、就寝すること。
かい-ちん【開陳】〔名〕スル 人の前で自分の心の中をありのままに述べること。「所信を―する」
かいづ【海津】㊀岐阜県南西部にある市。木曽川・長良川・揖斐(いび)川が縦貫し水害が多発したが、江戸時代から治水が進み現在は農業が盛ん。平成17年(2005)3月に海津町、平田町、南濃町が合併して成立。人口3.8万(2010)。㊁滋賀県高島市の地名。琵琶湖北岸に位置し、京都・敦賀(つるが)を結ぶ交通の要地として栄えた。もと、貝津と書いた。
かい-つう【快通】クワイ 気持ちよく便通があること。
かい-つう【開通】〔名〕スル 鉄道・道路・電話など、交通・通信の機関や施設が完成して通じること。「高速道路が―する」
かいつうしょうこう【華夷通商考】クワイツウシャウカウ 江戸中期の地理書。2巻。西川如見著。元禄8年(1695)刊。宝永5年(1708)訂正増補版5巻刊。主として通商の立場から外国の地誌を記したもの。
カイツーン〖kytoon〗局地的な気象観測や、大気汚染観測に用いられる係留気球。
かい-づか【貝塚】かひ 古代人が捨てた貝殻が層をなして積もった遺跡。日本では縄文時代に属するものが代表的で、貝殻のほかに鳥獣や魚の骨、土器・石器・骨角器などを含み、人骨も発掘されている。
かいづか【貝塚】かひづか 大阪府南西部の市。大阪湾に面する。願泉寺の寺内町として発展。江戸時代は海運業や和泉櫛製造が、明治以後は紡績業が盛ん。人口9.1万(2010)。
かいづか-いぶき【貝塚×伊吹】かひづか イブキの園芸品種。高さ6〜7メートル。生長とともに枝が螺旋(らせん)状にね

じれ、円錐形の樹形をなす。庭木や生け垣などにする。
かいづか-し【貝塚市】カヒヅカ ▶貝塚(大阪)
かいづか-しげき【貝塚茂樹】カヒヅカ ［1904～1987］中国史学者。東京の生まれ。小川琢治おがわたくじの次男。湯川秀樹の兄。古代中国の甲骨文字や金石文の研究に業績を残した。昭和59年(1984)文化勲章受章。著「京都大学人文科学研究所蔵甲骨文字」「中国古代史学の発展」など。
かい-つか・む【×掻い×掴む】〔動マ四〕❶しっかりつかむ。「乱髪を―・んで、首をかけ共かかれず」〈虎明狂・文蔵〉❷「かいつまむ」に同じ。
かい-つ・く【×掻い付く】《「かきつく」の音変化》㊀〔動カ四〕抱きつく。すがりつく。「ちごの、あからさまに抱きて遊ばしうつくしむほどに、―・きて寝たる」〈枕・一五一〉㊁〔動カ下二〕しっかりとつける。「紅といふものの、いと赤らかに―・けて」〈源・常夏〉
かい-つ・く【飼ひ付く】かひ〔動カ下二〕飼いならす。「遍照寺の承仕法師、池の鳥を日ごろ―・けて」〈徒然・一六二〉
かい-づくし【貝尽(く)し】かひ ❶いろいろな貝を集めてもてあそび物とすること。かいぞろえ。❷いろいろな貝を描き集めた絵や模様。
かい-つくろい【×掻い繕ひ】つくろひ そばで世話をする人。特に、五節ごせちの舞姫の付添役の女房など。かしずき。「―ふたり、童わらはよりほかには、すべて入るまじと戸をおさへて」〈枕・九二〉
かい-つくろ・う【×掻い繕ふ】つくろふ〔動ワ五(ハ四)〕《「かきつくろう」の音変化》❶服装の乱れなどを整える。また、威儀を正す。「襟を―・う」❷整頓する。準備を整える。「矢をしきりに―・ひ―・ひ、甲かぶとの緒をこそしめたりけれ」〈保元・上〉
かい-つけ【買(い)付け】かひ ❶いつも買っていて、慣れていること。「―の店」❷大量に物品を買い入れること。「木材の―に行く」類語 買い物・買い出し・買い
かい-つけ【飼(い)付け】かひ ❶えさをまいて、魚を誘い集めること。❷鳥獣などを飼いならすこと。
かいつけ-ぎょぎょう【飼(い)付け漁業】カヒツケギョゲフ 回遊魚の通路に餌をまいてとどまらせ、漁獲する漁業。
かい-つ・ける【買(い)付ける】かひ〔動カ下一〕文かひつ・く〔カ下二〕❶ふだんからよく買っている。買い慣れている。「いつも―・けている銘柄」❷大量に買い込む。買い入れる。「原料を―・ける」
かいづ-し【海津市】▶海津㊁
かい-つなぎ【買い×繋ぎ】かひ ❶品物がとぎれないように買うこと。❷商品などの取引で売り約定をする一方、値上がりを見越して、先物市場で買い約定をすること。また、債券を保有する予定の人が、値上がりによる不利を避けるために、先物市場で買い約定をすること。➡ヘッジ
かいつぶり【鸊=鷉】❶カイツブリ科の鳥。全長26センチくらいで、体は丸く、硬い尾羽はない。夏羽は頭部・背面が黒褐色、ほおからくびが栗色で、くちばしの基部に黄色い部分がある。冬羽は灰褐色。湖や沼にすみ、潜水が得意で、小魚などを捕食。キリリリと大きな声で鳴く。4月から水草で巣を作り、「鳰におの浮き巣」とよばれるが、下部は固定してある。ひなは瓜模様があり、親の背に乗って運ばれる。日本では留鳥。にお。におどり。かいつむり。季冬「野の池や氷らぬかたに―／几董」❷カイツブリ科の水鳥の総称。1目1科で、カンムリカイツブリ・ハジロカイツブリなど20種が世界に分布。
かい-つま・む【×掻い▽摘む】〔動マ五(四)〕(多く「かいつまんで」の形で用いる)要点を大ざっぱにとらえる。概括する。「―・んで言えば」
かいつむり【鸊=鷉】カイツブリの別名。
かい-づめ【×掻い詰め】すきまを作るために、物と物との間に棒などをはさむこと。また、そのもの。「片角に木枕を―にして」〈浮・二十不孝・一〉
かい-つ-もの【貝つ物】かひ 貝。貝類。「海士あまどもあさりして、―もて参れるを」〈源・須磨〉
かい-つら・ぬ【×掻い連ぬ】〔動ナ下二〕《「かきつらぬ」の音変化》連れ立つ。「むかし、男、逍遥しに、思ふどち―・ねて」〈伊勢・六七〉
かい-て【買(い)手】かひ ❶品物などの売買で買うほうの人。買い主。「―がつく」⇔売り手。❷取引所で、買いの側に立つ会員や取引員。⇔売り手。
類語 買い主・買い方・バイヤー
かい-てい【改定】〔名〕スル 法律・制度など以前のものを改めて新しく定めること。「条約を―する」「運賃―」類語 変更・改正・補正
かい-てい【改訂】〔名〕スル ❶書物の内容を改め正すこと。「旧版を―する」「―版」❷法律や取り決めなどの一部を改めて正当な形に正すこと。改正。改定。補説 法令文は「改定」に統一。類語 訂正・修訂・勘校・校閲・校正・校合きょうごう・直す・改める・正す・訂する・修正する・是正・規正・改善・改良・改正・補正・補訂・補綴ほてつする・手直し・手を入れる・手を加える
かい-てい【海底】海の底。
かい-てい【海程】海上における距離。水程。
かい-てい【開廷】〔名〕スル 裁判を行うために法廷を開くこと。「午後一時に―する」⇔閉廷。
かい-てい【階×梯】《本来は「はしごだん」の意》❶学問・芸術などの手ほどき。また、それを説いた書物。入門書。「英語―」❷学問・芸術などを学ぶ段階。また、物事の発展の過程。「低いレベルから、さらに公正な―に一段高く立つことが」〈長与・竹沢先生と云ふ人〉❸器械体操で斜めにかけて使うはしご。また、それを使ってする体操。
類語 階段・段段・階・きざはし・石段・石階
がい-てい【外廷】グワイ 宮廷で、君主が国政をとる公的な所。外朝。⇔内廷。
がい-てい【外弟】グワイ ❶異父弟。❷配偶者の弟。義理の弟。
がい-てい【×孩提】2、3歳くらいの幼児。おさなご。みどりご。嬰児えいじ。
かいてい-かざん【海底火山】―クワザン 海底からの噴出物の堆積などによって生じた火山。海面上に現れて島になることもある。
かいてい-ケーブル【海底ケーブル】海底に設置したケーブル。電信・電話・電力輸送用。海底電線。
かいてい-こく【海底谷】大陸斜面を刻む深い谷。主に乱泥流による浸食によってできる。広くは大陸棚にあるものもいう。海谷。
かいてい-さんみゃく【海底山脈】▶海嶺かいれい
かいてい-じしん【海底地震】―ヂシン 震央が海底にある地震。大津波の原因となることがある。
かいてい-トンネル【海底トンネル】海底を掘り抜いて設けられたトンネル。交通用。
かいてい-ねっすいこうしょう【海底熱水鉱床】―ネッスイクワウシャウ 深海底鉱物資源の一。海底から噴き出した熱水に含まれる金属成分が冷却されて固まり、沈殿してできた鉱床。レアメタル(希少金属)を豊富に含むことから、調査・開発が進む。日本近海では、伊豆、小笠原、沖縄などの海域で確認されている。➡熱水鉱床
かいてい-ゆでん【海底油田】大陸棚に分布する油田。
かいてい-りつれい【改定律例】明治6年(1873)に制定された刑法典。新律綱領を修正・補充したもの。同15年の旧刑法施行まで実施された。
かい-てき【快適】クワイ〔名・形動〕心身に不快に感じられるところがなく気持ちがいいこと。ぐあいがよくてこころよいこと。また、そのさま。「―な生活」「―な一日を過ごす」派生 かいてきさ〔名〕
類語 快い・爽快・壮快・心地よい・楽・カンファタブル
がい-てき【外敵】グワイ 外部から攻撃してくる敵。また、外国から攻めてくる敵。「―に備える」
がい-てき【外的】グワイ〔形動〕❶物事の外側にかかわっているさま。外部の。外の。「―な圧力」「―要因」⇔内的。❷客観的であるさま。「夜汽車のなかの昌造を―に写し出すならば」〈里見弴・善心悪心〉❸肉体や物質にかかわっているさま。肉体的。「―な欲望を満足させる」「―疾患」⇔内的。
がいてき-せいかつ【外的生活】グワイテキセイクワツ 精神生活に対して、物質的な生活。
かいて-しじょう【買(い)手市場】カヒテシヂャウ 供給量が需要量よりも大きく、買い手が売り手に対して有利な立場に立っている市場。⇔売り手市場。
かいて-すじ【買(い)手筋】カヒテスヂ 取引で、買う側の人。特に、買い方に回っている有力な個人や法人。⇔売り手筋。
かい-てつ【塊鉄】クワイ 鉄鉱を溶解して得た銑鉄せんてつを型に入れて凝固させたもの。
がい-てつ【街鉄】東京市街鉄道株式会社の略称。明治36年(1903)設立、明治39年(1906)東京電車鉄道・東京電気鉄道と合併して東京鉄道株式会社となる。明治44年(1911)東京市電気局(現東京都交通局)に買収された。街鉄電車。
がいてつ-でんしゃ【街鉄電車】▶街鉄
かい-てん【回天】クワイ ❶《天をめぐらす意》時勢を一変させること。衰えた勢いを盛り返すこと。「其―の素志を貫く勇気を維持し得たというじゃあないか」〈逍遥・当世書生気質〉❷旧日本海軍が第二次世界大戦中に用いた人間が操縦する魚雷の名。
かい-てん【回転・×廻転】クワイ〔名〕スル ❶物が、ある軸を中心としてまわること。「―式のテーブル」「翼が―する」❷からだを転がしたり、宙がえりしたりすること。「―レシーブ」「マット上で三―する」❸機能を十分生かした働きをすること。存分に活動すること。「頭の―が鈍い」「人員を―させて事務をさばく」❹物事が、動きをくり返すこと。「資金の―が早い」❺サービス業などで、客が新しい客と入れ替わること。「客の―が悪い」❻「回転競技」の略。類語 回る・旋回・回す
かい-てん【開店】〔名〕スル ❶新しく店を開いて営業を始めること。開業。みせびらき。「駅前に支店が―する」「新装―」⇔閉店。❷店を開けてその日の営業を始めること。⇔閉店。類語 店開き・オープン
かい-てん【開展】〔名〕スル ❶繰り広がること。また、一面に広げること。展開。「眼下に―する雄大な景色」❷程度が進むこと。「感情まず先に発達して智力其後に―するを見るなり」〈逍遥・文章新論〉
かい-でん【皆伝】芸能・武術などの道で、師からその流派の奥義をすべて教えられること。奥許し。「免許―の腕前」
がい-てん【外典】グワイ ❶キリスト教で、聖書正典に含まれていないが重要である文書。アポクリファ。❷▶げてん(外典)
がい-でん【外伝】グワイ 正式の記録以外の伝記。本伝に載っていない逸話など。また、それらを集めた記録。「赤穂義士―」
がい-でん【外電】グワイ 外国から打ってきた電報。特に、外国の通信社から入るニュース。
かいてん-あっしゅくき【回転圧縮機】クワイテン― 羽根車や回転子を回転させて流体を加圧する機械。圧力が高く、単位時間の送出量が少ないときに使用。
かいてん-いす【回転椅子】クワイテン― 座が軸によって回転し、向きが自由に変えられる椅子。
かいてん-いせい【回転異性】クワイテン― 分子内の結合軸に対する回転によって原子や原子団の立体配置が異なり、化学的性質が異なる異性。
かいてん-いどう【回転移動】クワイテン― 平面または空間で、点または図形が、その形および大きさを変えることなく、一定点を中心としてある角度回転し、他の位置に移動すること。
かいてん-うんどう【回転運動】クワイテン― 物体あるいは質点系が、相互の相対的位置を変えずに、一定の軸のまわりを回る運動。
かいてん-かく【回転角】クワイテン― 平面上において、固定軸あるいは一定点を中心に、図形または物体をある角度だけ回転するとき、その角度。
かいてん-ぎ【回転儀】クワイテン― ▶ジャイロスコープ
かいてん-きゅうぎょう【開店休業】―キウゲフ 商店が営業しているのに、客が来ないため、休業しているのと同じような状態にあること。また、実質的な活動の伴わないことにもいう。類語 暇・手透すき・手明き・閑散
かいてん-きょうぎ【回転競技】クワイテンキャウギ スキー競技のアルペン種目の一。標高差200メートル前後、長さ

500メートル前後の急斜面につくられた50〜80の旗門を通過しながら滑り降り、その所要時間を競う。スラローム。
かいてん-ざひょうけい【回転座標系】慣性系に対し、回転運動をしている座標系。回転が一様な物体上の回転座標系で物体の運動を考えるときには、遠心力やコリオリの力など慣性力が導入される。
かいてん-し【回転子】発電機・電動機・タービンなどの回転部分。
かいてん-じかい【回転磁界】方向が時間とともに変化し、回転しているように見える磁界。3個のコイルを互いに120度ずつ角度をずらして配置し、三相交流を流すときなどにみられ、誘導電動機に利用。
かいてんしき-はつどうき【回転式発動機】▶ロータリーエンジン
かいてん-しきん【回転資金】「運転資金」に同じ。
かいてん-じく【回転軸】❶点または点の集合が回転運動するとき、その中心となる固定した直線。❷機械の回転する部分にある心棒。
がいてん-しんけい【外転神経】眼球を外側に向ける働きを支配する運動神経。脳橋の下側から出て、外側の眼球直筋に達している。第6脳神経。外旋神経。
かいてん-ずし【回転▽寿司】小皿に盛ったすしを、客の目の前を回るベルトにのせ、客が好みで選び取る方式の店。
がいてん-せつ【蓋天説】古代中国で行われた宇宙構造観。方形平面の地を、円形で笠状の天がおおっているとみる説。
かいてん-そくどけい【回転速度計】回転の速度を、遠心力・起電力・渦電流・ストロボスコープなどを利用して測定し、目盛り板に回転数として連続的に表示する計器。タコメーター。回転計。
かいてん-たい【回転体】平面図形を、同一平面上の一つの直線のまわりに1回転させたときにできる立体。球・直円柱・直円錐など。
かいてん-だえんたい【回転×楕円体】楕円を、その長軸または短軸のまわりに1回転したときにできる立体。回転軸が長軸のときを長球、短軸のときを扁球という。
かいてん-ドア【回転ドア】「回転扉」に同じ。
かいてん-とう【回転灯】反射鏡が回転することで発光の向きが変わる電灯。(補説)車両に装備する場合は、用途により次のように規定されている。

▷回転灯の種類

色	種類
赤色	…警察、消防などの緊急自動車
黄色	…国交省などによる道路維持作業用自動車
緑色	…大型の道路運送用自動車
青色	…地域住民などによる自主防犯活動用自動車
紫色	…停止中の自動車(追突防止のため)

かいてん-とびら【回転扉】出入り口の中央に設けた垂直軸の周囲に十字形に取り付けられた4枚の扉を、人力によって一定方向に回転させ、人が出入りする方式の扉。回転ドア。
かいてん-トルク【回転トルク】▶トルク
かいてん-のぞきえ【回転×覗き絵】▶ゾートロープ
かいてん-ばいばい【回転売買】金融商品を高い頻度で売買すること。(補説)証券会社等の金融商品取引業者が、顧客から手数料収入を得ることを目的に株式・投資信託などを頻繁に売買させる行為は、過当売買として行政処分の対象となる。
かいてん-はんけい【回転半径】❶回転するときの軌道の半径。「自動車の—」❷ある軸のまわりの慣性モーメントとその剛体の質量との比の平方根。
かいてん-ぶるい【回転×篩】破砕した岩石などの粗い粒子を、回転させてふるい分ける円筒形または多角筒形のふるい。トロンメル。
かいてん-へんこう【回転偏光】媒質中を通過するにつれてその偏光面が回転する偏光。円を描くものを円偏光、楕円を描くものを楕円偏光という。
かいてん-へんりゅうき【回転変流機】交流を直流に変えるための回転電気機械。同期交流機。電動発電気。ロータリーコンバーター。
かいてん-まど【回転窓】中央に横軸を設け、これを回転軸として水平に開閉する窓。縦軸を取り付けた垂直式のものもある。
かいてん-めん【回転面】平面上の直線または曲線を、その平面上の一直線のまわりに回転させたときにできる曲面。
かいてん-もくば【回転木馬】児童用の遊具の一。大円盤の上に木馬を配置し、その盤の回転に従って木馬も上下しながら回るようにした装置。メリーゴーラウンド。
かいてん-よく【回転翼】回転によって揚力または推力を生じる、プロペラ状の翼。ヘリコプターやオートジャイロにみられる。㊁固定翼。
かいてん-りつ【回転率】❶一定期間内に、資金を投じて生産した製品が売れ金となり戻ってくる割合。❷サービス業、特に飲食店などで、次から次へと客を入れ替えて、1日どれだけの客をさばけるかの割合。
かいてん-レシーブ【回転レシーブ】バレーボールで、取りにくい位置に飛んできたボールを、飛びつきながら回転動作をともなってレシーブすること。柔道の受け身を取り入れたもの。素早く体勢を立てなおすことができる。
かいてん-ろ【回転炉】連続式加熱炉の一。円筒形の炉を水平または傾斜させて据え付け、回転させて平均に加熱し、また内容物をよくまぜることができる構造のもの。セメント製造・アルミナ焼成などに利用。
かいと【▽垣▽内】《「かきつ」から転じた「かきと」の音変化》土地のある区画をいう語。もとは開墾を予定した一区画をさしたと推定されるが、樹木などで囲まれた屋敷地、区画された耕地、村の区画を小分けにした小集落なども意味する。
かい-と【▽垣▽外】《「かきと」の音変化》❶垣の外。屋敷また村落の囲いの外。〈日葡〉❷(近世、大坂で)こじき。ものもらい。〈物類称呼〉
カイト〖kite〗逆三角形の西洋凧。
かい-ど【灰土】❶灰と土。土灰。❷火山灰などのまざった土。
灰土に帰す 建物がみな焼けて何もなくなる。灰燼に帰す。「空襲で町は—した」
かい-ど【塊土】かたまりになった土。土塊。
がい-ど【外土】❶国外の地。外国。外地。❷都から離れた遠い土地。「朝敵を平らげに—へむかふ将軍は」〈平家・五〉
ガイド〖guide〗〔名〕スル ❶案内すること。また、案内人。特に、登山・観光などにいう。「バス—」❷手引き。便覧。「入学—」(類語)案内・道案内・手引き・先達・露払い・導き・誘導・先導・嚮導
かい-といや【買問屋】《「かいどいや」とも》江戸時代、生産者と直接取引する売り問屋から商品を買い取り、遠隔地の商人に販売した、商人宿を兼ねた問屋。かいどんや。
かい-とう【会党】中国の民衆の間で結成された、相互扶助的な秘密結社。清末の革命運動の中核となった。天地会・哥老会などが有名。
かい-とう【会頭】会や団体を主宰し代表する人。会長。座長。「商工会議所—」
かい-とう【回答】〔名〕スル 質問・要求などに答えること。また、その答え。「調査に—する」「満額—」➡返事(用法)
(類語)答える・返答・応答・解答・自答・答え・反応
かい-とう【灰陶】中国、新石器時代から殷代に盛行した灰青色の土器。多くは表面に櫛目文や縄席文をもつ。日常の容器として唐・宋のころまで使用された。
かい-とう【快刀】気持ちよく切れる刀。切れ味のすばらしい刀。
快刀乱麻を断つ よく切れる刀で、もつれた麻を切る。もつれた事柄を、もののみごとに処理することのたとえ。
かい-とう【快投】〔名〕スル 野球で、投手が胸のすくような投球ぶりで相手打者を抑えること。
かい-とう【戒刀】❶僧が、袈裟を裁ったり、髪をそるときなどに用いる刃物。❷僧が魔障を防ぐために身につける小刀。
かい-とう【怪盗】変幻自在に出没して、正体のつかめない盗賊。
かい-とう【械闘】革命前の中国で、水利や地境などの争いなどを原因として起きた部落や労働者集団間の武力闘争。清代には華中・華南に多かった。
かい-とう【開頭】〔名〕スル 手術のため、頭蓋を切り開くこと。「—手術」
かい-とう【解党】〔名〕スル 政党・党派などを解散すること。
かい-とう【解凍】〔名〕スル ❶凍結しているものが解けること。また、解かすこと。「冷凍食品を—する」❷コンピューターで、圧縮して容量を小さくしたファイルを元の形式に戻すこと。展開。伸張。➡圧縮 ❸陰暦正月の異称。
かい-とう【解答】〔名〕スル 問題を解いて答えを出すこと。また、その答え。「数学の問題に—する」
(類語)応答・答える・返答・回答・自答・答え・反応
かい-とう【解糖】生体内で、グリコーゲンなどがピルビン酸や乳酸などに分解すること。この反応により、筋肉収縮に必要なエネルギーが供給される。グリコリシス。➡解糖系
かい-どう【会同】〔名〕スル ❶ある目的のために、たくさんの人が1か所に集まること。会合。❷物事が集まって一つになること。
かい-どう【会堂】❶集会などに使う目的で建てた大きな建物。❷キリスト教の教会の建物。
かい-どう【怪童】からだが図抜けて大きく、怪力のある子供。(類語)神童
かい-どう【海×棠】❶バラ科の落葉小高木。枝は紫色で垂れ下がり、葉は楕円形。4月ごろ、紅色の花が下向きに咲き、実は丸く、黄褐色に熟す。中国の原産で、庭木などにする。垂枝海棠。花海棠。(季 春)「—や白粉に紅をあやまてる/蕪村」❷ミカイドウの古名。
海棠睡り未だ足らず 《玄宗皇帝が酔後の楊貴妃を評した言葉から》美人が、眠り足りないときのように、酒に酔って目もとをほんのり赤くしているさまをいう。
海棠の雨に濡れたる風情 美人が、雨にぬれた海棠の花のようにうちしおれている、可憐なようすのたとえ。海棠の雨を帯びたる風情。
かい-どう【海道】❶海上の、船が通る道。ふなじ。海路。航路。❷海沿いに通じる道。海辺の道路。❸特に、東海道をいう。「—一の大親分」❹主要な道路。街道。「どうど踏んだる—も武勇の道も一筋に」〈浄・嫗山姥〉
かい-どう【皆働】すべての人が働くこと。皆労。
かい-どう【街道】中央と地方、また町と町とを結ぶ、行政上、交通上の主要な道路。「日光—」
(類語)本道・往還・道路
かい-どう【開堂】禅宗で、新たに住職となった僧が、法堂を開き、最初の説法を行う儀式。
がい-とう【外灯】建物の外に取り付けた電灯。門灯・街灯の類。屋外灯。
がい-とう【外×套】防寒などのため、衣服の上に着るゆったりした外衣。オーバー・マント・二重回しなどの類。(季 冬)「—の釦手ぐさにただならぬ世/草田男」(類語)コート・オーバー・マント・ケープ・ガウン・被布・合羽
がい-とう【街灯】街路を明るくするために取り付けた電灯。街路灯。
がい-とう【街頭】市街地の道路や広場。町なか。
(類語)町角
がい-とう【該当】〔名〕スル ある条件・資格などに、当てはまること。「—する箇所に丸をつける」
(類語)適合・適応・相当・即応・順応
がい-どう【×孩童】幼い子供。幼児。
ガイドウエー〖guideway〗《元来は機械用語で、案

内面・滑り溝の意》リニアモーターカーが走る軌道のこと。断面が凹字状のレールの底部と両側面に浮上用と推進用のコイルが敷設される。

ガイドウエー-バス《和 guideway＋bus》一般道路上では運転手のハンドル操作で走行し、専用軌道内では誘導装置で自動運行するバス。

がいとう-えんぜつ【街頭演説】広場や道ばたなどに立って、自分の意見や主張などを述べること。「政治家の―」

かいとう-き【回答旗】クヮイタウ 船舶用国際信号旗の一。他船との信号内容の了解や信号終了のときに掲げる、赤白の縦縞を染めた旗。

かいどうき【海道記】カイダウキ 鎌倉時代の紀行。1巻。作者未詳。貞応2年(1223)京都と鎌倉間の東海道を往復した際の紀行。文体は漢文脈の濃い和漢混交文で、仏教思想の影響が強い。

かいどう-くだり【海道下り】カイダウ ❶昔、京都から東海道を通って東国に旅をしたこと。あずまくだり。❷中世歌謡の一群。叙情的な歌の中に、東海道を京都から東国へ下る道中の地名・景物を詠み込んだもの。閑吟集などに所収。❸狂言小舞。❷の一つを地としたもの。本狂言では「越後聟」「蜘盗人」などで舞われる。のち、歌舞伎にも入った。❹歌舞伎舞踊。❸を取り入れたもの。江戸市村座の歌舞伎狂言で、承応元年(1652)初演。

かいとう-げ【海藤▽花】マダコの卵を塩漬けにした食品。黄白色の小粒が連なりついて、フジの花に似る。吸い物などに用い、兵庫県明石の名産。

がいとう-げき【街頭劇】街頭で行われる演劇。従来の演劇のあり方の批判として1960年代に盛んになった。

かいとう-じゅつ【開頭術】脳を治療するために、頭蓋骨を切開する手術法。脳手術。

がい-とう-しょう【外登証】グヮイ 「外国人登録証明書」の略。

かいどう-すじ【海道筋】カイダウ ❶海辺の道筋。❷東海道など主要な道路の道筋。街道筋。「―の旅籠屋、馬次、舟場を詮索せし」〈浄・鑓の権三〉

かいどう-すじ【街道筋】カイダウ 街道の道筋。「―の民家」

かいとう-ソフト【解凍ソフト】►展開ソフト

がいとう-ぼきん【街頭募金】人通りの多い場所で、社会福祉や災害救助などの資金を一般の人から集めること。

がいとう-まく【外×套膜】グヮイタウ 軟体動物の体の表面を覆う膜。イカでは円錐状、タコでは袋状をし、貝類ではその表面や縁から石灰分を分泌して貝殻を作る。外套。

かいとう-まつぞう【垣内松三】カイトマツザウ［1878〜1952］国文学者・国語教育学者。岐阜の生まれ。国語・国文学の科学的研究を目ざし、欧米の学説を取り入れ、新たな解釈学と形象理論を唱えた。著「国語の力」「形象論序説」など。

かいどうまる【怪童丸¦快童丸】クヮイドウ 浄瑠璃・歌舞伎の山姥物に登場する子供の役名。坂田公時(金時)の幼名。金太郎。➡金太郎㊀

かいとう-めん【海島綿】カイタウ 主に西インド諸島で栽培されるワタ。綿花の繊維はきわめて細く、長くて光沢があり、品質は優良。

かいどう-ゆづけ【街道湯漬(け)】カイダウ ❶近世、街道筋で旅人に出した簡単な湯漬け。街道茶漬け。❷通り一遍の形ばかりの御馳走。また、形式的で誠意のないこと。「―の義理一っぺんの御馳走は」〈洒・南閨雑話〉

がいとう-ろくおん【街頭録音】ラジオ放送番組の一形式。時事問題などについて、一般民衆の意見を街頭で聴取・収録し放送するもの。昭和21年(1946)にNHKが行ったのに始まる。

かい-どき【買(い)時】かひ 買うのに有利でちょうどよい時期。「相場が下がって今が―だ」

かい-とく【解得】〔名〕スル 理解して自分のものとすること。「ラムリ心窃かにフローレンスの意を―せしものとなし」〈織田訳・花柳春話〉

かい-どく【会読】クヮイ〔名〕スル 数人が集まって、同じ書物を読み合って、その内容や意味を研究し、論じ合うこと。「原書を―する」

かい-どく【回読】クヮイ〔名〕スル 何人かで書物を順繰りにまわして読むこと。まわしよみ。

かい-どく【買(い)得】かひ 割安で、買ったほうが得であること。「今がお―です」㊥買い損。

かい-どく【解読】〔名〕スル 古文書・暗号・古代言語などを読み解くこと。「古代文字を―する」「暗号文を―する」〔類語〕判読

がい-どく【害毒】健全なものを傷つけ、損なうもとになるようなもの。特に社会に悪い影響を与えるもの。「青少年に―を流す」〔類語〕害・有害・害悪・危害・被害

かいとく-しょいん【懐徳書院】クヮイトク 懐徳堂の異称。

がい-どくそ【外毒素】グヮイ ジフテリア菌・破傷風菌・ボツリヌス菌・コレラ菌などの菌体から外へ放出される毒素。主にたんぱく質からなり、毒性が強いが熱に弱い。菌体構成成分そのものに毒性がある内毒素に対していう。エクソトキシン。

かいとく-どう【懐徳堂】クヮイトク 享保9年(1724)、大坂町人が中井甃庵を中心として開設した私塾。同11年幕府の認可をうけた。庶民が多く学び、富永仲基・山片蟠桃などの町人学者が輩出した。明治2年(1869)廃校。懐徳書院。

ガイド-ゾーン《和 guide＋zone》ある程度の数字の幅をもった指標。指針帯。

ガイド-とざん【ガイド登山】客が個人またはグループで山岳ガイドを雇って登山する方法。ガイドが運動具店等を通じて客を募集する場合もある。〔補説〕ツアー登山との違いはあいまいである。

かい-ととの・える【買(い)整える¦買(い)調える】かひととのふ〔動ア下一〕図かひととの・ふ〔ハ下二〕必要なものを買って用意する。買いそろえる。「学用品を―・える」

ガイド-ナンバー〘guide number〙フラッシュ撮影の際の露光係数。ストロボなどに表示してあり、これを被写体との距離で割ると適正な絞り値が得られる。

かいと-ばん【▽垣▽外番】江戸時代、大坂で、町の夜番や木戸番をした者。町内の冠婚葬祭の際には雑役に従事した。

ガイド-ばんぐみ【ガイド番組】《guide program》内外各地に伝わる風俗習慣から名所旧跡・名物、さらには温泉などを紹介、案内し、手引きする番組。

カイト-フォト《kite photographyから》凧にカメラを付けて、遠隔操作で空中撮影すること。カイトフォトグラフィー。

ガイドブック〘guidebook〙手引書。また、旅行などの案内書。〔類語〕栞・早分かり・案内書・ハウツー物

ガイドポスト〘guidepost〙❶道しるべ。道路標。❷所得政策を実施する際に、賃金の上昇率を生産性上昇率の範囲内におさめるために、政府が民間に示す生産性上昇率の傾向値。

かい-ともし【×掻い▽灯し】《「かきともし」の音変化》油火を用いるあかり。特に清涼殿の夜の御殿の四隅にともした灯籠のことをいう。「夜御殿のをば、―とうよなどいふ、またいとめでたし」〈徒然・二三〉

ガイドライン〘guideline〙❶政策・施策などの指針。指標。❷ワープロやレタリングなどで、位置を示す線。

かい-とり【買(い)取り】かひ ❶金を払って自分のものにすること。❷商品が売れ残っても返品しない約束で仕入れること。「この書籍は―扱いだ」

かい-とり【×鎰取】「かぎとり」に同じ。

かい-どり【×掻取】❶着物の裾が地に引かないように、褄や裾を引き上げること。❷《❶のようにして着用するところから》打掛小袖。近世の慣例として、武家の婦人用を打掛、公家の婦人用を掻取という。

かい-どり【飼(い)鳥】かひ ペットとして飼う小鳥。カナリア・ブンチョウ・インコなど。㊥野鳥。

かいどり-すがた【×掻取姿】歩きやすいように着物の褄をつまみ上げた姿。「物も着あへず抱き持ち、ひきしろひて逃ぐる、―のうしろ手」〈徒然・一七五〉

かいとり-せいきゅう【買取請求】かひとりセイキウ ❶投資信託の換金方法の一。投資家が保有する受益証券(投資信託)を販売会社に買い取ってもらうもの。この場合、投資信託の信託財産は減少しない。➡解約請求 ❷単元未満株主が株式会社に対して、所有する単元未満株を買い取るよう請求すること。会社法で規定される。➡単元株制度

かいとり-や【買(い)取り屋】かひとり ❶不用品などを買い取る店。❷債務者にクレジットカードで買い物をさせ、その商品を安く買い取る業者。債務者はすぐに現金を得られるが、後日カード会社にも商品の購入代金を支払う必要があるため、実質上は高金利の借金をしていることになる。➡クレサラ問題

かい-と・る【買(い)取る】かひ〔動ラ五(四)〕代金を払って自分のものにする。買い受けて自分の所有とする。「別荘を安く―・る」
〔類語〕買う・購入・購買・購う・買い上げる・買い入れる・買い込む・買い受ける・買い切る・買い戻す・買い漁る・買い叩く・仕入れる・買収

かい-ど・る【×掻い取る】〔動ラ五(四)〕❶着物の裾や褄を手で引き上げる。「半纏の裾を―・り」〈鏡花・婦系図〉❷要点をあげて示す。かいつまむ。「人の気みじかくなりて、何事をも―・りていふなり」〈色道大鏡・一〉

かい-どんや【買問屋】かひ ►かいといや

かいな【▽腕¦×肱】かひな ㊀〔名〕「うで」の古い言い方。肩からひじまでの部分。二の腕。また、肩から手首までの部分もいう。うで。㊁〔接尾〕助数詞。手を動かして舞うところから、舞の手を数えるのに用いる。「二―三―舞ひかけって」〈盛衰記・三〉
〔類語〕腕・細腕・やせ腕・右腕・片腕・利き腕・二の腕

腕を返・す 相撲で、上手投げや小手投げを防ぐため、相手のわきの下に差し入れた腕のひじを大きく横に上げる。差し手を返す。

かい-な〔連語〕❶《「かい」「な」は、ともに終助詞》疑いの意を込めて念を押す意を表す。「ここでお届いなさるの―」〈滑・膝栗毛・七〉❷《「さうかいな」または「さやうかいな」の略》軽く疑いながら応答するときの語。そうかな。そうかなあ。「―、こちゃまた風負けせいでえいかと思うた」〈滑・浮世風呂・二〉

かい-な・い【▽甲×斐無い】かひ〔形〕図かひな・し〔ク〕❶何かをしただけの効き目、効果が現れない。何をしたところでどうすることもできない。むだだ。「後悔してみても、―・いことだ」❷値うちがない。取るに足らない。「生きていても―・い命だ」❸意気地がない。ふがいない。かいしょうがない。「かく思ふ事は―・き心かなと我と心を恥ぢしめて」〈伽・三人法師〉
〔派生〕かいなさ〔名〕〔類語〕駄目・無益・無意味・無効

かいな-さし【▽腕差し】かひな 神前で舞楽を奏すること。あるいは、広く、舞をまうこと。「御―法楽しまいらせ給ひ候ひなば」〈義経記・六〉

かい-なじ・む【買い×馴染む】かひ〔動マ五(四)〕遊女をしばしば買ってなじみになる。「書生時代に―・んだ駒代に再会して見ると」〈荷風・腕くらべ〉

かい-な・ず【×掻い×撫づ】〔動ダ下二〕《「かきなづ」の音変化》なでる。「ただ一人ゐたる所に、この猫が向ひゐたれば、―・でつつ」〈更級〉

かいな-だゆ・し【▽腕▽弛し】かひな〔形ク〕腕がだるい。「経を…ささげ奉りしに、―・くもあらず」〈宇治拾遺・一〇〉

かい-なで【×掻い×撫で】〔名・形動ナリ〕《「かきなで」の音変化》表面をなでただけで、ものの奥深いところを知らないこと。また、そのさま。通り一遍。「かうやうの―にだにあらましかばと」〈源・末摘花〉

かいな-ひねり【▽腕▽捻り】かひな 相撲のきまり手の一。相手の腕を自分の両手で取り、からだを開きながら外側にひねって相手を横に倒す技。➡網打ち ➡とったり

かい-ならし【×掻い▽均し】《「かきならし」の音変化》「斗掻き」に同じ。

かい-なら・す【飼(い)慣らす¦飼い×馴らす】かひ〔動サ五(四)〕❶動物にえさを与えたりして、なつかせる。「野鳥を―・す」❷人をこちらの都合のよいように手なずける。「部下を―・す」

かいなり-がた【貝▽状形】かひなり 貝のような形。特に、笄の一種。江戸時代に、三の間以上の奥女

中が用いた。

かいなん【海南】㊀和歌山県北西部、紀伊水道に面する市。黒江漆の産地。家庭日用品産業が盛ん。人口5.5万(2010)。㊁四国の別称。㊂中国南部の省。海南島を中心とする島嶼からなる。省都は海口。人口。828万(2005)。ハイナン。

かい-なん【海難】船が航海中に起こる事故。沈没・転覆・座礁・漂流・衝突・火災など。(類語)水害・水難

かいなん-がくは【海南学派】▶南学㊁

かいなん-きゅうじょ【海難救助】カイナンキウジヨ 海難にあった人や船舶・積み荷などを救助すること。

かいなん-し【海南市】▶海南㊀

かいなん-しょう【海南省】シヤウ ▶海南㊂

かいなん-しょうめいしょ【海難証明書】船が航海中に船体・積み荷などの災難に出あったとき、船長の申請により、最寄り港の当該官公署が航海日誌などの証拠資料によって、海難事実の存在を認めたことを証明するために交付する文書。

かいなん-しんぱん【海難審判】海難審判所が海難審判法に基づいて、職務上の故意・過失により海難(船舶事故)を発生させた海技従事者等の懲戒を行うための審判。海難の原因については運輸安全委員会が調査する。(補説)海難審判は、受審人や指定海難関係人に対して懲戒・戒告・勧告などを行う行政審判で、刑罰を求める刑事裁判や、損害賠償を求める民事裁判ではない。審判の担当者を審判官といい、審判官が言い渡す審判を裁決という。

かいなんしんぱん-しょ【海難審判所】国土交通省の特別機関。平成20年(2008)10月設置。海難(船舶事故)が発生した際に、海難審判法に基づいて海技従事者等の海難当事者の懲戒などを行う。東京の海難審判所のほか、函館、仙台、門司、長崎など全国8か所に地方海難審判所が置かれる。JMAT(Japan Marine Accident Tribunal)。(補説)海難審判所は、それまで海難審判庁が海難発生に際して行ってきた「原因究明」と「行政処分(懲戒など)」のうちの後者を引き継いだもの。「原因究明」は国土交通省の運輸安全委員会が引き継いだ。

かいなんしんぱん-ちょう【海難審判庁】チヤウ もと国土交通省の外局の一。平成20年(2008)10月施行の改正海難審判法に基づいて、海難審判庁はその原因究明機能を運輸安全委員会に、行政処分(懲戒など)を決定する審判機能を海難審判所にそれぞれ移管し、廃止された。(補説)海難が発生したときに、その原因を明らかにし、裁決によって責任の有無の判断や、受審人に対する懲戒・戒告といった行政処分、指定海難関係人に対する勧告などを行った。地方海難審判庁と高等海難審判庁とがあり、二審制をとっていた。

かいなんしんぱん-ほう【海難審判法】ハフ 海難審判に必要な組織および手続きを定めた法律。海難の原因を明らかにして、その発生の予防を目的とする。昭和22年(1947)施行。平成20年(2008)改正。

かいなんそうさきゅうじょ-きょうてい【海難捜査救助協定】カイナンサウサキウジヨケフテイ ▶SAR協定

かいなん-とう【海南島】タウ 中国広東カントン省の雷州半島の南にある島。面積3万4000平方キロメートル。1988年から海南省をなし、省都は海口。鉄鉱石を産する。ハイナンタオ。

かい-なんぷう【海軟風】「海風かいふう❷」に同じ。(⇔)陸軟風。

かいにち-おう【戒日王】ワウ 7世紀ごろの、中インドのカニヤークブジャ国の王。仏教を保護し、文学を奨励した。自ら梵語ぼんごの仏教戯曲「ナーガーナンダ」などを作った。ハルシャ。

かい-にゅう【介入】ニフ〔名〕スル 当事者以外の者が入り込むこと。争いやもめごとなどの間に入って干渉すること。「国際紛争に―する」
(類語)お節介・口出し・手出し・ちょっかい・干渉・容喙ようかい

がい-にゅう【外乳】グワイ 種子の胚乳はいにゅうの一種で、珠心の一部が発達して養分の貯蔵組織となったもの。スイレン・アカザ・ナデシコなどにみられる。外胚乳。

かいにゅう-けん【介入権】カイニフ ❶支配人・代理商・取締役などが競業避止義務に違反して自分のために取引をした場合に、その営業主・本人・会社などの権利者がその行為を自分のためになしたものとみなしうる権利。❷委託を受けた問屋または運送取扱人が委託された事務を処理する場合に、自ら取引の相手方となる権利。

かいにゅう-けんきゅう【介入研究】カイニフケンキウ《intervention studyの訳語》疾病と因果関係があると考えられる要因に積極的に介入して、新しい治療法や予防法を試し、従来の治療法・予防法を行うグループと比較して、その有効性を検証する研究手法。治験と違い、承認済みの医薬品・医療機器を用いる。➡観察研究

かい-にん【解任】〔名〕スル 任務を解くこと。職務をやめさせること。免職と違って、本質的な身分には異動のないことが多い。解職。「取締役を―する」
(類語)解職・免職・罷免

かい-にん【懐妊｜懐×姙】クワイ〔名〕スル 胎内に子を宿すこと。身ごもること。妊娠。懐胎。「めでたく―する」
(類語)妊娠・懐胎・受胎・身重

かい-にんき【買(い)人気】かひ 市場の人気が買いに向かうこと。買い手が売り手よりも多いこと。

かいにん-さん【海人酸】海人草かいにんそうの水浸エキスから得られるアミノ酸の一。無色の結晶。回虫などの駆虫有効成分。

かいにん-じょう【解任状】ジヤウ 外交使節につき、その任務を解く文書。転任・辞職・免職などで接受国から帰還するとき、本国から解任状を受け、これを接受国の元首または外務大臣に提出する。

かいにん-そう【海人草】サウ 紅藻の一種、マクリの別名。回虫駆除薬に用いる。かいじんそう。

かい-ぬし【買(い)主】かひ 売買で買うほうの人。買い手。買い方。(⇔)売り主。(類語)買い手・買い方・バイヤー

かい-ぬし【飼(い)主】かひ その動物を飼い育てている人。

かい-ね【買(い)値】かひ 物を買いとる値段。また、商品を仕入れたときの値段。「―を割る」
(類語)買価・付け値

かいねい【会寧】クワイネイ 朝鮮民主主義人民共和国北東部の商業都市。豆満江を隔てて接する中国との貿易が盛ん。会寧焼の壺・鉢などを産出。ホエリョン。

かい-ねこ【飼(い)猫】かひ 家庭で飼っている猫。

カイネチン〖kinetin〗植物の細胞分裂を促進する物質。サイトカイニンの一種。キネチン。

かい-ねり【×掻練｜皆練】《「かきねり」の音変化》❶練って柔らかくした絹。練り絹。紅色のものについていうことが多い。❷襲かさねの色目の名。表裏ともに紅。冬から春まで用いた。かいねりがさね。

かい-ねん【改年】年の改まること。新しい年。「一吉慶、…先づ以て目出度めでたく覚え候」〈庭訓往来・正月〉(季 新年)

がい-ねん【×艾年】《髪が艾もぐさのように色あせて白くなる年の意から》50歳のこと。艾老。

がい-ねん【概念】❶物事の概括的な意味内容。「―をつかむ」「文学という―から外れる」❷《concept》形式論理学で、事物の本質をとらえる思考の形式。個々に共通な特徴が抽象によって抽出され、それ以外の性質は捨象されて構成される。内包と外延をもち、言語によって表される。
(類語)観念・理念・意味・意義・意い・義ぎ・謂いい・こころ・語意・語義・字義・文意・含意・含み・意味合い・旨・ニュアンス・語感・本義・広義・狭義

がいねん-きかん【外燃機関】グワイネンキクワン 燃料の燃焼を機関本体の外部で行い動力を得る機関。蒸気機関・蒸気タービンなど。外火機関。(⇔)内燃機関。

がいねんじつざい-ろん【概念実在論】普遍的概念を実体的なものととらえ、それを実在的な本質とする考え方。中世スコラ学でいう実念論はその一例。

がいねん-ず【概念図】ヅ 物事を説明する際に、話のあらましや事物の関係がわかるように描いた簡便な図。

がいねん-てき【概念的】〔形動〕個別性を問わず、概括的・抽象的にとらえるさま。物事について大まかに把握するさま。「―で具体性に欠けている解説」

がいねん-どけい【概年時-計】▶体内カレンダー

がいねん-ほうがく【概念法学】ハフガク 制定法の無欠陥性と論理的完結性とを仮定し、法令の条文を忠実に検討し、法概念の体系を形式論理によって構成することを法学の任務とする立場。19世紀後半から20世紀初頭にかけて欧州で主流であった法学傾向に対し、イェーリングが揶揄やゆ的に用いた言葉。

がいねん-リズム【概年リズム】▶体内カレンダー

がいねん-ろん【概念論】中世スコラ学における普遍をめぐる実念論と唯名論の論争を調停する立場。普遍は、個物を貫いている共通の本質が心に思い浮かべられて形成された概念であると主張された。代表者はアベラール。

かい-の〔連語〕《終助詞「かい」＋終助詞「の」。近世語》文末に付けて用いる。❶疑いをもって尋ねかけたり、確かめたりする意を表す。「こんな時に客引いてくれそなものではない―」〈浄・丹波与作〉❷反語の意を表す。「はて軽口かるくちの段―」〈浄・曽根崎〉

かい-のう【皆納】ナフ〔名〕スル 租税などを、残らず納めること。「年内に税金を―する」

かい-の-くち【貝の口】かひ 男子の角帯や女子の半幅帯の結び方。1回結んだ先の片方を二つ折りにし、他方を内側に折り返して再度結ぶ。

かい-のご・う【×掻い×拭ふ】のごふ〔動ハ四〕《「かきのごう」の音変化》すっかりふきとる。ぬぐいさる。「翁、顔をさぐるに年ごろありし瘻こぶ、あとなく、―・ひたるやうに、つやつやなかりければ」〈宇治拾遺・一〉

かい-の-し【戒の師】出家する人に戒律を授ける師の僧。戒師。「御―、忌むことのすぐれたるよし仏に申すにも」〈源・若菜下〉

かい-のせ【買(い)乗せ】かひ 値上がりを予想して、同じ銘柄を買い増すこと。

かい-は【会派】クワイ 主義・主張を同じくする人々が結成した派閥や団体。特に政治的につくられるものをいう。「院内―」

かい-は【海波】海上に立つ波。海の波。

かい-ば【介馬】馬に馬鎧うまよろいをつけること。また、その馬。

かい-ば【快馬】クワイ 気持ちのよいほど速く走る馬。「軽装―のサラセン武士」〈蘆花・不如帰〉

かい-ば【海馬】❶セイウチの別名。❷タツノオトシゴの別名。❸大脳辺縁系の一部で、側脳室の近くにある部位。古皮質に属し、本能的な行動や記憶に関与する。断面がタツノオトシゴのような形をしている。

かい-ば【買(い)場】かひ 株式相場などで、買い時。

かい-ば【飼(い)葉】かひ 牛・馬などに与える餌の牧草・干し草・わら・ふすまなど。まぐさ。(類語)牧草・干し草・飼料・餌え・餌さ・秣まぐさ・摺すり餌・生き餌

カイパー-たい【カイパー帯】▶カイパーベルト

カイバー-とうげ【カイバー峠】タウゲ《Khybar》アフガニスタンとパキスタンの国境にある峠。標高1030メートル。古くからの交通の要地で、アレクサンダー大王の侵入路や仏教北伝の経路になった。カイバル峠。ハイバル峠。

カイパー-ベルト〖Kuiper belt〗海王星軌道の外にある、小惑星や氷・ちりなどが密集した領域。太陽から約48天文単位以遠をリング状に取り巻いており、彗星すいせいの供給源であるとして、オランダ生まれの米国の天文学者G=P=カイパーが1950年代に提唱したもの。同様の考えを40年代末に提唱したアイルランドの天文学者K=E=エッジワースの名と合わせて、エッジワースカイパー-ベルトともいう。エッジワースカイパー帯。カイパー帯。

カイパーベルト-てんたい【カイパーベルト天体】太陽系外縁天体のうち、カイパーベルト中に軌道をとる天体の総称。太陽からおよそ30～50天文単位離れた天体をさし、冥王星とその衛星カロン、および小惑星クワオアーなどを含むほか、短周期彗星すいせいの起源とされる。エッジワースカイパーベルト天体。KBO(Kuiper belt objects)。EKBO(Edgeworth-Kuiper belt objects)。

かい-はい【改廃】〔名〕スル 法律や規則などを改正したり、廃止したりすること。「法令を—する」

かい-はい【×乖背】〔名〕スル そむき反すること。背馳（はいち）。「和合し度いとこそ願え、決して—し睽離（けいり）したいとは願わない」〈二葉亭・浮雲〉

かい-はい【潰敗】〔名〕スル くずれてばらばらになること。「敵軍を—させる」

かい-はい【壊敗】〔名〕スル 秩序がこわれてめちゃめちゃになること。「人心の—、世道の衰退」〈中村訳・西国立志編〉

かい-はい【壊廃】〔名〕スル こわれて役に立たなくなること。「都市機能が—する」

かい-ばい【貝灰】 ハマグリ・ホッキガイ・カキなどの貝殻を蒸し焼きにして作った灰。漆喰（しっくい）・肥料やこんにゃく製造などに使用。

がい-ばい【外売】「外商❷」に同じ。

がい-はいよう【外×胚葉】 胚葉の一。発生初期の嚢胚（のうはい）期における胚の外表面の細胞層。将来、表皮や中枢神経系・感覚器官などに発達する。

かいば-おけ【飼(い)葉×桶】 飼い葉を入れる桶。馬槽（うまぶね）。

かいば-きり【飼(い)葉切り】 飼い葉にするため、草やわらを短く切ること。また、その道具。押し切り。

かい-はく【灰白】「灰白色」に同じ。

かい-はく【海舶】 海洋を航行する船舶。

かいはく【×濊×貊】 ►わいばく(濊貊)

かい-ばく【海幕】「海上幕僚監部」の略称。➡幕僚監部

がい-はく【外泊】〔名〕スル 平常寝泊まりしている所以外に泊まること。「医者の許可を得て—する」
(類語)泊まる・寝泊まり・宿泊・野宿・素泊まり・旅宿・投宿・止宿・旅寝・仮寝・宿る・合宿

がい-はく【該博】〔名・形動〕物事に広く通じていること。学識の広いこと。また、そのさま。「—な知識」(派生)がいはくさ〔名〕(類語)広い・博学・博識・物知り・生き字引・博覧・有識・蘊蓄（うんちく）・学識・造詣・学問・教養・知識・学殖・素養・碩学（せきがく）・篤学・博覧強記

かいはく-ごししんれい【海舶互市新例】►正徳（しょうとく）新例

かいはく-しつ【灰白質】 神経細胞が密集して灰白色をしている部分。脊髄では白質に囲まれ、断面がH字状をなす。大脳・小脳では白質を囲む皮質部をなす。

かいはく-しょく【灰白色】 灰色を帯びた白色。(類語)白・白色（はくしょく）・白妙（しろたえ）・純白・雪白（せっぱく）・雪色（せっしょく）・乳色（ちちいろ）・乳白色（にゅうはくしょく）・ミルク色・象牙色（ぞうげいろ）・ホワイト・オフホワイト・アイボリー・真っ白

かい-ばしら【貝柱】 ❶二枚貝の貝殻の内側について、殻を開閉する筋肉。ふつう前後に二つある。閉殻筋。肉柱（にくちゅう）。❷ホタテガイ・タイラガイなどの大きな筋肉柱。ゆでて干し中国料理に、生ですし種や酢の物、またバター焼きなどにして賞味する。

かい-はつ【開発】〔名〕スル ❶土地・鉱産物・水力などの天然資源を活用して、農場・工場・住宅などをつくり、その地域の産業や交通を盛んにすること。「農地を—する」「未—」❷新しい技術や製品を実用化すること。「新製品を—する」❸知恵や能力などを導きだし、活用させること。「子供の情操を—する」➡注入
(補説)明治期には「かいほつ」とも読んだ。
(類語)開墾・開拓・切り開く

かい-はつ【解発】 動物が、同種の仲間の形態・色・音声・におい・身振りなどによって、求愛・採餌・威嚇（いかく）などの行動を誘発されること。その特定の反応を引き起こす要因をリリーサー(解発因)という。

かい-ばつ【海抜】 海水面から測った陸地の高さ。干潮時と満潮時の年間平均を基準とする。標高。

かい-ばつ【皆伐】〔名〕スル 森林などの全部の木をきること。また、開発などのため、きり尽くすこと。「原始林を—して土地を開く」

かいはつえんじょ-いいんかい【開発援助委員会】 ►ダック(DAC)

かいはつ-かんきょう【開発環境】《development environment》コンピューターのソフトウエア開発に必要な要素が統合して利用できる環境のこと。また一般に、エディター・プログラミング言語・コンパイラー・デバッガーなどをまとめたパッケージ製品のこと。ソフトウエア開発環境。統合開発環境。IDE(integrated development environment)。

かいはつ-きょうじゅ【開発教授】 子供の生来の能力を開発するために、具体的事物による直接経験、創意・自発性を尊重する教授法。ペスタロッチの理論に基づく。➡注入教育

かいはつ-コード【開発コード】《code name》開発中の製品につけられる仮称。通常、社内のみで使われ、製品化の際には別の正式名称がつけられる。

かいはつコード-めい【開発コード名】《code name》►開発コード

がいばつ-てき【外罰的】〔形動〕《extrapunitive》自分の欲求不満の原因を外部に求め、他人を非難したり、外部の物・状況に対して攻撃反応を示したりする傾向。他罰的。➡内罰的 ➡無罰的

かいはつ-どくさい【開発独裁】 経済発展の途上にある国の政府が、国民の民主的な政治参加を抑制しつつ、急速な発展と近代化を目指す体制。福祉や自由の尊重などの政策は後回しにして、工業・資源開発・土木・軍事部門に経済資源を優先的に配分し、国力の底上げを図ろうとする。第二次世界大戦後の韓国やフィリピン・インドネシアなどに見られたが、政権内の腐敗を招くことが多かった。広義には第二次世界大戦前のドイツや日本の体制、ソ連など共産主義国家の体制をも含む。

かいはつとじょう-こく【開発途上国】《developing country》発展・開発の途上にあって、現在は一人当たりの実質所得が低く、産業構造では一次産品の比重が高い国。発展途上国。

かいはつ-ゆにゅう【開発輸入】 先進国が開発途上国に資金・技術を投入し、そこで一次産品などを開発・生産して輸入すること。

かいはつ-りょうしゅ【開発領主】 未墾地を開発してその土地の所有者となった者。平安中期以後、中央の社寺・貴族に土地を寄進し、その支配権を保留して荘官となる者が多かった。かいほつりょうしゅ。

かいば-とう【海馬島】 サハリン(樺太)の南西部の小島。西能登呂（にしのとろ）(クリリオン)岬の西約80キロメートルに浮かぶ。ロシア語名モネロン島。トドやアシカなどの海獣や、エトピリカをはじめとする海鳥が数多く生息する。1945年(昭和20)以前の日本領時代にはいくつかの漁村があり、ニシン、タラ、昆布を産した。1983年(昭和58)9月、付近の海域で大韓航空機撃墜事件が発生したことでも知られる。

かい-はなし【飼(い)放し】 ❶家畜などを放し飼いにすること。❷大坂新町の遊里で、正月2日に遊女たちに自由に郭外に出るのを許したこと。

かいば-み【▽垣▽間見】「かいまみ」に同じ。「ある人の局に行きて、—して」〈枕・四九〉

かいば・む【▽垣▽間見】〔動マ四〕《「かいまむ」の音変化》「かいまみる」に同じ。「中納言の、君のしるべして、—・ませし日」〈夜の寝覚・四〉

かいばら-えきけん【貝原益軒】[1630〜1714]江戸前期の儒学者・本草学者。福岡藩士。名は篤信。薬学を学び、朱子学を奉じた。教育・歴史・経済の面にも功績が多い。著「養生訓」「慎思録」「大和本草」など。

かい-はらみつ【戒波羅蜜】《「持戒波羅蜜」の略》仏語。六波羅蜜の一。正しい智慧によって持戒の行が完成していること。また、その持戒に努めること。

カイバル-とうげ【カイバル峠】 ►カイバー峠

かい-はん【改版】〔名〕スル ❶印刷物の原版を新しく作りなおすこと。❷書物などの内容を訂正し、印刷・発行しなおすこと。また、その出版物。(補説)もともとは、木版印刷で版木を彫りなおす意に用いられた。その場合、「板」の文字を用いることが多い。

かい-はん【開帆】〔名〕スル 船の帆をあげ、船出すること。出帆。出航。「横浜港に向かって—する」

かい-はん【開板｜開版】〔名〕スル 新しく版木を彫って本を印刷すること。また、一般に、書物を新しく出版すること。上梓（じょうし）。「今年（こんねん）—した福沢全集」〈福沢・福翁自伝〉

かい-はん【解帆】〔名〕スル 帆船で、巻いてあった帆をほどくこと。また、帆をあげて船出すること。開帆。

かい-はん【解版】〔名〕スル 活版印刷で、印刷の終わった組版を解いて、活字を分類・整理すること。

かい-ばん【快板】 中国の近代音楽で、リズムが速いこと。また、そのような音楽。⇔慢板。

がい-はん【外反】〔名〕スル 医学で、体の中心軸に対して外側に反っている状態。

がい-はん【外板】 構造物の外面、特に船体の肋骨（ろっこつ）の外側に張り詰める木・鋼鉄などの板。

がい-はん【外販】 店や会社の外に出て行って販売すること。外交販売。

がい-はん【外藩】 ❶諸侯の封ぜられた国。❷大名。特に外様（とざま）大名。❸都から遠く離れた地方。「—におとされ給ひしかば」〈読・春雨・海賊〉

がい-はん【×鎧板】 弾丸が貫通するのを防ぐため、物の表面に張った鋼鉄または鉄などの板。

がい-ばん【外×蕃】 ❶外国や外国人をさげすんでいった語。❷都から遠く離れた地方。辺遠の地。

がいはん-そく【外反足】 足首の関節の異常により、足の外側が反り返る状態の足。足裏の内側が床に強く押しつけられるため扁平足になる。外翻足（がいほんそく）。

がいはん-ちゅう【外反▽肘】 腕をまっすぐ下ろしたとき、肘（ひじ）を境に、上腕に比べて前腕が外側に反っている状態。

がいはん-ぼし【外反×拇×趾】 足の親指が付け根から第2指のほうに屈曲している状態。先の細い靴やハイヒールを長期間はく女性に多い。

かい-ひ【会費】 ❶会の運営・維持に必要な費用として、会員が出し合う金。❷その会に出席する者が主催者に支払う金。「—制のパーティー」

かい-ひ【回避】〔名〕スル ❶物事を避けてぶつからないようにすること。また、不都合な事態にならないようにすること。「責任を—する」❷訴訟事件で、裁判官または裁判所書記官が、自己に除斥または忌避される原因のあることに気づいて、その事件の取り扱いを避けること。➡忌避 ➡除斥 (類語)敬遠・不可避

かい-ひ【海彼】 海のかなた。海外。外国。「万里の—にいる君の幸福を祈る」〈芥川・第四の夫から〉
(類語)外国・他国・異国・異邦・外邦・他邦・異朝・異境・異郷・異土・外地・海外・外（と）つ国・他郷

かい-ひ【開披】〔名〕スル 手紙など封をしてあるものを開くこと。開封。

かい-ひ【開扉】〔名〕スル ❶扉をあけること。❷「開帳❶」に同じ。

かい-び【快美】〔名・形動〕この上もなくこころよいこと。また、そのさま。「—な旋律」

がい-ひ【外皮】 ❶物の外側の皮。⇔内皮。❷動物の体表を覆う皮膚およびその変形物。❸植物の茎や根の表面を包む細胞層のうち、厚く木化した最外層部分。(類語)皮膚・皮（かわ）・肌（はだ）・はだえ・肌膚（きふ）・地肌（じはだ）・上皮（うわかわ）・表皮（ひょうひ）・スキン

かい-びかえ【買(い)控え】〔名〕スル 買い手が、適当な時機の来るのを待って、品物を買わないでいること。また、買い入れる数量を少なめにすること。

かい-ひか・える【買(い)控える】〔動ア下一〕《「かいびかえる」とも》買うのを見合わせる。また、買う量を少なめに抑える。「高値なので—・える」

かい-ひざ【×掻い膝】《「かきひざ」の音変化》片方のひざを立て、手でそのひざを抱きかかえるようにして座ること。「思ひ嘆き、—とかいふさまにて」〈栄花・見果てぬ夢〉

かい-ひそ・む【×掻い潜む】㊀〔動マ四〕ひっそり隠れている。「—・みて群がりゐつつ、鼻うちかみてうち泣く人より外はなし」〈増鏡・三神山〉㊁〔動マ下二〕表に立たないようにする。ひそめる。「いたく—・めて、かたみに心遣ひしたり」〈源・玉鬘〉

かい-びゃく【開白】 ❶法会または修法の初めに、勧請（かんじょう）の本尊に祈願の趣旨や事項などを申し述べる

こと。表白。啓白。「十一面観音の像を造り、因りて一し供養することすでに訖りぬ」〈霊異記・下〉❷法会の初日。「五月二十四日は一なり。二十五日は第二日なり」〈盛衰記・三〉

かい-びゃく【開×闢】〔名〕スル ❶〈古くは「かいひゃく」とも〉天と地が初めてできた時。世界の始まりの時。「一以来の出来事」❷信仰の山としての山を開き、あるいは初めて寺院などをつくること。また、その人。開山。「高野山一」❸荒れ地などが切り開かれること。「土地、これに由りて、次第に一し」〈中村訳・西国立志編〉

かい-ひょう【海氷】海上に浮かぶ氷。海水が凍結したもののほか、氷河・陸氷の先端部が海に落ちた氷山・氷島、河川水・湖水が結氷して流出した河氷・湖氷も含まれる。(季 冬)

かい-ひょう【海×豹】アザラシの別名。

かい-ひょう【界標】土地や水面の境界を示すために設置する目印。

かい-ひょう【開票】〔名〕スル 投票箱を開いて、投票の結果を調べること。「即日に一する」「一速報」

かい-ひょう【解氷】〔名〕スル 春になって、湖・池・海などの氷が解けること。また、解けた氷。(季 春) ⇔結氷。

かい-びょう【介病】病人の世話をすること。看病。「色々一尽くせども験しなく」〈浄・伊賀越〉

かい-びょう【怪猫】猫の怪物。ばけねこ。

かい-びょう【海×錨】荒天に自力で航行できなくなった船舶が、横波を受けないように船首を波の方向に向けさせ、海中に流して漂流を防ぐ道具。木材を十字形に組んで鉄鎖や小錨などをつけて帆布を張ったものなど。シーアンカー。

がい-ひょう【概評】〔名〕スル だいたいのところを大まかにとらえた批評。おおよその批評。「展示作品について一する」

かいひょうせっち-けん【界標設置権】土地の所有者が隣地の所有者と共同の費用で、土地の境界の標示物を設置できる権利。

かいひょう-とう【海豹島】サハリン(樺太)の南東部、テルペニヤ岬の南方にある小島。オットセイの生息地。ロシア語名チュレーニー島。

かい-びょうぶ【貝×屏風】貝細工でいろいろの模様をつけた、おもちゃの屏風。神奈川県江の島の名産とされ、雛祭りに飾った。

かい-ひん【海浜】はまべ。うみべ。
(類語)浜・浜辺・砂浜・海岸・沿海・沿岸・海沿い・海辺

がい-ひん【外賓】外国から来た大切な客。

かいひん-しょくぶつ【海浜植物】海岸の砂浜に生育する植物。葉や茎は厚く肉質で、根は深く地中に伸び、多量の水を蓄え、強い光や塩分に耐える。ハマボウフウ・ハマヒルガオ・ワダンなど。

かい-ふ【回付｜×廻附】〔名〕スル ❶書類などを、順に回して届けること。または、送り渡すこと。「文書を一する」❷国会において、先議の議院から送付された議案を後議の議院が修正議決し、再びもとの議院に送付すること。

かい-ふ【開府】❶幕府を開くこと。特に江戸に幕府が置かれ、そこに町が開かれたことにいう。「江戸一」❷中国で、役所を設置して役人を配属すること。丞相・大司馬・御史大夫の三公に許され、のちには将軍にも許されるようになった制度。❸中国で、総督・巡撫などの敬称。

かい-ふ【海部｜海賦｜海×浦】摺り絵・描き絵・蒔絵などの文様の名。海辺の景色に波を文様化したもので、松・鳥などを配することもある。大海。

がい-ぶ【外侮】外国、または外部の人から受けるはずかしめ。

がい-ぶ【外部】❶物の外側。外から見えるところ。「一損傷」⇔内部。❷その組織に関係のない人。部外者。「一に秘密を漏らす」⇔内部。
(類語)外・外側・外方・外界・域外・圏外・枠外・埒外

がいぶ-いたく【外部委託】▸アウトソーシング

がいぶいたくがた-とうししんたく【外部委託型投資信託】▸ファンド-オブ-ファンズ

かい-ふう【回風｜×廻風】つむじ風。〈日葡〉

かい-ふう【海風】うみかぜ。⇔陸風。

かい-ふう【開封】〔名〕スル ❶郵便物などの封を切ること。「無断で一する」❷封の上端を切り取り、中が見えるようにした郵便物。第三種・第四種郵便物に行う。ひらきふう。

がい-ふう【×凱風】《「凱」は、やわらぐ意》南からやわらかに吹く風。おだやかな風。

かいふうそう【懐風藻】奈良時代の漢詩集。1巻。淡海三船の撰ともいうが、撰者未詳。天平勝宝3年(751)成立。近江朝以後、約80年間、64人の漢詩120編を年代順に集めた、日本最古の漢詩集。

かいふ-がわ【海部川】徳島県南部を流れる川。高知県との県境にある湯桶丸(標高1372メートル)の東に源を発して北東流し、その後南流に変わり海部郡海陽町の奥浦で太平洋に注ぐ。長さ36キロ。上流部は年間降雨量3000ミリメートルで、全国有数の多雨地帯。森林資源に恵まれ海部林業地帯になっている。源流から河口までの距離が短く標高差も1300メートルあるため急流で水質がよい。支流の母川に国の天然記念物指定のオオウナギの生息地がある。

がいぶ-かんさ【外部監査】株式会社において、公認会計士・監査法人などの会計監査人が第三者の立場で行う監査。⇒内部監査

がいぶ-きおくそうち【外部記憶装置】▸補助記憶装置

がいぶ-きせい【外部寄生】寄生生物が宿主である生物の表皮に寄生すること。外寄生。⇔内部寄生。

がいぶ-きんゆう【外部金融】企業が経営活動に必要な資金を企業外部から調達すること。主な方法は、株式の発行、社債の発行、金融機関からの借り入れなど。⇔内部金融。

かい-ふく【回復｜×恢復】〔名〕スル ❶悪い状態になったものが、もとの状態に戻ること。また、もとの状態に戻すこと。「健康が一する」「ダイヤの乱れが一する」❷一度失ったものを取り返すこと。「名誉を一する」「信用一」(類語)(1)復旧・復元・還元・復興・復調・復活・蘇生(一する)復する・戻る・蘇る・立ち直る・持ち直す(健康状態について)快復・平復・平癒・治癒・快癒・本復・回春・全快・快気・快方/(2)挽回(一する)取り戻す・取り返す・盛り返す

かい-ふく【快復】〔名〕スル 病気がなおること。「傷が一する」「一期」(類語)回復・平復・平癒・治癒・快癒・本復・回春・全快・快気・快方

かい-ふく【改復】〔名〕スル 元の状態や形に戻すこと。「暫時の後、仏法の勢ひ一し」〈田口・日本開化小史〉

かい-ふく【開腹】〔名〕スル 手術のため、腹部を切り開くこと。「一手術」

かいふく-き【回復期】❶病気治癒に向かいつつある期間。❷不景気のどん底から景気がしだいに上昇して、正常な状態に戻るまでの期間。

かいふくき-ほきんしゃ【回復期保菌者】▸病後保菌者

かいふく-じゅつ【開腹術】臓器などを治療するために、腹壁を切開する手術法。

かいふく-とうき【回復登記】一度消滅した登記を回復する登記。登記簿が滅失した場合や誤って抹消された場合などに行う。

がいぶ-クロック【外部クロック】▸バスクロック

がいぶ-けいざい【外部経済】❶関連産業または経済全体の発達、立地条件の変化などによって個々の企業の生産費が低下し利益を受けること。⇔内部経済。❷ある企業や消費者の経済活動が、市場取引によらずに第三者に便益・利益を与えること。例えば、果樹園の経営が養蜂家に与える利益。

がいぶ-こうでんこうか【外部光電効果】▸光電子放出

か-いぶし【蚊×燻し】蚊を追うために、物をいぶし煙を立てること。また、たくもの。蚊やり。(季 夏)

がいぶ-せい【外部生】大学や高等学校などで、付属学校ではない学校出身の学生・生徒。内部生に対していう。外進生。

かい-ぶつ【怪物】❶正体のわからない、不気味な生き物。❷性質・行動・力量などが人並外れた人物。「政界の一」(類語)化け物・お化け・妖怪・鬼・魔・悪魔

がい-ぶつ【外物】❶自分以外の事物。外界の事物。❷自我の働きの外にあり、客観的世界に存在するもの。客観的実在。

かいぶつ-せいむ【開物成務】《「易経」繋辞上から》人知を開発し、事業を成し遂げさせること。開成。

がいぶ-ていこう【外部抵抗】電気回路のうち、電池などの電源以外の部分に存在する電気抵抗。⇔内部抵抗

かいふ-としき【海部俊樹】[1931〜]政治家。愛知の生まれ。昭和35年(1960)自由民主党から衆議院議員初当選。平成元年(1989)宇野内閣退陣で、最大派閥竹下派に推され首相就任。翌年の湾岸戦争では多国籍軍への資金援助と自衛隊艦派遣を行った。同3年、選挙制度改革案が自民党内の支持を得られず衆議院解散の動きを見せたため、竹下派の反発を招き総辞職。その後、新進党・自由党・保守党などを転々とし同15年に自民党復党。⇒宮沢喜一

がいぶ-ひばく【外部被×曝】人体外部の放射性物質や放射線発生装置による被曝。α線は透過力が弱いため線源が体外にある限り悪影響はない。β線は1センチメートル程度の透過力があり、皮膚表面のみ被曝する。γ線は透過力が非常に強いため全身を被曝することがある。一方、体内に取り込んだ放射性物質からの被曝を内部被曝という。体外被曝。⇒内部被曝

がいぶ-ふけいざい【外部不経済】ある企業や消費者の経済活動が、市場取引によらずに第三者に不利益・損害を与えること。例えば、公害。

かい-ぶん【回文｜×廻文】❶複数の人に順に回して知らせるようにした手紙や通知。回状。まわしぶみ。かいもん。❷和歌・俳諧などで、上から読んでも下から逆に読んでも同じ音になるように作ってある文句。「たけやぶやけた」の類。かいもん。

かい-ぶん【灰分】❶物が燃え尽きたあとに残る不燃性の鉱物質。はい。❷栄養学で、食品成分として含まれる鉱物質。カルシウム・鉄・ナトリウムなど。ミネラル。

かい-ぶん【快聞】気持ちのよいうわさ。

かい-ぶん【怪聞】変なうわさ。よくない評判。

がい-ぶん【外分】〔名〕スル 数学で、線分の延長上に点をとり、この線分をある比に分けること。⇔内分。

がい-ぶん【外聞】❶内部の事が他人に知られること。また、知られたときの世間での評判。「一をはばかる」❷世間に対する体裁。世間体。「一が悪い」❸名誉。面目。「道具も着る物もとられて一を失はう」〈虎明狂・悪太郎〉(類語)体面・体裁・格好・評判

がい-ぶん【涯分】■〔名〕身分に相応していること。身の程。分際。「一を計らざるに似たりといへども」〈太平記・六〉■〔副〕力の及ぶかぎりするさま。精いっぱい。「一武略をめぐらして、金闕無為なるやうに成敗仕るべし」〈古活字本平治・中〉

かい-ぶんしょ【怪文書】中傷・暴露するのが目的の、出所不明の文書。「一が出回る」

がい-ぶんぴ【外分泌】▸がいぶんぴつ(外分泌)

がい-ぶんぴつ【外分泌】道管を通じて分泌物を体表や消化管内などに放出する現象。がいぶんぴ。⇔内分泌。

がいぶんぴつ-せん【外分泌腺】外分泌を行う腺。汗腺・消化腺・唾液腺など。⇔内分泌腺。

かい-ぶんるい【下位分類】ある基準によって区分された各項をさらに細かく分けること。

かい-へい【海兵】❶海軍の兵士。旧日本海軍では、下士官も含まれる。❷「海兵隊」の略。❸「海軍兵学校」の略。

かい-へい【皆兵】一定の年齢に達した国民全部が兵役に服する義務を持つこと。「国民一」

かい-へい【開平】〔名〕スル ある数や代数式の平方

根を求めること。開平法。

かいへい【開平】中国河北省北東部の鉱業都市。付近に開灤炭鉱がある。カイピン。

かい-へい【開閉】〔名〕スル あいたり、しまったりすること。また、あけたり、しめたりすること。あけたて。「扉を—する」類語 開け閉め・開けたて

かいへい-き【開閉器】電気回路の断絶と接続をする装置。回路は開の状態で切れ、閉の状態でつながる。スイッチ。

かいへい-き【開閉機】鉄道の踏切で、列車の通過時に道路を遮断する設備。遮断機。

かいへい-きょう【開閉橋】船舶の通過時に開閉できるようになっている橋。

かいへい-たい【海兵隊】上陸作戦を主な任務とする軍備・軍隊。海軍の一部門として組織されている場合が多いが、陸軍に所属する国もある。米国の海兵隊は陸海空軍から独立した軍隊として組織されている。

かいへい-だん【海兵団】旧日本海軍で、軍港の警備や下士官・新兵の教育・訓練のために各鎮守府に設置されていた陸上部隊。

かい-ページ【改ページ】書籍や書類を作るのに、編・章・節などが終わったとき、次の編・章・節をページを改めて始めること。

かい-へき【海壁】波浪から守るために、水際に設けた壁や石垣。

がい-へき【外壁】外側の壁。また、壁の外側。「—をめぐらす」⇔内壁。

かい-へん【改変】〔名〕スル 内容を変えて、違ったものにすること。変改。「契約内容を—する」類語 改革・変革・革命・改造・改新・維新・クーデター・世直し

かい-へん【改編】〔名〕スル ❶一度編成したものを組み立て直すこと。「組織を—する」❷書物などを、方針を変えて編集し直すこと。

かい-へん【貝偏】漢字の偏の一。「財」「販」などの「貝」の称。こがい。

かい-へん【海辺】海のほとり。うみべ。

かい-へん【壊変】▶崩壊❷

かい-べん【快弁｜快×辯】聞いていて気持ちのよい話しぶり。また、すらすらと話すこと。
類語 達弁・雄弁・能弁・流暢

かい-べん【快便】気持ちよく便の出ること。便通が順調であること。「快眠—」

がい-へん【外辺】外側。外囲い。⇔内辺。

がい-へん【外編｜外×篇】漢籍で、中心となる部分である内編以外の、つけたりの部分。⇔内編。

かいへん-けいれつ【壊変系列】▶崩壊系列

かい-ほ【介×輔】第二次世界大戦後に医師が不足していた沖縄県や鹿児島県奄美群島で認められていた代用医師制度。昭和26年(1951)に米国民政府が創設。旧日本軍の衛生兵など医療経験者が介輔・歯科介輔として認定され、地域医療に貢献した。沖縄では本土復帰後も移行措置として医業を継続することが認められた。医介輔。

かい-ほ【海保】「海上保安庁」の略称。

かい-ほう【介抱】〔名〕スル ❶病人・けが人・酔っぱらいなどの世話をすること。看護。「手厚く—する」❷助けてめんどうをみること。保護。後見。「亀屋の世継忠兵衛…敷銀もって養子分、後家妙閑の—故」〈浄・冥途の飛脚〉
類語 看護・介添え・養護・看病・世話・心配・扶助・扶育・御守り・付き添い・介助・介護・面倒見・ケア

かい-ほう【会報】会の現状・活動記録・運営方針などを会員に報告するための印刷物。

かい-ほう【回報｜×廻報】❶何人かの人が、順に回し読みする文書。回状。❷返事の手紙。返信。

かい-ほう【快方】病気や傷がだんだん治ってくること。「病状が—に向かう」類語 回復・快復・平復・平癒・治癒・快癒・本復・回春・全快・快気

かい-ほう【快報】よい知らせ。うれしい知らせ。吉報。朗報。「優勝の—に接する」
類語 吉報・朗報・吉左右・福音

かい-ほう【戒法】仏語。仏が制定した戒律としての法。五戒など。

かい-ほう【改封】諸侯の領地を移しかえること。国替え。

かい-ほう【海法】海事に関する法規の全体。公海法・私海法(海商法)・国際海法および海事国際私法に分かれる。狭義には海商法をいう。海上法。

かい-ほう【海×堡】海岸防備のために、要港の入り口や海中に築造した砲台やとりで。

かい-ほう【開放】〔名〕スル ❶門や戸などをあけはなすこと。あけたままにしておくこと。「—禁止」❷制限をなくして、自由に出入りさせること。「門戸を—する」「市場—」❸「開放絞り」の略。「—で撮ると背景がやわらかくぼける」類語 開け放す・開け放つ・開け払う

かい-ほう【開法】・【開方】ある数または式から、平方根・立方根などの累乗根を求める計算法。開平法・開立法など。

かいほう【開封】中国河南省、黄河の南岸にある工業都市。戦国時代は魏の都、のち五代の後梁・後晋・後漢・後周・北宋の都、一時は金の都ともされ、大梁・東都開封府・東京・汴京などとよばれ、栄えた。絹織物など工芸も盛ん。カイフォン。

かい-ほう【解放】〔名〕スル 束縛されたり、制限されたりしているものを、ときはなして自由にすること。「貧困から—される」「—感」
類語 放す・放つ・解き放す・放れる

かいほう【解放】総合雑誌。大正8年(1919)創刊。大正デモクラシーの流れにのって、社会主義的傾向を示した。同12年終刊。1年後に再刊されたが、昭和8年(1933)ころ廃刊。

かい-ほう【解法】数学で、問題を解く手順。「方程式の—」

かい-ほう【壊崩｜潰崩】〔名〕スル くずれこわれること。崩壊。

かい-ほう【懐抱】〔名〕スル ❶ふところに抱くこと。抱きしめること。抱擁。❷ある思いや計画などを心の中に持つこと。また、その思いや計画。抱懐。「何等の意見をも—しておられないということは」〈鷗外・懇親会〉❸ふところ。「同じく父母の—を出て、浮沈を共にし」〈太平記・三〇〉

かい-ぼう【海防】海からの攻撃に対して国土を防衛すること。海の守り。

かい-ぼう【海膨】大洋底から緩やかに盛り上がって長く連なる幅広い海底の高まり。北西太平洋海膨・東太平洋海膨など。

かい-ぼう【解剖】〔名〕スル ❶生物体を切り開いて、内部の構造、あるいは病変・死因なども観察すること。腑分け。解体。❷物事を細かく分析し、その因果関係などを明確にすること。「事件を—する」「心理—」
類語 分析・検出

かい-ぼう【×櫂棒】酒・醤油などの醸造で、麹やもろみをかき混ぜ、発酵をうながすための棒状の道具。

がい-ほう【外方】ある範囲のそと。そとがわ。外部。⇔内方。類語 外・外部・外界・域外・圏外・枠外・埒外・外側

がい-ほう【外邦】外国。
類語 外国・他国・異国・異邦・他邦・異朝・異境・異郷・異土・外地・海外・海彼・外つ国・他郷

がい-ほう【外報】外国からの通信・報告。外信。

がい-ぼう【外防】外敵に対する防備。

がい-ぼう【外貌】❶顔かたち。顔だち。❷うわべのようす。外観。「—を飾る」

がい-ぼう【概貌】だいたいのありさま。概要。「事件の—を説明する」

かいほう-エフち【開放F値】カメラのレンズを開放絞りにした時のF値。レンズの明るさを示す指標となり、値が小さいほど明るい。

かいぼう-がく【解剖学】生物体の形態や構造を観察・記述する学問。

かいほうがた-システムかんそうごせつぞく【開放型システム間相互接続】▶オー-エス-アイ(OSI)

かいほうがた-だんぼうきき【開放型暖房機器】暖房器具のうち、燃焼に使った機器からの排気を室内に放出するもの。強制排気管のない石油ストーブ・ガスストーブ・石油ファンヒーターなど。室内の酸素不足によって一酸化炭素が排出されることもあるので、十分な換気が必要。

かいほうがた-びょういん【開放型病院】勤務医ばかりでなく、病院外の医師も診療に参加する方式の病院。地域の開業医が自己の診療所で入院治療の必要な患者を入院させ、ともに治療にあたる。欧米に多い。オープン式病院。

かいほう-く【解放区】❶国民政府支配下の中国で、中国共産党が確保していた地域の称。❷国内で、革命勢力が国家権力の統制を排除して、支配下に置いた地区。

かいほう-けいざい【開放経済】外国との商品取引や資本取引が自由に行える経済体制。⇔封鎖経済。

かいほう-けっかんけい【開放血管系】毛細血管がなく、動脈と静脈がつながっていない血管系。節足動物・軟体動物などにみられる。開放循環系。⇔閉鎖血管系。

かいほう-げん【開放弦】弦楽器の弦を、左指で押さえないで奏する場合の、その弦。

かいほう-こっせつ【開放骨折】▶複雑骨折

かいぼう-さい【解剖祭】病院などで、解剖に付した死者のために行う慰霊祭。

かいほう-しぼり【開放絞り】カメラのレンズの絞りをもっとも開いた状態。➡開放F値

かいほう-じゃくちゅう【海北若沖】[1675〜1751]江戸中期の国学者。大坂の人。名は千之。契沖の高弟で、師の学問を継承した。著「和訓類林」など。

がいほう-ず【外邦図】旧日本陸軍参謀本部陸地測量部が作成した、日本領土以外のアジア・太平洋地域の地図。欧米諸国作成の地図を日本語表記に変えたもののほか、独自に測量した地図もある。

かいほう-せい【開放性】皮下や体内の障害部位が体外と通じていること。

かいほうせい-きょういんようせい-せいど【開放制教員養成制度】教育学部など教員の養成を主な目的とする学部以外でも、教職課程を追加的に履修し、所定の単位を取得すれば、教員免許状を取得できる制度。日本で第二次大戦後に導入され、教員の資質の多様化に寄与した。

かいほうせい-けっかく【開放性結核】結核菌が喀痰などの排出物の中に認められる結核症。

かいほう-せき【海泡石】マグネシウムを含む含水珪酸塩鉱物。多孔質・不透明で、きめが細かい粘土状の石。乾燥すると水に浮くほど軽くなる。パイプなどに用いる。ミアシャム。メアシャム。

かいほう-そっこう【開放測光】TTL測光で、レンズの絞りを開放にしたまま、適正露出を測定する方式。シャッターを切るときだけ所定の絞り値に絞り込まれ、あとは開放絞りに戻る。

かいほう-たいけい【開放体系】経済学で、商品の輸出入や資本・労働の移動のような外国との取引を考慮して一国の経済を分析し、理論を構成していくこと。⇔封鎖体系。

かいほう-てき【開放的】〔形動〕ありのままを見せて隠しだてをしないさま。あけっぴろげ。「—な性格」⇔閉鎖的。

かいほうにっぽう【解放日報】中国上海の、共産党地方委員会機関紙。1949年創刊。

かいほう-は【海▽北派】海北友松を始祖とする日本画の一流派。安土桃山時代から幕末まで続いた。

かいほう-ゆうしょう【海北友松】[1533〜1615]安土桃山時代の画家。海北派の祖。近江の人。初め狩野派を学び、梁楷などの宋元水墨画風に傾倒し、独自の気迫と情感に富む画風を完成させた。作品に建仁寺本坊方丈の「山水図」など。

かいぼう-ろん【海防論】江戸後期、ロシアの南下をはじめ外国船の来航に刺激されておこった国防論議。工藤平助・林子平・本多利明らの論説が出て、幕府も北方探検を行った。その後、状況の緊迫するなかで佐久間象山・高橋景保ら論者が続出した。

かいほ-ぎょそん【海保漁村】[1798～1866]江戸後期の儒学者・考証学者。上総(かずさ)の人。名は元備、字(あざな)は純卿など。大田錦城に師事。佐倉藩儒から、のち幕府の医学館の儒学教授。著作に「漁村文話」など。

かいほく【海北】▶かいほう(海北)

かいほ-せいりょう【海保青陵】[1755～1817]江戸後期の儒学者・経済学者。江戸の人。諸国を巡り、諸藩・武士の経済立て直しや、商売繁盛の方策を説いた。晩年は京都で開塾。著「稽古談」「万屋談」など。

かい-ほつ【開発】〔名〕スル「かいはつ(開発)」に同じ。「田地(でんぢ)ヲ―スル」〈和英語林集成〉

かい-ぼり【×掻い掘り】〔名〕スル 池や堀の水をくみ出して干すこと。換え掘り。《季 夏》

かい-ぼん【海盆】深海底にある、円形またはそれに近い形の盆地状の凹地。

がいほん-そく【外翻足】グワイホン―▶外反足(がいはんそく)

かい-まい【回米｜×廻米】クワイ― ❶江戸時代、米の回送のこと。また、その米穀。諸国から年貢として取り立てられた米や商用の米を、大坂や江戸へ船などで送った。❷生産地から米市場へ送られてきた米。入津米(にゅうしんまい)。

かい-まい【買米】かひ― 江戸時代、米価引き上げなどの目的から幕府や諸藩が大名や市中の商人に米の買いつけを命じたこと。また、その米。幕府や藩自身が買い取る場合にもいった。

がい-まい【外米】グワイ― 外国から輸入された米。外国米。

かい-まき【×掻い巻(き)】小形で、綿を薄く入れた袖付きの夜着。掛け布団の下に掛ける。

かい-まく【開幕】〔名〕スル ❶舞台の幕が開いて、芝居などが始まること。また、始めること。⇔閉幕。❷時期がきて、ある物事が始まること。「国民体育大会が―した」「―戦」⇔閉幕。〔類語〕開始・幕開き・始まる

かいまく-げき【開幕劇】開幕の直後に演じる一幕物の短い劇。

カイマクル【Kaymaklı】トルコ中央部にある町。深さ約20メートル、地下8階の地下都市跡がある。内部には教会、学校、厨房、食料貯蔵庫などがつくられ、アラブ人の迫害から逃れた約5000人のキリスト教徒が暮らしていたと考えられている。

かい-まく・る【×掻い×捲る】〔動ラ四〕《「かきまくる」の音変化》まくり上げる。まくる。「うへのきぬも、狩衣(かりぎぬ)、袖―・りて」〈枕・六三〉

かい-ま・ける【買(い)負ける】かひ―〔動カ下一〕より高い買い値を付けた業者に負けて買い付けられない。「水産物の国際市場で日本が新興国に―・ける」

かいま-み【▽垣間見】物のすきまからのぞき見ること。のぞきみ。

かいま-み・ゆ【▽垣間見ゆ】〔動ヤ下二〕《「かきまみゆ」の音変化》物のすきまから見える。「その夕暮れの折からに、―・えにし面影を」〈松の葉・二〉

かいま-みる【▽垣間見る】〔動マ上一〕図〔マ上一〕《「かきまみる」の音変化》物のすきまから、こっそりとのぞき見る。また、ちらっと見る。物事のようすなどの一端をうかがう。「カーテンの間から―・みる」「大人の世界を―・みる」〔類語〕のぞく・盗み見る・のぞき込む

かいま-む【▽垣間む】〔動マ四〕「かいまみる」(上一)の四段化。「さて―・めば、我にはよくてみえしかど」〈大和・一四九〉

かいまわり-ひん【買(い)回り品】かひまはり― 消費者が価格・品質・色・デザインなどを比較検討したうえで購入する商品。婦人服・呉服・靴など。➡最寄り品

かい-まん【海漫】《「海漫々」から》大海。「此の御神は―の鱗(いろくづ)に縁をむすばせ給ふらん」〈平家・二〉

カイマン【caiman】アリゲーター科の一群のワニ。クロカイマン・メガネカイマンなどで、全長約2メートル。性質は、一般におとなしいものが多い。南アメリカのアマゾン川・オリノコ川やギアナに分布。

かい-み【快味】クワイ― 気持ちのよい感じ。ここちよさ。「彼女の美貌を破壊し去ることに一層の―を覚えた」〈谷崎・春琴抄〉

かい-みゃく【戒脈】仏祖以来、戒法を伝授してきたことを示す系譜。

かい-みょう【戒名】―ミヤウ ❶仏門に帰依して受戒した出家・在家に与えられた法名。授戒の作法のない浄土真宗では、法名という。❷僧が死者につける法名。鬼号。〔類語〕法名・諡号(しごう)・諱(いみな)・贈り名・追号・霊位

かい-みょう【改名】―ミヤウ「かいめい(改名)」に同じ。

かい-みん【快眠】クワイ―〔名〕スル 気持ちよく眠ること。また、心地よい眠り。「朝まで―する」「快食―」
〔類語〕安眠・睡眠・寝る・眠り・寝(ね)・就眠・睡臥(すいが)・熟睡・熟眠・昏睡(こんすい)・居眠り・ねんね

かい-む【会務】クワイ― 会の事務。
〔類語〕公務・国務・政務・法務・税務・軍務・商務・庶務・財務・外務・労務・教務・学務・社務・宗務

かい-む【快夢】クワイ― 愉快な夢。また、心地よい眠り。

かい-む【怪夢】クワイ― 不思議な夢。不可解な夢。

かい-む【海霧】海上に立つ霧。ガス。《季 夏》

かい-む【皆無】■〔名・形動〕全く存在しないこと。全然ないこと。また、そのさま。「欠席者は―である」■〔副〕❶残らず。ことごとく。「―損をしても宜しい」〈福沢・福翁自伝〉❷(下に打消しの語を伴って)全く。さっぱり。「余は書に於いては―鑑識のない男だが」〈漱石・草枕〉〔類語〕絶無

かい-む【×槐夢】クワイ― はかない夢。また、はかない栄華のたとえ。➡南柯(なんか)の夢

がい-む【外務】グワイ― ❶国政のうち外交関係の仕事。⇔内務。❷会社の業務のうち、社外での販売・勧誘・集金などの仕事。
〔類語〕公務・国務・政務・法務・税務・軍務・商務・庶務・財務・労務・教務・学務・社務・会務・宗務

がいむあんぜんほしょう-じょうきゅうだいひょう【外務・安全保障上級代表】グワイムアンゼンホシヤウジヤウキフダイヘウ EUの外交・安全保障・防衛政策を提案・調整・指揮する、外務大臣に相当する役職。欧州連合理事会の外務理事会(EU外相理事会)の議長を務め、欧州委員会の副委員長を兼務する。任免は欧州理事会の特定多数決により、欧州委員会委員長の合意を得て行われる。任期は5年。EU外務・安全保障政策上級代表。通称、EU外相、EU外務大臣。〔補説〕リスボン条約の発効に伴って2009年12月に設置された役職。それまでの共通外交・安全保障政策上級代表と欧州委員会対外関係担当委員の役職を統合したもの。初代は英国のキャサリン＝アシュトン通商担当欧州委員(指名当時)が就任。

かい-むか・う【買(い)向(か)う】かひむかふ〔動ワ五(ハ四)〕相場で、売り方に対して買いで対抗する。

がいむ-きょう【外務×卿】グワイムキヤウ 明治2～18年(1869～85)の太政官制における外務省の長官。今の外務大臣に相当。

がいむ-こうむいん【外務公務員】グワイムコウムヰン 外務公務員法に規定する国家公務員。職務と責任の特殊性から、職階制・給与・任免などに特例をもつ。特命全権大使・特命全権公使・特派大使・政府代表・全権委員・外務職員など。

がいむ-しょう【外務省】グワイムシヤウ 国の行政機関の一。外交政策の立案・実施、条約の締結、外交使節の交換など、対外関係事務を担当する。外務大臣を長とする。明治2年(1869)設置。

がいむしょう-ほうしょうひ【外務省報償費】グワイムシヤウホウシヤウヒ 外務省が外交政策を円滑に遂行するために必要に応じて支出する経費。情報提供者への謝礼などに使われるとされる。使途は公表されない。外交機密費。〔補説〕平成13年(2001)、外務省員が多額の報償費を私的流用した事件が発覚。併せて、外務省報償費の一部が内閣官房報償費に転用されている疑惑が浮上した。当時の自由民主党政権は否定したが、同22年、民主党政権下で流用の事実が明らかにされた。外務省は、流用された外務省報償費について「官邸の外交用務に使用された」と説明している。

がいむじんじ-しんぎかい【外務人事審議会】グワイムジンジシンギクワイ 外務省の人事・勤務条件等について審査・調査を行い外務大臣に勧告を行う、外務省の審議会。昭和27年(1952)設置。

がいむ-だいじん【外務大臣】グワイム― 国務大臣の一。外務省の長。明治18年(1885)の内閣制度により、外務卿から改称。外相(がいしょう)。

かい-めい【会盟】クワイ―〔名〕スル 人々が集まって誓い合うこと。特に、諸侯または各国の使臣などが集まって盟約を結ぶこと。「公然と―を開くことに決したり」〈竜渓・経国美談〉

かい-めい【改名】〔名〕スル 名前を変えること。また、変えた名前。かいみょう。

かい-めい【海×猽】《ドイ Meerschweinchen》医学で、モルモットの別名。

かい-めい【海鳴】「海鳴り」に同じ。

かい-めい【×晦冥】クワイ― あたりが暗くなること。また、暗やみ。「天地―」

かい-めい【開明】〔名〕スル 人間の知識が進み、文化が発展すること。また、文化が進んだ状態にあること。開化。「―の今の欧州の眼を以って見れば」〈福沢・学問のすゝめ〉

かい-めい【階名】音の絶対的高さにはよらず、音階における相互の位置関係から決まる音の呼称。西洋音楽のド・レ・ミ・ファ・ソ・ラ・シ、中国の音楽の宮(きゅう)・商・角・徴(ち)・羽の類。➡音名(おんめい)

かい-めい【解明】〔名〕スル 不明な点を探って、はっきりさせること。「事件の真相を―する」〔類語〕糾明・究明

かい-めつ【壊滅｜潰滅】クワイ―〔名〕スル すっかりだめになってしまうこと。組織などが総崩れになること。「大地震で街が―した」
〔類語〕全滅・絶滅・撲滅・殲滅(せんめつ)・根絶・根絶やし・破壊・全壊・破砕・砕破・破損・損壊・毀損

かい-めん【改免】江戸時代、その年の農作物の出来ぐあいによって租税の率を変えたこと。「諸国―の世の中すぐれて」〈浮・永代蔵・一〉

かい-めん【海面】海の表面。〔類語〕海上・洋上

かい-めん【海綿】❶海綿動物の総称。❷モクヨクカイメンの繊維状の骨格。網状で黄色く、弾力性に富み、水分をよく吸収する。化粧用・事務用などに用いる。スポンジ。

かい-めん【界面】気体と液体、液体と液体、液体と固体、固体と固体、固体と気体のように、二つの相が互いに接触している境界面。相の一方が気体の場合は、一般に表面という。〔類語〕表面・表(おもて)・面(つら)・面(おも)・上面(うわつら)・上側(うわがわ)・上面(じょうめん)・表層

かい-めん【皆免】近世、ある期間内の債権・債務をすべて帳消しにすること。中世の徳政にあたる。「天下徳政になして―の時」〈浮・新可笑記〉

かい-めん【開綿】綿糸紡績工程の一。解綿・混綿の次に、綿の繊維をのばし広げると同時に、短繊維やごみなどを取り除く作業。

がい-めん【外面】グワイ― ❶物の外側の面。⇔内面。❷外から見えるようす。見かけ。うわべ。「―を飾る」⇔内面。〔類語〕表・表面・外・上面・皮相・上辺・外見(がいけん)・外見(そとみ)・外面(そとづら)・表向き・見掛け・外観・みてくれ・見た目・見栄え・なりふり

かいめん-かがく【界面化学】―クワガク 物質の二つの相の境界面で起こる、界面張力・吸着・発泡・拡散などの現象を研究する化学の一分野。

かいめん-かっせいざい【界面活性剤】―クワツセイザイ 界面張力を著しく低下させる物質。水に対しては、せっけん・油・アルコールなど。表面活性剤。

かいめん-こうせい【海面更正】―カウセイ 気圧の観測値を、その地点直下の高度零メートル、すなわち平均海面での値に換算すること。高所ほど気圧は低いので、観測所の直下に海面を仮想して補正し、比較できるようにする。

かいめん-しつ【海綿質】モクヨクカイメンなどの骨格をつくっている絹糸様の繊維。不規則な網状配列をし、水分を吸収しやすい性質をもつ。

かいめんじょう-そしき【海綿状組織】カイメンジヤウ― ❶葉肉をかたちづくる同化組織の一。裏面の表皮の内側にあって、丸みの多い不規則な形の細胞からなり、細胞間隙が多い。海綿組織。❷多孔質の組織。

かいめん-たい【海綿体】陰茎および陰核の主体をなす組織。固い結合組織の膜で取り巻かれ、静脈

性の血管腔が網目状に連絡しており、内部に血液が満ちると勃起する。

かいめん-ちょうりょく【界面張力】二つの相が接するとき、分子間の引力に基づき、その界面の表面積を減少させようとする力。水銀や水が空中で球形になるのはこの力による。液体の場合は、一般に表面張力という。

がいめん-てき【外面的】〔形動〕❶物事の表に現れたようすにかかわるさま。「一な動きしかわからない」⇔内面的。❷物の見方・考え方などがうわべだけにとどまっているさま。表面的。「一なとらえ方」⇔内面的。

かいめん-どうぶつ【海綿動物】動物界の一門。多細胞動物の中では最も下等な体制で、多くは海産。不規則な塊状・壺状・樹枝状をし、岩・海藻などに固着して生活する。体表にある多数の小孔から水をとり、胃腔の襟細胞で餌を消化吸収し、上部の出水孔から吐き出す。運動神経や感覚器官はない。側生動物。

がいめん-びょうしゃ【外面描写】人物の外面的行動や状態の描写を通して、その性格・心理までを示そうとする方法。近代のリアリズム小説に多くみられる。

かい-もう【開毛】毛糸紡績・紡毛紡績工程の一。洗毛工程の次に、獣毛から不純物を取り除き、もつれをほぐす作業。

がい-もうこ【外蒙古】ゴビ砂漠以北の地域。現在のモンゴル国の領域にあたる。

かいもう-ぶ【回盲部】小腸から大腸への移行部。回腸終末部・盲腸・虫垂がある。右下腹部にあたり、腫瘤が発生しやすい。

かい-もく【皆目】〔副〕❶あとに打消しの語を伴って、強く否定する気持ちを表す。まるっきり。全然。「一見当がつかない」❷まるまる全部、すっかりの意を表す。あとに否定的な意味・内容のくることが多い。「風眼とやらをわづらひおりまして、両眼ともに一おっつぶして」〈滑・膝栗毛・三〉

〔類語〕全然・全く・一向・さっぱり・まるきり・まるで・少しも・からきし・ちっとも・一切・まるっきり・何ら・とんと・いささかも・毫も・微塵も・毛頭・露・更更

かいもくしょう【開目鈔】鎌倉時代の仏教書。2巻。日蓮著。文永9年(1272)成立。佐渡の配所での述作。受難の理由を深く考察したところから出発し、法華精神の解明をしたもの。

カイモグラフ〖kymograph〗筋収縮・血圧・脈拍や声帯の振動などの変動を記録する装置。回転円筒に巻いた記録紙の上をペンが走るもの。運動動態記録器。キモグラフ。

かい-もち【×掻い餅】「かいもちい」に同じ。「児の一するに空寝したること」〈宇治拾遺・一〉

かい-もち【買(い)持ち】❶外国為替の売買の結果、買い為替の合計が売り為替の合計を超過している状態。⇔売り持ち。❷信用取引や清算取引で、買い付けてまだ転売していない買建玉。または、買い入れた手持ちの現物。

かい-もちい【×掻い▽餅】《「もちい」は「もちいひ(餅飯)」の音変化》もち米粉・小麦粉などをこねて煮たもの。一説に、そばがきのことともいう。「僧たち、宵のつれづれに、いざ、一せんといひけるを」〈宇治拾遺・一〉

かいもち-まい【買持米】江戸時代、米商人が買い蓄えておく米。米価の高騰を見込んでの買い持ちのほか、幕府や封建領主が、米価調節の目的で買い持ちをさせる場合があった。

かい-もと【▽垣下】《「かきもと」の音変化》饗宴のとき、正客以外の相伴の人。また、その座。えんが。

かいもと-あるじ【▽垣下×饗】垣下の座について、もてなしを受けること。「おほし一はなはだ非常に侍りたうぶ」〈源・少女〉

かい-もどし【買(い)戻し】〔名〕スル ❶買い戻すこと。❷売り主が一度売った不動産をその売買契約の締結の際の特約により、一定期間内に買い主に対して売買代金と契約費用を返還して取り戻すこと。解除権を留保した売買。❸信用取引や先物取引で、売り約定をして未決済のままであるときに、現物を渡さずに、反対に買い戻して決済すること。買い埋め。

かいもどし-けいやく【買(い)戻し契約】買い戻し❷の契約。

かいもどし-けん【買(い)戻し権】民法上、不動産の売り主が買い戻しの特約によって売買契約を解除し、不動産を取り戻すことができる権利。

かい-もど・す【買(い)戻す】〔動サ五(四)〕一度売り渡した品物を、代金を払って再び自分のものとする。「手放した絵を一・す」

〔類語〕買う・購入・購買・購う・買い取る・買い上げる・買い入れる・買い込む・買い受ける・買い切る・買い漁る・買い叩く・仕入れる・買収

かい-もと・める【買(い)求める】〔動マ下一〕〔文〕かひもと・む〔マ下二〕金を払ってほしい物を手に入れる。「探していた名画をやっと一・める」

かい-もの【買(い)物】〔名〕スル ❶品物を買うこと。「一に行く」❷買った品物。また、買おうとする品物。「一を届けてもらう」「一がたくさんある」❸買っておくと得になる物。買い得品。「これはお一ですよ」

〔類語〕買い出し・買い付け・買い

かい-もん【回文・×廻文】▶かいぶん(回文)❷

かい-もん【戒文】主に仏教で、戒律の条文。また、それを書いたもの。

かい-もん【海門】海が陸地に挟まれて狭くなっている所。海峡。瀬戸。

かい-もん【開門】〔名〕スル 門を開くこと。⇔閉門。

かい-もん【×槐門】《中国の周代、朝廷に3本の槐の木を植えて、それに面して三公の座を定めたところから》大臣の家柄、また、大臣の異称。槐位。

かいもん-きょくろ【×槐門×棘路】《中国の周代、朝廷に3本の槐と9本の棘を植えて、それぞれ三公と九卿の座を定めたところから》三公と九卿。三槐九棘。槐棘。「古は一の間に九族をなびかし」〈平家・一〉

かいもん-だけ【開聞岳】鹿児島県、薩摩半島南端付近にある円錐形の火山。標高924メートル。薩摩富士。

かい-や【飼ひ屋】蚕を飼う小屋。蚕室。〔季 春〕「這ひ出でよ一が下のひきの声」〈奥の細道〉

がい-や【外野】❶《outfield》野球のグラウンドで、内野後方の地帯。一塁・二塁・三塁を結ぶ線と左右のファウルラインとに囲まれた区域。アウトフィールド。⇔内野。❷「外野手」の略。❸「外野席」の略。❹ある事柄に直接関係のない第三者。「一がうるさい」

ガイヤール-じょう【ガイヤール城】《Château Gaillard》フランス北西部の町レザンドリーにある城。セーヌ川を見下ろす町の高台に、12世紀にイングランド王リチャード1世(獅子心王)がルーアンの防御を目的として建造。13世紀初頭、フランス王フィリップ2世に陥落され、廃墟のままになっている。

かい-やい〔感〕《「そうかいやい」の略》上方語。相手の話を納得したときに発する語。おや、そうですか。へえ、そうなのか。「『一条、猪熊通り、東へ入る所ぢゃわい』『一…』」〈滑・膝栗毛・六〉

かい-やき【貝焼(き)】❶貝類を殻つきのまま焼く料理。❷ホタテガイなどの貝殻を鍋の代わりにして、肉・魚・貝・野菜などを煮る料理。〔季 冬〕

かい-やく【改訳】〔名〕スル 前に翻訳した文章に手を入れ、書きなおすこと。また、その文章や本。

かい-やく【解約】〔名〕スル ❶契約を取り消すこと。「定期預金を一する」❷賃貸借や雇用などの継続的な契約を、当事者の一方の意思表示により、将来に向かって消滅させること。

〔類語〕取り消す・キャンセル・破談・破約・反故

かいやくご【華夷訳語】中国語とその周辺の外国語との対訳辞書。明の洪武帝の命で、1382年、モンゴル語から編纂され始めた。単語集と上表文集からなり、日本・朝鮮のほか北・南・西アジア各地の十数か国語のものがある。

かい-やくじょう【買(い)約定】物品の値段・数量・受け渡し時期などの取り決めをすること。⇔売り約定。

かいやく-せいきゅう【解約請求】投資信託の換金方法の一。投資家が証券会社などの販売会社を通じて、投資信託会社へ信託契約の解約を請求するもの。この場合、投資信託の信託財産は解約分だけ減少する。➡買取請求

かいやく-てつけ【解約手付(け)】売買・請負などで、契約の両当事者に解除権を留保させておくための手付け。手付けの交付者はこれを放棄することで、受領者はその倍額を返還することで、契約を解除できる。

かいやく-へんれいきん【解約返戻金】▶返戻金

かい-やぐら【貝×櫓・蜃=気=楼】《「蜃」をハマグリと解して、「蜃楼」を訓読みにした語》蜃気楼のこと。貝楼。〔季 春〕

がいや-しゅ【外野手】《outfielder》野球で外野を守る選手。左翼手・中堅手・右翼手の総称。

がいや-せき【外野席】❶野球場で、外野後方に設けた観客席。⇔内野席。❷あることには直接関係のない立場。「一は黙っていろ」

かい-や・る【×掻い▽遣る】〔動ラ五(四)〕❶《「かきやる」の音変化》手で払いのける。押しやる。「急いでボアを一・って床の上に捨てたまま」〈有島・或る女〉❷与える。やる。「つねづね何ぞとらする約束なれば、人の物を一・りて」〈浮・文反古・四〉❸行かせる。去らせる。「ここにも人がきくぞかし。もはや帰られと一・りぬ」〈浮・御前義経記・三〉

ガイヤルド〖フラ gaillarde〗16世紀に流行した舞曲の一。軽快で速い三拍子系のリズムをもつ。

かい-ゆ【快癒】〔名〕スル 病気や傷がすっかり治ること。全快。本復。「けがが一する」〔類語〕回復・快気・全治・全快・完治・治癒・平癒・根治・全癒・本復

かい-ゆ【×誨諭】〔名〕スル 物事の道理などを、よくわかるように言い聞かせること。

かい-ゆう【会友】❶同じ会に入っている友人。❷会員ではないがそれに準じる身分・資格をもつ人。

かい-ゆう【回遊・回×游・×洄×游】〔名〕スル ❶(回遊)あちこちを遊覧して回ること。「北海道を一する」❷魚類や鯨などが定期的に海洋を索餌・産卵のため、あるいは適水温を求めて季節の移り変わりに応じて移動・往復すること。「サケが一する季節」

〔補説〕❷は本来「回游・洄游」と書く。

〔類語〕周遊・漫遊・遊覧・旅行

かい-ゆう【灰×釉】▶はいぐすり(灰釉)

がい-ゆう【外遊】〔名〕スル 外国に旅行すること。また、外国に留学すること。「欧米に一する」〔類語〕洋行

がい-ゆう【外憂】外部から受ける心配事。外国からの圧力や攻撃に対する心配。外患。⇔内憂。

かいゆう-ぎょ【回遊魚】定まった季節または時期に、広い範囲のほぼ一定の経路を移動する魚。サンマ・イワシ・マグロ・サケなど。

かいゆうしき-ていえん【回遊式庭園】江戸時代からの庭園の一様式で、池の周囲に通路を巡らし、園内を回遊しながら鑑賞できるように造った庭園。

がい-ゆうせい【外遊星】▶外惑星

かい-よう【海洋】❶広くて大きい海。大洋。❷大洋と、その付属海。「一観測船」

〔類語〕海・大洋・大海・海原・領海・公海・大海原・青海原・内海・内海・外海・外海・わたつみ

かい-よう【海容】〔名〕スル 海のように広い寛容な心で、相手の過ちや無礼などを許すこと。主に手紙文で用いる。「失礼の段、ご一ください」

かい-よう【解×傭】〔名〕スル 雇い主が使用人に暇を出すこと。解雇。「あのカッフェを一される事になった」〈芥川・葱〉

かい-よう【潰瘍】皮膚・粘膜などの表層がただれて崩れ落ち、欠損を生じた状態。

かい-よう【懐×孕】子をはらむこと。懐妊。懐胎。「甚平妻一の由」〈鷗外・霞亭生涯の末一年〉

がい-よう【外用】〔名〕スル 皮膚など体の外側から薬を効かせること。

がい-よう【外洋】グワイヤウ 広々とした外海。そとうみ。⇔内洋。
がい-よう【×艾葉】ガイエフ ヨモギの葉。漢方で、止血・収斂しゅうれん薬などに用い、また、もぐさの原料とする。
がい-よう【概要】ガイエウ 全体の要点をとりまとめたもの。大要。あらまし。「事件の―」(類語)概略・大筋・概括・粗筋
がい-よう【概容】大体の内容。あらまし。「話の―をつかむ」
かいようおせん-ぼうしほう【海洋汚染防止法】カイヤウヲセンバウシハフ《「海洋汚染等及び海上災害の防止に関する法律」の通称》船舶の油・廃棄物の排出などによる海水汚染や海上災害を防止するための法律。昭和46年(1971)施行。
かいよう-おんどさはつでん【海洋温度差発電】カイヤウヲンドサハツデン 海水の、暖かい表層水と冷たい深層水の温度差を利用した発電。OTEC(ocean thermal energy conversion)。オテック。⇒温度差発電
かいよう-がく【海洋学】カイヤウ― 海洋の自然現象などを研究する学問。海洋物理学・海洋化学・海洋生物学・海洋地質学など。海洋科学。
かいよう-かんそく【海洋観測】カイヤウクワンソク 海洋における諸現象や状態についての情報を得るための観測。
かいよう-きしょうだい【海洋気象台】カイヤウキシヤウダイ 気象庁の地方機関の一。海上気象・海流・潮汐ちょうせき・水温などの観測、気象・海象予報などを行う。函館・神戸・舞鶴・長崎にある。
かいよう-きだん【海洋気団】カイヤウ― 海洋上で発生する気団。多湿なのが特徴で、オホーツク海気団のような海洋性寒帯気団、小笠原気団のような海洋性熱帯気団などがある。海洋性気団。⇒大陸気団
かいよう-きほんけいかく【海洋基本計画】カイヤウキホンケイクワク 海洋に関する施策を総合的かつ計画的に推進するために政府が策定する計画。海洋基本法の規定に基づいておおむね5年ごとに策定される。政府は海洋に関する施策の基本方針や施策の推進に必要な事項などを定めた上で、予算を確保するなど計画の実施に努める。
かいよう-きほんほう【海洋基本法】カイヤウキホンハフ 海洋の開発・利用等に関する基本的な理念や施策等を定めた法律。政府に海洋基本計画の策定を義務付けるなど、国・国民・事業者などが果たすべき責務についても規定する。平成19年(2007)施行。
かいよう-けんえき【海洋権益】カイヤウ― 自国の領海や排他的経済水域などにおける権利・利益。安全保障・漁業・資源開発・環境保護などに関する主権あるいは主権的権利と、それに伴う利益。
かいようけんきゅうかいはつ-きこう【海洋研究開発機構】カイヤウケンキウカイハツキコウ 文部科学省所管の独立行政法人の一。平成16年(2004)に海洋科学技術センターから独立行政法人に移行し、現在の名称となる。海洋・深海・大陸棚の調査から地球物理学を研究する。JAMSTCジャムステック(Japan Agency for Marine-Earth Science and Technology)。
かいよう-こく【海洋国】カイヤウ― 国土の全部または大部分が海に囲まれている国。海とのかかわりあいが大きい国。日本・イタリア・ノルウェー・英国など。
かいよう-さいきん【海洋細菌】カイヤウ― 海中に生息する細菌。魚やプランクトンの死骸など有機物を炭素・窒素・燐などに分解する。また、自身が原生動物などの餌となる。
かいよう-さんせいか【海洋酸性化】カイヤウサンセイクワ 大気中の二酸化炭素の増加によって、海洋の二酸化炭素濃度が高まり、海水が酸性化すること。海水は通常弱アルカリ性を示すが、北米西部の深海や大陸棚などで酸性化した海水が発見されており、生態系への影響が懸念されている。
かいよう-じゆう【海洋自由】カイヤウジイウ 海洋全般にわたって、いずれの国の船舶も自由に航行できるとする説。17世紀初頭オランダのグロティウスが主張。領海を除いた公海の自由を認める考え方として定着している。
かいよう-しんそうすい【海洋深層水】カイヤウ― 太陽光の届かない200メートル以上の深海に分布する水。地球上にある水の約90パーセントが深層水だといわれる。成分は場所によって異なるが、表層水に比べ低温で安定している。また、光合成が行われないため有機物が少なく、光合成によって消費される栄養塩類(珪酸塩・燐酸塩・硝酸塩・亜硝酸塩など)が多く残っている、病原菌なども非常に少ない、などの特性がある。水産、医療、食品の分野で利用が研究されている。
がいよう-すい【外洋水】グワイヤウ― 沿岸水の混合することのない、沖合の水。⇒沿岸水
かいようせい-きこう【海洋性気候】カイヤウセイ― 島や沿岸など、海洋の影響を強く受ける地方にみられる気候型。気温の年変化・日変化が小さく、一年じゅう温暖で湿度が高く、雲量が大などの特徴がある。⇒大陸性気候
かいようせい-だいちょうえん【潰瘍性大腸炎】クワイヤウセイダイチヤウエン 大腸の粘膜に潰瘍やびらんができる難病。直腸から結腸にかけて連続的に病変が広がり、下痢や腹痛が頻繁に起こる。炎症性腸疾患の一。厚生労働省の特定疾患に指定されている。原因として自己免疫反応の異常などが考えられているが詳細は不明。薬物で炎症を抑える内科的治療が行われる。重症の場合は結腸全摘手術などの外科的治療が行われる。UC(ulcerative colitis)。
かいよう-せいぶつ【海洋生物】カイヤウ― 海に生息する生物の総称。植物は藻類が多く、高等植物はみられないが、動物では有孔虫などの原生動物からクジラなどの脊椎動物まで、ほとんどの門が生息する。
かいようせいぶつ-の-センサス【海洋生物のセンサス】カイヤウセイ― 海洋生物の多様性・分布・個体数などを調査・解析する国際研究ネットワーク。2000年から2010年にかけて、80か国以上から2700人を超す研究者が参加して実施された。CoML(Census of Marine Life)。
かいよう-だいじゅんかん【海洋大循環】カイヤウダイジユンクワン 地球規模で循環する海流。海洋の表層で風によって生じる風成循環と、水温や塩分濃度の差によって生じる熱塩循環によって引き起こされる。海水は、北大西洋のグリーンランド沖で深層へ沈み、南下して南極海・インド洋・南大西洋を経て北上し、北太平洋で表層へ上昇。インドネシア多島海・インド洋・アフリカ大陸南端を経て大西洋を北上し、再びグリーンランド沖へ戻る。周期は約1500～2000年と考えられ、気候の安定や生態系の維持に大きな影響を与えているといわれる。⇒深層流
かいようちきゅうかんそくたんさ-システム【海洋地球観測探査システム】カイヤウチキウクワンソクタンサ― 地球観測・災害監視・資源調査などの観測・探査活動の基盤となるシステム。第3期科学技術基本計画に盛り込まれた国家基幹技術の一。いぶき・だいち・GCOMなどの観測衛星による宇宙からの地球観測、地球深部探査船ちきゅうなどによる海洋観測、既存のシステムによる陸上および地震・津波観測によって得られたデータを統合・解析。気候変動予測、災害予測、資源探査などに役立つ情報を提供する。
かいよう-てい【海洋底】カイヤウ― 海の底。大陸棚・大陸斜面・深海底・中央海嶺・海溝・海山などに区分される。
かいようてい-かくだいせつ【海洋底拡大説】カイヤウテイクワクダイセツ マントル対流によって中央海嶺の中軸で高温物質が湧き出し、新しい海底となって海嶺の両側に広がっていき、古い海底は海溝でマントルの中に沈み込んで、常に更新しているという学説。この考えは、プレートテクトニクスに発展した。大洋底拡大説。海底拡大説。
かいよう-とうき【海洋投棄】カイヤウ― 廃棄物を、海洋に投棄し処分すること。(補説)1972年、海洋環境の保全のため、ロンドン条約が採択され、水銀・カドミウム・放射性廃棄物など特定の物質について海洋投棄が禁止された。日本は昭和55年(1980)に批准。1996年にはロンドン条約を強化する議定書が採択され、海洋投棄は原則全面禁止、浚渫しゅんせつ物や下水汚泥など一部の品目に限って例外として厳格な条件下で投棄が許可されることになった。
かいようとうき-きせいじょうやく【海洋投棄規制条約】カイヤウトウキキセイデウヤク ▶ロンドン条約
かいよう-びょう【潰瘍病】クワイヤウビヤウ 細菌の寄生により柑橘かんきつ類やトマトなどの葉・茎・果実にかさぶた状の突起やくぼみを形成する病害。
かいよう-ぶつりがく【海洋物理学】カイヤウ― 海水の物性および物理現象を研究する海洋学の一分野。潮流・波浪・水塊など扱う内容は広い。
かいよう-ほう【海洋法】カイヤウハフ 海洋に関する国際法。領海・排他的経済水域などの設定と利用、生物・鉱物資源の保存・開発、環境保護などについて規定したもの。国際関係の長い歴史の中で国際慣習法として発展・成立。第二次大戦後、国連の主導で法典化の作業が進められ、1982年に国連海洋法条約が採択された。
かいようほうにかんする-こくさいれんごうじょうやく【海洋法に関する国際連合条約】カイヤウハフニクワンスルコクサイレンガフデウヤク ▶国連海洋法条約
かいよう-ほごく【海洋保護区】カイヤウ― 海中の生物と環境の保護のために各国が指定した水域。漁業を含めた活動の全面禁止水域から小規模の漁業、ダイビングなどを認める水域まで規制は多様。海の自然公園。
かいよう-まる【開陽丸】カイヤウ― 江戸幕府が所有していた軍艦。排水量約3000トン。文久2年(1862)オランダに発注、慶応3年(1867)横浜に回航された。翌年、幕府倒壊時に榎本武揚らを乗せて北海道へ脱出、荒天のため江差沖で座礁し沈没した。
がいよう-やく【外用薬】グワイヨウ― 皮膚の表面や粘膜などに適用する薬。含嗽がんそう剤・湿布剤・吸入剤・点眼剤・軟膏なんこう剤など。外用剤。
かい-よせ【貝寄せ】かひ― 陰暦2月20日前後に難波の浦に貝を吹き寄せる西風。2月22日(現在は5月22日)の大阪四天王寺の聖霊会しょうりょうえの供養の飾り物を、難波の浦に吹き寄せられた貝殻で作るところからいう。(季 春)「―や我もうれしき難波人/青々」
かい-よね【買い▽米|×糴】かひ― 買い入れて蓄えておく米。入り米よね。⇔売り米よね。
カイヨワ〖Roger Caillois〗[1913～1978]フランスの社会学者。バタイユやレリスとともに社会学研究会を組織。代表作は、遊びを研究した「遊びと人間」のほか、「人間と聖なるもの」など。
かい-らい【界雷】主に寒冷前線付近の強い上昇気流に伴って発生する雷。前線雷。
(類語)雷かみなり・雷いかずち・鳴る神・雷らい・雷鳴・雷電・天雷・急雷・疾雷しつらい・迅雷じんらい・霹靂へきれき・雷公・遠雷・春雷・熱雷・落雷・稲妻いなずま・稲光いなびかり・電光・紫電しでん
かい-らい【×傀×儡】クワイ― ❶あやつり人形。くぐつ。でく。❷自分の意志や主義を表さず、他人の言いなりに動いて利用されている者。でくの坊。
がい-らい【外来】グワイ― ❶外国から来ること。「―植物」❷外部から来ること。「―者の入室を禁ずる」❸病院に通って診察・治療を受けること。また、その人。(類語)通院・入院
がいらい-かんじゃ【外来患者】グワイライクワンジャ 病院に、入院せずに通って来て診療を受ける患者。
がいらい-ご【外来語】グワイ― 他の言語から借用し、自国語と同様に使用するようになった語。借用語。日本語では、広義には漢語も含まれるが、狭義には、主として欧米諸国から入ってきた語をいう。現在では一般に片仮名で表記される。(補説)外来語と外国語との区別は主観的なもので、個人によって異なることがある。
かいらい-し【×傀×儡師】クワイライ― ❶人形を使って諸国を回った漂泊芸人。特に江戸時代、首に人形の箱を掛け、その上で人形を操った門付け芸人をいう。傀儡くぐつ回し。人形つかい。(季 新年)❷歌舞伎舞踊。傀儡師の風俗を取り入れたもので、河東節・長唄・富本節・清元節などにある。❸陰にいて人を操る者。策士。黒幕。
がいらい-しそう【外来思想】グワイライシサウ 外国から入ってきた思想。
がいらい-しゅ【外来種】グワイライ― ▶外来生物

かいらい-せいけん【×傀×儡政権】形式的には独立しているが、実質的には他国によって操られている政権。

がいらい-せいぶつ【外来生物】もともとその地域にいなかったのに、人間の活動によって外国から入ってきた生物種。外来種。➡特定外来生物

がいらいせいぶつひがいぼうし-ほう【外来生物被害防止法】▶特定外来生物被害防止法

がいらいせいぶつ-ほう【外来生物法】▶特定外来生物被害防止法

かいらぎ【×鰄 梅=花=皮】❶サメ類の背の中央部分の皮。硬い粒状の梅花の形をした突起があり、刀剣の鞘・柄などの装飾に用いる。また、その皮で装飾された刀。さめかわ。❷茶碗などの釉が焼成不十分のために溶けきらず、さめはだ状に縮れた状態。井戸茶碗の腰部や高台の見どころの一。

かい-らく【快楽】心地よく楽しいこと。官能的な欲望の満足によって生じる、快い感情。けらく。「一をむさぼる」(類語)歓楽・享楽・享受・悦楽・逸楽・謳歌・淫楽・楽しむ

かい-らく【×偕楽】《「孟子」梁恵王上から》衆人とともに楽しむこと。

かい-らく【開落】花の開くことと落ちること。「百花の一送り迎えて」〈荷風・腕くらべ〉

かい-らく【壊落】〔名〕スル 崩れ落ちること。

かいらく-えん【偕楽園】茨城県水戸市にある公園。天保13年(1842)水戸藩主徳川斉昭が造園させた。梅の名所として知られる。金沢の兼六園、岡山の後楽園とともに日本三名園の一。常磐公園。

かいらくえん-やき【×偕楽園焼】紀州徳川家の御庭焼き。文政(1818〜1830)ごろ、10代藩主治宝が別邸西浜御殿内の偕楽園で、京都の楽焼の陶工や永楽保全らに焼かせたのに始まる。交趾焼の写しなどを主に作った。紀州焼。紀州御庭焼。

かいらく-げんそく【快楽原則】精神分析の用語。人間に生まれつき備わった無意識的、衝動的に、快楽を追求するという精神傾向。⇔現実原則。

かいらく-しゅぎ【快楽主義】自己の快楽を追求して苦痛を避けることが善であり、それが人生究極の目的あるいは道徳の原理であるとする考え。快楽説。ヘドニズム。

カイラス-さん【カイラス山】《Kailas》中国、チベット自治区南西部にある山。ヒマラヤ山脈の北側に位置するカイラス山脈の主峰。標高6656(6714とも)メートル。ラマ教・仏教・ヒンズー教の聖山。カンリンポチェ峰。ガンディセ山。

かい-らん【回覧|×廻覧】〔名〕スル ❶図書・文書などを、順送りに回して読むこと。「手紙を一する」❷あちこちを見て回ること。巡覧。

かい-らん【回×瀾|×廻×瀾】くずれかかる大波。逆巻く怒濤。

回瀾を既倒に反す ▶狂瀾を既倒に廻らす

かい-らん【×乖乱】〔名〕スル《「乖」は、そむく意》秩序が乱れること。

かいらん【開灤】中国河北省東部にある、華北最大の炭田。カイロワン。

かい-らん【解×纜】〔名〕スル《纜を解く意》船が航海に出ること。ふなで。出帆。「今朝横浜を一して了ったと云う目になると」〈木下尚江・良人の自白〉

かい-らん【潰×爛】〔名〕スル やぶれただれること。また、やぶりくずすこと。「徒に世を一して止むに至りては」〈田口・日本開化小史〉

かい-らん【壊乱|潰乱】〔名〕スル ❶秩序・風俗などを乱すこと。また、乱れること。「風俗を一する」❷組織などがばらばらに崩れてしまうこと。
(類語)紊乱・崩れる

カイラン【芥藍】アブラナ科の中国野菜。キャベツの仲間であるが、結球しない。

がい-らん【外乱】ある通信系に、所定の信号系以外から加わり妨害となる信号。

がい-らん【外覧】部外者、第三者が見ること。

がい-らん【概覧】〔名〕スル 全体をざっと見ること。「税制に関する要点だけ一する」

ガイランゲル〘Geiranger〙ノルウェー南西部の村。世界遺産に登録されたガイランゲルフィヨルドの最奥部に位置し、観光拠点として知られる。ゲイランゲル。

ガイランゲルフィヨルド〘Geirangerfjord〙ノルウェー南西部の峡湾。ストールフィヨルドの支湾の一。同国屈指の観光地として知られる。2005年、「西ノルウェーフィヨルド群、ガイランゲルフィヨルドとネーロイフィヨルド」の名称で世界遺産(自然遺産)に登録された。ゲイランゲルフィヨルド。➡ネーロイフィヨルド

かいらん-ざっし【回覧雑誌】会員の作品をとじ合わせて雑誌の形にし、順々にまわし読みするもの。

かいらん-ばん【回覧板】順送りにして伝える告知板。特に、町内会などで、通達・連絡事項などを記した文書をとじつけて各家庭へ回す板。第二次大戦中の隣組制度に伴って普及した。

かい-り【回×鯉】《越王勾践の臣、范蠡が、鯉の腹を裂いて書状を入れたという故事から》返事。返書。回鱗。

かい-り【×乖離】〔名〕スル そむきはなれること。結びつきがはなれること。「人心から一した政治」
(類語)離反・背離・離れる・隔たる・遠ざかる・遠のく・離隔・隔絶・遊離・去る・出る・空ける・外す・後にする

かい-り【海里|×浬】海面上および航海上の距離の単位。1海里は、もと子午線の緯度1分に相当する距離で、1852メートル。浬。

かい-り【海×狸】ビーバーの別名。

かい-り【解離】〔名〕スル ❶解け離れること。また、解き離すこと。❷一つの分子が可逆的に分解して、その成分原子や原子団、分子あるいはイオンに分かれること。イオンに分解する場合は特に電離という。

かい-り【懐×裡】❶ふところのうち。❷胸のうち。心の中。

かい-りき【戒力】仏教の戒律を守ることによって得られる不思議な力。また、その功徳。「何事も一と申す御事にて渡らせ給ひ候ひける」〈義経記・七〉

かい-りき【怪力】並外れて強い力。不思議な力、または、働き。「一無双」

かい-りく【海陸】❶海と陸。水陸。❷海軍と陸軍。

かいりく-ふう【海陸風】海岸地方に海陸の気温差によって生じる局地的な風。昼間は陸地の気温が高くなるので風は海から陸に吹き、夜間は陸から海に吹く。その交代期が、朝凪と夕凪である。

かいりせい-けんぼう【解離性健忘】▶解離性障害

かいりせい-しょうがい【解離性障害】《Dissociative Disorder》通常は統合されている意識・記憶・自己同一性などが混乱し、連続性がなくなったり、失われたりする障害。強いストレスや心的外傷が原因で発症すると考えられている。自分に関する重要な情報を広い範囲にわたって思い出せない解離性健忘、精神が体から離脱して自分を傍観者であるかのように感じる離人症性障害、明確に区別できる複数の人格が存在する解離性同一性障害(かつて多重人格性障害とよばれたもの。DID：Dissociative Identity Disorder)、突然、家庭や職場から離れて放浪し、過去を想起することができなくなる解離性遁走、などがある。

かいりせい-だいどうみゃくりゅう【解離性大動脈×瘤】▶大動脈解離

かいりせいどういつせい-しょうがい【解離性同一性障害】▶解離性障害

かいりせい-とんそう【解離性×遁走】▶解離性障害

かい-りつ【介立】〔名〕スル ❶二つのものの間に挟まって存在すること。「その間に一する僕らの階級は」〈蘆花・思出の記〉❷他の助けを借りずに、自分一人の力で物事をなすこと。「彼はよく自由によく独立に…無窮の天地に一して」〈独歩・空知川の岸辺〉

かい-りつ【戒律】❶仏語。修行者の生活規律。仏のいましめを自発的に守ろうとする心の働きをいう戒と、僧に対する他律的な規範をいう律を合わせた語。❷一般に、信者が信仰生活において守るべき規律・規則。

かいりつ-しゅう【戒律宗】▶律宗

かいり-ていすう【解離定数】解離反応において、温度が一定のときの反応物質の濃度と生成物質の濃度との一定の比。それが電離反応の場合は電離定数という。

かいり-ど【解離度】解離した分子数を全分子数で割った比。イオンの場合は電離度という。

かいり-ねずみ【海×狸×鼠】ヌートリアの別名。体がビーバーに、尾がネズミに似るのでいう。

かいり-ねつ【解離熱】解離を起こさせるのに必要な熱エネルギー。解離エネルギー。

がい-りゃく【概略】おおよその内容。あらまし。大略。概要。「調査の一」「一次の通り」
(類語)概要・大要・あらまし・大筋・概括・粗筋・およそ

かい-りゅう【会流】〔名〕スル 二つの流れが、一つになること。合流。「一して大河となる」

かい-りゅう【回流|×廻流】〔名〕スル めぐり回って流れること。また、その流れ。

かい-りゅう【海流】海洋中で、一定の方向に帯状に流れる海水の流れ。黒潮などの暖流と、親潮などの寒流とがある。(類語)潮流・暖流・寒流

かい-りゅう【開立】〔名〕スル ある数の立方根を求めること。立方に開くこと。かいりつ。

かい-りゅうおう【海竜王】海中にすむという竜王。竜神。

かいりゅうおう-じ【海竜王寺】奈良市法華寺北町にある真言律宗の寺。開創年代は天平年間(729〜749)、光明皇后の創立と伝える。もと藤原不比等邸の北東隅にあったので、隅寺・隅院・脇寺などと称された。五重小塔は奈良時代の作で国宝。

かいりゅう-でん【廻立殿】大嘗祭のときに天皇が湯あみをし、装束を改める殿舎。ここでまず沐浴して祭衣に着替え、悠紀殿に行幸して神事ののちにここに還り、さらに沐浴と更衣をして主基殿へ行幸する。

かいりゅう-びん【海流瓶】海流の方向・経路・速度などを知るために、海中に投入する瓶。見つけた人にその時刻・位置などを記入して返送してもらう紙片を入れる。

かい-りょう【改良】〔名〕スル 不備な点や悪い点を改めて、よくすること。改善。「品種を一する」
(類語)改善・改める・直す・正す・訂する・修正する・是正・規正・改正・補正・訂正・修訂・改訂・補訂・補綴する・手直し・手を入れる・手を加える

かい-りょう【飼(い)料】❶家畜の、えさ。飼料。❷家畜を養うための費用。

がい-りょう【外療|外料】外科の治療。また、外科医。「一もとより長崎流にて、今までかかったこと治さぬといふことなし」〈咄・鹿の子餅〉

かいりょう-こうい【改良行為】法律上の管理行為の一。財産の性質を変えない範囲内で、その価値を増加させる行為。家屋に造作をつけることなど。

かいりょう-こうかんほう【改良交換法】▶シェーカーソート

かいりょう-しゅ【改良種】作物・家畜などの在来の品種に改良を加えて育成した、新しい品種。

かいりょう-しゅぎ【改良主義】資本主義制度の枠内での漸進的な改革によって社会を改良しようとする立場。➡急進主義

かいりょう-そうにゅうソート【改良挿入ソート】《modified insertion sort》▶シェルソート

かいりょう-ばんし【改良半紙】駿河半紙を漂白して作った半紙。明治末ごろから売り出された。

かいりょう-まんぞく【皆▽令満足】仏語。仏が慈悲で衆生の願いをすべて満足させること。

がい-りょく【外力】物体または物体系に外部から作用する力。

かいりょく-せき【海緑石】雲母類の一種。ふつう泥岩や砂岩の中に青緑色の微粒として存在する。単斜晶系。続成作用の過程でき、浅海性の堆積岩にのみ存在。イオン交換剤として硬水の軟化に用いられ、カリウムの原料にもなる。

かいりょく-らんしん【怪力乱神】クヮイリョク―《「論語」述而の「怪力乱神を語らず」から。怪異・勇力・悖乱・鬼神の四つをさす》理屈では説明しきれないような、不思議な現象や存在。補説「怪力」は「怪異と勇力」の意で、「かいりょく」と読む。

がい-りん【外輪】グヮイ― ❶外側の輪。そとわ。❷車輪の外側に取り付けられる鉄の覆い。❸「外車❷」に同じ。

がいりん-ざん【外輪山】グヮイ― 二重またはそれ以上の複合火山の、外側の火口縁。また、カルデラの縁にあたる山。阿蘇・箱根などにみられる。

がいりん-せん【外輪船】グヮイ― ▶外車船

がい-リンパ【外リンパ】グヮイ― リンパ管系以外の所にある組織液。特に、内耳の骨迷路と膜迷路との間にある液。

かいる【×蛙】「かえる(蛙)」の音変化。室町時代以後、話し言葉で多く使用された。「鼠―を請じて、いつきかしづきもてなす事極まれり」〈仮・伊曽保〉

カイルアン〖Kairouan〗チュニジア中部の都市。イスラム教の聖都で、大モスクには多くの巡礼者が訪れる。9世紀から10世紀にはアグラブ朝の首都として栄えた。1988年、世界遺産(文化遺産)に登録された。カイラワーン。ケルワン。ケルアン。

カイルモア-しゅうどういん【カイルモア修道院】―シウダウヰン《Kylemore Abbey》アイルランド西部、コネマラ地方にあるネオゴシック様式の修道院。1868年、英国の富豪ミッチェル=ヘンリーの城館として建造。妻や娘に先立たれた後、城館は売却され、1920年にベネディクト派の修道院になった。

かい-れい【回礼】クヮイ―〔名〕スル ❶お礼を述べて回ること。❷新年のあいさつをして回ること。《季 新年》「一の人めも草も枯れしみち/万太郎」

かい-れい【×乖戻】クヮイ―〔名〕スル そむき逆らうこと。背戻。「男は大抵―放慢の徒で」〈荷風・つゆのあとさき〉

かい-れい【海×嶺】大洋底にある海底山脈。急斜面をもつ細くて長い高まり。中央海嶺と、それ以外の別の成因をもつものとに分類される。大西洋中央海嶺・大和海嶺など。

かい-れい【×瑰麗】クヮイ―〔形動〕図〔ナリ〕すぐれて美しいさま。あまり例がないほど、きれいなさま。「教会の―なステンドグラス」

かい-れき【回暦】クヮイ― ❶暦の上で年がひとめぐりすること。年が改まること。改年。❷生年の干支がめぐってくること。満60歳になること。還暦。

かい-れき【回歴】クヮイ―〔名〕スル 各地をめぐり歩くこと。「必ずセレベスの内地を―し」〈竜渓・浮城物語〉

かい-れき【改暦】〔名〕スル ❶暦法を改めること。新しい暦を採用すること。「太陽暦に―する」❷年が改まって、暦が新しくなること。また、新年。

かい-れつ【開裂】〔名〕スル ひらきさけること。ひらきさくこと。裂開。

かい-れつ【解列】〔名〕スル 電力会社の、発電・変電・送電・配電といった電力系統から発電設備を切り離すこと。「風力発電の―ルールを決める」

かい-れつ【壊裂｜潰裂】クヮイ―〔名〕スル 破れさけること。くずれこわれること。「干戈の禍殆ど将に―せんとす」〈東海散士・佳人之奇遇〉

かい-れんごう【買(い)連合】かひレンガフ 取引相場で、買い方が一致した行動をとること。⇔売り連合。

かい-ろ【回路】クヮイ― ❶電気の流れる、輪のように閉じている道筋。電気回路。❷流体やエネルギーなどの流れる一まわりの通路。❸生体の代謝経路で、循環を示す部分。トリカルボン酸回路など。

かい-ろ【海路】海上を船が通って行く道筋。航路。ふなじ。また、海上を船で行くこと。「待てば―の日和あり」「―九州に向かう」➡空路 ➡陸路
類語 航路・水路・海路・船路

かい-ろ【開炉】禅寺で、炉を使いはじめること。陰暦10月1日、または11月1日とする地方が多い。⇔閉炉。

かい-ろ【懐炉】クヮイ― ふところなどに入れて暖をとる器具。金属製の小箱の中に火をつけた懐炉灰を入れて用いるものや、ベンジンを燃料とする白金懐炉がある。また、鉄粉などを混合しその化学反応による発熱を利用する使い捨てのものもある。《季 冬》「三十にして我老いし―かな/子規」類語 行火・湯たんぽ

かい-ろ【×薤露】《薤の葉の上に置く露は消えやすいところから》人の世のはかないことや、人の死を悲しむ涙をいう語。また、漢の田横の門人が師の死を悲しんだ歌の中にこの語があったことから、葬送のときにうたう挽歌の意にも用いる。

カイロ〖Cairo〗エジプト-アラブ共和国の首都。ナイル川河口の三角州にあるアフリカ大陸最大の都市で、アラブ世界の政治・文化の中心地。付近には古代エジプト文明の遺跡が多い。1979年「イスラム都市カイロ」の名で世界遺産(文化遺産)に登録され、2007年に「カイロ歴史地区」に名称変更された。人口、行政区676万(2006)。

がい-ろ【街路】市街地の道路。まちなかの道。
類語 道・通り・往来・道路・車道・舗道・街道・往還・通路・路上・路面・ロード・ルート・大路・大通り・表通り・大道・広小路・ストリート・並木道

かい-ろう【回廊｜×廻廊】クヮイラウ ❶建物・部屋・中庭の周囲に巡らされた、長くて屈折した歩廊。❷国の領土が、内陸部で細長く突出した部分。半島や島国の突出した形についてはいわない。第一次大戦後のポーランド回廊や、現在のアフガニスタンのワハン回廊など。類語 廊下・渡り廊下・アプローチ・アーケード

かい-ろう【戒×臈｜戒×臘】―ラフ ❶出家受戒してからの年数。❷芸道の修業の年数。

かい-ろう【貝楼】かひ― 「貝櫓」に同じ。

かい-ろう【海老】―ラウ エビの別名。

かい-ろう【海楼】海辺にある高殿。

かい-ろう【皆労】―ラウ すべての者が働くこと。「国民―」

かい-ろう【×偕老】―ラウ《老いを偕にする意》夫婦が、年をとるまで仲よく一緒に暮らすこと。

かいろう-ちたい【回廊地帯】クヮイラウ― ▶回廊❷

かいろう-どうけつ【×偕老同穴】カイラウ― ❶《「詩経」邶風・撃鼓の「偕老」と「詩経」王風・大車の「同穴」を続けていったもの。生きてはともに老い、死んでは同じ墓に葬られる意》夫婦が仲むつまじく、契りの固いこと。❷カイロウドウケツ科の海綿動物の総称。深海の泥中に直立する。円筒形で、全長30～80センチ。体壁はかごの目状で、内部の胃腔に雌雄一対のドウケツエビが共生することから、はじめエビをカイロウドウケツと呼んだが、後に海綿の名となった。相模湾・駿河湾や土佐湾に生息。

かいろう-び【海老尾】カイラウ― 「えびお❶」に同じ。

がいろ-えん【街路園】―ヱン 街路沿いに植え込みなどを設けて庭園風に造ったもの。

カイロ-えんぜつ【カイロ演説】米国大統領オバマが2009年6月にカイロ大学で行った演説。「I have come here to seek a new beginning between the United States and Muslims around the world(私は米国と世界中のイスラム教徒との新たな始まりを求めてここへ来た)」と語り、過激主義者によるテロには容赦なく立ち向かうとした上で、アフガニスタン・イラクの安定化やパレスチナ問題の解決に向けた道筋、核開発を進めるイランとの対話の重要性などを唱え、イスラム社会との融和を探る姿勢を示した。

かいろく【回×禄】クヮイ― ㊀中国の、火の神の名。㊁火災。また、火災にあうこと。「堂は昔からたびたび―に遭い」〈谷崎・乳野物語〉
類語 火事・火災・火難・出火・失火・炎上・大火・小火・自火・近火・急火・怪火・不審火・祝融

かいろ-ぐ【×紗ぐ】〔動ガ四〕揺れ動く。揺らぐ。「秋の野のおしなべたるをかしさは薄こそあれ。…風になびきて―ぎ立てる」〈枕・六七〉

かいろ-しゃだんき【回路遮断器】クヮイロ― 電流が流れすぎたときに、自動的に電流を遮断して事故を防止する装置。

がいろ-じゅ【街路樹】街路に沿って並べて植えてある樹木。

カイロ-せんげん【カイロ宣言】第二次大戦中の1943年、米国大統領ルーズベルト・英国首相チャーチル・中国総統蔣介石がカイロで会談し、発表した宣言。日本の無条件降伏要求と、降伏後の日本領土の決定などを内容としたもので、テヘラン会談・ヤルタ会談を経て、ポツダム宣言の基礎となった。

かいろ-そし【回路素子】クヮイロ― 電気回路を構成する要素のうち、含まれる抵抗器・コンデンサーなど、導線以外のものの総称。

かいろ-ばい【懐炉灰】クヮイロバヒ 火をつけて、懐炉に用いる固形燃料。ふつう桐灰・麻殻灰・わら灰などに助燃剤を加えて紙袋に詰める。《季 冬》

カイロプラクティク〖chiropractic〗脊椎の異常を手による衝撃で整え、神経機能を回復させることで内科疾患の治療を図る方法。19世紀末、米国のD=D=パルマーが創始した民間療法。徒手脊柱矯正術。

がい-ろん【概論】領域全体のあらましを要約して述べること。また、述べたもの。「経済学―」
類語 汎論・総論・通論・総説・概説・略説・各論

かい-わ【会話】クヮイ―〔名〕スル 複数の人が互いに話すこと。また、その話。「―を交わす」「親しそうに―する」
類語 話・話し合い・対話・対談・談・談話・懇話・懇談・面談・歓談・雑談・談笑・閑談・語らい・カンバセーション

かい-わ【貝輪】かひ― 貝製の腕輪。二枚貝や巻き貝などの貝殻に穴をあけて作ったもので、呪術的な意味もあったと考えられる。日本では縄文・弥生時代に多く、古墳時代にも用いられた。

かい-わ【諧和】〔名〕スル ❶やわらいで親しみあうこと。調和。❷音楽の調子などがよく整っていること。「しかし彼らの声は…明るいピアノの旋律と何とよく―したであろう」〈椎名・永遠なる序章〉

かい-わい【界×隈】そのあたり一帯。付近。近辺。「銀座―」類語 辺り・近所・地域・周辺・近辺・四辺・周囲・まわり・近く・付近・近傍・一帯・辺

かいわがた-しょり【会話型処理】クヮイワ― コンピューターで、システム側が出すメッセージに利用者が応答する形で処理を進める方式。

がい-わくせい【外惑星】グヮイ― 太陽系のうち、地球軌道の外側を公転する惑星。火星・木星・土星・天王星・海王星の五つをさす。外遊星。⇔内惑星。

かい-わじょう【戒和上｜戒和尚】―ワジャウ 具足戒を授ける戒師としての最高責任者。大乗円頓戒では、釈迦を戒和上とする。

かいわ-たい【会話体】クヮイワ― 会話の言葉遣いをそのまま書き写した文体。

かいわ-ぶん【会話文】クヮイ― 小説・戯曲などで、登場人物の対話をそのまま文章に書き写したもの。ふつう「　」などの記号を用いて示す。➡地の文

かい-わり【貝割(り)｜▽卵割(り)｜×穎割(り)】かひ― 《貝や卵を二つに割って開いた形の意》❶アジ科の海水魚。全長約30センチ。体高が高く、著しく卵円形に側扁する。南日本に産し、底引網で漁獲され、美味。ひらあじ。おきあじ。❷「貝割り菜」に同じ。❸帯を❷の形に結ぶ結び方。貝割り帯。❹袖口をまん中でくくって上下を❷の形に分けたもの。

かいわり-な【貝割(り)菜】かひわり― ダイコンやカブの芽生え。種子の殻を割って双葉が出てきたもの。食用。《季 秋》「ひらひらと月光降りぬ―/茅舎」

かいわり-ば【貝割(り)葉】かひわり― 発芽したばかりの、二枚貝が開いたようにみえる双葉。

かい-われ【貝割れ｜×穎割れ】かひ― 貝割り菜のこと。また、貝割れ大根の略。

かいわれ-だいこん【貝割れ大根】かひわれ― 大根の種子から発芽して双葉が出たもの。辛みがあり、サラダや料理のつまにする。

かい-わん【怪腕】クヮイ― 並外れてすぐれた腕力・手腕。「―をふるう」

かい-わん【海湾】陸地へ入り込んだ海。湾。

かいわん-ほう【回腕法】クヮイワンハフ 書道の運筆法の一。ひじは半月形に張り出し、筆と指とを体の前方に抱え込むようにする。回腕執筆法。

か-いん【下院】ーヰン　上下両院で構成される議会の一院。人民の選挙した議員で構成される。⇔上院。

か-いん【火印】クワー　❶仏語。左右の手の指を三角の形に結び、火の相にかたどる印契。❷金属製の印を火で熱して、物に押した跡。焼き印。

か-いん【ˣ訛音】クワー　▶かおん(訛音)

か-いん【過飲】クワー〔名〕スル　飲みすぎること。暴飲。

か-いん【禍因】クワー　わざわいの起こるもと。

か-いん【課員】クワヰン　課に所属する職員。

カイン〖Cain〗旧約聖書の創世記に記されるアダムとイブとの長子。自分の献物が神に退けられたのを恨み、弟アベルを殺した。

が-いん【画因】グワー　絵画制作の動機。モチーフ。

が-いん【画院】グワヰン　中国の宮廷で、絵画の作成をつかさどった機関。唐代に創設され、宋代に最盛期を迎えた。図画院(とがいん)。翰林(かんりん)図画院。➡院体画

が-いん【雅音】❶相手を敬ってその便りをいう語。❷優雅な音楽。「玉笛(ぎょくてき)を吹いて自ら―をあやつり給ふ」〈平家・四〉

カインド〖kind〗❶種類。「マン―(=人類)」❷親切な、思いやりがある、の意。「―ハート」

カウ〖cow〗雌牛。乳牛。飼い牛。「―ボーイ」

か・う【ᵛ支う】かふ〔動ワ五(ハ四)〕❶棒やくさびなどを、物に当てて支える。当てがって支えとする。「心張り棒を―・う」❷鍵やかんぬきなどをかける。「鍵を―・う」(可能)かえる

か・う【交う】かふ ㊀〔動ワ五(ハ四)〕(動詞の連用形に付いて)互いに…する、…して擦れ違う、の意を表す。「呼び―・う」「行き―・う」㊁〔動ハ下二〕入れ違いにする。さしかわす。「天の川夜舟を漕ぎて明けぬとも逢はむと思ふ夜袖―・へずあらむ」〈万・二〇二〇〉

か・う【ᵛ肯ふ】かふ〔動ハ下二〕承諾する。肯定する。「即ち使ひを遣はして喚(め)す。しかるを来(まう)き―・へず」〈斉明紀〉➡かえにす　➡がえんずる

か・う【変ふ】かふ〔動ハ下二〕「か(変)える」の文語形。

か・う【換ふ┊替ふ┊代ふ】かふ〔動ハ下二〕「か(換)える」の文語形。

か・う【買う】かふ〔動ワ五(ハ四)〕❶代金を払って自分の所有とする。「欲しい物を―・う」「権利を―・う」⇔売る。❷自分のしたことがもとになって、好ましくないことを身に負う。招く。「人の恨みを―・う」「反感を―・う」❸進んで引き受ける。「売られた喧嘩(けんか)を―・う」❹価値を認める。「努力を―・う」❺金銭を払って売春婦などと遊興する。「女を―・う」(可能)かえる

(…句)一笑を買う・恨みを買う・歓心を買う・喧嘩(けんか)を買う・児孫のために美田を買わず・失笑を買う・死馬(しば)の骨を五百金に買う・飲む打つ買う・一役買う・顰蹙(ひんしゅく)を買う・不評を買う

(類語)購入・購買・購(あがな)う・買い取る・買い上げる・買い入れる・買い込む・買い受ける・買い切る・買い戻す・買い漁(あさ)る・買い叩(たた)く・仕入れる・買収/認める・評価する・一目置く

買って◦出る　自分からすすんで引き受ける。「仲裁役を―◦出る」

か・う【飼う】かふ〔動ワ五(ハ四)〕❶食べ物を与えて動物を養い育てる。「猫を―・う」❷動物に食べ物・水を与える。「鷹に―・はんとて、生きたる犬の足を斬り侍りつるを」〈徒然・一二八〉❸毒や薬などを飲ませる。盛る。「馬銭(まちん)といへる毒を―・うて殺したるらん」〈仮・浮世物語・三〉(可能)かえる (類語)飼育・子飼い

ガウア〖gaur〗ウシ科の哺乳類。大形で、体高2メートル、体重1トンにもなる。体は褐色で四肢の先のほうは白く、雌雄とも角をもつ。東南アジアに分布、森林にすむ。インド野牛(やぎゅう)。ガウル。

カウイータ-こくりつこうえん【カウイータ国立公園】ーコクリツコウヱン《Parque Nacional Cahuita》コスタリカ東部、リモン州、パナマとの国境近く、カリブ海に面する国立公園。熱帯雨林が広がり、先住民ブリブリ族の居住地もある。

カウキャッチャー〖cowcatcher〗テレビ・ラジオで、番組開始前の時間に放送される広告。機関車の前部につけていた野牛よけの安全網から転じた名称。

カウザルギー〖ドイツ Kausalgie〗灼熱(しゃくねつ)痛。末梢(まっしょう)神経の損傷後に生じ、皮膚の発熱、発汗を伴う激痛。

ガウス〖gauss〗CGS単位系の磁束密度の単位。1ガウスは1平方センチメートルの面積を通る磁束が1マクスウエルのときの磁束密度で、1万分の1テスラ。ドイツの数学者ガウスの名にちなむ。記号G

ガウス〖Karl Friedrich Gauss〗[1777～1855]ドイツの数学者・天文学者。正十七角形の作図の可能性の証明、最小自乗法の発見、準惑星ケレスの軌道の算出、曲面の研究など、純粋数学のほか、電磁気学にも多くの業績を残した。著「整数論」など。

ガウス-きごう【ガウス記号】ーキガウ　ある実数を超えない最大の整数を表す[　]の記号。x=3.45の場合、[x]=3となる。ガウスの記号。

ガウス-きょくせん【ガウス曲線】▶正規曲線(せいききょくせん)

ガウス-しょう【ガウス賞】ーシャウ　社会生活への数学の応用に関して貢献のあった研究者に与えられる賞。国際数学連合(IMU)とドイツ数学者連合が2002年に創設。表彰は4年に一度で、2006年の第1回は伊藤清が受賞。名称はドイツの数学者ガウスにちなむ。

ガウス-たんいけい【ガウス単位系】ータンヰケイ　電磁気の単位系の一。電気に関する物理量を静電単位、磁気に関する物理量を電磁単位で表す。真空の誘電率ε_0=1、透磁率μ_0=1となり、マクスウェルの方程式などで電気と磁気の対称性がよい。CGS単位系によって表されるため、CGSガウス単位系ともいう。

ガウス-の-ほうそく【ガウスの法則】ーハフソク　電場で、閉曲面を通って外へ出る電束の総数はその曲面内に含まれる全電気量に等しいという法則。一般にベクトル場で、閉曲面に囲まれた空間の単位ベクトルはその空間全体の体積積分に等しいという定理。ガウスの定理。

ガウス-ぶんぷ【ガウス分布】▶正規分布

ガウス-へいめん【ガウス平面】直交座標の横軸に実数値、縦軸に虚数値をとり、一つの複素数を一つの点で示す平面。複素平面。数平面。

ガウス-ルジャンドル-の-アルゴリズム　コンピューターで円周率を計算する際に用いられる反復計算アルゴリズムの一。18世紀後期から19世紀初期にかけてルジャンドルとガウスがそれぞれ研究した楕円積分に関する公式を組み合わせたもので、1970年代に米国のユージン=サラミンとオーストラリアのリチャード=ブレントがそれぞれ独自に発見した。

カウチ〖couch〗寝いす。ソファーよりも背もたれが低く、ひじ掛けが一方にしかないものもある。

カウチ-ポテト〖couch potato〗寝いす(カウチ)でくつろいでポテトチップをかじりながらテレビやビデオを見て過ごすような、自分一人の中に閉じこもって精神的な安らぎを求めるライフスタイル。また、そのような生活を好む人。米国で、ヤッピーに代わって現れた言葉。

ガウチョ〖スペイン gaucho〗アルゼンチンなど南アメリカの草原地方のカウボーイ。

ガウチョ-ハット〖gaucho hat〗ガウチョのかぶる帽子。先がしだいに細くなった直線的なクラウン(てっぺん)と幅広いブリム(つば)を特徴とする。

カウチン〖cowichan〗▶カウチンセーター

カウチン-セーター〖Cowichan sweater〗《カナダのカウチンインディアンが作ったところから》脱脂していない羊毛糸とアメリカスギの皮繊維を混紡した糸を用いた、手編みのセーター。防水・防寒性にすぐれ、自然な色調と動物模様などを特徴とする。カウチン。

カウツキー〖Karl Johann Kautsky〗[1854～1938]ドイツの社会主義者。社会民主党の「エルフルト綱領」を起草。マルクス主義理論を受け継いで修正主義者を批判したが、第一次大戦参戦支持などで徐々に中間派に移行し、ロシア革命に際してはこれを批判。ナチス政権後、亡命。著「農業問題」「エルフルト綱領解説」など。

ガウディ〖Antonio Gaudi y Cornet〗[1852～1926]スペインの建築家。曲線・曲面の多用と多彩な装飾を特色とする幻想的作風で知られる。住宅カサ-ミラなど作品は多い。サグラダファミリア(聖家族)聖堂は1882年に前任者により着工し、翌年からガウディが設計を担当。工事は現在も続いている。アントニオ=ガウディ。

カウナス〖Kaunas〗リトアニア中央部にある同国第2の都市。ネムナス川とネリス川の合流点に位置する。11世紀以前に創設され、交易の要地として発展。15世紀にハンザ同盟に加わり、17世紀から18世紀にかけてロシアやスウェーデンの侵攻を受けた。19世紀に鉄道が開通して諸工業が盛んになり、旧ソ連併合以前は臨時首都が置かれた。13世紀から17世紀にかけて建造されたカウナス城、カウナス大聖堂、「白鳥」と称される18世紀のバロック様式の旧市庁舎のほか、ビタウタス大公教会、ペルクーナスの家などの歴史的建造物が多く残る。

カウナス-じょう【カウナス城】ージャウ《Kauno pilis》リトアニア中央部の都市カウナスの旧市街にある城。13世紀にドイツ騎士団の侵攻に備えるために建造。幾度も騎士団による攻撃を受けたが、15世紀初め、ビタウタス大公の時代には防衛拠点としての役割を終えた。17世紀から18世紀にかけて戦争により大部分が破壊され、現在は塔と城壁の一部が残っている。

カウナス-だいせいどう【カウナス大聖堂】ーダイセイダウ《Kauno arkikatedra bazilika》リトアニア中央部の都市カウナスの旧市街にあるカトリック教会の大聖堂。15世紀前半に赤煉瓦造りのゴシック様式で建造。17世紀半ば、ロシアポーランド戦争の際に一部が破壊されたがルネサンス様式で修復。18世紀後半にポーランド-リトアニア共和国最後の国王スタニスワフ2世アウグストにより室内装飾が施された。聖ペテロとパウロ大聖堂。聖ペトロイルポビロ大聖堂。

カウノス〖Kaunos〗トルコ南西部、小アジアにあった古代都市。現在のダルヤンの近郊、ダルヤン川西岸に位置する。紀元前9世紀頃にカリア人が建設。ヘレニズム、古代ローマ時代を通じて海上交易の拠点として栄えた。紀元前4世紀頃に岩山を掘って造られた王墓のほか、古代ローマの神殿や劇場の遺跡がある。

カウプ〖Kaub〗ドイツ西部の町。ライン川に面し、支流のナーエ川の河口に位置する。ライン川の中州に通行税徴収のために建てられたプファルツ城、町の背後の丘にあるグーテンフェルス城など、中世の面影を残す歴史的建造物がある。2002年、「ライン渓谷中流上部」として世界遺産(文化遺産)に登録。

かうぶり【ᵛ冠】▶こうぶり(冠)

カウベル〖cowbell〗❶牛の居場所がわかるように牛の首につける鈴。❷ラテン音楽用の打楽器。鉄製の円錐をつぶした形のものをスティックで打って音を出す。

カウボーイ〖cowboy〗米国西部・メキシコなどの牧場で、馬に乗って働く牛飼い。牧童。「―ハット」

ガウヤ-こくりつこうえん【ガウヤ国立公園】ーコクリツコウヱン《Gaujas nacionālais parks》ラトビア、ビゼメ地方にある同国最大の国立公園。ガウヤ川沿いの緑豊かな自然景観と渓谷美で知られる。観光拠点は北西部に位置する町スィグルダ。

カウリ〖kauri〗ナンヨウスギ科の常緑高木。ニュージーランド北島原産。高さ25～35メートル。木材として種々の用途に用いられる。

カウリ-コーパル〖kauri copal〗天然樹脂コーパルの一。淡黄色から濃褐色のかたまり。ワニス・ラッカー・リノリウムの製造に用いられる。

カウリング〖cowling〗航空機のエンジンカバー。また、オートバイのエンジン部を覆う流線形のカバー。機体の空気抵抗を減らす働きをする。カウル。

カウル〖cowl〗❶高位の僧侶が儀式の際に用いる長い丈で大きなフードのついたマントのこと。❷▶カウリング

か-うん【家運】一家の運命。「―を盛り返す」

ガウン〖gown〗❶丈の長い、ゆったりと仕立てた室内着。「ナイト―」❷判事・検事・弁護士などの法服。また、僧・大学教授・学生が儀式に着用する外衣。

(類語)ブレザー・ジャケット・ブラウス・ジャンパー・ブルゾン・セーター・カーディガン・上着・羽織・半纏(はんてん)・上っ

張り・ちゃんちゃんこ・外套がいとう・コート・オーバー・マント・ケープ・被布・合羽カッパ

カウンシル〖council〗評議会。協議会。

カウンシルマネージャー-システム〖council manager system〗地方政府組織の形態の一。議会が全権を掌握し、行政実務の専門家として市支配人(シティーマネージャー)を雇用して執行に当たらせるもの。市会-支配人制。

カウンシルメイヤー-システム〖council mayor system〗地方政府組織の形態の一。首長と議会をともに公選し、執行機関と立法機関を分立させるもの。市長-市会制。

カウンセラー〖counselor〗学校・職場・医療施設・社会福祉施設などで、一身上の悩みや問題をもつ人に面接して相談相手になる人。助言者。相談員。

カウンセリング〖counseling〗学業や生活、人間関係などで悩みや適応上の問題をもつ人に対して、心理学的な資料や経験に基づいて援助すること。

カウンセリング-セールス《和 counseling＋sales》問診形式で客の志向などを調べながら、製品を販売する方法。特に、「肌タイプ診断機」などのハイテク機器を利用した化粧品販売などをいう。

カウンター〖counter〗❶㋐銀行・事務所・商店などで、客との応対・会計などに用いる、仕切りを兼ねた長い台。受付台。勘定台。帳場。㋑飲食店などで、客と調理場を仕切る細長いテーブル。❷㋐計数器。計算器。「ガイガー―」㋑計算する係。数取り。

カウンター〖counter〗❶反対。逆。❷「カウンターブロー」の略。

カウンターアタック〖counterattack〗❶失地回復を目的とする限定攻撃。逆襲。❷サッカーやラグビーで、防御から一転して攻撃に移ること。

カウンターインテリジェンス〖counterintelligence〗外国の敵意ある情報活動を無効にするための防諜活動。敵国の破壊・怠業活動などの謀略活動から、人・物資・施設を防護するための諸活動を含んでいう。

カウンターオファー〖counteroffer〗貿易で、売り申し込みに対して、買手が条件修正の申し込みをすること。

カウンターカルチャー〖counterculture〗既存の文化や体制を否定し、それに敵対する文化。1960年代のアメリカで、最も盛り上がりをみせた。対抗文化。➡サブカルチャー

カウンター-キッチン《和 counter＋kitchen》台所と食事室の間仕切りを兼用するカウンター状テーブル。

カウンターシャフト〖countershaft〗主軸から受けた動力を作業機械へ伝達するための軸。中間軸。副軸。

カウンターステア〖countersteer〗自動車の操縦技術の一。パワーのある後輪駆動車でコーナーを抜ける際アクセルを踏むと、後輪が横方向に滑って外側へふくらみ、小さくすばやく回れる。この時スピンを防ぐために、ハンドルをコーナーの方向とは逆に切ること。

カウンターテナー〖countertenor〗女声のアルトとほぼ同じ音域の成人男性の声域。また、その声域の歌手。教会音楽などで、女声の代わりに用いられる。

カウンターパーチェス〖counterpurchase〗見返り輸入。プラントなど大型商品の輸出に際し、輸出金額の一定割合を定めて相手国商品を購入すること。CP。

カウンターパート〖counterpart〗《二つあるものの片方の意》❶対等の立場にある相手。対応相手。「現地における―を探す」❷国際協力の場において、現地で受け入れを担当する機関や人物。

カウンターバランス〖counterbalance〗《「平衡おもり」の意》(相殺して、また、不足を補って)釣り合いを取ること。そのための力。均衡勢力。「アメリカの―としてEU統合が進められた」

カウンター-パワー〖counter power〗反対勢力。対抗勢力。「―が働く」「権力への―」

カウンターパンチ〖counterpunch〗➤カウンターブロー

カウンターフォース〖counterforce〗軍事用語で、限定核攻撃を受けた際に、相手の核兵器・軍事施設に対し十分な破壊・報復攻撃ができること。

カウンターブロー〖counterblow〗ボクシングで、相手が攻撃のために前へ出たときに、こちらから打撃を加えること。カウンターパンチ。

カウンターベイリング-パワー〖countervailing power〗対抗力。特に、企業に対する労働組合などが、企業の得た利益の配分を求め、同等の立場でふるう対抗力。社会的拮抗きっこう力。

がうん-たっち【臥雲辰致】グワウン［1842～1900］明治時代の発明家・紡績技術者。信濃の人。日本初の綿糸紡績機、臥雲紡績機(ガラ紡機)を製作。明治20年代から30年代に掛けて広く使われた。名は「たつむね」「ときむね」とも。

カウント〖count〗〔名〕スル ❶数をかぞえること。また、その数。「発売枚数を―する」❷野球で、「ボールカウント」または「アウトカウント」の略。❸㋐プロボクシングで、選手がダウンしたとき、審判が1から10までその秒数をかぞえること。㋑プロレスリングで、フォールされた選手の両肩がマットについたり、反則が行われたりしたときに、審判がその秒数をかぞえること。❹放射線量の単位の一。ガイガー-ミュラー計数管などによる計数。ふつう毎分の計数(カウント数)で表し記号にcpmを用いる。〈類語〉数える・数え上げる・数えたてる・勘定・点・列挙・枚挙

カウント-アウト〖count out〗ボクシングで、ノックダウン後に10秒が経過してノックアウトが成立して負けとなること。

カウント-じこ【カウント事故】事故を起こした翌年のノンフリート等級が3等級下がる事故のこと。対人賠償保険・対物賠償保険・自損事故保険・車両保険の保険金が支払われる事故が該当する。➡等級据え置き事故 ➡ノーカウント事故

カウントダウン〖countdown〗9、8、7、6、…0のように、数を大きい方から逆に数えること。ロケット発射時の秒読みなど。

かえ【代え｜替え｜換え】かへ ❶かわりになるもの。予備。「靴下の―」❷取りかえること。引きかえ。

か-え〔連語〕《終助詞「か」＋間投助詞「え」》文末に付けて、確かめたり、疑いをもって問いかけたりする意を表す。「出来た―」〈漱石・吾輩は猫である〉

がえがへ〔終助〕《上代東国方言。連語「がえ」からかという》(文末にあって)反語の意を表す。…か、いや、そうではない。「上野かみつけの佐野の舟橋取り放し親は放さくれど我わは離さかる―」〈万・三四二〇〉

が-えへ〔連語〕《格助詞「が」＋名詞「上へ」。上代東国方言》…するうえに。…する一方で。「赤見山草根刈りそけ逢はすがへあらそふ妹いもしあやに愛かなしも」〈万・三四七九〉

かえ-あい【替▽間】かへあひ 能の間あい狂言における特殊演出。常の演出と、全部演出が変わる場合と、一部変わる場合とがある。

か-えい【火映】クワ 活動中の火山の火口上空の雲や噴煙が、火口の赤熱溶岩に映えて明るく赤く見える現象。伊豆大島の御神火ごじんかはこの例。

か-えい【花営】クワ 室町幕府を風雅にいった語。足利義満が京都室町に幕府を構え、花樹を多く植えたのを人々が「花の御所」と呼んだところから、柳営りゅうえいになぞらえていったもの。

か-えい【花影】クワ 月の光などによってできる花の影。特に、桜の花の影。「春宵の―」

かえい【嘉永】江戸末期、孝明天皇の時の年号。1848年2月28日～1854年11月27日。

が-えい【牙営】牙旗を立ててある陣屋。大将のいる陣営。本営。

かえいさんだいき【花営三代記】クワエイサンダイキ 室町幕府に関する記録。3巻。筆者未詳。将軍足利義満・義持・義量の3代にわたり、幕府の行事・法令や武家風俗などを記す。室町記。武家日記。

かえ-うた【替(え)歌】かへ ある歌を、旋律はそのままにして歌詞だけ替えて歌うもの。

かえ-おとり【替へ劣り】かへ 物を交換して、前より劣ったものを得ること。悪いものにかえること。「平家に源氏―したり」〈平家・八〉⇔替え優まさり。

かえ-おや【替(え)親】かへ 「契約親けいやくおや」に同じ。

かえ-かご【替え×駕▽籠】かへ 江戸時代、宿駅で駕籠を乗り換えること。また、その駕籠。➡通し駕籠

か-えき【課役】クワ ❶仕事を割り当てること。また、割り当てられた仕事。❷律令制で、調と役えき。租税と夫役ぶやく。かやく。

かえ-ぎ【替(え)着】かへ 着替えの着物。着替え。

替え着なしの晴れ着なし 常にいい衣服を着ているが、それ1枚だけで着かえる衣服がないこと。

かえ-ことば【替へ▽詞｜替へ言葉】かへ 合い言葉。符牒ふちょう。「この若衆を墓原といへるは、一夜の情代銀三枚あげし―なり」〈浮・男色大鑑・六〉

かえ-さ【帰さ｜▽還さ】かへ《「かえるさ」の音変化「かえっさ」の促音無表記》❶帰る時。帰る途中。「そのみわざに詣まうで給ひて、―に」〈伊勢・七八〉❷帰ること。特に、賀茂の祭りの翌日、斎王いつきのみこが紫野の斎院に帰ること。「またの日―見むと人々の騒ぐにも」〈かげろふ・下〉

かえさ-う【返さふ｜▽反さふ】かへさふ〔動ハ四〕《動詞「かえ(返)す」の未然形に反復継続の助動詞「ふ」の付いた語》❶裏返して見る。「針袋取り上げ前に置き―・へばおのともおのや裏も継ぎたり」〈万・四一二九〉❷思い返す。反省する。「かくだに思はじ、など心一つを―・ふ」〈源・手習〉❸問い返す。反問する。「史記の難き巻々、寮試受けむに、博士の―・ふべき節々を引きいでて」〈源・少女〉❹(「かえさい申す」「かえさい奏す」の形で)辞退する。「心深きさまなることどもを宣のたまひつづけしには、えすくすくしくも―・ひ申さでなむ」〈源・若菜上〉

かえ-さま【返様｜▽反様】かへ さかさま。反対。逆。また、裏返し。「―に縫ひたるもねたし」〈枕・九五〉

カエサラウグスタ-げきじょう【カエサラウグスタ劇場】ゲキヂャウ《Caesaraugusta》スペイン北東部、アラゴン州の都市サラゴサにある、古代ローマ時代の劇場遺跡。カエサラウグスタはサラゴサの旧称で、ローマ皇帝アウグストゥスの時代に築かれた植民都市の一。劇場は1世紀に建造されたと考えられている。石碑などの出土品を展示する博物館を併設する。

カエサル〖Gaius Julius Caesar〗［前100ころ～前44］ローマの将軍・政治家。ポンペイウス・クラッススと第1回三頭政治を結成。ガリアを平定したのち独裁者となるが、共和派によって元老院内で暗殺された。文人としてもすぐれ、著に「ガリア戦記」「内乱記」など。シーザー。ケーザル。〈補説〉「カエサル」は、ローマ皇帝の称号となり、ドイツ皇帝の「カイゼル」やロシア皇帝の「ツァーリ」の語源になった。

カエサルの物ものはカエサルに 《新約聖書「マタイによる福音書」から》神への服従と国家に対する義務とは次元の違うものであって、両者をともに守ることは矛盾ではない、と説いたキリストの言葉。本来の持ち主に返せ、の意にも用いられる。

カエサレア〖Caesarea〗➤カイセリ

かえし【返し｜▽反し】かへし ❶表裏を逆にするなど、向きを変えること。ひっくりかえすこと。「手首の―が悪い」❷返礼。「お祝いの―をする」「病気見舞いのお―」❸返報。しかえし。「このお―は必ずさせてもらう」❹返事。返答。かえりごと。「手紙の―」❺釣り銭。おつり。「二〇〇円のお―」❻釣り針の先につけてある内向きの突起。かかった魚やえさが落ちないためにある。かえり。かかり。あご。❼波・地震・大風などが一度やんで再び起こること。風の場合は反対の方向に吹くことをもいう。ぶりかえし。「地震の―がくる」❽謡曲で、道行き・待ち謡うたいなど挙げ歌の初めや終わりの部分を二度繰り返して謡うこと。また、各種歌謡で、同じ文句を二度繰り返して歌うこと。❾《「反」を訓読して》漢字の字音を示す反切はんせつ法のこと。❿「返し歌」の略。⓫「返し幕」の略。

かえ-じ【替(え)字】かへ ある字のかわりに同じ読みの他の字を用いること。また、その字。例えば、「吉野」の「吉」を「芳」にかえる類。

かえし-うた【返し歌】かへし ❶贈られた歌に答えて詠

む歌。返しの歌。返歌。かえし。⇔懸け歌。❷長歌に添えた短歌。反歌。❸神楽歌や東遊びで、歌を二段に分けて歌うとき、前の段の末句を後の段の末で繰り返して歌うこと。

かえし-がたな【返し刀】❶一方へ切りつけた刀をすばやく翻して他のほうへ切りつけること。また、その刀。返すかたな。❷竹や木の枝の先などを斜めに切ったあと、その先端を反対側から切って少しそぎ、とがりをなくすこと。「枝の長さ七尺、あるいは六尺、一五分に切る」〈徒然・六六〉

かえし-こうばい【返し勾配】日本建築で、45度以上の急勾配。45度を引いた残りの勾配で傾きを表す。

かえし-じ【返し字】「返り字」に同じ。

かえし-じょう【返し状】返事の手紙。返書。〈日葡〉

かえし-どめ【返し留め】裁縫で、縫いおわりに、糸が抜けないように、二針三針縫い戻して留めること。

かえし-ぬい【返し縫い】手縫いの縫い目を丈夫にするため、針目を返しながら縫うこと。また、ミシン縫いの始めや縫い終わりを、引き返して縫うこと。

かえし-ばり【返し針】手縫いの途中で、縫い進んだ針を一針戻すこと。

かえし-ぶみ【返し文】返事の手紙。返書。かえりぶみ。

かえし-まく【返し幕】歌舞伎で、同じ幕の中のいく場かを回り舞台で続けないで、いったん幕を閉めて次の場を開けること。下座音楽・柝などで間をつなぐ。かえし。

かえし-もの【返し物】❶他人から借りて返すべきもの。❷返礼の品物。おかえし。「中元の—」❸催馬楽などで、呂から律、または律から呂へ調子を移して歌うもの。かえりもの。移調。返り声。

かえし-ももだち【返し▽股立】路次警固の武士の袴の裾の取り方。下着の小袖の裾ぐるみ袴の裾先をひざの上に高くたくして、腰のひもに挟み込んでおくこと。

かえ-しょうぞく【替(え)装束】能または狂言で、普通のものとは異なった面や装束を用いること。また、その演出。

かえし-わざ【返し技】柔道などで、相手のしかけてきた技をはずすと同時に、切りかえしてかける技。

かえ・す【返す｜▽反す】〔動サ五(四)〕❶表であったものを裏にしたり、上であったものを下にしたりして、ものの向き・位置を反対にする。裏がえす。ひっくりかえす。「せんべいを—・しながら焼く」「手の平を—・す」「差し手を—・す」❷たがやす。土などを掘りかえす。「田を—・す」❸(返す)物をもとあった所に戻す。「読んだ本を棚に—・す」❹(返す)受けたり借りたりしたものを、もとの所有者に戻す。返却する。返済する。また、返上する。「借金を—・す」「官位を—・す」❺(返す)変わってしまった物事をもとの状態どおりにする。「話を白紙に—・す」❻(返す)相手から受けた行為に対して、それと同じことをこちらからする。相手の働きかけに、同等の働きかけでこちらが応える。㋐返報や返礼をする。「恩を仇で—・す」「お金で—・す」㋑返答や返歌をする。「言葉を—・す」「視線を—・す」「歌を—・す」❼食べた物を吐く。戻す。〈和英語林集成〉❽雅楽などで、呂律の調子を変えてうたう。❾《「反切」の「反」を「かえす」とよむところから》反切によって漢字の音を示す。❿もとへ戻る。返る。ひきかえす。「寄せては—・す白波の」「取って—・す」⓫違った色に染める。染めかえす。「小桜を黄に—・いたる鎧きて」〈平家・一〉⓬動詞の連用形に付けて用いる。㋐その動作を初めからもう一度、または何度もしてみる。くりかえす。「本を読み—・す」「糸を巻き—・す」㋑相手からされたのと同じことを、こちらから相手に対してする。「言い—・す」「なぐり—・す」(可能)かえせる

(用法)かえす・もどす——「本を返す(戻す)」「もとの位置に返す(戻す)」などでは相通じて用いられる。◆「返す」は「借りた金を返す」「恩を返す」のように対人関係に用いるほか、「たなごころを反す」「踵を返す」のような位置の転倒を意味する用法がある。これらに「戻す」を用いることはない。◆「戻す」は同じ道筋をたどって原位置に置く意が強く、「本を戻す」は、もとの場所に置く意である。「振り出しに戻す」「話を本題に戻す」のようにも用い、これらでは「返す」との交換は無理である。◆「本を返す」は所有者に返却する意であり、「返す」をもとの位置に戻す意で使うときは、多く「本を書架に返す」のように「…に」の形で場所を限定して示す。

(…句)裏を返す・裏釘を返す・恩を仇で返す・腕を返す・回瀾を既倒に反す・踵を返す・踵を返す・昏を反す・軍配を返す・言葉を返す・杯を返す・反りを返す・掌を反す・手を反す・手の平を返す・取って返す・白紙に返す

返す刀　あるものを攻撃した余勢をかって、間を置かずに他に攻撃の矛先を転じること。返し刀。「政府を攻撃した—で与党を非難する」

かえ・す【帰す｜▽還す】〔動サ五(四)〕《「返す」と同語源》❶もといた所に行くようにしむける。帰らせる。「生徒を家に—・す」「使いを—・す」❷野球で、ランナーが本塁を踏むようにさせる。「スクイズで走者を—・す」(可能)かえせる

かえ・す【×孵す】〔動サ五(四)〕《「返す」と同語源》卵を温めて、ひなにする。孵化させる。「ひなを—・す」(可能)かえせる

かえす-がえす【返す返す】〔副〕❶ある動作を繰り返すさま。何度も。重ね重ね。くれぐれも。「—言って聞かせる」❷過ぎた事を強く悔やむさま。つくづく。「—残念なことだ」❸念には念を入れて。ねんごろに。「—も、書きおく跡たしかなれども」〈十六夜日記〉

かえす-がき【返す書(き)】手紙の末尾に書き添えること。また、その文や言葉。追って書き。

かえ-ズボン【替(え)ズボン】❶上着と対になっていないズボン。❷上着と同じ生地・色・柄で複数作っておき、交替ではくズボン。

かえ-せん【替銭】中世の為替の一。遠隔地へ送金するのに、替銭屋・割符屋とよばれる商人に現金を払い込み、為替手形を組ませて送金するもの。後世の為替と両替の両面の機能をもつ。かいせん。かえぜに。かわし。⇨替米

かえせん-や【替銭屋】鎌倉・室町時代、為替業務を取り扱った商人。割符屋。

かえ-た【×汲え田】高地にあって、たびたび用水をくみ入れる必要のある田。畑田。

かえ-だま【替(え)玉】❶本人だと偽って別人を使うこと。また、その人。「—受験」❷本物のように見せかけて、そのかわりに用いるにせ物。❸ラーメン屋で、残したスープにお代わりとして入れる麺のこと。

(類語)身代わり・形代・スケープゴート・ダミー

かえ-ち【替(え)地】❶土地を交換すること。❷かわりに提供する土地。代替地。

かえ-ちゃわん【替(え)茶×碗】茶会で、客が多人数のとき、主茶碗にかえて用いる副の茶碗。正客には用いない。

か-えつ【下越】新潟県北部の地域名。かつて、越後を都に近い方から上越後・中越後・下越後と呼んだ時の北部地方の略称。現在、燕市や五泉市などより北の地方をいう。⇨上越㊁ ⇨中越

かえつ-だいがく【嘉悦大学】東京都小平市にある私立大学。平成13年(2001)に開学した、経営経済学部の単科大学。

かえっ-て【▽却って｜▽反って】〔副〕《「かえりて」の音変化》予想とは反対になるさま。反対に。逆に。「安物を買ったら、—高くついた」

(用法)かえって・むしろ——「病人のほうがかえって(むしろ)しっかりしている」「三月のほうがかえって(むしろ)寒かった」のような場合は相通じて用いられ、比較して強調する意を表す。◆「かえって」は予想していたことと反対の結果の意で、「勧められたら、かえって行く気がしなくなった」「もうけようとして、かえって損をした」のように用いる。これらの場合、「むしろ」には置き換えられない。◆「むしろ」は、どちらかといえば後者を選ぶの意を表す。「強い男性より、むしろ優しい男性が好きだ」「恥辱に生きるより、むしろ死を選ぶ」

かえって-とく【▽却説】〔接〕《漢文の「却説」を訓読したもの》話を転じてほかのことを説きはじめるときに用いる語。さて。さてまた。「一其翌朝、六月二十日」〈逍遥・当世書生気質〉

かえ-づる【替(え)弦】掛け替えの弓弦。予備の弓弦。副弦。

かえ-で【替手】《「かえて」とも》❶交替する人。❷箏や三味線などで、基本旋律である本手に対し、それと合奏するように作られた別の旋律。また、その演奏者。

かえで【×楓｜械＝樹】《「かえるで(蛙手)」の音変化》❶カエデ科カエデ属の落葉高木の総称。葉は多くは手のひら状に裂けていて、秋に紅葉または黄葉する。実には翼がある。イロハカエデ・トウカエデ・イタヤカエデ・ミネカエデ・カジカエデ・サトウカエデなど。園芸品種も多い。材は器具・家具用。砂糖をとる種類もある。もみじ。かえでのき。(季 花＝春 紅葉＝秋)「紅一深し南し西す水の隈/几董」❷襲の色目の名。表も裏も萌葱色のもの。❸紋所の名。❶の葉を図案化したもの。❹子供や女の小さくかわいらしい手。「玄関の戸をとんとんと、叩く—のわくらばに応ふる者もなかりける」〈浄・阿波鳴渡〉

かえで-ちょう【×楓鳥】❶カエデチョウ科の鳥。全長約10センチ。上面は灰褐色、下面は赤みを帯び、目のまわりとくちばしが赤い。アフリカの草原に群れで生活。日本では飼い鳥とされる。❷スズメ目カエデチョウ科の鳥の総称。羽色の派手なものが多い。ブンチョウ・ベニスズメ・キンパラなど。

かえで-の-ま【×楓の間】江戸城中の将軍の居室。政務のあとでくつろぐのに用いた八畳二間の座敷。ふすまに楓の絵が描かれていた。

かえ-どの【柏殿】平安時代、朱雀院にあった皇后の御所。

かえ-な【替(え)名｜代え名】❶本名にかえて用いる名。変名。❷芝居で俳優が扮する役の名。

かえ-に・す【▽肯へにす】〔動サ変〕《動詞「か(肯)ふ」の未然形＋打消しの助動詞「ず」の古い連用形「に」＋サ変動詞「す」から》…することを承諾しない。…することが許されない。「法師、前に居することを—・す」〈三蔵法師伝永久四年点・一〉(補説)のちに音変化して「がえんず」となり、打消しの意味が忘れられ、「肯定する」意に転じた。⇨肯んずる

かえ-の-かた【替の型】❶能で、普通と違った型で演じること。また、その型。❷能で❶がそのまま小書の名となったもの。

かえ-ば【替(え)刃】安全かみそりなどで、取りかえて使うかわりの刃。

かえ-ぶた【替(え)蓋】❶取り替えぶた。❷茶の湯釜・水指・茶入れなどで、本体とは材質の異なった象牙・木地・漆塗りなどで作られたふた。⇔共蓋。

かえ-ぼり【換(え)掘り】「掻い掘り」に同じ。

かえ-まい【替米】中世の為替の一。遠隔地へ米を送るのに、現物のかわりに手形を組んで送るもの。替銭と合わせて、当時、為替といった。かわしまい。⇨替銭

かえ-まさり【替へ▽優り】取りかえた結果が前よりよくなること。「げに—もや覚えまし」〈狭衣・一〉⇔替え劣り。

かえ-もん【替(え)紋】定紋のかわりに用いる紋。裏紋。

かえ-やぐら【代え×櫓】▶控え櫓

かえら-か・す【返らかす】〔動サ四〕煮立たせる。「提に湯を—・して」〈宇治拾遺・二〉

かえらぬ-たび【帰らぬ旅】〔連語〕死んであの世へ行くこと。死出の旅。「—に赴く」

かえらぬ-ひと【帰らぬ人】〔連語〕死んだ人。不帰の客。「—となる」(類語)死ぬ・亡くなる・死する・没する・果てる・眠る・瞑る・逝く・斃れる・事切れる・身罷る・先立つ・旅立つ・死去・死亡・死没・物故する・絶命・絶息・永眠・瞑目・逝去・長逝・永逝・他界・昇天・往生・落命・急逝・急死・

頓死とん・横死・憤死・夭折ようせつ・夭逝ようせい

かえらぬ-むかし【帰らぬ昔】〔連語〕再び帰ってくることのない過去。

かえら-まーに【▽却らまに】〔副〕逆に。かえって。かえらばに。「一君こそ我にたくひれの白浜波の寄る時もなき」〈万・二八二三〉

かえり【返り｜▽反り】㊀〔名〕❶ひっくりかえること。❷返り点。❸手紙に対する返事。また、返歌。かえし。「御一も聞こえさせねば」〈和泉式部日記〉㊁〔接尾〕助数詞。数や数の不定を表す語に付いて、回数を表す。たび。回。「二一ばかり歌はせ給ひて」〈源・篝火〉

かえり【帰り｜▽還り】《「返り」と同語源》帰ること。出発点の方へ戻ること。また、その時や、その道筋。「一を待つ」「一が遅くなる」「一は船に乗る」「一に本を買う」㊥行き。(類語)帰り道・帰路・帰途・復路
(…語)神帰り・行き帰り（がえり）朝帰り・里帰り・出帰り・七日なぬか帰り・花帰り・早帰り・日帰り・法師還り・坊主還り・本卦ほんけ帰り

かえり-あそび【▽還り遊び】「還かえり立ち❶」に同じ。「祭の日の一御前にてあるに」〈栄花・さまざまの喜び〉

かえり-あるじ【▽還り×饗】❶平安時代、賭弓のりゆみ・相撲すまいの節会せちえなどのあとで、勝ったほうの近衛の大将が自分の邸に戻って、味方の人々をもてなすこと。還り立ち。還り立ちの饗きょう。❷「還かえり立ち❶」に同じ。

かえり-い・ず【帰り▽出づ】〔動ダ下二〕❶もといた所にもどって姿を見せる。「内侍のもとに一・でて」〈竹取〉❷もといた所へかえるために、ある所を出る。「皆その急ぐべきものどもなど取り具しつつ一・で侍りにし」〈源・蜻蛉〉

かえり-うち【返り討ち】かたきを討とうとして、逆に相手に討たれること。「一にあう」

かえり-がけ【帰り掛け】❶帰る途中。帰り道。「一に立ち寄る」❷帰りぎわ。「一に客が来る」

かえり-ぎわ【帰り際】帰ろうとしている時。帰りがけ。「一にそっと耳うちする」

かえり-ぐま【返り×隈｜返り×暈】日本画で、彩色した上を白色や明るい色調の顔料などで隈取ること。逆隈さかぐま。

かえり-ぐるま【帰り車】目的地まで客を送った帰りで、人を乗せていない人力車やタクシー。

かえり-ごえ【返り声】雅楽や声明しょうみょうで、呂りょから律へ、または律から呂へと調子を転じること。また、その声。

かえり-ご・つ【返りごつ】〔動タ四〕《「返かえり事ごと」の動詞化》返事をする。「情なからずうち一・ち給ひて、御心には深う染しみまざるべし」〈源・賢木〉

かえり-ごと【返り言｜返り事】《「かえりこと」とも》❶使者が帰って報告すること。また、その言葉。「三年みとせに至るまで一申さざりき」〈記・上〉❷人からの手紙や歌などに対する返事。返答。返歌。「心まどはすやうにーしたる、よからぬことなり」〈徒然・二三四〉❸人からの贈り物に対する返礼。おかえし。「ある人、鮮らかなるもの持て来たり。米よねして一す」〈土佐〉

かえり-ざき【返り咲き】❶春の花が小春日和に誘われて、時節でもないのにまた咲くこと。狂い咲き。二度咲き。(季 冬)❷一度失った地位に再び就くこと。カムバック。(類語)❷復帰・再起・復職・帰任

かえり-ざ・く【返り咲く】〔動カ五(四)〕❶春の花が小春日和の暖かさに、時節でないのに再び咲く。狂い咲く。「八重桜が一・く」(季 冬)❷一度引退した者や、勢力・地位などの衰えていた者が、再び以前の状態に戻る。「再び当選して政界に一・く」

かえり-じ【返り字】漢文を訓読する際、文字の順序とは逆に、下の字を読んだあとで、読む字。その漢字の左下に返り点をつけて示す。返し字。(補説)「易ㇾ学」（学び易やすし）の「易」や、「宜ㇾ慎」（宜よろしく慎しむべし）の「宜」など。「宜」のように二度読むものは特に再読文字ともいう。

かえり-じたく【帰り支度】帰るために衣服や持ち物を整えること。帰る用意。

かえり-しな【帰りしな】❶帰りぎわ。「一に用ができる」❷帰る途中。帰り道。「一に一杯やる」

かえり-しょうがつ【返り正月】正月15日のこと。小正月。もどり正月。

かえり-しょにち【返り初日】芝居などで、興行中にいったん休んだあと、同じ演目で再び開演する最初の日。

かえり-しんざん【帰り新参】一度勤めを去った者が、再び同じ所に勤めること。また、その人。

かえり-だち【▽還り立ち】❶賀茂・石清水いわしみず両社の臨時祭や春日祭などが終了したのち、勅使や舞人・楽人たちが宮中へ戻って神楽を演じ、宴を賜り、禄ろくを頂くこと。還り遊び。還り饗あるじ。還り立ちの饗。❷「還かえり饗あるじ❶」に同じ。

かえり-ち【返り血】❶相手を切ったり刺したりしたときに、はねかかってくる血。「一を浴びる」❷(比喩的に)ある行動を起こした反動として生じる、好ましくない事柄。「増税強行によって支持率低下の一を浴びる」(類語)血しぶき・血糊ちのり・血反吐ちへど・血煙・血潮・流血

かえり-ち【返り値】《return value》▶戻り値

かえり-ちゅう【返り忠】主君に背いて敵方に通じること。裏切り。また、いったん背いた者が、再び忠義を尽くすこと。「一を、真の忠誠だと看ることは、生れ附いた人間の感情が許さない」〈鷗外・大塩平八郎〉

かえり-つ・く【帰り着く】〔動カ五(四)〕出発したもとの所に戻る。「やっとわが家に一・く」

かえり-て【▽却りて】〔副〕反対に。逆に。かえって。「いかにいとほしげならむと侮りしを、一心恥づかしきまでなむ見ゆる」〈源・玉鬘〉

かえり-てん【返り点】漢文の訓読で、返り読みの順序を示すために施される符号。漢字の左下に小さく記入するもので、「レ、一・二・三、上・中・下、甲・乙・丙、天・地・人」などがある。

かえり-てんじょう【▽還り殿上】❶「還昇げんじょう」に同じ。「一して五位の蔵人になりて」〈承応版狭衣・一〉❷上皇が再び皇位につくこと。重祚ちょうそ。「のちには一して称徳天皇と申しき」〈盛衰記・三〉

かえり-な・る【▽還り▽為る】〔動ラ四〕解任された人が、再び元の官に就く。「関白二条殿良実、この三年ばかりまた一・り給へば」〈増鏡・北野の雪〉

かえり-にゅうまく【返り入幕】相撲で、十両に落ちた力士が、再び幕内に入ること。

かえり-ばな【返り花｜帰り花】❶返り咲きをした花。二度咲きの花。狂い花。(季 冬)「凩こがらしに匂ひやつけし一／芭蕉」❷身請けされた遊女が、二度の勤めに出ること。「御身はまたまた廓くるわに一」〈浮・御前義経記・二〉

かえり-ぶみ【返り文｜返り▽書】返事の手紙。返書へんしょ。

かえり-まか・る【帰り▽罷る】〔動ラ四〕❶《「まかる」は、任命されて都から地方へ行く意》都から地方の任地などへ帰る。「我あが待つ君が事終はり一・りて」〈万・四一一六〉❷《「まかる」は行くの意の謙譲語》帰っていきます。「ののしりければ、一・りて遣はしける」〈後撰・恋五・詞書〉

かえり-み【顧み】❶振り返って見ること。「万度よろづたび一しつつはろはろに別れし来れば」〈万・四四〇八〉❷過去を振り返ること。「いと心澄めるやうにて、世に一すべくも思へらず」〈源・帚木〉❸気に掛けること。懸念すること。「大宮にのみ久方の昼夜分かず仕ふとて一もせぬわが宿の」〈古今・雑体〉❹後ろだてになって世話をすること。情けをかけること。うしろみ。「身にあまるまで御一を賜はりて」〈源・少女〉

かえり-みち【帰り道｜帰り▽路】帰る途中の道。帰路。(類語)帰り・帰路・帰途・復路

かえり・みる【省みる】〔動マ上一〕図〔マ上一〕《「顧みる」と同語源》自分のしたことを、もう一度考えてみる。反省する。「わが身を一・みて恥じる」

かえり・みる【顧みる】〔動マ上一〕図〔マ上一〕❶過ぎ去った事を思い起こす。回顧する。「半生を一・みる」❷心にとどめ考える。気にかける。「妻子を一・みない」❸振り返って見る。「後方を一・みる」(類語)振り返る・振り向く・背ける

顧みて他たを言う　《『孟子』梁恵王下から》答えに窮して、あたりを見回して本題とは別のことを言ってごまかす。

かえり-もうし【返り申し】❶使者が帰ってきて返事や報告をすること。また、その内容。復命。「長奉送使ちょうぶそうしにてまかり下りて、一の暁」〈続古今・離別・詞書〉❷神仏へ祈願のお礼参りをすること。報賽ほうさい。願ほどき。返り詣もうで。「心一つに、多くの願を立て侍りし。その一、たひらかに」〈源・若菜上〉

かえりやま-のりまさ【帰山教正】［1893～1964］映画監督。東京の生まれ。日本映画の近代化を求める「純映画劇運動」を展開。日本映画初の女優の起用や、シナリオを用いた弁士なしの映画形式への転換などを試みた。作品「生の輝き」「深山の乙女」「白菊物語」など。

かえり-よみ【返り読み】漢文を訓読するとき、下にある客語・補語を先に、述語をそのあとで読むこと。反読。

かえり-わた・る【帰り渡る】〔動ラ四〕帰って行く。また、帰って来る。「夜明け果てぬれば、御かたがた一・り給ひぬ」〈源・初音〉

かえる【×蛙｜×蝦｜×蛤】無尾目の両生類の総称。体は太短く、首のくびれがなく、目は上方に出て、口が大きい。前足に4本、後ろ足に5本の指と水かきをもつ。昆虫やミミズなどを舌で捕らえて食べる。声帯や鳴嚢めいのうをもち、鳴くものが多く、水田・沼などにすみ、樹上や地中にすむものもある。幼生はおたまじゃくし。アマガエル・トノサマガエル・ヒキガエル・ウシガエルなど種類が多い。かわず。(季 春)「痩一まけるな一茶是これにあり／一茶」

蛙の行列　《蛙があと足で立つと、後ろ向きになって前が見えないところから》向こう見ずなこと。また、そのような人々の集まり。

蛙の子は蛙　子は親のたどった道を歩むものだ、また、凡人の子は凡人にしかなれないものだ、の意。

蛙の面つらに水　▶蛙の面へ水

蛙の面つらへ水　《蛙の顔に水をかけても平気なところから》どんな仕打ちにも少しも感じないこと。蛙の面に小便。

蛙の頬冠ほおかむり　《蛙の目は上についているので、ほおかむりをすれば目が隠れてしまうところから》目先のきかないことのたとえ。

蛙の目借り時どき　春、蛙が鳴くころの、すぐ眠くなる時期。蛙に目を借りられる意からとも、蛙が雌を求める「妻狩めかり」から転じたものともいう。(季 春)

蛙は口ゆえ蛇じゃに呑のまるる　《蛙は鳴くために蛇に見つけられ、のまれる意から》黙っていればよいのに、つまらぬことを言ったために身を滅ぼすことのたとえ。蛙は口から蛇に呑まるる。

かえ・る【返る｜▽反る】〔動ラ五(四)〕❶表であったものが裏になったり、上であったものが下になったりして、ものの向き・位置が反対になる。裏がえる。ひるがえる。ひっくりかえる。「裾が一・る」「軍配が一・る」「漢文を下から一・って読む」❷(返る)一度変化したものが、前やもとの状態になる。「童心に一・る」「正気に一・る」❸(返る)一度手を離れた物が手元に戻る。もとの所有者に戻る。「忘れ物が一・る」「投資した金が倍になって一・ってくる」❹(返る)こちらからの働きかけに対して、相手が反応する。「返事が一・ってくる」❺年月・季節が一巡して再びその時になる。年が改まる。「その年も一・りぬ」〈更級〉❻染めた色がさめる。色があせる。「はなな(=ハナダ色)も一・り濡れなどしたる薄色の宿直物とのゐものを着て」〈枕・二〇〇〉❼動詞の連用形に付く。㋐すっかり…する、ひどく…する意を表す。「静まり一・る」「あきれ一・る」「むせ一・る」㋑繰り返し…する意を表す。「ぬばたまの夜を長みかもわが背子が夢いめに夢にし見え一・るらむ」〈万・二八九〇〉(可能)かえれる (類語)なおる・よみがえる・復する・やり直す・やり返す・立ち返る・立ち直る・舞い戻る
(…句)己に克かち礼に復かえる・愚に返る・年返る・覆水盆に返らず・我に返る

か・える【変える】〔動ア下一〕図か・ふ〔ハ下二〕❶物事を以前と違った状態・内容にする。変化させ

る。変更する。「姿を―・える」「顔色を―・える」「考えを―・える」「話題を―・える」「戦術を―・える」❷物の位置や場所を別の所に移す。また、別の期日・時間にする。変更する。「会場を―・える」「予定を―・える」[類語]変わる・直す・化する・変ずる・動く・移る・移ろう・転ずる・化ける

かえ・る【帰る｜▽還る】(かへる)〔動ラ五(四)〕《「返る」と同語源》❶自分の家や、もといた場所に戻る。「郷里へ―・る」「まもなく―・ってくる」❷今いる場所を離れて去る。「客が―・る」❸野球で、ランナーが本塁を踏んで得点になる。「ヒットで走者が―・る」➡戻る [用法] [可能]かえれる [類語]引き返す・戻る

帰りなんいざ 《陶淵明「帰去来辞」の「帰りなんいざ、田園将(まさ)に蕪(あ)れんとす、胡(なん)ぞ帰らざる」の一節》さあ、帰ってしまおう、の意。

か・える【換える｜替える｜代える】(かへる)〔動ア下一〕[文]か・ふ〔ハ下二〕❶(換える・替える)相手に与える代わりに、相手のものを自分のものとする。等しいもの、同種のものを他とやりとりする。交換する。「円をドルに―・える」「現金に―・える」「小銭に―・える」❷(代える)あるものに他のものと同じ役目・働きをさせる。「書面をもってあいさつに―・えさせていただきます」❸(換える・替える)今まで使っていたものを別のものにする。古くなったものを新しいものにする。「畳の表を―・える」「かみそりの刃を―・える」❹(代える)飲食物のおかわりをする。「御飯を―・えてください」❺(「…に替える」の形で)…を犠牲にする。…と引きかえにする。「命に―・えて子供を守る」❻(動詞の連用形に付いて)今までしていたのをやめて、新たに同じことを行う。「乗り―・える」「着―・える」「張り―・える」[補説]室町時代以降はヤ行にも活用した。➡換ゆ […句]命に替える・色を替え品を替える・裘葛(きゅうかつ)を易(か)える・背に腹はかえられない・手を替え品を替え

かえ・る【×孵る】(かへる)〔動ラ五(四)〕《「返る」と同語源》卵が、ひなや子供になる。孵化(ふか)する。「ひなが―・る」「卵が―・る」[類語]生まれる・出生する・誕生する・孵化する・産する・生(せい)を享(う)ける

かえる-あし【×蛙足】(かへる) 水泳で、平泳ぎの足の動かし方。蛙のように、ももを左右に開き、両膝・両足首を十分縮めたのち、両足裏で後方に水を押すもの。

かえる-あした【帰る▽朝】(かへる)〔連語〕男が女に会って一夜を過ごしたのちに別れる翌朝。きぬぎぬ。「明けぬとて待つ宵よりも七夕は―やわびしかるらむ」〈宇津保・藤原の君〉

かえる-あんこう【×蛙×鮟×鱇】(かへるあんかう) アンコウ目カエルアンコウ科の海水魚。全長約10センチ。体は球形に近く、黄褐色で地に黒褐色の斑紋が散在。胸びれと腹びれを使って海底を移動する。アンコウのように釣りざお状の突起を動かして小魚を誘って食べる。日本中部以南に分布。イザリウオとよばれていたが、日本魚類学会が平成19年(2007)1月に改名した。

かえる-いくさ【×蛙▽軍】(かへる) 群れ集まった蛙が先を争って交尾するさま。かわずいくさ。かわず合戦。

かえる-およぎ【×蛙泳ぎ】(かへる) 日本泳法の水府流の泳ぎ方の一。蛙が泳ぐような手足の使い方をする。平泳ぎ。

かえる-かり【帰る×雁】(かへる)〔連語〕春になって北へ帰る雁。行く雁。帰雁(きがん)。[季 春]「―きかぬ夜がちになりにけり/太祇」

かえる-ご【×蛙子】(かへる) おたまじゃくし。[季 春]

かえる-さ【帰るさ】(かへる) 帰る時。帰りがけ。かえさ。「一昨夜(おとつひ)の―」〈佐藤春夫・晶子曼陀羅〉「われ行く―に見む」〈万・三七〇六〉

かえるつぼかび-しょう【×蛙×壺×黴症】(かへるつぼかびしゃう) ツボカビの一種であるカエルツボカビによって起こる感染症。カエルなどの両生類が感染すると大量死を招くことがある。人間には感染しない。アフリカから輸出されたアフリカツメガエルとともに世界中に伝播したとされる。水を介しても広がるため、室内なら消毒も可能だが、野外に放出されると根絶は不可能。[補説]日本でも平成18年(2006)12月にペットの外国産カエルで発症を確認、翌年6月に野生のカエルで初の感染例が報告された。拡散すると在来の両生類に深刻な影響を及ぼすことが予想され、生態系のバランス破壊が懸念されている。

かえる-で【×蛙手｜鶏=冠=木】(かへる)《葉の形が蛙の手に似ているところから》カエデの古名。「わがやどに黄葉(もみ)つ―見るごとに妹(いも)をかけつつ恋ひぬ日はなし」〈万・一六二三〉

かえる-とし【返る年】(かへる)〔連語〕翌年。「―の司召(つかさめし)に」〈更級〉

かえる-とび【×蛙飛び｜×蛙跳び】(かへる) ►馬飛び

かえる-にょうぼう【×蛙女房】(かへるにょうばう)《蛙の目は上についているところから「目」を「妻(め)」に通わせて》夫より年上の妻。かわずにょうぼう。

かえる-ば【×蛙葉】(かへる) オオバコの別名。

かえる-また【×蛙股｜×蟇股】(かへる) ❶蛙がまたを広げたような形のもの。❷(蟇股)社寺建築で、梁(はり)や桁(けた)の上に置かれる、輪郭が山形をした部材。構造上必要な支柱であったが、のちには装飾化した。厚い板状のままの板蟇股と、内部をくりぬいて透かせた本蟇股とがある。

かえる-やま【帰山】(かへる) 福井県中部、南越前町から敦賀市へ通じる峠一帯の呼び名。[歌枕]「―ありとは聞けど春霞立ち別れなば恋しかるべし」〈古今・離別〉

かえ-ろ【換え×櫓｜換え×艪】(かへ) へさきにつけておいて、船を急にこぎ戻そうとするときに用いる櫓。逆櫓(さかろ)。返様櫓(かえさまろ)。

がえろめ-ねんど【×蛙目粘土】(がへろめ) カオリン質の粘土中に多量の石英粒を含むもの。雨などでぬれると、石英の粒が蛙の目玉のように見える。主として愛知県瀬戸市・岐阜県土岐(とき)市に産し、陶磁器の原料にする。がいろめねんど。がいろめ。がえろめ。

か-えん【火炎｜火×焔】(クワ) 物が燃えるときの、光や熱を出している部分。ほのお。[類語]炎(ほのお)・炎(ほむら)・光炎(こうえん)・紅炎(こうえん)・火柱(ひばしら)・火先(ほさき)

か-えん【花×筵】(クワ)「はなむしろ」に同じ。

か-えん【佳宴】 めでたい宴会。よい酒宴。

が-えん【×臥×煙】(グワ) ❶近世、江戸の町火消しの鳶(とび)の者。❷江戸城の見付の警固にあたった身分の低い者。❸ならずもの。無頼漢。

が-えん【賀宴】 祝いの酒盛り。祝宴。

が-えん【賀×筵】 祝賀の宴席。祝宴の会場。

かえん-ぐま【火×焔×隈】(クワエン) 歌舞伎の隈取りの一。白塗りの地に油紅で火炎のような形に隈取る。勇武・豪壮な役柄を示し、「義経千本桜」鳥居前の忠信などに用いる。

かえん-こうはい【火×焔光背】(クワエンクワウハイ) 不動明王などの背後にある、燃え上がるほのおの形をした光背。

かえん-さい【火×焔菜】(クワエン) アカザ科の一・二年草。サトウダイコンの一種。根は肥大し、暗紅色で、輪切りにすると同心円状に赤い模様がある。甘味が強く、ボルシチなどの材料とする。テーブルビート。ビーツ。うずまきだいこん。[季 秋]

かえん-しき【火×焔式】(クワエン) 火炎あるいはそれに似た形を意匠に用いた装飾。また、その装飾を施した土器や建築などの様式。

がえん・じる【▽肯んじる】(がへんじる)〔動ザ上一〕「がえんずる」(サ変)の上一段化。「そんな提案は―・じるわけにはいかない」

がえん・ずる【▽肯んずる】(がへんずる)〔動サ変〕[文]がへん・ず〔サ変〕承諾する。聞き入れる。引き受ける。がえんじる。「頑として―・じない」[補説]「かえ(肯)にす」の音変化、本来は承諾しないの意。「に」に含まれている否定の意が忘れられて、肯定の意に意識されるようになったもの。「がえんじない」「がえんぜられない」など、打消しの語とともに用いられることが多い。[類語]承知・了承・了解・承諾・承認・承引・承服・納得・同意・受諾・応諾・許諾・オーケー・受け入れる・聞き入れる・うべなう・うけがう・諾する・応ずる・引き受ける・首を縦に振る・承(うけたまわ)る

かえん-そう【火×焔草】(クワエンサウ) アカネ科の蔓性(つるせい)の多年草。卵形の葉が対生する。夏、長い筒状の赤い花を開く。南アメリカの原産。

か-えんそさん【過塩素酸】(クワ) 塩素酸をオゾンまたは過酸化水素で酸化するか、塩酸を電解酸化して得られる酸素酸。無色の液体。強力な酸化剤。有機物と反応して爆発する。

かえんそさん-アンモニウム【過塩素酸アンモニウム】(クワエンソサン) 過塩素酸のアンモニウム塩。無色の結晶。水やエチルアルコール・アセトンに溶ける。爆薬カーリットの原料、ロケットの固体燃料とする。

かえん-だいこ【火×焔太鼓】(クワエン)《火炎の模様の装飾があるところから》大太鼓(だだいこ)のこと。

かえん-だま【火×焔玉】(クワエン) 火炎に包まれた宝珠をかたどった細工物。御輿(みこし)の頂などにつける。火珠(かしゅ)。

がえん-はだ【×臥煙肌】(グワエン) 威勢のよいことを好む乱暴な性質。

かえん-びん【火炎瓶】(クワエン) ガラス瓶にガソリンなどを詰め、投げつけて火炎を発生させるもの。もとは、手製の対戦車用兵器。

かえん-ほうしゃき【火炎放射器】(クワエンハウシャキ) 可燃性の液体を圧縮ガスで噴射・点火して敵を攻撃する兵器。

かお【顔】(かほ) ㊀〔名〕❶頭部の前面。目・口・鼻などのある部分。つら。おもて。「毎朝―を洗う」❷かおかたち。かおだち。容貌(ようぼう)。「彫りの深い―」❸表情。かおつき。「浮かぬ―」「涼しい―をする」❹列座する予定の人。かおぶれ。成員。「常連が―をそろえる」❺社会に対する体面・名誉。「―をつぶされる」「合わせる―がない」❻一定の社会・地域における知名度、勢力。「あの店では、なかなかの―だ」❼ある組織や集団を代表するもの。また、目立つ部分。「首相は日本の―だ」❽物の表面。姿。「月が山の端に―をのぞかせる」㊁〔接尾〕(多く「がお」の形で)動詞の連用形などに付いて、そのような表情、またはそのようなようすであることの意を表す。「心得―」「したり―」「人待ち―」「得たり―」[類語](❶)顔面・面(めん)・面(つら)・フェース・面(おもて)/(❷❸)顔付き・顔立ち・容貌・面構え・面差し・面立ち・面影・人相・面相・容色・相好・血相・形相・剣幕・面魂・表情/(❻❼)広告塔

顔が合わせられ◦ない 面目なくて会えない。合わせる顔がない。「面目なくて親にも―◦ない」

顔が売・れる 広く世間に知られる。有名になる。

顔が利・く 信用や力があるために相手に対して無理が言える。「あの店には―・く」

顔が立・つ 世間に対して面目が保たれる。

顔が潰(つぶ)・れる 世間に対して面目を失う。

顔が広・い つきあいの範囲が広い。知り合いが多い。「政界に―・い」

顔から火が◦出る 恥ずかしくて顔が真っ赤になる。「人前で大失敗を演じ―◦出る思いがした」

顔で笑って心で泣・く つらくて泣きたい心情を抑えて、顔だけは楽しそうに笑う。

顔に書(か)いてあ・る 言わなくても、気持ちや考えが表情から読み取れる。「本当は好きなのだと―・る」

顔に◦出(で)る 感情や気持ち、体調などが、自然に顔つきに現れる。「疲れが―◦出る」

顔に泥(どろ)を塗・る 面目を失わせる。恥をかかせる。「親の―・る」[補説]「顔に土を塗る」「顔に泥を付ける」とするのは誤り。

顔に紅葉(もみじ)を散ら・す 若い女性などが、恥ずかしがって顔を赤くする。

顔を合わ・せる ❶顔を向き合わせる。会う。「久方ぶりに―・せる」❷共演する。❸競技をしあう組み合わせとなる。「準決勝で―・せる」

顔を売・る 世間に広く知られようとする。

顔を貸・す 頼まれて人に会ったり、人前に出たりする。「ちょっと―・してくれ」

顔を曇ら・せる 表情を暗くする。

顔を拵(こしら)・える 顔に化粧をする。「入念に―・えてから出かける」

顔を揃(そろ)・える 集まるべき人が全員集まる。「発起人一同が―・える」

顔を出・す ❶訪問する。また、会合に出席する。「―・しただけですぐ退席する」❷姿を現す。顔を見せる。「月が―・す」

顔を立・てる　面目が保たれるようにする。体面が傷つかないようにする。「先輩の―・てる」

顔を繋つな・ぐ　人に忘れられないように、折に触れて訪問したり出席したりする。顔つなぎをする。

顔を潰つぶ・す　面目を失わせる。名誉を傷つける。「親の―・す」

顔を直なお・す　汗などでくずれた化粧をし直す。

顔を振ふ・る　首を横に振る。不承知の意を表す動作。

顔を見・せる　その場所へ来る。顔を出す。

顔を汚よご・す　面目を失わせる。顔に泥を塗る。

がお【顔】「かお(顔)⊟」に同じ。「泣き―」「したり―」

ガオ〖GAO〗《Government Accountability Office》米国会計検査院。議会の付属機関で、連邦予算の支出や政府機関の活動を監査する。

かお-あわせ【顔合(わ)せ】〔名〕スル ❶集まり合うこと。特に、ある共通の目的のために、初めて会合すること。❷演劇・映画などで、俳優が共演すること。「二大スターの―」❸対抗試合などでの組み合わせ。「強豪どうしの―」〔類語〕会見・対面・面会・面接・インタビュー・見合い・会う

かお-いろ【顔色】❶顔の表面の色。血色。「―が悪い」❷感情の動きの表れた顔のようす。顔つき。機嫌。「上役の―をうかがう」「―を見る」
〔類語〕顔色がんしょく・機嫌・表情

か-おう【花王】花の中で最も美しいもの。ボタンをいう。〈日葡〉

か-おう【花押┊華押】文書の末尾などに書く署名の一種。初め、自署のかわりとして発生したものが、平安末期より実名の下に書かれるようになり、のちには印章のように彫って押すものも現れた。その形態により、草名(実名の草書体をさらに図案化したもの)、二合体(実名の偏や旁つくりなどを組み合わせたもの)、一字体(実名の一字、または特定の文字を図案化したもの)、別用体(文字と関係のない動物などの形を図案化したもの)、明朝体(中国の明代に流行した様式で、天地2本の線を引いたもの)などに分かれる。また、まったく単純な略記号からなるものを略押りゃくおうという。花字かじ。押字おうじ。➡書き判

か-おう【禍×殃】わざわい。災禍。

かおう【嘉応】平安末期、高倉天皇の時の年号。1169年4月8日～1171年4月21日。

か-おうきん【何応欽】［1890～1987］中国の軍人・政治家。貴州省興義県の人。日本の陸軍士官学校卒。蔣介石の腹心として国民革命軍の要職を歴任。1935年日本との間に梅津-何応欽協定を締結。49年、行政院長に就任。台湾に渡って引退。ホー＝インチン。

かお-うつり【顔映り】着ている衣服や化粧品の色合いが反映された顔の感じ。「―がよくなる洋服を選ぶ」「肌が明るく見えて―がぐんと引き立つ」

かおう-にんが【可翁仁賀】南北町時代の画家。建仁寺の高僧可翁宗然(?～1345)とする説が有力。水墨による道釈人物画にすぐれた。

カオール〖Cahors〗フランス南部、ロート県の県都で、ロート川沿いに位置する。赤ワインの名産地。11世紀から14世紀にかけて建造されたサンテチエンヌ大聖堂、ゴシック様式の塔とアーチをもつ14世紀の要塞化された橋、バラントレ橋があり、ともにサンティアゴデコンポステラの巡礼路の一部として世界遺産(文化遺産)に登録されている。

かお-かくし【顔隠し】入棺のとき死人の顔にかける白布。

かお-かたち【顔形┊顔▽貌】❶顔のつくり。顔のようす。容貌ようぼう。「整った―」❷顔だちと姿態。

かお-がわり【顔変(わ)り】〔名〕スル　顔つきが変わること。おもがわり。「ヤセテーガスル」〈和英語林集成〉

カオ-カン【高崗】➤こうこう(高崗)

かお-きき【顔利き】ある地域や仲間の間で、力や信望のあること。また、その人。「町内の―」

か-おく【仮屋】仮ごしらえの家。かりや。

か-おく【家屋】人が住むための建物。いえ。
〔類語〕家いえ・家うち・ハウス・家や・屋舎おくしゃ・住宅・住家じゅうか・住居・家宅・私宅・居宅・自宅・居きょ・宅・住まい・住みか・ねぐら・宿やど（尊敬）お宅・尊宅・尊堂・高堂・貴宅（謙譲）拙宅・弊宅・陋宅ろうたく・陋居・陋屋ろうおく・寓居ぐうきょ

かおくざっこう【家屋雑考】江戸後期の住宅史概説書。5巻。沢田名垂なたる著。天保13年(1842)の自序がある。古代からの日本住宅の変遷を記述。

かお-くせ【顔癖】顔の表情に表れる持ち癖。小鼻を膨らませたり、口をゆがめたりするなど。

かおく-ぜい【家屋税】家屋を課税物件として、その所有者に賦課されていた租税。昭和25年(1950)の税制改革によって市町村税の固定資産税に吸収され、時価を課税標準とする一種の財産税に変わった。

かおく-だいちょう【家屋台帳】家屋の現況を明らかにするために、所在・家屋番号・種類・面積・構造を登録していた公簿。昭和35年(1960)廃止され、現在は建物登記簿の表題部に表示されている。

かおくもん-きょう【家屋文鏡】奈良県北葛城郡河合町にある佐味田宝塚さみたたからづか古墳から出土した4世紀の仿製ぼうせい鏡。背面に、竪穴たてあな・高床・平屋の住居と高床倉庫の4種の家屋文様が鋳出されている。

かお-さき【顔先】❶顔の前。目の前。❷鼻など、顔の中の突き出た部分。「築地の角に走りあたりて、―突き欠きて」〈著聞集・一六〉❸顔。顔つき。「心地よげに―赤めあひて」〈宇治拾遺・五〉

かお-じまん【顔自慢】美貌びぼうを誇ること。器量自慢。「吉弥笠きちやがさに四つかはりの絎くけ紐ひもを付けて、―に浅く被かづき」〈浮・五人女・三〉

かお-しゃしん【顔写真】顔を主にうつした写真。

カオス〖ギリシャ chaos〗ギリシャ人の考えた、宇宙発生以前のすべてが混沌こんとんとしている状態。混沌。無秩序。ケーオス。⇔コスモス。

かお-ずく【顔▽尽く】世間に対する信用や体面。また、そういう信用・知名度・威力などにものを言わせること。「お―では貸されませぬ」〈伎・上野初花〉

かお-ぞろい【顔×揃い】❶集まるべき人がそろうこと。「授業が済んで職員室が―になったところへ」〈啄木・葉書〉❷知名の人がそろって出席すること。

カオダイ-きょう【カオダイ教】《フランス caodaïsme》ベトナムの新宗教。1926年、レ＝バン＝チュンが創始。儒・仏・道の3教、民間信仰・キリスト教を融合したもので、民族主義の強い性格をもつ。高台教。

かお-だし【顔出し】〔名〕スル　❶訪問すること。また、あいさつに行くこと。「親類の家に―する」❷会合に出席すること。「ちょっと―してくる」❸表面に現れること。「お人好しな性格が―する」〔類語〕出席・列席・臨席・参列・参会・出場・出頭・臨場・親臨・出御

かお-だち【顔立ち】顔全体の形。顔のつくり。目鼻立ち。「端正な―」
〔類語〕顔付き・容貌・面構え・顔・面差し・面立ち・面影・人相・面相・容色・相好・血相・形相・剣幕・面魂

かお-だて【顔立て】❶「顔立ち」に同じ。「―は悪い方でなけれど、痩せて」〈小杉天外・魔風恋風〉❷体面を保とうとして人と争うこと。「今度から―をすると、遠慮なう剝むくぞよ」〈伎・韓人漢文〉

かお-ちがい【顔違い】顔つきが以前と変わること。おもがわり。「あなたのお顔が―なすったような気がしたの」〈長与・竹沢先生と云ふ人〉

かおち-だに【香落渓】《「こおちだに」とも》三重県中西部、名張市にある渓谷。名張川支流の青蓮寺しょうれんじ川上流の両岸約8キロメートルにわたって安山岩の柱状節理の断崖・奇岩が続く景勝地。「関西の耶馬渓やばけい」とも呼ばれる。室生むろう赤目青山国定公園に属する。香落峡。

かお-つき【顔付き】❶顔のようす。顔だち。容貌ようぼう。❷気持ちを表す顔のようす。表情。「物欲しげな―をする」〔類語〕顔立ち・容貌・面構え・顔・面差し・面立ち・面影・人相・面相・容色・相好・血相・形相・剣幕・面魂・表情

かお-づくり【顔作り】❶顔に化粧をすること。「色どりたる―をよくして」〈源・総角〉❷顔だち。目鼻だち。「立役者の色男、しかも―名にふれて」〈浮・色遊懐男・三〉

かお-つなぎ【顔×繋ぎ】〔名〕スル　❶人に忘れられないように、折に触れて訪問すること。❷間に立って、知らない人同士をひきあわせること。「有力者に―をしてもらう」

かお-どり【顔鳥┊▽容鳥┊▽貌鳥】《古くは「かおとり」》鳥の名。カッコウその他諸説があるが、実体不明。かおよどり。「―の間なく屢鳴しばなく」〈万・三七二〉〔季 春〕「―に顔を並べて長閑なり/成美」

かお-なじみ【顔×馴染み】何度も会っていて、顔を知っていること。また、その人。「―の客」
〔類語〕顔見知り・馴染み・面識

かおにんしき-エーイー【顔認識AE】《AEは、automatic exposureの略》デジタルカメラの機能の一。人間の顔を認識し、明るさに応じた適正な露光が得られるよう、絞りやシャッタースピードを自動的に制御する。一般に人間の顔に自動的にピントを合わせる顔認識AF機能と併用されることが多い。

かおにんしき-エーエフ【顔認識AF】《AFは、autofocusの略》デジタルカメラの機能の一。人間の顔を認識し、自動的にピントを合わせること。自動的に露光を調整する顔認識AE機能と併用されることが多い。

かお-にんしょう【顔認証】《face authentication》顔の画像をコンピューターで解析し、個人確認を行うバイオメトリックス認証の一。

かお-パス【顔パス】地位や権力などを利用して、無賃乗車や無料入場をすること。

かお-ばせ【顔ばせ】《古くは「かおはせ」「かおわせ」》顔つき。顔いろ。かんばせ。「すみれ売りの―霧の如く」〈鷗外・うたかたの記〉

かお-ばな【顔花┊▽容花┊▽貌花】花の名。ヒルガオ・カキツバタ・オモダカ・ムクゲ・アサガオ・シャクヤク、または、美しい花の意など、諸説があるが未詳。かおがはな。「高円たかまとの野辺の―面影に見えつつ妹いもは忘れかねつも」〈万・一六三〇〉

かお-ぶれ【顔触れ】❶会合・事業などに参加する人々。メンバー。「―がそろう」❷「顔見世❸」に同じ。〔類語〕成員・メンバー・会員・団員・一員・委員

かお-まけ【顔負け】〔名〕スル　相手の技量・態度などに圧倒されて、きまりが悪くなったり、あきれたりすること。「大人も―の知識」

かお-みしり【顔見知り】あまり親しくはないが、互いに顔は知っているという程度の関係。また、そういう間柄の人。〔類語〕顔馴染なじみ・馴染み・面識

かお-みせ【顔見せ┊顔見世】〔名〕スル　❶大ぜいの前に初めて顔を見せること。人前に出ること。❷(顔見世)遊女や芸者などが、初めて勤めに出るとき、揚屋や料亭などにあいさつして回ること。❸(顔見世)歌舞伎年中行事の一。江戸時代、年一度の各座の俳優の交代のあと、新規の顔ぶれで行う最初の興行。11月(京坂では宝暦期から12月)に行われ、江戸・京都・大坂でそれぞれのしきたりがあった。現在、本来の意義は失われたが、東京では11月、京都では12月にこの名の興行が行われる。顔見世芝居。顔見世興行。顔ぶれ。〔季 冬〕「―や子々孫々も此の桟敷さじき/太祇」

顔見世の二番目　《顔見世狂言の二番目は出演者の多い狂言を出したところから》家族の多いことのたとえ。「おらが内は―といふ内だから、居候の絶えねえもいい」〈滑・浮世床・初〉

かおみせ-きょうげん【顔見世狂言】顔見世に上演する歌舞伎狂言。劇中で一座の役者を紹介するが、筋を展開させるうえで、時代や場面などにいろいろな約束事があった。

かおみせ-ぎん【顔見世銀】江戸時代、主に大坂の両替屋が新規に開業するとき、仲間の取り締まりである十人両替に納付した祝儀銀。

かおみせ-こうぎょう【顔見世興行】「顔見世❸」に同じ。

かおみせ-しばい【顔見世芝居】「顔見世❸」に同じ。

かおみせ-ばんづけ【顔見世番付】歌舞伎

番付の一。顔見世の前に、次の1年間に出演する俳優などの顔ぶれを位順にしたもの。京都では極きまり番付。役者付。面付つら。

かお-むけ【顔向け】かほ 他人と顔を合わせること。
顔向けができ◦ない 恥ずかしくて、人に会えない。顔向けがならない。面目がない。

かお-もじ【顔文字】かほ 携帯メールやインターネットメールで用いる、記号を組み合わせて表情に見えるように作ったマーク。例えば、笑い顔を表す(^o^)や、泣き顔を表す(ToT)などのこと。フェースマーク。➡絵文字 ➡アスキーアート (補説)欧米では半角文字を組み合わせ、90度左に回転させた、:-) のような表現を用いる。 ➡エモーティコン

カオヤーツ【烤鴨子】《中国語》中国料理の一。丸焼きにしたあひるの皮をそぎ切り、細切りねぎと甘味噌を添え、薄い皮に包んで食べる。北京ダック。

かお-やく【顔役】かほ その土地、または仲間うちで、顔を知られていて勢力のある人。ボス。「町の―」

かおよ-ぐさ【顔▽佳草】かほよ カキツバタまたはシャクヤクの別名。

かお-よごし【顔汚し】かほ 名誉を傷つけること。また、そのような行為をする人。つらよごし。「此後如何様いかなる不埒を働いて親類一同の―を為しようも」〈木下尚江・良人の自白〉

かおよ-ごぜん【顔世御前】かほよ 浄瑠璃「仮名手本忠臣蔵」などの登場人物。塩谷判官えんやはんぐわん高貞たかさだの妻。高師直かうのもろなほに横恋慕されるが拒絶する。

かお-よせ【顔寄せ】かほ ❶人々が寄り集まること。会合。❷芝居で、次回の狂言名題や配役が決まったとき、関係者全員を集めて行われる初めての会合。

かおよ-どり【顔▽佳鳥｜▽容▽佳鳥｜▽貌▽佳鳥】かほよ 「顔鳥」に同じ。(季 春)

かおよ-ばな【顔▽佳花｜▽容▽佳花｜▽貌▽佳花】かほよ ❶カキツバタの別名。かおばな。「―とも申すやらん、あら美しのかきつばたやな」〈謡・杜若〉❷美人。「三六さぶろくの一八、九なる―」〈浄・曽根崎〉

かおり【香り｜薫り｜×馨り】かをり ❶よいにおい。香気。❷顔などのにおいたつような美しさ。「―をかしき顔ざまなり」〈源・柏木〉➡匂におい (用法)
(類語)香・芳香・香気
香り松茸まつたけ味湿地しめじ 松茸は香りがすぐれているのに対し、しめじは味がすぐれているということ。物事にはそれぞれ長所があるというたとえ。

かおり-つうしん【香り通信】かをり コンピューターネットワークなどを通じて、香りを伝える技術の総称。香りの情報を伝送し、それをもとに受信側で香りを合成する仕組みなどが考案されている。

カオリナイト〖kaolinite〗粘土鉱物の一。アルミニウムの含水珪酸塩けいさんえんで、塊状・土状のことが多く、白、黄または灰色。火山岩・長石・雲母うんもなどが風化してできる。カオリンの主成分。

カオリン〖kaolin〗《中国語から》長石を含む岩石の風化によってできた粘土。カオリナイトなどが主成分。名は、産地であった中国江西省の景徳鎮付近の山、高嶺Kaolingに由来。陶磁器、アート紙のコーティング、化粧品、薬の賦形剤ふけいざいなどの原料にする。白陶土。磁土。高嶺土。

かお-る【香る｜薫る｜×馨る】かをる〔動ラ五(四)〕❶よいにおいがする。芳香を放つ。「梅が―・る」❷煙・霧・霞かすみなどが、ほのかに立つ。立ちこめる。「塩気のみ―・れる国に」〈万・一六二〉❸顔などが華やかに美しく見える。つややかな美しさが漂う。「いみじくふくらかに愛敬づき、あてに―・り」〈栄花・音楽〉
(類語)匂う・匂わす・鼻につく・薫くんずる・香こうばしい・芳かんばしい・馥郁ふくいく・芬芬ふんぷん

かおる-だいしょう【薫大将】かをるだいしやう 源氏物語、宇治十帖に登場する人物。表向きは光源氏の子で、実は女三の宮と柏木の子。匂宮と、浮舟への恋を争い悲恋に終わる。

か-おん【加音】高さの異なる二つの音が同時に響くときに聞こえる、おのおのの振動数の和にあたる振動数をもつ音。➡結合音

か-おん【加恩】禄などを増し与えること。また、恩恵を与えること。「御―ヲナサレタ」〈日葡〉

か-おん【▽和音】クワ 「わおん(和音)❷」の旧称。

か-おん【家恩】❶家から受ける恩恵。「―を受ける」❷ある家、一族に与えられる恩恵。〈日葡〉

か-おん【×訛音】クワ なまりのある発音。なまった音声。なまり。「かえる(蛙)」を「かいる」、「すくない(少ない)」を「すけない」という類。かいん。(類語)訛なまり・国訛くになまり

が-おん【牙音】中国音韻学で五音ごいんの一。のどの中、舌のつけ根で調音される音で、軟口蓋の破裂音および鼻音。「見」「渓」「群」「疑」の子音に当たる。

か-か【×禾×稼】クワ 《「禾」は穀類の総称、「稼」は実った穀物》穀物。穀類。

か-か【仮果】クワ 子房以外の部分が肥大発達し、果実の主要部分となっているもの。花托かたくが発達するリンゴ、萼がくが発達するザクロなど。偽果ぎか。(⇔)真果。

か-か【花果】クワクワ 花と果実。「一根茎」

か-か【華夏】クワ 《「華」ははなやか、「夏」はさかんの意。中国人が自国を誇っていった語から》文化の開けた地。都。「牛を放ち馬を息いこへ、愷悌がいていして―に帰り」〈記・序〉

かか【×嚊｜×嬶｜▽母】❶(嚊・嬶)庶民階層で、妻をいう語。かかあ。「無うなれば―が貰いに行く」〈露伴・椀久物語〉❷(母)母親を親しんで呼ぶ語。母親が、子供に向かって自分のことを言う場合にも用いる。おかあさん。おっかさん。「おんま(=娘ノ名)さらばよ。―は旦那さまへ行きて、正月に来てあふぞよ」〈浮・胸算用・三〉(補説)「嬶」は国字。

か-か【×呵×呵】〔副〕大声で笑うさま。あっはっは。からから。「―とばかり笑う」(類語)からから

かが【加賀】㊀北陸道7か国の一。明治16年(1883)に能登国と合わせて石川県となり、その南部を占める。㊁石川県南西部、日本海に面する市。江戸時代は加賀藩の支藩、大聖寺藩の前田氏十万石の城下町で絹織物が繁栄。加賀山中漆器、九谷焼の産地。鉄工業・機械工業も発達。平成17年(2005)10月、山中町と合併。人口7.2万(2010)。

か-が【花芽】クワ 植物の茎・枝にあって、発達すれば花となる芽。一般に葉芽より太くて丸い。はなめ。

か-が【夏芽】春から夏に形成され、その年のうちに茎や花になる芽。なつめ。(⇔)冬芽とうが。

が-か【画架】グワ イーゼル。

が-か【画家】グワ 絵をかくことを職業とする人。絵かき。「日曜―」(類語)画工がこう・絵かき・絵師・画伯・デザイナー・画工えだくみ・画人・墨客・イラストレーター

が-か【賀歌】「賀の歌」に同じ。

が-か【雅歌】㊀《「雅」は正しい意》みやびやかな歌。格式の高い歌。㊁《ラテ Canticum canticorum》旧約聖書の中の一書。神とイスラエル民族、キリストと教会との間の愛の関係を歌ったものともされる。

が-が【×峨×峨】〔ト・タル〕(文)〔形動タリ〕山や岩石などが険しくそびえ立っているさま。「―たる稜線」

かかあ【×嚊｜×嬶】《「かか」の音変化》自分の妻または他人の妻を親しんでいう語。またぞんざいに呼ぶ語。(補説)「嬶」は国字。(類語)家内・妻さい・女房・細君・かみさん・ワイフ・山の神・妻つま・ベターハーフ

かかあ-ざえもん【×嚊左▽衛門】ざゑもん 気が強くて男勝りの女房を、戯れて男の名のようにいう語。かかあえもん。

かかあ-だいみょうじん【×嚊大明神】だいみやうじん 夫が自分の妻を、親しみを込めたからかいの気持ちを含んでいう語。

かかあ-たばね【×嚊束ね】文化年間(1804〜1818)江戸に流行した下層の男性の髪形。油を使わず、たぼを膨ませ、まげを高くした略式のもの。たばね。

かかあ-でんか【×嚊天下】一家の中で妻が夫よりも強い権力を振るっていること。(⇔)亭主関白。

ガガーリン〖Yuriy Alekseevich Gagarin〗[1934〜1968]ソ連の軍人・宇宙飛行士。1961年4月12日、衛星船ボストーク1号で地球を1周。人類初の宇宙飛行に成功し、「地球は青い」と伝えてきた。

か-かい【下界】数学で、実数の集合のどの数よりも大きくない数。

か-かい【加階】位階を上げること。昇進すること。加叙。

か-かい【花会】クワクワイ 生け花の会。

か-かい【河海】河と海。
河海は細流を択えらばず 《『史記』李斯りし伝から》大人物は度量が広く、よく人をいれることのたとえ。河海は細流を厭いとわず。

か-かい【×嘉会】クワイ めでたく喜ばしい集まり。

か-かい【歌会】クワイ 人々が集まって和歌を詠み、互いに発表する会。うたかい。

か-がい【化外】クワグワイ ►けがい(化外)

か-がい【加害】他人に危害や損害を加えること。(⇔)被害。

か-がい【花街】クワ 遊女屋・芸者屋などの集まっている地域。遊郭。いろまち。花柳街。はなまち。
(類語)色里・色町・花街はなまち

か-がい【花蓋】クワ ►花被かひ

か-がい【華蓋】クワ ❶花のように美しい衣笠きぬがさ。❷ハスの花の形をした天蓋。

か-がい【禍害】クワ わざわい。災難。災害。
(類語)被害・損害・損亡そんもう・損失・実損・不利益・実害・害・惨害・惨禍・災禍・災害・難なん・災い・被災

か-がい【課外】クワグワイ ❶学校で正規の授業以外のものであること。また、その教育活動。❷官庁・会社などの課の外部。(⇔)課内。

かがい【×嬥=歌】かがひ 上代、東国地方で、歌垣うたがきをいう語。➡歌垣

がかい 外見の大きさ。かさ。ずうたい。「この工事を移し、一悉く広大なり」〈中村訳・西国立志編〉

が-かい【瓦解】グワ〔名〕スル 一部の瓦かわらのくずれ落ちることが屋根全体に及ぶように、ある一部の乱れ・破れ目が広がって組織全体がこわれること。「汚職から政権が―する」(類語)崩壊・崩れる

が-かい【画会】グワクワイ ❶画家が自作の絵を展示し、希望者に売る会。展示会。❷人々が集まって絵をかき、批評し合う会。

が-かい【雅懐】クワイ 風流な思い。風雅な心。

かがい-かつどう【課外活動】クワグワイクワツドウ 学校の教科学習以外の、児童・生徒が行う活動。ホームルーム・生徒会・クラブ活動など。教課外活動。

かがい-しゃ【加害者】他人に危害や損害を加える人。(⇔)被害者。

かかい-じゅ【火界呪】クワカイ 密教で、不動明王の火生かしょう三昧を修する際、印いんを結び、その印から大火炎が無限に流れ出るのを観想しながら唱える呪文じゅもん。

かかいしょう【河海抄】カカイセウ 南北朝時代の源氏物語の注釈書。20巻。四辻善成よつつじよしなり著。貞治6年(1367)ごろ成立。語句の解釈を重点とし、自説を示したもの。初期の源氏物語研究の集大成。

ががい-も【蘿=藦】ガガイモ科の蔓性つるせいの多年草。日当たりのよい山野に生え、葉は長い心臓形で、対生。茎や葉を切ると白い汁が出る。夏、淡紫色の小花を総状につけ、大形の広披針形の実を結ぶ。種子には絹糸状の白い毛がある。ガガイモ科の双子葉植物は約2000種が熱帯・亜熱帯に広く分布し、低木または多年草で、花は両性花。種子に長毛のあるものが多い。トウワタなども含まれる。かがみ。

かがい-よみもの【課外読(み)物】クワグワイ 学校の教科書や参考書以外の読み物。

かか-う【抱ふ】かかふ〔動ハ下二〕「かかえる」の文語形。

かが-う【×嬥=歌ふ】かがふ〔動ハ四〕男女が集まって飲食・歌舞に興じる。嬥歌かがいをする。歌垣うたがきをする。「娘子をとめ壮士をとこの行き集ひ―・ふ嬥歌に」〈万・一七五九〉

かが-うめぞめ【加賀梅染】加賀でできる梅染め。御国おくに染。➡梅染め

かかえ【抱え】かかへ ❶だきかかえること。多く接尾語的に用いて、人が両腕でかかえるほどの大きさ、太さを表す。「二ふた―もある大木」❷►御抱おかかえ ❸年限を定めて雇っておく芸者や娼妓しょうぎ。(⇔)自前じまえ。❹「抱え帯」の略。

かかえ-おうぎ【抱え扇】かかへあふぎ 能の型の一。右手に

開いた扇を持って左の二の腕に当て、斜め右上を見上げるもの。月を見たり、遠方をながめたりすることを表す。流派によって月の扇ともいう。

かかえ-おび【抱え帯】❶和装で、着物の裾をたくしあげた時に用いた帯で、現在では花嫁の帯の下部にそえて締める、幅の狭いくけ縫いにした帯。❷しごき帯。からげ帯。

かかえ-ぐるま【抱え車】常雇いの車夫に引かせる自家用の人力車。

かかえ-こ・む【抱え込む】〘動マ五(四)〙❶物をだきかかえるようにして両腕の中に入れる。「大きな荷物を—・む」❷他人にふれさせないように自分の領域内に持ち込む。「極秘の情報を—・む」❸自分の負担になるものを引き受ける。手に余る多くの物事や厄介なことを、自分の身に受け持つ。しょい込む。「難問を—・む」[類語]しょい込む

かかえ-ち【抱え地】❶江戸時代、所有地のこと。特に、放置したまま所有する土地。❷江戸時代、武士・町人などが農民から買い取って所持した土地。元禄4年(1691)以降、家作を禁じられ、野田のまま所有しなければならなかった。

かかえ-でんじ【抱え田地】江戸時代、農民が他村で所有した田地。

かかえ-ぬし【抱え主】使用人を雇っている人。特に芸者・娼妓・茶屋女などの雇い主。抱え親。

かかえ-もの【抱え者】江戸時代、幕府または諸大名に、その者一代に限って召し抱えられた者。

かかえ-やしき【抱え屋敷】江戸時代、囲い・家屋を設けた屋敷地のこと。正規の武家屋敷・町屋敷と区別される別宅をいう。

かか・える【抱える】〘動ア下一〙[文]かか・ふ〘ハ下二〙❶物を囲むように腕を回して持つ。胸にだくようにして持つ。「ひざを—・えて座る」「包みを小脇に—・える」❷自分の負担になるものをもつ。厄介なもの、世話をしなければならないものを自分の身に引き受ける。「多くの負債を—・えて倒産する」「妻子を—・えて路頭に迷う」❸人を雇う。雇って使う。「運転手を—・える」❹その範囲の内にもつ。また、まわりを囲む。「湾を—・えた地勢」❺かばう。保護する。「流罪せられよと、公家に申ししかども、君—・へ仰せられしを」〈古活字本平治・下〉❻今の状態を保ちつづける。維持する。「今一両日は—・へて見申し候ふべし」〈信長記・三〉[補説]室町時代以降はヤ行にも活用した。➡抱ゆ

[用法]**かかえる・だく**——「人形をかかえる(だく)」などでは相通じて用いられる。◆「かかえる」は荷物などを腕で囲んで、胸や脇に持つこと。「かばんを小脇にかかえる」「大きなふろしき包みを両手でかかえる」のように用いる。また、抽象的に「三人の遺児をかかえて途方に暮れる」「借金をかかえる」などとも用いる。◆「だく」は赤ん坊や恋人などを胸のところで支え持つ意。「幼子キリストを胸にだくマリア」「病児をしっかりとだいている母親」「強くだいて!」「鳥が卵をだく」などと一般に用いられる。この場合「かかえる」では置き換えられない。◆「だく」の類似の語に「いだく」がある。「いだく」は、やや古い語であるとともに、心の中にある感情・考えをもつ意味もあり、「おそれをいだく」「大志をいだく」などと用いられる。[類語]抱く・抱く・抱きかかえる・抱きしめる・抱き合う・抱擁

カカオ〘スペイン cacao〙アオギリ科の常緑小高木。葉は楕円形。白色の5弁花が、幹や太い枝に直接ついて咲く。実は大きく、長楕円形で、赤・黄色などに熟し、中に多数の種がある。種子を発酵させたものをカカオ豆とよび、チョコレートなどの原料にする。南アメリカ熱帯地方の原産。ココアのき。[補説]「加加阿」とも書く。

カカオ-し【カカオ脂】カカオの種子からとれる脂肪。黄色の固体で、ステアリン酸などが主成分。菓子・薬・化粧石鹸などに使用。カカオバター。ココアバター。

かが-おとひこ【加賀乙彦】[1929〜]小説家・精神科医。東京の生まれ。本名、小木貞孝。現代社会の狂気を描いた長編小説で知られる。随筆や評論も多い。著「フランドルの冬」「帰らざる夏」「宣告」「湿原」など。芸術院会員。平成23年(2011)文化功労者。

カカオ-バター〘cacao butter〙▶カカオ脂

がが-おんせん【峩々温泉】宮城県、蔵王山の東麓にある温泉。泉質は炭酸水素塩泉・硫酸塩泉。胃腸病に効くとされる湯治場。

かが-がさ【加賀×笠】加賀国から産出した菅笠。町家の女房、比丘尼などが用いた。加賀菅笠。

かが-ぎぬ【加賀絹】加賀地方産の絹織物。光沢のある地質は染色もよく、裏地に用いて最高とされた。

か-かく【花客】❶花を見る人。花見の客。❷(「華客」とも書く)ひいきの客。得意客。とくい。
[類語]客・顧客・得意・クライアント・乗客・旅客・観客・観衆・聴衆・お客様・一見

か-かく【価格】商品の価値を貨幣で表したもの。値段。[類語]値段・値・物価・価・金額・単価

か-かく【家格】家の格式。家柄。「—を重んじる」
[類語]家柄・門地・身分・貴賤・尊卑・出自・階級

か-かく【貨客】▶かきゃく(貨客)

か-かく【過客】行き来する人。行き過ぎる人。旅人。「月日は百代の—にして、行きかふ年もまた旅人なり」〈奥の細道〉

か-かく【歌格】❶和歌の規則、決まり。❷和歌の風格。歌の姿・形。

か-かく【×蝸角】❶カタツムリの触角。❷きわめて狭小な世界。

蝸角の争い　「蝸牛角上の争い」に同じ。

かか・ぐ【掲ぐ】〘動ガ下二〙「かかげる」の文語形。

か-がく【下学】まず手近なところ、初歩的な事柄から学ぶこと。また、そういう学問。

か-がく【下顎】したあご。⇔上顎。

か-がく【化学】《chemistry》物質を構成する原子・分子に着目し、その構造や性質、その構成の変化すなわち化学反応などを取り扱う自然科学の一部門。対象や研究方向により、無機化学・有機化学・物理化学・生化学・地球化学・核化学などに分けられる。

か-がく【価額】品物のねうちに相当する金額。「財産の—」

か-がく【科学】《science》一定の目的・方法のもとに種々の事象を研究する認識活動。また、その成果としての体系的知識。研究対象または研究方法のうえで、自然科学・社会科学・人文科学などに分類される。一般に、哲学・宗教・芸術などと区別して用いられ、広義には学・学問と同じ意味に、狭義では自然科学だけをさすことがある。サイエンス。[補説]「科学する心」とサ変動詞に使用したのは昭和15年(1940)第二次近衛内閣の文相橋田邦彦が最初という。おかしな日本語として問題になった。
[類語]サイエンス・学問・学・学術・学芸・学理・学知

か-がく【家学】その家で親子代々にわたって受け継いできた学問。

か-がく【歌学】和歌に関する学問。和歌の本質・変遷・美的理念、作歌上のしきたりなどを研究し、訓詁・注解、歌集の校訂なども行う。平安中期以後に本格化した。

が-かく【画角】《angle of view》カメラで、フィルム面やイメージセンサーに撮影できる範囲を、角度で表したもの。写角。

が-かく【画客】画家。絵かき。

が-かく【賀客】祝賀に来る客。特に、年賀の客。

が-かく【雅客】❶風雅を理解し愛好する人。風流人。❷スイセンの別名。

が-がく【画学】絵画を研究する学問。また、絵画をかく技術。

が-がく【雅楽】❶古代の中国で、庶民的な俗楽に対し、貴族的な雅正な楽。宮廷の儀式、祭祀などに用いられ、12世紀初めに朝鮮半島にも伝わった。❷奈良・平安時代に完成し、宮廷・寺社などで行われた音楽。また、それによる舞。❶を輸入したものとそれを模したもの(唐楽・高麗楽など)、外国渡来の楽器を伴奏とする新しい声楽曲(催馬楽・朗詠など)、日本固有の歌舞(神楽・東遊びなど)の三つに大別される。[類語]音楽・楽・ミュージック・声楽・器楽・洋楽・邦楽・音曲

かがく-えいせい【科学衛星】宇宙空間に関する科学的観測を目的とする人工衛星。高層大気や電離層の観測・調査、月や惑星の探査、大気圏外からの天体観測などを行っている。

かがく-エネルギー【化学エネルギー】化学結合によって物質内部に保有されているエネルギー。化学変化に際し、熱・光・電気などのエネルギーに変わる。

かかく-かくめい【価格革命】16世紀半ば以降、ヨーロッパで起こった著しい物価の騰貴現象。アメリカ大陸のスペイン領から大量の銀が流入し、銀の貨幣価値が低下したことが原因。

かがく-かた【歌学方】江戸幕府の職名。和歌に関する学問をつかさどった。元禄2年(1689)北村季吟・湖春の父子が任ぜられ、その後は北村家の世襲となる。

かかく-カルテル【価格カルテル】同一または類似業種の各企業が、価格の維持・引き上げについて結ぶカルテル。

かがく-がん【化学岩】堆積岩の一。海水・湖水などに溶けていた物質が、化学的に沈殿してできた岩石。石灰岩・チャート・石膏・岩塩など。化学的沈殿岩。

かがく-きかい【化学機械】化学工業で使われる機械。耐酸耐薬品ポンプ・粉砕機・混合機・攪拌機・遠心分離機など。普通には、蒸留塔・乾燥器・反応槽などの装置も含めていう。

かがく-きごう【化学記号】物質を化学的に表す記号。主に元素記号をいう。

かがくぎじゅつ-きほんけいかく【科学技術基本計画】総合科学技術会議が策定する国の科学技術振興政策の基本計画。科学技術基本法に基づき5年ごとに策定。第1期は平成8年度に始まった。[補説]第4期計画は平成23年(2011)に策定。東日本大震災からの復興に役立つ科学技術や、省エネ・低炭素化、医療分野の研究などが重要課題とされた。

かがくぎじゅつ-きほんほう【科学技術基本法】科学技術政策の基本的な枠組みについて定めた法律。平成7年(1995)施行。科学技術振興の方針、国・地方公共団体の責務、科学技術基本計画の策定等について規定している。

かがくぎじゅつしんこう-きこう【科学技術振興機構】科学技術基本計画の実施における中核的な役割を担う機関として設立された独立行政法人。科学技術情報の提供(文献情報データベースサービスJDream Ⅱ)や、科学技術に関する理解増進、戦略的国際活動などの推進を図っている。昭和32年(1957)、日本科学技術情報センター(JICST)として設立。科学技術振興事業団を経て、平成15年(2003)独立行政法人化。本部は埼玉県川口市。JST(Japan Science and Technology Agency)。

かがくぎじゅつしんこう-じぎょうだん【科学技術振興事業団】科学技術振興のための基盤整備と先端的・独創的な研究開発の推進ならびに科学技術理解増進事業の推進を目的として、日本科学技術情報センターと新技術事業団を統合し、平成8年(1996)設立された文部科学省所管の特殊法人。内外の科学技術情報の収集・分類・提供、国際研究交流、科学技術に関する試験研究への支援、科学技術知識の普及・国民理解の増進、新技術の創製に資する基礎的研究とその成果の普及などの業務を行った。略称JST。同15年、独立行政法人化により科学技術振興機構に改組。➡科学技術振興機構

かがくぎじゅつそうぞう-りっこく【科学技術創造立国】科学技術・技術革新を積極的に推進し、知的財産の創造・活用を促進することによって国の発展を図ろうとする考え方。[補説]天然資源に乏しい日本が将来にわたって先進国の一員として人類社会の持続的発展に貢献し、豊かな生活を実現するためには、科学技術の振興が最重要政策課題の一つであるとして、平成7年(1995)に科学技術基本

法が制定され、同法に基づいて科学技術基本計画が策定されている。

かがくぎじゅつ-ちょう【科学技術庁】クヮガクギジュツチャウ 科学技術の振興を図り、科学技術に関する行政を総合的に推進して国民経済の発展に寄与することを主たる任務とした国の行政機関。昭和31年(1956)総理府の外局として設置、平成13年(2001)文部省と統合されて文部科学省となった。

かがく-きょういく【科学教育】クヮガクケウイク 自然科学に関する知識・態度を養う教育。通常は小・中・高校における理科教育、大学その他における自然科学教育をさす。

かかく-きょうそう【価格競争】ーキャウサウ 商品やサービスの市場における競争のうち、価格の安さを競うもの。多く、性能や品質などの差が競争者間で小さい場合に起こる。過熱すると、顧客獲得のため一時的に採算割れの価格がつけられることもある。値引き競争。値引き合戦。

かかくきょうていほけん-とくやく【価額協定保険特約】カガクケフテイホケントクヤク 火災保険における特約の一。火災前の建物と同等に復元できる新築費・修築費や、家財を買い直す費用などが支払われるもの。通常の火災保険では、時価額を基準とした保険金しか支払われないので、元と同じものを建てるには自己負担が生じる。

かかく-けいき【価格景気】販売量の増大によらず、価格が上昇することによって企業収益が増加し、好況になる状態。⇒数量景気

かがくけいさつ-けんきゅうじょ【科学警察研究所】クヮガクケイサツケンキウジョ 警察庁の付属機関の一。犯罪捜査における鑑識のほか、科学捜査や少年の非行防止、交通事故防止に関する研究・実験を行う。所在地は千葉県柏市。科警研。⇒科学捜査研究所

かがく-けつごう【化学結合】クヮガクケツガフ 分子内での原子間の結びつき。その機構によって、共有結合・イオン結合・配位結合・金属結合などがある。

かがくけんきゅうひ-ほじょきん【科学研究費補助金】クヮガクケンキウヒ 研究者の自由な発想に基づく学術研究に対し、学術振興を目的として交付される助成金。文部科学省と日本学術振興会が公募し、関連分野の研究者による審査を経て、交付される。科研費。

かがく-げんそ【化学元素】クヮガク 化学上の元素。他分野で用いる元素と区別する場合にいう。

かかく-こうか【価格効果】ーカウクヮ 価格の上昇・下落が経済に及ぼす影響、効果。

かがく-こうがく【化学工学】クヮガク 化学工業における製造上の計画や製造装置の設計などに関する研究を行う工学の一分野。

かがく-こうぎょう【化学工業】クヮガクコウゲフ 化学反応を主要な生産工程とする工業。石油化学・肥料・セメント・化学薬品・染料・合成樹脂などの工業。

かがく-ごうせい【化学合成】クヮガクガフセイ ❶化学反応によって化合物を合成すること。生合成と区別するためにいうこともある。❷硝酸菌・硫黄細菌・メタン細菌などが、無機物を酸化・還元して得られるエネルギーによって炭酸同化を行うこと。光のエネルギーを用いる光合成に対していう。

かがく-こうぞう【化学構造】クヮガクコウザウ 分子を構成している原子の空間的配置。

かがく-こつ【下顎骨】下あごをつくる、U字状の骨。顔面の骨の中で最も大きい。左右両端で側頭骨と顎関節をなす。

かかくさ-ほきゅうきん【価格差補給金】ーホキフキン 重要物資の消費者価格が、生産者価格より低く決定された場合、その差額を国家が負担して支出する、生産者保護のための国庫支出金。第二次大戦後、石炭・鉄鋼などを対象に支給したが、ドッジ-ラインの実施以降削減、廃止された。

かがく-さよう【化学作用】クヮガク 物質に化学変化を起こさせる作用。

かがく-じ【花岳寺】クヮガク 兵庫県赤穂市にある曹洞宗の寺。台霊山。正保2年(1645)浅野長直が浅野家の菩提寺として建立。境内に藩主3代と四十七士の墓がある。

がかく-し【画学紙】グヮガク 鉛筆で絵をかくのに用いる紙。画用紙。

かがく-しき【化学式】クヮガク 元素記号を用いて、物質の組成・構造などを表示する式。実験式・分子式・示性式・構造式などがある。

かがく-しゃ【科学者】クヮガク 科学、特に自然科学を専門とする学者。

かがくしゅう【下学集】カガク 室町中期の国語辞書。2巻。著者未詳。文安元年(1444)成立。天地・時節・神祇・言辞など18部門に分類し、用字・意味・語源を簡単に記したもの。

かがく-じゅようき【化学受容器】クヮガク 化学物質の刺激を感受する器官。味受容器・嗅受容器など。

かがく-しょ【歌学書】歌学に関することを記述した書物。

かがく-しょうせつ【科学小説】クヮガクセウセツ ▶サイエンスフィクション

かがく-じょうたつ【下学上達】ージャウタツ《「論語」憲問から。古くは「かがくしょうたつ」》手近なところから学びはじめて、しだいに深い学問に進んでいくこと。

かがく-しんか【化学進化】クヮガクシンクヮ 地球上で生命が出現するまでの物質の進化。原始大気中のメタン・アンモニア・水素などから、放電などによってアミノ酸・糖などの有機化合物が生成され、それらが結合してたんぱく質・核酸などになり、原始細胞が生成される過程。また、宇宙における化学物質の進化。水素・ヘリウムが誕生し、さらに核融合反応などによって新しい元素ができ、結合して分子を生じるに至る過程。

かがく-しんわりょく【化学親和力】クヮガク 化合物をつくる際に元素間に働くと考えられる結びつきやすさ。化学反応に伴う発熱量などが尺度とされたが、現在では熱力学的に定義され、自由エネルギーの減少とされる。

か-かくせい【過覚醒】クヮ 強いストレスを受けたときに生体防御反応として起こる緊張状態が、ストレスが解除された後も持続する状態。睡眠障害(入眠・睡眠維持の困難)、わずかな刺激に対するいらいら、怒りの爆発、集中困難、過度の警戒心、過剰な驚愕反応などの状態が続く。心的外傷後ストレス障害(PTSD)の特徴の一つ。覚醒亢進。

かがく-せいひん【化学製品】クヮガク 化学工業によって製造されるもの。工業薬品・化学肥料・紙・パルプ・ゴム・合成繊維・合成樹脂・医薬品・染料・洗剤・化粧品など。

かがく-せん【化学戦】クヮガク 化学兵器を使用して行われる戦争。

かがく-せん【化学線】クヮガク 紫外線のこと。化学的反応を起こしやすいところからいう。

かがく-せん【科学戦】クヮガク 科学兵器を使用して行われる戦争。

かがく-せんい【化学繊維】クヮガクセンヰ 石油・石炭などから化学的な合成や加工によって作られる繊維。無機繊維・再生繊維・半合成繊維・合成繊維など。化繊。人造繊維。

かがく-そうさ【科学捜査】クヮガクサウサ 科学的方法を利用した犯罪捜査の方法。指紋鑑定・死体解剖・弾痕調査など。

かがくそうさ-けんきゅうじょ【科学捜査研究所】クヮガクサウサケンキウジョ 各都道府県警察本部の付属機関の一。犯罪捜査における鑑識、科学捜査の研究を行う。科捜研。⇒科学警察研究所

かがく-そせい【化学組成】クヮガク ある物質を構成する元素や化合物などの化学成分が、それぞれどれくらいの比率で含まれているかを示したもの。組成式で表したり、各化学成分の質量、体積、物質量の百分率を用いたりする。

かがく-だん【化学弾】クヮガク 神経ガス・糜爛性ガス・窒息性ガスなどの有毒化学剤を炸薬とともに詰めてつくった砲弾や爆弾。擲弾筒や迫撃砲などで発射する。

かがく-たんさ【化学探査】クヮガク 地表付近の水やガスを分析し、微量成分の濃度や分布を調べ、地質構造や鉱床の存在を探ること。化学探鉱。

かがく-ちょうみりょう【化学調味料】クヮガクテウミレウ 「旨み調味料」の旧称。

かがく-てき【化学的】クヮガク〔形動〕ある現象が、物質の構造・性質・変化など、化学に関連する性質を有するさま。「一な変化」

かがく-てき【科学的】クヮガク〔形動〕❶考え方や行動のしかたが、論理的、実証的で、系統立っているさま。「一な説明」❷特に自然科学の方法に合っているさま。「一な知識に乏しい」

かがくてき-かんかく【化学的感覚】クヮガクテキカンカク 化学物質の刺激によって起こる感覚。味覚・嗅覚など。

かがくてき-かんりほう【科学的管理法】クヮガクテキクヮンリハフ テーラーシステムを中心に、ギルブレスやガントら、テーラーの協力者・後継者が深化・発展させた工場管理の方式。⇒テーラーシステム

かがくてき-さんそようきゅうりょう【化学的酸素要求量】クヮガクテキサンソエウキウリヤウ《chemical oxygen demand》河川水などの汚れの度合いを示す指標の一。水中の有機物などを、過マンガン酸カリウムなどの酸化剤で酸化するときに消費される酸素の量。水1リットル当たりのミリグラム数を測定し、ppmで表す。値が大きいほど有機物が多く、汚染が進んでいる。COD。

かがくてき-しゃかいしゅぎ【科学的社会主義】クヮガクテキシャクヮイシュギ 歴史・社会構造の科学的分析に基づいて、社会主義社会への移行は歴史的必然であると主張する、マルクス・エンゲルスの社会主義思想。⇒空想的社会主義

かがくてき-ふうか【化学的風化】クヮガクテキフウクヮ 地表の岩石が化学的に変化し、造岩鉱物が粘土などに変わること。高温多湿の地域で著しい。

かがく-てつがく【科学哲学】クヮガク 科学の存立根拠、科学的認識の確実さや妥当性を問う批判的哲学の総称。特に論理実証主義と分析哲学にこの傾向が顕著。

かがく-でんたつぶっしつ【化学伝達物質】クヮガク ▶神経伝達物質

かがく-でんち【化学電池】クヮガク 物質の化学反応によって放出されるエネルギーを電気エネルギーに変換する電池。充電のできない一次電池と、充電可能な二次電池がある。

かがく-てんびん【化学天×秤】クヮガク 化学の定量分析に使用される精密なてんびん。0.1ミリグラムの桁まで測定できる。

かがく-とうりょう【化学当量】クヮガクタウリヤウ 化学反応における、元素または化合物の基本量。❶酸素の2分の1グラム原子と化合する元素の量。原子量を原子価で割ったもの。❷酸の化学式量を、酸として作用する水素原子数で割ったもの。あるいは塩基の化学式量を塩基として作用する水酸基数で割ったもの。❸酸化剤・還元剤の化学式量を酸化還元反応によって移動する電子数で割ったもの。

かがくねんりょう-ロケット【化学燃料ロケット】クヮガクネンレウ ▶化学ロケット

かかく-はかい【価格破壊】ーハクヮイ ディスカウントショップの躍進、安い輸入品の増大などによって、それまでのメーカー主導型の価格体系が崩れ、消費財の価格が下落すること。

かがく-はくぶつかん【科学博物館】クヮガクハクブツクヮン 自然科学およびその応用分野に関する資料・物品を収集・保管し、展示および研究をする博物館。

かがく-はっこう【化学発光】クヮガクハックヮウ 化学反応に伴って発光する現象。例えば、ルミノールが酸化されて青紫色の光を放つなど。化学ルミネセンス。ケミルミネセンス。

かがく-パルプ【化学パルプ】クヮガク 化学薬品を使って木材からリグニンなどを除き、セルロースを取り出したパルプ。用いる薬品により、亜硫酸パルプ・ソーダパルプ・硫酸塩パルプなどがある。機械パルプに比べて純度が高く、上質紙などに用いられる。

かがく-はんのう【化学反応】クヮガクハンオウ ❶物質を構成する原子間で組み替えが起こって変化する過程。❷

(比喩的に)複数のものが組み合わされて、予想しなかった効果の生じること。「バレエと歌舞伎の競演によって新たなーが生じる」

かがく-ばんのう【科学万能】クヮガク 科学、特に自然科学が、すべての問題を解決しうるという考え方。科学を最高のものとし、非科学的な事柄を排斥する意を含む。

かがくはんのう-しき【化学反応式】クヮガクハンオウ 化学反応の質的・量的関係を、化学式を用いて表した式。左辺に反応物質を、右辺に生成物質を示す。両辺を=で結んで化学方程式ともいい、不可逆反応は→で、可逆反応は⇄で示す。

かがく-ひはん【科学批判】クヮガク 諸科学の存立基盤を省察する批判哲学、または認識論的批判。特に数学、自然科学に対するカントの批判に始まり、新カント学派、さらに分析哲学に継承された。

かがく-ひりょう【化学肥料】クヮガクヒレウ 化学的処理によって作られる肥料。硫安・硝安・尿素・過燐酸(かりんさん)石灰・硫酸カリなど。人造肥料。

かがく-ぶっしつ【化学物質】クヮガク 純物質を、化学の研究対象として取り扱うときにいう語。また、化学合成して作った物質。

かがくぶっしつ-かびんしょう【化学物質過敏症】クヮガクブッシツクヮビンシャウ 接着剤・塗料・農薬・食品添加物・排気ガスなど、身の回りの多種類の化学物質に反応してさまざまな症状を発する病気。アレルギー疾患の特徴と中毒の要素を併せ持つという。化学物質の摂取量、症状との関係などは未解明。

かがく-ぶつりがく【化学物理学】クヮガク 物質の分子構造や化学反応の機構などを、量子力学や統計力学などを用いて研究する、物理学の一分野。物理化学より物理的な面が強い。

かがく-ぶんせき【化学分析】クヮガク 物質固有の化学的性質を利用して、その成分や組成などを知る操作。定性分析と定量分析に大別される。

かがく-へいき【化学兵器】クヮガク 毒ガスなど、化学薬品を使用して作られる兵器の総称。

かがく-へいき【科学兵器】クヮガク 科学を応用して作られる兵器。特に、核兵器・生物兵器・化学兵器をさす。

かがくへいき-きんしじょうやく【化学兵器禁止条約】クヮガクヘイキキンシデウヤク《「化学兵器の開発、生産、貯蔵及び使用の禁止並びに廃棄に関する条約」の通称》サリンなどの毒ガスや枯れ葉剤など、化学兵器の開発・生産・貯蔵・使用を禁止し、保有する化学兵器の廃棄を定めた条約。廃棄は原則として発効後10年以内。1992年国連総会で採択、93年1月130か国により調印、97年発効。締約国は188か国(2012年7月現在)。査察を担当するOPCW(化学兵器禁止機関)がオランダのハーグに設立されている。CWC(Chemical Weapons Convention)。[補説]未批准国のうちイスラエル・ミャンマーは1993年に署名済み、アンゴラ・エジプト・北朝鮮・ソマリア・南スーダン・シリアは署名していない。

かがく-へいこう【化学平衡】クヮガクヘイカウ 可逆反応で、正反応と逆反応との速度が等しくなり、見かけ上は反応が停止した状態。

かがく-へんか【化学変化】クヮガクヘンクヮ ある物質が、分解または化合によって、原子配列が変化して全く新しい物質に変わること。⇒物理変化

かかくへんどう-じゅんびきん【価格変動準備金】保険会社が、保有資産の価格変動による損失に備えるため、保険業法の規定により積み立てが義務付けられている準備金。国内株式・外国株式・邦貨建債券・外貨建債券など価格変動リスクが高い資産が対象。積立金の比率や限度額は資産の種類によって異なる。

かがく-ほうていしき【化学方程式】クヮガクハウテイシキ ▶化学反応式

かがく-ポテンシャル【化学ポテンシャル】クヮガク 混合物中に存在する一つの成分1モル当たり、または1分子当たりの、定温・定圧下での自由エネルギー。

かがく-めっき【化学鍍金】クヮガク 電気を使うことなく、化学反応によって行うめっき。還元剤を用いて金属イオンを析出し、材料表面に付着させる。硝酸銀水溶液と還元剤でガラス表面に銀めっきを施すなど。無電解めっき。

かがく-やくひん【化学薬品】クヮガク 化学的変化を起こさせるために用いる薬品。医薬品などに対していい、工業薬品に対しては精製されたものをいう。

ががく-りょう【雅楽寮】ガレウ 律令制の官司の一。治部省に属し、雅楽・楽人などのことをつかさどり、歌舞を教習した。平安時代以降しだいに衰微し、大歌所(おおうたどころ)と楽所(がくそ)がその機能を代行した。うたりょう。うたつかさ。うたのつかさ。うたまいのつかさ。

かがく-りょうほう【化学療法】クヮガクレウハフ 病原微生物や癌(がん)細胞を化学的に合成された薬品や抗生物質を用いて殺滅・抑制しようとする治療法。

かがくりょう-ろん【化学量論】クヮガクリャウ 物質の化学的組成と物理的性質との間の数量的な関係を研究する化学の一部門。初めは、質量保存の法則・定比例の法則・気体反応の法則などを対象とした。

かかぐ・る〔動ラ四〕❶手さぐりで探し求める。たどる。「いとまだ夜深く暗かりければ、ー・り出でむと思へども」〈大和・附二二〉❷すがる。つかまる。「柱よりー・り下るる者あり」〈宇治拾遺・一〇〉[補説]他の動詞と複合した形で用いられることが多い。

かがく-ルミネセンス【化学ルミネセンス】クヮガク ▶化学発光

かがく-レーザー【化学レーザー】クヮガク 化学反応で励起された分子による誘導放出を利用するレーザー。ケミカルレーザー。

かがく-ロケット【化学ロケット】クヮガク 燃料の燃焼(化学反応)を推力として利用するロケットの総称。固体ロケット、液体ロケットがあり、いずれも燃料と酸化剤を燃焼室で燃焼し、高温・高圧のガスを発生させ、ノズルから超音速で噴き出すことで推力を得る。化学燃料ロケット。

かかげ-の-はこ【×掻▽上の×筥】《「かかげ」は「かきあげ」の音変化》髪結いの道具類を入れる小箱。かきあげのはこ。「古めきたる鏡台の、唐櫛笥(からくしげ)、ーなど取り出でたり」〈源・末摘花〉

かか・げる【掲げる】〔動ガ下一〕図かか・ぐ〔ガ下二〕❶人目につく高い所へ上げる。また、手に持って高く差し上げる。「国旗をー・げる」「たいまつをー・げる」❷新聞・雑誌などの、目立つ場所に載せる。目立つように工夫して載せる。「巻頭にー・げる」❸主義・方針などを、人目につくように示す。広く、示して知らせる。「スローガンをー・げる」❹垂れ下がっているものを、上の方へ持ち上げる。まくり上げる。「幕をー・げる」❺灯火をかき立てて明るくする。「ともしびをー・げ尽くして」〈源・桐壺〉[類語]示す・見せる・呈示する・提示する・開示する・明示する・表示する

かか-ざ【×嬶座】いろりに面した主婦の座席。横座(主人の座席)のわきで、台所に近い席に定められる。北座。鍋座(なべざ)。鍋代(なべしろ)。

がか-ざ【画架座】グヮカ 南天の小星座。日本では見えにくい。2月上旬南の地平線に一部が現れる。学名(ラテン) Pictor

かか-さま【▽母様】子供が自分の母を親しみ敬って呼ぶ語。おかあさま。「父様(ととさま)とーつにゐてくだされ。拝みまする。ー」〈浄・丹波与作〉⇔父様(ととさま)。

かか-さん【▽母さん】母様(かかさま)のくだけた言い方。

かかし【案=山=子｜鹿=驚】《「かがし」とも》❶竹やわらで作った人形。蓑(みの)や笠をつけて田畑に立て、人に見せかけて鳥などが作物を荒らすのを防ぐ。もと、鳥獣がその臭気を嫌って近づかぬよう、獣肉や毛髪などを焼いて竹などに付け立てたもの。「かがせるもの」の意で、「かがし(かがせ)」といったところからいう。おどし。かがせ。[季 秋]「倒れたるーの顔の上に天/三鬼」❷地位・外見ばかりよくて、それ相応の能力のない者。見かけ倒し。「私はーで来たので、向うの申出を信じて従う他はなかったのであります」〈滝井・無限抱擁〉

かが-し【加賀市】▶加賀㊂

か-がし【▽彼▽某】〔代〕不定称の人代名詞。だれそれ。くれがし。多く「なにがし(何某)」と対になって用いられる。「一番にはなにがし、二番にはーなどいひしかど」〈大鏡・伊尹〉⇒某(それがし) ⇒何某(なにがし)

かかし-あげ【案=山=子揚(げ)】長野県地方の稲の収穫祭。陰暦10月10日に田から案山子を引きあげ、外庭・土蔵などの清浄な場所にまつるもの。[季 冬]

かか・す【欠かす】〔動サ五(四)〕《多く、打消しの語を伴って用いる》❶そのことをしないで済ます。おこたる。「毎日の練習をー・したことがない」「会にはー・さず出席する」❷なしで済ます。欠く。「ー・すことのできないデータ」[可能]かかせる

かかずら・う【▽係う｜▽拘う】かかづらふ〔動ワ五(ハ四)〕❶かかわりあいを持つ。かかわりあって離れられない状態になる。関係する。「不正事件にー・う」❷気持ちや考えがそこにひっかかって離れなくなる。こだわる。拘泥する。「つまらぬところにー・う」「名目にー・う」❸あちこちにひっかかる。「雪の山に登り、ー・ひ歩(あり)きて」〈枕・八七〉❹現世につながれる。生き長らえる。「しばしもー・はむ命の程は」〈源・御法〉
[類語](❶)与(あずか)る・関与・関係・関連・連関・連係・相関・交渉・係(かか)わり・繋(つな)がり・結び付き・掛かり合い・引っ掛かり・絡み・関する・係(かか)わる・係(かか)る・まつわる・絡む/(❷)こだわる・拘泥・かまける

か-がすり【蚊×絣｜蚊飛=白】蚊が群がって飛んでいるように、細かい十字の模様のある絣。

かかせ・ない【欠かせない】〔連語〕《動詞「か(欠)かす」の未然形＋打消しの助動詞「ない」》なしでは済ますことができない。欠くことができない。「外交に利害得失の計算はー・ない」「盆栽は毎日のお手入れがー・ない」

かが-ぞうがん【加賀象眼｜加賀象×嵌】ザウガン 江戸初期に、加賀国で発達した象眼。京都から伝わったもので、文様を平象眼したうえに、糸象眼で細い線をのせる特徴がある。刀の小柄(こづか)や鐔(つば)に用いる。

かが-そうどう【加賀騒動】サウドウ 江戸中期、加賀藩主前田吉徳(まえだよしのり)の死後に起こったお家騒動。家老前田直躬(まえだなおみ)と、財政改革のために登用された大槻伝蔵(おおつきでんぞう)との対立に加え、吉徳の側室真如院がからんで抗争が続き、主家横領を企てたとして伝蔵は配所で自殺、真如院は殺され、関係者すべてが処刑された。小説・浄瑠璃・講談などに脚色されている。

かが-ぞめ【加賀染】❶加賀絹を染める方法。また、その染め物。梅染めを何度も繰り返した黒梅染や、加賀友禅など。加賀兼法(かがけんぼう)。❷染め色の名。黄みを帯びた赤色。

かか-たいしょう【×呵×呵大笑】カタイセウ〔名〕(スル) からからと大声で笑うこと。「腹の底からーする」
[類語]笑い・抱腹絶倒・哄笑(こうしょう)・爆笑・噴飯・大笑い・高笑い・笑い崩れる・笑い転(こ)ける・笑い転げる・吹き出す・腹の皮を捩(よ)る・腹の皮を縒(よ)る・腹を抱える・御中(おなか)を抱える・頤(おとがい)を解く

かがち【酸=漿】ホオズキの古名。「目は赤ーの如くして」〈記・上〉

かかっ-た【掛かった】〔連体〕《あとに打消しの語を伴って用いる》話になるような。口に出して言えるような。「ほんにほんにー事(こ)ちゃあねえ」〈滑・浮世床・二〉

かかっ-て【係って｜掛(か)って】〔連語〕《「かかって…にある」の形で用いる》ただもう。ひとえに。もっぱら。「未来はー若い社員の双肩にある」

かかと【×踵】❶足の裏の後部、足首の下にあたる部分。くびす。きびす。「ーを上げる」❷靴など、履き物の後部。「ーがすり減る」[類語]くびす・きびす

踵を踏(ふ)・む 前の人のすぐ後について行く。「山嵐のー・んであとからすぐ現場へ馳(か)けつけた」〈漱石・坊っちゃん〉

かが-とび【加賀×鳶】❶江戸時代、加賀藩前田家が江戸藩邸で召し抱えておいた鳶職人で編成した火消し。装束が美麗で、大藩召し抱えの特権意識を持ち、一般の町火消しとの間で争いが多かった。❷歌舞伎狂言「盲長屋梅加賀鳶(めくらながやうめがかがとび)」の通称。

かが-なべ-て【日日▽並べて】〔連語〕《名詞「かが(日日)」＋動詞「な(並)ぶ」の連用形＋接続助詞「て」》日数を重ねて。「一夜には九夜(ここのよ)日には十日を」

〈記・中・歌謡〉

かが-の-いっこういっき【加賀の一向一揆】イッカウイッキ 長享2年(1488)加賀の一向宗門徒の僧侶・国人・農民らが守護の富樫政親を倒し、以後90余年にわたって加賀一国内を支配・運営した一揆。

かか-の-くけど【加賀の潜戸】島根県北部、島根半島北部の潜戸鼻先端にある海食洞窟。断崖絶壁の岩肌につくられた洞穴で、洞内にある鍾乳石の天神・御乳石は国の名勝・天然記念物に指定されている。出雲いずもの神佐太大神さだのおおかみが生まれた場所とされる。大山だいせん隠岐おき国立公園に属する。

かが-の-ちよ【加賀千代】▶千代女ちよじょ

かかはゆ-し〔形ク〕《「かがはゆし」とも》❶まぶしい。「迎火の馳走過ぎて―・しと思へるにや」〈鶉衣・幽霊説〉❷おもはゆい。てれくさい。また、はれがましい。「―・き場に指さし出でたる事、越度をちなるかな、と赤面して」〈咄・醒睡笑・五〉

かが-ぶし【加賀節】❶室町時代に流行した小歌。加賀国から出た遊女(加賀女かがめ)が都で歌いはやらせたものという。❷「嘉太夫節かだゆうぶし」に同じ。❸万治・寛文(1658～1673)のころ、江戸で歌舞伎役者多門庄左衛門などが歌いはじめた俗曲。

がが-ぶた【金＝銀＝蓮＝花】リンドウ科の多年生の水草。本州以南の池や沼に自生。葉は心臓形で柄があり、水面に浮かぶ。夏、白い花を水上に開き、花びらは五つに裂けていて毛がある。きんぎんれんか。

かがふり【▽冠】❶かんむり。「次に投げ棄つる御―になれる神の名は」〈記・上〉❷《古くは位階によって冠の色が違ったところから》位階。「このころの我が恋力こひぢから記し集め功くうに申さば五位の―」〈万・三八五八〉

補説 この語がのちに「かうぶり」「かんむり」となる。

かがふ-る【▽被る】〔動ラ四〕❶かぶる。「麻衾あさぶすま引き―・り」〈万・八九二〉❷上の人からの仰せ言などを受ける。賜る。「天皇の敦めぐみを―・りて」〈記・下〉

かが-まい【加賀米】加賀国産の米。品質が劣るとされた。

かがま-る【▽屈まる】〔動ラ五(四)〕❶背・腰などが折れ曲がった状態になる。また、そのような姿勢をとる。「腰が―・る」❷寒さでかじかむ。また、ひび・あかぎれになる。「寒気甚だしくして兵皆指を墜し、―・る」〈太平記・二五〉

かがみ【鏡|▽鑑|×鑒】❶人の姿や物の形を映し見る道具。古くは青銅・白銅・鉄などの表面に水銀に錫すずをまぜたものを塗って磨いて作った。形は方円・八つ花形などがある。現在のものは、ガラス板の裏面に水銀を塗ってある。❷(鑑・鑒)人の手本。模範。「人の―」❸「鏡餅かがみもち」の略。❹《形が古鏡に似ているところから》酒樽のふた。「―を抜く」❺「鏡物かがみもの」の略。❻茶碗の茶だまりで、丸く一段くぼんでいる部分。高麗茶碗によく見られるもので、熊川こもがい茶碗の約束事の一。❼書類の一枚目に添える、標題や日付、作成者などを記載した紙。

下接語 合わせ鏡・岩鏡・自惚うぬぼれ鏡・衣紋えもん鏡・御お鏡・懐中鏡・浄玻璃じょうはりの鏡・空の鏡・智慧ちえの鏡・月の鏡・手鏡・共鏡・野守のもりの鏡・初鏡・ビードロ鏡・鬢びん鏡・懐鏡・丸鏡・水鏡・八咫やたの鏡

類語 ミラー・手鏡・姿見・鏡台・三面鏡

鏡を抜・く 《「鏡」は酒樽のふた。形が古鏡に似ていることから》祝宴などで、酒樽のふたを槌つちなどで割り開くこと。

かがみ【蘿＝藦】ガガイモの古名。〈和名抄〉

かがみ-あぶみ【鏡×鐙】鏡鞍かがみぐらに用いる鐙。表面を錫すずと銅の合金による鏡地かがみじとするときには銀・金・銅で張り包んだものもある。

かがみ-いけ【鏡池】昔の貴人・英雄などが、水面に姿を映したとか、持っていた鏡を落としたとかの伝説がある池。

かがみ-いし【鏡石】❶表面が滑らかでつやがあり、ものの影がよく映る石。鏡岩。❷手水鉢ちょうずばちの前に置く石。

かがみ-いた【鏡板】❶壁・天井などに張る、平らで滑らかな一枚板。❷能舞台の後方正面の羽目板。ふつう、大きく1本の老松を描く。❸轡くつわの部分の名。はみの両端に付いて馬の口脇をおさえる金具。

かがみ-いわ【鏡岩】いは「鏡石❶」に同じ。

かがみ-おに【▽屈み鬼】子供の遊戯で、鬼ごっこの一種。捕まえられそうになったときにかがめば捕まえられないで済むもの。

かがみ-おび【鏡帯】裏布を表に、または表布を裏に折り返して、額縁のように仕立てた帯。

かがみ-がい【鏡貝】がひ マルスダレガイ科の二枚貝。浅海の砂泥底にすむ。貝殻は円形で平たく、殻長7センチくらい。殻表は白色で、細かい成長脈がある。北海道南部から南に分布。食用。餅貝。白貝しらがい。文珠貝もんじゅがい。

かがみ-かけ【鏡掛(け)】❶「鏡立て」に同じ。❷鏡の面にかぶせておく布。

かかみがはら【各務原】岐阜県南部の市。木曽川北岸にある。航空機などの工業が盛ん。かがみがはら。人口14.6万(2010)。

かかみがはら-し【各務原市】▶各務原

かがみ-がわ【鏡川】がは 高知県中部を流れる川。工石山くいしやまに源を発し、高知市を流れて、浦戸湾に注ぐ。長さ31キロ。

かがみ-ぐさ【鏡草】❶昔、宮中で、正月元日に鏡餅かがみもちの上にのせた大根の輪切り。また、大根の別名。❷ビャクレンの別名。

かがみ-ぐつわ【鏡×轡】鏡板かがみいたの部分を鏡のように円形にし、彫り透かしを入れないでつくった轡。

かがみ-ぐら【鏡×鞍】前輪と後輪に金、銀などの薄板を張り、さらに山形の部分に覆輪ふくりんをかけた鞍。

かがみ-ごい【鏡×鯉】ごひ ドイツゴイの一品種。うろこは退化しているが、大形のものが背びれとしりびれの付け根や側線に沿って残っている。

かがみ-こ-む【▽屈み込む】〔動マ五(四)〕からだを前に曲げてうずくまる。しゃがみ込む。「気分が悪くなって道端に―・む」

かがみさと-きよじ【鏡里喜代治】キヨヂ [1923～2004] 力士。第42代横綱。青森県出身。本名、奥山喜世治。優勝4回。昭和33年(1958)引退、年寄時津風を継いだが、同46年立田川部屋をおこした。➡千代の山雅信(第41代横綱) ➡吉葉山潤之輔(第43代横綱)

かがみ-しこう【各務支考】カウ [1665～1731] 江戸中期の俳人。美濃の人。別号、獅子庵・東華坊など。蕉門の十哲の一人。師の没後は美濃派の一流を開いた。著「笈日記」「葛くずの松原」など。

かがみじし【鏡獅子】新歌舞伎十八番の一。舞踊劇。長唄。本名題「春興しゅんきょう鏡獅子」。福地桜痴作詞、3世杵屋正次郎きねやしょうじろう作曲、2世藤間勘右衛門・9世市川団十郎振り付け。明治26年(1893)歌舞伎座初演。

かがみ-せん【鏡×銑】マンガン10～35パーセント、炭素4～5パーセントを含む銑鉄。破面が鏡状であるところからいわれる。転炉での製鋼で脱酸剤として用いる。鏡鉄きょうてつ。

かがみ-だい【鏡台】「鏡立て」に同じ。

かがみ-だい【鏡×鯛】だひ マトウダイ科の海水魚。全長約50センチ。体は卵形で側扁が著しく、うろこはない。背びれの棘条きょくじょう間の皮膜が糸状に伸びている。体色は青みを帯びた銀白色。南日本に産し、主に練り製品の原料とされる。

かがみ-たて【鏡立て】鏡を立てかける木製の枠、または台。かがみかけ。かがみだい。きょうだい。

かがみつくり-べ【鏡作▽部】律令制以前、朝廷や豪族に属して鏡を製作した部民べみん。律令制では雑工戸ざっこうこがこれを担当した。

かがみ-てんじょう【鏡天井】テンジャウ 格縁ごうぶちなどをもたず、鏡のように平面に板を張って仕上げた天井。禅宗様建築に多くみられる。

かがみ-ど【鏡戸】枠の中に一枚板をはめ込んだ戸。

かがみ-とぎ【鏡▽磨ぎ】金属性の鏡をみがいて曇りをとり、光沢を出すこと。また、それを職業とする者。

かがみ-なす【鏡なす】〔枕〕❶古代の貴重品である鏡のように大切に思うの意から、「思ふ」にかかる。「―我あが思ふ妹いもありといはばこそ」〈万・三二六三〉❷鏡を見るように見るの意から、「見る」およびそれと同音の「み」を含む地名「み津」にかかる。「―我が見し君を」〈万・一四〇四〉

かがみ-ぬき【鏡抜き】鏡❹を抜くこと。祝宴などで、酒樽のふたを槌つちなどで割り開くこと。鏡開き。鏡割り。

かが-みの【加賀×蓑】加賀国から産出した蓑。細い草で作り、上に萌葱糸もえぎいとの網を掛けた上品なもの。武士や粋人が着用した。

かがみ-の-おおきみ【鏡王女】オホキミ [?～683] 万葉集の女流歌人。舒明じょめい天皇の皇女・皇妹とも、鏡王の娘で額田王ぬかたのおおきみの姉ともいわれる。天智天皇に愛され、のち藤原鎌足ふじわらのかまたりの妻。鏡女王。鏡姫王。

かがみ-の-ま【鏡の間】❶能舞台で、橋懸かりの奥の揚げ幕のすぐ内にある板敷きの部屋。姿見鏡を置き、役者は登場直前にここで面おもてをつけ、気を統一する。❷江戸時代、歌舞伎舞台で大臣柱と大臣柱の間の本舞台になるところ。❸四方に鏡を張りめぐらしてある部屋。特に、ベルサイユ宮殿のその一室。

かがみ-の-まつ【鏡の松】能舞台で、鏡板かがみいたに描かれる老松の絵。奈良春日かすが神社の影向ようごうの松を写すという。

かがみ-は【鏡葉】カシワなどの、表面が広くてつやのある葉。

かがみ-ばこ【鏡箱|鏡×匣|鏡×筥】平安時代以後、寝殿に置いた調度の一。円形または八つ花形で脚のついた台の上にのせ、鏡・汗手拭あせのごい・領巾ひれなどを入れた。

かがみ-はだ【鏡肌】断層面に沿って岩盤がずれ動いたときの摩擦で生じた、鏡のような光沢のある面。

かがみ-ばり【鏡張り】❶鏡板❶を張ること。また、張ったもの。❷鏡❶を張ること。また、張ったもの。

かがみ-びらき【鏡開き】❶《「開き」は「割り」の忌み詞》正月11日(もと20日)に鏡餅かがみもちを下ろし、雑煮や汁粉にして食べること。武家では、男子は具足に、女子は鏡台に供えた鏡餅を手や槌つちで割り砕いた。町家でもこの風習をまねて行うようになった。鏡割り。(季 新年)「伊勢海老の―や具足櫃ぐそくびつ/許六」❷「鏡抜き」に同じ。鏡割り。

かがみ-ぶとん【鏡布団】裏布を表の方に折り返して、額縁のように縫い上げた布団。鏡の形に似ているところからいう。

かがみ-もじ【鏡文字】鏡にうつったように、左右が逆になった文字。

かがみ-もち【鏡餅】平たく円形に作った餅。大小2個をひと重ねにし、正月や祝いのとき、神仏に供える。おそなえ。おかがみ。(季 新年)「一暗きところに割れて坐す/三鬼」補説 三方の上に四方紅しほうべに(または奉書紙)を敷き、その上に餅を置いて、譲葉ゆずりは、昆布こぶ、裏白うらじろ、海老、御幣ごへい、橙だいだいなどを飾る。

▷ **鏡餅の仕立て**

四方紅:天地四方を拝して災いを払い、一年の繁栄を祈願する。**譲葉**:新葉が出てから古い葉が落ちるので、新旧相ゆずる(家系がつながる)という縁起を祝う。**昆布**:よろこぶ(喜ぶ)との語呂合わせという。**裏白**:長寿を祈願する、久しく栄える、裏表がないなどの意味があるとされる。**海老**:腰が曲がるまで長寿であることを願う。**御幣**:四方に大きく手を広げ、繁盛することを願うとされる。**橙**だいだい:実が木についたまま年を越すところから「代々」に掛けて縁起を祝う

かがみ-もの【鏡物】書名に「鏡」のつく、和文の歴史物語の総称。「大鏡」「今鏡」「水鏡」「増鏡」など。鏡類。

かがみ-やま【鏡山】㊀滋賀県南部、野洲やす市と蒲生がもう郡竜王町との境にある山。標高385メートル。歌枕「―いざ立ちよりて見てゆかむ」〈古今・雑上〉㊁佐賀県唐津市中部にある山。唐津湾を望む。標高284メートル。松浦佐用姫まつらさよひめの伝説の地。松浦山。領巾振ひれふり山。㊂広島県東広島市にある山。戦国時代に大内氏の築いた西条城があり、尼子経久あまごつねひさに攻められて落城。

かがみやまこきょうのにしきえ【加賀見山旧錦絵】かがみやまこきやうのにしきゑ ㊀浄瑠璃。時代物。11段。容楊黛ようようたい作。天明2年(1782)江戸外記座初演。松平周防守

邸内での草履打ち事件と加賀騒動とを題材にしたもの。翌年、歌舞伎に移入。鏡山。加賀見山。㊁新内節。二段。㊀の詞章を転用したもので、「草履打」と「長局」の段がある。

かが・みる【▽鑑みる】〔動マ上一〕《「鏡かが」の動詞化》「かんがみる」に同じ。「たとひ四部の書を―・みて、百療に長ずといふとも」〈平家・三〉

かがみ-わり【鏡割(り)】「鏡開き」に同じ。《季 新年》

かが・む【▽屈む】㊀〔動マ五(四)〕❶腰などが前に曲がる。「腰が―・む」❷腰やひざを折り曲げて姿勢を低くする。しゃがむ。「―・んでのぞきこむ」〔可能〕かがめる ㊁〔動マ下二〕「かがめる」の文語形。

〔用法〕かがむ・しゃがむ――「前の人はかがんで(しゃがんで)ください」などでは相通じて用いられる。◇「かがむ」は「前かがみの人」などのように前傾の姿勢をもいうが、「しゃがむ」はひざを曲げ腰を落とすからだ全体の動作を表す。「道ばたにしゃがんで話し込む」◇類似の語に「うずくまる」がある。「うずくまる」は頭も前に曲げ、からだ全体を丸く小さくする動作で、「物陰にうずくまる」「子犬がうずくまって寝ている」などと用いる。

〔類語〕こごむ・しゃがむ・かがめる・こごめる

かが・める【▽屈める】〔動マ下一〕〔文〕かが・む〔マ下二〕からだを前に折り曲げてやや低い姿勢をとる。かがむようにする。「腰を―・めてあいさつする」

〔類語〕かがむ・こごむ・しゃがむ・こごめる

かが-もん【加賀紋】色差しした美麗な紋。加賀国の人が多く用いたところからいう。定紋ではなく、上絵で、丸の中に月や花を図案ふうに極彩色に描いたもの。

かがやかし・い【輝かしい|×耀かしい|×赫かしい】〔形〕〔文〕かがやか・し〔シク〕《古くは「かかやかし」》❶光り輝くようにすばらしい。華々しい。「―・い将来」「―・い業績をあげる」❷まぶしいほどぎらぎら光っている。「御前ごぜのたちしは…―・しきまでに見るに」〈讃岐典侍日記・下〉❸恥ずかしい。きまりが悪い。おもはゆい。「ひとり身をえ心にまかせぬほどこそ、さやうに―・しきもことわりなれ」〈源・末摘花〉〔派生〕かがやかしげ〔形動〕かがやかしさ〔名〕〔類語〕明るい・素晴らしい・素敵すて・見事みご・立派・最高・絶妙・卓抜・秀逸・結構・目覚ましい・妙なる・えも言われぬ

かがやか・す【輝かす|×耀かす|×赫かす】〔動サ五(四)〕《古くは「かかやかす」》❶きらきらと光らせる。まぶしいくらいにりっぱにする。また、表情などを明るく生き生きとしたようすにする。「目を―・して聞き入る」「人は、めでたく作り―・しつる所に、明日なむ、今宵なむとののしるなれど」〈かげろふ・中〉❷名声や威力などを華々しく世間に示す。「世界に名を―・す」

〔類語〕光らす・閃ひらめかす

かがやき【輝き|×耀き|×赫き】《古くは「かかやき」》❶かがやくこと。また、かがやく光。「太陽の―」❷はなばなしくりっぱであること。「才能の―」

〔類語〕光輝・光彩・光明・光・明かり・灯・灯火ともしび・ともし火・煌きらめき・光線・光耀こうよう・光芒こうぼう・閃光せんこう・ライト

かがやき-わた・る【輝き渡る】〔動ラ五(四)〕一面に光りかがやく。「五色の光明こうみょう赫奕かくやくと―・るに」〈紅葉・二人むく助〉

かがや・く【輝く|×耀く|×赫く】〔動カ五(四)〕《古くは「かかやく」》❶まばゆいほどきらめく。きらきら光る。光を放つ。「ネオンが―・く」❷生き生きとして明るさがあふれる。「希望に―・く未来」❸名誉や名声を得て華々しい状態にある。名が上がる。威光が現れる。「栄冠に―・く」❹恥ずかしがる。まばゆく思う。「見苦しげなる人々も、―・き隠れぬるほどに」〈源・総角〉

〔類語〕光る・きらめく・照る・閃ひらめく・照り輝く・照り付ける

かがやくひ-の-みや【輝く日の宮】《古くは「かかやくひのみや」》㊀源氏物語の登場人物、藤壺ふじつぼの異称。㊁源氏物語の第1巻桐壺きりつぼの異称。

かか・ゆ【抱ゆ】〔動ヤ下二〕《「かか(抱)う」が室町時代以降ヤ行に転じて用いられた語。終止形は「抱ゆる」となる例が多い》「抱える」に同じ。「乗合一同、旅の苦を忘れて、腹を―・ゆるほどに」〈魯文・西洋道中膝栗毛〉「年ねん永く切って高給を出し、気遣ひなしに先金も大分出して―・ゆる事なり」〈浮・禁短気・三〉

かが-ゆうぜん【加賀友禅】イウゼン 石川県金沢市付近で発達した友禅染。様式化された図柄で、配色に藍・臙脂えんじ・紫などが多く、ぼかしを使っている。

かがよ・う【×耀う|×赫う】かがよふ〔動ワ五(ハ四)〕きらきら光って揺れる。「雑木の芽の群れが…おぼろに―・う絢爛けんらんのさま」〈長与・竹沢先生と云ふ人〉

かから-じま【加唐島】佐賀県北西部、壱岐いき水道にある南北に細長い島。唐津市に属する。東松浦半島北西端の波戸はど岬の沖合約3.5キロメートルに位置する。面積2.8平方キロメートル、最高点123メートル。台地状の島で、北岸には玄武岩の柱状節理が見られる。ツバキが多く自生し、ツバキ油を産するため「椿の島」として知られる。玄海げんかい国定公園の一部。

かからわ・し〔形シク〕離れにくい。とらわれがちである。「妻子めこ見ればめぐし愛うつくし世の中はかくぞことわり黐鳥もちどりの―・しもよ」〈万・八〇〇〉

かかり【係(り)】《「掛かり」と同語源》❶(「掛かり」とも書く)組織の中である仕事を専門に担当すること。また、その人。「―の者が応対する」「案内―」❷文法用語。㋐助詞が、それを受けて結ぶ文末に影響を及ぼすこと。㋑係り結びの係りとなる語。係助詞。結びに対する「ぞ」「なむ」「や」「か」「こそ」など。❸関係。かかわり。「御情にて今迄ながらへたるが平頭ひょうの命、どこにゆかり―もなし」〈浄・松風村雨〉

〔類語〕担当・受け持ち・担任・当番

かかり【掛(か)り|懸(か)り】❶掛かること。ひっかかること。「エンジンの―が遅い」❷(掛かり)物事をするのに必要な費用。入費。「―がかさむ」❸(掛かり)囲碁で、隅に打った相手の石のしまりを妨げること。「―を打つ」➡締しまり ❹釣り針の、魚の外れるのを防ぐためにつける先端部の突起。針先の返しの部分。もどり。あぐ。❺女の髪の垂れかかったようす。下がりぐあい。「御髪みぐしの―、はらはらと清らにて」〈源・若菜下〉❻蹴鞠けまりをする場所。また、その場所の四隅に植えた樹木。普通は北東に桜、南東に柳、北西に松、南西にカエデを植える。「まりを好みてのち、―の下に立つ事七千日」〈著聞集・一一〉❼建物のつくり方。構え。つくり。「此の大門の―などは、誠に今迄の寺々とは格別なものでござる」〈虎寛狂・鐘の音〉❽趣。風情。「枝を矯ためて葉を透かして、―あれと植ゑ置きし」〈謡・鉢木〉〔類語〕支出・費ついえ・入いり・入いり目・入いり用・入用にゅうよう・出費・用度・経費・実費・コスト・雑費

かか・り【×斯かり】〔動ラ変〕《「かくあり」の音変化》このようである。かくのごとくである。「―・らむ世には、朝に仕へ身をたて」〈平家・三〉➡斯かかる

かがり【×篝】❶かがり火をたく鉄製のかご。かがりかご。❷❶を用いて燃やす火。かがり火。❸「篝屋かがりや」に同じ。

かがり【×縢り】布などをかがること。また、かがったものや部分。

がかり【掛(か)り】〔接尾〕❶名詞に付く。㋐その物事に似たようすである意を表す。「芝居―」㋑そのものに依存する意を表す。「親―の身」❷日数・人数などを表す言葉に付いて、それだけの時間・人手を要する意を表す。「一〇年―」「五人―」❸動詞の連用形に付く。㋐その事のついでにの意を表す。「通り―」㋑…した勢いの意を表す。「行き―上、そうなってしまった」

かかり-あい【掛(か)り合い】あひ ❶つながりをもつこと。関係。かかわり。「私には―のないことだ」❷巻き添えをくうこと。「―になりたくない」

〔類語〕かかわり・ゆかり・縁えん・縁えにし・よしみ・絆きずな・関係・つながり・縁故・縁由・つて・関連・連関・連係・相関・関与・交渉・結び付き・引っ掛かり・絡み（―する）関する・係かかわる・係かかる・まつわる・係かかずらう・与あずかる・絡む

かかり-あ・う【掛(か)り合う】あふ〔動ワ五(ハ四)〕❶関係する。かかわる。「この事件は彼と深く―・っている」❷好ましくないことに関係する。巻き込まれる。「面倒なことに―・う」

かかり-いん【係員】ヰン 官庁や会社で特定の仕事を受け持つ職員。

かかりうけ-へんかん【係(り)受け変換】ヘンクワン ▶AI変換

かかり-うど【掛かり▽人】▶かかりゅうど

かがり-かご【×篝籠】「篝かがり❶」に同じ。

かかり-かん【係官】クワン 官公庁で、一定の事務を担当している人。係の役人。

かかり-きり【掛(か)り切り】「かかりっきり」に同じ。「育児に―になる」

かかり-き・る【掛(か)り切る】〔動ラ五(四)〕もっぱら、ある一つの事柄に関係・従事する。あることのために全力を注ぐ。「この仕事にだけ―・る」

かかり-ぐち【掛(か)り口】❶着手する手がかり。端緒。❷攻めかかろうとする機会。また、その場所。攻め口。

かかり-げいこ【掛(か)り稽古】❶剣道の練習法の一。上位の者を相手に何度も繰り返し打ち込むこと。❷柔道の練習法の一。同一の技を連続して掛けること。捨て稽古。ぶつかり稽古。

かかり-じょし【係(り)助詞】助詞の分類の一。文中にあって、述語と関係し合っている語に付属して、その陳述に影響を及ぼし、また、文末について、文の成立を助ける働きをする助詞。口語には、「は」「も」「こそ」「さえ」「しか」「しも」「でも」などがあり、文語には、「は」「も」「ぞ」「なむ」「や」「か」「こそ」がある。かかりことば。けいじょし。➡係り結び

かかり-だいこ【掛(か)り太鼓】戦場で、敵に攻めかかる合図に打ち鳴らす陣太鼓。攻め太鼓。

かかり-ちょう【係長】チャウ 官庁・会社などでの役職の一。その部署の係員の長で、普通は課長の下の地位。〔類語〕社長・専務・常務・部長・課長・平社員

かかりっ-きり【掛(か)りっ切り】ある物事だけをすること。かかりきり。「一日中、客の応対に―だった」

かかり-つけ【掛(か)り付け】いつもその医者に診察してもらっていること。「―の医者」

かかりつけ-やっきょく【掛(か)り付け薬局】ヤクキョク 外来受診した患者が、どの医療機関で院外処方箋を受け取った場合でも、いつもそこで薬の調剤を受けると決めた薬局。〔補説〕薬局では、患者ごとに、処方した薬、購入した市販薬、副作用・アレルギーなどの記録を作成する。院外処方箋を受け取った患者は、薬局を自由に選んで調剤を受けることができるが、掛かり付けの薬局を決めておくことで、薬の重複や飲み合わせの問題がないか薬剤師が確認しやすくなるため、医療の質が向上するとされる。

かがり-どうろう【×篝灯籠】庭に置く灯籠。

かかり-どころ【掛かり所】頼りとするところ。頼みどころ。「ともかくもいふ言の葉の見えぬかな何いずらは露の―は」〈後撰・恋二〉

かかり-の-まつ【懸(か)りの松】❶能舞台で、橋懸かりの前の白州に等間隔に植えられた3本の若松のうち、最も揚げ幕に近い松。三の松。❷蹴鞠けまりをする場所の西北隅にある松。

かかり-ば【掛かり端】女の額の上の髪が左右のほおに垂れかかっているぐあい。また、その髪の末のあたり。さがりば。「頭つき、髪の―しも、美しげにめでたし」〈源・末摘花〉

かかり-ば【×繋かり場|掛かり場】船をつなぎとめる所。船が停泊する場所。かかりどころ。〈日葡〉

かがり-び【×篝火】㊀夜間の警護・照明や漁猟などのためにたく火。かがり。㊁源氏物語第27巻の巻名。光源氏が、玉鬘たまかずらのもとで篝火をたかせ、夕霧・柏木との合奏を楽しむ。

かがりび-そう【×篝火草】サウ シクラメンの別名。《季 春》

かかり-びと【掛かり人】「かかりゅうど」に同じ。

かがり-ぶね【×篝船】漁などのためにかがり火をたく船。

かかり-むすこ【掛かり息‐子】親が老後の頼りにしている息子。「今日は―の嫁取と、一際ひときわあらたまりたる服装なりにて」〈紅葉・二人女房〉

かかり-むすび【係(り)結び】文語文で、文中に係助詞が用いられる場合、それに応じて文末の活用語の形態に変化の生じる現象。〔補説〕狭義には、上に「風ぞ強き」「風なむ静かなる」「風や出づる」「風かやまざる」のように「ぞ」「なむ」「や」「か」を用いると連体

形で結び、「風こそ出づれ」のように「こそ」を用いれば已然形で結ぶことをいうが、広義には、疑問詞に対する連体止めや、「は」「も」に対して終止形で文が結ばれることも含まれる。

かかり-もの【掛(か)り者】他家に身を寄せて食住の世話になっている人。居候。食客。「いつまでもぶらぶらとここに―になっているのが済まないような気がして」〈三重吉・桑の実〉

かがり-や【×篝屋】篝屋守護の詰め所。また、そこに詰めた武士。のちに鎌倉にも設置された。夜間、辻々で篝火をたいたからいう。

かがりや-しゅご【×篝屋守護】鎌倉幕府の職名。京都市内48か所に置かれた篝屋に宿営して、市中の治安に当たった武士。篝屋の武士。篝屋守護人。篝。

かかり-ゆ【掛(か)り湯】風呂から上がるときにからだを清めるために浴びる湯。上がり湯。おかゆ。

かかりゅうど【掛▽人】かかりうど《「かかりびと」の音変化》他人の世話になって生活している人。居候。食客。「清水あたりの陶器師(すえものし)の―とあっては朝夕に定めし御不足勝(がち)で」〈露伴・椀久物語〉

かか・る【掛(か)る｜懸(か)る｜係る】〔動ラ五(四)〕❶㋐上が固定された状態で、高い所からぶらさがる。上から下へさがる。「壁に絵が―・っている」「カーテンの―・っている部屋」㋑中空など、高い所に位置する。「月が中天に―・る」㋒目につくように高い所に掲げられる。「高札が―・る」「磔(はりつけ)に―・る」❷(「繋る」とも書く)船が停泊する。係留される。「船は桟橋に―・っている」❸㋐火に当てるために容器が上からつるしさげられる。また、火の上に据え置かれる。「ガスに鍋が―・っている」㋑《竿秤(さおばかり)にぶらさげて計量するところから》はかりに受けとめられる。…の目方がある。「重すぎてはかりに―・らない」「四キロ―・る(＝目方ガホボ四キロアル)」❹㋐(「架かる」とも書く)物が一方から他方へまたぐように渡される。「橋が―・る」㋑ひも・縄などが物のまわりにかけ渡される。「水引の―・った祝いの品」㋒張り巡らすようにして作られる。一時的に設営される。「クモの巣が―・る」「小屋が―・る」㋓《仮小屋を作って行われたところから》興行される。上演・上映される。「見世物が―・る」「評判の映画が―・っている」❺㋐ほかのものの上にかぶさる。一面を覆う。「イチゴにミルクが―・っている」「霧が―・る」㋑水や粉などが飛び散って当たる。ふりかかる。「しぶきが―・る」「ほこりが―・る」❻仕掛けなどで捕らえる。また、捕らえられた状態で動きが止まる。「大きな魚が―・る」「網に―・った鳥」「凧(たこ)が木の枝に―・る」❼仕組まれた謀(はかりごと)に陥る。はまる。「相手の罠(わな)に―・る」「計略に―・る」「暗示に―・る」❽㋐(「…の手にかかる」の形で)傷つけられたり、殺されたりする。「敵の手に―・る」㋑(「目にかかる」の形で)目にとまる。見られる。「勘当したからは二度と親の目に―・るな」「お目に―・る(＝オ会イスル)」❾偶然に物にさわる。「うっかり手が―・ってしまった」❿㋐他から作用・動作が及ぶ。「技が―・る」「ちっとも誘いが―・らない」㋑送られてきて、こちらに届く。「声が―・る」「電話が―・ってくる」㋒付いている仕掛けが働いて、本体が動かないように固定される。「錠が―・る」㋓装置が作動して機能を発揮しだす。「車のエンジンが―・らない」「ひと晩じゅうラジオが―・っている」⓫何かが心にしっかりと付いてその状態にとどまる。「気に―・る」「心に―・る日本の将来」⓬㋐望ましくないことがこちらの身に及んでくる。身にふりかかる。「迷惑が―・る」「疑いが―・る」㋑負担すべきものとして押し付けられる。課せられる。「税金が―・る」⓭(「罹る」とも書く)病気や災難などを身に受ける。とりつかれる。「伝染病に―・る」⓮時間・費用・労力などが必要とされる。費やされる。要する。「手の―・る仕事」「完成に一〇年―・る」⓯㋐ものの働き・力が加わる。「芸に磨きが―・る」㋑頭から押さえつけるような態度に出る。「かさに―・る」⓰攻撃的に挑む。攻めていく。「束になって―・る」「攻略に―・る」⓱㋐物事に着手する。しはじめる。「仕事に―・る」「取り壊しに―・る」㋑その事に当たる。従事する。「今―・っている仕事」⓲ある範囲・場所・期間にまで及ぶ。経過してきてその所・時間に至る。「鼻に―・った声」「急勾配に―・る」「工事が来春まで―・る」⓳重みなどがそちらに加え乗せられる。力などが向けられる。「体重が―・った姿勢」「揉(も)み消しの圧力が―・る」⓴㋐物心の両面にわたって頼みとする。他のものに頼る。養ってもらう。「老後は子供に―・る」㋑処置・処理をまかせる。扱われる。「医者に―・る」「あの人に―・ってはかなわない」㉑議案などが公の場に持ち出されて取り扱われる。「案件が委員会に―・る」「裁判に―・る」㉒重大な結果が予想される。「優勝の―・った大一番」「懸賞が―・る」「この建物には保険が―・っている」㉓㋐そのような性質・傾向を帯びる。「赤みの―・った黄色」㋑交配される。「四国犬にマスチフの―・った土佐犬」㉔㋐物事がかかわる。重要なところに関係をもつ。「存否に―・る問題」㋑その人によって作られる。その人の手になる。「空海大師の開基に―・る」㉕(係る)文章中のある語句の文法上の働きが、あとの他の語句と関係をもつ。修飾する。「『青い空』の『青い』は形容詞の連体形で、『空』に―・る」㉖多く、動詞の連用形に接続助詞「て」を添えた形に付いて、初めからそのような状態で、またはそのように思い込んで、事に対する意を表す。「相手をのんで―・る」「だめだと決めて―・る」㉗神霊が人間に乗り移る。「神有(ま)して、皇后に―・りて誨(をし)へまつりて曰く」〈仲哀紀〉㉘気分や調子が乗る。「声も調子に―・り、能も心づくころなれば」〈花伝・一〉㉙他の動詞の連用形のあとに付いて用いる。㋐今にも…しそうになる。また、ちょうど…する。…しはじめる。「溺(おぼ)れ―・る」「崩れ―・る」「通り―・る」「立ち―・る」㋑ある動作を他に向ける。何かに向かって…する。「飛び―・る」「寄り―・る」 可能 かかれる〔ラ下一〕

(…句) 息が掛かる・意地に掛かる・御座敷(おざしき)が掛かる・御目(おめ)に掛かる・嵩(かさ)に懸かる・肩に掛かる・気に掛かる・食って掛かる・口が掛かる・口に税は掛からぬ・口の端(は)に掛かる・声が掛かる・心に掛かる・手が掛かる・縄に掛かる・箸(はし)にも棒にも掛からない・人手に掛かる・褌(ふんどし)を締めてかかる・刃(やいば)に掛かる

類語 (⑫)被る・浴びる／(⑬)病む・患う・寝つく／(⑯)挑む・突っかかる・向かう・立ち向かう・ぶつかる・対する・対抗する／(⑰)始める・しだす・やりだす・取り掛かる・しかかる・しかける・開始する・着手する／(㉔)関連・連関・連係・相関・関与・交渉・係(かか)わり・繋(つな)がり・結び付き・掛かり合い・引っ掛かり・絡み・関する・係(かか)わる・まつわる・係(かか)ずらう・与(あず)る・絡む

かか・る【×皸る】〔動ラ四〕あかぎれが切れる。ひび割れがする。「稲舂(つ)けば―・る吾(あ)が手を今夜(こよひ)もか殿の若子(わくご)が取りて嘆かむ」〈万・三四五九〉

かかる【×斯かる】〔連体〕《「かくある」の音変化》このような。こういう。「―行為は許されない」

類語 こんな・こういう・このよう・かよう・こう・かく

かが・る【×縢る】〔動ラ五(四)〕布の裁ち目などがほつれないように縫い糸やしつけ糸でからげる。「ボタン穴を―・る」 可能 かがれる

類語 縫う・綴(つづ)る・綴(と)じる・絎(く)ける・まつる・仕付ける・裁縫する・縫製する・縫い込む

がか・る〔接尾〕《五(四)段型活用》名詞に付く。❶…に似たようになる、…のふうになる、の意を表す。「神―・る」「芝居―・る」❷…の色を帯びる、の意を表す。「赤み―・った月」

かかれ-ど【×斯かれど】〔接〕《「かくあれど」の音変化》こうではあるけれど。「船にも思ふことあれど、かひなし。―、この歌を独り言にしてやみぬ」〈土佐〉

かかれ-ば【×斯かれば】〔接〕《「かくあれば」の音変化》こうであるから。こういうわけだから。「昔、山にて見つけたる。―、心ばせも世の人に似ず侍り」〈竹取〉

かがわ【香川】かがは 四国地方北東部の県。もとの讃岐(さぬき)にあたる。県庁所在地は高松市。人口99.6万(2010)。

かがわ-いかだいがく【香川医科大学】カガハイクワダイガク 香川県木田郡三木町にあった国立大学。昭和53年(1978)設置。平成15年(2003)香川大学と統合し、香川大学医学部となる。➡香川大学

かがわ-かげき【香川景樹】かがは［1768～1843］江戸後期の歌人。鳥取の人。号、桂園。香川景柄(かげもと)、小沢蘆庵に師事。賀茂真淵(かものまぶち)らの古代尊重主義に反対、純粋感情を重んじる桂園派を打ち立てた。著に歌集「桂園一枝」、歌論「新学異見(にひまなびいけん)」「古今和歌集正義」など。

かがわ-けん【香川県】かがは ▶香川

かがわ-げんえつ【賀川玄悦】かがは［1700～1777］江戸中期の医師。近江(おうみ)の人。字(あざな)は子玄。本姓は三浦。鍼灸術(しんきゅうじゅつ)をよくしたが、難産を救ったことから助産術を独自に考案し、賀川流産科の祖となった。著「産論」など。

かがわけんりつ-ほけんいりょうだいがく【香川県立保健医療大学】カガハケンリツホケンイリヤウダイガク 高松市にある公立大学。平成11年(1999)設立の香川県立医療短期大学を改組して、同16年に開学した。保健医療学部の単科大学。

かがわ-だいがく【香川大学】かがは 香川県高松市に本部のある国立大学法人。高松高等商業学校・香川師範学校・香川青年師範学校を統合し、昭和24年(1949)新制大学として発足。同30年香川県立農科大学を合併。平成15年(2003)香川医科大学を統合し医学部とする。同16年国立大学法人となる。

かがわ-とよひこ【賀川豊彦】かがは［1888～1960］キリスト教伝道者・社会運動家。兵庫の生まれ。神戸市北本町の貧民街で伝道を開始。労働争議・農民運動・協同組合運動を指導。著「死線を越えて」など。

かかわら-ず【▽拘らず｜▽係わらず】かかはらず〔連語〕《動詞「かか(係)わる」の未然形＋打消しの助動詞「ず」の連用形》(「…に」「…にも」のあとに付けて用いる)❶…なのにそれでも。…であるのに。「努力したにも―受からなかった」❷…に関係なく。「晴雨に―実施する」

かかわり【関わり｜▽係わり】かかはり 関係すること。関連。つながり。ひっかかり。「なんの―もない」

類語 かかりあい・ゆかり・縁(えん)・縁(えにし)・よしみ・絆(きずな)・関係・つながり・縁故・縁由・つて・関連・連関・連係・相関・関与・交渉・結び付き・引っ掛かり・絡み（―する）関する・係(かか)わる・係(かか)る・まつわる・係(かか)ずらう・与(あず)る・絡む

かかわり-あ・う【関わり合う｜▽係わり合う】かかはりあふ〔動ワ五(ハ四)〕他人や他の事柄などと関係をもつ。「面倒なことには―・いたくない」

かかわ・る【関わる｜▽係わる｜▽拘る】かかはる〔動ラ五(四)〕❶関係をもつ。関係する。「研究に―・った人々」❷重大なつながりをもつ。影響が及ぶ。「命に―・る問題」❸(拘る)こだわる。「つまらぬことに―・っている場合ではない」 可能 かかわれる 類語 関する・当該・当事・からむ・関係・関連・連関・連係・相関・関与・交渉・係(かか)わり・繋(つな)がり・結び付き・掛かり合い・引っ掛かり・絡み・係(かか)る・まつわる・係(かか)ずらう・与(あず)る

か-かん【下×澣｜下×浣】クワン 毎月の20日以後。下旬。げかん。➡三澣(さんかん)

か-かん【下×瞰】〔名〕スル 見下ろすこと。俯瞰(ふかん)。「林樾(りんえつ)沼沢を―するが如く」〈鷗外訳・即興詩人〉

か-かん【加冠】クワン〔名〕スル ❶昔、男子が元服のときに初めて冠をつけること。また、その儀式。初冠(ういこうぶり)。❷元服する人に冠をかぶらせる役。また、その人。ひきいれ。

か-かん【可換】クワン 数学で、演算や操作の順序を入れ換えても結果が同じになること。実数の加法・乗法など。

か-かん【花冠】クワクワン 一つの花の花びら全体。

か-かん【花間】クワ 花のあいだ。「―の蝶」

か-かん【河漢】❶銀河。天の川。銀漢。❷黄河と漢水。

か-かん【夏官】クワン 中国周代の官職名の一。六官(りくかん)の一つで、軍政をつかさどる。

か-かん【華×翰】クワ 他人の手紙を敬っていう語。お手紙。華墨。

か-かん【禍患】クワクワン わざわい。災難。不幸。

か-かん【果敢】クワ〔形動〕〔文〕〔ナリ〕決断力に富み、物事を思いきってするさま。「―な行為」「勇猛―」

派生 かかんさ〔名〕 類語 勇ましい・勇敢・勇壮・りりし

い・精悍・雄雄しい・勇猛・剛勇・忠勇・壮・壮烈・英雄的・ヒロイック（「一と」「一たる」の形で）敢然・決然・凜然・凜凜・凜乎・颯爽

かがん【可汗】《khaghanの音写》「ハガン」に同じ。

か-がん【花顔】クヮ 花のように美しい顔。うるわしい顔だち。花のかんばせ。「一玉容」

か-がん【河岸】かわの岸。かわぎし。かし。
類語 川岸・川沿い・湖岸

か-がん【過×雁】クヮ 空を飛んでいく雁。

かかんき-しょうこうぐん【過換気症候群】クヮクヮンキシャウコウグン 神経症や呼吸中枢の異常により発作的に過呼吸を行ったため、血液中の二酸化炭素濃度が低下して起こる一連の症状。呼吸困難・胸痛やしびれ・痙攣などがみられる。

がかん-きんきゅう【牙関緊急】ガクヮンキンキフ ►咬痙

か-かんしょうせい【可干渉性】カカンセフセイ ►コヒーレンス

か-かんしょうてき【可干渉的】カカンセフテキ ►コヒーレント

かがん-だんきゅう【河岸段丘】ダンキウ 河川に沿う階段状の地形。浸食作用により、もとの河床が現在の河床より高い台地になっているもので、土地の隆起や水量の変化などにより生じ、その回数に応じて何段かの段丘を形成する。河成段丘。

かかん-の-げん【河漢の言】《「荘子」逍遥遊から。天の川は遠い空にあるところから》漠然として取り留めもない言葉。

かかん-ぷ【火×浣布】クヮクヮンプ ❶古代中国で、南方の火山にすんでいる火ねずみの毛で作ったといわれた耐火性の織物。ひねずみのかわごろも。❷石綿をまぜて織った不燃性の布。日本では、平賀源内が初めて作ったといわれる。

ががんぼ【大=蚊】《「蚊々母」の意から転じた語》双翅目ガガンボ科の昆虫の総称。蚊に似るが大形で、脚が長い。翅の開張が8センチもあるミカドガガンボ、幼虫が稲の根などを食べるキリウジガガンボなど、種類は非常に多い。かのうば。かのおば。かとんぼ。（季 夏）「障子打つ一にさへ旅心／虚子」

か-き【下記】ある記事や文章のあとに書きしるすこと。また、その文章。「詳細は一のとおり」⇔上記。

か-き【火気】クヮ ❶火のけ。また、火。「一厳禁」❷火の勢い。「一にたじろぐ」類語 火勢

か-き【火器】クヮ ❶火を入れる器具。火入れ。❷大砲・銃など、火薬を使って弾丸を発射する兵器の総称。銃砲。類語 火砲・大砲

かき【牡=蠣】イタボガキ科の二枚貝の総称。海中の岩などに固着する。貝殻形は一定しないが、片方の殻は膨らみが強く、片方は平たい。殻表には成長脈が薄板状に発達。マガキ・スミノエガキ・イタボガキ・イワガキなど食用となるものが多く、養殖もされる。オイスター。（季 冬）「松島の松に雪ふり一育つ／青邨」
補説 乳白色の色合いと、栄養が豊富であることから「海のミルク」と呼ばれる。

か-き【花×卉】クヮ《「卉」は草の意》❶花の咲く草。草花。❷観賞用に栽培する植物。観賞する部分により、花物・葉物・実物などに分ける。

か-き【花期】クヮ 花の咲く時期。花の咲く期間。

か-き【花器】クヮ 花を生ける器具。陶磁製・金属製・竹製・木製などがあり、形は薄端・釣船・獅子口・水盤・広口・細口などがある。花入れ。花生け。

か-き【×和気】クヮ「わき（和気）」に同じ。「一香風の中に、臥榻を据えて」〈二葉亭・浮雲〉

か-き【果×毅】クヮ 決断力があり意志が強いこと。「一軽断、谷風に虎歩し」〈東海散士・佳人之奇遇〉

かき【垣¦×牆¦×籬】❶家や庭の区画を限るための囲いや仕切り。竹や木で作ることが多い。垣根。❷間を隔てるもの。「心に一を巡らす」
類語 柵・塀・垣根・フェンス・生け垣・築地

垣堅くして犬入らず　家庭内が健全であれば、外部からそれを乱す者が侵入してくることはないというたとえ。

牆に耳あり　《「管子」君臣から》内密の話が他に漏れやすいことのたとえ。壁に耳あり。

垣を作・る　❶多くの人が、垣根のように周囲を取り巻いたり、立ち並んだりする。人垣をつくる。垣を結う。「ファンが一・った」❷両者の間に隔てをつくる。「意見の相違が二人の間に一・った」

かき【柿】❶カキノキ科の落葉高木。また、その実。山地に自生するが、古くから栽培される。よく分枝し、葉は短楕円形で先がとがり、光沢がある。秋に紅葉する。初夏に白い雌花と雄花とが咲き、秋に黄赤色の実を結ぶ。実には蔕が残ってつく。品種も多く、甘柿には富有・次郎・御所など、渋柿には平核無・西条などがあり、実を生または干して食べる。材は家具などに用いる。（季 花＝夏 実＝秋）「一くへば鐘が鳴るなり法隆寺／子規」❷「柿色」の略。❸柿色の布子。かきそ。

か-き【夏季】夏の季節。「一施設」

か-き【夏期】夏の期間。夏の間。「一講習会」

か-き【家記】❶その家に伝承される、先人・父祖の日記・記録類。平安時代以後、儀式などの先例を知るために重用された。けき。❷家に伝えられる、詩歌・文章などの集。

か-き【嫁期】嫁に行くのに適した年ごろ。婚期。

か-き【禍機】クヮ 災難が生じるきっかけ。災いの生じる兆し。

か-き【×嘉×卉】《「卉」は草の意》美しい草木。

かき【×掻き】〔接頭〕動詞に付いて、意味を強めたり語調を整えたりする。「一曇る」「一消す」

か-ぎ【火技】クヮ ❶小銃・大砲などを操作する技術。❷花火。

か-ぎ【賈誼】[前200～前168]中国、前漢の学者・政治家。洛陽（河南省）の人。文帝に信任されたが、重臣らの反対にあって長沙王の太傅に左遷された。文章家・思想家としても有名。著「過秦論」「新書」など。

かぎ【×鉤】❶先の曲がった金属製の器具。物をひっかけるのに使う。また、そうした形のもの。❷長い柄の先に❶が付いたもの。物にひっかけて引き寄せたり、武器にしたりする。❸「鉤括弧」に同じ。

かぎ【嘉義】中国、台湾中西部の都市。製糖・製材業が盛ん。北回帰線塔がある。チアイー。

か-ぎ【×嘉儀】めでたい儀式。祝い事。

か-ぎ【歌×妓】酒宴で歌をうたう芸妓。

かぎ【鍵¦×鑰】《鉤と同語源》❶錠の穴に差し込み、開閉するための金属製の道具。キー。「ドアに一をかける」❷錠前そのもの。錠。❸物事を理解したり、解決したりするのに最も大切な事柄。キー。「事件解決の一を握る」❹紋所の名。鍵を組み合わせた文様。類語（❶）錠・錠前・キー・南京錠・合い鍵／（❸）キー・ヒント

鍵の穴から天を覗く　狭い見識で大きな問題を考えることのたとえ。葦の髄から天井を覗く。

が-き【牙旗】《中国で、旗ざおの先を象牙で飾り、猛獣が牙で身を守る形としたところから》天子または大将軍のいる所に立てる旗。大将旗。牙纛。

が-き【瓦器】グヮ 素焼きの陶器。主に古代の灰黒色の土器をいう。かわらけ。

が-き【餓鬼】❶《梵 pretaの訳。薜茘多と音写》生前の悪行のために餓鬼道に落ち、いつも飢えと渇きに苦しむ亡者。❷「餓鬼道」の略。❸《食物をがつがつ食うところから》子供を卑しんでいう語。「手に負えない一だ」類語 じゃり・子供・子・小児・児童・学童・小人・童・童・童・童子・幼子・幼童・ちびっこ・わっぱ・こわっぱ・小僧・少年

餓鬼に苧殻　力のない者が、折れやすい苧殻を振り回すようなもので、頼りにも力にもならないことのたとえ。

餓鬼の断食　《餓鬼は断食しようとしまいと、おのずから断食の状態である意から》当然のことを、ことさらに言い立てて、人前をつくろうことのたとえ。

餓鬼の目に水見えず　《餓鬼は、のどが渇きすぎているので、そばに水があっても気づかない意から》熱望するあまり、かえって求めるものが身近にあることに気づかないことのたとえ。

餓鬼の物をびんずる　《「びんずる」は「引っ取る」を「餓鬼」の縁で「賓頭盧」に掛けていったものか》餓鬼の得た食物を奪い取る。貧乏人から物を奪うようなひどいことをするたとえ。

餓鬼も人数　つまらない者でも、いれば、多少の効果があることのたとえ。また、取るに足りない者も多く集まれば、あなどりがたいことのたとえ。

が-ぎ【画技】グヮ 絵をかく技法・技術。

かきあい-てがた【書合手形】かきあひ 融通手形の一種。当事者相互の金融を図る目的で、商取引がないのに、それぞれ相手方を受取人または引受人として振り出される約束手形または為替手形。騎乗手形。

かき-あげ【書（き）上げ】❶書きおえること。❷下位の者から上位の者にあてて文書を差し出すこと。また、その文書。上申書。

かき-あげ【×掻き上げ¦×掻き揚げ】❶ひっかくように上の方へ引きあげること。❷（掻き揚げ）てんぷらの一種。貝柱・イカ・エビや野菜などを刻んで数種取り合わせ、濃い衣でまとめて油で揚げたもの。❸灯心などをかき立てること。

かきあげ-き【×掻き上げ木】「掻き上げの木」に同じ。

かきあげ-じろ【×掻き揚げ城】土をかきあげて、手軽く築きあげた城。かきあげ。「おろそかに構へたる城を、一と言ふ」〈武家名目抄〉

かきあげ-の-き【×掻き上げの木】灯心をかきあげるのに用いる木。掻き立て棒。「灯籠の火の、一の端にて、や文字を消ちて」〈十訓抄・一〉

かき-あ・げる【×舁き上げる】〔動ガ下一〕図かきあ・ぐ〔ガ下二〕かついで高い所へ上げる。「余は此釣台に乗った儘病院の二階へ一・げられて」〈漱石・思ひ出す事など〉

かき-あ・げる【書（き）上げる】〔動ガ下一〕図かきあ・ぐ〔ガ下二〕❶すっかり書きおえる。「原稿を一・げる」❷一つ一つ書き並べる。「残らず一・げる」

かき-あ・げる【×掻き上げる¦×掻き揚げる】〔動ガ下一〕図かきあ・ぐ〔ガ下二〕❶ひっかくように上の方へ引き上げる。「髪のほつれを一・げる」❷明るくなるように灯心をかき立てる。「その日の夜さり、火をほのかに一・げて泣き伏せり」〈篁物語〉

かき-あじ【書（き）味】あぢ 筆記用具の書くときの感じ。ペン先などの滑りぐあい。「一のよい万年筆」

かき-あつ・める【書（き）集める】〔動マ下一〕図かきあつ・む〔マ下二〕多くの事柄を集めて書きしるす。書きまとめる。「民話を一・めたノート」

かき-あつ・める【×掻き集める】〔動マ下一〕図かきあつ・む〔マ下二〕❶散らばっている物を、ひと所にかき寄せる。「庭の落葉を一・める」❷手を尽くして、方々から集める。「資金を一・める」
類語 集める・寄せ集める・駆り集める・呼び集める

かぎ-あ・てる【嗅ぎ当てる】〔動タ下一〕図かぎあ・つ〔タ下二〕❶物のにおいをかいで、そのありかや中身を当てる。「警察犬が毒物を一・てる」❷探り当てる。「犯人の住居を一・てる」「犯罪の匂いを一・てる」
類語 かぎ出す・かぎつける

かぎ-あな【鍵穴】鍵を差し入れるための錠の穴。

かぎあな-かくし【鍵穴隠し】鍵穴を隠すために取り付ける金物。

かき-あぶら【牡=蠣油】►オイスターソース

かき-あみ【垣網】定置網で、魚群を本網などに導くため、水中に垣のように張る網。袖網。

がき-あみ【餓鬼×阿×弥】餓鬼のようにやせおとろえ、耳鼻も欠け落ちて生気のない者。「箸に目鼻の一を、夫とはさらにしらいとの」〈浄・反魂香〉

かき-あやま・る【書（き）誤る】〔動ラ五（四）〕まちがって書く。書きまちがえる。「あて名を一・る」

かき-あらた・める【書（き）改める】〔動マ下一〕図かきあらた・む〔マ下二〕書きかえる。書きなおす。「書類を一・める」

かき-あらわ・す【書（き）表す】あらはす〔動サ五（四）〕物事を文字や図に書いてはっきりと示す。「この感じをうまく一・すのはむずかしい」
類語 表現・表出・表白・発現・描出・形象化・体現・具現・表明・筆舌・表す・言い表す・名状する・形容する・認める・書く・記す・書き立てる・記する

かき-あらわ・す【書(き)著す】〔動サ五(四)〕書物としてまとめ、公にする。著作する。「数奇な生涯を―・す」

かき-あわせ【ˣ掻き合(わ)せ】❶舞楽で、舞いはじめるときの手。❷雅楽演奏の前奏曲「調子」で用いられる箏の旋律。❸箏・琴・琵琶などの弦の調子を整えたあと、ためしに弾いてみること。また、その曲。ためしひき。「黄鐘調の―を、いとあはれに弾きなし給へば」〈源・宿木〉

かきあわせ-ぬり【柿合(わ)せ塗(り)|ˣ掻き合(わ)せ塗(り)】漆塗りの一。器物に柿の渋を塗り、その上に黒・紅殻などの色をつけて漆の上塗りを1回だけしたもの。家具類に用いる。

かき-あわ・せる【ˣ掻き合(わ)せる】〔動サ下一〕図かきあは・す〔サ下二〕❶手で物を寄せ合わせる。「着物の襟元を―・せる」❷箏・琴・琵琶などで、弦の調子を整えたあと、ためしに簡単な旋律を奏する。「御琴ども―・せて遊ばすほどに」〈宇津保・藤原の君〉❸箏・琴・琵琶などを他の楽器と、または同じ楽器どうしで合奏する。「大臣、琵琶、弁少将、横笛、面白く―・せて」〈夜の寝覚・五〉

かき-い・ず【書き▽出づ】〔動ダ下二〕書き表す。「いささかそばそばしげなる気色もなく、うらもなげに―・でて」〈夜の寝覚・四〉

かき-い・ず【ˣ掻き▽出づ】〔動ダ下二〕❶「掻き出だす❶」に同じ。「さが尻を―・でて、ここらの公人に見せて、恥を見せむ」〈竹取〉❷「掻き出だす❷」に同じ。「御髪を―・でて見給へば」〈源・夕霧〉

かき-いた【ˣ掻き板|ˣ攪き板】物をたち切るのに用いる板。裁ち物をするときや、元服の儀式で冠者の髪の端をのせて切りそろえるときに使う。一説に、漆塗りの板で、書いた文字を消して何回も使えるようにしたもの。「人の家につきづきしきもの…衝立障子。―」〈枕・二三五〉

かき-いだから・う【ˣ掻き抱からふ】〔動ハ四〕抱き合う。「わが妻、この童と二人―・ひて臥しぬ」〈今昔・三一・九〉

かき-いだ・く【ˣ掻き抱く】〔動カ五(四)〕だく。抱きかかえる。かきだく。「わが子をひしと―・く」

かき-いだ・す【書き▽出だす】〔動サ四〕文字で書く。書き表す。かきいず。「絵の、ところどころ―・したるなり」〈かげろふ・中〉

かき-いだ・す【ˣ掻き▽出だす】〔動サ四〕❶「掻き出す❶」に同じ。「大きなりける桶に、白き物をふた桶―・して」〈古本説話集・六二〉❷取り出す。かきいず。「几帳の帷子のほころびより御髪を―・し給ひつるが」〈源・手習〉

かき-いれ【書(き)入れ】❶書き入れること。また、その文字や文。書き込み。「本の余白に―をする」❷「書き入れ時」の略。❸抵当。かた。「生命を―にしても栄耀の餅の皮を剝く時勢に」〈魯庵・社会百面相〉 (類語)書き込み・注記

かきいれ-どき【書(き)入れ時】《帳簿の書き入れに忙しい時の意から》商店などで売れ行きがよく、最も利益の上がる時。利益の多い時。「年末の―」(補説)「掻き入れ時」と書くのは誤り。

かきいれ-び【書(き)入れ日】利益の多い日。

かき-い・れる【ˣ舁き入れる】〔動ラ下一〕図かきい・る〔ラ下二〕かついで中に運ぶ。「遺体をば、僧たち寺に―・れぬ」〈鷗外訳・即興詩人〉

かき-い・れる【書(き)入れる】〔動ラ下一〕図かきい・る〔ラ下二〕❶余白や行間などに、文字や文を書き加える。書き込む。「出典の原文を―・れる」❷定められたところに、必要な事項を書き込む。記入する。「住所・氏名を―・れる」❸抵当として証文に記入する。「家内の雑作道具まで、―・れたりし利付の金」〈人・辰巳園・四〉 (類語)記入・記載・記帳・簿記

かき-いろ【柿色】❶柿の実の色に似た、黄色を帯びた赤い色。❷柿の渋で染めた色。赤茶色。❸弁柄に少し墨を入れた暗褐色の染め色。
(類語)オレンジ色・橙色・蜜柑色

かきいろ-がみ【柿色紙】柿色に似た赤茶色の紙。初め伊豆の修善寺付近で作られた。かきがみ。

かき-うち【欠(き)打ち】一方の木材に他方の材の幅のぶんだけ切り欠いて、そこに他方の材を交差状にはめ込んで固定すること。

かき-うち【牡=蠣打ち】❶カキの肉を取り出すために、殻を打ち割ること。また、その道具。❷岩についているカキを手鉤などではぎ取ること。(季 冬)

かき-うちわ【柿団=扇】柿の渋を塗った紙うちわ。柿渋うちわ。「大いなる―がな二三ぼん貧乏神をあふぎ仕なさん」〈咄・醒睡笑・一〉

かき-うつ・す【書(き)写す】〔動サ五(四)〕記載されている文字・文章・絵などを、別の紙にそのとおりに書く。写し取る。「古文書を―・す」(類語)書き取る・転記する・謄写する・筆写する・手写する・書写する・臨写する・透写する・なぞる・トレースする・転写する

かき-え【書(き)絵】筆でかいた絵。肉筆の絵。摺り絵や押し絵に対していう。

かきえ-こそで【書(き)絵小袖】模様を墨絵の肉筆でかいた、ぜいたくな小袖。元禄(1688〜1704)のころから流行した。

かきえもん【柿右衛門】▶酒井田柿右衛門

かき-えんげい【花ˣ卉園芸】観賞用植物を栽培すること。

かき-おお・せる【書き▽果せる】〔動サ下一〕図かきおほ・す〔サ下二〕書くべきことをすっかり書く。最後まで書きあげる。「一週間では、とても―・せる自信はない」

かき-おき【書(き)置き】❶その場にいない人に、用件を書いて置いておくこと。また、その文。置き手紙。「―をする」❷遺書。遺言状。(類語)遺言書・遺言

かき-お・く【書(き)置く】〔動カ五(四)〕書いてあとに残しておく。「不在なので、用件を―・いてきた」

かぎ-おくみ【ˣ鉤ˣ衽】衽の裁ち方の一。衽先を斜めに組み合わせて裁ったもの。

かぎおくみ-だち【ˣ鉤ˣ衽裁ち】長着の衽を鉤衽に裁つこと。用布が不足で布の表裏のない両面物のときの裁ち方。

かき-おく・る【書(き)送る】〔動ラ五(四)〕用件などを書いて人に送る。「近況を―・る」

かき-おこし【書(き)起(こ)し|描(き)起(こ)し】❶書きだし。書きはじめ。起筆。❷日本画で、絵の具で塗りつぶした下絵の線をなぞって、その上に線をはっきりとかき入れること。さらに人物画などで、顔・衣の細部を描き出すこと。また、その線。

かき-おこ・す【書き▽遣す】〔動サ下二〕手紙を書いてよこす。「明け暮れは、御文をひまなく―・せ給へど」〈夜の寝覚・一〉

かき-おこ・す【書(き)起(こ)す】〔動サ五(四)〕❶書きはじめる。書きだす。「新しい作品を―・す」❷日本画で、彩色後、改めて線描きをかき入れる。

かき-おこ・す【ˣ掻き起(こ)す】〔動サ五(四)〕❶火ばしなどでかいておこす。「炭火を―・す」❷手で揺り動かして起こす。また、抱いて起こす。「この御かたはらの人を―・さむとすと」〈源・夕顔〉

かき-おさ・める【書(き)納める】〔動マ下一〕図かきをさ・む〔マ下二〕最後まで残りなく書く。書きおえる。「連載小説を―・める」

かき-おとし【ˣ掻き落(と)し】陶磁器の装飾技法。器の表面の釉や化粧土を掻き落とし、模様を表す。中国の磁州窯などで多用。

かき-おと・す【書(き)落(と)す】〔動サ五(四)〕書くべき事柄を忘れる。「表書きに住所を―・す」

かき-おと・す【ˣ掻き落(と)す】〔動サ五(四)〕❶ひっかくようにして落とす。「こびりついた泥を―・す」❷いきおいよく切って落とす。「首ヲバ唱ナ泣ク泣クー・イテ直垂ノ袖ニ包ミ」〈天草本平家・二〉

かき-およ・ぶ【書(き)及ぶ】〔動バ五(四)〕❶書き進めてある段階にまで内容が及ぶ。「内部事情にまで―・んだ詳細な報告書」❷絵や文章にかいて、存分に表現する。うまく描き出す。「心の至り少なからむ絵師は―・ぶまじと見ゆ」〈源・明石〉

かき-おろし【書(き)下ろし】小説・論文・脚本などを、新しく書くこと。また、その作品。すでに雑誌などに発表されたものに対していう。「―の長編」
(類語)オリジナル・原作・原著

かき-おろ・す【書(き)下ろす】〔動サ五(四)〕小説・脚本・論文などを新たに書く。「児童演劇のために―・した戯曲」

かき-おろ・す【ˣ掻き下ろす】〔動サ五(四)〕❶かいておろす。下の方に向かってかく。「屋根に積もった雪を―・す」❷引いている牛や馬をはずして、車の轅を地に置く。「関山に皆下りゐて、ここかしこの杉の下に車ども―・し」〈源・関屋〉

かき-かえ【書(き)替え|書(き)換え】❶書きなおすこと。書き改めること。❷通用する別の文字で書くこと。「同音の漢字による―」❸期日の来た証書などを、改めて作成すること。「免許証の―」
(類語)更新・更改・切り替え

かきかえ-きょうげん【書替狂言】有名な歌舞伎狂言や人形浄瑠璃から題材を借りながら、全く新しく脚色した歌舞伎狂言。

かき-かえ・す【ˣ掻き返す】〔動サ四〕琴爪や撥の裏で弦をはじいて鳴らす。「―・したる音の珍しく今めきて」〈源・若菜下〉

かき-か・える【書(き)替える|書(き)換える】〔動ア下一〕図かきか・ふ〔ハ下二〕❶書き改める。書きなおす。「近代史を―・えるに足る史料の発見」❷通用する別の文字を使って書く。「常用漢字表内の漢字に―・える」❸期限の切れる証書の代わりに新しく証書をつくる。「契約書を―・える」

かぎ-かずら【ˣ鉤▽葛】アカネ科の蔓性の木本。房総半島以西の山地に自生。葉は卵形で対生し、基部に小枝の変化した鉤があり、これで他に絡み付く。夏、白緑色の筒形の小花を球状につける。鉤を乾かしたものを漢方で釣藤鉤といい、小児のひきつけや頭痛・高血圧などに用いる。

かき-かぞ・う【ˣ掻き数ふ】〔動ハ下二〕数える。「秋の野に咲きたる花を指折り―・ふれば七種の花」〈万・一五三七〉

かき-かぞう【ˣ掻き数ふ】〔枕〕一つ二つと数える意から、「二上」にかかる。「―二上山に神さびて」〈万・四〇〇六〉

かき-かた【書(き)方】❶文章・文書などを書く方法、また書式。「届の―も知らない」❷字の書き方。筆の運び方。❸もと小学校教科の一分科。習字。
(類語)筆法・運筆

かぎ-がた【ˣ鉤形|鍵形】鉤のように、先端が直角に曲がった形。

かき-がつお【ˣ掻きˣ鰹】かんな・小刀などで削った鰹節。けずりぶし。

かぎ-かっこ【ˣ鉤括弧】文章表記中などで用いる「」『』の記号。会話や引用、注意語句などを示すのに用いる。▶括弧

かき-がっこう【夏期学校】夏期に、特別の教育計画のもとで開かれる学校。サマースクール。

かき-がね【掛き金|ˣ繋き金】「掛け金」に同じ。「二足三足庭下駄が鳴ると、すぐもうくぐりの―がはずされた」〈里見弴・多情仏心〉

かき-がみ【柿紙】❶柿色をした紙。❷柿渋をひいた紙。渋紙。「薬はこれにありやとて、腰に―一括り付け」〈仮・竹斎・下〉

かき-がら【牡=蠣殻】カキの貝殻。(季 冬)

かきがら-ちょう【蠣殻町】東京都中央区日本橋の地名。商業地域。明治9年(1876)米穀取引所が置かれて大阪の堂島とともに米相場の中心となって発展。水天宮がある。

かきがら-ばい【牡=蠣殻灰】カキの殻を焼いて粉末にしたもの。石灰の代用にする。かきばい。

かきがら-ぶき【牡=蠣殻ˣ葺き】屋根の上にカキの殻を敷き並べること。また、その屋根。飛び火を防ぐためのもの。

かき-かわ・す【書き交はす】〔動サ四〕手紙などをやりとりする。「人のもとに―・したる文を」〈紫式部日記〉

かきかんせい-そうち【火器管制装置】

レーダーなどで目標をとらえ、火器をその目標に指向する装置。射撃指揮装置。

かき-き・える【×掻き消える】〔動ア下一〕図かきき・ゆ〔ヤ下二〕急に見えなくなる。「その姿は夜の闇に―・えた」

かき-きず【×掻き傷｜×掻き×疵】つめやとがった物で、ひっかいて生じる傷。「―の絶えない子供」

かき-き・る【×掻き切る】〔動ラ五(四)〕力を入れて物を切る。切り裂く。かっきる。「腹を―・る」
(類語)刻む・切る・裁つ・ちょん切る・ぶった切る・切り刻む・ちぎる・切り抜く・刎ねる・切り込む・切り出す

かき-くずし【書(き)崩し】❶字画を省略して書くこと。❷書き損じること。また、そのもの。

かき-くず・す【書(き)崩す】〔動サ五(四)〕❶字画を省略して書く。また、草書体で書く。「―・して読みにくい字」❷書きそこなう。書きつぶす。

かき-くず・す【×掻き崩す】〔動サ四〕❶傷などを、ひっ掻いて悪くさせる。❷少しずつなくなる。なしくずしにする。「十月、時雨に紅葉―・し」〈宇津保・楼上下〉❸少しずつぽつりぽつりと話す。「心に思ふやう、身のあることを―・し言ふにぞ」〈かげろふ・中〉

かぎ-ぐすり【嗅ぎ薬】鼻から吸い込んで用いる薬。

かき-くだし【書(き)下し】❶書きくだすこと。❷「書き下し文」の略。❸中世の文書の一。命令を下達する文書。奉書形式でなく、差し出し者自身が署判する形式のもので、年月日を書き、書き止め文言が「状如件」となっているもの。書き下し状。書き下し文。

かきくだし-ぶん【書(き)下し文】漢文を訓読し、日本語の語順に従って仮名を交じえて書き直した文章。読み下し文。

かき-くだ・す【書(き)下す】〔動サ五(四)〕❶順を追って下に書いていく。❷筆に任せ一気に書く。「―・した手紙」❸漢文を訓読して仮名まじり文に書き改める。書き下し文にする。「白文を―・す」
(類語)書き流す・書き散らす・書きなぐる

かき-くど・く【×掻き口説く】〔動カ五(四)〕自分の心境を訴えたり、相手を説得したりするため、くどくどと繰り返し述べたてる。「子に先立たれた老いの身を―・く」(類語)訴える・直訴する・直願する・嘆願する・哀訴する・哀願する・泣訴する・愁訴する・泣き付く

かき-くび【欠(き)首】擬宝珠の宝珠の下のくびれている部分。刳り形の一。

かき-くび【×掻き首】首をかき切ること。また、その首。「おさへて―にぞしてんげる」〈平治・中〉

かき-くも・る【×掻き曇る】〔動ラ五(四)〕❶雲や霧で空が急に暗くなる。「一天にわかに―・る」❷涙で目の前がぼんやりとなる。「―・り、もの見えぬ心地し給へば」〈源・椎本〉(類語)陰る・曇る・霞む・朧む

かき-くら・す【×掻き暗す】〔動サ四〕❶空を曇らし、暗くする。雨や雪が、空が暗くなるほど強く降る。「五月雨さへ―・し、まことにいぶせかりけるに」〈平家・六〉❷心を暗くする。悲しみにくれる。「―・す心の闇にまどひにき夢うつつとはこよひ定めよ」〈伊勢・六九〉

かき-く・れる【×掻き暮れる｜×掻き▽暗れる】〔動ラ下一〕図かきく・る〔ラ下二〕❶(「涙にかきくれる」の形で)ひたすら泣く。「うれし涙に―・れる」❷空などがすっかり暗くなる。「きのふけふ富士の高嶺は―・れて清見が関に降れる初雪」〈清輔集〉❸気持ちが暗くなる。「たらちねのあらばとい とど―・れて涙にまよふ敷島の道」〈新千載・雑〉

かき-くわ・える【書(き)加える】〔動ア下一〕図かきくは・ふ〔ハ下二〕すでにある文章・文字や絵にさらに書き足す。「補足的な説明を―・える」

かき-けが・す【書き汚す｜書き×穢す】〔動サ四〕❶書き損じる。書きそこなう。「例いとよく書く人も、…―・しなどしたるあり」〈枕・二三〉❷書きちらす。「あはれなる古事ども、唐のも倭のも―・しつつ」〈源・葵〉

かき-け・す【×掻き消す】〔動サ五(四)〕❶すっかり消す。「爆音に話し声も―・されてしまう」❷跡形もなく見えなくする。「人ごみの中に―・すように見えなくなった」(類語)消す・消去する・消却する・消除する・消散する・払拭する・ぬぐい去る

かき-け・つ【書き消つ】〔動タ四〕いったん書いて消す。「降り乱れ汀にこほる雪よりも中空にてぞわれは消ぬべき、と―・ちたり」〈源・浮舟〉

かき-け・つ【×掻き消つ】〔動タ四〕「かきけす❷」に同じ。「今より後も、忍びて来るべしとて、―・つやうにうせにけり」〈曽我・五〉

かき-ごおり【欠(き)氷】❶氷を砕いたもの。ぶっかき。かちわり。❷氷を細かく削って、蜜・シロップなどをかけたもの。こおりみず。

かき-ごし【垣越し】「垣根越し」に同じ。

かき-こ・す【書き越す】〔動サ四〕書いてよこす。「初通よりして文章、命も取るほどに、次第次第に―・しぬ」〈浮・一代女・一〉

かき-こ・す【×掻き越す】〔動サ四〕後ろに垂れている髪を前方へ振りやる。「単衣に袴ばかりを着て、髪―・しなどするに」〈狭衣・一〉

かき-ことば【書(き)言葉】日常会話ではあまり使われず、主として文章を書くときに使われる語句・語法。文章語。文字言語。⇔話し言葉。(類語)文語

かき-こみ【書(き)込み】書き込むこと。また、その文字や文章。書き入れ。「―のある古本」(類語)注記

かき-こ・む【書(き)込む】〔動マ五(四)〕❶文章の行間や余白に字などを書き加える。書き入れる。「欄外に注を―・む」❷定められた場所に文字や文を書いて入れる。記入する。「申込書に名前を―・む」❸すみずみまで目を届かせて書く。「時代背景もよく―・まれている」❹コンピューターで、メモリー上にあるデータなどを外部記憶装置に移し入れる。「作成したプログラムをフロッピーディスクに―・む」(類語)書き入れる・記入・記載・記帳・簿記

かき-こ・む【×掻き込む】〔動マ五(四)〕❶大急ぎで食べる。かっこむ。「御飯を―・んで飛び出す」❷「かいこむ(掻い込む)❶」に同じ。(類語)ぱくつく・食べる

かぎ-こ・む【嗅ぎ込む】〔動マ五(四)〕❶においや香りを鼻に吸い込む。❷「かぎつける❷」に同じ。「こっちの景気を―・んで」〈総生寛・西洋道中膝栗毛〉

かき-こも・る【×掻き籠もる】〔動ラ四〕ひきこもる。とじこもる。「参りそめし所にもかく―・りぬるを」〈更級〉

かき-こわ・す【×掻き壊す】〔動サ五(四)〕皮膚をひっかいて傷にする。「―・した跡が化膿する」

かぎ-ざき【×鉤裂き】布や衣服がくぎなどにひっかかって鉤形に裂けること。また、その裂けきず。
(類語)釘裂き

かきざき-はきょう【蠣崎波響】[1764～1826] 江戸後期の画家。名は広年。松前藩主松前資広の五男。家老蠣崎家の養子となる。円山応挙に師事。「夷酋列像」は肖像画の傑作とされる。

かき-さぐ・る【×掻き探る】〔動ラ四〕手探りでさがし求める。「夢の逢ひは苦しかりけり驚きて―・れども手にも触れねば」〈万・七四一〉

かきさげ-びん【×掻き下げ×鬢】江戸時代の若い男子の髪の結い方の一。もみあげのところまで鬢をかき下げ、そこから上へ丸くかきあげて結ったもの。

かき-さ・す【書き▽止す】〔動サ五(四)〕書くことを途中でやめる。「―・したままの原稿」

かき-さば・く【×掻き×捌く】〔動カ五(四)〕❶切り裂く。かっさばく。「腹を―・き」〈染崎延房・近世紀聞〉❷かきまわして散らかす。「誰か留守に入って―・いたらしいので」〈風葉・青春〉

かき-ざま【書(き)様】❶書いたもののようす。かきよう。「まずい文章だな。それにこの―はどうだ」〈鴎外・渋江抽斎〉❷字や文章の書きぶり。書風。「いたう古めきたれど、―よしばみたり」〈源・明石〉

かき-さら・う【×掻き×攫う】〔動ワ五(ハ四)〕急に横から奪い取る。かっさらう。「有がとうございますと―・って行くうしろ姿」〈一葉・にごりえ〉

かき-サラサ【描(き)サラサ】布地に顔料や染料を用い、手描きで模様づけした更紗。えがきサラサ。

かき-さん【過期産】妊娠満42週以降の出産。分娩予定日を2週間以上過ぎての分娩となり、胎盤機能の低下や羊水の減少などによって胎児・新生児に危険が起こる可能性が高くなる。➡早産 ➡正期産

かき-じ【書(き)地】物の形を描いてある布や紙の地。「無地」に対していう。

かぎ-しげき【鍵刺激】動物に本能的な行動を起こさせる特定の刺激。トゲウオの雄が他の雄の赤い婚姻色を見ると攻撃行動に出るときの、赤い色など。信号刺激。合図刺激。

かき-したた・める【書き▽認める】〔動マ下一〕図かきしたた・む〔マ下二〕文字をきちんと書きしるす。書きととのえる。「手紙を―・める」

かき-しぶ【柿渋】渋柿の青い果実からしぼりとった液。赤褐色で、防腐・防水剤として紙・木などに塗る。また、その色。(季 秋)

かき-しゃなぐ・る【×掻きしゃなぐる】〔動ラ四〕かきむしる。「つかみつき―・り、ぶてど叩けど」〈浄・お初天神記〉

かぎ-じゅうじ【×鉤十字】➤ハーケンクロイツ

かき-じゅん【書き順】➤筆順

かき-じょうゆ【牡=蠣×醤油】カキの身を煮た汁に塩を加え、さらに煮てから保存して味を熟らしたもの。スープ・調味料などに用いる。

かき-じら【描きじら】和服の晴れ着の染め模様を、筆でかいたもの。➡付けじら

かき-しる・す【書(き)記す】〔動サ五(四)〕文字を書きつける。書き留める。「手帳に予定を―・す」
(類語)控える・書き留める・書き付ける・録する・記録する・メモする・ノートする

かき-す・う【×舁き据う】〔動ワ下二〕駕籠、輿などを担いできて、置く。「舟に車を―・ゑて」〈枕・一一四〉

かきすえ-やかたぶね【×舁き据え屋形舟】簡単で粗末な屋形を据えつけた舟。「今は怪しかる―に大幕ひかせ」〈平家・二〉

かき-すさ・ぶ【書き▽遊ぶ】〔動バ四〕気の向くままに書いて楽しむ。慰みに書く。かきすさむ。「御硯ひきよせて、―・びて」〈夜の寝覚・五〉

かき-すさ・む【書き▽遊む】〔動マ四〕「かきすさぶ」に同じ。「筆さしぬらして―・み給ふほどに」〈源・初音〉

かき-すさ・む【×掻き▽遊む】〔動マ四〕手すさびにかきまわす。「火箸して(火桶ノ)灰など―・みて」〈枕・一八一〉

かき-すて【書(き)捨て】《「かきずて」とも》❶書き捨てること。また、そのもの。❷書き置き。「―の玉章千束に積もり」〈浄・女夫池〉

かき-すて【×掻き捨て】《「かきずて」とも》恥をかいたり失敗したりしても、少しも気に留めないで平気でいること。「旅の恥は―」

かき-す・てる【書(き)捨てる】〔動タ下一〕図かきす・つ〔タ下二〕❶気に入らなかったりして、書く端から捨てる。「―・てた原稿用紙」❷投げやりに書く。いいかげんに書く。「身辺雑事を―・てただけのもの」❸書いたままで、ほうっておく。〈日葡〉(類語)書き残す

かき-すま・す【書き澄ます】〔動サ四〕きちんと書く。念を入れて書く。「草がちなどにも戯れ書かず、目やすく―・したり」〈源・初音〉

かぎ-ずみ【×鉤墨】木材に墨縄で引く長い線に対して、墨差しを用いてそれに直角に引く線。

かき-そ【柿▽衣｜柿×麻】❶柿の渋で染めた、赤茶色の衣服。江戸時代、酒屋の奉公人の仕着せに用いられた。かき。❷柿の渋で染めた布の色。

かき-そ・う【×掻き添ふ】㊀〔動ハ四〕ものにより添う。「暗き戸の迫に―・ひて待ち立てるほど」〈今昔・三〇・一〉㊁〔動ハ下二〕髪の毛などを手を添えてかきなでる。「ほの見えし尾花するたる妹が髪いつゆるるかに―・へて寝む」〈木工権頭為忠百首〉

かぎ-そう【鍵層】地層の対比に有効な地層。火山灰による凝灰岩層など、短期間に広い範囲に堆積し、岩質に特徴があって識別しやすいものが利用される。キーベッド。けんそう。

がき-ぞうし【餓鬼草紙】飢えと渇きに悩みながら人間界に出没する餓鬼の諸相を描いた絵巻。六道絵の一。平安末期作。東京および京都の国立博物館所蔵の2巻が有名。

かき-そ・える【書(き)添える】〔動ア下一〕図か

きそ・ふ〔ハ下二〕すでに書いてある文章や絵に、さらに言葉を添えて書く。「近況を一筆いっぴつ一・える」

かき-そこな・う【書（き）損なう】〔動ワ五（ハ四）〕書き誤る。まちがって書く。書き損じる。「賀状のあて名を一・う」

かき-ぞめ【柿染（め）】柿色に染めること。また、染めたもの。「一の暖簾」

かき-ぞめ【書（き）初め】新年になって、初めて毛筆で文字を書くこと。昔から1月2日に行われ、めでたい詩・歌・句などを書く。吉書初きっしょはじめ。筆始ふではじめ。試筆。（季 新年）

かき-ぞめ【描（き）染（め）】顔料や染料を用い、筆または刷毛はけで生地に模様を描いて染め上げる方法。描き友禅・描きサラサなど。

かき-そんじ【書（き）損じ】書き損じること。また、そのもの。「一の手紙」

かき-そん・じる【書（き）損じる】〔動ザ上一〕「かきそんずる」（サ変）の上一段化。「最後のところで、一・じる」

かき-そん・ずる【書（き）損ずる】〔動サ変〕図かきそん・ず〔サ変〕文字などを書き誤る。書きそこなう。書き損じる。「あて名を一・ずる」

かき-だ【牡＝蠣田】カキを養殖する所。海中に竹・木などを立て並べ、そこにカキを付着させる。牡蠣床かきどこ。（季 冬）

かき-だいがく【夏期大学】夏期休暇を利用して開かれる公開講座。

がき-だいしょう【餓鬼大将】がきダイシャウ 子供たちの仲間で、いちばんいばっている子供。

かきた-がわ【柿田川】がは 静岡県駿東郡清水町の川。富士山の伏流水が湧出したもので、狩野川に注ぐ。長さ1.2キロ。固有種のミシマバイカモなど貴重な動植物が生息。

かき-たく・る【×掻きたくる】〔動ラ四〕《「かきたぐる」とも》❶掻き集める。取り集める。「何もかも一・るやうにして見たけれど」〈松翁道話・三〉❷かきむしる。「掻いて掻いて一・り」〈浄・孕常盤〉❸（「かきたくるほど」の形で）数量や程度がはなはだしいことを示す。「一・るほど気がせくものを」〈浄・会稽山〉

かき-だし【書（き）出し】❶文章の書きはじめ。文章の冒頭。「作品の一に苦労する」❷抜き出して書くこと。抜き書き。❸たまっている代金の請求書。特に、年末などの決済のための請求書。勘定書。つけ。（季 冬）「一やこまごまと書き並べたり／鬼城」❹歌舞伎で、番付の最初に名の出る俳優。また、その地位。ふつう、一座の中で第二位にあたる若手の人気俳優で、第一位の座頭ざがしらは末尾に載せる。初筆しょふで。
（類語）冒頭・枕・文頭

かきだし-じぶん【書き出し時分】請求書を書く時期。盆の前、暮れなどの決算期をいう。「一忙しき中に、商売のじゃまといひ」〈浮・文反古・二〉

かき-た・す【書（き）足す】〔動サ五（四）〕不十分な点を補って書く。書き加える。「説明を一・す」

かき-だ・す【書（き）出す】〔動サ五（四）〕❶書き始める。「小説を一・す」❷書いて示す。書いて公表する。「正解を黒板に一・す」❸必要な箇所を抜き出して書く。「問題点を一・してみる」（類語）書き起こす

かき-だ・す【×掻き出す】〔動サ五（四）〕❶手や道具でかいて外に出す。かいだす。「船底の水を一・す」❷かきはじめる。「かゆいところを一・す」

かぎ-だ・す【嗅ぎ出す】〔動サ五（四）〕❶においをかいで人や物のありかを探り出す。「警察犬が犯人の居場所を一・す」❷隠れているものを探り出す。探り当てる。「企業の秘密を一・す」❸かぎはじめる。
（類語）かぎ当てる・かぎつける

かき-たつ【垣立】《「かきだつ」とも》和船の左右の舟べりに、垣根のように立てた囲い。かきたて。

かき-たて【書（き）立て】❶書いたばかりであること。また、そのもの。❷1項目ずつ書き上げた文書。箇条書き。「四人づつ一に従ひて、それ、それと呼び立てて乗せ奉り」〈枕・二七八〉

かきたて-じる【×掻き立て汁】味噌をすらないで入れ、かきまぜただけの汁。落とし味噌の汁。「一に小菜の浮かし」〈浄・宵庚申〉

かきたて-もくろく【書き立て目録】箇条書きにした目録。「さべき御宝物どもの一せさせ給へりけるを」〈栄花・さまざまの喜び〉

かき-た・てる【書（き）立てる】〔動タ下一〕図かきた・つ〔タ下二〕❶新聞・雑誌などが取り上げて、盛んに書く。「事件を一・てる」❷1項目ずつ取り上げて書き並べる。「過失を一・てて攻撃する」
（類語）認したためる・書く・記す・書き表す・記する

かき-た・てる【×掻き立てる】〔動タ下一〕図かきた・つ〔タ下二〕❶勢いよくかき回して、まぜる。「卵を一・てる」❷刺激を与えて、感情や行動を起こすように促す。そそる。「関心を一・てる」❸灯心を上に引き上げて明るくする。また、薪や炭火などを、つついて火の勢いを強くする。「灯心を一・てる」「囲炉裏の火を一・てる」❹オーバーなどの襟を立てる。「寒風に襟を一・てる」❺弦楽器を弾く。「琴の音のあるかぎり一・てて遊ぶに」〈宇津保・俊蔭〉

がき-だな【餓鬼棚】盂蘭盆うらぼんに、無縁仏を供養するために設ける棚。祖霊を迎える盆棚とは別に作られる。無縁棚。

かぎ-タバコ【嗅ぎタバコ】鼻孔にすりつけて、香りを楽しむ粉タバコ。スナッフ。（補説）パイプ状の本体に、タバコの葉を詰めたカートリッジを装着し、吸い口から香りを吸引する製品もある。

かき-たま【×掻き▽卵｜×掻き玉】水で溶いた片栗粉を汁に入れ、煮たったところへ卵汁を流し込みながらかきまぜた吸い物。かきたま汁。

かき-た・める【書き×溜める】〔動マ下一〕図かきた・む〔マ下二〕書いた物を手元にためておく。「長年一・めたものを本にまとめる」

かき-た・ゆ【×掻き絶ゆ】〔動ヤ下二〕連絡がすっかり絶える。音沙汰がなくなる。「また一・えて十余日になりぬ」〈かげろふ・下〉

かき-た・る【×掻き垂る】㊀〔動ラ四〕垂れる。「手肱たなひじに水沫みなわ一・り」〈祝詞・祈年祭〉㊁〔動ラ下二〕❶櫛くしでけずって髪を垂らす。「ま櫛もちここに一・れ」〈万・三七九一〉❷雨や雪が激しく降る。空が暗く曇る。「いかで出でなむと思ほすに、雪一・れて降る」〈源・真木柱〉

かぎ-ちゃ【嗅ぎ茶】茶の香味・風味をかいで調べ、そのよしあしを鑑別すること。利き茶。（季 春）

かき-ちら・す【書（き）散らす】〔動サ五（四）〕❶気分に任せて、無造作に書く。とりとめもなく次々と書く。「一・した詩を推敲すいこうする」❷あちこちへ順序なく書きつける。「思いついたことを一・す」
（類語）書き流す・書き下す・書きなぐる

かき-ちら・す【×掻き散らす】〔動サ五（四）〕❶勢いよく散らす。「くもの子を一・すように逃げてしまった」❷手などの先であちこちひっかく。「せはしげに櫛くしでかしらを一・し／凡兆」〈猿蓑〉

かきつ「かきつばた」の略。

かきつ【垣▽内】《「かきうち」の音変化か》垣根に囲まれたうち。屋敷地の中。かいと。「吾妹子わぎもこが家の一の小百合花さゆりばなゆりと言へるは否と言ふに似る」〈万・一五〇三〉

かきつ【嘉吉】室町中期、後花園天皇の時の年号。1441年2月17日〜1444年2月5日。

かき-づき【柿×餻】❶もち米の粉に、干し柿の粉末あるいは熟した柿をまぜて蒸し、ついて餅もちにしたもの。❷熟した柿に麦焦がしをまぜ、団子のようにしたもの。

かき-つ・く【×掻き付く】㊀〔動カ五（四）〕❶しっかりと取りつく。とびつく。「マルという犬が、黒毛の尻尾しっぽを振って、いきなり岸本へ一・いた」〈藤村・春〉❷頼りとしてすがりつく。「いとど一・かむ方なく、悲しげに眺め過ごし給ふ」〈源・蓬生〉㊁〔動カ下二〕❶乱れた髪などを櫛くしでなでつける。「草枕ねくたれ髪を一・けしその朝顔の忘られぬかな」〈続詞花・恋中〉❷身につける。とりつける。「弓矢一・けて」〈著聞集・一二〉

かき-つく・す【書（き）尽（く）す】〔動サ五（四）〕❶書くべきことを残らず書く。思う存分に書く。「感想は手紙で一・した」❷用紙などを全部使って書いてしまう。「手持ちのはがきを一・した」

かき-つくろ・う【×掻き繕ふ】かきつくろふ〔動ハ四〕形よく整える。体裁よくする。かいつくろう。「御髪みぐし一・ひなどし給ひて」〈源・若紫〉

かき-つけ【書（き）付（け）】❶心覚え・記録などのために書きしるしたもの。❷金銭の貸借などを証明する書類。勘定書。証文。「一が証拠になる」❸江戸時代、将軍・老中の命令を伝えた公文書。（類語）メモ・雑記・ひと筆・一筆・覚え書き・手控え・備忘録

かき-つ・ける【書（き）付ける】〔動カ下一〕図かきつ・く〔カ下二〕❶文字や言葉を書きとめる。心覚えに書きしるす。「手帳に住所を一・ける」❷いつも書き慣れている。「毛筆は一・けていない」
（類語）書かき留とめる・控える・書かき留とめる・記録・録する・メモする・ノートする

かぎ-つ・ける【嗅ぎ付ける】〔動カ下一〕図かぎつ・く〔カ下二〕❶においでそのものを探り当てる。かぎ出す。「猫が魚を一・ける」❷隠されているものを、気配などから察してうまく探り当てる。かぎ出す。かぎこむ。「新聞記者が事件を一・ける」❸かぎ慣れている。「あまり一・けないにおい」（類語）かぎ当てる

かぎっ-こ【鍵っ子】両親が共働きで留守のため、常に鍵を持たされている子供。昭和38年（1963）〜40年の流行語。

かきつ-た【垣▽内田】囲いの中にある田。屋敷地内にある田。「清き御田屋みたやの一の池の堤の」〈万・三二二三〉

かき-つた・える【書（き）伝える】かきつたへる〔動ア下一〕図かきつた・ふ〔ハ下二〕後世に知らせたいことを書いてのこす。「子孫に家訓を一・える」

かき-つづ・ける【書（き）続ける】〔動カ下一〕図かきつづ・く〔カ下二〕筆を止めないで書く。絶え間なく続けて書く。また、すでに書いてある文章などに続けて書く。「連載小説を一・ける」

かき-つづ・る【書き×綴る】〔動ラ五（四）〕言葉をつなげて文章を書く。「思いのたけを一・った手紙」

かぎって【限って】〔連語〕❶（「に限って」の形で）…だけは。…だけ特に。「わが子に一そんなことをするはずがない」「その日に一遅刻して来た」❷…にさえも。…であっても。「女房一この文見せず」〈浄・天の網島〉

かきつ-の-らん【嘉吉の乱】嘉吉元年（1441）、播磨はりま守護赤松満祐あかまつみつすけが京都の自邸に将軍足利義教あしかがよしのりを招いて殺し、満祐も播磨で幕府軍に討たれた事件。

かきつばた【杜＝若｜燕＝子＝花】㊀〔名〕❶アヤメ科の多年草。湿地に群生。葉は剣状で幅広く、基部は鞘さや状になり茎を挟む。初夏、濃紫色の花を開く。外花被3枚は垂れ、中央に黄や白の斑紋がある。内花被3枚は小さく、直立する。園芸種には白花もある。古くは花汁で布を染め、書き付け花とよばれたという。かおよぐさ。（季 夏）「一べたりと鳶とびのたれてける／蕪村」❷襲かさねの色目の名。表は二藍ふたあい、裏は萌葱もえぎ。一説に、表は薄萌葱、裏は薄紅梅。❸紋所の名。カキツバタの葉と花を図案化したもの。㊁〔枕〕❶花の美しさから、「にほふ」「丹につらふ」にかかる。「一につらふ君を」〈万・二五二一〉❷花が咲くところから、「さき」にかかる。「一佐紀沼さきぬの菅を」〈万・二八一八〉

かきつばた【杜若】謡曲。三番目物。旅僧が三河の八橋やつはしに来ると、杜若の精が現れ、伊勢物語の話をし、在原業平ありわらのなりひらの歌の功徳くどくで成仏したことなどを語る。

かきつばた-いろ【杜＝若色】カキツバタの花のような色。鮮やかな紫がかった青色。

かき-つ・む【書き▽集む】〔動マ下二〕書き集める。「年頃一・めさせ給ひける絵物語」〈栄花・衣の珠〉

かき-つ・む【×掻き▽集む】〔動マ下二〕いろいろと寄せ集める。かき集める。「一・めて昔恋しき雪もよに」〈源・朝顔〉

かぎ-づめ【×鉤爪】動物のもつ、下向きの鉤形に湾曲し、鋭くとがる爪。有蹄ゆうてい類・霊長類以外の哺乳類と、爬虫はちゅう類・鳥類にみられる。

かき-つら・ぬ【×掻き連ぬ】〔動ナ下二〕次から次へ

と並べる。並べつらねる。「心憂さを―・ね、涙も落ちぬばかり思ひ続けられて」〈源・東屋〉

かき-つら・ねる【書(き)連ねる】〔動ナ下一〕図かきつら・ぬ〔ナ下二〕❶並べて書く。「出席者を―・ねる」❷長々と書く。「うらみ文句を―・ねる」

かき-て【書(き)手】❶文字・文章や絵をかく人。また、かいた人。筆者。❷文字や絵、また文章を上手にかく人。「なかなかの―だ」類語著者・作者・訳者

かぎ-て【×鉤手】「鉤の手」に同じ。

か-きどう【下気道】カキダウ 呼吸器系の気管支・肺などの総称。⇔上気道。

がき-どう【餓鬼道】ガキダウ 六道の一。餓鬼の世界。常に飢えと渇きに苦しむ亡者の世界。「大海に浮かぶといへども、潮なれば飲むこともなし。是れ又―の苦とこそおぼえ候ひしか」〈平家・灌頂〉

かき-どおし【垣通】カキドホシ シソ科の蔓性(つるせい)の多年草。路傍に生え、茎は四角柱。葉は円形。春から盛夏まで、紫色の唇形の花が咲き続け、花が終わると茎は地に伏して蔓となり非常な勢いで伸びる。全草を漢方で連銭草といい、糖尿病や胆石に薬用。小児の疳(かん)にもよいという。疳取草(かんとりそう)。季春

かき-どこ【牡=蠣床】カキの養殖場所。牡蠣田。

かき-とど・める【書き▽留める】〔動マ下一〕図かきとど・む〔マ下二〕のちのちのために書いて残しておく。「議事録に―・める」
類語書(か)き留(と)める・控える・書き付ける・記録・録する

かき-どなり【垣隣】垣根を境にした隣家。

かき-とば・す【書(き)飛ばす】〔動サ五(四)〕❶速くどんどん書く。「一気に五〇枚の原稿を―・す」❷一部分を抜かして書く。書き落とす。「一行―・してしまった」

かき-とめ【書留】郵便物の特殊取扱の一。郵便局が引き受けから配達までを記録し、途中で亡失や棄損があった場合は一定の範囲内で損害を賠償する。一般書留・現金書留・簡易書留の3種類がある。書留郵便。⇒特殊取扱郵便

かき-とめ【書(き)止め】文書の末尾に書く語句。書状では「恐々謹言」「謹言」、下文(くだしぶみ)では「以下」など、文書の様式によってだいたい決まっている。

かきとめ-こづつみ【書留小包】書留の取り扱いをする小包郵便物。補説平成19年(2007)の郵政民営化に伴う法改正により、日本国内では小包が郵便法の適用外となり、荷物扱いとなった。現在、ゆうパック(旧一般小包)には50万円までの実損額を補償する「セキュリティーサービス」、ゆうメール(旧冊子小包)には「書留」を付加することができる。

かきとめ-ゆうびん【書留郵便】―イウ 書留の取り扱いをする郵便。また、その郵便物。

かき-と・める【書(き)留める】〔動マ下一〕図かきと・む〔マ下二〕心覚えのために書きしるしておく。「注意事項を―・める」
類語控える・書き付ける・書(か)き留(とど)める・記録・録する

かき-とり【書(き)取り】❶書きとること。また、その文書。❷㋐読み上げられた語句・文章をそのとおりに正しく書き写すこと。㋑仮名書きで示されたものを漢字で正しく書くこと。「漢字の―」

かぎ-とり【×鎰取|鍵取】❶▶典鑰(てんやく)❷神社の扉の鍵を預かり、祭りをつかさどる家筋。

かき-と・る【書(き)取る】〔動ラ五(四)〕❶人の話す言葉を書き記す。「講演の要点を―・る」❷書いてある文章などを書き写す。「古い文献を―・る」
類語写す・書き写す・転記する・謄写する・筆写する・手写する・書写する・臨写する・透写する・なぞる・トレースする・転写する・拓本

かぎ-と・る【嗅ぎ取る】〔動ラ五(四)〕❶においを知覚する。そこから、あるにおいをかぎ分ける。「煙草のにおいを―・る」❷その場の雰囲気などから感づく。「ただならぬ気配を―・る」

かき-なお・す【書(き)直す】カキナホス〔動サ五(四)〕一度書いたものを書き改める。書きかえる。「記事を―・す」

かき-なが・す【書(き)流す】〔動サ五(四)〕筆に任せてさらさらと書く。文章をあまり深く考えずに、ざっと書く。「いいかげんに―・した文章」
類語書き散らす・書き下す・書きなぐる

かき-なぐ・る【書(き)殴る】〔動ラ五(四)〕乱暴に書く。なぐり書きする。「―・った原稿」
類語書き流す・書き散らす・書き下す

かき-な・す【書き成す】〔動サ四〕(上の修飾語を受けて)…らしく書く。…のように書く。「いとど中納言の御手を若う―・し給へると見えて」〈栄花・浅緑〉

かき-な・す【×搔き▽鳴す】〔動サ四〕かき鳴らす。「秋風に―・す琴の声にさへはかなく人の恋しかるらむ」〈古今・恋二〉

かき-なで【×搔き×撫で】うわべだけで、その本質にまでは至っていないこと。通り一遍。ひとわたり。かいなで。「世に名を取れる人々、―の心やりばかりにのみあるを」〈源・明石〉

かき-な・でる【×搔き×撫でる】〔動ダ下一〕図かきな・づ〔ダ下二〕❶弦楽器をならす。かきならす。「琴を―・でる」❷手などでやさしくさする。「泣く泣く御衣着せ奉り、御髪(みぐし)―・で」〈平家・四〉

かき-なべ【牡=蠣鍋】カキと野菜などを、味噌味などの汁で煮る鍋料理。季冬

かき-なます【柿×膾】大根なますに生柿または干し柿のせん切りをまぜたもの。あるいは、拍子木・さいの目切りにした柿を、合わせ酢に大根おろしを加えてあえたもの。季秋

かき-なます【×搔き×膾】細く切った大根などを入れて作ったなます。

かき-なら・す【×搔き▽均す|×搔き▽平す】〔動サ五(四)〕かきたてて平らにする。「畑の土を―・す」

かき-なら・す【×搔き鳴らす】〔動サ五(四)〕弦楽器を指先などで弾き鳴らす。「マンドリンを―・す」
類語奏でる・奏する・弾(ひ)く・爪弾く・囃(はや)す・弾ずる

かき-なら・べる【書(き)並べる】〔動バ下一〕図かきなら・ぶ〔バ下二〕❶二つ以上のことを並べて書く。また、次々と書いていく。「出席者名を―・べる」❷見劣りしないように書く。匹敵するうまさで書く。「かたち―・ぶる絵師に、六人の国母(こくも)は千両のこがねをおくる」〈宇津保・内侍督〉

かぎ-なり【×鉤▽形】かぎのように先が曲がった形。かぎのて。「―に曲がった廊下」

かき-な・れる【書(き)慣れる|書き×馴れる】〔動ラ下一〕図かきな・る〔ラ下二〕書くのになれている。「―・れた万年筆」「―・れたテーマ」

かぎ-なわ【×鉤縄】―なは 先端に鉤をつけた縄。物に投げて引っ掛け、引き寄せたり、高い所へ登る手がかりにしたり、人を捕らえたりするのに用いる。

かき-にんしん【過期妊娠】クワキ 妊娠期間が満42週(最終月経初日を0日として294日)以上継続している状態。胎盤機能の低下や羊水の減少などにより、胎児・新生児に危険が起こる可能性が高くなる場合がある。

かき-ぬき【書(き)抜き】〔名〕スル ❶書き抜くこと。ぬきがき。抜粋。「論文の要旨を―する」❷演劇や映画で、台本から一人一人の俳優のせりふを別々に書き抜いたもの。❸幾つかの物の中で、自分の選ぶもの、好きなもの。「比良魚(ひらうを)のおさしが―さ」〈伎・小袖曽我〉

かき-ぬ・く【書(き)抜く】〔動カ五(四)〕❶文章の一部や要点を抜き出して書く。抜粋する。「参考部分を―・く」❷最後まで書き通す。書き上げる。「病気を押して大作を―・く」

かき-ね【垣根】❶敷地を限るために設ける囲いや仕切り。竹や植木などで作る。垣。❷垣の根元。❸間を隔てるもの。「心の―」
類語柵・塀・垣・フェンス・生け垣・築地(ついじ)

かきね-ごし【垣根越し】垣根をはさんで物事がなされること。かきごし。「―に声をかける」

かき-ねつ【夏季熱】夏の高温多湿なころに乳児にみられる発熱。体温の調節がうまくできないために起こるもので、涼しい所に移すと治る。

かきね-つづき【垣根続き】❶垣根が長く続いていること。また、その垣根。❷垣根を隔てにして隣り合っていること。隣家。

かきのき-きんすけ【柿木金助】江戸中期の盗賊。正徳2年(1712)大凧(おおだこ)にからだを結びつけて名古屋城天守閣に登り、金の鯱(しゃちほこ)のうろこを盗んだといわれる。これを脚色したものに歌舞伎「けいせい黄金鯱(こがねのしゃちほこ)」などがある。

かき-の・ける【×搔き▽退ける】〔動カ下一〕図かきの・く〔カ下二〕手先で左右に押しのける。手ではらうようにして物をどける。「人を―・けて歩く」

かき-のこ・す【書(き)残す】〔動サ五(四)〕❶書いてあとに残す。「遺言を―・す」❷書くべきことを書かないで残す。「時間不足で後半を―・す」類語書き捨てる

かき-の-ころも【柿の衣】❶山伏などが着る柿色の衣。「皆―に笈(おい)を掛け」〈太平記・五〉❷「柿衣(かきそ)❶」に同じ。

かき-のし【書き熨=斗】贈り物の上包みに、熨斗をつける代わりに「のし」と書いたもの。

かき-のぞき【垣×覗き】垣根の間から中をのぞくこと。また、物事の一部だけを見ること。「只うわべのみを―して努々(ゆめゆめ)それを羨む勿れ」〈逍遥・細君〉

かき-の-たね【柿の種】カキの種子に似せた、唐辛子を利かせた醤油味のあられ。

かき-の-たみ【部=曲|民=部】▶かきべ

かぎ-の-て【×鉤の手】❶鉤(かぎ)❶の形に曲がっていること。ほぼ直角に曲がっていること。「―に曲がった道路」❷曲尺(かねじゃく)の曲がった角。

かき-の-へた【柿の×蔕】朝鮮茶碗の一。鉄分の多い砂まじりの土で作り、青みがかったガラス様の釉(うわぐすり)をかけたもの。伏せた形や色が柿のへたに似るところから、千利休の命名といわれる。

かきのへたむし-が【柿の×蔕虫×蛾】マイコガ科のガ。翅(はね)の開張14ミリくらい。灰褐色の細い翅(はね)をもち、前翅の先に黄色帯がある。幼虫は柿の蔕虫といい、柿の実に食い入り、落果させる害虫。

かき-のぼ・る【×搔き登る】〔動ラ五(四)〕物に手をかけて登る。「杉林のところから―・って来たのよ」〈康成・雪国〉

がき-の-めし【餓鬼の飯】盂蘭盆(うらぼん)に無縁仏に供える食物。

かき-のめ・す【×搔きのめす】〔動サ四〕うまく言いくるめて相手の心を迷わす。「多三郎を―・させ、息子を深みへ引き込む魂胆」〈伎・色読販〉

かき-の-もと【柿の本】❶正統の和歌。また、それを詠む一派。歌聖柿本人麻呂にちなんで名づけた。❷正統の連歌。有心(うしん)連歌。⇒栗の本

かきのもと-じんじゃ【柿本神社】柿本人麻呂を祭神とする神社。終焉の地とされる島根県益田市や兵庫県明石市などにある。人丸神社。

かきのもと-の-しゅう【柿の本の衆】和歌的な優雅な連歌を作った人々の称。有心連歌衆。有心衆。「よき連歌を―と名づけられ、わろきをば栗の本の衆とて、別座に着きて」〈筑波問答〉⇒栗の本の衆

かきのもと-の-ひとまろ【柿本人麻呂】万葉集の代表的歌人。三十六歌仙の一人。持統・文武両天皇に仕えた。長歌の形式を完成するとともに、短歌も数多く残し、後世、歌聖としてあがめられた。生没年未詳。

かき-のれん【柿▽暖×簾】柿色に染めたのれん。特に、江戸初期、下級の遊女屋で用いた。転じて、下級の遊女の異称。かきのうれん。

かぎ-ばな【×鉤鼻】❶鼻柱がかぎのように鋭く曲がった鼻。わしばな。❷平安時代の大和絵で、顔の描写法。⇒引目鉤鼻(ひきめかぎばな)

かき-はら・う【×搔き払う】―はらふ〔動ワ五(ハ四)〕❶勢いよく横に打ち振る。「白い薄雲が刷毛先(はけさき)で―・った痕(あと)の様に」〈漱石・三四郎〉❷じゃまなものを除き去る。また、手で払う。払いのける。「涙のこぼるるを―・ひ給へる御手つき」〈源・須磨〉❸掃き清める。「きたなき所は、―・ひかきのごはすとて」〈宇津保・祭の使〉❹(連用形を副詞的に用いて)一つも残らないようにする。残らず全部。すっかり。「西の宮は、流され給ひて三日といふに―・ひ焼けにしかば」〈かげろふ・中〉

かぎ-ばり【×鉤針】❶先の曲がった形の針。❷鉤針編みに使う、一端または両端がかぎ形になっている針。竹・金属・プラスチック製などがある。

かぎばり-あみ【×鉤針編み】手編みの技法の一。鉤針1本を用いて編み地を編み出していく手法。鎖編み・細編(こまあ)み・長編みなどがある。

かき-はん【書(き)判】昔の文書の末尾に書いた署名。特に草書体で書かれたものを草名(そうみょう)とよび、さらに図案化された書体のものを花押(かおう)とよぶ。花押が一般的になってからは、書き判が花押の別称とされることがある。➡花押

かき-はん【描(き)版】写真を利用せず、直接手がきによって製版した平版。石版または金属版上に脂肪性インクでかく。

かぎ-ばん【鍵番】江戸幕府の職名。下勘定所戸口の鍵を管理した。その日の出勤の者の姓名・印形を点検し、また、外来者の監視、火の番などもした。➡勘定所

かき-ひげ【書き×髭┆描き×髭】❶仮面にじかにかいたひげ。➡植え髭 ❷付けひげをせず油墨などでひげをかくこと。また、そのひげ。

かき-ひたし【柿浸し】柿を切り刻んで酒に浸したもの。一説に、干し柿をすり下ろして水や酒に浸しておいたもの。「―の汁をものの葉につけて参らすれど」〈栄花・後悔の大将〉

がき-びょう【餓鬼病】ガキビヤウ「餓鬼病(がきや)み」に同じ。「―を病み候ふぞ」〈著聞集・一六〉

かき-びん【×掻き×鬢】江戸初期における武家の若者の髪の結い方の一。耳の上から前髪の際までの髪を一緒にかきあげて高く束ねたもの。

かき-ふ・す【×掻き伏す┆×掻き×臥す】㊀〔動サ四〕伏す。うつぶす。横になる。また、うつむいて姿勢を低くする。「心安く思ひて、―・して逃ぐるを」〈今昔・二三・一五〉㊁〔動サ下二〕抱いて寝かす。「けはひにくからねば、―・せて、風のすく所に臥せたり」〈宇治拾遺・一八〉

かき-ぶね【牡=蠣船】❶カキを採取する船。❷川岸に船をつなぎ、カキ料理を食べさせる屋形船。江戸時代に広島産のカキを積んでゆき大坂で供したのに始まり、道頓堀のものが有名。(季冬)「一の薄暗くなり船過ぐる/虚子」

かき-ぶり【書(き)振り】文章や文字を書くようす。また、書いたものの感じ。「堂々とした―」

かき-べ【部=曲┆民=部】律令制以前における豪族の私有民。それぞれ職業を持ち、蘇我部・大伴部のように主家の名を上に付けてよばれた。大化の改新後は廃止され、特に天武朝後は公民となった。かき。かきのたみ。「丹波、但馬、因幡の私(きさい)の―を進(たてまつ)る」〈雄略紀〉➡部(べ) ➡部民(べみん)

がき-へんしゅう【餓鬼偏執】ガキヘンシフ 他人の考えや迷惑を無視して自分の考えだけにとらわれること。また、その人。

かき-ほ【垣穂】垣根。垣。「山がつの一荒るともをりをりにあはれはかけよ撫子(なでしこ)の露」〈源・帚木〉

がき-ぼね【餓鬼骨】障子や襖(ふすま)などの芯(しん)とする細い粗末な骨。

かき-ほん【書(き)本】❶筆で書いた本。写本。❷語り役者が、独特の大文字で節付けを書いた浄瑠璃正本(しょうほん)。❸講談などで語られるものを読み物として出版したもの。

かき-ま【垣間】垣のすきま。「春されば卯の花腐(くた)し我が越えし妹(いも)が―は荒れにけるかも」〈万・一八九九〉

かき-まぎらわ・す【書き紛らはす】カキマギラハス〔動サ四〕だれの筆跡かわからないように書く。「そこはかとなく―・したるも」〈源・夕顔〉

かき-まぎ・る【×掻き紛る】〔動ラ下二〕紛れて人目につかない。平凡である。「世の常の覚えに―・れたれば」〈源・薄雲〉

かき-まく・る【書き×捲る】〔動ラ五(四)〕非常な勢いで文字や文章などを書き続ける。「あちこちに原稿を―・る」

かき-ま・ず【書き交ず】〔動ザ下二〕いろいろなことをまぜて書く。また、いろいろの字体をまぜて書く。「消息文(せうそこぶみ)にも仮名(かんな)といふものー・ぜず」〈源・帚木〉

かき-まぜ【×掻き混ぜ┆×掻き▽雑ぜ】❶かきまぜること。また、そのもの。❷通り一遍であること。ありふれていること。ふつう。「いと及びなく心尽くさざらむ―の程は」〈浜松・三〉

かき-ま・ぜる【×掻き混ぜる┆×掻き▽雑ぜる】〔動ザ下一〕図かきま・ず〔ザ下二〕❶かきまわして一つにまぜ合わせる。混合させる。「砂利とセメントを―・ぜる」❷かき乱す。混乱させる。「議論を―・ぜる」
(類語)混ぜる・混ぜ合わせる・取り混ぜる

かきま・みる【垣間見る】〔動マ上一〕「かいまみる」に同じ。

かき-まめ【×籬豆】フジマメ・インゲンマメ・クロマメ・エンドウなどの俗称。

かき-まゆ【描(き)眉】墨で眉をかくこと。また、かいた眉。

かき-まわ・す【×掻き回す】カキマハス〔動サ五(四)〕❶手や道具をある物の中に入れて、ぐるぐるまわす。「風呂の湯を―・す」❷中のものをいじって、乱雑にする。「机の中を―・す」❸混乱やもめごとを生じさせる。「彼の発言が会議を―・した」(類語)捏(こ)ね回す・捏ね返す

かぎ-まわ・る【嗅ぎ回る】カギマハル〔動ラ五(四)〕❶あちらこちらにおいをかいで歩く。「鼻を鳴らして―・る」❷ある事柄を知ろうとして探り歩く。「警察が事件について―・っている」

かき-みそ【牡=蠣味×噌】細かく切ったカキの身を、砂糖・味醂(みりん)などで調味した味噌と合わせて煮つめたもの。宮城県松島の名物。

かき-みだ・す【×掻き乱す】〔動サ五(四)〕❶かき回すようにして乱れさせる。「髪を―・す」❷落ち着きのある状態を、混乱させる。「秩序を―・す」
(類語)乱す・崩す・乱れる・崩れる・狂う・破綻(はたん)

かき-みだ・る【書き乱る】〔動ラ四〕とりとめもなく書き散らす。「げにそこはかとなく―・り給へるしもぞ」〈源・明石〉

かき-みだ・る【×掻き乱る】㊀〔動ラ四〕心の平静や物事のまとまりが失われる。「いとど心のうちは―・りて」〈狭衣・四〉㊁〔動ラ下二〕「かきみだれる」の文語形。

かき-みだ・れる【×掻き乱れる】〔動ラ下一〕図かきみだ・る〔ラ下二〕みだれる。混乱する。「相次ぐ不幸に心は―・れる」

かき-むし・る【×掻き×毟る】〔動ラ五(四)〕つめや指先でひっかくようにしてちぎりとる。また、むやみにひっかく。「髪の毛を―・る」(類語)掻く・引っ掻く

かき-めし【牡=蠣飯】カキの身を入れた炊き込み飯。汁をかけるものもある。(季冬)「一の釜画きたる行灯かな/鳴雪」

かき-もち【欠(き)餅】❶餅を薄く切って干したもの。焼いたり油で揚げたりして食べる。❷正月の鏡餅を、刃物で切るのを忌み、手や槌(つち)で欠いて割ったもの。(季冬)

かき-もち【柿餅】干し柿あるいは熟し柿をすりつぶし、米粉と練り合わせて蒸し、短冊形に切った餅菓子。山城国宇治辻の坊の名産。

かき-もの【書き物】❶書いたもの。文書。❷文字や文章を書くこと。「―で一日中忙しい」
(類語)執筆・文筆・文章・文(ぶん)・一文(いちぶん)・散文・文言(もんごん)・編章・詞章・詞藻・文辞(ぶんじ)・文藻・文体・文面・章句

かき-もみじ【柿紅▽葉】カキモミヂ 柿の葉が紅葉すること。また、その葉。(季秋)「一山ふところを染めなせり/虚子」

かき-もよう【書(き)模様】カキモヤウ 織物の生地などにあとから筆でかいた模様。➡織り模様 ➡染め模様

かき-もら・す【書(き)漏らす】〔動サ五(四)〕うっかりして書くべき事柄を書かずにおく。書き落とす。「お礼の言葉を―・す」

かき-もん【書(き)紋】筆でかいた衣服の紋所。➡染め抜き紋 ➡縫い紋

かき-もん【嘉喜門】平安京大内裏八省院二十五門の一。北面の外門で、昭慶門の東にあった。

かき-もんいん【嘉喜門院】カキモンヰン 南北朝時代の歌人。後村上天皇の女御(にょうご)。長慶天皇と後亀山天皇の生母。琵琶(びわ)と和歌にすぐれる。家集「嘉喜門院集」。生没年未詳。

かぎ-や【鍵屋】江戸の花火製造元の屋号。万治2年(1659)初代の鍵屋弥兵衛によって創設。玉屋と並称され、両国の川開きの花火で有名。

か-きゃく【貨客】クワ二 貨物と旅客。かかく。

かき-やく【書(き)役】文書の草稿・下書きを作ったり、会議の内容などを記録したりする人。書記。

か-ぎゃく【加虐】むごいしうちを加えること。いじめ苦しめること。「一性愛」「一趣味」⇔被虐。

か-ぎゃく【可逆】逆に戻りうること。もとの状態に戻りうること。

か-ぎゃく【苛虐】〔名・形動〕スル 人を手ひどく扱って、いじめ苦しめること。また、そのさま。「雇夫の待遇(とりあつかひ)是の如く―ならざるべし」〈永峰秀樹訳・暴夜物語〉「常に悔恨と焦躁と取越苦労とに―せられている」〈島木健作・続生活の探求〉

かぎ-やく【鍵役】江戸時代、牢屋の鍵を保管し、開閉をつかさどった役。

かぎ-やく【×鎰役┆×鉤役】《「かぎ」は鍋・釜を掛けるところから世帯の意》中世・近世に世帯を単位に課された税。竈役(かまどやく)。

かぎゃく-あっしゅく【可逆圧縮】《lossless compression》コンピューターで、圧縮後のファイルから圧縮前と同一のファイルを復元できる圧縮方式。可逆式圧縮。可逆性圧縮。ロスレス圧縮。➡非可逆圧縮

かぎゃく-きかん【可逆機関】ークワン 全過程が可逆変化からなる想像上の熱機関。カルノーサイクルの類。

かぎゃくしき-あっしゅく【可逆式圧縮】▶可逆圧縮

かぎゃく-しゃせん【可逆車線】▶リバーシブルレーン

かぎゃくせい-あっしゅく【可逆性圧縮】▶可逆圧縮

かきゃく-せん【貨客船】クワキャク― 旅客と貨物を同時に運ぶ船。法的には貨物設備の多少にかかわらず、旅客定員が12名までの貨物船と、これを超える旅客船とに分けられる。

かぎゃく-でんち【可逆電池】放電によって化学変化を起こした電極電解液が、充電によって再びもとの状態に戻るように作られた電池。蓄電池など。

かぎゃく-はんのう【可逆反応】ーオウ 化学反応で、もとの物質から生成物ができる正反応と、生成物からもとの物質を生じる逆反応とが、同時に起こる反応。

かぎゃく-へんか【可逆変化】ークワ 物質が、ある状態から他の状態へ変化したとしても、再びもとの状態に戻ることができ、しかもこの間に外界に対して何の変化も残さないような変化。実際には存在しないが、理想的な極限を考える際に用いられる。

かぎやで-ふう【かぎやで風】沖縄古典音楽の一。三線(さんしん)を伴う歌曲で、祝儀の席や演奏会などで冒頭に歌われる。本歌に「かぎやで風のつくり云々…」の歌詞があるところからの名称。原義は「鍛冶屋手風」とも「冠者手風」ともいうが未詳。

かき-やね【牡=蠣屋根】▶牡蠣殻葺(かきがらぶ)き

かき-やぶ・る【×掻き破る】〔動ラ五(四)〕つめや刃物などでひっかいて裂く。また、ひっかいて傷つける。「夜中には物置の戸を爪で―・って外へ出ようとした」〈漱石・硝子戸の中〉

かきやまぶし【柿山伏】狂言。山伏が柿を盗み食いしているのを持ち主に見つかり、さんざんなぶられたあげく、鳶(とび)のまねをして木から飛び降り、腰をしたたかに打つ。

がき-やみ【餓鬼病み】食物がのどを通らないで、やせ細っていく病気。また、絶えず空腹感に苦しむ病気。「干鮭(からざけ)の やうな―」〈浄・車街道〉

かぎ-やり【×鉤×槍】柄の穂に近いところに、柄と十文字になるように、鉄の細い棒を鉤状につけた槍。敵の槍をからめ落とすのに用いる。

かき-や・る【書き▽遣る】〔動ラ四〕❶手紙などを書いて送る。「いかではるばると―・り給ふらむ」〈源・浮舟〉❷すらすらと書き進める。「涙のこぼるるを、袖のいとまなく、え―・り給はず」〈源・御法〉

かき-や・る【×掻き▽遣る】〔動ラ四〕❶髪の毛を手で払いのける。「御髪(みぐし)のこぼれかかりたるを―・りつつ」〈源・総角〉❷隅の方へ寄せる。「みなほかざまに火を―・りて」〈枕・二九八〉

か-きゅう【下級】カキフ 段階・等級などの低いこと。(類語)低級・下等・低い

か-きゅう【下給】カキフ〔名〕スル 地位・身分などがより下の人に物を与えること。「兵士への一品」

か-きゅう【火急】クワキフ〔名・形動〕火のついたように、さし迫った状態にあること。また、そのさま。緊急。「一な(の)用事」(類語)急・危急

か-きゅう【火球】クワキウ ❶火の玉。❷流星の、特に明るいもの。

か-きゅう【加級】カキフ〔名〕スル 階級を上げること。位がのぼること。

か-きゅう【加給】カキフ〔名〕スル 給料を増やすこと。増給。(対)減給。

か-きゅう【何休】カキウ［129～182］中国、後漢の思想家。字あざなは邵公しょうこう。任城(山東省)の人。党錮とうこの禁にあい、官を退いて著述に専念し、「春秋公羊伝解詁しゅんじゅうくようでんかいこ」を著した。

か-ぎゅう【火牛】クワギウ 兵法の一。牛の角に刀の刃を上に向けて結び、尾に葦あしを結びつけて点火し、その牛を敵軍に追いやる。古代中国の斉せいの田単でんたんが考えた兵法とされ、「火牛の計」といわれる。

か-ぎゅう【×蝸牛】クワギウ ❶かたつむり。❷内耳の一部で、カタツムリの殻状をした聴覚にたずさわる器官。基底膜などによって三つに仕切られ、人間で2回転半ほど巻き、中は内リンパで満たされている。底部は内耳道に面し、伝わってきた音を受ける神経の終末が分布する。渦巻き管。蝸牛殻。

蝸牛角上かくじょうの争い 《「荘子」則陽の、かたつむりの左の角つのにある国と右の角にある国とが争ったという寓話から》小さな者同士の争い。つまらないことにこだわった争い。蝸角かかくの争い。

かぎゅう【蝸牛】クワギウ 狂言。やぶへかたつむりを取りに行かされた太郎冠者は、山伏をかたつむりと思い込み、連れ帰ろうとして山伏になぶられる。

かぎゅう-かく【×蝸牛殻】クワギウ ▶蝸牛❷

かぎゅう-かん【×蝸牛管】クワギウクワン 内耳の蝸牛内にある膜迷路の一部。中は内リンパで満たされる。渦巻き細管。

かきゅう-かんちょう【下級官庁】カキフクワンチャウ 上級の官庁の下にあって、その指示・監督を受ける官庁。国税庁に対する税務署など。

かきゅう-き【過給機】クワキフキ 内燃機関で、吸入した空気を圧縮して気化器に送り込む装置。燃焼を増やし出力を高めるためのもの。スーパーチャージャー。

かぎゅうこう【蝸牛考】クワギウカウ 語学書。柳田国男著。昭和5年(1930)刊。カタツムリ(蝸牛)をさすことばの分布を調査したもの。近畿のデンデンムシ系を中心に、マイマイ系・カタツムリ系などの地域が波紋状に広がっていることから、方言周圏論を提唱した。➡方言周圏論

かきゅう-さいばんしょ【下級裁判所】カキフ ❶最高裁判所以外の裁判所の総称。高等裁判所・地方裁判所・家庭裁判所・簡易裁判所の4種がある。❷上級審の裁判所の下にある下級審の裁判所。高等裁判所に対する地方裁判所など。

がぎゅう-ざん【臥牛山】グワギウ 岡山県中西部、高梁たかはし市にある山。標高487メートル。山頂に近い場所には、現存する天守をもつ山城やまじろとしては最も高い所(標高420メートル)にある国指定史跡の備中松山びっちゅうまつやま城がある。天守は国の重要文化財。一帯は臥牛山自然動物園で、野生のニホンザルは天然記念物。名の由来は、山容が老牛が横になって草をはむ姿に似ていることから。

かきゅう-しん【下級審】カキフ 司法権行使の審級関係において、下位の裁判所で行う審判。

かきゅう-せい【下級生】カキフ 下の学年の生徒・学生。(対)上級生。

かき-ゆうぜん【描(き)友禅】イウゼン 手がきで模様を染め出す友禅染。下絵の線にそって糊のりを細く置き、その輪郭の中に筆や刷毛はけで色を塗って染める。

かきゅう-てき【可及的】カキフ〔副〕及ぶかぎり。できるだけ。「一速やかに処理したい」

かきゅう-ねんきん【加給年金】カキフ 老齢厚生年金の受給者に、年収上限などの要件を満たした配偶者(65歳未満)または子供(18歳以下)がいる場合に、上乗せされて支給される年金。家族手当に相当。配偶者の年金支給が開始されると、加給年金は停止され、代わりに振替加算が配偶者の年金に加算される。

か-きょ【河×渠】川と掘り割り。水流の通路。

か-きょ【科挙】クワ 《科目によって人材を挙げ用いる意》中国で古くから行われた官吏登用のための資格試験。隋ずい・唐の時代に制定され、清しん末の1905年に廃止された。唐代には秀才・明経・進士など六科りくかがあり、経書や詩文について試験を行ったが、宋代からは進士の一科となり、試験も解試・省試・殿試の三段階となり、明清代でも郷試・会試・殿試が行われた。官吏としての栄達にかかわるため、きびしい競争があり、弊害も大きかった。

か-きょ【家居】〔名〕スル ❶家に引きこもっていること。また、仕官しないで家にいること。いえい。「或は一し、或は海辺をさ迷いながら」〈達治・落葉やんで〉❷すまい。住居。いえい。「この一のさまこそ譬えてもいわれぬ」〈鷗外訳・即興詩人〉

か-きょ【寡居】クワ〔名〕スル 配偶者を亡くして独りで暮らすこと。やもめ暮らし。「安田の家では…未亡人政まさが一していた」〈鷗外・渋江抽斎〉

か-ぎょ【河魚】河川に生息する魚。かわざかな。

が-ぎょ【×駕御・×駕×馭】〔名〕スル 《「かぎょ」とも。馬を自由に乗りこなす意》人を自分の思うままに使うこと。「知識蒙昧の人民を一せんが為めの権謀」〈加藤弘之・国体新論〉

か-きょう【火▽坑】クワキヤウ 仏語。火の燃えている穴。特に、地獄にある火の穴。また、煩悩ぼんのうの恐ろしさをたとえていう。かこう。

かきょう【花鏡】クワキヤウ 能楽論書。世阿弥著。応永31年(1424)成立。世阿弥が60歳ごろ、みずから悟りえたところを能芸論としてまとめ、長男の観世元雅かんぜもとまさに授けたもの。はなのかがみ。

か-きょう【佳境】カキヤウ ❶興味を感じさせる場面。「話が一に入る」❷景色のよい所。「県内随一の一」

か-きょう【河峡】カケフ 川の両岸に山が迫り、水流が狭くなっている所。

か-きょう【架橋】カケウ〔名〕スル ❶橋を架けること。また、その橋。「一工事」❷鎖状高分子の分子間に橋を架けたような結合をつくること。代表的な架橋としてゴムの加硫が知られる。この分子間結合を架橋結合、架橋によってできる高分子を架橋高分子、このような高分子の構造を架橋構造という。橋かけ。

か-きょう【家郷】カキヤウ ふるさと。故郷。郷里。(類語)故郷・郷里・ふるさと・郷土・国・田舎・在所・国もと・郷党・郷国・郷関・故山・生地・生国

か-きょう【華×僑】クワケウ 《「華」は中国、「僑」は仮住まいの意》中国国籍を保持したままで、海外に移住した中国人およびその子孫。東南アジアに多く住み、経済的影響力をもっている。➡華人 (補説)中国で1978年から実施された改革開放政策を基準として、改革開放以前に渡航した者とその子孫を老華僑、それ以降に渡航した者を新華僑と呼ぶ。

か-きょう【歌境】カキヤウ ❶和歌に詠まれた境地。❷和歌を詠むときの心境。

か-ぎょう【か行┊カ行】カギヤウ 五十音図の第2行。か・き・く・け・こ。

か-ぎょう【家業】ゲフ ❶その家の生計を立てるための職業。生業。多く自営業についていう。「一を手伝う」❷代々、その家に伝わってきた職業。また、世襲的に継承していく技術や才能。「一を継ぐ」(類語)職業・職・仕事・生業・なりわい・商売・稼業・ビジネス

か-ぎょう【稼業】ゲフ 生計を維持するための職業。生業。「一に精を出す」「浮草一」(類語)職業・職・仕事・生業・なりわい・商売・家業・ビジネス

か-ぎょう【課業】クワゲフ なすべきものとして割り当てられた仕事や学業。「学校の一」(類語)勤め・任にん・任務・義務・責任・責務・本務・使命・役目・役やく・役儀・分ぶん・本分・職分・職責・責め・日課

が-きょう【画境】グワキヤウ ❶絵画に表れた作者の境地。「新しい一を開く」❷絵を描いているときの心境。

が-きょう【雅境】ガキヤウ 風流な境地。「折角の一に理窟の筋が立って」〈漱石・草枕〉

が-ぎょう【が行┊ガ行】ガギヤウ 五十音図で「か行」に対する濁音の行。が・ぎ・ぐ・げ・ご。

が-ぎょう【▽丸▽桁】グワギヤウ 《「がんぎょう」の音変化》垂木を支える桁けたで、最も軒先近くにあるもの。奈良時代には断面が円形の材が用いられた。

が-ぎょう【画業】グワゲフ ❶絵をかく仕事。「一に精進する」❷画家としての業績。「一を残す」

かきょう-うんどう【下郷運動】カキヤウ ❶中国で、五・四運動後の1936年、抗日宣伝のために都市の知識人や学生が農村・地方に入っていった啓蒙運動。❷中国で、1957年以降、右傾化した政府・党の幹部や知識人を地方に送ったこと。下放。❸中国で、1968年以降、毛沢東の提唱によって、都市の青年を地方での労働につかせたこと。上山下郷運動。

かき-ようかん【柿羊×羹】ヤウカン 柿を煮詰めて作ったようかん。二つ割りの竹に詰めたりする。岐阜県大垣市や広島市の郷土菓子。(季 秋)

がぎょう-びおん【ガ行鼻音】ガギヤウ 呼気が鼻腔へ流れ出て発せられるガ行の子音。現代東京語では、原則として、語頭以外のガ行音に現れる。例えば、「カガミ」のガ、「ニンゲン」のゲなど。ガ行鼻濁音。(補説)日本語の標準的な発音で、音声記号では[ŋ]で表す。仮名表記では普通の濁音と区別しないが、必要に応じて「゛」の代わりに「゜」を用いて、「カガミ」「ニンゲン」などとする。

かきょうひょうしき【歌経標式】カキヤウヘウシキ 奈良末期の歌学書。1巻。藤原浜成著。宝亀3年(772)成立。和歌四式の一。歌病や歌体などについて論じたもので、中国の詩論の影響が大。日本最古の歌学書。浜成式。

かぎょう-へんかくかつよう【カ行変格活用】カギヤウヘンカククワツヨウ 動詞の活用形式の一。語形が、文語では「こ・き・く・くる・くれ・こ(こよ)」、口語では「こ・き・くる・くる・くれ・こい」のように、五十音図カ行のキ・ク・コ三段の音で語形変化する類例のない活用。文語の「来く」、口語の「来る」(さらに、それぞれの複合動詞)だけがカ行変格活用に属する。カ変。

か-きょく【下局】慶応4年(1868)の政体書によって、立法機関として設置された議政官の下院。同年、貢士対策所と改称。

か-きょく【佳局】❶おもしろい場面。興味をそそられる局面。佳境。「話が一にさしかかる」❷囲碁や将棋で、すばらしい対局。

か-きょく【歌曲】❶洋楽の声楽曲。主として独唱用の小曲。リート。❷雅楽で、うたいものの曲。

かき-よ・せる【×掻き寄せる】〔動サ下一〕図かきよ・す〔サ下二〕❶ばらばらに散らばっているものを、一つ所に寄せ集める。「落ち葉を熊手で一・せる」❷自分の近くに引き寄せる。「毛布を一・せる」

かき-らん【柿×蘭】ラン科の多年草。山野の湿った所に生え、高さ30～50センチ。葉は細長い卵形。初夏に開花し、花は釣鐘状で、外側が橙褐色、内側が白色で紅紫色の斑点がある。スズランともいうが、ユリ科のものとは別種。

かぎり【限り】❶時間・空間・数量・程度などの境や限界。また、終わり。最後。「一ある命を生きる」「学問の世界に一はない」「今を一と鳴きしきる蟬せみ」❷(活用語の連体形や名詞に直接、または名詞に「の」の付いた形に付く。副詞的にも用いる)ある範囲・制限の内にあることを表す。㋐その範囲の内。あいだ。「私の聞いた一では、そうではなかった」「命ある一忠誠を尽くします」㋑その制限の内。「本日一の大安売り」「チャンスは一回一だ」「緊急の場合はこの一ではない」㋒その範囲内すべて。全部。「見渡す一の大平原」㋓そのことの限度いっぱい。限界まで。「力の一戦う」「心強い一である」「乱暴の一を働く」❸(接続助詞的に用いて)…するあいだは。…である以上は。…するからには。「君がここにいる一僕も付き合う」

「正直に言わない―帰さない」❹命が絶える時。臨終。「国に行き着きければ、―なる様になりにけり」〈今昔・三一・二八〉❺葬式。野辺送り。「―の有様さへはかなげにて、煙も多くむすぼほれ給はずなりぬるも」〈源・総角〉❻特定の場合・物事を限定していう。だけ。「牛の―引き出でて往いぬる」〈枕・二五〉❼さだめ。きまり。規則。「祭りのほど、―ある公事に添ふこと多く」〈源・葵〉 (類語)(❶)果て・果てし・きり・際限・最後/(❷)圏内・埒内らち・枠内

(…語)有らん限り・有る限り・命限り・命の限り・お見限り・根かぎり限り・身代限り・其その場限り・骨限り

限りある位くらゐ　その人の身分の中で許される最高の位。「春宮に、―なりとも、このごろ譲り聞えて」〈栄花・歌合〉

限りある道　死出の旅路。「ただ―の別れのみこそ後ろめたけれ」〈源・初音〉

限りある世　この世。現世。「別れてはいつ相見むと思ふらむ―の命ともなし」〈後撰・離別〉

限りを尽く・す　あるだけ全部を出し尽くす。また、極める。「力の―・す」「贅ぜいの―・す」

かぎり-づき【限り月】▶かぎりのつき(限りの月)

かぎり-な・い【限り無い】〔形〕文かぎりな・し〔ク〕❶果てしがない。際限がない。きりがない。「―・く広がる青空」「―・い愛情」❷この上ない。最上である。「―・い名誉」❸程度がはなはだしい。ひと通りでない。「心のさときこと―・し」〈宇津保・俊蔭〉

(類語)茫洋ぼうよう・極まりない

かぎり-の-こと【限りの事】死者を葬るための行事。葬儀。「御心地をあながちにしづめ給ひて、限りの御事どもし給ふ」〈源・御法〉

かぎり-の-たいこ【限りの太鼓】江戸時代、上方かみがたの遊郭で大門をしめる時刻を知らせるために打った太鼓。門限は、寛永(1624～1644)は四つ(午後10時ごろ)、貞享・元禄(1684～1704)ごろには九つ(午前零時ごろ)、宝永(1704～1711)初年には八つ(午前2時ごろ)であったという。

かぎり-の-たび【限りの度】最後の機会。「あやにくに―しも入れ奉らずなりにしよ」〈源・蜻蛉〉

かぎり-の-たび【限りの旅】《命には限度があり、どうしても行かなくてはならない旅の意から》死んであの世へ行くこと。死出の旅。「はかなき御悩みと見ゆれど、―にもおはしますらむ」〈源・椎本〉

かぎり-の-つき【限りの月】12月の異称。極月ごくげつ。師走。かぎりづき。

かぎ・る【限る】〔動ラ五(四)〕❶時間・空間・数量・資格などに境をし、範囲を定める。「期限を十日と―・る」「申し込みは一人一枚に―・ります」「荒いが此の風、五十鈴川で―・られて、宇治橋の向うまでは吹くまいが」〈鏡花・歌行灯〉❷㋐特にそれと限定する。「その件に関する―・り、問題はない」「うちの子に―・り、そんなことをするはずはない」➡限って ㋑(「…に限る」の形で)他に、これに勝るものがない。最上である。「夏はビールに―・る」「こういうときにはその手に―・る」㋒(打消しの語を伴って)そうと断定できない意を表す。「酒がからだに毒だとは―・らない」(可能)かぎれる (類語)極める・絶する

かぎろい【陽炎】かぎろひ ❶かげろう。「―のもゆる荒野に白たへの天領巾あまひれ隠り」〈万・二一〇〉❷夜明け方の光。「東ひむかしの野に―の立つ見えてかへり見すれば月かたぶきぬ」〈万・四八〉

かぎろい-の【陽炎の】かぎろひの〔枕〕春、炎のように立つかげろうの意から、「春」「燃ゆ」にかかる。「奈良の都は―春にしなれば」〈万・一〇四七〉

かきわ【堅磐】かきは かたくしっかりとした岩。「常磐ときはに―に動かず坐ませ」〈記・上〉(補説)多くは、「ときわかきわ(常磐堅磐)」と熟して、永久に変わらないことを祝っていう。

かき-わけ【書(き)分け】区別して書くこと。

かき-わ・ける【書(き)分ける】〔動カ下一〕文かきわ・く〔カ下二〕区別して書く。違えて書く。「登場人物を上手に―・ける」「律令制の官庁は『大宰府』、地名は『太宰府』と―・ける」

かき-わ・ける【掻き分ける】〔動カ下一〕文かきわ・く〔カ下二〕手でかきのけるようにして開く。左右へ押し分ける。押し開く。「人波を―・ける」

かぎ-わ・ける【嗅ぎ分ける】〔動カ下一〕文かぎわ・く〔カ下二〕❶においをかいで、対象の違いを識別する。また、特定のにおいだけをかぎとる。「香水の名前を―・けて当てる」❷わかりにくい違い、あるいは、小さな違いに気づく。「真贋しんがんを―・ける」

かき-わた・す【掻き渡す】〔動サ四〕琴などを弾き続ける。「―・さるる琴の音に涙落ちつつ」〈夜の寝覚・二〉

かき-わり【欠(き)割(り)】「身欠き鰊にしん」に同じ。

かき-わり【書(き)割(り)】芝居の大道具の一。木製の枠に紙や布を張り、建物や風景などを描いて背景とするもの。いくつかに割れるところからいう。

か-きん【家訓】▶かくん(家訓)

か-きん【家禽】家畜として飼育される鳥。鶏・あひる・シチメンチョウなど。(対)野禽やきん。

か-きん【過勤】クワ「超過勤務」の略。超勤。「―手当」

か-きん【瑕瑾・瑕釁】❶きず。特に、全体としてすぐれている中にあって惜しむべき小さな傷。また、短所。欠点。「わずかな―もない」❷恥。辱め。名折れ。「仕損じては一門の―になるべく候ふ間」〈義経記・六〉(補説)「瑕」は玉のきず、「釁」もきずの意。「瑾」は美しい玉が本義で、「瑕瑾」をきずの意味に用いるのは、日本独自の用法。(類語)瑕疵かし・細瑾

か-きん【課金】クワ〔名〕スル　支払を課すること。料金、費用を引き受けさせること。

か-く【下矩】外惑星が太陽と90度離れて西に見えること。日の出時に南中すること。西方矩。(対)上矩じょうく。➡矩

かく【角】■〔名〕❶一点から出る二つの半直線がつくる図形。また、その開きの度合い。角度。「―の大きさ」❷四角なもの。方形。「ジャガイモを―に切る」❸断面が四角の長い材木や石材。角材。「三寸―」❹将棋の駒の一。角行かくぎょう。❺動物のつの。また、つので作った笛。つのぶえ。「―ヲ吹ク」〈和英語林集成〉❻紋所の名。角形を図案化したもの。❼中国・日本音楽の階名の一。五声の第3音。❽二十八宿の一。東方の第一宿。乙女座のスピカを含む。すぼし。角宿。❾中国の現行の補助通貨単位。元(ユアン)の10分の1。チアオ。❿《方形であるところから》一分金あるいは一分銀。「早々買ひ給へと―一投げ出せば」〈浮・胸算用・二〉■〔形動〕文〔ナリ〕四角なさま。「紫檀の―な名刺入を置いて」〈漱石・門〉➡漢「かく(角)」

か-く【佳句】❶詩歌の、よい文句。❷すぐれた俳句。

かく【画・劃】クワク■〔名〕❶漢字を構成する要素で、一筆で書く線や点。字画。「総―」❷易の卦けを表す横線。―(陽)と--(陰)。❸(接頭語的に用いて)他と区分する意を表す。「一時代的」■〔接尾〕助数詞。漢字を構成する、ひと続きに書く線や点を数えるのに用いる。「四―の字」➡漢「が(画)」「かく(劃)」

かく【客】❶「きゃく」の文語的表現。訪問者・買い手・旅人などのこと。「牛飼君の―となるは将に大いに驥足きそくを伸ぶべき道じゃ」〈魯庵・社会百面相〉❷主となるものに対し従となるもの。「主―転倒」➡漢「きゃく(客)」

かく【格】❶地位。身分。また、等級。「―が上がる」「―が違う」「グループのリーダー―」❷物事の仕方。流儀。「その―で行くと川へ落ちれば必ず死ぬ事になる」〈漱石・吾輩は猫である〉❸決まり。規則。法則。「―ニハズレル」〈和英語林集成〉❹《case》文法で、名詞・代名詞・形容詞などが文中においてもつ他の語との関係。主格・所有格・目的格など。いくつの格が立てられるかは言語によって異なる。❺論理学で、三段論法の形式。大前提と小前提に共通の媒概念(中概念)の位置によって定まる。➡漢「かく(格)」

(類語)位置・地位・ポスト・ポジション・椅子・位・肩書き・役職・役付き・席・階級・身分

かく【核】❶果実の中心にある種子を保護している堅い部分。さね。❷▶細胞核 ❸「原子核」の略。「―融合」❹▶凝結核ぎょうけつかく ❺核兵器のこと。「―廃絶」❻地球の中心部。深さ2900キロから中心までの部分。ニッケル・鉄などからなり、液体状の外核と高密度の固体である内核とに分かれる。地核。コア。❼環式化合物の環の部分。ベンゼン核など。❽真珠養殖で、母貝に入れる小片。❾物事の中心。核心。中核。「グループの―として活躍」➡漢「かく(核)」

(類語)中心・目玉・心・核心・基軸・心臓・髄

かく【郭・廓】クワク ❶古代中国で、都市を囲んだ土壁。❷ものの外まわり。また、囲まれた場所。❸遊郭。遊里。いろまち。➡漢「かく(郭・廓)」

かく【覚】仏語。❶対象を覚知するもの。心。心所しんじょ。❷心が妄念を離れている状態。❸涅槃ねはんの理を悟ったうえでの智慧。菩提ぼだい。❹仏陀ぶっだ。覚者。➡漢「かく(覚)」

かく【膈】❶胸と腹の間。❷胃が物を受けつけず吐き戻す病気。膈の病。「うち食はん事難くやありけん、ものくさくなりて死ぬべき時に、―といふ病者と思ひしか、と云ひけるを」〈仮・仁勢物語・上〉

かく【槨】クワク 墓室内部の棺を保護するもの。木槨・石槨・粘土槨・礫槨れきかく・木炭槨などがある。

か・く【欠く・闕く】■〔動カ五(四)〕❶かたい物の一部分を壊す。損ずる。「茶碗のふちを―・く」「氷を―・く」❷なくては困るもの、また必要とするものが備わっていない。あるべきものを持たない。「精彩を―・く表情」「きめ手を―・く」❸(「欠くことができない」「欠くべからざる」の形で)それなしでは済ますことができない。絶対なくてはならない。「水は人間に―・くことができない」「必要―・くべからざる条件」❹なすべきことを怠る。おろそかにする。「義理を―・く」「勇気を―・く行為」(可能)かける■〔動カ下二〕「か(欠)ける」の文語形。

(類語)壊す・割る・破壊する・損壊する・毀損きそんする・破損する・損傷する・損ずる・損そこなう・毀こぼつ・傷付ける・砕く・破る・崩す・潰つぶす・打ち砕く・打ち壊す・ぶち壊す・取り壊す・叩き壊す・破砕・砕破・全壊・壊滅

か・く【舁く】〔動カ五(四)〕❶(二人以上で)物を肩にのせて運ぶ。かつぐ。「駕籠かごを―・く」❷だます。あざむく。「こんなものを餌食えじきにして、―・かれるやうな科ぢはしねえは」〈洒・二筋道〉(可能)かける

か・く【書く・描く・画く】〔動カ五(四)〕《「掻く」と同語源》❶(書く)文字や符号をしるす。「持ち物に名前を―・く」❷(書く)文章を作る。著す。また、著作する。「日記を―・く」「本を―・く」❸(描く・画く)絵・模様や図をえがく。「眉を―・く」「グラフを―・く」(可能)かける

(用法)かく・しるす――「文字を書く(記す)」では相通じて用いるが、新聞・雑誌の記事、論文、小説などの場合は「書く」を用いる。「書く」には、ある長さの、まとまったものを文章として表現する意味があるからである。「小説を記す」とはあまり言わない。◆「記す」は文字として残す意で、「名前を記す」「心に記す」などと用いる。◆類似の語に「したためる」がある。「したためる」は文章語的で、ややあらたまって、「手紙をしたためる」などと用いるほか、「朝食をしたためる」のように、食事をする意味にも用いる。

(類語)(❶)記す・したためる・書き表す・書き立てる・記する/(❸)描えがく・彩る・象かたどる・描写・写生・模写・素描・点描・線描・寸描・スケッチ

か・く【掛く・懸く・構く】■〔動カ五(四)〕❶(「胡坐あぐらをかく」の形で)足を横に三角の形に組んで座る。❷組み合わせる。編み合わせて作る。「こしきには蜘蛛くもの巣―・きて」〈万・八九二〉❸つなぎ留める。掛ける。「馬にこそ絆ほだし―・くもの牛にこそ鼻縄著はくれ」〈万・三八八六〉(可能)かける■〔動カ下二〕「か(掛)ける」の文語形。

か・く【掻く】〔動カ五(四)〕❶指先やつめ、またはそれに似たもので物の表面を強くこする。「かゆい所を―・く」❷手やそれに似たものであたり一帯にある物を引き寄せたり押しのけたりする。「雪を―・く」「手で水を―・いて進む」❸刃物を手前に引いて切り取る。「寝首を―・く」❹刃物を押し当てて細かく削りとる。「氷を―・く」「かつおぶしを―・く」❺箸はしなどですばやく混ぜ合わせて粘液状の物にする。「からしを―・く」❻犂すきなどで田畑を耕す。「苗代を―・く」❼あまり好ましくないものを表面にだす。㋐恥などを身に受ける。「赤っ恥を―・く」㋑涙や汗などをからだの外に出

す。「寝汗を—・く」「べそを—・く」㋒いびきを立てる。「高いびきを—・く」❽「…する」をののしっていう語。「欲を—・くな」❾琴の弦をつめなどではじくようにする。掻き鳴らす。「ただ少し—・き出でたる、大殿のうちひびきみちていみじきを」〈宇津保・俊蔭〉❿指先を物に食い込ませるようにしてつかまる。とりすがる。「梯立ての倉椅山を嶮しみと岩—・きかねてわが手取らすも」〈記・下〉⓫髪をくしけずる。「目に髪のおほへるを—・きはやらで」〈枕・一五一〉⓬飯などを急いで食べる。かっこむ。「猫殿、ただ—・き給え」〈盛衰記・三三〉⓭手を振って合図する。「『あなかま』と、手—・くものから」〈源・夕顔〉(可能)かける
(一句)汗をかく・頭を掻く・裏をかく・靴を隔てて痒きを掻く・垢離を掻く・裾を掻く・寝首を掻く・恥を掻く・冷や汗をかく・吠え面をかく・麻姑掻痒きを掻く・眉根掻く
(類語)掻きむしる・引っ掻く

か・く【駆く｜×駈く】〔動カ下二〕「か(駆)ける」の文語形。

か・く【賭く】〔動カ下二〕「か(賭)ける」の文語形。

かく【確】〔ト・タル〕図〔形動タリ〕たしかでまちがいのないさま。また、はっきりしているさま。「—としたことはわからない」「—たる証拠をつかむ」➡漢「かく(確)」(類語)確実・正確・的確・明確・確か・精確・安全・はっきり・定か・明らか・明白・確固・確然・必至・必然・必定・最右翼・本命・有力・鉄板

かく【×斯く】〔副〕❶話し手が身近なこととして事態をとらえていう。このように。こう。「この家のあるじは—いう私だ」❷前文の内容をさして、あるいは具体的な内容を省略していう。このように。こう。「—も盛大な会を催していただき」❸事態が限界に達しているさま。ここまで。これほどまで。「—なる上はやむをえない」(補説)古くは「か」と対の形でも用いられた。「か行けば人に厭はえかく行けば人に憎まえ」〈万・八〇四〉「そゑにとてとすればかかりかくすればあな言ひ知らずあふさきるさに」〈古今・雑体〉➡とかく ➡とにかく ➡ともかく ➡とやかく (類語)かかる・こんな・こういう・このよう・かよう・こう

かく【各】〔接頭〕主に漢語名詞に付いて、多くのものの一つ一つ、一つ一つのどれもがみな、の意を表す。「—教室」「—大学」「—クラス別々に行う」➡漢「かく(各)」

か-ぐ【下愚】《『論語』陽貨から》はなはだ愚かであること。また、その人。至愚。「この人は—の性移るべからず」〈徒然・八五〉⇔上知。

か-ぐ【家具】家に備えつけ、日常使用する道具類。たんす・机・いすなど。(類語)家財・指し物・什器・什物

か・ぐ【嗅ぐ】〔動ガ五(四)〕❶鼻でにおいを感じとる。また、においのもとや種類を識別する。「花の香りを—・ぐ」❷隠れた事実を探り知る。探り出す。「人の秘密を—・いでまわる」(可能)かげる

がく【学】❶学ぶこと。学問。「—にいそしむ」❷学識。知識。「—がある」➡漢「がく(学)」(類語)教養・学問・知識・学術・学芸・学理・科学・サイエンス・学知

がく【楽】❶楽器を用いた快い音曲。音楽。「妙なる—の音」❷特に、雅楽。❸能の舞事の一。舞楽の感じを表す、ゆったりとした異国風の舞。唐人・仙人などが舞う。また、笛を主にしたその囃子。❹狂言の舞事の一。❸をまねたもの。❺歌舞伎下座音楽の一。太鼓を主に、大鼓・小鼓・能管、あるいは大太鼓と鈴を配し、ふつう三味線を伴う。王朝物の御殿の場や、神仏出現の場などに用いる。❻民俗芸能の一。太鼓踊りの一種で、大分・福岡・山口の各県に分布。楽打ち。➡漢「がく(楽)」(類語)音楽・ミュージック・声楽・器楽・洋楽・邦楽・雅楽・音曲

がく【×萼】花の最も外側の部分。ふつう緑色をし、外面に毛をもつ。つぼみのときは内部を包み保護する。うてな。➡漢「がく(萼)」

がく【×壑】谷。「—を隔てて左手に榛名富士聳ゆ」〈蘆花・自然と人生〉

がく【額】❶数量。特に、金銭の量。「賠償金の—」「—を上積みする」❷物の量。「生産の—」❸書画を枠に入れて室内の壁などに掛けておくもの。また、その枠。額縁。❹紋所の名。❸を図案化したもの。(用法)❶❷はガク、❸❹はガク。➡漢「がく(額)」

がく【顎】動物の口の器官の一部。あご。➡漢「がく(顎)」

が-ぐ【画具】絵をかくための用具。

が-ぐ【×臥具】寝るときに用いる道具。布団・枕など。夜具。寝具。

かく-あげ【格上げ】〔名〕スル ❶それまでより資格・等級・地位などを高くすること。「課を部に—する」⇔格下げ。❷商品取引所で、受け渡し品が標準品よりすぐれているとき、その格付けを標準品より高くすること。⇔格下げ。(類語)栄進・昇進・昇格・昇任・栄達・昇級・昇段・栄転・出世・立身・累進・特進・利達・進む

がく-あじさい【額紫陽花】ユキノシタ科の落葉低木。暖地の海岸近くに自生。葉は卵形。夏、枝先に花が集まって咲く。紫色または白色の萼からなる装飾花に囲まれて、中央に多数小さい両性花があり、両性花は結実する。アジサイの原種。庭木とされる。がくのはな。(季 夏)

かく-あみ【角網】建て網の一。長方形の身網と、これに直角に張る垣網とからなり、ニシン・イワシなどを捕る。

かく-あんどん【角行灯】方形の行灯。四角行灯。

がく-あんどん【額行灯】横に長い行灯。店先に掛けたり、神社・仏閣に奉納したりする。額灯籠。

かく-い【各位】大ぜいの人を対象にして、その一人一人を敬って言う語。皆様。皆様方。多く、改まった席上や書面で用いる。「会員—にお知らせします」(補説)「各位殿」という表現は、敬意が重複することになるので、好ましくない。(類語)各自・一人一人・めいめい・各人・面面・てんでん・てんでに

かく-い【客衣】旅行用の衣服。旅衣。きゃくい。

かく-い【客意】旅行中の感慨。旅情。きゃくい。

かく-い【隔意】心にへだたりのある思い。打ち解けない心。遠慮。「—なく意見を出し合う」

かく・い【角い】〔形〕四角である。かどばっている。「—・い大阪寿しを」〈近松秋江・青草〉

がく-い【学位】学術上、一定の能力または業績を示した者に授与される称号。学士・修士と博士とがある。旧制では博士のみで、文部省の認可を受けて大学が授与していた。

かく-いがく【核医学】放射性同位体を用いて検査・診断や治療を行う医学の一分野。

かく-いし【角石】方形に切った石。四角な石材。

かくい-じま【鹿久居島】岡山県南東部、備前市にある日生諸島中の一島。県内最大の島で、面積10.1平方キロメートル、周囲28キロメートル。野生のシカが多く生息し、かつて岡山藩の狩猟場。島の大半が国の鳥獣保護区。瀬戸内海国立公園に属する。

がくい-しょうほう【学位商法】大学が、高額の費用と引き換えに学位を発行する悪徳商法。➡ディプロマミル

かく-いしょく【核移植】核を除去あるいは不活性化した細胞に、他の細胞から取り出した核を移植すること。核や細胞質の機能研究に用いられる。

かく-いせい【核異性】❶原子番号・質量数が同じ核種で、半減期やエネルギー状態などが異なる現象。❷構造異性の一。環式化合物の環の部分に結合する置換基の位置の相違などで起こる。環を形成する原子間の結合の違いによるものもいう。

かく-いせいたい【核異性体】原子番号、質量数が同じでエネルギー状態や半減期が異なる原子核。異性核。

がく-いた【額板】❶掛け額の板。❷鎧の籠手その飾りの板金。

かくいち【覚一】▶あかしかくいち(明石覚一)

がく-いちぶ【額一分】江戸時代の一分通用金貨。長方形で周囲に縁がある一分金。

かく-いつ【画一｜×劃一】個々の事情や個性を考慮に入れないで、すべてを一様にそろえること。「—主義」「—化」

かくいつ-てき【画一的】〔形動〕何もかも一様で、個性や特徴のないさま。「—な教育」(類語)均質・均等・均一・一色

かくい-どり【蚊食い鳥】コウモリの別名。(季 夏)

がくい-れい【学位令】博士号授与を定めた法令。明治20年(1887)旧学位令、大正9年(1920)新学位令を制定。昭和22年(1947)廃止。

がくい-ろんぶん【学位論文】学位を請求するために提出する論文。

かく-いん【各員】おのおのの人。めいめい。ひとりびとり。「—の奮励努力を期待する」

かく-いん【客員】▶きゃくいん(客員)

かく-いん【閣員】内閣を構成する各国務大臣。閣僚。

がく-いん【学院】学校。多く、私立学校などで校名として用いられる。(類語)学校・学園・学窓・学舎・学び舎・学堂・塾・教えの庭・学びの庭・学府・スクール (尊敬)貴校・御校

がく-いん【楽員】楽団に属して、演奏をする人。楽団員。

がくいん-かい【学員会】中央大学卒業生の同窓会。(補説)同大学の同窓会としては白門会を称する各組織が一般的だがこれらは任意団体で、大学公認の同窓会は学員会。

か-くう【架空】〔名・形動〕❶空中に架け渡すこと。「—ケーブル」❷根拠のないこと。また、事実に基づかず、想像によってつくりあげること。また、そのさま。「—の人物」「そんな—な事を宛にして心配するとは」〈二葉亭・浮雲〉(類語)想像・推測・臆測・仮想・想見・空想・夢想・幻想・連想・妄想・幻覚・イマジネーション・ファンタジー・イリュージョン

か-ぐう【仮×寓】〔名〕スル 仮に住むこと。また、その家。仮住まい。寓居。「最初の一月ほどは時雄の家に—して居た」〈花袋・蒲団〉(類語)仮住まい・寓居

が-くう【我空】仏語。人間の身心は因縁によって仮に生成したものであり、永久不変の我がそこにあるのではないということ。人無我。➡法空

かくう-さくどう【架空索道】▶ロープウエー

かくう-じゅんかんとりひき【架空循環取引】企業が売上高の水増しを図るための不正な取引。ある会社の販売した架空の商品が複数の会社に転売され、元の会社に戻ってくる。元の会社はこの操作を繰り返す。帳票類や入出金の形が整っているため発見が難しい。➡架空取引 ➡循環取引

かくうせいきゅう-さぎ【架空請求詐欺】架空の費目で請求を行い金品をだまし取ること。請求書を送りつけて、現金を指定した口座に振り込ませるなどの手口があり、請求方法は、封書・電子メール・電報などさまざま。詐欺罪・恐喝罪の対象となる。➡振り込め詐欺

かくう-せん【架空線】コンクリート柱・鉄塔などによって空中に張り渡した電線。架線。

かく-うち【角打ち】❶将棋で、角行の駒を盤上に指すこと。❷(四角い升の角に口を付けて飲むことから)酒屋の店頭で升酒を直接に飲むこと。転じて、店の一角を仕切って立ち飲み用にすること。また、そこで飲むこと。❸《「角」は「的」の意》弓矢や鉄砲で的を射ること。

かくう-ちせん【架空地線】架空送電線の雷害防止のため、鉄塔頂部に架設された接地線。

がく-うつぎ【額×空木】ユキノシタ科の落葉低木。山地に自生。よく枝分かれし、長楕円形の葉をつける。5、6月ごろ、枝先に、白色の装飾花に囲まれた多数の小花をつける。

かくう-でんしメールアドレス【架空電子メールアドレス】《『特定電子メール法』で定義される語》プログラムによってランダムに作成されたもので、利用する者がない電子メールアドレス。同法で、このアドレスへの送信は禁止されている。

かくう-とりひき【架空取引】取引の実体がないにもかかわらず、取引を行ったように見せかけて、不正に売上を計上したり資金繰りを行ったりすること。➡架空循環取引 ➡循環取引 ➡融通手形

漢字項目 かく

【画】▶が
【客▽脚】▶きゃく

各 学4 音カク呉漢 訓おのおの ‖ おのおの。それぞれ。いろいろ。「各位・各界・各国・各自・各社・各種・各省・各地・各人各様」名付まさ

角 学2 音カク呉漢 訓かど、つの、すみ ‖ ㊀〈カク〉①動物のつの。「角質/牛角ぎゅうかく・犀角さいかく・触角・一角獣」②つののように先のとがったもの。物の先。「角帽/圭角けいかく・岬角こうかく・折角・頭角・皮角」③二直線が交わってできる図形。「角度/鋭角・四角・視角・頂角・直角・鈍角・内角」④四角。「角材・角柱」⑤活字一字分の枠。「全角・倍角・半角」⑥すみ。わき。「一角・口角」⑦つの突き合わせて競争する。「角逐・角力かくりき」⑧角力すもう。「角界/好角家」㊁〈つの(づの)〉「角笛/菰角こもづの」㊂〈かど〉「岩角・一角ひとかど・町角」名付つぬ・ふさ 難読総角あげまき・角子みずら・角髪みずら

拡〔擴〕 学6 音カク(クヮク)呉漢 訓ひろげる、ひろがる ‖ ①範囲を広くする。ひろげる。「拡散・拡充・拡大・拡張・拡幅・拡声器」②「拡張」の略。「軍拡」名付ひろ・ひろし・ひろむ

×**恪** 音カク漢 訓つつしむ ‖ きまじめに身を持する。「恪勤かっきん・かくごん・恪守」名付たか・つとむ・つむ

×**挌** 音カク漢 ‖ ぶち当たる。なぐり合う。うつ。「挌殺・挌闘」補説「格」と通用する。

革 学6 音カク漢 訓かわ、あらためる、あらたまる ‖ ㊀〈カク〉①動物の皮から毛を取り去り、陰干ししたもの。かわ。「牛革・皮革」②革でつくった武器や楽器。「兵革」③たるんでだめになったものを建て直す。あらためる。「革新・革命/沿革・改革・変革」④「改革」の略。「行革」㊁〈かわ(がわ)〉「革靴・革製品/帯革・背革」難読撓革いためがわ・鞣革なめしがわ・滑革ぬめかわ

格 学5 音カク漢 コウ(カウ)慣 ゴウ(ガウ)慣 キャク呉 訓いたる、いたす、ただす ‖ ㊀〈カク〉①組成された物事の本質をなすもの。「骨格・人格・性格・体格」②そのもののかもし出すすぐれた個性。「格調/品格・風格」③がちっとはめこまれた一定の枠。規則・基準・地位・等級など。「格外・格式・格別/家格・規格・厳格・資格・失格・昇格・正格・適格・同格・破格・別格・本格」④本質までつきつめる。いたす。「格物致知」⑤止める。固定する。「格納」⑥(「挌」と通用)取っくみ合う。うつ。「格技・格闘」⑦文法で、自立語の関係を表す語。「主格・賓格・目的格」㊁〈キャク〉法令。「格式」㊂〈コウ・ゴウ〉細い木を方形に組み合わせてつくったもの。「格子こうし・格天井ごうてんじょう」名付きわめ・ただ・ただし・つとむ・のり・まさ

核 音カク漢 訓さね ‖ ①果実のたね。「核果」②物事の中心。「核心/地核・中核・細胞核」③病気による細胞の固まり。「結核・痔核じかく」④原子核・核兵器のこと。「核実験・核爆発・核武装・核分裂/熱核」

殻〔殼〕 音カク漢 訓から ‖ ㊀〈カク〉物の表面を覆う堅い外皮。「甲殻・耳殻・地殻・卵殻」㊁〈から(がら)〉「貝殻・茶殻・籾殻もみがら」難読苧殻おがら・枳殻からたち

郭 音カク(クヮク)呉漢 訓くるわ ‖ ①都市・城の外囲い。また、外囲いのある町や村。「城郭・山郭」②特定の一区画。くるわ。「遊郭」③物の外枠。「外郭・胸郭・輪郭」④(「廓かく」の代用字)がらんとして広い。広げる。「郭大」名付ひろ 難読郭公かっこう・ほととぎす

×**喀** 音カク漢 訓はく ‖ 胸やのどに詰まったものを吐き出す。「喀痰かくたん・喀血かっけつ」

覚〔覺〕 学4 音カク呉漢 訓おぼえる、さます、さめる、さとる ‖ ①外から来るものに触れて意識が起こる。意識。「感覚・幻覚・錯覚・視覚・触覚・知覚・聴覚・味覚」②今までわからなかった道理や意味に気づく。さとる。「覚悟/才覚・自覚・正覚しょうがく・先覚・直覚・不覚」③人に気づかれる。「発覚」④眠りから目ざめる。「覚醒かくせい」名付あき・あきら・さだ・さと・さとし・ただ・ただし・よし 難読覚束おぼつかない

較 音カク慣 コウ(カウ)漢 訓くらべる、あきらか ‖ ㊀〈カク〉つき合わせて見比べる。「較差/比較」㊁〈コウ〉①㊀に同じ。「較差/計較」②明らか。「較著こうちょ」名付あつ・とお・なお

隔 音カク漢 訓へだてる、へだたる ‖ ①間に何かをおく。へだてる。へだたり。「隔世・隔絶・隔壁・隔離・隔靴掻痒かっかそうよう/遠隔・間隔・懸隔」②心理的に分けへだてる。「隔意/疎隔」③継続する時間単位を一つだけとばすこと。「隔月・隔日・隔週・隔年」④(「膈」の代用字)胸と腹の間。「横隔膜」

×**劃** 音カク(クヮク)呉漢 ‖ ①区切る。区切り。「区劃」②区切り目がついたようにはっきりする。「劃然」補説「画」の㊁の①②と通用する。

×**廓** 音カク(クヮク)呉漢 訓くるわ ‖ ①城の外囲い。「城廓」②くるわ。「遊廓」③外枠。「外廓・輪廓」④がらんとして広い。広げる。「廓然・廓大/寥廓りょうかく」⑤がらんとして何もない。むなしくする。「廓清」補説①②③は「郭」と通用する。名付あきら

×**膈** 音カク漢 ‖ 胸部と腹部の間。「横膈膜おうかくまく・胸膈」

×**赫** 音カク漢 訓かがやく ‖ ①赤々と燃えるように輝く。「赫奕かくえき・赫灼かくしゃく」②勢いが盛んなさま。「赫赫・赫怒」名付あきら

閣 学6 音カク呉漢 訓たかどの ‖ ①御殿・見晴らし台など、高く構えた建物。「金閣・高閣・仏閣・楼閣・天守閣」②政治を執る所。「台閣・内閣」③内閣のこと。「閣議・閣僚/組閣・倒閣・入閣」名付はる

確 学5 音カク呉漢 訓たしか、たしかめる ‖ ①はっきりしていて間違いがない。たしか。「確実・確証・確認・確報・確約/正確・的確・明確」②かたく決めて動かないさま。「確固・確執・確信・確定・確保・確立」③「確実」の略。「当確」名付あきら・かた・かたし・たい

獲 音カク(クヮク)漢 訓える ‖ 動物などをつかまえて手に入れる。「獲得/漁獲・捕獲・乱獲・採獲」

嚇 音カク漢 訓おどす ‖ ①真っ赤になって怒る。「嚇怒」②おどす。「威嚇・脅嚇」

×**擱** 音カク呉漢 訓おく ‖ ①下に置いてとどめる。おく。「擱筆」②のりあげる。「擱坐」

×**馘** 音カク(クヮク)漢 訓みみきる、くびきる ‖ ①敵を殺した証拠に左耳を切り取る。「馘耳」②首にする。「馘首」

穫 音カク(クヮク)漢 ‖ 作物を刈り入れる。取り入れる。「収穫」名付え・みのる

▽**鶴** 音カク漢 訓つる、たず ‖ ㊀〈カク〉①ツル。「鶴唳かくれい」②ツルのような。長い首、白さ、長寿などのたとえ。「鶴首・鶴寿・鶴髪」㊁〈つる(づる)〉「白鶴・夕鶴・千羽鶴」名付ず・つ 難読田鶴たず・鶴嘴つるはし・真鶴まなづる

×**攪** 音カク慣 コウ(カウ)漢 ‖ かきみだす。かきまわす。「攪拌かくはん・こうはん・攪乱かくらん・こうらん」

漢字項目 がく

学〔學〕 学1 音ガク呉 訓まなぶ ‖ ①まなぶ。「学園・学校・学習/苦学・見学・独学・晩学・勉学・留学」②学問。「学術・学派/科学・漢学・研学・語学・雑学・実学・浅学・哲学・博学・文学・無学・人類学」③学ぶ所。学校。「学長/私学・進学・退学・大学・通学・入学」④学問をする人。学者。「碩学せきがく・先学」名付あきら・さと・さとる・さね・たか・のり・ひさ・みち 難読学舎まなびや

岳〔嶽〕 音ガク呉漢 訓たけ ‖ ㊀〈ガク〉①ごつごつと高く険しい山。「岳麓がくろく/山岳・富岳」②妻の父を尊敬していう語。「岳翁・岳父」㊁〈たけ〉高い山。「御岳おんたけ」名付おか・たか・たかし

×**愕** 音ガク呉漢 訓おどろく ‖ 予想外の事にあわて驚く。「愕然/驚愕」

楽〔樂〕 学2 音ガク呉漢 ラク呉漢 訓たのしい、たのしむ ‖ ㊀〈ガク〉音を組み立てた調べ。音楽。「楽器・楽章・楽団・楽譜・楽屋/雅楽・器楽・声楽・奏楽・能楽・舞楽・邦楽・洋楽・室内楽」㊁〈ラク〉①たのしむ。たのしい。「楽園/安楽・逸楽・快楽・享楽・苦楽・娯楽・行楽・後楽・極楽・道楽」②たやすい。「楽観・楽勝・楽楽/気楽」③「千秋楽」の略。「楽日らくび」名付ささ・もと・よし 難読神楽かぐら・楽府がふ・独楽こま・催馬楽さいばら・楽車だんじり・伯楽ばくろう・貝独楽べいごま

×**萼** 音ガク呉漢 訓うてな ‖ 花の一番外側の、花びらを囲む部分。「萼片/花萼」補説「蕚」は異体字。

×**諤** 音ガク呉漢 ‖ 正しいことを、気がねせずに、はっきりと言う。直言する。「諤諤/侃侃諤諤かんかんがくがく」

額 学5 音ガク漢 訓ひたい、ぬか ‖ ㊀〈ガク〉①ひたい。「前額部」②壁などに掲げる書き物。「額縁がくぶち/篆額てんがく・扁額」③金銭上の数値。「額面/価額・巨額・金額・差額・少額・全額・増額・多額・半額」④物の量。「産額」㊁〈ひたい(びたい)〉「額際/富士額」

顎 音ガク呉漢 訓あご ‖ 口の上下の部分。あご。「顎骨/下顎・上顎」難読顎門あぎと

がく-うら【額裏】 ❶額の裏。❷着物の仕立て方の一。衣服の裏の人目につきやすい所によい布を用い、花鳥・人物・風景などの模様のある緞子どんす、羽二重はぶたえなどを用いること。がく。

かくうん【覚運】 [953〜1007]平安中期の天台宗の僧。京都の人。藤原貞雅の子。比叡山で良源に学び、東塔の檀那院に住し、恵心流と並ぶ檀那流の開祖となった。著「玄義鈔」など。

かく-うんどうりょう【角運動量】ウンドウリャウ 回転運動の特徴を表す基本量。質点では、原点からの位置ベクトルと運動量ベクトルとの外積で、運動量のモーメントに相当する。

かくうんどうりょうほぞん-の-ほうそく【角運動量保存の法則】カクウンドウリャウホゾンノハフソク 外力が作用しないかぎり、質点系の角運動量は時間がたっても変化しないという法則。

かく-えき【×赫×奕】 ㊀〔名・形動〕物事が盛んなこと。また、そのさま。「大地の層土上に写出したる―なる史跡に至ては」〈尺振八訳・斯氏教育論〉㊁〔ト・タル〕図〔形動タリ〕光り輝くさま。かくやく。「太陽は無慈悲にも―として窓を照らしている」〈漱石・野分〉

かくえき-ていしゃ【各駅停車】〔名〕スル 電車・列車が一つ一つの駅に停車すること。各停。

かく-エネルギー【核エネルギー】 原子核の分裂や融合のときに放出されるエネルギー。原子力。原子エネルギー。原子核エネルギー。

かく-えり【角襟】 ❶和服で、四角に仕立てた襟。道行角襟。❷「方領ほうりょう」に同じ。

かく-えん【×赫×焉】〔ト・タル〕図〔形動タリ〕あかあかと光り輝くさま。「忽然霊火たまの入りたる如く―として燃え出でしなり」〈蘆花・自然と人生〉

がく-えん【学園】ヱン 学校。現在では、下級から上級にわたるいくつかの学校から成る組織をいう場合が

多い。(類語)学校・学院・学窓(がくそう)・学舎・学び舎(や)・学堂・塾・教えの庭・学びの庭・学府・スクール（尊敬）貴校・御校

がくえん-じ【鰐淵寺】島根県出雲市別所町にある天台宗の寺。山号は浮浪山。院号は一乗院。開創は推古朝と伝える。神仏習合により出雲大社との関係が深い。また、南朝とのかかわりも多く、後醍醐(ごだい)天皇の宸翰(しんかん)をはじめ、多数の古文書類を所蔵。

かく-おう【覚王】(クヮウ) 仏陀(ぶっだ)を敬っていう語。覚帝(かくてい)。

がく-おう【岳翁】(ヲウ) 妻の父。岳父(がくふ)。岳丈(がくじょう)。

かく-おうだん【核黄×疸】(クワウダン) 新生児黄疸の重いもの。ビリルビンが脳細胞にまで沈着して起こり、基底核とよぶ脳底部がおかされやすい。治療として交換輸血などを行い、後遺症には脳性麻痺(まひ)・難聴などがある。

かく-おち【角落ち】将棋で、上手(うわて)が自分の駒のうちから角行を外して対局すること。

かく-おとし【角落(と)し】両側の堰柱(せきばしら)に縦溝をつけ、数本の角材を落とし入れ、水流を調整したり、せき止めたりする装置。

かく-おび【角帯】男帯の一。厚地に織り、幅9センチ、長さ4メートルくらいの単(ひとえ)や袋織りにしたもの。博多織が主で、礼装の袴(はかま)下に締めることが多い。(類語)帯・兵児(へこ)帯・丸帯・袋帯・名古屋帯・博多帯

がく-おん【楽音】音楽の素材になる音。振動が一定の周期をもち、その高さを明瞭に判別できる音。(類語)音(おと)・物音・音声・音(おん)・音(ね)・音色・サウンド

がく-おん【顎音】▶硬口蓋音(こうこうがいおん)

かくおん-じ【覚園寺】(カクヲン) 神奈川県鎌倉市二階堂町にある真言宗泉涌寺(せんにゅうじ)派の寺。山号は鷲峰(じゅぶ)山。院号は真言院。建保6年(1218)北条義時建立の大倉薬師堂を永仁4年(1296)北条貞時が元寇退散祈願のため寺としたもの。開山は智海。薬師如来像・地蔵像をはじめ多数の仏像を所蔵。

かく-か【各科】(クワ) それぞれの教科または科目。

かく-か【各課】(クワ) それぞれの課。

かく-か【核果】(クワ) ▶かっか(核果)

かく-が【▽鶴×駕】《周の霊王の太子晋(しん)が仙人となり、白い鶴に乗って去ったという「列仙伝」の故事から》❶皇太子の乗る車。❷仙人の乗り物。

がく-か【顎下】▶がっか(顎下)

かく-かい【各界】職業や専門分野によって分けた、それぞれの世界。「一の代表」

かく-かい【角界】《「すもう」を「角力」とも書くところから》相撲の社会。

かく-かい【郭隗】(クワククワイ) 中国、戦国時代の燕(えん)の政治家。昭王に人材を集める方法を問われ、「まず私を登用しなさい」と答えたことで有名。生没年未詳。⇒隗(かい)より始めよ

かく-がい【格外】(グワイ)〔名・形動〕標準や規格に外れていること。また、そのさま。規格外。「ある一種の能力のみは、一発達せし事と見えて」〈逍遥・当世書生気質〉

かく-がい【郭外|×廓外】(クワクグワイ) 仕切られた地区の外。城・遊里などの囲いの外。⇔郭内。

かく-がい【閣外】(グワイ) 内閣に加わっていないこと。内閣の外部。⇔閣内。

がく-がい【学外】(グワイ) 学校の敷地の外、または学校の組織の外。多く大学についていう。⇔学内。

かくがい-いでんし【核外遺伝子】(カクグワイヰデンシ) 細胞の核以外の細胞質にある遺伝子。葉緑体やミトコンドリアなどに含まれ、細胞質遺伝に関与する。細胞質遺伝子。プラズマジーン。

かくがい-きょうりょく【閣外協力】(カクグワイケフリョク) 内閣に党員を参加させないが閣外から政府の政策に協力すること。⇒部分連合

かくがい-でんし【核外電子】(カクグワイ) 原子の構成部分で、原子核のまわりを運動している電子。

かく-かいはつ【核開発】❶核兵器を開発すること。核兵器を実用化すること。❷原子力発電所などの開発によって、原子力の利用を実用化すること。

かく-かがく【核化学】(クワガク) 原子核の核種がもつ性質を、化学的見地から研究する学問。原子核化学。

かく-かく【×赫×赫】〔ト・タル〕図〔形動タリ〕❶赤赤と照り輝くさま。「一たる日輪」❷功名・声望などがりっぱで目立つさま。「一たる武勲」(類語)燦燦(さんさん)・燦然・燦爛(さんらん)・玲瓏(れいろう)・皓皓(こうこう)・煌煌(こうこう)・炯炯(けいけい)

かく-かく【×斯く×斯く】〔副〕ある事柄を引用する際、具体的な内容を省略していうのに用いる語。こうこう。「事情は一しかじかである」「一の次第である」

がく-がく【×諤×諤】〔ト・タル〕図〔形動タリ〕❶正しいと思うことを、はばからずに直言するさま。「侃々(かんかん)一」「以後(これより)は一金も下し玉うなかれと一として飾り無く云い放たれれば」〈露伴・二宮尊徳翁〉❷口やかましく言うさま。「衆愚之一たるは、一賢之唯々(いい)には如(し)かず」〈太平記・一六〉

がく-がく㊀〔副〕(スル)❶固定されていないで緩んでいるさま。ぐらぐら。「奥歯が一する」❷寒さや恐ろしさ、疲労などで、からだの一部が小刻みに震えるさま。「脚が一(と)震える」「ひざが一する」㊁〔形動〕❶㊀❶に同じ。「机のあしが一になる」❷㊀❷に同じ。「ひざが一になる」(アクセント)㊀はガクガク、㊁はガクガク。(類語)がたがた・ぶるぶる・わなわな

かくかくさんぼうし-じょうやく【核拡散防止条約】(カククワクサンバウシデウヤク) ▶核不拡散条約

かくか-しょう【角化症】(カククワシヤウ) 皮膚の表面の角質層が異常に厚く堅くなる疾患。うおのめ・たこなど。

かく-かぞく【核家族】《nuclear family》ひと組の夫婦とその未婚の子供からなる家族。家族の基礎単位とされる。

かく-かそくど【角加速度】物体が一様でない回転運動をするときの、単位時間当たりの角速度の変化。角速度を時間微分したもの。単位はラジアン毎秒毎秒。

かく-がた【角形】四角い形。方形。「一封筒」(類語)四角・四角形・四辺形・方形(ほうけい)・升形(ますがた)・正方形・長方形・矩形(くけい)

かく-がた【核型】生物種に固有な、染色体の数および形態を表したもの。

かく-かっこ【角括弧】(クワクコ) 文章表記中などで用いる[ ]の記号。補足説明や注記などを表すのに用いる。ブラケット。( )を小括弧、{ }を中括弧というのに対して、大括弧ともいう。⇒括弧

かく-がり【角刈(り)】男性の髪形の一。周囲を短く、上部を平らに刈り、全体を角ばった感じにする。

かく-がん【角岩】▶チャート(chert)

かく-がん【×擱岸】船舶が岸に乗り上げること。

かく-がん【×擱岩】船舶が岩礁(がんしょう)に乗り上げること。座礁。

かくかんし-よういん【核監視要員】(エウヰン) 国際的合意に基づいて核関連施設を稼働停止・封鎖する際、施設の停止等を監視・検証するために国際原子力機関(IAEA)が派遣する査察官。監視検証要員。

がく-かんせつ【顎関節】(クワンセツ) 側頭骨と下顎骨を連結する、左右一対の関節。頭蓋にある唯一の関節。側頭骨と下顎骨の間にある、関節円板という骨より柔らかい繊維組織がクッションの役割を果たし、下顎の複雑な動きを可能にしている。

がくかんせつ-しょう【顎関節症】(ガククワンセツシヤウ) 咀嚼(そしゃく)筋や顎関節の障害によって、顎の関節や周囲の組織に生じるさまざまな疾患の総称。口を開閉するときに音がする、痛みがある、口を大きく開けられないなどの症状が現れる。頭痛・めまい・肩こり・耳の痛みなどを伴うこともある。

かく-き【客気】▶かっき(客気)

かく-き【郭熙】(クワク) 中国、北宋の山水画家。河陽(河南省)の人。郭河陽ともよばれる。李成の山水画風を受け継ぎ、神宗朝の宮廷画院で指導。代表作「早春図」は台北市の故宮博物院蔵。生没年未詳。

かく-ぎ【角技】相撲のこと。

かく-ぎ【格技|×挌技】一対一で組み合ったり打ち合ったりして勝負する競技。剣道・柔道・相撲・レスリング・ボクシングなど。格闘技。体技。

かく-ぎ【閣議】内閣がその職務を行うにあたり、意志を決定する会議。内閣総理大臣が主宰する。

がく-き【楽毅】中国、戦国時代の武将。魏の人。燕の昭王に仕えて斉(せい)を破り、昌国に封じられた。昭王の死後、恵王にうとまれて趙に逃れ、重用された。がっき。生没年未詳。

かく-きょ【郭巨】(クワク) 中国、後漢の人。二十四孝の一人。貧しさのため母が食を減らすのを見かね、一子を埋めようと地を掘ったところ、「天、孝子郭巨に賜う」と書いた黄金の釜を発見したという。

がく-ぎょ【×鰐魚】ワニのこと。

かく-きょう【客郷】(キヤウ) ▶かっきょう(客郷)

かく-ぎょう【角行】(ギヤウ) 将棋の駒(こま)の名。斜めに自由に動け、成ると竜馬(りゅうま)となって、さらに前後左右に1間(けん)ずつ動ける。飛車とともに大駒の一。角。かくこう。

がく-ぎょう【学行】(ギヤウ) 学問と仏道の修行。

がく-ぎょう【学業】(ゲフ) 勉強をすること。学問をすること。「一に励む」「一を怠る」(類語)学習・勉強・勉学・学問・研鑽(けんさん)・研究・学究・学事・学び・勤学・研学・修学・修業(しゅぎょう)・修業(しゅうぎょう)・修練・習練・稽古(けいこ)・学ぶ

かくぎょう-ほうしんのう【覚行法親王】(カクギヤウホフシンワウ) [1075〜1105]平安後期の真言宗の僧。白河天皇の第3皇子。仁和寺(にんなじ)門跡。出家後、親王宣下を受け、最初の法親王となった。

かく-きょせい【赫居世】伝説上の新羅(しらぎ)の始祖。「三国史記」によれば、在位は前57〜前4。姓は朴。名の赫居世は光明王の意味。

かく-きょへい【霍去病】(クワク) [前140ころ〜前117]中国、前漢の武将。平陽の人。衛青の甥(おい)。6回にわたって北西辺の匈奴(きょうど)討伐を指揮して大勝。驃騎(ひょうき)大将軍となったが若くして病死した。

かく-きょり【角距離】角度で表した二点間の距離。観測点と二点それぞれとを直線で結んだときの、その二直線のなす角度。

かく-ぎり【角切り】立方体に切ること。また、切ったもの。さいの目よりも大きい切り方をいう。

がくきろん【楽毅論】魏の夏侯玄が、楽毅について述べた書。王羲之(おうぎし)が書写し、楷書の法帖(ほうじょう)となっている。

がく-ぎん【額銀】江戸末期発行の天保一分銀の俗称。額縁に似た長方形であるところからいう。額判。額。角。⇒天保金銀 ⇒一分銀

かくぎん-こう【角銀鉱】(クワウ) 塩化銀からなる鉱物。等軸晶系。普通は角状の塊をなす。無色透明あるいは灰色で、樹脂光沢がある。光により暗色化する。銀鉱床の酸化帯に二次鉱物として産出。

かく-ぐう【客×寓】〔名〕(スル)❶客となって滞在すること。また、その家。きゃくぐう。❷旅に出て、よその土地に滞在すること。きゃくぐう。

かく-ぐんしゅく【核軍縮】核軍備の廃絶を最終的な目標として、段階的に縮小・削減していく国際的な取り組み。⇒核不拡散条約 ⇒カットオフ条約 ⇒スタートワン(START I) ⇒非核三原則 ⇒CTBT(包括的核実験禁止条約)

がく-けい【学兄】▶がっけい(学兄)

がく-げい【学芸】学問と芸術。また、学問。「新聞の一欄」(類語)学問・学(がく)・学術・学理・科学・学知

がくげい-いん【学芸員】(ヰン) 博物館などで、資料の収集・保管・調査研究などにたずさわる専門職員。

がくげい-かい【学芸会】(クワイ) 小学校で、児童が学習の成果としての音楽・演劇などを発表する会。

がくげい-だいがく【学芸大学】小・中学校の教員養成を主要な目的とする大学。現在、東京学芸大学以外は教育大学と改称されている。

がく-げき【楽劇】《(ドイ) Musikdrama》ワグナーの創始したオペラの一形式。従来のアリア偏重主義を排し、音楽と劇内容との一体化を図ったもの。(類語)オペラ・オペレッタ・歌劇

かく-げつ【各月】毎月。つきづき。「一の平均」

かく-げつ【客月】前の月。先月。

かく-げつ【隔月】ひと月おき。「一に発行する」「一配本」

かく-げん【格言】人生の真実や機微を述べ、万人への戒め・教訓となるような簡潔にした言葉。金言。

(類語)寸言・寸鉄・警句・箴言しんげん・金言・名言・至言・名句・座右の銘

かくげん【覚彦】▶浄厳じょうごん

かく-げん【確言】〘名〙スル はっきりと言いきること。また、その言葉。「―することを避ける」

(類語)言い切る・断言・明言・言明・喝破・道破

かく-ご【客語】▶きゃくご(客語)

かく-ご【×恪▽勤】《「かくごん」の撥音はつおんの無表記》❶「かくごん❶」に同じ。❷平安時代、院・親王家・大臣家などに仕えた武士。恪勤者。かくごん。「院の―して侍ひ給ふ、いとかしこし」〈大鏡・道隆〉❸中世、宿直とのや行列の先走りなど、幕府内部の雑役に従事した武士。恪勤者。恪勤の侍。かくごん。「或は青侍せい―の前に跪ひざまずく」〈太平記・一二〉

かく-ご【覚悟】〘名〙スル ❶危険なこと、不利なこと、困難なことを予想して、それを受けとめる心構えをすること。「苦労は―のうえだ」「断られるのは―している」❷仏語。迷いを脱し、真理を悟ること。❸きたるべきつらい事態を避けられないものとして、あきらめること。観念すること。「もうこれまでだ、と―する」❹覚えること。記憶すること。「時にあたりて本歌を―す」〈徒然・二三八〉❺知ること。存知。「郎従小庭に伺候の由、全く―仕らず」〈平家・一〉(類語)決意・決心・ふんぎり

覚悟の前　前もって心構えのできていること。覚悟の上。「そりゃ固もとよりーだ」〈鏡花・夜行巡査〉

かく-こう【各校】カウ ▶かっこう(各校)

かく-こう【角行】カウ ▶かくぎょう(角行)

かく-こう【霍光】クワククワウ [?〜前68]中国、前漢の政治家。霍去病かくきょへいの異母弟。武帝に長く仕え、帝の死後は昭帝を補佐。昭帝の死後は宣帝を擁立し、娘を皇后にして権勢を極めたが、その死後族滅された。

かく-こうがく【核工学】▶原子核工学

かく-こうげき【核攻撃】原子爆弾や核ミサイルなどの核兵器を用いて攻撃すること。

がく-こつ【顎骨】▶がっこつ(顎骨)

かく-ごん【×恪勤】❶怠けずにまじめに勤めること。精勤。かくご。「一の薄さに、今日ばかりは慰め侍るを」〈狭衣・一〉❷「かくご(恪勤)❷」に同じ。❸「かくご(恪勤)❸」に同じ。

かく-さ【格差】資格・等級・価格などの違い。差。「賃金の―を是正する」(類語)差・較差・落差・雲泥の差

かく-さ【較差】《「こうさ」の慣用読み》❶二つ以上の事物を数量的に比較したときの差。最大と最小との差。❷ある期間内の最高気温と最低気温との差。「日にち―」

かく-ざ【×擱座¦×擱×坐】〘名〙スル ❶船舶が浅瀬、暗礁に乗り上げて動けなくなること。座礁。❷戦車・車両などが破壊されて動けなくなること。

かく-さい【客歳】去年。昨年。客年。きゃくさい。

かく-さい【隔歳】1年おき。隔年。

かく-ざい【角材】切り口の四角な材木。

かく-ざい【拡材】クワク《「拡張材料」「拡販(拡大販売)材料」などの略》新聞の新規購読者に供される景品。ビール券や洗剤などが多い。また、商品の販売促進を図るために作成するポスターやのぼり・POP広告などのこと。

がく-さい【学才】学問の才能。「―豊かな人」

がく-さい【学債】《「学校債券」の略》学校、特に大学が、入学者また父母に発行する債券。

がく-さい【学際】《interdisciplinary》研究対象がいくつかの学問領域にまたがっていること。諸科学が総合的に協力すること。「―的研究」

がく-さい【楽才】音楽の才能。

かくさいもちこみ-みつやく【核再持(ち)込み密約】▶沖縄返還密約❶

かくさ◦う【隠さふ】かくさ〘連語〙《動詞「かく(隠)す」の未然形＋反復継続の助動詞「ふ」。上代語》隠しつづける。繰り返し隠す。「沖つ藻を―◦ふ波の五百重波いほへなみ千重にしくしく恋ひわたるかも」〈万・二四三七〉

かく-さく【画策】クワク〘名〙スル はかりごとをめぐらすこと。ひそかに計画を立てること。また、その計画。「陰であれこれ―する」(類語)陰謀・策略・計略・機略・作戦・謀略・はかりごと・企たくらみ・策動・術策・権謀・謀計・奸策かんさく・詭計きけい・深謀・遠謀・深慮・悪だくみ・わな

かく-さげ【格下げ】〘名〙スル ❶それまでより資格・等級・地位などを低くすること。「二部に―される」⇔格上げ。❷商品取引所で、受け渡し品が標準品より劣っているとき、その格付けを標準品より低くすること。⇔格上げ。

かく-ささつ【核査察】▶保障措置

かく-ささつかん【核査察官】クワクササツクワン 核不拡散条約加盟国の原子力施設に立ち入り、保障措置(核査察)を行う、国際原子力機関(IAEA)の職員。

かくさ-しゃかい【格差社会】シャクワイ 成員が、特定の基準から見て隔絶された階層に分断された社会。特に、所得・資産面での富裕層と貧困層の両極化と、世代を超えた階層の固定化が進んだ社会。(補説)バブル経済崩壊後の不況で、中高年の雇用を守ることが若年層の雇用条件の悪化をまねき、世代間の生涯所得格差を広げた。また、産業界への規制緩和により、リスクを取って成功した者と、失敗した者やリスクを取らなかった者との格差も広がった。さらに、親の経済状態が子の教育機会に影響し、高い教育が好条件な就業機会につながるため、格差は世代を超えて継承されつつある。

かく-さつ【格殺¦×挌殺】〘名〙スル 手で打ち殺すこと。なぐり殺すこと。

かく-ざとう【角砂糖】ザタウ 小さな立方形に固めた白砂糖。

かく-さま【×斯く様】〘形動ナリ〙こんなありさま。こんなふう。「世の中の常のことわり―になり来にけらし据ゑし種から」〈万・三七六一〉

かく-ざら【角皿】四角な皿。

がく-ざら【額皿】額のように壁にかけたり、棚に置いたりして飾る絵皿。

かく-さん【各×盞】宴会などで、めいめいが自分で自分の杯に酒をついで飲むこと。また、その杯。「半日の―で飲め花見酒/良任」〈毛吹草追加・上〉

かく-さん【拡散】クワク〘名〙スル ❶広がり、散らばること。「核の―を防止する」❷混合流体が高い濃度から低い濃度の所へと移動して、一様な濃度になる現象。分子の熱運動によって起こる。❸ツイッターやフェースブックなどのソーシャルメディアにおいて、投稿されたメッセージを多くの人に引用してもらうこと。メッセージの引用は個々人によって行われるが、しばしばねずみ算式に引用数が増え、多くの人の元にメッセージが届くことがある。「以下のメッセージを―希望」(類語)散る・散ずる・散らばる・散らかる・散らかす・散らす・分散・四散・散開・飛び散る・飛ぶ・飛散・雲散・離散・霧散・散逸・雲散霧消

かく-さん【核酸】生物の細胞核中に多く含まれる、塩基・糖・燐酸りんさんからなる高分子物質。糖がデオキシリボースであるデオキシリボ核酸(DNA)と、リボースであるリボ核酸(RNA)とに大別される。

がく-さん【学参】「学習参考書」の略。

かくさんにたいする-あんぜんほしょうこうそう【拡散に対する安全保障構想】クワクサンニタイスルアンゼンホシヤウコウサウ ▶ピー-エス-アイ(PSI)

かくさん-ポンプ【拡散ポンプ】クワクサン 真空ポンプの一。容器中で水銀・油などの蒸気を高速で噴出させ、周囲の気体分子を巻き込ませて排気する。高度の真空が得られる。

かく-し【各氏】それぞれの方。諸氏。「―の発言」

かく-し【各紙】各新聞社の、それぞれの新聞。

かく-し【各誌】各出版社の、それぞれの雑誌。

かく-し【画指】クワク 古代、無筆の者が文書の署名の代わりに食指の長さ、関節の位置などを黒点で記したもの。男は左手、女は右手を用いた。

かく-し【客死】〘名〙スル 旅先で、または他国で死ぬこと。きゃくし。「異境に―する」

かく-し【客思】旅先での思い。旅情。きゃくし。

かく-し【核子】原子核を構成する素粒子である陽子・中性子の総称。ニュークレオン。

かくし【隠し】❶隠すこと。隠してあること。「―財産」❷衣服に縫いつけた、物を入れる袋。ポケット。❸外敵などからの守りとなるもの。また、守る人。「是を中区なかつくにの―となせ」〈成務紀〉

かく-じ【各自】それぞれの人。めいめい。おのおの。「昼食は―持参のこと」(類語)一人一人・めいめい・各人・各位・面面・てんでん・てんでに

がく-し【学士】❶大学などの卒業者に与えられる学位。❷学問をする人。学者。「開師、三宅石庵は王陽明の風な―ぢゃが」〈胆大小心録〉❸律令制で、皇太子に経書を講じた東宮とうぐう坊の職員。東宮学士。「東宮の―仕つかうまつるべきよし仰せらるるほどに」〈宇津保・俊蔭〉

がく-し【学資】学問を修めるための費用。特に、学校で勉学するための費用。学費。

がく-し【楽師¦楽士】❶音楽を演奏する人。楽人。❷(楽士)ダンスホールなどで音楽を演奏する人。楽手。❸律令制の雅楽寮の職員。楽生がくしょうに音楽を教えた。❹宮内庁式部職の楽部の職員。奏楽に従事する。

がく-じ【学地】ヂ《「がくち」とも》仏語。悟りを得るためにまだ修行を必要とする境界。小乗仏教では、無学に達していない有学者の境地。

がく-じ【学事】学問、また学校に関する事柄。

(類語)学問・学業・勉学・勉強・研究・学究・学び

かくし-あじ【隠し味】アヂ 料理の味を引き立てるために、少量の酒・塩・醤油などの調味料を加えること。また、その調味料。

かくし-いしょう【隠し衣装】イシヤウ ❶表は質素に、裏はぜいたくに仕立てた衣装。江戸時代、天和3年(1683)の衣装法度が出てからの風ふうで、隠し紋・隠し裏などがある。❷遊里に行くときなどに、よそに預けておいて途中で着替える衣装。「恋の中の中の中宿より―の物好き」〈浮・俗つれづれ〉

がくし-いん【学士院】ヰン「日本学士院」また、その前身の「帝国学士院」の略称。

がくしいん-しょう【学士院賞】ガクシヰンシヤウ 日本学士院が学術研究を奨励するために、すぐれた研究・論文・著書に対して毎年1回授与する賞。➡恩賜賞おんししょう

かくし-え【隠し絵】ヱ 絵の中に、よく注意して見なければわからないように工夫して、他の絵を描き込んであるもの。さがし絵。

かくし-おとこ【隠し男】をとこ 女がひそかに関係している男。隠し夫づま。情夫。「男女の、忍びて物言ふ気色しけり。されはよ、―来にけり、と思ひて」〈宇治拾遺・二〉

かくし-おんな【隠し女】をんな 男がひそかに囲っている女。隠し妻。情婦。

かくし-がね【隠し金】隠し持っている金銭。「重き物を軽う見せたるは、―にきはまるところ」〈浮・胸算用・四〉

かくし-がまえ【×匸構え】がまへ 漢字の構えの一。「匹」「匿」などの「匸」の称。(補説)「匠」「医」などの「匚」は「はこがまえ」という。

かく-しき【格式】❶身分・家柄などによって定まっている礼儀や作法。また、身分や家柄。「―を重んじる」「―のある家」❷▶きゃくしき(格式)❶(類語)名分

かく-しぎ【郭子儀】クワク [697〜781]中国唐代の武将。華州(陝西せんせい省)の人。安史の乱を平定し、のち吐蕃とばんの侵入を退けた。最高官の太尉中書令に任ぜらる。

がく-しき【学識】学問と見識。また、学問上の知識と見識。(類語)造詣・蘊蓄うんちく・教養・知識・該博・学殖・素養・碩学せきがく・篤学・博学・博識・博覧・博覧強記・有識・物知り・生き字引

がく-しき【楽式】楽曲を構成する形式。三部形式・ソナタ形式・ロンド形式など。音楽形式。

かくじき-きょうめい【核磁気共鳴】磁気モーメントをもつ原子核を磁場の中に入れ、特定の周波数の電磁波を与えると、共鳴してその放射エネルギーを吸収する現象。結晶や分子の構造分析に、医学では断層撮影のMRI(磁気共鳴映像法)などに利用。NMR(nuclear magnetic resonance)。

がくしき-けいけんしゃ【学識経験者】学問上の知識と高い見識を持ち、生活経験が豊かであると社

会が認めている人。

かくし‐きしょう【隠し起▽請】《室町時代、犯人を探すときなどに、住民に起請文つきの無記名投票を行わせたところから》入れ札。投票。

かくしき‐ば・る【格式張る】〔動ラ五(四)〕身分・家柄や礼儀・作法などを重んじる。また、形式を重んじて堅苦しく振る舞う。「―・った披露宴」
(類語)勿体ぶる・澄ます・気取る・しゃれる

かくし‐くぎ【隠し×釘】外から見えないように打った釘。忍び釘。

かくし‐げい【隠し芸】人に知られず身につけていて、宴会の席などの余興として見せる、素人の芸。「―を披露する」(類語)裏芸・余技・余興・座興

かくし‐ご【隠し子】正妻以外の女に産ませた子。世間に隠している子。

かくし‐ごと【隠し事】他人に知られないようにしている事柄。秘事。「親に―をする」
(類語)秘め事・密事・秘密・秘事・暗部・密か事・内証事・秘中の秘・内密・内証・内内・隠密・極秘・厳秘・丸秘・機密・枢密・天機・機事・秘事・秘やか・密やか

かくし‐ことば【隠し言葉|隠し▽詞】特定の社会の中で仲間うちだけで使う言葉。隠語。

かく‐じし【核磁子】原子核や素粒子の磁気モーメントの基本単位。電気素量e、プランク定数h、陽子の静止質量m_pとすると、核磁子μ_Nは、$eh/4\pi m_p=5.051\times10^{-27}$J/T(ジュール/テスラ)となり、電子のボーア磁子の約1850分の1の大きさをもつ。陽子、中性子の磁気モーメントは核磁子を単位として、それぞれ、1、0の値をもつはずだが、実際には陽子の磁気モーメントは核磁子の2.79倍、中性子は－1.91倍となる。これらは陽子や中性子が内部構造をもつために生じる異常磁気モーメントと呼ばれる。核ボーア磁子。

かくし‐しつけ【隠し仕付け】被をおさえるしつけ。布と同色の縫い糸で表にごく小さな針目を出して縫う。着用時にも抜かない。隠し針。

かくし‐だ【隠し田】▶おんでん(隠田)

かくし‐だい【隠し題】和歌・連歌・俳諧で、題の詞を表面に出さないで句の中に詠み込むこと。例えば、「きりぎりす」という題を、「秋は**霧霧す**ぎぬれば雪降りて晴るるまもなき深山辺の里」〈千載・雑下〉とよみこむ類。物名。籠め題。

かくじだい‐てき【画時代的|×劃時代的】〔形動〕「画期的」に同じ。「―な出来事」

かくし‐だて【隠し立て】〔名〕スル 自分のした事・知っている事などを、人に知らせないようにすること。「ことさらに―する」(類語)隠匿・秘匿・隠蔽

がく‐じたて【額仕立て】掛け布団や長着のすそなどの角を、額縁のように仕立てること。鏡仕立て。

かくしだぬき【隠狸】狂言。和泉流。太郎冠者の捕らえた狸を主人が欲しがり、酒を飲ませたり、舞をまわせたりして、そのすきに取り上げる。

かくし‐だま【隠し球】❶野球で、野手が投げたとみせかけて、球を隠しておき、走者が塁を離れたときにタッチアウトにしようとするトリックプレー。❷交渉などで、重要な場面に備えて隠しておく切り札。

かく‐しつ【角質】動物体を保護する角・毛・羽毛・爪・うろこなどの主な構成成分となるたんぱく質。ケラチン。

かく‐しつ【革質】植物の葉などにみられる、革のように硬い性質。また、そのもの。

かく‐しつ【核質】細胞の核をつくっている原形質。核膜に包まれ、核液・染色糸・仁などを含む。

かく‐しつ【確執】〔名〕スル 互いに自分の意見を強く主張して譲らないこと。また、そのために生じる不和。かくしゅう。「兄弟の間の―」(類語)対立・鼎立・孤立

かく‐しつ【▽鶴×膝】❶漢詩の八病の一。五言詩の第1句と第3句の句末に、同一の声調の字を用いること。❷書道で、漢字の縦棒「亅」の下端が鋭くはねたもの。

かく‐じつ【各日】それぞれの日。一日一日。

かく‐じつ【隔日】一日おき。「―勤務」

かく‐じつ【確実】〔名・形動〕たしかで、まちがいのないこと。また、そのさま。「―な情報」「―に成功する」「当選―」(派生)かくじつさ〔名〕(類語)正確・的確・明確・確か・精確・安全・定か・明らか・明白・確・確固・確然・必至・必然・必定・最右翼・本命・有力・鉄板

かくしつ‐か【角質化】〔名〕スル 脊椎動物の表皮の細胞にケラチンが沈着して硬くなること。角化。

かくしつ‐かいめん【角質海綿】角質海綿目の海綿動物の総称。モクヨクカイメンなど。骨格は海綿質繊維からなり、硬い骨片はない。

かく‐じっけん【核実験】原子爆弾・水素爆弾などの核兵器の性能や効果を確かめるために行う実験。原子核実験。

かくじつ‐し【確実視】〔名〕スル 確かにそうなるだろうと思うこと。「与党の過半数割れは―されている」

かくじつ‐せい【確実性】たしかで疑うことができないこと。たしかで、危なげのないこと。また、その度合い。たしかさ。「―に乏しい流言」

かくしつ‐そう【角質層】脊椎動物の表皮の最外層。角質化した死細胞からなり、内部を保護している。角化層。角層。

かくし‐づま【隠し▽夫】「隠し男」に同じ。

かくし‐づま【隠し妻】「隠し女」に同じ。

かく‐して【×斯くして】㊀〔副〕こうして。このようにして。「一日は―終わった」㊁〔接〕前に述べた事柄を受けて、新しい事柄を述べるときに用いる語。このようにして。「―、新しい生活が始まった」

かくじ‐とうはん【隔時登×攀】▶スタカットクライミング

かくし‐どころ【隠し所】❶物を隠しておく場所。秘密の場所。❷陰部。「はだかなる法師の―も打ち出だして」〈今物語〉(類語)(❷)局部・局所・陰部・恥部・性器

かくし‐どり【隠し撮り】〔名〕スル「盗撮」に同じ。

かくし‐な【隠し名】本名を避けて使う別の名前。変名・筆名など。

かくし‐ぬい【隠し縫い】縫い目が外から見えないように縫うこと。

かくし‐ねんぶつ【隠し念仏】東北地方一帯に古くから行われてきた秘事法門の一種。浄土真宗の異安心で、土蔵などに隠れて特殊な法義を伝授するもの。土蔵秘事。御庫法門。秘事法門。

かくし‐ばいじょ【隠し売女】江戸時代、公許の遊郭以外で売春した女。夜鷹・比丘尼など。私娼。かくしばいた。

かくし‐ファイル【隠しファイル】《hidden file》コンピューターのファイルを一覧表示した時、そのままでは表示されないファイルのこと。システムに関するファイルなど、安易に書き換えてはいけないファイルに設定されることが多い。

かくし‐ぶみ【隠し文】❶第三者に知られないよう相手に渡す秘密の手紙。密書。❷匿名の手紙。

かくし‐ぼうちょう【隠し包丁】料理で、食べやすいように、また、早く火が通るよう、材料の裏側に包丁で切れ目を入れること。しのび包丁。

がくし‐ほけん【学資保険】学資の準備のために掛ける保険。教育保険。

かくし‐ボタン【隠しボタン】表面から見えないようにボタンを付けること。また、そのボタン。

かくし‐マイク【隠しマイク】相手に気づかれないようにして使用するマイク。

かくし‐まち【隠し町】私娼の住む一郭。寺の門前などに多くあった。私娼窟。「墓桶を下げて見とれる―」〈柳多留・初〉

かくし‐まど【隠し窓】細い桟をたくさんつけるなどして、外部から室内が見えないように作ってある窓。

かくし‐むすび【隠し結び】髪を結うのに、元結を外から見えないように内側で結ぶこと。「―の浮世髻」〈浮・一代女・一〉

かくし‐めつけ【隠し目付】❶江戸幕府の職名。徒目付・小人目付の中から臨時に任命されて、ひそかに諸藩・大名の動きを調べた。❷こっそり他人の行動を見張る役。「姑の―を勤めて、嫁の挙動は細大洩さず密告する」〈紅葉・二人女房〉

かくし‐もん【隠し紋】正式の家紋ではない、しゃれた替え紋。一説に、衣服の裏につけ、表からかすかに見えるようにした紋ともいう。「三つ重ねたる小袖、皆黒羽二重に裾取りの紅裏、金の―」〈浮・五人女・三〉

かく‐しゃ【各社】それぞれの会社。めいめいの企業。「グループ―との連携」

かく‐しゃ【客車】「きゃくしゃ(客車)」に同じ。「普通の―でも」〈漱石・満韓ところどころ〉

かく‐しゃ【客舎】旅館。宿屋。きゃくしゃ。

かく‐しゃ【覚者】《梵 buddhaの訳。音写は仏陀》仏語。真理を体得した人。

がく‐しゃ【学舎】学問をする所。まなびや。学校。(類語)校舎・教室・学校・学園・学院・学窓・学び舎・学堂・塾・教えの庭・学びの庭・学府・スクール

がく‐しゃ【学者】❶学問の研究を仕事としている人。❷学問のある人。豊富な知識のある人。(類語)学究・碩学

かく‐しゃく【×赫×灼】〔ト・タル〕(文)〔形動タリ〕光り輝いて明るいさま。「突然―たる明光が眩きばかりに両眼を射た」〈木下尚江・良人の自白〉

かく‐しゃく【×矍×鑠】〔ト・タル〕(文)〔形動タリ〕年をとっても丈夫で元気のいいさま。「―たる老人」「老いてなお―としている」(類語)健康・丈夫・無事・健勝・清勝・健やか・壮健・健全・達者・元気・まめ・つつがない・息災・無病息災・強壮・強健・頑健

かく‐しゅ【各種】いろいろの種類。さまざま。諸種。「―取りそろえる」(類語)種種・諸種・多種・多様・多彩・数数・いろいろ・さまざま・いろんな・とりどり

かく‐しゅ【×恪守】〔名〕スル まじめに守り従うこと。遵守。「父の遺志を―する」

かく‐しゅ【核種】原子番号・質量数・エネルギー状態によって特徴づけられる原子核あるいは原子の種類。原子番号が同じで質量数の異なるものを同位体といい、原子番号・質量数が同じでエネルギー状態の異なるものを核異性体という。

かく‐しゅ【確守】〔名〕スル 固く守ること。「命令を―する」

かく‐しゅ【×馘首】〔名〕スル《首を切る意から》雇い主が使用人を辞めさせること。解雇。免職。「会社では、その男を―しようとして」〈葉山・海に生くる人々〉(類語)解雇・首切り・くび・お払い箱・失業・失職・食い上げ・食いはぐれる・あぶれる

かく‐しゅ【▽鶴首】〔名〕スル《鶴のように首を長くのばす意から》物事や時日のやってくるのを今か今かと待ちわびること。「―して吉報を待つ」

かく‐しゅ【×攫取】〔名〕スル つかみ取ること。「忽ち巨万の怪利を―す」〈雪嶺・偽悪醜日本人〉

かく‐じゅ【覚樹】菩提樹の別名。

かく‐じゅ【▽鶴寿】《鶴は千年の寿命を保つといわれるところから》長生き。長命。長寿。

がく‐しゅ【楽手】❶「楽士❷」に同じ。❷旧陸軍軍楽部の下士官。

かく‐しゅう【客愁】旅先でのわびしい思い。旅愁。きゃくしゅう。

かく‐しゅう【隔週】1週間おき。「―発刊」

かく‐しゅう【確執】〔名〕スル「かくしつ(確執)」に同じ。

かく‐じゅう【拡充】〔名〕スル 組織や施設を広げて、充実させること。「工場を―する」(類語)拡大・伸張・伸展・拡張・膨張・展開・成長・発展・伸びる・広がる

がく‐しゅう【学修】〔名〕スル 学問をまなび身につけること。修学。(類語)修学・履修・学ぶ

がく‐しゅう【学習】〔名〕スル ❶学問・技術などをまなびならうこと。「―の手引」「―会」❷学校で系統的・計画的にまなぶこと。「英語を―する」❸人間も含めて動物が、生後に経験を通じて知識や環境に適応する態度・行動などを身につけていくこと。不安や嫌悪など好ましくないものの体得も含まれる。
(類語)研鑽・勤学・研修・研学・修学・修業・修業・修練・習練・稽古・学問・勉強・勉学・学業・復

習・習得・会得・体得・マスター・覚える・学ぶ・つかむ・のみこむ・身に付ける

がくしゅう【岳州】ガクシウ 岳陽の旧称。

がくしゅう-いん【学習院】ガクシフヰン 明治10年(1877)皇族・華族の子弟の教育のために東京に創立された学校。第二次大戦前は、宮内省の管轄。昭和22年(1947)私立学校になり、幼稚園・小学校から大学までを擁している。江戸末期に、公卿(くぎょう)の子弟の教育機関として京都に設置されたのが始まり。

がくしゅういん-じょしだいがく【学習院女子大学】ガクシフヰンヂヨシダイガク 東京都新宿区にある私立大学。学習院女子短期大学として昭和25年(1950)に開学し、平成10年(1998)に改組された。国際文化交流学部の単科大学。

がくしゅういん-だいがく【学習院大学】ガクシフヰンー 東京都豊島区にある私立大学。官立学習院高等科を経て、昭和24年(1949)新制大学として発足。

がくしゅう-かつどう【学習活動】ガクシフクワツドウ 学習を達成するためになされる、児童・生徒の活動。

がくしゅう-かん【学習館】ガクシフクワン 一般に、江戸時代の藩校のこと。特に正徳3年(1713)紀州藩主の徳川吉宗が開創したものが著名。

がくしゅう-かんじ【学習漢字】ガクシフー 常用漢字のうち、義務教育における小学校の期間に学習する1006字の漢字。小学校学習指導要領の「学年別漢字配当表」に、学習する漢字と学年が示されている。教育漢字。➡表

がくしゅう-きのう【学習機能】ガクシフー《learning function》コンピューターのかな漢字変換において、利用頻度の高い漢字変換や文節の区切りなどの優先順位を随時記録し更新する機能。

がくしゅう-きょくせん【学習曲線】ガクシフー 学習の進行過程を表す曲線。横軸に試行数や経過時間、縦軸に正答数や誤り数などをとって記録したもの。ラーニングカーブ。

がくしゅう-ざっし【学習雑誌】ガクシフー 小・中学生を対象として教科学習を中心に各学年別に編集された雑誌。

がくしゅう-さんこうしょ【学習参考書】ガクシフサンカウショ 小・中・高等学校の児童・生徒の自発的な学習に役立てるための図書。参考書。学参。

がくしゅう-しどう【学習指導】ガクシフシダウ 児童・生徒の教科の学習を指導すること。➡生活指導

がくしゅうしどう-あん【学習指導案】ガクシフシダウー ▶教案

がくしゅうしどう-ようりょう【学習指導要領】ガクシフシダウエウリヤウ 小・中・高等学校、特別支援学校を対象に教育課程、教科内容とその取り扱い、基本的指導事項などを示したもの。文部科学大臣が告示し、教科書編集の基準にもなる。指導要領。

がくしゅう-じゅく【学習塾】ガクシフー 学校外で教科の補習や進学準備の学習指導を行う、私設の教育施設。塾。(類語)塾・予備校

がくしゅう-しょうがい【学習障害】ガクシフシヤウガイ 字を書く・読む、話す・聞く、計算することなどのどれかの習得、使用に目立った障害があることをいう。LD(learning disability)。ラーニングディスアビリティー。(補説)平成11年(1999)文部省(現文部科学省)が、「学習障害とは、基本的には全般的な知的発達に遅れはないが、聞く、話す、読む、書く、計算する、または推論する能力のうち特定のものの習得と使用に著しい困難を示す様々な状態を指すものである。学習障害は、その原因として、中枢神経系に何らかの機能障害があると推定されるが、視覚障害、聴覚障害、知的障害、情緒障害などの障害や、環境的な要因が直接の原因となるものではない」と定義している。

がくしゅうせい-むりょくかん【学習性無力感】ガクシフセイー 努力を重ねても望む結果が得られない経験・状況が続いた結果、何をしても無意味だと思うようになり、不快な状態を脱する努力を行わなくなること。米国の心理学者マーティン=セリグマンが1967年に発表した心理学理論。

がくしゅう-たんげん【学習単元】ガクシフー 授業におけ

[学習漢字] 学習漢字と配当学年一覧

■ **1年生…80字**

一右雨円王音下火花貝学気九休玉金空月
犬見五口校左三山子四糸字耳七車手十出女小上森人
水正生青夕石赤千川先早草足村大男竹中虫町天田土
二日入年白八百文木本名目立力林六

■ **2年生…160字**

引羽雲園遠何科夏家歌画回会海絵外角楽
活間丸岩顔汽記帰弓牛魚京強教近兄形計元言原戸古
午後語工公広交光考行高黄合谷国黒今才細作算止市
矢姉思紙寺自時室社弱首秋週春書少場色食心新親図
数西声星晴切雪船線前組走多太体台地池知茶昼長鳥
朝直通弟店点電刀冬当東答頭同道読内南肉馬売買麦
半番父風分聞米歩母方北毎妹万明鳴毛門夜野友用曜
来里理話

■ **3年生…200字**

悪安暗医委意育員院飲運泳駅央横屋温化
荷界開階寒感漢館岸起期客究急級宮球去橋業曲局銀
区苦具君係軽血決研県庫湖向幸港号根祭皿仕死使始
指歯詩次事持式実写者主守取酒受州拾終習集住重宿
所暑助昭消商章勝乗植申身神真深進世整昔全相送想
息速族他打対待代第題炭短談着注柱丁帳調追定庭笛
鉄転都度投豆島湯登等動童農波配倍箱畑発反坂板皮
悲美鼻筆氷表秒病品負部服福物平返勉放味命面問役
薬由油有遊予羊洋葉陽様落流旅両緑礼列練路和

■ **4年生…200字**

愛案以衣位囲胃印英栄塩億加果貨課芽改
械害街各覚完官管関観願希季紀喜旗器機議求泣救給
挙漁共協鏡競極訓軍郡径型景芸欠結建健験固功好候
航康告差菜最材昨札刷殺察参産散残士氏史司試児治
辞失借種周祝順初松笑唱焼象照賞臣信成省清静席積
折節説浅戦選然争倉巣束側続卒孫帯隊達単置仲貯兆
腸低底停的典伝徒努灯堂働特得毒熱念敗梅博飯飛費
必票標不夫付府副粉兵別辺変便包法望牧末満未脈民
無約勇要養浴利陸良料量輪類令冷例歴連老労録

■ **5年生…185字**

圧移因永営衛易益液演応往桜恩可仮価河
過賀快解格確額刊幹慣眼基寄規技義逆久旧居許境均
禁句群経潔件券険検限現減故個護効厚耕鉱構興講混
査再災妻採際在財罪雑酸賛支志枝師資飼示似識質舎
謝授修述術準序招承証条状常情織職制性政勢精製税
責績接設舌絶銭祖素総造像増則測属率損退貸態団断
築張提程適敵統銅導徳独任燃能破犯判版比肥非備俵
評貧布婦富武復複仏編弁保墓報豊防貿暴務夢迷綿輸
余預容略留領

■ **6年生…181字**

異遺域宇映延沿我灰拡革閣割株干巻看簡
危机揮貴疑吸供胸郷勤筋系敬警劇激穴絹権憲源厳己
呼誤后孝皇紅降鋼刻穀骨困砂座済裁策冊蚕至私姿視
詞誌磁射捨尺若樹収宗就衆従縦縮熟純処署諸除将傷
障城蒸針仁垂推寸盛聖誠宣専泉洗染善奏窓創装層操
蔵臓存尊宅担探誕段暖値宙忠著庁頂潮賃痛展討党糖
届難乳認納脳派拝背肺俳班晩否批秘腹奮並陛閉片補
暮宝訪亡忘棒枚幕密盟模訳郵優幼欲翌乱卵覧裏律臨
朗論

る、計画された学習活動のひとまとまり。➡単元
がくしゅう-ちょう【学習帳】児童・生徒の学習を助けるために編集された練習帳。
がくしゅうとうたつど-ちょうさ【学習到達度調査】►ピサ(PISA)
かく-しゅうはすう【角周波数】►角振動数
がくしゅう-りょうほう【学習療法】簡単な計算と音読とを毎日繰り返すことで認知症を予防する手法。認知機能にかかわる脳の前頭前野機能の維持改善に役立つという。商標名。
がくしゅう-りろん【学習理論】学習の原因や仕組みを説明する心理学の理論。学習とは刺激と反応の結合であるとするSR説と、ものの見方の変化であるとする認知説が代表的。
かくしゅ-がっこう【各種学校】学校教育法第一条に定める学校および専修学校以外のもので、学校教育に類する教育を行う施設。地方自治体の長の認可するもので、自動車・和洋裁・美容・料理・珠算などの学校がある。➡専修学校 ➡専門学校
かく-しゅけい【郭守敬】[1231〜1316]中国、元の科学者。順徳邢台(河北省)の人。字は若思。算術・水利に精通し、各地の水利事業に従事。天文観測器を考案・製作して観測を行い、新暦の編纂に加わり、授時暦を完成させた。
がく-じゅつ【学術】❶専門的な研究として行われる学問。原理と応用・技術を含めていう。「―雑誌」❷学問と芸術。(類語)学問・学・学芸・学理・科学・学知
がくじゅつ-かいぎ【学術会議】►日本学術会議
がくじゅつ-だんたい【学術団体】学問の発展・奨励を主な目的に、研究者および援助者が組織する団体。
がくじゅつ-ようご【学術用語】学術研究のために使用する専門用語。テクニカルターム。
かく-じゅん【×恪遵┊×恪循】〔名〕スル つつしんでそれに従うこと。「そが命令に―するよりは他事なかるべし」〈中村訳・自由之理〉
かく-しょ【各所┊各処】あちこち。ここかしこ。
がく-しょ【楽所】❶平安時代、宮中の桂芳坊にあって、雅楽をつかさどった所。天暦2年(948)設置、明治3年(1870)雅楽局に統合。雅楽寮の後身にあたる。がくそ。「院の御賀の―の試みの日参りて」〈源・柏木〉❷雅楽を奏する所。奏楽所。がくそ。
がく-しょ【楽書】中国の音楽書。200巻。宋の陳暘の著。経書中の音楽に関する語の訓釈を行い、律呂の本義・楽章・楽器など音楽一般を論じる。
かく-しょう【各省】❶内閣に統轄されて、それぞれの分担する行政事務を執り行う機関。❷それぞれの省。「関係―で協議する」
かく-しょう【客将】客分である武将・将軍。きゃくしょう。
かく-しょう【郭象】[252ころ〜312]中国、西晋の学者。字は子玄。河内(河南省)の人。清談にたくみで、「荘子」の注を著し、魏晋のころの玄学思想によって道家哲学を顕彰した。
かく-しょう【×膈症】食べ物が通らなくなる病気。胃癌・食道癌などにあたるという。かくのやまい。「天明の初年、―を患へて」〈蘭学事始〉
かく-しょう【確証】たしかな証拠。まちがいのない証拠。「―をつかむ」「―が得られない」(類語)明証・証拠・証・あかし・しるし・証左・証憑・徴憑・徴証・実証・傍証・根拠・よりどころ・裏付け・ねた
かく-しょう【▽鶴×氅】鶴の羽毛で作った衣。つるのけごろも。また、雪の降りかかった衣。
かく-じょう【各条】それぞれの箇条。
かく-じょう【角状】獣の角に似た形。「―突起」
かく-じょう【客情】旅行中の思い。旅ごころ。旅情。客意。きゃくじょう。
がく-しょう【学生】❶律令制で、中央の大学、地方の国学で学ぶ者のこと。また平安時代、諸氏の開いた大学別曹で学ぶ者。学徒。「度々のぼりたる―の男ども」〈宇津保・俊蔭〉❷比叡山・高野山などの諸大寺で、学問修行を専門とする僧。学僧。学侶。「南北二京に、これ程の―あらじものを」〈宇治拾遺・四〉❸学問。学識。「―も人に勝れ、説経も上手なり」〈今昔・二〇・三五〉
がく-しょう【学匠】❶学問にすぐれていること。また、その人。「能書、―、弁説、人にすぐれて」〈徒然・六〇〉❷「学生❷」に同じ。
がく-しょう【楽匠】すぐれた音楽家。
がく-しょう【楽章】ソナタや交響曲などを構成する、完結性を備えた一つ一つの曲。
がく-じょう【岳丈】妻の父。岳父。岳翁。
かくしょう-たい【核小体】►仁❹
かくしょう-だいじん【各省大臣】各省の長官として行政事務を管理する大臣。行政大臣。
かく-しょうれい【郭松齢】[1884〜1925]中国の軍人・政治家。遼寧省瀋陽の人。字は茂宸。陸軍大学卒業後、張作霖の部下となる。作霖を討とうとして失敗し、銃殺された。クオ＝ソンリン。
がく-しょく【学食】《「学生食堂」の略》学生の利用を目的として、大学の構内に設けられた食堂。
がく-しょく【学殖】学問によって身につけた知識。深い学識。「―豊かな人」(類語)学問・教養・知識・蘊蓄・学識・造詣・該博・素養・碩学・篤学・博学・博識・博覧・博覧強記・有識・物知り・生き字引
かく-じょし【格助詞】助詞の種類の一。体言または体言に準ずるものに付いて、それが文中で他の語とどんな関係にあるかを示す助詞。現代語では、「が」「の」「を」「に」「へ」「と」「より」「から」「で」など。古語では、「が」「の」「を」「に」「へ」「と」「より」「から」「にて」など。
かくし-よね【隠し×娼】「隠し売女」に同じ。「清水町の―、百で酒肴もてなし」〈浮・置土産・四〉
かくし-らっかん【隠し落款】画中などに、人目につかないように筆者の名や号を記すこと。また、その署名。
かく-しるい【革×翅類】昆虫綱ハサミムシ目の旧称。ハサミムシ類。
かく-しん【客心】旅情。客思。きゃくしん。
かく-しん【客臣】使者として来た外国の臣。きゃくしん。
かく-しん【革新】〔名〕スル 旧来の制度・組織・方法・習慣などを改めて新しくすること。特に、政治では、現状を改革しようとする立場。「技術―」⇔保守。(類語)刷新・一新
かく-しん【核心】物事の中心となる大切なところ。中核。「―をつく」「事件の―に触れる」(類語)中心・目玉・核・心・基軸・心臓・髄
かく-しん【隔心】打ち解けないこと。相手に気がねする気持ち。隔意。へだてごころ。きゃくしん。
かく-しん【閣臣】国務大臣の旧称。
かく-しん【確信】〔名〕スル 固く信じて疑わないこと。また、固い信念。「勝利を―する」「―をもって言う」
かく-じん【各人】ひとりびとり。めいめいの人。各自。(類語)各自・各位・面面・てんでん・てんでに
がく-しん【学振】「日本学術振興会」の略称。
がく-じん【岳人】山登りに生きる人。登山家。
がく-じん【岳神】❶山の神。❷富士山頂にまつられている浅間神社の神。
がく-じん【楽人】►がくにん(楽人)
かくじん-かくせつ【各人各説】人によって、それぞれ違う説をとなえること。
かくじん-かくよう【各人各様】人によって、それぞれやり方などが違うこと。人さまざま。
かくしん-クラブ【革新倶楽部】大正11年(1922)犬養毅を中心に結成された政党。護憲三派内閣の与党として、普通選挙断行の推進力となった。治安維持法の賛否をめぐって分裂し、同14年、政友会に吸収されて解党。
かくしん-しほう【核心司法】公判前に争点や証拠を絞り、短期間で公訴事実を立証する、刑事裁判の手法。裁判員裁判の手続きがこれにあたる。これに対して、裁判官による刑事裁判は精密司法と呼ばれる。
かくしん-しゅぎ【革新主義】従来の組織・慣習などを変えて新しい方向に進もうとする立場・考え方。特に、20世紀初めの米国において、政治の革新と経済への政府干渉の必要を説いた運動をさす。
かくしん-せいとう【革新政党】現状を不満として、進歩主義的な立場から政治・経済・社会体制の変革を主張する政党。
かくしん-てき【革新的】〔形動〕制度・組織・習慣などを改めて新しくしようとするさま。「―な意見」⇔保守的。
かくしんてき-しきんそうしゅつメカニズム【革新的資金創出メカニズム】►革新的資金メカニズム
かくしんてき-しきんメカニズム【革新的資金メカニズム】国連のミレニアム開発目標の達成に必要な資金を調達するための枠組みの総称。政府開発援助(ODA)を補完し、気候変動・貧困・疫病など地球規模の問題に取り組むための資金を創出・供給する。国際医薬品購入ファシリティー(UNITAID)・予防接種のための国際金融ファシリティー(IFFIm)・航空券連帯税などの取り組みが運営・施行されている。革新的資金創出メカニズム。IFM(Innovative Financing Mechanisms)。
かく-しんどうすう【角振動数】振動数に円周率の2倍を乗じた値。角周波数。円振動数。
かくしん-に【覚信尼】[1224〜1283]鎌倉中期の浄土真宗の尼僧。親鸞の娘。母は恵信尼。父親鸞の没後、京都大谷の地に廟堂を建て、本願寺の基礎を築いた。
かくしん-はん【確信犯】❶道徳的、宗教的または政治的信念に基づき、本人が悪いことでないと確信してなされる犯罪。思想犯・政治犯・国事犯など。❷《❶から転じて》悪いことだとわかっていながら行われた犯罪や行為。また、その行為を行った人。「違法コピーを行っている大多数の利用者が―だといえる」(補説)「時間を聞きちがえて遅れたと言っているが、あれは―だよね」などのように、犯罪というほど重大な行為でない場合にも用いる。❷の意はもともと誤用とされていたが、文化庁が発表した平成14年度「国語に関する世論調査」では50パーセント以上の人が❶ではなく❷の意で用いると回答した。
かく・す【角す】〔動サ変〕❶比べる。「彼は少年なり、安んぞ能く我輩に―・せんや」〈織田訳・花柳春話〉❷競う。争う。「蓋し我と力を―・するものは」〈中村訳・西国立志編〉
かく・す【画す┊×劃す】㊀〔動サ五〕「かく(画)する」(サ変)の五段化。「一線を―・そうとする」(可能)かくせる ㊁〔動サ変〕「かく(画)する」の文語形。
かく・す【隠す】〔動サ五(四)〕❶人の目に触れないようにする。物で覆ったり、しまい込んだりする。「姿を―・す」「両手で顔を―・す」「押し入れに―・す」❷物事を人に知られないようにする。秘密にする。「身分を―・す」「―・さずに事実を話す」「当惑の表情を―・さない」❸死者を葬る。「畝傍山の東北のすみの陵に―・しまつる」〈神武紀〉➡覆う(用法)
(可能)かくせる (類語)遮る・包み隠す・押し隠す
(一句)頭隠して尻隠さず・跡を隠す・色の白いは七難隠す・髪の長きは七難隠す・上手の猫が爪を隠す・爪を隠す・能ある鷹は爪を隠す
隠すより現る 隠そうとすると目立って、かえって外へ知れやすい。
かく・す【嚇す】〔動サ変〕強くしかる。また、おどかす。威嚇する。「屏風岩の屹然として人を―・する如き」〈蘆花・自然と人生〉
かく・す【×馘す】〔動サ変〕首を切る。職を辞めさせる。馘首する。
がく・す【学す】〔動サ変〕勉学する。「七巻の書あり。これを取りて―・するに」〈今昔・一一・五〉
かく-すい【角×錐】一つの多角形を底面とし、その各辺を底辺として平面外の一点と結ぶ三角形を側面とする立体。
かく-すう【画数┊×劃数】漢字を構成する、線や点の数。例えば、「画」は8画、「劃」は14画、「数」は13画。

かく-ずきん【角頭巾】ヅキン「すみずきん」に同じ。

かく-すけ【角助】江戸時代、武家の下男、奴やっこの通称。中間ちゅうげん。角内かくない。「年季の—杖つえひっさげ、露地の中に走り入る」〈浄・鑓の権三〉

かく・する【画する｜劃する】クヮクする〔動サ変〕文くゎく・す〔サ変〕❶線を引く。「俯ふして砂上さじょうに字を—・するものもある」〈魯庵・社会百面相〉❷物事をはっきり分ける。区分する。「一線を—・する」「新時代を—・する事件」❸計画を立てる。企てる。図る。「会社乗っ取りを—・する」類語(❷)分ける・区切る・仕切る

かく-せい【客星】常には見えず、一時的に現れる星。彗星すいせいや新星など。きゃくせい。きゃくしょう。

客星御座ぎょざを犯おか・す　《「後漢書」逸民伝から。「御座」は、天子の位》身分の低い者が、天子の位をねらうこと。客星帝座を犯す。

客星帝座ていざを犯おか・す　「客星御座ぎょざを犯す」に同じ。

かく-せい【革正】〔名〕スル　改めて正しくすること。

かく-せい【覚醒】〔名〕スル ❶目を覚ますこと。目が覚めること。「昏睡状態から—する」❷迷いからさめ、過ちに気づくこと。「魔境から今漸く—した人のような眼を放って」〈漱石・明暗〉類語起きる・目覚める・起床する・目を覚ます・目が覚める・覚める・覚ます・起こす

かく-せい【隔世】時代・世代がへだたっていること。時代が違うこと。かくせ。

かく-せい【廓清】クヮク〔名〕スル　悪いものをすっかり取り除くこと。「宗教—の一新時代はそこから開けて来た」〈藤村・夜明け前〉

かく-せい【鶴声】相手を敬って、その言葉をいう語。多く「御鶴声」の形で手紙に用いられる。

がく-せい【学生】学問をしている人。特に、大学生。類語生徒・学徒・院生・スチューデント

がく-せい【学制】❶学校教育に関する制度。❷明治5年(1872)に制定された日本最初の近代学校教育制度に関する基本法令。同12年教育令の制定により廃止。

がく-せい【学政】❶教育行政。❷中国、清代の官名。省の学務・教育を監督した。提督学政。

がく-せい【楽生】律令制の雅楽寮で、唐楽・高麗楽こまがく・百済楽くだらがく・新羅楽しらぎがくなどを学んだ生徒。

がく-せい【楽聖】きわめてすぐれた音楽家をたたえていう語。「—ベートーベン」

かくせい-いでん【隔世遺伝】ヰデン ❶「先祖返り」に同じ。❷子が祖父または祖母に似ること。親のもつ潜性形質が子の世代で分離して現れる。

がくせい-うんどう【学生運動】学生が主体となって組織的に行う政治的、社会的な運動。

がくせい-かん【学生監】旧制の大学の職員で、学長の命を受けて、学生の生活上の指導・監督を行っていた者。また、その職。

かくせい-き【拡声器】クヮクセイ 音声を拡大する装置。メガホンやラウドスピーカーなど。➡スピーカー

かくせい-こうしん【覚醒亢進】カウシン ▶過覚醒

かくせい-ざい【覚醒剤】強い中枢神経興奮作用をもち、疲労感や眠けがなくなり、思考力や活動力が増す一群の薬物。塩酸メタンフェタミン(ヒロポン)など。習慣性があり、慢性中毒になると幻覚や妄想が現れる。覚醒剤取締法により製造・販売・所持・使用などは規制される。

類語ヒロポン・しゃぶ・スピード・エス・アイス

かくせいざいとりしまり-ほう【覚せい剤取締法｜覚醒剤取締法】ハフ 覚せい剤の用途を医療・学術研究に限定し、乱用を防止するために定められた法律。覚せい剤を取り扱うことができる者を限定し、それ以外の者による輸入・製造・譲渡・譲受・所持・使用などを禁止し、違反行為に対する罰則を定めている。昭和26年(1951)施行。薬物四法の一つ。

がくせいしゃかいかがく-れんごうかい【学生社会科学連合会】ガクセイシヤクワイクワガクレンガフクワイ 大正13年(1924)に成立した大学・高等学校・専門学校学生の社会科学研究会の全国的な連合組織。軍事教練反対、学問の自由と学園の自治のために運動した。昭和4年(1929)解散。学連。

がくせい-そうごうほけん【学生総合保険】サウガフホケン 大学生・高等学校生・各種学校生などを対象に、学生生活における種々の事故などによる損害を担保する保険。死亡・後遺障害・入院の費用・学資費用・他人に対する賠償責任費用などを補償する。

かくせい-の-かん【隔世の感】変化が激しく、まるで世代が変わってしまったような感じ。「—を禁じ得ない」

がくせい-ふく【学生服】学生・生徒が着用する服。特に、男子の黒地や霜降りで詰め襟の服のこと。

がくせい-わりびき【学生割引】学生・生徒に対して、交通機関や劇場などの施設が、その運賃や料金などを特別に割り引くこと。学割。

がく-せき【学績】❶学業の成績。❷学問上の業績。

がく-せき【学籍】児童・生徒・学生として、その学校に登録されている籍。

がくせき-ぼ【学籍簿】学校に在籍する児童の氏名・生年月日・住所・各学年の成績・出欠・身体状況など、教育上必要な事項を記した帳簿。昭和24年(1949)、指導要録と改称。➡指導要録

かく-せつ【確説】たしかな説。根拠のある説。「書毎に異同あるをもて何いずれを—とするを知らず」〈染崎延房・近世紀聞〉

かく-ぜつ【隔絶】〔名〕スル　かけ離れていること。遠くへだたっていること。「社会から—した存在」

類語離れる・隔たる・遠ざかる・遠のく・離隔する・遊離する・乖離かいりする

がく-せつ【学説】研究に基づいて独自にまとめられた学問上の考え。「—を立てる」

がく-せつ【楽節】楽曲構成の基礎をなす、まとまりのある小節群。通常、8または4小節からなる。

かく-せん【角銭】「撫なで角銭」の略。

かく-せん【客船】▶きゃくせん(客船)

かく-ぜん【画然｜劃然】クヮク〔ト・タル〕文〔形動タリ〕区別がはっきりとしているさま。「—とした違い」「—たる区別」類語はっきり・くっきり・ありあり・まざまざ・確しかと・明らか・際きわやか・定か・さやか・鮮やか・明瞭めいりょう・鮮明・分明・顕著・顕然・截然せつぜん・歴然・歴歴・瞭然りょうぜん・亮然りょうぜん・判然

かく-ぜん【廓然】クヮク〔ト・タル〕文〔形動タリ〕心が晴れわたり、わだかまりのないさま。かくねん。「貴い古いにしえの聖者の如く—として大悟しなければならぬ」〈谷崎・神童〉

かく-ぜん【赫然】〔ト・タル〕文〔形動タリ〕❶はげしく怒るさま。「顔色忽ち変じ、—として曰く」〈織田訳・花柳春話〉❷輝くさま。「—たる色の衣を纏い」〈鴎外・舞姫〉

かく-ぜん【確然】〔ト・タル〕文〔形動タリ〕たしかで、はっきりしたさま。確固。「引っ掻いても—たる手答がない」〈漱石・吾輩は猫である〉

類語確か・確実・正確・的確・明確・精確・安全・定か・明らか・明白・確・確固・必至・必然・必定

がく-ぜん【愕然】〔ト・タル〕文〔形動タリ〕非常に驚くさま。「事実を知らされて—とする」

類語驚く・驚き・驚愕きょうがく・驚嘆・喫驚・驚倒・驚天動地・驚異・びっくりする・どきっとする・ぎくっとする・ぎょっとする・たまげる・仰天する・動転する・一驚する・瞠目どうもくする・恐れ入る・あきれる・唖然あぜんとする・呆気あっけにとられる・目を疑う・目を丸くする・目を見張る・息をのむ・肝きもをつぶす・腰を抜かす

かくせん-せき【角閃石】❶ナトリウム・カルシウム・マグネシウム・アルミニウムなどを含み、組成が変化に富む珪酸塩けいさんえん鉱物。単斜晶系または斜方晶系。透閃石・直閃石・緑閃石など多くの種類がある。❷普通角閃石のこと。カルシウム・ナトリウムなどを含む珪酸塩鉱物。緑黒色の長柱状で、横断面は菱形。単斜晶系。火成岩・変成岩の重要な造岩鉱物。ホルンブレンド。

かく-せんりゃく【核戦略】核戦争の勃発を防止し、核抑止力のもとで世界平和を維持しようとする方策。

がく-そ【楽所】「がくしょ(楽所)」に同じ。「—遠くておぼつかなければ」〈源・少女〉

かく-そう【各層】❶いくつか重なっているものの、それぞれ。❷社会を構成する、それぞれの階層、また年齢層。「各界—の意見」

かく-そう【客窓】サウ 旅宿の窓。また、旅館。きゃくそう。

かく-そう【客僧】▶きゃくそう(客僧)

かく-そう【核相】サウ 細胞核内の染色体の構成。1組の染色体をもつ状態を単相といい生殖細胞でみられ、2組のときは複相といい体細胞でみられる。

がく-そう【学窓】サウ 学問をする所。まなびや。学校。「—を巣立つ」類語学校・学園・学院・学舎・学び舎や・学堂・塾・教えの庭・学びの庭・学府・スクール

がく-そう【学僧】❶学問にすぐれた僧。❷修学中の僧。

がく-そう【楽想】サウ 音楽で表現しようとする作曲者の意図。楽曲の主題、また構想。

がく-そう【楽箏】サウ 雅楽器の一。唐から伝わった13弦の箏。筑紫箏つくしごとや生田流・山田流などの俗箏ぞくそうに対していう。太めの弦、竹製の爪(懸け爪づめ)などに特徴がある。

がく-そう【額装】サウ 書画を額に納めたもの。

かくそう-こうたい【核相交代】カクサウカウタイ 生物の生活史に、核相が単相である個体と複相である個体とが交互に現れる現象。シダやコケなどでは世代交代と一致している。核相交番。

がく-そく【学則】それぞれの学校で定めている、組織や学事に関する決まり。

かく-そくど【角速度】物体が回転運動をするときの回転の速さを、単位時間の回転角で表したもの。単位はラジアン毎秒。

かくそくど-いってい【角速度一定】ハードディスクやDVDドライブなどディスク状の記憶装置において、ディスクの回転数(角速度)を一定にすること。CAV (constant angular velocity)。➡線速度一定

がく-そつ【学卒】大学を卒業していること。また、その人。「—の新規採用」

かく-そで【角袖】❶和服で、たもとに丸みをつけないで、角形に仕立てた袖。❷和服のこと。洋服に対していう。❸男性の和服用コート。角袖外套がいとう。❹「角袖巡査」の略。

かくそで-じゅんさ【角袖巡査】明治時代、職務の必要上、制服でなく和服を着ていた私服の巡査。多くは刑事巡査。

かく-た【覚他】仏語。自ら悟った真実の法を説いて、他者を悟らせること。⇔自覚。

かくだ【角田】宮城県南部の市。もと伊達一門の石川氏の城下町で、阿武隈あぶくま川水運の中継地として発達。農業が盛ん。人口3.1万(2010)。

かく-たい【客体】▶きゃくたい(客体)

かく-たい【革帯】牛の革製の帯。男子の朝服用の革帯は黒漆塗りで、銙かとよぶ飾りを並べ連ねているので銙帯かたいともいう。また、銙の材質により金帯きんたい・銀帯・玉帯ぎょくたい・石帯せきたいなどという。かわのおび。

かく-だい【拡大】クヮク〔名〕スル　広げて大きくすること。また、広がって大きくなること。郭大。「勢力の—を図る」「写真を—する」⇔縮小。類語伸張・伸展・発展・拡張・膨張・展開・拡充・増幅・成長・伸びる・広がる

かく-だい【郭大｜廓大】クヮク〔名・形動〕スル ❶広くて大きいこと。また、そのさま。「アリアン種族の頭蓋—にして、前額の秀出せるは」〈雪嶺・真善美日本人〉❷「拡大」に同じ。「著者の志す所は厳君の経籍訪古志を—して」〈鴎外・渋江抽斎〉

がく-たい【楽隊】西洋楽器による合奏隊。

かくだい-かいしゃく【拡大解釈】クヮクダイ〔名〕スル　言葉や文章の意味を、自分に都合のいいように広げて解釈すること。「契約書を勝手に—する」

かくだい-かぞく【拡大家族】クヮクダイ 親と、結婚した子供の家族などが同居する家族形態。拡張家族。

かくだい-きょう【拡大鏡】クヮクダイキャウ 凸レンズを用いて物体を拡大して見る道具。虫めがねやルーペ。

類語虫眼鏡・ルーペ・天眼鏡

かくだい-きんこう【拡大均衡】クヮクダイキンカウ 生産・所得・雇用・貿易などのすべての面で、経済の規模を拡張しつつ、同時に経済のバランスを図ること。

がく-だいこ【楽太鼓】❶雅楽器の一。2本のばちで

打つ扁平な太鼓で釣(つり)太鼓・大太鼓(おおだいこ)・荷(にない)太鼓の3種がある。❷歌舞伎下座音楽に使う扁平な太鼓。❶の音色を模倣したもので、俗に平丸太鼓という。

かくだい-さいせいさん【拡大再生産】(クヮクダイ) 生産物の一部を資本として絶えず蓄積することによって、生産水準を継続的に拡大していくこと。⇒縮小再生産 ⇒単純再生産

かくだい-どくしょき【拡大読書器】(クヮクダイ) 書籍や書類の表面をビデオカメラなどで読み取り、拡大して画面に映し出す機械。弱視者の学習・作業に利用。

かくだ-し【角田市】▶角田

カクタス〖cactus〗❶サボテンの英語名。❷ダリアなどの花形で、花びらが巻き込んで筒状になっているもの。カクタス咲き。

カクタス-ペア〖cactus pear〗ウチワサボテン類の果実。メキシコでは紀元前から食用。果皮や果肉は種類により赤・黄・淡緑色などがある。皮をむき生食のほか、サラダ・ピクルス・ジャム・ゼリーなどにする。

かくだ-ぼんち【角田盆地】宮城県南部に広がる盆地。阿武隈(あぶくま)川下流の沖積平野で、農業や酪農が盛ん。中心は角田市。伊具(いぐ)盆地。

かくた-みつよ【角田光代】[1967〜]小説家。神奈川の生まれ。読みやすい文体で家族や恋愛をテーマにした作品を発表し、若い女性の支持を得る。「対岸の彼女」で直木賞受賞。他に「キッドナップ・ツアー」「空中庭園」「八日目の蟬」など。

かくだゆう-ぶし【角▽太▽夫節】(カクダイフ) 古浄瑠璃の一派。寛文(1661〜1673)のころ、京都で山本角太夫(のちに土佐掾(とさのじょう))が創始。この派から文弥節(ぶんやぶし)が生まれた。土佐節。

かく-たる【確たる】▶確(かく)

かく-たん【×喀×痰】〘名〙(スル) 痰を吐くこと。また、吐いた痰。

かく-だん【格段】〘名・形動〙❶物事の程度の差がはなはだしいこと。また、そのさま。「一年前に比べて—に上達した」「—の相違」❷物事の程度が普通をはなはだしく超えていること。また、そのさま。「この—なる地位に於いても」〈漱石・吾輩は猫である〉⇒格別(かくべつ)〔用法〕

〔類語〕段違い・飛び切り・特別・非常・大変・大層・異常・極度・桁(けた)外れ・桁違い・並み外れ・著しい・甚だしい・すごい・ものすごい・計り知れない・恐ろしい・ひどい・えらい・途方もない・途轍(とてつ)もない・この上ない・筆舌(ひつぜつ)に尽くしがたい・言語に絶する・並並(なみなみ)ならぬ

がく-だん【楽団】音楽を演奏する団体。「管弦—」

〔類語〕オーケストラ・オケ・バンド

がく-だん【楽壇】音楽家の社会。音楽界。

〔類語〕文壇・論壇・詩壇・歌壇・俳壇・画壇・劇壇

かくたん-けんさ【×喀×痰検査】吐き出された痰の性状・成分や微生物などの検査。気管支・肺などの疾患の診断に用いられる。

かく-だんとう【核弾頭】ミサイル・魚雷などの先端に取り付ける核爆発装置。

かくだんねつ-しょうじ【核断熱消磁】(セウジ) 原子核の磁気モーメントを利用した断熱消磁。希釈冷凍による極低温よりも低い、10^{-6}ケルビン程度の超低温領域までの冷却が可能。一般に、銅の原子核のスピンが用いられ、磁場をかけたまま希釈冷凍で冷却し、断熱状態を保ったまま磁場を取り除くことで超低温を実現する。

かく-たんぱくしつ【核×蛋白質】核酸とたんぱく質の複合体。核酸の種類により、デオキシリボ核たんぱく質、リボ核たんぱく質に大別され、たんぱく質は塩基性のものが多い。染色体やリボゾーム、あるいはウイルス体の構成成分として存在。

かく-ち【各地】いろいろな土地。それぞれの地方。「—の名産」「—を巡る」〔類語〕方方・隅隅・諸所

かく-ち【客地】旅先の地。他郷。

かく-ち【覚知】〘名〙(スル) 悟り知ること。「以心伝心の作用によりて、之を—せんと」〈逍遥・小説神髄〉

かく-ち【隔地】隔たった地方。遠く離れた所。

かく-ち【確知】〘名〙(スル) はっきり知ること。「従来有高の—すべからざるを以て」〈神田孝平・明六雑誌二三〉

がく-ち【愕×眙】〘名〙(スル) 驚いて目を見張ること。「全都の人民相(あい)—して」〈竜渓・経国美談〉

かく-ちく【角逐】〘名〙(スル)《「角」はあらそう、「逐」はおいはらう意》互いに争うこと。せりあい。「業界での—」「二つか三つの昇降機がほとんど並んで相—しながら動いている」〈寅彦・蒸発皿〉

〔類語〕対抗・対決・競争・競合・勝負・競(せ)り合い・競技・プレー・競(きそ)う・争う・張り合う・比べる

かくち-しゃ【隔地者】意思伝達を行うのに時間を要する場所・状態にある相手方。⇔対話者。

かく-ちゅう【角柱】❶二つの合同な多角形が平行し、他の面がすべて平行四辺形である多面体。角壔(かくとう)。❷四角い柱。かくばしら。

かく-ちょう【拡張】(クヮクチャウ)〘名〙(スル) 範囲や勢力・規模などを広げて大きくすること。「道路を—する」「軍備—」

〔類語〕伸張・伸展・拡大・膨張・拡充・成長・発展

かく-ちょう【格調】(テウ) 詩歌・文章・演説などの構成や表現から生じる全体の品格。「—の高い文章」

〔類語〕品・品位・品格・風格・気品・沽券(こけん)・気位(きぐらい)

がく-ちょう【学長】(チャウ) 大学の長として校務をつかさどり、所属の教職員を統括する人。〔類語〕総長

がく-ちょう【楽長】(チャウ) ❶もと、宮内省式部職楽部の職員の官職名。現在は宮内庁式部職の楽師の長。二人いて、それぞれ雅楽と洋楽をつかさどる。❷楽団、楽隊の指揮者。

〔類語〕指揮者・コンダクター

かくちょう-いん【拡張員】(クヮクチャウヰン) 戸別訪問をして新聞の購読を勧誘する営業員。新聞拡張員。

かくちょう-カード【拡張カード】(クヮクチャウ) ▶拡張ボード

かくちょう-かいしゃく【拡張解釈】(クヮクチャウ)〘名〙(スル) 法の解釈において、ある用語につき、一般の意味以上に拡張して解釈すること。⇒縮小解釈

かくちょうがた-しんきんしょう【拡張型心筋症】(クヮクチャウガタシンキンシャウ) 心筋症の一。心室の筋肉が薄くなり、心筋の収縮力が極端に低下し、心臓が拡張する。原因は不明。心臓のポンプ機能が低下し、動悸・呼吸困難が見られる。進行すると浮腫・不整脈などが現れ、心不全をもたらす。DCM(dilated cardiomyopathy)。特発性拡張型心筋症は厚生労働省の特定疾患(難病)に指定されている。⇒バチスタ手術

かくちょうき-けつあつ【拡張期血圧】(クヮクチャウ) 心臓が拡張したときの血圧。全身を循環する血液が肺静脈から心臓へ戻った状態で、血圧が最も低くなるため、最低血圧とも呼ばれる。血圧値は血管の硬さ(血管抵抗)と血液量(心拍出量)によって決まる。血液の粘度が高くなったり、血管が硬化したりすると、血液が流れにくくなり、血管壁にかかる圧力が高くなる。拡張期血圧の正常値は60〜90mmHgとされ、90mmHg以上で高血圧と診断される。最小血圧。弛緩期血圧。⇒収縮期血圧

かくちょう-げんじつかん【拡張現実感】(クヮクチャウ)《augmented reality》実世界から得られる知覚情報に、コンピューターで情報を補足したり、センサーによる情報を加えて強調したりする技術の総称。専用のゴーグルや機器などを通して見た現実の風景に、電子情報を重ね合わせて表示するもの。強調現実感。オーグメンテッドリアリティー。AR。現実世界と仮想世界(バーチャルリアリティー)を合わせることから、複合現実感(ミクストリアリティー)ともいう。

かくちょう-し【拡張子】(クヮクチャウ) ウインドウズやUNIXなどのオペレーティングシステムにおいて、ファイル名のピリオド以降に付与される文字列。ファイルの種類を示す。エクステンション。ファイル拡張子。

かくちょう-スロット【拡張スロット】(クヮクチャウ)《expansion slot》コンピューターに機能を追加する拡張ボードなどを格納するために、コンピューター本体に設けられたスペース。

かくちょうそうひだいがた-しんきんしょう【拡張相肥大型心筋症】(クヮクチャウサウヒダイガタシンキンシャウ) 肥大型心筋症から拡張型心筋症に移行する症例。肥大型心筋症で厚くなった心室壁が経過とともに薄くなり、心室が拡張してポンプ機能が低下する。予後は不良で、心臓移植が必要となることがある。DHCM(dilated phase of hypertrophic cardiomyopathy)。

かくちょうたんぽ-とくやく【拡張担保特約】(クヮクチャウタンポ) 火災保険などで、基本契約で除外されている事故による損害を補償するため、約款に定める担保範囲を拡張して個々の契約者の需要に合った保険契約を提供することを目的として設けられた特約の総称。風災および雹災危険担保特約・水災危険担保特約・地震危険担保特約などがある。

かくちょう-は【格調派】(カクテウ) 中国の詩で、盛唐の詩に学んで、格(体裁)と調(声調)の調和した品格の高さを理想とした流派。清の沈徳潜(しんとくせん)が提唱し、明の李夢陽(りぼうよう)・何景明(かけいめい)・李攀竜(りはんりょう)などを正統とした。

かくちょう-ビーエヌきほう【拡張BN記法】(クヮクチャウ…キハフ)《extended Backus-Naur form》コンピューターのプログラミング言語などの構文を定義するために用いられる記述言語の一。BN記法を拡張し、正規表現を採用したものだが、独自の拡張仕様が何種類も存在する。プロトコルやデータ構造の定義にも利用される。拡張BNF。EBNF。

かくちょう-ボード【拡張ボード】(クヮクチャウ)《expansion board》コンピューターに装着して、機能を追加するためのボード。コンピューター本体内の拡張スロットに格納する。増設ボード。拡張カード。

かくちょう-メモリー【拡張メモリー】(クヮクチャウ)《expansion memory》▶メモリーモジュール

かくちょう-メモリー-カード【拡張メモリーカード】(クヮクチャウ)《memory expansion card》▶メモリーモジュール

かくちょう-メモリー-ボード【拡張メモリーボード】(クヮクチャウ)《memory expansion board》▶メモリーモジュール

かく-つう【各通】❶それぞれの書類・書状。❷書状などを各人に1通ずつ送ること。

かく-つう【角通】《「すもう」を「角力」とも書くところから》相撲や相撲界の情報に詳しい人。相撲通。

がく-づか【額▽束】鳥居の上部の横材とその下の貫(ぬき)の中央に入れる束。ここに多くは額を掲げる。額柱(がくばしら)。

がくつ・く〘動カ五(四)〙病気や恐怖で、ひざががくがくする。「—・く足で段梯子を降り」〈秋声・縮図〉

かく-づけ【格付(け)】〘名〙(スル) ❶価値・地位・資格などによって物や人を分類し、段階をつけること。「一流品に—される」❷商品取引所で、標準品に対する他の銘柄の価格差を決めること。❸債券の発行条件を決めるために行われる、発行会社のランクづけのこと。債券の信用度を判断する目安となる。一般的には、格付けが高いほど利回りは低くなる。

かくづけ-がいしゃ【格付(け)会社】(グヮイシャ) 国債や企業の発行する債券の格付けを行い、投資家に投資リスクを判断するための情報を提供する会社。1990年代半ばに米国で始まった。米国のスタンダード-アンド-プアーズ(S&P)社、ムーディーズ社、米英系のフィッチ-レーティングス社などがある。現在では、企業自体の格付けなども行っている。格付け機関。

かくづけ-きかん【格付(け)機関】(クヮン) ▶格付け会社

かくづけ-ひょう【格付(け)表】(ヘウ) 商品取引所で、売買する商品の格付けを一覧表にしたもの。

かぐつち-の-かみ【迦具土神】日本神話で伊弉諾尊(いざなぎのみこと)・伊弉冉尊(いざなみのみこと)の子。火の神。火産霊神(ほむすびのかみ)。軻遇突智(かぐつち)。

かく-づと【角×髱】江戸時代に御殿女中などの間に行われた髪の結い方で、たぼを角形にしたもの。

かく-つば【角×鍔】刀のつばで、角形のもの。

かく-づめ【角爪】琴爪(ことづめ)の一種で、先端が角形で長方形のもの。生田(いくた)流で用いる。

かく-て【×斯くて】㊀〘接〙前に述べた事柄を受けて、あとの事柄が起こり、あるいは、あとの事柄に移っていくことを表す。こうして。このようにして。かくして。

「一一年が過ぎた」㊁〔副〕このような状態で。「水底に生ふる玉藻の生ひ出でずよしこのころは一通はむ」〈万・二七七八〉

かく-てい【角×觝】〔名〕スル《「角」はあらそう、「觝」はふれる意》力比べや相撲をすること。転じて、優劣を争うこと。「演劇を観、一を楽む者と雖も」〈秋水・社会主義神髄〉

かく-てい【画定¦×劃定】クワク〔名〕スル 区切りなどをはっきり決めること。「境界を一する」

かく-てい【客亭】宿屋。旅館。

かく-てい【確定】〔名〕スル はっきりと定まること。また、定めること。「旅行の日程が一する」「目標を一する」「当選一」〘類語〙既定・内定・所定・暫定・未定・予定・固まる・決まる・決定・決まり・本決まり・画定

かくてい-きげん【確定期限】到来する期日の確定している期限。確定期日。

かくていき-ばいばい【確定期売買】契約の目的物の性質または相互の意思からみて、一定の時期に履行されないと契約目的が達せられない売買。葬儀用の花輪、花嫁衣装など。定期売買。

かくていきゅうふがた-きぎょうねんきん【確定給付型企業年金】カクテイキフガタキギョウネンキン 平成14年(2002)施行された確定給付企業年金法に基づいて設けられた企業年金の一種。確定拠出年金とは違い、将来受け取る年金給付額を決めておいて、そこから算出される掛け金を拠出する年金制度。従来の制度である厚生年金基金や適格退職年金において、基金の解散や企業の倒産などによって年金資産を確保できないという状況が生じたため、年金受給権保護を目的として設立。給付額が確定している企業年金としては、これまでにも厚生年金基金があったが、これとは別に二つの枠組みが作られた。(1)労使が合意した規約に基づいて企業が生命保険会社・信託会社などの外部機関と契約、年金資金の管理・運用を任せる形態を**規約型企業年金**という。(2)企業とは別の法人格の基金を設立して、そこで資金を管理・運用する形態を**基金型企業年金**(企業年金基金)という。厚生年金基金とは違い、厚生年金の代行は行わない。確定給付企業年金。確定給付年金。確定給付型年金。➡企業年金連合会 ➡代行返上

かくていきゅうふがた-ねんきん【確定給付型年金】カクテイキフガタ ►確定給付型企業年金

かくていきゅうふきぎょうねんきん-ほう【確定給付企業年金法】カクテイキフキギョウネンキンハフ 確定給付型企業年金制度について定めた法律。平成14年(2002)施行。規約型企業年金および基金型企業年金の加入者・掛け金・運用・給付等について規定する。

かくていきょしゅつ-ねんきん【確定拠出年金】平成13年(2001)に施行された確定拠出年金法に基づいて設けられた私的年金制度の一。確定した掛け金を拠出して、それを資金にした運用収益と掛け金とが給付されるというもので、企業型と個人型とがある。企業型は労使合意のもとで企業が従業員を加入させ、掛け金を企業が拠出するもの。個人型は企業年金制度のないサラリーマンや自営業者が加入し、加入者本人が掛け金を拠出するもので、国民年金基金連合会が主体となって運営している。専業主婦(第3号被保険者)と公務員は加入できない。資金の運用は加入者本人が運用指図を行い、企業型の場合、事業主は従業員に対して投資教育を行う義務がある。老齢給付金、本人死亡によって遺族が受け取る死亡一時金、障害給付金、本人が脱退したときの脱退一時金などが給付される。米国の制度になぞらえ「日本版401k」といわれる。DC(defined contribution plan)。➡企業年金連合会 ➡確定給付型企業年金 ➡401k

かくていきょしゅつねんきん-ほう【確定拠出年金法】ハフ 確定拠出年金制度について定めた法律。平成13年(2001)施行。企業型と個人型の確定拠出年金の加入者・掛け金・運用・給付等について規定する。

かくてい-さいけん【確定債権】破産手続きにおいて、債権調査の日に破産管財人および破産債権者が異議を申し立てないことにより確定する債権。➡破産債権

かくてい-さいばん【確定裁判】上訴提起期間の経過などによって不服申し立てができなくなり、その判決の確定した裁判。

かくてい-じょうけん【確定条件】デウケン 前に述べる事柄がすでに成り立っているものとして、後の事柄に続ける表現形式。「雨が降ったから(ので)…」の類の順接条件と、「雨が降ったが(けれども)…」の類の逆接条件とがある。既定条件。➡仮定条件

かくてい-しんこく【確定申告】所得税・法人税などのように、一定期間内に累積した所得に対して課される租税について、納税義務者が課税期間の終了後、その期間中の課税標準および税額を税務署長に申告すること。

かくてい-ねんきん【確定年金】被保険者の生死にかかわりなく、支払期間があらかじめ確定している年金。年金受取期間中に被保険者が死亡した場合は、残りの期間分が年金または一時金として遺族に支払われる。➡有期年金

かくてい-はんけつ【確定判決】形式的確定力をもつ判決。すなわち、通常の不服申し立て方法による取り消しのできなくなった判決。

かくてい-ひづけ【確定日付】証書が作成された日付について、完全な証拠力があると法律上認められる日付。例えば、公正証書の日付、内容証明郵便の日付など。

かくていりつき-さい【確定利付債】一定の利子が一定期日に支払われることを約束した債券。国債・地方債・金融債・事業債など。確定利付証券。➡変動利付債

かくていりつき-しょうけん【確定利付証券】►確定利付債

かくてい-りょく【確定力】民事・刑事訴訟法上、裁判が確定したことから生ずる法的効力。

カクテキ《朝鮮語》角切りの大根のキムチ。

がく-てき【学的】〔形動〕学問に関する事柄であるさま。学問上の。「一な方法論」「一良心」

かくて-も【×斯くても】〔副〕このようにしても。こんな状態でも。「一あられけるよ、とあはれに見るほどに」〈徒然・一一〉

カクテル〔cocktail〕《「コクテール」とも》❶ウイスキー・ブランデー・ジンなどの洋酒に、果汁・ビタース・シロップ・香料などを加え、氷を入れて混ぜた飲み物。混合酒。❷オードブルの一。果物・野菜・エビ・カニなどをカクテルグラスに盛り合わせ、カクテルソースをかけたもの。❸種類の異なる物がまじり合って渾然一体としているもの。「光と音楽の一」

カクテル-グラス〔cocktail glass〕カクテルを飲むための、逆円錐形で足と台のついたグラス。

カクテル-こうせん【カクテル光線】クワウセン 色や性質の異なる水銀灯・白熱灯・ハロゲン灯などを組み合わせて、昼光色に近い照明効果を出す光線。野球場の夜間照明などに用いる。

カクテル-ソース〔cocktail sauce〕トマトケチャップ・レモン汁・白ワインやワサビダイコンのおろし、タバスコなどを合わせて作ったソース。冷製料理などに用いる。

カクテル-ドレス〔cocktail dress〕カクテルパーティーなどに着る準正式の婦人服。イブニングドレスよりも略式のもの。

カクテル-パーティー〔cocktail party〕カクテルなどの飲み物と軽食を主にした立食形式のパーティー。

カクテルパーティー-げんしょう【カクテルパーティー現象】ゲンシヤウ 周囲の環境のうち、自分に必要な事柄だけを選択して聞き取ったり、見たりする脳の働き。カクテルパーティーの騒音の中で、会話をする相手の声だけを判別できるような選別能力をいう。

カクテル-ラウンジ〔cocktail lounge〕ホテルなどで、バーがあって酒類のサービスが受けられ、泊まり客の休憩室や外来客との社交場として使える場所。

カクテル-りょうほう【カクテル療法】レウハフ 同じ効果を持つ薬を複数、組み合わせて使う治療法。相乗効果で薬の効き目が高まるとともに、一つ一つの薬の使用量が少ないので、副作用が現れにくい。

がく-てん【楽典】楽譜の読み書きに必要な、音符や記号などに関する規則。また、それを記述した書物。

がく-でん【学田】❶「学料田」の略。❷「勧学田」の略。

がく-でん【楽殿】音楽や舞踊を上演する建物。

がく-でん【額殿】►額堂

かく-と【殻斗】ナラ・クヌギ・シイ・クリなどブナ科植物の、実の一部または全部を覆う椀状・まり状のもの。ドングリのお椀、クリのいがなどで、総苞の変形したもの。これをもつ果実を殻斗果、ブナ科を殻斗科ともいった。

かく-ど【角度】❶二つの直線や平面が交わって作る角の大きさ。単位はラジアン・度・分・秒。❷物を見る方向。また、物を考える立場。「一を変えて撮影する」「あらゆる一から検討する」

かく-ど【客土】►きゃくど(客土)

かく-ど【×赫怒】〔名〕スル 激しく怒ること。激怒。「おのれが面に唾せられたるごとくに一する」〈河上肇・ロイド＝ジョージ〉

かく-ど【確度】確かさの度合い。確実さ。「一の高い情報」

がく-と【学徒】❶学問の研究に従事する人。研究者。❷学生と生徒。〘類語〙生徒・学生・在校生・塾生・門下生・門生・弟子・教え子・スチューデント

がく-と【学都】学校、特に大学を中心として成立している都市。学園都市。

がく-と【楽都】音楽が盛んに行われている都市。「一ウィーン」

かく-とう【角灯】ブリキなどで枠を作り、ガラスで四面を囲った灯火。ランタン。

かく-とう【角×壔】タウ ►角柱❶

かく-とう【客冬】前の年の冬。昨冬。旧冬。

かく-とう【格闘¦×挌闘】〔名〕スル ❶組み合ってたたかうこと。とっくみあい。くみうち。「一技」「暴漢と一する」❷困難な物事に一生懸命に取り組むこと。「難問題と一する」〘類語〙決闘・果たし合い・取っ組み合い・掴み合い・組み討ち・出入り・戦う・立ち向かう・抗する・あらがう・抵抗する

かく-とう【確答】タフ〔名〕スル はっきりと答えること。また、たしかな返事。「一を避ける」
〘類語〙明答・即答・速答・ノーコメント

かく-どう【覚道】ダウ 悟りへの道。悟道。「諸仏如来をしては、本地の法楽をまし、一の荘厳をあらたにす」〈正法眼蔵・弁道話〉

がく-とう【学統】学問の伝統。先人からの学問の流れ。「先師の一を受け継ぐ」

がく-とう【学頭】❶学校長。または、首席の教師。「藩の学問所の一をした人の嗣子で」〈啄木・道〉❷一宗の学問の統轄者。奈良時代、各宗に大学頭・小学頭があり、のち延暦寺・園城寺などにも一人置かれた。❸勧学院の職員。学生の中から才学のすぐれた者を任命した。

がく-どう【学堂】ダウ 学問を教える所。学校。「二年程広東省の何とやら云う一の教官をしていたが」〈荷風・ふらんす物語〉〘類語〙学校・学園・学院・学窓・学舎・学び舎・塾・教えの庭・学びの庭・学府・スクール

がく-どう【学童】小学校で学ぶ児童。小学生。
〘類語〙子供・生徒・学生・学徒・在校生・塾生・門下生・門生・弟子・教え子・スチューデント・児童・園児

がく-どう【学道】ダウ 仏道を学び修行すること。また、学問の道。「連歌に限らず、一はただただ人に物を問ひ給へ」〈仮・竹斎・上〉

がく-どう【楽堂】ダウ 聴衆を集めて音楽を演奏するための建物。音楽堂。「一の入口を這入ると」〈漱石・野分〉

がく-どう【額堂】ダウ 神社・仏閣などで、信者の奉納する額や絵馬を掲げておく堂。絵馬殿。額殿。

かくとう-ぎ【格闘技¦×挌闘技】►格技

がくどう-そかい【学童疎開】昭和18年(1943)末

ごろから、第二次大戦の戦局の悪化に伴い、戦禍を避けるために大都市の学童を地方都市や農村に集団的また個人的に移住させたこと。

がくどうだんたい-しょうがいほけん【学童団体傷害保険】ーシヤウガイホケン 学校行事など学校の管理下における事故により、死亡または傷害を負った場合の損害を塡補する保険。小・中学校の学校長またはPTA会長を保険契約者とし、児童・生徒・教職員などを被保険者とする。

がくどう-ほいく【学童保育】両親が勤めに出ている学童を、放課後、保護者に代わって保育すること。放課後児童クラブ・児童クラブなどともいう。

がくどうようじんしゅう【学道用心集】ガクダウヨウジンシフ 鎌倉時代の仏教書。1巻。道元著。天福2年(1234)ごろ成立。参禅修行上の心得を10か条にまとめたもの。永平初祖学道用心集。

がく-とうろう【額灯籠】「額行灯(がくあんどん)」に同じ。

がくと-えんごかい【学徒援護会】ーエンゴクワイ 学生の厚生・援護を目的とした財団法人。第二次大戦中に軍需工場などに動員された学生・生徒の業務上の災害救済や教養指導を行う動員学徒援護会として設立。勤労学徒援護会を経て、昭和22年(1947)、学徒援護会に改称。全国の主要都市に学生相談所・学生会館を設置。学生寮・学生センターの運営、下宿・貸間・アルバイトの斡旋(あっせん)などの事業を行った。平成元年(1989)内外学生センターに改称。同16年、日本育英会・日本国際教育協会・国際学友会・関西国際学友会の事業を整理統合し、独立行政法人日本学生支援機構(JSSO)および財団法人日本国際教育支援協会(JEES)として改組。

かくど-き【ˣ攪土器】表土を掘り起こしたり土を砕いたりするのに用いる農具。また、土砂をかきまぜる装置。

かく-とく【獲得】クワク〔名〕スル 手に入れること。努力して自分のものにすること。「自由を—する」「政権—」(類語)取得・入手・拾得・既得

がく-とく【学徳】学問と徳行。「—を兼ね備える」

かくとく-けいしつ【獲得形質】クワク 生物が1代の間に、環境の影響によって得た形質。学習による能力、形態上の変異などをいう。遺伝するかについて20世紀初めごろ論争があったが、現在は否定される。後天形質。

かくとく-めんえき【獲得免疫】クワク 生後に、感染・予防接種などによって得た免疫。自ら抗体を作る能動免疫と他個体の作った抗体による受動免疫とがある。後天性免疫。⇔自然免疫。

かくど-けい【角度計】角度を測定する器具。測角器。

かく-どけい【角時-計】外側を六角形や八角形などに作った掛け時計。

かくと-した【確とした】〔連語〕▶確(かく)

がくと-しゅつじん【学徒出陣】ーシユツヂン 第二次大戦末期の昭和18年(1943)以降、兵力不足を補うため、それまで26歳までの大学生に認められていた徴兵猶予を文科系学生については停止して、20歳以上の学生を入隊・出征させたこと。

かくど-じょうぎ【角度定規】ーヂヤウギ 工作物などの角度を測定する器具。測定物を挟む2本のアームと、その角度を示す目盛り円盤とからなる。

がくと-どういん【学徒動員】ードウヰン 日中戦争以後、国内の労働力不足を補うために学生・生徒を工場などで強制的に労働させたこと。昭和13年(1938)年間数日の勤労奉仕が実施されて以来、戦況の悪化につれて動員体制が強化され、同19年には通年動員となった。

がくと-へい【学徒兵】学校に籍を置いたまま戦争に動員された兵。

かく-ドミノ【核ドミノ】《「ドミノ」は「ドミノ倒し」の意》ある国が核兵器とミサイル運搬手段を手に入れると、脅威を感じた周辺の国が次々に核武装すること。

かく-ない【角内】近世、武家の下男の通称。角助。やっこ。「鎗(やり)持ち—」〈咄・鹿の子餅〉

かく-ない【郭内｜ˣ廓内】クワク 仕切られた地区の内。城・遊里などの囲いの内。⇔郭外。

かく-ない【閣内】内閣の内部。内閣を構成する諸大臣の範囲内。「—の不統一」⇔閣外。

がく-ない【学内】学校、特に大学の内部。⇔学外。(類語)キャンパス・校内

かく-ながら【ˣ斯くながら】〔連語〕《副詞「かく」＋接続助詞「ながら」》この状態のままで。「—、ともかくもならむを御覧じはてむ」〈源・桐壺〉

かく-なわ【結=果】《「かくのあわ」の音変化。「かく」は香菓、「あわ」は泡緒(あわお)(ひもの名)の意という》❶昔の菓子の名。小麦粉を練って細長いひもが曲がりくねったような形に作り、油で揚げた唐(から)風のもの。かくのあわ。❷《❶がねじれているところから》心があれこれと乱れること。「ゆく水の絶ゆる時なく—に思ひ乱れて」〈古今・雑体〉❸刀やなぎなたを上下左右に振り回すこと。大勢の敵を相手にして勇ましく戦うさまをいう。「蜘蛛手(くもで)、—、十文字、蜻蛉(とんぼ)返へり、水車、八方すかさず斬(き)ったりけり」〈平家・四〉

かく-に【角煮】カツオ・マグロ・豚肉などを角切りにして煮たもの。

かく-にち【隔日】▶かくじつ(隔日)

かくにょ【覚如】[1270〜1351]鎌倉後期の浄土真宗の僧。親鸞(しんらん)の曽孫。大谷廟堂を本願寺と称し、親鸞の孫如信から相続した三代伝持の血脈を説いて教団統一を図った。著「親鸞伝絵」「報恩講式」「口伝鈔」など。

かく-にん【確認】〔名〕スル ❶はっきり認めること。また、そうであることをはっきりたしかめること。「安全を—する」「生存者はまだ—できない」❷特定の事実や法律関係の存否について争いや疑いのあるとき、これを判断・認定する行為。当選者の決定など。(類語)確かめる・裏付ける・認める

がく-にん【学人】仏道に参学し修行する者。「一如何会得せん」〈正法眼蔵・一顆明珠〉

がく-にん【楽人】雅楽を演奏する人。また、その家柄。特に平安中期以後、楽所別当(がくそべっとう)の下にいて、五位・六位に叙されていた家柄。伶人(れいじん)。がくじん。

かくにん-しんようじょう【確認信用状】ーシンヨウジヤウ 信用状の発行銀行の依頼によって、輸出地の銀行などが発行する信用状。もとの信用状によって振り出された手形の引き受け・支払いを、さらに保証するもの。

かくにん-そしょう【確認訴訟】特定の権利または法律関係の存否について争いがあるときに、その存否を確認する判決を求める訴訟。確認の訴え。

かくにん-だんたい【確認団体】公職選挙法上、選挙期間中に、演説会の開催、宣伝車の使用、ポスター掲示、ビラ頒布などで有利な条件を与えられる政党や政治団体。参議院では10名以上の所属候補者を有し、総務大臣から確認書の交付を受けたもの。

かくにん-はんけつ【確認判決】確認訴訟において行われる判決。

カクネス-とう【カクネス塔】ータフ《Kaknästornet》スウェーデンの首都、ストックホルムにあるテレビ塔。高さ155メートル。地上から高さ128メートルのところに展望台があり、ストックホルム市街を一望できる。

かく-ねん【客年】去年。昨年。きゃくねん。

かく-ねん【隔年】1年、間をおくこと。1年おき。「—開催」

かく-ねん【ˣ廓然】クワク〔ト・タル〕文〔形動タリ〕▶かくぜん(廓然)

がく-ねん【学年】❶学校で定めた1年の修学期間。日本では4月から翌年3月までの1年間。❷入学年度を単位とする学生・生徒・児童の段階別の集団。「—別の集会」

かくねん-けつじつ【隔年結実】果樹の結実が多いときと極めて少ないときとを1年ごとに繰り返す現象。ミカン・カキ・クリなどにみられ、果実の発育中に始まる花芽分化のため栄養分が不足し、豊作の翌年は不作になる。隔年結果。

かくねん-サイクル【核燃サイクル】「核燃料サイクル」の略。

がくねんべつ-かんじはいとうひょう【学年別漢字配当表】ーカンジハイタウヘウ 小学校学習指導要領で、児童の学習する漢字を学年別に示した表。平成元年(1989)告示の学習指導要領改訂で、第1学年80字、第2学年160字、第3学年200字、第4学年200字、第5学年185字、第6学年181字の計1006字となっている。➔表「学習漢字」

がくねん-ほうかい【学年崩壊】ーホウクワイ 学級崩壊が学年全体に広がった状態。学級数の少ない学校の場合、学級崩壊がそのまま学年崩壊につながることもある。

かくねん-むしょう【ˣ廓然無▽聖】クワクネンムシヤウ 仏語。「碧巌録」にある言葉で、大悟(だいご)の境地には聖人と凡夫の区別はないということ。

かく-ねんりょう【核燃料】ーネンレウ 原子炉内で核分裂を起こし、エネルギーを発生する物質。天然ウラン中に約0.7パーセント含まれるウラン235と、中性子を照射して作るウラン233・プルトニウム239がある。原子核燃料。

かくねんりょう-サイクル【核燃料サイクル】カクネンレウー ウラン鉱石の採鉱・製錬から、転換・濃縮・加工を経て核燃料として利用し、使用済み核燃料を再処理して、再び使用し、また廃棄するまでの一連の過程。核燃サイクル。原子燃料サイクル。

かくねんりょうサイクル-かいはつきこう【核燃料サイクル開発機構】カクネンレウー 高速増殖炉を中心とした核燃料サイクル技術の開発・実用化を目的に、平成10年(1998)に動力炉・核燃料開発事業団を改組し設立された特殊法人。平成17年(2005)日本原子力研究所と統合し、日本原子力研究開発機構となる。JNC(Japan Nuclear Cycle Development Institute)。

かくねんりょう-さいしょり【核燃料再処理】カクネンレウー 使用済み核燃料から燃え残りのウランや新たに生成したプルトニウムを回収し、放射性廃棄物を貯蔵・処分できるように化学的処理をすること。単に再処理ともいう。

かくねんりょう-しゅうごうたい【核燃料集合体】カクネンレウシフガフタイ ▶燃料集合体

かく-の-あわ【結=果｜香▽菓の泡】▶かくなわ(結果)❶

かく-のう【格納】ーナフ〔名〕スル 物を一定の場所に納め入れること。「航空機を—する」(類語)収める・入れる・仕舞う・仕舞い込む・蔵(ぞう)する・収蔵する・収納する

かくのう-こ【格納庫】カクナフー 航空機などを入れ置いたり整備を行ったりするための建物。

かく-の-かさ【核の傘】核保有国が、その核戦力を背景にして自国および友好国の安全維持をはかること。「—に入る」

かく-の-ごとし【ˣ斯くの▽如し】〔連語〕《副詞「かく」＋格助詞「の」＋比況の助動詞「ごとし」》このようである。「状況は—ごとく楽観を許さない」

かく-の-このみ【▽香の▽菓】《香りのよい果実の意》橘(たちばな)の果実。かくのみ。「多遅摩毛理(たぢまもり)を常世(とこよ)の国に遣はして、時じくの—を求めしめ給ひき」〈記・中〉

かく-の-せんせいふしよう【核の先制不使用】自国や同盟国が核攻撃を受けた場合に限って、核兵器の使用を認める考え方。核軍縮の効果が期待できる一方、宣言した場合には核抑止力が限定され、通常兵器や生物兵器・化学兵器を抑止できないなどの懸念もある。

かくのだて【角館】秋田県仙北市の地名。旧町名。もと佐竹氏支藩蘆名氏の城下町で、屋敷町の景観が残る。樺(かば)細工を特産。➔仙北(せんぼく)

がく-の-どう【楽の堂｜額の堂】ーダウ 昔、戦場で警戒のために番兵の詰めていた小屋。

かく-の-ばんにん【核の番人】「国際原子力機関」の異名。

がく-の-ふね【楽の船】中で音楽を演奏して遊んだ船。「例の—ども漕(こ)ぎめぐりて、唐土(もろこし)、高麗(こま)と尽くしたる舞ども、種々(くさぐさ)多かり」〈源・紅葉賀〉

かく-の-ふゆ【核の冬】全面核戦争の後に起こるとされる全地球的な気温低下現象。都市への核攻撃

による大火災で生じる大量の煤煙ばいえん・粉塵ふんじんで太陽光が遮られ、地表が氷点下の状態になるというもの。
がく-の-ま【額の間】大極殿・紫宸殿ししんでん・清涼殿などの正面の中央の柱と柱との間。ここの上長押うわなげしに、建物の名を書いた額がかけてあることによる。
かく-の-み【▽香の▽菓】「かくのこのみ(香の菓)」に同じ。「非時ときじくの—を求めしむ」〈垂仁紀〉
かく-の-やまい【×膈の病】やまひ「膈症かくしょう」に同じ。〈下学集〉
かく-のり【角乗り】職人などが、水に浮かべた角材に乗って、足で操り動かすこと。また、そのようにしてさまざまな曲芸をして見せること。
かく-は【各派】それぞれの党派・流派。
がく-は【学派】学問上の流派。「陽明—」
がく-は【楽派】音楽史で、ほぼ同じ時代に活動し、様式や構成などに共通性をもつ作曲家の一群。「ロマン—」「ウィーン—」
かく-ばかり【×斯く▽許り】〔連語〕こんなにまで。これほどまでに。「—すべなきものか世の中の道」〈万・八九二〉
かく-はく【郭璞】クワク [276～324]中国、東晋の学者・文人。河東・聞喜(山西省)の人。字あざなは景純。経学・詩文・暦数に通じ、「爾雅じが」「方言」「山海経せんがいきょう」に注をつけた。「遊仙詩」14首は代表作。
かく-ばくだん【核爆弾】核爆発を利用した爆弾。ウランやプルトニウムの核分裂連鎖反応を利用した原子爆弾、水素の核融合を利用した水素爆弾などがある。(補説)汚い爆弾のように、放射性物質に火薬を取り付けて爆発させる仕組みのものは、プルトニウムなどを利用していても核爆弾に含まれない。
かく-ばくはつ【核爆発】核分裂や核融合による爆発。核爆弾に利用される。
かく-ばしら【角柱】❶四角な柱。❷竹の別名。
がく-ばしら【額柱】「額束がくづか」に同じ。
かく-はつ【▽鶴髪】鶴の羽のように真っ白な髪。白髪。しらが。「—を戴ける翁媼の」〈鉄腸・花間鶯〉
かく-ばつ【画伐|×劃伐】クワク 造林で、森林内の一定の区画を定めて樹木を伐採すること。
がく-ばつ【学閥】出身学校あるいは所属学派を同じくする人々によって作られる排他的な集団。
かくはつ-どうがん【▽鶴髪童顔】頭の髪は白いが、顔はつやつやとして若々しいこと。また、そういう人。
かく-ば・る【角張る】〔動ラ五(四)〕❶四角い形をしている。また、かどができてまるみがない。「—・った字」❷しかつめらしくまじめになる。かたくるしくなる。四角ばる。「—・らずに話し合おう」
(類語)尖とがる・出っ張る・尖らす・丸める
かく-はん【各般】いろいろ。さまざま。諸般。「—の事情を探る」
かく-はん【拡販】クワク《「拡大販売」の略》販売数を拡大すること。
かく-はん【隔板】船の積み荷が航行中の動揺で移動するのを防ぐために設ける船倉内の仕切り板。
かく-はん【×攪×拌】〔名〕スル《「こうはん(攪拌)」の慣用読み》かき回すこと。かきまぜること。「卵白を—する」「—機」
かくばん【覚鑁】[1095～1143]平安後期の真言宗の僧。肥前の人。新義真言宗の開祖。また、伝法院流の祖。諡号しごうは興教大師。高野山に大伝法院・密厳院などを建立し、金剛峰寺とともに座主を兼ねたが、一山の反対にあい根来ねごろに移った。著「密厳諸秘釈」など。密厳尊者。
かく-ばん【隔晩】一夜を隔てること。ひと晩おき。
かく-ばん【隔番】交代で見張りをつとめること。また、交代で勤務すること。かわりばん。
(類語)交番・代わり番・輪番・回り番
がく-ばん【額判】「額銀がくぎん」に同じ。
かく-はんのう【核反応】ハンオウ 原子核が、ほかの原子核や粒子との衝突によって、別の種類の原子核に変わること。核分裂・核融合など。原子核反応。
かく-ひ【角皮】▶クチクラ
がく-ひ【学費】学校で教育を受けるためにかかる経費。授業料・教科書代など。学資。「—値上げ」
がく-ひ【岳飛】[1103～1141]中国、南宋の武将。湯陰(河南省)の人。字あざなは鵬挙ほうきょ。北宋末に義勇軍に入り、軍功をあげ、湖北の地で軍閥の巨頭となった。金軍との戦争を主張し、和議派の宰相秦檜しんかいに罪を着せられて獄死。後世、民族的英雄として岳王廟にまつられた。書家としてもすぐれていた。
かく-びき【画引き】クワク 辞書などで、漢字を字画数によって検索できるようにすること。➡音引おんびき
かく-びし【角×菱】かどがたつこと。また、形式ばってわずらわしいこと。「人にすれければ世の中も—なく、高い面つらもせずに付き合ひもよくなり」〈洒・居続借金〉
かく-ひつ【角筆】宮中の読書始めなどに用いる、字をさし示す棒。象牙などで筆の形に作った。また、訓点の記入にも用いられた。字さし。かくひち。
かく-ひつ【×擱筆|閣筆】〔名〕スル 筆を置いて書くことをやめること。文章を書きおえること。「連載小説は今回をもって—することとする」⇔起筆。
(類語)脱稿・絶筆・断筆・休筆
かく-びょう【▽脚病】ビャウ 脚気かっけのこと。「かかる所にて—いたはらむ」〈宇津保・国譲中〉
がく-びわ【楽×琵×琶】ビハ 雅楽器の一。各種の琵琶の中では最も大きく、水平に構えて演奏する。弦は4本。管弦合奏と催馬楽さいばらの伴奏に使う。
かく-びん【角瓶】四角い形のガラス瓶。
かく-ぶ【各部】❶それぞれの部分。「人体—の構造」❷官公庁・会社などの、それぞれの業務上の部門。「—の部長」❸それぞれのクラブ。「—の合宿」
がく-ふ【学府】学問をする人々の集まる所。学校。「最高—」(類語)学校・学園・学院・学窓がくそう・学舎・学び舎や・学堂・塾・教えの庭・学びの庭・スクール
がく-ふ【岳父】妻の父。しゅうと。岳翁がくおう。岳丈がくじょう。
(類語)父・義父・継父けいふ・まま父・養父・舅しゅうと
がく-ふ【楽譜】歌曲または楽曲を、一定の約束に従って、記号を用いて書き表したもの。「—を読む」
(類語)譜・譜面・音譜・総譜・スコア
がく-ぶ【学部】❶大学で、専攻する学問の分野によって大別された教育・研究上の組織。法学部・文学部・理学部・医学部など。❷旧制大学で、予科を併設していた大学の本科。
がく-ぶ【楽部】大正10年(1921)宮内省式部職の雅楽部を改称してできた機関。現在は宮内庁式部職の一部門として残る。
がく-ふう【学風】❶学問上の傾向や特徴。「師の—を受け継ぐ」❷学校の気風。校風。「自由な—」
(類語)校風・スクールカラー
かく-ふうとう【角封筒】《「かくぶうとう」とも》長方形の封筒。角形かくがた封筒。
かくふかくさん-じょうやく【核不拡散条約】カクフクワクサンデウヤク《「核兵器の不拡散に関する条約」の通称》核兵器を保有できる国を米国・ソ連(ロシア)・英国・フランス・中国の5か国に限定し、非核保有国が核兵器を新たに保有することや、保有国が非保有国に核兵器を供与することを禁止する条約。核兵器製造禁止義務の遵守を検証するため、国際原子力機関(IAEA)による保障措置(核査察)の受け入れが義務づけられる。1968年に署名され、70年発効。日本の批准は76年6月。核拡散防止条約。NPT(Non-Proliferation Treaty)。➡表
かく-ふく【拡幅】クワクフク〔名〕スル 道路の幅を広くすること。「国道を—する」
かくふく-せんそう【角福戦争】ーセンサウ 昭和50年代前後に自由民主党内で繰り広げられた、田中角栄と福田赳夫との間の政争。佐藤栄作首相の後継を巡る争いに端を発し、一般に田中派が勝利したとされる。
かく-ぶくろ【格袋】▶はこえ
がくぶ-せい【学部生】❶その学部に在籍する学生。「当校の経済—」❷大学生のこと。大学院生に対していう。
かく-ぶそう【核武装】ーブサウ〔名〕スル 核兵器を装備・配置すること。「—した艦隊」
がく-ぶち【額縁】❶絵・写真・書画・賞状などを入れて壁などに掛けるための枠。がく。❷窓・出入り口などの周囲につける飾りの木枠。❸劇場の舞台の上下左右の区切り。❹掛け布団の表地の周りにつけた額縁のようなへり。

[核不拡散条約] 主な核兵器保有国の核兵器数

国名	戦略核	非戦略核	予備・未配備	合計
ロシア	1800	0	3700	5500
米国	1950	200	2850	5000
フランス	290	該当なし	不明	290
中国	0	不明	180	180
英国	160	該当なし	65	225

注:2012年、FAS(米国科学者連盟)による

がくぶち-ショー【額縁ショー】泰西名画を模した額縁式の舞台セットの中に上半身裸体の女性をポーズをとって立たせたもの。ストリップショーの元祖。昭和22年(1947)1月東京新宿帝都座の「名画アルバム」が始まり。
がくぶち-ぶたい【額縁舞台】プロセニアム-アーチという額縁で囲まれている舞台。円形劇場のような舞台と異なり、舞台空間が固定される。
かくぶつ【杜=夫=魚】魚カマキリの別名。(季冬)「—や流るる蘆に流れ寄り/蝶衣」
かく-ぶつ【格物】《「礼記」大学から》物事の道理を窮めただす意で、理想的な政治を行うための第一段階。以下、致知・誠意・正心・修身・斉家・治国・平天下に至る。
かくぶつ-ちち【格物致知】物の道理を窮め、知的判断力を高める意で、理想的な政治を行うための基本的条件、モットー。(補説)「礼記」大学の「致知在格物」の意味を、朱子は「知を致すは物に格(至)るに在り」と事物の理に至ることと解し、また王陽明は「知を致すは物を格(正)すに在り」と心の不正を去ることと解した。
かく-ぶつりがく【核物理学】原子核の構造・放射能・核反応などを研究する物理学の一分野。実験に加速器など大規模な装置を用いる。原子核物理学。
かく-ぶん【確聞】〔名〕スル はっきりと聞くこと。また、まちがいのないこととして伝え聞いた話。「—するところでは」
かく-ぶんれつ【核分裂】❶ウラン・プルトニウムなどの重い原子核が、中性子などとの衝突によって同程度の質量の2個以上の原子核に分かれる現象。その際に大きなエネルギーを出す。同時に2,3個の中性子も発生するため、連鎖反応を起こす可能性をもつ。原子核分裂。❷細胞分裂のとき、細胞質の分裂に先立ち、核が二つに分かれる現象。通常は有糸分裂の形式をとるが、無糸分裂もある。細胞核分裂。
かく-へい【客兵】他から雇い入れた兵。また、他国から来た支援の兵。
かく-へいき【核兵器】核反応を利用した、強大な破壊力をもつ兵器。ふつう、原子爆弾・水素爆弾などの核爆弾をさす。
かくへいきようかくぶんれつせいぶっしつせいさんきんし-じょうやく【核兵器用核分裂性物質生産禁止条約】ーデウヤク ▶カットオフ条約
かく-べえ【角▽兵▽衛】ーベヱ「角兵衛獅子」の略。
かくべえ-じし【角▽兵▽衛×獅子】カクベヱ ❶「越後獅子えちごじし」に同じ。(季新年)❷歌舞伎の下座音楽で、❶の鳴り物をまねたもの。世話狂言で、町家・店先の幕開きや人物の出入りに用いる。(補説)「角兵衛」は獅子頭作りの名工の名ともいう。
かく-へき【隔壁】❶二つの物を隔てる壁。仕切り。❷船舶で、浸水あるいは積み荷の石油などの漏出を一部にとどめるため、船内を仕切る壁。❸飛行機で、特に客室後部にあって与圧室を区切る半球状の耐圧壁。
かく-べつ【格別|各別】㊀〔名・形動〕❶普通の場合とは程度・事柄が違っていること。また、そのさま。格段の違いがあるさま。特別。「—な(の)努力」「—にひいきする」「冬の夜の鍋の味は—だ」❷それぞれ別であること。また、それぞれ別に行うこと。「野郎ぐるひの太鼓五人、女郎ぐるひの末社五人、—にきはめ」〈浮・敗毒散・三〉㊁〔副〕❶程度のはなはだしいさま。

また、特に他と区別されるさま。特別。とりたてて。「今日は一寒い」「一言うことはない」❷普通とは違う、別の扱いがなされるさま。別として。ともかくとして。「子供なら一、大人の行為としては許せない」

(用法)格別・格段――「この会社の技術力は格別(格段)に優れている」「この店の料理は格別(格段)にうまい」のように相通じて用いられるが、「格別」は他と比べて特にまさっている場合に用い、「格段」は他との違いがかなり大きい場合に用いる、というような意識の違いがある。◆したがって、「格別に変わったこともなかった」のような場合は「格段」を用いないし、「技量に格段の違いがある」では、ふつう「格別」と置き換えられない。◆類似の語に「特別」がある。「今日は特別暑い」「今日は特別変わったこともなかった」など「格別」と同じように用いられるが、「特別にあつらえる」のような場合は、「格別」「格段」を用いない。

(類語)特別・別格・特殊・別

がく-へん【×萼片】花の萼を構成する小片。

かく-ほ【確保】〔名〕スル ❶確実に手に入れること。失わないように、しっかりと保つこと。「人員を一する」❷登山者がロープを使って自分や仲間の転落や滑落を防止すること。ビレー。ジッヘル。

(類語)握る・押さえる・手中に収める・我が物にする

がく-ぼ【岳母】妻の母。しゅうとめ。

かく-ほう【閣法】国会で、内閣が提出した法案のこと。内閣提出法律案。内閣発議立法。政府提案の立法。政府提出法案。➡議員立法

かく-ほう【確報】たしかな知らせ。「一が届く」

かく-ぼう【角帽】男子の大学生の着用する、上部がひし形の帽子。また、転じて、大学生のこと。「一は勢いよく立ち上がり」〈白鳥・一発屋〉

がく-ほう【学報】❶学術上の報告。また、それを載せる文書や雑誌。❷大学の広報紙誌。

がく-ぼう【学帽】学生・生徒のかぶる、学校の制帽。学生帽。

かく-ほうめん【各方面】それぞれの方面。それぞれの分野や立場。「一から協力を得る」

かく-ボーアじし【核ボーア磁子】▶核磁子

がく-ぼく【学僕】師の家や塾などに住み込み、雑用を務めるかたわら学問をする人。「二人共もとは父の家の一であったが」〈荷風・二人妻〉

かくほゆう-こく【核保有国】核兵器を保有している、または、兵器開発を目的とする核実験を行っている国。核不拡散条約に規定される米国・英国・ロシア(旧ソ連)・フランス・中国のほか、インド・パキスタンなどがある。➡核不拡散条約

かく-ぼん【角盆】四角い盆。

かくま・う【▽囲まう｜▽匿う】〔動ワ五(ハ四)〕追われている人などを、人目につかないようにこっそり隠しておく。「犯人を一・う」(類語)囲う

かく-まき【角巻(き)】大きな四角の毛布でできた肩掛け。東北地方の婦人用防寒具。(季 冬)「男見て一の背がふとうごく／楸邨」

かく-まく【角膜】眼球の前面を覆う透明な膜。後方につながる強膜とともに眼球壁をなし、後面は前眼房に接する。

かく-まく【核膜】細胞内にある、核を包み細胞質と境にある膜。小さな孔が多数ある。

かく-まく【隔膜】❶動植物の細胞や組織を区切る膜。娘細胞間に生じる細胞膜、哺乳類の横隔膜など。❷電気分解や透析に用いる、流体の境界を隔てる多孔質の膜。特定の分子を選択的に透過させる。

かくまく-いしょく【角膜移植】角膜が混濁していて視力障害のある人の角膜を切り取って、他の人の透明なものを移植する手術。

かくまくいしょく-ほう【角膜移植法】《「角膜移植に関する法律」の通称》角膜移植術によって視力障害者の視力回復を図るために、死体から眼球を摘出する際に必要な事項を規定した法律。昭和33年(1958)成立。同54年角膜腎臓移植法の成立に伴い廃止。➡臓器移植法

かくまく-えい【角膜×翳】角膜の濁る病気。かすみ目。目星。

かくまく-えん【角膜炎】角膜の炎症。細菌・ウイルスなどの感染、アレルギーなどで起こり、異物感・流涙・痛みなどがみられ、角膜に混濁を生じる。

かくまく-かいよう【角膜潰瘍】角膜に潰瘍ができる病気。細菌やトラコーマの病原体によって起こることが多い。潰瘍が角膜の中央部まで広がると、失明することもある。

かくまく-ぎんこう【角膜銀行】▶アイバンク

かくまく-さいせい【角膜再生】角膜上皮の疾患を治療する再生医療技術。患者本人の角膜や口の粘膜から採取した細胞を培養してシートを作り、患部に移植する。

かくまく-じょうひ【角膜上皮】角膜の表面を構成する細胞層。角膜上皮に障害が生じると、結膜との境界部にある幹細胞から新しい細胞が供給される。

かくまくじんぞういしょく-ほう【角膜腎臓移植法】《「角膜及び腎臓の移植に関する法律」の通称》角膜移植術による視力障害者の視力の回復、および腎臓移植術による腎臓機能障害者に対する腎臓機能の付与を図るために、死体から眼球または腎臓を摘出する際に必要な事項を規定した法律。昭和54年(1979)成立。平成9年(1997)臓器移植法の成立に伴い廃止。

かくまく-すいしゅ【角膜水腫】角膜の中央部が突出する円錐角膜が進行して、角膜の内側の膜が破れ、角膜内に房水が溜まった状態。

かくまくなんか-しょう【角膜軟化症】ビタミンAの欠乏により、角膜が乾燥・混濁して、潰瘍を生じて軟化する病気。失明に至ることがある。

かく-まつじゃく【郭沫若】[1892～1978]中国の文学者・歴史学者・政治家。楽山(四川省)の人。名は開貞。日本に留学中、文筆活動を開始。日中戦争勃発と同時に抗日救国に活躍。中華人民共和国成立後、政務院副総理・中国科学院院長・中日友好協会名誉会長などを歴任。詩集「女神」、戯曲「屈原」、著作「中国古代社会研究」など。クオ＝モールオ。

かく-まで【×斯く×迄】〔副〕これほどまで。こうまで。「一(に)御親切にしていただき」

かく-まれ【×斯くまれ】〔連語〕《「かくもあれ」の音変化》(多く、「とまれかくまれ」の形で)こうであるにしても。「翁、とまれ一申さむとて」〈竹取〉

かくまん-ぶち【覚満淵】群馬県中東部、赤城山の山頂近くにある高層湿原。標高1360メートル、周囲約1キロメートル。大沼・小沼のほぼ中間に位置する。ニッコウキスゲ・ミズバショウなど高山植物が咲く。

かく-ミサイル【核ミサイル】核弾頭を搭載したミサイル。IRBMやICBMなどがある。

かく-みつやく【核密約】▶核持ち込み密約

かく-む【客夢】旅先で見る夢。旅寝の夢。

かく・む【▽囲む】〔動マ四〕かこむ。取り巻く。「鹿じもの弓矢一・みて」〈万・一〇一九〉

がく-む【学務】学校・教育に関する事務一般。

がくむ-いいん【学務委員】戦前、公立小学校の教育事務を担当するために市町村に置いた常設委員。

かく-めい【革命】《「易経」革卦の「湯武命を革め、天に順いて人に応ず」から》❶被支配階級が時の支配階級を倒して政治権力を握り、政治・経済・社会体制を根本的に変革すること。フランス革命・ロシア革命など。❷物事が急激に発展・変革すること。「産業一」「流通一」「其精神の内部の一が丑松には猛烈に起って来て」〈藤村・破戒〉❸古代中国で、天命が改まり、王朝の変わること。❹陰陽道で、辛酉の年のこと。争乱が多いとされて、改元などが行われた。➡三革 (類語)(❶)変革・維新・改新・改革・政変・事変・内乱・反乱・暴動・クーデター・世直し

がく-めい【学名】❶生物などの分類に用いる学問上の世界共通の名称。国際的な命名規約に基づき、属名と種小名による二名法がとられ、ラテン語またはラテン語化した名詞と形容詞で表す。スウェーデンの生物学者リンネに始まる。❷学問上の名声。

がく-めい【額銘】大摺り上げにすると刀の銘が消えてしまうため、茎の銘の部分を短冊形に切り取り、新しい茎にはめこんだもの。短冊銘。

かくめい-か【革命家】革命運動に参加し、その計画実行を推進する人。

かくめい-か【革命歌】革命に参加する人々を鼓舞するための歌。また、革命の過程で生まれてきた歌。

かくめい-じ【革命児】❶革命を起こす人。革命の指導者。❷革命をもたらすような新しい仕事や事業を成し遂げる人。「文壇の一」

かくめい-てき【革命的】〔形動〕❶革命の実現を目ざすさま。「一な思想」❷変化が非常に激しいさま。また、大きな変化をもたらすさま。「一な発明」

かくめい-ひろば【革命広場】㊀《Ploshchad' Revolyutsii》ロシア連邦の首都モスクワの中心部、クレムリンの北側に位置する広場。劇場通りを挟んだ向かい側にボリショイ劇場がある。中央にカール＝マルクスの胸像が置かれている。㊁《Piața Revoluției》ルーマニアの首都ブカレストの中心部にある広場。旧称王宮広場。周辺には旧共産党本部、議会宮殿、アテネ音楽堂、ブカレスト大学図書館がある。1989年、ルーマニア革命の際に銃撃戦が行われた。

かくめい-れき【革命暦】フランス革命の際に、国民公会が制定した暦。共和制を宣言した1792年9月22日を元年元日として、1793年11月から実施。1年を12か月とし、1月を30日、残りの5、6日は祭日とした。月名は、葡萄・霧・霜・雪・雨・風・芽・花・草・収穫・熱・実と命名された。1806年9月廃止。共和暦。

がく-めん【楽面】舞楽に用いる仮面。舞楽面。

がく-めん【額面】❶公債・社債などの券面。❷「額面金額」の略。「一を割る」❸書画の掛け額。また、その表面。

がくめん-かかく【額面価格】▶額面金額

がくめん-かぶ【額面株】会社の定款に一株の金額が定められており、株券に額面金額の記載されている株式。平成13年(2001)に廃止され、すべての株式は無額面株となった。額面株式。

がくめん-きんがく【額面金額】債券や手形など有価証券の券面に記載された金額。額面価格。券面額。フェースバリュー。

がくめん-どおり【額面通り】❶証券・債券・貨幣の表面に記載された金額の通り。❷言葉や物事の表面に現れた意味そのまま。言葉どおり。「話を一に受け取る」

がくめん-はっこう【額面発行】公債・社債などの発行価額を、その額面金額で発行すること。➡時価発行 ➡割引発行

がくめん-ぼしゅうほう【額面募集法】債券を額面金額に等しい価格で募集する方法。平価募集法。

がくめん-われ【額面割れ】公債・社債などの市場価格が額面金額より安くなること。

かくもちこみ-みつやく【核持(ち)込み密約】日米間で交わされた、米軍による日本への核兵器の持ち込みに関する合意・密約のこと。平成21年(2009)9月から同22年3月にかけて外務省の調査チームと有識者委員会がそれぞれ調査・検証を行った。核密約。➡密約問題 ❶昭和35年(1960)の日米安保条約改定時の核持ち込みに関する密約。米国政府は核兵器の所在について否定も肯定もしない(NCND)政策をとる一方、日本政府もあえて核搭載艦の一時寄港を事前協議の対象とするよう正式には求めなかった。その結果、核兵器を搭載した米軍の艦船・航空機が事前協議なしに立ち寄ったとしても、日本側は抗議しないという暗黙の合意が形成された、として、有識者委員会は広義の密約があったと結論づけた。❷昭和47年(1972)の沖縄返還時の核持ち込みに関する密約。➡沖縄返還密約❶

かく-もの【角物】切断面が四角な木材。角材。

がく-もん【学問】〔名〕スル ❶学び習うこと。学校へ通ったり、先生についたり、本を読んだりして、新しい知

識を学習すること。また、身につけた知識。「一のある人」「一する楽しさ」❷理論に基づいて体系づけられた知識と研究方法の総称。学。(補説)中世から近世にかけて「学文」と書くのが一般であり、また、「学門」と書くこともあった。(類語)(❶)学業・勉学・勉強・研鑽・研究・学究・学事・学び（学問から得た知識）学識・学殖・学・蘊蓄・教養・造詣・知識・素養・博識・博学・碩学・篤学・有識・該博・博覧強記/(❷)学・学術・学芸・学理・科学・サイエンス・学知

学問に王道なし 《ユークリッドがプトレマイオス王に答えた言葉》学問をするのに安易な方法はない。だれが学んでも等しく経なければならない過程があるということ。幾何学に王道なし。

がくもん-じょ【学問所】 ❶江戸時代、学問を授けるために設けられた施設。今日の学校にあたる。❷昌平坂学問所のこと。❸学問をする部屋。書斎。「爰は不断の一とて、是に座をなせば」〈浮・五人女・五〉

がくもんじょ-きんばん【学問所勤番】 江戸幕府の職名。昌平坂学問所の事務をつかさどった。林大学頭の支配。寛政10年(1798)創設。

がくもんじょ-ぶぎょう【学問所奉行】 江戸幕府の職名。大名の中から選任され、学政をつかさどった。文久2年(1862)設置、元治元年(1864)廃止。

がくもん-そう【学問僧】 学問に励む僧。特に、外国に留学し仏教を学ぶ僧。

がくもん-てき【学問的】〔形動〕❶学問に関係するさま。「一な問題」❷考え方などが、厳密で客観的なさま。科学的。「一に調べる」

がくもん-の-じゆう【学問の自由】 学問研究・研究成果の発表・討論・教授・学習などに関して、政治・宗教・経済などいっさいの外的権力からの干渉・制限・圧迫を受けることなく、活動しうること。日本国憲法第23条に「学問の自由は、これを保障する」と規定されている。

がくもんのすすめ【学問のすゝめ】 福沢諭吉の論文集。1巻17編。明治5～9年(1872～76)刊。人間の自由平等と独立の思想に基づいた明治啓蒙期の代表的著作。冒頭の「天は人の上に人を造らず人の下に人を造らず」は有名。

がくもん-りょう【学問料】 平安時代、大学寮紀伝道の学生に給与した学資。灯燭料。給料。学料。

がくもん-れんが【学問連歌】 中国や日本の故事・古語を多く用いて詠んだ連歌。知識をひけらかす連歌をあざけっていう。

かくや【覚弥|隔夜】 古漬けを細かく刻んで塩出しし、醤油をかけたもの。江戸時代の初め、徳川家康の料理人岩下覚弥の創始とも、高野山の隔夜堂の歯の弱い老僧のために作られたからともいう。

かく-や【隔夜】 ❶ひと晩おき。❷ひと晩ごと。❸ひと晩ずつ神社仏閣を泊まり歩いて修行すること。隔夜参詣。隔夜詣。「鈍太郎殿は、元結を切って、一におでやったと申したが」〈虎明狂・鈍太郎〉

かぐや 平成19年(2007)9月に種子島宇宙センターからH-ⅡAロケットを使って打ち上げられた日本の月探査機の愛称。正式名称はSELENE(Selenological and Engineering Explorer)。主衛星と「おきな」「おうな」という2機の子衛星からなり、月を周回しながら高性能の機材を使って月全体の重力場の測定や極地に氷があるかどうかなどを調査。同21年6月11日、制御落下により月面に落下し、運用を完了した。衛星の名称は竹取物語に由来。(補説)かぐやは月の起源と進化の解明、将来の月利用のため多様な観測を行い、月の表と裏では重力の分布の傾向が異なり、地殻の形成過程が異なること、月の南極の永久影(一年を通して太陽光が当たらない場所)には水の氷が存在しないこと、月の海と呼ばれる部分の地下構造は玄武岩とレゴリス(月面にある砂)が層状になっていることなどを明らかにした。

がく-や【楽屋】 ❶劇場・寄席などの舞台の裏にあって、出演者が出演の支度をしたり休息したりする部屋。❷物事の裏。内情。内幕。楽屋裏。「奈何だい、商人の一は驚いたもんだろう」〈魯庵・社会百面相〉❸雅楽で、楽人が奏楽する所。

楽屋から火を出す 自分から災難を引き起こす。内部から問題が起こる。

楽屋で声を嗄らす いくらほねをおっても人に認められないことのたとえ。

がくや-いちょう【楽屋銀杏】 ❶江戸時代、歌舞伎役者の髪形。かつらをかぶるのに便利なように、全体をあまり盛り上げずに結ったもの。❷歌舞伎の立役がかぶるかつらの一。主に、口上、後見などに出る者が用いる。❸女性の髪形の一。銀杏返しを普通よりもずっと低く結ったもの。

がくや-いり【楽屋入り】〔名〕スル 俳優などが、出演のため楽屋に入ること。

がくや-うら【楽屋裏】 ❶楽屋の中。楽屋。❷部外者にはあまり知られていない内部事情。内幕。内情。「一を話す」

がくや-おち【楽屋落ち】 ❶芝居や寄席などで、楽屋にいる仲間など特定の人だけにわかって、観客など一般の人にはわからないこと。❷仲間どうしにだけ通じて、他人にはわからないこと。「一のしゃれ」

かく-やく【確約】〔名〕スル はっきりと約束すること。また、その約束。「返済期日を一する」
(類語)約束・誓約・契約・公約・盟約・特約

かく-やく【赫奕】〔ト・タル〕図〔形動タリ〕「かくえき(赫奕)㊀」に同じ。「一たる光彩に包まれて」〈風葉・恋ざめ〉

かくや-しょうにん【隔夜上人】 隔夜道心を敬っていう語。「忠喜阿弥―われもわれもとかかり給へば」〈虎明狂・若市〉

かく-やす【格安】〔名・形動〕値段が普通より特に安いこと。品質に比べて値段の安いこと。また、そのさま。「一な品」(類語)安い・安値・廉価・安価・安め・割安・低廉・安直・安上がり・徳用

かくやす-こうくうがいしゃ【格安航空会社】 低運賃を特徴とする航空会社。機内サービスの有料化、大都市から離れた使用料の安い空港の利用、航空券のインターネット直販などで経費を削減する。ローコストキャリア。LCC(low-cost carrier)。

がくや-すずめ【楽屋雀】 ❶楽屋に出入りして芝居社会の内情に通じている人。芝居通。❷ある社会の内情に通じていて、すぐに話してまわる人。「政界の一」

かくや-どうしん【隔夜道心】 隔夜参詣をして修行する僧。「此の尊い一に鈍太郎といふ名があるものか」〈虎寛狂・鈍太郎〉

がくや-とうどり【楽屋頭取】 太夫元の名代として楽屋のいっさいを取り締まる人。代役や舞台事故の処置、化粧料・日払いの配分などを行い、また観客へのふれ言、閉場の口上などを述べる。頭取。

がくや-とんび【楽屋鳶】 素人で、劇場の楽屋にしょっちゅう出入りしていて、内部の事情にくわしい人。楽屋雀。

がくや-ばなし【楽屋話】《楽屋裏だけで、舞台には出さない話の意から》内輪の話。
(類語)内輪話・秘話・打ち明け話

がくや-ばん【楽屋番】 劇場などの楽屋にいて、役者の世話や諸道具の番をする人。

かぐや-ひめ【かぐや姫】 竹取物語の主人公。竹の中から生まれて、竹取翁夫婦に育てられ、美しく成長する。貴族や帝に求婚されるが、すべて退けて、満月の夜に昇天する。

がくや-ぶぎょう【楽屋奉行】 室町時代の臨時の職。将軍が大名の邸を訪れる際に接待のための諸事を担当した裏方の役。

がくや-ぶろ【楽屋風呂】 劇場の楽屋にある俳優専用の風呂。脂粉で濁るので泥風呂ともいった。

かぐ-やま【香具山|香久山】 ▶天香山

かく-やらい【角矢来】 竹を縦横に組んで、すきまが長方形になるように作った垣。

かく-ゆう【客遊】 ▶きゃくゆう(客遊)

かくゆう【覚猷】［1053～1140］平安後期の天台宗の僧。大納言源隆国の第9子。初名は顕智。園城寺の覚円に師事し、のち、天台座主・大僧正となった。鳥羽離宮内の証金剛院に住したので俗に鳥羽僧正といわれ、画事に堪能。「鳥獣戯画」「信貴山縁起」の作者とされるが確証はない。

がく-ゆう【学友】 ❶同じ学校で一緒に学ぶ友達。❷学問上の友人。(類語)校友

かく-ゆうごう【核融合】 ❶水素などの軽い原子核どうしが高温・高圧・高密度のプラズマ状態で融合し、ヘリウムなどのより重い原子核になる現象。この際に中性子などとともに大きなエネルギーを放出する。高温・高圧・高密度のプラズマ状態で生じる場合は特に熱核融合といい、水素爆弾や太陽など恒星のエネルギーはこれによる。原子核融合。❷生物学で、受精の際に精子の核と卵子の核が合体すること。

かく-よう【各様】 それぞれに違ったようすであること。さまざま。「各人一の意見」

かく-よう【斯く様】〔形動ナリ〕このようなさま。「一にして終に外道負けて」〈今昔・一・九〉

がく-よう【学用】 学習や学問研究に使うこと。また、そのもの。

がく-よう【学庸】 中国の古典「大学」と「中庸」とを合わせていう語。

がくよう【岳陽】 中国湖南省、洞庭湖の北東岸にある河港都市。交通の要地。鉄鋼・機械などの工業、米・茶などの栽培が盛ん。旧称、岳州。ユエヤン。人口、行政区91万(2000)。

がくよう-ひん【学用品】 児童・生徒などの学習に必要な品。学習机や文房具など。

がくよう-ろう【岳陽楼】 中国湖南省岳陽市の城壁の西門楼。唐の開元年間、岳州府長官の張説が才士たちと楼に登って作った詩や杜甫の詩などによって、洞庭湖眺望の絶景地として有名。

かく-よく【鶴翼】 ❶鶴のつばさ。❷兵法で、陣立ての一。鶴がつばさを張った形に兵を配置し、敵を包囲しようとする陣形。

かく-よくし【核抑止】 核報復兵器を保有することによって、他国に核攻撃を思いとどまらせること。

かく-よくしりょく【核抑止力】 核報復兵器を保有することによって、国家間の戦争を思いとどまらせる力。また、他国に核攻撃を思いとどまらせる力。「我が国の安全保障は他国の一に依存している」

かぐら【神-楽】《「かみくら(神座)」の音変化》❶神をまつるために奏する舞楽。宮中の神事芸能で、先行の琴歌神宴などに、石清水八幡などの民間の神遊びを取り込み、平安時代に内侍所御神楽として完成。楽人は左右の本方・末方の座に分かれ、歌い奏し、主要部分では舞を伴う。御神楽。❷諸社、民間の神事芸能で、神を迎え、その御魂を人々の体内にいわいこめる一連の儀礼中に行われる歌舞。採物神楽(出雲流神楽・巫女神楽)・湯立神楽(伊勢流神楽)・獅子神楽など、多くの系統がある。(季 冬)❸能の舞事の一。女神・巫女などが幣束を持って優美に舞う。また、その囃子。笛を主に、大鼓・小鼓・太鼓が特有の神楽の譜で演奏される。❹狂言の舞事の一。また、その囃子。笛と小鼓の囃子で、巫女が鈴と扇を持って舞う。能の神楽とは別の曲。❺歌舞伎下座音楽の一。能管・太鼓・大太鼓ではやす。❸からの流用で、時代物の神社の場面などに用いる。本神楽。

かくら-う【隠らふ】〔連語〕《動詞「かく(隠)る」(四段)の未然形＋反復継続の助動詞「ふ」。上代語》隠れつづける。かくろう。「天の原ふりさけ見れば渡る日の影も一ひ」〈万・三一七〉

かぐら-うた【神-楽歌】 神楽の中でうたう神歌や民謡。特に、宮中の御神楽のものは古く、庭燎・採物・大前張・小前張・星歌・雑歌などからなる。

かぐら-おもて【神-楽面】 神楽を奏する人。また、その人の顔。「酔ひ過ぎにたる一どもの、おのが顔をば知らで」〈源・若菜下〉

かぐら-が-おか【神楽岡】 京都市左京区南部の

吉田山の異称。かぐらおか。

かくら-く【隠らく】《動詞「かく(隠)る」(四段)のク語法》隠れること。「あかねさす日は照らせれどぬばたまの夜渡る月の—惜しも」〈万・一六九〉

かぐら-ざか【神楽坂】東京都新宿区東部の地名。もとは牛込見付から上る坂の名で、花街として知られた。

かぐら-ざさ【神‐楽×笹】《神楽の採物に用いるところから》オカメザサの別名。

かぐら-ざめ【神‐楽×鮫】カグラザメ目カグラザメ科の海水魚。全長8メートルくらい。体は細長い紡錘形で、背面は暗褐色。えらあなは六対ある。卵胎生。温熱帯海域のやや深海底にすむ。食用。

かぐら-し【神‐楽師】里神楽を舞う人。

かぐら-じし【神‐楽×獅子】❶神前で神楽として奉納する獅子舞。❷御神体として獅子頭を奉じて家々を回り、祓・祈祷などを行う獅子舞。

かぐら-すず【神‐楽鈴】神楽を舞うときに用いる鈴。小さい鈴を12個または15個つないで柄をつけたもの。歌舞伎舞踊の三番叟などにも用いる。

かぐら-せん【神‐楽銭】神楽を舞わせた礼として納める金銭。

かぐら-だいこ【神‐楽太鼓】里神楽に用いる大太鼓。

かぐら-づき【神‐楽月】陰暦11月の異称。(季 冬)

かぐら-でん【神‐楽殿】神社の境内に設けた、神楽を奏するための建物。神楽堂。

かぐら-どう【神‐楽堂】❶「神楽殿」に同じ。❷江戸時代の歌舞伎劇場で、観客席の名称の一。桟敷の一部が❶に似るところからの称。❸神楽を舞う巫女。「—逃げた翌日は母が出る」〈柳多留・一〉

かぐら-ぶえ【神‐楽笛】宮廷の御神楽に用いる横笛。歌口のほか六つの指孔があり、七つの指孔の雅楽の横笛(竜笛)より音律がやや低い。大和笛。太笛。

かぐら-みこ【神‐楽巫＝女】神楽を奏する女性。かぐらめ。かぐらひめ。

かぐら-めん【神‐楽面】神楽❷に使う仮面。男神面・女神面などのほか、おかめ・ひょっとこ・天狗・狐などがある。

かく-らん【×霍乱】漢方で、日射病をさした語。また、夏に起きやすい、激しい吐き気・下痢などを伴う急性の病気をいった。「鬼の—」「—と云いける虎列剌に斃され」〈蘆花・不如帰〉(季 夏)「—に町医ひた待つ草家かな/久女」

かく-らん【×撹乱】〔名〕《「こうらん(撹乱)」の慣用読み》かき乱すこと。混乱が起きるようにすること。「情報網を—する」

がく-らん【学らん】詰め襟の学生服の俗称。特に応援団などの着る丈の長い上着、だぶだぶのズボンの学生服をいう。(補説)一説に、江戸時代に洋服を「蘭服」と呼び、学生が着る蘭服の意からという。

かく-り【客×裡｜客裏】❶まだ一寺の住職にならず、寺から寺へと修行して回る僧。行脚僧。❷旅行中であること。〈日葡〉

かく-り【隔離】〔名〕❶へだたること。へだて離すこと。「小さい私と広い世の中とを—している此硝子戸の中へ、時々人が入って来る」〈漱石・硝子戸の中〉❷伝染性の病原体の蔓延を防ぐためなど、他から引き離して接触を避けること。「患者を—する」❸交配の可能な生物集団が、地理的あるいは生理的・遺伝的な条件の違いによって交配ができず、また交配しても次世代ができにくくなり、遺伝子の交流が妨げられる現象。(類語)離す・隔てる・遠ざける・離隔

がく-り【学理】学問上の理論または原理。「—を究める」「—的研究」
(類語)学問・学・学術・学芸・科学・サイエンス・学知

がくり〔副〕物事が急に折れたり、取れたりするさま。また、気力などが急に衰えるさま。がっくり。「ひざが—となる」「—とうなだれた」

かく-りき【▽脚力】飛脚のこと。きゃくりき。きゃくりょく。「西の国より—にて上りける男ありけり」〈今昔・二七・三六〉

がく-りき【学力】「がくりょく(学力)」に同じ。「眠い眼を睡ずして得た—を」〈二葉亭・浮雲〉

かくり-せつ【隔離説】生物の種の分化の原因は地理的な隔離にあるとする学説。19世紀にM＝ワグナーらが主張。

かく-りつ【格率｜格律】❶世間で広く認められている行為の基準。また、それを簡潔に表した言葉。格言。金言。処世訓。❷《Maxime》カント哲学で、行為の普遍的な道徳法則に対して、主観的にのみ妥当する実践的原則(規則)。

かく-りつ【確立】〔名〕制度・組織・計画・思想などを、しっかりと打ち立てること。また、しっかりと定めること。「信頼関係を—する」「方針を—する」(類語)樹立

かく-りつ【確率】《probability》ある事象の起こる可能性の度合い。公算。蓋然率。「—が高い」

がく-りつ【楽律】楽音を音律の高低に従って並べた音列。十二律や平均律など。

かくりつ-かてい【確率過程】時間の経過とともにランダムに変化する事象を、確率変数を用いて数学的に記述したもの。ブラウン運動を数学的にモデル化したウィーナー過程など。株価・為替相場、道路の交通量、都市の人口、感染症の流行など、多様な現象を表現する数理モデルとして利用される。

かくりつ-ごさ【確率誤差】ある測定値と平均値との誤差が、一定数より大きくなる確率と小さくなる確率とが等しくなる値。

かくりつ-し【確率紙】縦軸に関数尺を、横軸に目盛りを入れた方眼紙。累積度数分布の検討に用い、直線に近い形が描かれれば、だいたい正規分布である。

かくりつ-の-かほうていり【確率の加法定理】事象Aまたは事象Bが起こる確率$P(A \cup B)$は、Aが起こる確率$P(A)$とBが起こる確率$P(B)$の和から、AとBがともに起こる確率$P(A \cap B)$を引いたもので、$P(A \cup B)=P(A)+P(B)-P(A \cap B)$という式で表される。$A$と$B$が排反事象の場合は、$A$が起こる確率と$B$が起こる確率の和で求められ、$P(A \cup B)=P(A)+P(B)$という式で表される。確率の和の法則。➡確率の乗法定理

かくりつ-の-じょうほうていり【確率の乗法定理】事象Aが起こり、続いて事象Bが起こる確率Pは、Aが起こる確率と、Aが起こったという条件のもとでBが起こる確率の積で求められる。これは、$P(A \cap B)=P(A)P(B|A)$という式で表される。例えば、Aと書かれたカードが2枚、Bと書かれたカードが3枚ある場合、1回目にAのカードを引き、残りの4枚の中から2回目にBのカードを引く確率は、2/5×3/4=3/10となる。ただし、AとBが互いに独立した事象である場合は、Aが起こる確率とBが起こる確率の積で求められる。これは、$P(A \cap B)=P(A)P(B)$という式で表される。例えば、Aと書かれたカードが2枚、Bと書かれたカードが3枚ある場合、1回目にAのカードを引いて元に戻し、2回目に5枚の中からBのカードを引く確率は、2/5×3/5=6/25となる。確率の積の法則。確率の乗法公式。

かくりつ-の-せきのほうそく【確率の積の法則】▶確率の乗法定理

かくりつ-の-わのほうそく【確率の和の法則】▶確率の加法定理

かくりつ-びぶんほうていしき【確率微分方程式】時間の経過とともにランダムに変動する量(確率過程)を扱う微分方程式。ブラウン運動における粒子の運動の記述、金融工学分野の株価やデリバティブの価格付けなどに用いられる。

かくりつ-ぶんぷ【確率分布】確率変数のとる値に対し、その値をとる確率の分布状態。

かくりつ-へんすう【確率変数】試行ごとにある確率をもって定まる量。二つのさいころを振る試行で出た目の和のような量。

かくりつ-よほう【確率予報】予想した天気の状態がどのくらいの確率で現れるかの予報。現在は、降水確率予報が行われている。

かくりつ-ろん【確率論】偶然事象に関して、その起こる確率の理論と応用を研究する数学の一部門。公算論。

かくり-びょうしゃ【隔離病舎】伝染病予防法の規定により、感染症患者を収容するために、他の病舎から離して治療していた病舎。隔離病棟。(補説)平成11年(1999)感染症予防法の施行に伴い伝染病予防法が廃止され、隔離病舎も廃止された。現在では感染症予防法で分類される特定の感染症患者は、厚生労働大臣などが指定する感染症指定医療機関に入院することとなっている。

かく-りょ【客旅】❶たび。「北越の—に追分の曲を聞いて泣きぬ」〈蘆花・自然と人生〉❷たびびと。
(類語)旅行・旅・遠出・行旅・羇旅・旅路・道中・旅歩き・トラベル・ツアー・トリップ・周遊

かくり-よ【隠り世】死者が行く世。あの世。「墓地は現つの露の原、また、—の苔の土」〈白秋・墓地〉

がく-りょ【学侶】❶学問上の友人。学友。❷仏法を専修する僧。また、師匠の資格のある僧。❸高野三方の一で、密教を専修する僧。学侶方。また、比叡山の学匠をもいう。「合戦度々に及ぶ。毎度に—うちおとされて」〈平家・二〉

かく-りょう【閣僚】内閣を構成する各大臣。

かく-りょう【×廓×寥】〔ト・タル〕図〔形動タリ〕ひろびろとして寂しいさま。また、もの寂しいさま。「—とした深夜の気配が」〈梶井・冬の蠅〉

がく-りょう【学料】「学問料」に同じ。

がく-りょう【学寮】❶学校の寄宿舎。❷寺院で、僧を寄宿させて修学させる所。学林。
(類語)寄宿舎・寮・宿舎・社宅・飯場

かくりょう-いいんかい【閣僚委員会】重要な政策課題について、閣議に諮る前に、首相を含む関係閣僚が協議し、総合調整を行う場。「地球温暖化問題に関する閣僚委員会」「防衛力整備に関する閣僚委員会」など、政策課題ごとに設けられる。少数の閣僚が実質的な議論を行い、政治主導の意思決定を図る。閣僚委員会の設置以前は、事務次官等会議により閣議前日に調整が行われていた。英国の閣内委員会(Cabinet Committee)を参考に、平成21年(2009)9月に成立した民主党連立政権下で導入された。

がくりょう-でん【学料田】平安時代、大学寮その他の学生の勧学料として支給された田。勧学田。学田。

かく-りょく【角力】❶力を比べること。❷相撲。

かく-りょく【核力】原子核内で、陽子と中性子を固く結びつけている力。陽子と中性子が接近した時に働き、中間子によって媒介される。

がく-りょく【学力】学習して得た知識と能力。特に、学校教育を通して身につけた能力。「高等学校卒業程度の—」

がくりょく-けんさ【学力検査】学習を通じて形成された能力を測定・評価する検査。学力テスト。

がくりょく-テスト【学力テスト】「学力検査」に同じ。

かく-りん【獲×麟】《麟は麒麟。孔子が、その著「春秋」の「西に狩りして麟を獲たり」の句で筆を絶って死んだところから》❶絶筆。または、物事の終わり。❷臨終。

かく-りん【▽鶴林】《釈迦入滅を悲しんだ沙羅双樹が枯れて鶴のように白くなったという伝説から》沙羅双樹の林。転じて、釈迦の入滅。「鷲嶺に月かくれ、—に煙つきて」〈著聞集・二〉

がく-りん【学林】❶寺院で僧侶が学問を学ぶ所。❷学問をする所。学校・塾などの名称に用いられる。

かくりん-ぎょくろ【鶴林玉露】中国の随筆集。南宋の羅大経著。1248〜52年成立。天・地・人の3部からなり、詩や文学の批評を中心に逸話・見聞を収録。

かくりん-じ【鶴林寺】兵庫県加古川市にある天台宗の寺。山号は刀田山。秦河勝が聖徳太子の命で建立したと伝えられ、平安中期ごろの創建。もと、法相・三論兼宗。本堂・太子堂は国宝。刀田の

太子。

かく・る【隠る】㊀〔動ラ四〕《上代語。下二段活用よりも古い》隠れる。「山高み夕日—・りぬ浅茅原後見むために標しめ結はましを」〈万・一三四二〉㊁〔動ラ下二〕「かくれる」の文語形。

カクルック-どうくつ【カクルック洞窟】《Kakldık Mağarası》トルコ南西部の都市デニズリの東約30キロにある鍾乳洞。2000年に発見。洞窟内には近郊のパムッカレと同じような石灰華の段丘が見られる。

かくれ【隠れ】❶人に知られないでいること。「遂には—あるまじければ」〈平家・一〇〉❷ほかから見えない所。物陰。「物の—よりしばし見ゐたるに」〈徒然・三二〉❸尻。「—に在るをば黒雷ほのいかづちといふ」〈神代紀・上〉

隠れもな・い　広く世間に知れ渡っている。有名である。「法を侵しているのは—・い事実」

かくれ-あそび【隠れ遊び】❶人に隠れて遊興すること。「おとといから廓なかへ引けこんで—をしているということを」〈魯文・西洋道中膝栗毛〉❷「隠れん坊」に同じ。「昔せし—になりなばや片隅もとに寄り伏せりつつ」〈聞書集〉

かく-れい【革令】陰陽道おんようどうで、甲子かっしの年のこと。争乱が多いとして改元などが行われた。➡三革

かく-れい【格例】❶しきたり。慣例。❷規則。格式。

かく-れい【閣令】明治憲法下で、内閣総理大臣が発した内閣の命令。

かく-れい【▽鶴×唳】鶴が鳴くこと。また、その声。「風声—」

がく-れい【学齢】❶義務教育を受けるべき年齢。日本では現在、満6歳から15歳まで。❷小学校に入学すべき年齢。「—に達する」

がくれい-じどう【学齢児童】小学校で学ぶ義務のある者。

がくれい-じんこう【学齢人口】学齢にある児童・生徒の総数。

がくれい-せいと【学齢生徒】中学校で学ぶ義務のある者。

がくれい-ぼ【学齢簿】学齢児童・生徒および次年度に就学すべき者に関して、市町村および特別区の教育委員会が作成を義務づけられている帳簿。

かくれ-いわ【隠れ岩】〘ーいは〙水中に隠れていて、見えない岩。暗礁。

かくれ-うお【隠れ魚】〘ーうを〙タラ目カクレウオ科の海水魚。全長約15センチ、体は細長くて側扁し、尾端はとがる。うろこ・腹びれを欠き、肛門はのどの部分に開く。体色は淡灰色。フジナマコや大形のヒトデの腸内に隠れすむ習性がある。本州中部以南に分布。

かくれ-おに【隠れ鬼】「隠れん坊」に同じ。

かくれ-が【隠れ家｜隠れ▽処】❶人目を避けて隠れている場所。また、隠れ住む家。❷(隠れ処)表立たない所。陰にあって見えない所。かげ。「御方は—の御後見にて」〈源・若菜下〉

かくれ-がに【隠れ×蟹】十脚目カクレガニ科のカニの総称。甲はほぼ円形で、雌は甲幅約1センチ、雄はその半分以下。体は乳白色で柔らかい。ハマグリ・カキなど二枚貝の外套腔がいとうこう内に寄生する。オオシロピンノ・クロピンノ・カギツメピンノなど。〈季 夏〉

がく-れき【学歴】学業に関する経歴。「—が高い」「—偏重社会」〈類語〉履歴・経歴・前歴・略歴・職歴

かくれき-がん【角×礫岩】破砕されたばかりの角ばっている礫からなる礫岩。角稜岩かくりょうがん。

がくれき-しゃかい【学歴社会】〘ーシヤクワイ〙学歴によって社会的地位や評価などが定まる社会。

かくれ-キリシタン【隠れキリシタン】江戸幕府のキリシタン禁令下でキリスト教信仰を続けた信者。現在もなお、長崎県の五島・浦上などに潜伏時代の信仰習俗を保っている。

かくれ-ご【隠れ子】「隠れん坊」に同じ。〈日葡〉

かくれ-ごと【隠れ事】❶人に気づかれないように、こっそりする物事。かくしごと。❷「隠れん坊」に同じ。

かくれ-ざと【隠れ里】❶人目を避けた人たちがひそかに住む村里。❷人里遠く離れた所にあるという理想郷。❸江戸時代、公認されない遊里。岡場所。

かくれ-た【隠れた】〔連語〕《動詞「かく(隠)れる」の連用形＋完了の助動詞「た」》「隠れる❹」に同じ。「—才能」

かくれ-づま【隠れ▽夫】人に知られないようにもつ夫。みそかお。「をとめごがあはせ衣の—薄き契りに恨みわびつつ」〈夫木・三五〉

かくれ-づま【隠れ妻】人に知られないようにもつ妻。かくしづま。「色に出でて恋ひば人みて知りぬべみ心の内の—はも」〈古今六帖・五〉

かくれ-どころ【隠れ所】❶隠れひそむ所。かくれが。「—の山といへども、さながら花の都なれば」〈謡・西行桜〉❷陰部。かくしどころ。「水をうけて—をなん洗ひ給ふ事」〈撰集抄・三〉

かくれ-な・い【隠れ無い】〔形〕〘文〙かくれな・し〔ク〕❶隠しようがなく表れている。それとはっきり分かっている。「真まことから飛んだ事を云ってしまったとの後悔が、—・く顔にあらわれる」〈左千夫・隣の嫁〉❷残らず表れている。残すところがない。「所のさま、おぼつかなき浦々磯の、—・く描きあらはし給へり」〈源・絵合〉❸世間に知れ渡っている。有名である。かくれもない。「忍ぶとも、世にあること—・くて」〈源・夕顔〉

かくれ-ぬ【隠れ▽沼】《隠こもり沼ぬを誤読して出来た語か》草などに覆われてよく見えない沼。こもりぬ。「人づてにしらせてしがな—のみごもりにのみ恋ひやわたらむ」〈新古今・恋一〉

かくれ-ねんぶつ【隠れ念仏】禁令に反して秘かに浄土真宗(一向宗)の信仰を守った信者。また、その集団。薩摩藩では慶長2年(1597)から明治9年(1876)まで続き、信者は厳しく弾圧されたという。禁教の理由として、一向一揆にみられる信者の結束の強さ、身分制度を否定する教義などが考えられている。隠れ門徒。

かくれ-ば【隠れ場】隠れる場所。隠れ場所。

かくれ-ひまん【隠れ肥満】体重は正常だが、体脂肪率が、男性で25パーセント以上、女性で30パーセント以上である状態。

かくれ-みの【隠れ×蓑】❶着ると姿を隠すことができるという蓑。鬼や天狗の持ち物とされる。❷実体を隠すための手段。「税金逃れの—に別名義の会社を作る」❸ウコギ科の常緑小高木。沿岸地に自生。葉は互生し、厚く光沢があり、卵形で若木では五つに裂けているものが多い。夏、淡黄色の小花をつけ、実は黒く熟す。関東以南に分布。樹液を黄漆といい、家具塗料に用いる。〈類語〉口実・名目

かくれ-メタボ【隠れメタボ】メタボ検診(特定健康診査・特定保健指導)において、腹囲や体型が基準値内であるにもかかわらず、血液検査などで異常値が出る状態。➡メタボリックシンドローム

かくれ-もんと【隠れ門徒】►隠れ念仏

かく・れる【隠れる】〔動ラ下一〕〘文〙かく・る〔ラ下二〕❶物の陰になったり、さえぎられたりして見えなくなる。「月が雲間に—・れる」❷身を人目につかないようにする。「物陰に—・れる」「親に—・れてたばこを吸う」❸表面・外部から見えないところに存在する。ひそむ。「事件の裏に—・れた謎がある」❹(ふつう、「隠れた」の形で)世間に名前や力が知られないでいる。また、官職につかないで民間にいる。「—・れた人材を発掘する」「—・れた功績」❺世をのがれて、ひそむ。隠遁いんとんする。「山に—・れる」❻高貴な人が死ぬ。現代ではふつう「お隠れになる」の形を使う。「後二条関白殿…御年三十八にて遂に—・れさせ給ひぬ」〈平家・一〉➡おかくれ

〈類語〉(❶)紛まぎれる・没する/(❷)潜ひそむ・忍しのぶ・伏ふす・潜もぐる・紛まぎれる・紛れ込む・逃げ込む・潜伏せんぷくする・隠伏する・韜晦とうかいする・身を隠す・身を潜ひそめる・人目を盗む/(❸)潜ひそむ・伏在する・潜在する

隠れたるより見あらわるるはなし　《「礼記」中庸から》❶人に隠れて悪事をして、だれも知らないと思うのは誤りで、自分が知っているのだから、これ以上明らかなことはない。❷秘密はかえって世間に知られやすい。隠すより現る。

隠れての信は顕あらわれての徳　心の中に秘めた信仰にも、利益りやくが必ずあらわれてくる。また、人に知られない善行にも、必ずよい報いがある。隠れたる信あらば顕れたる験しるし。

がく-れん【学連】「学生社会科学連合会」の略。

かく-れんじ【角連子｜角×櫺子】菱形または方形の連子子れんじこをつけた連子。

がくれん-じけん【学連事件】大正14年(1925)京都で、学連の指導的メンバーが治安維持法違反・不敬罪などの理由で検挙された事件。翌年にかけて全国的規模で大学教授も含めた検挙が行われた。

かくれん-ぼう【隠れん坊】〘ーバウ〙子供の遊びで、鬼を一人定め、他の者が物陰に隠れているのを鬼が捜し出し、最初に見つけられたものを次回の鬼とするもの。隠れ鬼。かくれんぼ。

かくれん-ぼつぼつ【赫連勃勃】[381〜425]中国、五胡十六国の夏かの世祖。匈奴きょうどの出身で、407年、後秦こうしんから独立してオルドス地方に建国、国号を大夏とした。のち、長安を占領して北魏ほくぎと対立した。

か-ぐろ・い【か黒い】〔形〕〘文〙かぐろ・し〔ク〕くろぐろとしている。くろい。「帽子から—・い髪がのぞく」

かく-ろう【客×臘】〘―ラフ〙《客年の臘月の意》去年の12月。旧臘。

かく-ろう【閣老】〘―ラウ〙江戸幕府の役職、老中の異称。

かくろ・う【隠ろふ】〘かくろふ〙《連語「かくらう」の音変化》㊀〔動ハ四〕隠れている。「昨日今日雲のたちまひ—・ふは花の林を憂しとなりけり」〈伊勢・六七〉㊁〔動ハ下二〕❶㊀に同じ。「いとどうち忍び—・へ給ひしほど」〈夜の寝覚・五〉❷表立たないでいる。「さだ過ぎぬるを功にてぞ—・ふる」〈紫式部日記〉

かくろえ【隠ろへ】〘かくろへ〙《動詞「かくろう」(下二)の連用形から》❶隠れるのに適したものかげ。「年ごろだに、何の頼もしげある木のもとの—も侍らざりき」〈源・総角〉❷外からはわからない事柄。秘密。「内のこと思ひやらるる御文かな。何事の—あるにか。深く隠し給ふ」〈源・梅枝〉

かくろえ-ごと【隠ろへ事】〘かくろへ―〙隠し事。秘密。「忍び給ひける—をさへ、語り伝へけむ、人のもの言ひさがなさよ」〈源・帚木〉

がく-ろく【岳麓】山のふもと。山麓。

かく-ろん【各論】全体をいくつかの項目・部門に分け、その一つ一つについての意見・議論。「総論賛成、—反対」⇔総論。

〈類語〉汎論・総論・概論・通論・総説・概説・略説

かく-ろん【確論】❶根拠に基づく確かな議論。「退いて考うればいまだ—というべからず」〈逍遥・小説神髄〉❷他人の意に反して争うこと。〈色葉字類抄〉

か-ぐわし・い【▽芳しい｜▽香しい｜×馨しい】〘―ぐはしい〙〔形〕〘文〙かぐは・し〔シク〕《「香か細くはし」の意》❶よいにおいがする。香りがよい。かんばしい。こうばしい。「—・い梅の香り」❷心が引かれる。好ましい。すばらしい。「あなたとの最初の邂逅が、こんなにも、海を、月を、夜を、—・くさせたとしか思われません」〈田中英光・オリンポスの果実〉「見まく欲ほり思ひしなへに縵かづらかげ—・し君を相見つるかも」〈万・四一二〇〉〈派生〉かぐわしげ〔形動〕かぐわしさ〔名〕〈類語〉香ばしい・芳かんばしい・匂う・薫る・薫くんずる・匂わす・馥郁ふくいく・芬芬ふんぷん

がく-わり【学割】「学生割引」の略。「—料金」

か-くん【家君】一家の長。また、自分の父。

〈類語〉父・父親・男親・てて・てて親・お父さん・おやじ・ちゃん・父じゃ人・乃父だいふ・阿父あふ・慈父・パパ(義理の父)義父・継父けいふ・まま父・養父・舅しゅうと・岳父がくふ(他人に父をいう語)家父かふ・家厳かげん・愚父ぐふ(一般的敬称)お父とう様・父上・父君ちちぎみ(他人の父の敬称)父御ててご・御親父ごしんぷ・尊父・厳父・父君ふくん・厳君・令尊

か-くん【家訓】守るべきものとしてその家に伝わる戒めや教え。家憲。かきん。〈類語〉家法・家憲

か-くん【寡君】〘クワ―〙《徳の寡すくない主君の意から》他国の人に対して自分の主君をへりくだっていう語。

がくん〔副〕急に強い衝撃を受けるさま。また、急に、折れ曲がったり、はずれたり、大きく数量が減ったりするさま。「自動車が—と止まる」「ひざが—となる」「客足が—と減る」

かけ【欠け┊×缺け┊×闕け】❶完全なものの一部分がなくなること。「月の満ち—」❷かけて、取れた部分。かけら。「瓦(かわら)の—」

かけ【掛(け)┊懸(け)】㊀〔名〕❶売り値に対する卸値。また、本来の値段に対する、値引きして売る値段の割合。❷「掛け売り」「掛け買い」の略。「—で買う」❸「売掛金」「買掛金」の略。「—がたまる」❹「掛け蕎麦(そば)」「掛け饂飩(うどん)」の略。❺「打ち掛け」の略。「黒塗りの箪笥(たんす)から—を出して女に着せた」〈鷗外・ヰタ-セクスアリス〉❻「掛け布団(ぶとん)」の略。❼相撲で、足を相手の足に掛けて倒す技の総称。内掛け・外掛けなど。❽女帯の、締めはじめるほうの端。❾名詞について、かけること。また、かけるもの。「洋服—」❿言葉に掛けて言うこと。「児(こ)らが名に—のよろしき朝妻の片山崖(ぎし)に霞たなびく」〈万・一八一八〉⓫掛け緒。「折烏帽子に—して」〈義経記・二〉㊁〔接尾〕❶動詞の連用形に付く。㋐動作が途中である意を表す。「読み—」「食べ—」「吸い—」㋑その動作が起ころうとする直前の状態であることを表す。「つぶれ—」㋒その動作のついでである意を表す。「帰り—」❷助数詞。㋐一人で担ぐ程度の物を数えるのに用いる。「衣櫃(ころもびつ)二—にてあるを」〈源・松風〉㋑細長いものを数えるのに用いる。「中御門御亭へ馬手綱、二—、弁に一—」〈言継卿記〉㋒掛け鯛を数えるのに用いる。「親仁には、角樽一荷に塩鯛一—、銀一枚」〈浮・永代蔵・六〉

掛けも構(かま)いもな・し　少しのかかわりもなく、無関係である。掛けも構わぬ。

掛けも構わ・ず　なんの関係もない。掛けも構いもなし。「—・ぬわたしらまでが」〈伎・助六〉

かけ【駆け┊×駈け】❶敵陣に突入すること。「義助の二度の—に、さしもの大勢戦ひ疲れて」〈太平記・一四〉❷馬を速く走らせること。駆け足。「お馬は少し老けたれども—に早く、駻(かん)おちず」〈浄・大磯虎〉

かけ【賭(け)】《「掛け」と同語源》❶勝負事や当て事に金品を出し合い、勝った者がそれを取る約束で争うこと。また、その金品。かけごと。「—に勝つ」「—をする」❷結果は運にまかせて、思い切って物事をすること。「大きな—に出る」

類語 博打(ばくち)・賭博・賭け事・ギャンブル

かけ【▽鶏】《鳴き声からという》ニワトリの古名。「庭つ鳥—は鳴く」〈記・上・歌謡〉

かげ【陰┊×蔭┊×翳】《「影」と同語源》❶物に遮られて、日光や風雨の当たらない所。「木の—で休む」❷物の後ろや裏など、遮られて見えない所。裏側。「戸の—に隠れる」「月が雲の—にかくれる」❸その人のいない所。目の届かない所。「—で悪口を言う」「—で支える」❹物事の表面にあらわれない部分。裏面。背後。「事件の—に女あり」「—の取引をする」❺(翳)表にはっきり現れない、人の性質や雰囲気の陰気な感じ。「どことなく—のある人」❻他の助け。庇護(ひご)。恩恵。現代では、ふつう「おかげ」の形で用いる。「元はといえばかの西内氏のお—である」〈蘆花・思出の記〉❼正式なものに対する略式。「—の祭り」

下接語 磯(いそ)陰・岩陰・片陰・草陰・草葉の陰・小陰・木(こ)陰・木(こ)の下陰・下陰・島陰・谷陰・軒陰・葉陰・花陰・日陰・目(ま)陰・物陰・森陰・柳陰・藪(やぶ)陰・山陰

類語 日陰・物陰・後ろ

陰で糸を引・く　操り人形師が舞台の陰で糸を引いて人形を動かすように、裏面から指図をして人を動かす。「この事件には—・く人物がいる」

陰で舌を出・す　面と向かっては褒めておいて、その人のいない所であざけりけなす。

陰に居て枝を折る　恩を受けた人にあだをすることのたとえ。

陰になり日向(ひなた)になり　ある時は裏面から、またある時は表面に立って、さまざまに援助すること。陰に陽に。「一守ってくれた恩人」補説 この句の場合、「影になり」と書くのは誤り。

か-げ【鹿毛】馬の毛色の名。体は鹿に似た褐色で、たてがみ・尾、足の下部などが黒い。

かげ【影┊▽景】《「陰」と同語源》❶日・月・星・灯火などの光。「月の—」「木陰にまたたく灯火(ともしび)の—」❷光が反射して水や鏡などの表面に映った、物の形や色。「湖面に雲の—を落とす」❸目に見える物の姿や形。「どこへ行ったのか子供たちの—も見えない」❹物が光を遮って、光源と反対側にできる、そのものの黒い像。影法師。投影。「夕日に二人の—が長く伸びた」❺心に思い浮かべる、人の顔や姿。おもかげ。「かすかに昔日の—を残す」❻ある現象や状態の存在を印象づける感じ。不吉な兆候。「忍び寄る死の—」「社会に暗い—を落とす事件」❼心に思い描く実体のないもの。幻影。まぼろし。「そのころの幸福は現在の幸福ではなくて、未来の幸福の—を楽しむ幸福で」〈二葉亭・浮雲〉❽つきまとって離れないもの。「寄るべなみ身をこそ遠く隔てつれ心は君が—となりにき」〈古今・恋三〉❾やせ細った姿のこと。「恋すれば我身は—となりにけりさりとて人に添はぬものゆゑ」〈古今・恋一〉❿死者の霊魂。「亡き—やいかが見るらむよそへつつ眺むる月も雲隠れぬる」〈源・須磨〉⓫よく似せて作ったもの。模造品。「誠の小水竜は、蔵に納め—を作りて持ったる故」〈浄・五枚羽子板〉⓬江戸時代、上方の遊里で揚げ代2匁の下級女郎。

下接語 朝日影・後ろ影・面影・島影・透(す)き影・月影・鳥影・初日影・春日影・日影・人影・船(ふな)影・火(ほ)影・帆影・星影・御(み)影・水影・物影・山影・夕影・夕日影

類語 シルエット・影法師・陰影・投影

影が薄・い　❶元気がないようすである。命が短いように見える。❷その存在が目立たない。印象が弱い。「会社では—・い存在だ」

影が射(さ)・す　❶姿や影法師がちらっと見える。また、そこに現れる。「うわさをすれば—・す」❷よくないことなどが起こりそうな気配がする。物事の先行が怪しくなる。「戦争の—・す」

影の形(かたち)に従(したが)うが如(ごと)し　「影の形に添うよう」に同じ。

影の形に添うよう　影が必ず物に添うように、いつも連れ添って離れないこと。影と添う。影身に添う。影の形に随(したが)うが如(ごと)し。

影踏(ふ)むばかり　影を踏んでしまいそうなほど、きわめて近いことをたとえて言う。

影も形もな・い　全く跡をとどめない。跡形もない。「古い家並みは取り壊されて—・い」

影を搏(う)・つ　《「管子」兵法から》物の影を打つ意で、手ごたえのないこと、また、できないことのたとえ。

影を畏(おそ)れ迹(あと)を悪(にく)む　《影から逃れようとして走りつづけたり、足跡をつけまいとして足を上げ下げしつづけたりしていた人が、ついに死んでしまったという「荘子」漁父の故事から》自分で悩みごとを作り、心の平静を得られないことのたとえ。

影を落と・す　❶光がさす。「夕日が—・している」❷光のくる向きと反対側に影を映す。「湖面に雲が—・す」❸影響を与える。

影を潜(ひそ)・める　表だったところから姿を隠す。表面に出なくなる。「露骨な客引きは—・めた」

かげ【×蘿】ヒカゲノカズラの古名。「あしひきの山かづらかげましばにも得難き—を置きや枯らさむ」〈万・三五七三〉

がけ【崖┊×厓】山腹や川岸・海岸などの、険しく切り立った所。きりぎし。類語 断崖・絶壁・懸崖

がけ【掛(け)┊懸(け)】〔接尾〕❶名詞に付く。㋐それを身につけている意を表す。「たすき—」「ゆかた—」㋑(「心」あるいはそれに類する語に付いて)心の中にいつもあることを抱いている意を表す。「心—」「思い—ない」㋒それを賭けることを表す。「命—」❷㋐人数を表す語に付いて、その人数だけ腰かけられることを表す。「三人—の椅子」㋑漢語の数詞に付いて、その数の割合であることを表す。「定価の八—で卸す」㋒和語の数詞に付いて、その数だけの倍数であることを表す。「その五つ—」❸動詞の連用形に付いて、その動作の途中、その動作のついで、の意を表す。「帰り—」「行き—の駄賃」

かけ-あい【掛(け)合い┊懸(け)合い】(かけあひ) ❶互いに掛けること。「技の—」「水の—」❷要求などについて先方と話し合うこと。交渉。談判。「地主に—に行く」❸一つの事を二人以上が交互にすること。また、その演芸。掛け合い話、掛け合い万歳の類。「—で歌う」❹歌舞伎舞踊で、2種以上の異なった流派が伴奏音楽を交互に、あるいは同時に分担演奏すること。「喜撰(きせん)」での清元と長唄の掛け合いなど。❺義太夫節で、二人以上の太夫が登場人物をそれぞれ分担して語ること。❻双方が正面から攻め合うこと。「平家は定めて大勢なれば、砥浪山(となみやま)打越え、ひろみへ出て—の戦にてぞあらんずらん」〈平家・七〉

かけあい-ばなし【掛(け)合い話】(かけあひ) 寄席演芸の一。まじめな役ととぼけた役の二人の芸人が、こっけいな対話をするもの。明治時代に盛行した。漫才の先行演芸。

かけあい-まんざい【掛(け)合い万歳】(かけあひ) 二人または数人が、こっけいなせりふをやり取りする万歳。

かけ-あ・う【掛(け)合う┊懸(け)合う】(あふ)〔動ワ五(ハ四)〕❶互いに掛ける。「声を—・う」❷要求などについて先方と話しあう。交渉する。談判する。「家賃について大家と—・う」❸匹敵する。照応する。「猫の一年は人間の十年に—・う」〈漱石・吾輩は猫である〉

類語 話す・語らう・語り合う・談ずる・懇談する・面談する・諮(はか)る・持ち掛ける

かけ-あ・う【駆け合ふ】(あふ)〔動ハ四〕❶馬を走らせて、攻めかかる。「同じう死なば、よかろう敵(かたき)に—・うて、大勢の中でこそ打ち死にをもせめ」〈平家・九〉❷駆けつける。「火事などといふ時も—・ひ、物事頼もしく思はせ」〈浮・一代男・二〉

かけ-あがり【駆(け)上(が)り┊×駈け上(が)り】寄席芸人が楽屋入りして、休憩もとらないで高座に出ること。滑り込み。

かけ-あが・る【駆(け)上(が)る┊×駈け上(が)る】〔動ラ五(四)〕走って上がる。かけのぼる。「二階に—・る」

かけ-あきない【掛(け)商い】(あきなひ) 掛け売りでする商売。対 現金商い。

かけ-あし【駆(け)足┊×駈け足】❶やや速めに走ること。「—で行く」❷物事を大急ぎでするさま。「ヨーロッパを—で見て回る」❸(「駈歩」とも書く)馬を速く走らせること。また、その走り方。キャンター。

類語 疾走・快走・力走・疾駆・ダッシュ・早足

かけ-あわ・す【掛(け)合(わ)す】(あはす) ㊀〔動サ五〕「掛け合わせる」に同じ。「ライオンとヒョウを—・してレオポンをつくる」㊁〔動サ下二〕「かけあわせる」の文語形。

かけ-あわ・す【駆け合はす┊×駈け合はす】(あはす)〔動サ下二〕❶互いに乗馬を駆け寄せて戦う。また、互いに走り寄って争う。「あの勢に—・せ、斬っては落とし、切っては捨て」〈保元・中〉❷駆けつけ集まる。寄り集まる。「おのおの—・せ、義理をつめ」〈浮・一代男・六〉

かけ-あわせ【掛(け)合(わ)せ】(あはせ) ❶交配すること。また、その結果生じたもの。❷2種以上の色を重ねること。

かけ-あわ・せる【掛(け)合(わ)せる】(あはせる)〔動サ下一〕図かけあは・す〔サ下二〕❶掛け算をする。「二と三を—・せると六」❷交配する。交尾させる。「いのししと豚を—・せる」❸二つのものを照らし合わせる。「彼の発言と行動とを—・せてみる」❹印刷などで、2種以上の色を重ねて別の色を出すこと。「黄と青を—・せて緑色を出す」類語 交雑・交配・種付け

かけ-あんどん【掛(け)行▽灯】家の入り口や店先、または柱・廊下などにかける行灯。かけあんどう。

か-けい【下掲】下に掲げて示すこと。また、そのもの。「—の図表」

か-けい【火刑】(クワ) 火あぶりの刑。

か-けい【花兄】(クワ)《春、他の花に先立って咲くところから》梅の別名。

か-けい【花形】(クワ) ❶花冠(かかん)の形。❷華道で、各流派に独特の花の形。

か-けい【花茎】(クワ) 地下茎や根から直接出て、ほとんど葉をつけず、花をつける茎。チューリップ・タンポポなど。類語 茎・地下茎・蔓(つる)

か-けい【佳景】よい景色。よい眺め。

(類語)美景・絶景・勝景・景色・奇観・奇勝・絶勝・形勝・景勝・山紫水明・風物・近景・遠景

か-けい【河系】河川の本流と支流との総称。

か-けい【科刑】〔名〕スル 刑罰をあたえること。

か-けい【夏珪】中国、宋代の画家。銭塘(浙江省杭州)の人。字は禹玉。馬遠とともに南宋の宮廷画院を代表する山水画家。室町中期以降の日本の山水画に影響を与えた。生没年未詳。

か-けい【家兄】他人に対して自分の兄をいう語。

か-けい【家系】その家の系統。いえすじ。血統。

(類語)家筋・血筋・血脈・血統・血・筋目・毛並み・家

か-けい【家計】家族が暮らしていくうえでの、収入と支出の状態。家族が暮らしていくための費用。一家の生計。「一を預かる」「一のやりくり」(類語)経済・やりくり・収支・内証・台所・勝手向き・手許

か-けい【家鶏】人に飼われている鶏。

かけい【荷兮】▶山本荷兮

かけ-い【×筧・懸け×樋】▶かけひ

かけい【嘉慶】南北朝時代、北朝の後小松天皇の時の年号。1387年8月23日～1389年2月9日。

が-けい【雅兄】❶風雅の道で兄事する人。❷男が男の友人に出す手紙文などで、相手を敬愛していう語。大兄。

かけい-けん【科警研】「科学警察研究所」の略。

かけい-ず【家系図】▶系図❶

かけ-いた【掛(け)板】❶押し入れなどの、棚板。❷江戸時代、芝居小屋の左右の大臣柱に、狂言の標題を書いて掛けた板。

かけい-ちょうさ【家計調査】総務省統計局が、都市世帯の生活状態を知るために、各世帯の収入・支出などについて行う調査。

かけ-いね【懸(け)稲】❶刈り取って稲木にかけた稲。(季 秋) ❷「懸け税」に同じ。

かけい-ぼ【家計簿】一家の収入・支出などを記入する帳簿。

かけい-やぼく【家鶏野×鶩】《家で飼っている鶏と野生の鶩の意》❶日常の見なれたものを遠ざけ、新しいものや珍しいものを尊ぶこと。家にある良いものを嫌って、外にある悪いものを好むこと。❷正妻と妾。

かけ-いり【駆(け)入り｜×駈け入り】❶かけいること。❷新参者。かけだし。❸山伏が修行のために山に入ること。峰入り。「大峰への一には日数が定まって」〈虎明狂・腰祈〉(対)駆け出で。❹「翔❷」に同じ。「お囃子なら、つっかけ、一としねえ」〈洒・船頭深話〉

かけ-い・る【駆(け)入る｜×駈け入る】〔動ラ五(四)〕❶走って入る。駆け込む。「矢庭に跡を追って林の中へ一・って」〈二葉亭訳・めぐりあひ〉❷馬を疾走させて突入する。「平家三万余騎が中へおめいて一・り」〈平家・六〉

かけ-う・ぐ【欠け×穿ぐ】〔動ガ下二〕欠けて、穴があく。「頸もちぎるばかり引きたるに、耳、鼻一・げながら抜けにけり」〈徒然・五三〉

かけ-うた【懸(け)歌】相手に対して言いかける歌。問いかけ歌。よびかけ歌。(対)返し歌。

かげ-うた【陰唄】歌舞伎で、幕開きのときや役者が出入りするときなどに、舞台下手の黒御簾の内で三味線に合わせてうたう歌。下座唄。

かけ-うどん【掛け×饂×飩】ゆでたうどんに、熱いつゆをかけたもの。すうどん。うどんかけ。かけ。

かけ-うま【賭(け)馬】❶競馬に使う馬。❷競馬。

かげうら-まさる【景浦将】[1915～1945]プロ野球選手。愛媛の生まれ。昭和11年(1936)大阪タイガース(現阪神)に入団。投打に好成績を収め、巨人のエース沢村栄治の好敵手として活躍した。同20年フィリピンで戦死。

かけ-うり【掛(け)売り】〔名〕スル 即金でなく、一定期間後に代金を受け取る約束で品物を売ること。かけ。(対)掛け買い。(類語)信販・クレジット・付け

かげ-え【影絵｜影▽画】❶手・切り抜き絵・人形などを、灯火によって壁や障子などに映し出して見せる芸。また、その絵。影法師。❷影人形のこと。

かげえ-しばい【影絵芝居】人形劇の一種。影絵をスクリーンに映して演じる芝居。

かけ-えぼし【掛×烏▽帽子】掛緒を使わずに、後ろの針だけで留めておく折烏帽子のかぶり方。また、その烏帽子。うちかけえぼし。

かけ-えり【掛(け)襟】❶汚れやいたみを防ぐために、和服の襟の上に共布でかけた襟。ともえり。❷丹前・半纏・夜具などの襟の上に、汚れやいたみを防ぐためにさらに重ねて掛ける別布や共布の襟。

かけ-えんしょう【掛煙硝｜掛×焔硝】芝居で化け物や忍者が現れたり消えたりする場面に、ぱっと立ち上る煙。また、その仕掛け。樟脳の粉を入れた煙硝を火の上にかけて出す。

かけ-お【掛緒｜懸緒】❶冠や烏帽子をあごの下で結び留めるひも。❷鎧の袖につけて肩上の袖付けの緒につなぎかけるひも。❸掛け軸や御簾などを掛けるため、その上部につけてあるひも。❹物を背負うとき肩に掛けるひも。「笈の一を取りて」〈義経記・七〉

かけ-おち【駆(け)落ち｜×駈け落ち｜欠(け)落ち】〔名〕スル ❶結婚を許されない相愛の男女がひそかによその土地に逃れること。「親に結婚を反対されて一する」❷ひそかに逃げること。逐電。出奔。「あとに残った人は自分の一の為に助かるに違いないと考えた」〈漱石・坑夫〉❸(欠け落ち)近世、重税・貧困・悪事などから、居住地を離れてよその土地へ逃げること。(類語)出奔・家出・逐電・どろん

かけおち-もの【駆(け)落ち者】かけおちした人。「一になるより外に仕方がない」〈漱石・明暗〉

かけ-おどり【掛(け)踊り｜懸(け)踊り】❶大ぜいの人がそろって掛け合いで歌いながら踊ること。❷老若男女が一団となって、町や村の境まで踊って行くこと。疫病神や害虫などを追い払う神送りの古い習俗の名残という。小町踊りはその一種。

かけ-おび【掛(け)帯】❶社寺参詣の女性が、物忌みのしるしとして用いた赤い帯。赤色の絹を畳み、胸の前に掛け、背後で結んだもの。❷近世の女子の盛装に用いた裳のひも。裳の大腰につけ、肩に掛けて胸の前で結ぶもの。

かけ-お・りる【駆(け)降りる｜×駈け降りる】〔動ラ上一〕(文)かけお・る〔ラ上二〕走っておりる。勢いよくおりる。「階段を一・りる」

かけ-がい【掛(け)買い】〔名〕スル 代金を後日支払う約束で品物を買うこと。かけ。(対)掛け売り。

かけ-がえ【掛(け)替え】《「かけかえ」とも》❶かけかえること。また、そのもの。❷予備のために用意しておく同種類のもの。かわり。「命と一の漁場が」〈有島・生れ出づる悩み〉

掛け替えのな・い　かわりになるものがない。このうえなく大切な。「一・い人を失う」

かけ-か・える【掛(け)替える】〔動ア下一〕(文)かけか・ふ〔ハ下二〕❶取り外して、別のものを掛ける。「応接間の絵を一・える」❷掛ける場所や相手をかえて掛ける。「電話を一・える」

かけかけ・し〔形シク〕❶いつも心にかけている。「ほだしなど聞こえむは一・しきやうなれど」〈源・椎本〉❷特に男女関係に関心のあるさま。好色めいている。「見苦しう、一・しき有様にて」〈源・藤袴〉

かけ-がね【掛(け)金】戸や箱などに取り付け、もう一方の金具に掛けて開かないようにする金具。

(類語)金具・口金・留め金・蝶番・引き金

かけ-かまい【掛(け)構い】❶気遣うこと。遠慮のあること。「人見知りをせず、年は若し、一のない女であるから」〈鏡花・湯島詣〉❷(下に否定の語を伴う)かかわり。かかりあい。関係。「一なき伺候の武士も、感涙もよほすばかりなり」〈浄・聖徳太子〉

かけ-がみ【懸(け)紙】❶贈答品の上包みに用いる紙。多く熨斗や水引などの形が印刷してある。❷巻き紙などに書いた書状や文書を包む紙の総称。時には礼紙をもいう。

かけがわ【掛川】静岡県南西部の市。もと東海道の宿場町、太田氏の城下町。茶の生産・出荷地で、楽器・OA機器などの工業も盛ん。葛布を特産する。人口11.6万(2010)。

かけがわ-し【掛川市】▶掛川

かけがわ-じょう【掛川城】掛川市にあった城。戦国時代、今川氏の重臣朝比奈氏の居城。永禄12年(1569)、徳川家康の攻撃を受けて開城。天正18年(1590)、山内一豊が入り、関ヶ原の戦い以後は譜代大名が在城。雲霧城。松尾城。

かけ-がわら【掛(け)瓦】登り軒に用いる軒平瓦。

かけ-ぎ【掛け木】《はかりに掛けて売ったところから》たきぎ。「伽羅も一のごとし」〈浮・五人女・五〉

か-げき【過激】〔名・形動〕❶度を越して激しいこと。また、そのさま。「一な運動を避ける」❷考え方ややり方が世間の常識からひどくかけ離れていること。また、そのさま。「一な戦術」「一な発言」(対)穏健。(派生)かげきさ〔名〕(類語)ラジカル・ドラスティック

か-げき【歌劇】▶オペラ

か-げき【×罅隙】裂け目。割れ目。亀裂。

かげき-しそう【過激思想】理想とする主義・主張を一挙に実現するためには過激な手段も辞さないほどに急進的な思想。

かげき-は【過激派】過激思想をもつ党派・一派。ロシア革命以後用いられるようになった語。

かげきよ【景清】㊀▶平景清 ㊁能・浄瑠璃・歌舞伎などの景清物の主人公。源頼朝打倒を目ざして果たさなかった平景清の哀話は、浄瑠璃「出世景清」「壇浦兜軍記」などに描かれている。㊂謡曲。四番目物。平家物語などに取材。日向へ流された悪七兵衛景清が娘と再会するが、屋島の戦いを回顧し、回向を頼んで娘を帰す。㊃歌舞伎十八番の一。藤本斗文作。元文4年(1739)江戸市村座で「菊重栄景清」として初演。

かけ-きん【掛(け)金】❶日掛け、月掛けなどで定期的に積み立てたり、支払ったりする金。「保険の一を払う」❷掛け売りの代金。掛け代金。

がけ-くずれ【崖崩れ】急傾斜地にある岩石・土砂が、地震や豪雨などによってくずれ落ちること。

かげ-ぐち【陰口】その人のいない所で、悪口を言うこと。また、その悪口。かげごと。「一をたたく」

(類語)悪口・悪態・誹謗・謗り・中傷・悪口・雑言・罵詈・罵詈雑言

かけ-くら【駆け▽競｜×駈け▽競】「駆け競べ」に同じ。「一をして遊んで帰って見ると」〈鴎外・キタ・セクスアリス〉

かけ-くらべ【駆け▽競べ｜×駈け▽競べ】〔名〕スル 走って速さを競い合うこと。かけっこ。かけくら。

かけ-こ【掛け子】振り込め詐欺などの犯罪で、電話をかけてだます役をいう隠語。➡出し子❷ ➡受け子

かけ-ご【掛(け)子｜懸け▽籠】❶箱の縁に掛けて、その中にはまるように作った平たい箱。❷《❶が箱の底を隠すところから》隔て心。隠し事。底意。「ことばにも虚言なく心にも一なし」〈浄・嫗山姥〉

かけ-ご【賭(け)碁】金品を賭けて打つ碁。

かげ-こ【陰子｜×蔭子】❶人知れずこっそりと目をかけてかくまう子。「そでかけて言はぬ先より人知れず君が一になりねとぞ思ふ」〈相模集〉❷「陰間」に同じ。「大坂の色さわぎ、天職より十五まで買ひあげ、一のはやるは」〈浮・置土産・四〉

かけ-ごい【掛け乞ひ】「掛け取り」に同じ。「惣じて一の、無常を観ずる事なかれ」〈浮・永代蔵・五〉(季 冬)

かけ-こう【掛(け)香｜懸(け)香】調合した香を絹の小袋に入れたもの。室内にかけたり、女性が懐中したり、ひもをつけて首にかけたりした。におい袋。(季 夏)「一や派手な浴衣の京模様/碧梧桐」

かけ-こうじ【掛け×麹】清酒のもろみを仕込むのに用いる麹。

かけ-ごえ【掛(け)声】❶人に呼びかける声。特に、芝居や競技などで、ひいきの者に呼びかける声。❷勢いをつけたり、調子をとったりするために出す声。❸新しいことを始めるときに、意気込んで出す声。転じて、近くある事を始めるという前触れの言

葉。「機構改革も一だけに終わる」
かけ-ごくら【駆けごくら|×駈けごくら】かけくらべ。「飛びごくら一」〈浄・今国性爺〉
かけ-ごと【賭(け)事】金品を賭けて争う勝負事。かけ。ギャンブル。[類語]博打ばく・賭博・賭け・ギャンブル
かげ-ごと【陰言】かげぐち。「奉公人に一を利きかれるのも辛し」〈紅葉・二人女房〉
かけ-ことば【掛け▽詞|懸け▽詞】一つの言葉に同時に二つの意味をもたせる修辞法。「立ち別れいなばの山の峰におふるまつとし聞かば今帰り来こむ」〈古今・離別〉の歌で、「いなば」に「立ち別れ往いなば」と「因幡いなばの山」の意味が、また「まつ」に「松」と「待つ」の意味が含まれている類。和歌・謡曲・浄瑠璃などに多くみられる。
かけご-ぬり【掛(け)子塗(り)】土蔵の観音開きの扉の合わさる部分に、左右が組み合うように段をつけて漆喰しっくいを塗ること。
かけ-こみ【掛(け)込み】両替をするとき、利ざやを稼ぐために、客から受け取った金銀の目方を実際より少なめに読むこと。また、その利ざや。⇔掛け出し。「銀二匁、三匁のうちにて、五厘、一分の一を見て」〈浮・永代蔵・四〉
かけ-こみ【駆(け)込み|×駈け込み】❶走って中に入ること。「一乗車」❷その時期・機会を逃すまいと、大急ぎですること。「一で認可を申請する」❸駆け込み訴えをすること。❹近世、女房が夫から離別するために尼寺や縁切り寺に逃げ込むこと。
かけこみ-うったえ【駆(け)込み訴え】うったへ 江戸時代の越訴おっその一。町役人などの手を経る正規の手続きをとらず、評定所・奉行所、または幕府の重臣、領主などに直接訴え出ること。特別の理由がないかぎり、受理されなかった。駆け込み願い。駆け込み訴訟。
かけこみ-じゅよう【駆(け)込み需要】ジュエウ 製造や販売の中止、値上げや税率の引き上げなどの直前に、今のうちに買っておこうという客が増えて、商品やサービスへの需要が増加すること。
かけこみ-でら【駆(け)込み寺】❶▶縁切り寺 ❷何か困ったことがあったときに相談に乗ってくれる人や機関。「トラブルに遭った顧客の一となる」
かけ-こ・む【掛け込む】〔動マ下二〕鍵を掛けて門戸を閉ざす。「その遣戸やりど一・めて」〈落窪・二〉
かけ-こ・む【駆(け)込む|×駈け込む】〔動マ五(四)〕❶走って中に入る。「軒先に一・む」「慌てて終電に一・んだ」❷助けを求めて急いで相談に行く。「風邪が悪化して病院に一・む」❸押しかける。「役者のうちへ美しき娘などの一・むを」〈黄・艶気樺焼〉❹駆け込み訴えをする。「某がし邸やしきへ一・み、頼むと申すにより」〈伎・壬生大念仏〉[類語]飛び込む・転がり込む・滑り込む・突っ込む・躍り込む・逃げ込む
かけ-こも・る【掛け籠もる】〔動ラ四〕鍵を掛けて、閉じこもる。「睡ねぶたければ、昼も一・りて」〈徒然・六〇〉
かけ-ごや【掛(け)小屋】臨時にこしらえた興行用などの小屋。
かけ-ざお【掛け×竿】ざを ❶手ぬぐい・衣服などを掛けるために横に渡す細い竹。❷掛け軸をかける竹。
かけ-ざかな【懸(け)魚】「懸けの魚うお❶」に同じ。
かけ-さき【掛(け)先】掛け売り代金を受け取るべき得意先。また、その代金。「二葉やのお角かくに心こころから落込んで、一を残らず使い込み」〈一葉・にごりえ〉
かげ-ざくら【影桜】紋所の名。桜の花の裏面をかたどったもの。
かけ-ざん【掛(け)算】ある数を他の数の表す回数だけ加えた合計を求める計算。乗法。⇔割り算。
かけ-じ【欠(け)字】❶文章・語句中で、文字、また、その一部が欠けていること。また、その文字。欠字けつじ。❷「欠画けっかく」に同じ。
かけ-じ【掛(け)字】床の間などに掛ける、文字を書いた掛け軸。また、広く、掛け軸をいう。
かけ-じ【懸け路】ぢ ❶険しい道。「えもいはぬ一あり。屏風を立てたるごとくなり」〈今昔・五・四〉❷がけの中腹にかけた桟道。かけはし。「木曽の御坂を越えかねて…一の下の草枕」〈風俗文選・四季辞〉
がけ-じ【崖路】ぢ がけのふちの、険しい道。がけみち。
かけじ-かけ【掛(け)字掛(け)】「掛け物掛け」に同じ。
かけ-じく【掛(け)軸】ヂク 書画を軸物に表装し、床の間・壁などに掛けて飾りとするもの。掛け物。
かげ-しばい【陰芝居】しばゐ ❶拍子木・どらなどの鳴り物入りで、役者の声色こわいろだけで芝居の一場面を演じる芸。江戸末期、隅田川の納涼船の中で見世物として流行。❷陰で画策すること。
かけ-しょうぎ【賭(け)将棋】シャウギ 金品を賭けて指す将棋。
かけ-しょうじ【掛(け)障子】シャウジ 和室の小窓や下地窓の内側に、壁に折れ釘を打って掛ける障子。
かけ-じょうゆ【掛け×醤油】ジャウユ 料理に味つけのためにかける醤油。合わせ醤油を用いる。
かけ-じる【掛(け)汁】料理に味つけのためにかける汁。
かけ-す【懸巣】カラス科の鳥。全長約33センチ。体はぶどう色で、頭に黒い縦斑、翼の一部に白・黒・水色の斑があり、尾は黒い。山林にすみ、しわがれた声で鳴き、他の鳥獣の鳴きまねもする。樹上に枯れ枝などで杯形の巣をかけるところからいう。かしどり。やまがらす。[季 秋]「一鳴き遠雲脱げり桜島/秋桜子」
かけ-ず【掛(け)図】ヅ 地図や標本の絵・図などを掛け軸のようにしたもの。主として教材用。
かけ-ず【懸けず】〔副〕問題にもならずに。わけもなく。むぞうさに。「一けおさるるこそ、本意なきわざなれ」〈徒然・一〉
かけ-すおう【掛素×襖】スアヲ《「打掛うちかけ素襖」の略》❶室町時代の武士の略装。素襖の裾を袴はかまの内に入れず、外へ垂らした服装。❷能や歌舞伎の衣装で、大口袴などをはいた上に、素襖の上だけを打ち掛けて羽織ったもの。身分の低い者、旅人などに用いる。
かけ-すじ すぢ 香川県琴平町の江戸時代からある歌舞伎小屋「金丸座」に残る、宙乗りをする役者を吊るして移動する装置。平成16年(2004)の改修で復元。
かけ-すずり【懸け×硯|掛け×硯】掛け子のある硯箱。掛け子には硯・墨・水入れなどを入れ、その下の引き出しには小物などを入れる。かけすずりばこ。
かけ-すて【掛(け)捨て】《「かけずて」とも》❶無尽・保険などで、掛け金を期限まで続けず、中途でやめること。❷損害保険などで、保険期間中に対象となる事故にあわない場合、満期になっても掛け金は戻らないこと。「一の火災保険」
かけずり-まわ・る【駆けずり回る|×駈けずり回る】かけずりまはる〔動ラ五(四)〕あちこち駆け回る。また、ある目的を達成するため、方々へ行って尽力する。奔走する。「資金集めに一・る」
[類語]飛び回る・駆け回る・飛び歩く・立ち回る
かけ-ず・る【駆けづる|×駈けづる】づる〔動ラ四〕駆け回る。走り回る。「今朝より此の部屋のあたりを一・り侍れど」〈落窪・一〉
かげ-ぜりふ【陰台=詞|陰科=白】無声映画で、弁士が陰で画面の人物に代わってしゃべった台詞。
かけ-せん【掛(け)銭|賭(け)銭】❶頼母子講たのもしこうや無尽などで積み立てていく金。掛け金。❷中世、領主が領民に課した課銭。❸勝負事にかける金銭。
かげ-ぜん【陰膳】旅行などで不在の人のために、家族が無事を祈って供える食膳。「毎日一を据える」
かけ-そば【掛け蕎=麦】ゆでたそばに熱いつゆだけをかけたもの。ぶっかけそば。かけ。
かけ-ぞり【掛(け)反り】相撲の決まり手の一。頭を相手の脇に入れて組み、一方の足を外側から掛け、切り返すようにして相手を横に反り倒す。
かけ-だい【掛け×鯛|懸け×鯛】ダイ ❶昔の正月の飾り物。2匹の塩鯛をわら縄で結び合わせ、かまどの上や門松などに掛けたもの。小鯛を用いたので「掛け小鯛」とも。[季 新年]「一の影や柄杓ひしゃくのささら浪/紅葉」❷祝儀の飾り物。2匹の生鯛を美しい縄でくくり、台の上に置くもの。
かけ-だいきん【掛(け)代金】掛け売り品の代金。
かけ-だおれ【掛(け)倒れ】だふれ ❶掛け代金が回収できず、損をすること。❷費用ばかりかかって、収益のないこと。「宣伝費の一に終わる」❸掛け金を掛けるばかりで、受け取る金がなく損をすること。
かけたか-の-とり【かけたかの鳥】《鳴き声を「てっぺんかけたか」「ほぞんかけたか」と聞きなしたところから》ホトトギスの別名。
かけ-だし【掛(け)出し】❶建物の一部を突き出して造ること。また、その部分。「一舞台」❷両替をするとき、客に渡す金銀の目方をごまかして実際より多めに読むこと。また、それによって得る利益。〈日葡〉⇔掛け込み。
かけ-だし【駆(け)出し|×駈け出し】《山伏が修行を終えて山を下りることの意の「駆け出で」から。修行を終えたばかりの意》その物事を始めたばかりで未熟なこと。また、その人。新米しんまい。「一の記者」
かけだし-もの【駆(け)出し者】❶未熟な者。初心者。❷田舎から都会へ出てきた者。〈和英語林集成〉
かけ-だ・す【掛(け)出す|懸(け)出す】〔動サ五(四)〕❶桟敷・縁など、建物の一部を本体から突き出して造る。「池へ一・した濡れ縁」❷両替をするとき、客に渡す金銀の目方をごまかして実際より多く読む。「両替が手前にある物を一・して、身請けの間もなく」〈浮・諸艶大鑑・六〉
かけ-だ・す【駆(け)出す|×駈け出す】〔動サ五(四)〕❶駆けはじめる。また、駆ける。「馬が急に一・す」❷外へ駆けて出る。「悲鳴を聞いて通りへ一・す」❸ある所から逃げて出る。出奔する。「自分の家を一・すのかい」〈紅葉・多情多恨〉
かけ-タバコ【懸(け)タバコ】採取したタバコの葉を縄に挟んで屋内や軒先につるし、乾燥させること。また、その葉。[季 秋]「事繁く日踏む軒や一/太祇」
かげ-ち【陰地】日光の当たらない土地。
かけ-ちがい【掛(け)違い】ちがひ かけちがうこと。「ボタンの一」
かけ-ちが・う【掛(け)違う】ちがふ〔動ワ五(ハ四)〕❶行き違う。「一・って会えなかった」❷考え方などが食い違う。「話がどこか一・っている」❸まちがった所にかける。かけまちがえる。「電話を一・う」
かけ-ちから【懸け▽税】上代、神社の玉垣にかけて神にささげた稲の初穂の束。懸け稲。「一千税ちちから余り百税ももちからを」〈祝詞・同神嘗祭〉
かけ-ぢゃや【掛(け)茶屋】路傍や公園などによしずを差し掛けて腰掛けを置き、通行人を相手に茶や菓子を供する茶屋。腰掛け茶屋。
かけ-ちょう【掛(け)帳】チャウ 掛け売りの品物や代金を記しておく帳簿。
か-けつ【可決】〔名〕スル 会議で、提出議案の承認を決定すること。「賛成多数で一する」⇔否決。
[類語]決議・議定・議決・票決・表決・評決・採決
か-けつ【果決】クヮ 決断がすばやいこと。果断。
か-げつ【花月】クヮ ❶花と月。❷風流な遊び。
かげつ【花月】クヮグヮツ 謡曲。四番目物。旅僧が清水きよみず寺で、花月という喝食かっしきになっているわが子に再会、花月は曲舞くせまい・羯鼓かっこなどの芸尽くしを見せる。
か-げつ【佳月】よい月。明月めいげつ。「玲瓏れいろうたる一」
か-げつ【×嘉月】陰暦3月の異称。
か-げつ【箇月|▽個月】〔接尾〕助数詞。月数を数えるのに用いる。「数一」「三一間かん」
かけ-づかさ【懸▽官】「兼官けんかん」に同じ。「右大弁一、右近少将」〈宇津保・沖つ白浪〉
かけ-つぎ【掛(け)継ぎ|掛(け)接ぎ】❶「掛け接はぎ」に同じ。❷鉄道レールの継ぎ目が枕木と枕木との間にくるようにする継ぎ方。
かけっ-くら【駆けっ▽競|×駈けっ▽競】「駆け競くらべ」に同じ。「人力車と一をして」〈鏡花・義血侠血〉
かけ-づくり【懸(け)造(り)】山や崖にもたせかけたり、谷や川の上に突き出したりして建てること。また、その建物。清水きよみず寺の舞台など。崖造がけづくり。
かけ-つけ【駆(け)付け|×駈け付け】急いで目的地に行くこと。また、来ること。
かけつけ-さんばい【駆(け)付け三杯】宴会に遅れて来た人に、罰として続けざまに酒を3杯飲ませる

こと。

かけ-つ・ける【駆(け)付ける¦×駈け着ける】〔動カ下一〕文かけつ・く〔カ下二〕走って、または大急ぎで目的地に到着する。大急ぎでその場に行く、また、やってくる。「車で―・ける」「現場に―・ける」
類語 飛ぶ・馳せ着ける・馳せる・急行する

かけっ-こ【駆けっこ¦×駈けっこ】〔名〕スル「駆け競くらべ」に同じ。

かげつそうし【花月双紙】クワゲツサウシ 江戸後期の随筆。6巻。松平定信著。文政元年(1818)に成立。社会・人生・自然に対する感想などを記した軽妙な雅文156編を収める。

かけ-づつ【掛(け)筒¦懸(け)筒】柱や壁に掛けて用いる、筒の形をした花器。

か-けつ-とう【火血刀】クワケツタウ 火途かと・血途けつと・刀途とうとの三途さんず。地獄・畜生・餓鬼の三悪道のこと。「かくて空むなしく命終はりなば、―の苦果」〈平家・一〇〉

かけ-つなぎ【掛け×繋ぎ¦懸け×繋ぎ】▶ヘッジ

かけ-つの【懸(け)角】《「かけづの」とも》平安時代以降、邪気を払うため、宮殿内の御帳台みちやうだいの入り口の左右の柱にかけたサイの角。のちには沈じんの木で作り、両端に銀の金具をつけてつるした。御角おつの。

がけっ-ぷち【崖っ縁】❶崖のふち。❷限界ぎりぎりにある状況・状態。「生死の―に立つ」

かげつ-まき【花月巻(き)】クワゲツ— 洋式束髪の一。髻もとどりを低くとってひねり上げ、まげをひさしのように前に出した髪形。明治20年代、東京新橋の料理屋「花月」の女主人が始めたといわれる。➡束髪そくはつ

かけ-づめ【駆(け)詰め¦×駈け詰め】休むことなく駆け続けること。かけどおし。「―に駆ける」

かけ-づめ【懸(け)爪¦×繋け爪】❶鶏や雉きじの蹴爪けづめ。❷琴を弾くときに指にはめる爪。琴爪。

かけ-づり【掛(け)釣(り)】▶転がし❷

かけ-て【掛けて】〔副〕❶心にかけて。「山越しの風を時じみ寝ぬる夜おちず家なる妹を―しのひつ」〈万・六〉❷ちょっと。少しでも。「この人の御ことをだに―聞き給ふは」〈源・夕霧〉❸(下に打消し・反語の語を伴う)決して。いささかも。「つれなく知らず顔にて、―思ひ寄らぬさまに」〈源・夕顔〉

かけ-て【掛けて】〔連語〕❶(「…にかけては」の形で用いる)…に関しては。…については。「早起きに―は彼の右に出る者はいない」❷(「…から…にかけて」「…から…へかけて」の形で)ある所・時から他の所・時まで、動作・状態が及ぶ意を表す。…にわたって。「この鳥は秋から冬に―日本にやって来る」

かけ-で【駆け出¦×駈け出】山伏が霊山での修行を終えて里へ出てくること。この時、体内に活力・霊力が充実しているという。かけいで。「三つの峰入り―なる、行者ぞ尊たつとかりける」〈虎清狂・蟹山伏〉

かけて-も【掛けても】〔副〕❶少しでも。「年ごろ殿しろしめすと、承らましかば」〈落窪・三〉❷(下に打消しの語を伴う)少しも。いささかも。全然。「―この方には言ひ出づることなくて」〈源・須磨〉

かけ-ど【掛(け)戸】敷居・鴨居の間に入れず、折れ釘に掛けてつるす戸。

かけ-どい【懸け×樋】—どひ「筧かけひ」に同じ。

かげ-どうろう【影灯籠】影絵を仕掛けた灯籠。回り灯籠。

かけ-どおし【駆(け)通し¦×駈け通し】—どほし「駆け詰め」に同じ。「駅まで―で行く」

かけ-どくり【欠(け)徳利】❶口の欠けている徳利。❷口の悪い人。また、おしゃべり。「―。…口のかけし徳利は出やすきゆゑ、よくしゃべるをいふ」〈洒・箱枕〉

かけ-どけい【掛(け)時-計】柱や壁などに掛けておく時計。

かげ-とみ【影富】江戸時代の富籤とみくじで本富ほんとみの何番が当たるかを賭け合ったばくちの一種。➡本富

かけ-と・む【掛け留む¦懸け留む】〔動マ下二〕❶物に綱などを引っかけてとめる。「荒るる馬をいかでか人は―・めむ」〈かげろふ・上〉❷関係をつけてとどめる。引きとめる。「心にかなはぬ事なれば、―・めむ方なきぞ悲しかりける」〈源・御法〉

かげとも【影▽面】《「かげつおも(影つ面)」の音変化。「かげ」は光の意》太陽に向かう方。南側。南。「名ぐはしき吉野の山は―の大き御門ゆ雲居にそ遠くありける」〈万・五二〉↔背面そとも

かげとも-の-みち【山陽道】山陽道さんようどうの古称。

かけ-とり【掛(け)取り】掛け売りの代金を取り立てること。また、その人。掛け乞い。(季冬)

かけ-どり【×翔け鳥】❶空を飛んでいる鳥。「一か水鳥を仰せつけられい、恐らくは射て御目にかけう、とおしゃれ」〈虎寛狂・八幡の前〉❷飛んでいる鳥を射ること。「―にこそ射たりける」〈太平記・一六〉

かけ-とりひき【掛(け)取引】代金を後日支払う契約で行う取引。↔現金取引。

かけ-な【掛(け)菜¦懸(け)菜】「干葉ひば」に同じ。(季冬)「程あらで―にむつき干す家かな/白雄」

かけ-ながし【掛(け)流し】❶その場かぎりで、真実味のないこと。「その場かぎり、―の心易いはなしなれど」〈荷風・かたおもひ〉❷品物などを、一度使っただけで捨ててしまうこと。また、そのもの。使い捨て。「紅摺り化して―の夏相思草入れとなり」〈洒・風俗問答〉❸流れ出るままにしておくこと。垂れ流し。「屎しも小便も―で」〈滑・浮世風呂・二〉❹《❸からの転用》温泉で、源泉の湯をそのまま、または温度調整だけをして浴槽に満たし、あふれた湯は循環させずに捨ててしまうこと。「源泉―」

かげ-ながら【陰×乍ら】〔副〕見えない所で、または表立たないで、ある人のためにするさま。よそながら。ひそかに。「―成功を祈る」

かけ-なげ【掛(け)投げ】相撲の決まり手の一。相手の差し手を小手に巻き、巻いた側の足を相手の内またに入れ、はね上げるようにして投げる技。絡からみ投げ。けんけん。

かけ-なわ【掛(け)縄】—なは❶馬の口につける縄。〈和名抄〉❷鳴子なるこを引き鳴らす縄。「時しあれば田子の―永き日もなほいとなくや早苗取るらん」〈夫木・七〉❸つるべを引き上げる縄。つるべなわ。「つるべの―繰り返し」〈謡・檜垣〉❹罪人や物を縛る縄。「唐櫃からびつの―をはらりはらりと切りほどき」〈浄・世継曽我〉

かげ-にんぎょう【影人形】—ニンギヤウ❶手などで人や鳥獣の形の影をつくり、障子などに映し出す遊び。影絵。❷他人にわからないよう、陰で言ったりしたりすること。「―を使うとかいう」〈二葉亭・浮雲〉

かげ-ぬい【陰縫い】—ぬひ 日本刺繍ししゅうで、図案の輪郭だけを縫った刺繍。

かけ-ぬ・ける【駆(け)抜ける¦×駈け抜ける】〔動カ下一〕文かけぬ・く〔カ下二〕走って、通り過ぎる。また、走って通り抜ける。「敵陣を一気に―・ける」

かけ-ね【掛(け)値】❶値切られることを予想して、実際の販売価格よりも値段を高くつけること。また、その値段。「当店は―は致しません」❷物事を大げさに言うこと。「―のない話、彼は優秀だ」「この本は―なしに面白い」

かげ-ねずみ【鹿毛×鼠】ネズミ科ハタネズミ亜科の哺乳類。体長9センチ、尾長4センチくらいで、体は栗色。関東・中部地方に分布。森林などにすみ、草食性。

かけ-ねんぶつ【掛(け)念仏】念仏講などで、大勢が声高に念仏をとなえること。鉦かねや木魚をたたくこともある。かけねぶつ。

かけ-の-うお【懸(け)の魚】—うを❶漁がうまくいったお礼として漁師が神に供える魚。かけざかな。かけのいお。❷正月の飾り物として幸い木につるす魚。かけのいお。(季新年)

かげ-の-こえ【陰の声】—こゑ ラジオやテレビのクイズ番組などで、解答者には隠して、聴視者にだけ答えを教える声。

かげ-の-ないかく【影の内閣¦陰の内閣】《shadow cabinet》野党が将来の政権担当に備えて組織する政策立案機関。英国の野党幹部会をこう呼んだことから生まれた言葉。シャドーキャビネット。

かげ-の-まい【陰の舞】—まひ《見る人のいない所で舞うことの意から》骨折りがいのないこと。〈和英語林集成〉

かげ-の-やまい【影の病】—やまひ「影の煩い」に同じ。

かげ-の-わずらい【影の煩ひ】—わづらひ 熱病の一種。病人の姿が二人に見えて、どちらが本人かわからなくなるというもの。離魂病。影の病やまい。「十七君きみの女郎に―とりつきけるを」〈浮・敗毒散・五〉

かけ-ばいばい【掛(け)売買】商品の授受の後、一定期日を経て代金の受け払いをする約束の売買。

かけ-はぎ【掛け▽接ぎ¦掛け×矧ぎ】布が破れたりしたときに、ついだ所がほとんどわからないようにはぎ合わせる方法。かけつぎ。

かけ-はし【懸(け)橋¦掛(け)橋¦▽桟¦×梯】❶険しいがけに沿って通行するために板を棚のようにさしかけて造った道。桟道。❷谷や川など、水の上にかけ渡した橋。❸橋渡し。なかだち。「両国親善の―となる」❹はしご。階段。〈和名抄〉

かけはし-がわ【梯川】—がは 石川県南西部を流れる川。小松市南部の山地に源を発する大杉谷川と郷谷ごうだに川が合流してできた川。いくつかの支流を合わせ小松市安宅あたかで日本海に注ぐ。長さ35キロ。下流域は水田地帯。河口南岸に安宅の関跡がある。

かけ-はずし【掛(け)外し】—はづし❶掛けたり外したりすること。❷魚釣りで、釣り針が水中で物にひっかかったときに外す道具。

がけ-ばた【崖端】がけのはし。

がけばた-あるき【崖端歩き】がけの端を歩くように、思慮の浅い人が好んで危険に近づこうとすることのたとえ。

かけ-はな【掛(け)花】四季の花や鳥を組み合わせて薬玉くすだまの形に作り、部屋飾りに用いたもの。江戸時代、公家の間で多く行われた。

かけ-ばな【掛(け)花¦懸(け)花】生け花で、壁・柱などに掛けた花器に生けた花。➡置き花 ➡釣り花

かけ-はな・れる【掛(け)離れる¦懸(け)離れる】〔動ラ下一〕文かけはな・る〔ラ下二〕❶遠くへ離れる。隔たる。「都会から―・れた所」❷両者の間が大きく違う。大きな隔たりがある。「年の―・れた夫婦」「現実と―・れた理論」❸関係が薄くなる。疎遠になる。「ほととぎす隠れなき音を聞かせては―・れぬる身とやなるらむ」〈かげろふ・下〉類語 隔たる・飛び離れる

かげ-ばら【陰腹】人形浄瑠璃や歌舞伎で、登場人物が観客に見えないところで切腹したのを隠して現れ、苦痛をこらえながら心中をあかす演技や場面。「新薄雪物語」の園部邸合腹(三人笑い)の段など。

かけ-ばらい【掛(け)払い】—ばらひ 掛け買いの代金を支払うこと。

かけ-ばり【掛(け)針¦掛け×鉤】❶裁縫で、布がたるまないように引っ張っておく、釣り針形の道具。くけ台の役目をする。❷長い柄の先に鉤かぎをつけた漁具。水中の魚を引っ掛けて捕る。

かげ-ばり【影貼り】日本画や友禅染などで、図柄の輪郭内に他の色が入らないように、礬水どうさ引きの紙を切り抜いて輪郭内にはる方法。縁蓋ふちぶた。

かけ-ばん【懸(け)盤¦掛(け)盤】食器をのせる台。格狭間こうざまを透かした台に折敷おしきをのせたもの。江戸時代には、台に折敷を取り付けて形式化した。

かけ-ひ【×筧¦懸け×樋】地上にかけ渡して水を導く、竹や木の樋とい。かけどい。かけい。

かげ-び【陰日】節日せちにちの翌日や、忌日の異称。

かけ-ひき【駆(け)引き¦懸(け)引き】〔名〕スル《戦場で、進むことを「かけ」、退くことを「ひき」ということから》❶商売や交渉・会議などで、相手の出方や状況に応じて自分に有利になるように処置すること。「―がうまい」❷戦場で、時機を見計らって兵を進めたり退ひいたりすること。

かけ-ひげ【懸け×髭】つけひげの一種。紙でひげを作り、こよりで耳にかけるようにしたもの。内密に遊里に通う者などが用いたという。

かけ-びな【掛け×雛】雛人形を描いた掛け軸。絵びな。

かげ-ひなた【陰日▽向】❶日の当たらない所と日の当たる所。❷人の見ている所と見ていない所とで言動が変わること。「―なく働く」❸表に出たり裏にま

わったりすること。「—になって助ける」
(類語)裏表・表裏・反対・背中合わせ・裏腹・面従腹背

かけ-ひも【掛け×紐|懸け×紐】物にかけ渡して、動かないように結んでおくひも。

かけ-びんかずら【懸け×鬢×鬘】鬢髪のついた男髷のかつらをかぶること。坊主頭の者が変装するときなどに用いる。

かけ-ふくさ【掛け×袱×紗】進物や貴重品の上に掛ける袱紗。綴れ織りなどの上質な織物で作る。

かげ-ふじ【影富士】湖水などの水面に映って見える富士山の姿。さかさ富士。

かけ-ぶすま【掛け×衾】掛け布団。(季冬)

かけ-ふだ【掛(け)札|懸(け)札】❶目につきやすい所に掛けておく札。門札や看板など。❷江戸時代、幕府や領主からの通知事項を記して掲げた札。特に、年貢に関する事項を書いて、名主・庄屋の門や戸口などに掲示した札。

かけ-ぶとん【掛(け)布団】寝るとき、からだの上にかける布団。かけぶすま。(季冬)

かげ-ふみ【影踏み】子供の遊戯の一。鬼が、仲間の影法師を踏むと、踏まれた者が次の鬼になる。

かけ-へだた・る【懸(け)隔たる】〔動ラ五(四)〕❶遠く離れる。「父は常に我々とは—・った奥の二間を専領していた」〈漱石・行人〉❷両者の間に大きな違いがある。かけはなれる。「現実と理想とはあまりにも—・っている」❸(「駆け隔たる」とも書く)争いなどをしている両者の間に分け入る。「郎等は主を討たせじと、—・りて実盛と、押し並べて組むところを」〈謡・実盛〉

かけ-へだて【懸(け)隔て】両者の間に気持ちの上でのへだたりがあること。「—のない付き合い」

かけ-へだ・てる【懸(け)隔てる】〔動タ下一〕図かけへだ・つ〔タ下二〕❶遠く間を隔てる。大きく差をつける。「立場の違いが両者の意見を—・てている」❷(「駆け隔てる」とも書く)中間に割って入り、両者を離れるようにする。「さては曲者ござんなれと衛卒これを—・てるを」〈染崎延房・近世紀聞〉

かけ-べり【掛(け)減り】はかりにかけたとき、最初のときより目方が減ること。目減り。

かげ-べんけい【陰弁慶】「内弁慶」に同じ。

かげ-ぼう【影法】「影法師」の略。「—の暁寒く火を焼いて/芭蕉」〈冬の日〉

かげ-ぼうし【影法師】❶光が当たって、障子や地上などに映る人の影。❷「影絵❶」に同じ。
(類語)影・シルエット・陰影・投影

かげ-ぼし【陰干(し)|陰▽乾し】〔名〕スル 洗濯物などを、日陰でかわかすこと。「セーターを—する」
(類語)日干し・素干し・虫干し・土用干し

かけ-ぼとけ【懸(け)仏|掛(け)仏】銅などの円板に仏像を鋳たものを付けたり浮き彫りにしたりしたもの。寺社の堂内に懸けて礼拝した。鎌倉・室町時代に盛行。

かげ-ま【陰間】江戸時代、修業中でまだ舞台に出られない少年歌舞伎俳優。また、宴席に侍って男色を売った者。陰子。陰郎。

かけ-まい【掛(け)米】❶米穀取引所で売買される米。❷清酒のもろみの仕込み用の米。❸小作米。

かけ-まく【懸けまく】〔連語〕《動詞「か(懸)く」の未然形＋推量の助動詞「む」のク語法》心にかけて思うこと。口に出して言うこと。「—もゆゆしきかも言はまくもあやにかしこき」〈万・一九九〉

かげ-まち【影待ち】「日待ち」に同じ。「五月十四日の夜は定まって—あそばしける」〈浮・五人女・三〉

かげま-ぢゃや【陰間茶屋】江戸時代、陰間を世話し、主として男色を売った茶屋。子供茶屋。

かげ-まつり【陰祭(り)】❶隔年に行う本祭りにあたらない年の簡素な祭り。(季夏)❷江戸歌舞伎で、曽我狂言を演じた千秋楽の日に、終演後楽屋で行う祭式。

かけ-まもり【掛(け)守り|懸(け)守り】錦のきれで筒形に作った袋に神仏像や守り札を入れ、ひもで胸にかけるようにしたお守り。平安中期ごろからみられ、上流の女性が用いた。

かけ-まわ・る【駆(け)回る|×駈け回る】〔動ラ五(四)〕❶駆けて回る。走り回る。「野原を—・る」❷ある目的を達成するために方々へ行って力を尽くす。奔走する。「資金調達に—・る」
(類語)飛び回る・駆けずり回る・飛び歩く・立ち回る

かげ-み【影身】影法師が身に添うように、いつも寄り添って離れないこと。「—離れず世話する」
影身に添・う 影のようにいつも離れず付き添う。影と添う。「—・って世話をする」

かげ-みせ【陰見世|陰店】遊女が、往来に面した所でなく、家の奥の方に並んで客を待つ店。江戸時代、宿駅の遊女屋に多かった。⇒張り見世

がけ-みち【崖道】がけのふちを通る道。崖路。
(類語)岨道・隘路・険路

かけ-むかい【掛(け)向(か)い】❶他人を交えないで、二人が向かい合うこと。差し向かい。「柳之助と—は今日が初発なので」〈紅葉・多情多恨〉❷二人きりになること。多く夫婦二人だけの生活についていう。「お前さんこそ夫婦—だから今の中はドンドン調えて貰えるサ」〈魯庵・社会百面相〉

かけ-むく【掛(け)無×垢】葬式のとき、棺の上にかける純白の衣。

かげ-むしゃ【影武者|陰武者】❶敵の目を欺くために、大将などと同じ服装をさせた身代わりの武者。❷陰にあって、表面にいる人の働きを助ける人。または、表面の人を操る人。黒幕。

かけ-むしろ【掛け×筵|掛け×蓆】❶昔、室の内外の間仕切りに用いた、畳表に縁をつけたもの。帳のように垂れ下げた。❷正月、神前に新しく掛けるむしろ。新筵。(季新年)

かけ-め【欠(け)目】❶欠けていて不完全な部分。❷不足した目方、また、分量。❸囲碁で、目のように見えながら、実際には目にならない所。⇔本目。

かけ-め【掛(け)目】❶はかりにかけて量った重さ。量目。❷原料繭の価格を表す係数。一般に、1キログラムの生糸生産に必要な原料繭の価格をいう。

かげ-め【陰▽妻】「隠し女」に同じ。「さやうの生君達の—にて、益なし」〈狭衣・三〉

かけ-めぐ・る【駆(け)巡る|×駈け▽回る】〔動ラ五(四)〕あちこちをかけまわる。「野原を—・る」「旅に病んで夢は枯野を—・る」〈笈日記〉

かけ-もたれ【掛け×靠れ】相撲の技の一。相手の足に自分の足を掛け、体をもたせかけて倒すもの。

かけ-もち【掛(け)持ち】〔名〕スル 同時に二つ以上の仕事や役目を一人で受け持つこと。「二本の映画に—で出演する」
(類語)兼職・兼業・兼任・兼務・二足の草鞋

かけ-も・つ【掛(け)持つ】〔動タ五(四)〕掛け持ちをする。兼務する。兼任する。「高校と中学を—・って教えている」

かけ-もの【掛(け)物】❶「掛け軸」に同じ。❷寝るとき、からだにかける毛布・布団など。❸豆やケシの実・ゼリーなどを芯にして砂糖をかけた干菓子。豆板・コンペイトーなど。

かけ-もの【賭(け)物|懸(け)物】勝負事などに賭ける金品。賭け事の勝者に与えられる賞品。賭け禄。「—にして、娘くらべなどせられよや」〈宇津保・菊の宴〉

かけもの-かけ【掛(け)物掛(け)】掛け軸の掛け外しに使う、先に角・金属製の叉のついた細い竹ざお。掛け字掛け。画叉。

かけもの-じょう【懸物状】鎌倉・室町時代、訴訟に際し、原告・被告の双方が自説の正しいことを示す証拠として、自分の所領を賭ける旨を書いて当局に差し出した文書。懸物押書。

かげ-もん【陰紋】紋章の一。輪郭だけを線で表したもので、染め抜きにしたり縫い取りにしたりした紋。略礼装に用いる。裏紋。⇒日向紋

かけ-や【掛屋|懸屋】江戸時代、幕府・諸藩の公金出納を扱った商人。諸藩の掛屋は蔵物の売却代金を江戸屋敷や国もとに送金したり、金融を引き受けたりした。銀掛屋。

かけ-や【掛(け)矢】樫などの堅木で作った大きな槌。くい打ちや扉を打ち破るのに用いる。

かげやま-たみお【景山民夫】［1947～1998］放送作家・小説家・エッセイスト。東京の生まれ。放送作家として多くの人気番組を手がけた。若者文化に精通し、タレントとしても活躍。「遠い海から来たCOO」で直木賞受賞。他に「虎口からの脱出」「転がる石のように」「ガラスの遊園地」など。

かげやま-ひでこ【景山英子】►福田英子

かけ-や・る【掛け▽破る】〔動ラ四〕衣服などを、物にひっかけて破る。かぎ裂きにする。「狩衣は—・りなどして」〈枕・一四四〉

かけ-ゆ【掛け湯】❶湯船に入る前に、体に湯をかけること。また、その湯。❷湯治法の一。熱めの湯を何度も体にかけること。宮城県の鎌々温泉のものが有名。

か-げゆ【▽勘解由】「勘解由使」の略。

かげゆ-し【▽勘解由使】令外の官の一。平安時代、国司などの官吏が交代するとき、新任者が無事に事務を引き継いだことを証明する解由状の審査にあたった職。平安末期には有名無実と化した。かんげゆし。

かけ-よ・る【駆(け)寄る|×駈け寄る】〔動ラ五(四)〕走って近づく。走り寄る。「互いに—・って再会を喜ぶ」

かけ-よろい【×挂▽甲】❶►けいこう(挂甲)❷絹布に墨・漆などを塗って作った礼装用の鎧。武官が儀式に着用した。うちかけよろい。

かけ-ら【欠けら|欠=片】❶物の欠けた一片。断片。「せんべいの—」❷(下に打消しの語を伴う)ごくわずかなもののたとえ。「良心の—もない」
(類語)破片・小片・一片

かけり【×翔】❶能の働き事の一。修羅物で戦闘の苦患、狂女物で狂乱のさまなど興奮状態を表す。また、その囃子。大鼓・小鼓に笛をあしらう。❷歌舞伎下座音楽の一。❶が転じたもの。大鼓・小鼓に能管を吹き合わす。物狂いの登場、時代物の武将の急な出入り、合戦の立ち回り、だんまりなどに使用。かけいり。❸連歌・俳諧で、趣向や表現に鋭い働きが感じられること。「句の—、事あたらしさ、まことに秀逸の句なり」〈去来抄・先師評〉

かげり【陰り|×翳り】❶太陽や月の光が雲などによって少し暗くなること。また、その部分。❷表情などの、どことなく影がさし、暗くなったような感じ。「表情に—が見られる」❸よくない兆候。「景気に—が出る」

かげ-りゅう【陰流】►愛洲陰流

か・ける【欠ける|×缺ける|×闕ける】〔動カ下一〕図か・く〔カ下二〕❶かたい物の一部分が壊れてとれる。「コップが—・ける」「歯が—・ける」❷そろうべきものの一部分、または必要なものが抜けている。脱落する。「メンバーが一人—・ける」「百科事典が一巻—・けている」❸あって当然のものが必要なだけない。足りない。不足する。「千円に一円—・ける」「常識に—・ける」「協調性に—・ける」❹なすべきことをしていない。おろそかになる。「礼儀に—・ける」「義理に—・ける」❺(「虧ける」とも書く)満月が次第に円形でなくなる。「月が—・ける」⇔満ちる。
(類語)壊れる・破損する・毀損する・損傷する・損壊する・損ずる・毀れる・傷付く・拉げる・潰れる・砕ける・割れる・いかれる・ポシャる・破れる

か・ける【掛ける|懸ける】〔動カ下一〕図か・く〔カ下二〕❶㋐高い所からぶらさげる。上から下にさげる。垂らす。「すだれを—・ける」「バッグを肩に—・ける」㋑目につくように高い所に掲げる。「看板を—・ける」「獄門に—・ける」㋒高く上げて張る。「帆を—・ける」❷㋐火に当てるために鍋などをつるしさげる。また、火の上にのせ置く。「ストーブにやかんを—・ける」㋑《竿秤の鉤につるして重さをはかるところから》目方を量る。「はかりに—・ける」❸物を一方から他方へ渡す。㋐(「架ける」とも書く)またぐように渡す。かけわたす。「歩道橋を—・ける」㋑細長いものを他の物のまわりに渡す。巻きつけて結ぶ。「たすきを—・ける」「リボンを—・けた箱」㋒張り巡らすようにし

て組み、つくる。一時的に設営する。「クモが巣を—・ける」「小屋を—・ける」㊁《仮小屋を作って行ったところから》芝居・見世物などを興行する。上演する。「母物を舞台に—・ける」❹㋐他の物の上にかぶせるようにして物をのせ置く。全体におおう。「布団を—・ける」「テーブルクロスを—・ける」㋑水や粉などを、物の上に注いだり物に打ち当たるようにしたりする。「こしょうを—・ける」「ホースで水を—・ける」㋒建物などに火をつける。燃やす。「館(やかた)に火を—・ける」㋓矢を放つ。「敵陣に矢を—・ける」❺曲がった物など、ある仕掛けで他の物を捕らえる。ひっかけて留める。「針に—・けて釣り上げる」「ボタンを—・ける」❻たくらんで陥れる。謀計(ぼうけい)を用いてだます。「罠(わな)に—・ける」「ぺてんに—・ける」❼㋐自分で直接そのことをする。自分でそのことを扱う。「今まで手に—・けた仕事の数々」「手塩に—・けて育てる」㋑(多く「手にかける」「人手にかける」の形で)みずから実行して始末する。殺す。「わが子を手に—・けてしまった」❽目や耳などの感覚や心の働きにとめる。㋐(多く「目にかける」「目をかける」の形で)目に触れさせる。目にとめる。見せる。また、面倒を見る。人の世話をする。「作品をお目に—・ける」「今後とも目を—・けてやってください」㋑(「耳にかける」の形で)聞く。「いくら懇願しても耳に—・けてもくれない」㋒(「心にかける」などの形で)心にとめておく。心配する。「気に—・ける」❾からだのある部分で受けとめる。「教養を鼻に—・ける」「歯牙にも—・けない」❿㋐ある働き・作用を仕向ける。また、こちらの気持ちなどを相手へ向ける。「催眠術を—・ける」「暗示に—・ける」「なぞを—・ける」「情けを—・ける」㋑送って相手に届かせる。「電話を—・ける」「言葉を—・ける」㋒取り付けてある仕掛けを働かせて、本体が動かないように固定する。「鍵(かぎ)を—・ける」㋓操作を加えて機械・装置などを作動させる。「目覚ましを—・ける」「レコードを—・ける」「ブレーキを—・ける」㋔道具を用いて他に作用を及ぼす。「アイロンを—・ける」「雑巾を—・けた廊下」⓫㋐望ましくないこと、不都合なことなどを他に与える。こうむらせる。負わせる。「苦労を—・ける」「疑いを—・ける」「迷惑を—・ける」㋑負担すべきものとして押しつける。課する。「税金を—・ける」⓬時間・費用・労力などをそのために使う。費やす。つぎ込む。「内装に金を—・ける」「手間暇—・けて」⓭㋐(多く「…から…にかけて」の形で)ある地域・時間から他の地域・時間までずっと続く。「ただ今東海地方から関東地方に—・けて地震を感じました」「今夜半から明朝に—・けて断水します」㋑(多く「…にかけては」の形で)そのことに関する。「外交手腕に—・けては定評がある」⓮力・重みなどを一方に加えのせる。力などを仕向ける。「体重を—・けて浴びせ倒す」「もみけしの圧力を—・ける」⓯手などを他の物に当て添える。あてがう。「引き戸に手を—・ける」⓰㋐物のある部分を他の物の上に置いて支える。「いすにお—・けください」「肩に手を—・ける」㋑物の上端を他の物に支えさせるようにして立てる。「屋根にはしごを—・ける」⓱それに頼る。ゆだねる。また、頼って処置・世話を受けさせる。「願(がん)を—・ける」「期待を—・ける」「病人を医者に—・ける」⓲議案などを取り上げるために公の場に持ち出す。「公聴会に—・ける」「裁判に—・ける」⓳そこで受け止めて処理する。そこに持ち込んで取り扱う。「篩(ふるい)に—・ける」「印刷機に—・ける」「取り立ての野菜を朝市に—・ける」⓴㋐(多く「…にかけて」の形で)きわめて大切なものを証拠としてあげて、あることを約束する。「神に—・けて誓う」「面目に—・けてもあとへ引けない」㋑保証の契約をして掛け金を払う。「保険を—・ける」㉑二つ以上のものを同時に併せ持つ。兼ねる。「二股(ふたまた)を—・ける」㉒同音を利用して一つの語句に二つの意味を持たせる。掛け詞にする。「和歌では多く『海松布(みるめ)』に『見る目』を—・けて用いられる」㉓㋐さらに増し加える。「馬力を—・ける」「磨きを—・ける」㋑定まった値段にさらに加えのせる。掛け値をする。「原価に五割を—・けた値段で売る」㋒掛け算をする。「二に三を—・けると六になる」㉔交配をする。「ラバは、雌の馬に雄のロバを—・けてできた雑種である」㉕ものにある性質・傾向を与える。「サーブに回転を—・ける」「シュートを—・けた内角球」㉖芸妓などをよぶ。「その芸者を—・けろ」〈荷風・つゆのあとさき〉㉗測って比べる。「筒井つの井筒に—・けしまろが丈(たけ)過ぎにけらしな妹(いも)見ざる間に」〈伊勢・二三〉㉘たとえる。かこつける。「細石(さざれ)にたとへ、筑波山に—・けて君を願ひ」〈古今・仮名序〉㉙目標にする。「眉のごと雲居に見ゆる阿波の山—・けて漕ぐ舟泊り知らずも」〈万・九九八〉㉚船を停泊させる。係留する。「港ニ船ヲ—・クル」〈日葡〉㉛掛け売りにする。「—・くるとは二文や五文のこと候ふよ」〈咄・醒睡笑・四〉㉜他の動詞の連用形のあとに付いて用いる。㋐…しはじめる、途中まで…する、今にも…しそうになるの意を表す。「言い—・けてやめる」「死に—・ける」㋑他へ働きを仕向ける意を表す。「仲間に呼び—・ける」「押し—・ける」

〔一句〕後足で砂をかける・命を懸ける・腕に縒(よ)りを掛ける・御土砂(おどしゃ)を掛ける・御目(おめ)に掛ける・思いを掛ける・鎌(かま)を掛ける・口に掛ける・口を掛ける・口の端(は)に掛ける・財布の紐(ひも)を頸(くび)に懸けるよりは心に懸けよ・歯牙(しが)にもかけない・尻(しり)に帆を掛ける・後目(しりめ)に懸ける・之繞(しんにゅう)を掛ける・手に掛ける・手を掛ける・手塩に掛ける・天秤(てんびん)に掛ける・謎(なぞ)を掛ける・縄を掛ける・秤(はかり)に掛ける・拍車を掛ける・橋を掛ける・発破を掛ける・鼻に掛ける・馬力を掛ける・篩(ふるい)に掛ける・股(また)に掛ける・磨きを掛ける・水を掛ける・目に掛ける・目を掛ける・モーションを掛ける・山を掛ける・輪に輪を掛ける・輪を掛ける

〔類語〕(❹㋐)被せる・おっかぶせる・覆う・くるむ・くるめる・覆いかぶせる・被覆する/(⓰㋐)座る・着く・腰掛ける・腰を下ろす・座する・着座する・着席する・安座する・端座する・黙座する

かけ・る【×翔る・駆ける】〔動ラ五(四)〕❶鳥や飛行機などが、空高く飛ぶ。飛翔(ひしょう)する。「大空を—・る鷲(わし)」❷(駆ける)速く走る。「血眼になって行手を見つめて—・って居るさまは」〈寅彦・伊太利人〉❸和歌で、心の動きが鋭く表れる。「鈍く眠り目なる歌人には、—・りたるかたを学べと」〈ささめごと〉〔類語〕飛ぶ・飛行・飛翔・滑空・天翔(あまかけ)る・高翔(こうしょう)する・滑翔(かっしょう)する・舞う

か・ける【駆ける・×駈ける】〔動カ下一〕文か・く〔カ下二〕❶速く走る。疾走する。「駅まで—・けて行く」「鹿が野を—・ける」❷馬に乗って走る。「草原を馬で—・ける」❸攻め進む。騎馬で進撃する。「梶原五百余騎おめいて—・く」〈平家・九〉⇨走る〔用法〕

〔類語〕走る・馳(は)せる

か・ける【賭ける】〔動カ下一〕文か・く〔カ下二〕《「掛ける」と同語源》❶勝負事や当てっこなどで、勝った者、当たった者などが取る約束で金品などを出す。「トランプに金を—・ける」❷当てっこなどで、そのほうを選ぶ。「明日の天気は『晴れ』に—・ける」❸失敗したときは、大切なものを全部失う覚悟で事に当たる。賭(と)する。「命を—・けた恋」

かげ・る【陰る・×翳る】〔動ラ五(四)〕❶太陽や月が雲などに遮られて光が薄らぎ、前よりも暗くなる。「雲が出てにわかに日が—・った」❷日が傾く。夕暮れになる。「冬は日の—・るのが早い」❸表情が暗くなる。「悲しい知らせに表情が—・る」

〔類語〕曇る・霞(かす)む・朧(おぼ)む・掻(か)き曇る

かげ-ろう【陰郎】(ラウ)「陰間(かげま)」に同じ。「かれらも品こそかはれ、—と同じ」〈浮・一代男・二〉

かげろう【陽×炎】(かげろふ) 春の天気のよい穏やかな日に、地面から炎のような揺らめきが立ちのぼる現象。強い日射で地面が熱せられて不規則な上昇気流を生じ、密度の異なる空気が入りまじるため、通過する光が不規則に屈折して起こる。かぎろい。糸遊(いとゆう)。〔季 春〕「丈六に—高し石の上/芭蕉」

陽炎稲妻(かげろういなずま)水の月 捕らえがたいもの、また、すばしこいもののたとえ。「隠れ現れ—手にもたまらず防がるる」〈浄・烏帽子折〉

かげろう【蜉×蝣・蜻×蛉】(かげろふ) ■一❶《飛ぶ姿が陽炎(かげろう)の立ちのぼるさまに似ているところからの名》カゲロウ目の昆虫の総称。体は繊細で、腹端に長い尾が2,3本ある。翅(はね)は透明で、幅の広い三角形。夏、水辺の近くの空中を浮かぶようにして群れ飛ぶ。幼虫は川中の礫(れき)上や砂中に1～3年暮らす。成虫は寿命が数時間から数日と短いため、はかないもののたとえにされる。糸遊(いとゆう)。❷(蜻蛉)トンボの古名。「—なんどのやうにやせおとろへたる者よろぼひ出できたり」〈平家・三〉〔季 秋〕■二(蜻蛉)源氏物語第52巻の巻名。薫大将、27歳。浮舟の失踪(しっそう)と、その後の薫を描く。

蜉蝣の命(いのち) 蜉蝣の命のように、人の一生が短いことをたとえていう語。はかない命。

かげろ・う【かげろふ】〔動ワ五(ハ四)〕《名詞「かげろう(陽炎)」の動詞化》❶姿などがちらちらする。ちらっと見える。「敵意の外に、まだ認めなければならない或物が其所に—・った」〈漱石・明暗〉❷光がほのめく。ひらめく。「松のたえまより、わづかに月の—・ひて見えけるを見て」〈山家集・下・詞書〉〔季 春〕「ギヤマンの如く豪華に—・へる/茅舎」❸日がかげる。陰になる。「秋寒き夕日は峰に—・ひて岡の尾花に風すさぶなり」〈風雅・秋上〉

かげろうにっき【蜻蛉日記】(かげろふニッキ) 右大将藤原道綱の母の日記。3巻。天延2年(974)以後の成立。夫の兼家(かねいえ)との不安定な結婚生活に苦悩しながら、子の道綱への愛や芸術の世界に目覚めていく心の遍歴を描く。かげろうのにき。

かけろま-じま【加計呂麻島】鹿児島県、奄美(あまみ)大島の南にある島。面積77.15平方キロメートル。大島郡瀬戸内町に属す。佳奇呂麻島(かきろまじま)。

かけ-わた・す【掛(け)渡す・架(け)渡す】〔動サ五(四)〕❶こちらから向こうへ渡して、かける。「小川に丸太を—・す」❷一面にかける。かけつらねる。「御簾青やかに—・して」〈源・蛍〉

か-けん【加憲】〔名〕(スル) 新しい条項を加えるために、憲法を改正すること。⇨護憲

か-けん【花×瞼】(クワ) 花のように美しいまぶた。美人のまぶた。「妾の齢既に長して—春暮れ」〈織田訳・花柳春話〉

か-けん【家×眷】同じ家の人々。同族の人および付き従う者。一家眷属。「大将並びにその—諸軍官の前に於て」〈中村訳・西国立志編〉

〔類語〕家族・一家・家内・家人・家(うち)の人・肉親・親子・親兄弟・妻子・骨肉・血肉(けつにく)・身内・身寄り・係累・家累・一家眷属(いっかけんぞく)・妻子眷属(さいしけんぞく)・一族・ファミリー

か-けん【家憲】その家族や子孫が守るべきおきて。一家の決まり。家訓。〔類語〕家法・家訓

か-げん【下元】三元の一。陰暦10月15日の称。〔季 冬〕⇨上元 ⇨中元

か-げん【下弦】満月のあとの半月。地球から見て、太陽の90度西にあり、月の東半分が輝く。夜半に東から昇り、日の出時に南中する。〔季 秋〕⇔上弦。

〔類語〕新月・三日月・上弦

か-げん【下限】❶下の方の限界。「合格点数の—」⇔上限。❷数学で、㋐下界(かかい)の数のうちの最大の数の、もとの集合に対する称。㋑定積分で、積分区間の下の限界。下端(かたん)。⇔上限。

か-げん【加減】■一〔名〕(スル)❶加えることと減らすこと。数学で、加法と減法。❷適度に調節すること。程よくすること。「暖房を—する」「—して採点する」❸物事の状態・程度。物のぐあい。「風の—で波の音が聞こえる」「湯の—をみる」❹からだのぐあい。健康状態。「お—はいかが」「—が悪い」■二〔接尾〕動詞の連用形や状態を表す名詞に付く。❶ぐあい・程度の意を表す。「焼き—」「塩—」❷そのような傾向、そのような気味である、の意を表す。「うつむき—」❸ちょうどよい程度である、の意を表す。「ちょうど食べ—のメロン」「入り—の湯」

〔類語〕(❷)コントロール・制御・統御・手加減/(❹)調子・あんばい・コンディション・具合・状態・体調

か-げん【仮言】《hypothesis》論理学で、ある仮定・条件を設けてなされる立言。仮説。

か-げん【仮現】神や仏が仮の姿をとって現れること。

か-げん【佳言┊×嘉言】めでたい言葉。戒めとなるよい言葉。善言。

か-げん【▽和弦】►和音❷

か-げん【家厳】他人に対して、自分の父をいう語。家君。(類語)父・家父・家君・愚父

か-げん【華言】表面だけを美しく飾っている言葉。実のない言葉。「一を吐く」

か-げん【×訛言】❶「訛語」に同じ。❷誤って伝えられた評判。

か-げん【過言】❶言いまちがい。失言。❷言い過ぎ。かごん。

か-げん【過現】仏語。過去と現在。前世と現世。

かげん【嘉元】鎌倉後期、後二条天皇の時の年号。1303年8月5日～1306年12月14日。

か-げん【寡言】〔名・形動〕口数が少ないこと。また、そのさま。無口。寡黙。「一な彼女の頬は常に蒼かった」〈漱石・行人〉⇔多言。

が-けん【瓦×硯】石の硯が主になるまで多く使用された陶製の硯。

が-けん【我見】❶自分だけの偏った見方や狭い考え。❷►我執❷

が-げん【雅言】❶洗練された上品な言葉。正しいとされる優雅な言葉。➡俗言 ➡俚言 ❷和歌などに用いる、主として平安時代の言葉。雅語。

かげん-うんどう【仮現運動】心理学で、運動知覚の一。実際には運動がないのに、次々と類似の刺激を与えられると、運動があるように感じる現象。映画はこの現象を応用したもの。見かけの運動。

かげん-けい【華原×磬】❶中国陝西省華原産の石で作った「へ」の字形の楽器。架にかけてばちで打ち鳴らすもの。❷奈良の興福寺に伝存している儀式用の楽器。銅製で鎌倉時代の作といわれる。

がげんしゅうらん【雅言集覧】江戸時代の国語辞書。石川雅望著。文政9年～嘉永2年(1826～49)に「な」の項まで刊。後半は未刊のまま写本で伝わった。主に平安時代の仮名文学書から語彙を集めて、いろは順に用例・出所を明示したもの。

かげん-じょうじょ【加減乗除】加法と減法と乗法と除法。四則演算。
(類語)計算・運算・演算・算術・試算・逆算

かげん-ず【加減酢】砂糖・塩・醤油などを加えて調味した酢。合わせ酢。

かげん-てき【仮言的】〔形動〕《hypothetical》論理学で、ある仮定・条件のもとで立言するさま。

かげんてき-さんだんろんぽう【仮言的三段論法】論理学で、三段論法の一。大前提が仮言的判断で、小前提と結論とが定言的判断となる。例えば、「もし乱開発が進めば自然が失われる」「乱開発が進んでいる」故に「自然が失われている」の類。また、両前提・結論とも仮言的判断のものもある。仮言的推理。

かげんてき-はんだん【仮言的判断】論理学で、ある仮定・条件のもとで立言する判断。「もしSがPならば(前件)、QはRである(後件)」という形式をとる。仮言判断。➡定言的判断 ➡選言的判断

かげんてき-めいれい【仮言的命令】カントの道徳哲学で、ある目的を達成するための手段としての行為を命令する実践的原則。「もし君が…を欲するならば、…すべし」という条件つきの命令の形式をとる。仮言的命法。➡定言的命令

かけん-ひ【科研費】「科学研究費補助金」の略。

かげん-ほう【加減法】連立方程式の解き方の一。二つの方程式の両辺に適当な数を掛け、一つの未知数の係数を同じにし、二式を加えるか減じるかして、一次方程式として解く。➡代入法

かげん-み【過現未】仏語。過去と現在と未来。前世と現世と来世。三世。

かげん-もの【加減物】適当に加減することがむずかしい物事。

かげん-れい【加減例】法定刑を加重・減軽する方法・順序などを示している原則。例えば、死刑を減軽して無期または10年以上の懲役または禁錮にするか、同時に刑を加重・減軽するときは再犯加重を最初にして酌量減軽を最後にするなど。

か-こ【水=夫┊水=手】《「か」は梶、「こ」は人の意》舟をこぐ人。また、船乗り。船頭。「月読の光を清み夕なぎに一の声呼び浦廻漕ぐかも」〈万・三六二二〉

か-こ【鹿子】《「かご」とも》シカ。また、シカの子。「名児の海を朝漕ぎ来れば海中に一ぞ鳴くなるあはれその一」〈万・一四一七〉

か-こ【過去】❶現在より以前の時。過ぎ去った時。昔。「一を振り返る」❷好ましくない経歴・前歴。「一を清算する」❸仏語。三世の一。この世に生まれる前の世。前世。過去世。❹文法で、ある時点(一般には現在)よりも以前の動作・状態を表す言い方。動詞の連用形に、文語では助動詞「き」「けり」、口語では助動詞「た」などを付けて言い表す。なお、英語などでは動詞の時制の一とする。
(類語)(❶)いにしえ・往時・当時・昔・往年・旧時・一昔・昔年・往日・昔日・昔時・往昔・往古・古昔・在りし日/(❷)経歴・前歴・略歴・学歴・職歴・履歴

過去の物にな・る　一時はもてはやされたが、今となっては過ぎ去ったこととして関心を持たれなくなる。「栄光も一・った」

か-こ【鉸=具】❶革帯などの留め金具。革緒の端を通す鉸具頭という鐶と、革緒の穴に通す刺鉄とからなる。帯・甲冑などに用いる。尾錠。かく。❷馬具の部分の名。鐙の頭頂部の金具で、これを力革に留め、鞍と鐙とをつなげる。かく。

か-こ【課戸】律令制で、課口がいる戸。

か-ご【下午】昼下がり。昼過ぎ。午後。⇔上午。

か-ご【加護】〔名〕スル　神仏がその力によって衆生を守り助けること。「天の御一がありますように」
(類語)冥加・冥護・守り・天恵

か-ご【華語】中国語。主としてシンガポールなど東南アジアで用いられる中国語の標準語をさす。

か-ご【×訛語】標準語と音韻上の違いのある言葉。なまった言葉。訛言。

か-ご【過誤】あやまち。やり損じ。過失。「思わざる一を犯す」(類語)失敗・落ち度・過失・粗相・不手際・手違い・失策・失態・不覚・しくじり・間違い・へま・どじ・ぽか・ミス・エラー

か-ご【歌語】特に和歌に用いられる言葉や表現。「鶴」を「たず」と表現する類。うたことば。

かご【×駕▽籠】乗用具の一。竹製または木製で、人の乗る部分を1本の長い柄につるし、前後から担いで運ぶもの。古くから使われたが、江戸時代に広く普及した。四つ手駕籠・山駕籠・宿駕籠など。

駕籠に乗る人担ぐ人そのまた草鞋を作る人　世の中には階級・職業がさまざまあって、同じ人間でありながらその境遇に差のあることのたとえ。また、そのさまざまの人が、うまく社会を構成していることのたとえ。

かご【籠】竹・籐・柳、または針金などを編んで作った入れ物。「買い物一」「一の鳥」(類語)笊

籠で水を汲・む　ほねをおっても効果のないことのたとえ。

籠の中の鳥　「籠の鳥❶」に同じ。

が-こ【餓虎】飢えた虎。「肉を喰い酒を飲むこと、一の餌を貪るがごとし」〈逍遥・当世書生気質〉

が-ご【雅語】「雅言」に同じ。

かご-あらい【籠洗い】河川の水勢の強い所に蛇籠を置き、流水が堤防や川底を掘り下げるのを防ぐこと。また、その蛇籠。

かご-あんどん【籠行▽灯】細い竹で編んだかごに紙を張って作った行灯。

かこい【囲い】❶周囲を取り巻くこと。「苗木にわらで一をする」❷周囲を取り巻くもの。特に、塀や垣根など。「畑に一をする」❸野菜などを出盛りの季節の後まで蓄えておくこと。また、その場所。「一がきく」❹「囲い者」の略。❺《茶道の祖珠光が慈照寺の四畳半を方丈になぞらえ、ついたてなどで囲ったところから》茶室。❻和船の、垣立。❼将棋の陣形の一。金将・銀将で王将を取り巻いて守る形。矢倉囲い・美濃囲いなど。❽(「鹿恋」とも書く)江戸時代、上方の遊女で、太夫・天神に次ぐ位の者。囲い女郎。「名を知らぬ一さへ、これはと心を動かすは」〈浮・一代男・七〉(類語)囲み・包囲・遠巻き・囲繞
(…語)(がこい)板囲い・仮囲い・霜囲い・外囲い・道安囲い・船囲い・美濃囲い・矢倉囲い・雪囲い・葭囲い

かこい-おんな【囲い女】「囲い者」に同じ。

かこい-こみ【囲い込み】►エンクロージャー

かこい-こ・む【囲い込む】〔動マ五(四)〕囲って中へ入れる。取り込む。「柵を作って羊を一・む」

かこい-ごめ【囲い米】「かこいまい」に同じ。

かこい-じょろう【囲ひ女郎】「囲い❽」に同じ。

かこい-の-ま【囲いの間】茶室。また、離れ座敷。

かこい-まい【囲い米】江戸時代、幕府・諸藩・郷村で備荒貯蓄・米価調節・軍事用などに米を蓄えたこと。また、その米。囲い籾。かこいごめ。

かこい-もの【囲い物】貯蔵しておく野菜・果物。

かこい-もの【囲い者】こっそり別宅などに住まわせておく情婦。妾。かこいおんな。かこいめ。

かこい-もみ【囲い×籾】「囲い米」に同じ。

かこい-や【囲い屋】ホームレスなどの生活困窮者に住居や食事を提供する代わりに生活保護を申請させ、支給された生活保護費の大半を収奪する悪徳業者。貧困ビジネスの一つ。

かこい-やま【囲い山】江戸時代、緊急の要に備えるため、有用な樹木の伐採を禁止してある山林。囲い林。

かこいんがきょう【過去因果経】「過去現在因果経」の略。

か-こう【下降】〔名〕スル　下へ向かって移動、または、変化すること。「飛行機が一する」「支持率が一する」⇔上昇。(類語)低下・降下・沈下・低落・下落・劣化・目減り・下がる・落ちる・落ち込む・沈む

か-こう【火口】❶火山の、噴出物が放出される開口部。噴火口。❷ボイラーの火のたき口。

か-こう【火工】火薬や爆薬を詰めること。また、その作業をする人。

か-こう【火光】炎が出す光。また、灯火の光。「一は湿を帯びて焔青く」〈織田訳・花柳春話〉

か-こう【加工】〔名〕スル ❶原料や素材に手を加えて新しい物を作ること。細工をすること。「一を施す」「魚を一して練り製品を作る」「一品」「食品一」❷法律で、他人の動産に工作を加えて、新たな加工物を作ること。加工物の所有権は原則として材料の所有者に属する。(類語)人工・人造

か-こう【加功】〔名〕スル　助力すること。法律では、犯罪に加担することをいう。「ハルマ釈辞の書は、彼が一して、其の業を助成せりとなり」〈蘭学事始〉

か-こう【仮構】〔名〕スル　実際にはないことを存在するものとして仮に作り設けること。想像によってつくり出すこと。また、そのもの。虚構。「一の世界」

か-こう【花香】❶花の香り。❷仏前、霊前にそなえる花と香。「仏に一奉り」〈盛衰記・二〉

か-こう【花候】花の咲くころ。はなどき。

か-こう【花梗】►花柄

か-こう【佳×肴┊×嘉▽肴】うまい酒のさかな。おいしい料理。「珍味一」
(類語)ご馳走・酒肴・酒肉・肴・つまみ・珍味

嘉肴ありと雖も食らわずんばその旨きを知らず
《「礼記」学記から》❶聖人の教えも、学ばなければ、そのよさがわからない。❷大人物も、用いてみなければ、その能力を知ることができない。

か-こう【河口】河川が海・湖に注ぎ入る所。かわぐち。

か-こう【河港】河口または河岸に造られた港。
(類語)港・港湾・波止場・船着き場・船泊まり・桟橋・埠頭・岸壁・築港・海港・津・商港・漁港・軍港・ハーバー・ポート

か-こう【架構】材を組み立ててつくった構造物。

か-こう【華甲】《「華」の字を分解すると六つの「十」と「一」とになり、「甲」は甲子で十干と十二支のそれぞれの最初を指すところから》数え年61歳の称。還

暦。(類語)志学・破瓜・弱冠・而立・不惑・知命・耳順・還暦・古希・致仕・喜寿・傘寿・米寿・卒寿・白寿

か-こう【歌行】 楽府の一体。同じ題が南北朝以前の楽府になく、古体詩で七言の長編が多い。

か-こう【歌稿】 歌の草稿。歌の下書き。詠草。
(類語)原稿・下書き・草案・草稿・文案・稿

か-こう【課口】 律令制で、調・庸・雑徭を負担する者。17歳以上の男子で、正丁・老丁・中男・残疾の4種がある。課丁。

かこ・う【囲う】〔動ワ五(ハ四)〕❶外部からそこなわれないように、まわりを取り巻く。中に取り込めて、外との境を作る。「敷地を塀で―・う」「庭木を―・う」❷人目から隠しておく。かくまう。「犯人を―・う」「小銭を―・って」〈真山・男五人〉❸人に知られないようにして世話をする。「妾を―・う」❹野菜や果物を保存の処置をして蓄える。貯蔵する。「ネギを―・う」❺かばう。たすけ守る。「姫を―・ひ奥へ入り給ふを」〈伎・壬生大念仏〉(可能)かこえる
(類語)(❶)囲む・取り巻く・巡らす・巡る/(❷)匿う

か-ごう【下合】「内合」に同じ。⇔上合。

か-ごう【化合】〔名〕スル 2種以上の元素が化学反応を起こして結合し、新しい物質を生じること。

か-ごう【加号】 加法を示す記号「＋」のこと。プラス記号。

が-こう【牙行】 唐代以降の中国で、物品売買のあっせんや商取引の仲介を業とした者。また、そのような仲買業者の組合。

が-こう【画工】 絵をかくのを職業とする人。絵かき。画家。(類語)画家・絵かき・絵師・画工・画人

が-こう【画稿】 絵の下がき。また、印刷するための絵の原稿。(類語)原稿・下書き・下図・版下

が-ごう【雅号】 文筆家・画家・学者などが、本名以外につける風雅な名。森鴎外の「鴎外」など。号。
(類語)筆名・ペンネーム・芸名・四股名

かこう-かい【華興会】 中国清末の1904年、黄興・宋教仁らによって湖南地方で結成された革命団体。1905年、興中会・光復会とともに中国革命同盟会に統合。

かこう-がん【花×崗岩】 深成岩の一。粗粒で、粒のそろった岩石。主に石英・カリ長石・斜長石・黒雲母からなり、角閃石や白雲母を含むこともある。色は白や淡灰色、淡紅色が多く、堅牢で磨くと光沢が出る。土木・建築用石材とする。産地として神戸市の御影が有名であったことから、御影石ともいう。

かこう-きゅう【火口丘】「中央火口丘」の略。

かこう-きりゅう【下降気流】 下向きの大気の流れ。これが生じている所は雲がなく、天気がよい。

かこう-けっちょう【下行結腸】 大腸の主要部分である結腸の一部。横行結腸に続き、腹部の左側を下へ向かい、S状結腸へつながる部分。

かこう-げん【火口原】 複式火山の、中央火口丘と外輪山との間の平地。箱根仙石原など。

かこうげん-こ【火口原湖】 火口原に水がたまってできた湖。箱根山の芦ノ湖、榛名山の榛名湖など。

かこう-こ【火口湖】 火口に水がたまってできた湖。蔵王山の御釜など。

かこう-こう【火口港】 火口に海水が浸入してできた湾を利用した港。伊豆大島の波浮港など。

かこう-こう【河口港】 河口にある港。河口に造られた港。

かこう-こく【火口谷】 火口壁の一部が崩れて浸食され、火口から麓に向かってできた谷。

かこう-し【加工紙】 漉いた紙に着色やつや出しなどの加工をした紙。色紙・アート紙・印画紙など。

かこう-し【架工歯】 欠損した歯を補うため、その両側の歯を支柱として、橋を架けるように装着した義歯。ブリッジ。

がごう-じ【元興寺】 ━ ▶がんごうじ(元興寺)
━《昔、奈良の元興寺の鐘楼に鬼が出たという伝説から》鬼。また、鬼のような顔をして子供を脅すときに言う語。がごじ。がごぜ。「―が出でて、人を食ふと申すほどに」〈虎明狂・清水〉

かこう-しょくひん【加工食品】 精肉・鮮魚などの生鮮食品、農作物などを原料として製造・加工される食品。

かこう-せ【火口瀬】 火口またはカルデラの縁の一部が浸食されて、火口湖または火口原湖の水が流れ出す所。箱根山の早川や阿蘇山の白川など。かこうらい。

かこう-せき【花×崗石】 石材とするために花崗岩を切り出したもの。御影石。

かこう-ぜき【河口×堰】 河口近くに設けられる、水をせき止める施設。海水の流入防止、淡水の貯留・利用などを目的とする。

かこう-せん【下降線】 下に向かう線。グラフなどで、減少や衰退を表す線。「売り上げが―をたどる」

かこう-せんりょくがん【花×崗×閃緑岩】 深成岩の一。花崗岩に似るが、黒雲母や角閃石をややや多く含み、石英閃緑岩との中間の組成をもつ。日本で花崗岩とよばれるものにはこれが多い。

がこう-そう【×鵝口×瘡】 カンジダという真菌の感染によって、口の中の舌やほおの粘膜に白い斑点ができる病気。それがはがれた跡は赤くただれている。栄養不良の乳幼児などに多い。したとぎ。

かこう-ち【可耕地】 耕作の可能な土地。

かご-うつし【籠写し】「双鉤❷」に同じ。

かこう-にゅう【加工乳】 クリーム・脱脂粉乳・全粉乳などの乳製品を原料として、成分を調整して復原した牛乳。加工乳の表示が必要とされる。

かこう-はんえん【可航半円】 移動する熱帯低気圧の進行方向に対し、北半球では左側、南半球では右側の半円。風が比較的弱く、航行中の船を熱帯低気圧の後方に運ぶように吹くので、脱出しやすい。追い風半円。

かこう-はんがん【花×崗斑岩】 花崗岩と同じ組成をもち、石英・正長石などが斑晶をなす岩石。

かこう-ひん【火工品】 ある使用目的に適するように火薬や爆薬を加工・成形したもの。信管・雷管・実包・空包・花火など。

かごう-ぶつ【化合物】 化合によってできた物質。⇔単体。

かこう-へき【火口壁】 火口を囲む急峻な壁。

かこう-ぼうえき【加工貿易】 原料・半製品を輸入し、これを自国内で加工後、製品として輸出する貿易。

かこう-ゆにゅう【加工輸入】 加工して輸出するために原料または半製品を輸入すること。

かこう-らい【火口▽瀬】 ▶かこうせ(火口瀬)

がごおんじょうこう【雅語音声考】 江戸時代の語学書。1巻。鈴木朖著。文化13年(1816)刊。語の第一義を音声に置き、言語の写声的起源論を説いたもの。

かご-か〔形動ナリ〕周囲を物に囲まれていて、もの静かなさま。ひっそりとしたさま。かごやか。「あたりは人繁きやうに侍れど、いと―に侍り」〈源・夕顔〉

かご-かき【×駕▽籠×舁き】 駕籠を担いで人を運ぶのを職業とする人。かごや。

駕籠舁き駕籠に乗らず　仕事として取り扱っている物や技術は、他人のために使うばかりで、自分のためにはかえって使用しないことのたとえ。

かこ-がしら【鉸=具頭】 鐙の頭部にある、革緒を通す刺鉄を受け留める鉄輪。蛸頭。

かこ-がわ【加古川】 ㊀兵庫県中南部を流れる川。上流は佐治川とよばれる。高砂市と加古川市との境で播磨灘に注ぐ。長さ約86.5キロ。㊁兵庫県、加古川の下流東岸にある市。古代の賀古駅の地。工業団地化、ベッドタウン化が進む。鶴林寺がある。人口26.7万(2010)。

かこがわ-し【加古川市】 ▶加古川㊁

かこがわ-ほんぞう【加古川本蔵】 浄瑠璃「仮名手本忠臣蔵」などの登場人物。桃井家の家老で、主君若狭之助が高師直を討とうとするのを止め、また、師直を殿中で斬ろうとした塩谷判官を抱きとめる。

かこ-かんりょう【過去完了】《past perfect》英語・ドイツ語などの文法で、時制の一。過去のある時までの動作・状態の完了・結果・経験・継続などを表す。過去のある時より前の動作・状態が、その時となんらかのかかわりがあるものとしてとらえられるときに用いられる。

かこ-かんりょう【過去官僚】《「過去完了」のもじり》官僚出身の政治家を言い表す言葉。政治主導で政策を推し進めるにあたり、官僚経験に裏打ちされた政策立案能力が重用される一方、かつての人脈などから官僚側に取り込まれ、実際には官僚主導になる恐れも指摘される。

か-こきゅう【過呼吸】 過剰な呼吸を行うこと。体内の炭酸ガスの必要量が減り、アルカローシスの状態をきたす。過換気。

か-こく【下刻】 河川の水流が川底を浸食する作用。底面がしだいに低下する。下方浸食。

か-こく【×禾穀】 稲のこと。また、稲・麦・稗・粟などの穀物の総称。「此日は一豊熟の為めに、セレスの神祭を、執り行う事なり」〈竜渓・経国美談〉

か-こく【河谷】 川の流れで浸食されてできた谷。

か-こく【家国】❶家と国。❷国家。❸故郷。

か-こく【過刻】 先ほど。先刻。「我は一の戦いに、些か微傷を被れども」〈竜渓・経国美談〉

か-こく【苛酷】〔形動〕〔文〕〔ナリ〕きわめてむごいさま。扱い方などが厳しくて容赦ないさま。無慈悲。「―な労働」「―なレース」(派生)かこくさ〔名〕
(類語)残酷・残虐・残忍・酷・暴虐・厳しい・きつい・厳格・厳重・厳酷・厳正・冷厳・峻厳・峻烈・容赦ない・仮借ない

か-こく【過酷】〔形動〕〔文〕〔ナリ〕厳しすぎるさま。ひどすぎるさま。「―な手段」「―な条件」(派生)かこくさ〔名〕(類語)苛烈・峻烈

か-こくほう【華国鋒】[1921～2008]中国の政治家。山西省出身。1937年中国共産党に入党。抗日遊撃戦に参加。中華人民共和国成立後は、国務院の中央政務につき、76年党第一副主席兼首相に昇進。同年毛沢東の死後、党主席と中央軍事委員会主席を兼任。80年首相を辞任。81年党副主席に、82年中央委員に降格。ホワ＝クオフォン。

かこく-ぼん【家刻本】 個人が刊行した書物。家塾本。私家版。

かこく-るい【×禾穀類】 穀物の収穫を主要な目的として栽培されるイネ科の作物。

かこ-けい【過去形】 文法で、過去の動作・状態を表す語形や文型。➡過去❹

かこげんざいいんがきょう【過去現在因果経】 仏伝を述べた経典。4巻。宋に渡ったインド僧求那跋陀羅が444～53年ごろ漢訳。釈迦の自伝の形式で、過去世に善慧仙人として生まれ、普光如来に師事して成仏の予言を受け、その因縁によってこの世に仏陀として生まれたと説く。絵巻形式の絵因果経もある。過現因果経。因果経。

かご-こし【籠×輿】 竹製の粗末な駕籠。籃輿。

かごさか-とうげ【籠坂峠】 山梨・静岡の県境にある峠。標高1104メートル。富士山東麓、山中湖南岸の旭ヶ丘南部にあり、須走・御殿場などを通る旧鎌倉往還(現在の国道138号)の一部。箱根・富士五湖周辺の観光ルート中、重要な位置を占める。

かこ-さとし【加古里子】[1926～　]絵本作家・児童文学者。福井の生まれ。本名、中島哲。朗らかでユーモラスな絵柄の作品で知られる。楽しみながら科学に親しめる絵本や、日本の伝統文化を紹介する絵本なども数多い。代表作「かこさとし・かがくの本」シリーズ、「だるまちゃん」シリーズ、「からすのパンやさん」など。

かご-じ【籠字】「双鉤❷」に同じ。

がご-じ【元興寺】 ━ ▶がんごうじ(元興寺) ━「がごうじ(元興寺)━」に同じ。

かこ-しちぶつ【過去七仏】 釈迦と、その以前にこの世に現れたという、毘婆尸・尸棄・毘舎浮・

拘留孫くるそん・拘那含牟尼くなごんむに・迦葉かしょうの六仏。

かごしま【鹿児島】㊀九州地方南部の県。もとの薩摩さつま・大隅おおすみにあたる。人口170.6万(2010)。㊁鹿児島県、鹿児島湾に面する市。県庁所在地。薩摩半島東岸および桜島からなる。南西諸島への航路の起点。大島紬・薩摩焼・焼酎・かるかん・桜島大根などを特産。もと島津氏の城下町。西南戦争の古戦場城山がある。人口60.6万(2010)。

かごしま-おはらぶし【鹿児島おはら節】▶おはら節

かごしま-くうこう【鹿児島空港】クウカウ 鹿児島県霧島市にある空港。国管理空港の一。昭和47年(1972)新鹿児島空港として開港。翌年、現名称に変更。➡拠点空港

かごしま-けん【鹿児島県】▶鹿児島㊀

かごしま-こくさいだいがく【鹿児島国際大学】鹿児島市にある私立大学。昭和35年(1960)に鹿児島経済大学として開設。平成12年(2000)に現校名に改称した。

かごしま-し【鹿児島市】▶鹿児島㊁

かごしま-じゅんしんじょしだいがく【鹿児島純心女子大学】ージュンシンヂョシダイガク 鹿児島県薩摩川内さつませんだい市にある私立大学。昭和8年(1933)創立の聖名高等女学校を源流として、平成6年(1994)大学を開設。

かごしま-じる【鹿児島汁】薩摩汁さつまじるのこと。

かごしま-じんぐう【鹿児島神宮】鹿児島県霧島市にある神社。旧官幣大社。主祭神は天津日高日子穂穂出見命あまつひだかひこほほでみのみことで、豊玉姫命を配祀。大隅おおすみ国一の宮。大隅八幡宮。

かごしま-だいがく【鹿児島大学】鹿児島市にある国立大学法人。第七高等学校・鹿児島師範学校・鹿児島青年師範学校・鹿児島高等農林学校・鹿児島水産専門学校などを統合し、昭和24年(1949)新制大学として発足。同30年、鹿児島県立大学を合併。平成16年(2004)国立大学法人となる。

かごしま-ほんせん【鹿児島本線】福岡県の門司港もじこうから博多・熊本・川内せんだいを経て鹿児島に至るJR線。全長398.5キロ。

かごしま-わん【鹿児島湾】鹿児島県南部、大隅おおすみ・薩摩さつま両半島に囲まれる湾。更新世末期に生じた姶良あいら・指宿いぶすき両カルデラに起因するという説がある。湾奥に桜島がある。錦江きんこう湾。

かこ-じもの【鹿▽児じもの】《「じもの」は接尾語》鹿の子のように。鹿の子は1年に1回、1頭だけ生まれるところから、あとに「ひとり」「ひとり子」などを伴う修飾句として用いられる。「—ただひとりして朝戸出のかなしき吾あが子」〈万・一七九〇〉

かこ-しょうりょう【過去精霊】クワコシャウリャウ この世を去った死者の霊。過去幽霊。「いつしか経よみ念仏して、——仏浄土へと回向しけるこそあはれなれ」〈平家・一〇〉

かこ-ぜ【過去世】クワコー 仏語。過ぎ去った世。前世。

かご-そ【×駕▽籠訴】江戸時代の越訴おっその一。幕府の重職にある人や大名などの駕籠が通行するのを待ち受けて直訴すること。

かこ-そう【夏枯草】カサウ ウツボグサの別名。また、その枯れた花穂。漢方で、抗炎症・利尿薬とする。

かご-ぞり【×駕▽籠×橇】そりの上に、畳表で囲った駕籠をのせ、中に布団を敷いた雪国の乗り物。

かご-たけ【籠×茸】カゴタケ科のキノコ。秋に広葉樹林内に生える。全体が中空の球状となり、目の粗い網状で、直径4〜5センチ。

かご-だし【籠出し】川の流れを変えたり、堤防崩れを防いだりするために、川に突き出して蛇籠じゃかごを並べること。また、その蛇籠。

かこち【▽託ち】他にかこつけて恨み嘆くこと。「実体じってい の女房の—も恋なれば」〈露伴・露団々〉

かこち-がお【▽託ち顔】ーがほ〔名・形動〕他に事寄せ、そのせいにして恨み嘆く顔つき。また、思いわびているさま。「嘆けとて月やは物を思はするかこち顔なるわが涙かな」〈山家集・中〉

かこち-ぐさ【▽託ち▽種】❶そのことのせいにするための たね。口実。「百に一つも世にある事もあらば、—にもし候へ」〈盛衰記・二六〉❷恨み・嘆きを引き起こすもと。「消えぬ憂き身の—、何を種とか我が思ひ」〈松の葉・三〉

かこち-なき【▽託ち泣き】恨み嘆いて泣くこと。「歯切りきりきり口惜し涙、内に小春が—」〈浄・天の網島〉

かこ-ちょう【過去帳】クワコチャウ 寺で、檀家だんか・信徒の死者の俗名・法名・死亡年月日・年齢などを記入しておく帳簿。鬼籍きせき。点鬼簿てんきぼ。鬼簿きぼ。冥帳。

かご-ちょうちん【籠▽提▽灯】ーチャウチン 竹で編んだ籠に紙を張った提灯。

かこち-よ・す【▽託ち寄す】〔動サ下二〕無理に関係づけて言う。こじつける。「いかにして朝たちのまをも—・せてあかぬ名残をしばし留めん」〈夫木・一九〉

かこち-よ・る【▽託ち寄る】〔動ラ四〕かこつけて言い寄る。「言ひ寄るたよりもいとはかなければ、この君をぞ—・りけれど」〈源・蛍〉

か-こつ【化骨】クワ ▶骨化

か-こつ【仮骨】骨折や骨の欠損が起きた部分に、新しくできる不完全な骨組織。

かこ・つ【▽託つ】〔動タ五(四)〕❶心が満たされず、不平を言う。ぐちをこぼす。嘆く。「不運を—・つ」❷他の事のせいにする。口実にする。かこつける。「酔ひに—・ちて苦しげにもてなして」〈源・藤裏葉〉

(類語)嘆く・嘆ずる・悲しむ・愁える・悲嘆する・愁嘆する・痛嘆する・嗟嘆さたんする・嘆息する・長嘆する

かこつ・く【▽託く】〔動カ下二〕「かこつける」の文語形。

かこつけ【▽託け】かこつけること。口実。

かこつ・ける【▽託ける】〔動カ下一〕図かこつ・く〔カ下二〕直接には関係しない他の事と無理に結びつけて、都合のよい口実にする。他の物事のせいにする。事寄せる。「病気に—・けてずる休みする」

かご-づり【籠釣(り)】釣りで、寄せ餌えを入れた小籠を道糸に仕掛けて釣る方法。

かご-つるべ【籠釣▽瓶】《水もたまらないということから、切れ味のよさを連想させる謎言葉》よく切れる刀。

かごつるべさとのえいざめ【籠釣瓶花街酔醒】かごつるべさとのえいざめ 歌舞伎狂言。世話物。8幕20場。3世河竹新七作。明治21年(1888)東京千歳座初演。吉原百人斬り事件に取材したもの。

か-ごと【▽託言】《「かこちごと」の意》❶他にかこつけていう言葉。口実。「御返り、口疾ときばかりを—にて取らす」〈源・夕顔〉❷他のせいにしていう恨み言。不平。ぐち。「人を徒いたづらになしつる—負ひぬべきが」〈源・夕顔〉

かごと-がまし・い【▽託言がましい】〔形〕図かごとがま・し〔シク〕❶恨み嘆いて言うようすがありありと感じられる。ぐちめいている。「—・い声を出すとは見下げ果てたやつで」〈芥川・おしの〉❷言いわけがましい。「つれづれとわが泣き暮す夏の日を—・しき虫の声かな」〈源・幻〉

かご-ながもち【籠長持】竹で目を粗く編んだ、ふたのない長持。非常の際などに使用。

かご-ぬき【籠抜き】「双鉤そうこう❷」に同じ。

かご-ぬけ【籠▽脱け｜×駕▽籠▽脱け】❶江戸時代に行われた軽業かるわざの一。底のない長い竹籠などをくぐり抜ける曲芸。❷「籠脱け詐欺さぎ」の略。

かごぬけ-さぎ【籠▽脱け詐欺】関係のない建物を利用し、そこの関係者のように見せかけて相手を信用させ、金品を受け取ると相手を待たせておき、自分は建物の裏口などから逃げる手口の詐欺。

かご-の-き【鹿子の木】クスノキ科の常緑高木。暖地に自生。樹皮は灰黒色で、円形にはがれた跡が白くなり、鹿の子模様になる。葉は先のとがった長楕円形で、裏面は灰白色。雌雄異株。夏、黄色の小花をつけ、実は翌年の夏に赤く熟す。こがのき。

かこ-の-しま【可古の島】兵庫県の加古川河口付近にあったという島。(歌枕)「稲日野いなびのも行き過ぎかてに思へれば心恋しき—見ゆ」〈万・二五三〉

かご-の-とり【籠の鳥】❶籠の中の鳥のように、身の自由が束縛されている状態のたとえ。また、そうした境遇の人。籠の中の鳥。❷《❶の境遇から》遊女。「—なる梅川に焦がれて通ふ廓雀さとすずめ」〈浄・冥途の飛脚〉

かご-バッグ【籠バッグ】竹や籐とうなどで編んだ籠に持ち手をつけたバッグ。

かご-ばらい【過誤払い】クワゴばらひ 必要以上の金額を誤って支払うこと。また、支払うべきでない人に誤って金銭を支払うこと。(1)企業が従業員に、所定の額を超えた給与などを誤って支払うこと。(2)公的年金・健康保険において、所定の金額を超えた給付を誤って行うこと。また、受給資格者になりすました者に給付を行うこと。(3)金融機関などで、顧客になりすました者に預貯金の払い戻しを行うこと。➡成り済まし

かご-ぶね【籠船】祭礼で引き歩く山車だしの一種。美しく飾りたてた船形に四輪の車をつけたもの。京都祇園祭の船鉾ふなぼこなど。飾り船。

かこ-ぶんし【過去分詞】クワコー《past participle》分詞の一。動詞の性質をもった形容詞の働きをする。また、助動詞と結びついて完了形・受動態をつくる。

かご-ぼり【籠彫(り)】社寺建築の木鼻きばななどにみられる装飾用木彫りで、外面だけでなく、内部にも透かし彫りをして立体的に仕上げるもの。

かご-まくら【籠枕】籐とうや竹で編んだ枕。中空で風通しがよく、夏に用いる。籐枕。(季 夏)「涼しさや夢もぬけ行く—／乙由」

かこみ【囲み】❶ぐるりと周囲を取り巻くこと。また、そのもの。かこい。❷敵の城や陣地などを囲んで攻めること。また、その軍勢。包囲。「—を解く」「—を破って逃れる」❸「囲み記事」の略。

(類語)(❶・❷)囲い・包囲・遠巻き・囲繞いにょう

かこみ-きじ【囲み記事】新聞や雑誌の紙面で、周囲を枠や罫けいで囲んだ欄。また、その記事。囲み物。コラム。

カコミスル〖cacomistle〗アライグマ科の哺乳類。アメリカ合衆国・メキシコに分布。頭胴長30〜45センチ、体重8〜11キロ。雑食性。

かご-みみ【籠耳】《籠に入れた水が編み目から漏れるところから》聞いてもすぐ忘れてしまうこと。「身は聞き下手のしかも—」〈徳和歌後万載集・一一〉

かこ・む【囲む】〔動マ五(四)〕《古くは「かごむ」とも》❶人や物を中にして、その周囲にぐるりと位置する。また、何かを周囲にぐるりと位置させて、中のものが占め得る場所を限る。まわりを取り巻く。「恩師を—・む」「山に—・まれた村里」「記事を罫けいで—・む」❷《盤・卓などを囲むところから》囲碁やマージャンなどをする。「一局—・む」(可能)かこめる

(類語)取り巻く・囲う・巡らす・巡る

かご-め【籠目】籠の編み目。また、模様やひもの編み方などが、籠の目のようになったもの。

がごめ《「がもめ」とも》北海道道南地域で産する昆布の一種。強い粘りけが特徴で、刻んだものは水で戻して醤油を垂らして食すことが多い。乾燥させて削ったとろろ昆布もある。表面のでこぼこが籠の目に見えるところからの名といわれる。がごめ昆布。

かごめ-かごめ《「かごめ」は「囲む」の命令形「囲め」からか》しゃがんで両手で目を隠した一人を、籠の中の鳥に見立て、他の者たちは手をつなぎ輪を作って、歌いながら回り、歌が終わって止まったときに、中の者にその真後ろの者の名を言い当てさせる子供の遊び。名を当てられた者は、代わって中に入る。東京付近では「かごめかごめ、かごの中の鳥は、いついつ出やる、夜明けの晩に、鶴と亀がすべった、後ろの正面だあれ」と歌う。

かこ-もん【過去問】クワコー《「過去問題」の略》入学試験・資格試験などで、過去に出題された問題。

かご-や【×駕▽籠屋】❶「駕籠舁かごかき」に同じ。❷駕籠かきを置き、客の求めに応じて駕籠を仕立てる家。また、それを営む人。

かご-や【籠屋】籠を製造・販売する人。また、その店。

かご-やか〔形動ナリ〕「かごか」に同じ。「—に局住つぼねずみにしなして」〈源・初音〉

かこ-やく【水＝主役】❶中世、領主が浦方から軍船や輸送船の水夫かことして徴発した夫役ぶやく。❷江戸時

代、沿海の漁民・農民に課した税。多く、金銀納。

かご-やく【×駕▽籠役】❶江戸時代、江戸市中の貸し駕籠業者に課した税。❷駕籠を担ぐ役目の者。

かご-やろ【×駕▽籠▽遣ろ】〘連語〙駕籠かきが客に「駕籠をやろ」と呼びかける声。また、転じて、駕籠かき。「天下は夜中八つ過ぎ、廓(くるわ)は恋の昼中や、一ばかりぞ寝声なり」〈浄・淀鯉〉

かご-わき【×駕▽籠脇】❶駕籠のそば。❷貴人の乗っている駕籠の左右に付き添っていく役。また、その人。駕籠回り。

かご-わたし【籠渡し】架橋できない深い谷や断崖、また、急流のために舟が渡せない場所で、綱を両岸に渡して籠をつり、中に人や物を入れて手繰り渡す装置。かごのわたし。ざる渡し。

かこわれ【囲はれ】(かこわれ)妾(めかけ)。囲い者。「一も二三人程琴の弟子」〈柳多留・三〉

か-こん【仮根】シダ類の前葉体やコケ類・藻類にみられる根に似た器官。水分を吸収し、体を固着する役をするが、維管束植物のような通道組織はない。➡羊歯(しだ)植物

か-こん【禍根】(クヮ)わざわいの起こるもとや原因。「一を残す」「一を断つ」

か-ごん【過言】(クヮ)❶大げさすぎる言い方。言いすぎ。かげん。「実力では世界一と言っても一ではない」❷度を過ぎた言葉。無礼な言葉。かげん。「酒の力で雑言一を并(なら)べ立つれば」〈鉄腸・花間鶯〉

か-さ【×枷鎖】❶かせとくさり。昔、罪人をつなぐのに用いた刑具。「一を抜きて逃げなんとしけるに」〈今昔・二五・一一〉❷禅宗で、我見(がけん)など無形の束縛を、❶にたとえていう語。

かさ【×梂┊×毬】《「笠」と同語源》松やトチなどの実の殻(から)。

かさ【×笠】《「傘」と同語源》❶日光・雨・雪などが当たらないように頭にかぶるもの。藺(い)・菅(すげ)などで浅い円錐形に作る。「傘」と区別するために「かぶりがさ」ともいう。❷❶の形をしたもの。「電灯の一」「ランプの一」❸紋所の名。神宮笠・丸に笠・柳生(やぎゅう)笠など。

笠に◦着る　権勢のある後援者などを頼みにしたり、自分に保障されている地位を利用したりしていばる。また、自分の施した恩徳をいいことにして勝手なことをする。「権力を一◦着る」〔補説〕「嵩(かさ)に懸かる」との混同で、「嵩に着る」と書くのは誤り。

かさ【傘】《「笠」と同語源》雨・雪・日光などがじかに当たらないように、広げて頭上に差しかざすもの。竹や金属の骨に紙や布をはり、柄をすえて開閉ができるようにしたもので、「笠」と区別するために「さしがさ」ともいう。「一を差す」〔類語〕洋傘・唐傘・番傘・蝙蝠(こうもり)傘・蛇の目傘・雨傘・日傘・パラソル

か-さ【過差】(クヮ)分に過ぎたこと。分不相応なおごり。ぜいたく。「一殊の外に好ませ給ひて、大饗せさせ給ふに」〈大鏡・伊尹〉

かさ【×嵩】❶物の大きさ、分量。体積。容積。「荷物の一が張る」「水の一が増す」❷高い所。「敵の行く前(さき)は難所なる山路にては、一より落とし懸けて」〈太平記・一五〉❸威厳。貫禄。重み。「近代は在家の風情皆かはりて、心の一もなく、器量も弱く」〈沙石集・四〉

嵩から◦出る　威圧的な態度で、相手をのんでかかる。高飛車に出る。「其の身の誤り人に言はせぬ前置きに、一◦出ることばなり」〈浄・五枚羽子板〉

嵩に懸か・る　❶優勢に乗じて攻めかかる。「一・って攻撃する」❷優位の地位・立場をいいことにして相手を威圧する。「一・って命令する」〔補説〕「笠に着る」との混同で、「笠に懸かる」と書くのは誤り。

嵩に回(まわ)・る　相手を圧倒する形勢となる。

かさ【×暈】《「笠」と同語源》太陽や月の周囲にできる淡い光の輪。光が高層大気中に浮かぶ氷の微細な結晶を通過するときに屈折して起こる。日暈(ひがさ)・月暈(つきがさ)の類。光環(こうかん)。ハロー。うん。

かさ【×瘡】❶皮膚のできもの、はれもの。また、傷の治りぎわにできるかさぶた。❷梅毒の俗称。

瘡を掻(か)・く　皮膚病にかかる。特に、梅毒にかかる。「業平(なりひら)の一・かぬも不思議なり」〈柳多留・四〉

か-ざ【▽冠▽者】(クヮ ジャ)《「かじゃ」の直音表記》「かんじゃ(冠者)」に同じ。「一の君の御さま」〈源・少女〉

かざ【▽香┊香＝気┊臭＝気】におい。かおり。「お酒の一がして」〈上司・鱧の皮〉

か-ざ【×跏×坐】「結跏趺坐(けっかふざ)」の略。

かざ【風】〘語素〙《「かぜ(風)」の、複合語を作るときの形》他の語の上に付いて、「かぜ」の意味を表す。「一車(ぐるま)」「一上(かみ)」「一穴(あな)」

がさ《「捜す」の語幹「さが」の倒語》家宅捜索のために警官が立ち入ること。「一を食う」「一を入れる」

ガザ〖Gaza〗パレスチナ南西部の都市、およびそれを中心とする地域。地中海に面し、古代から交易の要地。1948年エジプト領に編入されたが、67年以来イスラエルが占領。93年のオスロ合意(パレスチナ暫定自治協定)に基づいて、96年にパレスチナ暫定自治政府が成立し、その統治下に入った。イスラエル軍は2005年9月にガザから完全撤退したが、翌年1月のパレスチナ立法評議会選挙でハマースが過半数の議席を獲得し、同年3月にハマース主導の自治政府内閣が成立すると、再びガザを侵攻し、境界を封鎖。08年から09年にかけて、ガザはイスラエルによる大規模な侵攻を受け、多くの一般市民が犠牲となった。

カザーク〖Kazak〗►コサック

かさ-あげ【×嵩上げ】〘名〙(スル)❶堤防などを積み上げて、今までよりも高くすること。「一工事」❷金額をさらにふやすこと。「予算を一する」
〔類語〕割増し・上積み・上乗せ・水増し・底上げ・加算

かざ-あし【風脚┊風足】風の吹く速さ。風速。
〔類語〕風力・風速

かさ-あて【×笠当て】かぶり笠の内側の、頭に当たる所につける小さい布団のようなもの。

かざ-あな【風穴】❶風が吹き通る穴やすきま。障子の破れ穴など。❷通風・換気のために壁や窓にあけた穴。かざぬき。❸山腹などにある大きな奥深い穴。夏、冷風が吹き出る。ふうけつ。

風穴を開・ける　槍・鉄砲の弾丸などで、胴体を貫く。「どてっぱらに一・けてやるぞ」

かさあみ-りょう【×笠網漁】(レフ)愛知県新城市出沢(すざわ)地区で行われる鮎(あゆ)漁。地区内を流れる豊川(とよかわ)にかかる鮎滝を遡上しようと跳躍する鮎を笠網という網ですくい取る。江戸時代寛永ごろ(17世紀初)に始まる漁法。

ガザーリー〖Abū Hāmid al-Ghazālī〗[1058〜1111]イスラム聖法学者・神学者・神秘思想家。ラテン語名アルガゼル。哲学を批判して正統神学を擁護し、他方ではそれを神秘主義と結合してイスラム教の再興を図った。ガッザーリー。

か-さい【火災】(クヮ)火による災難。火事。「一に遭う」
〔類語〕火事・火難・出火・失火・炎上・大火・小火(ぼや)・自火・近火・急火・怪火・不審火(び)・祝融(しゅくゆう)・回禄(かいろく)

かさい【加西】兵庫県中南部の市。中心の北条は農産物の集散地。播州(ばんしゅう)織・播州表(おもて)の産地。電機工業も盛ん。玉丘古墳・一乗寺がある。人口4.8万(2010)。

か-さい【花菜】(クヮ)花を食用とする野菜。カリフラワー・ブロッコリーなど。

か-さい【果菜】(クヮ)❶果物と野菜。❷果実を食用とする野菜。キュウリ・ナス・トマトなど。〔類語〕野菜・蔬菜(そさい)・青果・洋菜・青物・花菜・根菜・葉菜

か-さい【家妻】妻のこと。

か-さい【家宰】家の仕事を、その家長にかわって取りしきる人。

か-さい【家裁】「家庭裁判所」の略。

かさい【葛西】㊀東京都江戸川区南部の地名。㊁東京都葛飾区および江戸川区南部の地域。もとは下総(しもうさ)国葛飾郡の江戸川以西の称で、のち武蔵(むさし)国の一部となる。笠井。

か-さい【過載】(クヮ)「過積載」に同じ。

か-さい【禍災】(クヮ)わざわい。災難。災害。

か-さい【寡妻】(クヮ)❶自分の妻を謙遜していう語。荊妻(けいさい)。愚妻。❷夫と死に別れた妻。寡婦。

か-さい【歌才】歌を作る才能。「天賦の一」

か-ざい【火罪】(クヮ)戦国・江戸時代に行われた刑罰の一。罪人を市中引き回しのうえ、火あぶりにした刑罰。キリスト教信者やその他の重罪人に対して行ったが、寛保2年(1742)以降は放火犯にのみ適用。

か-ざい【花材】(クヮ)生け花に用いる材料。木物(きもの)・草物(くさもの)・葉物(はもの)・つる物など種類も多く、ドライフラワー・金属・合成樹脂などの無機物も用いられる。

か-ざい【家財】❶一家の財産。❷家にある家具・調度・衣類などの道具類。〔類語〕(❶)資産・財産・恒産・私財・財・身代(しんだい)・富・産・資財・財貨・貨財・私産・家産・身上(しんしょう)／(❷)家具・指し物・什器(じゅうき)・什物(じゅうもつ)

か-ざい【貨財】(クヮ)貨幣と財物。金銭と物品。財貨。「土地一悉く幼女フロレンスの手に遺す」〈織田訳・花柳春話〉〔類語〕財産・財・産・資産・資財・財貨・私産・私財・家産・家財・富・身代(しんだい)・身上(しんしょう)・恒産

か-ざい【歌材】歌の素材。和歌を詠む材料。

が-さい【画才】(グヮ)絵をかく才能。

が-ざい【画材】(グヮ)❶絵になる材料。絵の題材。❷絵をかくときに使う材料。絵の具や筆・画布など。

かさい-おどり【×葛西踊(り)】(をどり)念仏踊りの一。江戸時代、武蔵(むさし)国葛西の農民が鉦(かね)・太鼓・笛の囃子(はやし)で、江戸の大路を踊り回ったもの。葛西念仏。泡斎(ほうさい)念仏。

かさい-がん【火砕岩】(クヮサイ)火山砕屑物(さいせつぶつ)が固結してできた堆積岩(たいせきがん)。凝灰岩・凝灰角礫岩(かくれきがん)など。火山砕屑岩。

かさい-かんちき【火災感知器】(クヮサイ)火災の発生を自動的に感知して警報する装置。ふつう、建物の中央に取り付け、温度の上昇に反応する熱感知器と煙の微粒子に反応する煙感知器とがある。

かざ-いき【風息】風向きや風速が短時間に乱れる現象。

かさい-きゅう【火砕丘】(クヮサイキウ)爆発的な噴火により放出された火山砕屑物(さいせつぶつ)が火口の周りに積み重なってできた、円錐形の小形の火山。ホマーテ。臼状(きゅうじょう)火山。火山砕屑丘。

かさい-きゅうじょぶくろ【火災救助袋】(クヮサイキウジョぶくろ)高層建築物での火災のとき、避難するのに用いる布製の筒状の用具。窓などに取り付けて地上に斜めに垂らし、中を滑り降りる。救助袋。

かさい-けいほう【火災警報】(クヮサイ)火災の発生しやすい気象条件になったときに出される警報。空気が乾燥して強風が吹くときに出される。

かさい-し【加西市】►加西

かさ-いし【×笠石】❶石や煉瓦(れんが)積みの塀や手すりの上部に載せる石。❷石灯籠の上部の笠状の石。

かさい-ぜんぞう【葛西善蔵】(ゼンザウ)[1887〜1928]小説家。青森の生まれ。自らの生活の苦悩を描き、破滅型の私小説作家といわれる。小説に「哀しき父」「子をつれて」「放浪」「湖畔手記」など。

かさ-いた【×笠板】戸袋などの上にかぶせる板。

かざい-どうぐ【家財道具】(ダウグ)家にある家具・器具・衣類などの総称。

かさい-ねんぶつ【▽葛西念仏】❶「葛西踊り」に同じ。❷歌舞伎下座音楽の一。葛西踊りの囃子(はやし)を模したもので、鉦(かね)と太鼓を三点ずつ一緒に打つ。農家・仏寺・土手などの寂しい場面や、立ち回り、殺し場に用いる。

かさい-のり【▽葛西海＝苔】昔、武蔵(むさし)国葛西辺りの海でとれた海苔。

かさい-ばやし【▽葛西×囃子】江戸中期、武蔵(むさし)国葛西で始められたといわれる祭り囃子。現在の東京都およびその周辺の祭り囃子の祖とされる。

かさい-ぶつ【火砕物】(クヮサイ)►火山砕屑物(かざんさいせつぶつ)

かさい-ぶね【▽葛西舟】武蔵(むさし)国葛西の農産物を江戸へ運んだり、肥料用に江戸の糞尿(ふんにょう)を葛西へ運んだりするのに用いた舟。

かさい-ほうちき【火災報知機】(クヮサイ)火災の発生を急報する押しボタン式の発信装置。消防機関へ直接通報できるものや、建物内でベルを鳴らして知らせるものがある。

かさい-ほけん【火災保険】(クヮサイ)火災によって生じ

る損害の塡補を目的とする保険。

かさい-りゅう【火砕流】クヮサイリウ 火山灰・軽石・岩滓などが火山ガスと混合し、一団となって火口から一気に流れ下る現象。マグマの粘性が大きい場合に生じ、しばしば大きな被害をもたらす。

かざ-いれ【風入れ】部屋・衣類・書物などに風を通して、湿気をとること。虫干し。かぜいれ。

がさ-いれ【がさ入れ】〔名〕スル《多く「ガサ入れ」と書く。「ガサ」は「さが(捜)す」の「さが」を逆さ読みにした語》警察などによる家宅捜索をいう隠語。

かさい-れっとう【花×綵列島】クヮサイレッタウ 花綵のような形に配列している列島。アリューシャン・千島・日本・琉球の各列島をいう。弧状列島。

かざ-うえ【風上】―うへ「かざかみ」に同じ。「―カラ火ヲカケテ」〈天草本平家・二〉

かさおか【笠岡】かさをか 岡山県南西端の市。笠岡諸島も含まれ、神島などは干拓により陸続きとなった。化学肥料・食器・電器などの工業が盛ん。カブトガニの保護センターがある。人口5.4万(2010)。

かさおか-し【笠岡市】かさをか― ▶笠岡

かざ-おさえ【風押(さ)え】―おさへ 風に吹かれて飛び散らないようにするおもし。

かざ-おち【風落ち】果実が風のために落ちること。また、その落ちたもの。「道の辺のかへの―拾ふとて木の下がくれ行きぞやられぬ」〈新撰六帖・六〉

かざ-おと【風音】❶風の吹く音。かぜおと。❷歌舞伎下座音楽の一。大太鼓を小刻みに打ちつづけて、風の吹く音やすきま風の感じを表すもの。

かさ-おどり【傘踊(り)｜×笠踊(り)】―をどり さし傘・かぶり笠を持っておどる踊り。

かざおり-えぼし【風折×烏▽帽子】かざをり― 立て烏帽子の頂が風に吹き折られた形の烏帽子。狩衣着用のときにかぶる。右折りは上皇、左折りは一般が用いた。平礼烏帽子。かざおり。

かざ-おれ【風折れ】―をれ 樹木などが風で折られること。かざおり。「柳に―なし」

かさ-がい【×笠貝】―がひ ツタノハガイ科の巻き貝。潮間帯の岩礁にすむ。貝殻は笠状で、殻径8センチくらい。殻表は放射状の肋が走り、淡褐色。小笠原諸島に分布し、天然記念物。また、一般に笠状の殻をもつ貝をいい、ヨメガカサガイなどがある。

かさ-かき【×瘡×掻き】できもののできている人。特に、梅毒にかかっている人。かさっかき。

かさ-がけ【×笠懸】馬に乗って走りながら弓を射る競技。平安末期から鎌倉時代にかけて盛んに行われた。もとは射手の笠をかけて的としたが、のちには円板の上に牛革を張り、中にわらなどを入れたものを用いた。小笠懸・遠笠懸・神事笠懸などの種類がある。

かさがけ-ひきめ【×笠懸×蟇目】笠懸に用いる矢の蟇目。犬射蟇目より小さく、内部を空洞として、挫目という縦の筋を入れるのを特色とする。

かさ-かさ ㊀〔副〕スル ❶乾いた物、薄くて軽い物が触れ合う音を表す語。かさこそ。「―(と)落ち葉を踏んで歩く」❷水分や脂気が抜けて滑らかでなく、干からびた感じがするさま。「―した肌」❸精神的なゆとりや潤いに欠けているさま。「―した感じの人」㊁〔形動〕㊀❷に同じ。「高熱が続いて唇が―になった」 アクセント㊀はカサカサ、㊁はカサカサ。

がさ-がさ ㊀〔副〕スル ❶乾いた物が触れ合う音を表す語。「かさかさ」より強く、騒がしい音を表す。「やぶで―(と)音がする」❷水分や脂気が抜けてきめが粗く、荒れた感じがするさま。「―した松の幹」❸言動に落ち着きがなく、荒っぽいさま。感情のこまやかさに欠けていて、人の神経にさわるさま。「―した人」㊁〔形動〕㊀❷に同じ。「手が荒れて―になる」 アクセント㊀はガサガサ、㊁はガサガサ。

かさ-が-たけ【笠ヶ岳】岐阜県北東部、飛騨山脈にある山。標高2897メートル。山頂東側にはカール(圏谷)や、小石が亀の甲の形にならぶ亀甲砂礫が見られる。中部山岳国立公園に属する。名の由来は、山容が笠の形に見えることから。肩ヶ岳。

かざ-ガッパ【風ガッパ】袖のない木綿製の風雨よけのカッパ。江戸時代、商人が旅行などに用いた。

かさ-がみ【傘紙】唐傘に張る、コウゾ・ガンピ・ミツマタなどから製する和紙。美濃・土佐の産が有名。

かざ-かみ【風上】風が吹いてくる方向。かざうえ。㊥風下。〔類語〕風下・風向・風向き

風上に置けない 《風上に悪臭を発するものがあれば風下では臭くて困るところから》性質や行動の卑劣な者をののしっていう言葉。仲間としてはとうてい扱えぬほど卑劣だ。「男の―ないやつ」

かさ-ぎ【×笠木】鳥居や門・塀・手すりなどの上端に渡す横木。冠木。

かさぎ【笠置】京都府南部、相楽郡の地名。木津川が東西を貫流し、その南に笠置山・笠置寺がある。

かさぎがた-とうろう【×笠▽置形灯籠】笠置山の道しるべに立てたものにかたどって作ったとされる灯籠。

かさぎ-さんち【笠置山地】奈良県・京都府・三重県にまたがる山地。最北端に笠置山がある。南部は大和高原とよばれる。

かさぎ-ちょう【笠置町】―チャウ ▶笠置

かさぎ-でら【笠置寺】笠置山上にある真言宗智山派の寺。山号は鹿鷺山。大友皇子(弘文天皇)の創建と伝える。古くから弥勒信仰の霊地とされ、建久3年(1192)貞慶の再興後は、その中心道場となった。元弘元年(1331)後醍醐天皇の行宮が置かれた。磨崖仏群は奈良時代末期の作とされる。

かさぎ-やま【笠置山】京都府南部、笠置町にある山。標高324メートル。山上に笠置寺がある。

かざ-きり【風切り】❶船の上に立てて風の方向を見る旗。風見の一。❷桟瓦葺きの屋根の切妻近くに、棟から軒まで葺いた丸瓦。❸「風切り羽」の略。

かざきり-おん【風切り音】空気の流れによって発生する騒音。走行中の自動車や列車、飛行中の飛行機、ヘリコプターの回転翼、換気装置や冷却装置のファンが発生する音のほか、マイクロホンに風が当たることで生じる雑音などがある。

かざきり-ばね【風切り羽】鳥の翼の後縁をなす、長くじょうぶな羽。飛翔に用いられ、骨から生えている。外側から内側へ初列・次列・三列と区分でき、初列風切り羽は、はばたきのときに推力を発生させる。かざきりば。

かさぎ-れんが【×笠着連歌】中世以降、寺社の祭や法会に行われ、参詣人などが自由に参加できた、庶民的な連歌。着座した連衆以外は、立ったまま笠もぬがずに句を付けたので、この名がついた。花の下連歌の流れをくむもの。

か-さく【仮作】〔名〕スル ❶仮に作ること。また、作ったもの。❷実際にはない物事を想像によって作ること。また、作ったもの。虚構。「故意に物語を―せずとも」〈逍遥・小説神髄〉

か-さく【佳作】❶文学作品・芸術作品などで、出来栄えのいい作品。❷絵画・文芸作品のコンクールなどで、入賞した作品に次ぐ優れた作品。「選外―」〔類語〕名作・傑作・佳編・秀作・労作・力作・大作

か-さく【家作】❶家をつくること。また、その家。❷人に貸して収益をあげるためにつくった持ち家。貸し家。「―持ち」

か-さく【寡作】クヮ― 〔名・形動〕芸術家などが作品を少ししか作らないこと。制作数が少ないこと。また、そのさま。「―な画家」㊥多作。

がさくさ-りゅう【がさくさ流】―リウ 文字を粗雑に、また、まずく書くこと。また、そのように書いた筆跡。他人をあざけったり、また、自分でへりくだったりして言う場合などに用いる。「―の口上書き、読みかぬるは」〈浄・関八州繋馬〉

かざ-ぐすり【風薬｜風=邪薬】「かぜぐすり」に同じ。

かざ-ぐち【風口】《「かざぐち」とも》❶風が吹き込む口。通風口。❷立烏帽子の頭から余って後ろに出た部分。❸折烏帽子のひな形の後ろの穴。

風口の蝋燭 消えやすいこと、はかないことのたとえ。風前の灯。

かさ-ぐも【×笠雲】高い山の頂に、笠をかぶったようにかかる雲。

かざ-ぐも【風雲】❶強風が吹く前兆とされる雲。かぜぐも。「是こそ―よ、と申しも果てねば、大風落ち来る」〈義経記・四〉❷「かぜぐも❶」に同じ。

かさく-ものがたり【仮作物語】虚構の物語。作り物語。フィクション。

かざ-ぐるま【風車】❶「ふうしゃ(風車)」に同じ。❷ビニール・色紙などで小さな羽根車のように作って柄をつけ、風が吹くと回るようにした子供のおもちゃ。〔季 春〕「廻らぬは魂ぬけし―/虚子」❸キンポウゲ科の落葉性の蔓植物。林縁などに生え、葉は卵形の小葉からなる複葉。5、6月ごろ、白または淡紫色の花びら状の萼を8枚もつ❷に似た形の花が咲く。〔季 夏〕❹紋所の名。❷をかたどったもの。

かさ-け【×瘡気】梅毒の気味。また、梅毒。

かざ-け【風気｜風=邪気】「かぜけ」に同じ。

かさ-ご【×笠子】❶フサカサゴ科の海水魚。沿岸岩礁域にすむ。全長約25センチ。体は長卵形。頭が比較的大きく、とげがある。体色は暗褐色から赤色まで変化に富み、体側に複雑な暗色紋がある。卵胎生。冬に美味。あかうお。がしら。❷カサゴ目フサカサゴ科の海水魚の総称。ミノカサゴ・ソイ・メバル・メヌケ・キチジなどが含まれる。

かざ-ごえ【風声｜風=邪声】―ごゑ 風邪気味で、しゃがれたり、鼻にかかったりする声。かぜごえ。

かさ-ごこう【傘御光】―ゴクヮウ 仏像の光背の一。光明を表す線が、頭部から傘状に放射した形のもの。

かざごし-の-みね【風越の峰】「風越山㊀」に同じ。〔歌枕〕「―の上にて見るときは雲は麓のものにぞありける」〈詞花・雑下〉

かざごし-やま【風越山】㊀長野県飯田市西部にある山。標高1535メートル。かざごしのみね。ふうえつざん。〔歌枕〕「吹き乱る―の桜花麓の雲に色やまがはん」〈夫木・二〇〉㊁長野県木曽郡上松町にある山。標高1699メートル。木曽山脈の西側に位置する。かざごしやま。

かさ-こそ〔副〕乾いた枯れ葉や紙などが軽く触れあって発するかすかな音を表す語。「風で枯れ葉が―と舞い上がる」

かささぎ【×鵲】カラス科の鳥。全長約45センチ。尾が長く、肩と腹が白く、ほかは緑色光沢のある黒色。雑食性。ユーラシア大陸と北アメリカ西部に分布。日本では佐賀平野を中心に九州北西部にだけみられ、人里近くにすむ。天然記念物。かちがらす。朝鮮烏。高麗烏。〔季 秋〕「月天心又―の渡りけり/霽月」

かささぎ-の-かがみ【×鵲の鏡】❶裏面にカササギの模様のある鏡。単に、鏡をもいう。「あまのはら光射し添ふ―と見ゆる秋の夜の月」〈夫木・一三〉❷《鏡の意から》月の異称。

かささぎ-の-はし【×鵲の橋】❶七夕の夜、牽牛・織女の二星が会うとき、カササギが翼を並べて天の川に渡すという想像上の橋。男女の契りの橋渡しのたとえにも用いる。烏鵲橋。「天の川扇の風に霧はれて空すみわたる―」〈拾遺・雑秋〉〔季 秋〕❷宮中を天上になぞらえて、その殿舎の階段。「深き夜の雲居の月やさえぬらん霜に渡せる―」〈続古今・冬〉

かさ-じ【傘地】―ヂ こうもり傘用の布地。

かざし【挿=頭】上代、草木の花や枝などを髪に挿したこと。また、挿した花や枝。平安時代以後は、冠に挿すことにもいい、多く造花を用いた。幸いを願う呪術的行為が、のち飾りになったものという。「秋萩は盛り過ぐるをいたづらに―に挿さず帰りなむとや」〈万・一五五九〉➡簪華

かざし【×翳し】❶かざすこと。また、かざすもの。❷能・狂言の型の一。扇を右手に持って高くかざすようにすること。翳し扇。❸「翳し文句」の略。

かざ-しお【風潮】―しほ 台風などの強風によって起こる高潮。

かざし-ぐさ【挿=頭草】❶《新古今集・春下の「ももしきの大宮人はいとまあれや桜かざして今日もくらしつ」の歌から》桜の異称。❷《賀茂祭でかざしにする

ところから》フタバアオイの別名。(季 夏)

かざし-ことば【×翳し▽詞】忌み詞の一。俳諧などで、正月三が日の間に、物の名を忌み、呼びかえて使う言葉。「雨」を「おさがり」、「寝る」を「いねつむ」、「おきる」を「いねあぐる」という類。

かさ-じころ【×笠×錣】笠のような形をした、兜(かぶと)のしころ。

かざししょう【挿頭抄】(かざしセウ) 江戸中期の語学書。3巻。富士谷成章(ふじたになりあきら)著。明和4年(1767)成立。文首・語頭にあって付属的に下へ係っていく、連用・連体修飾語、代名詞・感動詞・接続詞、接頭語などを挿頭(かざし)と呼び、それぞれについて解説・研究した書。名(な)・装(よそ)い・挿頭・脚結(あゆい)の品詞分類、国語史を上古・中古・中ころ・近き世に分けた時代区分や、和歌の口語訳など、後世に与えた影響は大きい。➡脚結抄(あゆいしょう)

かさ-じぞう【×笠地蔵】(―ヂザウ) 昔話の一。年の暮れに心やさしい老爺(ろうや)が雪をかぶった六地蔵に笠をかぶせてやると、夜中に六地蔵が米や金をお礼に持って来るという話。

かざ-した【風下】「かざしも」に同じ。

風下に◦居(い)る　人のふうをまねる。人の影響下にいる。「忘れても島田平右衛門が娘の―◦居るな」〈浄・宵庚申〉

かざし-の-は【×翳しの羽】「翳(さしば)」に同じ。

かざ-しも【風下】風の吹いていく方向。かざした。㊀風上(かざかみ)。(類語)風上・風向・風向き

風下に立・つ　他に後れをとる。劣位にいる。「後輩の―・つ」

かざし-もんく【×翳し文句】謡曲の文句の中に忌みはばかるものがあるとき、その部分を他の文句にかえて謡うこと。また、その文句。祝言などで「高砂やこの浦舟に帆をあげて月もろともに出(い)で潮の」の「出で潮の」の部分を「入り潮の」と謡いかえる類。

かさ-じるし【×笠▽標】戦場で敵味方を見分けるために、兜(かぶと)などにつけたしるし。多くは小旗を用い、家紋や文字などを染めた。➡袖標(そでじるし)

かざ-じるし【風▽標】「風見(かざみ)」に同じ。

かさじるし-の-かん【×笠▽標の×鐶】(―クワン) 兜(かぶと)の鉢の後部中央に打った金輪。笠標をつけるためだが、普通は赤の総角(あげまき)をつける。高勝鐶(こうしょうかん)。笠標付けの鐶。

かざ・す【挿＝頭す】〔動サ五(四)〕《「かみ(髪)さ(挿)す」の音変化という》❶草木の花や枝葉、造花などを髪や冠にさす。「野の花を髪に―・す」❷物の上に飾りつける。「あやしき小家の半蔀(はじとみ)も、葵(あおい)など―・して」〈堤・ほどほどの懸想〉

かざ・す【×翳す】〔動サ五(四)〕❶手に持って掲げる。「優勝旗を―・す」❷物の上へ、手などをおおうように差し出す。「ストーブに手を―・す」❸頭上や顔のあたりに手や物などをさしかけて光をさえぎる。「小手を―・す」「扇子を―・す」

かさ-すげ【×笠×菅】カヤツリグサ科の多年草。湿地に群生し、高さ約1メートル。根茎は太く、泥中をはう。茎は三角柱。葉は細長く、堅い。夏、長大な花穂を出す。刈り干した葉を編んで蓑(みの)や菅笠を作る。みのすげ。すげ。

かさ-だか【×嵩高】〔形動〕文〔ナリ〕❶分量や体積が大きいさま。かさばるさま。「―な荷物」❷高圧的で横柄なさま。「―な口のきき方」❸大げさなさま。「お庄は余り―なような気がして」〈秋声・足迹〉

かさ-だか・い【×嵩高い】〔形〕文かさだか・し〔ク〕❶物の分量や体積・容積が大きい。かさばっている。「―・い荷物」❷人を見くだして横柄な態度である。高圧的である。「―・い物言いをする」

かさ-たて【傘立て】玄関などに置き、傘を立てておく入れもの。

か-さつ【苛察】〔名・形動〕細かい点にまで立ち入って、厳しく詮索(せんさく)すること。また、そのさま。「物の大体を見る事においては…とかく―に傾きたがる男で」〈鴎外・阿部一族〉

がさつ〔形動〕文〔ナリ〕細かいところまで気が回らず、言葉や動作が荒っぽくて落ち着きのないさま。「―な男」「―な文章」(派生)がさつさ〔名〕(類語)荒い・荒っぽい・荒荒しい・手荒い・乱暴・野蛮・手荒・粗野

カザック〖(ロシア) Kazak〗▶コサック

がさ-つ・く〔動カ五(四)〕❶がさがさと音を立てる。「ビニール袋が―・く」❷言動ががさつである。動作・態度が落ち着かない。「―・いたやつ」

かさ-づけ【×笠付け】「冠付(かむりづ)け」に同じ。

カサ-デ-カンポ〖Casa de Campo〗スペインの首都、マドリード南西部にある広場。同市最大の面積を誇る緑地帯で、動物園や遊園地、見本市会場などがある。

かさでら【笠寺】名古屋市南区の地名。昔話「笠地蔵」にちなむ笠寺観音を本尊とする笠覆(りゅうふく)寺(通称、笠寺)がある。

カサ-デ-ロス-ボティネス〖Casa de los Botines〗スペイン北西部、カスティーリャ-イ-レオン州の都市レオンにある建物。建築家ガウディの設計で19世紀後半に建てられた。現在は銀行として使われている。

かざ-と【風戸】煙道の途中にあって、風の通りを調節する簡単な仕切り口。

かざ-とおし【風通し】(―とほし)「かぜとおし」に同じ。

かさ-とがめ【×笠×咎め】擦れ違った人の笠が自分の笠に触れた無礼をとがめること。また、路上で行きあった、こちらより身分の低い者が、笠をつけたまま通り過ぎる無礼をとがめること。「馬の乗り合ひ、―にて祐成討たれ給ひなば」〈幸若・和田宴〉

かさど-しま【笠戸島】山口県南東部、下松(くだまつ)市沖の瀬戸内海にある島。対岸の大島半島との間に笠戸湾をはさむ。昭和45年(1970)、笠戸大橋によって本土と結ばれた。島内の山林は自然休養林に指定。大島半島の太華(たいか)山(標高366メートル)とともに瀬戸内海国立公園の一部。名の由来は、厳島(いつくしま)神社の明神が笠を置いたという伝説から。

かさとり-やま【笠取山】京都府宇治市北東部の山。醍醐山(だいごさん)の東にある。標高371メートル。紅葉の名所。〔歌枕〕「雨ふれば―のもみぢばは行きかふ人の袖さへぞてる」〈古今・秋下〉

かざ-なみ【風波】風と波。また、風によって起こる波。ふうは。かぜなみ。

かざ-なみ【風並(み)】❶風向き。風の吹く方向。「―ハイカガ」〈和英語林集成〉❷物事のなりゆき。「先刻よりの過言今さら後悔(こうかい)いたすと―直れば両人は蘇生した心地して」〈滑・八笑人・初〉

かさなり【重なり】重なること。また、重なった状態。

かさな・る【重なる】〔動ラ五(四)〕❶ある物の上に、さらにそれと同類の物が載る。幾重にも層をなす。「人が―・って倒れる」❷ある物事に、さらにそれと同類の物事が加わる。㋐同じ事が繰り返し起こる。たびかさなる。「―・る惨事」「不幸が―・る」㋑複数の物事が同時に一緒になる。かち合う。「用事が―・る」「日曜と祝日が―・る」(類語)積もる・続く・相次ぐ・度(たび)重なる・継起する・続発する・連発する・続出する

ガザニア〖(ラテン) Gazania〗キク科の多年草または一年草。南アフリカ原産。観賞用。初夏から初秋にかけて、橙(だいだい)・桃・白色の大きな花をつける。

かさ・ぬ【重ぬ】〔動ナ下二〕「かさねる」の文語形。

かさぬい-の-むら【笠縫邑】(かさぬひ―) 日本書紀で、崇神(すじん)天皇が天照大神(あまてらすおおみかみ)を皇女豊鍬入姫(とよすきいりびめ)に祭らせたと伝える倭(やまと)の地。奈良県磯城(しき)郡田原本町新木(にき)、桜井市内などの説がある。

かざ-ぬき【風抜き】「かぜぬき」に同じ。

かさね【重ね¦▽襲】㊀〔名〕❶重ねること。また、重ねたもの。❷衣服を重ねて着ること。また、その衣服。重ね着。❸(襲)平安時代、袍(ほう)の下に重ねて着た衣服。下襲(したがさね)。❹(襲)襲(かさね)の色目。「紅梅―」㊁〔接尾〕助数詞。数を表す和語に付いて、重なっているもの、重ねてあるものを数えるのに用いる。「重箱ひと―」「ひと―の座布団」

かさね【累】㊀承応・寛文(1652～1673)ごろ、下総(しもうさ)の羽生(はにゅう)村にいたという醜女(しこめ)。夫与右衛門に殺され、その怨念は一族にたたったという。歌舞伎や浄瑠璃に脚色され、近世演劇に累物(かさねもの)という一系統を形成している。㊁歌舞伎舞踊。清元。本名題「色彩間苅豆(いろもようちょっとかりまめ)」。松井幸三作詞、初世清元斎兵衛作曲。文政6年(1823)江戸森田座で、「法懸松成田利剣(けさかけまつなりたのりけん)」の二番目序幕として初演。㊂新内節。義太夫節「伊達競阿国戯場(だてくらべおくにかぶき)」などの詞章を転用したもので、「身売」「土橋」「法印場」の三段からなる。

かさねあわせ-の-げんり【重ね合(わ)せの原理】(かさねあはせ―) 二つ以上の波が、ある点を同時に通過するときの変位は、それぞれの変位のベクトルの和で与えられるという原理。重畳(ちょうじょう)原理。

かさね-いづつ【重井筒】(―ゐづつ) 紋所の名。ひし形の井げたを二つ重ねたもの。

かさね-うじ【重ね氏】(―うぢ) 氏・名字などにほかの称号を重ねて家を表すこと。佐佐木六角・三浦由田などの類。

かさね-うちき【重ね×袿】《「かさねうちぎ」とも》平安時代以降、公家の女子が日常着として、単(ひとえ)の上に袿を数枚重ねて着ること。重ねの袿。五つ衣(ぎぬ)。

かさね-おうぎ【重ね扇】(―あふぎ) 紋所の名。扇をいくつか組み合わせたもの。

かさね-おち【重ね落ち】庭園の滝で、二重三重と階段状に水が流れ落ちるようにしたもの。

かさね-おりもの【重ね織物】縦糸・横糸にそれぞれ2種以上、または、いずれかに3種以上の糸を用いて、組織が二重三重になるように織った織物の総称。表裏で異なった色や模様を織るのに用いる。

かさね-がさね【重ね重ね】〔副〕❶同じようなことが繰り返されるさま。たびたび。「―ご迷惑をおかけしました」「―の不幸」❷念入りに相手に頼み込むさま。自分の心情の深さを相手に伝えようとするさま。くれぐれも。重々(じゅうじゅう)。「―おわび申し上げます」

かさね-がわらけ【重ね土＝器】(―がはらけ) ❶いく枚も重ねた土器。❷三献(さんこん)・五献など定まった数の杯のほかに、さらに重ねる杯。❸旅立ちのとき、安全を祝って飲む酒。「たつほどの―なかりせばおぼえて淀の渡りせましや」〈永久百首〉

かさね-ぎ【重ね着】〔名〕(スル) 衣服を何枚も重ねて着ること。また、その衣服。(季 冬)「―に寒さもしらぬ姿かな/鬼貫」

かさね-ぎり【重ね切り¦重ね斬り】❶物を重ねておいて切ること。❷不義密通をした男女を、一緒に斬ること。重ね胴。「女郎共に―にやあふべきと」〈浮・万金丹・五〉

かさね-く【重ね句】1首の和歌に、同じ語句、または同音の語句を重ねて用いること。「足引の山の山鳥もる山も」の「山」の類。

かさね-くるわ【重ね▽郭】山城で、郭を幾重にも重ねて築いたもの。

かさね-こそで【重ね小袖】小袖を重ねて着ること。また、そのようにして着た小袖。➡小袖

かさね-ことば【重ね言葉¦重ね▽詞】❶意味を強めるために、同じ言葉、または同じ意味の言葉を重ねて用いること。また、その言葉。「降りに降る」「仮庵(かりほ)の庵(いほ)」の類。❷言葉の遊戯で、語頭に同じ音のつく言葉をまちがえずに言うもの。「生麦・生米・生卵」の類。

かさね-さかずき【重ね杯】(―さかづき) ❶大・中・小を重ねてひと組とする杯。組み杯。❷何杯も続けて酒を飲むこと。

かさね-じ【重ね字】「踊り字」に同じ。

かさね-じゅう【重ね重】(―ヂュウ)「組み重(じゅう)」に同じ。

かさね-しょうぞく【▽襲装束】(―シャウゾク) 舞楽で舞人が着用する装束の一。鳥兜(とりかぶと)・袍(ほう)・半臂(はんぴ)・下襲(したがさね)・指貫(さしぬき)・忘れ緒・糸鞋(しがい)・踏掛(ふがけ)などからなる。また、略式で楽人も用いる。常(つね)装束。唐(から)装束。

かさね-すずり【重ね×硯】書道の道具一式を二つの箱に分けて入れ、重ねたもの。重ね硯箱。

かさね-ずり【重ね刷(り)】〔名〕(スル) 多色印刷で、ある色で刷り上げたあとに別の色を重ねて印刷すること。また、そのもの。

かさね-せった【重ね雪▽駄】表の真竹(まだけ)の皮と裏

の獣皮との間に、淡竹の皮を挟んで作った雪駄。

かさね‐そうぞく【▽襲装束】▶かさねしょうぞく

かさね‐ぞうり【重ね草履】表の真竹の皮と裏の革との間に淡竹の皮などを挟んで作った草履。

かさね‐だて【重ね×楯】敵の矢を防ぐため、幾枚も盾を重ねて立てること。また、その盾。

かさね‐だんす【重ね×箪×笥】二つ以上を重ねて、ひと棹とした箪笥。

かさね‐ちがいだな【重ね違い棚】二段以上に重ねて作った違い棚。床の間や書院の脇に設ける。

かさね‐ちゃわん【重ね茶×碗】茶の湯で、客が多人数の場合、2個の茶碗を重ねて持ち出し、濃茶または薄茶をたてる方式。

かさね‐つぎ【重ね継ぎ】和裁で、縫っている途中で糸が終わったときの糸の継ぎ方。少し手前から縫い目を重ねて縫い継ぐこと。

かさね‐つぎて【重ね継(ぎ)手】二つの部材の端を互いに重ねて結合する方式の継ぎ手。鉄筋コンクリート構造で多く用いられる。ラップジョイント。

かさね‐づま【重ね×褄】着物の褄をいく重にも重ねて着ること。着物を何枚も重ねて着ること。

かさね‐て【重ねて】〔副〕❶同じことを繰り返すさま。もう一度。再び。「一注意する」❷この次。今後。「右の御算用は一きっと致さるるでござらうず。只今の代はりは持って参った」〈虎明狂・千鳥〉
〔類語〕また・再び・再度

かさね‐ぬい【重ね縫い】2枚の布端を少し重ね、その中央を縫うこと。重ね接ぎ。

かさね‐の‐いろめ【▽襲の色目】平安時代以降、公家社会に行われた衣服の表地と裏地、また衣服を重ねて着たときの色の取り合わせの種目。男子では直衣・狩衣・下襲などの、女子では唐衣・袿・細長などの表地と裏地や、五つ衣・単などの重なりの色の配合。男女とも季節や年齢などで着用する色が定まっていた。また、所持する懐紙の重なりの配合にもいう。〔補説〕江戸後期以降に使われはじめた語。

かさね‐のみ【重ね飲み】❶酒を立て続けに飲むこと。❷酒気帯び運転などをした者が、飲酒量の特定をさまたげる目的で、その場でさらに酒を飲むこと。

かさね‐へんじ【重ね返事】「はいはい」のように同じ言葉を繰り返した返事。

かさね‐もち【重ね餅】❶大小二つ重ねにした餅。御供え。鏡餅。❷相撲などで、双方が組み合ったまま、重なって倒れること。

かさね‐もよう【重ね模様】織り出したり染め出したりした地模様の上に、さらに浮き模様を重ねたもの。

かさね‐やき【重ね焼(き)】❶陶器などの焼き方で、器を何重にも積み重ねて焼く方法。器の接する部分には釉をかけない。❷写真で、2枚以上の陰画を重ね合わせて1枚の印画紙に焼き付けること。二重焼き付け。

かさ・ねる【重ねる】〔動ナ下一〕〔文〕かさ・ぬ〔ナ下二〕❶物の上に、さらにそれと同類の物を載せる。「書類を一・ねる」「着物を一・ねて着る」❷ある物事に、さらにそれと同類の物事を加える。また、同じことを何度も繰り返す。「悪事を一・ねる」「努力を一・ねる」「年月を一・ねる」⇒積む〔用法〕
〔類語〕盛る・積む

かさ‐の‐いらつめ【笠女郎】女流万葉歌人。万葉集中に、大伴家持に贈った短歌29首がある。生没年未詳。

かさ‐の‐だい【×笠の台】《頭を笠をのせる台と見立てて》人の首。

笠の台が飛・ぶ　首を斬られる。打ち首になる。「お前この銀取ると一・ぶぞえ」〈浄・歌祭文〉

笠の台の生き別れ　首を斬られて頭と胴とが別々になること。打ち首になること。「悪く邪魔立てひろぐが最期、一」〈伎・小袖曽我〉

カサノバ〖Giovanni Giacomo Casanova〗[1725～1798]イタリアの文人。ヨーロッパ各地の貴族の間で漁色・冒険の生涯を送った。フランス語の「回想録」は風俗・文化資料として貴重。カザノバ。

かさの‐はら【笠野原】鹿児島県、大隅半島中央部にあるシラス台地。鹿屋市と肝属郡肝付町にまたがる。東西10キロ、南北14キロ、標高30～170メートル。肝属川上流の支流串良川上流に高隈ダム(高隈湖)があり、畑地灌漑に利用されている。

かさ‐のり【傘海＝苔】カサノリ科の緑藻。南西諸島の海岸の潮だまりに群生。高さ4～6センチ。柄の上部に緑色の傘をつけ、下部に仮根をもつが、1個の細胞からなる。

かさ‐はぐるま【傘歯車】円錐の側面に歯を刻んだ歯車。交わる二軸間で回転運動を伝達するときに用いる。歯すじが直線の直歯傘歯車、曲線の斜歯傘歯車などがある。

カサ‐バトリョ〖Casa Batlló〗スペイン北東部の都市バルセロナの中心部、アシャンプラ地区にある住宅。建築家アントニオ＝ガウディが実業家ジュゼップ＝バトリョの依頼により、1904年から06年にかけて増改築を行った。曲線や曲面を多用した独特な造形で知られる。2005年、「アントニオ＝ガウディの作品群」の名称で世界遺産(文化遺産)に登録された。

かざ‐はな【風花】《「かざばな」とも》❶晴天に、花びらが舞うようにちらつく雪。山岳地帯の雪が上層気流に乗って風下側に落ちてくるもの。〔季冬〕「山国の一さへも荒けなく／虚子」❷初冬のころの晴れた日、風が吹き始める前などに、雨や雪がぱらぱらと降ること。❸「風疿」に同じ。

かざ‐はや【風早｜風速】風が強く吹くこと。多く「かざはやの」の形で、風の激しい土地の形容として用いる。「一の三穂の浦廻を漕ぐ舟の舟人騒く風立つらしも」〈万・一二二八〉

かさはら‐じゅん【笠原淳】[1936～　]小説家。神奈川の生まれ。本名、長野義弘。放送作家ののち小説に専念。「杢二の世界」で芥川賞受賞。日常生活にひそむ暗黒部を描く作風で注目される。他に「ウォークライ」「眩暈」「勾玉」など。

かさ‐はり【傘張り】紙を張って、からかさをつくること。また、その職人。からかさはり。

かさ‐ば・る【×嵩張る】〔動ラ五(四)〕物のかさが増す。体積が大きくて場所をとる。「荷物が一・る」
〔類語〕かさむ

かざ‐びえ【風冷え】強い風が吹きつけて冷えること。また、そのような寒さ。「一の日」

カサ‐ビセンス〖Casa Vicens〗スペイン北東部の都市バルセロナのグラシア地区にある住宅。建築家アントニオ＝ガウディが実業家マヌエル＝ビセンスの依頼により設計。1883年から85年にかけて建造された。ガウディの初期の作品で、アルハンブラ宮殿やムデハル様式の影響を受けている。2005年、「アントニオ＝ガウディの作品群」の名称で世界遺産(文化遺産)に登録された。

かざ‐ひまち【風日待ち】▶風祭り

カザフ〖Kazakh〗カザフスタンの旧称。

かさ‐ぶくろ【傘袋｜笠袋】中世以降、旅行などのときにかさを入れて持ち運ぶための袋。持ち主の身分などによって、材質・装飾などに区別があった。

カザフスタン〖Kazakstan〗中央アジアの共和国。西はカスピ海に、東は中国に接する。首都アスタナ。1991年ソ連邦の解体に伴い独立。大部分がステップ地帯で、牧畜・農業が盛ん。地下資源も豊富。旧称カザフ。人口1546万(2010)。

かさ‐ぶた【×瘡蓋｜×痂】傷などの表面に、にじみ出た漿液・膿・血液などが乾いて固まってできる皮。痂皮。

カサブブ〖Joseph Kasavubu〗[1917～1969]コンゴの政治家。父は中国人。コンゴ独立運動を指導、1960年の独立とともに初代大統領となったが、65年モブツ将軍のクーデターにより失脚、追放された。

カサブランカ〖Casablanca〗《スペイン語で、白い家の意》モロッコ最大の都市。大西洋に面する港湾都市で、商業や金属・化学などの工業が盛ん。アラビア語名、ダルエルベイダ。人口、行政区300万(2007)。

かさ‐ぼこ【傘×鉾｜×笠×鉾】祭礼の飾り物で、大きな傘の上に鉾・なぎなた・造花などを飾りつけたもの。

かさぼこ‐ぐも【傘×鉾雲】南の空に現れる、傘を開いたような形の雲。風の吹く前兆とされる。

かさ‐ぼね【傘骨】からかさ・こうもりがさなどの、ほね。傘の骨。

かざ‐ほろし【風×疿】《「ほろし」は発疹のこと。「かざぼろし」とも》風邪の熱などがもとで皮膚に生じる小さな発疹。かざはな。〈和名抄〉

かさま【笠間】茨城県中部の市。日本三稲荷の一つの笠間稲荷の鳥居前町として発展。笠間焼や花崗岩石材を産する。友部地区は道路・鉄道網の要衝。平成18年(2006)3月、友部町・岩間町と合併。人口7.9万(2010)。

かざ‐ま【風間】❶風の絶え間。かぜま。「君によりをちの早船さしはやし一も待たずこがれ来るかな」〈浜松・二〉❷風の吹いている時。「雨降り一には、転んだり何か致さねで」〈滑・浮世風呂・二〉

かさま‐し【笠間市】▶笠間

かざ‐まち【風待ち】〔名〕スル 船が出帆しようとして、順風を待っていること。かぜまち。

かざ‐まつり【風祭(り)】二百十日前後に、風害から農作物を守るため、風神に風の荒れないように祈る農耕儀礼。正月や盆などに行う地方もある。竜田大社の風の神祭りが有名。風日待ち。かぜまつり。

かざ‐まど【風窓】❶風を通すために作った窓。❷床下の湿気を防ぐために設けた、風を通す穴。

かざみ【▽汗×衫】《「汗衫」の字音「かんさん」の音変化》❶衣類に汗がにじむのを防ぐために着た単の下着。あせとり。「山吹の絹の一よくさらされたる着たるが」〈宇治拾遺・一一〉❷平安時代以降、後宮に奉仕する童女が表着の上に着た正装用の服。脇が明き、裾を長く引く。この服装のとき、濃の袴に表袴を重ねてはく。「一着たる人、いと若う清げなる、十余人ばかり物語して」〈落窪・二〉

かざ‐み【風見】家の屋根などにつけて、風の吹く方向を知る道具。古くは先端に鳥獣の形や紋所などをつけた。風向計。風標。

がざみ【蝤＝蛑】ワタリガニ科のカニ。浅海にすむ。甲は横長の菱形で、甲幅約15センチ。緑色を帯びた暗褐色をし、甲の前縁にはぎざぎざがある。最後の歩脚の先端は平たく、夜間に遊泳する。青森以南に分布。食用。わたりがに。がざめ。〔季夏〕

かざ‐みち【風道】風の吹き通る道。また、風の吹き通ったあと。

かざみ‐どり【風見▽鶏】❶鶏の形をかたどった風向計。西洋で、寺院の塔の上などに取りつけてある。❷定見をもたず、周囲の状況を眺めて、都合のよい側にばかりつく人のこと。

かざみ‐の‐からす【風見の×烏】烏の形をした風見。高い所から見下ろすのでお高くとまっているさまに、また、風向によって回るのでくるくる回るさまにたとえられる。「一を見るやうに高くとまってすまあして居るも小癪に障らあ」〈滑・浮世風呂・三〉

カサ‐ミラ〖Casa Mirà〗スペイン北東部の都市バルセロナの中心部、アシャンプラ地区にある集合住宅。建築家アントニオ＝ガウディが実業家ペレ＝ミラ伯爵による依頼で設計。1906年から10年にかけて建造された。曲線や曲面を多用した独特な造形で知られる。84年に「バルセロナのグエル公園、グエル邸、カサミラ」の名称で世界遺産(文化遺産)に登録。2005年の拡張登録の際、「アントニオ＝ガウディの作品群」に名称変更された。

かさ・む【×嵩む】〔動マ五(四)〕❶体積・分量・数量が増える。「荷が一・む」「本代が一・む」❷他に比べて程度が勝る。「(義経ハ)頼朝に一・みて見ゆ」〈盛衰記・四六〉❸増長する。勢いに乗じる。「駿河義元公、あまり一・みて信長に負け」〈甲陽軍鑑・一四〉
〔類語〕かさばる

かざ‐むき【風向き】❶風の吹いてくる方向。❷物事の成り行き。また、おかれた立場や状況。「交渉の一がよくない」❸人の気分や機嫌。「親父の一が変わらないうちに謝る」(類語)(❶)風上・風下・風向/(❷)雲行き/(❸)機嫌・御機嫌・上機嫌

風向きが悪・い ❶形勢が不利である。「話の—・くなる」❷人の機嫌が悪い。「今日は部長の—・い」

かさ‐もち【傘持ち】長柄の傘を持ち、貴人の行列などの供をした人。

かさもり‐おせん【笠森お仙】江戸谷中やなか、笠森稲荷いなり境内の水茶屋鍵屋の娘。明和(1764～1772)のころ、浮世絵に描かれて評判となった美人。黙阿弥の「怪談月笠森」などに戯曲化された。生没年未詳。

かさ‐や【傘屋|×笠屋】傘または笠を作ったり、売ったりする人。また、その店。

かざ‐よけ【風▽除け】風を遮ること。また、その設備。かぜよけ。(季 冬)「一の陰に日向の庭広く/虚子」

かざり【飾り】❶飾ること。また、飾るもの。装飾。装飾品。「客間の一にする」「胸に花の一をつける」❷表面、外見をよく見せようと取り繕うこと。飾りけ。「一のない素朴な人柄」❸実質的な意味はもたず、体裁をととのえるために置かれるもの。「会長とはいっても一でしかない」❹(多く「お飾り」の形で)正月のしめ飾りや松飾り。(季 新年)「めでたさや一の蜜柑盗まれて/子規」❺頭髪。髪の毛。「何故一を切ったるぞ」〈伎・名歌徳〉

(一語)腕飾り・襟飾り・御お飾り・髪飾り・首飾り・注連しめ飾り・妻飾り・床とこ飾り・鼻飾り・船ふな飾り・蓬萊ほうらい飾り・松飾り・耳飾り・棟むね飾り・輪飾り

(類語)装飾・修飾・文飾・虚飾・粉飾・デコレーション・見せかけ・彩り・表装・アクセサリー

飾りを下ろ・す 髪を剃って、僧尼となる。落飾らくしょくする。「孝謙天皇も、大菩提心をおこし、御—・させ給ひ」〈平家・八〉

かざり‐あみ【飾り編み】布や編み物で作ったものの周囲などを装飾的に編む方法。また、編んだもの。

かざり‐いし【飾り石】❶宝石に準じて装飾品とされる石。水晶・碧玉へきぎょく・瑪瑙めのうなど。❷床の間などに飾って置く石。

かざり‐いづつ【飾り井筒】‥ゐづつ 庭園に趣を添えるために、井筒のみを置いて井戸のように見せかけたもの。飾り井戸。

かざり‐いと【飾り糸】反物や仕立物に、飾りとして束ねてとじつける色糸。また、飾りにするために何本もの色糸をより合わせたり、1本の糸を種々の色に染め分けたりしたもの。

かざり‐うす【飾り臼】正月、農家で臼にしめ縄を張り、鏡餅かがみもちを供えること。また、その臼。(季 新年)「一四つ杵掛けて祝ひけり/碧梧桐」

かざり‐うま【飾り馬】❶美しく飾りたてた馬。嫁入りに用いたり、新年の初荷を運んだりする。また、古くは賀茂の祭りなどで、唐鞍からくらを置いた馬をいう。(季 新年)❷五月人形とともに飾る細工物の馬。また、縁起物の土偶・練り物・張り子などの馬。

かざり‐うり【飾り売(り)】歳末にしめ飾りや門松など、正月の飾り物を売り歩くこと。また、その人。(季 冬)「行く人の後ろ見送り一/虚子」

かざり‐えび【飾り海=老】新年の飾りに用いるイセエビ。(季 新年)

かざり‐がし【飾り菓子】‥グワシ 花・鳥・魚・静物などの形に美しく細工した菓子。冠婚葬祭などの儀式に用いる。

かざり‐かぶと【飾り×兜】端午の節句の飾り物の一。江戸時代は、菖蒲しょうぶで兜の形をつくり、屋外に幟のぼりと一緒に飾った。後世、厚紙などで模造品を作り、室内に飾るようになった。

かざり‐ぎり【飾り切り】料理の飾りや、季節感を出すものとして、主に野菜類を花などの形に切ること。また、そのもの。大根・人参のねじり梅、茄子なすの茶筅ちゃせん切り、菊花蕪かぶの類。

かざり‐くぎ【飾り×釘】装飾として、または装飾をかねて打つ釘。太鼓の革をとめる鋲びょうの類。

かざり‐ぐら【飾り×鞍】美しく飾った鞍。また、飾り馬の馬具の総称。

かざり‐ぐるま【飾り車】金銀・珠玉などで美しく飾りたてた牛車ぎっしゃ。御禊ごけい、賀茂の祭りなどのときに用いた。「葵あふひ—のけしきまで今日はことなる物見とぞ聞く」〈夫木・七〉

かざり‐け【飾り気】自分をよく見せようとして、表面を飾ろうとする気持ち。かざりっけ。「一のない言葉」(類語)見栄・めっき・洒落しゃっ気・虚栄心・気取り

かざり‐けい【飾り×罫】印刷で、装飾的な模様のできた罫線。

かざり‐さんぼう【飾り三方】‥サンバウ 年始の客に出す三方。熨斗鮑のしあわび・昆布を飾った硯蓋すずりぶたと白木の箸はしをのせる。

かざり‐し【飾り師|×錺り師】「飾り職」に同じ。

かざり‐じつけ【飾り仕付け】和服の褄つまを整え、また仕立て上がったときの飾りを兼ねて縫い目を整えるためにかけるしつけ。

かざり‐しょく【飾り職|×錺り職】金属製のかんざし・帯留め・指輪など金具の細工をする職業。また、その職人。飾り師。飾り屋。

かざり‐ずみ【飾り炭】❶正月に、松飾りに炭を結びつけて飾ること。また、その炭。黒が邪気を払う色とされるからとも、読みを「住み」に通じさせて永住を祝う意からともいう。(季 新年)❷茶道で、新年の床飾りに用いる炭。また、それを飾ったもの。

かざり‐せっちん【飾り雪隠】「砂雪隠すなせっちん」に同じ。

かざり‐だけ【飾り竹】正月の門松に添えて飾る竹。(季 新年)

かざり‐たち【飾り太‐刀】節会せちえ・御禊ごけい・行幸などのとき、五位以上の官人が束帯につけた儀仗ぎじょう用の太刀。鞘さやを紫檀したん・沈じんなどで作り、蒔絵まきえや金銀で飾った。かざたち。

かざりたち‐だい【飾り太‐刀代】内宴・節会せちえなどの盛儀に、飾り太刀の代用とする儀仗ぎじょうの太刀。かざたちだい。

かざり‐た・てる【飾り立てる】〔動タ下一〕図かざりた・つ〔タ下二〕目立つようにはでに飾る。「羽や花で—・てた帽子」

(類語)飾る・飾り付ける

かざり‐だな【飾り棚】❶美術品や優勝杯などを飾っておく棚。❷商品を陳列しておく棚。ショーケース。

かざり‐ちまき【飾り×粽】色糸で巻いて飾ったちまき。「人のもとより—おこせたりける返事に」〈伊勢・五二〉

かざり‐つけ【飾り付け】飾りつけること。また、飾りつけたもの。「ショーウインドーの一をする」

かざり‐つ・ける【飾り付ける】〔動カ下一〕図かざりつ・く〔カ下二〕装飾品や商品をそれぞれの場所にうまく配置する。その場所に人目をひくようにきれいに飾る。「ウインドーに商品を—・ける」

(類語)飾る・飾り立てる

かざり‐なわ【飾り縄】‥なは 正月、門・戸口・神棚などに魔よけのために張るしめ飾り。年縄としなわ。(季 新年)

かざり‐ぬい【飾り縫い】‥ぬひ 飾りのために、色糸などで縫うこと。また、縫ったもの。

かざり‐ばな【飾り花】❶「薬玉くすだま❷」に同じ。❷祭礼などに、軒提灯のきぢょうちんに飾る造花。

かざり‐ばね【飾り羽】鳥の飾りのような羽。繁殖期の雄によくみられる。

かざり‐ボタン【飾りボタン】洋服に飾りとしてつけるボタン。

かざり‐まつ【飾り松】門松かどまつ。松飾り。(季 新年)

かざり‐まど【飾り窓】商店で、商品を陳列してある窓。ショーウインドー。

かざり‐ミシン【飾りミシン】装飾のために、布の表面からかけたミシンの縫い目。ステッチ。

かざり‐もの【飾り物】❶飾りにする物。「床の間の一」❷正月のお飾り。松飾りやしめ飾りに使う物。❸祭礼などのときに人通りの多い所に飾って見せる物。❹それらしく見えるが、実際には役に立たないものや人。「一の会長」

かざり‐や【飾り屋|×錺り屋】「飾り職」に同じ。

かざり‐わら【飾り×藁】正月に飾る、わらで作った飾り物。輪飾り・しめ飾りの類。

かざ・る【飾る】〔動ラ五(四)〕❶他の物を添えたり、手を加えたりするなどして、美しく見せるようにする。装飾する。「食卓を花で—・る」❷物を、人目につくように工夫して、置き並べる。「商品をウインドーに—・る」「雛人形ひなにんぎょうを壇に—・る」❸表面をよく見せる。取り繕う。「体裁を—・る」「—・らない人柄」「言葉を—・る」❹りっぱにやり遂げることによって、価値あるものにする。華やかさやすばらしさを添える。「白星で初日を—・る」「有終の美を—・る」「歴史の一ページを—・る壮挙」❺設ける。構える。「高座を—・ってくだされ」〈狂言記拾・泣尼〉(可能)かざれる

(一句)過ちを文かざる・売り物には花を飾れ・綺羅きらを飾る・故郷へ錦を飾る・言葉を飾る・小人しょうじんの過つや必ず文かざる・掉尾ちょうびを飾る・錦を飾る・辺幅へんぷくを飾る

(類語)飾り付ける・飾り立てる

ガザル〔ウルドゥー ghazal〕ペルシアに起源をもつといわれるパキスタン、およびインドの準古典声楽。韻を踏んだロマンチックな恋愛の詩が、一般にウルドゥー語で歌われる。

カザルス〔Pablo Casals〕[1876～1973]スペイン出身のチェロ奏者・作曲家・指揮者。チェロ奏法の改革・発展に努め、バッハの無伴奏チェロ組曲を復活させた。フランコ政権成立後、亡命。プエルトリコで死去。

かざわ‐おんせん【鹿沢温泉】かざはヲンセン 群馬県西部、吾妻あがつま郡嬬恋つまごい村にある温泉。泉質は炭酸水素塩泉。近くに休暇村がある。

か‐さん【加算】〔名〕スル ❶ある数量に、さらに別の数量を加えて計算すること。合算。「元金に利子を—する」❷足し算。寄せ算。⇔減算。(類語)算入・計上・上積み・嵩かさ上げ・割増し・上乗せ・水増し・底上げ

か‐さん【加×餐】《食物を加える意から》養生すること。健康に気をつけること。多く、手紙文で相手の健康を願って用いる語。「時節柄御—ください」

か‐さん【夏蚕】▶なつご(夏蚕)

か‐さん【家山】《「かざん」とも》ふるさと。故郷。「頭かうべを—の雲に回めぐらし」〈太平記・二〇〉

か‐さん【家蚕】蚕のこと。屋内で飼育される。野蚕やさんに対していう。

か‐さん【家産】一家の財産。身代しんだい。「—が傾く」(類語)財産・財・産・資産・資財・財貨・貨財・私産・私財・家財・富・身代しんだい・身上しんしょう・恒産

か‐ざん【火山】クワ 地下のマグマやその生成物が地表に噴出して生じた地形。マグマの性質により噴火の形式が異なり、形態もそれによって山状をなすなど多様。(類語)噴火山・死火山・休火山・活火山・単成火山・複成火山

か‐ざん【仮山】築山つきやまのこと。

か‐ざん【華山】クワ 中国、陝西せんせい省南東部、秦嶺しんれい山脈中の山。中国五岳のうちの西岳。標高1997メートル。ホアシャン。

カザン〔Elia Kazan〕[1909～2003]米国の映画監督・舞台演出家。トルコ生まれ。俳優養成学校アクターズスタジオを創設し、マーロン=ブランドやジェームズ=ディーンなどを輩出した。監督作に「欲望という名の電車」「波止場」「エデンの東」など。

カザン〔Kazan'〕ロシア連邦、タタールスタン共和国の首都。ボルガ川中流にある港湾都市。化学・機械工業が盛ん。中世にボルガブルガル人が建設し、15世紀にカザンハン国の首都になった。16世紀にイワン4世に占領され、東方進出の拠点として栄えた。クレムリン(城砦)には16～19世紀にかけて建造された大聖堂、塔、イスラム寺院などがあり、2000年「カザンクレムリンの歴史的建造物群」の名称で世界遺産(文化遺産)に登録。人口、行政区113万(2008)。

が‐さん【画賛|画×讃】グワ 山水画・頂相ちんそう・禅画などの画中の余白に書き添えた詩・文章。讃。

が‐さん【×臥蚕】グワ ❶眠みん期の蚕。❷「臥蚕眉がさんび」の略。

がざん【峨山】▶橋本峨山はしもとがざん

かざん‐いん【花山院】クワザンヰン ㊀京都市上京区にあった清和天皇の皇子貞保さだやす親王の邸跡。藤原忠平が伝領し、のちに花山天皇が出家して没するまでの間ここに居住。㊁花山天皇退位出家後の称。㊂藤原

北家道長流の家の名。藤原師実の次男家忠に始まる。

かざんいん-ながちか【花山院長親】［1346ころ～1429］南北朝・室町時代の学者・歌人。号、耕雲。右大臣。新葉和歌集の編纂に従事したといわれる。著「耕雲千首」「耕雲口伝」「耕雲紀行」など。

かざんいん-もろかた【花山院師賢】［1301～1332］鎌倉末期の公卿。正二位大納言。歌人。後醍醐天皇が北条氏討伐の兵を挙げたとき、天皇の身代わりとなって比叡山に行き、天皇の笠置遷幸を成功させた。

か-さんか【過酸化】化学構造上、酸素と酸素との結合をもっていること。

かざん-ガス【火山ガス】火山の噴火口などから噴出するガス。マグマ中の揮発成分で、水蒸気を主とし、二酸化硫黄・二酸化炭素・硫化水素なども含む。

かさんか-すいそ【過酸化水素】ナトリウム・バリウムの過酸化物に酸を作用させて得られる無色・油状の液体。不安定で、分解すると酸素を発生する。普通は水溶液として漂白剤や殺菌剤に使用。濃厚なものはロケット燃料に用いる。化学式H_2O_2

かさんかすいそ-すい【過酸化水素水】過酸化水素の水溶液。3パーセント水溶液をオキシドールといい、殺菌消毒剤に用いられる。市販品はふつう30パーセント。

かさんか-ちっそ【過酸化窒素】二酸化窒素のこと。過酸化物ではない。

かざん-かつどう【火山活動】地下のマグマやガスの上昇、地上への噴出とそれに伴う諸現象の総称。噴火や溶岩の流出、火山性地震など。

かさんか-ナトリウム【過酸化ナトリウム】金属ナトリウムを空気中で熱するとできる無色または黄色の粉末。強い酸化力があり、水と反応して過酸化水素と水酸化ナトリウムを生ずる。過酸化水素の製造原料。化学式Na_2O_2

かさんか-なまり【過酸化鉛】二酸化鉛のこと。過酸化物ではない。

かさんか-バリウム【過酸化バリウム】酸化バリウムを空気中で熱すると得られる無色の粉末。強い酸化力があり、水と反応して過酸化水素と水酸化バリウムを生じる。過酸化水素の製造原料。化学式BaO_2

かさんか-ぶつ【過酸化物】負二価の酸素基O_2をもつ化合物。過酸化ナトリウム・過酸化バリウムなど。過酸化水素の誘導体。また、酸素の結合-O-O-をもつ化合物。

かざん-がん【火山岩】マグマが地表または地表近くで固結してできた火成岩。急冷のため細粒の結晶やガラス質になるが、地下で成長した大きい結晶を含み、斑状組織を示すものが多い。噴出岩。

かざん-がんかい【火山岩塊】火山砕屑物の一。噴火口から放出された、直径64ミリ以上の角張った岩石の破片。

かざん-がんけい【火山岩×頸】火山体の大部分が浸食されたあとに、火道を埋めていた溶岩や火砕岩が浸食から取り残されて塔状に突出した地形。岩頸。

かざん-がんせん【火山岩×尖】粘性のきわめて大きい溶岩が地下から押し出され、柱状に突出したもの。溶岩塔。溶岩尖塔。ベロニーテ。

カザン-クレムリン《Kazanskiy Kreml'》ロシア連邦、タタールスタン共和国の首都カザンにあるクレムリン(城砦)。中世にボルガブルガル人によって最初のクレムリンが建設。15世紀にカザンハン国の首都となり宮廷が置かれたが、16世紀にイワン4世により破壊。その後、ふたたびクレムリンが築かれた。内部にはブラゴベシチェンスキー大聖堂、シュユンベキ塔、スパスカヤ塔、クルシャリフモスクなどが残り、2000年「カザンクレムリンの歴史的建造物群」の名称で世界遺産(文化遺産)に登録された。また、コンスタンチン=トンの設計による共和国大統領宮殿がある。カザン要塞。

かざん-ぐん【火山群】噴出した時代やその成因などが互いに密接な関係にある火山の集まり。福島県の吾妻火山群など。

かさん-こっか【家産国家】領土や人民などがすべて君主の私有物となされる国家。封建時代の国家、ことに領主国家がこれにあたる。

かざん-さ【火山砂】火山から放出された砂。

かざん-さいせつがん【火山砕×屑岩】▶火砕岩

かざん-さいせつきゅう【火山砕×屑丘】▶火砕丘

かざん-さいせつぶつ【火山砕×屑物】火山活動で放出された破片状物質の総称。火山灰・火山礫・軽石・火山弾など。テフラ。火砕物。

かさん-し【家蚕糸】蚕の繭から採った糸。生糸。

かざん-じ【花山寺】元慶寺の異称。

かさん-しゅうごう【可算集合】自然数の集合と一対一の対応がつけられる集合。偶数の集合、整数の集合、有理数の集合など。実数全体の集合は可算集合でない。可付番集合。

かさん-しょう【過酸症】▶胃酸過多症

かざん-しょうかぶつ【火山昇華物】火山の噴気孔周辺に集積した鉱物。火山ガス中の成分が冷却されたり、成分どうしあるいは周囲の岩石との化学反応を起こしたり、空気によって酸化されたりしてでき、硫黄や硫化物・塩化物などが多い。

かざん-じん【火山×塵】ごく細粒の火山灰。

か-さんすい【仮山水】庭園内の築山と泉水。

が-さんすい【画山水】山水を描いた絵。また、画中に描かれた山水。多く水墨画についていう。

かさん-ぜい【加算税】申告納税方式または源泉徴収などによる国税について、申告義務または徴収義務の違反および懈怠に対し、本来の税額に加算して課せられる税。過少申告加算税・無申告加算税・不納付加算税・重加算税などの種類がある。

かざんせい-じしん【火山性地震】火山活動に伴って起こる地震。火山やその周辺に発生し、震源の深さは10キロ以下が多い。

かさん-せいど【家産制度】《homestead》家族共同体の生活の保障、特に農民の保護のために、農地などの不動産を一種の特別財産として、債権者の強制執行を禁止した制度。19世紀半ばからアメリカ・スイス・フランス・ドイツなどで行われた。

カザン-せいどう【カザン聖堂】《Kazanskiy sobor》ロシア連邦北西部、レニングラード州の都市サンクトペテルブルグにあるロシア正教会の聖堂。19世紀初め、ロシア正教で最も有名なイコンの一つ「カザンの聖母」を安置するため、パーベル1世により建造。バチカンのサンピエトロ大聖堂を模してカトリック風に造られた。同時期にロシア軍がナポレオン1世率いるフランス軍を破ったため、勝利を記念する品々を展示している。またロシア軍総司令官ミハイル=クトゥーゾフの墓所がある。カザン大聖堂。カザン寺院。

かざん-ぜんせん【火山前線】弧状列島に沿う火山帯の海溝側の縁の線。火山はこの線より大洋側にはなく、線付近で最も密に分布し、大陸側にいくほど少なくなる。火山フロント。

かざん-たい【火山帯】多数の火山が分布する帯状の地域。日本列島は環太平洋火山帯に属し、東日本火山帯と西日本火山帯とに分けられる。火山脈。

かざん-だん【火山弾】火山砕屑物の一。噴出されたマグマが空中で固結したもので、楕円形・紡錘形など特定の形を示す。

かざん-でいりゅう【火山泥流】火山砕屑物が多量の水と混ざって山腹を高速で流れ下る現象。火口湖で噴火したときや、堆積した火山灰に大雨が降ったときに生じる。ラハール。

かざん-てんのう【花山天皇】［968～1008］第65代天皇。在位984～986。冷泉天皇の第1皇子。名は師貞。女御の死を悲しむあまり、藤原兼家らに欺かれて退位。出家して花山寺(元慶寺)に入る。歌人としても有名で「花山院集」がある。

かざん-とう【火山島】海底の火山活動によってできた島。ハワイ諸島・伊豆諸島など。

カサンドロス〖Kassandros〗［前358ころ～前297］マケドニアの王。アンティパトロスの子。アレクサンドロス大王死後、その一族を殺して王となり、マケドニアとギリシャの大半を領土とした。

カザン-の-せいぼせいどう【カザンの聖母聖堂】《Sobor Kazanskoy ikonï Bozhiey Materi》ロシア連邦の首都モスクワの中心部、赤の広場にあるロシア正教会の教会。17世紀初め、ポーランド軍の侵攻を防いだことを記念して建造。旧ソ連時代の1936年、スターリンにより破壊されたが、93年に再建。名称はロシア正教会で尊ばれてきたカザンの聖母のイコンがあったことに由来する。

かざん-ばい【火山灰】火山から噴出された灰のようなもの。火山砕屑物の一で、直径2ミリ以下の細粒のものをいう。ごく細粒であれば火山塵ともいう。

かざんばい-ち【火山灰地】火山灰に覆われている土地。◆書名別項。

かざんばいち【火山灰地】久保栄の戯曲。2部7幕。昭和12～13年(1937～38)に発表。火山灰地帯である北海道十勝地方の農業試験場長雨宮聡が、古い生産関係と対立しながら、農民生活の向上に努力する姿を描く。

かざんばい-ど【火山灰土】火山灰を母材としてできた土壌。関東ロームなど。火山灰土壌。

ガザン-ハン〖Ghāzān Khan〗［1271～1304］イル-ハン国第7代の英主。中央集権的諸改革を断行し、イスラム教に改宗してイラン人との融和を図った。学問・芸術を奨励した博学・多才の帝王としても有名。

カザン-ハンこく【カザンハン国】15世紀、キプチャク-ハン国から独立し、ボルガ川中流地域を支配したタタール族の王国。首都はカザン。1552年、ロシアのイワン4世に滅ぼされた。

がさん-び【×臥蚕眉】眠期の蚕のように、湾曲していて太くたくましい眉。

かざんふんかよち-れんらくかい【火山噴火予知連絡会】各火山活動の状況の情報を交換し、判断や予知計画について検討する連絡会議。定期に、また緊急のときは臨時に開いて見解を発表する。気象庁長官の私的諮問機関で、昭和49年(1974)発足。

かざん-みゃく【火山脈】火山帯の旧称。

かさん-めいし【可算名詞】《countable noun》英語で、名詞を数に関する用い方の観点から分類した一。単数と複数の対立が可能とみられるものをさす。一定の形状や限界をもち、一つ、二つと数えることができる。普通名詞と集合体を一つのまとまりとして考える場合の集合名詞がこれに属する。⇔不可算名詞

かざん-もう【火山毛】噴火の際にマグマの一部が引き伸ばされて固まった、ガラスの毛髪状の破片。火山の女神ペレーにちなみ、ペレーの毛ともいう。

カザン-ようさい【カザン要塞】《Kazanskiy Kreml'》▶カザンクレムリン

かざん-らい【火山雷】火山噴火の際、噴煙中に発生する火花放電。火口の真上周辺にみられる。

カザンラク〖Kazanlak〗ブルガリア中部の都市。バルカン山脈とスレドナゴラ山脈の間のカザンラク盆地に位置する。バラの生産が盛んで、西にあるカルロボ盆地と合わせてバラの谷とよばれる。紀元前4世紀から前3世紀にかけてトラキア人の王セウテス(セウト)3世が治めた。トラキア人の墳墓は、1979年に世界遺産(文化遺産)に登録された。毎年、バラの開花期である6月初旬にバラ祭りが催される。

かざん-るい【火山涙】噴火の際に飛散した粘性の小さいマグマが固まった、ガラス状の小球。ペレーの涙。

かざん-れき【火山×礫】火山砕屑物の一。直径2～64ミリの破片で、形は不規則。

かざん-れつ【火山列】1列に並ぶ火山群。火

山帯より規模が小さく、その中の小単位としていう場合が多い。

かし【下士】❶「下士官」の略。❷身分の低い武士。下級武士。⇔上士。

か-し【下肢】人の足。脚部。また、4本足の動物の後ろ足。後肢。⇔上肢じょうし。

か-し【下視】〔名〕スル 見おろすこと。また、見くだすこと。

か-し【下賜】〔名〕スル 高貴の人が、身分の低い人に物を与えること。「御一品」類語 恩賜・拝領

か-し【可視】肉眼で見ることができること。

か-し【仮死】死んだように見えるが、実際には生きている状態。一般に、意識がなく、呼吸が止まっているが、心臓は動いており、瞳孔どうこう反射がみられる。

か-し【仮歯】人工の歯。入れ歯。義歯。

か-し【花糸】クワ 雄しべの、葯やくを支える糸状の柄。

かし【牱=舸|牫=牁】船をつなぎとめるために、水中に立てる杭くい、または棹さお。舫もやい杭。「青波に袖さへ濡れて漕ぐ船の一振るほとにさ夜ふけなむか」〈万・四三一三〉

かし【河-岸】《牱舸かしを立てる所の意からか》❶川の岸。特に、船から荷を上げ下ろしする所。❷川岸に立つ市場。特に、魚市場。❸飲食・遊びなどをする場所。❹「河岸見世」の略。
類語 市場・市・取引所・朝市・競り市・年の市・草市・蚤のみの市・バザー・バザール・マーケット

河岸かしを変・える 飲食・遊びや稼ぎなどの場所を変える。「ー・えて飲み直す」

かし【×枷】「かせ(枷)」に同じ。〈和名抄〉

か-し【家士】家に仕える侍。家臣。家人けにん。

か-し【家資】家の資産。家産。財産。「一分散」

か-し【華氏】クワ ▶カ氏

か-し【華×侈】クワ 派手で、ぜいたくなこと。「一の限りを尽くす」「自ら奉ずること素朴にして、最も一を悪にくみ」〈東海散士・佳人之奇遇〉

か-し【菓子】クワ 食事のほかに食べる嗜好品しこうひん。ふつう米・小麦・豆などを主材料とし、砂糖・乳製品・鶏卵・油脂・香料などを加えて作る。和菓子と洋菓子、また生菓子と干菓子などに分けられる。古くは果物をさしていい、今も果物を水菓子とよぶ。
類語 和菓子・洋菓子・茶菓子・駄菓子

かし【貸し】❶貸すこと。また、貸した金品。「君には一万円の一がある」⇔借り。❷他人に利益や恩義を与えて、まだその返礼を受けていないこと。「彼に仕事を世話した一がある」⇔借り。❸簿記で、「貸し方」の略。⇔借り。類語 貸し付け・貸与

か-し【嫁資】嫁入りの際に持っていく財産。嫁入り支度。

か-し【×瑕×疵】❶きず。欠点。また、過失。❷法律上、なんらかの欠点や欠陥のあること。
類語 瑕瑾かきん・細瑾さいきん

か-し【歌詞】❶歌曲や歌謡曲・歌劇などの、節をつけて歌う言葉。歌の文句。❷和歌に用いる言葉。うたことば。歌語。

か-し【歌誌】短歌作品や、短歌に関する評論・研究などを載せた雑誌。短歌雑誌。

かし【×樫|×橿|×櫧】ブナ科の一群の常緑高木。シラカシ・アカガシ・アラカシ・ウラジロガシなどの総称。日本では中部地方から南に生育し、高さ約20メートルに達する。果実はどんぐりで、でんぷんを多量に含む。材は堅く、弾力性があり、建築材や農器具材・炭として利用。(季 花=春|実=秋) 補説「樫」は国字。

か-し【課試|科試】クワ ❶課題を与えて試験をすること。❷律令制で、官吏の登用試験。大学・国学の出身者および国司の推薦する者について行った。

カ-し【カ氏】「カ氏温度」の略。⇒セ氏

かし ㊀〔終助〕呼びかけや命令の文末に付いて、強く念を押したり、同意を求めたりする意を表す。…ことだ。…よ。「国王の仰せ言を背そむかば、はや殺し給ひてよー」〈竹取〉㊁〔副助〕副詞「なほ」「よも」「さぞ」などに付いて意味を強める。「おとと様がよもやー お殺しなされてよいものか」〈浄・祇園曙〉補説 ㊁は㊀から派生した近世の用法。現代語「さぞかし」に残る。

か-じ【火事】クワ 建築物や山林などが焼けること。火災。「一になる」「隣家が一を出す」「船ふなー」(季 冬)
類語 火災・火難・出火・失火・炎上・大火・小火ぼや・自火・近火・急火・怪火・不審火び・祝融しゅくゆう・回禄かいろく

火事と喧嘩けんかは江戸の花 江戸は大火事が多くて火消しの働きぶりがはなばなしかったことと、江戸っ子は気が早いため派手な喧嘩が多かったことをいった言葉。

か-じ【加持】ヂ〔名〕スル《梵 adhiṣṭhānaの訳。所持・護念とも訳す》仏語。❶仏の加護。❷密教で、仏の慈悲の力が衆生に加わり、衆生がそれを信心によって受持し、仏と衆生とが相応すること。❸真言行者が、手に印を結び、口に真言を唱え、心を仏の境地におき、仏と一体になること。三密加持。❹神仏の加護を受けて、災いをはらうこと。祈祷きとうと同意に用いる。類語 祈り・祈念・祈祷きとう・黙祷・祈願・誓願・立願・代願・発願ほつがん・願掛け・願う

か-じ【花字】クワ「花押かおう」に同じ。

か-じ【花時】クワ 花の咲く時季。花の盛りのころ。はなどき。

か-じ【家事】❶家庭内の事情や事柄。「一の都合により休暇」❷掃除・洗濯・食事の支度・育児など、家庭生活に欠かせない仕事。「一手伝い」「一に追われる」類語 家政・水仕事

か-じ【華字】クワ 中国の文字。漢字。「一紙」

かじ【×梶|×楮|▽構|×穀】カヂ ❶カジノキの古名。〈和名抄〉❷襲かさねの色目の名。表裏ともに萌葱もえぎ色で、初秋のころに用いる。

かじ【×舵|×梶|×楫|×檝】カヂ ❶(舵)船の進行方向を定める装置。板状で、多くは船尾に取り付けられる。❷(舵)飛行機・グライダーの方向舵ほうこうだ。❸「梶棒」に同じ。❹水をかいて船をこぎ進める道具。櫓ろや櫂かい。「天の川一の音聞こゆ彦星と織女たなばたつめと今夜こよひ逢ふらしも」〈万・二〇二九〉❺紋所の名。和船の舵をかたどったもの。

舵を取・る ❶舵を操作して船を定めた方向に進める。❷物事が方向を誤らないように導き、進行させる。「会の運営の一・る」

か-じ【×嘉事】めでたいこと。慶事。

かじ【鍛-冶】ヂ《「かねうち(金打ち)」から「かぬち」「かんぢ」「かぢ」と変化した語》金属を熱して打ち鍛え、種々の器物をつくること。また、その職人。「刀かたなー」

が-し【画師】グワ 画家。えかき。えし。

が-し【画紙】グワ 絵を描く紙。画用紙。

が-し【賀詞】祝意を表す言葉。祝詞しゅくし。賀辞。

が-し【雅旨】手紙文などで、相手の考えを敬っていう語。お考え。御意向。

が-し【餓死】〔名〕スル 飢えて死ぬこと。うえじに。「大飢饉で一する者が多数出た」

がし ㊀〔終助〕《終助詞「かし」の音変化》命令形に付いて、強い願望の意を表す。なんとか…してほしい。「あはれ爰ここに五十二両降れー」〈浮・曲三味線・六〉補説 近世以降の語。㊁〔接尾〕動詞の命令形に付いて、…と言わんばかりの意を表す。「これ見よー」「出ていけーの態度」

カシア〖cassia〗クスノキ科の常緑高木。葉は光沢があり、花は黄白色。夏、小粒の実ができる。中国・インドシナの原産。樹皮を乾燥させたものは、シナモンより香りが強く、菓子、料理の香味料として用い、また、漢方では桂皮といい、薬用。東京ニッケイ。肉桂。

かし-あげ【河-岸揚げ】船荷を河岸へ揚げること。また、その仕事をする人。荷揚げ。陸揚げ。

かし-あげ【▽借上】鎌倉から室町初期、高利で金銭を貸すこと。また、金銭を貸した金融業者。室町中期には土倉どそうとよばれる業者に移行。かりあげ。

かし-あみがさ【貸(し)編み×笠】江戸時代、遊里近くの編み笠茶屋で、遊客に貸した編み笠。

ガジアンテップ〖Gaziantep〗トルコ南東部の都市。シリア国境から約60キロに位置する。古くはアンテプまたはアインタプとよばれた。第一次大戦後の祖国解放戦争において、フランス軍に対し勇敢に抗戦したことを称え、「ガジ(戦士)」の称号が与えられた。道路交通の要衝で、食品・織物工業が盛ん。周辺は同国有数のピスタチオ産地。東ローマ帝国のユスティニアヌス1世が建造したガジアンテップ城がある。

ガジアンテップ-じょう【ガジアンテップ城】ジャウ《Gaziantep Kalesi》トルコ南東部の都市ガジアンテップにある城塞跡。旧市街を見下ろす小高い丘の上に位置する。6世紀、東ローマ帝国のユスティニアヌス1世により建造。周囲約1200メートルの城壁に囲まれ、計36本の塔が建っている。

かしい【香椎】かしひ 福岡市東区の地名。香椎宮・香椎花園かしいかえんがある。

かじい【梶井】かぢゐ 京都市上京区の地名。もと三千院(梶井門跡)があった。

かし-いえ【貸(し)家】いへ「かしや」に同じ。

かしい-ぐう【香椎宮】かしひ 福岡市にある神社。旧官幣大社。祭神は仲哀天皇・神功じんぐう皇后で、応神天皇・住吉大神を配祀。平安時代までは神社として扱われず、香椎廟びょうと称した。社殿は香椎造りで重要文化財。

かし-いしょう【貸(し)衣装】いシヤウ 使用料を取って貸す洋服や和服。婚礼などの儀式用の他、パーティー・舞台用などがある。

かじ-いちご【×梶×苺|▽構×苺】かぢ バラ科の落葉小低木。海岸近くの山野に自生。葉は手のひら状に五〜七つに裂けていて、縁にぎざぎざがあり、カジノキに似る。初夏、白い5弁花を開き、実は淡黄色に熟し食べられる。とういちご。えどいちご。

かしい-づくり【香▽椎造(り)】かしひ 香椎宮本殿にみられる神社建築様式。入母屋造りで内部が内陣・中陣・外陣に分かれ、外陣は左右に翼状に張り出す。

かしい-の-みや【橿日宮】かしひ 福岡市東区にあったとされる仲哀天皇の行宮あんぐう。天皇はここで急死したという。のち、この地に香椎宮かしいぐうが祭られた。

かじい-もとじろう【梶井基次郎】かぢゐモトジラウ［1901〜1932］小説家。大阪の生まれ。胸を病みながらも冷静に自己を凝視し、鋭敏な感覚的表現で珠玉の短編を残した。「檸檬れもん」「城のある町にて」「冬の蠅」など。

カシウス〖Cassius〗▶カッシウス

かし-うり【貸(し)売り】〔名〕スル「掛け売り」に同じ。

ガジェット〖gadget〗《「ギャジット」「ガゼット」とも》❶ちょっとした小物。気のきいた小道具。❷アプリケーションソフトやデスクトップ上で動作する小規模なソフトウエア。デスクトップ上に表示できる時計やカレンダー、天気予報、占いなど、気のきいたソフトのこと。ウィジェット(widget)。アクセサリーソフト。

ガジェット-ウエア〖gadget wear〗ちょっとした仕掛け、遊びの要素のある服のこと。

ガジェット-エンジン〖gadget engine〗パソコンのデスクトップ上などでガジェットを動作させるためのアプレット(小規模なプログラム)。ウィジェットエンジン。

ガジェット-バッグ〖gadget bag〗カメラなどの付属品を入れるバッグ。

かじ-お【×楫緒】かぢを 櫂かいや櫓ろを船に取り付ける綱。櫓縄ろなわ。「由良のとを渡る舟人一絶え行方も知らぬ恋の道かな」〈曽丹集〉

かし-おしみこしほ ネジキの別名。

かじ-おと【×楫音】かぢ 船をこぐ櫓ろや櫂かいの音。

カシオペイア〖Kassiopeia〗ギリシャ神話で、エチオピア王ケフェウスの妃。アンドロメダの母。美貌びぼうを誇って海神ポセイドンの怒りに触れた。

カシオペイア-ざ【カシオペイア座】▶カシオペヤ座

カシオペヤ-ざ【カシオペヤ座】北天の星座。2月上旬の午後8時ごろ南中する。五つの星がW形に並び、北極星を挟んで北斗七星と対している。名称はギリシャ神話のカシオペイアにちなむ。山形星。錨いかり星。カシオペイア座。学名 ラテ Cassiopeia

かし-おり【菓子折(り)】クワシをり 菓子を入れた折り箱。主として贈答に用いる。

カし-おんど【カ氏温度】ヲンド 1724年、ドイツの物理学者ファーレンハイト(G.D.Fahrenheit)が考案した温度目盛り。氷と食塩の混合物の温度を零度、人間

の体温を96度として定めたもの。これによると水の氷点は32度、沸点は212度になる。記号°F セ氏温度への換算は、5/9(F－32)で得られる。カ氏。華氏温度。ファーレンハイト度。[補説]「カ氏」を「華氏」とも書くのは、考案者ファーレンハイトの中国語表記が「華倫海」であることによる。

か-し-か【可視化】〔名〕スル ❶人の眼には見えない事物や現象を映像やグラフ・表などにして分かりやすくすること。見える化。「エネルギーの損失を―する」➡見える化 ❷警察官・検察官が容疑者を取り調べる状況を録音・録画し、当事者以外の関係者にも取り調べの内容を分かるようにすること。見える化。[補説]「可視化」「見える化」とも1990年代から使用が目立つ。ビジネス用語としては「見える化」が、一般には「可視化」が多く使われる。

か-じか【河鹿】《かわしか(河鹿)の意。鳴き声が鹿に似るところから》カジカガエルの別名。《季 夏》「一鳴いて石ころ多き小川かな／子規」

かじか【×鰍｜杜=父=魚】カサゴ目カジカ科の淡水魚。全長約15センチ。体はハゼに似るが、うろこがない。体色は暗灰色で、背面に5本の暗色横帯がある。主に本州・九州に分布し、水の清澄な河川にすむ。美味。同科には、ヤマノカミ・カマキリなども含まれる。かわかじか。ごり。まごり。《季 秋》「いさり火に一や浪の下むせび／芭蕉」

かじか-がえる【河鹿×蛙｜金=襖=子】アオガエル科のカエル。渓流の岩の間にすむ。体長は雄が4センチ、雌が7センチくらい。背面は灰褐色で暗褐色の模様があり、腹面は淡灰色または白色。指先に吸盤がある。5月ごろから繁殖期になると、雄は美声で鳴くので、昔から飼育される。本州・四国・九州に分布。かわず。

かじかざわ【鰍沢】山梨県西部、南巨摩郡富士川町の地名。富士川の河港として発達。雨畑すずりを特産。十谷温泉がある。

かし-かた【貸(し)方】❶貸す方法。⇔借り方。❷貸すほうの人。貸し手。⇔借り方。❸複式簿記で、勘定口座の右側。また、勘定様式による貸借対照表・損益計算書の右側をいうこともある。資産の減少、負債・資本の増加、収益の発生を記入する。⇔借り方。

かし-がた【菓子型】落雁などの干菓子を作るときに、材料の粉を打ち込む木型。模様が彫ってある。また、洋菓子を焼くのに用いる金属製の型。

かし-がね【貸(し)金】「かしきん」に同じ。

かし-かぶ【貸(し)株】❶貸借取引で、証券金融会社が証券会社に株式を貸し付けること。また、その株式。❷信用取引で、証券会社が顧客に株式を貸し付けること。また、その株式。❸株券消費貸借で、株主が貸し出した株。

かしがまし・い【×囂しい】〔形〕〔文〕かしがま・し〔シク〕《中世までは「かしかまし」》❶人声や物音がうるさく感じられる。やかましい。騒々しい。「雨蛙の啼くのが前よりも繁く、―・く聞える」〈谷崎・蓼喰ふ虫〉❷口うるさい。「物言へば、ひがみたりと―・しう言へば、聞きにくし」〈落窪・四〉

かじか・む【×悴む】〔動マ五(四)〕《古くは「かしかむ」》寒さのため手足が凍えて思うように動かなくなる。かじける。「手が―・んで箸が持てない」《季 冬》「―・む手女は千も万も擦る／誓子」
[類語]冷える・凍える

かし-かり【貸し借り】〔名〕スル 貸すことと借りること。貸してあることと借りていること。貸借。「これで―なしだ」「参考書を―し合う」

貸し借りは他人 親子兄弟でも、金銭の貸し借りでは他人同様の冷たい仲となりがちであること。

かじかわ-まきえ【梶川×蒔絵】江戸幕府の御用蒔絵師の梶川家代々の作品。彦兵衛・久次郎らが名手として知られ、特に印籠蒔絵にすぐれる。

か-しかん【下士官】軍人の階級の一。士官と兵との間に位置する下級幹部。旧日本陸軍では曹長・軍曹・伍長、旧日本海軍では上等兵曹・一等兵曹・二等兵曹などの総称。自衛隊では陸曹・海曹・空曹がこれに相当する。

かし-かんばん【貸(し)看板】❶江戸時代、武家で中間に貸与して着せた家紋付きの法被などの衣服。❷取引所で免許をもつ仲買人がその権利を貸すこと。

か-しき【花式】花を構成する要素の種類・数・配置などを、記号と数字で表したもの。例えばスミレは、萼(K)5枚・花びら(C)5枚・雄しべ(A)5本・雌しべ(G)3本を、$K_5C_5A_5G_3$と表す。

かしき【▽炊き｜×爨き】《「かしぎ」とも》❶飯をたくこと。また、その人・場所。「気の早い家は三時前から一の煙をあげた」〈三島・潮騒〉❷生活の手段。「喰って行く位の一はどんなことをしたってつけてくれる」〈万太郎・春泥〉

か-しき【▽喝▽食】▶かっしき(喝食)

かし-き【菓子器】菓子を盛る器。蓋物と鉢・皿などがある。菓子入れ。

か-じき【加敷】和船の部材で、船側の最下部の板。

かじ-き【×梶木｜旗=魚】スズキ目メカジキ科のメカジキ、マカジキ科のマカジキ・クロカジキ・バショウカジキなどの海水魚の総称。長い紡錘形の体に、突出した強大な吻をもつ。外洋を回遊する。かじきまぐろ。かじとおし。《季 冬》

かじき-ざ【旗=魚座】南天の小星座。1月下旬の午後8時ごろ南中するが、日本からはほとんど見えない。星座の南部に大マゼラン雲がある。学名 Dorado

かしき-ず【花式図】花を構成する要素の種類・数・配置などを、上から投影して描いた模式図。花図式。

カシキスモ〘スペイン caciquismo〙中央権力と結んだ地方ボスによる政治支配。

か-じきとう【加持祈×祷】一般に、病気・災難などをはらうために行う祈祷、または、その儀式。印を結び、真言を唱え、いくつかの象徴的器具を用いて行う。

かしき-どの【▽炊き殿】❶寝殿造りの中の、飯をたく所。炊屋。❷神社で、神に供える食事を調理する所。みかしきどの。炊屋。

かじき-まぐろ【×梶木×鮪｜旗=魚×鮪】カジキの別名。

かしき-め【▽炊き女】神に供える食事を調理する女。

かしき-や【▽炊き屋】「炊殿」に同じ。

かし-きり【貸(し)切り】貸し切ること。また、貸し切ったもの。「―バス」⇔借り切り。

かし-き・る【貸(し)切る】〔動ラ五(四)〕❶乗り物や施設・場所などを、ある一定の期間、その人・団体の専用として貸すこと。「バスを一日―・る」⇔借り切る。❷全部貸してしまう。「蔵書を―・る」「手持ちの金を―・る」⇔借り切る。[類語]貸す・貸し出す・用立てる

かし-きん【貸(し)金】貸した金銭。また、貸すために用意した金銭。

かしきん-ぎょう【貸(し)金業】事業者や消費者に融資を行う専門業。ふつう、銀行や証券会社などの大手金融業は含めず、小規模の事業者または個人消費者を対象とするノンバンクをさす。

かしきんぎょう-きせいほう【貸(し)金業規制法】▶貸金業法

かしきんぎょう-ほう【貸(し)金業法】貸金業規制法(貸金業の規制等に関する法律)の新名称。平成19年(2007)の改正の折に名称を変更。昭和58年(1983)、貸金業を届出制から登録制に変更、貸金業の適正な運営と貸金需用者の利益の保護を目的として制定。何回かの改正を経て、グレーゾーン金利の廃止、無登録業者(ヤミ金融)の罰則強化、夜間に加え日中の取り立て規制の強化、借りすぎ貸しすぎの防止策(年収の3分の1を超える借り入れ原則禁止＝総量規制)、指定信用情報機関で借り手の総借入金残高を確認する義務などが定められた。サラ金規制法。

かし-きんこ【貸(し)金庫】銀行などで、大金庫の中に設けた保護箱を顧客に有料で使用させるもの。

かしく【▽恐｜可=祝｜▽畏】《「かしこ」の音変化》女性の手紙の末尾に用いるあいさつの語。かしこ。

かし・ぐ【▽炊ぐ｜×爨ぐ】〔動ガ五(四)〕《古くは「かしく」》米や麦などを煮たり蒸したりして飯を作る。飯をたく。「真に粟を―・ぐの暇さえないのだが」〈里見弴・多情仏心〉[類語]炊く・煮る・蒸す・煮える

かし・ぐ【▽傾ぐ】㊀〔動ガ五(四)〕向きがかたむく。斜めになる。「舟が―・ぐ」㊁〔動ガ下二〕「かしげる」の文語形。[類語]傾く・傾ける・傾げる・傾げる

か-じく【花軸】花をつける枝・茎。

かじ・く【×悴く】〔動カ下二〕「かじける」の文語形。

かし-くだされ【貸(し)下され】貸したものが返されないままになっていること。また、借りたものを返さずにもらっておくこと。「―になる」

かし-ぐら【河-岸蔵｜河-岸倉】河岸に建っている倉庫。「色の湊に情けの―」〈人・梅児誉美・三〉

かじ-くろ・し〔形シク〕堅苦しい。窮屈である。「よろづ―・しく、あたら夜終新三十石に、乗合ひの心地するなり」〈浮・一代男・五〉

かし・げる【▽傾げる】〔動ガ下一〕〔文〕かし・ぐ〔ガ下二〕かたむける。斜めにする。「首を―・げる」「手にしたコップを少し―・げて」〈藤村・千曲川のスケッチ〉

かじ・ける【×悴ける】〔動カ下一〕〔文〕かじ・く〔カ下二〕《古くは「かしく」》❶手足が凍えて自由に動かなくなる。かじかむ。「寒さで手が―・ける」❷やせ細る。衰え弱る。「衣裳弊れ垢つき、形色―・け」〈崇峻紀〉❸植物などがしぼむ。「いと―・けたる下折れの、霜も落さず」〈源・藤袴〉

かしこ【▽畏｜▽恐｜賢】《形容詞「かしこい」の語幹から》❶女性が手紙の終わりに添えるあいさつの語。かしく。男性の用いる「恐惶謹言」などにあたる語。「あらあら―」❷恐れ多いこと。もったいないこと。多く「あなかしこ」の形で用いられる。「確かに御枕上に参らすべき祝の物に侍る。あな―」〈源・葵〉❸すぐれていること。すばらしいこと。「草にも真名にも、…書きまぜ給へり。一の御手や、と空を仰ぎてながめ給ふ」〈源・葵〉❹思慮・分別などに優れていること。利口なこと。「我一に思ひたる人、憎くもいとほしくも覚え侍るわざなり」〈紫式部日記〉[類語]敬具・敬白・謹言・拝具・草草・早早・忽忽・頓首・不一・不二

かし-こ【▽彼▽処】〔代〕遠称の指示代名詞。❶話し手・聞き手の両方から離れた場所をさす。あそこ。「どこも―も満員だ」「笑声嬉々として此処に起これば、歓呼怒罵乱れて―に湧く」〈独歩・忘れえぬ人々〉❷話の中にあげられた場所をさす。そこ。「この山守が居る所なり。―に小童あり」〈方丈記〉

かじ-こ【×楫子】船頭。かじとり。かこ。

かしこ・い【賢い｜▽畏い｜▽恐い】〔形〕〔文〕かしこ・し〔ク〕❶(賢い)頭の働きが鋭く、知能にすぐれている。利口だ。賢明だ。「―・くて聞き分けのいい子供」❷(賢い)抜け目がない。要領がいい。「あまり―・いやり方とはいえない」「もっと―・く立ち回れよ」❸恐れ多く、もったいない。「おことばはまことに―・くて、なんとお答えいたしていいか、とみにことばもいでませぬ」〈賢治・北守将軍と三人兄弟の医者〉❹神や自然などの超越的なものに対して、畏怖の念を覚えるさま。恐ろしい。恐るべきだ。「わたつみの―・き道を安けくもなく悩み来て」〈万・三六九四〉❺尊い。ありがたい。「―・き御蔭をば頼みきこえながら」〈源・桐壺〉❻すばらしい。結構だ。りっぱだ。「おのが―・きよしなど」〈枕・三〉❼都合がよい。運がいい。幸いだ。「―・く京の程は雨も降らざりしぞかし」〈大鏡・道長下〉❽(連用形を用いて副詞的に)程度のはなはだしいさま。非常に。盛大に。「いと―・く遊ぶ」〈竹取〉[派生]かしこげ〔形動〕かしこさ〔名〕[類語](❶)聡い・賢しい・利口・利発・発明・聡明・怜悧・慧敏・明敏・鋭敏・穎悟・英明・英邁・賢明・鋭い・俊敏・敏・炯眼・犀利・シャープ・頭がいい／(❷)うまい・巧み・巧妙・クレバー・上手・絶妙・老巧・達者・器用

畏き辺り 恐れ多い場所。宮中・皇室などを婉曲にいう。

かじ-こうずい【加持香水】密教で、香水を定

められた作法により清浄化し、それを注いで、煩悩やけがれを除くこと。

かし-こうせん【可視光線】人間が肉眼で感じることのできる光線。波長が380〜770ナノメートル程度で、太陽光線や電気の光などがこれに含まれ、波長の長短によって赤から青紫まで色の感じ方が違ってくる。

かしこ-がお【賢顔】利口ぶった顔。得意そうな顔つき。「上になり下になり、ころびあふところに、一に上下寄って」〈平家・五〉

かしこく-も【▽畏くも】〔副〕申すも恐れ多いことに。おそれおおくも。もったいなくも。「一御見舞いを賜る」

かし-こし【貸(し)越し】❶一定の限度以上に貸すこと。⇔借り越し。❷「当座貸越」の略。⇔借り越し。

かしこし-げん【貸越限】当座預金残高を超えて振り出された小切手に対して、銀行が支払うことを約した当座貸越の限度額のこと。

かしこ-じま【賢島】三重県、志摩半島の南部の英虞湾にある島。奥志摩観光の拠点。

かし-こ・す【貸(し)越す】〔動サ五(四)〕一定の限度以上に貸す。「預金残高以上を一・す」

かしこそで【貸し小袖】七夕の日、女子が裁縫の上達を祈って小袖などを織女星にささげ飾る行事。また、その小袖。星の貸し物。(季 秋)

かしこ-だて【賢立て】利口ぶること。賢そうにふるまうこと。「万に一をして、…皆迄いふなと」〈浮・色三味線・六〉

かし-こつ【下肢骨】下肢を構成する骨。寛骨・大腿骨・下腿骨・足骨からなる。

かしこ-どころ【賢所】《恐れ多い所の意》❶宮中三殿の一。天照大神の御霊代として神鏡を奉安してある所。内侍所。けんしょ。❷八咫の鏡のこと。「内侍も女官も参りあはずして、一を出だし奉るにも及ばず」〈平家・一一〉

かしこどころおおまえ-の-ぎ【賢所大前の儀】即位礼のとき、天皇が即位したことを自ら賢所に告げる儀式。

かしこどころ-みかぐら【賢所▽御神-楽】宮中の祭りの一。毎年12月中旬、賢所の前庭で行われる神楽。

かしこまり【▽畏まり】❶恐れ謹むこと。「今日は皆乱れて一なし」〈枕・三〉❷尊貴な相手の行為をもったいなく思い恐縮すること。「きたなげなる所に、年月をへて物し給ふこと、極まりたる一」〈竹取〉❸感謝の言葉。お礼。謝辞。「みづからなむ参り侍りて、又々一も啓すべき」〈落窪・三〉❹言いわけ。わびごと。「久しくさぶらはぬ一聞えむ」〈宇津保・嵯峨院〉❺おとがめを受けること。謹慎すること。勘当。勘気。「一許されて」〈枕・九〉❻つつしんで言葉を承ること。「御返りに一のよし申して」〈枕・八六〉

かしこまり-だこ【▽畏まり胼=胝】正座することの多い人の、足のくるぶしの辺りにできるたこ。すわりだこ。

かしこま・る【▽畏まる】〔動ラ五(四)〕❶身分の高い人、目上の人の前などで、おそれ敬う気持ちを表して謹んだ態度をとる。「陛下の御前に一・る」「一・ってあいさつする」❷謹みの気持ちを表し堅苦しく姿勢を正して座る。正座する。「一・っていないで、ひざをお崩しなさい」❸命令・依頼などを謹んで承る意を表す。承りました。「はい、一・りました」❹堅苦しい感じがする。窮屈である。「お政は学問などという一・った事は虫が好かぬが」〈二葉亭・浮雲〉❺恐縮して感謝する。「かくおはしましたる喜びを、又なき事に一・る」〈源・夕顔〉❻わびを言う。言いわけをする。「仏に一・り聞ゆるこそ苦しけれ」〈源・初音〉❼謹慎する。「三所ながら一・らせ給へりしかば」〈大鏡・師輔〉
(類語)畏れる・謹む

かしこ・む【▽畏む】〔動マ四〕❶恐れる。「海中を渡るとき、な一・ませまつりそ」〈記・上〉❷恐れ多いと思う。かしこまる。「千代にも斯くしもがも一・みて仕へ奉らむ」〈推古紀・歌謡〉❸謹んで承る。「大君の命一・み磯に触り海原渡る父母を置きて」〈万・四三二八〉
(補説)❸の例は、形容詞「かしこし」の語幹「かしこ」に接尾語「み」のついた形とみて、恐ろしいので、恐れ多く思って、などの意に解する説もある。

かし-さ・げる【貸(し)下げる】〔動ガ下一〕文かしさ・ぐ〔ガ下二〕政府・官公庁から民間に貸し与える。「国有地を一・げる」⇔借り上げる。

かし-ざしき【貸(し)座敷】❶料金を取って貸す座敷。貸し席。❷《明治以後、公娼が妓楼の座敷を借りて営業したところから》遊女屋。女郎屋。

か-じし【加地子】❶中世、名主が小作人から徴収した年貢。名主が直接経営する田畑を縮小して下人などに貸す場合、作人が荘園領主に納める本来の年貢のほかに名主に納めた小作料をいう。片子。❷江戸時代、小作米のこと。

かし-しつ【貸(し)室】料金を取って貸す部屋。貸し間。(類語)貸し家・貸し間

かし-しぶり【貸(し)渋り】銀行などの金融機関が、経営に問題のない企業に対し、条件を厳しくして融資を断るなど、資金の貸し出しに慎重になること。➡貸し剥がし

かし-じゅう【菓子重】菓子を入れる小形の重箱。

かし-じょう【華子城】インドの仏教遺跡パータリプトラの中国名。

かじ-しょうぞく【火事装束】消火に従事する人の服装。江戸時代は、火消しが作業服として着たものと、警備用に武家が用いたものとがある。火事頭巾・火事羽織・野袴などを着用した。

かし-しょうもん【貸(し)証文】財物を貸した証拠として借り主に出させた証文。

かじ-しんぱん【家事審判】家庭裁判所が、家庭に関する事件について、訴訟手続きによらず家事審判法に基づいて行う裁判。家事審判官が単独で、あるいは一般から選任された参与員を立ち会わせて行う。➡家事調停

かじしんぱん-しょ【家事審判所】家庭裁判所の前身。昭和23年(1948)家事審判法に基づき、家庭に関する事件の審判・調停を目的に地方裁判所の支部として設立された。翌年、少年法の改正にともない、少年審判所と統合されて家庭裁判所となり、現在に至る。

かじしんぱん-ほう【家事審判法】家庭内の紛争や、身分法(親族・相続法)上の問題に関する審判・調停について定めている法律。昭和23年(1948)施行。

カシス【(フランス) cassis】スグリ類の一種、フサスグリに属するクロスグリのこと。果実は黒く酸味が強く、ジャムなどにする。

かしずき【×傅き】❶大切に世話をし、育てること。愛護。「人ひとりの御一に、とかく繕ひたてて」〈源・桐壺〉❷世話をする人。介添え。守り役。「宮の五節出ださせ給ふに、一十二人」〈枕・九〇〉❸「傅き娘」の略。

かしずき-びと【×傅き人】付き添って世話をする人。守り役。後見人。「御一ども、心もとながり」〈源・真木柱〉

かしずき-むすめ【×傅き娘】大切に養育している娘。秘蔵の娘。いつきむすめ。「帝の御一を得給へる君は」〈源・東屋〉

かじ-ずきん【火事頭巾】江戸時代の火事装束の頭巾。武家は兜頭巾を、町人は革・羅紗・刺し子などで作った頭巾を用いた。猫頭巾。

かしず・く【×傅く】〔動カ五(四)〕❶人に仕えて大事に世話をする。「嫁として姑に一・く」❷大切に養い育てる。「親たち一・き給ふ事かぎりなし」〈堤・虫めづる姫君〉❸後見する。「我は命を譲りて一・きて」〈源・東屋〉

かし-せき【貸(し)席】料金を取って時間決めで貸す座敷。また、それを業とする家。

かしぞの【橿園】中島広足の号。

かしぞのしゅう【橿園集】江戸末期、中島広足の歌文集「橿園歌集」3巻・「橿園長歌集」3巻・「橿園文集」3巻の総称。

かしぞのずいひつ【橿園随筆】江戸末期の歌学書。2巻。中島広足著。嘉永4年(1851)刊。

かし-たい【下肢帯】足を支える骨格。恥骨・座骨・腸骨の癒合した寛骨からなる。後肢帯。

かし-たい【×樫帯】植生帯の区分の一。暖帯南部の常緑広葉樹林帯で、カシ・シイ・クスノキ・タブノキなどが多い。日本では、近畿・四国・九州の南部や伊豆七島などにみられる。シイ-タブ帯。

かじだいこうひよう-ほけんきん【家事代行費用保険金】搭乗者傷害保険の特約で、家事従事者が事故によって入院した場合、家政婦などを雇う費用を補償する保険金。

かし-だおれ【貸(し)倒れ】貸付金や売掛金などが、回収できず損失になること。また、その金額。「一になる」

かしだおれ-ひきあてきん【貸(し)倒(れ)引当金】簿記で、決算日現在の実際残高を正しく示すため、将来発生すると予想される売掛金・貸付金などの貸し倒れに備えて控除項目として計上される引当金。

かしだおれ-リスク【貸(し)倒れリスク】▶信用リスク

かし-だし【貸(し)出し】〔名〕スル❶物を貸して外部へ持ち出させること。「図書の一を停止する」❷金融機関などが、貸付金を支出すること。⇔借り入れ。

かしだし-きんり【貸(し)出(し)金利】銀行などの金融機関が、企業や個人に資金を貸し出すときの利息。(補説)企業の業績や個人の資産状況によって利率は異なる。通常、年率で計算する。

かしだししきん-きゅうしゅうどうこう-とう【貸出・資金吸収動向等】金融機関の貸出額・預金額等に関する統計。日銀が月次で公表している。金融機関による資金の貸出残高や、金融機関が引き受け・発行したコマーシャルペーパーの残高、金融機関への預金残高、金融債の発行残高などが対象。

かし-だ・す【貸(し)出す】〔動サ五(四)〕❶公共機関などが物を貸して、外部へ持ち出すことを認める。「図書を一・す」❷公共機関・金融機関が貸し付けのために支出する。「資金を一・す」⇔借り入れる。
(類語)貸す・用立てる・融通する・融資する・都合する

かし-だな【貸し▽店】家賃を取って貸す家や店。

かし-だね【菓子種】菓子を作る原料。煎り粉・もち米など。

かじた-はんこ【梶田半古】[1870〜1917]日本画家。東京の生まれ。本名、錠次郎。初め四条派、のち南画を学ぶ。写実的な風俗画を得意とし、挿絵でも知られた。門下に小林古径・前田青邨・奥村土牛ら。

かし-だんす【菓子×箪×笥】衣装箪笥に似せて小形に作り、漆などを塗った菓子入れ。

かしたんぽ-じょうこう【×瑕×疵担保条項】破綻した旧長銀と旧日債銀が一時国有化の後、売却された際に、買い手との契約に盛り込まれた条項。両行が持つ特定の債務者への貸出債権の価値が、3年(または3年1か月)以内に2割以上下がった場合に、当初の評価額で国が買い取ることを義務付けた。両行は、債務者が破綻しても自らの債権は国から回収できるため、貸し剥がしを助長した。

かしたんぽ-せきにん【×瑕×疵担保責任】売買などの有償契約で、その目的物に通常の注意では発見できない欠陥がある場合に、売り主などが負うべき賠償責任。➡製造物責任

かし-ち【貸(し)地】地代を取って貸す土地。

か-じち【家質】江戸時代、家屋や敷地を抵当にして金を借りること。また、その家屋敷。いえじち。「烏丸通に三十八貫目の一を取りしが」〈浮・永代蔵・二〉

かじ-ちょうてい【家事調停】家庭裁判所が、家庭に関する事件について行う調停。調停において当事者間に合意が成立して調書に記載されると、確定判決と同一の効力を有する。

かし-ちん【貸(し)賃】物を貸して取る料金。⇔借り賃。

か-しつ【火室】ボイラー内の、燃料を燃やす所。

か-しつ【仮漆】►ワニス

か-しつ【過失】❶不注意などによって生じたしくじり。過ち。❷法律用語。㋐私法上、一定の事実を認識することができるはずなのに、不注意で認識しないこと。㋑刑法上、行為者が不注意によって犯罪事実の発生を防止しなかった落ち度のある態度。⇔故意。❸欠点。「一なき美人なりけり」〈盛衰記・一九〉(類語)落ち度・粗相・不手際・過誤・手違い・失敗・失策・失態・不覚・しくじり・間違い・へま・どじ・ぽか・ミス・エラー

か-しつ【×蝸室】蝸牛の殻のような狭い家。自分の家をへり下っていう語。蝸舎。

か-じつ【花実】❶花と実。❷歌論用語で、外観と実質。表現と内容。「中比古今の時、一共に備はりて」〈無名抄〉

か-じつ【佳日┆×嘉日】よい日。めでたい日。縁起のよい日。(類語)吉日・好日・寧日

か-じつ【果実】❶種子植物の花の子房が発達・変化したもの。中に種子を含む。狭義には、成熟した子房が主部になる真果をさし、花托など子房以外の部分が主部になるものを仮果として区別することもある。果皮の性状から乾果と液果に分け、由来する子房が一つかそれ以上かによって単果と複果とに分けられる。実。❷液果のうち、食用となるもの。くだもの。水菓子。❸精神的・肉体的な働きの成果。みのり。「日本で結んだ学術の一を」〈鷗外・妄想〉❹法律用語。ある物(元物)から産出される収益物。穀物・羊毛・牛乳などの天然果実と、利息・地代・家賃などの法定果実とがある。(類語)実・木の実

か-じつ【夏日】夏の日。

か-じつ【過日】過ぎ去ったある日。せんだって。先日。「一お目にかかりました折」(類語)この前・先ごろ・先日・先だって・先般・先度・この間

か-じつ【暇日】ひまな日。仕事が休みの日。「西走東奔遂に一なからんとす」〈織田訳・花柳春話〉

が-しつ【画室】絵をかく部屋。アトリエ。(類語)アトリエ・スタジオ・工房

が-しつ【画質】テレビ・写真などの、画像の質。

かしつおうらいきけん-ざい【過失往来危険罪】往来危険罪が定める行為を過失により行う罪。刑法第129条が禁じ、30万円以下の罰金に処せられる。ただし、危険にさらされた鉄道や船舶の業務従事者が犯した場合は、3年以下の禁錮または50万円以下の罰金に処せられる。

かじ-づか【×舵▽柄】船の舵を回すときに握る、舵に取り付けてある取っ手。舵棒。

かしつ-き【加湿器】室内の乾燥を防ぎ湿度を保つための、水を水蒸気にして噴き出す電気器具。

かし-つけ【貸(し)付(け)】金額・利率・期間・担保の種類などを定め、多くは約束手形や借用金証書をとって資金を貸したり、損料・使用料・期間などを定め、物品や権利を貸したりすること。(類語)貸与・貸し

かしつけ-きん【貸付金】貸し付けた金銭。貸し金。

かしつけ-しほん【貸付資本】利子を獲得する手段として、資本所有者が所有している貨幣資本。利子つき資本。利子生み資本。

かしつけ-しんたく【貸付信託】1個の信託約款に基づき、信託銀行が多数の委託者から信託契約によって受け入れた金銭を、主として貸し付けまたは手形割引の方法により、合同して運用する金銭信託で、その受益権を受益証券によって表示するもの。

かしつけ-りょう【貸付料】賃貸借の契約に基づき、貸し主が借り主から受け取る料金。貸し賃。

かし-つ・ける【貸(し)付ける】〔動カ下一〕図かしつ・く〔カ下二〕資金や物品・権利を貸す。貸し付けをする。「低利で住宅資金を一・ける」

かしつけんぞうぶつとうしんがい-ざい【過失建造物等浸害罪】過失により現住建造物等浸害罪が定める行為をする罪。また、過失により非現住建造物等浸害罪が定める行為をして、公共の危険を生じさせる罪。刑法第122条が禁じ、20万円以下の罰金に処せられる。過失建造物浸害罪。

かじつ-しゅ【果実酒】❶果汁を発酵させて造った酒。ぶどう酒・りんご酒など。❷焼酎などの蒸留酒に果実を漬け込んだ飲み物。梅酒など。

かしつしょうがい-ざい【過失傷害罪】過失によって人を負傷させる罪。刑法第209条が禁じ、30万円以下の罰金または科料に処せられる。親告罪の一つ。過失致傷罪。(補説)業務上の過失による致傷では、致死と合併されて業務上過失致死傷等罪(刑法第211条)となる。

かじつ-す【果実酢】果汁を原料とした酢。醸造酢1リットルにつき300グラム以上の果汁を使用したもの。原材料の名前をつけて、りんご酢・ぶどう酢(ワイン酢)などと称する。

かしつせきにん-しゅぎ【過失責任主義】損害の発生につき、故意・過失がある場合に限り加害者が賠償責任を負うこと。過失主義。⇒無過失責任主義

かしつ-そうさい【過失相殺】債務不履行または不法行為によって損害賠償責任が発生したとき、損害を受けた者(債権者・被害者)の側にも過失があった場合、裁判所が損害賠償の金額を定める際に、この過失を考慮して減額すること。

かしつちし-ざい【過失致死罪】過失により人を死亡させる罪。刑法第210条が禁じ、50万円以下の罰金に処せられる。

かしつちしょう-ざい【過失致傷罪】►過失傷害罪

かじ-つねきち【梶常吉】[1803〜1883]江戸末期・明治初期の七宝工芸家。尾張の人。オランダ七宝を研究して尾張七宝を創始、近代七宝の祖と称される。

かしつ-はん【過失犯】過失による行為で犯罪として罰せられるもの。過失傷害罪・過失致死罪・失火罪など。⇒故意犯

かじつ-はん【夏日斑】顔や手などに現れる茶色の小さい斑点。一般に夏に色濃くなる。そばかす。雀卵斑。

かしつ-わりあい【過失割合】交通事故において、事故を起こした当事者どうしの過失の割合を数値化したもの。過去の裁判の判例をもとにおおよその基準があり、保険会社が示談交渉を進める際に利用される。

かし-て【貸(し)手】金銭や品物などを貸す人。貸し主。⇔借り手。(類語)貸し主・貸し元

かじ-てつだい【家事手伝い】炊事・洗濯・育児など、家庭生活に必要な仕事を手伝うこと。また、その人。

か-じどう【賈似道】[1213〜1275]中国、南宋の政治家。台州(浙江省)の人。字は師憲。蒙古軍を破って功をあげ、財政立て直しのため公田法などを実施したが、のち、福建省へ流され、殺された。

かし-とうじ【菓子×杜氏】《酒造りの職人を杜氏というところから》菓子を作る職人。「船橋(=江戸ノ菓子店ノ名)を渡って来たと一」〈柳多留・九二〉

かじ-とおし【×梶通し】海水魚カジキの別名。

かじ-どこ【×舵床】和船の最後部に横たわる梁の中央部の、舵をはめ込むように作った所。床船梁。床。

かし-どり【×樫鳥】カケスの別名。(季 秋)

かじ-とり【×舵取り┆×楫取り】〔名〕スル❶舵を操作して船の進路を定めること。また、その人。❷物事がうまく運ぶように、誘導・指揮すること。また、その人。「グループ研究を効率よく一する」

かしどり-おどし【×樫鳥▽威】《模様が樫鳥の羽毛の配色に似ているところから》鎧の威の一。白、薄縹、紺の綾で矢筈に打った平組みの緒を用いた威。かんどりおどし。

かじ-どろ【火事泥】火事場泥棒。

かし-ぬし【貸(し)主】金銭や物品などを貸した当人。貸し手。⇔借り主。(類語)貸し元・貸し手

カジノ〘フランス casino〙各種の遊戯施設を備えた、賭博を主とした娯楽場。賭博場。(補説)小さな家、娯楽場の意のイタリア語casinoがフランス語に入ったもの。

かじ-の-き【×梶の木┆×楮の木┆▽構の木┆×穀の木】クワ科の落葉高木。葉は広卵形で、三つに裂けているものが多い。雌雄異株。5、6月ごろ、淡緑色の雄花が尾状に、雌花が球状につく。実は桑の実に似て、熟すと赤くなる。樹皮は和紙の原料。

かし-の-たま【▽和氏の▽璧】中国、春秋時代の楚の人卞和が見つけた宝石。連城の璧。⇒卞和

かじ-の-は【×梶の葉】❶カジノキの葉。昔、七夕の祭りに、歌などをこの葉7枚に書いて手向ける風習があった。「天の川と渡る舟の一に思ふことをも書き付くるかな」〈後拾遺・秋上〉(季 秋)「一を朗詠集のしをりかな/蕪村」❷文様の名。また、紋所の名。❶をかたどったもので、種類が多い。

かじのは-ひめ【×梶の葉姫】織女星の異称。

カジノ-フォリー　昭和4年(1929)東京浅草で榎本健一らによって旗揚げされたレビュー形式の喜劇劇団。パリのミュージックホール、カジノ-ド-パリとフォリー-ベルジェールをもじって名づけられた。

かしのみ-の【×樫の実の】〔枕〕樫の実、すなわちどんぐりは一つずつなるところから、「ひとり」「ひとつ」にかかる。「一ひとりか寝らむ」〈万・一七四二〉

かしば【香芝】奈良県北西部の市。大阪府に隣接し、住宅地。近郊農業、金剛砂の紙やすりや靴下製造業が盛ん。人口7.5万(2010)。

かじ-ば【火事場】火事のおこっている現場。また、火事で焼けたばかりの場所。

かじ-ばおり【火事羽織】江戸時代、火事装束に用いた羽織。武家のは革・羅紗製の身丈が短めの打裂羽織で、前後5か所に定紋をつけた。火消しのは普通の羽織と同じ形で、紺無地の木綿を刺し子の袷仕立てにし、背や襟に所属の組印や組名を染め抜いた。

かし-はがし【貸(し)剝がし】銀行などの金融機関が、返済の滞ったことのない企業に対しても、融資を減額したり取りやめたりして、資金を強引に回収すること。⇒貸し渋り

かしば-し【香芝市】►香芝

かじばし-かのう【鍛冶橋狩野】江戸幕府の奥絵師、狩野派四家の一。狩野探幽が江戸鍛冶橋門外に屋敷を与えられたのでこの名がある。

かじ-ばしら【×舵柱┆×楫柱】❶大きな和船で、舵を左右に回すときの軸となる長大な木材。❷(「かじ」は櫓や櫂のこと)櫓を仮に柱としたもの。「みるめ刈る海人の苫屋の一」〈堀河百首〉

かし-ばた【河-岸端】川のほとり。かしっぷち。

かじば-どろぼう【火事場泥棒】❶火事場のどさくさに紛れて盗みを働く者。火事どろ。❷ごたごたにつけこんで不正な利益を得ること。また、その人。火事どろ。

かじば-みまわり【火事場見×廻】江戸幕府の職名。享保7年(1722)設置。若年寄の支配下で、江戸市中に火事があったとき、消火の指揮に当たるほか、被害状況などの視察・報告を行った。

かしはら【橿原】奈良県中西部の市。大和三山や藤原宮跡・橿原神宮があり、史跡に富む。中心の八木は商業地、今井はもと寺内町で、古い町並みが残る。人口12.6万(2010)。

かしはら-し【橿原市】►橿原

かしはら-じんぐう【橿原神宮】奈良県橿原市にある神社。旧官幣大社。祭神は神武天皇・媛蹈鞴五十鈴姫命。明治22年(1889)に創建。社地は、神武天皇が即位した畝傍橿原宮のあとという。

かしはら-の-みや【橿原宮】►畝傍橿原宮

かしはら-りゅう【×樫原流】槍術の一流派。江戸初期、紀州藩士の樫原五郎左衛門俊重が創始。

かし-パン【菓子パン】甘く味をつけたり、中にあん・クリーム・ジャムなどを入れたりして作ったパン。日本独特のもの。

かしパン-うに【菓子パン海=胆】カシパン科のウ

ニの総称。浅海の砂泥底にすむ。体は平たい円盤状で、表面のとげはごく短く細い。房総半島から台湾にかけ分布。ハスノハカシパン・スカシカシパンなど。
かし-ビル【貸(し)ビル】各室を事務所・店舗用に賃貸しているビル。
かし-ぶとん【貸(し)布団】損料を取って貸す布団。
かし-ぶね【貸(し)船】料金を取って貸す船。
かじ-ぼう【×梶棒|×舵棒】かぢ ❶(梶棒)人力車・荷車などを引くための長い柄。かじ。❷(舵棒)「舵柄だへい」に同じ。
かし-ほけん【嫁資保険】生存保険の一。女子の結婚資金の積み立てを目的とした保険で、結婚適齢期になったころに保険金が支払われるもの。生命保険協会によれば、平成24年(2012)現在、日本では嫁資保険という商品はない。
かし-ほん【貸(し)本】料金を取って一定の期間貸す書籍・雑誌。
かしほん-や【貸(し)本屋】料金を取って本を貸し出す職業。また、その人。
かしま【加島】大阪市淀川区の地名。もと神崎川河口の島。近世は銭座があった。現在は工業地。
かしま【鹿島】㊀佐賀県南部の市。有明海に臨む。ノリ養殖やミカン栽培が盛ん。もと鍋島氏支藩の城下町。祐徳稲荷ゆうとくいなり神社の鳥居前町。人口3.1万(2010)。㊁茨城県鹿嶋市の地名。➡鹿嶋かしま
かしま【鹿嶋】茨城県南東部の市。鹿島灘に面する工業地。鹿島神宮がある。平成7年(1995)鹿島町と大野村とが合併して成立。人口6.6万(2010)。
かし-ま【貸(し)間】料金を取って長期間人に貸す部屋。貸し室。(類語)貸し家・貸し室
かしま-アントラーズ【鹿島アントラーズ】日本プロサッカーリーグのクラブチームの一。ホームタウンは鹿嶋市と周辺4市。昭和22年(1947)、大阪市に住友金属工業の同好会として発足。同50年に茨城県鹿島町(当時)に移転。平成5年(1993)のJリーグ発足時から参加。(補説)「アントラー(antler)」は英語で鹿の枝角の意。
ガジマウサ〘Gazimağusa〙キプロス北部の町ファマグスタのトルコ語名。
かしま-おどり【鹿島踊(り)】をどり ❶民俗芸能の一。鹿島の事触ことふれの影響がみられる、多くは青年たちによる集団舞踊。神奈川県小田原市を中心とした足柄地方、静岡県熱海市周辺から伊豆半島東海岸などに分布。弥勒みろく踊り。❷鹿島の事触れが用いた太鼓を小形にしたおもちゃ。
かしまきこう【鹿島紀行】かしまきかう 江戸中期の俳諧紀行。一軸。松尾芭蕉著。寛政2年(1790)刊。貞享4年(1687)、芭蕉が門人曽良と宗波を伴い、鹿島神宮へ月見を兼ねて参拝したときの紀行。
かしま-し【鹿島市】➤鹿島㊀
かしま-し【鹿嶋市】➤鹿嶋
かしまし・い【×囂しい|×姦しい|×喧しい】〔形〕図 かしま・し〔シク〕大いに耳障りである。やかましい。かしがましい。「女三人寄れば―・い」(派生)かしましさ〔名〕(類語)うるさい・やかましい・騒騒しい・騒がしい・かまびすしい・にぎやか・口うるさい・口やかましい・小やかましい・けたたましい・騒然・喧騒・喧喧囂囂けんけんごうごう
かしま-じんぐう【鹿島神宮】茨城県鹿嶋市にある神社。旧官幣大社。主祭神は武甕槌神たけみかづちのかみ。古くから武神として東国の武士に信仰された。社殿は重要文化財。常陸ひたち国一の宮。
かします-さぎ【貸します詐欺】➤融資保証金詐欺
かしま-だち【鹿島立ち】〔名〕スル《鹿島・香取かとりの二神が国土を平定した故事からとも、また、防人さきもり・武士が旅立つ際に道中の無事を鹿島神宮に祈願したところからともいう》旅行に出発すること。旅立ち。門出。
かしま-どりい【鹿島鳥居】かしまとりゐ 神明鳥居の一。円柱の上に断面が円形の笠木を渡し、貫ぬきのみが角材で、柱の外に突き出す。鹿島神宮のものが代表的。
かしま-ながし【鹿島流し】北関東から東北地方にかけて行われる神送りの一種。疫病や災難が村に起こると、人形をつくり、それに悪神を封じ込めて舟に乗せ、海や川に流す。
かしま-なだ【鹿島灘】茨城県の大洗岬から千葉県の犬吠埼いぬぼうさきに至る沖合の海域。夏は黒潮、冬は親潮が流れ、好漁場。
かしま-の-おび【鹿島の帯】「常陸帯ひたちおび❶」に同じ。
かしま-の-ことぶれ【鹿島の事触れ】昔、春ごとに鹿島神宮の神官が鹿島明神の御神託と称し、その年の吉凶・天変地異などを全国に触れ歩いたこと。また、その人。ことぶれ。(季 新年)
かじま-や【加島屋】江戸時代の大坂の豪商。同族のうち、久右衛門家(広岡姓)はその中心で、米仲買・両替・大名貸し資本として、鴻池こうのいけ家と並ぶ豪商。明治に入り加島銀行を創立。また、作兵衛家(長田姓)は米仲買・両替商として知られた。
かしま-やりがたけ【鹿島槍ヶ岳】富山県・長野県の県境にある山。飛騨山脈の後立山うしろたてやま連峰中の代表的な山。山頂は南峰(標高2889メートル)と北峰(2842メートル)に分かれている。高山植物が豊富。浸食の進んだ壮年期の山で槍のようにとがった山容と、山麓の地名の鹿島をとってこの名がつけられた。中部山岳国立公園に属する。
かじ-まり【×梶×鞠】かぢ 七夕たなばたに行う蹴鞠けまりの行事。近世は、飛鳥井あすかい・難波両流の主催。門人の代表がカジノキの枝に鞠をかけて坪の内(中庭)に持参し、牽牛けんぎゅう・織女の二星を祭ったもの。梶の鞠。七夕の鞠。(季 秋)
かしま-りんかいこうぎょうちたい【鹿島臨海工業地帯】かしまりんかいコウゲフチタイ 茨城県南東部、鹿島灘の南部沿岸に造成された工業地帯。鹿嶋市・神栖かみす市にまたがる。石油化学工業・鉄鋼・火力発電などのコンビナートがある。
カシミア〘cashmere〙《「カシミヤ」とも》❶カシミア山羊の軟毛を用いて綾織りにした、滑らかで光沢のある最高級の毛織物。刺繍ししゅうや縫い取りで文様を施し、ショールなどにする。カシミール地方の産。❷梳毛そもうを用いて、❶に似せて仕上げた毛織物。襟巻地や服地用。
カシミア-いと【カシミア糸】❶カシミア山羊の毛を紡いだ糸。❷高級服地、ショールなどを織るための細い梳毛糸そもうし。
カシミア-やぎ【カシミア山=羊】家畜のヤギの一品種。チベットおよびインドのカシミールの原産。毛は白色のものが多く絹糸状で、高級織物の原料。
カシミール〘Kashmir〙インド北西部からパキスタン北東部にかけての山岳地域。農業・牧畜が行われ、カシミア織を産する。帰属をめぐってインド・パキスタン間の紛争があり、1949年の停戦ラインが暫定国境線となっている。
カジミェシュ〘Kazimierz〙ポーランド南部の都市クラクフの一地区。14世紀にポーランド王カジミェシュ3世がこの地にユダヤ人街を建設したことから、この名で呼ばれる。かつてヨーロッパ最大級のユダヤ人街として栄えた。同国最古のシナゴーグであるスタラシナゴーグ(現在はユダヤ博物館)がある。
カジミェシュ-ドルニー〘Kazimierz Dolny〙ポーランド東部の町。ルブリンの西方約50キロ、ビスワ川沿いに位置する。14世紀中頃に建てられたポーランド王カジミェシュ3世の居城や聖ヤン教会をはじめ、16世紀から17世紀にかけて建造されたルネサンス様式、バロック様式の歴史的建造物が残っている。
かし-みせ【河-岸見世】江戸、新吉原にあった格式の低い遊女屋。遊郭周囲の御歯黒どぶに沿って、東西の河岸にあったところからいう。小格子こごうし。
かし-みせ【貸(し)店】料金を取って貸す店。
かじ-みまい【火事見舞(い)】クワジみまひ 家が火災で焼けたり、近火があったりした人を見舞うこと。また、見舞いのために送る手紙や品物。(季 冬)
カシミヤ〘cashmere〙➤カシミア
カシミロン〘Cashmilon〙日本で作られたアクリロニトリル系合成繊維。カシミアに似た風合いをもち柔らかく、保温性がある。染色性もよい。商標名。
かじ-むき【家事向き】❶家事に関する用向き。「―に忙しくて外出できない」❷家事に適していること。
かしめ ボイラー・水槽・圧力容器などのリベット締めした板の縁を、たがねで打って密着させること。気密を保つようにするために行う。コーキング。
かじ-め【×搗▽布】かぢ《古くは「かちめ」。「搗かち藻め」の意》チガイソ科の褐藻。水深5～20メートルの海底に生える。茎は長さ1～2メートルで、大きな羽状の葉をもつ。ヨードやアルギン酸をとる。地方によりアラメともいう。さがらめ。(季 春)「蜑人あまびとら―を刈りて負ひきたる/秋桜子」
かし・める〔動マ下一〕器具などの継ぎ目を工具で固く密着させる。「ボイラーの継ぎ目を―・める」
かし-もと【貸(し)元】❶金銭を貸す人。金主。❷《ばくちにかける金銭を融通してくれるところから》ばくち打ちの親分。(類語)貸し主・貸し手
かじもと-たかお【梶本隆夫】かぢもとたかを［1935～2006］プロ野球選手・監督。山梨の生まれ。昭和29年(1954)阪急(現オリックス)に入団、米田哲也とともに中心的投手として活躍。同32年には対南海(現福岡ソフトバンク)戦で9連続奪三振を記録した。引退後は阪急の監督を務めた。
か-しゃ【火車】クワ ❶仏語。生前悪事を犯した亡者を乗せて地獄に運ぶという、火の燃えている車。また獄卒が呵責かしゃくに用いるという火の車。「身を責め砕く―の責め」〈謡・綾鼓〉❷車輪の形に燃える火。「天よりは―降りかかり」〈謡・俊成忠度〉❸《中国語から》汽車。「一火船電信等…遠方の人民をして、相互いに交通往来し」〈中村訳・自由之理〉
か-しゃ【火舎|火▽蛇】クワ《「かじゃ」とも》仏事に用いるふた付きの香炉。かさ。「(笈おひニハ)―、閼伽坏あかつき、金剛童子の本尊を入れたりけり」〈義経記・七〉
か-しゃ【仮▽借】漢字の六書りくしょの一。音はあるが当てるべき漢字のない語に対して、同音の既成の漢字を意味に関係なく転用するもの。食物を盛る高い脚の付いた器の意の「豆」の字を、穀物の「まめ」の意に用いる類。
か-しゃ【花車】クワ ❶(「火車」「香車」とも書く)遊女を監督・指揮する女。やり手ばばあ。「其次の御客は酒飲ませて…舞い玉うものと左さる―めが申せしよし」〈露伴・辻浄瑠璃〉❷遊女屋・揚屋・茶屋などの女主人。❸「花車方」の略。
か-しゃ【華×奢】クワ〔名・形動〕華やかにおごること。はででぜいたくなこと。また、そのさま。「―なる京都を離れ鄙野なる諸国に派遣せらることは」〈田口・日本開化小史〉(類語)贅沢ぜいたく・豪奢ごうしゃ・豪勢・奢侈しゃし・驕奢きょうしゃ・驕侈きょうし・贅ぜい・奢おごり
か-しゃ【貨車】クワ 貨物輸送用の鉄道車両。有蓋ゆうがい車・無蓋車・冷蔵車などがある。
かし-や【菓子屋】クワシ 菓子を製造・販売する店。また、その職業。
かし-や【貸(し)家|貸(し)屋】家賃を取って貸す家。かしいえ。(類語)貸間・貸室
か-じゃ【▽冠者】クワ「かんじゃ」の撥音の無表記。「太郎―」
かじ-や【鍛-冶屋】かぢ ❶鍛冶を職業とする人。また、その家。❷釘を抜くのに用いる、鉄棒の一端がL字形に曲がり、釘を挟む割れ目のついた工具。
がしゃ-がしゃ ㊀〔副〕かたく細かい物などが、やかましく触れ合う音を表す語。「―(と)マージャンのパイを崩す」㊁〔形動〕乱雑なさま。めちゃくちゃ。「袋に―に詰め込む」(アクセント)㊀はガシャガシャ、㊁はガシャガシャ。
かしゃ-がた【花車方|花車形】クワシャ 歌舞伎で、年増・老女に扮する女方。また、その役柄。女歌舞伎のツレにあたる女房方にょうぼうがたから生まれた。老女方ふけおやま。女房方。嫗方ばばがた。
か-しゃく【仮借】〔名〕スル ❶許すこと。見逃すこと。「―なく罰する」「精神の自由を牢かたく守って、一歩も―しない処が」〈鷗外・青年〉❷借りること。❸➤かしゃ(仮借)
か-しゃく【×呵▽責|×呵×嘖】〔名〕スル 厳しくとがめて

しかること。責めさいなむこと。かせき。「良心の一に苦しむ」「自分はなぐさまれる犠牲ぎせい、お客は一する鬼ときめました」〈倉田・出家とその弟子〉
類語問責・面責・責める

か-しゃく【掛錫┊挂錫】クヮ シャク《錫杖しゃくじょうを僧堂の壁に掛ける意》行脚の禅僧が、僧堂に滞在し修行すること。転じて、僧堂に籍をおいて修行すること。掛搭かた。➡飛錫ひしゃく

かし-やく【河-岸役】江戸時代、河岸の船着き場で問屋営業を許された者が納めた税。

かじゃく【下若】《中国浙江せっこう省長興県若渓北岸の村名。水質がよく美酒を産するところから》美酒のこと。〈運歩色葉〉

かじや-ずみ【鍛-冶屋炭】かぢ や 鍛冶に使う木炭で、火力が弱く、炎がよく出るもの。松・栗など軟らかい材で作る。和炭にこずみ。かじずみ。

かしや-だて【貸(し)家建て】貸し家として建てた家。

カシャッサ〖ポルトガル cachaça〗《「カシャーサ」とも》サトウキビでつくるブラジルの蒸留酒。サトウキビのしぼり汁を発酵させたのち、蒸留してつくられる。アルコール分は38〜54パーセント。ピンガ。

かじや-ばし【鍛-冶屋箸】かぢ や 鍛冶のときに、焼けた鉄などの金属を挟む器具。金箸かなばし。

かしや-ぶしん【貸(し)家普請】もともと貸し家にするつもりの、家のつくりかた。転じて、粗末な普請。安普請。

かしや-ふだ【貸(し)家札】その家が貸し家であることを表示した札。斜めにはられることが多い。

がしゃ-ぽん【ガシャポン】プラスチック製のカプセルに封入され、専用の自動販売機で売られる小形の玩具。またはその自動販売機。硬貨を入れてレバーを回転させ、カプセルが出てくる音や様子からの名称。商標名。**補説**「カプセルトイ」などと言い換える。

かしゃ-わたし【貨車渡し】クヮシャ 売買の貨物を発駅の貨車に積み込んだときに買い手への引き渡しが完了し、積み込むまでの費用・危険を売り手が負担するという契約条件。

か-しゅ【火手】クヮ シュ 蒸気機関車の汽缶の火をたき、また機関の手入れなどをする人。火夫かふ。

か-しゅ【火酒】クヮ シュ《火をつけると燃えるところから》ウオツカ・ブランデー・焼酎しょうちゅうなどのアルコール分が多い蒸留酒。

か-しゅ【佳酒┊嘉酒】よい酒。うまい酒。美酒。

か-しゅ【貨主】クヮ 貨物の所有主。荷主にぬし。

か-しゅ【嫁娶】《「かじゅ」とも》嫁入りと嫁取り。結婚すること。「天下の臣民は…皆服ふくを釈とき、一を妨ぐるなかれ」〈露伴・運命〉

か-しゅ【歌手】歌をうたうことを職業とする人。うたいて。「オペラ一」「流行一」
類語シンガー・歌い手・歌歌い・歌姫

カシュ〖Kaş〗トルコ南西部の町。地中海に面し、沖合約3キロメートルにギリシャ領のカステロリゾ島が浮かぶ。リキア人が建設し、古代ギリシャ時代にはアンティフェロスとよばれた。リキア人が造った岩窟墓や、ヘレニズム時代の古代劇場の遺跡などがある。現在は同国有数のダイビングスポットとしても知られる。

か-じゅ【下寿】長寿の段階を上中下に分けた下位の年齢。60歳とも80歳ともいう。

か-じゅ【花樹】クヮ 美しい花の咲く樹木。花を観賞する木。花木かぼく。

か-じゅ【果樹】クヮ 食用となる果実のなる木。ミカン・リンゴなどの木。

か-じゅ【華寿】クヮ「華甲かこう」に同じ。

が-しゅ【画趣】グヮ 絵のようなおもむき。絵の題材になるようなよい風景。

が-しゅ【雅趣】風雅なおもむき。風流な味わい。雅致。「一に富む作品」

が-じゅ【賀寿】長寿を祝うこと。長生きの祝い。寿賀。

カジュアル〖casual〗〘形動〙格式ばらず、くつろいでいるさま。特に、気軽な服装のさま。「一な装い」

カジュアル-ウエア〖casual wear〗くだけたふだん着や街着まちぎの総称。

カジュアル-ウオーター〖casual water〗ゴルフで、コースの途中に一時的にできた水たまり。

カジュアル-コピー〖casual copy〗違法性を意識せずに安易な気持ちで行われる、ソフトウエアや音楽・映像コンテンツなどの著作物のコピー行為。友人同士での貸し借りや、個人が所有する複数の機器へのインストールなどを指し、営利を目的とする違法コピーとは区別される。

カジュアル-デー〖casual day〗企業で週に一度自由な服装での出勤を認める日。日本ではこれを金曜日に当て、カジュアルフライデーとすることが多い。

カジュアル-フラワー《和 casual＋flower》価格が比較的安く、家庭や職場で日常的に使える花。

か-しゅう【加州】シウ ❶加賀かが国の異称。❷米国カリフォルニア州のこと。「一米まい」

かしゅう【何首烏】❶ツルドクダミの塊根を蒸して乾燥したもの。漢方で、緩下・強精・強壮薬とする。❷「何首烏芋」の略。

か-しゅう【河州】シウ 河内かわち国の異称。

か-しゅう【家集】シフ「家いえの集」に同じ。

か-しゅう【歌集】シフ ❶和歌を集めた本。❷歌曲・歌謡曲などを集めた本。
類語句集・詩集・詞花集・撰集・歳時記・アンソロジー

カシュー〖cashew〗ウルシ科の常緑小高木。葉は長卵形。花は白または淡桃色で、円錐状に集まって咲く。熱帯アメリカの原産。花柄かへいおよび果実は食用、樹脂は塗料・ゴムなどに用い、材は細工物などに使用。カシューのき。

か-じゅう【加重】ヂュウ〘名〙スル ❶さらに重さや負担を加えること。また加わること。「責任が一される」❷刺激を繰り返すと、神経や筋肉に与える効果が、個々の刺激のときよりも大きく現れる現象。❸刑法で、累犯または併合罪の場合、法律上の範囲内で法定刑を重くすること。かちょう。➡減軽

か-じゅう【佳什】ジフ《「什」は「詩経」の雅と頌の十篇をいう篇什からで、詩篇の意》すぐれた詩歌。りっぱな文学作品。

か-じゅう【果汁】クヮジフ 果物をしぼって得られる汁。

か-じゅう【家什】ジフ 家庭で使う道具類。家具。

か-じゅう【家従】❶もと、親王家・王家の家令の次席。また、華族の家の家扶かふの次席。❷家臣。「藤堂が一等も」〈折たく柴の記・下〉

か-じゅう【荷重】ヂュウ ❶貨物自動車などの荷の重さ。❷機械や構造物の全体または部分に加わる力。また、構造物が耐えうる重さ。ロード。

か-じゅう【過重】クヮヂュウ〘名・形動〙重すぎること。度を越えて重いこと。また、そのさま。「一な労働」

が-しゅう【我執】シフ ❶自分中心の考えにとらわれて、それから離れられないこと。我を通すこと。また、その気持ち。「一にとらわれる」❷仏語。人には常住不変の実体があるとする誤った考え。我見。
類語頓着・執着・執心・偏執・固執・囚とらわれる

が-しゅう【画集】グヮシフ 絵画を集めた本。
類語画帖がじょう・画報・グラフ・絵本

が-しゅう【賀州】シウ 伊賀いが国の異称。

カシュー-アップル〖cashew apple〗カシューの花柄かへいが西洋ナシ形にふくらんだもの。多汁で、生食のほか、ジャム・砂糖菓子・清涼飲料などに用いる。

かしゅう-いも【何首烏芋】ヤマノイモ科の蔓性つるせいの多年草。塊根は暗褐色の球形で、ひげ根がある。葉は心臓形。夏から秋、葉のわきに白い小花やむかごをつける。中国の原産で、日本には雄株はない。塊根とむかごは食用。(季 秋)

かしゅう-きんぎん【加州金銀】カシウ 近世初期、加賀前田家で鋳造した金・銀貨。

かじゅう-けんさき【荷重検査器】カヂュウ 貨物を積んだまま貨車や自動車を載せて、その積荷の重量をはかる器械。

かじゅう-じ【勧修寺】クヮジウ 京都市山科やましな区勧修寺仁王堂町にある真言宗山階やましな派の大本山。山号は亀甲山。開創は昌泰3年(900)、開基は醍醐だいご天皇、開山は承俊。延喜5年(905)定額寺となる。代々、法親王門跡寺院(山科門跡)として栄えた。勧修寺縁起など、多数の古文書を所蔵。かんじゅじ。かじゅじ。かんしゅうじ。

かじゅう-しけん【荷重試験】カヂュウ 建物・乗り物などの構造材に荷重を加え、その強度などを測定して確かめること。

かじゅう-しゅうわいざい【加重収賄罪】カヂュウシウワイザイ 公務員が受託収賄罪・事前収賄罪・第三者供賄罪を犯し、さらに請託に応じて特定の職務行為を行ったり、行うべき職務をしなかったりする罪。刑法第197条の3第1項第2項が禁じ、1年以上の有期懲役に処せられる。かちょうしゅうわいざい。**補説**受託収賄罪・事前収賄罪・第三者供賄罪は請託を受けただけで成立するが、実際にそれに応じた職務行為をした場合などに本罪が併せて成立する。

かじゅう-とうそうざい【加重逃走罪】カヂュウタウソウザイ 逃走罪が規定する者や、勾引状(逮捕状など)により拘禁されている者が、拘束のための施設や器具を損壊したり、看守などを暴行・脅迫したり、複数人が共謀したりして逃走する罪。刑法第98条が禁じ、3か月以上5年以下の懲役に処せられる。**補説**緊急逮捕で、逮捕状が発せられる前の時点での被疑者や、逮捕状が不要な現行犯逮捕の被疑者の逃走は、本罪にあたらない。

カシュー-ナッツ〖cashew nuts〗カシューの木の実。曲玉まがたま形で、長さ2〜3センチ。堅い果皮をむき、火にあぶってから食用にする。

かじゅう-へいきん【加重平均】カヂュウ 平均値の算出方法の一。平均する各項の条件の違いを考慮に入れ、対応する重みをつけてから平均すること。また、その平均値。ダウ平均株価の類。

かしゅう-みんぺい【賀集珉平】カシフ［1796〜1871］幕末・明治初期の陶芸家。淡路の人。淡路焼を創始し、諸種の釉薬ゆうやくを発明。色絵陶などにすぐれた。

かじゅ-えん【果樹園】クヮジュヱン 果樹を栽培する農園。

カシュガル〖Kashgar〗中国新疆しんきょうウイグル自治区西部のオアシス都市。天山南路最西部にあり、交通の要地。漢代には疎勒それきとよばれた。**補説**「喀什噶爾」とも書く。

カシュガル-ハンこく【カシュガルハン国】16〜17世紀、中国の新疆しんきょう地方を支配したトルコ族のイスラム教国。東チャガタイ-ハン国が分裂して建国。首都はカシュガル。17世紀末、滅亡した。➡チャガタイ-ハン国

か-しゅく【加宿】江戸時代、人家が少なくて人馬を出しにくい宿駅で、地続きの一、二の隣村をこれに加えて一か宿の用を勤めさせたこと。

か-じゅく【家塾】個人の経営する塾。私塾。

カシュクール〖フランス cache-cœur〗《胸を覆う、の意》前を着物のように打ち合わせて着る形の上衣。女性用のブラウスやボレロなどに多い。

かじゅく-じ【過熟児】クヮジュク ❶出産予定日を著しく遅れて生まれた新生児。ふつう2週間以上をいう。過期産児。❷母胎内での発育が著しく、体重の大きい新生児。ふつう4000グラム以上をいう。巨大児。

が-じゅつ【莪蒁┊莪茂】ショウガ科の多年草。高さ約1メートル。葉は長い柄をもち、広楕円形で先がとがる。夏、淡黄色の花を穂状につける。漢方で、根茎を乾燥して芳香性健胃薬とする。ヒマラヤの原産で、熱帯地域で栽培。

か-しゅひ【仮種皮】種子の表面を覆う付属物で、胚珠はいしゅの柄や胎座の一部が発達したもの。カヤ・イヌガヤ・イチイなどにみられる。種衣。

がじゅまる《沖縄の方言から》クワ科の常緑高木。屋久島以南の亜熱帯・熱帯に分布し、高さ約20メートル。枝や幹から多くの気根が下がる。葉は卵形。実はイチジクに似る。榕樹ようじゅ。がじまる。

カジュラーホ〖Khajurāho〗インド中部、マディヤプラデシュ州北部の地名。1986年に世界遺産(文化遺産)に登録されたヒンズー教の石造寺院群がある。カジュラホ。

が-しゅん【賀春】新春を祝うこと。年賀状などに用

いる語。賀正。

が-じゅん【雅×馴】〔名・形動〕❶文章が品があって洗練されていること。言葉遣いや筆づかいが正しく、練れていること。また、そのさま。「序文は文章一ならずして」〈芥川・奉教人の死〉❷態度に品があって洗練されていること。また、そのさま。

か-しょ【花書】「花押」に同じ。

か-しょ【家書】❶自分の家からの手紙。家信。❷自分の家の蔵書。

か-しょ【華×胥】《「華胥の国」の故事から》昼寝。午睡。「苦もなく自分を一に誘って」〈花袋・重右衛門の最後〉

華胥の国に遊・ぶ　よい気持ちで昼寝をする。

か-しょ【過所｜過書】❶関所通行の許可証。律令制では、官人に政府の発行する通行証を携行させた。中世には通行税免除証となり、江戸時代には関所手形となった。かそ。❷「過書船」の略。

か-しょ【歌書】和歌に関する書物。和歌集や歌学書・歌論書など。

か-しょ【箇所｜▽個所】㊀〔名〕問題になっているその場所。「故障の一」㊁〔接尾〕助数詞。数を表す漢語に付いて、特定の部分や場所の数を表す。「入り口を三一設ける」㊧類語㊦場所・所・地点・点・部分・部位・一部・一部分・一節・件・パート・セクション

か-じょ【加叙】「加階」に同じ。

か-じょ【加除】〔名〕スル　加えることと除くこと。「条文を一する」「一訂正」

か-じょ【花序】茎への花の付き方。花軸上の花の並び方。分類の目安の一つとなり、無限花序と有限花序とに大別される。

か-じょ【家女】❶生まれた時からその家にいる女。家つきの娘。❷旧民法で、婚姻または婿養子縁組の際に養子からみて養家にいる女子をさした語。

か-じょ【歌女】❶宴席などで歌をうたう芸妓。うため。「いわゆる狭邪の地でどの家にも一を養っている」〈鷗外・魚玄機〉❷ミミズの異称。❸律令制で、雅楽寮に属して舞楽のときに歌をうたう女。うため。

か-じょ【歌序】歌を作ったり歌集を編纂したりする際に、その方針や趣旨などを記す序文。

が-しょ【賀書】祝いの手紙。賀状。

か-しょう【火生】不動明王が身から火炎を出し、その火で悪魔や煩悩を焼き尽くすこと。

か-しょう【火床】ボイラーの燃料をたく所。

か-しょう【火傷】〔名〕スル「やけど」に同じ。

か-しょう【仮称】〔名〕スル　正式な呼び名がない場合に、仮に名づけておくこと。また、その仮の名。「この地点を甲と一する」

か-しょう【仮晶】鉱物がその本来の結晶形をなさず、他の結晶形になること。

か-しょう【仮象】《ドイ Schein》実在的対象を反映しているように見えながら、対応すべき客観的実在性のない、単なる主観的な形象。仮の形。偽りの姿。

か-しょう【花床】▶花托

か-しょう【花×椒】ミカン科の落葉低木。中国原産で、乾燥させた果実は香辛料に用いられる。ホワチヤオ。ホワジヤオ。

か-しょう【▽和尚】❶天台宗などで、戒を授ける僧。また、高僧の敬称。❷僧侶。➡和尚

か-しょう【河床】川の底の地盤。かわどこ。

かしょう【迦葉】《梵 Kāśyapaの音写》前5世紀ごろの人。釈迦十大弟子の一人。頭陀第一といわれた。婆羅門の出身で、釈迦の入滅後、教団を指導し、第1回の経典結集を行った。大迦葉。摩訶迦葉。

か-しょう【華商】「華僑」に同じ。

か-しょう【×訛称】なまって言うこと。また、なまった呼び方。

か-しょう【過賞】・【過称】〔名〕スル　褒めすぎること。

か-しょう【×煆焼】ある物質を強く熱して脱水・分解などを起こさせ、揮発成分を除くこと。

か-しょう【靴傷】くつずれ。

かしょう【嘉承】平安後期、堀河天皇・鳥羽天皇の時の年号。1106年4月9日～1108年8月3日。かじょう。

か-しょう【×嘉祥】めでたいしるし。瑞祥。

かしょう【嘉祥】平安初期、仁明天皇・文徳天皇の時の年号。848年6月13日～851年4月28日。

か-しょう【×嘉賞｜佳賞】〔名〕スル　よしとして、褒めたたえること。「御一にあずかる」

㊧類語㊦褒める・たたえる・愛でる・嘉する・褒めたたえる・賞する・称する・賛する・持て囃す・持ち上げる・称賛する・称美する・称揚する・推賞する

か-しょう【歌唱】〔名〕スル　歌をうたうこと。また、その歌。「一指導」「一力がある」

か-しょう【過小】〔形動〕〔文〕〔ナリ〕小さすぎるさま。小さすぎて実際と合わないさま。「一な予算」⇔過大。㊧類語㊦極小・最小

か-しょう【過少】〔形動〕〔文〕〔ナリ〕少なすぎるさま。「人口が一な地域」⇔過多。

か-しょう【寡少】〔形動〕〔文〕〔ナリ〕非常に少ないさま。ごくわずか。「一な人員」

か-じょう【下情】一般の民衆の実情。庶民生活のようす。「一に通じる」

か-じょう【火定】❶仏道修行者が、火中に身を投じて死ぬこと。➡水定　➡土定　❷密教で、火生三昧のこと。

か-じょう【佳城】《墓を堅固な城にたとえていったもの》墓。墓地。

か-じょう【佳醸】味のよい酒。美酒。

か-じょう【▽官掌】《「かんじょう」の撥音の無表記から》律令制で、太政官の弁官の下に置かれた官。下級官吏である使部の監督、官庁および諸設備の管理・整備などをつかさどった。

か-じょう【河上】《古くは「かしょう」とも》❶河の水の上。河の水面。❷河の上流。かわかみ。❸河のほとり。

か-じょう【科条】法令。法律。また、その条目。

か-じょう【科場】昔、科挙を行った場所。転じて、試験場。

か-じょう【架上】かけ渡したものの上。また、棚の上。「一の書」

か-じょう【家乗】一家の記録。家の歴史。

か-じょう【家常】ふだん行われているありふれたこと。

か-じょう【渦状】渦巻きのような形・状態。うずまきがた。

か-じょう【過状】過失をわびる書状。わび状。あやまり状。怠状。「公家とがめ仰せられて、検非違使一奉りけるとぞ」〈続古事談・五〉

か-じょう【過剰】〔名・形動〕必要な程度や数量を超えて多いこと。ありあまること。また、そのさま。「一な生産物」「自信一」㊧派生㊦かじょうさ〔名〕㊧類語㊦超過・過度・オーバー・行き過ぎ・超える・上回る・超す・過ぎる・はみ出す・凌ぐ・突破・超越・凌駕

か-じょう【×嘉祥】・【×嘉定】室町時代末から始まった年中行事。陰暦6月16日に疫病を防ぐため、16個の餅や菓子を神前に供えてから食べた風習。江戸時代には主君が家臣に菓子を賜る行事となり、民間では16文で菓子を買って笑わずに食べる風習となった。名称は、年号の嘉祥、または室町時代に用いられていた宋の嘉定通宝によるものという。「嘉定通宝」の略称「嘉通」が「勝つ」に通ずることが武家に喜ばれた。嘉祥食い。かぞう。

か-じょう【箇条｜▽個条】㊀〔名〕ある事柄を、いくつかに分けて並べて述べた、その一つ一つの条項。㊁〔接尾〕助数詞。数を表す漢語に付いて、項目の数をかぞえるのに用いる。「五一の御誓文」

が-しょう【画商】絵の売買を職業とする人。また、その職業。ギャラリスト。

が-しょう【画障】絵のかいてあるふすま。

が-しょう【×臥床】〔名〕スル　❶(病気で)床につくこと。「洗面所へ立つだけでやはり終日一していた」〈宮本・伸子〉❷寝床。ふしど。〈日葡〉

が-しょう【賀正】新年を祝うこと。年賀状などに用いる語。賀春。がせい。

が-しょう【賀×頌】祝って徳を褒めたたえること。また、その言葉。

が-しょう【雅称】風雅な名前・呼び方。

が-じょう【牙城】《「牙」は「牙旗」の意で大将の旗》❶城中で主将のいる所。本丸。「敵の一に迫る」❷組織や勢力の中心となる所。本拠。「保守の一」

が-じょう【画×帖】❶絵を集めた折り本、またはとじ本。画集。❷絵をかくための帳面。画帳。スケッチブック。

が-じょう【賀状】祝いの手紙。特に、年賀状。〔季新年〕「草の戸に一ちらほら目出度さよ／虚子」

かじょう-がき【箇条書(き)】一つ一つの条項に分けて書き並べること。また、そうして書かれたもの。「問題点を一にする」

かしょうき【可笑記】仮名草子。5巻。如儡子著。寛永19年(1642)刊。徒然草を模倣した俗文体の随筆で、本文280段から成る。

がしょうぎ〔形動〕《「合食禁」から出た語か》がむしゃらなさま。強引なさま。がしょうきん。「(鰻ヲ)一にかっつかんだらおっちぬべえ」〈滑・浮世風呂・前〉

かじょう-ぎんが【渦状銀河】▶渦巻き銀河

かしょう-ざ【荷▽葉座】ハスの葉の形をした仏像を安置する台座。多く、天部の像に用いる。

かじょう-さはん【家常茶飯】《ふだんの食事の意から》ありふれた事柄。日常茶飯。「一事」

かじょう-し【過剰歯】永久歯(32本)、乳歯(20本)以上に生える余分な歯。上の前歯の内側に生えることが多い。➡先天性欠如歯

かしょう-じかん【可照時間】ある地点において、太陽の中心が東の地平線に現れてから、西の地平線に没するまでの時間。

かじょう-すう【過剰数】自然数 a で、a 以外の約数(1を含む)の和が a より大きいとき、a を過剰数という。例えば、12の約数は、「1」「2」「3」「4」「6」の五つで、その合計が1＋2＋3＋4＋6＝16となって12より大きいことから、12は過剰数となる。➡完全数　➡不足数　➡友愛数

かじょう-だいし【嘉祥大師】中国の僧吉蔵の大師号。

かじょう-はんのう【過剰反応】ある物事に対し、必要以上に拒絶すること。「一を起こす」➡アレルギー

かじょう-ひなん【過剰避難】緊急避難としてなされる行為で、生じた害が、その避けようとした害の程度を超えていると判断されるもの。違法行為ではあるが、情状によって刑が軽減・免除されることがある。➡緊急避難

かしょう-ひょうか【過小評価】〔名〕スル　物事を実際よりも低く見積もったり評価したりすること。「実力を一する」⇔過大評価。

かしょう-ぶつ【迦葉仏】過去七仏の6番目の仏。釈迦の直前に出現した仏。

がじょう-へんい【芽条変異】▶枝変わり

かじょう-ぼうえい【過剰防衛】正当防衛としてなされる行為が、防衛の程度を超えていると判断されるもの。違法行為ではあるが、情状によって刑が軽減・免除されることがある。➡正当防衛

かじょう-まい【過剰米】生産しすぎて余ってしまった米。米価の下落を防ぐため、市場に流通する分とは別に管理される。余剰米。

かしょうまとう【迦葉摩騰】《梵 Kāśyapamātaṅga》インドの仏僧。竺法蘭とともに、中国に初めて仏教をもたらし、67年、洛陽の白馬寺に住し、四十二章経を訳したと伝えられる。生没年未詳。

かじょう-りゅうどうせい【過剰流動性】現金・預金などの流動性資産が、企業の通常の経営に必要な額以上になっている状態。

かじょうるいてん【科条類典】江戸時代の法律記録集。上巻3冊、下巻7冊。明和4年(1767)成立。幕府が、公事方御定書の編纂に関する文書・記録類を類別して編集したもの。

か‐しょく【火食】クヮ〔名〕スル 物を、煮たり焼いたりして食べること。
か‐しょく【仮色】▶他色(たしょく)
か‐しょく【仮植】〔名〕スル ▶仮植(かりう)え
か‐しょく【河食｜河×蝕】川の流れが、川底や川岸を浸食する作用。
か‐しょく【家職】❶その家に伝わる職業。家業。❷武家・華族・富豪などで、家の事務を執る人。
か‐しょく【華飾｜花飾｜過飾】クヮ ❶華やかに飾ること。また、分を越えて飾ること。「時俗の奢侈(しゃし)に流れ―を事とすることを非斥(はいせき)せり」〈中村訳・西国立志編〉❷尊大であること。不遜(ふそん)なこと。「人の言ふこと耳の外処(よそ)になしてゐたる大―の者なり」〈義経記・二〉
か‐しょく【華×燭｜花×燭】クヮ ❶華やかなともし火。「数十の―を灯(とも)し連ねたれば」〈竜渓・経国美談〉❷結婚の席にともすともし火。また、婚礼。
か‐しょく【貨殖】クヮ 財産を殖やすこと。利殖。
か‐しょく【過食】クヮ〔名〕スル 食べすぎること。くいすぎ。「一症」「―すると体に悪い」
(類語)食い過ぎ・食べ過ぎ・暴飲暴食
か‐しょく【稼×穡】穀物の植えつけと、取り入れ。種まきと収穫。農業。
が‐じょく【×臥×褥】グヮ 病気で床につくこと。臥床(がしょう)。「アスピリンを服用して…天井ばかり見て―」〈嘉村・秋立つまで〉
かしょく‐きかん【可食期間】食品を食べても身体的に問題が生じないという期間。食品を一定期間保管し、栄養成分や細菌の数を調べ、味・においなどによる官能検査を行い、品質劣化の状況をみて算出する。➡消費期限 ➡賞味期限
かしょく‐しょう【過食症】クヮショクシャウ 摂食障害の一種。心理的な原因から、食べずにはいられない状態。太りすぎ、食べては吐くなどの症状がある。拒食症の反動として起こることもあり、思春期の女性に多い。神経性大食症。BN(Bulimia nervosa)。➡神経性無食欲症
かしょく‐の‐てん【華×燭の典】クヮショク 結婚式を祝していう語。華燭の式。「―を挙げる」
(類語)結婚・結婚式・ウエディング・婚礼・婚儀・祝言
かしょ‐の‐くに【華×胥の国】クヮショ《「列子」黄帝から》中国の黄帝が夢の中で見たという、無為自然で治まる理想の国。太平の国。
かしょ‐ばおり【歌書羽織】古筆の歌書の断片(歌書切)を切り継ぎして作る紙子羽織。
かしょ‐ぶね【過書船｜過所船】クヮショ ❶過書をもらって航行する船。❷江戸時代、伏見・大坂間の淀川筋の往来を許可されて、客や貨物を運送した船。
かしょぶん‐しょとく【可処分所得】個人所得の総額から直接税や社会保険料などを差し引いた残りの部分で、個人が自由に処分できる所得。
かしら【頭】㊀〔名〕❶人間や動物の首から上の部分。あたま。こうべ。「尾―つき」「―、右」「―に霜を置く」❷髪の毛。頭髪。「―を剃(そ)る」❸物のいちばん上、または先の部分。先端。「八歳を―に三人の子持ち」❹一団の人々を統率する人。統領。特に、鳶職(とびしょく)・大工・左官など職人の親方。❺(「首」とも書く)人形の首から上の部分。特に、人形浄瑠璃の人形の頭部。「―を遣う」❻能で扮装に用いる仮髪。前は顔までかかり、横は両肩に垂れ、後ろは背丈に及ぶ長いもの。黒頭・赤頭・白頭があり、役によって使い分ける。「獅子(しし)―」❼もつ焼きで、豚の頭部の肉。㊁〔接尾〕助数詞。❶動物を数えるのに用いる。「鹿の一―にても殺す者あらば」〈宇治拾遺・七〉❷仏像を数えるのに用いる。「(仏師ニ)幾―造り奉りたるぞと問へば」〈宇治拾遺・九〉❸烏帽子(えぼし)など頭にかぶるものを数えるのに用いる。「折らぬ烏帽子十―、直垂、大口などをぞ入れたりける」〈義経記・七〉❹人の上に立つ者、特に大名などを数えるのに用いる。「あれへ大名一―、瓜核(うりざね)顔の旦那殿、東寺から出た人さうな」〈浄・丹波与作〉(類語)頭(あたま)・頭部・こうべ・つむり・かぶり・おつむ・雁首・ヘッド
頭動かねば尾が動かぬ 上に立つ者が先に立って活動しないと、下の者が働かないことのたとえ。
頭が打(う)つ 頭痛がする。
頭堅(かた)し 健康である。身体が丈夫である。また、心が堅固である。
頭は一年物 僧尼になっても、頭髪は1年たてば伸びるということ。
頭振る間(ま) ごくわずかな時間。
頭を集める 多人数が寄り合う。鳩首(きゅうしゅ)する。
頭を下ろす 頭髪をそぎ、またはそって、僧尼になる。髪を下ろす。
頭を縦に振る 承知の意を表す動作をいう。うなずく。
頭を横に振る 不承知の意を表す動作をいう。かぶりをふる。
かしら《「かしらん」の音変化》㊀〔副助〕(「なに」「だれ」「どこ」などの疑問語に付いて)不定のものをいう意を表す。「どこ―へ行ってしまった」「なに―むつかしいことを言っていた」㊁〔終助〕❶口調を和らげ、不審・疑問の気持ちを表す。かな。㋐自分自身に対して問いかける。「あら、雨が降ってきたの―」「午後は何をしよう―」㋑相手に対して問いかける。「ご都合はいかが―」❷打消しの助動詞「ない」「ん(ぬ)」のあとに付けて、願望・依頼の意を表す。「わたしも連れていってくれない―」「お世話願えません―」(補説)現代では、多く女性が用いる。
がしら【頭】〔語素〕❶動詞の連用形に付いて、そうした時、そのとたん、などの意を表す。「出会い―」❷名詞に付く。㋐その中の第一位の者の意を表す。「出世―」「もうけ―」㋑その入り口、先端などの意を表す。「目―」「波―」❸日時を表す名詞に付いて、その初めの意を表す。「月―には東にあり、月の末には西にあると申す」〈謡・藤戸〉
かしら‐いも【頭芋】「親芋(おやいも)」に同じ。
かしら‐がき【頭書(き)】❶書物の本文の上欄に、注釈・批評などを書き記すこと。また、その注記。頭注。標注。とうしょ。❷脚本で、台詞(せりふ)の上に書いてある、その台詞を述べる役の名。
かしら‐じ【頭字】❶語句・文章・人名などの、初めの文字。❷「頭文字(かしらもじ)❶」に同じ。
かしら‐だか【頭高】㊀〔名〕ホオジロ科の鳥。全長約15センチ。背は栗色で、腹は白い。春に雄は頭頂部とほおが黒くなる。頭の羽毛を立てる習性がある。アジア東部に分布し、日本では冬鳥で、畑や雑木林でみられる。たすずめ。かしら。(季 秋)㊁〔名・形動ナリ〕矢が肩越しに高く見えるように箙(えびら)を負うこと。また、そのさま。「大中黒の矢―に負ひなし」〈義経記・五〉
かしら‐だ・つ【頭立つ】〔動タ五(四)〕人の上に立つ。頭として一団の人々を統率する。「各組合の―・った人々を招集する」
かしら‐つき【頭付き】❶「尾頭(おかしら)付き」に同じ。「毎夜下物(さかな)は―にし酒は灘にし」〈露伴・いさなとり〉❷頭の格好。髪の形。頭髪の生え際のようす。「―をかしげにて」〈かげろふ・下〉
かしら‐ぬき【頭▽貫】柱の上部を連結する貫。柱貫。
かしら‐の‐ゆき【頭の雪】年をとって白くなった髪を雪にたとえた語。「頭の霜」ともたとえる。「春の日の光にあたる我なれど―となるぞわびしき」〈古今・春上〉
かしら‐ぶん【頭分】集団の中で指導的な立場にある人。親分。首領。
かしら‐もじ【頭文字】❶欧文で、姓名のつづりの最初の文字。かしら字。イニシャル。❷欧文で、文章の始まりや地名・姓氏などの固有名詞の最初に使う大形の字体。キャピタル。大文字。
かしら‐やく【頭役】人の上に立つ役。長(ちょう)。
かしらん《係助詞「か」に動詞「し(知)る」の未然形と打消しの助動詞「ず」の連体形の付いた「かしらぬ」の音変化》㊀〔終助〕「かしら㊁」に同じ。「何が言いたいの―」「あれでもすむ事―」〈滑・浮世床・初〉㊁〔副助〕「かしら㊀」に同じ。「毎日商(あきな)いへから帰りにはの、何一竹の皮へ買って来ての」〈滑・浮世風呂・二〉
かじり‐ちら・す【×齧り散らす】〔動サ五(四)〕❶あちらこちらを少しずつかじる。「菓子を―・して残す」❷あれこれと手をつけてはすぐやめる。「外国語をいくつも―・す」
かじり‐つ・く【×齧り付く】〔動カ五(四)〕❶物の端に勢いよく歯を立てる。ぎゅっとかじる。食いつく。「大きなフランスパンに―・く」❷しっかりくっついて離れまいとする。しがみつく。「母親に―・いて甘える」❸一つの物事に執着して離れまいとする。しがみつく。「テレビに―・く」(類語)(❶)食いつく・食らいつく・噛(か)みつく・かぶりつく・くわえこむ/(❷)しがみ付く・むしゃぶり付く・抱き付く・組み付く
かし‐りょう【菓子料】クヮシレウ ❶菓子に代わるものとして贈る金銭。❷菓子を買う代金。
かし‐りょう【貸(し)料】レウ 物を貸すとき、その損料として受け取る金銭。貸し賃。
かじ・る【×齧る】〔動ラ五(四)〕❶かたい物の端を歯でかむ、また、かみとる。「木の実を―・る」❷物事のほんの一部分だけを学ぶ、また、知る。「ドイツ語を少し―・ったことがある」「聞き―・る」(可能)かじれる
かしわ【×柏｜×槲｜×檞】かしは ❶ブナ科の落葉高木。葉は短い柄をもち互生し、倒卵形で厚く、縁に波形の鋸歯(きょし)がある。秋に落葉せず、枯れたまま越年する。4、5月ごろ、新葉とともに雌花と雄花とをつける。実はどんぐりで、多数の鱗片(りんぺん)からなる殻をもつ。若葉はかしわ餅(もち)に用いられる。かしわぎ。もちがしわ。❷紋所の名。カシワの葉をかたどったもの。三つ柏・抱き柏・結び柏など種類が多い。❸《カシワの葉に盛ったところから》上代、飲食物を盛るのに用いた木の葉。「髪長比売に大御酒(おほみき)の―をとらしめて」〈記・中〉
かしわ【柏】かしは 千葉県北西部の市。昭和29年(1954)柏町が周辺町村と合併して東葛(とうかつ)市となったが、2か月後に改称。平成17年(2005)沼南町を編入。人口40.4万(2010)。
かしわ【黄＝鶏】かしは 羽色が茶褐色の鶏。また、その肉。転じて、鶏の肉。
かしわ‐ぎ【×柏木】かしは ㊀❶カシワの木。❷《カシワの木に葉守の神が宿るという伝承から》皇居警備の任に当たる兵衛(ひょうえ)または衛門(えもん)の異称。「―の木高きわたりより」〈かげろふ・上〉㊁源氏物語第36巻の巻名。また、主要登場人物の名。頭中将(とうのちゅうじょう)の長男。光源氏の妻、女三の宮との密通を源氏に知られて悶死(もんし)。三の宮は薫(薫大将)を出産後、出家する。
かしわぎ‐ぎえん【柏木義円】かしはぎ [1860～1938] プロテスタント牧師・思想家。新潟の生まれ。新島襄(にいじまじょう)の感化を受けた。群馬県安中教会に終生在住。軍国主義に反対し、国家神道や教育勅語を批判した。
かしわぎ‐じょてい【柏木如亭】かしはぎ [1763～1819] 江戸後期の漢詩人。江戸の人。名は昶(ちょう)。通称、門作。市河寛斎の門下。その清新な詩風は江戸詩壇に影響を与えた。詩集「木工集」など。
かしわざき【柏崎】かしは ㊀新潟県南西部の市。日本海に面し、宿場町として発展。明治時代、石油を産出し、工業が発達。人口9.1万(2010)。㊁謡曲。四番目物。柏崎の領主の妻が夫の死と一子花若の出家を聞き、狂乱して諸国を巡り、善光寺で花若と再会する。
かしわざき‐し【柏崎市】かしは ▶柏崎㊀
かしわ‐し【柏市】かしは ▶柏
かしわ‐で【×柏手｜▽拍手】かしは《「柏手」は「拍手」の誤写か》神道において、神を拝むとき、両の手のひらを打って音を立てる礼拝作法。
かしわ‐で【▽膳｜▽膳▽夫】かしは《古代、カシワの葉を食器に用いたところから。「で」はする人の意》❶古代、宮中で食膳の調理をつかさどった人々。「水戸神(みなとのかみ)の孫(ひこ)、櫛八玉神(くしやたまのかみ)、―となりて」〈記・上〉❷中世、寺院で食膳調理のことをつかさどった職制。❸食膳を供すること。また、食膳。〈色葉字類抄〉
かしわで‐の‐つかさ【▽膳▽司】かしは ❶古代、宮中で食膳のことをつかさどった役所。律令制では、大膳職(だいぜんしき)と内膳司(ないぜんし)がある。❷春宮坊(とうぐうぼう)の主膳監(しゅぜんげん)。❸後宮十二司の一。食膳・食事のことをつかさどっ

た職。❹斎宮で、御膳の調理を扱った所。

かしわど-つよし【柏戸剛】［1938～1996］力士。第47代横綱。山形県出身。本名、富樫剛。昭和36年(1961)大鵬とともに横綱に昇進し「柏鵬時代」を築いた。優勝5回。引退後、年寄鏡山。➡朝潮太郎(第46代横綱)　➡大鵬幸喜(第48代横綱)

かしわ-どの【膳殿】❶神宮で、食事の用意をする建物。❷大嘗祭の際、神に供える食事を調理する建物。膳屋。

かしわ-の-くぼて【柏の窪手】古代、食物を盛るために、カシワなどの木の葉を細い竹でつなぎ合わせて作ったうつわ。

かしわ-ばさみ【柏夾】凶事・火事のような非常の場合、冠の纓を巻いて、白木の挟み木で留めること。「直衣に—にて供奉せらる」〈平治・上〉

かしわば-はぐま【柏葉羽熊】キク科の多年草。山地の林下に生える。高さ30～70センチ。葉は柄が長く、長楕円形で先がとがり、縁にぎざぎざがある。8、9月ごろ、白色の花を穂状につける。

かしわばら【柏原】㊀長野県北部、上水内郡信濃町の地名。もと北国街道の宿場町。俳人小林一茶の生地。㊁滋賀県米原市の地名。もと中山道の宿場町。

かしわばら-ひょうぞう【柏原兵三】［1933～1972］小説家・ドイツ文学者。千葉の生まれ。母方の祖父をモデルにした「徳山道助の帰郷」で芥川賞受賞。他に「長い道」「仮りの栖」「ベルリン漂泊」など。

かしわ-もち【柏餅】❶しんこ餅を平たく楕円形にのし、小豆あんや味噌あんを入れて二つ折りにし、カシワの若葉で包んで蒸した菓子。端午の節句の供物とする。(季 夏)「手づくりの—とて志野の皿/秋桜子」❷二つ折りにした布団にくるまって寝ること。

かしわら【柏原】大阪府中東部の市。大和川水運の要地として発達。機械・染色工業が盛んで、生駒山斜面ではブドウを栽培。人口7.5万(2010)。

かしわら【橿原】►かしはら(橿原)

かじわら【梶原】《歌舞伎で、梶原景時が他人をおとしいれる悪人として扱われているところから》❶意地の悪い人。「—と火鉢の灰へ書いて見せ」〈柳多留・二〉❷ゲジの俗称。「御夜詰めに—が出て大さわぎ」〈柳多留・二四〉

かじわら-かげすえ【梶原景季】［1162～1200］鎌倉前期の武将。景時の長男。通称、源太。源頼朝の臣。源義仲追討のとき、佐々木高綱と宇治川の先陣を争ったのは有名。

かじわら-かげとき【梶原景時】［?～1200］鎌倉前期の武将。通称、平三。石橋山の合戦で源頼朝を救い、のち、侍所所司となった。頼朝死後、幕府に背いて討伐を受け、一族とともに戦死。

かしわら-し【柏原市】►柏原

かじわら-なおかげ【梶原直景】［1610～1685］江戸初期の武術家。制剛流柔・居合を学び、梶原流柔術を創始。

かじわら-りゅう【梶原流】柔術の一派。徳川家光のころ梶原直景に始まるという。

かしわ-レイソル【柏レイソル】日本プロサッカーリーグのクラブチームの一。ホームタウンは柏市。昭和15年(1940)発足の日立製作所のサッカー部が前身。平成7年(1995)にJリーグ参加。(補説)「レイソル」はスペイン語の王(レイ)と太陽(ソル)をあわせた造語。

か-しん【下臣】❶身分の低い家来。❷臣下が主君に対して自分のことをへりくだっていう語。

か-しん【下唇】❶したくちびる。⇔上唇。❷昆虫の口器の一部。小あごの後方にある。❸唇形花の下方の部分。⇔上唇。

か-しん【花心】「花蕊」に同じ。

か-しん【花信】花が咲いたという知らせ。花便り。「南の地方から—が届く」

か-しん【花神】花をつかさどる神。花の精。

か-しん【花唇】❶花びら。花弁。❷美人のくちびるの形容。

か-しん【河心】河幅の中ほど。「舟が—に出る」

か-しん【河津】河岸にある港。また、河の渡し場。

か-しん【河神】河を守る神。河伯。

か-しん【家臣】家に仕える臣下。家来。家人。(類語)家来・臣・臣下

か-しん【家信】家からの便り。また、家へ出す便り。家書。「帰国する友に—を託す」

か-しん【過信】〔名〕スル 価値や力量などを実際よりも高くみて、信頼しすぎること。「実力を—する」(類語)誤信・盲信・妄信・狂信

か-しん【禍心】他人に災いを加えようとする心。害心。「—を抱く」

か-しん【嘉辰・佳辰】めでたい日。よい日柄。「きたる一五日の—に式を執り行う」

か-しん【歌神】和歌をつかさどる神。➡和歌三神

か-じん【下塵】下や後ろにいて、上や前からのちりを浴びること。人の下に立つこと。後塵。

か-じん【佳人】美しい女性。美人。

(類語)美人・美女・麗人・別嬪・シャン・名花・小町・マドンナ・色女・大和撫子・美少女

か-じん【家人】❶家の人。家族。「留守に—が電話を受けた」❷家臣。家来。けにん。

(類語)家族・家内・家の人・肉親・親子・親兄弟・妻子

か-じん【華人】中国系の海外居住者で、居住国の国籍を持つ人。➡華僑

か-じん【歌人】和歌を詠む人。また、それを職業とする人。歌詠み。

歌人は居ながらにして名所を知る　歌人は、古歌や歌枕の研究によって、旅行をしなくても、天下の名所のようすをよく知る。

か-じん【寡人】〔代〕《徳の寡ない者の意》一人称の人代名詞。王や諸侯が自分自身をさしていう。〈和英語林集成〉

が-じん【画人】絵をかく人。画家。(類語)絵描き・画家・画工・絵師・画伯・画工・イラストレーター

が-じん【雅人】風雅を解する人。風流な人。

がしん-しょうたん【臥薪嘗胆】〔名〕スル《「史記」越王勾践世家にある故事から》復讐を心に誓って辛苦すること。また、目的を遂げるために苦心し、努力を重ねること。(補説)中国の春秋時代、呉王夫差が父のかたきの越王勾践を討とうとして、いつも薪の上に寝て身を苦しめ、またその後夫差に敗れた勾践が、いつか会稽の恥をそそごうと苦い胆を嘗めて報復の志を忘れまいとしたという。

がしん-たれ《「がしん」は「餓死」の転、「たれ」は人をののしるときに用いる接尾語という。関西地方で使われる》意気地なし。能なし。甲斐性なし。

かじんのきぐう【佳人之奇遇】東海散士の政治小説。全8編。16冊。明治18年～30年(1885～97)刊。米国留学中の東海散士とスペイン革命に失敗した将軍の娘幽蘭、アイルランド独立運動の亡命者紅蓮との交友を通して、各国の民族独立運動の情熱を描く。

かじん-はくめい【佳人薄命】《蘇軾「薄命佳人詩」から》美人は、病弱で早死にしたり、運命にもてあそばれて、不幸になったりすることが多いということ。美人薄命。

かしん-ふう【花信風】❶花の咲くのを知らせる風。初春から初夏にかけて吹く風をいう。❷►二十四番花信風

カシンベック-びょう【カシンベック病】シベリア東部・朝鮮半島北部・中国東北地区にみられる、関節と骨の変形・はれを主症状とする病気。小児では四肢の発達がよくなく、小人症になる。医師のカシン(N.Kaschin)とベック(E.V.Beck)が研究・報告。

かしん-れいげつ【嘉辰令月】めでたい日と月。「—の曇り無き御代に逢ひては」〈宴曲集・二〉

かす【滓・糟・粕】㊀〔名〕❶液体をこしたあとに残ったり、液体を入れた容器の底に沈殿したりしたもの。おり。❷よい所、必要な部分を取り去ったあとの残り。「食べ—」❸役に立たないつまらないもの。最も下等なもの。くず。「人間の—」❹(糟・粕)酒のもろみを醸し、酒汁をこしたあとに残るもの。酒かす。㊁〔接頭〕❶名詞に付いて、取るに足りない、粗末な、の意を表す。「—烏帽子」❷人を表す語に付いて、ののしる気持ちを表す。「—侍」「—野郎」

(類語)ごみ・塵・埃・塵芥・塵芥・屑

糟を食・う　小言を言われる。叱られる。主に芝居の世界で用いられる語。「どんな不味いことをして—・うか」〈万太郎・春泥〉

か・す【化す】㊀〔動サ五〕「か(化)する」(サ変)の五段化。「貴重な文化財が火災で灰と—・す」(可能)かせる ㊁〔動サ変〕「か(化)する」の文語形。

か・す【仮す】〔動サ五(四)〕《「貸す」と同語源》❶仮に与える。「海鳴りに耳を—・しつつ」〈佐藤春夫・晶子曼陀羅〉❷許す。仮借する。「不法の者があれば…寸毫も—・さず」〈福沢・福翁自伝〉(可能)かせる

か・す【和す】〔動サ変〕❶混じり合う。混じり合わせる。調和させる。「失敬の挨拶は、ゴッサイの掛声に—・し」〈逍遥・当世書生気質〉❷気持ちがなごむ。また、なごませる。やわらげる。「酔ひに—・してこの事を語り出されたるに」〈太平記・三二〉

か・す【科す】㊀〔動サ五〕「か(科)する」(サ変)の五段化。「罰金は—・さない」(可能)かせる ㊁〔動サ変〕「か(科)する」の文語形。

か・す【浸す・淅す】〔動サ四〕❶水にひたす。つける。「秋刈りし室のおしねを思ひ出でて春ぞたなゐに種も—・しける」〈堀河百首〉❷米を洗う。米をとぐ。〈新撰字鏡〉

か・す【痂す・悴す】〔動サ下二〕「かせる」の文語形。

か・す【貸す】〔動サ五(四)〕❶自分の金や物などを、ある期間だけ他人に使わせる。「友人にお金を—・す」「本を一日—・す」「タバコの火を—・す」⇔借りる。❷使用料をとって、ある期間他人に利用させる。「アパートを—・す」「土地を—・している」⇔借りる。❸能力・労力などを他人に提供する。「手を—・す」「肩を—・す」「耳を—・そうともしない」「お力を—・して下さい」⇔借りる。(可能)かせる (類語)貸し出す・用立てる

か・す【課す】㊀〔動サ五〕「か(課)する」(サ変)の五段化。「春休みには宿題は—・さない」(可能)かせる ㊁〔動サ変〕「か(課)する」の文語形。

か・す〔接尾〕《動詞五(四)段型活用》動詞の未然形に付いて動詞をつくり、そのようにさせるという意を表す。「散ら—・す」「冷や—・す」「なほ思ひの罪逃がら—・し給へ」〈宇津保・蔵開上〉「然らばこれ構へて見顕は—・さばや」〈今昔・二七・三五〉

か-ず【下図】下に示した図。「—参照」

か-ず【火途】三途の一。猛火で身を焼かれる地獄道のこと。

かず【数】㊀〔名〕❶物の順序を示す語。また、その記号。数字。「二けたの—」❷個々の事物が、全体または一定の範囲で、いくつ(何回)あるかということを表すもの。数量。「参加者の—を数える」「—多い候補者から選ぶ」「—が合わない」「はしたの—」❸数量や回数が多いこと。多数。「—ある作品の中から選ばれる」「—をこなさないと間に合わない」「—で押し切る」「—を頼む」❹価値あるものとして取り立てて認められる範囲。また、その範囲に入るものとして価値を認められるもの。「こんな苦労は物の—に入らない」❺同類として数えたてられる範囲。仲間。「亡き—に入る」「正選手の—に加える」「子供は—に入らない」❻(多く「の」を伴って)種類などの多いこと。いろいろ。「—の仏を見奉りつ」〈栄花・鳥の舞〉㊁〔接頭〕名詞に付いて、粗末な、ありふれた、安価な、などの意を表す。「—扇」「—雪駄」

(…語)頭数・稲数・忌み数・色数・御数・数々・句数・口数・鞍数・言葉数・字数・品数・手数・亡き数・場数・番数・日数・人数・間数・物数・物の数・矢数・家数

(類語)数・数量・量・分量・ボリューム・数値

数知らず　数えきれないほど多い。限りなく多い。「女房なども—・ず集ひ参りて」〈源・賢木〉

数知れぬ　たくさんで、数を数えることができない。数多い。数知れない。「—犠牲者を出した」

数で熟・す　多数を処理する。数をこなす。「単価

が低い分は一・してもうける」

数なら◦ず　物のかずではない。取るに足りない。数にもあらず。「身こそ一◦ねど、殿も御前近く召し使ひ給へば」〈源・玉鬘〉

数を尽く・す　（多く「数を尽くして」の形で）ある限りすべてにわたる。残らずする。「春の花の木、一・して植ゑ」〈源・少女〉

ガス〘オランダ・英 gas〙【瓦斯】❶気体。「一状星雲」❷燃料用の気体。特に、都市ガスのこと。「一を引く」「一管」❸「毒ガス」の略。「一マスク」❹濃い霧。「山頂付近に一がかかる」❺ガソリンのこと。「一欠」❻「ガス焜炉こんろ」の略。「鍋を一にかける」❼「ガス糸」の略。❽おなら。屁へ。〔類語〕雲・霧・霞かすみ・靄もや・スモッグ

かず-あわせ【数合(わ)せ】かずあはせ ❶質の良し悪しは問わず、数量だけをそろえること。「派閥の一に巻き込まれる」❷指定の条件に合う数を考えるゲーム。数独など。

か-すい【下垂】〔名〕スル　垂れ下がること。「胃一」

か-すい【火水】クワ ❶火と水。つらく困難な状況などにもたとえていう。水火。「同じくは一の中へ飛び入っても」〈紅葉・多情多恨〉❷性質の相反するもののたとえ。「精神上の一の争いも」〈花袋・描写論〉

か-すい【加水】水を加えること。

か-すい【×禾穂】クワ イネ科植物の穂。

か-すい【仮睡】〔名〕スル　少しの間眠ること。仮眠。「交代で一する」〔類語〕仮眠・仮寝・寝る・ひと眠り・ひと寝入り・転寝うたたね・一睡・まどろむ

か-すい【花穂】クワ 花が稲穂のように、長い花軸に群がってつく花序。

か-すい【河水】河の水。かわみず。

か-すい【歌吹】歌をうたい、笛を吹き鳴らすこと。遊芸や遊興。

か-ずい【花×蕊】クワ 花の雄しべと雌しべの総称。

か-ずい【×嘉×瑞】めでたいしるし。吉兆。

かすい-かい【歌吹海】歌舞または遊興の盛んな場所。遊里。「北の墓地はモンマルトルの一に接す」〈荷風・ふらんす物語〉

かすい-さい【可睡斎】静岡県袋井市久能にある曹洞宗の寺。山号は万松山。開創は応永14年（1407）、開基は恕仲天誾じょちゅうてんぎん。大路一遵たいろいちじゅんが中興、寺号を東陽軒とし、のち可睡斎と改めた。徳川家康の帰依を受け、駿河・遠江・三河・伊豆4か国の大僧録司が置かれた。三尺坊大権現は、火防の霊仏。

かすい-たい【下垂体】▶脳下垂体のうかすいたい

かすいたい-こうそく【下垂体梗塞】カウソク ▶シーハン症候群

ガス-いと【ガス糸】主に木綿糸をガスの炎の中を高速度で通過させ、表面の毛羽けばを焼き取って滑らかで光沢のある糸にしたもの。高級綿織物用。ガス。

かすい-どり【蚊吸い鳥】かすひ ヨタカの別名。

かすい-ぶんかい【加水分解】〔名〕スル　化合物に水が作用して起こる分解反応。塩えんを水に溶かすと酸と塩基に分解する反応があり、加水解離ともいう。有機化合物ではエステルやたんぱく質などが水と反応して酸とアルコールや、アミノ酸などができる反応などがある。

かすいぶんかい-こうそ【加水分解酵素】カウソ　加水分解の際に触媒として働く酵素の総称。生体内ででんぷんやたんぱく質の加水分解を促進する。エステラーゼ・アミラーゼ・プロテアーゼなど。ヒドロラーゼ。

ガスいり-でんきゅう【ガス入り電球】デンキウ　フィラメントの気化を防ぐため、窒素・アルゴンなどのガスを封入した電球。現在の白熱電球がこれに相当。

か-すう【加数】加法で、加えるほうの数。$a+b=c$ の、b のこと。

か-すう【仮数】常用対数の値の、整数部分を除いた小数部分の値。

か-すう【×遐×陬】都から遠く離れた片田舎。僻地。

カズー〘kazoo〙おもちゃの笛の一種。口にくわえてハミングするとブーブーという音がする。

かず-・う【数ふ】かずふ〔動ハ下二〕かぞえる。「大乗だいじょうそしりたる罪にも一・へたるかし」〈源・常夏〉

かず-うち【数打ち】大量に製作した粗末な刀剣。数打ち物。

かす-うどん【かす×饂×飩】牛の臓物を油で揚げた「油かす」を入れた、掛けうどん。大阪、河内地方に始まる。

かずえ【数へ】かずへ 数の中に入れること。かず。かぞえ。「言に出でては、何かは一のうちには聞こえ給はむ」〈源・玉鬘〉

ガス-えき【ガス液】石炭乾留のときに生じるガスを水で冷却・凝縮するとできる液体。数パーセントのアンモニアを含むので、硫安の原料にする。

ガス-えそ【ガス▽壊×疽】ヱソ 傷口にウェルシュ菌などのガス壊疽菌が感染し、壊死に陥り、その部分が腐敗してガスを発生する状態。

かずえ-の-かみ【主=計▽頭】かずへ 律令制で、主計寮かずえりょうの長官。

かずえ-りょう【主=計寮】かずへレウ《「かずえ」は「かず（数）う」の連用形から》律令制で、民部省に属し、調・庸および献上物の数量を数え、国費の支出面などを担当した役所。稲の収納にかかわる主税寮ちからりょうに対する。かずえのつかさ。しゅけいりょう。

ガス-エンジン〘gas engine〙ガス機関。特に、液化石油ガス（LPG）を使用する乗用車用のものをいう。

ガス-えんしんぶんりほう【ガス遠心分離法】エンシンブンリハフ　濃縮ウラン製造法の一。天然ウランをガス状の六弗化ふっかウランに変え、遠心分離機にかけてウラン235とウラン238を分離し、235の比率を高める。効率がよく、消費電力も少ない。

かす-お【×糟尾】―を ❶白髪のまじった髪。ごましお頭。「（斎藤別当ハ）白髪の一なりしぞ」〈平家・一一〉❷絣かすり模様のある矢羽。かすぼ。

かず-おうぎ【数扇】―あふぎ 大量に作られる安物の扇。「一匁に五十本づつの一」〈浮・胸算用・四〉

かず-おお・い【数多い】かずおほい〔形〕文かずおほ・し〔ク〕数がたくさんある。

ガス-おり【ガス織(り)】ガス糸で織った織物。ガス糸織り。

かす-か【▽幽か・▽微か】〔形動〕文〔ナリ〕❶やっと感じ取れる程度であるさま。はっきりとは認められないさま。「一な物音」「一な記憶」❷生活ぶりなど弱々しく、細々としたさま。「わずかな収入で一に日を送る」❸姿かたちのみすぼらしいさま。貧弱。「一なる小さき法師一人をなん具したりける」〈今昔・一七・四四〉❹人目につかないさま。ひっそりとして寂しそうなさま。「北の方の一なる御有様をも」〈平家・一二〉➡僅わずか 〔用法〕〔派生〕かすかさ〔名〕〔類語〕ほのか・ほんのり・弱い

かすが【春日】《「春日」の表記は、地名「かすが」にかかる枕詞「はるひ」を当てたもの》㊀奈良市およびその付近の称。特に、春日大社のあたり。㊁福岡県の市。福岡市の南に位置し、住宅地。自衛隊の春日原基地がある。人口10.7万（2010）。

ガス-カーボン〘gas carbon〙石炭ガスの製造中に、石炭の揮発性炭素化合物から遊離した微粉末状の炭素。純粋炭素に近く、電極として用いられる。

かすがい【春日井】かすがゐ 愛知県北西部の市。名古屋市の北に隣接。パルプ・紙加工工業や果樹・サボテン栽培が盛ん。高蔵寺ニュータウンがあり、住宅都市化が進展。人口30.6万（2010）。

かすがい【×鎹】かすがひ ❶材木と材木とをつなぎとめるために打ち込む、両端の曲がった大釘。❷人と人とをつなぎとめるもの。「子は一」❸戸締まりの掛けがね。「一も錠じょうもあらばこそ、その殿戸、我鎖さめ」〈催馬楽・東屋〉〔補説〕「鎹」は国字。〔類語〕釘・鋲びょう・楔くさび・リベット

ガス-かいき【ガス海気】ガス糸で海気織りのように滑らかに織った織物。

かすがい-し【春日井市】かすがゐ ▶春日井

カスカイス〘Cascais〙ポルトガル西部の都市。リスボンの西方約30キロに位置し、大西洋に面する。19世紀に王室の夏の離宮が置かれ、近郊のエストリルとともにコスタ-ド-ソルの代表的な海岸保養地として知られる。「地獄の口」と呼ばれる海食洞が有名。

かず-かぎりな・い【数限りない】〔連語〕数えられないほど多い。「問題点は一・くある」

ガスかくさん-ほう【ガス拡散法】クワクサンハフ 濃縮ウラン製造法の一。天然ウランをガス状の六弗化ふっかウランに変え、超微小孔をもつ隔膜を通し、透過率のわずかな差を利用して、ウラン235と238を分離し、235の比率を約90パーセントまで高める。

かすが-ごんげん【春日権現】奈良の春日大社の祭神の総称。また、春日大社の別名。春日明神。

かすがごんげんけんき【春日権現験記】鎌倉時代の代表的絵巻物。絹本着色。全20巻。目録1巻。春日大社創建の由来と数々の霊験とを描く。目録によれば、絵は高階隆兼たかしなたかかねが描き、西園寺公衡さいおんじきんひらの発願で延慶2年（1309）春日大社に奉納された。稠密ちゅうみつ華麗な画風は大和絵の一頂点を示す。春日権現霊験記。

かすが-し【春日市】▶春日㊁

かすが-じんじゃ【春日神社】奈良にある春日大社たいしゃの旧称。

かす-かす㊀〔形動〕果物などが、ほとんど水分がなくなってそのものらしい味がしないさま。「一なリンゴ」㊁〔副〕スル ❶㊀に同じ。「一したナシ」❷それが限界で、もはやゆとりのないさま。すれすれ。ぎりぎり。「門限一のところで間に合った」アク㊀はカスカス、㊁はカスカス、またはカスカス。

かず-かず【数数】❶数え上げる数の多いこと。種類の多いこと。あれこれ。いろいろ。副詞的にも用いる。「一の贈り物」「不平不満は一ある」❷「数の子」の女房詞。「かずのこは一」〈女重宝記〉〔類語〕沢山・いろいろ・各種・種種・諸種・さまざま・多様・多種・多彩・いろんな・とりどり・多く・多い・多数・数多あまた・無数・多量・大量・大勢おおぜい・夥おびただしい・いっぱい・あまた・多多・いくらも・いくらでも・ざらに・ごろごろ・どっさり・たっぷり・十二分に・豊富に・ふんだんに・腐るほど・ごまんと・わんさと・しこたま・たんまり・うんと・たんと・仰山ぎょうさん・なみなみ・十分・しっかり・がっつり

かすが-せんあん【春日潜庵】［1811～1878］江戸末期から明治初期の陽明学者。京都の生まれ。名は襄。字あざなは子賛。公卿の久我こが家に仕え、尊王攘夷論を主張した。のち、奈良県知事。著「潜庵遺稿」など。

かすが-たいしゃ【春日大社】奈良市春日野町にある神社。旧官幣大社。祭神は武甕槌命たけみかづちのみこと（第一殿）・経津主命ふつぬしのみこと（第二殿）・天児屋根命あめのこやねのみこと（第三殿）・比売神ひめがみ（第四殿）で、藤原氏の氏神。3月13日の春日祭は三勅祭の一。昭和21年（1946）春日神社を改称。平成10年（1998）「古都奈良の文化財」の一つとして世界遺産（文化遺産）に登録。

かすが-づくり【春=日造(り)】神社本殿形式の一。切妻造り・妻入りで、正面に階隠はしかくしをつけ、棟には置き千木ちぎ・鰹木かつおぎを置く。奈良時代に完成したものという。奈良の春日大社本殿がその代表例。

かすが-どうろう【春=日灯籠】❶竿さおが円形、笠・火袋ひぶくろ・中台ちゅうだい・地輪じりんが六角平面で、背の高い標準的な石灯籠。奈良の春日大社に多く用いられているところからいう。❷木製または青銅製のつり灯籠。春日大社の回廊や社殿に使われている形。

かすが-どりい【春=日鳥居】―どりゐ 奈良の春日大社の一の鳥居に代表される鳥居形式。柱が太く、ころびをつけ、島木・笠木は直線で、端を垂直に切ったもの。

ガス-カナキン《和 gas（オランダ）＋canequim（ポルトガル）》ガス糸をまぜて織った金巾カナキン。➡キャラコ

かすが-の【春日野】奈良市、春日山の麓一帯の野原。〔歌枕〕「一の飛火の野守いでてみよ今いくかありて若菜つみてむ」〈古今・春上〉

かすが-の-しんぼく【春=日の神木】神霊が宿るとされた奈良の春日神社の榊さかき。平安末期から室町時代にかけて、興福寺の大衆だいしゅが朝廷の処置などに不満があるときに、春日神社の神人とともにこれを担いで京都に強訴するのが例であった。これを神木入洛じゅらくという。

かすが-の-つぼね【春日局】㊀［1579～1643］江

戸前期の大奥の女中。徳川3代将軍家光の乳母。稲葉正成の妻。名は福。家光が将軍継嗣になるのに功績があり、大奥を任せられ、権勢を振るった。㊁歌舞伎。時代物。5幕。明治24年(1891)東京歌舞伎座初演。演劇改良論者の福地桜痴が書き、9世市川団十郎が演じた活歴物の代表作。

かすがの-まんじゅう【春日野饅頭】厚めに作った皮の上面にヒノキの葉の模様を焼きつけた小判形のまんじゅう。春日饅頭。忍ぶ饅頭。

かすが-ばん【春日版】❶平安末期から鎌倉期にかけて、奈良の興福寺で刊行された経典類。春日神社に奉献されたものが多いところからいう。❷広く、奈良の諸寺で開板された版本の総称。

かすが-ふじおり【春日藤織】藤づる・大麻・苧麻などを用い、奈良で織られた太布。春日藤布。

かすかべ【春日部】埼玉県東部の市。奥州街道の粕壁宿の宿場町として発達。住宅地。桐たんす・桐箱などを特産。もと新田義貞の家臣春日部氏の所領。平成17年(2005)10月、庄和町と合併。人口23.7万(2010)。

かすかべ-し【春日部市】▶春日部

かすが-まい【春日舞】奈良の春日大社で、巫女が神前に奏する神楽舞。

かすが-まさじ【春日政治】[1878〜1962]国語学者。長野の生まれ。京大卒。奈良女高師・九大教授。平安初期の古経典を研究、訓点語学の基礎を築く。「西大寺本金光明最勝王経古点の国語学的研究」で学士院賞。他に「仮名発達史序説」など。

かすが-まつり【春日祭】奈良にある春日大社の祭礼。古くは陰暦2月・11月の最初の申の日に行われたもので、申祭りともよばれた。現在は3月13日に行われる。賀茂・石清水の祭礼とともに三勅祭の一。かすがさい。(季 春)

かすが-まんだら【春日曼荼羅】奈良の春日神社の信仰のため、その祭神・境内などを図にした曼荼羅。宮曼荼羅・社寺曼荼羅・鹿曼荼羅などがある。鎌倉・室町時代に流行。

かすが-みょうじん【春日明神】▶春日権現

かすが-やま【春日山】㊀奈良市東部の山。標高497メートル。若草山の南隣に位置し、ふもとに春日大社がある。➡春日山原始林 ㊁新潟県上越市にある山。標高160メートル。頂上に春日山城跡がある。

かすがやま-げんしりん【春日山原始林】奈良市東部の春日山にある原始林。春日大社の神山として千年以上も狩猟と伐採が禁止されてきたため、原始の姿が保持された森林が一帯に広がる。昭和30年(1955)特別天然記念物。平成10年(1998)「古都奈良の文化財」の一つとして世界遺産(文化遺産)に登録された。➡春日山㊀

かすがやま-じょう【春日山城】新潟県上越市の春日山にあった上杉謙信の本城。越後守護代長尾氏歴代の本拠で、長尾景虎(上杉謙信)が拡充整備した。のち上杉景勝の会津移封のあと入城した堀氏が慶長12年(1607)に福島城に移って廃城となる。鉢が峰城。

ガスか-ようゆうろ【ガス化溶融炉】廃棄物焼却炉の一つ。ガス化炉と溶融炉を組み合わせてゴミを処理するシステム。ゴミを低酸素状態で蒸し焼きにして可燃ガスと炭に分解した後、1300度以上の高温で燃やす。ダイオキシンの発生量が少なく、排熱を利用して発電や熱供給を行えるため、コジェネレーション-システムを構築することが可能。燃え残り(溶融スラグ)は路盤材として再利用できる。

カスカラ-サグラダ〘ｽﾍﾟｲﾝ cáscara sagrada〙《神聖な樹皮の意》主に米国カリフォルニア州に産するクロウメモドキ科植物の樹皮。緩下薬に用いる。

かすがりゅうじん【春日竜神】謡曲。五番目物。栂尾の明慧上人が渡唐のいとまごいに春日明神に参詣すると、明神が現れて入唐を戒める。

かすがわかみや-じんじゃ【春日若宮神社】奈良市の春日大社の南方にある摂社。祭神は天押雲根命。12月17日の春日若宮祭(保延祭)は芸能祭的色彩が濃いので有名。

ガス-かん【ガス管】燃料用のガスを導き通す管。

かずき【被｜被衣】《「かつぎ」とも》❶かぶること。また、そのもの。「この御鉢一の風情をものによくよく譬をふれば」〈伽・鉢かづき〉❷「きぬかずき」に同じ。

かずき【潜き】水中にもぐること。水中にもぐって魚介類などをとること。また、その人。「楽浪の志賀津の海人はわれ無しに一はなせそ波立たずとも」〈万・一二五三〉

ガス-きかん【ガス機関】内燃機関の一。可燃性のガスを燃料とし、空気と混合して点火爆発させ、その圧力によってピストンを往復運動させ、動力を発生させる方式のもの。

かずき-ぞめ【被衣初め】女子が5歳から7歳のころ初めて被衣を着ける儀式。昔は正月であったが、のちには11月の吉日に行うこととなった。江戸時代まで京都地方で行われていた風習。

かずき-もの【被き物】❶頭にかぶるもの。かぶりもの。被衣や帽子など。❷自分の負担となるもの。また、損失となるもの。やっかいもの。「さても大きなる一と、次第にうるさくなって」〈浮・文反古・二〉

カスク〘ﾌﾗﾝｽ casque〙自転車競技で、選手が危険防止用にかぶるヘルメットの下の革製の帽子。

かず・く【被く】《「潜く」と同語源。「かつぐ」とも》㊀〔動カ四〕❶頭の上から覆う。頭に載せる。かぶる。「頭つきはいと白きに、黒き物を一・きて」〈源・手習〉❷貴人から褒美に衣服をちょうだいする。また、それを肩にかける。「白き物どもを品々一・きて」〈源・若菜上〉❸損害・負担などを引き受ける。しょい込む。「弟御の無実の難を身に一・き」〈浄・二枚絵草紙〉❹だまされる。「片里は今は恋に賢く、年寄女は闇に一・かず」〈浮・一代女・六〉㊁〔動カ下二〕「かずける」の文語形。

かず・く【潜く】《「被く」と同語源》㊀〔動カ四〕❶水中にもぐる。「にほ鳥の一・く池水心あらば君に我が恋ふる心示さね」〈万・七二五〉❷水にもぐって、魚や貝などをとる。「伊勢のあまの朝な夕なに一・くといふあはびの貝の片思ひにして」〈万・二七九八〉㊁〔動カ下二〕水中にもぐらせる。「上つ瀬に鵜を八つ一・け」〈万・三三三〇〉

ガス-くろはち【ガス黒八】▶ガス八丈

ガス-クロマトグラフ〘gas chromatograph〙ガスクロマトグラフィーを行う装置。

ガス-クロマトグラフィー〘gas chromatography〙気体または気化させた液体・固体試料を、適当な充填剤を詰めた管中に通し、試料成分と充填剤との相互作用による移動速度の差を利用して、各成分を分離する方法。定性分析や定量分析ができる。

かす-げ【糟毛】❶馬の毛色の名。灰色に少し白い毛がまじっているもの。「一なる馬に乗り」〈古活字本保元・中〉❷白髪まじりの頭髪。「ひょこひょこと来るは撥鬢一の親仁」〈浄・浪花鑑〉

カスケーディング-スタイルシート〘cascading style sheets〙▶シー-エス-エス(CSS)

カスケード〘cascade〙❶階段状に水の落ちる滝。❷庭園の傾斜地などで、階段状に流した水の流れ。

カスケード-さんみゃく【カスケード山脈】《Cascade》北アメリカの太平洋岸を南北に連なる山脈。最高峰はレーニア山の4392メートル。

カスケード-シャワー〘cascade shower〙高エネルギーの電子または光子が物質内に入射し、電子は光子を、光子は電子対をつくり、これを交互に繰り返して多数の電子や光子が増殖される現象。原子核乾板などでは滝の飛沫のように見える。宇宙線のものは空気シャワーともいう。電子シャワー。電磁シャワー。

カスケード-スタイルシート〘cascading style sheets〙▶シー-エス-エス(CSS)

カスケード-せつぞく【カスケード接続】《cascade connection》コンピューターネットワークにおいて、ハブなどの中継点を段階的につなぎ、接続できる端末数を増やすこと。多段接続。

カスケード-ブーケ〘cascade bouquet〙流れる滝のようなデザインの花束。

カスケード-りゅうし【カスケード粒子】▶㊂粒子

カスケード-ループ〘Cascade Loop〙米国ワシントン州北西部、カスケード山脈を一周する観光客向けドライブルート。全行程約700キロメートルあり、ノースカスケード国立公園、ワシントン峠、シェラン湖、ドイツのバイエルン風の街並みのレブンワースなどを結ぶ。

か-すけごう【加助郷】江戸中期以降、宿駅の定助郷に新たに追加された助郷役。街道の交通量の増加に伴って徴発された。増助郷。

かずけ-ごと【託け言｜託け事】口実を設けること。また、そのような言い方。「矯詔とは、天子の詔書と一を云ひかけて殺す事ぞ」〈蒙求抄・六〉

ガス-けつ【ガス欠】自動車の燃料タンク内のガソリンがなくなること。

ガスケット〘gasket〙❶パイプやフランジなどの接合部に挟み込む薄板状の詰め物。❷畳んだ帆を帆桁にくくり付けるのに用いる細い綱。

かずけ-もの【被け物】《「かつげもの」とも》❶目下の者の功績や労苦に対して与える贈り物。衣服などが多い。受領者の肩に掛けて与えたところからいう。禄。纏頭。❷芸人などの技を賞して、祝儀として与える品物や金銭。はな。

かず・ける【被ける】〔動カ下一〕文かづ・く〔カ下二〕❶責任などを押しつける。人のせいにする。転嫁する。「罪を人に一・ける」❷かこつける。事寄せる。口実にする。「出張に一・けて私用を足す」❸頭にかぶせる。「まどろする身に散りかかるもみぢばは風の一・くる錦なりけり」〈伊勢集〉❹被け物として与える。「御衣を脱ぎて一・け給ひつ」〈竹取〉

ガス-こうかん【ガス交換】生物体が酸素を取り入れ、二酸化炭素を放出する現象。外呼吸と内呼吸とがある。

ガス-コークス〘ﾄﾞｲﾂ Gaskoks〙コークスの一種。石炭ガスを製造する過程で得られるもの。

ガス-こんろ【ガス焜炉】ガスを燃料とするこんろ。

かずさ【上総】旧国名の一。現在の千葉県中部にあたる。かみつふさ。

かず-さし【数差｜員刺｜籌刺】賭弓・競べ馬・歌合わせ・闘鶏などの勝負で、勝った回数を数えるために、数取りの串または枝を、数立てに差し入れること。また、差し入れる人。かずとり。「一座に居ありぬれば、既に合はするに」〈今昔・二八・三五〉

かずさ-しりがい【上総尻繋】馬具の尻繋で、上総地方産出の麻糸を、赤根で染めて平組としたもの。

かずさ-ぼり【上総掘り】掘り抜き井戸の代表的な工法。やぐらを組んで大きい車を仕掛け、これに割り竹を長くつないだものを巻いておき、その竹の先端に取り付けた掘鉄管で掘り抜く。古くから上総地方を中心に行われた。

かす-ざめ【糟鮫】ツノザメ目カスザメ科の海水魚。全長約2メートル。体は著しく扁平でエイに似るが、えら穴は体側にある。体色は茶褐色。卵胎性。本州中部以南の浅い海底にすむ。肉はかまぼこの原料に、皮はやすりに利用。

かずさ-もめん【上総木綿】❶上総国で産出される木綿。❷《❶は丈が短いため、「情がない」にかけて》薄情なこと。また、その人。「なんぼ黒い色男でも一ぢゃあいかねえによ」〈洒・寸南破良意〉

ガス-しちりん【ガス七厘】ガスこんろ。

ガス-じま【ガス縞】ガス糸で織り出した縞文様の綿織物。

ガス-じゅう【ガス銃】ガス弾を発射するための銃。

ガスじょう-せいうん【ガス状星雲】▶散光星雲

かす-じる【粕汁｜糟汁】塩鮭や塩ぶり、野菜などを実にして、酒粕を入れたこくのある汁。(季 冬)「一や盃を浮かせて沸きたちし/風生」

かず-しれ・ない【数知れない】〔連語〕▶数知れぬ

かす-ず【ˣ粕酢┆ˣ糟酢】酒粕を原料として作った酢。

かず-すくな-い【数少ない】〔連語〕数が少ししかない。まれである。

ガス-ステーション〘gas station〙「ガソリンスタンド」に同じ。

ガス-ステート〘gas state〙《気体状態の意》電子工学の分野で、真空管やガスレーザーなど、気体中での電子現象を利用した回路・装置。⇔ソリッドステート。

ガス-ストーブ《和 gas＋stove》都市ガス・プロパンガスなどを燃料とするストーブ。(季 冬)

ガス-せい【ガス井】天然ガスを噴出する坑井。

ガス-そう【ガス層】多量の天然ガスを埋蔵している地層。

カスター〘caster〙▶キャスター❷

カスタード〘custard〙牛乳・鶏卵・砂糖・香料などを混ぜ合わせて調理したもの。

カスタード-クリーム〘custard cream〙カスタードにコーンスターチまたは小麦粉を加えて煮上げたクリーム。シュークリームの皮の中に詰めるほか、各種の菓子に用いる。

カスタード-ソース〘custard sauce〙卵黄・牛乳・砂糖、場合によりコーンスターチなどのでんぷんを加え、とろりとなるまで加熱した洋菓子用のソース。アングレーズソース。

カスタード-プディング〘custard pudding〙カスタードを型に入れて蒸した、半固体の滑らかな菓子。カスタードプリン。プリン。

ガス-タービン〘gas turbine〙圧縮機で圧縮した空気を燃料と混合させて燃焼し、発生した高温高圧のガスでタービン翼を回転させて動力を得る熱機関。航空機・発電などに使用。

ガス-たい【ガス体】気体のこと。

カスタネット〘castanet〙打楽器の一。二枚貝のように組み合わせた一対の木片、または象牙片を打ち合わせて音を出す。

カスタマー〘customer〙顧客。得意先。取引先。

カスタマー-エンジニア〘customer engineer〙顧客のコンピューターの保全・管理をするエンジニア。

カスタマー-サービス〘customer service〙顧客へ提供する種々の情報や特典。また、顧客の相談に対応する業務や、その担当者。

カスタマー-サティスファクション〘customer satisfaction〙《顧客満足の意》顧客にいかに満足してもらったかをはかる指標、あるいはその指標を向上させるような活動のこと。CS。

カスタマー-シェア〘customer share〙ある顧客があるカテゴリーの商品のうち、どれだけをどの会社から購入しているかを示す指標。

カスタマー-レビュー〘customer reviews〙その商品やサービスを実際に購入した人が、良し悪しや使い勝手などについて書く批評記事。(補説)本来はアマゾン・ドットコムのサービスの一。商品購入者の批評記事がインターネット上で閲覧できる仕組みのこと。

カスタマイズ〘customize〙〔名〕(スル)《「カストマイズ」とも》既存の商品などに手を加えて、好みのものに作り変えること。「会計システムを一する」

カスタム〘custom〙❶関税。また、税関。❷あつらえ。特別注文。

カスタム-アイシー【カスタムIC】《custom IC》注文主の求めに応じて設計・製作される集積回路のこと。カスタムチップ。カスタムLSI。

カスタム-エルエスアイ【カスタムLSI】《custom LSI》▶カスタムIC

カスタム-カー〘custom car〙注文によって特別な装備をした自動車。

カスタム-カット〘custom cut〙客の注文に応じたヘアスタイルを作り上げるためのカットのこと。現在のカットは、ほとんどがカスタムカットである。

カスタム-ソフトウエア〘custom software〙特別注文のソフトウエア。利用者の意向や要求に合わせてソフトウエア会社が個別に開発したもの。

カスタム-チップ〘custom chip〙▶カスタムIC

カスタム-ブローカー〘customs broker〙通関事務を代行する業者。

カスタム-メード〘custom-made〙特別注文で作った品。オーダーメード。

カスタモニトゥ-しゅうどういん【カスタモニトゥ修道院】(ギリシャ)《Moni Konstamonitou》▶コンスタモニトゥ修道院

カスタリア-の-いずみ【カスタリアの泉】(ギリシャ)《Kastalia krini》ギリシャ中部、パルナソス山麓の古代都市デルフォイにあった霊泉。巫女(みこ)や神託に訪れた参拝者が身を清めたとされる。現在、石組みの遺構のみがあり、水は湧き出ていない。

ガス-たん【ガス炭】ガスカーボン。

ガス-だん【ガス弾】毒ガス・催涙ガスなどを炸薬(さくやく)とともに詰めてつくった砲弾や爆弾。

ガス-タンク〘gas tank〙工業用ガスや都市ガスを貯蔵する容器。ふつう円筒形や球形。

かず-ちゃわん【数茶ˣ碗】❶大寄せの茶会のとき、主茶碗(おもぢゃわん)・替え茶碗のほかに、水屋から茶をたてて出すのに使う茶碗。❷数寄者(すきしゃ)あるいは宗匠が、数を限って焼かせる好みの茶碗。数の内茶碗。

ガス-ちゅうどく【ガス中毒】一酸化炭素などの有毒ガスの吸入によって起こる中毒。

ガス-ちりめん【ガスˣ縮ˣ緬】ガス糸で織った綿縮緬。縮み木綿。ガス縮み。

ガス-ツー-リキッド〘gas to liquid〙天然ガスから不純物を取り除いて一酸化炭素と水素の合成ガスに変え、触媒を加えて生成した液体燃料。また、その技術。硫黄分などを含まないため、低公害とされる。GTL。

かす-づけ【ˣ粕漬(け)┆ˣ糟漬(け)】肉・魚・野菜などを酒粕に漬けること。また、その漬物。

カスティーリャ〘Castilla〙スペイン中央部の地方。10世紀半ばに王国が建てられ、イスラム教勢力に対する失地回復戦の中心地となった。1479年、アラゴン王国と合邦してスペイン王国を形成。現在はマドリード州をはさんで南東部がカスティーリャ-ラ-マンチャ州に、北西部が旧レオン王国領と併せてカスティーリャ-イ-レオン州になっている。

カスティーリャ-イ-レオン〘Castilla y León〙スペイン北西部にある州。レオン王国と、カスティーリャ王国の一部だった地域で構成される。州都はバリャドリード。

カスティーリャ-ラ-マンチャ〘Castilla La Mancha〙スペイン中部、マドリードの南東に広がる自治州。乾燥した高原地帯で、白壁の家や風車の点在する風景がみられる。州都トレドやクエンカが世界遺産。セルバンテスの小説「ドン=キホーテ」の舞台。ラ-マンチャ。

カスティエ-もん【カスティエ門】《Le Castillet》フランス南部、ラングドック-ルシヨン地方、ピレネーゾリアンタル県の都市ペルピニャンの旧市街入口にある、14世紀に建造された城門。15世紀、ルイ11世の時代に牢獄として使われたこともあった。現在はカタルーニャの文化を紹介する博物館になっている。

ガステイス〘Gasteiz〙▶ビトリア㊁

ガス-ていすう【ガス定数】▶気体定数

カスティリオーネ〘Baldassare Castiglione〙[1478〜1529]イタリアの外交官・著述家。著「廷臣論」。

カスティリオーネ〘Giuseppe Castiglione〙[1688〜1766]イタリアのイエズス会宣教師・画家。中国名は郎世寧(ろうせいねい)。1715年、清(しん)国北京に行き、雍世(ようせい)帝・乾隆(けんりゅう)帝に仕え、西洋の画法を伝えた。絵は台北の故宮博物院に多数収蔵。

ガス-テーブル《和 gas＋table》複数のガス焜炉(こんろ)を組み合わせた台。

カステッラーナ-グロッテ〘Castellana Grotte〙イタリア南部、プーリア州の町。州都バリの南東約40キロメートル、カルスト台地のレームルジュ高原に位置する。巨大な鍾乳洞(しょうにゅうどう)があることで知られる。

カステッランマーレ-ディ-スタビア〘Castellammare di Stabia〙イタリア南部、カンパニア州の都市。ナポリの南東約30キロメートルに位置し、ナポリ湾に面する。古代ローマ時代の都市スタビエがあった場所で、サンマルコ荘やアリアンナ荘など、貴族の別荘の遺跡がある。温泉保養地としても知られる。

カステッロ-ひろば【カステッロ広場】《Piazza Castello》イタリア北西部、ピエモンテ州の都市トリノの中心部にある広場。トリノ王宮、トリノ大聖堂、マダマ宮殿など、トリノを代表する歴史的建造物に囲まれる。

カステラ《(ポルト) pão de Castelhaから。カスティリャのパンの意》小麦粉・鶏卵・砂糖などをまぜて焼いた菓子。室町末期にポルトガル人が長崎に伝えた。カステーラ。

カステリ-ロマーニ〘Castelli Romani〙イタリアの首都ローマの南東約25キロ、アルバーニ丘陵一帯の町の総称。イタリア語で「ローマの城」を意味し、古代ローマ時代からルネサンス期に至るまで、皇帝・貴族・教皇らの別荘が建てられた。フラスカーティ・カステルガンドルフォ・マリーノ・アリッチャ・ネミ・ジェンツァーノなどの町があり、ワインの名産地として知られる。

カステル-ガンドルフォ〘Castel Gandolfo〙イタリアの首都ローマ南東部、カステリロマーニ地方の町の一。アルバーノ湖という火山起源のカルデラ湖に面する。17世紀初頭に教皇庁領になり、ローマ教皇の夏の離宮であるガンドルフォ城が建造された。桃の産地として有名で、毎年8月に桃祭りが催される。

カステル-サンタンジェロ〘Castel Sant'Angelo〙▶サンタンジェロ城

カステル-デッローボ〘Castel dell'Ovo〙▶卵城

カステル-デルモンテ〘Castel del Monte〙▶デルモンテ城

カステルノー-じょう【カステルノー城】(フランス)《Château de Castelnaud》フランス南西部、ペリゴール地方、ドルドーニュ県の村カステルノー-ラ-シャペルにある城。現在は中世の武器の博物館になっている。12世紀には既にあったとされ、13世紀にカタリ派の領主の居城になった。百年戦争ではイングランド側の拠点。ドルドーニュ川を挟んだ対岸には敵対関係にあったフランス側の拠点、ベナック城がある。

カステルベッキオ〘Castelvecchio〙▶ベッキオ城

カステレット-ようさい【カステレット要塞】(デンマーク)《Kastellet》デンマークの首都、コペンハーゲンにある星形の濠(ほり)に囲まれる要塞跡。1662年、港の防御のために建造。現在は公園になっていて、聖アルバニ教会・ゲフィオンの泉やアンデルセンの童話「人魚姫」の像などがある。

カステロ-ブランコ〘Castelo Branco〙ポルトガル中東部の都市。13世紀にテンプル騎士団が城と城壁を築いたことに起源する。農業が盛んでチーズ・豚肉の産地として有名。同国屈指のバロック様式の庭園として知られる司教邸庭園(宮殿庭園)がある。

カステロリゾ-とう【カステロリゾ島】(ギリシャ)《Kastelorizo》ギリシャ、地中海東部にある島。正式名称はメギスティ島。ドデカネス諸島に属すがエーゲ海に存在せず、トルコ本土から約3キロ沖合に位置する。中心地はメギスティ。紀元前4世紀から前3世紀頃のギリシャ人の砦や聖ヨハネ騎士団が築いた城塞跡が残る。南東部に青の洞窟がある。カストロリゾ島。

ガス-でん【ガス田】《ガスは、天然ガスのこと》天然ガスを埋蔵する鉱床のある地域。また、天然ガスを産出する地域。

ガス-とう【ガス灯】ガスを燃やして発する光を利用する明かり。日本では明治5年(1872)横浜で最初に使用。のち、東京で街灯とされ、点灯夫が夕方に点灯、朝に消灯した。ガスランプ。

カスドース　17世紀初め南蛮貿易で栄えた長崎県平戸市に伝わる南蛮菓子。短冊形のカステラを卵黄に浸し、糖蜜をかけ、砂糖をまぶしたもの。商標名。

ガス-とっしゅつ【ガス突出】炭坑で、坑道掘進中などに突然、大量のメタンガスなどが炭塵(たんじん)を伴って噴出する現象。窒息するなど大災害をもたらす。

カストディアン〘custodian〙《管理人・後見人の意》内外の機関投資家が世界の主要金融・資本市

場へ証券投資する際の常任代理人。投資家の基金を預かり、その指示で株式・債券の受け渡し、保管・決済を一手に行う。

カストディー〘custody〙《保管の意》金融機関が証券の保管・預かりや企業年金の管理などを行う業務のこと。

カストラート〘イタリア castrato〙少年期の声を保つために去勢した男性歌手。16〜18世紀のイタリアで盛んに行われ、独特な音色などを特徴とする。

カストラキ〘Kastraki〙ギリシャ中部、テッサリア地方の村。1988年に世界遺産(複合遺産)に登録されたメテオラの修道院群への観光拠点として知られる。

かす-とり【×粕取り|×糟取り】❶「粕取り焼酎」の略。❷米・芋などから急造し、かすだけを除いた下等な密造酒。第二次大戦直後盛んに造られた。

かず-とり【数取り】〘名〙スル ❶数をかぞえること。「土用うしの日は百近い━するそうだ」〈真山・南小泉村〉❷数をかぞえるとき、その心覚えにするためのもの。串や木の枝など。「有蘇の海の片し貝拾ひ持て会はぬ恨みの━取らばや」〈宴曲集・三〉

カストリア〘Kastoria〙ギリシャ北西部、マケドニア地方の町。オレスティアダ湖(カストリア湖)西岸の岬に位置する。古くから毛皮産業が盛ん。戦略上、交易上の要地として栄え、東ローマ帝国とブルガリア帝国の間で領有をめぐる争いが続いた。14世紀末以降、オスマン帝国領。第一次バルカン戦争後よりギリシャ領。アギオスステファノス教会、パナギアクベリディキ教会をはじめ、後期ビザンチン様式の教会や、オスマン帝国時代の豪商の邸宅などが残っている。

かずとり-き【数取り器】かぞえた数量が数字で表れる計器。カウンター。計数器。

かすとり-ざっし【×粕取り雑誌】第二次大戦直後、相次いで発刊された扇情的で低俗な雑誌。「かすとり❷」が劣悪で、3合も飲めば酔いつぶれるところから、この種の雑誌が3号ぐらいで廃刊することをひやかしての名。

かすとり-しょうちゅう【×粕取り焼酎】酒粕を蒸留して造った焼酎。

ガストリン〘gastrin〙胃の幽門部の粘膜で作られるホルモン。食物の到着によって分泌され、胃液の分泌を促進する。

カストル〘ラテン Castor〙双子座のα星。銀色に輝く1.6等星で、距離は50光年。有名な連星。➡ポルックス

カストル〘Castres〙フランス南西部、ミディ-ピレネー地方、タルヌ県の都市。アグー川沿いに位置する。13世紀から14世紀にかけて織物業が発展。旧市街の中心部に、ベネディクト派修道院跡に建てられたサンブノア大聖堂とゴヤ美術館がある。

カストル〘Kastōr〙ギリシャ神話で、ゼウスとレダの子で、双子神(ディオスクロイ)の一方。他方はポリュデウケス、ラテン名ポルックス。ともに、航海の守護神。

カストロ〘Fidel Castro〙[1926〜　]キューバの政治家。社会主義革命の指導者。ゲリラ戦によって1959年にバティスタ政権を倒し、首相に就任。米国の介入に対抗して、社会主義国家の建設を指導。2008年高齢を理由に、国家元首である国家評議会議長職と軍最高司令官を退任。

ガストロカメラ〘gastrocamera〙胃カメラ。

ガストロスコピー〘gastroscopy〙胃鏡検査法。内視鏡により胃の内表面を観察・撮影する、胃潰瘍や胃癌の診断法。

ガストロノーム〘gastronome〙美食家。食通。

ガストロノミー〘gastronomy〙食道楽。美食学。

かず-な・し【数無し】〘形ク〙❶物の数ではない。取るに足りない。つまらない。また、はかない。「古ゆ言ひ継ぎ来らし世の中は━・きものぞ」〈万・三九七三〉❷数限りがない。「ふりしけば━・くたまる白雪の何を憂しとか下にきゆらむ」〈古今六帖・一〉

ガズニー-ちょう【ガズニー朝】《Ghaznī》アフガニスタンのトルコ系イスラム王朝。ガズニーを首都としたのでこの名がある。962年、サーマーン朝のアルプティギーンによって始められ、勇王マフムードのときに最盛期を迎えた。1186年、ゴール朝により滅ぼされた。ガズナ朝。

ガス-ぬき【ガス抜き】〘名〙スル ❶炭坑などで、ガス爆発やガス突出を防止するため、メタンガスを含む炭層・岩盤に多数の穴をあけ、ガスを除去すること。❷不満や精神的なストレスなどがたまったとき、それが噴き出す前になんらかの方法で解消すること。

かず-の-こ【数の子】《「かど(鰊)のこ」の音変化から》ニシンの卵巣を塩漬けにしたり乾燥させたりした食品。「数の多い子」と子孫繁栄の意にとって、新年・婚礼などの祝儀に用いる。《季 新年》「━に老の歯茎を鳴らしけり/虚子」

かず-の-ほか【数の外】官職などで、定員のほか。員外。かずよりほか。「折節大納言空かざりければ、━にぞ加はられける」〈平家・三〉

かず-の-みや【和宮】[1846〜1877]仁孝天皇の皇女。孝明天皇の妹。名は親子。公武合体運動のため、14代将軍徳川家茂に降嫁。家茂の死後に剃髪し、静寛院宮と称した。江戸開城の陰の力となった。

カスバ〘フランス casbah〙《アラビア gasbahから。砦の意》アラブ諸国で、城塞に囲まれた居住地区。特に、アルジェリアの首都アルジェのものが有名。

ガス-バーナー〘gas burner〙ガスを燃焼させて、熱源・光源とする装置。ブンゼンバーナーなど。

ガス-ハイドレート〘gas hydrate〙大陸棚斜面の海底下数百メートルのところやシベリア・アラスカの永久凍土中など低温・高圧の場所で生成される、水の分子間にガスを閉じこめてシャーベット状になった化合物。ガスがメタンの場合はメタンハイドレートという。将来のエネルギー資源として期待が高い。

ガス-はちじょう【ガス八丈】綿ガス糸にシルケット加工をして、黒八丈に似せて織ったもの。ガス黒八。

ガスパチョ〘スペイン gazpacho〙スペイン料理の、冷たい濃厚なスープ。トマト・ピーマンなどの野菜とパンなどをすりつぶし、ブイヨンを加え、オリーブ油などで味を整えたもの。

ガス-はっせいろ【ガス発生炉】石炭・コークス・木材などを不完全燃焼させ、可燃性ガスを発生させる装置。

ガス-はぶたえ【ガス羽二重】ガス糸またはシルケットを用いて、羽二重をまねて織ったもの。

カスピ-かい【カスピ海】《Kaspiyskoe More》アゼルバイジャン・ロシア連邦・カザフスタン・トルクメニスタン・イランに囲まれる、世界最大の湖。塩湖で、面積37万1000平方キロメートル。沿岸や湖底に油田が多い。チョウザメ・アザラシなどが生息。裏海。

かず-びょうし【数拍子】能で、足拍子を踏むこと。また、その拍子。六つ拍子・七つ拍子など。

ガス-ふうつう【ガス風通】ガス糸で織った風通織り。

ガス-ふたこ【ガス双子】ガス糸で織った双子織り。

ガス-ぶろ【ガス風呂】都市ガス・プロパンガスなどを燃料として湯を沸かす風呂。

ガスプロム〘Gazprom〙ロシアに本社を置く世界最大の天然ガス会社。ロシア政府が筆頭株主で、ロシア大統領メドベージェフが就任前まで会長を務めるなど、半国営的企業。ロシアの天然ガス生産量の約85パーセントを占め、同国のGDPの10パーセントに相当する収益を上げている。➡サハリンツー

ガス-ぶんせき【ガス分析】気体物質を対象とする定性分析または定量分析。滴定・比色・ガスクロマトグラフィーなどの方法がある。

ガスペー〘Gaspé〙カナダ、ケベック州東端の都市。ガスペー半島の先端に位置し、同地域の行政上の中心地。1534年、フランスの探検家ジャック=カルチエが上陸し、フランスによる領有を宣言した。

ガスペー-はんとう【ガスペー半島】《Gaspé Peninsula》カナダ、ケベック州東端、セントローレンス川河口の南側にある半島。長さ230キロメートル、幅110〜150キロメートル。1534年、フランスの探検家ジャック=カルチエが上陸し、カナダにおけるフランス領有が始まった。行政中心地はガスペー。フォリヨン国立公園や世界遺産に登録されたミグアシャ国立公園がある。ガスペジー。

ガスペジー〘la Gaspésie〙▶ガスペー半島

ガスボンベ〘ドイツ Gasbombe〙プロパンガスなどを圧縮して入れた容器。ふつう円筒形。

かず-ま・う【数まふ】〘動ハ下二〙一人前として数の中に入れる。人並みに扱う。「世に━・へられ給はぬ古宮おはしけり」〈源・橋姫〉

かすま-ぐさ【かすま草】マメ科の越年草。高さ30〜50センチ。カラスノエンドウとスズメノエンドウの中間の形状を示し、名は、前者の第1字カと後者のスの間の意。さやの中に種子が3〜6個できる。

ガス-マスク〘gas mask〙有毒ガスや煙などから呼吸器や目を守るため、顔面を覆うマスク。防毒面。防毒マスク。

ガス-マット《和 gas＋mat》ガスレンジの火口のまわりに、汚れ止めに敷く皿状のアルミ箔。商標名。〔補説〕「ガス台敷き」などと言い換える。

ガス-マントル〘gas mantle〙ガス灯の点火口にかぶせ、熱すると白光を発生する網状の筒。

かすみ【香住】兵庫県北部、美方郡香美町北部の地名。旧町名。日本海に臨み、イカ・マツバガニの漁獲が多い。奇岩の多い岩石海岸が続き、景勝地。

かすみ【×霞】❶空気中に浮かんでいるさまざまな細かい粒子のため、遠くがはっきり見えない現象。また、霧や煙が薄い帯のように見える現象。「━がたなびく」《季 春》「指南車を胡地に引去る━かな/蕪村」❷(「翳み」と書く)視力が衰えて、物がぼんやりと見えること。「目に━がかかる」❸色紙・短冊などの上方を絵の具や金粉などでぼかした模様。大和絵では場面転換や空間の奥行などを示すために雲形に描かれる。❹衣類などが日に焼けて変色すること。「袖口の毛繻子に褐色の━が来て居るのを」〈緑雨・油地獄〉❺朝または夕方、雲に日光が当たって赤く見える現象。朝焼けや夕焼け。〈和名抄〉❻酒のこと。「━を入るる徳利一対」〈大句数・五〉〔補説〕❶は、平安時代ごろから春のは霞、秋のは霧と区別されるようになったが、上代では、その区別は定かでなく、春秋どちらにも両者が使われていた。〔類語〕雲・霧・靄・ガス・スモッグ

霞に千鳥 霞は春のもの、千鳥は冬のものということで、ふさわしくないこと、または、実際にはないことのたとえ。

霞を食・う 《仙人は霞を食って生きているといわれるところから》浮世離れして、収入もなしに暮らすことのたとえ。

かすみ-あみ【×霞網】ツグミなどの小鳥猟に用いた、目に見えないような細い糸で作られた張り網。支柱を立てて張り渡し、少し離れると霞のように見える。現在は使用禁止。《季 秋》

かすみ-いし【×霞石】ナトリウム・アルミニウムを含む珪酸塩鉱物の一。無色、白色または灰色の短柱状結晶。六方晶系。酸に浸すと曇りを生じるところからの名。アルカリ岩に特有の鉱物。

かすみ-いろ【×霞色】ほんのり紫がかった薄い灰色。

かすみがうら 茨城県中南部、霞ヶ浦西岸にある市。レンコンの生産、ナシ・ブドウなどの果樹栽培が盛ん。平成17年(2005)3月に霞ヶ浦町と千代田町が合併して成立。人口4.4万(2010)。

かすみ-が-うら【霞ヶ浦】茨城県南部の海跡湖。面積167.6平方キロメートルで、琵琶湖に次ぐ。富栄養湖。ワカサギ・シラウオなどの魚類が多い。

かすみがうら-し【かすみがうら市】▶かすみがうら

かすみがせき【霞が関】㊀東京都千代田区南部の地名。桜田門から虎ノ門に至る一帯で、中央官庁街。㊁(㊀にあるところから)中央官庁や官僚組織全体を指していう語。また特に、外務省のこと。「━外交」➡永田町

かすみがせき-まいぞうきん【×霞が関埋蔵金】「埋蔵金❷」に同じ。

かすみ-ぐみ【×霞組】障子・格子の組み方の一。横桟を互い違いに組んで、霞がたなびいたような形にしたもの。

かすみ-けい【×霞×罫】印刷で、線の長辺に対し直角または傾斜した多数の細かい線が平行状に並んだ罫線。▥や▨。

かすみ-ざくら【×霞桜】ヤマザクラの一種。山地に自生。葉や花柄に毛がある。4、5月ごろ、若葉と同時に、紅を帯びた白色の5弁花が咲く。けやまざくら。

かすみ-さんしょううお【×霞山×椒魚】サンショウウオ科の両生類。体長11センチくらい。背面は滑らかで灰褐色、尾の中央に黄色のすじがあり、全身に小斑紋がある。本州中部以西・四国・九州の丘陵地に分布。1～3月に止水中に産卵する。

かすみ-そう【×霞草】❶ナデシコ科の多年草。高さ約50センチ。葉は線形。細かく分かれた枝の先に白い小花をつけ、霞がかかったように見える。コーカサス原産。切り花にする。むれなでしこ。(季 春) ❷ホトケノザの別名。

かすみそめ-づき【×霞初(め)月】《「かすみぞめづき」とも》陰暦正月の異称。

かすみ-てい【×霞堤】河川に沿って堤防をところどころ切断し、上流側の端を外側に延長して重複させたもの。洪水時にはそこから遊水池に導き、本流の水位を低下させる。

かすみ-の-おうぎ【×霞の扇】能の型の一。開いた扇を立てて右手で要の所を持ち、上に引き上げて、そのまま前方水平まで下ろしながら前に出る。下ろし扇。

かすみ-の-ころも【×霞の衣】❶たちこめた霞を、衣に見立てていう語。「山桜―厚く着てこの春だにも風つつまなむ」〈山家集・上〉❷《「かすみ」に「墨」を掛けて》墨染めの衣。ねずみ色の衣。喪服。「はかなしや―たちしまに花のひも解く折も来にけり」〈源・早蕨〉

かすみ-の-ほら【×霞の洞】❶仙人の住む所。❷上皇の御所。仙洞。「(水無瀬殿ハ)げに千代をこめたる―なり」〈増鏡・おどろの下〉

かすみ-まく【×霞幕】歌舞伎の大道具で、白地の木綿に浅葱色で横霞を描いた幕。山台にいる浄瑠璃連中を隠すのに用いる。

かすみ-め【×翳み目】老齢・病気などのため、視力が衰えている状態。また、その目。

カスム〘Käsmu〙エストニア北部、フィンランド湾に面する村。ラヘマー国立公園内に位置し、古くからの夏季の海岸保養地。1884年から1931年まで航海学校が置かれ、現在も海運博物館がある。

かす・む【×掠む】㊀〔動マ四〕❶奪い取る。「他の怨敵に―・まれて、其の国土を破壊せむ」〈西大寺本金光明最勝王経平安初期点〉❷人の目を盗む。こっそり行動する。「―・んで竹生島へ参ってござる」〈虎明狂・ぬらぬら〉㊁〔動マ下二〕「かす(掠)める」の文語形。

かす・む【×霞む・×翳む】㊀〔動マ五(四)〕❶霞がかかる。霞がたちこめる。「―・んだ空」(季 春)❷霞がかかったような状態になる。ぼんやりして、物の姿や形がはっきり見えなくなる。「雨に―・む街」❸(「翳む」とも書く)目が疲れたり故障があったりして物が見えにくくなる。「目が―・む」❹他の、よりすぐれたもののために存在が目立たなくなる。「素人の熱演に、玄人が―・んで見える」㊁〔動マ下二〕「かす(翳)める」の文語形。[類語]曇る・陰る・朧む・掻き曇る

ガス-メーター〘gas meter〙ガスが管中を通過する量を測定する計器。ガス量計。

かすめ-と・る【×掠め取る】〔動ラ五(四)〕❶奪い取る。盗み取る。「鳥が犬のえさを―・る」❷ごまかして奪い取る。「悪徳業者に土地を―・られた」
[類語]奪う・盗む・取る・取り上げる・分捕る・もぎ取る・引ったくる・ぶったくる・ふんだくる・攫う・掻っ攫う・横取りする・強奪する・奪取する・略取する・略奪する・収奪する・簒奪する・吸い取る

かす・める【×掠める】〔動マ下一〕文かす・む〔マ下二〕❶すきをうかがって、すばやく盗む。「財布を―・める」❷人の見ていないすきに、こっそり何かをする。「上役の目を―・めてサボる」❸すれすれに通り過ぎる。かする。「ツバメが軒先を―・めて飛ぶ」❹思いなどがちょっと現れてすぐ消える。よぎる。「不安が脳裏を―・める」❺ほのめかす。「あらはに言ひなさで、―・め愁へ給ふ」〈源・東屋〉
[類語]盗む・盗み取る・盗み出す・掠め取る・かっ払う

かす・める【×翳める】〔動マ下一〕文かす・む〔マ下二〕音や形などを、はっきりしない状態にする。「―・めた声に力を入れて」〈鴎外・雁〉

かずもう【蚊相撲】狂言。大名が新参者を召し抱えるが、相撲を取るとそれが蚊の精とわかり、大うちわを持って対抗するが負かされてしまう。

かず-もの【数物】❶数の多い物。特に大量に作られる粗悪品。❷数量に限りのある品物。「―につき、売り切れの節はご容赦ください」❸一定の数で、ひとそろいになっているもの。「―の茶器」

ガス-もめん【ガス木綿】ガス糸で織った綿織物。

かず-もん【数紋】ひいきの遊女や役者の紋を自分の紋と並べて衣服につけること。また、その紋。「上には卵色の縮緬に思ひ入れの―」〈浮・一代男・七〉

かすゆ-ざけ【×糟湯酒】酒のかすを湯に溶かした飲み物。「―うちすすろひて」〈万・八九二〉

ガス-ゆわかしき【ガス湯沸(か)し器】都市ガス・プロパンガスなどを燃料として湯を沸かす装置。

ガス-ようせつ【ガス溶接】アセチレンガスまたは水素と酸素との混合気体を吹管で燃焼させ、その高熱によって鉄材などの溶接を行う金属の溶接法。

かず-より-ほか【数より外】〔連語〕「数の外」に同じ。「―の大納言になさむ事はかたし」〈落窪・四〉

かずら【▽葛・×蔓】つる草の総称。

かずら【×鬘】❶上代、つる草や草木の枝・花などで作った髪飾り。「菖蒲草花橘を玉に貫き―にせむと」〈万・四二三〉❷髪の毛を補うために添える毛髪。添え髪。かもじ。「わが御髪の落ちたりけるを取り集めて―にし給へるが」〈源・蓬生〉❸能狂言で、女性に扮するときなど、仮面とともに使う付け髪。➡かつら(鬘)

かずら-いし【▽葛石】社寺・宮殿などの基壇の上端の縁にある、縁石を兼ねる長方形の石。

ガス-ライター〘gas lighter〙❶液化ガスを燃料とするライター。❷ガス器具に点火するための器具。

ガスライト-し【ガスライト紙】《gaslight paper》塩化銀を主とする写真乳剤を塗った印画紙。感光度が低く、ガス灯ほどの明かりでも焼き付けられるところからの名で、密着焼き付けに用いる。クロライド紙。

かずら-おうぎ【×鬘扇】能で、鬘物(三番目物)のシテが用いる扇。黒骨・端紅の絵扇。

かずら-おけ【×鬘×桶】能や狂言の小道具で、高さ約45センチ、直径約30センチの黒漆塗り蒔絵の円筒形の桶。本来は腰掛けとして使い、歌舞伎でも流用する。腰桶。かつらおけ。

かずら-おび【×鬘帯】能の装束で、幅3センチ、長さ2メートルくらいの装飾的な帯。鉢巻きのように、鬘の上から締めて、後ろで結んで垂らす。女役の扮装に用いる。鬘鉢巻。かつらおび。

かずらき【葛城】➡かつらぎ

かずらき【葛城】謡曲。三(四)番目物。世阿弥作。大和の葛城山で、岩橋を架けなかったために不動明王の索に縛られて苦しんでいる葛城の神の説話を扱う。

かずら・く【×鬘く】〔動カ四〕《「鬘」の動詞化》かずらとして頭につける。「青柳のほつ枝攀ぢ取り―・くは君がやどにし千年寿くとぞ」〈万・四二八九〉

かずら-ぐさ【▽葛草】「葛」に同じ。

かずら-し【×鬘師】鬘を作る職人。かつらし。

かずら-した【×鬘下】➡鬘下地

かずら-したじ【×鬘下地】❶江戸時代、役者が鬘をかぶりやすいように床山が結った髪形。❷銀杏返しのまげを低く結った髪形。楽屋銀杏。かつらしたじ。

かずら-ばし【かずら橋】徳島県西部、三好市西祖谷山村善徳にある吊り橋。シラクチカズラを主材料にしてつくられた橋で、吉野川支流の祖谷川上流に架かり、長さ45メートル、幅2メートル、谷からの高さ14メートル。国の重要有形民俗文化財に指定されている。

かずら-はちまき【×鬘鉢巻】➡鬘帯

かずら-ひき【▽葛×曳き】➡盆綱引き

かずら-ひげ【×鬘×髭】ほおからあごにかけて鬘をつけたように黒々と生えているひげ。「―とかいふ頬つき、心づきなくて」〈源・椎本〉

かずら-もの【×鬘物】能の分類の一。女性をシテとする曲で、特に狂女物などを除いた優美・幽玄なもの。正式な番組の三番目に置かれる。「井筒」「杜若」「熊野」など。三番目物。女物。かつらもの。

ガス-ランプ〘gas lamp〙ガス灯。

かすり【×掠り・▽擦り】❶かすること。❷文字がかすれていること。また、その箇所。❸上前。口銭。「―をとる」❹かすり傷。「肩先に僅かの一負ひて」〈浮・新可笑記・五〉❺地口。「うまれつきて一秀句をいふに上手なり」〈咄・醒睡笑・八〉

かすり【×絣・飛＝白】かすれたような部分を規則的に配した模様。また、その模様のある織物。「紺―」

かすり-いわ【飛＝白岩】斑糲岩の俗称。

かすり-がき【×掠り書(き)】墨の乏しい筆で、かすれたように書くこと。また、その書いたもの。

かすり-きず【×掠り傷】❶物が皮膚をかすってできる軽い傷。擦過傷。❷わずかな被害。
[類語]怪我・軽傷・薄手・無傷・浅手・軽症

かすり-ふで【×掠り筆】書画などでかすれを生じさせる筆法。渇筆。

ガス-りょうけい【ガス量計】➡ガスメーター

ガス-りんず【ガス×綸子】ガス糸で織った綸子。

か・する【化する】〔動サ変〕文くゎ・す〔サ変〕❶形や状態などが変わる。それ以前とは別のものになる。変化する。また、変化させる。「一瞬にして焦土と―・する」「地震は町を廃墟と―・した」❷他の影響で心がけや行いなどが変わる。感化される。また、他に働きかける。感化する。「悪人―・して善人となる」「衆を―・する」[類語]変わる・変ずる・動く・移る・変える・移ろう・転ずる・化ける

か・する【×呵する】〔動サ変〕文か・す〔サ変〕❶息を強く吹きかける。凍った筆や硯に息を吹きかけて暖めるところから、「筆硯を呵する」などの形で、文章を書く意に用いられる。「予は硯に―・し紙に臨んで」〈芥川・開化の殺人〉❷しかりつける。「あれは仏を―・し祖を罵るのだね」〈鴎外・独身〉

か・する【科する】〔動サ変〕文くゎ・す〔サ変〕刑罰を与える。「禁錮刑を―・する」

か・する【架する】〔動サ変〕文か・す〔サ変〕かけ渡す。物の上に構築する。「屋上、屋を―・する」

かす・る【×掠る・▽擦る】㊀〔動ラ五(四)〕❶軽く触れて通り過ぎる。かすめる。「弾丸が耳を―・った」❷上前をはねる。「賃金を―・る」❸かすり書きにする。❹他人のものをちょっと利用する。「その提灯の明りを―・り、妾も隣の念仏講へ」〈伎・四谷怪談〉❺容器の底にわずかに残っているものをこそげ取る。「夕に米唐櫃を―・り」〈浮・禁短気・四〉❻ほのめかす。におわす。「その人の名は言ひかねて、思ふあたりを―・らする」〈浄・万年草〉㊁〔動ラ下二〕「かすれる」の文語形。
[類語]触れる・接する・触れ合う・触る・接触・触接

か・する【嫁する】〔動サ変〕文か・す〔サ変〕❶嫁に行く。とつぐ。「梅子嬢も亦た細川に―・することを喜んで居るようである」〈独歩・富岡先生〉❷嫁にやる。とつがせる。「お勢を―・するのが厭になって」〈二葉亭・浮雲〉❸責任や罪を他人に押しつける。転嫁する。「スターンは自分の責任を免れると同時に之を在天の神に―・した」〈漱石・草枕〉
[類語]嫁ぐ・嫁入り・輿入れ・結婚

か・する【課する】〔動サ変〕文くゎ・す〔サ変〕負担すべきものとして引き受けさせる。一方的に負わせる。「宿題を―・する」「義務を―・する」
[類語]与える・あてがう

が・する【×臥する】〔動サ変〕文ぐゎ・す〔サ変〕横になる。寝る。「病床に―・する」

が・する【賀する】〔動サ変〕文が・す〔サ変〕祝いの言葉を言う。祝う。「新年を―・する」

が・する【×駕する】〔動サ変〕図が・す〔サ変〕❶車・馬などに乗る。「輦輿れんよに—・する」❷他をしのぐ。他より優位に立つ。「近代名家多しといえども力つとめて之これに—・せんとせば」〈逍遥・小説神髄〉

ガス・る〔動ラ五〕《「ガス」の動詞化》霧が発生する。「山頂はいつも—・っている」

かすれ【×掠れ・▽擦れ】❶筆で書いた文字などがかすれていること。また、その箇所。❷声がしわがれること。❸品不足の状態。「品—」

ガス-れいきゃくろ【ガス冷却炉】天然ウランまたは低濃縮ウランを燃料とし、黒鉛や重水を減速材として、炭酸ガスやヘリウムなどのガスを一次冷却材として使用する原子炉。発電に用いられる。

ガス-れいぞうこ【ガス冷蔵庫】ニレイゾウコ アンモニアなどを液化させ、気化器へ送って急激に気化させるときの吸熱効果を利用して冷却する冷蔵庫。

ガス-レーザー〖gas laser〗▶気体レーザー

かすれ-きず【×掠れ傷】「掠り傷」に同じ。

かすれ-ふで【×掠れ筆】「掠り筆」に同じ。

かす・れる【×掠れる・▽擦れる】〔動ラ下一〕図かす・る〔ラ下二〕❶墨・インクなどが十分に付かないで、文字の線や描いた一部分が消え消えになったり切れたりする。「字が—・れる」❷声がよく出ないでしわがれる。「声が—・れる」❸軽く触れてさっと通り過ぎる。「レコード針の—・れる音」
(類語)(❷)しわがれる・しゃがれる

ガス-レンジ〖gas range〗ガスこんろを設置した、金属製の調理台。

ガス-ろ【ガス炉】ガスを燃やして高熱を出す炉。化学実験などに用いる。

ガスろうしゅつ-ざい【ガス漏出罪】▶ガス漏出等及び同致死傷罪

ガスろうしゅつとうおよびどうちししょう-ざい【ガス漏出等及び同致死傷罪】ガスロウシュツトウオヨビドウチシショウザイ ガス・電気・蒸気の漏出や流出、または遮断によって人の生命・身体・財産に危険を生じさせる罪。刑法第118条が禁じ、3年以下の懲役又は10万円以下の罰金に処せられる。また、これによって人を死傷させた場合は、通常の傷害罪などより重い刑が科せられる。ガス漏出罪。ガス漏出致死罪。ガス漏出致傷罪。

カズロフ〖Kozlov〗▶コズロフ(人名)

カズン〖cousin〗いとこ。

かせ【甲=蠃・石=陰=子】《「がぜ」とも》ウニの別名。また、その殻。「御肴さかなに何よけむ鮑あはび栄螺さだか—よけむ」〈催馬楽・我家〉

かせ【×枷】《「かし(枷)」の音変化》❶昔の刑具の一。鉄や木で作り、罪人の首・手・足などにはめて、からだを自由に動かせないようにするもの。桎梏しつこく。かし。❷心理的、物理的に行動の妨げになるもの。「古いしきたりが—になる」❸他人の行動を制約するための言いがかり。口実。「些ちとばかりの貸しを—に」〈鏡花・歌行灯〉❹三味線で上調子を弾くとき、音を高くするために用いる細い棒。木や象牙で作り、両端の穴に糸を通し、棹さおに当てて縛りつける。❺俳優が自分の演技を効果的にするために使う人や物。「懐より財布を引き出し、これを—に立ち回り」〈伎・小袖曽我〉

かせ【×桛・×綛】❶紡錘つむで紡いだ糸を巻き取るH形またはX形の道具。かせぎ。❷(綛)取り扱いに便利なよう、一定の大きさの枠に糸を一定量巻いて束にしたもの。また、それを数える語。1綛は綿糸768メートル、毛糸512メートル。❸手ぬぐいなどを掛けておくもの。❹「桛糸かせいと」の略。(補説)「桛」「綛」は国字。

かせ【×痂】《動詞「か(痂)せる」の連用形から》はれ物などの表面がかわいて、かさぶたになったもの。

かせ【×悴】〔接頭〕《動詞「か(悴)せる」の連用形から》人を表す語に付いて、やせた、貧しい、身分の低い、などの意を表す。「—侍ざむらい」「—首くび」

かぜ【風】㊀〔名〕❶空気のほぼ水平方向の運動。風向と風速で動きを表す。山谷風・海陸風のような小規模のものから、中規模の季節風、大規模な偏西風・貿易風などがある。「—が吹く」「涼しい—に当たる」「テントが—をはらむ」❷その身に感じられる人々のようす。「浮世の—は冷たい」「娑婆しゃばの—」❸寄席芸人用語で、扇子のこと。❹(多く「風邪」と書く)鼻・のど・気管などのカタル性炎症。くしゃみ・鼻水・鼻詰まり・のどの痛み・咳せき・痰たんや発熱・頭痛・倦怠感けんたいかんなどの症状がみられ、かぜ症候群ともいう。感冒。ふうじゃ。「—をひく」(季 冬)「縁談や巷ちまたに—の猛たけりつつ/草田男」❺風習。習わし。「久方の月の桂も折るばかり家の—をも吹かせてしかな」〈拾遺・雑上〉㊁〔接尾〕名詞に付いて、そぶり、ようす、わざとらしい態度などの意を表す。「先輩—を吹かす」「臆病—に吹かれる」
(類語)(❹)感冒・流行性感冒・インフルエンザ/(❺)風ふう

風枝を鳴らさず 《「論衡」是応から》世の中が静かに治まっていて、太平なさま。

風薫かお・る 初夏、風が若葉の上を渡ってさわやかに吹く。「—・る五月」(季 夏)「—・る羽織は襟えりもつくろはず/芭蕉」

風が吹けば桶屋おけやが儲もうかる 意外なところに影響が出ること、また、あてにならない期待をすることのたとえ。風が吹くと土ぼこりがたって目に入り盲人が増える。盲人は三味線で生計を立てようとするから、三味線の胴を張る猫の皮の需要が増える。猫が減るとねずみが増え、ねずみが桶をかじるから桶屋がもうかって喜ぶということ。大風が吹けば桶屋が喜ぶ。

風冴さ・ゆ 風が、冷たく身に染み通るように吹く。「さざ浪や志賀の唐崎—・えて比良ひらの高嶺にあられ降るなり」〈新古今・冬〉(季 冬)

風に櫛くしけずり雨に沐かみあらう 《「魏志」鮑勛伝から》「櫛風沐雨しっぷうもくう」に同じ。

風に順したがいて呼ぶ 《「荀子」勧学から》風上から風下に向かって呼べば声がよく届くように、勢いに乗じて事を行えば成功しやすいというたとえ。

風に付・く ❶(「付く」が四段活用の場合)風に乗る。「琴きんの声—・きてはるかに聞こゆるに」〈源・須磨〉❷(「付く」が下二段活用の場合)風に託する。「—・けて知らぬ国に吹き寄せられて」〈竹取〉

風に靡なびく草 《「論語」顔淵から》権力者のいうがままになる人民、または、徳の高い人に服従する小人しょうじんをたとえた言葉。

風に柳 柳が風になびくように、相手を適当にあしらって、逆らわないようす。➡柳に風

風の吹き回し その時々の模様しだいで一定しないことにいう。その時々の加減。「どういう—か今日はいやに親切だ」

風の吹くまま気の向くまま 方針を決めずに、その時の状況や気分しだいで物事を行うようす。

風の前の塵ちり 物事のはかないこと、または、危険が迫っていることのたとえ。風前の塵。

風破窓はそうを射る 《杜荀鶴「旅中臥病詩」から》破れた窓から風が吹き込むような、貧しいわび住まいのさま。

風邪は百病ひゃくびょうの長ちょう 「風邪は万病の元」に同じ。かぜはひゃくびょうのおさ。

風は吹けども山は動かず 周囲の混乱の中で、落ち着いて少しも動じないことのたとえ。

風邪は万病まんびょうの元もと 風邪はあらゆる病気を引き起こす原因になるから、用心が必要であるということ。たかが風邪と甘く考えないように戒める言葉。風邪は百病の長。

風光・る 春の日の光が照る中を、そよ風が吹き渡る。(季 春)「裝束をつけて端居はしいや—・る/虚子」

風を切・る 勢いよく進む。また、勢いよく回転する。「—・って走る」➡肩で風を切る

風を食ら・う 事態を察知する。感づいて、あわてて逃げる。「—・って逃げる」

風を吸い露を飲む 《「荘子」逍遥遊から》穀物などを食べない、仙人の生活をいう。

風邪を引・く ❶風邪にかかる。❷薬などが、空気や湿気に触れて変質する。「湿布薬が—・く」

風を吹か・す ▶吹かす❸

がせ にせものや、まやかしものなどをいう俗語。「—ねた」

かぜ-あたり【風当(た)り】❶風が吹きつけること。また、その度合い。かざあたり。❷世間から受ける批判。かざあたり。「周囲の—が強い」
(類語)非難・指弾・論難・弾劾・糾弾・攻撃・批判

か-せい【化成】クワ〔名〕スル ❶形を変えて他のものになること。❷化合して別の物質になること。❸育てて、成長を遂げさせること。❹徳に感化されてよいほうに改めること。「万物を—するは、宰相のしわざなり」〈中華若木詩抄・下〉

か-せい【化性】クワ 昆虫が1年間に世代を何回か繰り返す性質。その世代数によって、一化性・二化性・多化性のようにいう。

か-せい【化政】クワ 江戸時代の年号の文化・文政を合わせて呼んだ語。

か-せい【火成】クワ マグマの活動によって生じること。

か-せい【火星】クワ 太陽系の4番目の惑星。地球のすぐ外側に軌道をもつ赤い星で、最大の明るさはマイナス3.0等。太陽からの平均距離2億2790万キロ、すなわち1.5237天文単位、公転周期1.8809年。780日ごとに地球と近づく。自転周期は1.0260日。赤道半径は3397キロ、質量は地球の0.107倍。昼夜・四季があるが、大気は希薄で気温は低い。極地に白い極冠をもち、冬季に大きく広がる。多数のクレーター・大峡谷などもあり、2個の衛星(フォボス、ダイモス)をもつ。熒惑けいこく。ほのおぼし。マルス。マース。

か-せい【火勢】クワ 火の燃える勢い。「—が衰える」
(類語)火気

か-せい【加勢】〔名〕スル 力を貸して助けること。また、その人や兵。助勢。応援。「弱いほうに—する」
(類語)手助け・力添え・後押し・肩入れ・助太刀・後ろ盾・人助け・助力・幇助ほうじょ・助勢・協力・援助・応援・支援・バックアップ・フォロー・補助・補佐

か-せい【仮声】❶つくり声。こわいろ。「明法家の—を習い」〈織田訳・花柳春話〉❷▶ファルセット

か-せい【仮性】病因は異なるが、症状が真性のものに類似していること。⇔真性。

か-せい【▽和声】クワ ▶わせい(和声)

か-せい【河西】中国甘粛かんしゅく省西部の地域。黄河より西をさし、西域との通商の要地。涼州りょうしゅう。

か-せい【河清】常に濁っている黄河の濁流が澄むこと。望んでも実現しないことのたとえ。

河清を俟まつ 《「春秋左伝」襄公八年から》黄河の水が澄むのを待つように、いつまで待っても実現する見込みのないこと。百年河清を俟つ。

か-せい【苛性】動植物の組織などに対して強い腐食性があること。「—ソーダ」

か-せい【苛政】厳しすぎる政治。また、そういう政治のやり方。酷政。(類語)悪政・虐政・暴政・圧政・軍政

苛政は虎とらよりも猛たけし 《「礼記」檀弓下から》苛政の人民への害は、虎の害よりはなはだしい。

か-せい【家世】代々続いてきた家柄。また、その家の代々の人。

か-せい【家声】家全体の誉れ。一家の名声。「此これより—を興おこすべき当主は」〈蘆花・不如帰〉

か-せい【家政】一家の暮らしをうまくまとめていくこと。また、その方法。(類語)家事・水仕事

か-せい【家勢】家の勢力。家の羽振り。家運。

か-せい【歌声】うたう声。うたごえ。

か-せい【歌聖】非常にすぐれた歌人。うたのひじり。特に、柿本人麻呂・山部赤人をいう。

カセイ〖Cathay〗13世紀ごろからヨーロッパ・西アジアで中国をさした呼称。キタイ(契丹)がなまったもの。キャセイ。

か-ぜい【苛税】重すぎる税金。酷税。
(類語)重税・血税・酷税

か-ぜい【過税】クワ 中国、五代十国のころから課せられるようになった商品の通過税。宋・明代には広く普及した。

か-ぜい【寡勢】クワ 少ない軍勢。わずかな人数。無勢ぶぜい。「漢の—を滅しえぬ」〈中島敦・李陵〉

か-ぜい【課税】クワ〔名〕スル 租税を義務者に割り当て

ること。また、義務者に割り当てられる租税・税金。「輸入品に—する」

が-せい【画聖】グワ 非常にすぐれた画家。画仙。

が-せい【賀正】「がしょう(賀正)」に同じ。「何故健三が…—を口ずから述べなかったか」〈漱石・道草〉

が-せい【我精¦我勢】〘形動〙❶骨身を惜しまずに働くさま。勤勉なさま。「とても昔の様に—に働く事は出来ないのさ」〈漱石・道草〉❷勝ち気で意地っ張りなさま。元気なさま。「—な老母と並んで大人し過ぎるくらい控目に」〈風葉・青春〉

かせい-アルカリ【苛性アルカリ】アルカリ金属の水酸化物の総称。水酸化ナトリウム・水酸化カリウムなど。皮膚などに強い腐食性をもつ。

かせいおうだん-しょうわくせい【火星横断小惑星】クワセイワウダンセウワクセイ 公転軌道が火星の軌道と交差する小惑星の総称。近日点と遠日点が火星の軌道よりそれぞれ内側と外側に位置するものを指す。地球近傍小惑星の中ではアモール群、アポロ群の多くの小惑星が含まれる。

かぜい-かかく【課税価格】クワゼイ 課税する物件の価格。相続税における相続財産の価格、固定資産税における固定資産の価格など。

かせい-がく【家政学】日常の衣食住・家計など、家庭生活を対象とし、そこで営まれる人間の諸活動を分析研究する学問。

かせい-かつどう【火成活動】クワセイクワツドウ マグマが地表に噴出したり、地殻内に貫入したりすること。それに伴う諸現象を含めていう。火成作用。

かせい-カリ【苛性カリ】水酸化カリウムの俗称。

かせい-がん【火成岩】クワセイ マグマが冷え固まってできる岩石。化学組成や冷却速度などの違いで多種多様のものができる。花崗岩かこう・安山岩・玄武岩など。地上でできる火山岩、地下でできる半深成岩・深成岩に大別することが多い。➡堆積岩 ➡変成岩

かぜい-きゃくたい【課税客体】クワゼイ ▶課税物件

かせい-きゅう【華清宮】クワセイ 中国陝西せんせい省西安の南東の驪山りざんにあった離宮。唐初に太宗が造営した温泉宮。玄宗が楊貴妃ようきひを連れてしばしば訪れた。

かせい-きんし【仮性近視】目を近づけて長時間本を読んだり、細かな作業をしたりして、毛様体筋が緊張を続けすぎて回復しにくくなり、一時的に近視のようになる状態。訓練などで回復する。学校近視。偽近視。

かせい-クループ【仮性クループ】ジフテリア以外の原因で起こるクループ。喉頭こうとうの組織が未発達の幼児にみられ、ウイルスの感染などによって声帯下の粘膜が腫はれ、喘鳴ぜんめい・かすれ声・呼吸困難などの症状を呈する。声門下喉頭炎。

かせい-こうしょう【火成鉱床】クワセイクワウシヤウ マグマが冷え固まる過程で、特定の元素が濃集してできる鉱床。正マグマ鉱床・ペグマタイト鉱床・熱水鉱床などがあり、特に、正マグマ鉱床をさす。マグマ鉱床。

かせい-こうぶつ【火成鉱物】クワセイクワウブツ マグマから直接結晶してできる鉱物。橄欖かんらん石・輝石・雲母・長石など。

かぜい-さいていげん【課税最低限】クワゼイ 所得税や住民税の納税義務が生じる所得額の下限。所得がこれを下回る者は、これらの税を納めない。

かせい-しょうにコレラ【仮性小児コレラ】―セウ 激しい嘔吐おうと米のとぎ汁のような水様便を頻繁に繰り返す、離乳期の幼児にみられる病気。冬季に多く、ロタウイルスの感染によるもので、コレラとは関係ない。白色便性下痢症。

かぜい-しょとく【課税所得】クワゼイ 所得税の課税の対象となる個人所得。所得税法に規定される非課税所得(障害者の年金・法定扶助料など)と免税所得以外のすべての所得。

がせい-せいしょく【芽生生殖】無性生殖の一。母体上に小さな芽状の突起が生じて、しだいに大きくなって新個体となるもの。単細胞生物では酵母など、多細胞生物ではサンゴ・ホヤなどにみられ、新固体が母体から離れなければ群体となる。出芽生殖。

か-せいそ【花青素】クワ ▶アントシアン

かせい-ソーダ【苛性ソーダ】水酸化ナトリウムの俗称。

かせ-いと【×桛糸¦×綛糸】❶かせから外して束にした糸。かせ。❷綿紡績糸・ガス糸などの俗称。

かせい-ど【化政度】クワセイ 江戸時代の時期区分の一つで、年号が文化・文政の時代をいう。

かぜい-ひょうじゅん【課税標準】クワゼイヘウジユン 課税物件を金額または数量で表したもので、税額決定の基準となる数値。納税義務者の申告、または税務行政庁の賦課決定によって確定される。

かせい-ひりょう【化成肥料】クワセイヒレウ 窒素・燐酸りんさん・カリウムのうち2成分以上を含むように化学的に製造した肥料。

かせい-ふ【家政婦】家事の手伝いに雇われる職業婦人。〘類語〙女中・お手伝いさん・メード・派出婦・ねえや・ハウスキーパー

かぜい-ぶっけん【課税物件】クワゼイ 課税の対象とされる物や行為、または事実。所得税における個人の所得、酒税法における酒類、消費税における資産の譲渡等(国内で事業者が事業として有償で行う商品の販売・資産の貸し付け・サービスの提供)など。課税客体。租税客体。

かせい-ぶんか【化政文化】クワセイブンクワ 江戸後期の文化・文政のころ、江戸を中心に栄えた町人文化。文学では人情本・滑稽本・読本よみほん・合巻ごうかんのほか俳諧・川柳などが流行。また、浄瑠璃・歌舞伎・文人画(南宗画)・浮世絵も盛んであった。

かぜい-りつ【課税率】クワゼイ ▶税率

かぜ-いれ【風入れ】「かざいれ」に同じ。

かせい-ろん【火成論】クワセイ 地球内部の火の力を重視し、花崗岩かこうや玄武岩はマグマの冷却固結でできるという説。18世紀末、英国のハットンらが唱え、水成論を唱えたドイツのA=G=ウェルナーらとの大論争を経て認められた。

カゼイン〖ドイツ Kasein〗アミノ酸のほかに燐酸りんさんを含む複合たんぱく質の一種。牛乳たんぱく質の約80パーセント、人乳たんぱく質の約50パーセントを占める。すべてのアミノ酸を含み、栄養上重要。チーズの主原料。接着剤・水性塗料にも利用。乾酪素。

かぜ-おと【風音】風の音。かざおと。

かせ-がわ【嘉瀬川】―がは 佐賀県中央部を流れる川。福岡県・佐賀県の県境にある背振せふり山地の金山かなやま(標高967メートル)付近に源を発していくつかの支流を合わせて南流し、佐賀平野中央部を経て有明海に注ぐ。長さ57キロ。上流にある支流の川上川に景勝地「川上峡」がある。湾口に干拓地が広がる。

か-せき【化石】クワ―〘名〙スル ❶地質時代の生物の遺骸が地層中に保存されたもの。巣穴・足跡などの生痕せいこんも含まれる。埋没している間に石化して固くなったものも多い。❷消滅するはずの古いものが、そのまま残っていること。また、そのもの。「封建時代の—」❸石になること。石のようになって動かないこと。「—するまで此処を離れまい」〈露伴・露団々〉

かせ-ぎ【×桛木】❶「桛かせ❶」に同じ。❷木の枝をYの字形に切ったもの。傾くものを支えたり、さおの先につけて、物を高い所へ押し上げたりするのに用いる。❸紋所の名。桛を図案化したもの。かせ。

かせ-ぎ【×鹿】《角が桛木かせぎに似ているところから》シカの古名。「一箇蒜ひとつひるを白き—に弾きかけ給ふ」〈景行紀〉

かせぎ【稼ぎ】❶収入を得るために働くこと。また、そのための仕事。生業。「出—」❷稼ぎ高。「—が少ない」〘類語〙収入・所得・実入り・定収・売り上げ・売れ高・水揚げ・売り掛け・商い・益金・入金・収益・入いり・実収・現収・月収・年収・歳入・インカム

が-せき【瓦石】グワ― かわらと石。価値のないもののたとえ。

かせき-エネルギー【化石エネルギー】クワセキ ▶化石燃料

かせき-こ【河跡湖】蛇行の著しい河川で、河道の変化により一部が取り残されて湖沼となったもの。三日月形をしたものが多く、日本では石狩川下流などにみられる。三日月湖。

か-せきさい【過積載】クワ― トラックなどの貨物車両が、法律で制限される重量を超えた荷物を積んで走行すること。過載。

かせき-しょくぶつ【化石植物】クワセキ 化石生物のうち、フウインボクやリンボクなど植物に分類されるもの。

かせき-じんるい【化石人類】クワセキ 地質時代に生存し、化石として発見される人類。第四紀更新世およびそれ以前に生存した人類をさす。猿人・原人・旧人・新人に大別される。

かせき-せいぶつ【化石生物】クワセキ 地質時代に生存し、化石として発見される生物。恐竜やアンモナイトなどの化石動物と、リンボクなどの化石植物がある。➡化石人類

かせぎ-だか【稼ぎ高】働いて得る金額。収入。

かせぎ-だ・す【稼ぎ出す】〘動サ五(四)〙❶稼ぎはじめる。「末の子もこの春から—・した」❷稼いで金銭をこしらえる。「アルバイトで—・した金」

かせぎ-て【稼ぎ手】❶働いて収入を得ている者。一家の生活を支えている者。稼ぎ人。「一家の—を失う」❷よく働く人。働き者。「なかなかの—」

かせき-どうぶつ【化石動物】クワセキ 化石生物のうち、マンモスやアンモナイト、三葉虫など、動物に分類されるもの。

かせぎ-にん【稼ぎ人】「稼ぎ手」に同じ。

かせき-ねんりょう【化石燃料】クワセキネンレウ 地質時代を通じて動植物などが地中に堆積し、長い年月をかけて地圧や地熱を受け、変成されてできた有機物。特に、石炭・石油・天然ガスなど、燃料として用いられるもののこと。メタンハイドレートの利用も期待されている。化石エネルギー。

かぜ-ぎみ【風-邪気味¦風気味】風邪をひいたようすであること。かぜけ。かざけ。

かせき-りん【化石林】クワセキ 直立した樹幹の化石が地層中に散在しているもの。日本では、石川県の手取川流域の中生代のもの、富山県魚津市の新生代第四紀のものなどがある。

かせ・ぐ【稼ぐ】〘動ガ五(四)〙❶生計を立てるために、一生懸命に働く。「骨身を惜しまず—・ぐ」❷働いてお金を得る。「学費を—・ぐ」❸試合などで、得点をあげる。「打点を—・ぐ」「下位力士を相手に星を—・ぐ」❹(「点をかせぐ」「点数をかせぐ」の形で)自分の立場が有利になるように行動をとる。評価を高める。「母の手助けをして点を—・ぐ」❺(「時をかせぐ」「時間をかせぐ」の形で)都合のよい状態になるまで何かをして時間を経過させる。「支度ができるまで司会者が時間を—・ぐ」❻探し求める。「繁華の都へ出て奉公を—・ぎ」〈黄・栄花夢〉〘可能〙かせげる 〘類語〙(1)働く・労働する・精を出す・額に汗する/(2)得る・儲もうける・一稼ぎする・商売する

稼かせぐに追おいつく貧乏びんぼうなし 常に精を出して働けば、貧乏に苦しむことはない。

かせ-ぐい【×枷×杭】―ぐひ 自由な行動を束縛するもの。「義理のしがらみ、情の—」〈浄・歌祭文〉

かぜ-くさ【風草】イネ科の多年草。野原・路傍に群生し、高さ40〜50センチ。葉は細長く、8〜10月、まばらな穂を円錐状につける。うらはぐさ。かぜしりぐさ。風知草ふうちそう。〘季 夏〙

カセクシス〖cathexis〗精神分析理論で、精神的エネルギーが、特定の活動・観念・物・人などに向けつづけられること。特定の人や物に対する好悪の感情が、いつまでも続くこと。

かぜ-ぐすり【風-邪薬¦風薬】❶風邪を治すために用いる薬。かざぐすり。〘季 冬〙❷《熱くして飲むと風邪に効くとされるところから》酒のこと。「まるで業を廃したら、—の小遣いどりができぬわえ」〈魯文・安愚楽鍋〉

かせ-くび【×悴首】やせた首。細首。「言ふに甲斐なき此高家が—」〈浄・女楠〉

かぜ-くも【風雲】❶風と雲。風や雲。❷《風に吹かれて流れる雲を見立てて》使いの者。「あしひきの山河隔へなり—に言ことは通へど」〈万・四二一四〉❸「かざぐも

❶」に同じ。

かせ-ぐるま【×桛車】かせ糸を小枠に移すとき、かせ糸を掛けて回転させる車。とんぼ。

カセグレン-アンテナ〖Cassegrain antenna〗主反射鏡と副反射鏡の一組の反射鏡、および一次放射器で構成されたアンテナ。主反射鏡に放物面を、副反射鏡に双曲面を用いたものをカセグレン望遠鏡にちなんでカセグレンアンテナという。

カセグレン-ぼうえんきょう【カセグレン望遠鏡】《Cassegrain telescope》回転放物面の主鏡と、回転双曲面の副鏡とを組み合わせて、主鏡の中心に開けた孔から光を出して主鏡の直後に像を結ぶようにした望遠鏡。フランスの天文学者の名にちなむ。

かぜ-け【風-邪気┊風気】❶風邪をひいた感じ。風邪をひいているようす。かぜぎみ。「一が抜けない」（季 冬）❷（風気）風が吹きだす気配。かざけ。

かぜ-ごこち【風-邪心地┊風心地】「風邪気❶」に同じ。「しつっこい一でつまっていた鼻が」〈康成・雪国〉（季 冬）

かぜ-さだめ【風定め】漁師などが、きまった日の風向きによって、その年の天候を占うこと。陰暦6月20日、10月10日または20日など。

かせ-ざむらい【×悴侍】雑役に当たる身分の低い侍。「山科と云ふ所の一なりしが」〈中楽談儀〉

かぜ-しょうこうぐん【風-邪症候群┊風症候群】▶かぜ（風）□❹

かぜしり-ぐさ【風知り草】カゼクサの別名。

かせだ【加世田】鹿児島県、薩摩半島南西部にあった市。平成17年（2005）11月、周辺4町と合併して南さつま市となった。➡南さつま

かぜ-たいふう【風台風】雨量が少なく、強風による影響のほうが大きい台風。➡雨台風

かせだ-し【加世田市】▶加世田

かぜたちぬ【風立ちぬ】堀辰雄の小説。昭和11〜13年（1936〜1938）発表。死の近づいている婚約者との生活を通して、主人公の中に、時間を超越した生の意味と幸福感が確立してゆく過程を描く。

かぜ-だ・つ【風立つ】〔動タ五（四）〕風が吹く。「或る一・った寒い晩に」〈里見弴・多情仏心〉

か-せつ【仮設】〔名〕スル ❶必要に応じて仮に設けること。「災害地に宿泊所を一する」「一舞台」❷現実とは別に、頭の中で考えること。また、その内容。「これは純一が自分で自分を弄んでいる一の問題である」〈鷗外・青年〉❸「仮定❷」に同じ。（類語）特設・増設

か-せつ【仮説】ある現象を合理的に説明するため、仮に立てる説。実験・観察などによる検証を通じて、事実と合致すれば定説となる。（類語）仮定・想定

か-せつ【佳節┊×嘉節】めでたい日。祝日。「重陽の一」（類語）祝日・祝祭日・旗日・祭日・物日・縁日

か-せつ【架設】〔名〕スル 橋や電線などを一方から他方へかけ渡すこと。「電話線を一する」（類語）高架・架線

か-ぜつ【佳絶】〔名・形動〕この上なくよいこと。すばらしいこと。また、そのさま。絶佳。「風光一」

が-せつ【賀節】祝うべき日。祝日。

かせ-づえ【▽鹿×杖】❶先が二またになったつえ。また、上端をT字形にしたつえ。撞木づえ。「平足駄履き、一を突いて」〈平治・中〉❷僧侶などが持つ、頭部に鹿の角をつけたつえ。わさづの。

かせつ-じゅうたく【仮設住宅】地震・台風などの自然災害によって住宅が全壊などの被害を受け、自力では住居を確保できない被災者に対して、心身の保全やプライバシーの確保を図るために、行政が建設し一時的に供与する簡単な住宅。災害救助法に基づく被災者支援策の一つとして、都道府県が建設する。原則として、災害発生日から20日以内に着工され、供与期間は2年以内と定められているが、災害の状況によって延長される場合がある。応急仮設住宅。

カセット〖cassette〗《小箱の意》❶磁気テープなどを収める小さな容器。「ビデオ一」❷「カセットテープ」の略。❸「カートリッジ❷」に同じ。

ガゼット〖gadget〗▶ガジェット

ガゼット〖gazette〗❶官報。公報。❷新聞。（補説）新聞一部の代金に相当したベネチアの貨幣の名から。

カセット-こんろ【カセット×焜炉】カセットボンベを取り付けて使用するガスこんろ。

カセット-テープ〖cassette tape〗カセットに収めた磁気テープ。コンパクトカセット。

カセット-デッキ〖cassette deck〗《「カセットテープデッキ」の略》カセットテープを録音・再生する装置。ふつう、アンプに接続して用いる。

ガゼット-バッグ〖gadget bag〗▶ガジェットバッグ

カセット-ブック〖cassette book〗カセットテープと活字（ブック）を組み合わせた形式の出版物。➡カセット文庫

カセット-ぶんこ【カセット文庫】ある作家の小説や随筆などの朗読をカセットテープに録音したもの。元来は、商標名。

カセット-ボンベ《和 cassette＋Bombe（ドイ）》カセットこんろに取り付けて使用する、液化石油ガス（LPガス）を充塡したボンベ。

かぜ-つなみ【風津波】▶高潮

かぜ-とおし【風通し】❶風が吹き抜けること。また、そのぐあい。かざとおし。「一のいい部屋」（季 夏）❷組織内部での意思や情報の通じるぐあい。かざとおし。「部内の一をよくする」

かぜとともにさりぬ【風と共に去りぬ】《原題 Gone with the Wind》米国の女流小説家ミッチェルの長編小説。1936年刊。南北戦争前後の変動著しい南部を舞台に、勝ち気なヒロイン、スカーレット＝オハラの波瀾に満ちた生き方を描く。

カセトメーター〖cathetometer〗二点間の高さの差を精密に測定する器具。目盛りを付けた鉛直の柱に、それを上下する望遠鏡を水平に取り付けたもの。

カセドラル〖cathedral〗▶カテドラル

かせどり　小正月の夜、若者たちが鶏の鳴き声をまねたりして各戸を回り、餅などをもらい歩く風習。かっかどり。かせぎどり。ほとほと。（季 新年）

かぜにつれなきものがたり【風につれなき物語】鎌倉時代の物語。最初の1巻のみ現存。作者未詳。文永8年（1271）以前の成立とされる。権中納言を主人公に、恋愛と人生のつれなさ、はかなさを描いたもの。風葉集に本書の歌42首を収録。

かぜ-ぬき【風抜き】建物内に熱気や湿気がこもらないように設ける、小さい窓。かざぬき。

がせ-ねた《「がせ」は偽物、「ねた」は材料の意の「たね」の逆さ読み》偽の情報。また、いんちき商品。

かぜ-の-いき【風の息】風が強くなったり弱くなったり、また風の向きが急に変わったりすること。

かぜ-の-かみ【風の神】❶風をつかさどる神。風神。❷風邪をはやらせる疫病神。❸江戸時代、風邪の疫病神を追い払うと称して門口に立ち、面をかぶり鉦や太鼓などを鳴らして金品をねだった者。かぜのかみはらい。

かぜのかみ-おくり【風の神送り】江戸時代の風習で、風邪が流行したとき、風邪の疫病神に見立てたわら人形を作り、鉦や太鼓ではやしたてながら隣の町・村に送り出したり、川に流すなどしたもの。

かぜのかみ-まつり【風の神祭】古くから奈良県の竜田大社で、4月・7月の4日に行われた風鎮め・豊作祈願の祭り。現在は7月4日までの7日間。➡風祭

かぜ-の-け【風-邪の気┊風の気】「風邪気❶」に同じ。「一が抜けない」

かぜ-の-こ【風の子】《風の寒さなど気にしないで戸外で遊ぶところから》子供のこと。「子供は一」

かぜ-の-すがた【風の姿】❶草や木の葉がそよいでいるようすなどからわかる風の吹き方。「一を草木にも見ん」〈再昌草・二八〉❷《「風姿」を訓読した語》うるわしい姿。「高き世に一もたちかくれ富士の煙の絶えぬ道とて」〈尭孝集〉

かぜ-の-たより【風の便り】❶どこからともなく伝わってくるうわさ。風聞。「一に聞く」❷吹く風が伝えるもの。風の使い。「花の香を一にたぐへてぞ鶯誘ふしるべにはやる」〈古今・春上〉❸ふとした折。「如何なる一にか、此の君に見え初められ参らせ給ひしより此の方」〈義経記・七〉（類語）噂・風聞・風説・風評・風声・評判・世評・取り沙汰・巷説・浮説・ゴシップ

かぜのと-の【風の▽音の】〔枕〕はるかな風の音の意から、「遠き」にかかる。「一遠き吾妹が着せし衣」〈万・三四五三〉

かぜ-の-はふり【風の▽祝】風を鎮めるために、風の神を祭る行事。また、その行事をつかさどる神職。風の祝子。「けさみれば木曽路の桜咲きにけり一にすきまあらすな」〈散木集・一〉

かぜのまたさぶろう【風の又三郎】宮沢賢治の童話。昭和9年（1934）刊。山奥の小学校に転校してきた少年を、村の子供たちが風の化身と思い込み、親しみと畏怖の念を抱く姿を描く。

かぜ-の-やまい【風の病】悪い気にあたるとかかるとされた神経系統の病気。頭痛・神経痛などの俗称。また、感冒のこと。

かぜ-ひき【風-邪引き┊風引き】風邪をひくこと。また、風邪をひいている人。

かせ-ぶか【×桛×鱶】シュモクザメの別名。

かぜ-ま【風間】「かざま❶」に同じ。

かぜ-まかせ【風任せ】その時のなりゆきにまかせて行動すること。「方針がなく一の運営」

かぜ-まじり【風交じり】雨や雪に風が伴うこと。

かぜ-まち【風待ち】〔名〕スル「かざまち」に同じ。

かぜまち-づき【風待（ち）月】《「かざまちづき」とも》陰暦6月の異称。（季 夏）

かぜ-まつり【風祭（り）】「かざまつり」に同じ。

かぜ-みまい【風見舞（い）】暴風のあと、知人などの安否や被害などを尋ね、被災者を慰めること。

かぜ-むき【風向き】「かざむき」に同じ。

かせ-やま【鹿背山】京都府木津川市にある山。布当の山。（歌枕）「見すててはかへるべしやは一の峰の紅葉のことと問はぬを」〈定頼集〉

かぜ-よけ【風▽除け】「かざよけ」に同じ。

か・せる【×痂せる┊×悴せる】〔動サ下一〕図か・す〔サ下二〕❶できものや傷の表面が乾く。「傷口が一・せる」❷かぶれる。「漆に一・せる」❸生気を失って、やせこける。「一・セタ人」〈日葡〉

ガゼル〖gazelle〗ウシ科ガゼル属などのレイヨウの総称。体も四肢も細く、走るのが速い。雌雄とも角をもつ。肩高約70センチのトムソンガゼル、約1メートルのグランドガゼルなどがあり、アフリカからモンゴルの草原や砂漠にすむ。➡羚羊

カゼルタ〖Caserta〗イタリア南部、カンパニア州の都市。ナポリの北約30キロに位置する。丘の上にある旧市街と平野部の新市街からなる。12世紀建造のカゼルタ大聖堂や、18世紀建造のカゼルタ宮殿がある。1997年、「カゼルタの18世紀の王宮と公園、バンビテッリの水道橋とサンレウチョ邸宅群」として世界遺産（文化遺産）に登録された。

カゼルタ-きゅうでん【カゼルタ宮殿】《reggia di Caserta》イタリア南部、カゼルタにある宮殿。18世紀半ばにブルボン王朝のカルロ3世が、建築家ルイジ＝バンビテッリに造営させた。宮殿は1200の部屋と34の階段をもち、背後には120万平方メートルにおよぶ庭園が広がる。1997年「カゼルタの18世紀の王宮と公園、バンビテッリの水道橋とサンレウチョ邸宅群」として世界遺産（文化遺産）に登録された。

カセレス〖Cáceres〗スペイン西部の都市。14世紀頃から貿易の中継地点として栄えた。城壁に囲まれた旧市街には、現在もゴシック式やルネサンス様式の貴族の邸宅が残る。1986年に「カセレスの旧市街」として世界遺産（文化遺産）に登録された。カーセレス。

かせ-わく【×桛枠】紡績などで、かせ糸を巻く枠。

か-せん【化繊】「化学繊維」の略。（類語）化学繊維

か-せん【火船】❶昔、敵船を焼き打ちにするため、わらや薪などを積んで火をつけ、風上から流した船やいかだ。❷「火輪船」に同じ。

か-せん【火戦】小銃・機関銃・大砲などの火器による射撃戦。

か-せん【火×箭】❶昔の戦いで火をつけて射た矢。敵の施設や物資に火をつける目的で用いたもの。火矢。❷艦船が信号に用いる火具。

か-せん【火線】直接に敵と砲火を交える戦闘の最前線。

か-せん【加線】音楽の五線譜表で、五線だけでは足りないときに、その上または下に引く短い横線。

か-せん【花仙】カイドウの別名。

か-せん【花×氈｜華×氈】美しい紋様入りの毛氈。氈。

か-せん【佳×饌｜×嘉×饌】りっぱな料理。佳肴。

か-せん【河川】地表をほぼ一定の流路をもって流れ、湖や海に注ぐ水の流れ。大小のかわ。「一級—」

か-せん【架線】〔名〕スル ❶送電線や電話線などを架け渡すこと。また、その線。❷電車に電力を供給するため、軌道上方に架け渡される電線。がせん。
(類語)架設・高架

か-せん【華箋】先方から来た手紙の敬称。

か-せん【貨泉】中国の新の王莽が14年に鋳造した銅貨。「貨泉」の文字が鋳出されている。日本の弥生文化の遺跡からも出土する。

か-せん【靴×氈｜花仙｜×窠銭】靴・半靴・毛沓の上部の立挙につける織物。赤地・青地の錦などを用いる。〈和名抄〉

か-せん【寡占】少数の供給者が市場を支配している状態。買い手が少数の場合を買い手寡占とよび、これと区別して特に売り手寡占ともよぶ。

か-せん【歌仙】❶すぐれた歌人。「歌聖」に次ぐ人ともいう。六歌仙や三十六歌仙が有名。❷連歌・俳諧の形式の一つで、長句と短句を交互に36句続けたもの。2枚の懐紙の第1紙の表に6句、裏に12句、第2紙の表に12句、裏に6句を書きつけた。和歌の三十六歌仙にちなんだ名称で、蕉風確立以後、連句形式の主流となる。

かせん【歌仙】狂言。和泉流。絵馬に描かれた六歌仙が絵から抜け出して月見の宴を開き、小町をめぐって遍昭と人丸らとが争うが、夜明けとともに絵馬に収まる。

か-せん【×蝸×涎】カタツムリがはい回った跡に残る粘液の筋。

か-ぜん【果然】㊀〔ト・タル〕文〔形動タリ〕結果が予期どおりであるさま。「破天荒の新理論を組成し、—として学術界の方針を一幹旋する」〈雪嶺・真善美日本人〉㊁〔副〕予期したとおりになるさま。果たして。案の定。「戦争の後は必ず大雨があるが、…—大雨がやって来たわい」〈魯庵・社会百面相〉(類語)果たせるかな・案の定・果たして・やはり・案の如く・案に違わず・てっきり・思ったとおり

が-せん【画仙】絵の道で特にすぐれている人。画聖。

が-ぜん【瓦全】《値うちのないものが完全な形で保存される意から》大したこともせずに生き長らえること。「若し採用されなかったら丈夫玉砕—を恥ず」〈漱石・自転車日記〉⇔玉砕。

が-ぜん【×俄然】㊀〔ト・タル〕文〔形動タリ〕にわかなさま。「毎年夏の初めに、多くの焼芋屋が—として氷水屋に変化するとき」〈漱石・それから〉㊁〔副〕突然ある状態が生じるさま。急に状況が変わるさま。にわかに。「梅雨があけたら—暑くなった」
(類語)急・にわか・出し抜け・突然・急遽・唐突・短兵急・突如・いきなり・不意に・矢庭に

かせん-え【歌仙絵】三十六歌仙などの肖像を描き、これにその代表的な和歌を書き添えたもの。鎌倉時代、似絵の一ジャンルとして最も盛行し、佐竹本三十六歌仙絵巻などが代表作。

かせん-こうがく【河川工学】河川の性状や、その保全・活用の技術や方法を研究対象とする学問。

がせん-し【画仙紙・画×牋紙】・【雅仙紙・雅宣紙】白色大判の書画の用紙。中国、安徽省宣城の原産。玉版箋、青六疋、二層紙、煮硾箋などの種類がある。

かせん-しき【河川敷】河道と堤防をあわせた区域。河川法によって定められ、河川の一部とみなされ、増水時に達する川幅の最大限をとっている。

かせん-そう【歌仙草】キク科の多年草。日当たりのよい湿地に生える。高さ40～70センチ。葉は先のとがった長楕円形で、縁に細かいぎざぎざがある。夏、黄色の頭状花をつける。

かせんねん【迦旃延】《梵 Kātyāyanaの音写》釈迦十大弟子の一人。西インドの婆羅門の出身。論議第一といわれた。

かせん-ほう【河川法】洪水・高潮などの災害の発生を防止し、河川の適正な利用、流水の正常な機能を維持するため、河川の管理・工事・使用制限・費用負担などを定めた法律。昭和40年(1965)施行。

かせんろく【河羨録】江戸中期の釣りの解説書。3巻。津軽采女正著。享保8年(1723)成立。江戸前の釣りについて述べたもの。

か-そ【火×鼠】「ひねずみ」に同じ。

か-そ【可塑】思うように物の形をつくれること。塑造できること。

か-そ【果×蔬】果物と野菜。

か-そ【家祖】その家の祖先。

か-そ【過疎】極度にまばらなこと。特に、ある地域の人口が他に流出して少なすぎること。「—の村」「—化」⇔過密。(類語)点在・疎ら・散在

か-そ【課租】租税を割り当てること。課税。

かぞ【▽父】《古くは「かそ」》上代、父をさす語。⇔いろは。「その—母の二はしらの神」〈神代紀・上〉

かぞ【加須】埼玉県北東部の市。鯉幟や柔・剣道着を特産。不動尊を祭る総願寺がある。もと、加増と書いた。平成22年(2010)に騎西町・北川辺町・大利根町と合併。人口11.5万(2010)。

かぞ【×楮】コウゾの別名。

が-そ【画素】テレビ、パソコンのディスプレー、デジタルカメラなどの、画面を構成する最小単位。ピクセル。

かぞ-いろは【▽父▽母】《古くは「かそいろは」》父と母。両親。かぞいろ。「一何に哀れと思ふらん、三年になりぬ足立たずして」〈太平記・二五〉

か-そう【下層】❶幾重にも重なってできているものの下の部分。⇔上層。❷社会的地位や生活水準が低い階層。(類語)低層

か-そう【火葬】〔名〕スル 遺体を焼き、残った骨を葬ること。荼毘。「—に付す」(補説)日本では、法律(墓地、埋葬等に関する法律)で死後24時間を経過しないと火葬にはできない。

か-そう【仮相】実在しないものや形。仮の姿。仮象。

か-そう【仮葬】〔名〕スル 旅先・駐在先などで死去の際、現地で行う簡単な葬式。(補説)遺骨・遺体を本国や現住地に持ち帰ってから正式な葬儀を行う。

か-そう【仮装】〔名〕スル ❶仮に他のものの姿をすること。それらしく見せかけること。「其強硬な態度の何処かに何時でも—に近い弱点があるのを」〈漱石・道草〉❷仮に装備して別のものにすること。「—空母」❸その出来事が事実あったかのように見せかけること。「—売買」(類語)擬装・扮装・変装

か-そう【仮想】〔名〕スル 実際にはない事物を、仮にあるものとして考えてみること。仮に想定すること。「火災を—した避難訓練を行う」(類語)想像・想定・仮定・架空・バーチャル・シミュレート

か-そう【家相】家の位置・方角・構造などから、その家に住む人の吉凶を判断する方法。中国伝来の陰陽五行説に基づく俗信。

か-そ・う【×掠ふ】〔動ハ四〕《古くは「かそふ」とも》❶盗む。奪い取る。かすめる。「天つ日嗣高御座の次を、—・ひ奪ひ盗まむとして」〈続紀宣命・一九詔〉❷人目をくらます。ごまかす。「—・うで京内参りを致してござる」〈狂言記・二千石〉

か-ぞう【加増】〔名〕スル 加わってふえること。また、加えふやすこと。特に、禄高や領地などについていう。「一万石を—する」

か-ぞう【仮像】鉱物が本来の結晶形を示さず、外形を変えずに、成分が置換して新しい鉱物になったもの。

か-ぞう【架蔵】〔名〕スル 書物などを棚に所蔵すること。

か-ぞう【家蔵】〔名〕スル 家のものとして所有していること。また、その物。「—の絵を出品する」

かぞ・う【数ふ】〔動ハ下二〕「かぞえる」の文語形。

が-そう【我相】❶仏語。実体としての自我があるとして固執する考え。❷自己の学問・財産・身分などを鼻にかけて他人を軽蔑すること。

が-そう【画僧】僧侶であって絵をよくする者。特に、密教寺院で仏教図像を描く僧や、禅僧で画家を兼ねている者をさす。

が-ぞう【画像】❶絵にかいた肖像。えすがた。肖像画。❷テレビやディスプレーなどにうつる像。「不鮮明な—」❸コンピューターグラフィックスによって作成された図形や、デジタルカメラによる写真などのこと。「—データ」(類語)映像・画面・像

が-ぞう【×臥像】横たわった形の像。

かそういどうたいサービス-じぎょうしゃ【仮想移動体サービス事業者】▶エム-ブイ-エヌ-オー(MVNO)

かそういどうたいつうしん-じぎょうしゃ【仮想移動体通信事業者】▶エム-ブイ-エヌ-オー(MVNO)

かそう-うん【下層雲】高さ2キロ以下の大気の下層部に現れる雲。層積雲・層雲など。⇒上層雲 ⇒中層雲

がぞう-エンジン【画像エンジン】カスタムICの一。デジタルカメラやビデオカメラのイメージセンサーから送られる電気信号を画像データに変換する役割をもつ。映像エンジン。

かそう-か【仮想化】〔名〕スル コンピューターやネットワークシステムを構成するハードウエアなどを、その物理的構成によらず、統合したり分割したりして利用する技術。複数のハードディスクを統合的に連携し、あたかも1台のハードディスクであるかのように扱うことで、大容量化したり耐障害性を高めたりするほか、1台のサーバーを複数台のコンピューターであるかのような機能に分割し、運用効率を高めるといった目的で利用される。バーチャライゼーション。

かそう-かい【可想界】哲学で、人間の思惟・理性・知的直観などの最高の認識能力によってのみ把握される超感覚的な世界。カントの悟性界もこれと同義である。叡智界。⇒感性界

かそう-かいきゅう【下層階級】財産が少なく、社会的地位も生活水準も低い階層。また、その階層に属する人々。

かそう-きおく【仮想記憶】《virtual memory》コンピューターで、ハードディスクなど大容量の補助記憶装置を用いて、主記憶装置が拡大されたのと同様の効果を得る仕組み。主記憶装置の容量が足りない場合でも、仮想記憶を用いることにより、プログラムの実行が可能になるが、一般的に実行速度が遅くなってしまう。仮想メモリー。バーチャルメモリー。

かそう-きかい【仮想機械】▶仮想マシン

がぞう-きょう【画像鏡】中国の後漢・六朝時代に作られた鏡。鏡背に、伝説などを題材とする画像を鋳出してある。日本でも、これをまねたものが古墳から出土。

かそう-ぎょうれつ【仮装行列】祭礼や運動会などで、人々が思い思いに仮装して練り歩く行列。

かそう-くうかん【仮想空間】▶バーチャルスペース

かそう-けん【科捜研】「科学捜査研究所」の略。

がぞう-けんさく【画像検索】▶イメージ検索

かそう-げんじつ【仮想現実】▶バーチャルリアリティー

かそう-こうい【仮装行為】第三者を欺くために、相手方と通謀して虚偽の意思表示をする行為。

例えば、贈与であるのに売買をしたように装うこと。

かそう-コンピューター【仮想コンピューター】《virtual computer》▶仮想マシン

かそう-しつりょう【仮想質量】物体が流体中を運動するとき、周囲の流体も同時に動くため、真空中における運動に比べて増加する見かけ上の質量のこと。仮想質量は物体の形状によって異なり、排除する流体の質量に比例する。誘導質量。付加質量。

かそう-しゃかい【下層社会】下層階級に属する人々によって構成される社会。

かそう-しょうてんがい【仮想商店街】《virtual mall》▶サイバーモール

がぞう-しょり【画像処理】画像データをコンピューターによって処理し、変形・着色などの加工を行うこと。視覚情報からの特徴の抽出・計測・分類なども含まれる。イメージ処理。画像情報処理。

がぞう-しんだん【画像診断】X線撮影のように体内を画像化して診断する方法。コンピューター断層撮影法(CT)、磁気共鳴映像法(MRI)、機能的核磁気共鳴断層画像法(fMRI)、陽電子放射断層撮影法(PET)、超音波診断法などによる診断。

かそうじんぶつ【仮装人物】徳田秋声の小説。昭和10〜13年(1935〜1938)発表。愛人の奔放な男性関係と、そのあとを追う主人公の痴愚を虚実の間に描く。

かそう-すい【仮想水】▶バーチャルウオーター

がぞう-せき【画像石】宮殿や墳墓・祠堂などの石材に、線刻や浮き彫りでさまざまな画像を表したもの。中国、後漢・六朝時代に流行した。画題は神話・孝子伝・宴会・歴史説話など。

がぞう-せん【画像×塼】模様や図象を線刻、浮き彫りまたは型押しした煉瓦。中国では漢・六朝時代、朝鮮では三国時代、日本では飛鳥・天平時代に盛行した。

がぞう-つうしん【画像通信】文字や画像を電気信号に変えて送信し、受信側で再現する通信方法。ファクシミリ・テレビジョンなど。

かそう-てき【仮想敵】団体や個人が計画などを立てる場合に、仮に敵と想定する相手。「大企業を―として新製品の開発に取り組む」

かそう-てきこく【仮想敵国】国防計画などを立てる場合に、仮に敵国と想定する国。

かぞう-なます【▽和雑×膾】キス・サヨリ・カレイ・イカなどの切り身をまぜて、酒で割った酢や蓼酢などで味つけしたなます。かんじょうなます。かんぞうなます。

がぞう-にんしき【画像認識】《image recognition》画像データから、ある特徴をもつ形状を抽出・計測・分類すること。画像処理技術の一。OCRによる文字認識や、デジタルカメラで人の顔を認識して自動的に焦点を合わせる顔認識AFなどに用いる。

かそう-ば【火葬場】遺体を焼く設備のある所。焼き場。荼毘所。

かそう-ばいばい【仮装売買】株式等に関して、売買の意思がないのに、第三者に誤解を与える目的で、同一銘柄の売りと買いの注文を同時に出す行為。取引が活発に行われているように見せかけて他の投資家を誘い込み、株価の吊り上げを図るなど、公正な価格形成が阻害されるため、相場操縦行為の一つとして金融商品取引法で禁止されている。

かそう-ぶとうかい【仮装舞踏会】各自が思い思いに仮装して行う舞踏会。

かそう-プライベート-ネットワーク【仮想プライベートネットワーク】▶ブイ-ピー-エヌ(VPN)

かそう-マシン【仮想マシン】《virtual machine》ソフトウエアによって、仮想的に構築されたハードウエア環境。1台のコンピューターに、複数の仮想マシンを構築して個別に利用したり、異なるオペレーティングシステムを並列して運用したりできる。仮想機械。仮想コンピューター。バーチャルマシン。バーチャルコンピューター。VM。➡仮想化

かそう-メモリー【仮想メモリー】▶仮想記憶

かそう-ラン【仮想LAN】一つの企業内・ビル内など限られた場所に構築されたLANにおいて、実際の接続構成とは無関係に、任意のコンピューターや機器を仮想的なグループとして扱う手法。物理的な端末の接続場所を変えても、設定を変更せずに利用できる。バーチャルLAN。VLAN(virtual LAN)。

かそう-れいえん【仮想霊園】インターネット上に設置され、パソコンを通して墓参のできる霊園。実際の墓地にカメラを備えて中継する方法、インターネット上だけ存在する架空の墓地などがある。

かぞえ【数え】「数え年」の略。「―で四〇歳になる」➡満

かぞえ-あ・げる【数え上げる】〔動ガ下一〕図かぞへあ・ぐ〔ガ下二〕❶一つ一つ数える。一つ一つ取り上げて示す。「原因を―・げる」❷すべて数える。数えおわる。「倉庫の荷物をやっと―・げた」
(類語)カウント・列挙・枚挙・数える・数え立てる

かぞえ-うた【数え歌】❶「一つとや(一つとせ)…二つとや(二つとせ)…」などと順に数えたててうたう歌。多く頭韻を踏む。❷古今集・仮名序の和歌六体の一。感じたことをそのまま表した歌とも、物の名を詠み込んだ歌ともいうが、語義不明。漢詩の、六義の賦にあたる。

かぞえ-きれ・ない【数え切れない】〔連語〕数や量が多くて、とても数えることができない。「―ほどの鳥の群れ」

かぞえ-た・てる【数え立てる】〔動タ下一〕図かぞへた・つ〔タ下二〕一つ一つ数える。列挙する。多く、よくないことについていう。「欠点を―・てる」
(類語)数える・数え上げる・カウント・列挙・枚挙

かぞえ-づき【数え月】12月のこと。

かぞえ-どし【数え年】生まれた年を1歳とし、あと新年を迎えるごとに1歳ずつ加えた年齢。

かぞえ-び【数え日】❶今年もあといく日と、指折り数えるほど暮れが押し詰まること。また、その押し詰まった日。(季 冬)「―の欠かしもならぬ義理ひとつ／風生」❷「書き入れ日」に同じ。

かぞ・える【数える】〔動ア下一〕図かぞ・ふ〔ハ下二〕❶数量や順番を調べる。勘定する。「人数を―・える」「指折り―・える」❷一つ一つ挙げる。列挙する。「理由は種々―・えられる」❸数がそれだけのものになる。「蔵書は五万冊を―・える」❹その中の一つに加える。数に入れる。「候補者の一人に―・えられる」❺拍子をとって歌う。「別れの白拍子をぞ―・へける」〈義経記・六〉
(一句)死んだ子の年を数える・隣の宝を数える・鼻毛を数える・星を数うる如し
(類語)カウント・列挙・枚挙・数え上げる・数えたてる
数える程 ほんの少し。ごく少数。「出席者は―しかいない」

カソード〖cathode〗陽イオンの流れ込むほうの電極。真空管・電解槽では陰極、電池では陽極。⇔アノード。

カソードレイ-チューブ〖cathode-ray tube〗1897年ブラウンによって発明された表示用電子管。陰極線管。ブラウン管。CRT。

か-そく【加速】〔名〕スル 速度を加えること。「アクセルを踏んで―する」⇔減速。

か-そく【仮足】▶偽足

か-ぞく【家族】❶夫婦とその血縁関係者を中心に構成され、共同生活の単位となる集団。近代家族では、夫婦とその未婚の子からなる核家族が一般的形態。❷民法旧規定において、戸主以外の家の構成員。(類語)(❶)一家・家内・家人・家の人・肉親・親子・親兄弟・妻子・骨肉・血肉・身内・身寄り・係累・家累・家眷・一家眷属・妻子眷属・一族・ファミリー

か-ぞく【華族】❶公・侯・伯・子・男の爵位を有する者。明治2年(1869)旧公卿・諸侯の身分呼称として定められたが、同17年の華族令で五等爵を制定、国家に功労ある者もこれに加えられ、種々の特権を伴う世襲の社会的身分となった。日本国憲法施行により廃止。❷《古くは「かそく」とも》平安時代以後、清華家の別称。かしょく。「―も英雄も面をむかへ肩をならぶる人なし」〈平家・一〉

が-ぞく【雅俗】❶上品なものと俗っぽいもの。風雅と卑俗。「―混交」❷雅語と俗語。

かぞく-あわせ【家族合(わ)せ】合わせ物カルタの一。一家族五人ずつ一〇家族分の札50枚を配り、互いに札をもらい合いながら、家族の数を多くそろえた者を勝ちとする。明治末期に始まった。

か-ぞくおん【下属音】西洋音階で、主音の5度下の音。主音・属音とともに調を支配する重要な音。例えば、ハ長調・ハ短調ではヘ音。サブドミナント。

かぞくがいうんてんしゃ-とくやく【家族外運転者特約】自動車保険における特約の一。家族内記名運転者限定特約に付加できるもので、家族以外の者が起こした事故も補償の対象とする。運転者として記載されていない家族による事故は補償の対象外。

かぞく-かいかん【華族会館】東京都千代田区にあった華族の集会所。明治7年(1874)創建。

かそく-き【加速器】電子・陽子などの荷電粒子を、電界・磁界の作用で加速し、高エネルギーの粒子にする装置。その粒子線を原子核に衝突させて素粒子などの研究を行い、また医学・工業用の放射線源とする。線形加速器と、サイクロトロン・シンクロサイクロトロン・ベータートロンなどの円形加速器がある。アクセレレーター。加速装置。

かそくき-しつりょうぶんせき【加速器質量分析】▶エー-エム-エス(AMS)

かそく-けい【加速系】慣性系に対して、加速度運動をしている座標系。

かぞく-けいかく【家族計画】それぞれの家庭の事情に合わせ、夫婦が計画的に子供をつくること。

かぞくげんてい-とくやく【家族限定特約】▶運転者家族限定特約

かそく-しゃせん【加速車線】高速道路で、ランプウエーから続く本線外側の直線車線。本線を走行する車の速度に適合するように加速するための区間。

かぞく-じゅうぎょうしゃ【家族従業者】個人事業主の家族で、その事業に従事している人。個人商店や農家などで家業を手伝っている家族のこと。

かぞく-しゅぎ【家族主義】家族内にみられる人間関係や生活態度ないし意識を、家族以外の社会集団へも広げ適用しようとする考え方。また、これに基づく制度や慣習。

かぞく-しょうがいほけん【家族傷害保険】被保険者のほかその家族も補償の対象となる傷害保険。家族の範囲は「配偶者」「本人または配偶者と生計を共にする同居の親族」「本人または配偶者と生計を共にする別居の未婚の子」。

かぞく-じょがっこう【華族女学校】女子学習院の前身。

かぞくせい-アルツハイマーびょう【家族性アルツハイマー病】アルツハイマー型認知症の一種。常染色体優性遺伝を示し、65歳未満で発症する。遺伝性アルツハイマー病。FAD(familial Alzheimer's disease)。

かぞく-せいど【家族制度】❶家族の形態や機能を規定する法律・道徳・慣習などの規範の総体。❷民法旧規定での家父長的な家制度。家族は戸主の強い統制下におかれた。

がぞく-せっちゅうたい【雅俗折衷体】明治初期に用いられた小説の一文体。平安時代の文語文に基づく表現法と日常的俗語とを混合した文体。ふつう、地の文は文語体、会話は口語体で書かれた。

かぞく-そう【家族葬】家族・親族だけで集まって営む葬式。通夜・告別式などの儀式を行うのがふつうの形式。故人の親しい友人が参列することもある。身内葬。(補説)家族葬の名称は平成初期かららしい。以前は密葬といったが、その場合には後日に本葬のあるのが普通であった。今の家族葬は後日に「偲ぶ会(お別れ会)」の開かれることがある。

かぞく-てあて【家族手当】❶賃金体系に含まれる

手当で、扶養家族を持つ従業員の生活費を補助するために、使用者から支払われる金銭。❷児童手当のように、家族の生活水準を維持するために行われる社会保障上の給付。

かそく-でんあつ【加速電圧】正負両極の間にある荷電粒子を加速するために、両極に加える電圧。

かそく-ど【加速度】❶一定時間内の速度の変化の割合。❷物事の変化の速さがしだいに増していくこと。「科学の進歩に—がつく」

かそくど-うんどう【加速度運動】力が作用しているときの物体の運動。速度が時間とともに変化し、単位時間当たりの速度の変化率が加速度で表される。加速度一定の運動の場合、等加速度運動という。重力による自由落下運動、万有引力による惑星や衛星の楕円運動、クーロン力を受けた荷電粒子の運動などがある。

かそくど-けい【加速度計】車両・航空機や機械の可動部分に取り付け、加速度を測定する装置。

かそくど-げんり【加速度原理】投資水準決定に関する経済理論。資本設備と国民所得との間に一定の比率関係が存在すると想定し、消費の増加が資本財に対する需要を呼び起こす波及関係を説明する。1917年にJ=M=クラークによって体系化されたが、その後は乗数理論と組み合わせて、景気循環の分析に用いられることが多くなった。

かそくど-センサー【加速度センサー】《accelerometer》加速度を計測する装置。ロボットの姿勢制御やコンピューターゲームのコントローラーなどに利用される。

かそくど-てき【加速度的】〘形動〙程度がどんどん増すさま。「—に経営状態が悪化する」

かそくど-びょう【加速度病】ービャウ 乗り物の動揺や加速度によって起こる病的状態。乗り物酔い。

かぞくないきめいうんてんしゃげんてい-とくやく【家族内記名運転者限定特約】自動車保険における特約の一。運転者として記載した家族が、被保険自動車で起こした事故のみが保険の対象となるもの。

かそく-にゅうぼうぶぶん-しょうしゃほう【加速乳房部分照射法】ーニユウバウブブンセウシャハフ 乳癌(にゅうがん)の乳房温存手術後、腫瘍を取った空洞部分に線源を挿入し、周辺部に集中的にやや強い放射線を短時間照射する治療法。全乳房照射は手術後約5週間の通院が必要だが、加速乳房部分照射法は約3日の入院ですむ。APBI(Accelerated Partial Breast Irradiation)。

かぞく-ぶろ【家族風呂】温泉旅館などで、家族連れの客が専用できる風呂。

かぞく-ほう【家族法】ーハフ 民法の親族法・相続法の総称。夫婦・親子・相続など家族関係を規律する法。➡身分法

かそく-ポンプ【加速ポンプ】内燃機関の気化器の付属品で、燃料を急速に噴出させるポンプ。急激な加速運転をするとき、燃料補給が不足しないよう作動させる。

かぞく-わおん【下属和音】音楽で、下属音を最低音とした三和音。

かそ-け・し【▽幽し】〘形ク〙光・色や音などがかすかで、今にも消えそうなさま。「わがやどのいささ群竹(むらたけ)吹く風の音の—・きこの夕(ゆふへ)かも」〈万・四二九一〉

かそ-さい【過疎債】クワソー 過疎地域自立促進特別措置法に基づいて発行される地方債。同法で定められた過疎地域に該当する市町村に限り発行が認められる。発行額に応じて国からの地方交付税が増額されるため、元利償還の負担は少なく、過疎地域の貴重な財源となっているが、税金の有効活用の観点から問題視する意見もある。

かそ-ざい【可塑剤】硬い高分子物質に可塑性を与え、加工性をよくするために加える物質。

かぞ-し【加須市】▶加須

カソス-とう【カソス島】ータウ《Kasos》ギリシャ南東部、エーゲ海最南部に浮かぶ島。イタリア語名カソ島。ドデカネス諸島に属し、カルパトス島の南西に位置する。中心地はフリ。古くから天然の良港があることで知られる。ベネチア共和国・オスマン帝国の支配下に置かれ、1912年、イタリア-トルコ戦争でイタリア領となり、47年にギリシャに返還された。

かそ-せい【可塑性】固体に外力を加えて変形させ、力を取り去ってももとに戻らない性質。塑性。

かそせい-ぶっしつ【可塑性物質】可塑性の大きな物質。粘土、ろうなど。

かそ-たいさくほう【過疎対策法】クワソタイサクハフ 昭和30年代の高度経済成長期に、地方から都市へ大規模な人口移動が生じ、農山漁村で過疎問題が生じたことから、これに対処するために制定された法律の略称。10年間の時限立法として、昭和45年(1970)に過疎地域対策緊急措置法、同55年に過疎地域振興特別措置法、平成2年(1990)に過疎地域活性化特別措置法、同12年に過疎地域自立促進特別措置法が制定された。過疎法。

かそちいきじりつそくしん-とくべつそちほう【過疎地域自立促進特別措置法】クワソチヰキジリツソクシントクベツソチハフ 平成12年(2000)に10年間の時限立法として施行された過疎対策法。人口の著しい減少に伴い活力が低下した過疎地域の自立を支援することにより、自然環境に恵まれた生活空間や、地域特有の産業・文化を活かした自立した社会の構築促進が目的。(補説)平成22年(2010)の改正法により、有効期限が2016年3月まで延長され、地域医療・日常的交通手段の確保も財政支援の対象に含められた。

カソ-とう【カソ島】ータウ《Caso》カソス島のイタリア語名。

かそ-ほう【過疎法】クワソハフ「過疎対策法」「過疎地域自立促進特別措置法」などの略称。

ガソホール〖gasohol〗《gasoline＋alcoholから》自動車の燃料としてガソリンの代わりに用いられるアルコール。また、アルコールで走る自動車の総称。

かそり-かいづか【加曽利貝塚】ーかひづか 千葉市にある縄文時代中・後期の大貝塚。北(径約130メートル)・南(径約170メートル)の二つの環状貝塚からなる。

カソリシズム〖Catholicism〗▶カトリシズム

カソリック〖Catholic〗▶カトリック

ガソリン〖gasoline〗沸点がセ氏30〜200度くらいの揮発性の液体で、炭化水素の混合物。石油の分留または軽油の接触分解によって得られるが、天然のものもある。内燃機関の燃料。さらに分留した工業用ガソリンは溶剤などにも使用。揮発油。

ガソリンが切・れる 活動の原動力がなくなる。多く、酒をほしがるときにいう。油がきれる。「—・れて働く気になれない」

ガソリンを入・れる 活動の原動力を補給する。多く、酒を飲んで元気をつけることにいう。「景気づけに—・れて来よう」

ガソリン-エンジン〖gasoline engine〗▶ガソリン機関

ガソリン-きかん【ガソリン機関】ーキクワン ガソリンを燃料とし、空気と混合して点火爆発させ、その圧力でピストンを押し下げ、動力を発生させる内燃機関。自動車・航空機などの動力源に広く使用。ガソリンエンジン。

ガソリン-しゃ【ガソリン車】ガソリンを燃焼し、その力でエンジンを動かして走る自動車。ガソリン自動車。また、同じ方式で走る鉄道車両。ガソリンカー。➡電気自動車

ガソリン-スタンド《和 gasoline＋stand》道路沿いにある、自動車用のガソリン販売所。給油所。(補説)英語ではgas station

ガソリン-ぜい【ガソリン税】揮発油税と地方揮発油税を合わせた通称。両税はまとめて申告・納付される国税で、課税物件(ガソリンなど)・課税標準・納税義務者などが同じ。道路特定財源だったが平成21年度から一般財源化された。➡道路整備事業財政特別措置法

かた【方】㊀〘名〙❶方角。方向。むき。「西の—を望む」❷物事の方向。決着。始末。❸時間上の方向。ころ。とき。時節。「来し—を思う」❹《方角を示すことによって間接的に》人をさす敬った言い方。「女の—」「乗り越しの—」❺方法。手段。「せん—もない」❻対として考えられるものの一方。人数を二組に分ける場合にいうことが多い。「一の人、男女居わかれて」〈枕・一四三〉❼方面。箇所。関係する点。「和歌の—にもいみじう染ませ給へり」〈栄花・月の宴〉❽そのようなありさま。ようす。「おのづから軽(かろ)き—にぞおぼえ侍るかし」〈源・帚木〉㊁〘接尾〙❶動詞の連用形に付いて、方法・手段、また、ようす・ありさまなどの意を表す。「ひもの結び—」「車の混み—」❷動詞の連用形や動作性の漢語名詞に付いて、…すること、の意を表す。「打ち—やめ」「調査—を依頼される」❸他人の氏名などに付いて、その人のもとに身を寄せていることを表す。「中村さん—」「田中太郎様—」❹数を表す語に付いて、人を数えるのに用いる。現在では、「お」を冠して、丁寧な言い方として用いられる。「おひと—」「おふた—」❺《「がた」とも》名詞に付く。㋐二つあるものの一方の側、また、それに属する人を表す。「相手—」「母—」㋑その物事を担当する係であることを表す。「まかない—」「会計—」❻《「がた」とも》数量などを表す名詞に付いて、だいたいそのくらいの意を表す。「三割—安い」「八割—片付いた」❼方向の意を表す。「いづ—に求め行かむ」〈伊勢・二一〉

(類語)人・者・奴

方明・く 陰陽道(おんようどう)で、方角のふさがりが除かれる。「—・きなばこそは参り来べかなれ」〈かげろふ・中〉

方が付・く 処理すべき物事が落着する。決着がつく。「いさかいの—・く」(補説)「片が付く」とも書く。

方塞(ふた)が・る 陰陽道(おんようどう)で、その方角がふさがる。「—・りたれど、おはしましてなむ大殿籠りにける」〈大和・八〉

方を付・ける 物事の決着をつける。始末をつける。「金で—・ける」(補説)「片を付ける」とも書く。

かた【片】㊀〘名〙一対のもの、二つで一組のものの一方。片方。片一方。「—や横綱、—や平幕の対戦」㊁〘語素〙名詞または動詞の上に付いて、複合語をつくる。❶一対となるものの一方、一方だけ、の意を表す。「—親」「—面」「—思い」❷不完全な、整っていない、の意を表す。「—言(こと)」「—仮名」❸かたよる、一方に偏した、の意を表す。「—田舎」「—意地」❹わずかな、少ない、の意を表す。「—時(とき)」「—手間」❺しきりに、ひたすら、の意を表す。「鶯は今は鳴かむと—待てば霞たなびき月は経につつ」〈万・四〇三〇〉

かた【形┆型】❶(形)物の姿や格好。形状。かたち。「洋服の—が崩れる」「髪の—をととのえる」❷(形)証拠に残すしるし。保証のしるし。抵当。「カメラを借金の—に置く」❸(型)ある物のかたちを作り出すためのもの。鋳型、型紙などの類。「石膏(せっこう)で義歯の—を取る」❹(型)芸能や武道などで、規範となる動作・方式。「能楽の—」「投げの—」❺(型)きまったやり方。伝統的なしきたり。慣例。「—を破る」「—どおりのあいさつ」❻(型)事物を類別するとき、その個々に共通した特徴を表している形式、形態。タイプ。「血液の—」「古い—の人間」❼(型)きまった大きさ。サイズ。「靴の—が大きすぎる」❽物に似せて作った絵・図・像など。「馬の—かきたる障子(さうじ)」〈枕・九九〉❾図柄。模様。「着る物の—にてばし侍るか」〈仮・伊曽保・下〉❿もと何かがあったことのしるし。あとかた。形跡。「—もなく荒れたる家の」〈源・蓬生〉⓫占いに現れたしるし。うらかた。「生ふ楉(しもと)この本山のましばにも告(の)らぬ妹が名—に出でむかも」〈万・三四八八〉⓬(「がた」の形で)㋐(形)名詞の下に付いて、その物に似たかたちをしていることを表す。「卵—」「ピラミッド—」㋑(型)名詞と形容詞の語幹の下に付いて、ある性質・特徴・形式をもっていることを表す。「最新—」「ハムレット—」「うるさ—」➡形(かたち)(用法)

(類語)(❶)形(かたち)・形状・外形・格好・姿(すがた)・姿形(すがたかたち)・形(なり)・なりかたち・様子・身なり・なりふり・服装・風体(ふうてい)・スタイル・姿勢・姿態・体勢・振り・ポーズ・身振り・所作・しぐさ・素振り・思わせ振り・風・体・演技・ジェスチャー/(❷)抵当・担保・引き当て・質(しち)/(❺)定式・形式・定型・定法(じょうほう)・定例(じょうれい)・通例・常道・作法・定

石・式・パターン/(⑥)類型・型式けいしき・型式かたしき・様式・タイプ・モデル・パターン

型に嵌はま・る　決まりきった形式や方法どおりのもので、個性や独創性がない。「―・ったあいさつ」

型に嵌は・める　個性や独創性を認めず、決まりきった形式や方法によらせる。「生徒を―・める教育」

型の如ごとく　慣例どおりに。「―来賓のあいさつがある」

形を◦見る　釣りで、その日に初めて目的にかなう魚を釣り上げる。

かた【肩】❶人の腕が胴体に接続する部分の上部、および、そこから首の付け根にかけての部分。「―をもむ」「―を組む」❷動物の前肢や翼が胴体に接続する部分の上部。❸衣服の、❶に相当する部分。「―にパッドを入れる」❹物の上部のかどの部分。「―書き」「各句の―に番号を付ける」❺地形・物の形などの、❶に相当する部分。「道路の―」「壺の―」❻山頂から少し下った所にある平らな所。「―の小屋」❼球などを投げる力。「―が弱い」❽物をかつぐ力。「足をくじいた友人に―を貸す」❾背負った責任。「乗客の安全は運転士の―にかかっている」❿《肩に俱生神くしょうじんが宿っていて、運命を支配するという俗信から》運。めぐりあわせ。「此方等のやうな―の悪い夫婦なれば」〈鳩翁道話・一〉 (類語)双肩・肩肘・肩身 (下一語)後あと肩・襟肩・五十肩・先肩・四十肩・半肩・一ひと肩・路肩 (がた)怒り肩・地じ肩・撫なで肩

肩が怒いか・る　❶肩が高く張っている。❷得意な気持ちになる。肩身が広くなる。「お供についたわしらまで、ほんに―・ったに」〈浄・卯月の潤色〉

肩が軽くな・る　❶肩の凝りが取れて軽く感じられる。❷責任や負担などがなくなって、ほっとする。肩の荷が下りる。「任を解かれて―・る」

肩が凝こ・る　❶肩の筋肉が堅くなる。肩が張る。❷重圧を感じて気詰まりである。肩が張る。「―・らない話」

肩がつか・える　►支つかえる❺

肩が張・る　「肩が凝る」に同じ。

肩で息を◦する　苦しそうに、肩を上げ下げして呼吸をする。「ゴールインした選手が―◦している」

肩で風を切・る　肩をそびやかして、得意そうに歩く。「一時は―・る勢いだった」

肩に掛か・る　責任や仕事などが、その人にかぶさってくる。「この事業の成否は諸君の―・っている」

肩の荷が下・りる　責任や負担から解放されて楽になる。「この仕事が終わって―・りた」

肩を怒いから・せる　肩を高く張って、威勢を示す。また、威圧するような態度を示す。「―・せて歩く」

肩を入・れる　❶肌脱ぎにした着物の袖に手を通す。❷《一緒に担うために、物の下に肩を当てる意から》援助する。ひいきする。「女優の卵に―・れる」

肩を落と・す　がっかりして、力が抜けて肩が垂れ下がる。「落選が決まって―・す」

肩を貸・す　❶物を一緒に担いでやる。❷援助する。「困っている学生に―・す」

肩を竦すく・める　❶両肩を上げて身を縮こまらせる。恥ずかしい思いをしたときなどのようす。「いたずらを注意されて―・める」❷どうしようもないという気持ちを表すために、両方の手のひらを上に向け、両肩をあげる。主として欧米人のしぐさ。

肩を窄すぼ・める　肩を落とすように縮める。寒さや肩身の狭さなどのために、元気なくしょんぼりとしたようす。「北風の中を―・めて歩く」

肩を叩たた・く　❶凝こりをほぐすために肩を打つ。❷上役が退職を勧める。「不景気で―・かれる人が増える」

肩を並・べる　❶横に並ぶ。肩をそろえて進む。「―・べて歩く」❷対等の位置に立つ。同じ程度の力や地位をもって張り合う。「先進国に―・べる」

肩を抜・く　担当していたことから離れる。手を引く。

肩を張・る　威勢がよさそうに見せる。

肩を持・つ　対立しているものの一方の味方をする。ひいきをする。「弱いほうの―・つ」

か-た【▽掛▽搭｜×挂▽搭】クワ「掛錫かしゃく」に同じ。

か-た【過多】クワ〔名・形動〕多すぎること。また、そのさま。過剰。「人口―な都市」「胃酸―」⇔過少。

か-た【×夥多】クワ〔名・形動〕物事が多すぎるほどあること。おびただしいさま。「人口の―なるに驚けり」〈織田訳・花柳春話〉

かた【潟】❶砂州によって外海から分離されてできる海岸の湖。潟湖せきこ。ラグーン。「河北―」❷浦。入り江。湾。「松浦―」❸遠浅の海岸で、潮が満ちると隠れ、引くと現れる所。干潟ひがた。 (類語)沢・沼・湖・沼沢・湖沼・泥沼・池

かだ《動詞「奸かだむ」と同語源》怠けること。怠慢。横着。「いつおれが―をしたことがあるぞ」〈虎清狂・文荷〉

かだ【加太】和歌山市北西部の地名。紀淡海峡に面し、古くは畿内から淡路・四国・山陽道への要港。

かだ【×伽×陀】《梵 gāthāの音写。偈げ・諷頌ふじゅと訳す》❶詩句からなる経文。十二部経の一。偈頌げじゅ。偈佗げた。❷法会などで唱えられる、仏徳を賛嘆し教理を述べる韻文で、旋律をつけたもの。

か-だ【華佗｜華陀】クワ 中国、後漢の医師。沛はいの譙しょう(安徽あんき省)の人。字あざなは元化。外科手術の名手とされ、麻酔薬を用い、一種の体操療法である五禽戯ごきんぎを考案した。曹操の意に従わず殺されたという。生没年未詳。

がた　機械や人間のからだなどが時間を経て、あちこちぐあいが悪くなること。「愛車に―がくる」

がた【形｜型】「かた(形)⑫」に同じ。「扇―」「三日月―」

がた【方】〔接尾〕❶人を表す名詞に付いて、複数の人々を尊敬していう意を表す。「先生―」「奥様―」❷時に関する名詞や動詞の連用形に付いて、だいたいその時分という意を表す。「暮れ―」「明け―」❸「かた(方)㊀❺❻」に同じ。➡達たち (用法) (類語)達・共・等ら・連・等ら・等等

ガター〖gutter〗ボウリングで、レーンの両脇にある溝。また、そこへボールが落ちること。ガーター。

カターエフ〖Valentin Petrovich Kataev〗[1897〜1986]ソ連の小説家。社会主義の建設をテーマとする作品で有名。作品に「時よ進め!」「連隊の子」など。

かた-あかり【片明(か)り】ほのかなあかり。うすあかり。「伸子は曇硝子の障子をあけて、外を覗のぞいた。―で女の横顔が見えた」〈宮本・伸子〉

カターカリ〖ヒンディー kathākalī〗インド西南部のケーララ州に伝承される舞踊劇。ラーマーヤナやマハーバーラタを題材に、色彩豊かな独特のメーキャップと派手な衣装で演じられる。

かた-あがり【肩上(が)り】書いた文字の右側が上がっていること。⇔肩下がり。

かた-あき【肩明き】洋裁で、肩の縫い目線を利用して作ったあき。

かた-あげ【肩上げ｜肩揚げ】〔名〕スル 子供の着物を大きめに仕立て、肩山の所で縫い上げて、成長に合わせて裄丈ゆきたけを短くすること。また、その縫い上げた部分。

肩上げが取・れる　成人して、肩上げのない着物を着るようになる。子供が大人と認められる年齢に達する。肩上げが下りる。

肩上げを下ろ・す　❶肩上げをはずして裄ゆきを長くする。❷子供が成人して、肩上げのない着物を着るようになる。

かた-あし【片足】❶片方の足。「―とび」❷一組の履物の片一方。

かた-あて【肩当て｜肩宛】❶物を担ぐとき肩に当てるもの。❷単ひとえの長着の衿肩まわりや肩の部分を丈夫にするため、肩の裏側につける布。❸寝るとき肩に当てて冷えるのを防ぐ布。❹具足の肩上わたがみの下の襟回りに当てるもの。

カターニア〖Catania〗イタリア南部、シチリア島、シチリア自治州の都市。同島の東岸、エトナ山の麓に位置する。古代ギリシャ、ローマの植民都市が置かれ、11世紀にノルマン人の支配下になった。エトナ山の噴火(紀元前2世紀、17世紀)、大地震(12世紀、17世紀)などにより大きな被害を受けた。古代ローマ時代の円形劇場、円形闘技場、浴場などの遺跡があるほか、17世紀以降の復興により建てられたバロック様式の建物が多い。同島南東部の八つの町が2002年に「バル-ディ-ノートの後期バロック様式の町々」の名称で世界遺産(文化遺産)に登録された。作曲家ビンチェンツォ゠ベッリーニ、小説家・劇作家ジョバンニ゠ベルガの生地。

カターニア-だいせいどう【カターニア大聖堂】《イタリア Duomo di Catania》イタリア南部、シチリア島、シチリア自治州の都市カターニアにある大聖堂。正式名称はサンタガタ大聖堂。カターニアの守護聖人アガタを祭る。11世紀末、シチリア伯ルッジェーロ1世により建造。17世紀末の大地震で被害を受け、後陣のみ建造当初の姿を留める。18世紀にシチリア出身の建築家ジョバンニ゠バティスタ゠バッカリーニによりバロック様式のファサードやブロンズ製の祭壇がつくられた。エトナ山の噴火の様子を描いたフレスコ画のほか、作曲家ビンチェンツォ゠ベッリーニの墓がある。

かた-あぶら【固油】びんつけ油。

ガダーミス〖Ghadamès〗リビア西部、チュニジアとアルジェリアとの国境に近いオアシス都市。19世紀までサハラ交易の要地として栄えた。城壁に囲まれた旧市街は、石灰を塗った白い日干し煉瓦れんがの建物が密集しており、1986年、世界遺産(文化遺産)に登録された。ガダミス。ガダメス。

かた-あめ【固×飴】固く作った飴。

カタール〖Qatar〗アラビア半島、ペルシア湾に突出するカタール半島を占める独立国。正式名称はカタール国。首都ドーハ。石油を産する。英国保護領から、1971年独立。人口84万(2010)。

カターレ-とやま【カターレ富山】日本プロサッカーリーグのクラブチームの一。ホームタウンは富山市を中心とする富山全県。平成20年(2008)、地元のクラブチーム二つが統合して発足。翌年からJリーグに参加。(補説)「カターレ」は「語れ・歌え(イタリア語の「カンターレ」)」「勝て(富山の方言で「勝たれ」)」などの意を含んだ造語。

か-たい【下×腿】ひざから足首までの部分。⇔上腿。

かた-い【乞＝丐】ゐ❶こじき。ものもらい。「―どもの、坏つき、なべなど据ゑてをるも、いとかなし」〈かげろふ・上〉❷人をののしっていう語。物知らず。ばか者。「この楫取かぢとりは、日もえ計らぬ―なりけり」〈土佐〉❸かつてハンセン病、また、その患者をいった語。かったい。(補説)「傍居かたゐ」の意というが、また、「片居」で、不完全な姿ですわっている者の意からとも。

か-たい【化体】クワ〔名〕スル 観念的な事柄を、具体的な形のあるもので表すこと。特に、権利を有価証券の形で表すことをいう。「証券に―されている債権」

か-たい【科怠】クワ「過怠かたい❶」に同じ。

か-たい【過怠】クワ ❶過失。あやまち。てぬかり。科怠。❷中世武家の法で、過失行為に対する刑罰。金品を課したり、労役に服させたりした。❸あやまちや失敗に対して償いをさせること。また、その償い。うめあわせ。「御前にてさやうに慮外な事を申すほどに、其の―に、くわっとした歌を今一首づつ申し上げい」〈虎明狂・餅酒〉

か-たい【歌体】❶句数・字数などからみた和歌の形式。短歌・長歌・旋頭歌せどうか・片歌かたうたなどの類。❷和歌の姿や風体。

かた・い【堅い｜硬い｜固い】〔形〕図かた・し〔ク〕❶外力に対する抵抗力が大きく、容易に形を崩さない。「―・い殻を割る」「―・くてかめない肉」⇔やわらかい。❷㋐物が強い力でぴったりとすきまなく合わさっている。「―・く扉を閉ざす」「帯を―・く結ぶ」「―・い握手を交わす」㋑力を加えても、抵抗があって、滑らかに動かない。「栓が―・い」❸(内にあるものが)強くて、外からの力に負けない。しっかりしていて、揺るがない。「―・い信念」「―・い約束」「守りが―・い」「口が―・い」❹厳格である。きびしい。「―・く禁ずる」「身持ちが―・い」❺㋐確かで、あぶなげがない。信用がおける。手堅い。堅実だ。「―・い商売」「当選は

ー・い」「予算をー・く見積もる」④取引で、相場が一向に下がるようすがない。⑤何事もいいかげんにせず、きちんと扱うさま。まじめである。「ー・くて信用のおける人」「ー・い本」「そうー・いことを言うな」❻自由な感じや、やわらかな感じに欠けたようすをいう。㋐自在な動きができない。融通がきかない。「からだがー・い」「頭がー・い」⇔やわらかい。㋑(表現などが)いかめしかったり、こわばったりしていて、すなおに人の気持ちに入ってこない。「文章がまだー・い」「デッサンの線がー・い」㋒鋭くて、張りつめた感じを与える。「ー・く乾いた音」「表情をー・くして事態の推移を見守る」㋓緊張から、気持ちにゆとりがなくなる。言動がぎくしゃくする。[補説]漢字の使い分けは「固い」が広く用いられ、「硬い」は物の性質、「堅い」は状態・ようすに用いられることが多い。[派生]かたげ〔形動〕かたさ〔名〕

[類語](❶)強こわい・硬質・堅硬・生硬・硬直・かちかち・がちがち・かちんかちん・こちこち・ハード/(❷)きつい(連用修飾語として)ぎゅっと・きゅっと・がっちり・かっちり・確しかと・ひしと/(❸)揺るぎない・強固・堅固けんご・牢固ろうこ・磐石ばんじゃく・金城鉄壁きんじょうてっぺき

堅き氷は霜を履ふむより至る 《「易経」坤卦から》霜を踏む時節が来ると、やがて堅い氷の張る冬が来るの意から、何事もその兆候を見たら早く準備せよというたとえ。

固くな・る 緊張しすぎて、動作や発言などが不自然になる。「試験官の前でー・る」

かた・い【難い】〔形〕文かた・し〔ク〕《「堅い」と同語源》それをすることが、むずかしい。なかなかできない。「守るにやすく、攻めるにー・い城」「想像するにー・くない」「言うは易く行うはー・し」

[類語]難しい・困難・至難

か-だい【火大】クワ 仏語。四大しだいの一。温かさを本性とし、ものを成熟させる作用があるもの。

か-だい【仮題】仮につけた題名。

か-だい【花台】クワ ❶花瓶をのせる台。❷花のように美しい楼閣。はなのうてな。

か-だい【架台】❶化学実験で、レトルトを支える台。❷高所の作業のため、足場として作られる台。❸橋や鉄道などを支える構造物。

か-だい【歌題】和歌の題。兼題・席題などがある。

か-だい【課題】クワ ❶与える、または、与えられる題目や主題。「論文のー」「ー図書」❷解決しなければならない問題。果たすべき仕事。「公害対策は今日の大きなーである」「緊急ー」

[類語]問題・案件・件けん・一件・懸案・題目・本題・論題・論点・争点・テーマ・プロブレム

か-だい【過大】クワ〔形動〕文〔ナリ〕大きすぎるさま。大きすぎて実際と合わないさま。「ーな費用」「ーな期待を抱く」「損害をーに報告する」⇔過小。

[類語]巨大・ジャンボ・マクロ

がたい 《語源未詳》体格、図体の意の俗語。「ーがいい」「大きなーをしている」

がた・い【難い】〔接尾〕《形容詞型活用文がた・し(ク活)。形容詞「かた(難)い」の濁音化》動詞の連用形に付いて、その動作の実現が困難であることを表す。…しにくい。…するのがむずかしい。「得ー・い」「信じー・い」「いわく言いー・い」[類語]辛づらい・にくい

が-だい【画題】グワ ❶絵の題名。❷絵のテーマ。

かたい-エックスせん【硬いX線】►硬X線

かた-いき【片息|肩息】絶え絶えな息づかい。ひどく苦しそうな息。「ーをついて横たわっている」

かたい-きん【下×腿筋】下腿にある筋肉。足首や指の屈伸に関与する。腓骨筋ひこつきん・腓腹筋・平目筋ひらめきんなど。

かたい-きん【過怠金】クワタイ 公共組合その他の団体が、構成員の義務違反に対して制裁の意味で科する金銭罰。

かたい-こつ【下×腿骨】下腿をなす骨。脛骨けいこつ・腓骨ひこつ・膝蓋骨しつがいこつからなる。➡骨格

かた-いじ【片意地】ヂ〔名・形動〕自分の考えを執拗しつように押し通すこと。また、そのさま。「ーを張る」「ーなところがある」

[類語]かたくな・強情・意地っ張り・いこじ・業突く張り

かだい-し【過大視】クワダイ〔名〕スル 物事を実際以上に大きく見ること。また、必要以上に重大に考えること。「能力をーする」

かだいしゅうちゅう-こう【課題集中校】クワダイシフチュウカウ ►指導困難校

か-だいじょうみゃく【下大静脈】ーダイジャウミャク 腰椎下端部で左右の下肢の静脈が合流するところに始まり、さらに腎静脈・肝静脈などから血液を受け入れ、右心房に送るまでの静脈の本幹。

か-たいじん【家大人】自分の父を敬っていう語。家君。家厳。「ーおなくなりなされた事は」〈逍遥・内地雑居未来之夢〉

かたい-せつ【化体説】クワタイ 聖餐せいさんに関する、ローマ-カトリック教会の正統教義。ミサにおいて、パンとぶどう酒が、その実体においては完全にキリストの肉と血に変化するという信仰。実質変化。➡ミサ

かた-いた【形板|型板】❶曲線や紋様の形に作った板。これを使って木や石の材を造形する。また、製図にも用いる。❷模様を彫刻した、薄い亜鉛・銅板などの板。捺染なせんに用いる。

かた-いたガラス【型板ガラス】片面あるいは両面に細かな凹凸の模様をつけた板ガラス。

かた-いっぽう【片一方】ーイッパウ 二つのうちの一方。片方。[類語]片方・一方・片割れ・他方

かたい-てじょう【過怠手錠】クワタイテヂヤウ 江戸時代の刑罰の一。過怠銭を納めない者に、代わりとして手錠をかけた刑。庶民に適用。

かた-いと【片糸】2本の糸をより合わせて1本にするときの、片方の糸。多く片思い、弱い、はかないの意をこめて使われる。片緒。「河内女かふちめの手染の糸を繰り返しーにあれど絶えむと思へや」〈万・一三一六〉

かたいと-どり【片糸鳥】雁かりの別名。

かたいと-の【片糸の】〔枕〕「よる」「くる」「あふ」「緒を」「伏し」などにかかる。「ーあひ見むまでと年もへぬ」〈続後撰・恋二〉

かた-いなか【片田舎】ーヰナカ 都から遠く離れていて生活に不便なところ。辺鄙へんぴな田舎。辺地。

かたい-はさんざい【過怠破産罪】クワタイ 債務者が財産を浪費したり、はなはだしく減少させたりして、債権者に不利益・不平等をもたらす行為で、破産法第375条に規定されているもの。破産手続開始の決定(旧法の破産宣告の確定)によりその罪が成立する。

かだい-ひょうか【過大評価】クワダイヒヤウカ〔名〕スル 物事を実際よりも高く見積もったり評価したりすること。「実力をーする」⇔過小評価。

かた-いみ【方忌(み)】陰陽道おんみょうどうで、方塞かたふさがりの方角を忌むこと。ほういみ。➡方違かたたがえ

かたいやくげん【歌体約言】江戸中期の歌論書。1巻。田安宗武著。延享3年(1746)成立。万葉集の古風の意義を説く。

かた-いれ【肩入れ】〔名〕スル ❶ひいきすること。力を貸すこと。支援。「地元のチームにーする」❷着物の肩の部分を別の布で、はぎ合わせること。また、その布。肩当て。[類語]手助け・力添え・後押し・加勢・助太刀・後ろ盾・人助け

かたいれ-ぼうこう【肩入れ奉公】江戸時代、奉公人がのれんを分けてもらったのちも、恩返しに、もとの主人の家の用を手伝うこと。

かたい-ろう【過怠×牢】クワタイラウ 江戸時代の刑罰の一。本刑の代わりに牢に入れたもの。

かた-うた【片歌】古代歌謡の一体。五・七・七の3句19音からなる歌。多く問答に用いられ、2首合わせると旋頭歌せどうかの形になる。雅楽寮で教習した大歌おおうたの一つでもある。

かたうち-さぎょう【型打ち作業】ーサゲフ 金属製品の大量生産に行われる作業方式で、型を使い、押し付けたり鍛造したりして作るもの。

かた-うで【片腕】❶片方の腕。隻腕せきわん。❷最も信頼のできる助勢者。腹心。「社長のーとなって働く」

[類語](❷)右腕・腹心・股肱ここう・懐刀ふところがたな・女房役・助手・アシスタント

かた-うど【方▽人】《「かたひと」の音変化》❶「かたひと」に同じ。「一共、各々世の中にありがたき物をば」〈今昔・二八・三五〉❷味方。仲間。かとうど。「平家のーする者ここにあり」〈平家・六〉

かた-うらみ【片恨み】〔名〕スル 一方だけが恨みに思うこと。一方的な恨み。「ーされるとは心外だ」

かた-え【片▽方|▽傍】ヘ ❶かたわら。そば。「父のーを遠く離るる事の」〈露伴・風流魔〉❷対になっているものの一方。片方。片側。「高麗錦こまにしき紐ひものーぞ床に落ちにける」〈万・二三五六〉❸一部分。「ほとりに松もありき。…ーはなくなりにけり」〈土佐〉❹かたわらの人。仲間。「悪人のーは多く、善人の味方は少なし」〈仮・伊曽保・中〉

[類語]側・横・脇わき・片脇・傍ら・隣となり・横手・横合い

かたえ-ぎき【▽傍聞き】かたへ〔名〕スル かたわらにいて、人の会話を聞くともなしに聞くこと。「容易に応じそうもない応対をーすると」〈里見弴・安城家の兄弟〉

かた-えくぼ【片×靨】ーヱクボ 片方のほおにだけできるえくぼ。

かた-えみ【片笑み】ーヱみ 片ほおに笑みを浮かべること。微笑。

かた-え・む【片笑む】ーヱむ〔動マ四〕片ほおに笑みを浮かべる。微笑する。「貝の如き前歯と隣れる金歯とを露してー・みつつ」〈紅葉・金色夜叉〉

かた-おい【片生ひ】ーおひ〔名・形動ナリ〕十分に発育していないこと。また、そのさま。未成熟。かたなり。「八歳子やとせごのーの時ゆ」〈万・一八〇九〉

かた-おか【片岡】ーをか 一方が切り立ち、他方がなだらかになっている丘。また、一つだけの孤立した丘。

かたおか【片岡】かたをか ㊀京都市北区、上賀茂神社の東にある山。片岡の杜。[歌枕]「ほととぎす声待つほどはーのもりの雫しづくに立ちや濡れまし」〈新古今・夏〉㊁奈良県北葛城郡王寺町から香芝市にかけての丘陵。片岡山。[歌枕]「ーのこの向むかつ峰をに椎まかば今年の夏の陰にならむか」〈万・一〇九九〉

かたおか-けんきち【片岡健吉】かたをか [1843〜1903]政治家。高知の生まれ。立志社をつくり、自由民権運動を推進。民撰議院設立建白書や国会開設請願書提出の中心になった。

かたおか-ちえぞう【片岡千恵蔵】かたをかちゑざう [1903〜1983]映画俳優。本名、植木正義。群馬の生まれ。昭和の初め、伊丹万作・稲垣浩とともに千恵蔵プロを設立。時代劇を中心に数多くの映画に主演した。代表作に「国士無双」「宮本武蔵」「血槍富士」など。

かたおか-てっぺい【片岡鉄兵】かたをか [1894〜1944]小説家。岡山の生まれ。新感覚派からプロレタリア文学に転換。のちに検挙されて転向してからは通俗小説を書いた。代表作「綱の上の少女」「生ける人形」「朱と緑」など。

かたおか-にざえもん【片岡仁左衛門】かたをかにざゑもん 歌舞伎俳優。延宝期(1673〜1681)の若女方豊島春之丞の弟、片岡仁左衛門に始まる上方で最も古い家系。7世以後の家号は松島屋。㊀(7世)[1755〜1837]京都の人。敵役かたきやくで名を挙げたが、女形も兼ね、所作事にもすぐれていた。㊁(11世)[1857〜1934]江戸の生まれ。8世の子。前名、我当。和事・実事・敵役・老け役と芸域が広く、新作でも活躍した。㊂(13世)[1903〜1994]東京の生まれ。11世の子。前名、我当。芸域の広い立役で、特に上方の世話物にすぐれ、上方歌舞伎の伝統保持に努めた。

かた-おき【型置き】型紙を物の上に置き、その上から塗料または染料を塗ってその模様を表すこと。また、それをする人。

かた-おち【片落ち】㊀〔名〕❶欠けたり切り落としたりした、残りの一方の部分。「鯛たいのー」❷預金または貸し出しの利息計算で、預け入れ日・貸し出し日、または払い戻し日・返済日の一方に、利息をつけないこと。㊁〔名・形動〕不公平であること。また、そのさま。片手落ち。「闘争とうそうをしても人民の権力皆同しきを以て、ーの裁判なく」〈岡三慶・今昔較〉

かた-おち【型落ち】最新型が出たために古い型式

となった製品。型落ち品。「―のパソコンがお買い得」
がた-おち【がた落ち】〔名〕スル ❶数量・評価・評判などが急に目立って落ちること。「成績が―した」❷段違いに劣ること。「技術面で二位以下は―だ」
かた-おとし【片落(と)し】❶一方だけを落とすこと。❷一方を不公平に扱うこと。かたおち。「勘八のみお咎めが有りましては、―のお調べかと心得ます」〈円朝・菊模様皿山奇談〉
かた-おなみ【片▽男波】《「万葉集」九一九の山部赤人の歌「和歌の浦に潮満ち来れば潟を無み葦辺をさして鶴鳴き渡る」の「潟を無み」をもじった語》打ち寄せる波のうちの高い波。おなみ。「寄せては帰る―」〈謡・松風〉
かた-おもい【片思い】自分のことを思ってもいない人を、一方的に恋い慕うこと。片恋。「磯の鮑の―」類語 おかぼれ
かた-おもむき【片趣】〔名・形動ナリ〕心を一方にばかり寄せること。いちずなさま。「―なるをば、猪武者とてよきにはせず」〈平家・一一〉
かた-おや【片親】❶両親のうちのどちらか一方。「―を失う」⇔二親。❷両親のうち一方がいないこと。また、その残っている親。「―に育てられる」
かた-おり【固織(り)】織物の紋を浮かさないで、縦糸と横糸とを組み合わせて織ること。また、その織物。⇔浮き織り。
かた-おりど【片折(り)戸】一方だけに開く折り戸。➡諸折り戸
かた-おりもの【固織物】固織りにした横糸が1色の紋織物。糸のうちに練ったり、染めたりした綾。⇔浮き織物。
かた-おろし【片下ろし】古代歌謡で、本・末の2部に分けて歌うとき、その一方を声の調子を下げて歌うもの。また、そのような歌い方をする曲の名。「この歌は夷振の―なり」〈記・下〉
かたかい-がわ【片貝川】富山県東部を流れる川。毛勝山(標高2414メートル)西斜面に源を発し、魚津市と黒部市の境で布施川を合流して富山湾に注ぐ。2000メートルを超える山から長さ27キロで海に流れ出る急勾配のため、わが国屈指の急流河川となっている。
かた-かぎ【片×鉤】ひもの結び目の片方だけ輪にして結ぶこと。➡諸鉤
かた-がき【方書(き)】同居または下宿などをしている人が住所に付ける「○○方」という言葉。
かた-がき【肩書(き)】〔名〕スル ❶名刺や印刷物などで、氏名の上部や右肩に官位・職名などを添えて書くこと。また、その官位・職名など。「番地官名など細かに―して」〈蘆花・不如帰〉❷その人を特徴づける社会的な地位・称号など。「―がものをいう」❸前科。悪名。類語 位置・地位・ポスト・ポジション・椅子・位・格・役職・役付き・階級・身分・席
かたがき-つき【肩書(き)付き】❶肩書きを持っていること。また、その人。❷前科持ち。悪名高いこと。また、その者。
かた-か・く【片掛く】〔動カ下二〕❶片方を掛ける。寄せ掛ける。「山に―・けたる家なれば」〈源・手習〉❷頼りにする。「かの殿の御蔭に―・けてと思ふ」〈源・松風〉
かた-かけ【肩掛(け)】婦人が外出の際に、防寒または装飾用に肩に掛けるもの。ショール。季 冬
類語 ショール・ストール
かた-かげ【片陰】❶陰になっている所。物陰。「高い用水桶の―から中を覗いて」〈秋声・足迹〉❷日陰。特に、夏の午後に家並みなどの片側にできる日陰。季 夏「―をもとめてすでに海の風/汀女」
かた-かご【堅香子】カタクリの古名。「もののふの八十娘子らが汲みまがふ寺井の上の―の花」〈万・四一四三〉
かた-かた【片方】❶かたいっぽう。かたほう。「雨を―の手に持った傘で防けつつ」〈漱石・道草〉❷かたすみ。かたわら。「―へ行きて、装束着て」〈宇治拾遺・五〉
かた-かた〔副〕スル 堅いものが触れ合うときに発する軽い感じの音を表す語。「戸が―(と)鳴る」
かた-かた【堅堅】〔副〕《「かたがた」とも》たいへん堅く。しっかり。「まことに、―口固めをせられた程に」〈続狂言記・六人僧〉
かた-がた【方方¦×旁】㊀〔名〕❶(方方)「人々」の敬称。かたたち。「お世話になった―」❷あちこちの貴人の部屋。「あまたの御―を過ぎさせ給ひて」〈源・桐壺〉❸いろいろの方角・場所。また、いろいろの方面の事柄。あちらこちら。ほうぼう。あれこれ。「男君達はみな、…―に流され給ひて」〈大鏡・時平〉㊁〔代〕尊敬の意を含んだ二人称の人代名詞。本来は複数をさすが、単数にも用いる。❶あなたがた。みなさん。「―は定めて聞き及ばせ給ひたる事も候ふらん」〈太平記・五〉❷あなた。「―のお名をば何と申すぞ、と問へば」〈虎清狂・鈍根草〉㊂〔副〕❶いろいろなことをするさま。あれこれ。さまざま。なにやかや。「私の御事をし給はむと、―劣らずしつらはれて」〈宇津保・沖つ白浪〉❷いろいろの所へ向かうさま。あちこち。ほうぼう。「―に鳴きてわかれし群鳥の古巣にだにも帰りやはする」〈風雅・雑下〉❸いろいろのことを考え合わせるさま。いずれにしても。どっちみち。「かれと言ひこれと言ひ―難治の様にて候」〈平家・一〉㊃〔接〕二つ以上の事実、状態が併存することを表す。一方で。さらに。「代々武道の御心がけ深くおわしまし、―、歌道茶事までも」〈鴎外・興津弥五右衛門の遺書〉㊄〔接尾〕❶動作性の意をもった名詞に付いて、二つの動作を兼ねて行う意を表す。…のついでに。…がてら。…を兼ねて。「食後の運動―散歩する」「墓参―帰省する」❷物事を表す名詞に付いて、そのことがあれやこれやとあっての意を表す。「そんな事―で、私の著訳書は…古風な人の気に入る筈はない」〈福沢・福翁自伝〉類語 皆様・皆さん・人人・面面・連中
がた-がた ㊀〔副〕スル ❶堅い物が触れ合うときに発する、重くて騒々しい感じで響く音を表す語。また、重く大きい物が揺れるさま。「風でガラス戸が―(と)鳴る」「―揺れる旧式のバス」❷恐ろしさや寒さなどのために、からだが激しく震えるさま。「初舞台の時は足が―(と)して止まらなかった」❸騒がしく、落ち着かないさま。また、うろたえ騒ぐさま。「社内は人事問題で―している」❹つべこべ文句を言うさま。「―言うな」㊁〔形動〕組み立てが緩んだりして壊れかかっているさま。「入れ歯が―になる」アク ㊀はガタガタ、㊁はガタガタ。類語 がくがく・ぶるぶる・わなわな
かたがた-もって【×旁▽以て】〔副〕どの点からみても。いずれにしても。どっちみち。「身が家来に渡したことは―心得ず」〈浄・手習鑑〉
かた-がっしょう【片合掌】片手だけで合掌のかたちをすること。また、そのかたちで拝むこと。
かた-かど【片▽才】少しばかりの才能。「ただ、―を聞きつたへて、心を動かすこともあめり」〈源・帚木〉
かた-かな【片仮名】《「かた」は不完全の意で、漢字の一部分を用いるところから》万葉仮名として用いた漢字の偏・旁・冠・脚など、その一部を取って作り出された音節文字。「阿→ア」「伊→イ」「宇→ウ」の類。平安時代に訓点が用いられるようになってから、その記入用として発達したが、現在では、主に外国語や擬声語・擬態語などの表記に用いる。大和仮名。五十音仮名。かたかんな。➡平仮名
かた-かま【片鎌】❶鎌槍の、左右に突き出た枝の一方の刃。❷「片鎌槍」の略。
かたかま-やり【片鎌×槍】穂先の片側にだけ枝のある鎌槍。
かた-がみ【型紙】❶洋裁や手芸などで、布を裁つのに用いる形に合わせ、製図して切り取った紙。パターン。❷小紋・型友禅・紅型などの型染めに使う模様を彫り抜いた紙。型付け紙。
かたがみ【潟上】秋田県西部にある市。南に接する秋田市のベッドタウン化が進む。平成17年(2005)3月に昭和町、飯田川町、天王町が合併して成立。人口3.4万(2010)。
かたがみ-し【潟上市】▶潟上
かたがみ-なっせん【型紙×捺染】型紙を使った手捺染。小紋・型友禅などを染める方法。
かた-かゆ【固×粥】《「かたがゆ」とも》固く煮た粥。古くは、現代の飯にあたるものをいった。⇔汁粥。
かた-がわ【片側】両面あるうちの、一方の側。また、2列あるうちの、一方の列。「板の―だけ塗る」「―通行」類語 片面・半面・反面・一面・他面
かた-がわせ【片為-替】外国との間の銀行為替で、売り為替か買い為替かの一方に偏ること。
かたがわ-まち【片側町】道路の片側にだけ家が建ち並んでいる町。片町。
かた-がわり【肩代(わ)り¦肩替(わ)り】〔名〕スル《駕籠かきが担ぐのを交代する意から》人の債務などをかわって引き受けること。「借金を―する」
かた-かんな【片▽仮名】《「かんな」は「かりな」の音変化》「かたかな」に同じ。「一には―、一は葦手」〈宇津保・蔵開中〉
かた-き【片▽食】《「かたけ(片食)」の音変化》㊀〔名〕「かたけ㊀」に同じ。㊁〔接尾〕「かたけ㊁」に同じ。
かたき【敵¦仇】《「かた」は対比するものの片方の意で、本来は相手を広くいう》❶勝負や争いの相手。競争相手。「商売上の―」「碁―」❷恨みのある相手。あだ。仇敵。「―を取る」「父の―を討つ」❸戦での相手。てき。「―も御方もこれを聞いて、一度にどっとぞ笑ひける」〈平家・九〉❹結婚の相手。配偶者。「御―をば知り奉らじ」〈宇津保・俊蔭〉➡敵 用法
下接語 目の敵(がたき)色敵・伯父敵・恋敵・碁敵・実敵・商売敵・職敵・世話敵・立て敵・端敵・半道敵・平敵・女敵
類語 相手・敵・ライバル・好敵手・仇敵・宿敵
かたき【難き】むずかしいこと。たやすくないこと。困難。「あえて―に挑む」⇔易き。
かた-ぎ【気=質¦形気¦▽容気】《「形木」から》❶身分・職業・年齢層・環境などを同じくする人たちの間にみられる、特有の気風・性格。「職人―」「昔―」❷習わし。慣習。「アル程ノ宝ヲ奉ラルル―ガゴザッタ」〈天草本伊曽保・イソポが生涯〉❸容姿、または、性質・気だて。「行儀強い―なれば」〈浮・禁短気・三〉
類語 気風・肌・肌合い
かた-ぎ【形木¦▽模】❶物の形を彫った板。その模様を紙やきれに刷って染め付けるのに用いる。❷「版木」に同じ。❸手本。規範。型。「稽古すべき―もなし」〈花伝・二〉
かた-ぎ【堅木】❶クヌギ・ナラ・カシ・ケヤキなど、質の堅い木材。❷アカガシの別名。
かた-ぎ【堅気】〔名・形動〕❶心がしっかりしていてまじめなこと。また、そのさま。律儀。「―な人」❷職業や生活が、まっとうで、着実なこと。また、そういう人。「―の商売」「―になる」
かたき-うち【敵討ち】❶主君・肉親・友人などを殺した相手を討ち、恨みを晴らすこと。あだうち。❷仕返しをすること。報復。「去年の―の試合」
類語 仕返し・報復・返報・復讐・しっぺ返し・お礼参り・仇討ち・雪辱
かたきうち-もの【敵討ち物】「仇討ち物」に同じ。
かた-ぎき【片効き】効果・効力が片寄ること。「ブレーキが―で事故を起こす」
かた-きし〔副〕(あとに打消しの語を伴って用いる)まったく。まるっきり。かたっきし。「諸君、駄目だ、駄目だ、―話にならない」〈魯庵・社会百面相〉
かた-ぎし【片岸】《古くは「かたきし」とも》❶片方の岸。❷一方が険しいがけになっている所。「山の奥の谷の―に、高き木のあるに」〈宇治拾遺・六〉❸かたわらにある場所。ほとり。「左近の馬場を―にしたれば、いと遥かなり」〈かげろふ・上〉
かた-ぎぬ【肩▽衣】❶古代、庶民が着た、丈が短い袖無しの上着。袖無し。手無し。❷室町末期から素襖の略装として用いた武士の公服。素襖の袖を取り除いたもので、小袖の上から着る。袴と合わせて用い、上下が同地質同色の場合は裃といい、江戸時代には礼装とされ、相違するときは継ぎ裃とよんで略儀とした。❸門徒の信者が看経の際に、着流しで肩に羽織るのに用いる衣。

かたぎぬ-ばかま【肩▽衣×袴】肩衣と半袴を着用すること。江戸時代の武士の通常礼装。

かたき-もち【敵持ち】かたきとしてつけねらわれていること。また、その人。「一月は見れども花に出ず」〈柳多留・六〉

かたぎ-もの【気=質物】江戸時代、浮世草子のうち、登場人物の性格や気質を階層や職業などに特有の類型によって描いた作品類の称。江島其磧きせきの「世間子息気質せけんむすこかたぎ」「世間手代気質」など。

かたき-やく【敵役】❶芝居で、悪人にふんする役。悪役。悪形あくがた。❷人から憎まれる立場にある人。憎まれ役。「一に回る」
(類語)(❶)悪役・悪玉/(❷)憎まれ役

かた-キャスト【型キャスト】《type casting》コンピューターのプログラムにおいて、ある変数やデータの型を、別の型のものに変換すること。整数型から実数型への変換などがある。型変換。

かたぎり-かつもと【片桐且元】[1556〜1615]安土桃山から江戸初期の武将。近江おうみの人。豊臣秀吉に仕え、賤ヶ岳しずがたけ七本槍の一人。秀頼の後見役になったが、大坂の陣では徳川方についた。

かたぎり-せきしゅう【片桐石州】セキシウ[1605〜1673]江戸初期の茶道家。且元かつもとの甥おい。名は貞昌。大和小泉城主。石見守いわみのかみ。茶を桑山宗仙に学び、4代将軍徳川家綱の茶道師範となった。石州流開祖。

かたぎり-たがね【片切り×鏨】片切り彫りに用いる鏨。片側だけが斜めになった刃をもつ。

かたきり-ぼり【片切(り)彫(り)】彫金技法の一。片切り鏨たがねで片方を斜めに彫って線を描くもの。江戸時代の横谷宗珉よこやそうみんの創意によると伝えられる。

かた-ぎん【片吟】▶独吟どくぎん

か-たく【火宅】クワ-　仏語。煩悩ぼんのうや苦しみに満ちたこの世を、火炎に包まれた家にたとえた語。法華経の譬喩品ひゆほんに説く。現世。娑婆しゃば。

か-たく【仮託】〔名〕スル　他の物事を借りて言い表すこと。事寄せること。「動物界に一した寓話」

か-たく【花×托】クワ-　花柄かへいの先端で、花びら・雄しべ・雌しべ・萼がくなどがつく部分。花床。

か-たく【家宅】住居。住宅。家。
(類語)家・うち・家屋・屋舎おくしゃ・住宅・住家じゅうか・住居・私宅・居宅・自宅・居ま・宅・住まい・住みか・ねぐら・宿やど・ハウス・家や（尊敬）お宅・尊宅・尊堂・高堂・貴宅（謙譲）拙宅・弊宅・陋宅ろうたく・陋居・陋屋ろうおく・寓居ぐうきょ

かた・ぐ【▽担ぐ】〔動ガ下二〕「かた(担)げる」の文語形。

かた・ぐ【▽傾ぐ】㊀〔動ガ四〕かたむく。かたよる。「杉の木末に月一・ぐなり/利牛」〈炭俵〉㊁〔動ガ下二〕「かた(傾)げる」の文語形。

かたく-しんにゅうざい【家宅侵入罪】-シンニフザイ ▶住居等侵入罪

かた-くずれ【形崩れ】-くづれ〔名〕スル　長く用いている間に、また、品質不良などのために、衣服などの本来の形が崩れること。「一した背広」

かたく-そう【火宅僧】クワタク-　妻のある僧。妻帯僧。

かたく-そうさく【家宅捜索】-サウサク　検察官・警察官などが、職権に基づいて、刑事事件の犯人や証拠物件をその住居に入って捜し求めること。

かた-くち【片口】❶一方の人だけの言い分。「一では事の真相はわからない、と思い返して」〈里見弴・安城家の兄弟〉❷一方にだけつぎ口のある長柄の銚子。❸一方にだけつぎ口のある鉢。❹馬の口取り縄を、左または右の片方だけ引くこと。⇔諸口もろくち。「或るは諸口に引くもあり、或は一に引かせ」〈長門本平家・一六〉

かた-ぐち【肩口】《「かたくち」とも》肩先のこと。

かたくち-いわし【片口×鰯】ニシン目カタクチイワシ科の海水魚。全長約15センチ。背部は暗青色、腹部は銀白色。沿岸の表層を回遊し、太平洋沿岸の各地で漁獲。ごまめ・煮干しの材料。ひしこいわし。しこ。せぐろいわし。(季 秋)

かた-くな【▽頑な】〔形動〕図〔ナリ〕❶意地を張って自分の主張や態度を変えないさま。頑固。「一に拒みつづける」「一な態度」❷見苦しく劣っているさま。愚かで下品なさま。「翁おきな、門をえ開けやらねば、寄りて引き助くる、いと一なり」〈源・末摘花〉❸不体裁なさま。ぎごちないさま。「一なる筆やうして書きたるが」〈徒然・八一〉(派生)かたくなさ〔名〕
(類語)いこじ・強情・意地っ張り・片意地・業突く張り

かたくな・し【▽頑なし】〔形シク〕❶意地っ張りである。「いとど痴しれに一・しき入道の心ばへも」〈源・明石〉❷物わかりが悪い。「心をやりて言ふも、一・しく見ゆ」〈源・須磨〉❸不体裁である。無骨で見苦しい。「一・しき姿などをも恥なく」〈源・少女〉

かたくな-わ・し【▽頑なはし】-はし〔形シク〕「頑かたくなし」に同じ。「今までは一・しきところもおはしまさず」〈義経記・七〉

かた-くま【肩くま】《「かたこま(肩駒)」の音変化という》「肩車❶」に同じ。「一にのせたる娘も」〈浮・一代男・八〉

かたくら-かねたろう【片倉兼太郎】-カネタラウ[1849〜1917]事業家。長野の生まれ。製糸業を始め、明治28年(1895)片倉組を設立し、片倉財閥の基礎を築いた。

かた-くり【片×栗】❶ユリ科の多年草。山地の林に生え、高さ約15センチ。葉は楕円形で、表面に紫色の斑紋がある。早春、花茎の頂に紫色の花を下向きに1個つけ、花びらは6枚あり、先が反り返る。鱗茎りんけいは良質のでんぷんを含む。かたかご。(季 春)「一の一つの花の花盛り/素十」❷「片栗粉」の略。

がた-くり〔副〕なめらかに動かず、がたがたと音をたてるさま。「一馬車」

かたくり-こ【片×栗粉】カタクリの地下茎から作られる白色のでんぷん。料理や菓子材料などに用いる。現在、多くはジャガイモのでんぷんで代用。

かた-ぐるし【片苦し】〔形動ナリ〕片思いでせつない気持ちになるさま。「榊葉さかきばの常磐堅磐ときはかきはに木綿四手ゆふしでや一なる目な見せそ神」〈かげろふ・上〉

かた-くるし・い【堅苦しい】〔形〕図かたくる・し〔シク〕気楽なところがなくて窮屈である。かたっくるしい。「一・いあいさつは抜きにする」「一・い本」(派生)かたくるしげ〔形動〕かたくるしさ〔名〕

かた-ぐるま【肩車】❶人を肩や首の辺りにまたがらせて担ぐこと。❷柔道で、相手を肩にのせ、担いで自分の前方へ投げる技。(類語)おんぶ・だっこ

かた-くろし・い【堅くろしい】〔形〕図かたくろ・し〔シク〕「堅苦しい」に同じ。「まあ其様に一・く挨拶には及ばぬわ」〈露伴・いさなとり〉

かた-け【片▽食】㊀〔名〕《「け」は食事の意。「かたげ」とも》朝夕どちらかの食事。江戸時代、一日に朝夕二度の食事が普通であったところから生まれた語。かたき。「たとへ一は食はずとも」〈浮・織留・五〉㊁〔接尾〕助数詞。食事の度数を数えるのに用いる。かたき。「三度の御まんまを一一でも好いから他ひとの家うちで食べようって云うのが」〈漱石・道草〉

かた-けい【片敬】江戸時代、武家の会見のあいさつや書状などで、一方だけが相手に対して敬称を用いたこと。⇔諸敬もろけい。

かたげ-さく【片毛作】湿地または深田のため、稲作のほかに裏作のできないこと。また、その耕地。

かた-げしょう【片化粧】-ゲシヤウ　喪服の女性がする薄化粧。派手にならないよう紅を使わないのが原則だが、口紅は薄い色のものならよいとされる。

カダケス〖Cadaqués〗スペイン、カタルーニャ州北東部、地中海岸沿いの海浜保養地。バルセロナ以北、フランス国境まで続く海岸地帯コスタブラバの代表的な観光地として知られる。画家サルバトール=ダリのアトリエがあり、現在は美術館になっている。

かたけずり-ばん【形削り盤】かたけずり-　刃物を往復させて工作物の平面を削る工作機械。シェーパー。

かた・げる【▽担げる】〔動ガ下一〕図かた・ぐ〔ガ下二〕《「かた(肩)」の動詞化》❶肩にのせる。になう。かつぐ。「錆びた鋸と桑剪きり鋏とを一・げた彼が」〈佐藤春夫・田園の憂鬱〉❷負担する。また、負かされる。やりこめられる。「なまなか咎とがめて一本一・げ恥かこより」〈浄・二枚絵草紙〉

かた・げる【▽傾げる】〔動ガ下一〕図かた・ぐ〔ガ下二〕かたむける。かしげる。「端然と坐って、…小首を一・げていた」〈犀星・性に眼覚める頃〉

かた-こ【片子】❶1歳未満の子。あかご。「これは今年生まれ、一でおいりある」〈咄・醒睡笑・一〉❷「加地子かじし❶」に同じ。

かた-こい【片恋】-こひ　片思い。

かたこい【片恋】かたこひ　二葉亭四迷の翻訳小説。明治29年(1896)刊。ツルゲーネフの中編「アーシャ」(1858年作)が原作。

かた-こう【形鋼】-カウ　一定の断面形状をもつように圧延して作った長い鋼材。断面形状により、山形鋼・I形鋼・T形鋼・H形鋼・溝形鋼などという。

かた-ごころ【片心】少しばかり心にかけること。少しの関心。「らうたげなる姫君の物思へる見るに、一つくかし」〈源・蛍〉

かた-こし【肩×輿】轅ながえを肩に担ぐ輿。けんよ。

かた-ごし【肩越し】前にいる人の肩の上を越して物事をすること。「一にのぞき込む」

かた-こと【片言】❶語られる言葉の一部分。へんげん。「一も聞きもらさない」❷幼児や外国人などの話す、たどたどしい不完全な言葉。「一の英語を話す」❸なまり・俗語・方言など、標準から外れている言葉。「さるといふをはるといふ、すべて一は察し給へ」〈人・梅児誉美・初〉(類語)喃語なんご

かた-こと〔副〕かたくて軽い物が触れ合って出る小さな音を表す語。「台所で一(と)音がする」

がた-ごと〔副〕かたくて重い物が触れ合って出る音を表す語。「路面電車が一(と)走る」

かたこと-まじり【片言交じり】片言をまじえて話すこと。「一の英語」

かた-こびん【片小×鬢】片方の小鬢。近世、遊郭の制裁として男の片小鬢を剃り落とす風習があった。

かた-こま【片駒】将棋で、棋力の上の者が、飛車または角行を落として対局すること。一枚落ち。

かた-こり【肩凝り】肩の辺りがこわばって、重苦しく感じられる症状。

カタコンブ〖フランス catacombes〗初期キリスト教徒の地下墓所。キリスト教が迫害された当時は礼拝所として使用された。天井や壁には壁画や碑文が残されている。ローマ市に遺跡が残る。カタコンベ。

カタコンベ〖フランス catacombes〗▶カタコンブ

カタコンベ-デイ-カプチーニ〖Cattacombe dei Cappuccini〗イタリア南部、シチリア島、シチリア自治州の都市パレルモにある地下墓所。カトリック修道会フランチェスコ会の三独立分派の一つであるカプチン会の修道院の地下にあり、17世紀から18世紀にかけての約8000のミイラを安置する。

かた-さ【硬さ】❶硬いこと。また、その度合い。❷心理学で、行動や思考が融通性に欠けること。
(類語)硬度

かた-さがり【片下(が)り】❶一方が他方より下がっていること。❷着物の一方の裾が他方より下がっていること。

かた-さがり【肩下(が)り】書いた文字の右側が下がっていること。また、そのような文字。⇔肩上がり。

かた-さき【肩先】肩の、腕と接する辺り。肩口かたぐち。

かた-ざくら【堅桜】リンボク(橉木)の別名。

かたさ-しけん【硬さ試験】工業材料をはじめとする物質の硬さ(硬度)を測定すること。対象となる材料特性により原理的に大きく3種類に分けられ、試験材料に物体を押し込み、そのくぼみを調べる押し込み硬さ、物体を落として跳ね上がる高さを調べる反発硬さ、引っ掻き傷の有無や幅を調べる引っ掻き硬さがある。

かた-さま【方様】〔代〕二人称の人代名詞。女性が男性に対して軽い尊敬・親愛の情を込めて呼ぶ語。近世、多く遊女が用いた。あなたさま。「何とて一の外におもわくの男がござんしょぞ」〈難波鉦・四〉

かた-ざま【方様】《「かたさま」とも》❶方向。方角。「北の陣の一に歩み行くに」〈能因本枕・二四四〉❷方

面。向き。その筋。「今は、かかる—の御調度どもをこそ、とおぼせば」〈源・賢木〉❸味方。身内。仲間。「前さき右大将宗盛卿の—の人は」〈平家・三〉

かた-さ・る【片去る】〔動ラ四〕❶片側に寄る。「ぬばたまの夜床とこ—・り」〈万・四一〇一〉❷遠慮する。「いづかたにも皆こなたの御けはひには、—・り憚はばかるさまにて」〈源・若菜上〉

かたし【片し│片▽足】《「かたあし(片足)」の音変化》❶二つあるもののうちの一つ。片方。「薩摩下駄の—も投散されたる中に」〈紅葉・金色夜叉〉❷一方の足。片足かたあし。「お里は踏脱ふみぬぎへ—おろして」〈人・閑情末摘花・初〉❸細長いものの1本。一挺いっちょう。「剃刀かみそり—見えける」〈浮・諸国ばなし・二〉

かた-し【型師】鋳型をつくる人。鋳型師。

かた-じ【片字】❶名前の中の一字。片名。「先輩高名の女郎の—をとり、新造の女郎にあやからしめん」〈色道大鏡・一一〉❷書道で、字画の一部を省略して略字としたもの。

かた-じ【堅地】ヂ❶漆塗りなどの下地を、堅くしっかり塗り上げること。また、そのもの。❷織物の布目が堅く締まっているもの。❸きまじめなこと。物堅い気質。「—の父の親の手を」〈浄・卯月の紅葉〉

かた-しお【堅塩│固塩】しほ 精製してない固形の塩。きたし。「寒くしあれば—を取りつづしろひ」〈万・八九二〉

かたし-がい【片し貝】がひ 二枚貝の貝殻が離れて1枚になったもの。かたつがい。

かた-しき【片敷き】袖の片一方だけを敷いて、独り寂しく寝ること。「かへさむといふにつけても—の夜の衣を思ひこそやれ」〈源・玉鬘〉

かた-しき【型式】航空機・自動車・機械などで、特定の構造や外形などによって分類される型。モデル。「—承認」
〔類語〕形・類型・様式・タイプ・モデル・パターン

かたしき-ごろも【片敷き衣】独り寝の衣。「岩の上の—ただ一重かさねやせまし峰の白雲」〈続古今・羇旅〉

かたしき-しょうめい【型式証明】航空機の型式の設計に関して、構造・強度・性能が所定の基準に適合しているという証明。

かた-し・く【片敷く】〔動カ四〕《昔、男女が共寝をするときには、互いの衣服を敷き交わして寝たことに対していう》自分の衣服だけを敷いて、独り寂しく寝る。「狭筵さむしろに衣—・き今宵もや我を待つらむ宇治の橋姫」〈古今・恋四〉

かた-しぐれ【片時-雨】空の一方では時雨が降りながら、一方では晴れていること。(季冬)

かたじけ-あ・り【×忝あり】〔動ラ変〕かたじけない。「かたじけなし」をふざけて言った語。元禄(1688〜1704)のころの遊里ではやった。「埴生はにふの小屋へのお立ち寄り、—・りといふものぢゃ」〈浮・置土産・一〉

かたじけな・い【×忝い│▽辱い】〔形〕文かたじけな・し〔ク〕❶もったいない。恐れ多い。「—・いお言葉」❷身に受けた恩恵などに対して、感謝の念でいっぱいであるさま。身にすぎて、ありがたい。「ご好意のほどまことに—・く存じます」❸恥ずかしい。面目ない。「百姓おほみたからの念おもへらくも恥づかし—・し」〈続紀宣命・五四詔〉〔派生〕かたじけながる〔動ラ五〕かたじけなさ〔名〕〔類語〕有り難い・もったいない・恐れ多い・うれしい・済まない・恐縮・幸甚

かたじけ-なみだ【×忝涙】《「かたじけなし」の「なし」を「なみだ」に掛けた語》かたじけなく思い流す涙。ありがた涙。「情けにお庄が—」〈浄・歌祭文〉

かたじけな・む【×忝む│▽辱む】〔動マ四〕《形容詞「かたじけなし」の動詞化》かたじけないと思う。「みかど助け仕へ奉りたぶ事を、うむがしみ—・み念おもほしめして」〈続紀宣命・二六詔〉

かたじけのう・する【×忝うする】かたじけなうする〔連語〕《「かたじけなくする」の音変化》もったいないことに…していただく。「ご交誼こうぎを—・する」

かた-じし【堅▽肉】堅くひきしまった肉づき。

かたしな-がわ【片品川】がは 群馬県北東部を流れる川。尾瀬沼南方と鬼怒沼山(標高2141メートル)西方に源を発し、沼田市の南で利根川に注ぐ。長さ約61キロ。本・支流は電源地帯で多くの水力発電所がある。両岸には河岸段丘が発達し、農耕地として利用されている。中流の渓谷に吹割の滝がある。

かたし-めぬき【片し目▽貫】一対の目貫のうちの片方。または、それぞれつくりの違う目貫。

かた-しゃぎり【片しゃぎり】歌舞伎の下座音楽の一。太鼓と能管による囃子はやし。しゃぎりの楽器編成から大太鼓を除くのでいう。松羽目物まつばめものや口上などの幕開き、時代物の幕切れなどに用いる。

かた-じゃばら【片蛇腹】絹糸の縒より方の一。片縒り糸と菅糸すがいとをより合わせたもので、縒りが向かい合わず、同じ方を向いている。日本刺繡ししゅうに用いる。

かた-しょうばい【片商売】カタシャウバイ 本業の片手間にする商売。副業。「—をやらなけりゃ飯は喰って行かれねェ」〈魯庵・社会百面相〉

かた-じょうはり【片情張り】カタジャウはり〔名・形動〕《「かたじょうばり」とも》我を張り通すこと。また、そういう性質や、そのさま。かたじょっぱり。「みんな我田へ水の談義法談を、一途に聞きかじって—になるのだ」〈滑・浮世床・三〉

かた-じるし【肩▽章】「けんしょう(肩章)」に同じ。「勲章、—、女服の飾などを」〈鴎外・文づかひ〉

かた-しろ【片白】❶全体の中の一部分だけが白いこと。また、そのもの。❷馬の前足のつめの一つだけが白いもの。二つとも白いものを一足白ひとあしじろという。

かた-しろ【形代】❶祭りのとき、神霊の代わりとして置くもの。人形にんぎょう。❷陰陽師おんみょうじ・神主などが祓はらえや祈禱きとうのとき、人間の身代わりとした人形。多く紙製で、これに罪・けがれ・災いなどを移して祓えをし、川や海に流す。ひな人形も、もとはこの一種。(季夏)❸身代わり。「かの—のことを言ひ出で給へり」〈源・宿木〉
〔類語〕替え玉・身代わり・スケープゴート・ダミー

かた-じろ【肩白】鎧よろいの威毛おどしげの一つで、肩取威かたどりおどしの一。袖の上段、立挙たてあげや銙くさずりの上段を白色で、他を別の色で威したもの。

かたしろ-ぐさ【片白草】ハンゲショウの別名。(季夏)

かたしろ-の-かぶと【片白の×兜】鉢の前方の篠垂しのだれや、その下の地板を鍍金ときん・銀で飾った兜。背面も飾った二方白ふたほうじろの兜に対していう。

かた-じん【堅人】律儀な人。かたぶつ。「ちと偏屈すぎた—なのでしょうが」〈里見弴・多情仏心〉
〔類語〕堅物・堅蔵・石部金吉

かた・す【片す】〔動サ五(四)〕他の場所へ移す。散らかっている物を整理する。かたづける。「荷物を—・す」「机の上を—・す」〔類語〕片付ける・整頓せいとんする・整理する・整える・始末する・仕舞う・収納する

かた・す【肩す】〔動サ変〕駕籠かごかきが、駕籠の棒を息杖いきづえで支えて肩を休める。「先へ急ぐは駕籠の足、せめて—・して止めもせず」〈浄・寿の門松〉

かた-ず【固唾】かたづ《古くは「かたつ」とも》緊張して息を凝らしているときなどに口中にたまるつば。

固唾を呑の・む 事の成り行きが気がかりで、緊張している。「—・んで見守る」

かた-すかし【肩透かし】❶相撲のきまり手の一。差し手を浅く相手のわきに引っかけ、手前へ引きながら体を開き、一方の手で相手の肩をたたいて前へはわせるもの。❷意気込んで向かってくる相手の勢いをうまくそらすこと。「—を食わせる」

がた-スキー【潟スキー】九州の有明海などで、ムツゴロウやワラスボなどの漁に使う道具。長さ2メートル前後、幅30センチ前後のスノーボードのような板。上に乗って足で蹴り干潟を移動する。押し板。はね板。

かたす-くに【堅×洲国】▶根の国

かた-すそ【肩裾】着物の、帯で隠れる部分を白地のまま残し、肩と裾の部分にだけ模様をつけたもの。肩裾模様。

かた-ずつう【片頭痛】カタヅツウ ▶偏頭痛へんづつう

カタストロフ〔フランス catastrophe〕▶カタストロフィ

カタストロフィ〔catastrophe〕《「カタストロフ」とも》❶突然の大変動。大きな破滅。❷劇や小説などの悲劇的な結末。破局。❸演劇で、大詰め。

かた-すべり【肩×辷り】単ひとえの羽織や洋服の肩の部分に、滑りをよくするためにつける裏布。

かた-すみ【片隅】❶中心から離れた所。すみっこ。「部屋の—」❷目立たない所。「社会の—」
〔類語〕一角・一隅・すみ・かど・隅っこ・端っこ

かた-ずみ【堅炭】カシ・ナラ・クリなどで作った、質が堅くて火力の強い木炭。(季冬)

かた-ず・む【片ずむ│▽偏む】〔動マ五(四)〕一方へかたよる。「右なら右、左なら左へ—・んだ揺れ方をしているような奴は」〈里見弴・多情仏心〉〔補説〕「ずむ」の歴史的仮名遣いは未詳。「かたづむ」とも。

かたせ【片瀬】神奈川県藤沢市の地名。江ノ島の対岸にある。海水浴場、竜口寺がある。

かたせ-おんせん【片瀬温泉】ヲンセン 静岡県、伊豆半島の東伊豆町にある温泉。泉質は単純温泉・塩化物泉。

かた-そ・う【片添ふ】そふ〔動ハ下二〕片方へ寄せる。片寄せる。「山かげに—・へて大きやかなる巌いはほのそばだてるを」〈増鏡・新島守〉

かた-ぞう【堅蔵】ザウ〔名・形動〕きまじめで、男女間の機微などを理解しないことやそのさまを人名めかしていう語。かたじん。かたぶつ。「坂本は極めて率直な男で、—であるが」〈独歩・夫婦〉
〔類語〕堅物・堅人・石部金吉

かた-そぎ【片▽削ぎ】❶片方をそぎ落とすこと。また、そぎ落としたもの。❷千木ちぎの先を斜めにそぎ落としたもの。また、その千木。

かた-そで【片袖】❶片方の袖。❷机のわきの、下までの引き出しが片側だけにあること。また、その机。❸片方の面。一方の面。「庖丁の—暗し月の雲/其角」〈炭俵〉

かたそで-づくえ【片袖机】片側だけに下までの引き出しがついている机。

かた-そば【片▽傍│片▽側】一方の端。かたはし。また、一部分。「よしある岩の—に、腰もつきそこなひて」〈源・明石〉

かた-ぞめ【型染(め)】染色技術の一。木型・紙型などを用いて染料や糊・蝋などの防染剤を布・紙に刷り込んで染める技法。プリント布地・更紗さらさ・紅型びんがた・友禅染などが、この方法による。捺染なせん。

かたた【堅田】滋賀県大津市の地名。琵琶湖南西岸にあり、湖中に浮御堂うきみどうを望む。近江おうみ八景の一「堅田の落雁らくがん」の地。

かた-だ【堅田】《「かたた」とも》水が乾いて土のかたくなった田。

かた-だい【肩台】肩の形を整えるために入れる、綿やフェルト製の詰め物。肩綿。肩パッド。

かた-たがい【方▽違い】ひがひ「方違え」に同じ。

かた-たが・う【方▽違ふ】ひがふ〔連語〕《「たがふ」は下二段動詞》方違えをする。「大殿おとどへ—・へむとて渡り給ひにけるを」〈源・夕霧〉

かた-たがえ【方▽違え】ひがへ 陰陽道おんようどうで、外出するときに天一神なかがみ・金神こんじんなどのいる方角を凶として避け、前夜、他の方角で一泊してから目的地に行くこと。平安時代に盛んに行われた。たがえ。かたたがい。

かたたがえ-どころ【方▽違へ所】ひがへどころ 方違えのため一時泊まりに行く家。「忍び忍びの御—はあまたありぬべけれど」〈源・帚木〉

かた-たたき【肩×叩き】〔名〕スル ❶凝りなどをほぐすために、肩をたたくこと。また、その道具。❷相手の肩を軽くたたいて、頼んだり勧めたりすること。特に、退職勧告をすること。

かた-だより【片便り】❶手紙を出しても、相手からは返事が来ないこと。「其の時は—で、今日まで知らずに居たんですよ」〈鏡花・白鷺〉❷一方からのみ便りをする便宜があること。片便宜かたびんぎ。「—なればこの返しもせずなりぬ」〈為忠集・詞書〉

かた-ち【片地】わずかの土地。少しばかりの土地。

かたち【形│▽容】❶見たり触れたりしてとらえること

ができる、物の姿・格好。物体の外形。「山の美しい—」「影も—も見えない」❷㋐まとまり整った状態をもって表にあらわれた、物事の姿。形態。「合議制の—をとる」「文章の—を整える」㋑実質に対して、表面上の姿・格好。外形。外観。また、体裁、名目。「—にこだわる」「代表という—で出席する」「—だけの夫婦」❸物事の結果としての状態。「どっちつかずの—になる」❹人に対する姿勢や態度。「—を改めて話す」❺(「貌」とも書く)容貌(ようぼう)。顔だち。器量。また、容姿。「姿—の美しい人」❻美しい容貌。また、美貌の人。かたちびと。「—を好ませ給ひて」〈栄花・殿上の花見〉

用法 かたち・かた——「形(かたち)」は「三角や四角などいろいろな形の積み木」「顔形」のように、物体の外から見える格好・姿・輪郭を表す。◆「型(かた)」は「洋服の型を取る」「柔道の型を見せる」「新しい型の自動車」「血液型」など、一定のきまった大きさや形態、やり方、性質についていう。◆「形(かた)ばかりのお祝い」「型にはまる」「型通りのあいさつ」「型破りの人物」など、慣用的表現でも使い分けがある。◆用法の似た外来語に「パターン」があり、「日本人の思考パターン」「若者の行動パターン」「ワンパターン」「テストパターン」のように、類型、模様、柄(がら)の意味として用いられる。◆「形(かた)が崩れる」「髪の形(かた)をととのえる」「借金の形(かた)」のように「形」を「かた」と読む場合については「かた(形・型)」を参照。類語 スタイル・体形・形(かた)・格好

形あ・り　容貌(ようぼう)がすぐれている。顔だちが美しい。「—・る女を集めて見むと思ひける」〈源・玉鬘〉

形変わ・る　剃髪して僧侶になる。髪を剃って出家する。

形に影の添う如(ごと)し　ものにはいつも影がついているように、常に離れずにいる。形影相伴う。

形を改・める　姿勢を正し、改まった態度をとる。威儀を正す。形を正す。

形を変・う　髪をそって出家する。「—・へてむと思(おぼ)したつを」〈源・竹河〉

かたち-づくり【形作り】 顔や身なりを整えること。化粧や身じたく。「彼の艶女の—の美(うるは)しきに引かれて」〈浮・近代艶隠者〉

かたち-づく・る【形作る|▽容作る】〔動ラ五(四)〕❶形成する。構成する。「岩礁が島を—・る」「性格が—・られる」❷顔や身なりを整える。化粧や身づくろいをする。「三日月や—・りてかつ寂し/太祇」

類語 築く・作る・拵(こしら)える・仕立てる・作り出す・作り上げる・仕立て上げる・誂(あつら)える

かたち-ばかり【形▽許り】 内容はともかく、体裁だけは整っていること。しるしばかり。かたばかり。「—の祝言(しゅうげん)を挙げる」

かたち-びと【形人】 顔だちの美しい人。「父大臣(おとど)、さる—にて」〈宇津保・内侍督〉

かた-ちんば【片×跛】〔名・形動〕❶対であるべきものがそろっていないこと。また、そのさま。「靴を—に履く」❷片方の足が不自由なこと。また、そのさま。

か-たつ【下達】〔名〕スル 上の人の考えや命令などを下の者に伝えること。「上意—」対 上達。類語 お達し・示達・伝達・通知・連絡・通告・通達・令達・口達

かた-つ-かた【片つ方】 ❶二つあるものの一方。片一方。「御手—をばひろげたるやうに」〈更級〉❷もう一つの方。他方。「甲斐ある御事を見奉り喜ぶものから、—には、覚束(おぼつか)なく悲しきことのうち添ひて絶えぬを」〈源・若菜上〉❸片隅。「この御畳紙(たたうがみ)の—に」〈源・空蝉〉

かた-つき【形付き|型付き】 物の形・模様が染めつけてあること。また、そのもの。

かた-つき【肩付き】 肩のようす。肩の格好。

かた-つき【肩▽衝】 ❶肩の部分が角ばっている茶入れ。肩衝茶入れ。❷肩の部分が角ばっている茶釜。肩衝茶釜。

かた-つきみ【片月見】 八月十五夜の月見だけして、九月十三夜の「後(のち)の月見」をしないこと。災いが来るといって忌まれた。季 秋

かたつき-ルビ【肩付(き)ルビ】 ルビの付け方の一種。縦組みにした親文字(ルビを付ける文字)と上をそろえたルビの付け方。文字の右肩からルビを始めるやり方。横組みでは用いない。⇒中付きルビ

カタック〔ヒンディー kathak〕インド北部地方に広く伝承されている舞踊。あいさつの部分、複雑なステップを踏む部分、黙劇的部分の三つから構成され、足首にはそれぞれ100個以上の鈴を巻きつけて踊る。

かた-づ・く【片付く】 一〔動カ五(四)〕❶物が、置いておくのに適当な場所にきちんと納まる。散らかっていた物が整えられた状態になる。「やっと部屋が—・いた」「机の上が—・く」❷物事が一定の形に決まる。事態が落ち着く。「人間の運命は中々—・かないもんだな」〈漱石・道草〉❸めんどうな物事がうまく収拾される。問題などが解決する。「例の一件が—・いた」「懸案が—・く」❹嫁にいく。「娘が—・く」❺じゃまになる者がいなくなる。❻あるものに片側が接する。「谷—・きて家居せる君が聞きつつ告げなくも憂し」〈万・四二〇七〉二〔動カ下二〕「かたづける」の文語形。

類語 一(❷❸)済む・終わる・納まる・落ち着く・まとまる・上がる・落着する・決着する・解決する・完了する・方が付く・けりが付く

がた-つ・く〔動カ五(四)〕❶がたがた音を立てる。「雨戸が—・く」❷寒さや恐れなどのため、からだが震える。「足が—・く」❸もめごとなどが起こり、そのために人々の気持ちが乱れる。「遺産分配で一家が—・く」❹機械や人間のからだなどが、時を経て調子が悪くなる。「この車もだいぶ—・いてきた」

かた-つけ【型付け】 ❶布に型紙を当てて、その模様をあらわし出すこと。また、その職人。❷能楽で、演じる型の定め方。また、それを曲ごとに記した書物。

かた-づけ【片付け】 散らばっているものをきちんとした状態にすること。また、ごたごたしている物事を整理すること。「部屋の—をする」

かたつけ-ぞめ【型付け染(め)】 型付けで模様をつけた染め物。捺染(なっせん)。

かたづけ-もの【片付け物】 かたづけをすること。また、かたづけなければならないもの。「まだ台所の—が済まない」

かた-づ・ける【片付ける】〔動カ下一〕文 かたづ・く〔カ下二〕❶物を、適当な場所にきちんと入れ納める。乱雑に置かれている物をまとめ整える。「部屋を—・ける」「本を物置に—・ける」❷仕事をすっかり終わらせる。物事をうまく処理する。「宿題を—・ける」「トラブルを—・ける」❸嫁入りさせる。縁づける。「三人の娘を—・ける」❹じゃまになる者をいなくする。殺す。「じゃま者を—・けろ」類語(❶)整頓(せいとん)する・整理する・整える・始末する・仕舞う・収納する・かたす/(❷)済ます・終える・上げる・仕上げる・こなす・やっつける・処理する・料理する・解決する・始末する・方(かた)を付ける・けりを付ける・畳む

がたっ-と〔副〕❶硬い物が当たって出る音を表す語。「雨戸が—外れる」❷物事の勢いなどが急に下がるさま。「売り上げが—減る」

かたっ-ぱし【片っ端】「かたはし」の促音添加。

かたっぱし-から【片っ端から】〔副〕たくさんあるものを次々に処理していくさま。次から次へと。手当たり次第に。かたはしから。「問題を—解いていく」

かた-つぶり【蝸=牛】《「つぶり」は円い巻き貝のこと。「かた」は「固い」の「かた」とも「笠(かさ)」の音変化ともいう》「かたつむり」に同じ。

かたっ-ぽ【片っ▽方】「かたほう」の音変化。

かたっ-ぽう【片っ方】「かたほう」の音変化。

かた-づま【片×褄】《「かたつま」とも》着物の片方のつま。

かたづま-もよう【片×褄模様】 長着の下前の裾だけにつけられる模様。下前模様。

かた-つむり【蝸=牛】《「かたつぶり」の音変化》腹足綱有肺亜綱に属する陸生の巻き貝のうち、大形のものの総称。殻は螺旋(らせん)形で右巻きが多く、殻から頭や胴の一部を出して移動。頭に二対の触角を備え、長いほうの先端に目がある。湿気を好み、木の新葉や野菜を食べ、梅雨期に土中に産卵。まいまい。まいまいつぶろ。でんでんむし。かぎゅう。季 夏「今朝見れば夜の歩みや—/太祇」

かた-つら【片面】 物の一方の側。一方の面(めん)。また、顔の半面。「とにかく内義の—の耳を、五はいづつでふさいでおき」〈浮・禁短気・三〉

かた-て【片手】 ❶片方の手。隻手(せきしゅ)。❷相対するものの一方。「舞台の—」❸一組みのものの片方。また、一方にだけあること。「手袋の—」❹《片手の指の数から》「五〇」「五万」など、五のつく数を示す。「—におまけしましょう」❺二つ以上のことを同時に行うこと。かたてま。「勧進聖になりてめぐる、その—にあらあら見物せばやとて」〈仮・東海道名所記・一〉

かた-で【堅手】 ❶質のかたいこと。かたく作ってあること。また、その物。「—の茶碗」❷実直・律義な性質。「至極—の侍」〈浄・天の網島〉

かたて-うち【片手打ち】〔名・形動ナリ〕❶刀を片手で持って切りつけること。片手切り。片手なぐり。「—に打ちけるが」〈太平記・二〉❷「片手落ち」に同じ。「吟味もなされず、—のなされやう」〈浄・歌念仏〉

かたて-おけ【片手×桶】 一方にだけ取っ手のある桶。

かたて-おち【片手落ち】〔名・形動〕配慮や注意が一方にだけかたより、判断などの不公平なこと。また、そのさま。偏頗(へんぱ)。「—な(の)処置」

かたて-じょうだん【片手上段】 片手に刀を持って上段に構えること。

かたて-せいがん【片手正眼】 片手に刀を持って正眼に構えること。

かたて-つき【片手突き】 片手に刀を持って突きを入れること。

かたて-なべ【片手鍋】 長い柄が片側にだけついている鍋。

かたて-にんぎょう【片手人形】 操り人形で、左手で胴を支え、右手で人形の右手を動かす使い方。人形の左手は動かさない。文楽の詰め人形や各地の民俗人形劇にみられる。

かたて-ぬき【片手抜き】 神伝流の泳法の一。両足を交互にあおり、踏み出した足と同じ側の手で水をかき、かいた手を腰の後ろで抜いて前に回す。

かた-てま【片手間】 本来の仕事の余暇。また、本業の合間にほかのことをすること。「—にはできない」

かたてま-しごと【片手間仕事】 本業の合間にする仕事。また、そのような簡単な仕事。片手仕事。

かたて-や【片手矢】 左手(弓手(ゆんで))に矢をつがえた弓を持ち、射る準備を整えていること。また、その1本の矢。「—をはめて、矢筈(やはず)をとり」〈曽我・四〉

かた-でり【▽偏照り|片照り】 晴れた日ばかりが続くこと。対 偏降(かたぶ)り。

かたて-わざ【片手業】 ❶片手でするわざ。「こなた諸手(もろて)のまくり切り、—に受けかね」〈浄・井筒業平〉❷片手間にする仕事。かたてしごと。「麦まきや声で雁追ふ—」〈太祇句選〉

かた-てん【片点】 漢文に返り点だけをつけること。また、その返り点。⇒諸点(もろてん) ⇒両点

かた-てん【肩点】 和歌・連歌・俳諧などの右肩につける評点。⇒合点(がってん)❸

かた-ど【片戸】 ❶扉が1枚の開き戸。片とびら。❷両開きの扉の片方の戸。「大寺の—さしけり夕紅葉」〈一茶発句集〉

かた-どおり【型通り】〔名・形動〕慣習として決まっている、ある一定の方式に、ただ従うこと。また、そのさま。「—のあいさつ」「—に式を進める」

かた-とき【片時】《一時(ひととき)の半分の意》ほんのしばらくの間。ちょっとの間。へんじ。「—も目が離せない」

類語 一刻・寸秒・寸刻・寸時・ちょっと

片時去ら・ず　少しの間もやむことなく。始終。「—・ずあひ思ひけるを」〈伊勢・四六〉

かたとき-へんじ【片時片時】《「かたときへんし」とも》「かたとき」を強めていう語。ほんのしばらくの間。「—も怠ることなかれ」

カタトニー〔ドイツ Katatonie〕統合失調症の一病型。冷たく硬い表情をして、奇妙な態度をとったり意味不明の激しい運動興奮を示したりする。

かた-どまり【片泊まり】「片旅籠はたご」に同じ。

かた-ど・る【▽象る｜▽模る】〔動ラ五(四)〕《「形取る」の意》❶物の形を写し取る。また、ある形に似せて作る。「雪の結晶を―・った模様」❷物事を形象化して表す。象徴する。「平和を―・ったマーク」(可能)かたどれる (類語)描えがく・描かく・彩る・描写・写生・模写・素描・点描・線描・寸描・スケッチ

かた-な【刀】《「かた」は片、「な」は刃の古語》❶武器として使った片刃の刃物。❷江戸時代、武士が脇差わきざしとともに差した大刀。❸太刀の小さいもの。「我は元より太刀も―も持たず」〈太平記・二〉❹小さい刃物。きれもの。「紙をあまた押し重ねて、いと鈍き―して切るさまは」〈枕・二五九〉(類語)剣けん・剣つるぎ・刀剣・太刀・大刀だいとう・大刀だいとう・名刀・宝刀・軍刀・牛刀・日本刀・青竜刀・サーベル・銃剣・手裏剣・真剣
(…語)(がたな)菖蒲しょうぶ刀・一本刀・打ち刀・押っ取り刀・返し刀・小刀・腰刀・提げ刀・錆さび刀・反り刀・竹刀・小さ刀・血刀・手刀・鈍なまくら刀・腹切り刀・懐ふところ刀・包丁刀・枕まくら刀・守り刀・山刀

刀折れ矢尽・きる 《「後漢書」段熲伝から》戦う手段をすっかり使い果たす。また、物事に立ち向かう手段がなくなる。弓折れ矢尽きる。「努力も空しく―・きて倒産した」

刀に懸けても ❶刀を抜いての勝負となっても。腕ずくでも。❷武士の名誉に懸けても。誓って。

刀の錆さび ❶刀に生じる錆。また、血が錆の原因になるところから、刀で切り殺すことや切り殺されることにいう。❷「刀汚かたなよごし❷」に同じ。

刀の手前てまえ 刀を差している武士の面目上。「―、武士の意地」〈伎・小袖曽我〉

かた-な【片名｜▽偏名】❶㋐2字で成り立っている名の片方の字。偏諱へんき。「我が―に父が―を取って経春とつくべし」〈盛衰記・三六〉㋑俳号などで、2字以上の場合、略して1字を書くもの。例えば「去来」を「来」と記す類。「一書き侍るに、ことごとしき字形は苦しかるべし」〈去来抄・故実〉❷名を略して呼ぶこと。また、その略称。「紀国屋文左衛門きのくにやぶんざえもん」を「紀文」とよぶ類。片名字かたみょうじ。❸(「肩名」とも書く)名前の上に添える称号で、あだなのようなもの。「寺々へ、仕事に入って―に呼ばれ、しかも大寺正兵衛といふ」〈伎・小袖曽我〉

がた-な・い【難ない】〔接尾〕《形容詞型活用図がたな・し(ク活)。接尾語「がた(難)い」の語幹＋接尾語「ない」》動詞の連用形に付いて、その動作の実現が困難である意を表す。…することがむずかしい。…しにくい。「離れ―・い」「忘れ―・い」「頼み―・き人心」〈浄・先代萩〉

かたな-かけ【刀掛(け)】❶刀を横にして掛けておく道具。刀架。❷ものの役に立たない武士をさげすんでいう語。「綺羅きらを飾りし―めら」〈伎・景清〉

かたな-かじ【刀鍛-冶】かぢ 刀を鍛えて作る職人。刀匠。刀工。

かたな-がり【刀狩(り)】武士以外の者が持っている刀・槍などの武器を没収すること。天正16年(1588)豊臣秀吉による刀狩り令が有名。これによって兵農分離を行い、近世封建体制の基礎をつくった。

かた-ながれ【片流れ】❶屋根の棟から片方の軒までの斜面。❷一方にだけ傾斜をもつ屋根。片屋根。

かたながれ-づくり【片流れ造(り)】一方にだけ傾斜している屋根をもつ家の造り。

かた-なき【片泣き｜片鳴き】❶独りで泣くこと。独り泣き。一説に、半泣き、また、ひたすら泣く意とも。「朝妻の避介ひかの小坂をさかを―に道行く者も偶たぐひてぞ良き」〈仁徳紀・歌謡〉❷不十分な鳴き方。未熟な鳴き声。「おのづからまだ―のひな鳥のかまへがたさのよをいかにせん」〈新撰六帖・六〉

かたな-きず【刀傷｜刀×疵】刀で切られた傷。また、その傷跡。

かた-なし【形無し】〔名・形動〕❶本来の形を損なうこと。跡形のないこと。また、そのさま。「(袴はかまノ)ひだの―になりたるを」〈逍遥・当世書生気質〉❷面目を失うこと。さんざんなありさまとなること。また、そのさま。台無し。「アマチュアに負けて、プロも―だ」

かた-なし【結＝政】《集めて一つにまとめる意の動詞「かたなす」の連用形から》❶奈良・平安時代、除目じもくなどの政務に関する書類を一つに束ねて結び、政務を行う前にこれを開いて読み上げた儀式。❷「結政所かたなしどころ」の略。

かたなし-どころ【結＝政所】律令制で、大内裏の外記庁げきちょうの南にあって、参議・弁官・外記などが集まって政務を執った役所。結政の座。けっせいしょ。

かたな-だま【刀玉】田楽などで、数本の短刀を空中に投げ上げては手で受け取る曲技。また、その曲芸師。

かた-なつけ【片×馴付け】まだ十分にならされていないこと。「悪源太の乗り給へる馬、一の駒にて」〈平治・中〉

かたな-とぎ【刀研ぎ｜刀▽磨ぎ】刀剣を研ぐこと。また、それを職業とする人。

かたな-の-はわたり【刀の刃渡り】刀の刃の上を人が渡り歩く曲技。

かたな-びき【刀引き】宴席などで、帯びている刀を引き出物として贈ること。「大酒の時、小袖引き、素襖すおう引き、―、常の事なり」〈宗五大草紙〉

かたな-めい【刀銘】刀剣の銘で、左腰に刃を上にして差したとき、茎なかごの差表さしおもて側になる方に彫ったもの。➡太刀たち銘

かたな-めきき【刀目利き】刀の良否や真偽を鑑定すること。また、その人。

かたな-よごし【刀汚し】❶帯刀する価値のない者が刀を差して、かえって刀を辱めること。❷切る価値のないものを切ること。刀のさび。

かた-ならし【肩慣らし】〔名〕スル ❶野球などで、ボールを軽く投げて肩の調子を整えること。❷転じて、仕事や作業などを本格的に始める前に準備をすること。「一に中学生用の問題集を解いてみる」

かた-なり【片▽生り】〔名・形動ナリ〕❶成長・発達が不十分なこと。また、そのさま。未熟。未完成。かたおい。「むすめ、いとまだ―に」〈源・東屋〉❷技芸などが未熟なこと。また、そのさま。「御琴の音、まだ―なるところありしを」〈源・竹河〉

かた-に【片荷】❶てんびん棒で前後に荷物を担ぐときの、片方の荷。❷トラックの荷台やコンテナなどの積み荷の重量が、前後または左右に偏っている状態。❸物流において、往路だけ荷物を積み、復路では空のまま戻ること。❹責任の一端。心配事の一部。「先ず―だけ卸したなと思った」〈漱石・虞美人草〉

カタニア〖Catania〗▶カターニア

かた-・ぬ【▽結ぬ】〔動ナ下二〕束ねる。ひとまとめにする。「年の内の事―・ね持ち」〈万・四一一六〉

かた-ぬき【肩抜き】上代の占い法の一。鹿の肩の骨を抜き取り、波波迦ははかの木で焼き、表面にできた裂け目によって吉凶を占った。肩抜きの占うら。

かた-ぬぎ【肩脱ぎ】❶着物の上半身の部分を脱ぐこと。また、その状態。はだぬぎ。「―になる」❷平安時代、節会せちえなどの席で、袍ほうの肩を脱いでくつろぐこと。❸能装束の着方の一。上衣の法被はっぴや長絹ちょうけんの片袖を脱ぎ、三角に畳んで背中に巻きあげてはさむこと。修羅物に用いる。

かた-ぬきて【片抜き手】横泳ぎの一。体を横向きにして、あおり足を使用し、上側にある手を、水をかいた後で水面上に抜き上げて前に戻す泳ぎ方。

かたぬき-の-うら【肩抜きの▽占】「肩抜き」に同じ。

かた-ぬ・ぐ【肩脱ぐ】〔動ガ四〕❶上着を半ば脱いで下着の肩を現す。「上達部かんだちは―・ぎており給ふ」〈源・若菜下〉❷上半身の衣服を脱いで肌をあらわにする。肌脱ぎになる。「年老いたる法師召し出されて、黒くきたなき身を―・ぎて」〈徒然・一七五〉

かた-ぬけ【肩抜け】負担や責任から解放されて楽になること。「それからは謙作も幾らか気持に―が出来た」〈志賀・暗夜行路〉

かた-ぬま【潟沼】宮城県北西部、鳴子温泉の南にある沼。胡桃くるみヶ岳(標高461メートル)の南斜面にできたカルデラ湖。日本で最も酸性の強い湖で、魚類はまったく生息しない。面積0.15平方キロメートル。鳴子温泉源の一。

かた-ね【片寝】❶からだの右側、または左側を下にして寝ること。「―ヲシテ腕ガシビレル」〈和英語林集成〉❷鳥屋とやで一度羽根の生えかわった鷹。かたがえりの鷹。

かた-ね【固根｜×癤】「根太ねぶと」に同じ。

かた-ねり【固練り｜固×煉り】かために練ること。また、かために練ったもの。

かたの【交野】㊀大阪府北東部の市。淀川支流の天野川の中流域にあり、住宅地。獅子窟寺がある。人口7.8万(2010)。㊁大阪府枚方ひらかた市・交野市一帯の丘陵。平安時代には皇室の遊猟地、桜の名所。(歌枕)「又や見む―の御野みのの桜狩花の雪散る春のあけぼの」〈新古今・春下〉

かだ-の-あずままろ【荷田春満】かだのあずままろ［1669～1736］江戸中期の国学者・歌人。伏見稲荷神社の神官。国史・古典を究めて復古神道を唱え、万葉・記紀研究の基礎をつくった。国学四大人の一人。著「春葉集」「万葉集僻案抄」「日本書紀訓釈」など。

かだ-の-ありまろ【荷田在満】［1706～1751］江戸中期の国学者。春満あずままろの甥おいでその養子。春満の有職故実ゆうそくこじつの研究を受け継ぎ、田安宗武に仕え、歌学革新に努めた。著「国歌八論」など。

かたのかも-いけ【片野鴨池】石川県南部、加賀市にある池。加賀市大聖寺の北西約3キロメートル、標高20～50メートルの丘陵の中にある淡水湿地。面積約1平方キロメートル。冬季にはガン・カモなど数千羽が飛来する。越前加賀海岸国定公園に属する。国指定片野鴨池鳥獣保護区に指定され、平成5年(1993)ラムサール条約に登録された。

かたの-し【交野市】▶交野㊀

かた-は【片刃】《「かたば」とも》❶刃物で、刃先の断面の片側だけに刃がついていること。また、その刃物。⇔両刃。❷刀剣などで、鎬しのぎを境に片側だけに刃がついていること。また、その刃物。⇔両刃/諸刃もろは。❸目的とする鉱物と他の鉱物とで一粒子を構成している鉱石。選鉱を経て目的の鉱物を取り出す。

かた-は【片羽】❶片方の翼。かたはね。❷二つ揃っているはずのものの片方。「鴛鴦をしの―のとぼとぼと」〈浄・盛衰記〉

かた-はい【片肺】❶片方の肺。❷双発の航空機のエンジンが片方しか動かないこと。「一飛行」

カタバ-かぜ【カタバ風】▶カタバチック風

かた-ばかま【片×袴】❶両脚に分かれる袴の片方の脚。❷山伏などが用いる短い袴。旅行用の下にはく短い袴とも。

かた-ばかり【形▽許り】「かたちばかり」に同じ。「一膳飯屋で―の食事を済ました」〈漱石・道草〉

かた-はく【片白】白米と黒麹くろこうじとで醸造した酒。江戸時代に造られた濁り酒の一つで、諸白もろはくより品質が劣る。「酒はいいのがあるかの。しかし諸白ではなくて、―にはこまる」〈滑・膝栗毛・五〉

かた-ばこ【肩箱｜形×筥】山伏が笈おいの上にのせる小箱。経文・仏具などを入れる。

かた-はし【片端】❶一方の端。「綱の―を持つ」❷ほんの一部分。一端。「学問の―をかじる」
(類語)一端・端はし・端はしっこ・末すえ・先さき・先っぽ・突先とっさき・突端とったん・先端せんたん・突端とったん・末端まったん・ヘッド・頭あたま

かたはし-から【片端から】〔副〕「かたっぱしから」に同じ。

かたは-じめ【片羽絞め】柔道の絞め技の一。背後から腕を相手のあごの下に入れて反対側の襟を取り、片手はわきの下から入れて、その腕を巻き上げるようにして制しながら、相手の首の後方へ差し入れて絞める技。

がた-ばしゃ【がた馬車】鉄輪をつけ、がたがたと大きな音を立てて走る乗合馬車。がたくり馬車。

かた-はずし【片外し】づし ❶江戸時代、御殿女中や武士の妻などの髪の結い方の一。下げ髪を輪に結び、笄こうがいを横に挿し、輪の一方を外したもの。❷歌舞伎の女形用かつらの一。御殿女中や武家女房の役

に使う。また、その役柄。「伽羅先代萩めいぼくせんだいはぎ」の政岡、「恋女房染分手綱こいにょうぼうそめわけたづな」の重の井など。

かた-はだ【片肌|片▽膚】左右いずれか一方の肩の辺りを現すこと。また、その肩の辺り。⇔諸肌もろはだ。
片肌脱・ぐ　《ひと仕事するとき、片肌脱ぎになるところから》他人に力を貸す。助力する。ひと肌脱ぐ。「友人のために―・ぐ」

かた-はたご【片旅籠】宿屋にひと晩泊まって、夕食か朝食かの一度だけを食べること。かたどまり。「江の島で鎌倉武士は―」〈柳多留・初〉

かたはだ-ぬぎ【片肌脱ぎ】着物の片袖を脱いで肩の辺りの肌を出すこと。「―になる」(季 夏)

かた-ばち【片×撥】㊀❶太鼓などの打楽器で、一対のばちのうちの一方だけで打つこと。特に能楽や長唄の囃子はやしで、太鼓を右手のばちだけで打つこと。❷三味線の奏法で、すくうことをしないで、ばちを打ちおろすときのみ弾くこと。⇒諸撥もろばち ❸江戸初期の流行歌の一。寛永(1624～1644)のころ、吉原の遊女が歌いはじめたものという。㊁地歌の曲名で、三味線組歌の破手組はでぐみの一。柳川検校作曲。㊀❸に節付けしたものといわれる。端手はで片撥。

カタバチック-かぜ【カタバチック風】《katabatic》斜面を吹き下りる風。冷えた空気が重力によって斜面を下降するもの。斜面下降風。滑降風かっこうふう。カタバ風。⇒アナバチック風

かた-はば【肩幅】❶両肩の端から端までの幅。❷和裁で、身頃みごろの肩山で背縫いから袖つけまでの幅。❸「肩身かたみ❷」に同じ。「此辺の村々にも―広く」〈竜渓・経国美談〉

かた-はぶたえ【片羽二重】かたはぶたへ 縦糸を生糸1本にして織った軽い羽二重。軽目羽二重かるめはぶたえ。

かたばみ【酢=漿=草】❶カタバミ科の多年草。道端などに生える。茎は地をはい、多数の小枝を出す。葉は3枚の小葉からなる複葉で、紅紫色のものもあり、夜は閉じる。春から秋、黄色い5弁花を開く。果実は円柱形で、熟すとはじけて種子を飛ばす。全体に蓚酸しゅうさんを含み、酸味がある。すいものぐさ。こがねぐさ。(季 夏)「蔵の陰―の花珍らしや/荷兮」❷紋所の名。カタバミの葉を図案化したもの。

かたばみ-も【酢=漿=草藻】デンジソウの別名。

かた-はら【片腹】腹の片側。一方の脇腹。

かたはら-いた・い【片腹痛い】〔形〕文かたはらいた・し〔ク〕《「傍かたはら痛し」の歴史的仮名遣い「かたはら」を「片腹」と解したところから生まれた語》他人が実力以上のことを行っているのが、こっけいで苦々しく感じるさま。笑止千万だ。「見え透いたうそで―・い」⇒傍かたはら痛し

カタパルト【catapult】圧搾空気や火薬などの力で、艦船などの甲板から飛行機を発進させる装置。射出機。

かた-パン【堅パン】❶堅く焼いたパン。❷乾パン。

かた-ひいき【片×贔×屓】《「かたびいき」とも》一方だけをひいきにすること。えこひいき。片引き。「疾ときく遅き花にや雨の―」〈毛吹草・五〉

かた-ひ・く【片引く|方引く】〔動カ四〕一方だけをひいきにする。えこひいきする。「兄を憎みて、弟おととを―・き給ひて」〈愚管抄・四〉

かた-ひざ【片膝】片方のひざ。「―を立てる」

かた-びさし【片×庇|片×廂】❶片流れのひさし。❷粗末な差し掛けの屋根。❸兜かぶとの眉庇まびさし。

かたひざ-たて【片膝立て】片方のひざを立てて座る姿勢。「医者は縁に―をし」〈志賀・暗夜行路〉

かた-ひじ【片肘|片×肱】かたひぢ 片方のひじ。「机に―を突く」

かた-ひじ【肩肘|肩×肱】かたひぢ 肩と、ひじ。
肩肘張・る　《無理に肩ひじを高くして身構えるところから》気負う。いばる。「―・った態度」

がた-ひし【我他彼×此】仏語。自分と他人、あれとこれと、物事が対立して決着しないこと。

がた-ぴし〔副〕スル《「がたびし」とも》❶建物や家具などのつくりが悪く、また、扱いが乱暴なために、きしむさま。また、その音。「ふすまが―する」「雨戸を―(と)開ける」❷物と物とがぶつかり合って慌ただしそうな音を立てるさま。また、その音。「気が忙せくように―と味噌汁の鍋をかけたりして」〈三重吉・小鳥の巣〉❸人間関係や組織の機構などが円滑でないさま。「社内が―している」

かた-ひと【方人】歌合わせや競争などで、二組に分けられた一方の人。かたうど。「一二の相撲すまひ、―にとられ給へる御子達、上達、大将、中少将かへし給ふ」〈宇津保・内侍督〉

かた-ひば【片×檜葉】イワヒバ科の常緑性のシダ。根茎は針金状で、岩面をはう。約20センチの茎が立ち、うろこ状の葉を密につけ、ヒノキの葉に似る。

かた-びら【帷=子】《裄ゆきの片枚かたひらの意》❶裏をつけない衣服の総称。ひとえもの。❷生絹や麻布で仕立てた、夏に着るひとえの着物。(季 夏)「青空のやうな―きたりけり/一茶」❸経帷子きょうかたびら。❹几帳きちょうや帳とばりなどに用いて垂らす絹。夏は生絹すずし、冬は練り絹を用いた。「御几帳の―引き下ろし」〈源・若紫〉

カタピラー【caterpillar】▶キャタピラー

かた-びらき【片開き】開き戸が1枚だけで、一方にだけ開閉する戸。⇔両開き。

かたびら-ゆき【帷=子雪】薄く積もった雪。また、一片が薄くて大きな雪。(季 春)

かた-びん【片×鬢】頭の左右いずれか一方の、わきの頭髪。

かたびん-ぞり【片×鬢×剃り】中世・近世の刑罰の一。罪人の片鬢をそり落としたもの。

カダフィ【Muammar Al Qadthafi】[1942～2011]リビアの軍人政治家。遊牧民ベドウィンの子として生まれ、士官学校在学中に民族主義の将校団を結成、1969年にクーデターを起こし、国王を追放。軍事政権を樹立し、最高指導者となった。79年に公職を退いた後も、実質的な元首として国を指導した。カダフィ大佐の呼び名で知られるが、公式の称号は革命指導者。潤沢な石油収入を背景に欧米に対して強硬な姿勢で臨み、数々のテロへの関与が取り沙汰されたが、2003年以降は協調路線に転じ、06年には米国との間で国交正常化を果たした。2010年末に始まったアラブ諸国の民主化運動(アラブの春)の波及を受け、11年2月、カダフィの退陣を求める反政府デモが全土に拡大。これに対して強硬な姿勢で臨み、リビアが内戦状態に陥る中、同年8月に首都を追われ、政権は崩壊。10月、出身地シルト(リビア中北部にある地中海沿岸都市)に潜伏中、反カダフィ派に発見・拘束された際に死亡した。

かた-ぶ・く【▽傾く】㊀〔動カ四〕❶「かたむく㊀❶」に同じ。「大匠おほたくみ拙劣をぢなみこそ隅すみ―・けれ」〈記・下・歌謡一〇六〉❷「かたむく㊀❷」に同じ。「山の端はに月―・けば」〈万・三六二三〉❸「かたむく㊀❸」に同じ。「帝みかど畏かしこしと申せども、臣下のあまたにしてかたぶけ奉るときは―・き給ふものなり」〈大鏡・後一条院〉❹「かたむく㊀❹」に同じ。「禅の宗旨に―・かせ給ひて」〈太平記・四〉❺《首がかたむく状態になるというところから》不審に思う。疑う。また、非難する。「この匠たくみが申すことは何事ぞと―・きをり」〈竹取〉㊁〔動カ下二〕❶「かたむける❶」に同じ。「傘からかさをさしたるに、…横さまに雪を吹きかくれば、少し―・けて」〈枕・二四七〉❷器を斜めにして中の物を出す。「わたつ海をみな―・けて洗ふとも」〈風雅・釈教〉❸「かたむける❸」に同じ。「帝を―・け奉らむと構ふる罪によりて」〈栄花・月の宴〉❹「かたむける❹」に同じ。「なにとか、なにとか、と耳を―・けて問ふに」〈枕・九〇〉❺「かたむける❺」に同じ。「白楽天の作をば東坡先生は―・けけるとかや」〈著聞集・四〉

かた-ふさがり【方塞がり】「かたふたがり」に同じ。〈和英語林集成〉

かた-ふたがり【方▽塞がり】陰陽道おんようどうで、天一神なかがみ・金神こんじんなどがいるために凶とする方角。かたふたぎ。かたふさがり。⇒方違かたたがえ

かた-ふたぎ【方▽塞ぎ】「方塞かたふたがり」に同じ。

かたふた-ばしら【片蓋柱】壁面から本来の形の約半分だけを突出させて取り付けた装飾的な柱。

かた-ぶつ【堅物】きまじめで、融通の利かない人。かたじん。かたぞう。(類語)堅人・堅蔵・石部金吉

かた-ぶとり【固太り|固▽肥り】〔名・形動〕太って肉づきが固く締まっていること。また、そういう人や、そのさま。「―で健康そうな子供」

かた-ぶとん【肩布団】冬、就寝するとき、肩先の寒さを防ぐために用いる小布団。(季 冬)

かた-ぶり【▽偏降り|片降り】雨降りばかりが続くこと。⇔偏照かたてり。

カタプレキシー【cataplexy】▶情動脱力発作

かた-へら【▽傍▽片】対になっているものの一方。かたほう。

がた-べり【がた減り】〔名〕スル 目立って急激に減少すること。「入場者が―する」

かた-へん【方偏】漢字の偏の一。「旅」「族」などの「方」の称。ほうへん。

かた-へん【片偏】漢字の偏の一。「版」「牒」などの「片」の称。

かた-へんかん【型変換】ーヘンクワン ▶型キャスト

かた-へんど【片辺土】片田舎。「幼き者相具して、―へ忍びて侍りつるに」〈古活字本平治・下〉

かた-ほ【片帆】❶片方の帆。❷横風を受けて帆走するとき、風をはらませるために、帆を一方に傾けて張ること。⇒真帆まほ

かた-ほ【▽偏|片▽秀】〔形動ナリ〕❶完全に整っていないさま。未熟。不十分。⇔真秀まほ。「御心ばへ、人柄どもさへ、いささか―にて」〈大鏡・道長上〉❷容貌ようぼうが醜いさま。不器量。「―にものし給はむ人の、居丈高に髪少なにて」〈栄花・根合〉

かた-ほう【片方】かたはう ❶対になっているものの一つ。かたっぽ。かたっぽう。片一方。「手袋を―なくした」❷片側。「壁の絵が―に傾いている」❸対立する二つの立場の一方。「―だけの意見を聞くわけにはいかない」

(用法)片方・一方――「片方(一方)の脚が痛い」などでは相通じて用いられる。◆「片方」は、二つあるうちの一つのほうで、手袋・靴・箸はしなど対ついになっている品物の場合は「片方」で言うことが多い。「片方の靴が脱げてしまった」。「片っ方かたっぽう」はややくだけた、口語的な言い方。◆「一方」も、多くは二つあるうちの一つを指すが、方向・方角について言う場合、「山頂に立つと一方に海が見える」のように、いくつかあるうちの一つを指すこともある。この場合「片方」では置き換えられない。◆「一方通行」「一方的通告」「一方的勝利」なども「一方」だけの用法。◆類似の語に「他方」があり、「厳しい人柄だが、他方温かさも持っている」のように、「一方」と通じて用いられるが、文章語的である。

(類語)片一方・一方・片割れ・他方

かた-ぼう【片棒】駕籠かごを担ぐ二人の一方。相棒。
片棒を担・ぐ　計画に加わって協力する。荷担する。多く、悪いことにいう。「悪事の―・ぐ」

かた-ぼうえき【片貿易】2国間の貿易が均衡を失い、一方が輸出超過または輸入超過にかたよる状態。

かたほうこう-つうしん【片方向通信】カタハウカウー ▶シンプレックス

かたほうこう-にんしょう【片方向認証】カタハウカウー コンピューターネットワークなどにおける、認証方式の一。一方の当事者だけが相手の正当性を検証すること。IDやパスワードを入力するといった方法が広く用いられている。単方向認証。一方向認証。⇒双方向認証

かたほ-え・む【片▽頬笑む】かたほゑむ〔動マ五(四)〕片方のほおに笑いを浮かべる。「白糸は―・みて」〈鏡花・義血侠血〉

かた-ほお【片頬】かたほほ 左右いずれか一方のほお。「男は三年に―笑う」

かた-ほとり【片▽辺|▽偏▽辺】❶かたすみ。周辺。近辺。「嵐山へ着き、渡月橋の―まで来たわれわれ一行は」〈三島・金閣寺〉❷都から遠く離れた所。片田舎。

カタボリズム【catabolism】▶異化いか❷

かた-ま【堅間】目を細かく編んだ竹かご。勝間かつま。

筐(かたみ)。「無目(まなし)―を以て浮け木に為(つく)りて」〈神代紀・下〉

かた-まい【片舞】(―まひ) 東遊(あずまあそび)を構成する駿河舞・求子舞(もとめごまい)の二つの舞のうち、求子舞だけを舞うこと。➡諸舞(もろまい)

かた-まえ【片前】(―まへ) ❶洋服の上着やコートなどで、打ち合わせが浅く縦1列のボタンで留めるようにしたもの。シングル。❷着物の前を合わせたとき、外側になる部分。上前(うわまえ)。

かた-まく【片幕】❶能で、揚げ幕の客席から見て向かって右側を、少し片寄せて出入りすること。囃子方(はやしかた)・後見(こうけん)・語り間(あい)などの登場・退場に用いる。➡半幕 ➡本幕 ❷歌舞伎劇場の舞台と客席を区切る幕の一つで、1枚の幕を一方から他方へ引いて開閉するもの。上方(かみがた)では中小芝居、江戸では大芝居でも用いた。➡本幕

かた-ま・く【片▽設く】〔動カ下二〕❶ある季節や時をひたすら待つ。また、時が移ってその時期になる。近づく。「鶯鳴くも春―・けて」〈万・八三八〉❷ひたすら心を向ける。傾注する。「夏麻引(なつそび)く命―・け刈りこもの心もしのに」〈万・三二五五〉

かだま・し【×奸し┆×姧し┆×佞し】〔形シク〕《動詞「かだ(奸)む」の形容詞化。「かたまし」とも》心がねじけている。性質がすなおでない。「―・しきもの朝にあって罪ををかす」〈平家・六〉

かた-まち【片町】「片側町(かたがわまち)」に同じ。

かた-ま・つ【片待つ】〔動タ四〕ひたすら待つ。「妹に逢(あ)ふとき―・つとひさかたの天の河原に月ぞ経にける」〈万・二〇九三〉

かた-まひ【片麻×痺】▶へんまひ(片麻痺)

かた-まふ【片麻布】綿糸を縦糸に、麻糸を横糸に使って織った布。衣服や夏の座布団の生地に使う。

カタマラン〖catamaran〗❶太平洋・カリブ海などで用いられる、丸太を2、3本並べて縛ったいかだ。また、2隻の小舟を並べ、板などを渡して結合した舟。カタマラン船。❷船体を二つ並べ、それをつないで鋼甲板を張った船。双胴船。カタマラン船。

カタマラン-せん【カタマラン船】▶カタマラン

かたまり【固まり┆塊】❶固まること。また、固まったもの。「土の―」「塩の―」❷小さく切り刻んだりする以前の、形が不規則で、ある程度の大きさをもったもの。「肉を―のまま買う」❸一団となったもの。集団。「反対派がひと―になって陣取る」❹(「…のかたまり」の形で)その傾向が極端であるもの。「うその―」「欲の―のような人間」〔類語〕固形

固まり法華(ほっけ)に徒党(ととう)門徒(もんと)　法華宗の信者はその宗旨に凝り固まりやすく、真宗の信者はすぐに徒党を組む傾向があるということ。

かたま・る【固まる】〔動ラ五(四)〕❶やわらかい物や液状の物、または粒状の物が、しだいに固くなる。固形状になる。凝固する。「粘土が―・る」「血が―・る」❷1か所に集まる。寄り合う。一団となる。「五人が―・って走っていく」「何軒かの店が―・っている」❸しっかりしたものになる。確かになる。定まる。「事業の基礎が―・る」「考えが―・る」❹他のことにはまったく関心を示さず、そのことにだけ夢中になる。こりかたまる。「不信感で―・っている人」❺考えなどに柔軟さがなくなり、進歩・発展が止まる。「頭が―・らないうちに本をたくさん読む」❻緊張してからだがこわばる。気持ちが縮こまる。「身の毛もぞっと縮まる程怖ろしく、―・って、様子を窺っていると」〈円朝・怪談牡丹灯籠〉❼コンピューターが機能も作動もせず、キーボードやマウスからの入力を受け付けなくなること。ハングアップ。フリーズ。

〔類語〕(❶)凝固する・凝結する・固結する・固化する・膠化(こうか)する・こごる・凝(こ)る・強張(こわば)る・固める/(❷)集まる・まとまる・寄り合う・群がる・集う・群れる/(❸)定まる・決まる・まとまる・出来上がる・確定する

かた-み【片身】❶身の半分。特に、魚の頭を切り、背骨を中心に両側に裂いた、その片方の身。半身(はんみ)。❷「片身頃(かたみごろ)」に同じ。

かた-み【形見】❶死んだ人や別れた人を思い出すよりどころとなるもの。残した品や遺品、また、遺児。「父の―の万年筆」❷過去を思い出させるもの。記念の品。「旅の―とする」

〔類語〕遺髪・遺骨・遺品・遺物

かた-み【肩身】❶肩と身。からだ。「―をすぼめる」❷世間・他人に対する面目。

肩身が狭・い　世間に対して面目が立たず、ひけめを感じる。「お古の制服で―・い思いをした」

肩身が広・い　世間に対して面目が立ち、得意である。「兄が賞をとって弟の私まで―・い」

かたみ【×筐】目を細かく編んだ竹かご。堅間(かたま)。勝間(かつま)。「花―」

筐の水　筐にくんだ水は漏れやすいところから、物事の当てにならないことのたとえ。「たえぬるか影だにあらばとふべきを―は水草(みくさ)ゐにけり」〈かげろふ・上〉

かたみ-およぎ【片身泳ぎ】観海流の泳法の一。急流をさかのぼるときに、左右どちらかの肩を前にして泳ぐもの。先手で水を切り、後手で進行を助け、足は蛙足にする。

かたみ-がわり【▽互替(わ)り】(―がはり) たがいにかわり合ってすること。交互。「髪結の学校では―に自身の頭髪(かみ)をけいこに貸し合う」〈滝井・無限抱擁〉

〔類語〕代わり番・交互・隔番・輪番・回り番

かたみ-がわり【片身替(わ)り】(―がはり) 右半身と左半身、および袖の左右の模様や色合いなどの変わっている衣服。

かた-みごろ【片身頃】衣服の身頃の片方。

かたみ・す【難みす】〔動サ変〕困難に思う。「白妙(しろたへ)の袖の別れを―・して荒津の浜に宿りするかも」〈万・三二一五〉

かた-みせ【片見世┆片店】店の一部で、本業とは別の商売をすること。また、その店。「すこしの酒、―に米商売しけるが」〈浮・織留・一〉

かた-みだし【肩見出し】新聞などで、大見出しの肩につける小さな見出し。

かた-みち【片道】❶行きか帰りかの一方。「―の電車賃」❷ある行為が、一方からだけ行われること。「―貿易」〔類語〕往路・行き

かた-みつわ【片三輪】江戸時代の女性の髪形の一。三輪の一方を切り外し、若衆髷(わかしゅまげ)のようにした結い方。

かたみ-に【▽互に】〔副〕《「片身に」の意》たがいに。かわるがわる。「すき事どもを―くまなく言ひあらはし給ふ」〈源・葵〉

かたみ-の-いろ【形見の色】喪服の色。鈍色(にびいろ)。「御―にやつれさせ給へるころにて」〈狭衣・二〉

かたみ-の-くも【形見の雲】空にかかっている火葬の煙。「なき人の―やしをるらむ夕べの雨に色は見えねど」〈新古今・哀傷〉

かたみ-の-ころも【形見の衣】❶死んだ人や別れた人の思い出となる服。形見の袖。「吾妹子(わぎもこ)が―なかりせば何物もてか命継がまし」〈万・三七三三〉❷喪服。「今はとて―脱ぎ捨てて色変はるべきここちこそせね」〈玉葉集〉

かた-みみ【片耳┆▽傍耳】❶片方の耳。❷ちらっと耳にすること。聞くともなしに聞くこと。「―に聞きてうち笑む女ばらのあるを」〈源・椎本〉

かた-みょうじ【片名字】(―ミヤウジ) 江戸時代、文書に名字や官職名を略して記すこと。「高木伊勢守」を「高伊勢」「高伊」とする類。あて名に用いて、相手に対する敬意を表した。

かたみ-わけ【形見分け】故人の衣服や所持品などを、その親族・親友などに分配すること。

かた・む【固む】〔動マ下二〕「かためる」の文語形。

かだ・む【×奸む┆×姧む┆×佞む】〔動マ四〕《「かたむ」とも》❶悪事をたくらむ。あざむく。「詐(いつは)り―・める心をもちて」〈続紀宣命・二八詔〉❷姦淫(かんいん)する。「今の夫に―・み婚(くな)びて」〈霊異記・中〉

かた-むき【傾き】❶傾くこと。また、その度合い。傾斜。❷物事が、とかくある方向に進もうとすること。傾向。気味。「親との同居を嫌う―がある」❸数学で、直線の、高さと水平距離の比の値。直線の式 $y=ax+b$ の a にあたる。勾配(こうばい)。

〔類語〕(❶)傾斜・勾配/(❷)傾向・気味・性向・趨勢(すうせい)・趨向(すうこう)・動向・流れ・大勢(たいせい)・トレンド

かたむき-やま【傾山】大分・宮崎両県境の山。標高1605メートル。山頂は三つの峰からなり、西が切り立ち傾いているように見える。祖母傾(そぼかたむき)国定公園の主要地の一。

かた-む・く【傾く】《「かたぶく」の音変化。「片向く」の意》㊀〔動カ五(四)〕❶物が斜めになる。かしぐ。「波を受けて船が大きく―・く」「地震で家が―・く」❷太陽や月が沈みかける。「日が西に―・く」❸勢いが衰える。ふるわなくなって、存在が危うくなる。「家運が―・く」❹考えや気持ちがしだいにその方へかたよる。また、その傾向を示す。「賛成に―・く」「心が彼女に―・く」㊁〔動カ下二〕「かたむける」の文語形。

〔類語〕傾(かし)ぐ・傾斜する・倒れ掛かる・倒れる

かた-む・ける【傾ける】〔動カ下一〕〔文〕かたむ・く〔カ下二〕《「かたぶける」の音変化。「片向ける」の意》❶物を斜めにする。傾くようにする。かしげる。「首を―・ける」「傘を―・ける」❷《杯を斜めにして中の物を飲むところから》酒を飲む。「大杯を―・ける」❸存在を危うくさせる。衰えさせる。滅ぼす。「道楽から身代を―・ける」「国を―・ける」❹力や注意などをいちずにその方へ向ける。心をある物事に集中させる。「耳を―・ける」「愛情を―・ける」「蘊蓄(うんちく)を―・ける」❺非難する。けなす。「縦(たと)へ卿相(けいしゃう)の位に昇るといふとも誰か―・け申すべき」〈保元・中〉〔類語〕傾(かし)げる

かた-むすび【片結び】帯やひもの結び方の一。一方はまっすぐのままにし、他方をそれに絡ませて輪にして結ぶもの。

かた-め【片目】❶片方の目。❷片方の目が見えないこと。独眼。❸鮃(ひらめ)また鰈(かれい)をいう女房詞。

片目が明・く　❶相撲で、2日目以後に初めて勝ち星をあげる。また一般に、スポーツなどで、負けつづけてやっと1勝をあげる。❷文字を少し読める。「ただ読めかし、と言ふ。いかでか、片目もあきつかうまつらでは、と言へば」〈枕・三一四〉

片目を瞑(つぶ)・る　片方の目をつぶる。ウインクする。人に合図をするときのしぐさ。

かため【固め】❶堅固にすること。また、確実にすること。「票の―に入る」❷かたい約束。契り。「夫婦の―をする」❸警備。守護。「列侯へ海岸の―を命ぜられる」〈条野有人・近世紀聞〉〔類語〕(❷)約束・取り決め・申し合わせ・契り・誓い・指切り・約(やく)・約定・契約・協約・協定・結約・盟約・誓約・確約

かだ-め【加太和＝布】和歌山県の加太から産するワカメ。

かため-うち【固め打ち】野球で、少ない試合数で数多くの安打を放つこと。「2試合で5安打の―」

かため-の-さかずき【固めの杯】(―さかづき) 人と人との結びつきや約束事を確かにするために、杯を取り交わして酒を飲むこと。「―を交わす」

かため-ぶみ【固め文】約束の証文。誓約書。

かた・める【固める】〔動マ下一〕〔文〕かた・む〔マ下二〕❶やわらかい物や液状の物を、かたい状態にする。また、物をかたくする。「ゼリーを冷やして―・める」「こぶしを―・める」❷物事を集中させる。一つにまとめる。「安打を―・めて打つ」「荷物を片隅に―・めておく」❸状態を安定させる。しっかりしたものにする。強固にする。「身を―・める」「決意を―・める」「選挙の地盤を―・める」❹外部から影響されないようにかたく守る。「国境を―・める」「陣営を―・める」「うそで―・めた供述」❺(「…に身をかためる」の形で)ある行動に備えて、装束などを身につける。「防寒具に身を―・める」❻かたく誓う。しっかりと約束する。「契りを―・める」❼しっかり結ぶ。固定する。「烏帽子(えぼし)の緒、元結、―・めずともありなむ」〈枕・六三〉❽矢を引き絞ってそのままの状態を保つ。「しばし―・めてひゃうど射る」〈古活字本保元・中〉

〔類語〕固まる・凝固する・凝結する・固結する・固化する・膠化(こうか)する・こごる・凝(こ)る・強張(こわば)る

かため-わざ【固め技】柔道で、押さえ込み技・絞め技・関節技などの総称。

かた-めん【片面】❶一方の面。片方の面。「一刷り」「一三〇分のテープ」⇔両面。❷物事の一方の面。「事実を一からしか見ていない」❸顔の半分。(類語)片側・半面・反面・一面・他面

かた-もい【片▽思ひ】「かたおもい」の音変化。「つれもなくあるらむ人を一にわれは思へば苦しくもあるか」〈万・七一七〉

かた-もい【片×椀｜片×垸】ふたのない土製のわん。「思い遣るすべの知らねば一の底にぞわれは恋ひなりにける」〈万・七〇七〉

かた-もち【堅餅｜固餅】❶干してかたくした餅。❷鏡餅を切り、または砕いて乾燥させたもの。

かたもち-がお【肩持ち顔】一方の肩をもつような顔つき。ひいきをするようなようす。「いはれぬ主の一、出しゃばって怪我ひろぐな」〈浄・手習鑑〉

かたもち-ばり【片持ち×梁】一端を固定し、他端を自由にした梁。カンチレバー。

かた-もの【型物】❶型で作った陶器。❷交趾焼や古染め付けの香合のように、茶道具で一つの様式をなすもの。❸演出や演技などが固定化している歌舞伎狂言。

かた-もん【固文｜固紋】織物の紋様を、糸を浮かさないで、かたく締めて織り出したもの。➡浮き文

かた-や【方屋】❶相撲・競べ馬などで、左右・東西に分かれた力士・騎手などの控え所。「一の南より馬場に打ち出でたり」〈今昔・二八・三五〉❷相撲の土俵場。〈日葡〉

かた-や【片矢】甲矢と乙矢のように対になっているうちの、片方の矢。➡諸矢

かた-や【片屋】雨水が一方に多く流れ落ちるようにつくった屋根。片屋造り。

かた-や【▽傍屋】母屋のわきにある家屋。「腹が立ちましたによって、一へつれて参り」〈虎寛狂・縄綯〉

かた-や【片や】〔連語〕《「や」は間投助詞》❶相対するものの片一方は。「一ベテラン、一新人」❷相撲で、取り組みに際し、行司が先に呼び上げるほう。後からの力士には「こなた」と言う。

かたや-いり【方屋入り】❶相撲の力士が、土俵に上ること。❷横綱の土俵入りの古称。

かた-やおちょう【片八百長】「一人八百長」に同じ。

かた-やき【肩焼(き)｜肩×灼き】上代、鹿の肩の骨を焼いて、そのひび割れで吉凶を占うこと。太占。

かた-やき【堅焼(き)｜固焼(き)】せんべいなどをかたく焼くこと。また、そのもの。

か-だやし【蚊絶やし】カダヤシ目カダヤシ科の淡水魚。全長は雄が約3センチ、雌が約5センチ。卵胎生。ぼうふらや魚卵などを食べる。北アメリカの原産で、日本には大正時代に蚊の天敵として移入され、川の下流域や浅い池でみられる。タップミノー。

かた-やすめ【肩休め】〔名〕❶物をかつぐときに肩と荷物の間にはさむ布団のようなもの。肩当て。❷担いでいた荷物や駕籠を下ろして、肩を休めること。「重い両掛を、竹杖壱本で軽々と一する」〈鳩翁道話・二〉

かた-やぶり【型破り】〔名・形動〕一般的、常識的な型や方法にはまらないこと。また、そのようなやり方であるさま。「一な新人」「一の祝辞」(類語)風変わり・奇矯・エキセントリック・奇抜・突飛・奇想天外・変

かた-やま【片山】山の片側。また、一方が傾斜面になっている山。一説に、一つだけ孤立した山、また人里離れた山とも。「この一に二つ立つ櫟がもとに」〈万・三八八五〉

かた-やま【肩山】衣服の、前身頃と後身頃の肩での境目。

かたやま-がい【片山貝】イツマデガイ科の巻き貝。水田などにみられ、貝殻は細長い円錐形で、殻高7ミリくらい。殻表は、黄褐色で光沢がある。本州・九州の一部に分布、広島県片山地方で発見された。日本住血吸虫の第1中間宿主となることが宮入慶之助によって発見されたので、宮入貝ともいう。

かたやま-かげ【片山陰】山の片側で陰になった所。また、へんぴな山陰。「うちなびき春さりくればひさぎ生ふる一に鶯ぞ鳴く」〈金槐集〉

かたやま-ぎし【片山岸】山沿いのがけ。「児らが名にかけの宜しき朝妻の一に霞たなびく」〈万・一八一八〉

かたやま-くにか【片山国嘉】[1855～1931]法医学者。静岡の生まれ。日本に近代法医学を確立。社会事業にも尽くした。

かたやま-けんざん【片山兼山】[1730～1782]江戸中期の儒学者。上野の人。名は世璠。荻生徂徠の古文辞学を学んだが、のちこれを批判し、唐宋諸家の説を加え、折衷学を提唱した。➡折衷学派

かた-やまざと【片山里】へんぴで寂しい山里。

かたやま-せん【片山潜】[1859～1933]労働運動指導者。岡山の生まれ。米国留学から帰国後、労働組合結成を指導。また、社会主義運動の先駆となった。日露戦争中、反戦を主張。のち、ソ連に渡ってコミンテルン中央執行委員となり、モスクワで死去。著「日本の労働運動」など。

かたやまづ-おんせん【片山津温泉】石川県加賀市にある温泉。泉質は塩化物泉。

かたやま-てつ【片山哲】[1887～1978]政治家。和歌山の生まれ。大正期からキリスト教的社会主義運動に力を入れ、第二次大戦後は日本社会党の書記長・委員長を歴任。昭和22年(1947)に連立内閣の首相となった。➡芦田均

かたやま-とうくま【片山東熊】[1853～1917]建築家。山口の生まれ。ネオルネサンス・ネオバロック様式を得意とし、作品に奈良・京都・東京国立博物館や旧赤坂離宮などがある。

かたやま-なんぷう【堅山南風】[1887～1980]日本画家。熊本の生まれ。本名、熊次。鯉をはじめとする花鳥画などにすぐれていた。文化勲章受章。

かたやま-ひさやす【片山久安】安土桃山から江戸初期にかけての武術家。片山流(伯耆流)剣道の祖。居合抜きの名人で、豊臣秀次に仕えたが、のち、中国地方を巡遊。生没年未詳。

かたやま-びょう【片山病】日本住血吸虫による寄生虫病。広島県片山地方で最初に知られた。

かたやま-ほっかい【片山北海】[1723～1790]江戸中期の儒学者。越後の人。折衷学派を奉じ、大坂で儒学を講じた。詩社の混沌社を結成。

かたやま-りゅう【片山流】▶伯耆流

かた-ゆうぜん【型友禅】型紙を用い、糊に染料を混ぜた写し糊で模様を染め出す友禅染。明治時代に始められ、以後量産品となる。

かだゆう-ぶし【×嘉▽太▽夫節】古浄瑠璃の一派で、延宝(1673～1681)のころ、宇治嘉太夫(加賀掾)が創始。優美な節配りと軟らかな語り出しで、京都で人気を博した。加賀節。宇治嘉太夫節。

かた-ゆき【片×裄】❶衣服の左右の裄の片方。❷着物を左右いずれかに片寄せて着ること。

かた-ゆき【肩×裄】和服の背縫いから袖口までの長さ。ゆき。

かた-ゆき【堅雪】一度解けかかった雪が、夜間の冷えこみで凍りついて堅くなったもの。(季 春)

かた-ゆで【固×茹で】食品を固めにゆでること。特に、卵の白身と黄身が固くなるまでよくゆでること。

かた-よ・せる【片寄せる】〔動サ下一〕図かたよ・す〔サ下二〕❶一方へ寄せる。「一・せた障子に影がさす」〈漱石・虞美人草〉❷一つの所にまとめる。かたづける。「十吉はそれを一々手の平に拾い集めて一・せて見た」〈三重吉・小鳥の巣〉

かた-より【片×縒り｜片×撚り】糸に左右どちらかだけ縒りをかけること。

かた-より【偏り｜片寄り】❶かたよること。「栄養に一のないようにする」❷光などの横波の振動が、その伝わる方向に垂直な方向のうち、ある方向にだけ特に著しい現象。

かたより-いと【片×撚り糸】片撚りにした糸。

かた-よ・る【偏る｜片寄る】〔動ラ五(四)〕❶ある基準、または中心から外れて、一方へ寄る。傾く。「進路が北へ一・る」「一・った考え方」❷ある部分・方面に集中して、全体のつりあいを欠いた状態になる。不均衡になる。偏する。「栄養が一・る」「人口が首都圏に一・る」❸取り扱いや考え方などが不公平・不公正になる。偏する。「愛情が一・らないようにする」「一・った税制」❹あるものの方に近づく。「彼の児ろと寝ずやなりなむはだすすき浦野の山に月一・るも」〈万・三五六五〉❺一方に味方する。「今二人の后、十人の女御、一・り給ひつつ、皆人心をひとつになして」〈浜松・一〉

カタラーゼ〖ドイツ Katalase〗過酸化水素を水と酸素とに分解する反応を触媒する酵素。ほとんどの生物に含まれ、動物では肝臓・腎臓・赤血球に多い。

かたらい【語らい】❶互いの気持ちや考えを話し合うこと。「親子の一」❷男女が契りを交わすこと。また、情交。「二人が之れほどの一とは知らずに、…嫁にやったは悪かった」〈左千夫・野菊の墓〉❸説得して仲間に引き入れること。「道摩、堀河の左府の一にて、術を施す由申しけれども」〈十訓抄・七〉(類語)話し合い・会話・談話・話・対話・対談・談・懇話・懇談・面談・歓談・雑談・談笑・閑談・カンバセーション

かたらい-ぐさ【語らひ▽種】話のたね。かたりぐさ。「万代の一といまだ見ぬ人にも告げむ」〈万・四〇〇〇〉

カタライザー〖catalyzer〗《触媒の意》物事のまとめ役・世話役となる人。特に、企業の勉強会・商談・懇親会などに場を提供したり世話をすることを仕事とする人。カタリスト。

かたらい-つ・く【語らひ付く】㊀〔動カ四〕語り合って親しくなる。むつまじくなる。「その御局の人によく一・き給ひて」〈栄花・さまざまの喜び〉㊁〔動カ下二〕❶親しく語り合って事を託す。依頼する。「故大納言の…一・け給へる心たがへじと」〈源・夕霧〉❷味方に引き入れる。手なずける。「かかる者をなむ一・けて置きためる」〈枕・八七〉

かたらい-と・る【語らひ取る】〔動ラ四〕説得して味方にする。手なずける。「この家の次郎を一・りて、うち連れて来たり」〈源・玉鬘〉

かたらい-びと【語らひ人】親しく話し合う相手。「琴をぞなつかしき一と思へる」〈源・末摘花〉

かたら・う【語らう】〔動ワ五(ハ四)〕《動詞「かた(語)る」の未然形＋反復継続の助動詞「ふ」から》❶話し合う。むつまじく語り合う。「友と一・うひととき」❷説得して味方にする。仲間に引き入れる。「浪士等数百名を一・い」〈染崎延房・近世紀聞〉❸じょうずに頼み込む。言いくるめる。「陰陽師を一・ひて」〈宇治拾遺・二〉❹親しく交際する。「おのづから女房と一・ひ」〈大鏡・伊尹〉❺男女が言い交わす。男女の関係を持つ。契る。「みそかに一・ふわざもせざりければ」〈伊勢・六四〉❻鳴く。「郭公一・ふ方や山のはに村雨過ぎて月ぞほのめく」〈玉葉集〉(可能)かたらえる (類語)話し合う・対話・話す・語り合う・談ずる・懇談する・面談する・諮る・持ち掛ける・掛け合う

かたら-く【語らく】《動詞「かた(語)る」のク語法》語ること(には)。「吾妹児に告りて一しましくは家に帰りて」〈万・一七四〇〉

かたり【語り】❶語ること。また、その話。❷記録映画やラジオ・テレビのドラマなどで、筋や場面を説明・解説すること。ナレーション。❸能で、事件や由緒などを節がなくて抑揚の少ない、多くは散文調の詞で物語ること。また、その部分。主にワキが演じる。❹狂言で、普通のせりふとは違う独白形式の改まった口調で、事件や由緒を物語ること。また、その部分。❺歌舞伎で、看板や番付の外題の上などに、その作の概要を掛け詞・縁語などを多用した美文調で述べたもの。立て作者が書いた。❻語り伝える事柄。話題。「永き世の一にしつつ後人の偲ひにせむと」〈万・一八〇一〉

かたり【×騙り】人をだまして金品を巻き上げること。

また、その人。詐欺。詐欺師。「―を働く」
(類語)詐欺・ペテン
かたり〘副〙堅い物が触れ合って立てる音を表す語。「テーブルに、コップを―と置く」
ガタリ〘Félix Guattari〙[1930～1992]フランスの精神医学者・思想家。精神分析の手法を用いて現代文明批判を展開し、ポスト構造主義の先駆者の一人となった。ドゥルーズとともに既存の階層的体系を批判し、より横断的・流動的なリゾームやノマドの概念を提示した。著「分子革命」、ドゥルーズとの共著「アンチ-オイディプス」「千のプラトー」など。
がたり〘副〙❶堅くて重い物がぶつかって立てる音を表す語。「戸を―と開ける」❷急に動いたり落ちたりするさま。「電気の消費量が―と減る」
かたり-あい【語り▽間】能の間狂言の一。中入りの間に、狂言方がワキの質問に対して故事来歴などを語るもの。また、その役。居語りと立ち語りがある。
かたり-あ・う【語り合う】〔動ワ五(ハ四)〕互いに話をする。語らう。「友と国際情勢を―・う」
(類語)話す・語らう・談ずる・懇談する・面談する・諮る・持ち掛ける・掛け合う
かたり-あか・す【語り明かす】〔動サ五(四)〕話をし合って夜を明かす。「旧友と一夜を―・す」
かたり-あわ・す【語り合はす】〔動サ下二〕話をし合う。語り合う。「宮のうち、殿ばらのことども、かたみに―・せたるを」〈枕・三〇三〉
かたり-か・ける【語り掛ける】〔動カ下一〕図かたりか・く〔カ下二〕相手に話をしかける。話して聞かせる。「静かに―・ける」
かたり-く【語り句】❶平曲で、節をつけずに素声で語る部分。⇔引き句。❷語りぐさ。「さあ、末代までの―に」〈浄・用明天王〉
かたり-ぐさ【語り▽種】いつまでも人の口に上るような話題。話のたね。かたらいぐさ。「のちのちまでの―になる」(類語)言いぐさ・笑いぐさ
かたり-ぐち【語り口】❶語るときの口調。「淡々とした―」❷落語や浄瑠璃などを語るときの調子や態度。「先代そっくりの―」
(類語)口調・語調・語気・論調・歯切れ・呂律
かたり-ごと【語り言】正しく語り伝える言葉。伝承する言葉。「若草の妻の命事の―もこをば」〈記・上・歌謡〉
カタリスト〘catalyst〙►カタライザー
かたり-つ・ぐ【語り継ぐ】〔動ガ五(四)〕次々に語って伝える。「古くから―・がれてきた土地の伝説」
かたり-つた・える【語り伝える】〔動ア下一〕図かたりつた・ふ〔ハ下二〕世間の人や後世の人に話して伝える。「巷間に―・えられた事件」
かたり-て【語り手】❶語る人。話し手。❷映画・演劇・放送などで、筋の運びや場面の説明などを話す人。ナレーター。❸浄瑠璃・浪曲などの、語り物を語る人。
カタリナ〘Catharina de Alexandria〙キリスト教の聖女。4世紀初め殉教。皇帝の前で50人の哲学者を論破して改宗させたという。哲学者の守護聖人。
かたり-な・す【語り成す】〔動サ四〕❶それらしく話す。そのように話す。「はかばかしうもあらず、かたくなしう―・せど」〈源・明石〉❷事実をゆがめて語る。「言ひたきままに―・して」〈徒然・七三〉
カタリ-は【カタリ派】《ラテ Cathari》12～13世紀に、南フランスや北イタリアに広がった、キリスト教の異端の一派。マニ教的二元論の立場に立ち、現世を悪とし、禁欲的苦行を実践。十字軍による強力な弾圧を受けた。アルビジョア派。
かたり-ふる・す【語り古す】〔動サ五(四)〕以前から多くの人が語って新鮮さがなくなる。言い古す。「その話は―・されている」
かたり-べ【語▽部】❶古代、古伝承を語り伝え、公式の場で奏した部。平安時代には践祚大嘗祭のとき、美濃・丹波・丹後・但馬・因幡・出雲・淡路の7か国から召されて古詞を奏した。かたらいべ。❷ある物事を後の代に語り伝える人。「戦争の―」

かたり-もの【語り物】日本の声楽曲の一系統で、筋のある物語を節をつけて語るもの。また、その詞章。平曲・幸若舞曲・説経節・祭文・浄瑠璃・薩摩琵琶・筑前琵琶・浪花節など。⇒歌い物
カタル〘オラ catarrhe｜ドイ Katarrh〙粘膜の滲出性炎症。粘液の分泌が盛んになり、上皮の剝離、充血などもみられる。(補説)「加答児」とも書く。
かた・る【語る】〔動ラ五(四)〕❶話す。特に、まとまった内容を順序だてて話して聞かせる。「目撃者の―・るところによれば」「決意の程を―・る」❷語り物を節をつけて朗読する。「浪曲を―・る」❸ある事実がある意味・真実・事情などをおのずから示す。物語る。「この惨状が台風のすさまじさを―・っている」❹親しくまじわる。「其の里の人、年ごろ別して―・り、殊更内縁のよしみなりけるが」〈浮・武家義理・二〉(可能)かたれる
(類語)言う・しゃべる・話す・述べる・言い出す・発言する・口を利く・口に出す・口にする・吐く・漏らす・口走る・抜かす・ほざく・うそぶく・しゃべる・物言う・伝える・告げる・物語る・打ち明ける・明かす・説明する・述懐する・告白する・口外する・他言する（尊敬）おっしゃる・仰せられる・宣う（謙譲）申し上げる・申す・言上する
語るに落ち・る　《「問うに落ちず語るに落ちる」の略》問い詰められるとなかなか言わないが、かってに話させるとうっかり秘密をしゃべってしまう。
語るに足・る　語るだけの値うちがある。また、語る相手としてふさわしい。「人生を―・る友人」
かた・る【×騙る】〔動ラ五(四)〕《「語る」と同語源。もっともらしく、巧みに話しかけるところから》❶金品をだましとる。「大金を―・られる」❷地位・名前などを偽る。詐称する。「有名人の名を―・る」(可能)かたれる (類語)騙す・ごまかす・偽る・たばかる・欺く・誑かす・はぐらかす・化かす・一杯食わす
カタルーニャ〘Cataluña〙スペイン北東部、ピレネー山脈東部南麓にある自治州。州都はバルセロナ。歴史的に南フランスとの結び付きが深い。独特の言語・文化を持ち独立志向も強い。スペイン内戦では人民戦線の拠点となった。カタロニア。
カタルーニャ-おんがくどう【カタルーニャ音楽堂】《Palau de la Música Catalana》スペイン、バルセロナ市街にある音楽堂。建築家ルイス=ドメネク=イ=モンタネルの代表作の一つで、1908年に完成。内外の装飾にはカタルーニャ地方の伝統工芸の技法が数多く使われている。97年、同じくモンタネルの代表作であるサンパウ病院とともに「バルセロナのカタルーニャ音楽堂とサンパウ病院」として世界遺産(文化遺産)に登録された。
カタルーニャ-ひろば【カタルーニャ広場】《Plaça de Catalunya》スペイン北東部、カタルーニャ州の都市バルセロナの旧市街中心部にある広場。バルセロナ港に臨むコロンブスの塔とを結ぶ目抜き通り、ランブラス通りの北側の起点。
ガダルカナル-とう【ガダルカナル島】《Guadalcanal》南太平洋、ソロモン諸島南部の火山島。太平洋戦争での日米激戦地。面積5668平方キロメートル。
カタルシス〘ギリ katharsis〙《浄化・排泄の意》❶文学作品などの鑑賞において、そこに展開される世界への感情移入が行われることで、日常生活の中で抑圧されていた感情が解放され、快感がもたらされること。特に悲劇のもたらす効果としてアリストテレスが説いた。浄化。❷精神分析で、無意識の層に抑圧されている心のしこりを外部に表出させることで症状を消失させる治療法。通利療法。
カタルせい-はいえん【カタル性肺炎】気管支肺炎の別名。
カダレ〘Ismail Kadare〙[1936～　]アルバニアの小説家。1990年フランスに亡命。代表作は第二次大戦のパルチザンを描いた「死者の軍隊の将軍」。他に「大いなる冬」「夢宮殿」「砕かれた四月」など。
カタレプシー〘catalepsy〙受動的にとらされた姿勢を保ち続け、自分の意思で変えようとしない状態。

統合失調症やヒステリーなどでみられる。蠟屈症。
が-たろ【▽河太▽郎】河童の異称。〈守貞漫稿〉
かた-ろうか【片廊下】建物の片側に通して部屋や住戸を並べた廊下。集合住宅などにみられる。
カタログ〘catalog〙【型録】目録。展示物・商品・営業内容などについての目録や案内書。
(類語)目録・書誌
カタログ-ギフト《和 catalog＋gift》結婚式の引き出物、香典返し、記念品などを受ける人が、送られてきたカタログから希望の品を選ぶ方式。
カタログ-ショッピング〘catalog shopping〙 商品を実際に見て買うかわりに、カタログを見て商品を買うこと。通信販売の一種。
カタログ-ビジネス《和 catalog＋business》顧客に商品のカタログを送付して電話や申込書などで注文を受ける販売方式。
カタログ-レゾネ〘フラ catalogue raisonné〙書物・絵画などの解題付き類別目録。(補説)英語ではreasoned catalog
カタロニア〘Catalonia〙カタルーニャの英語名。
かた-わ【片端｜片輪】〘名・形動〙《「片」は不完全の意》❶からだの一部に障害があること。❷考え方などにつりあいがとれていないこと。また、そのさま。❸不完全なこと。未熟なさま。また、欠点。「此の大臣は色めき給へるなむ少し―に見え給ひける」〈今昔・二二・八〉❹見苦しいこと。また、そのさま。不格好。「御前には、さらぬ折だに―なるまでの御物おぢなれば」〈狭衣・三〉❺きまりが悪いこと。また、そのさま。「いと―なるほどになりぬ、など急げば」〈かげろふ・上〉(補説)「片輪」は当て字。
かた-わ【片輪】二つある車輪の片方。
かた-わき【片脇】❶片方のわきの下から胸の側面にかけての辺り。「―に抱える」❷かたわら。わき。「―に寄せる」❸中心から離れた所。田舎。場末。「―には今に天人唐草目にしむ」〈浮・胸算用・三〉
(類語)横・脇・傍ら・片方・隣・横手・横合い・そば
かた-わく【型枠】所定の形にコンクリートを打ち込むのに用いる、木材や金属で組んだ仮設の枠。
かた-わ・く【方分く】㊀〔動カ四〕❶歌合わせ・競べ馬などで、人数を左右に分ける。双方に分ける。「上達部、御子達、―・きて競べ給ふ」〈宇津保・祭の使〉❷別々にする。異にする。「かく御心少しづつは―・かせ給へれど、上も宮も劣らず」〈栄花・殿上の花見〉㊁〔動カ下二〕㊀❶に同じ。「梅と桜の造り枝百人づつ―・けてふりかたげ」〈浄・国性爺〉
かたわ-ぐるま【片輪車】❶車輪が一つだけの手押し車。一輪車。❷車輪の片方がない車。❸車輪が川の水に洗われるさまを描いた文様。
かた-わら【傍ら｜×旁｜▽側】㊀〘名〙❶そば。すぐ近く。「―のいすに腰かける」❷(「…のかたわら」の形で)端に寄った所。「道の―にたたずむ」❸(接続助詞的に用いて)主となることをする一方。合間に。「学校に通う―家業を手伝う」❹側面。物の脇。「頭ごとに各石松あり、ふたつの―に山あり」〈神代紀・上〉㊁〘副〙あることをする一方では。その合間に。「会社に勤めて、―小説を書く」
(類語)そば・近く・近辺・付近・わき・はた・許・足元・手元・横・片脇・片方・隣・横手・横合い
傍らに人無きが如し　《「傍若無人」の訓読》そばにだれもいないかのように、わがまま勝手に振る舞うさま。「―如き振る舞い」
かたわら-いた・し【傍ら痛し】〔形ク〕❶第三者の立場から見ていて、心が痛む。はらはらする。気の毒だ。「この頃の御気色を見奉る上人、女房などは、―・しと聞きけり」〈源・桐壺〉❷第三者の立場から見て、苦々しく思う。笑止だ。後世、「片腹痛い」と当てるようになった。「よしとも覚えぬ我が歌を人に語りて人のほめなどしたる由いふも―・し」〈枕・九六〉❸第三者が自分をどう思うかと気にかかる。気がひける。きまりが悪い。「いと―・けれど、頼み聞こえさするままに」〈落窪・一〉⇒片腹痛い
かたわら-くる・し【傍ら苦し】〔形シク〕《「かた

わらぐるし」とも》そばで見ていて心苦しい。気の毒だ。「いみじと思ふとも、一・しき折々もやまじり給はむと」〈苔の衣・二〉

かたわら-さび・し【傍ら寂し】〔形シク〕寄り添う人がいなくて寂しい。「一・しく物悲しくおぼさる」〈源・蓬生〉

かたわら-な・し【傍ら無し】〔形ク〕肩を並べる者がない。「人柄も一・きやうに」〈源・若菜上〉

かたわら-ふ・す【傍ら臥す】〔動サ四〕わきを下にして横たわる。横になる。「御几帳のもとに一・し給へる」〈源・蛍〉

かたわら-め【傍ら目】横から見た顔や姿。横顔。そばめ。「外の方を見出だし給へる一」〈源・賢木〉

かた-われ【片割れ｜片破れ】❶割れた器物などの一片。また、対になっているものの一方。「靴下の一を捜す」❷一つのものから分かれたもの。分身。「清をおれの一と思うからだ」〈漱石・坊っちゃん〉❸仲間の一人。「密輸団の一」

〈類語〉片方・片一方・一方・他方

かたわれ-づき【片割れ月】半分またはそれ以上欠けている月。「十日頃の一が白くかかっている」〈荷風・見果てぬ夢〉

か-たん【下端】❶物の下の方の端。⇔上端。❷ ▶下限❷

か-たん【荷担｜加担】〔名〕スル ❶《他人の荷物を背負うことから》力添えをすること。仲間になること。「犯行に一する」❷荷物を背負うこと。になうこと。「三種の神器を自ら一して」〈太平記・一八〉

〈類語〉加勢・助勢・幇助・手助け・助太刀・援助

か-たん【賈耽】[730〜805]中国、唐の政治家。滄州・南皮(河北省)の人。字は敦詩。13年間宰相を務めた。地理学を好み、「海内華夷図」「古今郡国県道四夷述」などを残した。

かたん〔副〕堅い物が当たって立てる、軽い感じの音を表す語。「障子を一と閉める」

か-だん【花壇】庭などで、一部分を区切り土を盛り上げるなどして草花を植えた所。〈季 秋〉

〈類語〉花園

か-だん【果断】〔名・形動〕物事を思いきって行うこと。決断力のあること。また、そのさま。「一な処置」「積極一」〈派生〉かだんさ〔名〕

か-だん【華壇】華道の社会。華道界。

か-だん【歌壇】歌人たちの社会。

がたん〔副〕❶堅い物がぶつかって立てる、重い感じの音を表す語。「電車が一と揺れる」❷成績・人気・数量などが、目立って減るさま。がくん。がたり。「売り上げが一と落ちる」

が-だん【画壇】画家たちの社会。

が-だん【雅談】上品な談話。風流な話。⇔俗談。

カタン-いと【カタン糸】《カタンはcotton》ミシン用の細い木綿糸。縒りをかけた糸にガス焼き・漂白・ろう引きなどの加工を施したもの。

カタンガ〖Katanga〗コンゴ民主共和国南東部にある州。銅やウラン・コバルト・マンガンなどを産出する。

かたん・ずる【難んずる】〔動サ変〕図かたん・ず〔サ変〕《「かたみす」の音変化》むずかしいと考える。困難とする。「甘き苦悩なるが故に割愛を一・ずるのである」〈鷗外・青年〉

かたん-せい【可鍛性】衝撃や圧力で破壊されることなく変形できる固体の性質。鍛造しうる性質。

かたん-ちゅうてつ【可鍛鋳鉄】白鋳鉄を加熱処理して、炭素を除いたりセメンタイトを黒鉛化させたりし、可鍛性をもつようにした鋳鉄。

か-ち【価値】❶その事物がどのくらい役に立つかの度合い。値打ち。「読む一のある本」「一のある一勝」❷経済学で、商品が持つ交換価値の本質とされるもの。➡価値説 ❸哲学で、あらゆる個人・社会を通じて常に承認されるべき絶対性をもった性質。真・善・美など。〈類語〉(❶)値打ち・価・意義・真価・有用性・バリュー・メリット

かち【徒｜徒＝歩｜歩｜歩＝行】❶乗り物を使わないで歩くこと。徒歩。「一で山へ登りました」〈二葉亭訳・片恋〉❷(「徒士」とも書く)㋐江戸時代、武士の身分の一。騎乗を許されない下級の武士。おかち。㋑「徒侍」に同じ。㋒「徒組」の略。

かち【勝ち】勝つこと。勝利。「一を得る」⇔負け。

〈類語〉勝利・ウイニング

勝ちに乗じ・ずる　勝った勢いのままに物事を行う。勝ちに乗る。「一・じて一気に攻める」

勝ちに乗・る　「勝ちに乗ずる」に同じ。

勝ちを制・する　勝利を自分のものとする。勝利を決める。「首尾よく一・する」

勝ちを千里の外に決す　《「史記」高祖本紀から》戦場に赴くことなく、いながらにして、はかりごとをめぐらして勝利を収める。

かち【褐】❶濃い藍色。かちいろ。かつ。かちん。❷襲の色目の名。表裏ともに萌葱色。❸ウサギの毛で織った織物。兎褐。「錦の袋に入れたる一つと、一の袋に入れたる一つ」〈宇津保・俊蔭〉

がち【月】❶《謡曲「松風」の「月は一つ、影は二つ、三つ(満つ)汐の」からという》江戸時代、上方の遊里で、揚げ代1匁の下級女郎のこと。汐(3匁)・影(2匁)の下位。❷《「がんち(頑痴)」の音変化か》色道に慣れないこと。不粋なこと。また、その人。野暮。「一の男は泥みたる風をして」〈浮・禁短気・五〉

が-ち【雅致】風流な味わい。上品な風情。雅趣。「一のある絵」

がち〔形動〕《俗語。「がちんこ」から》真剣に。まじめに。本気で。「一で頭にきた」

〈類語〉真面目・真剣・本気・まじ

がち【勝ち】〔接尾〕名詞や動詞の連用形に付く。❶…が多い、…する傾きがある、…に傾きやすいなどの意を表す。「後れ一」「病気一」❷それのほうが得をする意を表す。「早い者一」

かち-あ・う【搗ち合う】〔動ワ五(ハ四)〕《臼で餅などをつくときに、杵がぶつかり合う意から》❶物と物とがぶつかり合う。衝突する。「頭と頭が一・う」「意見が一・う」❷同時に起こる。いくつかの物事が一緒になる。「会議が二つ一・う」

かち-あお【褐襖】▶褐衣

かち-あが・る【勝(ち)上(が)る】〔動ラ五(四)〕勝って、次の段階にすすむ。勝ちすすむ。「トーナメントで決勝まで一・る」

かち-あげ【搗ち上げ】相撲で、立ち合いに相手が頭を低くして出る時、ひじを直角に曲げて相手の上半身を下からはね上げ、相手の上体を起こす技。

かち-ありき【徒歩き】乗り物に乗らないで、徒歩で外出すること。かちあるき。「はじめつかたは、一する人はなかりき」〈枕・三三〉

かち-いくさ【徒＝歩軍｜歩兵】❶乗馬せず徒歩で戦う兵士。「一騎も一も攻めて」〈前田本雄略紀〉❷徒歩の兵士の戦闘。

かち-いくさ【勝(ち)戦｜勝ち軍】戦いに勝つこと。また、勝った戦い。⇔負け戦。

かち-いしゃ【徒医者】自家用の駕籠を持たないため、徒歩で往診する貧乏な医者。「一ながら、療治よくせらるる」〈浮・永代蔵・六〉

かち-いろ【勝(ち)色】❶戦いに勝ちそうなようす。⇔負け色。❷「褐色」に同じ。

かち-いろ【褐色｜搗色】黒く見えるほど濃い藍色。濃紺色。「かち」は「勝ち」に通じ、縁起をかついで武具の染め色や祝賀のときに用いられた。勝ち色。かち。かちんいろ。かついろ。

かちいろ-おどし【褐色威】鎧の威の一。褐色の組糸または染め革威。勝つ色威。勝つ糸威。

かち-うま【勝(ち)馬】❶競馬で優勝した馬。また、優勝すると予想される馬。❷(比喩的に)勝者。事業などで成功して勢いのある人。➡勝ち馬に乗る ❸賀茂の競べ馬で勝った馬。〈季 夏〉

勝ち馬に乗・る　有利な方につく。勝った方に味方して便乗する。勝負事に勝った人、事業などで成功した者、力のある人の側について恩恵を受ける。「派閥の力関係を見極めて一・る」

かちうま-とうひょうけん【勝(ち)馬投票券】競馬で、勝ち馬を予想して買い、的中すれば払い戻し金を得ることができる券。単勝式・複勝式・連勝複式・連勝単式などの種類がある。馬券。

かち-え【勝(ち)絵】❶勝負事や競技のようすなどを描いた絵。❷春画のこと。出陣する武士が具足櫃に入れておくと必ず勝つとの俗信があった。

かち-え【褐衣】古代・中世、地下の武官、または随身などの上着。袍の形式で、狩衣に似て裏をつけず、腋を縫わずにあけたもの。褐襖。かちぎぬ。

かち・える【勝(ち)得る｜贏ち得る】〔動ア下一〕図かち・う〔ア下二〕勝って自分のものにする。また、努力してある成果を得る。「成功を一・える」

かちお-でら【勝尾寺】▶かつおじ

カチオン〖ドイツ Kation〗陽イオンのこと。⇔アニオン。

かち-がくせつ【価値学説】経済的価値の本質を説明する学説。古典学派による、商品の価値の実体を、その生産に要した労働量とみなす労働(客観)価値説と、オーストリア学派による、人間の欲望を満足させる効用とみなす効用(主観)価値説とがある。

かち-がしら【徒頭｜徒＝士頭】❶中世以後、徒歩の兵を率いる長。❷江戸幕府の職名。徒組の長。

かち-かち　㊀〔副〕堅い物がぶつかってたてる、軽く澄んだ音を表す語。多く、規則的で連続的な音にいう。「時計の一(と)いう音」「一と拍子木の音がする」㊁〔形動〕❶非常に堅いさま。かちんかちん。こちこち。「一に凍る」「のりが乾いて一だ」❷緊張や恐怖でからだがこわばっているさま。「初舞台で一になる」❸融通がきかないさま。こちこち。「一の石部金吉」〈アクセント〉㊀はカチカチ、㊁はカチカチ。

〈類語〉堅い・強い・硬質・堅硬・生硬・硬直・がちがち・かちんかちん・こちこち・ハード

がち-がち　㊀〔副〕❶堅い物が連続してぶつかり合う音を表す語。「寒くて歯を一(と)いわせる」❷ある物事にこだわって、ゆとりがないさま。「一勉強する」㊁〔形動〕❶非常に堅くなっているさま。「一に固まる」「一な芋」❷欲の深いさま。「一の守銭奴」〈アクセント〉㊀はガチガチ、㊁はガチガチ。

〈類語〉堅い・強い・硬質・堅硬・生硬・硬直・かちかち・かちんかちん・こちこち・ハード

かちかち-やま【かちかち山】日本の昔話の一。室町末期の成立か。悪い狸に婆を殺された爺のために、兎が敵討ちをする。

かち-がらす【勝ち烏】カササギの別名。

かち-かん【価値観】物事を評価する際に基準とする、何にどういう価値を認めるかという判断。「一の相違」

かち-き【勝(ち)気】〔名・形動〕人に負けまいとする気の強い気性であること。また、そのさま。きかぬ気。負けん気。「一な人」〈類語〉きかん気・負けん気・強気・向こう意気・鼻っ柱・鼻っぱし・負けず嫌い・気丈

かち-ぎぬ【褐衣】▶かちえ(褐衣)

かち-ぎね【搗ち杵】「搗つき杵」に同じ。

がち-ぎょうじ【月行事｜月行司】❶中世から近世、毎月交替で町内または商工業の組合の事務を処理した当番。つきぎょうじ。❷近世、遊郭で毎月交替する楼主の総代。「一から札取らねば、大門が出られませぬ」〈浄・冥途の飛脚〉

か-ちく【家畜】人間の生活に役立たせる目的で飼育される動物。

かちくかいりょう-センター【家畜改良センター】畜産の発展と豊かな食生活に貢献するために設立された独立行政法人。平成2年(1990)農林水産省の組織であった種畜牧場を改組・改名、同13年独立行政法人となる。家畜や飼料作物の改良、牛個体識別、畜産新技術の開発などを業務とする。

かちく-でんせんびょう【家畜伝染病】家畜伝染病予防法によって定められた家畜がかかる伝染病で、特に伝染性が強く一群の家畜を一時に失うおそれのある疾病。平成9年(1997)より同法では家畜伝染病と届出伝染病をまとめて監視伝染病とよぶ。家畜伝染病には、狂犬病・牛疫・豚コレラ・炭疽などが指定されている。家畜法定伝染病。

かちくでんせんびょう-よぼうほう【家畜伝染病予防法】家畜の伝染性疾病(寄生虫病を含む)の発生の予防と蔓延の防止について定めた法律。昭和26年(1951)施行。家伝法。➡家畜伝染病 ➡届出伝染病

かちく-ぼうえきかん【家畜防疫官】►防疫官

かちく-ほうていでんせんびょう【家畜法定伝染病】►家畜伝染病

かちくほけんえいせい-じょ【家畜保健衛生所】家畜の衛生の向上を図るために都道府県が設置する公的機関。鳥インフルエンザ・BSEなどの家畜伝染病の予防や衛生指導のほか、動物病院・動物用医薬品販売店の指導なども行う。家保。

かち-ぐみ【▽徒組|徒＝士組】江戸幕府の職名。将軍外出のとき、徒歩で先駆を務め、また沿道の警備などに当たった。おかちぐみ。かち。

かち-ぐみ【勝(ち)組】勝負事に勝ったり、事業などで成功した者。人生の競争で望んだ地位や財産を得た者。➡負け組

かち-ぐり【×搗ち×栗|勝ち×栗】クリの実を干して臼で軽くつき、殻と渋皮を取り去ったもの。「かち」が「勝ち」と同音であるところから、出陣・祝勝に用いられた。正月の祝儀などに用いる。

かち-こし【勝(ち)越し】競技などで、勝ち越すこと。「一を決める」「一点」⇔負け越し。

かち-こ・す【勝(ち)越す】〔動サ五(四)〕❶勝った回数が負けた回数より多くなる。「千秋楽でようやく一・す」⇔負け越す。❷競技などの途中で、相手の得点を上回る。「一点一・す」⇔負け越す。

かち-ざむらい【▽徒侍】主君の外出時、徒歩で身辺警護を務めた下級武士。徒衆。かち。

かち-じ【▽徒路|▽歩路】歩いて行く旅。「一もまたおそろしかなれど」〈枕・三〇六〉

かち-しゅう【▽徒衆|徒＝士衆】❶「徒侍」に同じ。❷江戸幕府の徒組に属した武士。おかちしゅう。かちしゅ。

が-ちしょう【賀知章】[659〜744]中国、唐の詩人。永興(浙江省)の人。字は季真。号、四明狂客。放縦な性格で、酒を好み、李白と親交があった。飲中八仙の一人。また、行書の名手。

かち-す・ぎる【勝(ち)過ぎる】〔動ガ上一〕❶ある傾向や性質が強すぎる。「悲観論が一・ぎる予測」❷負担が大きすぎる。「仕事の荷が一・ぎる」

かち-すす・む【勝(ち)進む】〔動マ五(四)〕勝負に勝って次の段階へ進む。「決勝戦へと一・む」

かち-ずもう【勝(ち)相×撲】勝った相撲。また、勝つはずの相撲。「一をのがす」

かち-ぞめ【▽褐染(め)】褐色に染めること。また、その色の染め物。かちんぞめ。

かち-だち【▽徒立ち|▽歩立ち】❶騎馬でなく、徒歩であること。「馬をも射させ、一になり」〈平家・七〉❷歩兵の戦い。かちいくさ。また、その兵。「鎮西の育ちなれば、一はよかるらん」〈保元・中〉

かち-ちゅうりつ【価値中立】その物事の価値が、法的には適法でも違法でもなく中立であること。また、是非善悪にかかわりのないこと。「科学的判断は一的であるべきだ」

かち-づ・ける【価値付ける】〔動カ下一〕物事の価値うちを定める。評価する。「正当に一・ける」

かちっ-と〔副〕スル ❶堅くて小さい物が打ち当たったときに出る音を表す語。かちりと。「かぎが一かかる」❷ゆるみがなくしっかりとしているさま。ひきしまっているさま。「一した字」「一した内容」

がちっ-と〔副〕❶堅くて重い物が打ち当たったときに出る音を表す語。「つるはしが岩盤に一当たる」❷組み立てなどが堅固なさま。がっちりと。「一スクラムを組む」

かちっ-ぱなし【勝ちっ放し】どこまでも続けて勝つこと。勝ちどおし。(類語)連勝・連覇・土つかず

かち-てつがく【価値哲学】真・善・美・聖などの絶対的、永遠的価値の探求や確立を対象とする哲学。ロッツェに始まり、新カント学派のウィンデルバントやリッケルトがこれを受け継いだ。

かち-てん【勝ち点】サッカーなどのリーグ戦で、勝敗や勝ち方などによって与えられる点数。全試合終了後の合計で順位が決定する。

かち-てんかん【価値転換】ニーチェの用語。従来のキリスト教の道徳的価値を否定し、価値観の転換を図ろうとする態度・思想。

かち-とうしゅ【勝(ち)投手】野球で、自チームに勝利をもたらすのに最も有効な投球を行った投手。先発投手では5イニング以上投げて登板中に自チームがリードし、その状態が試合の最後まで続いた場合、救援投手では登板中に勝ち越した場合など、その決定には諸規定がある。勝利投手。⇔負け投手。

かち-どうしん【▽徒同心|徒＝士同心】平時は雑役に従事し、戦時には歩卒となって合戦に参加した下級武士。足軽。

かち-どき【勝ち×鬨】戦いに勝ったときあげる鬨の声。凱歌。「一をあげる」

かちどき-ばし【勝鬨橋】東京都中央区、隅田川の最下流に架かる橋。築地と月島とを結ぶ。昭和15年(1940)完成。中央部が二つに跳ね上がる可動橋。現在は開閉をやめている。

かち-と・る【勝(ち)取る】〔動ラ五(四)〕❶争いに勝って自分のものにする。「無罪判決を一・る」❷努力して自分のものとする。「苦労して特許を一・る」

かち-なのり【勝(ち)名乗り】❶相撲で、行司が勝った力士のしこ名を呼んで、その方へ軍配をあげること。「一を受ける」❷競争や戦いなどで勝ちを宣言すること。「即日開票で早々と一を上げた」

かち-に【▽徒荷】人足が歩いて運ぶ荷物。「大坂から一でとりよせますさかひ」〈滑・膝栗毛・七〉

かち-にげ【勝(ち)逃げ】〔名〕スル 勝った者が、次の勝負に応じないでその場を去ること。

かち-ぬき【勝(ち)抜き】勝った者が、次々に相手を替えて、負けるまで、または優勝するまで勝負を続けること。「一戦」

かち-ぬ・く【勝(ち)抜く】〔動カ五(四)〕❶次々に相手を破って、勝ち進む。「一・いて優勝する」❷最後まで戦いぬいて勝つ。「苦しい戦いを一・く」

かち-ぬの【▽褐布】褐色に染めた布。播磨国飾磨郡の特産物。

かち-のこ・る【勝(ち)残る】〔動ラ五(四)〕試合や勝負に勝って、次の戦いに残る。「激戦を一・る」

かち-の-やまい【×瘍の病】「消渇❶」に同じ。

かち-はしり【▽徒走り|▽歩走り】❶乗り物を用いずに、足で走ること。「一の苦しかりしをのみなむ」〈宇津保・国譲下〉❷徒歩でついてゆく下級の兵士。走り衆。「はかばかしき一の一人をだにも具せざりけり」〈保元・中〉

かち-はだし【▽徒×跣】履物をはかないで地面を歩くこと。はだし。「ズボンを膝の上までたくし上げ、靴をぶら提げて一になっていたが」〈谷崎・細雪〉

かち-はな・す【勝(ち)放す】〔動サ五(四)〕ずっと勝ち続ける。勝ちっぱなす。「開幕以来一・す」

かち-はんだん【価値判断】❶ある事柄の値打ちや効用を評価すること。❷哲学で、ある対象に対して、主観がその価値評価を言明する判断。

かち-びと【▽徒人|▽歩人】徒歩の人。歩いて行く人。かちんど。「この内に入り満ちたる、車、一、数知らず多かり」〈栄花・御裳着〉

かち-ほうそく【価値法則】マルクス経済学で、商品の価値は、その生産のために社会的に必要な労働時間によって決定されるとするもの。

かち-ほこ・る【勝(ち)誇る】〔動ラ五(四)〕勝っておおいに得意になる。「一・った顔」

かち-ぼし【勝(ち)星】相撲などの勝敗表に、勝ったほうにつける白い丸。白星。転じて、勝負に勝つこと。「一をあげる」「一を拾う」⇔負け星。

かち-まけ【勝ち負け】勝つことと負けること。勝敗。勝負。「一を争う」「一がつく」
(類語)勝敗・雌雄・勝負・輸贏・決勝・ファイナル

かち-まもり【勝(ち)守り】社寺で発行する戦勝の守り札。

かち-み【勝(ち)味】勝てる見込み。勝つ可能性。勝ち目。「一が薄い」

かち-むしゃ【▽徒武者】馬に乗らない、徒歩の兵士。雑兵。「一の侍二三十人」〈愚管抄・五〉

かち-め【勝(ち)目】❶勝つ見込み。勝ちみ。「一はない」❷ばくちで、勝ちとなるさいころの目。
(類語)勝算・成算

かち-めつけ【▽徒目付】江戸幕府の職名。目付の指揮のもとに江戸城内の宿直、大名登城の監察、幕府諸役人の執務の内偵などに当たった。徒横目。おかちめつけ。

かちゃあしい《多く「カチャーシー」と書く》沖縄諸島で、急速なテンポの曲にのせておどる即興の踊り。祝宴や祭りの終わり、競技の応援などに広く行われる。

カチャーロフ〖Vasiliy Ivanovich Kachalov〗[1875〜1948]ロシア・ソ連の俳優。モスクワ芸術座の中心的な俳優として活躍。

かちゃ-かちゃ〔副〕スル 堅い物が連続して触れ合うときの軽い音を表す語。「一(と)皿を重ねる」

がちゃ-がちゃ ㊀〔副〕スル ❶堅い物がぶつかり合う騒々しい音を表す語。「かぎの束を一いわせる」❷クツワムシの鳴く声を表す語。❸あれこれやかましく言いたてるさま。「一文句ばかり言う」㊁〔形動〕乱雑なさま。「机の中が一だ」㊂〔名〕クツワムシの別名。(季秋)「一夜一夜一近くやかましく／子規」アクセント㊀は、ガチャガチャ、㊁㊂は、ガチャガチャ。

がちゃ-ぎり【がちゃ切り】俗に、電話の切り方が乱暴なこと。通話の相手がまだ話しているにもかかわらず、がちゃんという音を立てて受話器を置き、電話を切ってしまうこと。

か-ちゃく【家嫡】家のあととり。嫡子。けちゃく。

がちゃ-つ・く〔動カ五(四)〕❶がちゃがちゃと音を立てる。「サーベルを一・かせる」❷もめごとが起こる。「教室が一・いている」

カチャッピ〖katjapi|kachapi〗インドネシアの撥弦楽器。リュート型のものと、舟形の共鳴胴上面に金属弦を張ったチター型のものとがある。

かちゃり〔副〕金属性の物が触れ合って出す小さい音を表す語。「一とかぎをかける」

がちゃり〔副〕堅い物がぶつかったときの鈍い音を表す語。「かちゃり」より重い。「一と錠が下りる」

かちゃん〔副〕小さな堅い物が他の堅い物にぶつかって立てる音を表す語。「コーヒー茶碗を一と置く」

がちゃん〔副〕堅い物が勢いよく打ち当たるときの音や、ぶつかって物が壊れる音などを表す語。「受話器を一と置く」「一と割れる」

か-ちゅう【火中】〔名〕スル ❶燃えている火の中。❷火の中に物を入れて焼くこと。「貫一は例に因りて封のまま一してけり」〈紅葉・金色夜叉〉

火中の栗を拾う 《猿におだてられた猫が、いろりの中の栗を拾って大やけどをしたという、ラ-フォンテーヌの寓話から》自分の利益にならないのに、他人のために危険を冒すたとえ。

か-ちゅう【花柱】雌しべの、柱頭と子房との間の部分。柱頭についた花粉からこの中に花粉管が伸び、受精する。

か-ちゅう【家中】❶家の中。屋敷の中。❷家族全員。いえじゅう。「一一同より」❸江戸時代、大名の家臣の総称。藩士。また、藩。「御前死去の後、一は若殿なきことを悲しみ」〈浮・一代女・一〉

か-ちゅう【華中】中国中東部、揚子江の中・下流域の地方。湖南・湖北・江西省の地方で、穀倉地帯をなす。ホワチュン。

か-ちゅう【華×冑】《「冑」は血筋の意》貴い家柄。名門。貴族。

か-ちゅう【渦中】❶水のうずまく中。❷ごたごたした事件の中。もめ事などの中心。「事件の一に巻き込まれる」「疑惑の一にある人物」

が-ちゅう【牙×籌】❶昔、中国で計算に用いた象牙製の数取り。❷そろばん。「一を執る」

かちゅう‐かい【華×冑界】クワチウ 貴族の社会。

カチューシャ〘ロシ katyusha〙ヘアバンドの一。弾力性のある細い金属板などをまるくして布などをかぶせたもの。名称は、大正初期に上演されたトルストイの小説「復活」の女主人公に由来。

カチューシャ〘Katyusha〙トルストイの小説「復活」の女主人公の名。

カチューシャ‐の‐うた【カチューシャの歌】流行歌。島村抱月・相馬御風作詞。中山晋平作曲。抱月脚色の「復活」の舞台で、カチューシャ役の松井須磨子らが歌ったもの。大正3年(1914)大流行した。

かちゅう‐るい【花虫類】クワチウ 花虫綱に属する腔腸動物の総称。群体または単体で、石灰質または角質の骨格をもつものが多い。六放サンゴ・八放サンゴなどに大別される。珊瑚虫さんごちゅう類。はなむしるい。

かちゅう‐るい【渦虫類】クワチウ ▶うずむしるい

かち‐ゆみ【歩＝射|▽徒弓】徒歩で弓を射ること。また、その弓。歩射ぶしゃ。「—のすぐれたる上手どもありければ」〈源・若菜下〉➡騎射うまゆみ

か‐ちょう【火長】クワチヤウ ❶古代の兵制で、兵士10人(一火)の長。❷検非違使けびいしの配下の職名。衛門府の衛士えじを選抜した。

か‐ちょう【加重】〘名〙スル「かじゅう(加重)」に同じ。

か‐ちょう【加徴】❶租税などを増加して徴収すること。❷「加徴米」の略。

か‐ちょう【花鳥】クワテウ 花と鳥。花または鳥。観賞したり、詩歌・絵画などの題材にする場合にいう。

か‐ちょう【花朝】クワテウ 陰暦2月の異称。一説に、特に2月15日。

か‐ちょう【家長】—チヤウ 一家の長。その家の主人。

か‐ちょう【蚊帳】—チヤウ「かや(蚊帳)」に同じ。

か‐ちょう【×嘉調|佳調】—テウ 歌や音楽のよく整った調子。よい調べ。

か‐ちょう【課丁】クワチヤウ「課口かこう」に同じ。

か‐ちょう【課長】クワチヤウ 官庁・会社などで、一つの課を統括・管理する職。また、その人。

か‐ちょう【課徴】クワ— 税を割り当て、取り立てること。

が‐ちょう【画帳】グワチヤウ 絵をかくための帳面。画帖がじょう。スケッチブック。

が‐ちょう【画調】グワテウ 絵画・写真などの画面全体から感じられる気分や調子。

が‐ちょう【×鵝鳥】—テウ ガンを飼いならしてつくられた家禽かきん。中国系はサカツラガンが原種で、代表的品種にシナガチョウがあり、白色か褐色で、くちばしの上にこぶをもつ。ヨーロッパ系はハイイロガンが原種で、白色のエムデン、褐色のトゥールーズなどの品種がある。食用や愛玩用とする。

かちょう‐いき【可聴域】カチヤウヰキ 可聴音の範囲。周波数でおよそ20〜2万ヘルツとされる。

かちょう‐おん【可聴音】カチヤウ— 人間の耳に聞こえる音。およそ20〜2万ヘルツの周波数の音波。

かちょう‐が【花鳥画】クワテウグワ 東洋画で、花の咲いた草木に鳥をあしらった画題。また、花卉かきだけのもの、昆虫や獣を伴うものも含まれる。

かちょう‐きん【課徴金】クワチヨウ— 財政法上の用語で、国が行政権・司法権に基づいて国民から賦課徴収する金銭のうち、租税を除くもの。行政権による手数料・使用料など、司法権による罰金・科料・裁判費用など。

かちょうきんげんめん‐せいど【課徴金減免制度】クワチヨウキンゲンメン— 入札談合やカルテルなど独占禁止法に違反する取引制限を行った企業が、公正取引委員会にその事実を報告し資料を提供した場合に、課徴金を減免する制度。公取委が立ち入り検査を開始する前に、最初に報告した企業は全額、2番目は50パーセント、3番目は30パーセント、検査開始後は一律30パーセント減額する。検査開始前と開始後で合計5社(検査開始後は最大3社)まで減免を受けることができる。平成18年(2006)から導入。制裁措置減免制度。課徴金免除制度。リーニエンシー制度。

かちょうきん‐せいど【課徴金制度】クワチヨウキン— インサイダー取引、有価証券報告書の虚偽記載、監査法人の社員や公認会計士による虚偽証明など、証券市場における違反行為に対して、課徴金の納付を求める制度。審判手続を経て、金融庁による行政処分として行われる。刑事告発から裁判に移行するよりも簡易な方法。違反行為の悪質さなどを基準に証券取引等監視委員会が課徴金を課すか刑事告発するか選択する。

かちょうきんのうふ‐めいれい【課徴金納付命令】クワチヨウキンナフフ— 独占禁止法における措置の一。私的独占・談合・カルテルなど同法の規定に違反する行為を行った事業者に対して公正取引委員会が課徴金の国庫納付を命じること。課徴金額はカルテルや談合が行われていた期間(最長3年)における対象商品などの売上額に課徴金算定率(事業者規模や業種により異なる)を乗じて計算される(100万円以上)。カルテルや談合に関与した事業者が、公正取引委員会による調査開始前後に自主的に報告した場合は、申請順に最大5社まで課徴金の免除または減免を受けることができる(課徴金減免制度)。排除措置命令および課徴金納付命令に不服がある場合、事業者は命令の解除を求める審判を請求することができる。

かちょう‐ぐさ【蚊帳草】カチヤウ— カヤツリグサの別名。

かちょう‐けん【家長権】カチヤウ— 家族制度において、家長が持つ、家族の統制のための支配権。旧民法の戸主権はこの一形態。家父権。家父長権。

かちょう‐ざん【華頂山】クワチヤウ— ㊀中国浙江せっこう省、天台山の主峰。㊁京都東山三十六峰の一。㊂京都知恩院の山号。

かちょう‐しゅうは【可聴周波】カチヤウシウハ 人間の耳に音として聞こえる周波数領域。およそ20ヘルツ〜20キロヘルツ。音波以外に、同じ周波数領域の電波や電子回路における振動電流に対しても用いられる。音声周波。低周波。

かちょう‐しゅうわいざい【加重収賄罪】—シウワイザイ ▶かじゅうしゅうわいざい(加重収賄罪)

かちょう‐の‐つかい【花鳥の使ひ】クワテウ—つかひ《唐の玄宗が天下の美女を選ぶために遣わした使者をさす名称から》男女の仲立ちをする使い。恋の仲立ち。「好色の家には、これ(＝和歌)をもちて—とし」〈古今・真名序〉

かちょう‐の‐みや【華頂宮】クワチヤウ— 明治元年(1868)伏見宮家から分かれて博経親王が創始した宮家。大正13年(1924)廃絶。

かちょう‐ふうえい【花鳥×諷詠】クワテウ— 近代俳句の理念の一。俳句は、四季による自然の現象とそれに伴う人事とを、先入観念を排して純粋に叙景的に詠むのが理想であるとするもの。高浜虚子が昭和2年(1927)に主唱して以来ホトトギス派の指導理念となる。

かちょう‐ふうげつ【花鳥風月】クワテウ— ❶自然の美しい風物。「—を友とする」❷風雅な趣を楽しむこと。風流韻事。風流。

かちょう‐まい【加徴米】公領や荘園で、一定の年貢以外に徴収する米。鎌倉時代には地頭の収入となった。

かちょうよじょう【花鳥余情】クワテウヨジヤウ 室町時代の源氏物語注釈書。30巻。一条兼良いちじょうかねよし著。文明4年(1472)成立。「河海抄」を補正したもので、文意の理解に重点をおく。かちょうよせい。

か‐ちょく【価直|価▽値】「かち(価値)」に同じ。

かち‐よこめ【▽徒横目】「徒目付かちめつけ」に同じ。

かち‐より【▽徒より】〘連語〙《「より」は動作の手段を表す格助詞》徒歩で。歩いて。「他夫ひとづまの馬より行くに己夫おのづまし—行けば」〈万・三三一四〉

かちり〘副〙金属性の堅い物がふれあって発する小さい音を表す語。「—とかぎをかける」

がちり〘副〙堅い物がふれあって発する鈍い音を表す語。「かちり」より重々しい。「錠を—と下ろす」

がち‐りん【▽月輪】グワチ— ❶《輪のように円いところから》月。がつりん。げつりん。❷「月輪観がちりんかん」の略。

がちりん‐かん【▽月輪観】グワチリンクワン 密教で行う観法で、心を月輪のごとく清浄・完全であると観ずるもの。

かち‐ろん【価値論】❶価値の本質、価値と事実との関係、価値判断の妥当性などについて哲学的に考察する学問。狭義には、19世紀後半からドイツに興った新カント学派の価値哲学をさす。❷経済学で、商品の価値の本質・形成過程などについての理論。

かち‐わたり【▽徒渡り】〘名〙スル 歩いて川を渡ること。徒渉としょう。「馬蹄型の入江は…—されそうにすべすべと青かった」〈野上・迷路〉

かち‐わり【×搗ち割り】関西で、口に含めるくらいの大きさに砕いた氷のかけら。欠き氷。(季 夏)

かちん《「かちいい(搗ち飯)」の音変化という》「餅もち」をいう女房詞。おかちん。

かちん【▽褐】《「かち」の音変化》「かち(褐)❶」に同じ。「—の直垂ひたたれに小桜を黄に返したる鎧よろい着て」〈保元・上〉

かちん〘副〙小さな堅い物が他の堅い物にぶつかるときの音を表す語。「石は鉄管に—と当たった」

かちんと・来る 他人の言動が神経に障って、不愉快に思う。癇かんに障る。「無遠慮な発言に—・来る」

がちん〘副〙堅くて重い物がぶつかって立てる音を表す語。「額と額が—とぶつかる」

かちん‐こ 映画で、撮影の始まりを合図するのに用いる拍子木。下につけた黒板にシーン・カット番号などを書いて撮影し、編集時の目印とする。

がちんこ《相撲界の隠語から》八百長ではない、まじめな勝負。真剣勝負。また、真剣に行う組み稽古。

カチン‐の‐もり【カチンの森】《Katiń》ロシア連邦西部、スモレンスク市西郊にある森。第二次大戦中の1943年、この地に侵攻したドイツ軍が、ソ連軍の捕虜となったまま行方不明になっていたポーランド軍将校約4000人の遺体を発見した。カティンの森。

かっ【×掻っ】〘接頭〙《接頭語「か(掻)き」の音変化》動詞に付いて、その動作を強める意を表す。「—飛ばす」「飯を—食らう」

かつ【活】クワツ ❶生きること。生きていること。「死中に—を求める」❷気絶した人に意識を取り戻させる術。❸活発なこと。生き生きしていること。「気象も頗る—の方なるゆえ」〈逍遥・当世書生気質〉➡漢「かつ(活)」

活を入・れる ❶柔道などの術で、気絶した人の息を吹き返らせる。❷刺激を与えて元気づける。「人事異動で組織に—・れる」補説「喝を入れる」と書くのは誤り。

かつ【渇】のどがかわくこと。かわき。「—を覚える」「胸の—を癒いやす」➡漢「かつ(渇)」類語 渇き

渇に臨のぞみて井いを穿うがつ 《「説苑」奉使の「飢えて黍稷しょしょくを求め、渇して井を穿つ」から》必要に迫られてから慌てて準備をしても間に合わないことのたとえ。

かつ【勝つ】《動詞「勝つ」を名詞として用いたもの》歌合わせなどに勝つこと。「よろづ皆おしゆづりて、左—になりぬ」〈源・絵合〉

勝つに乗・る 勝った勢いで調子に乗る。勝ちに乗じょうずる。「いよいよ、女—・り、はなさず」〈咄・きのふはけふ・下〉

かつ【褐】❶粗い毛で織った衣。❷濃い藍色あいいろ。かち。➡漢「かつ(褐)」

褐を釈と・く 《揚雄「解嘲」から》粗服を脱ぎ捨てて礼服を着る。野やにいた者が仕官するのにいう。

カツ「カツレツ」の略。「豚とん—」「串くし—」

か・つ〘動タ下二〙❶できる。耐える。「淡雪あわゆきのたまれば—・てにくだけつつわが物思ひのしげき頃かな」〈古今・恋一〉❷(動詞の連用形に付いて)…できる。…に耐える。「玉くしげみもろの山のさな葛さ寝ずはつひにあり—・つましじ」〈万・九四〉補説 否定の助動詞を伴った「かてに」「かてぬ」「かつましじ」の形で用いられることが多い。➡かてに

か・つ【勝つ|▽克つ|×贏つ】〘動タ五(四)〙❶戦ったり競い合ったりした結果、相手より優位な立場を占める。競争相手を負かす。勝利を得る。「喧嘩けんかに—・つ」「販売競争に—・つ」「ストレートで—・つ」⇔負ける。❷比べてみて、相手よりまさる。「学力では彼のほ

うが―・っている」⊖負ける。❸利益を得る。もうける。「ばくちで―・った金」⊖負ける。❹全体の中で、その要素・傾向が他より強く認められる。まさっている。「赤みの―・った色」「理性の―・った人」❺仕事・責任などが、その人の力量を超えている。「その仕事は私には荷が―・っている」❻(克つ)そうしたい欲求などを、努力して抑える。また、努力して困難な状態を切り抜ける。うちかつ。「誘惑に―・つ」「己に―・つ」「難病に―・つ」⊖負ける。(可能)かてる

(…句)碁に負けたら将棋に勝て・小舟に荷が勝つ・天定まって亦能く人に勝つ・年には勝てない・泣く子と地頭には勝てぬ・荷が勝つ・人衆ければ天に勝つ

勝って兜の緒を締めよ　敵に勝っても油断しないで、心を引き締めよ、というたとえ。

勝つは己に克つより大なるはなし　勝つことで、最もたいへんなのは、おのれの気持ちに勝つことである。プラトンの言葉。

勝てば官軍負ければ賊軍　戦いに勝ったほうが正義になり、負けたほうが不義となる。道理はどうあれ強い者が正義者となるというたとえ。

か・つ【×搗つ】〔動タ四〕❶臼でつく。「米―・つ男ら」〈読・雨月・蛇性の婬〉❷棒などで、たたいて落とす。「いや、星を―・ちます」〈咄・軽口五色紙〉

か・つ【×糅つ】〔動タ下二〕まぜ合わせる。まぜる。「醤酢に蒜搗き―・てて鯛願ふ我にな見えそ水葱の羹」〈万・三八二九〉(補説)現代語では「かてて加えて」の形で用いる。

かつ【且つ】㊀〔副〕❶(「…かつ…」または「かつ…かつ…」の形で)二つの行為や事柄が並行して行われることを表す。一方では。「一飲み、一歌う」❷ちょっと。わずかに。「陸奥の安積の沼の花がつみ―見る人に恋ひやわたらむ」〈古今・恋四〉❸そのそばから。すぐに。「駒の跡は一降る雪に埋もれて遅るる人や道まどふらむ」〈千載・冬〉㊁〔接〕ある事柄に他の事柄が加わることを表す。そのうえ。それに加えて。「講演はおもしろく―有意義だった」

(類語)それに・その上・しかも・あまつさえ・かつまた・なおかつ・おまけに・加うるに・のみならず・しかのみならず・そればかりか・糅てて加えて・同時に・更に

かつ【喝】〔感〕禅宗で、修行者をしかるときなどに大きな声で発する語。➡(漢)「かつ(喝)」

ガツ《内臓の意のgutからという》もつ焼きなどで、ブタの胃。➡ミノ

かつ-あい【渇愛】のどがかわいて水を求めるように、激しく執着すること。

かつ-あい【割愛】〔名〕(スル)❶惜しいと思うものを、思いきって捨てたり、手放したりすること。「紙数の都合で―した作品も多い」❷愛着の気持ちを断ち切ること。恩愛や煩悩を捨て去ること。「一出家の沙門、何ぞ世財をあらそはん」〈沙石集・九〉(類語)省略

かつ-あげ【喝上げ】〔名〕(スル)恐喝して金銭などを巻き上げることをいう隠語。

かつ-いろ【褐色｜勝つ色】「かちいろ(褐色)」に同じ。

かついろ-おどし【勝つ色▽威】「かちいろおどし(褐色威)」に同じ。

かつ・う【▽餓う｜▽飢う】〔動ワ下二〕「かつえる」の文語形。

かつう-は【▽且つうは】〔副〕《「かつは」の音変化》一方では。「一弓矢の疵にてもあるぞかし」〈保元・中〉

かつうら【勝浦】千葉県南東部、外房沿岸の市。漁業が盛ん。観光施設も多い。人口2.1万(2010)。

かつうら-おんせん【勝浦温泉】㊀和歌山県南東部、那智勝浦町にある温泉。泉質は硫黄泉・塩化物泉。南紀勝浦温泉。㊁千葉県勝浦市にある温泉。一軒宿が営業している。泉質は塩化物泉。

かつうら-し【勝浦市】▶勝浦

かつ-えき【滑液】関節を包む膜(関節包)の内側にある滑膜から分泌される、無色または淡黄色で粘り気のある液体。ヒアルロン酸やたんぱく質などを含み、骨の摩擦を軽減したり、関節の動きを滑らかにするとともに、軟骨細胞への酸素・栄養分の供給、老廃物の排出などの役割を果たす。関節液。

かつえき-まく【滑液膜】▶滑膜

かつえ-じに【▽餓え死に】うえじに。餓死。

かつ・える【▽餓える｜▽飢える】〔動ア下一〕(文)かつ・う〔ワ下二〕❶食べ物がなくて腹がへる。飢える。「金があれば先ず―・えることはないから」〈福沢・福翁自伝〉❷あるものに非常に欠乏を感じて、それをひどく欲しがる。「親の愛情に―・える」

かつお【×鰹｜▽堅▽魚｜松=魚】サバ科の海水魚。全長約1メートル。体は紡錘形。背部は暗青紫色、腹部は銀白色で、死後に青黒色の縦縞が現れる。世界の温・熱帯海に分布し、季節的に回遊。日本にはふつう3～4月に南岸に近づき、5～6月に黒潮に乗って北上、7～8月に三陸沖に達し、秋には南下。さお釣り漁法で漁獲し、たたきとして賞味するほか、煮物・かつお節・缶詰などに利用。(季 夏)「出刃の背を叩く拳や―切る/たかし」

かつお-いろり【×鰹色利】かつお節を作るときに出た汁を煮詰めたもの。味付けに用いる。

かつおかれぶし-けずりぶし【×鰹枯(れ)節削り節】削り節の一種。JAS(日本農林規格)の規格で、カツオの枯節(または本枯節)を削ったもの。以前は「鰹節削り節」といった。➡鰹削り節

かつお-ぎ【×鰹木】神社・宮殿の、棟木の上に直角に並べた装飾の木。断面は円・角・五角形など。形がかつお節に似ているところからいう。

かつお-くじら【×鰹鯨】▶ニタリクジラ

かつお-けずりぶし【×鰹削り節】削り節の一種。JAS(日本農林規格)の規格で、カツオのふし(荒節)を削ったもの。➡鰹枯れ節削り節

かつお-じ【勝尾寺】大阪府箕面市粟生にある高野山真言宗の寺。山号は応頂山、院号は菩提院。奈良時代末、光仁天皇皇子開成親王が創建、弥勒寺と称し、貞観年間(859～877)勝尾寺と改称。西国三十三所の第23番札所。中世文書を多数所蔵。かちおでら。

かつお-どり【×鰹鳥】❶ペリカン目カツオドリ科の鳥。全長76センチくらい。頭部と背面は黒褐色、腹は白。魚食性で、カツオの群れの上をよく飛ぶ。孤島の断崖・岩壁で繁殖。世界の熱帯海に分布。日本では、九州および伊豆七島以南の海上でみられる。❷ペリカン目カツオドリ科の鳥の総称。カツオドリ・アカアシカツオドリなど。

かつお-の-えぼし【×鰹の×烏▽帽子】ヒドロ虫綱カツオノエボシ科の腔腸動物。暖流域を浮遊。さまざまな個虫が集まって一つのクラゲをなしている。気胞体は烏帽子形で、長径約10センチ、青藍色。触手は3メートルも伸び、刺胞の毒が強い。電気くらげ。(季 秋)

かつお-の-かんむり【×鰹の冠】ヒドロ虫綱カツオノカンムリ科の腔腸動物。暖流とともに浮遊し、夏、太平洋岸でみられる。気胞体は長径約5センチの平たい楕円形で、この上に三角の帆を立てた形をし、周縁は青藍色、中央は無色。

かつお-ぶし【×鰹節】カツオの肉を蒸して干し固め、黴付けと日干しを繰り返したもの。削って料理にかけたり、だしを取ったりして用いる。うまみ成分であるイノシン酸を多量に含む。かつぶし。おかか。➡生節 ➡削り節 (補説)大形のカツオを三枚におろし、片身をさらに背・腹の二つに切り分けて作ったものを本節、小形のカツオを三枚におろし、片身を1本のかつお節にしたものを亀節という。切り分けたカツオの身を煮た(蒸した)あと、燻して寝かせるという作業を繰り返したものを荒節という。荒節に付着したタールを削り、黴付けと日干し、黴落としなどを多いときで6回繰り返す。普通この黴付けの工程を行ったものをかつお節という。また特に、2～3回黴付けしたものを枯節、それ以上黴付けしたものを本枯節といい、極上品とされる。

かつおぶし-けずりぶし【×鰹節削り節】JAS(日本農林規格)の規格で、鰹枯れ節削り節の旧称。

かつおぶし-むし【×鰹節虫】甲虫目カツオブシムシ科の昆虫の総称。体長1センチ以下。トビカツオブシムシ・ヒメマルカツオブシムシなどがあり、動物標本・毛製品・乾燥食品などを食害するものが多い。

かつお-みそ【×鰹味×噌】カツオの肉をまぜて作ったなめ味噌。

かっ-か【各科】▶かくか(各科)

かっ-か【各課】▶かくか(各課)

漢字項目 かっ

【合】▶ごう

漢字項目 かつ

×**刮**　(音)カツ(クヮツ)(漢)‖えぐりとる。こする。「刮目」

括　(音)カツ(クヮツ)(漢)　(訓)くくる、くびれる‖①入り口を締めくくる。「括約筋」②前後から中のものを囲む。「括弧」③ばらばらのものを一つにまとめる。「一括・概括・総括・統括・包括」

活　(学)2　(音)カツ(クヮツ)(漢)　(訓)いきる、いかす、いける‖①勢いよく動く。生き生きしている。「活気・活況・活動・活発・活躍・活力/快活」②生きる。暮らす。「活魚・活殺/死活・自活・生活・復活」③動きを殺さないで役立てる。「活用」④「活字」の略。「活版/木活」⑤「活動」の略。「部活」⑥「活用」の略。「五段活」⑦「活動写真」の略。「活弁」(難読)活魚・独活

喝〔喝〕　(音)カツ(漢)‖①相手を制止するため大声でどなる。「喝破/一喝・大喝」②やんやと声を掛ける。「喝采」③おどす。「威喝・恐喝・恫喝」

渇〔渴〕　(音)カツ(漢)　カチ(呉)　(訓)かわく‖①のどがかわく。「飢渇・消渇」②激しく欲しがる。「渇愛・渇仰・渇望」③水がかれる。「渇水/涸渇」

割　(学)6　(音)カツ(漢)　(訓)わる、わり、われる、さく‖㊀〈カツ〉①刃物で切りさく。わる。「割腹・割烹・割礼」②別々に分ける。一部を分けはなす。「割愛・割拠・割譲・割賦/分割」㊁〈わり〉「割合・割高・割安・割増料/役割・均等割」(名付)さき　(難読)割賦

葛　(音)カツ(漢)　(訓)くず、かずら、つづら‖①つる草の名。クズ。「葛藤・葛根湯」②クズの繊維で作った布。「葛布/裘葛」(名付)かず・かつら・かど・さち・つら・ふじ　(難読)葛飾・葛城・葛籠

滑　(音)カツ(クヮツ)(漢)　コツ(漢)　(訓)すべる、なめらか、ぬめる‖㊀〈カツ〉①なめらかで滞りがない。「円滑・潤滑・平滑・円転滑脱」②すべる。「滑空・滑降・滑車・滑走・滑落」㊁〈コツ〉秩序を乱す。まぜ返しておどける。「滑稽」(難読)滑子・滑革

褐〔褐〕　(音)カツ(漢)　カチ(呉)‖㊀〈カツ〉①粗い毛で織った衣服。「褐寛博」②黒ずんだ茶色。「褐色・褐炭」㊁〈カチ〉かち色。濃い藍色。「褐布」

×**豁**　(音)カツ(クヮツ)(漢)‖広々と開けているさま。あけっぴろげ。「豁然・豁達」(名付)あきら・とおる・ひらく・ひろ・ひろし・ゆき

轄　(音)カツ(漢)‖ある範囲をおさえて支配する。「管轄・所轄・総轄・直轄・統轄」(補説)原義は、車輪を止めておくくさび。

×**闊**　(音)カツ(クヮツ)(漢)　(訓)ひろい‖①広くゆとりがある。「闊達・闊歩・闊葉樹/寛闊・広闊」②間があいている。うとい。「迂闊・久闊」(補説)「濶」は異体字。(名付)ひろ・ひろし

漢字項目 がっ

【合】▶ごう

漢字項目 がつ

【月】▶げつ

かっ‐か【画可】クヮ 勅語・詔書などの年号の左上に、裁可したしるしとして、天皇が「可」という字を書くこと。また、その文字。
かっ‐か【活火】クヮツクヮ 盛んに燃えている火。
かっ‐か【核果】カククヮ 果実の外果皮が薄く、中果皮は多肉質で水分が多く、内果皮は硬く木質になるもの。桃・梅・桜など。石果。
かっ‐か【閣下】カク《高殿(たかどの)の下(もと)の意。高貴な人を直接いうのをはばかり、その居所をさしていう語》高位高官の人に対する敬称。多く、将官の軍人や勅任官以上の文官に対して用いた。
かっか〔副〕スル ❶火が盛んに燃えるさま。「炭火が―とおこる」❷ひどくほてるさま。「からだじゅうが―(と)する」❸興奮して冷静さが失われるさま。逆上するさま。「あいつはすぐ―(と)するたちだ」
(類語)めらめら・ぼうぼう・炎炎
かつ‐が【活画】クヮツグヮ 生き生きと描かれた絵。活画図(かつがと)。「自然は是一幅の大―なり」〈漱石・吾輩は猫である〉
がっ‐か【学科】ガククヮ ❶教授上・研究上から設けた学問の科目。「専門の―」「建築―」❷学校教育における教科。「国語や算数などの―」❸専門技術や資格を修得する分野で、理論・法規などを学習する課程。実技に対していう。「運転免許の―試験」
(類語)科目・教科
がっ‐か【学課】ガククヮ 学業の課程。また、授業。「所定の―を修了する」(類語)課程・コース
がっ‐か【顎下】ガク あごの下。
かっ‐かい【各界】カク ▶かくかい(各界)
かっ‐かい【角界】カク ▶かくかい(角界)
かっ‐かい【客懐】カククワイ 旅先で故郷を思う心情。
がっかい【月蓋】グヮツガイ 古代インドの大富豪。悪疫が流行したとき、仏の教えに従って弥陀三尊の像を造って祈念し、病気をしずめたという。月蓋尊者。
がっ‐かい【学会】ガククワイ それぞれの学問分野で、学術研究の進展・連絡などを目的として、研究者を中心に運営される団体。また、その集会。「物理―」
がっ‐かい【学海】ガク ❶《「揚子法言」学行の「百川海を学びて海に至る」から》日夜のたゆみない努力の結果、研究を大成すること。❷学問の世界の広いことを海にたとえていう語。「―の新気運に貢献して」〈漱石・三四郎〉
がっ‐かい【学界】ガク 学者の社会。学問の世界。「―の権威」「―の通説」
がっ‐かい【楽界】ガク 音楽家の社会。音楽界。
かつ‐かいしゅう【勝海舟】カツカイシウ［1823～1899］幕末・明治時代の政治家。江戸の人。名は義邦、のち安芳(やすよし)。通称、麟太郎。安房守(あわのかみ)。蘭学・兵学を学び、万延元年(1860)幕府使節とともに、咸臨丸(かんりんまる)を指揮して渡米。幕府海軍育成に尽力。幕府側代表として西郷隆盛と会見し、江戸無血開城を実現。明治維新後、海軍卿・枢密顧問官などを歴任。著「吹塵録」「海軍歴史」、自伝「氷川清話」など。
がっか‐かてい【学科課程】ガククヮクヮテイ 学科の編制・内容・配列を示した学習指導の計画。今日では教育課程という。
かっ‐かく【×赫×赫】カク〔ト・タル〕図〔形動タリ〕▶かくかく(赫赫)
かっ‐かざん【活火山】クヮツクヮザン 現在火山活動(噴火または噴気活動)をしているか、過去おおむね1万年以内に噴火したことのある火山。将来も噴火する可能性は高いが、その判定は難しい。浅間山・桜島など。➡休火山 ➡死火山 (補説)以前はおよそ2000年以内に噴火したことのある火山とされていたが、国際的な定義に合わせ、平成15年(2003)から気象庁の火山噴火予知連絡会も現在の定義に変更。これによって富士山が活火山となった。
かつ‐かじゅう【活荷重】クヮツカヂユウ 動荷重(どうかじゅう)のこと。⇔死荷重。
がっか‐せん【顎下腺】ガクカ 下あごの内部に左右一対ある唾液腺(だえきせん)。漿液(しょうえき)と粘液の混合した唾液を分泌。
かっか‐そうよう【隔靴×掻×痒】カククワサウヤウ《「無門関」序から。靴の上から足のかゆいところをかく、の意》思うようにならないで、もどかしいこと。核心にふれないで、はがゆいこと。「―の感」
かつ‐かつ【×戛×戛】〔ト・タル〕図〔形動タリ〕堅い物どうしが触れ合う音。また、その音を立てるさま。「―たる馬蹄の響きが聞こえて」〈太宰・新釈諸国噺〉
かつ‐かつ〔副〕❶ある状態をかろうじて保っているさま。「―の生活をする」❷限度いっぱいで余裕のないさま。ぎりぎり。「開演に―間に合った」
(類語)ぎりぎり・すれすれ・一杯一杯
かつ‐がつ【且つ且つ】〔副〕❶不十分ながら成り立つさま。どうにか。ともかく。「やりくりして―家計を維持する」❷とりあえず。急いで。「―里内裏(さとだいり)つくるべきよし議定あって」〈平家・五〉❸その時期でないのに、早くも。「我が山の衆徒、―以て承悦す」〈平家・七〉❹少しずつ。ぼつぼつと。「要法など―伝授しけり」〈沙石集・二〉
がつ‐がつ〔副〕スル ❶飢えてむやみに食物を欲しがるさま。また、むさぼり食うさま。「のら犬のように―している」「そんなに―(と)食うな」❷むやみに欲ばるさま。また、欲ばってある事に励むさま。「金に―(と)する」「―(と)勉強する」
がっかり〔副〕スル ❶望みがなくなったり、当てが外れたりして、気力をなくすさま。「遠足が中止になって―する」❷ひどく疲労するさま。がっくり。「一日起ち続けで日が暮れると―して座睡(いねむり)が出てくる」〈魯庵・くれの廿八日〉(類語)失望・落胆・絶望・失意・幻滅
カツ‐カレー 豚肉などのカツをのせたカレーライス。
がっかろく【楽家録】ガクカロク 雅楽書。50巻。安倍季尚(あべすえひさ)著。元禄3年(1690)成立。雅楽に関する先行文献を集成し、検討・考証したもの。
かつかわ‐しゅんしょう【勝川春章】かつかはシユンシヤウ［1726～1792］江戸中期の浮世絵師。勝川派の祖。江戸の人。俗称、祐助。宮川春水の門に入り、初め勝宮川と称し、のち勝川と改める。武者絵・相撲絵・美人絵など作品は多いが、特に写実的な表情の役者似顔絵を創始、新生面を開いた。
かつかわ‐は【勝川派】かつかは 勝川春章を祖とする浮世絵の一流派。役者絵を得意とし、新画風を開いた。
かっ‐かん【客観】カククワン〔名〕スル ▶きゃっかん(客観)
かっ‐かん【渇感】のどがかわいている感じ。
かつ‐がん【×刮眼】クワツ 「刮目(かつもく)」に同じ。
かつ‐がん【活眼】クワツ 物事の道理や本質をよく見分ける眼識。「―を開く」「―の士」
がっ‐かん【学監】ガク 旧制度で、学長・学校長の命を受けて学務を執り、学生を監督する職員。
がっ‐かん【学館】ガククワン 学問をするために設けられた建物。学校。
がっかん‐いん【学館院｜学官院】ガククワンヰン 平安時代の大学別曹の一。承和年間(834～848)、嵯峨天皇の皇后橘嘉智子とその弟の氏公が、橘氏一門の子弟の教育のために設立した施設。
かつ‐かんぱく【褐寛博】クワンパク《「褐」は粗末な毛織りの着物、「寛博」は大まかに緩く仕立てたものの意》身分の低い者が着る衣服。また、身分の低い者。
かっ‐き【画期｜×劃期】クワク 過去と新しい時代とを分けること。また、その区切り。「研究史上―をなす発表」
かっ‐き【客気】カク 物事にはやる心。血気。きゃっき。「―に駆られた行動」
かっ‐き【活気】クワツ 生き生きとした気分。生気。「―のある教室」「―にあふれる」
(類語)元気・生気・血気・景気・精気・神気・鋭気・壮気・覇気・威勢・活力・精力・気力
かっ‐き【活機】クワツ ❶生き生きとした動き。「自動の―を具えたる男女一対の偶像に異ならず」〈竜渓・経国美談〉❷仏語。悟りに通じる資質。
かつぎ【担ぎ】❶物を担いで運ぶこと。また、運ぶ人。出前持ちの類。❷商品を担いで売り歩く人。〈和英語林集成〉
かつぎ【▽被｜被=衣】▶かずき(被)
かつぎ【勝木】ヌルデの別名。
かづき《「かなつ(金突)き」の音変化》魚を突いて捕る漁具。銛(もり)・やすの類。「宇治川の早瀬落ち舞ふ漁舟の―にちがふ鯉のむらまけ」〈山家集・下〉
がっ‐き【月忌】グワツ 毎月の、故人の命日にあたる日。また、その日に行う法事。
がっ‐き【学期】ガク 学校で、1学年を区分した一定の期間。小学校・中学・高校では一般に3学期制、大学では2学期制が行われている。「―末試験」
がっ‐き【楽器】ガク 音楽演奏に使用される器具。打楽器・管楽器・弦楽器・鍵盤(けんばん)楽器などがある。また、発音原理の違いにより、気鳴楽器・体鳴楽器・膜鳴楽器・弦鳴楽器・電鳴楽器の5種に分類される。
がっ‐き【楽毅】ガク ▶がくき(楽毅)
かつぎ‐あ・げる【担ぎ上げる】〔動ガ下一〕図かつぎあ・ぐ〔ガ下二〕❶物をかついで上の方へ上げる。かついで運び上げる。「荷物を三階まで―・げる」❷頼んだりおだてたりして、人を表面に押し立てる。「委員長に―・げる」
かつぎ‐こ・む【担ぎ込む】〔動マ五(四)〕人や物をかついで運び入れる。「救急病院に―・まれる」
かつぎ‐だ・す【担ぎ出す】〔動サ五(四)〕❶物や人をかついで運び出す。「荷物を部屋から―・す」❷「担ぎ上げる❷」に同じ。「選挙に―・す」❸ある事柄を話題として持ち出す。「昔の話を―・す」
かっき‐づ・く【活気付く】クワツキ〔動カ五(四)〕生き生きとしてくる。陽気でにぎやかな感じになる。「市場がにわかに―・く」
かっき‐てき【画期的】クワクキ〔形動〕これまでとは時代をくぎるほど目覚ましいさま。新しい時代をひらくさま。エポックメーキング。「―な発明」
(類語)空前・未曽有・前代未聞
かっき‐と〔副〕❶矢を放つときの音を表す語。「きりきりきりと引きしぼり、しばし固めて―放し」〈浄・百合若大臣〉❷確かなさま。かっきり。「―身共はさやうに存ずるほどに」〈虎明狂・筑紫の奥〉
かつぎ‐や【担ぎ屋】❶縁起をひどく気にする人。御幣(ごへい)かつぎ。❷人をだますのを得意にしている人。❸食料などを生産地から担いで来て売る人。特に第二次大戦後、闇物資を地方から都市へひそかに運んで売った人。
かづき‐やすお【香月泰男】かづき［1911～1974］洋画家。山口の生まれ。東京美術学校卒。藤島武二に師事。シベリア抑留後帰国、「埋葬」に始まる連作を制作。他の作品に「黒い太陽」など。画集に「画集シベリヤ」がある。
かっ‐きゅう【割球】カツ 受精卵が二細胞期から胞胚期まで卵割を繰り返して生じた細胞。形態的にまだ分化をしていないもの。卵割球。
がっ‐きゅう【学究】ガクキウ もっぱら学問の研究に携わること。また、その人。「―の徒」「―肌の人」
(類語)学者・碩学(せきがく)・学問・学業・勉学・勉強・研鑽(けんさん)・研究・学事・学び
がっ‐きゅう【学級】ガクキフ 同時に学習させるために組分けした児童・生徒の単位集団。ふつう同一学年の者で編制することになっているが、小規模校や特別の事情がある場合は2学年以上で編制する複式学級とすることができる。組。クラス。
がっ‐きゅう【学窮】ガク ❶学問ばかりしていて、実社会の役に立たない学者。❷学者が自分をへりくだっていう語。
がっ‐きゅう【楽弓】ガク 弓に張った弦をはじいたりたたいたりして音を出す原始的な弦楽器。弓琴。
がっきゅう‐いいん【学級委員】ガクキフヰヰン 学級内から選出されて、まとめ役を務める児童・生徒。
がっきゅう‐かい【学級会】ガクキフクワイ 児童・生徒が主体となり、学級内のさまざまな問題について話し合う会。
がっきゅう‐けいえい【学級経営】ガクキフ 学級を教育の目的に沿って効果的に組織し運営すること。学習指導と生活指導を総合し、学級内の人間関係の発展を促すなどのほか、学級の物的環境を整備するなどの教育活動をいう。学級管理。
がっきゅう‐たんにん【学級担任】ガクキフ 一人ないし二人の教員が一つの学級の生活指導や教科指導

を主として担当すること。また、その教員。クラス担任。

がっきゅう-ぶんこ【学級文庫】児童・生徒が利用するために、学級内に備えられた本。

がっきゅう-へいさ【学級閉鎖】インフルエンザなどの感染症にかかる児童・生徒が増えたとき、それ以上の蔓延を防ぐために、その学級の子供だけを登校させないようにすること。➡学校感染症

がっきゅう-へんせい【学級編制】学校の児童・生徒を学級に編制すること。

がっきゅう-ほうかい【学級崩壊】児童・生徒が教師の指導に従わず勝手に行動し、授業などが成り立たなくなる状態。

かっ-きょ【郭巨】►かくきょ(郭巨)

かっ-きょ【割拠】〘名〙スル それぞれが自分の領地を根拠地として勢力を張ること。「群雄が—する」

かつ-ぎょ【活魚】生きている魚。

かっ-きょう【客郷】客となって滞在している土地。他郷。

かっ-きょう【活況】商売・株式市場などの景気がよく、活気のあるようす。「—を呈する」
(類語)好況・好景気・盛況

かつ-ぎょう【渇仰】〘名〙スル ►かつごう(渇仰)

がっ-きょく【楽曲】音楽の曲。声楽曲・器楽曲・管弦楽曲などの総称。

かっきり〘副〙❶数量・時間などに、端数のないさま。ぴったり。きっかり。「—2時に終わる」「10メートル—」❷区切りがはっきりしているさま。くっきり。きっぱり。「公私の別を—(と)つける」(類語)丁度・きっかり・きっちり・ぴったり・ちょっきり・ジャスト

かっ-き・る【×掻っ切る】〘動ラ五(四)〙《「かききる」の音変化》力を入れて切る。「腹を—・る」

がっきろん【楽穀論】►がくきろん(楽穀論)

かっ-きん【×恪勤】〘名〙スル 職務に励むこと。まじめに勤めること。精勤。かくごん。「精励—」

かっ-く【活句】❶禅宗で、有益に生かして用いられた文句。生きた語句。↔死句。❷俳諧で、言外に奥深い味わいのある句。↔死句。

かつ・ぐ【担ぐ】〘動ガ五(四)〙❶物を持ち上げて肩にのせ支える。になう。「荷物を—・ぐ」「鉄砲を—・ぐ」❷自分たちの組織や集団の代表者の地位に据えて押し立てる。祭り上げる。「最年長者を会長に—・ぐ」❸からかって人をだます。一杯食わせる。「友人にうまく—・がれた」❹縁起を気にする。迷信にとらわれる。「—・ぐ性分」「験を—・ぐ」(可能)かつげる (類語)担う・負う
(…句)後棒を担ぐ・縁起を担ぐ・お先棒を担ぐ・片棒を担ぐ・御幣を担ぐ・半肩担ぐ・御輿を担ぐ

がっ-く【学区】❶児童・生徒の就学・通学区。㋐公立小・中学校の児童・生徒の就学区域。市町村の教育委員会が定める。校区。㋑公立高等学校の就学希望者の就学すべき高等学校の通学区域。都道府県の教育委員会が定める。❷明治5年(1872)の学制に定められた学校設置および教育行政上の単位区画。➡学制

がっ-く【楽句】楽曲の、旋律線の自然な一区切り。フレーズ。

かっ-くう【滑空】〘名〙スル ❶航空機のエンジン停止状態や遅い回転状態での飛行、また、グライダーによる飛行にみられる、地表に対してある傾斜で降下する飛行状態。空中滑走。❷空を滑るように飛行すること。鳥が広げた羽を動かさないで飛ぶことなど。
(類語)飛行・飛翔・滑翔・グライディング

がっ-くう【月宮】►月宮殿㊀

かっくう-き【滑空機】►グライダー

がっくう-てんし【月宮天子】►月天子

かっくう-ひ【滑空比】グライダーや着陸時の飛行機などが滑空するとき、飛行した水平距離と降下した高度との比。滑空比は揚抗比に等しい。➡揚抗比

がっく-せい【学区制】学区を定め、その区域内の児童・生徒を所定の学校に通学させる制度。

がっくり〘副〙スル ❶急に折れ曲がったり、くずおれたりするさま。「—(と)首を垂れる」「—(と)ひざをつく」❷一時に疲れが出たり、気落ちしたりして、元気がめっきりなくなるさま。「自信作が選外となって—くる」「妻に先立たれて—(と)する」❸落ち込みや差の開きが大きいさま。「客足が—(と)減る」

かっ-け【▽脚気】ビタミンB_1の欠乏により起こる病気。倦怠感・手足のしびれ・むくみなどから始まり、末梢神経の麻痺や心臓衰弱を呈する。かつて日本で国民病とされた。(季 夏)

かっ-けい【活計】❶暮らしを営むこと。また、その手段。生計。「—を立てる」❷豊かな暮らし。ぜいたく。「日々寄り合ひ—を尽くす」〈太平記・三三〉
(類語)生活・生計・糊口・口過ぎ・身過ぎ・世過ぎ・行路

がっ-けい【学兄】《学問上の先輩の意》学問上の友人に対する敬称。男どうしの手紙で、宛名に添え、また先方をさす語として使う。
(類語)先輩・先学・先覚

かつげ-がわ【葛下川】奈良県北西部を流れる川。大和川支流の一。金剛山地北部の二上山(標高517メートル)付近に源を発して北流し、奈良盆地南部の水田地帯をうるおし、北葛城郡王寺町で大和川に合流する。長さ15キロ。

かつ-げき【活劇】❶立ち回りなど動きの激しい場面を中心とした映画・演劇。アクションドラマ。❷映画・演劇の立ち回りのように激しく派手な格闘。乱闘。「路上で—を演じる」

かっけ-しょうしん【▽脚気衝心】脚気に伴う心臓機能の不全。呼吸困難となり、苦悶して死に至ることが多い。

かっ-けつ【×喀血】〘名〙スル 気管支・肺などから出血して血を吐き出すこと。肺結核・肺癌・気管支拡張症などでみられる。➡吐血

かつ-げん【活現】〘名〙スル 姿・形がいきいきと現れること。また、現すこと。「千人に千個の実世界を—する」〈漱石・虞美人草〉

かっ-こ《「からころ」という音から》下駄をいう幼児語。「紅緒の—も緒が切れた」〈白秋・雨〉

かっ-こ【各戸】それぞれの家。家ごと。

かっ-こ【各個】いくつかあるものの一つ一つ。それぞれ。めいめい。おのおの。「—別々に処理する」

かっ-こ【括弧】〘名〙スル 特定の文字・語句・文などを囲って他の部分と区別する記号。( )〔 〕「 」[ ]〈 〉など。また、その記号をつけること。「—でくくる」「氏名のあとに—して年齢を示す」

▷**主な括弧とその名称**
( )…丸括弧、小括弧、パーレン
{ }…波括弧、中括弧、ブレース
[ ]…角括弧、大括弧、ブラケット
〔 〕…亀甲括弧
【 】…隅付き括弧
「 」…鉤括弧、鉤、ひっかけ
『 』…二重鉤括弧、二重鉤、二重ひっかけ
〈 〉…山括弧、山パーレン、ギュメ
《 》…二重山括弧、二重山パーレン、ダブルギュメ
‘ ’…クォーテーションマーク
“ ”…ダブルクォーテーションマーク
〝 〟…ちょんちょん、ダブルミニュート

かっ-こ【喝▽火】《「こ(火)」は唐音》禅寺で、就寝前に火の用心を呼びかけること。また、その役目の僧。

かっ-こ【×羯鼓】❶雅楽に用いる打楽器の一。奈良時代に唐から渡来したもの。左方の楽で、演奏の速度・長短を指揮する主要楽器として使う。長さ約30センチの鼓胴の両側に直径約23センチの馬革の鼓面を固定し、通常は2本の桴で打つ。両杖鼓。❷能の舞事の一。小型の羯鼓を胸につけて打ちながら軽快に舞うもの。また、そのときの囃子。❸歌舞伎舞踊で、小道具の羯鼓を首に掛けて打ちながら踊る所作。また、その囃子。「京鹿子娘道成寺」などにみられる。

かっ-こ【確固|確×乎】〘ト・タル〙区〘形動タリ〙しっかりして動かないさま。確かなさま。「—たる信念」「—不動」(類語)堅固・堅牢・強固・頑強・確か・確実

かつ-ご【活語】❶現在用いられている言葉。↔死語。❷活用語をいう古い名称。

かっこ-い・い【かっこ▽好い】〘形〙《「かっこ」は「かっこう(格好)」の音変化》見栄えがしたり、態度・行動がさわやかだったりして心ひかれる、という気持ちで使う語。すばらしい。「彼の髪形は—・い」「—・い生き方」↔かっこ悪い。

かっ-こう【各校】それぞれの学校。「—の代表」

かっ-こう【角行】►かくぎょう(角行)

かっ-こう【格好】・【×恰好】《恰も好しの意で、ちょうど似つかわしいさまが原義。形がちょうどよいというところから、姿・形の意にも転じた》㊀〘名〙❶外から見た事物の形。姿。また、身なり。「髪の—を直す」「殴る—をする」「はでな—で出かける」❷人に対して恥ずかしくない姿・形。整った形。体裁。「びりでは—が悪い」「—をつけて歩く」❸物事の状態。…のようなようす。「親に忘れられた—で育った」❹(年齢を表す語に付いて)年齢がだいたいそのくらいであること。ちょうどその年くらいのようすであること。「四十一の男」㊁〘名・形動〙❶ふさわしいこと。似つかわしいこと。また、そのさま。「—の夫婦」「手土産に—な(の)品」❷値がちょうど手ごろなこと。また、そのさま。「—な値段」
(類語)(㊀❶)形・外形・形状・姿・姿形・形・なりかたち・様子・身なり・なりふり・服装・風体・スタイル・姿勢・姿態・体勢・形・振り・ポーズ・身振り・所作・しぐさ・素振り・風・体・演技・ジェスチャー/(㊀❷)見掛け・見てくれ・見場・見面・見た目・外見・体裁・世間体・体面/(㊁❶)頃合い・誂え向き・打って付け・持って来い・ぴったり・好個・好適
格好が付・く 人に見せられる程度になる。体裁が整う。「借り物の洋服を着せて、何とか—・いた」

かっ-こう【郭公】《鳴き声から》カッコウ目カッコウ科の鳥。全長約35センチ。全体に灰色で、腹に黒い横斑がある。ユーラシア・アフリカに分布。日本には夏鳥として渡来し、高原などでみられる。自分では巣を作らず、モズ・ホオジロなどの巣に托卵する。ひなは早く孵化し、仮親の卵を巣の外へ放り出す習性がある。閑古鳥。合法鳥。かっこうどり。(季 夏)「—や眠りの浅き旅の宿/誓子」

かっ-こう【葛洪】[283ころ〜343ころ]中国、東晋の道士。丹陽・句容(江蘇省)の人。字は稚川。号、抱朴子。神仙術の研究・著述に専念。広東省の羅浮山中に丹を練って世を終えた。著「抱朴子」「神仙伝」など。

かっ-こう【滑降】〘名〙スル すべりおりること。特に、スキーで、雪の斜面をすべりおりること。「急な斜面を—する」「直—」

かつ-ごう【渇仰】〘名〙スル《渇いた者が水を切望するように、仏を仰ぎ慕う意》❶深く仏を信じること。「随喜—の念」❷心からあこがれ慕うこと。「恩人を—してやまない」(類語)(❶)信仰・信心・敬神・崇拝・尊信・帰依・信教・入信・狂信・宗教

がっこう【月光】「月光菩薩」の略。

がっ-こう【学校】一定の教育目的に従い、教師が児童・生徒・学生に計画的・組織的に教育を施す所。また、その施設。特に、学校教育法では幼稚園・小学校・中学校・高等学校・中等教育学校・高等専門学校・特別支援学校・大学のこと。➡学校教育法
(類語)学園・学院・学窓・学舎・学び舎・学堂・塾・教えの庭・学びの庭・学府・スクール (尊敬)貴校・御校

がっこう-い【学校医】学校の委嘱を受け、その学校の衛生事務や児童・生徒の健康管理上の検査などを取り扱う医師。校医。

がっこう-うらサイト【学校裏サイト】裏サイトのうち、学校に関する情報交換のために開設されたもの。多くは、学生・生徒が学校の承認を得ず自主的に開設し、試験などの情報交換やうわさ話をする掲示板が主な内容。また、携帯電話から、特定のメンバーのみが閲覧可能なものも多い。(補説)特定の生徒への悪口や、いじめの場面を収めた写真の掲示などで、不登校者や自殺者が出るなど、平成19年

(2007)ごろから社会問題となっている。

がっこううんえいきょうぎかい-せいど【学校運営協議会制度】ガクカウウンエイケフギクワイー 公立学校の運営に保護者や地域住民の意見を取り入れるための制度。教育委員会が任命する委員で構成され、学校運営の基本方針を承認し、教育活動について意見を述べる。平成16年(2004)から地方教育行政法に基づく制度として実施。教育委員会が指定する地域運営学校において重要な役割を果たす。

がっこう-えん【学校園】ガクカウヱン 児童・生徒を自然に親しませ、自然科学の学習に活用させるため、学校内に作った農園や花園。

がっこう-かんせんしょう【学校感染症】ガクカウカンセンシヤウ 学校保健安全法によって、学校で特に予防しなければならないものとして定められた感染症。第一種は感染症予防法で定める一類感染症・二類感染症(結核を除く)・指定感染症(インフルエンザH5N1型)、第二種は飛沫感染をするため学校で流行が広がってしまう可能性が高い感染症(結核を含む)、第三種はコレラや細菌性赤痢など、飛沫感染が主体ではないが放置すれば学校で流行が広がってしまう可能性がある感染症などと分けられている。

がっこう-きゅうしょく【学校給食】ガクカウキフショク 児童・生徒に食事の一部または全部を学校で給与すること。昭和29年(1954)公布の学校給食法による。

がっこう-きょういく【学校教育】ガクカウケウイク 学校で行われる教育。法律により制度化された近代的教育という性格をもつ。➡家庭教育 ➡社会教育 ➡学校教育法

がっこうきょういく-ほう【学校教育法】ガクカウケウイクハフ 教育基本法に基づいて、学校制度の基本を定めた法律。小学校・中学校・高等学校・中等教育学校・高等専門学校・特別支援学校・大学・幼稚園、および専修学校・各種学校について定める。昭和22年(1947)に制定、同時に六・三・三・四制教育が採用実施された。平成11年(1999)に一部改正施行され、中高一貫校の設置が認可された。また、同19年には教育基本法の改正を受けて、各学校種の目的および教育の目標が見直されるとともに、教職員・生徒・保護者および地域住民・有識者などが学校の運営状況を評価する学校評価制度の導入、副校長・主幹・教諭・指導教諭などの新職種の設置などが定められた。

かっこう-きょうぎ【滑降競技】クワツカウキヤウギ スキーのアルペン種目の一。標高差、男子800～1000メートル、女子500～700メートルのコースを高速で滑降し、所要時間を競う競技。ダウンヒル。

がっこう-ぎょうじ【学校行事】ガクカウギヤウジ 教科教育と別に、学校が計画的に実施する行事・教育活動。入学式・卒業式・学芸会・運動会・遠足など。

がっこう-くみあい【学校組合】ガクカウくみあひ 単独で学校の設立が不可能な市町村が、共同で学校を設置するための行政組織。地方公共団体の一部事務組合の一。

がっこう-げき【学校劇】ガクカウー 学校において、教育活動の一環として行われる演劇。特に小・中学生によって行われるものをさす。

がっこう-さい【学校債】ガクカウー 私立学校が運営資金を調達するために、新入生や在学生を対象に発行する債券。ふつうは無利子で、卒業時に返還する。【補説】金融商品取引法により、平成19年(2007)9月から総額1億円以上、500人以上に向けての発行には企業並みの財務内容の公開が義務となる。

がっこう-しんぶん【学校新聞】ガクカウー 児童・生徒が校内で編集し、発行する新聞。

がっこうせっち-きじゅん【学校設置基準】ガクカウセッチー 学校を設置する場合に従わなければならない設備・編制その他に関する基準のこと。大学設置基準・高等学校設置基準・幼稚園設置基準など。

がっこう-せんたくせい【学校選択制】ガクカウー 公立の小中学校に進学するとき、学区の枠に縛られず、希望する学校を選べる制度。自由選択のほか、地域を限ってその中の学校を選ぶ地域選択などがある。平成9年(1997)文部省(現文部科学省)通知により弾力的運用ができることになった。公立学校選択制。

がっこう-つうしんきょういく【学校通信教育】ガクカウツウシンケウイク ►通信教育

がっこう-で【学校出】ガクカウー 高等教育を受けた人。「主人は一の会社勤めをする人で」〈滝井・無限抱擁〉

がっこう-でん【月光殿】グワツクワウー ►月宮殿(げつきゅうでん)

がっこう-でんせんびょう【学校伝染病】ガクカウデンセンビヤウ 学校で特に予防しなければならないものとして定められた伝染病。平成21年(2009)4月、学校保健安全法(旧称、学校保健法)の改正とともに「学校感染症」の名称が用いられるようになった。➡学校感染症

がっこう-としょかん【学校図書館】ガクカウトショクワン 小学校・中学・高校で、児童・生徒・教員の利用に供するために図書・視聴覚資料などを備えた施設。

がっこうひょうぎいん-せいど【学校評議員制度】ガクカウヒヤウギヰンー 公立学校の運営に保護者や地域住民の意向を幅広く取り入れるための制度。学校教育法施行規則に基づいて平成12年(2000)から実施。学校評議員は、学校長の推薦により、教育委員会など学校の設置者が委嘱する。

かっこう-ほう【滑×腔砲】クワツカウハウ 砲身の内面に、砲弾を回転させる溝が刻まれていない砲。➡施条砲(しじょうほう)

がっこう-ほうじん【学校法人】ガクカウハフジン 私立学校法に基づき、私立学校の設置を目的として設立された法人。

がっこうほうじん-かいけいきじゅん【学校法人会計基準】ガクカウハフジンクワイケイキジユン 私立学校が会計処理や財務諸表の作成を行う際の基準として文部科学大臣が定めた会計基準。私立学校振興助成法により国または都道府県から経常的経費の補助を受ける学校法人に適用される。昭和46年(1971)制定。

がっこう-ほうそう【学校放送】ガクカウハウソウ ❶教育課程に準拠して制作される、学校向けのラジオ・テレビ放送。❷学内で、教職員または、児童・生徒によって、自主活動として行われる番組制作や放送。校内放送。

がっこう-ほけん【学校保健】ガクカウー 学校の児童・生徒・学生および教職員の健康を保持・増進すること。昭和33年(1958)公布の学校保健安全法(旧称、学校保健法)に定められる。

がっこう-ぼさつ【月光菩薩】グワツクワウー《梵 Candra-prabhaの訳》薬師如来の右側に立つ脇侍の菩薩。➡日光菩薩

がっこう-れい【学校令】ガクカウー 明治19年(1886)に発布された学校教育に関する法令の総称。帝国大学令・師範学校令・中学校令・小学校令および諸学校通則など。

かっこ-おどり【×羯鼓踊(り)】ーをどり 風流(ふりゅう)系の民俗芸能で、羯鼓を腹につけ、背に神籬(ひもろぎ)を負って踊るもの。雨ごい・虫送りなどを目的として、中部地方以西に広く分布。

かっ-こく【各国】カクー それぞれの国。「一首脳」

かっこ-げきは【各個撃破】カクコー 敵が分散しているうちに、そのそれぞれを集中的に撃ち破っていくこと。比喩的に、相手側の人間を一人一人説得したり、また、障害を個々に除いていったりすることにもいう。

かつござつわ【活語雑話】クワツゴザツワ 江戸後期の語学書。3編。東条義門著。天保9～13年(1838～1842)刊。活用や繋辞に関する研究をまとめたもの。

かつごしなん【活語指南】クワツゴシナン 江戸後期の語学書。2巻。東条義門著。天保15年(1844)刊。体言・用言の区別や品詞の分類法を、八代集や万葉集などの歌を例として説いたもの。

かつごだんぞくふ【活語断続譜】クワツゴダンゾクフ 江戸後期の語学書。1巻。鈴木朖(すずきあきら)著。享和3年(1803)ころ成立。本居宣長(もとおりのりなが)の「御国詞(みくにことば)活用抄」の分類に従って、27の活用形式について、その例と用法を説いたもの。

がっ-こつ【顎骨】ガクー あごの骨。上顎骨と下顎骨からなる。えら骨。

かっこ-つき【括弧付き】クワツコー《その語に「 」を付けて使うところから》実体がその言葉どおりであるかどうか疑問がある、という意を表す。「一の福祉政策」

かっこ-ふばつ【確固不抜】カクコー〔名・形動〕意志が固く、動揺しないこと。また、そのさま。「一な精神」

かっ-こ・む【×搔っ込む】〔動マ五(四)〕《「かきこむ」の音変化》食物をせわしそうに口にかき入れる。「お茶漬けを一・む」

かっ-こめ【×搔っ込め】《福をかきこめ、の意》酉(とり)の市で売る縁起物の熊手の一。小さい枡形(ますがた)の中に恵比須(えびす)・大黒などの像を入れて熊手につけたもの。

かっこ-わる・い【かっこ悪い】〔形〕《「かっこ」は「かっこう(格好)」の音変化》物事に気のきいた感じがなくて自分の好みにぴったりしない、という気持ちで使う語。「制服は一・い」↔かっこ好(い)い。

かっ-こん【葛根】クズの根。漢方で、発汗・解熱などに薬用。

かっこん-とう【葛根湯】ータウ 漢方の薬方の一。葛根に麻黄(まおう)・生姜(しょうきょう)・大棗(たいそう)・桂枝(けいし)・甘草(かんぞう)などを調合した煎(せん)じ薬。感冒や肩こり・中耳炎・湿疹(しっしん)・リウマチなどに用いる。

かっ-さい【喝采】〔名〕スル 声を上げて褒めそやすこと。また、その声。「一を博する」「拍手一する」
【類語】感嘆・賞嘆・詠嘆・感服・賛嘆・嘆称・称賛・絶賛・三嘆・礼賛・激賞・賛美・称揚

かつ-ざい【滑剤】クワツー 機械などの摩擦を少なくし、滑りをよくするために使うもの。油や滑石など。

がっ-さい【合切】何もかも。全部。残らず。多く他の語と複合して用いられる。「一切(いっさい)一」

がっさい-ぶくろ【合切袋】財布・ちり紙などこまごました携帯品を入れる手提げ袋。多く織物製で、口ひもでくくる。籠信玄(かごしんげん)・千代田袋など。明治時代に流行。

がっ-さく【合作】〔名〕スル ❶共同して作ること。また、作ったもの。「日仏一の映画」「絵本を母子で一する」❷中国で、共通の目標のために協力し合うこと。「国共(=中国国民党ト中国共産党)一」
【類語】連作・競作・オムニバス

がっさく-しゃ【合作社】中国の協同組合。生産・運輸・消費・販売・信用など部門別に組織され、中華人民共和国成立後は、個人経営の経済を集団化する役割を果たした。1958年以降、多くは人民公社へと発展。

かっ-さつ【活殺】クワツー 生かすことと殺すこと。生殺。

がっ-さつ【合冊】〔名〕スル 「合本(がっぽん)」に同じ。ごうさつ。

かっさつ-じざい【活殺自在】クワツサツー 生かすも殺すも思いのままであること。相手を思うままに扱うこと。

カッサバ〖cassava〗►キャッサバ

かっ-さば・く【×搔っ×捌く】〔動カ五(四)〕《「かきさばく」の音変化》切り裂く。かき切る。「腹一・いてでも責任はとる」

かっ-さら・う【×搔っ×攫う】ーさらふ〔動ワ五(ハ四)〕《「かきさらう」の音変化》❶横合いからすばやく奪い取る。すきに乗じてすばやく持ち去る。「網棚の荷物を一・う」❷土砂などをすくい上げて除く。「川底の土砂を一・う」
【類語】奪う・取る・取り上げる・分捕(ぶんど)る・掠(かす)め取る・もぎ取る・引ったくる・ぶったくる・ふんだくる・攫(さら)う・横取りする・強奪する・奪取する・略取する・略奪する・収奪する・簒奪(さんだつ)する・剝奪(はくだつ)する・吸い取る

カッサリ-とう【カッサリ島】ータウ《Kassari》エストニア西部、バルト海に浮かぶヒーウマー島の南部にある小島。対岸の町カイナと2本の橋で結ばれる。ヒーウマー島との間のカイナ湾はラムサール条約に登録され、同国の風景保護区に指定されている。

がっ-さん【月山】グワツー 山形県中部にある火山。標高1984メートル。山頂東斜面は夏も雪が残る。頂上に月山神社がある。湯殿山・羽黒山とともに出羽(でわ)三山の一。

がっ-さん【月参】グワツー 毎月一定の日に神社や寺に参詣(さんけい)すること。つきまいり。

がっ-さん【合算】〔名〕スル 一緒に合わせて計算すること。合計。「年間の諸収入を一する」【類語】通算・統計

がっさん-じんじゃ【月山神社】グワツサンー 月山山頂にあ

る神社。旧官幣大社。祭神は月読尊つきよみのみこと。出羽三山神社の一。月山がっさん神社。

ガッサンディ〖Pierre Gassendi〗[1592～1655]フランスの哲学者・科学者。アリストテレス・デカルトを批判し、エピクロスの原子論を復活させた。

カッサンドラ〖Kassandrā〗ギリシャ神話で、トロイアの王女。アポロンに愛されて予言能力を与えられたが、求愛を拒んだため、その予言をだれも信じないようにされた。

カッサンドラ-はんとう【カッサンドラ半島】ハントウ《Kassandrā》ギリシャ北部、マケドニア地方南部のハルキディキ半島先端部にある半島。エーゲ海に向かって南東方向に延びる三つの半島のうち、西側に位置する。カリテア・クリオピギ・ネアカリクラティアをはじめとする海岸保養地がある。カサンドラ半島。

かっ-し【▽甲子】❶干支えとの一。きのえね。❷《「甲」は十干の、「子」は十二支の第1に位するところから》十干十二支のこと。えと。

かっ-し【活×嘴】クワツシ コック(cock)のこと。

かつ-じ【活字】クワツジ ❶活版印刷に使う凸型の字型。古くは木製、のちには方形柱状の金属の一端の面に、文字を左右反対に浮き彫りにしたもの。これを組み並べて活版を作る。大きさは、号またはポイントで表し、新聞活字では倍数で表す。➡活字書体 ❷印刷されたもの。本や雑誌。「一に飢える」「一中毒」

がっ-し【合▽膝】能で、左ひざを立てて座った姿勢から、左右のひざを交互に進めてにじり出る型。また、狂言で、跳び上がってあぐらまたは立てひざをする型。がっしつ。

カッシート〖Kassite〗メソポタミア東方のザグロス山脈に住んでいた古代民族。前16世紀、バビロン第1王朝を倒して王朝(バビロン第3王朝)を建設し、約400年間バビロニアを支配した。カッシュ。

カッシーニ〖Giovanni Domenico Cassini〗[1625～1712]イタリアの天文学者。のち、フランスに帰化。木星の自転や土星の衛星を発見、また土星の環の精密測定を行ってカッシーニの空隙くうげきを発見した。パリ国立天文台の初代台長。

カッシーラー〖Ernst Cassirer〗[1874～1945]ドイツの哲学者。新カント学派の一派であるマールブルク学派に属し、認識論・認識論史の研究から象徴形式の究明に傾注した。ナチスに追われ、米国に亡命。著「象徴形式の哲学」「人間」など。

カッシウス〖Cassius Longinus〗[?～前42]ローマの将軍。カエサル暗殺の首謀者の一人。のち、アントニウスと戦って自殺。カシウス。

かつしか【葛飾】《古くは「かづしか」》㊀もと下総しもうさ国の郡名。江戸時代には下総国と武蔵国の郡名。今の千葉・埼玉・東京にまたがる地域。㊁東京都北東部の区名。荒川放水路と江戸川に挟まれ、中川が貫流する。工業・住宅地。人口44.3万(2010)。

かつしか-く【葛飾区】▶葛飾㊁

かつしか-は【葛▽飾派】浮世絵の流派の一。葛飾北斎を祖とする。西洋画風を加味した風景画のほか肉筆画に優れる。魚屋北渓・昇亭北寿・蹄斎北馬・応為(北斎の娘)などが出た。

かつしか-ふう【葛▽飾風】俳諧の一流派。祖とされる山口素堂が葛飾に住んでいたので、この名がある。俳風は平板だが、学究派が多く、俳諧研究に貢献した。葛飾正風。葛飾蕉門。

かつしか-ほくさい【葛飾北斎】[1760～1849]江戸中・後期の浮世絵師。江戸の人。幼名、時太郎、のち鉄蔵。初号、春朗、ほかに画狂人・為一など。初め勝川春章に学んだが、狩野派・土佐派・琳派りんぱ・洋風画など和漢洋の画法を摂取し、読本挿絵や絵本、さらに風景画に新生面を開いた。「北斎漫画」や「富嶽三十六景」が有名。

かっ-しき【喝▽食】《「喝」は唱える意》❶禅寺で、諸僧に食事を知らせ、食事の種類や進め方を告げること。また、その役目の名や、その役目をした有髪の少年。のちには稚児の意となった。喝食行者あんじゃ。かしき。かつじき。「丸まろが父は七歳にして東福寺の一となり」〈戴恩記〉❷「喝食姿かっしきすがた」の略。❸能面の一。額にイチョウの葉形の前髪がかかれ、両ほおにえくぼがある半僧半俗の少年の面。❹能の仮髪の一。髪先を内側へ丸めて束ね、後ろへ垂らしたもの。喝食面を使う役などに用いる。喝食鬘かつら。❺歌舞伎の女形のかつらの一。髻もとどりを結んで、後ろへ長く垂らしたもの。時代物で、高位の女性の役に用いる。

がっ-しき【合式】〘副〙のこらず。全部。一切合切。「一お一人でなされうから」〈滑・古朽木・三〉

かっしき-あんじゃ【喝▽食行者】「喝食かっしき❶」に同じ。

かっしき-すがた【喝▽食姿】元服前の少年の髪形の一。髻もとどりを結んで後ろへ垂らし、肩の辺りで切りそろえたもの。喝食。

かっしき-もの【喝▽食物】能の分類の一。半僧半俗の少年をシテとするもの。喝食鬘かつらに喝食面をつけ、羯鼓かっこの舞をまう。「自然居士じねんこじ」「東岸居士」「花月」の三番がある。

かっしぎんこう【甲子吟行】カッシギンカウ「野ざらし紀行」のこと。

かつじ-ごうきん【活字合金】クワツジガフキン 活字の鋳造に使われる合金。鉛にアンチモンと錫すずとを加えたもの。十分な硬度をもち、融点が低く、鋳造後の収縮が少ない。活字地金じがね。

かつじ-しょたい【活字書体】クワツジ 活字として、印刷を前提にデザインされた書体。和文には明朝みんちょう体・ゴシック体・アンチック体など、欧文にはローマン体・イタリック体・ゴシック体・スクリプト体などがある。

かつじ-たい【活字体】クワツジ ❶ローマ字などの表記で、筆記体に対し、活字をまねた書体。❷活字に鋳られた、活字書体。

かつじ-ちゅうどく【活字中毒】クワツジ 本・雑誌・新聞などを読むのが好きで、何も読むものがないといらだつような状態になること。また、そのような人をいう。

かつじ-ばん【活字版】クワツジ ▶活版かっぱん

かつじ-ぼん【活字本】クワツジ 活字版で印刷した書物。写本や木版本と区別するときにいう。活刻本。活版本。

かっ-しゃ【活写】クワツシャ〘名〙スル 物事のありさまを生き生きと描き出すこと。「現代社会を一する」
(類語)写す・描き出す・描出・直写・写生・スケッチ

かっ-しゃ【滑車】クワツシャ 溝に綱をかけて回転するようにした車。小さい力で重い物を持ち上げたり、力の方向を変えたりするのに使われる。中心軸を固定した定滑車、固定しない動滑車、これらを組み合わせた複合滑車などがある。

かっ-しゃかい【活社会】クワツシャクワイ 現実に活動している社会。実社会。「日本の一と交渉のある教授を」〈漱石・三四郎〉

かっ-しゃく【滑尺】クワツシャク 計算尺で、外尺そとじゃくに挟まれて、左右に動かすことのできる部分。内尺うちじゃく。

かっしゃ-しんけい【滑車神経】クワツシャ 中脳から出て、眼球を下外側に回転させる上斜筋に分布する運動神経。第4脳神経。以前、上斜筋を滑車筋といったことからの名。

かっしやわ【甲子夜話】江戸後期の随筆。正続各100巻、後編78巻。平戸藩主松浦清(静山)著。文政4年(1821)から書き始められ、天保12年(1841)著者の死で中絶。見聞した大名・旗本などの逸話、市中の風俗などを記述。書名は11月の甲子きのえねの夜に起稿したことに由来。

ガッシュ〖フランス gouache〗《「グアッシュ」「グワッシュ」とも》不透明水彩絵の具の一。また、それを用いて描く絵画。アラビアゴムなどを練り合わせ剤とし、つやのない、しっとりとした色調が特色。

がっしゅう-こく【合衆国】㊀二つ以上の州または国の連合からなる単一の国家。「メキシコ一」➡連邦れんぽう ㊁「アメリカ合衆国」の略。(類語)連邦・共和国

がっ-しゅく【合宿】〘名〙スル ❶練習・研修など一つの目的のもとに、多くの人が同じ宿舎で生活をともにすること。また、その宿舎。「強化一」❷複数の人が同じ場所に寝泊まりすること。
(類語)外泊・寝泊まり・宿泊・野宿・素泊まり・旅宿・投宿・止宿・旅寝・仮寝

かっ-しゅつ【括出】クワツシュツ 律令制で、戸籍・計帳に記載されていない者を官司が摘発して付載すること。課役を逃れる浮浪逃亡や偽籍への対策。➡隠首おんしゅ

カッシュ-モレ〖フランス cache-mollet〗《cacheは「隠す」、molletは「ふくらはぎ」の意》スカートが、ふくらはぎが隠れるぐらいの長さの丈のこと。

かつ-じょ【×豁如】クワツジョ〘ト・タル〙㊋〘形動タリ〙心が大きく小事にこだわらないさま。心のさっぱりとしたさま。「其の意見の異なるにも拘かかわらず互に一たるの有様は」〈竜渓・経国美談〉

かっ-しょう【滑×翔】クワツシャウ〘名〙スル 鳥が羽ばたきを止めて、空を滑るように飛ぶこと。
(類語)飛ぶ・翔かける・天翔あまがける・飛翔ひしょうする・飛行する・高翔こうしょうする・舞う・飛来する・滑空する

かつ-じょう【割譲】ジャウ〘名〙スル 所有物の一部をさいて他にゆずること。特に一国が領土の一部を他国にゆずり渡すこと。「国土を一する」(類語)割愛

がっ-しょう【合従】《「従」は「縦」と同意。縦、すなわち南北に連合する意》❶中国の戦国時代、蘇秦そしんの説いた外交策。強国秦しんに対抗するため、南北に連なる韓・魏ぎ・趙ちょう・燕えん・楚そ・斉せいの6国を連合させようとするもの。合従策。❷他との対抗上、連合すること。「公会を開て、大に一の約を定む」〈竜渓・経国美談〉

がっ-しょう【合唱】シャウ〘名〙スル ❶大ぜいの人が声を合わせて歌ったり、同じ文句を唱えたりすること。「賛美歌を一する」「万歳の一が起こる」❷音楽で、二つ以上の声部を組み合わせて大ぜいで歌うこと。声部の数により三部・四部合唱など、また、男声・女声・混声合唱などに区別される。コーラス。➡斉唱 ➡重唱 ➡独唱

がっ-しょう【合掌】シャウ〘名〙スル ❶仏教徒が、顔や胸の前で両の手のひらと指を合わせて、仏・菩薩ぼさつなどを拝むこと。インド古来の礼法で、仏教により日本に伝えられた。❷小屋組で、2本の部材を山形に組み合わせたもの。合掌組。❸「合掌泳ぎ」の略。

がっ-しょう【合焦】ガッセウ〘名〙スル《「ごうしょう」とも》カメラでの撮影でピントが合うこと。レンズの焦点を合わせること。また、ピントが合った状態。

がつ-じょう【月城】グワツジャウ 城門の前に半円形に築いた囲い。げつじょう。

がっしょう-およぎ【合掌泳ぎ】ガッシャウ 両手を合わせて水上に出したまま泳ぐ立ち泳ぎ。合掌。

がっしょう-きょく【合唱曲】ガッシャウ 合唱のために作曲または編曲された歌曲。

かっしょう-ぎり【滑昇霧】クワツショウ 山の斜面を吹き上げる空気が断熱膨張によって冷却してできる霧。

がっしょう-ぐみ【合掌組】ガッシャウ ▶合掌❷

がっしょう-づくり【合掌造(り)】ガッシャウ 民家の建築様式の一。岐阜県の白川郷、富山県の五箇山ごかやまにみられる。草葺くさぶき切妻造りあるいは入母屋いりもや造りで、巨大な合掌を小屋組とするもの。屋根裏が3、4階に及び、蚕室などに用いる。

がっしょう-どりい【合掌鳥居】ガッシャウドリヰ ▶山王さんのう鳥居

がっしょう-ひねり【合掌▽捻り】ガッシャウ 相撲の決まり手の一。両手のひらで相手の首を挟みつけるか、または脇の下から差した手と肩越しの手を相手の背で組み合わせ、左右いずれかにひねって倒す。

がっしょう-れんこう【合従連衡】カウ《「連衡」は中国の戦国時代、張儀が主張した政策で、秦が韓・魏などの6国とそれぞれ同盟を結ぶこと》合従の策と連衡の策。転じて、その時々の状況に応じていくつかの勢力が結び合うこと。また、そのかけひき。

かっ-しょく【褐色】黒みがかった茶色。
(類語)茶色・焦げ茶色・ブラウン

かっしょく-しぼうさいぼう【褐色脂肪細胞】ーシバウサイバウ ▶褐色脂肪組織

かっしょく-しぼうそしき【褐色脂肪組織】ーシバウソシキ 脂肪細胞の種類の一。白色脂肪組織から遊離した脂肪酸を取り込んでエネルギーを燃焼させ熱を生産する。首・肩甲骨の周囲などに少量存在する。乳幼児

に比較的多く、成長とともに減少する。多胞性脂肪細胞。褐色脂肪細胞。

かっしょく-しょくぶつ【褐色植物】「褐藻」に同じ。

かっしょく-しんりんど【褐色森林土】温帯湿潤気候下の落葉広葉樹林帯に分布する褐色の土壌。表層は腐植を含んで黒褐色、下層は酸化鉄により褐色を示す。褐色土。

かっしょく-もくたん【褐色木炭】黒くなる前に半焼けで焼き止めた褐色の木炭。火薬製造などに使用。

かっしょく-わいせい【褐色×矮星】質量が小さく、軽水素の核融合が起こらずに主系列星になれなかった天体。主系列星と惑星の中間的な大きさで、そのどちらにも分類されない。重水素の核融合は起こるため、赤外線を放つが長続きしない。

がっしり〔副〕スル 物の構造や体格がしっかりしていて、力強く、また、簡単には壊れそうにないさま。がっちり。「―(と)作られた戸棚」「―(と)した体格」
(類語)しっかり・がっちり

かつ-じん【活人】❶生きている人。命ある人。❷人を生かすこと。人の命を助けること。

かつじん-が【活人画】扮装した人が背景の前にじっと立ち、画中の人物のように見せるもの。歴史上の人物に題材をとることが多く、明治・大正のころ、集会などの余興として行われた。

カッシング-びょう【カッシング病】▶クッシング症候群

かつじん-けん【活人剣】本来、人を殺傷する目的のための刀剣が、使い方によって人を生かすものとしてはたらくこと。⇔殺人剣。➡殺人刀活人剣

かっ-す【喝す】〔動サ変〕大声でしかる。どなりつける。「分を踰えたる衣服の奢りは国法の許さざるところなるぞ…と―・したり」〈鴎外訳・即興詩人〉

かっ-すい【活水】流れ動いている水。⇔死水。

かっ-すい【活×錘】くいを打ち込むのに使う重いおもり。綱・鎖などをつけて滑車で引き上げ、くいの頭部に落として打ち込む。

かっ-すい【渇水】雨が降らないため、川・池沼などの水がかれること。(類語)日照り・旱魃

がっ-すい【月水】月経のこと。

かっすい-き【渇水期】渇水の時期。また、夏など、供給量が増大し水不足になる時期。

かっすい-じょしだいがく【活水女子大学】長崎市などにある私立大学。昭和56年(1981)の開設。

かっ・する【渇する】〔動サ変〕図かっ・す〔サ変〕❶のどがかわく。「―・する者は水を選ばず」❷水がかれる。「湖水が―・する」❸欠乏を感じてひどく欲しがる。「血に―・すること虎狼の如き四囲の彊国は」〈魯庵・社会百面相〉(類語)渇く

渇しても盗泉の水を飲まず　《孔子はのどが渇いても、盗泉という名を嫌って、その水は飲まなかったという陸機「猛虎行」の故事から》どんなに困っていても、不正には手を出さないことのたとえ。

がっ・する【合する】〔動サ変〕図がっ・す〔サ変〕❶いくつかのものが一つになる。一緒になる。合う。「支流が本流に―・する地点」❷いくつかのものを一つに合わせる。「諸経費を―・する」

カッスル-キープ〖Castle Keep〗英国イングランド北東部の都市ニューカッスルにある、市の名前の由来となった城。11世紀、ウィリアム征服王の命で木造の城が建てられ、12世紀にヘンリー2世によりノルマン様式の石造の城に改築された。現在は歴史博物館になっている。

カッスル-クーム〖Castle Combe〗英国イングランド南西部、ウィルトシャー州の小村。コッツウォルズ地方の観光地の一。中世の市場跡マーケットクロスやセントアンドリュース教会、同地方の石材で建てられた民家をはじめ、中世の面影が色濃く残っている村として知られる。カースルクーム。

カッスルタウン〖Castletown〗英国イングランドとアイルランドの間にあるマン島の南部の町。19世紀中頃まで同島の首都が置かれた。君主の居城だったラッシェン城をはじめ、中世に造られた歴史的建造物が残っている。

カッスロール〖フランス casserole〗▶キャセロール

かっ-せい【活性】機能が高く、反応が活発であること。物質の原子・分子が高エネルギー状態で、化学反応などが起こりやすいこと。

かっせい-アルミナ【活性アルミナ】吸着力の強いアルミナ。水洗したアルミナを二酸化炭素の気流中で熱して得られる、粒子表面が多孔性の粉末。クロマトグラフィーに用いる。

かっせい-おでい【活性汚泥】下水や廃水に含まれる有機物を酸化分解する微生物を繁殖させて生じる泥状の沈殿物。汚水処理に利用。

かっせいおでい-ほう【活性汚泥法】下水・排水処理方法の一。汚水を活性汚泥と混ぜ、微生物の働きで有機物を分解し、沈殿池で活性汚泥を沈降除去してから上澄み液を塩素で処理する。

かっせい-か【活性化】〔名〕スル ❶特定の機能が活発になること。反応性が高まること。❷組織などの活動を活発にすること。「地域社会を―する」

かっせいか-エネルギー【活性化エネルギー】化学反応を起こさせるための活性化に必要なエネルギー。

かっせいかじこリンパきゅう-いにゅうりょうほう【活性化自己リンパ球移入療法】癌細胞を攻撃する能力をもつTリンパ球を体外に取り出し、人工的に活性化してから患者自身の体内に戻す治療方法。先進医療として認可された医療技術の一つで、厚生労働省の承認を受けた特定の医療機関でのみ保険診療との併用が認められる。LAK(lymphokine-activated killer)療法。

かっせい-ざい【活性剤】触媒・酵素・燐光体などに添加して、その機能を活性化させる物質。活性化剤。賦活剤。

かっせい-さんそ【活性酸素】化学反応が起こりやすくなった酸素。一重項酸素、過酸化水素、スーパーオキシドアニオン、ヒドロキシラジカルなど。体内で過度に発生すると、脂質やたんぱく質、DNAなどに影響し、老化促進などの原因になるといわれる。また、その強い酸化力を、消毒、除菌、浄水、脱臭、大気浄化などに利用する。

かっせい-たん【活性炭】吸着能力を強めた炭素物質。木炭・ヤシ殻などを焼成・炭化し、細孔をもつ構造を発達させて多孔質としたもの。臭気や色素などをよく吸着する。脱臭・脱色・精製・浄水などに用いる。

かっ-せき【滑石】マグネシウムを含む含水珪酸塩鉱物。白色または緑灰色の軟らかい鉱物で、ろうのような感触がある。三斜晶系・単斜晶系。粉末は紙・化粧品・医薬品の増量剤などに用いる。タルク。

かっ-せき【滑席】▶スライディングシート

かつ-ぜつ【滑舌】アナウンサー・俳優などが口の動きを滑らかにするために行う発音の練習。早口言葉をしゃべるなど。

カッセル〖Kassel〗ドイツ中央部の工業都市。ウェーザー川支流のフルダ川に臨む。もとヘッセン-カッセル侯国の首都。グリム兄弟博物館がある。

かっ-せん【合戦】〔名〕スル 敵味方が出あって戦うこと。戦い。「関ヶ原の―」「乱売―」
(類語)戦争・戦い・戦・会戦・戦役・役・戦闘・兵・兵馬・兵戈・干戈・交戦・事変・戦火・兵火・戦乱・兵乱・戦雲・戦塵・戦禍・大戦

かっ-せん【活栓】コック(cock)のこと。

かっ-せん【割線】円と二点で交わる直線。また、曲線と二点以上で交わる直線。

かつ-ぜん【×戛然】〔ト・タル〕図〔形動タリ〕堅い物が触れ合って音を発するさま。「玉と玉と撃てる音か、―と瞬時の響きを起こす」〈漱石・薤露行〉

かつ-ぜん【×豁然】〔ト・タル〕図〔形動タリ〕❶視野が大きく開けるさま。「―として眼下に眺望が広がる」❷心の迷いや疑いが消えるさま。「―として悟る」

かっせん-そうばつ【活線挿抜】《hot swappingの訳》▶ホットプラグ

かっ-そう【滑走】〔名〕スル ❶すべって進むこと。また、すべるように進むこと。「氷上を―する」❷飛行機が、離着陸のときに地上や水上を走ること。

かっ-そう【褐藻】藻類の一群。ほとんどが海産。体制が発達し、外形上、根・茎・葉に区別できるものもある。クロロフィルのほかフコキサンチンなどの色素をもち、褐色・黄褐色を呈する。コンブ・ワカメ・ホンダワラなど。褐藻類。褐藻植物。

がっ-そう【×兀僧】❶「総髪」に同じ。❷昔、芥子坊主にしないでのばした、小児の頭髪。

がっ-そう【月奏】▶げっそう(月奏)

がっ-そう【合奏】〔名〕スル 二つ以上の楽器で一つの曲を演奏すること。二重奏・三重奏などの小規模なものから、管弦楽のように大規模なものまで、種々の形態がある。「ピアノとバイオリンで―する」➡独奏

がっ-そう【合葬】〔名〕スル 同一の墓に二体以上の遺骸または遺骨を葬ること。「夫婦を―する」

がっそう-きょうそうきょく【合奏協奏曲】数個の独奏楽器からなる小合奏群と弦合奏中心の大合奏群とによって演奏される協奏曲。バロック時代の代表的器楽曲形式で、コレルリ・ヘンデルらの作品がある。コンチェルトグロッソ。

かっそう-しょくぶつ【褐藻植物】▶褐藻

かっそう-そ【褐藻素】▶フコキサンチン

がつぞう-どう【月像×幢】即位などの大儀の式場の庭上に立てた、唐様の威儀の具。九輪をつけた黒塗りの柱の頂辺に、光彩をめぐらした銀地の円盤をつけ、中に月桂樹とウサギとカエルをかき入れて月を表示したもの。げつぞうどう。⇔日像幢。

かっそう-ろ【滑走路】飛行機の離着陸時の滑走に用いる、飛行場内に設けた直線状の舗装路。

かっ-そく【活塞】ピストンのこと。

ガッダ〖Carlo Emilio Gadda〗[1893～1973]イタリアの小説家。専門用語や方言・外国語などを駆使して、難解な前衛的作品を発表。20世紀前衛文学の一翼を担った。長編「メルラーナ街の怖るべき混乱」「悲しみの認識」など。

カッター〖cutter〗❶物を切ったり削ったりする道具。替え刃式の繰り出しナイフや裁断機、金属を切削する工具など。❷「カッターナイフ」の略。❸洋服生地の裁断師。❹艦船に積み込まれる大型のボート。ふつうオールでこぐが、帆走もできる。端艇。❺1本マストに2枚以上の縦帆を張るヨット。

カッター-シャツ《和 cutter＋shirt》カラーとカフスが身頃についたワイシャツ。もと、「勝った」をもじってつけた商標名。

カッター-シューズ〖cutter shoes〗かかとの高さが1～2センチくらいの、パンプス型の婦人靴。

カッター-ナイフ《和 cutter＋knife》紙や布、紐やテープ・コードなどを切断するのに用いる工作用の刃物。木の枝など、丈夫なものを切断するのには向かない。切れ味が悪くなると先の刃を折って新しい刃先を作り出して用いる。カッター。

かった-い【×癩】【乞＝丐】《「かたい」の促音添加》「かたい(乞丐)」に同じ。

癩の瘡うらみ　大差ないものを見てうらやむこと。また、ぐちをこぼすことともいう。

かつ-だい【×闊大】〔形動〕図〔ナリ〕広く大きいさま。「(影ハ)一人は―に一人は細小なるが」〈蘆花・不如帰〉

がっ-たい【合体】〔名〕スル ❶二つ以上のものがまとまって一つになること。「両派が―して新党をつくる」❷心を一つに合わせること。「『なるほど御母様のおっしゃる通りです』『然うじゃろうとも』と―して」〈紅葉・二人女房〉❸原生動物などで、生殖細胞や体の一部が合わさって1個の細胞になること。有性生殖の過程でみられる。ごうたい。
(類語)合同・合併・連合・同盟・連盟・合一・併合・合流

かつだい-かもつ【×闊大貨物】制限以上の

大きさや重さの鉄道貨物。闊大品。

がったい-しょく【月帯食】グヮッタイ 月食の状態で、月が欠けながら地平線上に昇り、または沈むこと。げったいしょく。

カッタウエイ〖cutaway〗モーニングコートの前裾すそのように大きく腰のあたりから斜めにカットされたデザイン。また、モーニングコートのアメリカでの俗称。

かっ-たく【滑沢】クヮツ〔名・形動〕なめらかでつやがあること。また、そのさま。「一な木肌」

かっ-たつ【×闊達¦×豁達】クヮツ〔形動〕図〔ナリ〕度量が広く、小事にこだわらないさま。「一な気性」「自由一」(派生)かったつさ〔名〕(類語)開豁かいかつ・磊落らいらく

かつ-だつ【滑脱】クヮツ〔名・形動〕よどみなく自由自在に変化・順応すること。また、そのさま。「円転一」

がったり〔副〕❶物が倒れたり揺れたりして立てる音を表す語。「物の音の一ともせず」〈紅葉・不言不語〉❷勢いなどが目に見えて衰えるさま。「後半スピードが一(と)落ちた」❸豪勢に振る舞うさま。「一とした遊びをして」〈浮・禁短気・四〉

がったり三両　何かがちょっと壊れても、相当な費用がかかるというたとえ。

かっ-たる・い〔形〕《「かいだる(腕弛)い」の音変化》❶疲れてからだや気分が重く感じられる。だるい。「一・くて動くのがおっくうだ」❷気分がのらない。また、物足りない。もどかしい。「経験豊富な人には一・い仕事だろう」➡おかったるい (派生)かったるげ〔形動〕かったるさ〔名〕(類語)だるい・けだるい

かっ-たん【褐炭】炭化の程度の低い、暗褐色の石炭。水分・揮発分を多く含み、燃やすとすすが多く出て、臭気が強く、火力は弱く、灰を多く残す。

かつ-だんそう【活断層】クヮツ 活動中の、または第四紀に活動したことのある断層。大部分は地震断層。岐阜県の根尾谷ねおだに断層・阿寺あてら断層、兵庫県南部地震(阪神・淡路大震災)を引き起こした野島断層など。

かっ-ち【×猾知¦×猾×智】クヮツ ずる賢い知恵。

カッチ〖cutch〗►カテキュー

がっ-ち【合致】〔名〕スル ぴったり合うこと。一致すること。「目的に一する」「二人の見解が一する」
(類語)符合・一致・吻合ふんごう・適合・適当・即応

ガッチナ〖Gatchina〗ロシア連邦北西部、レニングラード州の都市。サンクトペテルブルグの南約45キロに位置する。18世紀にエカチェリーナ2世の愛人だった貴族グレゴリー＝オルロフが築き、のちに歴代皇帝の離宮となったガッチナ宮殿があることで知られる。

ガッチナ-きゅうでん【ガッチナ宮殿】《Gatchinskiy dvorets》ロシア連邦北西部、レニングラード州の都市ガッチナにある宮殿。18世紀にエカチェリーナ2世から土地を与えられた貴族グレゴリー＝オルロフが建造。オルロフの死後、エカチェリーナ2世が買い上げ、息子のパーベル＝ペトロビッチ(後のパーベル1世)に与え、内装がロココ様式から新古典主義様式に改装された。その後、歴代皇帝の離宮となった。

かっ-ちゃく【活着】クヮツ〔名〕スル 移植や挿し木・接ぎ木をした植物が、根づいて生長すること。

がっ-ちゃく【合着】植物の同質の細胞や器官が癒合ゆごうすること。ごうちゃく。

がっちゃん〔副〕金属性の物など、堅い物が強くぶつかって発する音を表す語。「鉄の扉が一と閉まった」

かっ-ちゅう【▽甲×冑】カフチウ 戦いのとき身を守るために着用する武具。胴体を覆う甲よろいと、頭にかぶる冑かぶと。
(類語)武具・具足・鎧・兜

かっちゅう-ぎょ【▽甲×冑魚】カフチウ 古生代に存在した硬く厚い外骨格をもつ魚類。翼甲類よくこうるいと板皮類ばんぴるいのこと。かぶとうお。

かっちゅう-し【▽甲×冑師】カフチウ 甲冑を作る職人。具足師ぐそくし。

かっちり〔副〕スル ❶物の組み合わせなどに少しの狂いもなく、きちんと合うさま。「計画を一(と)立てておく」❷堅く引き締まったさま。「一した身体」(類語)堅い・きつい・ぎゅっと・きゅっと・がっちり・確かくと・ひしと

がっちり〔副〕スル ❶引き締まっていて丈夫そうなさま。頑丈なさま。がっしり。「一(と)したからだつき」❷すきまなく組み合うさま。「一(と)手を握る」❸抜け目なく物事をするさま。勘定高いさま。「一(と)金をためる」「あいつは一している」「一屋」
(類語)しっかり・がっしり・固い・きつい・ぎゅっと・きゅっと・かっちり・確かくと・ひしと

ガッツ〖guts〗がんばる気力。根性。「一のあるやつ」
(類語)気力・根性・精神力・意気地・甲斐性・意力

がっ-つ・く〔動カ五(四)〕むさぼるように食う。また、程度を超えて物を欲しがる。がつがつする。「たくさんあるからそんなに一・くなよ」(類語)むさぼる・欲張る

ガッツ-ポーズ《和 guts＋pose》スポーツ選手が、勝ったり会心のプレーをしたりしたときにするしぐさ。握りこぶしを肩のあたりにかかげたりする。

がっつり〔副〕たくさん。たっぷり。「一食べる」(補説)北海道の方言が広まったものとも言われる。
(類語)たっぷり・たくさん・たんと・ごまんと・わんさと・うんと・ふんだん・なみなみ・一杯・十分・しっかり

かっ-て【勝手】㊀〔名・形動〕❶他人のことはかまわないで、自分だけに都合がよいように振る舞うこと。また、そのさま。「そんな一は許さない」「一なことを言うな」「一に使っては困る」「一にしろ」❷何かするときの物事のぐあいのよしあし。都合や便利のよいこと。また、そのさま。「この間取りではどうも一が悪い」「使い一がってがいい」「何坊さんも早く寝た方が一だあね」〈漱石・彼岸過迄〉㊁〔名〕❶台所。「一仕事」❷暮らし向き。生計。「一が苦しい」❸自分がかかわる物事のようす・事情。「仕事の一がわからない」「一が違う」「一知ったる他人の家」❹弓の弦を引くほうの手。右手。左手より力が勝ちやすいからいう。引き手。
(用法)かって・きまま——「団体生活では、勝手な(気ままな)行動は許されない」など、自分の思い通りに振る舞う意では、相通じて用いられる。◇「勝手」は自分だけの都合や判断で行動する意が中心で、「勝手に僕の部屋に入らないでくれ」「勝手ながら休ませていただきます」などでは「気まま」に置き換えられない。◇「気まま」は、「気ままに旅行する」「一人暮らしの気ままさ」のように、他人には迷惑をかけないで、自由に振る舞う意があり、この場合は「勝手」に置き換えられない。◇類似の語に「わがまま」がある。「わがまま」は個々の行動ではなく、態度や性格全体についていう。「一人娘でわがままに育ってしまった」「わがままな振る舞い」
(類語)(㊀❶)わがまま・横着・身勝手・得手勝手・手前勝手・自己本位・傍若無人・好き放題・好き勝手・気随・気まま・ほしいまま・恣意的しいてき・利己的・エゴイスチック・好き・自分勝手・気任せ・奔放・自由/(㊁❶)台所・キッチン・厨房・ダイニングキッチン

勝手が違・う　自分の慣れたやり方や経験したこととようすやぐあいが違っていてとまどう。

勝手な熱を吹・く　自慢や、自分に都合のいいことなど、言いたい放題のことを言う。

かつて【▽曽て¦×嘗て】〔副〕❶過去のある一時期を表す語。以前。昔。「一京都にいたころ」「一の名選手」❷(あとに打消しの語を伴って用いる)今まで一度も。ついぞ。「一ないにぎわいを見せる」「いまだ一聞いたことがない」❸(あとに打消しの語を伴って用いる)まったく。全然。「木高こだかくは一木植ゑじほととぎす来鳴きとよめて恋増さらしむ」〈万・一九四六〉(補説)近世以降「かって」ともいう。
(類語)前前・以前・かねて・かねがね・いつか・昔

カッティング〖cutting〗〔名〕スル《カットすることの意》❶映画・テレビで、撮影フィルムなどを切りつないで編集すること。❷洋裁で、ある形に合わせて布地を裁断すること。❸テニス・卓球などで、逆回転を与えるようにボールを打つこと。カット。❹髪を切って形を整えること。❺謄写版の原紙に鉄筆で文字などを書き込むこと。❻レコード盤に音溝をつけること。

カッティング-シザース〖cutting scissors〗頭髪をカットするのに用いるはさみ。

カッテージ-チーズ〖cottage cheese〗►カテージチーズ

かって-かた【勝手方】❶台所。食物を調理する所。また、その係の人。❷台所に近い方。下しもの座。❸江戸幕府の職制中の分掌名。勘定奉行をはじめ老中・若年寄などのうち、もっぱら財政を担当したもの。

かって-がまし・い【勝手がましい】〔形〕図かってがま・し〔シク〕いかにも身勝手な感じである。自己本位であるさま。「一・い話で恐縮ですが」

かって-きまま【勝手気×儘】〔名・形動〕他人のことは気にせず、自分のしたいように行動すること。また、そのさま。「一な一人暮らし」「一に振る舞う」

かって-ぐち【勝手口】❶台所の出入り口。また、外から台所に通じる出入り口。❷茶室で、亭主が出入りする口。客が出入りする躙にじり口に対していう。茶道口。(類語)玄関・門口・戸口・表口・門戸もんこ・車寄せ・ポーチ・エントランス

かって-しだい【勝手次第】〔名・形動〕自分の思いどおりにすること。勝手きままに振る舞ってよいこと。また、そのさま。「一なことをする」「どうしようと君の一だ」

がっ-てつ【合×綴】〔名〕スル いくつかの用紙や冊子などをとじ合わせて、一つにすること。「一本ぼん」「契約書に証書を一する」

かっ-てっこう【褐鉄鉱】クヮツテツクヮウ 鉄の水酸化物を主成分とする鉱物。黄褐色で、鈍い光沢がある。時には鉱床を形成し、鉄鉱石として採掘される。

かって-むき【勝手向き】❶台所に関すること。「一のことは不得意だ」❷暮らし向き。「毎月一が苦しい」
(類語)経済・やりくり・収支・家計・内証・台所・手許てもと

かって-もと【勝手元¦勝手▽許】❶台所。台所のほう。「一がなにやら騒がしい」❷暮らし向き。「一は不如意だ」❸台所仕事。食事のしたく。「清三は階下で父親を手伝って一をして居た」〈花袋・田舎教師〉

かって-れん【勝手連】勝手に集まって、ある人物や運動を応援する人たちの集団。特に選挙の候補者を支持する団体のこと。(補説)昭和58年(1983)の北海道知事選で革新系候補横路孝弘を応援する若者たちが「勝手に連帯する若者連合」と名乗って支持活動をしたことから。

がっ-てん【月天】グヮッ ❶月天子がってんしの治める月の世界。転じて、月。❷►月天子がってんし

がっ-てん【合点】〔名〕スル ❶同意すること。うなずくこと。承知。がてん。「おっと一」「頸くびに力を入れ、しっかり一しつつ」〈宮本・伸子〉❷理解すること。納得すること。得心。がてん。「一向に一がいかない」❸和歌・連歌・俳諧などを批評して、そのよいと思うものの肩につける「ヘ」「〇」「・」などの印。また、その印をつけること。❹回状などを見終わり了承の意を表すために、自分の名前の肩に印をつけること。❺考え。心づもり。所存。「ただ今より真人間になって孝行尽くす一なれども」〈浄・油地獄〉

がってん-くび【合点首】木や竹の串くしに、練り物または土製の首だけをつけたおもちゃの人形。着物を着せて遊ぶ。がてんくび。

がっ-てんし【月天子】グヮッ 月を神格化したインド神話の神。のち仏教にとりいれられた。月宮殿に住し、密教では月天とよばれ、仏法守護の十二天の一。月宮天子がっくうてんし。

がってん-ずく【合点▽尽く】ヅク 互いに承知のうえでのこと。納得ずく。「十五匁に売るも、買ふ人も、その一なり」〈浮・一代女・五〉

カット〖cut〗〔名〕スル ❶切ること。切断すること。「テープ一」❷一部分を削ったり、省いたりすること。削除。「一部一して放映する」「賃金を一する」❸髪を切り整えること。また、切り整えた形。「前髪を短く一する」「ショート一」❹洋裁で、生地を裁つこと。裁断。❺宝石やガラス器などを削磨すること。❻ダイヤモンドの鑑定指標の一つ。研磨の仕上がりや形を5段階で評価する。➡4C ❼テニス・卓球などで、ボールを斜めに切るように打って逆回転を与えること。➡アンダーカット ❽球技で、送球やパスを、別の選手が途中で捕球したり、さえぎったりすること。❾野球で、打者が、打ちにくい球に軽くバットを当てて意識的にファウルにす

ること。⓾ゴルフで、打つ際にクラブフェースが飛球線に対して外側から内側へ抜けていく状態。⑪映画・テレビでのひと続きの場面。ショット。「名画のワンーを思い出す」⑫印刷物に入れる小さい挿絵。⑬トランプで、一山のカードを2分または3分して上下を入れ替えること。〘類語〙(⑪)幕・場・場面・シーン・一齣(ひとこま)・ショット/(⑫)挿絵・挿画・挿図・口絵・イラストレーション・絵・絵図・絵画・図画・図絵・素描・画・イラスト・スケッチ・デッサン・クロッキー

かっ-と〘副〙スル《古くは「くわっと」と表記》❶激しく燃え上がったり、強く照らしたりするさま。また、急に明るくなるさま。「太陽が一照りつける」❷怒り・恥ずかしさなどのあまり頭に血がのぼるさま。急に興奮するさま。「頭が一なる」「すぐーする性質」❸目・口などを大きく開くさま。「目を一見開く」❹物事を思いきってするさま。「大名になったらば汝には一扶持(ふち)をして」〈虎清狂・鈍根草〉

ガット〖GATT〗《General Agreement on Tariffs and Trade》関税および貿易に関する一般協定(関税貿易一般協定)。関税や輸出入規制など貿易上の障害を排除し、自由かつ無差別な国際貿易の促進を目的とする国際経済協定。1947年、ジュネーブで調印され、翌48年発効。日本は55年(昭和30)に加盟。95年、拡大する国際貿易環境に対応すべく、WTO(世界貿易機関)を設立。ガットはWTO協定に受け継がれた。

ガット〖gut〗羊・豚の腸やナイロンなどで作った糸。弦楽器の弦やラケットの網に使用。腸線。弦線。

ガット〖GUT〗《grand unified theory》▶大統一理論

カット-アウト〖cut out〗❶ラグビー・サッカーなどで、タッチライン側へ鋭く逃げて相手を抜く攻撃技術。⇔カットイン。❷映画・テレビなどで、音声や映像を急に消すこと。CO。⇔カットイン。

カットアウト-スイッチ〖cutout switch〗屋内配線の引き込み点や分岐点に使われる開閉安全器。ふつう磁器製で、ふたの内側につめつきヒューズがあり、ふたの開閉で電気回路を開閉する。安全器。

カット-アンド-ペースト〖cut and paste〗〘名〙スル コンピューターで、文章・図形などを元の位置から切り取り、それを他の位置に転写(ペースト)すること。➡コピー・アンド・ペースト

カット-イン〖cut in〗❶ラグビー・サッカーなどで、相手の内側へ切れ込んで抜く攻撃技術。⇔カットアウト。❷バスケットボールで、相手の防御線の内へ入り込むプレー。❸映画・テレビの一連の場面に別の短い場面を挿入すること。CI。⇔カットアウト。

かっ-とう【葛藤】〘名〙スル《葛(かずら)や藤(ふじ)のこと。枝がもつれ絡むところから》❶人と人が互いに譲らず対立し、いがみ合うこと。「親子の一」❷心の中に相反する動機・欲求・感情などが存在し、そのいずれをとるか迷うこと。「義理と人情とのあいだで一する」❸仏語。正道を妨げる煩悩のたとえ。禅宗では、文字言語にとらわれた説明、意味の解きがたい語句や公案、あるいは問答・工夫などの意にも用いる。

かつ-どう【活動】クヮツ ドウ〘名〙スル ❶活発に動くこと。ある動きや働きをすること。「暖かくなって虫が一し始めた」「一範囲が広い」「火山一」❷「活動写真」の略。「ちょいと一でも見るつもりが」〈高見・如何なる星の下に〉〘類語〙(❶)動き・運動・行動・生動・蠢動(しゅんどう)・躍動・活躍・奔走 (一する)動く・動き回る・働く

かつ-どう【喝道】ダウ ❶大声でしかりつけること。どなりつけること。❷昔、貴人が通行するとき、大声を上げて先払いをしたこと。先払い。

かつ-どう【滑道】クヮツ ダウ 山地で伐採した木材の搬出路。傾斜面を掘り下げて道をつけ、その所々に丸太を敷いて木材の滑り落ちをよくしたもの。

かつどう-か【活動家】クヮツ ドウ ❶積極的に活動する人。❷政治運動などに従事している人。

かつどうぎんが-かく【活動銀河核】クヮツドウ ギンガ 著しい活動性を示す銀河、またはその中心核。中心部のごく狭い領域が極めて明るく輝いたり、光速に近いジェットを噴出したりするものがある。中心部に太陽の100万〜10億倍程度という超大質量ブラックホールが存在し、そこに物質が落ち込むことで大量のエネルギーを放出すると考えられている。その明るさや活動性の違いからセイファート銀河、ブレーザー、クエーサーなどに分類されるが、現在は、強い電波を出す電波銀河も含め、観測される方向、ジェットの有無、塵の位置により、活動銀河が見かけ上異なった性質を見せると解釈されている。活動銀河中心。AGN (active galactic nucleus)。

かつどうぎんが-ちゅうしん【活動銀河中心】クヮツドウ ギンガ ▶活動銀河核

かつどう-しゃしん【活動写真】クヮツドウ 映画の旧称。活動。「私は殆ど一を見に行ったことがない」〈荷風・濹東綺譚〉〘類語〙映画・シネマ・キネマ・活動・幻灯・銀幕・スライド・ムービー・フィルム・スクリーン・サイレント映画・無声映画・トーキー・アニメーション

かつどうしゃしん-べんし【活動写真弁士】クヮツドウ シャシン ▶活弁

かつどう-てき【活動的】クヮツ ドウ〘形動〙❶元気よく動き、働くさま。活発なさま。「一な男」❷活動するのに適しているさま。動きやすいさま。「一な服装」

かつどう-でんい【活動電位】クヮツドウ デンヰ 生物体の細胞や組織が刺激を受けたときに発生する膜電位。刺激を受けて興奮した部分が、他の部分に対して負の電位をもつことで電位差が生じ、電流が流れる。動作電位。➡静止電位 ➡生物電気

かつどう-でんりゅう【活動電流】クヮツドウ デンリウ 生物体に活動電位が生じたときに流れる微弱な電流。心電図や脳波はこれを記録したもの。➡静止電流

かつどう-ど【活動度】クヮツ ドウ 気体や溶液における化学反応で、実質的に反応する分子あるいはイオンの割合。通常の化学反応では成分間の相互作用があるため、成分が理想的に働くときよりも活動度は低い。活動濃度。活量。

かつどう-べん【滑動弁】クヮツ ドウ ▶滑(すべ)り弁

かつどう-べんし【活動弁士】クヮツ ドウ ▶活弁

カット-うり【カット売(り)】〘名〙スル 白菜・チーズなどの食品や、布地・ひもなどを、切り分けて売ること。

カットオフ〖cutoff〗❶映画・テレビで、音楽やナレーションなどを意図的に止めること。❷服の裾を切り放しにしたまま、まつり縫いなどの始末をしないでおくこと。「一のTシャツ」

カットオフ-じょうやく【カットオフ条約】デウ ヤク《「核兵器用核分裂性物質生産禁止条約」の通称》核兵器用の高濃縮ウラン、プルトニウムなどの生産を禁止する条約。1993年米国のクリントン大統領が提案、95年ジュネーブ軍縮会議(CD)でFMCT特別委員会の設置が合意されたが、加盟各国の思惑が絡んで中断。交渉は進んでいない。FMCT(Fissile Material Cut-off Treaty)。

ガット-ギター〖gut guitar〗ガット製の弦を張ったギター。クラシックギターはその類。

カット-グラス〖cut glass〗彫刻や切り込み細工を施した透明度の高い鉛ガラス。切り子ガラス。

カット-ステップ〖cut step〗登山で、氷雪面にピッケルで刻んだ足場。

カット-ソー《cut and sewnから》ニット製品に使われる言葉で、編み地を裁断(カット)して縫製(ソーン)した製品の総称。

かっ-とば・す【かっ飛ばす】〘動サ五〙ボールを打って勢いよく遠くへ飛ばす。「ホームランを一・す」

カットバック〖cutback〗❶アメリカンフットボールで、ボールキャリアが走るコースをオープン方向から内側へ急角度で変えること。または、それを取り入れた攻撃プレー。❷映画・テレビで、ある場面と別の場面、またはもとの場面とを交互に転換する手法。切り返し。

カット-フィルム〖cut film〗▶シートフィルム

カット-やさい【カット野菜】サラダとしてすぐ食べたり、簡単に料理できるよう、あらかじめ洗って切ってあるパック詰め野菜。

カットワーク〖cutwork〗模様の縁をステッチでかがり、その内側の布地を切り取ってレース状に仕上げた切り抜き刺繍(ししゅう)。

カツ-どん【カツ丼】豚カツを、タマネギの薄切りなどを加え、甘辛い汁で煮つけて卵でとじ、どんぶり飯の上にのせた料理。

かつぬま【勝沼】山梨県甲州市の地名。旧町名。甲府盆地の東部にあり、古くからブドウの産地として知られる。甲州街道の宿場町として発達。

かづの【鹿角】秋田県北東部の市。リンゴ栽培や、酪農などが盛ん。尾去沢(おさりざわ)鉱山があった。八幡平(はちまんたい)・十和田湖への観光基地。人口3.4万(2010)。

かづの-ごけ【鹿角×苔｜叉=銭×苔】ウキゴケ科の苔類(たいるい)。沼・池などに浮遊するほか湿地上に群生。長さ1〜2センチで細く、二また状に数回分かれる。

かづの-し【鹿角市】▶鹿角

かつ-は【且つは】〘副〙(多く、「…かつは…」「かつは…かつは…」の形で用いて)一方では。一つには。「草枕旅をよろしと思ひつつ君はあるらむとあそそには一知れども」〈万・五四三〉「見るに、一笑(え)ましう、一恐しげなり」〈栄花・鳥の舞〉

かっぱ【▽河▽童】《「かわわっぱ」の音変化》❶水陸両生の想像上の動物。身の丈1メートル内外で、口先がとがり、頭上に皿とよばれるくぼみがあって少量の水を蓄える。背中には甲羅がある。人や他の動物を水中に引き入れて生き血を吸い、尻から腸を抜くという。かわっぱ・河太郎・川子・河伯、その他異名が多い。❷水泳のうまい人。また、泳いでいる子供。❸子供の髪形の一。髪を結ばず耳の辺りまで垂らして下げ、下を切り落としたもの。江戸時代には頭の頂上を丸く剃ったことからこの名がある。➡御河童(おかっぱ) ❹《河童の好物であるというところから》すし屋などで、キュウリのこと。また、河童巻き。❺《河童が人を引き込むというところから》㋐見世物小屋などの呼び込み。㋑江戸の柳原、本所辺りの売笑婦。

河童の川流れ 泳ぎのうまい河童でも、水に押し流されることがある。その道の名人でも、時には失敗することがあることのたとえ。弘法にも筆の誤り。猿も木から落ちる。

河童の屁(へ) 容易で何でもないこと、取るに足りないことのたとえ。水中の屁は勢いがないところからという。屁の河童。

かっぱ【河童】芥川竜之介の小説。昭和2年(1927)発表。河童の国を見たと信じる精神病患者の妄想を借りて、社会や作者自身を辛辣に戯画化した作品。

かっ-ぱ【喝破】〘名〙スル ❶大声でしかりつけること。「『返事をしないか!』と江間君の一した時」〈独歩・第三者〉❷誤った説を排し、真実を説き明かすこと。物事の本質を明言すること。「思うままに一す可き適当の辞(ことば)を」〈蘆花・黒潮〉

〘類語〙断言・確言・明言・言明・言い切る・道破

カッパ〖K｜κ｜kappa〗ギリシャ語アルファベットの第10字。

カッパ〖ポルト ガル capa〗【合羽】❶雨天の外出に用いる外套(がいとう)の一。ラシャ製のものが伝わったが、日本では綿布や紙に桐油(とうゆ)を引いて、形も、袖のない丸ガッパから着物風の袖ガッパになった。雨ガッパ。❷荷物・駕籠(かご)などの雨よけに用いる桐油紙。〘類語〙外套・コート・マント・ポンチョ・ケープ・被布・雨具

かっぱ〘副〙❶突然発する激しい音を表す語。「いただき給ふ鉢一と前に落ちにけり」〈伽・鉢かづき〉❷急に倒れ伏したり、起き上がったりするさま。がばと。「今はかうとおぼえける時、一と起き」〈平家・五〉

がっ-ぱい【月×牌】グヮツ 毎月の死者の忌日に供養してもらうため、回向料を添えて寺院に預ける位牌。

かっぱい-きん【×闊背筋】クヮツ ハイ ▶広背筋(こうはいきん)

カッパ-かご【カッパ籠】大名行列などの最後に下回りの者が棒で担いでいった、雨具を納めた籠。

かっぱ-き【河童忌】芥川竜之介の命日。7月24日。生前好んで河童の絵を描き、また、作品に「河童」があることによる。〔季 夏〕

かっ-ぱつ【活発｜活×潑】クヮツ〘形動〙図〘ナリ〙元気

で勢いのよいさま。行動・活動などが生き生きとして盛んなさま。「―な子供」「―な論議」「火山活動が―になる」(派生)かっぱつさ〔名〕(類語)快活・精彩・元気

かっぱつ-はっち【活発発地｜活×溌×溌地】〔形動〕図〔ナリ〕精神・気力が充実し勢いのよいさま。活気があふれているさま。「人物は―に躍動する許りだ」〈漱石・三四郎〉

カッパドキア〖Kapadokya〗トルコ中央部の山岳地帯。紀元前15～前12世紀にはヒッタイト王国の中心地。4～10世紀のキリスト教洞穴教会群が散在し、内部に多くの壁画がある。1985年、「ギョレメ国立公園とカッパドキアの岩石遺跡群」という名称で世界遺産(複合遺産)に登録された。カパドシア。

カッパ-ばん【カッパ版】図や文字を切り抜いた渋紙や桐油紙の型紙を紙・布などの上にのせ、はけで絵の具を塗って形を刷り出す技法。合羽摺り。ステンシル。

かっぱ-まき【▽河▽童巻(き)】キュウリを芯にした細いのり巻き。

かっ-ぱらい【×掻っ払い】人目を盗んで、すばやく品物をかすめ取ること。また、それをする者。

かっ-ぱら・う【×掻っ払う】〔動ワ五(ハ四)〕《「かきはらう」の音変化》❶人目を盗んでそこにある物をかすめ取る。かっさらう。「店頭の品物を―・う」❷勢いよく横に払う。なぎ払う。「向こうずねを―・う」(可能)かっぱらえる (類語)分捕る・掠める

かっ-ぱん【活版】活字を組み並べて作った印刷用の版。また、それによる印刷。活字版。植え字版。

かっぱん-いんさつ【活版印刷】活版で印刷すること。また、その印刷物。鉛版・線画凸版・樹脂版などの印刷も含めていう。1445年ごろ、ドイツのグーテンベルクが発明。活版刷り。

かっぱん-じょ【活版所】活版印刷をする所。

かっぱん-ずり【活版刷(り)】活版で印刷すること。また、その印刷物。活版印刷。

かっぱん-びょう【褐斑病】農作物の、主に葉に褐色の斑点のできる病害。病原菌はさまざま。

かっぱん-ほう【割販法】「割賦販売法」の略称。

かっぱん-ぼん【活版本】活版刷りの本。活字本。

がっ-ぴ【月日】日付としての、月と日。

かっ-ぴつ【渇筆】墨汁の含みの乏しい筆。また、それを用いてかすれさせる書法・水墨画法。擦り筆。

がっ-ぴつ【合筆】〔名〕スル 土地登記簿上、数筆の土地を合併して一筆の土地とすること。⇔分筆。

がっ-ぴょう【合評】〔名〕スル 何人かの人が集まって、ある作品・問題などについて批評し合うこと。また、その批評。「新作を―する」「―会」

カッブ〖Ty Cobb〗[1886～1961]米国のプロ野球選手。本名タイラス＝レイモンド＝カッブ(Tyrus Raymond Cobb)。デトロイト-タイガーズほかで強打者として活躍、多くの打撃記録を残した。タイ＝カッブ。

かっ-ぷ【割賦】代金を何回かに分けて支払うこと。また、そういう支払い方法。月賦・年賦の類。分割払い。➡割賦 (類語)分割払い・月賦・月販・年賦

カップ〖cup〗❶取っ手のついた洋風の茶碗。「コーヒー―」❷紙・プラスチック・金属などで作った小さな器。「アイスクリームの―」❸料理で材料を計量するのに使う、目盛りのついた容器。容量はふつう200ミリリットル。計量カップ。「小麦粉二分の一―」❹競技などの賞杯。金属製で脚のついたもの。「優勝―」❺ブラジャーの、乳房を覆い隠す丸く盛り上がった部分。❻ゴルフで、グリーンのホールのこと。
(類語)(❹)トロフィー・賞杯・賞牌・メダル

カップ-イン《和 cup＋in》ゴルフで、ボールが穴に入ること。

かっ-ぷく【×恰幅】肉づきや押し出しから見た、からだの格好や姿。からだつき。「―のいい紳士」
(類語)体つき・体格・体躯・背恰好・筋骨・肉付き

かっ-ぷく【割腹】〔名〕スル 腹を切って死ぬこと。切腹。「―自殺」(類語)切腹・腹切り・追い腹・詰め腹

カップケーキ〖cupcake〗カップ形の型で焼いた洋菓子。

カップ-ざけ【カップ酒】ガラスコップや缶に詰めて販売される日本酒。180ミリリットル前後の商品が多い。

かつ-ぶし【×鰹節】「かつおぶし」の音変化。

かつ-ふつ〔副〕(あとに打消しの語を伴って用いる)まったく。まるで。「一懐いた事のないような、不思議な物狂わしい情熱が」〈菊池寛・藤十郎の恋〉

かつ-ぶつ【活仏】❶生き仏。❷チベット仏教で、高僧の生まれ変わり。仏・菩薩の化身とされる。

かつ-ぶつ【活物】生きて活動しているもの。⇔死物。「必竟世の事変は―にて容易に其の機変を前知す可らず」〈福沢・学問のすゝめ〉

かつぶつ-きせい【活物寄生】生物が、生きている他の生物体に寄生し、養分などを吸収すること。⇔死物寄生。

カップ-ヌードル〖Cup Noodle〗カップめんの商標名。➡カップめん

かっぷ-はんばい【割賦販売】商品の代金を、割賦で支払うことを認める販売方式。分割払い販売。➡割賦販売法

かっぷはんばい-ほう【割賦販売法】割賦販売における公正で健全な取引の維持と消費者の保護とを目的とした法律。昭和36年(1961)制定。同47年の改正で、クーリングオフなどによる購入者の保護や、割賦販売が終了するまで割賦販売業者に商品の所有権があること、割賦購入の斡旋業務には経産相の認可(割賦購入あっせん業者登録簿への登録)が必要であることなどが規定された。また、平成20年(2008)の改正で、訪問販売業者の勧誘行為に関する調査義務と、割賦販売による既払い金の返還義務をクレジット会社に課し、個別クレジット業者を登録制とするなど、規制が強化された。割販法。

カップボード〖cupboard〗食器棚。

カップ-めん【カップ麺】カップ詰めの即席麺。

カップ-ラーメン 発泡スチロール製の密閉容器入りラーメン。熱湯を注ぎ2～3分間すればすぐ食べられるインスタント食品。➡インスタントラーメン

カップリ《切るの意の、オランダ kappenからか》江戸時代に、オランダから渡来した小形のナイフ。「武士も具足のいらぬ御時なれば、まして色座敷へは―も出さぬがよし」〈浮・男色大鑑・八〉(補説)「割瓜」とも書く。

がっぷり〔副〕相撲などで、しっかりと組み合うさま。「―(と)四つに組む」

カップリング〖coupling〗❶二つのものを一つに組み合わせること。「―曲」❷二つが連動すること。➡デカップリング ❸二つ以上の力学系や電気系が相互に結び合わされる状態。結合。❹回転軸を通じて動力を伝達すること。また、その装置。軸継ぎ手。❺ジアゾニウム塩にフェノール類または芳香族アミンを結合させ、アゾ化合物を作る反応。ジアゾカップリング。

カップリング-シュガー〖coupling sugar〗ショ糖にぶどう糖を結合させた甘味料。虫歯になりにくいとされる。商標名。

カップリング-はんのう【カップリング反応】二つの分子を結合させて一つの分子にする化学反応。結合させる二つの分子の構造が同じ場合はホモカップリング反応、異なる場合はクロスカップリング反応またはヘテロカップリング反応という。

カップル〖couple〗一対。組み。特に、夫婦・恋人などの一組みの男女。「似合いの―」
(類語)コンビ・アベック・番い・好一対・夫婦・組み・夫婦・夫婦・夫妻・妹背・連れ合い・配偶者・配偶・匹偶・伴侶

カップル-ブランド《和 couple＋brand》紳士服・婦人服という枠にとらわれず、男女がファッション感覚を共有して楽しむことのできるブランド。

かっ-ぺ「いなかっぺ」の略。

カッペ〖ドイ Kappe〗坑道の天盤を支える金属製の梁。相互に連結でき、鉄柱と組み合わせて使用。

がっ-ぺい【合併】〔名〕スル 二つ以上のもの、特に組織などが一つに合わさること。また、合わせること。「二社が―する」「町村―」
(類語)合同・合体・連合・同盟・連盟・合一・併合・合流

がっぺい-しゅうごう【合併集合】▶和集合

がっぺい-しょう【合併症】一つの病気にかかっているとき、それと関連して起こる別の病症。余病。

がっぺい-じょうかそう【合併浄化槽】屎尿と生活雑排水を合わせて処理する浄化槽。合併処理槽。

がっぺい-ひりつ【合併比率】▶統合比率

がっ-ぺき【合壁】《中・近世は「かっぺき」》壁ひとえ隔てた隣。かべどなり。「近所―」

カッペリーニ〖イタリア capellini〗パスタの一種。棒状で非常に細い麺。カペッリーニ。

かつ-べん【活弁｜活×辯】《「活動写真弁士」の略》無声映画時代、映画上映中に画面の人物のせりふをしゃべり、話の筋を説明した職業の人。弁士。活動弁士。

かつ-べん【滑弁｜滑×瓣】▶滑り弁

がつ-へん【×歹偏】漢字の偏の一。「残」「殉」「殊」などの「歹」の称。いちたへん。

かっ-ぽ【×闊歩】〔名〕スル ❶大またで堂々と歩くこと。「大道を―する」❷いばって思うままに行動すること。「政界をわが物顔に―する」

かつ-ぼう【渇望】〔名〕スル のどが渇いたとき水を欲するように、心から望むこと。切望。熱望。「優秀な人材を―する」
(類語)切望・熱望・待望・希求・願う・求める

かっ-ぽう【活法】❶活用する方法。有効に働かす手段。❷柔道で、絞め技で仮死状態となった者に対して施す呼吸復元法。

かっ-ぽう【割×烹】❶《肉を割さいて烹にる意から》食物を調理すること。ふつう日本料理にいう。料理。❷「割烹店」に同じ。(類語)料理・調理・煮炊き・炊事・クッキング・菜・おかず・膳・膳部・食膳・ご馳走・佳肴・酒肴・調味・ディッシュ

がっ-ぽう【合邦】㊀〔名〕スル 国家を合併すること。また、合併してできた国。「国乱内変に因て―或は分裂し」〈津田真道訳・泰西国法論〉㊁浄瑠璃「摂州合邦辻」の通称。また、その登場人物名。

かっぽう-ぎ【割×烹着】炊事など家事をする際に着用する上っ張り。
(類語)エプロン・前垂れ・前掛け・上っ張り

かっぽう-てん【割×烹店】料理店。特に、日本料理屋。割烹。

がっぽう-どり【がっぽう鳥】カッコウの別名。

がっぽ-がっぽ〔副〕金銭などがたくさん次々と入ったり、出ていったりするさま。「―(と)もうかる」

かっ-ぽじ・る【×掻っ×穿る】〔動ラ五(四)〕つついて穴をあける。また、穴の中をつついて、つまっているものを取り出す。「耳の穴を―・ってよく聞け」

がっぽり〔副〕一度にたくさんの金が手に入ったり、または出たりするさま。「―(と)もうける」「手数料を―(と)とられる」

かっぽれ ㊀大道芸の一。江戸末期、住吉踊りの影響を受けて願人坊主が始めたもの。明治中期が全盛で、歌舞伎・寄席にも取り入れられた。㊁歌舞伎舞踊。常磐津。本名題「初霞空住吉」。河竹黙阿弥作詞、5世岸沢式佐作曲。明治19年(1886)東京新富座で9世市川団十郎が初演。

がっ-ぽん【合本】〔名〕スル ❶数冊の本や雑誌などをまとめ、1冊として製本すること。また、その本。合冊。「―された雑誌」❷分冊して発行した図書を、新たに1冊にまとめて発行したもの。合冊。

かつ-ま【勝間】「堅間」に同じ。「无間―の小船を造り」〈記・上〉

かつま【×羯磨】《梵 karmaの音写。行為・所作・業などと訳す》受戒・懺悔の儀式作法。(補説)天台宗などでいい、真言宗や律宗など南都諸宗では「こんま」とよむ。

かつ-まく【滑膜】関節包の内側にある膜。滑液(関節液)を分泌し、関節の動きを滑らかにする。滑液膜。

かつま-こんごう【×羯磨金剛】三鈷杵を十

字に組み合わせた密教の法具。

かつ-また【且つ又】〔接〕上に述べた事柄に、さらに他の事柄を重ねて言うのに用いる語。その上また。「正確さ、一迅速さが要求される」

〘類語〙然も・その上・かつ・なおかつ・おまけに・加うるに・のみならず・しかのみならず・そればかりか・糅てて加えて・同時に・更に・あまつさえ・それに

かつまた-の-いけ【勝間田の池】奈良市西の京、唐招提寺と薬師寺の近くにあったという池。〔歌枕〕「一は我知る蓮なし然言ふ君がひげなきごとし」〈万・三八三五〉

かつま-まんだら【羯磨曼荼羅】四種曼荼羅の一。仏・菩薩の所作や行為を表した曼荼羅。

かつみ【勝見】「勝見草」の略。「一刈る頃もやや近うなれば」〈奥の細道〉

かつみ-ぐさ【勝見草】マコモの古名。〈日葡〉

かつ-みょう【渇命】▶かつめい(渇命)

かつ-めい【活命】生命を支えること。生きること。生存。「真正の一ある人となることは得がたかるべし」〈中村訳・西国立志編〉

かつ-めい【渇命】飢えや渇きのために命が危なくなること。かつみょう。「このままありては三人ともに一に及べば」〈浮・胸算用・三〉

かつ-もく【刮目】〔名〕スル《「刮」は、こする意》目をこすって、よく見ること。注意して見ること。刮眼。「一に値する」「一して待つ」

かつ-やく【括約】〔名〕スル くくり縮めること。

かつ-やく【活躍】〔名〕スル ❶めざましく活動すること。「社会の第一線で一する」❷勢いよく躍りはねること。「無用の長物を利用して一大一を試みた所が」〈漱石・吾輩は猫である〉

〘類語〙奮闘・奔走・刻苦・精進・粉骨砕身・活動・動き・運動・行動・生動・蠢動・躍動・奔走

かつやく-きん【括約筋】収縮によって管状や環状の器官を閉じる作用をする筋肉。肛門・幽門・尿道などにあって内容物の排出を調節するものや、瞳孔にあって虹彩の絞りを調節するものなど。

かつやま【勝山】江戸時代の婦人の髪形の一。末を細めにして束ねた髪を前へ輪のように巻き上げ、先を笄で留めたもの。丸髷の前の形。承応(1652〜1655)のころ、江戸吉原の遊女勝山が始めたという。勝山髷。

かつやま【勝山】㊀福井県北東部の市。もと小笠原氏の城下町で、タバコ・絹織物の集散地として発展した。今も繊維・縫製業が盛ん。北谷地区の手取層群から多数の恐竜化石が発掘されている。人口2.5万(2010)。㊁岡山県真庭市の地名。もと三浦氏の城下町。高田硯を特産する。

かつやま-し【勝山市】▶勝山㊀

かつゆ-ほう【活喩法】修辞法の一。無生物を生き物(特に人間)であるかのように表現する方法。「嵐が吠える」「花が笑う」の類。➡擬人法

かつ-よう【活用】〔名〕スル ❶物や人の機能・能力を十分に生かして用いること。効果的に利用すること。「学んだ知識を一する」「資料を一する」❷文法で、語がその用法の違いによって体系的に語形変化をすること。また、その変化の体系。日本語では用言(動詞・形容詞・形容動詞)および助動詞に活用がある。

〘類語〙利用・使用・運用・駆使・適用・応用・援用・充用・充当・転用・流用

かつよう-けい【活用形】国語の用言(動詞・形容詞・形容動詞)や助動詞が活用してとる種々の語形。一般に、文語文法では、未然形・連用形・終止形・連体形・已然形・命令形の6種、口語文法では未然形・連用形・終止形・連体形・仮定形・命令形の6種を立てる。6種にしたのは、最も多く変化する形を持つ、文語動詞「ナ行変格活用」を基準にしたことによる。

かつよう-げん【活用言】活用語の旧称。

かつよう-ご【活用語】活用する単語。日本語では、動詞・形容詞・形容動詞・助動詞の総称。

かつよう-ごび【活用語尾】国文法において、用言の語尾で、活用の際に語形変化をする部分。動詞では、「読む」の「む」(「ま・み・む・め」などと変化)、形容詞では、「寒い」の「い」(「く・い・けれ」などと変化)などの類。

かつよう-じゅ【闊葉樹】広葉樹の旧称。

かつよう-れんご【活用連語】活用する連語の意で、助動詞が他の語のあとについたもの。一つの用言とほぼ同じ機能と用法をもつ。「花だ」「書いた」「歌わされる」の類。

かつ-よく【渇欲】むさぼるような激しい欲求。「生血の味をしめた虎の子のような一」〈有島・或る女〉

かつら【桂】❶カツラ科の落葉高木。山地に自生。葉は広卵形で裏面が白い。雌雄異株。5月ごろ、紅色の雄花、淡紅色の雌花をつけ、花びらはない。材を建築・家具や碁盤・将棋盤などに用いる。おかつら。かもかつら。❷中国の伝説で、月の世界にあるという木。

桂を折・る　《「晋書」郤詵伝から。すぐれた人材を桂の枝にたとえて》官吏登用試験に合格する。「かざしてもかつたどらるる草の名は一・りし人や知るらむ」〈源・藤裏葉〉➡桂林の一枝

かつら【桂】京都市西京区、桂川西岸の地名。桂離宮がある。〔歌枕〕

かつら【鬘】《古くは「かづら」。現代でも能楽関係では「かずら」という》頭髪のように作って頭にかぶったり付けたりするもの。俳優などが扮装用に、また、一般に髪形を変えたり、はげを隠したりするのに用いる。➡かずら(鬘)

カッラーラ〖Carrara〗《「カラーラ」とも》イタリア中部、トスカーナ州の都市。アプアーネアルプスの南麓に位置し、古代ローマ時代より大理石の産地として知られる。11世紀から14世紀にかけて建造されたカッラーラ大聖堂、16世紀のドゥカーレ宮殿などの歴史的建造物があるほか、近郊の山には300以上の露天掘りの採石場が点在する。

カッラーラ-だいせいどう【カッラーラ大聖堂】《Duomo di Carrara》イタリア中部、トスカーナ州の都市カッラーラにある大聖堂。11世紀に建設が始まり、14世紀に完成。ピサ-ゴシック様式のファサードの破風部分には大きなバラ窓があり、小アーチを構成する列柱が並んでいる。カラーラ大聖堂。

かつら-おうぎ【鬘扇】▶かずらおうぎ

かつら-おけ【鬘桶】▶かずらおけ

かつら-おとこ【桂男】❶月に住むという伝説上の男。また、月の異称。かつらお。「一も、同じ心に、あはれとや見奉るらむ」〈狭衣・四〉❷美男子。「一のぬしさんにほれたが縁かエエ」〈人・梅児誉美・三〉

かつら-おび【鬘帯】▶かずらおび

かつら-かご【桂籠】置き花生けの籠の一。桂川の漁師の魚籠を、千利休が花入れに応用したのに始まる。鮎籠。

かつら-かじ【桂楫】月にあるという桂の木で作った櫂。「天の海に月の船浮け一かけて漕ぐ見ゆ月人をとこ」〈万・二二二三〉

かつら-がわ【桂川】㊀京都市西部を流れる川。保津川の下流部。鴨川を合わせ、淀川に注ぐ。㊁相模川の上流部。山梨県の山中湖に発し、郡内地方を経て相模湖に至る。流域に河岸段丘が発達。

かつらがわ-ほしゅう【桂川甫周】㊀[1751〜1809]江戸後期の蘭医。桂川家4代目。名は国瑞。号、月池。杉田玄白らと「解体新書」を翻訳。編著「魯西亜志」「北槎聞略」など。㊁[1826〜1881]江戸後期の蘭医。桂川家7代目。名は国興。「ドゥーフ-ハルマ(和蘭字彙)」を出版。

かつらがわれんりのしがらみ【桂川連理柵】浄瑠璃。世話物。二段。菅専助作。安永5年(1776)大坂北堀江座初演。娘お半と隣家の中年男長右衛門の心中が主題。通称「お半長右衛門」。

かつらぎ【葛城】㊀奈良県西部の市。西部山間部での林業のほか、トマト・きゅうりなど野菜類や、菊・チューリップなど花卉栽培が盛ん。平成16年(2004)新庄町、當麻町が合併して成立。人口3.6万(2010)。㊁《古くは「かづらき」》奈良県中西部、葛城山東麓一帯の古称。現在の葛城市と御所市を中心とする地域。㊂▶かずらき(謡曲)

かつらぎ-おり【葛城織】厚地の木綿綾織物。作業衣・白衣などに使用。

かつらぎ-がわ【葛城川】奈良県北西部を流れる川。大和川水系の一。金剛山地の金剛山東斜面に源を発して北東流し、奈良盆地中西部の田園地帯をうるおし北葛城郡広陵町北部で大和川支流の曽我川に合流する。長さ25キロ。

かつらぎ-さん【葛城山】㊀奈良県と大阪府の境にある山。標高959メートル。古くは南方にある金剛山を含めていった。修験道の霊場。謡曲「葛城」の地。金剛葛城山。㊁和歌山県と大阪府の境にある山。和泉山脈の主峰で、標高858メートル。和泉葛城山。

かつらぎ-し【葛城市】▶葛城㊀

かつらぎ-しんとう【葛城神道】▶雲伝神道

かつらぎ-の-かみ【葛城の神】大和の葛城山に住むとされる神。一言主神をいう。役の行者の命令で葛城山と金峰山との間に岩橋を架けることになったが、容貌の醜いのを恥じ、夜しか働かなかったので完成しなかったという伝説から、物事が成就しないときや、顔の醜い人などの例に引かれる。「つたなや葛の葉の一姿、恥づかしや由なや」〈謡・定家〉

かつらぎ-の-そつひこ【葛城襲津彦】《古くは「かづらきのそつひこ」》4世紀後半ごろの豪族。大和の人。武内宿禰の子。大和朝廷に仕え、その娘、磐之媛は仁徳天皇の皇后とされる。

かつ-らく【滑落】〔名〕スル 登山の際に足を踏み外したりして、急斜面を滑り落ちること。「一事故」

かつらく-ていし【滑落停止】氷雪斜面での滑落をピッケルを使って停止させること。

かつら-こごろう【桂小五郎】木戸孝允の前名。

かつら-こそん【桂湖村】[1868〜1938]中国文学者。早稲田大学教授。新潟の生まれ。名は五十郎。漢詩をよくし、陶器の研究でも知られた。著「漢籍解題」。

かつらざわ-こ【桂沢湖】北海道中部三笠市桂沢にある湖。昭和32年(1957)道内初の多目的ダムである桂沢ダムが造られてできた人造湖。周囲62キロ。周辺はアンモナイトなどの化石が多く出土する。

かつら-し【鬘師】▶かずらし

かつら-した【鬘下】▶かずらした

かつら-したじ【鬘下地】▶かずらしたじ

かつらだ-ふじろう【桂田富士郎】[1867〜1946]病理学者。石川の生まれ。ドイツに留学。日本住血吸虫を発見。

かつらタフト-きょうてい【桂タフト協定】明治38年(1905)、米国のタフト陸軍長官と桂太郎首相の間で結ばれた秘密協定。米国のフィリピン統治と日本の韓国に対する優越支配を相互に承認した。

かつら-たろう【桂太郎】[1847〜1913]軍人・政治家。陸軍大将。長州藩出身。陸軍にドイツ式兵制を取り入れ、陸相を歴任。三度首相となり、日英同盟・日露戦争・韓国併合を断行。大逆事件を初め、社会運動を弾圧した。

かつら-づつみ【桂包み】室町時代、庶民の女性が長い布で頭を包み、前で結んで余りを左右に分けて挟んだもの。京都の桂女の風俗から始まるという。桂巻き。

かつら-の-みや【桂宮】㊀四親王家の一。正親町天皇皇子誠仁親王の子、智仁親王に始まる。初め八条宮、のち常盤井宮・京極宮と称し、光格天皇皇子第9代盛仁親王のとき桂宮の称号を賜った。明治14年(1881)仁孝天皇皇女第11代淑子内親王で断絶。㊁宮家の一。昭和63年(1988)三笠宮崇仁親王の第2子宜仁親王が創立。

かつら-はま【桂浜】高知市南部、浦戸湾口の西岸の浜。5色の玉石が多い。

かつらばら-しんのう【葛原親王】[786〜853]桓武天皇の第3皇子。名は「かずらはら」とも。桓武平氏の祖。大蔵卿・式部卿などを経て大宰帥(だざいのそち)。天長2年(825)、平(たいら)の姓を賜り臣籍に下った。

かつら-はるだんじ【桂春団治】[1878〜1934]大阪の落語家。初世。本名、皮田藤吉。のち岩井姓。独特の芸風と、奇行にみちた実生活で人気があった。

かつら-ぶね【×桂舟】京都の桂川を上り下りした舟。

ガッラプラチーディア-びょうぼ【ガッラプラチーディア廟墓】《Mausoleo di Galla Placidia》イタリア北東部、エミリアロマーニャ州の都市ラベンナにある廟墓。古代ローマ皇帝テオドシウス1世の娘ガッラ=プラチーディアにより、5世紀半ばに建てられた。内部の半円形の壁面やボールト(曲面天井)には、羊飼いや白いハト、濃紺の背景に星をちりばめて黄金の十字架を配したモザイクがあり、初期キリスト教美術の傑作として知られる。1996年、「ラベンナの初期キリスト教建築群」の名称で世界遺産(文化遺産)に登録された。

かつら-ぶんし【桂文枝】上方の落語家。㊀(初世)[1819〜1874]江戸後期から明治の落語家。大坂の人。「三十石」を得意とし、上方落語の中興の祖と称される。㊁(5世)[1930〜2005]大阪の生まれ。本名、長谷川多持。音曲入りを得意とし、上方落語の復興に尽力。当たり芸に「立ち切れ線香」「蛸(たこ)芝居」など。

かつら-ぶんじ【桂文治】[1846〜1911]落語家。6世。江戸の人。名人といわれ、道具・鳴り物・声色(こわいろ)入りの芝居噺(しばいばなし)を大成した。

かつら-ぶんらく【桂文楽】[1892〜1971]落語家。8世。東京の生まれ。本名、並河益義。「明烏(あけがらす)」「船徳」などを得意とし、名人とうたわれた。

かつら-まき【×桂巻(き)】「桂包(かつらづつ)み」に同じ。

かつら-みきすけ【桂三木助】[1902〜1961]落語家。3世。東京の生まれ。本名、小林七郎。繊細な芸風で人気を得た。

かつら-むき【×桂▽剝き】大根・キュウリなどを長めの輪切りにして、皮をむくように薄く長く帯状に切ること。

かつら-め【×桂女】❶京都の桂に住み、神功皇后を祭神とする伏見の御香宮(ごこうのみや)や石清水八幡宮に奉仕したという巫女(みこ)。祝い事のある貴族の邸へ行って祝言を述べ、後には疱瘡(ほうそう)や安産の守り札を売り歩くこともした。桂姫。❷桂の里に住み、桂川の鮎(あゆ)や飴(あめ)などを京都の町で売り歩いた女。頭を布で巻く風俗が特徴。❸昔、貴人の婚礼のとき、花嫁の供をした女。鬘女(かずらめ)。

かつら-もの【×鬘物】▶かずらもの

かつら-りきゅう【桂離宮】京都市西京区にある八条宮家(桂宮家)の別荘。江戸初期に八条宮智仁(としひと)親王が創建。親王の没後一時荒廃したが、その後幕府の援助で数次にわたり増築。回遊式庭園と数寄屋風書院は有名。

かつ-りょう【活量】▶活動度

がつ-りょう【月▽令】▶げつれい(月令)

かつ-りょく【活力】活動を生み出す力。元気よく動いたり働いたりする力。「体内に―がみなぎる」
(類語)原動力・エネルギー・体力・精力・パワー・精・動力・馬力・元気・活気・生気・精気・神気・鋭気・壮気・覇気・威勢・景気・気力・血気

かつりょく-せつ【活力説】▶生気論(せいきろん)

がつ-りん【月輪】▶がちりん(月輪)

かつ-れい【割礼】陰茎包皮または陰核を切開、その一部を切り取る風習・儀礼。古来、諸種族に広く行われたが、今日でもユダヤ教徒・アラビア・アフリカの諸部族間に残る。宗教的には、清め・奉献・契約の印・成人の証明などの意味づけがなされる。

かつ-れき【活歴】歌舞伎で、在来の時代物の荒唐無稽(こうとうむけい)を排し、史実を重んじて歴史上の風俗を再現しようとする演出様式。明治初期から中期にかけて、9世市川団十郎らが主唱した。

かつれき-げき【活歴劇】歌舞伎狂言のうち、活歴の演出によって演じられた時代物。活歴物。

かつれき-もの【活歴物】▶活歴劇

カツレツ〘cutlet〙豚肉・牛肉・鶏肉などに小麦粉・溶き卵・パン粉をまぶして油で揚げた料理。カツ。

かつれんぐすく-あと【勝連城跡】▶かつれんじょうあと(勝連城跡)

かつれんじょう-あと【勝連城跡】《「かつれんぐすくあと」とも》沖縄県うるま市にある城跡。13世紀末から14世紀初頭に築城されたものといわれ、首里城を中心とする中山(ちゅうざん)の琉球統一に最後まで抵抗した有力な按司(あじ)阿麻和利(あまわり)の居城として栄えた。昭和47年(1972)国指定史跡。平成12年(2000)「琉球王国のグスク及び関連遺産群」の一つとして世界遺産(文化遺産)に登録された。

かつ-ろ【活路】❶追い詰められた状態から逃れ出て生きのびる方法。「―を開く」❷生きてゆく手だて。生活手段。「―を断たれる」(類語)血路

かつ-ろん【勝論】▶バイシェーシカ学派

カッワーリー〘ウルドゥー qawwali〙イスラム教神秘主義スーフィズムに依拠する宗教歌謡。胡坐(あぐら)した複数の歌い手が、ハーモニウム・太鼓・手拍子などをバックに、神アッラーへの賛歌を歌う。➡スーフィー

かて【×糅】《動詞「か(糅)つ」(下二)の連用形から》飯を炊くとき量を増すために混ぜて加えるもの。また、それを加えた飯。かてめし。「南京米と―の飯は、喰ったことがねえ男だ」〈魯文・安愚楽鍋〉

かて【糧・×粮】《「かりて(糧)」の音変化》❶食糧。食物。「その日の―にありつく」❷精神・生活の活力の源泉。豊かにし、また力づけるもの。「音楽は心の―」❸古代、旅などに携帯した食糧。干し飯(いい)の類。「―つきて、草の根をくひものとしき」〈竹取〉

糧を棄(す)てて船を沈む　《楚の項羽が鉅鹿(きょろく)の戦いで、川を渡るのに使った船を沈め、釜を壊し、小屋を焼いてから戦い、秦の軍に大勝した「史記」項羽本紀の故事から》決死の覚悟で戦いに臨むたとえ。

かて《係助詞「か」に接続助詞「とて」の付いた「かとて」の音変化。関西方言》㊀〔接助〕用言、助動詞「た」「ん(打消し)」の終止形や助詞「や」などに付く。❶逆接の仮定条件を表す。たとえ…しても。「雨が降った―行きます」❷逆接の確定条件を表す。…のに。…けれども。「呼んだ―返事せんかったやないか」㊁〔副助〕体言や格助詞に付く。…だって。…でさえ。「そない簡単な字やったら、子供―読めるわ」

か-てい【下底】台形の平行な2辺のうち、下のほうの辺。また、円柱・円錐台・角錐台などの平行な面のうち、下のほうの面。⇔上底(じょうてい)。

か-てい【仮定】〔名〕スル ❶未定のこと、不確かなことを仮にこうと定めること。また、仮に定めた事柄。「今ここにコップがあると―してみよう」「―の上に立って物を言う」❷論理学などで、ある命題を導き出す推論の出発点におかれる前提条件。仮設。
(類語)想定・設定・仮説

か-てい【花亭】美しいあずまや。

か-てい【河底】かわのそこ。かわぞこ。

か-てい【科程】順序や次第。「小学校の―を踏んで来た子が」〈鷗外・灰燼〉

か-てい【×柯亭】《後漢の蔡邕(さいよう)が柯亭館の椽(たるき)の竹で名笛を作った故事から》笛のこと。

か-てい【家丁】召使いの男。下男。

か-てい【家弟】他人に対して、自分の弟をいう語。舎弟。

か-てい【家庭】夫婦・親子などの関係にある者が生活をともにする、小さな集団。また、その生活する所。「明るい―を作る」
(類語)家(いえ)・所帯(しょたい)・世帯(せたい)・一家・家族・家内・うち・我が家・ホーム・マイホーム・スイートホーム・ファミリー (尊敬)お宅・おうち・お家(いえ)・貴家(きか)

家庭に入(はい)る　結婚して専業主婦または専業主夫となること。職に就かず、家事に専念すること。

家庭を持(も)つ　結婚して一緒に生活する。また、独立した生計を営む。所帯を持つ。

か-てい【過程】物事が変化し進行して、ある結果に達するまでの道筋。プロセス。「進化の―」
(類語)経緯・いきさつ・顚末(てんまつ)・一部始終・プロセス・始末・次第

かてい【嘉禎】鎌倉前期、四条天皇の時の年号。1235年9月19日〜1238年11月23日。

か-てい【課丁】▶課口(かこう)

か-てい【課程】学校などで、一定期間に割り当ててさせる学習・作業の範囲・順序。「博士―」
(類語)学課・コース

かてい-い【家庭医】患者の年齢・性別・疾患などにかかわらず、地域住民の健康を支える医師。患者や患者の家族と密接な連携を保つことで、予防・治療・リハビリなどを行う。状況に応じて専門医を紹介するのも家庭医の重要な役割とされる。➡総合医
(補説)欧米では家庭医と専門医が明確に分業されており、医学教育も初期段階から分かれている。日本では、昭和61年(1986)に日本家庭医療学会が設立され、養成研修や勉強会などを運営。平成21年(2009)7月には、同学会による第1回目の「家庭医療専門医」の認定審査が行われた。

かてい-か【家庭科】小学校・高等学校の教科の一。衣食住などに関する知識・技能を習得し、それを通して家庭生活の意義を理解し、その向上を目ざす実践的態度を養おうとするもの。➡技術家庭科

かてい-ぎ【家庭着】家事をしたり、家庭内でくつろいだりするときに着る衣服。ホームウエア。ホームドレス。

かてい-きょういく【家庭教育】家庭環境の中で、両親や家族によって行われる教育。子供の人間形成にかかわる。➡学校教育 ➡社会教育

かてい-きょうし【家庭教師】家庭に招かれて、その家の子女を個人的に指導する人。

かてい-けい【仮定形】口語の活用形の一。用言、助動詞の第五活用形。接続助詞「ば」を伴って順接仮定の条件を示す。「行けば」「書けば」などの「行け」「書け」の類。文語の已然形が、その機能を変えて、主として仮定表現に用いられるようになったところからついた名称。文語では、この働きは未然形が有する。

かてい-げき【家庭劇】㊀日常の家庭生活を主題とした演劇・映画・テレビドラマなど。ホームドラマ。㊁昭和3年(1928)大阪で創立された劇団「松竹家庭劇」が東京に進出したときによばれた名。曽我廼家(そがのや)系の喜劇をレパートリーとした。

かてい-さいえん【家庭菜園】庭先や小さな空き地を利用して作る野菜畑。

かてい-さいばんしょ【家庭裁判所】家庭に関する事件の審判・調停および少年保護事件の審判などを行う下級裁判所の一。昭和24年(1949)少年審判所と家事審判所とを統合して設置された。➡家事審判 ➡家事調停

かていさいばんしょ-ちょうさかん【家庭裁判所調査官】家庭裁判所に置かれ、裁判事務を補助する専門職の公務員。裁判官の命令を受けて家庭に関する事件の事実調査、また、少年審判事件について必要な調査を行うほか、対象少年の観察などを行う。

かてい-し【家庭紙】トイレットペーパー・ティッシュペーパー・ペーパータオルなど、家庭で使われる紙。

かてい-じょうけん【仮定条件】前に述べる事柄を仮定して、後の事柄に続ける表現形式。「もし雨が降ったら(ると)…」の類の順接条件と、「もし雨が降っても(でも)…」の類の逆接条件がある。➡確定条件

かてい-しょうせつ【家庭小説】❶家庭内部の種々な出来事を題材とする小説。❷家庭内のだれでもが読めるような健全で通俗的な小説。徳富蘆花「不如帰(ほととぎす)」をはじめ明治30年代に流行。

カディス〘Cádiz〙スペイン南西部、アンダルシア州の都市。ジブラルタル海峡の北西部カディス湾に面し、同国有数の港湾として発展。造船業、漁業、農産物の輸出が盛ん。スペイン海軍の基地がある。

かてい-そうぎ【家庭争議】《労働争議になぞらえていった語》夫婦や親子など、家庭内で起こる争いごと。家庭不和。

かてい-てき【家庭的】〔形動〕❶家庭生活に向いているさま。また、家庭を大事にするさま。「一な人」❷家庭にいるように、うちとけてくつろぐことができるさま。「一な雰囲気の宿」❸家庭に関するさま。「一に不遇である」

かていない-べっきょ【家庭内別居】▶家庭内離婚

かていない-ぼうりょく【家庭内暴力】家庭内の暴力行為。主に、子供が親にふるう暴力。ドメスティックバイオレンス。DV。

かていない-りこん【家庭内離婚】お互いに相手に関心をもたない、食事時間や寝室が別々であるなど、実質上の婚姻関係が破綻していているにもかかわらず、夫婦が同居を続けている状態。家庭内別居。

ガティノー〘Gatineau〙カナダ、ケベック州南西部の都市。旧称ハル。オタワ川を挟んだ隣接するオンタリオ州に首都オタワがあり、双子都市をなす。

カディフェカレ〘Kadifekale〙トルコ西部の都市イズミルにある城塞跡。市街南部のパゴス山と呼ばれる標高186メートルの丘の上に位置する。紀元前4世紀、アレクサンドロス大王の統治下、ペルシア軍に対する防備のために建造。現在は東ローマ帝国、オスマン帝国時代の遺跡がある。

かてい-ほう【仮定法】《subjunctive mood》英文法で、動詞の法の一。ある事柄を述べるのに事実としてではなく、想像・仮定・願望など話し手の心の中で考えられたこととして述べる法。

かてい-ほうもん【家庭訪問】学校の教師や少年保護施設の職員が、児童・生徒の家庭環境を理解し、家庭と連絡を保ち教育上の効果を高めるため、その家庭を訪問すること。

カディマ〘Kadima〙イスラエルの中道政党。2005年に首相シャロンが党首を務めていたリクードから集団離党し、労働党の一部と合流し結党。翌年の選挙で第一党となり、労働党などと連立政権を組んだ。(補説)ヘブライ語で前進の意。

かてい-やく【家庭薬】完成した製法と安定した効能を持ち、古くから用いられている薬。医師の処方が不要な大衆薬の一。家庭に常備しておき、微熱やすり傷など軽い症状のときに用いる。伝統薬。➡置き薬

かてい-ようすい【家庭用水】各家庭で使用される水。飲料水のほか、調理・洗濯・掃除・風呂・トイレなどに使用される水を含む。都市活動用水と合わせて生活用水とよばれる。

かてい-らん【家庭欄】新聞・雑誌などで、料理・衛生・育児・家計など家庭生活にかかわる記事を載せる欄。

カテージ-チーズ〘cottage cheese〙軟質チーズの一種。脱脂乳を凝固させたままの非熟成チーズ。コッテージチーズ。カッテージチーズ。

カテーテル〘ドイツ Katheter〙体腔や尿道・膀胱などに挿入し、体液や尿を排出させたり薬液を注入したりする細い管状の医療器具。

カテーテル-アブレーション〘catheter ablation〙不整脈に対する非薬物療法の一つ。先端に電極のついたカテーテルを血管から心臓内に挿入し、不整脈の原因となっている組織をセ氏50〜60度の熱で焼灼する。心筋焼灼術。

カテーテル-ちりょう【カテーテル治療】▶血管内治療

カテキズム〘catechism〙キリスト教の教義を平易に説いた問答体の書物。公教要理。教理問答書。

かてき-そんじゃ【貨狄尊者】栃木県佐野市の竜江院にある、オランダの人文学者エラスムスの木像。慶長5年(1600)日本に漂着したオランダ船の船尾飾りであったのを、中国で船の創始者といわれる貨狄になぞらえて呼んだもの。

カテキュー〘catechu〙タンニンを含有する植物の樹皮から水で抽出したエキス。赤褐色ないし黒色の物質。防腐性があり、染色などに用いる。カッチ。

カテキン〘catechin〙植物色素の一種。多くの植物中に存在し、酵素または酸と反応してタンニン様の物質を生成する。

カテコール〘catechol〙ベンゼンの隣り合う二つの水素が水酸基に置換した化合物。タンニン・リグニンを分解して得られる無色の柱状結晶。水・エタノールに溶ける。酸化されやすい。写真の現像や分析試薬などとして用いる。

カテコールアミン〘catecholamine〙カテコールを分子内にもつ生体アミンの総称。ドーパミン・ノルアドレナリン・アドレナリンなど。副腎髄質や脳・交感神経などに分布し、ホルモンあるいは神経伝達物質として働く。

カテゴライズ〘categorize〙〔名〕スル 分類すること。カテゴリーに入れること。「本格推理に一される小説」

カテゴリー〘ドイツ Kategorie〙▶範疇

カテゴリー-か【カテゴリー化】〔名〕スル 分類すること。「情報を一して整理する」

カテゴリー-キラー〘category killer〙特定の商品分野において、豊富な品揃えを徹底し、圧倒的な低価格で販売する業態。家電製品や玩具の量販店などが代表的。

かてて-くわえて【×糅てて加えて】〔連語〕《「かて」は動詞「か(糅)つ」(下二)の連用形》ある事柄にさらに他の事柄が加わって。その上。おまけに。多く、よくないことが重なるときに使われる。「事業に失敗し、一病魔に冒される」

(類語)更に・然も・且つ・それに・その上・あまつさえ・また・おまけに・加うるに・のみならず

カテドゥロス-ひろば【カテドゥロス広場】《Katedros aikštė リトアニア語で大聖堂広場の意》リトアニアの首都ビリニュスの旧市街にある中央広場。ゲディミナス城の丘の下に位置する。ビリニュス大聖堂に隣接し、高さ53メートルの鐘楼が建っている。

カテドラル〘フランス cathédrale〙キリスト教で、司教座(主教座)のある聖堂。教区全体の母教会の意味をもつ。司教座聖堂。主教座聖堂。大聖堂。カセドラル。イタリア語ではカテドラーレ、ドゥオモ。

カテドラル-さん【カテドラル山】《Cerro Catedral》アルゼンチン中西部、リオネグロ州、ナウエルワピ国立公園にある山。標高2405メートル。山麓は南米最大級のスキーリゾートとして知られる。

かでな【嘉手納】沖縄県中頭郡の地名。沖縄島の南西部にある。大半を米軍の空軍基地が占める。

かでな-ちょう【嘉手納町】▶嘉手納

かて-に〔連語〕《補助動詞「かつ」(下二)の未然形＋打消しの助動詞「ず」の連用形古形「に」。上代語》…に耐えられずに。…することができなくて。「赤駒が門出をしつつ出で一せしを見立てし家の児らはも」〈万・三五三四〉(補説)多く接尾語的に用いられ、上代にすでに連濁して「がてに」となっている例もある。➡がてに

かて-に【×糅てに】〔連語〕《動詞「か(糅)つ」(下二)の連用形＋格助詞「に」》…交じりに。「神無月時雨ばかりは降らずして雪一さへなどかなるらむ」〈流布本後撰・冬〉

がて-に【▽難てに】〔連語〕《「かてに」の濁音化。のちに「難し」の語幹と混同され、それに格助詞「に」の付いたものと意識されるようになったもの》動詞に付いて、できないで、困難で、の意を表す。「春されば我家の里の川門には鮎子さ走る君待ち一」〈万・八五九〉➡かてに

カテプシン〘cathepsin〙リソゾームに局在するプロテアーゼの総称。たんぱく質の異化に重要な役割を果たす。

かて-めし【×糅飯】量の不足を補うため、米に麦・豆・大根・海藻などをまぜて炊いた飯。かて。「新しい蚕豆の入った一」〈島木健作・続生活の探求〉

がてら《「がてり」の音変化とも》❶〔接助〕動詞、および動詞型活用語の連用形に付いて、ある事柄をするときに、それを機会に他の事柄をもする意を表す。…のついでに。…かたがた。…しながら、その一方で。「外に行き一、手紙を出してきてくれないか」「梅の花咲き散る園に我行かむ君が使ひをかた待ち一」〈万・四〇四一〉❷〔副助〕(多く動作性の意をもつ名詞に付く)…のついでに。…を兼ねて。…かたがた。「運動一買い物に行く」「我妹子が形見一と紅の八入に染めておこせたる衣の裾も通りて濡れぬ」〈万・四一五六〉(補説)❶❷とも「がてらに」となることもある。

がてり〔接助〕(動詞の連用形に付く)「がてら❶」に同じ。万葉集にのみみられる。「能登の海に釣りする海人のいざり火の光にいませ月待ち一」〈万・三一六九〉

か-てん【火天】《梵 Agniの訳》もとインド神話の火神アグニが、仏教に入って仏法擁護の神となったもの。密教では十二天の一。からだは赤く、髪は白く、仙人の形をし火炎中に座して右の二手に三角印と数珠、左の二手に水瓶と仙杖を持つ。

か-てん【火点】❶機関銃などの自動火器を備えた陣地。❷《「出火点」の略》火事の、出火した場所。

か-てん【加点】〔名〕スル ❶得点を加えること。「白組は着実に一した」❷漢文に訓点を書き加えること。ヲコト点・返り点・仮名などを書き加えて訓読法を示すこと。❸文書の項目に、承諾・肯定のしるしとして、その上に鉤形の印などをつけること。

かてん【賀殿】雅楽の舞曲。唐楽。壱越調で新楽の中曲。四人舞。曲は承和年間(834〜848)に伝来、舞は林真倉の作という。

か-てん【×嘉典】婚礼などのめでたい儀式。嘉礼。

か-てん【×嘉点】漢文訓読法の一。山崎闇斎(通称、嘉右衛門)が四書に施した訓点。闇斎点。

か-てん【歌天】胎蔵界曼荼羅の外金剛部院に位置する楽神。

か-でん【火田】朝鮮半島北部の山岳地帯で多く行われた焼き畑。山野を焼き払い、その跡に雑穀を耕作し、地力が尽きると他へ移る。

か-でん【×瓜田】瓜畑。

瓜田に履を納れず　《古楽府「君子行」から》瓜を盗むのかと疑われるので、瓜畑では靴が脱げても履き直さない。疑いをかけられるような行いは避けよというたとえ。瓜田の履。➡李下に冠を正さず

瓜田の履　▶瓜田に履を納れず

瓜田李下　《「瓜田に履を納れず、李下に冠を正さず」の、「瓜田」と「李下」とを合わせたもの》人に疑われるようなことはするなというたとえ。

か-でん【架電】〔名〕スル《電話業界の用語からか》電話をかけること。電話すること。「勤め先に一する」「ストーカーに面談一禁止の仮処分が出る」

か-でん【家伝】❶その家に代々伝わってきたこと。また、そのもの。相伝。「一の秘法」❷その家に代々伝えられた事柄を記した書物。(類語)伝家・重代

か-でん【家電】家庭用電気製品のこと。

か-でん【荷電】「電荷」に同じ。

か-でん【×訛伝】〔名〕スル 誤って伝えること。まちがった言い伝え。誤伝。「いろいろに誤解され一されている」〈寅彦・春六題〉

が-てん【合点】〔名〕スル《「がってん」の音変化》承知すること。事情などがわかること。納得。「ひとり一」「一向に一仕らず」〈芥川・尾形了斎覚え書〉

(類語)納得・得心・承知

合点がい・く　理解できる。納得がいく。「どう説明されても一・かない」

が-てん【画展】絵画の展覧会。絵画展。

がでん-いんすい【我田引水】《自分の田に水を引く意から》物事を、自分に都合のいいように言ったりしたりすること。我が田へ水を引く。「一の説」

かでん-エコポイント【家電エコポイント】▶エコポイント❷

かてん-げっち【花天月地】花が咲いて月の明るい風景。花時の月夜の景色。

かでん-こうかんしょうとつ【荷電交換衝突】▶電荷移動

か-でんし【価電子】原子の最外殻にあって、原子価や化学的性質を決定する電子。原子価電子。

かてん-しゅぎ【加点主義】組織における人事などの評価方法の一つ。意欲的な姿勢や優れた成果に

注目して点数を加算していく。⇔減点主義。
かでんしょ【花伝書】 「風姿花伝」の通称。
かでんせいひん-きょうかい【家電製品協会】 家電製品の安全性向上、アフターサービスの充実、省資源対策など、家電製品に関する調査・研究、政策立案などを行う一般財団法人。昭和55年(1980)に家電製品等再資源化促進協会が家電製品協議会を吸収する形で設立。各家電メーカーが賛助会員となり、役員は大手家電メーカーの取締役を中心に構成されている。
カデンツ〖ドイツ Kadenz〗▶カデンツァ
カデンツァ〖イタリア cadenza〗❶楽曲の休止・終結を形作る旋律や和声の定型。カデンツ。❷楽曲の終結部で、独唱者または独奏者の演奏技巧を発揮させるために挿入される、華美な装飾的楽句。カデンツ。
か-でん-ほう【家伝法】 「家畜伝染病予防法」の略称。
かでん-みん【火田民】 火田を耕作する農民。
かでんリサイクル-ほう【家電リサイクル法】 《「特定家庭用機器再商品化法」の通称》廃棄物を減らし資源の有効利用を促すため、廃棄される家電製品のリサイクル(再生利用・再商品化)について定めた法律。テレビ、冷蔵庫・冷凍庫、洗濯機、エアコンの4品目について、家電メーカーは製品の回収とリサイクルの義務を負い、消費者はリサイクルに必要な費用を負担することなどが決められている。平成10年(1998)公布、同13年施行。冷凍庫は同16年4月に追加。➡循環型社会形成推進基本法
か-でんりゅう【渦電流】 ▶うずでんりゅう
かでん-りゅうし【荷電粒子】 正または負の電気をもつ粒子。電子や陽子など。
か-と【火斗】 ❶火を運ぶ器具。十能。❷火のし。
か-と【河図】 中国、伏羲氏の世、黄河に現れた竜馬の背に書いてあったという図。易の八卦は、これにかたどって作られたという。➡洛書
か-と【家×兎】 家畜として飼うウサギ。かいうさぎ。
か-と【過渡】 古いものから脱して新しいものへ移り変わる途中。
か-と【×蝌×蚪｜科斗】 ❶おたまじゃくしの別名。《季 春》「森深く孤独の―の尾が沈む／斌雄」❷《へらに漆をつけて竹簡に書いた文字の線が、初めが太く先細りとなり、❶の形に似るところから》中国古代の字体の一。古体篆字のこと。蝌蚪文字。
か-ど【下土】 《「かと」とも》大地。下界。⇔上天。
かど【▽才】 《「角」と同語源》❶才気。才能。気のきくこと。「容貌をかしう、心ばせ―ありて、みな優れたりける」〈源・夕霧〉❷見どころ。風趣。「―ある巌石を立て並べて」〈栄花・駒競べの行幸〉
か-ど【火度】 陶磁器を焼くときの窯の温度。
かど【角】 ❶物のはしのとがって突き出た部分。「柱の―」「机の―」❷物の隅。「ページの―を折る」❸道の曲がり目の所。「―の銀行」❹人の性格・言動で、一癖あって、他人との付き合いが滑らかにいかないようなところ。圭角。「言うことに―がある」❺刀剣の峰に沿って小高くなっている部分。しのぎ。一説に、切っ先。「焼き太刀の―打ち放ち丈夫の寿く豊御酒に我酔ひにけり」〈万・九八九〉〔類語〕(❶)稜角・突角・一角・出っ張り・端・縁・縁/(❸)曲がり角・町角・辻・コーナー・隅・際・隅っこ・端っこ
角が立・つ 理屈っぽい言動によって他人との間が穏やかでなくなる。「―・つ言い方をする」〔補説〕この意味で「つのがたつ」と読むのは誤り。
角が取・れる 世慣れて性格が円満になる。人柄がまるくなる。「苦労をして―・れた」
角を入・れる ❶怒気を表す。とげとげしくする。「大臣が大の眼に―・れ」〈西鶴大矢数・三〉❷「角を入れる」に同じ。「この人は―・れたるよしもなく、生まれ付きの丸額」〈浮・男色大鑑・四〉
角を倒さ・ず 《器物や衣類が古くなっても、しっかりした形をしている意から》落ちぶれても、もとの体面や態度を崩さない。角を崩さず。「かどたふさぬ大鶴屋が扇、見た所は今も大臣なり」〈浮・置土産・一〉
角を立・てる ❶事を荒立てる。いちいち突っかかる。「『気が立って居るもんだから、お互に小さなことに―・てるんだ』〈花袋・生〉❷(「目に角を立てる」の形で)怒った目つきになる。
かど【門】 ❶家の外構えの出入り口。もん。「―をたたく」❷門の前。また、門の辺りの庭。「―で見送る」❸家。また、一族。一門。「笑う―には福来る」
〔類語〕門・ゲート・正門・表門・裏門・アーチ
門広・し 一族が多くなるさま。一族が栄えるさま。「その後なむ―・くもなり侍る」〈竹取〉
門を出・ず 家を出る。とくに、出家して僧や尼となる。
門を広・ぐ 一族を増やす。また、一門を栄えさせる。「そこにこそは門は広げ給はめ」〈源・幻〉
門を塞・ぐ 不義理をして、その家へ行くのが恥ずかしくなる。「もはや方々の―・げた所で、どこへ無心言はうやうもないが」〈続狂言記・昆布布施〉
か-ど【過度】 〔名・形動〕度を過ごすこと。程度が過ぎること。また、そのさま。「―のトレーニング」「―に緊張した神経」〔類語〕超過・オーバー・行き過ぎ・過剰・やたらに・むやみに
かど【▽廉】 《「角」と同語源》特に取り上げるべき事項・箇所。ある事柄の原因・理由となる点。「不審の―がある」「反則の―で罰せられる」
かど【×鰊】 北海道・東北地方で、ニシンのこと。かどいわし。《季 春》
が-と【画図】 絵や図。絵画。「伝記より撰び出したる―を貼り付けたり」〈鷗外訳・即興詩人〉
かど-あんどん【門行▽灯】 屋号・家名などを書いて門口に掛け、目印とする行灯。かどあんどう。
かと-いって【かと言って】 〔連語〕あることを言ったあとで、そのことから予想される反対の事柄、または付加的な事柄を打ち消す場合に接続詞的に用いる。そうかといって。そうだからといって。「嫌っているようすはないが、―好意を抱いているとも思えない」「このままでは勝ち目はないけれど、―ここで引き下がるわけにはいかない」
か-とう【下等】 〔名・形動〕❶物の品質・程度や、品性が劣っていること。また、そのさま。低級。「―な品」⇔上等。❷同種のものの中で下位の段階にあること。また、そのさま。「―な動物」⇔高等。〔派生〕かとうさ〔名〕〔類語〕低級・下級・低い
か-とう【火灯｜▽瓦灯】 《「がとう」とも》❶灯火をともす陶器製の器具。方形で、上が狭く下が広い。❷「火灯窓」の略。❸「火灯口」の略。❹「火灯額」の略。「額際を―に取って」〈浮・一代女・四〉
かとう【加東】 兵庫県中南部にある市。南東の平野部では酒米の山田錦の生産が盛ん。平成18年(2006)3月に社町・滝野町・東条町が合併して成立。人口4.0万(2010)。
か-とう【加糖】 糖分を加えてある加工食品や飲料。
か-とう【可×撓】 曲げたわめることができること。「―性」
か-とう【仮痘】 種痘を受けていた者がかかる、軽い痘瘡。
か-とう【果糖】 果実や蜂蜜などに含まれる単糖類。ぶどう糖と結合すると蔗糖となる。甘みは糖類中最高。左旋性があるので、左旋糖・レブロースともいう。分子式$C_6H_{12}O_6$　D-フルクトース。
か-とう【河東】 ㊀❶川の東方。特に、江戸では隅田川の東の深川の遊里、京都では鴨川の東の祇園の遊里をさした。❷「河東節」の略。㊁中国で、南流する黄河の東側一帯。主に山西省南西部をいう。
か-とう【河頭】 かわのほとり。河辺。〈日葡〉
か-とう【▽掛搭】 「掛錫」に同じ。
か-とう【過当】 〔名・形動〕適当な程度を超えていること。また、そのさま。「―な請求額」
か-とう【賈島】 [779〜843]中国、唐の詩人。范陽(河北省)の人。字は浪仙。出家したが、韓愈に詩才を認められて還俗。五言律詩にすぐれる。「推敲」の故事で有名。著「賈浪仙長江集」など。
か-とう【歌頭】 踏歌の音頭を取る役。また、その人。「この四位侍従、右の―なり」〈源・竹河〉
か-とう【×裹頭】 僧の、頭を袈裟などで包み、目だけを出す装い。かしらづつみ。
か-どう【化導】 ▶けどう(化導)
か-どう【火道】 地殻内部から火口に通じる、マグマや火山噴出物の通路。通常は、硬く緻密な溶岩で満たされている。
か-どう【可動】 動かすことができること。動く仕掛けになっていること。「―式の書架」
か-どう【河道】 川の水が流れる道筋。堤防のある場合はその間の区域をいい、ない場合は高水位のときに流水が占める区域をいう。
か-どう【家道】 ❶家が治まるために守るべき道徳。❷一家の暮らしぶり。家政。家計。❸代々その家に伝えられた技芸。
か-どう【家×僮】 家の召使い。「其家の―らしい、十四五の少年を」〈花袋・重右衛門の最後〉
か-どう【華道｜花道】 草花や木の枝を花器に挿して鑑賞する技法・作法。生け花。
〔類語〕生け花・挿花・お花
か-どう【渦動】 流体にみられる、渦巻き状の運動。うず。
か-どう【歌堂】 歌をうたう所として設けた建物。「―舞閣は野狐の里」〈性霊集・一〉
か-どう【歌道】 和歌の道。和歌を詠む技法・作法。
か-どう【稼働｜稼動】 〔名〕スル ❶かせぎはたらくこと。仕事をすること。就労。「―人口」「―日数」❷機械を運転すること。また、機械が動いて仕事をすること。「最新鋭機が―している」
〔類語〕運転・労働・仕事・勤労・作業・労作・労務・労役・実働・働き・勤務・勤続・勤め
かど・う【▽勾ふ｜勾▽引ふ｜▽拐ふ】 ㊀〔動ハ四〕❶欺いて誘う。「山風の花の香―・ふ麓には」〈後撰・春中〉❷かどわかす。「江田へ―・はれたるなり」〈とはずがたり・五〉㊁〔動ハ下二〕かどわかす。「天狗が牛若を―・へけるよと」〈幸若・未来記〉
が-とう【牙×纛】 《「纛」はヤクの尾などで飾った大旗》さおの先に象牙の飾りのある、天子や大将軍の旗。「自由の―を樹て」〈東海散士・佳人之奇遇〉
が-とう【瓦当】 軒丸瓦の先端の円形または半円形の部分。文様のある面。また、軒平瓦の文様面もいう。
が-とう【×臥×榻】 寝台。ねどこ。「和気香風の中に―を据えて」〈二葉亭・浮雲〉
が-どう【画道】 絵画の道。絵を描く技術。
かとう-うまき【加藤美樹】 [1721〜1777]江戸中期の国学者・歌人。江戸の人。本姓は河津。号、静廼舎。名は宇万伎とも書く。幕臣として務め、賀茂真淵に学んだ。弟子に上田秋成がいる。著「土佐日記解」「静舎歌集」など。
かとう-えなお【加藤枝直】 [1692〜1785]江戸中期の国学者・歌人。伊勢の人。本姓は橘。千蔭の父。号、南山・芳宜園。江戸に出て南町奉行の与力となり、賀茂真淵に学んだ。家集「東歌」。
かとう-がき【火灯垣】 火灯形の出入り口をつけた垣。路地口・中庭などに竹や葦で作る。
かとう-かげまさ【加藤景正】 鎌倉時代の伝説的な陶工。京都の人。正式には加藤四郎左衛門景正という。通称、藤四郎。入道して春慶と号した。道元に従って宋へ渡り、製陶法を学んで帰国。尾張の瀬戸に窯を開いたとされ、瀬戸焼また陶工の祖といわれる。藤四郎景正。生没年未詳。➡藤四郎
かとう-がた【火灯形】 「火灯❶」のように上が狭く下の広がった形。上部が尖頭アーチ形のものをいうことが多い。
か-どうかん【仮道管｜仮導管】 維管束植物、特にシダ植物・裸子植物の木部にあり、細胞壁の木化した細長い細胞が接した組織。水分の通路で、体を支持する役割ももつ。1本の管をなさない点で道管と区別される。
カドゥキョイ〖Kadıköy〗トルコ北西部の都市イスタ

ンブールの一地区。ボスポラス海峡の東岸に位置する。東ローマ帝国時代はカルケドンと呼ばれ、5世紀半ばにキリストの神人二性を強調したカルケドン公会議が開かれた。現在はイスタンブールを代表するショッピング街になっている。

かどう-きょう【可動橋】カドウ 船舶の通行時に橋桁はしげたを上や左右に動かせるようにした橋。跳開橋・旋回橋・昇開橋など。

かどう-きょう【架道橋】カダウ 道路や鉄道線路の上をまたぐように架ける橋。道路上のものを跨道橋こどうきょう、鉄道上のものを跨線橋ともいう。

かとう-きょうそう【過当競争】クワタウキヤウサウ 同業の企業が市場占有率を拡大しようとして起こる過度の競争状態。価格が引き下げられ、正常以下の利潤しか得られない。

かとう-きょうたい【加藤暁台】ーケウタイ［1732～1792］江戸中期の俳人。尾張名古屋の人。別姓、久村くむら。名は周挙。別号、暮雨巷ぼうこう。尾張藩の武士から俳諧師となった。蕉風しょうふうを慕い、「秋の日」の編などにより、その復興運動に努めた。

かとう-きよまさ【加藤清正】［1562～1611］安土桃山時代の武将。尾張の人。幼名、虎。豊臣秀吉に仕え、賤ヶ岳しずがたけ七本槍の一。肥後の半国を与えられて熊本城主となり、文禄の役・慶長の役で朝鮮に出兵。関ヶ原の戦いには東軍につき、肥後一国を与えられた。築城の名手で、熊本城の設計は有名。

かとう-ぐち【火灯口】クワトウ ❶壁面などに設ける火灯形の出入り口。特に、茶室の出入り口の形式の一。かもいや方立ほうだてを使わず、一般には上をアーチ状に丸く塗り固めたもの。給仕口や茶道口によく使われる。❷歌舞伎の大道具で、舞台正面の屋台に設ける火灯形の出入り口。

かとう-くにお【加藤久仁生】［1977～ ］アニメーション作家・映画監督。鹿児島の生まれ。平成21年(2009)に、監督作品「つみきのいえ」がアカデミー賞の短編アニメーション賞を受賞。他に「The Apple Incident」「或る旅人の日記」「FANTASY」など。

かとう-し【加東市】▶加東

かどうしき-ホームさく【可動式ホーム柵】▶ホームドア

かとう-しげし【加藤繁】［1880～1949］東洋史学者。島根の生まれ。中国の経済史を研究。著「唐宋時代に於ける金銀の研究」「支那経済史考証」など。

かとう-しゅう【×裹頭衆】クワトウ 平安末期の、裹頭姿の諸大寺の僧兵をいう。

かとう-しゅういち【加藤周一】ーシウイチ［1919～2008］評論家。東京の生まれ。昭和22年(1947)、中村真一郎・福永武彦との共著である評論集「一九四六文学的考察」を発表。その後は文学・文化・美術・政治などの分野で評論活動を行う。評論「日本文学史序説」「雑種文化」、小説「ある晴れた日に」など。

かとう-しゅうそん【加藤楸邨】ーシウソン［1905～1993］俳人。東京の生まれ。本名、健雄たけお。生活に密着した人間臭の濃い句風で知られ、人間探究派ともよばれた。俳誌「寒雷」を主宰。句集「寒雷」「まぼろしの鹿」など。

かとう-しょうがく【下等小学】ーセウガク 明治5年(1872)の学制による小学校。修業年限は4年で、次段階に上等小学が設置された。

かとう-しょくぶつ【下等植物】構造が簡単で、器官の分化があまり発達していない植物のこと。菌類・地衣類・藻類など。⇔高等植物。

かとう-しろうざえもんかげまさ【加藤四郎左衛門景正】ーシラウザヱモンかげまさ▶加藤景正

かとう-せい【寡頭制】クワトウ 少数者が権力を握って行う独裁的な政治形態。寡頭政治。オリガーキー。

かどう-せい【稼働性｜稼動性】▶アベイラビリティー

かとう-せいじ【寡頭政治】クワトウセイヂ ▶寡頭制

かどう-せき【可動×堰】水位調節のために一部または全部を動かすことができる堰。

かとう-たい【加藤泰】［1916～1985］映画監督。兵庫の生まれ。本名、泰通やすみち。記録映画から出発し、その後は時代劇を多く手がける。白塗りが当然であった時代劇で、キャストにノーメイクを命じて撮影するなど、独自のスタイルを用いて時代劇映画に新風を吹き込んだ。代表作は「瞼まぶたの母」「沓掛くつかけ時次郎 遊侠一匹」のほか、「緋牡丹博徒ひぼたんばくと」シリーズなど。

かど-うたい【門謡】ーうたひ 人家の門口に立って、歌をうたい、物ごいをすること。また、その人。「貧しければ、せん方なくて―」〈浮・伝来記・六〉

かとう-たかあき【加藤高明】［1860～1926］政治家。愛知の生まれ。岩崎弥太郎の女婿。三菱社員から官僚を経て代議士となり、外相。憲政会総裁となり、第二次護憲運動をおこして護憲三派内閣の首相となった。日ソ国交回復に努め、また治安維持法・普通選挙法を成立させた。

かとう-ちかげ【加藤千蔭】［1735～1808］江戸中期の歌人・国学者。江戸の人。本姓は橘たちばな氏で、枝直えなおの子。号、朮園うけらぞの・芳宜園はぎぞの。町奉行所吟味方を務めながら、賀茂真淵かものまぶちに学び、村田春海むらたはるみとともに江戸派の総帥とよばれた。著「万葉集略解りゃくげ」、家集「うけらが花」など。

かどう-でんじゅ【歌道伝授】カダウ 難解な和歌の解釈や、和歌に関する典礼・故実などの奥義を伝授すること。古今伝授こきんでんじゅがその代表例。

かとうど【▽方▽人】かたうど ▶かたうど

かとう-とうくろう【加藤唐九郎】ータウクラウ［1898～1985］陶芸家。愛知の生まれ。伝統的な陶磁器の調査・研究に従事。桃山時代の黄瀬戸・織部の写しなどにすぐれた。

かとう-どうぶつ【下等動物】体の器官が未分化で体制の簡単な動物のこと。⇔高等動物。

かとう-ともさぶろう【加藤友三郎】ーともサブラウ［1861～1923］軍人・政治家。元帥・海軍大将。広島の生まれ。日露戦争時、連合艦隊参謀長。ワシントン会議に首席全権委員として出席。のち首相となり、シベリア撤兵、陸海軍の軍備縮小、山東還付などを行ったが、在任中死亡。

かとう-は【加藤派】自由民主党の派閥の一。宏池こうち会の平成10年(1998)から同14年における通称。会長は加藤紘一。同12年に加藤が森喜朗内閣不信任案に賛成の姿勢を見せたことから派は分裂。翌年に堀内光雄らがもう一つの宏池会を立ち上げた。➡小里派 ➡堀内派

かとう-は【河東派】中国、明代初期、薛瑄せつせんを祖とする哲学の一派。陽明学に反対し、朱子学を祖述して居敬きょけい窮理きゅうりなどを説いた。

かとう-ばいばい【過当売買】クワタウ 金融商品取引業者が、手数料収入を目的として、顧客に対して株式・債券・投資信託・デリバティブなどの多量・頻繁な取引を勧誘し行わせること。顧客の資力や投資目的にそぐわない取引を勧める行為は金融商品取引法に規定された適合性の原則に反する違法行為として、行政処分の対象となる。

かとう-はじめ【加藤土師萌】［1900～1968］陶芸家。愛知の生まれ。本名、一はじめ。中国・朝鮮の古陶磁器の研究を重ね、色絵磁器・金襴手きんらんでなどに独創的な作風を示した。

かとう-ばんさい【加藤盤斎】［1621～1674］江戸前期の国学者・俳人。摂津(播磨とも)の人。別号、等空。細川幽斎・松永貞徳に師事し、古典の注釈に力を注いだ。著「新古今増抄」「徒然草抄」「伊勢物語新抄」など。

かとう-びたい【火灯額】クワトウびたひ 近世、女の額ぎわの形の名。火灯形の額ぎわ。富士額。雁金額かりがねびたい。

かとう-ひろゆき【加藤弘之】［1836～1916］思想家・教育者。兵庫の生まれ。初め明六社の一員として「真政大意」などで天賦人権・自由平等を説き、立憲政治の啓蒙けいもうに努めたが、のち「人権新説」などで天賦人権否定論・キリスト教排撃論を展開。東大総長・枢密顧問官などを歴任。

かとう-ぶし【河東節】浄瑠璃の流派の一。享保2年(1717)江戸半太夫の門から分かれた十寸見河東ますみかとうが創始。優美で渋い江戸風の音曲で、古曲の一つに数えられている。

かどう-へいそく【河道閉塞】カダウ 地震・豪雨・火山噴火などによる大規模な土石流や崖崩れが川の流れをせき止め、上流側に大量の水が溜まった状態。崩壊すると下流に災害を起こす。天然ダム。土砂ダム。土砂崩れダム。➡堰止め湖

かとう-まど【火灯窓】クワトウ 上部が尖頭アーチ状の窓。唐様建築に初めて使われた。源氏窓。花頭窓。

かとう-みちお【加藤道夫】ーみちを［1918～1953］劇作家。福岡の生まれ。文学座に入り、劇作・演出に当たったが、自殺。戯曲「なよたけ」「思ひ出を売る男」など。

かとう-ゆきこ【加藤幸子】［1936～ ］小説家。北海道の生まれ。本姓、白木。北京で暮らした少女時代を描いた「夢の壁」で芥川賞受賞。「尾崎翠おさきみどりの感覚世界」で芸術選奨。他に「野餓鬼のがきのいた村」「自然連祷れんとう」など。

かとう-よしあき【加藤嘉明】［1563～1631］安土桃山時代の武将。三河の人。豊臣秀吉に仕え、賤ヶ岳しずがたけ七本槍の一。九州征伐、小田原征伐、文禄の役・慶長の役に従軍。関ヶ原の戦いには東軍につき、松山、のち会津の領主となった。

かとう-よしろう【加藤芳郎】ーよしラウ［1925～2006］漫画家。東京の生まれ。川端画学校などで学んだのち、庶民の生活を描いたナンセンス漫画で多くの読者の共感を得た。タレントとしても活動し、人気を集めた。代表作「オンボロ人生」「まっぴら君」など。

かとうらく【裹頭楽】クワトウラク 雅楽の舞曲。唐楽。平調ひょうじょうで新楽の中曲。四人舞。古くは天皇・皇太子の冠礼に奏したが、現在はほとんど行われない。

かどう-りつ【稼働率｜稼動率】生産設備の総数に対して、実際に動いている設備の割合。操業率。

かどう-りん【渦動輪】クワドウ 回転運動をしている流体が作る渦の輪。タバコの煙の輪の類。

カトゥルス〖Gaius Valerius Catullus〗［前84ころ～前54ころ］古代ローマの叙情詩人。ギリシャ叙情詩の形式をラテン語の詩に採用。直情的な恋愛詩で名高い。

かとう-れんにゅう【加糖練乳｜加糖×煉乳】カタウ ▶コンデンスミルク

ガトゥン-こ【ガトゥン湖】《Gatun》パナマ運河の開削でチャグレス川を堰せき止めてできた人造湖。運河の一部をなす。ガツン湖。

カトー〖Cato〗㊀(Marcus Porcius ～ Censorius)［前234～前149］ローマの将軍・政治家。トゥスクルムの出身。ギリシャ文化への傾斜を戒めて、古代ローマへの復帰を唱え、また、カルタゴ打倒を叫んだ。学者としても有名。著「起原論」「農業論」など。大カトー。㊁(Marcus Porcius ～ Uticensis)［前95～前46］ローマの政治家。大カトーの曽孫。ストア哲学を学んだ。共和政を支持、ポンペイウスに味方してカエサルに反抗。ポンペイウスの死後、アフリカに渡ったが、カエサルの追討を恐れて自殺。小カトー。

ガトー〖フランス gâteau〗洋菓子。ケーキ。「―セック」

かど-おくり【門送り】❶葬送の際、喪家には行かず自分の家の門口で見送ること。❷帰る人を門口まで見送ること。「悲しむ母の―、景清も跡を見返りて」〈謡・大仏供養〉

ガトー-ショコラ〖フランス gâteau au chocolat〗▶チョコレートケーキ

ガトー-セック〖フランス gâteaux secs〗洋風の乾燥した焼き菓子。

カ-ドーロ〖Ca' d'Oro〗イタリア北東部、ベネト州の都市ベネチアの大運河(カナルグランデ)沿いにあるゴシック様式の館。ベネチアの貴族コンタリーニ家の館として15世紀に建造。かつて外壁に金箔が施されていたため「黄金の館(カドーロ)」と呼ばれるようになった。正式名称はサンタソフィア宮殿。19世紀末にジョルジョ＝フランケッティ男爵の所有となった。現在はマンテーニャ、ファン＝ダイクなどの作品を所蔵するフランケッティ美術館として公開されている。

かど-かざり【門飾り】新年に松など立てて門口を飾

ること。また、その飾り。（季 新年）
かど-かど【角角】〘名〙スル ❶あちこちの角。すみずみ。「町の―に見張りを立てる」❷角立っていること。「その言葉が何だか―して」〈宮本・伸子〉
かど-かど【▽廉▽廉】それぞれの箇所。ふしぶし。「不審の―を吟味する」
かどかど-し【▽才▽才し】〘形シク〙才走っている。気がきいている。「この命婦ぞ物の心えて―・しくは侍る人なれ」〈紫式部日記〉
かどかど-し・い【角角しい】〘形〙〘文〙かどかど・し〘シク〙❶言動や性格が角立って、おだやかでない。「物の言い方に―・いところがある」❷物が角立っている。角が多い。「岩の上の―・しきもあるものを人のこゆるをいたみだにせぬ」〈新撰六帖・二〉
かど-がまえ【門構え】がまへ ▶もんがまえ❷
かど-かわ【角革】がは 洋装本の表紙の角にはった、三角形の革。
か-と-き【過渡期】クワ 古いものから新しいものへと移り変わっていく途中の時期。「歴史の―」
かど-ぎょう【門経】ギヤウ ❶葬式で、棺を家の外に出すときに、家の前で読む経。❷家々の門口に立って経を読み、喜捨を請う僧形の者。門経読み。
か-とく【家督】❶その家を継ぐべき子。あととり。嫡子。❷相続すべきその家の財産・事業などの総体。跡目。「―を譲る」❸民法旧規定で、戸主の身分に備わる権利と義務。戸主の地位。❹中世、一門・一族の長。棟梁とうりやう。❺江戸時代、武士が、主君から与えられた封禄。跡式。〔類語〕跡・跡目・跡式
か-とく【寡徳】クワ 身に備わる徳望が少ないこと。自身をへりくだっていうのに用いる。「このような仕儀となりましたのも私の―の致すところです」
かとく-そうぞく【家督相続】─サウ─ 民法旧規定で、戸主が死亡・隠居などをした際、一人の相続人が戸主の身分・財産を相続すること。また、その制度。一般には、嫡出男子の年長者が相続した。第二次大戦後の民法改正で廃止。
かど-ぐち【門口】❶家や門の出入り口。❷物事が始まろうとする時。「第二の人生の―に立つ」
〔類語〕玄関・戸口・勝手口・表口・門戸もんこ・車寄せ・ポーチ・エントランス
かどくら-みさき【門倉岬】鹿児島県、種子島最南端の岬。先端部は高さ30～40メートルの海食崖がい。天文12年(1543)、ポルトガル人が漂着し鉄砲をわが国に伝えた地。鉄砲伝来紀功碑がある。屋久やく島の連峰、種子島宇宙センターを眺望できる。門倉崎。
かどけいざいりょくしゅうちゅうはいじょ-ほう【過度経済力集中排除法】クワドケイザイリヨクシフチユウハイヂヨハフ 日本の財閥解体の一環として、大企業の経済力の集中を排除し分散させるために、昭和22年(1947)に制定された法律。GHQ占領政策の転換で徹底せず、同30年に廃止された。集中排除法。
かと-げんしょう【過渡現象】クワトゲンシヤウ ある状態に変動があったときから次の安定状態に至る間に起こる現象。電気回路にスイッチを入れてから電圧や電流が定常値に達するまでの時間的変化など。
かど-さき【門先｜門▽前】門の前。入り口の前。
かど-じめん【角地面】─ヂメン「角地かどち」に同じ。
かど-じょうるり【門浄瑠璃】─ジヤウルリ 人家の門口で、浄瑠璃を語り、金品を請うこと。また、その人。
かど-すずみ【門涼み】門口に出て涼むこと。（季 夏）
かど-ぜっきょう【門説経】─セツキヤウ 江戸時代、人家の門口や町の路上で編み笠をかぶり、鉦さう・三味線・胡弓こきゆうなどに合わせて説経浄瑠璃を語り、金品を請うた芸。また、その人。唱門しやう。
かど-た【門田】門の近くにある田。家の前の田。「妹が家の―を見むと打ち出来し情こころもしるく照る月夜かも」〈万・一五九六〉
かど-たち【門立ち】❶門口に立つこと。「何とやら心にかかりて、霜夜に―して」〈浮・織留・六〉❷遊女が門口に立って客を誘うこと。「高き名の松の―立ち馴れて、人待ち顔の暮れならん」〈浄・反魂香〉
かど-だ・つ【角立つ】㊀〘動タ五(四)〙❶角ばっている。かどばる。「―・っている石」❷事が円満を欠き、とげとげしいようすになる。かどがたつ。「そういう態度では話が―・つ」❸人の目を引く。目立つ。「妻さいにこれと云って―・った悪いことはありません」〈鴎外・蛇〉㊁〘動タ下二〙「かどだてる」の文語形。
かど-だ・てる【角立てる】〘動タ下一〙〘文〙かどだ・つ〘タ下二〙❶角をとがらせる。かどばらせる。「目を―・てて話す」❷人の感情を刺激する言動をとる。かどをたてる。「事を―・てるようなやり方」
かどた-ひろみつ【門田博光】［1948～ ］プロ野球選手。山口の生まれ。昭和45年(1970)南海(現福岡ソフトバンク)に入団。アキレス腱けん断裂という大けがを乗り越え、打撃で活躍。同63年には40歳で本塁打王と打点王の二冠を獲得した。
かど-だんぎ【門談義】江戸時代、人家の門口で長柄の傘を持ち、法文ほうもんを説いて金銭を請うこと。また、その人。
かど-ち【角地】二つの道路が交わる角に位置する敷地。角地面かどじめん。
かど-ちがい【門違い】─ちがひ ❶まちがえてほかの家へ行ってしまうこと。かどたがい。かどたがえ。かどちがえ。❷目ざす方向や目標をまちがえること。見当違い。➡御門ごもん違い
かど-ちゃ【門茶】陰暦7月初旬から24日まで、寺や個人の家の門前で茶を入れて通行人に施すこと。死者の供養に行うもの。摂待せつたい。（季 秋）
かど-づけ【門付(け)】〘名〙スル《「かどつけ」とも》人家の門前に立って音曲を奏するなどの芸をし、金品をもらい受けること。また、その人。「―して歩く」
かどづけ-うた【門付(け)歌】門付けする者がうたう歌。門説経・歌祭文うたざいもん・鉢たたき・万歳まんざいなど。
かど-で【門出｜首▽途】〘名〙スル ❶旅などのために、自分の家を出発すること。出立しゆつたつ。「―を見送る」❷新しい生活を始めること。「新生活の―を祝う」「社会に―する」❸旅に出る前に、吉日を選んで、仮に家を出て近くに移ること。〔補説〕❶❸は「かどいで」とも言った。「九月三日―して、いまたちといふ所に移る」〈更級〉〔類語〕出発・スタート・旅立ち・出動
か-と-てき【過渡的】クワ〘形動〙ある状態から新しい状態に移る途中であるさま。「法改正前の―な措置」
か-ど-てきおう【過度適応】クワ─ 生物のある形質が、適応の度を超えて発達すること。マンモスの牙きばなど。
かど-なみ【門並(み)】❶家の並び。家続き。家並み。❷並んでいる家の一軒一軒。軒なみ。副詞的にも用いる。「―同じようなカッフェーばかり続いていて」〈荷風・つゆのあとさき〉❸(副詞的に用いて)その一つ一つのすべて。どれもこれも。「(銀行会社が)―破産したら仫麼どうです」〈魯庵・社会百面相〉
かど-ならび【門並び】隣り合わせ。隣近所。かどならべ。「―に家二つを一つにつくり合はせたるが」〈平中・三六〉
かど-の-おさ【▽看▽督▽長】─をさ 平安時代、検非違使けびいし庁の下級職員。牢獄ろうごくの看守を本来の職務としたが、のちには罪人追捕ついぶが主となった。
かどの-でら【葛野寺】広隆寺の異称。
かど-の-まつ【門の松】「門松かどまつ」に同じ。
かどの-りゅう【▽葛野流】─リウ 能の囃子方はやしかたの大鼓おおつづみ方の流派の一。江戸初期に活躍した葛野九郎兵衛尉定之を祖とする。
かど-ばしら【門柱】❶門もんの柱。❷《門口の柱が店の構えを代表する意から》店構え。「五間口七間口の―の主にと念願を立てて」〈浄・油地獄〉
かど-ば・る【角張る】〘動ラ五(四)〙❶角が出っ張っていて、ごつごつする。「―・った顔」❷態度や言葉遣いが窮屈な感じを与える。四角ばる。「―・ったあいさつは抜きにして」
かど-ばん【角番】❶囲碁・将棋で、五番・七番など続けて対局した結果で勝敗を決める場合、この勝負で勝敗が決まるという一番。❷相撲で、勝ち越さなければ番付が下がるという局面。「―大関」
かど-び【門火】❶盂蘭盆うらぼんのとき、死者の霊魂を迎え送りするために門前でたく火。迎え火と送り火。（季 秋）❷葬式で、死者を送り出すときに門前でたく火。❸婚礼で、花嫁の乗り物が生家を出るときに門前でたく火。
かど-びゃくしょう【門百姓】─ビヤクシヤウ 地主の門わきの長屋などに住み、地主の雑用を務めるかたわら小作をした農民。門屋かどや。
かど-ふだ【門札】表札。もんさつ。
かど-べ【門辺】門のほとり。門のそば。
かど-べ【門▽部】律令制で、衛門府に属し、宮中諸門の取り締まりに当たった武官。
カドヘリン〘cadherin〙動物細胞間の接着に関与する細胞に固定された糖たんぱく質。接着因子の一つで、細胞間の接着部位に分布している。カドヘリン分子間の相互作用で細胞どうしを結合させる。
かどま【門真】大阪府の市。大阪市の北東に隣接する。電気器具工業が盛ん。人口13.0万(2010)。
カトマイ-こくりつこうえん【カトマイ国立公園】─コクリツコウヱン《Katmai National Park》米国アラスカ州南部、アラスカ半島の基部に位置する国立公園。1912年、公園の名称の由来となったカトマイ山の一部、ノバルプタ山が大噴火を起こした。火砕流で埋め尽くされた場所は現在も煙が立ち昇り、「一万本の煙の谷」と呼ばれる。世界最多のヒグマの生息数を誇り、多くの観光客が訪れる。
かどま-し【門真市】▶門真
かど-まつ【門松】正月に家の門口に立てる飾りの松。元来、年神としがみの依より代しろであったとみられる。中世以降、竹を添える場合が多い。門の松。まつかざり。（季 新年）「―の雪のあたたかに降りにけり／涼菟」〔類語〕松飾り・注連飾り
門松は冥土めいどの旅の一里塚いちりづか 《一休の狂歌で「めでたくもありめでたくもなし」と続く》めでたい門松も、それを立てるたびに年を重ねるから、次第に死に近づく標示ともみられるということ。
かど-まる【角丸】製本のとき、本の小口こぐち側の角を丸く切り落とすこと。また、そのもの。
カトマンズ〘Kathmandu〙ネパール連邦民主共和国の首都。仏教・ヒンズー教の古寺院が多い。ヒマラヤ登山の基地。人口、行政区67万(2001)。
カドミウム〘cadmium〙亜鉛族元素の一。単体は青みを帯びた銀白色の軟らかい金属。亜鉛鉱物中に少量含まれて産出。塩えんおよび蒸気は有毒。易融合金・めっきに用い、また中性子をよく吸収するので原子炉の制御材に利用。元素記号Cd　原子番号48。原子量112.4。
カドミウム-イエロー〘cadmium yellow〙硫化カドミウムを主成分とする黄色顔料の一。絵の具やゴム・プラスチックの着色剤、ガラス・陶磁器の顔料などに用いられる。
カドミウム-ちゅうどく【カドミウム中毒】カドミウムの粉塵・蒸気の吸収や経口摂取によって起こる中毒。急性では上気道炎・肺炎などを起こして死亡することがあり、慢性では嘔気おうきのほか、消化器・腎臓・骨などの障害を生じ、イタイイタイ病が典型例。
カドミウム-ひょうじゅんでんち【カドミウム標準電池】─ヘウジユンデンチ ▶標準電池
かど-みせ【角店】道路の曲がり角にある店。
かど-め・く【▽才めく】〘動カ四〙才気がある。いかにも才能があるように見える。「これは―・いたる所ぞ添ひたる」〈源・胡蝶〉
カドモス〘Kadmos〙ギリシャ神話で、エウロペの弟。テーベの都の建設者で、初代の王となった。ギリシャに文字を伝えたとされる。
かど-もり【門守】門番。「厳かなる装したる―立てり」〈鴎外訳・即興詩人〉
か-と-もんじ【×蝌×蚪文字】クワ─「蝌蚪かと❷」に同じ。
かど-や【角屋】❶道路の角にある家。❷▶角屋敷かどやしき❷
かど-や【門屋】❶門に付属して建てられた小屋。❷「門百姓かどびやくしやう」に同じ。❸下男・作男、月経中の女子、産婦、忌中の喪主などが住む小屋。
かど-やしき【角屋敷】❶道路の曲がり角にあって、

二面が街路に面している屋敷。❷江戸古町の四つ角にあった屋敷。所有者は将軍に拝謁できたので、御目見屋敷ともいう。角屋。

かどや-しちろうべえ【角屋七郎兵衛】[1610〜1672]江戸前期の商人。伊勢松坂の人。祖父の代からの廻船問屋で、安南との交易に従事。鎖国後も現地にとどまった。

カトラ〖Katla〗アイスランド南部にある火山。標高1493メートル。山頂を含む約600平方キロメートルが厚さ約200メートルのミールダルス氷河に覆われる。しばしば噴火しており、1918年の噴火の際には氷河を融解して大洪水を起こしたことで知られる。

カトラリー〖cutlery〗食卓用のナイフ・フォーク・スプーンなどをまとめていう語。また、刃物類一般についてもいう。

かとり【香取】千葉県北東部にある市。早場米の産地で、酒・醤油の醸造が盛ん。香取神宮がある。利根川沿いの地域は水郷筑波国定公園に指定。中心地区の佐原は利根川の河港として発達し、伊能忠敬の旧宅がある。平成18年(2006)3月に佐原市・小見川町・山田町・栗源町が合併して成立。人口8.3万(2010)。

かとり【×縑】《「かたお(固織)り」の音変化》目を緻密に固く織った平織りの絹布。かとりぎぬ。「凡そ一、絁、糸、綿は」〈孝徳紀〉

カトリーヌ-ド-メディシス〖Catherine de Médicis〗[1519〜1589]フランス国王アンリ2世の妃。フィレンツェのメディチ家の出身。熱心なカトリック教徒で夫の死後、摂政として王権の維持を図り、新教徒の抹殺を企て、サンバルテルミーの虐殺を行った。芸術の愛好者としても知られる。

カドリーユ〖フランス quadrille〗▶カドリール

カドリール〖quadrille〗四人が二組みで方形をつくって踊るダンス。9世紀初頭にフランスで起こったもの。方舞。カドリーユ。

カドリエンナーレ〖イタリア quadriennale〗4年に1回開催される展覧会の形式。

カドリオルク-きゅうでん【カドリオルク宮殿】《Kadrioru loss》エストニアの首都タリンのカドリオルク公園にある宮殿。北方戦争でバルト海東岸を獲得したロシア皇帝ピョートル1世が妃エカチェリーナのために夏の離宮を建造。ピョートル1世が好んだ後期バロック様式(ピョートルバロック様式)の宮殿として知られる。現在はカドリオルク美術館になっており、16〜20世紀のロシア・西ヨーロッパ絵画を展示。

カドリオルク-こうえん【カドリオルク公園】《Kadrioru Park》エストニアの首都タリンにある公園。カドリオルク宮殿や、1930年代の大統領官邸などが残っている。また、ピョートル1世が滞在したとされる小屋は現在博物館になっており、皇帝ゆかりの品々や調度品が展示されている。

かとり-し【香取市】▶香取

カトリシズム〖Catholicism〗《カソリシズムとも》❶ローマ教皇を最高首長と仰ぐローマカトリック教会の宗教的、思想的な立場。カトリック主義。❷政治・経済・社会・文化などでの、カトリックの立場に基づく活動の総称。

かとり-じんぐう【香取神宮】千葉県香取市にある神社。旧官幣大社。祭神は経津主神(別名、伊波比主命)。古来、鹿島神宮とともに軍神として尊崇されてきた。下総国一の宮。

かとり-せんこう【蚊取り線香】蚊を、いぶして殺すための線香。ジョチュウギクの茎・葉などを主な原料にして、渦巻き状や棒状に作る。かやりこう。かやり。(季 夏)

カトリック〖オランダ Katholiek〗❶カトリック教会。初代キリスト教会の正統を継ぐとされている教会。カソリック。❷カトリック教会の信徒。地上におけるキリストの代理者としてのローマ教皇を首長とする。カソリック。(補説)語源は、ギリシャ語 katholikos で、普遍の、の意。「加特力」とも書く。

カトリック-きょうかい【カトリック教会】ローマカトリック教会のこと。公教会。

カトリック-りょうおう【カトリック両王】アラゴン王フェルディナンド2世とカスティーリャ女王イザベルのこと。両王の結婚でスペインが統一した。

かとり-なひこ【楫取魚彦】[1723〜1782]江戸中期の国学者・歌人。下総の人。本姓は伊能。号、青藍。賀茂真淵に学び、万葉調の歌を詠み、歴史的仮名遣いを研究。著「古言梯」「続冠辞考」など。

ガドリニウム〖gadolinium〗希土類元素のランタノイドの一。単体は銀白色の金属。フィンランドの化学者ガドリン(J.Gadolin)にちなみ命名。元素記号Gd 原子番号64。原子量157.3。

かとり-ほつま【香取秀真】[1874〜1954]鋳金家・歌人。千葉の生まれ。本名、秀治郎。古典的な格調に時代感覚を備えた作品を制作。古代鋳金の研究を進め、「日本金工史」などを著した。子規門下の歌人としても知られ、歌集「天之真榊」がある。文化勲章受章。

ガトリング-ガン〖Gatling gun〗▶ガトリング銃

ガトリング-じゅう【ガトリング銃】米国人ガトリング(R.J.Gatling)が1861年に考案した機関銃。手動のハンドルで6本の銃身を回転させながら連続発射ができる。明治元年(1868)の戊辰戦争で、越後(新潟県)長岡藩がこの銃を使って官軍を悩ませた。

カトルカール〖フランス quatre-quarts〗《「4分の1が4つ」の意》パウンドケーキのこと。小麦粉・バター・卵・砂糖の4つの材料を、全分量の4分の1ずつ用いることから。

カトレア〖ラテン Cattleya〗ラン科カトレア属の植物の総称。花は大形で、色は、白・桃・紅・黄・紫紅色など多様。熱帯アメリカの原産で、樹木の枝に着生。名は英国の植物愛好家カトレイ(W.Cattley)にちなむ。19世紀初期より栽培され、多くの品種がある。ひのでらん。(季 冬)

かど-れい【門礼】新年に、玄関先で祝いの言葉を述べること。また、その人。(季 新年)

かどわかし【勾=引かし|▽拐かし】かどわかすこと。誘拐。また、その犯人。

かどわ-か-す【勾=引かす|▽拐かす】〔動サ五(四)〕人をだまし、または力ずくで他へ連れ去る。誘拐する。「子供を―・す」(可能)かどわかせる

かど-わき【門脇】門のわき。門のそば。

かどわき-さいしょう【門脇宰相】《邸が六波羅総門のわきにあったところから》平安時代の武将、平教盛の通称。

かどわ-す【勾=引す|▽拐す】〔動サ四〕「かどわかす」に同じ。「人に―・されて来たりけるを」〈今昔・二四・五六〉

か-とん【火×遁】忍術の一。火や煙を使って身を隠す術。「―の術」

か-どんす【花×緞子】花文様を織り出した緞子。

か-とんぼ【蚊蜻=蛉】❶ガガンボの別名。❷やせた人やひ弱な人をからかっていう語。

か-な【仮名|仮▽字】《「かりな」の転「かんな」の撥音無表記》漢字に基づいて作られ、用いられるようになった、日本語独特の音節文字。一般には片仮名・平仮名をさすが、広義には万葉仮名を含めてもいう。⇒真名 (類語)平仮名・片仮名

仮名に言・う《仮名は漢字に比べて平易なことから》平易にやわらげて言う。分かりやすく言う。

かな【×哉】〔終助〕《係助詞「か」の文末用法＋終助詞「な」から》体言・活用語の連体形に付いて、感動・詠嘆を表す。…だなあ。「人の心は愚かなるもの―」〈徒然・八〉「病雁の夜さむに落ちて旅寝―/芭蕉」〈猿蓑〉(補説)上代の「かも」に代わり、中古以降に用いられた。近世以降は、連歌・俳諧の切れ字として用いられ、現代語でも和歌・俳句などによく用いられる。

か-な〔連語〕《終助詞「か」＋終助詞「な」》文末にあって、名詞および名詞的な語、動詞・形容詞の連体形などに付く。❶念を押したり、心配したりする気持ちを込めた疑問の意を表す。「うまく書ける―」「君一人で大丈夫―」❷自分自身に問いかけたり、自分自身の意志を確認したりする意を表す。「あれはどこにしまった―」「勉強でもする―」❸(「ないかな」の形で)願望の意を表す。「だれか代わりに行ってくれない―」「早く夜が明けない―」❹理解できない、納得いかないという意を表す。「先輩に対してあんな口のきき方する―」(補説)近世以降の用法。

がな ㊀〔副助〕《係助詞「か」に終助詞「な」の付いた「かな」の音変化》体言・活用語の連用形、副詞・助詞などに付く。❶(疑問語に付いて)不確かな物事を挙げ示す意を表す。さあて…か。「今の分でも知れぬ(=今ノ勝負デモ勝チ負ケハワカラナイ)。何一勝負にさせう」〈虎明狂・伯養〉❷不確かながらも例示する意を表す。…でも。…かなにか。「てっきり口舌―なされて、ひそかに私は乗りかへて、様子を御覧なさるるであろうと存じます」〈浮・禁短気・五〉(補説)中世から近世の用法。㊁〔終助〕《終助詞「が」＋終助詞「な」》❶体言、または体言に格助詞「を」「と」などを伴ったものに付く。願望を表す。…が(あって)ほしいなあ。…だったらよいのに。「あっぱれ、よからうかたき―。最後のいくさして見せ奉らん」〈平家・九〉❷(命令・禁止の意を表す文に付いて)強調する意を表す。「湊の川の潮が引け―」〈閑吟集〉❸活用語の連体形などに付く。確かめたい気持ちや、問いただしたい気持ちを込めた感動を表す。…だねえ。…だがなあ。…だよね。「抜きさしならぬこの二百目。ある所にはあらう―」〈浄・油地獄〉(補説)❶は、多く「もがな」の形で用いられたが、中古中期ごろから「をがな」の形も現れた。「もがな」は「も-がな」と意識され分離し、のち「がな」単独でも用いられた。❷は、中世末ごろからの用法。❸は、近世の用法で、多くは推量の意を表す語に付く。

が-な〔連語〕《接続助詞「が」＋終助詞「な」》(文末に付き、終助詞的に用いて)実現性の薄い事柄をなんとか実現してほしいと願望する意を表す。「早く来てくれるといいんだ―」(補説)多く「明日は晴れてほしいんだがなあ」のように「がなあ」の形で用いられる。

かな-あじ【金味|▽鉄味】❶鉄の品質。❷刃物の切れ味。「さほど不心掛けでは、太刀先の―もおぼつかなし」〈浄・浦島年代記〉

カナート〖ペルシア qanat〗アジア西部、北部アフリカなど乾燥地帯にみられる水利施設。地下水を、長い地下水路によって集落近くまで導き、利用するもの。

カナーボン〖Caernarfon〗英国ウェールズ北西部の港湾都市。メナイ海峡に注ぐセイオン川の河口に面する。グウィネズ地方の行政、商業の中心都市。1世紀に古代ローマ人が要塞を築き、13世紀末にエドワード1世がカナーボン城を建造しウェールズ征服の拠点とした。カーナーボン。

カナーボン-じょう【カナーボン城】《Caernarfon Castle》英国ウェールズ北西部カナーボンにある城。13世紀末にエドワード1世がウェールズ征服の拠点としてグウィネズ地方に築いた城の一。イングランド皇太子、のちのエドワード2世が誕生した城で、以降、「プリンスオブウェールズ」が歴代の皇太子の称号となった。コンウィ城、ビューマリス城、ハーレフ城とともに、1986年に「グウィネズのエドワード1世の城群と市壁群」として世界遺産(文化遺産)に登録。カーナーボン城。

かな-あみ【金網】針金を編んで作った網。

かな-あんどん【金行▽灯】紙を張る部分に、金網を張った行灯。かなあみあんどん。

か-ない【家内】❶家の中。屋内。❷家族。「―一同」「―安全」❸妻。ふつう、他人に対して自分の妻をいうときに用いる。「―も喜んでおります」(類語)(❶)インドア・室内/(❷)家庭・家・内・ホーム・マイホーム・所帯・世帯・一家・我が家・スイートホーム・ファミリー・お宅・おいえ・おうち・貴家/(❸)女房・細君・かみさん・ワイフ・かかあ・山の神・妻・ベターハーフ

か-ない【課内】会社・役所などの、課の内部。⇔課外。

かない-あんぜん【家内安全】家族に事故や病気がないこと。家族一同が息災であること。「―を祈る」

かない-こうぎょう【家内工業】自分の家の一

部を作業場として、家族や家族的使用人の労働力と、簡単な技術・設備を用いて経営する工業形態。

かない‐のぶる【金井延】[1865〜1933]経済学者・社会政策学者。静岡の生まれ。東大教授。ドイツ経済学の紹介、社会政策の普及に努め、社会政策学会の設立に尽力した。著「社会経済学」。

カナイマ‐こくりつこうえん【カナイマ国立公園】《Parque Nacional Canaima》ベネズエラ東部、ギアナ高地の中心部にある国立公園。総面積約3万平方キロメートル。テプイとよばれる標高差1000メートルにもおよぶテーブル状の山々が多数散在し、世界最大の落差をもつアンヘル滝がある。切り立った断崖で囲まれたテプイには、それぞれ原始的な特徴をもつ固有の動植物が独自の生態系を形成している。1994年、世界遺産(自然遺産)に登録された。

かない‐みえこ【金井美恵子】[1947〜]小説家・詩人。群馬生まれ。反リアリズムの作風と官能的文体で知られる。詩集「マダム・ジュジュの家」「春の画の館」、小説「愛の生活」「プラトン的恋愛」「タマや」など。

かな‐いろ【金色】❶金属の色。❷金めっき、または、真鍮製の銚子や提子。〈易林本節用集〉

かない‐ろうどう【家内労働】製造業者・問屋から材料の提供を受け、または買い受けて、自宅などで加工して工賃(報酬)を得る労働の形態。

かないろうどう‐ほう【家内労働法】家内労働者の工賃の最低額、安全・衛生その他の事項を定め、労働条件の向上を図るための法律。昭和45年(1970)施行。

かな・う【▽適う・×叶う・▽敵う】㊀〔動ワ五(ハ四)〕❶(適う)条件・基準などによく当てはまる。ぴったり合う。適合する。「理屈に―・っている」「お眼鏡に―・う」「大関に―・う地位」❷(叶う)思いどおりに実現する。願っていたことがそのとおりになる。「念願が―・う」「出場が―・う」「―・わぬ恋」❸(敵う)そうすることができる。可能である。また、そうすることが許される。ふつう、あとに打消しの語を伴う。「この天候では登頂は―・わない」「起き上がることも―・わぬほど病が篤い」❹(敵う)対等の力がある。対抗できる。匹敵する。あとに打消しの語を伴う。「語学では彼に―・う者はいない」❺(「かなわない」「かなわぬ」などの形で)㋐そうすることやそういう状態に我慢できない。やりきれない。たまらない。「こうせかされては―・わない」「暑くて―・わない」「退屈で―・わない」㋑どうしてもそうする必要がある。…なくてはならない。「みずから出向かなくては―・わない用事がある」㊁〔動ハ下二〕「かなえる」の文語形。(類語)(㊀❶)適する・合う・沿う・そぐう・当てはまる・適当する・合致する・即応する・ぴったりする/(❷)成就する・成る・実を結ぶ/(❹)及ぶ・如く・並ぶ・比肩する・伍する・敵する・並立する・伯仲する・肩を並べる

叶わぬ時の神頼み 「苦しい時の神頼み」に同じ。

カナウジ〖Kanauj〗インド北部、ガンジス川流域にあった都市。7世紀にバルダナ朝の首都となり、12世紀末まで繁栄。カノージ。カーニャクブジャ。

かな‐うす【▽鉄臼】鉄製の小型の臼。香料をつくのに用いる。

かな‐え【×鬲】漢字の構成部分で、「融」「鬻」などの「鬲」の称。

かな‐え【×鼎】《「金瓮」の意》現在の鍋・釜の用に当てた、古代中国の金属製の器。ふつう3本の脚がついている。王侯の祭器や礼器とされたことから、のち王位の象徴となった。

鼎の軽重を問・う 《楚の荘王が、周を軽んじ、周室に伝わる宝器である九鼎の大小・軽重を問うたという「春秋左伝」宣公三年の故事から》統治者を軽んじ、これを滅ぼして天下を取ろうとする。権威ある人の能力・力量を疑い、その地位から落とそうとする。「会長として―・われる」(補説)この句の場合、「軽重」を「けいじゅう」と読むのは誤り。

鼎の沸くが如し 《左思「蜀都賦」注から》鼎の中の湯が沸き返るように、物事が混乱し騒がしいさま。

鼎を扛・ぐ 《「史記」項羽本紀から》重い鼎を持ち上げる。腕力の強いことのたとえ。

鼎を定む 《「春秋左伝」宣公三年から》帝都を決める。

かなえ‐どの【▽釜殿・×鼎殿】平安時代以後、宮中や将軍・貴人の邸内にあった湯殿。また、そこに奉仕した人。かないどの。「御湯殿、とある折は、―いみじう喜びをなして仕うまつるもあはれなり」〈栄花・玉の飾り〉

かな・える【▽適える・×叶える】〔動ア下一〕文かな・ふ〔ハ下二〕❶(適える)ぴったり合うようにする。条件や基準などを、十分に満たす。「必要条件を―・える」❷(叶える)思いどおりに実現させる。聞き届ける。成就させる。「希望を―・えてやる」

かなおか【金岡】狂言。和泉流。美しい上臈を見初めて物狂いとなった絵師の巨勢金岡に、妻は、女は化粧しだいで美しくなるからと顔を彩色してもらうが、かえって悪くなる。

カナカ〖Kanaka〗《ポリネシア語で、人の意》ハワイに住むポリネシア系先住民。また、ミクロネシアに住むチャモロ族以外の人々の総称。カナカ族。

かな‐がい【金貝】蒔絵にはりつける金・銀・錫・鉛など金属の薄片。また、それを漆面にはりつけた蒔絵。

かながい‐ざいく【金貝細工】蒔絵に金貝をはりつけること。また、その細工をした蒔絵。

かながい‐ばり【金貝貼り】木地蒔絵をするとき、地の汚れを防ぐために表面に錫の薄片をはりつけること。また、はりつけたもの。

かな‐がえし【仮名▽反し】❶《仮名の反切の意》連なる2字の仮名の、最初の仮名の子音と次の仮名の母音とが結合して新しく別の音が生まれるとすること。「にある」が「なる」に、「あらいそ(荒磯)」が「ありそ」となる類。漢字の反切に倣っていった語。➡約音 ❷活版印刷で、解版した仮名の活字をもとのケースに戻しておくこと。

かな‐がき【仮名書(き)】〔名〕スル 仮名で書くこと。また、書いたもの。⇔真名書き。

かな‐がき【▽鉄×掻き・×鈀】草をかきとったり、土をならしたりするカシの柄をつけた熊手形の鉄製農器具。かなくまで。〈和名抄〉

かながき‐ろぶん【仮名垣魯文】[1829〜1894]幕末から明治にかけての戯作者・新聞記者。江戸の人。本名、野崎文蔵。別号、鈍亭など。著に、開化の風俗を描いた「西洋道中膝栗毛」「安愚楽鍋」など。

かな‐がしら【仮名頭】いろは47文字の最初に来る字。すなわち「い」の字。⇔仮名尻。

かな‐がしら【金頭・×鉄頭・火=魚】ホウボウ科の海水魚。沿岸の海底にすみ、全長約40センチ。体はホウボウに似て、頭は大きく角張り、胸びれに3本の分離した鰭条がある。腹面が白色のほかは赤色。美味。(季 冬)

かな‐がた【金型】金属製の鋳型。また、プラスチック成型・プレス加工に用いる金属製の型。

かな‐かな《鳴き声から》ヒグラシの別名(季 秋)

かながわ【神奈川】㊀関東地方南西部の県。もとの相模全域と武蔵の一部にあたる。県庁所在地は横浜市。人口905.0万(2010)。㊁横浜市の区名。横浜港に面する。東海道五十三次の一。神奈川条約(日米和親条約)締結の地。

かながわ‐く【神奈川区】▶神奈川㊁

かながわ‐けん【神奈川県】▶神奈川㊀

かながわけんりつ‐ほけんふくしだいがく【神奈川県立保健福祉大学】神奈川県横須賀市にある公立大学。平成15年(2003)の開設。保健福祉学部の単科大学。

かながわ‐こうかだいがく【神奈川工科大学】神奈川県厚木市にある私立大学。昭和50年(1975)に幾徳工業大学として開設。昭和63年に現校名に改称した。平成20年(2008)に学部の大幅な改組を行った。

かながわ‐しかだいがく【神奈川歯科大学】神奈川県横須賀市にある私立大学。明治43年(1910)創立の東京女子歯科医学講習所を源流として、昭和39年(1964)に大学を開学した。歯学部の単科大学。

かながわ‐じょうやく【神奈川条約】▶日米和親条約

かながわ‐だいがく【神奈川大学】横浜市神奈川区に本部のある私立大学。昭和4年(1929)設立の横浜学院に始まり、横浜専門学校を経て、同24年、新制大学として発足。

かながわ‐ぶぎょう【神奈川奉行】江戸幕府の職名。神奈川開港場における外国関係の事務一切を取り扱った。安政6年(1859)老中の支配下に設けられた。

かなかんじ‐へんかん【仮名漢字変換】《Kana-Kanji conversion》コンピューターで漢字を入力する方法の一。漢字の読みを入力し、複数の漢字の候補から入力したい漢字を選択する。

かな‐ぎ【金木・×鉗】《「かなき」とも》❶細い堅い木。また、その枝。❷刑具の一。鉄製または木製の首枷。

かなきり‐ごえ【金切り声】金属を切るときに出る音のように、高く張り上げた鋭い声。細くて甲高い声。ふつう女性の声にいう。「―をあげる」
(類語)声・音声・発声・美声・悪声・だみ声・どら声・胴間声・鼻声・裏声・小声・猫撫で声

かな‐ぎ・る【金切る】〔動ラ四〕金属を切るときのような鋭い高い音・声を出す。金切り声を出す。「恋し懐かし妬ましと、空に―・る恨みの声」〈浄・天鼓〉

カナキン〖ポルトガル canequim〗【金巾】《「カネキン」とも》綿布の一。固く縒った糸で目を細かく織った薄地の広幅綿布。➡キャラコ

かな‐ぐ【金具】器物・器具に取り付ける金属製の小さな部品や細工物。鐶・錠・引き手の類。
(類語)掛け金・口金・留め金・蝶番・引き金

かな‐くぎ【金×釘】❶金属で作った釘。❷「金釘流」の略。

かなくぎ‐の‐き【金×釘の▽樹】クスノキ科の落葉小高木。山地に生え、樹皮は黄白色で、老樹でははがれやすく、鹿の子模様となる。葉は細長く、裏面はやや白い。雌雄異株で、晩春、淡黄色の小花が集まってつく。実は赤く熟す。

かなくぎ‐りゅう【金×釘流】金釘を並べたようなへたな筆跡を、あざけっていう語。

かな‐くさ・い【金臭い】〔形〕文かなくさ・し〔ク〕鉄分のにおいや味がする。「―・い水」

かな‐ぐさり【仮名鎖】▶文字鎖❶

かな‐ぐさり【金鎖】金属製の鎖。

かな‐ぐし【金串】魚や肉を焼くときなどに用いる金属製の串。

かな‐くず【金×屑】金属を細工するときに出る切りくず。

かな‐くそ【金×屎・▽鉄×屎】❶鉄のさび。❷鉱滓。スラグ。❸鉄を鍛えるときに落ちるくず。❹(色を金に見立てて)黄色い軟便。かねぐそ。「―をひるのは乳母の粗相なり」〈柳多留・二二〉

かな‐ぐつ【▽鉄×沓】蹄鉄。

かな‐ぐつわ【金×轡】金属製のくつわ。

金轡を嵌・める 賄賂を贈って口止めをする。

かなぐ‐まわり【金具×廻り】甲冑で、胸板・脇板・壺板・冠板など、鉄板で作られた部分の称。

かなくら‐むし【×伽那久羅虫】仏教で、ごく小さいが、風にあうとたちまち大きくなり、すべての物を飲み下すという想像上の虫。伽羅求羅虫。

かな‐ぐり【金繰り】「かねぐり」に同じ。

かなぐり‐す・てる【かなぐり捨てる】〔動タ下一〕文かなぐりす・つ〔タ下二〕❶身につけているものを荒々しく取って放り出す。「上着を―・てて身構える」❷全部捨て去る。「恥も外聞も―・てて懇願する」

かなぐ・る〔動ラ五(四)〕荒々しく払いのける。また、引っ張りとる。「―・るようにして、其の細帯を解きかけた」〈鏡花・高野聖〉

かな‐け【金気・▽鉄気】❶水中に溶けて含まれている鉄分。また、そのにおいや味。❷新しい鉄製の鍋・釜・鉄瓶などで湯を沸かすときに染み出る赤黒い渋。「―を抜く」❸(金気)金銭に関すること。また、金銭を

持っていること。「一銭たりとも―は身につけない」❹(金気)将棋で、金将・銀将のこと。

かな-こおり【金氷】かなごおり 非常に冷たくて氷のような感じのするもの。「手足が―になる」

かな-こき【金▽扱き】歯が鉄製の稲こき。

かな-ごよみ【仮名暦】昔、仮名で書いた暦。漢字で書いた「真名暦まなごよみ」に対して女子用の暦をいう。

かな-さいぼう【▽鉄×尖棒】【▽鉄×撮棒】打ち振って相手を倒す武器。太い鉄棒の周囲に多くの鋭い突起があるもの。

かなさな-じんじゃ【金鑽神社】埼玉県児玉郡神川町にある神社。旧官幣大社。主祭神は天照大神あまてらすおおみかみ・素戔嗚尊すさのおのみことで、日本武尊やまとたけるのみことを配祀。金佐奈神社。

かな-さび【金×錆】金属に生じるさび。

かなざわ【金沢】かなざわ ㊀石川県中部の市。県庁所在地。もと加賀(前田氏)百万石の城下町。古い建造物が残り、金沢城跡・兼六園けんろくえんなどがある。九谷くた焼・加賀友禅や金箔などの産地。人口46.2万(2010)。㊁横浜市の区名。東京湾に面し、金沢八景で知られるが、湾岸は埋め立てられ、工業地。金沢文庫がある。

かなざわ-いかだいがく【金沢医科大学】カナザワイカダイガク 石川県河北郡内灘町にある私立大学。昭和47年(1972)に開設された。

かなざわがくいん-だいがく【金沢学院大学】カナザワガクインダイガク 金沢市にある私立大学。昭和62年(1987)に金沢女子大学として開設。平成7年(1995)に男女共学となり、現校名に改称された。

かなざわ-く【金沢区】かなざわ ▶金沢㊁

かなざわ-こうぎょうだいがく【金沢工業大学】カナザワコウギョウダイガク 石川県石川郡野々市ののいち町にある私立大学。昭和40年(1965)に開設された。

かなざわ-し【金沢市】かなざわ ▶金沢㊀

かなざわ-じょう【金沢城】かなざわじょう 金沢市にあった城。もと一向一揆の拠点であったが、天正8年(1580)に織田信長の武将佐久間盛政が攻略して、ここに築城。同11年に前田利家が入城、明治4年(1871)まで前田氏歴代の居城。石川門・三十間長屋などが残る。尾山おやま城。

かなざわ-しょうざぶろう【金沢庄三郎】カナザワショウザブロウ [1872～1967]言語学者。大阪の生まれ。比較言語学理論を導入し、日本語朝鮮語同系論を唱えた。著「日韓両国語同系論」「日本文法新論」、編著「広辞林」。

かなざわ-せいりょうだいがく【金沢星稜大学】かなざわ 金沢市にある私立大学。昭和42年(1967)に金沢経済大学として開設され、平成14年(2002)に現校名に改称した。

かなざわ-だいがく【金沢大学】かなざわ 金沢市にある国立大学法人。第四高等学校・石川師範学校・石川青年師範学校・金沢高等師範学校・金沢医科大学・同付属薬学専門部・金沢工業専門学校を統合し、昭和24年(1949)新制大学として発足。平成16年(2004)国立大学法人となる。

かなざわ-はっけい【金沢八景】かなざわ 横浜市金沢区にあった景勝地。洲崎すざきの晴嵐せいらん、瀬戸の秋月、小泉の夜雨、乙艫おっともの帰帆、称名寺しょうみょうじの晩鐘、平潟の落雁らくがん、野島の夕照、内川の暮雪。明みんの心越禅師の命名という。

かなざわ-びじゅつこうげいだいがく【金沢美術工芸大学】かなざわ 金沢市にある市立大学。昭和21年(1946)設立の金沢美術工芸専門学校に始まり、同30年、新制大学として発足。平成22年(2010)公立大学法人となる。

かなざわ-ぶんこ【金沢文庫】かなざわ 鎌倉中期、北条実時さねときが武蔵国六浦庄金沢郷(横浜市金沢区)の称名寺境内に設立した文庫。和漢の貴重図書を収蔵し、「足利あしかが学校」と並んで中世教育史上の重要な存在。昭和5年(1930)公開図書館となる。所蔵する多数の古文書類は「金沢文庫古文書」として刊行されて、典籍類も刊行中。かねさわぶんこ。

かなざわ-へいや【金沢平野】かなざわ 石川県中南部にある細長い沖積平野。北東から南西方向に長さ約60キロメートル、幅約10キロメートル。北東側は日本海に臨み、南東側は白山山系に接する。県の中心地帯で、金沢・白山・能美・小松・加賀の各市がならぶ。平野北部の海岸近くに潟湖せきこの河北潟がある。加賀平野。石川平野。

かな-し【仮名詩】漢詩の絶句や律の体に倣って試みられた俳諧体の詩。各務支考かがみしこうの創意。蕪村の「春風馬堤曲」の類。

かなし・い【悲しい】【▽哀しい】【▽愛しい】〔形〕図かな・し〔シク〕❶心が痛んで泣けてくるような気持ちである。嘆いても嘆ききれぬ気持ちだ。「友が死んで―・い」⇔うれしい。❷人に❶のような気持ちを起こさせる物事のさま。「―・い知らせ」「―・いメロディー」❸(愛しい)㋐心に染みていとしい。かわいくてならない。「柵越ませごしに麦食はむ小馬のはつはつに相見し児こらしあやにー・しも」〈万・三五三七〉㋑心に染みておもしろい。強く心を引かれる。「あしひきの八つ峰をの雉きぎし鳴きとよむ朝明あさけの霞かすみ見ればー・しも」〈万・四一四九〉㋒すばらしい。みごとである。「―・しくせられたりとて、見あさみけるとなん」〈著聞集・一七〉❹㋐しゃくにさわるさま。悔しい。「物も覚えぬ腐り女に、―・しう言はれたる」〈宇治拾遺・七〉㋑我慢できないほど恐ろしい。つらい。「先立つだにもー・しきぞかし」〈平家・三〉㋒ひどく貧しい。「釜の下へたく物さへあらず。さても―・しき年の暮れや」〈浮・胸算用・三〉 派生 かなしがる〔動ラ五〕かなしげ〔形動〕かなしさ〔名〕かなしみ〔名〕
補説 古くは、いとしい、かわいい、すばらしい、嘆かわしい、心が痛むなど、物事に感じて切に心の動くさまに広く使われたが、近代では、主に心の痛む意に用いられるようになった。
類語 (❶❷)物悲しい・うら悲しい・せつない・つらい・痛ましい・哀れ・哀切・悲愴ひそう・悲痛・沈痛・もの憂い・苦しい・憂うい・耐えがたい・しんどい・苦痛である・やりきれない・たまらない・遣やる瀬ない

かな-しき【▽鉄敷(き)】【金敷(き)】鍛造や板金作業をするとき、加熱した材料をのせる鋳鉄または鋳鋼製の台。上面は平らで、工作物を曲げるときに用いる角つの(鳥口)とよぶ突起がある。鉄床かなとこ。

かなしきがんぐ【悲しき玩具】カナシキガング 石川啄木いしかわたくぼくの第2歌集。明治45年(1912)刊。晩年の194首と歌論2編を収める。

かなしけ-く【悲しけく】《形容詞「かな(悲)し」のク語法》悲しいこと。「―ここに思ひ出いらなけくそこに思ひ出」〈万・三九六九〉

かな-しばり【金縛り】❶身動きができないように、厳しく縛りつけること。「―にあったように、からだが動かない」❷金銭の力で人の自由を束縛すること。

かなしばり-の-ほう【金縛りの法】ホフ 不動明王の威力により、鎖で縛ったように人をまったく身動きできないようにする法。

かなしび【悲しび】【▽哀しび】「悲しみ」に同じ。「時うつり、事去り、楽しび―行きかふとも」〈古今・仮名序〉

かな-しぶ【金渋】【▽鉄渋】水にまじった鉄のさび。

かなし・ぶ【悲しぶ】【▽哀しぶ】【▽愛しぶ】㊀〔動バ四〕❶「悲しむ❶」に同じ。「法顕ほっけん三蔵の、天竺てんじくに渡りて、故郷の扇を見ては―・び」〈徒然・八四〉❷「悲しむ❷」に同じ。「霞をあはれび、露を―・ぶ心」〈古今・仮名序〉㊁〔動バ上二〕《上代語》「悲しむ❶」に同じ。「今日だにも言問こととひせむと惜しみつつ―・びませば」〈万・四四〇八〉補説 この例「可奈之備」と表記。「備」は上代特殊仮名遣いで乙類の仮名であり、連用形語尾が、四段活用の場合は甲類、上二段活用の場合は乙類という事実があるので、これは上二段活用と推定される。

かなしみ【悲しみ】【▽哀しみ】【▽愛しみ】❶悲しむこと。悲しい気持ちや心。悲嘆。「―の色を浮かべる」「―に暮れる」⇔喜び。❷(愛しみ)いとおしむこと。情愛。「末世の衆生に親子の―深きことを知らしめんがためなり」〈今昔・四・一〉
類語 悲嘆・傷心・愁嘆・痛哭つうこく・哀傷・感傷

かなし・む【悲しむ】【▽哀しむ】【▽愛しむ】〔動マ五(四)〕❶心が痛む思いだ。悲しく思う。また、なげかわしく思う。「別れを―・む」「道徳心の低下を―・む」⇔喜ぶ。❷(愛しむ)いとしいと思う。愛する。「端正たんじょう美麗なる男子を産めば、父母これを―・み愛して」〈今昔・二六・五〉❸(愛しむ)深く感動する。「国王、これを見給ひて、―・み貴びて」〈今昔・九・一〉❹嘆願する。「手をすりー・めども」〈宇治拾遺・一〇〉可能 かなしめる
類語 嘆く・愁える・託かこつ・嘆かずる・悲嘆する・愁嘆する・痛嘆する・嗟嘆さたんする・嘆息する・長嘆する

かな-じゃくし【金×杓子】金属製のしゃくし。

かな-じょ【仮名序】仮名文で書かれた序文。古今和歌集の序が有名。➡真名序まなじょ

かな-じり【仮名尻】いろは47文字の最後に書き加えた字。すなわち「京」の字。⇔仮名頭かながしら。

かな・ず【奏づ】カナヅ〔動ダ下二〕「かなでる」の文語形。

かな-すき【▽鉄×鋤】【金×鋤】鉄製の鋤。木製のものに対していう。

かな-ぞうし【仮名草子】ザウシ 江戸初期に行われた小説類の呼称。婦人・子供向けに、平易な仮名文で書かれた、啓蒙娯楽を主としたものが多い。「恨之介うらみのすけ」「一休咄いっきゅうばなし」など、室町時代の御伽草子の伝統を受ける一方、のちの浮世草子の先駆となった。

か-な-た【▽彼▽方】〔代〕遠称の指示代名詞。❶話し手・聞き手の双方から離れた場所・方向をさす。また、現在から遠く離れた過去・未来を示す。あちら。あっち。「―の山」「忘却の―」❷ある物に隔てられて見えない場所・側などをさす。向こうがわ。「山の―」「海の―の国」 類語 向こう・こちら・こっち・そちら・そっち・あっち・あちら

カナダ〖Canada〗北アメリカ大陸北部を占める国。連邦制に基づく立憲君主国で、英連邦の一。首都オタワ。ロシア連邦に次ぐ世界第二の広大な領土を有するが、人口は南部に集中。ニッケル・亜鉛・石綿・ウラン・鉛など資源が種類・量とも豊富。小麦などの栽培や畜産も盛ん。イギリス・フランスの植民地として開発され、1867年自治領、1931年主権国家となる。人口3376万(2010)。補説「加奈陀」とも書く。

かな-タイプ【仮名タイプ】仮名文を打つタイプライター。仮名文字と記号のキーをもつ。

カナダ-がん【カナダ×雁】カモ科の鳥。全長約65～90センチ。頭からくびが黒く、ほおからのどに白色部があり、ほかは灰褐色。北アメリカに広く分布。日本へは亜種のシジュウカラガンが渡ってくる。

かなた-こなた【▽彼▽方×此▽方】〔代〕遠称の指示代名詞。いろいろの場所・方向などをさす。あちらこちら。方々。「見渡す海原の―には三本檣マストの大きな漁船が往来ゆききして居る」〈荷風・ふらんす物語〉

カナダ-バルサム〖Canada balsam〗カナダバルサムノキから得られる樹脂。透明な淡黄色で、芳香があり粘性が強い。レンズの接着剤などに用いる。

カナダ-も【カナダ藻】トチカガミ科の多年生の水草。沈水性で、ほぼ3枚の葉が輪生する。雌雄異株。葉は対生または輪生し、夏から秋にかけて白い小花をつける。北アメリカの原産で、水槽に栽培。日本では、南アメリカの原産のやや大形のオオカナダモが帰化し、池や沼にみられる。

かな-だらい【金×盥】ダラヒ 金属製のたらい。

カナツェイ〖Canazei〗イタリア北東部、トレンティーノアルトアディジェ自治州の町。ドロミティ山地に位置し、カティナッチョ、セッラ、マルモラーダなどの山群に囲まれる。山岳リゾートとして知られ、スキーや登山を楽しむ観光客が数多く訪れる。

かな-づかい【仮名遣い】ヅカヒ ❶個々の語を仮名で表記する場合の、同音の仮名の使い分けの決まり。使い分けの規準のちがいによって、歴史的仮名遣いと表音式仮名遣いとに分かれる。仮名は表音文字であるから、仮名の成立時にはそれぞれの仮名が発音の差を表していたが、音変化にともなって、表記した仮名と現実の発音との間にずれが生じ、仮名の使い分けが必要となって、規準が作られた。➡現代仮

名遣い ➡表音式仮名遣い ➡歴史的仮名遣い ❷仮名を用いて文章を書き表す方法。仮名文字の使い方。「此の日の本の一千言玉をつらぬるも、心を顕すこと読みなす文字のてにはに有り」〈浄・聖徳太子〉

類語 歴史的仮名遣い・旧仮名遣い・現代仮名遣い・新仮名遣い

かなづかいおくのやまじ【仮名遣奥山路】かなづかひおくのやまぢ 江戸後期の語学書。3巻。石塚竜麿いしづかたつまろ著。寛政10年(1798)ごろ成立。万葉仮名の用法を整理し、上代ではエ・キ・ケ・コ・ソ・ト・ヌ・ヒ・ヘ・ミ・メ・ヨ・ロの13(古事記ではチ・モを加える)の仮名が、2類に書き分けられていた事実を発見したもの。古代日本語の音韻組織を研究した先駆とされる。かなづかいおくのやまみち。

ガナッシュ〖フランス ganache〗製菓用チョコレートクリーム。熱した生クリームにチョコレートを合わせたもので、菓子にかけたり、チョコレートボンボンなどに用いる。

かな-づち【金×槌・▽鉄×鎚】❶槌の頭または全部を鉄で作ったもの。釘などを打ち込むのに使う。俗に、とんかちとも。❷《❶はすぐ水中に沈むところから》泳ぎのできないこと。また、その人。

金槌の川流れ 《金槌を水に入れると、柄は浮くが頭部は沈むところから》頭の上がらないことのたとえ。また、出世の見込みがないことのたとえ。

かなづち-あたま【金×槌頭】❶堅い頭。❷頑固で融通の利かないこと。また、そういう人。石頭いしあたま。

かなづち-ろん【金×槌論】金槌で釘を打ち込むように、自分の言い分を繰り返し述べて、押し通そうとする議論。「ひっしひっしと生木に釘打つ―」〈浄・双生隅田川〉

カナッペ〖フランス canapé〗一口大に切った薄切りのパンをそのまま、あるいは軽く焼いて、卵・肉・小魚・チーズ・イクラなどをのせたオードブルの一種。カナペ。

かな-つぼ【金×壺】金属製の壺。銅壺どうこの類。

かなつぼ-まなこ【金×壺眼】落ちくぼんで丸い目。

かな-つんぼ【金×聾】耳が全然聞こえないこと。

カナディアン-カヌー〖Canadian canoe〗競技用カヌーの一。こぎ手は片ひざを立て、水かき(ブレード)が一方にだけついた櫂かい(パドル)で水をかいて進む。

カナディアン-ベーコン〖Canadian bacon〗ロース肉を用いたベーコン。通常のバラ肉を用いたベーコンに比べ脂肪が少なく肉質が多い。

カナディアン-ロッキー〖Canadian Rocky〗北アメリカ大陸西部を、アラスカからカナダを経てニューメキシコ州まで南北に走るロッキー山脈のカナダ部分。3000メートル級の高峰が連なり、氷食地形が発達。1984年と1990年に、合計四つの国立公園(バンフ・ジャスパー・ヨーホー・クートニー)、および三つの州立公園(ロブソン山・ハンバー・マウントアシニボイン)が「カナディアンロッキー山脈自然公園群」の名で世界遺産(自然遺産)に登録された。

カナディエンヌ〖フランス canadienne〗毛皮を裏張りした七分丈の防寒用のコート。カナダ人が狩猟などの際に着用する上着に由来する。

かな-てこ【▽鉄×梃】鉄製のてこ。かなてこぼう。

かなてこ-おやじ【▽鉄×梃親▽父】かなてこおやぢ 鉄梃を使っても動かないような、頑固なおやじ。「ちょぼくさ言ふても、一向きかぬ―」〈伎・五大力〉

かなてこ-ぼう【▽鉄×梃棒】「鉄梃かなてこ」に同じ。

かな-でほん【仮名手本】㊀❶いろは歌を平仮名で書いた習字の手本。❷いろは歌のこと。㊁「仮名手本忠臣蔵」の略。

かなでほんちゅうしんぐら【仮名手本忠臣蔵】浄瑠璃。時代物。11段。竹田出雲・並木千柳(宗輔そうすけ)・三好松洛みよししょうらくの合作。寛延元年(1748)大坂竹本座初演。赤穂義士のあだ討ちに取材したもの。人形浄瑠璃・歌舞伎の代表的名作。通称「忠臣蔵」。

かな・でる【奏でる】〖動ダ下一〗図かな・づ〖ダ下二〗❶楽器、特に管弦楽器を演奏する。「ギターを―・でる」❷舞をまう。「その舞人として剣を抜きて―・で」〈今昔・一〇・三〉

類語 奏する・弾く・爪弾く・囃はやす・かき鳴らす・弾ずる

かな-ど【金戸】ホウボウ科の海水魚。全長約20センチ。カナガシラに似るが、胸びれ内面の下半部に楕円形の黒斑がある。北海道以南の沿岸にすむ。美味。

かな-どう【金胴・▽鉄胴】鎧よろいの胴の一。鉄板を蝶番ちょうつがいで合わせた胴。鉄板の表面を布帛ふはくで包んだ錦にしき包みや緞子どんす包みがあり、鎧の下に着用した。

かな-どうろう【金灯籠】鉄・銅・真鍮しんちゅうなどの金属で作った灯籠。

かな-とおし【金通し・▽鉄通し】かなとほし 底に針金の網を張った、ふるい。

かな-とこ【▽鉄床・▽鉄×砧】「鉄敷かなしき」に同じ。

かなとこ-ぐも【▽鉄床雲】雲頂が水平に広がり、鉄床の形をした積乱雲。季 夏

カナナスキス-カントリー〖Kananaskis Country〗カナダ、アルバータ州西部の観光・保養地。1988年カルガリーオリンピックのアルペン競技や第28回主要国首脳会議(G8)が開催された場所として知られる。スキー場やゴルフ場が整備され、南部にはピーターローヒード州立公園がある。

かな-にゅうりょく【仮名入力】かなニフリョク《kana character input》キーボードによる日本語入力の際、キーボードに記されたかな文字で入力すること。ローマ字入力に比べ、打鍵数は少ないが、使用するキーの種類が多い。

かなのもとすえ【仮字本末】かなのもとすゑ 江戸後期の語学書。2巻、付録1巻。伴信友ばんのぶとも著。嘉永3年(1850)刊。神代文字を否定し、仮名の起源と発展を探究・考証したもの。

かな-ばかり【×矩計り】❶建物の床高・天井高など、高さ関係を示す建築図面。❷間竿けんざお。〈和訓栞〉

かな-ばさみ【金×鋏・金×鉗】❶金属板や針金を切るのに用いるはさみ。❷「金箸かなばし」に同じ。

かな-ばし【金箸】鍛冶かじの際に、焼けた鉄などを挟むための鉄製の器具。かなばさみ。

かな-ばた【金機】金属製の機織り機。また、りっぱな機織り機とも。「雌鳥が織る―」〈仁徳紀・歌謡〉

かな-ばち【金鉢・▽鉄鉢】❶金属製の鉢。食べ物を盛る。❷兜かぶとの鉢で、鉄板を張り合わせたもの。革製の練鉢ねりばちに対していう。

かな-ばん【金判】金属製の印判。

かな-ばん【金版・金板】《「かなはん」とも》書物の表紙や背に表題などを箔押しする際に使う、文字や図を彫刻した凸版。多くは真鍮しんちゅう製。

かなびき-そう【▽鉄引草】かなびきサウ ビャクダン科の多年草。草地に生え、他の草の根に寄生。高さ10～25センチ。茎は細く、葉は線形で白みを帯びる。初夏、外面が淡緑色で内面が白色の筒状の小花が咲く。

かな-び・く【金引く】〖動カ四〗❶刀の切れ味を試す。「太刀の金をも―・きて御覧候へかし」〈太平記・三三〉❷相手の心を試す。「おのおのの御心どもを―・き奉らんとてこそ申したれ」〈平家・七〉

かな-ひばし【金火箸】❶金属製の火箸。❷細くてごつごつしているからだのたとえ。

かな-ぶつ【金仏】❶金属製の仏像。かなぼとけ。❷感情の乏しい人のたとえ。「木仏―石ぼとけ」

かな-ぶみ【仮名文】仮名で書いた文章や手紙。かなぶん。「一見給ふるは、目の暇いとまいりて、念仏も懈怠けだいするやうに益やくなうてなむ」〈源・若菜上〉㊥真名文まなぶみ

かな-ぶん【仮名文】仮名で書いた文章。かなぶみ。

かな-ぶん【金×蚉】コガネムシ科の昆虫。体長約2.5センチ、体は楕円形で平たく、銅色・緑色・赤銅色などで光沢がある。日中に飛び、クヌギなどの樹液や腐った果実に集まる。日本・中国・朝鮮半島に分布。かなぶんぶん。かねぶうぶう。季 夏

かな-ぶんぶん【金×蚉×蚉】カナブンの別名。

かな-へび【金蛇・蛇=舅=母】有鱗ゆうりん目カナヘビ科のトカゲ。草地などにみられ、体長約20センチで、尾がその3分の2を占める。体は暗灰褐色で、黒の帯状斑紋があり、腹は白または淡黄色。日本特産。かなちょろ。日本かなへび。

かな-べら【金×箆】❶金属製のへら。❷こて。

かな-ぼう【金棒・▽鉄棒】❶鉄製の棒。特に、鉄尖棒かなさいぼう。「鬼に―」❷頭部にいくつかの鉄の輪をつけた、長いつえのような鉄の棒。夜回りや行列の先頭に立つ者などが地面に突いて鳴らして歩く。❸体操器具の一。てつぼう。❹「金棒引き」の略。

かな-ほうご【仮名法語】かなホフゴ 仮名文、または漢字仮名まじり文でやさしく説明した仏教の教義。源信の「横川法語よかわほうご」、法然の「一枚起請文いちまいきしょうもん」など。

かなぼう-ひき【金棒引き・▽鉄棒×曳き】❶金棒❷を突き鳴らしながら夜警などをすること。また、その人。❷うわさなどを大げさに触れ回る人。

かな-ぼとけ【金仏】「かなぶつ」に同じ。

かな-ぼん【仮名本】仮名書きの書物。特に、御伽草子おとぎぞうし・仮名草子など。➡真名本まなぼん

カナマイシン〖kanamycin〗放線菌のストレプトミセス-カナミセティクスが産出する抗生物質。昭和32年(1957)梅沢浜夫らが分離。水溶性で、結核菌・赤痢菌・ぶどう球菌・大腸菌などに有効。

かな-まじり【仮名交じり】文章を、漢字と仮名をまぜて書くこと。また、その文章。漢字仮名まじり。

かなまじりむすめせつよう【仮名文章娘節用】人情本。3編9冊。曲山人きょくさんじん作・画。天保2年～5年(1831～34)刊。武家社会の義理人情の悲劇を描く。

かな-まぜ【▽鉄交ぜ・金交ぜ】鎧よろいを構成する札さねの、編成材料による名称。牛の革札に鉄札を混合したもの。革札と鉄札を交互に配した一枚交ぜいちまいまぜ、革札2枚に鉄札1枚の順にする二枚交ぜなど。

かな-また【▽鉄×叉】先端が二また状の鉄の棒。かまどの火を突き崩したりするのに用いる。

かな-まり【金×椀・×鋺】金属製の椀わん。かなわん。「銀しろがねの―を持ちて、水を汲みありく」〈竹取〉

かなまる-ざ【金丸座】香川県琴平町にある劇場。江戸後期の劇場建築の遺構として貴重。

かな-むぐら【金×葎・葎=草】クワ科の蔓性つるせいの一年草。野原や荒れ地に生える。茎や葉柄にとげが多く、他に絡みつく。葉は七つに裂けていて、ざらつく。雌雄異株。夏から秋にかけ、淡黄緑色の小花を多数つける。やえむぐら。季 夏

かなめ【要】❶ある物事の最も大切な部分。要点。「組織の―となる人」「肝心―」❷扇の骨をとじ合わせるために、その末端に近い部分に穴をあけてはめ込む釘。蟹かにの目。❸「要黐かなめもち」の略。

類語 (❶)要点・要所・ポイント・要領・大要・キーポイント・急所・つぼ・主眼・眼目・軸足・立脚点・立脚地・力点・主力・重き・重視・重点

かなめ-いし【要石】❶茨城県鹿島かしま神宮の境内にある石。根が深いところから、地震をしずめるとされる。❷ある物事の中心となる重要な場所や人など。「医学界の―として重きをなす」❸石・煉瓦造りのアーチの最頂部に差し入れて、全体を固定する楔形くさびがたの石。キーストーン。剣石。楔石。❹囲碁で、彼我の攻防の要点を形成する重要な石。

類語 中心・重要・重点・キーストーン

かなめ-がき【要垣】アカメモチを植えた生け垣。

かなめ-の-き【要の木】アカメモチの別名。

かなめ-もち【要×黐】アカメモチの別名。

かな-めん【▽鉄面】武具の小具足の一。顔面を覆い守るための、鉄板打ち出しの面。顔面全体を覆う総面そうめん、額からほおにかけての半首はつぶり、ほおからあごにかけての面頬めんぽおがあり、面頬にはほおとあごだけに当てる頬当ほおあてと頬当てに鼻の防御を加えた目の下頬当てとがある。

かな-もじ【仮名文字】平仮名と片仮名。かな。

かなもじづかい【仮名文字遣】かなもじづかひ 南北朝時代の仮名遣い書。1巻。行阿ぎょうあ(源知行)著。貞治2年(1363)以降の成立。行阿の祖父源親行が藤原定家の「拾遺愚草」を清書したとき、定家の承認を得て統一した仮名遣いを、行阿がさらに増補したもの。中世以降、尊重された。定家仮名遣。行阿仮名遣。

かな-もの【金物】❶金属製の器具。鍋・釜・包丁・さじ・鎖など。❷器物に付ける金具かなぐ。「そり橋の銀宝珠ぎぼうしも―ぎらめき」〈仮・浮世物語・二〉

かなもり-そうわ【金森宗和】[1584～1656]江戸

初期の茶の宗匠。利休の子の千道安(せんのどうあん)の弟子で、宗和流の祖。名は重近。高山城主の父の可重(ありしげ)に茶を学んだが、意見が相違して武士を捨てた。祖父の長近(ながちか)は利休の弟子。

かなもり-とくじろう【金森徳次郎】(ニトク ジラウ)［1886～1959］憲法学者・政治家。愛知の生まれ。岡田内閣の法制局長官のとき、天皇機関説信奉者として攻撃を受け、辞任。第二次大戦後、吉田内閣の国務相として、日本国憲法の起草にあたる。国会図書館初代館長。著「憲法遺言」。

かな-もん【仮名紋】形を崩した紋所。

かなや【金谷】静岡県島田市の地名。旧町名。大井川西岸にあり、東海道五十三次の大井川渡しの宿場町として発達。JR東海道本線から大井川鐵道(てつどう)が分岐する。

かな-やき【金焼き｜▽印焼き】鉄の焼き印を押すこと。かねやき。「―をして厩(むまや)に立てられけり」〈平家・四〉

かなやご-がみ【金屋子神】たたら師・鍛冶(かじ)屋など金属関係の業者が信仰する神。この神が中国山地に降臨して、たたら製鉄が始まったと伝えられる。

かな-やま【金山】金・銀・銅などを掘り出す山。鉱山。また、鉱山を開発すること。

かなやま-びこ【金山×彦】鉱山の神とされる男神。

かなやま-びめ【金山姫】鉱山の神とされる女神。

かならず【必ず】〔副〕《「かり(仮)ならず」の音変化》❶例外のないさま。きまって。いつでも。「毎朝―散歩する」「会えば―論争になる」❷確実な推量、または強い意志・要請を表す。まちがいなく。絶対に。きっと。「いつかそういう日が―来る」「―勝ってみせる」「印鑑を―持参すること」「―成功するとは限らない」❸(あとに打消しや禁止の語を伴って)決して。かならずしも。「行幸といへど、―かうしもあらぬを」〈源・行幸〉
［用法］かならず・きっと――「この薬を飲めば必ず(きっと)病気が治る」「勉強すれば必ず(きっと)合格する」など、両語とも可能性の強い状態を表すが、「必ず」のほうが確率的により高い場合に使う。◆両語とも「この借りは必ず(きっと)返す」のように決意を表す語としても用いられる。◆「三に二をかけると必ず六になる」「太陽は必ず東から昇る」など、不変の真理を表す場合には「きっと」は使わない。逆に「彼はきっと帰ったんだろう」など、推量の気持ちの強いときには、「必ず」は使わない。［類語］きっと・絶対・是非

かならず-しも【必ずしも】〔副〕《「し」は副助詞、「も」は係助詞》打消しの語を伴って、必ず…というわけではない、…とは限らない、という気持ちを表す。「金持ちが―幸福ではない」「―そうとはいえない」
［類語］あながち・まんざら

かならず-とも【必ずとも】〔副〕どんなことがあっても。絶対に。「―粗忽(そこつ)すな」〈浄・伊賀越〉

かならず-も【必ずも】〔副〕かならず。きまって。確かに。「あかつきや近くなるらんもろともに―なく川千鳥かな」〈風雅・冬〉

かならず-や【必ずや】〔副〕(あとに推量の語を伴って)まちがいなく。きっと。かならず。「―実現する日が来るに違いない」

か-なり【可成り｜可×也】《許し認める意の「可なり」から》㊀〔形動〕〔文〕〔ナリ〕相当の程度まで行っているさま。また、相当の程度以上に達しているさま。「―な収入がある」「―な数にのぼる」㊁〔副〕極端ではないが、並の程度を超えているさま。思ったより以上に。相当。「今日は―人が出ている」「―酔っているようだ」
［用法］かなり・だいぶ――「台風の影響で海はかなり(だいぶ)荒れている」「病気はかなり(だいぶ)重い」などでは相通じて用いられ、物事の程度が「非常に」「とても」「大変」ほどではないが、平均以上であることを表す。◆「かなり」は「かなりな金額」「かなり出来る」のように、平均を超えたある程度を示すが、「だいぶ」は「夜になって、気温がだいぶ下がってきた」「だいぶ片付いた」のように、進行している事柄でさらに程度が進む可能性のある場合にぴったりする。◆類似の語に「相当」がある。「相当」は「かなり」「だいぶ」と同じように用いるが、より程度が上回っている感じがあり、「相当金のかかる大学だ」「相当な切手マニアだ」などでは、驚きあきれる感情がこもっている。◆また、類似の語「随分」の用法には「かなり」「だいぶ」と相通じるものがある。［類語］相当・大幅・結構・随分・なかなか・大分(だいぶ)・大分(だいぶん)・大層・頗(すこぶ)る・いやに・やけに・えらく・馬鹿(ばか)に・余程・余っ程

カナリア〘ポルト ガル canaria〙《「カナリヤ」とも》アトリ科の鳥。野生のものはスズメ大、全体に緑褐色で、カナリア諸島などに分布。15世紀からヨーロッパに持ち込まれ、飼い鳥として多品種が作られた。日本には18世紀末に長崎に舶来。姿を楽しむ巻き毛カナリア・細カナリア、声を楽しむローラーカナリアなどがあり、羽色も黄・白・灰・赤・橙(だいだい)色などさまざま。［補説］「金糸雀」とも書く。

カナリア-いろ【カナリア色】カナリアの羽のような、明るい黄色。

カナリア-しょとう【カナリア諸島】(ニショ タウ)《Islas Canarias》アフリカ大陸の北西沖合の大西洋上にある火山性の諸島。また、それらで構成されるスペインの自治州。テネリフェ島・グランカナリア島・ランサローテ島・ラパルマ島・ラゴメラ島・エルイエロ島・フエルテベントゥーラ島などからなる。面積7270平方キロメートル。ヨーロッパからの避暑・避寒地。カナリアの原産地。

カナリア-だいてんたいぼうえんきょう【カナリア大天体望遠鏡】(ニダイテンタイ バウエンキャウ)《(スペ イン) Gran Telescopio Canarias》スペインのカナリア諸島、ラパルマ島にある望遠鏡。口径は世界最大の10.4メートル。2009年完成。GTC。

がなり-た・てる【がなり立てる】〔動タ下一〕〔文〕がなりた・つ〔タ下二〕あたりかまわず激しくわめく。わめきたてる。「朝っぱらから―・てるなよ」

カナリヤ〘ポルト ガル canaria〙▶カナリア

カナル〘canal〙❶運河。「―ゾーン(=パナマ運河地帯)」❷管、導管。細孔。

が-な・る〔動ラ五(四)〕大きな声で騒々しく言う。わめく。どなる。「宣伝カーが―・る」

カナル-グランデ〘Canal Grande〙イタリア北東部の都市ベネチアにある大運河。市内を二分するように、北西から南東にかけてS字形に貫く。観光客に人気があるリアルト橋をはじめ、スカルツィ橋、アカデミア橋、ローマ広場歩道橋が架かり、運河に面してカドーロ、カペーザロ、カレッツォーニコなどの館が建つ。

カナル-せん【カナル線】▶陽極線

カナル-プリュス〘Canal＋｜Canal plus〙フランスの有料テレビ放送局。1984年開局で、ケーブル・地上波・衛星通信・インターネットなどの媒体を通じて放送を行う。

カナレット〘Canaletto〙［1697～1768］イタリアの画家。本名、アントニオ＝カナル(Antonio Canal)。ベネチアの町並みや運河の景観を描いた作品で有名。甥(おい)のベロットもカナレットと称し、各地の都市景観画を描いた。

かな-わ【金輪｜▽鉄輪】❶金属製の輪。❷足のある、鉄製の輪。五徳(ごとく)。❸鉄製の車輪。「やがて母と兄は下に待っている俥(くるま)に乗って…―の音を鳴らして去った」〈漱石・行人〉❹紋所の名。輪形をいくつか取り合わせたもの。三つ組金輪・五つ金輪など。

かなわ【鉄輪】謡曲。四番目物。夫に捨てられた女が貴船(きぶね)神社へ丑(うし)の刻参りをして恨みを晴らそうとするが、安倍晴明(あべのせいめい)に祈り伏せられる。

かなわ-つぎ【金輪継ぎ】木材の継ぎ手の一。柱の根継ぎ、桁(けた)などの曲げの生じる部分に用いる。

かなわ・ない【▽適わない｜×叶わない｜▽敵わない】(かなは ない)〔連語〕《動詞「かなう」の未然形＋打消しの助動詞「ない」》▶適う㊁❻

かなわ・ぬ【▽適わぬ｜×叶わぬ｜▽敵わぬ】(かなは ぬ)〔連語〕《動詞「かなう」の未然形＋打消しの助動詞「ず」の連体形》▶適う㊁❻

かな-わらび【▽鉄×蕨】オシダ科の常緑、多年生のシダ。暖地の林下に群生。葉は堅く、光沢があり、羽状に深く切れ込む。葉の裏面に、包膜で覆われた胞子嚢(ほうしのう)をつける。ほそばかなわらび。

かな-わん【金×椀】金属製の椀(わん)。かなまり。

か-なん【火難】(クワ)火による災難。火事。「―除け」
［類語］剣難・女難・盗難・火事・火災・出火・失火・炎上・大火・小火(ぼや)・自火・近火・急火・怪火・不審火(び)・祝融(しゅくゆう)・回禄(かいろく)

かなん【河南】中国中東部の省。省都は鄭州(ていしゅう)。黄河中流域を占め、西部に三門峡・函谷関がある。洛陽・開封など古都が多い。小麦・米・タバコなどの栽培が盛ん。人口、9380万(2010)。ホーナン。

か-なん【家難】一家が被る災難。

か-なん【華南】(クワ)中国南部の称。広東(カントン)・福建・台湾の三省および広西チワン族自治区の地域。ホワナン。

か-なん【禍難】(クワ)わざわい。災難。

カナン〘Canaan〙《「カナーン」とも》パレスチナ地方の古称。旧約聖書で、神がイスラエルに与えたという約束の地。「乳と蜜の流れる地」とよばれた。

かなん-しょう【河南省】(ニシヤウ)▶河南

かなんふ【河南浦】雅楽の舞曲。唐楽。黄鐘(おうしき)調で新楽の中曲。三人舞。尾張浜主作という。興福寺の常楽会(じょうらくえ)に舞われていたが廃絶、昭和後期に復興された。

か-に〔名〕(スル)「かんにん(堪忍)」の音変化。「―して上げましょう」〈二葉亭・浮雲〉

かに【可児】岐阜県南部の市。住宅地化が著しい。自動車部品・陶磁器などの工業が盛ん。西部の今渡は木曽川の日本ライン下りの出発点。人口9.7万(2010)。

かに【×蟹】❶十脚目短尾亜目の甲殻類の総称。体は頭胸部にあたる甲と、一対のはさみ脚および四対の歩脚からなる。腹部は甲の腹側に折れ曲がって密着し、雌のほうが幅広い。海水・淡水・陸のいずれにも分布し、食用とするものが多い。サワガニ・スナガニ・ガザミ・ケガニなど。［季 夏］「原爆許すまじ―かつかつと瓦礫あゆむ／兜太」❷「蟹屎(かにばば)」の略。

蟹の穴入(あないり)　慌てふためいているさまのたとえ。

蟹の念仏　カニが口から泡を出すように、ぶつぶつとつぶやくさま。

蟹は食ってもがに食うな　カニを食う際、害があるというがに(カニのえら)は食ってはいけないということ。

蟹は甲羅(こうら)に似せて穴を掘る　《カニは自分の大きさに合わせて穴を掘るところから》人はその身分や力量にふさわしい言動をしたり、望みを持ったりするということのたとえ。

がに　❶カニのえら。食べてもまずく、有害とする俗説があった。「かには食っても―食うな」❷(多くの地方で)カニのこと。

がに〔接助〕❶《上代語》動詞や完了の助動詞「ぬ」の終止形に付く。「がに」に上接する動詞の表す意が、今にも実現したり行われたりする状態や程度であることを表す。…しそうに。…するほどに。…するかのように。「わがやどの夕影草の白露の消(け)ぬ―もとな思ほゆるかも」〈万・五九四〉❷動詞の連体形に付く。願望・命令・意志などの表現を受けて、目的・理由を表す。…するように。…するために。「おもしろき野をばな焼きそ古草に新草(にひくさ)まじり生(お)ひは生ふる―」〈万・三四五二〉「桜花散りかひ曇れ老いらくの来むといふなる道まがふ―」〈古今・賀〉［補説］❷の場合、「がね㊁」の東国方言といわれ、中古では主として和歌に用いられる。

カニア〘Chania〙▶ハニア

か-に-あられ【×窠に×霰】(クワ ニ)織り紋の一。四角形を互い違いに並べた小さな石畳風の霰文を地紋にして、窠紋(かもん)を配列したもの。平安時代以来、表袴(うえのはかま)などに用いられた。窠に霰紋。

かに-かくに〔副〕あれこれと。いろいろと。「―渋民村は恋しかりおもひでの山おもひでの川」〈啄木・一握の砂〉「―思ひわづらひ哭(ね)のみし泣かゆ」〈万・八九七〉

かに-かま【×蟹×蒲】《「かにかまぼこ」の略》色・風味・食感などがカニの身そっくりに作られた、かまぼこ。商標名。

か-にく【果肉】(クワ)果実の皮と種子との間にある肉質の部分。

かにくい-ざる【×蟹食猿】オナガザル科のサル。体長40〜65センチ、尾は体長と同じくらいある。ニホンザルと近縁。東南アジアに分布、マングローブ林などにすみ、カニ類・昆虫・果実などを食べる。ペットや実験動物として日本に輸入される。おながざる。クラブイーティングモンキー。

かに-くさ【×蟹草】カニクサ科の蔓性で多年生のシダ。関東以西の山地に自生。蔓状の地上部は葉の変形したもので、葉状の部分は羽片。夏、上方の羽片の裏面にカニの内臓に似た胞子嚢群をつける。漢方で胞子嚢を海金砂といい、淋病に薬用。つるしのぶ。しゃみせんづる。かんづる。

かに-くそ【×蟹×屎】新生児が生後初めてする大便。黒くて粘りがある。胎便。かに。かにばば。

かに-ぐま【×蟹×隈】歌舞伎の隈取りの一。紅隈で、形状・色彩ともにカニを模したもの。半道敵役に用いる。戯れ隈。

かに-ぐも【×蟹蜘=蛛】カニグモ科のクモの総称。第1および第2歩脚が長く、前方のほか横へも歩ける。網を張らず、物陰から小昆虫などを襲う。褐色のヤミイロカニグモ、緑色のハナグモなど。

かに-こうせん【×蟹工船】北洋でカニ漁を行う母船。漁獲したカニを船中で缶詰に加工する設備をもつ。蟹母船。(季 冬)

かにこうせん【蟹工船】小林多喜二の小説。昭和4年(1929)発表。厳しい労働条件に苦しむ蟹工船の労働者たちが、団結して闘争に立ち上がる。プロレタリア文学の代表的作品。

かに-こうもり【×蟹蝙=蝠】キク科の多年草。高山の針葉樹林の下に群生。高さ0.5〜1メートル。葉はカニの甲羅のような形で縁にぎざぎざがあり、3枚が互生する。8、9月ごろ、茎の先に白い小花を円錐状につける。

かに-ざ【×蟹座】黄道十二星座の一。双子座と獅子座の間にあり、3月下旬の午後8時ごろ南中する。中央に散開星団プレセペがある。学名 Cancer

かに-し【可児市】▶可児

カニシカ〘Kaniṣka〙2世紀ころの古代インドのクシャン朝の国王。王朝の最盛期を現出した。仏教を保護し、首都プルシャプラに寺院を建立、また仏典結集を行った。カニュシカ。迦膩色迦。

かに-せいうん【×蟹星雲】牡牛座にある惑星状星雲。カニの甲のような形に見える。1054年の超新星の残骸と考えられ、現在もガス体が四方へ飛散しつづけている。強い電波とX線を放射。

かに-たま【×蟹玉】ほぐしたカニの身と野菜を卵にまぜて仕上げた中国料理。芙蓉蟹。

かに-だまし【×蟹×騙】十脚目カニダマシ科の甲殻類の総称。潮間帯にみられ、カニに似るが、ヤドカリ類の一群。イソカニダマシなど。

カニッツァーロ〘Stanislao Cannizzaro〙[1826〜1910]イタリアの化学者。ローマ大教授。1860年、アボガドロの仮説を実証し、原子量・分子量決定の方法を確立した。また、アルデヒドの不均化反応を発見したことでも知られる。カニッツァロ。

かにつり-ぐさ【×蟹釣草】イネ科の多年草。草原や道端に生える。高さ約60センチ。葉は線形。初夏、円錐状に花をつける。子供がこの茎でサワガニを釣って遊ぶところからいう。

かに-の-め【×蟹の目】《形がカニの目に似ているところから》扇の要。

かにば-サボテン【×蟹葉サボテン】サボテン科の常緑の多年草。茎は平たく、カニの脚に似る。冬、紅色の花をつける。南アメリカの原産。かにサボテン。

かに-ばさみ【×蟹挟み】柔道で、自分も倒れながら相手を横から両足で挟み、後方へ倒す技。禁止技の一。

かに-ばば【×蟹×屎】「かにくそ」に同じ。

カニバリズム〘cannibalism〙人を食うこと。特に、呪術的信仰から、また宗教儀礼として人肉を食う慣習。人肉嗜食。カンニバリズム。

カニバリゼーション〘cannibalization〙《「カニバライゼーション」とも》共食い現象。同じ会社の製品で類似性が強く互換性がある場合に生ずる製品間の競合関係のこと。

がにはり-もの【我に張り者】我を張り通す人。強情者。「理を非に曲げて東路へ、帰れといふほど—」〈浄・双生隅田川〉

かに-ひしこ【×蟹×鯷】《「かにびしこ」とも》塩漬けのカニ。カニの塩辛。かにびしお。(季 夏)

かに-ぼたん【×蟹×牡丹】文様・紋所の名。牡丹の花と葉の形をカニに見立てて名づけたもの。

がに-また【×蟹股】両足がひざのところで外側に向かって曲がってO字状となっていること。

かにまん-じ【蟹満寺】京都府木津川市山城町綺田にある新義真言宗智山派の寺。山号は普門山。行基の開創と伝える。正徳元年(1711)智積院の亮範が中興。少女がカニを救ったため蛇の害を逃れたという伝説がある。釈迦如来像は国宝。紙幡寺。

かに-みそ【×蟹味×噌】❶カニの内臓やくず肉を味噌などで練り合わせたなめ味噌。❷カニの内臓。

かに-むし【×蟹虫｜擬=蠍】蛛形綱カニムシ目の節足動物の総称。体長2〜3ミリで、サソリに似るが、尾部はない。触肢はカニのはさみに似て大きい。落ち葉や樹皮の下などにすむ。あとしざり。

かにめ-くぎ【×蟹目×釘】カニの目状に、頭部が半球形になった鋲釘。板戸などに用いる。

ガニメデ〘Ganymede〙木星の第3衛星で、すべての衛星のうち7番目に木星に近い軌道を回る。太陽系最大の衛星。1610年にガリレオ=ガリレイが発見。名の由来はギリシャ神話のガニュメデス。表面は黒っぽく見える比較的平滑な地域と、明るく見える断層が多い地域がある。直径は約5300キロ(地球の約0.41倍)。平均表面温度はセ氏マイナス160度。

かにも-かくにも〘副〙「かにかくに」を強めた語。とにかく。いずれにせよ。「白髪生ふることは思はず変若水は—求めて行かむ」〈万・六二八〉

かに-もじ【×蟹文字】《カニが横にはうところから》欧文、特に英文をさしていう明治初期の語。横文字。蟹行文字。

かに-もり【掃=守｜掃=部】古代の職名。宮中の掃除、敷物・設営のことなどをつかさどった。

かにもり-がい【×蟹守貝】オニノツノガイ科の巻き貝。貝殻は細長い円錐形で、殻高3センチくらい。殻表は茶褐色で、顆粒状の肋をもつ。殻はよくヤドカリに利用される。本州以南の太平洋海域の砂底にすむ。殻は貝細工に使用。

かにやまぶし【蟹山伏】狂言。強力を従えた山伏がカニの精に会い、耳を挟まれた強力を助けようと懸命に祈るが、かえって山伏まで耳を挟まれる。

か-にゅう【加入】〘名〙スル 団体や組織などの仲間に加わること。「国連に—する」「保険に—する」
〘類語〙参加・参画・加盟・仲間入り・入会・飛び入り・飛び込み・参入・参与・参会・参列・加わる・列する・連なる・名を連ねる

か-にゅう【×罅入】陶磁器の釉の面に網目のように表れた、ひび。貫乳。貫入。

かにゅうしゃ-かいせん【加入者回線】《subscriber line》電気通信事業者の設備と固定電話の加入者の間を結ぶ回線。アナログ回線とデジタル回線があり、銅線や光ファイバーが使われる。加入者線。➡バックボーン❸

カニューレ〘ドイツ Kanüle〙体腔・血管内などに挿入し、薬液の注入や体液の排出、気管切開の際の空気の通路とする場合などに用いるパイプ状の医療器具。

ガニュメデス〘Ganymēdēs〙ギリシャ神話の美少年。トロイアのトロースの子。天上にさらわれ、大神ゼウスの酒の酌をするようになったという。

かにわ【×樺｜桜=皮】シラカバの古名か。この木の皮を刀や弓の柄に巻いたり、舟や器物に巻いたという。「—巻き作れる舟に」〈万・九四二〉

かにわ-ざくら【×樺桜】▶かばざくら❶

カニング〘George Canning〙[1770〜1827]英国の政治家。各国の民主主権・民族自決の運動を支援、ウィーン反動体制に抵抗した。のち、首相となる。

カニングハム〘Merce Cunningham〙[1919〜2009]米国の振付師。クラシックバレエなどを学んだのち、1953年に自らの舞踏団を設立。モダンダンスの第一人者として活躍した。作曲家ジョン=ケージや彫刻家イサム=ノグチらとの共同作業を通じて、偶然性を取り入れた実験的な作品を数多く制作。コンピューターなどの最新技術を、進んで作品に取り入れたことでも知られる。

カヌ〘KANU〙《Kenya African National Union》ケニア-アフリカ民族同盟。ケニア共和国の政党。1963年の独立以来91年まで唯一の合法政党。2002年の大統領選挙まで政権党であった。

か・ぬ【兼ぬ】〘動ナ下二〙「か(兼)ねる」の文語形。

カヌイスト〘canoeist〙▶カヌーイスト

カヌイング〘canoeing〙▶カヌーイング

カヌー〘canoe〙舵や竜骨のない小舟。木の幹をくりぬいた丸木舟や、枠組に獣皮や樹皮を張ったものなどがある。競技用のカヌーは後者が原型。

カヌーイスト〘canoeist〙カヌーに乗る人。カヌイスト。

カヌーイング〘canoeing〙カヌーを操ること。カヌー競技。カヌーを使った遠漕(川下りなど)。カヌイング。

カヌー-きょうぎ【カヌー競技】水上スポーツの一。カヤックとカナディアンカヌーの2種がある。

カヌート〘Canute〙▶クヌート

かぬち【鍛=冶】《「かなう(金打)ち」の音変化》金属を打ち鍛えること。また、その人。かじ。「倭鍛の—天津真浦をして、まかごの鏃を造らしめ」〈綏靖紀〉

かぬち-の-つかさ【鍛=冶▽司】律令制での官司の一。宮内省に属し、銅・鉄の雑器類を製作した。天平16年(744)廃止、大同3年(808)復活して木工寮に併合された。かじし。かじのつかさ。

かぬち-べ【鍛=冶▽部】大化の改新前、諸豪族に属して刀剣など金属加工生産に従事した部民。律令制下では宮内省鍛冶司に属して銅・鉄の雑器類をつくった。

かぬま【鹿沼】栃木県中西部の市。鹿沼土を特産し、木工業が盛ん。近世は日光例幣使街道の宿場町として栄えた。平成18年(2006)1月、粟野町を編入。人口10.2万(2010)。

かぬま-し【鹿沼市】▶鹿沼

かぬま-つち【鹿沼土】鹿沼市を中心に分布する、関東ローム層中の軽石土。赤城山の火山噴出物が風化したもの。黄色で米粒状。保水性と通気性がよく、園芸用土とする。

カヌレ〘フランス cannelé〙《縦溝をつけた、の意》フランス、ボルドー地方の伝統的な焼き菓子。形は小形の王冠形、外側は焦げ茶色で堅いが、中は黄色でしっとりしている。カヌレドボルドー。

かね【▽印】牛馬などの家畜のももに押す焼き印。飼育地・飼い主・品位などを示す。かなやき。

かね【金】❶金属の総称。特に、金・銀・鉄・銅など。❷貨幣。金銭。おかね。「—に困る」「—がかかる」「裏で—が動く」「—がたまる」
〘下接語〙唐金・切り金・銭金(がね)遊び金・粗金・有り金・生き金・板金・打ち金・腕金・裏金・大金・帯金・下ろし金・隠し金・掛け金・烏金・切り金・腐れ金・口金・小金・黄金・座金・差し金・地金・下金・死に金・締め金・筋金・捨て金・包み金・壺金・胴金・綴じ金・留め金・偽金・延べ金・端金・端し金・針金・火打ち金・日金・引き金・肘金・日済し金・臍繰り金・真金・見せ金・耳金・無駄金・目腐れ金・持ち金・焼き金・渡し金
〘類語〙(❷)銭・金銭・貨幣・通貨・おあし・外貨

金が唸る ありあまるほど多く金銭を持っている。「幸にも金庫には—・るし」〈蘆花・黒潮〉

金が敵 ❶金銭のために災いを受けたり、身を滅ぼしたりするということ。❷金銭は尋ねる敵のようで、なかなか手に入らないということ。

金が子を生・む 金銭が利子がついてだんだん殖えていく。「その後の大ぶ—・んでからは」〈鷗外・雁〉

金が物を言・う 物事を行うのに金銭の力が大きいことのたとえ。「—・う世の中」

金で面を張・る　金銭の力で人を屈服させる。

金に飽か・す　ある事をするのに金銭を惜しまないで使う。「—・してしつらえた豪華な調度品」

金に糸目を付け◦ない　《糸目をつけない凧は制御できないところから》惜しがらないでどんどん金を使う。「手に入れるためには—◦ない」

金にな・る　金銭が手に入る。金もうけになる。「その話は—・りそうだ」

金に目が眩・む　金が欲しいあまり分別や良心を失う。「—・んで法を犯す仕事を引き受ける」

金の切れ目が縁の切れ目　金銭で成り立っている関係は、金がなくなれば終わるということ。

金の鎖も引けば切れる　❶意志の強い人でも誘惑に負けることがあるというたとえ。❷努力すれば、何でもできないことはないというたとえ。

金の轡を食ま・す　金銭を与えて口止めする。「—◦して反対意見をつぶす」

金の生る木　次々に金銭を生み出す財源。

金の番人　金をためるばかりで、利用することを知らない人。守銭奴。

金の世の中　金銭の力でどうにでもなる世の中。

金の草鞋で尋・ねる　《いくら歩いても擦り切れない鉄製のわらじを履いて探す意から》辛抱強く探し回って歩く。得難い物事のたとえにいう。金の草鞋で探す。「—・ねても二人とない好人物」(補説)「きんのわらじ」と読むのは誤り。

金は天下の回りもの　金銭は一つ所にとどまっているものではなく、今持っている者もいつか失ったり、今ない者もいつか手に入れたりする。金は天下の回り持ち。

金は湧き物　金銭は思いがけなく手に入ることがあるから、なくてもくよくよすることはない。

金を食・う　費用がかさむ。「—・う難工事」

金を寝か・す　金銭を活用せず、ためておく。「ただ—・しておくのはもったいない」

金を回・す　❶必要とするところへ金を貸したり、与えたりする。「友人から—・してもらう」❷利潤をあげるために、金を投資する。

かね【×矩】❶「曲尺」に同じ。❷模範となるもの。「凡そ人たるもの、徳善才智、及び身体の事、みな自己を以て—となして」〈中村訳・自由之理〉❸垂直であること。直角であること。「(川ニ対シテ)—に渡いて押し落とさるな」〈平家・四〉

かね【鉄漿】お歯黒に用いる液。茶の汁や酢、酒に鉄片を浸して酸化させたもの。おはぐろ。

かね【鐘|×鉦】❶(鐘)打ち鳴らすために金属で作った器具。また、その音。梵鐘・半鐘や教会などの釣鐘にもいう。「—をつく」「除夜の—を聞く」❷(鉦)㋐下に伏せて置き、撞木で打ち鳴らす金属性の仏具。たたきがね。ふせがね。㋑台にかけて打ち鳴らす古代の楽器。磬。㋒鉦鼓のこと。(類語)鈴・半鐘

鉦太鼓で探・す　《迷子を探すときに、鉦や太鼓を打ち鳴らしたところから》大ぜいで大騒ぎをして方々を探し回る。鉦や太鼓で探す。「嫁さんなんて—・したって見つかるものではない」

鐘に恨みは数数ござる　長唄「京鹿子娘道成寺」の一節。恋慕の相手、僧安珍を隠した鐘に対する清姫の恨みをいうくだりの「鐘」に「金」をかけて「金に恨みは」と語呂合わせに用い、金銭に対する恨みをいうようになった。

鐘も撞木の当たりがら　《鐘の音のよしあしは撞木の当たりぐあいによるところから》接し方しだいで反応も変わってくるということ。また、連れ添う相手しだいでよくも悪くもなるということ。

か-ね〔連語〕《終助詞「か」＋終助詞「ね」》❶疑いや不審を抱きながら、念を押す意を表す。「それは本当のこと—」❷質問をする意を表す。「元気—」❸(「どうして…かね」などの形で)詰問や非難の意を表す。「どうしてそんなことをやるの—」(補説)主として目下の者に対して用いる。

がね　㊀〔接助〕《上代語》動詞の連体形に付く。願望・命令・意志などの表現を受けて、目的・理由を表す。…するように。…するために。「ますらをは名をし立つべし後の世に聞き継ぐ人も語り継ぐ—」〈万・四一六五〉▷がに　㊁〔終助〕《上代語》動詞の連体形に付く。推量・期待・許容などの意を表す。…だろう。…してほしい。…でもかまわない。「雪寒み咲きには咲かず梅の花よしこのころはかくてもある—」〈万・二三二九〉㊂〔接尾〕《助詞「がね」からの転用》名詞に付いて、「…の候補者」「…の材料」などの意を表す。「幸ひ人の腹の后—こそ、又追ひすがひぬれ」〈源・少女〉

かね-あい【兼(ね)合い】❶二つのものがうまくつりあいを保つこと。均衡。平均。「予算との—で決める」❷よい程合。「見込みの—、はづれけん」〈浄・薩摩歌〉(類語)釣り合い・バランス・平衡・平均・均整・均衡

かね-あ・う【兼(ね)合う】〔動ワ五(ハ四)〕❶両方がうまくつりあう。「需要と供給がうまく—・う」❷互いに気がねをする。「兄弟心を—・ひて」〈浄・歌軍法〉

かね-あきゅうど【金▽商▽人】❶砂金などを売買する人。金売り。かねあきびと。「—をすかして、めし具して下り侍り」〈古活字本平治・下〉❷金銀と銭とを両替する人。銭売り。かねあきびと。

かねあきら-しんのう【兼明親王】[914〜987]醍醐天皇の皇子。源姓を名のり、左大臣となったが、関白藤原兼通にうとまれて辞任、嵯峨に引退。学問・詩歌にすぐれ、作品は本朝文粋・和漢朗詠集に収載。著「池亭記」。小倉親王。前中書王。

かねいえ【金家】近世初期の鐔工。山城の人。鐔に少量の金・銀・銅などを象眼し、絵画風の文様を初めて取り入れた。生没年未詳。

かね-いれ【金入れ】金銭を入れておくためのもの。財布・がま口など。

かね-うけ【金請け】近世、借金の保証人をいう語。

金請けするとも人請けするな　借金の保証人にはなっても、人物の保証人にはなるな。人の保証に立つと厄介なことが多いことをいう。

かねうじ【兼氏】鎌倉末期の刀工。正宗の弟子で正宗十哲の一人。大和から美濃国多芸郡志津に移り、志津三郎と称した。

かね-うち【金打ち】「金打」に同じ。

かね-うち【×鉦打ち】時宗に属し、金磬・銅鉦を首にかけ和讃を唱えて念仏踊りなどをした半僧半俗の者。

かね-う・つ【金打つ】〔動タ四〕❶鉦を鳴らして、神仏に誓いを立てる。「大仏の御前にて、—・ちて仏に申して去りぬ」〈宇治拾遺・一二〉❷金打をする。「一腰を抜き—・って」〈驢鞍橋・下〉

かね-うり【金売り】「金商人❶」に同じ。「我らは—吉次の馬追冠者」〈浄・孕常盤〉

かねうり-きちじ【金売吉次】源平時代、陸奥国の黄金を京で売り、長者になったという伝説的人物。源義経を陸奥の藤原秀衡のもとへ案内したという。

かね-おや【金親|▽銀親】資金を出す人。出資者。金元。「女房は—の人質になして」〈浮・胸算用・三〉

かね-おや【鉄漿親】「御歯黒親」に同じ。

かね-がえ【金替|▽銀替】両替。また、両替商。「—の手代」〈浮・永代蔵・一〉

かね-がさ【金×嵩】金銭の量。金額。

かねがさき【金ヶ崎】福井県敦賀市にある岬。また、同市北東部の地名。金崎城跡と金崎宮がある。

かねがさき-ぐう【金崎宮】福井県敦賀市金ヶ崎にある神社。祭神は尊良親王・恒良親王。明治23年(1890)に創建。

かねがさき-じょう【金崎城】福井県敦賀市金ヶ崎にあった城。延元元年＝建武3年(1336)新田義貞が後醍醐天皇の皇子、恒良・尊良の両親王を奉じて足利勢と戦った所。

かね-かし【金貸し】金銭を貸して利息を取ること。また、それを職業とする人。

かね-がた【金型】金属製の鋳型。

かね-がね【▽予▽予|兼ね兼ね】〔副〕以前から。かねて。「おうわさは—承っておりました」(類語)前前・かつて・かねて・以前・何時か・昔

かねがふち【鐘ヶ淵】東京都墨田区北部の旧地名。隅田川の東岸にあたり、淵に沈んだ釣鐘の伝説からの名という。江戸時代には鷹狩りの地。

カネカロン〖Kanekalon〗合成繊維の一。塩化ビニールとアクリロニトリルの共重合物。商標名。

カネキン〖ポルトガル canequim〗【金巾】▶カナキン

かね-くい【金食い】❶費用が多くかかること。❷衣服や装身具などにぜいたくをすること。また、その人。

かねくい-むし【金食い虫】費用ばかりかかって利益を上げないことをののしっていう語。

かね-くにゅう【金口入|▽銀口入】金銭の貸し借りの世話をすること。また、その人。「わづかの—よりめきめきと大金を出かし」〈浮・母親容気・二〉

かね-くよう【鐘供養】❶新たに梵鐘を鋳造した際に行う供養。多くは女子がつき初めを行う。❷寺にある梵鐘の供養。多く、晩春に行われる。(季 春)「畠打や木の間の寺の—／蕪村」

かね-ぐら【金蔵|金▽庫】❶金銀・財宝を入れておく蔵。❷金銭をもたらしてくれる人。また、金銭上の援助をしてくれる人。「—がついている」

かね-ぐり【金繰り】金銭のやりくり。資金の調達。かなぐり。「—に困る」「—がつかない」(類語)切り盛り・工面・都合・捻出・算段・まかなう・繰り合わせ・融通

かね-ぐろ【鉄漿黒】お歯黒で、歯を黒く染めていること。「—に眉細くつくりて」〈義経記・二〉

かね-け【金気】▶かなけ

かね-こうばい【×矩勾配】建築で、45度の傾斜。

かね-ごえ【金肥】▶きんぴ(金肥)

かねこ-くんえん【金子薫園】[1876〜1951]歌人。東京の生まれ。本名、雄太郎。浅香社に入り、和歌の革新運動に参加。明星派に対抗して白菊会を結成。歌集に「片われ月」「草の上」「白鷺集」など。

かねこ-けんたろう【金子堅太郎】[1853〜1942]政治家。福岡の生まれ。大日本帝国憲法の起草に参画。伊藤内閣の農商相・法相を歴任。日露戦争中、米国に特派され、講和に貢献。のち、枢密顧問官。

かねこ-しゅうすけ【金子修介】[1955〜]映画監督。東京の生まれ。怪獣映画「ガメラ」「ゴジラ」の両シリーズをともに手がけた唯一の監督。他に「1999年の夏休み」「デスノート(前編・後編)」「神の左手悪魔の右手」など。

かね-ごと【▽予言|兼ね言】前もって言いおいた言葉。約束の言葉。「思ひいでよ誰が—の末ならむ昨日の雲のあとの山風」〈新古今・恋四〉

かねこ-みすず【金子みすゞ】[1903〜1930]詩人。山口の生まれ。本名、テル。大正12年(1923)から「金の星」「童話」などの雑誌で作品を発表。西条八十に認められ、童謡や詩を多数発表するが、結婚後は夫に詩作を禁止され断筆。昭和5年(1930)自殺。代表作「大漁」「わたしと小鳥とすずと」など。

かねこ-みつはる【金子光晴】[1895〜1975]詩人。愛知の生まれ。本名、保(安)和。反権力的な新象徴主義詩人として注目された。詩集「こがね虫」「鮫」「落下傘」など。

かねこ-もとおみ【金子元臣】[1868〜1944]国文学者・歌人。静岡の生まれ。国学院大学教授。御歌所寄人。短歌誌「あけぼの」を主宰。著「古今和歌集評釈」「枕草子評釈」「定本源氏物語新解」など。

かね-ざし【×矩差(し)】「曲尺」に同じ。

かねさだ【兼定】室町後期の美濃の刀工。和泉守。「定」のウ冠の下を「之」と銘したので之定とよばれた。生没年未詳。

かね-ざた【金沙汰】金銭に関した風評。また、金銭の力で事を処理しようとすること。

かねざわ-さねとき【金沢実時】▶北条実時

かねざわ-の-き【金沢の柵】秋田県横手市金沢にあった古代の城柵。後三年の役に清原氏が拠り、源義家に滅ぼされた。かねざわのさく。

かねさわ-ぶんこ【金沢文庫】▶かなざわぶんこ(金沢文庫)

かねしげ【金重】鎌倉末期の刀工。美濃国関の人。正宗の門人で、正宗十哲の一人。生没年未詳。

かね-じゃく【▽曲尺┊×矩尺】❶直角に折れ曲がった形に作り、表には正規の目盛り表目(おもてめ)を、裏にはその√2倍(角目(かくめ))や1/π倍などの目盛りを刻んだ金属製の物差し。直角定規を兼ね、木工・建築で用いる。大工金(だいくがね)。曲り金。差し金。かねざし。かね。きょくしゃく。❷長さの単位の一。1尺は約30.3センチ。日本の伝統的尺度で、古代からほとんど変わっていない。

かねしろ-かずき【金城一紀】[1968～]小説家。埼玉の生まれ。在日韓国人として、新しい感覚と軽快なストーリー運びで人種差別などをテーマにした作品を発表。小説「GO(ゴー)」で直木賞受賞。他に「FLY, DADDY, FLY」「対話篇」など。

かね-ずく【金▽尽く】(ヅク) 何事も金銭の力で解決しようとすること。金銭ずく。銭(ぜに)ずく。

かね-ずくめ【金▽尽くめ】(ヅクメ) ❶持っている金をすべて使い尽くすこと。「一にして養生し」〈浄・阿波鳴渡〉❷「かねずく」に同じ。「揚屋、遣手に一で呑み込ませ」〈浮・禁短気・四〉

かね-せんじ【兼ね宣旨】➤兼宣旨(けんせんじ)

かね-そな・える【兼(ね)備える】(ソナヘル)〔動ア下一〕図かねそな・ふ〔ハ下二〕二つ以上のものを合わせ持っている。兼備する。「知力と体力を一・える」

かね-ぞめ【鉄=漿染(め)】❶歯を鉄漿で黒く染めること。お歯黒染め。❷鉄漿を加えて、紺色などに染めること。

かね-だか【金高】金銭の量。金額。きんだか。

かね-たたき【×鉦×叩き】❶鉦をたたくこと。また、その人。❷「撞木(しゅもく)」に同じ。❸鉦をたたいて経文などを唱え、金品を請い歩く者。かねたたき坊主。❹直翅(ちょくし)目カネタタキ科の昆虫。コオロギの一種で、体長約1センチ、褐色。雄は短い黒褐色の前翅(まえばね)をもち、後ろ翅を欠く。雌は翅をもたない。秋、雄はチンチンと鉦をたたくような声で鳴く。関東以西に分布。(季 秋)「暁は宵より淋し一/立子」

かねだ-まさいち【金田正一】[1933～]プロ野球選手・監督。愛知の生まれ。昭和25年(1950)国鉄(現ヤクルト)に入団、剛速球投手として活躍。ノーヒット・ノーラン、完全試合を記録。のち巨人に移籍し、通算400勝のプロ野球記録を達成。引退後、ロッテ監督を務め、同49年にはチームを日本一に導いた。

か-ねつ【火熱】(クワ) 火の熱さ。火の熱。

(類語)熱・温熱・炎熱・焦熱・熱気・温気(うんき)・熱(いき)れ・熱(ほて)り・ほとぼり・余熱

か-ねつ【加熱】〔名〕(スル) 物に熱を加えること。「一して殺菌する」

か-ねつ【過熱】(クワ)〔名〕(スル) ❶必要以上に熱くなること。許容の範囲を超えて熱くなること。「ボイラーが一して火災を起こす」❷液体を沸騰させずにその沸点以上に熱すること。また、沸点以上になっても沸騰しない状態。❸度を超した状態になること。「議論が一する」

かね-づかい【金遣い】(ヅカヒ) ❶金銭のつかい方。金銭をつかう程度。「一が荒い」❷金銭を浪費すること。また、その人。「一を始めたので早速離縁した」〈蘆花・思出の記〉

かねつ-き【加熱器】ガスや電気などを利用して物に熱を加える器具。ヒーター。

かねつ-き【過熱器】(クワネツ) ボイラー内の飽和蒸気をさらに過熱して過熱蒸気をつくる装置。

かね-つき【鐘×撞き】釣鐘をつくこと。また、寺院で釣鐘の番をし、つき鳴らす人。

かねつき-どう【鐘×撞き堂】(ダウ) 釣鐘をつってある堂。鐘楼(しょうろう)。

かね-つけ【鉄=漿付け】❶お歯黒をつけること。特に、初めてつけることをいい、女子が成年になった儀式の一つとされ、知人など7か所からお歯黒をもらってくる風習があった。➡御歯黒(おはぐろ)❷江戸時代、遊里で遊女が一人前になる儀式として、お歯黒をつけたこと。❸「鉄漿付蜻蛉(かねつけとんぼ)」の略。

かねつけ-いし【金付け石】➤試金石(しきんせき)

かねつけ-とんぼ【鉄=漿付蜻=蛉】ハグロトンボの別名。

かねつ-じょうき【過熱蒸気】(クワネツ) 沸点以上に加熱された蒸気。普通は水蒸気についていい、温度が多少下がっても水に戻らないので効率がよく、蒸気タービン・蒸気機関などに用いる。

カネッティ〖Elias Canetti〗[1905～1994]ブルガリア生まれの作家・思想家。1939年英国に亡命。1981年ノーベル文学賞受賞。小説「眩暈(めまい)」、評論「群衆と権力」など。

ガネット〖gannet〗ペリカン目カツオドリ科の鳥。和名シロカツオドリ。翼を広げると1.8メートルに達する大形の海鳥。風切羽が黒く頭部に淡茶色があるほかは全身の羽毛は純白。大西洋に分布。

かね-づまり【金詰(ま)り】金銭のやりくりがつかなくなること。資金が欠乏すること。

かね-づら【金面】《金銭の顔の意》金銭を強めて、また卑しめていう語。

かね-づる【金×蔓】金銭を得る、つてや手がかり。資金などを出してくれる人。「一をつかむ」

かねつ-ろ【加熱炉】金属などを適当な温度に加熱するのに使う炉。圧延・鍛錬などの加工に使用。

かね-て【▽予て┊兼ねて】㊀〔副〕《㊁の一語化》❶以前から。前から。前もって。かねがね。名詞的にも用いる。「一聞いていたとおり」「一(から)の望み」「一より予期していたことだ」❷以前に。前に。かつて。「一敬之進と一緒に飲んだところ」〈藤村・破戒〉㊁〔連語〕《動詞「か(兼)ぬ」の連用形＋接続助詞「て」》…前から。…前に。多く日数を表す語を受けて、副助詞的に用いる。「二、三日一、空晴れ」〈大鏡・道長上〉

(類語)前前・かつて・以前・かねがね・何時か・昔

かね◦ない【兼ねない】〔連語〕➤兼ねる❹㋑

かねなが【包永】鎌倉中期の刀工。大和の人。天蓋(てがい)平三郎と称した。手掻(てがい)派の始祖。

かねなが-しんのう【懐良親王】(シンワウ)[1329～1383]後醍醐(ごだいご)天皇の皇子。名は「かねよし」とも。南朝の征西大将軍として、四国から九州に渡り、菊池氏らを集めて足利方に対抗。のち、今川了俊に攻められ、筑後(ちくご)に退いた。征西将軍宮。

かね-のこぎり【金×鋸】金属を切るのこぎり。かなひきのこ。かねのこ。

かね-の-つる【金の×蔓】❶金銭をもたらしてくれるもの。かねづる。❷鉱脈のこと。

かね-の-て【×矩の手】曲尺(かねじゃく)のように直角に曲がっていること。直角。かぎのて。〈和英語林集成〉

かねのね【鐘の音】狂言。主人に金(かね)の値(ね)を聞きに鎌倉へ遣わされた太郎冠者が、鐘の音と早合点し、寺々を回って聞いた鐘の音を報告してしかられる。

かね-の-みたけ【金の御岳】金峰山(きんぷせん)の異称。

かね-はき【鉄=漿吐き】お歯黒で歯を染めるとき、口の中にたまった汁を吐き出すための容器。

かね-ばこ【金箱】❶金銭を入れておく箱。銭箱(ぜにばこ)。金櫃(かねびつ)。❷金銭上の援助をしてくれる人。また、金銭を稼いでくれるもの。金蔵(かねぐら)。ドル箱。

かね-はじめ【鉄=漿始め】平安時代以降、初めてお歯黒をつけるときの儀式。女は9歳、男は元服ののちに行われ、江戸時代では、女子だけが13歳または17、8歳ごろに行った。

かね-ばなれ【金離れ】金銭の使いぶり。「一がいい人」

かねはら-ひとみ【金原ひとみ】[1983～]小説家。東京の生まれ。父は翻訳家金原瑞人(みずひと)。小学・中学・高校と不登校を続けるが、早くから小説を書き始める。「蛇にピアス」でデビュー、芥川賞受賞。

かね-びきゃく【金飛脚】江戸時代、江戸と京・大坂との間で公私の金銀を運んだ飛脚。

かね-びつ【金×櫃】「金箱(かねばこ)❶」に同じ。

かねひつ-の-せい【鐘×匱の制】大化の改新の際に設けられた訴訟制度。朝廷に鐘と匱をおき、訴えのある者はその首長を介して訴状を匱に投書させ、それでも訴えが取り上げられなかったときは、訴人に鐘を打たせるようにした。

かねひら【包平】平安中期の備前の刀工。後鳥羽天皇の蒲穂(かまほ)丸などの作者といわれる。高平・助平とともに世に三平(さんぴら)と称された。生没年未詳。

かねひら【兼平】謡曲。二番目物。世阿弥作。木曽の僧が近江(おうみ)の粟津(あわづ)に来ると、今井兼平の霊が現れ、主君、木曽義仲の最期などを語る。

かね-びら【金▽片】㊀〔名〕金銭。「一で枕を付けるのは嫌ぢゃああるまいか」〈人・雪の梅・四〉㊁〔形動〕《「金片を切る」の略。近世江戸語》金遣いが荒いさま。「茶飯(ちゃめし)さんも生姜(しょうが)の(＝ケチナ)癖に一な空(そら)を言ふし」〈滑・浮世風呂・三〉

金片を切・る 金銭を惜しげもなく使う。「金持ち金持ちと、一・った商人が」〈伎・四谷怪談〉

かね-ふき【金吹き】❶金銀鉱などを吹いて分離し、貨幣を鋳造すること。また、その人。❷鉱石から金属を採取すること。また、その人。

かね-ぶぎょう【金奉行】(ブギャウ) 江戸幕府・諸大名家の職名。金庫の管理・出納をつかさどる役で、幕府では勘定奉行の配下に属した。きんぶぎょう。

かね-へん【金偏】❶漢字の偏の一。「鈍」「銀」「銅」などの「金」の称。❷金偏の字のつく、鉱山・鉄鋼・金属などの産業のこと。「一景気」

かね-ほり【金掘り】鉱山で、金銀鉱などを掘ること。また、その人。

かねまき-じさい【鐘巻自斎】江戸初期の剣客。遠江(とおとうみ)の人。名は通家。富田(とだ)勢源に学び、富田流三家の一人。その流儀は鐘巻流とよばれる。弟子に伊藤一刀斎景久がいる。生没年未詳。

かね-まわり【金回り】(マハリ) ❶収入のぐあい。ふところぐあい。「一がいい」❷金銭の流通。金融。

(類語)景気・景況・市況・商況・商状・気配・売れ行き

かねみつ【兼光】鎌倉末期の刀工。備前長船(おさふね)の人。「左衛門尉」と銘した。生没年未詳。

かね-め【金目】❶金銭的価値の高いこと。高価。「一の品」❷金銭に換算した価値。値段。「一に積もらば拾七八貫目が物あり」〈浮・万金丹・五〉

かね-もうけ【金×儲け】(マウケ)〔名〕(スル) 金をもうけること。「一一筋に生きる」

かね-もち【金持(ち)】金銭などの財産を多く持っている人。(類語)富豪・金満家・大尽・素封家・成金・財閥・長者・物持ち

金持ち金使わず 金持ちほど、むだな金は使わない。金持ちの多くは、けちだということ。

金持ち喧嘩(けんか)せず 金持ちは利にさとく、けんかをすれば損をするので、人と争うことはしない。または、有利な立場にある者は、その立場を失わないために、人とは争わないようにする。

金持ち小銭に困る 金持ちは、多くの財産を持ちながら当座の小銭には不自由する。矛盾していることのたとえ。

金持ちと灰吹きは溜(た)まるほど汚(きたな)い たばこの灰がたまるほど灰吹きが汚くなるように、金持ちは財産が殖えるほど卑しく、けちになる。

かね-もと【金元】資本の金を出す人。かねおや。金主(きんしゅ)。

かね-もと【兼元】➤関孫六(せきのまごろく)

かね-やく【兼ね役】二つ以上の職務を兼ねること。兼務。兼勤。

かね-よつ【鐘四つ】江戸時代、新吉原などの遊郭で、終業時間に定められていた時鐘四つの刻限(午後10時ごろ)。実際の終業時間の九つ(午前零時)には、拍子木を四つ打って知らせたので「木の四つ」といい、区別した。

か・ねる【兼ねる】〔動ナ下一〕図か・ぬ〔ナ下二〕❶一つで二つ以上の働きをする。㋐一つの物が二つ以上の働きを合わせもつ。一つの物が二つ以上の用をする。「大は小を一・ねる」「書斎と応接間とを一・ねた部屋」㋑一人が二つ以上の職を受け持つ。他の仕事も合わせ行う。兼任する。「首相が外相を一・ねる」「商用を一・ねて上京する」❷一方だけでなく、他方まで考える。遠慮する。はばかる。「気を一・ねる」「母親が兄の手前を一・ねて折り折り痛(ひど)く叱ることがあり」〈独歩・春の鳥〉❸将来のことまで考える。予想する。予定する。「八百万(やおよろず)千年(ちとせ)を一・ねて

定めけむ奈良の都は」〈万・一〇四七〉❹他の動詞の連用形に付いて用いる。㋐…しようとして、できない。…することがむずかしい。「納得し―・ねる」「何とも言い―・ねる」㋑(「…かねない」などの形で)…するかもしれない。…しそうだ。「悪口も言い出し―・ねない」

カネロニ〖イタリア cannelloni〗❶イタリア料理の一。パスタの生地を薄くのばして四角に切り、ひき肉などで作った具をのせて巻き、ソースをかけてオーブンで焼いたもの。カネローネ。❷筒状で大形のパスタ。また、これに詰め物をした料理。

か-ねん【加年】年を加えること。年齢が一つ増えること。加齢。

か-ねん【可燃】燃やすことができること。燃えやすいこと。

か-ねん【華年】《「華」の字は「十」が六つと「一」とから成り立つところから》61歳のこと。数え年では還暦のこと。

か-ねん【箇年│個年】〘接尾〙助数詞。年数を数えるのに用いる。「数―」「五―計画」

かねん-せい【可燃性】火に燃えやすい性質。

かねんせい-こたい【可燃性固体】消防法の別表で危険物として第2類に分類されるもの。固体であって、火炎による着火の危険性を判断するための政令で定める試験において政令で定める性状を示すもの、または引火の危険性を判断するための政令で定める試験において引火性を示すものと規定される。➡危険物

か-ねんど【過年度】すでに経過した会計年度。以前の会計年度。

かねんど-ししゅつ【過年度支出】過年度に支出すべきであった金額を、現年度の歳出として支出すること。

かねんど-しゅうにゅう【過年度収入】会計制度で、ある年度の出納が完結してからの収入。現年度の収入として扱う。

かねん-ぶつ【可燃物】可燃性の物質。

か-の【彼の】㊀〘連体〙《㊁の一語化》話し手と聞き手双方の既知の事物をさす。あの。例の。「一有名な物語」「―地」㊁〘連語〙《代名詞「か」＋格助詞「の」》❶前に述べた事物をさす。あの。その。「めなもみといふ草あり。蝮に刺されたる人、―草を揉みて付けぬれば」〈徒然・九六〉❷《近世語》人や事物を暗示的に示す。例の物・事・人。「そりゃあさうと、―に極めたか」〈滑・浮世風呂・三〉

〖類語〗これ・それ・あれ・どれ・この・その・どの・あの

が-の-いわい【賀の祝(い)】長寿の祝い。古くは40歳から10年ごとに祝ったが、室町末期からは42歳(初老)・61歳(還暦)・70歳(古稀)・77歳(喜寿)・80歳(傘寿)・88歳(米寿)・90歳(卒寿)・99歳(白寿)を祝うようになった。

か-のう【化膿】〘名〙スル 膿むこと。傷口などから化膿菌が侵入して炎症を起こした状態。「手術後の傷口が―する」「一止め」

かのう【加納】岐阜市南部の地名。もと永井氏の城下町、中山道の宿場町。和傘を特産。

か-のう【可能】〘名・形動〙《「能う可べき」の音読》❶ある物事ができる見込みがあること。ありうること。また、そのさま。「現在―な方法は限られている」「実現―な(の)計画」❷文法で、そうすることができるということを表す言い方。動詞の未然形に、文語では助動詞「る」「らる」(古くは「ゆ」「らゆ」)、口語では助動詞「れる」「られる」などを付けて言い表す。

か-のう【仮納】〘名〙スル 金銭・物品などを仮に納めること。

か-のう【過納】〘名〙スル 決められた金額よりも多く納めること。「料金を―する」

か-のう【嘉納】〘名〙スル ❶献上品などを目上の者が快く受け入れること。「御―にあずかる」❷進言などを高位の者が喜んで聞き入れること。「彼女の思想なり行為なりは…全能者の―し寛恕すべき種類のものだ」〈有島・宣言〉

が-のう【画嚢】絵をかく道具を入れておく用具。主に写生に携帯する。転じて、絵の題材・動機などにもいう。

かのう-えいとく【狩野永徳】[1543〜1590]安土桃山時代の画家。名は州信。松栄(直信)の子。祖父元信の期待を一身に受け、早くから画才を発揮。織田・豊臣氏に仕え、安土城・大坂城・聚楽第などの障壁画に筆をふるった。豪壮華麗な桃山障壁画様式を確立し、また狩野派全盛の基礎をつくった。

かのう-きん【化膿菌】化膿の原因となる細菌。ぶどう球菌・連鎖球菌・緑膿菌など。

かのう-こうきち【狩野亨吉】[1865〜1942]哲学者・思想家。秋田の生まれ。一高校長。京都大学初代文科大学長。日本の自然科学思想史の開拓者で、安藤昌益らを発掘。

かのう-さくじろう【加能作次郎】[1885〜1941]小説家。石川の生まれ。自然主義の流れをくむ自伝的・身辺雑記的心境小説を書いた。作「厄年」「世の中へ」「乳の匂ひ」など。

かのう-ざん【鹿野山】千葉県南部、君津市と富津市の境にある山。標高379メートル。神野寺がある。

かのう-さんせつ【狩野山雪】[1590〜1651]江戸前期の画家。肥前の人。名は光家。通称、平四郎。狩野山楽の門弟で、のち養子となる。理知的な構成の装飾画に独自の造形性を示した。

かのう-さんらく【狩野山楽】[1559〜1635]安土桃山時代から江戸初期にかけての画家。近江の人。名は光頼。豊臣秀吉に画才を認められ、狩野永徳に学んで、豊臣・徳川家関係の障壁画を数多く描いた。画風は桃山障壁画様式の豪壮さに装飾性を加えたもの。京にとどまり、京狩野派の祖となった。

かのう-じごろう【嘉納治五郎】[1860〜1938]柔道家・教育者。兵庫の生まれ。柔術諸流を集大成して近代柔道を創始。講道館を設立。東京高等師範学校校長を務め、体育教育全般の発展にも貢献。日本の初代IOC(国際オリンピック委員会)委員。

かのう-せい【可能性】❶物事が実現できる見込み。「成功の―が高い」❷事実がそうである見込み。「生存している―もある」❸潜在的な発展性。「無限の―を秘める」❹認識論で、ある命題が論理的に矛盾を含んでいないという側面を示す様態。

〖類語〗蓋然性・プロバビリティー

かのうせい-ずいまくえん【化膿性髄膜炎】化膿菌によって起こる髄膜炎。菌が頭部外傷や中耳炎などから波及したり、肺胸や心内膜炎などの病巣から血流によって運ばれたりして起こる。頭痛・発熱・意識混濁などの症状を呈する。細菌性髄膜炎。

かのうせい-にくがしゅ【化膿性肉芽腫】《医学では肉芽腫は「にくげしゅ」という》▶血管拡張性肉芽腫

が-の-うた【賀の歌】祝いの気持ちを表した歌。古今和歌集をはじめ、勅撰集部立ての一つとして、これらの歌を納めるが、特に長寿を祈る歌が多い。

かのう-たんゆう【狩野探幽】[1602〜1674]江戸初期の画家。鍛冶橋狩野派の祖。京都の人。名は守信。幼名、采女。孝信の長男。永徳の孫。江戸に出て幕府御用絵師となり、桃山時代の豪壮豪麗な様式に対して、瀟洒、淡白な画風を特色とし、江戸狩野派繁栄の基礎を築いた。

かのう-つねのぶ【狩野常信】[1636〜1713]江戸前期の画家。尚信の長男で、木挽町狩野家2代目。探幽没後の狩野派を代表。古画の模写にも努め、「常信縮図」は貴重な資料。

かのう-どうし【可能動詞】五段(四段)活用の動詞が可能の助動詞「る(れる)」を吸収して、下一段活用に転じ、可能の意味を表すようになったもの。「書ける」「泳げる」「読める」の類。命令形はない。〖補説〗現在では、五段活用以外の動詞からできた「見れる」「来れる」などをも、可能動詞と認める場合がある。

かのう-なおき【狩野直喜】[1868〜1947]中国文学・哲学研究者。熊本の生まれ。京大教授。元曲や敦煌文書を研究。文化勲章受章。著「中国哲学史」「支那学文叢」など。かのなおき。

かのう-なおのぶ【狩野尚信】[1607〜1650]江戸初期の画家。京都の人。木挽町狩野家の祖。通称、主馬。探幽の弟。江戸に出て幕府御用絵師となった。

かのう-なつお【加納夏雄】[1828〜1898]幕末・明治の彫金家。山城の人。円山派絵画も学び、江戸に出て刀装具などに写生風の彫法を用いて活躍。片切り彫りを得意とした。東京美術学校教授。

かのう-は【狩野派】日本画の一流派。室町中期に起こり、武家政権の庇護のもとに、日本画の主流を占めつつ、江戸時代を通じて将軍家御用絵師としての家業を世襲した。始祖の正信は、禅僧の宋元画を継いで水墨画を主とし、その子の元信は大和絵の画法を取り入れ、力強い装飾性をもって武家の好みに投じた。孫の永徳は織田信長・豊臣秀吉に仕えて安土桃山時代の障壁画を代表。豊臣氏滅亡ののちは、徳川家御用絵師となり、永徳の孫の探幽に至って、江戸狩野派の基礎は不動のものとなった。その門系から狩野芳崖・橋本雅邦が出ている。

か-の-うば【蚊の姥】ガガンボの別名。

かのう-ふくすけ【叶福助】江戸時代、願い事がかなうといって神棚に祭った福助の人形。➡福助

かのう-ほう【加農砲】《「カノン」に当てた「加農」を音読みにした語》カノン砲。

かのう-ほうがい【狩野芳崖】[1828〜1888]日本画家。山口の生まれ。幼名、幸太郎。別号、松隣・勝海など。狩野雅信に学び、狩野派の伝統を受け継ぎ、明治初期、フェノロサに見いだされ、日本画革新運動の強力な推進者となった。東京美術学校創立に尽力。絶筆「悲母観音」は近代日本画の代表作。

かのう-まさのぶ【狩野正信】[1434〜1530]室町中期の画家。伊豆の人。狩野派の祖。師の宗湛の跡を継いで室町幕府の御用絵師となり、水墨画を中心とする漢画と大和絵を使い分け、その現実的で平明な画風が好まれて、狩野派の基礎を築いた。

かのう-みつのぶ【狩野光信】[1561または65〜1608]安土桃山時代の画家。永徳の子。父の豪壮な画風に対して、大和絵風の優美で叙情的な画風をもって慶長年間に活躍。作品に勧学院の「花鳥図襖」など。

かのう-もとのぶ【狩野元信】[1476〜1559]室町後期の画家。正信の子。漢画様式に土佐派大和絵の手法を取り入れて両者の融合を図り、次代の桃山障壁画における狩野派の画風と活躍の基礎を築いた。作品に大徳寺大仙院客殿襖絵の「山水花鳥図」など。

かのう-もろひら【加納諸平】[1806〜1857]江戸末期の歌人・国学者。遠江の人。旧姓、夏目。号、柿園。紀伊藩に仕え、「紀伊続風土記」「紀伊国名所図絵」などを編集。著「柿園詠草」など。

か-の-え【庚】《「金の兄」の意》十干の7番目。こう。

かのえ-さる【庚申】干支の57番目。こうしん。

か-の-おば【蚊の姥】ガガンボの別名。

カノーバ〖Antonio Canova〗[1757〜1822]イタリアの彫刻家。古代彫刻を研究・模倣し、新古典主義の代表者となる。作「ナポレオン裸像」「パオリーナ・ボルゲーゼ像」など。

カノープス〖ラテン Canopus〗竜骨座のα星。光度マイナス0.7等で、シリウスについで明るい。日本では冬に関東以南から南の地平線近くに見られる。老人星。寿星。南極老人。

カノーラ〖canola〗▶キャノーラ

カノーラ-ゆ【カノーラ油】▶キャノーラ油

カノーリ〖cannoli〗「カンノーリ」に同じ。

かの-がわ【狩野川】静岡県伊豆半島を北流する川。天城山に源を発し、沼津市で駿河湾に注ぐ。長さ約46キロ。

か-の-きし【彼の岸】「彼岸」を訓読みにした語。涅槃。「いと罪深かなることにこそ。―に到ることなどか。さしもあるまじき事にて」〈源・早蕨〉

か-の-くつ【靴の沓】晴れの儀式のとき、束帯に用いた靴。革製、黒漆塗りで、上部を靴氈とよぶ赤

地または青地の錦で飾る。足首に靴帯という金銅の鉸具をつけた革の帯をつける。靴。

か-の-こ【鹿の子】❶シカの子。転じて、シカ。かこ。(季 夏)「廻廊を―が駆くる伽藍かな/誓子」❷「鹿の子絞り」の略。❸「鹿の子斑」の略。❹「鹿の子餅」の略。

かのこ-あみ【鹿の子編み】棒針編みの一。表編みと裏編みを上下左右ともに交互にして凹凸を出す方法。また、その編み地。苔編み。

かのこ-うお【鹿の子魚】イットウダイの別名。

かのこ-うち【鹿の子打ち】木材を手斧でまだらに削ること。鹿の子削り。

かのこ-おび【鹿の子帯】鹿の子絞りの模様の帯。

かのこ-が【鹿の子蛾】鱗翅目カノコガ科のガ。翅の開張3～4センチ。翅は黒色の地に白紋が散在し、体に橙色の2本の帯がある。日中に樹間や草むらを弱々しく飛ぶ。幼虫の食草はスイバ・ギシギシ・タンポポなど。(季 夏)

かのこぎ-たけしろう【鹿子木孟郎】[1874～1941]洋画家。岡山の生まれ。号、不倒。小山正太郎に学び、渡仏してローランスに師事。帰国後、関西美術院などで指導し京都画壇に重きをなす。作に「ローランス画伯の肖像」「新夫人」など。

かのこ-じ【鹿の子地】鹿の子絞り用の生地。また、そのごく地の薄い縮緬。

かのこ-しぼり【鹿の子絞(り)】鹿の背の白いまだらに似た絞り染め。鹿の子染め。鹿の子結い。鹿の子目結い。

かのこ-ずり【鹿の子摺り】壁の下地を平らにするため、くぼんだ所を漆喰で塗り埋めること。その塗ったあとが鹿の子模様になるところからいう。

かのこ-そう【鹿の子草┊纈草】オミナエシ科の多年草。やや湿った草地に生え、高さ30～80センチ。羽状に切れ込みのある葉を対生。晩春、淡紅色の小花を多数つけ、つぼみのある様子が鹿の子絞りに似る。漢方で根を吉草根・纈草根とよんで薬用とする。はるおみなえし。(季 春)「―こたびも手術寧からむ/波郷」

かのこ-ぞめ【鹿の子染(め)】「鹿の子絞り」に同じ。

かのこ-なしじ【鹿の子梨子地】蒔絵の技法の一。梨子地の中に平目粉をまいて研ぎ出したもの。

かのこ-ぬい【鹿の子繍】刺繍で、鹿の子絞りのような模様をみせる方法。絞り縫い。

かのこ-まだら【鹿の子斑】鹿の毛並みにみられる白い斑点。ある地色に、白い斑点のある模様。

かのこ-めゆい【鹿の子目結い】「鹿の子絞り」に同じ。

かのこ-もち【鹿の子餅】餅菓子の一。餅や求肥などを包んだ赤小豆のさらし餡の上に、蜜煮した小豆粒をつけたもの。江戸時代から知られ、関西では小倉野ともいう。隠元豆を用いるものは京鹿の子とよぶ。◆書名別項。

かのこもち【鹿の子餅】江戸中期の咄本。1巻。木室卯雲作。明和9年(1772)刊。63話の小咄から成り、軽妙洒脱な内容で好評を博し、以後の咄本の流行をもたらした。

かのこ-もん【鹿の子紋】鹿の子絞りの模様。

かのこ-ゆい【鹿の子結い】❶「鹿の子絞り」に同じ。❷鹿の子絞りに染めるため、絹や布を糸でつまみ縛ること。❸近世、上方で❷の仕事をするかたわら売色した女子。「牙僧女、―、舞子、比丘尼」〈浮・禁短気・三〉

かのこ-ゆり【鹿の子百合】ユリ科の多年草。崖地に生え、高さ1～1.5メートル。葉は細長い楕円形。夏、白や桃色の花を下向きにつけ、内面には紅色の斑点がある。観賞用に栽培。たきゆり。おきなゆり。(季 夏)

か-の-さま【彼の様】〔代〕三人称の人代名詞。❶あのおかた。「頼うだる人は、いつも―へ行く折は、酒をくれらるるが」〈狂言記・抜殻〉❷女性が愛人をさしていう語。「鶏を限りに―待てば」〈松の葉・一〉

か-の-しし【鹿┊鹿肉】《「しし」は猪や鹿など食肉用の野獣の総称》❶鹿のこと。「猪のしし―は知らず、いくさはただ平攻めに攻めて勝ったるぞ、心地はよき」〈平家・一一〉❷鹿の肉。「相ともに心等しき―の味噌のなければ食はじとぞ思ふ」〈仮・仁勢物語・上〉

か-の-じょ【彼女】㊀〔代〕三人称の人代名詞。話し手、相手以外の女性をさす語。「―は遅れるらしい」⇔彼/彼氏。㊁〔名〕愛人、恋人である女性。「―ができた」⇔彼/彼氏。(補説)西欧語からの訳語「かのおんな」の「おんな」を音読した語。(類語)彼・彼氏

カノッサ-の-くつじょく【カノッサの屈辱】聖職叙任権をめぐって教皇グレゴリウス7世から破門された神聖ローマ皇帝ハインリヒ4世が、教皇滞在中の北イタリアのカノッサ(Canossa)城の門前で雪の中を3日間たたずんで赦免を請い、許された事件。

か-の-と【辛】《「金の弟」の意》十干の8番目。しん。

かの-なおき【狩野直喜】►かのうなおき

か-の-も【彼の面】あちらの表面。向こう側。「つくばねのこのも―に影はあれど君がみかげにます影はなし」〈古今・東歌〉

かのや【鹿屋】鹿児島県、大隅半島中西部にある市。農業・商業が盛ん。自衛隊の航空基地がある。平成18年(2006)1月、輝北町・串良町・吾平町と合併。人口10.5万(2010)。

かのや-し【鹿屋市】►鹿屋

かのや-たいいくだいがく【鹿屋体育大学】鹿児島県鹿屋市にある国立大学法人。国立の体育大学としては全国唯一。昭和56年(1981)設置。平成16年(2004)国立大学法人となる。

か-の-よ【彼の世】あの世。来世。「―にさへ(極楽往生ヲ)妨げ聞こゆらむ罪のほどを」〈源・総角〉

カノン〖canon〗《キャノンとも》❶キリスト教の教理典範。教会法。また、聖書の正典。❷ある声部の旋律を、他の音部がそのまま忠実に模倣しながら追いかけていく、対位法的な楽曲形式、または楽曲。追復曲。❸美術用語で、基準・標準の意。特に、古代ギリシャの理想的な人体の標準比例。

カノン〖オランダ kanon〗「カノン砲」の略。(補説)「加農」とも書く。

カノン-ほう【カノン砲】口径に比べて砲身が長く、長距離射撃や堅固な建造物などの破壊に適した大砲の総称。キャノン砲。

か-は〔連語〕《係助詞「か」＋係助詞「は」》❶感動のこもった疑問の意を表す。…か。…のか。…かなあ。「おぼつかな野にも山にも白露の何ごとを―思ひおくらむ」〈新古今・秋下〉❷反語の意を表す。…だろうか、いや、そうではない。「いと恥づかしき御けはひに、何事を―答へ聞こえむ」〈源・若菜〉「命は人を待つもの―」〈徒然・五九〉

か-ば【河馬】偶蹄目カバ科の哺乳類。アフリカの川や湖・沼などにすみ、体高1.5メートル、体長4.2メートル、体重4トンに達する。皮膚は厚くて毛が少なく、口が大きく、4本の足指の間に小さな水かきをもつ。日中は水中で過ごし、夜間上陸して草を食べる。同科にはコビトカバも含まれる。

かば【蒲】❶植物ガマの別名。❷「蒲色」の略。

かば【樺】❶カバノキおよび近縁種の総称。特に、シラカバをさす。(季 花=春)❷「蒲❷」に同じ。

が-は【画派】絵画の流派。

カバー〖cover〗〔名〕スル ❶覆ったり、包んだりするもの。覆い。特に、汚れや破損を防いだりするためにかける布や紙など。「本の―」「枕―」「おむつ―」❷不備・不足などを補うこと。「欠点を―する」❸スポーツで、味方の選手の動きにより生じた弱点を他の選手が援護すること。特に、野球で、塁手が塁をあけたあとを、他の野手が代わって塁に入ること。➡バックアップ ❹ある範囲にわたること。「全国を―する放送網」❺《「カバーバージョン」から》ある演奏者・歌手のものとして発表された楽曲を、他の人が演奏したり歌ったりすること。「ビートルズの曲を―する」(補説)新刊書の表紙を覆う、標題などを印刷した紙は、英語ではbook jacketという。単にcoverという場合は表紙をさす。(類語)(❶)覆い・上包み・被覆・包装・包み・外装/(❸)バックアップ

カバー-アップ〖cover-up〗隠すこと。隠蔽すること。もみ消し。

カバー-いせき【カバー遺跡】《Kabah》メキシコ、ユカタン半島北西部の都市、メリダの南方約70キロにあるマヤ文明の遺跡。この遺跡の北西約20キロメートルにある世界文化遺産ウシュマル遺跡は、姉妹都市と考えられている。ウシュマルと同じく、プウク様式と呼ばれる複雑なモザイク装飾が見られる。

カバーオール〖coverall〗つなぎになった服の一種で、特に袖つきの上着とパンツがひとつなぎになったもの。作業服やレーシングスーツなど。

カバー-ガール〖cover girl〗❶雑誌などの表紙にモデルとして使われる女性。❷テレビのショー番組などで、画面が切り替わる合間に映し出される女性。

カバー-グラス〖cover glass〗顕微鏡の観察で、スライドグラスにのせた被検物を覆う、薄いガラス板。

カハーシビーン〖Cahirciveen〗アイルランド南西部、ケリー州の町。アイベラ半島を一周する観光ルート、ケリー周遊路の町の一。アイルランドのカトリック解放運動の指導者ダニエル=オコンネルの生地として知られ、オコンネル記念教会がある。

カバー-ストーリー〖cover story〗雑誌の表紙の写真・絵の関連記事。

カバー-ソング〖cover song〗ポピュラー音楽で、オリジナルとは別の奏者・歌手が演奏したり歌ったりした楽曲。➡カバーバージョン

カバー-チャージ〖cover charge〗►テーブルチャージ

カバート-クロス〖covert cloth〗梳毛織物の一種。縦に濃淡2色の霜降りの双糸、横に濃色の単糸を使い綾織り、あるいはしゅす織りしたもの。主にコート・冬用のスーツ・乗馬服用。薄手の綿製のものは作業衣・制服などに用いる。

カバード-ショートセリング〖covered short selling〗取引の裏付けとなる株式を実際に借りるなどして空売りを行うこと。➡ネーキッドショートセリング

カバード-ボンド〖covered bond〗銀行などの金融機関が保有する債権を担保として発行する債券。住宅ローンや地方公共団体向けの優良な融資債権が担保となる。主に欧州の銀行が発行している。(補説)発行体である銀行の貸借対照表には担保債権が資産、カバードボンドが負債として計上される。投資家は担保債権と発行銀行の両方に債務の履行を請求できるため、SPC(特定目的会社)に譲渡した債権を担保に発行される資産担保証券などよりも信用力が高い。一方、発行銀行は低利で資金調達できる。

カバー-バージョン〖cover version〗ポピュラー音楽で、オリジナルバージョンに対して、他の歌手があとで同じ曲を吹き込んだレコード・CD。カバー。

カバー-プランツ《和 cover＋plants》地被植物。地面を覆う下草のこと。

カバー-マーク〖cover mark〗しみ・そばかすなどを隠すために用いる化粧品。1928年に米国のオリリー女史が発明。

カバーリング〖covering〗〔名〕スル ❶スポーツで、相手の攻撃を防御し、また味方の守備を援護すること。カバー。❷覆うこと。覆うもの。カバー。

か-はい【加配】〔名〕スル ❶配給制で、規定の配給量に加えて配給すること。また、その配給。「―米」❷通常より教員を多く配置すること。「昨年度からは非常勤の教諭が二人―されている」➡加配教員

か-はい【佳配】よい連れ合い。似合いの配偶者。

かばい【庇い】かばうこと。

か-ばい【歌唄】仏をたたえた偈を曲詞にのせて歌うこと。

かはい-きょういん【加配教員】義務教育標準法や高校標準法に基づいて算定される公立学校の教員定数に上乗せして文部科学省が配置する非常勤の教員。教育困難校対策やチームティーチング・少人数指導・習熟度別指導の実施などを目的として配置される。

かばい-ぐち【×庇い口】かばひ 人をかばうような言い方。また、その言葉。

かばい-だて【×庇い立て】かばひ〔名〕スル しきりにかばうこと。何かにつけてかばうこと。「自分の子だけ一する」(類語)弁護

かばい-て【×庇い手】かばひ 相撲で、重なり合って倒れるとき、上になったほうが相手をかばうために先に手をつくこと。負けにならない。

カバイヨン〖Cavaillon〗フランス南東部、プロバンス地方の都市。メロンの産地として有名。農産物の取引が盛ん。13世紀建造のノートルダムエサンベラン大聖堂や古代ローマ時代の凱旋門がある。

かば-いろ【×蒲色¦×樺色】蒲がまの穂のような色。赤みを帯びた黄色。かば。

かば・う【×庇う】かばふ〔動ワ五(ハ四)〕❶他から害を受けないように、助け守る。いたわり守る。「いじめられている子を一・ってやる」「傷を一・う」❷大事にしまっておく。「古いのを着て、新しいのは一・っておきな」〈滑・浮世床・二〉(可能)かばえる (類語)守る・保護する・擁護する・庇護ひごする・守護する・防護する・ガードする・警護する・警衛する・護衛する

がば-がば ㊀〔副〕スル ❶液体が容器などの中で揺れ動く音を表す語。また、液体が小さな口からあふれるように流れ出るさま。がぼがぼ。「容器の水が一と音を立てた」❷金がどんどん手に入るさま。「金が一(と)入ってくる」㊁〔形動〕靴や服などが大きすぎるさま。ぶかぶか。だぶだぶ。「靴が一で困る」「一な服」(アク)㊀はガバガバ、㊁はガバガバ。

か-ばかり【×斯▽許り】〔副〕❶これくらい。この程度。これしき。「一の傷にはひるまない」❷これほどまで。こんなにも。「一難儀するとは思いも寄らなかった」

か-はく【下×膊】ひじと手首の間の部分。前膊ぜんぱく。(対)上膊。

か-はく【仮泊】〔名〕スル 艦船が一時的に停泊すること。「台風を避けて港内に一する」

か-はく【河伯】❶河の神。「いかなる一、水神なりとも、上をも游およぎ難く」〈太平記・一四〉❷河童かっぱ。

か-はく【科白】クワ 舞台における俳優のしぐさとせりふ。また、単にせりふのこと。
(類語)せりふ・台詞・独白・モノローグ・ダイアローグ

か-はく【科博】クワ「国立科学博物館」の略称。

か-はく【夏伯】《夏国の伯の意》中国の伝説上の聖王、禹うの尊称。伯禹。

が-はく【画伯】グワ ❶絵画の道にすぐれた人。❷画家の敬称。多く、接尾語的に名の下につけて使う。「梅原画伯」(類語)画家・画工がこう・絵かき・絵師・デザイナー・画工えだくみ・画人・墨客・イラストレーター

かはく-げき【科白劇】クワクゲキ 純粋にせりふとしぐさだけからなり、歌や踊りなどのない劇。音楽劇・舞踊劇などに対する呼称。

かば-ざくら【×樺桜】❶カバノキ類に木肌が似ている桜の木。また、ウワミズザクラのことという。ははか。かにわざくら。❷襲かさねの色目の名。表は蘇芳すおう、裏は赤花(「桃花蕊葉」による)。一説に、表は薄色、裏は濃い二藍とも。春、用いる。

かば-さん【加波山】茨城県中西部、筑波つくば山の北方にある山。標高709メートル。

かばさん-じけん【加波山事件】自由民権運動の一つで、明治17年(1884)、県令三島通庸みしまみちつねらの暗殺を計画していた栃木・茨城・福島の自由党員急進派16名が、9月に茨城県加波山を拠点に蜂起ほうきしたが、間もなく鎮圧された事件。富松正安ら7名が死刑に処された。

かば-しま【樺島】長崎県南部、長崎半島の最先端にある島。長崎市に属する。面積2.4平方キロメートル、周囲7.5キロメートル。最高点は南端の行者ぎょうじゃ山(標高130メートル)。昭和61年(1986)、対岸の脇岬との間に樺島大橋が架けられ、陸路で行き来が可能になった。国の天然記念物。

か-ばしら【蚊柱】夏の夕方、軒先などに、蚊やユスリカなどが群れをなして飛び、柱のように見えるもの。ふつう雄からなり、雌が飛び入って交尾することが観察される。「一が立つ」(季 夏)

かば-ちゃ【×蒲茶¦×樺茶】かば色を帯びた茶色。くすんだ黄赤。

か-はつ【仮髪】❶かもじ。つけまげ。❷鬘かつら。

かばつてき-いほうせい【可罰的違法性】ヰハフセイ 処罰を加えるに足りるほどの強い違法性。

カバディ〖ヒンディー kabaddi〗インドの国技。1チーム七人の二組みが攻撃側と守備側とに分かれ、攻撃側の一人が「カバディ」と連呼しながら、息の続く間守備側のからだや手にタッチし、守備側はタックルなどで妨害する。触れた人の数が得点になる。

がば-と〔副〕《古くは「がはと」、のちには「がばと」とも》❶突然に激しい動作を起こすさま。勢いよく起き上がり、または倒れ伏すさま。がばっと。「一飛び起きる」❷ぐさっと。「娘の剣を追っ取ってのんどに一突きたつる」〈浄・国性爺〉

ガバナー〖governor〗►調速機

カバナ-セット〖cabana set〗リゾートウエアの一種。カラフルな男性用のアロハシャツと共地・共柄の海水パンツがセットになったもののこと。(補説)cabanaは、海浜・プールなどの更衣所の意。

ガバナビリティー〖governability〗❶国民が自主的に統治されうる能力。被統治能力。❷統治能力。統率力。日本での誤った用法。

ガバナンス〖governance〗統治。日本では、多くコーポレートガバナンス(企業統治)の意味で使われる。

カバニス〖Pierre Jean Georges Cabanis〗[1757～1808]フランスの医学者・哲学者。感覚論を生理学的に発展させ、生理学的心理学の基礎を築いた。著「人間の肉体と精神の関係」など。

かばね【▽姓】❶上代、氏うじを尊んだ称。氏そのもの、または朝臣あそん・宿禰すくねなど、氏の下に付けてよぶものをいう。また、両者をあわせたものをも「かばね」とよぶ。狭義には、朝臣・宿禰などのことをさす。古代の「かばね」には、臣おみ・連むらじ・造みやつこ・君きみ・直あたいなど数十種あり、氏の出自によるものと、氏の職業に与えられたものとがある。❷天武天皇13年(684)の八色やくさの制で定められたもの。真人まひと・朝臣・宿禰・忌寸いみき・道師みちのし・臣おみ・連むらじ・稲置いなぎの「かばね」を諸臣に与えて、氏族の身分秩序を確立しようとしたもの。

かばね【×屍¦×尸】❶死体。また、死体の骨。しかばね。なきがら。「一を葬る」「海行かば水漬みづく一」〈万・四〇九四〉❷「尸冠しかばねかんむり」の異称。(類語)死体・死骸・遺体・遺骸・死屍しし・亡骸なきがら・屍骸しがい・むくろ

かば-の-あぶら【×樺の油】シラカバの樹皮などを乾留したのちに蒸留して得られる芳香油。新しいものは黄色透明で、皮革の仕上げや消毒剤に用いる。

かば-の-き【×樺の木】❶カバノキ科カバノキ属の樹木の総称。シラカバ・ダケカンバ・オノオレなど。樹皮は滑らかで古くなるとはげ落ちる。雄花は尾状の穂をつくり、下垂。カバノキ科にはハンノキ・ハシバミなども含まれる。❷シラカバの別名。

かば-のり【×樺海=苔】オゴノリ科の紅藻。暖地の海岸の岩に着生。赤褐色で、平たく、よく分枝する。寒天の材料や刺身のつまにする。

カパハカ ニュージーランドの先住民族マオリ族が伝える歌と踊り。集団で歌い踊る。

カハマルカ〖Cajamarca〗ペルー北西部、アンデス山脈中の標高2750メートルにある都市。カハマルカ県の県都。1532年、インカ帝国最後の皇帝アタワルパがスペイン人のフランシス=ピサロに捕らえられ、幽閉された地として知られる。先インカ、インカ時代の遺跡、植民地時代の建造物が残されている。

ガバメント〖government〗支配。統治。また、政府。「一パーティー(=与党)」

ガバメント-ライセンス〖government license〗►サイトライセンス

カバヤ〖インドネシア kabaya〗インドネシアの衣服の一種。長袖ながそでのぴったりしたシャツ風上着。

が-はやい-か【が早いか】〔連語〕《「が」は格助詞、「か」は副助詞》…するとすぐに。…するやいなや。「話を聞く一家を飛び出した」

かば-やき【×蒲焼(き)】ウナギ・ハモ・アナゴ・ドジョウなどを裂いて骨を取り、適当な長さに切って串くしに刺し、白焼きにしてから蒸して、垂れをつけて焼いた料理。関西では蒸さないで焼く。串に刺した形が蒲がまの穂に似ているところからの名という。

かばやま-すけのり【樺山資紀】[1837～1922]軍人・政治家。海軍大将・元帥。鹿児島の生まれ。薩英・戊辰ぼしん・西南戦争に参戦。のち、海軍大臣となり、日清戦争の時は軍令部長。台湾総督・枢密顧問官・内務・文部大臣など歴任。

カバラ〖Cabbala¦ヘブライ kabbālāh〗《伝統・伝承の意》ユダヤ教神秘主義の一。中世後期以後のユダヤ思想およびキリスト教にも影響を与えた。

カバラ〖Kavala〗ギリシャ北部、マケドニア地方東部の港湾都市。エーゲ海北岸、カバラ湾に面し、タバコの集散地として有名。古代ローマ時代より、古代都市フィリピの外港として栄えた。東ローマ帝国時代の城塞、オスマン帝国時代の大宰相イブラヒム=パシャが建設した水道のほか、近代エジプトの国家の基礎を築いたムハンマド=アリーゆかりの建物が残る。

か-ばらい【過払い】クワばらひ《「かはらい」とも》代金・給料などを払いすぎること。払いすぎ。また特に、法律の規定以上の利子を支払うこと。➡過払い金

かばらい-きん【過払(い)金】クワばらひ《「かはらいきん」とも》消費者金融などの貸金業者から融資を受けた人が業者に支払いすぎた利息のこと。利息制限法の上限金利(年15～20パーセント)と出資法の旧上限金利(年29.2パーセント)の差から生じたもので、返還請求ができる。過払い利息。➡グレーゾーン金利
(補説)出資法の上限金利を超過する金利での貸付けは刑事罰の対象となるが、利息制限法には罰則規定がなく刑事罰の対象とならないため、多くの貸金業者が出資法の旧上限金利29.2パーセントに近い高金利を設定していた。平成18年(2006)、多重債務問題の解決を主な目的とする貸金業法等改正法が成立。同22年6月、出資法の上限金利は20パーセントに引き下げられた。

かばらい-りそく【過払い利息】クワばらひ ►過払い金

が-はらみつ【我波羅蜜】仏語。四波羅蜜の一。完全な主体的自我を完成させる修業。

か-ばり【蚊針¦蚊×鉤】羽毛などで蚊の形に作った擬餌針ぎじばり。アユ・ハヤなど、水面に来る虫を捕食する習性のある魚を釣るのに使う。あゆ釣り針。かがしら。

カバリエ〖フランス cavalier〗❶騎士。転じて、紳士。❷ダンスで、踊り相手の男性。

カバリエリ〖Francesco Bonaventura Cavalieri〗[1598～1647]イタリアの数学者。イエズス会の修道士。ガリレオ=ガリレイに数学を学んだ。近代微積分法の成立以前に、連続量を無限小量に分割して面積・体積を求める不可分量の方法を発見。

カバリエリ-の-げんり【カバリエリの原理】二つの立体を一定の平面に平行な平面で切ったとき、切り口の面積の比が等しければ、この二つの立体の体積の比は等しいという原理。

カバルダ-バルカル〖Kabardino Balkaria〗ロシア連邦にある21の共和国の一。カフカス山脈北麓に位置する。南にグルジアと国境を接する。基幹民族はカバルダ人とバルカル人。首都はナリチク。

カパル-チャルシュ〖Kapalı Çarşı〗►グランドバザール

カバレッジ〖coverage〗❶テレビ・ラジオの受信可能な範囲。❷新聞・雑誌の購読者数。

カバレリア-ルスティカーナ〖La Cavalleria rusticana〗マスカーニ作曲のオペラ。1890年初演。ベリズモ(現実主義)オペラの代表作。シチリア島を舞台にした恋愛悲劇で、美しい間奏曲が有名。

か-はん【下半】上下に2分した、その下の半分。(対)上半。

か-はん【加判】〔名〕スル ❶公文書に判を加えたり、連判・合判したりすること。また、その判。❷公文書に花押かおうを加えるような重職。鎌倉幕府では連署れんしょ、江戸幕府では老中ろうじゅう。❸室町時代以降、借用証に連

帯責任を負って債務者とともに署名捺印(なついん)すること。
か-はん【河畔】河のほとり。河岸。「セーヌ—」(類語)湖畔・池畔
か-はん【夏半】陰暦4月の異称。
か-はん【過半】クワ 半分を超えていること。「女性が出席者の—を占める」
か-はん【過般】クワ さきごろ。このあいだ。先日。先般。「—会議で決定した事項につき」
か-ばん【下番】〔名〕スル 軍隊などで、当番勤務を終了すること。「衛兵を—する」⇔上番(じょうばん)。
か-ばん【加番】江戸幕府の職名。城番を加勢して城の警備に任じたもの。大坂加番と駿府(すんぷ)加番があり、ともに老中の支配に属した。
かばん【×鞄】❶革やズックなどで作り、書類その他の物を入れる携帯用具。(補説)中国語「夾板(キャバン)」の転とも、オランダ語のkabasから出た語ともいわれる。中国では、「鞄」の字はなめし皮、また、それを作る職人のこと。❷(かばんに金を入れることから)選挙に必要な資金の俗称。(補説)「地盤」「看板」と合わせて「三ばん」という。(類語)バッグ・手提げ・トランク・アタッシェケース・スーツケース
が-ばん【画板】グワ ❶水彩画・木炭画などをかくときに、用紙をのせる板。また、製図に用いるものもいう。❷油絵をかきつける板。板絵(いたえ)用の木板。
カバン-コート《和 caban(フランス) + coat》厚手のラシャ地で、フードのついたショートコートのこと。元来は水夫用、または士官の防水外套(がいとう)のこと。
か-はんしん【下半身】からだの、腰から下の部分。しもはんしん。⇔上半身。(類語)下(しも)
かはん-すう【過半数】クワハンスウ 全体の半分よりも多い数。「—の賛成を得る」
かはん-にん【加判人】連帯保証人として借用証に署名捺印した人。
かばん-もち【×鞄持(ち)】❶《主人の鞄を持って供をする人の意から》秘書や助手など。❷上役にへつらい、いつもついて回る者を軽蔑していう語。
か-ひ【下×婢】召使いの女。下女。はしため。
か-ひ【可否】❶よいかよくないか。事のよしあし。「—を論じる」「—を決定しかねる」❷賛成と不賛成。可決と否決。「—相半ばする」
(類語)(❶)是非・正否・当否・可不可・適否・良否・理非・正邪・善悪・曲直(きょくちょく)・優劣・よしあし/(❷)賛否
か-ひ【花被】クワ 萼(がく)と花びらの総称。また、その区別がつかないときの両者の呼称で、チューリップ・ヤマユリなどにみられる。コケ植物では、造卵器を保護する袋状の器官をいう。花蓋(かがい)。
か-ひ【果皮】クワ ❶果実で、ふつう種子を包む部分。外果皮・中果皮・内果皮が区別されるものがある。❷果実の表面を覆う外皮。
か-ひ【×痂皮】かさぶた。
か-ひ【歌碑】和歌を刻みつけてある碑。「啄木の—」
か-び【加被】神仏が力を貸して守ってくれること。加護。「もし、神明、仏陀(ぶっだ)の—にあらずは、争(いか)か反逆の凶乱をしづめんのみ」〈平家・七〉
かび【×牙】植物の芽。「葦—の如く萌えあがる物に因りてなれる神」〈記・上〉
か-び【華美|花美】クワ〔名・形動〕はなやかで美しいこと。また、はなやかすぎて不相応なこと。また、そのさま。派手。「—を極める」「—な服装」
(類語)華やか・きらびやか・絢爛・華麗・はで・はでやか・華華しい・美美しい・綺麗
か-び【蚊火】《「かひ」とも》蚊やり火。(季 夏)
かび【×穎】《「かひ」とも》植物の穂。特に、稲穂。「初穂をば千(ち)—八百(やほ)—に奉り置きて」〈祝詞・祈年祭〉
かび【×黴】《「牙(かび)」と同語源》有機物の上に生じる菌類またはその菌糸の集まり。糸状菌など、キノコを生じないものをさしていい、適当な温度と水分があれば無制限に成長を続け、至るところに発生する。(季 夏)「たらちねの母の御手なる—のもの/汀女」
黴が生・える 物に黴ができる。転じて、時代遅れになる。「—・えた思想」
カピ〔タイ kapi〕タイやミャンマーなどで用いられる調味料。オキアミ・エビ・小魚などをつぶして発酵させ、固形またはペースト状にしたもの。ガピ。
が-び【画眉】グワ まゆ墨でまゆをかくこと。まよがき。まよびき。
が-び【×蛾眉|×娥眉】蛾の触角のように細く弧を描いた美しいまゆ。転じて、美人。「嫁たるものは—を顰(ひそ)めて」〈紅葉・二人女房〉
ガビアル〔フランス gavial〕クロコダイル科のワニの一群。インドガビアル・マレーガビアルがあり、全長約6メートル。吻(ふん)は細長く、歯の数が多い。背面は暗褐色。性質は温和で、川の中にいることが多く、魚食性。
カビール-さばく【カビール砂漠】《Kavir》イラン中北部に広がる砂漠。塩分を濃く含み、地表に塩の結晶が見られる。
かび-かび〔名・形動〕粘りけのあるものが乾いてこわばった状態になるさま。また、そうなったもの。「鼻をかみすぎて鼻の下が—になる」「赤ん坊の顔に—ができる」
かび-くさ・い【×黴臭い】〔形〕図かびくさ・し〔ク〕❶かびのにおいがする。「—・い穴倉」❷時代遅れである。古くさい。「—・い学説を持ち出す」
(類語)(❷)古い・古めかしい・古臭(ふるくさ)い・時代遅れ・流行遅れ・古風(こふう)・昔風(むかしふう)・旧式・陳腐・旧弊・前近代的・旧態依然・中古・オールドファッション
がび-さん【峨眉山|峨嵋山】中国四川(しせん)省中部にある山。最高峰は万仏頂で標高3099メートル。天台山・五台山とともに中国仏教の三大霊場の一で、多くの寺院がある。1996年「峨眉山と楽山大仏」の名称で世界遺産(複合遺産)に登録された。オーメイシャン。
カピタン〔ポルトガル capitão〕【甲比丹|甲必丹】❶江戸時代、長崎のオランダ商館の館長の称。❷江戸時代、日本にやって来たヨーロッパ船の船長。❸縦糸に色糸、横糸に白糸を用いた縞の絹織物。❶が将来したもの。(補説)英語のcaptainと同語源。
カピタン-せった【カピタン雪▽駄】革を3枚がさねにして、表を黒塗りまたは溜(ため)塗りにした雪駄。江戸前期から中期の武士・医師・僧侶などが用いた。
か-ひつ【加筆】〔名〕スル 文章などを部分的に直したり、書き加えたりすること。「—訂正」
が-ひつ【画筆】グワ 絵を描くのに使う筆。絵筆。
カピッツァ〔Pyotr Leonidovich Kapitsa〕[1894〜1984]ソ連の物理学者。英国に留学し、E=ラザフォードに師事。液体ヘリウムⅡの超流動を発見、ヘリウムや酸素の液化装置を開発し、極低温を研究した。1978年、ノーベル物理学賞受賞。
カピトリーノ-しんでん【カピトリーノ神殿】《Tempio Capitolino》イタリア北部、ロンバルディア州の都市ブレシアにある古代ローマ時代の神殿跡。ローマ皇帝ウェスパシアヌスにより1世紀に建造された神殿と公共広場の遺跡がある。出土品などを展示するローマ博物館が隣接する。
カピトリーノ-の-おか【カピトリーノの丘】ヲカ《Monte Capitolino》►カンピドリオの丘
カピトリーノ-ひろば【カピトリーノ広場】《Piazza Capitolina》►カンピドリオ広場
カビネ〔フランス cabinet〕►キャビネ
かひ-の-り【加比の理】二つ以上の比が相等しいとき、それぞれの比の前項の和と後項の和との比も、もとの比と相等しいという定理。
カピバラ〔capybara〕齧歯(げっし)目カピバラ科の哺乳類。齧歯類では最大で、体長75〜130センチ、尾はほとんどない。前足に4指、後足に3指あり、後指に水かきをもつ。南アメリカの湿地近くの森林にすむ。
かび-や【鹿火屋|蚊火屋】《「かひや」とも》田畑を鹿や猪(いのしし)などから守るために火をたく番小屋。一説に、蚊やり火をたく小屋とも。(季 秋)「朝霞—が下に鳴くかはづ」〈万・二二六五〉
か-びゅう【過×謬】クワビウ あやまち。過誤。
か-ひょう【下▽平】ヒヤウ 漢字の四声で、平声(ひょうしょう)30韻のうち、後半の先・蕭・肴・豪・歌・麻・陽・庚・青・蒸・尤・侵・覃・塩・咸の15韻。下平声。➡上平(じょうひょう)
か-ひょう【下表】ヘウ 下に示してある図表。
か-ひょう【価標】ヘウ 化合物の化学構造を示すのに用いる、原子間の結合を示す表示。単結合を1本、二重結合を2本、三重結合を3本の線などで表す。
か-ひょう【苛評】ヒヤウ 厳しい批評。酷評。
か-ひょう【華表】クワヘウ ❶中国で、宮殿・廟宇・陵墓の前に立てられる石柱。❷神社の鳥居。
か-びょう【歌病】ビヤウ ►歌の病(やまい)
が-ひょう【賀表】ヘウ 国家の慶事に際して、臣下が祝いの気持ちを述べて、天子に奉る文。
が-びょう【画×鋲】グワビヤウ 図画・ポスターなどを板や壁面に留めるための鋲。
かびら【迦毘羅】㊀「迦毘羅衛」の略。㊁「迦毘羅仙」の略。
かびらえ【迦毘羅衛】カビラヱ《梵 Kapilavastuの漢名。vastuは城の意》釈迦(しゃか)族の住んでいた都城。現在のネパール連邦民主共和国タライ地方にあった。釈迦牟尼はこの地で生まれたという。カピラバストゥ。
かびら-げどう【×迦×毘羅外道】ゲダウ 迦毘羅仙を祖とするサーンキヤ学派に対する仏教側からの称。
かびら-せん【迦毘羅仙】《梵 Kapilamaharṣiの漢名》前300年ころのインドの哲学者。六派哲学の一、サーンキヤ学派の開祖とされる。「サーンキヤスートラ」の著者といわれるがこの書は実際には後世の作。カピラ。生没年未詳。
かびら-わん【川平湾】沖縄県八重山諸島の石垣島西部にある湾。散在する小島と珊瑚礁(さんごしょう)の海に囲まれ、島内で最も美しい入り江として名高い。南岸には黒真珠の養殖場がある。西表石垣国立公園の一部。
か・びる【×黴びる】〔動バ上一〕図か・ぶ〔バ上二〕かびが生える。比喩的に、物事が古くさくなる。「餅(もち)が—・びる」(季 夏)「—・びる日々不安を孤独と詐称して/草田男」
か-ひん【佳品】よい品物。すぐれた作品。
か-ひん【佳賓】よい客。珍しい客。賓客。
か-びん【花瓶】クワ 花を生ける、壺形や筒形をした容器。陶磁器・金属製・ガラス製などのものがある。
か-びん【過敏】クワ〔名・形動〕刺激に対して過度に敏感なこと。また、そのさま。「神経の—な人」(派生)かびんさ〔名〕(類語)敏感・鋭敏・機敏・俊敏・明敏・敏・鋭い・シャープ
かびん-しょう【過敏症】クワビンシヤウ 普通は無害な花粉・粉塵(ふんじん)・薬品の特定の因子に敏感に反応し、身体の異常を起こす状態。アレルギー体質に多い。
かびんせい-だいちょう【過敏性大腸】クワビンセイダイチヤウ ►過敏性腸症候群
かびんせいちょう-しょうこうぐん【過敏性腸症候群】クワビンセイチヤウシヤウコウグン 精神的ストレスなどによって腸の機能が異常になり、下痢(げり)・便秘・腹痛などが慢性的にみられる状態。治療は食事と生活習慣の改善を主に、薬物療法もある。以前は大腸の異常によるものと考えられ「過敏性大腸(症候群)」とも呼ばれた。IBS(irritable bowel syndrome)。
か-ふ【下付】〔名〕スル 金品・書類などを役所から下げ渡すこと。「証明書を—する」「—金」
か-ふ【火夫】クワ ボイラーなどの火をたく人。かまたき。
か-ふ【花布】クワ ❶細かい花模様を染織したり、刺繍(ししゅう)したりした布。印花布。❷更紗(サラサ)の異称。
か-ふ【花譜】クワ 花を、四季の順や分類などに従って記録した図譜。
か-ふ【家父】❶自分の父。⇔家母(かぼ)。❷古代ローマにおける家族団体の長。(類語)家厳(かげん)・家君(かくん)・愚父(ぐふ)
か-ふ【家扶】❶律令制で、親王家・内親王家および臣下で一位の者の家に置かれた職員。家令(かれい)の下にあってこれを補佐。いえのすけ。❷もと、皇族や華族の家で、家令の下で家務・会計に携わった人。
か-ふ【家婦】妻。主婦。
か-ふ【家譜】その家の系譜。一家の系図。
か-ふ【華府】クワ《「華盛頓」と書いたところから》米国の首都、ワシントン。
か-ふ【寡夫】クワ 妻に死に別れて再婚しないでいる

男性。やもめ。やもお。

か-ふ【寡婦】(クワ) 夫に死に別れて再婚しないでいる女性。やもめ。後家(ごけ)。未亡人。

カフ〖cuff〗服やワイシャツの袖口。カフス。

かぶ ❶めくりカルタの9の数の札。また、合計した数の末尾が9になるもの。❷ ▶おいちょかぶ

か-ぶ【下部】下の部分。下の方。「―組織」⇔上部。[類語]下手(しもて)

かぶ【株】㊀〔名〕❶切り倒した木や、刈り取った稲などの、あとに残った根元の部分。切り株や刈り株。くいぜ。❷草木の、何本にも分かれた根元。「菊の―を分ける」❸株式。株券。❹㋐特定の身分・地位または職業上・営業上の権利・資格・格式。「相撲の年寄―」「このまま家(=芸者屋)の―をそっくり譲ってやりたいと」〈荷風・腕くらべ〉㋑江戸時代、株仲間の一員として持つ特権。また、御家人(ごけにん)・名主(なぬし)などの身分・地位を世襲・継続する特権。売買の対象ともなった。❺その仲間・社会で評価を得ていること。また、その評価。「日本の―が上がる」❻その人特有の癖。得意なわざ。現代では「おかぶ」の形で用いる。「このばあさまは…泣きごとばかりいふが―なり」〈滑・浮世風呂・二〉➡御株(おかぶ) ㊁〔接尾〕❶助数詞。㋐根のついた草木を数えるのに用いる。「カンナ三―」㋑株式・株券を数えるのに用いる。❷名詞に付いて、その地位・資格を持つ者の意を表す。「兄貴―」「番頭―」

株が上(あ)が・る 《株価が上昇することから》その人の評判がよくなる。「冷静な対応をして―・る」

株を守・る 「株(くいぜ)を守る」に同じ。

か-ぶ【歌舞】〔名〕(スル) 歌と舞。また、歌ったり舞ったりすること。「―音曲」

かぶ【×蕪┆蕪=菁】《「かぶら(蕪)」の女房詞「おかぶ」からかという》アブラナ科の越年草。根は肥大して球形などになり、白のほか赤・黄・紫色もある。根元から出る葉はへら状。春、黄色の十字形の花を総状につける。古く中国から渡来し、野菜として栽培。多くの品種がある。かぶら。かぶな。(季 冬)「露の―抜いておどろく声洩らす/楸邨」

かぶ【▽頭】《「株(かぶ)」と同語源》あたま。かしら。「ははあ、―を離(はな)いたは」〈虎寛狂・惣八〉

か・ぶ【×黴ぶ】〔動バ上二〕「かびる」の文語形。

が-ふ【牙×斧】雄のイノシシのきばで作った小型の斧(おの)。日本では縄文時代にみられる。

が-ふ【画布】(グワ) 油絵をかくための布。カンバス。

が-ふ【画譜】(グワ) 絵画を種類別に分けた本。また、それに絵画技法や画論を添えたもの。

が-ふ【▽楽府】❶中国前漢の武帝の創設した、音楽をつかさどる役所。❷漢代に❶が巷間から採集し、保存した歌謡、およびそれを模して作られた詩の一体。長句・短句の交錯する自由な詩形により、祭儀から日常生活に至る広範囲な題材を扱い、多くは楽器に合わせて歌った。❸漢詩の古体の一。漢代以降の❷の題目・形式をまねて作った、伴奏を伴わない詩。唐代に流行。新楽府(しんがふ)といわれ、「白氏文集(はくしもんじゅう)」にも収められる白居易のものが有名。

カファジャテ〖Cafayate〗アルゼンチン北部の都市、サルタの南約180キロメートルにある町。コンチャス川による浸食で形成されたカファジャテ渓谷が延びる。同国有数のワイン産地として知られる。

か-ふう【下風】❶「風下(かざしも)」に同じ。❷他の支配を受ける低い地位。「人の―に立つを潔しとしない」

か-ふう【火風】(クワ) ❶火と風。❷火炎を伴った風。「青色の鬼神顕れ出でて…―その口より出でて」〈太平記・三九〉

か-ふう【家風】その家に特有の気風・習慣。その家の流儀や作法など。「―に合わない」[類語]気風

か-ふう【歌風】和歌の詠みぶり・作風。歌に表れた歌人または流派の特色や傾向。

が-ふう【画風】(グワ) 絵画の作風。絵に表れた画家または流派の特色や傾向。

かふう-き【荷風忌】永井荷風の命日。4月30日。没後に建立された文学碑のある、東京都荒川区の浄閑寺で法要が行われている。(季 春)

かふうらく【夏風楽】「春庭楽(しゅんでいらく)」の異称。

カブール〖Camillo Benso conte di Cavour〗[1810～1861]イタリアの政治家。サルデーニャ王国の首相としてクリミア戦争に参加、ナポレオン3世との密約など、巧みな外交政策と、共和主義的なガリバルディらの運動の懐柔によってイタリア統一を促進したが、完全統一がなされる直前に急死。

カブール〖Kabul〗アフガニスタンの首都。ヒンズークシ山脈の南麓にあり、インドと中央アジアを結ぶ交通の要地。人口、行政区254万(2006)。カーブル。

カフェ〖(フランス) café〗《キャフェとも》❶コーヒー。❷コーヒー店。喫茶店。❸大正・昭和初期に、女給が酌をして洋酒類を飲ませた飲食店。カフェー。カッフェー。

カフェイン〖caffeine┆(ドイツ) Kaffein〗コーヒー豆・茶の葉・カカオの実などに含まれるアルカロイド。苦味のある白色の結晶で、中枢神経の興奮や強心・利尿などの作用があり、薬用。茶素。テイン。

カフェ-エスプレッソ〖(イタリア) caffè espresso〗▶エスプレッソコーヒー

カフェ-オ-レ〖(フランス) café au lait〗大ぶりのカップに濃い目のコーヒーと、ほぼ等量の熱くした牛乳を入れた飲み物。➡カフェラテ ➡カプチーノ

カフェオレ-はん【カフェオレ斑】皮膚にできる褐色の扁平な色素斑。出生時からみられることが多い。直径1.5センチ以上の色素斑が6個以上ある場合、レックリングハウゼン病(神経線維腫症Ⅰ型)である可能性が高い。

カフェ-テラス《和 café(フランス)＋terrasse(フランス)》歩道や庭に張り出して客席を設けた喫茶店。[類語]喫茶店・茶房・茶店

カフェテリア〖cafeteria〗客が好みの料理を選んで、自分で食卓に運んで食べる形式の飲食店。キャフェテリア。

カフェテリア-プラン〖cafeteria plan〗保険・保養・自己啓発など、企業が提供する各種・多様な福利厚生施策の中から、従業員が自分に必要なものを組み合わせて選ぶ制度。カフェテリアでの食事の仕方になぞらえたもので、企業の側には福利厚生費を抑制できるメリットがある。アメリカで始まり、日本でも導入する企業が増えている。

カフェ-バー〖(フランス) café-bar〗しゃれたインテリアとカクテルなどを特徴とする飲食店。

カフェ-マキアート〖(イタリア) caffè macchiato〗《「カフェマッキアート」とも》エスプレッソに少量のミルクフォーム(蒸気で泡立てた牛乳)をのせた飲み物。マキアート。[補説]macchiatoは「染みのついた」の意で、エスプレッソの表面についたミルクの模様が染みのように見えることからの名。

カフェラッテ〖(イタリア) caffellatte〗▶カフェラテ

カフェラテ〖(イタリア) caffellatte〗《「カフェラッテ」とも》温めた牛乳にコーヒー(エスプレッソであることが多い)を加えた飲み物。➡カフェオレ ➡カプチーノ

カフェ-ロワイヤル〖(フランス) café royal〗スプーンにのせた角砂糖にブランデーをかけて燃やし、それを入れて飲むコーヒー。

か-ふか【過負荷】(クワ) 機械の可動部や電気回路・電子回路などに許容以上の負荷が加わる状態。また、その負荷。

カフカ〖Franz Kafka〗[1883～1924]チェコスロバキア、プラハ生まれの小説家。ドイツ語で作品を書いた。実存主義文学の先駆者。人間存在の不条理を、異常な事件にからませて写実的文体で描いた。作「変身」「審判」「城」「アメリカ」など。

かぶ-か【株価】証券市場での株式の価格。出来値。

かぶか-いち【株価位置】(ヰチ) 株価の相対的な水準を示す指標。その銘柄の年初来高値を100、年初来安値を0とし、現在の株価を0～100の範囲で表す。[補説]株価に関して、過去の値動きなどを踏まえた上で、高低を示す表現として用いられる場合もある。例えば、「現在の株価位置は昨年の高値と比較して相当低い」など。

かぶかキャッシュフロー-ばいりつ【株価キャッシュフロー倍率】▶ピー-シー-エフ-アール(PCFR)

かぶか-しすう【株価指数】株価の変動を総合的に表示するための指数。基準時点の株価水準を100とし、比較時点の株価水準を指数化したもの。株価平均型、時価総額加重平均型、浮動株基準などの株価指数がある。➡ダウ平均株価 ➡TOPIX ➡日経平均株価 ➡ナスダック総合指数

かぶかしすう-さきもの【株価指数先物】日経平均株価やTOPIXなどの株価指数に連動する先物の総称。日本では、日経225先物やTOPIX先物などがある。取引を行う際は、取引金額に応じて証拠金を預託し、対象となる株価指数を所定の価格で取引(売りまたは買い)する。その後、所定の決済日までに反対売買を行って決済し、発生した損益額の受け渡しを行う。株式指数先物。➡差金決済

かぶかしすうれんどうがた-じょうじょうとうししんたく【株価指数連動型上場投資信託】(―ジヤウヂヤウトウシシンタク) ▶イー-ティー-エフ(ETF)

かぶか-しゅうえきりつ【株価収益率】(―シウエキリツ) ▶パー(PER)

かぶか-じゅんしさんばいりつ【株価純資産倍率】▶ピー-ビー-アール(PBR)

カフカス〖Kavkaz〗黒海およびアゾフ海とカスピ海に囲まれる地域。ロシア連邦南西部とグルジア・アゼルバイジャン・アルメニアにわたる。地下資源に富む。コーカサス。

カフカス-さんみゃく【カフカス山脈】《Bol'shoy Kavkaz》ロシア連邦とグルジア・アゼルバイジャン両国との国境を走る山脈。最高峰は西部にあるエリブルース山の標高5633メートル。黒海からエリブルース山にいたる手つかずの自然が残る西カフカス地域には、カフカス自然保護区、ソチ国立公園などが含まれ、1999年に世界遺産(自然遺産)に登録された。コーカサス山脈。

カフカス-の-かやくこ【カフカスの火薬庫】(―クワヤクコ) 北カフカス地方にあるチェチェン共和国とイングーシ共和国をさす。独立・領土問題、民族・宗教対立など、ロシア連邦や近隣共和国との間で紛争が絶えないことから、「火薬庫」と呼ばれる。➡チェチェン戦争

がぶ-がぶ ㊀〔副〕水などをむさぼるように飲むさま。また、その音。「酒を―(と)飲む」㊁〔形動〕胃に水などがたくさんたまっているさま。「ビールで腹が―だ」[アクセント]㊀はガブガブ、㊁はガブガブ。

かぶ-き【▽冠木】❶門や鳥居などで、左右の柱の上部を貫く横木。❷「冠木門」の略。

かぶき【歌舞伎┆歌舞×妓】《天正時代の流行語で、奇抜な身なりをする意の動詞「かぶ(傾)く」の連用形から》近世初期に発生、江戸時代の文化が育てた日本固有の演劇。先行の舞踊・音楽・科白劇(かはくげき)などの諸要素を集大成した、庶民的な総合演劇として今日に至る。歌舞伎劇。歌舞伎芝居。

かぶき-うた【歌舞伎唄】歌舞伎に用いられる歌。初期は地歌・小唄を主とし、のちには長唄が主流となった。舞踊の伴奏としての所作事(しょさごと)唄と、舞台の効果音楽としての下座(げざ)唄とがある。

かぶき-おどり【歌舞伎踊(り)】(―をどり) 歌舞伎発生期の女歌舞伎・若衆歌舞伎などの踊り。流行歌謡などに合わせて踊る一種のレビューで、出雲阿国(いずものおくに)が創始したという。

かぶき-おんがく【歌舞伎音楽】歌舞伎に用いられる音楽。三味線・唄・鳴り物からなる。舞踊の伴奏としての所作音楽と、舞台の効果音楽としての下座音楽とがある。

かぶき-きょうげん【歌舞伎狂言】(―キヤウゲン) ❶歌舞伎で演じられる芝居。能狂言や歌舞伎舞踊に対していう。❷歌舞伎劇の脚本。

かぶき-げき【歌舞伎劇】「歌舞伎」に同じ。

かぶき-こ【歌舞伎子】江戸時代、若衆方の歌舞伎俳優。かげで男色も売った。舞台子。色子(いろこ)。歌舞伎若衆。

かぶき-ざ【歌舞伎座】㊀歌舞伎を演じる役者の一座。また、歌舞伎を演じる劇場。㊁東京都中央区に

ある劇場。明治22年(1889)福地桜痴が建設。明治44年(1911)に改築されるも漏電により焼失、大正13年(1924)再建。奈良時代と桃山時代の意匠を併せもつ外観となるが、第二次大戦時の空襲により焼失。昭和25年(1950)に三度目の再建がなされ、平成14年(2002)には登録有形文化財となる。平成22年(2010)老朽化のため一時閉館、2013年の完成を目指して建て替えが行われている。

かぶき-しばい【歌舞伎芝居】❶歌舞伎を演じる劇場。江戸時代は、やぐらをあげることを許された劇場をいった。❷「歌舞伎」に同じ。

かぶき-じゅうはちばん【歌舞伎十八番】歌舞伎18種のこと。普通は江戸歌舞伎の市川家の当たり狂言をさす。7世市川団十郎が天保初年ごろ選定。荒事芸に特色をもつ。不破・鳴神・暫・不動・嫐・象引・勧進帳・助六・押戻・外郎売・矢の根・関羽・景清・七つ面・毛抜・解脱・蛇柳・鎌髭の18種。

かぶき-じょうるり【歌舞伎浄瑠璃】歌舞伎に用いられる浄瑠璃。一中・河東・豊後・常磐津・富本・清元・新内・薗八節などがある。

かぶき-ぞうし【歌舞伎草子】初期歌舞伎、特に女歌舞伎のようすや、歌舞伎踊りの歌謡などを記した草子。室町末期から江戸初期にかけての成立と考えられ、4種が現存。

かぶき-ちょう【歌舞伎町】東京都新宿区南部の地名。新宿駅の近くの歓楽街。

かぶき-どう【▽衡胴】鎧の胴で、前後の引き合わせの連の湾曲部分。長側。

かぶき-ぶよう【歌舞伎舞踊】歌舞伎興行の演目の一つとして、また、歌舞伎狂言中の一幕として演じられる舞踊。➡所作事

かぶき-もの【歌舞伎者】❶並外れて華美な風体をしたり、異様な言動をしたりする者。だて者。「近年は人の嫁子もおとなしからずして、遊女、一のなりさまを移し」〈浮・一代女・三〉❷歌舞を演じるもの。踊り子。「女の一を揃へて踊らせける」〈浮・置土産・四〉❸歌舞伎役者。または歌舞伎社会の者。芝居者。

かぶき-もん【▽冠木門】冠木を渡した屋根のない門。

かぶき-やくしゃ【歌舞伎役者】歌舞伎を演じる俳優。女歌舞伎禁止以後は男優ばかりとなり、歌舞伎独自の女形が発達した。歌舞伎俳優。

か-ふきゅう【過不及】度が過ぎることと及ばないこと。適度でないこと。過不足。

過不及な・い　適度である。ちょうどよい。「一・く均整のとれた豊かさは」〈中島敦・弟子〉

かぶき-わかしゅ【歌舞伎若衆】➤歌舞伎子

かぶ-きん【株金】株式に対する出資金。

か-ふく【下腹】腹部の下のほう。したはら。

か-ふく【禍福】災難と幸福。不運と幸運。

(類語)吉凶・慶弔

禍福は糾える縄の如し　《「史記」南越伝から》幸福と不幸は、より合わせた縄のように交互にやってくるということ。吉凶は糾える縄の如し。

禍福門なし唯人の招く所　《「春秋左伝」襄公二十三年から》幸福と不幸は、やってくる門があらかじめ決まっているわけではなく、その人自身が招くものである。

禍福を擅にす　権威を濫用して、勝手に人を賞したり罰したり、退けたり引き上げたりする。

かぶ・く【▽傾く】〔動カ四〕《「かぶ」は頭の意》❶かたむく。頭をかしげる。「一・けるは稲のほの字ぞ京上臈/城次」〈貝おほひ〉❷勝手な振る舞いをする。奇抜な身なりをする。「一・きたる形ばかりを好み」〈伽・猫のさうし〉❸歌舞伎を演じる。「いざや一・かん」〈伽・歌舞伎草子〉➡歌舞伎

が-ふく【画幅】❶絵画の軸物。❷画布。また、それにかかれた絵。

かふく-ぶ【下腹部】下腹の部分。特に、陰部。

かぶくり-ぬま【蕪栗沼】宮城県北部、大崎市と登米市の境にある沼。周囲1キロメートルの低湿地湖沼。毎年6万羽以上のカモ・ガン・ハクチョウが飛来する渡り鳥の宝庫。平成17年(2005)、周辺水田とともにラムサール条約に登録された。

かぶ-けん【株券】株主としての地位を表す有価証券。株式。株。➡株券電子化

かぶけん-しょうひたいしゃく【株券消費貸借】保有する株券を他人に貸し出すこと。株主が議決権とともに株券を貸し出し、一定期間が経過したあとで返却してもらう契約のこと。株券の名義は一旦借り主に書き換えられる。返却時に同数の株券がそろっていればいいので、借りている間に市場で売却することができる。貸し株。

かぶけん-でんしか【株券電子化】「社債、株式等の振替に関する法律」に基づいて、上場会社の発行する株券をすべて廃止して電子化すること。電子化された株券は証券保管振替機構(通称、ほふり)が一元管理し、株式の売買や保有状況の確認は同機構や証券会社などの口座を通じて行う。株券の紛失・盗難、偽造株券の取得などのリスク軽減や、株券の発行・交換・移転・保管などのコスト削減が期待できる。平成16年(2004)に電子化が始まり、平成21年(2009)1月に一斉移行された。(補説)自宅や貸金庫などに保管されている電子化されていない箪笥株は、株券電子化後、株券としての効力が失われる。こうした株式は、株主の権利を保全するため、株式発行会社が信託銀行などに開設した特別口座に移され管理されている。売却する場合は、証券会社に取引口座を開設し、株式を振り替える必要がある。他人名義の場合、失念救済手続きが必要となるが、株主の権利が失われる場合もある。

かぶ-こうぞう【下部構造】《ﾄﾞｲﾂ Unterbau》史的唯物論で、一定の発展段階にある社会構成の基礎となる物質的な生産関係の総体。これが社会的・政治的な制度、思想・芸術などの上部構造を規定する。経済的構造。➡上部構造

カプサイシン〖capsaicin〗トウガラシの果実に含まれる辛味成分。皮膚刺激作用があり、皮膚に塗るとその部分の血管が拡張し発赤・充血を生じる。

かぶさ・る【▽被さる】〔動ラ五(四)〕❶かぶせたようになる。覆いかかる。「髪が額に一・る」「現実に思い出が一・る」「二つの音が一・り合う」❷負担がわが身に及ぶ。「余分な仕事が一・ってくる」

かぶし《動詞「かぶ(傾)す」の連用形から》頭を傾けること。転じて、頭の格好。「一、かたちなど、いとよしと見えて」〈徒然・一〇五〉

かぶ-しき【株式】❶株式会社の資本の構成単位。❷株主としての地位。株主権。❸株券。

かぶしき-がいしゃ【株式会社】現代の代表的な企業形態の一。合名会社・合資会社・合同会社における持ち分にあたるものを株式の形式にし、株主は株式の引受価額を限度とする有限の出資義務を負うだけとなる。機関には、株主総会・取締役会・会計参与・監査役などがある。(類語)有限会社・KK

かぶしきがいしゃ-かんぽ【株式会社かんぽ】「株式会社かんぽ生命保険」が発足する前の準備会社の名称。

かぶしきがいしゃ-かんぽせいめいほけん【株式会社かんぽ生命保険】日本郵政グループの生命保険会社。平成18年(2006)準備会社「株式会社かんぽ」として設立。翌年、日本郵政公社の民営・分社化に伴い現名称に変更。本社は東京都千代田区にある。総資産93兆6886億円で、生命保険会社として世界最大規模。持株会社の日本郵政が全株式を保有する(平成24年7月現在)。かんぽ生命。JPかんぽ生命。➡日本郵政グループ (補説)民営化以前の簡易生命保険は独立行政法人郵便貯金・簡易生命保険管理機構が継承。業務はかんぽ生命保険を経由して郵便局に委託されている。

かぶしきがいしゃしょうこうくみあいちゅうおうきんこ-ほう【株式会社商工組合中央金庫法】商工組合中央金庫の株式会社化に伴い、旧商工組合中央金庫法を廃止して制定された法律。平成20年(2008)施行。政府が出資分を処分して完全民営化されるまでの移行期間における、同金庫の株主や業務等を規定する。当初は完全民営化の時期も示されていたが、その後の改正で政府の関与の有無も含めて今後の検討課題とされた。

かぶしきがいしゃにほんせいさくとうしぎんこう-ほう【株式会社日本政策投資銀行法】日本政策投資銀行の株式会社化に伴い、旧日本政策投資銀行法を廃止して制定された法律。平成19年(2007)施行。同行の業務、資金調達方法、国との関係等を規定する。当初は完全民営化の時期も示されていたが、その後の改正で政府の関与の有無も含めて今後の検討課題とされた。

かぶしきがいしゃ-ゆうちょ【株式会社ゆうちょ】「株式会社ゆうちょ銀行」が発足する前の準備会社の名称。

かぶしきがいしゃ-ゆうちょぎんこう【株式会社ゆうちょ銀行】日本郵政グループの銀行。平成18年(2006)準備会社「株式会社ゆうちょ」として設立。翌年、日本郵政公社の民営・分社化に伴い現名称に変更。本社は東京都千代田区にある。総資産195兆8198億円、貯金残高175兆6353億円で、預金金融機関として世界最大規模。持株会社の日本郵政が全株式を保有する(平成24年7月現在)。ゆうちょ銀行。JPゆうちょ銀行。ゆうちょ。➡日本郵政グループ

かぶしきがいしゃりつ-がっこう【株式会社立学校】株式会社が設立し運営する学校。構造改革特別区域法により可能となり平成16年(2004)に2校が設立。設立については、高校以下は特区に認定された地方自治体が認める。また、不登校児童生徒などの教育に実績を持つNPO法人も学校を設立できる。私学助成の対象にならず、税制上の優遇もない。教職員は私学共済組合に加入できない。

かぶしきかいとりせいきゅう-けん【株式買(い)取(り)請求権】株主が、保有する株式の買い取りを、株式発行会社に請求する権利。事業譲渡や企業の合併・分割など、株主に重大な影響を与える株主総会決議に対して、所定の手続きを経て反対した株主、および市場で売却できない単元未満株を保有する株主に請求権がある。

かぶしき-こうかい【株式公開】限られた株主(オーナーやその家族など)が所有する会社の株式を、上場によって広く不特定多数の者に公開すること。新規公開株式。IPO(Initial Public Offering)。

かぶしき-こうかいかいつけ【株式公開買付】主に会社の経営支配権を獲得しようとする者が、株式の価格・数量・買い付け期間などを公開し、証券市場の外で不特定多数の株主から株式を買い付けること。公開買付。TOB。テンダーオファー。

かぶしきごうし-がいしゃ【株式合資会社】出資額を限度とする有限責任を負う株主と、会社の業務を執行し会社を代表して無限責任を負う社員からなる会社。昭和25年(1950)商法改正で廃止。

かぶしき-じかそうがく【株式時価総額】株式会社の発行済み株式数に株価を掛けた数値。その会社の株式市場での企業価値を評価する指標として用いる。時価総額。

かぶしき-しじょう【株式市場】株式の発行と売買が行われる市場の総称。

かぶしきしすう-さきもの【株式指数先物】➤株価指数先物

かぶしき-そうば【株式相場】株式が売買される価格。

かぶしき-てすうりょう【株式手数料】「株式売買委託手数料」の略。

かぶしき-とうししんたく【株式投資信託】株式に投資を行うことが信託約款に記載されている投資信託。これに対して株式を運用対象としないものを公社債投資信託という。➡オープン株式投信 ➡スポット株式投信

かぶしきとう-ふりかえせいど【株式等振替制度】上場会社の株券をすべて廃止し、株主の

権利の管理を、証券保管振替機構および証券会社に開設された口座において電子的に行う制度。金融商品取引所に上場されている株式・新株予約権・新株予約権付社債・投資口・優先出資・投資信託受益権およびこれらに準ずるもので、発行者の同意を得たものが対象。平成21年(2009)の株券電子化に伴い導入された。➡証券保管振替制度

かぶしき-とりひきじょ【株式取引所】証券取引所(金融商品取引所)の旧称。

かぶしき-なかがいにん【株式仲買人】もと、株式取引所で株式の売買を行った者。大正11年(1922)に取引員と名称を変えた。現在の証券取引所(金融商品取引所)の承認を受けた取引参加者(会員組織の取引所は会員)に相当する。

かぶしき-はいとう【株式配当】株主に対する利益の配当の全部または一部を、金銭ではなく、新しく発行する株式の交付によって行うこと。平成3年(1991)改正商法施行後は株式分割と規定される。

かぶしきばいばい-いたくてすうりょう【株式売買委託手数料】証券会社に株式などの売買を委託した投資家が、売買が成立した際に支払う手数料。平成11年(1999)規制緩和に伴い、証券取引所が決めていた固定手数料制を廃止、手数料の設定が自由化された。インターネットを通じた売買では手数料が安くなるなど、証券会社が独自の方式で手数料を設定している。株式手数料。委託手数料。

かぶしき-ぶんかつ【株式分割】資本の額を増加させずに発行済み株式を分割して総数を増加させること。株式の市場流通性を高める目的で行われることが多い。

かぶしき-もちあい【株式持(ち)合い】株式組織の金融機関や事業会社が相互に相手方の株式を持ち合うこと。経営支配権の安定化や取引関係の強化などを目的とする。日本では以前からの慣行であったが、1990年代以降解消の傾向にある。

カフジビエガ-こくりつこうえん【カフジビエガ国立公園】《Kahuzi-Biega》コンゴ民主共和国東部にある国立公園。カフジ山とビエガ山の高山性熱帯雨林と、竹の密林、湿原などからなる。絶滅が危惧されているヒガシローランドゴリラの保護を目的に、1970年に国立公園に指定された。1980年、世界遺産(自然遺産)に登録されたが、ルワンダ内戦に伴う難民の流入や、環境悪化などを理由に、1997年、危機遺産リストに登録された。

かぶ-しま【蕪島】青森県南東部、八戸市の沖合にある島。現在は埋め立てにより本土とつながる。周囲800メートル、標高19メートル。ウミネコの繁殖地で、国の天然記念物に指定されている。

カフス〖cuffs〗ワイシャツ・婦人服などの袖口。また、その部分の布。カフ。

かぶ・す【▽被す】㊀〘動サ五(四)〙「被かぶせる」に同じ。「穴に土を—・しておく」㊁〘動サ下二〙「かぶせる」の文語形。

かぶ・す【▽傾す】〘動サ四〙《「かぶ」は頭の意》うなだれる。「一本薄ひともとすすき項うなじ—・し」〈記・上・歌謡〉

カブ-スカウト〖cub scout〗ボーイスカウトの幼年部門。8歳から11歳までの少年で構成される。

カフス-カバー《和 cuffs＋cover》袖カバー。

か-ふすべ【蚊×燻べ】蚊やり。蚊いぶし。(季 夏)

カフス-ボタン《和 cuffs＋botão(ポルト)》ワイシャツのカフスの穴に通して袖口を留める、装飾を兼ねた留め具。カフリンク。カフリンクス。(補説)英語ではcuff link

カフス-リンク《cuff linkから》「カフリンク」に同じ。カフスリンクス。➡カフスボタン

かぶせ【▽被せ】❶かぶせること。また、そのもの。❷表面だけりっぱに作って本物らしく見せること。特に、鍍金めっきをすること。また、そのもの。かぶせもの。「しかしその金きんはもしかしたら—かもしれないよ」〈志賀・暗夜行路〉❸釣りで、寄せ餌えを撒まくこと。撒き餌。

かぶせ-あみ【▽被せ網】水中に投げ下ろし、魚群を覆って捕らえる網。投網とあみ・下ろし網など。

かぶせ-ぶた【▽被せ蓋】身をすっぽり覆うように作られた、縁ふちのあるふた。

かぶせ-ぼり【▽被せ彫(り)】木版本を再刊するときに、原版で刷った紙を版木にはりつけて版下として彫ること。また、その版木。

かぶせ-もの【▽被せ物】❶覆いかぶせるもの。❷表面だけを覆い繕って本物のように見せかけたもの。特に、鍍金めっきをしたもの。

かぶ・せる【▽被せる】〘動サ下一〙文かぶ・す〘サ下二〙❶上から覆うように物を載せる。「帽子を—・せる」「布団を—・せる」❷全体に注ぎかける。「頭から水を—・せる」「種に土を—・せる」❸すでにある色や音などの上に、さらに他の物を加える。「映像にナレーションを—・せる」❹間まを置かないで、すぐ次の言葉を言う。「—・せて言う」❺人に罪や責任などを負わせる。着せる。「人に罪を—・せる」

(類語)覆う・掛ける・おっかぶせる・包む・くるむ・くるめる・覆いかぶせる・被覆する・包装する・パックする

カプセル〖capsule ドイツ Kapsel〗❶粉薬などを入れる、ゼラチン製の小さな円筒形の密閉容器。❷宇宙飛行体として、人間や計器類を乗せる、加圧された気密容器。宇宙カプセル。❸一般に、❶のような形状の、密閉可能な入れ物。「タイム—」❹►莢膜きょうまく

カプセル-か【カプセル化】《encapsulation》オブジェクト指向プログラミング言語において、データに対する操作の手続きをオブジェクト内に限定し、独立性を高めること。

カプセル-ざい【カプセル剤】ゼラチンなどで作った小さな容器に粉薬を詰めたもの。

カプセル-ないしきょう【カプセル内視鏡】直径10ミリ前後、長さ25ミリ前後のプラスチックの円筒の中に超小型カメラ・発光ダイオード・電池・無線発信装置を組み込んだもの。消化管の中をゆっくり移動し、撮影した画像を体外の受像装置に発信する。4〜8時間で体外に排出される。

カプセル-ベッド《和 capsule＋bed》カプセルホテルなどにあるカプセル式のベッド。カプセルによって、外部から遮断され、完全な個室空間を形成する狭小なベッドルーム。

カプセル-ホテル《和 capsule＋hotel》ベッドの入ったカプセル状の小部屋を、二、三段重ねにして並べた簡易宿泊施設。昭和54年(1979)大阪に登場。

か-ふそく【過不足】多すぎることと足りないこと。過不及。「事実を—なく伝える」

がふ-だい【▽楽府題】楽府❷の題目。歌・行・歌行・引・曲・吟・辞・唱・怨などの種類がある。後世の詩人は、多くこれらに倣って楽府を作った。

カフタン〖caftan〗近東諸国など、イスラム文化圏で着用される前開き服。長袖丈長で、ほぼ直線裁ち。

カプチーノ〖イタリア cappuccino〗エスプレッソコーヒーに、蒸気で温めながら泡立てた牛乳(スチームドミルクフォーム)を加えた飲み物。香りづけにシナモンなどを添える。➡カフェマキアート ➡カフェラテ

かふちょう-けん【家父長権】►家長権

かふちょう-せい【家父長制】父系の家族制度において、家長が絶対的な家長権によって家族員を支配・統率する家族形態。また、このような原理に基づく社会の支配形態。

カプチン-かい【カプチン会】《Capuchin》カトリック修道会フランチェスコ会の三独立分派の一。1525年、イタリア人の司祭マテオ＝ダ＝バシオが創立。名称は、会員がかぶる頭巾(カプッチョ)に由来する。

カプチン-ばし【カプチン橋】《Kapucinski most》スロベニア中西部の町シュコーフィアロカにある橋。市街を流れるセルシュチツァ川に架かる。14世紀に建造。19世紀の改修により、鉄製の欄干とボヘミアの聖人ネポムクのヨハネの像が付け加えられた。現存する橋としては、中央ヨーロッパで最も古いものの一つとされる。

か-ぶつ【下物】酒のさかな。下酒物かしゅぶつ。

か-ぶつ【果物】くだもの。

か-ぶつ【貨物】❶品物。荷物。かもつ。❷貨幣や財産。(補説)❶の意味では、明治初期までは「かもつ」より「かぶつ」が一般的であった。

カプツィーナー-きょうかい【カプツィーナー教会】《Kapuzinerkirche》オーストリアの首都、ウィーンの旧市街、王宮の近くにある教会。地下に皇帝納骨所があり、マリア＝テレジアとフランツ1世、フランツ＝ヨーゼフ1世と皇后エリーザベトなど、ハプスブルク家歴代皇帝や家族の棺が安置されている。

かぶつち-の-たち【▽頭▽椎の大＝刀｜▽頭×槌の大＝刀】古代の大刀の一。柄頭つかがしらが塊状をしている大刀。かぶつちのつるぎ。くぶつちのたち。

かぶと【×兜｜×冑｜▽甲】❶武将が頭部を防護するためにかぶった武具。頭を入れるところを鉢はち、その下に垂れて頸部けいぶを覆う部分を錣しころといい、鉄や革などで作る。❷舞楽で用いる、鳥兜とりかぶと。❸端午の節句の、❶を模した飾り物。また、「兜人形」の略。(季 夏)

(類語)武具・甲冑かっちゅう・具足・鎧よろい

兜の緒おを締・める 気持ちを引き締めて用心する。「勝って—・めよ」

兜を脱・ぐ 《降伏の意思表示であるところから》相手の力を認めて降参する。「君の熟意には—・ぐよ」

かぶと-えび【×兜×蝦】背甲目カブトエビ科の甲殻類。体長2〜3センチ。甲殻は卵形で、尾部は細長く、2本の長い突起が伸び、40対つい以上の脚をもつ。初夏、本州中部以西の水田にみられる。くさとりむし。

かぶと-かけ【×兜掛(け)】兜を掛けておく台。陣中用と座敷用の飾り台とがある。陣中用は、等身の柄に兜の鉢裏を支える丸板をつけ、その下に緒搦みの横手をつけたもの。これに兜をのせて、兜持ち従者が持って主将に随行した。兜立て。

かぶと-がに【×兜×蟹｜鱟＝魚】剣尾綱カブトガニ科の節足動物の総称。カニではなく、クモ類の近縁。古生代からの現存種で、生きた化石といわれる。全長約60センチ。青黒く硬い甲をかぶり、半円状の前体、五角形状の後体および細長い剣状の尾部からなる。前体の下面に七対の付属脚があり、うち五対ははさみ状。後体の付属肢は六対ある。日本では一種が瀬戸内海・九州北西部に分布。7、8月に産卵がみられる。

かぶと-がね【×兜金】太刀の柄頭つかがしらに被せる金物。

かぶと-ぎく【×兜菊】トリカブトの別名。

かぶと-くび【×兜首】兜をかぶった、身分のある武将の首。

かぶと-ごけ【×兜×苔】ヨロイゴケ科の地衣類。山地の地上や岩面・樹皮などにつく。鹿の角形の切れ込みのある不規則な葉状で、表面は黄色がかった緑褐色。

かぶと-ずきん【×兜頭巾】江戸時代の火事装束の一。騎馬の武士が被った兜形の頭巾で、錣しころ部分を羅紗ラシャで作り、金糸などで縫い取りを施したもの。

かぶと-たて【×兜立て】「兜掛かぶとかけ」に同じ。

かぶと-ちょう【兜町】㊀東京都中央区の地名。東京証券取引所を中心に、証券会社や銀行が集中する。日本橋兜町。㊁俗に、東京証券取引所のこと。

かぶと-づくり【×兜造(り)】草葺くさぶき寄せ棟屋根の妻側下部を切り落とし、障子窓を設けた民家形式。屋根裏を養蚕室とする。関東西部・山梨・長野・福島・山形・新潟の各県にみられる。

かぶと-に【×兜煮】タイの頭を甘辛く煮た料理。兜を置いたように盛り付ける。

かぶと-にんぎょう【×兜人形】端午の節句に飾る、兜をつけた武者人形。五月雛。(季 夏)

かぶと-の-お【×兜の緒】兜の鉢についていて、あごのところで結ぶひも。忍びの緒。

かぶと-の-てさき【×兜の手先】兜の吹き返しの前方。

かぶと-の-ほし【×兜の星】兜の鉢の表面についている、多くのいぼ状の突起。

かぶと-ばち【×兜鉢】❶兜の主要部で、頭部を覆う部分。兜の鉢。❷兜の鉢のように、広くて深い大形のどんぶり。

かぶと-ばな【×兜花】トリカブトの別名。

かぶと-むし【×兜虫｜▽甲虫】コガネムシ科の昆虫。体長4〜5センチ。体は黒褐色でつやがあり、雄は頭

に角をもつ。主に夜活動し、クヌギ・サイカチなどの樹液を吸う。腐葉土中に産卵し、幼虫は越冬ののち、7月ごろ成虫となる。北海道南部から九州まで分布。さいかちむし。(季夏)「ひっぱれる糸まっすぐや―/素十」

かぶと-やき【×兜焼(き)】タイなどの頭を照り焼きにした料理。ふつう目と目の間から包丁を入れ、二つに開いて焼く。

カプトル〖Kaptol〗クロアチアの首都ザグレブの中心部、旧市街の東側の地区名。11世紀末、ハンガリー王ラースロー1世が司教座を置いた中世の宗教都市に起源する。17世紀に隣接するグラデツと合併し、ザグレブと呼ばれるようになった。

かぶ-な【×蕪菜】カブの別名。(季冬)

かぶ-なおし【株直し】桑の木などの枝を地面近くで切り取ったあと、次に発生する枝をそろえるため、切断面をさらに切り整えること。

かぶ-なかま【株仲間】江戸時代、幕府・諸藩の許可を得て結成した商工業者の同業組合。幕府・諸藩は株仲間を通じて経済統制を行い、株仲間は冥加金を納める代わりに営業の独占権を得た。

かぶ-ぬし【株主】株式会社の出資者として、株式を所有している者。会社に対して、株主権をもつ。

かぶぬし-けん【株主権】株式会社の株主としての地位。剰余金配当請求権・残余財産分配請求権・議決権など多くの権利がある。

かぶぬし-しほん【株主資本】❶ ►自己資本❶ ❷平成18年(2006)施行の会社法では、自己資本から「評価・換算差額等」(その他有価証券評価差額金・繰越ヘッジ損益・土地再評価差額金など)を除いたものが「株主資本」(資本金・資本剰余金・利益剰余金・自己株式など)とされる。

かぶぬし-しほんしゅぎ【株主資本主義】企業経営の理念として、株主利益の追求を最優先とする考え方。利益追求のための人員削減や、市場での規制緩和の働きかけなどが肯定される。公益資本主義(ステークホルダー資本主義)と対比される。

かぶぬししほん-はいとうりつ【株主資本配当率】►ディー-オー-イー(DOE)

かぶぬししほん-ひりつ【株主資本比率】►自己資本比率

かぶぬししほん-りえきりつ【株主資本利益率】►アール-オー-イー(ROE)

かぶぬし-そうかい【株主総会】株式会社の意思決定機関で、議決権を有する株主によって構成される。常置の機関ではなく、決算期ごとに招集される定時総会と、随時に招集される臨時総会とがあり、定款変更、解散、合併、取締役・監査役の選任・解任などを定める。

かぶぬし-だいひょうそしょう【株主代表訴訟】►代表訴訟

かぶぬし-ていあん【株主提案】株主が株主総会の議案を提出できる制度。総株主の議決権の1パーセント以上、または300個以上の議決権を、6か月以上前から保有する株主が行うことができる。複数の株主が議決権数を合算して要件を満たすことも可能。株主総会の8週間前までに行使する。提案した議案が10パーセント以上の賛成を得られなかった場合は、同内容の議案は3年間提出できない。

かぶぬし-はいぶん【株主配分】企業が得た利益を配当や自社株買いなどの方法で株主に配分すること。(補説)純利益に占める株主配分の比率を総配分性向といい、海外から投資の増加を背景に重要視する企業が増えている。

かぶぬし-めいぼ【株主名簿】株式会社が自社の株主の氏名・住所・保有株数などを記録している名簿。会社法により作成が義務づけられている。(補説)株式等振替制度の導入により、平成21年(2009)から、上場株式の株主名簿書き換えは、原則的に、証券保管振替機構から株式発行企業への「総株主通知」の交付をもって行われることとなった。

かぶぬし-もちぶん【株主持(ち)分】会社の純資産のうち、株主に帰属する部分の金額。会社の純資産から少数株主持分などを除く。自己資本と同義。

かぶぬしもちぶん-ひりつ【株主持(ち)分比率】会社の総資産に占める、株主持分の割合。自己資本比率と同義。

かぶぬし-ゆうたい【株主優待】企業が、権利確定した自社の株主に対し、配当のほかに自社の製品やサービスを無料または格安で提供するなどして優遇すること。

かぶぬし-わりあて【株主割当】会社が募集株式を発行する際、既存株主に株式の割当を受ける権利を与えること。

かぶ-の-ぼさつ【歌舞の×菩×薩】❶極楽浄土で歌舞を演じ、如来を賛嘆して往生した人を楽しませるという菩薩。❷舞姫。美人。転じて、遊女・芸者。「仲の町―は後ろ帯」〈柳多留・六五〉

がぶ-のみ【がぶ飲み】〘名〙スル 水・酒などを、たくさん、たて続けに飲むこと。「ウイスキーを―する」(類語)鯨飲・牛飲・痛飲・暴飲

かぶばん【株番】江戸後期の俳諧書。1冊。小林一茶著。文化9年(1812)から翌年にかけて下総・江戸・信濃と旅行したときの、発句・連句・随筆を収録。

かぶ-ふだ【株札】江戸時代、株仲間の成員に下付された木札。幕府・藩・株仲間の役員などが発行した。

かぶ-ま【株間】農作物の株と株とのあいだ。

かぶ-や【株屋】株式の売買・取引を職業とする人。

かぶら【×蕪¦蕪=菁】カブの別名で、それより古い形。(季冬)「故郷や―引く頃墓参/子規」

かぶら【×鏑】❶矢の先と鏃との間につけて、射たときに鳴るように仕掛けた卵形の装置。角・木・竹の根などを用い、内部を空洞にして「目」とよぶ窓をあける。❷「鏑矢」の略。

カプラー〖coupler〗結合器。結合器の形式で種々の機能がある。例えば、「音響カプラー」は、デジタル信号回路と電話回線を電気-音-電気の形で双方向に結合する装置。

かぶら-えり【×鏑×鐫】鏑の中を彫るのに用いた、頭の曲がった鑿。現在は主に彫刻の仕上げに使う。

かぶら-がわ【鏑川】群馬県西南部を流れる川。長野県との境にある荒船山に源を発する西牧川と南牧川が甘楽郡下仁田町で合流して鏑川となる。高崎市付近で利根川の支流烏川に注ぐ。長さ60キロ。両岸は河岸段丘で、上位段丘はコンニャクイモ・ネギなどの野菜栽培・花卉園芸、下位段丘は水田に利用される。

かぶらぎ-きよかた【鏑木清方】[1878〜1972]日本画家。東京の生まれ。本名、健一。水野年方に師事し、早くから挿絵を描き、情趣豊かな明治の風俗を絵にとどめた。歌川派の浮世絵から出て、文学的教養と清新な感覚で、近代的美人画および風俗画の分野を切り開いた。随筆家としても有名。文化勲章受章。

かぶら-ずし【×蕪×鮨】なれ鮨の一。ブリなどを厚く切ったカブの間に挟んで麹で発酵させたもの。石川県・富山県の冬の郷土料理。(季冬)

かぶら-な【×蕪菜】カブの別名。(季冬)

かぶら-ばち【×蕪蜂】ハバチ科のハチ。体長約1センチ、黄褐色で、頭・胸部にまたがる部分が黒い。幼虫は黒色で、菜の黒虫などとよばれ、ダイコン・カブなどの葉を食害する。蕪葉蜂。

かぶら-ぼね【×蕪骨】鯨の頭の軟骨。細く削って乾燥し、かす漬け・三杯酢などにする。氷頭。

カフラマンマラシュ〖Kahramanmaraş〗トルコ南東部の都市。通称マラシュ。第一次大戦後の祖国解放戦争において、フランス軍・アルメニア軍に対し勇敢に抗戦したことを称え、「カフラマン(英雄)」の称号が与えられた。ヒッタイト帝国以来の歴史があり、11世紀にセルジュークトルコ領、16世紀以降、オスマン帝国領となった。ドンドルマと呼ばれるアイスクリームが名物。

かぶら-むし【×蕪蒸(し)】すりおろしたカブを白身魚やぎんなん・きのこなどの上にのせて蒸し、葛あんやすまし汁をかけた料理。(季冬)「世に生きて器好みや―/野風呂」

かぶら-や【×鏑矢】鏑をつけた矢。射ると大きな音響を発して飛ぶ。狩猟用の矢の一種。軍陣の箙には上差として差し添えた。鳴り鏑矢。鳴り矢。

カブラル〖Francisco Cabral〗[1528〜1609]ポルトガルの宣教師。1570年、日本布教区長として来日、織田信長・足利義昭らにも会い、布教の基礎を固めた。のちインドに行き、ゴアで没。

カブラル〖Pedro Álvares Cabral〗[1467?〜1520?]ポルトガルの航海者。1500年、インド遠征の途中、風に流されてブラジルに上陸。その地をポルトガル領とした。

カプラン-すいしゃ【カプラン水車】可動羽根のついたプロペラ水車。水量の変化に応じて羽根の傾斜を調節し、効率を一定に保たせるもの。1912年、オーストリアのカプラン(V.Kaplan)が考案。

かぶり【▽被り¦▽冠】❶かぶること。かぶるもの。「砂―」「鳶―」❷フィルム・印画紙を現像したときに、露光しなかった部分に生じる黒い曇り。❸芝居・寄席などの終演。打ち出し。❹芝居・寄席などの大入り。❺(冠)㋐「かんむり」に同じ。「このごろの―は、昔よりははるかに高くなりたるなり」〈徒然・六五〉㋑官位。「其の―に二十六階あり」〈天智紀〉❻《冠をつけるところから》元服すること。加冠。「男君達の―などし給へるも」〈栄花・月の宴〉❼負担としてしょいこむこと。「我が了簡でしたことは、皆此の身の―となる」〈松翁道話・三〉❽しくじること。「知れると大―さ」〈洒・古契三娼〉

か-ぶり【過振り】預金者が、取引銀行の当座預金残高、または当座勘定貸越契約の限度額以上に小切手を振り出すこと。

かぶり【▽頭】あたま。かしら。(類語)頭・頭・こうべ・つむり・頭部・おつむ・ヘッド・雁首

頭を振・る　頭を左右に振って否定・不承知の意を表す。「―・って引き受けない」

カプリ〖Capri〗イタリア南部、ナポリ湾の南に浮かぶカプリ島東部の一地区。島の中心地であり観光客向けホテルが多い。ナポリからのフェリーが寄港するマリーナグランデとケーブルカーで結ばれる。14世紀に建てられたカルトジオ会サンジャコモ修道院や古代ローマ皇帝ティベリウスの別荘ビラジョビスなどがある。

がぶり〘副〙大きな口を開けて一気に食いつくさま。また、水などを一息に飲み込むさま。がぶっ。「犬が―とかみつく」「大波がきて水を―と飲んだ」

ガブリエル〖Gabriel〗ユダヤ教・キリスト教・イスラム教における大天使。新約聖書では、聖母マリアにキリストの受胎を告知し、また、イスラム教の開祖ムハンマドにアッラーの啓示を伝えたという。

かぶり-おけ【▽冠×桶】冠を入れる桶。かぶり箱。「古代の―を持ちたる人は」〈徒然・六五〉

カブリオレ〖フランス cabriolet〗►コンバーチブル❷

かぶり-がさ【▽被り×笠】頭にかぶる笠。差し傘に対していう。

かぶり-つき【×齧り付き¦×噛り付き】《舞台にかぶりつくようにして見るところから》舞台際の客席。

かぶり-つ・く【×齧り付く¦×噛り付く】〘動カ五(四)〙❶口を大きく開けて食いつく。勢いよくかみつく。「リンゴに―・く」❷しっかりと取りつく。かじりつく。「舞台に―・く」(類語)食らいつく・くわえこむ

カプリッチョ〖イタリア capriccio〗《気まぐれの意》形式にとらわれない、快活で諧謔的な楽曲。狂想曲。奇想曲。カプリッチオ。

カプリ-とう【カプリ島】《Capri》イタリア南部、ナポリ湾の南にある島。観光地。グロッタアッズラ(青の洞窟)とよばれる海岸鍾乳洞がある。➡青の洞窟

かぶり-の-いた【▽冠の板】武具の金具廻の一。袖や栴檀板、または小手のいちばん上の板。かぶりいた。かむりのいた。かむりいた。

カプリ-パンツ〖Capri pants〗1950年代に流行した、ふくらはぎの中程までの脚にぴったりした細身の

パンツ。イタリアのリゾート地、カプリ島にちなむ。

かぶり-もの【▽被り物¦▽冠り物】❶頭にかぶるものの総称。帽子・笠・頭巾ずきんや手ぬぐいなど。❷怪物や有名人、カボチャやスイカなど、さまざまなものに似せて作り、ハロウィーンや忘年会・パーティーの余興、テレビ番組などでかぶって楽しむマスク。顔を隠さないタイプもある。

(類語)(❶)帽子・山高帽子・シルクハット・中折れ・鳥打ち帽・ハンチング・かんかん帽・ベレー・ボンネット

カフ-リンク〖cuff link〗▶カフスボタン

カフ-リンクス〖cuff links〗▶カフスボタン

カプリン-さん【カプリン酸】《capric acid》炭素数10個の直鎖状の飽和脂肪酸。椰子油など多くの油脂中に含まれる。酸敗臭をもつ白色の針状結晶。水にはほとんど溶けない。化学式$CH_3(CH_2)_8OH$

か-ぶ・る【▽気触る】〘動ラ下二〙「かぶれる」の文語形。

かぶ・る【▽被る¦▽冠る】〘動ラ五(四)〙《「かがふる」の音変化形「かうぶる」からさらに変化した形》❶頭や顔などにそれを覆うものを載せる。また、全体をすっぽり覆う。「帽子を―・る」「面を―・る」「毛布を―・って寝る」「雪を―・った山」❷頭からからだ全体にかけて受ける。水・ほこりなどを浴びる。「水を―・る」「火の粉を―・る」❸本来は引き受けなくて済むものを、身に受ける。こうむる。しょいこむ。「人の罪を―・る」「不況のあおりを―・る」❹写真で、現像過程の失敗、露出過度やフィルムの欠陥などのため、フィルムや印画紙の画面が曇ってぼやける。「この写真は―・っている」❺すでにある色や音などの上に、さらに他の物が加わる。「日陰の撮影でやや青の―・った画像になる」「会話の音に電車の通過する音が―・る」❻一方の発言と、もう一方の発言が重なる。「同時にしゃべりだして言葉が―・る」❼同じようなものがそろう。重複する。「キャラが―・る」「保護者会でAさんと洋服が―・ってしまう」「前の人と発言内容が―・る」❽《帰り客が総立ちになりほこりが立つため、手ぬぐいをかぶったところから》芝居・寄席などが終わる。はねる。「芝居が―・る」❾《もと芝居社会の用語。「毛氈もうせんをかぶる」の略で》しくじる。失敗する。多く、主人や親の面目を損なった場合にいう。「音無しい男だけに…東京を―・ってしまった」〈万太郎・ゆく年〉❿芝居・寄席などで、観客が一時に大勢押し寄せる。大入り満員になる。⓫だまされる。一杯食う。「どこの牛の骨やら知らいで人の―・る衣裳つき」〈浮・胸算用・三〉➡浴あびる (用法) (可能)かぶれる

(…句)仮面を被る・泥を被る・猫を被る・面を被る・毛氈もうせんを被る

(類語)被こうむる・引っ被る・戴く・着る・はく・羽織る・まとう・着込む・着こなす・突っかける・お召しになる

かぶ・る【×齧る¦×噛る】〘動ラ四〙❶「かじる」に同じ。「太夫様の櫛を―・った鼠ぢゃ」〈伎・壬生大念仏〉❷《腹の中の虫がかじる意で》腹がしくしく痛む。「互ひに虫腹が―・らうとも」〈虎寛狂・宗論〉

がぶ・る〘動ラ五(四)〙❶波が荒くて船が激しく揺れる。「横波に大きく―・った」❷相撲で、四つに組み、土俵の外へ寄っていくときに、相手のからだを起こすように激しく揺さぶる。「―・って寄る」

カプルナ〖Capâlna〗ルーマニア中西部、トランシルバニアアルプスのオラシュチエ山脈にある村。紀元前1世紀頃にダキア人が古代ローマの侵入に備えて建造した要塞の遺跡がある。1999年に「オラシュチエ山脈のダキア人の要塞群」の一つとして世界遺産(文化遺産)に登録された。

か-ぶれ【▽気触れ】❶かぶれること。また、かぶれてできた発疹ほっしんや炎症。化粧かぶれ・漆かぶれなど。❷(接尾語的に用いて)その影響を強く受けて悪く感化されること。「西洋―」

カプレーゼ〖(イタ) caprese〗《カプリ島風の、の意》薄切りにしたトマトとモッツァレラにバジリコの葉をあしらい、オリーブオイルをかけたサラダ。

カプレット《(和)capsule＋tablet；カプセルとタブレット(錠剤)から》錠剤の飲みやすさとカプセルの早い効果の両方をあわせ持った薬剤。

カブレラ-インファンテ〖Guillermo Cabrera Infante〗[1929〜2005]キューバの小説家。のちにロンドンに移住。言葉遊びや言語実験の多用を特徴とする。作品に、革命前のハバナの夜の世界を描いた長編「三匹の淋しい虎」や「亡き王子のためのハバーナ」などがある。

かぶ・れる【▽気触れる】〘動ラ下一〙(文)かぶ・る〘ラ下二〙❶漆や薬品などの刺激で皮膚が炎症を起こし、赤くかゆくなる。まける。「薬品に―・れる」❷あるものの影響を強く受けて、その風ふうに染まる。「新思想に―・れる」

かぶろ【×禿】❶頭に髪がないこと。はげ頭。また、はげ山にもいう。かむろ。「この頭かしら―ならん沙門しゃもんには」〈今昔・二・四一〉❷髪を短く切りそろえて垂らした子供の髪形。また、その髪形の子供。かむろ。「―におはしましし折は」〈栄花・峰の月〉❸江戸時代、上級の遊女に仕えて見習いをした、6、7歳から13、4歳くらいまでの少女。かむろ。「高雄といふ女郎は…―を引き連れ」〈浮・禁短気・四〉

かぶろ-だち【×禿立ち】❶遊女になる前の見習い期間。かぶろ❸の年ごろ。「―より見ならひ、わざと教へるまでもなし」〈浮・一代女・一〉❷かぶろ❸出身の遊女。「とんと坐りしゐずまひは、―見るごとくなり」〈浄・反魂香〉

ガブロボ〖Gabrovo〗ブルガリア中部の都市。バルカン山脈北麓、ヤントラ川沿いに位置する。中世以来、交易と手工業で発展。早い時期から経済力をつけた商人を中心に民族的自覚が芽生え、ブルガリア教育を目的とする学校や多くの企業が設立された。ユーモアと風刺の町として知られ、風刺画などを集めた博物館がある。

かぶろ-まつ【×禿松】葉の少ない松。二葉の松。若松。小松。「夜半の嵐に呼ばれては、咎ふる野辺の―」〈浄・冥途の飛脚〉

カプロラクタム〖caprolactam〗環状アミドの一。無色の葉状結晶。融点はセ氏68〜70度。シクロヘキサンから合成により得られる。ナイロンの製造原料。分子式$C_6H_{11}NO$

かぶ-わけ【株分け】〘名〙(スル)❶植物の親株から子株を分けて移植すること。根分け。❷生け花で、花材を分けて生けること。また、その技法。

か-ふん【花粉】(クワ) 種子植物の雄しべの葯やくの中にできる粉状の細胞。雄性の配偶体。雌しべの柱頭につくと花粉管を伸ばす。

か-ぶん【下聞】目下の者に物事をたずねること。下問かもん。「我何ぞ―を恥じん」〈浄・傾城酒呑童子〉

か-ぶん【可分】分割できること。

か-ぶん【過分】(クワ) 〘名・形動〙❶分に過ぎた扱いを受けること。また、そのさま。多く、謙遜しながら感謝を表す場合に用いる。「―な(の)頂き物をする」❷態度や振る舞いが、分際をわきまえないこと。また、そのさま。身分不相応。「―な望みをいだく」「父子ともに―の振る舞ひすると見しに合はせて」〈平家・二〉❸程度や限度を超えていること。また、そのさま。「やせ衰へたる牛などを安々と買ひとって…―に売り」〈虎明狂・牛博労〉(類語)分外

か-ぶん【寡聞】(クワ) 見聞が狭く浅いこと。謙遜していうときの語。「―にして存じません」(類語)管見・浅見

が-ぶん【雅文】❶優雅な文。❷雅言による文。主に平安時代の仮名文。また、それをまねた文。江戸時代、国学者が用いた呼称。➡擬古文ぎこぶん

(類語)名文・麗筆・美文・才筆・達文

かふん-かん【花粉管】(クワフン クワン) 花粉が発芽してできる管状の構造。雌しべの柱頭内に伸びて胚珠はいしゅに達し、花粉内の精核を胚嚢はいのう内の卵細胞に導いて受精させる。

かぶん-きゅうふ【可分給付】(キフ フ) 性質や価値を損なわないで分割しうる給付。金銭の支払いなど。

かぶん-さいけん【可分債権】可分給付を目的とする債権。分割債権。

かぶん-さいむ【可分債務】可分給付を目的とする債務。

かふん-しょう【花粉症】(クワフン シヤウ) 花粉によって起こるアレルギー。春には杉、秋にはブタクサ・ヨモギなどの花粉が原因となり、くしゃみ・鼻水や目の充血・かゆみなどの症状が起こる。枯草熱こそうねつ。

か-ぶんすう【仮分数】分子が分母より大きい、または分母と等しい分数。➡真分数

かぶん-ぶつ【可分物】性質や価値を損なわないで分割しうる物。金銭・穀物・土地など。➡不可分物

かふん-ぶんせき【花粉分析】(クワ フン) 地層の堆積物中に含まれている花粉や胞子を層別に調べ、その消長によって過去の植物の分布・変遷や当時の気候などを推定すること。

かべ【壁】❶建物の外周の部分。また、部屋などを仕切るもの。木舞こまいを芯に練った土を塗ったり、板を張ったり、石・煉瓦れんがを積んだりして作る。❷前進を阻むもの。進展の妨げとなるもの。障害。「記録の―を破る」「開発が―にぶつかる」❸登山用語で、直立する岩壁。❹《壁を「塗る」に「寝ぬる」を掛けて》夢のこと。「まどろまぬ―にも人を見つるかな正まさしからなむ春の夜の夢」〈後撰・恋一〉❺《白壁に似ているところから》豆腐をいう女房詞。おかべ。

(…語)荒壁・石壁・板壁・大壁・御お壁・小壁・錆さび壁・白しら壁・真しん壁・砂壁・袖そで壁・外壁・土壁・生なま壁・海鼠なまこ壁・鼠ねずみ壁・塗り壁・掃はき付け壁・控え壁

壁に馬を乗り掛・ける　だしぬけに、または強引に物事を行うことのたとえ。また、そのために当惑することのたとえ。壁に馬。

壁に突つき当あた・る　それ以上進むのが困難な状況になる。仕事や考えなどが行き詰まる。「―・ったようで、負け続ける」

壁に塗られた田螺たにし　一生出世することができないこと。また、身動きがとれないことのたとえ。

壁に耳あり　どこでだれが聞いているかも知れないということ。密談が漏れやすいことのたとえ。壁に耳。「―、障子に目あり」

壁の中の書しょ　《孔子の旧宅の壁の中から、秦の始皇帝の焚書を避けて隠しておいた書物が漢代に発見されたという「漢書」芸文志の故事から》「古文尚書」「古文孝経」などの儒学の書物。壁中書へきちゅうしょ。

壁の物言う世　壁にも気をつけなければならないような油断のならない世の中。また、密談などが漏れやすいことのたとえ。

か-へい【火兵】(クワ) 火薬の爆発力で弾丸を発射する兵器。小銃・機関銃・火砲などの総称。火器。

か-へい【花柄】(クワ) 花軸から分かれ出て、その先端に花をつける小さな枝。花梗かこう。

か-へい【花▽瓶】(クワ) 「かびん(花瓶)」に同じ。

か-へい【貨幣】(クワ) 商品の価値尺度や交換手段として社会に流通し、またそれ自体が富として価値蓄蔵を図られるもの。鋳貨・紙幣のほかに、当座預金などの信用貨幣を含めていう場合が多い。

(類語)金・銭・金銭・通貨・おあし・外貨

か-へい【寡兵】(クワ) 少数の兵力。少ない軍兵。「―よく大軍を破る」

か-へい【歌病】▶歌の病やまい

か-べい〘連語〙《形容詞連体形の活用語尾「かる」に推量の助動詞「べし」の連体形の付いた「かるべき」の音変化》推量・当然の意を表す。…にちがいない。…のはずである。「すべて人をもどくかたは易く、わが心を用ゐむことは難かたかべいわざを」〈紫式部日記〉

が-べい【画餅】(グワ) 絵にかいたもち。実際の役にたたないもののたとえ。

画餅に帰き・す　考えたり計画したりしたことが、実際の役に立たず無駄になる。「―・したプラン」

カペイカ〖(ロシア) kopeyka〗ロシア連邦などの補助通貨単位。1カペイカは1ルーブルの100分の1。コペイカ。コペック。

かへい-かち【貨幣価値】(クワヘイ) 貨幣一単位で商品やサービスなどを購入しうる能力。貨幣の購買力。

かへい-けいざい【貨幣経済】(クワヘイ) 貨幣を媒介物として商品の交換が行われる経済の仕組み。➡自然経済 ➡信用経済

かへいじ-ひら【×嘉平次平】《明治中期に埼玉県

入間郡の藤本嘉平次が創作したところから》縦糸に座繰り糸、横糸に品質の劣る糸を使って織った男物の袴地。

かへい-しほん【貨幣資本】資本が購入・生産・販売の各局面で姿を変えて循環する中で、貨幣の形態にある資本のこと。

かへいすうりょう-せつ【貨幣数量説】物価水準の上下は、他の事情が等しいかぎり、貨幣数量の増減に比例するという学説。米国の経済学者フィッシャーに代表される。

かへい-せいど【貨幣制度】国家が一国内に流通する各種貨幣の発行・品位などについて設ける制度。

かへい-せき【貨幣石】新生代の始新世・漸新世に生息した有孔虫の一群。殻は石灰質の円盤状で、内部は渦巻き状となり、多くの小室に分かれている。ヌンムライト。

かへい-せん【火兵戦】銃砲を撃ち合う戦闘。火戦。

かべ-いた【壁板】❶壁として張られた板。❷蒔絵を施した塗り板。洋間の装飾などに使う。

かべ-いと【壁糸】強く縒りをかけた糸を、平糸に巻きつけるように縒り合わせた糸。壁縮緬・壁御召などの横糸に使う。

かへい-どうめい【貨幣同盟】国際貿易などを行うのに便利なように、二つ以上の国家が共通の貨幣単位や貨幣制度をもつことを定めた同盟。

かべいと-おり【壁糸織(り)】横糸に壁糸を使った織物。夏の着尺地などに使う。

かへい-ほう【貨幣法】「通貨の単位及び貨幣の発行等に関する法律」の通称。昭和62年(1987)旧貨幣法を全面改定。通貨の額面価格の単位のほか、貨幣の製造・発行や種類などを定める。

カ-ペーザロ〘Ca' Pesaro〙イタリア北東部、ベネチアの大運河(カナルグランデ)沿いにあるバロック様式の館。17～18世紀、ペーザロ家の館として、バルダッサーレ=ロンゲーナの設計で建造された。現在はベネチアビエンナーレに出品された作品を展示する現代美術館、および東洋美術館。ペーザロ宮殿。

カペー-ちょう【カペー朝】《Capétiens》10世紀から14世紀初めにかけての、西フランク王国の王朝。987年、パリ伯ユーグ=カペーが、カロリング朝を継いで創始した。首都はパリ。歴代の王は教会と結んでしだいに王権を強め、国土を拡張した。1328年、後継者が絶えたため、バロア朝に交代した。

かべ-おめし【壁▽御召】横糸に壁糸を使って、細かい皺を出した御召縮緬。

かべ-おり【壁織(り)】絹織物の一。縦糸には生糸または染色した練り生糸などを、横糸には壁糸を使って、縮緬より少し大きな皺のあるもの。

かべ-がき【壁書(き)】❶壁に書くこと。また、壁に書いた文字。❷「壁書❷」に同じ。

かべ-かけ【壁掛(け)】壁面に掛けて装飾とするもの。織物、刺繍をした布、陶磁器皿など。

かべ-がみ【壁紙】❶壁面の装飾または補強のために室内の壁面に貼る紙。❷パソコンのデスクトップの背景画像。静止画、動画、有料、無料と選択の幅は広い。デスクトップピクチャー。パソコンに限らず、携帯電話の待ち受け画面の背景画像やPDA、iPod touchなどの携帯デバイスの背景画像のことも壁紙という。

かべ-くさ【壁草】壁を作るときに土に混ぜて使う草。カヤ・ススキ・アシなどの類。「新室の—刈りにいまし給はね」〈万・二三五一〉

かべ-こうぞう【壁構造】柱を用いないで、壁面および床板で構成する建築構造。

かべ-ごし【壁越し】壁を隔てていること。「—に声が聞こえる」

かべごし-すいりょう【壁越し推量】状況や事情を直接知らないで推量すること。

かべ-したじ【壁下地】壁土を塗るときの骨組みとなるもの。細くそいだ竹や木を縦横に組んで作る。かべしろ。

かべ-じょうふ【壁上布】▶壁透綾

かべ-しろ【壁代】❶宮殿などで、母屋と庇との間を隔てるため、壁の代わりに長押から御簾の内側に垂らす絹・綾などのとばり。❷▶壁下地

かべ-しんぶん【壁新聞】種々の主張やニュース・漫画・写真などを編集して、壁面や掲示板に張り出す、一種の新聞。手書きのものが多い。➡大字報

か-べ-す《「かし(菓子)」の「か」、「べんとう(弁当)」の「べ」、「すし(寿司)」の「す」から》俗に、歌舞伎小屋で菓子・弁当・寿司のこと。東京歌舞伎座など一部の小屋では上演中も飲食できる。

かべ-すきや【壁透×綾】横糸に壁糸を使って織った清楚で軽い縮緬透綾。普通の透綾より強く縒りをかけて織る。夏の和服地。壁上布。

かべ-そしょう【壁訴訟】《「かべぞしょう」とも》❶訴えかける相手もいないのに、不平をつぶやくこと。また、陰で苦情を言うこと。「婆さんは…知らぬ人にも夫の—をする」〈鴎外・雁〉❷遠回しに当てこすること。聞こえよがしに言うこと。「お鉄は折々母親に(晴着ガナイノデ姉ノ所ニ行ケナイト)—の愚痴を吐す」〈紅葉・二人女房〉

かべ-ちょろ【壁著▽羅|壁▽千▽代×絽】縦糸に縮緬糸、横糸に壁糸を使って、細かい皺を出した絹織物。江戸末期に帯地などに用いた。壁縮緬。

かべ-ちりめん【壁▽縮×緬】▶壁著羅

かべ-つち【壁土】壁を塗るのに使う、粘りけのある土。また、壁に塗った土。

かべ-どこ【壁床】落とし掛けをつけ、軸釘を打っただけで、床板を設けない簡単な床。釣り床。

かべ-どなり【壁隣】壁一つ隔てた隣の家や部屋。

かべ-ぬり【壁塗(り)】〔名〕スル 壁を塗ること。またそれを職業とする人。左官。

かべ-はぶたえ【壁羽二重】横糸に壁糸を使って皺を出した羽二重。

かべ-ひとえ【壁一重】隣が壁を一つ隔てるだけであること。また、きわめて接近していること。

かべ-ふうつう【壁風通】壁糸を横糸に使った風通織り。明治時代に、夏の女性用和服地として流行。

カペラ〘ラテ Capella〙《雌ヤギの意》馭者座のα星。0.1等星で、距離40光年。真冬の午後8時ごろ、天頂の北寄りに黄色に輝く。

カベルネ〘フラ cabernet〙赤ワイン用のブドウの品種名。フランス、ボルドー地方の代表品種で、カベルネフランとカベルネソーヴィニヨンがある。

カペル-ばし【カペル橋】《Kapellbrücke》スイス中部、ルツェルンの旧市街にある、現存するヨーロッパ最古の木橋。湖から来襲する外敵を防御する城壁の一部として、1333年に建造された。フィアワルトシュテッター湖の西端、ロイス川の流出点付近に架かる。1993年に火災で大部分が焼失したが、翌年再建。

カペルマイスター〘ドイ Kapellmeister〙宮廷楽長。時に、凡庸な指揮者の蔑称。

かべ-ろ【壁×絽】壁糸を横糸に使って織った絽。

か-へん【カ変】「カ行変格活用」の略。

か-へん【可変】変えることができること。また、変わることができること。「一式」⇔不変。

か-へん【花片】花びらの1枚1枚。

か-へん【佳編】すぐれた文芸作品。佳作。
(類語)名作・傑作・佳作・秀作・労作・力作・大作

か-へん【河辺】河のほとり。かわばた。

か-べん【花弁|花×瓣】花びら。

が-ペン【×鵝ペン】鵝鳥の羽の軸を削って作ったペン。羽ペン。

かへん-コンデンサー【可変コンデンサー】電極の一方を動かして静電容量を加減することのできるコンデンサー。無線送信機・ラジオなどに用いる。バリコン。可変蓄電器。

かへん-しほん【可変資本】投下された貨幣資本のうち、労働力に転化された資本。労働力は生産過程においてそれ自身の価値を超える剰余価値を創出するのでこういわれる。

かへん-ちくでんき【可変蓄電器】▶可変コンデンサー

かへん-ていこうき【可変抵抗器】抵抗線を巻いたコイル上を接触片が移動して接点を変え、抵抗値を加減することのできる抵抗器。電流・電圧調節に用いる。レオスタット。加減抵抗器。

かへんピッチ-プロペラ【可変ピッチプロペラ】飛行中の空気の流れなどの条件に応じて、羽根の角度を変えられるプロペラ。➡固定ピッチプロペラ

かへん-ビットレート【可変ビットレート】《variable bit rate》音声や動画データの圧縮の際などに用いられる方式の一。ビットレートを変化させることにより、シーンのデータ量の大小に対応する。可変ビットレートコントロール方式。VBR。VBRコントロール。➡固定ビットレート

かへんビットレート-コントロールほうしき【可変ビットレートコントロール方式】《variable bit rate control》▶可変ビットレート

かへん-ひよう【可変費用】生産費のうち、生産量の変化に応じて増減する費用。原材料費・賃金など。➡固定費用

かへんようりょう-ダイオード【可変容量ダイオード】電圧を変化させることによって電気容量が変化するダイオード。バラクター。バリキャップ。電圧可変コンデンサー。

か-ほ【花×圃】花ばたけ。花ぞの。(季 秋)

か-ほ【家保】「家畜保健衛生所」の略。

か-ぼ【家母】自分の母。⇔家父。(類語)母・愚母

カポ「カポタスト」の略。

が-ほ【牙保】❶売買の仲介。仲買。❷盗品の売買・質入れなどの処分を周旋すること。

ガボ〘Naum Gabo〙[1890～1977]ロシア生まれの彫刻家。米国に帰化。構成主義の代表者で、プラスチックなどの新素材により、独自の彫刻空間を構築。

か-ほう【下方】ある位置よりも下の方。下の方向。⇔上方。(類語)下・下・下手

か-ほう【下放】▶下郷運動❷

か-ほう【火砲】大砲など、比較的口径の大きい火器。(類語)火器・大砲

か-ほう【加法】二つ以上の数や式を加え合わせて和を求める計算法。足し算。⇔減法。

か-ほう【加俸】本俸以外に、職務の性質や地域の特殊性などによって特別に付加される俸給。「年功—」

か-ほう【果報】〔名・形動〕❶よい運を授かって幸福なこと。また、そのさま。「—な身分」❷仏語。前世での行いの結果として現世で受ける報い。(類語)幸せ・幸い・幸・福・冥利・多幸・多祥・万福・至福・浄福・清福・ハッピー・応報・祟り・業報・悪報

果報は寝て待て 幸福の訪れは人間の力ではどうすることもできないから、焦らずに時機を待て。

か-ほう【家宝】家の宝。その家に代々伝わる宝物。

か-ほう【家法】❶家のおきて、しきたり。家憲。❷その家に伝わる独特の方法。家伝。❸「分国法」に同じ。(類語)家憲・家訓

か-ほう【過褒】褒めすぎること。過賞。「その批評は—の気味がある」

かほう【嘉保】平安後期、堀河天皇の時の年号。1094年12月15日～1096年12月17日。

か-ぼう【火防】火事をふせぐこと。防火。

か-ぼう【花貌】花のように美しい顔。

が-ほう【画法】絵をかく技法。(類語)描法・手法

が-ほう【画報】絵や写真などを主として編集した雑誌や本。「風俗—」(類語)グラフ・画集・絵本

が-ほう【芽胞】▶胞子

が-ぼう【画×舫】絵をかいたり彩色を施したりした中国の遊覧船。転じて、美しく飾った遊覧船。

が-ぼう【×臥房】寝室。ねや。ふしど。「竟に結城氏と—に入る」〈中井弘・航海新説〉

がほう-きかがく【画法幾何学】空間図形を平面上に表す方法を論ずる幾何学の一部門。投影図法を用いた数学者G=モンジュが創始者とされる。

かほう-こんしょく【加法混色】光の三原色であ

る赤・緑・青を、それぞれの輝度を調節して混ぜ合わせること。赤と緑を同量混合すると黄になるなど、さまざまな色合いの光を作ることができる。

かほう-しゅうせい【下方修正】カハウシウセイ〘名〙スル 従来の予測や計画よりも低い数値に設定し直すこと。また特に、企業が年度途中で、年間の業績見通しを当初の予想よりも低く見直すこと。「米国の成長率が―される」⇔上方修正。

かほう-ていり【加法定理】カハフ 関数 $f(\alpha+\beta)=F\{f(\alpha), f(\beta)\}$ の関係で表される定理。三角関数では、$\sin(\alpha\pm\beta)=\sin\alpha\cos\beta\pm\cos\alpha\sin\beta$ や $\cos(\alpha\pm\beta)=\cos\alpha\cos\beta\mp\sin\alpha\sin\beta$ などの定理。⇒確率の加法定理

かほう-まけ【果報負け】クワホウ 運があまりによすぎて、かえって災いを招くこと。

かほう-もの【果報者】クワホウ 幸せ者。

か-ほうわ【過飽和】クワハウ ❶溶液中に、溶解度以上の物質が含まれている状態。❷蒸気が、飽和点以上に存在すること。飽和水蒸気圧以上になっても、水蒸気が凝縮しないことなど。

かほうわ-じょうき【過飽和蒸気】クワハウ 露点以下になっても液化が起こらないで、不安定な状態にある蒸気。急激な冷却などで生じ、刺激があればすぐ液化する。

カポエイラ〘ポルトガル capoeira〙楽器の伴奏に合わせて足技などを披露するスポーツ。ブラジルで、奴隷の護身術から生まれたとされる。カポエラ。

カポエラ〘ポルトガル capoeira〙►カポエイラ

カポーティ〘Truman Capote〙[1924〜1984]米国の小説家。独学で作家となり、虚無感をもった幻想的な作品を発表。また「冷血」で、ノンフィクションの道を開拓した。「遠い声、遠い部屋」「ティファニーで朝食を」など。

ガボール〘Dennis Gabor〙[1900〜1979]英国の物理学者。ハンガリー生まれ。インペリアルカレッジロンドン教授。ホログラフィーの基本概念を発見し実用化に貢献した。1971年ノーベル物理学賞受賞。著に未来論「成熟社会」。

かほく 石川県中部の市。平成16年(2004)高松町、七塚町、宇ノ気(うのけ)町が合併して成立。繊維工業が盛ん。人口3.5万(2010)。

かほく【河北】中国北部、渤海(ぼっかい)に面する省。省都は石家荘(せっかそう)。首都北京(ペキン)が所在。ホーペイ。

か-ほく【華北】クワ 中国中北部、黄河の中・下流域の地方。河北・山西・山東・河南の四省に渡る地域。古来、中原の地とよばれ、政治・文化の中心。ホアペイ。

か-ぼく【下木】森林の、高木の下に生えている低木。資源価値は低いが、土地の保護に役立っている。

か-ぼく【花木】クワ ❶花と木。❷美しい花の咲く木。桜・梅・桃の類。花樹。

か-ぼく【佳木|嘉木】美しい木。りっぱな木。「―芳草」

か-ぼく【家僕】家の雑用をするために雇われる男。下男(げなん)。しもべ。

か-ぼく【華墨】クワ 他人の手紙を敬っていう語。

が-ぼく【雅×樸】〘名・形動〙上品で素朴であること。また、そのさま。「為山氏の画は巧緻精微、不折君の画は一雄健」〈子規・墨汁一滴〉

かほく-がた【河北潟】石川県中部にある潟湖(せきこ)。かつての4分の3近くが干拓されて、現在は面積4.1平方キロメートル。西側に内灘(うちなだ)砂丘がある。

かほく-し【かほく市】►かほく

かほく-しょう【河北省】シヤウ ►河北

かほく-しんぽう【河北新報】河北新報社が発行する日刊ブロック紙。明治30年(1897)に仙台で創刊。「河北」は白河の関より北の意。主に宮城県内で読まれるが、他の東北各県でも購読されている。発行部数は約44万部(平成24年上期平均)。

か-ほくめん【下北面】►げほくめん(下北面)

か-ほご【過保護】クワ〘名・形動〙子供などに必要以上の保護を与えること。また、そのようにされること。また、そのさま。「―に育てられる」「―な親」
類語 温室育ち・おんば日傘

がほ-ざい【牙保罪】盗品であることを知りながら、その処分の斡旋(あっせん)をする罪。平成7年(1995)の刑法改正以前の用語で、改正後は「盗品等有償処分あっせん罪」という。⇒盗品等関与罪

が-ほ-し〘接尾〙《形容詞シク型活用。格助詞「が」＋形容詞「ほ(欲)し」から。上代語》動詞の連用形に付いて、願望の意を表す。…したい。「春の日は山し見―・し」〈万・三二四〉

カポジー-にくしゅ【カポジー肉腫】悪性腫瘍(しゅよう)の一。四肢、特に足に赤褐色の皮疹(ひしん)ができ、結節や腫瘤(しゅりゅう)を生じてただれ、出血しやすくなる。エイズ患者に発生が多い。オーストリアの皮膚科医カポジー(M.K.Kaposi)にちなむ名。多発性出血性肉腫。カポジ肉腫。

カボション〘フランス・英 cabochon〙《「カボッション」とも》宝石のカットで、切り子面とせず、頂部を丸く磨く方法。透明度の少ないオパールやトルコ石に用いられる。

かぼす ユズの近縁種。果実は球形で、果肉の酸味が強く、食酢用とする。大分県の特産。かぶす。

か-ぼそ・い【か細い】〘形〙文かぼそ・し〘ク〙いかにも細くて弱々しい。「―・い声」「―・い腕」派生 かぼそげ〘形動〙かぼそさ〘名〙類語 きゃしゃ・細作り・細い・弱い

カボタージュ〘cabotage〙他国の国内二地点間、または海外領土間を運送すること。シカゴ条約により、各国は外国航空機に対しこの運送を禁止することができると定められている。

カポタスト〘イタリア capotasto〙弦楽器にはめて、音の高さを調節する器具。カポ。

カボチャ《ポルトガル Cambodiaから》ウリ科の蔓性(つるせい)の一年草。茎は五角柱で、巻きひげがあり、地をはう。葉は大形の心臓形。夏、黄色の雄花と雌花とをつけ、大形の扁球状などの実を結ぶ。果実および種子は食用。熱帯アメリカの原産で、日本にはポルトガル船によってもたらされた。カンボジア原産と考えられたところからの名という。とうなす。からうり。なんきん。ぼうぶら。(季 実=秋 花=夏)「我が―ひき臼程になりにけり/虚子」補説「南瓜」とも書く。

カボチャに目鼻 丸顔で、太っていて背の低い人の形容。

カボチャ-やろう【カボチャ野郎】ヤラウ 顔の醜い男や、能力のない男をあざけっていう語。

カポック〘kapok〙►パンヤ❶

カボッション〘フランス cabochon〙►カボション

ガボット〘フランス gavotte〙17世紀のフランスで流行した舞曲。2分の2または4分の4拍子の軽快・優雅な曲。

カポディストリア〘Capodistria〙スロベニアの都市「コペル」のイタリア語名。

か-ほど【×斯程】〘副〙この程度。これほど。「(神ガ人間ノ顔ニツイテ)当初から胸中に成算があって―の変化を示したものか」〈漱石・吾輩は猫である〉

かぼと-いせき【河姆渡遺跡】中国浙江省余姚県の杭州湾南岸河姆渡村にある新石器時代初期の遺跡。米や骨製農具などが出土、揚子江下流域にも黄河流域で行われていた畑作農耕と同時期に稲作文化が存在していたことが示された。

カポネ〘Alphonse Capone〙[1899〜1947]米国のギャングの首領。通称アル=カポネ。イタリアからの移民。禁酒法のもとで酒密売によって財を得、シカゴ暗黒街に君臨した。

カポリーベリ〘Capoliveri〙イタリア中部、トスカーナ州の沖合、ティレニア海に浮かぶエルバ島南東部の町。カラミタ山の北麓に位置する。近隣に景観で知られる海岸が多く、観光拠点になっている。

カポレット〘Caporetto〙スロベニア西部の町「コバリド」のイタリア語名。

か-ほん【×禾本】クワ イネ科の植物の総称。

が-ほん【画本】グワ ❶絵の手本、または素材。「光と影との理を知らずと雖(いえど)も次第に一を写すことに慣熟せり」〈中村訳・西国立志編〉❷絵を集めた本。

ガボン〘Gabon〙アフリカ大陸中西部、ギニア湾に面する共和国。赤道直下にある。首都リーブルビル。木材や石油・ウランなどを産する。フランスの植民地から1960年独立。人口155万(2010)。

かま 魚のえらの下の、胸びれのついている部分。脂肪を含み、美味とされる。

かま【釜】《「かま(窯・竈)」と同語源》❶飯を炊いたり湯を沸かしたりするための器具。金属製または土製で、鍋よりも深く、腰に鍔(つば)がある。古くは、まろがなえといった。はがま。❷茶道で、湯を沸かす器具。茶釜。湯釜。❸火山の噴火口。⇒御釜(おかま)❹尻。転じて、男色。⇒御釜❺カタツムリの殻。「一打ちわらう」〈和泉流狂・蝸牛〉

かま【嘉麻】福岡県中部にある市。平成18年(2006)3月に山田市・稲築(いなつき)町・碓井(うすい)町・嘉穂町が合併して成立。全域で明治時代以降、炭鉱業が盛んとなり、第二次世界大戦後に最盛期を迎える。閉山後は酪農などに産業を転換した。人口4.3万(2010)。

かま【窯|×竈】《「釜」と同語源》❶(窯)陶磁器・ガラスや炭などを作るときに、素材を高温度で焼いたり溶かしたりするための装置。ふつう耐火煉瓦(れんが)で造る。❷(竈)かまど。❸《自分の領分の意から》仲間。味方。「かう云ふ女郎は、…こっちの―にすると、又よき事あり」〈洒・四十八手〉

かま【鎌】❶草などを刈るのに使う道具。鉄製で、三日月形の内側に刃があり、木の柄を直角につけたもの。❷昔の武器の鎌槍(かまやり)、鎖鎌(くさりがま)のこと。❸「鎌継(かまつぎ)」の略。❹紋所の名。鎌をかたどったり、または鎌を取り合わせたもの。❺根性が曲がっていて、口うるさいこと。また、その人。「さあ、母の―がわせた(=イラッシャッタ)。何言はるる」〈浄・油地獄〉

鎌を掛・ける 相手に本当のことを白状させるために、それとなく言葉巧みに問いかける。「―・けて本心を聞き出す」

かま【×囂】《形容詞「かまし」の語幹か》やかましいこと。うるさいこと。感動詞「あな」とともに用いられる。「あな―。幼き人な腹立てそ」〈源・浮舟〉

かま【×罐|▽缶】《「釜(かま)」から》「ボイラー」に同じ。「風呂(ふろ)の―」

が-ま【▽降魔】「ごうま(降魔)」の音変化。

がま【×蒲|香=蒲】《古くは「かま」》ガマ科の多年草。池や沼の岸辺に群生。高さ1〜2メートル。根茎は白く、泥中をはう。葉は線形で厚く、茎より高く伸びる。夏、黄色の雄花が上部に、緑褐色の雌花が下部についた円柱形の花穂ができる。花粉を漢方で蒲黄(ほおう)といい、止血薬とする。かば。みすぐさ。(季 穂=夏|穂絮=秋)「雨の輪も古きけしきや―の池/虚子」

が-ま【×蝦×蟇|×蟇】《古くは「かま」》ヒキガエルの俗称。(季 夏)

ガマ〘Gama〙►バスコ=ダ=ガマ

かま-あげ【釜揚(げ)】「釜揚げ饂飩(うどん)」の略。

かまあげ-うどん【釜揚(げ)×饂×飩】ゆでたうどんを釜からあげ、ゆで汁とともに器に入れて、つけ汁で食べるもの。(季 冬)「真白なる湯気の―かな/時彦」

かま-あし【鎌足|鎌脚】❶立ったとき、つま先が内側に曲がる足つき。❷座ったとき、足首が外の方に出る足つき。

がま-あし【×蝦×蟇足】蛙泳ぎをするときの足つき。

かまあし-むし【鎌脚虫】カマアシムシ目の昆虫の総称。体長約1ミリ、やや扁平な円筒形で、翅(はね)はない。触角はなく、前脚が前上方に向かい、鎌のような形をし、触角の役割をする。落ち葉の堆積物や土壌の中にすむ。ヨシイムシなど。原尾類。

かま-あと【窯跡】陶磁器を焼いた窯の跡。窯址(ようし)。

カマーバンド〘cummerbund〙タキシードの下に着ける幅の広い腰帯。

カマーンチェ〘ペルシア kamānche〙革を張った丸い胴に、金属製の脚と貫通する円柱状の長い棹(さお)をもつ胡弓(こきゅう)の一種。フレットはなく、弦は2〜4本。イランおよびその周辺で用いられる。

かまい【構い】カマヒ ❶(多く「おかまい」の形で)かまうこと。心を配ること。世話。「なんのお―も致しませんで」❷►御構(おかま)い❷ ❸差し支え。支障。「この娘には―あって、嫁入りはさせぬ」〈浄・歌念仏〉

かまいし【釜石】岩手県南東部の市。釜石湾・両石湾に臨む。安政4年(1857)に日本最初の近代製鉄所が置かれて発展。サケ・アワビの水揚量が多い。人口4.0万(2010)。

かまいし-こうざん【釜石鉱山】釜石市にあった鉄鉱山。享保12年(1727)に発見され、明治半ばには銑鉄の生産量が全国の過半を占めていた。平成5年(1993)閉山。

かまいし-し【釜石市】▶釜石

かまいし-わん【釜石湾】岩手県南東部にあるリアス式の湾。南は尾崎半島、北は馬田岬に囲まれ、湾奥に釜石市がある。陸中海岸国立公園の一部。

かま-いたち【鎌×鼬】突然皮膚が裂けて、鋭利な鎌で切ったような傷ができる現象。特に雪国地方でみられ、越後の七不思議の一つとされる。空気中に真空の部分ができたときに、それに触れて起こるといわれる。昔は、イタチのしわざと信じられていた。鎌風。(季冬)「一萱負ふ人の倒れけり／秋桜子」

かまい-つ・ける【構い付ける】〔動カ下一〕相手にする。とりあう。「一体何でお前はあんな男を―・ける必要があるんか」〈有島・或る女〉

かまい-て【構い手】世話を焼いてくれる人。また、相手になってくれる人。

かまい-て【構いて】〔副〕《「かまえて」の音変化》きっと。必ず。決して。「いま死ぬかよなどとは、――おぼしめすな」〈倉田・出家とその弟子〉

かま-いと【釜糸】釜の中の繭から繰り取ったままで、縒りをかけていない糸。絓糸を精練した糸。日本刺繍に用いる。平糸。

かま-いり【釜煎り｜釜×熬り】戦国時代、罪人を湯または油の煮えたぎった釜の中に入れて殺した極刑。かまゆで。

かまいり-ちゃ【釜煎り茶】製茶法の一。チャの生葉を釜で煎って酵素を破壊し、もんで加熱・乾燥して作る。中国茶の大部分、日本では九州の緑茶の多くがこれによる。

かま-いるか【鎌海＝豚】マイルカ科の哺乳類。全長約2.2メートル。背びれが後ろに傾き、後縁が白く、鎌を思わせる。北太平洋に分布、日本近海にも多い。

かま・う【構う】■〔動ワ五(ハ四)〕❶(多く打消しの表現を伴って用いる)その事柄や存在を気にかけて、規制された状態になる。㋐気にする。気をつかう。「時間に―・わず押しかけて来る」「私に―・わないで先に行ってください」「なりふり―・わず働く」㋑他の事とかかわって、差し支えが生じる。「費用がかかっても―・いませんか」❷㋐世話を焼いたり、相手をしたりする。「私のことなんか誰も―・ってくれない」㋑自分より弱い者や動物などを、相手にしてふざける。からかう。「猫を―・う」㋒江戸時代、お構いの刑に処する。「和泉堺をお―・ひなさる」〈浄・浪花鑑〉㋓禁制する。監禁する。「芝居も―・はるべき程の事なり」〈風来六部集・飛だ噂の評〉(可能)かまえる ■〔動ハ下二〕「かまえる」の文語形。

かま-うで【釜×茹で】「かまゆで」の音変化。

かまえ【構え】❶造り。構造。また、家屋などの外観。「―の大きな家」「洋風の―の門」❷予想される事態に対処するための備え。「和戦両用の―」❸即座に有効な動きができるように整えた、からだの格好。特に、武道・格闘技での姿勢。「独特の―でバッターボックスに立つ」「上段の―」❹漢字の部首の一。字の外郭をなす部分で、「門(もんがまえ)」「口(くにがまえ)」などがある。❺▶御構い❷ ❻こしらえごと。つくりごと。計略。「当座の―の言葉なり」〈曽我・一〇〉
(類語)(❸)体勢・姿勢・ポーズ・体位・居ずまい

かまえ-うち【構え内】屋敷のなか。構内。

かまえ-て【構えて】〔副〕❶まちがいなく。本当に。必ず。「何の苦も無く暮したりしは、―我の辛抱強きにはあらざりしなり」〈紅葉・不言不語〉❷(あとに打消しの語を伴って用いる)決して。「―実家を背負うて先方へ行き玉ふな」〈蘆花・不如帰〉❸よく心にかけて。用心して。「人は唯歌を―詠むべしと見えたり」〈宇治拾遺・三〉

かま・える【構える】〔動ア下一〕文かま・ふ〔ハ下二〕❶整った形に作り上げる。組み立ててつくる。「新居を―・える」「店を―・える」「一家を―・える」❷㋐前もって準備を整える。ある態度をとって、その状況に応じる。「膳を―・える」「ストを―・える」㋑ある物を、すぐに使えるように準備して手に持つ。「カメラを―・える」「バットを―・える」❸計画する。たくらむ。「事を―・える」❹ごまかすためにわざと作り上げる。作り事をする。「言を―・える」❺㋐事に備えて、ある姿勢・態度をとる。「来るなら来いと―・える」「のんきに―・えてもいられない」㋑相手に対して心の備えをする。「あまり―・えないで楽にして下さい」

がま-おうぎ【×蒲扇】ガマの葉を編んで作った扇。がまうちわ。

かま-おね【鎌尾根】鎌の刃のように左右の斜面が急傾斜している尾根。

がま-がえる【×蟇】ヒキガエルの俗称。がま。

かまがさき【釜ヶ崎】大阪市西成区北東部にある、あいりん地区の旧称。昭和41年(1966)に愛隣の意で改称。簡易宿泊所が多い。

かまがた-かじょ【鎌形花序】有限花序の一。花軸の先端に花がつき、その下から枝が同じ方向に分枝して花をつけることを繰り返し、渦巻き状になるもの。ムラサキ・ワスレナグサ・キュウリグサなどにみられる。巻散花序。

かまがたせっけっきゅう-ひんけつしょう【鎌形赤血球貧血症】ヘモグロビンが酸素不足により細長く鎌形に変形し、溶血しやすくなって貧血を起こす病気。遺伝性で、アフリカに多い。

かま-がみ【×竈神】「かまどがみ」に同じ。

かまがや【鎌ヶ谷】千葉県北西部の市。野菜やナシの栽培が盛ん。近年宅地化が進む。人口10.8万(2010)。

かまがや-し【鎌ヶ谷市】▶鎌ヶ谷

かま-ぎ【×竈木｜▽薪】たきぎ。「み―にすすけたれば」〈徒然・一七六〉

かま-きり【蟷＝螂｜螳＝螂｜鎌切】❶直翅目カマキリ科の昆虫の総称。体長7〜8センチのカマキリやオオカマキリ・コカマキリなど。体は細長く、緑色または褐色。前脚は鎌状に曲がり、他の小昆虫を捕獲する。頭は三角形で、左右に大きな複眼をもつ。雌は交尾ののち、草上や樹上で産卵し、卵を粘液で包んだ卵嚢を作る。外国産にはランの花や枯れ葉に体を似せたものもある。いぼじり。いぼむしり。かまむし。かまぎっちょう。おがみたろう。とうろう。(季秋)「―が片手かけたり釣鐘に／一茶」❷(鎌切)カジカ科の淡水魚。河川の中流域にすむ。全長約25センチ。体はカジカに似て、頭と胴はやや縦扁する。体色は灰褐色で、背側に4本の黒褐色の横帯がある。秋田県以南に分布し、美味。福井県九頭竜川地方ではがくぶつ汁にして賞味。あゆかけ。がくぶつ。

かまきり-もどき【擬＝蟷＝螂】脈翅目カマキリモドキ科の昆虫の総称。カマキリに似るが、体長1〜2センチ。多くは黄褐色で、透明な翅をもつ。前脚が鎌状をし、小虫を捕らえる。ヒメカマキリモドキ・キカマキリモドキなど。

かま・く【▽感く】〔動カ下二〕「かまける」の文語形。

がま-ぐち【×蝦×蟇口】口金のついた小銭入れ。開いた口がガマの口に似ているのでいう。
(類語)財布・札入れ

かま-くび【鎌首】鎌のように湾曲した首の格好。蛇・カマキリなどが頭を持ち上げたさまにいう。「―をもたげる」

かま-くら　秋田県の小正月(正月15日)の行事。子供たちが雪室を作り、その前で鳥追いや塞の神の火祭りをする。大人が賽銭・餅などを持ってお参りに来ると、子供たちはこれに甘酒をふるまう。横手市のものが有名。また、その雪室のこと。(季新年)「―の明一本の燭で足る／誓子」

かまくら【鎌倉】神奈川県南東部の市。南は相模湾に面し、三方は丘陵や谷が多い。鎌倉幕府が置かれた地で、幕府跡・鶴岡八幡宮・建長寺・円覚寺・長谷の大仏・長谷観音などの史跡・社寺や文化財が多い。由比ヶ浜・材木座海岸は海水浴場。住宅地。人口17.4万(2010)。

かまくら-あまござん【鎌倉尼五山】神奈川県鎌倉市にある五つの尼寺。太平寺・東慶寺・国恩寺・護法寺・禅明寺をさす。

かまくら-うだいじん【鎌倉右大臣】源実朝の敬称。

かまくら-えび【鎌倉海＝老】《鎌倉の沖でとれるところから》イセエビの別名。

かまくら-おおばんやく【鎌倉大番役】鎌倉幕府の御家人役の一。遠江以東15か国の御家人が交代で鎌倉に上り、幕府の警備および諸門の警固にあたった。鎌倉大番。関東番役。

かまくら-かいどう【鎌倉街道｜鎌倉海道】鎌倉時代、鎌倉から諸国に通じていた主要道路。上の道(化粧坂・瀬田・府中)、中の道(山内・大船・世田谷・府中)、下の道(大船・弘明寺・池上・芝・下総・上総)の三道を主とした。

かまくら-かげまさ【鎌倉景政】平安後期の武将。相模の人。通称、権五郎。生没年未詳。16歳で後三年の役に従い、目に矢を受けながらも奮戦。味方の武士が顔に足をかけて引き抜こうとしたのを怒り、陳謝させたという逸話が有名。

かまくら-ぐう【鎌倉宮】神奈川県鎌倉市二階堂にある神社。旧官幣中社。祭神は護良親王。明治2年(1869)親王薨去の地に創建。

かまくら-くぼう【鎌倉▽公方】室町時代、鎌倉府において関東8か国と伊豆・甲斐を合わせた10か国を支配した足利氏の称。基氏から、成氏が古河に移るまで代々世襲した。関東公方。鎌倉御所。鎌倉殿。➡鎌倉府

かまくら-ごえ【鎌倉声】中世、上方弁を標準にして、なまりの多い関東の発音をさしていった語。鎌倉なまり。坂東なまり。関東弁。

かまくら-ござん【鎌倉五山】神奈川県鎌倉市にある臨済宗の五大寺。建長寺・円覚寺・寿福寺・浄智寺・浄妙寺。室町時代、足利義満のときに五山の制により定められた。関東五山。

かまくら-ごしょ【鎌倉御所】❶鎌倉幕府の将軍。また、その邸宅。❷「鎌倉公方」に同じ。

かまくらさんだいき【鎌倉三代記】㊀浄瑠璃。時代物。五段。紀海音作。享保3年(1718)大坂豊竹座初演。比企判官一味の源頼家に対する謀反を題材としたもの。㊁浄瑠璃。時代物。十段。近松半二作と推定される。天明元年(1781)江戸肥前座初演。大坂夏の陣を鎌倉時代に仮託して脚色したもの。通称、鎌三。

かまくら-し【鎌倉市】▶鎌倉

かまくら-じだい【鎌倉時代】鎌倉幕府が置かれていた武家政権時代の称。ふつう、文治元年(1185)源頼朝が守護・地頭を設置したときから、元弘3年(1333)北条高時が滅亡するまでの約150年間をいうが、始期については諸説がある。

かまくら-じょしだいがく【鎌倉女子大学】神奈川県鎌倉市にある私立大学。昭和34年(1959)に京浜女子大学として開設。平成元年(1989)に現校名に改称した。

かまくら-どの【鎌倉殿】鎌倉幕府の将軍。特に源頼朝をいう。

かまくら-の-だいぶつ【鎌倉の大仏】神奈川県鎌倉市高徳院にある、高さ3丈5尺(約11.39メートル)の阿弥陀如来の銅の鋳像。建長4年(1252)造立。室町期に仏殿が倒壊し、今日まで露座のままである。長谷の大仏。

かまくら-ばくふ【鎌倉幕府】源頼朝が鎌倉に開いた日本最初の武家政権。鎌倉には侍所・政所・問注所、地方には全国的に守護・地頭を置いたほか、六波羅探題・鎮西探題・奥州総奉行などを置いた。源氏の将軍は3代で滅び、以後、摂関家や親王家から将軍を立てたが、実権は執権となった北条氏が握った。元弘3年(1333)滅亡。(補説)将軍

は次の9人。

▷**歴代将軍一覧**
第1代:源頼朝　第2代:源頼家　第3代:源実朝
第4代:九条頼経　第5代:九条頼嗣　第6代:宗尊親王　第7代:惟康親王　第8代:久明親王　第9代:守邦親王

かまくら-ひば【鎌倉×檜葉】チャボヒバの別名。

かまくら-ふ【鎌倉府】室町幕府が東国統治のために鎌倉に置いた機関。その組織は幕府に準じ、長官を公方くぼうまたは御所と呼んだ。正平4年=貞和5年(1349)足利尊氏の二男の基氏を公方に任じ、その後その子孫が継承した。➡鎌倉公方

かまくら-ぼり【鎌倉彫】彫刻漆器の一。模様を薄肉彫刻した素地に黒漆を塗り、その上に朱漆などを塗り重ねて磨いたもの。鎌倉時代、宋そう伝来の堆朱ついしゅをまねて始められたという。鎌倉市の特産物。

かまくら-やき【鎌倉焼(き)】鎌倉海老(イセエビ)を殻のまま塩焼きにしたもの。

かまくら-やま【鎌倉山】神奈川県鎌倉市周辺の山。〔歌枕〕「薪伐たきぎこる一の木垂こだる木をまつと汝が言はば恋ひつつやあらむ」〈万・三四三三〉

かまくら-よう【鎌倉様】ヤウ 鎌倉の武士やその婦女子の間に広まっていた風俗の様式。「爪、髪の切り様は一候ふな」〈幸若・堀川〉

かま・ける【▽感ける】〔動カ下一〕図かま・く〔カ下二〕❶あることに気を取られて、他のことをなおざりにする。「遊びに一・けて勉強がおろそかになる」❷心を引かれる。感心する。共感する。「はしきやし翁の歌におほほしき九ここのの児らや一・けて居らむ」〈万・三七九四〉〔類語〕かかずらう・こだわる・拘泥

がまごおり【蒲郡】ガマゴホリ 愛知県中南部の市。渥美湾に臨む。繊維工業が盛んで、漁網を産出する。海水浴場・温泉があり、三河湾国定公園の一部。人口8.2万(2010)。

がまごおり-し【蒲郡市】ガマゴホリ ▶蒲郡

かま-ささげ【鎌豇=豆】インゲンマメの別名。さやが鎌状をしているのでいう。

かま-し【釜師】茶の湯釜の製作者のこと。室町末期に専門工が現れ、桃山時代には西村道仁にしむらどうにん・辻与次郎つじよじろうなどの名工が出た。

かま-し【嘉麻市】▶嘉麻

かま・し【×囂し】〔形ク〕やかましい。かまびすしい。〔補説〕ク活用の確実な例は見いだしがたいが、連語「あなかま」の「かま」がこれの語幹とみられるところから、ク活用であったと推定される。なお、「耳かましきまでの御祈りども」〈栄花・月の宴〉の例を、古くク活用だったものがシク活用に変化したとする説もあるが、他にシク活用の確例はないうえ、「耳がまし」と解する説もあって疑わしい。

がまし・い〔接尾〕《形容詞型活用図がま・し(シク活)》動詞の連用形や名詞などに付いて形容詞をつくり、その物事や状態に似ている意を表す。…のようすである。…のきらいがある。…の傾向がある。「押しつけ一・い」「晴れ一・い」「催促一・い」

かま-しき【釜敷(き)】❶釜・鍋・鉄瓶などを置くとき下に敷くもの。茶道では、籐とう、竹などを平たく編んだものを用いる。釜置き。❷紋所の名。輪の形を種々に組み合わせたもの。

かま-しし【×氈×鹿｜羚=羊】カモシカの古名。「一の老翁おきな」〈皇極紀・歌謡〉

がま-しゅ【×蝦×蟇腫】舌の下にできるはれ物。唾液腺だえきせんや粘液腺が詰まって分泌液が貯留するもの。重症になると、あごの下部まではれる。

かま-じゅうもんじ【鎌十文字】ジフモンジ 穂先の両側に鎌状の枝のついている槍やり。両鎌槍。

かま-じるし【窯印】陶磁器につける記号。共同窯で焼く際、作者や注文主を区別するために、彫りつけたり押捺したりする。手印てじるし。

かま-す【×叺】❶《「蒲簀かます」の意。古くはガマで作った》わらむしろを二つ折りにし、縁を縫いとじた袋。穀類・塩・石炭・肥料などの貯蔵・運搬に用いる。かまけ。❷刻みタバコなどを入れる❶の形の袋。〔補説〕「叺」は国字。

かます【×魳｜×魣｜梭=魚｜梭=子=魚】スズキ目カマス科の海水魚の総称。体は長紡錘形で、吻ふんが突出し、強い歯をもつ。本州の中部以南ではアカカマスのほか、ヤマトカマス・アオカマスを産する。全長50センチ以下で、干物にして賞味。南方には全長1.8メートルに及ぶオニカマスなども分布。まかます。いかりうお。くちすぼ。

かま・す【×噛ます｜×咬ます｜×嚼ます】〔動サ五(四)〕❶歯の間に押し込んで、かむようにさせる。「猿ぐつわを一・す」❷物と物との間にきっちりと差し込む。「楔くさびを一・す」❸相手がひるむように衝撃を与える動作・言葉を加える。「張り手を一・す」「はったりを一・す」

かま-すえ【釜据え】スヱ 茶の湯で、水屋で釜を据えるのに用いる台。多く赤杉で作る。

かます-ご【×叺子】関西で、イカナゴの別名。叺に入れて発送するからとも、カマスの稚魚と誤ったからともいう。

がま-ずみ【莢=蒾】スイカズラ科の落葉低木。山野に自生。高さ約2メートル。葉は円形で対生する。初夏、白色の小花が散房状に集まって咲く。実は赤く熟し、味は酸っぱい。材は堅いので、農具などの柄とされる。庭木とされる。〔季 実=秋〕

かませ-いぬ【×噛ませ犬｜×咬ませ犬】(闘犬で)訓練のため若い犬がかみつく相手となる犬。試合から引退した老犬などが使われる。転じて、格闘技などで、引き立て役として対戦させる弱い相手のこと。

かま・せる【×噛ませる｜×咬ませる｜×嚼ませる】〔動サ下一〕「か(噛)ます」に同じ。「顔に一発一・せる」

がま-ぜん【×蝦×蟇禅】《ガマはただ跳ぶだけで、ほかの術を知らないところから》中途半端な悟り方で、自由な働きのできない禅。

がま-せんにん【×蝦×蟇仙人】昔、ガマを使い、怪しい術を行ったという中国の仙人。三国時代呉の葛玄かつげん、五代後梁の劉海蟾りゅうかいせんをさし、画題とされる。

かまた【蒲田】東京都大田区南部の地名。商業地区。大正9年(1920)〜昭和11年(1936)映画撮影所があった。もと東京市の区名。

かま-たき【×罐×焚き｜▽缶×焚き】〔名〕スル かまの火をたくこと。また、その人。

かま-だし【窯出し】〔名〕スル 陶磁器を焼きおえて窯から取り出すこと。

かまち【×框】❶窓や障子などの周囲の細長い枠。❷床などの板の端部を隠すための化粧横木。上がり框・床框とこがまち・縁框えんがまちなど。

かまち-やき【×蒲池焼】柳川焼やながわやきの異称。

かま-つか【鎌▽柄】❶鎌の柄え。❷㋐《材を鎌の柄にするところから》バラ科のウシコロシの別名。㋑ツユクサの別名。㋒ハゲイトウの別名。〔季 秋〕❸コイ科の淡水魚。川などの砂底にすむ。全長約20センチで、体は細長い筒形。口は下向きに開き、一対のひげがある。背側は黄灰色で、体側に数個の暗色斑がある。北海道・青森・秋田を除く日本各地、朝鮮半島・中国に分布。食用。すなほり。かわぎす。

かま-つぎ【鎌継】一方の木材に端部の広がった突起を作り、他方の木材にはめ込む継ぎ手。土台・桁けた・母屋もやなど主として引っ張りを受ける水平材に用いる。鎌。

カマック〖CAMAC〗《computer automated measurement and control》素粒子物理学、核物理学、原子力分野の放射線測定用(主に時間計測)の電子回路に関する規格。1970年代にヨーロッパの研究機関で策定。コンピューターによる高速処理に向く。

かま-ど【×竈】《「ど」は処の意》❶土・石・煉瓦れんがなどでつくった、煮炊きするための設備。上に釜や鍋をかけ、下で火をたく。へっつい。かま。❷独立して生活する一家。所帯。「一を分ける」❸生活のよりどころとなるもの。家財道具。「家一なくして、たよりなからむ人」〈宇津保・藤原の君〉

竈が賑にぎわ・う 暮らしが豊かになる。

竈に媚こ・ぶ 《「論語」八佾から》尊くても実力のない者の機嫌をとるより、低い地位でも実権を握る者の機嫌をとるほうが得策である。「大臣利勇が一・びて、識者の為に譏そしりを厭いとはず」〈読・弓張月・残〉

竈を起お こ・す 家を繁栄させる。身代を築く。「徒手空拳の身から一・す」

竈を破・る 破産する。身代をつぶす。

竈を分わ・ける 分家する。

かまど-うま【×竈馬】直翅ちょくし目カマドウマ科の昆虫。体長2〜2.5センチで、褐色。背は丸く盛り上がり、触角は細く長く、翅はねはない。後脚が長大で、よく跳躍する。台所や縁の下などにすみ、夜行性。いとど。いいぎり。えびこおろぎ。おかまこおろぎ。〔季 秋〕

かまど-がみ【×竈神】かまどを守護する神。奥津日子命おきつひこのみことと奥津比売命おきつひめのみことの二神。のちに三宝荒神と混同されるようになった。かまがみ。かまのかみ。

かまど-しょうぐん【×竈将軍】シヤウグン 一家の主人。また、自分の家の中だけでいばる主人。「今日の働きも必竟ひっきょう申さば一」〈浄・千本桜〉

かま-とと【×蒲×魚】知っているくせに知らないふりをして、上品ぶったりうぶを装ったりすること。また、その人。多く女性についていう。〔補説〕蒲鉾かまぼこは魚ととか、と尋ねたことに由来するという。近世末、上方の遊里で用いはじめた。〔類語〕知らんぷり・頬被り・とぼける・しらばくれる・そらとぼける・しらを切る

かまど-ばらい【×竈×祓】バラヒ ▶かまばらい

かま-どめ【鎌止(め)】❶山野で、草木の刈り取りを禁じること。❷江戸時代、小作料未納の小作人に対し、地主が作物を刈り取るのを禁止すること。

かまど-やく【×竈役】▶鍋役かまやく

かまなし-がわ【釜無川】ガハ 山梨県西部を南流する川。赤石山脈の鋸山付近に源を発し、富士川町・市川三郷町の境界部で笛吹川と合流、富士川となる。長さ約64キロ。

かま-なり【釜鳴り】釜で湯を沸かしたり、飯を炊いたりするとき、釜がうなるように鳴ること。また、その音。昔は、これで吉凶を占った。

がま-の-あぶら【×蝦×蟇の油】ヒキガエルから採集される分泌液を豚脂などに混ぜてつくった軟膏なんこう。ひび・あかぎれ・外傷などに効くという。江戸時代から明治時代にかけて、街頭で香具師やしが独特の口上を述べて人を集め、販売した。

かま-の-かみ【×竈の神】▶竈神かまどがみ

かまのかみ-まつり【×竈の神祭(り)】▶竈祭かまどまつり

がま-の-かんじゃ【蒲の冠者】クワンジヤ 源範頼みなもとののりよりの通称。遠江とおとうみ国蒲御厨かばのみくりやの生まれなのでいう。

かま-の-ざ【釜の座】京都市中京区三条通新町にあった鋳物師の同業組合。また、その町。かまんざ。

がま-の-そう【▽降魔の相】サウ「ごうまのそう(降魔の相)」に同じ。

かま-ば【窯場】陶磁器を焼く窯のある仕事場。

かま-ばら【鎌腹】鎌で腹を切って死ぬこと。

かまばら【鎌腹】狂言。妻に打ち殺してやるとわめかれた怠け者の夫は、当てつけに鎌で腹を切ろうとするが怖くてできない。

かま-ばらい【×竈×祓】バラヒ《「かまはらい」とも》❶毎月末日に、巫女みこが民家のかまどの祓いをし、清めたこと。また、その巫女。荒神ばらい。かまどばらい。かまじめ。〔季 冬〕❷❶の巫女で売春をするもの。転じて、売春婦。「一の神子みこ男ばかりの内を心懸くると」〈浮・男色大鑑・一〉

かま-び【釜日】茶道で、師匠が釜に湯を沸かし、弟子にけいこをする日。

かま-ひげ【鎌×髭】鼻の下から左右へ、鎌の形にはね上げたひげ。江戸時代、奴やっこなどが生やした。また、油墨でかいたものもある。やっこひげ。

かまひげ【鎌髭】歌舞伎十八番の一。安永3年(1774)江戸中村座初演の桜田治助作「御誂染曽我雛形おあつらえぞめそがのひながた」二番目の大切おおぎりが原形。現在のものは、明治になってからの、竹柴金作の新脚色。

かまひげ-やっこ【鎌×髭▽奴】鎌髭を生やしたり、油墨で鎌髭をかいたりした奴。

かま-びす・し【×喧し｜×囂し】㊀〔形ク〕「かまびすしい」に同じ。「永き日のしげきの枝に一・く鳴くひよ鳥

にねぶたげもなく〈為忠集〉 ⊟〔形シク〕「かまびすしい」の文語形。

かま-びすし・い【×喧しい¦×囂しい】〔形〕図かまびす・し〔シク〕《古くク活用であったものが、中世初期ごろからシク活用として用いられたもの》やかましい。かしましい。「—・い蟬せみの鳴き声」「世間の声があれこれと—・い」「波の音常に—・しく潮、風ことに激し」〈方丈記〉(派生)かまびすしさ〔名〕
(類語)うるさい・やかましい・騒騒しい・騒がしい・かしましい・にぎやか・口うるさい・口やかましい・小やかましい・騒然・喧騒・喧喧囂囂けんけんごうごう・けたたましい

かま-ぶろ【×竈風呂¦釜風呂】昔、大きなかまどを蒸し風呂に利用したもの。中に塩水を含ませたむしろなどを敷き、余熱で蒸気を発生させる。

かまほうぞういん-りゅう【鎌宝蔵院流】▶宝蔵院流ほうぞういんりゅう

かま-ぼこ【×蒲×鉾】❶白身の魚のすり身に調味料を加えて練り、蒸し煮あるいはあぶり焼きした食品。長方形の板に材料を半円形に盛り上げる板付きかまぼことすることが多いが、板を用いないものもある。古くは細い竹を芯にして筒形に塗りつけ、その形がガマの穂に似るところからこの名がついた。❷かまぼこ形。「—屋根」❸宝石をはめていないかまぼこ形の指輪。❹ガマの穂。

かまぼこ-がた【×蒲×鉾形】板付きかまぼこの切り口のように、半円形に盛り上がった形。かまぼこなり。「—の兵舎」

かまぼこ-ごや【×蒲×鉾小屋】竹を半円形にたわめて骨とし、むしろで覆った、かまぼこ形の粗末な小屋。

かまぼこ-たが【×蒲×鉾×箍】金属製の、断面がかまぼこ形のたが。

かまぼこ-なり【×蒲×鉾▽形】「かまぼこがた」に同じ。

かまぼこ-へいしゃ【×蒲×鉾兵舎】断面が半円形の細長い兵舎。倉庫にも使う。(補説)第二次大戦後、米軍が日本に持ち込んだ。米語では「quonset hut」という。

かまぼこ-やね【×蒲×鉾屋根】かまぼこ形の屋根。

かま-まつり【×竈祭(り)】かまどの神をまつる神事。古く、朝廷では春と秋に行った。民間では年末に行うところが多い。竈かま神祭り。

がま-むしろ【×蒲×筵¦×蒲×蓆】ガマやフトイで編んだむしろ。夏の涼を呼ぶ敷物に使用。

かまめ【×鴎】カモメの古名。「海原うなはらは—立ち立つ」〈万・二〉

かま-めし【釜飯】一人前用の小釜で、魚・貝・鶏肉・野菜などの具を取り合わせて酒・醤油などで味付けして炊いた飯。釜のまま供する。

かま-もと【窯元】陶磁器を窯で焼いて作り出す所。また、その陶磁器を作る人。

かま-もと【×竈元¦釜元】❶台所。勝手元。「—を立ちまはる内は古い着物を着て」〈滑・浮世床・三〉❷《昔、水銀を釜に入れて焼く方法で、おしろいを製したところから》おしろいの製造元。「—のおしろい、川端のふしのこは、雪をあざむき」〈滑・膝栗毛・七〉

かま-や【×竈屋】かまどを据え付けてある所。また、その建物。

かまやま【竈山】和歌山市和田にある丘。神武天皇東征の際、兄の五瀬命いつせのみことを葬った所と伝える。

かまやま-じんじゃ【竈山神社】和歌山市和田にある神社。旧官幣大社。祭神は、神武天皇の兄の五瀬命いつせのみこと。

かま-やり【鎌×槍】穂先に鎌形の刃が枝のように出ている槍。左右に枝をつけたのを両鎌槍、一方にだけ出したのを片鎌槍という。

かま-ゆで【釜×茹で】❶釜で物をゆでること。❷「釜煎かまいり」に同じ。

カマラ-サンタ-デ-オビエド〖Cámara Santa de Oviedo〗▶オビエド大聖堂

カマリ〖Kamari〗ギリシャ南東部、エーゲ海に浮かぶティラ島（サントリーニ島）の東岸にある町。古代ティラが栄えていた時代に港があった場所。火山に起因する黒砂の海岸が広がり、ペリッサと並ぶ同島の代表的な海水浴場として知られる。

カマリング-オネス〖Heike Kamerlingh Onnes〗▶カメルリン-オンネス

カマルグ-しつげんちたい【カマルグ湿原地帯】《La Camargue》フランス南部、地中海に面するローヌ川の三角州の名称。北部に農村地帯、南部に低湿地と潟湖せきこが広がり、大部分が国立自然保護地域やラムサール条約登録地に指定されている。ヨーロッパ有数のフラミンゴの飛来地として知られる。

かま-わ-ぬ【鎌輪▽奴】江戸時代、元禄(1688～1704)のころ、町奴まちやっこの間で流行した衣服などの模様。鎌の絵に、丸い輪と「ぬ」の字を連ねたもので、「構わぬ」にかけてしゃれたもの。

が-まん【我慢】〔名・形動〕スル ❶耐え忍ぶこと。こらえること。辛抱。「彼の仕打ちには—がならない」「ここが—のしどころだ」「痛みを—する」❷我意を張ること。また、そのさま。強情。「—な彼は…外うわでは強いて勝手にしろという風を装った」〈漱石・道草〉❸仏語。我に執着し、我をよりどころとする心から、自分を偉いと思っておごり、他を侮ること。高慢。「汝仏性を見んとおもはば、先づすべからく—を除くべし」〈正法眼蔵・仏性〉
(用法)我慢・辛抱——「文句ばかり言ってないで、もっと我慢(辛抱)することを覚えなさい」のように、一般的に、こらえるの意味では相通じて用いられる。◆「仕事はきつかったが、どうにか我慢(辛抱)した」「食糧不足によるひもじさを我慢(辛抱)した」など、苦しさ・つらさ・痛さ・寒さ・くやしさなどをこらえる場合、「我慢」「辛抱」の用法にほとんど違いはない。◆「我慢」は、そのほかに「笑いだしたいのを我慢する」など、より幅広く使える。「辛抱のよい人」は「辛抱」独特の使い方である。◆類似の語に「忍耐」がある。「忍耐」は文章語的で、「忍耐を要する仕事」「忍耐力に富む」などのように用いられる。(類語)忍耐・辛抱・耐える・耐え忍ぶ・忍ぶ・こらえる・隠忍・忍従・頑張る

我慢の角つの 高慢・強情の気持ちが強いことを、角の堅いのにたとえていったもの。「—が折れる」

かマンガンさん-カリウム【過マンガン酸カリウム】暗紫色の柱状結晶。水溶液は濃い赤紫色。強力な酸化剤で、分析薬・殺菌剤・漂白剤などに用いる。化学式$KMnO_4$

がまん-づよ・い【我慢強い】〔形〕図がまんづよ・し〔ク〕❶忍耐力がある。辛抱強い。「—・い子供」❷我がを張る気持ちが強い。「いかに—・い自分も自分の方が佳いとは言えなかった」〈独歩・画の悲み〉
(類語)辛抱強い・忍耐強い・粘り強い

カマンベール〖フランス camembert〗外側に白色のカビをつけて熟成させた軟らかいナチュラルチーズ。フランス北西部にあるノルマンディーのカマンベール村の原産。

かみ【上】❶ひと続きのものの初め。また、いくつかに区分したものの初め。㋐川の上流。また、その流域。川上。「—へ船で上る」「川沿いを—に一キロほど行く」⇔下しも。㋑時間的に初めと考えられるほう。昔。いにしえ。「—は奈良時代から下しもは今日まで」⇔下しも。㋒ある期間を二つに分けた場合の前のほう。「—の半期」⇔下しも。㋓月の上旬。「寄席の—席を聴きに行く」㋔物事の初めの部分。前の部分。「—に申したごとく」「—二桁けたの数字」「—の巻」⇔下しも。㋕和歌の前半の3句。「—の句」⇔下しも。❷位置の高い所。㋐上方に位置する所。上部。「山の—にある村」⇔下しも。「几帳きちょうの—よりさしのぞかせ給へり」〈紫式部日記〉㋑からだの腰から上の部分。「—半身」⇔下しも。㋒上位の座席。上座。上席。「主賓が—に座る」⇔下しも。㋓台所などに対して、客間・座敷や奥向きをさす語。⇔下しも。㋔舞台の、客席から見て右のほう。上手かみて。「主役が—から登場する」⇔下しも。❸地位・身分の高い人。㋐天皇の敬称。陛下。「—御一人」㋑高位・上位にある人。「—は皇帝から下しもは庶民に至るまで」⇔下しも。㋒朝廷・政府・官庁などの機関。また、為政者。「お—からのお達し」➡御上おかみ ㋓他人の妻、また、料理屋の女主人などを軽い敬意を含んでいう語。「隣家のお—さん」「料亭のお—」➡御上おかみ ❹皇居のある地。㋐都。京都。また、その周辺。「—へのぼる」「—方がた」㋑京都で、御所のある北の方角・地域。転じて一般に、北の方の意で地名などに用いる。「河原町通りを—へ向かう」「—京ぎょう」「—井草いぐさ」⇔下しも。㋒他の地域で、より京都に近いほう。昔の国名などで、ある国を2分したとき、都から見て近いほう。「—諏訪すわ」「—つけ(=上野こうずけ)」⇔下しも。❺格や価値が優れているほう。「人丸は赤人が—に立たむこと難かたく」〈古今・仮名序〉❻㋐年長の人。「七つより—のは、みな殿上せさせ給ふ」〈源・若菜下〉㋑主人。かしら。「—へ申しませう」〈狂言記・角水〉
(類語)上え・上方・上座かみざ・上座じょうざ・上席・上手かみて・高み

上漏もり下しも潤うるおう 上に立つ為政者が恩恵を施せば、人民の生活が潤い豊かになる。

上を学ぶ下しも 《「礼記」緇衣から》下の者はとかく上に立つ人のまねをするということ。

か-み【加味】〔名〕スル ❶《薬に他の薬を加えて調合する意から》味を付け加えること。❷あるものに、別の要素を付け加えること。「参加者の意見を—して日程を決める」

か-み【佳味¦×嘉味】❶よい味。また、よい味の食物。美味。「当時はこれが、無上の—として、上は万乗の君の食膳にさえ上せられた」〈芥川・芋粥〉❷よい趣。おもしろみ。(類語)美味・滋味・珍味

かみ【長=官】《「上かみ」の意。人の上に立つ者ということろから》律令制で、四等官しとうかんの最上の官位。庁務を総括する責任者。官司により用字が異なる。

かみ【神】❶信仰の対象として尊崇・畏怖いふされるもの。人知を超越した絶対的能力をもち、人間に禍福や賞罰を与える存在。キリスト教やイスラム教では、宇宙・万物の創造主であり、唯一にして絶対的存在。「—を信じる」「合格を—に祈る」「—のみぞ真実を知る」❷神話や伝説に人格化されて登場する語りつがれる存在。「火の—」「縁結びの—」❸㋐偉大な存在である天皇をたとえていう語。また、天皇の尊称。「現人—あらひとがみ」「大君は—にしませば赤駒の腹ばふ田居を都となしつ」〈万・四二六〇〉㋑神社にまつられる死者の霊魂。❹助けられたり、恩恵を受けたりする、非常にありがたい人やもの。「救いの—が現れた」❺㋐人間に危害を加える恐ろしいもの。「虎とらといふ—を生け取りに」〈万・三八八五〉㋑雷。なるかみ。「—は落ちかかるやうにひらめく」〈竹取〉
(…語)天つ神・出雲いずもの神・縁結びの神・大神・大御おお神・風の神・竈かまの神・河の神・国魂くにたまの神・国つ神・塞さいの神・救いの神・皇すめ神・田の神・鳴る神・火の神・福の神・禍まが神・道の神・結びの神・産霊むすひの神・八百万やおよろずの神・山の神（がみ）商い神・現人あらひと神・生き神・軍いくさ神・石神・市神・犬神・氏神・産うぶ神・産土うぶすな神・枝神・男お神・臆病おくびょう神・おなり神・竈かま神・猿神・地神・式神・死に神・鎮守神・年神・天一てんいち神・霹靂はたた神・ひだる神・貧乏神・蛇神・箒ほうき神・枕まくら神・守り神・迷わし神・女め神・巡り神・疫病神・留守神
(類語)ゴッド

神ならぬ身 神ではない、能力に限りある人間の身。「—の知る由よしもなし」

神の正面仏ほとけの真尻まじり 神棚は正面の高い所に、仏壇は陰に設けよということ。

神は正直の頭こうべに宿る 神は正直な人を守り助けてくれるということ。正直の頭こうべに神宿る。

神は人の敬うやまうによって威いを増す 神は人が尊敬することによって、ますます威光を増す。

神は非礼を受けず 《「論語集解」八佾から》礼儀に外れたことを願って祭っても、神は受け入れない。

神は見通し 神はどんなことでも見抜いているので、偽ることはできない。

神も仏もない 慈悲深い神も仏も存在しない。世の無情を嘆いていう言葉。

かみ【香美】高知県北東部にある市。物部ものべ川の上・中流域を占め、アユなどの渓流釣りが楽しめる。平成18年(2006)3月に土佐山田町・香北かほく町・物部村が合併して成立。人口2.9万(2010)。

かみ【紙】《字を書くのに用いた竹のふだをいう「簡」

の字音の変化という》❶植物などの繊維を絡み合わせ、すきあげて薄い膜状に作り、乾燥させたもの。情報の記録や物の包装のほか、さまざまな用途に使用。製法により、手すき紙・機械すき紙・加工紙に分けられる。手すき紙は、105年に中国後漢の蔡倫(さいりん)が発明したとされ、日本には推古天皇18年(610)に伝わり、和紙へと発達。機械すき紙は、18世紀末にフランスで成功し、パルプを用いる製造法が発明され、日本には明治期に洋紙・板紙工業が興った。仕上げ寸法はJIS(ジス)の規格によりA列とB列とがある。❷じゃんけんで、指を全部開いて出すもの。ぱあ。
(類語)和紙・洋紙

かみ【髪】《「上(かみ)」の意からという》❶人の頭に生える毛。頭髪。「—が伸びる」「—を結う」❷頭の毛を結った形。髪形。「今日の—はよく似合う」
(類語)頭髪・髪の毛・毛髪・地髪・地毛・黒髪
髪上・ぐ　❶髪を結う。「今より以後、男女ことごとくに—・げよ」〈天武紀〉❷成人した女子が、下げ髪を結い上げる。「橘の照れる長屋に我が率寝(ゐね)し童女(うなゐ)放髪(はなり)に—・げつらむか」〈万・三八二三〉
髪の長きは七難(しちなん)隠す　女の長い髪は、他の多くの欠点を隠す。髪の長いことが美女の条件であったところからいう。
髪を下ろ・す　頭髪をそって僧または尼になる。剃髪(ていはつ)する。「—・して仏門に入る」
髪を生(は)や・す　《「はやす」は「切る」を忌んでいう語》童子の垂れ髪を切りそろえて元服する。「—・して祝言(しゅうげん)の、言の葉添ふる初元結(はつもとゆひ)」〈謡・元服曽我〉

が-み【雅味】風流な味わい。上品な趣。

かみ-あい【×噛み合い｜×咬み合い】(かあ)❶獣などが互いにかみつくこと。❷歯車のように、凹凸がぴたりとはまること。また、そのはまりぐあい。

かみあい-クラッチ【×咬み合いクラッチ】(かみあ)クラッチ面に凹凸を設け、かみ合わせることにより回転力が伝達される方式のクラッチ。

かみ-あ・う【×噛み合う】(かあ)〔動ワ五(ハ四)〕❶獣などが互いにかみつく。「犬が—・う」❷歯車などで、双方の凹凸の部分がぴったりと組み合わさる。「ファスナーがうまく—・わない」❸それぞれ違う内容をもつものどうしがしっくりと合って、うまく事が進む。「話がなかなか—・わない」

かみ-あが・る【神上がる】〔動ラ四〕❶「かむあがる」に同じ。「後に久しくましまして彦火火出見尊—・りましぬ」〈神代紀・下〉❷巫女(みこ)に乗り移っていた神霊が巫女から離れて天に上る。「うなり声を引いて—・る」〈滑・浮世床・二〉

かみ-あげ【神上げ】神降ろしをした神を、祭りが終わったあと、天上へ帰すこと。⇒神降ろし

かみ-あげ【髪上げ】❶髪を結い上げること。❷古代・中世、貴族の娘が12、3歳ころに行った成人式。かぶろにしていた髪を束ねて後ろに垂らす。ふつう裳着(もぎ)と同時に行った。「よき程なる人になりぬれば、—などさうして」〈竹取〉❸古代・中世、女房が陪膳(ばいぜん)や儀式の際に、垂れ髪を前頭部で束ねて、かんざしで留めること。「ないがしろなるもの。女官どもの—姿」〈枕・二五七〉

かみ-あしゃげ【神あしゃげ】沖縄地方で、祭祀(さいし)を行う建物。茅葺(かやぶ)きの寄せ棟造りで、四方吹き抜けの掘っ立て小屋。かみあしゃぎ。かみあさぎ。

かみ-あそび【神遊び】神前で、歌舞を奏すること。また、その歌舞。神楽(かぐら)。「かご山やさか木の枝ににぎかけてその—思ひこそやれ」〈夫木・一八〉

かみ-あつめ【神集め】陰暦10月に、全国の神が出雲大社に集まって、男女の縁を結ぶための相談をするという民間信仰。

かみ-あぶら【髪油】髪の形を整え色つやをよくするために頭髪につける油。鬢(びん)付け油・椿(つばき)油など。

かみあまくさ【上天草】熊本県西部、天草上島(あまくさかみしま)東半分と大矢野(おおやの)島などからなる市。漁業やポンカンの栽培が盛ん。平成16年(2004)大矢野町、松島町、姫戸(ひめど)町、龍ヶ岳(りゅうがたけ)町が合併して成立。人口3.0万(2010)。

かみあまくさ-し【上天草市】⇒上天草

かみ-あらい【髪洗い】(かあ)髪の汚れを洗い落とすこと。洗髪(せんぱつ)。

かみあらい-こ【髪洗い粉】(かみあらい)髪洗いに使う粉。小麦粉・米ぬかや椿の実の搾りかすなど。

かみ-あらそい【神争い】(かみあらそ)日本の伝説で、富士山と筑波(つくば)山、日光の権現と赤城(あかぎ)の明神など、2柱の神が争う形式のもの。

かみあり-づき【神在月】出雲国で、陰暦10月の異称。この月に日本中の神々が出雲大社に集まるという伝説から、出雲以外では「神無月(かんなづき)」というのに対している。(季 冬)

かみ-あわせ【×噛み合(わ)せ】(かあ)かみ合わせること。また、そのぐあい。「歯の—が悪い」

かみ-あわ・せる【×噛み合(わ)せる】(かあは)〔動サ下一〕図かみあは・す〔サ下二〕❶上下の歯を合わせてかむ。「歯を—・せる」❷獣などを互いにかみつかせる。激しく争わせる。「土佐犬を—・せる」❸歯車などの凹凸の部分をぴたりと合うようにする。「ギアを—・せる」❹食い違いのないように、うまく調和をとる。「論点をなんとか—・せようと努める」

かみいずみ-ひでつな【上泉秀綱】(かみいずみ)戦国時代の剣術家で、新陰流の祖。伊勢守。上野(こうずけ)上泉の人。のち、信綱と改名。門人に柳生宗厳(やぎゅうむねよし)らがいる。生没年未詳。こういずみいせのかみ。

カミ-いせきぐん-こくりつきねんぶつ【カミ遺跡群国立記念物】《Khami Ruins National Monument》ジンバブエ南西部の石造遺跡。ブラワヨの西約30キロメートル、カミ川の西側に広がる。煉瓦(れんが)状の石材を積み重ねた建造物が残り、ビーズや金製品のほか、中国産の青磁や白磁など、多くの交易品が出土している。1986年、世界遺産(文化遺産)に登録された。

かみ-いだし【髪▽出】《髪の毛先を出すところの意から》兜(かぶと)の浮張(うけばり)の後部にある穴。かみだし。

かみいちだん-かつよう【上一段活用】動詞の活用形式の一。語形が、五十音図の「イ」段の音(または、それに「る」「れ」「よ」「ろ」のついた形)だけで語形変化するもの。「エ」段だけで語形変化する下一段活用に対していう。文語、口語ともにあり、例えば、「見る」が「み・み・みる・みる・みれ・みよ(文語)みろ(口語)」と変化する類。文語では、「着る」「似る」「見る」のような語幹と語尾の区別のつかないものと、その複合語(「かえりみる」など)に限定されるが、口語では、これらのほか、文語で上二段活用の「起く」「落つ」なども基本形が「起きる」「落ちる」の形に変化して上一段活用に含まれる。(補説)五十音図の「ウ」の段を中心とし、「イ」の段を上一段、「イ・ウ」の段を上二段、「エ」の段を下一段、「ウ・エ」の段を下二段という。なお、活用語尾というときは、「る」「れ」「よ」「ろ」の上の音についていう。

かみ-いちにん【上一人】《上位の、第一人者の意》国王。天皇。かみごいちにん。かみいちじん。「—より下万民に至るまで」

かみ-いと【紙糸】和紙を細く切り、縒(よ)って作った糸。襖(ふすま)地・装飾用布・帽子などに用いる。

かみ-いれ【紙入れ】❶紙幣を入れて持ち歩く入れ物。札入れ。財布。❷鼻紙・薬品・つまようじなどを入れるもの。革または絹で作る。鼻紙入れ。

かみ-うた【神歌】❶神をたたえ、神力の発揚を期してうたう歌。「—を歌ひ給ひければ、天照大神(あまてらすおおみかみ)是にめで給ひて」〈太平記・二五〉❷平安後期の雑芸(ぞうげい)の一。本来、神楽歌の直系であるが、のちに世俗の流行歌謡に移行する。2句の短歌形式のものと4句の今様形式のものとがある。❸能の「翁(おきな)」のときにうたう歌。しんか。

かみ-えび　ツヅラフジ科の落葉性の蔓(つる)植物。山野に生え、卵形の葉を互生する。雌雄異株で、夏、黄白色の小花を多数つけ、藍色の実を結ぶ。根・茎は漢方で木防已(もくぼうい)といい、薬用。あおつづらふじ。

かみ-えぼし【紙×烏▽帽子】❶紙で作った烏帽子。陰陽師(おんようじ)・法師などが神詣(かみもう)でにかぶる。幼童などが遊戯にも用いた。額烏帽子(ひたいえぼし)。紙冠(かみこうぶり)。❷近世の、紙製で漆塗りの烏帽子。❸葬式のときに、近親者や棺(かん)担ぎ役が額に当てる三角形の白紙。死者につけさせるところもある。額紙(ひたいがみ)。

かみおか-こうざん【神岡鉱山】(かみおかクワウザン)岐阜県飛騨市、神通川上流の高原川の東岸にあった鉱山。天正年間(1573～1592)から銀・銅を産出し、のち亜鉛・鉛を主とした。廃液から、神通川下流にイタイイタイ病が発生。平成13年(2001)採掘を中止した。

カミオカンデ〖KAMIOKANDE〗《KAMIOKA Nucleon Decay Experiment》東京大学宇宙線研究所が岐阜県神岡町(現飛騨市神岡町)に建設した素粒子観測装置。小柴昌俊が考案。昭和62年(1987)に超新星爆発で放出されたニュートリノを世界で初めて検出。現在は、スーパーカミオカンデが観測を引き継いでいる。⇒スーパーカミオカンデ

かみ-おき【髪置き】❶小児が髪を伸ばしはじめるときの儀式。中世・近世に行われた風習で、民間では、ふつう男女3歳の11月15日に行った。綿帽子(わたぼうし)で作った白髪(しらが)を頭上にのせて長寿を祈り、産土神(うぶすながみ)に参拝した。髪立て。櫛(くし)置き。(季 冬)「—やうしろ姿もみせ歩く／太祇」❷唐衣(からぎぬ)の襟を折り、下げ髪を受けるようにした部分。

かみ-おくり【神送り】❶陰暦9月晦日(みそか)、または10月1日に、全国の神々が出雲大社へ旅立つこと。また、これを送る行事。この日は強い風が吹くといわれる。(季 冬)「しぐれずに空行く風や—／子規」⇔神迎え。❷厄神を追い払う行事。鹿島送り・疱瘡神(ほうそうがみ)送りなど。

かみ-おさえ【紙押(さ)え】(かおさ)文鎮(ぶんちん)のこと。

かみ-おしろい【紙白▽粉】薄紙に練りおしろいを付着させて乾かしたもの。携帯して化粧直しに使う。おしろいがみ。

かみ-おむつ【紙▽御襁=褓】肌触りのよい表面材・吸水紙・綿状パルプ・防水材などを重ね合わせた、おむつ。乳幼児用・大人用のほか、ペット用などもある。多くは使い捨て。

かみ-おろし【神降ろし】〔名〕(スル)❶祭りの初めに、祭場に神霊を招き迎えること。⇒神上げ ❷神の託宣を聞くために、巫女(みこ)がわが身に神霊を乗り移らせること。❸起請文(きしょうもん)の、祈願した神々の名を書き記した部分。

かみ-おんな【上女】(かみをんな)❶上方(かみがた)の女。❷奥向きの用を勤める女。腰元・奥女中など。「家々に勤めし—の品定め」〈浮・一代女・五〉

かみ-かえり【神帰り】(かみかへり)陰暦10月晦日(みそか)、または11月1日に、出雲大社に集まった神々が、それぞれの国に帰ること。また、その日。(季 冬)

かみかえり-づき【神帰(り)月】(かみかへりづき)陰暦11月の異称。「神無月(かんなづき)(陰暦10月)に出雲(いずも)大社に集まった神々がもとの国に帰ってくる月」の意。神来月(かみきづき)。

かみ-がかり【上掛(か)り】能のシテ方の五流のうち、観世(かんぜ)流・宝生(ほうしょう)流をいう。発生当時、下掛(しもが)かりの奈良に対して京都に本拠を置いたからというが、定説がない。京掛かり。⇒下掛(しもが)かり

かみ-がかり【神懸(か)り｜神×憑り】❶神霊が人に乗り移ること。また、その状態やその人。❷極端に論理を飛躍させたり、科学的には考えられないことを狂信したりして、言動が常軌を超えていること。また、狂信的なこと。

かみ-がか・る【神懸(か)る｜神×憑る】〔動ラ五(四)〕神霊が人のからだに乗り移る。また、人が普通と違うようすになることにもたとえていう。「急に—・った言動をとるようになる」

かみ-がき【神垣】❶神域を他と区別するための垣。神社の周囲の垣。玉垣(たまがき)。瑞垣(みずがき)。斎垣(いがき)。❷神社の建物。

かみがき-の【神垣の】〔枕〕神が鎮座する所の意の「みむろ」、地名の「みむろの山」にかかる。「—みむろの山の榊葉は」〈古今・神遊びの歌〉

かみ-かくし【神隠し】《「かみがくし」とも》❶子供・娘などが、突然行方不明になること。山の神や天狗

てんぐなどの仕業と信じられていた。「—にあう」❷服喪中、神棚を白紙で隠すこと。
[類語](❶)失踪・失跡・蒸発

かみ-がくれ【神隠れ】❶神の姿が見えなくなること。「木綿四手ゆふしでに立ち紛れて、—になりにけりや」〈謡・賀茂〉❷誰にも気づかれないように姿を隠すこと。「人忍ぶ、われにはつらき葛城かずらきの、—して遣り過ごし」〈浄・天の網島〉

かみ-かけて【神掛けて】〔連語〕神に誓って。絶対に。決して。神以かみもって。「—うそは申しません」

かみ-かざり【髪飾り】髪を飾るもの。櫛くし・笄こうがい・かんざし・リボンなど。

かみ-かしら【髪頭】《「かみがしら」とも》❶頭の髪。「毎日—も自ら梳すきて」〈浮・永代蔵・二〉❷頭部。あたま。「—より爪先まで、一分だめしにためされても」〈浄・丹波与作〉

かみ-がしら【髪頭】「髪冠かみかんむり」に同じ。

かみ-かぜ【神風】㊀❶神が吹き起こすという風。特に、元寇げんこうの際に吹いた激しい風。❷第二次大戦末期、日本軍の特別攻撃隊に冠した名称。神風しんぷう特別攻撃隊。➡特攻隊 ❸《❷から転じて》その行為が向こうみずで人命を粗末にするたとえ。「—運転」㊁昭和12年(1937)東京・ロンドン間を飛び、実飛行51時間余の記録を立てた国産の二人乗り飛行機。

かみかぜ-タクシー【神風タクシー】昭和三十年代に交通規制を無視して走りまわったタクシーの俗称。

かみかぜ-の【神風の】〔枕〕《古くは「かむかぜの」》「伊勢」にかかる。「—伊勢の浜荻はまおぎ折りふせて」〈新古今・羇旅〉

かみかぜ-や【神風や】〔枕〕「伊勢」「五十鈴川」「山田の原」「玉串の葉」など、伊勢神宮や神に関係のある語にかかる。「—伊勢路を行けば」〈夫木・二四〉

かみ-がた【上方】《「上かみ」は皇居のある方角の意》京都およびその付近一帯をさす語。また広くは畿内地方。京阪地方。関西地方。「—の言葉」「—漫才」

かみ-がた【髪形｜髪型】切ったり結ったりして整えた髪の形。かみかたち。ヘアスタイル。

かみがた-うた【上方唄｜上方歌】江戸時代に京坂で流行した三味線歌。組歌・長歌・端歌・手事物てごともの・芝居唄・浄瑠璃物・作物さくものなどが含まれる。京唄。地歌。➡江戸唄

かみがた-え【上方絵】ヱ 京坂で刊行された浮世絵版画。江戸の特産であった版画を江戸絵とよぶのに対していう。役者絵が多い。大坂絵。➡江戸絵

かみがた-かぶき【上方歌舞伎】▶上方狂言かみがたきょうげん

かみがた-きょうげん【上方狂言】キャウゲン 京坂で発達した上方色の豊かな歌舞伎狂言。元禄期(1688～1704)の和事わごと系狂言、宝暦期(1751～1764)以降の義太夫狂言など。上方歌舞伎。➡江戸狂言

かみがた-ご【上方語】上方で使われる言葉。特に、江戸時代以降、京都・大坂を中心に使われた言葉。上方言葉。➡江戸語

かみがた-ざいろく【上方才六】「上方贅六ぜいろく」に同じ。

かみがた-じょうるり【上方浄瑠璃】ジャウルリ 京坂で起こり、語り広められた浄瑠璃。義太夫・一中いっちゅう・文弥ぶんや・宮古路みやこじ・薗八そのはち・繁太夫しげたゆう節など。➡江戸浄瑠璃

かみがた-すじ【上方筋】スヂ 上方方面。また、江戸幕府による区分で、五畿内および近江おうみ・丹波・播磨はりまの8か国。

かみがた-ぜいろく【上方×贅六】《「かみがたざいろく」の音変化》江戸っ子が上方の人をののしっていう語。

かみ-かたち【髪形｜髪▽容｜髪▽貌】❶髪のかたち。かみがた。特に、髪を結ったようす。髪の結いぶり。❷頭髪と顔だち。

かみがた-ばなし【上方×咄】▶上方落語

かみがた-ぶんがく【上方文学】江戸時代文学の一区分。元禄期(1688～1704)を頂点として京坂で行われた町人文学。生命力にあふれた文学で、井原西鶴の浮世草子、近松門左衛門らの浄瑠璃、松尾芭蕉らの俳諧などがその代表。➡江戸文学

かみがた-まい【上方舞】マヒ 京坂に起こり、発達した舞踊のこと。能の舞を源とし、静かで跳躍が少なく、地歌を伴奏とするものが多い。➡京舞 ➡地歌舞

かみがた-もの【上方者】上方に生まれ、住む人。上方出身の人。

かみがた-らくご【上方落語】上方を中心に発達した落語。江戸中期の露の五郎兵衛と米沢彦八を祖とする。見台けんだいを前へ置き、張り扇と小拍子を鳴らし、時には囃子はやしや鳴り物も入れる。大阪落語。上方咄かみがたばなし。

かみ-がたり【神語り】神が人に乗り移って神意を告げること。神託。「さもあらたなる飛行を出だして、—するこそ恐ろしけれ」〈謡・巻絹〉

かみがた-りょうり【上方料理】レウリ 乾物・野菜・豆腐・湯葉・麩ふ・白身の魚などを材料とする京都の料理。魚介類を多く用いる大阪の料理を含めていうこともある。薄口醤油とだしで調味し、味噌は白味噌を用いる。

かみ-ガッパ【紙ガッパ】桐油紙とうゆがみで作ったカッパ。江戸時代の庶民の雨具。

かみ-かぶり【紙▽冠】陰陽師おんみょうじや法師が、祈祷きとうのとき額につける三角の紙。中世以後、死者につけさせる風習が生じた。紙烏帽子かみえぼし。かみこうぶり。

かみかまがり-じま【上蒲刈島】広島県南部、瀬戸内海の芸予諸島中の島。呉市南東部にある。面積19平方キロメートル。島中央部に七国見ななくにみ山(標高457メートル)があり全般に平地に乏しい。ミカン栽培のほか沿岸漁業・真珠養殖が盛ん。三之瀬瀬戸をはさんで西に下蒲刈島が蒲刈大橋で結ばれている。

がみ-がみ〔副〕口やかましくしかりつけたり、文句を言ったりするさま。「—(と)しかる」

かみがも-じんじゃ【上賀茂神社】賀茂別雷神社かもわけいかずちじんじゃの通称。

かみがや-つり【紙蚊-帳×吊】カヤツリグサ科の多年草。高さ2～3メートル。茎は三角柱で、葉は鱗片りんぺん状。夏、茎の先に枝を広げ、淡褐色の花をつける。東ヨーロッパ・アフリカに分布。昔、エジプトで茎から紙を作った。観賞用に温室で栽培。パピルス。

かみ-から【神▽柄】「かむから」に同じ。

かみかわ【上川】かみかは ㊀北海道中央部の総合振興局。局所在地は旭川市。㊁北海道中央部、上川郡の地名。石狩川上流、大雪山北麓に位置し、南部に層雲峡がある。

かみかわ-しちょう【上川支庁】かみかはシチャウ 上川総合振興局の旧称。

かみかわ-そうごうしんこうきょく【上川総合振興局】かみかはソウガフシンコウキョク ▶上川㊀

かみかわ-ちょう【上川町】かみかはチャウ ▶上川㊁

かみかわ-ぼんち【上川盆地】かみかは 北海道中央部の盆地。気候は内陸性。米作が盛ん。旭川市がある。

かみ-かんむり【髪冠】漢字の冠の一。「髪」「髭ひげ」などの「髟」の称。かみがしら。

かみ-き【上期】会計年度などで、1年を2期に分けたときの、前半の6か月。上半期かみはんき。㊟下期しもき。

かみ-きず【×咬み傷】獣や蛇などにかまれてできた傷。こうしょう。

かみき-づき【神来月】《前月に出雲大社に集まった神々が帰って来る月の意》陰暦11月のこと。かみかえりづき。

かみ-きぬた【紙×砧】《「かみぎぬた」とも》❶紙を作るために、原料のコウゾの皮を台にのせて木づちでたたくこと。また、その台。(季 秋)❷歌舞伎下座音楽の一。太鼓の太ばちを打ち合わせて❶の音を出すもの。寂しい、しんみりした場面に使う。

かみ-ぎょう【上京】ギャウ ㊀京都市北部の三条通り以北の、御所を中心とする地域。㊁京都市北部の区名。明治22年(1889)の市制で下京区とともに成立、昭和4年(1929)左京・中京・東山各区を、同30年北区を分離。御所・府庁・西陣織物会館がある。

かみぎょう-く【上京区】ギャウ ▶上京㊁

かみ-きり【紙切り】❶紙を切ること。また、そのための小刀。❷客が注文した物の形を即席で切り抜く寄席演芸。

かみ-きり【髪切り】❶髪を切ること。また、その道具。❷「天牛かみきりむし」の略。❸遊女が客に偽りのない気持ちを示すために、髪を切って与えること。「指きり—入墨子いれぼくろ」〈松の葉・四〉

かみきり-こがたな【紙切り小刀】紙を切るのに使う小刀。紙切り。ペーパーナイフ。

かみきり-むし【天=牛｜髪切虫】甲虫目カミキリムシ科の昆虫の総称。体は細く、長い触角をもち、大あごが頑丈で鋭い。幼虫は鉄砲虫とよばれ、樹木の材部に食い入る。種類が多く、日本でも約700種が知られる。シロスジカミキリ・キクスイカミキリ・ノコギリカミキリなど。毛切り虫。てんぎゅう。(季 夏)「きりきりと—の昼ふかし/楸邨」

かみきり-もどき【擬=天=牛】甲虫目カミキリモドキ科の昆虫の総称。カミキリムシに似るが小・中形で、前翅ぜんしが柔らかい。花に集まるものが多く、夜間、灯火にもよく集まる。アオカミキリモドキなど。

かみ-き・る【×嚙み切る】〔動ラ五(四)〕物をかんで切る。食い切る。「堅い肉を—・る」

かみ-きれ【紙切れ】紙の切れ端。また、小さく切った紙。紙片。「—に書きとめる」「—一枚の手続き」

かみ-ぎわ【髪際】ギハ 額などの、髪のはえぎわ。

かみ-くじ【紙×籤｜紙×鬮】こよりで作ったくじ。

かみ-くず【紙×屑】クヅ 不用になった紙切れ。くず紙。「—を捨てる」「—同然となった株券」

かみくず-かい【紙×屑買い】かみくづかひ 紙くずや廃品などを買って歩くこと。また、その人。

かみ-くせ【髪癖】《「かみぐせ」とも》縮れているなどの、頭髪の生まれつきの性質。

かみ-くだ・く【×嚙み砕く】〔動カ五(四)〕❶かんで粉々にする。「錠剤を—・いて飲む」❷むずかしい内容をやさしい言葉を使ってわかりやすくする。「趣旨を—・いて説明する」[類語]嚙む・咀嚼そしゃく・反芻はんすう

かみ-くち【神口】巫女みこが神がかりのうちに告げる神託。

かみ-ぐに【神国】❶神が統治する国。日本国のことをいった。しんこく。❷「神郡かみごおり」に同じ。

かみ-クロース【紙クロース】《「かみクロス」とも》加工紙の一。丈夫な紙に色・型付けなどをして布地に似せたもの。本の表紙などに用いる。

かみ-こ【紙子｜紙▽衣】❶紙子紙かみこがみで作った衣服。律宗の僧が用いはじめ、のち一般に使用。軽くて保温性にすぐれ、胴着や袖なし羽織を作ることが多い。かみぎぬ。近世以降、安価なところから貧しい人々の間で用いられた。(季 冬)「繕うて古き—を愛すかな/虚子」❷みすぼらしい姿、惨めな境遇の形容。「生れて始めて、—になった大尽の無念さを」〈花袋・名張少女〉

紙子着て川へ嵌はま・る　無謀なことをして、自ら破滅を招くことのたとえ。

紙子四十八枚　《紙子が48枚の紙で仕立てられることから》貧しさをいう言葉。「身上は—ばらばらとなって」〈浮・織留・四〉

かみ-ごいちにん【上御一人】「上一人かみいちにん」に同じ。

かみ-こうすい【紙香水】カウスイ 香水を紙に染み込ませたもの。携帯用。

かみこうち【上高地】かみカウチ 長野県中西部、梓川あずさがわ上流地域。松本市の北西部にある。標高1500メートル。中部山岳国立公園の中心で、穂高岳・槍ヶ岳などへの登山基地。[補説]もと、「上河内」「神河内」と書いた。

かみ-こうぶり【紙▽冠】かうぶり 「かみかぶり」に同じ。「法師、陰陽師ありて、—をして祓をす」〈今昔・一九・三〉

かみ-ごおり【神▽郡】ごほり 神領の一。一郡を神社の所領とし、租税を諸祭料などの費用にあてた。奈良時代には、伊勢の多気・度会わたらいの二郡、常陸ひたちの鹿島、下総しもうさの香取などがあった。かみぐに。しんぐん。

かみこ-がみ【紙子紙】紙子を仕立てるのに使う紙。厚手の和紙に柿渋を引き、日に乾かしてよくもみ

やわらげ、夜露にさらして臭みを抜いたもの。
かみ-ごしょ【上御所】将軍家または大臣家以上の公卿で、隠居した者が一家に数人いる場合、その最初に隠居した者。➡中御所 ➡下御所
かみこ-ずきん【紙子頭巾】紙子紙で作った防寒用の頭巾。浪人などがかぶった。
かみこ-ぞめ【紙子染(め)】紙子紙を染めること。また、その染めたもの。
かみ-ごと【神言┊神▽語】❶神のお告げ。神託。託宣。❷神または神事に関する語りごと。
かみ-ごと【神事】❶神を祭る行事。祭事。祭典。しんじ。❷神の仕業。人間にはうかがい知れない神の不思議な考えや行動。かみわざ。しんじ。
かみ-こな・す【×嚙み▽熟す】〔動サ五(四)〕❶かみ砕いて消化する。咀嚼する。❷自分の身につくように、十分に理解する。「教えられたことをよく―・している」
かみこ-ばおり【紙子羽織】紙子紙で作った羽織。隠者・浪人が着た。
かみ-ごま【上駒】《「かみこま」とも》三味線や胡弓の棹の上端につける、竹製・金属製の駒。三味線では二の糸と三の糸をのせる。
かみ-ごま【紙駒】《「かみこま」とも》三味線の音を小さくするために使う紙製の駒。
かみこ-ろうにん【紙子浪人】いつも紙子を着ているような貧乏な浪人。「その隣はむつかしき―」〈浮・胸算用・一〉
かみ-ころ・す【×嚙み殺す】〔動サ五(四)〕❶かみついて殺す。❷あくびや笑いが出るのを、歯をかみしめて無理に抑える。「あくびを―・す」
(類語)絞め殺す・縊る・刺し殺す・轢き殺す・殴り殺す・打ち殺す・叩き殺す・ぶち殺す・撃ち殺す
かみこん-しき【紙婚式】結婚1年目を記念して行う式。➡結婚記念式
かみ-コンデンサー【紙コンデンサー】►ペーパーコンデンサー
かみ-ざ【上座】❶席のうち、最も上位の席。上席。じょうざ。↔下座。❷舞台の、客席から見て右の方。上手。↔下座。(類語)上座・上席・上か・上手
かみ-ざ【紙座】中世、紙の製造・販売についての特権を幕府や本所に承認されて独占した職業集団。
かみ-ざいく【紙細工】紙で細工すること。また、その細工物や、細工をする人。
かみさか-ふゆこ【上坂冬子】［1930～2009］ノンフィクション作家。東京の生まれ。本名、丹羽ヨシコ。昭和34年(1959)勤務先での体験を「職場の群像」にまとめ発表。はじめ評論、のちに戦後史・昭和史に関するノンフィクション作品を多く書いた。著作「硫黄島いまだ玉砕せず」「生体解剖―九州大学医学部事件」「慶州ナザレ園―忘れられた日本人妻たち」など。平成5年(1993)菊池寛賞を受賞。
かみ-さかやき【髪月=代】男の髪を結い、月代をそること。また、その結い方やそりぐあい。「阿波の徳島平左衛門と申して―致さるる」〈浄・博多小女郎〉
かみ-さけ【×嚙み酒┊▽醸酒】《「かみざけ」とも》古代に、米をかんで発酵させて造ったという酒。
かみさげ-むし【紙下げ虫】便所にわく蛆。4月8日に、甘茶ですった墨で「ちはやぶる卯月八日は吉日よ紙下げ虫を成敗ぞする」と書いて便所に逆さにはっておくと、上がって来ないという俗信があった。
かみ-さび【神さび】「かむさび」に同じ。
かみ-さ・びる【神さびる】〔動バ上一〕図かみさ・ぶ〔バ上二〕❶古びて神々しく見える。荘厳で神秘的である。かんさびる。「―・びた杜」❷古びる。年を経ている。かむさぶ。「をとめごも―・びぬらし天つ袖ふるき世の友よはひ経ぬれば」〈源・少女〉
かみ-さ・ぶ【神さぶ】〔動バ上二〕「かみさびる」の文語形。
かみ-さま【上様】❶身分の高い人の妻を敬っていう語。奥方。「御館も―も」〈義経記・八〉❷近世、商家や一般の人の妻を敬っていう語。おかみさん。「与太郎どのの―は」〈滑・膝栗毛・初〉❸近世、上方で、隠居した良家の老女を敬っていう語。かみさん。「内儀、隠居の―をはじめて」〈浮・五人女・二〉
かみ-さま【神様】❶神を敬っていう語。❷ある専門分野について、特にすぐれた知識・才能・技術を持った人。「サッカーの―」
かみ-ざま【上様┊上▽方】《古くは「かみさま」とも》❶うえの方。↔下様。「露の落つるに枝のうち動きて、人も手ふれぬに、ふと一へあがりたるも」〈枕・一三〇〉❷上流階級の人々。身分の高い人々。↔下様。「上達部、殿上人、―までおしなべて、武を好む人多かり」〈徒然・八〇〉
かみさり-づき【神去り月】「神無月」に同じ。
かみ-さ・る【神去る】〔動ラ四〕高貴な人が死去する。かむさる。「上宮皇太子―・りましぬと聞きて」〈推古紀〉
かみ-さん【上さん】❶商人・職人などの妻、また、その家の女主人を呼ぶ語。➡御上さん ❷親しい間柄で、自分の妻、または他人の妻を呼ぶ語。「一の手料理」❸「かみさま(上様)❸」に同じ。「これこれ一、風呂の湯がわきました」〈浄・太功記〉
(類語)妻・家内・女房・細君・ワイフ・かかあ・山の神・妻・ベターハーフ
かみ-し【香美市】►香美
かみ-じ【紙治】「紙屋治兵衛」の略。また、浄瑠璃「心中天の網島」の通称。
かみしいば-ダム【上椎葉ダム】宮崎県北西部、耳川上流にある発電用ダム。日本最初のアーチ式ダムで、昭和30年(1955)完成。堤高110メートル。人造湖の日向椎葉湖を形成。
かみ-じお【紙塩】魚や貝の身を和紙に挟み、塩をのせ、水を振りかけて軽く塩味をつけること。
かみ-しだ・く【×嚙み▽拉く】〔動カ五(四)〕かみくだく。かみつぶす。「口にくわえて―・く」〈逍遥・桐一葉〉
かみ-しばい【紙芝居】❶物語を何枚かの絵にして、劇的に説明を加えていくもの。昭和6年(1931)ごろから、子供相手の飴売り行商の手段として街頭で演じられた。現在では視聴覚教材ともなっている。❷表裏に違う動きを描いた紙人形を用いて芝居を演じたもの。明治中期に寄席の一人芸として始まり、のちに小屋掛けまた街頭で行われた。
かみしほう-がため【上四方固め】柔道の押さえ込み技の一。あお向けにした相手の頭の上から覆いかぶさり、両手で相手の両腕の外側から横帯をつかんで固める。
かみ-じま【神島】蓬莱山の異称。
かみ-し・む【神しむ】〔動マ上二〕►かむしむ
かみ-し・める【×嚙み締める】〔動マ下一〕図かみし・む〔マ下二〕❶力を入れてかむ。「無念さに唇を―・める」❷よくかんで味わう。「するめを―・める」❸物事の味わい、深い意味などを十分に感じ取る。「平和の尊さを―・める」(類語)味わう・嚙み分ける
かみ-しも【上下】❶かみと、しも。うえの部分と、したの部分。身分の上位と下位、川上と川下、上半身と下半身、舞台の上手と下手、上の句と下の句など。「大井川かはのしがらみ―に千鳥しば鳴く夜ぞふけにける」〈夫木・一七〉❷いろいろな事。諸事。「殿の事とり行ふべき―定めおかせ給ふ」〈源・須磨〉❸衣服のうえと、した。また、それが対をなす衣服。㋐上代、上着と袴。「此の嬢子を得ることあらば、―の衣服を避り」〈記・中〉㋑平安時代から室町時代にかけて、狩衣・水干・直垂・素襖などの上着と袴とが同じ地質と染め色のもの。「浅黄の―着たる翁の」〈宇治拾遺・一二〉㋒(「裃」とも書く)江戸時代の武士の礼装・正装。肩衣と、同じ地質と染め色の、わきの広くあいた袴とからなり、紋付きの熨斗目または小袖の上に着る。麻上下を正式とし、長上下と半上下の別がある。のち、半上下は庶民にも公務や冠婚葬祭などには着用が許された。
裃を着る　格式ばって堅苦しい態度をとる。裃をつける。
裃を脱・ぐ　堅苦しい態度を捨てて打ち解ける。「―・いで、ひとつ無礼講でいきましょう」
かみじ-やま【神路山】伊勢神宮内宮の南方の山。天照山。(歌枕)「一月さやかなるちかひありて天の下をば照らすなりけり」〈新古今・神祇〉
かみじょう-かもんじ【上条嘉門次】［1847～1918］登山案内人。長野の生まれ。明治13年(1880)から上高地に住み、ウェストン・小島烏水ら多くの人を槍ヶ岳・穂高岳などに案内して、日本近代登山の発展に貢献した。
かみ-しょうじ【紙障子】組格子に薄紙などを張った障子。明かり障子。➡襖障子
かみ-じょちゅう【上女中】主人のそば近く仕え、奥向きの用事をする女中。奥女中。↔下女中。
かみ-しんじん【神信心】神を信仰すること。また、その人。
かみす【神栖】茨城県南東端にある市。鹿島臨海工業地域での重化学工業のほか、ピーマンなどの栽培や漁業も盛ん。平成17年(2005)8月に神栖町が波崎町を編入し市制施行。人口9.5万(2010)。
かみ-すき【紙×漉き】紙、特に和紙をすくこと。また、それを職業とする人。(季 冬)「一のはじまる山の重なれり/普羅」
かみ-すき【髪×梳き】❶頭髪を櫛でとかすこと。くしけずること。また、それを職業とする人。❷歌舞伎で、女が男の髪をすいてやって愛情や愁嘆を表す演出。女どうしや女一人で行う変形もある。
かみ-すぎ【神杉】神域にある杉。神が降臨するという杉。かむすぎ。「あさみどり霞みにけりな石上ふる野に見えし三輪の―」〈続古今・春上〉
かみすき-うた【紙×漉き歌】紙すきの作業のときに歌う民謡。
かみすき-き【紙×漉き機】►抄紙機
かみすき-ぶね【紙×漉き▽槽】紙をすく原料を水に溶かして入れておく長方形の水槽。
かみ-すさ【紙▽寸▽莎】和紙のくずなど、紙を原料としたすさ。塗り壁に用いる。
かみす-し【神栖市】►神栖
かみ-すじ【髪筋】❶髪をくしけずったあとの筋目。❷髪の毛。毛髪。「女の―をよれる綱には大象もよくつながれ」〈徒然・九〉❸きわめて少ないこと。「人により知恵は―ほどもなくて」〈仮・竹斎・上〉
かみ-ずもう【紙相-撲】紙で作った力士の人形を台の上で組ませ、台をたたいて勝負を競う遊び。
かみ・する【上する】〔動サ変〕図かみ・す〔サ変〕《近世遊里語》揚屋などの座敷で、客の世話をする。「―・する男、お床は二階へと呼び立つれば」〈浮・一代女・二〉
かみ-ず・る〔動ラ五(四)〕のぼせあがる。上気する。「気は―・ってしまうしなあ、動悸はひどくするし」〈逍遥・当世書生気質〉
かみすわ-おんせん【上諏訪温泉】長野県諏訪市の温泉。諏訪湖東岸にあり、泉質は単純温泉・硫黄泉。
かみ-せい【紙製】紙で作ってあること。また、そのもの。
かみ-せき【上席】寄席で、1日から10日までの興行のこと。➡中席 ➡下席
かみ-せきばん【紙石盤】ボール紙に、金剛砂か軽石の粉末と粉炭とを練り合わせたものを塗って作った石盤。
かみ-せっけん【紙石×鹸】紙のように薄く平たく作った化粧石鹸。携帯用。
かみ-ぜに【紙銭】❶紙で銭形を作ったもの。祭事に神に奉ったり、死者の、三途の川の渡し銭として棺に入れたりする。しせん。❷紙幣。札。しせん。
カミソール〖camisole〗►キャミソール
かみ-そぎ【髪▽削ぎ】❶髪の先をそろえてそぐこと。特に、中古、髪置きの儀式をすませ髪の生えそろった幼児の髪先を肩の辺りで切りそろえて、成長を祝う儀式。男子は5歳で行い、女子は4歳で行うのを例とし、最初のときには祝儀があり、1年に数回行った。深除ぎ。❷►鬢除
かみ-そり【剃=刀】《「髪剃り」の意》❶頭髪・ひげなどをそるのに用いる刃物。切っ先がなく、刃が薄く、鋭利。こうぞり。❷切れ味が鋭いさま、また、才気鋭

く、物事の処理が速く巧みなさまや人のたとえ。「―の頭脳」「―パンチ」[類語]ナイフ・小刀

剃刀の刃を渡・る　失敗したら身を滅ぼすような、非常に危険な行動をすることのたとえ。

かみそり-がい【剃=刀貝】ガヒ《貝殻の形がかみそりに似るところから》マテガイの別名。

かみそり-かぶれ【剃=刀▽気触れ】かみそりでそったあとに生じる皮膚の炎症。

かみそり-まけ【剃=刀負け】〔名〕スル　かみそりかぶれを起こすこと。

かみ-だいどころ【上台所】貴人・武士・豪商などの家で、家族や客用の食事を作る台所。「御―の御次に居て、見えわたりたる諸道具を取りさばきの奉公なり」〈浮・一代女・四〉

かみ-だすけ【神助け】神のおかげで苦難から救われること。

かみ-たたき【神×叩き】《「かみだたき」とも》神に懇願すること。神頼み。「こなたの役にもたたぬ―が気にいらぬ」〈浮・世間猿〉

かみ-たち【紙裁ち】❶紙を裁ち切ること。❷「紙裁ち包丁」の略。

かみたち-ぼうちょう【紙裁ち包丁】バウチャウ 紙を裁つのに使う包丁。たちぼうちょう。

かみ-たて【髪立て】「髪置き❶」に同じ。

かみ-だな【神棚】家の内で、神を祭るためにこしらえてある棚。神符・神札などを奉安する。

かみ-だのみ【神頼み】神に祈って加護を願うこと。神の助けを願い求めること。「苦しいときの―」

かみ-タバコ【×噛みタバコ】かんで、その香気を味わうタバコ。タバコの葉をひも状や板状に押し固め、香料などを加えたもの。

かみ-たれ【髪垂れ】《「垂れ」は「切る」という語を忌んでいう語》「産剃（うぶぞり）」に同じ。

か-みつ【花蜜】クワ 花の蜜腺（みつせん）から分泌される甘い液。花の蜜。

か-みつ【過密】クワ〔名・形動〕❶込みすぎていて、少しのゆとりもないこと。また、そのさま。「―なスケジュール」「―ダイヤ」❷特に、人口・建物などがある地域に集中しすぎていること。また、そのさま。「―都市」⇔過疎。[派生]かみつさ〔名〕
[類語]すし詰め・稠密（ちゅうみつ）・目白押し

かみ-づかさ【神▽司｜神=祇=官｜主=神】「かんづかさ」に同じ。

かみつかさ-しょうけん【上司小剣】セウケン［1874～1947］小説家。奈良の生まれ。本名は延貴（のぶき）。作風は自然主義的傾向から、のちに社会主義的傾向に移った。作「鱧（はも）の皮」「U新聞年代記」など。

かみ-つ-かた【上つ方】❶うえの方。かみて。⇔下（しも）つ方。❷身分の高い人々。上流階級。うえつかた。⇔下（しも）つ方。❸京都で、御所に近い方。上京（かみぎょう）。「―に、さべき御さまにと、おきて聞こえさせ給ふ」〈栄花・初花〉⇔下（しも）つ方。

かみつき-がめ【×噛付亀】カメ目カミツキガメ科のカメ。甲長約40センチ。頭が大きく、あごの力が強くて、よくかみつく。北アメリカから南アメリカ北部の淡水に分布し、ほとんど陸に上がらない。

かみ-つ・く【×噛み付く】〔動カ五（四）〕❶歯で食いつく。「犬が子供に―・く」❷激しい態度で相手に迫る。くってかかる。「上司に―・く」[類語]食いつく・食らいつく・齧（かじ）りつく・かぶりつく・くわえこむ

かみつけの【上毛野】上野（こうずけ）の古称。

かみつけの-の-かたな【上毛野形名】飛鳥時代の武将。舒明（じょめい）天皇のとき、蝦夷（えみし）討伐の将軍となった。生没年未詳。

かみ-つ-せ【上つ瀬】川上にある瀬。「―に鵜川を立ち下つ瀬に小網（さで）さし渡す」〈万・三八〉⇔下（しも）つ瀬。

かみ-つち【紙土】粘土や砂に和紙をまぜ、粘り強さをもたせた土。鋳型の内部に用いる。

かみ-づつみ【紙包み】❶紙で包んだもの。紙で包んであること。❷紙で包んだ金。金一封。「情の籠る―与へしまま飄然と去りぬ」〈露伴・いさなとり〉

かみ-つどい【神集い】ツドヒ 神々が集まること。陰暦10月に神々が出雲大社に集まること。[季 冬]

かみ-づな【髪綱】頭髪をより合わせて作った綱。よく伸縮するので、棟木を引き上げたり、碇綱（いかりづな）としたりする。また、寺に奉納することがある。

かみつふさ【上総】上総（かずさ）の古称。

かみ-つぶし【×噛み潰し】釣りで用いるおもりの一。鉛粒の中央につけた溝に釣り糸を挟み、歯でかみつぶして留める。割りびし。がん玉。

かみ-つぶ・す【×噛み潰す】〔動サ五（四）〕❶かんでつぶす。「苦虫を―・したような顔」❷出かかる笑い声やあくびを抑えてがまんする。かみころす。「笑いを―・す」

かみ-つぶて【紙×礫】投げつけるために、紙を固く丸めたもの。

かみ-つ-よ【上つ世｜上つ代】大昔。上代。古代。「開闢（かいびゃく）より光仁天皇の御世までをおしなべて―といふ」〈あゆひ抄〉

カミツレ〔オランダ kamille〕▶カミルレ

かみ-て【上手】❶上（かみ）の方。上座に近い方。「―に座る」⇔下手（しもて）。❷川の上流の方。「―の村」⇔下手（しもて）。❸舞台の、客席から見て右の方。⇔下手（しもて）。
[類語]上（うえ）・上方・上（かみ）・高み・上手（うわて）・上部・上位・優位・優越・高位・上席

かみ-テープ【紙テープ】紙製のテープ。包装や飾り付けに用いるほか、投げて祝意・賛意などを表す。

かみ-でっぽう【紙鉄砲】ポウ 細くて節のない竹の筒に、ぬらした紙を丸めて詰め、次に別の紙玉を押し入れて棒で突き、空気の圧力で音を立てて飛び出させる仕掛けの玩具。

かみ-どいや【上問屋】ドヒヤ 近世、大坂で、上方地方を取引の相手とした問屋。「北浜の備前屋といふ―に季を重ね」〈浮・五人女・二〉➡下問屋（しもどいや）

かみ-どおり【上通り】ドホリ 市街などで、中心に近い方にある街路。⇔下通（しもどお）り。

かみ-とき【神解き｜霹=靂】「かみとけ」に同じ。〈名義抄〉

かみ-とけ【神解け｜霹=靂】雷が落ちること。落雷。かみとき。かむとけ。「―に当たりし楠あり」〈霊異記・上〉

かみ-どこ【髪床】「髪結（かみゆ）い床（どこ）」に同じ。

かみ-なが【髪長】❶髪の毛が長いこと。❷僧をいう斎宮（いつきのみや）の忌み詞。❸《近世語》婦人。女性。「弱々としたる―の戯れ、一生知らずして」〈浮・五人女・五〉

かみ-ながら【随=神｜惟=神】〔副〕「かんながら」に同じ。

かみ-なぎ【×巫｜×覡】「かんなぎ」に同じ。

かみ-なげし【上▽長▽押】長押（なげし）を上下に設けた場合の、上の長押。⇔下長押（しもなげし）。

かみな-づき【神無月】「かんなづき」に同じ。

かみ-なび【神奈備】「かむなび」に同じ。

かみ-ナプキン【紙ナプキン】❶食卓で用いる使い捨ての紙製ナプキン。❷生理用品の一。紙や不織布で作られた使い捨てのパッド。

かみなり【神鳴】狂言。和泉（いずみ）流では「雷」。広野に落ちて腰を打った雷が、通りかかった医者に針療治してもらい、治療代のかわりとして、五穀のためによい天候を保つことを約束して、天上に帰る。

かみ-なり【雷】《「神鳴り」の意》❶電気を帯びた雲と雲との間、あるいは雲と地表との間に起こる放電現象。電光が見え、雷鳴が聞こえる。一般に強い風と雨を伴う。いかずち。なるかみ。「―が鳴る」「―に打たれる」[季 夏]「―に小屋は焼かれて瓜の花／蕪村」❷雲の上にいて、雷を起こすという神。鬼の姿をしていて、虎の皮の褌（ふんどし）を締め、太鼓を背負って、これを打ち鳴らし、また、人間のへそを好むとされる。雷神。はたた神。かみなりさま。❸頭ごなしにどなりつけること。腹を立ててがみがみと叱責（しっせき）すること。「―を落とす」
[類語]（❶）雷（いかずち）・鳴る神・雷（らい）・雷鳴・雷電・天雷・急雷・疾雷（しつらい）・迅雷（じんらい）・霹靂（へきれき）・雷公・遠雷・春雷・界雷・熱雷・落雷・稲妻（いなずま）・稲光（いなびかり）・電光・紫電（しでん）

雷が落・ちる　目上の人に大声でどなられてしかられる。「父の―・ちる」

かみなり-いか【雷烏=賊】コウイカ科のイカ。外套（がいとう）長約40センチで、背面に楕円形の眼状紋が並ぶ。房総半島以南に産し、刺身や鮨種（すしだね）にする。紋甲烏賊（もんごういか）。

かみなり-うお【雷魚】ウヲ ハタハタのこと。秋田地方で、漁期の冬によく雷が鳴るところからいう。[季 冬]

かみなり-おこし【雷粔=籹】江戸浅草の雷門前で売りはじめたおこし。大阪のあわおこしに対する東京名物菓子。

かみなり-おやじ【雷親▽父】オヤヂ 何かというと大声でどなりつける、口やかましいおやじ。

かみなりかんし-システム【雷監視システム】▶ライデン（LIDEN）

かみなり-ぐも【雷雲】▶らいうん（雷雲）

かみなり-ごえ【雷声】ゴヱ 辺りに響き渡る大きな声。「御殿もゆるぐ―」〈浄・振袖始〉

かみなり-ぞく【雷族】騒がしい音を立てて猛烈な速度でオートバイを走らせる若者の称。昭和34年（1959）ごろからの語。

かみなり-の-じん【▽雷鳴の陣】ヂン 平安時代、雷鳴のときに宮中に臨時に設けられた警固の陣。近衛の大将・次将が清涼殿の孫廂（まごびさし）に伺候（しこう）し、弦打（つるう）ちして天皇を守護し、将監（しょうげん）以下も諸所を警固した。かんなりのじん。

かみなり-の-つぼ【雷鳴の壺】平安京内裏の襲芳舎（しほうしゃ）の異称。雷鳴のときに天皇が臨御（りんぎょ）したのでいう。かんなりのつぼ。

かみなり-ぼし【雷干し】シロウリを小口から螺旋（らせん）状に長く続けて切り、塩押しにして干したもの。適宜に切り三杯酢で食べる。輪の形のつながるさまが雷神の太鼓に似るところからの名という。干し瓜。[季 夏]

かみなり-もん【雷門】東京都台東区の地名。浅草寺（せんそうじ）の風神・雷神を安置した雷門の南側にある。

かみなり-よけ【雷▽除け】❶落雷をよけること。また、その害を防ぐための避雷針などの装置。❷落雷を避けるために神社や寺院で出す守り札。

かみにだん-かつよう【上二段活用】クワツヨウ 文語動詞の活用形式の一。語形が五十音図の「イ・ウ」の二段の音（または、それに「る」「れ」「よ」のついた形）で語形変化するもの。「エ・ウ」の二段に語形変化する下二段活用に対していう。例えば、「起く」の語尾が「き・き・く・くる・くれ・きよ」と変化する類。他に、「落つ」「過ぐ」「恥づ」「延ぶ」「報ゆ」など。文語の上二段活用の多くは、口語では上一段に活用する。➡上一段活用

かみ-ねんど【紙粘土】紙を細かくちぎって水につけ、かゆ状にして粘着剤を加え、粘土のようにしたもの。工作の材料。

かみ-のう【神能】能の分類の一。神をシテとする曲のうち、特に脇能として、正式な番組では初番（「翁（おきな）」の次）に置かれるもの。「高砂（たかさご）」「老松（おいまつ）」など。神物（かみもの）。脇能物。

かみ-の-き【紙の木】コウゾ・ガンピ・カジノキなど、和紙の原料となる木。

かみ-の-ぎんこう【神の銀行】ギンカウ ▶アイ-オー-アール（IOR）

かみ-の-く【上の句】❶短歌1首の前半五・七・五の3句をいう。⇔下（しも）の句。❷連歌で、五・七・五の句。❸俳句で初めの5文字。

かみ-の-くに【神の国】❶神が治める国。特に、日本のこと。神国（しんこく）。かみぐに。❷キリスト教で、神の支配、また、その及ぶ所。天国。

かみのくに【神の国】《原題、ラテン De civitate Dei》宗教書。22巻。アウグスティヌスの主著。413年着手、426年に完成。異教からの攻撃に対し、護教的立場から書かれたキリスト教の教理論。神国論。

かみ-の-け【髪の毛】頭の毛。頭髪。かみ。
[類語]頭髪・髪・毛髪・地髪・地毛・黒髪

かみのけ-ざ【▽髪座】北天の小星座。乙女座の北にあり、5月下旬の午後8時ごろ南中する。この星座の中に銀河団がある。学名ラテン Coma Berenices

かみ-の-こ【神の子】❶新約聖書で、イエス=キリス

トのこと。❷キリストを信じる者。キリスト教徒。

かみ-の-ことば【神の▽言】❶キリスト教で、神の啓示の意。聖書とそれに基づく説教をいう。❷人間となった神の子イエス＝キリスト。➡ロゴス

かみ-の-しもべ【神の▽僕】キリスト教で、預言者・使徒・信徒のこと。

かみのそんざい-しょうめい【神の存在証明】神・絶対者の存在を理性に基づく論証によって証明しようとする試み。中世のスコラ哲学・キリスト教神学など。

かみ-の-たび【神の旅】陰暦10月、諸国の神々が出雲大社に集まるための旅。(季 冬)「一酒匂は橋と成りにけり/其角」

かみ-の-たみ【神の民】❶ユダヤ民族の自称。神に選ばれた民。選民。❷神の国の民。キリスト教徒の自称。

かみ-の-つかい【神の使い】神や神社が召し使うという動物。稲荷の狐、春日の鹿、八幡の鳩、熊野の烏などの類。つかわしめ。

かみ-の-て【神の手】▶ゴッドハンド

かみ-の-と【上の戸】清涼殿の殿上の間の東口にあった妻戸。殿上の東の入り口。

かみ-の-とおか【上の十日】月の初めの10日間。上旬。「十月といふ―すぎぬ」〈宇津保・国譲下〉

かみ-のぼり【紙×幟】❶5月の節句に用いる紙製ののぼり。(季 夏)「笈も太刀も五月にかざれ―/芭蕉」❷江戸時代、罪人を市中に引き回すときや処刑するとき、罪状を書き記して立てた紙ののぼり。

かみ-の-ま【上の間】❶上座にあたる部屋。奥の間。❷江戸城本丸御用部屋のうち、大老や老中が政務を執った部屋。かみのへや。

かみ-の-まち【上の町】❶高台にある町。京都などでは、北にある町。かみまち。⇔下の町。❷上流。第一流。「―も、上臈とて御口つきどもは殊なること見えざめれども」〈源・宿木〉

かみ-の-まつ【神の松】正月に神棚に飾る松。「榧、かち栗、―、山草の売り声もせはしく」〈浮・諸国ばなし・一〉(補説)一説に、三宝荒神に供えるため、かまどの上に飾る松ともいう。

かみ-の-みえざるて【神の見えざる手】市場において、各個人の利己的な行動の集積が社会全体の利益をもたらすという調整機能。アダム＝スミスが「国富論」で提唱した。見えざる手。➡市場原理 (補説)神の見えざる手(invisible hand of God)の語で用いられることが多いが、「国富論」の原文にはof Godの記述はなく、「見えざる手」のみで使われることもある。

かみ-の-みおも【神の▽御面】《国土を神の顔に見立てて》地形。「―と継ぎ来たる中の湊ゆ舟浮けて」〈万・二二〇〉

かみ-の-みかど【神の▽御門】❶神殿の門。また、神殿。「―を拝みて」〈記・中〉❷皇居。朝廷。「天皇の―を恐みと侍ふ時に逢へる君かも」〈万・二五〇八〉

かみ-の-みこ【神の▽御子】❶キリスト教で、イエス＝キリストのこと。❷神である天皇の子。皇子。「天皇の―の出でましの」〈万・二三〇〉

かみ-の-みこと【神の▽命】神、または天皇を敬っていう語。「天の原より生れ来たる―」〈万・三七九〉

かみ-の-みや【上の宮】「上宮」に同じ。

かみ-の-みやひと【神の宮人】❶神・神社に仕える人。「誰にかも寄らむ―」〈記・下・歌謡〉❷天皇に仕える人。大宮人。「皇祖神の―」〈万・一一三三〉

かみのめぐみわごうのとりくみ【神明恵和合取組】歌舞伎狂言。世話物。4幕。竹柴其水作。明治23年(1890)東京新富座初演。力士と鳶の者の喧嘩を華やかに描いたもの。通称、め組の喧嘩。

かみのやま【上山】山形県南東部の市。北は山形市に接する。もと松平氏の城下町。温泉があり、泉質は塩化物泉。蔵王観光の入り口。金瓶は斎藤茂吉の生地。人口3.4万(2010)。

かみのやま-し【上山市】▶上山

かみ-の-るす【神の留守】民間信仰で、陰暦10月、諸国の神々が出雲大社に集まり、諸方の神社が留守になること。(季 冬)

かみ-はかり【神▽議り】陰暦10月、日本中の神々が出雲大社に集まり、農業や男女の縁結びについて話し合いをするという伝説。かむはかり。

かみ-ばさみ【紙挟み】用紙・書類などを挟んでおく文房具。ペーパーホルダー。

かみ-ばさみ【紙×鋏】紙を切るのに使うはさみ。

かみ-はた【上機】絹や麻布を織る機。➡下機

かみ-はちまん【神八×幡】〔副〕▶しんはちまん(神八幡)

かみ-パック【紙パック】内部に防水加工をしてある紙製の容器。大きさ、形はさまざま。ジュース・牛乳・清涼飲料・調味料・酒類などを入れる。再利用可能。

かみ-ばな【紙花|紙纏＝頭】❶(紙花)紙製の造花。特に、葬儀に用いるもの。死花花。地取り。野花。紙幣。❷(紙纏頭)遊里などで、遊女などに祝儀として与える白紙。後日、現金に換える。「ひらり―七、九寸、木枕に打ち敷いて」〈浄・阿波鳴渡〉

かみ-ばり【紙張り|紙貼り】紙をはること。紙ではりつけること。また、そのもの。

かみ-はんき【上半期】会計年度などで、1年を2期に分けた前半の6か月。上期。⇔下半期。

かみ-はんしん【上半身】「じょうはんしん(上半身)」に同じ。⇔下半身。

かみ-ひいな【紙×雛】「かみびな」に同じ。

かみ-ひこうき【紙飛行機】紙を、翼のある形に折って飛ばすもの。

かみ-ひとえ【紙一重】1枚の紙の厚さほどのきわめてわずかな違い。「両者の実力は―の差だ」

かみ-びな【紙×雛】紙で作った立ち姿の男女一対のひな人形。江戸初期に始まり、のちには座った姿のものもできた。かみひいな。(季 春)

かみ-ひねり【紙▽捻り】❶和紙を縒ってひものようにしたもの。紙より。こより。かんぜより。❷金銭などを紙に包んでひねったもの。おひねり。

かみ-ひも【紙×紐】紙を縒って作ったひも。

かみ-ひょうぐ【紙表具】書画を紙で表装すること。また、その掛け軸。紙表装。絹表具などに対していう。

かみ-ふうせん【紙風船】花びら形の色紙を、袋状にはり合わせて作った玩具。息を吹き入れて膨らませ、手のひらで打ち上げて遊ぶ。(季 春)

かみふくおか【上福岡】埼玉県南部にあった市。平成17年(2005)10月に大井町と合併、ふじみ野市となる。➡ふじみ野

かみふくおか-し【上福岡市】▶上福岡

かみ-ぶくろ【紙袋】紙で作った袋。かんぶくろ。

かみ-ぶすま【紙×衾】《「かみふすま」とも》外側を紙で作り、中にわらを入れた粗末な夜具。「尼上は―といふものばかり負ひ着て居られたりけるに」〈著聞集・一二〉

かみ-ぶね【紙▽槽】「紙漉き槽」に同じ。

かみ-ふぶき【紙吹-雪】祝賀や歓迎の気持ちを表すために、色紙などを細かく切ってまき散らすもの。「祝勝パレードに―が舞う」

かみ-べ【上辺】《古くは「かみへ」》かみの方。川の上流。「―には千鳥しば鳴き下辺にはかはづ妻呼ぶ」〈万・九二〇〉⇔下辺。

かみ-ほとけ【神仏】神と仏。しんぶつ。

かみ-まい【神舞】能の舞事の一。男神が速いテンポでさっそうと舞い、笛を主に大鼓・小鼓・太鼓がはやす。金剛・喜多流の「絵馬」に限って女神が舞う。

かみ-まいり【神参り】〔名〕スル「神詣で」に同じ。

かみ-まき【紙巻(き)】❶紙で巻くこと。また、そのもの。❷「紙巻きタバコ」の略。

かみまき-タバコ【紙巻(き)タバコ】刻んだタバコの葉を薄い紙で巻いたもの。両切り・口付き・フィルター付きがある。紙巻き。シガレット。➡刻みタバコ ➡葉巻き

かみ-まつり【神祭(り)】神を祭ること。祭り。

かみ-む【上無】《それより上の音階は無い意から》日本音楽の十二律の一。基音の壱越より十一律高い音で、中国の十二律の応鐘、洋楽の嬰ハ音にあたる。➡十二律

かみ-むかえ【神迎え】陰暦10月晦日、または11月1日に、出雲大社から帰ってくるという神を迎えること。また、その祭り。(季 冬)「はらはらとはしる雑仕や―/青畝」⇔神送り。

かみむすひ-の-かみ【神皇産霊神|神産巣日神】《後世「かみむすびのかみ」とも》日本神話で、天地開闢のとき、高天原に出現した神。天御中主神、高皇産霊神とともに造化の三神の一。生成の霊力をもつ神で、兄神たちに謀殺された大国主命も、この神の力で蘇生したという。

かみ-もうで【神詣で】〔名〕スル 神社に参詣すること。かみまいり。

かみ-もの【神物】「神能」に同じ。

かみ-や【紙屋】❶紙類を売る店。また、その人。❷紙を作る家。また、その人。❸「紙屋院」「紙屋紙」の略。

かみや-いん【紙屋院】平安時代、京都の紙屋川のほとりにあった、官立の製紙加工所。かんやいん。かんや。かやいん。

かみや-がみ【紙屋紙】平安時代、紙屋院で製した上質の紙。のちには、宮中で用いた反故紙をすき返して作った。こうやがみ。かんやがみ。かやがみ。➡薄墨紙

かみや-がわ【紙屋川】京都市西部を流れる川。鷹峰山中に源を発し、北野天満宮の西を流れたのち、天神川となって桂川に合流する。(歌枕)

かみ-やしき【上屋敷】江戸時代、上級武士、特に諸国の大名が江戸市中に設けて平常の住まいとした屋敷。➡中屋敷 ➡下屋敷

かみや-じへえ【紙屋治兵衛】浄瑠璃「心中天の網島」の主人公。大坂天満の紙屋の主人で、遊女小春と恋に落ち、貞節な妻おさんの心尽くしもむなしく、小春と心中する。紙治。

かみ-やすり【紙×鑢】やや厚手の紙や布に、金剛砂やガラス粉を塗りつけたもの。金属の研磨や木工の仕上げなどに使う。研磨紙。サンドペーパー。

かみや-そうたん【神谷宗湛】[1553～1635]安土桃山から江戸初期にかけての豪商。博多の人。豊臣秀吉の保護を受け、中国・朝鮮・南方諸国と交易。千利休と交わり、茶人としても有名。茶会記録に「宗湛日記」がある。紙屋宗旦。

かみ-やつで【紙八手】ウコギ科の常緑小高木。葉はヤツデに似る。12月ごろ、緑白色の小花を円錐状につけ、黒い実を結ぶ。幹の内部に白い髄がある。髄の薄片を通草紙とよび、書画用紙や水中花の原料にする。中国南部・台湾の原産で、南日本で植栽。

かみ-やま【神山】神の鎮座する山。「妻隠る矢野の―露霜に」〈万・二一七八〉

かみやま【神山】㊀箱根火山中央火口丘の一。標高1438メートルで、箱根火山の最高峰。㊁京都市北区、上賀茂神社の北にある山。(歌枕)「―の麓に咲ける卯の花はたが標ゆひし垣根なるらむ」〈金葉・夏〉

かみやまだ-おんせん【上山田温泉】長野県千曲市南部の温泉。戸倉温泉に隣接し、あわせて戸倉上山田温泉とよばれる。泉質は単純温泉・硫黄泉。

カミュ〖Albert Camus〗[1913～1960]フランスの小説家・劇作家・評論家。アルジェリア生まれ。第二次大戦中、対独抵抗運動に参加。不条理とそれに反抗する人間を描く。小説「異邦人」「ペスト」、戯曲「カリギュラ」「誤解」、評論「シジフォスの神話」「反抗的人間」など。1957年、ノーベル文学賞受賞。

かみ-ゆい【髪結い】髪を結うこと。また、それを職業とする人。

髪結いの亭主　妻の働きで養われている夫。

かみゆい-しんざ【髪結新三】歌舞伎狂言「梅雨小袖昔八丈」の通称。また、その登場人物。

かみゆい-どこ【髪結い床】江戸時代、男の髪

を結ったり、ひげやさかやきをそったりするのを職業とした店。髪床。

かみ-よ【神代｜神世】神が治めていたという時代。日本神話では、神武天皇の前までの時代。神話時代。じんだい。「―の昔から」

か-みょう【家名】カミヤウ ►かめい(家名)❶

かみ-よし【神▽吉】《「神吉日かみよしにち」の略》暦注の一。神社にもうでたり、神事を行ったりするのに吉とされる日。かみよしび。

かみ-よせ【神寄せ】神を招き寄せてお告げを聞くこと。

かみよ-ななよ【神代七代】►天神七代てんじんしちだい

かみ-より【紙×縒り】「こより」に同じ。

かみより-いた【神▽依り板｜神×憑り板｜神寄り板】上代、神霊を天から招き寄せるためにたたいた杉板。「神南備かむなびの―にする杉の」〈万・一七七三〉

か-みら【×韮】《「か」は香、「みら」は「にら」の古名》ニラの古名。「粟生あはふには―一本ひともと」〈記・中・歌謡〉

かみ-りゅう【上流】カミリウ 茶道の流派で、京都の上京かみぎょうに住した千家流のこと。⇔下流しもりゅう

カミルレ〘オランダ kamille〙キク科の一年草または二年草。高さ30～60センチ。全体に香りがあり、葉は羽状に細かく裂けている。夏、周辺が白色で中央が黄色の頭状花を開く。ヨーロッパの原産。花を乾燥して煎じ、発汗・駆風剤とする。カモミルラ。カモミール。カミツレ。補説「加密列」「加密爾列」とも書く。

かみ-ろ-き【神▽漏岐】「かむろき」に同じ。

カミロス〘Kamiros〙►カメイロス

かみ-ろ-み【神▽漏▽美】「かむろみ」に同じ。

かみ-わ・ける【×噛み分ける】〔動カ下一〕文かみわ・く〔カ下二〕❶食物をよくかんで味の違いを区別する。❷物事の細かな違いを分別して考え理解する。「世の中の酸いも甘いも―・ける」
類語 味わう・噛み締める

かみ-わざ【神業｜神▽事】❶神のしわざ。また、そのような超人間的な技術や行為。神技しんぎ。「あの料理人の包丁さばきはまさに―だ」❷神に関する行事。神事しんじ。かむわざ。かんわざ。「―などの繁き頃ほひ」〈源・柏木〉

かみ-わたし【神渡し】《出雲大社へ渡る神々を送る風の意から》陰暦10月に吹く西風。(季 冬)

か-みん【下民】《下界の民の意から》人民。げみん。

か-みん【仮眠】〔名〕スル 一時的に短時間眠ること。仮寝かりね。仮睡。「―をとる」「仕事の合間に―する」
類語 仮睡・仮寝・寝る・一睡・ひと眠り・ひと寝入り・転寝うたたね・まどろむ

か-みん【夏眠】〔名〕スル 熱帯地方などで、乾季に、乾燥に耐えられない生物が休眠状態で過ごすこと。肺魚・カタツムリなどにみられる。

カミングアウト〘coming-out〙〔名〕スル ❶公表すること。人に知られたくないことを告白すること。❷同性愛者であることを公言すること。❸性同一性障害者が、自分がそうであると告白すること。

カミングズ〘Edward Estlin Cummings〙［1894～1962］米国の詩人。小文字のみの使用、句読点の省略、語の唐突な並置など、実験的作風で知られる。詩集「チューリップと煙突」、小説「巨大な部屋」など。

カミング-スーン〘coming soon〙近日公開。近日発売。

かみん-しょう【過眠症】クワミンシヤウ 睡眠障害の一。夜、十分寝ているはずなのに昼間どうしようもなく眠くなる症状。ナルコレプシー・特発性過眠症・睡眠時無呼吸症候群・周期性四肢運動障害などにより起こる。

かみん-ちゅ【▽神▽人】沖縄地方で、神をまつる巫女みこの総称。正式の資格をもつ巫女のほかに、村祭りのときだけ資格を与えられる巫女をもいう。

か-む【家務】❶家の事務。❷中世の武家で、一家の事務をとりしきった職。

カム〘cam〙特殊な輪郭曲線または溝をもち、原動車として回転して、従動軸に所要の複雑な周期的運動を与えるもの。板カム・円筒カム・球面カムなど。

か・む【×噛む｜×咬む｜×嚼む】〔動マ五(四)〕❶上下の歯で物を挟んだり、砕いたりする。「悔しさで唇を―・む」「よく―・んで食べなさい」❷歯を立てて傷つける。「舌を―・む」「蛇に―・まれる」❸歯車の歯などがぴったりと合わさる。「ギアが―・む」❹水の流れが激しくぶつかる。「岩を―・む激流」❺くわだて・事件などに関係を持つ。「計画には彼が一枚―・んでいる」❻(放送・演劇で)言葉を言い間違えたり、なめらかに話せなかったりする。「台詞を―・む」❼強く説きふせる。また、しかりつける。「義経といひ秩父といひ、大抵では―・まれぬ相手」〈浄・盛衰記〉可能 かめる
…句 飼い犬に手を噛まれる・噛む馬はしまいまで噛む・牙きばを噛む・窮鼠きゅうそ猫を噛む・唇を噛む・砂を噛む・二鼠にそ藤ふじを噛む・歯を噛む・臍ほぞを噬かむ
類語 噛み砕く・咀嚼そしゃく・反芻はんすう

噛む馬はしまいまで噛む 人をかむ癖のある馬は、死ぬまでかむ。悪い癖はなかなか直らないことのたとえ。

噛んで吐き出すよう 不愉快そうに、ぶっきらぼうに物を言うさま。「そっぽを向いて―に答える」

噛んで含ふく・める ❶親が、食物をかんで柔らかくして子供の口に含ませてやる。❷よく理解できるように丁寧に言い聞かせる。「―・めるような説明」補説❷について、文化庁が発表した平成20年度「国語に関する世論調査」では、本来の言い方である「噛んで含めるように」を使う人が43.6パーセント、間違った言い方「噛んで含むように」を使う人が39.7パーセントという結果が出ている。

か・む【×擤む】〔動マ五(四)〕鼻汁を息とともに強く出して取り除く。「はなを―・む」可能 かめる

か・む【▽醸む】〔動マ四〕《「噛む」と同語源。酒は、古く、生米をかんで唾液とともに吐き出し、発酵させて造ったところから》酒を造る。かもす。「この御酒みきを―・みけむ人は」〈記・中・歌謡〉

かむ〔終助〕《上代東国方言》終助詞「かも」に同じ。「大君の命みことかしこみ青雲あをくものとの引く山を越よて来きぬ―」〈万・四四〇三〉

かむ【▽神】〔語素〕「かみ(神)」が複合語を構成するときに現れる語形。中世以降「かん」とも発音。「―風」「―さぶ」

ガム〘gum〙「チューインガム」の略。「風船―」

かむ-あが・る【▽神上がる】〔動ラ四〕神として天に昇る。多く天皇や皇族が死ぬことにいう。かみあがる。かんあがる。「天の原岩戸を開き―・りあがりいましぬ」〈万・一六七〉

カムイ《アイヌ語》神。

かむいこたん【神居古潭】《アイヌ語「カムイ-コタン」(神の居所)から》北海道旭川市西部、石狩川が夕張山地を横切る所にある峡谷。交通の難所であった。水石・庭石として名高い神居古潭石を産する。

かむい-だけ【神威岳】カムイ 北海道中南部、南北に走る日高山脈の南部にある山。標高1600メートル。山頂付近にはカールに似た地形がある。

かむい-みさき【神威岬】カムイ ㊀北海道西部、日本海に突出した岬。積丹しゃこたん半島の北西端にあり、海食地形で知られる。㊁北海道北部、オホーツク海に面した岬。北見神威岬。

カム-おくり【カム送り】鍵を使わず不正に解錠する手口の一。シリンダー錠の外側のドアノブとドアとの隙間から特殊な工具を入れ、錠の内部にある、デッドボルトを動かすカムを操作して解錠する。バイパス解錠。

かむ-おや【▽神▽祖】神としてまつられている先祖。かんおや。「大伴の遠つ―の奥つ城きは著しるく標しめ立て人の知るべく」〈万・四〇九六〉

かむ-がかり【▽神懸かり｜▽神×憑り】「かみがかり❶」に同じ。「火所ほどころ焼き、覆槽うけ置せて―す」〈神代紀・上〉

かむ-かぜ【▽神風】「かみかぜ㊀❶」に同じ。「渡会わたらひの斎いつきの宮ゆ―にい吹き惑はし」〈万・一九九〉

かむかぜ-の【▽神風の】〔枕〕《「かみかぜの」の古形》「伊勢」にかかる。「―伊勢少女をとめども」〈万・八一〉

かむ-から【▽神▽柄】神の性格・品格。かみから。「立山たちやまに降り置ける雪を常夏に見れども飽かず―ならし」〈万・四〇〇一〉

かむ-ごと【▽神言｜▽神▽語】「かみごと(神言)❶」に同じ。「住吉すみのえに斎いつく祝はふりが―と行くとも来とも舟は早けむ」〈万・四二四三〉

カムサ-ハムニダ〔感〕《朝鮮語》ありがとうございます。

かむ-さび【▽神さび】神らしく振る舞うこと。かみさび。「わが大君神ながら―せすと」〈万・三八〉

かむ-さ・ぶ【▽神さぶ】〔動バ上二〕❶神らしく振る舞う。神として行動する。「天つ御門みかどをかしこくも定め給ひて―・ぶと磐隠いはがくりります」〈万・一九九〉❷「かみさびる❶」に同じ。「―・ぶる荒津あらつの崎に寄する波間なくや妹いもに恋ひ渡りなむ」〈万・三六六〇〉❸「かみさびる❷」に同じ。「―・ぶと否いなにはあらずはたやはたかくして後に寂さぶしけむかも」〈万・七六二〉

かむ-さ・る【▽神去る】〔動ラ四〕「かみさる」に同じ。「梭ひを以て体みを傷やぶらしめて―・りましぬ」〈神代紀・上〉

が-むし【牙虫】❶甲虫目ガムシ科の昆虫。池・沼などの水中にすむ。体長3センチくらい。体は黒く、幅広い舟形。成虫は草食性であるが、幼虫は肉食性で小魚や巻き貝を襲う。本州以南に分布。❷ガムシ科の昆虫の総称。体形はゲンゴロウに似る。水生のものと、陸生のものとがある。

ガムジグラード〘Gamzigrad〙セルビア東部の都市ザイェチャル近郊にある村。古代ローマ時代の遺跡ロムリアーナがあり、2007年に世界遺産(文化遺産)に登録された。

かむ-し・む【▽神しむ】〔動マ上二〕「かむさぶ」に同じ。「百世ももよまで―・み行かむ大宮所」〈万・一〇五二〉

が-むしゃ【我武者】〔名・形動〕見境がなく乱暴なこと。向こう見ずなこと。また、そういう人やさま。「葉子は我れにもなく―にすり入って」〈有島・或る女〉

カムシャフト〘camshaft〙偏心輪軸。回転軸の回りに突出部があり、回転を往復運動に変え、開閉などの動作を行わせる。内燃機関で吸気・排気バルブを開閉させるカムシャフトが代表的な例。

がむしゃ-ら【我武者羅】〔名・形動〕後先を考えないで強引に事をなすこと。また、そのさま。「―な攻め方」「―に働く」派生 がむしゃらさ〔名〕

ガム-シロップ〘gum syrup〙砂糖液にアラビアゴムを安定剤として加えるなどして、再結晶しないようにしたシロップ。カクテルや冷たい飲料の甘味料に用いる。

かむ-すぎ【▽神杉】「かみすぎ」に同じ。「石上いそのかみ布留の―神さぶる」〈万・二四一七〉

かむ-だから【▽神宝】《「かんだから」とも》❶神前に供える品物。神社への奉納品。みてぐら。「いつくしき―を持てつづけたり」〈源・澪標〉❷神の持つ宝物。神の所有物。しんぽう。「御祷ほぎの―献たてまつらく」〈祝詞・出雲国造神賀詞〉

かむ-だち【▽神▽館】►かんだち

カムチャツカ-はんとう【カムチャツカ半島】ハンタウ〘Kamchatka〙ロシア連邦北東部の半島。長さ約1200キロ。ベーリング海とオホーツク海とを分ける。近海では漁業が盛ん。中心都市はペトロパブロフスクカムチャツキー。環太平洋火山帯の一部を成し、クリュチェフスカヤ山、アバチャンスカヤ山などの火山が多く、1996年に「カムチャツカの火山群」の名称で世界遺産(自然遺産)に登録された。

かむ-つかさ【▽神▽司｜神=祇=官】►かんづかさ

かむ-つど・う【▽神集ふ】ツドフ ㊀〔動ハ四〕神々が集まる。「八百万やほよろづの神、天の安の河原に―・ひ集ひて」〈記・上〉㊁〔動ハ下二〕神々を集める。「八百万の神たちを―・へ集へ給ひ」〈祝詞・六月晦大祓〉

かむ-づま・る【▽神▽留る】〔動ラ四〕神としてとどまる。鎮座する。「海原の辺へにも沖にも―・り領うしはきいます諸もろの大御神たち」〈万・八九四〉

ガム-テープ《和 gum＋tape》梱包こんぽうなどに用いる、幅の広い粘着テープ。

かむ-とけ【神解け｜霹=靂】「かみとけ」に同じ。「―してその磐いはをふみさいて」〈神功紀〉

かむ-どの【▽神殿】►かんどの

かむ-ながら【随=神｜惟=神】〔副〕►かんながら

かむ-なぎ【×巫｜×覡】►かんなぎ

かむな-づき【▽神無月】►かんなづき

かむ‐なび【▽神奈備】上代、神霊の鎮座すると信じられた山や森。かみなび。かんなび。「―の山下とよみ行く水に」〈万・二一六二〉

かむなび‐やま【神奈備山】▶かんなびやま

かむ‐なめ【▽神×嘗】▶かんなめ

かむ‐にえ【▽神×嘗】ニヘ「かんなめ」に同じ。「九月(ながつき)の―の大幣帛(おほみてぐら)を」〈祝詞・九月神嘗祭〉

カムニク【Kamnik】スロベニア中北部の都市。首都リュブリャーナの北東約20キロメートル、カムニシュカビストリツァ川が刻む谷間に位置する。旧市街にはマリグラード、ザプリツェ城、フランシスコ派の修道院などの歴史的建造物が残る。近郊に温泉がある。

かむ‐のぼ・る【▽神登る|▽神上る】〔動ラ四〕「神上(かむあ)がる」に同じ。「天の原石門(いはと)を開き―・りいましにしかば」〈万・一六七〉

かむ‐はかり【▽神▽議り】▶かみはかり(神議り)

かむ‐はか・る【▽神▽議る】〔動ラ四〕多くの神が集まって相談する。かんはかる。「神集ひ集ひいまして―・りはかりし時に」〈万・一六七〉

カムバック【comeback】〔名〕スル 引退したり、勢いの衰えていたりしたものが、もとの地位・状態に復帰すること。返り咲くこと。「芸能界に―する」
類語 復帰・再起・返り咲き・復職・帰任

かむ‐はぶ・る【▽神▽葬る】〔動ラ四〕神として葬る。「―・り葬りまつれば」〈万・三三二四〉➡はぶる(葬る)

かむ‐はら・う【▽神▽掃ふ】ハラフ〔動ハ四〕神の力で、けがれや災厄などを追いはらう。「荒ぶる神等をば…―・ひに掃(はら)ひ給ひて」〈祝詞・六月晦大祓〉

かむ‐・ぶ【▽神ぶ】〔動バ上二〕神々しくなる。また、老いる。「石上(いそのかみ)布留の神杉―・びにし」〈万・一九二七〉

カムフラージュ【フランス camouflage】〔名〕スル《「カモフラージュ」とも》❶敵の目をくらますために、軍艦・戦車・建造物・身体などに迷彩などを施すこと。また、その迷彩など。偽装。❷表面をとりつくろって、人の目をごまかすこと。「失敗をうまく―する」

かむ‐べ【▽神戸】▶かんべ(神戸)

かむ‐ほ・く【▽神▽寿く|▽神▽祝く】〔動カ四〕神として祝福する。かんほく。「少名御神(すくなみかみ)の―・き寿(ほ)き狂ほし」〈記・中・歌謡〉

かむ‐みそ【▽神▽御▽衣】《「かむみぞ」とも》神の着用する衣服。また、神にささげる衣服。かんみそ。「天照大御神、…―織らしめ給ひし時」〈記・上〉

かむみそ‐の‐つかい【▽神▽御▽衣の使】ツカヒ 古代、大嘗祭(だいじょうさい)のとき、神祇官(じんぎかん)の命を受けて、神服を織る長(おさ)と織女10人を率いて上京した三河国神服社の神職。

かむみそ‐の‐まつり【神御衣の祭】朝廷から皇大神宮に夏冬の神衣を奉献する祭事。毎年5月14日と10月14日に行われる。かんみそのまつり。

かむ‐みや【▽神宮】神のおいでになる宮。かんみや。「皇子(みこ)の御門(みかど)を―によそひまつりて」〈万・一九九〉

かむ‐やら・う【▽神▽遣らふ】ヤラフ〔動ハ四〕神の意志によって追放する。「手足の爪も抜かしめて、―・ひやらひき」〈記・上〉

かむ‐よごと【▽神▽寿▽詞】古代、出雲の国造(くにのみやつこ)が新任して1年の潔斎(けっさい)ののちに、朝廷で奏上した祝いの言葉。出雲国造神賀詞(いずものくにのみやつこのかんよごと)。

かむら‐いそた【嘉村礒多】[1897～1933]小説家。山口の生まれ。苦渋に満ちた生活を送る自己の姿を赤裸々に描いた典型的な私小説作家。著「業苦」「崖の下」「秋立つまで」「途上」など。

ガムラ‐ウプサラ【Gamla Uppsala】スウェーデン南東部の都市、ウプサラの北郊にある巨大な墳墓遺跡。5世紀から6世紀にかけてスウェーデン王が居住した政治と宗教の中心地とされ、王、子、孫の3代が眠ると伝えられる三つの連続した墳丘がある。

ガムラ‐スタン【Gamla Stan】スウェーデンの首都、ストックホルムの中心部にある旧市街。王宮、大聖堂、リッダーホルム教会、ドイツ教会をはじめとする中世の歴史的建造物が数多く残っている。ストックホルム発祥の地とされる。

ガムラン【インドネシア gamělan】《「ガメラン」とも》インドネシアのジャワ島やバリ島で行われる、旋律打楽器を主体にした合奏形態。宗教儀式のほか、演劇や舞踊の伴奏としても使われる。

カムランド【KamLAND】《Kamioka Liquid scintillator Anti-Neutrino Detectorから》岐阜県の神岡鉱山跡にある、東北大学のニュートリノならびに反ニュートリノ反応の検出・観測装置。直径18メートルの球形タンクの内壁に1879個の光電子増倍管を取り付け、光電子が飛び込むと発光する、特殊な粘性の強い油状の物質で満たしてある。平成14年(2002)1月観測開始。この場所はそれ以前にカミオカンデがあった。

カムラン‐わん【カムラン湾】《Camranh》ベトナム南東部の湾。日露戦争の際、ロシアのバルチック艦隊が集結し、ベトナム戦争の際は米海軍の基地となった。

かむり【▽冠】《「かぶり」の音変化》❶「かんむり」に同じ。❷和歌・俳諧などの初めの5文字。また、各句の初めの字。「―付け」❸鉱脈や鉱層の上側にある地盤。

かむり‐いし【▽冠石】▶笠石(かさいし)

かむり‐いた【▽冠板】▶冠木(かぶき)の板(いた)

かむりき‐やま【冠着山】長野県中北部、千曲(ちくま)市と東筑摩郡の境界にある山。標高1252メートル。田毎(たごと)の月の名所。姨捨(おばすて)山伝説がある。

かむり‐く【▽冠句】「冠付(かむりづ)け」に同じ。

かむりじ‐れんが【▽冠字連歌】連歌で、各句の初めに「いろは」「なもあみだぶつ」など、物の名や経文の句などを1字ずつ毎句の句頭に詠み込むもの。

かむり‐だな【▽冠棚】《「かんむりだな」とも》❶冠をのせる棚。❷書院や床の間などのわきに設ける化粧棚の一種。

かむり‐づけ【▽冠付け】雑俳の一種。題として出された上5文字に中7字・下5字を付けて1句に仕立てるもの。元禄(1688～1704)ごろに始まる。江戸での呼称で、上方(かみがた)では笠付(かさづ)けといった。かんむりづけ。烏帽子付(えぼしづ)け。冠句(かむりく)。➡沓付(くつづ)け

かむ・る【▽被る|▽冠る】〔動ラ五(四)〕「かぶる」に同じ。「イタリア松の笠を―・ったようなのが」〈寅彦・旅日記から〉

カムループス【Kamloops】カナダ、ブリティッシュコロンビア州南部の町。サウストンプソン川とノーストンプソン川の合流地点に位置。先住民シュスワップ族が住んでいたが、19世紀初め、毛皮交易の拠点になった。トラウト(鱒(ます))フィッシングの地として知られる。

カムルチー《朝鮮語》タイワンドジョウ科の淡水魚。全長約85センチ。体は太い筒形で、頭はやや扁平。体色は青黒色に黒色斑が2列、縦に並ぶ。貪食(どんしょく)で、小魚・カエルなどを食べる。アジア大陸東部の原産で、日本には朝鮮半島から移殖された。北海道を除く各地の平野部の河川・湖沼にみられ、近縁のタイワンドジョウとともに雷魚とよばれる。食用。

カムレット【camlet】▶キャムレット

かむろ【×禿】「かぶろ」に同じ。

かむ‐ろ‐き【▽神▽漏▽岐】《「ろ」は接尾語、「き」は男性を表す》男の神々の尊称。かみろき。「皇睦(すめむつ)―、神ろみの命もちて」〈祝詞・鎮火祭〉

かむろ‐さん【神室山】秋田県湯沢市と山形県新庄市・最上郡金山町の境にある山。標高1365メートル。神室山地の主峰で、「みちのくの小アルプス」といわれる。山麓はブナの原生林。山岳信仰の山として知られる。栗駒国定公園の一部。

かむろ‐さんち【神室山地】秋田・山形両県の境にある山地。主峰は神室山。栗駒国定公園の一部。

かむろ‐だち【×禿立ち】「かぶろだち」に同じ。

かむ‐ろ‐み【▽神▽漏▽美】《「ろ」は接尾語、「み」は女性を表す》女の神々の尊称。かみろみ。「皇睦(すめむつ)神ろき、―の命もちて」〈祝詞・祈年祭〉

かむ‐わざ【▽神▽事】《「かんわざ」とも》「かみわざ❷」に同じ。「儀式など常の―なれど」〈源・葵〉

カム‐ワラント【cum-warrant】ワラント(新株引受権証券)付き社債のうち分離型には3種あるが、ワラントが社債についたままのもの(発行時の形)をいう。これに対し、ワラントを切り離した社債だけをエクスワラントという。ワラントも単独で流通する。➡ワラント債

かめ【▽瓶|×甕】❶古代から物入れ・貯蔵・煮炊きなどに使った底深く口径の広い土製・陶磁製や金属製の容器。❷酒を杯につぐ細長い器。瓶子(へいじ)。とくり。「―に酒入れて盃に添へて」〈後拾遺・雑五・詞書〉
類語 壺・瓶子

かめ【亀】❶カメ目の爬虫(はちゅう)類の総称。体の構造は中生代の祖先形から大きな変化がなく、背面と腹面とに骨質の甲をもち、中に頭・四肢・尾を引っ込めて身を守る。あごはくちばし状になり、歯はない。水・陸にすみ、イシガメ・クサガメ・ウミガメ・ゾウガメなど、種類が多い。長寿で、鶴(つる)とともに縁起のよい動物とされる。❷《カメは酒をよく飲むといわれるところから》大酒飲みのこと。❸紋所の名。親子亀、亀の丸、亀下り、三つ追い亀など。

亀の年を鶴(つる)が羨(うらや)む 千年の寿命をもつという鶴が、寿命万年の亀をうらやましがる。欲に限りのないことのたとえ。

亀は万年 亀は長寿であるということ。亀にあやかって長寿を祝う言葉。

カメ 西洋犬のこと。明治初期、西洋人が飼い犬を呼ぶのに「Come here!」と言うのを「カメヤ」と聞き、「カメ」を犬の意、「ヤ」を呼びかけの意の「や」ととったことによる。「おれが面を見りゃア異人館の―までがしっぽをさげる」〈魯文・西洋道中膝栗毛〉

かめ‐あや【亀×綾】細かい亀甲(きっこう)文様を織り出した綾織りの絹織物。亀綾縞(かめあやじま)。亀屋縞。

か‐めい【下名】㊀〔名〕以下に記した氏名。また、その者。㊁〔代〕一人称の人代名詞。自分をへりくだっていう語。わたくし。「―は右証書を保管中左の条件を遵守することを誓う」〈谷崎・卍〉

か‐めい【下命】〔名〕スル ❶命令を下すこと。また、その命令。言いつけ。「―を拝する」❷注文を受ける側から、商品や仕事などの注文。「御―ありしだい手配致します」類語 命令・言い付け・命(めい)・令(れい)・指令・指示・指図(さしず)・号令・発令・沙汰(さた)・主命・君命・上意・達し・威令・厳令・厳命

か‐めい【加盟】〔名〕スル 盟約に加入すること。団体や組織に一員として加わること。「国連に―する」
類語 参加・参画・加入・仲間入り・入会・飛び入り・飛び込み・参入・参与・参会・参列・加わる・列する・連なる・名を連ねる

か‐めい【仮名】実名を避けて仮につける名。

か‐めい【佳名|×嘉名】❶いい名。縁起のいい名。❷いい評判。名声。「位を極めて―を残す事」〈花伝・五〉

か‐めい【家名】❶家の名。また、家の跡目。家督。かみょう。「―を継ぐ」❷家の名誉・名声。家の体面。「―に傷がつく」「―を汚す」「―を上げる」

かめ‐い【亀居】ヰ《亀の後足が左右に開くのに似るところから》足先を左右に開いて、その間に尻を据える座り方。叙位・除目(じもく)のときの正式な着座法。

が‐めい【画名】グワ ❶絵画の表題。❷画家としての名声。

が‐めい【雅名】❶物の風流な呼び名。菊を隠君子という類。詩歌などで用いる。❷「雅号(がごう)」に同じ。

かめい‐かついちろう【亀井勝一郎】カツイチラウ[1907～1966]評論家。北海道の生まれ。初め、プロレタリア文学の理論家として活躍、のち、転向して日本浪曼派に属し、仏教思想・日本古典に傾倒、文明批評で活躍した。著「大和古寺風物誌」「わが精神の遍歴」「現代人の研究」など。

かめい‐これのり【亀井茲矩】[1557～1612]安土桃山・江戸初期の武将。名は新十郎。主家の尼子氏滅亡後、織田信長・豊臣秀吉に仕え、因幡(いなば)国鹿野城主となる。関ヶ原の戦いでは徳川方に味方し、朱印船貿易に意を注いだ。

かめい‐ざん【亀井算】そろばんによる割り算の一。九九を応用した、今日行われている方法。考案した百川治兵衛(ももかわじへえ)が正保2年(1645)に著した「亀井算」によって一般化した。百川算。加命算。

かめい‐しょうよう【亀井昭陽】セウヤウ[1773～1836]江戸後期の儒学者。筑前の人。名は昱(いく)。南冥

の長男。父南冥の跡を継ぎ徂徠学を奉じ、のち徂徠学に朱子学を取り入れた経学を大成。著に「左伝纘考」「論語語由述志」「読弁道」など。

かめい-しょぶん【下命処分】 国や地方公共団体が、特定人に対して作為・不作為・給付・受忍の義務を命じる行政処分。不作為を命じることを特に禁止といい、その違反については罰則の定めがある。下命行為。

かめいど【亀戸】 《古称「亀島」とこの地の名井「亀ヶ井」がまざってできた地名という》東京都江東区北東部の商工業地。鷽替えや藤の花で知られる亀戸天神がある。

かめいど-じけん【亀戸事件】 大正12年(1923)9月、関東大震災の混乱のさなか、亀戸の労働組合員らが軍隊によって不法検束され、殺害された事件。

かめいど-てんじんしゃ【亀戸天神社】 亀戸にある神社。祭神は菅原道真で、相殿に天穂日命を祭る。寛文3年(1663)大鳥居信祐が筑前の太宰府より勧請。1月25日の鷽替え神事は著名。東宰府天満宮。亀戸天満宮。

かめい-なんめい【亀井南冥】 [1743〜1814] 江戸後期の儒学者・医師。筑前の人。名は魯。字は道載。徂徠学を学び、福岡藩の儒員兼医員となったが、晩年は不遇のうちに自殺。著「論語語由」など。

かめい-は【亀井派】 自由民主党の派閥の一。志帥会の平成15年(2003)から同17年における通称。➡伊吹派

かめい-ふみお【亀井文夫】 [1908〜1987] 映画監督。福島の生まれ。昭和14年(1939)「戦ふ兵隊」が軍部の検閲により公開禁止となる。昭和16年(1941)には、治安維持法違反の容疑で逮捕、投獄された。戦後は反戦の立場を貫く。作「日本の悲劇」「戦争と平和」「生きていてよかった」「流血の記録・砂川」など。

カメイロス〘Kameiros〙ギリシャ東部、エーゲ海に浮かぶロードス島の北西岸にある古代都市の遺跡。同島における古代三大ポリスの一。ドリス人によって築かれ、紀元前6世紀頃に栄えた。アゴラ、神殿、住居の跡などが残っている。カミロス。

かめ-うら【亀×卜】「きぼく(亀卜)」に同じ。

カメオ〘cameo〙瑪瑙・貝殻などの色の違った層を利用して、精巧な浮き彫りをした装飾品。

かめおか【亀岡】 京都府中南部の市。亀岡盆地南部にある。もと松平氏の城下町。明智光秀の亀山城築城に始まり、城跡に、現在は大本教本部がある。保津川の川下りの起点。古く亀山といい、明治2年(1869)改称。人口9.2万(2010)。

かめおか-し【亀岡市】 ▶亀岡

かめおか-ぼんち【亀岡盆地】 京都府中西部、丹波高地南部に広がる構造盆地。南北約10キロメートル、東西約3.5キロメートルとほぼ南北にのびる。旧丹波国の中心地で、条里制の名残がある。水田地帯だが、野菜の栽培も盛ん。

かめ-がい【亀貝】 腹足綱後鰓亜綱カメガイ科の貝。世界の温・熱帯の海に群れをなして浮遊する。殻長2センチくらい。殻は巻かずに台形で、亀の甲に似る。殻の両側に翼状に伸びた足を出して泳ぐ。

かめがおか-いせき【亀ヶ岡遺跡】 青森県つがる市にある縄文時代晩期の遺跡。精巧な土器や、土偶・漆器など豊富な遺物を出土。地名は、瓶がたくさん掘り出されたことに由来。

かめ-かん【×甕棺】 土器・陶器の甕を用いた棺。遺体を入れるものと遺体を腐らせたのち骨だけを入れるものとがある。日本では弥生時代に九州北部で合わせ口甕棺が盛んに用いられた。

かめぎく【亀菊】 鎌倉前期の京都の白拍子。後鳥羽上皇の寵姫。上皇が亀菊に与えた摂津国長江・倉橋両荘の地頭職の停廃を幕府に要求したことが、承久の乱の一因になったという。生没年未詳。

かめぞう-こもん【亀蔵小紋】 《江戸中期の歌舞伎俳優市村亀蔵(9代目市村羽左衛門)が着はじめたところから》渦巻きの模様のある小紋。

かめだ-いりょうだいがく【亀田医療大学】 千葉県鴨川市にある私立大学。平成24年(2012)開学。

かめだ-はんとう【亀田半島】 北海道南西部、渡島半島の南東部を占める半島。津軽海峡と太平洋に面する。半島一帯はコクガンの越冬地。

かめだ-ほうさい【亀田鵬斎】 [1752〜1826] 江戸後期の儒学者。江戸の人。名は長興。別号、善身堂。井上金峨に学ぶ。朱子学を批判し、異端者として寛政異学の禁に触れ、門人を失った。書・詩作にもすぐれた。著「論語撮解」「善身堂一家言」など。

がめつ・い〔形〕けちでがっちりしている。利益を得ることに積極的で抜け目がない。「—・く金をためる」〘補説〙関西方言をもとにした造語か。昭和34年(1959)初演の菊田一夫の戯曲「がめつい奴」から流行語として広まった。〘派生〙がめつさ〔名〕
〘類語〙欲張り・欲深・貪欲・強欲・胴欲・慳貪・あこぎ

かめのうえ-の-やま【亀の上の山】 《「列子」湯問に、天帝の命により15匹の大亀が首で支えているとあるところから》蓬莱山の異称。亀山。

かめ-の-お【亀の尾】 ❶《形が亀の尾に似るところから》尾骶骨(尾骨)のこと。「背中の—のずん(=マンナカ)に是これほどな疣がある」〈浄・歌祭文〉❷格天井に使う湾曲した部材。

かめ-の-かがみ【亀の▽鑑】 《「亀鑑」を訓読みにした語》手本。規範。「あづまの—にうつさば、曇らぬ影もや現はるると」〈十六夜日記〉

かめ-の-こ【亀の子】 ❶子供の亀。また、小さい亀。〘季 夏〙「—の歩むを待って引きもどし/汀女」❷「亀の甲❶」に同じ。❸幼児を背負うときに羽織る綿入れ。

かめ-の-こう【亀の甲】 ❶亀のからだを覆う角質の硬い殻。甲羅。かめのこ。❷六角形が前後左右に連続した模様。きっこう。❸ベンゼン環のこと。六角形をなすのでいう。❹波しぶきを防ぐために船首につける厚板の囲い。❺戦国時代に城攻めに用いた兵車で、外面を生の牛皮などで覆ったもの。

亀の甲より年の劫 《「劫」はきわめて長い時間。「甲」と「劫」と音が通じるところからいう》長年の経験が貴重であるということ。亀の甲より年の功。

かめのこ-しばり【亀の子縛り】 ひし形の目のように斜め十文字に縛ること。

かめのこ-せんべい【亀の子煎餅】 小麦粉・砂糖・卵を材料に、亀の甲羅の形に焼いたせんべい。

かめのこ-たわし【亀の子▽束子】 《形が亀に似るところから》シュロの繊維などを短く切りそろえ、楕円形に束ねたたわし。商標名。

かめのこ-はむし【亀の子金=花=虫｜亀の子葉虫】 ハムシ科の昆虫。体長7ミリくらい。体は平たく亀の甲の形をし、黄褐色で背面に黒斑がある。アカザ・テンサイなどの葉を食べる。

かめのこ-ばんてん【亀の子半×纏】 江戸時代、子供が着た綿入れの半纏。両袖がなく亀の甲に似る。

かめのせ【亀ノ瀬】 大阪府と奈良県との境の、大和川が生駒・金剛山地を横切る所にある峡谷。古くは亀ノ瀬越えとよばれた交通の難所。

かめ-の-て【亀の手｜石=蜐】 ミョウガガイ科の甲殻類。海岸の岩の割れ目などに群生。全長4センチくらい。頭状部は大小の爪状をした石灰質の殻板からなり、柄部は円筒形で肉質。満潮時に殻板の間から蔓脚を伸ばし、餌を集める。

かめ-の-ふた【×甕の蓋】 茶道具の建水の一。平たい形で、灰器や水指の蓋にも使う。もと南蛮物で、瓶の蓋に用いたもの。

かめば-ひきおこし【亀葉引起】 シソ科の多年草。高さ60〜90センチ。葉は対生し、縁にぎざぎざがあり、先端が細く伸び、亀の甲の形に似る。8〜10月ころ紫色の唇形の小花を穂状につける。

カメハメハ〘Kamehameha〙ハワイの王朝。また、王の名。1810年、カメハメハ1世がハワイ諸島を統一して成立したが、外国勢力の進出により衰退。98年、アメリカに併合されて消滅。

かめ-ばら【亀腹】 ❶建築物の基礎部分、多宝塔の上下両層の間、鳥居の柱脚部などを、白漆喰などで固めてまんじゅう形に造ったもの。❷腸などに水やガスがたまって腹が膨れ、静脈が亀甲模様のように現れたもの。〈和名抄〉

かめ-ぶし【亀節】 《「かめふし」とも》小形のカツオを三枚におろし、片身を1本のかつお節にしたもの。本節のように背と腹に分けないので、亀の甲の形に似る。➡本節

かめ-むし【椿=象｜亀虫】 半翅目カメムシ科の昆虫の総称。体長3ミリ〜3センチ。体は扁平で亀の甲に似る。触れると悪臭を放つ。口吻で、植物の汁や昆虫の体液を吸う。キンカメムシ・アオクサカメムシ・ナガメなど。広くは半翅目のうち、陸生の異翅類をいう。へっぴりむし。くさがめ。

かめや-じま【亀屋×縞】 ▶亀綾

かめや-ずきん【亀屋頭巾】 頭からかぶり、目の部分だけ開けた黒縮緬の頭巾。江戸中期、大坂の人形遣いが用いた。竹田頭巾。➡黒子

かめ-やま【亀山】 ㊀京都市右京区の嵯峨にある山。大堰川に臨み、嵐山に対する。嵯峨天皇・後嵯峨天皇・亀山上皇の離宮の亀山殿があった。㊁三重県北部の市。もと東海道の宿場町、石川氏の城下町。緑茶・紅茶や美術蝋燭を産する。平成17年(2005)1月関町と合併。人口5.1万(2010)。㊂「亀の上の山」に同じ。

かめやま-し【亀山市】 ▶亀山㊁

かめやま-じょう【亀山城】 三重県亀山市にあった城。天正18年(1590)岡本宗憲が築城。天守閣は寛永9年(1632)三宅氏の時代に誤って取り壊された。多聞櫓のみ現存。

かめやま-てんのう【亀山天皇】 [1249〜1305] 第90代天皇。在位、1259〜1274。後嵯峨天皇の皇子。名は恒仁。大覚寺統・持明院統の争いがこの時期に始まる。譲位ののち13年間院政を行った。出家後、離宮を禅寺としたのが南禅寺のはじまり。

かめやま-の-あだうち【亀山の仇討ち】 元禄14年(1701)、伊勢亀山城下で、石井半蔵・源蔵兄弟が父と兄の敵赤堀源五右衛門を28年目に討った事件。世に元禄曽我といわれ、浄瑠璃などに脚色された。

カメラ〘camera〙《語源はラテン語で、部屋・箱の意。「キャメラ」とも》写真を撮影する光学器械。スチールカメラ・映画カメラ・テレビカメラなど。「胃—」

カメラ-アイ〘camera-eye〙カメラで撮影された状態を予測・判断できる能力。

カメラ-アングル〘camera angle〙被写体に対するカメラの撮影角度。また、その構図。

カメラえいぞうききこうぎょう-かい【カメラ映像機器工業会】 《Camera & Imaging Products Association》▶シー-アイ-ピー-エー(CIPA)

カメラ-オブスキュラ〘camera obscura〙《ラテン語で、暗い部屋の意》内部を黒く塗って光を遮断した小部屋の壁に小さな穴をあけ、光を取り込むと、外の光景が倒立して部屋の内壁に映し出される装置。カメラオブスクラ。➡カメラ ➡ピンホールカメラ

カメラ-オブスクラ〘camera obscura〙▶カメラオブスキュラ

カメラ-スクリプト〘camera script〙テレビ放送や映画製作用に、カメラ位置・方向・移動、使用レンズの種類など、撮影に関して細部を指示した事項を記した台本。カメラ割り。

カメラファイルシステム-きかく【カメラファイルシステム規格】 ▶ディー-シー-エフ(DCF)

カメラ-フェース《和 camera＋face》写真に撮った顔の表情。「—のいいモデル」

カメラ-ポジション〘camera position〙被写体に対するカメラの位置。

カメラマン〘cameraman〙❶写真を撮ることを職業とする人。写真家。また、一般に、カメラで撮影する人。「アマチュア—」❷映画・テレビなどの撮影技師。

カメラ-めせん【カメラ目線】 カメラを見る視線。カメラを意識して見る目。「大統領が—で国民に語りかける」

カメラ-リハーサル〖camera rehearsal〗テレビ撮影で、本番と同じ条件で行う練習。
カメラ-ルポルタージュ《和 camera＋reportage(フランス)》写真を中心にした実録記事。また、テレビの実録番組。カメラルポ。
カメラワーク〖camerawork〗映画・テレビなどの製作の際のカメラの操作・撮影技術。
ガメラン〖インドネシア gamělan〗►ガムラン
か∘めり〔連語〕《連語「かんめり」の撥音の無表記》断定を避けて婉曲に表現する意を表す。…であるようだ。「憎げにおし立ちたることなどはあるまじ―。めりと思すものから」〈源・若菜上〉
カメリア〖ラテン Camellia〗ツバキ科カメリア属(ツバキ属)の植物の総称。ツバキの木をヨーロッパに持ち帰った宣教師カメル(G.J.Camellus)にちなむ。
カメ-リハ「カメラリハーサル」の略。
が・める〔動マ下一〕❶黙って自分の物にする。「タバコを―・めてきた」❷賭け事で、無理に大勝ちをねらう。「―・めるからいつも上がれない」
カメルーン〖Cameroun〗アフリカ大陸中部、ギニア湾に面する共和国。首都ヤウンデ。ココア・コーヒーなどを産する。もとはドイツの植民地だった。フランス・イギリスの信託統治領を経て1960年に独立。人口1929万(2010)。
カメルーン-さん【カメルーン山】カメルーン南西部、ギニア湾沿いにある火山。標高4095メートル。
カメルゲルスキー-どおり【カメルゲルスキー通り】《Kamergerskiy pereulok》ロシア連邦モスクワの中心部にある通り。名称は帝政ロシア時代に侍従(カメルゲル)たちが住んだことに由来する。また、モスクワ芸術座があることから、かつては芸術座通りと呼ばれた。モスクワ有数の飲食店街。
カメルリン-オンネス〖Heike Kamerlingh Onnes〗[1853～1926]オランダの物理学者。ヘリウムの液化に成功、超伝導を発見し、低温物理学を開拓。1913年ノーベル物理学賞受賞。カマリング-オネス。
カメルレンゴ-の-とりで【カメルレンゴの×砦】《Kula Kamerlengo》クロアチア南部、アドリア海に面する港町トロギールにある城塞。ベネチア共和国支配下の15世紀に建造された。カメルレンゴとは財務官・出納官のこと。1997年、城砦や大聖堂がある旧市街は「古都トロギール」として世界遺産(文化遺産)に登録された。
カメレオン〖chameleon〗有鱗目カメレオン科のトカゲの総称。全長20～30センチのものが多い。樹上で暮らし、体色を周囲の色や感情によって変化させる。胴は側扁し、目を別々に動かすことができ、長い舌をすばやく伸ばし、昆虫を捕食する。アフリカ・マダガスカル・インドなどに分布。
カメレオン-えき【カメレオン液】過マンガン酸カリウム水溶液の俗称。赤紫色であるが、有機物に触れると無色となる。また、マンガン酸塩の溶液のこと。アルカリ性で緑色、酸性で紫色となる。
カメレオン-こうか【カメレオン効果】相手のしぐさ・くせ・表情などをまねることで、相手が良い印象を持つこと。必ずしも意図的にまねをするのではなく、無意識的・反射的に相手のまねをしてしまうことで、円滑な人間関係が保たれると考えられている。
カメレオン-ざ【カメレオン座】天の南極近くにある小星座。日本からは見えない。学名 ラテン Chamaeleon
かめ-レス【亀レス】インターネット上のメールや掲示板(BBS)などのやり取りで、かなり前に話していた内容について返事を書くこと。また、その返事。➡即レス ➡遅レス
か-めん【下面】物の下の方の面。⇔上面。
か-めん【火面】一点から出た光が収差のある光学系を通ったあと、一点に集中しないでつくるエネルギー密度の高い曲面。
か-めん【火綿】►綿火薬
か-めん【仮面】❶人間・動物などの顔をかたどって素顔にかぶるもの。マスク。❷本心や素性を隠すもの。「とりすました人の―をはぐ」
仮面を被・る 本心・本性を隠して、違ったもののように繕う。「善人の―・る」
仮面を脱・ぐ 隠していた正体・本性を現す。
が-めん【画面】❶描かれている絵の表面。❷映画やテレビなどの映像。「―が乱れる」❸フィルムや印画紙に焼きつけられた映像。
(類語)映像・画像・像・実像・虚像・残像
がめん-アスペクトひ【画面アスペクト比】《image aspect ratio》テレビなどの画面における長辺と短辺の比(アスペクト比)。従来のNTSC方式のテレビ放送では通常4：3であり、現行の地上デジタルテレビ放送などのHDTV(いわゆるハイビジョンやフルハイビジョン)では横長の16：9を採用する。映画においては横と縦の比が1.37：1または1.33：1のものがスタンダードサイズと呼ばれ、ほかに横長画面のビスタビジョン、シネマスコープ、パナビジョン、シネラマといった方式がある。コンピューターのディスプレーは、VGA、SVGA、XGA、UXGAなどが4：3、SXGAは5：4、一部のノートパソコンが採用するWXGA、WXGA＋、WSXGA＋、WUXGAでは16：10となっている。単にアスペクト比、アスペクトレシオともいう。
かめん-うつびょう【仮面鬱病】鬱病に通常みられる精神症状よりも、疲労感・睡眠障害・便秘など、さまざまな身体症状を強く訴える鬱病。鬱病が仮面をかぶっているという意味でいい、臨床上用いられる。
がめん-キャプチャー【画面キャプチャー】►スクリーンキャプチャー
かめん-げき【仮面劇】演技者が仮面をつけて演じる演劇。古代ギリシャ劇・伎楽・能など。
かめん-こうけつあつ【仮面高血圧】病院などで測ると正常であるが、家庭や職場で測ると高血圧である状態。➡白衣高血圧
がめん-とりこみ【画面取(り)込み】►スクリーンキャプチャー
カメン-ばし【カメン橋】《Kamen Most》►カメンモスト
かめん-ぶとうかい【仮面舞踏会】参加者が仮面をつけたり仮装したりして出席する舞踏会。
カメン-モスト〖Kamen Most〗マケドニアの首都スコピエを流れるバルダル川に架かる石造アーチ橋。マケドニア語で「石の橋」を意味する。15世紀にオスマン帝国のムラト2世により建造。マケドニア広場と旧市街(スタラチャルシャ)を結ぶ。スコピエの象徴とされ、市旗にも描かれる。カメン橋。
かめん-ろうにん【仮面浪人】《大学生と浪人と二つの顔を持っていることから》第一志望の大学に落ち、他の大学に入学した学生が在籍のまま受験勉強を続け、翌年第一志望校を再受験すること。また、その学生。
かも【加茂】㊀新潟県中部の市。信濃川支流の加茂川の市場町として発展。加茂縞・桐たんすを特産。金属加工・繊維工業も盛ん。人口3.0万(2010)。㊁京都府木津川市の地名。天平12年(740)恭仁京の置かれた地。和同開珎鋳造の鋳銭司跡や山城国分寺跡がある。襖紙を特産。
かも【賀茂｜鴨】京都市北区・左京区にわたる賀茂川流域。上賀茂・賀茂・下鴨の辺り。
かも【賀茂｜加茂】謡曲。脇能物。金春禅竹作。播磨の室の明神の神職が賀茂神社に参詣すると、御祖神と別雷神が現れ、神徳を説く。
かも【×鴨｜×鳧】❶カモ目カモ科の鳥のうち、ガン・ハクチョウ類以外の総称。中・小形の水鳥。先の丸い平らなくちばしをもち、指に水かきがある。一般に雄の羽色は派手で、雌は褐色。日本には秋に渡ってきてつがいをつくり、春に北方の繁殖地に戻るものが多い。マガモ・コガモ・オナガガモや留鳥のカルガモなどは水面で餌をとり、キンクロハジロなどは潜って餌をとる。かもどり。あしがも。(季 冬)「海くれて―の声はのかに白し／芭蕉」❷利用しやすい相手。負かしやすい相手。「いい―にされる」
鴨が葱を背負って来る 《鴨の肉にネギまで添えてあって、すぐ鴨鍋ができる意から》好都合であること、おあつらえむきであることのたとえ。
鴨の浮き寝 鴨が水に浮いたまま寝ていること。物事が落ち着かなくて、不安なことのたとえ。
鴨の脛 短いもののたとえ。
鴨の水搔き 《気楽そうに浮かんでいる鴨も、水面下では水かきを絶えず動かしているところから》人知れない苦労があることのたとえ。
かも【×氈】獣毛で織った敷物。おりかも。
かも〔終助〕名詞、活用語の連体形、まれに形容詞シク活用の終止形に付く。❶感動を込めた疑問の意を表す。…かなあ。「一つ松幾代か経ぬる吹く風の声の清きは年深み―」〈万・一〇四二〉❷感動・詠嘆を表す。…だなあ。…ことよ。「天の原ふりさけ見れば春日なるみかさの山に出でし月―」〈古今・羇旅〉❸(多く「めかも」の形で)反語の意を表す。なんで…か(いやそうではない)。「いにしへを仰ぎて今を恋ひざらめ―」〈古今・仮名序〉❹(「ぬかも」の形で)願望の意を表す。…てくれないかなあ。「ぬばたまの夜渡る月ははやも出でぬ―海原の八十島の上ゆ妹があたり見む」〈万・三六五一〉(補説)連語「かも㊁」の文末用法より転じたもの。「か」を終助詞、「も」を終助詞あるいは間投助詞とする説もある。❷は中古以降、おおむね「かな」に代わる。
か-も〔連語〕㊀《副助詞「か」＋係助詞「も」》副助詞「か㊀❸」に同じ。㊁《係助詞「か」＋係助詞「も」。上代語》種々の語に付く。感動を込めた疑問の意を表す。…かなあ。「あしひきの山―高き巻向の岸の小松にみ雪降り来る」〈万・二三一三〉(補説)「かも」がかかる文末の活用語は連体形をとる。
がも〔終助〕《上代語》(「もがも」の形で)自己の希望を表す。…があればなあ。…でありたい。「み空行く雲にも―高飛ぶ鳥にも―」〈万・五三四〉
かも-あおい【賀茂×葵】《京都、賀茂の祭に用いるところから》フタバアオイの別名。
かも-い【×鴨居】引き戸・障子・ふすまなどをはめる部分の、上部に渡した溝のついた横木。
かもい-かくし【×鴨居隠し】高さが6尺(約1.8メートル)ある屏風。
かも-いけ【×鴨池】❶鴨のいる池。❷野生の鴨を呼び寄せて狩猟をする池。
かもい-した【×鴨居下】高さが5尺6寸5分(約1.7メートル)の屏風。
か-もう【火網】各種の銃砲を縦横に発射して、弾道の網を張りめぐらせた状態にすること。
がもう【蒲生】滋賀県南東部、東近江市の地名。旧町名。旧町域は日野川が貫流する近江牛の産地。石塔寺がある。
が-もう【×鵝毛】ガチョウの羽毛。また、白いものやきわめて軽いもののたとえ。がぼう。「牛の値、―よりも軽し」〈徒然・九三〉
がもう-うじさと【蒲生氏郷】[1556～1595]安土桃山時代の武将。近江の人。初名は賦秀。キリスト教に入信。織田信長・豊臣秀吉に仕え、九州征伐・小田原征伐の功により会津42万石(のち92万石)を領した。
がもう-くんぺい【蒲生君平】[1768～1813]江戸後期の尊王論者・儒学者。下野の人。名は秀実。水戸学の影響を受ける。荒廃した歴代天皇陵を調査して「山陵志」を著述。また、「不恤緯」で、海防の必要を説く。林子平・高山彦九郎とともに、寛政の三奇人といわれる。
がもう-とうげ【蒲生峠】兵庫・鳥取県境にある峠。標高335メートル。山陰街道の要地。長さ1745メートルの蒲生トンネルを国道9号線が走る。
かも-うり【×氈×瓜】トウガンの別名。
かも-かくも〔副〕《副詞「か」「かく」のそれぞれに係助詞「も」が付いた語》どのようにも。とにもかくにも。「―君がまにまに吾は寄りにしを」〈万・三三七七〉
かも-がみ【加茂紙】新潟県加茂市付近から産する紙。糊を加えないので、じょうぶなことで有名。
かも-かも〔副〕「かもかくも」に同じ。「雄鹿踏み起こしうかねらひ―すらく君故にこそ」〈万・一五七六〉

かも-がや【×鴨×茅】イネ科の多年草。高さ約1メートル。葉は線形。夏、緑色または暗紫色の穂を円錐状につける。ヨーロッパ・西アジアの原産。牧草として日本に入り、野性化。オーチャードグラス。

かも-がわ【賀茂川┊鴨川】京都市東部を南流する川。桟敷ヶ岳さじきがたけに源を発し、桂かつら川に注ぐ。長さ35キロ。高野川との合流点から上流を賀茂川、下流を鴨川と書く。友禅染めの水洗いに利用。

かもがわ【鴨川】千葉県南部の市。太平洋に面し、江戸時代初期から発展して近海漁業が盛ん。観光地・海水浴場。平成17年(2005)2月天津小湊あまつこみなと町と合併。人口3.6万(2010)。

かもがわ-おどり【×鴨川踊(り)】京都先斗町ぽんとちょうの芸妓げいぎの舞踊会。毎年春秋2回、先斗町歌舞練場で行われる。明治5年(1872)祇園ぎおんの都踊りに対抗して創始。

かもがわ-し【鴨川市】▶鴨川

かもがわ-ぞめ【▽賀茂川染┊×鴨川染】❶京染めの総称。❷友禅染めの一種で、模様のやや大きいもの。

かもがわ-にんぎょう【▽賀茂川人形┊×鴨川人形】▶木目込きめこみ人形

か-もく【科目】クワ ❶いくつかに分けたそれぞれの項目。「予算—」❷学問の区分。特に、学校で教科を分野別に分類したもの。課目。「選択—」❸古く、中国での官吏登用試験の類別。➡科挙 (類語)教科・学科

か-もく【寡黙】クワ〔名・形動〕口数が少ないこと。また、そのさま。「—な人」(類語)無口・無言・不言・黙然

か-もく【課目】クワ 課せられた項目。特に、学校で課する学科目。「課税—」「法定—」「不得意—」

かも-ぐつ【×鴨×沓】蹴鞠けまりなどのときに用いる革沓かわぐつ。先端を丸く作ったもの。

かも-こ【加茂湖】新潟県、佐渡島中東部にある海跡湖。面積4.8平方キロメートル。両津港と水路でつながり、カキの養殖が盛ん。

かも-し【加茂市】▶加茂㊂

か-もじ【▽母文字】《「か」は「かか(母)」の頭音》母。また、妻。「高綱のお—」〈浄・近江源氏〉

か-もじ【×髢┊▽髪文字】《「か」は「かみ(髪)」「かずら(鬘)」などの頭音》❶(髢)婦人が髪を結うとき添える毛。そえがみ。そえげ。いれがみ。❷髪をいう女房詞。おかもじ。❸和船の舳先へさきに、房のように垂れている飾り。さがり。

かも-しか【×氈鹿┊羚=羊】❶ニホンカモシカのこと。氈かもを織るのに用いる鹿の意からの名という。(季 冬)「一の跡ぞ深雪を巌頭へ/悌二郎」❷偶蹄ぐうてい目ウシ科ヤギ亜科カモシカ属の哺乳類の総称。ニホンカモシカ・シャモア・ゴーラルなどが含まれる。(補説)羚羊とも書くが、レイヨウは別種。

かもじ-ぐさ【×髢草】イネ科の越年草。高さ50〜70センチ。葉は線形。初夏、茎の上部に緑白色の小穂を互生する。葉で人形のかもじを作って遊んだことによる名。(季 春)「思ひ出の道みな細し—/不死男」

かも-しし【×氈▽鹿┊羚=羊】カモシカの古名。「松が枝に枕定むる—の」〈拾玉集・一〉

かもし-だ・す【醸し出す】〔動サ五(四)〕ある気分や感じなどを作り出す。「楽しい雰囲気を—・す」

かも-じもの【×鴨じもの】〔副〕鴨のように。「一浮寝をすれば蜷みなの腸わたか黒き髪に露そ置きにける」〈万・三六四九〉➡じもの

かも-しれ◦ない【かも知れない】〔連語〕《「か」は副助詞、「も」は係助詞》断定はできないが、その可能性があることを表す。「あの建物は学校—◦ない」「君の言うとおりなの—◦ない」➡かも〔連語〕

かも-じんじゃ【賀茂神社】賀茂別雷かもわけいかずち神社(上賀茂神社)と、賀茂御祖かもみおや神社(下鴨神社)の総称。山城国一の宮。

かも・す【醸す】〔動サ五(四)〕❶麹こうじを発酵させて、酒・醤油などをつくる。醸造する。「酒を—・す」❷ある状態・雰囲気などを生みだす。「物議を—・す」(可能)かもせる (類語)吟醸ぎんじょう・醸造・醸成

かもたけつのみ-の-みこと【賀茂建角身命┊鴨建角身命】京都市、賀茂御祖かもみおや神社の祭神。賀茂別雷命かもわけいかずちのみことの外祖父。その娘玉依姫命たまよりひめのみこととともに祭られる。神武東征の際、八咫烏やたがらすに姿を変え、天皇を導いたという。かもたけつぬみのみこと。

かもだ-みさき【蒲生田岬】《「がもうだみさき」とも》徳島県南東部、阿南あなん市椿町にある岬。四国最東端に位置し、紀伊水道をはさんで和歌山県日ノ御埼に対する。付近はアカウミガメの産卵地。室戸むろと阿南海岸国定公園に属する。

かもち-まさずみ【鹿持雅澄】[1791〜1858]江戸後期の国学者・歌人。土佐の人。号は、古義軒、山斎。土佐に住み、ほとんど独学で万葉集を中心に上代国語の研究を進めた。著「万葉集古義」「山斎集」など。

か-もつ【貨物】クワ ❶貨車・船舶・トラックなどで輸送する物資。❷「貨物列車」の略。「—が通る」❸品物。荷物。かぶつ。「おみや母子への土産にとて、浜にて整へたる『形なき—』」〈逍遥・内地雑居未来之夢〉(類語)荷物・荷・手荷物・小荷物・小包・積み荷

かもつ-えき【貨物駅】クワモツ― 旅客・手荷物・小荷物の取り扱いをしないで、貨物の運搬だけを取り扱う鉄道駅。

かもつ-かいじょうほけん【貨物海上保険】クワモツ― ▶積み荷保険

かもつけんさ-とくべつそちほう【貨物検査特別措置法】クワモツケンサトクベツソチハフ 朝鮮民主主義人民共和国に出入りする船舶等が核・ミサイル開発に関連する物資を積載している可能性がある場合、海上保安庁や税関が立ち入り検査を実施できるとする日本の法律。平成21年(2009)に国連安全保障理事会で採択された対北朝鮮制裁決議を履行するための国内法として翌年に成立。公海上でも船籍国の同意を得て検査を行うことができる。(補説)平成21年に北朝鮮が核実験・ミサイル発射実験を相次いで強行したことを受け、国連安保理は北朝鮮に対する制裁決議を全会一致で採択。加盟国に対し、自国領域および公海上での船舶等の貨物検査、禁止品目の押収、資金の移動禁止などを求めた。

かもつ-じどうしゃ【貨物自動車】クワモツ― 貨物を運ぶ自動車。トラック。

かもつ-せん【貨物船】クワモツ― 貨物を主に輸送する船舶。法規上は12名以下の旅客設備をもつものを含める。

かもつ-ひきかえしょう【貨物引換証】クワモツひきかへショウ 陸上物品の運送契約において、運送人が運送品を受け取ったことを証明するとともに、この運送品を証券の所持人に引き渡すことを約束した有価証券。

かもつ-れっしゃ【貨物列車】クワモツ― 貨物を運送するための、貨車だけで編成した列車。

かも-どり【×鴨鳥】《古くは「かもとり」とも》鴨のこと。「—の遊ぶこの池に」〈万・七一一〉

が-も-な〔連語〕▶もがもな

かも-なす【▽賀茂茄=子┊▽加茂×茄】京都市上賀茂辺を主産地とするナスの一品種。球形で大きなものは直径15センチにもなる。

かも-なべ【×鴨鍋】鴨の肉に、ネギ・セリ・焼き豆腐・シイタケなどを加え、煮ながら食べる鍋料理。

かも-なんばん【×鴨南蛮】鴨の肉とネギを入れたうどん・そば。鴨南。

カモニカ-けいこく【カモニカ渓谷】《Val Camonica》イタリア北部、ロンバルディア州、アルプス山麓のオーリオ川沿いにある渓谷。旧石器時代から古代ローマ時代にかけて、先住民族が描いた線刻画が残されている。1979年に「バルカモニカの岩絵群」として世界遺産(文化遺産)に登録された。バルカモニカ。

かも-ねぎ【×鴨×葱】「鴨が葱を背負って来る」の略。俗な言い方。

が-もの〔連語〕《「が」は格助詞》❶(動詞の連体形＋「がものはない」の形で)…するに値しない、…する必要はない、の意を表す。「そんなものは宅うちでできる。金を出して頼む—はない」〈漱石・道草〉❷(体言に付いて)…に値するもの、…に相当するもの、の意を表す。「三文か四文—だ」〈滑・膝栗毛・七〉

かも-の-いれくび【×鴨の入れ首】相撲で、正対した相手の首を上から抱え、自分の首を相手の小脇こわきに差し入れて組み、からだを反らして倒す技。

かも-の-くらべうま【賀茂の競馬】陰暦5月5日(現在は6月5日)京都の上賀茂神社の境内で行われる競馬の神事。かもけいば。

かも-の-すえたか【加茂季鷹】[1754〜1841]江戸後期の国学者・歌人。京都の人。本姓は山本。号、雲錦。上賀茂神社の神官。著「万葉集類句」など。

かも-の-ちょうめい【鴨長明】[1155〜1216]鎌倉前期の歌人。通称、菊大夫。名は「ながあきら」とも読む。京都下鴨神社禰宜ねぎの家に生まれ、のちに社司に推挙されたが実現せず、失意のうちに出家。山城国日野の外山とやまに方丈の庵いおりを結び、隠遁生活を送った。著「方丈記」「発心ほっしん集」「無名抄」など。

かも-の-はし【×鴨×嘴】❶単孔目カモノハシ科の原始的な哺乳類。体長約45センチ、尾長約15センチ。鴨に似たくちばしをもち、体は太く黒褐色、四肢は短く、足に水かきが発達。尾は扁平。河川の堤に長い穴を掘ってすみ、卵を産み、孵化ふかした子は乳で育てる。オーストラリア南東部やタスマニア島に生息。❷イネ科の多年草。日当たりのよい砂地に生え、高さ約60センチ。葉は細く長い。7〜10月につける2個の半円柱形の花穂は、鴨のくちばしに似る。

かも-の-まつり【賀茂の祭】京都の上賀茂・下鴨両神社の祭礼。昔は毎年陰暦4月の中の酉とりの日に行われたが、現在は5月15日。京都三大祭りの一つで、祭人の冠や牛車ぎっしゃなどをアオイで飾るところから葵祭あおいまつりともいう。古くは「祭り」といえばこの祭りをさした。北祭。かもまつり。(季 夏)

かも-の-まぶち【賀茂真淵】[1697〜1769]江戸中期の国学者・歌人。遠江とおとうみの人。岡部氏。号、県居あがたい。荷田春満かだのあずままろに学び、国学四大人の一人といわれる。田安宗武に仕え、広く古典を研究し、復古主義を唱えた。門人に本居宣長らがいる。著「万葉考」「祝詞考」「冠辞考」「歌意考」「国意考」「賀茂翁家集」など。(補説)門人は県門けんもんと称される。➡県門の三才女 ➡県門の四天王

かも-の-みあれ【賀茂の御生】京都の賀茂別雷かもわけいかずち神社で、賀茂の祭の3日前の夜に行われる祭典。現在は5月12日。阿礼と称する榊さかきに神移しの神事が行われる。みあれまつり。みあれ。

かも-の-りんじのまつり【賀茂の臨時の祭】京都の賀茂神社で、4月の例祭のほかに、11月末の酉とりの日に行われた祭礼。寛平元年(889)に始まり、途中で中断したが、明治3年(1870)まで続いた。

かも-ば【×鴨場】鴨猟を行う場所。

ガモフ〖George Gamow〗[1904〜1968]米国の物理学者。ロシア生まれ。トンネル効果によるαアルファ粒子説明や宇宙の起源の考察など、多くの業績を残す。また、原子物理学などに関する解説書を多数著し、「不思議の国のトムキンズ」などがある。

カモフラージュ〖フランス camouflage〗〔名〕スル ▶カムフラージュ

カモマイル〖camomile〗▶カモミール

かも-まつり【賀茂祭】「賀茂の祭」に同じ。(季 夏)「しづしづと馬の足搔あがきや—/虚子」

カモミール〖camomile〗《「カモマイル」とも》キク科の植物カミルレ(カミツレ)のこと。また、その花を乾燥したもの。ハーブティーとして飲用。民間薬としても用いられる。

かもみおや-じんじゃ【賀茂御祖神社】京都市左京区下鴨にある神社。旧官幣大社。賀茂別雷命かもわけいかずちのみことの母玉依姫命たまよりひめのみことと外祖父賀茂建角身命かもたけつぬみのみことを東西に祭る。平成6年(1994)「古都京都の文化財」の一つとして世界遺産(文化遺産)に登録された。下鴨神社。山城国一の宮。➡賀茂別雷神社かもわけいかずちじんじゃ

かもめ《原題、ロシア Chayka》チェーホフ作の戯曲。4幕。1896年発表。青年トレープレフや女優志願の娘ニーナを中心に、19世紀末のインテリゲンチアの苦悩を新しい形式と手法をもって描く。

かもめ【×鷗】❶チドリ目カモメ科の鳥。全長約45セ

ンチ。背が灰色のほかは白く、くちばし・足が黄色。ユーラシア・北アメリカ北部に分布。日本には冬鳥として海岸や港に渡来する。❷チドリ目カモメ科の鳥のうちアジサシ類以外の総称。海岸・川・湖などにすみ、翼は長めで先がとがり、飛翔力がある。体色はほとんどが白や灰色。動物の死体などさまざまなものを餌とする。ウミネコ・ユリカモメ・セグロカモメなどを含む。ごめ。

かもめ-がい【×鷗貝】ガヒ ニオガイ科の二枚貝。潮間帯の岩に穴を掘ってすむ。貝殻は横長の長卵形で、殻長4センチくらい。殻の前半部はやすり目状。北海道南部から南に分布。

かもめ-じり【×鷗尻】《水上に浮かぶカモメの尾が跳ね上がるようすに似るところから》❶太刀の尻が上に反るように腰に差すこと。伊達な姿。❷はかりのさおの尻が上に跳ねるほど、量り目を十分に取ること。「一匁の貰ひも、—に取りをる」〈浄・丹波与作〉

かもめ-づと【×鷗×髱】江戸中期に流行した若衆や婦人などのたぼの型。カモメの尾のように、たぼを後ろへ跳ね上げて長く突き出したもの。

かもめ-づる【×鷗×蔓】ガガイモ科カモメヅル属の多年草の総称。蔓性のものと直立性のものとがある。アオカモメヅル・ツルガシワ・クサタチバナなど。

かもめ-らん【×鷗×蘭】ラン科の多年草。深山に生え、高さ10〜15センチ。広楕円形の葉を1枚つけ、夏に淡紅色の花を2、3個つける。一葉千鳥。鷗草。

がも-や〔連語〕▶もがもや

がも-よ〔連語〕▶もがもよ

かもり【掃=部】《「かにもり(蟹守)」の音変化。一説に「かむもり(神守)」からとも》「かもん(掃部)」に同じ。〈色葉字類抄〉

かもり-づかさ【掃=部▽司｜掃=部▽寮】❶「かもんりょう(掃部寮)」に同じ。❷「掃司」に同じ。

かも-りゅう【▽賀茂流】リウ 書道の流派の一。江戸初期の賀茂神社神官の藤木甲斐守敦直を祖とする。廃絶したが明治期に再興された。甲斐流。甲斐様。

かも-りょう【×鴨猟】レフ ❶鴨を対象にした猟。かもうち。❷毎年10月から翌年4月にかけて、宮内省(現在は宮内庁)が随時催す年中行事の一。昔からの古風な猟法を行う。

かも・る【×鴨る】〔動ラ五〕《「かも(鴨)」の動詞化》賭け事などで、相手を簡単に負かして金品をまきあげる。鴨にする。「麻雀で—・られる」(可能)かもれる

かもわけいかずち-じんじゃ【賀茂別雷神社】京都市北区上賀茂にある神社。旧官幣大社。祭神は賀茂別雷命。平成6年(1994)「古都京都の文化財」の一つとして世界遺産(文化遺産)に登録された。上賀茂神社。山城国一の宮。➡賀茂御祖神社

かもわけいかずち-の-みこと【賀茂別雷命】京都市北区上賀茂の賀茂別雷神社の祭神。山城国風土記によれば、母は賀茂建角身命の娘、玉依姫で、瀬見の小川で、流れてきた丹塗の矢に感じて生まれた神という。賀茂別雷神。

か-もん【下問】〔名〕スル ❶自分より身分・年齢の低い者に対して物事を尋ねること。下聞。「省内の事を種々—されて」〈魯庵・社会百面相〉❷相手を敬って、その人の自分への質問をいう語。「国王から御—がある」(類語)問う・尋ねる・聞く・諮る・質す・問い質す・聞き質す・問い合わせる・聞き合わせる・質問する・発問する・借問する・試問する

か-もん【火門】クワ 銃砲の点火する口。火口。

か-もん【花紋】クワ 花を図案化した模様。花模様。

か-もん【科文】クワ 仏語。経論の本文を解釈する際に、その内容を説意によって大小の段落に分け、各部分の内容を簡単な言葉にまとめたもの。

か-もん【家門】❶一家全体。一家一門。「一の誉れ」❷家柄。家筋。❸徳川将軍家の親族で、尾張(尾州)・紀伊(紀州)・水戸の三家、田安・一橋・清水の三卿を除く、越前松平家・会津松平家とその支流をいう語。(類語)家・一門・一族・血族・家系・家筋・氏・血筋・血脈・血統・血・筋目・毛並み

か-もん【家紋】家々で定める紋。各家の紋所。(類語)紋章・紋・紋所・旗印・五つ紋

か-もん【掃=部】《「かもり」の音変化》❶「掃部寮」に同じ。❷掃部寮の下級職員。

か-もん【渦紋】クワ 渦の形の模様。渦巻き模様。

か-もん【×窠紋】クワ 有職文様の一。数個の円弧形をつなぎ合わせた中に、唐花や花菱などを入れたもの。木瓜ともいわれ、家紋として用いる。➡木瓜

が-もん【牙門】大将の陣屋の門。本陣。

が-もん【×衙門】《「衙」は、つかさの意》役所。官衙。

カモンイス〖Luís Vaz de Camões〗[1524〜1580]ポルトガルの詩人。バスコ=ダ=ガマのインド航路発見を軸とする愛国的大叙事詩「ウス-ルジーアダス」により、偉大な国民的詩人とされる。

カモンイス-ひろば【カモンイス広場】《Praça de Luís de Camões》ポルトガルの首都リスボンの中央部、バイロアルト地区にある広場。国民的詩人として知られるルイス-デ-カモンイスを記念して造られた。叙事詩「ウス-ルジーアダス」を題材としたモザイクタイルがはめ込まれ、中心にカモンイスの立像がある。

かもん-の-かみ【掃=部▽頭】掃部寮の長官。かもりのかみ。

かもん-の-すけ【掃=部助】掃部寮の次官。かもりのすけ。

かもん-りょう【掃=部寮】レウ 律令制で、宮中の掃除や、儀場の設営などをつかさどる役所。また、その職員。弘仁11年(820)、宮内省の内掃部司と大蔵省の掃部司とを併合して掃部寮とし、宮内省に属した。かもりづかさ。かもんづかさ。

かや【加耶｜伽倻】古代、朝鮮半島南部にあった小国家群の総称。また、その地域名。金官加耶(金海)と大加耶(高霊)が有力国であったが、6世紀中ごろまでに百済・新羅に併合された。日本書紀に記述される広義の任那の地にあたる。加羅。駕洛。

かや【×茅｜×萱】屋根をふく材料とする草。イネ科のススキ・チガヤやカヤツリグサ科のスゲなどの総称。(季 秋)「一の穂の稚き月を眉の上/楸邨」

か-や【蚊-帳｜蚊屋】夏の夜、蚊や害虫を防ぐため、四隅をつって寝床を覆う道具。麻・木綿などで粗く織って作る。かちょう。(季 夏)「一つるや晦日の宵の更けにけり/万太郎」

かや【×榧】イチイ科の常緑高木。山野に自生し、高さ約20メートルに達する。葉は平たい線状で先がとがる。雌雄異株。4月ごろ花が咲き、翌年秋に楕円形の実がなる。実は食用油・頭髪油などの原料。材は堅く、建材・家具・碁盤・将棋盤や彫刻材にする。(季 花=春｜実=秋)「一の実は人なつかしく径に降る/素逝」

かや〔終助〕《終助詞「か」＋間投助詞「や」から》体言・活用語の連体形に付き、感動・詠嘆を表す。…ことだなあ。「慨たき—、大丈夫にして、虜の手を被傷ひて報ひずして死みなむと」〈神武紀〉

か-や〔連語〕《係助詞「か」＋間投助詞「や」》❶(多く「とかや」の形で)不確定な伝聞または推定の意を表す。…とかいうことだ。「例の、独りごち給ふと—」〈源・蜻蛉〉❷体言、活用語の連体形に付いて、疑問または反語の意を表す。「そもこの衣の御主とは、さては天人にてまします—」〈謡・羽衣〉

ガヤ〖Gaya〗インド北東部の都市。ヒンズー教の聖地。南方に仏教の聖地ブッダガヤがある。(補説)「伽耶」とも書く。

が-や〔連語〕《終助詞「が」＋間投助詞「や」。近世語》相手に同調を求めたり、念を押したりする意を表す。…のだが、どうか。…ではないか。「勤奉公せいでも今ここに百両の金がある—」〈伎・幼稚子敵討〉

かや-いん【▽紙屋院】ヰン ▶かみやいん

かや-おい【×茅負】オヒ 軒の先端で、垂木の上に渡す横木。この上に裏甲を載せ軒先を支える。

かや-がみ【▽紙屋紙】▶かみやがみ

かや-かや〔副〕❶「がやがや」に同じ。「御随身ども—と言ふを制し給ひて」〈源・宿木〉❷声高に笑う声を表す語。からから。「折々大きやかなる声で—と笑って」〈滑・浮世床・二〉

がや-がや〔副〕スル 大ぜいが勝手にうるさく話し合うさま。「教室の中が—(と)している」

カヤキョユ〖Kayaköyü〗トルコ南西部にある廃村。フェティエの南西約10キロメートルに位置する。中世末期よりギリシャ正教会のキリスト教徒が居住。第一次大戦後のトルコ独立戦争において、ギリシャとの間で住民交換が行われ、一時期マケドニアから移住したイスラム教徒が住んでいたが、現在は無人の村になった。教会や礼拝堂などが残っている。

かや-きん【×伽×倻琴｜加×耶琴】朝鮮の楽器。箏に似た12弦の撥弦楽器。新羅琴。

か-やく【火薬】クワ 熱や衝撃によって爆発する物質で、そのエネルギーを有効に利用できるもの。火薬類取締法では、弾丸などの発射薬とロケット推進薬をいい、広くは爆薬・火工品を含めていう。ニトロセルロース・黒色火薬など。(類語)硝薬・弾薬・爆薬

か-やく【加役】❶本職以外に臨時につとめる役。また、その人。❷律令制で、正規の夫役のほかに追加された臨時の夫役。❸江戸時代、火付盗賊改の俗称。❹歌舞伎で、自分の役柄以外の役を演じること。立役が女形になったりすること。また、それによって受け取る特別手当。

か-やく【加薬】❶漢方で、主薬の薬効を増すため、または飲みよくするために、少量の補助薬を加えること。また、その薬。❷食物に添える香辛料。サンショウ・ショウガ・ネギなど。やくみ。❸主に関西で、五目飯・うどんなどに入れる肉・野菜。具。種。

か-やく【可約】分数や整式などで、約分することができること。「—分数」

か-やく【課役】クワ ▶かえき(課役)

かや-くぐり【×茅▽潜】イワヒバリ科の鳥。全長14センチくらい。上面は赤みがかった暗褐色に縦斑があり、下面は暗灰色。日本特産。高山のハイマツ帯にすみ、低木の間を飛び回る。冬は平地にも下りる。(季 夏)「一聴き天近き尾根わたる/蓼汀」

かやく-こ【火薬庫】クワヤク ❶火薬などをしまっておく倉庫。かやくぐら。❷大事件・紛争などが起こる危険性の高い場所。「ヨーロッパの—」

かやく-ごはん【加薬御飯】▶加薬飯

かやく-めし【加薬飯】主に関西で、五目飯のこと。

かやくるい-とりしまりほう【火薬類取締法】クワヤクルイとりしまりハフ 火薬類の製造・販売を許可制とするほか、貯蔵・運搬・消費その他の取り扱いについて規制する法律。昭和25年(1950)施行。

かや-さん【伽倻山】韓国中南部にある山。標高1430メートル。国立公園。南麓に海印寺がある。

かや-しらお【加舎白雄】シラヲ[1738〜1791]江戸中期の俳人。信濃国上田の人。本名、吉春。別号は昨鳥・白尾坊など。諸国を遊歴し、江戸に春秋庵を開いた。著「面影集」「加佐里那止」「俳諧寂栞」など。

かや・す【▽返す】〔動サ五(四)〕「かえす」の音変化。中世以降の語。現代では関西・北陸地方の方言。「ただで—・したらつまらん」〈水上・大阪の宿〉

か-やす・し【か▽易し】〔形ク〕《「か」は接頭語》❶容易である。たやすい。「手放れも還来も—・きこれ(=鷹ノコト)を除きて又はあり難し」〈万・四〇一一〉❷軽々しい。身軽である。「さるべきついでなくて、—・く通ひ給ふべき道ならねば」〈源・浮舟〉

か-やつ【▽彼▽奴】〔代〕三人称の人代名詞。ののしっていう語。きゃつ。あいつ。「—が方の者ども(=敵方ノ兵)いと多く死にけるは」〈大鏡・道隆〉

カヤック〖kayak〗❶エスキモーが猟に用いる小舟。木の枠にアザラシの皮を張って作る。❷❶に似た競技用カヌー。両端に水かきのあるパドル(櫂)で左右交互にこぐ。

かやつり-ぐさ【蚊-帳×吊草｜莎=草】❶カヤツリグサ科の一年草。畑や荒れ地に生え、高さ約40センチ。茎は三角柱、葉は線形。夏、茎の先に葉状の長い苞をもつ黄褐色の穂を出す。茎を裂くと四辺形となり、蚊帳をつったように見える。かちょうぐさ。しゃそう。(季 夏)「淋しさの—を割きにけり/風生」❷カヤ

ツリグサ科の単子葉植物の総称。草本。茎は断面が三角形をし、花は風媒花。アゼガヤツリ・コゴメガヤツリ・カミガヤツリ・クログワイなども含まれ、4000種が世界に分布。

かや-と【×茅戸|×萱▽所】茅で覆われている尾根や山腹。山村や登山者の間でいう。

かや-ねずみ【×萱×鼠】ネズミの一種。体長6センチくらいで尾も同じくらい。河原の茅の茂みなどにすむ。夏から冬にかけ、ススキの茎などの地上数十センチの所に草で球形の巣を作り、子を育てる。日本では関東以西に分布。

かや-の【×茅野|×萱野】茅の生えている野原。「葛城かずらきの高間の—はや知りて」〈万・一三三七〉

かや-の-あぶら【×榧の油】榧の実からしぼりとった上等の植物油。食用・灯用・理髪用とする。

かや-の-いん【高陽院|賀陽院】ヰン ㊀平安京の中御門大路南、大炊御門大路北にあった、桓武天皇の皇子賀陽かや親王の邸宅。後冷泉ごれいぜい・後三条天皇の里内裏さとだいりともなり、のち藤原頼通の邸となる。貞応2年(1223)焼亡。㊁[1095～1155]鳥羽上皇の皇后。名は勲子くんし、のち泰子たいしと改名。保延5年(1139)院号宣下。

かや-の-そと【蚊-帳の外】《蚊帳の外で蚊に刺されていることから》無視され、不利な扱いを受けること。また、物事に関与できない位置に置かれること。内情がわからない立場に置かれること。「当事者を—に置いて議論が進む」「優勝争いから遠のき—に追いやられる」

かや-の-とよとし【賀陽豊年】[751～815]平安初期の漢学者。「凌雲集」の撰進に参加。その詩文は「凌雲集」「経国集」に収載。

かや-の-みや【賀陽宮】皇族の宮号の一。元治元年(1864)伏見宮邦家親王の第4王子の朝彦親王(中川宮)が創始。のち、久邇宮くにのみやと改称したが、明治25年(1892)その王子の邦憲王によって復興。昭和22年(1947)廃号。

かや-ば【×茅場|×萱場】屋根を葺ふくのに用いる茅を刈る所。また、秣まぐさを刈る所。

かやば-ちょう【茅場町】チャウ 東京都中央区の地名。江戸時代には薬師堂の縁日の植木市で知られた。現在は証券会社が多い。日本橋茅場町。

かや-ぶき【×茅×葺き|×萱×葺き】茅で屋根を葺くこと。また、その屋根。

カヤプテ〖オランダ kajapoet|kajaput〗フトモモ科の常緑高木。高さ15～30メートル。樹皮は白色、枝が垂れ下がる。葉から油をとり、鎮痛や香料に用いる。東南アジア・オーストラリア原産。カユプテ。

かや-ぶね【×茅船|×萱船】茅を積んだ船。船軍ふないくさのとき、火をつけて敵船にむけて放った。

かやま-またぞう【加山又造】マタザウ［1927～2004］日本画家。京都の生まれ。東京美術学校卒。多摩美大・東京芸大教授。創画会創立会員。山本丘人に師事。装飾的な作風で知られる。文化勲章受章。作に「冬」「千羽鶴」「月光波濤」など。

かや-みそ【×榧味×噌】白味噌に、煎いってすりつぶした榧の実をまぜ、砂糖・胡麻ごまなどを加えた食品。

かや-もん【×茅門|×萱門】茅葺かやぶきの風流な門。庭や数寄屋すきやの露地の入り口に設ける。

かや-や【×茅屋|×萱屋】茅葺かやぶきの屋根や家。

かや-らん【×榧×蘭】ラン科の常緑多年草。深山の岩や樹木の上に着生し、高さ3～10センチ。葉は細長い楕円形で、2列に互生し、榧の葉を思わせる。初夏、淡黄色の花を数個つける。

か-やり【蚊▽遣り】蚊を追い払うために、草木の葉や木くずなどをいぶしたり、香をたいたりすること。また、そのいぶすもの。かいぶし。かやりび。(季 夏)「燃え立って貌かおはづかしき—哉/蕪村」

かやり-ぎ【蚊▽遣り木】蚊を追い払うためにいぶす木。

かやり-こう【蚊▽遣り香】カウ 蚊を追い払うためにたく香。また、ジョチュウギクを材料にして作った線香。蚊取り線香。

かやり-せんこう【蚊▽遣り線香】センカウ ►蚊遣り香

かやり-び【蚊▽遣り火】蚊を追い払うためにいぶす火。かいぶし。かやり。(季 夏)「—の煙の末をながめけり/草城」

かやりび-の【蚊▽遣り火の】〔枕〕蚊やり火は下にこもって燃え、また、くゆる意から、「下」「底」「くゆ」などに掛かる。「—下にのみこそもえわたりけれ」〈新勅撰・恋二〉「—悔ゆる心もつきぬべく」〈拾遺・雑下〉

か-ゆ【花油】クワ 植物の花から得られる揮発性の芳香油を、香りが消えないように脂肪油に吸着・固定させたもの。

かゆ【×粥】水を多くして米を軟らかく煮たもの。「—を炊たく」「—をすする」(類語)白粥・重湯

か・ゆ【換ゆ|替ゆ|代ゆ|▽易ゆ】〔動ヤ下二〕《「か(換)う」が、中世以降ヤ行に転じて用いられた語。終止形は「かゆる」となる例が多い》「か(換・替・代)える」に同じ。「先約にうったる宿札—・ゆる法はなけれども」〈浄・嫗山姥〉

かゆ・い【×痒い】〔形〕文かゆ・し〔ク〕皮膚がむずむずして、かきたい感じがするさま。かいい。「背中が—・い」(派生)かゆがる〔動ラ五〕かゆげ〔形動〕かゆさ〔名〕かゆみ〔名〕(類語)むずがゆい

痒い所に手が届く　細かいところまで配慮が行き届いて、気が利いていることのたとえ。

が-ゆう【×臥遊】グワイウ 床にふしながら旅行記を読んだり、地図や風景画を眺めたりして自然の中に遊ぶこと。中国、東晋の画家宗炳そうへいが居所の壁にかつて歩いた山水を描いて楽しんだ故事による。

が-ゆう【雅遊】イウ 風流な遊び。詩歌・音楽・書画などを作ったり鑑賞したりして楽しむこと。清遊。

か-ゆうかい【過融解】クワ 純粋な物質が融点以下の温度で液体の状態を保っている状態。

かゆう-ごうきん【可融合金】ゴウキン ►易融合金いゆうごうきん

か-ゆうずい【仮雄×蕊】葯やくや花糸が発達せず、本来の生殖機能をもたない雄しべ。雌雄異株または雌雄異花の植物の雌花にみられる。

かゆ-うら【×粥▽占】年占としうらの一。正月15日に粥を作るとき、粥の中に粥掻き棒や竹管を入れ、それについたり入ったりした米粒の量で1年の豊凶を占う。農家の小正月の行事、神社の神事として行われる。(季 新年)

かゆかき-ぼう【×粥×掻き棒】粥占かゆうらに用いる棒。ヌルデの木などの先端に裂け目を入れ、この棒で粥をかきまわし、付着した米粒の多寡で豊凶を占う。

かゆ-づえ【×粥×杖】ヅヱ 正月15日に、望粥もちがゆを煮るときに使う御薪みかまぎで作った杖。これで子のない女性の腰を打つと男子が生まれるといわれた。粥の木。(季 新年)「—に冠落ちたる不覚かな/鳴雪」

かゆ-の-き【×粥の木】「粥杖かゆづえ」に同じ。(季 新年)「—や女夫めおとの箸の二柱/才麿」

かゆ-ばしら【×粥柱】小正月の粥に入れる餅もち。また、粥杖かゆづえをこうよぶ地方もある。(季 新年)「天われにこの寿を給ふ—/風生」

かゆ-ばら【×粥腹】粥を食べただけの腹。力が十分に入らない状態をいう。「—では力仕事ができない」

カユプテ〖マレー kajuputih〗►カヤプテ

か-よ【過誉】クワ ほめすぎること。過褒かほう。過賞。

が-よ【×駕×輿】人が担いで動かす乗り物。こし。

かよい【通い】かよひ ❶㋐通うこと。行き来すること。「—の電車賃をもらう」「血の—がよくなる」㋑(「…がよい」の形で)名詞に付いて、一定の場所に定期的に、あるいは、頻繁に行き来することを表す。「塾—」「悪所—」❷自宅から職場に通うこと。通い勤め。「—の店員」❸「通い帳」の略。「—で買い物をする」❹宴席などで飲食の給仕をすること。「五六人の小僧がいて、料理方もあれば、—をするものもあった」〈藤村・千曲川のスケッチ〉❺手紙などのやりとり。「折々の御文の—など」〈源・澪標〉(類語)行き来・往来・交通

がよい【通い】がよひ「かよ(通)い❶㋑」に同じ。「医者—」「悪所—」

かよい-あきない【通ひ商ひ】かよひあきなひ 行商。また、行商人。「この二十年ばかりも江州に—」〈浮・織留・一〉

かよい-おとこ【通ひ男】かよひをとこ 女のもとにひそかに通ってくる男。「踏み分くる忍び路に、—のあるよな」〈浄・井筒業平〉

かよい-おんな【通ひ女】かよひをんな 男がときどき通っていくために囲っておく女。かこいもの。かよいめ。「下屋敷に置かせられ、—にあそばせ」〈浮・椀久一世〉

かよい-ぐち【通い口】かよひ 茶室で、亭主側が点茶てんちゃ・炭点前すみでまえ以外の用事で席内へ出入りする口。給仕口。禿口かむろぐち。

かよい-ぐるま【通ひ車】かよひ《深草少将が小野小町のもとに、99夜通ったという故事から》ある場所、特に、女のもとへ通っていく車。「—は小町があだの情に乗せられ」〈浄・歌念仏〉

かよい-げいこ【通い稽古】かよひ ❶先生・師匠の所に通って学ぶこと。❷先生・師匠が弟子の所に通って教えること。出稽古。

かよいこまち【通小町】かよひこまち 謡曲。四番目物。古作を観阿弥が改作。百夜通いのすえに、精根尽きた深草少将の霊が死後も小野小町の霊を追うが、僧の回向えこうで成仏する。

かよい-じ【通い路】かよひぢ 行き通う道。通路。「雲の—」「恋の—」(類語)通り道・道筋・経路

かよい-だる【通い×樽】かよひ ❶酒屋から得意先へ配達するときに用いる酒樽。❷祝儀に用いる酒樽。

かよい-ちょう【通い帳】かよひチャウ ❶掛け買いの月日・品名・数量・金額などを記入して、金銭を支払うときの覚えとする帳簿。❷預金の出し入れを記入する帳簿。通帳。

かよい-づめ【通い詰め】かよひ ある期間、同じ所に頻繁に通うこと。

かよい-つ・める【通い詰める】かよひ〔動マ下一〕文かよひつ・む〔マ下二〕同じ所へ絶えず通っていく。しょっちゅう通う。「図書館に—・める」

かよい-どころ【通ひ所】かよひ いつも通っていく所。特に、妻や愛人の所。「なほざりの—もあまたになるを」〈源・匂宮〉

かよい-ばこ【通い箱】かよひ ❶商店や製造元などが、取引先や得意先に注文品を入れて届けるのに使う箱。❷掛け売りの通い帳を入れる箱。❸座敷飾りの小箱。もとは、医者へ薬を取りに行くときに用いた。

かよい-ぶね【通い船】かよひ ❶一定の航路を行き来する小船。❷河川・港湾などで、本船と陸地との間を連絡する小船。

かよい-ぼん【通い盆】かよひ 食事の給仕に使う盆。

かよい-め【通ひ女】かよひ「かよいおんな」に同じ。「折節の御—とはなりぬ」〈浮・一代女・五〉

か-よう【火曜】クワエウ 週の第3日。月曜の次の日。火曜日。

か-よう【加養】ヤウ〔名〕スル ❶病気を治すように努めること。養生をすること。「病気とあれば鬱悒いぶせくとも緩々ゆるゆる—して行かるるがよい」〈露伴・いさなとり〉❷生活のめんどうをみること。扶養。「汝なんじ宜よろしく母子を扶助—すべし」〈織田訳・花柳春話〉

か-よう【可溶】液体に溶けること。

か-よう【仮葉】エフ 葉柄が変形して扁平になり、葉の役割を果たすもの。アカシアなど。偽葉ぎよう。

か-よう【花葉】クワエフ ❶花を構成している各要素。花びら・萼がく・雄しべ・雌しべを実花葉といい、いずれも葉が変化して生じたものとされる。❷蘚類で、茎の頂部について生殖器官を保護する葉。

か-よう【×哥窯】エウ 中国、南宋時代に浙江省にあった伝説的な青磁窯。また、それで作った青磁。素地が黒く、釉うわぐすりは淡い色を呈し、大きな貫乳がある。

か-よう【荷用|加用】❶食事の際に配膳はいぜん・給仕をすること。「正月一日—しけるに」〈沙石集・二〉❷室町時代の幕府および諸大名家の職名。配膳・給仕などの役。(補説)「通う」を漢語めかした語か。

か-よう【荷葉】エフ ❶ハスの葉。❷夏に用いる薫物たきものの名。ハスのにおいに似せたものという。「ただ—を一種ひとくさ合はせ給へり」〈源・梅枝〉❸「荷葉皴かようしゅん」の略。

か-よう【歌謡】エウ ❶流行歌・民謡・童謡・俗謡などの総称。❷韻文形式の文学作品中、特に音楽性を伴うもの。神楽歌・催馬楽さいばら・今様・宴曲・小歌などがある。「古代—」❸歌い物のほか、語り物をも含む

韻文形式の文学の総称。[類語]歌・唄・ソング

かよ・う【通う】かよふ〔動ワ五(ハ四)〕❶一定の区間を定期的に、何度も行き来する。「自転車で学校に—う」「病院に—う」❷ある場所を自由に行き来する。「鳥も—わぬ南海の孤島」❸ある場所を通って流れる。また、止まらないで流れる。「電流が—う」「血が—う」「息が—う」❹気持ちなどが相手に伝わる。「心の—う贈り物」❺道筋が通じる。また、通じている。「夏の間だけバスが—う」「江戸へ—う街道」❻似る。共通する。似かよう。「目鼻だちに—うところがある」❼精通する。通暁する。「仏の道にさへ—ひ給ひける御心のほど」〈源・御法〉❽交差する。入り交じる。「春はやがて夏の気をもよほし、夏より既に秋は—ひ」〈徒然・一五五〉[可能]かよえる

[類語](❶)行き来する・往復する・通勤する・通学する・通院する/(❸❹)通(とお)る・通ずる・流れる・伝わる・疎通する・通じる・通す/(❻)共通・似る・似寄る・似つく・似通う・相通ずる・類する・類似する・相似する・近似する・酷似する・肖似(しょうじ)する

か-よう【×斯様】カヤウ〔形動〕[文]〔ナリ〕このよう。このとおり。「—な内容です」「—に申しております」

[類語]こんな・こういう・このよう・かかる・こう・かく

かよう-かみ【通ふ神】かよふ 道祖神のこと。江戸時代、遊女が、客に送る手紙の封じ目に、安全に着くことを祈って書いた。「是も偏(ひとへ)に—のかごより降りて」〈風流志道軒伝・三〉

かよう-きょく【歌謡曲】カエウ ❶昭和初期以降、主に日本で作詞・作曲され、レコード・ラジオ・テレビなどを通じて流布される大衆的歌曲。❷洋学の様式で作られた歌曲の旧称。昭和初期までいわれた。

[類語]俗謡・俗曲・流行歌

かよう-けいしき【歌謡形式】カエウ 洋楽で、器楽曲の形式の一。歌曲風の単純な形式で、二部形式・三部形式などがある。リート形式。

がよう-し【画用紙】グワヨウ 絵をかくのに用いる厚手の洋紙。

かよう-しゅん【荷葉×皴】カエフ 山水画の皴法(しゅんぽう)で、岩や山をハスの葉脈のように描く手法。中国五代南唐の董源(とうげん)が好んで用いた。

かよう-せい【可用性】▶アベイラビリティー

かよう-せい【可溶性】水などの液体に溶ける性質。⇨不溶性

かよう-び【火曜日】クワエウ「火曜」に同じ。

かよう-もん【嘉陽門】カヤウ 平安京内裏内郭十二門の一。東面し、宣陽門の北にあった。左廂(さしょう)門。

か-よく【寡欲|寡×慾】クワ〔名・形動〕欲が少ないこと。また、そのさま。「—な(の)人」

が-よく【我欲|我×慾】自分一人の利益・満足だけを求める気持ち。「—が強い」「—を捨てる」

[類語]利欲・私欲・欲

かよく-かん【嘉峪関】コク クワン 中国甘粛省北西部の都市。万里の長城の西端にあたり、関所があった。

か-よけ【蚊▽除け】蚊を追い払うこと。また、それに用いるもの。

かよ-ちょう【×駕×輿丁】—チヤウ 身分の高い人の駕籠(かご)や輿(こし)を担ぐ役の者。こしかき。「俄(にはか)の事にて—も無かりければ」〈太平記・二〉

かよちょう-ざ【×駕×輿丁座】カヨチヤウ 中世の京都で、駕輿丁が結成した座。各種の商業に進出し、課役免除の特権や専売権をもっていた。

かより-かくよ・る【か寄りかく寄る】〔連語〕あっちへ寄り、こっちへ寄る。「波の共(むた)—る玉藻なす(=玉藻ノヨウニ)寄り寝し妹(いも)を」〈万・一三一〉

か-よ・る【か寄る】〔動ラ四〕《「か」は接頭語》寄り添う。一説に、ゆらゆら動く。「竹河うたひて、—れる姿、なつかしき声々の」〈源・初音〉

か-よわ・い【か弱い】〔形〕[文]かよわ・し〔ク〕《「か」は接頭語》いかにも弱いようすである。弱々しい。「—い子供」[派生]かよわげ〔形動〕かよわさ〔名〕[類語]弱い・脆(もろ)い・柔(やわ)い・柔(やわ)・軟弱・脆弱(ぜいじゃく)・繊弱・孱弱(せんじゃく)・華奢(きゃしゃ)・ひ弱い

かよわ・す【通わす】かよはす〔動サ五(四)〕❶通うようにさせる。通わせる。「子供を大学へ—す」「互いに心を—す」「息を—す」❷行きわたらせる。「后(きさき)がねの姫君習はし給ふなる教へは、よろづのことに—しならだめて」〈源・常夏〉

かよわ・す【通はす】かよはす〔連語〕《動詞「かよふ」の未然形＋尊敬の助動詞「す」。上代語》お通いになる。「かくのみし恋ひば死ぬべみたらちねの母にも告げつ止(や)まず—せ」〈万・二五七〇〉

かよわせ-ぶみ【通はせ文】かよはせ 恋文。艶書(えんしょ)。「あなたこなたの—皆哀れに悲しく」〈浮・一代女・一〉

から【加羅|伽羅】▶加耶(かや)

から【果×蓏】クワ《「果」は樹木になる実、「蓏」はつる草になる実》木の実と草の実。

から【空|▽虚】《「殻」と同語源》㊀〔名〕内部に物のないこと。からっぽ。「—の箱」「家を—にする」㊁〔接頭〕名詞に付く。❶何も持たないこと。何も伴っていないこと。「—馬」「—手」❷実質的なものが伴わないこと。うわべや形だけで役に立っていないこと。「—元気」「—回り」「—手形」「—世辞」[類語]空っぽ・がらんどう・空(うつ)ろ・空疎・空漠・空白・空虚・ブランク

空の樽(たる)ほど音が大きい 愚か者ほど大声でよくしゃべるということのたとえ。

から【▽故|▽柄】❶目的・目標を表す。ため。「我が—に泣きし心を忘らえぬかも」〈万・四三五六〉❷原因・理由を表す。ため。ゆえ。「あにもあらぬ己(おの)が身の—人の子の言も尽くさじ我も寄りなむ」〈万・三七九九〉❸複合語の形で用いる。㋐血縁関係にあること。「や—」「はら—」「問ひ放(さ)くるうち—はら—なき国に」〈万・四六〇〉㋑そのものに本来備わっている性格・性質。本性。「国—か見れども飽かぬ神(かむ)—かここだ貴き」〈万・二二〇〉

から【唐|▽韓|▽漢】《朝鮮半島にあった国名から》❶朝鮮・中国の古称。多く、中国をさす。また、中世以降、広く外国のこと。「—天竺(てんぢく)」「その夜の歌ども、—のも倭(やまと)のも、心ばへ深うおもしろくのみなむ」〈源・鈴虫〉「日本の事は申すに及ばず、—南蛮まで参りたりとも」〈虎明狂・賽の目〉❷名詞の上に付いて、朝鮮・中国、さらに、外国から渡来したことを表す。「—歌」「—衣」「—錦(にしき)」❸「唐織(からおり)」の略。

から【▽掛▽絡|▽掛羅|▽掛▽落】クワ《身に掛け絡(まと)うものの意》❶㋐主に禅僧が用いる、方形の小さな略式の袈裟(けさ)。五条の袈裟の変形で、両肩から胸の前に垂れるようにまとう。掛子(かけす)。㋑㋐につけてある象牙の輪。❷丸い根付け。また、根付けのついている印籠(いんろう)・巾着(きんちゃく)・タバコ入れなどの称。「象牙の—よりもぐさを取り出だし」〈浮・一代男・五〉

から【殻|▽骸】《「空(から)」と同語源》❶動物のからだや植物の実・種子をおおう堅いもの。「卵の—」❷動物や昆虫が脱皮したあとの外皮。ぬけがら。「セミの—」「もぬけの—」❸主要な部分や中身がなくなって用済みになったもの。「弁当の—」「茶—(ちゃがら)」❹外界から自己を守る外壁。その外壁に守られた世界。「—に閉じこもる」「古い—を打ち破る」❺「おから」に同じ。❻(骸)魂のぬけたからだ。なきがら。「—は気疎(けうと)き山の中に納めて」〈徒然・三〇〉

から【▽幹|▽柄】❶草木のみき・茎。「粟—(あわがら)」「黍—(きびがら)」❷矢の篦(の)。矢がら。❸道具の柄(え)。〈和名抄〉

から【×蜾×蠃】クワ ジガバチの別名。「—の母は情を矯(た)めて」〈鴎外・渋江抽斎〉

から ㊀〔副〕(あとに否定的な表現を伴って用いる)まったく。まるっきり。「—意気地がない」「—役に立たない」㊁〔接頭〕名詞や形容動詞に付く。❶まるっきり、まったく、の意を表す。「からっ」となることもある。「—ばか」「—うそ」「からっ下手(へた)」❷すっかり、すべて、の意を表す。「—一面」「—一散」

から ㊀〔格助〕名詞・活用語の連体形に付く。また上代では、助詞「が」「の」「のみ」にも付く。❶動作・作用の起点を表す。㋐空間的起点、出所を示す。「目—大粒の涙が落ちた」「本人—直接話を聞く」「波の花沖—さきて散り来めり水の春とは風やなるらむ」〈古今・物名〉㋑時間的起点を示す。「会議は午後一時—始める」「朝—強い風が吹いている」「明けぬ—舟を引きつつのぼれども」〈土佐〉❷経由する場所を表す。…を通って。…に沿って。「東京を出て、名古屋—京都へと向かう」「人の親の娘子児(をとめこ)据ゑて守山辺(もるやま)—朝な朝(さ)な通ひし君が来ねば悲しも」〈万・二三六〇〉❸理由・原因・動機・根拠を表す。…のために。…によって。「操作ミス—事故が生じた」「恋草を力車(ちからぐるま)に七車積みて恋ふらくわが心—」〈万・六九四〉❹材料、構成要素を表す。「米—酒ができる」「水は水素と酸素—なる」❺動作・作用の開始順序や発端を示す。「先着の人—入場してください」❻(多く下に副助詞「まで」を伴って)動作・作用の及ぶ範囲を表す。「朝早く—夜遅くまで働く」「すみ—すみまで探す」❼移動の手段・方法を表す。…によって。…で。「訪(と)ふべき人、徒歩(かち)—あるまじきもあり」〈かげろふ・下〉[補説]レジで、「一万円**から**お預かりします」と店員が言う場合がある。「一万円から代金を頂きます」の意であろうか。従来は「一万円(を)お預かりします」と言っていた。関西から始まったともいうが、よく分からない。1990年ころから目立ってきた言い方である。㊁〔接助〕活用語の終止形に付く。❶理由・原因を表す。「もう遅い—帰ろう」「年号が変はった—、暦はもらはずはなるまい」〈咄・聞上手〉❷(終助詞的に用いて)強い主張、決意を表す。ぞ。「思い知らせてやる—」㊂〔準体助〕種々の語に付いて、それの付いた語句を全体として体言と同じはたらきをもつものにする。❶以後、以上の意を表す。「五キロ—の重さ」❷…から始めて、…をはじめとして、の意を表す。「鍋そのもの—が品よく出来上って居る」〈漱石・虞美人草〉⇨からに ⇨からは ⇨てからが [補説]「から」は本来「故」の意の体言であったとみられ、上代において助詞「が」「の」に付くのも、その要素が強いからという。㊀❶は平安時代以降の用法で、上代では「より」が受け持った。㊁は㊀❶の用法から転じたもので、近世後期以降みられるようになった。㊂は近世前期からみられる。

がら《「から(殻)」の音変化》❶鶏などの肉を取り去ったあとの骨。煮て、だしを取る。❷品質の悪いコークス。また、石炭の燃え殻中のコークス状のもの。

がら【▽瓦▽落】《がらがら崩れる意》取引相場が急にひどく落ちること。暴落。[補説]「瓦落」は当て字。

がら【柄】㊀〔名〕❶からだつき。体格。「—が大きい」❷その人に本来そなわっている品位・性格。「人のことを言える—ではない」「—が悪い」「—に合わない」❸布・織物などの模様。「はでな—」㊁〔接尾〕名詞に付く。❶そのものの品位・性質の意を表す。「土地—がうかがわれる」「家—」「作—」❷それに相応して、の意を表す。「時節—御自愛ください」「仕事—こういうことは詳しい」

[…語]間柄・家柄・歌柄・大柄・男柄・女柄・木柄・句柄・国柄・声柄・子柄・小柄・心柄・骨柄・事柄・作柄・品柄・縞(しま)柄・新柄・図柄・総柄・染め柄・珍柄・続き柄・角柄・手柄・所柄・花柄・日柄・人柄・身柄・銘柄・紋柄・矢柄・役柄・訳(わけ)柄

[類語]㊀(❶)図体/(❷)身分・身の程・ステータス・分際・分限・分/(❸)模様・文様・図柄・絵柄・図案・パターン・地紋・プリント・紋(あや)・文(あや)・文目(あやめ)・紋柄(もんがら)・図様・意匠・デザイン

柄にもな・い 立場・地位、また能力・性格などにふさわしくない。「—・く殊勝なことを言う」

ガラ〘gala〙祭典。お祭りのための特別興行。ガーラ。「—コンサート」

がら〔副〕❶すっかり。まったく。「駄賃はみんな、うらが呑んでしまって、—おま(=馬)に食わせべいもなあなし」〈滑・膝栗毛・二〉❷ひょいと。つい。「—誘はれたあからのこんだあよ」〈洒・軽井茶話〉

カラー〘calla〙サトイモ科の多年草。高さ約1メートル。葉は倒心臓形。初夏、漏斗状の白い仏炎苞(ぶつえんほう)をもつ黄色い花をつける。南アフリカの原産。日本には江戸時代に渡来。オランダ海芋(かいう)。

カラー〘collar〙洋服・ワイシャツなどの襟。身頃に縫いつけたものと、取り外しのできるものとがある。「ショール—」「テーラード—」[類語]襟

カラー〘color〙❶色。色彩。「ワイン—」❷映画・テレビ・写真で、被写体の色が現れるもの。「—撮影」⇔モ

ノクローム。❸絵の具。「ポスター―」❹固有の持ち味。特色。「地域の―を出す」「スクール―」❺ダイヤモンドの鑑定指標の一つ。Dを最高ランクとしてZまでの23段階で評価する。➡4C 〔類語〕色・色彩・色調・色相・色合い・色目・彩り・あや・彩色

カラー〖Paul Karrer〗[1889～1971]スイスの化学者。カロテノイド・フラボン類の構造を研究し、ビタミンA・ビタミンB_2・ビタミンEの合成に成功した。1937年ノーベル化学賞受賞。著「有機化学」。

カラー-アナリスト〖color analyst〗いろいろな商品・インテリアなどの最も効果的な色の使い方を分析し、調整することを職業とする人。

カラー-アレンジメント〖color arrangement〗2種以上の色の組み合わせにより、単色では表現できない調和や対比の美を表現し、ある特別の効果を生み出すこと。カラーコーディネーション。

から-あい【韓藍】❶ケイトウの古名。「わが屋戸に―蒔き生ほし枯れぬれど」〈万・三八四〉❷美しい藍色。「わが恋はやまとにはあらぬ―のやしほの衣深く染めてき」〈続古今・恋二〉

から-あおい【唐葵｜蜀葵】タチアオイの古名。「―、日の影に従ひて傾ぶくこそ」〈枕・六六〉

がら-あき【がら空き｜がら明き】〘名・形動〙❶中がほとんど空なこと。がらがらにすいていること。また、そのさま。「―の電車」❷防備が手薄になること。また、そのさま。「顔面が―になる」

から-あげ【空揚(げ)】〘名〙スル 材料に小麦粉かかたくり粉を薄くまぶす程度で、衣をつけずに高温の油で揚げること。また、その料理。「唐揚げ」の字も当てることがある。

カラー-コーディネーター〖color coordinator〗都市空間、建築、環境、インテリア空間、ファッション、商品などの分野で、調和のとれた心地よい色彩計画を考案する人。

カラー-コーン《和 color＋cone》車線規制や道路工事などの際に並べる円錐形の標識。商標名。パイロン。〔補説〕英語では、cone または、road cone という。

カラー-コピー〖color copy〗カラー原稿の色をそのまま再現する複写。カラー複写。

カラー-コンタクトレンズ〖colored contact lens〗表面に色や模様などをプリントした装飾用のコンタクトレンズ。虹彩の色が変わって見える。カラコン。

カラー-コンディショニング〖color conditioning〗色彩調節。

カラ-アザール〖ヒンディー kālā-āzār〗《黒い病気の意》鞭毛虫の一種リーシュマニア-ドノバニの感染で起こる悪性の感染症。サシチョウバエが媒介。発熱と皮膚の黒褐色の色素沈着とが目立つため黒熱病ともいわれ、致命率が高い。流行地は中国の揚子江以北・インド・中近東・地中海沿岸・中南米。

から-あし【空足】❶「無駄足」に同じ。❷階段などの上り下りに、高さの見当をまちがえて踏みそこなうこと。「―を踏む」❸はだし。すあし。

空足を踏・む ❶階段の上り下りで、高さを間違えて足が空を踏む。❷勢い余って止まれずに、二、三歩前に出る。

カラーシンク〖ColorSync〗米国アップルコンピュータ(現アップル)が開発、同社のオペレーティングシステムに搭載するカラーマネージメント機能。

カラー-スキャナー〖color scanner〗カラー印刷で、カラー原稿を色分解し、赤・黄・藍・黒版用のネガやポジフィルムを作る機械。原稿を光点で走査して電気信号に変え、色版ごとに再び光に変えて露光する。

カラー-ストーン《和 color＋stone》色石。ダイヤモンドのような透明色の宝石ではなく、ルビー・サファイア・エメラルドなど、美しい色彩を持った宝石類。

カラー-スプレー〖color spray〗吹きつけによって毛髪を一時的に着色する化粧品。

カラー-スペース〖color space〗➡色空間

カラー-セラピー〖color therapy〗色彩療法。精神的な躁鬱状態、ストレスの解消・鎮静のために、色彩のもつ心理的効果を利用する精神療法のこと。例えば、患者の生活環境、インテリア空間、衣服の色を変えたりして精神的安定と回復を試みる。

カラー-チップ〖collar chip〗男物のシャツの襟先につけるアクセサリーのこと。カラートップ。

カラー-チャート〖color chart〗色を系統的に配列した表。色図表。

カラー-ディスプレー〖color display〗赤・緑・青色の光の三原色の組み合わせによって、文字・図形をカラー表示するコンピューターなどのディスプレー。

カラー-テレビ《color televisionの略》画像に色彩を再現するテレビジョン。

カラード〖colored〗❶有色人種。特に黒人。❷南アフリカ共和国で、オランダ移民とアフリカ人などとの混血の人々。

カラー-ネガ《color negative filmから》➡ネガティブ❷

カラー-ネガフィルム《color negative filmから》➡ネガティブ❷

カラー-バランス〖color balance〗カラーフィルムやカラー印画紙、またコンピューター上の画像における三原色の発色バランス。

カラー-バリエーション〖color variation〗衣服・生活道具などの商品において、基本となる色彩および配色に対して、その感性・雰囲気を重視しながら施された違う配色。

カラー-ファンデーション〖color foundation〗従来の肌色に近い色のファンデーションと異なり、ほおや、あご・額などにアクセント的に使う、赤・黄・緑色のファンデーションのこと。

カラー-フィルム〖color film〗被写体の色彩を再現できる写真用フィルム。青緑・緑・赤の3色に発色する3層の感光乳剤が塗布してあり、その合成で天然に近い色感を出す方式が普通。そのままの色に写るカラーリバーサルフィルムと、補色に写るカラーネガフィルムとがある。

カラー-プリンター〖color printer〗カラー印刷が可能なプリンター。昇華型・インクジェット方式・レーザー方式などのプリンターがある。

カラー-プリント〖color print〗カラー写真の印画(紙焼)のこと。通常は補色に写るカラーネガフィルムからプリントするが、リバーサルフィルムからも作れる。

カラー-ポジ《color positive filmから》➡反転フィルム

カラー-ポジフィルム《color positive filmから》➡反転フィルム

カラー-ボックス《和 color＋box》さまざまな色や木目模様の合板を素材とし、簡単に組み立てられる収納家具。縦・横両様に使える。

カラー-ポリシー《和 color＋policy》企業の色彩政策。その企業特有の個性ある色使いの基本原則のことで、CI(コーポレートアイデンティティー)の重要な要因となる。

カラー-マッチング〖color matching〗➡カラーマネージメント

カラー-マネージメント〖color management〗コンピューターのディスプレー、プリンター、スキャナーなど、装置の間で異なる色特性を補正し、同一の色を扱えるようにすること。色管理システム。カラーマッチング。カラーマネージメントシステム。

カラーマネージメント-システム〖color management system〗➡カラーマネージメント

カラーム〖アラビア kalām〗《言葉・議論の意》イスラム教の思弁哲学のこと。

カラー-メーター〖color meter〗色温度計。被写体を照明している光源の色温度の測定に用いる。

カラー-モデル〖color model〗色を規定し、数値などのパラメーターで体系的に表したもの。色空間。

から-あや【唐綾】中国から伝来した綾織物。日本でその製法にならって織ったものにもいう。近世では、浮き織物のことをいった。

からあや-おどし【唐綾威】鎧の威の一。唐綾を細く畳み、芯に麻を入れて威したもの。

カラーラ〖Carrara〗➡カッラーラ

カラーラ-だいせいどう【カラーラ大聖堂】《Duomo di Carrara》➡カッラーラ大聖堂

カラアリオール-こうえん【カラアリオール公園】《Karaalioğlu Parkı》トルコ南西部の都市アンタリヤにある公園。旧市街カレイチに隣接し、地中海のアンタリヤ湾に面する。紀元前2世紀に建てられた城塞フドゥルルック塔のほか、サッカースタジアムがある。

カラー-リバーサル〖color reversal film〗➡反転フィルム

カラーリング〖coloring〗衣服・インテリアなどを好みによって着色すること。また、彩色の具合。色の塗り方。

カラー-リンス《和 color＋rinse》洗髪後、すすぎのときに用いる一時的な毛染め。

から-い【空井】水のかれた井戸。からいど。

か-らい【渦雷】発達した低気圧や台風の中心部の激しい上昇気流に伴って生じる雷。うずらい。低気圧雷。

から-・い【辛い｜鹹い】〘形〙図から・し〘ク〙❶トウガラシ・ワサビなどのように、舌やのどを強く刺激するような味である。「インド風の―・い料理」➡五味 ❷(鹹い)塩気が多い。しょっぱい。「―・い煮つけ」⇔甘い。❸甘みが少なくさっぱりとしていて、ひきしまっている。酒の味などにいう。「ワインは―・いほうが好みだ」⇔甘い。❹評価の基準などが厳しい。「―・い採点」⇔甘い。❺つらい。苦しい。「―・い目をみる」❻残酷である。むごい。「諸人の―・き刑」〈武烈紀〉❼危ない。危うい。「―・き命儲けて、久しく病みゐたりけり」〈徒然・五三〉❽気にくわない。いやだ。「―・しや、眉はしも、皮虫だちためり」〈堤・虫めづる姫君〉〔派生〕からさ〘名〙からみ〘名〙
〔類語〕辛口・辛め・塩辛い・しょっぱい (舌に辛みを感じるさま)ぴりっと・ぴりりと・ぴりぴり・ひりひり

から-いけ【空生け｜空活け】生け花で、水を用いないで竹などを生ける技法。

から-いしき【唐居敷】・【唐石敷】門の下部にあって門柱を受け、また扉の軸受けとなる厚板。石材で作ることもある。

ガライ-じょう【ガライ城】《Garay vár》➡シクローシュ城

からい-せんりゅう【柄井川柳】[1718～1790]江戸中期の前句付け点者。江戸の人。名は正通。通称、八右衛門。別号、無名庵。その選句を川柳点とよび、付句が独立して川柳とよばれるに至った。宝暦7年(1757)、「万句合」を刊行、のち、その中から佳句を選んで「誹風柳多留」を出版。

から-いた【空板】❶見台の異称。❷講釈師の前座が客寄せのために、張り扇で見台をたたくこと。また、その前座の講釈師。

から-いと【可良糸】節のある絹糸を諸縒りにしたもの。

から-いと【唐糸】❶中国から渡来した絹糸。❷「唐糸織り」の略。❸《糸を引くところから》納豆。「この茶の子、名は―というてくれなる」〈咄・醒睡笑・八〉

からいと-おり【可良糸織(り)】可良糸で織った縞織物。山梨県甲府付近の産。

からいと-おり【唐糸織(り)】唐糸❶で織った絹織物。

からいと-そう【唐糸草】バラ科の多年草。高山に自生する。高さ40～80センチ。葉は楕円形の小葉からなる羽状複葉。夏、枝の先に、紅紫色の花が穂状につき、穂先が垂れる。花びらがなく、長い雄しべが糸状に伸びる。《季 夏》

から-いぬ【唐犬】中国産の犬。また、舶来の犬。こまいぬ。

から-いばり【空威張り】〘名〙スル 実力がないのに虚勢を張ること。「弱いやつほど―する」
〔類語〕虚勢・夜郎自大

から-いも【唐芋】サツマイモの別名。

から-いり【乾煎り】〘名〙スル 水や油を加えないで材料を煎ること。「ごまめを―する」

から-いり【殻煎り】豆腐のおからを煎って味つけしたもの。うのはないり。

から-いわし【唐×鰯】カライワシ目カライワシ科の海水魚。体はイワシに似るが、大きく、全長約90センチに達する。南日本に分布し、外洋性。食用。

から-うす【唐臼¦×碓】❶地面を掘って臼を据え、杵の一端を足で踏んで穀類などをつく仕掛けのもの。ふみうす。❷(「穀臼」とも書く)稲などのもみがらを落とすための農具。上臼と下臼からなる。

からうず【唐×櫃】►かろうず

から-うそ【空×嘘】まったくの嘘。まっかな嘘。

から-うた【唐歌】漢詩。⇒大和歌

から-うつし【空写し】〔名〕スル ❶フィルムが入っていなかったり入れ方が不完全であったりして、写真が写っていないこと。❷フィルムを送るだけの目的で、シャッターを押すこと。「二、三枚―する」

からうと【唐×櫃】►かろうと(唐櫃)

から-うま【空馬】人や荷物をのせていない馬。

空馬に怪我なし　何も持っていない者は、損をするはずがないということ。

から-うめ【唐梅】ロウバイの別名。

から-うり【空売り】〔名〕スル　株式の信用取引や商品の先物取引で、一定の証拠金を預託して、証券会社などから現物を借り、それを売ること。相場の値下がりとともに現物を買い戻し、証券会社などに返す。値ざやを得る目的で行う場合と、手持ちの現物の値下がりによって被る損失を相殺するために行う場合とがある。故意による株価の値下げなどに使われることがあるため、政府などによる規制が強化されている。ショートポジション。⇒空買い ⇒売り繋ぎ

から-うり【唐×瓜】❶キュウリの別名。❷マクワウリの別名。❸カボチャの別名。

から-え【唐絵】ヱ本来は、中国伝来の絵画および日本で中国の事物を画題とした絵画。大和絵に対していう。鎌倉後期からは、宋元画およびその影響による新様式の日本画をもさした。

カラオーラ-の-とう【カラオーラの塔】タフ《Torre de la Calahorra》スペイン南部の都市コルドバにある塔。グアダルキビル川にかかるローマ橋の防備のため要塞として建造。現在はイスラム支配時代の資料を展示するアル-アンダルス博物館になっている。旧市街に残るメスキータやアルカサルとともに、「コルドバ歴史地区」の名称で世界遺産(文化遺産)に登録された。

から-おくり【空送り】〔名〕スル　録音・再生などをしないで、テープを回すこと。「選曲のために―する」

から-オケ【空オケ】《「オケ」は「オーケストラ」の略》歌の伴奏だけを録音した楽曲を再生・操作する装置。また、それに合わせて歌うこと。

からオケ-ボックス【空オケボックス】《ボックスは、box》狭い空間にカラオケを設置し、少人数で使えるようにしたレンタルルーム。

から-おし【空押し】〔名〕スル　革・厚紙などに、彫刻した金版を熱して強く押し付け、文字や模様を浮き出させる方法。本の装丁などに用いる。

がら-おち【▽瓦▽落落ち】相場が大幅に下がること。暴落。がら。〔補説〕「瓦落」は当て字。

から-おり【唐織(り)】❶中国から渡来した織物の総称。また、それに似せて日本で織った金襴・緞子・繻珍など。唐織物。❷公家の装束に用いる浮き織物の通称。唐織物。❸能装束の一。❷で仕立てた小袖。多く女装の上衣に用いる。

からおり-もの【唐織物】「唐織り❶❷」に同じ。

から-が〔連語〕《格助詞「から」＋格助詞「が」》体言、体言に準じるものに直接、または「にして」を介して付き、他を言う前に、その事柄、物事自体が以下に述べるごとくである意を表す。…からはじめて。…をはじめとして。「大きさ―私の物にそっくりだ」「考え方にして―違っている」

から-がい【空買い】ガヒ　株式の信用取引や商品の先物取引で、一定の証拠金を預託して必要な資金を借り、買い付けること。相場の値上がりとともに、転売して値ざやを得るのがねらい。⇒空売り

からか・う〔動ワ五(ハ四)〕❶相手が困ったり怒ったりするようなことをしておもしろがる。揶揄する。「子供を―・う」❷負けまいとして張り合う。争う。また、葛藤する。「心に心を―・ひて、高野の御山に参られけり」〈平家・一〇〉〔可能〕からかえる

〔類語〕冷やかす・茶化す・おひゃらかす・おちゃらかす

から-かさ【▽傘¦唐傘】《唐風のかさの意》割り竹の骨に紙を張って油をひき、柄をつけてろくろで開閉できるようにしたかさ。さしがさ。

〔類語〕傘・洋傘・番傘・蝙蝠傘・蛇の目傘・雨傘・日傘・パラソル

からかさ-いっぽん【▽傘一本】僧が破戒の罪で寺を追放されること。傘1本を持つことだけは許されたところからいう。「諸山の浮気坊主の心を蕩かし…後―になる時」〈浮・曲三味線・一〉

からかさ-たけ【唐傘×茸】ハラタケ科のキノコ。夏から秋にかけて林の中の地上に生える。柄は細長く、高さ約30センチ、傘の直径約25センチに達する。傘の褐色の表皮が裂けると、中は白い。食用。にぎりたけ。

からかさ-てい【傘亭】京都高台寺にある利休好みの茶屋。桃山時代の遺構。天井が傘を広げたようなようすからの命名。安閑窟。

からかさ-れんぱん【▽傘連判】大勢の人が連署するとき、一つの円の周囲に放射状に署名を連ねること。また、その証文。首謀者を隠し、あるいは平等に責任を負い、団結する意志を示す。

カラカス〖Caracas〗ベネズエラ-ボリバル共和国の首都。同国中北部に位置し、外港ラグアイラをもつ。第二次大戦後、石油景気で発展。人口、行政区210万、都市圏291万(2009)。

から-かぜ【空風¦▽乾風】冬に雨・雪などを伴わないで強く吹く乾いた北風。多く、関東地方に吹く寒風をいう。からっかぜ。〔季 冬〕「雪は来で―きほふ空凄し/曽良」〔類語〕木枯らし・北風・寒風

から-かぬち【▽韓鍛=冶】大和朝廷に仕えた渡来人の鍛冶部。鍛冶・銅工・金作などに従事した。

から-かね【唐金】《中国から製法が伝わったところから》青銅のこと。

から-かぶ【空株】株式の空売り・空買いで、実際に受け渡しされない株。くうかぶ。⇒実株

から-かみ【唐紙】❶中国から渡来した紙。また、それに似せて日本で製した紙。華麗な模様のある厚手の紙が、平安時代には衝立・襖障子、その他の装飾に用いられた。江戸時代には襖専用の紙を「からかみ」、中国産の紙を「とうし」とよんで区別した。❷「唐紙障子」の略。❸織り色の名。縦糸は白色、横糸は黄色のもの。❹襲の色目の名。表は白色、裏は黄色のもの。❺近世、品川の遊里の下級女郎。

から-かみ【韓神】昔、宮内省に祭られていた神。大己貴・少彦名の二神と伝えられる。からのかみ。⇒園神

からかみ-しょうじ【唐紙障子】シャウジ　唐紙❶をはった襖障子。ふすま。からかみ。〔季 冬〕

カラカラ〖Caracalla〗[188～217]ローマ皇帝マルクス＝アウレリウス＝アントニヌスのあだ名。彼が用いたケルト人の衣服にちなむ。在位211～217。帝国内の全自由民にローマ市民権を与え、カラカラ浴場など、大建築事業を行う。東方遠征の途中殺された。

から-から㊀〔副〕スル ❶堅い物が触れ合って立てる、響きのよい、軽い感じの音を表す語。「高下駄を―(と)鳴らして歩く」❷車などが軽快に音を立てて回るさま。「矢車が―(と)回る」❸高らかに笑う声を表す語。「―(と)大笑する」㊁〔形動〕❶水分がすっかりなくなっているさま。「のどが―に渇く」❷器物の中ががらで、何もないさま。「財布は―だ」〔アクセント〕㊀はカラカラ、㊁はカラカラ。〔類語〕呵呵

から-がら【辛辛】〔副〕《形容詞「からし」の語幹「から」を重ねた語》やっとの思いで。かろうじて。「雷にあって、命―山小屋に着いた」

がら-がら㊀〔副〕スル ❶物が崩れたりぶつかったりするときの、大きく響く音を表す語。「―(と)壁が崩れる」❷引き戸の開閉や、堅い車輪の回転の音を表す語。「格子戸を―(と)開ける」「荷車が―(と)音をたてて通る」❸のどに水をためてうがいをする音を表す語。「―(と)のどをすすぐ」❹遠慮がなく、思ったことを大声で言ったりするさま。がさつなさま。「―した男だが、気はいい」㊁〔形動〕❶あるべきものがほとんどなくて、すきまが多いさま。「―な(の)電車」❷かすれた声のさま。「―な(の)声」㊂〔名〕柄を持って振ると、がらがらと鳴る幼児のおもちゃ。〔アクセント〕㊀はガラガラ、㊁はガラガラ、㊂はガラガラ・ガラガラ。

がらがら-せんべい【がらがら煎餅】《振るとがらがらと音がするところから》ハマグリ形のせんべいの中に、大黒などの人形を入れた菓子。江戸時代に流行。

からから-てんき【からから天気】雨が降らず、乾き切っている天気。

がらがら-へび【がらがら蛇】クサリヘビ科の爬虫類。体長約2メートルの毒蛇。尾端に、脱皮の際に生じる角質の環が連なり、興奮すると激しく振って音を発する。カナダ南部から南アメリカ中部にかけて分布。響尾蛇。

がらがら-ぽん《くじの入った箱を振ったり回したりして、くじを振り出す音から》くじ引きで決めること。また、すっかり入れ替えること。組織の人員配置などを最初からやり直すことにも用いる。

カラカラ-よくじょう【カラカラ浴場】ヨクヂヤウ《Terme di Caracalla》ローマにある古代ローマ時代の大浴場の遺跡。ローマ皇帝カラカラにより3世紀前半に建造。浴場のほか、図書館、劇場、集会場などを備えていた。ローマ有数の観光名所として知られる。1980年、「ローマ歴史地区、教皇領とサンパオロフォーリ-レ-ムーラ大聖堂」の名称で世界遺産(文化遺産)に登録された。

カラカル〖caracal〗ネコ科の哺乳類。ロシア南部・インド北部・中東・アラビア・アフリカに分布。頭胴長55～75センチ。夜行性。

から-が・る【辛がる】〔動ラ五(四)〕❶辛いというようすをする。「唐辛子を食べて―・る」❷つらそうにする。「隠れ家見あらはされぬるこそ妬きと、いたう―・り給ふ」〈源・松風〉

からが・る【▽絡がる】〔動ラ五(四)〕からまる。こんがらがる。「糸が―・る」

カラカル-しゅうどういん【カラカル修道院】シウダウヰン《Moni Karakallou》ギリシャ北部、ハルキディキ半島にある東方正教会の聖地アトス山の修道院。11世紀以前の創設。13世紀に海賊などの攻撃を受け、東ローマ帝国パレオロゴス王朝のアンドロニコス2世とヨハネス5世により再建。16世紀に主聖堂が建造された。現在も共住修道士らが初期キリスト教の原始共産制的な共同生活を営んでいる。カラカルウ修道院。

から-かわ【辛皮】ハ　サンショウの、若い小枝の皮。香辛料・薬用にする。

から-かわ【唐皮¦唐革】ハ ❶虎の毛皮。敷皮・尻鞘などに用いる。❷虎の毛皮で威した平家重代の鎧。「重代の鎧―といふ着背長をば、唐櫃に入れて」〈平家・五〉❸江戸時代、オランダから渡来した羊または鹿のなめし革。「空より―の巾着舞ひ下がり」〈浮・禁短気・三〉

からかわ-づけ【辛皮漬(け)】カラカハ　辛皮を刻んで塩水に漬けたもの。塩出しをし、醤油などで煮つけて食べる。

からかわ-ながし【辛皮流し】カラカハ　谷川などで、辛皮からとった汁を流し、浮かび上がった魚を捕る漁法。毒もみ。ねながし。なめうち。

カラガンダ〖Karaganda〗カザフスタン北東部の工業都市。大炭田があり、瀝青炭を産出。機械・食品加工業も盛ん。人口46万(2008)。

カラカン-ちょう【カラカン朝】テウ ►カラハン朝

から-き【唐木】《中国を経て渡来したところから》熱帯産の上等な木材。シタン・コクタン・ビャクダン・タガヤサンなど。

からき-ざいく【唐木細工】唐木で、机・茶だんすなどを細工・製造すること。また、その細工物。

から-きし〔副〕(あとに打消しの語、または否定的な表現を伴って用いる)まったく。まるで。全然。からきり。からっきり。からっきし。「勉強は―だめだ」「この本

は―おもしろくない」 (類語)一向・さっぱり・まるきり・少しも・ちっとも・皆目・一切・まるっきり・何ら・とんと・いささかも・毫(ごう)も・微塵(みじん)も・毛頭・露・更更

からき-じゅんぞう【唐木順三】―ジュンザウ［1904～1980］評論家。長野の生まれ。独自の文芸評論で活躍。著「鷗外の精神」「中世の文学」など。

カラキタイ〖Kara Khitai〗遼の王族、耶律大石(やりつたいせき)が、1132年に中央アジアに建てた国。都はフスオルダ(ベラサグン)。3代80年近く続いたのち、1211年、トルコ系のナイマン部族に滅ぼされた。西遼。(補説)「黒契丹」とも書く。

からき-づくり【唐木造り┊唐木作り】唐木を材料として作ること。また、そのもの。

から-ぎぬ【唐▽衣】平安時代、十二単(じゅうにひとえ)のいちばん上に着る丈の短い衣。前は袖丈の長さで後ろはそれよりも短く、袖幅は狭く、綾・錦(にしき)・二重織物で仕立て、裳(も)とともにつけて一具とする。唐の御衣(おんぞ)。

から-ぎぬ【唐絹】中国製の絹。また、舶来の絹。

から-きり〔副〕「からきし」に同じ。「歌は―だめだ」

からく【可楽】▶三笑亭可楽(さんしょうていからく)

か-らく【花×洛┊華×洛】―クワ 花の都。特に、京都。京師(けいし)。「―は宇治より北にあたりて」〈十訓抄・一〉

からく【辛く】〔副〕《形容詞「からし」の連用形から》❶やっと。かろうじて。「かの御子だに見給ふべきが侍らざりしかばなむ、―求めて物せし」〈宇津保・菊の宴〉❷必死に。一心に。「―神仏を祈りてこの水門(みと)を渡りぬ」〈土佐〉

から・ぐ【▽絡ぐ┊×紮ぐ】〔動ガ下二〕「からげる」の文語形。

から-くさ【唐草】❶「唐草文様」の略。❷ウマゴヤシの別名。

からくさ-がわら【唐草瓦】―がはら 唐草文様のある軒瓦。軒平瓦(のきひらがわら)のこと。

からくさ-もんよう【唐草文様】―モンヤウ つる草が波状または四方に伸びているような曲線文様。ギリシャ・ペルシアなど世界各地で古くから使われ、日本には唐から伝わった。葡萄(ぶどう)唐草・牡丹(ぼたん)唐草などがある。

から-くじ【空×籤┊空×鬮】くじ引きで、何も当たらないくじ。はずれのくじ。「―なし」 (類語)くじ・おみくじ・宝くじ・福引き・あみだくじ・貧乏くじ

から-くしげ【唐×櫛×笥】㊀〔名〕櫛などを入れておく美しい箱。「唐草の蒔絵(まきえ)の―」〈今昔・三一・五〉㊁〔枕〕箱が開く意から「明く」にかかる。「―明けくれ物を思ひつつ」〈宇津保・あて宮〉

からく-して【辛くして】〔副〕《副詞「からく」＋接続助詞「して」から》やっとのことで。「―明けぬれば、暁に家に帰りぬ」〈今昔・二九・一二〉 (補説)「かろうじて」の、もとの形。

カラクシュ〖Karakuş〗トルコ南東部の都市アドゥヤマンの北東約30キロメートルにある墳墓。紀元前1世紀頃に同地方を支配したコンマゲネ王朝の墳墓であり、ミトリダテス2世の母や姉などが埋葬されている。

がらくた 使い道や値うちのなくなった雑多な品物や道具類。(補説)「瓦落多」「我楽多」は当て字。

がらくたぶんこ【我楽多文庫】硯友社(けんゆうしゃ)の機関誌。明治18年(1885)創刊。同22年廃刊。同人の小説・短歌・詩などを掲載。近代日本文学最初の文芸雑誌であり同人雑誌でもある。

から-くだもの【唐果-物┊唐菓=物】奈良・平安時代に、唐からその製法が伝わった菓子。粳米(うるちまい)・もち米の粉や小麦粉に甘葛(あまずら)の汁などを加えてこね、果物の形などに作って油で揚げる。唐菓子(からがし・とうがし)。

から-くち【辛口】❶酒などの口当たりが辛いもの。また、辛みのある食べ物で、特に辛さの強いもの。「―の酒」「―のカレー」⇔甘口。❷甘みよりも辛みを好むこと。また、その人。辛党。⇔甘口。
(類語)辛み・辛め・辛い・塩辛い・しょっぱい (舌に辛みを感じるさま)ぴりっと・ぴりりと・ぴりぴり・ひりひり

ガラクトース〖galactose〗単糖類の一。無色の結晶で、水によく溶ける。生物界に広く分布し、エネルギー源になるほか、糖脂質や乳糖分の構成成分として重要。分子式$C_6H_{12}O_6$

ガラクトースけつ-しょう【ガラクトース血症】―シヤウ《galactosemia》ガラクトースの代謝異常により、血液や尿中のガラクトース濃度が異常に高まる遺伝病。栄養障害や知能障害を起こす。

から-くに【唐国┊▽韓国】「唐(から)❶」に同じ。「この我子(あこ)を―へ遣る斎(いは)へ神たち」〈万・四二四〇〉

からくに-だけ【韓国岳】鹿児島・宮崎県境にある火山。霧島火山群の最高峰で、標高1700メートル。

から-くみ【唐組】組紐で、ひし形に組む平組の技法。また、それで組んだ緒(お)。

から-く・む【絡組む】〔動マ四〕❶組み立てる。仕組む。「八町四方の木城(ぼくじやう)を―・み」〈浄・国性爺〉❷工夫する。いろいろと思いめぐらす。「あぢな商ひ―・んで」〈浄・氷の朔日〉

カラクム-さばく【カラクム砂漠】《Karakumïは、黒い砂の意》トルクメニスタンの大部分を占める砂漠。豊富な地下水とアムダリアからの運河による灌漑により、放牧や綿花栽培が行われる。

からく-も【辛くも】〔副〕ぎりぎりのところで。「―勝った」

から-くら【唐×鞍】《「からぐら」とも》飾り鞍の中でも朝儀の出行列のときに用いられた正式の馬具。銀面(ぎんめん)・頸総(くびぶさ)・雲珠(うず)・杏葉(ぎょうよう)などの飾りがあり、外国使節の接待、御禊(ごけい)・供奉(ぐぶ)の公卿、賀茂の使いなどが使用した。➡大和(やまと)鞍

からくら-むし【×伽羅▽求羅虫】「伽那久羅虫(かなくらむし)」に同じ。

から-くり【絡繰り┊機=関】❶糸やぜんまい、水力などを応用し、精密な細工や仕掛けによっていろいろなものを動かすこと。また、その物。❷機械などが動く原理。構造。仕組み。「分解して―を調べる」❸巧みに仕組まれたこと。計略。たくらみ。「―を見破る」❹「絡繰り人形」の略。❺「絡繰り覗(のぞ)き」の略。
(類語)トリック・機械・機器・機具・器具・利器・装置・機関・仕掛け・マシン・メカニズム

からくり-ぎえもん【からくり儀右衛門】―ギヱモン 田中久重(たなかひさしげ)の通称。

からくり-じかけ【絡繰り仕掛(け)】❶絡繰りの装置。❷建築物や装飾品などを、外見をよくし、内部は粗末に作ること。また、そのように作ったもの。

からくり-しばい【絡繰り芝居】―しばゐ 絡繰り人形の芝居。元禄期(1688～1704)を中心に、寛文から寛延に至る90年間に盛行。大坂道頓堀の竹田近江掾(たけだおうみのじょう)の芝居が有名。竹田芝居。

からくり-どうろう【絡繰り灯籠】灯籠の中に回り灯籠をとりつけ、模様が変わるようにしたもの。

からくり-にんぎょう【絡繰り人形】―ニンギヤウ ❶糸やぜんまい・水力などの仕掛けで動く人形。人形浄瑠璃や歌舞伎の演出に影響を与え、また、祭礼の山車(だし)の人形にも使われた。❷人の意のままに動く人。あやつり人形。傀儡(かいらい)。

からくり-のぞき【絡繰り×覗き】▶覗(のぞ)き絡繰り

からくり-まと【絡繰り的】矢が的に当たると、的がひっくり返ってさまざまな人形が現れる仕掛け。祭礼などに、香具師(やし)が設けた。

からくり-めがね【絡繰り眼-鏡】▶覗(のぞ)き絡繰り

から-く・る【絡繰る】〔動ラ四〕❶糸を縦横から引っ張って仕掛けを動かす。そういう仕掛けを工夫する。「何と能(よ)く―・った人形ではなきか」〈葉隠・二〉❷陰にいて人を動かす。陰であやつる。〈日葡〉

から-ぐるま【空車】❶乗客・荷物などをのせていない車。くうしゃ。❷機械が運転を中止している間も回転を続けるベルト車。

から-ぐるま【唐車】大型で、最も華美な様式の牛車(ぎっしゃ)。唐破風(からはふ)造りの屋根をつけて檳榔(びろう)の葉で葺(ふ)き、同じ葉を総(ふさ)にして庇(ひさし)・腰などに垂らしたもの。檳榔を染め糸に代えることもある。太上天皇・皇后・東宮・准后・親王や摂関などが晴れのときに用いた。唐庇(からびさし)の車。唐の車。

から-くれない【唐紅┊▽韓紅】―くれなゐ《舶来の紅の意》鮮やかな濃い紅の色。
(類語)赤・真っ赤・赤色(せきしょく)・紅色(こうしょく)・紅(べに)・真紅(しんく)・鮮紅(せんこう)・緋(ひ)・緋色・朱(しゅ)・朱(あけ)・丹(に)・茜(あかね)色・薔薇(ばら)色・小豆(あずき)色・臙脂(えんじ)・暗紅(あんこう)・レッド・スカーレット・バーミリオン・マゼンタ・ローズ・ワインレッド

から-くわ【唐桑】―くは ❶中国から渡来した桑の木材。木目が美しく、細工物の材料とする。とうぐわ。❷ハナズオウの別名。

からくわ-はんとう【唐桑半島】からくはハンタウ 宮城県北東端にある半島。太平洋に突出したリアス式海岸の続く半島。東岸に巨釜(おおがま)・半造(はんぞう)などの奇勝がある。沖合を流れる黒潮のため冬も暖かい。陸中海岸国立公園に属する。

カラクン-ちょう【カラクン鳥】―テウ《(オランダ)kalkoenからか》シチメンチョウの別名。カラクン。

からげ【▽絡げ┊×紮げ】❶束ねくくること。また、くくったもの。「十把一―(じっぱひとからげ)」❷着物の裾を帯に挟むこと。また、その裾。すそからげ。「尻(しり)―」「―も下ろさず」〈浄・阿波の鳴門〉

からげ-あみ【▽絡げ編み】からげて編むこと。また、そのもの。

から-げいき【空景気】《「からけいき」とも》表面だけは景気がよさそうに見えること。また、無理に景気がよさそうに見せかけること。「―をつける」

ガラケー 「ガラパゴス携帯」の略。

から-けつ【空穴】〔名・形動〕金銭・財産などをまったく持っていないこと。また、そのさま。おけら。からっけつ。「給料日前で―だ」

からげ-ぬい【▽絡げ縫い】―ぬひ 布の裁ち目がほつれないように、からげて縫うこと。かがり縫い。まとい縫い。

から・げる【▽絡げる┊×紮げる】〔動ガ下一〕図から・ぐ〔ガ下二〕❶縄やひもなどで結わえる。くくる。「荷物を麻ひもで―・げる」❷衣服の一部をまくり上げて帯などに挟む。「裾を―・げる」
(類語)束(たば)ねる・束(つか)ねる・括る・ひっくくる

から-げんき【空元気】うわべだけ元気よく見せること。また、見せかけの元気。「―を出す」

から-こ【唐子】❶中国風の服装や髪形をした子供。また、その姿。陶器の平戸焼の図柄として著名。❷「唐子髷(からこまげ)」の略。❸「唐子人形」の略。

から-こ【殻粉】❶麩(ふすま)。❷米の粉や小麦粉で作った団子。

ガラゴ〖galago〗ロリス科ガラゴ属の哺乳類。アフリカに分布する原猿類で6種に分類される。➡アレンガラゴ

からこ-いせき【唐古遺跡】―ヰセキ 奈良県磯城(しき)郡田原本町の唐古池を中心とする弥生時代の遺跡。豊富な木製農具の出土によって稲作農耕の存在を実証した。近畿地方弥生土器の変遷を知る上でも重要。

から-こうもく【空項目】▶空見出し

から-ごえ【枯ら声】―ごゑ しわがれた声。かれごえ。「気色(けしき)ある鳥の―に鳴きたるも」〈源・夕顔〉(補説)一説に、「空声」で、うつろな声の意とも。

から-ごえ【▽漢▽音】―ごゑ 漢音(かんおん)のこと。呉音(ごおん)を倭音(やまとごえ)というのに対していう。

からこぎ-かえで【唐子木×楓】―かへで カエデ科の落葉小高木。湿地に自生。葉は楕円形で先がとがる。5、6月ごろ、黄緑色の花をつける。

から-ごころ【▽漢心┊▽漢▽意】中国的なものの考え方。中国の文化に心酔し、それに感化された思想を持つことを、江戸時代の国学者が批判的にいった語。「―とは、漢国(からくに)のふりを好み、かの国を尊ぶのみをいふにあらず」〈玉勝間・一〉➡大和心(やまとごころ)

から-こざね【唐小▽札】鎧(よろい)の小札で、1枚ごとに上へ打ち出し、漆の盛り上げに見せかけたもの。

から-こと【唐言】❶「唐語(からことば)」に同じ。「あなむつかしの―書きたる物」〈読・雨月・蛇性の婬〉❷「挟み詞(ことば)❷」に同じ。「茶屋の女―にて合図をし」〈黄・栄花夢〉

から-ごと【唐琴】昔、中国から渡来した琴(きん)・箏(そう)の総称。➡大和琴(やまとごと)

から-ことば【唐▽語┊▽韓▽語】中国語や朝鮮語。また、その他の外国の言語。からこと。〈日葡〉

からこ-にんぎょう【唐子人形】―ニンギヤウ 唐子の姿をした人形。

からこ-まげ【唐子×髷】中世から近世へかけての元服前の子供の髪の結い方の一。唐子のように髻(もとどり)

から上を二つに分け、頭の上で二つの輪に作ったもの。近世、女性の髪形となった。からわ。

カラコルム〖Karakorum〗モンゴル中部のモンゴル帝国の首都があった所。哈剌和林。和林。和寧。

カラコルム-さんみゃく【カラコルム山脈】《Karakorum》インド・パキスタン・中国の国境地帯にある大山脈。7000メートル級の高山が多く、最高峰はK2の8611メートル。

から-ころ〔副〕下駄などで歩くときに生じる、乾いた軽い音を表す語。「—と下駄の音をさせる」

から-ころも【唐衣｜▽韓衣】㊀〔名〕唐風の衣服。袖が大きく、丈が長くて、上前・下前を深く合わせて着るもの。「一君にうち着せ見まくほり」〈万・二六八二〉㊁〔枕〕衣服に関する意から、「たつ」「きる」「なれ」「かけ」「かへす」「はる」「あふ」「ひも」「すそ」「つま」「そで」などにかかる。「一竜田たつの山は」〈万・二一九四〉「一日も夕暮になるときは」〈古今・恋一〉

からごろも-きっしゅう【唐衣橘洲】［1743〜1802］江戸中期の狂歌師。江戸の人。本名、小島源之助。号、酔竹庵。田安家の臣。四方赤良よものあから(大田南畝)・朱楽菅江あけらかんこうと並んで、天明狂歌壇の中心的人物。著「狂歌若葉集」「酔竹集」など。

カラ-コン「カラーコンタクトレンズ」の略。

ガラ-コンサート〖gala concert〗何かを記念して特別に行われる音楽会。「新年—」

カラザ〖ラテン chalaza〗鳥類の卵黄の両端についているねじれた紐ひも状のもの。たんぱく質でできていて、卵黄を卵白の中で一定の位置に保つ。

ガラサ〖ポルトガル graça〗キリシタン用語で、神の恵み。聖寵せいちょう。恩寵。

から-ざえ【▽漢▽才】《「さえ」は「さい」の音変化》中国の学問に通じていて、漢詩文を作ることに巧みなこと。また、その才能。かんさい。「一はよくて、詩などは、いみじく作られけれど」〈愚管抄・三〉

から-ざお【殻×竿｜唐×竿｜連×枷】豆類や、粟・稲・麦などの脱穀に用いる農具。竿の先に枢くるるを設けて打棒を取り付けたもの。打棒を回転させながら振り下ろして穀類を打つ。まいぎね。くるりぼう。むぎうち。れんか。

からさき【唐崎｜辛崎】滋賀県大津市北西部、琵琶湖岸の地名。唐崎神社があり、近江八景の一つ、唐崎の夜雨で知られる。〔歌枕〕「ささなみの志賀の—幸さきくあれど大宮人の船待ちかねつ」〈万・三〇〉

から-ざけ【空酒】肴さかななしで飲む酒。

から-ざけ【▽乾×鮭】サケの腹を裂いてはらわたを取り除き、塩を振らずに陰干しにした食品。(季 冬)「—も敲たたけば鳴るぞなむあみだ/一茶」

からさで-まつり【からさで祭｜神等去出祭】陰暦10月、出雲に集まった全国の神々をそれぞれの国に送り返す神事。島根県松江市の佐太神社では11月25日に、出雲大社では11月27日に行う。(季 冬)

から-さわ【×涸沢】水が干上ってしまった沢。

から-さわぎ【空騒ぎ】〔名〕スル たいしたことではないのに、やたらに騒ぎたてること。また、騒いだわりに実りのないこと。「マスコミの—に終わる」
〔類語〕てんやわんや

からさわ-やま【唐沢山】栃木県南西部、佐野市にある山。標高230メートル。藤原秀郷ふじわらのひでさとの居城があった。

からさわやま-じんじゃ【唐沢山神社】栃木県南西部、佐野市の唐沢山にある神社。旧別格官幣社。祭神は藤原秀郷ふじわらのひでさと。

から-さんがい【唐三界】はるかに遠い唐の地。唐くんだり。「いつの便宜びんぎに—」〈浄・国性爺〉

からし【芥×子｜×芥｜辛子】《形容詞「から(辛)し」の終止形から》カラシナの種子を粉にした香辛料。黄色で辛く、水で練って用いる。また、カラシナの別名。

ガラシア〖Gracia〗▶細川ほそかわガラシャ

からし-あえ【芥×子▽和え】芥子を溶き入れた酢味噌や調味醤油で、野菜・魚介類などを和えた料理。

からし-いろ【芥×子色｜辛子色】芥子の色。また練り芥子の色。茶色がかった黄。

カラジウム〖ラテン Caladium〗サトイモ科の多年草。葉は盾形で薄く、白斑・赤斑・錦葉のものなどがある。花穂は仏炎苞ぶつえんほうに包まれる。アマゾン流域の原産。日本には明治中期に渡来。にしきいも。(季 夏)

から-しお【辛塩｜×鹹塩】塩。また、塩水、海水。「(シタダミヲ)早川に洗ひすすぎ—にこごともみ」〈万・三八八〇〉

から-じし【唐×獅子】《「から」は外国風の意。「からしし」とも》❶獅子を猪いのしし・鹿しかと区別した呼び名。❷獅子を美術的に装飾化・図案化したもの。特に、桃山時代から盛んになった。屏風びょうぶ・衝立ついたて・襖絵ふすまえなどに多い。

からし-ず【芥×子酢】芥子を酢でのばし、醤油・塩・砂糖を加えた調味酢。和あえ物などに用いる。

からし-すみそ【芥×子酢味×噌】酢味噌に芥子を加えたもの。

からし-づけ【芥×子漬(け)】ナスなどを塩漬けにしたのち、麹こうじ・芥子・塩・酢・醤油などをまぜた中に漬けたもの。

から-して〔連語〕❶《格助詞「から」＋副助詞「して」》体言、またはそれに準じる語を受ける。㋐…から後。「この時—生活が変わった」㋑…をはじめとして。「言うこと—なまいきだ」❷《接続助詞「から」＋副助詞「して」》活用語の終止形を受け、…ゆえに、…から、の意を表す。「信用している—、仕事を任せたのだ」「そんなわけだ—、了承してもらいたい」

からし-でい【芥×子泥】▶かいしでい(芥子泥)

からし-な【芥×子菜】アブラナ科の越年草。葉は基部がくさび状に細まる。春、とう立ちして高さ1メートル以上になり、黄色の十字形の花を総状につける。葉に辛みがあり、漬物などに用いる。種子は黄色で辛みがあり、香辛料とする。中国の原産。ながらし。(季 春)「—も淋しき花の咲きにけり/一茶」

カラシニコフ〖ロシア Kalashnikov〗旧ソ連の軍用自動小銃。開発時期によってAK47・AK74などの種類がある。設計者M＝カラシニコフの名にちなむ。

カラシニコフ-じどうしょうじゅう【カラシニコフ自動小銃】▶カラシニコフ

からし-めんたいこ【辛子▽明太子】唐辛子で味をつけた塩漬けの鱈子たらこ。

からし-ゆ【芥×子油】カラシナの種子からとった黄褐色の脂肪油。香辛料・防腐剤などに用いる。かいしゆ。

から-じゅうろう【唐十郎】［1940〜］劇作家・演出家・俳優・小説家。東京の生まれ。本名、大鶴義英おおつるよしひで。状況劇場を率い、紅テント公演を行うなどアングラ演劇の代表的な存在。「少女仮面」で岸田国士くにお戯曲賞、「泥人魚」で紀伊国屋演劇賞・鶴屋南北戯曲賞など、多くの賞を受賞。また、小説「佐川君からの手紙」で芥川賞を受賞するなど幅広く活躍。

から-しゅっちょう【空出張】実際には出張しないにもかかわらず、その手続きをして旅費・手当などをもらうこと。

から-しょうぞく【唐装束】唐綾・唐絹・唐織物などで作った晴れの服装。からそうぞく。

から-しょうもん【空証文】「そらしょうもん」の誤読。

カラショーク〖Karasjok〗ノルウェー北部の町。古くから先住民サーミの集落があり、サーミの首都と称される。サーミの暮らしや文化を紹介するテーマパークや博物館がある。

カラジョズベゴバ-ジャミヤ〖Karađozbegova džamija〗ボスニア-ヘルツェゴビナ南部の都市モスタルにあるイスラム寺院。16世紀半ば、オスマン帝国の時代に、宮廷建築家ミマール＝スィナンの設計で建造。ドーム、尖塔ともに、ヘルツェゴビナ地方で最大級のものとされる。第二次大戦で大破したが、戦後に再建された。

から-じり【▽軽尻｜空尻】《「からしり」とも》❶江戸時代、宿駅で旅人を乗せるのに使われた駄馬。人を乗せる場合は手荷物を5貫目(18.8キロ)まで、人を乗せない場合は本馬ほんまの半分にあたる20貫目まで荷物を積むことができた。からしりうま。❷積み荷をもたない馬。荷物のない、からの馬。「ここに小荷駄が二疋あいて、—になった」〈雑兵物語・下〉

から-じる【空汁】実のない味噌汁。けしじる。

から-じる【殻汁｜雪＝花＝菜汁｜豆＝滓汁】おからを入れた味噌汁。うのはなじる。

からし-れんこん【芥＝子×蓮根】ゆでた蓮根の穴に、おからと芥子とをまぜた味噌を詰め、衣をつけて油で揚げた料理。熊本県の名物。

から-す【▽皆素】花札の勝負で、初めに配られた7枚の札が、すべて点にならない素札すふだであること。

からす【×烏｜×鴉】❶スズメ目カラス科カラス属の鳥の総称。全長33〜61センチ。全体に黒色か、黒に灰色や白色の部分をもつ。くちばしが大きく、雑食性。南アメリカとニュージーランドを除く世界中に約40種が分布。日本では、ハシブトガラスとハシボソガラスが全国に生息する。❷《❶が黒いところから》くろうと。❸《❶の性質から》㋐口うるさい人。㋑よく物忘れをする人。㋒意地のきたない人。㋓その辺りをうろつく人。「旅—」❹物の名などに付けて、色の黒いことを表す。「—猫」「—蛇」「—石」

烏が鵜うの真似まね「鵜の真似をする烏」に同じ。

烏に反哺はんぽの孝あり《烏は成長ののち、親鳥の口にえさを含ませて、養育の恩に報いるという「事文類聚」などの故事から》烏さえ親の恩に報いるのだから、まして人は孝行せねばならないということ。

烏の頭かしらが白くなる《人質になっている燕の太子丹に、秦王が烏の頭が白くなり、馬に角が生えたら帰国を許すと言ったという「史記」刺客伝賛注の故事から》ありえないことのたとえ。

烏の頭かしら白く馬うま角つのを生しょうず▶烏の頭が白くなる

烏の髪　黒くてつやのある髪。

烏の行水ぎょうずい　入浴時間が短いことのたとえ。

烏の雌雄しゆう《「詩経」小雅・正月から》二つのものが似ていて区別しにくいことのたとえ。

烏を鵜うに使う　無能な人を、能力を必要とする地位に据えることのたとえ。

カラス〖Maria Callas〗［1923〜1977］米国生まれのギリシャ系ソプラノ歌手。イタリアオペラを中心に活躍し、多彩な声質と深い演技力で世紀のプリマドンナと称された。

から・す【枯らす】〔動サ五(四)〕《「涸らす」と同語源》草木を枯れさせる。「丹精した植木を—・す」

から・す【×涸らす】〔動サ五(四)〕❶水のかれた状態にする。「井戸を—・す」❷乾燥させる。水分をなくする。「鰹節でも—・しておくようなことを言って」〈紅葉・二人女房〉❸持っている物などを出しつくす。「泣きすぎて涙を—・す」「才能を—・す」

から・す【×嗄らす】〔動サ五(四)〕《「涸らす」と同語源》声をかすれさせる。「声を—・して叫ぶ」

ガラス〖オランダ glas〗【硝子】❶液体を溶融状態から冷却したとき、結晶せずに固化し、原子の配列が液体に似た不規則な状態になっている物質。三次元無規則網目構造をなす。珪酸塩けいさんえんガラス・ソーダ石灰ガラス・鉛ガラスなどがあり、ポリスチレン・ポリエチレンでもみられ、天然には黒曜石・琥珀こはくなどがある。❷特に、珪酸塩ガラスのこと。透明で、もろい。建築材料・食器などに使われる。玻璃はり。ギヤマン。ビードロ。❸もろく壊れやすいもののたとえ。「—のあご」
〔類語〕グラス

からす-あげは【×烏揚羽】アゲハチョウ科のチョウ。翅はねの開張8〜13センチで、黒色の地に金緑色の鱗粉りんぷんを散布する。幼虫はコクサギ・キハダ・サンショウなどの葉を食べる。(季 春)

からす-いし【×烏石】❶黒色でつやのある石。漆石うるしいしとよぶ黒曜石のこと。❷石炭の異称。

ガラス-いた【ガラス板】板状のガラス。板ガラス。

ガラス-うつし【ガラス写し】写真をガラス板や陶器の表面に焼き付けること。また、その写真。

からす-うり【×烏×瓜】ウリ科の蔓性つるせいの多年草。山野に生え、巻きひげで他に絡みつく。葉は手のひら状に浅く裂ける。雌雄異株。夏の夕方、花びらの縁が糸状に裂けた白い花をつけ、実は楕円形で赤く熟す。塊根からとるでんぷんは天瓜粉てんかふんの代用。たまずさ。(季 秋)「紅もかくては淋し―/蓼太」

ガラス-え【ガラス絵】ガラス板の裏面に不透明絵の具で描き、表面から見る絵。ヘレニズム時代にはじまり、1500年ごろ、ドイツ・イタリア・スペインで流行。奉納画・祈祷画・メダルに用いる。日本では、江戸後期に流行した。

からす-おうぎ【×烏扇】《「烏扇」を訓読みにした語》アヤメ科の植物ヒオウギの古名。「蓬生は様異なりや庭の面に―のなぞ茂るらむ」〈山家集・中〉

からす-おどし【×烏▽威し】烏の止まるのを防ぐために、屋根に仕掛けたおどし縄。

からす-がい【×烏貝】❶イシガイ科の二枚貝。湖沼にすみ、貝殻は楕円形で殻長約20センチ。殻表は黒く光沢があり、内面は真珠光沢が強い。肉は食用、殻はボタン・貝細工の材料。(季 春)「―三つ四つのせて舟戻る/泊月」❷イガイの別名。

からす-がしら【×烏頭】《「烏頭」を訓読みにした語》馬の後脚の、外に向いてとがった関節。くわゆき。

からす-がね【×烏金】《翌朝、烏が鳴くまでに返さなければならない金の意》日歩で借りて、借りた翌日にすぐ返すという条件の高利の金。

からす-がみ【×烏紙】畳の縁布の下敷きに用いる紺黒色の和紙。

ガラス-がみ【ガラス紙】❶紙や綿布にガラスの粉末を付着させたもの。紙やすりとして木製品・金具などを磨くのに用いる。❷強くて薄い、半透明な紙。

からす-がわ【烏川】群馬県西南部を流れる川。碓氷峠北方の鼻曲山(標高1655メートル)に源を発し、途中鏑川・神流川と合流して伊勢崎市南部の埼玉県との境で利根川に注ぐ。長さ62キロ。灌漑に利用されるほか、高崎市の上水源の一部。

からす-かんざえもん【×烏勘左▽衛門】❶《烏と同じ頭韻の「勘左衛門」を重ねて》烏を人名に擬した語。❷色の黒い人をあざけっていう語。

から-すき【唐×鋤|×犂】❶柄が曲がっていて刃の広いすき。牛馬に引かせて田畑を耕すのに用いる。うしぐわ。❷「唐鋤星」の略。

がら-すき【がら▽空き】〔名・形動〕「がらあき」に同じ。「―のバス」

からすき-ぼし【唐×鋤星】二十八宿の一、参宿の和名。星の配置を唐鋤に見立てた名。➡参

ガラス-きり【ガラス切り】ガラスを切る道具。鉄製の軸の先端にダイヤモンド片などをつけたもの。

からす-ぐち【×烏口】製図用具の一。2枚のくちばし状の部分の間に墨汁を含ませて線を引くもの。

ガラス-こうたく【ガラス光沢】鉱物の、ガラスのような光沢。透明から半透明で、屈折率は金剛光沢よりも低い。

ガラス-こかたい【ガラス固化体】《vitrified waste》高レベル放射性廃液をガラス原料と混合して1000度以上に加熱し、容器に入れて固体化したもの。放射性廃液を廃棄する方法の一つ。

からす-ざ【×烏座】南天の小星座。主な4個の星が小さい四角形を作る。5月下旬の午後8時ごろ南中する。四つ星。学名 Corvus

からす-ざんしょう【×烏山×椒】ミカン科の落葉高木。暖地に自生。枝に短いとげが多い。葉はサンショウに似て大きい。雌雄異株。夏、淡黄色の小花を円錐状につけ、実は丸く辛みがある。葉を煎じたものはマラリアに効があるという。

から-すし【から×鮨】➡卯の花鮨

ガラス-しつ【ガラス質】岩石の結晶度を表す語。岩石全体または火成岩の斑状の石基がすべてガラスでできているもの。玻璃質。➡完晶質

ガラス-しょうじ【ガラス障子】障子紙の代わりにガラスをはめ込んだ障子。

ガラス-セラミックス〖glass ceramics〗通常のガラスが非晶質であるのに対し、紫外線照射あるいは熱処理などによって微結晶を発生させ、結晶粒子の集合体としたガラス。強度・耐熱性にすぐれ、理化学用の耐熱材、人工衛星の材料などに使用。結晶化ガラス。セラミックガラス。

ガラス-せんい【ガラス繊維】➡グラスファイバー

ガラス-たい【ガラス体】➡硝子体

からす-だな【×烏棚】床の間・書院などのわきに設ける、上下二組みの違い棚のある棚。

ガラス-でんきょく【ガラス電極】ガラス膜を挟んで水素イオン濃度の異なる溶液を接したとき、膜の両側にイオン濃度の差に伴う電位差が生じることを利用した電極。水素イオン濃度などの測定に用いる。

からす-てんぐ【×烏天×狗】烏のくちばしのような口つきをしているという小天狗。➡天狗

ガラス-ど【ガラス戸】ガラスをはめ込んだ戸。

からす-とび【×烏飛び】❶能「翁」で三番叟によって演じられる舞の型。声を掛けて横にとびはねる。❷江戸時代の防火装置。屋根の棟に囲いをつくり、天水桶と火たたき用のわらぼうきとを置いた。

からす-とんび【×烏×鳶】タコ・イカの口にある、上下あごに相当する顎板のこと。黒褐色をし、これで食物を咀嚼する。

からす-なき【×烏鳴き】烏がやかましく鳴くこと。その鳴き声から吉凶が占えるとされ、特に凶事の起きる前兆とする俗信がある。

から-ずね【空×臑|空×脛】すねをむき出しにすること。また、そのすね。からはぎ。「尻からげの―が」〈里見弴・安城家の兄弟〉

からす-ねこ【×烏猫】黒色の毛の猫。(補説)江戸時代、労咳(肺結核)の者が飼うと病気が治るとする俗信があった。

からす-の-あしあと【×烏の足跡】目じりにできる小じわ。

からす-のえんどう【×烏野×豌豆】マメ科の越年草。山野や道端にみられ、高さ60センチくらい。葉は羽状複葉で、先端は巻きひげとなる。春、淡紅紫色の蝶形の花を開く。緑肥にする。ヨーロッパの原産。やはずえんどう。

ガラス-の-おうこく【ガラスの王国】《Glasriket》スウェーデン南東部、スモーランド地方のガラス工業が盛んな地域の通称。西のベクショーから、コスタ、ボダ、ニブロを経て、東のカルマルにいたるまで、数多くのガラス工房が点在する。

からす-の-きゅう【×烏の×灸】子供などの口のわきにできる白いただれ。

からす-の-ごま【×烏の×胡麻】シナノキ科の一年草。山野や荒れ地に生え、高さ約60センチ。葉は卵形で先がとがる。秋、黄色い5弁花が咲く。実は細長い角状。

からすのぬればーいろ【×烏の×濡れ羽色】水にぬれた烏の羽のように、黒くてつやつやした色。「髪は―」

からす-ば【×烏羽】烏の羽。黒い羽。敏達天皇の代に、高麗から来た、烏の羽に墨書きした手紙を湯気で蒸し、帛に押し写して読み取ったという故事から、多く「烏羽に書く」の形で、見分けのつかないことのたとえに用いる。「―に書く玉梓の心地して」〈山家集・上〉

からすば-いろ【×烏羽色】烏の羽の色。黒く青みのあるつややかな色。また、黒い色。からすば。

ガラスハウス〖glasshouse〗農作物の栽培などに使用する、ガラス張りの温室。ビニールハウスよりも耐久性・密閉性に優れる。

からす-ばと【×烏▽鳩】ハト科の鳥。全長約40センチ。全身黒色で緑色の光沢がある。日本特産で、伊豆諸島・小笠原諸島・琉球諸島などの森林にすみ、うなるような太い声で鳴く。天然記念物。くろばと。うしばと。

ガラス-ばり【ガラス張り】❶ガラスを張ってあること。❷内部がよく見えること、公明であることのたとえ。「―の政治」

からす-びしゃく【×烏▽柄×杓】サトイモ科の多年草。畑などに生え、高さ約20センチ。葉は3枚の小葉からなり、長い柄の中ごろと上端とに1個ずつむかごをつける。6月ごろ、緑色の仏炎苞をもつ花穂をつける。根茎を漢方で半夏といい、つわりに薬用。すずめのひしゃく。へそくり。

がらす-ひばあ ナミヘビ科のヘビ。奄美・沖縄地方に生息。全長約1メートル。背は黒色または黒褐色で黄色の縞があり、腹は黄白色。がらすぐ。

からす-ぶえ【×烏笛】歌舞伎で、烏の鳴き声の効果音を出す笛。竹筒の内部に太さの異なる竹筒を三重に入れ、リードをつけたもの。

ガラス-ブロック〖glass block〗2枚の角皿状のガラスを溶着して中空とした建築用ブロック。採光・断熱・遮音にすぐれ、壁・床・天井に用いる。

からす-へび【×烏蛇】シマヘビの黒化型で、うろこに黒の色素細胞が多く、全身黒色を呈するもの。

ガラス-まど【ガラス窓】ガラスをはめ込んだ窓。

からすまる【烏丸】平安京の南北の小路。現在の京都駅から御所の前を通り北大路通りまでの烏丸通りにあたる。

からすまる-どの【烏丸殿】京都市上京区烏丸今出川の北の相国寺門前にあった足利義政の邸宅。烏丸御所。

からすまる-まきえ【×烏丸×蒔絵】桃山初期から、烏丸で製造された漆器。

からすまる-みつひろ【烏丸光広】［1579～1638］江戸初期の歌人。公卿。京都の人。和歌を細川幽斎に学ぶ。書にもすぐれ、上代和様の名筆。家集「黄葉和歌集」、歌道書「耳底記」など。

から-すみ【唐墨】中国製の墨。とうぼく。

から-すみ【×鱲=子】ボラの卵巣を塩漬けにし、塩抜きして圧搾・乾燥した食品。形が唐墨に似る。サワラ・タラからも作る。(季 秋)「―に盞なむる酒量かな/圭岳」

からすみ-ず【×鱲=子酢】❶からすみをおろし金ですり、合わせ酢を加えた料理。❷からすみを薄く切り、大根おろしと酢であえた料理。

からす-むぎ【×烏麦】❶イネ科の越年草。高さ約1メートル。葉は細長い。夏、小穂を円錐状につける。ヨーロッパ・北アフリカの原産。エンバクはこの改良品種という。ちゃひきぐさ。(季 夏)❷エンバクの別名。

ガラス-めん【ガラス綿】➡グラスウール

から-ずり【空×摺り】浮世絵版画で、衣服の紗綾形や障子の骨などの模様を、版木に絵の具をつけずにすって、凹線だけで表す技法。

ガラス-レーザー〖glass laser〗誘導放出を起こす媒体として結晶ではなくガラスを用いる固体レーザーの一種。ネオジムなどの不純物をバリウムクラウンガラスやリン酸ガラスに加えたものが使われる。高出力のレーザーに適するため、レーザー核融合炉の研究に利用される。

から-ぜい【空×贅】見せかけだけのぜいたく。「―吐いて急ぎける」〈浄・油地獄〉

から-せき【空×咳|×乾×咳】《「からぜき」とも》❶痰の出ない咳。❷(空咳)わざとする咳。気取ったり、相手の注意を引いたりするための咳。咳払い。

から-せじ【空世辞】誠意のない、口先だけの世辞。そらせじ。「―を言う」

から-そうぞく【唐装束】➡からしょうぞく

から-そうば【空相場】➡空取引

がら-ぞめ【柄染(め)】文様を染め出すこと。また、その染め物。

からだ【体|×躰|×軀|身=体】❶㋐動物の頭・胴・手足などのすべてをまとめていう語。五体。しんたい。「―を横たえる」㋑頭・手足を除いた、胴。「―を反らす」「―の線が崩れる」㋒体格。骨格。からだつき。「がっしりした―」❷健康状態。また、体力。「―を悪くする」「お―に気をつけて」「―の弱い子供」❸㋐生理的存在としての身体。肉体。「―で覚える」「―が糖分を欲求している」「―を使う仕事」㋑性的な対象としてみた身体。肉体。「―を許す」「―の関係がある」㋒社会的活動を営む主体としてみた身体。身。「今夜は―が明いている」「―がいくつあっても足りない」❹死体。なきがら。「―はどこに捨ててある」〈浄・布引滝〉(類語)(❶㋐)身・体・身体・肉体・体躯・図

体軀・肢体・五体・全身・満身・総身・総身・人身・人体・生体・ボディー・肉塊・ししむら・骨身
体が空く 仕事や用事が終わって暇になる。「一・いている人に頼む」
体が続・く からだを酷使しているのに健康状態が保たれている。「我ながらよく一・いたと思う」
体に障る からだに悪い影響をおよぼす。健康の害になる。「無理をしては一・る」
体を惜し・む 働くのを嫌う。ほね惜しみをする。怠ける。「一・まずよく働く」
体を粉にする 力の限り働く。身を粉にする。「一・して店のために働く」
体を壊す 健康を損なう。病気になる。「一・して一年休職をする」
体を張る 命懸けで事に当たる。「一・って会社の名誉を守る」
カラタイ-しんがっこう【カラタイ神学校】《Karatay Medresesi》トルコ中南部の都市コンヤの市街中心部にあった神学校。13世紀半ば、セルジュークトルコの宰相ジェラルディン＝カラタイにより創設。正面の門にはスタラクタイトと呼ばれる浮き彫りがあり、堂内は黒と青のタイルで装飾されている。現在はタイル博物館として公開されている。
から-だき【空×焚き】〔名〕スル 水を入れないで鍋や釜を火にかけたり風呂をたいたりすること。
から-たけ【▽幹竹】マダケまたはハチクの別名。
からたけ-わり【▽幹竹割(り)】幹竹を割るように、物を縦に勢いよく切り裂くこと。多く、人を刀で切るときの形容に用いる。「真っ向一」
からだ-せん【×伽羅×陀▽山】▶きゃらだせん(伽羅陀山)
から-たち【枸＝橘｜枳＝殻】ミカン科の落葉低木。高さ約2メートル。枝は緑色でとげがあり、葉は3枚の小葉からなる複葉。春、葉より先に白い5弁花が咲く。実は球形で芳香があり、黄色に熟すが、酸味が強くて食べられない。漢方で未熟果皮を健胃剤とする。中国の原産。生け垣などにする。くきつ。きこく。(季 花＝春｜実＝秋)「一は散りつつ青き夜となるも/湘子」
から-たち【唐太-刀】奈良時代、唐から伝来した太刀。また、その様式にならった和製の太刀。
から-たちばな【唐×橘】❶ヤブコウジ科の常緑低木。暖地に自生。高さ30〜60センチ。葉は長くて先がとがり、厚い。夏、白色の小花を開き、実は球形で、熟すと赤い。盆栽にする。たちばな。❷植物カラタチの古名。〈新撰字鏡〉
からだ-つき【体付き】筋肉のつき方や骨格など、外部に現れた身体の状況・形。「ひょろっとした一」
(類語)体格・体躯・恰幅・背恰好・筋骨・肉付き
ガラタ-とう【ガラタ塔】《Galata Kulesi》トルコ北西部の都市イスタンブールの新市街にある石造の塔。高さ67メートル。5世紀から6世紀頃に灯台があったとされ、のちに火災で焼失し、14世紀にジェノバ人が監視塔に改築した。オスマン帝国時代には監獄や天文台として利用されたこともある。現在は市街を一望できる展望台となっている。
から-だのみ【空頼み】あてにならない頼みごと。そら頼み。
ガラタ-ばし【ガラタ橋】《Galata Köprüsü》トルコ北西部の都市イスタンブール、ハリチ湾(金角湾)の湾口に架かる橋。長さ約400メートルで、新旧市街を結ぶ。19世紀半ばに最初の木造橋が造られ、20世紀初めに跳ね橋になり、1992年火災で焼失。現在の橋は、かつての橋と並んで新しく架けられたもの。
カラチ〖Karachi〗パキスタン最大の商工業・港湾都市。インダス川のデルタ地帯にあり、アラビア海に面する。独立時から1959年まで首都。人口、行政区1283万(2009)。
から-ちゃ【空茶】茶菓子を添えないで、茶だけを人に出すこと。また、その茶。
から-ちゃ【枯ら茶】染色で、黄色味をおびた茶色。
から-ちゃ【唐茶】❶中国式に飲む茶。ふたのある茶碗に茶の葉を入れ、熱湯を注いで飲む。❷色の名。赤みがかった茶色。
カラチャイ-チェルケス〖Karachaevo-Cherkesiya〗ロシア連邦にある21の共和国の一。カフカス山脈西部北麓に位置する。基幹民族はイスラム教徒のカラチャイ人とチェルケス人だが、ロシア系も多い。鉱物資源が豊富。首都はチェルケースク。
から-ちょう【唐×蝶】アゲハチョウの異称。
から-ちょうず【空▽手▽水】❶柄杓で手に水をかけるまねをして、手を清めたことにすること。❷茶の湯で、道具を慎重に扱うとき、手の湿りを取り去るために、もみ手をすること。
からつ【唐津】㊀佐賀県北西部の市。唐津湾に臨む。もと小笠原氏の城下町、明治以後は石炭積み出し港として繁栄。唐津焼の産地。唐津城跡・虹の松原・鏡山などがあり、玄海国定公園の一部。平成17年(2005)1月、周辺7町村と合併。同18年1月、七山村を編入。人口12.7万(2010)。㊁「唐津焼」の略。
か-らつ【苛辣】〔形動〕図〔ナリ〕きびしくはげしいさま。「かえって若い息子の一な反撥があった」〈野上・秀吉と利休〉(派生)からつさ〔名〕
ガラツィ〖Galați〗ルーマニア東部の都市。ドナウデルタの玄関口に位置する。17世紀にモルドバ公バシレ＝ルプによって建てられた要塞教会や20世紀建造の聖ニコラエ大聖堂のほか、植物園、オペラ劇場、高さ150メートルのテレビ塔などがある。
からっ-かぜ【空っ風｜▽乾っ風】「からかぜ」に同じ。「上州名物の一」(季 冬)
ガラツキー〖ロシア gorodki〗旧ソ連で発達した民族遊戯。陣地(ガラドーク)の中に置かれた、5本の短い棒(リューハ)からなる標的に対して、13メートル離れた地点から、野球のバットに似た長さ60〜70センチの棒を投げて、標的を枠からはじき出すのを競う。
からっ-きし〔副〕「からきし」に同じ。「うちの子は一意気地がない」
からっ-きり〔副〕「からきし」に同じ。「衣を着てしまえば手が出ねえや、一」〈一葉・たけくらべ〉
がら-つ・く〔動カ五(四)〕がらがら音がする。「朴歯の下駄を一・かせて」〈鷗外・ヰタ・セクスアリス〉
から-づくり【唐作り】中国で作ったもの。また、中国風に作ったもの。
から-づけ【辛漬(け)｜×鹹漬(け)】❶漬物を塩辛く漬けること。また、その漬物。❷京都などで、沢庵漬けのこと。
からっ-けつ【空っ穴】〔名・形動〕「からけつ」を強めていう語。「一の財布」
からつ-し【唐津市】▶唐津㊀
からつ-じょう【唐津城】佐賀県唐津市にあった城。寺沢広高が慶長7年(1602)から同13年にかけて築城。天守閣は建造されなかったようで、現存の天守閣は戦後のもの。舞鶴城。
カラッチ〖Carracci〗イタリア、ボローニャの画家一族。アンニーバレ(Annibale[1560〜1609])、および兄のアゴスティーノ(Agostino[1557〜1602])と従兄弟のロドビコ(Lodovico[1555〜1619])。16世紀末から17世紀初頭にかけて、壮麗なバロック装飾画の形成に貢献した。
カラット〖carat｜karat〗❶宝石の質量の単位。1カラットは200ミリグラム。記号K、car、ct ➡4C ❷金の純度を示す単位。純金を24カラット(K24と表示)とし、1カラットはその24分の1。例えば18カラットは、24分の18(75パーセント)が純金であることを示し、18金(K18と表示)ともいう。記号K, kt
からっ-と〔副〕スル ❶空が明るく、さわやかに晴れているさま。「一晴れわたる」❷湿り気がなく、よく乾いているさま。「一揚がった天ぷら」❸こだわりがなく、さっぱりしているさま。「一した人柄」
(類語)さっぱり・さばさば・あっさり・淡泊
がらっ-と〔副〕❶引き戸などを勢いよく開ける音を表す語。「一戸を開ける」❷物が一瞬のうちにくずれる音を表す語。「ブロックが一くずれる」❸事態が急に、すっかり変わるさま。「顔つきが一変わる」
カラット-ダイヤモンド〖carat diamond〗1カラット以上のダイヤモンド。年間発掘のダイヤモンドの、わずか100万分の1といわれ、貴重。
から-つば【空唾】❶痰などの混じらない、つば。からつばき。❷食べ物を前にしたり緊張したりしたときにのみこむ、つば。なまつば。
カラッパ〖ラテ Calappa〗十脚目カラッパ科のカニの総称。浅海の砂泥底にすむ。甲は球状で、甲幅10〜15センチ、後縁がひさし状に張り出し、その下に歩脚を畳み込む。はさみ脚は極端に幅広く、甲の前面を覆う。温・熱帯海に分布。
がらっ-ぱち〔名・形動〕言動が粗野で、落ち着きに欠けること。また、そういう人や、そのさま。「根はいいやつだが一なところがある」(類語)蛮カラ
からっ-ぺた【空っ下-手】〔名・形動〕「からへた」に同じ。「歌は一ですので」
からっ-ぽ【空っぽ】〔名・形動〕❶中に何も入っていないこと。また、そのさま。「一の財布」❷内面のないこと。また、そのさま。「頭の一な人」(類語)空・がらんどう・空ろ・空疎・空漠・空白・空虚・ブランク
から-づみ【空積み】石材・煉瓦・コンクリートブロックなどを、モルタルなどの接合・充塡材を使わないで積み上げること。
からつ-もの【唐津物】❶唐津焼。❷(西日本で)陶磁器のこと。➡瀬戸物
からつ-や【唐津屋】(西日本で)陶磁器の製造や販売をする店。瀬戸物屋。
からつ-やき【唐津焼】唐津市を中心に産する焼き物の総称。文禄・慶長の役後、朝鮮半島からの渡来陶工によって素朴な味わいの日用雑器が焼かれたのが、本格的な生産の始まりとされる。遺品には茶器に用いたものも多い。➡古唐津
から-つゆ【空梅-雨】梅雨期間にほとんど雨の降らないこと。降雨量のごく少ない梅雨。てりつゆ。(季 夏)「一ときはまる空の照りまさり/万太郎」
(類語)梅雨・梅雨・五月雨・菜種梅雨
から-づり【空釣(り)】餌をつけずに、釣り針でひっかけて魚を捕る漁法。
からづり-はえなわ【空釣り▽延縄】餌をつけないで、海底に沈め、鉤針にかかったタコや魚を捕る延縄。
からつ-わん【唐津湾】福岡県の糸島半島と佐賀県の東松浦半島の間にある湾。湾奥東部には砂丘が発達、虹の松原と呼ばれる。湾岸一帯は玄海国定公園に含まれる。
から-て【空手｜唐手】❶(空手)手に何も持っていないこと。また、力となる武器や財産を持っていないこと。素手。「土産もなく一で訪問する」「一で立ち向かう」❷沖縄に伝来した中国明代の拳法が、沖縄の古武道と合体して発達した武術。徒手空拳で身を守り、相手を制する格闘術で、突き・蹴り・受けを基本とする。(類語)素手・手ぶら・徒手・空拳
カラテア〖ラテ Calathea〗クズウコン科カラテア属の多年草の総称。熱帯アメリカに分布。観葉植物とし、高さ30〜70センチ。葉は細長く、表面に茶褐色や褐色の斑が入り、裏面は紫色や暗赤色。
ガラテア〖Galatea〗海王星の第6衛星。1989年にボイジャー2号の接近で発見された。名の由来はギリシャ神話の海のニンフ。海王星系で4番目に内側の軌道を公転しており、ナイアッドなどと同じく、いずれは海王星に落下すると思われる。非球形で平均直径は約160キロ。
カラテオドリ〖Constantin Carathéodory〗[1873〜1950]ギリシャの数学者。ドイツ生まれ。アテネに移住するが、のちにミュンヘン大教授となる。関数論の公理論的展開や、変分学・微分幾何学・等周問題など、広い分野で業績を残した。
から-てがた【空手形】❶実際の取引がないのに、資金の融通を受ける目的で発行される手形。支払いが不確実で危険なもの。くうてがた。❷実行されない約束。「公約が一に終わる」
からて-チョップ【空手チョップ】プロレスリングの技の一。手刀で相手を強くたたくもの。

から-でっぽう【空鉄砲】❶実弾をこめないで撃つ鉄砲。空砲。からづつ。❷ほら。でまかせ。

ガラテヤ〖Galatia〗小アジア中央部をなす地域の古代名。前25年、ローマに征服され属州となった。

ガラテヤびとへのてがみ【ガラテヤ人への手紙】新約聖書中の一書。48年ごろ、パウロがガラテヤの諸教会に送った手紙。ロマ書とともに、パウロのキリスト信仰がよく表現されている。ガラテヤ書。

から-てんじく【唐天×竺】中国とインド。非常に遠い所のたとえ。「一の果てまでも」

から-と【唐×櫃】「からびつ」に同じ。「一、米櫃、灰俵、打ち返してぞ捜しける」〈浄・冥途の飛脚〉

から-ど【唐戸】開き戸式の扉。古くは板唐戸であったが、のちには桟唐戸が多く用いられた。

から-と-いって【からと言って】〔連語〕《接続助詞「から」＋格助詞「と」＋動詞「いう」の連用形＋接続助詞「て」》活用語の終止形に付く。❶ある行動や態度についての、原因・理由を表す。…というので。からとて。後に続く行動・態度は、度を越えていたり、非難されてもしかたのないものであったりする場合が多い。「暑い一、水ばかり飲んでいる」❷多く、打消し・反語・禁止の表現と呼応して、逆接の条件を表す。…という理由があっても。からとて。「失敗した一くよくよするな」

から-とう【辛党】菓子などの甘いものよりも酒のほうを好む人。左党。⇔甘党。
（類語）左利き・左党・上戸・両刀遣い

から-とじ【唐×綴じ】❶中国風の書物のとじ方。胡蝶装・粘葉装など。➡大和綴じ ❷袋とじのこと。

から-とて〔連語〕《接続助詞「から」＋接続助詞「とて」》「からといって」に同じ。「難しい一投げ出すわけにはいかない」（補説）日常の話し言葉では、多く「からって」となる。

から-とむらい【空ᐁ葬い】遺体の発見されないままに行われる、仮の葬式。

カラトラバ-ばし【カラトラバ橋】《Ponte di Calatrava》►コスティトゥツィオーネ橋

から-とり【唐鳥】オウム・クジャクなどの、外国産の鳥。「大納言殿より一いんこうまゐる」〈御湯殿上日記〉

からとり-の-あと【唐鳥の跡】《鳥の足跡から漢字が作られたという伝説から》漢字。また、漢学。

から-とりひき【空取引】現物の受け渡しをしないで、相場の変動による差益の獲得を目的として行われる取引。空相場。空売買。くうとりひき。

から-な【辛菜】辛みのある野菜の総称。

から-な【唐名】❶中国風の名称。また、中国での名称。➡大和名 ❷律令制の官職の名を中国風によんだ呼び方。例えば、太政大臣を相国、大納言を亜槐・亜相という類。とうみょう。とうめい。❸別称。異名。あだな。「盗人の一を舎弟と申す」〈狂言記外・兄弟争〉

ガラナ〖guarana〗ムクロジ科の蔓植物。ブラジル・ウルグアイに産する。葉は羽状複葉で互生し、花は黄色。種子はカフェインを多く含み、飲料・強壮剤に用いる。

から-なし【唐梨】❶バラ科のカリンの別名。❷赤い実のリンゴ。〈和名抄〉

から-なっとう【唐納豆】「寺納豆」に同じ。（季 夏）

から-なつめ【唐×棗】サネブトナツメの別名。

から-なでしこ【唐×撫子】❶セキチクの別名。❷襲の色目の名。夏に着用するもので、表裏ともに紅色または唐紅。

から-に【辛煮｜×鹹煮】醤油だけで塩辛く煮ること。また、その煮たもの。

から-に【空荷】運搬用の車などが荷物を積んでいないこと。「一の解け」

から-に〔連語〕《準体助詞「から」＋格助詞「に」》活用語の連体形に付く。上代では格助詞「の」「が」にも付く。❶…だけの理由で。…だけで。「聞く一強そうな名前だ」「ただ一夜隔てし一あらたまの月か経ぬると心迷ひぬ」〈万・六三八〉❷（「からには」の形で）…である以上は。…する以上は。「言った一は最後までやりとおす」➡からは ❸…と同時に。…とすぐに。「初春の初子の今日の玉箒手に取る一揺らく玉の緒」〈万・四四九三〉❹前の事柄を理由・原因として順当な結果へと続ける意を表す。…ので。…ゆえに。「うちわたす遠方人に言問へど答へぬ一しるき花かな」〈新古今・雑上〉❺（助動詞「む」に付いて）前の事柄を理由・原因として順当でない結果へと続ける意を表す。…からといって。「いかに大宮司ならん一、国にはらまれては見参にも参らぬぞ」〈宇治拾遺・三〉（補説）❺の用法は中世だけで、近世になると「てから」「てからが」の形に変わる。

から-にしき【唐錦】㊀〔名〕唐織りの錦。㊁〔枕〕布に関する意から、「た(裁)つ」「お(織)る」などにかかる。「一たたまく惜しきものにぞありける」〈古今・雑上〉

カラニッシュ〖Callanish〗英国スコットランド北西岸、アウターヘブリディーズ諸島のルイス島西部の村。新石器時代に造られたとされる環状列石がある。

から-ねこ【唐猫】中国から渡来した猫。舶来の猫。また、単に猫。「一の、いと小さく、をかしげなるを」〈源・若菜上〉

から-ねんぶつ【空念仏】❶信仰心からでなく、口先だけで唱える念仏。❷実行の伴わない口先だけの主張や宣伝。「彼の約束はいつも一に終わる」

から-の-あや【唐の×綾】「唐綾」に同じ。「珍しきさまなる一などに」〈源・須磨〉

から-の-いぬ【唐の犬】舶来の犬。また、狛犬。「あれほど一に似候ひなん上は」〈徒然・一二五〉

から-の-うた【唐の歌】「唐歌」に同じ。「一にもかくぞあるべき」〈古今・仮名序〉

から-の-おんぞ【唐の御ᐁ衣】「唐衣」に同じ。「まだ御裳、一奉りながらおはしますぞいみじき」〈枕・二七八〉

から-の-かしら【唐の頭】兜の上につけるヤクの尾で作った飾り。白いのを白熊、赤く染めたのを赤熊、黒いのを黒熊という。

から-の-かみ【唐の紙】中国渡来の紙。また、それに模した紙。唐紙。「一の赤みたるに」〈枕・二四一〉

から-の-き【唐の×綺】薄い唐綾。「桜の一の御直衣」〈源・花宴〉

からのす-しょうこうぐん【空の巣症候群】子供が独立した後の専業主婦を襲う空虚感から生じる、無気力・無関心・自信喪失・寂寥感などの症状。更年期障害と重なることが多く、抑鬱症に似た状態を示す。エンプティーネストシンドローム(empty-nest syndrome)。

から-は〔連語〕《準体助詞「から」＋係助詞「は」》名詞、活用語の連体形に付く。…である以上は。…する以上は。「引き受けた一最後までやる」「契約して子にした一この雪(＝人名)が返さぬ」〈浄・阿波鳴渡〉

から-ばこ【空箱】何も入っていない箱。あきばこ。

ガラパゴス〖Galápagos〗「ガラパゴス諸島」の略。

ガラパゴス〖GALAPAGOS〗シャープが平成22年(2010)に発表したスマートホン・タブレット型端末のシリーズ名。実行環境として米国グーグル社のアンドロイドを搭載。電子書籍ストアのGALAPAGOS STOREを通じ、新聞、雑誌、書籍データをダウンロードして閲覧できるほか、インターネット、動画や音楽の視聴、ゲームなどのアプリケーションも利用可能。

ガラパゴス-か【ガラパゴス化】〔名〕スル（ガラパゴス諸島の生物進化のように）周囲とは懸け離れた、独自の進化をすること。特に、IT技術やインフラ、サービスなどが国際規格とは違う方向で発達すること。日本の携帯電話など、高度で多機能だが特殊化されていて世界市場では売りにくいものについていう。「一する日本の製造業界」

ガラパゴス-けいたい【ガラパゴス携帯】《多く「ガラパゴスケータイ」と書く》ガラパゴス化した携帯電話。日本の市場で特殊な多機能化が進んだフィーチャーホンなどの携帯電話を指す。独自の進化を遂げたガラパゴス諸島の生物になぞらえたもの。ガラケー。

ガラパゴス-げんしょう【ガラパゴス現象】ガラパゴス化すること。また、その状態。ガラパゴス化現象。

ガラパゴス-しょとう【ガラパゴス諸島】《Galápagosはスペイン語で亀の意》エクアドルに属する、太平洋の赤道直下にある火山性諸島。主島はイサベラ島。面積7680平方キロメートル。ガラパゴスゾウガメ、ガラパゴスリクイグアナ、ウミイグアナなど固有の動植物が生息。ダーウィンが、島ごとに生物が微妙に違うところから進化論のヒントを得たといわれる。1978年、世界遺産(自然遺産)に登録、2001年には登録範囲が拡大された。コロン諸島。

から-はし【唐橋】唐風につくった欄干のある、弓形の橋。「瀬田の一」

から-はじかみ【唐×薑｜ᐁ呉茱＝萸】ゴシュユの古名。〈本草和名〉

カラバッジョ〖Michelangelo Merisi da Caravaggio〗[1573～1610]イタリアの画家。徹底した自然主義と劇的な明暗効果を特色とし、バロック絵画全般に大きな影響を与えた。作「聖マタイ伝」など。

から-はな【唐花】❶中国から渡来した花文様。4弁のものが多く、5弁・6弁もある。花弁の先に入隅のあるのが特徴。❷紋所の名。❶をかたどったもの。

からはな-そう【唐花草】クワ科の蔓性の多年草。山地に生え、他に巻きついて伸びる。茎や葉柄に小さいとげがあり、葉は三つに裂けていてざらつく。雌雄異株。秋、雄花は円錐状の花穂を、雌花は球形の花穂をなす。ホップの変種。（季 秋）

からはな-ふせんりょう【唐花浮線×綾】文様の名。唐花を正面から見た形を中心に一つ置き、側面から見た形を周囲に五つならべた浮線綾。

から-はふ【唐破風】中央部を凸形に、両端部を凹形の曲線状にした破風。玄関や門、神社の向拝などに用いられる。

カラハユット〖Karahayıt〗トルコ南西部にある温泉保養地。世界遺産に登録されたパムッカレの北西約5キロメートルに位置する。鉄分を多く含む赤褐色の温泉を湧出。石灰華の段丘を形成し、カラハユット川となって流れ出る。

カラハリ-さばく【カラハリ砂漠】《Kalahari》南アフリカからボツワナ・ナミビアにかけて広がる砂漠。

カラバル-まめ【カラバル豆】《Calabar》マメ科の蔓性の多年草。葉は3枚の小葉からなる。花は暗赤色。豆はアルカロイドを含み有毒であるが、瞳孔縮小・眼圧下降薬の原料とする。アフリカ西岸のカラバル地方の原産。

カラハン〖Lev Mikhaylovich Karakhan〗[1889～1937]ソ連の外交官。1919年、外務人民委員代理としてカラハン宣言を発表。24年に中ソ協定、25年に日ソ協定を結んで両国との国交を樹立、28年には日ソ漁業条約を締結した。スターリンの大粛清で処刑された。本姓カラハニヤン。

カラハン-せんげん【カラハン宣言】1919年、カラハンの名において中国人民および南北両中国政府にあてて出された、満州の占領地放棄など帝政ロシア時代の対華不平等条約破棄宣言。

カラハン-ちょう【カラハン朝】《Qara Khan》10世紀半ば、中央アジアに興ったトルコ系イスラム王朝。ベラサグンを都とし、同世紀末に最盛期を迎えたが、11世紀には分裂し、1132年カラキタイに滅ぼされた。イリクハン朝。カラカン朝。

から-びさし【唐×庇】❶唐破風造りにした家の軒先。また、その下にある部屋。❷唐破風造りの牛車の屋根。

からびさし-の-くるま【唐×庇の車】「唐車」に同じ。

から-ひつ【×屍×櫃｜辛×櫃】《「からびつ」とも》遺体を入れる棺。かろうと。

から-びつ【唐×櫃】《「からひつ」とも》脚が4本または6本の、かぶせぶたのついた方形で大形の箱。衣服や、図書・甲冑などを入れた。長唐櫃・荷唐櫃などがある。からうど。からと。からうず。かろうと。

からびつ-ぶぎょう【唐×櫃奉行】►御物奉行

から-びと【唐人｜ᐁ韓人】《古くは「からひと」》中国、

または朝鮮の人。「―も筏浮かべて遊ぶといふ今日ぞ我が背子花かづらせよ」〈万・四一五三〉

カラビナ〘ドイツ Karabiner〙登山用具の一。一部が開閉できる金属製の環で、ハーケンなどとザイルとを連結するのに用いる。

から・びる【▽乾びる｜×涸びる｜×嗄びる｜枯らびる】〘動バ上一〙図から・ぶ〘バ上二〙❶(乾びる・涸びる)乾いて水分がなくなる。草木がしおれる。「黄ろく―・びた刈科を」〈二葉亭訳・あひゞき〉❷(乾びる・涸びる)物事が、潤いのないようすになる。無味乾燥になる。「卯平は何処までも―・びたいいようである」〈長塚・土〉❸(枯らびる)枯淡な趣を帯びる。「伏見院の消息に並べて見れば、―・びてけだかき所及ぶべきものにもあらず」〈正徹物語・下〉❹(嗄びる)声がかれる。しわがれる。「太く―・びたる声を打ち出だして」〈今昔・二八・二七〉

から-ひわ【唐×鶸】マヒワの別名。

から-びん【空便】汽船・航空機などで、乗客や貨物を積まずに運行される便。

から・ぶ【▽乾ぶ｜×涸ぶ｜×嗄ぶ｜枯らぶ】〘動バ上二〙「からびる」の文語形。

から-ふう【唐風】中国のやり方。中国風。唐様。

から-ぶかし【空吹かし｜空噴かし】〘名〙スル 自動車やバイクで、ギアをニュートラルにしたままアクセルを使ってエンジンの回転数を上げること。

から-ぶき【▽乾拭き】〘名〙スル 床板や家具などを、汚れを落としたり光沢を出したりするために、乾いた布でふくこと。つやぶき。「柱を―する」

から-ふだ【空札】❶トランプや花札などで、点数にならない札。❷百人一首などの歌ガルタで、競技開始の合図、または用意をさせるために読む、読み札以外の札。

からふと【樺太】サハリンの日本語名。

からふと-いぬ【×樺太犬】樺太原産の犬。中形で力が強く、性質は温和で、寒さに強い。日本の南極観測隊にそり引き犬として同行。からふとけん。

からふとじんじゃ-あと【樺太神社跡】ロシア連邦、サハリン州(樺太)の州都ユジノサハリンスク(旧豊原)にあった樺太神社の跡地。樺太唯一の官幣大社。旧参道の石段や宝物殿と思われる校倉造の建物が残っている。

からふと-だま【×樺太玉】中国北東部から樺太を経て日本に渡来した青色の練り物の玉。タバコ入れの緒締めなどに使う。むしのす。

からふとちしま-こうかんじょうやく【樺太千島交換条約】明治8年(1875)、日本とロシアとの間で調印された国境確定の条約。樺太(サハリン)全島をロシア領とし、千島列島全島を日本領とした。

からふと-ます【×樺太×鱒】サケ科の海水魚。全長約50センチ。体は紡錘形で側扁し、背側は青黒色、腹側は銀白色。満2年で成熟し、日本では東北地方・北海道の河川に上り、産卵して死ぬ。このころの雄は吻が著しく湾曲し、背が張り出すので、背っ張り鱒ともいう。北太平洋に広く分布。塩蔵品や缶詰にされる。

からふと-まつ【×樺太松】グイマツの別名。

から-ふね【唐船】中国の船。外国の船。また、それにならってつくられた船。もろこしぶね。「わが恋は博多を出づる―のゆたのゆたたひ追ひ風を待つ」〈夫木・三三〉

から-ぶね【空船】《「からふね」とも》乗客も乗らず積み荷もない、からの船。

からふね-ぶぎょう【唐船奉行】室町幕府の職名。中国(明)・朝鮮・琉球との通商貿易のことをつかさどった。唐奉行。

から-ぶみ【▽漢▽書】中国の書物。漢文の書物。漢籍。かんしょ。「うたてなど大和にはあらぬ―の跡を学ばぬ身となりにけん」〈新撰六帖・五〉

から-ぶり【空振り】〘名〙スル ❶野球やテニスで、振ったバットやラケットが球に当たらないこと。「―の三振」「強打者を―させる」❷棒やこぶしなどでたたこうとして、相手に当たらないこと。「右のパンチを―する」❸ある目的をもってとった行動が、当てが外れて失敗すること。「計画が―に終わる」

カラブリア〘Calabria〙イタリア半島南端にある州。温暖でレッジョ-ディ-カラブリアなど観光地が多い。カタンザーロ県・クロトーネ県・コゼンツァ県・ビボ-バレンツィア県・レッジョ-カラブリア県がある。州都はカタンザーロ。

カラブリア-とう【カラブリア島】《Kalavria》ギリシャ南部の島。水路で隔てられたスフェリア島とあわせて、ポロス島をなす。

カラフル〘colorful〙〘形動〙色彩に富んだきま。「―なスキーウエア」

から-ぶろ【空風呂】❶湯水の入っていない、からの風呂。❷「蒸し風呂」に同じ。

から-へた【空下-手】〘名・形動〙この上もなくへたなこと。まったくへたなこと。また、そのさま。からっぺた。「―だから人前では歌えない」(類語)下手・拙劣・拙悪・稚拙・未熟・幼稚・不細工・無器用・不得手・不得意・へぼ・下手くそ・拙い・まずい・たどたどしい

から-へんじ【空返事】人の話をしっかり聞かないで、いいかげんにする返事。うわべだけの返事。

がら-ぼう【がら紡】《紡績の機械を回すときの、がらがらいう音から》落綿・糸くず・布くずなどをほぐしたものから太い糸を製造する紡績法。また、その織物。綿ネル・毛布・帯芯などの横糸に使う。

カラ-ホージョ〘Kara-Khōjō〙《荒れ果てた高昌の意》中国新疆ウイグル自治区のトルファンの南東にある都城址。5〜7世紀に高昌国の首都だった。ハラホジョ。(補説)「哈拉和卓」とも書く。

から-ぼし【▽乾干し】〘名〙スル 魚や野菜を日干しにすること。また、そのもの。

カラ-ホト〘Khara-Khoto〙▶ハラホト

ガラホナイ-こくりつこうえん【ガラホナイ国立公園】《Garajonay》カナリア諸島中のゴメラ島にあるスペインの国立公園。標高1487メートルのガラホナイ山を中心に島全体が台地となっている。大陸から隔絶しているため、氷河期以前の原生林の姿を現在も見ることができる。また、島固有の植物も数多い。1986年、世界遺産(自然遺産)に登録。

から-ぼり【空堀｜▽乾×濠】《「からほり」とも》水のない堀。

カラマ〘Calama〙チリ北部、アタカマ州、アタカマ砂漠を流れるロア川流域のオアシスにある都市。世界最大規模のチュキカマタ銅山やアタカマ文化の遺跡がある。

カラマーゾフのきょうだい【カラマーゾフの兄弟】《原題、ロシア Brat'ya Karamazovï》ドストエフスキーの長編小説。1879〜80年発表。カラマーゾフ家の父親殺し事件を中心に、三人兄弟と私生児をめぐって展開される葛藤を描き、宗教的思想を通して人間性を追求したもの。

から-まきぞめ【唐巻(き)染(め)｜絡巻(き)染(め)】《「から」は中国風の意とも、糸を絡みつける意ともいう》巻き染めの一。巻いた絹の上を緒で巻いて染めるもの。

からま・す【絡ます】㊀〘動サ五(四)〙❶まといつくようにする。「塀にツタを―・す」❷関係づける。関連させる。「今後の処遇を―・して説得する」㊁〘動サ下二〙「からませる」の文語形。

からま・せる【絡ませる】〘動サ下一〙図からま・す〘サ下二〙❶「絡ます❶」に同じ。「垣根に朝顔のつるを―・せる」❷「絡ます❷」に同じ。「漁業問題に領土問題を―・せる」

から-まつ【唐松｜落=葉=松】マツ科の落葉高木。日本特産。主に亜高山帯に分布し、高さ約30メートル。樹皮は灰褐色、葉は針状で束生し、秋には黄葉する。4月ごろ、雄花と雌花とがつき、上向きの球果ができる。材は建築・土木などに使用。富士松。日光松。らくようしょう。

からまつ-そう【唐松草】キンポウゲ科の多年草。高山の草原に生え、高さ約90センチ。葉は羽状複葉。夏、多数の花が咲き、花びらがなく、萼も早く落ちるので白い雄しべが目立つ。

からまつ-だけ【唐松岳】富山県東部、長野県白馬村との県境にある山。標高2696メートル。飛騨山脈の後立山連峰の一。途中にある八方池からは、白馬岳・鑓ヶ岳・杓子岳の白馬三山が望める。

から-まなび【唐学び｜▽漢学び】中国の学問をすること。また、それによって身についた学問や才能。かんがく。「中世以来学問道徳の権威としてこの国に臨んで来た―風の因習からも」〈藤村・夜明け前〉

からま・る【絡まる】〘動ラ五(四)〙❶物に巻きつく。巻きついて引き離しにくくなる。絡みつく。「スクリューに網が―・る」「ロープに足が―・る」❷物事が複雑に結びつく。密接に関係し合う。「私情が―・る」❸言いがかりをつける。「酒のせいかしつこく―・ってくる」(類語)絡む・絡み付く・巻き付く・絡み合う・まつわる・まつわり付く・まとい付く・もつれる・こんがらかる・纏繞する

から-まわり【空回り】〘名〙スル ❶車輪や機関などが、本来の働きをしないで無駄に回転すること。「タイヤが雪で―する」❷論理や行動が発展をみないで同じ状態を繰り返すこと。「議論が―する」❸取引所で、売買がないために相場が立たないこと。

カラマンシー〘calamansi〙ミカン科の常緑低木。果実は小型でスダチに似る。果肉は酸味があり、フィリピンなど東南アジア各地でジュースや料理に利用されるほか、観賞用としても栽培される。四季橘。

から-み【辛み｜辛味】❶辛い味。辛さの程度。舌を刺激する辛さにも、塩辛さにもいう。「大根おろしの―が足りない」❷カラシ・ワサビ・ショウガ・サンショウ・トウガラシなど、辛い味のあるもの。薬味とする。(補説)「味」は当て字。(類語)辛口・辛め・辛い

から-み【空身】物を何も携えないこと。荷物や連れのないこと。「―で旅に出る」

からみ【絡み｜×搦み】❶巻きつくこと。❷言いがかりをつけること。「―上戸」❸密接に関連していること。また、入り組んだ関係。「予算との―があって実現は難しい」➡がらみ ❹歌舞伎の演出で、主役の強さなどを強調するため、捕り手・軍兵などに扮した端役が主役にからむこと。また、その役。
(類語)関係・関連・連関・連係・相関・関与・交渉・係わり・繋がり・結び付き・掛かり合い・引っ掛かり

からみ【×鍰】▶スラグ

がらみ【絡み｜×搦み】〘接尾〙❶年齢や値段を表す数詞に付いて、だいたいその見当、その前後であるという意を表す。「五十一―の男」「千円―の品」❷名詞に付いて、そのものをくるめて、それと一緒に、の意を表す。「袋―売る」「刀を取りて、鞘―うたんとす」〈甲陽軍鑑・二〇〉❸名詞に付いて、それと密接に関連していることを表す。「派閥―の人事」

からみ-あい【絡み合い】絡みあうこと。「政界と財界との―」

からみ-あ・う【絡み合う】〘動ワ五(ハ四)〙❶互いに絡む。互いに巻きつく。「毛糸が―・う」❷二つ以上の物事が、もつれるようにかかわり合う。「利害が―・う」「複雑な感情が―・っている」(類語)絡む・絡まる・絡み付く・巻き付く・まつわる・まつわり付く・まとい付く・もつれる・こんがらかる・纏繞する

からみ-おり【絡み織(り)】縦糸を互いに絡ませたものに、横糸を織り込んですきまを作った織物。羅・紹・紗など。もじり織り。

からみ-そ【辛味×噌】塩けの多い塩辛い味噌。信州味噌・八丁味噌など。(対)甘味噌。

からみ-だいこん【辛味大根】ダイコンの一品種。形はカブに似て丸みを帯び、水分が少なく辛味が強い。おろして蕎麦の薬味などにする。

から-みだし【空見出し】辞書や事典で、見出し語として掲載されているが、詳しい解説がなく、他の項目を参照している見出し。空項目。

からみ-つ・く【絡み付く】㊀〘動カ五(四)〙❶物のまわりに巻きつく。まといつく。まつわりつく。「足にひもが―・く」❷無理なことを言って、言いがかりをつける。「酒に酔ってしつこく―・く」㊁〘動カ下二〙「からみ

つける」の文語形。類語 絡む・絡まる・巻き付く・絡み合う・まつわる・まつわり付く・まとい付く・もつれる・こんがらかる・纏繞(てんじょう)する

からみ‐つ・ける【絡み付ける】〔動カ下一〕図からみつ・く〔カ下二〕絡みつくようにする。巻きつかせる。「足を━・けて相手を倒す」

カラミテス〖ラテン Calamites〗▶蘆木(ろぼく)

からみ‐もち【辛味餅】つきたての餅に大根おろし・醤油などをつけたもの。

カラム〖column〗▶列㊀❹

から・む【絡む┊×搦む】㊀〔動マ五(四)〕❶物に巻きつく。巻きついて離れなくなる。まといつく。「朝顔が垣根に━・む」「痰(たん)が━・む」❷他の物事が密接に結びつく。「金が━・んだ事件」❸理屈をこねたり、無理を言ったりして相手を困らせる。言いがかりをつける。「酔って━・む」❹巻きつける。絡める。「袴の括(くく)り高く━・みあげて」〈著聞集・一〇〉㊁〔動マ下二〕「からめる」の文語形。

類語 (㊀❶)絡まる・巻き付く・まつわる・まつわり付く・まとい付く・もつれる・こんがらかる・纏繞(てんじょう)する/(❷)係(かか)わる・まつわる・関係する・関する

から‐むぎ【殻麦】殻のついたままの大麦。

から‐むし【空蒸(し)】〔名〕(スル)❶材料の味を生かし、下味をつけないで、材料の水分だけで蒸すこと。また、その料理。❷雨が降らないで蒸し暑いこと。

から‐むし【×苧┊×枲┊苧=麻】イラクサ科の多年草。原野にみられ、高さ1〜2メートル。茎は木質。葉は広卵形で先がとがり、裏面が白い。夏、淡緑色の小花を穂状につける。茎から繊維をとって織物にする。真麻(まお)。ちょま。(季 夏)

からむし‐ずきん【×苧頭巾】(ヅキン)《苧の繊維で作った布を用いたところから》苧屑頭巾(おくそずきん)のこと。

カラムジン〖Nikolay Mikhaylovich Karamzin〗[1766〜1826]ロシアの小説家・歴史家。感傷主義文学の代表者。口語を取り入れ、文章語の改革に尽力。小説「哀れなリーザ」、歴史書「ロシア国家史」など。

ガラム‐マサラ〖garam masala〗各種スパイスを混ぜ合わせたインドの混合香辛料。インド料理に広く用いられる。補説 元来はヒンディー語で、ガラムは辛い、マサラは混ぜたものの意。

から‐め【辛め】〔名・形動〕❶普通より辛いこと。また、そのさま。「━に味をつける」❷判定がやや厳しいこと。また、そのさま。「━な(の)採点」❸分量が少なめなこと。また、そのさま。「━に量る」

類語 辛み・辛口・辛い・塩辛い・しょっぱい (舌に辛みを感じるさま)ぴりっと・ぴりりと・ぴりぴり・ひりひり

から‐め【唐目】▶とうめ(唐目)

がら‐めか・す〔動サ四〕《「からめかす」とも》がらがらと鳴り響かせる。「六波羅まで、━・して落ちられけるは」〈古活字本平治・中〉

がらめき‐の‐ひ【柄目木の火】新潟市の柄目木の地中から出る天然ガス。越後七不思議に数えることもある。

から‐め・く【唐めく】〔動カ五(四)〕❶唐風である。また、唐風に見える。「━・いた趣味を小供のうちから有(も)っていました」〈漱石・こゝろ〉❷普通と違っていて異国風に見える。「住まひたるさま、言はむ方なく━・いたり」〈源・須磨〉

がら‐め・く〔動カ四〕《「からめく」とも》がらがらと鳴り響く。「死人の骸骨(がいこつ)どもが…おびただしう━・き合ひければ」〈平家・五〉

からめ‐て【×搦め手】《「からめで」とも》❶城やとりでの裏門。陣地などの後ろ側。⇔大手。❷相手の弱点。相手が注意を払っていないところ。「━から批判する」「━の妻の冬子を攻落して」〈二葉亭・其面影〉❸城の裏門や敵陣の後ろ側を攻める軍勢。「━の大将軍は九郎御曹司義経」〈平家・九〉⇔大手。❹敵や罪人を捕縛する人。とりて。「━四方を巻きて攻むるに」〈著聞集・一二〉

類語 裏・裏面・背後・背面・後ろ・裏手・裏側

からめて‐もん【×搦め手門】城の裏門。⇔大手門。

からめ‐と・る【×搦め捕る】〔動ラ五(四)〕人を捕らえて縛り上げる。からめる。「犯人を━・る」

類語 捕まえる・捕る・捕らえる・引っ捕らえる・取り押さえる・生け捕る・召し捕る・引っ括(くく)る・捕(と)まえる・捕獲する・拿捕(だほ)する・捕縛する・逮捕する・検束する・検挙する・挙げる・ぱくる・しょっぴく

カラメル〖フランス caramel〗《「キャラメル」とも》糖類を熱して作る、飴(あめ)状の褐色の物質。菓子・料理や、ウイスキー・ビールなどの風味づけや着色に用いる。

から・める【絡める┊×搦める】〔動マ下一〕図から・む〔マ下二〕❶しっかりと巻きつける。「足を━・める」❷密接に関係づける。「人員削減を━・めた合理化案」❸粉状のものや粘り気のあるものを全体によくつける。「団子に餡(あん)を━・める」❹(搦める)ひもなどで縛る。捕らえて縛る。「賊を━・める」「木を伐(き)って並べ、藤づるで━・め」〈藤村・夜明け前〉❺(搦める)登山で、障害物や通行困難な場所を避けたコースをとる。「がれ場を━・めて登る」類語 巻く・巻き付ける

カラメル‐ソース〖caramel sauce〗砂糖に少量の水を加え、茶褐色で香りが出るくらいに加熱し、少量の湯で溶かした菓子用のソース。カスタードプディングの香りづけなどに用いる。

カラメル‐ばくが【カラメル麦芽】麦芽を加熱して、糖分をカラメルに変化させたもの。ビールに色や香りをつけるのに用いる。

カラモイクチス〖ラテン Calamoichthys〗アフリカに分布する淡水魚の一。体は細長く、硬いうろこに覆われ、外見は蛇に似ている。熱帯魚店でペットとして販売。

から‐もじ【唐文字】中国の文字。漢字。⇔大和文字(やまともじ)。

から‐もじれつ【空文字列】▶ヌル

から‐もの【唐物】❶中国、およびその他の外国から輸入された品物。舶来品。とうぶつ。「━茶器」❷古道具。

から‐もの【▽乾物┊▽干物】ひもの。かんぶつ。「さるべき━ばかりして、御土器(みかわらけ)参る」〈源・若菜上〉

がら‐もの【柄物】織物・衣服などで模様のあるもの。柄のある品物。

からものがたり【唐物語】鎌倉時代の説話集。1巻または2巻。鎌倉中期以前の成立。藤原成範(ふじわらのしげのり)の著という説もあるが未詳。「史記」「漢書」「白氏文集」などの中国説話27編を日本語に翻案したもの。

からもの‐の‐つかい【唐物の使】(つかひ)平安時代、中国の船が北九州に来航したとき、貨物を検査したり、必要な物を買い入れたりするために朝廷から派遣された臨時の官。からものつかい。

からもの‐ぶぎょう【唐物奉行】(ブギヤウ)室町幕府の職名。同朋衆(どうぼうしゅう)が任ぜられ、主に唐物の目利き・管理を行った。

からもの‐や【唐物屋】❶中国からの輸入品を売買していた店や商人。とうぶつや。「江戸市中の━は外国品を売買して」〈福沢・福翁自伝〉❷古道具屋。

から‐もも【唐桃】❶アンズの別名。❷桃の一品種。中国の原産。寿星桃(じゅせいとう)。江戸桃。

から‐もん【唐門】屋根が唐破風(からはふ)造りになっている門。正面に唐破風を見せる向(むこう)唐門と、妻側に唐破風をつける平(ひら)唐門とがある。

からやかた‐ぶね【唐屋形船】平安・鎌倉時代の貴族が用いた、屋形を唐様に造り飾った船。

から‐やくそく【空約束】約束を守らないこと。また、守られなかった約束。そらやくそく。

カラヤン〖Herbert von Karajan〗[1908〜1989]オーストリアの指揮者。ベルリン‐フィルハーモニーなどヨーロッパ各国の主要管弦楽団を指揮し、レパートリーの広さと現代的な解釈で世界的な名声を得た。

から‐ゆき【唐行き】明治から昭和初期にかけて、多く天草諸島あたりから南方諸国に出稼ぎに出た女性たちのこと。からゆきさん。

がら‐ゆき【柄行き】布地などの模様から受ける感じ。がら。「地味な━」

から‐よう【唐様】(ヤウ)❶中国風であること。唐風(からふう)。「━にいえば風流瀟洒」〈逍遥・当世書生気質〉❷中国風の書体。特に、江戸時代の学者間で流行した、元・明(みん)風の書体。❸行・草書以外の漢字の書体。楷書・隷書・篆書(てんしょ)など。❹▶禅宗様(ぜんしゅうよう)

から‐よもぎ【唐×艾】菊の別名。〈色葉字類抄〉

がらら〔副〕(近世、関東地方で)❶すべて。すっかり。「━二十四文うっちゃったあ」〈滑・膝栗毛・二〉❷つい。うっかり。ひょいと。「女郎を買ふ気で一番勝負の長が━半と出て」〈洒・道中粋語録〉

カラライゼーション〖colorization〗▶カラリゼーション

ガラルス‐れいはいどう【ガラルス礼拝堂】(レイハイダウ)《Gallarus Oratory》アイルランド南西部、大西洋に突き出たディングル半島の西部にある石積みの礼拝堂。初期キリスト教時代の遺跡の一。6世紀から9世紀、もしくは12世紀頃のものと考えられている。

からり〔副〕❶引き戸などをすばやく開ける音を表す語。「格子戸を━と開ける」❷堅い物が触れ合って立てる軽い音を表す語。「鉛筆が━と転がる」❸明るく、広々としているさま。「雲一つなく━と晴れた空」❹湿り気がなく、気持ちのいいさま。「てんぷらを━と揚げる」「洗濯物が━と乾く」❺性格が明朗で、さっぱりしているさま。「━とした人柄」❻記憶やこだわりの気持ちがすっかりなくなってしまうさま。「約束を━と忘れてしまう」❼事態が一変するさま。「池の端の行き違いより━と変わりし源太が腹の底」〈露伴・五重塔〉

がらり㊀〔副〕❶引き戸などを勢いよく開ける音を表す語。「ガラス戸を━と開ける」❷堅い物がぶつかり合って立てる大きい音を表す語。「重ねた木箱が━と崩れた」❸事態が急激に、すっかり変わるさま。「人柄が━と変わる」㊁〔名〕がらり板を取り付けた窓や扉。

がらり㊀〔副〕❶残らず。そっくり。「山城屋といふくつわへ…命━に身を売りて」〈浄・淀鯉〉❷即座に。すぐさま。「それ縛れと言ふや否や、━後ろ手三寸縄」〈浄・兜軍記〉㊁〔名〕給料などを前もって全額渡すこと。前払い。「こなたは乳ぶくろもよいによって、━に八十五匁」〈浮・胸算用・三〉

がらり‐いた【がらり板】羽板(はいた)のこと。

カラリスト〖colorist〗❶色彩効果を重視する画家。色彩画家。❷ファッション・車などの配色や色彩の効果などについて研究する専門家。

カラリゼーション〖colorization〗白黒映画の画像に、コンピューター技術を応用して色彩をつけること。カラライゼーション。

がらり‐ど【がらり戸】がらり板を取り付けた戸。よろい戸。しころ戸。

から・れる【駆られる】〔動ラ下一〕《動詞「か(駆)る」の未然形に受身の助動詞「れる」が付いて一語化したもの》ある激しい感情に動かされる。「不安に━・れる」「好奇心に━・れる」

から‐わ【唐輪】❶「唐子髷(からこまげ)」に同じ。❷室町後期から近世にかけての婦人の髪の結い方の一。髻(もとどり)の上にいくつかの輪を作り、その根元を余りの髪で巻いたもの。

か‐らん【夏卵】❶ミジンコ・ワムシ・アリマキなどで、雌が春から夏にかけて単為生殖によって産む卵。ふつう雌が生じるところから、雌卵(しらん)ともいう。❷雌雄同体の扁形動物の一部種で、夏季の交尾器が発達していないときに自家受精で産む卵。卵黄の量が少なく、殻も薄い。急発卵。

か‐らん【禍乱】(クワ)世の乱れや騒動。

か‐らん【×鰕卵】大きなエビの卵をゆでて乾燥させた食品。

カラン〖オランダ kraan〗水栓。蛇口。

が‐らん【×伽藍】《梵 saṃghārāmaの音写「僧伽藍摩」の略。僧園・衆園と訳す》❶僧が集まり住んで、仏道を修行する、清浄閑静な場所。❷大きな寺・寺院の建物。「七堂━」類語 寺・仏閣・寺院・仏家・梵刹(ぼんさつ)・仏寺・仏刹(ぶっさつ)・山門・古寺・古刹・巨刹・名刹

がらん〔副〕❶金属製の物がぶつかって立てる騒がしい音を表す語。「石油缶が━と倒れる」❷何もなくて、だだっ広く感じられるさま。「━とした校庭」

がらん-いし【×伽藍石】社寺の柱の礎石をくつぬぎ石や飛び石などに転用したもの。がらんせき。

カランコエ〖ラテ Kalanchoe〗ベンケイソウ科カランコエ属の多肉植物の総称。マダガスカル島など熱帯に分布。日本では園芸上、特にベニベンケイをさし、花茎の先に4弁花が多数房状につき、色は赤・橙・桃・黄色などがある。

ガランサス〖ラテ Galanthus〗ヒガンバナ科ガランサス属の植物の総称。スノードロップなど。

がらん-じん【×伽藍神】寺院を守護する神。興福寺の春日明神、延暦寺の山王権現など。寺神。

ガランス〖フラ garance〗❶植物の茜。❷茜色。やや沈んだ赤色。マッダー。

ガランタミン〖ドイ Galanthamin〗スノードロップなどに含まれるアルカロイドの一。神経刺激剤として小児麻痺・筋無力症などに使用。

がらん-ちょう【×伽藍鳥】テウ ペリカンの別名。

ガランティーヌ〖フラ galantine〗▶ガランティン

ガランティン〖フラ galantine〗《「ガランティーヌ」とも》西洋料理の一。鶏やカモなどを皮つきのまま広げ、ひき肉と香辛料を合わせたものなどを巻き込んで、ブイヨンでゆでるか蒸し焼きにした料理。冷やし、輪切りにして食べる。

カラント〖currant〗《「カランツ」とも》❶▶酸塊 ❷干しブドウの一種で、小形の種なしのもの。

がらん-どう〔名・形動〕中に何もなくて広々していること。また、そのさま。「一な(の)部屋」
(類語)空ら・空ろ・空虚・空っぽ・空ろ

がらん-どう【×伽藍堂】ダウ 寺院で、伽藍神を祭ってある堂。

がらん-はいち【×伽藍配置】寺院における堂塔の配置形式。日本では飛鳥時代から奈良時代にかけて発達し、四天王寺式・法隆寺式・川原寺式などがある。平安時代には密教の山上伽藍が、鎌倉時代には禅宗寺院の配置が形成された。

カランバカ〖Kalambaka〗ギリシャ中部、テッサリア地方の町。1988年世界遺産(複合遺産)に登録されたメテオラの修道院群への観光拠点として知られる。

ガランバ-こくりつこうえん【ガランバ国立公園】ーコクリツコウエン《Parc national de la Garamba》コンゴ民主共和国北東部、南スーダンとの国境近くにある国立公園。白ナイル川上流に広がるサバンナ地帯。1938年、国立公園に指定。1980年、世界遺産(自然遺産)に登録されたが、絶滅危惧種に指定されるキタシロサイなどの密猟が絶えず、96年に危機遺産リストに登録された。

カランルク-きょうかい【カランルク教会】ーケウクワイ《Karanlık Kilise》▶暗闇の教会

カランルク-キリセ〖Karanlık Kilise〗▶暗闇の教会

か-り【下吏】下級の官吏。したやくにん。

かり【▽甲｜▽上】《動詞「か(上)る」の連用形から》邦楽で、音の高さを上げること。特に、尺八でいう。かん。⇔乙。

かり【仮】《「借り」と同語源》❶間に合わせであること。「一の住まい」「一の措置」「一調印」❷本当のもの、本来のものではないこと。「一の親」「一の姿」❸仮定すること。「これは一の話だが」▶仮に (類語)その場逃れ・その場しのぎ・当座逃れ・当座しのぎ・一時逃れ・一時しのぎ・糊塗・間に合わせ・有り合わせ・姑息

かり【狩(り)｜▽猟】❶山野で鳥獣を追いかけて捕らえること。猟。狩猟。(季 冬)「弓張や一に出る子のかげぼふし/嘯山」❷(接尾語的に用い、「がり」と濁る)㋐魚介類をとること。「潮干一」㋑山野で植物を観賞・採集すること。「まつたけ一」「もみじ一」㋒追いたてて捕らえること。「山一」「魔女一」

かり【借り】❶借りること。また、借りたもの。特に、借金・借財・負債など。「一を返済する」⇔貸し。❷人から恩義・援助・恥辱などを受けて、その報いをしていない状態。「この一はいつかきっと返す」⇔貸し。❸簿記で、「借り方」の略。⇔貸し。

かり【×雁｜×鴈】㊀〔名〕《鳴き声から》ガンの別名。(季 秋)「久しくて次なる一の鳴き渡る/汀女」㊁〔副〕ガンの鳴き声を表す語。「声に立てつつ一とのみ鳴く」〈後撰・秋下〉

カリ〖Cali〗コロンビア西部の工業都市。アンデス山脈中の盆地にある。織物・香料・自動車などの工業が盛ん。人口、都市圏219万(2008)。

カリ〖オラ kali〗❶カリウムの略称。「一ガラス」「一肥料」❷炭酸カリウムの俗称。❸カリウム塩のこと。「青酸一」(補説)「加里」とも書く。

カリ〖Kari〗土星の第45衛星。2006年にすばる望遠鏡で米国などの研究者が発見。名の由来は北欧神話の巨人。非球形で平均直径は約7キロ。カーリ。

かり〔助動〕[◯|◯|かり|◯]《助動詞「けり」にあたる上代東国方言》用言や助動詞の連用形に付いて、回想・詠嘆の意を表す。…たなあ。「旅とへど真旅になりぬ家の妹が着せし衣に垢付きにかり」〈万・四三八八〉

がり 責めとがめること。譴責。「一を食う」

がり 「がり版」の略。「一を切る」

がり すしに添える甘酢しょうが。食べるときの音からの名という。

が-り【我利】自分のためだけの利益。「一私欲」
(類語)私益・私利・私腹

がり【▽許】《「かあ(処在)り」の音変化という》㊀〔接尾〕人を表す名詞または代名詞に付き、その人のいる所へ、…のもとに、の意を表す。「妹一と馬に鞍置きて生駒山うち越え来ればもみち散りつつ」〈万・二二〇一〉㊁〔名〕《㊀が形式名詞化したもの》人を表す名詞に助詞「の」を介して付き、その人のもとに、の意を表す。「約束の僧の一ゆきて」〈宇治拾遺・七〉

ガリア〖ラテ Gallia〗古代ヨーロッパ西部のケルト人が住んでいた地方をさすローマ時代の呼称。現在のフランス・ベルギーの全土とオランダ・ドイツ・スイス・イタリアの一部にわたる。カエサルに征服されローマ領となる。ゴール。

かり-あお【狩×襖】アヲ ▶狩衣

かり-あげ【刈(り)上げ】❶襟足や耳ぎわの頭髪を刈り上げること。また、その髪形。❷すっかり刈り取ってしまうこと。特に、稲の刈り取りを済ませること。(季 秋)

かり-あげ【借(り)上げ】❶借り上げること。❷江戸時代、財政難の藩が家臣から借りる形で、扶持米・知行を減じたこと。享保年間(1716〜1736)に最もはなはだしかった。半知。❸「かしあげ(借上)」に同じ。

かり-あ・げる【刈(り)上げる】〔動ガ下一〕図かりあ・ぐ〔ガ下二〕❶頭髪の後ろの部分を下から上へ刈っていく。「髪を短く一・げる」❷残らず刈ってしまう。刈り終わる。「稲をすっかり一・げる」

かり-あ・げる【借(り)上げる】〔動ガ下一〕図かりあ・ぐ〔ガ下二〕政府や目上の者が、民間や目下の者から借りる。「民有地を一・げる」⇔貸し下げる。

ガリアせんき【ガリア戦記】《原題、ラテ Bellum Gallicum》歴史書。カエサル著。前58〜前52年のガリア征服戦の経過を詳述。当時のガリアとゲルマニアを知る上の貴重な資料。全8巻で、最後の1巻は部下のヒルティウスの手になる。古来ラテン語の文章の模範とされる。

かり-あつ・める【駆(り)集める】〔動マ下一〕図かりあつ・む〔マ下二〕方々から急いで多くの人数を集める。「手伝いの人を一・める」
(類語)集める・寄せ集める・掻き集める・呼び集める

カリアティード〖フラ caryatide〗古代ギリシャの神殿建築で、円柱の代わりに梁を支える役目をする女性立像。▶アトランテス

カリアリ〖Cagliari〗イタリア、サルデーニャ島南部にある港湾都市。サルデーニャ自治州の州都。製塩・石油化学工業が行われる。

カリアリ-だいせいどう【カリアリ大聖堂】ーダイセイダウ《Cattedrale di Cagliari》イタリア、サルデーニャ島の都市カリアリにある大聖堂。正式名称はサンタマリア-ディ-カステッロ大聖堂。13世紀にピサ-ロマネスク様式で建造。18世紀初頭にバロック様式の装飾が施されたが、1930年代の修復により建造当初の状態に戻された。12世紀にピサ大聖堂のためにつくられ、後に同地に寄進された説教壇がある。

カリー〖curry〗▶カレー

ガリー〖gully〗流水などで岩壁が浸食されてできたV字状の溝。クーロアール。ルンゼ。

かり-いえ【借(り)家】ーイヘ「借家」に同じ。

かり-いお【仮×庵｜仮×廬】ーイホ 仮に作ったいおり。旅先などでの仮の宿り。かりお。「秋の野のみ草刈り葺き宿れりし宇治の京の一し思ほゆ」〈万・七〉

かりいお-の-まつり【仮庵の祭】カリイホー ユダヤ教の三大祭りの一。祖先がエジプト脱出後、荒野をさまよった生活を記念して、野外に仮小屋を設けて起居し、秋のぶどうや他の果実の収穫を神に感謝する祭り。ユダヤ暦の正月15日から1週間。スッコート。▶過ぎ越しの祭 ▶ペンテコステ❶

カリーニン〖Kalinin〗ロシア連邦の都市トベリの旧称。

カリーニン〖Mikhail Ivanovich Kalinin〗[1875〜1946]ソ連の政治家。中央執行委員会議長・最高会議幹部会議長を歴任。

カリーニン-おおどおり【カリーニン大通り】ーオホドホリ《Prospekt Kalinina》▶ノーブイアルバート通り

カリーニングラード〖Kaliningrad〗ロシア連邦西端部の港湾都市。バルト海沿岸にあり、リトアニアの南西方に位置するロシアの飛び地。カリーニングラード州の州都。造船・機械工業が盛ん。13世紀に建設され、第二次大戦まで東プロイセンの中心都市で、ケーニヒスベルクと称した。哲学者カントの生地。

カリーニングラード-だいせいどう【カリーニングラード大聖堂】ーダイセイダウ《Kafedral'nïy sobor v Kaliningrade》ロシア連邦西部の都市カリーニングラードにあるカトリック教会の大聖堂。14世紀にゴシック様式で建造。第二次大戦末期、英国軍の攻撃で破壊されたが、ソ連崩壊後に再建。哲学者カントの墓があることで知られる。ケーニヒスベルク大聖堂。

かり-いぬ【狩(り)犬｜▽猟犬】狩猟のときに鳥獣を追ったり捕らえたりさせる犬。りょうけん。

かり-いれ【刈(り)入れ】〔名〕スル 穀物などを刈って取り入れること。収穫。「稲の一」
(類語)取り入れ・収穫

かり-いれ【借(り)入れ】〔名〕スル 金銭や品物を借りること。「改築資金を一する」「一金」⇔貸し出し。

かりいれ-きん【借入金】資金が不足した時に、他から借り入れる金。特に、企業や政府などが、金融機関や他の企業に借用証書・約束手形などを差し入れて借りる金。

かりいれ-しほん【借入資本】▶他人資本

かり-い・れる【刈(り)入れる】〔動ラ下一〕図かりい・る〔ラ下二〕実った稲や麦などを刈り取る。刈って取り入れる。収穫する。「早稲を一・れる」

かり-い・れる【借(り)入れる】〔動ラ下一〕図かりい・る〔ラ下二〕金や品物を借りる。「銀行から一・れる」⇔貸し出す。(類語)借りる・借用する・寸借する・恩借する・借金する・借財する・賃借する・賃借りする・拝借する・チャーターする・借り切る

かり-う【刈り▽生】ーフ 草木を刈ったあと、再び芽が出ること。また、その場所。「長月の萩の一に置く露は」〈曽丹集〉

かり-うえ【仮植え】ーウヱ〔名〕スル 苗木などの移植で、本植えの前に一時的に植えておくこと。仮植。

かり-う・ける【借(り)受ける】〔動カ下一〕図かりう・く〔カ下二〕借りて自分の手元に受け取る。借りる。「資金を一・ける」

かり-うち【樗蒲】4個の平たい楕円形の采(かり)をうって勝負を争う博打。ちょぼ。〈和名抄〉

かり-うど【狩▽人｜▽猟▽人】▶かりゅうど

かりうど-ばち【狩▽人蜂】▶かりゅうどばち

カリウム〖ドイ Kalium〗アルカリ金属元素の一。単体は銀白色の軟らかい金属で、水より軽い。化学的性質はナトリウムに似るが、より活性があり、水と反応して水素を発生し、紫色の炎を上げて燃える。石油中に貯蔵。天然には地殻中に長石・雲母などの成

分として分布し、海水中や動植物の細胞内液にイオンとして存在する。元素記号K　原子番号19。原子量39.10。

ガリウム〘gallium〙硼素族元素の一。単体は青みを帯びた軟らかい金属で、アルミニウムに似た性質をもつ。融点がセ氏約30度と低く、気温が高いと液体になりやすい。元素記号Ga　原子番号31。原子量69.72.

カリウム-アルゴンほう【カリウムアルゴン法】ハフ 岩石の年代測定法の一。鉱物中に含まれるカリウムの放射性同位体と、その壊変により生成するアルゴンとの量比から、鉱物が生成した年代を算出する。

ガリウム-ひそ【ガリウム×砒素】高純度の砒素とガリウムとを直接反応させて得られる暗灰色で金属光沢のある結晶。化合物半導体としてIC・レーザー・発光素子などに用いられる。正しくは砒化ガリウム。

ガリウムひそ-アイシー【ガリウム×砒素IC】ガリウム砒素化合物半導体基板上に構成された集積回路。通常のシリコンICに比べて、低雑音・低消費電力が特徴。

カリエール〘Eugène Carrière〙[1849～1906]フランスの画家。女性像、特に母性愛をテーマとする作品が多く、単色の夢幻的な美しさを特徴とする。代表作「母性」「接吻せっぷん」など。

カリエール-ひろば【カリエール広場】《Place de la Carrière》フランス北東部、ロレーヌ地方、ムルト-エ-モーゼル県の都市ナンシーの中心部にある広場。18世紀中頃、ルイ15世の義父スタニスワフ(スタニスラス)＝レシチニスキーがポーランド国王の座を追われて亡命しロレーヌ公となり、大規模な都市開発を行った際につくられた広場の一。同市出身の建築家エマニュエル＝エレが設計し、金具工芸師ジャン＝ラムールがロココ様式の装飾を手がけた。凱旋門、官邸、公宮殿に囲まれる。他の広場と共に、1983年に「ナンシーのスタニスラス広場、カリエール広場、アリアンス広場」の名称で世界遺産(文化遺産)に登録された。

カリエス〘ドイツ Karies〙骨が壊疽えそを起こして崩壊していく疾患。結核菌による脊椎カリエスが代表的。骨瘍こつよう。骨疽こつそ。

カリ-えん【カリ塩】塩化カリウム・硫酸カリウム・炭酸カリウムなど、カリウム塩類の総称。肥料にする。

かりお【仮×庵｜仮×廬】かりほ 「かりいお」の音変化。「旅の―に安く寝むかも」〈万・四三四八〉

ガリオア〘GARIOA〙《Government Appropriation for Relief in Occupied Areas Fund》占領地域救済資金。第二次大戦後、米国が占領地住民の飢餓や疾病による社会不安を防止し、占領行政の円滑化を図るために支出した援助資金。➡エロア

カリオカ〘ポルトガル Carioca〙《「キャリオカ」とも》❶リオデジャネイロ生まれの人、または住民。❷(carioca)サンバに似たブラジルのダンス・音楽。

かり-おや【仮親】❶実の親に代わって養育する人。養父母。養い親。❷結婚・養子縁組・奉公などの際に、一時的に名義上の親となる人。親代わり。❸未成年の子の儀礼に際し、実の親に代わって行事をつかさどる仮の親。取り上げ親・名づけ親・烏帽子えぼし親・鉄漿かね親など。❹ゲームなどで、仮に決めた親。

かり-かえ【借(り)換え】かへ〔名〕スル ❶前に借りた分を返して、新しく借りること。❷公社債を新たに発行して、既発行公社債の償還に充てること。「低利―」

かりかえ-こうさい【借換公債】かりかへ 償還期限のくる公債の償還資金を調達するために、または長期金利が低下したとき、既発行の公債を低利のものに転換するために発行する公債。➡借換債

かりかえ-さい【借換債】かりかへ ❶▶借換公債 ❷普通国債の償還額の一部を借り換える資金を調達するために発行される国債。国債整理基金特別会計において発行され、その歳入の一部となる。国会の議決を経て定められた限度額内で、会計年度を越え前倒ししての発行が認められている。借換国債。

かり-か・える【借(り)換える】かへる〔動ア下一〕図かりか・ふ〔ハ下二〕借りていたものを返して、また新たに借りる。「低利のローンに―・える」

かり-がこい【仮囲い】がこひ 建築・工事場に仮に設ける囲い。

かり-かし【借り貸し】借りと貸し。かしかり。「これで―なしになった」

かり-かた【借(り)方】❶借りる方法。「金の―がうまい」⇔貸し方。❷貸借関係で、借りたほうの人。借り手。⇔貸し方。❸複式簿記で、勘定口座の左側。また、勘定様式による貸借対照表・損益計算書の左側をいうこともある。資産の増加、負債・資本の減少、費用の発生を記入する。⇔貸し方。

かりかち-とうげ【狩勝峠】たうげ 北海道日高山脈北部の峠。標高644メートル。石狩・十勝両地方を結ぶ交通の要地。国道38号線が通る。

カリカチュア〘caricature〙特徴を大げさに強調して描いた風刺画。戯画。カリカチュール。文章や芝居での風刺的な表現にもいう。〘補説〙語源はイタリア語のcaricaturaで、荷の積み過ぎ、誇張の意。

カリカチュアライズ〔名〕スル《caricatureに、…化する、の意の接尾語izeを付けた和製語》人や事物の欠点・弱点などをおもしろおかしく誇張して、風刺的に描くこと。戯画化。「現代文明を―した小説」

カリカチュール〘フランス caricature〙▶カリカチュア

カリカット〘Calicut〙コージコードの旧称。

かり-かつよう【カリ活用】クワツヨウ 文語形容詞の連用形語尾「く・しく」にラ変動詞「あり」が付いて音変化した「かり・しかり」の活用形式をいう。例えば、「高かり」「恋しかり」の類で、形容詞に欠けた、助動詞に続く機能をこれで補っている。従って、終止形「高かり」「恋しかり」や、已然形「高かれ」「恋しかれ」は通常用いられない。かつては、形容動詞の活用形式の一として、ナリ活用・タリ活用と並べられたが、今では、形容詞の活用の補助とみて、それに含めるのが普通である。ただ、中古の「多かり」だけは特別で、訓点語で終止形「多し」とその系列が用いられるのに対し、和文では、連用形「多く」のほかは、終止形「多かり」をはじめ「多かる」「多かれ」の形が多用されるので、これだけをカリ活用と称することもある。

ガリカニズム〘Gallicanism〙ローマ教皇の絶対権に対し、ガリア教会(フランスのカトリック教会)の自由を擁護し、これをフランス王権のもとに置こうとする立場。15世紀以来発展し、17世紀から18世紀にかけて最盛期をみた。ガリア主義。➡ウルトラモンタニズム

かり-が-ね【×雁が音｜×雁金｜×雁】❶ガンの鳴く声。また、ガンの別名。〘季 秋〙❷ガンを図案化した紋所の名。❸カモ科の鳥。全長約60センチ。全体に暗褐色で、足は橙黄色、額が白く、目の周囲が黄色。ユーラシア北部で繁殖し、日本には冬鳥としてマガンにまじって少数が飛来。

かりがね-ごにんおとこ【雁金五人男】ごにんをとこ 元禄(1688～1704)のころ、大坂を荒らした雁金文七ぶんしちを頭とする五人の無頼漢。また、これを劇化した浄瑠璃・歌舞伎の作品の総称。

かりがね-そう【×雁草】サウ クマツヅラ科の多年草。山地に生え、高さ約1メートル。茎・葉には悪臭がある。葉は広卵形。秋、紫色の花が咲き、花は筒形で先端が唇状に大きく開き、しべが湾曲して長く突き出す。ほかけそう。

かりがね-てん【×雁点】《古く雁の飛ぶ形に似た「✓」の符号を用いたところから》漢文訓読の返り点の一。レ点。

かりがね-びし【×雁金×菱】雁の飛ぶ姿を上下に対にして、ひし形に描いた紋所。また、それが連続した模様。雁菱かりびし。

かりがね-びたい【×雁金額】―びたひ ▶火灯額かとうびたい

かり-かぶ【刈(り)株】稲や麦を刈り取ったあとに残る根株。かりくい。

かり-かぶ【借(り)株】❶証券会社が、顧客から信用取引による売り注文を受けて取引所で売り付けたのち、決済のために証券金融会社から借り受ける株券。❷株券消費貸借によって、所有者から借りた株。

カリ-ガラス《和 kali(オランダ)＋glas(オランダ)》ナトリウムよりもカリウムを多く含有するソーダ石灰ガラス。屈折率が増し、不純物による着色がないので、クリスタルガラス・光学ガラス・理化学用ガラスなどに利用。

かり-かり〔副〕スル ❶堅い物をかみ砕いたり引っかいたりするときの軽い音を表す語。「鍋の汚れを―(と)かき落とす」❷水分や脂肪分がなくて堅く、かむと歯切れのいいさま。「ベーコンを―に焼く」❸気分がいらだって怒りっぽくなっているさま。「つまらないことに―(と)する」❹ガンの鳴く声を表す語。「来る秋ごとに―となく」〈後撰・秋下〉 ❶❸❹は**カ**リカリ、❷はカ**リカリ**。〘類語〙(❸)いらいら・じりじり・やきもき・むしゃくしゃ

がり-がり ㊀〔副〕❶堅い物をかみ砕いたり引っかいたりするときの音を表す語。「氷を―(と)かじる」「かつお節を―(と)削る」❷一つの事に凝り固まって、他の事を考えるゆとりがないさま。「―(と)金をためる」㊁〔形動〕❶非常に堅くてかじると音のするさま。「生煮えで―なじゃがいも」❷ひどくやせているさま。「―にやせたからだ」❸(「我利我利」とも当てて書く)自分の利益や欲望だけを追うさま。「人間の心を―にして清くしない」〈実篤・幸福者〉 ㊀はガリガリ、㊁はガ**リガリ**。

がりがり-もうじゃ【我利我利亡者】マウジャ 欲深くて自分の利益だけを考えている者をののしっていう語。

かり-かんじょう【仮勘定】カンヂヤウ 簿記で、勘定科目や金額が未確定の場合に、とりあえず処理しておく勘定科目のこと。仮払金勘定・仮受金勘定など。

かり-ぎ【刈×葱】ネギの一品種。葉が細く小さい。1年に数回採取できるが、特に夏のネギとする。夏ねぎ。〘季 夏〙「野のすゑや―畑をいづる月／鬼貫」

かり-ぎ【借(り)着】他人から衣服を借りて着ること。また、その衣服。

かり-ぎちょう【仮議長】ギチヤウ 議長・副議長がまだ決まっていない場合や支障のある場合に、代わって議長を務める者。

かり-ぎぬ【狩▽衣】《もと、狩りなどのときに着用したところから》古代・中世、公家が常用した略服。胡服こふく系の盤領あげくびで、前身頃まえみごろと袖が離れており、袖口にくくりの緒がついている。布製であるところから布衣ほういとよんだが、平安後期になると、野外の出行や院参に華麗な絹織物が使われるようになり、位階・年齢に相応したものを用いる慣習を生じた。近世では、有文の裏打ちを狩衣とよび、無文の裏無しを布衣とよんで区別した。狩襖かりあお。

かりぎぬ-すがた【狩▽衣姿】狩衣を着た姿。ふつう、烏帽子えぼし・指貫さしぬきを伴う。「あるは袍衣ほうのう、あるは―にて」〈栄花・玉の台〉

かりぎぬ-そうぞく【狩▽衣装束】サウゾク 狩衣に狩袴かりばかままたは指貫さしぬき、烏帽子えぼしなどをつけた服装。「皆出で立ちて、―をして」〈宇津保・吹上上〉

かりぎぬ-のうし【狩▽衣直＝衣】―なほし ▶小直衣こなおし

かりぎぬ-ばかま【狩▽衣×袴】狩衣と、それにつける指貫さしぬきの袴。また、その上下がそろったもの。「青鈍あおにびの―着たる男」〈今昔・二二・七〉

かりぎぬ-びな【狩▽衣×雛】雛人形の一。男雛は狩衣に指貫さしぬき・立烏帽子たてえぼしを着けて中啓ちゅうけいを持ち、女雛は下げ髪で五つ衣に緋袴ひばかまを着けて檜扇ひおうぎを持つ。

カリキュラム〘curriculum〙教育内容を学習段階に応じて配列したもの。教育課程。

かり-きり【借(り)切り】借り切ること。また、借り切ったもの。「屋形船を―にする」⇔貸し切り。

かり-き・る【借(り)切る】〔動ラ五(四)〕❶乗り物や場所などを専用できる形で、一定期間を通して借りる。「レストランを―・ってパーティーを開く」⇔貸し切る。❷借りられるものをすべて借りる。「限度額いっぱい金を―・る」⇔貸し切る。〘類語〙借りる・チャーターする

かり-くび【×雁首】雁の首。それに似た形のもの。特に、陰茎の先端部。亀頭きとう。「―に数珠じゅずを懸けさせ」〈浮・一代男・八〉

かり-くら【狩倉｜狩▽座｜狩▽競】❶狩猟をする場所。狩り場。「駒並なめて狩りする人は―の虎伏す野べぞゆかしかりける」〈散木集・九〉❷狩猟。特に、鹿狩り。「今日の―むなしからめや」〈夫木・三六〉

かり-くら・す【狩り暮らす】〔動サ四〕狩猟をして1日を送る。「―・し織女に宿借らむ天の川原に我はきにけり」〈古今・羇旅〉

カリグラフィー〖calligraphy〗❶欧文の文字を美しく書く技術。❷主に抽象絵画で、文字を思わせる記号的形象。また、日本・中国の書に想を得た、筆勢による表現方法。❸日本・中国における書道。

かり-けいやく【仮契約】正式に契約を結ぶまでの仮の契約。仮約束。

かり-げんぶく【仮元服】武家の男子が11歳になった時、初めて腰刀をさす祝いの儀式。

かり-こ【狩(り)子】狩猟のとき、鳥獣を狩り出す役の者。勢子。

かり-こし【借(り)越し】❶一定の限度を超えて借りること。⇔貸し越し。❷貸しより借りが多いこと。特に、当座預金の口座を持っている者が、預金残高以上の金額を借りること。⇔貸し越し。

かり-ごしらえ【仮×拵え】〔名〕スル 間に合わせとして仮に作ること。また、そのもの。「―の会場」

かり-こみ【刈(り)込み】〔名〕スル ❶草木の枝葉を切り整えること。❷頭髪を短く切ること。

かり-こみ【狩(り)込み】❶鳥獣を追いたてて捕らえること。❷街頭の浮浪者や売春婦などを警察がいっせいに検挙すること。

かりこみ-こ【刈込湖】栃木県北西部、奥日光最北の湖。東側の切込湖とつながり、ひょうたん形をしている。三岳(標高1945メートル)の噴火による溶岩流で沢がせき止められてできた。面積0.06平方キロメートル。深度15.2メートル。湖面標高約1610メートル。コメツガ・ダケカンバなどの原生林に囲まれる。

かりこみ-ばさみ【刈(り)込み×鋏】❶木の枝葉を刈り込むために使う、柄の長いはさみ。❷整髪用のはさみ。

カリコム〖CARICOM〗《Caribbean Community》カリブ共同体。カリブ海諸国の経済統合、外交政策の調整、保健医療・教育等に関する協力促進を目的として1973年、CARIFTA(カリブ自由貿易連盟)を発展的に解消させて結成。事務局はガイアナ共和国のジョージタウン。

かり-こ・む【刈(り)込む】〔動マ五(四)〕❶草木の枝葉や頭髪を刈って形を整える。「庭の芝を―・む」「愛犬の毛を短く―・む」❷文章を推敲して不要な部分を削る。「―・んだ無駄のない文章」❸農作物を刈り取って蓄える。「麦を小屋に―・む」

かり-こも【刈り×菰｜刈り▽薦】刈り取った真菰。また、それで織ったむしろ。「―の一重を敷きてさ寝れども」〈万・二五二〇〉

かりこも-の【刈り×菰の】〔枕〕刈った真菰の乱れやすい意から、「乱る」にかかる。「―乱れ出づ見ゆ海人のつり船」〈万・二五六〉

かり-ごや【仮小屋】間に合わせにこしらえた小屋。

カリコレ〖Kallichore〗木星の第44衛星。他の多くの衛星とは逆方向に公転している。2003年に発見。名の由来はギリシャ神話の女神でゼウスの娘。非球形で平均直径は2キロ。

かり-ごろも【狩衣】㊀〔名〕狩りのときの服。かりぎぬ。「秋の野の露わけきたる―葎しげれる宿にかこつな」〈源・手習〉㊁〔枕〕「裁つ」「着る」「掛く」「裾」「紐」の縁から、あるいは乱れたり傷んだりするものであるところから、「乱る」「立つ」「裾野」「日も」などにかかる。「―乱れて袖にうつりゆく」〈夫木・一一〉「―たち憂き花のかげに来て」〈玉葉集・旅〉

かりさか-とうげ【雁坂峠】埼玉・山梨県境にある峠。標高2082メートル。秩父盆地と甲府盆地を結び、峠道は秩父往還または甲州裏街道とよばれ、江戸時代に多く利用された。

かり-さしおさえ【仮差(し)押(さ)え】債務者の財産を暫定的に差し押さえることを目的とする裁判上の手続き。動産・不動産の売却・隠蔽を防ぎ、金銭債権などの執行を保全するために行われる。

かり-じ【借(り)字】「当て字」に同じ。

ガリシア〖Galicia〗スペイン北西端にある自治州。リアス式海岸での漁業と内陸高原部での農業が盛ん。州都サンティアゴ-デ-コンポステラとルーゴに世界遺産がある。

かり-しき【刈(り)敷(き)】山野の草や柴を刈り、田に緑肥として敷き込むこと。また、その草や柴。

かり-しっこう【仮執行】民事訴訟で、勝訴者のこうむる不利益を避けるため、判決の確定前に、仮に強制執行をすること。「仮差し押さえ」「仮処分」が本執行の保全を目的とするのに対し、「仮執行」は確定判決と同等の執行力をもつ。➡強制執行 ➡終局判決

かりしっこう-の-せんげん【仮執行の宣言】敗訴者の上訴提起によって勝訴者のこうむる不利益を避けるため、判決の確定前に執行力を付与する裁判。

かりじ-の-おの【猟路の小野】奈良県桜井市鹿路付近の野。〔歌枕〕「馬並めてみ狩立たせる若薦を―に鹿こそばい這ひ拝め」〈万・二三九〉〔補説〕「軽路」を当て、飛鳥の軽の野をさす説もある。

かり-しめ【刈り▽標｜仮▽標】草刈り場を占有していることを示すしるし。「浅茅原―さして空言も寄そりし君が言をし待たむ」〈万・二七五五〉

かり-しゃくほう【仮釈放】懲役・禁錮の受刑者で、刑期の3分の1以上、無期刑の場合は10年を経過したのちに、改悛の情があると認められる者を、行政官庁(地方更生保護委員会)の処分により、一定の条件をつけて刑事施設から仮に釈放すること。対象者は保護観察に付される。

かり-しゅうげん【仮祝言】内輪で執り行う仮の婚礼。「―をあげる」

かり-じゅうしょ【仮住所】❶仮に住んでいる所。❷法律で、ある取引に関して、当事者の住所に代わるべきものとみなされる場所。

かり-しゅつごく【仮出獄】「仮釈放」の旧称。

かり-しゅっしょ【仮出所】仮釈放・仮出場・仮退院の俗称。

かり-しゅつじょう【仮出場】拘留刑の執行を受けている者、または罰金・科料を完納できないために留置されている者を、情状により、行政官庁(地方更生保護委員会)の処分によって仮に拘留場から出すこと。刑期に関係なく許され、保護観察に付されない点で「仮釈放」と異なる。

かり-じゅよう【仮需要】価格の上昇や物資の不足が予想されるようなときに、在庫増加や投機的なねらいから生じる需要。

かり-しょうぞく【狩装束】❶公家が狩りに出るときの装束。普通は狩衣に狩袴を着た。❷平安末期から、武士が狩りをするときの装束。水干または直垂をつけ、行縢をはき、綾藺笠をかぶり、太刀・腰刀を身につけ、籐巻の弓や野矢を携えた姿。

かり-じょうやく【仮条約】本条約締結前に、その準備として、条約の大綱を内容として結んでおく仮の条約。「安政の―」

かり-しょぶん【仮処分】訴訟の遅延や債務者の財産隠匿などによって権利の実現が危険に瀕している場合、その保全のために、裁判所により暫定的、仮定的になされる処分。係争物に関する仮処分と、仮の地位を定める仮処分とがある。

カリス〖ポルトガル caliz〗カトリック教会用語。聖餐の際に用いる杯。聖杯。

カリスタン〖Khalistan〗《シク教徒の国の意》インド北西部パンジャブ州における、同州の人口の過半を占めるシク教徒による分離独立運動。

カリスト〖Kallistō〗㊀ギリシャ神話で、アルテミスに仕えたニンフ。ゼウスに愛されてアルカスを産んだため、ゼウスの妃ヘラによって熊にされた。㊁(Callisto)木星の第4衛星で、すべての衛星のうち8番目に木星に近い軌道を回る。1610年にガリレオ=ガリレイが発見。名は㊀に由来。エウロパ同様、表面の氷の層の下に液体の海が存在する可能性があるとされる。直径は約4800キロ(地球の約0.38倍)。

カリスブルック-じょう【カリスブルック城】《Carisbrooke Castle》英国イングランド南部、サウサンプトンの南方に浮かぶワイト島中央部にある城。ピューリタン革命の後、チャールズ1世が1649年に処刑されるまで幽閉された場所として知られる。チャールズ1世没後250年を記念して建てられた聖ニコラス教会や、その生涯を紹介する博物館がある。

カリスマ〖ドイツ Charisma〗❶《ギリシャ語で、神の賜物の意》超自然的、超人間的な力をもつ資質。預言者・呪術者・軍事的英雄などにみられる、天与の非日常的な力。この資質をもつ者による支配をマックス=ウェーバーはカリスマ的支配と名づけ、三つの支配類型の一つとした。❷人々の心を引きつけるような強い魅力。また、それをもつ人。「―性のある人物」「ファッション界の―」

かり-ずまい【仮住(ま)い】〔名〕スル 一時的にそこに住むこと。また、その家。「改築中はアパートに―する」〔類語〕仮寓・寓居

かり-ずまい【借(り)住(ま)い】〔名〕スル 家を借りて住むこと。また、その家。借家ずまい。

カリスマ-せい【カリスマ性】人々の心を引きつける強い魅力があること。多くの人から支持されること。「―のある経営者」➡カリスマ❷

かり-ずり【仮刷(り)】本刷りの前にする試し刷り。

かり-せい【仮製】❶仮に作ること。また、仮に作ったもの。❷「仮製本」の略。

かり-せいふ【仮政府】憲法上の正式な政府ができるまで、仮に設けられる事実上の政府。臨時政府。

かり-せいほん【仮製本】製本の方法の一。糸か針金でとじた中身に表紙をつけて、一緒に化粧断ちして仕上げるもの。仮綴じ。➡本製本

カリ-せっけん【カリ石×鹸】高級脂肪酸のカリウム塩を用いて作る石鹸。軟らかくて水に溶けやすく、化粧用・薬用とする。➡ソーダ石鹸

かり-せんぐう【仮遷宮】社殿改築工事の間、神体を仮の社殿に移すこと。仮殿遷宮。➡正遷宮

ガリゼンダ-の-とう【ガリゼンダの塔】《Torre Garisenda》ボローニャの斜塔の一。

かり-そう【仮葬】「かそう(仮葬)」に同じ。

かり-そめ【仮初め｜苟=且】〔名・形動〕❶一時的なこと。また、そのさま。「―の恋」❷ちょっとしたこと。ふとしたこと。また、そのさま。「―の病」❸いいかげんなこと。また、そのさま。「師の恩を―にしてはいけない」〔類語〕おろそか・なおざり・ゆるがせ

かりそめ-にも【仮初めにも】〔副〕❶(あとに打消しの語を伴って)打消しの意味を強める語。決して。仮にも。「―法を犯してはならない」❷わずかでも。いささかでも。仮にも。「―逆らう者があれば罰せられる」❸十分でないにせよ、事実としてそうであることを表す語。いやしくも。仮にも。「―常識ある大人である以上、そんなまねをするはずがない」

かりそめ-ぶし【仮初め×臥し】「仮寝❶」に同じ。「秋の田の―もしてけるかいたづら稲を何につままし」〈後撰・恋四〉

かり-た【刈(り)田】稲を刈り取ったあとの田。刈り小田。〔季 秋〕「待ちかねて雁の下りたる―かな／一茶」

カリダーデ〖ポルトガル caridade〗キリシタン用語で、愛の徳。慈悲。〔補説〕英語のcharityと同語源。

かり-たいいん【仮退院】少年院または婦人補導院の在院者を、行政官庁(地方更生保護委員会)の処分によって仮に退院させること。対象者は保護観察に付される。

かり-たいほじょう【仮逮捕状】外国政府からの請求で、その国から逃亡して来た犯罪人を仮に逮捕するための逮捕状。

かり-たお・す【借(り)倒す】〔動サ五(四)〕借りたまま、返さないでしまう。踏み倒す。「借金を―・す」

かり-たく【仮宅】❶しばらく住む家。仮の住まい。❷近世、江戸吉原の遊郭が火事で焼けたとき、再建までの間、吉原以外の一般住宅地内で仮営業を許可されていた臨時の遊郭。

かり-だ・す【借(り)出す】〔動サ五(四)〕❶物を借り

て外に持ち出す。「図書館から本を—・す」❷借りはじめる。

かり‐だ・す【駆(り)出す】〘動サ五(四)〙❶(「狩り出す」とも書く)獲物などを追いたてて出す。「野ウサギを—・す」❷促して、引っ張り出す。無理に引き出す。「選挙運動に—・される」

かり‐た・てる【駆(り)立てる】〘動タ下一〙文かりた・つ〘タ下二〙❶(「狩り立てる」とも書く)獲物を捕らえるために追いたてる。「イノシシを—・てる」❷その人の意志に関係なく無理に行かせる。「学徒を戦場に—・てる」❸そうせずにはいられない気持ちにしむける。「自責の念に—・てられる」

かり‐だな【借り▽店】賃借している店や家。

かりた‐ひさのり【苅田久徳】[1911～2001]プロ野球選手。神奈川の生まれ。昭和9年(1934)大日本東京野球倶楽部(クラブ)(巨人の前身)に入団。2年後に東京セネタースに移籍。日本の近代野球における二塁守備を確立した。

かりた‐ろうぜき【刈田×狼×藉】(‐ラウゼキ) 中世、他人の田の稲を不法に刈り取ること。

かり‐ち【借(り)地】借りている土地。借地(しゃくち)。

かり‐ちょういん【仮調印】(‐テウイン)〘名〙(スル) 外交交渉で、条約内容が確定した場合に合意のしるしとして行われる、代表者の頭文字だけの署名。仮署名。

カリ‐ちょうせき【カリ長石】(‐チヤウセキ) カリウムを多量に含む長石。正長石・微斜長石などの総称。

かり‐ちん【借(り)賃】物を借りた代わりに支払う料金。⇔貸し賃。

か‐りつ【課率】(クワ‐) 税金を課する割合。税率。

かりっ‐と〘副〙❶堅いものを歯に少し力を入れてかみ砕くときの音を表す語。「—コンペイトーをかみ砕く」❷食べ物から水分や油分が抜けてほどよく堅いさま。「ベーコンを—焼く」「外側は—、中はふわっとしたシュークリーム」

がりっ‐と〘副〙❶堅いものを歯に強く力を入れてかむときの音を表す語。「氷を—かむ」「砂粒が—歯に当たる」❷堅い物をこすったり、引っかいたりしたときの音を表す語。「車止めに—バンパーをぶつけてしまう」

かりっ‐ぱなし【借りっ放し】借りたまま返さないでいること。「本が—になっている」

かり‐つや【仮通夜】死者が亡くなった当日の夜、家族と親族で行う通夜。⇒本通夜

かり‐て【刈(り)手】稲・麦・草などを刈る人。

かり‐て【借(り)手】金銭・物品を借りる側の人。借り主。⇔貸し手。類語借り主・テナント

かり‐て【▽糧¦×粮】食糧。食物。かて。「いかにか行かむ—は無しに」〈万・八八八〉

かりてい‐も【訶梨帝母】《梵 Hārītīの音写》鬼子母神(きしもじん)。

かり‐とうき【仮登記】本登記に必要な要件が完備しないうちに、将来の本登記の順位を保全するために、あらかじめしておく登記。予備登記の一。

かりとうき‐たんぽ【仮登記担保】仮登記担保契約に関する法律によって認められている物的担保の一。債権保全のために、不動産についての代物弁済の予約、停止条件付代物弁済などの契約による権利について、仮登記を付すことのできる担保形態。

かり‐とうひょう【仮投票】(‐タウヘウ) 投票所で、投票管理者が投票の拒否を決定したのに対し、その決定を受けた選挙人に不服があるか、または投票立会人に異議がある場合に、その選挙人に仮にさせる投票。

かり‐とじ【仮×綴じ】(‐とぢ) ❶書物や帳簿などを、仮にとじること。❷「仮製本」に同じ。⇒本綴(ほんと)じ

かり‐どの【仮殿¦▽権殿】社殿の改築・修理の際に、神体を一時奉安する仮の社殿。移し殿。ごんでん。

かりどの‐せんぐう【仮殿遷宮】「仮遷宮(かりせんぐう)」に同じ。

かり‐とり【刈(り)取り】〘名〙(スル) 稲・麦・草などを刈り取ること。

かりとり‐き【刈(り)取(り)機】稲・麦や草を刈り取る機械。

かり‐と・る【刈(り)取る】〘動ラ五(四)〙❶刈り入れる。「麦を—・る」❷草などを、刃物で切って取り去る。「雑草を—・る」❸不都合なものなどを取り除く。「悪の芽を—・る」

かり‐な【仮名】❶《仮の文字の意から》かな。かなもじ。❷仮につけた呼び名。

かり‐に【仮に】〘副〙❶一時の間に合わせに物事をするさま。暫定的に。「—糊(のり)で補強しておく」❷仮定を表す。もし。「—僕が君だったらそうするだろう」類語もし・たとえ・もしか・よしんば

カリニ‐はいえん【カリニ肺炎】⇒ニューモシスチス肺炎

かりに‐も【仮にも】〘副〙❶(あとに打消しの語や反語を伴って)打消し・反語の意味を強める。決して。いささかでも。かりそめにも。「—良心を欺くようなことはしたくない」❷十分でないにせよ、一応ある事実があることを表す。曲がりなりにも。かりそめにも。「—宣言したのであるならば実行すべきである」❸一時的にも。ちょっとでも。「弓矢とる身は、—名こそ惜しう候へ」〈平家・四〉

カリニャーノ‐きゅうでん【カリニャーノ宮殿】《Palazzo Carignano》イタリア北西部、ピエモンテ州の都市トリノにあるバロック様式の宮殿。17世紀にサボイア家の分家であるカリニャーノ公の命で、グアリーノ＝グアリーニの設計により建造。煉瓦(れんが)造りの曲面のファサードをもつ。サボイア家の宮殿として利用された後、サルデーニャ王国議会の議事堂になった。現在は国立リソルジメント博物館になっており、イタリア統一時の各種資料を展示。1997年、「サボイア王家の王宮群」の名称で世界遺産(文化遺産)に登録された。

かり‐ぬい【仮縫い】(‐ぬひ)〘名〙(スル) ❶間に合わせに縫っておくこと。「ほころびを—しておく」❷洋服などを、出来上がりの形に仮に縫うこと。また、それをからだに合わせて補正をすること。下縫い。

かり‐ぬし【借(り)主】物品・金銭を借りるほうの人。借り手。⇔貸し主。類語借り手・テナント

かり‐ね【刈り根】刈ったあとに残った草木の根。和歌で多く「仮寝」にかけていう。「難波江の葦(あし)の—の一夜故みをつくしてや恋ひ渡るべき」〈千載・恋三〉

かり‐ね【仮寝】〘名〙(スル) ❶仮にしばらく寝ること。また、うたた寝すること。かりそめぶし。「休憩室で一時間ほど—する」❷旅に出て泊まること。旅寝。また、野宿。「—する夜のまの露に濡(ぬ)れちつつ一人朝たつ野路の笹原」〈玉葉集・旅〉類語仮眠・仮睡・寝る・ひと眠り・ひと寝入り・一睡・転寝(うたたね)・まどろみ・仮枕・野宿・旅宿・投宿・止宿・旅寝・宿る

かり‐の‐こ【×雁の子】❶ガンやカモなどの水鳥のひなを慈しんでいう語。「鳥座(とぐら)立て飼ひし—巣立ちなば真弓の岡に飛び帰り来(こ)ね」〈万・一八二〉❷ガンの卵。また広く鳥の卵をいう。「三月(やよひ)▽晦日方(つごもりがた)に、—の見ゆるを」〈かげろふ・上〉

かりの‐たまずさ【×雁の玉▽章】(‐たまづさ)「雁の使い」に同じ。「霧晴れぬ空にはそこと知らねどもくるを頼むの—」〈新後拾遺・秋上〉

かりの‐たより【×雁の便り】「雁の使い」に同じ。

かりの‐つかい【狩りの使】(‐つかひ) 平安時代、11月の五節(ごせち)のときなどに、朝廷用の鳥獣を狩るために諸国に遣わされた使者。諸院・宮家からも派遣されたが、のちには禁止された。

かりの‐つかい【×雁の使ひ】(‐つかひ)《「漢書」蘇武伝の、匈奴(きょうど)に捕らえられた前漢の蘇武が、手紙を雁の足に結びつけて放ったという故事から》便り。手紙。かりのたまずさ。かりのたより。かりのふみ。雁書。雁使(がんし)。「春草を馬咋山(くひやま)ゆ越え来なる—は宿り過ぐなり」〈万・一七〇八〉

カリノ‐とう【カリノ島】(‐タウ)《Calino》カリムノス島のイタリア語名。

かりの‐ふみ【×雁の文】「雁の使い」に同じ。

かりの‐やど【仮の宿】❶一時的に身を寄せる所。また、旅先の宿。仮の住まい。「ありはてぬうき世の中の—いづくにわきて心とどめん」〈続千載・雑下〉❷「仮の世」に同じ。「世をいとふ人とし聞けば—に心留(と)むなと思ふばかりぞ」〈新古今・羇旅〉

かりの‐やどり【仮の宿り】「仮の宿(やど)」に同じ。「家居のつきづきしく、あらまほしきこそ、—とは思へど、興あるものなれ」〈徒然・一〇〉

かりの‐よ【仮の世】無常なこの世。はかない現世。うきよ。「風そよぐ篠(しの)の小笹(をざさ)の—を思ふねざめに露ぞこぼるる」〈新古今・雑上〉

かり‐ば【狩(り)場】狩りをする場所。猟場。

ガリバー〘Gulliver〙㊀ガリバー旅行記の主人公の名。㊁《小人国でガリバーは巨人であったことから》ある業種・業界で圧倒的な力を持つ巨大な企業を例えていう。「ビール業界の—を倒す」「—的存在」

ガリバーがた‐かせん【ガリバー型寡占】(‐クワセン)《Gulliver's oligopoly》寡占市場において1社または数社の市場シェアが圧倒的に高く、他の企業との格差がきわめて大きい状況をいう。

ガリバーりょこうき【ガリバー旅行記】(‐リヨカウキ)《原題 Gulliver's Travels》スウィフトの長編小説。1726年刊。小人国・巨人国・飛行島・馬の国の4部からなる。船医ガリバーの漂流記に託して、当時の英国の社会や人間を痛烈に風刺したもの。

かり‐ばかま【狩×袴】地下(ぢげ)の官人が狩猟のときにつけた括(くく)り袴。貴族のものより幅が狭い。奴袴(ぬばかま)。

かりば‐さんち【狩場山地】北海道南西部、渡島(おしま)半島の北部にある山地。主峰は標高1520メートルの狩場山。ブナの森の北限地。

かり‐ばし【仮橋】橋ができるまで、そのそばに間に合わせとして架ける橋。

カリパス〘callipers〙コンパス型の計測器。工作物の厚さや外径を測る外パス、内径を測る内パスとがある。パス。キャリパス。キャリパー。

かりはな‐の‐くつ【×雁鼻の×沓】先端を高く反らせた形に作った黒漆塗りの浅沓(あさぐつ)。かりはな。

かり‐はなみち【仮花道】歌舞伎で、本花道と平行に上手(かみて)にある花道。本花道より狭く、多く必要に応じて仮設される。東の歩み。仮花。

かり‐ばね【刈りばね】木や竹を刈り取ったあとの、根元の部分。切り株。「信濃道(しなのぢ)は今の墾道(はりみち)—に足踏ましむな沓(くつ)はけわが背」〈万・三三九九〉

かり‐ばら【借(り)腹】俗に、代理出産を行うこと。また、代理母のこと。

かり‐ばらい【仮払い】(‐ばらひ)〘名〙(スル) 支出の正確な金額がまだ確定ができない場合、概算で支出しておくこと。「出張旅費を—する」

かり‐ばり【仮貼り】❶仮にはること。また、そのもの。❷日本画やふすま絵を描く際に、紙や絹などにしわが寄らないように水張りするための用具。表面に柿渋を塗ったふすまのようなもの。

ガリバルディ〘Giuseppe Garibaldi〙[1807～1882]イタリア統一運動の指導者。青年イタリア党に入り、南米ブラジルの独立運動などに参加。1860年、赤シャツ隊を率いて全シチリアを解放した。国民的英雄としてたたえられる。

がり‐ばん【がり版】謄写版(とうしゃばん)の俗称。また、その鉄製のやすり板。鉄筆で原紙を切るときのがりがりいう音からの名。「—刷り」

カリビアン〘Caribbean〙カリブ(海)に関することの意。また特に、カリブ海周辺の島々の音楽をさしていうこともある。

カリビアン‐ブラック〘Caribbean Black〙カリブ海諸国から米国へ入国した黒人系住民。

かり‐びし【×雁×菱】⇒雁金菱(かりがねびし)

カリ‐ひりょう【カリ肥料】(‐ヒレウ) カリウム成分を多く含む肥料。草木灰・硫酸カリ・塩化カリなど。

かり‐ふ【刈り▽生】⇒かりう

カリフ〘calif¦caliph〙預言者ムハンマド(マホメット)の後継者の意で、イスラム国家最高権威者の称。スンニー派では、イスラム共同体(ウンマ)の合法的な政治的指導者をさしたが、13世紀半ばに廃絶。ハリファ。

カリブ‐あく【カリブ亜区】《Caribbean subregion》動物地理区の一。全北区に属し、カリブ海を囲む中央アメリカ・西インド諸島を含む地域。ポケットネズミ・カンガルーネズミ・アライグマや、ハチドリ・フウキンチョウなどが特徴。

カリブー〘caribou〙北アメリカでトナカイのこと。
カリフォルニア〘California〙米国、太平洋岸の州。州都サクラメント。果実の大産地。ロサンゼルス・サンフランシスコなど大都市が多く、工業も盛ん。ヨセミテ・キングズキャニオンなどの国立公園や自然保護区も多い。1848年までメキシコ領。加州。➡表「アメリカ合衆国」
カリフォルニア-こうかだいがく【カリフォルニア工科大学】《California Institute of Technology》米国カリフォルニア州パサディナ市にある私立大学。1891年設立。マサチューセッツ工科大学とならぶ科学技術専門大学。CIT。通称、カルテック(Caltech)。
カリフォルニア-だいがく【カリフォルニア大学】《University of California》米国カリフォルニア州にある、バークリー校(UCB)、ロサンゼルス校(UCLA)など10の州立大学の総称。1868年設立。
カリフォルニア-はんとう【カリフォルニア半島】メキシコ北西部の細長くのびる半島。北米大陸との間にカリフォルニア湾をいだく。南端にサンルカス岬がある。バハカリフォルニア。
カリフォルニア-まい【カリフォルニア米】米国カリフォルニア州産の米。生産性が高く、日本の米価に比して低価格。
カリフォルニア-まき【カリフォルニア巻(き)】►カリフォルニアロール
カリフォルニア-ロール〘California roll〙アボカド、レタス、かにかまなどを、海苔を内側にして巻いたすし。刺身や海苔に慣れない米国人のために考案されたといわれる。カリフォルニア巻き。
カリブ-かい【カリブ海】《Caribbean Sea》中央アメリカと南アメリカ大陸および西インド諸島に囲まれる大西洋の付属海。国際的な観光地・保養地が多い。
かり-ぶき【仮×葺き】〔名〕スル ❶間に合わせに屋根を葺くこと。また、その屋根。❷板葺きのままで、まだ瓦を置いていない屋根。
かり-ぶしん【仮普請】〔名〕スル 一時しのぎの簡単な建築。⇔本普請。
カリプソ〘calypso〙㊀西インド諸島トリニダード島で発達した黒人の歌。ストーリー性のある歌詞を即興で作る。第二次大戦後アメリカに持ち込まれ大流行し、二拍子のリズムをもさすようになった。㊁(Calypso)土星の第14衛星。1980年に発見。名の由来はギリシャ神話の女神。土星と第3衛星のテティスが形成するラグランジュポイントのうち、テティスの公転方向後ろ側に位置。前側には第13衛星テレストがある。非球形で細長く長径は約30キロ、短径は約14キロ。
カリフラワー〘cauliflower〙ヨーロッパ産のキャベツから改良された野菜。太く短い茎に長楕円形の葉が放射状につき、結球しない。春、花が咲く前に、白いつぼみの球状の集まりを収穫し、食用にする。日本には明治初年に渡来し、昭和30年(1955)ころから普及。花椰菜。花キャベツ。
がり-べん【がり勉】〔名〕スル いい成績をあげようと、わき目も振らずに勉強ばかりしていること。また、その人。補説「我利勉」とも当てて書く。
かり-ほ【仮×庵｜仮×廬】►かりお
かり-ほうめん【仮放免】入国者収容所に収容されている人について、情状などを考慮して、一定の条件のもとに収容を停止し、身体の自由を回復させること。保証金を納付させて行う。
かり-ぼし【刈(り)干し】刈り取った草などを日に干すこと。(季 夏)
かりぼしきり-うた【刈干切唄】宮崎県高千穂地方の民謡。茅を刈り取るときの仕事歌で、拍子にはまらない追分風の節回し。名称は、刈り取った茅を干して冬期のまぐさ用とすることに由来する。
かり-ほ・す【刈(り)干す】〔動サ五(四)〕草木を刈り取って日に干す。「あの村の二三の家の軒先に―・してあった笹の葉は」〈藤村・嵐〉
カリポス-ほう【カリポス法】紀元前4世紀、ギリシャのカリポス(Kallippos)が考案した太陰太陽暦。太陰暦76年を1期とし、これに28回の閏年を入れて季節に合わせるもの。これによると1太陽年が365.25日となる。
カリホルニウム〘californium〙アクチノイドに属する超ウラン元素の一。キュリウムにα線を照射することにより、カリフォルニア大学バークリー校で人工的に合成された。同位体はいずれも放射性。元素記号Cf 原子番号98。
ガリマール〘Gaston Gallimard〙[1881〜1975]フランスの出版業者。1908年にジードとともに文芸雑誌「NRF」を刊行。19年にガリマール社を設立し、フランスの近代作家たちの作品を出版した。
かり-まいそう【仮埋葬】〔名〕スル 遺体を、仮に土中にうずめること。
かり-まくら【仮枕】「仮寝」に同じ。「臥しわびぬ篠の小笹の―はかなの露や一夜ばかりに」〈新古今・羈旅〉
カリマコス〘Kallimachos〙[前310ころ〜?]古代ギリシャの詩人。アレクサンドリアの図書館の司書として、「大目録」120巻を作成。詩論家としても活躍し、作「アイティア」などの断片が残っている。
かり-また【×雁股】鏃の一。先が二またに分かれ、内側に刃をつけたもの。飛ぶ鳥や走っている獣の足を射切るのに用いる。また、それをつけた矢。
カリマンタン〘Kalimantan〙ボルネオ島のインドネシア領の呼称。全島の南部約8割を占め、大半が森林地帯。
かり-みや【仮宮】❶天皇の行幸などのとき、仮にその地に設けられる宮居。行在所。行宮。❷御輿を臨時に安置する場所。御旅所。
カリ-みょうばん【カリ明×礬】カリウムアルミニウム明礬のこと。ふつう単に明礬とよぶ。加熱脱水して焼き明礬を作る。➡明礬
かり-むしゃ【駆り武者】諸方から臨時にかり集められて、統制の十分とれていない武士。「七万余騎と申せども、国々の―どもなり」〈平家・五〉
カリムノス-とう【カリムノス島】《Kalymnos》ギリシャ東部、エーゲ海に浮かぶ島。イタリア語名カリノ島。ドデカネス諸島に属し、トルコ本土のボドルム半島の先、レロス島とコス島の間に位置する。中心地はポティア(カリムノスとも呼ばれる)。東ローマ帝国、ベネチア共和国の支配後、聖ヨハネ騎士団に統治され、16世紀よりオスマン帝国領。イタリア-トルコ戦争でイタリア領になり、1947年ギリシャに返還。海綿業が盛ん。近年はロッククライミングの名所として知られる。
かり-めん【仮免】「仮免許」の略。
かり-めんきょ【仮免許】一定の資格を得た者に、正式の免許が与えられるまでの間、仮に与えられる免許。自動車運転の仮免許など。仮免。
かり-めんじょう【仮免状】正式の免状を与える前に、その代用として仮に渡しておく免状。
かり-もの【借(り)物】❶人から借りた物。「―の式服」❷形だけ取り入れて、まだ自分のものになっていないもの。意見や考えなど。「―の思想」
かり-もよお・す【駆(り)催す】〔動サ五(四)〕あちらこちらから人々を呼び集める。「だれか別品を―・して来る人はないかな」〈花袋・妻〉
かりや【刈谷】愛知県中部の市。境川の東岸にある。もと水野氏の城下町。自動車などの機械工業が盛ん。人口14.6万(2010)。
かり-や【仮屋】❶仮に作った粗末な小屋。仮小屋。❷祭礼のときの御旅所。❸昔、出産時に妊婦がこもった家屋。産屋。また、女性が月経時にこもった小屋。他屋。
かり-や【借(り)家｜借(り)屋】借りた家。しゃくや。
かりや-えきさい【狩谷棭斎】[1775〜1835]江戸後期の考証学者。江戸の人。本姓は高橋。名は望之。日本の古典の考証・注解や金石文の収集などに業績を残した。著「日本国現報善悪霊異記攷証」「古京遺文」「箋注倭名類聚抄」など。
か-りゃく【下略】〔名〕スル ►げりゃく(下略)
かりゃく【嘉暦】鎌倉後期、後醍醐天皇の時の年号。1326年4月26日〜1329年8月29日。
かり-やく【仮役】仮に任じる役。臨時の役目。
かり-やくじょう【仮約定】本契約を結ぶまで、仮に結ぶ約束。
かり-やくそく【仮約束】「仮契約」に同じ。
かりや-し【刈谷市】►刈谷
かり-やす【刈安｜青=茅】❶イネ科の多年草。山地に群生し、高さ約1メートル。葉は広線形。秋、茎の頂に枝分かれした穂を出す。古くから黄色染料に使用。近江刈安。(季 秋) ❷コブナグサの別名。八丈刈安。❸「刈安染め」の略。
かりやす-ぞめ【刈安染(め)】カリヤスで染めた黄色。また、その染め物。
かりやた-がわ【刈谷田川】新潟県中央部を流れる川。信濃川の支流の一。守門岳(標高1537メートル)付近に源を発し、三条市の西方で信濃川に注ぐ。長さ54キロ。上流は河岸段丘が発達、平野部は米の産地。
か-りゅう【下流】❶川の流れていく方。かわしも。また、川の河口に近い部分。⇔上流。❷社会で、下積みの貧しい階級。下層。⇔上流。類語 川下・川尻
か-りゅう【加硫】❶生ゴムに硫黄または塩化硫黄などを混ぜて加熱し、ゴムの弾性を増加させる操作。分子間に橋かけ結合を作るもの。和硫。硫化。❷水に対して不溶性の色素に、硫化ナトリウムを加えて硫化染料を作る操作。和硫。硫化。
か-りゅう【花柳】❶花と柳。花の紅と柳の緑。❷《「花街柳巷」の略》芸者や遊女。また、遊里・遊郭。
か-りゅう【河流】河の流れ。「利根の―」
か-りゅう【渦流】渦巻く流れ。「時代の―に身を置く」
か-りゅう【×顆粒】❶小さなつぶになっているもの。「―状の胃腸薬」❷トラコーマにかかったとき、結膜にできる水泡状の粒。❸細胞や体液内のきわめて小さい粒子。
が-りゅう【我流】正統のやり方でなく、自分勝手なやり方。自己流。「花を―で生ける」
が-りゅう【画竜】►がりょう(画竜)
かりゅう-かい【花柳界】芸者や遊女の社会。遊里。花柳の巷。
かりゅう-こうてい【下流工程】《lower process》情報システムの開発工程のうち、要求される仕様に基づいて実際にソフトウエアを構築し配備する工程のこと。➡上流工程
かりゅう-ゴム【加硫ゴム】加硫によって作ったゴム。硫黄約6パーセントのときは軟質ゴム、約30パーセントのときは硬質のエボナイトになる。弾性ゴム。
かりゅう-ざい【×顆粒剤】薬剤を小さなつぶ状にしたもの。散剤(粉薬)よりもつぶの大きいものをいう。顆粒薬。
か-りゅうさん【過硫酸】ペルオキソ硫酸のこと。硫酸の酸素イオンO^{2-}をペルオキソ(過酸化)イオンO_2^{2-}で置換したもの。ペルオキソ一硫酸H_2SO_5とペルオキソ二硫酸$H_2S_2O_8$があり、いずれも無色・吸湿性の結晶。水に溶けると強い酸となり、酸化剤として染色などに使用。
かりゅうど【▽狩▽人｜▽猟▽人】《「かりびと」の音変化》狩猟を職とする人。猟師。かりうど。(季 冬) 類語 猟師・猟人・勢子・ハンター
かりゅうど-ばち【狩▽人蜂】昆虫・クモなどを捕らえて巣に持ち帰り、幼虫の餌とするハチ。トックリバチ・ベッコウバチ・ジガバチなど。かりばち。かりうどばち。
かりゅう-の-ちまた【花柳の×巷】花柳界。遊里。
かりゅう-はっけっきゅう【×顆粒白血球】白血球のうち、細胞内に顆粒を多く含むもの。顆粒の染色性から好酸球・好中球・好塩基球に分けられる。顆粒球。➡無顆粒白血球
かりゅう-びょう【花柳病】《花柳界で感染することが多いところから》性病。性感染症。➡性行為感染症
かりゅう-やく【×顆粒薬】「顆粒剤」に同じ。
カリュケ〘Kalyke〙木星の第23衛星。2000年に発

見。名の由来はギリシャ神話のゼウスの愛人。非球形で平均直径は約5キロ。カリケ。

かりゆし ❶沖縄方言で「縁起がよいこと」「めでたいこと」を表す語。❷「かりゆしウエア」の略。

かりゆし-ウエア 沖縄地方で作られる半袖の開襟シャツ。布地の柄には、紅型やデイゴの花模様など、当地に縁の深いモチーフが多く用いられる。

カリュプソー〘Kalypsō〙ギリシャ神話のニンフ。オーギュギア島に住み、トロイアからの帰途難破して漂着したオデュッセウスを7年間ひきとめた。

か-りょ【過慮】思いすごし。考えすぎ。「一点の私心もない憂国の―」〈藤村・夜明け前〉

か-りょう【下僚】役所などで、その人より地位の低い者。下役。(類語)属吏・属僚・属官・小吏・小官・下役・俗吏・小役人

か-りょう【加療】〘名〙スル 病気やけがの治療をすること。「入院のうえ―する」
(類語)治療・診療・施療・療治・手当て・手術

か-りょう【佳良】〘名・形動〙すぐれていること。かなりよいこと。また、そのさま。「病人の経過は、一時稍―であったが」〈漱石・それから〉(類語)良質・上質・上等・優良・純良・良好・見事・立派・上上・上乗・結構

か-りょう【河×梁】川に架けた橋。

か-りょう【科料】❶刑法の規定する主刑の一。軽微な犯罪に科する財産刑で、刑の序列としては罰金より軽い。とがりょう。❷罪科を償うために出す金品。「盗賊の噺をする奴にゃ―を出させるぞ」〈滑・七偏人・四〉

か-りょう【過料】❶国または地方公共団体が、行政上の軽い禁令を犯した者に科する金銭罰。刑罰としての罰金・科料と区別される。あやまちりょう。❷中世、過失などの軽い罪を償うために科した金銭。❸江戸時代、本刑に代えて科した金銭。

か-りょう【過量】量が多すぎること。基準よりも分量が多いこと。「薬剤の―投与」

が-りょう【画料】❶絵の代金。画稿料。❷絵の題材。「山腹の村落、皆好―とぞ思はるる」〈鷗外訳・即興詩人〉

が-りょう【画▽竜】絵にかいた竜。がりゅう。➡画竜点睛

が-りょう【×臥▽竜】❶臥してうずくまっている竜。❷《「蜀志」諸葛亮伝から。天にも昇る勢いや能力をもちながら、じっと横になって寝ている竜に、蜀の諸葛亮をたとえたもの》すぐれた能力をもちながら、世に知られていない人物。「―鳳雛」

が-りょう【×臥×梁】煉瓦造り・ブロック造りなどの組積造において、各階の壁体頂部を連続的にかためる鉄筋コンクリート製の梁。

が-りょう【雅量】人をよく受け入れるおおらかな心。「―に富む人」「―を示す」(類語)太っ腹・大量・広量

かり-ようし【仮養子】江戸時代、家督相続人のいない大名・旗本などが、参勤交代や公用の旅行の際に、不慮の死に備えてあらかじめ幕府に申し出て許可を得た仮の養子。当分養子。心当て養子。

がりょう-てんせい【画▽竜点×睛】《中国、梁の張僧繇が、金陵の安楽寺の壁にかいた竜に睛を入れたら、たちまち雲に乗って昇天したという「歴代名画記」七の故事から》最後の大事な仕上げ。また、ほんの少し手を加えることで全体が引き立つこと。(補説)「がりゅう」とは読まない。また、「点睛」を「点晴」とは書かない。

画竜点睛を欠く よくできていても、肝心なところが欠けているために、完全とはいえないこと。(補説)「欠く」を「書く」とは書かない。

がりょう-ばい【×臥▽竜梅】幹や枝が地をはい、そこから根を生じる梅。花は薄い紅色。(季 春)

かりょうびん【×迦陵頻】❶「迦陵頻伽」の略。❷雅楽の舞曲。林邑楽系の唐楽。壱越調で古楽の中曲。四人の童舞。仏教の法会などで、童舞の胡蝶を番舞として行われる。

かりょうびんが【×迦陵頻×伽】《梵 kalaviṅkaの音写。妙声・美音・妙音鳥などと訳す》雪山あるいは極楽浄土にいるという想像上の鳥。聞いて飽きることない美声によって法を説くとされ、浄土曼荼羅には人頭・鳥身の姿で表される。

か-りょく【火力】❶火の燃える勢い。また、燃える火の強さ。「―が弱い」❷銃砲などの火器の威力。「敵は―において勝る」

かりょく-じゅりん【夏緑樹林】夏に緑葉をつけ、寒冷な冬に落葉する広葉樹からなる群落。クリ・ケヤキ・ブナ・ミズナラ・カエデなどを主とする。この以北には針葉樹林帯が、以南には照葉樹林帯が続く。落葉広葉樹林。夏緑林。

かりょく-はつでん【火力発電】石炭・重油などを燃料として蒸気タービンなどを回転し、さらに発電機を作動させて電気を生じさせること。「―所」

カリヨン〘フランス carillon〙さまざまな音高をもつ多数の鐘を一組みにした打楽器。教会の鐘楼などにつるし、手や機械で打ち鳴らす。組み鐘。カリロン。

ガリラヤ〘Galilaia〙イスラエル北部の地方。キリストが福音を説いた地。ナザレ、ガリラヤ湖畔のカペルナウムなどキリスト教の史跡が多い。ガリリー。

ガリラヤ-こ【ガリラヤ湖】《Sea of Galilee》イスラエル北東部、ガリラヤ地方にある湖。ヘブライ語では楽器の竪琴キネレトに似ているためキネレト湖と呼ばれる。ヨルダン川中流に位置する。面積165平方キロメートル。ガリラヤの海。ガリリー湖。ティベリアス湖。

か・りる【借りる】〘動ラ上一〙《動詞「か(借)る」(四段)の上一段化》❶あとで返す約束で、人の物を一時的に自分のもののように使う。「友人から金を―・りる」「図書館で本を―・りる」(対)貸す。❷使用料を払って一定の期間自分の用に使う。「アパートを―・りる」(対)貸す。❸他より知恵・力などの助けを受ける。「年長者の知恵を―・りる」(対)貸す。❹ある目的のために一時的に他の物を利用する。「この場を―・りて一言お礼を申し上げます」「あなたの言葉を―・りて言えば」(補説)上一段活用の「借りる」が用いられるのは近世後期の江戸語から。今日、共通語では「借りる」であるが、関西では五段活用の「借る」が用いられる。
(類語)(❶❷)借用する・寸借する・恩借する・借金する・借財する・賃借りする・賃借りする (謙譲)拝借する

借りてきた猫 ふだんと違って、非常におとなしいありさまの形容。

ガリレイ〘Galileo Galilei〙[1564～1642]イタリアの物理学者・天文学者。振り子の等時性、落体の法則などを発見。自作の望遠鏡で天体を観測し、月の凹凸、木星の4個の衛星、太陽黒点などを発見してコペルニクスの地動説を支持し、教会から異端者として幽閉された。著「天文対話」「新科学対話」など。ガリレオ＝ガリレイ。

ガリレイしき-ぼうえんきょう【ガリレイ式望遠鏡】凸レンズを対物レンズに、凹レンズを接眼レンズに用いて正立像を得る望遠鏡。1609年ガリレイが発明。小形の双眼鏡として用いられることが多い。

ガリレイ-の-そうたいせいげんり【ガリレイの相対性原理】互いに静止または等速度運動をしている座標系ではすべて同等にニュートンの運動の法則が成り立つという原理。アインシュタインの相対性原理に対していう。

ガリレイ-へんかん【ガリレイ変換】互いに静止または等速度運動をしている座標系の間の変換。この慣性系では時間の進み方は共通であると仮定され、ニュートンの運動方程式は形を変えない。アインシュタインの特殊相対性原理におけるローレンツ変換に対していう。

ガリレオ〘Galileo〙❶►ガリレイ ❷EU(欧州連合)とESA(欧州宇宙機関)が中心となって進めている衛星航法システム。30機の人工衛星で衛星コンステレーションを構成し、測位精度1メートルを目指すもの。2005年に試験衛星の打ち上げに成功。2014年に初期運用を開始予定。ガリレオ計画。

ガリレオ-えいせい【ガリレオ衛星】《Galilean satellites》木星の4大衛星、イオ・エウロパ・ガニメデ・カリスト。1610年ガリレオ＝ガリレイが発見したことから。

ガリレオ-おんどけい【ガリレオ温度計】ガラス管に特殊な液体を入れて閉じ、中にガラス球を浮かべた器具。球の位置と数でおおよその温度が分かる。(補説)ガリレオ＝ガリレイが発明したものではない。

ガリレオ-けいかく【ガリレオ計画】《Galileo Program》►ガリレオ❷

カリロエ〘Callirrhoe〙木星の第17衛星。1999年に発見されたが当初は小惑星とされ、翌年に木星の衛星と確認された。名の由来はギリシャ神話の女神。非球形で平均直径は約9キロ。

かりろく【×訶▽梨×勒】《梵 haritakī》❶インドなどに産するシクンシ科の高木。高さ30メートルに達し、葉は長楕円形。枝先に白い花が群がって咲く。果実を風邪・便通などの薬にし、材は器具用にする。❷室町時代、象牙・銅・石などでカリロクの実の形を作り、美しい袋に入れ、柱に掛けた飾り物。

かり-わく【仮枠】❶アーチを造るとき、構造を支えるために仮に設ける枠。❷コンクリートが固まるまで仮に設ける型枠。❸日本画の制作過程で、絵絹を張る木製の枠。

かりわけ-こさく【刈(り)分け小作】決まった額の小作料を小作人が払うのではなく、地主と小作人とが前もって決めた比率でその年の収穫物を分け合うやり方。また、その小作関係。分益小作。

かり-わたし【仮渡し】〘名〙スル「仮払い」に同じ。

か-りん【火輪】❶火が輪のように見えるもの。転じて、太陽のこと。「星を連ねたる―の光の海に漂えるかとおもわる」〈鷗外訳・即興詩人〉❷「火輪車」「火輪船」の略。❸密教で、五輪の一。
(類語)(❶)太陽・日・天日・日輪・金烏・日天子・白日・赤日・烈日・お日様・お天道様・今日様・サン・ソレイユ

か-りん【花▽梨｜花×櫚】❶(「榠樝」とも書く)バラ科の落葉高木。高さ約8メートル。樹皮は緑色を帯びた褐色。葉は卵形。春、淡紅色の5弁花が咲く。実は卵円形で黄色に熟し、香りがあり、生食はできないが菓子の材料にし、また、漢方で木瓜といい、薬用にする。材は床柱などに使用。中国の原産で、庭木などにする。からなし。かいどうぼけ。(季 花=春｜実=秋)「一の実天賦をとめの薫りの実/草田男」❷マルメロの別名。❸マメ科の高木。唐木の一。ミャンマー・タイ・ベトナムの原産。材は紅色から淡紅褐色で、家具や三味線の胴などに使用。花梨木。

が-りん【芽×鱗】葉または花になる芽を覆って保護するうろこ状の小片。

カリンガ〘Kaliṅga〙インド南東部オリッサ州辺りにあった古代の国名。前3世紀アショカ王に征服された。(補説)「迦陵伽」とも書く。

かりんさん-せっかい【過×燐酸石灰】燐酸を主成分とする化学肥料。燐酸二水素カルシウムと硫酸カルシウムの混合物で、燐鉱石に硫酸を加えて得られる。速効性があり、世界的に古くから使用。

かりん-しゃ【火輪車】汽車のこと。明治初期に使われた語。

かりん-せん【火輪船】汽船、特に外輪船のこと。幕末・明治に使われた語。火船。

かりん-とう【花林糖】小麦粉に卵などを加えて練ったものを細長く切り、油で揚げて黒砂糖や白砂糖をまぶした菓子。

カリンバ〘バントゥ kalimba〙アフリカの民族楽器。共鳴箱に金属製の棒が多数付いており、箱を両手で持ち、親指で棒をはじいて鳴らす。親指ピアノ。

ガリンペイロ〘ポルトガル garimpeiro〙ブラジルで、砂金やダイヤモンドを探し採掘する人。

かる【軽】奈良県橿原市大軽町付近の古地名。古代には交通の要地で軽の市があった。

か・る【刈る｜×苅る】〘動ラ五(四)〙❶伸び茂っているものを根元を残して切り払ったり、切り取ったりする。「草を―・る」「髪を―・る」❷演劇で、俳優や時間その他の都合により、上演中の脚本の一部分を省略して演じる。(可能)かれる

か・る【枯る】〔動ラ下二〕「か(枯)れる」の文語形。

か・る【狩る】〔動ラ五(四)〕❶鳥獣を追いかけて捕らえる。狩りをする。「鹿を―・る」❷罪人などを捕らえるために捜し求める。「山を―・る」❸花や草木を、観賞するために尋ね探す。「桜を―・り、紅葉を求め」〈方丈記〉

か・る【借る】〔動ラ五(四)〕「借りる」に同じ。「父の―・ろうとする漢籍は」〈漱石・明暗〉「人妻と何かそを言はむ然らばか隣の衣を―・りて着なはも」〈万・三四七二〉 補説 近世後期、江戸語で上一段化し、今日共通語では「借りる」が用いられる。

借る時の地蔵顔 物を借りるとき、にこにこ顔をすること。借る時の恵比須顔。「一済す時の閻魔顔」

か・る【×涸る】〔動ラ下二〕「か(涸)れる」の文語形。

か・る【×嗄る】〔動ラ下二〕「か(嗄)れる」の文語形。

か・る【駆る｜×駈る】〔動ラ五(四)〕❶追いたてる。せきたてて追う。「牛を―・ってさくの中に追い込む」❷速く走らせる。急がせる。「車を―・って現場へ急ぐ」❸ある行動を取らなければならないような気持ちにする。また、ある感情をますます強くする。「好奇心が探求へと―・る」「うわさが人々を不安へと―・った」➡駆られる

か・る【▽離る】〔動ラ下二〕《「枯れる」と同語源》❶空間的に遠くなる。はなれる。「朝に日に見まく欲りするその玉をいかにせばかも手ゆ―・れずあらむ」〈万・四〇三〉❷時間的に遠くなる。間遠になる。「玉に貫く楝を家に植ゑたらば山ほととぎす―・れず来むかも」〈万・三九一〇〉❸心がはなれて、疎遠になる。「相思はで―・れぬる人をとどめかね」〈伊勢・二四〉

ガル〖gal〗CGS単位系における加速度の単位。1ガルは1センチメートル毎秒毎秒で、1秒間に1センチメートル毎秒(cm/s)の加速度として定義される。主に測地・地球物理学の分野で用いられ、日本の計量法ではミリガル(1000分の1ガル)という単位(mGal)も使われる。ガリレイの名にちなむ。記号Gal

が・る〔接尾〕《動詞五(四)段型活用》形容詞・形容動詞の語幹や名詞に付く。❶そのように思う、そう感じる、の意を表す。「寒―・る」「めずらし―・る」「不思議―・る」❷そのように振る舞う、そのようなふりをする、の意を表す。「偉―・る」「得意―・る」

か-るい【家累】❶家族内の悩み事。❷一家の係累。家族。「一甚だ多からざれば」〈竜渓・経国美談〉
類語 家族・身内・身寄り・係累・家眷・一家眷属・妻子眷属・一族

かる・い【軽い】〔形〕文かる・し〔ク〕❶目方が少ない。また、抵抗が小さい。「荷物が―・い」「空気より―・い気体」「ペダルが―・い自転車」⇔重い。❷動きに力がかかっていない。「ドアを―・くノックする」「―・い身のこなし」⇔重い。❸束縛感やこだわりがなくのびのびしている。「心が―・くなった」「足どりが―・い」⇔重い。❹浮ついている。軽率・軽薄である。「口の―・い男」「尻が―・い」❺㋐たいした程度でない。「罪が―・い」「―・い病」「―・い冗談」⇔重い。㋑重要でない。重大でない。「責任が―・い」「相手を―・く見る」「事態を―・く考える」⇔重い。❻本格的でない。大げさでなく手軽である。「―・い食事」「―・い運動」「―・く一杯やろう」❼刺激が少なくあっさりとしている。「―・いタバコ」「―・いタッチの随筆」「―・い音楽」❽簡単にできるさま。容易である。「こんな問題なんて―・いもんさ」「大台を―・く突破する」❾コンピューターが素早く動作するさま。コンピューターの性能に比べて負荷が小さいソフトウエアを動かす時などに、命令や処理にかかる時間が極めて短いさまを指す。「動作が―・いブラウザー」⇔重い。派生 かるげ〔形動〕かるさ〔名〕かるみ〔名〕
[一句] 口が軽い・尻が軽い・命は義によりて軽し・命は鴻毛より軽し・死は或いは泰山より重く或いは鴻毛より軽し

かるいざわ【軽井沢】長野県中東部、北佐久郡の地名。浅間山南東麓の標高約1000メートルの高原にある。中山道の宿場町として発展。明治中期以来、避暑地・別荘地。

かるいざわ-まち【軽井沢町】▶軽井沢

かる-いし【軽石】溶岩が急冷する際にガスが噴き出してできた、小さな穴がたくさんある岩石。軽く、水に浮く。あか落としなどに用いる。浮き石。

かる・う【▽担ふ】〔動ハ四〕荷を背負う。かろう。〈日葡〉

ガルウイング-ドア〖gull-wing door〗《gullはカモメの意》屋根にヒンジ(蝶番)をもち、上方に開く自動車のドア。一部の箱型トラックやスポーツカーに見られる。左右を同時に開いたところを前方から見ると、カモメが翼を開いた姿に似ていることから。

カルーソー〖Enrico Caruso〗[1873〜1921]イタリアのオペラ歌手。テノールの幅広い声量、表情豊かな演技で、20世紀初頭のオペラ黄金時代を築いた。

ガルーダ〖梵 Garuḍa〗インド神話の神鳥。ビシュヌ神の乗り物。また、インドネシアの国章としての鷲のしるし。

カル-エッサラー-エル-ディン〖Qal'at Salah El-Din〗シリア西部にある中世の城塞。創建は定かでなく、名称は12世紀に十字軍を破ったサラディンにちなむ。2006年、クラック-デ-シュバリエとともに「クラック-デ-シュバリエとカル-エッサラー-エル-ディン」として世界遺産(文化遺産)に登録された。カラット-サラーフ-アッディーン。サラディン城。サラディーン城。

カルカ《ポルトガル calcadorからか》先込めの銃で、弾薬を筒口から押し込むための鉄の棒。込み矢。槊杖。

カルガ〖Kaluga〗ロシア連邦西部、カルガ州の都市。同州の州都。モスクワの南西約190キロ、オカ川沿いに位置し、モスクワとウクライナのキエフを結ぶ鉄道や高速道路が通る。14世紀半ば、モスクワ大公国の時代に要塞が築かれたことに起源。旧ソ連時代は軍需産業、ソ連崩壊後は自動車工業が盛ん。ロケット工学の先駆者ツィオルコフスキーゆかりの地として知られ、業績を称えた博物館がある。カルーガ。

カルカソンヌ〖Carcassonne〗フランス南部、ラングドック-ルシヨン地方、オード県の都市。同県の県都。古くから交通の要衝で、古代ローマ時代に建設された要塞都市に起源する。13世紀に隣国アラゴン王国に対する防御のため、さらに城壁が築かれたものの、17世紀に国境が定まってからは軍事上の意味を失った。19世紀に城壁は修復され、1997年に「歴史的城塞都市カルカソンヌ」の名称で世界遺産(文化遺産)に登録された。カルカッソンヌ。

カルカッソンヌ〖Carcassonne〗▶カルカソンヌ

カルカッタ〖Calcutta〗コルカタの旧称。

かる-がも【軽×鴨】カモ科の鳥。全長約60センチ。全体に黒褐色で、くちばしの先が黄色く、雌雄同色。東アジアに分布し、日本では留鳥で、川や池沼にすみ、都市公園でも繁殖している。なつがも。

かる-かや【刈×萱｜刈×茅】❶イネ科の多年草、オガルカヤとメガルカヤの総称。ススキに似る。根をたわしやはけなどの材料とする。季 秋「野路の雨一独りありのままに／暁台」❷《刈り取った草の意》屋根を葺くために刈り取る草。

かるかや【苅萱】㊀苅萱道心の略称。㊁謡曲で、苅萱道心の説話を題材にしたもの。現在は廃曲。秃高野。㊂説経節。三段。作者未詳。江戸初期の成立。五説経の一つで、謡曲の「苅萱」に他の説話を加えて作ったもの。

かるかや-どう【苅萱堂】長野市北石堂町、西光寺にある堂。苅萱道心と、その子石童丸が、父子2代にわたって修行をつんだとされる。和歌山県高野山にもある。

かるかや-どうしん【苅萱道心】石童丸伝説中の人物。石童丸の父。俗名、加藤左衛門繁氏。筑前苅萱の武士だったが、無常を感じて出家する。

かるかやどうしんつくしのいえづと【苅萱桑門筑紫𨏍】浄瑠璃。時代物。五段。並木宗輔・並木丈輔作。享保20年(1735)大坂豊竹座初演。苅萱道心の説話による。

かるかや-の【刈る×萱の】〔枕〕刈った萱の穂は乱れやすいところから、「ほ」「みだる」にかかる。「一乱れてあれど」〈古今・雑体〉

かる-が-ゆえ-に【かるが故に】〔接〕《「かあるがゆえに」の音変化》前の事柄を受けて、それを理由・原因とするときに用いる。だから。それゆえに。「掃除の源因及び結果に至っては微塵の責任だに脊負って居らん。一奇麗な所は毎日奇麗だが」〈漱石・吾輩は猫である〉

カルガリー〖Calgary〗カナダ、アルバータ州中南部の商工業都市。穀物・家畜の集散地。近郊に天然ガス・石油を産し、石油工業も発展。カナディアンロッキーの玄関口。人口、都市圏118万(2008)。

かる-がる【軽軽】〔副〕❶重い物をいかにも軽そうに動かすさま。「米俵を―(と)担ぐ」❷たやすくやってのけるさま。楽々。容易に。「―(と)勝つ」❸気持ちがはればれとしているさま。「わだかまりもとけて―(と)した気持ち」類語 楽楽・やすやす・無造作

かるがるし・い【軽軽しい】〔形〕文かるがる・し〔シク〕❶よく考えずに物事をするさま。軽率である。「―・く口外するな」⇔重重しい。❷粗末なさま。重々しさがない。「いと―・しき隠れ処が」〈源・松風〉派生 かるがるしげ〔形動〕かるがるしさ〔名〕
類語 軽はずみ・軽率・軽軽・軽挙

かる-かん【軽×羹】ヤマノイモをすりおろし、糝粉と砂糖を合わせて蒸した菓子。鹿児島県の名菓。

カルカン〖Kalkan〗トルコ南西部の港町。地中海に面する。オスマン朝時代末期に築かれた。ギリシャ系住民が多かったが、第一次大戦後のトルコ独立戦争において、ギリシャとの間で住民交換が行われた。現在は海岸保養地として知られ、ケコワ島、パタラ遺跡などへの観光拠点になっている。

ガルガンチュワとパンタグリュエル《原題、フランス Gargantua et Pantagruel》ラブレーの長編小説。全5巻からなる。1532〜1564年刊。中世の伝説をもとにした、巨人ガルガンチュワとその子パンタグリュエルの言行・武勲の物語。当時の政治・宗教の偏見を風刺した、ルネサンス文学の代表的作品。

カルキ〖オランダ kalk〗❶石灰。❷《「クロルカルキ」の略》さらし粉のこと。「一くさい水」

カルキス〖Chalkis〗▶ハルキダ

カルキディキ-はんとう【カルキディキ半島】《Chalkidiki》▶ハルキディキ半島

カルキ-とう【カルキ島】《Calchi》▶ハルキ島

カルキュレーター〖calculator〗《「カリキュレーター」とも》計算器。

カルグーリー〖Kalgoorlie〗オーストラリア南西部の鉱山都市。金・ニッケルを産する。

かる-くち【軽口】〔名・形動〕❶調子が軽くておもしろい言葉・話。たわいないが、気がきいていて滑稽みのある言葉・話。「―をたたく」❷軽妙なしゃれ。江戸時代に流行した地口・秀句の類。❸口が軽くてよくしゃべること。また、そのさまや、そのような人。「―を慎む」「―な人」❹「軽口話」の略。❺淡白な味。「―の酒」
類語 冗談・洒落・駄洒落・諧謔・ジョーク

かるくち-ばなし【軽口話】滑稽で、落ちのある話。笑話、落語の類。

カルケット《和 calcium＋biscuitから》カルシウム入りビスケットの商標名。

カルケドン〖Chalkedon〗イスタンブールの一地区カドゥキョイの旧称。

カルケミッシュ〖Carchemish〗ユーフラテス川中流にあった古代都市。ヒッタイト帝国の有力都市の一だった。現在はトルコのカルカミス。

かる-こ【軽子】❶《軽籠で荷物を運んだところから》雇われて荷物を運ぶ人。担ぎ人足。❷江戸深川の遊郭で、仲居のこと。

かる-こ【軽▽籠】縄で編んだ目の粗い網の四隅に、棒を通す縄をつけた、土石運搬用の道具。もっこ。

カルコ〖Francis Carco〗[1886〜1958]フランスの小説家・詩人。無名の芸術家や下町の庶民の生活を描いた。小説「追いつめられた男」「娼婦イエス」など。

カルコゲン〖chalcogens〗《鉱物を生じる元素の意》酸素族元素である酸素・硫黄・セレン・テルル・ポロニウムの五つの元素の総称。

カルコン〖CULCON〗《US-Japan Conference on Cultural and Educational Interchange》日米文化教育交流会議。日米両国の学識経験者が、両国間の文化と教育に関するあらゆる問題を討議し、両国政府に勧告を行うことを目的に1962年から2年ごとに開いている会議。

カルサイ〖オランダ karsaai〗織りの粗い薄地の毛織物。江戸時代にオランダから渡来。

カルサイト〖calcite〗►方解石

カルサン〖ポルトガル calção〗【軽衫】袴の一種。上を緩めに仕立て、裾口に細い横布をつける。中世末に来日したポルトガル人のズボンをまねたもの。武士から町人まで着用したが、江戸時代には町人の労働着となった。現代でも農山村や寒い地方で野良着として用いる。裁っ着け。カルサン袴。

ガルシア-マルケス〖Gabriel García Márquez〗[1928〜]コロンビアの小説家。1967年に発表した年代記風の長編「百年の孤独」で注目された。他に「族長の秋」「予告された殺人の記録」など。82年、ノーベル文学賞受賞。

ガルシア-ロルカ〖Federico García Lorca〗[1898〜1936]スペインの詩人・劇作家。詩に民謡の形式を復活。内乱勃発当初、ファランヘ党党員に射殺された。詩集「ジプシー歌集」、戯曲「血の婚礼」「イェルマ」「ベルナルダ=アルバの家」など。

カルシウム〖英・オランダ calcium〗アルカリ土類金属元素の一。単体は銀白色の軟らかい金属。酸や温水とは激しく反応して水素を発生する。天然には大理石・石灰岩・石膏などに含まれる。動物では炭酸カルシウムとして貝殻などの、燐酸カルシウムとして骨の主成分をなす。またイオンとして存在し、生理上重要な役を果たす。元素記号Ca　原子番号20。原子量40.08。

カルシウム-きっこうやく【カルシウム×拮抗薬】《calcium antagonist》狭心症や心筋梗塞の治療薬。カルシウムチャネルに結合し、血管平滑筋へのカルシウムの流入を抑制して筋を弛緩し、血管を拡張する。

カルシウム-シアナミド〖calcium cyanamide〗石灰窒素の主成分。無色の結晶。水に溶け、徐々に分解してアンモニアを発生する。化学式$CaCN_2$

カルシウム-せっけん【カルシウム石×鹸】油脂を石灰乳と反応させ、脂肪酸のカルシウム塩にした金属石鹸。減摩剤・グリースなどに使用。

カルジオスコープ〖cardioscope〗心臓内に入れて調べる内視鏡の一種。心臓鏡。

カルシトニン〖calcitonin〗甲状腺から分泌されるホルモン。骨のカルシウム放出を抑制し、尿中への燐酸排出、腸管でのカルシウム吸収を促進する。1963年、ラットの甲状腺で発見された。

カルシフェロール〖calciferol〗ビタミンD。

ガルシン〖Vsevolod Mikhaylovich Garshin〗[1855〜1888]ロシアの小説家。社会悪や不正に対し、理想主義的態度を貫いた。持病の精神病に終生悩まされながら執筆、のち自殺。作「四日間」「赤い花」など。

カルス〖callus〗❶植物体が傷を受けたときに、傷口をふさぐために増殖する組織。傷ホルモンの刺激によって形成される。癒傷組織。仮皮。❷植物の篩板の両側または片側に形成される物質。セルロースに似た成分からなり、孔をふさぐ。カルス板。❸植物の組織の細胞を数個取り出し、培養したときにできる不定形の細胞の塊。どの組織からでも得られ、植物ホルモンを与えると芽や根を再分化させることができる。

カルス〖Kars〗トルコ北東部の都市。グルジア、アルメニアとの国境近くに位置する。9世紀末から10世紀にかけてバグラト朝アルメニア王国の首都として栄えた。オスマン帝国のムラト3世が16世紀末に築いた要塞がある。

カルステンツ-ピラミッド〖Carstensz Pyramid〗インドネシアにあるジャヤ山の旧称。

カルスト〖ドイツ Karst〗スロベニア北西部の地方。石灰岩台地で、典型的な石灰岩地形が発達している。スロベニア語ではクラス。➡カルスト地形

カルスト-ちけい【カルスト地形】石灰岩地域で、雨水・地下水の溶食によって生じた特殊な地形。ドリーネ・カレンフェルト・鍾乳洞などが形成される。

カルセオラリア〖ラテン Calceolaria〗ゴマノハグサ科カルセオラリア属(キンチャクソウ属)の一年草の総称。南アメリカやニュージーランドに200種以上自生する。高さ30〜40センチ、卵形の葉が対生し、唇形の花を多数つける。

カルセドニー〖chalcedony〗►玉髄

カルソン〖フランス caleçon〗体にぴったりとした五分丈や七分丈のズボン。

ガルソン〖フランス garçon〗►ギャルソン

カルタ〖ポルトガル carta〗【歌留多|加留多|骨牌】遊びや博打に用いる札。小さな長方形の厚紙・薄板などに種々の絵や文字などがかかれ、いく枚かで一組になっている。歌ガルタ・いろはガルタ・花ガルタ・トランプなど種類が多い。特にいろはガルタまたは歌ガルタをいう場合が多い。(季 新年)「招かれて隣に更けし一かな/漱石」(類語)トランプ・カード・百人一首

カルダー〖Calder〗►コルダー

カルダーノ〖Girolamo Cardano〗[1501〜1576]イタリアの数学者・医者・哲学者。カルダーノの公式とよばれる三次方程式の根の解法を発表。

かるだい【伽留陀夷】《梵 Kālodāyinの音写》仏弟子の一人。修行僧としてふさわしくない行いが多く、そのため仏が戒律を制定したという。

カルタ-かい【カルタ会】カルタ遊びの会。特に歌ガルタの集まり。(季 新年)

カルタゴ〖Cartago〗コスタリカ中部、首都サンホセの南東約20キロメートル、イラス火山山麓のカルタゴ盆地にある都市。カルタゴ県の県都。同国最古の町として知られ、守護聖母「黒いマリア像」を祭ったロスアンヘレス大聖堂がある。

カルタゴ〖Carthago〗アフリカ北部、現在のチュニジアにフェニキア人が建設した古代植民都市。前6世紀以来繁栄したが、ローマと地中海の覇権を争い、前146年、第三ポエニ戦争で滅亡。首都チュニスの北郊にその遺跡が残り、1979年、世界遺産(文化遺産)に登録された。

ガルダ-こ【ガルダ湖】《Garda》イタリア北部の氷河湖。面積は370平方キロメートルで、同国では最大の湖。別名ベナーコ湖。

カルタジローネ〖Caltagirone〗イタリア南部、シチリア島、シチリア自治州の町。カターニア平野の端、標高約600メートルに位置する。古代ギリシャの時代より陶器の生産が盛んで、現在もマジョリカという色絵陶器の産地として有名。17世紀の大地震により大きな被害を受けたが、その後の復興により建てられたバロック様式の建物が多く、同島南東部の八つの町が2002年に「バル-ディ-ノートの後期バロック様式の町々」の名称で世界遺産(文化遺産)に登録された。

カルダス-ダ-ライーニャ〖Caldas da Rainha〗ポルトガル西部の町。ポルトガル語で「王妃の湯治場」を意味する。15世紀にポルトガル王ジョアン2世の妃レオノールが、世界最古とされる鉱泉治療病院を設立したことに由来。病院付属の公園だったドンカルロス1世公園には、カルダス出身の画家ジョゼ=マリョアの作品を所蔵する美術館、陶芸作家ラファエル=ボルダロ=ピネイロの陶器博物館がある。

カルタ-とり【カルタ取り】いろはガルタや歌ガルタで、一人が読み札を読むのに従って、場に散らしたそれに対する取り札を取り合って遊ぶこと。

カルタ-ばこ【カルタ箱】❶カルタを入れる箱。❷江戸時代、両替屋で小出しの金銭を入れて店先に置いた箱。

カルタヘナ〖Cartagena〗㊀スペイン南東部、地中海に面する港湾都市。前225年、カルタゴの植民地として建設。軍港。人口、行政区21万(2008)。㊁コロンビア北部、カリブ海に面する港湾都市。スペイン領時代の1533年に植民の根拠地として建設された要塞都市。人口、都市圏92万(2008)。

カルタヘナ-ぎていしょ【カルタヘナ議定書】《「バイオセーフティーに関するカルタヘナ議定書」の略称》生物多様性の保全や自然環境の持続可能な利用に対する悪影響を防止するために、遺伝子組み換え生物(LMO)等の国境を越える移動に関する手続きなどを定めた国際的な枠組み。2000年にカナダのモントリオールで開催された生物多様性条約特別締約国会議再開会合で採択された。163の国と地域が締結しているが、主要産出国の米国・カナダなどは批准していない(2012年7月現在)。カルタヘナは1999年に同議定書の採択に向けた締約国会議が開催されたコロンビアの都市名。生物多様性条約カルタヘナ議定書。

カルタ-むすび【カルタ結び】江戸時代、元禄(1688〜1704)ごろに若衆、婦人の間に行われた帯の結び方の一。結び目が長方形でカルタに似ているところからいう。

カルダモン〖cardamon〗小豆蔲の種子を乾燥した香辛料。樟脳に似た芳香と、辛味・ほろ苦味をもつ。カレー粉の原料などに用いる。

カルタン〖Élie Cartan〗[1869〜1951]フランスの数学者。パリ大教授。リー群論の研究や、微分幾何学・相対性理論など諸分野に業績を残した。著に「外微分形式の理論―積分不変式」など。

カルダン〖Pierre Cardin〗[1922〜]フランスの服飾デザイナー。ディオールの事業に参加したのち独立。未来的・宇宙的なデザイン、ユニセックスファッションで一躍有名となる。

ガルダン〖Galdan〗[1649?〜1697]西蒙古を本拠とするオイラート族ジュンガル部の首長。中央アジアの支配者となったが、清の康熙帝の親征軍に大敗して自殺。(補説)「噶爾丹」とも書く。

カルチェ-ラタン〖Quartier latin〗►カルチエラタン

カルチエ-ラタン〖Quartier latin〗《「カルチェラタン」とも》パリのセーヌ川左岸の区域。ソルボンヌ大学(パリ大学)などがあり、学生の多い所として有名。ラテン区。

カルチェリ-の-いおり【カルチェリの×庵】《Eremo delle Carceri》イタリア中部、ウンブリア州の都市アッシジにある修道僧のための庵。アッシジ旧市街の中心部から東約4キロにあるスバシオ山の中腹、標高約800メートルに位置する。フランチェスコ修道会の修道僧が隠遁と瞑想の場として使った建物や洞窟がある。

カルチノイド〖carcinoid〗類癌腫。虫垂や回盲部に発生するセロトニン産生細胞からなる比較的良性の腫瘍。

カルチベーター〖cultivator〗畑の中耕・草とり・土寄せなどに使う農機具。耕耘機。カルチ。

カルチャー〖culture〗文化。教養。「―ギャップ」

カルチャー-ギャップ〖culture gap〗文化の違いから、物の見方や考え方などに出てくる格差・違い。

カルチャー-ショック〖culture shock〗自分とは異なる考え方・慣習・生活様式などに接した際に受ける違和感やとまどい。

カルチャー-センター〖culture center〗新聞社・デパートなどが主催する主婦や社会人を対象とした常設の教養講座。

カルチャー-ツアー《和 culture＋tour》歴史・美術・音楽などをテーマに、その道の専門家が講師として同行するパック旅行。

カルチュラル-スタディーズ〖cultural studies〗異なる文化領域にまたがって比較研究する、文化論の方法。

カルチョ〖イタリア calcio〗サッカー。

カルテ〖ドイツ Karte〗医師の診療記録カード。患者の

病状・処置・経過などを記録しておくもの。診療簿。

カルデア〘Chaldea〙古代のバビロニア南部をさす地域名。旧約聖書ではバビロニアと同義に用いている。➡新バビロニア王国

カルデア-しゅうき【カルデア周期】〘天文〙►サロス周期

カルティエ〘Louis-François Cartier〙[1819～1904]フランスの宝石職人。1847年、師匠であるピカールからアトリエを引き継ぎ独立、王家や貴族も顧客とする宝飾ブランドへと成長させた。

カルティエ-ブレッソン〘Henri Cartier-Bresson〙[1908～2004]フランスの写真家。小型カメラのスナップショットによって、日常生活の瞬間をとらえた写真を残した。著名人のポートレートも数多くある。1947年、ロバート＝キャパらとともに、写真家集団「マグナム-フォト」を結成し、写真家の独立にも大きく貢献した。代表作「決定的瞬間」。

カルディオスコープ〘cardioscope〙心臓監視装置。心臓の動きを超音波を利用して監視する装置。

カルディナル〘フランス cardinal〙《枢機卿の意》❶►カーディナル ❷料理で、枢機卿が着ける法衣の色である赤色をつけたものをいう。「ソースー」

カルテット〘イタリア quartetto〙《「クアルテット」とも》四重奏。四重唱。また、その楽団・合唱団。

カルデネ〘Chaldene〙木星の第21衛星。2000年に発見。名の由来はギリシャ神話のゼウスの愛人。非球形で平均直径は約4キロ。

カルデラ〘スペイン caldera〙《釜の意》火山の中心にできたほぼ円形の大きな凹地。噴火後に火口部が陥没したものが多い。

カルデラ-こ【カルデラ湖】カルデラ内に水がたまってできた湖。十和田湖・摩周湖など。

カルテル〘ドイツ Kartell〙同一業種の各企業が独占的利益を得ることを目的に、競争を避けて価格の維持・引き上げ、生産の制限、販路の制定などの協定を結ぶ連合形態。日本では独占禁止法で禁止されている。企業連合。
(類語)トラスト・コンツェルン・シンジケート

カルデロン〘Pedro Calderon de la Barca〙[1600～1681]スペインの劇作家。スペイン演劇の黄金時代を築いた。作「人生は夢」「サラメーアの村長」など。

カルト〘cult〙宗教的崇拝。転じて、ある集団が示す熱烈な支持。

カルドア〘Nicholas Kaldor〙[1908～1986]英国の経済学者。ハンガリーのブダペスト生まれ。ケンブリッジ大教授。ケインジアンとして景気循環論などに理論を展開。著作に「総合消費税」「マネタリズム-その罪過」「価値および分配の理論」など。

カルトゥーシュ〘フランス cartouche〙❶建築・デザインで、装飾枠飾り。紙帯の端が巻いているような枠を作り、その中に紋章・文字などを表す。バロック時代に多く用いられた。❷古代エジプト建築で、王の名を彫った文字を囲む楕円形の輪郭。

カルドゥッチ〘Giosuè Carducci〙[1835～1907]イタリアの詩人・古典学者。古典的理想主義の確立を提唱。荘重・典雅な詩を書いた。1906年、ノーベル文学賞受賞。詩集「擬古詩集」など。

カルトグラファー〘cartographer〙地図製作者。地図を作る専門家。カートグラファー。

カルトグラム〘cartogram〙統計的事実を地図上に表現した各種の図形。棒図・流線図・等値線図・点図・面積図・体積図などがある。統計地図。カートグラム。

カルト-ムービー〘cult movie〙一部の愛好家からは、熱狂的な支持を受ける映画。

カルドラ〘Kärdla〙エストニア西部、バルト海に浮かぶヒーウマー島北部の町。同島の中心地。19世紀半ばに紡績業で発展したが、第二次大戦で大きな被害を受けた。夏は海水浴客が多く訪れる。カルドゥラ。カルトラ。

カルトン〘フランス carton〙❶►カートン ❷フレスコ・モザイク・壁掛けなどの制作の際に作品と同じ大きさにかく下図。大下絵。❸新聞・雑誌の漫画・風刺画。❹油絵の下絵をかく厚手のボール紙。また厚紙製の紙ばさみ。画板。

カルナータカ-おんがく【カルナータカ音楽】《梵 karnātaka Saṃgīta》インド伝統音楽の二大潮流の一。13世紀初頭にイスラム王朝がデリーに成立したころから、北インドのヒンドゥスターニー音楽と、よりインド古来の特性を保つカルナータカ音楽とに分かれた。

カルナチック〘Carnatic〙インド南東部の海岸地方。18世紀中ごろ、英仏が主導権をめぐって抗争し、英国が支配権を得た。

カルナック〘Carnac〙フランス西部、ブルターニュ地方、モルビアン県の村。新石器時代末期から青銅器時代初期にかけて造営された巨石群で知られる。町の北側の草原地帯に、数キロにわたる巨石の列やドルメンがある。メネック、ケルマリオ、ケルレスカンの3か所の巨石群で約3000もの石が使われている。

カルナック〘Karnak〙ナイル川中流域のルクソールにある古代エジプト最大の神殿遺跡。アモン神を祭ったもので、前2000年ごろの中王国時代に創建。以後増築を重ねて極めて複雑な構成になっている。ほかに大オベリスクなども残る。

カルナップ〘Rudolf Carnap〙[1891～1970]ドイツ生まれの米国の哲学者。ウィーン学団の主要メンバーだったが、ナチスから逃れて渡米。論理実証主義や分析哲学に指導的役割を果たした。著「物理学の哲学的基礎」「言語の論理的統語論」など。

カルナバル〘フランス・スペイン carnaval〙►カーニバル

かる-に【軽荷】❶軽い荷物。❷船の積み荷が少なくて喫水の浅いとき、船底に積む砂石。バラスト。

ガルニ《フランス garnitureの略》西洋料理の付け合わせ。ガーニッシュ。

ガルニエ-きゅう【ガルニエ宮】《Palais Garnier》►オペラ座

カルネ〘Marcel Carné〙[1909～1996]フランスの映画監督。ペシミズムを漂わせた作風で知られる。代表作「霧の波止場」「天井桟敷の人々」など。

かる-の-いち【軽の市】古代、大和国の軽で開かれた市。

カルノー〘Nicolas Léonard Sadi Carnot〙[1796～1832]フランスの物理学者。蒸気機関に関心をもち、熱力学を研究。

かる-の-おおいらつめ【軽大郎女】允恭天皇の皇女。同母兄軽皇子との不倫が発覚し、古事記では伊予に流された軽皇子を追って死んだと伝え、日本書紀では伊予に流されたと伝える。

カルノークラウジウス-の-げんり【カルノークラウジウスの原理】熱力学の第二法則に同じ。➡熱力学の法則

カルノー-サイクル〘Carnot's cycle〙フランスの物理学者S＝カルノーの考えた、熱機関の熱効率が最大になる理想サイクル。蒸気などが、高温と低温との間を等温膨張・断熱膨張・等温圧縮・断熱圧縮の4行程で循環するというもの。

カルノー-の-げんり【カルノーの原理】►カルノーの定理

カルノー-の-ていり【カルノーの定理】フランスの物理学者S＝カルノーが提唱した熱効率についての定理。高温と低温との間で行われる熱機関のサイクルのうち、最大の熱効率をもつサイクルは可逆サイクルになり、逆に、可逆サイクルはすべて同一の熱効率を実現するというもの。この理想的なサイクルはカルノーサイクルと呼ばれる。カルノーの原理。

かる-の-みこ【軽皇子｜軽王】允恭天皇の皇子。同母妹軽大郎女との不倫が発覚し、古事記では伊予に流されたと伝え、日本書紀では穴穂命(安康天皇)に囲まれて自殺したと伝える。

カルパーズ〘CALPERS〙《California Public Employee Retirement System》カリフォルニア州公務員退職年金基金。米国の代表的な機関投資家であり、企業経営に対する発言力を増してきている。

ガルバーニ〘Luigi Galvani〙[1737～1798]イタリアの解剖・生理学者。カエルの足が金属と接触すると痙攣が生じることを発見し、動物電気の研究や電気学に道を開いた。また、これは2種の金属による電気の発生であると批判するボルタが電池を発明する端緒となった。

ガルバーニ-でんりゅう【ガルバーニ電流】定常電流のこと。

かる-はずみ【軽はずみ】〔名・形動〕❶その時のはずみで、深い考えもなしに言ったり、したりすること。また、そのさま。軽率。「一な行い」「一にしゃべるな」❷ちょっとしたこと。軽妙なこと。また、そのさま。「一なる咄のあるも、人みな聞き伝へて」〈浮・好色盛衰記〉(類語)軽率・軽軽しい・無思慮・無考え・浅はか・浅薄

カルパチア-さんみゃく【カルパチア山脈】《Carpathia》ヨーロッパ東部の山脈。ポーランド・スロバキア国境付近からウクライナを経てルーマニアに及ぶ。長さ1300キロ。最高峰はゲルラホフカ山で、標高2663メートル。ヨーロッパ最大のブナ原生林は、2007年、世界遺産(自然遺産)に登録された。ロシア語名では、カルパート山脈。

カルパッチョ〘イタリア carpaccio〙イタリア料理の一種。牛肉または魚肉を生のまま薄切りにしてオリーブ油・スパイスなどで和えた料理。

カルパッチョ〘Vittore Carpaccio〙[1450ころ～1525ころ]イタリアの画家。ベネチア派。細部を克明に描写した宗教画を描いた。「聖女ウルスラ伝」の連作など。カルパッチオ。

カルバドス〘フランス calvados〙フランス北部ノルマンディー地方のカルバドス県特産の、りんご酒から造るブランデー。

カルパトス-とう【カルパトス島】《Karpathos》ギリシャ南東部、エーゲ海最南部に浮かぶ島。イタリア語名スカルパント島。ドデカネス諸島中、2番目に大きく、ロードス島とクレタ島の間に位置する。主な町はカルパトス(通称ピガディア)とオリンポス。古くから軍事的な要衝であり、ベネチア共和国、オスマン帝国の支配下に置かれた。1912年よりイタリア領、47年にギリシャ領に復帰。伝統的な白壁の家並みと民族衣装で知られる。

ガルバニック-コロージョン〘galvanic corrosion〙電気化学反応によって金属などが変質破壊される腐食。電気腐食。

ガルバノメーター〘ドイツ Galvanometer〙検流計。ガルバーニが発明した。

カルバペネム〘Carbapenem〙強い抗菌力を持つ抗生物質。多くの病原菌に対して有効な抗菌薬。

カルバラー〘Karbalā'〙イラク中部の商業都市。680年、アリーの次男フサインがスンニー派との戦いで殉死した地で、イスラム教シーア派の聖地。

カルバリア〘Calvaria〙ゴルゴタのラテン名。カルバリ。

カルバン〘Jean Calvin〙[1509～1564]フランスの宗教改革者・神学者。厳格な聖書主義に基づき、神の絶対的権威を主張して予定説を唱えた。スイスのジュネーブに招かれて、市政と教会の改革を指導。主著「キリスト教綱要」においてプロテスタント神学を大成し、長老派教会の基礎をつくった。カルビン。➡予定説

カルバン-しゅぎ【カルバン主義】カルバンの主張に基づく、キリスト教のプロテスタントの教義。聖書を最高の権威と考え、組織的な神学を樹立し、厳格な信仰生活を強調。長老派・会衆派・バプテストなどの諸教会に大きな影響を与え、さらに政治・経済・社会・思想の各分野にわたって、英国や米国でも近代市民社会の成立に大きく貢献した。カルビニズム。

ガルバンソ〘スペイン garbanzo〙ヒヨコマメの別名。

カルビ《朝鮮語》牛や豚のばら肉。ふつう骨付きのものをいい、焼き肉や煮物に用いる。

カルピーニ〘Giovanni de Piano Carpini〙[1182ころ～1252]イタリアのフランシスコ会士。生地コルピニにちなんでの通称。ローマ法皇の使節としてモンゴル帝国のグユク＝ハンに謁見。その旅行報告記

「実事報告」で東洋の知識を西欧に伝えた。

カルピス〖Calpis〗脱脂乳を乳酸発酵させ、砂糖・香料を加えて殺菌した乳酸菌飲料。商標名。

カルビニズム〖Calvinism〗▶カルバン主義

カルビン〖Jean Calvin〗▶カルバン

カルビン〖Melvin Calvin〗[1911〜1997]米国の化学者。光合成を研究、放射性の二酸化炭素を用いてカルビン回路を発見。1961年、ノーベル化学賞受賞。

カルビン-かいろ【カルビン回路】光合成の過程で行われる暗反応の経路。

カルフ〖Calw〗ドイツ南西部、バーデン-ビュルテンベルク州の町。詩人・小説家、ヘルマン=ヘッセの出身地として知られる。ヘッセの生家があり、現在はヘルマン=ヘッセ博物館となっている。

ガルブレイス〖John Kenneth Galbraith〗[1908〜2006]カナダ生まれの米国の経済学者。リベラルな立場から現代資本主義を批判的に分析。公共工事や教育などへの公的投資の有効性を訴えた。著「ゆたかな社会」「新しい産業国家」「不確実性の時代」など。

カルペンティエール〖Alejo Carpentier〗[1904〜1980]キューバの小説家・評論家。独裁政権に反対してフランスに亡命し、シュールレアリスムの影響を受けた。革命後に帰国。小説「この世の王国」「失われた足跡」、評論「キューバの音楽」など。

カルポ〖Carpo〗木星の第46衛星。木星の赤道面に対する公転軌道の傾きが55度で、木星の衛星のうち最大。2003年に発見。名の由来はギリシャ神話の女神。非球形で平均直径は3キロ。

ガルボ〖Greta Garbo〗[1905〜1990]スウェーデン生まれの女優。その美貌とエキゾチシズムでハリウッドの人気スターの座を獲得するが、36歳で引退。出演作「肉体と悪魔」「アンナ=カレーニナ」など。

カルボイ〖carboy〗酸類などの液体を入れる、かご、または木箱入りの大形の瓶。

カルポー〖Jean-Baptiste Carpeaux〗[1827〜1875]フランスの彫刻家。古典主義の伝統を離れ、躍動的で優美な官能性を備えた作品を多数制作した。作、オペラ座正面装飾の「ダンス」など。

カルボキシラーゼ〖carboxylase〗生体内でピルビン酸から炭酸が脱離する反応を促進する酵素。ピルビン酸脱炭酸酵素。

カルボキシル〖carboxyl〗-COOHで表される一価の基。有機化合物に酸性を与える。

カルボキシル-き【カルボキシル基】▶カルボキシル

カルボナード〖スペ carbonado〗暗灰色または黒色のダイヤモンド。鑿岩機(さくがんき)に用いる。黒ダイヤ。

カルボナーラ〖イタ carbonara〗ベーコン・パルメザンチーズ・生クリーム・卵などで作ったソース。パスタにからめて用いる。「スパゲッティー」

カルボナリ〖イタ Carbonari〗《炭焼き人の意》19世紀初め、イタリア南部で結成された秘密結社。オーストリアの支配に抵抗し、全イタリアの統一と独立をめざして各地で革命を起こしたが、失敗。炭焼き党。

カルボニル〖carbonyl〗有機化合物で、>C=Oで表される二価の基。ケトン・アルデヒドの官能基。

カルボニル-き【カルボニル基】▶カルボニル

ガルボ-ハット〖Garbo hat〗大きな幅広のブリム(縁)が特徴の帽子のこと。女優グレタ=ガルボが好んでかぶったことから。

カルボン-さん【カルボン酸】《carboxylic acid》カルボキシル基をもつ有機化合物の総称。代表的な有機酸で、脂肪酸・アミノ酸・ヒドロキシ酸・ケト酸などもこれに含まれる。カルボキシル酸。

カルマ〖梵 karman〗業(ごう)。

カルマル〖Kalmar〗スウェーデン南東部、スモーランド地方の都市。バルト海に面し、カルマル海峡を隔ててエーランド島がある。古くから海上交通の要衝として栄えた。カルマル城やカルマル大聖堂などの歴史的建造物が数多く残っている。➡ガラスの王国

カルマン-うず【カルマン渦】流体中で柱状の物体を適当な速度で動かしたとき、物体の左右両側に発生する、交互に反対回りの渦の列。米国の航空学者Theodore von Karmanが理論的に解明。

かる-み【軽み】❶軽い感じ。軽い度合い。❷芭蕉が晩年に到達した俳諧の理念。日常卑近な題材の中に新しい美を発見し、それを真率・平淡にさらりと表現する姿。かろみ。➡寂(さび) ➡撓(しおり) ➡細み

カルミア〖kalmia〗ツツジ科の常緑低木。葉は長楕円形で厚い。初夏、淡紅色の花を散房状につけ、花びらは浅く五つに裂けていて、絵日傘に似る。北アメリカの原産で、日本には大正4年(1915)に渡来。はながさしゃくなげ。アメリカしゃくなげ。

ガルミッシュ-パルテンキルヘン〖Garmisch-Partenkirchen〗ドイツ南端部の観光・保養都市。ウインタースポーツの施設が多い。

カルミナ-ブラーナ〖ラテ Carmina Burana〗《ボイエルン詩歌集の意》㊀ラテン語およびドイツ語で記された、12、3世紀のヨーロッパの詩歌集。1803年、ミュンヘンの南のベネディクトボイエルン修道院で手写本が発見された。当時の放浪学徒の作と想像される、恋・酒・教会風刺の歌が多数含まれる。㊁㊀の詩に基づく、ドイツ人カール=オルフ作曲のカンタータ。

カルミニ-だいしんとかい【カルミニ大信徒会】《Scuola Grande dei Carmini》イタリア北東部、ベネト州の都市ベネチアにある建物。カルメル会の会堂として16世紀末に建造。17世紀にバルダッサーレ=ロンゲーナにより改築されて現在の姿になった。ベネチア派の画家ティエポロが描いた大規模な天井画があることで知られる。スクオーラグランデ-デイ-カルミニ。

カルミン〖オラ karmijn〗中南米産のサボテンに寄生するコチニール虫(エンジムシ)の雌から得られる鮮やかな紅色の色素。絵の具・染料などに用いる。洋紅。コチニール。カーミン。カーマイン。

かる・む【軽む】㊀〔動マ四〕軽くなる。かろむ。「ひき助けさせ給はむことこそは、罪一・ませ給はめ」〈源・玉鬘〉㊁〔動マ下二〕軽く扱う。あなどる。「世衰ふる末には、人に一・め侮(あなづ)らるるに」〈源・少女〉

カルムイク〖Kalmïk〗ロシア連邦にある21の共和国の一。カスピ海北西岸に位置する。基幹民族はオイラート系のカルムイク人で、チベット仏教を信仰している。首都はエリスタ。

かる-め【軽め】〔名・形動〕やや軽いこと。少し軽い感じがすること。また、そのさま。「一に飯を盛る」⇔重め。

かる-め【軽目】❶目方が軽いこと。❷掃い墨に豆汁(ご)をまぜ、藍ねずみ色の染料にしたもの。軽目墨(かるめずみ)。

カルメ〖Carme〗木星の第11衛星。他の多くの衛星と逆行する公転軌道を持つ。1938年に発見。名の由来はギリシャ神話のゼウスの妻の一人。非球形で平均直径は約46キロ。

かるめ-きん【軽目金】傷ついたりすり減ったりして、量目(りょうめ)の減った小判や一分金。

カルメット〖Albert Léon Charles Calmette〗[1863〜1933]フランスの細菌学者。C=ゲランと共同で牛型結核菌を培養してBCGを創製し、結核予防に大きな貢献をした。

かるめ-はぶたえ【軽目羽二重】「片羽二重(かたはぶたえ)」に同じ。

カルメ-やき【カルメ焼(き)】▶カルメラ

カルメラ〖ポルト caramelo〗赤砂糖と水を煮立て、重曹を加えてかきまぜ、膨らませた軽石状の菓子。南蛮菓子の一種で、もとは氷砂糖に卵白を加え、熱して泡立てたものを固まらせて作った。カルメ焼き。カルメル。㊟「キャラメルcaramel」と同語源。

かる-める【▽上▽下|▽甲▽乙】邦楽で、高い調子の「かる」と低い調子の「める」。かりめり。めりかり。

カルメル〖ポルト caramelo〗▶カルメラ

カルメル-かい【カルメル会】《ラテ Ordo Carmelitarum》カトリック修道会の一。観想を旨とし、カルメル山の修道僧を祖とする。13世紀に認可され、16世紀には跣足(せんそく)カルメル会が成立。多数の神学者・神秘家を輩出。

カルメル-さん【カルメル山】《Mount Carmel》イスラエル北部の山。ハイファの南東に位置する。標高544メートル。キリスト教のカトリック修道会の一つ、カルメル会の発祥地。ネアンデルタール人の化石が発見された南麓の洞穴は、2012年、世界遺産(文化遺産)に登録。

カルメン〖Carmen〗㊀メリメの中編小説。1845年刊。スペインを舞台に、ジプシー女カルメンと竜騎兵連隊伍長ドン=ホセとの宿命的恋愛の葛藤(かっとう)と悲劇を描く。㊁ビゼー作曲のオペラ。全4幕。1875年にパリで初演。㊀に基づくもの。

かる-も【刈る藻】刈り取った海藻。「いく世しもあらじわが身をなぞもかく海人(あま)の一に思ひ乱るる」〈古今・雑下〉

カルモ-きょうかい【カルモ教会】《Igreja do Carmo》ポルトガルの首都リスボンの中央部、シアード地区にある教会。14世紀の建設当時はリスボン最大のゴシック様式の教会だったが、1755年の大地震で崩壊し、廃墟のまま残されている。隣接する旧修道院は20世紀に再建され、現在は博物館になっている。カルモ修道院。

カルモ-しゅうどういん【カルモ修道院】《Convento da Ordem do Carmo》▶カルモ教会

カルモチン〖Calmotin〗鎮静催眠薬のブロムワレリル尿素の商標名。ブロムラール。

カルモナ〖Carmona〗スペイン南西部、アンダルシア州の都市。セビリアの東約30キロに位置する。古くから軍事的要衝であり、旧市街にはかつての城門、セビリア門とコルドバ門がある。カスティーリャ王ペドロ1世の居城(現在は観光客向けの宿泊施設)が置かれた。

かる-もの【軽物】《目方の軽い物の意から》絹布(けんぷ)。「一も人要すばかりの物は少々あり」〈今昔・二八・一五〉

かる-やか【軽やか】〔形動〕図〔ナリ〕「かろやか」に同じ。「一な足音」

かる-やき【軽焼(き)】「軽焼き煎餅(せんべい)」の略。

かるやき-せんべい【軽焼(き)煎餅】もち米の粉に砂糖を加え蒸してから軽く焼いた煎餅。

カルヤ-きょうかい【カルヤ教会】《Karja Kirik》エストニア西部、バルト海に浮かぶサーレマー島の北東部にある教会。14世紀以前の創設。内部には自然崇拝の影響が色濃く残るゴシック様式の彫刻や、フレスコによる天井画がある。

かる-ゆき【軽行き】〔名・形動ナリ〕手軽なこと。また、そのさま。軽便。安直。「一人を金一角に定め置きしは、一なる呼び物なり」〈浮・一代女・一〉

かるら【×迦▽楼羅】《梵 garuḍaの音写。金翅鳥(こんじちょう)と訳す》❶想像上の大鳥。翼は金色で、口から火を吐き、竜を好んで食う。天竜八部衆の一。密教では仏法を守護し衆生を救うために梵天(ぼんてん)が化したとする。❷伎楽面の一。❶に模したもの。鳥の形をして、口の先に小さな玉をくわえる。

カルラエ〖Carrhae〗トルコ南東部の村ハランの旧称。

かる-らか【軽らか】〔形動ナリ〕「かろらか」に同じ。「齢つもらず一なりしほどに」〈源・夕霧〉

かるら-ほう【×迦▽楼羅法】密教で、迦楼羅を本尊とし、病苦・風雨・落雷などを除くために行う修法。

カルルシュテイン-じょう【カルルシュテイン城】《Hrad Karlštejn》チェコの首都プラハ郊外にあるゴシック様式の城。プラハの南西約30キロメートル、ベロウンカ川を見下ろす高台に位置する。神聖ローマ皇帝カール4世(ボヘミア王カレル1世)により14世紀に建造。王族の財宝の保管庫として、また歴代の王の別荘として利用された。

カルルス-せんえん【カルルス泉塩】《ドイ Karlsbader Salz》チェコ西部カルロビバリ(ドイツ語名カルルスバート)の鉱泉を蒸発させてとった結晶。人工的には硫酸ナトリウムに重曹・食塩・硫酸カリウムを加えて製した白色の粉末。緩下剤とする。カルルス塩。

カルロス-いっせい【カルロス一世】《Carlos I》▶カール㊂

カルロスごせい-きゅうでん【カルロス五世宮殿】

《Palacio de Carlos V》スペイン南部の都市グラナダにあるアルハンブラ宮殿の敷地内にある宮殿。スペイン王カルロス1世(神聖ローマ皇帝カール5世)がルネサンス様式の宮殿として建造を開始したが、資金不足により未完。

カルロビ-バリ〖Karlovy Vary〗チェコ西部にある温泉保養都市。ボヘミアガラス製造の中心地であり、国際映画祭の開催地としても有名。ドイツ語名カルルスバート。

カルロボ〖Karlovo〗ブルガリア中部の都市。バルカン山脈南麓、カルロボ盆地のストリャマ川沿いに位置する。バラの生産が盛んで、東のカザンラク盆地と合わせてバラの谷と呼ばれる。中世に要塞が築かれ、オスマン帝国時代の16世紀から18世紀にかけて手工業で発展。19世紀後半には民族文化復興の拠点となった。革命家バシル＝レフスキ、辞書編纂者イバン＝ボボロフの生地。

かる-わざ【軽業】❶綱渡り・はしご乗り・玉乗りなどの曲芸。また、その見世物。アクロバット。❷危険を伴う事業や計画。「資金もないのに融資だけで事業を興すという―をやってのけた」❸危険な動作をからだを軽快に動かしてやりこなすこと。「悪七兵衛が力業、早業、―、神通業(じんつうわざ)」〈浄・出世景清〉

(類語)曲芸・芸当・離れ業・曲技・アクロバット・サーカス

かるわざ-し【軽業師】❶軽業を演じる芸人。❷不安定で危険の多い仕事をして世渡りをする人。

かるわざ-にんぎょう【軽業人形】(ニンギャウ) 糸で操る紙人形。

かれ【×涸れ】水がかれること。「井戸―」

かれ【×嗄れ】声がかれること。「声の―がひどい」

カレ〖Kale〗木星の第37衛星。2001年に発見。名の由来はギリシャ神話のゼウスの娘。非球形で平均直径は約2キロ。

かれ【彼】㊀〔代〕❶男性をさす三人称の人代名詞。あの男。西欧語の三人称男性代名詞の訳語。「―は君の弟かい」⇔彼女。❷三人称の人代名詞。明治時代まで男女の区別なく用いた。あの人。あれ。「余はエリスを忘れざりき、否、―は日毎に書(ふみ)を寄せしかばえ忘れざりき」〈鴎外・舞姫〉❸二人称の人代名詞。あなた。おまえ。「―は、なむぞの人ぞ」〈宇津保・俊蔭〉❹遠称の指示代名詞。あの物。あれ。「吾(あ)が思(も)ふ君がみ船かも―」〈万・四〇四五〉㊁〔名〕恋人である男性。彼氏。「―ができる」⇔彼女。

(類語)彼氏・彼女・あの人・あの方・奴(やつ)・彼奴(きゃつ)・あいつ・氏・先生・やっこさん・当人・大将・本人

彼と言い此(こ)れと言い　あれもこれも。どちらも。「―辞するに所なし」〈平家・一一〉

彼も一時(いちじ)此(こ)れも一時　《「孟子」公孫丑下から》世の中のことはすべて、時とともに移り変わって一定しない。栄枯盛衰も一時限りである。

彼も人なりわれも人なり　《「韓愈」原毀から》彼も我も同じ人間なのだから、人のできることが自分にもできないはずはない。

彼を知り己(おのれ)を知れば百戦殆(あや)うからず　《「孫子」謀攻から》敵と味方の情勢をよく知って戦えば、何度戦っても敗れることはない。

かれ【▽故】〔接〕《代名詞「か」に動詞「あり」の已然形「あれ」の付いた「かあれ」の音変化。「かあれば」の意から》❶前述の事柄を受けて、当然の結果としてあとの事柄が起きることを表す。ゆえに。だから。「あづまはやと詔云(の)り給ひき。―、その国を号(なづ)けてあづまと謂(い)ふ」〈記・中〉❷段落などの初めにおいて、事柄を説き起こすことを表す。さて。それで。「大国主神…并(あは)せて五つの名あり。―、此の大国主神の兄弟(はらから)八十神(やそがみ)坐(ま)しき」〈記・上〉

がれ　がけくずれで岩石がごろごろしている急斜面。がれ場。

ガレ〖Émile Gallé〗[1846～1904]フランスのガラス工芸家・家具デザイナー。1878年のパリ万国博覧会で、月光色と呼ばれる淡い青色のガラスを出品し、高い評価を得る。昆虫や植物をモチーフにした幻想的な作品が多く、アールヌーボーを代表する一人。

がれ【枯れ】〔語素〕❶草木が枯れること。また、枯れはてたさま。「末(うら)―」「夏―」「冬―」「霜―」❷その物がなくなってしまうこと、また、尽きはてたさま。「品―」「資金―」

か-れい【加齢】〔名〕(スル)　誕生日または新年を迎えて、年齢が増加すること。加年。

か-れい【佳例┊×嘉例】めでたい先例。吉例(きちれい)。

か-れい【佳麗】〔名・形動〕❶整っていて美しいこと。また、そのさま。「五街の楼館互に―を競う」〈服部誠一・東京新繁昌記〉❷美しい女性。美女。「後宮の―多き中に」〈浄・鵜羽産家〉

(類語)綺麗・秀麗・端麗・美麗・流麗・壮麗・艶麗・豊麗

か-れい【家令】❶皇族や華族の家の事務・会計を管理し、使用人の監督に当たった人。❷律令制で、一品(いっぽん)以下四品(しほん)までの親王・内親王家、および三位以上の公卿の家で、家務を総括した職員。けりょう。

か-れい【家例】❶その家に代々伝わる特別なしきたり・慣習。「―として…家族が揃って遊びに出る日の出来事」〈漱石・彼岸過迄〉❷決まり。例。「きゃつは―の情強(じゃうごは)でおぢゃる」〈狂言記・宗論〉

か-れい【華麗】(クヮ)〔名・形動〕はなやかで美しいこと。はでやかなこと。また、そのさま。「―な舞踏会」

(派生)かれいさ〔名〕(類語)華やか・きらびやか・絢爛(けんらん)・華美・はで・はでやか・華華しい・美美しい

か-れい【過冷】(クヮ) ❶過度に冷やすこと。❷「過冷却」に同じ。

か-れい【×遐齢】長生きをすること。長寿。「猿楽は是―延年の方なればとて」〈太平記・二三〉

かれい【×餉】(かれひ)「かれいい」の音変化。「常知らぬ道の長手をくれくれといかにか行かむ―はなしに」〈万・八八八〉

かれい【×鰈】(かれひ) カレイ目カレイ科の海水魚の総称。体は楕円形で、側扁が著しい。頭部が右にねじれ、両眼が体の右側にあり、背びれとしりびれが体に沿って長い。有眼側は砂泥に似た褐色、無眼側は白色。海底に有眼側を上にして横たわる。マガレイ・イシガレイ・マコガレイ・ムシガレイなど。食用。

かれ-いい【×餉┊▽乾×飯】(ひ) 炊いた米を乾燥させたもの。旅行などに携帯した。ほしいい。かれい。「木の蔭に下りゐて、―食ひけり」〈伊勢・九〉

かれいおうはんへんせい-しょう【加齢黄斑変性症】(カレイワウハンヘンセイシャウ) 加齢に伴い網膜の黄斑が変性し、視野の中心部が見えにくくなる疾患。ものが歪んで見えたり、暗く見えたりする。視力が急に低下する場合もある。喫煙が危険因子となる。特定疾患(難病)の一。AMD(age-related macular degeneration)。

かれい-がく【加齢学】➤ジェロントロジー

か-れいきゃく【過冷却】(クヮ) 液体や蒸気を融点または沸点以下に冷やしても、固化や液化が起こらない状態。過冷。

かれい-げんしょう【加齢現象】(ゲンシャウ) ➤エージング現象

かれい-しゅう【加齢臭】(シウ) 中高年に特有の体臭。男女差はなく、加齢とともに増加する。皮脂中に脂肪酸が増え、ノネナールができることが原因。

かれ-いろ【枯れ色】❶草木の枯れた色。また、枯れしぼんだようす。❷襲(かさね)の色目の名。表は黄、裏は青。一説に、表は白、裏は薄紫。冬に用いる。

カレー〖Calais〗フランス北部の港湾都市。ドーバー海峡(カレー海峡)に臨み、英国のドーバーとの連絡港およびユーロトンネルの基地。レース・リンネルなどの織物を特産。

カレー〖curry〗❶カレー粉のこと。またはカレーライスのソースのこと。❷「カレーライス」の略。(補説)語源はタミール語のkariで、ソースの意。

ガレー〖galley〗❶ギリシャ・ローマ時代から18世紀ごろまで、地中海を中心に使用された軍用船。多数の櫂(かい)を奴隷や囚人にこがせて走航し、中世以降は三角帆をもつものに発達。ガレー船。❷軍艦の艦長用の大型ボート。❸船舶・航空機内の調理室。ギャレー。

カレー-かいきょう【カレー海峡】(カイケフ)「ドーバー海峡」に同じ。

カレー-こ【カレー粉】香辛料を二十数種合わせた、辛味・香りの強い黄色の粉末。黄色はウコン・サフランなどによるもので、辛味に胡椒(こしょう)・ジンジャー・唐辛子、香りにコリアンダー・カルダモンなどを配合する。インドから英国を経て日本には明治時代に伝わった。

ガレージ〖garage〗自動車の車庫。

ガレージ-セール〖garage sale〗家具などの不要になったものをガレージや庭先などで売ること。1970年代の米国で、リサイクル運動の一つとして盛んになった。

ガレージ-ハウス〖garage house〗居住空間と車庫とを一体化し、日常生活の場として作った建物。その一部を趣味の作業場などに利用することもある。

ガレー-せん【ガレー船】➤ガレー❶

かれ-えだ【枯れ枝】枯れた木の枝。また、葉の枯れ落ちた木の枝。(季 冬)

カレードスコープ〖kaleidoscope〗万華鏡(まんげきょう)。

カレー-ライス《curry and riceから》肉・野菜などを煮込み、カレー粉で味を付けたものを飯に添えたり、かけたりした料理。カレー。ライスカレー。

かれ-おばな【枯れ尾花】(をばな) 枯れたすすきの穂。枯れすすき。(季 冬)「狐火(きつねび)の燃えつくばかり―／蕪村」

かれおばな【枯尾華】(かれをばな) 江戸中期の俳諧集。2冊。宝井其角(たからゐきかく)編。元禄7年(1694)刊。「芭蕉翁終焉記」ほか門人による追善の連句・発句を収める。

ガレオン〖galleon〗16～17世紀にかけて西欧で発達した大型帆船。3本ないし4本のマストと、高い船尾甲板をもち、大洋航海にすぐれる。軍船・貿易船に用いられた。ガレオン船。

かれ-がし【彼▽某】〔代〕三人称の人代名詞。名を知らぬ人、また、知っていても名を言わないでいう場合に用いる。多く、「それがし」と並べて用いる。だれそれ。何某(なにがし)。「やや、庁には又何者か候、といへば、それがし―、といふ」〈宇治拾遺・一四〉

かれ-がた【▽離れ方】親しかった者、特に男女の気持ちが、疎遠になりがちなこと。「相知れりける人の漸(やうや)く―になりける間に」〈古今・恋五・詞書〉

かれ-がれ【枯れ枯れ】〔形動〕図〔ナリ〕草木が今にも枯れそうなさま。「激しい霜のために―になった桑畠の間を通して」〈藤村・家〉

かれ-がれ【×涸れ×涸れ】〔形動〕図〔ナリ〕水の乾いていくさま。川の水などがなくなっているさま。「水の―な池」

かれ-がれ【×嗄れ×嗄れ】〔形動〕図〔ナリ〕声がかすれるさま。声がかれ衰えるさま。「余命のなさそうな虫が…―に鳴いている」〈三重吉・小鳥の巣〉

かれ-がれ【▽離れ▽離れ】〔形動ナリ〕男女の交際がとだえがちなさま。疎遠なさま。「―におはせしをだに、飽かず胸いたく思ひ侍りしを」〈源・葵〉

かれ-き【枯れ木】❶枯れた木。❷葉の落ちつくした木。(季 冬)「家遠し―のもとの夕けぶり／召波」

枯れ木に花　いったん衰えたものが再び栄えることのたとえ。

枯れ木も山(やま)の賑(にぎ)わい　《枯れ木も山に風情を添えるのに役立つ意から》つまらないものでも、ないよりはましであることのたとえ。(補説)文化庁が発表した平成16年度「国語に関する世論調査」では、本来の意味である「**つまらないものでも、ないよりはまし**」で使う人が38.6パーセント、間違った意味「**人が集まればにぎやかになる**」で使う人が35.5パーセントという結果が出ている。

か-れき【歌歴】和歌を作るようになってからの年月。歌人としての経歴。

が-れき【瓦×礫】(グヮ) ❶かわらと小石。破壊された建造物の破片など。「―の山と化す」❷値うちのないもの、つまらないもののたとえ。「風流才子復た―の訳書を待たず」〈織田訳・花柳春話〉

が-れき【画歴】(グヮ) 絵を描くようになってからの年月。画家としての経歴。

かれき-がく【花暦学】(クヮレキ) 植物の発芽・開花・落葉など、生物の活動周期と季節との関係を研究する学問。生物季節学。

かれ-くさ【枯れ草】❶枯れた草。特に、冬枯れの草。(季 冬) ❷飼料にする干し草。まぐさ。

かれくさ-いろ【枯れ草色】枯れ草のような色。くすんだ黄緑色。

かれ-ごえ【×嗄れ声】ごゑ しわがれ声。かすれ声。

かれ-これ【彼×此】㊀〘副〙スル ❶一つに限らず、いくつものことに及んだりかかわったりするさま。とやかく。いろいろ。「―うるさく言う」「―しているうちに、暗くなってしまった」❷(時・年月・数量などを示す語を伴って)だいたいそれに近いさま。おおよそ。そろそろ。「ここに住んでから―一年になる」「―四キロ余りも歩いた」❸いろいろ合わせて。全部で。「かやうのくら事―四十八ありける」〈浮・一代男・四〉㊁〘代〙❶指示代名詞。あのこと、このこと。あのもの、このもの。「詠める歌多く聞こえねば、―を通はしてよく知らず」〈古今・仮名序〉❷三人称の人代名詞。あの人とこの人。だれかれ。「―、知る知らぬ、送りす」〈土佐〉

類語 ざっと・およそ・おおよそ・大体・約

かれ-さんすい【枯山水】池や流水を用いず、石と砂で山水の風景を表現する庭園形式。室町時代に伝わった宋・明の水墨画の影響による。竜安寺りょうあんじ庭園などが有名。涸山水かさんすい。かれせんすい。

かれ-し【彼氏】㊀〘代〙三人称の人代名詞。あの人。あいつ。いくぶんふざけた感じでいう語。「―もなかなかやるね」⇔彼女。㊁〘名〙恋人である男性。「彼女」に対する昭和初期の造語。徳川夢声の用いはじめたものという。「―ができる」⇔彼女。

かれ-しば【枯れ芝】枯れた芝。冬枯れの芝。(季 冬)「―を見居れば雨の弾きけり/月斗」

かれ-すすき【枯れ▽薄】枯れたすすき。かれおばな。(季 冬)「うちなびき音こそなけれ―/茅舎」

かれ-せんすい【枯▽山水】►かれさんすい

かれ-だに【×涸れ谷】雨の降ったときだけ水が流れ、ふだんは水のない谷。

か-れつ【苛烈】〘名・形動〙厳しく激しいこと。また、そのさま。「―をきわめる戦闘」「―な生存競争」派生 かれつさ〘名〙

類語 過酷・峻烈・強烈・猛烈・激烈・熾烈しれつ・激甚

か-れつ【×罅裂】ひびが入ること。ひびわれ。

カレツキ〘Michał Kalecki〙[1899〜1970]ポーランドの経済学者。景気理論・分配論の研究で知られる。「景気循環の巨視的動態論」では、マルクスの再生産論を土台にして、ケインズに先駆ける理論を展開した。著「経済変動の理論」など。

カレッジ〘college〙❶大学。「―リング」「インター―」❷単科大学。または、総合大学の学部。ユニバーシティーに対していう。「メディカル―」❸英国で、大学を構成する自治組織の学寮。

カレッジ〘courage〙勇気。度胸。

カレッジ-カラー〘college color〙❶スクールアイデンティティーの一環として、大学・高校などの存在感を周知させることを目的とした色彩のこと。ユニホーム・校旗・徽章きしょうなどに用いられる。❷大学、高校などの校風・教育に関する個性のこと。補説 ❷は日本語での用法。

カレッジ-リング〘college ring〙大学名や校章、あるいはシンボルマークなどをデザインした指輪。アメリカの大学に由来するもので、日本でも一般的。

カレッツァ-こ【カレッツァ湖】《Lago di Carezza》イタリア北部、南チロル地方のドロミティ山地にある湖。標高1520メートル。ラテマール山を望む風光明媚な地として知られる。

カ-レッツォーニコ〘Ca' Rezzonico〙イタリア北東部、ベネト州の都市ベネチアの大運河(カナルグランデ)沿いにあるバロック様式の館。17世紀半ば、ボン家の館として、バルダッサーレ=ロンゲーナの設計で建設が始まったが、ロンゲーナの死とフィリッポ=ボンの財政難により中断。18世紀にレッツォーニコ家所有となり、ジョルジョ=マッサーリにより完成。現在は1700年代ベネチア美術館になっており、18世紀の美術品、家具調度品などを展示している。

カレット〘cullet〙壊れた、または壊した空き瓶のガラスくず。これを原料として用いるのが瓶リサイクルの基本。

ガレット〘フランス galette〙パイ生地で甘味をおさえて焼いた丸い菓子。➡ガレットデロワ

ガレット-デ-ロワ〘フランス galette des Rois〙1月6日の公現節に食べる焼き菓子。多く、パイ生地にクリームを詰めたもので、中にフェーブ(陶製の人形)が入れてある。切り分けたパイにフェーブが入っていた人は、その日の主役として紙の王冠をかぶる風習がある。

カレドニア〘Caledonia〙英国、グレートブリテン島北部のうち、ローマ帝国の支配下になかった地域に対する古称。

カレドニア-うんが【カレドニア運河】英国スコットランド北部の地峡部を貫く運河。北海と大西洋とを結ぶ。ネス湖など湖沼部を含めて長さ約97キロ。

カレドニア-ぞうざんうんどう【カレドニア造山運動】ザウザンウンドウ 古生代の前半に起こった世界的な造山運動。スコットランドからノルウェーにかけての地域、および北アメリカのアパラチア山脈北部の地域が主。

かれ-なで【▽離れなで】〘連語〙《動詞「か(離)る」(下二)の連用形＋完了の助動詞「ぬ」の未然形＋打消しの接続助詞「で」》離れてしまわないで。とだえてしまわないで。「橘の花の宿とふほととぎす―今も昔恋ふなり」〈新千載・夏〉

かれ-の【枯れ野】❶草木の枯れはてた野。冬枯れの野原。(季 冬)「遠山に日の当りたる―かな/虚子」❷襲かさねの色目の名。表は黄、裏は薄青または白。冬に用いる。かれのがさね。

類語 荒野こうや・荒原・原野・荒れ野

かれ-のこ・る【枯れ残る】〘動ラ五(四)〙他の草木が枯れたのに、それだけが枯れずに残る。「―・っている野菊」

ガレノス〘Klaudios Galēnos〙[129ころ〜199ころ]ギリシャの医学者。ペルガモン生まれ。動物の生体解剖によって実験生理学の端緒をなした。多くの医学書を著し、近世初期まで医学の権威とされた。

かれ-は【枯れ葉】枯れた木の葉や草の葉。(季 冬)「夕照にひらつく磯の―かな/去来」

類語 落ち葉・朽ち葉・わくら葉

がれ-ば【がれ場】「がれ」に同じ。

かれは-が【枯葉×蛾】❶鱗翅りんし目カレハガ科のガ。翅はねの開張5〜6センチ。翅は茶褐色で、前翅の外縁にぎざぎざがあり、枯れ葉に似る。幼虫は桃・梅・柳などの葉を食害。❷カレハガ科のガの総称。翅の形や色が枯れ葉に似るものが多い。マツカレハ・オビカレハなど。

かれは-ざい【枯れ葉剤】ベトナム戦争で、米軍が密林に大量に散布した除草剤。2,4-D(ジクロロフェノキシ酢酸)と2,4,5-T(トリクロロフェノキシ酢酸)との混合物で、ダイオキシンを含み、奇形児や癌がんの多発など多くの二次的災害をひき起こした。

かれ-は・てる【枯れ果てる】〘動タ下一〙文かれは・つ〘タ下二〙すっかり枯れてしまう。「―・てた晩秋の野」

かれ-ば・む【枯ればむ】〘動マ五(四)〙草木が枯れそうなようすになる。枯れかかる。「庭の木々が―・む」

かれ-ば・む【×嗄ればむ】〘動マ四〙声がしわがれたようすになる。「あやしく―・みさわぎたる声にて」〈枕・八〉

かれ-ぶし【枯(れ)節】《「かれふし」とも》三枚におろしたカツオを煮て、いぶして作った荒節の表面を削り、黴かび付けを行ったもの。ふつう黴付けの回数が2〜3回のものをいう。➡鰹節 補説

カレメグダン-こうえん【カレメグダン公園】コウヱン《Kalemegdan》セルビアの首都ベオグラードにある要塞を中心とする公園。サバ川とドナウ川の合流点を見下ろす丘の上という戦略上の要衝に位置する。古代ローマ人が砦を築き、東ローマ帝国、セルビア王国、オーストリア-ハンガリー帝国、オスマン帝国などが増改築を繰り返した。古代ローマ時代の壁、中世の時計塔、オスマン朝の霊廟れいびょうのほか、軍事博物館、聖ルジツァ教会、聖ペトカ教会などがある。

かれ-やま【枯れ山】草木の枯れた山。(季 冬)

かれ-よう【▽離れ様】ヤウ〘形動ナリ〙しだいに遠のくさま。縁が切れそうになるさま。「この男、河内の国に人をあひ知りて通ひつつ、―にのみなりゆきけり」〈古今・雑下・詞書〉

かれ-ら【彼▽等】〘代〙三人称の人代名詞。「かれ」の複数を表す。あの人たち。「―は兄弟だ」

カレリア〘Kareliya〙ロシア連邦を構成する共和国。西はフィンランドに接し東に白海を抱く。首都ペトロザボーツク。木材加工業などが盛ん。基幹民族はフィン族のカレリア人だが、ロシア系が大半を占める。

ガレリア〘イタリア galleria〙屋根のある商店街や歩行者用道路。補説 大聖堂(ドゥオモ)とスカラ座を結ぶミラノのガレリアが有名。

ガレリー〘ドイツ Galerie〙►ギャラリー

ガレリウス-の-がいせんもん【ガレリウスの凱旋門】《Apsida tou Galeriou》ギリシャ北部の港湾都市テッサロニキの市街中心部、エグナティア大通りにある凱旋門。4世紀初頭、古代ローマ皇帝ガレリウスがササン朝ペルシアとの戦いで勝利したことを記念して建造。アギオスゲオルギオス教会とともに、テッサロニキ最古の建造物として知られる。

カレル〘Alexis Carrel〙[1873〜1944]フランスの外科医・生理学者。1905年、米国へ移住。血管縫合術を完成。臓器移植を研究、組織培養法を確立し、現代の生命観に影響を与えた。12年ノーベル生理学医学賞受賞。著「人間―この未知なるもの」ほか。

か・れる【枯れる】〘動ラ下一〙文か・る〘ラ下二〙❶草木が、水分などがなくなり、生命を保つことができなくなる。花や葉が変色したり、落ちたりする。「作物が―・れる」「葉が―・れる」❷張りやみずみずしさがなくなる。本来の勢いがなくなる。「やせても―・れても」❸人物や技術が練れて、深みが増す。円熟して、落ち着いた深い味わいが出てくる。「芸が―・れる」「―・れた人柄」❹動物が死んで干からびる。「葉のさま、花も、虫などの―・れたるに似て」〈枕・四〇〉❺膿うみが出て、おできの表面が乾く。「督かんの殿の御瘡―・れさせ給ひつれど」〈栄花・峰の月〉❻滅んでしまう。「其人の徳にてらされて―・れぬ名をとどめしもあるに」〈鶉衣・蓼花巷記〉類語 しおれる・しなびる・萎える・しぼむ・末枯うらがれる

か・れる【×涸れる】〘動ラ下一〙文か・る〘ラ下二〙《「枯れる」と同語源》❶池・川・井戸などの、水がほとんどなくなる。水けがなくなり、乾いた状態になる。干上がる。「泉が―・れる」「涙が―・れる」❷湿り気がなくなり、乾燥する。「よく―・れた木材」❸感じたり考えたりする力が減って、出なくなる。また、必要なものが不足がちになる。枯渇する。「詩嚢しのうが―・れる」「愛情が―・れる」「資金が―・れる」

類語 乾く・乾燥する・干上がる・枯渇する・干からびる

か・れる【×嗄れる】〘動ラ下一〙文か・る〘ラ下二〙《「枯れる」と同語源》声がかすれる。しわがれる。また、声が出なくなる。「歌い過ぎでのどが―・れる」

カレル-どおり【カレル通り】ドホリ《Karlova》チェコの首都プラハの中心部、旧市街広場からカレル橋までを結ぶ細い通り。プラハ最古のカフェや多くの土産物屋があり、観光客に人気がある。

カレル-ばし【カレル橋】《Karlův most》チェコの首都プラハの中心部、ブルタバ川に架かる橋。14世紀から15世紀にかけて、神聖ローマ皇帝カレル4世の時代に建造。ヨーロッパに現存する最古の石造橋の一。全長約520メートル、幅約10メートル。橋の欄干に30体の聖人像が並ぶ。橋と橋塔はゴシック様式、聖人像はバロック様式のものが多い。1992年、「プラハ歴史地区」の名で世界遺産(文化遺産)に登録。

カレル-ひろば【カレル広場】《Karlovo náměstí》チェコの首都プラハの中心部、新市街にある広場。バーツラフ広場の南西部に位置する。14世紀半ば、神聖ローマ皇帝カール4世(ボヘミア王カレル1世)の新市街建設の際に造られ、15世紀以降、牛市場として利用された。19世紀半ばに現名称になった。

カレワラ〘Kalevala〙フィンランドの英雄叙事詩。全50章。エリアス=リョンロート編。1835〜49年刊。古

くからの口承文芸を集録したもので、雄大な構想を豊かな想像力で描いており、フィンランド独立運動の精神的支えとなった。

か-れん【可×憐】〔名・形動〕《「憐れむべき」の意から》姿・形がかわいらしく、守ってやりたくなるような気持ちを起こさせること。また、そのさま。「―に咲く野の花」「少女の―な瞳」(派生)かれんさ〔名〕
(類語)あどけない・いたいけ・可愛い・可愛らしい・愛おしい・愛しい・愛らしい・愛くるしい・いじらしい

か-れん【苛×斂】《「斂」は取り上げて納める意》租税などを厳しく取り立てること。

カレンシー〖currency〗通貨。

カレンダー〖calendar〗暦。七曜表。
(類語)暦・日読み・日めくり

カレンダー〖calender〗多数のロールを並べ、この間に薄い材料を通してつやを出す機械。紙の製造などに用いられる。

カレンダー-アート〖calendar art〗カレンダーの図版に用いられる作品。またはカレンダーに使われるような通俗的な絵画をさす。

かれん-ちゅうきゅう【苛×斂×誅求】《「誅」は責める意》情け容赦もなく、税金などを取り立てること。「―を事とせぬ政治家の皆無だった当時」〈中島敦・弟子〉

カレンツ〖currants〗❶小粒で種なしの干しブドウ。カランツ。カレンズ。❷スグリ類の一種、アカフサスグリの実。カランツ。カレンズ。

カレント〖current〗❶動向。趨勢。流れ。「メーン―(=主流)」❷川や潮の流れ。「リップ―(=離岸流)」❸電流。❹「カレントディレクトリー」「カレントドライブ」の略。❺他の外来語に付いて、現在の、現代の、現今の、の意を表す。「―イングリッシュ(=時事英語)」

カレント-クーポン〖current coupon〗債券の利回り水準を観察する場合の一つの指標。額面(100円近辺)で取引されている債券の利率のこと。

カレント-ディレクトリー〖current directory〗ディレクトリー構造を有するオペレーティングシステムにおいて、ユーザーが現在作業をしているディレクトリーのことを指す。

カレント-トピックス〖current topics〗時の話題。時事問題。

カレント-ドライブ〖current drive〗ディレクトリー構造を有するオペレーティングシステムにおいて、ユーザーが現在作業をしているディスクドライブのこと。

カレント-レギュレーター〖current regulator〗負荷の変動、電源電圧の変動にかかわらず、出力電流を一定に保つ装置。

カレンフェルト〖ドイ Karrenfeld〗石灰岩の節理や断層に沿って溶食が進んで溝が刻まれ、岩柱が林立している地形。墓石地形。

か-ろ【火炉】❶火を入れて暖を取るもの。火鉢・こたつ・いろりなど。「銀燭の華光燦爛たる一室に、―を擁して端坐せるは」〈木下尚江・火の柱〉❷香炉。❸ボイラーの燃料を燃やす所。

か-ろ【×蝸×廬】蝸牛の殻のように小さい家。また、自分の家をへりくだっていう語。

ガロア〖Évariste Galois〗[1811～1832]フランスの数学者。群の概念を導入して代数方程式の解法を研究。決闘により死亡した。ガロワ。

ガロア-むし【ガロア虫】ガロアムシ目ガロアムシ科の昆虫。体長2センチくらい。体は細長く、淡黄褐色で翅はない。原始的な特徴をもち、変態はしない。山地の石の下や土中にすむ。大正4年(1915)日光の中禅寺でフランス人外交官ガロア(Gallois)が発見。

かろ・い【軽い】〔形〕(文)かろ・し〔ク〕「かるい」に同じ。「馴染みの家をぐるぐる回って歩いているうちには、背中の荷が段々―・くなって」〈漱石・門〉「御心のすこし―・くおはします」〈大鏡・兼家〉

か-ろう【家老】❶中世、大名の家臣のうちの最重職。家中を総括する職。また、その者。年寄。家老職。❷江戸時代、藩主を助けて藩政を行った重臣。複数で合議輪番制によった。城代家老・江戸家老などがある。

か-ろう【過労】身心を損ねるほど働きすぎて疲れがたまること。「―から病気になる」
(類語)疲労・疲弊・疲憊・困憊・困弊

かろ・う〔動ハ四〕背負う。かるう。「雇人に―・はれ小宿さなへ往んだがの」〈浄・博多小女郎〉

が-ろう【画廊】美術品を陳列・展示する場所。また、画商の店をさすこともある。ギャラリー。

が-ろう【画楼】❶美しく装飾した楼閣。❷絵画を陳列した楼。

が-ろう【餓×狼】飢えたオオカミ。「(眼ハ)―の如き凄じき光を帯びたり」〈蘆花・自然と人生〉

かろう-かい【哥老会】中国、清代の秘密結社。18世紀前半に四川省から起こり、湖南・湖北省を中心に揚子江流域に広がり、反清復明を掲げて活動。辛亥革命に貢献した。

かろう-し【過労死】長時間労働・不規則な勤務・頻繁な出張など業務に起因する極度の過労やストレス、長期間にわたる疲労の蓄積などにより、脳疾患や心臓疾患を起こし死亡すること。➡過労死認定基準

かろう-じさつ【過労自殺】勤労者が長時間労働や仕事上の過度のストレスから心身の不調を来たし、自殺すること。➡過労死

かろう-じて【辛うじて】〔副〕《「からくして」の音変化》やっとのことで。どうにか。「―終電に間に合う」「年金だけで―生計を立てている」

かろうし-にんていきじゅん【過労死認定基準】労働死亡災害を過労死として労災認定する際の基準。厚生労働省の「脳・心臓疾患の認定基準」に基づいて認定される。過労自殺については、厚生労働省の「心理的負荷による精神障害等に係る業務上外の判断指針」などにより認定される。

かろうず【唐×櫃】「からひつ(唐櫃)」の音変化。「包、袋、―などもて来騒ぐ」〈栄花・初花〉

かろうと【×屍×櫃】《「からひつ」の音変化。「かろうど」とも》❶「からひつ(屍櫃)」に同じ。「石の―の蓋のふっとするほど謡ひ入れて」〈虎明狂・二千石〉❷遺骨を納めるために、墓石の下に設けた石室。

かろうと【▽唐×櫃】《「かろうず」の音変化。「かろうど」とも》「からびつ」に同じ。「内侍所の御―をもって、海へ入らんとし給ひけるが」〈平家・一一〉

カローデン〖Culloden〗英国スコットランド北部の都市インバネスの東部郊外の村。18世紀半ば、カンバーランド公ウィリアム＝オーガスタス率いるイングランド軍に対し、ジャコバイト派軍が最後の大規模な反乱を起こした「カローデンの戦い」の古戦場として知られる。カロデン。

カローラ〖corolla〗花冠。

かろ-がろ【軽軽】〔副〕「かるがる」に同じ。「綿入一枚の出で立ちさえ―とした快い感じを添える」〈漱石・趣味の遺伝〉

かろがろ-し・い【軽軽しい】〔形〕(文)かろがろ・し〔シク〕❶「かるがるしい❶」に同じ。「彼は…―・く立ちあがろうとはしなかった」〈山本有三・生きとし生けるもの〉❷「かるがるしい❷」に同じ。「中納言などは、年若く―・しきやうなれど」〈源・若菜上〉

かろ-きょう【下路橋】通路が主構造の下側にある形式の橋。つり橋など。➡上路橋

か-ろく【加×禄】禄高を増加すること。加増。

か-ろく【家×禄】❶主君がその家臣である武士に与えた俸禄。家について支給され、江戸時代には世襲化していた。高禄の者は領地を、普通の武士は米穀を支給された。❷明治初期、華族・士族の家格に対して支給された俸禄。明治9年(1876)に廃止。

かろく【嘉禄】鎌倉前期、後堀河天皇の時の年号。1225年4月20日～1227年12月10日。

か-ろ-こん【×瓜呂根】キカラスウリなどの根。漢方で解熱などに薬用。また、でんぷんを天花粉として用いる。栝楼根。

カロザース〖Wallace Hume Carothers〗[1896～1937]米国の化学者。高分子の重合を研究し、1931年合成ゴムのネオプレン、37年ナイロンを発明。

かろし・む【軽しむ】〔動マ下二〕「かろしめる」の文語形。

かろし・める【軽しめる】〔動マ下一〕(文)かろし・む〔マ下二〕軽くみる。あなどる。見下げる。「こうこう、強勢おれを―・めるの」〈魯文・西洋道中膝栗毛〉

カロチノイド〖carotinoid｜carotenoid〗►カロテノイド

カロチャ〖Kalocsa〗ハンガリー中南部の町。ドナウ川東岸に位置。かつて川沿いだったが、現在は川筋が変わり約6キロ離れている。11世紀、初代ハンガリー王イシュトバーン1世の時代に、エステルゴムとともに大司教座が置かれ、宗教・政治・経済の要地だった。バロック様式の大聖堂と司教館、特産のパプリカに関する博物館がある。花模様の刺繍製品が有名。

カロチン〖carotin｜carotene〗►カロテン

カロッサ〖Hans Carossa〗[1878～1956]ドイツの詩人・小説家・医師。内省的でヒューマンな自伝的作品が多い。小説「ドクトル＝ビュルガーの運命」「幼年時代」、従軍記「ルーマニア日記」など。

ガロッシュ〖galosh〗ゴムあるいは防水布製のオーバーシューズのこと。また装飾や保護の目的で靴底のまわりにつける革ひものこともいう。

ガロップ〖galop〗►ギャロップ

カロテノイド〖carotenoid｜carotinoid〗カロテンに類似の一群の色素。動植物界に広く分布し、黄・赤色ないし紫色を呈する。植物ではニンジンの根やトマトの実などに、動物ではエビ・カニの殻などに含まれる。カロチノイド。

カロテン〖carotene｜carotin〗ニンジンの根などに含まれる黄色または赤色の色素。代表的なカロテノイド。トウガラシ・カボチャや緑茶・バターなどにも多く含まれる。動物体内でビタミンAに変わるので、プロビタミンAともよばれる。カロチン。

カロデン〖Culloden〗►カローデン

かろ-とうせん【夏炉冬扇】《「論衡」逢遇の「なほ夏を以て炉を進め、冬を以て扇を奏するが如し」から》時期外れで役に立たない物事のたとえ。冬扇夏炉。

カロノロス〖Kalonoros〗トルコ南部の都市アランヤの旧称。

かろ-はずみ【軽はずみ】〔名・形動〕「かるはずみ」に同じ。

かろ・ぶ【軽ぶ】〔動バ上二〕❶軽そうである。かるがるとしている。「―・び涼しげなる御中に」〈枕・三五〉❷軽率である。軽はずみである。「―・びたる名をや流さむ」〈源・帚木〉❸低い身分・官位である。「いと―・びたる程に侍るめれど」〈源・竹河〉

かろ-み【軽み】「かるみ」に同じ。

かろ・む【軽む】㊀〔動マ四〕軽くなる。「この罪の―・むばかりのわざをせさせ給へ」〈源・若菜下〉㊁〔動マ下二〕❶軽くする。「我にその罪を―・めて許し給へ」〈源・賢木〉❷軽んじる。あなどる。「独り身なる者は人に―・めらる」〈方丈記〉

カロメル〖calomel〗塩化水銀(Ⅰ)。甘汞。

カロメル-でんきょく【カロメル電極】ガラス容器の底に水銀を入れ、その上に糊状の塩化水銀(Ⅰ)を置き、これを塩化カリウム水溶液と接触させた電極。他の電極の電位を測定するのに用いられる。甘汞電極。

かろ-やか【軽やか】〔形動〕(文)〔ナリ〕いかにも軽そうなさま。軽快なさま。かろらか。かるやか。「―な身のこなし」(派生)かろやかさ〔名〕(類語)軽快・軽妙

かろ-らか【軽らか】〔形動〕(文)〔ナリ〕❶いかにも軽そうなさま。かろやか。かるらか。「―に廊を歩みゆく人あり」〈鷗外訳・即興詩人〉❷たやすいさま。手軽だ。かるらか。「道のほども―にしなしたり」〈源・松風〉❸軽率なさま。また、むぞうさなさま。かるらか。「山賤の見る目も―なる御歩き、あるまじきことなり」〈夜の寝覚・二〉❹身分が低いさま。かるらか。「―なる御身ならねば」〈源・宿木〉

カロリー〖calorie〗❶熱量の単位。1カロリーは純粋の水1グラムの温度を1気圧のもとでセ氏14.5度から

1度だけ上げるのに必要な熱量で、4.1855ジュール。小カロリー。記号cal ➡ジュール ❷栄養学で、摂取した食べ物を消費する際の熱量。ふつう、❶の1000カロリーを1カロリーとする。記号にはkcalのほかCalを用いる。キロカロリー。大カロリー。

カロリーノ-の-すいどうきょう【カロリーノの水道橋】《Acquedotto Carolino》イタリア南部、カンパニア州の都市カゼルタにあるバンビテッリの水道橋の別称。イタリア語でカルロ(王)の水道橋を意味する。

カロリーメーター〖calorimeter〗熱量計。熱量測定装置。

カロリング-ちょう【カロリング朝】《ドイツ Karolinger》フランク王国の第2王朝。751年、ピピンがメロビング朝に代わって創始。その子カール大帝は西ヨーロッパの政治的統一を達成し、教皇から皇帝号を与えられた。のち王国は三つに分裂し、現在のドイツ・フランス・イタリア3国の原形をつくった。10世紀末までにこの王朝系の3国ともに断絶。

カロリング-ルネサンス〖ドイツ Karolingische Renaissance〗8世紀末から9世紀初頭にかけ、フランク王国のカール大帝の宮廷を中心に行われた古典文化の再興運動。各地より学者が招かれ、学校なども建てられて中世文化の基礎を築いた。➡ルネサンス

カロリン-しょとう【カロリン諸島】《Caroline》太平洋西部、ミクロネシアにある諸島。ヤップ・トラック・ポナペおよびパラオなどの島々が含まれ、ミクロネシア連邦およびパラオ共和国に属する。第一次大戦中から約30年間は日本の委任統治領、第二次大戦後は米国の信託統治領。

カロル〖carol〗►キャロル

か-ろん【歌論】和歌の本質・美的理念・歌風・詠作手法などに関する理論や評論。「一書」

カロン〖Charon〗冥王星の第1衛星。1978年に発見された。名の由来はギリシャ神話で冥土への舟の船頭。直径が約1200キロで主星の直径(約2300キロ)に対する比では太陽系で最大。このため冥王星との二重惑星だとして、2006年に惑星への格上げ論があったが、逆に冥王星が準惑星に格下げされた。

カロン〖François Caron〗[1600ころ～1673]滞日オランダ商館長。オランダ船員として来日、日本婦人と結婚。通訳となり、出島商館長を務めた。のち、東インド会社で東洋貿易に従事。著「日本大王国志」。

が-ろん【画論】絵画に関する理論や、画家の伝記・作品などの評論。また、その書物。

ガロン〖gallon〗ヤード-ポンド法の液体の体積の単位。1ガロンは、英国・カナダなどでは約4.546リットル、米国では約3.785リットル。日本は米ガロンを採用。記号gal

かろん・じる【軽んじる】〔動ザ上一〕「かろんずる」(サ変)の上一段化。「約束を一・じる」

かろん・ずる【軽んずる】〔動サ変〕文かろん・ず〔サ変〕《「かろみする」の音変化》❶軽くみる。価値や意味があるものとしてみない。大切に思わない。「人を一・ずる」「命を一・ずる」㊀重んずる。❷軽くする。「刑の疑はしきをば一・ぜよ」〈平家・二〉

ガロンヌ-がわ【ガロンヌ川】《Garonne》フランス南西部を流れる川。ピレネー山脈に源を発し、北西流して、ジロンド川とよぶ細長い三角江に注ぐ。長さ575キロ。下流地方はブドウの大産地。

かわ【川・河】雨などの自然の水が集まり、陸上のくぼみを傾斜に沿って流れ下る水路。河川。
(類語)河川・小川・山川・谷川・滝川・大川・大河・氷河
川の字に寝る　夫婦が子を中にして「川」の字の形に並んで寝る。

かわ【皮】❶動植物の肉・身を包んでいる外側の膜。表皮。「みかんの一をむく」「鮫の一」「魚の一をはぐ」❷物の表面にあって、中身を覆ったり包んだりしているもの。「饅頭の一」❸物事の表面にあって、本質を覆っているもの。「欲の一」「化けの一をはがす」(類語)皮膚・肌・はだえ・肌膚・地肌・上皮・外皮・表皮・スキン
(下接語)厚皮・甘皮・粗皮・薄皮・嘘の皮・姥皮・上皮・鬼皮・帯皮・辛皮・唐皮・栗皮・黒皮・渋皮・尻皮・白皮・杉皮・竹の皮・爪皮・面の皮・生皮・化けの皮・撥皮・腹の皮・一皮・糸瓜の皮・松皮・的皮・身の皮・桃皮 (がわ)裏皮・黄皮・毛皮・鮫皮・鹿皮・敷皮・鰐皮
皮か身か　《皮と肉との境ははっきりしないところから》物事の区別のつきにくいことのたとえ。身か皮か。
皮を引けば身が付く　両者の関係がきわめて密接で、一方の事態が直接他方に影響することのたとえ。皮を引けば身が上がる。

か-わ【佳話】心が温まるような、よい話。美談。

かわ【革】《「皮」と同語源》獣類の表皮の毛を取り去り、なめしたもの。(類語)皮革・皮・毛皮・レザー

かわ【側】❶物の一つの方向・方面。一面。「家の西の一」「左っ一の目が痛い」❷相対するものの一方。「労働者の一に立つ」❸物のまわりを取り囲んだり覆ったりしているもの。「時計の一」❹列。並び。「右寄りの二一に女子が座る」➡がわ(側)

かわ【ˣ鈹】銅などの重金属を含む硫化鉱を精錬するときにできる中間生成物で、溶鉱炉で融解すると底に沈む不純な硫化物。

か-わ【歌話】和歌に関する話。歌談。

がわ【側】❶「かわ(側)❶」に同じ。「向こう一に渡る」「北一の窓」❷「かわ(側)❷」に同じ。「演じる一と見る一」「消費者一に立った意見」❸「かわ(側)❸」に同じ。「金の一の時計」❹周囲の人。かたわら。はた。「当人よりも一がうるさい」

ガワー〖John Gower〗[1330ころ～1408]英国の詩人。チョーサーと親交があり、道徳的・教訓的な作品で知られる。代表作に、キリスト教の七つの罪を主題とする説話集「恋する男の告解」がある。

かわ-あい【川合(い)】川と川との合流する所。

かわ-あいさ【川ˇ秋沙】カモ科の鳥。全長は雄が約70センチ、雌が約50センチ。雄は頭部が光沢のある緑色で、背は黒く、下面は白色。雌は頭部が赤褐色でほかは灰色。日本では冬鳥。

かわ-あかり【川明(か)り】あたりが暗い中で、川の表面だけがほのかに明るいこと。

かわ-あき【川明き】❶増水していた水が引いて、川止めが解けること。かわあけ。❷川で魚をとることが解禁されること。特に陰暦6月1日に京都鴨川でアユ漁が解禁されること。

かわ-あげ【川揚(げ)】川の水をくみあげること。また、川船の積み荷を陸にあげること。

かわあげ-みず【川揚(げ)水】灌漑用に川から引いた水。

かわあげ-ようすい【川揚(げ)用水】川揚げ水を蓄えておく所。また、その水を田畑に流す水路。

かわ-あそび【川遊び】川で、泳いだり、魚をとったり、船を浮かべたりして遊ぶこと。

かわい【可ˇ愛】《形容詞「かわいい」の語幹。また、「かわいい」の省略形とも》❶愛らしく感じるさま。いとしく思うさま。「忌々しい婆様めと勃然とはしたれど、一娘の姑と」〈紅葉・二人女房〉❷かわいそうに思うさま。ふびん。「廓で婆様になる吾妻、一と思うて下されと」〈浄・寿の門松〉
可愛可愛は憎いの裏　心の中では憎んでいながら、口先で盛んにかわいいと言うこと。また、過度の愛情は、憎悪に変わりやすいということ。

かわい・い【可ˇ愛い】〔形〕《「かわゆい」の音変化》❶小さいもの、弱いものなどに心引かれる気持ちをいだくさま。㋐愛情をもって大事にしてやりたい気持ちを覚えるさま。愛すべきである。「一・い孫たち」「出来の悪い子ほど一・い」㋑いかにも幼く、邪気のないようすで、人の心をひきつけるさま。あどけなく愛らしい。「えくぼが一・い」「一・い声」❷物が小さくできていて、愛らしく見えるさま。「腰を掛けたら壊れてしまいそうな一・い椅子」❸無邪気で、憎めない。すれてなく、子供っぽい。「生意気だが一・いところがある」❹かわいそうだ。ふびんである。「明日の日中に斬られるげな、一・いことをしますると」〈浄・丹波与作〉
(補説)「可愛い」は当て字。(派生)かわいがる〔動〕かわいげ〔形動〕かわいさ〔名〕
(類語)(❶㋐)愛しい・愛おしい・愛い/(❶㋑)可愛らしい・愛らしい・愛くるしい・あどけない・いじらしい・しおらしい・めんこい・可憐・キュート
可愛い子には旅をさせよ　子供がかわいいなら、甘やかさないで、世の中のつらさを経験させたほうがよい。

かわい-えいじろう【河合栄治郎】[1891～1944]経済学者・思想家。東京の生まれ。東大教授。理想主義的自由主義の立場からマルクス主義にもファシズムにも反対した。昭和13年(1938)著書発禁、翌年休職処分となった。

かわい-おとくに【川井乙州】江戸中期の俳人。近江の人。通称、又七。姓は河合とも。姉の智月、妻の荷月とともに芭蕉の弟子。芭蕉の遺稿「笈の小文」を出版。随筆「それぞれ草」。生没年未詳。

かわい-が・る【可ˇ愛がる】〔動ラ五(四)〕❶かわいらしいと思って、優しく扱う。「子供を一・る」❷ひいきする。目をかけてやる。「ひいき筋に一・られた役者」❸痛い目にあわせる。手荒く扱う。「そいつを一・ってやれ」(可能)かわいがれる
(類語)慈しむ・いとおしむ・愛でる・愛する・寵愛

かわい-かんじろう【河井寛次郎】[1890～1966]陶芸家。島根の生まれ。柳宗悦・浜田庄司らと民芸運動を興した。素朴で重厚な作風で、釉薬に特色がある。

かわい-ぎょくどう【川合玉堂】[1873～1957]日本画家。愛知の生まれ。本名、芳三郎。別号、偶庵。初め四条派、のち橋本雅邦に師事して狩野派を学び、詩情あふれる穏健な風景画に独自の画風を打ち立てた。文化勲章受章。作「彩雨」など。

かわい-げ【可ˇ愛げ】〔名・形動〕かわいいところがあること。また、そのさま。「一がない子」

かわいこ-ちゃん【可ˇ愛子ちゃん】かわいらしい少女。男性の関心を集めるような愛らしく若い女性。

かわい-さ【可ˇ愛さ】かわいいこと。また、その度合い。
可愛さ余って憎さが百倍　かわいいと思う心が強いだけに、いったん憎いと思いはじめると、その憎しみは非常に強くなるものだということ。

かわい-すいめい【河井酔茗】[1874～1965]詩人。本名、又平。大阪の生まれ。文庫派の中心として多くの後進を育成。詩集「無弦弓」「塔影」「霧」、随筆「酔茗詩話」、評論「明治代表詩人」など。

かわい-そう【可ˇ哀相｜可ˇ哀想】〔形動〕文〔ナリ〕同情の気持ちが起こるさま。ふびんに思えるさま。「一な境遇」「彼ばかり責めては一だ」「お一に」
(補説)「可哀相」「可哀想」は当て字。
(類語)気の毒・不憫・哀れ・痛痛しい・痛ましい

かわい-そら【河合曽良】[1649～1710]江戸前期の俳人。信濃の人。旧姓、岩波。芭蕉の弟子で、「奥の細道」の旅に随行、その時の日記を残した。句集に「雪まろげ」がある。

かわい-たけお【河合武雄】[1877～1942]新派俳優。東京の生まれ。本名、内山武次郎。女形として活躍し、美貌とはでな芸風で人気を集めた。

かわい-つぐのすけ【河井継之助】[1827～1868]幕末の越後長岡藩家老。名は秋義。号、蒼竜窟。山田方谷らに学び、長崎にも遊学して開国論者となる。藩政改革に成功し、洋式兵法を導入。

かわい-らし・い【可ˇ愛らしい】〔形〕文かはいら・し〔シク〕《「かわゆらしい」の音変化》❶子供らしい無邪気さや見た目の好ましさで、人をほほえませるようなさま。「一・い口もと」❷小さくて愛らしい。「指先ほどの一・い魚」(派生)かわいらしげ〔形動〕かわいらしさ〔名〕(類語)かわいい・愛らしい・愛くるしい・あどけない・いじらしい・めんこい・いたいけ・可憐・キュート

かわ-いり【川入り】6月1日に行われる水神祭。地方により12月1日に行われる。➡川浸り

かわい-りゅう【河井流】日本泳法の一流派。

加藤清正の家臣河井幸篤(かわいゆきあつ)を祖とする。

かわ-いるか【河海=豚】(かは)クジラ目カワイルカ科の哺乳類の総称。淡水にすむ原始的なハクジラで、体長約2.5メートル。ガンジス川・揚子江・アマゾン川などに生息。吻(ふん)が細長く、目は退化の傾向を示し、独特の音波を出して魚などを捕食。

かわ-いろ【革色】(かは)《革を染めるのに多く用いたところから》緑がかった紺色。

かわ-う【河×鵜│川×鵜】(かは)ペリカン目ウ科の鳥。全長80センチくらい。全体に黒色。ユーラシア・アフリカ・北アメリカ東部に分布。日本にも留鳥として湖・川や海岸でみられ、潜水して魚を捕食。木の上に巣を作り、集団で繁殖する。(季 夏)

かわ-うお【川魚】(かは)川にすむ魚。また、淡水にすむ魚。コイ・フナ・アユなど。かわざかな。

かわ-うす【皮薄】(かは)〔名・形動〕❶外皮が薄いこと。また、そのさま。❷皮膚のきめが細かくて、滑らかなこと。また、そのさま。「姉のお花は一の二重臆きかわゆらしく」〈一葉・たけくらべ〉

かわ-うそ【川×獺│×獺】(かは)イタチ科の哺乳類。体長約70センチ、尾長約50センチ。川や湖の近くにすみ、体は流線形をなし、上面が暗褐色、下面が淡褐色。尾は基部が太く、指の間に水かきがある。巣穴は乾いた陸上にあるが、主に水中で活動し、魚・カニなどを捕って食べる。夜行性。北アフリカ・ヨーロッパ・アジアに分布するが、日本に生息したニホンカワウソは絶滅。かわおそ。おそ。うそ。

かわうそ-の-まつり【川×獺の祭(り)】(かはうそ)《「礼記」月令の「孟春の月。…獺、魚を祭る」から》川獺がとった魚を岸に並べておくのを、先祖の祭りをすると見立てたもの。獺祭(だっさい)。おそのまつり。(季 春)「一見て来よ瀬田のおく/芭蕉」

かわ-お【革緒】(かは)なめし革で作ったひも。古くは太刀の緒として用いた。

かわ-おと【川音】(かは)川の水の流れる音。かわと。

かわ-おどし【革×威】(かはをどし)鎧(よろい)の札(さね)を革ひもでつづり合わせること。また、その鎧。

かわお-の-たち【革緒の太-刀】(かはを)太刀の帯に平緒でなく革緒を用いた、兵仗(ひょうじょう)の太刀。公家の野太刀。非常の場合や遠行の際に、自衛のために佩用(はいよう)した。

かわ-おび【革帯│皮帯】(かは)❶革製の帯。ベルト。バンド。❷「かくたい(革帯)」に同じ。

かわ-おろし【川下ろし│川×颪】(かは)川上から強く吹いてくる風。

かわかけ-びき【川欠引】(かはかけ)江戸時代、河川の堤防の決壊などのため耕作不能となった田畑の年貢を免除すること。復旧後は再び年貢が賦課された。

かわか・す【乾かす】〔動サ五(四)〕日光・火・風などにあてて、ぬれたものや湿ったものの水分を取り去る。「ぬれた服をたき火で一・す」(可能)かわかせる
(類語)干す・乾燥する・乾く・干る・涸(か)れる・渇する

かわ-かぜ【川風】(かは)川の上を吹き渡る風。川から吹いてくる風。

かわ-がね【皮▽鉄│皮金】(かは)日本刀で、刀身の中心に入れる柔軟な芯鉄(しんがね)を外側から包む鉄。よく鍛えた炭素鋼を用いる。

かわ-かぶり【皮▽被り】(かは)❶皮をかぶっていること。また、そのもの。❷包茎の俗称。

かわ-かみ【川上】(かは)❶川の水の流れてくる方。川の源に近い方。みなかみ。(対)川下。❷組織の上層部。また、組織を指導する立場。「一での論議に終わらせてはならない」(対)川下。❸原材料、素材の製造段階をいう。「一から川下までの一貫事業体制を強化し企業価値の向上を図る」(対)川下。

かわかみ【川上】(かはかみ)狂言。和泉(いずみ)流。盲目の夫が川上の地蔵に祈って目が明くが、その条件として地蔵と約束した妻の離縁ができず、再び盲目になる。

かわかみ-おとじろう【川上音二郎】(かはかみおとじらう)［1864～1911］俳優。福岡の生まれ。浮世亭○○(まるまる)と名のって自由民権論を鼓吹する、おっぺけぺえ節を歌い、寄席の人気者となった。のち川上書生芝居(新派劇の前身)を興し、妻の貞奴(さだやっこ)とともに欧米を巡業し、西洋演劇を日本に紹介、明治新演劇運動の先駆者となった。

かわかみ-きょう【川上峡】(かはかみけふ)佐賀県中央東部にある渓谷美に富む景勝地。背振(せふり)山地南麓を流れる川上川(嘉瀬(かせ)川の上流部)に位置する。長さ12キロ。別称、肥前嵐山(ひぜんあらしやま)。

かわかみ-さだやっこ【川上貞奴】(かはかみ)［1871～1946］俳優。東京の生まれ。本名、さだ。芸者時代に川上音二郎と結婚。夫とともに欧米を巡業し、女優として舞台に立った。また、帝国女優養成所を設立、後進の育成に尽くした。

かわかみ-じょうたろう【河上丈太郎】(かはかみぢやうたらう)［1889～1965］政治家。東京の生まれ。第1回普通選挙で日本労農党から衆議院議員に当選。第二次大戦後は日本社会党結成に参加、浅沼稲次郎の暗殺されたあとを受けて委員長。

かわかみ-すみお【川上澄生】(かはかみ)［1895～1972］版画家。神奈川の生まれ。北アメリカを放浪して帰国後、教職のかたわら木版画を制作。異国趣味の作風で知られ、詩画集などの木版本を刊行。

かわかみ-そうろく【川上操六】(かはかみさうろく)［1848～1899］軍人。陸軍大将。鹿児島の生まれ。欧州視察後、陸軍の兵制をフランス式からドイツ式に転換させた。日清戦争の時、大本営参謀として作戦を指導。

かわかみ-てつじ【川上哲治】(かはかみテツヂ)➤かわかみてつはる(川上哲治)

かわかみ-てつたろう【河上徹太郎】(かはかみテツタラウ)［1902～1980］評論家。山口の生まれ。小林秀雄・中原中也らと交友、初め音楽論を発表したが、文芸評論に転じ、日本における近代文芸批評開拓の一翼を担った。著「自然と純粋」「日本のアウトサイダー」など。

かわかみ-てつはる【川上哲治】(かはかみ)［1920～］プロ野球選手・監督。熊本の生まれ。昭和13年(1938)巨人入団、翌年には首位打者となる。戦後は「赤バット」と呼ばれて活躍し、同31年には2000本安打選手の第1号となった。引退後、巨人の監督に就任し、チームを9年連続の日本一に導いた。

かわかみ-とうがい【川上冬崖】(かはかみ)［1827～1881］幕末・明治初期の画家。信濃の人。旧姓、山岸。名は寛。通称、万之丞。初め大西椿年(おおにしちんねん)に師事、四条派の絵や南画を学ぶ。川上家を継いで、幕府の蕃書調所(ばんしょしらべしょ)で洋画法を研究、指導。明治維新後は洋画塾を開いて後進を指導した。

かわかみ-の-たける【川上梟帥】(かはかみ)日本書紀にみえる、景行天皇の時代の九州熊襲(くまそ)の首長。小碓尊(おうすのみこと)に殺されたときに、その強さをたたえて尊に日本武(やまとたける)の名を奉ったという。古事記では、熊曽建(くまそたける)の名を用いる。

かわかみ-はじめ【河上肇】(かはかみ)［1879～1946］経済学者・社会思想家。山口の生まれ。京大教授。マルクス(主義)経済学の研究・紹介に努め、大学を追われた。のち日本共産党に入党、検挙されて入獄。著「資本論入門」「経済学大綱」「貧乏物語」「自叙伝」など。

かわかみ-びざん【川上眉山】(かはかみ)［1869～1908］小説家。大阪の生まれ。名は亮(あきら)。硯友社同人。反俗的な社会批判を含む観念小説を発表したが、文壇の流れに合わず、自殺。小説「書記官」「観音岩」、随筆「ふところ日記」など。

かわかみ-ひろみ【川上弘美】(かはかみ)［1958～］小説家。東京の生まれ。中学・高校の理科教師を務めた後、文筆活動に入る。「蛇を踏む」で芥川賞受賞。「真鶴」で芸術選奨。他に「溺レる」「センセイの鞄」など。

かわかみ-ふはく【川上不白】(かはかみ)［1716～1807］江戸中期の茶の宗匠。紀伊国新宮の人。表千家の7世如心斎の門人。師命を受け、江戸に千家の茶を広め、その門流は江戸千家とよばれた。

かわかみ-みえこ【川上未映子】(かはかみ)［1976～］歌手・小説家。大阪の生まれ。はじめ歌手としてデビュー、のち文筆にも活動を広げる。平成19年(2007)「わたくし率 イン 歯ー、または世界」が芥川賞候補となり注目を集め、翌年「乳と卵(らん)」で同賞受賞。関西弁を用いた饒舌(じょうぜつ)な文体が特徴。

かわ-かめ【川亀】(かは)スッポンの古名。〈和名抄〉

かわ-から【川▽柄】(かは)川のようす。川の性質。「山からし貴くあらし一しさやけくあらし」〈万・三一五〉

かわ-がらす【川×烏│河×烏】(かは)スズメ目カワガラス科の鳥。全長22センチくらい。全身黒褐色。山間の渓流に留鳥として生息し、水中に潜って水底の昆虫などを捕る。さわがらす。くろどり。(季 夏)

かわ-がり【川狩(り)】(かは)❶川で、水をせき止めたり、投網を打ったりして魚を捕ること。川猟。(季 夏)「一や楼上の人の見知り兒(がほ)/蕪村」❷木材を、筏(いかだ)に組まずに、1本ずつ上流から流し送ること。

かわき【乾き】物に含まれている湿気・水分がなくなること。また、その度合い。「洗濯物の一が悪い」

かわき【渇き】《「乾き」と同語源》❶のどに潤いがなくなり、水分が欲しくなること。「ビールで一をいやす」❷求めても得られず、欲望・欲求が高まること。「心の一」

かわ-ぎし【川岸│河岸】(かは)川の両側に接する地。川のほとり。かし。(類語)河岸(かし)・河岸(かがん)・川沿い

かわ-ぎぬ【皮▽衣】(かは)「かわごろも」に同じ。「表着(うはぎ)には黒貂(ふるき)の一」〈源・末摘花〉

かわき-の-やまい【渇きの病】(かわきのやまひ)❶糖尿病の古名。❷のどがかわいて、いくらでも水を飲みたくなる病気。また、腹がへっていくらでも食べたくなる病気。「健(すこ)やかな男俄(にはか)に一とりつき、食へども食へどもあきたらず」〈咄・御前男・四〉

かわき-もの【乾き物】酒のつまみにする、あられ・炒り豆・さきいかなどの乾いた食物のこと。

かわ-きり【皮切り】(かは)❶《❷が原義》物事のしはじめ。手始め。「話の一」❷最初に据える灸(きゅう)。「商売にはかへられず一こらへて出る心」〈浄・反魂香〉
(類語)序の口・しょっぱな・口開け・はな

かわ-ぎり【川霧】(かは)川に立ち込める霧。(季 秋)

かわ・く〔動カ五(四)〕好ましくない物事をすることをののしっていう語。しやがる。していやがる。「欲を一・くな齷齪(あくせく)するな」〈露伴・五重塔〉「盗み一・くはどいつぢゃい」〈浄・丹波与作〉

かわ・く【乾く】〔動カ五(四)〕❶物に含まれている湿気・水分がなくなる。ひる。「洗濯物が一・く」「一・いた空気」❷感情や生気が感じられなくなる。うるおいに欠ける。「一・いたうつろな目」
(類語)乾燥・枯渇・干上がる・かれる・干からびる

かわ・く【渇く】〔動カ五(四)〕《「乾く」と同語源》❶のどがからからになって、水分が欲しくなる。「のどが一・く」❷満たされぬ気持ちがいらだたしいほど高まる。心から強く欲しがる。「愛に一・く」(類語)渇する

かわ-ぐ【革具│皮具】(かは)皮革で作った道具。

かわ-くじら【皮鯨】(かはくぢら)鯨の黒い表皮およびその下の白い脂肪層のこと。炒めたり煮たりして賞味。

かわ-ぐそく【革具足】(かは)革で作った具足。

かわ-くだり【川下り】(かは)船で周囲の景観を楽しみながら川を下ること。また、木材を筏(いかだ)に組んで川の流れにのせて運ぶこと。

かわ-ぐち【川口│河口】(かは)川の水が海や湖に流れ込む所。川じり。かこう。

川口で船を破(わ)る ❶《長い航海を終え、港付近の川口まで来たところで船を損なう意から》成功する直前で失敗することのたとえ。❷《長い航海に出ようとするときに、港付近の川口で船を損なう意から》さあこれからというときに失敗することのたとえ。

かわぐち【川口】(かはぐち)埼玉県南東部の市。江戸時代から鋳物(いもの)工業で栄えたが、近年は機械・重化学工業が中心。平成23年(2011)10月、鳩ケ谷市と合併。人口57.9万(2011)。

かわぐち-えかい【河口慧海】(かはぐち)［1866～1945］仏教学者・探検家。大阪の生まれ。仏教の原典研究を志し、鎖国状態のチベットに二度入国。多数の仏典を持ち帰り、仏教学の発展に寄与。著「西蔵(チベット)旅行記」など。

かわぐち-こ【河口湖】(かはぐち)山梨県南東部にある富士五湖の一。富士山の溶岩流による堰(せ)き止め湖。面積5.7平方キロメートル。最大深度14.6メートル。

かわぐち-し【川口市】▶川口
かわぐち-まつたろう【川口松太郎】[1899～1985]小説家・劇作家。東京の生まれ。「鶴八鶴次郎」「風流深川唄」「明治一代女」で第1回直木賞受賞。映画・演劇界でも活躍。小説「新吾十番勝負」「愛染かつら」など。
かわ-ぐつ【革靴┊皮靴】皮革で作ったくつ。
かわくま-つづら【川×隈▽葛】❶マユミの別名。❷ニシキギの別名。
かわ-ぐも【川蜘=蛛】アメンボの別名。
かわ-げら【川螻=蛄┊襀=翅┊×蟦】❶カワゲラ目カワゲラ科の昆虫。体長1.4～1.8センチ。❷カワゲラ目の昆虫の総称。体長1～3センチ。体は平たく、多くは黄褐色の斑紋があり、尾毛を2本もつ。翅は膜質で幅広く、川岸をひらひらと飛ぶ。静止するときは前翅を後ろ翅の上に積み重ねる。幼虫は代表的な水生昆虫の一で、川の中の礫の上にすみ、体の構造は成虫と同様。襀翅類。
かわ-ご【皮▽籠┊革▽籠】竹や籐などで編んだ上に皮を張った、ふたつきのかご。のちには、紙張りの箱、行李などもいう。
かわ-ごい【革×鯉】人工飼育によるドイツゴイの一種。うろこがごく少ないか、またはまったくなく、皮膚がなめし皮のようなのでこの名がついた。
かわごえ【川越】埼玉県中南部の市。もと酒井氏らの城下町で、松平信綱のときに整備されて発達。土蔵造りの町並みが残り、史跡や文化財が多い。さつまいもなど野菜栽培が盛ん。住宅地。古代は河肥、中世は河越とも書き、近世から川越となった。人口34.3万(2010)。
かわごえ-いも【川越芋】サツマイモの一品種。川越地方の特産。皮が赤く、身は黄色で甘い。金時。
かわごえ-し【川越市】▶川越
かわごえ-じょう【川越城】川越市にあった城。長禄元年(1457)太田道真・道灌父子の築城と伝えられる。江戸時代、酒井・堀田・松平氏らの居城。本丸表御殿の一部が現存。初雁城。
かわごえ-ななこ【川越斜子】川越地方で産する斜子絹織物。
かわごけ-そう【川×苔草】カワゴケソウ科の多年草。山間の急流中の岩面に生え、根は濃緑色の葉状で、羽状に分枝して固着する。茎は短く、葉は針状で束生する。冬、淡紅色の小花をつける。鹿児島県に分布。
かわ-こざね【革小▽札】牛の撓め革で作った、鎧の小札。
かわ-ごし【川越し】❶川を隔てること。また、川を隔てた向こう側。「―に合図を送る」❷川を歩いて渡ること。❸「川越し人足」の略。「―も日なたで石を手玉にし」〈柳多留・二〉
かわごし-にんそく【川越し人足】橋のない大河で、人を肩や輦台に乗せて川を渡すことを職業とした人。
かわ-ごろも【皮衣┊×裘】❶毛皮で作った衣。かわぎぬ。❷僧衣。また、僧。「山深く行ふ僧の―よものかせぎもきてなれにけり」〈藻塩草・一四〉
かわ-ざいく【皮細工┊革細工】皮革を材料として細工すること。また、その製品。
かわ-ざかな【川魚】川で捕れる魚。かわうお。
かわさき【川崎】㊀神奈川県北東部の市。多摩川の南岸にあり、東海道の宿場町として発展。京浜工業地帯の中核をなす大工業地。昭和47年(1972)指定都市。人口142.6万(2010)。㊁川崎市の区名。川崎大師の門前町。
かわさき-いかだいがく【川崎医科大学】岡山県倉敷市にある私立大学。昭和45年(1970)に開学した。医学部の単科大学。
かわさき-いりょうふくしだいがく【川崎医療福祉大学】岡山県倉敷市にある私立大学。平成3年(1991)に開学した。
かわさき-おんど【川崎音頭】伊勢音頭。伊勢古市に近い川崎から起こった。
かわさき-きゅうえん【川崎九淵】[1874～1961]能の大鼓方。葛野流の宗家預かり。愛媛の生まれ。近代の大鼓の名人で、地拍子理論を確立した。芸術院会員。
かわさき-く【川崎区】▶川崎㊁
かわさき-し【川崎市】▶川崎㊀
かわさき-だいし【川崎大師】川崎市にある真言宗智山派の大本山。金剛山金乗院平間寺の通称。開創は大治年間(1126～1131)、開山は尊賢、開基は平間兼乗と伝える。厄除け大師として有名。
かわさき-のぼる【川崎のぼる】[1941～]漫画家。大阪の生まれ。本名、伸。スポーツを扱った劇画から誇張の激しいギャグ漫画まで作風は多彩。梶原一騎原作の野球漫画「巨人の星」は一世を風靡した。他に「いなかっぺ大将」「フットボール鷹」など。
かわさき-びょう【川崎病】4、5歳以下の乳幼児が主にかかる熱病。原因は不明。発熱・浮腫・発疹などがみられ、冠状動脈瘤などの合併症のために急死することがある。昭和42年(1967)小児科医の川崎富作が報告。急性熱性皮膚粘膜リンパ節症候群。
かわさき-ひろし【川崎洋】[1930～2004]詩人・放送作家。東京の生まれ。詩誌への投稿のかたわら昭和28年(1953)茨木のり子らと「櫂」を創刊。昭和32年(1957)から文筆活動に入る。詩やラジオドラマの執筆のほか、方言の収集にも注力した。詩集「はくちょう」「ビスケットの空カン」、絵本「それからのおにがしま」、随筆「かがやく日本語の悪態」など。
かわさき-ぶね【川崎船】❶江戸時代から、北陸・東北地方で沖合漁業に使われた大型漁船。❷東北・北海道地方で、小型の発動機付き漁船。蟹工船の付属船にも使用。
かわさき-フロンターレ【川崎フロンターレ】日本プロサッカーリーグのクラブチームの一。ホームタウンは川崎市。昭和30年(1955)、富士通サッカー部として創設。平成11年(1999)のJリーグに参加。
(補説)「フロンターレ(frontale)」はイタリア語で正面・前飾りなどの意。
かわ-ざらえ【川×浚え】〔名〕スル 川の底にたまった土砂や汚物を取り除くこと。浚渫。かわざらい。
かわざらえ-みょうがきん【川×浚え冥加金】江戸時代、大坂の諸河川の川浚えを行う経費として、大坂三郷に課した税金。
かわ-ざんよう【皮算用】《ことわざ「取らぬ狸の皮算用」から》物事がまだ実現しないうちから、それを当てにしてあれこれ計画を立てること。
(類語)胸算用・懐勘定
かわし【為=替】《為替を組む意の動詞「為替かわす」の連用形から》中世、「かわせ(為替)」のこと。
かわ-じ【川路】川に沿った道。また、川へ行く道。「上野安蘇の多杼里が―にも児らは逢はなもひとりのみして」〈万・三四〇五〉
がわし・い〔接尾〕《形容詞型活用図がは・し(シク活)》名詞や動詞の連用形に付いて形容詞をつくり、そのような傾向がある、そういうきらいがある、の意を表す。「みだり―・い」「ろう―・し」
かわじ-おんせん【川治温泉】栃木県日光市北東部、男鹿川と鬼怒川の合流点にある温泉。泉質は単純温泉。
かわ-しき【川敷】増水すると川底となる、土手などで区切られた敷地。川敷地。
かわじ-としあきら【川路聖謨】[1801～1868]江戸末期の幕臣。豊後の人。奈良奉行・大坂町奉行を経て、勘定奉行兼海防掛・外国奉行などを歴任し、日露和親条約に調印。江戸開城の直前に自殺。
かわじ-としよし【川路利良】[1834～1879]明治初期の官吏。薩摩の人。大久保利通の腹心として日本の警察制度の確立に努力し、西南戦争では陸軍少将として警察隊を率いて従軍した。
かわ-しま【川島】川の中の島。歌語として「交はす」に掛けて用いることが多い。「相見ては心ひとつを―の水の流れて絶えじとぞ思ふ」〈伊勢・二二〉
かわし-まい【▽替米】▶かえまい
かわしま-じんべえ【川島甚兵衛】[1853～1910]織芸家。京都の生まれ。西陣織生産に功績をあげ、渡欧して日本と外国の技術を総合し、旧来の唐織・綴れ織りなどを壮麗な芸術品に発展させた。
かわしま-たけよし【川島武宜】[1909～1992]法学者。岐阜の生まれ。東大卒。東大教授。民法・法社会学の研究に業績を残す。著作に「日本人の法意識」「科学としての法律学」「日本社会の家族的構成」など。平成3年(1991)文化功労者。
かわしま-の-みこ【川島皇子】[657～691]天智天皇の皇子。天武10年(681)忍壁親王らとともに帝紀および上古諸事を編纂。懐風藻・万葉集に詩歌が残る。かわしまのおうじ。
かわしま-ひろもり【川島広守】[1922～]官僚。福島の生まれ。昭和17年(1942)内務省に入り、警視庁警備局長時代には、大学紛争・安保闘争の警備を担当。内閣官房副長官を経て、同59年プロ野球セリーグ会長に就任。その後平成10年(1998)よりプロ野球コミッショナーを務めた。
かわしま-ゆうぞう【川島雄三】[1918～1963]映画監督。青森の生まれ。「還って来た男」で監督デビュー。スラップスティック喜劇や風俗喜劇で知られる。水上勉原作「雁の寺」など、文芸作品でも評価された。他に「幕末太陽伝」「女は二度生まれる」「しとやかな獣」など。
かわしま-よしこ【川島芳子】[1907～1948]満蒙の独立運動家。清朝王族の粛親王の第14王女。大正2年(1913)、川島浪速の養女となり来日。昭和の初め、清朝の再興を画策し上海に渡り、日本軍の工作員として諜報活動に協力。日本の敗戦後、中国で逮捕され国賊として銃殺された。本名は愛新覚羅顕玗、中国名は金璧輝。東洋のマタ＝ハリ、男装の麗人とも呼ばれた。
かわ-しも【川下】❶川の水の流れ下る方。川口に近い方。下流。㊥川上。❷組織の底辺また下層。「―の意見を吸い上げる」㊥川上。❸最終製品を販売する段階をいう。小売り。「川上から―までの一貫事業体制を強化し企業価値の向上を図る」㊥川上。
(類語)下流・川尻
かわ-しも【皮霜】タイ・スズキなどの魚を皮つきのまま刺身にする場合に、皮のほうだけに熱湯をさっとかけること。すぐ冷水につけてさます。
かわ-ジャン【革ジャン】革製のジャンパー。
かわ-じょうき【川蒸気】川を航行する喫水の浅い蒸気船。川蒸気船。「新大橋から―で家へ帰ろうと思いながら」〈荷風・雪解〉
かわ-しょうよう【川×逍×遥】《「かわじょうよう」とも》❶川辺をぶらぶらと歩くこと。川のほとりで遊ぶこと。「賀茂の河原に―しける」〈古今・秋上・詞書〉❷川に舟を浮かべて遊ぶこと。「江口の遊女の―の、月の夜舟をご覧ぜよ」〈謡・江口〉
かわ-じり【川尻】❶川下。下流。❷川口。
かわじ-りゅうこう【川路柳虹】[1888～1959]詩人・美術評論家。東京の生まれ。聖謨の孫。名は誠。日本最初の口語自由詩「塵溜」を発表。詩集「路傍の花」「かなたの空」、詩論「詩学」など。
かわ-しんじゅがい【川真珠貝】カワシンジュガイ科の二枚貝。渓流の小石の間に斜めに突き出す。貝殻は横長の卵形で、殻長約7センチ。殻表は黒褐色、内面は真珠光沢が強く、養殖真珠の母貝に用いる。本州の日本海側と北海道に分布。たちがい。
かわ-す【川州┊川×洲】川の中にある州。
かわ・す【交わす】〔動サ五(四)〕❶互いに、やり取りする。交換する。「あいさつを―・す」「約束を―・す」❷互いにまじえる。交錯させる。「枝を―・す」❸移す。変える。「時―・さず持て来」〈宇治拾遺・二〉❹動詞の連用形に付いて、互いに…しあう意を表す。「顔を見―・す」「固く言い―・した仲」(可能)かわせる
(類語)交える・差し交わす・交換
かわ・す【×躱す】〔動サ五(四)〕《「交わす」と同語

源》❶ぶつからないように身を翻して避ける。「身を—・して自動車をよける」❷巧みに避けて逃れる。「鋭い追及を—・す」(可能)かわせる
(類語)そらす・外す・それる・外れる
かわず【×蛙】❶カエルの別名。(季 春)「古池や—飛びこむ水の音/芭蕉」❷カジカガエルの別名。❸能楽の面の一。「善知鳥」「阿漕」などに用いる。(補説)奈良・平安時代の用例は、❶か❷かの種別を特定しにくい場合が多い。また、「かわず」「かえる」両語の語源については諸説ある。
かわず-いくさ【×蛙×軍】「かえるいくさ」に同じ。
かわず-がっせん【×蛙合戦】「蛙軍」に同じ。
かわ-ずきん【皮頭巾|革頭巾】革や毛皮で作った頭巾。特に江戸時代、火消しがかぶったもの。
かわ-すじ【川筋】❶川の水の流れる道筋。❷川沿いに続く道。また、川に沿った土地。「—の村落」
かわ-すずみ【川涼み】夏の暑い夜などに、川原に設けた桟敷や川舟で涼むこと。(季 夏)
かわ-すそ【川裾】川の、川口に近い辺り。川じり。下流。
かわず-とび【×蛙飛び】「馬飛び」に同じ。
かわず-にょうぼう【×蛙女房】「かえるにょうぼう」に同じ。
かわすみたいこうき【川角太閤記】江戸初期の軍記。5巻。川角三郎右衛門著といわれる。元和年間(1615〜1624)ごろの成立。豊臣秀吉の軍功を中心にした一代記。➡太閤記
かわ-せ【川瀬】川底が浅く、流れの速い所。瀬。
(類語)浅瀬・瀬
かわせ【為-替】《中世に用いられた「かわし(為替)」の音変化》❶遠く隔たった者の間に生じた金銭上の債権・債務の決済または資金移動を、現金の輸送によらずに行う仕組み。現在では、内国為替と外国為替、送金為替と取立為替などに分類される。❷「為替手形」の略。❸為替に関する業務。❹取り替わすこと。ひきかえ。交換。「虎御前を助け申し候へば、お礼は—に仕る」〈浄・百日曽我〉
かわせあんてい-しきん【為-替安定資金】➤為替平衡資金
かわ-せいひん【革製品】皮革でつくられた品物の総称。革靴、レザーコートなど。
かわせ-かいにゅう【為-替介入】国や地域の通貨当局が、自国通貨の為替相場を安定させるために、外国為替市場で通貨を売買すること。日本の場合、財務大臣の指示に基づいて日本銀行が実務を遂行する。一つの国・地域が単独で実施する場合を単独介入、複数の国・地域の通貨当局が協議して同時または連続的に為替介入を行うことを協調介入という。外国為替平衡操作。(補説)急激な円安に対応するためドルを売って円を買う場合は、外国為替資金特別会計(外為会計)のドルを売却し、円を買い入れる(ドル売り・円買い介入)。急激な円高に対応するため円を売ってドルを買う場合は、政府短期証券(FB)を発行して円を調達し、ドルを買い入れる(ドル買い・円売り介入)。➡不胎化介入
かわ-せがき【川施餓鬼】水死人の霊を弔うために、川岸や舟の上で行う施餓鬼供養。(季 秋)
かわせ-かんさんひょう【為-替換算表】為替取引業務を迅速・正確に行うため、為替相場に基づいて計算した自国通貨と外国通貨との換算額を表にまとめたもの。
かわせ-かんり【為-替管理】国際収支の均衡と外国為替相場の安定を目的として、政府が外国為替取引に直接制限を加えること。
かわせかんり-ほう【為-替管理法】「外国為替及び外国貿易管理法」の略。
かわせ-ぎん【為-替銀】江戸時代、為替の取組のために支払われた金銀。為替金。かわしぎん。
かわせ-ぎんこう【為-替銀行】「外国為替公認銀行」の略。
かわせ-さいてい【為-替裁定】為替相場が世界各地の市場によって異なるのを利用して、その差益を収得すること。この取引が各地の為替相場を平均化することになる。為替裁定取引。
かわせ-さえき【為-替差益】外貨建債権・債務などを保有しているときに為替相場の変動により、自国通貨に換算した債権・債務額が増減することによって発生する差益。
かわせ-しきん【為-替資金】「外国為替資金」の略。
かわせ-しじょう【為-替市場】「外国為替市場」の略。
かわせ-しょうしょ【為-替証書】❶「郵便為替証書」の略。❷ゆうちょ銀行が発行する「普通為替証書」「定額小為替証書」の略。
かわせ-じり【為-替尻】銀行で、為替取引によって生じる債権・債務の残高。
かわせせいさん-きょうてい【為-替清算協定】貿易などによる国際貸借を決済するのに、為替によらず、中央銀行など政府機関に清算勘定を設け、帳簿上の振替で済ませることを定めた協定。
かわ-せせり【川せせり】「川狩り」に同じ。
かわせ-そうば【為-替相場】「外国為替相場」の略。
かわせ-ダンピング【為-替ダンピング】輸出品の対外競争力を強めるため、自国通貨の外国為替相場を実勢より切り下げること。➡ダンピング
かわせ-てがた【為-替手形】手形の振出人(発行者)が、第三者(支払人)に委託し、受取人またはその指図人に対して一定の金額を支払ってもらう形式の手形。
かわせ-デリバティブ【為-替デリバティブ】為替相場の変動による損失を回避するために、事前に売買の時期・量・価格などを定めて外国通貨に関する取引を行うこと。為替予約・通貨オプションなど。➡為替リスク ➡デリバティブ
かわせ-とりひき【為-替取引】銀行が客の依頼によって為替の取組をすること。また、銀行間で為替の売買をすること。
かわせ-なおみ【河瀬直美】[1969〜]映画監督。奈良の生まれ。ドキュメンタリー映画で評価されたのち、劇場映画第一作「萌の朱雀」でカンヌ国際映画祭カメラドール(新人監督賞)を受賞。平成19年(2007)にはグループホームを舞台に老人と介護福祉士の交流を描いた「殯の森」で同映画祭審査員特別グランプリを受賞した。他に「火垂」「沙羅双樹」「垂乳女」など。
かわせ-なかだちにん【為-替仲立人】外国為替市場で、為替銀行相互間の為替取引を媒介し、手数料を得ることを業とする仲介業者。為替ブローカー。為替仲買人。
かわせ-の-カバー【為-替のカバー】為替銀行が外国為替相場の変動による危険を回避するため、売り超過または買い超過の為替持ち高と反対の売買をして均衡化する操作。為替の出合い。
かわせ-の-マリー【為-替のマリー】《exchange marry》為替銀行が、自行内で売り為替と買い為替を見合わせ、持ち高の調整をはかる操作。為替相場の変動による危険を回避する方法の一。
かわせ-へいか【為-替平価】➤平価
かわせへいこう-かんじょう【為-替平衡勘定】政府や中央銀行が外国為替相場を安定させるための資金として設けた勘定。相場が乱高下するような場合、為替の売買取引に介入する。
かわせへいこう-しきん【為-替平衡資金】為替平衡勘定の資金。為替安定資金。
かわせ-ヘッジ【為-替ヘッジ】為替変動による損失を避けるため、通貨先物取引やオプション取引などを利用して、将来的な為替変動の影響を受けないようにすること。外貨建て資産に投資する際や、輸出企業が自国通貨の上昇に備える場合などに用いられる。為替ヘッジにはコストがかかるため、メリットとデメリットを比較・検討する必要がある。
かわ-せみ【翡=翠|川×蟬】❶ブッポウソウ目カワセミ科の鳥。全長17センチくらい。頭から背にかけて光沢のある青緑色、腹は栗色。くちばしは大きく、黒色で、雌は下くちばしが赤。水に飛び込んで魚を捕って食べる。ユーラシアに分布。日本では水辺にみられ、留鳥。翡翠。しょうびん。そにどり。(季 夏)「—や露の青空映りそむ/波郷」❷カワセミ科の鳥の総称。ヤマセミ・アカショウビン・ワライカワセミなど、世界に約90種が分布。
かわせ-もちだか【為-替持(ち)高】為替銀行が顧客と行った外国為替売買の残高。売り為替の額が買い為替の額を超過する場合を売り持ち、買い為替の額が超過する場合を買い持ち、売買同額の場合をスクエアポジションという。為替ポジション。
かわせ-よやく【為-替予約】先物為替の売買契約、また取引。貿易業者と為替銀行があらかじめ外貨の種類・金額・為替相場・受け渡し時期などを定め、その条件での為替の売買を実際に行うこと。貿易業者は為替相場の変動による為替リスクを避けるために、貿易代金の一定比率を為替予約することが多い。
かわせ-リスク【為-替リスク】《exchange risk》為替相場の変動の影響によるリスク。外貨建てで金融商品を購入する際や貿易代金を受け取る際に生じる。貿易業者はこのリスクを小さくするために、普通為替予約などの回避策を講じる。為替の動きによっては差損ではなく差益となることもある。
かわせ-りょう【為-替料】銀行などで、為替の振り出しに必要な手数料。
かわせ-レート【為-替レート】外国為替相場。
かわ-ぞい【川沿い】川に沿っていること。また、その場所。かわべ。(類語)河岸・川岸・川筋
かわ-そう【革装】なめし革を使った本の装丁。
かわ-ぞうり【皮草履|革草履】❶牛・ワニ・トカゲなどのなめし革で作った婦人用の草履。❷(皮草履)竹の皮を編んで作った草履。
かわ-ぞこ【川底|河底】川の底。
かわだ-おうこう【川田甕江】[1830〜1896]幕末・明治前期の漢学者。備中の人。名は剛。大橋訥庵に師事。文章家として知られた。著「文海指針」など。
かわ-たけ【川竹|河竹】❶川のほとりに生えている竹。❷メダケ、またはマダケの別名。❸《川竹の流れの身から》遊女。遊女の身の上。「いづれも—なれば、ただただ後世を願ひ」〈難波鉦・四〉
川竹の流れの身 浮き沈みして定めない遊女の身の上。「憂き節繁き—こそ悲しけれ」〈謡・班女〉
かわ-たけ【革×茸|皮×茸】コウタケの別名。
かわたけ-しげとし【河竹繁俊】[1889〜1967]演劇研究家。長野の生まれ。黙阿弥家の養嗣子。坪内逍遥に師事。早大演劇博物館館長として活躍。著「歌舞伎史の研究」「日本演劇全史」など。
かわたけ-しんしち【河竹新七】歌舞伎脚本作者。㊀(初世)[1746〜1795]幼名、竹三郎。俳号、能進。江戸で活躍し、浄瑠璃・世話物に長じた。作「垣衣恋写絵」など。㊁(2世)河竹黙阿弥の前名。㊂(3世)[1842〜1901]江戸の人。本名、菊川金太郎。前名、竹柴金作。俳号、是水。河竹黙阿弥の高弟。江戸で活躍し、講談・人情噺などの脚色物が多い。作「塩原多助一代記」「籠釣瓶花街酔醒」など。
かわたけ-の【川竹の】[枕]川竹が水に流される意で「流る」に、また竹の節と同音の「世」に掛かる。「—世にためしなき名をや流さん」〈平家・一〉
かわたけ-の-だい【河竹の台】清涼殿東庭の南寄りにある、河竹を植えた所。格子の籬垣の中にある。
かわたけ-もくあみ【河竹黙阿弥】[1816〜1893]幕末・明治初期の歌舞伎脚本作者。江戸の人。本姓、吉村。幼名、新七。俳号、其水。5世鶴屋南北に入門、勝諺蔵を名のり、のち2世河竹新七を襲名。晩年は古河黙阿弥と称した。江戸歌舞伎を大成、近代の劇への橋渡しをした人で、世話物を得

意とし、散切物・活歴物も試みた。作「蔦紅葉宇都谷峠」「三人吉三廓初買」「天衣紛上野初花」など。

かわだ-じゅん【川田順】[1882～1966]歌人。東京の生まれ。甕江の子。佐佐木信綱門下。初期は浪漫的な作風で、のち写実的な傾向に転じた。実業界でも活躍。歌集「伎芸天」「山海経」「鷲」など。

かわ-だち【川立ち】川辺に生まれ、水になじんで育つこと。また、水泳のうまい人。「—の上手一人来たり」〈咄・醒睡笑・一〉

川立ちは川で果てる その人の得意の技が、身を滅ぼすもとになることのたとえ。

かわ-たび【革足袋】なめし革で作った足袋。「濃い柑子の—、毛雪踏をはきて」〈浮・二代男・二〉

かわ-たれ「かわたれ時」の略。「—の秋の光にちるぞえな」〈白秋・片恋〉➡黄昏

かわたれ-どき【かわたれ時】《「彼は誰そ時」の意。あれはだれだとはっきり見分けられない頃》はっきりものの見分けのつかない、薄暗い時刻。夕方を「たそがれどき」というのに対して、多くは明け方をいう。

かわたれ-ぼし【かわたれ星】夜明けに見える金星。明けの明星。

かわ-たろう【河太郎|川太郎】《「がわたろう」とも》❶河童の異称。かわたろ。❷漆器の薄茶器で、蓋の上側が丸くくぼんでいるもの。河童の皿に似るとしていう。河太郎形。

かわち【河内】旧国名の一。五畿に属し、現在の大阪府南東部にあたる。河州。

かわち-おんど【河内音頭】大阪府八尾市を中心とした河内地方で行われる口説形式の盆踊り歌。歌詞が即興で作られることも多い。

かわち-ぐわ【河▽内▽鍬】刃と柄の短い鍬。河内で発達した。

かわ-ぢしゃ【川萵=苣】ゴマノハグサ科の越年草。湿地に生え、高さ20～60センチ。葉はチシャに似る。5、6月ごろ、白い小花を総状につける。

かわち-せんすけ【河内仙介】[1898～1954]小説家。大阪の生まれ。本名、塩野房次郎。長谷川伸に師事し、同時代の社会現象に取材した大衆小説を執筆。「軍事郵便」で直木賞受賞。他に「わが姉の記」「遺書」など。

かわ-ちどり【川千鳥】川にいるチドリ。川辺に集まるチドリ。(季 冬)

かわちながの【河内長野】大阪府南東部の市。高野山へ至る街道の要地として発達。観心寺・金剛寺がある。爪楊枝を特産。人口11.3万(2010)。

かわちながの-し【河内長野市】▶河内長野

かわち-の-ふみうじ【西文氏】古代の渡来系氏族。王仁の子孫と伝えられる。河内国古市郡に住み、主に文筆をもって大和朝廷に仕えた。

かわち-もめん【河▽内木綿】河内地方で織られた、地厚な白木綿。帯芯・法被・足袋・のれんなどに使われた。

かわちや-よへえ【河内屋与兵衛】浄瑠璃「女殺油地獄」の主人公。油商河内屋の息子。身を持ち崩して金に困り、同業豊島屋の女房お吉を殺すに至る。

かわ-づ【川津】❶川の船着き場。川の渡し場。「彦星の川瀬を渡るさ小舟のえ行きて泊てむ—し思ほゆ」〈万・二〇九一〉❷川辺の物洗い場。「草津川と云ふ—に行きて衣を洗ふ時に」〈今昔・二三・一八〉

かわづ【河津】静岡県、伊豆半島東岸の賀茂郡の地名。湯ヶ野・峰・谷津などの温泉があり、河津川上流に河津七滝がある。観光地。

かわ-つか【革▽柄】革で巻いた刀の柄。

かわ-づかえ【川▽支え】「川止め」に同じ。「大井川の—にて」〈滑・膝栗毛・三〉

かわづ-がけ【河津掛(け)】相撲のきまり手の一。片手を相手の首に巻き、巻いた手と同じ側の片足を相手の片足の内側からからめ掛け、後ろへ反り返って倒す技。河津祐泰がこの手で俣野景久に勝ったことからこの名がついたともいう。

かわ-つき【皮付き】表皮のついたままであること。また、そのもの。

かわ-づくり【皮作り】魚を皮のついたままで刺身にすること。また、その刺身。

かわづ-ざくら【河津桜】サクラの一品種。ヒカンザクラと早咲きオオシマザクラの自然交配種とみられ、静岡県河津町に多く自生する。2月ごろ、一重で淡紅色の花をつける。

かわづ-すけやす【河津祐泰】[?～1176]平安末期の武将。伊豆の人。伊東祐親の子。曽我兄弟の父。工藤祐経の部下に伊豆で殺された。大力で相撲の名手といわれた。かわづのすけやす。

かわ-づたい【川伝い】川に沿って行くこと。

かわづ-ちょう【河津町】▶河津

かわ-づつみ【川堤】川に築いた堤防。川土手。

かわつつみ-どう【革包み胴】胴丸や腹巻きの表面を革で包み、菱縫にしたもの。

かわ-つづら【革▽葛】表面を革で張ったつづら。

かわっ-ぷち【川っ縁】《「かわぶち」の音変化》川のほとり。かわばた。かわべり。

かわ-づら【川面】《古くは「かわつら」》❶川の水面。かわも。「—にさざ波が立つ」❷川のほとり。かわべ。「大いなる—に出でて」〈宇津保・俊蔭〉

かわ-づり【川釣(り)】川で魚を釣ること。

かわ-つるみ 手淫。一説に、男色とも。「—はいかが候ふべき」〈宇治拾遺・一〉

かわ-て【川手】❶中世、川を往来する船に課した通行税。➡山手❷川に近い辺り。川の方面。「官軍すでに間近くなれば、山手—の前後の備へ、十重二十重にとりまいて」〈浄・用明天王〉

かわ-と【川▽門】川の両岸の迫っている所。また、川渡りをする場所。「千鳥鳴く佐保の—の清き瀬を馬打ち渡しいつか通はむ」〈万・七一五〉

かわ-と【川▽音】《「かわおと」の音変化》川の水音。「—きく涙に浮かぶ悲しさに」〈成尋母集〉

かわ-と【革×砥】かみそりなどの刃物を研ぐのに用いる帯状の革。とぎかわ。

かわ-どこ【川床|河床】❶川の流れる所の地盤。川底となる地面。河床。❷「かわゆか」に同じ。

かわ-とじ【革×綴じ|皮×綴じ】❶書物の表紙や背に皮革を用いて製本すること。また、その本。❷革ひもで物をつづること。

かわ-どめ【川止(め)|川留(め)】江戸時代、川が増水したときに、安全のため渡し船の運行を休止したこと。川づかえ。➡川明き

かわ-とんぼ【川蜻=蛉|河蜻=蛉】トンボ目カワトンボ科の昆虫。日本特産で、春、平地の流水でみられる。体長約5センチ。体は緑色で、翅は透明または橙色。本州から九州まで分布。(季 夏)「—木深き水のいそぎをり/登四郎」

かわ-なか【川中】川幅のまん中あたり。

川中には立てど人中には立たれず 《川の流れの中に立つことはできても、世間に押し流されずに生活していくことはむずかしいの意》世渡りのむずかしいことのたとえ。

かわなか-じま【川中島】長野市南部、千曲川と犀川との合流点にある三角州。水田などがある。古戦場として有名。

かわなかじま-の-たたかい【川中島の戦い】戦国末期、甲斐の武田信玄と越後の上杉謙信とが信濃に進出して川中島で数度にわたって争った戦い。中でも永禄4年(1561)9月の遭遇戦が有名。浄瑠璃・歌舞伎に脚色されている。

かわ-ながれ【川流れ】❶川の水に流されること。❷川でおぼれて死ぬこと。また、その人。「河童の—」❸計画や約束がとりやめになること。お流れ。「今の新内で—だ」〈伎・青砥稿〉

かわな-ぐさ【川菜草】川に生える藻の古名。カワモズクをさす。古今集・物名の歌題にみえる。

かわなべ-きょうさい【河鍋暁斎】[1831～1889]幕末・明治前期の日本画家。下総の人。号、洞郁・狂斎など。狩野派と浮世絵を学び、両者を取り入れた鋭い写実と特異な画風に特色を示した。

かわ-なみ【川波】川に立つ波。

かわ-なみ【川並み】川の流れ。川の流れのたたずまい。「山なみのよろしき国と—の立ち合ふ郷と」〈万・一〇五〇〉

かわなり-びき【川成引】江戸時代、河川の洪水のために荒れた田畑の年貢を免除すること。

かわにし【川西】㊀兵庫県東部の市。阪神の住宅衛星都市として発展。モモ・イチジク・木炭などを特産。人口15.6万(2010)。㊁京都の下京二条通り以南、西洞院川の西側地域の称。近世、小商人・職人が多く住んでいた。㊂京都の鴨川の西側地域の称。陰間茶屋が多かった。➡川東

かわにし-し【川西市】▶川西㊀

かわ-にな【川×蜷|河貝=子】腹足綱カワニナ科の巻き貝。川などにすみ水底をはう。貝殻は細長の円錐形で、ふつう頂部が失われ、殻高4センチくらい。殻表は黄褐色または黒褐色。卵胎性。肺吸虫などの第1中間宿主。蛍の幼虫の餌となる。(季 春)

かわ-ねずみ【川×鼠|河×鼠】トガリネズミ科の哺乳類。ジネズミに近縁。体長11センチ、尾長10センチくらい。山地の渓流にすみ、指の間に水かきの役をする剛毛をもち泳ぎが巧みで、水生昆虫・魚を捕って食べる。本州・四国・九州に分布。

かわ-ねば【川粘|河粘】川底からとれる粘りけのある土。荒壁の壁土に用いる。

かわのえ【川之江】愛媛県東端にあった市。燧灘に面し、古来、交通の要地であった。平成16年(2004)伊予三島市、新宮村、土居町と合併して四国中央市となる。➡四国中央

かわのえ-し【川之江市】▶川之江

かわ-の-かみ【河の神|河▽伯】河川をつかさどる神。河伯。

かわ-のぼり【川上り】川をさかのぼること。「—になづみて」〈土佐〉

かわ-のり【川海=苔】カワノリ科の緑藻。山間の渓流の岩上に生え、緑色の葉状体で、柔らかい。干しのりにする。(季 秋)

かわ-ばおり【革羽織】❶鹿の揉み革で作った羽織。近世は、多く燻べ革で仕立てて防火用とし、鳶頭や職人の棟梁などが着用した。(季 冬)「老骨をばさと包むや—/竜之介」❷すれっからしの女。莫連者。あばずれ者。「てめえのやうな—が、大磯にたくさんあるものか」〈洒・曽我糠袋〉

かわ-ばかま【革×袴】染め革や燻べ革などで作った袴。

かわ-はぎ【皮剝】❶フグ目カワハギ科の海水魚。全長約25センチ。体は菱形で著しく側扁する。背びれと腹びれにとげをもち、口は小さく、歯がある。体色は黄灰色に暗褐色の斑紋が散在。本州中部以南に産し、美味。皮をむいてから調理する。同科にはアミメハギ・ウマヅラハギなども含まれる。かわむき。はげ。(季 夏)❷動物の皮をはいで皮革を作ること。また、それを業とする人。

かわ-はじかみ【川×薑】❶ゴシュユの古名。〈和名抄〉❷サンショウの別名。

かわ-ばた【川端】川のほとり。かわべり。

かわばた-ぎょくしょう【川端玉章】[1842～1913]日本画家。京都の生まれ。名は滝之助。円山派の中島来章に師事。のち、洋画法を高橋由一に学ぶ。精緻な山水・花鳥画を得意とした。晩年、川端画学校を設立。

かわばた-どうき【川端道喜】[?～1592]戦国・安土桃山時代の京都の商人。本名は中村五郎左衛門。京餅座の権利をもち、餅・粽を製造販売、御所に献上した。

かわばた-ぼうしゃ【川端茅舎】[1897～1941]俳人。東京の生まれ。本名、信一。竜子の異母弟。高浜虚子に師事。「ホトトギス」同人。句集に「華厳」「白痴」など。

かわばた-やすなり【川端康成】[1899～19

72]小説家。大阪の生まれ。「新思潮」に発表した「招魂祭一景」で認められ、横光利一らとともに「文芸時代」を創刊。新感覚派として出発。日本ペンクラブ会長。文化勲章受章。昭和43年(1968)ノーベル文学賞受賞。のち、ガス自殺。作「伊豆の踊子」「浅草紅団」「雪国」「千羽鶴」「山の音」など。

かわばたやすなり-ぶんがくしょう【川端康成文学賞】川端康成を記念して昭和49年(1974)に創設された文学賞。本人のノーベル文学賞賞金を基金とし、川端康成記念会が主催。年に1回、優れた短編小説に対して贈られる。

かわばた-りゅうし【川端竜子】[1885〜1966]日本画家。和歌山の生まれ。本名、昇太郎。初め洋画を学び、渡米後に日本画に転向。壮大豪放な表現を理想とし、会場芸術としての日本画を唱えて院展を脱退、青竜社を結成。終生、在野の立場を貫いた。文化勲章受章。

かわ-ばち【革鉢】かは 革で作った、兜の鉢。

かわ-はば【川幅|河幅】かは 川の両岸の間の距離。

かわ-はゆ・し かは〔形ク〕《「かおは(顔映)ゆし」の音変化》恥ずかしさに顔が赤くなる思いである。「極めて—・くおぼえて」〈今昔・一九・九〉

かわはら-けいが【川原慶賀】[1786〜?]江戸後期の洋風画家。長崎の人。通称、登与助。長崎出島の出入り絵師となり、シーボルトの依頼で動植物や風俗の写生画を描く。シーボルト事件に連座、江戸・長崎追放となる。

かわ-ばり【革針|皮針】かは 皮革を縫うための針。

かわ-ばり【革張り|皮張り】かは 表面を革で張ってあること。また、そのもの。「—のソファー」

かわ-ひがし【川東】かは 京都の祇園・石垣町一帯の称。鴨川の東にあることからいう。➡川西㊂

かわひがし-へきごとう【河東碧梧桐】[1873〜1937]俳人・書家。愛媛の生まれ。名は秉五郎。正岡子規に師事。新傾向俳句を唱えた。荻原井泉水らと「層雲」を創刊。のち、自由律に進んだ。著「三千里」「碧梧桐句集」など。

かわ-びたり【川浸り】かは 陰暦12月1日に行う水神祭。川の水に尻を浸し、また、餅をついて水神に供え、水難よけと豊漁を祈る。川浸りの朔日。

かわびたり-もち【川浸り餅】川浸りの日につく餅。川渡り餅。乙子餅。かびたれもち。(季 冬)

かわ-ひも【革紐|皮紐】かは 皮革で作ったひも。

かわ-びょうし【革表紙】革を使った表紙。

かわ-びらき【川開き】かは ❶川涼みの開始を祝って行われる行事。江戸時代、隅田川では、陰暦5月28日から3か月間が夕涼みの期間とされ、その初日をいった。両国で花火を打ち上げるので有名になった。(季 夏) ❷川の水路の開通を祝うこと。

かわ-ひらこ かは 蝶の古名。〈新撰字鏡〉

かわ-ぶえ【皮笛】かは《唇の皮で吹く笛の意という》口笛。「大臣は—を遊ばす」〈宇津保・国譲中〉

かわ-ぶくろ【革袋|革嚢|皮袋】かは 皮革で作った袋、または財布。

かわ-ぶしん【川普請】かは 河川の改修工事。(季 冬)

かわ-ぶち【川縁】かは 川のほとり。川べり。川ばた。かわっぷち。

かわ-ぶとん【革布団】かは 革で作った座布団。多く夏用。(季 夏)「—青き畳に浮みけり/虚子」

かわ-ぶね【川船|川舟】かは 川や湖などで用いる喫水が浅く細長い船。

かわぶね-あらためやく【川船改役】江戸幕府の職名。勘定奉行に属し、江戸・関東の川船および江戸の川に乗り入れる海船の極印改めや年貢の徴収などに当たった。

かわぶね-ぶぎょう【川船奉行】江戸幕府の職名。川船行政に当たった職で、享保5年(1720)廃止、のち川船改役に引き継がれた。

かわ-べ【川辺】かは《古くは「かわへ」とも》川のほとり。川べり。川ばた。

かわ-べり【川縁】かは 川のへり。川のふち。川ばた。川べ。

かわ-へん【革偏】かは 漢字の偏の一。「靴」「鞍」などの「革」の称。

かわ-ほね【河骨】かは ►こうほね

かわ-ほり【蝙蝠】かは《「かわぼり」とも》❶コウモリの古名。「人もなく鳥もなかからむ島にてはこの—も君もたづねむ」〈和泉式部集・下〉❷「蝙蝠扇」の略。❸「蝙蝠羽織」の略。

かわほり-おうぎ【蝙蝠扇】《開くとコウモリが羽を広げた形に似るところから》薄い骨の片面または両面に紙を張った扇。紙に詩歌や絵を描く。扇子。

かわほり-ばおり【蝙蝠羽織】かは《袖を広げた形がコウモリに似ているところから》丈が短くて袖の長く広い羽織。江戸初期に流行。

かわ-ます【河鱒】かは サケ科の淡水魚。全長約50センチ。イワナに近縁。体は茶褐色に黄白色の斑点が散在。北アメリカ北東部の原産で、日本には明治34年(1901)から養殖のため輸入。一部では野生化している。美味。ブルックトラウト。(季 夏)

かわまた-え【川股江】川の流れの分岐点。「—の菱茎の刺しけく知らに」〈応神紀・歌謡・三六〉

かわまた-ぎぬ【川俣絹】福島県川俣地方で産する絹織物。片羽二重など。

かわまた-こ【川俣湖】栃木県北東部にある人造湖。鬼怒川上流の瀬戸合峡をせき止めて造られた。面積2.6平方キロメートル。昭和41年(1966)に完成した川俣ダムの貯水池。イワナ・コイ・ニジマスなどが生息する。日光国立公園の一部。

かわ-まつり【川祭(り)】かは 陰暦6月と12月に行われる水神の祭り。河川・井戸・泉などの水辺で広く行われる。この名称は西日本に多い。➡川浸り

かわ-みどり【藿香】かは シソ科の多年草。山地に生え、高さ約1メートル。全体に香りが強い。茎は四角柱、葉は心臓形で縁にぎざぎざがある。8〜10月、花穂を出して唇形の紫色の小花をつける。漢方で葉を乾燥したものを藿香といい、薬用にする。

かわ-むかい【川向(か)い】「川向こう」に同じ。

かわ-むき【皮剝き】かは 芋・大根などの皮をむくこと。また、その調理用具。ピーラー。

かわ-むこう【川向こう】川を隔てた反対側の岸。また、その地域。かわむかい。(類語)向こう岸・対岸

川向こうの火事 自分には少しも影響のないことのたとえ。対岸の火事。川向こうの喧嘩。

かわ-むし【川虫】かは 川底の石の下などにいる虫。特にトビケラの幼虫。渓流釣りで餌とする。

かわ-むし【皮虫】かは 毛虫の古名。「—の蝶とはなるなり」〈堤・虫めづる姫君〉

かわ-むつ【河鯥】かは コイ科の淡水魚。全長約20センチ。主に山地の川にすみ、体形はオイカワに似る。体色は褐色で、体側に暗青色の1本の縦帯がある。繁殖期の夏には体色が赤くなり、特に雄で著しい。本州中部地方以西に分布。あかむつ。むつ。

かわむら-あきら【川村晃】[1927〜1996]小説家。台湾の生まれ。戦後、日本共産党に入党するが、のちに離党。自伝的小説「美談の出発」で芥川賞受賞。他に「ルン・プロ」「宮本武蔵」など。

かわむらがくえん-じょしだいがく【川村学園女子大学】千葉県我孫子市にある私立大学。大正13年(1924)創立の川村女学院を源流として、昭和63年(1988)に開学した。

かわむら-ずいけん【河村瑞軒】[1618〜1699]江戸前期の商人。伊勢の人。瑞賢とも書く。江戸に出て材木商となり、明暦の大火で巨利を得た。のち、東廻り航路・西廻り航路を開発。安治川などの治水工事にも業績を残した。

かわむら-すみよし【川村純義】[1836〜1904]軍人。海軍大将。鹿児島の生まれ。戊辰戦争・西南戦争で活躍。日本海軍の創設者の一人。

かわむら-たみじ【川村多実二】[1883〜1964]動物学者。岡山の生まれ。京大教授。日本の淡水生物学を創始。著「鳥の歌の科学」「動物生態学」など。

かわむら-ひでね【河村秀根】[1723〜1792]江戸中期の国学者。尾張の人。通称は復太郎。歌学を学び、また、神道・故実を主に古典を研究した。著「日本書紀集解」など。

かわ-も【川面】かは 川の水面。かわづら。「—に月が映る」

かわ-も【川藻】かは 川に生える藻。淡水産の藻。

かわ-もずく【川水雲】かはもづく カワモズク科の紅藻。水のきれいな川や池に生え、長さ約10センチで糸状に分枝し、柔らかい。酢の物などにする。川菜草。

かわもと-きはちろう【川本喜八郎】[1925〜2010]人形美術家・人形アニメーション作家。東京の生まれ。東宝撮影所美術部で映画製作に携わった後、フリーの人形美術家に転身。NHKの人形劇「三国志」「平家物語」では人形製作を担当した。人形アニメーションに「鬼」「道成寺」「死者の書」など。

かわもと-こうみん【川本幸民】[1810〜1871]江戸末期の蘭学者。摂津の人。名は裕。医学のほか理化学・機械にも精通。三田藩医。のち、薩摩藩校学頭・幕府洋書調所教授。著「気海観瀾広義」など。

かわ-や【皮屋】かは 獣皮を加工・細工する職業の人。また、獣皮やその加工品を売る店。

かわ-や【厠|圊】かは《川の上に設けた川屋の意とも、家の外側に設けた側屋の意ともいう》便所。(類語)化粧室・便所・手洗い・洗面所・トイレット・WC・不浄・憚り・雪隠・手水場

かわ-やしろ【川社】かは 昔、6月の大祓などに、川のほとりにつくった仮屋。榊・篠竹・神饌などを置く棚を設け、神楽を奏して神を祭る。(季 夏)

かわ-やつめ【川八つ目】かは ヤツメウナギ科の魚。全長約60センチ。体は細長く、暗青色。胸びれ・腹びれはない。目の後方に七対のえらあなが1列に並ぶ。口は円形の吸盤状で、他の魚に吸着して食害。幼魚は川を下り成長期を海で過ごしたあと、川に上って産卵する。食用。ビタミンAを多量に含む。(季 冬)

かわ-やなぎ【川柳】かは ❶川のほとりにある柳。ふつうネコヤナギをいう。かわやぎ。❷ヤナギ科の落葉低木または小高木。葉は互生し、細長い楕円形もしくは披針形で裏が白い。雌雄異株。早春、葉より先に黄白色の花が穂状に咲く。日当たりの良い水辺に生える。➡蒲柳の質 ❸番茶の上質なもの。❹「川柳」を訓読みにした語。柄井川柳、または川柳点のこと。

かわや-の-かみ【厠の神】かはや 厠を守護する神。卜部神道では埴山毘売命と水波能売神の二神。

かわゆ・い【可愛い】かはゆい〔形〕(文)かはゆ・し〔ク〕《「かおは(顔映)ゆし」の音変化で、❷が原義》❶かわいい。「厭な犬だといわれるほど、尚—・い」〈二葉亭・平凡〉❷恥ずかしい。おもはゆい。「いたく思ふままのことー・くもおぼえて」〈右京大夫集・詞書〉❸かわいそうだ。気の毒だ。「殺さんは、なほ—・し」〈今昔・二六・五〉

かわゆ-おんせん【川湯温泉】㊀北海道川上郡弟子屈町の温泉。屈斜路湖と摩周湖との中間にある。泉質は硫黄泉・酸性明礬泉。㊁和歌山県田辺市にある温泉。泉質は単純温泉・炭酸水素塩泉。

かわ-ゆか【川床】かは 納涼のため川の流れに張り出して設けた桟敷。多く、京都四条近辺の河原に設けるものをいう。ゆか。納涼床。(季 夏)

かわゆらし・い【可愛らしい】〔形〕(文)かはゆら・し〔シク〕かわいらしい。「娘フリイダの、小鳥の囀るような、—・い声を聞いて」〈鷗外・青年〉

かわ-よど【川淀】かは 川の水のよどんでいる所。

かわら【瓦】かは ❶粘土を一定の形に作り、瓦窯で焼いたもの。主に屋根を葺く材料とするが、床敷きにも用いられる。屋根瓦には本瓦葺き用と桟瓦葺き用とがあり、形状や使用場所によって平瓦・丸瓦・鬼瓦・桟瓦・軒瓦などとよぶ。現在は石・セメント・金属製のものもある。❷値うちのないもの。くだらないもの。「本書中の人物に玉すくなく—多きは」〈逍遥・当世書生気質〉

かわら【河原|川原|磧】かは《「かわはら」の音変

化》❶川の流れに沿う平地で、ふだんは水の流れていない、石や砂の多い所。❷京都の鴨川の河原。特に、四条河原。

かわら【▽航¦×舤】かはら 和船の船首から船尾に通す長く厚い板材。

かわら〔副〕堅い物の触れ合う音を表す語。「その衣の中の甲(かふ)にかかりて、—と鳴りき」〈記・中〉

かわら-いたべい【瓦板塀】かはら 下部を平たい瓦で張り、上部を板張りとした塀。

かわら・う【変はらふ】かはらふ〔連語〕《動詞「か(変)わる」の未然形＋反復継続の助動詞「ふ」。上代語》変わっていく。「朝の笑み夕(ゆふ)へ—ひ」〈万・四一六〇〉

かわら-か〔形動ナリ〕さわやかで、さっぱりしているさま。「ほめつる装束、げにいと—にて」〈源・宿木〉 (補説)歴史的仮名遣いは、一説に「かはらか」。

かわら-がま【瓦窯】かはら 瓦を焼くかまど。土を半球形に盛り上げ中空にし、開口部を設けたもの。かわらや。

かわら-がよい【河-原通ひ】かはらがよひ 江戸時代、京都四条河原の芝居町・茶屋町へ芝居見物と称して若衆買いに通うこと。「毎日の—に」〈浮・胸算用・三〉

かわら-ぎょう【瓦経】かはらぎやう 経典を後世に伝えるために、両面に経文を彫りつけて焼いた瓦。埋経(まいきょう)に用いる。平安中期、末法思想の高まりによって作られるようになったといわれる。経瓦(きょうがわら)。がぎょう。

かわら-くぎ【瓦×釘】かはら 屋根瓦がすべり落ちるのを防ぐために打つ釘。

かわら-け【土=器】かはらけ《瓦で作った笥(け)の意》❶釉(うわぐすり)をかけない素焼きの陶器。❷素焼きの杯。陶坏(すえつき)。❸成年女性の陰部に毛の生えないこと。❹酒宴。「—始まり、御箸下りて」〈宇津保・吹上上〉

(類語)瀬戸物・陶器・陶磁器・焼き物・磁器・土器

かわら-げ【川-原毛¦瓦毛】かはら 馬の毛色の名。灰白色・黄白色で、たてがみ・下肢・ひづめが黒いもの。

かわらけ-いろ【土=器色】かはらけ 土器のようにくすんだ黄褐色。

かわら-けつめい【河-原決明】かはら マメ科の一年草。原野や道端に生え、高さ30〜60センチ。葉は羽状複葉。8〜10月、黄色の小花をつけ、広線形の豆果ができる。全草を茶の代わりにする。ねむ茶。豆茶。浜茶。

かわらけ-な【土=器菜】かはらけ タビラコの別名。

かわらけ-なげ【土=器投げ】かはらけ 見晴らしのよい高所からかわらけを投げて、空中で風に舞うさまを見て楽しむ遊び。京都の高雄(たかお)山や愛宕(あたご)山で花見の時に行われた。

かわらけ-もの【土=器物】かはらけ 素焼きの器に盛った酒のさかな。鉢の物。

かわら-こじき【河-原▽乞食】かはら《歌舞伎が近世初期の京都四条河原の興行に起源するところから》歌舞伎役者などを卑しめていった語。河原者。

かわら-ざ【瓦座】かはら 軒先の敷平(しきひら)瓦の滑り止めとして、野地(のじ)に打ち付ける細長い材木。

かわら-さいこ【河-原×柴×胡】かはら バラ科の多年草。海辺や河原の砂地に生え、高さ30〜50センチ。茎に長い毛がある。葉は羽状複葉で、小葉はさらに羽状に切れ込み、裏面に白い毛がある。夏、黄色の5弁花を開く。

かわらざき-ちょうじゅうろう【河原崎長十郎】かはらざきちやうじふらう［1902〜1981］歌舞伎俳優。2世。東京の生まれ。前進座の創立に参加したが、のち退座。「勧進帳」の弁慶、「鳴神」の鳴神上人などが当たり役。

かわら-ざる【瓦猿】かはら 土焼きの猿の人形。「変わらざる」に通じるとして、平穏無事を祝う飾り物にする。

かわら-ざん【瓦桟】かはら 引っ掛け桟瓦葺きで、瓦がずり落ちないように野地板の上に打ち付ける木の桟。

かわら-し【瓦師】かはら ❶瓦を焼く職人。❷瓦屋根を葺く職人。

かわら-すげ【河-原×菅】かはら カヤツリグサ科の多年草。草原などに生え、高さ20〜40センチ。葉は線形。夏、緑色の花穂をつけ、頂のものは雄花、その他は雌花。たにすげ。

かわら-すずめ【河-原×雀】かはら セキレイの別名。

かわら-すずり【瓦×硯】かはら 瓦で作った硯。がけん。

かわら-せんべい【瓦煎餅】かはら 瓦の形をしたせんべい。小麦粉を溶いて卵・砂糖を加え、型で焼いたもの。神戸市・高松市などの名物。

かわら-たけ【瓦×茸】かはら サルノコシカケ科のキノコ。枯れ枝や切り株などに屋根瓦状に重なり合って生え、半円形または扇形で、革質。抗がん剤クレスチンが作られる。

かわら-でら【川原寺】かはら 奈良県高市郡明日香(あすか)村にある真言宗豊山派の寺。山号は仏陀山。創建は奈良時代以前。斉明天皇の川原宮あとに建てられたという。大宝(701〜704)ごろに栄えたが、平安時代以降は荒廃した。河原寺。弘福寺(ぐふくじ)。

かわら-なでしこ【河-原×撫子】かはら ナデシコの別名。河原に多いのでいう。

かわら-にんぎょう【瓦人形】かはらにんぎやう 土焼きの人形。伏見人形・今戸人形・古賀人形など。

かわら-にんじん【河-原人▽参】かはら キク科の多年草。砂地や荒れ地にみられ、葉はニンジンの葉に似る。地上部を漢方で青蒿(せいこう)といい、熱病・皮膚病に用いる。中国から薬用に輸入したものが帰化したという。

かわら-の-いん【河原院】かはらのゐん 源融(みなもとのとおる)の別荘。京都六条坊門の南、万里小路(までのこうじ)の東にあった。奥州塩釜の景を模して庭をつくり、海水を運び込んで塩焼きを楽しんだと伝えられる。その没後、宇多法皇の所有となり、のち寺となった。

かわら-の-さだいじん【河原左大臣】かはら 源融(みなもとのとおる)の通称。

かわら-の-まつ【瓦の松】かはら《白居易「新楽府・驪宮高」の「牆に衣有り、瓦に松有り」から》屋根瓦の上に生えた松。古びた家の形容にいう。「古郷の垣穂の蔦(つた)も色づきて—に秋風ぞ吹く」〈新後拾遺・秋下〉 (補説)原詩の「松」は、シダ類またはツメレンゲかとも。

かわら-の-まど【瓦の窓】かはら ❶土を焼き固めてつくった窓。❷貧者や隠者の住居。また、そこに住む人。「—、柴の庵(いほり)の言の葉をも、…漏らすことなし」〈千載・序〉

かわら-ばった【河-原蝗=虫】かはら バッタ科の昆虫。体長2.5〜3.5センチ。河原にすみ、体は青みを帯びた灰色で、小石の色に似る。後ろ翅(ばね)は青色で、飛ぶとよく目立つ。

かわら-ばと【河-原×鳩】かはら ハト科の鳥。ドバトや伝書鳩の原種。全体に灰青色で、翼に2本、尾に1本の黒い帯がある。ヨーロッパからインド・アフリカ北部にかけて分布し、崖や岩山にすむ。日本にはいない。

かわら-ははこ【河-原母子】かはら キク科の多年草。河原の砂地に生える。高さ30〜50センチ。葉は細く、裏面に白毛が多い。夏、白色の苞(ほう)をもつ黄色の小花をつける。かわらほうこ。

かわら-ばん【瓦版】かはら 江戸時代、天災地変・火事・心中などの事件を速報記事にして街頭で売り歩いた印刷物。ふつう半紙一枚刷り。原版として木版が残るが、もとは粘土に文字や絵を彫り、瓦のように焼いて作ったという。読み売り。

かわら-ひ【瓦×樋】かはら 丸瓦で作った、とい。土管。

かわら-びさし【瓦×庇】かはら 瓦葺(ぶ)きのひさし。

かわら-ひわ【河-原×鶸】かはらひわ アトリ科の鳥。全長14センチくらい。全体に緑褐黄色で翼に黄色い斑がある。くちばしは太く、種子を食べる。アジア東部に分布。日本では留鳥で秋から春まで群れで河原にいることが多い。(季 春)

かわら-ぶき【瓦×葺き】かはら ❶瓦で屋根を葺くこと。また、その屋根。❷仏寺をいう伊勢斎宮の忌み詞。

かわら-べい【瓦塀】かはら 平たい瓦を張り、継ぎ目には漆喰(しっくい)を海鼠(なまこ)状に盛り上げた塀。

かわら-ぼう【瓦棒】かはら 金属板葺き屋根で、傾斜の方向に一定間隔に並べて取り付ける棒状の材。この上も金属板で覆うので、雨漏れに強い。

かわら-まち【河原町】かはら 京都市の鴨川に並行して南北に走る通り。商業中心街。かつては洛外で、鴨川の河原。

かわら-まつば【河-原松葉】かはら アカネ科の多年草。草地に生え、高さ約60センチ。茎は四角柱。葉は針状。夏、多数の白い小花を円錐状につける。

かわら-もち【瓦餅】かはら《平たい形が似るところから》伸(の)し餅のこと。

かわら-もの【河-原者】かはら ❶中世、非課税地を求めて河原に住みつき、卑賤視された労働や雑芸能などに従事した人々。❷►河原乞食(こじき)

かわら-や【瓦屋】かはら ❶瓦師。また、瓦を売る人。❷瓦葺きの屋根。また、その家。「—の板葺きにても見ゆるかな土くれしてや造りそめけむ」〈金葉・雑上〉❸瓦を焼くかまど。また、それのある建物。「むせぶとも知らじな心—に我のみ消たぬ下の煙は」〈新古今・恋四〉

かわら-やき【瓦焼(き)】かはら ❶瓦を焼いて作ること。また、その職人。❷「素(す)焼き❶」に同じ。

かわら-やね【瓦屋根】かはら 瓦葺(ぶ)きの屋根。

かわらゆ-おんせん【川原湯温泉】かはらゆヲンセン 群馬県北西部、長野原町にある温泉。吾妻渓谷に臨む。1月20日に湯かけ祭が行われる。泉質は硫黄泉。

かわら-よもぎ【河-原×艾】かはら キク科の多年草。河原や海岸の砂地に生え、高さ約80センチ。茎はよく分枝し、葉は羽状に細く裂けていて、白い毛がある。9、10月ごろ、黄色の小花を円錐状につける。乾燥した若芽などを漢方で茵蔯蒿(いんちんこう)という。

かわり【代(わ)り¦替(わ)り】かはり ❶入れかわること。交替すること。また、そのもの。「前任者の—を探す」❷ある役割を、他のものがすること。また、そのもの。㋐代理。身がわり。「父の—に出席する」㋑代用の品。「本をまくらの—にする」❸ある事柄に相当して、ひきかえとなるもの。代償。「宿題をみてもらう—に肩たたきをする」❹(多く「おかわり」の形で)同じものをさらに飲み食いすること。また、そのもの。「酒のお—を頼む」❺「替わり狂言」の略。

(…語)入り代わり・入れ代わり・御(お)代わり・其(そ)の代わり・立ち代わり・二の替わり(がわり)肩代わり・互(かた)替わり・代わり代わり・代(だい)替わり・台替わり・月代わり・手替わり・出替わり・年度替わり・早替わり・番替わり・日替わり

(類語)代替・掛け替え・代物・代人・代理・名代・代表

かわり【変(わ)り】かはり ❶物事の状態が移り変わること。変化。「病状に—はない」❷普段と違った状態。異状。変事。「お—ありませんか」❸物事の間の違い。相違。差異。「どう転んでも大した—はない」

(…語)移り変わり・生まれ変わり(がわり)居所(いどころ)変わり・色変わり・枝変わり・面(おも)変わり・顔変わり・気変わり・声変わり・子変わり・心変わり・腰変わり・様変わり・早変わり・火変わり・風変わり

がわり【代(わ)り¦替(わ)り】がはり〔接尾〕《名詞「か(代)わり」の接尾語化》名詞に付いて、…の代わりになるもの、…の代用になるもの、の意を表す。「親—」「名刺—」

かわり-あ・う【代(わ)り合う】かはりあふ〔動ワ五(ハ四)〕互いに代わる。交替する。「—・って休む」

かわり-うら【変(わ)り裏】かはり 和服の裏地の裾回しの部分だけを異なる色の布で仕立てたもの。

かわり-え【替(わ)り絵¦変(わ)り絵】かはり 紙にかいた絵が、折り方や畳み方によっていろいろに変わるようにしたおもちゃ。

かわり-がわり【代(わ)り代(わ)り】かはりがはり〔副〕「代わる代わる」に同じ。「二匹が—飛び出して」〈三重吉・小鳥の巣〉

かわり-きょうげん【替(わ)り狂言】かはりキヤウゲン 歌舞伎・文楽で、興行期間中に、前のものと替えて上演する別の狂言。

かわり-ごい【変(わ)り×鯉】かはりごひ 野生のコイを改良して作った観賞用の品種。体色を緋・白・まだらにしたものなど。

かわり-ごと【変(わ)り事】かはり 通常とは違う事柄。変事(へんじ)。

かわり-ごはん【変(わ)り御飯】かはり いろいろな材料をまぜて炊いた飯。五目飯・豆飯など。かわりめし。

かわり-だね【変(わ)り種】かはり ❶普通のものとは違

った種類のもの。変種しゅ。「朝顔の―」❷性質や経歴などに普通の人とは違った点のある人。「政治家の中での―」(類語)(❶)変種・バラエティー/(❷)奇人・変人・変物・変わり者

かわり-ぬり【変(わ)り塗(り)】かはり 漆塗りで、各種の技法や材料を応用した変化に富むもの。主に刀剣の鞘さやの装飾として発達したので鞘塗りともいう。

かわり-ばえ【代(わ)り映え】かはり (多く、下に打消しの語を伴って用いる)交替または変化することによって前よりよくなること。「―のしない業績」

かわり-は・てる【変(わ)り果てる】かはり〔動タ下一〕図かはりは・つ〔タ下二〕以前とすっかり変わった、ひどい状態になる。「―・てた姿」

かわり-ばな【代(わ)り▽端】かはり 入れかわってすぐに。「投手の―にホームランを打つ」

かわり-ばん【代(わ)り番】かはり ❶代わり合ってすること。かわりばんこ。「祖母の顔と人形とを暫く―に眺めていてから」〈横光・御身〉❷交代する順番。「―に当たる」(類語)交番・隔番・輪番・回り番

かわりばん-こ【代(わ)り番こ】かはりばんこ「代わり番❶」の話し言葉。「―に荷物を持つ」
(類語)代わる代わる・交互に・互いに・相互に

かわり-びな【変(わ)り×雛】かはり 伝統的なものとは違った材料を用いたり、変わった形に作ったりした雛人形。その年の干支えとにちなんだもの、世相を風刺したものなどがある。(季 春)

かわり-びょうぶ【替(わ)り×屏風】かはりびやうぶ 絵をはった小さな板を屏風のようにつなぎ合わせ、開き方によって異なる絵の出るようにしたおもちゃ。隠れ屏風。

かわり-ふ【変(わ)り▽斑】かはり 矢羽の普通のものとは異なる斑点はんてん。また、葉や花に現れた、普通にはない斑点。

かわり-み【変(わ)り身】かはり ❶相撲などで、とっさに右や左に体をかわすこと。❷情勢や事情の変化に合わせて、自分に有利なように言動を切りかえること。「―が早い」

かわり-め【代(わ)り目】かはり 次のものと交替して新しく始まる時。「任期の―」➡変わり目

かわり-め【変(わ)り目】かはり ❶物事の状態や季節が移り変わる時。また、その境目のところ。「季節の―」「潮流の―」❷違っているところ。相違。「両流、口伝、故実、その―多く侍りとかや」〈著聞集・三〉➡代わり目
(類語)分け目・境目

かわり-もの【変(わ)り者】かはり 性質や言動などが、一般の人と違っている人。変人。奇人。
(類語)奇人・変人・変物・変わり種

かわり-やく【代(わ)り役】かはり その役を代わりに務めること。また、その人。代役だいやく。

かわり-よう【変(わ)り様】かはりやう 変化のぐあい。変わり方。「人心の―を嘆く」

かわ・る【代(わ)る|替(わ)る|換(わ)る】かはる〔動ラ五(四)〕《「変わる」と同語源》❶今までその地位・位置を占めていたもののあとを、他のものが占めるようになる。入れかわる。交替する。「市長が―・る」「運転を―・る」「土地が金かねに―・る」❷ある役割を他のものがする。代理をする。「一同に―・ってお礼を述べる」「電車に―・ってバスが運行する」(可能)かわれる

かわ・る【変(わ)る】かはる〔動ラ五(四)〕《「代わる」と同語源》❶物事の形やようすなどが今までと違った状態になる。㋐ある状態から他の状態に移る。変化する。「規約が―・る」「顔色が―・る」㋑年月などが改まる。「月が―・る」「時代が―・る」❷ある場所・方向から他の場所・方向へ動く。「住まいが―・る」「別の会社に―・る」「風向きが―・る」「席を―・る」❸(多く「かわった」「かわっている」の形で)普通と比べて異なっている。一般的、標準的なものと違っている。「―・った趣向」「あの人は一風―・っている」❹物事と物事との間に違いがある。異なる。「何ら動物と―・るところがない」「所―・れば品―・る」❺相撲などで、相手にぶつからないように身をかわす。「右に―・ってはたき込む」(可能)かわれる (類語)(❶)変ずる・化する・改まる・移る・移ろう・動く・化ける・変化する・転化する・変質する・一変する・一転する・様変わりする・豹変ひょうへんする・急変する・激変する・変転する・変動する・変移する・移行する・推移する・変遷する・転変する・流転する/(❷)移る・転ずる・動く・移動する・異動する

かわる-がわる【代(わ)る代(わ)る】かはるがはる〔副〕順番に代わり合って。交代に。「車を―(に)運転する」
(類語)代わりばんこ・交互に・互いに・相互に

かわ◦れる【買われる】かはれる〔連語〕《動詞「か(買)う」の未然形＋受身の助動詞「れる」》能力・人物などを認められる。「外交手腕を―◦れる」

かわ-ろう【河郎|河▽伯】かはらう 河童かっぱの異称。

かわ-ろん【川論】かは 江戸時代、川の利用、特に灌漑かんがい用水の取り入れをめぐっての争い。

かわ-わたし【川渡し】かは 昔、橋や渡し舟のない川で、旅人を背負ったり台に乗せたりして渡したこと。また、それを仕事とする人。

かん【▽上】《「かみ」の音変化。「かむ」とも表記する》「かみ(上)」に同じ。「―つ宮」〈用明紀〉

かん【干】横笛の指孔の一。6指孔の笛では1番先端に近い穴、7指孔の笛では先端から2番目の穴。➡漢「かん(干)」

かん【▽欠】《「欠」の字音「けん」の音変化》目方・分量などが減っていること。また、その減った量。「目を懸けしに、思ひの外に―のたつこと」〈浮・永代蔵・二〉

かん【刊】刊行。出版。「隔月―」「一九八〇年五月―」➡漢「かん(刊)」(類語)出版・発行・版行・刊行・発刊・公刊・印行・発兌はつだ・上梓じょうし・上木じょうぼく

かん【甲】邦楽で、高い音域の音。また、調子の高い音。⇔乙おつ。➡漢「こう(甲)」

かん【×奸|×姦|×姧】よこしまで悪賢いこと。また、その人。「―を禁じ乱を遏とどむるの用多くして」〈中村訳・西国立志編〉➡漢「かん(奸・姦)」

かん【汗】《khanの音写》「ハン」に同じ。➡漢「かん(汗)」

かん【缶|×罐|×鑵】クヮン《英 canまたは、オランダ kanから。「缶」「罐」「鑵」は当て字》❶金属の薄い板で作った容器。特に、ブリキ製のものをいう。「石油―」❷「缶詰」の略。「鮭さけ―」➡漢「かん(缶)」

かん【×坎】❶穴。くぼみ。「―の火っ気が、快い温みを漂わせていた」〈芥川・将軍〉❷易の八卦はっけの一。☵で表す。水にかたどり、方位では北に配する。

かん【肝】❶肝臓。きも。〈日葡〉❷《昔、魂の宿るところとされたところから》心。まごころ。「―ヲクダク」〈日葡〉➡漢「かん(肝)」

かん【官】クヮン ❶国の政務を執行する機関。朝廷・政府など。役所。おおやけ。「―も商売上手やが」〈上司・太政官〉❷役所における職務・地位。また、それをつかさどる人。役人。官吏。「―に就く」「―を辞す」❸「太政官だいじょうかん」の略。➡漢「かん(官)」
(類語)政府・行政府・政庁・政権・内閣・台閣・官府・官庁・官衙かんが・国に・公儀こうぎ・お上かみ

かん【長官】「かみ(長官)」の音変化。「大将も―の君もみなおり給ひて」〈源・若菜上〉

かん【冠】クヮン ㊀〔名〕かんむり。㊁〔ト・タル〕図〔形動タリ〕最もすぐれているさま。首位に立つさま。「世界に―たる誉れ」➡漢「かん(冠)」

かん【巻】クヮン ㊀〔名〕❶巻物。巻物にした書物。巻子本かんすぼん。「―を開く」❷書物。書籍。❸何冊か合わせてひとまとまりとなる書籍の、その一つ一つ。㊁〔接尾〕助数詞。❶書籍の冊数をかぞえるのに用いる。「全三―の書物」❷巻物やテープ、フィルムなどの数をかぞえるのに用いる。「巻物三―」「フィルム五―」➡漢「かん(巻)」

巻を追・う 何巻かに分かれた書物を順に読んでいく。「―・うごとにおもしろくなる」

巻を措おく能あたわず 非常におもしろくて、一気に最後まで本を読んでしまう。

かん【×疳】❶疳の虫によって起こるとされる、小児の神経症。夜泣きやひきつけなどの発作を起こす病気。❷「癇かん❷」に同じ。「―が高ぶる」

かん【勘】❶物事の意味やよしあしを直感的に感じとり、判断する能力。「―が働く」❷古文書で、内容の了解を示す符号や点。➡漢「かん(勘)」
(類語)ひらめき・インスピレーション

かん【患】クヮン 苦しみ。悩み。わずらい。「夫親の苦は婦子の―と為り」〈福沢・文明論之概略〉➡漢「かん(患)」

かん【貫】クヮン ❶尺貫法の重さの単位。1貫は1000匁もんめ、すなわち3.75キロで、明治24年(1891)から昭和33年(1958)まで商取引で用いられた。❷銭貨を数える単位。1貫は銭1000文。江戸時代、実際には960文が1貫とされ、明治時代には俗に10銭を1貫とも称した。❸律令制で、戸籍に記載されること。また、その土地。本貫。❹中世、土地面積の表示に用いた単位。一定の広さではなく、租税となる米の収穫高を銭に換算して表したもの。貫文かんもん。➡漢「かん(貫)」

かん【寒】❶寒いこと。冬の寒さ。「海辺に―を避ける」⇔暑。❷二十四節気の小寒と大寒の時期。暦の上で寒の入りから立春までの間。1月6日ごろから2月4日ごろまでの約30日間。「―が明ける」(季 冬)⇔暑。➡漢「かん(寒)」

寒に帷子かたびら土用に布子ぬのこ 季節外れで役に立たないこと。

かん【棺】クヮン 死者を葬るときに遺体を納める容器。ひつぎ。➡漢「かん(棺)」(類語)柩ひつぎ・棺桶かんおけ・霊柩れいきゅう

棺を蓋おおいて事こと定まる 《「晋書」劉毅伝から》人間の真価は、死んでから決まる。

かん【款】クヮン ❶まごころ。また、親しい交わり。❷法律文や規約などの条項。箇条書き。❸予算や決算の費目の区分の一。部・款・項・目・節の順となる。❹金石などに文字をくぼめて刻むこと。また、その文字。➡款識かんし ➡漢「かん(款)」

款を通・ず 《「北史」盧柔伝から》交わりを親しくする。転じて、敵に内通する。「長州に―・ずる者ならんとの嫌疑を以て」〈福沢・福翁百話〉

かん【×稈】稲・竹などの、中空になっている茎。

かん【間】㊀〔名〕❶物と物、場所と場所とを隔てる空間的な広がり。また、その距離。「天地の―」「その―約八キロ」「目睫もくしょうの―に迫る」❷ある時点とある時点とのあいだ。あるひと続きの時間。「その―の事情はわからない」「ボールが外野を転々とする―に」❸すきま。間隙かんげき。「多忙の―を縫って出席する」「―に乗じる」❹心の隔たり。「―を生じる」㊁〔接尾〕名詞に付いて、ある物事・時間・場所と他の物事・時間・場所とのあいだ、人と人との関係などの意を表す。「五日―」「東京、大阪―」「学校―の連絡」「夫婦―のもめごと」➡漢「かん(間)」(類語)間あい・間隔・隔たり・間ま・間合い・合間・距離・時間・インターバル

間髪はつを容いれず 《「説苑ぜいえん」正諫から。あいだに髪の毛1本も入れる余地がない意》少しの時間も置かないさま。「質問に―答えた」(補説)「間、髪を容れず」と区切る。「かんぱつを、いれず」「かんぱつ、いれず」は誤り。

かん【閑】〔名・形動〕暇なこと。また、落ち着いてのどかなさま。「忙中―あり」「やさしき鳩、―なる鳩」〈露伴・露団々〉➡漢「かん(閑)」

かん【感】❶深く心が動くこと。感動。「―に入る」❷物事に接して生ずる心の動き。感じ。「今さらの―は否めない」「隔世の―」➡漢「かん(感)」(類語)印象・感じ・観・心証・イメージ・インプレッション

感極ま・る 非常に感動する。「―・って涙を流す」

感に堪たえ◦ない 非常に感動して、それを表に出さずにはいられない。「―◦ないという面持ち」

感に堪た・える 《「感に堪えない」を打消しの語を伴わないで用いたもの》「感に堪えない」に同じ。「味噌汁みそしるを装う白々とした手を、―・えて見て居たが」〈鏡花・婦系図〉

かん【漢】㊀㊀中国古代の王朝。前202年、高祖劉邦りゅうほうが建国。長安を都とする前漢(西漢)と洛陽を都とする後漢(東漢)とに分かれる。両者の間に、王莽おうもうが建国した新による中断がある。220年滅亡。㊁三国時代の蜀漢しょくかん。また、五胡十六国の成漢・漢(前趙ぜんちょう)、五代十国の後漢・北漢・南漢など。㊁中国本土や中国の異称。また、漢人・漢字・漢文など

【甲】▶こう

干 ㊫6 [音]カン㊮㊯ [訓]ほす、ひる、たて ‖ ①水がひく。水をひかす。ほす。「干魚・干拓・干潮・干満」②(「旱(かん)」の代用字)日照り。「干害・干天」③武器の一。たて。「干戈(かんか)・干城」④突き進み犯す。「干犯」⑤無理に他とかかわりを持つ。「干渉・干与」⑥求める。「干禄」⑦えと。「干支/十干」⑧いくらか。「若干」⑨てすり。「欄干」[名付]たく・もと [難読]干支(えと)・射干(しゃが)・若干(そこばく)

刊 ㊫5 [音]カン㊮㊯ ‖ ①書物を出版する。「刊行・刊本/休刊・近刊・月刊・公刊・新刊・創刊・廃刊・発刊・復刊・未刊・夕刊」②削る。「刊誤」

甘 [音]カン㊮㊯ [訓]あまい、あまえる、あまやかす、うまい、あまんずる ‖ ㊀〈カン〉①味があまい。「甘味」②おいしい。うまい。「甘美・甘露」③満足する。気に入る。「甘言・甘受・甘心」㊁〈あま〉「甘辛・甘酒・甘茶/大甘」[名付]かい・よし [難読]甘藷(さつまいも)

×**奸** [音]カン㊯ ‖ ①(「姦」と通用)正道を犯す。邪悪である。よこしま。「奸計・奸臣・奸知・奸物/佞奸(ねいかん)」②邪悪な人。「漢奸・斬奸」

汗 [音]カン㊯ [訓]あせ ‖ ㊀〈カン〉①あせ。あせをかく。「汗顔・汗牛充棟/発汗・流汗・冷汗」②中国の北方民族の首長の称。可汗。「成吉思汗(ジンギスかん)」[補説]②はkhanの音訳字。㊁〈あせ〉「汗水/脂汗・寝汗」[難読]汗疹(あせも)・汗衫(かざみ)・盗汗(ねあせ)

缶〔罐〕 [音]カン(クヮン)㊮㊯ ‖ ①金属製の容器。「缶切り・缶詰/空き缶・製缶」②「缶詰」の略。「牛缶」③湯わかし器。「薬缶(やかん)」④蒸気機関のかま。「汽缶」[補説]「罐」は本来「水を汲むつるべ」をさしたが、今は「缶」によって代用する。「缶」は「フ」が本来の音で、「腹のふくれた水がめ、ほとぎ」の意。①は英語canまたはオランダ語kanの音訳字。③④は「鑵」と通用。

完 ㊫4 [音]カン(クヮン)㊯ ‖ ①欠けた所がない。「完全・完備・完膚・完璧(かんぺき)・完本」②やり遂げる。全うする。「完結・完工・完遂・完成・完了/補完・未完」③すっかり。全く。「完勝・完敗・完封」[名付]さだ・たもつ・なる・ひろ・ひろし・まさ・また・またし・みつ・ゆたか

×**旱** [音]カン㊮㊯ [訓]ひでり ‖ 雨が降らずからからに乾くこと。ひでり。「旱害・旱魃(かんばつ)/水旱・大旱」[補説]「干」を代用字とすることがある。[名付]あつ・てる

肝 [音]カン㊮㊯ [訓]きも ‖ ㊀〈カン〉①五臓の一。きも。「肝臓・肝油・肝硬変」②精神の働きの場としてのきも。「肝胆・肝銘/心肝・肺肝」③大切なところ。かなめ。「肝心・肝腎・肝要」㊁〈きも(ぎも)〉「度肝」

人**侃** [音]カン㊮㊯ ‖ 性格が強く、心正しいさま。剛直なさま。「侃侃諤諤(かんかんがくがく)」[名付]あきら・すなお・ただ・ただし・つよし・なお・やす

人**函** [音]カン㊯ [訓]はこ ‖ ①はこ。「潜函・投函・私書函」②「函館(はこだて)」の略。「青函連絡船」[名付]すすむ [補説]「凾」は俗字。

官 ㊫4 [音]カン(クヮン)㊮㊯ [訓]つかさ ‖ ①公の機関。政府。「官選・官庁・官立/半官半民」②公の仕事。役目。「仕官・退官・任官・免官・猟官」③役人。「官吏/宦官(かんがん)・技官・警官・高官・上官・神官・属官・長官・武官・本官・裁判官・地方官」④身体の働きをつかさどる部分。「官能/感官・器官・五官」[名付]おさ・きみ・これ・たか・のり・ひろ [難読]長官(かみ)・判官(じょう・ほうがん)・次官(すけ)

冠 [音]カン(クヮン)㊮㊯ [訓]かんむり、かぶる ‖ ①頭にかぶるもの。かんむり。「冠位/衣冠・王冠・加冠・金冠・戴冠(たいかん)・宝冠・月桂冠」②りっぱな地位・栄誉のシンボル。「栄冠・無冠・三冠王」③冠をかぶる。成人の儀式。「冠婚葬祭/弱冠」④上にかぶせる。かぶる。「冠詞・冠水」⑤トップに立つ。すぐれる。「冠絶」⑥漢字の組み立てで、上部につく部分。「偏旁冠脚」[難読]冠者(かじゃ)・冠木門(かぶきもん)・鶏冠(とさか)・圭冠(はしはこうぶり)

巻〔卷〕 ㊫6 [音]カン(クヮン)㊮ ケン㊯ [訓]まく、まき ‖ ㊀〈カン〉①巻物。「巻軸・巻子本(かんすぼん)/経巻」②書物。「巻首・巻頭・巻末/圧巻・開巻・書巻・全巻・別巻」③巻いたものや書物を数える語。「万巻(ばんかん・まんがん)」㊁〈ケン〉(「捲(けん)」と通用)まく。「巻雲・巻土重来/席巻」㊂〈まき〉「巻紙・巻物/竜巻・葉巻・絵巻物」[名付]まる [難読]掻(か)い巻・巻繊(けんちん)

×**姦** [音]カン㊯ [訓]よこしま、かしましい ‖ ①不倫をする。女性をおかす。「姦淫・姦通・姦夫・姦婦/強姦・相姦・輪姦・和姦」②(「奸」と通用)正道にそむく。悪賢い。「姦計・姦臣・姦智/佞姦(ねいかん)」

人**柑** [音]カン㊮㊯ ‖ 木の名。ミカンの一。こうじ。「柑橘類(かんきつるい)/金柑・蜜柑(みかん)」[難読]柑子(こうじ)・凸柑(ポンカン)

看 ㊫6 [音]カン㊮㊯ [訓]みる ‖ ①対象をよく見る。「看過・看取・看破/参看」②見守る。見張りをする。「看護・看守・看病」③読む。「看経(かんきん)」[名付]あきら・み・みつ [難読]看做(みな)す

人**竿** [音]カン㊮㊯ [訓]さお ‖ ㊀〈カン〉竹の幹でこしらえた細長い棒。さお。「竿灯・竿頭/竹竿(ちっかん)・灯竿」㊁〈さお(ざお)〉「竿竹・竿秤(さおばかり)/竹竿・旗竿」

×**悍** [音]カン㊯ ‖ 気が強く荒い。たけだけしい。「悍馬・悍婦/勁悍(けいかん)・剛悍・精悍・剽悍(ひょうかん)」[名付]いさむ

×**浣** [音]カン(クヮン)㊯ [訓]あらう ‖ ①すすぐ。洗う。「浣衣・浣腸」②一か月を十日ごとに三等分したもの。「上浣・中浣・下浣」

陥〔陷〕 [音]カン㊯ [訓]おちいる、おとしいれる ‖ ①地面がへこむ。「陥没」②攻め落とされる。「陥落」③おとし穴。「陥穽(かんせい)」④不足する。「欠陥」

乾 [音]カン㊮㊯ ケン㊯ [訓]かわく、かわかす、ほす、いぬい ‖ ㊀〈カン〉①かわく。かわかす。「乾期・乾湿・乾性・乾燥・乾田・乾板・乾物・乾電池」②空にする。「乾杯」㊁〈ケン〉①天。「乾坤(けんこん)」②天子・君主・男を表す。「乾道・乾徳」③いぬい。北西。「乾坤(けんこん)」[名付]きみ・すすむ・たけし・つとむ・ふ [難読]乾鮭(からざけ)・乾児(こぶん)・乾葉(ひば)

勘 [音]カン㊯ [訓]かんがえる ‖ ①考え合わせる。つき合わせて調べる。「勘案・勘考・勘合・勘定/校勘」②罪を調べただす。「勘気・勘当/推勘・勅勘」③直感。第六感。「勘所(かんどころ)/山勘(やまかん)」④「勘定」の略。「割勘」[名付]さだ・さだむ・のり [難読]勘解由使(かげゆし)

患 [音]カン(クヮン)㊯ ゲン㊮ [訓]わずらう、うれえる ‖ ①心配する。心配事。「外患・苦患(くげん)・災患・憂患」②病気になる。病気。「患者・患部/疾患・重患・大患・肺患・病患・罹患(りかん)」③患者。「急患・新患」

×**桿** [音]カン㊮㊯ ‖ さお状の棒。「桿菌/槓桿(こうかん)・操縦桿」

人**莞** [音]カン(クヮン)㊮㊯ [訓]い ‖ ①植物の名。フトイ。また、イで織ったむしろ。「莞席」②にこやかに笑うさま。「莞爾(かんじ)・莞然」

貫 [音]カン(クヮン)㊮㊯ [訓]つらぬく、ぬく、ぬき ‖ ①物の中間をつらぬき通す。「貫通・貫流/縦貫」②最後まで筋を通してやりぬく。「貫徹/一貫・突貫」③郷土。本籍地。「貫籍/郷貫・本貫」④重さの単位。千匁。「尺貫法」[名付]つら・とおる

寒 ㊫3 [音]カン㊯ [訓]さむい ‖ ①さむい。さむさ。「寒気・寒暑・寒風・寒冷/悪寒(おかん)・厳寒・向寒・春寒・避寒・防寒」②さびしい。貧しい。「寒村/貧寒」③身震いする。ぞっとする。「寒心」④一年のうち最も寒い時期の呼び名。「寒中/小寒・大寒」⑤さむい時期の。冬の。「寒鴉(かんあ)・寒菊」[名付]さむ・ふゆ

喚 [音]カン(クヮン)㊮㊯ [訓]わめく、よぶ ‖ ①大声で呼ぶ。わめく。「喚呼・喚声/叫喚」②呼び出す。「喚起・喚問/召喚」

×**喊** [音]カン㊮㊯ [訓]さけぶ ‖ 大声をあげる。さけぶ。「喊声/吶喊(とっかん)」

堪 [音]カン㊯ タン㊰ [訓]たえる、こらえる、たまる ‖ ①たえる。こらえる。「堪忍」②すぐれている。「堪能(かんのう)/不堪」[補説]「堪能(たんのう)」は「足んぬ」の音変化で「堪能」は当て字。[名付]たえ

×**嵌** [音]カン㊯ [訓]はめる、はまる ‖ はめこむ。「嵌合・嵌入/象嵌(ぞうがん)」

換 [音]カン(クヮン)㊯ [訓]かえる、かわる ‖ 取りかえる。入れかえる。「換気・換金・換言・換算・換骨奪胎/互換・交換・兌換(だかん)・置換・転換・変換」[名付]やす

敢 [音]カン㊮㊯ [訓]あえて ‖ 因難・障害を押し切って行動を起こすこと。思い切って。「敢行・敢然・敢闘/果敢・勇敢」[名付]いさみ・いさむ

棺 [音]カン(クヮン)㊮㊯ [訓]ひつぎ ‖ 死体を入れて葬る箱。「棺桶(かんおけ)/出棺・石棺・寝棺(ねかん)・納棺」

款 [音]カン(クヮン)㊮㊯ ‖ ①打ち解けた心。真心。よしみ。「款待・款談/交款」②取り決めの条項。「条款・定款・約款」③まとまった金額。「借款」④金石にくぼませて彫った文字。また、書画に書きつける文字。「款識(かんし)/落款」[補説]「欵」は俗字。[名付]すけ・ただ・まさ・ゆく・よし [難読]款冬(やまぶき)

×**渙** [音]カン(クヮン)㊮㊯ ‖ 水が広がり流れるさま。氷が溶けて水が広がるさま。「渙散・渙然・渙発」

人**菅** [音]カン(クヮン)㊯ [訓]すげ、すが ‖ ㊀〈カン〉①イネ科の草の名。カルカヤ。「菅茅(かんぼう)」②菅原氏、特に菅原道真のこと。「菅家・菅公」㊁〈すげ〉カヤツリグサ科の草の名。「菅笠」

×**酣** [音]カン㊯ [訓]たけなわ ‖ ①酒を飲んで楽しむ。「酣酔」②物事のまっさかり。「酣戦」

間 ㊫2 [音]カン㊯ ケン㊮ [訓]あいだ、ま、あい ‖ ㊀〈カン〉①二つの物のあいだ。ある範囲の中。「行間・区間・空間・巷間(こうかん)・山間・中間・民間・林間」②二つの時点のあいだ。「間食・間奏/期間・週間・瞬間・年間・夜間」③二つのあいだを隔てる。隔たり。すきま。「間隔・間隙(かんげき)・間接・間断・間一髪/反間・離間」④ひそかにすきをうかがう。スパイ。「間者・間諜(かんちょう)」⑤疑いや非難をさしはさむ。「間然」㊁〈ケン〉①㊀の①に同じ。「世間・人間(にんげん)・眉間(みけん)」②長さの単位。約1.8メートル。「間竿(けんざお)/九尺二間」㊂〈ま〉「間際・間近/合間・居間・雲間・谷間・手間・仲間・波間・昼間」㊃〈あい〉「間狂言/雨間・谷間・幕間・山間」[補説]「間着(あいぎ)・間服(あいふく)・間(あい)の手」などの「間」は「合(あい)」を代用することもある。[名付]ちか・はし [難読]狭間(はざま)

閑 [音]カン㊯ [訓]ひま、しずか ‖ ①用事がないとき。ひま。「閑暇・閑職・閑日月/小閑・寸閑・繁閑・有閑・農閑期」②実用的でない。むだ。「閑事業・閑文字・閑話休題」③のんびりと落ち着く。ひっそりと静か。「閑居・閑散・閑寂・閑静・閑談/安閑・森閑・清閑・悠悠閑閑」④どうでもよい。いいかげん。「閑却/等閑」[名付]しず・のり・もり・やす・より [難読]等閑(なおざり)・長閑(のどか)

漢字項目　かん－2

勧〔勸〕　音**カン**(クヮン)呉　訓**すすめる**‖励ましすすめる。「勧業・勧告・勧奨・勧誘・勧善懲悪」名付すすむ・ゆき

寛〔寬〕　音**カン**(クヮン)呉漢　訓ひろい、ゆるやか、くつろぐ‖①スペースがゆったりと広い。「寛闊(かんかつ)/褐寛博(かつかんぱく)」②気持ちにゆとりがある。心が広い。「寛恕(かんじょ)・寛仁・寛大・寛容」③ゆるやか。おおまか。「寛刑・寛厳」名付お・おき・ちか・とお・とみ・とも・とら・のぶ・のり・ひと・ひろ・ひろし・むね・もと・ゆたか・よし

幹　学5　音**カン**呉漢　訓**みき**‖①木のみき。「樹幹」②物事の中心となる部分。「幹線・幹部/基幹・躯幹(くかん)・語幹・根幹」③中心となって取りしきる。「幹事/主幹」④物事を取りしきる能力。「才幹」名付えだ・から・き・くる・たかし・たる・つね・つよし・とし・とも・まさ・み・もと・もとき・よし・よみ・より 難読麻幹(おがら)

感　学3　音**カン**呉漢‖①外部の物に触れて心が動く。心の動き。「感激・感謝・感情・感心・感想・感受性/哀感・共感・語感・好感・実感・情感・多感・痛感・反感・予感・責任感・優越感」②五感に触れてある感じが生じる。「感覚・感官・感触/触感・体感・臨場感」③外部の物に触れて内部に変化を生じる。「感染・感電・感応(かんのう)・感冒・感光紙」④「感冒」の略。「流感」

漢〔漢〕　学3　音**カン**呉漢‖①中国の川の名。「漢水」②古代中国の王朝名。「後漢(ごかん)・後漢(こうかん)」③中国・中国語・中国人の称。「漢語・漢詩・漢字・漢籍・漢文・漢方/和漢・和魂漢才」④おとこ。「悪漢・巨漢・好漢・痴漢・暴漢・熱血漢・無頼漢・門外漢」⑤天の川。「河漢・銀漢・天漢」名付かみ・くに・なら 難読漢氏(あやうじ)・没分暁漢(わからずや)

慣　学5　音**カン**(クヮン)呉漢　訓**なれる、ならす**‖①何度も同じ事を繰り返してなじむ。「慣熟・慣性・慣用」②いつも繰り返してきた行い。ならわし。「慣行・慣習・慣例/旧慣・習慣」名付みな

管　学4　音**カン**(クヮン)呉漢　訓**くだ**‖㊀〈カン〉①くだ。また、くだ状の容器。「気管・血管・信管・土管・導管・配管・試験管・真空管」②吹き鳴らす楽器。「管弦・管楽器/金管・木管」③筆の軸。筆。「彩管・筆管」④視野の狭いこと。「管見」⑤担当の範囲を取り締まる。「管下・管轄・管掌・管制・管理/移管・主管・所管・保管」⑥「管理」の略。「管財/食管・選管・入管」㊁〈くだ〉「手管」名付うち・すげ 難読煙管(キセル)・只管(ひたすら)

×**箝**　音カン慣　ケン漢　訓はさむ、くびかせ‖挟んで動きを封じる。「箝口令(かんこうれい)」

関〔關〕　学4　音**カン**(クヮン)漢　訓**せき、かかわる**、かんぬき、あずかる‖㊀〈カン〉①門や扉を閉じる横木。かんぬき。「関鍵(かんけん)」②国境などに設けて通行人を調べる所。せき。「関西・関税/税関・通関」③入り口。「関門/玄関・難関」④有機的につながっている仕組みや仕掛け。「関節/機関」⑤つながりを持つ。かかわる。「関係・関心・関知・関与・関連/相関・連関」⑥「関白」の略。「摂関」㊁〈せき(ぜき)〉「関所(せきしょ)・関守/大関」名付とおる・み・もり 難読機関(からくり)

歓〔歡〕　音**カン**(クヮン)呉漢　訓よろこぶ‖打ち解けよろこぶ。楽しみよろこぶ。「歓喜・歓迎・歓声・歓待・歓楽/哀歓・交歓」名付よし 難読合歓木(ねむのき)

監　音**カン**漢　ケン呉‖㊀〈カン〉①見張る。取り締まる。「監禁・監護・監査・監察・監視・監修・監督」②取り締まる役目・役人。「学監・舎監・総監・統監」③囚人を閉じこめておく所。「監獄・監房/移監・収監・未決監」㊁〈ケン〉㊀の②に同じ。「監物(けんもつ)/将監(しょうげん)」名付あき・あきら・かね・ただ・てる・み 難読将監(じょう)・軍監(じょう)

緩　音**カン**(クヮン)漢　訓**ゆるい、ゆるやか、ゆるむ、ゆるめる**‖ゆとりがある。ゆったりとしている。ゆるくする。「緩急・緩衝・緩怠・緩慢・緩和・緩下剤/弛緩(しかん)」名付のぶ・ひろ・ふさ・やす

×**緘**　音カン呉漢　訓とじる‖①封をする。封じ目。「封緘」②口を閉じる。「緘黙」

憾　音**カン**漢　訓うらむ、うらみ‖物足りなくて心残りを強く感じる。うらむ。うらみ。「遺憾」

×**翰**　音カン漢‖①羽毛でつくった筆。「翰墨」②書いたもの。文章。手紙。「貴翰・書翰・尊翰・来翰」③学問。学者。「翰林」④太い柱。守りとなるもの。「藩翰」名付おと・たか・なか・は・ふみ・もと

×**諫**　音カン漢　訓いさめる‖目上、特に君主に対して、過ちを改めるように直言する。「諫言・諫止・諫臣/極諫・切諫・直諫・諷諫(ふうかん)」名付いさ・いさむ・ただ

還　音**カン**(クヮン)漢　ゲン呉　訓かえる、かえす‖①元の場所・状態に戻る。かえる。「還元・還流・還暦/往還・帰還・生還」②元の持ち主に戻す。かえす。「還付/召還・償還・送還・奪還・返還」難読還俗(げんぞく)

館　学3　音**カン**(クヮン)漢呉　訓**やかた**、たち‖①大きな建物・屋敷。「館舎/帰館・公館・商館・洋館」②宿屋。「旅館」③役所。「大使館」④公共の建物・施設。「映画館・図書館・博物館」⑤学校・道場などの名に添える語。「弘道館・明倫館」補説「舘」は俗字。名付たて

環　音**カン**(クヮン)漢　訓たまき、わ、めぐる‖①ドーナツ形の玉。また、輪の形をしたもの。「環状/一環・金環・連環」②周囲を取り巻く。ぐるりと回る。「環海・環境・環視/循環」名付たま 難読苧環(おだまき)

×**癇**　音カン漢‖①ひきつけ。「癲癇(てんかん)」②神経質で、怒りやすい気質。「癇癪(かんしゃく)・癇性(かんしょう)・癇癖(かんぺき)」

×**瞰**　音カン呉漢‖高い所から下を眺める。見おろす。「瞰下/鳥瞰・俯瞰(ふかん)」

×**艱**　音カン漢‖難しくて動きがとれないこと。難儀。「艱苦・艱難/時艱」

×**檻**　音カン漢　訓おり‖①動物や罪人を閉じこめておく所。おり。「檻車・檻穽(かんせい)」②てすり。「折檻」

簡　学6　音**カン**漢　ケン呉　訓ふだ、てがみ、はぶく、えらぶ‖㊀〈カン〉①昔、文字を書くのに用いた竹や木のふだ。「錯簡・残簡・断簡・竹簡・木簡」②手紙。「貴簡・手簡・書簡・来簡」③余計な部分をはぶいてある。手を抜いてある。「簡易・簡潔・簡素・簡単・簡便・簡明・簡要・簡略/繁簡」④よしあしをより分ける。「簡閲・簡抜」㊁〈ケン〉あれこれ思いはかる。「料簡・了簡」名付あきら・ひろ・ふみ・やすし

観〔觀〕　学4　音**カン**(クヮン)呉漢　訓みる、みせる‖①対象を眺めて見る。見渡す。見物する。「観客・観劇・観光・観梅・観覧/参観・拝観・傍観」②物事を念入りに見る。「観察・観測」③物事を見て、意味や本質をとらえる。考える。「観照・観念/客観・主観・達観・直観・諦観(ていかん)・悲観」④人に示す。見せる。「観兵式/展観」⑤目に見える様子・眺め。「偉観・外観・奇観・景観・盛観・壮観・美観」⑥物の見方・考え方。「史観・厭世観・人生観・先入観」⑦物見台。「楼観」⑧道教の寺。「寺観・道観」名付あき・しめす・まろ・み

韓　音**カン**漢　訓から‖①古代朝鮮の国名。から。「三韓」②李氏朝鮮の国名。「大韓」③大韓民国。「韓国/日韓」

×**灌**　音カン(クヮン)呉漢　訓そそぐ‖①水をそそぐ。流し入れる。「灌漑(かんがい)・灌水・灌腸・灌仏会(かんぶつえ)/湯灌」②こんもりと群がり生える。「灌木」

艦　音**カン**漢‖戦争に用いる船。「艦船・艦隊・艦長/旗艦・軍艦・乗艦・戦艦・敵艦・駆逐艦・潜水艦」

鑑　音**カン**呉漢　訓**かんがみる**、かがみ‖①反省の資となる前例や手本。「殷鑑(いんかん)・亀鑑(きかん)」②資料を並べて手本とする書物。「図鑑・大鑑・年鑑・武鑑・宝鑑・名鑑」③よしあしを見分ける。よく点検する。「鑑査・鑑識・鑑賞・鑑定・鑑別/清鑑」④身分・資格などを見分ける証拠。「鑑札/印鑑・門鑑」補説「鑒」は異体字。名付あき・あきら・かた・かね・しげ・のり・み・みる

中国に関する事物をさす。→漢「かん(漢)」

かん【×骭】すね。すねの骨。

かん【管】(クヮン) ㊀〔名〕内部がからで筒状のもの。くだ。「ガスの―」㊁〔接尾〕助数詞。笛・筆など、くだ状の物を数えるのに用いる。「一―(いっかん)の笛」→漢「かん(管)」
類語管(くだ)・筒・パイプ・チューブ・ホース

かん【関】(クヮン) ❶出入りを取り締まる所。関所(せきしょ)。せき。❷経穴(けいけつ)の一。へその近くにある。関元(かんげん)。→漢「かん(関)」

かん【歓】(クヮン) よろこび。→漢「かん(歓)」
歓を尽く・す　十分に楽しむ。「同窓の友と一夕(いっせき)の―・す」

かん【×緘】とじること。特に、手紙・書類などの封じ目。また、そこに書く文字。→漢「かん(緘)」

かん【×燗】酒を器に入れて適度に温めること。また、その加減。「―をつける」「―をみる」「熱(あつ)―」

かん【館】(クヮン) ❶大きな建物。「万博のアメリカ―」❷図書館・博物館など、「館」と名のつく建物・施設。「―の運営」「―の財産」→漢「かん(館)」

かん【環】(クヮン) ❶円くめぐって終わりのない形。輪。❷数学で、任意の元の間に二つの演算(加法・乗法)が定義され、加法について交換法則が、乗法について結合法則が、加法・乗法について分配法則が成り立つときの集合。❸原子が環状に結合した構造。この構造を分子内にもつ化合物を環式化合物という。→漢「かん(環)」

かん【×癇】❶ひきつけなどを起こす病気。❷ちょっとしたことにも興奮し、いらいらする性質・気持ち。疳(かん)。「―が強い」→漢「かん(癇)」
類語癇癪(かんしゃく)・癇癖・癇性・ヒステリック・虫気
癇に障(さわ)・る　気に入らないで腹立たしく思う。「あの話し方が―・る」

かん【観】(クヮン) ❶外から見たようすや感じ。外見。「別人の―がある」❷仏語。真理を観じること。物事を細心に分別して観察し、道理を悟ること。→漢「かん(観)」類語印象・感じ・感・イメージ

かん【韓】㊀中国、戦国時代の国。戦国七雄の一。晋(しん)に仕えていた韓氏が、魏氏・趙氏とともに晋を滅ぼし、領土を3分。前403年に諸侯に列せられて、現在の山西省南東部から河南省中部を領有。都は、平陽から宜陽(ぎよう)、のち鄭(てい)。前230年、秦(しん)に滅ぼされた。㊁▶三韓(さんかん)　㊂李氏朝鮮が1897年から1910年まで用いた国号「大韓帝国」の略称。大韓。㊃「大韓民国」の略。→漢「かん(韓)」

かん【簡】〔名・形動〕❶手軽なこと。また、そのさま。❷中国で、紙の発明以前に、文字を記した竹や木の札。転じて、書簡。→漢「かん(簡)」
簡にして要(よう)を◦得る　簡単であるが、よく要点をつかんでいる。「―◦得た説明」

かん【×羹】《唐音》❶肉や野菜を汁を多くして煮たもの。あつもの。〈文明本節用集〉❷雑煮。「正月の祝

に、晴れなる座敷へ―を据ゆるに」〈咄・醒睡笑・六〉❸餅菓子(もちがし)。『「常に食べぬ物でござあった」『それならばーの類であらう』〈虎明狂・文蔵〉

かん【艦】戦闘用の船。➡[漢]「かん(艦)」

かん【×鐶】クワン ❶机・たんすなどの引き出しにつける金属製の取っ手。❷切れ目の入った鉄の輪で、茶釜の両耳に差し入れて釜の上げ下ろしに用いるもの。❸紋所の名。❶の形を図案化したもの。鐶桐(かんぎり)・鐶雀(かんすずめ)・四つ鐶菱(よつかんびし)などがある。

かん【鑑】古代中国の青銅器の一。春秋時代に盛行した。深鉢状をした大型のたらいの一種で、一対ないし二対の耳(じ)(取っ手)がつく。沐浴(もくよく)などに使用。➡[漢]「かん(鑑)」

カン【槓】《中国語》マージャンで、同じ牌(パイ)4個の組み合わせをつくること。

カン〖Caen〗▶カーン

かん【寛】クワン〘形動〙[文]〘ナリ〙扱いが緩やかなさま。「―に過ぎる処置」➡[漢]「かん(寛)」

かん【緩】クワン〘形動〙[文]〘ナリ〙物事の進行がゆったりしているさま。「或いは急に、或いは―に遠慮なく駆け廻る」〈緑雨・油地獄〉➡[漢]「かん(緩)」

かん【×竿】〘接尾〙助数詞。さおの数をかぞえるのに用いる。「一―の旗竿(はたざお)」➡[漢]「かん(竿)」

かん【神】〘語素〙「かみ(神)」が名詞、動詞の上に付いて、複合語を作るときの語形。古く、「かむ…」と表記されたものが、中世以降「かん…」と発音・表記されたものと、「かみ…」が撥音化して「かん…」となったものとがあって、その区別はつけにくい。「―主」「―さびる」「―さる」

がん【眼】❶目。まなこ。❷物事を見て判断する能力。「―が利く」「私の―に狂いはない」❸硯(すずり)石の表面に現れた紋。➡[漢]「がん(眼)」

眼を付・ける ❶悪意をもって相手の顔や目をじっと見つめる。不良仲間で言いがかりをつけるときなどに用いる言葉。❷目をつける。「あの男が犯人に違いないと―・ける」

がん【×雁|×鴈】カモ目カモ科の鳥のうち、ハクチョウ類を除いた大形のものの総称。雌雄同色で、羽色は一般に地味な褐色。草食性。多くは北半球の北部で繁殖し、日本にはマガン・ヒシクイなどが冬鳥として渡来、湖・沼・湿地・水田などでみられる。V字形や横1列の編隊を組んで飛ぶ。かり。かたいとどり。([季]秋)➡[漢]「がん(雁)」

雁が飛べば石亀(いしがめ)も地団駄(じだんだ) 自分の分際も考えないで、むやみに人まねをしようとすること。

がん【雁】森鷗外の小説。明治44年〜大正2年(1911〜1913)発表。高利貸しの妾(めかけ)お玉と、大学生岡田との結ばれぬ淡い恋を描く。

がん【×癌】❶生体にできる悪性腫瘍(しゅよう)。癌腫と肉腫の総称。なんらかの原因で臓器などの細胞が無制限に増殖するようになり、周囲の組織を侵し、他へも転移して障害をもたらし、放置すれば生命をも奪うまでに増殖する病気。狭義には、癌腫のみをさす。キャンサー。クレーブス。カルチノーム。❷組織などの内部にあって、大きな障害となっているもの。「職制機構の―を取り除く」➡[漢]「がん(癌)」

がん【願】グワン 神仏に祈願すること。また、その祈願。➡[漢]「がん(願)」

願果た・す 神仏に祈願をし、それがかなったときお礼参りをする。「いろいろの―・し申すべきよし御使して申させ給ふ」〈源・明石〉

願を起こ・す 「願を懸ける」に同じ。

願を懸(か)・ける 神仏に願いごとをする。願を立てる。願を起こす。「天神様に―・ける」

願を立(た)・てる 「願を懸ける」に同じ。

がん【×龕】❶石窟や家屋の壁面に、仏像・仏具を納めるために設けたくぼみ。また、仏壇・厨子(ずし)にもいう。仏龕(ぶつがん)。❷遺体を納める棺(かん)や輿(こし)。ひつぎ。

ガン〖Gand〗ベルギーの都市、ヘントのフランス語名。

ガン〖gun〗❶銃。銃砲。「モデル―」「ショット―」❷「フラッシュガン」「スプレーガン」などの略。

がん【頑】グワン〘ト・タル〙[文]〘形動タリ〙かたくなに人の言うことを受け入れないさま。多く「頑として」の形で用いられる。「忠告を―として聞き入れない」「―として節を枉(ま)げず、反骨を貫く」➡[漢]「がん(頑)」
[類語]あくまで

かん-あ【寒×鴉】冬の鳥(からす)。かんがらす。([季]冬)

かん-あおい【寒×葵】カンあふひ ウマノスズクサ科の多年草。山地の樹下に生える。茎はごく短く、葉は柄が長く、卵円形で基部は心臓形、表面に白斑がある。初冬、根際に暗紫色の先が三つに裂けた萼(がく)のある花をつける。([季]冬)「軒下の日に咲きにけり―/鬼城」

かん-あが・る【神上がる】〘動ラ四〙▶かむあがる

かん-あく【×奸悪|×姦悪】〘名・形動〙心がねじけていて悪いこと。また、そういう人や、そのさま。「一の少年身を容るるに地なきもの」〈田口・日本開化小史〉
[派生]かんあくさ〘名〙
[類語]邪悪・奸佞(かんねい)・陰険・性悪・悪辣

かん-あけ【寒明け】寒の時期が終わって、立春となること。また、その日。2月4日ごろ。寒の明け。([季]春)「―の水光り落つ駄金魚に/三鬼」

がん-あつ【眼圧】眼球内の房水(ぼうすい)と硝子体(しょうしたい)の静水圧。眼球の形を維持し、角膜の透明性を保持する。房水の産生が多くなり、流出とのつりあいが異常になると圧が高くなり、緑内障となる。眼内圧。

かんあつ-し【感圧紙】紙の裏に塗った微細な発色剤入りのカプセルが、ペン・タイプライターなどの圧力で破れ、下の紙に色が付着することによって複写がとれる紙。感圧複写紙。

かんあみ【観阿弥】クワンアミ［1333〜1384］南北朝時代の能役者・能作者。観世流の始祖。伊賀の人。名は清次(きよつぐ)。世阿弥の父。大和猿楽(やまとさるがく)に曲舞(くせまい)などの要素を加え、謡を革新して能を大成させた。作「自然居士(じねんこじ)」「卒都婆小町(そとばこまち)」など。かんなみ。

かん-あん【勘案】〘名〙スル あれこれと考え合わせること。勘考。「諸般の情勢を―する」
[類語]考慮・考察・考量

かん-い【官位】クワンヰ ❶官職と位階。つかさくらい。❷「官等(かんとう)」に同じ。[類語]階級・位(くらい)・地位・身分・格(かく)・位置・ポスト・ポジション・椅子・肩書き・役職・役付き・席・等級・序列・職階・官等・グレード・ランク

かん-い【官医】クワン 江戸時代、幕府に仕えた医者。

かん-い【冠位】クワンヰ ❶冠(かんむり)と位(くらい)。❷朝廷における席次を示す位階制度。冠位十二階に始まり、大宝元年(701)廃止。こうぶり。

かん-い【寒威】―ヰ 寒さの勢い。寒気の激しさ。「途次の―また察す可きなり」〈菊亭香水・世路日記〉

かん-い【換位】クワンヰ 論理学で、定言的判断の変形による直接推理の一。ある判断から、主語を述語に、述語を主語として、新しい判断を導き出す推理。「ある男性は水泳選手である」から「ある水泳選手は男性である」を導いたり(単純換位)、「すべての物理学者は科学者である」から「若干の科学者は物理学者である」を導いたり(限定換位または減量換位)する類。ただし、特殊否定判断は換位できない。

かん-い【敢為】―ヰ 物事を困難に屈しないでやり通すこと。敢行。「勇猛心というよりか、一の気象と言った方が可(よ)かろう」〈独歩・非凡なる凡人〉

かん-い【寛衣】クワン ゆったりと大きく作った着物。

かん-い【幹囲】―ヰ 樹木の幹まわりの寸法。多く、人間の目の高さ付近で測り、これを目通り幹囲という。

かん-い【漢医】漢方医。

かん-い【簡易】〘名・形動〙簡単で手軽なこと。また、そのさま。「―な包装」「―宿泊施設」[派生]かんいさ〘名〙[類語]簡単・単純・簡略・簡素・簡約・簡潔・手短(てみじか)・簡便・安直(あんちょく)・シンプル

がん-い【含意】〘名〙スル ❶表面に現れない意味を含みもつこと。また、その意味。「―を読みとる」❷論理学で、任意の命題p・qについて、pが真であれば常にqも真であるとき、pはqを含意するという。[類語]含み・こころ・意味合い・旨・ニュアンス・コノテーション

がん-い【眼位】―ヰ 左右の眼球が向いている方向。正常な状態では、左右の視線は平行となる。眼位に異常があり、一方の視線が目標に向かない状態を

[漢字項目] **がん**

【元】▶げん

丸 [学]2 [音]ガン(グヮン)[呉] [訓]まる、まるい、まるめる ‖ [一]〈ガン〉①まるい粒・塊。「丸薬/一丸・睾丸(こうがん)・弾丸・砲丸」②丸薬。「地黄丸(じおうがん)・長命丸」[二]〈まる〉「丸顔・丸首・丸腰・丸太・丸裸/本丸」[名付]まろ

含 [音]ガン[慣] [訓]ふくむ、ふくめる ‖ ①口中に入れる。ふくむ。「含嗽(がんそう)・含味」②内部にふくみ持つ。「含意・含蓄・含油・含有/内含・包含」③感情などをあらわに出さない。「含羞(がんしゅう)」[名付]もち [難読]含嗽(うがい)・含羞草(おじぎそう)・含羞(はにか)む

岸 [学]3 [音]ガン[呉][漢] [訓]きし ‖ [一]〈ガン〉①きし。「岸頭・岸壁/右岸・沿岸・河岸・海岸・護岸・接岸・対岸・彼岸」②角立っている。いかめしい。「魁岸(かいがん)・傲岸(ごうがん)」[二]〈きし(ぎし)〉「岸辺/川岸・山岸」[難読]河岸(かし)

玩 [音]ガン(グヮン)[呉][漢] [訓]もてあそぶ ‖ ①おもちゃにする。もてあそぶ。「玩具・玩弄(がんろう)・玩物喪志/愛玩」②物事の趣を深く味わう。「玩味/賞玩」[補説]「翫(がん)」と通用する。[名付]よし [難読]玩具(おもちゃ)

岩 [学]2 [音]ガン[呉][漢] [訓]いわ ‖ [一]〈ガン〉いわ。「岩塩・岩窟(がんくつ)・岩礁・岩石・岩壁/奇岩・巨岩・鑿岩(さくがん)・溶岩・花崗岩(かこうがん)・火成岩」[二]〈いわ〉「岩戸・岩場・岩屋」[補説]もと「巖」の俗字。[名付]いわお・かた・せき・たか [難読]岩魚(いわな)

眼 [学]5 [音]ガン[漢] ゲン[呉] [訓]まなこ、め ‖ [一]〈ガン〉①目。「眼窩(がんか)・眼球・眼睛(がんせい)/近眼・検眼・酔眼・双眼・着眼・点眼・肉眼・白眼・複眼・碧眼(へきがん)」②物事を洞察する能力。「眼識・眼力/活眼・具眼・慧眼(けいがん)・心眼・鑑識眼・千里眼」③大事なところ。かなめ。「眼目/主眼」④穴。「銃眼・方眼紙」[二]〈ゲン〉目。見抜く目。「慧眼(えげん)・開眼・五眼・慈眼・仏眼」[三]〈まなこ〉「血眼・金壺眼(かなつぼまなこ)」[難読]眼差(まなざ)し・眼鏡(めがね)・眼奈太(めなだ)

人**雁** [音]ガン[漢] [訓]かり ‖ ①鳥の名。ガン。「雁行/帰雁・孤雁・飛雁・落雁・旅雁」②手紙。便り。「雁書・雁信」[補説]「鴈」は異体字。[難読]雁擬(がんもど)き

頑 [音]ガン(グヮン)[漢] [訓]かたくな ‖ ①融通がきかない。かたくな。「頑固・頑迷」②いたって丈夫なこと。「頑強・頑健・頑丈」

×**癌** [音]ガン[呉][漢] ‖ 悪性の腫瘍(しゅよう)。「癌腫(がんしゅ)/胃癌・舌癌・腸癌・乳癌・肺癌」[補説]もと中国医学の用語で、宋のころ作られた字。

顔 [学]2 [音]ガン[漢] [訓]かお、かんばせ ‖ [一]〈ガン〉①かお。「顔色・顔貌(がんぼう)・顔面/紅顔・洗顔・童顔・拝顔・美顔」②顔つき。顔のようす。「温顔・汗顔・厚顔・破顔一笑」③いろどり。「顔料」[二]〈かお(がお)〉「顔色・顔役/笑顔(えがお)・新顔・素顔(すがお)・似顔・寝顔・真顔・丸顔・目顔・横顔」

×**贋** [音]ガン[漢] [訓]にせ ‖ [一]〈ガン〉本物に似せてつくる。にせもの。「贋作・贋札・贋造/真贋」[二]〈にせ〉「贋金・贋札(にせさつ)・贋物・贋者」[補説]「贗」は異体字。

願 [学]4 [音]ガン(グヮン)[呉] [訓]ねがう ‖ ①請い求める。ねがい。「願意・願書・願望/哀願・依願・懇願・志願・出願・請願・嘆願・念願・悲願」②神仏に祈り求める。「願文(がんもん)・願力(がんりき)/祈願・結願(けちがん)・誓願・大願・発願(ほつがん)・満願・立願」

人**巌〔巖〕** [音]ガン[呉][漢] [訓]いわお、いわ ‖ ①ごつごつした大きな石。岩。「巌窟(がんくつ)・巌石/奇巌・巨巌」②岩穴。岩屋。「巌棲(がんせい)」③ごつごつしてけわしい。「巌巌」[補説]「巌」「巖」ともに人名用漢字。[名付]お・みち・みね・よし

斜視という。

がん-い【願意】グヮンイ ❶何かを願う気持ち。❷願い出ていることの主旨・内容。「—を了承する」

かんい-かきとめ【簡易書留】書留の一種。郵便物や荷物の引き受けと配達だけを記録し、途中で亡失や棄損があった場合は、5万円を限度として実損額が賠償される。

かん-いき【×灌域】クヮンヰキ 河川の灌漑かんがいする区域。

かんい-げんご【簡易言語】簡単なコマンドだけで検索・作表・グラフ化などのデータ処理プログラムを容易に組むことのできるプログラミング言語。表計算用のソフトウエアなど。

かんい-こうはんてつづき【簡易公判手続】被告人が有罪を自ら認めた刑事事件について、簡略な証拠調べで事件を処理する手続き。

かんい-さいばんしょ【簡易裁判所】最下級の裁判所。訴額140万円以下の請求にかかる民事事件、一定の軽い刑の科せられる刑事事件などの第一審を取り扱う。簡裁。(補説)裁判所法等の改正により、平成16年(2004)4月から、簡易裁判所で扱う民事事件の範囲が拡大され、請求の上限が90万円から140万円に引き上げられた。

かんいさいばんしょ-はんじ【簡易裁判所判事】簡易裁判所の裁判官。担当裁判官は一人で、判事・判事補・検察官・弁護士や、法律で定める大学の法律学の教授・准教授などから任命される。

がん-い-し-くどく【願以×此功徳】グヮン…〔連語〕《「願わくはこの経文の功徳をもって」の意》❶代表的な回向文えこうもんの一句。自分の修めた功徳をすべての人に施して、ともに成仏したいと願うもの。がんにしくどく。❷《読経の最後に❶を唱えるところから》物事の終わり。結末。転じて、しまった、の意にも用いる。がんにしくどく。「はや暮れておどろき、—、空袋かたげて都に帰るを見て」〈浮・永代蔵・四〉

かんい-じゅうにかい【冠位十二階】クヮンヰジフニカイ 推古天皇11年(603)、聖徳太子が制定した冠位制。徳・仁・礼・信・義・智を大小に分けて12階とし、それぞれを紫・青・赤・黄・白・黒の濃淡で表した冠で区別した。たびたび改定され、律令制では位階制に移行した。十二階。

かん-いしょく【肝移植】末期肝不全の患者の肝臓を摘出し、健康な肝臓を移植する治療法。肝細胞癌・肝硬変・胆道閉鎖症・バッドキアリー症候群・劇症肝炎などで肝機能が著しく悪化し、内科的治療や肝切除などの外科治療では効果が期待できない場合に行われる。日本では家族などが肝臓の一部を提供する生体肝移植が主流だが、欧米では脳死肝移植が主流。肝臓移植。

かんい-しょくどう【簡易食堂】…シヨクダウ 安い値段で手軽に食事をさせる食堂。大衆食堂。

かんい-すいどう【簡易水道】…スイダウ ❶水道法により、給水人口101～5000人を対象とする小規模な上水道。❷工事現場などの、給水用の仮設水道。

かんい-せいめいひょう【簡易生命表】…セイメイヘウ ある年の死亡状況が今後変わらないと仮定し、年齢ごとの死亡率や平均余命を計算、指標化した表。ゼロ歳児の平均余命が平均寿命となる。総合的な保健福祉水準を示す指標の一つで厚生労働省が毎年発表。

かんい-せいめいほけん【簡易生命保険】平成19年(2007)の郵政民営化以前に日本郵政公社が行っていた、政府保証のある生命保険。終身・定期・養老・学資・夫婦・終身年金・生涯保障などの商品があり、保険料が安く、郵便局で簡易に加入できた。民営化に伴い新規契約を停止し、独立行政法人郵便貯金・簡易生命保険管理機構が管理業務を継承した。簡易保険。簡保。(補説)日本郵政公社の生命保険部門を継承したかんぽ生命保険が販売する生命保険商品は簡易生命保険ではなく、政府保証は付されていない。

かんい-そうとう【官位相当】クヮンヰサウタウ 律令制で、官職をそれぞれ相当する位階に配して等級を定めること。例えば、太政大臣は正・従一位、左右大臣は正・従二位など。

がん-い-そく【眼意足】剣道で重んじる三つの条件。眼めの注ぎ方、心の配り方、足の踏み方。

かんい-たいかこうぞう【簡易耐火構造】…タイクヮコウザウ 耐火建築と木造建築との中間の耐火性能をもつ建築構造。鉄骨の骨組みに不燃性の壁板・屋根板を張ったもの。

かん-いっぱつ【間一髪】《髪の毛ひと筋のすきまの意》事態が極めて差し迫っていること。その寸前のところ。「—で助かった」

がん-いでんし【×癌遺伝子】…ヰデンシ 細胞の癌化に関与する遺伝子。正常細胞に存在するが、通常は発現が抑えられていると考えられている。また、癌化に作用するウイルスの遺伝子をいう。

かんい-ばくだん【簡易爆弾】▶アイ-イー-ディー(IED)

かんい-プログラミングげんご【簡易プログラミング言語】▶スクリプト言語

かんい-ほけん【簡易保険】「簡易生命保険」の略。

かんい-ゆうびんきょく【簡易郵便局】…イウビンキョク 郵便局の窓口業務を委託されて行う施設。郵便事業株式会社が郵便局株式会社に委託した窓口業務の再委託を受けて設置される。

かん-いり【寒入り】「寒の入り」に同じ。

かんい-りょかん【簡易旅館】…リョクヮン 安い料金で宿泊できる、簡単な設備の旅館。

かん-いん【官印】クヮン… ❶官庁・官吏が職務に使う公式の印。❷律令制で、太政官だいじょうかんの印。外印げいん。(類語)実印・認め印・私印・公印・国璽・印璽

かん-いん【官員】クヮンヰン 官吏。役人。明治時代に使われた語。(類語)公務員・役人・官吏・吏員・公僕・武官・文官・事務官

かん-いん【×姦淫】〔名〕スル 男女が道義に背いた肉体的交渉をもつこと。(類語)不倫・密通・私通・姦通かんつう

かん-いん【換韻】クヮンヰン 漢詩の古詩で、1首の途中から別の韻字に換えて韻を踏むこと。➡一韻到底いちいんとうてい

かん-いん【館員】クヮンヰン 図書館・美術館など、「館」とよばれる所に勤務する職員。

かんいん-ざい【×姦淫罪】個人の性的自由を侵害する罪。強制猥褻わいせつ罪・強姦罪・淫行勧誘罪などの総称。

かん-いんし【関尹子】クヮン… 中国、周時代の秦しんの伝説的な思想家。本名、尹喜いんき。函谷関かんこくかんを守る役人であったので、つけられた名。その思想は「荘子」などに断片的に残っているのみで、著書「関尹子」は後世の偽作という。生没年未詳。

かんいん-の-みや【閑院宮】カンヰン… 四親王家の一。宝永7年(1710)東山天皇の皇子直仁なおひと親王に始まる。一時絶えたが、明治5年(1872)伏見宮載仁ことひと親王が再興。昭和22年(1947)臣籍降下。

かん-う【甘雨】ほどよいときに降って草木を潤し育てる雨。慈雨。

かん-う【冠羽】クヮン… 鳥の頭の、周囲より長い羽毛。

かん-う【寒雨】寒々と降る冬の雨。「一蓑々時に過ぎ、凍風烈々地に吼ほゆ」〈織田訳・花柳春話〉

かん-う【換羽】クヮン… 鳥の羽毛が抜けかわること。ふつう繁殖期のあと、全身の羽毛に一定の順序で起こり、新羽に押し出されて旧羽が抜ける。羽がわり。

かん-う【関羽】クヮン… ㊀[?～219]中国、三国時代の蜀しょくの武将。河東(山西省)の人。字あざなは雲長。張飛とともに劉備りゅうびを助け、赤壁の戦いに大功をたてたが、のち呉に捕らえられて死んだ。後世、軍神として各地の関帝廟かんていびょうに祭られた。㊁歌舞伎十八番の一。藤本斗文作。元文2年(1737)江戸河原崎座の「閏月仁景清うるうづきにんかげきよ」一番目大詰めで2世市川団十郎が初演。現在、脚本は廃滅。

カンウォン-ド【江原道】朝鮮半島中部、日本海に臨む道どう。大韓民国と朝鮮民主主義人民共和国にまたがる。太白テベク山脈が南北に連なる山がちな地形。韓国側道都は春川チュンチョン、北朝鮮側道都は元山ウォンサン。こうげんどう。

かんうていそうしょ【甘雨亭叢書】江戸後期の叢書。5集・別集(全56冊)。安中あんなか藩主板倉勝明(号、甘雨亭)編。弘化2年～安政3年(1845～1856)刊。室鳩巣むろきゅうそう・伊藤仁斎・貝原益軒らの近世文人34人の未刊の考証・随筆などを収録。

かん-うん【寒雲】冬の寒々とした雲。(季冬)

かん-うん【閑雲】ゆったりと空に浮かぶ雲。

かんうん-やかく【閑雲野▽鶴】《「野鶴」は野原に遊ぶ鶴の意》なんの束縛も受けず、伸び伸びと暮らす境遇のたとえ。俗世間を離れた悠々自適の生活。

かん-えい【甘英】中国、後漢の武将。97年、西域都護の班超はんちょうの命で大秦国(ローマ)に向かって出発。安息国(パルティア)を経てシリアにまで行ったが、大海渡航が困難のため断念した。生没年未詳。

かん-えい【完泳】クヮン…〔名〕スル 目標の距離を泳ぎきること。「一キロを—する」

かん-えい【官営】クヮン… 政府が経営すること。「—工場」⇔民営。(類語)国営・公営

かん-えい【冠×纓】クヮン… 冠かんむりのひも。

かん-えい【巻×纓】クヮン… ▶けんえい(巻纓)

かんえい【寛永】クヮン… 江戸前期、後水尾天皇・明正天皇・後光明天皇の時の年号。1624年2月30日～1644年12月16日。

かん-えい【艦影】海上に見える軍艦の姿。

かんえい-じ【寛永寺】クヮンエイ… 東京都台東区上野桜木にある天台宗の寺。山号は東叡山。院号は円頓院。寛永2年(1625)開創、開基は徳川家光、開山は天海。関東天台宗の中心。徳川家の菩提寺。現在の上野公園の全域が境内であった。境内に彰義隊の墓がある。

かんえいしょかけいずでん【寛永諸家系図伝】クヮンエイショカケイヅデン 江戸幕府が編纂へんさんした最初の大名・旗本の系図集。186巻。若年寄太田資宗が奉行となり、林羅山・林鵞峰らが編纂に従事。寛永20年(1643)完成。

かんえい-せん【寛永銭】クヮンエイ… ▶寛永通宝かんえいつうほう

かんえい-つうほう【寛永通宝】クヮンエイ… 江戸時代の代表的な銭貨。円形方孔で、表に「寛永通宝」の4字がある。寛永13～万延元年(1636～1860)鋳造。銅一文銭・鉄一文銭・真鍮四文銭・鉄四文銭がある。全国各地で鋳造され、明治初年に至るまで通用した。寛永銭。

かんえい-もはんこうじょう【官営模範工場】クヮンエイモハンコウヂャウ 殖産興業を推進する明治政府が設立した、民間の模範となる産業の工場や鉱山。富岡製糸場など。

かん-えき【寒駅】人気のない寒々とした宿駅、また、停車場。「—の酌婦は関所破りの博徒に旅費を恵むことを辞さなかった」〈荷風・濹東綺譚〉

かん-えつ【感悦】非常に感動してうれしく思うこと。「誠に天下の重宝なりと—して」〈太平記・二八〉

かん-えつ【簡閲】〔名〕スル 選んで数え調べること。

かん-えつ【観閲】クヮン…〔名〕スル 調べ見ること。特に、軍隊などの状況を高官が査閲すること。「—式」

かんえつ-じどうしゃどう【関越自動車道】クヮンエツジドウシャダウ 東京都練馬区から埼玉県川越市・群馬県高崎市・新潟県長岡市を経て新潟市に至る新潟線と、藤岡で分岐し長野市を経由して上越市に至る上越線からなる高速道路。一般には新潟線の練馬—長岡間をさす。

かんえつ-てんこ【簡閲点呼】もと陸海軍で、予備役・後備役の下士官・兵や補充兵を召集して行った点呼。

かん-えん【肝炎】肝臓の炎症性疾患の総称。ウイルス性が多いが、薬物・毒素の中毒や細菌などによるものもある。食欲不振・倦怠感・吐き気・黄疸おうだんなどの症状がみられる。急性と慢性とがあり、特に症状の激しいものを劇症肝炎という。肝臓炎。➡ウイルス性肝炎

かん-えん【寒煙】寂しく立ちのぼる煙やもや。

かんえん【寛延】クヮン… 江戸中期、桃園天皇の時の年号。1748年7月12日～1751年10月27日。

がん-えん【岩塩】塩化ナトリウムからなる鉱物。少量の不純物を含む。立方体の結晶または粒状・塊

状で産出し、等軸晶系で、無色または白色。食塩の製造原料として重要。山塩(やまじお)。石塩(いしじお)。

がん-えん【顔淵】▶顔回(がんかい)

かんえん-ウイルス【肝炎ウイルス】肝細胞内で増殖して肝炎を起こすウイルス。A型からE型まで5種類が確認されている。〔補説〕A型・E型は感染者の糞便に放出されたウイルスに汚染された水や食べ物を介して経口感染し、B型・C型・D型は主に血液を介して感染する。

がん-えんし【顔延之】[384〜456]中国、南北朝時代の宋(そう)の詩人。臨沂(りんき)(山東省)の人。字(あざな)は延年。詩風は彫琢を凝らし、謝霊運(しゃれいうん)と並び称せられる。陶淵明(とうえんめい)とも親交があった。

かんえんたいさく-きほんほう【肝炎対策基本法】(一キホンハフ) 肝炎を国内最大の感染症として認識し、肝炎対策の基本指針・基本的施策などについて定めた法律。居住地域にかかわらず適切な肝炎検査・治療が受けられることを目指すなど、肝炎対策の基本理念が示されている。平成22年(2010)施行。➡薬害肝炎救済法

かんえん-ぴ【乾塩皮】なまの獣皮を、保存と輸送の便のために、塩漬けにして乾かしたもの。

かんえん-めいり【寒煙迷離】訪れる人のない古跡などに、煙やもやが寂しく立ちさまよっていること。

かん-おう【感応】〔名〕スル ▶かんのう(感応)

かんおう【観応】(クワンオウ) ▶かんのう(観応)

かん-おう【観桜】(クワンアウ) 桜の花を観賞すること。花見。〔季 春〕〔類語〕花見・桜狩り・観梅・観菊

かんおう-かい【観桜会】(クワンアウクワイ) 桜の花を観賞するために催される会。花見の会。

かん-おけ【棺×桶】(クワンをけ) 遺体を入れる桶。ひつぎ。
〔類語〕棺・柩(ひつぎ)・霊柩(れいきゅう)

棺桶に片足を突っ込む　年をとって老い先の短いことのたとえ。

かん-おん【桓温】(クワンヲン) [312〜373]中国、東晋(とうしん)の武将。安徽(あんき)の人。字(あざな)は元子(げんし)。荊州(けいしゅう)刺史となり、長江上流の兵権を握る。のちに大司馬となり簡文帝を立て、帝位の禅譲を迫ったが失敗。

かん-おん【幹音】音楽で、嬰(えい)記号や変記号などによる半音の変化を受けていない音。ハ調長音階の各音で、ピアノなどの白鍵(はっけん)の音にあたる。自然音。

かん-おん【感恩】〔名〕スル 人の好意や恩義に感謝すること。「その女児の眼眶(がんきょう)に一の涙浮めるを見しとて」〈中村訳・西国立志編〉

かん-おん【漢音】日本における漢字音の一。平安時代の初めごろまでに、遣唐使・留学僧などにより伝えられた、唐の首都長安の北方標準音に基づくもの。呉音・唐音などに対していう。

かんおんじ【観音寺】(クワンオンジ) 香川県南西端、燧灘(ひうちなだ)に面する市。水産加工業が盛ん。真言宗の観音寺の建つ琴弾(ことひき)山と、「寛永通宝」の砂文字がある有明浜は琴弾公園として名勝地。平成17年(2005)10月、大野原町・豊浜町と合併。人口6.3万(2010)。

かんおんじ-し【観音寺市】(クワンオンジ一) ▶観音寺

かんおん-なんちょう【感音難聴】(一ナンチャウ) 内耳や聴神経に異常があるために起こる難聴。治療が困難な場合が多い。大きな音はよく聞こえるが、小さな音がほとんど聞こえないなど、周波数によって聞こえにくさの度合いが著しく異なる。先天性の感音難聴の場合は、発音が習得しにくい。

かん-か【干×戈】(一クワ) 《「干(たて)」と「戈(ほこ)」の意》❶武器。また、武力。「一に訴える」❷戦争。「十に余る大国は…相闘って一のやむ時がない」〈中島敦・弟子〉
〔類語〕戦争・戦(いくさ)・戦(たたか)い・戦役(せんえき)・役(えき)・兵(へい)・兵馬(へいば)・兵戈(へいか)・会戦・合戦(かっせん)・交戦・事変・戦火・兵火・戦乱・兵乱・戦雲・戦塵(せんじん)・戦禍(せんか)・大戦・戦闘

干戈を動か・す　戦争を始める。「一・し、自分を敵視するものを討つとあっては」〈藤村・夜明け前〉

干戈を交(まじ)・える　戦争をする。「仲違いして父子一・え」〈森田草平・煤煙〉

かん-か【×函架】書物をしまう箱や棚。「一目録」

かん-か【×坩×堝】(一クワ) るつぼ。

かん-か【官家】(クワン一) ▶かんけ(官家)

かん-か【×柑果】(一クワ) 蜜柑状果(みかんじょうか)の旧称。

かん-か【看過】(一クワ)〔名〕スル あることを目にしていながら、そのままほうっておくこと。見逃すこと。「一することのできない問題だ」〔類語〕見逃し・見落とし・目こぼし

かん-か【乾果】(一クワ) 成熟すると果皮が木質や革質になって硬くなる果実。のちに果皮が裂開する裂開果と、裂開しない閉果とに分けられる。乾燥果。

かん-か【患家】(クワン一) 医者の立場から、患者のいる家。

かん-か【換価】(クワン一)〔名〕スル 物の値段を見積もること。値踏み。

かん-か【閑暇┊間暇】することが何もないこと。ひま。「一を得る」〔類語〕暇・いとま・小暇(しょうか)・小閑(しょうかん)・寸暇・寸閑・余暇(よか)

かん-か【寛仮】(クワン一)〔名〕スル 人の罪や欠点などを寛大に扱って、とがめだてをしないこと。「先生を愚弄する様な軽薄な生徒を一しては」〈漱石・坊っちゃん〉

かん-か【感化】(一クワ)〔名〕スル 考え方や行動に影響を与えて、自然にそれを変えさせること。「兄の一を受ける」「映画に一される」〔類語〕教化・徳化・醇化(じゅんか)・文教

かん-か【感果】(一クワ) 仏語。過去または現在の行為の報いとしての結果を感じること。

かん-か【漢家】㊀漢方医。「これまで一の行われたうちは」〈魯文・安愚楽鍋〉㊁㊀中国の漢の帝室。㊁中国。「一本朝これや初めならん」〈平家・一〉

かん-か【管下】(クワン一) 官庁などが管轄している範囲内にあること。管内。管轄下。「県警一」〔類語〕管内・管区

かん-か【×瞰下】〔名〕スル 見おろすこと。また、見おろす先。「近隣を一する高楼」

かん-か【×轗×軻┊×坎×坷┊×坎×軻】《車が思うように進まない意》世間に認められないこと。志を得ないこと。「一不遇」「妾等、何ぞ独り一黜氿(けっこう)、浮世の憂苦厄運に縛せられ」〈東海散士・佳人之奇遇〉

かん-か【×鰥寡】(クワンクワ) 妻を失った男と、夫を失った女。

かん-が【官×衙】(クワン一) 役所。官庁。「重要な一や公共設備のビルディングを」〈寅彦・地図をながめて〉
〔類語〕政府・行政府・政庁・政権・内閣・台閣・官府・官庁・官(かん)・国(くに)・公(おおやけ)・お上(かみ)

かん-が【閑雅】〔名・形動〕❶しとやかで優雅なこと。また、そのさま。「何故ああ一な動揺のない顔つきをしていられるのだろう」〈野上・真知子〉❷景色などがもの静かで趣深いさま。「一な庭園」

かん-が【漢画】(一グワ) ❶中国、漢代の絵画。また、中国絵画の総称。❷伝統的な大和絵に対して、宋元(そうげん)画の様式による日本の水墨画。

がん-か【玩菓】(グワンクワ) 《「玩具菓子」の略》おまけを付けた菓子や飲料のこと。➡食玩

がん-か【眼下】見下ろした辺り一帯。「一に広がる田園風景」「丘の上から湿原が一に一望できる」

眼下に◦見る　❶高い所から見下ろす。「町並みを一◦見る」❷自分より劣ったものとして見る。「慢心から人を一◦見る」

がん-か【眼科】(一クワ) 目の疾患の治療・予防などを研究する臨床医学の一分野。

がん-か【眼×窩┊眼×窠】(一クワ) 眼球の入っている、頭蓋骨の深い大きなくぼみ。がんわ。

がん-か【×頷下】あごの下。

がん-か【×癌化】(一クワ)〔名〕スル 生体の正常な細胞が癌細胞に変わること。また、その状態。

ガンガー-がわ【ガンガー川】(一がは) 《ヒンディー Gangā》▶ガンジス川

かん-かい【官海】(クワン一) 官吏の社会を広い海にたとえた語。「一の風波穏かならず」〈紅葉・二人女房〉

かん-かい【官界】(クワン一) 官吏の社会。役人の世界。
〔類語〕政界・財界・学界・法曹界・角界・球界・芸能界・花柳界・楽界・劇界・業界

かん-かい【官階】(クワン一) 官職の等級。「唐風の衣服を官服と定め、一を定め」〈田口・日本開化小史〉

かん-かい【勘会】(一クワイ) 律令制で、地方官の行政の実際と中央官庁の帳簿とを照合すること。かんえ。

かん-かい【勧戒】(クワン一)〔名〕スル ❶仏語。戒を受けるようすすめること。❷「勧誡(かんかい)」に同じ。
〔類語〕戒める・戒告・訓戒・戒・諭旨・教戒

かん-かい【勧解】(クワン一) 裁判官が、原告と被告との間に立って民事上の争いを和解させる制度。明治8年(1875)創設、同23年廃止。現在の調停にあたる。

かん-かい【勧×誡】(クワン一)〔名〕スル 善に向かうようにすすめ、悪に陥らないようにいましめること。「嘗(かつ)て弥氏(ミルレル)を一して曰(いわ)く」〈中村訳・西国立志編〉

かん-かい【寛解┊緩解】(クワン一)〔名〕スル 病気の症状が、一時的あるいは継続的に軽減した状態。または見かけ上消滅した状態。癌(がん)や白血病など、再発の危険性のある難治の病気治療で使われる語。例えば、癌が縮小して症状が改善された状態を部分寛解、癌の症状がなくなり検査の数値も正常を示す状態を完全寛解という。➡再燃❹

かん-かい【感懐】(一クワイ) ある事柄に接して心に抱く思い。「一を述べる」〔類語〕思い・想念・思念・念(ねん)・気持ち・感想・所懐・胸懐・心懐・胸中・心中(しんちゅう)・心事・心情・心境・感慨・万感・偶感・考え

かん-かい【歓会】(クワンクワイ) 会ってよろこびを交わすこと。また、楽しい会合。「今宵の一も中々に忘られぬ思寝の涙なるべし」〈樗牛・滝口入道〉

かん-かい【環海】(クワン一) 四方を海に囲まれていること。また、その海。海に囲まれた国をもいう。

かん-かい【鑑戒】〔名〕スル 戒めとすること。また、戒めとすべき手本。「東西南北互に相交通し相資益し相一すること」〈中村正直・明六雑誌一〇〉

かん-がい【干害┊×旱害】ひでりのために生じる農作物などの災害。

かん-がい【寒害】季節外れの寒さによって受ける農作物などの被害。冷害。

かん-がい【×菅蓋】(クワン一) 《「かんかい」とも》スゲで作って長柄(ながえ)につけ、背後からさしかける大きいかさ。大嘗祭(だいじょうさい)のとき、悠紀殿(ゆきでん)・主基殿(すきでん)へ行幸する天皇の頭上にさしかけるもの。すげがさ。

かん-がい【感慨】心に深く感じて、しみじみとした気持ちになること。また、その気持ち。「一にひたる」「一を込めて歌う」〔類語〕想念・思念・念(ねん)・気持ち・感懐・感想・所懐・胸懐・心懐・胸中・心中(しんちゅう)・心事・心情・心境・万感・偶感・考え・思い・感動・感銘・感心

かん-がい【管外】(クワングワイ) 権限の及ぶ区域の外。管轄区域の外。⇔管内。

かん-がい【×灌×漑】(クワン一)〔名〕スル 農作物の生育に必要な水を、水路を引くなどして供給し、耕作地をうるおすこと。「一用水」〔類語〕水利・治水・水防

がんか-い【眼科医】(ガンクワー) 眼科を専門とする医師。

がん-かい【眼界】❶目に見える範囲。視界。「一が開ける」❷考えの及ぶ範囲。「彼は一が狭い」

がん-かい【顔回】(一クワイ) [前522ころ〜前490ころ]中国、春秋時代の魯(ろ)の人。字(あざな)は子淵(しえん)。孔門にあって、学才・徳行ともに第一位とされ、最も孔子に愛されたが、師に先立って死去。顔淵(がんえん)。

かんがい-たんかんがん【肝外胆管×癌】(カングワイタンクワンガン) 胆管癌のうち、肝臓外の胆管(肝管・総胆管)から発生する癌。狭義の胆管癌。

かんがい-ぶか・い【感慨深い】〔形〕しみじみと心に感じる度合いが強い。「一・い思い出話」

かんがい-むりょう【感慨無量】(一ムリヤウ)〔名・形動〕感慨がはかり知れないほど大きいこと。また、そのさま。感無量。「一な(の)面持ち」

かんかい-りゅう【観海流】(クワンカイリウ) 日本泳法の流派の一。嘉永年間(1848〜1854)武蔵の浪士、宮発太郎信徳が創始。一種の平泳ぎで、遠泳に適する。

かんか-いん【感化院】(カンクワヰン) もと、非行少年・少女の保護・教化の目的で設けられた施設。少年教護院・教護院を経て、現在は児童自立支援施設と改称。

かんが・う【考ふ】(かんがふ)〔動ハ下二〕「かんがえる」の文語形。

かんがえ【考え】(かんがへ) 考えること。また、考えて得た結論・判断・予測・決意など。「一をまとめる」「一を示す」「甘い一」「そういうことならこちらにも一がある」〔類語〕思考・思案・思索・考察・考慮・思慮・念慮・念頭・想念・想(そう)・構想・案・意向・意図・意思・意・意見・見解・

所見・所懐・所思・所存・存念・存意・料簡・思惑・魂胆・腹・腹づもり（尊敬）貴慮・尊慮・賢慮・御意・貴意・尊意・思し召し（謙譲）愚考・愚案

かんがえ-あわ・す【考え合(わ)す】〔動サ五(四)〕「考え合わせる」に同じ。「あれこれ―・してみればわかる」〔動サ下二〕「かんがえあわせる」の文語形。

かんがえ-あわ・せる【考え合(わ)せる】〔動サ下一〕文かんがへあは・す〔サ下二〕他の物事と比べたり結びつけたりして検討する。「双方の事情を―・せて結論を出そう」類語 思い合わせる

かんがえ-おち【考え落ち】落語の落ちの一。よく考えないとその意味やおかしみがわからない落ち。

かんがえ-かた【考え方】❶考える方法。思考の筋道。「自分なりの―で解く」❷考える方向。思考の傾向。「君とは―が違う」

かんがえ-ごと【考え事】❶頭の中で思いめぐらすこと。また、その内容。「―をする」❷気がかりなこと。心配事。「―があって眠れない」
類語 思案・物思い・考え・心配

かんがえ-こ・む【考え込む】〔動マ五(四)〕一つのことに集中して、深く考える。また、深刻に考える。「どうしたらいいのか―・んでしまった」

かんがえ-だ・す【考え出す】〔動サ五(四)〕❶考えて、新しい案・方法などをつくり出す。「画期的な戦術を―・す」❷考えはじめる。「そんなことまで―・したらきりがない」

かんがえ-ちがい【考え違い】誤った考え方をすること。また、その考え。思い違い。「どうも―をしていたようだ」

かんがえ-つ・く【考え付く】〔動カ五(四)〕考えが浮かぶ。思いつく。「うまいことを―・いた」
類語 思いつく・ひらめく

かんがえ-なお・す【考え直す】〔動サ五(四)〕❶同じことをもう一度考えてみる。「始めから―・してみよう」❷今までの考え方を変える。「今からでも遅くないから、―・せ」

かんがえ-ぶか・い【考え深い】〔形〕深く考えをめぐらすさま。思慮深い。「―・い目つき」

かんがえ-ぶみ【考へ文｜勘へ文】「勘文」に同じ。「みちみちの―ども奉れるにも」〈源・薄雲〉

かんがえ-もの【考え物】❶十分に考えるべき事柄。また、考え直す必要があること。「彼に頼むのは―だ」❷相手が考え込むような問いをこしらえ、その答えを当てさせる遊び。判じ物。

かんが・える【考える｜勘える】〔動ア下一〕文かんが・ふ〔ハ下二〕❶知識や経験などに基づいて、筋道を立てて頭を働かせる。㋐判断する。結論を導き出す。「こうするのが正しいと―・える」「解決の方法を―・える」「よく―・えてから返事をする」㋑予測する。予想する。想像する。「―・えたとおりに事が運ぶ」「―・えられないことが起こる」㋒意図する。決意する。「留学しようと―・える」「結婚を―・える」❷関係する事柄や事情について、あれこれと思いをめぐらす。「周囲の状況を―・えて行動する」「くよくよ―・えてもしかたがない」❸工夫する。工夫してつくり出す。「新しいデザインを―・える」❹問いただして事実を明らかにする。取り調べて罰する。「―・へられつる事ども、ありつる有様、願をおこしてその力にてゆるされつる事など」〈宇治拾遺・八〉❺占う。占いの結果を判断・解釈する。「いまだかやうの事なし。いかがあるべきと―・へ申せ」〈平家・一一〉
用法 かんがえる・おもう――ともに精神的な活動を表す語であるが、「考える」は知的に分析することであり、「思う」は情的、感覚的な心の働きや瞬間的な判断などを示すのに用いる。「クイズの答えを考える」とはいうが「思う」とはいわない。◆大音響を耳にしてすぐ口にするのは「雷が落ちたかと思った」であり、「考えた」ではない。◆「彼女のことを思う」は、思慕したり、心配したりすることを表すが、「彼女のことを考える」と言えば、より分析的理性的にその状況について思いめぐらすことを表す。「将来は医師になろうと考えている」といえば具体的な手だてまで含めて計画していることであり、「思う」では漠然と希望しているだけという感じがする。
類語 思う・思い巡らす・思し召す・存ずる

考える葦 パスカルの「パンセ」の中の言葉。「人間は、自然のうちで最も弱い一本の葦にすぎない。しかしそれは考える葦である」として、人間の、自然の中における存在としてのか弱さと、思考する存在としての偉大さを言い表したもの。

かんがえるひと【考える人】《フランスLe Penseur》ロダンの代表的ブロンズ彫刻。沈思する男性座像。群像彫刻「地獄の門」に用いるために造られた。

かん-がかり【神懸かり】▶かみがかり❶

がんか-きせき【頑火輝石】マグネシウム成分に富む斜方輝石。塩基性火成岩の造岩鉱物の一。エンスタタイト。

かん-かく【×扞格｜×捍格】〔名〕スル 意見などが食い違うこと。互いに相手を受け入れないこと。「決して齟齬し―する者で無いと」〈二葉亭・浮雲〉
類語 矛盾・撞着・自家撞着・齟齬・牴牾・二律背反・背反・背理・不整合・不一致・対立・相克・相反する・食い違う

かん-かく【看客】見る人。見物人や読者など。「編者延房―に謝して云おく」〈染崎延房・近世紀聞〉

かん-かく【棺×槨｜棺×椁】遺体を納める箱。ひつぎ。「家貧にして―の供えだに為したまう能わず」〈露伴・運命〉

かん-かく【間隔】❶物と物とのあいだの距離。「―を置いて並ぶ」「前の車との―を取る」❷物事と物事とのあいだの時間。「五分―で出発する」
類語 距離・隔たり・幅・間・間合い・インターバル

かん-かく【閑客】暇のある人。ひまじん。「富貴の一多く茲に住して」〈織田訳・花柳春話〉

かん-かく【感覚】❶外界からの光・音・におい・味・寒温・触などの刺激を感じる働きと、それによって起こる意識。視覚・聴覚・嗅覚・味覚・触覚や、温覚・冷覚・痛覚など。「寒さで指の―がなくなる」❷美醜やよしあし、相違などを感じとる心の働き。センス。感受性。「日本人の―では理解しにくい」「―が鋭い」「新―のデザイン」類語 (❶)知覚・官能・五感・体感・肉感・感触・感じ／(❷)感性・感受性・美感・美意識・神経・センス・センシビリティー・フィーリング

かん-かく【観客】▶かんきゃく(観客)

かん-がく【官学】❶官立の学校。主に大学についていう。⇔私学。❷政府が認めた学問。江戸時代の朱子学など。

かん-がく【勧学】〔名〕スル ❶学問を勧め励ますこと。奨学。❷浄土宗や浄土真宗本願寺派などで授ける、学階の最高位。

かん-がく【漢学】❶日本で、中国の古典をもとに中国思想や詩文を研究する学問。国学・洋学に対していう。❷中国で、漢代の訓詁学、また、それに基づく清代の考証学をいう。

かん-がく【管楽】管楽器で演奏する音楽。吹奏楽。

かんがく-いん【勧学院】㊀平安時代の大学別曹の一。藤原氏の子弟を教育するために、弘仁12年(821)藤原冬嗣が創立した教育施設。㊁平安時代以後、延暦寺・東大寺などの大寺院で設けた僧侶の教育機関。

勧学院の歩み 平安時代、藤原氏の氏の長者の家に慶事があったとき、勧学院の学生一同が整列し、練り歩いて、慶賀に赴いたこと。

勧学院の雀は蒙求を囀る 勧学院の雀は、学生が「蒙求」を読むのを聞き覚えて、それをさえずる。ふだん見慣れ聞き慣れていることは、自然に覚えるというたとえ。門前の小僧習わぬ経を読む。

かんがく-え【勧学会】康保元年(964)に慶滋保胤らの始めた、一種の念仏結社。3月と9月の15日に、比叡山の僧20人と大学寮北堂の学生20人が会して、朝に法華経を講じ夕に念仏を唱え、その間に法華経の経文を題として詩を作ったりした。

かんかく-かい【感覚界】▶感性界

かんかく-き【感覚器】▶感覚器官

かんかく-きかん【感覚器官】外界からの刺激を感受して神経系に伝える器官。視覚器官・聴覚器官・嗅覚器官など。広くは筋紡錘体なども含めていう。感覚器。

かんかく-さいぼう【感覚細胞】一定の刺激を受容する細胞。神経の興奮に変えて大脳に伝える。刺激の種類によって、視細胞・聴細胞などとよぶ。

かんかく-しつ【感覚質】▶クオリア

かんがく-しゃ【漢学者】漢学❶の学者。

かんかく-しゃだん【感覚遮断】被験者に対して、特定のあるいはすべての感覚刺激を断った状態で過ごさせること。視覚面での実験には動物の暗闇飼育などがある。

かんかく-しょうがい【感覚障害】知覚の異常や感覚の鈍麻など感覚神経の異常反応を生じる障害。触覚、痛覚、温度覚、振動覚、位置覚などの鈍化、痺れや痛み、筋力・統制力の低下を生じる運動感覚の失調や逃避反射の喪失などが症状とされる。

かんかく-じょうひ【感覚上皮】感覚細胞を含む上皮。目の網膜や鼻腔の粘膜など。

かんかく-しんけい【感覚神経】感覚器官に生じた刺激を興奮として中枢へ伝達する神経。求心性神経。知覚神経。⇒運動神経❶

かんかくせい-しつごしょう【感覚性失語症】失語症の一。他人の話すことは理解できないが、自分が話すことはできる状態。大脳の聴覚野の近くにある感覚性言語中枢(ウェルニッケ中枢)の損傷で起こる。

かんかく-ちゅうすう【感覚中枢】感覚器官が受けた刺激を知覚して、感覚を生じる場所。哺乳類の視覚・聴覚などの中枢は大脳皮質にある。

かんかく-てき【感覚的】〔形動〕理性ではなく、感覚に働きかけるさま。「―な表現」

かんかく-てん【感覚点】皮膚上に点在する感覚の受容器。触点(圧点)・痛点・温点・冷点の4種がある。

かんがく-でん【勧学田】平安時代、大学寮・典薬寮・陰陽寮などの学生の、食料・費用などをまかなうために設けられた田。学田。

かんがく-は【漢学派】中国、清代の一学派。訓詁を重んじ、漢・唐代の学問を尊重する学派。日本では、江戸時代の新注・古義学などに対抗して興った太宰春台・狩谷棭斎などの学派。

かんかく-びょうしゃ【感覚描写】文学・絵画などで、特に感覚的な印象を重視する描写。

かんかく-もう【感覚毛】外界からの刺激を受容する機能をもつ毛。基部に神経終末が備わっている猫のひげやハエジゴクの葉の毛など。

かんかく-や【感覚野】大脳皮質の頭頂葉中心溝の後ろ側の細長い部分。皮膚からの刺激を感覚神経を通して受け、感覚を生じる場所。上から、下肢・胸腹部・上肢・頭部の順に対応する部位が並ぶ。感覚領。⇒運動野 ⇒連合野

かんかく-りょう【感覚領】▶感覚野

かんかく-ろん【感覚論】経験論の一種。感覚的知覚以前には人間の心は白紙の状態であり、いっさいの認識の起源は感覚にあるとする立場。近代の認識論では、イギリスのロック、フランスのコンディヤックに代表される。

がん-かけ【願掛(け)】〔名〕スル 神仏に願い祈ること。願望を実現させるために、神仏に誓いを立てること。百度参り・水ごり・断ち物などを同時に行うことが多い。「酒を断って―する」類語 立願・誓願・代願・祈り・祈念・祈祷・加持・黙祷・祈願・発願・願う

かんか-けい【寒霞渓】香川県の小豆島にある、奇岩と紅葉の景勝地。星ヶ城山の西方に位置する。もとは鉤掛山・神懸山と呼ばれたが、明治初期に詩人の藤沢南岳がこの字を当てた。

かんか-こどく【×鰥寡孤独】妻を失った男、夫を失った女、親のない子、老いて子のない人。寄る辺ない身の上。

がん-がさ【×雁×瘡】皮膚病の一種。治りにくく、か

ゆみがひどい。雁が飛来するころに生じ、去るころに治るというのでこの名がある。がんそう。(季 秋)「一を掻いて素読を教へけり/虚子」
かんか-じぎょう【感化事業】非行の性癖のある少年少女を保護・教育してその矯正を図る事業。
がん-がぜ【×雁甲=蠃】ガンガゼ科のウニ。黒紫色で殻の直径8センチくらい。とげは非常に長くて40センチにもなり、折れやすく、有毒。(季 夏)
がんか-せんはつ【眼火×閃発¦眼華×閃発】目を閉じると花火のように光が飛ぶのを感じる現象。脈絡膜炎・網膜剝離・眼内腫瘍などで網膜が刺激されるために起こる。眼閃。
かん-かつ【×奸×黠¦×姦×黠】〔名・形動〕悪賢いこと。また、そのさま。狡猾。「吾人は一の悪人の、今一層一なるを厭わず」〈蘇峰・近来流行の政治小説を評す〉
かん-かつ【寛×闊】〔名・形動〕❶性格や気持ちがおおらかで、ゆったりしていること。また、そのさま。「一な心」❷服装や性格・気質などがはでなこと。また、そのさま。「三番叟らしい一な狂言の衣裳をつけ」〈藤村・夜明け前〉(類語)寛大・寛容・寛弘・広量
かん-かつ【管轄】〔名〕スル 権限をもって支配すること。また、その支配の及ぶ範囲。「国土交通省が一する機関」「一外」(類語)管理・管掌・統轄・分轄・総轄・直轄・所轄・所管・支配・つかさどる
かんかつ-がい【管轄外】管轄の範囲外。「急病人を一の隣県まで搬送する」
かんかつ-かんちょう【管轄官庁】ある事柄・地域などを管轄する官庁。管庁。
かん-がっき【管楽器】管で作り、息を吹き込んで管内の空気を振動させて音を出す楽器の総称。通常、木管楽器と金管楽器とに二分される。吹奏楽器。➡気鳴楽器
かんかつ-さいばんしょ【管轄裁判所】ある事件について、その管轄権をもつ裁判所。
かんかつ-ちがい【管轄違い】❶裁判上の申し立てにつき、これを受理した裁判所が管轄権をもたないこと。❷行政法上、不服申し立て、審判の申し立てなどを受理した行政庁が、その審理・判断をする権限をもたないこと。
かんかつ-もの【寛×闊者】はで好きの人。はで好み。だて者。「したりしたり、一めと、人皆うち眺めける」〈浮・一代女・四〉
がんか-の-たま【×頷下の▽珠】《「荘子」列禦寇から》驪竜のあごの下にあるという珠玉。手に入れにくい重宝のたとえ。
かんが-は【漢画派】鎌倉末期以降に興った、宋元画の水墨技法を中心とした絵画様式の流れをくむ画家たちの系統。如拙・周文・雪舟などから初期の狩野派までを含む。
かんか-ふう【閑花風】能で、世阿弥が九段階に分けたうちの第三位(上三位の第三)の芸格。静かで気品のある芸風。➡九位
かんが・みる【鑑みる¦×鑒みる】〔動マ上一〕図〔マ上一〕《「かがみる」の音変化》過去の例や手本などに照らして考える。「時局に一・みて決定する」
かんが・む【鑑む¦×鑒む】〔動マ上二〕「かんがみる」(上一)の上二段化。「湛然たるところに物影一・むべきと同じく」〈露伴・いさなとり〉
かん-から ㊀〔名〕❶缶詰などの空き缶。❷「かんから太鼓」の略。㊁〔副〕堅い物がぶつかってたてる高い音を表す語。
かん-がらす【寒×烏】冬の烏。寒鴉。ふゆがらす。(季 冬)「貧かこつ隣同士の一/子規」
かんから-だいこ【かんから太鼓】歌舞伎の下座などで用いられた楽器で、まくら型の小形の太鼓。台の上にのせて竹桴で打つ。盛り場・見世物小屋の場面などに用いる。
がん-がり〔副〕❶すきまがあるさま。「一としたわら葺きも」〈浄・行平磯馴松〉❷薄明るいさま。ほのぼの。「夜ははやー と明けにけり」〈仮・東海道名所記・六〉
カンカル〖Cancale〗フランス北西部、イル-エ-ビレーヌ県、サンマロ近郊の港町。ブルターニュ地方随一のカキの産地として知られ、ルイ14世やナポレオン1世が取り寄せたという逸話がある。
カンガルー〖kangaroo〗有袋目カンガルー科の哺乳類の総称。尾が長く、後ろ足が大きく発達し、跳躍が巧み。草食性。雌の下腹部に育児嚢があり、産まれた子は独力でここに入り乳を吸う。オーストラリア・ニューギニア島および周辺の島に分布。アカカンガルー・オオカンガルーなどの頭胴長約1.5メートルの大形種のほか、小形のワラビーなどもいる。
カンガルー-ケア〖kangaroo care〗生まれたばかりの赤ん坊を母親に抱かせる保育法。母子の肌を直接触れ合うように縦抱きにし、その上から衣服でくるむ。保育器不足を補うため発展途上国で行われていたものが、新生児の呼吸が安定する、母乳の分泌が促進される、母子の絆が深まるなどの効果があるとして広まった。特に、早産などで新生児がNICU(新生児集中治療室)に入院し、母子の接触が制限される場合に行うものをいう。KC。カンガルーマザーケア。(補説)不適切な姿勢で行った場合などに乳幼児突然死症候群を起こすおそれがある。語感から安全と誤解されやすいため、正期産の新生児に対して行う場合は「早期母子接触」と呼ぶことが提唱されている。
カンガルー-ファッション〖kangaroo fashion〗服の前身頃などに付いた大きなパッチやポケットを特徴とするファッション。アノラック・ヨットパーカなど。カンガルーの育児嚢を連想させるところからの名。
カンガルー-ポー〖kangaroo-paw〗ハエモドルム科アノゴザントス属(Anogozanthos)の多年草。茎頂の花序がカンガルーの足に似ていることからの名。
カンガルー-マザーケア〖kangaroo mother care〗►カンガルーケア
カンガルー-ゆそう【カンガルー輸送】平床貨車の床面に凹部を設け、トレーラーの車輪を落とし込んで輸送する方法で、ヨーロッパの鉄道で採用している。凹部に車輪を納める状態をカンガルーの育児嚢に見立てての名。➡ピギーバック輸送❶
かんがれ-い【寒枯×藺】カヤツリグサ科の多年草。湿地や沼地に生え、高さ約80センチ。葉は鞘状。夏に褐色の穂をつける。冬に枯れた茎が残る。
かん-かん 「髪」「かんざし」の幼児語。「宵子さん一結って上げましょう」〈漱石・彼岸過迄〉
かん-かん【汗簡】「汗青」に同じ。
かん-かん【肝管】肝臓で作られた胆汁を集めて運ぶ細い管。左葉と右葉から出て、肝門部で合流して総肝管となる。
かん-かん【看官】見る人。また、読者。「一この二冊を以て全部の難易を評する勿れ」〈福沢・学問のすゝめ〉
かん-かん【看貫】❶品物の目方を量ること。明治の初め、生糸の取引の際に、生糸の重量を改めたことからいう。❷「看貫秤」の略。
かん-かん【桓寛】中国、前漢の政治家・学者。汝南(河南省)の人。字は次公。昭帝のときに宮廷で行われた塩鉄専売に関する議論を「塩鉄論」10巻にまとめた。生没年未詳。
かん-かん【閑官】仕事の少ない、あまり重要でない官職や官吏。「この人、一の昔、五部の大乗経を一字三礼に書き供養して」〈太平記・一三〉
かん-かん【感官】感覚器官。また、その働き。
かん-かん【漢×奸】中国で、敵に通じる者。売国奴。特に、抗日戦争下、日本に協力した者をいう。
カンカン〖フランス cancan〗19世紀中ごろからフランスで流行した速いテンポの踊り。長いスカートをまくり、足をはね上げて踊る。フレンチカンカン。
かん-かん【関関】〔形動タリ〕鳥がのどかに鳴くさま。「紫藤の花落ちて鳥一たり」〈和漢朗詠・上〉
かん-かん【×侃×侃】〔ト・タル〕図〔形動タリ〕気性が強く信念を曲げないさま。剛直なさま。「一として生民の痛苦を訴え」〈東海散士・佳人之奇遇〉
かん-かん【閑閑】〔ト・タル〕図〔形動タリ〕もの静かに落ち着いているさま。「悠々一と日を送る」
かん-かん【寛寛】〔ト・タル〕図〔形動タリ〕ゆったりとしているさま。「加藤は一とお酌をさせながら」〈木下尚江・良人の自白〉
かん-かん【緩緩】〔ト・タル〕図〔形動タリ〕ゆるやかなさま。急がないさま。ゆったり。「遅々として往き、一として歩し」〈鉄腸・雪中梅〉
かん-かん ㊀〔副〕❶金属・石などの堅い物がぶつかって出す、高く澄んだ音を表す語。「半鐘の音が一(と)響き渡る」❷日ざしが強いさま。「真夏の太陽が一(と)照りつける」❸炭火などが勢いよくおこっているさま。「火鉢の火が一おこっている」㊁〔形動〕❶ひどく怒っているさま。「一になってどなりつける」❷非常に堅そうなさま。「道路が一に凍る」アク㊀はカンカン、㊁はカンカン。
かん-がん【汗顔】〔名・形動〕顔に汗をかくほど恥ずかしく感じること。また、そのさま。赤面。「一の至り」「実に一な事だらけで、何とも言訳の為ようもないが」〈逍遥・当世書生気質〉
かん-がん【肝×癌】►肝臓癌
かん-がん【×宦官】東洋諸国で宮廷や貴族の後宮に仕えた、去勢された男子。中国・オスマン帝国・ムガル帝国などに多かった。王や後宮に近接しているため勢力を得やすく、政治に種々の影響を及ぼした。宦者。
かん-がん【還願】「願解き」に同じ。
がん-がん【×巌×巌】〔ト・タル〕図〔形動タリ〕山や岩などが高く険しいさま。「此の大山が一として物に動ぜぬ大器量の将軍をば」〈蘆花・不如帰〉
がん-がん〔副〕スル ❶音や声が大きく響くさま。やかましく聞こえるさま。「ドラム缶を一(と)たたく」「そんなに一言わないでくれ」❷頭の中で大きな音が響くように、ひどく痛むさま。「二日酔いで頭が一する」❸勢いが盛んで激しいさま。「ストーブを一燃やす」「一勉強する」
かんかん-いし【かんかん石】讃岐岩の別名。
かんかん-おどり【看看踊(り)】清楽を伴奏とし、清国人の扮装でおどる踊り。長崎で起こり、化政期(1804〜1830)に江戸・大坂で大流行した。明治時代の法界節はこの流れ。名称は「かんかんのう云々」の歌詞による。唐人踊り。看看兮。
かんかん-がくがく【×侃×侃×諤×諤】〔ト・タル〕図〔形動タリ〕正しいと思うことを堂々と主張するさま。また、盛んに議論するさま。「一と意見をたたかわす」(類語)囂囂・喧喧囂囂・喧喧諤諤
かん-かんけい【関漢卿】中国、元の劇作家。13世紀後半に活躍。大都(北京)の人。号、已斎叟。元曲四大家のうちの第一人者。女性の性格描写にすぐれ、緊密な構成を特徴とする。17種ほどの作品が現存。作「竇娥冤」「蝴蝶夢」「救風塵」など。生没年未詳。
かんかん-しき【観艦式】元首などが、自国の艦隊の威容を観閲する儀式。
かんがん-しょう【×宦官症】思春期以前に精巣を摘出したために男性ホルモンが欠損し、第二次性徴のみられない症状。
かんかん-でり【かんかん照り】夏、太陽が強く照りつけること。また、そのような天候。
かん-かん-どう-りつ【関関同立】入試難易度が近い京阪地域の私大群である、関西大学・関西学院大学・同志社大学・立命館大学の総称。
かんかん-のう【看看×兮】►看看踊り
かんかん-ばかり【看貫×秤】台秤のこと。看貫の際に用いられたのでいう。
かんかん-ぼう【かんかん帽】麦わらを固く編んで作った、上部が平らでつばのついた男性用の帽子。(季 夏)(類語)被り物・帽子・パナマ帽・麦わら帽子・ストローハット・山高帽子・シルクハット・中折れ・ソフト帽
かんかん-ぼうず【かんかん坊主】《鉦をたたいて家々をまわる乞食僧のことから》僧をののしっていう語。
かんかん-むし【かんかん虫】船舶・煙突・ボイラーなどにへばりついて、ハンマーでたたいて、さび落とし

をする作業員の俗称。
かん-き【刊記】日本や中国の古い刊本で、出版の時・場所・刊行者などを記した部分。現在の奥付や洋書の標題紙に相当する。
かんき【甘輝】浄瑠璃「国性爺合戦こくせんやかっせん」中の人物。国性爺和藤内わとうないの姉の錦祥女きんしょうじょの夫。韃靼だったん国の将軍だったが、和藤内の明朝再興を助ける。
かん-き【官紀｜官規】クヮンキ 官吏が職務上守るべき規律。「一を粛正する」
かん-き【乾季｜乾期】ある地域の1年のうちで、雨量の極少月を含む時期・季節。熱帯ではその半球側の冬、亜熱帯では夏あるいは冬に現れる。➡雨季
かん-き【勘気】主君・主人・父親などの怒りに触れ、とがめを受けること。また、その怒りやとがめ。「一をこうむる」「一に触れる」
かん-き【寒気】寒さ。寒さの程度。また、冷たい空気。「一がゆるむ」「一にさらされる」(季冬)
(類語)寒さ・寒気さむけ・寒波・寒冷・酷寒・極寒・厳寒
かん-き【喚起】クヮンキ〔名〕スル 呼び起こすこと。呼び覚ますこと。「注意を一する」「世論を一する」
かん-き【換気】クヮンキ〔名〕スル 建物などの内部の汚れた空気を排出して、外の新鮮な空気と入れかえること。「窓を開けて一する」
かん-き【感喜】〔名〕スル 感激して喜ぶこと。「某氏一に堪たえず、ただ打ち伏して泣き居たり」〈中村訳・西国立志編〉
かん-き【管×窺】クヮンキ 視野が狭いこと。見識がないこと。管見。
かん-き【歓喜】クヮンキ〔名〕スル ❶非常に喜ぶこと。また、心からの喜び。「一して躍り上がる」❷▶かんぎ(歓喜) (類語)狂喜・驚喜・欣喜雀躍きんきじゃくやく・有頂天・随喜
かん-き【韓琦】[1008〜1075]中国、北宋ほくそうの政治家。安陽(河南省)の人。字あざなは稚圭。仁宗・英宗・神宗の3代に仕え、范仲淹はんちゅうえんとともに韓范と並称された。王安石の新法に反対したことで名高い。著「安陽集」「韓魏公集」など。
かん-ぎ【官×妓】クヮンギ 宮廷に仕えて歌舞を行った妓女。特に朝鮮で、医薬・歌舞・妓楽ぎがくなどをもって仕えた官妓の妓生キーセンが有名。
かんぎ【寛喜】クヮンギ《「かんき」とも》鎌倉前期、後堀河天皇の時の年号。1229年3月5日〜1232年4月2日。
かん-ぎ【歓喜】クヮンギ 仏語。仏法を聞いて満足し、喜びを感じること。浄土教では、浄土往生の決定を喜ぶことをいう。
かん-ぎ【×諫議】天子をいさめて、国政のことなどを論じること。
がん-ぎ【×雁木】❶空を飛ぶ雁がんの列のようなぎざぎざの形や模様。❷雪の多い地方で、雪よけのために家々の軒から庇ひさしを長く差し出して造り、下を通路とするもの。(季冬)「来る人に灯影ふとある一かな／素十」❸桟橋に続く木の階段。❹「雁歯がんし」に同じ。❺木材を切るための大きくて歯の粗いのこぎり。❻「雁木鑢がんぎやすり」の略。
がんぎ-えい【×雁木×鱝】―エヒ ❶エイ目ガンギエイ科の海水魚。沿岸海底にすむ。全長約60センチ。体は菱形で扁平。背面は暗褐色に大小の円形の淡色斑紋がある。青森県以南に産し、食用。❷ガンギエイ科の海水魚の総称。温帯・寒帯に分布。ソコガンギエイ・テングカスベなども含まれる。かすべ。
かんぎ-えん【咸宜園】―ヱン 文化14年(1817)、広瀬淡窓ひろせたんそうが郷里である豊後ぶんごの日田に開いた私塾。大村益次郎・高野長英らが学んだ。
かんぎ-おん【歓喜園】クヮンギヲン ㊀忉利天とうりてんの帝釈天たいしゃくてんの居城の周囲にある四つの庭園のうち、北方にある園。ここへ入ると自然に歓喜の心が生じるとされる。かんぎえん。㊁藍毘尼園らんびにおんの異称。かんぎえん。
かん-ぎく【寒菊】❶菊の一品種。花も葉も小形。霜に強く、12月から翌年1月にかけて黄色い花を咲かせる。こがねぬぬき。しもみぐさ。(季冬)「一の雪をはらふも別かな／犀星」❷餅を薄く切ってから菊の花や葉の形に抜き、あぶって白砂糖の衣をつけたもの。長崎市の銘菓。
かん-ぎく【観菊】クヮンギク 菊の花を観賞すること。菊見。(類語)観桜・観梅・観月・観楓かんぷう
かんぎく-かい【観菊会】クヮンギククワイ 毎年11月、東京の新宿御苑で天皇・皇后が臨席して催された観菊の行事。昭和12年(1937)廃止されたが、同28年以降、皇室園遊会として復活。観菊御宴。
がんぎ-ぐるま【×雁木車】❶積み荷の上げ下ろしに用いる滑車の一。角材の横面をくりぬいて車をはめ込んだもの。綱を通し、高所につるして使用。❷機械時計の部品で、長い歯をもつ歯車。原動力部と連動し、間欠的な往復運動などをつくりだす役をする。
かんき-こう【換気孔｜換気口】クヮンキ― 換気のための開口部。風抜き。通風口。
かんぎ-じ【歓喜地】クヮンギヂ 仏語。菩薩ぼさつの修行段階である十地じゅうじの第一。初めて聖者となり、その喜びにつつまれる位。
かんき-じゃくやく【歓喜×雀躍】クヮンキ―〔名〕スル 躍り上がらんばかりに、非常に喜ぶこと。欣喜きんき雀躍。
かんき-せん【換気扇】クヮンキ― 家屋の壁や窓などに取り付け、モーターで羽根を回転させて室内の空気を排出する電気器具。
かんぎ-たいふ【×諫議大夫】❶中国の官職の一。政治の得失を論じ、天子をいさめるのを任務とした。❷参議の唐名。
かんき-たくろう【神吉拓郎】―タクラウ［1928〜1994］小説家・放送作家・エッセイスト。東京の生まれ。NHKで放送台本を手がけた後、都会的なタッチの小説・エッセーを発表。食通としても知られる。「私生活」で直木賞受賞。他に「ブラックバス」「芝の上のライオンたち」、エッセー集「たべもの芳名録」など。
がんぎ-だな【×雁木棚】床の間や書院に設ける棚の一。3枚の棚板を左右から入れ違いに架けたもの。
がんぎ-だま【×雁木玉】古墳時代の装飾用のガラス玉で、表面にしま模様があるもの。
かん-きだん【寒気団】高緯度の発源地から暖かい地方に移動する気団。シベリア気団など。➡暖気団
かんぎ-だん【歓喜団】クヮンギ― 歓喜天かんぎてんに供える菓子。穀類や薬種などをこねて作る。歓喜丸かんぎがん。
かんき-ちく【寒忌竹】タデ科の多年草。高さ約1メートル。茎はよく分枝し、扁平な葉状で節が多い。夏、節ごとに緑白色の小花が群がってつく。ソロモン諸島原産で、明治時代に渡来し、観賞用。対節草。
かん-きつ【×奸×譎｜×姦×譎】〔名・形動〕▶かんけつ(奸譎)
かん-きつ【×柑×橘】「柑橘類」の略。
かんきつ-るい【×柑×橘類】ミカン科のミカン属・キンカン属・カラタチ属の植物の総称。また、その果実。ライム・シトロン・ザボン・ダイダイ・オレンジ・ポンカン・ユズなど。
かんぎ-てん【歓喜天】クヮンギ―《梵 nandikeśvaraの訳》頭は象、身体は人間の姿をした仏法守護神。もとインド神話の魔王で、のち仏教にとり入れられたもの。単身像と双身像とあり、双身像は、男神と女神とが抱擁する姿をとることが多い。夫婦和合・子宝の神として信仰される。大聖歓喜自在天。聖天しょうてん。
かんき-とう【換気塔】クヮンキタフ 建物内の換気のために、屋上などに設ける筒状の装置。
かんぎ-にち【歓喜日】クヮンギ― 仏の歓喜する日、すなわち安居あんごの終わった陰暦7月15日。後世には毎月の15日をいう。
かんきのう-しょうがい【肝機能障害】―キノウシャウガイ 肝臓が何らかの障害によって正常に機能しなくなること。血液中のGOT、GPT、γ-GTP、LDH、コリンエステラーゼなどの値で障害の程度を判断する。軽度の肝機能障害の場合、自覚症状がないことが多いが、進行すると食欲不振・全身倦怠感・黄疸などの症状が現れる。放置すると肝炎・肝硬変・肝臓癌かんぞうがんなどに進行するおそれがある。
がんぎ-ばしご【×雁木×梯子】1本の木に踏み段を刻むか、横木を取りつけるかしたはしご。
かん-きゃく【閑却】〔名〕スル なおざりにすること。いい加減にほうっておくこと。「一し得ない問題」(類語)うっちゃらかす・うっちゃる・ほったらかす・打ち捨てる
かん-きゃく【観客】クヮンキャク 映画・演劇・スポーツなどの見物人。かんかく。「一席」(類語)観衆・聴衆・客・見物人・大向こう・ギャラリー・ファン
がんぎ-やすり【×雁木×鑢】金属などを削るのに用いる目の粗いやすり。
かん-きゅう【官給】クヮンキフ〔名〕スル 政府が金品を支給すること。また、そのもの。「一品」
かん-きゅう【感泣】―キフ〔名〕スル 感激のあまりに泣くこと。「師恩の深さに一する」
かん-きゅう【緩急】クヮンキフ ❶ゆるやかなことと、急なこと。遅いことと、速いこと。ゆるいことと、厳しいこと。「一をつける」「一自在の投球」「一よろしきを得る」❷《「緩」は語調を整えるだけの語》差し迫った事態。危急の場合。「一旦一あれば、直ちに対応できる態勢」
かん-きゅう【緩球】クヮンキウ 野球で、ゆるく投げた球。スローボール。
がん-きゅう【眼球】―キウ 脊椎動物の視覚をつかさどる、一対の球状の器官。眼窩がんか内に収まり、強膜または角膜・脈絡膜・網膜の3層の膜に包まれ、内部に水晶体・硝子体しょうしたいなどが入っている。外からの光が角膜および両凸レンズ状の水晶体を通って網膜上に像を結ぶ。めだま。(類語)目玉・目の玉
かんきゅう-おんどけい【乾球温度計】カンキウヲンドケイ 乾湿球湿度計についている2本の温度計のうち、球部を湿布で包まないほうの温度計。
かんきゅう-きごう【緩急記号】クヮンキフキガウ 楽曲の演奏速度をゆるやかにしたり速くしたりすることを示す発想記号。
がんきゅう-ぎんこう【眼球銀行】ガンキウギンカウ ▶アイバンク
かんきゅう-しゃ【緩急車】クヮンキフ― 事故などに備え、車両の一部に手動の制動機などを取り付けた客車・貨車。列車の最後尾などに連結する。
かんぎゅう-じゅうとう【汗牛充棟】カンギウ―《柳宗元「陸文通先生墓表」から。引くと牛が汗を流すほどの重さ、積むと家の棟に届くほどの多さの意》蔵書が非常に多いことのたとえ。また、多くの書物。
がんきゅう-しんとう【眼球振×盪】ガンキウ― 眼球が無意識に律動的に動く現象。急速力で動いている物体を眺めたときなどに起こる生理的眼振と、脳や神経などの病変のために起こる病的眼振とがある。ニスタグムス。眼振。
かん-きゅうちゅう【肝吸虫】―キフチュウ 吸虫の一種。体長1センチほどのへら形をした寄生虫。虫卵が第1中間宿主のマメタニシに食べられ、発育した第2中間宿主のコイなどの淡水魚の皮膚から侵入し、この魚の生食によって終結宿主の人間・犬・猫などの胆管に入り成虫となる。胆管炎・肝腫大かんしゅだい・黄疸などの症状が現れる。日本から中国・東南アジアにかけて分布。肝臓ジストマ。
かん-きょ【×函×渠】横断面が四角形の地下水路。
かん-きょ【官許】クヮンキョ〔名〕スル 政府が特定の人や団体に特定の行為を許すこと。また、その許可。「一を得る」「一された土地開発事業」
(類語)許可・認可・許諾・承認・認許・允許いんきょ・允可いんか・容認・許容・聴許・裁許・裁可・免許・公許・特許・黙許・許し・オーケー・ライセンス
かん-きょ【閑居｜間居】〔名〕スル ❶世俗を逃れて心静かに暮らすこと。また、その住まい。「田舎に一する」❷暇でいること。何もしないでぶらぶらしていること。「小人一して不善をなす」
(類語)隠居・隠遁いんとん・わび住まい
かん-ぎょ【乾魚｜干魚】干した魚。ほしうお。
かん-ぎょ【還御】クヮンギョ〔名〕スル 天皇・法皇・三后が出かけた先から帰ること。転じて、将軍・公卿が出先から帰ることにいう場合もある。還幸。
かん-ぎょ【×鹹魚】塩漬けにした魚。しおざかな。
かん-きょう【乾×薑｜干×姜】―キャウ ショウガの根茎を乾燥させたもの。漢方で健胃・鎮嘔ちんおう・鎮咳ちんがい薬などに用いる。
かん-きょう【寒郷】―キャウ ❶貧しく、さびれた村里。❷自分の故郷、居住地をへりくだっていう語。

かん-きょう【寒×蛩】晩秋、ものさびしそうに鳴くコオロギ。「一籬下に鳴きて」〈蘆花・自然と人生〉

かん-きょう【喚叫】〔名〕スル 大声を上げてさけぶこと。叫喚。「学徒が救いを求めて—している」〈原民喜・夏の花〉

かん-きょう【感興】何かを見たり聞いたりして興味がわくこと。また、その興味。「—の赴くままに筆を走らせる」「—をそそる」〔類語〕興味・興・興趣・おもしろみ・味わい・趣・風情・気韻・風韻・幽玄・気分

かん-きょう【漢鏡】中国漢代の銅鏡。円形で、時に白銅質のものがあり、清白鏡・内行花文鏡・四神鏡・方格規矩鏡・神獣鏡などが代表的。前漢鏡・王莽鏡・後漢鏡の別がある。⇒漢式鏡

かん-きょう【緩▽頰】❶顔色をやわらげること。また、顔色をやわらげておだやかに話すこと。❷《「緩頰を煩わす」の意から》自分のことを、それとなく他人に話してもらうこと。「坂井夫人の為に—の労を取ったのだ」〈鷗外・青年〉

緩頰を煩わ・す 他のことにかこつけて、それとなく自分のことを話してもらう。

かん-きょう【環境】❶まわりを取り巻く周囲の状態や世界。人間あるいは生物を取り囲み、相互に関係し合って直接・間接に影響を与える外界。❷コンピューターのハードウエアの性能と、搭載されたソフトウエアの性能、ならびにそれらが複合的に集まって作り出している状態を❶にたとえたもの。オペレーティングシステムの種類、CPUの動作周波数、搭載したメモリーの容量、ネットワークの状態など、さまざまな要素によって変化する。

〔類語〕境遇・身の上・境涯・境界・境地・身空

かん-きょう【艦橋】軍艦中央部の高い構築物。展望がきき、将校が常駐して指揮をとる。ブリッジ。

かん-ぎょう【官業】政府が直接いとなむ営利事業。現在では、国有林野のみ。

かん-ぎょう【寒行】寒中に、寒苦に耐えて行う修行。寒念仏・寒参り・寒垢離など。〔季 冬〕

かん-ぎょう【勧業】農業・工業などの産業を奨励すること。

かん-ぎょう【観行】仏語。自分の心の本性を観照する修行。観心の行法。

かん-ぎょう【観経】㊀経文を読むこと。看経。㊁「観無量寿経」の略。

がん-きょう【眼鏡】めがね。「—店」

がん-きょう【頑強】〔形動〕〔文〕〔ナリ〕❶自分の態度や考えをかたくなに守って、外からの力に容易に屈しないさま。「—に自説を曲げない」❷がっしりとして丈夫なさま。「—一点張りの肉体を笠に着て」〈漱石・それから〉〔派生〕がんきょうさ〔名〕

〔類語〕頑丈・堅牢・堅固・強固・屈強・強健・確固

がんぎょう【元慶】《「がんきょう」とも》平安前期、陽成天皇・光孝天皇の時の年号。877年4月16日～885年2月21日。げんけい。

がん-ぎょう【願行】仏語。誓願と修行。誓いを立て、それに応じた修行に努めること。

かんきょう-アセスメント【環境アセスメント】開発がもたらす環境への影響を、事前に予測・評価すること。1970年、米国の国家環境政策法(NEPA)で初めて法制化された。環境影響評価。

かんきょうアセスメント-ほう【環境アセスメント法】►環境影響評価法

かんきょうえいきょう-ひょうか【環境影響評価】►環境アセスメント

かんきょうえいきょうひょうか-ほう【環境影響評価法】道路・河川・鉄道・空港など大規模な事業を着工する前に行う環境影響評価の手続きを定め、環境保全の観点から望ましい事業計画の策定を目的とする法律。平成9年(1997)6月成立。同11年6月施行。環境アセスメント法。⇒環境アセスメント

かんきょう-えいせい【環境衛生】人間を取り巻く環境を改善・保全し、疾病の原因となる条件を除去し、健康の保持・増進を図ること。

かんきょう-おせん【環境汚染】人間の生産および生活活動によって生じる空気・水・土壌などの環境の劣悪化。大気汚染・水質汚濁などのほか、オゾン層破壊・地球温暖化なども問題となっている。

かんきょうきき-どけい【環境危機時-計】地球環境の悪化を時計の針で示す指標。平成23年(2011)は9時1分。〔補説〕旭硝子財団が世界の環境問題専門家に出したアンケートの結果からまとめる。平成4年(1992)に開始。0時～3時を「ほとんど不安はない」、3時1分～6時を「少し不安」、6時1分～9時を「かなり不安」、9時1分～12時を「極めて不安」と分類する。⇒終末時計

かんきょう-きじゅん【環境基準】環境基本法に基づいて、大気汚染・水質汚濁・騒音などから人の健康を守り、生活環境を保全するために設けられた環境上の基準。

かんきょう-きほんほう【環境基本法】環境の保全についての基本理念と施策の基本となる事項を定める法律。国・地方公共団体・事業者・国民の責務、環境への負荷の少ない持続的発展が可能な社会の構築、国際的協調による地球環境保全の積極的推進、環境基本計画や環境基準の策定などを規定している。平成5年(1993)公布・施行。なお、本法の施行により公害対策基本法は廃止された。

かんきょうきょういくすいしん-ほう【環境教育推進法】「環境保全活動・環境教育推進法」の略称。

かんきょう-けん【環境権】国民が、大気・水・日照・静穏などの自然環境や文化的環境を享受することができるという権利。国土開発による環境破壊に対抗するために提唱されている新しい権利。

がんぎょう-じ【元慶寺】►がんけいじ(元慶寺)

かんきょう-しゃ【環境車】《「環境対応車」の略》「エコカー」のこと。

かんきょう-しょう【環境相】環境大臣のこと。

かんきょう-しょう【環境省】国の行政機関の一。地球環境保全、公害防止、自然環境の保護および整備、その他の環境の保全を担当する。平成13年(2001)に環境庁を改組して発足。

かんきょう-スワップ【環境スワップ】►デット-フォー-ネーチャー-スワップ

かんきょう-ぜい【環境税】環境に悪影響を及ぼす汚染物質の排出を抑えるために課する諸種の税。温室効果ガスとなる二酸化炭素の排出量に応じて課税する、欧米諸国の炭素税など。〔補説〕日本では平成24年(2012)10月に「地球温暖化対策のための税」が導入される。

かんきょうたいおう-しゃ【環境対応車】「エコカー」のこと。

かんきょう-だいじん【環境大臣】国務大臣の一。環境省の長。環境相。

かんきょう-ちょう【環境庁】公害防止、自然環境の保護および整備、そのほか環境の保全に関する行政を総合的に担当した中央行政機関。昭和46年(1971)に総理府の外局として設置。平成13年(2001)環境省に改組。

かんきょう-なんどう【咸鏡南道】►ハムギョンナムド

かんきょう-にんしょう【環境認証】第三者である審査登録機関が企業の環境対策方式を、規格に従って審査し認定することをいう。大企業には国際規格ISO14001が、中小企業には国内版規格がある。国内版は国際規格に比べて費用も安く、手続きも簡素で取得しやすい。

かんきょう-はくしょ【環境白書】環境省の発表する報告書。地球温暖化や砂漠化など地球環境に関する問題と、それをとりまく経済活動の状況などについてまとめたもの。平成19年(2007)と同20年は循環型社会白書との、同21年より循環型社会白書・生物多様性白書との合冊で発表されている。

かんぎょう-はくらんかい【勧業博覧会】産業を奨励し振興する目的で開く博覧会。

かんきょう-ビジネス【環境ビジネス】自然環境の汚染防止、資源の有効利用、新エネルギーの開発、廃棄物の再利用などに役立つ製品やサービスを提供する事業。

かんきょう-ファンド【環境ファンド】►エコファンド

かんきょう-へんい【環境変異】環境条件によって個体間に生じる変異。

かんきょう-へんすう【環境変数】《environment variable》コンピューターの基本動作やオペレーティングシステムの実行環境を設定する変数。

かんきょう-ほくどう【咸鏡北道】►ハムギョンブクド

かんきょうほぜんかつどうかんきょうきょういくすいしん-ほう【環境保全活動・環境教育推進法】《「環境の保全のための意欲の増進及び環境教育の推進に関する法律」の通称》持続的に発展できる社会を構築するため、環境教育などを通じて、環境保全に対する国民の理解を深めることを目的とする法律。平成15年(2003)制定。環境教育推進法。

かんきょう-ホルモン【環境ホルモン】《environmental hormone》生体内にとりこまれると、ホルモンに似た働きをする化学物質の総称。ダイオキシン・PCB・DDTなどが挙げられる。特に、生殖機能への影響が問題になっている。正式には「内分泌攪乱化学物質」という。

かんきょう-マッピング【環境マッピング】《environment mapping》コンピューターグラフィックスの三次元画像で物体への映り込みを表現する技法の一。物体周囲の風景画像をあらかじめ用意し、それを物体表面に貼り付けることにより、映り込みを表現する。エンバイロメントマッピング。

かんきょうマネージメント-システム【環境マネージメントシステム】►イー-エム-エス(EMS)

かんきょう-ようりょう【環境容量】自然界で、汚染物質を生物的、化学的、物理的に分解・浄化する能力の限度。また、この分解・浄化能力に対して、一定の地域が許容できる汚染の容量。

かんきょう-ラベル【環境ラベル】商品が環境に与える影響を消費者に伝えるため、商品に付ける記号など。国際標準化機構(ISO)が基準化しており、日本では日本工業規格(JIS)に採用。第三者機関の認定を必要とするタイプⅠ、企業の自己主張であるタイプⅡ、商品の認定や主張ではなく、商品の環境情報を定量的に表示するタイプⅢがある。

かん-きょく【×奸曲｜×姦曲】〔名・形動〕心に悪だくみがあること。また、その人や、そのさま。「ある—なるむずかしき想像心にからまれ」〈藤村・春〉

かん-きょく【寒極】地球上で最も低い気温を記録した地点。南極のボストーク基地で、1983年にセ氏零下89.2度を記録。北半球ではシベリアのオイシャコンで1933年にセ氏零下67.7度を記録。

がん-きょてんびょういん【×癌拠点病院｜がん拠点病院】「がん診療連携拠点病院」の略。

かんきょのとも【閑居友】鎌倉時代の説話集。2巻。承久4年(1222)成立。著者は慶政とされる。上巻21話・下巻11話を収め、出家・発心などの仏教的説話からなり、下巻は女性の話を主とする。

かん-きり【缶切(り)】缶詰を切り開く道具。

かん-きん【官金】❶政府の所有する金銭。公金。❷江戸時代、盲人が検校などの官位を手に入れるために幕府に納めた金。また、盲人が高利で貸し付けた金。

かん-きん【官禁】政府が禁止すること。政府の禁令。

かん-きん【看▽経】〔名〕スル《「きん(経)」は唐音》❶禅宗などで、声を出さないで経文を読むこと。㊀諷経。❷声を出して経文を読むこと。読経。

〔類語〕勤め・お勤め・勤行・読経・礼拝

かん-きん【×桿菌】形が棒状や円筒状の細菌。赤痢菌・大腸菌・結核菌・納豆菌など。バチルス。

かん-きん【換金】クヮン〔名〕スル 物品を売って、現金に換えること。「土地を一する」
かん-きん【監禁】〔名〕スル 人を一定の場所に閉じ込めて、行動の自由を奪うこと。「隠れ家に一する」
(類語)軟禁・禁足・幽閉・缶詰
かん-ぎん【閑吟】〔名〕スル 静かに詩歌などを口ずさむこと。「山中で独り一する」
かん-ぎん【感吟】〔名〕スル ❶物事に感動して詩歌を作ること。また、その詩歌。❷よい詩歌に感動して、それを口ずさむこと。❸すぐれた詩歌・俳句。
がん-きん【元金】グヮン ❶金銭の貸借や預金で、その利子を含まない、直接貸借したり預金したりした金。もときん。❷事業などの資本金。もとで。もときん。
(類語)元本・元利
がん-きん【眼筋】眼球の運動に関与する筋。眼球をその方向に向ける上・下・内側・外側の各直筋と、回転の作用をする上・下の各斜筋からなる。
がん-きん【×贋金】偽造の貨幣。にせがね。
かんきん-さくもつ【換金作物】クヮンキン 現金収入を目的として作る農作物。
かんぎんしゅう【閑吟集】カンギンシフ 室町後期の歌謡集。1巻。編者未詳。永正15年(1518)成立。小歌(こうた)や猿楽など当時の歌謡311首を収める。
がんきん-すえおき【元金据(え)置き】グヮンキンすゑおき 利子だけ払って、元金を返済しないこと。
かんきん-の-りえき【換金の利益】クヮンキン Aの所有する物品をBが買い取ることによって、Aに供与される利益。売却益の有無にかかわらず、物品を現金化したこと自体がAにとって利益とされる。(補説)平成18年(2006)に発生した福島県発注工事をめぐる談合事件の第2審で、贈賄側が収賄側から土地を適正な価格で買い取る行為が、土地を換金するという意味で利益の供与に相当するとして、無形の賄賂にあたるとの判断が示された。
かん-く【甘苦】❶あまいことと、にがいこと。❷楽しいことと、苦しいこと。苦楽。「一を共にする」
かん-く【冠句】クヮン ▶冠付(かむりづけ)
かん-く【寒九】寒に入ってから9日目。1月13日ごろ。(季冬)
かん-く【寒苦】寒さによる苦しみ。凍えるような寒さ。「一に責められる」
かん-く【管区】クヮン 管轄している区域。(類語)管内・管下
かん-く【×艱苦】悩み苦しむこと。つらく苦しいこと。艱難辛苦。「一に耐える」
(類語)苦労・骨折り・労(ろう)・労苦・苦心・腐心・辛苦・辛労・心労・煩労・艱難(かんなん)・苦難・辛酸・ひと苦労
がん-く【岸駒】[1756〜1838]江戸後期の画家。岸(きし)派の祖。加賀の人。字(あざな)は賁然(ひぜん)。号は同功館・可観堂など。南蘋(なんぴん)派の花鳥画を学び、円山派などの諸派を折衷し、京都画壇の中心となった。虎の図で有名。
がん-ぐ【玩具¦×翫具】グヮン 遊び道具。おもちゃ。「郷土一」(類語)おもちゃ・手遊(てすさ)び・トイ
がん-ぐ【頑愚】グヮン〔名・形動〕おろかで強情なこと。また、そのさま。「田舎の百姓は正直なれども一なり」〈福沢・文明論之概略〉
(類語)頑迷・固陋(ころう)・馬鹿・阿呆(あほう)・魯鈍(ろどん)・愚鈍・無知・蒙昧(もうまい)・愚昧(ぐまい)・愚蒙(ぐもう)・暗愚・愚か・薄のろ・盆暗(ぼんくら)・まぬけ・とんま・たわけ
がんくい-まめ【×雁食豆】がんくひ ダイズの一品種。葉は5枚、豆は黒色で平たいが、くぼみがあり、名は、これを雁の食べた跡と見立てたことによる。
かん-くう【関空】クヮン 関西国際空港の通称。
かん-ぐう【甘遇】相手の気に入るように待遇すること。「豊臣氏は…一優待して以て一時を苟且(こうしょ)せしのみ」〈田口・日本開化小史〉
かんく-かいじょうほあんほんぶ【管区海上保安本部】クヮンクカイジャウホアンホンブ 海上保安庁の地方機構。第一管区海上保安本部から第十一管区海上保安本部まであり、全国を11の管区に分け、その地域の沿岸や沖合の水域を担当する。海上保安本部。(補説)第一管区海上保安本部の場合、「第一管区」もしくは「一管」などと略す。
がんぐ-かし【玩具菓子】グヮングクヮシ ▶玩菓
かんく-きしょうだい【管区気象台】クヮンクキシャウダイ 気象庁に所属する地方機関で、気象・地震・火山の観測、気象予報などを担当する。また、管内の地方気象台・測候所などを監理する。札幌・仙台・東京・大阪・福岡にある。
かんく-ちょう【寒苦鳥】ーテウ インドのヒマラヤにすむという想像上の鳥。夜に雌は寒苦を嘆いて鳴き、雄は夜が明けたら巣を作ろうと鳴くが、太陽が出ると寒さを忘れて怠ける。仏教では、怠けて悟りの道を求めない人間にたとえる。かんくどり。
がん-くつ【岩窟¦×巌窟】岩の洞穴。岩屋。
がんくつおう【巌窟王】ガンクツワウ 黒岩涙香(くろいわるいこう)の翻訳小説。原作はアレクサンドル＝デュマの「モンテ＝クリスト伯」。明治34〜35年(1901〜1902)発表。
かんく-の-あめ【寒九の雨】寒九に降る雨。豊作の兆(きざ)しとして喜ばれる。(季冬)
かんく-の-みず【寒九の水】ーみづ 寒九に汲(く)む水。薬を飲むのによいといわれる。(季冬)
がん-くび【×雁首】《形が雁の首に似ているところから》❶キセルの頭部。先端にタバコを詰める火皿がある。❷縦樋(たてどい)の落ち口などに用いる先の曲がった土管。❸人間の首や頭をいう俗語。「一をそろえる」「一を並べる」(類語)頭(あたま)・頭(かしら)・こうべ・つむり・かぶり・おつむ・頭部・ヘッド
がんくび-そう【×雁首草】ーサウ キク科の多年草。山野に生え、高さ30〜60センチ。葉は卵状楕円形。秋、黄色の頭状花を横または下向きにつけ、キセルの雁首に似る。
ガンクラブ-チェック〖gun club check〗同色の濃淡、または2種類のチェックを組み合わせた格子柄。1874年にアメリカ狩猟クラブが結成されたときの、ユニホームの柄に由来。
かん-ぐり【勘繰り】かんぐること。「下種(げす)の一」
ガングリオン〖ganglion〗《塊(かたまり)の意》❶手首・足首・膝(ひざ)などの関節を包む膜や腱鞘(けんしょう)に、粘液物質がたまってできる袋状のこぶ。良性腫瘍(しゅよう)で悪性化することはない。結節腫。❷ ▶神経節(しんけいせつ)
かん-ぐ・る【勘繰る】〔動ラ五(四)〕あれこれ気を回して悪い意味に考える。邪推する。「何か裏があるのではないかと一・る」
(類語)憶測・邪推・当てずっぽう・当て推量・心当て
がん-ぐろ《顔黒の意》真っ黒く日焼けした顔、または日焼けしたようにこげ茶色に化粧した顔。平成11年(1999)ごろ、主に女子高生の間で、茶髪・ミニスカート・ルーズソックスなどとともに流行した。
カンクン〖Cancún〗メキシコ東部、キンタナロー州ユカタン半島の先端にある観光・保養都市。カリブ海に面するリゾート地として発展。周辺に世界文化遺産に登録されたマヤ文明のチチェン-イッツア遺跡、世界自然遺産のシアン-カーン自然保護区がある。
かん-ぐん【官軍】クヮン 朝廷・政府側の軍隊。「勝てば一」
かん-ぐん【監軍】軍隊を監督する役職。いくさめつけ。軍監。
カンクン-ごうい【カンクン合意】ーガフイ 2013年以降の地球温暖化対策の国際的な枠組み。2010年12月にメキシコのカンクンで開催された国連気候変動枠組み条約第16回締約国会議(COP16)で採択された。京都議定書を離脱した米国、温室効果ガスの削減義務を負わない中国やインドなどの新興国にも排出削減を求めている。
かん-け【官家】クヮン ❶《天子の意から》朝廷・国家のこと。❷官位の高い家。貴人の家。❸ ▶屯倉(みやけ)❷
かん-け【菅家】クヮン 菅原氏の家系。また、特に菅原道真(すがわらのみちざね)のこと。
かん-げ【勧化】クヮン〔名〕スル《「かんけ」とも》❶仏の教えを説き、信心を勧めること。「衆生を一する」❷僧が仏寺・仏像を造営するため、信者に寄付を勧めて集めること。勧進。
かん-けい【×奸計¦×姦計】悪いはかりごと。悪だくみ。「一をめぐらす」「敵の一に陥る」
かん-けい【寒×閨】独り寝の寂しい寝所。空閨(くうけい)。
かん-けい【換刑】クヮン 罰金または科料を納めることのできない者を、一定期間、労役場に留置すること。
かん-けい【寛刑】クヮン 寛大な刑罰。⇔厳刑。
かん-けい【関係】クヮン〔名〕スル ❶二つ以上の物事が互いにかかわり合うこと。また、そのかかわり合い。「前後の一から判断する」「事件に一する」❷あるものが他に対して影響力をもっていること。また、その影響。「気圧の一で耳鳴りがする」「国の将来に一する問題」❸人と人との間柄。また、縁故。「あの人とはどういう一ですか」「友好一を結ぶ」「父親の一で入社する」❹男女間の性的交渉。また、それをもつこと。「妻子のある男性と一する」❺(他の名詞の下に付いて)その方面。そういう領域。「音楽一の仕事」「アウトドア一の雑誌」(類語)(❶)関連・連関・連係・相関・関与・交渉・係(かか)わり・繋(つな)がり・結び付き・掛かり合い・引っ掛かり・絡み(一する)関する・係(かか)わる・係(かか)る・まつわる・係(かかずら)う・与(あずか)る・絡む／(❸)間柄・間(あい)・仲・続き合い・続き柄・縁(え)・えにし・ゆかり・縁故(えんこ)・誼(よしみ)・恋仲
かん-けい【関契】クヮン 律令制で、非常の場合に軍隊が三関を通過するときに使用された割符(わりふ)。
かん-けい【還啓】クヮン〔名〕スル 皇太子・三后などが出先から帰ること。
かん-けい【簡×勁】〔名・形動〕言葉・文章などが、簡潔で力強いこと。また、そのさま。「一な筆遣い」
かん-げい【歓迎】クヮン〔名〕スル 喜んでむかえること。喜んで受け入れること。「ご来場を一する」「建設的な批判は一する」「一会」(類語)奉迎・迎賓・迎える
がん-けい【岩×頸】▶火山岩頸
がん-けい【眼形】▶めがたち
かんけいかい【菅家遺誡】クヮンケヰカイ 教訓書。2巻。著者未詳。室町時代の成立といわれる。公家で守るべきことを菅原道真に仮託して33条にまとめたもの。神事・田猟・武備・刑罰・冠婚葬祭などに分類。菅家遺訓。かんけゆいかい。
かんけい-がく【関係学】クヮンケイ ドイツの社会学者ウィーゼの理論で、社会学の対象を絶えず生起する社会関係に限定しようとする主張。ジンメルなどと共に形式社会学に属する。
かんけい-かくりょうかいぎ【関係閣僚会議】クヮンケイカクリャウクヮイギ 内閣で、重要な案件の検討のために随時構成される協議機関。その問題に関係ある省庁の大臣が集められる。「経済対策一」➡インナーキャビネット
かん-げいこ【寒稽古】武道・芸道で、寒中の早朝・夜間などに行う稽古。(季冬)「一子弟の骨を鍛へけり／碧梧桐」
がんけい-じ【元慶寺】グヮンケイ 京都市山科(やましな)区北花山河原町にある天台宗の寺。山号は華頂山。陽成天皇の出産に際して、貞観11年(869)遍昭が開創。後年、藤原兼家らの策謀によって、花山天皇はこの寺で出家した。花山寺。がんぎょうじ。
かんけい-しき【関係式】クヮンケイ 二つ以上の量または文字の間の相互関係を表す式。
かんけい-しゃ【関係者】クヮンケイ ある事柄に関係がある人。「一以外立ち入り禁止」(補説)新聞放送関係で、情報源を公表しないときや、情報の信頼度が高いことを示す場合に用いた「権威筋」「消息筋」の代わりに使われるようになってきている。
かんけい-しゅうだん【関係集団】クヮンケイシフダン ▶準拠(じゅんきょ)集団
かんけい-すじ【関係筋】クヮンケイすぢ ある方面の事情に詳しい人々や、関与している機関。
かんけい-だいめいし【関係代名詞】クヮンケイ ヨーロッパ諸語などの文法で、接続詞と代名詞の機能をもつ代名詞。英語のwho, that ドイツ語のder, welcher フランス語のquiなど。
かんけい-づ・ける【関係付ける】クヮンケイ〔動カ下一〕いくつかの物事に何らかの関係をもたせる。「非行問題を家庭環境と一・けて考える」
かんけい-データベース【関係データベース】クヮンケイ《relational database》▶リレーショナルデータベース

かんけい‐どうぶつ【環形動物】クヮンケイ 動物界の一門。体形はひも状で多数の環節に分かれる。貧毛類(ミミズ)・多毛類(ゴカイ)・ヒル類などに分けられる。環節動物。環虫。

かんけい‐ほうこう【環形×彷×徨】クヮンケイハウクヮウ ▶リングワンデルング

かんけい‐もうそう【関係妄想】クヮンケイマウサウ 自分に無関係な周囲の人々の会話や動作などを、自分に関係づける妄想。

かん‐げき【間隙】❶物と物との、あいだ。空間的・時間的すきま。「人込みの―を縫って進む」「ディフェンスの―を突かれる」❷人間関係の隔たり。不和。「二人の間に―を生じる」
(類語)間・あわい・はざま・合間(あいま)・すきま・隙(すき)

かん‐げき【感激】〔名〕スル 強く心に感じて、気持ちがたかぶること。「優勝の―にひたる」「観客に―を与える」「無私の行為に―する」「―家」
(類語)感動・感銘・感心・感慨・感ずる

かん‐げき【観劇】クヮン〔名〕スル 演劇を見ること。「団体で―する」「―会」(類語)観覧・観戦・総見・立ち見

かんけこうしゅう【菅家後集】クヮンケコウシフ 平安中期の漢詩集。1巻。菅原道真著。延喜3年(903)までに成立。正式の書名は「西府新詩」。大宰府へ流されてから作った詩46編を収録。道真が死の直前に紀長谷雄(きのはせお)に贈ったもの。菅家後草。

かん‐げざい【緩下剤】クヮン 比較的作用の緩やかな下剤。➡峻下剤(しゅんげざい)

かんげ‐しょ【勧化所】クヮンゲ《「かんげじょ」とも》勧化❷の事務を扱う所。また、寺でお札や御影(みえい)を出す所。

かんげ‐ちょう【勧化帳】クヮンゲチャウ 勧化❷の趣旨を書いた帳面。勧進帳。

かん‐けつ【×奸×譎|×姦×譎】〔名・形動〕よこしまで、心にいつわりが多いこと。また、そのさま。かんきつ。「この残酷にして―なる神の悪戯に堪(た)うる能(あた)わず」〈芥川・開化の殺人〉

かん‐けつ【汗血】❶汗と血。また、血のような汗を流すこと。非常に苦労することのたとえ。❷「汗血の馬」に同じ。

かん‐けつ【完結】クヮン〔名〕スル 続いていた物事などがすっかり終わること。また、終わってまとまること。「連続ドラマが―する」「―編」「自己―」(類語)終わる・済む・片付く・上がる・引ける・跳ねる・終了・完了・結了・終結・終決・終止・終息・閉幕・幕になる・幕を閉じる・ちょんになる・けりが付く・方(かた)が付く

かん‐けつ【陥欠】不備な部分。欠点。「どんな社会だって―のない社会はあるまい」〈漱石・三四郎〉

かん‐けつ【間欠|間×歇】一定の時間を置いて、物事が起こったりやんだりすること。

かん‐けつ【簡潔】〔形動〕図〔ナリ〕簡単で要領を得ているさま。手みじかではっきりしているさま。「―な表現」「―に要旨を述べる」(派生)かんけつさ〔名〕
(類語)手短・簡約・簡単

かん‐げつ【寒月】冬の夜の冷たくさえわたった光の月。(季冬)「―や我ひとり行く橋の音/太祇」

かん‐げつ【観月】クヮン 月、特に、仲秋の名月を観賞すること。月見。(季秋)

がん‐けつ【×巌穴|岩穴】岩の洞穴。岩窟。

かんげつ‐かい【観月会】クヮングヮツクヮイ 仲秋の名月を観賞する会。月見の会。

かんけつせい‐はこう【間欠性×跛行|間×歇性×跛行】ハカウ 歩いているうちに下肢が痛んで正常に歩けなくなり、休息すると痛みがとれて歩けるようになる状態。動脈硬化などで下肢の血行障害があるときに起こる。

かんけつ‐せん【間欠泉】一定の時間を隔てて周期的に噴き出す温泉。宮城県の鬼首(おにこうべ)温泉などでみられる。(類語)出で湯・温泉・鉱泉・冷泉・秘湯

かんけつ‐てき【間欠的】〔形動〕一定の時間を置いて起こったりやんだりするさま。「―に痛みが走る」

かんけつ‐ねつ【間欠熱】高熱と平熱とが数時間から2日おきぐらいに繰り返される発熱の型。マラリア・回帰熱などでみられる。

かんけつ‐の‐うま【汗血の馬】漢の武帝のとき、西域地方から獲得したという名馬。血のような汗を流して、1日に千里を走るという。汗血馬。

がんけつ‐の‐し【×巌穴の士】世俗を逃れて山林や岩穴に隠れ住む人。隠者。

かんげ‐とみ【勧化富】クヮンゲ 勧化❷のために行われる富くじ。

かんけぶんそう【菅家文草】クヮンケ 平安中期の漢詩文集。12巻。菅原道真著。昌泰3年(900)成立。前半に詩468編、後半に賦・奏状・願文などを収める。

かんけまんようしゅう【菅家万葉集】クヮンケマンエフシフ「新撰万葉集」の異称。

かん‐けり【缶蹴り】クヮン 空き缶を使ったかくれんぼう。定めた所に置いた缶を蹴り、それを鬼がもとに戻す間に隠れる。鬼は見つけるたびに缶を踏みに戻り、また隠れる側は鬼が離れたすきに缶を蹴ってもよく、その場合は既に見つけられた者も再び隠れることができる。

カンゲルルススアーク〖Kangerlussuaq〗《グリーンランド語で大フィヨルドの意》デンマーク領グリーンランド南西内陸部の町。第二次大戦中に米国によって建設された飛行場は、冷戦終結後グリーンランドのハブ空港となっている。オーロラ観測の適地として知られるほか、周辺にはジャコウウシやカリブーなどの野生動物が多数生息する。

かん‐けん【官権】クヮン 政府の持つ権力。また、官庁や官吏の権限。

かん‐けん【官憲】クヮン ❶官庁・役所。また、官吏・役人。特に警察関係にいう。「―の手を逃れる」❷政府・官庁の規則。(類語)役所・官庁・お上・官公庁

かん‐けん【乾繭|干繭】貯蔵のため、繭(まゆ)を乾燥させて中にいるさなぎを殺すこと。また、その繭。

かん‐けん【寒×暄】《「暄」は暖かい意》寒さと暖かさ。寒暖。「―のあいさつ」
寒暄を叙・す 時候のあいさつをする。

かん‐けん【漢検】「漢字検定」の略。商標名。

かん‐けん【管見】クヮン《細い管(くだ)を通して見る意》❶狭い見識。視野の狭い考え方。「―にとらわれる」❷自分の知識・見解・意見をへりくだっていう語。
(類語)愚見・卑見・私見・小見・浅見・寡聞

かん‐けん【関鍵】クヮン ❶かんぬきと、かぎ。❷戸締まり。❸物事の最も重要なところ。要点。「二人の恋の―を自ら握って居る」〈花袋・蒲団〉

かん‐けん【×艱険|×艱×嶮】〔名・形動〕❶山道などが、けわしいこと。また、そのさま。❷物事がきびしく困難なこと。また、そのさま。「一身前途の―なるをも」〈菊亭香水・世路日記〉

かん‐げん【甘言】人の気に入るような口先だけのうまい言葉。甘辞。「―につられる」「―を弄(ろう)する」
(類語)巧言・美辞・殺し文句

かん‐げん【乾舷】船の中央部で、満載喫水線(きっすいせん)から上甲板の舷側までの高さ。これが十分にないと浮力が不足し、安全性が損なわれる。

かん‐げん【換言】クヮン〔名〕スル 別の言葉で言い表すこと。言いかえること。「以上のことを―すれば」
(類語)言い換える・言い直す

かん‐げん【閑言】❶静かにする話。❷むだばなし。閑話。

かんげん【寛元】クヮン 鎌倉中期、後嵯峨天皇・後深草天皇の時の年号。1243年2月26日～1247年2月28日。

かん‐げん【寛厳】クヮン 寛大なことと厳格なこと。「―よろしきを得る」

かん‐げん【管弦|管×絃】クヮン ❶管楽器と弦楽器。横笛などの笛類と、琵琶(びわ)・琴などの弦(いと)類。また、楽器の総称。糸竹(しちく)。❷楽器を演奏すること。特に、雅楽の演奏。また、詩文・和歌に対して、音楽をいう。「―の遊び」「詩歌―」❸雅楽で、舞を伴わない楽器だけによる演奏形式。

かん‐げん【×諫言】〔名〕スル 目上の人の過失などを指摘して忠告すること。また、その言葉。「誠意をもって主君に―する」(類語)諫(いさ)める・諫止・諫死・注意・意見・忠言・忠告・勧告・警告・戒(いまし)め・心添え・戒める・窘(たしな)める・咎(とが)める・諭す

かん‐げん【還元】クヮン〔名〕スル ❶物事をもとの形・性質・状態などに戻すこと。「利益の一部を社会に―する」❷酸素の化合物から酸素を奪うこと。または、ある物質が水素と化合すること。一般的には、原子または原子団に電子を与えること。➡酸化 (類語)復元・回復・挽回(ばんかい)・復旧・復興・復調・復活・蘇生(そせい)

がん‐けん【岩圏】▶岩石圏(がんせきけん)

がん‐けん【眼×瞼】まぶた。

がん‐けん【頑健】グヮン〔名・形動〕からだが丈夫で、非常に健康なこと。また、そのさま。「よく鍛えた―なからだ」(派生)がんけんさ〔名〕(類語)元気・健康・丈夫・無事・健勝・清勝・健(すこ)やか・壮健・健全・達者・まめ・つつがない・息災・無病息災・強壮・強健・矍鑠(かくしゃく)

かんげん‐えん【還元炎|還元×焔】クヮン ガスバーナーの炎で、酸素の供給が少ない、温度の低い部分。一酸化炭素や水素を含み還元性がある。

がんけんえん‐えん【眼×瞼縁炎】まぶたの縁(ふち)の炎症。細菌感染などで起こり、かゆみがある。

かんげん‐がく【管弦楽】クヮン 洋楽で、種々の管楽器・弦楽器・打楽器の組み合わせによる大規模な合奏。また、その楽曲。オーケストラ。

かんげん‐がくだん【管弦楽団】クヮン 管弦楽を演奏する団体。オーケストラ。

かんげんがく‐ほう【管弦楽法】クヮングヮクハフ 各楽器の特徴やそれらの組み合わせ方を考察し、ある楽想や楽曲を管弦楽曲として効果的に作曲あるいは編曲する技法。

がんけん‐けいれん【眼×瞼×痙×攣】自分の意に反して眼の周りの筋肉が収縮する病気。まぶたが痙攣する、瞬きが多くなる、目を開けていられないなどの症状が起こり、重症化すると上まぶたが下がって見えなくなることもある。原因ははっきりしないが、治療法には薬物療法、手術がある。

かんげん‐こう【管絃講】クヮン 仏前で読経とともに管絃を演奏して、仏徳をたたえる法会。また、管絃を奏して死者を弔う法要。かげんこう。

かんげん‐さい【管絃祭】クヮン ❶広島県の厳島神社で、陰暦6月17日の夜に行う祭礼。神輿(みこし)を船に安置して、海上で管絃を吹奏する。❷京都府の車折(くるまざき)神社で、5月に行う祭礼。三船(みふね)祭。

かんげん‐ざい【還元剤】クヮン 酸化還元反応で他の物質を還元し、自身は酸化される物質。水素・硫化水素・アルカリ金属など。

かんげん‐だて【還元建て】クヮン そのままでは水に溶けない染料を、ハイドロサルファイトなどで還元し、水に溶けるようにする操作。

かんげん‐ち【還元地】クヮン 一度開墾された耕地が、再びもとの荒れ地にもどった土地。

かんげん‐てつ【還元鉄】クヮン 酸化鉄や鉄塩を水素などで還元して作った灰黒色の粉末状の鉄。きわめて酸化されやすく、触媒や貧血症の薬に用いる。

かんげん‐とう【還元糖】クヮンゲンタウ 分子内に遊離性のアルデヒド基やケトン基をもち、還元性を示す糖類。ぶどう糖・果糖・麦芽糖など。

かんげん‐にゅう【還元乳】クヮン 粉乳や無塩バターに水を加えて均質化し、牛乳の状態に戻したもの。

かんげん‐ひょうはくざい【還元漂白剤】クヮンゲンヘウハクザイ 還元作用によって物質を漂白する薬剤。亜硫酸ガス・亜硫酸ナトリウムなど。

かんげん‐ぶがく【管弦舞楽】クヮン 舞楽で、演奏に管楽器と打楽器のほか、琵琶・箏(そう)などの弦楽器を加えた演出様式。

かんげん‐ぶんれつ【還元分裂】クヮン ▶減数分裂

がんけんへいさ‐はんしゃ【眼×瞼閉鎖反射】反射的にまぶたを閉じる運動。網膜に強い光が当たったり、物が眼前に近づいたりしたときに眼球を保護するために起こる。瞬目反射。

かんげん‐まい【還元米】クヮン 政府の命令で自家用米を供出した農家に、米の不足する時期、政府から配給される米。

かんげん-りまわり【還元利回り】不動産投資で、投資額に対する年間の賃料収入の割合。これに対して、賃料収入から管理費・税金などの経費を除いた純収入をもとに計算する場合を実質利回りという。

かん-こ【官戸】❶唐代の中国で、官に所属していた賤民の一。❷宋代以降の中国で、科挙に及第して官僚となった者の家。❸日本の律令制で、官奴司に所属し、雑役に駆使された賤民。良民と同様に口分田を受けたが、収穫はすべて官に納めて衣食を支給された。官人・良民で罪を犯して没官された者、家人・奴婢が主家の人と通じて生まれた子、官奴婢で66歳以上の者などが含まれる。

かん-こ【官庫】❶官有の倉庫。❷国庫。

かん-こ【乾枯】人の言説などが味わいに欠けること。「理屈っぽくて―に過ぎる」

かん-こ【喚呼】〔名〕スル 大声で呼ぶこと。また、その声。「信号を―して確認する」

かん-こ【歓呼】〔名〕スル 喜んで、大きな声を上げること。「―の声」「―して迎える」〘類語〙歓声・喚声

かん-こ【×諫鼓】中国の伝説上の聖天子が、君主に諫言をしようとする者に打ち鳴らさせるために、朝廷の門前に設けたという鼓。いさめのつづみ。

諫鼓苔生す　君主の善政により諫鼓を鳴らす必要がなくて苔が生えるほど、世の中がよく治まっているたとえ。

かん-こ【簡古】〔名・形動〕簡素で古色を帯びていること。また、そのさま。「―な筆致」

かん-こ【×鹹湖】▶塩湖

かん-ご【看護】〔名〕スル けが人や病人の手当てや世話をすること。「手厚い―を受ける」「病人を―する」「寝ずに―する」

〘用法〙**看護・看病**――「一晩中寝ずに病人の看護(看病)をした」の場合には相通じて用いられる。◆「看護」は「看病」より意味が広く、「出産したばかりの妻を看護する」「年老いた父の看護にあたる」のように用いる。◆類似の語に「介抱」「介護」がある。「介抱」は一時的に相手の世話をするような場合にいう。「脳貧血で倒れた友達を介抱した」「酔っ払いを介抱する」の場合は「看護」「看病」はふさわしくない。「看護」「看病」が見守ることなども含むのに対し、「介抱」は具体的に世話をするという意味合いが強い。◆「介護」は一般的に「寝たきり老人の介護」など病院以外での介抱や看護についていうことが多い。

〘類語〙看病・世話・心配・扶助・扶育・養護・御守り・付き添い・介添え・介抱・介助・介護・面倒見・ケア

かん-ご【款語】親しく語り合うこと。「心骨蕩然として悠悠―」〈東海散士・佳人之奇遇〉

かん-ご【閑語｜間語】〔名〕スル ❶静かに話をすること。閑談。❷むだばなし。閑話。

かん-ご【感悟｜感×寤】〔名〕スル 感じてさとること。

かん-ご【漢語】❶日本語の中で、字訓ではなく、字音で読まれる語。また、字音で読まれる漢字から成る熟語。昔、中国から伝わり日本語として定着したもののほかに、日本で作られたものもある。字音語。➡和語 ❷中国の漢民族の言語。中国語。

かん-ご【歓娯】喜び楽しむこと。「偶々外国に遊行して一時―を極むる」〈織田訳・花柳春話〉

かん-ご【歓語】楽しい語らい。歓談。「笑い声と歌声と―の声が沸き返り」〈谷崎・少将滋幹の母〉

かん-ご【監護】〔名〕スル 監督し、保護すること。
〘類語〙保護・教護

かん-ご【韓語】朝鮮語のこと。

がん-こ【含×糊】言葉・態度がはっきりしないこと。「―の態をなして物を言うようになった」〈鷗外・雁〉

がん-こ【×紈×袴】❶白練りの絹で仕立てたはかま。昔、中国で貴族の子弟が着用した。❷貴族の子弟。特に、柔弱な者をいう。紈袴子。

がん-こ【頑固】〔名・形動〕❶かたくなで、なかなか自分の態度や考えを改めようとしないこと。また、そのさま。「―な職人」「―おやじ」❷取りついて容易に離れようとしないこと。また、そのさま。「―な汚れ」「―な水虫」➡強情〘用法〙〘派生〙がんこさ〔名〕
〘類語〙強硬・硬骨・頑固一徹

がんこ-いってつ【頑固一徹】〔名・形動〕自分の考えや態度を絶対に変えようとしないで最後まで押し通すこと。また、そのさま。「―な生き方」

かん-こう【刊行】〔名〕スル 書籍などを印刷して世に出すこと。出版。〘類語〙出版・発行・発刊・上梓・印行・刊・上木・版行・公刊・発兌

かん-こう【甘×汞】塩化水銀(Ⅰ)の通称。

かん-こう【完工】〔名〕スル 工事が完了すること。竣工。「ダムがようやく―した」〘類語〙落成・竣工・竣成

かん-こう【官公】国と地方公共団体。

かんこう【咸興】▶ハムフン

かん-こう【桓公】[?～前643]中国、春秋時代の斉の君主。在位、前685～前643年。姓は姜。名は小白。鮑叔牙の進言により管仲を登用して国力を充実させ、前651年、春秋五覇の第一となった。

かん-こう【勘考】〔名〕スル よく考えること。思案。「諸事情を―して決定を下す」

かん-こう【勘校】〔名〕スル 照らし合わせて誤りを正すこと。また、書物を校訂すること。校勘。
〘類語〙訂正・修訂・改訂・校閲・校正・校合

かん-こう【寒光】さむざむとした光。

かん-こう【×嵌工】象眼や、はめ木細工。また、その職人。

かん-こう【敢行】〔名〕スル 悪条件を押し切って行うこと。無理を承知で思い切って行うこと。「大陸横断を―する」〘類語〙決行・断行・強行・実行・実践・行動・躬行・励行・履行・実施・施行・執行・遂行

かん-こう【款項】款と項。予算・決算の区分の単位。

かん-こう【菅公】菅原道真の敬称。

かん-こう【間行】〔名〕スル こっそりと隠れて行くこと。忍び歩き。「父兄―して難を避け」〈東海散士・佳人之奇遇〉

かん-こう【勧降】降伏を勧めること。

かんこう【寛弘】平安中期、一条天皇・三条天皇の時の年号。1004年7月20日～1012年12月25日。

かん-こう【寛×弘】〔名・形動〕広いこと。特に、心や度量が広いこと。また、そのさま。寛大。「―にして偏曲ならざる人」〈中村訳・西国立志編〉
〘類語〙広い・寛闊・寛大・寛容・寛宏・広量

かん-こう【寛×宏】〔名・形動〕心が広いこと。寛大。「この生意気な娘に対しても、等しく―な無頓着な態度を」〈谷崎・神童〉

かん-こう【寛厚】〔名・形動〕心が広く、態度が温厚なこと。また、そのさま。「―な人柄」〘類語〙優しい・温かい・温か・温厚・寛仁・親切・情け深い・慈悲深い

かん-こう【感光】〔名〕スル 物質が光を受けて反応し、化学変化を起こすこと。「フィルムが―する」

かんこう【漢口】中国湖北省の武漢市の北部地区。漢水と揚子江との合流点の北岸にあり、交通の要地。もと武昌・漢陽と武漢三鎮を形成。ハンコウ。

かん-こう【漢江】㊀漢水の別名。㊁▶ハンガン(漢江)

かん-こう【慣行】❶古くからの習わしとして行われていること。「―にならう」❷ふだん、習慣として行うこと。〘類語〙例・習い・習わし・仕来り・慣例・常例・定例・通例

かん-こう【×箝口｜×鉗口】《「けんこう」の慣用読み》❶口をつぐんでものを言わないこと。❷他人にものを言わせないこと。

かん-こう【緩行】〔名〕スル ❶ゆっくり進むこと。徐行。「事故現場を電車が―する」❷列車が各駅に停車すること。また、その列車。

かん-こう【還幸】〔名〕スル ❶天皇が出先から帰ること。還御。❷神が神幸先から帰ること。

かん-こう【観光】〔名〕スル 他の国や地方の風景・史跡・風物などを見物すること。「各地を―してまわる」「―シーズン」「―名所」〘類語〙行楽・遊山・探勝

かん-こう【韓江】中国広東省東部の川。大埔県で汀江・梅江などが合流し、汕頭付近で南シナ海に注ぐ。長さ227キロ。ハンチァン。

かん-こう【贛江】中国江西省中部を北流する川。南嶺山脈に源を発して鄱陽湖に注ぎ、さらに揚子江に連絡。長さ758キロ。カンチァン。

かん-ごう【勘合】〔名〕スル ❶照らし合わせて真偽を確かめること。また、よく考え合わせること。「原本と―する」❷明代の中国で、正式の使船の証として外国に与えた割符。日明間では「日本」の2文字を分け、明船は「日」字を日本船は「本」字を持参し、相手国の底簿と照合した。勘合符。

かん-ごう【×嵌合】▶嵌め合い

がん-こう【眼孔】❶眼球の入っている穴。眼窩。❷見識の広さ。物事を見通す能力。「―大なる人」

がん-こう【眼光】❶物をじっと見つめるときなどの、目の光。目の輝き。「―鋭く人を射すくめる」❷物事の真意を見通す力。観察力。眼力。
〘類語〙眼力・心眼・慧眼・達眼

眼光紙背に徹す　《紙の裏まで見通す意から》書物の字句の背後にある深い意味をも読みとる。

眼光人を射る　鋭い目つきで人を圧倒する。

がん-こう【×雁行】〔名〕スル ❶空を飛ぶ雁の列。また、その形。《季 秋》❷斜めに並んで進むこと。「―する船団」❸先になり後になりして進むこと。「首位を争って―する二チーム」❹兵法で、陣立ての一。斜めに陣を組んだもの。

かんごう-いん【勘合印】勘合❷に押す印。

ガン-こうか【ガン効果】ガリウム砒素(GaAs)の半導体に高電圧をかけたときに振動電流が発生する現象。1963年に米国IBM社のJ＝B＝ガンが発見。ガンダイオードというマイクロ波発振素子はこの効果を利用したもの。

かんこうき-よほう【寒候期予報】晩秋から春先にかけての天候の予報。毎年10月20日に気象庁予報部から発表される、冬の寒さ・雪の多少・春の訪れの遅速などについての予測。

がん-こうけい【顔杲卿】[692～756]中国、唐の政治家。臨沂(山東省)の人。顔真卿の従兄。玄宗に仕え、安禄山に登用されて太守となったが、禄山の反乱の際、これに敵対し、捕まって殺された。

かんこう-さい【還幸祭】神幸を終えて、本社に戻った神霊を御輿から社殿へ移す祭事。

かんこう-ざいりょう【感光材料】写真フィルム・印画紙など、感光性をもつ材料。ふつう感光乳剤を塗ってある。

かんこう-し【感光紙】感光乳剤を塗布した紙。印画紙・複写紙など。

がんごう-じ【元興寺】㊀奈良市芝新屋町にある華厳宗の寺。南都七大寺の一。養老2年(718)、法興寺・元興寺とも呼ばれた飛鳥寺を奈良の都に移したもので、新元興寺とも称した。がごじ。がごうじ。➡飛鳥寺 ㊁奈良市中院町にある真言律宗の寺。院号は極楽院。㊀の学僧の住房であった極楽坊が、庶民の信仰を集め発展したもの。14世紀に、真言・律兼宗。江戸時代は極楽院、のち元興寺極楽坊と称した。本堂・禅室・五重小塔は国宝。平成10年(1998)「古都奈良の文化財」の一つとして世界遺産(文化遺産)に登録された。

かんこう-しげん【観光資源】観光客を集めるのに役立つ美しい景観・名所・温泉など。

がんごうじ-ごくらくぼう【元興寺極楽坊】元興寺㊁の旧称。

かんこう-じゅす【観光×繻子】縦糸に絹糸、横糸に綿糸を使って交ぜ織りにし、光沢をつけて唐繻子に似せた織物。明治初期に、産地の群馬県桐生が東京浅草の観光社に託して販売したので、この名がある。〘補説〙「看光繻子」「寒紅繻子」とも書く。

かんこう-しゅてい【眼高手低】理想は高いが実行力が伴わないこと。特に、批評する力はあるが創作力がないこと。

かんこう-しょ【官公署】国と地方公共団体の諸機関の総称。

かんこう-せい【感光性】物質が光の照射によ

って化学変化を起こす性質。

かんこうせい-じゅし【感光性樹脂】カンクワウセイ 光や放射線の照射によって構造変化が起き、溶解性が変わったり電気伝導性が変わったりする高分子化合物。

かんごう-せん【勘合船】カンガフ 室町時代、勘合を交付されて明と正式に通商した船。遣明船。

かんこう-ち【観光地】クワンクワウ 観光の対象とされる史跡や名勝、また、温泉などがある土地。

かんこう-ちょう【官公庁】クワンコウ 国と地方公共団体の役所。(類語)役所・官庁・官憲・お上

かんこう-ちょう【観光庁】クワンクワウチャウ 国土交通省の外局の一。平成20年(2008)10月に設置。観光立国の推進と体制強化を図るために、日本の魅力を内外に発信、国内外の交流人口の増加、地域の自立的な観光地づくりの支援、観光関連産業の活性化、旅行しやすい環境整備などを行う。

かんこう-でんきょく【甘×汞電極】▶カロメル電極

かんこう-ど【感光度】カンクワウ 感光の度合い。発色のぐあい。➡感度

かんこう-とし【観光都市】クワンクワウ 観光資源が多く、観光で成り立っている都市。

かんこう-にゅうざい【感光乳剤】カンクワウ 臭化銀などの粒子をゼラチンの中に一様に分散させた乳液状の薬剤。写真乾板・フィルム・印画紙の表面に塗布して感光膜層を作る。写真乳剤。

かんこう-ば【勧工場】クワンコウ 明治・大正時代、一つの建物の中に多くの店が入り、いろいろな商品を即売した所。デパートの進出により衰えた。明治11年(1878)東京にできた第一勧工場が最初。勧商場。

かん-こうばい【寒紅梅】梅の一品種。寒中に紅色の八重の花が咲く。(季冬)

かんこう-バス【観光バス】クワンクワウ 団体で観光地などをめぐるために作られた大型自動車。景色がよく見えるように床面を高くしたり、多量の荷物を積み込めるスペースを設けたりしたものが多い。➡ハイデッカーバス

かんこう-はん【慣行犯】クワンカウ ▶常習犯

かんこう-ばん【感光板】カンクワウ 板状の感光材料。写真撮影用の乾板・湿板など。

かんごう-ふ【勘合符】カンガフ「勘合❷」に同じ。

かんこう-ぶつ【刊行物】カンカウ 刊行した書籍・文書・絵画など。「政府―」「定期―」

かん-こうへん【肝硬変】ーカウ 肝細胞が破壊され、線維組織が増殖するために、肝臓が縮小して硬くなる病態。ウイルス性肝炎・アルコール性肝臓障害や栄養障害などが原因となり、腹水・黄疸・脾腫などの症状が現れ、食道胃静脈瘤や肝臓癌がんを併発することもある。肝硬変症。

かんごう-ぼうえき【勘合貿易】カンガフ 室町時代、勘合❷を用いた対明貿易。中断もあったが、応永11年(1404)から約140年間続いた。銅・硫黄・刀剣・扇などを輸出し、銅銭・生糸・絹織物などを輸入した。

かん-こう-もく-せつ【款項目節】クワンカウ 旧会計法での予算の分類項目。款は最大の分類で、項は款の、目は項の、節はさらに目の細分類。現行の財政法では、部・款・項・目・節と細分類される。

がんこう-らん【岩高×蘭】ガンカウ ガンコウラン科の常緑小低木。高山に自生し、高さ約10センチ。茎は地をはう。葉は線形で堅く、密に互生する。雌雄異株で、初夏、暗紅色の花をつける。実は丸く、紫黒色に熟し、甘酸っぱい。ジャムなどにする。(季夏)

かんこう-り【官公吏】クワンコウ 官吏と公吏。国家公務員と地方公務員。

かんこう-れい【×箝口令】ある事柄に関する発言を禁じること。「―を敷く」

かんこう-ろう【官公労】クワンコウラウ《「日本官公庁労働組合協議会」の略》国家公務員・地方公務員・公共企業体職員などの労働組合によって昭和24年(1949)結成された連絡協議会。同33年解散。現在は、官公庁にある労働組合の総称として用いる。

かん-ごえ【甲声】ーごゑ かん高い声。高くひびく声。「錆を含んだ、芸人らしい―を絞って」〈谷崎・幇間〉

かん-ごえ【寒声】ーごゑ 僧や邦楽を学ぶ人が、寒中に声を出してのどを鍛えること。また、その声。(季冬)「―に嗄からせし喉を大事かな/虚子」

かん-ごえ【寒肥】寒中に、農作物や庭木に施す肥料。かんごやし。(季冬)「―や花の少き枇杷びわの木に/素十」

かん-ごえ【×癇声】ーごゑ 癇癪かんしゃくを起こしたときの高い声。「―でしかりつける」

かんこ-おどり【かんこ踊(り)】ーをどり《「かんこ」は「かっこ(羯鼓)」の音変化》民俗芸能の一。胸に下げた締め太鼓を打ちながら踊るもの。三重県各地、石川県石川郡・福井県大野市などでも行われる。

かんごおんず【漢呉音図】カンゴ 江戸後期の韻鏡の研究書。3巻。太田全斎著。文化12年(1815)刊。漢呉音図・漢呉音徴・漢呉音図説からなる。

かんご-がく【看護学】看護の実際と理論を研究する学問。

かんご-ぎむしゃ【監護義務者】未成年者などを監護する義務のある者。

かんご-きゅうか【看護休暇】ーキウカ 働く親が小学校就学前の子供の病気やけがの看病のために取る休暇。また、その制度。年次有給休暇とは別に年間5日まで取得できる。平成17年(2005)施行の改正育児介護休業法による。

かん-こく【汗国】▶ハン国

かん-こく【官刻】クワン「官版かんぱん❶」に同じ。

かん-こく【寒国】寒さの厳しい国や地方。

かん-こく【勧告】クワン〔名〕スル ある行動をとるように説きすすめること。「辞職を―する」「人事院―」
(類語)忠告・警告・諭告・注意・忠言・諫言かんげん・意見・戒めいましめ・心添え(―する)戒める・諫いさめる・窘たしなめる・咎とがめる・諭す

かん-こく【監国】古代、中国および日本で、天子が地方を巡幸する間、太子が国政を代行すること。また、その任に当たる皇太子。

かん-こく【韓国】㊀李朝末の朝鮮の国号、大韓の通称。1897年から1910年の韓国併合まで用いられた。㊁大韓民国の略称。

かん-ごく【監獄】受刑者や被疑者・被告人などを拘禁するための施設。監獄法の改廃に伴い、法律上の名称は「刑事施設」に改められた。
(類語)刑務所・牢獄ろうごく・牢・牢屋・拘置所・留置場・豚箱

かんこく-かん【函谷関】ークワン 中国河南省北西部、黄河南岸の山中にある交通の要地。関所が設けられ、秦代には霊宝付近にあったものが、漢代に移された。長安と洛陽とを結ぶ道に位置し、多くの攻防戦の舞台となった。ハンクーコワン。

函谷関の鶏鳴けいめい 《「史記」孟嘗君もうしょうくん伝から》斉の孟嘗君が秦から逃れて函谷関まで来たとき、鶏鳴まで開かない規則の門を、鶏の鳴きまねがうまい者の働きによって開けさせて無事通過することができたという故事。➡鶏鳴狗盗けいめいくとう

かんこく-ご【韓国語】▶朝鮮語ちょうせんご

かんこ-くさ・い【×紙子臭い】〔形〕〔文〕かんこくさ・し〔ク〕《「かんこ」は「かみこ」の音変化。近世語》紙などの焦げるにおいがする。焦げ臭い。「火の廻り気を付よ、―・い」〈浄・碁盤太平記〉

かんこく-とうかんふ【韓国統監府】▶統監府

かんこく-へいごう【韓国併合】ーヘイガフ 日本が韓国を領有して植民地としたこと。日露戦争中の第一次日韓協約で財政・外交の顧問に日本人を採用させ、次いで第二次日韓協約で外交権を掌握し、統監府を設置。明治43年(1910)併合に関する条約を締結して完全な植民地とした。日韓併合。

かんこくへい-しゃ【官国幣社】クワンコクヘイ 旧社格による、官幣社と国幣社の総称。神宮に次ぐ高位の神社。

かんごく-べや【監獄部屋】《監視が厳しく待遇がひどかったところから》明治以降、道路工事・鉄道工事・鉱山労働などに従事する労働者を収容した宿舎をいった語。たこべや。

かんごく-ほう【監獄法】ーハフ 収監の手続き、拘禁の形式、作業・教誨きょうかい・接見など、自由刑の執行方法や死刑の執行などについて規定した法律。明治41年(1908)施行。平成19年(2007)に廃止。同18年から刑事収容施設法が施行されている。(補説)平成18年(2006)に刑事施設の管理運営と受刑者の処遇について規定した刑事収容施設法が施行され、「監獄」「仮出獄」等の用語が「刑事施設」「仮釈放」等に改められたのに伴い、監獄法は受刑者を除く未決拘禁者等の処遇を規定する法律として「刑事施設ニ於ケル刑事被告人ノ収容等ニ関スル法律」に改称された。同19年、刑事収容施設法の一部改正により未決拘禁者等に関する規定も同法に統合され、監獄法は廃止された。

かんこく-ほうそうこうしゃ【韓国放送公社】ーハウソウコウシャ 大韓民国の公共放送。日本統治下の1927年設立の「朝鮮放送協会」が前身。第二次世界大戦後に国営化され、73年に公共放送となった。テレビ・ラジオ兼営で、受信料を徴収するがコマーシャルも放送する。ハングク-バンソン-ゴンサ。韓国放送。KBS(Korean Broadcasting System)。➡文化放送㊁ ➡SBS

かんこく-みんだん【韓国民団】在日本大韓民国民団の略称。

かんご-し【看護士】男性看護師の旧称。➡看護師

かんご-し【看護師】傷病者の看護および療養上の世話、医師の診療の補助を職業とする者。国家試験に合格し、厚生労働大臣の免許を受けた者。(補説)平成14年(2002)3月施行の「保健婦助産婦看護婦法の一部を改正する法律」により、それまで使用されていた「看護婦(女性)」「看護士(男性)」から、男女の区別のない現名称へと変更された。また同法では「准看護婦」から「准看護師」、「保健婦」から「保健師」、「助産婦」から「助産師」への変更も規定されている。

がんご-じ【元興寺】グワン ▶がんごうじ(元興寺)

かんご-そち【観護措置】クワン 少年事件で、家庭裁判所が調査のために少年の身体を確保すること。ふつう、少年鑑別所に収容。期間は原則2週間、1回の更新が認められる。相当の理由がある場合はさらに2回を限度に更新が認められ、最長8週間。

かん-こつ【寛骨・×髖骨】クワン 骨盤の左右の壁を形成する左右一対の骨。腸骨・座骨・恥骨の三つの扁平骨が癒合してできたもの。

かん-こつ【×顴骨】クワン《「けんこつ(顴骨)」の慣用読み》「頬骨きょうこつ」に同じ。

かんこつ-きゅう【寛骨臼】クワンコツキウ 寛骨の外側にある、大きなくぼみの部分。大腿骨だいたいこつの頭部が入って股関節をつくる。髀臼ひきゅう。

かんこつ-きゅうがい【寛骨臼蓋】クワンコツキウガイ ▶臼蓋

かんこつ-きん【寛骨筋】クワンコツ 寛骨を覆う、腸腰筋・臀筋でんきんなどの筋肉。大腿の運動をつかさどる。

かんこつ-だったい【換骨奪胎】クワンコツ〔名〕スル《骨を取り換え、胎たいを取ってわが物として使う意》先人の詩や文章などの着想・形式などを借用し、新味を加えて独自の作品にすること。

かんこ-どり【閑古鳥】カッコウの別名。(季夏)「うき我をさびしがらせよ―/芭蕉」

閑古鳥が鳴・く 人の訪れがなく、ひっそりと静まり返っているさま。客が来なくて商売がはやらないさま。「不景気で、店に―・いている」

かんご-にん【看護人】けが人や病人を看護する人。

かんこ-の-き【かんこの木】トウダイグサ科の落葉低木。海岸近くの山野に自生。葉は細長い倒卵形で、厚い。雌雄異株。夏、淡緑色の小花をつける。実は熟すと裂けて赤い種子が現れる。本州南西部・四国・九州・沖縄に分布。

かんご-ふ【看護婦】女性看護師の俗称。正式名称は男女とも看護師。➡看護師
(類語)ナース・ナイチンゲール・白衣の天使

かん-ごやし【寒肥やし】「寒肥かんごえ」に同じ。(季冬)

かん-ごり【寒×垢離】寒中に冷水を浴びて心身を清め、神仏に祈願すること。「―をとる」(季冬)「―にせなかの竜の披露かな/一茶」➡垢離こり
(類語)垢離・水垢離・禊みそぎ・沐浴もくよく

かんころ ❶(西日本で)サツマイモの切り干し。❷(北九州付近で)大根の切り干し。

かん-こん【還魂】クヮンコン 魂がもどり、死者がよみがえること。

かんこんき【還魂記】クヮンコンキ 中国、明代の戯曲。55幕。湯顕祖作。1598年刊。青年の柳夢梅と美女の杜麗娘の恋愛の成就を、現世と冥界とを舞台に描いたもの。恋愛至上主義をうたった、明曲の代表作。牡丹亭。

かんこん-し【還魂紙】クヮンコンシ《使い古した紙をよみがえらせる意から》漉き返しの紙。

カンコンス-ひろば【カンコンス広場】《Place des Quinconces》フランス南西部、ジロンド県の都市ボルドーのガロンヌ川沿いにある広場。面積は12万平方キロメートルでヨーロッパ最大級。ここで処刑されたジロンド派の主力党員を悼む記念碑がある。2007年、この広場やブルス広場を含め、啓蒙時代の都市計画を良好に保存している歴史地区が「月の港ボルドー」の名称で世界遺産(文化遺産)に登録された。

かん-こん-そう-さい【冠婚葬祭】クヮンコンサウサイ 日本古来の四大礼式、元服・婚礼・葬式・祖先の祭礼のこと。また、一般に、慶弔の儀式。

かん-さ【×奸詐｜×姦詐】うそや計略で人を陥れようとすること。わるだくみ。「懶慢、欺偽、一なるを以て」〈中村訳・西国立志編〉

かん-さ【感作】生体に特定の抗原を与え、同じ抗原の再刺激に感じやすい状態にすること。➡脱感作

かん-さ【関左】クヮンサ《南を向けば東は左であるところから》「関東㊀㊁」に同じ。

かん-さ【関鎖】クヮンサ 門戸の錠や鍵。また、門や戸のしまり。「北門の一を守り」〈染崎延房・近世紀聞〉

かん-さ【監査】〔名〕スル ❶監督し検査すること。❷特に、会計監査・業務監査のこと。➡法定監査 ➡任意監査 (類語)監察・鑑査・検査・調べる・検する・閲する・閲する・改める・点検・検分・吟味・実検・臨検・検閲・査閲・チェック

かん-さ【鑑査】〔名〕スル そのものの優劣・適否・真偽などを鑑定し審査すること。「応募作品を一する」 (類語)監察・監査・検査・点検・検分・吟味・実検・臨検・検閲・査閲・チェック

かん-ざ【冠▽者】クヮンザ《「ざ」は「じゃ」の直音表記》「かんじゃ(冠者)❶」に同じ。「一の御座、引き入れの大臣の御座、御前にあり」〈源・桐壺〉

かん-ざ【環座】クヮンザ〔名〕スル 複数の人が輪の形になって、内側を向いてすわること。くるまざ。まどい。「円卓を央に一する十数人を」〈魯庵・社会百面相〉

かん-さい【甘菜】サトウダイコンの別名。

かん-さい【×奸才｜×姦才】悪事に関する才能。よこしまな才。わるぢえ。

かん-さい【完済】クヮンサイ〔名〕スル 借金などをすべて返しおわること。皆済。「住宅のローンを一する」 (類語)償還・償却

かん-さい【×旱災】ひでりによる災害。干害。

かん-さい【関西】クヮンサイ《「関東」に対して関所の西の国の意》㊀京都・大阪・神戸を中心とする一帯。京阪神地方。㊁奈良時代、鈴鹿・不破・愛発の三関以西の地。後に、逢坂の関より西の地域。鎌倉時代以後、もとの三関以西の諸国。近江以西の畿内と若狭以西の山陰および山陽・南海・西海の五道の総称。

かん-さい【簡裁】「簡易裁判所」の略。

かん-さい【艦載】〔名〕スル 軍艦にのせること。「戦闘機を一する」

かん-ざい【寒剤】二つ以上の物質を混合して低温が得られる冷却剤。氷と食塩との混合物がよく用いられ、氷が融解熱を、食塩が溶解熱を吸収するため温度がセ氏零下21度まで下がる。またドライアイスとエタノールでは零下72度まで下がる。起寒剤。

かん-ざい【漢才】《「かんさい」とも》漢学の才。漢籍に精通し、巧みに詩文を作る能力。からざえ。かんざえ。「和魂一」

かん-ざい【管財】クヮンザイ 財産を管理すること。 (類語)管理・保全・保守・維持・保管・差配

がん-さい【岩×滓】➤スコリア

がん-ざい【丸剤】グヮンザイ「丸薬」に同じ。

かんさい-いかだいがく【関西医科大学】クヮンサイイクワダイガク 大阪府守口市に本部のある私立大学。昭和3年(1928)創立の大阪女子高等医学専門学校を母体に、同24年大阪女子医科大学として発足。同29年現校名に改称。

かんさい-いりょうだいがく【関西医療大学】クヮンサイイレウダイガク 大阪府泉南郡熊取町にある私立大学。平成15年(2003)に関西鍼灸大学として開学。同19年現校名に改称した。

かんさ-いいん【監査委員】ヰキン ❶地方公共団体の財務や事業の管理などを監査するため、各地方自治体に置かれる機関。❷破産管財人の職務執行を監督し、補助する破産債権者団体の機関。❸株式会社の特別清算において、清算人を監督するために置かれる機関。

かんさい-がいこくごだいがく【関西外国語大学】クヮンサイグワイコクゴダイガク 大阪府枚方市にある私立大学。昭和41年(1966)に開学した。

かんさい-かんごいりょうだいがく【関西看護医療大学】クヮンサイカンゴイレウダイガク 兵庫県淡路市にある私立大学。平成18年(2006)に淡路市との公私協力方式によって開学した。看護学部の単科大学。

かんさい-き【艦載機】軍艦に積載される航空機。ふつう航空母艦に搭載するものを艦上機というのに対して、他の軍艦に積む航空機をいう。

かんさい-くうこう【関西空港】クヮンサイクウカウ 関西国際空港の通称。

かんさい-こういきききこう【関西広域機構】クヮンサイクワウヰキキコウ 関西の府県・政令指定都市・経済団体によって設立された組織。平成19年(2007)創設。地方分権の推進、広域的な防災対策、空港・港湾の一体的な運営管理などの事務について検討する。同機構によって関西広域連合の設立が準備された。同23年10月解散。KU(Organization of Kansai Unity)。

かんさい-こういきれんごう【関西広域連合】クヮンサイクワウヰキレンガフ 大阪・京都・滋賀・兵庫・和歌山・鳥取・徳島の7府県が参加する広域行政組織。平成22年(2010)12月発足。都道府県レベルでは初の広域連合。防災、観光・文化、医療、産業振興、環境など7分野の業務に共同で取り組み、将来的には政府の出先機関から権限の移管を目指す。初代連合長には兵庫県知事井戸敏三が就任。➡関西広域機構 (補説)広域連合長は、各府県知事で構成される広域連合委員会で互選により選出される。条例の制定改廃、予算等の議決、および広域連合の運営に関する重要事項の審議は、各府県議会の代表で構成される広域連合議会が行う。

かんさい-こくさいくうこう【関西国際空港】クヮンサイコクサイクウカウ 大阪湾上の人工島にある国際空港。会社管理空港の一。人工島は昭和62年(1987)から、大阪府泉佐野市・田尻町・泉南市の沖合5キロの海上を埋め立てて造成。平成6年(1994)開港。国際線・国内線共に乗り入れ、24時間運用。関西空港。関空。➡拠点空港

かんさい-こくさいだいがく【関西国際大学】クヮンサイ 兵庫県三木市に本部のある私立大学。平成10年(1998)に開学した。

かんさい-だいがく【関西大学】クヮンサイ 大阪府吹田市に本部のある私立大学。明治19年(1886)設立の関西法律学校に始まり、大正11年(1922)旧制大学として発足。昭和23年(1948)新制大学に移行。

かんざい-にん【管財人】クヮンザイ 破産・会社更生・和議の手続きで、財産を管理する人。裁判所によって選任される。➡破産管財人 ➡更生管財人

かんさい-ふくしかがくだいがく【関西福祉科学大学】クヮンサイフクシクワガクダイガク 大阪府柏原市にある私立大学。平成9年(1997)に開学した。

かんさい-ふくしだいがく【関西福祉大学】クヮンサイ 兵庫県赤穂市にある私立大学。平成9年(1997)に社会福祉学部の単科大学として開学し、同18年に看護学部を増設した。

かんさい-ぶんかがくじゅつけんきゅうとし【関西文化学術研究都市】クヮンサイブンクワガクジュツケンキウトシ 大阪府・京都府・奈良県にまたがる、官民の研究機関が集積した地域。1970年代後半から国土庁(現在の国土交通省)や京都大学などの主導で計画が進み、80年代に開発が開始。平成6年(1994)に「都市びらき」が行われた。けいはんな学研都市。

かんさい-べん【関西弁】クヮンサイ 京都・大阪を中心に、広く近畿地方で話されている方言の一般的呼称。

かん-さいぼう【間細胞】サイバウ 組織中にあって、その組織の細胞群とは異なる働きをする細胞。精巣中にあって雄性ホルモンを分泌する細胞など。

かん-さいぼう【幹細胞】サイバウ《stem cell》発生の過程や、臓器・組織・器官の再生・維持の過程で、細胞を供給するもととなる母細胞のこと。別の組織細胞に変化する能力と、分裂しながら同じ細胞を作り出す能力とがある。受精卵の一段階である胚盤胞から取り出した内部細胞塊から樹立されるES細胞や、体細胞に特定の遺伝子を導入することにより樹立されるiPS細胞はすべての細胞に分化することが可能(万能細胞)。また、生体の各組織の中にある、造血幹細胞・神経幹細胞・皮膚幹細胞といった体性幹細胞は、血球や神経、皮膚など、分化する細胞の種類がある程度限定される。

がん-さいぼう【×癌細胞】サイバウ 癌腫を構成する細胞。正常細胞に比べて大きさや核の形がふぞろいで、一般に増殖が速い。

かんさいぼう-がん【肝細胞×癌】カンサイバウ 肝臓に発生する悪性腫瘍の一つ。肝臓の細胞が癌化する原発性の肝癌。B型肝炎・C型肝炎ウイルスに感染し、慢性肝炎や肝硬変を経て発症することが多い。狭義の肝癌。(補説)原発性肝癌には他に胆管細胞癌や肝細胞芽腫、未分化癌などがあるが、肝細胞癌が原発性肝癌の約90パーセントを占める。

かんさい-ほんせん【関西本線】クヮンサイ 名古屋から四日市・奈良を経てJR難波(大阪府)に至るJR線。明治32年(1899)全通。全長174.9キロ。

かんざき【神埼】佐賀県東部の市。稲作やイチゴ・茶の栽培が盛ん。東隣の吉野ヶ里町との境に吉野ヶ里遺跡がある。平成18年(2006)3月に神埼町・千代田町・脊振村が合併して成立。人口3.3万(2010)。

かんざき-がわ【神崎川】がは 大阪市北部を流れる川。摂津市西部で淀川から分流して安威川と合流し、尼崎市神崎で猪名川を合わせて大阪湾に注ぐ。長さ18.7キロ。

かんさ-きかん【監査機関】キクヮン ❶行政の執行や財務などの事務処理の監査を任務とする行政機関。会計検査院・行政管理局および監査委員など。❷私法上、法人の財産や業務執行を監査する機関。監査役など。

かんざき-し【神埼市】➤神埼

かんざき-たけお【神崎武雄】たけを［1906～1944］小説家。福岡の生まれ。新聞社に勤務後、同時代を描いた大衆小説を執筆。「寛容」およびその他の作品で直木賞受賞。昭和19年(1944)、従軍中に戦死。

かんざき-よごろう【神崎与五郎】ヨゴラウ［1666～1703］赤穂義士の一人。美作の人。名は則休。下級武士ながら和歌・俳句をよくした。

かん-さく【×奸策｜×姦策】人を陥れるためのはかりごと。わるだくみ。奸計。「一を弄する」 (類語)陰謀・策略・計略・作戦・謀略・はかりごと・企み・画策・策動・術策・権謀・謀計・詭計・深謀・遠謀・深慮・悪だくみ・わな・機略

かん-さく【間作】〔名〕スル ❶畑の畝と畝との間、または株と株との間に別の作物を栽培すること。❷農作物の収穫後、次の作物を作りはじめるまでの期間を利用して、野菜などを栽培すること。あいさく。

かん-さく【漢作】中国産の茶入れのうち、最も古いもの。宋・元代に製作されたものとみられる。

がん-さく【×贋作】〔名〕スル にせものを作ること。また、その作品。「有名画家の作品を一する」

〔類語〕模造・偽造・偽作・贋造・代作
かん-ざくら【寒桜】❶バラ科の落葉高木。2月ころ、葉の出る前に、淡紅色の5弁花が咲く。カンヒザクラとオオシマザクラの雑種といわれる。(季 冬) ❷サクラソウ科の多年草。高さ15～25センチ。全体に白い毛が密生。葉は心臓形で、縁に不規則なぎざぎざがある。早春、濃紅・淡紅・白色などの花を開く。中国の原産。中華桜。
かんさく-りん【間作林】高木を伐採した後、苗木が生長するまで、その株の間に農作物を栽培する林野。
かん-ざけ【燗酒】燗をした日本酒。(季 冬)
〔類語〕冷や酒・冷酒・熱燗・燗冷まし
かん-さざん【菅茶山】クワン［1748～1827］江戸後期の儒者。漢詩人。備後びんごの人。名は晋帥ときのり。通称、太仲。京都で朱子学を学び、帰郷して黄葉夕陽村舎こうようせきようそんしゃを開く。頼山陽の師。著「筆のすさび」「黄葉夕陽村舎詩」など。かんちゃざん。
かん-ざし【貫緡｜貫差】クワン 銭1貫文をつらぬく緡さし。また、緡につらぬいた1貫文の銭。実際には960文で、1貫文として通用した。
かん-ざし【髪状】《「かん」は「かみ(髪)」の音変化。「さし」は物のようすの意》❶額の上の髪の生えぐあい。髪のようす。「額つき、—、いみじううつくし」〈源・若紫〉❷髪。「姫君を近づけて、緑の—を撫であげ」〈伽・鉢かづき〉
かん-ざし【簪】《「かみさ(髪挿)し」の音変化》❶女性の髪飾りの一。前差し・中差し・後ろ差しがあり、平打ち・花かんざし・玉かんざしなどがある。掻頭そうとう。❷冠かんむりの付属品。冠が落ちないように、巾子こじの根に挿し、髻もとどりに通して留めるもの。
カンザス〘Kansas〙米国中央部の州。州都トピーカ。小麦の大産地。航空機・車両工業なども盛ん。➡表「アメリカ合衆国」
カンザス-シティー〘Kansas City〙㊀米国ミズーリ州西部の都市。カンザス州の同名の都市と接する。農産物の集散地。食品加工業も盛ん。㊁米国カンザス州東部の都市。小麦栽培・畜産業が盛ん。
かん-さつ【官札】クワン「太政官札だじょうかんさつ」の略。
かん-さつ【閑殺】〔名〕スル 人の気持ちを暗くし、活気を失わせること。「冷淡は人を—し」〈透谷・熱意〉
かん-さつ【監察】〔名〕スル 監督・査察すること。取り締まり、調べること。また、その役。「業務状況を—する」「—官」〔類語〕監査・鑑査・検査・点検・検分・吟味・実検・臨検・検閲・査閲・チェック
かん-さつ【簡札】❶紙のなかった時代に文字を記すのに用いた竹や木の札。❷書き物。手紙。書簡。
かん-さつ【観察】クワン〔名〕スル ❶物事の状態や変化を客観的に注意深く見ること。「動物の生態を—する」「—力」❷《「かんざつ」とも》仏語。智慧によって対象を正しく見極めること。〔類語〕精察
かん-さつ【鑑札】❶ある種の営業や行為に許可を与えたことを証するために行政庁が交付する証票。現在はふつう免許証・許可証の語を用いる。「犬に—を着ける」❷書画・刀剣などの鑑定書。極め札。
がん-さつ【雁札】「雁書がんしょ」に同じ。「ふみを雁書ともいひ、—とも名付けたり」〈平家・二〉
がん-さつ【贋札】贋造した紙幣。にせさつ。
かんさつ-い【監察医】不審死体の検案や解剖を行い、死因を解明することを任務とする医師。
かんさつ-がん【観察眼】クワンサツ 物事を観察する能力。「—を養う」
かんさつ-ぎょし【監察御史】中国で、官吏を監察し、また、地方を巡察して行政を監視した官。秦代に設けられた御史を隋代に改称したもので、清代まで受け継がれ、中華民国成立後は監察院となった。
かんさつ-けんきゅう【観察研究】クワンサツケンキウ 対象とする集団に対して研究者が何の介入もしないで、健康・疾病に関するデータを集めて観察する研究手法。➡介入研究
かんさつ-し【観察使】クワン 平安初期の令外りょうげの官。畿内きない・七道に派遣されて、諸国の状況や国司・郡司の施政を観察した。大同元年(806)に設置、弘仁元年(810)に消滅。
かんさつ-しん【間擦疹】発汗と摩擦によって生じる湿疹。夏季に乳児や肥満者の頸部・股間などにみられる。間擦性湿疹。湿爛しつらん。
かん-さ・びる【神さびる】〔動バ上一〕文かんさ・ぶ〔バ上二〕「かみさびる」に同じ。「—・びた古代建築」
〔補説〕古くは「かむさぶ」と表記。
かん-さ・ぶ【神さぶ】〔動バ上二〕「かんさびる」の文語形。
かんさ-ほうじん【監査法人】ハフジン 5人以上の公認会計士が集まって設立する法人。大企業の会計監査を主な業務とする。昭和41年(1966)の公認会計士法改正により制度化された。
かん-ざまし【燗冷まし】燗酒の冷えたもの。
〔類語〕冷や酒・冷酒・燗酒・熱燗
かんさ-やく【監査役】取締役・会計参与の職務の執行を監査する株式会社の機関。会計監査・業務監査を任務とする。従来、全ての株式会社に監査役の設置が義務づけられていたが、現行の会社法では、非公開会社の監査役の設置は任意となっている。
かんさやくかいせっち-がいしゃ【監査役会設置会社】カンサヤククワイセッチグワイシャ 監査役会を設置している株式会社のこと。会社法の規定により、大会社(資本金5億円以上または負債額200億円以上)に該当する公開会社は、委員会設置会社である場合を除いて、監査役会の設置が義務づけられている。設置義務のない会社でも、定款に定めて監査役会を設置することができる。監査役会は、3人以上の監査役によって構成され、そのうち半数以上は社外監査役でなければならない。➡監査役設置会社
かんさやくせっち-がいしゃ【監査役設置会社】グワイシャ 業務監査権限を有する監査役を設置している株式会社のこと。監査役を設置していても、その権限が会計監査権限のみに限定されている場合は、監査役設置会社とはいわない。監査役設置会社では、株主に代わって監査役が取締役の業務執行を監視するので、株主の権限は制限される。➡監査役会設置会社 〔補説〕会社法の規定により、取締役会設置会社および会計監査人設置会社は、委員会設置会社である場合を除いて、監査役の設置が義務づけられている(会計参与を設置する非公開会社の取締役会設置会社を除く)。設置義務のない会社でも、定款に定めて監査役を設置することができる。
かん-ざらい【寒復習】ざらひ 寒中の早朝などに、芸事の復習などをすること。寒ざらえ。(季 冬)「ただ一人ひそかなるかな—／虚子」
かん-ざらし【寒晒し】❶寒中、穀類や布などを水や空気にさらしておくこと。(季 冬) ❷「寒晒かんざらし粉」の略。
かんざらし-こ【寒晒し粉】白玉粉。もち米を寒晒しにして作る。(季 冬)
かんざわ-としこ【神沢利子】かんざは［1924～ ］児童文学作家。福岡の生まれ。本名、古河トシ。「ちびっこカムのぼうけん」で注目される。以後「くまの子ウーフ」「いないいないばあや」「流れのほとり」「タランの白鳥」など多くの作品を発表。
かん-さん【甘酸】❶あまい味と、すっぱい味。❷楽しみと苦しみ。苦楽。「人生の—をなめる」
かん-さん【汗衫】➤かざみ(汗衫)
かん-さん【換算】クワン〔名〕スル《「かんざん」とも》ある数量を他の単位に換えて計算しなおすこと。「尺をメートルに—する」「—率」
かん-さん【渙散】クワン 病気で発熱していたものが、徐々に下がること。散渙さんかん。➡分利ぶんり
かん-さん【閑散】〔名・形動〕(「と」を伴った形で副詞的にも用いる)❶ひっそりと静まりかえっていること。また、そのさま。「平日の—とした遊園地」❷仕事がなくて暇なこと。また、そのさま。「—な日を送りかねて」〈藤村・千曲川のスケッチ〉❸売買・取引などが少ないこと。また、そのさま。「不景気で—な市況」
〔類語〕(❶)深閑・深深・静か・密ひそやか・しめやか・静寂・静粛・静閑・閑静・閑寂・清閑・しじま・森閑・森森しんしん・沈沈ちんちん・寂まく・寂じゃく・寂然せきぜん・寂然じゃくねん・寂寂せきせき・寂寂じゃくじゃく・閴寂げきじゃく・閴せき・閴然げきぜん・粛然／(❷)暇・手透すき・手明き・用無し・無聊ぶりょう・開店休業
かん-さん【寒酸】〔名・形動〕貧しく苦しいこと。また、そのさま。「いかにも—な姿をさらしているだけではないか」〈島木健作・続生活の探求〉
かん-さん【漢讃】仏・菩薩の徳をたたえる讃のうち、漢文で書かれたもの。多くは梵讃の漢訳であることが多い。また、中国・朝鮮・日本などで漢文でつづった仏教の讃歌。➡梵讃ぼんさん ➡和讃わさん
かん-ざん【寒山】草木が枯れ、寒々とした冬の山。
かんざん【寒山】中国、唐代の僧。拾得じっとくとともに天台山国清寺こくせいじを訪れ、豊干ぶかんに師事。三者を三隠と称した。文殊菩薩もんじゅぼさつの化身とされる。禅画の「寒山拾得図」や「四睡図」に描かれる。詩集「寒山詩」3巻。生没年未詳。➡寒山拾得㊀
がん-ざん【元三】グワン ❶《「がんさん」とも。年・月・日の三つのはじめ(元)の意》正月1日。元日。(季 新年) ❷元日から3日までのこと。三が日。「元日、—の間、参入する人もなし」〈平家・四〉
がん-ざん【雁山】➤雁門がんもん㊁
かんざん-えげん【関山慧玄】クワンザンヱゲン［1277～1360］南北朝時代の臨済宗の僧。信濃の人。俗姓、高梨氏。鎌倉の建長寺に入り、のち、京都大徳寺の宗峰妙超に師事し、その法を継承。妙心寺の開山となる。無相大師。
かんざん-じ【寒山寺】中国江蘇省蘇州市郊外の寺。寒山が草庵を結んだのが起源と伝えられる。盛唐の詩人、張継の詩「楓橋夜泊」で名を知られる。
かんざん-じっとく【寒山拾得】㊀寒山と拾得の二人の僧。寒山が経巻を開き、拾得がほうきを持つ図は、禅画の画題。㊁舞踊劇。長唄。坪内逍遥つぼうちしょうよう作詞、4世吉住小三郎・3世杵屋六四郎きねやろくしろう作曲、藤間勘右衛門振り付け。明治44年(1911)初演。雪舟の「寒山拾得図」の枯淡、洒脱しゃだつな感じを表現。
がんざん-だいし【元三大師】グワン 平安中期の天台宗の僧、良源のこと。寛和元年(985)正月3日に没したのでいう。
かんざん-ちく【寒山竹】イネ科の植物。高さ約3メートル。枝も葉も上向きにつき、葉は細長く、先がとがる。「寒山拾得」の絵のほうきに似るのでこの名がある。中国の原産。
かんさん-ひょう【換算表】クワンサンヘウ 他の単位に換算した数値を対照した表。
かん-さんぼん【菅三品】クワン 菅原文時ふみときの通称。
かんざんらくぼく【寒山落木】正岡子規の句集。5巻。子規の死後、大正13～15年(1924～26)刊。明治18～29年(1885～96)の作品1万2700句を分類して稿本としたもの。
かん-し【干支】十干じっかんと十二支。えと。➡干支えと❶
かん-し【官仕】クワン 官吏になること。仕官。
かん-し【官司】クワン ❶役人。官吏。❷役所。
かん-し【官私】クワン 公事と私事。政府と民間。官立と私立。
かん-し【冠詞】クワン 英語・ドイツ語・フランス語・イタリア語・スペイン語のようなゲルマン語派・ロマンス諸語などで、名詞につけて、これにある限定を加える語。不定冠詞・定冠詞・部分冠詞などがあり、また、性・数・格などの変化に応じて交代する。
かん-し【看視】〔名〕スル 気をつけて見ること。「葉子は自分の眼で二人を—して」〈有島・或る女〉
かん-し【寒士】貧しい人。「宵越の銭はつかわぬという風ふうなれば、われ等が如ごとき—の家には向くべくもあらず」〈荷風・かたおもひ〉
かん-し【換歯】クワン 脊椎動物において歯が生え換わる現象。多くの哺乳類では一度だけ乳歯から永久歯に抜け換わるが、ネズミ類では歯が一生涯伸びつづけるため換歯はしない。哺乳類以外では、摩耗すれば何回でも新しい歯に換わる。
かん-し【敢死】死を覚悟すること。決死。「我輩一これに従い君側の奸を除き」〈染崎延房・近世紀聞〉
かん-し【款識】クワン《「款」は陰刻の銘、「識」は陽刻の銘》❶鐘や鼎かなえなどに刻した文字。銘。銘文。❷書

画に筆者が署名、捺印なついんすること。また、その署名、捺印。落款らっかん。かんしき。
かん‐し【幹枝】 ❶木の幹みきと枝。❷「干支かんし」に同じ。
かん‐し【漢詩】 ❶中国の詩。一句が四言・五言、または七言からなるのが普通で、平仄ひょうそく・脚韻などの規則がある。古詩・楽府がふ・絶句・律・排律などの種類がある。また、それをまねて日本で作った詩。からうた。❷中国漢代の詩。類語 絶句・律詩
かん‐し【×鉗子】 はさみに似た形の金属性の医療器具。手術や治療の際に、器官や組織などを挟み、牽引けんいんしたり圧迫したりするのに用いる。止血には先端部に鉤かぎのあるコッヘル鉗子と、鉤のないペアン鉗子がよく使われ、産科鉗子は大きなさじ状部をもつ。
かん‐し【管子】 クヮン ㊀管仲かんちゅうの敬称。㊁中国古代の政治論集。管仲の著とされるが、成立は戦国時代。法家・道家・儒家思想をまじえた政治・経済・倫理を述べたもの。86編のうち、76編が現存。
かん‐し【監使】 ❶鎮守府将軍の唐名。❷監視する者。「緑衣の一宮門を守る」〈平家・灌頂〉
かん‐し【監視】 〔名〕スル ❶警戒して見張ること。また、その人。「一の目が光る」「火山活動を一する」❷旧刑法で、出獄者の再犯防止のために採用されていた付加刑。一定期間は住居移転の自由を禁じるなどの措置を内容とする。類語 見張り・番・立ち番・ピケ
かん‐し【×諫止】 〔名〕スル いさめて思いとどまらせること。「暴挙を一する」
かん‐し【×諫死】 〔名〕スル 死んでいさめること。また、死を覚悟していさめること。
類語 意見・諫いさめる・諫言・諭す・注意・忠言・忠告・勧告・警告・戒いましめる・心添え・戒める・窘たしなめる・咎とがめる
かん‐し【環視】 クヮン 〔名〕スル 大勢が周りを取り囲んで見ること。「衆人一の中」「家内じゅうのものが寄り集まってこの大きな奇蹟を一した」〈寅彦・子猫〉
かん‐し【×瞰視】 〔名〕スル 見下ろすこと。俯瞰ふかん。「四方の群山を脚下に一す」〈独歩・欺かざるの記〉
かん‐じ【甘辞】 「甘言かんげん」に同じ。
かん‐じ【完治】 クヮンヂ 〔名〕スル ▶かんち(完治)
かん‐じ【官寺】 クヮン ❶律令制下、寺を維持していく費用をすべて官から支給され、かつ監督された寺。国分寺・勅願寺・定額寺など。❷幕府の保護を受けていた寺。中世、臨済宗の五山十刹など。
かん‐じ【官事】 クヮン 官府の勤め。役所の仕事。「一の暇あるごとに」〈鴎外・舞姫〉
かん‐じ【冠辞】 クヮン ❶ある語の前にあって、その語を修飾する言葉。❷枕詞まくらことば。
かんじ【寒じ】 《動詞「かん(寒)ずる」の連用形から》寒さが身にしみること。また、その寒さ。「今年は別して一が強いのと」〈秋声・新世帯〉
かん‐じ【閑事】 暇な事柄。無用のこと。むだごと。
かんじ【寛治】 クヮンヂ 平安後期、堀河天皇の時の年号。1087年4月7日～1094年12月15日。
かん‐じ【幹事】 ❶会などの世話役。「忘年会の一」❷業務を中心となって担当する役。「政党の一長」
類語 世話役・世話人
かんじ【感じ】 ❶感覚器官に受ける刺激によって生じる反応。感覚。「指先の一がなくなる」「舌をさすような一がある」❷物事を見聞したり、人に接したりしたときに受ける気持ち。印象や感想。「一のいい人」「春らしい一の日ざし」❸刺激に対する反応。「一が鈍い」❹その物事に特有の雰囲気。「母親役らしい一が出る」「ピッチングの一をつかむ」
類語 (❶)知覚・官能・五感・体感・肉感/(❷)印象・イメージ・感触・第一印象・心象・心証・インプレッション・感覚・感情・気分・空気・雰囲気・様子・気配けはい・ムード・アトモスフィア・佇まい・気色・におい・情じょう・情感・心情・情緒じょうちょ・情緒じょうしょ・情調・情操・情念・情動・喜怒哀楽・気き・機嫌きげん・気持ち・エモーション
かん‐じ【漢字】 中国語を表すため、漢民族の間に発生・発達した表意文字。現在は中国・日本・韓国などで使われる。起源は紀元前十数世紀にさかのぼり、成り立ちからみて、象形・指事・形声・会意・仮借かしゃなどの種類があるとされる。周辺諸国に伝わり、さまざまな影響を及ぼした。日本では、これから片仮名・平仮名などの音節文字が生み出され、「峠」「働」などの和製漢字(国字)も作られた。真名まな。本字。
類語 真名・本字・国字・親字・簡体字・俗字
かん‐じ【監寺】 ▶かんす(監寺)
かん‐じ【監事】 ❶団体の庶務をつかさどる役。❷法人の財産や理事の業務執行の状況を監査する機関。株式会社の監査役にあたる。
かん‐じ【×莞×爾】 クヮン 〔ト・タル〕図〔形動タリ〕にっこりと笑うさま。ほほえむさま。「一として笑う」
がん‐じ【丸子】 グヮン 《「がんじ」とも》丸薬がんやく。
がん‐し【×雁使】 「雁がんの使い」に同じ。
がん‐し【×雁歯】 橋の上の横板。雁の列や歯並びのように1枚1枚食い違って並ぶところからいう。雁木がんぎ。「橋、一の危きをなせり」〈太平記・三九〉
がん‐し【×癌死】 〔名〕スル 癌が原因で死ぬこと。「一する危険性」
がん‐じ【眼字】 漢詩で、各句の眼目となる重要な字。五言句では第3字、七言句では第5字。
がん‐じ【×雁字】 ❶雁がんが1列に並んで飛ぶさまを文字に見立てていう語。❷手紙。雁書。
ガンジー〖Indirā Gāndhī〗[1917～1984]インドの政治家。父ネルーとともに独立運動に参加。1966年、首相に就任。インド国民会議派の党首として盛んな政治活動を行う一方、非同盟諸国首脳会議の長としても大きな役割を果たした。シク教徒に暗殺された。ガンディー。
ガンジー〖Mohandās Karamchand Gāndhī〗[1869～1948]インド独立運動の指導者。ロンドンに学び、南アフリカで人種差別反対運動を指導したのち帰国。国民会議派を率いて民族解放・独立のためのスワラジ(自主独立)・スワデシ(国産品愛用)、非暴力・不服従運動を展開。ヒンズー・イスラム両教徒の融和に献身したが、狂信的ヒンズー教徒により暗殺。マハトマ(偉大な魂)の名でよばれた。ガンディー。
かんじ‐い・る【感じ入る】 〔動ラ五(四)〕すっかり感心する。「一・った顔で絵を眺めている」
がんじ‐おうさ【×雁字×鶯×梭】 ‐アウサ 《雁が飛ぶ列を文字に見立て、鶯うぐいすが枝の間を飛び交うようすを織機の梭ひにたとえたところから》漢詩文で、字句を修飾すること。
かんじ‐おん【漢字音】 ▶字音じおん
かんしがいでん【韓詩外伝】 カンシグワイデン 中国の古代説話集。10巻。前漢の韓嬰かんえい著。古い故事・逸話を、「詩経」の詩句と関連づけて解説したもの。「韓詩内伝」は現存しない。かんしげでん。
がんしかくん【顔氏家訓】 中国の家訓書。2巻20編。顔之推がんしすいが、子孫への戒めとして記したもの。儒家思想・仏教思想をまじえ、官界で生きていくための教訓などを残す。家訓書の祖となった。
かんじかな‐まじりぶん【漢字仮名交じり文】 漢字と片仮名や平仮名を混用した文。平安時代以降、漢文の訓読を基盤として発達し、中世以降広く行われるようになった。
がんじ‐がらみ【×雁字×搦み】 「雁字搦め❶」に同じ。「装束の紐引しごき一にくくり付け」〈浄・手習鑑〉
がんじ‐がらめ【×雁字×搦め】 ❶ひも・縄などを縦横にいく重にも巻きつけて、厳重に縛ること。「一に縛りつける」❷束縛が多くて自由な行動がまったくとれないこと。「規則で一にされる」
かん‐しき【巻式】 クヮン 連歌・俳諧で、一巻に収める句数によって定められた形式。歌仙・百韻・千句など。
かん‐しき【乾式】 液体を用いない方式。また、液体を蒸発させる方式。「一分析法」➡湿式
かん‐しき【款識】 クヮン ▶かんし(款識)❷
かん‐しき【鑑識】 〔名〕スル ❶物の真偽・価値などを見分けること。また、その能力。「一眼」❷犯罪捜査で、筆跡・指紋・血痕けっこんなどの資料を科学的に調べること。また、その係。「一課」
類語 識別・鑑別・鑑定・弁別・判別・見分ける
かんじき【×樏|×檋|×橇】 雪の上などを歩くとき、深く踏み込んだり滑ったりしないように、靴などの下につけるもの。木の枝やつるなどを輪にして滑り止めの爪をつけたものや、堅雪のときに使う鉄製のものがある。季冬「父と子や一の跡混へつつ/波郷」
がん‐しき【含識】 仏語。心識を有するものの意。衆生しゅじょう。有情うじょう。含霊がんれい。
がん‐しき【眼識】 物事のよしあしや真偽などを見分ける能力。識見。「一のある人」類語 目利き・鑑識眼
かんじき‐うさぎ【×樏×兎】 ウサギ科の哺乳類。足の毛が長く、雪の中を走るのに適する。冬は毛が白くなる。北アメリカ北部に分布。
かんしき‐かごうぶつ【環式化合物】 クヮンシキクワガフブツ 原子が環状に結合した構造を分子内にもつ化合物。環が炭素原子からなる炭素環式化合物と、環に炭素以外の原子が加わる複素環式化合物とに大別される。また、環を構成する原子の数が五つなら五員環、六つなら六員環のようにいう。環状化合物。環式体。➡鎖式化合物
かんしき‐きょう【漢式鏡】 ‐キヤウ 日本の古墳から出土する鏡のうち、中国の漢から六朝りくちょう時代にかけて製造された銅鏡、および、日本でそれを模倣してつくった仿製鏡ぼうせいきょう。➡漢鏡
かんしき‐こうぞう【乾式構造】 ‐コウザウ 建築で、成型した板や柱などを現場で組み立てるだけで、コンクリート工事・左官工事などの水を用いる工程を全く含まない方式による構造。工期短縮の利点がある。➡湿式構造
かんしき‐たい【環式体】 クヮンシキ ▶環式化合物
かん‐じぎょう【閑事業】 ‐ジゲフ 実用と結びつくところの少ない仕事。また、今すぐには必要でない仕事。
かん‐じく【巻軸】 クヮンヂク ❶文書・書画などの巻物。❷巻物の軸に近い所。転じて、書物の終わりの部分。❸巻物や書物の中のすぐれた詩歌や句。❹連俳で、千句の第10番目の百韻の発句。
ガンシクロビル〖ganciclovir〗サイトメガロウイルス感染治療薬。ウイルスに直接作用して、増殖を妨ぐ。➡サイトメガロウイルス
かん‐しけつ【乾×屎×橛】 禅宗で、乾いた棒状の糞ふん。仏とは何かという問いに対する答え。一説に、くそかきべらで、不浄なもののたとえ。
かんじ‐けんてい【漢字検定】 日本漢字能力検定協会の実施する「日本漢字能力検定」のこと。1級(1級・2級には、準1級・準2級がある)から10級まである。漢検。
がん‐しこ【顔師古】 [581～645]中国、唐の学者。万年(陝西せんせい省)の人。名は籀ちゅう。顔之推がんしすいの孫。訓古の学や文章にすぐれ、「五経正義」の選定に参加し、また「漢書」に注解をつけた。
かんじこう【冠辞考】 クヮンジカウ 江戸中期の枕詞辞書。10巻。賀茂真淵かものまぶち著。宝暦7年(1757)刊。記紀・万葉集の枕詞326語を挙げ、五十音順にならべてその意義・出典・解説をつけたもの。
かん‐じざい【観自在】 クヮン ㊀仏語。すべての事物を自由自在に見ることができること。㊁《「観自在菩薩」の略》観世音菩薩かんぜおんぼさつ。
かんじさんおんこう【漢字三音考】 カンジサンオンカウ 江戸中期の語学書。1巻。本居宣長もとおりのりなが著。天明5年(1785)刊。日本語の音と、漢音・呉音・唐音の三音について論じたもの。
かん‐しじみ【寒×蜆】 寒中にとれるシジミ。季冬
かんし‐じゅつ【幹枝術】 生年月日の干支えとによってその人の運命を占う術。
かんし‐しょう【監視×哨】 ‐セウ 敵の動静を見張る場所。また、見張りをする兵。
がん‐しすい【顔之推】 [531～590ころ]中国、南北朝時代末期の学者。字あざなは介。臨沂(山東省)の人。梁りょう・北斉・北周・隋各朝に仕え、家訓書「顔氏家訓」を著した。儒者でありながら仏教思想を高く評価した。
ガンジス‐がわ【ガンジス川】 ‐がは 《Ganges》インド北部の大河。ヒマラヤに源を発し、ヒンドスタン平原を東流、下流で大三角州を形成し、バングラデシュでベンガル湾に注ぐ。長さ2510キロ。ヒンズー教徒では聖

なる川とし、巡礼者の訪れる聖地が各所にある。流域は米・ジュートの大産地。恒河。ガンガー川。

かんじ-せいげん【漢字制限】学習上の負担や実用上の不便を少なくするために、日常生活で漢字の字種・音訓を一定の範囲に限定すること。

カンジダ-しょう【カンジダ症】《ラテ Candida》カンジダという真菌に感染して起こる病気。口・外陰部・膣ちつなどの粘膜や皮膚、消化管内に異常繁殖して、湿疹・皮疹や下痢・腹痛などを起こす。モニリア症。

かん-しつ【乾湿】空気などの、かわきと湿り気。乾燥と湿気。

かん-しつ【乾漆】❶漆うるしの液が、長期間の保存で乾燥し固まったもの。❷奈良時代に盛行した漆工芸の技法。中国の夾紵きょうちょが起源。古代では塞そくなどとよばれた。技法には脱活乾漆(脱乾漆)と木心乾漆の2種があり、前者は粘土の原型の上に麻布をいく重にも漆で覆い固めて成形し、乾燥後、中の原型を取り去るもの。後者は心木に布を漆ではり重ねて成形する。

かん-しつ【寒室】寒い地方の植物を栽培するためなどにつくられた室。

かん-しつ【寒湿】寒さと湿り気。寒気と湿気。

かん-しつ【換質】クワン 論理学で、定言的判断の変形による直接推理の一。ある判断から、主語をそのままに、述語の矛盾概念を述語として、新しい判断を導き出す推理。「ある学者は哲学者でない」から「ある学者は非哲学者である」を導き出す類。

かん-しつ【間質】臓器で、実質以外の部分。➡実質

かん-しつ【閑室】人気がなく、もの静かな部屋。

かん-しつ【×癇疾｜×疳疾】神経が過敏になって、ひきつけなどを起こす病気。子供に多い。

かん-じつ【閑日】暇な日。ゆったりと過ごす日。「世塵を脱して一を送るは」〈織田訳・花柳春話〉

がん-しつ【眼疾】目の病気。眼病。

がん-じつ【元日】グワン 1年の最初の日。1月1日。国民の祝日の一。(季 新年)「一や上々吉の浅黄空/一茶」(類語)元旦・元朝

かんしつ-うんどう【乾湿運動】植物の死細胞の細胞膜が、外気の湿度の変化によって膨張・収縮する物理的な運動。これにより種子・胞子の散布や移動が起こるものもある。

かんしつ-かんい【換質換位】クワンシツクワンヰ 論理学で、定言的判断の変形による直接推理の一。ある判断から、述語的判断の変形による新しい判断を導き出す推理。「すべての弁護士は法律家である」を換質して「すべての弁護士は非法律家でない」とし、次にそれを換位して「すべての非法律家は弁護士でない」を導き出す類。

かんしっかん-しゅうちゅうちりょうしつ【冠疾患集中治療室】クワンシツクワンシフチユウチレウシツ ▶シー-シー-ユー(CCU)

かんしつきゅう-しつどけい【乾湿球湿度計】カンシツキウ 2本の温度計を並べ、片方は球部を水で湿らせた布で包んだ湿度計。水分が蒸発する際に気化熱を奪うので、湿球の示度が乾球よりも下がり、この差から湿度表で湿度を求める。乾湿計。

かんしつ-けい【乾湿計】▶乾湿球湿度計

かん-じつげつ【閑日月】❶暇な月日。「一を送る」❷ゆったりとして余裕のあること。「英雄一あり」

かんしつせい-はいえん【間質性肺炎】肺炎が肺の間質、すなわち肺胞壁や支持組織の部分に起こるもの。放射線・薬剤・ウイルスによるものや、免疫機能の低下で起こるニューモシスチス肺炎などがある。

かんしつ-ぞう【乾漆像】ザウ 乾漆❷の技法を用いて造られた彫像。脱活乾漆には東大寺法華堂不空羂索観音像・興福寺八部衆像など、木心乾漆には聖林寺十一面観音像などがある。

がんじつ-そう【元日草】グワンジツサウ フクジュソウの別名。

がんじつ-の-せちえ【元日の節会】グワンジツ―セチヱ 元日の朝賀のあと、天皇が群臣百官に宴を賜った儀式。がんにちのせちえ。(季 新年)

ガンシップ〖gunship〗攻撃用武装ヘリコプター。

かんしつ-ふん【乾漆粉】漆をガラス板に薄く塗り、乾いたのち、はがして粉末にしたもの。蒔絵まきえ・漆塗りなどの材料に用いる。

かんし-て【関して】クワン―〔連語〕《動詞「かん(関)する」の連用形＋接続助詞「て」》…について。…にかかわって。「詳細に一は別紙を参照のこと」

かんし-でんせんびょう【監視伝染病】―デンセンビヤウ 家畜伝染病予防法における、家畜伝染病と届出伝染病の総称。

かんじ-と・る【感じ取る】〔動ラ五(四)〕そこからある感じを受けとる。雰囲気などから察する。「不穏な空気を一・る」「言葉の端々に心のゆれを一・る」(類語)感ずる・推し量る・見越す・察する・思う・覚さとる・実感する・感得する・感受する・感知する・直感する・直覚する・予感する・ぴんと来る

かんし-ぶんべん【×鉗子分×娩】産科鉗子で胎児の頭を挟み、引っ張って分娩させること。胎児や母体に危険がおよぶと考えられる場合に行う。

かん-じめ【寒締め】冬に温室で育てた野菜や果物を、収穫前に寒さにさらすこと。細胞中の糖やミネラルなどが濃縮され、うまみが増す。ホウレンソウやイチゴなどに適用する。寒締め栽培。

かんじめ-さいばい【寒締め栽培】▶寒締め

かんし-もう【監視網】―マウ 広い範囲を見落としのないように組織だって監視すること。「一を張る」

かん-しゃ【甘×蔗】▶かんしょ(甘蔗)

かん-しゃ【官社】クワン ❶律令制で、神祇官じんぎかんの神名帳に記載されていて、祈年祭としごいのまつり・月次祭つきなみのまつり・新嘗祭にいなめのまつりなどを行った神社。官帳社。式内社。❷明治以後の官幣社と国幣社の総称。

かん-しゃ【官舎】クワン ❶国や自治体が建てた公務員の宿舎。公務員住宅。❷役所。役所の建物。「小さき僧、阿清を引きて一の外に出でて」〈今昔・一七・一八〉(類語)官邸・公邸・公舎

かん-しゃ【感謝】〔名〕スル ありがたいと思う気持ちを表すこと。また、その気持ち。「一の心」「深く一する」(類語)拝謝・深謝・万謝・謝意・謝恩

感謝感激雨霰あられ 《「乱射乱撃雨霰」のもじり》たいへん感謝し感激していることを戯れていった言葉。

かん-しゃ【館舎】クワン 建物。やかた。

館舎を捐す・つ 《「戦国策」趙策から》貴人が死去する。館を捐つ。捐館えんかん。

かん-しゃ【×瞰射】〔名〕スル 高い所から見下ろして射撃すること。

かん-しゃ【×檻車】罪人を護送する、檻おりのようになった車。

かん-しゃ【観者】クワン《「かんじゃ」とも》見物人。「一唯だ其箱に注目して」〈服部誠一・東京新繁昌記〉

かん-じゃ【×奸邪｜×姦邪】心が曲がっていて、よこしまなこと。また、その人。「将帥しょうすい外に傲おごり、一間かんに私わたくしすれば」〈露伴・運命〉

かん-じゃ【冠者】クワン ❶元服して冠をつけた少年。転じて、若者。若輩。かじゃ。「その一しかるべき所に宮仕へしける程に」〈今昔・二九・一一〉❷六位で無官の人。「臣房卿はいまだ無官にて、江一とてありけるを」〈十訓抄・一〉❸召使いの若者。「郎等一ばら、主の心を知りて恐れて是をとかず」〈略本沙石集・八〉

かん-じゃ【×宦者】クワン ▶宦官かんがん

かん-じゃ【勘者】よく物事に気がついて頭の切れる人。勘のよい人。「人の気のつかぬ所をさりとは名誉の一と」〈浮・武家義理・三〉

かん-じゃ【患者】クワン 病気やけがの治療を受ける人。医師の側からいう語。クランケ。「入院一」(類語)病人・クランケ・新患・怪我人・半病人

かん-じゃ【間者】敵方のようすをひそかに探る者。間諜かんちょう。スパイ。「他領に一を放つ」

かん-しゃく【官爵】クワン《「かんじゃく」とも》官職と爵位。

かん-しゃく【×癇×癪】ちょっとしたことにも感情を抑えきれないで激しく怒り出すこと。また、そういう性質や、その怒り。「一を起こす」「一が強い」(類語)癇・癇癖・癇性・ヒステリック・虫気・怒り・腹立ち・憤り・怒気・瞋恚しんい・憤怒ふんぬ・憤怒ふんど・憤懣ふんまん・鬱憤うっぷん・義憤・痛憤・悲憤・憤激・憤慨ふんがい・立腹・激怒・逆鱗げきりん

かん-じゃく【貫×籍】クワン 律令制で、本籍地の戸籍。かんせき。➡貫属かんぞく

かん-じゃく【閑寂】〔名・形動〕❶もの静かで趣のあること。ひっそりとして落ち着いていること。また、そのさま。かんせき。「一な郊外の住宅街」❷芭蕉俳諧の理念の一。さび。(派生)かんじゃくさ〔名〕(類語)静か・密ひそやか・しめやか・静寂・静粛・静閑・閑静・閑散・清閑・しじま・森閑・深深しんしん・森森しんしん・沈沈ちんちん・寂せき・寂じゃく・寂然せきぜん・寂然じゃくねん・寂寂せきせき・寂寂じゃくじゃく・闃げき・闃然げきぜん

かんしゃく-すじ【×癇×癪筋】―スヂ ❶癇癪を起こしたときにこめかみなどに浮き出る血管の筋。❷歌舞伎の隈取くまどりの一。癇癪を起こしている形相を表す。時代物の立敵たちがたきなどに用いる。癇癪隈。

かんしゃく-だま【×癇×癪玉】❶少量の火薬を金剛砂に混ぜ、紙に包んで小さな玉にしたもの。投げつけると破裂して大きな音を出す。❷癇癪によって起こる怒り。「一が破裂する」

かんしゃく-もち【×癇×癪持(ち)】癇癪を起こしやすい性質。また、その人。癇持ち。

かんしゃ-さい【感謝祭】《Thanksgiving Day》米国・カナダの祝日。米国では11月の第4木曜日、カナダでは10月の第2月曜日。開拓者が初めての収獲を神に感謝したことを記念したのが始まり。(季 冬)

かんしゃ-じょう【感謝状】―ジヤウ 感謝の言葉を記して贈る書状。

かんじ-やす・い【感じ▽易い】〔形〕文かんじやす・し〔ク〕ちょっとしたことにも心が動かされるさま。また、敏感に反応するさま。「一・い年頃」

かん-しゃめん【緩斜面】クワン 傾斜のゆるやかな斜面。

かん-しゅ【巻首】クワン 巻物や書物の初め。巻頭。⇔巻尾。

かん-しゅ【看守】〔名〕スル ❶見守ること。また、その人。「竈傍そうぼうに在りて、一して去らず」〈中村訳・西国立志編〉❷刑務所などで、囚人の監督・警備などに従事する法務事務官。(類語)番人・守衛・門衛・門番

かん-しゅ【看取】〔名〕スル 見てそれと知ること。観取。「相手の言動からその意図を一する」(類語)認める・見る・目撃・確認・認知・見て取る・見取る

かん-しゅ【感取】〔名〕スル 感覚で理解すること。感じ取ること。「春の息吹を一する」

かん-しゅ【管主】クワン「貫首かんじゅ❶」に同じ。

かん-しゅ【管守】クワン〔名〕スル 保管し守護すること。また、その人。「幸にボルゲエゼの館の一、門番など皆識りたれば」〈鷗外訳・即興詩人〉

かん-しゅ【監守】〔名〕スル 監督し、守護すること。また、それをする人。

かん-しゅ【緩手】クワン 囲碁・将棋で、相手に打撃とならない手。ぬるい手。

かん-しゅ【館主】クワン 旅館や映画館など、「館」とよばれる所の主人、持ち主。

かん-しゅ【観取】クワン〔名〕スル 見て知ること。看取。「学生、農民、労働者の騒擾そうじょうに依りて、乞う其一端を一せられよ」〈木下尚江・火の柱〉

かん-しゅ【艦首】軍艦のへさき。⇔艦尾。

かん-じゅ【干珠】「潮干しおひる珠たま」に同じ。➡満珠まんじゅ「一を取り、海上に擲なげ給ひしかば、潮水遠く退いて」〈太平記・一〇〉

かん-じゅ【甘受】〔名〕スル やむをえないものとしてあまんじて受け入れること。「苦言を一する」(類語)認める・承認・同意・肯定・うべなう・うけがう・是認・容認・認容・許容・受け入れる・聞き入れる・聞き届ける・承諾・受諾する・受け付ける・心得る・応じる・承る・承服・黙認・自認・約諾・快諾・内諾・オーケー・受容

かん-じゅ【官需】クワン 政府の需要。官公庁の需要。また、その物資。⇔民需。

かん-じゅ【官儒】クワン 朝廷・幕府に仕える儒者。

かん-じゅ【巻▽数】クワン 僧が願主の依頼で読誦どくじゅした経文・陀羅尼だらになどの題目・巻数・度数などを記した文書または目録。木の枝などにつけて願主に送る。神道にもとりいれられ、祈祷師は中臣祓なかとみのはらえを読んだ度数を記し、願主に送った。かんず。

かん-じゅ【貫首‖貫主】クワンシユ《「かんしゅ」とも。貫籍の上首の意から》❶天台座主の異称。のちに、各宗総本山や諸大寺の住持にも用いられる。貫長。管主。❷かしらに立つ人。「顔回は一の弟子にて」〈曽我・一〉❸蔵人頭の異称。かんず。「一以下怪しみをなし」〈平家・一〉

かん-じゅ【感受】〔名〕スル ❶印象などを感じて心に受けとめること。「稲妻のように鋭く葉子はこの男の優越を一した」〈有島・或る女〉❷外界の刺激を感覚器官によって受け入れること。「光を一する」
類語 感ずる・思う・覚える・感じ取る・実感・感得・感知・直感・直覚・予感・ぴんと来る

かん-じゅ【漢儒】❶中国、漢代の儒者。❷中国の儒学者。また、日本の儒学者。「書遺したものなどを見れば真実正銘の一で」〈福沢・福翁自伝〉

がん-しゅ【岩▽株】地下の火成岩体の一部が地表に露出したもの。露出している面積が100平方キロメートル以下のものをいう。

がん-しゅ【×癌腫】皮膚の表皮、消化管の粘膜、肝臓といった上皮性細胞から生じた悪性腫瘍。癌化した細胞が増殖・浸潤・転移し、進行すると疼痛が激しく、全身状態が悪化する。発生部位により、胃癌・肺癌・乳癌などとよぶ。癌。

がん-しゅ【願主】グワンシユ《「がんじゅ」とも》神仏に願をかける当人。ねがいぬし。

がん-しゅ【願酒】グワンシユ 神仏に願をかけて酒をやめること。「酒は翌しっから一だ」〈滑・浮世床・初〉

かんしゅう【甘州】カンシウ 雅楽の舞曲。唐楽。平調で新楽の準大曲。六人または四人舞。玄宗皇帝作ともいい、中国甘州(張掖の旧称)の風俗舞ともいわれる。甘州楽。

かん-しゅう【官臭】クワンシウ 役人に多い、横柄で形式的な気風。

かん-しゅう【官修】クワンシウ ❶政府が編修すること。❷政府が修理すること。

かん-しゅう【慣習】クワンシフ〔名〕スル ❶ある社会で古くから受け継がれてきている生活上のならわし。しきたり。「古い一を破る」❷慣れること。習慣となるようにすること。「日本人民は未だ憲法国会に一せざる人民なり」〈小林雄七郎・薩長土肥〉➡習慣 用法
類語 習慣・俗習

かん-しゅう【監修】カンシウ〔名〕スル 著述・編集などを監督すること。また、その人。「辞典を一する」

かん-しゅう【観衆】クワンシユ 興行物や催し物などを見物しに集まった大勢の人々。「スタンドの大一が沸く」
類語 観客・見物人・大向こう・ギャラリー・聴衆・ファン・客・顧客・花客・得意・クライアント・乗客・旅客・お客様・一見

がん-しゅう【含羞】ガンシウ 恥ずかしいと思う気持ち。はにかみ。はじらい。「頬に一の色を浮かべる」

かんしゅうさい【菅秀才】クワンシウサイ 浄瑠璃「菅原伝授手習鑑」の登場人物。菅丞相(菅原道真)の一子。

かんしゅう-じ【勧修寺】クワンシウジ ➡かじゅうじ(勧修寺)

かんじゅう-しき【間充織】多細胞動物の各発生の各期にみられる、主に中胚葉から生じる組織。脊椎動物では結合組織・軟骨・血管・リンパ管などに分化する。海綿動物や腔腸動物では外胚葉と内胚葉との間を埋める組織として残る。間葉。

かんしゅう-ふうたい【慣習風袋】クワンシフ― ある商品の風袋が定まっているために、個々に計算しないまま商品の総重量から差し引く風袋の重量。

かんしゅう-ほう【慣習法】クワンシフハフ 慣習に基づいて社会通念として成立する法。立法機関の制定によるものでなくても、法としての効力を認められている慣習。一種の不文法。習慣法。

かん-しゅかんせい【間主観性】―シユクワンセイ ➡相互主観性

かんじゅ-ぎ【巻▽数木】クワンジユ― 巻数をつける木。梅の若枝、榊の枝などを用いた。「一の様に削りたる木の」〈今昔・二四・六〉

かんしゅく【甘粛】中国中北部の省。省都は蘭州。古来、天山南北路に連なる東西交通の要路にあり、前漢時代に、武威・張掖・酒泉・敦煌の河西四郡が置かれた。人口、2594万人(2005)。隴。カンスー。

かん-しゅく【管叔】クワン―〔?～前1110ころ〕中国、周の王族。文王の三男。武王の弟、周公の兄。名は鮮。管に封ぜられたのでこの姓がある。武王の死後、蔡に封ぜられた叔度とともに周に背き、周公に殺された。

かん-じゅく【完熟】クワン―〔名〕スル 果実や種子が十分にうれること。「一したトマト」類語 成熟・成長・生長・成育・生育・発育・発達・育つ・生い立つ・長ずる

かん-じゅく【慣熟】クワン―〔名〕スル 物事になれてじょうずになること。「機械の操作に一する」「一飛行」

かんしゅく-じしん【甘粛地震】―ヂシン 中国甘粛省付近を震源とする地震。この地域はインドプレートの移動に伴い、大地震が多発する。1920年12月16日には、甘粛省に隣接する寧夏回族自治区を震源としたマグニチュード8.5の大地震が発生、震央付近で約23万人の死者を出した。

かんしゅく-しょう【甘粛省】―シヤウ ➡甘粛

かんじゅう-じ【勧修寺】クワンジユジ ➡かじゅうじ(勧修寺)

かんしゅしゃとうによるとうそうえんじょ-ざい【看守者等による逃走援助罪】看守や護送する者が、逃走援助罪にあたる行為をする罪。刑法第101条が禁じ、1年以上10年以下の懲役に処せられる。看守者等逃走援助罪。看守者逃走援助罪。

かんじゅ-せい【感受性】外界の刺激や印象を感じ取ることができる働き。「一の強い人」「一が豊かだ」
類語 感性・感覚・神経・美感・美意識・センス・センシビリティー・フィーリング

かん-しゅだん【慣手段】クワン― いつもきまってとる手段。きまりきったやり方。慣用手段。

かんしゅ-ちょう【看守長】―チヤウ 刑務所などで、看守❷などを監督する法務事務官。

かん-しゅつ【干出】干潮時に、海苔の養殖の網や岩礁が海水面上に現れ出ること。

かん-しょ【甘×蔗】《「かんしゃ(甘蔗)」の慣用読み》サトウキビの別名。

かん-しょ【甘×藷‖甘×薯】サツマイモの別名。

かん-しょ【×旱暑】日照りでたいへん暑いこと。

かん-しょ【官署】クワン― 官庁およびその補助機関。

かん-しょ【患所】クワン― 病気や傷のある部分。患部。

かん-しょ【寒暑】❶寒さと暑さ。「一の差が激しい」❷寒中と暑中。冬と夏。❸時候のあいさつ。「一を叙す」類語 気候・気象・季候・時候・陽気・寒暖・天候・天気・日和・風土

かん-しょ【漢書】漢文の書物。中国の書物。漢籍。

かん-しょ【関×雎】クワン―《「詩経」周南・関雎から。「関」は「関関」の略で、和らいだ鳴き声、「雎」は「雎鳩」の略で、雌雄の仲のよいという水鳥のミサゴ》夫婦仲がよくて礼儀正しいこと。

関雎の楽しみ　夫婦が仲よく、礼儀正しく円満な家庭生活を営む楽しみ。

かん-じょ【×丱女】クワンヂヨ 揚巻に結った幼女。童女。「年未だ十五に過ぎざる童男一」〈太平記・二六〉

かん-じょ【官女】クワンヂヨ 宮中、または将軍家などに仕える女。女官。かんにょ。

かん-じょ【閑所‖閑処】《「かんしょ」とも》❶静かな場所。人のいない所。「睛(＝ヒトミ)を一に転ずる気紛れの働ではない」〈漱石・虞美人草〉❷便所。かわや。「信玄公、御用心の御ためやらん、御一を京間六帖敷きになされ」〈甲陽軍鑑・三三〉

かん-じょ【寛×恕】クワン―〔名・形動〕スル ❶心が広くて思いやりのあること。また、そのさま。「勇気ある人はその心一にして」〈中村訳・西国立志編〉❷過ちなどをとがめだてしないで許すこと。「御一を請う」

かん-じょ【感書】「感状」に同じ。

かんじょ【漢書】中国二十四史の一。前漢の歴史を紀伝体で記した書。80年ころ成立。後漢の班固が撰し、妹の班昭らが補った。本紀13・表10・志18・列伝79の全120巻。後世の史書の模範とされた。前漢書。西漢書。

かん-じょ【還▽昇】クワン― ➡かんじょう(還昇)

かん-じょ【緩徐】クワン―〔形動〕文〔ナリ〕ゆるやかで静かなさま。動作などがゆっくりしているさま。「地盤の運動は割合に一で」〈寅彦・化け物の進化〉
類語 遅い・のろい・のろくさい・まだるい・まだるっこい・とろい・緩慢・遅緩・スロー・スローモー・遅遅・のろのろ・そろそろ・ゆっくり

がん-しょ【×雁書】手紙。雁信。➡雁の使い
類語 手紙・書簡・書信・書状・書面・紙面・信書・私信・私書・書・状・一書・手書・親書・手簡・書札・尺牘・書牘・消息・便り・文・玉章・レター・封書・はがき・絵はがき・郵便

がん-しょ【願所】グワン― ❶祈願する神仏の霊所。❷「御願寺」に同じ。「天下無双の一、五十四ヶ所ぞと云ふ事あり」〈義経記・三〉

がん-しょ【願書】グワン― ❶許可を得るために差し出す書類。ねがいしょ。「入学一」❷神仏に対する願いを記した文書。願文。

かん-しょう【干渉】―セフ〔名〕スル ❶他人のことに立ち入って自分の意思に従わせようとすること。「他人の生活に一する」❷国際法で、一国が他国の内政・外交に、その国の意思に反して介入すること。「武力一」❸二つ以上の同じ種類の波が重なって、互いに強め合ったり弱め合ったりする現象。音波でのうなり、光波での干渉色によるシャボン玉の色づく現象など。
類語 口出し・お節介・手出し・ちょっかい・介入・容喙・邪魔

かん-しょう【×奸商‖×姦商】―シヤウ 不正な手段を用いて利益を得ようとする悪賢い商人。悪徳商人。

かん-しょう【完勝】クワン―〔名〕スル 一方的に勝つこと。完全な勝利。「大差をつけて一する」⇔完敗。
類語 大勝・楽勝・快勝・圧勝・辛勝

かん-しょう【官省】クワンシヤウ ❶中央の官庁。内閣の各省。❷律令制の太政官と八省。

かん-しょう【官掌】クワンシヤウ ➡かじょう(官掌)

かん-しょう【冠省】クワンシヤウ 手紙で、時候のあいさつなどを省略すること。また、そのときに書く語。前略。
類語 拝啓・拝復・前略・啓上・謹啓

かん-しょう【×竿×檣】―シヤウ 簡単な見張り台や探照灯などを備え付けた軍艦のマスト。

かん-しょう【喚鐘】クワン― ❶勤行や法会などの開始を報じる小形の梵鐘。半鐘。❷茶の湯で、用意が整って客に入室を合図するために鳴らす鐘。

かん-しょう【勧奨】クワンシヤウ〔名〕スル そのことをするようすすめ励ますこと。「貯蓄を一する」「退職一」類語 奨励

かん-しょう【勧賞】クワンシヤウ〔名〕スル《「かんじょう」とも》褒美などを与えて励ますこと。ほめて引き立てること。けんじょう。「一すべき功績」

かんしょう【寛正】クワンシヤウ 室町中期、後花園天皇・後土御門天皇の時の年号。1460年12月21日～1466年2月28日。

かん-しょう【感傷】―シヤウ ❶物事に感じて心をいためること。「そう思うと、なんだか一の情に堪えない」〈藤村・家〉❷物事に感じやすく、すぐ悲しんだり同情したりする心の傾向。また、その気持ち。「一におぼれる」「一にひたる」類語 悲しみ・悲嘆・傷心・愁嘆・痛哭・哀傷

かん-しょう【感賞】―シヤウ〔名〕スル ❶感心してほめたたえること。「人皆な其才識に一せざるはなし」〈菊亭香水・世路日記〉❷手柄をほめて与える褒美。

かん-しょう【管掌】クワンシヤウ〔名〕スル ❶自分の管轄の職務として責任をもって取り扱うこと。「会計事務を一する」❷旧市制・町村制において、市町村長・助役・収入役などに故障のある場合に、監督官庁が官吏を派遣してその職務を行わせたこと。現行の地方自治法ではこれを認めない。職務管掌。類語 管理・管轄・統轄・分轄・総轄・直轄・所轄・所管・支配

かん-しょう【関渉】クワンセフ〔名〕スル かかわり合うこと。また、他人のことに口を出すこと。干渉。「理に二た通りあって、其理が互に少しも一して居ない」〈西周・百一新論〉

かん-しょう【歓笑】クワンセウ 喜び楽しんで笑うこと。

かん-しょう【緩衝】クワン― 対立している物などの間にあ

って、衝突や不和などを和らげること。また、そのもの。(類語)緩和・融和・弛緩・間延び
かん-しょう【環礁】環状をした珊瑚礁。内側は礁湖となる。太平洋およびインド洋にみられる。「ビキニー」(類語)珊瑚礁
かん-しょう【×癇性｜×癇症｜×疳性】〔名・形動〕❶ちょっとした刺激にもすぐ怒る性質。激しやすい気質。また、そのさま。「一な(の)子供」❷異常に潔癖な性質。また、そのさま。神経質。「一に隅から隅まで掃除する」(類語)癇・癇癪・癇癖・ヒステリック・虫気
かん-しょう【簡×捷】簡単にすばやく行われること。
かん-しょう【観象】❶気象を観測すること。❷易の占うを見ること。
かん-しょう【観照】〔名〕スル ❶主観をまじえないで物事を冷静に観察して、意味を明らかに知ること。「僕は単に存在するものをそのままの状態で一して」〈島木健作・続生活の探求〉❷美学で、対象の美を直接的に感じ取ること。美の直観。
かん-しょう【観賞】〔名〕スル 物を見て、その美しさや趣などを味わい楽しむこと。「梅の花を一する」(類語)鑑賞・玩味・見る
かん-しょう【鑑賞】〔名〕スル 芸術作品などを見たり聞いたり読んだりして、それが表現しようとするところをつかみとり、そのよさを味わうこと。「名曲を一する」「一力」(類語)観賞・玩味・見る
かん-じょう【干城】《「詩経」周南・兎罝から。「干」は盾の意》国家を防ぎ守る軍人や武士。「誠に国家の一と云いつ可き将軍なり」〈蘆花・不如帰〉
かん-じょう【×函丈】《「礼記」曲礼上の「席の間丈を函る」から。師から1丈も離れて座る意》師または目上の人に出す書状の脇付とする語。
かん-じょう【冠状】冠のような形。かんむりがた。
かん-じょう【勘状】考えた結果を書き記したもの。「いまだ一を進ぜずして」〈立正安国論〉
かん-じょう【勘定】〔名〕スル ❶物の数量、または金銭を数えること。「売上金の一が合わない」「人員を一する」❷代金を支払うこと。また、その代金。「一を済まして店を出る」❸他から受ける作用や、先々生じるかもしれない事態などを、あらかじめ見積もっておくこと。「列車の待ち時間を一に入れて行動する」❹いろいろ考え合わせて出た結論。「うまくいけばみんなが得をする一だ」❺簿記で、資産・負債・資本の増減、収益・費用の発生を記録・計算するために設ける形式。(類語)(❶)計算・計数・算用・算定・算出・指折り・概算・逆算・打算・カウント／(❷)代金・お代・払い・支払い・会計・お愛想・精算・清算・決済／(❸)予測・予想・予定・目算・計算・考慮
　勘定合って銭足らず 帳簿の計算は合うが現金が足りない。理論と実際とが一致しないたとえ。
かん-じょう【款状】官位・恩賞などを望み、または訴訟の趣旨を記した嘆願書。かじょう。「九条相国伊通公の一にも、ことなる事なき題目をも書きのせて、自讃せられたり」〈徒然・二三八〉
かん-じょう【勧▽請】〔名〕スル ❶神仏の来臨や神託を祈り願うこと。また、高僧などを懇請して迎えること。❷神仏の分身・分霊を他の地に移して祭ること。「熊野権現を一する」
かん-じょう【感状】戦功のあった者に対して、主家や上官が与える賞状。中世では、多く知行を与える旨を記した書状をさした。感書。
かん-じょう【感情】物事に感じて起こる気持ち。外界の刺激の感覚や観念によって引き起こされる、ある対象に対する態度や価値づけ。快・不快、好き・嫌い、恐怖、怒りなど。「一をむきだしにする」「一に訴える」「一を抑える」「国民一を刺激する」
(類語)情・情感・心情・情緒・情緒・情調・情操・情念・情動・喜怒哀楽・気分・気・気色・機嫌・気持ち・感じ・エモーション
　感情に走・る 理性を失い感情に従って行動する。「すぐにかっとなって一・ることの多い性格」
　感情を害・する 不愉快な気分になる。また、いやな思いをさせる。気分を悪くする。「あらぬ疑いをかけられてすっかり一・する」
かん-じょう【管状】くだのような形。くだじょう。
かん-じょう【還昇】《「かんしょう」とも》昇殿を止められていた殿上人が、再び昇殿を許されること。還り殿上。かんじょ。げんじょう。「一して侍りける人のもとに」〈千載・雑中・詞書〉
かん-じょう【環状】輪のような円い形。
かん-じょう【×灌頂】《梵 abhiṣecana, abhiṣeka の訳。昔インドで、国王の即位や立太子の儀に、四大海の水をその頭頂に注いだ儀式から》❶仏語。㋐菩薩が仏位に登るとき、法王の職を受ける証として諸仏が智水を頭に注ぐ儀式。㋑密教で、香水を頭に注ぐ儀式。灑水杖という棒の先に水をつけて頭に軽くあてる。受戒するときや修行者が一定の地位に上るときに行う。結縁灌頂・伝法灌頂などがある。㋒墓石に水を注ぎかけること。❷雅楽・平曲・音楽や和歌などで奥義や秘伝などを授けること。
かん-じょう【艦上】軍艦の上。また、軍艦の上の部分。
カン-じょう【カン城】《Le Château de Caen》▶カーン城
がん-しょう【岩床】マグマが地層中に貫入し、板状に広がって固結した火成岩体。シート。
がん-しょう【岩松｜×巌松】岩の上に生えた松。
がん-しょう【岩×漿】▶マグマ
がん-しょう【岩礁】水中に隠れている大きな岩。また、水面上にわずかに出ている岩。(類語)暗礁
がん-しょう【×銜傷】馬の口に、くつわが当たることによってできた傷。
がん-しょう【×翫賞】〔名〕スル 芸術作品や風景などを味わい楽しむこと。鑑賞。「園内各所の楓樹を一し」〈魯庵・破垣〉
がん-じょう【頑丈】〔名・形動〕❶からだが丈夫なさま。また、物の作りが堅牢なさま。「一なからだつき」「一にできた箱」❷馬のすぐれて強健なさま。また、その馬。「一なる馬一疋引いて参れ」〈浄・孕常盤〉
(補説)中世・近世には「岩乗」「岩畳」「強盛」などとも書いた。もと、名馬に仕上げるための五つの条件の意の「五調」から出たとされるが、「強盛」の音変化とする説もあって、語源・歴史的仮名遣いは未詳。(派生)がんじょうさ〔名〕(類語)堅牢・堅固・頑強・強固・屈強・強健・確固・しっかり・丈夫
がん-じょう【願状】❶神仏に対する願意を書いた文書。願書。願文。❷政府などに願いを書いて出す文書。
かんじょう-いにゅう【感情移入】自分の感情や精神を他の人や自然、芸術作品などに投射することで、それらと自分との融合を感じる意識作用。
かんじょう-エーエムピー【環状AMP】▶サイクリック-エーエムピー(一AMP)
かんしょう-えき【緩衝液】▶緩衝溶液
かん-しょうが【乾生×姜｜乾生×薑｜干生×薑】干したショウガの根茎。薬用。乾薑。
かんじょう-か【感情家】感情に動かされやすい人。感情がすぐ表面に出る人。
かんじょう-か【管状花】合弁花の一。花びらが合わさって管状になる花。菊の中心花やアザミにみられ、集まって頭状花を構成する。管状小花。筒状花。
かんじょう-がき【勘定書(き)】売掛金・代金の請求書。かんじょうしょ。
かんじょう-がしら【勘定頭】▶勘定奉行
かんじょう-かた【勘定方】❶会計係。出納役。勝手方。❷江戸時代、幕府・各藩で金銭の出納を担当した役。勝手方。
かんじょう-かもく【勘定科目】簿記で、計算や整理の便宜上、諸種に類別した勘定の名称。
かんしょう-がん【鑑賞眼】芸術作品を味わい、その真価を見きわめる能力。
かんしょう-き【緩衝器】▶緩衝装置
かんじょう-き【艦上機】航空母艦に搭載し、飛行甲板から発着する航空機。
かんしょう-きおくそうち【緩衝記憶装置】▶バッファー記憶装置
かんしょう-ぎょ【観賞魚】姿形・色の美しさなどを見て楽しむために飼われる魚。錦鯉・金魚・熱帯魚など。
かんじょうきょういく【感情教育】《原題、L'Éducation sentimentale》フロベールの長編小説。1869年刊。フランスの二月革命前後の混迷した世相を背景に、青年フレデリックの失意と幻滅の人生を描く。
かんじょう-ぎんみやく【勘定吟味役】江戸幕府の職名。老中に属して勘定所の事務全般の監査に当たった。勘定吟味方。
かんじょう-くみがしら【勘定組頭】江戸幕府の職名。勘定奉行に属し、勘定衆を指揮して勘定所の事務を取り扱った。寛文4年(1664)設置。
かんしょう-けい【干渉計】光源からの光を二つ以上に分け、再び合わせたときの光波の干渉現象を利用して、光の波長・屈折率・スペクトルの構造などを計測する装置。
かんじょう-けぎょう【×灌頂▽加行】伝法灌頂の儀式の際に、その準備として事前に行う修行。灌頂の加行。
かんしょう-けんびきょう【干渉顕微鏡】無色透明な物体の、部分的な厚さや屈折率の大小によって透過光に生ずる光路差を、光の干渉の原理を応用して、明暗の差に変えて見えるようにした顕微鏡。➡微分干渉顕微鏡
かんじょう-こうざ【勘定口座】簿記で、勘定科目ごとに記録・計算を行う帳簿上の場所。
かんしょう-こく【緩衝国】利害が対立する国家の間にあって、その衝突を和らげる役目をする国。
かんじょう-ごしょ【×灌頂御所】宮中で、天皇の安穏を祈り、また年中行事としての加持祈祷を行った真言道場。灌頂道場。灌頂の御所。➡真言院
かんじょう-さいばん【感情裁判】法律・判例や慣例などの客観的な基準によらず、裁判官・裁判員の感情的な判断に基づいて判決・量刑が下される裁判。または、そうした裁判の進め方。
かんじょう-し【管城子】《韓愈「毛穎伝」から》筆の異称。「作者幸いに閑暇を得なば、再び一をやといいれて」〈逍遥・当世書生気質〉
かんしょう-しつ【完晶質】岩石の結晶度を表す語。岩石全体が全部結晶で、ガラスを含まない。深成岩にみられる。➡ガラス質
かんしょう-じま【干渉×縞】光の干渉によって生じる縞模様。単色光では明暗の縞、白色光では色のついた縞となる。
がんじょうじゅ-いん【願成就院】静岡県伊豆の国市にある高野山真言宗の寺。行基の開創と伝える。再興は文治5年(1189)、開基は北条時政。源頼朝が、時政に命じて北条氏繁栄と奥州藤原氏征伐を祈り再興させたもの。金鶴林寺。
かんじょう-しゅう【勘定衆】江戸幕府の職名。勘定組頭の支配を受け、勘定所の事務を取り扱った。
かんしょう-しゅぎ【感傷主義】▶センチメンタリズム
かんじょう-しょ【勘定所】江戸幕府の役所。勘定奉行を長官とし、幕府財政の運営、幕領の租税徴収・訴訟などを主要任務とした。城内と大手門内の2か所にあった。
かんじょう-しょ【勘定書】❶取引に関して、勘定計算を記した書類。❷「勘定書き」に同じ。
かんじょうしょ【関城書】南北朝時代、北畠親房の書状。1巻。興国3年(1342)執筆。親房が常陸の関城から磐城の白河の結城親朝へ送り、時勢を説きながら援軍を頼んだもの。
かん-しょうじょう【菅丞相】菅原道真の異称。
かんしょう-しょく【干渉色】白色光どうしの干渉によって現れる複雑な色。シャボン玉に見られるも

のなど。

かんしょう-しょくぶつ【観賞植物】花・葉などの美しさを楽しむために栽培される植物。ランなど。

かんじょう-じり【勘定尻】金銭に関する勘定で、収支の最終計算による結果。

かんじょう-しんけいけい【管状神経系】脊椎動物にみられる中枢神経系の型。個体発生初期の神経管から生じ、前方に脳、後方に脊髄ができる。

かんじょう-ずく【勘定▽尽く】〔名・形動〕損得の計算だけを考えて行動すること。また、そのさま。計算ずく。そろばんずく。「—でしか動かない男」

〘類語〙計算ずく・金銭ずく・そろばんずく

かんしょう-せい【干渉性】▶コヒーレンス

かんじょう-せいうん【環状星雲】琴座にある惑星状の星雲。中心の高温星を取り巻くガスが環状に光って見える。リング星雲。

かんじょう-せつぞく【環状接続】▶リング型ネットワーク

かんじょう-せん【環状線】環状に走る道路・鉄道線路・バス路線。「大阪—」

かんしょう-そうち【緩衝装置】ばね・ゴム・油圧などを利用して、機械的な衝撃を緩和する装置。自動車のバンパーもこの一種。緩衝器。

かんじょう-たい【×桿状体】脊椎動物の目の網膜にある、棒状の突起をもつ視細胞。弱い光に鋭敏に反応する視紅(しこう)を含み、光の明暗を感知する。棒細胞。➡錐状体(すいじょうたい)

かんしょう-たいしょく【勧奨退職】《俗に「肩たたき」ともいう》退職金の割り増しや再就職の斡旋を条件に、定年前の退職を勧めること。

かんじょう-だいほうおうじ【×灌頂大法王子】伝法灌頂を受け、仏の弟子となった菩薩の尊称。

かんじょう-だか・い【勘定高い】〔形〕文かんぢやうだか・し〔ク〕金銭の計算が細かくて損得に敏感である。打算的だ。「—・くて金に汚いやつだ」

かんしょう-ちたい【緩衝地帯】利害が対立する国家や勢力の衝突を和らげるため、その中間に設けた中立地帯。

かんじょう-ちょう【勘定帳】金銭、物品の出納を記す帳簿。

かんしょう-てき【干渉的】▶コヒーレント

かんしょう-てき【感傷的】〔形動〕感情を動かされやすく、何かにつけて涙もろくなっているさま。センチメンタル。「—な歌詞」

かんじょう-てき【感情的】〔形動〕❶感情に関するさま。「二国間には—な障壁がある」❷理性を失って感情をむきだしにするさま。「—なものの言い方」⇔理性的。

かんじょう-どうみゃく【冠状動脈】心臓壁に冠状に分布する動脈の主幹。大動脈の基部から左右に分岐し、さらに枝分かれして心室・心房の筋肉に血液を送る。冠動脈。

かんじょうどうみゃく-こうかしょう【冠状動脈硬化症】冠状動脈の血管がコレステロールの沈着などによって狭くなったり詰まったりしたため心筋に必要な酸素が供給されなくなって起こる病態。狭心症・心筋硬塞(こうそく)・不整脈・突然死などの原因となる。50〜60歳代に多い。

かんじょうどうみゃく-しっかん【冠状動脈疾患】▶虚血性心疾患

かんじょうどうみゃくしっかん-しゅうちゅうちりょうしつ【冠状動脈疾患集中治療室】▶シー-シー-ユー(CCU)

かんじょう-の-し【×灌頂の師】密教伝法灌頂を受けた他の人に灌頂を授ける資格をもつ僧。また、授ける際の正導師。灌頂の阿闍梨(あじゃり)。

かんしょう-ば【勧商場】▶勧工場(かんこうば)

かんしょう-ばくや【干将×莫×耶】《中国の呉の刀工干将が呉王の命で剣を作るとき、妻莫耶の髪を炉の中に入れて初めて会心の作を得た。その二振りの剣のうち、陽を「干将」、陰を「莫耶」と名づけたという「呉越春秋」闔閭内伝の故事から》名剣のこと。

かんじょう-び【勘定日】❶商家や顧客が、掛け代金などの支払いをする日。支払日。❷雇っている者に給料を支払う日。給料日。❸株式取引所で、定期取引の受け渡し決算日。

かんしょう-ひひょう【鑑賞批評】芸術作品を、内容の鑑賞を中心として批評すること。

かんしょう-フィルター【干渉フィルター】ある狭い範囲の波長の光だけを透過させたり、反射させたりするフィルター。光の干渉を利用する。

かんじょう-ぶぎょう【勘定奉行】❶中世、幕府や諸大名の家に置かれた職名。金銭や穀物などの出納をつかさどった。勘定頭(がしら)。❷江戸幕府の職名。寺社奉行・町奉行とともに三奉行の一。老中に属し、幕府財政の運営や諸国代官の統率、また、幕府直轄地の収税、金銭・穀物の出納、領内人民の訴訟などをつかさどった。勘定頭。

かんしょうふ-しょう【官省符▽荘】律令制下、太政官の官符と民部省の省符によって免税の特権を認められた荘園。

かんしょう-ようえき【緩衝溶液】酸またはアルカリを加えたときに生じる水素イオン濃度(pH)の変化を、少なくする作用をもつ溶液。一般に弱酸とその塩、または弱塩基とその塩との混合液。化学分析・生化学の測定などでpHを一定に保ちたいときに用いる。人間の血液なども緩衝溶液。緩衝液。

かんしょう-りょくち【緩衝緑地】住宅・商業地域での大気汚染・騒音・悪臭などの公害の防止・緩和や、工業地帯の災害防止などを目的として設けられる緑地。

かんじょう-れっせき【環状列石】▶ストーンサークル

かんじょう-ろん【感情論】理性によってではなく、感情によってなされる議論。「—に走る」

かんじょう-ろんり【感情論理】論理的であるように見えながら、実際は感情によって考えが進められたり判断されたりすること。

かんじょ-きん【緩徐筋】▶遅筋線維

かん-しょく【完食】〔名〕スル 出された食物を残さず食べること。「一粒も残さずどんぶり飯を—する」

かん-しょく【官職】❶官と職。官は職務の一般的種類、職は担当すべき職務の具体的範囲を示す呼び方。❷国の機関において、公務員が具体的な職務と責任をもって占める地位。「—を得る」

〘類語〙公職・官途

かん-しょく【乾食|乾×蝕】空気の流通の悪い所に貯蔵したときに生じる木材の腐食。

かん-しょく【寒色】寒い感じを与える色。青や、その系統の色。➡暖色

かん-しょく【寒食】古代中国で、冬至から105日目に、火気を用いないで冷たい食事をしたこと。そのころは風雨が激しいので火災予防のためとも、また、一度火を断って新しい火で春を促すためともいう。〘季 春〙「—や壺の底なるししびしほ／虚子」

かん-しょく【間色】❶原色と原色との間の、柔らかい感じの色。2種以上の原色の混合によって生じる色。中間色。❷画面の調和を保つため、光の当たっている部分と陰とを、柔らかくつなぐ色。

〘類語〙中間色・パステルカラー

かん-しょく【間食】〔名〕スル きまった食事と食事との間に物を食べること。あいだぐい。

〘類語〙間食い・おやつ・三時

かん-しょく【閑職】仕事の暇な職務。重要でない職務。「—にまわされる」〘類語〙要職・重職・名誉職

かん-しょく【感触】〔名〕スル ❶外界の物事に触れて心に感じること。「自己以外のものの生命の存在に—して以来」〈倉田・愛と認識との出発〉❷物事の雰囲気などからそれとなく受ける感じ。印象。「議案が通りそうな—を得る」❸手や肌に触れた感じ。手ざわり。肌ざわり。「カシミアの柔らかい—」

〘類語〙知覚・官能・五感・体感・肉感・手触り・肌触り・肌合い・手応え・印象・感覚・感じ・イメージ・第一印象・心象・心証・インプレッション

がん-しょく【顔色】かおいろ。また、感情の動きの現れた顔のようす。「—を失う」〘類語〙顔色(かおいろ)・機嫌・表情

顔色無し 《白居易「長恨歌」から》恐れや驚きのために顔色が青くなるさま。完全に圧倒されて手も足も出ないさま。「完璧な答えには試験官も—だ」

〘補説〙この意味で「かおいろなし」と読むのは誤り。

顔色を窺(うかが)・う 相手の表情から心の動きを知ろうとする。相手のかおいろをみる。「窃かに叔母の—・って見れば」〈二葉亭・浮雲〉

かんしょく-せい【感色性】写真の乾板・フィルムが長い波長の光に対して感光する性質。

かんしょ-せんせい【甘藷先生】青木昆陽を親しんでいう呼び名。

かんしょ-とう【甘×蔗糖】サトウキビの茎のしぼり汁から作った砂糖。

かんしょ-よみ【漢書読み】「漢籍読(かんせきよ)み」に同じ。

かんじ-より【かんじ×縒り】「かんぜよ(観世縒)り」の音変化。

かん・じる【感じる】〔動ザ上一〕「かん(感)ずる」(サ変)の上一段化。「寒さを—・じる」

かん・じる【観じる】〔動ザ上一〕「かん(観)ずる」(サ変)の上一段化。「生命のはかなさを—・じる」

かん-しん【甘心】〔名〕スル《「かんじん」とも》❶納得すること。同意すること。「その価値(かち)で—して、やってやる積に約束した」〈逍遥・当世書生気質〉❷快く思うこと。満足すること。感服すること。「先言(せんげん)耳にあり、いまもって—す」〈平家・三〉

かん-しん【×奸心|×姦心】ひねくれて悪賢い心。

かん-しん【×奸臣|×姦臣】邪悪な心を持った家来。

かん-しん【汗×疹】「あせも」に同じ。

かん-しん【勘進】考え調べて、申し上げること。

かん-しん【寒心】〔名〕スル 恐れや不安の念で、ぞっとすること。「—に堪えない」「日本人の名のある者は、これに—せざるを得んや」〈福沢・学問のすゝめ〉

かん-しん【閑心】俗事から離れた閑雅な心。「この道はひとへに—のもてあそびなる故に」〈ささめごと〉

かん-しん【感心】㊀〔名〕スル ❶りっぱな行為や、すぐれた技量に心を動かされること。心に深く感じること。感服。「うまいことを言うものだと—する」「あまり—できないやり方だ」❷(逆説的に用いて)あきれること。びっくりすること。「ばかさかげんに—する」㊁〔形動〕文〔ナリ〕りっぱであるとして褒められるべきさま。「親思いの—な少年」〘類語〙感動・感激・感銘・感慨

かん-しん【管×鍼】鍼術(しんじゅつ)で金属製の管に入れ、その端を指でたたいて患部に刺し込む鍼(はり)。江戸時代、杉山検校(けんぎょう)の創始したもの。くだばり。

かん-しん【関心】ある物事に特に心を引かれ、注意を向けること。「政治に—がある」「幼児教育に—が高まる」「周囲の—の的」

〘類語〙興味・好奇心・求知心・探究心・色気(いろけ)

かん-しん【歓心】喜ぶ気持ち。うれしいと思う心。「意中の人の—を得る」

歓心を買・う 人の気に入るように努める。人の機嫌をとる。「上役の—・う」〘補説〙「関心を買う」と書くのは誤り。

かん-しん【×諫臣】主君に諫言(かんげん)する家臣。「人君にして—がなければ正を失い」〈中島敦・弟子〉

かん-しん【韓信】［?〜前196］中国、漢初の武将。江蘇の人。項羽(こうう)に従った後、劉邦(りゅうほう)の将となり、華北を平定。斉王、次いで楚王に封ぜられたが、淮陰侯に左遷され、反逆の疑いで呂后(りょこう)に処刑された。

韓信の股潜(またくぐ)り 《韓信が、若いとき町でならず者に言いがかりをつけられ、耐えてその股をくぐったという故事から》大望をもつ者は目先のつまらないことで人と争ったりしないことのたとえ。

かん-じん【×奸人|×姦人】腹黒く悪賢い人物。

かん-じん【肝心|肝腎】〔名・形動〕《肝臓と心臓や腎臓は、人体にとって欠くことのできないものであるところから》最も重要なこと。また、そのさま。肝要。「—な話」「慎重に対処することが—だ」

〘類語〙重要・大事(だいじ)・大切・肝要・肝心要(かなめ)・切要・緊

要・喫緊・重大・主要・須要しゅよう・必須ひっす・不可欠

かん-じん【官人】クワンジン ▶かんにん(官人)❶

かん-じん【閑人】暇のある人。俗用を離れ、ゆっくりした生活をしている人。ひまじん。「往来の木陰で―たちの盛んに弁じている声が」〈中島敦・弟子〉

かん-じん【勧進】クワンジン〔名〕スル ❶人々に仏の道を説いて勧め、善導すること。❷堂塔・仏像などの建立・修理のため、人々に勧めて寄付を募ること。勧化かんげ。「―して本堂を建立する」❸僧の姿で物乞いをして歩くこと。また、その人。また、単に物乞いのこと。「―してやうやう袂たもとに米ばかり」〈浮・娘気質・六〉

類語 集金・募金・カンパ

かん-じん【寛仁】クワンジン〔名・形動〕心が広く、情け深いこと。また、そのさま。かんにん。「―な人」類語 優しい・温かい・温か・温厚・寛厚・親切・情け深い・慈悲深い

かん-じん【漢人】❶漢民族。漢族。❷中国人。

かん-じん【観心】クワンジン 仏語。観法の一。自己の内心の本性をよく観察すること。天台宗で重んじる。

かん-じん【韓人】朝鮮の人。朝鮮人。

がん-しん【眼振】「眼球振盪しんとう」の略。

がんじん【鑑真】[688～763]奈良時代の渡来僧。日本の律宗の祖。中国揚州(江蘇省)の人。五度渡日に失敗し、その間に失明したが、天平勝宝5年(753)来日。東大寺に初めて戒壇を設け、聖武上皇らの帰依を受け、唐招提寺とうしょうだいじを創建して戒律の根本道場とした。大僧都だいそうずとなり、大和上だいわじょうの号を受けた。渡来の事情は唐大和上東征伝とうだいわじょうとうせいでんに詳しい。

かんじん-かなめ【肝心要】〔名・形動〕《「肝心」をさらに強めた語》非常に大切なこと。また、そのさま。「―な(の)時にいないなんて」

類語 大事・重要・大切・肝心・肝要・切要・緊要・喫緊・重大・主要・須要しゅよう・必須ひっす・不可欠

かんしん-き【感震器】地震の有無と発生時刻だけを記録する簡単な地震計。➡地震計

がん-しんけい【顔真卿】[709～785]中国、唐の政治家・書家。長安(西安)の人。字あざなは清臣。安史の乱で大功をたてた。のち反乱を起こした李希烈りきれつの説得に派遣され、捕縛、殺害された。書は剛直な性格があふれる新風を拓き、「顔体」と称される。顔魯公。

かんじん-こうぎょう【勧進興行】クワンジンコウギヤウ 勧進❷のために、または、それを名目に行われる興行。田楽・猿楽・相撲・歌舞伎などがあった。

かんしん-じ【関心事】クワンシンジ 特に興味を引かれている事柄。「国民の最大の―」

かんしん-じ【観心寺】クワンシンジ 大阪府河内長野市寺本町にある高野山真言宗の寺。山号は檜尾ひのお山。大宝年間(701～704)役小角えんのおづのの創建と伝える。はじめ雲心寺と称したが、弘仁年間(810～824)空海が再興し、観心寺と改める。貞観11年(869)清和天皇勅願の定額寺。のちに後醍醐ごだいご天皇の尊信を得たため、南朝文書を多数所蔵する。楠木氏の菩提寺。金堂・如意輪観音像・観心寺縁起資材帳は国宝。

かんじん-ずもう【勧進相撲】クワンジンずまふ 勧進❷のために、または、それを名目に営利目的で興行する相撲。「―の銀本ぎんもと、奉加帳ほうがちやうの肝入きもいり」〈浮・永代蔵・三〉

補説 江戸初期から行われ、のちには木戸銭を取って興行する定期の相撲にもいうようになり、これが現在の大相撲の前身。

かんしん-せい【完新世】クワンシンセイ 地質時代の区分の一。最も新しい時代。更新世の最後の氷期が終わり、温暖化が始まった1万年前から現在まで。人類が大発展し、ほぼ新石器時代以降にあたる。沖積世ちゅうせきせい。現世。

かんじん-たいど【寛仁大度】クワンジン 寛大で情け深く、度量の大きいこと。

かんじん-ちょう【勧進帳】クワンジンチヤウ 勧進❷の趣意を書いて、寄付を集めるのに使う帳面。

かんじんちょう【勧進帳】クワンジンチヤウ 歌舞伎十八番の一。一幕。3世並木五瓶なみきごへい作。4世杵屋きねや六三郎作曲。天保11年(1840)江戸河原崎座で7世市川団十郎の弁慶で初演。能の「安宅あたか」を、長唄を地として歌舞伎化したもの。富樫左衛門の守る加賀国安宅の関を、東大寺勧進の山伏に身をやつした源義経主従が弁慶の知略で通過する。

かんしん-とう【完新統】クワンシントウ 完新世に形成された地層。沖積層。

かんじん-のう【勧進能】クワンジン ❶勧進❷のために公儀の許可を得て興行する能。のちには、それを名目に営利興行した。❷江戸時代、観世大夫が一代に一度だけ幕府の許可を得て催した特別な興行。一世一代勧進能。一代能。御免能。

かんじん-びくに【勧進▽比▽丘尼】クワンジン ▶歌比丘尼うたびくに

かんじん-ひじり【勧進▽聖】クワンジン 諸方を勧進して歩く遊行ゆぎょうの僧。特に時宗の僧で、芸能に堪能な者が多かった。勧進僧。勧進坊主。

かんじん-ぶね【勧進船】クワンジン 江戸時代、大坂の河口で、勧進比丘尼や浄瑠璃・歌祭文うたざいもんを語る人を乗せて、停泊中の船を回った船。

かんじんほんぞんしょう【観心本尊抄】クワンジンホンゾンセウ 鎌倉時代の仏教書。1巻。日蓮著。文永10年(1273)成立。観心と本尊は妙法蓮華経として具現されているとし、口に南無妙法蓮華経と唱えることで仏果の成就を得ると説く。日蓮五大部の一。如来滅後五五百歳始にょらいめつごごごひゃくさいしの観心本尊抄。本尊抄。観心抄。

かんじん-まい【勧進舞】クワンジンまひ 勧進❷のために興行する曲舞くせまいや幸若こうわかなどの芸能。

かんじん-もと【勧進元】クワンジン ❶勧進❷のために種々の興行をする元締め。のちには、芸能・相撲など興行一般の興行主・主催者をいうようになった。❷事を発起して、その世話をする人。「会合の―」

かんじん-よみ【勧進読み】クワンジン 勧進のために、または、それを名目に軍記などを読み聞かせ、金銭を請うこと。また、その人。「神田の筋違橋にて太平記の―」〈浮・永代蔵・五〉

かんじん-より【かんじん×縒り】クワンジン「かんぜよ(観世縒)り」の音変化。

がんしんりょうれんけい-きょてんびょういん【×癌診療連携拠点病院｜がん診療連携拠点病院】ガンシンレウレンケイキヨテンビヤウヰン 平成19年(2007)4月施行のがん対策基本法の理念に基づき、全国どこでも質の高い癌の専門治療が受けられるように、各都道府県ごとに厚生労働大臣が指定した医療機関。

かん-す【監▽寺】禅宗寺院で、住持に代わって寺内の事務を監督する役職。六知事の一。曹洞宗では、監院という。かんじ。

かん-す【×鑵子】クワンス ❶青銅・真鍮しんちゅうなどで作った湯沸かし。❷茶の湯に用いる茶釜。関西では羽のある形のもの、関東では弦つるのある形のものをいう。

かん-ず【巻数】クワンズ ▶かんじゅ(巻数)

かん-ず【貫▽首｜貫主】クワンズ ▶かんじゅ(貫首)

かん・ず【勘ず】〔動サ変〕ただす。調べる。罪を調べ考える。「親はらからを―・ぜられむこそいとやさしかるべけれ」〈宇津保・蔵開中〉

ガンス〖Abel Gance〗[1889～1981]フランスの映画監督。特にサイレント時代にすぐれた作品を発表し、グリフィスと並ぶ映画芸術の開拓者とされる。作「鉄路の白薔薇しろばら」「ナポレオン」など。

がん・す〔動サ特活〕《「ござんす」「ごあんす」の音変化》「ございます」の俗な言い方。「お願いで―・すから、命だけは助けて下さい」〈円朝・塩原多助一代記〉

かん-すい【完遂】クワンスイ〔名〕スル 最後までやりとおすこと。完全に成し遂げること。「難事業を―した」補説「かんつい」と読むのは誤り。類語 遂行

かん-すい【×旱水】ひでりと大水。干害と水害。

かん-すい【冠水】クワンスイ〔名〕スル 洪水などで田畑や作物が水をかぶること。「大水で田が―した」

類語 水浸し・浸水・水没

かん-すい【×梘水】中華そばを作るとき、粉にまぜる炭酸カリウムなどの溶液。粘弾性を増し、独特の色と香りをつける。食品添加物の一。

かん-すい【×淦水】船底にたまる汚水。あか。

かん-すい【寒水】❶冷たい水。❷寒中の水。寒の水。❸寒水石を細かく砕いたもの。左官工事用。

かん-すい【×酣酔】〔名〕スル 十分に酒に酔うこと。「彼はあたかも―した人のようであった」〈藤村・春〉

かん-すい【漢水】揚子江の支流。陝西せんせい省の秦嶺しんれい山脈に源を発し、南東に流れて湖北省の武漢で揚子江に注ぐ。長さ1532キロ。漢江。ハンショイ。

かん-すい【×澗水】《「澗」は谷川の意》谷の水。谷川の流れ。「―一杯朝だいに命を支ささへ」〈性霊集・二〉

かん-すい【×鼾睡】〔名〕スル いびきをかいて眠ること。「身を横たえるが早いか忽ち―してしまった」〈里見弴・大道無門〉

かん-すい【×鹹水】❶塩からい水。塩分を含む天然の水。海水。❷製塩過程で濃縮した食塩濃度の高い水。また一般に、濃い塩類水溶液。ブライン。塩水。

かん-すい【×灌水】クワンスイ〔名〕スル 水を注ぐこと。多く、草木や農作物に水を注ぎかけることにいう。「苗床に―する」

かん-すい【贛水】贛江かんこうの異称。

がんすい-かごうぶつ【含水化合物】ガンスイクワガフブツ 水和物すいわぶつのこと。

かんすい-ぎょ【×鹹水魚】海水魚。

かんすい-こ【×鹹水湖】「塩湖えんこ」に同じ。

かんすい-せき【寒水石】茨城県北部から産する結晶質石灰岩の石材名。阿武隈山地南端の古生層の中から掘り出され、白色や濃緑色・灰色の縞しま模様がある。建築・彫刻用。

がんすい-たんそ【含水炭素】炭水化物の旧称。

がんすい-ばくやく【含水爆薬】硝酸アンモニウムと5パーセント以上の水を含む爆薬の総称。スラリー爆薬のほか、油とワックスを含むエマルジョン爆薬がある。いずれもダイナマイトに比べ爆発力は小さいが、安全性が高く耐水性があり海中でも使用できる。

かんすいへい-アーク【環水平アーク】クワンスイヘイ 太陽の下に、ほぼ水平な虹のような帯が見える現象。幻日と同じく上空の大気中の氷晶が太陽光を屈折することで生じる。太陽から約46度離れたところに現れるため、太陽高度が高く、低空に雲がない時でないと見られない。水平弧。水平環。➡環天頂アーク

かんすい-よく【×灌水浴】クワンスイ 水を注ぎかけて、からだを洗うこと。

かんすいらく【酣酔楽】雅楽。高麗楽こまがく。高麗壱越こまいちこつ調の中曲。元来は舞曲であったが、近世になって舞も楽も廃絶。

かん-すう【巻数】クワンスウ ❶全集・選集など、ひとまとまりの書物の冊数。❷巻いてある映画のフィルムや録音テープの数。❸絵巻物や経巻の数。➡巻かん

かん-すう【関数】クワンスウ・【函数】カンスウ ❶《function》二つの変数x、yがあって、xの値が決まると、それに対応してyの値が一つ決まるとき、yはxの関数であるという。記号$y=f(x)$で表す。xを独立変数といい、二つ以上のこともある。また、この概念を拡張して、ある集合の各要素に他の集合の各要素を一対一で対応させる規則である写像をさすこともある。❷コンピューターのプログラミング言語やアプリケーションソフトにおいて、ある数や文字列が入力された時、決められた処理を行い、その結果を出力する命令群のこと。

かんすう-かいせき【関数解析】クワンスウ 特定の性質をもつ関数全体(関数空間)を位相的・解析的に研究する学問。確率論・数値解析などに利用される。位相解析。

かんすうがた-げんご【関数型言語】クワンスウがた《functional programming language》数学的な言語仕様をもつプログラミング言語。式を基本的な要素とする。LISPやAPLなどがある。

かんすう-くうかん【関数空間】クワンスウ 一定の区間で定義された連続性をもつ関数全体の集合。

かん-すうじ【漢数字】漢字のうち、数を表す字。一・二・三・十・百・千・万・億・兆など。壱(一)・弐(二)・参(三)・肆(四)・伍(五)・陸(六)などの文字を用いることもある。➡アラビア数字 ➡ローマ数字

類語 アラビア数字・ローマ数字・算用数字

かんすう-じゃく【関数尺】クワンスウ 一つの関数$f(x)$について、数直線上の座標が$f(x)$である点に、xの値を目盛りとしてつけた直線。

かんすう-たじゅうていぎ【関数多重定義】クワンスウタヂユウテイギ《overloaded function》▶オーバーロード

かんすう-ひょう【関数表】クワンスウヘウ 関数の値を記した表。対数表・三角関数表など。

かんすう-ほうていしき【関数方程式】クワンスウハウテイシキ 未知の関数を含む方程式。微分方程式など。

かんすう-ろん【関数論】クワンスウ 変数を複素数にまで広げて研究する解析学の一部門。複素関数論。

かん-すげ【寒×菅】カヤツリグサ科の多年草。山地の林下に生え、高さ約40センチ。葉は根際から多数出て、寒中でも青々としてつやがある。春から初夏にかけて、淡褐色の雄花穂と黄褐色の雌花穂とをつける。すげ。(季冬)

かん-すずめ【寒×雀】寒中のスズメ。美味で滋養に富むという。(季冬)「―大仏殿を栖(すま)ひなる/誓子」

かんす-ぼん【巻子本】クワンスー 紙や布を横に長くつなげ、末端に軸をつけて巻き込むようにした書物。巻き本。けんすぼん。かんしぼん。
類語 折り本・綴本・草紙・冊子

かんずり 新潟県妙高市でつくられる香辛料。塩漬けのトウガラシを雪の上にさらしてあくを抜き、ユズや麹(こうじ)などと混ぜて発酵させたもの。

かん・する【刊する】〔動サ変〕図かん・す〔サ変〕《木を刻む意から》板行する。刊行する。出版する。「故人の詩文を集録して―・する」

かん・する【冠する】クワンする〔動サ変〕図くゎん・す〔サ変〕❶そのものを限定する言葉や、名称・称号・文字などを、上につける。「企業名を―・した競技大会」❷冠(かんむり)をのせる。転じて、元服する。

かん・する【×姦する】〔動サ変〕図かん・す〔サ変〕❶婦女子を犯す。❷姦通する。

かん・する【管する】クワンする〔動サ変〕図くゎん・す〔サ変〕❶取り締まる。管轄(かんかつ)する。「学事を―・せり」〈田口・日本開化小史〉❷心にかける。「狂と呼び癡(ち)と喚(よ)ぶ。敢て―・せず」〈逍遥・当世書生気質〉

かん・する【×箝する】〔動サ変〕図かん・す〔サ変〕《竹ではさむ意から、「口を箝する」の形で用いて》声を出さない。また、発言させない。「晩鶯口を―・して」〈織田訳・花柳春話〉

かん・する【関する】クワンする〔動サ変〕図くゎん・す〔サ変〕関係がある。かかわる。「将来に―・する問題」「映画に―・しては、ちょっとうるさい」「我―・せず」
類語 かかわる・係(かか)る・まつわる・係(かか)ずらう・与(あずか)る・絡む・当該・当事・関係・関連・連関・連係・相関・関与・交渉・係(かか)わり・繋(つな)がり・結び付き・掛かり合い・引っ掛かり・絡み

かん・する【監する】〔動サ変〕図かん・す〔サ変〕監督する。気をつける。「藤田兄は病稍や愈(い)えて社務を―・し」〈竜渓・経国美談〉

かん・する【×緘する】〔動サ変〕図かん・す〔サ変〕❶(「口を緘する」の形で)口を閉じる。黙る。「口を―・して語らない」❷封をする。「固く―・した封書」

かん・ずる【寒ずる】〔動サ変〕図かん・ず〔サ変〕寒さが身に染みる。「もやがすっかり晴れましたから、恐ろしく―・じて来ました」〈鏡花・玄武朱雀〉

かん・ずる【感ずる】〔動サ変〕図かん・ず〔サ変〕❶外からの刺激のために、感覚器官にある感覚を起こす。「空腹を―・ずる」「暑さを―・ずる」❷心の中にある種の気持ちを持つ。「うれしく―・ずる」「必要を―・ずる」「―・ずるところがあって」❸心を動かされる。感動する。「深く―・じさせる演説」「善行に―・ずる」❹計測器などが反応する。「地震計に―・ずる」❺病気に感染する。「いつどんな病に―・じて、こんな風に死ぬるかもしれないと」〈鷗外・妄想〉❻感心してほめたたえる。「平家、船ばたをたたいて―・じたり」〈平家・一一〉❼前世の行為の報いが現れる。「殺生の罪は現報を―・ずるなりと知るべし」〈今昔・九・二一〉
類語 (❶)覚える・催(もよお)す・知覚する・感じる・抱(いだ)く・持つ/(❷)思う・覚(さと)る・感じ取る・実感する・感得する・感受する・感知する・直感する・直覚する・予感する・ぴんと来る/(❸)感動する・感銘する・感心する・胸に響く・胸に迫る

かん・ずる【観ずる】クワンずる〔動サ変〕図くゎん・ず〔サ変〕❶心に思い浮かべて静かに観察する。「改めて世界の情勢を―・ずるに」❷思いめぐらして物の真理・本質を悟る。観念する。「人生を無常と―・ずる」

かんぜ【観世】クワンゼ 一能楽師の姓の一。シテ方のほか、小鼓方・大鼓方・太鼓方にこの姓がある。二❶「観世流」「観世座」の略。❷「観世水」の略。

がん-ぜ【頑是】グワンゼ 是非の区別。分別(ふんべつ)。「子供は―がないにもせい」〈浄・油地獄〉➡頑是ない

かん-せい【甘井】うまい水のある井戸。転じて、才能のすぐれた者のたとえ。

甘井先(ま)ず竭(つ)く 《「荘子」山木から》甘井の水は利用者が多いので、先にかれる。才能のある者は、才能を使いきって衰えるのも早いというたとえ。

かん-せい【甘精】サッカリンのこと。

かん-せい【汗青】《昔、中国で、火にあぶって汗のように染み出る油を取り去った青竹に文字を書いたところから》記録。史書。汗簡。殺青(さっせい)。

かん-せい【完成】クワンセイ〔名〕スル 完全に出来上がること。すっかり仕上げること。「―を見る」「ビルが―する」「大作を―する」類語 成立・出来る・出来上がる・仕上がる・成る・まとまる・整う・済む・上がる・完了する・成り立つ・仕上げる

かん-せい【官制】クワンセイ 行政機関の設置・廃止・名称・組織・権限などに関する規定。明治憲法下においては勅令で定めていたが、現在は法律で定める。

かん-せい【官製】クワンセイ 政府が作ること。また、そのもの。「―の団体」⇔私製。類語 私製・自製

かん-せい【陥×穽】❶動物などを落ち込ませる、おとしあな。「―にはまる」❷人をおとしいれる策略。わな。「詐欺師の仕掛けた―に陥る」

かん-せい【乾生】植物が乾燥した場所に生育すること。⇔湿生。

かん-せい【乾性】空気中ですぐに乾燥する性質。また、水分をあまり含まない性質。「―塗料」⇔湿性。

かん-せい【寒生】貧しい書生。また、自分の謙称。

かん-せい【寒声】❶寒そうな声。寒さを感じさせる声。❷寒さを感じさせる風や水の音。

かん-せい【喚声】クワンセイ 興奮したり驚いたりしたときに発する叫び声。「群衆が―をあげる」類語 歓呼・歓声

かん-せい【×喊声】大勢で突撃するときなどにあげる叫び声。鬨(とき)の声。「―を発して突入する」

かん-せい【間性】雌雄異体の種で、雌と雄との中間の形質をもつ異常個体。性染色体異常などによって起こるが、体細胞の遺伝子構成は正常で、体のどの部分の細胞も同一型の遺伝子をもつ点が雌雄同体・雌雄モザイクとは異なる。

かんせい【寛政】クワンセイ 江戸中期、光格天皇の時の年号。1789年1月25日〜1801年2月5日。

かん-せい【感性】❶物事を心に深く感じ取る働き。感受性。「―が鋭い」「豊かな―」❷外界からの刺激を受け止める感覚的能力。カント哲学では、理性・悟性から区別され、外界から触発されるものを受け止めて悟性に認識の材料を与える能力。
類語 感受性・感覚・神経・美感・美意識・センス・センシビリティー・フィーリング

かん-せい【慣性】クワンセイ 外力が働かなければ、物体はその運動状態を保つという性質。惰性。

かん-せい【管制】クワンセイ〔名〕スル ❶国家または特定の機関が、必要に応じてある事柄を強制的に管理し、制限すること。「通信を―する」「灯火―」「報道―を敷く」❷空港で、航空機と交信しながら離着陸などの指示をすること。「―官」類語 抑制・規制・統制・抑止・牽制

かん-せい【関西】クワンセイ ▶かんさい(関西)

かん-せい【歓声】クワンセイ 喜びを抑えきれずに叫ぶ声。歓呼の声。「―をあげる」類語 歓呼・喚声

かん-せい【×鼾声】いびき。いびきをかく音。「雷のごとき―を立てて熟睡した」〈中島敦・李陵〉

かん-せい【×檻×穽】檻(おり)と落とし穴。

かん-せい【閒×靚】〔形動〕図〔ナリ〕もの静かで、しとやかなさま。「かように―の態度で、有と無の間に逍遥しているのだろう」〈漱石・草枕〉

かん-せい【閑静】〔形動〕図〔ナリ〕もの静かで、落ち着いたさま。「―な街並み」派生 かんせいさ〔名〕
類語 静か・物静か・静粛・静寂・沈静・清閑・しじま・密(ひそ)やか・しめやか・静閑・閑散・閑寂・森閑・深深(しんしん)・森森(しんしん)・沈沈(ちんちん)・寂(せき)・寂(じゃく)・寂然(せきぜん)・寂然(じゃくねん)・寂寂(せきせき)・寂寂(じゃくじゃく)・闃(げき)・闃然(げきぜん)・粛然

かん-ぜい【間税】「間接税」の略。

かん-ぜい【関税】クワンゼイ 貨物が経済的境界を通過するときに課せられる租税。現在の日本では、外国からの輸入品に課する輸入税をいい、財政収入と国内産業の保護を目的とする。

がん-せい【眼×睛】ひとみ。くろめ。

がん-せい【眼精】目つき。眼光。また、眼力。視力。「―ガ強イ」〈日葡〉

がん-せい【×贋製】〔名〕スル 商品などを本物に似せて作ること。また、その作。

がん-せい【×巌×棲|×巌×栖】岩窟(がんくつ)に住むこと。また、山奥に隠遁(いんとん)すること。

かんせい-いがくのきん【寛政異学の禁】クワンセイ 寛政の改革の一政策。寛政2年(1790)幕府の学問所である昌平黌(しょうへいこう)で朱子学以外の学問を禁じ、官吏登用は朱子学を学んだ者のみとした。

かんせい-うんどう【慣性運動】クワンセイ 外力が働かない、慣性の法則に従う運動。静止または等速度運動がある。

かんせい-かい【感性界】感覚器官を介して得られる事象の総体。カント哲学では、感性的直観の形式としての時間・空間に規定された現象界。感覚界。➡可想界(かそうかい)

かんせいがくいん-だいがく【関西学院大学】クワンセイ 兵庫県西宮市に本部のある私立大学。前身は明治22年(1889)米国南メソジスト派宣教師によって設立された関西学院。昭和7年(1932)旧制大学として発足。同23年、新制大学に移行。

かんせい-きょういく【完成教育】クワンセイケウイク 上級学校への準備ではなく、その学校を卒業後、ただちに社会に出ることを目標とする教育。

かんせい-きんゆう【官製金融】クワンセイ 日本政策投資銀行など政府系の政策金融機関による金融サービスのこと。民業を圧迫し、官僚の天下り先になるなどの指摘があり、縮小の方針が示されていたが、金融危機への対応で融資額・資産規模が拡大している。

かんせい-けい【慣性系】クワンセイ 静止または等速度運動をしている座標系。ニュートンの運動法則が成り立つ座標系。地球に固定した座標系はほぼ慣性系を示す。惰性系。➡加速系

かんぜい-けいさつ【関税警察】クワンゼイ 密輸出入の防止、その他関税の徴収を確保するための取り締まりや調査に関して、税関長・税関職員に与えられた権限のうち、警察権に類似した作用をいう。

かんせい-こうほう【慣性航法】クワンセイカウハフ 航空機・船舶・ロケットなどの航法の一。ジャイロ・加速度計などで移動中の加速度を測定し、積分計算によって速度・飛行距離を算出して自己の位置を求めながら所定の航路を航行する方法。

かんぜい-じしゅけん【関税自主権】クワンゼイ 国際法上、独立国がその主権に基づいて自主的に関税制度を定め、運営する権利。

かんせい-しつりょう【慣性質量】クワンセイシツリヤウ 物体の慣性の大きさで示される質量。ニュートンの運動方程式に基づいて定義される。加速度をα、力をfとすると、運動方程式は$f=m\alpha$と比例関係で表され、その係数mが慣性質量となる。一方、重力を生じさせる原因として万有引力の法則に基づいて定義される重力質量がある。

かんぜい-じょうきょひょう【関税譲許表】クワンゼイジャウキョヘウ GATT加盟国が関税引き下げ交渉の結果合意・調印した、特定産品に対する一定の関税率を国ごとにまとめた表。1995年以降はWTO協定に継承。

かんぜい-しょうへき【関税障壁】クワンゼイシャウヘキ 国内産業の保護・育成の目的で、他国商品の流入を制限するために関税を新たに設けたり、高率にしたりすること。

かんせい-しょくぶつ【乾生植物】砂漠・砂地・岩石地など吸水の困難な土壌に生育する植物。葉は針状や鱗片りんぺん状などで小さく、水分の蒸散を少なくしている。サボテンなど。➡湿生植物

かんぜい-せいさく【関税政策】クヮンゼイ 関税制度に関する一国の政策。関税自主権に基づき、国内産業の保護・育成、財政収入、国民生活、対外関係などを考慮して決定される。

かんせい-だんごう【官製談合】クヮンセイダンガフ ►入札談合

かんせいだんごうぼうし-ほう【官製談合防止法】クヮンセイダンガフバウシハフ ►入札談合等関与行為防止法

かんせい-ていこう【慣性抵抗】クヮンセイテイカウ ►慣性力

かんせいてい-せつ【感生帝説】古代中国の帝王伝説の一。帝王の母が、何らかの自然現象に感じて懐妊し、帝王を生んだとする説話。簡狄かんてきがツバメの卵をのんで殷いんの始祖契せつを生んだ話など。

かんぜい-ていりつほう【関税定率法】クヮンゼイテイリツハフ 関税の税率、課税標準、関税の減免、その他関税制度について定めた法律。明治44年(1911)施行。

かんせい-とう【管制塔】クヮンセイタフ 空港に設置された、管制を行う塔状の施設。コントロールタワー。航空管制塔。

かんぜい-どうめい【関税同盟】クヮンゼイ 二つ以上の国家が同盟して、単一的な経済地域を形成して相互に関税を廃止する一方、域外諸国に対しては共通の関税を課すもの。EU(欧州連合)、CACM(中米共同市場)など。

かんせい-ぬい【閑清縫い】ぬひ 袋物などの端を、糸を現したまま左右から打ち違えてからげ縫うこと。また、そのように縫ったもの。「閑清」はこれを始めた人の名という。かんせんぬい。

かんせい-のうりつ【慣性能率】クヮンセイ ►慣性モーメント

かんせい-の-かいかく【寛政の改革】クヮンセイ 天明7年(1787)から寛政5年(1793)にかけて、老中松平定信が行った幕政改革。享保の改革を理想として、倹約、備荒貯蓄の奨励、棄捐きえん令、人返し、異学の禁などの政策を遂行したが、景気が沈滞し、町人らの不満を買った。

かんせい-の-さんきじん【寛政の三奇人】クヮンセイ 寛政期、尊王・外交の問題に強い関心を示したあまり、奇行もあったという、林子平・高山彦九郎・蒲生君平がもうくんぺいの三人をさす。

かんせい-の-さんすけ【寛政の三助】クヮンセイ 寛政期、代表的な朱子学者として古賀弥助やすけ(精里)・尾藤良佐りょうすけ(二洲)・柴野彦輔ひこすけ(栗山)の三人をさす。古賀のかわりに岡田清助(寒泉)をさすこともある。寛政の三博士。

かんせい-の-さんちゅうしん【寛政の三忠臣】クヮンセイ 江戸時代、寛政の改革に功労のあった三人の幕臣。老中の松平定信、若年寄の本多忠籌ただかず、御側御用取次の加納久周ひさのり。

かんせい-の-さんはかせ【寛政の三博士】クヮンセイ ►寛政の三助さんすけ

かんせい-の-ほうそく【慣性の法則】クヮンセイノハフソク 外力が働かなければ、物体は静止または等速運動を永遠に続けるという法則。

かんせい-はがき【官製葉書】クヮンセイ 郵政官署が発行していた郵便葉書の名称。郵政事業が日本郵政公社に承継された平成15年(2003)以降は「官製」ではなくなった。➡郵便葉書 ➡私製葉書

がんせい-ひろう【眼精疲労】ガンセイヒラウ 物を見ていると、目が疲れて痛くなり、物がかすんだり二重に見えたり、頭痛・悪心おしん・嘔吐おうとなどを起こしたりする状態。

かんぜい-ほう【関税法】クヮンゼイハフ 関税の賦課・徴収、貨物の輸出入について、税関手続きの適正な処理を図るために定めた法律。関税定率法とならんで関税制度の基本法。昭和29年(1954)施行。

かんぜいぼうえき-いっぱんきょうてい【関税貿易一般協定】クヮンゼイボウエキイッパンケフテイ ►ガット(GATT)

かんせい-モーメント【慣性モーメント】クヮンセイ ❶軸のまわりを回転する物体の慣性の大きさを表す量。物体内の各部分の質量と、その部分から回転軸までの距離の2乗との積を、物体全体にわたって積分したもの。❷断面内の微小面積と、ある軸までの距離の2乗との積を、全断面について積分したもの。

かんせい-ゆ【乾性油】空気中に放置すると酸化されて固化・乾燥しやすい油。亜麻仁あまに油・桐油・大豆油などの植物油。主成分に不飽和脂肪酸を含む。ペンキ・印刷インキや油絵の溶剤などに使用。乾油。➡不乾性油

かんせい-ゆうどう【慣性誘導】クヮンセイイウダウ ロケットや宇宙船を慣性航法によって目的地まで誘導する方法。

かんせい-りょく【慣性力】クヮンセイ 慣性系に対して加速度運動をしている座標系の中で、物体の運動に現れる見かけ上の力。例えば、カーブを曲がる車の中にいる人を外側に傾けさせる力など。慣性抵抗。

かんせいりょく-はつでん【慣性力発電】クヮンセイリョク 電磁誘導の原理を利用し、物体の運動エネルギーを電気エネルギーに変換する発電方式。磁石とコイルを組み合わせることで、人体の運動や自動車の振動のほか、海の波などのランダムな動きから電気エネルギーを発生させることができる。振動発電。

かんせい-れき【寛政暦】クヮンセイ 江戸時代、宝暦暦に代えて寛政10年(1798)から採用された太陰太陽暦。高橋至時よしときらが編成したもので、天保13年(1842)まで45年間使用された。寛政戊午暦ぼご。

かんせい-ろくまくえん【乾性×肋膜炎】胸膜の間に水のたまらない型の胸膜炎のこと。結核菌の感染などによって起こる。➡湿性肋膜炎

かんせい-ろん【感性論】《ドイツ Ästhetik》本来、感性的認識についての理論をさしたが、転じて美学を意味する。

かんせい-ワーキングプアー【官製ワーキングプアー】クヮンセイ 国・地方自治体等の公的機関で、収入・待遇などが恵まれない状態で働く、非正規雇用の労働者のこと。雇い止めや低時給、正規雇用とほぼ同じ労働で賃金に格差があるなど、民間企業の場合と同様の問題があるとされる。

かんぜいわりあて-せいど【関税割当制度】クヮンゼイわりあて 一定期間内に輸入される特定商品について、割当数量を超えるものに高税率を課す二重税率制度。

かんぜおん【観世音】クヮンゼオン「観世音菩薩ぼさつ」の略。

かんぜおん-じ【観世音寺】クヮンゼオンジ 福岡県太宰府市にある天台宗の寺。山号は清水山。院号は普門院。開創は天平18年(746)、開山は満誓。筑紫で崩じた母斉明天皇のため天智天皇が発願建立した。天平宝字5年(761)に設けられた戒壇院は、東大寺、下野しもつけの薬師寺とともに三大戒壇とされた。国宝の梵鐘ぼんしょうをはじめ、不空羂索観音像・十一面観音像(重文)など寺宝が多い。観音寺かんのんじ。

かんぜおん-ぼさつ【観世音菩薩】クヮンゼオン《梵 Avalokiteśvaraの訳》世の人々の音声を観じて、その苦悩から救済する菩薩。人々の姿に応じて大慈悲を行ずるところから千変万化の相となるといい、その姿は六観音・三十三観音などに表される。また、勢至菩薩とともに阿弥陀仏の脇侍で、宝冠に化仏けぶつをつけ、独尊としても信仰される。観音菩薩。観自在菩薩。観世音。補説 鳩摩羅什くまらじゅうによる旧訳で、玄奘げんじょうの新訳では「観自在」とされる。

かんぜ-かせつ【観世華雪】クヮンゼクヮセツ［1884〜1959］能楽師。シテ方観世流。東京の生まれ。本名、織雄おりお。分家の5世銕之丞てつのじょう(号、紅雪)の子で、6世を襲名。のち華雪と改名。義兄梅若万三郎らと梅若流を創立したが、のちに復帰。

かん-せき【缶石】クヮン ボイラーの内壁に水に含まれていた鉱物質が固着して残ったもの。缶滓かんさい。

かん-せき【貫籍】クヮン ►かんじゃく(貫籍)

かん-せき【漢籍】中国の書物。中国人によって書かれた漢文形態の書物。漢書。からぶみ。

かん-せき【艦籍】軍の艦艇の所属する籍。旧日本海軍では各鎮守府に属していた。

がん-せき【岩石】地殻やマントル上部を構成する固体物質。一種または数種の鉱物の集合体からなり、成因により火成岩・堆積岩たいせきがん・変成岩に分類される。類語 岩・巨岩・巌・岩根・磐石・奇岩・岩壁

かんせき-か【漢籍家】漢学者。

がんせき-がく【岩石学】岩石の分類・産状・成因などを研究する学問。

がんせき-く【岩石区】同じマグマに由来すると考えられる火成岩が分布する地域。化学組成・鉱物組織が共通しており、他の地域や時代から区別できる。

がんせき-けん【岩石圏】❶地球上層部の岩石でできている部分。水圏・気圏に対していう。岩圏。❷►リソスフェア

がんせき-せんい【岩石繊維】―センヰ 岩石を原料とする綿状の人工繊維。岩綿がんめんの類。ロックファイバー。

かん-せぎょう【寒施行】―セギヤウ 寒中に、餌の乏しいキツネ・タヌキなどに食物を施すこと。巣穴の前やあぜ・山道などに置く。穴施行。野施行。《季 冬》「一北へ流るる野川あり/波郷」

かんぜ-きよつぐ【観世清次】クヮンゼ ►観阿弥かんあみ

かんせき-よみ【漢籍読み】❶返り点や送り仮名をつけて漢文を読む方法。漢書読み。からぶみよみ。❷漢文訓読に慣用される独特の語法。漢書読み。❸漢籍をよく読む人。漢学者。

かんぜ-こより【観世▽紙×縒り】クヮンゼ「観世縒かんぜより」に同じ。

かんぜ-ざ【観世座】クヮンゼ 大和猿楽四座の一。もと結崎座ゆうざきざ。明治以降は観世流という。

かんぜ-さこん【観世左近】クヮンゼ 能楽のシテ方観世流宗家の代々の名。7世元忠より24世元滋もとしげまでのうち、10人が名のる。特に元滋は、その容貌ようぼう・美声で人気を博し、明治・大正・昭和の同流隆盛をもたらした。

かんぜ-だゆう【観世▽大▽夫】クヮンゼダイフ 能楽で、シテ方観世流の家元。幕末までは観世座の長。

かん-せつ【官設】クヮン 国家が設立し、維持すること。官立。⇔私設。

かん-せつ【冠雪】クヮン［名］スル かぶさるように降り積もった雪。また、雪がそのように積もること。

かん-せつ【間接】❶中間に他のものを置いた状態で、物事が行われること。また、そういう関係にあること。「知人を通じて―に依頼する」「―の援助を受ける」⇔直接。❷遠回しに示すこと。「―に非難する」⇔直接。

かん-せつ【勧説】クヮン［名］スル ある行為をするように説くこと。かんぜい。「安政六年の末から、中丸昌庵が主として―した所である」〈鴎外・渋江抽斎〉

かん-せつ【関節】クヮン 骨と骨とを連接させる可動性の結合部。周囲を結合組織の膜が包み、内側には滑液が入っていて潤滑油の役をする。類語 節節

かん-せつ【環節】クヮン ヒル類の体表面を区切る環状の分節。体節とは異なり、内部構造とは関係ない。また、体節をいう場合もある。輪節。

かん-ぜつ【冠絶】クヮン［名］スル 群を抜いてすぐれていること。「世界に―する偉業」

かんせつ-えん【関節炎】クヮンセツ 関節の炎症。関節のはれ・痛みがあり、急性の場合には発赤・熱感や全身の発熱がみられることも多い。

かんせつ-かんげんほう【間接還元法】―クヮンゲンハフ ►背理法はいりほう

かんせつ-かんせん【間接感染】病原体が空気・水などを仲立ちにして感染すること。間接伝染。

かんせつ-きつえん【間接喫煙】►受動喫煙

かんせつ-きょうせい【間接強制】―キヤウセイ 債務不履行に対し、裁判所が債務者に損害賠償を命じて心理的な圧迫を加え、債務を履行させること。強制執行の一方法。➡直接強制 ➡代替執行

かんせつ-きょうちょく【関節強直】クヮンセツキヤウチョク 関節の運動が制限されたりまったく動かなくなったりする病態。関節硬直。

かんせつ-きんゆう【間接金融】資金需要者が金融機関から資金を調達する金融方式。金融機関が資金供給者から預貯金・金融債・保険・信託などによって集めた資金を、借入などの手段で調達する。➡直接金融

かんせつ-こう【関節×腔】クヮンセツクヮウ 関節の、滑液で満たされている腔所。

かんせつ-こよう【間接雇用】使用者と労働者の間に直接の雇用関係がなく、第三者が指揮命令を行う雇用形態のこと。労働者供給事業は中間搾取や強制労働などの弊害を生む原因となるため労働基準法および職業安定法で禁止されているが、労働者派遣法に基づく派遣労働に限り合法化されている。⇒直接雇用

かんせつ-さつえい【間接撮影】身体を通過したX線を蛍光板に当てて可視像とし、それをカメラで撮影する方法。集団検診に用いられる。

かんせつ-さべつ【間接差別】表面上は差別がないが、運用に当たって差別を生じていること。例えば、全国転勤を条件にする、家族手当・住宅手当などの支給対象を世帯主に限るなど。(補説)平成18年(2006)の男女雇用機会均等法の改正で、性差別の一つとして間接差別の禁止が規定されている。

かんせつ-じさつ【間接自殺】自殺することができず、殺人など重大な犯罪を実行し死刑になることで自分の命を絶つこと。

かんせつ-しゃげき【間接射撃】障害物があって、目標物に直接に火砲の照準を合わせることができない場合、観測員からの指示に従って照準を合わせて砲撃すること。

かんせつ-しょうこ【間接証拠】証明の対象となる事実を直接証明するのではなく、間接的に証明する証拠。指紋やアリバイのための証言など。情況証拠。⇒直接証拠

かんせつ-しょうじゅん【間接照準】―セウジュン 目標に直接照準を合わせることができないときに、別に照準点を設けてねらいを定めること。

かんせつ-しょうめい【間接照明】―セウメイ 光源からの光を天井や壁に当て、その反射光を利用する照明方式。陰影やまぶしさが少ない。

かんせつ-しょうめいほう【間接証明法】―シヨウメイハフ ▶背理法はいりほう

かんせつしんり-しゅぎ【間接審理主義】受訴裁判所自らは弁論の聴取や証拠調べを行わず、他の機関(受命裁判官・受託裁判官など)の聴取した弁論・証拠調べを訴訟資料として審理をする主義。間接主義。⇒直接審理主義

かんせつ-しんりゃく【間接侵略】外国の反政府団体などに物的・財政的・軍事的援助を与え、大規模な武装蜂起ほうき・内乱などを起こさせること。⇒直接侵略

かんせつ-すいり【間接推理】論理学で、二つ以上の判断を前提として結論を導く推理。三段論法がその典型。⇒直接推理

かんせつ-ぜい【間接税】法律上の納税義務者と実際の租税負担者とが一致せず、納税義務者以外の者に転嫁されることになる租税。酒税・有価証券取引税など。間税。⇒直接税

かんせつ-せいはん【間接正犯】事情を知らない者、責任能力のない者または故意のない者の行為を利用して犯罪を実行すること。⇒直接正犯

かんせつ-せんきょ【間接選挙】一般選挙民が選挙人を選出し、その選挙人の投票によって候補者の当落を決定する選挙方法。米国の大統領選挙など。複選挙。⇒直接選挙 (類語)選挙・選出・公選・民選・互選・改選・投票・直接選挙・地方選挙・総選挙・官選

かんせつ-そけん【間接訴権】▶債権者代位権

かんせつ-だいり【間接代理】他人の計算において、自分の名で取引などをすること。問屋・仲買人の取り次ぎに関する行為など。取引などの効果が間接代理人に帰属したあとで代理人から委託者に移転される形をとる。⇒直接代理

かんせつ-ていこうかねつろ【間接抵抗加熱炉】―テイカウカネツロ 抵抗炉の一。被加熱物に直接電流を流すのではなく、ニクロム線や炭化ケイ素に電流を流して炉を加熱するもの。⇒直接抵抗加熱炉

かんせつ-てき【間接的】〔形動〕何かが間に立った状態で物事が行われたり関係したりするさま。「―な援助」「―に彼を知っている」⇔直接的。

かんせつ-でんせん【間接伝染】▶間接感染

かんせつ-なんこつ【関節軟骨】クヮンセツ― 関節をつくる二つの骨の骨端を薄く覆っている軟骨。

かんせつ-ねずみ【関節×鼠】クヮンセツ― 関節の骨の表面から骨や軟骨の一部がはがれ、関節内をネズミのように動く病態。関節遊離体。

かんせつ-ひ【間接費】多種の製品の製造・販売過程で共通に発生し、特定の製品に直接関係づけることのできない原価。製造間接費をさすことが多いが、総原価を計算するときは、これに販売間接費と一般管理費とを加えて間接費とする。⇒直接費

かんせつ-びじゅつてん【官設美術展】クヮンセツ― ▶官展

かんせつ-ひりょう【間接肥料】―ヒレウ 直接に作物の養分とはならないが、有機分の分解を速めたり養分の吸収を助けたりして間接的に作物の生育を促進する肥料。石灰・木炭・マンガン・沃素ようそなど。

かんせつ-ぶんせき【間接分析】化学分析で、目的物質の性質・量などを、他の物質と反応してできた物質を分析することで間接的に推定する方法。

かんせつ-みんしゅせい【間接民主制】国民が代表者を選挙し、その代表者を通じて間接に政治に参加する制度。代表民主制。⇒直接民主制

かんせつ-リウマチ【関節リウマチ】クヮンセツ― 複数の関節の痛み・はれ・変形・運動障害を主症状とする病気。膠原病こうげんびょうの一。女性に多く、初めは朝起きたときの手指のこわばりなどがみられ、軽快と増悪を繰り返しながら進行し、関節の破壊や筋の萎縮いしゅくなども生じて障害が高度となる。慢性関節リウマチ。

かんせつ-わざ【関節技】クヮンセツ― 柔道の固め技の一。逆技ともいい、相手の関節を逆に曲げたり、ねじったりする技。腕がらみ・腕ひしぎ十字固め・腕ひしぎ腹固めなど。ひじ関節を対象とする技以外は禁止。

かんせつ-わほう【間接話法】―ワハフ 他人の言ったことを文章の中に表現するとき、そのまま引用することをしないで、書き手の立場からその内容を間接的に述べる話法。⇒直接話法

かんぜ-てつのじょう【観世銕之丞】クヮンゼ― 能楽のシテ方観世流宗家の分家の芸名。14世宗家清親きよちかの次男、織部清尚に始まる。代々名手が輩出、5世(紅雪)・6世(華雪)は近代の名人。

がんぜ-な・い【頑是無い】グヮンゼ―〔形〕〔文〕ぐゎんぜな・し〔ク〕❶まだ幼くて物の道理がよくわからないさま。「―・い子供でもこのくらいのことはわかる」❷あどけないさま。無邪気だ。「まだ―・い顔をしている」(派生)がんぜなげ〔形動〕がんぜなさ〔名〕

かんぜ-ながとし【観世長俊】クヮンゼ― [1488～1541]室町後期の能役者・能作者。信光の子。通称、弥次郎。作「輪蔵りんぞう」「正尊」など。

かんぜ-のぶみつ【観世信光】クヮンゼ― [1435～1516]室町中期の能役者・能作者。通称、小次郎。音阿弥の子。幼い大夫の後見役として若手を育成、自らワキ役となり、ワキ師の祖といわれる。また、大鼓おおつづみの名手。作「安宅あたか」「紅葉狩」「船弁慶」など。

かんぜ-ひさお【観世寿夫】クヮンゼひさを [1925～1978]能楽師。シテ方観世流。東京の生まれ。7世観世銕之丞の長男。戦後能楽界の旗手的存在として活躍。能楽研究や演劇運動も行った。

かんぜ-ぶ【観世×麩】クヮンゼ― 焼き麩で、切り口に観世水のような青い渦巻きの現れるもの。

かん-ぜみ【寒×蟬】「かんせん(寒蟬)」に同じ。

かんぜ-みず【観世水】クヮンゼみづ《観世大夫の紋所だったところから》渦を巻く水の模様。扇面や謡本の表紙などに用いられる。かんぜすい。

かんぜ-もとあきら【観世元章】クヮンゼ― [1722～1774]江戸中期の能役者。シテ方観世流15世宗家。左近と称す。田安宗武・賀茂真淵らの協力を得て、謡曲の詞章を大改訂した「明和改正謡本」を刊行。

かんぜ-もときよ【観世元清】クヮンゼ― ▶世阿弥ぜあみ

かんぜ-もとしげ【観世元重】クヮンゼ― [1398～1467]室町前期の能役者。観世流3世(実は4世)。世阿弥の弟の子。法名、音阿弥おんあみ。足利義教・義政の保護をうけ、観世宗家として名声を得た。

かんぜ-もとまさ【観世元雅】クヮンゼ― [1395?～1432]室町前期の能役者・能作者。通称、十郎。世阿弥の長男。観世大夫3世だが、現系図では数えない。若手ながら名手といわれたが、音阿弥を愛した足利義教の圧迫で、不遇の中に死んだ。作「隅田川」「盛久もりひさ」「弱法師よろぼし」など。

かんぜ-より【観世×縒り】クヮンゼ― 和紙を細く切り、指先でよって糸のようにし、それをさらに2本より合わせたもの。また、1本だけのこよりもいう。かんぜこより。かんじんより。かんぜんより。(補説)観世大夫と関係づける説が多いが未詳。(類語)紙縒こより

かんぜ-りゅう【観世流】クヮンゼリウ ❶能のシテ方の流派の一。大和猿楽結崎座ゆうざきざの流れで、幕末までは観世座といった。観阿弥清次を流祖とする。江戸時代には四座一流の筆頭とされた。❷能の小鼓方の流派の一。16世紀中ごろに、宮増弥左衛門親賢と観世彦右衛門豊次が創始。代々、観世新九郎を名のることが多い。❸能の太鼓方の流派の一。音阿弥の子、観世与四郎吉国を流祖とする。左吉流。❹能の大鼓方の流派の一。昭和61年(1986)宝生錬三郎派が観世流と改められた。

かん-せん【汗腺】汗を分泌する皮膚腺。真皮または結合組織中にあり、管状をなす。エクリン腺とアポクリン腺とがある。

かん-せん【官銭】クヮン― 政府が発行した銭貨。奈良・平安時代に鋳銭司で造られたものなど。

かん-せん【官×撰】クヮン―〔名〕スル 政府で編集あるいは選定すること。また、その書物。⇔私撰。

かん-せん【官×賤】クヮン― 律令制で、諸官庁に所属した官有の賤民。公賤。⇔私賤。

かん-せん【官選】クヮン―〔名〕スル 国家機関で選び出すこと。また、選んだもの。「―知事」⇔民選。(類語)選挙・選出・公選・民選・互選・改選・投票・直接選挙・間接選挙・地方選挙・総選挙

かん-せん【乾×癬】紅斑の上に雲母うんも状の銀白色の鱗屑りんせつが生じる慢性皮膚病。多く、ひじ・ひざなどにでき、落屑らくせつが著しい。

かん-せん【貫×穿】クヮン―〔名〕スル ❶貫き通すこと。❷実態を知り尽くすこと。徹底的に研究すること。「東西の学問を―し、多くの分野に業績を残す」

かん-せん【寒×蟬】秋に鳴くセミ。ヒグラシ・ツクツクボウシなど。かんぜみ。(季 秋)

かん-せん【×酣戦】戦いの真っ盛り。敵味方が入り乱れて戦うこと。「勇将―の状、人をしてこれを回憶するごとに、血気奮興し」〈中村訳・西国立志編〉

かん-せん【幹線】主要な道筋となる線。鉄道・道路・電話などにいう。「―道路」「新―」⇔支線。

かん-せん【感染】〔名〕スル ❶病原体が体内に侵入すること。特に、そのために種々の病態が起こること。「結核に―する」❷影響を受け、それに染まること。「過激な思想に―する」❸コンピューターシステムに不具合を起こすコンピューターウイルスが、ファイルに組み込まれること。(類語)伝染

かん-せん【観戦】クヮン―〔名〕スル ❶戦いの状態を視察すること。❷試合などを見物すること。「野球を―する」「将棋の―記」(類語)観劇・立ち見・総見・見る

かん-せん【艦船】軍艦と船舶。また海軍で、艦艇の総称。

かん-ぜん【完全】クヮン―〔名・形動〕スル ❶欠けたところや足りないところがまったくないこと。必要な条件がすべてそろっていること。また、そのさま。「―を期す」「―な形で保存する」「―に失敗だ」❷欠点などのないようにすること。「その人と為なりを―するに於て」〈中村訳・西国立志編〉(類語)(❶)完璧かんぺき・万全・十全・両全・満点・金甌きんおう無欠・完全無欠・百パーセント・パーフェクト・全く・全まったい・文句なし・間然かんぜんする所がない

かん-ぜん【間然】〔名〕スル 欠点をついてあれこれと批判・非難すること。「之を―するに人民の議論もなく」〈福沢・文明論之概略〉「此顔触かおぶれなら―する処無かろうと思う」〈魯庵・社会百面相〉

間然する所がな・い 非難すべき点が一つもない。「理路整然として―・い」

かん-ぜん【勧善】 善行を奨励すること。「―の教訓」

かん-ぜん【×渙然】〘形動タリ〙解けるさま。
渙然氷釈する 《杜預「春秋左氏伝序」から》氷のとけるように、疑惑や迷いがなくなる。

かん-ぜん【×莞然】〘ト・タル〙図〘形動タリ〙にっこり笑うさま。莞爾。「フロレンス忽ち―として曰く」〈織田訳・花柳春話〉

かん-ぜん【敢然】〘ト・タル〙図〘形動タリ〙困難や危険を伴うことは覚悟のうえで、思い切って行うさま。「―と難局に立ち向かう」(類語)勇ましい・雄雄しい・凜凜しい・勇壮・勇猛・勇敢・剛勇・忠勇・果敢・精悍・壮・壮烈・英雄的・ヒロイック・決然・凜然・凜凜・凜乎・颯爽

かん-ぜん【歓然】〘ト・タル〙図〘形動タリ〙喜ぶさま。「二郎は―として笑い」〈独歩・おとずれ〉

がん-せん【眼×閃】▶眼火閃発

がん-せん【頑×癬】 白癬菌の寄生による皮膚病。陰部・内股にでき、周囲は連環状に赤く隆起し、中央は暗紅色で、かゆみが強い。いんきんたむし。

がん-ぜん【眼前】 ❶〘名〙目の前。ごく身近な所。まのあたり。目前。「―に広がる景色」❷〘名・形動ナリ〙明らかなこと。確かなこと。また、そのさま。「兄弟なることは―なり」〈曽我・一〉(類語)目の前・面前・現前

がん-ぜん【頑然】〘ト・タル〙図〘形動タリ〙強情で頑固なさま。「―として尚、スパルタ国に従属し」〈竜渓・経国美談〉

かんぜん-いっち【完全一致】 文字列を検索する手法の一つ。任意の文字列を比較して、文字の数や組み合わせがまったく同じになる文字列を探すこと。完全一致検索。⇒部分一致

かんぜん-うらがき【完全裏書】▶記名式裏書

かんぜん-か【完全花】 一つの花で、萼・花びら・雄しべ・雌しべのすべてを備えた花。両性花と同義に用いることもある。全備花。完備花。⇒不完全花

かんせんかんり-い【感染管理医】▶インフェクションコントロールドクター

かんせんかんり-かんごし【感染管理看護師】 日本看護協会が認定する認定看護師の一。感染症の予防・制圧に関する専門知識を有し、主に病院などの医療施設において、感染管理体制の構築・運営、感染の実態調査、防止対策に関する情報収集および導入などを行う。正称は感染管理認定看護師。ICN(infection control nurse)。⇒感染対策チーム

かんせんかんり-にんていかんごし【感染管理認定看護師】▶感染管理看護師

かんぜん-きたい【完全気体】▶理想気体

かんせん-きゅう【甘泉宮】 中国陝西省咸陽の北西の甘泉山にあった離宮。秦の始皇帝が造営し、漢の武帝が増築した。

かん-せんきょ【乾船×渠】▶乾ドック

かんぜん-きょうそう【完全競争】 経済学の理論上の市場状況の一。ある財について、多数の供給者と需要者がおり、誰もが現在価格を左右する影響力をもたず、自由に競争が行われる状態。この結果、一物一価の法則が成立するという。

かんぜん-けっしょう【完全結晶】 格子欠陥や不純物を含まない結晶。事実上存在しないため、概念的に考えられた理想的な状態にある結晶を指す。理想結晶。

かんせん-けん【感染研】「国立感染症研究所」の略称。

かんせん-げん【感染源】 病原体を保有し、他の個体に感染させることが可能なもの。

かんぜん-げんこう【完全原稿】 修正する必要がないように仕上げられた原稿。印刷所に入稿する際などにいう。

かんぜん-こよう【完全雇用】 働く意思と能力をもっている労働者が、現行の実質賃金率で、すべて雇用されている状態。

かんせん-ざい【緩染剤】 染料の染色速度をゆるやかにし、むらなく均一に発色させるための薬剤。炭酸アルカリ・硫酸ナトリウムや界面活性剤など。

かん-せんじ【官宣旨】 平安時代以降、弁官が下文形式で出した公文書。弁官下文。宣旨。

がんせん-じ【岩船寺】 京都府木津川市加茂町岩船にある真言律宗の寺。山号は高雄山。天平元年(729)聖武天皇の勅願によって行基が建立した阿弥陀堂に始まる。阿弥陀如来座像・三重塔・石室などがある。

かんぜん-じあい【完全試合】▶パーフェクトゲーム

かんぜん-しつぎょうしゃ【完全失業者】 働く意思と能力をもち、求職活動を行っていながら、就職の機会を得られない者。

かんせん-じゃくしゃ【感染弱者】 インフルエンザなどの感染症に感染する可能性が高く、感染した場合に重症化する危険が高い人。

かんぜんしゅうしょく-ドメインめい【完全修飾ドメイン名】《fully qualified domain name》▶エフ-キュー-ディー-エヌ(FQDN)

かんせん-しょう【感染症】 病原体が生体内に侵入・増殖して引き起こす病気。インフルエンザ・赤痢・マラリアなど伝染性のものと、破傷風・肺炎など非伝染性のものとがある。⇒感染症予防法 ⇒伝染病 (類語)疫病・はやり病・伝染病

かんせんしょう-していいりょうきかん【感染症指定医療機関】 感染症予防法で規定されている感染症のなかで、危険性が高く特別な対応が必要な感染症の患者を治療する医療施設。特定感染症指定医療機関(一・二類感染症および新感染症患者)、第一種感染症指定医療機関(一・二類感染症患者)、第二種感染症指定医療機関(二類感染症患者)、結核指定医療機関(結核患者)がある。

かんせんしょう-せんもんい【感染症専門医】 感染症全般に精通し、感染症に関する高度な専門知識・技術および判断力を有する医師。日本感染症学会が認定する専門医資格の一つ。内科・外科・小児科など基本領域の学会の認定医資格を取得後、感染症診療で一定以上の経験を積んだ医師に与えられる。(補説)ICD制度協議会が認定するインフェクションコントロールドクターとは別の資格。

かんせんしょうたいさく-せんもんい【感染症対策専門医】▶インフェクションコントロールドクター

かんせんしょう-ほう【感染症法】▶感染症予防法

かんせんしょうよぼう-いりょうほう【感染症予防・医療法】▶感染症予防法

かんせんしょうよぼう-ほう【感染症予防法】《「感染症の予防及び感染症の患者に対する医療に関する法律」の通称》感染性が強く生命や健康に重大な影響を与える感染症を指定し、その予防・蔓延防止について規定した法律。対象とする感染症を感染力や症状の重篤性に基づき、一類感染症から五類感染症に分類し、さらに指定感染症、新感染症について定める。伝染病予防法、性病予防法、エイズ予防法(後天性免疫不全症候群の予防に関する法律)を廃止統合して平成10年(1998)に制定、同11年施行。同19年結核予防法を統合。感染症法。感染症予防・医療法。(補説)一類感染症に、エボラ出血熱、クリミア-コンゴ出血熱、痘瘡、南米出血熱、ペスト、マールブルグ病、ラッサ熱が指定されている。

かんぜん-すう【完全数】 自然数 a で、a 以外の約数(1を含む)の和が a に等しいとき、a を完全数という。例えば、6の約数は、「1」「2」「3」の三つで、その合計が1+2+3=6であるから、6は完全数。そのほかに、28、496、33550336、8589869056などが見つかっている。⇒過剰数 ⇒不足数 ⇒友愛数 (補説)完全数は、連続した自然数の和で表すことができる。
▷6=1+2+3　28=1+2+3+4+5+6+7　496=1+2+3+4+5+6+7+8+9+10+11+12+13+14+15+16+17+18+19+20+21+22+23+24+25+26+27+28+29+30+31

かんせんせいぎょ-いし【感染制御医師】▶インフェクションコントロールドクター

かんせんせいぎょ-せんもんやくざいし【感染制御専門薬剤師】 日本病院薬剤師会が認定する専門薬剤師の一つ。感染症の予防・治療に関する高度な知識・技術・実践能力を生かし、適切な抗菌薬の使用、感染管理、感染経路の対策などを行い、感染対策チームのメンバーとして院内感染の予防・治療に携わる。BCICPS(board certified infection control pharmacy specialist)。

かんせんせいぎょ-チーム【感染制御チーム】▶感染対策チーム

かんせんせいぎょにんていりんしょうびせいぶつ-けんさぎし【感染制御認定臨床微生物検査技師】 臨床微生物学や感染症検査全般に関する専門的知識・経験を有し、感染対策チームのメンバーとして院内感染の予防・治療に携わる臨床検査技師。日本臨床微生物学会が認定する認定臨床微生物検査技師のうち、所定の条件を満たした者に与えられる資格。ICMT(infection control microbiological technologist)。

かんせんせい-はいきぶつ【感染性廃棄物】 医療機関、研究機関などから排出される、感染性の病原体の付いた、また付いている恐れのある、ごみ。産業廃棄物の一種。使用済みの注射針や血液などの付いたガーゼなど。収集運搬、処分の方法について基準が定められている。

かんぜん-そうび【完全装備】 危険などに対処するために必要なものをすべて調えること。「―で雪山に登る」

かんせんたいさく-チーム【感染対策チーム】 主に病院などの医療施設において、感染症の予防・制圧に取り組む専門職のグループ。感染対策の専門知識を有する医師(インフェクションコントロールドクター)・看護師(感染管理看護師)・薬剤師(感染制御専門薬剤師)・臨床検査技師(感染制御認定臨床微生物検査技師)などで構成される。感染制御チーム。ICT(infection control team)。

かんせん-たはつ【感染多発】▶アウトブレーク

かんぜん-だんせい【完全弾性】 外力で変形した物体が、その外力を取り除くと完全にもとの状態に戻る性質。

かんぜん-だんせいしょうとつ【完全弾性衝突】▶弾性衝突

かんぜん-ちょうあく【勧善懲悪】 善事を勧め、悪事を懲らすこと。特に、小説・芝居などで、善玉が最後には栄え、悪玉は滅びるという筋書きによって示される、道徳的な見解にいう。勧懲。

かんぜんちょうあくのぞきからくり【勧善懲悪覗機関】 歌舞伎狂言。世話物。8幕。河竹黙阿弥作。文久2年(1862)江戸守田座初演。講談「大岡政談」を脚色したもの。極悪非道の医者村井長庵と律義実直な手代久八を、一人二役で演じ分けるのが趣向になっている。通称「村井長庵」。

かんぜん-どうたい【完全導体】 電気伝導率または熱伝導率が無限大である理想的な導体。

かんせん-ぬい【閑▽清縫い】▶かんせいぬい

かんぜん-ねんしょう【完全燃焼】〘名〙スル ❶可燃物が十分な酸素の供給のもとで燃え尽きること。二酸化炭素や水蒸気などを生じる。❷(比喩的に)力を完全に出しきること。望みどおりの成果を得ること。「高校生活最後の大会では―した」(類語)燃える

かんぜん-はんざい【完全犯罪】 犯罪の証拠をまったく残さないで行われた犯罪。

かんぜん-ひだんせいしょうとつ【完全非弾性衝突】 二つの物体が衝突したときに、跳ね返されず、一体となってしまう衝突。⇒弾性衝突

かんぜん-ひりょう【完全肥料】 肥料の3要

素である窒素・燐酸・カリウムを適当な割合で含む肥料。

かんせん-ぶかん【観戦武官】クヮンセン ブクヮン 交戦国の許可を得て、観戦する第三国の軍人。

かんぜん-へいほう【完全平方】クヮンゼン ヘイハウ ある整数または整式の平方になっている整数または整式。5^2になっている25や$(x-1)^2$になっているx^2-2x+1など。

かんぜん-へき【完全癖】クヮン ゼン どこまでも完全性を求めて妥協できずに、結局挫折や自責の念にとらわれる心的傾向。

かんぜん-へんこう【完全偏光】クヮンゼン ヘンクヮウ 直線偏光、回転偏光などの純粋な偏光。自然光を含む部分偏光に対していう。

かんせん-べんごにん【官選弁護人】クヮン セン 国選弁護人の旧称。

かんぜん-へんたい【完全変態】クヮン ゼン 昆虫が卵・幼生のほかにさなぎの段階を経てから成虫になること。チョウなどにみられる。⇒不完全変態

かんぜん-ぼにゅう【完全母乳】クヮン ゼン 母乳以外の栄養・水分を与えずに新生児・乳児を育てること。⇒混合栄養 ⇒人工栄養 (補説)母乳には乳児の発育に必要な栄養成分・免疫物質が含まれていることや、授乳が母子間の安定した情緒的関係の形成に役立つとされることから、世界保健機関(WHO)・ユニセフなどの国際機関や多くの国の政府が、生後4～6か月までの完全母乳育児を推奨している。しかし、母乳だけでは糖分・水分が不足し、乳児が低血糖症や高ナトリウム血症性脱水を起こす事例も報告されている。

かんぜんぼにゅうえいよう-じ【完全母乳栄養児】クヮンゼンボニュウエイヤウ ►母乳栄養児

かんぜん-むけつ【完全無欠】クヮン ゼン〔名・形動〕欠点や不足がなくて、非のうちどころのないこと。また、そのさま。「—な人格者」(類語)完全・絶対・完璧・万全・十全・両全・満点・金甌無欠・パーフェクト・全く・全い・文句なし・間然する所がない

かんぜん-もくひ【完全黙秘】取り調べに対して黙秘を通すこと。完黙。

かんぜん-よう【完全葉】クヮンゼン エフ 托葉・葉柄・葉身の三つを備える葉。桜などにみられる。⇒不完全葉

かんせん-ラン【幹線LAN】《backbone LAN》►バックボーンLAN

かんぜん-りっぽう【完全立方】クヮンゼン リッパウ ある整数または整式の立方になっている整数または整式。2^3になっている8や$(x-1)^3$になっているx^3-3x^2+3x-1など。

かんぜん-りゅうたい【完全流体】クヮンゼン リウタイ 粘性のまったくない仮想的な流体。理想流体。

かん-そ【閑素】〔名・形動ナリ〕平穏で質素な暮らしをすること。また、そのさま。「伊賀の古郷に庵を構へ、爰にてしばしの—をうかがひ給ふに」〈枯尾華〉

かん-そ【簡素】〔名・形動〕飾りけがなく、質素なこと。また、そのさま。「—な住まい」「—な結婚式」(派生)かんそさ〔名〕(類語)質素・つましい・地味・つづまやか・簡単・単純・簡略・簡約・簡潔・手短・簡便・簡易・安直・シンプル

かん-そ【簡粗】〔名・形動〕簡単で粗末なこと。また、そのさま。「何も彼も黒づくめに、—な飾付がしてあったが」〈里見弴・大道無門〉

がん-そ【元祖】グヮン ソ ❶家系の最初の人。始祖。❷物事を最初に始めた人。鼻祖。創始者。「二刀流の—」❸仏教の一宗の開祖。特に、法然をさす。(類語)開祖・始祖・教祖・ルーツ

かん-そう【汗×瘡】サウ あせも。

かん-そう【完走】クヮン ソウ〔名〕スル 競技などで最後まで走り抜くこと。「フルマラソンを—する」(類語)走破

かん-そう【官奏】クヮン ソウ 太政官から天皇に申し上げること。平安時代の重要な朝儀であったが、のちに、田の荒熟(凶豊)の状況を奏上し、減税を奏請するものなどに限定されるようになった。かんのそう。

かん-そう【官僧】クヮン ソウ ❶国家から度牒を得て、公に出家を認められた僧。私度僧に対していう。❷僧正・僧都などの官位を授けられた僧。❸勅許を得て、袍・裳・素絹などの官服または錦襴の袈裟を着用する僧。律僧に対していう。

かん-そう【×疳×瘡】サウ 梅毒による陰部のただれ。

かん-そう【乾草】サウ かわかした草。ほしくさ。

かん-そう【乾燥】サウ ㊀〔名〕スル ❶かわくこと。湿気や水分がなくなること。「空気が—する」「—地」❷かわかすこと。「洗濯物を—する」㊁〔名・形動〕味わいやおもしろみのないこと。また、そのさま。「無味—」「武士道という—で不自然な道徳」〈有島・宣言〉
(類語)乾く・干上がる・かれる・枯渇・干からびる

かん-そう【寒草】サウ 冬の草。枯れた草。(季 冬)

かん-そう【換装】クヮン サウ〔名〕スル 部品や装備を、性能の異なる他の部品や装備に取り換えること。「パソコンのOSを—する」

かん-そう【間奏】一曲の途中に挟んで器楽だけで演奏される部分。

かん-そう【閑窓】サウ もの静かな窓。ひっそりとした静かな住まい。「—の月に嘯けば」〈太平記・三七〉

かん-そう【感想】サウ 物事について、心に感じたことや思ったこと。所感。「—を述べる」「読書—文」
(類語)所感・所懐・所存・思い・想念・思念・念・気持ち・感懐・胸懐・心懐・胸中・心中・心事・心情・心境・感慨・万感・偶感・考え・思考・思索・一存

かん-そう【歓送】クヮン ソウ〔名〕スル その人の出発を喜び、励まして送ること。「—会」「あの空地で—されて行った青年の幾人かを知っていた」〈秋声・縮図〉(補説)「歓迎」に対して造られた語。

かん-そう【監倉】サウ 牢屋。監獄。

かん-そう【×盥×漱】クヮン ソウ〔名〕スル 手を洗い、口をすすぐこと。身を清めること。「婦の早起—する時より、深更寝に就く時に至るまで」〈鴎外訳・即興詩人〉

かん-そう【×翰藻】サウ 詩歌や文章。

かん-そう【×諫争｜×諫×諍】サウ 争ってまでも強く目上をいさめること。「策士論客は将軍に謁して一戦の奮発を促がし、—の極、声を放って号泣する」〈福沢・福翁自伝〉

かん-そう【還送】クヮン ソウ〔名〕スル 送り返すこと。送還。「母国に—する」

かん-そう【観相】クヮン サウ ❶容貌・骨格などから、その人の性質・運命などを判断すること。人相を見ること。❷連句の付け方の八体の一。世相・人生の悲喜哀楽を観じた付け方。⇒七名八体

かん-そう【観想】クヮン サウ〔名〕スル ❶仏語。特定の対象に向けて心を集中し、その姿や性質を観察すること。観念。❷そのものの真の姿をとらえようとして、思いを凝らすこと。「人生を—する」❸ ►テオーリア

かん-ぞう【甘草】ザウ マメ科の多年草。高さ約70センチ。葉は卵円形の小葉からなる羽状複葉。夏、淡紫色の花を穂状につける。中国などに分布。根にサポニンを含み、去痰・胃潰瘍などの薬とし、またビール・タバコ・醤油の甘味料に使用。あまき。あまくさ。(季 夏)「—や昨日の花の枯れ添へる/たかし」

甘草の丸呑み 《甘草もよくかみしめてみなくては、甘さがわからないところから》物事の本当の意味を深くかみしめてわかろうとしないこと。

かん-ぞう【肝臓】ザウ 右上腹部にある暗赤色の最大の臓器。消化管に付随する腺性の器官で、胆汁の生成、糖・たんぱく質・脂質・ホルモンの代謝、有害物質の解毒、血液の貯蔵などの働きをする。再生性があり、また代償性があるため、一部が健全であれば全体として正常の機能を示す。レバー。きも。

かん-ぞう【×萱草】クヮン ザウ ユリ科ヘメロカリス属(ワスレグサ属)の多年草の総称。ノカンゾウ・ヤブカンゾウ・ニッコウキスゲ・ユウスゲなど。葉は刀身状。夏、黄や橙色のユリに似た大きい花を数個開き、1日でしぼむ。多くの園芸品種や近縁種もある。けんぞう。(季 夏)「湯治場や黄なる—得て帰る/子規」

がん-そう【含×嗽｜含×漱】〔名〕スル 口をすすぐこと。うがい。(類語)嗽

がん-そう【×雁×瘡】サウ 「がんがさ(雁瘡)」に同じ。(季 秋)

がん-ぞう【×贋造】ザウ〔名〕スル 本物に似せてつくること。偽造。贋作。「美術品を—する」「—紙幣」
(類語)模造・偽造・偽作・贋作・代作

がん-ぞう【×龕像】ザウ 石窟などの壁面に、龕とともに彫り出された仏像。また、それに似せて小さな厨子に納まるように造られた仏像。

かんぞう-いしょく【肝臓移植】カンザウ ►肝移植

かんぞう-いろ【×萱草色】クヮン ザウ 染め色の名。薄い橙色。

かんぞう-えん【肝臓炎】カンザウ ►肝炎

かんそう-か【乾燥果】カンサウ クヮ ►乾果

かんそう-がく【観相学】クヮン サウ 顔だちや表情から、その人の性格・気質、また才能を判定しようとする学問。18世紀、スイスのラバーターが基礎をつくり、現代ドイツの心理学者クレッチマーの体質の理論へと発展。人相学。

かんぞう-がん【肝臓×癌】カンザウ 肝臓にできる癌腫。原発性のものと、他器官の癌から転移して生じるものがある。肝癌。

かんそう-き【乾燥器｜乾燥機】カンサウ 水分を除いて乾燥させる装置。「布団—」

かんそう-きこう【乾燥気候】カンサウ 雨量が少ないため樹木が生育せず、砂漠や草原になる乾燥した気候。亜熱帯地域に多い。降水量の多少により、ステップ気候と砂漠気候に分けられる。

かんそう-きょく【間奏曲】❶劇や歌劇の幕間に演奏される音楽。インテルメッツォ。❷自由な形式の器楽小品。インテルメッツォ。

かんそう-けっしょう【乾燥血×漿】カンサウケツシヤウ 血液から血球を除いて、あとの血漿を凍結乾燥したもの。保存が利き、血液型に関係なく使えるが、血清肝炎の感染は防止できない。

かんそう-こうぼ【乾燥酵母】カンサウ カウボ 酵母を乾燥し粉末としたもの。酵母の生存している製パン用のものと、酵母が生存していないビタミン剤・食品・飼料用のものがある。ドライイースト。

かんそう-ざい【乾燥剤】カンサウ ❶水分を除去し、乾燥させるために用いる吸湿性の強い物質。塩化カルシウム・濃硫酸やシリカゲルなど。防湿剤。❷ワニス油・ボイル油などの油脂の酸化乾燥を速めるために加える金属化合物。鉛やマンガンの酸化物など。ドライヤー。

がんそう-ざい【含×嗽剤】口の中やのどの洗浄・消毒や炎症治療に用いる薬剤。うがい薬。

かんそう-し【監送使】古代、斎宮が伊勢に下向するのを送る勅使。納言・参議などの公卿が任ぜられた。長奉送使。

かんぞう-ジストマ【肝臓ジストマ】カンザウ 肝吸虫の別名。

かんそう-しつ【乾燥室】カンサウ 物を乾燥させるために、熱空気を通すなどの装置をした部屋。

かんぞう-たけ【肝臓×茸】カンザウ カンゾウタケ科のキノコ。雨季にシイなど広葉樹の幹に発生する。直径約10～20センチ、表面は暗赤色をし、形や色が肝臓に似る。食用。

かんそうだんねつ-げんりつ【乾燥断熱減率】カンサウダンネツ 水蒸気が不飽和である空気塊が上昇し、断熱膨張するときの気温の下がる割合。100メートルにつき セ氏1度の割合で下がる。

かんそう-ちけい【乾燥地形】カンサウ 乾燥気候の地域に発達する地形。風化作用や一時的な豪雨による流水作用で、砂漠・ワジ・岩石床・きのこ岩などの景観が見られる。

かんぞう-のうよう【肝臓×膿瘍】カンザウ ナウヤウ ►肝膿瘍

かんそう-まさつ【乾燥摩擦】カンサウ 二つの物体の接触面が、薄膜などに覆われず化学的に清浄である場合の摩擦。⇔境界摩擦。

かんそう-むみ【乾燥無味】カンサウ〔名・形動〕潤いがなく、おもしろみのないこと。また、そのさま。無味乾燥。「—な小説」

かんそう-やさい【乾燥野菜】カンサウ 乾燥させて保存の利くようにした野菜。凍結乾燥したり生干しにした

りしたもの。
かんそう-ゆ【乾燥油】カンサウ ▶乾性油
かんそ-か【簡素化】ークヮ〔名〕スル むだを省いて簡単にすること。「事務処理の—」
かん-そく【管束】クヮンソク ▶維管束
かん-そく【管足】クヮンソク ウニ・ヒトデなどの棘皮(きょくひ)動物の体表から突出している細管。移動や摂食のほか、感覚・呼吸器官としての働きもする。
かん-そく【緩速】クヮンソク ゆるやかな速度。「一走行」
かん-そく【観測】クヮンソク〔名〕スル ❶自然現象を精密に観察・測定し、その変化や推移を調べること。「天体を—する」「気象—」❷物事を注意深く見て、変化や成り行きを予測すること。「世界の情勢を—する」「希望的—」(類語)実測・測定・測量
かん-ぞく【×奸賊¦×姦賊】心のねじけた者。憎むべき悪者。(類語)凶漢・凶賊・逆賊
かん-ぞく【貫属】クヮンゾク ❶戸籍のある土地。本籍地。➡貫籍 ❷明治時代、その人がある地方自治体の管轄に属すること。
かん-ぞく【漢族】▶漢民族
かんそく-ききゅう【観測気球】クヮンソクキキウ ❶高空の大気の状態を調べるために打ち上げる気球。❷敵地の偵察や砲弾の着弾状態などを観測するために上げる気球。❸世論や相手の反応などを探るために、わざと流す情報や声明。バロンデッセ。
かんそく-じょ【観測所】クヮンソク 天文・地震・気象などの自然現象を観測・記録する施設。天文台・測候所・緯度観測所など。
かん-そん【×旱損】「干害」に同じ。「八百年がその間、—水損もあるまじ」〈虎明狂・雷〉
かん-そん【寒村】貧しい村。さびれた村。
かんそん-みんぴ【官尊民卑】クヮンソン 官吏や国家に関係する物事を尊び、民間の人や物事をそれに服従するものとして軽んじること。
かんだ【神田】東京都千代田区の北東部を占める地域。もと東京市35区の一で、神田駿河台・神田神保町・一ッ橋・岩本町・外神田の辺り。大学・書店・出版社が多い。神田神社・ニコライ堂がある。
かんだ【神田】㊀姓氏の一。㊁講談師の芸名の一。
カンタータ〖イタリア cantata〗独唱・重唱・合唱などに器楽・管弦楽の伴奏がついた大規模な声楽曲。もとはソナタ(器楽曲)に対する声楽曲一般を意味した。教会用のものと演奏会用のものとがある。交声曲。
カンタービレ〖イタリア cantabile〗音楽で、発想標語の一。歌うように、の意。
ガンダーラ〖Gandhāra〗古代インド北西部の地名。現在のパキスタンのペシャワール周辺。クシャン朝の2世紀から3世紀を中心に、西方のギリシャ文化などの影響を受けた仏教美術(ガンダーラ美術)が栄えた。健駄羅。乾陀羅。
かん-たい【冠帯】クヮンタイ ❶冠と帯。また、衣冠・束帯の礼装。❷冠を着け、帯を結んだ礼儀に厚い風俗。
かん-たい【寒帯】地球の南北の極圏より高緯度の地帯。気候的には寒帯気候の地域をさす。
かん-たい【歓待¦款待】クヮンタイ〔名〕スル 手厚くもてなすこと。「—を受ける」「使節団を—する」
かん-たい【緩怠】クヮンタイ〔名・形動〕❶いいかげんに考えてなまけること。また、そのさま。「自己の—を恥じる」❷失敗すること。過失。手落ち。「—をわびる」❸無礼、無作法なこと。また、そのさま。「一至極」「一千万」「—なり愚者」〈露伴・新浦島〉
かん-たい【環帯】クヮンタイ ❶シダ類の胞子嚢(ほうしのう)上に、一列または一団をなして輪のように並んでいる細胞。乾燥すると収縮するため胞子嚢が裂け、胞子を放出する。❷ミミズ・ヒル類の体の前方にある、他の部分と色を異にして体を取り巻いている帯状の部分。
かん-たい【艦隊】軍艦2隻以上で編成された海軍の部隊。「連合—」
かん-だい【官代】クヮンダイ 江戸時代、官職を得るために納めた代金。
かん-だい【貫代】クヮンダイ 江戸時代の年貢納入法の一。米の代わりに銭貨で上納すること。石代(こくだい)。
かん-だい【寒×鯛】冬にとれるタイ。マダイ・チダイ・キダイなど。やや深海におり、冬に最も美味とされる。(季 冬)「一の煮凍り箸に挟みけり／石鼎」❷コブダイの別名。❸イラの別名。
かん-だい【棺台】クヮンダイ 棺を一時安置するための台。
かん-だい【寛大】クヮンダイ〔名・形動〕度量が大きく、思いやりがあり、むやみに人を責めないこと。また、そのさま。「—な処置」(派生)かんだいさ〔名〕
(類語)寛容・寛仁・広い・寛闊(かんかつ)・寛弘(かんこう)・広量
かん-だい【館代】クヮンダイ 領主の留守を守る家老。「黒羽の—浄坊寺何がしの方に音信(おとづ)る」〈奥の細道〉
がん-たい【眼帯】眼病のとき、湿布・保護などのため、目を覆うもの。
がん-だい【眼代】代官。本官の代理の職。鎌倉時代、主に武家で用いられた。➡目代(もくだい)
ガン-ダイオード〖Gunn diode〗ガリウム砒素(GaAs)の半導体に高電圧をかけた時に振動電流が発生するガン効果を利用した、マイクロ波発振素子。
かんたい-きこう【寒帯気候】地球上で最も寒冷な気候。最暖月の平均気温が、セ氏10度以下をいい、さらに、セ氏零度までをツンドラ気候、それ以下を氷雪気候という。
かんたい-きだん【寒帯気団】寒帯で形成される寒冷な気団。シベリア気団、オホーツク海気団など。
がんたいさく-きほんほう【×癌対策基本法¦がん対策基本法】ガンタイサクキホンハフ 日本人の死因の1位である癌への対策を総合的に進めるための法律。癌に関する総合的な研究を推進するとともに、癌の予防・診断・治療技術の向上を図ること、患者が住む地域にかかわらず等しく適切な治療を受けられるようにすること、患者の意向を尊重した医療方法が選択される体制を整えることなどを基本理念とする。その実現のために国は「がん対策推進基本計画」を、都道府県は「都道府県がん対策推進計画」を作成する。平成19年(2007)4月施行。➡癌診療連携拠点病院
かん-たいし【韓退之】▶韓愈(かんゆ)
かんたい-じ【簡体字】中華人民共和国の文字改革によって制定された、簡略化した漢字。从(從)・产(產)・电(電)・车(車)・孙(孫)・乐(樂)など。➡繁体字
(類語)漢字・真名・本字・国字・親字・俗字
かんたい-しょくぶつ【寒帯植物】寒帯に自生する植物。耐寒性の強いコケ類・地衣類が中心で、小形で多年生のものが多い。高山植物と重なるものもある。➡熱帯植物 ➡温帯植物
かんたい-ぜんせん【寒帯前線】寒帯気団と熱帯気団との間に生じる前線。中緯度にみられ、この前線上で多く温帯低気圧が発生・移動する。極前線。
かん-たいへいよう【環太平洋】クヮンタイヘイヤウ 太平洋を取り巻くこと。また、その地域。南北アメリカ西岸・アリューシャン諸島・カムチャツカ半島・日本列島・フィリピン諸島・ニューギニアを経てニュージーランドに至る地域。
かんたいへいよう-かざんたい【環太平洋火山帯】クヮンタイヘイヤウクヮザンタイ 環太平洋に分布する火山の密集地域。活火山の半数以上が属し、地殻が不安定で、地震帯や新しい造山帯と一致する。
かんたいへいよう-じしんたい【環太平洋地震帯】クヮンタイヘイヤウヂシンタイ 太平洋を取り巻く、地震の多発地域。
かんたいへいよう-せんりゃくてきけいざいれんけいきょうてい【環太平洋戦略的経済連携協定】クヮンタイヘイヤウセンリヤクテキケイザイレンケイケフテイ シンガポール・ニュージーランド・チリ・ブルネイの4か国による経済連携協定。2006年発効。通称「P4」(Pacific 4)。農産物を含む全品目について関税の撤廃を掲げている。これにオーストラリア・ペルー・ベトナム・米国・マレーシアを加えた9か国が交渉を行うTPP(環太平洋連携協定)の訳語として用いられることもある。
かんたいへいよう-だいがく【環太平洋大学】クヮンタイヘイヤウ 岡山市にある私立大学。平成19年(2007)の開設。
かんたい-りん【寒帯林】エゾマツ・トドマツなどからなる亜寒帯林のこと。
かん-だか【貫高】クヮンダカ 中世、土地の面積表示の方法。その土地から徴収できる年貢の量を貫文(銭)で表したもの。➡石高(こくだか)
かん-だか【甲高¦×疳高】〔形動〕図〔ナリ〕声が甲高いさま。「—な女の声」〈荷風・つゆのあとさき〉
かん-だか・い【甲高い¦×疳高い】〔形〕図かんだか・し〔ク〕声の調子が高く鋭い。「—・い声で叫ぶ」
かんだ-がいごだいがく【神田外語大学】ーグワイゴダイガク 千葉市にある私立大学。昭和62年(1987)に開学した。外国語学部の単科大学。
かん-だから【神宝】▶かむだから
かんだ-がわ【神田川】ーがは 東京都東部を東流する川。長さ約25キロ。もと上流を神田上水、中流を江戸川といった。両国橋付近で隅田川に注ぐ。
かん-たく【干拓】〔名〕スル 海岸・河口・湖沼などを堤防で仕切り、内部の水を排除して陸地にすること。
(類語)埋め立てる
かん-たく【官宅】クヮンタク「官舎」に同じ。
かん-たく【乾拓】拓本をとる技法の一。➡拓本(たくほん)
かん-たく【寒×柝】冬の夜に打ち鳴らす夜回りの拍子木。また、その音。(季 冬)
かん-たく【簡択】〔名〕スル 選ぶこと。選び出すこと。
かんだ-じょうすい【神田上水】ージャウスイ 江戸初期、江戸に設けられた日本最古の上水道。水源は現武蔵野市の井の頭(いのかしら)池で、神田・日本橋・京橋などに給水した。明治36年(1903)廃止。現在は神田川の一部。
かんだ-じんじゃ【神田神社】千代田区外神田にある神社。祭神は大己貴命(おおなむちのみこと)・少彦名命(すくなひこなのみこと)。境内に将門社がある。通称、神田明神。
かんだ-たかひら【神田孝平】[1830〜1898]経済学者・政治家。美濃の生まれ。福沢諭吉とともにイギリス経済学移入の先覚者。兵庫県令・元老院議官・貴族院議員を歴任。著「経済小学」「和蘭政典」など。かんだこうへい。
かん-だち【神立】雷。雷鳴。〈和英語林集成〉
かん-だち【神▽館】《「かむだち」とも表記》❶社殿の近くに設けて、神官などが神事や潔斎のときにこもって物忌みをする建物。斎館(さいかん)。❷(「痔」「神痔」とも書く)伊勢神宮所属の諸国の神戸(かんべ)の御厨(みくりや)。
がん-だち【願断ち】グヮン〔名〕スル 神仏に願かけするときに飲食物などを断つこと。塩断ち・茶断ちなど。
かんだち-べ【▽上▽達▽部】「かんだちめ」に同じ。「大臣—を召して」〈竹取〉
かんだち-め【▽上▽達▽部】摂政・関白・太政大臣・左大臣・右大臣・大納言・中納言・参議、および三位以上の人の総称。参議は四位であるがこれに準ぜられた。公卿(くぎょう)。かんだちべ。
かんだち-め【寒立馬】青森県尻屋崎周辺の草原に一年中放牧されている馬。南部馬の系統で足が短く胴が長くて、ずんぐりしている。おとなしくて寒さに強く、農耕馬として飼われていたが機械化で激減。県と東通村が保護している。名前は昭和45年(1970)地元の小中学校長の岩佐勉が短歌に「寒立馬」と詠んだのが定着。
かん-だ・つ【×癇立つ】〔動タ五(四)〕神経が高ぶって怒りっぽくなる。「ガラス板が、がちゃがちゃと揺れどおしに揺れて、彼の耳と心とを—・たせた」〈佐藤春夫・田園の憂鬱〉
かんだっ-こ【神田っ子】神田生まれの江戸っ子。江戸っ子の中でも、特に男だて、勇み肌で知られる。
がん-だて【願立て】グヮン〔名〕スル 神仏に願をかけること。願かけ。立願(りゅうがん)。「病気が治るよう—する」
かんだ-ないぶ【神田乃武】[1857〜1923]英語学者・教育者。江戸の生まれ。日本の英語学の発達に尽力し、辞書・教科書を著した。正則予備校の創立者。貴族院議員。
かんだ-はくざん【神田伯山】講談神田派の名。㊀(初世)[?〜1873]幕末から明治初期に活躍した講談師。川崎の生まれ。本名、斎藤定吉。初世神田伯竜の門弟。特に「天一坊」が得意で、川柳に「伯山は天一坊で蔵をたて」と詠まれた。㊁(2世)[1841〜1920]本名、玉川金次郎。初世の門弟。「幡随院長兵衛」などを得意とした。のち、松鯉(しょうり)と改名。㊂(3

世)［1872〜1932］本名、岸田福松。2世の門弟。「清水次郎長伝」などで有名。

かんだ-はくりゅう【神田伯竜】 講談神田派の名。㊀(初世)［?〜1850ころ］神田派の祖。師の神田辺羅坊寿観（へらぼうじゅかん）の名から神田を取り、同門の南鶴が田辺を取って名のったという。㊁(5世)［1890〜1949］本名、戸塚岩太郎。東京の生まれ。3世伯山の門弟。大正・昭和の世話講談の名人といわれる。得意の読み物「吉原百人斬」「天保六花撰」など。

カンダハル〘Kandahar〙 アフガニスタン南部の商業都市。パキスタンへの交通の要地。

かん-だひ【乾打碑】 搨墨（とうぼく）に蝋（ろう）を混ぜて固めた墨。乾拓に用いる。釣鐘墨（つりがねずみ）。

カンタブリア〘Cantabria〙 スペイン北部の州。山がちな地形で、農漁業が盛ん。州都はサンタンデール。

カンタベリー〘Canterbury〙 英国イングランド南東部の宗教都市。ドーバーの北西方に位置し、英国国教会の総本山カンタベリー大聖堂が所在。

カンタベリー-だいせいどう【カンタベリー大聖堂】 〘ダイセイダウ〙《Canterbury》ロンドンの南東約80キロメートルのイングランド最古の町、カンタベリーにある大聖堂。6世紀、修道士アウグスティヌスの創建。現在の建物は16世紀のもの。1534年、ヘンリー8世はローマ-カトリック教会に対抗してイギリス国教会を創り、カンタベリーに主教座をおいた。以後、この大聖堂はイギリス国教会の大本山となった。1988年「カンタベリー大聖堂、聖オーガスティン大修道院及び聖マーティン教会」として世界遺産(文化遺産)に登録。

カンタベリーものがたり【カンタベリー物語】 《原題 The Canterbury Tales》チョーサーの物語詩。1387〜1400年作。カンタベリー大聖堂への巡礼者たちを語り手に仕立てた24編の物語からなる。

かん-たまご【寒卵】 鶏が寒中に産んだ卵。栄養価が高く、保存がきくとされる。(季 冬)「大つぶの—おく襤褸（らんる）の上/蛇笏」

かんだ-まつり【神田祭】 ㊀神田神社の祭礼。もと9月15日に行われたが、現在は5月15日。江戸二大祭りの一つで、日枝（ひえ）神社の山王祭とともに天下祭りといわれる。本祭りと陰（かげ）祭りが隔年に行われる。(季 夏)「打ち晴れし—の夜空かな/虚子」➡深川祭 ㊁㋐歌舞伎舞踊。清元。本名題「〆能色相図（しめろうやいろのかけあい）」。三升屋二三治（みますやにそうじ）作詞、2世清元斎兵衛作曲。天保10年(1839)江戸河原崎座初演。神田祭の情景を舞踊化したもの。㋑長唄。幸堂得知作詞、3世杵屋六四郎・4世吉住小三郎作曲。明治44年(1911)発表。

かんだ-みょうじん【神田明神】 〘ミャウジン〙►神田神社

かんだ-むすび【神田結び】 男帯の結び方の一。左端の折り返しを、再び縦折りに結び、両端を下に向ける。江戸末期、船夫・陸尺（ろくしゃく）などの間で行われた。

カンタリス〘ラテ cantharis〙 ツチハンミョウ科のマメハンミョウなどの甲虫を乾燥した薬剤。皮膚に水腫（すいしゅ）を生じさせる毒性のカンタリジンを含み、刺激剤として発泡・発毛・引赤（いんせき）などのため外用する。

がん-だれ【×雁垂れ】 漢字の垂れの一。「原」「厚」「厘」などの「厂」の称。「雁」の字を略した字形であるところから「厂」を「がんだれ」というが、字書では「雁」は、ふつう「隹（ふるとり）」の部に属する。

カンタロス〘ギリ kantharos〙 古代ギリシャ・ローマで用いた高脚杯の一つ。酒神バッカスの持ち物。

かん-たん【肝胆】 ❶肝（きも）と胆（い）。肝臓と胆嚢（たんのう）。❷心の奥底。真実の心。

肝胆相照ら・す 互いに心の底まで打ち明けて親しくつきあう。「彼とは—・す仲だ」

肝胆を砕（くだ）・く 懸命に物事を行う。心を尽くす。「会社を再建すべく—・く」

かん-たん【×邯×鄲】 直翅（ちょくし）目カンタン科の昆虫。体長約1.5センチ。体はスズムシに似て細長く、淡黄緑色。山地の草の間に多く、8〜11月ごろに成虫になり、雄はルルルルルルと連続した音で鳴く。(季 秋)「—に鳴きつつまれて老躯濡る/風生」

かんたん【邯鄲】 ㊀中国河北省南部の工業都市。製鉄・機械工業が発達。また、綿花・小麦の集散地。戦国時代に趙（ちょう）の都となり、華北の経済・文化の中心地として繁栄した。人口、行政区133万(2000)。ハンタン。㊁謡曲。四番目物。「邯鄲の枕」の故事に取材したもの。㊂長唄・常磐津（ときわず）・地歌などの曲名。㊁を題材としたもの。

邯鄲の歩み 《昔、燕の青年が邯鄲に歩き方を習いにいったが習得できず、故国の歩き方も忘れてはって帰ったという「荘子」秋水の故事から》むやみに他人のまねをすれば、自分本来のものも忘れて、両方とも失うことのたとえ。

邯鄲の枕（まくら） 《盧生（ろせい）という青年が、邯鄲で道士呂翁から枕を借りて眠ったところ、富貴を極めた五十余年を送る夢を見たが、目覚めてみると、炊きかけの黄粱(=大粟)もまだ炊き上がっていないわずかな時間であったという「枕中記」の故事から》人生の栄枯盛衰のはかないことのたとえ。一炊（いっすい）の夢。盧生の夢。邯鄲の夢。

邯鄲の夢 ►邯鄲の枕（まくら）

邯鄲夢の枕（まくら） ►邯鄲の枕

かん-たん【感嘆｜感×歎】 〘名〙スル 感心してほめたたえること。感じ入ること。「—の声をあげる」「熱意と努力に—する」(類語)喝采・賞嘆・詠嘆・感服・賛嘆・嘆称・称賛・絶賛・三嘆・礼賛・激賞・賛美・称揚

かん-たん【簡単｜簡短】 〘名・形動〙❶物事が大ざっぱで単純なこと。また、そのさま。「—な作り」「—な説明」❷時間や手数がかからないこと。また、そのさま。「—に問題が解ける」「批判するだけなら—だ」(派生)かんたんさ〘名〙(類語)(❶)単純・簡略・簡素・簡約・簡潔・手短（てみじか）・簡便・簡易・安直（あんちょく）・シンプル/(❷)容易・安易・平易・軽易・手軽（てがる）・楽・手っ取り早い・容易（たやす）い・易（やさ）しい・易（やす）い・平たい・造作（ぞうさ）ない・訳（わけ）ない・朝飯前・お茶の子さいさい・屁（へ）の河童（かっぱ）・易易（やすやす）・楽楽（らくらく）・難なく・苦もなく・手もなく・あっさり

かん-だん【寒暖】 寒さと暖かさ。「—の差が激しい」(類語)気候・気象・季候・時候・陽気・寒暑・天候・天気・日和・風土

かん-だん【間断】 とぎれること。絶え間。切れ目。多く「間断なく」の形で用いる。「—なくわき出る水」

かん-だん【閑談】 〘名〙スル ❶のんびりと静かに話をすること。閑話。「—して時を過ごす」❷気楽な雑談。むだばなし。閑話。「—に興じる」(類語)会話・話・話し合い・対話・対談・談・談話・懇話・懇談・面談・歓談・雑談・談笑・語らい・カンバセーション

かん-だん【歓談｜款談】 〘クワン〙〘名〙スル 打ち解けて親しく語り合うこと。「友人と—する」(類語)談笑・懇談・懇話・睦言・会話・話・話し合い・対話・対談・談・談話・面談・雑談・閑談・語らい・カンバセーション

がん-たん【元旦】 〘グワン〙元日の朝。元朝。また、元日。「一年の計は—にあり」(季 新年)(補説)「旦」は「朝・夜明け」の意であるから、「元旦」を「元日」の意で使うのは誤り。ただし、「元旦」と同じように使う人も多い。(類語)元日・元朝

かんたん-おとこ【×邯×鄲男】 〘をとこ〙能面の一。憂いを含む気品のある若い男面。「邯鄲」のほか、「高砂」「弓八幡」などの脇能物の後ジテにも用いる。

かんだん-けい【寒暖計】 人間の感じる範囲内の気温を測る温度計。

かんたん-し【×邯×鄲師】 《「邯鄲の枕」の故事から》旅館で、寝ている客の金品を盗む者。まくらさがし。

かんたん-し【感嘆詞】 ❶感嘆のあまり発する言葉。❷►感動詞（かんどうし）

がんたんち-けん【×癌探知犬】 癌（がん）患者に特有な呼気のにおいをかぎ分けるように訓練された犬。(補説)犬が判別するにおい物質などの特定はされておらず、米国・英国・日本などで研究を進めている。

かんたん-ふ【感嘆符】 感動・興奮・強調・驚きなどの感情を表す「！」の符号。元来は欧文の記述記号。エクスクラメーションマーク。俗に、びっくりマークともいう。➡疑問符

かんたん-ふく【簡単服】 簡単なデザインの、婦人用の夏物ワンピース。あっぱっぱ。(季 夏)

かんたん-ぶん【感嘆文】 ►感動文（かんどうぶん）

かん-ち【×奸知｜×奸×智｜×姦×智】 悪賢い知恵。悪知恵。「—にたける」(類語)狡知・悪知恵

かん-ち【完治】 〘クワンヂ〙〘名〙スル《「かんじ」とも》病気やけがなどが完全に治ること。「—するまで通院する」(類語)回復・快気・全治・全快・治癒・平癒・根治・全癒・快癒・本復

かん-ち【官地】 〘クワン〙国が所有する土地。官有地。国有地。(対)民地。

かん-ち【官治】 〘クワン〙国家が、国家の行政機関に、直接に行政を行わせること。(対)自治。

かん-ち【寒地】 《古くは「かんぢ」とも》❶寒冷な土地。(対)暖地。❷貧しい土地。

かん-ち【換地】 〘クワン〙〘名〙スル 土地を交換すること。また、交換する土地。かえち。「道路拡張のため—する」

かん-ち【換置】 〘クワン〙置き換えること。おきかえ。置換。

かん-ち【閑地】 ❶静かな土地。❷使っていない土地。空き地。❸職務の少ないひまな地位・身分。「—に就く」

かん-ち【感知】 〘名〙スル 感じとること。気づくこと。「身の危険を—する」「地震を—する装置」(類語)察知・探知・感ずる・思う・覚（さと）る・感じ取る・実感・感得・感受・直感・直覚・予感・ぴんと来る

かん-ち【関知】 〘クワン〙〘名〙スル あることに関係し、それについて知っていること。あずかり知ること。「私生活にはいっさい—しない」

かん-ち【監置】 〘名〙スル 法廷の秩序を乱した者に対し、裁判所が科する制裁の一。20日以内、監置場に留置すること。

カンチェンジュンガ〘Kanchenjunga〙 ヒマラヤ山脈東部の高峰。エベレストの東方、ネパールとインドのシッキム州との国境にあり、標高8586メートルは世界第3位の高さ。1955年、英国隊が初登頂。

かん-ちがい【勘違い】 〘ちがひ〙〘名〙スル 間違って思い込むこと。思い違い。「何か—しているんじゃないか」(類語)誤解・思い違い・心得違い・曲解・混同・本末転倒・取り違える

かんち-ぎょうせい【官治行政】 〘クワンチギヤウセイ〙国家が、国家の行政機関によって、直接行う行政。地方行政を国の出先機関で行うのがその例。

かん-ちく【患畜】 〘クワン〙病気にかかり、獣医の治療を受けている動物。特に、家畜伝染病予防法において、家畜伝染病(腐蛆病（ふそびょう）を除く)にかかっている家畜をいう。➡疑似患畜

かん-ちく【寒竹】 タケの一種。高さ2〜3メートル。茎は紫色を帯び、葉は枝の先に数枚つく。竹の子は秋に出て、食用。生け垣とし、また観賞用に植える。

がん-ちく【含蓄】 〘名〙スル ❶内に含み持っていること。❷言葉などの、表面に現れない深い意味・内容。「—のある話」(類語)含み・意味・意義・意（い）・義（ぎ）・概念・謂（いい）・こころ・語意・語義・字義・文意・含意・意味合い・旨・ニュアンス・語感・本義・広義・狭義

かんち-しょぶん【換地処分】 〘クワンチ〙土地区画整理法上、換地計画にかかる区域の全部について、従前の宅地などの所有者に対し、土地を割り当てたり、あるいは金銭で清算したりする行政処分。

かんち-そしき【官治組織】 〘クワンチ〙官庁が事務を執行する行政組織。中央官庁が行うものと、地方官庁が行うものとがある。

かん-ちつ【巻×帙】 〘クワン〙書物の巻と帙。書物。書籍。また、その巻数。

かんち-ほう【換置法】 〘クワンチハフ〙修辞法の一。文の意味や勢いを強めるために、前言をすぐに改め、より適切な語で言いかえる技法。「これは科学にとって、いや、人類にとっての偉大なる一歩である」の類。

かん-ちゃざん【菅茶山】 〘クワン〙►かんさざん(菅茶山)

カンチャン【嵌張】 《中国語》マージャンで、二つの数の間の牌（パイ）が手に入るのを待つ手。嵌張聴（カンチャンテンパイ）。

かん-ちゅう【冠注｜冠×註】 〘クワン〙「頭注（とうちゅう）」に同じ。

かん-ちゅう【勘注】 調査して記録すること。また、その文書。

かん-ちゅう【寒中】 《古くは「かんぢゅう」とも》寒の入

りから寒明けまでの約30日間。寒の内。また、冬の寒さの厳しい期間。「一見舞い」〖季 冬〗

かん-ちゅう【閑中】用事のない間。ひまな時。

かんちゅう【漢中】中国陝西省南西部の商業都市。漢水上流にある。古来、戦略・交通上の要衝で、漢の拠点であった。ハンチョン。

かん-ちゅう【管仲】[?〜前645]中国、春秋時代の斉の政治家。河南の人。名は夷吾。鮑叔牙の推薦で斉の桓公の宰相となり、富国強兵策をとってその覇業を助けた。管子。⇒管鮑の交わり

かん-ちゅう【関中】中国陝西省中部、渭水盆地一帯の称。函谷関など、四つの関の中にあったところからの名。自然の要害をなし、長く政治・軍事的中心となり、秦の都の咸陽、漢・隋・唐の都の長安などが建設された。土地が肥沃で、農業も発達。

かん-ちゅう【×灌注】〔名〕スル そそぎかけること。そそぐこと。

がん-ちゅう【眼中】①目の中。②見える範囲。転じて、意識や関心の及ぶ範囲。「彼の一にあるのは出世のことだけだ」

眼中に置か・ない 問題にしない。眼中に入れない。「周囲の反対など、まるで一・ない」

眼中に無・い 気にかけない。なんとも思わない。「家族のことは一・いようすだ」

眼中の人 見知っている人。知人。

眼中人無し 他人を無視して思うままに振る舞うさま。人を人とも思わないさま。

かんちゅうき【勘仲記】鎌倉時代の公卿、権中納言勘解由小路兼仲の日記。文永11年〜正安2年(1274〜1300)に至る記録。兼仲卿記。兼仲御記。

かん-ちゅうハイ【缶酎ハイ】缶入りの酎ハイ。ウオツカなど、焼酎以外の酒を使用した類似の商品も含めていうことが多い。⇒酎ハイ

かんちゅう-みまい【寒中見舞い】寒の入り(1月5、6日ころ)から寒明けまでの約30日間に葉書などを出して相手を見舞うこと。喪中などで年賀状を出さなかった人に対する挨拶状としても用いる。

かん-ちょう【干潮】潮が引いて、海水面が最も低くなる現象。ふつう、1日に2回起こる。低潮。引き潮。⇔満潮。〖類語〗潮・潮・高潮・満潮・満ち潮・引き潮

かん-ちょう【完調】身体などの調子が完全で、持っている力を十分に発揮できる状態にあること。

かん-ちょう【官庁】①定められた国家事務について、国家の意思を決定し、それを表示する権限を有する国家機関。担当する事務によって司法官庁と行政官庁に、また管轄区域によって中央官庁と地方官庁に分けられ、組織上では独任制のものと合議制のものとがある。②①の事務を実際に執り行う諸機関。官署。③一般に、役所。

〖類語〗役所・官公庁・官憲・お上・政府・行政府・政庁・政権・内閣・台閣・官府・官衙・官・国・公

かん-ちょう【官長】①役所の長官。役人の長。②旧制の内閣書記官長。現在の内閣官房長官。翰長。③太政官または神祇官の長。

かん-ちょう【官×牒】「太政官牒」の略。

かん-ちょう【×浣腸|×灌腸】〔名〕スル 肛門から直腸や結腸内に薬液を注入すること。排便を促すためや、栄養補給・鎮痛・麻酔などを目的として行う。

かん-ちょう【貫長|貫頂】「貫首①」に同じ。

かん-ちょう【間×諜】ひそかに敵のようすを探って味方に報告する者。間者。スパイ。

かん-ちょう【勧懲】「勧善懲悪」の略。「一思想」

かん-ちょう【漢朝】㊀中国の漢の朝廷。また、漢の時代。㊁中国。「いかにしても一へ帰らんとのみ歎けども」〈平家・二〉

かん-ちょう【管庁】「管轄官庁」に同じ。

かん-ちょう【管長】神道または仏教で、一宗一派を管理する最高責任者。

かん-ちょう【×翰長】「官長②」に同じ。

かん-ちょう【館長】博物館や図書館など「館」という名のつく施設の長。

かん-ちょう【観潮】潮の干満による海水の動きを見ること。特に鳴門海峡の渦潮を眺めること。〖季 春〗

かん-ちょう【×灌頂】⇒かんじょう(灌頂)

かん-ちょう【艦長】1隻の軍艦の乗組員を指揮統率する最高責任者。〖類語〗船長・キャプテン・船頭

がん-ちょう【元朝】元日の朝。元旦。〖季 新年〗「一の上野静かに灯残れり/子規」〖類語〗元日・元旦

かんちょう-がい【官庁街】官庁の多く集まる地域。日本では特に、中央官庁が集中する霞ヶ関のこと。

かんちょう-かせん【感潮河川】潮の干満の影響を受ける河川。水位や流速の変化はかなり上流にまで及ぶ。海嘯のみられることもある。

かんちょう-しょうせつ【勧懲小説】勧善懲悪を主題とする小説。坪内逍遥が使用した語。

かんちょう-せん【干潮線】干潮時の海面と陸地との境界線。

かんちょう-ぼき【官庁簿記】国の収支および財産の増減を記録・計算し、予算と決算との関係を明示するための会計処理法。

カンチレバー〖cantilever〗①レコードプレーヤーのカートリッジの一部分。針先と発電部を結ぶ棒状のもの。②片持ち梁。

カンツ【槓子】《中国語》マージャンで、同じ牌4個の組み合わせ。

かん-つい【完×遂】「かんすい(完遂)」の誤読。

かん-つい【環椎】第一頸椎。椎体がなくて環状となり、頭蓋を支えている。アトラス。⇒頸椎

かん-つう【×姦通】〔名〕スル 男女が道徳や法にそむいた交わりを結ぶこと。特に、既婚者が、配偶者以外の異性と肉体関係をもつこと。不義。密通。

〖類語〗不倫・密通・私通・姦淫

かん-つう【貫通】〔名〕スル ①ある物の中を貫いて通ること。「トンネルが一する」「鉄道が町の中心部を一する」②広く物事に通じていること。通暁。通達。

〖類語〗(①)突き刺す・突き通す・突き抜く・貫く・刺し通す

かん-つう【感通】〔名〕スル 自分の思いなどが、相手に通じること。「わたしのこの心はポチにも自然と一していたらしい」〈二葉亭・平凡〉

かんつう-ざい【×姦通罪】夫のある女性が夫以外の男性と性的関係を結んだとき、その女性と相手の男性とに成立する犯罪。刑法第183条が禁じていたが、同条は昭和22年(1947)に削除された。

かんつう-じゅうそう【貫通銃創】弾丸が身体を貫通してできた傷。

かんつう-せいどうき【貫通制動機】列車で、非常のときなどに、連結している全車両の制動ができる装置。

カンツォーネ〖イタリア canzone〗イタリアの大衆的歌曲。親しみやすい明快なメロディーが特徴。

カンツォネッタ〖イタリア canzonetta〗16世紀後半に流行した、軽い気分の小歌曲。短いカンツォーネ。

かん-づか【▽髪▽束】《「かみつか」の音変化》髪を束ねた部分。もとどり。「一つかんで取って引き伏せ」〈浄・扇八景〉

かん-づかさ【神▽司|神=祇=官|主=神】《「かむづかさ」とも表記》①(神司)神に仕える人。神社の祭事を行う人。神官。かみづかさ。②(神祇官)「じんぎかん(神祇官)①」に同じ。かみづかさ。③(主神)律令制で、大宰府管内の諸祭祀をつかさどる官。正七位下に相当。かみづかさ。

かん-つき【×鐶付】茶釜の、鐶を通す耳。鬼面・遠山・松笠・茄子などの形がある。

かん-づ・く【感付く|勘付く】〔動カ五(四)〕直観的に気づく。「何かあるとは薄々一・いていた」〖類語〗気づく

がん-づ・く【眼付く】〔動カ四〕目にして、それと気がつく。転じて、気がつく。「役者をはじめから口をかけると一・くから」〈洒・居続借金〉

かん-づくり【寒造り】寒中に、酒などを造ること。また、その造ったもの。〖季 冬〗「確乎たる十挺だてや一/召波」

かん-づけ【寒漬(け)】たくあん漬けの一種で、晩秋に漬け込み、寒中から食べるもの。

かん-つど・う【神集ふ】〔動ハ四〕⇒かむつどう

かん-つばき【寒×椿】①サザンカの園芸品種。よく分枝するが矮小性で、12月〜2月に紅色の八重の花が咲く。庭木や盆栽にする。主に関東地方でいい、関西では獅子頭とよぶ。②寒中に咲くツバキ。〖季 冬〗「一つひに一日の懐手/波郷」

かん-づま・る【神▽留る】〔動ラ四〕⇒かむづまる

かん-づめ【缶詰(め)】①食品をブリキ缶やアルミ缶などの容器に詰め、空気を抜いて密封したあと、熱を加えて殺菌し、長期間保存できるようにしたもの。②㋐一定の場所に人を閉じ込めて、外部との交渉を断った状態に置くこと。「小説家をホテルに一にする」㋑狭い場所に多人数がとどめ置かれた状態。「立ち往生の電車の中で一にされる」

〖類語〗(②)監禁・軟禁・幽閉

がん-づめ【×雁爪】《形が雁の爪に似るところから》①3〜5本の内側に曲がった鉄製の爪のついた農具。除草などに用いる。②鉱石・石炭などをかき集めるのに用いる道具。①に似るが、爪は曲がっていない。

がんづめ-うち【×雁爪打ち】雁爪で田を耕したり、草を取ったりすること。

がんづめ-なおし【×雁爪直し】田の水を落として雁爪打ちを行い、数日後に水を入れて表面を平らにならすこと。

かん-づり【寒釣(り)】寒中にする魚釣り。〖季 冬〗「うづくまりさも一といふ姿/風生」

カンテ〖ドイツ Kante〗①登山で、岩壁の稜角。②スキーのジャンプ競技で、踏み切り台の先端。

かん-てい【官邸】大臣や長官など高級官吏の在任中に、住居として政府が提供する邸宅。「首相一」〖類語〗公邸・官舎・公舎

かん-てい【閑庭】もの静かな庭。

かん-てい【×戡定】〔名〕スル 勝って乱をしずめること。平定。「徳川氏禍乱を一せしより」〈田口・日本開化小史〉

かん-てい【関帝】関羽の敬称。

かん-てい【×澗底】谷の深い所。たにそこ。「一に嘯く松が枝には」〈漱石・薤露行〉

かん-てい【艦艇】軍事目的をもった大小各種の船舶の総称。

かん-てい【鑑定】〔名〕スル ①書画・骨董・刀剣・資料などの真贋・良否などを判定すること。目利き。「筆跡を一する」②物事を判断すること。また、その判断。「ねぼけてあんな珍語を弄するのだろうと一したから」〈漱石・吾輩は猫である〉③裁判所から指示された事項について裁判官の知識を補充するために、学識経験者が専門的な意見・判断を述べること。

〖類語〗識別・鑑別・鑑識・弁別・判別・見分ける

がん-てい【眼底】眼球の内部の後面。網膜のある部分。

カンディア〖Candia〗イラクリオンのイタリア語、トルコ語名。

かんてい-い【鑑定医】心神喪失等を主張する被疑者・被告人の精神障害の有無、医療の要否を判断する鑑定人。精神保健判定医または同等以上の学識経験を有する医師を、裁判所が任命する。

かんてい-か【鑑定家】書画などの鑑定を職業とする人。

かんてい-かん【鑑定官】①鑑定の職務をする官吏。②税関長の命を受けて、貨物の鑑定・検査に関する事務を行う税関の職員。

がんてい-けんさ【眼底検査】瞳孔から眼底に光を当て、検眼鏡でのぞいて網膜・血管などを調べること。体表面から動脈を直接観察できる唯一の部分なので、眼病のほか高血圧・動脈硬化などの診断に広く用いる。

がんてい-しゅっけつ【眼底出血】眼底の網膜などの血管が破れて出血している状態。高血圧・動脈硬化・糖尿病や眼球の打撲などで起こる。

かんてい-しょ【鑑定書】①鑑定の結果を書いた文書。極め書き。「一付きの宝石」②裁判所から鑑定

を命じられた人が鑑定結果を書面にして提出する報告書。
かんてい-しょうにん【鑑定証人】特別の学識経験をもつために知ることのできる事実について、裁判所から求められて証人となる者。
かん-ていしょく【韓定食】李朝の宮廷料理に始まる、韓国の豪華な宴会料理。
かんてい-にん【鑑定人】裁判所または裁判官から鑑定を命じられた人。
かんてい-びょう【関帝×廟】クワンテイベウ 関羽を祭った廟。中国各地にある。武神・財神として広く信仰された。
かんてい-りゅう【勘亭流】リウ 歌舞伎で番付・看板などを書くのに用いる肉太で丸みのある書体。江戸の書家岡崎屋勘六(号、勘亭)が、安永8年(1779)中村座の狂言名題を書いたのが始まり。(類語)楷書・行書・草書・隷書・篆書てんしょ・行草・三体・五体
カンディンスキー〖Wassily Kandinsky〗[1866〜1944]ロシア生まれの画家。表現主義を経て抽象絵画の創始者の一人となる。モスクワやワイマールのバウハウスで教鞭きょうべんを執り、晩年はフランスに帰化。
かん-てき ❶(京阪地方で)七輪しちりんのこと。❷癇癪かんしゃく。また、癇癪持ち。「わしも一起こして其の烟草入れを引き破らうとしたけれど」〈洒・南遊記〉
かん-てき【閑適】〔名・形動〕心静かにたのしむこと。静かに心を安んずること。また、そのさま。「人心の優悠一なるを」〈逍遥・小説神髄〉
かん-てき【監的】【看的】弓道や射撃競技で、的のそばにいて、当たり外れを報告すること。また、その人。
かん-でき【陥溺】〔名〕スル ❶水の中に落ちておぼれること。❷酒色にふけること。理性を失って遊びなどに熱中すること。耽溺たんでき。❸窮地に陥ること。「私蓄を発ひらいて一を救う」〈鷗外・大塩平八郎〉
かん-てつ【完徹】《「完全な徹夜」の略》「徹夜」を強めた言い方。
かん-てつ【肝×蛭】吸虫の一種。体長2〜3センチ、平たい楕円形で、前端が円錐形に突出している。虫卵は水中で孵化ふかし、中間宿主のヒメモノアラガイに侵入。成長すると水草に付着し、これを食べた牛・羊・豚・馬などの胆管に至って成虫となる。人間にも寄生し、腹痛・嘔吐や黄疸おうだんなどの症状を呈する。
かん-てつ【貫徹】クワン〔名〕スル 意志・方針・考え方などを貫き通すこと。最後までくじけずに続けること。「要求を一する」「初志一」(類語)貫く・徹する・終始・一貫
がんてつ-せん【含鉄泉】泉質の一。1キログラム中に20ミリグラム以上の鉄イオンを含む温泉。湧出後、茶褐色の沈殿を生じる。貧血に効く。鉄泉てっせん。
カンテラ〖オランダ kandelaar〗《燭台の意》手提げ用の石油ランプ。ブリキ・銅などで作った筒形の容器に石油を入れ、綿糸を芯にして火をともす。
カンデラ〖candela〗《ラテン語で、獣の油の蝋燭ろうそくの意》国際単位系(SI)の光度の単位。1カンデラは周波数540兆ヘルツの単色放射を放出する光源の放射強度が683分の1ワット毎ステラジアンである方向における光度。1979年に国際的に採用。記号cd
カンデルシュテーク〖Kandersteg〗スイス中西部、ベルン州、ベルナーオーバーラントにある町。標高1176メートル。テラスを花で飾り立てた木造建築の民家が並ぶ山岳リゾートとして知られる。周囲を急峻きゅうしゅんな岩峰で囲まれたエッシネン湖がある。
かん-てん【干天】【×旱天】久しく降雨がなく日照りが続くこと。また、その空。ひでりぞら。(季夏)
かん-てん【官展】クワン《「官設美術展」の略》政府が主催する美術展覧会。日本では、明治40年(1907)文部省美術展覧会(文展)が日本画・洋画・彫塑の総合展を設立。大正8年(1919)帝国美術院展覧会(帝展)に改組。その後、新文展、日展(日本美術展覧会)を経て、昭和33年(1958)から社団法人「日展」という民間団体の運営に帰し、官設展は消滅した。⇒日展
かん-てん【寒天】❶寒い冬の空。寒空さむぞら。冬天。(季冬)❷テングサなどの煮汁を凍結・乾燥させた食品。煮溶かしてゼリー状とし、蜜豆・水羊羹などの菓子の材料とする。また、微生物の培養基や写真工業など利用は広い。(類語)寒空・冬空
かん-てん【寒点】▶冷点れいてん
かん-てん【寛典】クワン 情けある取り扱い。また、寛大な法的な処置。「一に浴する」
かん-てん【漢天】天の川のかかって見える空。「一既にひらきて、雲東嶺にたなびき」〈平家・七〉
かん-てん【観点】クワン 物事を見たり考えたりする立場。見地。「環境保護の一に立つ」「一が違う」(類語)視点・視座・次元
かん-でん【官田】クワン ❶律令制下、畿内にあって皇室用の供御くごおよび宮中の経費に充てられた田。❷位禄などの公用に充てるため、畿内に設けた田地。
かん-でん【乾田】❶水はけのぐあいがよく、水を入れないときには乾いて畑の状態になる田。⇒湿田 ❷乾いた田。
かん-でん【間田】❶荘園で、名田みょうでんに編成されず、領主が荘官に給与して年貢・公事を免除した田地。余田。❷植え付けをしていない田。
かん-でん【感電】〔名〕スル 電流が身体に流れて衝撃を受けること。「落雷で一する」「一死」
がん-てん【眼点】原生動物やクラゲなどの視覚器官、またはそれに関係する器官。ふつう、単眼よりも構造の簡単なものをいい、光の強弱を感じ取る。ミドリムシでは、感光点に到達する光を妨げる役をするものをいう。
かんでんえいそう【閑田詠草】カンデンエイサウ 江戸後期の歌集。3巻。伴蒿蹊ばんこうけい著、養子資規すけのりの編。文化13年(1816)刊。
かん-てんぎ【簡天儀】江戸中期に製作された天体観測器械で、中国の渾天儀こんてんぎを簡略化したもの。
かんてん-きち【歓天喜地】クワンテンキチ〔名・形動〕《天によろこび地によろこぶ意》大喜びすること。また、そのさま。「一の大喝采」
かんでんこうひつ【閑田耕筆】カンデンカウヒツ 江戸後期の随筆。4巻。伴蒿蹊ばんこうけい著。享和元年(1801)刊。見聞記や感想を天地・人・物・事の4部に分けて収載。
かんてん-し【寒天紙】寒天を薄くのばして紙のようにしたもの。織物のつや出しや、女性の髪飾りなどに用いる。かんてんがみ。
かん-てんじ【漢点字】漢字を表す点字。1マスを2行4段計8個の点によって示し、1マスから3マスを使って漢字1字を表す。大阪府立盲学校(現大阪府立視覚支援学校)教諭川上泰一が考案し、昭和45年(1970)に公表。
かんてん-しつ【寒天質】透明なゼリー状に固まっている性質。また、その物質。
かんでんじひつ【閑田次筆】江戸後期の随筆。4巻。伴蒿蹊ばんこうけい著。文化3年(1806)刊。「閑田耕筆」の続編。紀実・考古・雑話に分類、古物・古風俗の図を入れて収める。
かんてん-せん【間点線】線または十字形の間に点を挟む、—·—·—·—または＋·＋·＋·＋の線。地図などで境界線に用いる。
かん-でんち【乾電池】電解液を金属容器に封入し、携帯や取り扱いを便利にした一次電池。代表的なものがマンガン乾電池で、正極に炭素棒を、負極に容器を兼ねた亜鉛板を用い、その間に二酸化マンガン・黒鉛などの合剤と、塩化アンモニウム・塩化亜鉛を含むのり状の電解液を詰めてある。ほかにアルカリ電池・水銀電池などがある。⇒湿電池
かんてんちょう-アーク【環天頂アーク】クワンテンチャウ 太陽の上に虹のような帯が見える現象。幻日と同じく上空の大気中の氷晶が太陽光を屈折させて生じる。出現高度は太陽高度によって変化し、太陽高度が約22度のとき約46度上方に現れ、太陽高度がこれより高くても低くても出現高度は天頂側に移動する。また、太陽から見て天頂を越えた位置には現れないため、太陽高度が約32度以下でないと見られない。環天頂弧。天頂環。天頂弧。逆さ虹。⇒環水平アーク
かんてんちょう-こ【環天頂弧】クワンテンチャウ ▶環天頂アーク
かんでん-ちょくはん【乾田直×播】稲の栽培で、畑状態の本田に直接種もみをまく方法。苗が少し生長してから水を入れる。⇒湛水たんすい直播
かんてん-の-じう【干天の慈雨】日照り続きの時に降る、恵みの雨。待ち望んでいた物事の実現、困っている時にさしのべられる救いの手にたとえる。
かんでん-ばこう【乾田馬耕】カウ 明治末期の農地改良の方法。排水をよくして湿田を乾田に変え、耕地整理をし、馬による耕作を導入したもの。
かんてん-ばん【寒天版】▶蒟蒻版こんにゃくばん
かんてん-ぼうき【観天望気】クワンテンバウキ 雲や風の動きなどを観察して、経験をもとに天気を予想すること。
かん-と【×奸徒】【×姦徒】悪者ども。悪徒。「速すみやかに一の罪状を糺明きゅうめいし」〈藤村・夜明け前〉
かん-と【官途】クワン《古くは「かんど」》❶官吏の職務、または地位。官職。❷鎌倉時代、受領ずりょうに対して、京官の称。(類語)公職・官職
官途に就つ・く 役人になる。「我輩は一・くを屑いさぎよしとしない」〈魯庵・社会百面相〉
かん-と【環×堵】クワン ❶家の周囲を取り巻いている垣根。❷小さな家。狭い部屋。また、貧しい家。
カント〖cant〗《斜面の意》鉄道線路・道路の曲線部における、外側部分と内側部分との高さの差。遠心力で車両が外側に出るのを防ぐために設ける。
カント〖Immanuel Kant〗[1724〜1804]ドイツの哲学者。あらゆる権威の徹底的批判を根本精神とする批判哲学を大成し、近代哲学の祖とよばれる。理性の理論的認識能力の批判によって客観的認識の可能な領域を経験の世界に限定して科学的認識の成立根拠を基礎づけると同時に、神・自由などの形而上学的対象を実践理性の要請として位置づけて、道徳的価値や美的判断の根拠をも明らかにすることにより、文化諸領域を基礎づけた。著「純粋理性批判」「実践理性批判」「判断力批判」など。
かん-ど【感度】❶他からの刺激に感じる度合い・程度。「一の鋭い人」❷受信機・測定器などが、電波・電流などを感じる度合い。「ラジオの一が悪い」❸写真フィルムなどの感光材料が光に反応する度合い。数値で表し、制定機関によって、現在多く使用されるISO(イソ)感度や、ASA(アサ)感度・JIS(ジス)感度などがある。「高一フィルム」
かん-ど【漢土】中国のこと。もろこし。
かん-ど【韓土】朝鮮のこと。
がん-ど【×雁奴】夜、砂州で休んでいる雁の群れの周囲で人や獣の接近を見張っている雁。転じて、見張り役。奴雁。(補説)「奴雁」としたのは福沢諭吉という説があるが、真偽不詳。
がん-ど【願土】グワン 阿弥陀仏の本願の力によって成就された浄土、すなわち、極楽浄土。
かん-とう【×奸盗】【×姦盗】タウ たちの悪い盗賊。「其性一を為すの才あり」〈織田訳・花柳春話〉
かん-とう【完投】クワン〔名〕スル 野球で、一人の投手が1試合の最初から最後まで投げきること。「延長12回を一した」「一勝利」
かん-とう【官当】クワンタウ 古代の律における減刑法の一。官位のある者が罪を犯したとき、その官位を下げるか、取り上げることにより、罪を償わせたこと。
かん-とう【官等】クワン 官吏の等級。官位。官階。(類語)階級・位くらい・地位・身分・格かく・位置・ポスト・ポジション・椅子・肩書き・役職・役付き・席・等級・序列・職階・官位・グレード・ランク
かん-とう【官稲】クワンタウ 律令制で、田租として徴収され、諸国に納められた稲。正税しょうぜい・公廨くがい・雑稲ぞうとうの3種に分けられた。
かん-とう【巻頭】クワン ❶書物や巻物などの最初の部分。巻首。「一を飾る論文」⇔巻末。❷多くの短歌や俳句を並べて載せる場合の最初の位置。ふつう最優秀作を置く。❸物事の初め。冒頭。(類語)首巻
かん-とう【×竿灯】8月3〜6日の夜、秋田市などで行われる七夕たなばた祭りの行事。また、それに用いる、たくさんの提灯ちょうちんをつけた竹ざお。肩・額・腰などにのせて練り歩き、その技を競い合う。(季秋)

かん‐とう【×竿頭】さおの先。「百尺—に一歩を進む」
かん‐とう【寒冬】平年より寒さの厳しい冬。
かん‐とう【寒灯】寒そうに感じられる冬の灯火。《季 冬》「—の一つ一つよ国敗れ/三鬼」
かん‐とう【敢闘】〔名〕スル 勇敢に戦うこと。「強豪を相手によく—した」「—賞」(類語)健闘・善戦
かん‐とう【款冬】《「かんどう」とも》❶フキの別名。❷ツワブキの別名。
かんとう【間島】中国吉林(きつりん)省東部、朝鮮民主主義人民共和国との国境に近い延吉一帯の旧称。多数の朝鮮人が居住する。現在の延辺朝鮮族自治州。
かん‐とう【間道｜漢島】《「かんどう」とも》織物の名。16、7世紀ごろ、中国や南方から渡来した縞(しま)織物。また、その模様。名物切(ぎれ)として珍重された。間道織り。間道縞。かんと。(補説)「広東」「漢東」「漢渡」「間綯」などとも書く。
かん‐とう【関東】■《関所の東の意》㊀「関東地方」の略。㊁奈良時代以来、鈴鹿・不破・愛発(あらち)の三関以東の地。のちに、逢坂(おうさか)の関より東の地域。中世以降、箱根の関より東の8か国、関八州の称。これに伊豆・甲斐・出羽・陸奥(むつ)を加えて関東十二国と称したこともある。㊂(中国で)㋐函谷関(かんこくかん)以東の地。㋑山海関以東の地。以前の満州、現在の中国北部。■❶鎌倉幕府のこと。❷室町時代、関東公方(くぼう)(鎌倉公方)、関東管領(かんれい)のこと。❸江戸幕府のこと。
かん‐とう【関頭】重大な分かれ目。瀬戸際。「生死の—に立つ」
かん‐どう【官道】国費で設備・監理する道路。
かん‐どう【勘当】〔名〕スル ❶親が子との縁を切ること。江戸時代には奉行所に届け出が必要であった。また、主従関係・師弟関係を断つことにもいった。「放蕩息子を—する」❷《法に合わせ勘(かんが)えて罪に当てる意から》責めてしかること。「宮より重く—せられしかば」〈宇津保・国譲上〉(類語)離縁・絶縁・義絶
勘当切・る 勘当して縁を切る。「—・らるる事などかまはぬ顔つきの若い者」〈浮・胸算用・三〉
かん‐どう【貫道】道を貫くこと。また、諸道の根本精神を貫くこと。「雪舟の絵における、利久が茶における、其の—する物は一(いつ)なり」〈笈の小文〉
かん‐どう【間道】主な道から外れた道。脇道。抜け道。「—を抜ける」⇔本道。(類語)岐路・分かれ道・二筋道・枝道・横道・脇道・裏通り・裏道・抜け道・近道
かん‐どう【感動】〔名〕スル ある物事に深い感銘を受けて強く心を動かされること。「深い—を覚える」「名曲に—する」(類語)感激・感銘・感心・感慨・感ずる
がん‐とう【岸頭】岸のほとり。岸の上。
がん‐とう【岩頭｜×巌頭】岩の突端。岩の上。
がん‐とう【雁塔】㊀古代インドのマガダ国にあった雁供養の塔。菩薩(ぼさつ)が浄肉を食う僧を戒めようとして雁に化し、空から落ちて死んだ跡に塔が建てられたという「大唐西域記」の故事による。㊁中国、西安市にある大慈恩寺および大薦福寺の塔。前者は大雁塔、後者は小雁塔とよばれる。
がん‐どう【▽強盗】《「がん(強)」は唐音》❶「ごうとう(強盗)」に同じ。「この半七を掏摸(すり)の、騙(かた)りの、—のとは」〈浄・女腹切〉❷「強盗提灯(がんどうぢょうちん)」の略。
強盗打・つ 強盗(ごうとう)に入る。「晩のとまりに寝所へ—・って」〈浄・孕常盤〉
がん‐どう【頑童】❶かたくなで、ききわけのない子供。「大声を立てて—の如く泣きおめき始めた」〈有島・カインの末裔〉❷男色の相手となる少年。
がん‐どう【×龕灯】《「がんとう」とも》❶仏壇のともし火。灯明(とうみょう)。❷「強盗提灯(がんどうぢょうちん)」に同じ。
かんとう‐い【貫頭衣】布の中央に穴をあけ、そこに頭を通して着る、原始的な形の衣服。
がんどう‐がえし【▽強盗返し】歌舞伎で、大道具を90度後ろへ倒し、底面を垂直に立てて次の場面に転換させること。また、その仕掛け。どんでん返し。箱天神(はこてんじん)。
かんとうがくいん‐だいがく【関東学院大学】横浜市金沢区に本部のある私立大学。前身は明治17年(1884)設立のバプテスト神学校(のち日本バプテスト神学校)と、同28年設立の東京中学院(のち東京学院)とが合併した関東学院。昭和24年(1949)新制大学として発足。
かんとうがくえん‐だいがく【関東学園大学】群馬県太田市にある私立大学。昭和51年(1976)に開学した。
かんとう‐かんれい【関東管▽領】室町幕府の職名。鎌倉公方(かまくらくぼう)の補佐役で、上杉憲顕(うえすぎのりあき)が任ぜられて以後、その子孫が世襲した。かんとうかんりょう。
かんとう‐くぼう【関東▽公方】▶鎌倉公方(かまくらくぼう)
かんとう‐ぐん【関東軍】満州(中国東北地方)に駐屯していた日本陸軍部隊。日露戦争後、関東州と南満州鉄道の権益を保護するために設置された関東都督府を前身とし、大正8年(1919)独立。第二次大戦の末期に、ソ連軍の侵攻により壊滅。
かんとう‐ぐんだい【関東郡代】江戸幕府の職名。関東の幕府直轄領を支配した。
かんとう‐げん【巻頭言】雑誌などの初めに掲げる文章や言葉。
がんどう‐こ【岩洞湖】岩手県中央北部にある人造湖。湛水(たんすい)面積は5.8平方キロメートル。周辺はシラカバ・アカマツ・カラマツの混合林。灌漑(かんがい)・発電などのための多目的ダムがある。
かんとう‐ごぶんこく【関東御分国】鎌倉時代、将軍家の知行国。また、幕府の行政権が及んだ諸国。時期により異同があり、十余国から数か国。
かんとう‐ごりょう【関東御領】鎌倉時代、将軍家の直轄領。また、将軍より御家人に与えた恩給地。
かんとう‐さんち【関東山地】関東・中部両地方にかけて横たわる山地。北は碓氷(うすい)峠付近から、秩父(ちちぶ)山地・丹沢山地に至る。
かんとう‐し【間投詞】《interjection》「感動詞」に同じ。
かんどう‐し【感動詞】品詞の一。自立語で活用がなく、主語にも修飾語にもならず、他の文節とは比較的独立して用いられるもの。話し手の感動を表す「ああ」「おお」の類をはじめ、呼びかけを表す「おい」「もしもし」の類や、応答を表す「はい」「いいえ」の類も、文法的性質が同じなので、国文法ではこれに含まれる。間投詞。感嘆詞。
かんとう‐じっさつ【関東十刹】鎌倉五山に次ぐ臨済宗の10の寺。➡十刹(じっさつ)
かんとう‐しゅう【関東州】中国、遼東(りょうとう)半島の西南端にあった日本の租借地。日露戦争後、明治38年(1905)のポーツマス条約でロシアから利権を譲り受けたが、昭和20年(1945)太平洋戦争に敗北すると、ソ連軍が再び占領。中国には1950年に返還された。
かんとう‐じゅうはちだんりん【関東十八檀林】江戸幕府が定めた、関東における浄土宗の僧の学問所としての18の寺院。阿弥陀仏の第十八願にちなむといわれる。増上寺・霊山寺・伝通院・幡随院・霊巌寺・光明寺・勝願寺・蓮馨寺・大善寺・浄国寺・常福寺・大念寺・弘経寺(飯沼)・東漸寺・大巌寺・弘経寺(結城)・善導寺・大光院。十八檀林。
かんとう‐じょし【間投助詞】助詞の種類の一。文中または文末の文節に付き、語調を整え、感動・余情・強調などの意を添える助詞。現代語の「な(なあ)」「ね(ねえ)」「さ」や、古語の「や」「よ」「を」「ゑ」「ろ」など。
かんどう‐じょし【感動助詞】助詞の一類として、感動・強調などの意を表す、間投助詞・終助詞を合わせたものを称する。
がんどう‐ずきん【▽強盗頭巾】頭・顔全体を包み隠し、目だけを出すようにした頭巾。苧(からむし)頭巾。目ばかり頭巾。ごうとうずきん。
カントゥス‐フィルムス〖ラテン cantus firmus〗定旋律。多声音楽において基礎となる旋律で、これに対旋律を付して作曲する。
かんとう‐だいしんさい【関東大震災】大正12年(1923)9月1日午前11時58分に、相模(さがみ)湾を震源として発生した大地震により、関東一円に被害を及ぼした災害。マグニチュード7.9、最大震度6。家屋倒壊に火災を伴い、全壊約13万戸、全焼約45万余戸、死者・行方不明者約14万名。震災直後の混乱の中で、亀戸事件・甘粕事件が起き、また、多数の朝鮮人が官憲・自警団によって虐殺された。
かんとう‐だき【関東▽煮き｜関東炊き】関西で、煮込みおでんのこと。関東煮(に)。《季 冬》
かんとう‐だち【環頭大▽刀】柄頭(つかがしら)が環状になった大刀。高麗剣(こまつるぎ)。頭椎(かぶつち)の大刀(たち)。
かんとう‐ちほう【関東地方】東京都と神奈川・埼玉・群馬・栃木・茨城・千葉の6県の地域。関東。
かんどう‐ちょう【勘当帳】江戸時代、勘当の届け出を町年寄・奉行所などが公的に認めて記録した帳簿。久離帳。
がんどう‐ぢょうちん【▽強盗▽提▽灯】銅板・ブリキ板などで釣鐘形の枠を作り、中に自由に回転できるろうそく立てを取り付けた提灯。光が正面だけを照らすので、持つ人の顔は見えない。忍び提灯。龕灯(がんどう)。
かんとうとりしまり‐しゅつやく【関東取締出役】江戸幕府の職名。勘定奉行の直属下に編成され、関八州を幕領・私領(水戸藩を除く)の区別なく巡回し、治安の取り締まりに当たった。文化2年(1805)設置。八州廻り。
かんとう‐に【関東煮】▶関東煮(だ)き
かんとう‐はっしゅう【関東八州】▶関八州(かんはっしゅう)
かんどう‐ぶん【感動文】感動した気持ちを表す文。多くは、感動詞や感動の助詞を用いる。西欧語では文末に感嘆符「!」を付ける。感嘆文。
かんとう‐べい【関東べい】《話し言葉の文末に「べい」をつけるところから》関東なまり。また、それを話す人を、関西の人があざけっていう語。「へへ、—が。さいろくをぜえろくと、けたいな詞(ことば)つきぢゃなあ」〈滑・浮世風呂・二〉
かんとう‐へいや【関東平野】関東地方の大部分を占める、日本最大の平野。洪積層の大宮・武蔵野・相模原などの台地や丘陵と、利根川・荒川などに沿う低地からなる。
かん‐どうみゃく【冠動脈】▶冠状動脈(かんじょうどうみゃく)
かんどうみゃく‐しんしっかん【冠動脈心疾患】▶虚血性心疾患
かんどうみゃくだいどうみゃく‐バイパスいしょくじゅつ【冠動脈大動脈バイパス移植術】▶シー・エー・ビー・ジー(CABG)
かんどうみゃく‐バイパスじゅつ【冠動脈バイパス術】▶シー・エー・ビー・ジー(CABG)
かんとう‐ローム【関東ローム】関東地方の台地や丘陵を覆う赤褐色の風化した火山灰層。更新世に、箱根・富士・男体・赤城・浅間などの火山から噴出したものに由来する。
カンドー〖Sauveur Antoine Candau〗[1897〜1955]フランスのカトリック神父。大正14年(1925)に来日。布教活動・司祭の養成などに努力するとともに、両国の文化交流に貢献した。著「思想の旅」など。
カント‐がくは【カント学派】カントの哲学を継承・発展させた哲学者たち。ラインホルトや、ドイツ観念論哲学者たち、19世紀後半以後の新カント学派など。
かんど‐がわ【神戸川】島根県東部を流れる川。斐伊(ひい)川水系の一。広島県境の女亀(めんめ)山(標高830メートル)に源を発して北流し、出雲(いずも)平野を潤しながら出雲市の稲佐の浜で日本海に注ぐ。長さ82キロ。上流は出雲地方最大の電源地帯で、来島(きじま)ダムがある。出雲市の立久恵(たちくえ)峡は「山陰の耶馬渓(やばけい)」ともいわれる景勝地で、県立自然公園に指定されている。神門(かんど)川。
かんとく【寛徳】平安後期、後朱雀(ごすざく)天皇・後冷泉(ごれいぜい)天皇の時の年号。1044年11月24日〜1046年4月14日。
かん‐とく【感得】〔名〕スル ❶奥深い道徳や真理などを感じ悟ること。「自然の摂理を—する」❷信心が神仏に通じて、宿願がかなえられること。❸思いがけな

く手に入れること。「為朝鶏丸の剣を―し給ひし事」〈読・弓張月・残〉 類語 感ずる・思う・覚さとる・感じ取る・実感・感受・感知・直感・直覚・予感・ぴんと来る

かん-とく【監督】〔名〕スル ❶取り締まったり、指図をしたりすること。また、その人や機関。「工事現場を―する」「試験―」❷映画・舞台・スポーツ競技などで、グループやチームをまとめ、指揮・指導する役の人。「撮影―」❸日本の聖公会やメソジスト教会における第二次大戦前の職制名。主教、司教にあたる。❹法律で、人または機関の行為が、その守るべき義務に違反していないか、その目的達成のために適当か否かを監視し、必要なときには指示・命令などを出すこと。 類語 ディレクター・演出家/管理・支配・監理・統轄・総轄・管轄・管掌・掌理・主管・所管・取り締まり・マネージメント・分轄・直轄・所轄・つかさどる

かん-どく【簡×牘|×竿×牘】《「かんとく」とも。「簡」は竹の札、「牘」は木の札。昔、紙のなかったころ文字を書き付けたところから》❶手紙。書簡。簡札かんさつ。尺牘せきとく。❷文書。書き物。書札。牘書とくしょ。「その―を読むに非ざれば」〈中村訳・西国立志編〉

がん-どく【玩読】グワン〔名〕スル 文章の意味をじっくり味わいながら読むこと。「情つらつら―して其隠微をしも味うときには」〈逍遥・小説神髄〉

かん-とくえん【関特演】クワン《「関東軍特種演習」の略》昭和16年(1941)夏に日本軍が行った対ソ戦準備。演習と称してソ満国境近くに関東軍兵力70万を動員したが、開戦には至らなかった。

かんとく-かん【監督官】クワン 官庁で、監督する職権を有する役人。

かんとく-かんちょう【監督官庁】クワンチヤウ 民間の銀行・会社、または公共的団体などに対し、その事業について監督の職権を有する官庁。また、下級の官庁を監督する職権を有する上級官庁。

かんとく-きょうかい【監督教会】ケウクワイ 監督制(主教制度)を設けているキリスト教会。各国の聖公会、メソジスト教会、ヨーロッパ諸国のルター派教会など。

かんとく-けん【監督権】❶上級官庁が下級官庁を指揮命令し、その行為を監督する権限。❷国家が都道府県・市町村などの地方公共団体を監督する権限。❸国家が銀行・会社・取引所または個人の営業を監督し、取り締まる権限。

かんとく-せきにん【監督責任】失策や不法行為などのあった人を指導監督する立場にある人の負うべき責任。「上司の―を問う」

かんとく-にん【監督人】成年後見制度において、後見人・保佐人・補助人・任意後見人の仕事が適正に行われているかどうか監督する人。法定後見の場合、監督人は家庭裁判所が必要と認めるときに選任される。任意後見の場合、親族や任意後見受任者が家庭裁判所に申し立て、任意後見監督人が選任された時点で任意後見契約が有効となる。監督人は、後見人等が欠けた場合に選任を申し立てたり、緊急の場合には被後見人等の利益を保護するために必要な権限を行使することもできる。

かんどく-ぶん【簡×牘文】手紙文。日用文。書簡文。

かん-どくり【×燗徳利】酒の燗をする徳利。

かん-どころ【勘所|甲所|肝所】❶三味線などで、音調を整えるために指で弦を押さえるところ。つぼ。❷はずすことのできない大事なところ。肝心なところ。急所。「―を心得た仕事ぶり」

勘所を押さ・える ❶物事の肝心な点をしっかりとらえる。「話の―・えた質問」❷三味線などの弦の正しい位置を指で押さえる。

がんと-して【頑として】グワン〔連語〕➡頑がん

カント-しゅぎ【カント主義】❶カント自身の哲学的方法と立場。❷カント哲学を継承する人たちの方法と立場。主として先験的認識論の立場。

かんと-すいきょじょう【官途推挙状】クワントスイキヨジヤウ 中世、武家方から朝廷に対して武家の官職叙任について奏請した推薦状。官途挙状。

ガント-チャート〖Gantt chart〗スケジュール管理のための帯状グラフ。横軸に時間、縦軸に工程・人員別の作業期間を配したもの。バーチャート。

かん-ドック【乾ドック】ドックの一。海から陸へ掘り込んだ掘割で、船を入れたあと水門を締めて排水し、船の修理作業をするもの。船の建造にも使用される。乾船渠かんせんきょ。ドライドック。⇔湿ドック

かん-どの【神殿】《「かんとの」とも》「しんでん(神殿)」に同じ。「―にて御祓みそぎへたびたびありて」〈狭衣・三〉

かんどの-もり【神殿守】神殿の守衛。

かんと-ぶぎょう【官途奉行】クワントブギヤウ 鎌倉幕府・室町幕府の職名。御家人などの官爵叙任をつかさどった。

カントラプラス-の-せいうんせつ【カントラプラスの星雲説】1755年にカントが唱え、96年にラプラスが補説した、太陽系の創始についての説。緩やかに回転する高温の星雲状ガス塊が、冷却収縮するにつれて回転を速めて環を生じ、環は球状にまとまって惑星となり、中心に残ったガスが太陽になったというもの。星雲説。

かん-どり【×楫取り|×舵取り】《「かじとり」の音変化》船頭。舵手だしゅ。「―ども、いかにもして助からんとしけれども」〈平家・五〉

カントリー〖country〗❶田園。田舎。「―ウエア」「―ミュージック」❷国。国家。「マザー―」❸「カントリー・アンド・ウエスタン」の略。

カントリー-アート〖country art〗自然物を素材に用いた室内装飾品をさす。

カントリー-アンド-ウエスタン〖country and western〗米国の南東部と西部の大自然を背景に白人開拓民の間に生まれ育った音楽。主にギターやバンジョーなどで演奏される。C&W。カントリーミュージック。

カントリー-ウエア〖country wear〗野外服。ハイキングウエアやハンティングウエアの総称。

カントリー-エレベーター〖country elevator〗穀物の乾燥・選別・貯蔵などを行う農業施設。貯蔵用サイロと、これに穀物を搬入するためのエレベーターなどからなる。

カントリー-クラブ〖country club〗米国で、都市郊外にあって、テニス・水泳・ゴルフなどの娯楽・保養施設を備えたクラブ。日本では、郊外のゴルフ場の名称に付けることが多い。

ガントリー-クレーン〖gantry crane〗設置された軌道上を、橋脚状の本体が移動するクレーン。コンテナ船の荷役などで使用。橋形クレーン。

カントリー-ジャケット〖country jacket〗郊外や田舎でも着られるようなくつろいだ感じのジャケット。ツイードの生地で作られることが多い。

カントリー-ステーキ〖country steak〗小麦粉をつけて簡単に焼いた田舎風のステーキ。

カントリー-ハウス〖country house〗貴族・富豪などの、田舎の邸宅。

カントリー-ファンド〖country fund〗特定の国・地域の株式などに投資する投資信託。

カントリー-ミュージック〖country music〗➡カントリー・アンド・ウエスタン

カントリー-リスク〖country risk〗海外投融資などを行う場合、その国の事情によって出資金・貸付金などが回収不能となる危険度。

カントリー-ルック〖country look〗郊外や田舎で着られるような感覚のファッション。また、それを都会風に仕上げたもの。あくまでも町で着られることを意識している。

カントル〖Georg Cantor〗[1845〜1918]ドイツの数学者。三角関数の級数の研究から出発し、集合論を創始。個数概念の拡張として無限集合の濃度の概念を導入して理論を展開。また、位相学の基礎を築いた。

ガントレット-ボタン〖gauntlet-button〗シャツの袖そでボタンより少しひじ寄りに位置するボタン。

カントロビチ〖Leonid Vital'evich Kantorovich〗[1912〜1986]ソ連の数学者・経済学者。ソ連数理経済学派の創始者の一人。1975年、クープマンスとともにノーベル経済学賞受賞。著「生産組織と生産計画の数学的方法」など。

かん-とん【×嵌×頓】腸管などの内臓器官が、腹壁の間隙かんげきから脱出し、もとに戻らなくなった状態。嵌頓ヘルニア。

カントン【広東】㊀中国南部の省。省都は広州。南シナ海に面し、高温多雨の気候に恵まれ、米・サトウキビ・果物・ゴムなどの生産が盛ん。人口、9194万(2005)。粤えつ。㊁広州のこと。

カントン-ご【▽広▽東語】中国語の一方言。広東省・広西チワン族自治区のほか、香港ホンコンや東南アジアの大陸部などで話されている。粤語えつご。

カントン-じま【▽広▽東×縞】広東から積み出されていた絹の縞織物。広東絹。

カントン-じゅうけつせんちゅう【広東住血線虫】クワントンヂユウケツセンチユウ 広東住血線虫症の原因となる線虫。体長はオスが20〜25ミリ、メスが22〜34ミリ。成虫はネズミの肺動脈に寄生する。幼虫はカタツムリ・ナメクジ・タニシ・カエル、淡水産のエビ、陸棲のカニなどに寄生する。人には、これら中間宿主を介して経口感染する。人の体内に入った幼虫は、血液やリンパ液とともに全身を回り、最終的に脊髄せきずいから脳に侵入して好酸球性髄膜脳炎を起こす。人に寄生した幼虫は成虫になることなく死滅する。

カントン-じゅうけつせんちゅう-しょう【広東住血線虫症】クワントンヂユウケツセンチユウシヤウ 広東住血線虫の寄生による人獣共通感染症。人には幼虫が寄生し、脊髄せきずいから脳に侵入して好酸球性髄膜脳炎を起こす。幼虫が寄生するナメクジ・アフリカマイマイ・テナガエビなどを直接あるいは野菜などとともに摂取することにより経口感染する。約2週間の潜伏期を経て、激しい頭痛・発熱・嘔吐・知覚異常・昏睡などの症状が起こる。2〜4週間で自然に治癒することが多いが、感染虫数が多く重篤な場合は死亡することもある。

カントン-しょう【広東省】クワントンシヤウ ➡広東㊀

カントン-せいふ【広東政府】中華民国時代に広東に成立した半独立政権。1917年、孫文らが北京政府に対抗して樹立した軍政府や、1925年に成立した中華民国政府など。

カントン-りょうり【▽広▽東料理】クワントンレウリ 広東地方風の料理。味は淡泊で、北京料理とともに代表的な中国料理。

かん-な【▽仮名】《「かりな」の音変化》「かな(仮名)」に同じ。「真名まなのすすみたる程に、―は、しどけなき文字こそまじるめれ」〈源・梅枝〉

かんな【寛和】クワンナ 平安中期、花山天皇・一条天皇の時の年号。985年4月27日〜987年4月5日。かんわ。

かん-な【漢和】カンワ《「かんわ」の連声れんじょう》「漢和聯句かんなれんく」の略。

かんな【×鉋】材木の表面を削ってなめらかにする大工道具。用途により平ひら鉋・丸鉋・溝鉋などがある。古く用いられた、柄の先に刃を付けただけの槍やり鉋に対して、台鉋ともいう。 類語 新かんな

カンナ〖ラテン Canna〗カンナ科の多年草。高さ1〜2メートル。葉は長楕円形で、下部は鞘さや状になる。夏から秋にかけて紅・黄・白色などの大きい花を総状につける。中南米の原産で、ヨーロッパで改良され、日本には明治末に渡来。花カンナ。〔季 秋〕「女の唇十も集めて―の花/青邨」

かん-ない【管内】クワンナイ その役所が管轄する区域の内。⇔管外。 類語 管下・管区・傘下

かん-ない【館内】クワンナイ 図書館・博物館など、館とよばれる建物の内部。

かんない-たんかんがん【肝内胆管×癌】カンナイタンクワンガン ➡胆管細胞癌

かん-なおと【菅直人】クワンナオト[1946〜]政治家。山口の生まれ。市川房枝のもとでの市民運動家としての活動を経て、昭和55年(1980)社会民主連合から衆院に初当選。平成8年(1996)、橋本内閣に新党さきがけから厚相として入閣し、薬害エイズ問題などに取り組んだ。同年、民主党結成に参加。同21年鳩山内閣の副総理・国家戦略担当・内閣府特命担当相(経済財政政策・科学技術政策)。同22年財務相兼務。同年6月に首相となる。

かんな‐かけ【×鉋掛(け)】鉋で材木を削ること。
かん‐ながら【随=神¦惟=神】〔副〕《古くは「かむながら」と表記。「な」は格助詞「の」に同じ、「から」は素性・性質の意》❶神であるままに。神として。「久方の天つ宮に一神といませば」〈万・二〇四〉❷神代のままに。神のおぼしめしのままに。「葦原の瑞穂みづほの国は一言挙ことあげせぬ国」〈万・三二五三〉
かんながら‐の‐みち【随=神の道】神代から伝わってきて、神の御心のままで人為の加わらないまことの道。神道しんとう。
かんな‐がわ【神流川】がは 群馬県南西部を流れる川。三国山北方に源を発し、利根川支流の烏川からすがはに注ぐ。長さ約77キロ。中流に下久保ダムによる神流湖と三波石さんばせき峡がある。
かん‐なぎ【×巫¦×覡】《「神和かんなぎ」の意。「かむなぎ」とも表記》神に仕えて、神楽を奏して神意を慰め、また、神降ろしなどをする人。男を「おかんなぎ(覡)」、女を「めかんなぎ(巫)」という。令制では神祇官の所管に五人が置かれ、古代社会の司祭者の遺風を存した。こうなぎ。みこ。いちこ。[類語]占い師・易者・八卦見はっけみ・手相見・陰陽師おんようじ・巫女みこ・巫女ふじょ・市子いちこ・いたこ・ゆた・口寄せ・シャーマン
かんな‐くず【×鉋×屑】づ 鉋で材木を削るときにできる薄い木くず。
かんな‐ぜん【看話禅】カン《「かんわぜん」の連声れんじょう。話は古則・公案のこと》公案を考え、理解していくことによって、大悟たいごに至ろうとする禅風。曹洞宗の黙照禅に対し、臨済宗の修行法をいう。
かんな‐づき【神無月】《「かむなづき」とも表記》陰暦10月の異称。かみなしづき。かみさりづき。《季 冬》「一ふくら雀ぞ先づ寒き/其角」➡神在月かみありづき [補説]語源については、全国から神々が出雲大社に集まるため、諸国に神がいなくなる月の意からという俗説が古くからいわれている。別に、新米で酒をかもす「醸成月かみなしづき」、あるいは雷の鳴らない「雷無月かみなしづき」の意ともいわれるが、「な」は「の」の意で、神を祭る月すなわち「神の月」の意とする説が有力。
かん‐なび【神奈備】▶かむなび
かんなひふみのつたえ【神字日文伝】かんなひふみのつたへ ▶神字日文伝しんじひふみでん
かんなび‐やま【甘南備山】京都府南部、京田辺市にある山。標高221メートル。
かんなび‐やま【神奈備山】《「かむなびやま」とも。神の鎮座する山の意》㊀奈良県高市郡明日香村にある三諸山みもろやまの異称。[歌枕]「三諸の一に五百枝いほえさし」〈万・三二二四〉㊁奈良県生駒郡斑鳩いかるが町にある三室山みむろやまの異称。紅葉、時雨の名所。[歌枕]「秋ごとに一のもみぢ葉はたれが手向けの錦なるらん」〈玉葉集・秋下〉
かんなべ【神辺】広島県福山市の地名。旧町名。戦国時代は城下町。山陽道の宿駅として発展。備後絣びんごがすりの産地。現在は縫製工業が盛ん。菅茶山かんさざんの開いた廉塾など史跡が多い。平成18年(2006)福山市に編入。
かん‐なべ【×燗鍋】酒を温めるための鍋。多くは銅製で、つるやつぎ口がついている。
かんなべ‐こうげん【神鍋高原】ーカウゲン 兵庫県北部、豊岡市の神鍋山(標高469メートル)山腹にある高原。東西4キロメートル、南北3キロメートル。標高200～300メートルの溶岩と火山灰からなる。冬季はスキー場、夏季はキャンプ場としてにぎわう。氷ノ山ひょうのせん後山うしろやま那岐なぎ山国定公園に属する。
かんなみ【観阿弥】クワン ▶かんあみ(観阿弥)
かん‐なめ【神×嘗】「神嘗祭かんなめさい」の略。かむなめ。
かんなめ‐さい【神×嘗祭】毎年秋、天皇が新穀でつくった神酒と神饌しんせんを伊勢神宮に奉る祭儀。古くは、陰暦9月17日、明治12年(1879)以降は10月17日に行われるようになった。もと、国祭日。かんなめのまつり。かんにえのまつり。しんじょうさい。《季 秋》
かん‐なり【▽雷鳴】❶「かみなり」の音変化。❷「雷鳴かんなりの壺つぼ」の略。
かんなり‐の‐じん【▽雷鳴の陣】ーヂン「かみなりのじん」に同じ。「一の舎人とねり」〈枕・二五八〉
かんなり‐の‐つぼ【雷鳴の壺】「かみなりのつぼ」に同じ。「一に人々集まりて」〈古今・秋上・詞書〉
カンナレージョ【Cannaregio】イタリア北東部、ベネト州の都市ベネチアの一地区。ベネチア本島北部、大運河(カナルグランデ)の北側の一帯を指す。サンタルチア駅があり、ベネチアの陸の玄関口にあたる。ゴシック様式の傑作とされる館カドーロ、ヨーロッパ最古のユダヤ人居住地(ゲットー)がある。
かんな‐れんく【漢和×聯句】カン 鎌倉時代以後行われた連歌・聯句の一形式。発句を五言の漢詩句で始め、以下、和語の句と交互に詠み進めるもの。かんわれんく。➡和漢聯句わかんれんく
かんなわ‐おんせん【鉄輪温泉】ーヲンセン 大分県、別府温泉郷の温泉の一。地獄巡りの中心。泉質は単純温泉・塩化物泉・含鉄泉など。
かん‐なん【患難】クワン 悩みや苦しみ。難儀。患苦。「甚しき一に逢いたれども」〈中村訳・西国立志編〉
かん‐なん【×艱難】〔名・形動〕スル 困難に出あって苦しみ悩むこと。また、そのさま。「一をしのぐ」「現状に屏息へいそくせず一して一路の光明を求め」〈有島・星座〉「初めから、一な生活を送るつもりだ」〈藤村・家〉[類語]苦労・骨折り・労ろう・労苦・苦心・腐心・辛苦・辛労・心労・煩労・艱苦かんく・苦難・辛酸・ひと苦労
艱難汝なんじを玉たまにす 人間は苦労・困難を乗り越えることによってりっぱな人物になる。
カンナン【広南】1592年、安南の阮グエン氏がベトナム南部に建てた国。約200年の間、ハノイの鄭氏と抗争したが、1775年、鄭氏に滅ぼされた。
かんなん‐じけん【皖南事件】クワンナン 1941年、中国安徽省(皖水の南)で起こった共産党の新四軍と国民党軍の武力衝突事件。国共合作に伴う中共軍の再編をめぐる対立が原因。新四軍が大打撃を被った。
かんなん‐しんく【×艱難辛苦】人生でぶつかる困難や苦労。「一を乗り越えて成功する」
ガンニー【gunny】ジュートで織った粗布。また、それで作った袋。「一バッグ」
かん‐にえ【神×嘗】ーにへ《「かむにへ」とも表記》「かんなめ」に同じ。
かんにえ‐の‐まつり【神×嘗の祭】かんにへー「神嘗祭かんなめさい」に同じ。
がん‐にく【眼肉】鯛たいなどの魚の目のまわりの肉。
かん‐にち【×坎日】暦注の一。外出など万事に凶であるとする日。
がん‐にち【元日】グワン「がんじつ(元日)」に同じ。「一の奏賀の声、甚だ殊勝にして」〈徒然・一三二〉
かん‐にゅう【陥入】ーニフ〔名〕スル ❶落ち込むこと。くぼむこと。「路面が一する」❷初期発生の段階で、上皮細胞層の一部が内側へ向かってくぼみこむ現象。嚢胚のうはい形成の際に、胞胚期の細胞の一部が内部に折り込まれ、原腸が生じるときなどにみられる。
かん‐にゅう【乾乳】家畜の搾乳を停止すること。
かん‐にゅう【貫入】クワンニフ〔名〕スル ❶貫いて入ること。また、突き抜いて入れること。❷マグマが地層や岩石内に入り込んで固まり、新しい火成岩体をつくること。❸▶貫乳かんにゅう
かん‐にゅう【貫乳】クワン 陶磁器の釉うわぐすりの表面に、焼き加減でできた細かなひび。陶磁器鑑定のとき重視される。乳じゅう。貫入。
かん‐にゅう【×嵌入】ーニフ〔名〕スル はめ込むこと。また、はまり込むこと。「その光景とは一見直接には関係しない純主観の一首を…一したのもある」〈寅彦・連句雑俎〉
かん‐にゅう【観入】クワンニフ〔名〕スル 対象に深く没入して、対象を正しく認識すること。「実相に一して自然・自己一元の生を写す」〈茂吉・短歌に於ける写生の説〉[補説]斎藤茂吉の造語。
がんにゅういん‐とくやく【×癌入院特約】ガンニフヰン 生命保険における特約の一つ。癌を直接の原因として入院した場合に入院給付金が支払われるもの。
かんにゅう‐がん【貫入岩】クワンニフ マグマが地殻中に貫入してできた火成岩。深成岩が多いが、半深成岩もある。迸入岩へいにゅうがん。
がんにゅう‐じ【願入寺】グワンニフ 茨城県東茨城郡大洗町にある単立法人の寺。山号は岩船山。親鸞の孫如信の草庵が起こりとされる。もと浄土真宗大谷派。覚如による「二十四輩牒」がある。
かんにゅう‐しけん【貫入試験】クワンニフ 地盤の堅さを知るために、土中に金属棒を差し込み、その抵抗力を測定する調査。
かん‐にょ【官女】クワン「かんじょ(官女)」に同じ。
かん‐にょう【×凵×繞】ーネウ 漢字の繞にょうの一。「凶」「函」などの「凵」の称。かんがまえ。
かん‐にん【官人】クワン ❶官吏。役人。かんじん。「ある国の祇承しぞうの一の妻めにて」〈伊勢・六〇〉❷律令制で、太政官・各省・寮司などの、初位以上六位以下の役人の称。❸平安時代、位の低い役人。特に、近衛府の将監以下の称。❹検非違使けびいし庁の役人。
かん‐にん【堪忍】〔名〕スル ❶怒りを抑えて、人の過ちを許すこと。勘弁。「悪かった、一してくれ」❷肉体的な痛みや苦しい境遇などをじっとこらえること。我慢すること。忍耐。「且かつ力を尽し且一して時節を待つ可きなり」〈福沢・学問のすゝめ〉[類語]承知
堪忍信濃の善光寺 「かんにんしなさい」の意で、「しな」に「信濃」の「しな」を掛けて続けたむだ口。
堪忍は一生の宝たから 堪忍の徳は、一生を通じて計り知れない利益をもたらすということ。また、堪忍を一生の宝として大切にすべきであるということ。
かんにん【寛仁】クワン 平安中期、後一条天皇の時の年号。1017年4月23日～1021年2月2日。
かん‐にん【還任】クワン ▶げんにん(還任)
がん‐にん【願人】グワン ❶請願・訴願をする人。願書に署名する人。❷祈願する人。❸「願人坊主」の略。
カンニング【cunning】〔名〕スル《ずるい、の意》試験のとき、隠し持った参考書や他人の答案を見るなどの不正行為をすること。「一ペーパー」
カンニング‐ペーパー《和 cunning＋paper》❶カンニング用の紙片。カンペ。❷テレビ放送などで、視聴者からは見えない位置で出演者に指示を出すためのボード。カンペ。
かんにん‐じ【堪忍地】ーヂ 歓喜地かんぎじのこと。菩薩ぼさつがこの位に至れば苦悩をたえ忍ぶ力を得るところからいう。
かんにん‐づよ・し【堪忍強し】〔形ク〕我慢強い。忍耐強い。「色道の太鼓もち、心永う物毎ものごと一・きが元手なるべし」〈浮・男色大鑑・七〉
かんにん‐ぶくろ【堪忍袋】我慢のできる量を袋にたとえていう語。
堪忍袋の緒おが切・れる もうこれ以上我慢できなくて怒りが爆発する。[補説]「緒」は、ひものこと。「堪忍袋の尾が切れる」と書くのは誤り。
かんにん‐ぶん【堪忍分】武家で、客分の者や討ち死にした家来の遺族などに給与する俸禄。堪忍領。
がんにん‐ぼうず【願人坊主】グワンニンバウズ 江戸時代、門付けをしたり、大道芸能を演じたり、人に代わって参詣・祈願の修行や水垢離みずごりなどをしたりした乞食僧。
かんにん‐りょう【堪忍領】ーリャウ ▶堪忍分かんにんぶん
カンヌ【Cannes】フランス南東部、地中海に面する観光・保養都市。ニースの南西に位置する。カンヌ国際映画祭の開催地。
カンヌ‐えいがさい【カンヌ映画祭】ーエイグワサイ ▶カンヌ国際映画祭
かん‐ぬ‐き【×閂¦貫▽木】クワン ❶《「かん(貫)のき(木)」の音変化という》門の扉が開かないようにする横木。左右の扉の内側につけた金具に差し通して使う。❷相撲の手の一。もろ差しになった相手の両腕を上から抱え込んで絞り上げるもの。
かんぬき‐ざし【×閂差(し)】クワンぬき かんぬきのように刀を水平に腰に差すこと。
かんぬき‐どめ【×閂止め】クワンぬき ポケット口・和服の身八つ口などのほころびやすい箇所に施す、ほつれ止め。糸を2、3本渡し、それを芯にしてかがる。
カンヌ‐こくさいえいがさい【カンヌ国際映画祭】ーコクサイエイグワサイ フランスの都市カンヌで毎年5月に開かれる

国際映画祭。第1回は1946年開催。最高賞パルムドールのほか、監督賞や男優・女優賞、「ある視点」賞などがある。ベネチア・ベルリンとともに世界三大映画祭とされる。

かんぬ-し【官▽奴司】律令制で、宮内省に属し、官戸や官に属する奴婢の名籍および口分田のことをつかさどった役所。みやつこのつかさ。やっこのつかさ。かんぬのつかさ。

かん-ぬし【神主】神社に奉仕して、神事に従うことを業としている人。神官。神職。また、その長。
類語 神職・神官・宮司

かん-ぬひ【官▽奴×婢】▶公奴婢

カンヌン【江陵】▶こうりょう(江陵)㊁

かん-ねい【×奸×佞｜×姦×佞】〔名・形動〕心が曲がっていて悪賢く、人にこびへつらうこと。また、そのさま。「―邪知」「官官というと―な物のように聞えまするが〈露伴・暴風裏花〉」
類語 奸悪・邪悪・陰険・性悪・悪辣

カンネー-の-たたかい【カンネーの戦い】第二回ポエニ戦争中の前216年、イタリア南東部のカンネー(Cannae)でハンニバルの率いる5万のカルタゴ軍が8万数千のローマ軍を破った戦い。戦史上稀有の包囲殲滅戦とされる。

かん-ねつ【寒熱】❶寒さと暑さ。寒暑。「―の差が大きい」❷からだが病的に冷えている状態と熱している状態。悪寒と発熱。

かんねつ-おうらい【寒熱往来】寒けを催したり、熱気を催したりする病状。漢方でいう。

かんねつ-し【感熱紙】表面に顕色剤としてフェノール化合物を塗布し、加熱するとその部分が融解して発色する用紙。感熱式プリンターに用いる。

かんねつしき-プリンター【感熱式プリンター】感熱紙に印字ヘッドを接触させ、パルス電流で瞬時に加熱して、文字を印字するプリンター。コンピューター・ファクシミリなどに使用。ダイレクトサーマルプリンター。

かん-ねぶつ【寒▽念仏】僧が寒の30日間、明け方に山野に出て声高く念仏を唱えること。のちには俗人も寒夜、鉦を打ちたたいて念仏を唱え、家々の門前で報謝を請い歩いた。かんねんぶつ。「―鬼で目をつくり切り回向〈柳多留・初〉」季冬

かん-ねん【観念】〔名〕スル ❶物事に対してもつ考え。「時間の―がない」「固定―」❷あきらめて、状況を受け入れること。覚悟すること。「もうこれまでと―する」❸哲学で、人間が意識の対象についてもつ、主観的な像。表象。心理学的には、具体的なものがなくても、それについて心に残る印象。❹仏語。真理や仏・浄土などに心を集中して観察し、思念すること。観想。類語(❶)概念・理念・思想・思い・考え・思念・念・気持ち・感懐・感想・所懐・胸懐・心懐・胸中・心中・心事・心情・心境・感慨・万感・偶感・思考・思索・一存/(❷)あきらめる・思い切る・断念・往生

観念の臍を固・める もはやこれまでとあきらめ、覚悟する。

がん-ねん【元年】❶天皇即位の最初の年。❷年号の改まった最初の年。「昭和―」❸ある物事の出発点となるような年。「環境保全―」

かんねん-けいたい【観念形態】▶イデオロギー

かんねん-しゅぎょう【観念修行】もっぱら観念の行を修すること。また、観念と修行。観行。

かんねん-しょうせつ【観念小説】ある観念の具象化を目的として書かれた小説。特に日清戦争直後に現れた、現実社会の矛盾・暗黒面に対する作者の観念を問題意識として提出した小説をさす。泉鏡花の「夜行巡査」「外科室」、川上眉山の「書記官」「うらおもて」など。

かんねん-せい【観念性】主観的な観念によってのみ構成されていること。また、そういう性質。➡実在性

かんねん-てき【観念的】〔形動〕具体的事実に基づかずに頭の中で組み立てられただけで、現実に即していないさま。「―でわかりにくい映画」

かんねんてき-きょうごう【観念的競合】一個の行為が同時に数個の罪名に触れる場合をいう語。そのうちの最も重い刑によって処断される。想像的競合。

かんねん-ねんぶつ【観念念仏】阿弥陀仏や浄土を観想すること。観想念仏。➡口称念仏

かん-ねんぶつ【寒念仏】▶かんねぶつ(寒念仏)

かんねん-ほんいつ【観念奔逸】考えが次々と方向も決まらずにほとばしり出る状態。躁病によくみられる。

かんねん-れんごう【観念連合】ある観念とある観念とが結びつくこと。また、その結びついたもの。連想。

かんねん-ろん【観念論】❶精神的なものと物質との関係において、精神的なものの側に原理的根源性を置く哲学説。プラトンの客観的観念論、バークリーの主観的観念論、カントの先験的観念論、ヘーゲルの絶対的観念論などがある。アイデアリズム。➡実在論 ➡唯心論 ➡唯物論 ❷現実に基づかず、頭の中だけで作り出した考え。

かん-の-いり【寒の入り】寒に入ること。また、その日。1月5、6日ごろにあたる。季冬「晴天も猶つめたしや―/杉風」

かん-のう【完納】〔名〕スル 納めるべき金銭・物品などを、残らず納めること。「学費を―する」

かん-のう【肝脳】肝臓と脳髄。また、肉体と精神。

肝脳地に塗る 《「史記」劉敬伝から》顔や腹が断ち割られ、脳や肝が泥まみれになる。非常にむごたらしい死に方をすることのたとえ。

肝脳を絞・る あるだけの知恵を絞って考える。

かん-のう【官能】❶生物の諸器官、特に感覚器官の働き。❷肉体的快感、特に性的感覚を享受する働き。「―をくすぐられる」「―美」
類語 感覚・知覚・五感・体感・肉感・感触・感じ

かん-のう【貫納】米の代わりに銭貨をもって年貢を納めること。

かん-のう【堪能】〔名・形動〕❶仏語。よくたえ忍ぶ能力。❷深くその道に通じていること。また、そのような人や、そのさま。たんのう。「和歌や能楽に―なところから〈藤村・夜明け前〉」類語 上手・楽しむ・得意・満足

かん-のう【間脳】脊椎動物の脳の一部で、中脳と大脳との間にある部分。視床・視床下部などからなり、中に第三脳室がある。自律神経の働きを調節し、意識・神経活動の中枢をなす。

かん-のう【勧農】農業を奨励すること。

かん-のう【感応】〔名〕スル《「かんおう」の連声》❶仏語。人に対する仏の働きかけと、それを受け止める人の心。また、信心が神仏に通じること。❷外界からの刺激によって心が深く感じ動くこと。「真の芸術に接して―した人々」❸▶誘導❷

かん-のう【還納】一度手に入れたものを、もとのところに戻すこと。「品位(＝官号)を―せんとす、朝廷允さず〈岡部啓五郎・開化評林〉」

かんのう【観応】《「かんおう」の連声》南北朝時代、北朝の崇光天皇の時の年号。1350年2月27日～1352年9月27日。

かんのう-き【官能基】有機化合物を、同族として特徴づける原子団。アルコール類の水酸基、カルボン酸のカルボキシル基など。また、分子内の反応性に富む基をさすこともある。

かんのう-けんさ【官能検査】人間の感覚(視覚・聴覚・触覚・味覚・嗅覚)によって、製品の品質を判定する検査。人の好みなど、機械では測定できない場合などに用いられる。

かんのう-じ【神呪寺】兵庫県西宮市にある真言宗御室派の寺。山号は摩尼山。淳和天皇の妃如意尼が天長8年(831)に創建と伝える。現在の本堂は元禄9年(1696)再建のもの。空海の作と伝える本尊の如意輪観音は重文。甲山大師。じんじゅじ。

かんのう-ちょう【勧農鳥】《春に「田を作らば作れ、時過ぐれば実らず」と鳴き、農業を奨励するといわれたところから》ホトトギスの別名。

かんのう-てき【官能的】〔形動〕性的感覚をそそるさま。肉感的。「―な描写」

かんのう-どうこう【感応道交】仏語。仏の働きかけと、それを感じ取る人の心とが通じ、相交わること。師と弟子とが相投合することにもいう。

かんのう-の-じょうらん【観応の擾乱】観応年間、足利尊氏とその弟直義との政争。一時和睦したが、観応3年(1352)直義は鎌倉で毒殺された。

かん-のうよう【肝×膿瘍】大腸菌・ぶどう球菌や赤痢アメーバの感染によって肝臓が化膿する病気。悪寒・発熱・疼痛などの症状がある。肝臓膿瘍。

カンノーリ〖イタリア cannoli〗《cannolo(カンノーロ)の複数形》リコッタチーズに刻んだチョコレート、ピールなどを混ぜ、筒状にして焼いたパイの中に詰めた菓子。シチリア島の名物。カノーリ。

かん-の-きみ【長＝官の君】❶「尚侍」に同じ。❷律令制の官司の長官。かんのとの。

かんの-すが【管野すが】[1881～1911]社会主義者。大阪の生まれ。幸徳秋水の内妻。大逆事件で捕らえられ、死刑。獄中手記に「死出の道艸」。

かん-の-ちょう【官の庁】太政官庁。

かん-の-つかさ【官の▽司】太政官。また、太政官庁。かんのちょう。

かんの-どうめい【簡野道明】[1865～1938]漢学者。愛媛の生まれ。東京女高師教授。中国へ留学し、古書の収集と研究に努力。漢和辞典「字源」を編集。著「論語解義」など。

かん-の-との【長＝官の殿】律令制の官司の長官。かんのきみ。こうのとの。

かん-の-みず【寒の水】寒中の水。薬になるといわれ、この水で餅をついたり、服薬に用いたりする。季冬「見てさへや惣身にひびく―/一茶」

かん-の-むし【×疳の虫】小児の疳を起こすと考えられていた虫。「―がおこる」「―封じ」

かん-の-もどり【寒の戻り】晩春のころ、一時的に寒さがぶり返すこと。

かんのわのなのこくおう-の-いん【漢倭奴国王印】福岡市東区の志賀島から出土した金印。天明4年(1784)に発見。印文は「漢委奴国王」の5字が刻まれている。西暦57年、倭の奴国王が後漢に朝貢し、光武帝より印綬を受けたという「後漢書」東夷伝にみえる印といわれる。倭奴国王印。

かんのん【観音】《「かんおん」の連声》「観世音菩薩」の略。

かんのん-かん【観音観】観無量寿経に説く十六観の一。極楽浄土に往生することを念じ、観世音菩薩の相を観想する観法。

かんのん-ぎょう【観音経】法華経第25品、観世音菩薩普門品の通称。観音品。➡普門品

かんのん-ぐ【観音供】宮中で毎月18日に行われた、観音を供養する法会。

かんのん-くじ【観音×籤】「阿弥陀籤」に同じ。

かんのん-こう【観音講】❶観音経を講じる法会。❷観世音菩薩を信仰し、参詣するために組織された団体。

かんのん-ざき【観音崎】神奈川県、三浦半島東端の岬。横須賀市に属する。東京湾口に位置し、千葉県の富津岬に対する。明治2年(1869)に建てられた日本最初の洋式灯台がある。

かんのん-じ【観音寺】▶観世音寺

かんのん-せんぼう【観音×懺法】観世音菩薩を本尊として行う懺法。

かんのん-そう【観音草】キチジョウソウの別名。

かんのん-ちく【観音竹】ヤシ科の常緑低木。枝を出さず、幹は古い葉鞘の繊維でかたく包まれる。葉は手のひら状に四～八つに深く裂け、柄が長い。雌雄異株で、初夏、淡黄色の小花をつける。中国南部原産。観賞用。観音笹。琉球棕櫚竹。

かんのん-どう【観音堂】観世音菩薩の像を安置してある堂。

かんのん-の-ほんぜい【観音の本誓】観世音菩薩が、33種に身を変じて、六道の衆生を救

済しようとする大慈悲の誓願。
かんのん-びらき【観音開き】左右の扉が中央から両側へ開くように作った開き戸。観世音を納める厨子の戸をまねたもの。
かんのん-ぼさつ【観音菩薩】「観世音菩薩」の略。
かんのん-ぼん【観音品】▶観音経
かんのん-めぐり【観音巡り】西国巡礼にならって、各所の観音堂を巡拝すること。
かんのん-りき【観音力】観音の功徳の力。観音に備わる法力。
かん-ば【汗馬】❶馬を走らせて汗をかかせること。また、走って汗をかいた馬。❷1日に千里を走るような名馬。駿馬。➡汗血の馬
かんば【×樺】《「かには」の音変化》「かば(樺)」に同じ。
かん-ば【×燗場】料理屋などで、酒の燗をする場所。
かん-ば【×駻馬・×悍馬】気が荒く、制御しにくい馬。あばれうま。あらうま。「—を御する」
かん-ぱ【看破】〔名〕スル 見やぶること。物事の真相や裏面を見抜くこと。「悪計を—する」
かん-ぱ【寒波】寒気団が温暖な地域に進入し、気温が急激に下がる現象。「—到来」(季 冬)「—急日本は細くなりしまま/青畝」
(類語)寒さ・寒気・寒気・寒冷・酷寒・極寒・厳寒
カンパ〔名〕スル《「カンパニア」の略》❶「カンパニア」に同じ。❷政治的・社会的活動のため、大衆に呼びかけて行う募金活動。また、それに応じて金銭を出すことや、その金銭。「救援資金を—する」
(類語)集金・募金・勧進
ガンバ〖イタリア gamba〗㊀足。すね。㊁(Gamba)▶ガンバ大阪
カンパーニュ〖フランス campagne〗❶田舎。❷《「パン-ド-カンパーニュ」の略》田舎風フランスパン。大きく丸い形に焼いた素朴な味わいのパン。
カンバーランド-がわ【カンバーランド川】《Cumberland》米国、テネシー・ケンタッキー両州をほぼ西流する川。オハイオ川に注ぐ。長さ1120キロ。
かん-ばい【完売】〔名〕スル 商品を売りつくすこと。「即日—する」
かん-ばい【寒梅】寒中に咲く梅。冬至梅・寒紅梅などの品種のもの。(季 冬)「—を手折るひびきや老が肘/蕪村」
かん-ばい【観梅】梅の花を観賞すること。梅見。(季 春)(類語)花見・観桜・観菊
かん-ぱい【完配】〔名〕スル 配給する予定のものを、完全に配り終えること。「救護品を—する」
かん-ぱい【完敗】〔名〕スル 徹底的に負けること。「無得点のまま—した」㊥完勝。(類語)負ける・敗れる・参る・敗北する・敗退する・惨敗する・大敗する・惜敗する・やられる・土がつく・一敗地にまみれる・屈する・伏する・屈服する・くじける・膝を屈する
かん-ぱい【乾杯・乾×盃】〔名〕スル 杯の酒を飲み干すこと。特に、喜びや祝福の気持ちを込め、杯を差し上げたり触れ合わせたりして、酒を飲むこと。「—の音頭をとる」「二人の門出を祝い、—する」(類語)祝杯
かん-ぱい【勧杯・勧×盃】▶けんぱい(勧杯)
かん-ぱい【感×佩】〔名〕スル 心から感謝して忘れないこと。「御厚情に深く—いたしております」
がん-ぱい【眼杯】脊椎動物の目の発生過程の一段階。前脳から突出した左右一対の眼胞の先端部が、内側へくぼみこんで杯状になったもの。内層がやがて網膜に、外層は色素層に分化する。
ガンバ-おおさか【ガンバ大阪】日本プロサッカーリーグのクラブチームの一。ホームタウンは吹田市ほか3市。昭和55年(1980)、松下電器産業(現パナソニック)サッカー部として発足。平成5年(1993)のJリーグ発足時から参加。(補説)「ガンバ(gamba)」はイタリア語で脚の意で、頑張るの意もあわせた命名。
かん-はか・る【神▽議る】〔動ラ四〕▶かむはかる
かん-ぱく【関白】《「関かり白す」の意。近世までは「かんばく」》❶帝王の政務にあずかって意見を言上すること。❷成人後の天皇を補佐して政務をつかさどった重職。平安中期藤原基経に始まり、慶応3年12月9日(1868年1月3日)王政復古により廃止。一の人。➡摂政❸威力・権力の強い者をたとえていう語。「亭主—」
がん-ぱく【×雁×帛】手紙。書簡。➡雁の使い
かん-ばこ【棺箱】棺。棺桶。
かん-ばし【×羹箸】正月の雑煮を食べるときに使う、白木の丸箸。祝い箸。雑煮箸。
かんばし・い【芳しい・×馨しい・▽香しい】〔形〕区かんば・し〔シク〕《「かぐわしい」の音変化》❶においがよい。こうばしい。「—い花の香り」「栴檀は双葉より—・し」❷(多く打消しの語を伴って用いる)好ましいもの、りっぱなものと認められるさま。「成績が—・くない」(派生)かんばしげ〔形動〕かんばしさ〔名〕(類語)香ばしい・かぐわしい・匂う・薫る・薫ずる・匂わす・鼻につく・馥郁・芬芬
かん-ばし・る【甲走る・×癇走る】〔動ラ五(四)〕声が、きんきんと高く響く。「—・った声」
カンバス〖canvas〗❶麻などで目を粗く織った布。ズック。キャンバス。❷油絵用の画布。麻などの布地に油その他を塗ったもの。キャンバス。
かん-ばせ【▽顔】《「かおばせ」の音変化》❶顔のようす。顔つき。容貌。「花の—」❷体面。面目。「何の—あって父母にまみえんや」
カンバセーション〖conversation〗会話。談話。
(類語)会話・話・話し合い・対話・対談・談・談話・懇話・懇談・面談・歓談・雑談・談笑・閑談・語らい
かん-はた【×綺】《古くは「かむはた」と表記》日本古代の織物の名で、幅の狭いひも状の織物。横糸に色糸を用いて織り縞を表している。朝服の帯や経巻の巻き緒に使われている。綺。
かん-ぱち【間八】アジ科の海水魚。全長約1.5メートル。体形は近縁のブリに似るが、体高が高く、著しく側扁する。背面は紫青色、腹面は淡灰色。頭部に、八の字形の暗色模様がある。あかばな。
かん-ばつ【×旱×魃】《「魃」は、ひでりの神》ひでり。特に、農作物に必要な雨が長い間降らないこと。(季 夏)(類語)日照り・渇水
かん-ばつ【間伐】〔名〕スル 森林や果樹園で、主な木の生育を助けたり、採光をよくしたりするために、適当な間隔で木を伐採すること。透かし伐り。
(類語)伐採・濫伐・盗伐
かん-ばつ【簡抜】〔名〕スル 選んで抜き出すこと。より抜くこと。「優秀な技師を—する」
かん-ぱつ【×渙発】〔名〕スル《「渙」は水などが四方に散る意》詔勅を広く国の内外に発布すること。「宣戦の大詔—せらるるや〈漱石・吾輩は猫である〉」
かん-ぱつ【感発】〔名〕スル 刺激をうけて、心が奮い立つこと。「頻りに心に—せしは…天晴れ前途に頼みある少年なり〈鉄腸・雪中梅〉」
かん-ぱつ【×煥発】〔名〕スル《「煥」は光輝を放つ意》火が燃え出るように輝き現れること。「才気—」「その著書、文辞軽快、光采—〈中村訳・西国立志編〉」
かん-バッジ【缶バッジ】ブリキ製の円盤の裏に留め具をつけたバッジ。缶バッチ。
かん-はっしゅう【関八州】江戸時代、関東8か国の総称。相模・武蔵・安房・上総・下総・常陸・上野・下野の8か国。関東八州。
カンパニア〖Campania〗イタリアの南部にある州。ティレニア海に面し、かつてはナポリ王国の中心地域だった。アベッリーノ県・カゼルタ県・サレルノ県・ナポリ県・ベネベント県がある。州都はナポリ。
カンパニア〖ロシア kampaniya〗政治的な目的で組織された大衆行動。大衆闘争。カンパ。「一大—」
カンパニー〖company・Co.〗《俗ラテン語のcompanio(一緒にパンを食べる仲間の意)から》会社。商会。商社。ふつうCo.と略記する。コンパニー。
(類語)会社・企業・社・商会・コーポレーション
カンパニー-アマ《和 company＋amateurから》企業が全面的に援助・育成している企業内のスポーツ選手。➡ステートアマチュア
カンパニー-スクール〖company school〗企業内学校。子育てをしながら仕事ができるよう、企業が社員の子女を通わせるため自社内に建てた学校。
カンパニー-せい【カンパニー制】各社内事業部を独立した会社とみなして、権限・責任を移譲する経営手法。
カンパニー-マガジン〖company magazine〗企業や団体がPRを目的に一般の理解と信頼を得るために発行する定期的刊行物。多くは無料。
カンパニュラ〖ラテン Campanula〗キキョウ科カンパニュラ属(ホタルブクロ属)の植物の総称。フウリンソウ・ホタルブクロ・イワギキョウなど。
カンパネラ〖Tommaso Campanella〗[1568〜1639]イタリアの哲学者。ドミニコ会修道士。スペインの圧制下にあるナポリの独立運動に加わり、27年間にわたって投獄されたが、その間に一種のユートピア物語「太陽の都」を書いた。カンパネルラ。カンパネッラ。
かんば-の-たき【神庭の滝】岡山県西北部、旭川の支流神庭川流域にある滝。真庭市に属し、断崖絶壁を落差110メートル、幅20メートルで落下する名瀑。春のツツジ、秋の紅葉も見事。国指定名勝。
かんば-の-ろう【汗馬の労】《「史記」蕭相国世家から》❶馬を走らせ、戦場で活躍した功績。戦功。❷物事をうまくまとめるため駆け回る苦労。「—をいとわない」
かんばやし-あかつき【上林暁】[1902〜1980]小説家。高知の生まれ。本名、徳広巌城。私小説作家として「聖ヨハネ病院にて」などの病妻物をはじめ、優れた短編小説を残す。他に「白い屋形船」など。
かんばやし-ちょうへい【神林長平】[1953〜]SF作家。新潟の生まれ。本名、高柳清。「狐と踊れ」で作家デビュー。「あなたの魂に安らぎあれ」「帝王の殻」「膚の下」の火星三部作、「敵は海賊」シリーズ、「戦闘妖精・雪風」シリーズなどで知られる。
かんばら【蒲原】静岡市清水区の地名。旧町名。駿河湾に面し、富士川西岸にある。もと東海道の宿場町。アルミニウム工業やサクラエビ漁が盛ん。平成18年(2006)3月、静岡市に編入。
カンパラ〖Kampala〗ウガンダ共和国の首都。赤道直下、ビクトリア湖北岸近くの冷涼な高原にある。コーヒー・綿花の集散地。人口、行政区121万(2002)。
かんばら-ありあけ【蒲原有明】[1875〜1952]詩人。東京の生まれ。本名、隼雄。島崎藤村とともに新体詩の完成者となり、さらに日本象徴詩の先駆者となる。詩集「草わかば」「独絃哀歌」「春鳥集」など。
カンパリ〖Campari〗イタリアのリキュール。ビターオレンジと薬草が原料。苦味が強く、鮮やかな赤い色と柑橘系の香りが特徴。食前酒として、またはカクテルにして飲む。商標名。
がん-ばり【頑張り】がんばること。また、その力。「—がきく」「—屋」
かんばり-ごえ【甲張り声】甲高い声。「噛みつく如く罵られ、—に胆を冷して〈露伴・五重塔〉」
がんばり-ズム【頑張りズム】《「頑張り」に、英語の接尾語ismを付けた語》頑張り抜くことを信条とすること。
カンパリ-ソーダ〖Campari soda〗カクテルの一種。カンパリをソーダ水で割ったもの。
カンバリック〖Khanbalïk〗《汗の城の意》元代、蒙古人が北京をよんだ語。
かん-ば・る【甲張る】〔動ラ四〕「甲走る」に同じ。「—・ったる声にて吉野の山をうたひしを〈浮・置土産・五〉」
がん-ば・る【眼張る】〔動ラ四〕目をつける。見張る。「さっきに跡の松原で—・って置いた金の蔓〈浄・矢口渡〉」
がん-ば・る【頑張る】〔動ラ五(四)〕《「が(我)にはる」の音変化、また「眼張る」の意からとも。「頑張る」は当て字》❶困難にめげないで我慢してやり抜く。「一致団結して—・る」❷自分の考え・意志をどこまでも通そうとする。我を張る。「—・って自説を譲らない」❸ある場所を占めて動かないでいる。「入り口に警備員が—・っているので入れない」(可能)がんばれる (類語)(①)踏ん張る・奮励する・奮闘する・奮発す

る・奮起する・勉励する・精励する・刻苦する・粉骨砕身する・努力する・励む・張り切る・やり抜く・粘る・耐える・耐え忍ぶ・忍ぶ・こらえる・辛抱する・我慢する・忍耐する・隠忍する・忍従する/(②)突っ張る・押し切る・通す・押し通す

かん-ばん【看板】❶㋐商店などで、宣伝のために屋号、扱う商品、うたい文句などを書いて人目につく所に掲げておく板状のもの。㋑劇場・映画館などで、出し物・俳優名などを書いて入り口に掲げる板。❷世間に信用のある店の屋号。また、店の信用。「―を借りる」「―に傷がつく」「―料」❸人の注意や関心を引きつけるのに有効なもの。また、表向きの名目。見せかけ。「安売りが―の店」❹《看板を外すところから》閉店。特に、飲食店・酒場などがその日の営業を終えること。「そろそろ―にしよう」❺選挙区内での知名度。評判。(補説)「地盤」「鞄」と合わせて「三ばん」という。❻武家の中間・小者などが仕着せとした短い衣服。背に主家の紋所などを染め出したもの。(類語)(①)立て看板・立て看・プラカード・金看板・一枚看板・表看板/(④)閉店・店じまい・閉業

看板が泣・く　それまでの評判にふさわしくない状態である。「いいかげんな仕事をしたら―・くよ」

看板に偽りなし　実状が看板に書いてあることと一致している。外見と実質とが一致している。

看板を下ろ・す　❶一日の営業を終えて店を閉める。「一〇時には―・す」❷廃業する。店をたたむ。

かん-ばん【×燗番】酒の燗の世話をする人。

かん-ぱん【干犯】〔名〕スル 干渉して相手の権利をおかすこと。「統帥権の―」

かん-ぱん【甲板】►こうはん(甲板)

かん-ぱん【肝斑】皮膚、特に顔面にできる褐色の斑紋。女性に多い。しみ。

かん-ぱん【官版|官板】クワン ❶政府・官庁の出版物。⇔私版。❷江戸時代、幕府の官学、昌平坂学問所で出版した教科書用の漢籍。

かん-ぱん【乾板】写真感光板の一。ガラス板に感光乳剤を薄く塗って乾かしたもの。暗箱に入れて用いる。写真乾板。➡湿板

かん-パン【乾パン】ビスケット様に堅く作った、保存・携帯に便利なパン。もと、軍用食糧。かたパン。

がん-ばん【岩盤】地表の下にある岩石の層。また、岩石でできている地盤。

ガンバン〖インドネシア gambang〗インドネシアの旋律打楽器。共鳴箱の上にチーク材・竹・青銅製の音板を木琴のように音階順に並べたもの。

かんばん-え【看板絵】ヱ 客を寄せるため、看板にかいた絵。

かんばん-がり【看板借り】芸者の置屋から、屋号や営業権を借りて芸者に出ること。また、その人。

かんばん-だおれ【看板倒れ】ダフレ 見せかけだけで、内容がそれに伴わないこと。「計画が大きすぎて―になる」

かんぱん-バタビヤしんぶん【官板バタビヤ新聞】クワンパン 江戸末期の逐次刊行物。文久2年(1862)江戸幕府の蕃書調所が、バタビアのオランダ総督府の機関紙を抄訳・出版したもの。23巻まで刊行。のち、洋書調所が訳して継続したのが「官板海外新聞」で、内容は同質。日本の近代新聞の先駆となった。官版バタビア新聞。

かんばん-ほうしき【看板方式|カンバン方式】ハウシキ《トヨタ自動車の考案した生産方式》生産側は使用する部品と数量を記したカンバンとよばれる作業指示票を部品供給側に送り、部品供給側は必要な数量の部品を生産して提供する方式。部品の在庫を最小限にして経費を節約し、製品の単価を下げることが目的。ジャストインタイム(JIT)生産方式。(補説)部品供給側に不測の事故があって部品の供給が止まると生産ライン全体が止まることになる。

かんばん-むすめ【看板娘】店に客をひきつける魅力的な娘。

がんばん-よく【岩盤浴】セ氏40度前後に温めた岩石の板の上にタオルなどを敷いて横になり、体を温める入浴法。発汗作用があり、疲労回復などに効果があるとされる。

かん-び【甘美】〔名・形動〕❶味が程よく甘くて、うまいこと。また、そのさま。「―な菓子」❷心地よくうっとりとした気持ちにさせること。また、そのさま。「―な夢」「―な音楽」(派生)かんびさ〔名〕
(類語)甘い・甘ったるい・甘口

かん-び【完美】クワン〔名・形動〕スル ❶完全で美しいこと。また、そのさま。「瑕なき―なる玉の如きは」〈逍遥・当世書生気質〉❷完全に充実すること。また、そのさま。「尤も代議制の―した英国でも」〈魯庵・社会百面相〉

かん-び【完備】クワン〔名〕スル 必要なものが完全に備わっていること。また、完全に備えること。「上下水道の―した住宅」(類語)常備・兼備・予備・備える

かん-び【巻尾】クワン 巻物や書物の終わりの部分。巻末。⇔巻首。

かん-び【艦尾】軍艦の後尾の部分。⇔艦首。

かん-ぴ【官費】クワン 政府から支出する費用。公の金。「―留学生」⇔私費。(類語)公費・国費

かん-ぴ【乾皮】乾燥させた獣皮。

かん-ぴ【韓非】[?～前233ころ]中国、戦国時代末期の思想家。韓の公子。荀子に師事し、法家の思想を大成した。韓の使者として秦に赴くが、李斯の讒言により投獄され、獄中死する。韓非子。

がん-ぴ【岩×菲】ナデシコ科の多年草。高さ30～60センチ。葉は長卵形で厚く、対生。初夏、黄赤色の5弁花を開く。白い花のものもある。中国の原産。岩菲仙翁。(季 夏)「蜘蛛の糸―の花をしぼりたる/虚子」

がん-ぴ【×雁皮】ジンチョウゲ科の落葉低木。暖地に多い。高さ約1.5メートル。葉は卵形。夏、筒形の薄黄色の小花が集まって咲く。樹皮の繊維は紙の原料となる。(季 花=夏)

ガンビア〖Gambia〗アフリカ西部の共和国。首都バンジュル。ラッカセイが主産物。英国の植民地・保護領から1965年独立。英連邦加盟国。人口182万(2010)。

かん-ビール【缶ビール】クワン 缶詰のビール。日本では昭和30年代に初めて売り出された。

ガンビール〖オランダ gambir〗熱帯産のアカネ科の植物。葉・若枝のエキスから阿仙薬を作る。

カンピオーネ-ディタリア〖Campione d'Italia〗スイス南部、ティチーノ州、ルガノ湖のほとりにあるイタリア領の飛び地。イタリアのピエモンテ州コモ県に属する。面積約1.7平方キロメートル。8世紀創建の修道院の領地に起源する。ヨーロッパ有数のカジノがあることで知られる。

かんび-か【完備花】クワンビクワ ►完全花

かん-ひざくら【寒×緋桜】「ヒカンザクラ(緋寒桜)」に同じ。

かんぴ-し【韓非子】㊀「韓非」の敬称。㊁中国の思想書。20巻55編。一部は韓非の著とされるが未詳。厳格な法治主義の励行が政治の基礎であると説き、法と術の併用によって君権を強化することを目ざした。

がんぴ-し【×雁皮紙】ガンピの靭皮繊維を原料とした和紙。質は密で光沢があり、湿気・虫害にも強く、古来「紙の王」とよばれて珍重される。鳥の子紙も同系統。斐紙。

かんぴ-しょう【×柑皮症】シヤウ 柑橘類・カボチャ・トマトなどを大量摂取したとき、それに含まれるカロテンが皮膚に沈着して、黄色っぽくなる状態。

カンピドリオ-の-おか【カンピドリオの丘】をか《Monte Campidoglio》イタリアの首都ローマにある丘。ローマの七丘の一で最も高い。古代ローマの宗教上の中心地で最高神ユピテル、ユノー、ミネルバの神殿が置かれた。カンピドリオ広場、現ローマ市庁舎、カピトリーニ美術館、サンタマリアインアラチェリ教会がある。カピトリーノの丘。

カンピドリオ-ひろば【カンピドリオ広場】《Piazza del Campidoglio》イタリアの首都ローマにある広場。ローマの七丘の一つ、カンピドリオの丘に位置する。古代ローマの中心地で最高神ユピテル、ユノー、ミネルバの神殿が置かれた。現在の広場は16世紀半ば、ミケランジェロが設計。広場中央にローマ皇帝マルクス=アウレリウス=アントニヌスの彫像がある。周囲の建物は、建築家ジローラモ=ライナルディが、ミケランジェロの死後にその構想を受け継ぎ、16世紀後半から17世紀初頭にかけて建造した。カピトリーノ広場。

かん-びょう【看病】ビヤウ〔名〕スル 病人に付き添って世話をすること。「寝ずに―する」➡看護(用法)
(類語)看護・介添え・介抱・養護・世話

かん-ぴょう【干×瓢|乾×瓢】ペウ ユウガオの白い果肉を細長くむき、干した食品。鮨・煮物の具にする。

かんぴょう【寛平】クワンビヤウ 平安前期、宇多天皇・醍醐天皇の時の年号。889年4月27日～898年4月26日。かんぺい。かんべい。

がん-びょう【眼病】ビヤウ 目の病気。めやみ。

かんぴょう-き【間氷期】氷期と氷期の間の比較的温暖な時期。現在は後氷期にあたるが、次の氷期の前の第四間氷期であると考えられている。➡氷期

かんぴょうのおおんときききさいのみやのうたあわせ【寛平御時后宮歌合】平安時代の歌合わせ。寛平元年～5年(889～893)に、光孝天皇の后、班子女王が主催。春・夏・秋・冬・恋の5題各20番、計100番200首。寛平歌合。

かんぴょうのごゆいかい【寛平御遺誡】寛平9年(897)宇多天皇が譲位の際、幼少の醍醐天皇に与えた教訓書。1巻。公事儀式・任官叙位のあり方、天皇の日常作法などを説く。

かんぴょう-ほうおう【寛平法皇】宇多天皇の出家後の称。

カンピロバクター〖ラテン Campylobacter〗グラム陰性菌の一。湾曲した桿菌。ペットや家畜の下痢の原因となり、人は経口感染により食中毒を起こす。

かん-びん【×燗瓶|×燗×壜】酒の燗をつけるためのびん。

かん-ぴん【寒貧】ひどく貧しいこと。赤貧。「素―」「一―の書生を以て」〈鉄腸・花間鶯〉

かん-ぶ【官武】クワン ❶公卿と武家。また、朝廷と幕府。❷文官と武官。

かん-ぶ【患部】クワン 病気や傷のある部分。患所。

かん-ぶ【幹部】❶団体や組織の中で中心となる人。「組合の―」「―社員」❷軍隊で将校・下士官のこと。(類語)首脳・要人・重鎮・元老

かん-ぶ【漢武】中国、前漢の武帝のこと。

かん-ぷ【×奸婦】悪知恵に富んだ女。毒婦。悪婦。

かん-ぷ【完膚】クワン 傷のない、完全な皮膚。また、傷のない箇所。多く打消しの語を伴って用いる。「性命を全うする者も身に―なし」〈竜渓・経国美談〉

完膚無きまで　無傷のところがないほど徹底的に。「―に論破される」

かん-ぷ【官府】クワン ❶国の役所。官庁。❷朝廷。政府。おおやけ。(類語)政府・行政府・政庁・政権・内閣・台閣・官庁・官衙・官・国・公儀・お上

かん-ぷ【官符】クワン「太政官符」の略。

かん-ぷ【×姦夫】他人の妻と密通する男。間男。

かん-ぷ【×姦婦】夫以外の男と密通する女。

かん-ぷ【×悍婦】気の荒い女。じゃじゃ馬。

かん-ぷ【乾布】乾いた布。「―摩擦」

かん-ぷ【感×孚】〔名〕スル《「孚」はまことの意》心に深く感じること。まごころを通わすこと。「社会の間に出で、精神を以て上下を―し」〈鉄腸・雪中梅〉

かん-ぷ【関釜】クワン 山口県の下関と大韓民国の釜山。連絡船が明治38年(1905)から第二次大戦終戦まで運航。昭和45年(1970)からは関釜フェリーが就航している。

かん-ぷ【還付】クワン〔名〕スル もとの持ち主に返すこと。特に、裁判所や行政機関が本来の所有者に返すこと。返還。「所得税の超過額を―する」

カンプ《comprehensive layoutの略》広告主の承認を得るため、完成に近い形で描かれた図や絵。

ガンプ〖フランス guimpe〗肩やのど前を覆うレースやモスリンでできた襟の一種。元来は、修道女の襟元を覆うものをいうが、現在では、ローネックラインのドレス

を着用する際に用いる。

カンファタブル〖comfortable〗〔形動〕《「コンフォータブル」とも》落ち着いているさま。快適なさま。居心地がいいさま。
(類語)快適・快い・爽快・壮快・心地よい・楽

カンファレンス〖conference〗《「コンファレンス」とも》❶会議。協議。「テレー」❷連盟。同盟。「オープンー」❸競技連盟。米国やカナダの高校・大学において、同じレベルの学校で構成されるスポーツリーグ。➡リーグ❶

カンフー【功夫】《中国語》中国拳法。クンフー。

かん-ぷう【完封】〔名〕スル ❶完全に相手の活動を封じること。❷野球・ソフトボールなどで、投手が最後まで相手チームに得点を与えないこと。シャットアウト。零封。「一勝利」「一リレー」

かん-ぷう【寒風】冬の寒い風。(季 冬)
(類語)木枯らし・北風・空っ風

かん-ぷう【観×楓】もみじを観賞すること。もみじがり。

かんぷ-かさんきん【還付加算金】国税・地方税で還付金を受ける際に、納め過ぎた税金の納付期限日等の翌日から還付金の支払い決定までの日数に応じて加算される金額。利息に近い意味合いがあり、還付される税金の額と日数に特例基準割合を適用して算出する。国税通則法および地方税法が根拠。受領した還付加算金は雑所得として扱う。

かんぶ-がっこう【幹部学校】自衛隊の最高教育機関。選抜された幹部自衛官に上級指揮官・幕僚としての教育を施し、同時に戦略・戦術の研究を行う。旧日本陸海軍の陸・海軍大学校に相当する。

かんぷ-きん【還付金】納付・徴収された税金に納め過ぎ・減免などがあった場合に、納税者に返される金銭。

かんぷきん-さぎ【還付金詐欺】公務員などを装って、税金や保険料を還付すると偽り、逆に現金を指定した口座に振り込ませてだまし取る詐欺行為。➡振り込め詐欺

かん-ぷく【官服】官吏の制服。⇔私服。

かん-ぷく【感服】〔名〕スル 深く感心して、尊敬・尊重の気持ちを抱くこと。「勇気ある態度に一する」
(類語)敬服・心服・私淑・賛仰・推服・恭順・詠嘆・喝采・感嘆・賞嘆・賛嘆・嘆称・称賛・絶賛・三嘆・礼賛・激賞・賛美・称揚

がん-ぷく【眼福】珍しいもの、美しいものなどを見ることのできた幸せ。目の保養。「一にあずかる」

かん-ぶくろ【▽紙袋】《「かみぶくろ」の音変化》紙で作った袋。

かんふげんぎょう【観普賢経】大乗経典の一。1巻。曇摩蜜多(どんまみた)訳。441年までに完成。法華経の結経とされる。普賢菩薩を観ずる方法と、六根の罪を懺悔(さんげ)する方法などを述べたもの。観普賢菩薩行法経。普賢観経。

かんぶ-こうほせい【幹部候補生】❶旧日本陸軍で、現役兵の経験があり、所定の学校を卒業または修了し、または所定の資格をもつ者で、陸軍の予備役の将校または下士官を志願して選抜試験に合格した者。幹候。❷自衛隊で、幹部自衛官になるために教育・訓練を受けている者。

かんぶこうほせい-がっこう【幹部候補生学校】陸・海・空の三自衛隊において、幹部候補生を教育する機関。旧日本陸海軍の士官学校、兵学校に相当する。

かんぶ-じえいかん【幹部自衛官】三尉以上の自衛官の総称。諸外国軍および旧日本陸海軍の将校に相当する。

かんぷ-しゅと【官符衆徒】室町時代、奈良興福寺の衆徒の代表機関である衆中(20名)のこと。官符によって任命される興福寺別当・権別当・三綱の被官であったところからいう。寺中の兵力の中心。

かん-ふぜん【肝不全】肝臓の機能が極度に低下し、有毒物質の排出・解毒が行われなくなった状態。劇症肝炎・肝硬変・肝臓癌などでみられ、意識障害・黄疸(おうだん)・腹水・出血などの症状が現れる。

かん-ふぜん【冠不全】心臓の冠状動脈が心筋の活動に必要な酸素量を十分に供給できない状態。冠状動脈の硬化症・血栓症などでみられる。

かんぷ-ぜん【官府宣】摂政・関白から政務のことについて下した文書。

カンプチア〖Kampuchea〗➡カンボジア

かん-ぶつ【×奸物|×姦物】悪知恵のはたらく心のひねくれた人間。奸知にたけた人物。

かん-ぶつ【官物】❶政府所有のもの。官有物。かんもつ。❷➡かんもつ(官物)❷

かん-ぶつ【乾物|干物】野菜・海藻・魚介類などを、保存できるように乾燥した食品。干ししいたけ・干瓢(かんぴょう)・昆布・するめ・煮干しなどの類。(類語)干物(ひもの)

かん-ぶつ【換物】〔名〕スル 金を物に換えること。

かん-ぶつ【観仏】仏語。観念の念仏の意。仏の相好(そうごう)・功徳を観想すること。

かん-ぶつ【×灌仏】❶仏像に香水(こうずい)を注ぎかけること。また、その仏像。浴仏。❷「灌仏会(かんぶつえ)」の略。

がん-ぶつ【玩物】物をもてあそぶこと。また、もてあそぶもの。玩具。

がん-ぶつ【頑物】頑固な人物。かたくなで、他人を困らせる人。

がん-ぶつ【×贋物】にせもの。まやかしもの。
(類語)偽物(にせもの)・偽・えせ・偽物(ぎぶつ)・まがい物・まがいもの・もどき・まやかし

かんぶつ-え【×灌仏会】陰暦4月8日の釈迦(しゃか)の誕生日に、花御堂(はなみどう)に安置した釈迦像に甘茶を注ぎかける行事。正しくは5種の香水(こうずい)を注ぐ。仏生会(ぶっしょうえ)。誕生会。降誕会(ごうたんえ)。浴仏会。花祭り。(季 春)

がんぶつ-そうし【玩物喪志】《「書経」旅獒(りょごう)の「人を玩(もてあそ)べば徳を喪(うしな)い、物を玩べば志を喪う」から》珍奇な物に心を奪われて大切な志を失うこと。

かん-ぶな【寒×鮒】寒中にとれるフナ。脂がのって美味。(季 冬)「一の一夜の生に水にごる/信子」

カンプラ〖André Campra〗[1660〜1744]フランスの作曲家。初期フランス-オペラの代表的作曲家の一人。ノートルダム大聖堂楽長などを歴任、のち舞台音楽に転じた。オペラにバレエをとりいれたオペラバレエの創始者として知られる。

ガンブラー〖Gumblar〗コンピューターネットワークを通じてパソコンなどに被害を与える攻撃手法の一。改竄(かいざん)された企業などのウェブサイトを閲覧すると、そこから他の有害サイトに自動的に誘導し、利用者のパソコンにさまざまなマルウエアをダウンロードする。マルウエアに感染すると、ネットワークを監視されたり、FTPサーバーのパスワードを盗まれたり、バックドア(不正アクセスのための侵入口)を作られたりする。2009年半ばより被害が拡大。ジェノウイルス。JSリダイレクトR。➡ドライブバイダウンロード

かん-ぶり【寒×鰤】寒のころにとれるブリ。特に脂がのって美味。(季 冬)

カンブリア〖Cambria〗英国のウェールズの古称。

カンブリア-き【カンブリア紀】地質時代の区分の一。古生代を六つに区分した最初の時代。5億7500万年前から5億900万年前まで。大部分の無脊椎動物が出現し、三葉虫が栄えた。英国ウェールズのカンブリア山脈などにみられる。

カンブリア-けい【カンブリア系】カンブリア紀に堆積した地層。

がんぶり-がわら【×雁振(り)瓦】棟の最上端に載せる半円形の丸瓦。衾(ふすま)瓦。冠瓦。

カンブリック〖cambric〗《原産地のフランス北部の都市カンブレー(Cambrai)から》❶薄地の上等の亜麻布または白麻ハンカチ。❷製本用のクロースの一。堅牢で薄地平織りの綿織物をのり付けし、塗料を塗ってつやを出したもの。

カンフル〖オランダ kamfer〗❶樟脳(しょうのう)のこと。クスノキから得られるほか化学合成もされ、中枢神経興奮・局所刺激・防腐作用がある。かつては蘇生(そせい)薬として知られた。カンファー。カンフル剤。❷だめになりかけた物事を蘇生させるのに効果のある措置。カンフル剤。「大幅減税が景気回復の一となる」

カンフル-ざい【カンフル剤】❶「カンフル」❶に同じ ❷「カンフル」❷に同じ。「企業再生の一となる」

カンフル-ちゅうしゃ【カンフル注射】❶重病人の心臓のはたらきを強くするために用いるカンフル液の注射。❷➡カンフル❷

カンフル-チンキ《英camphor tinctureから。camphorは樟脳のこと》樟脳をアルコールに溶かした無色透明な液体。打撲傷などの塗布剤。樟脳精。

がん-ぶろ【×雁風呂】青森県津軽の外ヶ浜付近で、海辺に打ち寄せられた木片をたいて風呂をたてる風習。秋の末に渡ってくる雁が、海上で羽を休めるための木を海辺に落としておき、春に再びくわえて帰るといわれ、残った木片は死んだ雁のものであるとして、供養のために諸人を入浴させたという。雁供養。(季 春)「一や笠に衣ぬぐ旅の僧/蛇笏」

かん-ぶん【勘文】➡かんもん(勘文)

かんぶん【寛文】江戸初期、後西(ごさい)天皇・霊元天皇の時の年号。1661年4月25日〜1673年9月21日。

かん-ぶん【漢文】❶中国古来の文語体の文章を日本でいう称。❷日本人が❶に倣って書いた文章。❸中国の漢の時代の文章。

かん-ぷん【感憤】〔名〕スル「感奮(かんぷん)」に同じ。「法国(フランス)の尚書(しょうしょ)、達凱肖(ダゲッソー)の伝をよみて、一の志を生ぜしことを」〈中村訳・西国立志編〉

かん-ぷん【感奮】〔名〕スル 心に感じてふるいたつこと。「先哲の努力を思って大いに一する」「一興起」
(類語)興奮・熱狂・熱中・高揚・激発・激昂(げっこう)・逆上・上気・エキサイト・フィーバー(一する)高ぶる・のぼせる・激する・かっとなる・いきり立つ・逸(はや)り立つ・わくわくする・ぞくぞくする・どきどきする

かん-ぶんがく【漢文学】❶中国古来の文学。中国の古典文学。経(けい)(経書)・史(歴史)・子(し)(諸子百家)・集(詩文集)の4部に大別される。❷漢文でつづられた文学作品。または、それを研究する学問。

かんぶん-くずし【漢文崩し】漢文を訓読した文体。また、そういう文体で書かれた文章。

かんぶん-くんどく【漢文訓読】漢文を日本語の文脈に直して読むこと。➡訓読

かん-ぶんしょ【官文書】政府や諸官庁で作成または公証した文書。

かんぶん-たい【漢文体】文章が漢文になっていること。また、漢文を訓読した口調に倣った文体。➡和文体

かん-ぶんてん【漢文典】漢文の文法書。

かん-ぶんぽう【漢文法】漢文の文法。

かん-べ【神▽戸】《「かむべ」とも表記》神社に属して、租・庸・調や雑役を神社に納めた民戸。神封戸(じんふこ)。神部(かんべ)。じんこ。

かん-べ【神▽部】❶「神戸(かんべ)」に同じ。❷律令制での神祇官(じんぎかん)の部民。神祇官の雑務に従事した。かんとも。かんとものお。かみとものお。

カン-ペ「カンニングペーパー」の略。

かん-ぺい【官兵】❶国家の兵。官軍の兵。❷中世、寺院・荘園の有する私兵に対し、幕府・朝廷の兵。

かん-ぺい【官幣】《「かんべい」とも》昔は神祇官(じんぎかん)から、明治以降は宮内省から、祈年祭・月次祭(つきなみのまつり)・新嘗祭(にいなめさい)などに、一定の社格の神社にささげた幣帛(へいはく)。

かんぺい【勘平】➡早野勘平(はやのかんぺい)

かんぺい【寛平】➡かんぴょう(寛平)

かん-ぺい【観兵】兵を整列させ検閲すること。

がん-ぺい【眼柄】❶エビ・カニなど甲殻類の頭部から伸びた、目のついている柄状の部分。❷眼杯の基部に生じる、前脳とつなぐ部分。のちに視神経になる。

かんぺい-し【官幣使】朝廷から幣帛をささげるために遣わされる勅使。

かんぺい-しき【観兵式】旧日本陸軍で、天長節・陸軍始などに、軍隊を整列させて天皇が観閲した儀式。

かんぺい-しゃ【官幣社】古くは神祇官から、明治以降は皇室から幣帛を奉った、社格の高い神社。

大社・中社・小社・別格官幣社の別があった。皇室崇敬の神社や天皇・皇族・忠臣などを祭る神社が多い。昭和21年(1946)廃止。⇒国幣社

かんぺい-たいしゃ【官幣大社】クヮンペイ 旧社格の一。官幣社のうちで最も格式が高いもの。出雲大社、宇佐神宮などが該当した。

がんぺい-ホルモン【眼柄ホルモン】眼柄にあるサイナス腺から分泌されるホルモン。脱皮の抑制や体色変化などの働きをもつ。

カンペール〘Quimper〙フランス西部、フィニステール県の都市。同県の県都。ブルターニュ半島南西部、オデ川沿いに位置する。旧市街には13世紀から15世紀にかけて建造されたブルターニュ地方初のゴシック聖堂、サンコランタン大聖堂がある。17世紀末より、カンペール焼とよばれる陶器が作られている。

かん-ぺき【完璧】クヮン〔名・形動〕《傷のない宝玉の意から》欠点がまったくないこと。また、そのさま。「一を期する」「一な演技」(派生)かんぺきさ〔名〕
(類語)完全・万全・十全・完全無欠・満点・両全・金甌無欠(きんおうむけつ)・百パーセント・パーフェクト・全く・全(まった)い・文句なし・間然(かんぜん)する所がない

かん-ぺき【×癇癖】怒りっぽい性質。「一が強い」
(類語)癇・癇癪(かんしゃく)・癇性・ヒステリック・虫気

がん-ぺき【岸壁】❶船舶を横づけするために、港や運河の岸に沿い、垂直に築いた擁壁。❷壁のように険しく切り立った岸。(類語)(❶)港・港湾・波止場(はとば)・船着き場・船泊まり・桟橋・埠頭(ふとう)・築港・海港・河港(かこう)・津(つ)・商港・漁港・軍港・ハーバー・ポート/(❷)岸・岸辺・右岸・左岸・両岸

がん-ぺき【岩壁|×巌壁】険しく切り立った岩。
(類語)岩・岩石・巨岩・巌(いわお)・岩根・磐石・奇岩

かん-べつ【鑑別】〔名〕スル よく調べて、種類・性質・真贋・質のよしあしなどを見分けること。「真偽を一する」(類語)識別・鑑識・鑑定・弁別・判別・見分ける

かんべつ-しょ【鑑別所】「少年鑑別所」の略。

ガンベッタ〘Léon Michel Gambetta〙［1838～1882］フランスの政治家。進歩派・反帝政派の指導者として活躍。1870年、国防政府の成立とともに内相となり、ドイツ軍の囲むパリから気球で脱出、義勇兵を集めたことで有名。のち共和党党首・首相。

かん-べに【寒紅】寒中に作った紅。色が鮮明で美しいとされる。特に、寒中の丑(うし)の日に買うものは小児の疱瘡(ほうそう)などに効くとされた。寒の紅。丑紅(うしべに)。(季 冬)「土産には京の―伊勢の箸(はし)/虚子」

カンベラ〘Canberra〙▶キャンベラ

かん-べん【冠×冕】クヮン ❶冕板(べんばん)をつけたかんむり。また、かんむり。「臣下は北面にして階下に一をうち垂る」〈太平記・二四〉❷いちばんすぐれているもの。首位。「実に古今の一為(たり)」〈童子問・下〉

かん-べん【勘弁|勘×辨】〔名〕スル ❶他人の過失や要求などを許してやること。堪忍。「今度だけは一してやる」「保証人になる話は一してもらった」❷物事のよしあしをよく考えること。「心身の不完全は…其人の罪にあらざれば此辺の一最も大切なる事なり」〈福沢・福翁百話〉❸やりくりすること。算段。「所務の一上手の人なれば」〈甲陽軍鑑・三二〉
(類語)許可・承知・認可・許諾・承認・認許・允許(いんきょ)・允可(いんか)・容認・許容・聴許・裁許・免許・公許・官許・許し・オーケー・ライセンス・容赦・裁可・特許・宥恕(ゆうじょ)・黙許・批准 (一する)許す・認める

かん-べん【簡便】〔名・形動〕簡単で便利なこと。手軽なこと。また、そのさま。「一な道具」「食事を一に済ます」(派生)かんべんさ〔名〕(類語)便利・重宝・軽便・至便・便・利便・簡単・単純・簡略・簡素・簡約・簡潔・手短(てみじか)・簡易・安直(あんちょく)・シンプル

かん-ぺん【官辺】クヮン 政府や役所などと関係のある方面。

カン-ペン《和 can＋pencil caseから》ブリキ製筆入れ。缶のペンケース。

かんぺん-すじ【官辺筋】クヮンペンすぢ 政府・役所の関係者。政府筋。「一の意見によると」

かん-ぽ【閑歩】〔名〕スル ぶらぶら歩くこと。「時に野外に一して」〈中村訳・西国立志編〉

かん-ぽ【緩歩|寛歩】クヮン〔名〕スル ゆっくり歩くこと。「公園の森を裕々と一する二人連」〈魯庵・社会百面相〉

かん-ぽ【簡保】「簡易生命保険」の略。

カンポ〘ポルトガル Campo〙ブラジル中部に広がるサバンナ草原地帯。カンポス。

かん-ぼう【×奸謀|×姦謀】悪だくみ。「賄賂(わいろ)をもって種々の一を行い」〈藤村・夜明け前〉

かん-ぼう【官房】クヮンバウ《ドイツ Kammer》行政機関の内局の一つ。内閣・府・省などに置かれ、機密・人事・文書・統計などの事務を取り扱う。絶対王政時代のドイツで、君主の側近に仕える重臣が執務した小室に由来。

かん-ぼう【冠帽】クヮン 頭にかぶるもの。「これを以て婦人の一衣裳を買いて」〈中村訳・西国立志編〉

かん-ぼう【看坊】ばう 禅宗の寺院で、留守居または後見をする僧。

かん-ぼう【感冒】くしゃみ・鼻水・発熱・倦怠感(けんたいかん)などの症状を示す急性の呼吸器疾患。かぜ。かぜひき。「流行性一」(季 冬)⇒インフルエンザ
(類語)風邪・流行性感冒・インフルエンザ

かん-ぼう【関防】クヮンバウ ❶書画の右肩に押して書き始めの印とした、長方形の印章。中国で明代、公文書に押した割り印に起源。引首印。❷中国で、関所。

かん-ぼう【監房|×檻房】ばう 刑務所や拘置所などの刑事施設で、受刑者・被疑者・被告人などを入れておく部屋。監獄法の改廃に伴い、現在は「居室」と呼ばれる。

かん-ぼう【観法】クヮンボフ ▶かんぽう(観法)

かん-ぼう【観望】クヮンバウ〔名〕スル ❶景色などを遠く広く見渡すこと。「そのあたりの光景を一すると」〈荷風・つゆのあとさき〉❷事の成り行きをうかがい見ること。「周囲の形勢を一する」

かん-ぽう【干宝】中国、東晋の歴史家。新蔡(河南省)の人。字(あざな)は令升。博学で、晋の国史編纂(へんさん)にあたった。生没年未詳。多くの著作があったと伝えられるが、今日に残るものは少ない。著「捜神記」など。

かん-ぽう【汗×疱】ぱう 手のひら、足の裏などにできる小さな水疱。多汗症に伴うことが多い。

かん-ぽう【官報】クヮン ❶法令・告示・予算・人事など、政府が一般国民に知らせる必要のある事項を編集して毎日刊行する文書。❷官公庁が打つ公用の電報。

かんぽう【寛保】クヮン 江戸中期、桜町天皇の時の年号。1741年2月27日～1744年2月21日。

かん-ぽう【漢方】ぱう 中国から伝わった医術。皇漢医学。(補説)「漢法」とも書く。

かん-ぽう【観法】クヮンボフ《「かんぼう」とも》❶仏語。心に仏法の真理を観察し熟考する実践修行法。天台宗の十乗観法など。⇒観(かん)❷人相をみる法。

かん-ぽう【艦砲】ぱう 軍艦に備えつけてある大砲。主砲・副砲・高角砲など。艦載砲。

がん-ぼう【顔貌】ばう かおかたち。容貌。

がん-ぼう【願望】グヮンバウ〔名〕スル ❶願い望むこと。がんもう。「恒久の平和を一する」「結婚一」❷精神分析で、無意識に心の緊張を解消させようとする動機。
(類語)願い・願い事・祈願・希望・願う・希(こいねが)う・望む・求める・欲する・念ずる・念願・希求・庶幾・切望・切願・熱望・熱願・思う

かんぽう-い【漢方医】カンパウ 漢方医術によって病気の診断・治療を行う医者。

かんぼう-がく【官房学】クヮンバウ 17～18世紀にかけてドイツ・オーストリアで発展した、富国策を中心とする財政・行政・経済政策などに関する思想体系。カメラリズム。

かんぼう-きみつひ【官房機密費】クヮンバウ ▶内閣官房報償費

かんぼう-ちょう【官房長】クヮンバウチャウ 主に各省大臣官房の長。官房事務を掌理する。

かんぼう-ちょうかん【官房長官】クヮンバウチャウクヮン「内閣官房長官」の略。

かんぽう-の-まじわり【管×鮑の交わり】クヮンパウ―まじはり《中国、春秋時代の管仲(かんちゅう)と鮑叔牙(ほうしゅくが)が変わらぬ友情を持ち続けたという「列子」力命や「史記」管晏列伝の故事から》非常に仲のよい友人づきあい。

かんぼう-ほう【冠帽峰】クヮンボウ 朝鮮民主主義人民共和国にある山。白頭山の東方にあり、朝鮮半島第2の高峰で、標高2541メートル。クワンモボン。

かんぽう-やく【漢方薬】カンパウ 漢方で用いる薬物。主に樹皮や草の根・葉などから製する。漢薬。

ガン-ホー〘gung-ho〙がむしゃらなさま、熱心なさま、忠誠を尽くすさまを表す言葉。第二次大戦中の米国海兵隊の標語で、中国語の「工和」(work together)に由来する。(補説)米国に進出した日本企業の日本式経営と米国人社員の行き違いを描いたコメディー映画「ガン-ホー」によって話題になった。

ガンボージ〘gamboge〙▶雌黄(しおう)❷

かん-ほ-く【神▽寿く】〔動カ四〕▶かむほく

かん-ぼく【肝木】スイカズラ科の落葉低木。山地に自生。葉は手のひら状に三～五つに裂ける。初夏、白色の小花が集まって咲き、ガクアジサイに似る。材は楊枝(ようじ)とする。

かん-ぼく【官牧】クヮン 律令制で規定された国有の牧場。兵部省に属し、18か国、39か所にあった。

かん-ぼく【×翰墨】❶筆と墨。❷詩文を作ること。書画をかくこと。また、その出来上がったもの。❸広く文学に関すること。文書。

かん-ぼく【簡朴|簡×樸】〔名・形動〕簡略で素朴なこと。また、そのさま。「その歌のかずかずは、万葉の高古にして一なる」〈藤村・雅言と詩歌〉

かん-ぼく【×灌木】クヮン「低木(ていぼく)」に同じ。⇒喬木(きょうぼく)

かんぼく-じょう【×翰墨場】ぢゃう 詩歌や書画をつくったり発表したりして楽しむ集まりの席。また、その仲間。

カンポ-グランデ〘Campo Grande〙ブラジル、マット-グロッソ-ド-スル州の州都。ボリビア、パラグアイとの国境に近く、東西を結ぶ交通の要衝。日系人、特に沖縄県からの移民が多い。カンポ-グランジ。

がん-ほけん【×癌保険】民間医療保険の一つで、癌と診断された場合、および癌による入院・手術に対し給付金や保険金が支払われるもの。原則として癌のみを対象とする。

カンポサント〘Camposanto〙イタリア中部、トスカーナ州の都市ピサにあるピサ大聖堂に付属する納骨堂。13世紀後半、ジョバンニ＝ディ＝シモーネの設計で建設が始まり、15世紀に完成した。白大理石によるロマネスク様式の回廊に囲まれた、美しい中庭をもつ。1987年、「ピサのドゥオモ広場」の名称で世界遺産(文化遺産)に登録された。

カンボジア〘Cambodia〙インドシナ半島南東部の王国。首都プノンペン。メコン川流域にあり、米作地帯。1世紀末ごろクメール族が扶南(ふなん)を建国。6～15世紀アンコール王朝の繁栄を経て、1863年フランスの保護領となり、1953年王国として独立。70年ロン＝ノル政権がクメール共和国を樹立したが倒れ、76年ポル＝ポト政権が民主カンボジア政府を発足。その後、79年樹立のヘン＝サムリン政権のカンボジア人民共和国と82年樹立のシアヌークを大統領とする民主カンボジア連合政府が並立し、前者は89年カンボジア国に、後者は90年カンボジアに改名。93年統一選挙が行われ、シアヌークを国王とする立憲君主国となった。2004年シハモニ新国王即位。人口1445万(2010)。カンプチア。(補説)「柬埔寨」とも書く。

カンボジア-ご【カンボジア語】▶クメール語

かんぽ-せいめい【かんぽ生命】「株式会社かんぽ生命保険」の通称。

かん-ぼたん【寒×牡丹】ボタンの一変種。寒中に小形の花を咲かせる。ふゆぼたん。(季 冬)

かん-ぽつ【勘発】《「かんぼつ」とも》過失を責めること。譴責(けんせき)。「何の故ありてかかる僻事(ひがごと)を申して事を壊(やぶ)らんとするぞと一し」〈今昔・二四・二九〉

かん-ぼつ【官没】クヮン 個人の所有物を国家に帰属させる行政処分。没収。

かん-ぼつ【陥没】〔名〕スル 落ち込むこと。沈みくぼむこと。「道路が一する」「頭蓋骨一骨折」
(類語)窪む・へこむ・引っ込む

かんぼつ-こ【陥没湖】陥没した所に水がたまってできた湖。多くは断層によってできたもので、琵琶湖・諏訪湖などがある。カルデラ湖も含まれる。陥落湖。
カンポ-デ-クリプターナ〖Campo de Criptana〗スペイン、カスティーリャ-イ-ラマンチャ州の町。セルバンテスの小説「ドン=キホーテ」の舞台になったラ-マンチャ地方独特の、白壁の家や風車の点在する風景がみられる。
カンポ-デ-フィオーリ-ひろば【カンポデフィオーリ広場】《Piazza Campo de' Fiori》イタリアの首都ローマにある広場。イタリア語で「花の野」を意味し、生花、野菜、果物の市が開かれる。反宗教改革の時代は処刑場として使われ、広場中央には地動説を唱えて火刑に処された哲学者ジョルダーノ=ブルーノの彫像がある。カンポ-ディ-フィオーリ広場。
かんぽ-どうぶつ【緩歩動物】動物界の一門。体長0.3〜1ミリ。体は紡錘形で、四対の短い歩脚をもち、その先端に爪状突起がある。淡水・海水中、また湿地の土中にすみ、乾燥や低温にあうと仮眠状態となって耐える。熊虫。
がん-ほどき【願▽解き】神仏に、祈願がかなったお礼参りをすること。かえりもうし。還願。
かんぽ-の-やど【かんぽの宿】日本郵政株式会社が保有する宿泊・保養施設。全国に約70施設あり、簡易生命保険やかんぽ生命の保険への加入の有無にかかわらず利用できる。
カンポ-ひろば【カンポ広場】《Piazza del Campo》イタリア中部の都市シエナにある広場。旧市街の中心部に位置し、貝殻のような扇形で緩やかな傾斜がある。周囲には高さ102メートルの塔をもつプブリコ宮殿をはじめ、中世の建造物が並ぶ。毎年夏に2度、パリオ祭りという伝統的な裸馬競馬が催される。1995年、「シエナ歴史地区」の名称で世界遺産(文化遺産)に登録。
かん-ぽん【刊本】❶印刷して刊行された本。❷近世の木活字本・銅活字本・製版本などの版本のこと。(類語)版本・写本・稿本
かん-ぽん【完本】全集や叢書などで、欠けた部分がなく全部そろっているもの。➡欠本 ➡端本
かん-ぽん【官本】❶官公庁で出版・発行する書籍。官版の本。⇔坊本。❷官公庁の蔵書。
かん-ぽん【監本】中国の五代以降の国子監で校訂、出版した書物。
がん-ぽん【元本】❶もとで。元金。❷利益・収入を生じるもととなる財産または権利。預金・貸家・株券・著作権の類。「一保証」(類語)元金・元利
がんぽん-さいけん【元本債権】利息を生ずる元本である債権。
がんぽん-われ【元本割れ】債券や投資信託などの価格が、投資金額を下回ること。「一のリスクのある金融商品」
カンマ〖comma〗➤コンマ
ガンマ〖Γ|γ|gamma〗❶〈Γ・γ〉ギリシャ語アルファベットの第3字。❷〈γ〉質量の単位。1ガンマは100万分の1グラムで、1マイクログラムに等しい。❸〈γ〉磁束密度の単位。1ガンマは10億分の1テスラ。❹〈γ〉金属・合金などの相を示す記号の一。❺〈γ〉有機化合物の炭素原子の位置を示す記号の一。❻〈γ〉感光材料の階調の度合いを示す数値。1より大きければ硬調、小さければ軟調。❼〈γ〉光子の記号。
ガンマ-アミノらくさん【ガンマアミノ酪酸|γアミノ酪酸】《gamma-aminobutyric acid》➤ギャバ(GABA)
かん-まい【▽欠米】《「かけまい」の音変化》近世、年貢米の輸送中に生じる欠損米を補うための付加米。また、村で保管中の年貢米に生じた減損分の補充米。
かん-まいり【寒参り】〔名〕スル 寒の30日間、信心や祈願のために毎夜社寺に参拝すること。また、その人。裸または白衣に白鉢巻きをし、鈴を振りながら行った。裸参り。寒もうで。(季冬)「野の道に電灯ついて一/亜浪」
ガンマ-インターフェロン〖gamma interferon|γ-interferon〗インターフェロンの一種。活性化リンパ球が生産し、分子量約2万。特異的抗原刺激で生産される。腫瘍細胞の増殖抑制やナチュラルキラー活性の増強効果があり、癌に対する抑制効果の点で注目されている。
ガンマ-かいへん【ガンマ壊変|γ壊変】➤ガンマ崩壊
ガンマ-グロブリン〖gamma globulin〗血清グロブリンの一。感染症にかかると著しく増量し、免疫の際には抗体となる。免疫グロブリン。
ガンマ-ジーティーピー〖γGTP〗《γ-glutamyl transpeptidase》腎臓などに分布する酵素。肝疾患・胆石などの際に血清中に増加するため、肝機能検査などに利用。ガンマ-グルタミル-トランスペプチダーゼ。
ガンマ-せい【ガンマ星|γ星】星座の中で3番目に明るい星。➡アルファ星 ➡ベータ星
ガンマ-せん【ガンマ線|γ線】放射線の一。放射性元素のガンマ崩壊で放出される、波長が10^{-11}メートル以下の電磁波。X線より透過力が大きく、電離作用は小さい。癌の治療や材質検査など広く利用される。
ガンマせん-てんもんがく【ガンマ線天文学|γ線天文学】宇宙から来るγ線を観測し、天体や宇宙物理現象を研究する天文学の一分野。数百キロ電子ボルトから数十ギガ電子ボルトのγ線は主に人工衛星や気球で観測が行われる。100ギガ電子ボルト以上のγ線は超高エネルギーγ線と呼ばれ、大気などとの反応により生じるチェレンコフ光を観測する。γ線を放射する主な天体として、パルサー、超新星残骸、活動銀河核のほか、未だ正体が明らかになっていないγ線バーストなどがある。
ガンマせん-バースト【ガンマ線バースト|γ線バースト】《gamma-ray burst》強力なγ線が極めて短時間で爆発的に放射される現象。1960年代から知られているが、その発生源、および発生機構は明らかになっていない。1990年代後半以降、観測精度が向上し、銀河系内ではなく宇宙の遠方で起きていることが判明。太陽の40倍以上という大質量の恒星が進化の最終段階で超新星爆発を起こす極超新星のほか、中性子星同士、または中性子星とブラックホールの衝突によって起こるという説が有力視されている。GRB。
ガンマ-ち【ガンマ値|γ値】《gamma value》ディスプレー、プリンター、スキャナーなど、画像を扱うコンピューターの周辺機器において、画像の明るさの変化に対する入出力電圧の変化の比をとった値。それぞれの機器の固有の特性を表す。この値が1に近いほど、自然な階調の画像表示となる。➡ガンマ補正
かん-まつ【巻末】書物や巻物などの終わりの部分。巻尾。⇔巻頭。
ガンマ-ナイフ〖gamma knife|γ-knife〗放射線の一種γ線を使った治療装置。脳動静脈奇形、脳腫瘍などを開頭手術をせず、病巣部にγ線を集中して照射し、治療する。1968年米国で開発された。
ガンマ-フィールド〖gamma field|γ-field〗γ線を利用して農作物に突然変異を起こさせ、品種改良を行う実験農業。放射線農場。
ガンマ-ほうかい【ガンマ崩壊|γ崩壊】放射性元素の原子核がγ線を放出する現象。このとき、もとの原子核の原子番号や質量数は変化しない。ガンマ壊変。
ガンマ-ほせい【ガンマ補正|γ補正】《gamma correction》ディスプレーやプリンターなど、画像を扱うコンピューターの周辺機器において、色データの入力信号と実際に出力される画像の信号を相対的に調整する作業。➡ガンマ値
かん-まん【干満】干潮と満潮。潮のみちひき。「一の差が大きい」
かん-まん【緩慢】〔名・形動〕❶動きがゆったりしてのろいこと。また、そのさま。「一な動作」❷物事の処理のしかたが手ぬるいこと。また、そのさま。「事件の一な処置」(派生)かんまんさ〔名〕
(類語)遅い・のろい・のろくさい・まだるい・まだるっこい・とろい・緩徐・遅緩・スロー・スローモー・遅遅・のろのろ・そろそろ・ゆっくり
ガンマン〖gunman〗銃の名手。特にアメリカ西部開拓時代に、拳銃の腕ひとつで世を渡った男。
かん-み【甘味】❶あまい味。また、あまい食物。あまみ。「一を好む」❷うまい味。また、おいしい食物。❸物事の快い味わい。面白み。「云難き一を含む誘惑の音楽」〈荷風・あめりか物語〉(類語)甘み・甘口・甘い
かん-み【×鹹味】塩からい味。また、塩からい食物。
がん-み【含味】〔名〕スル ❶食物を口の中に含んで味わうこと。「名酒を一する」❷「玩味❷」に同じ。
がん-み【玩味|×翫味】〔名〕スル ❶食物をよくかんで味わうこと。「よく一して食べる」❷言葉や文章などの表している意味や内容などを、よく理解して味わうこと。「古典の作品を熟読一する」
(類語)(❶)賞味・賞翫/(❷)鑑賞・観賞
かん-みそ【神▽御▽衣】➤かむみそ
がんみつ-とう【含蜜糖】砂糖の製造で、糖蜜を分けずに、砂糖結晶と一緒に固めて製品としたもの。黒砂糖・赤砂糖・白下など。
かんみ-どころ【甘味所|甘味▽処】甘い味の菓子を出す飲食店。特に、あんみつやだんごなどの和菓子を供する店をいう。あまみどころ。
かん-みや【神宮】➤かむみや
がん-みゃく【岩脈】地層や岩石中に、垂直に近い角度で貫入してできた板状の火成岩体。
かん-みょう【官名】「かんめい(官名)」に同じ。〈和英語林集成〉
かん-みょう【漢名】➤かんめい(漢名)
かんみ-りょう【甘味料】食品に甘味をつけるための調味料。砂糖・水飴・サッカリンなど。「人工一」
かん-みん【×奸民|×姦民】よこしまな人民。
かん-みん【官民】官庁と民間。官吏と人民。「一一体の協力」
がん-みん【頑民】道理をわきまえず、人の言うことを聞き入れない人民。「之を悦ばざるの心は彼の一に異なることなし」〈福沢・文明論之概略〉
かんみん-きょうそうにゅうさつ【官民競争入札】➤市場化テスト
かんみん-じんざいこうりゅう-センター【官民人材交流センター】国家公務員の再就職(天下り)あっせんを一元化する目的で、内閣府に設置された機関。国家公務員法の改正に伴い、平成20年(2008)に発足した。各省庁が個別に行っていた天下りのあっせんを禁止し、省庁と業界との不透明な関係を断ち切ることがねらい。(補説)再就職支援業務は平成22年(2010)3月末に終了。以後は民間からの登用支援を行う。センターは同24年に廃止され、内閣府に新設される人事公正委員会に再就職等監視・適正化委員会が置かれる予定(平成24年8月現在)。
かん-みんぞく【漢民族】中国の人口の9割以上を占める民族。人種的にはモンゴロイドに属する。四千年以上の歴史を有し、早くから王朝を建て、漢字を発明し、独自の文化・制度を発展させた。名称は前3世紀に成立した漢王朝に由来。漢族。
かん-む【官務】❶官庁の業務。官吏・公務員の職務。❷律令制で、太政官弁官局の左大史・右大史の称。また、平安時代以後、代々この職を務めた小槻家の称。➡局務
かん-む【乾霧】その中に入ってもぬれない程度の、細かい水滴からなる霧。⇔湿霧。
かんむ-てんのう【桓武天皇】[737〜806]第50代天皇。在位、781〜806。光仁天皇の第1皇子。諱は山部。長岡京・平安京への遷都、蝦夷征討、最澄・空海の登用による平安仏教の確立、地方政治振興など内政面の業績が多い。柏原天皇。
かんむ-へいし【桓武平氏】桓武天皇の子孫で、平の姓を賜った家系。中でも葛原親王の孫高望王の流れが有名で、伊勢平氏や北条氏・畠山・千葉・三浦・梶原などの諸氏を輩出。

かんむり【冠】《「こうぶり」の音変化》❶頭にかぶるもの。特に、許されて直衣のうしを着て参内する束帯・衣冠などのときにかぶるもの。黒の羅うすもので作る。頂にあたる所を甲こう、前額部を額ひたいという。後方の高い壺は髻もとどりを入れる巾子こじで、その後ろに長方形の纓えい(俗に燕尾えんびという)2枚を重ねて垂れる。有文うもんと無文の冠の区別があり、時代によって形式の変化がみられる。こうむり。かむり。かぶり。かんぶり。❷漢字の構成部位の一。上下の組み合わせからなる漢字の上側の部分。「安」の「宀(うかんむり)」、「茶」の「艹(草かんむり)」など。(類語)王冠・宝冠・栄冠・月桂冠

冠旧ふるけれど沓くつに**履かず** 《「韓非子」外儲説から》貴賤・上下の別は決まっていて、乱すことはできないことのたとえ。沓新しけれど冠にあげず。

冠を挂かく 官職を辞める。➡挂冠けいかん

冠を弾はじく 《「楚辞」漁父から》冠のちりを落として清潔にする。転じて、仕官や出仕の用意をする。

冠を曲・げる 不機嫌になる。つむじを曲げる。「からかうとすぐに—・げる」➡御冠おかんむり

かんむりおとし-づくり【冠落(と)し造(り)】日本刀の刃の形の一。鎬しのぎ造りの一種で、鎬地しのぎじの先の部分の肉をそぎ落としたもの。短刀に多い。鵜うの首造り。

かんむり-ざ【冠座】北天の小さな星座。7個の星が半円形に並び、冠状をなす。7月中旬の午後8時ごろ南中し、天頂付近に見える。へっつい星。学名ラテ Coronae Borealis

かんむり-した【冠下】公卿が、冠をかぶるときに結った髻もとどり。髪を頭頂で束ねて紐や元結もとゆいで巻き上げ、棒のように立たせたもの。かむりした。

かんむり-じま【冠島】京都府北部、大浦半島最北端成生なりう岬の北西9キロメートルの日本海上に位置する無人島。舞鶴市に属する。面積0.1平方キロメートル、標高169メートルで、周囲は断崖。島全体がオオミズナギドリ繁殖地として国の天然記念物に指定されている。大島おおしま。雄島おしま。常世とこよ島。

かんむり-たいかい【冠大会】クワンタイクワイ スポンサーの会社名・商標名などを頭につけた名称をもつ競技会。

かんむり-だな【冠棚】▶かむりだな

かんむり-づけ【冠付け】▶かむりづけ

かんむり-づる【冠鶴】ツル科の鳥。全長約1メートル。体は灰色で、翼が白く、尾が茶色。頭に黄色い扇状の冠羽がある。アフリカの草原や水辺にすむ。

かんむり-デー【冠デー】特定の業界が、ある種の商品を売るために年中行事のように設定した日。バレンタインデー・ホワイトデーなど。

かんむり-ばと【冠×鳩】ハト科の鳥。全長64センチくらいで、ハト類中最大。全身青灰色。頭に同色の扇状の冠羽がある。ニューギニアに分布。

かんむり-ばんぐみ【冠番組】テレビやラジオの放送で、出演者やスポンサーの会社名・商標名などを頭につけた名称をもつ番組。

かんむり-まつじろう【冠松次郎】クワンマツジラウ[1883〜1970]登山家。東京の生まれ。黒部渓谷の遡行そこうに初めて成功。著「黒部渓谷」「山渓記」など。

かんむり-やま【冠山】岐阜・福井両県の県境にある山。両白山地の越美えつみ山地西部に位置する。標高1257メートル。山の北側を足羽あすわ川が北流、南側を揖斐いび川が南流し、太平洋側と日本海側の分水嶺となっている。山頂付近にはブナの原生林・高山植物が広がる。名の由来は、山頂部に露出した岩の形が烏帽子えぼし冠に似ていることから。冠ヶ岳。

かんむりやま-さんち【冠山山地】島根・広島・山口の県境にある山地。中国山地の脊梁せきりょう部西部をほぼ南北に走る山塊。北から南に大佐おおさ山・恐羅漢おそらかん山(標高1346メートル)・冠山・羅漢山などが連なる。山頂にはそれぞれ平坦面が残る。傾斜面も多く、放牧場やスキー場になっている。西中国山地国定公園に属する。

かん-むりょう【感無量】—ムリヤウ〔名・形動〕「感慨無量」に同じ。「—な(の)面持ち」

かんむりょうじゅきょう【観無量寿経】クワンムリヤウジユキヤウ 浄土三部経の一。1巻。畺良耶舎きょうりょうやしゃ訳。阿闍世あじゃせ王の悪逆を悲しんだ母の韋提希いだいけ夫人のために、釈迦が阿弥陀仏とその浄土の荘厳などを観想する16種の方法を説いた経典。観経。

かんむり-わし【冠×鷲】タカ科の鳥。全長約55センチ。体は濃褐色に白点が多数あり、頭に白・黒まだらの冠羽がある。蛇やカエルなどを捕食。アジア南部に広く分布。日本では沖縄地方に少数が生息し、特別天然記念物。

かん-め【貫目】クワン— ❶「貫かん❶」に同じ。「体重が一五—になる」❷物の重さ。目方。「小包の—を量る」❸身に備わった威厳。貫禄。「芸者の位も上り—もついた」〈荷風・腕くらべ〉

かんめ-あらためしょ【貫目改所】クワン— 江戸幕府が、街道往来の荷物の重量を検査するためにおいた役所。東海道の品川・駿府すんぷ・草津、中山道の板橋・洗馬せばなどに設置。

かん-めい【官名】クワン— 官職の名称。かんみょう。

かん-めい【官命】クワン— 政府の命令。官庁の命令。

かん-めい【感銘｜肝銘】〔名〕スル 忘れられないほど深く感動すること。心に深く刻みつけて忘れないこと。「深い—を受ける」「お話にいたく—しました」(類語)感動・感激・感心・感慨・印象・感ずる・感じ・感・観・心象・直感・感触・心証・イメージ・インプレッション・第一印象

かん-めい【漢名】動植物などの、中国での名称。からな。かんみょう。

かん-めい【簡明】〔名・形動〕簡単ではっきりしていること。また、そのさま。簡単明瞭めいりょう。「—な文章」「要点を—に述べる」(派生)かんめいさ〔名〕(類語)明快・平明・明晰・明白・明瞭・端的

がん-めい【頑×迷｜頑冥】グワン—〔名・形動〕かたくなでものの道理がわからないこと。考え方に柔軟性がないこと。また、そのさま。「—な老人」「一固陋ころう」(派生)がんめいさ〔名〕(類語)頑愚・固陋

がんめい-ふれい【頑冥不霊】グワンメイ—〔名・形動〕頑固で無知なこと。また、そのさま。「その—な顔に圧制者の相を出し」〈蘆花・思出の記〉

ガン-メタリック《和 gun＋metallic》金属光沢のある暗灰色。砲金色ほうきんいろ。ガンメタルグレー(gunmetal gray)。ガンメタ。

ガン-メタル〖gunmetal〗砲金ほうきん。

かんめ-づつ【貫目筒】クワン— 嘉永年間(1848〜1854)日本で鋳造された円筒形の火砲。弾丸の重量によって百目玉筒・五貫目玉筒などといった。

かん-めり〔連語〕《形容詞、および形容詞型活用語の連体形活用語尾「かる」に推量の助動詞「めり」の付いた「かるめり」の音変化》「かめり」に同じ。「うそぶかせ給ふこと、しげー。めりしかば」〈かげろふ・下〉

ガンメルスタード-の-きょうかいがい【ガンメルスタードの教会街】—ケウクワイガイ《Church Village of Gammelstad》スウェーデン北東部の町ルーレオ近郊の教会村。15世紀に聖堂が建てられ、周辺に遠来の信者のために宿泊施設が多数つくられて町となった。1996年、世界遺産(文化遺産)に登録。ガンメルスタードの教会村。ガンメルスタードの聖堂村。

かん-めん【乾麺】干した麺類。うどん・ひやむぎ・そうめんなどを干したもの。ゆでて用いる。

がん-めん【岩綿】岩石を高温で融解し、空気中に吹き出させて繊維状にしたもの。断熱材・吸音材として用いる。ロックウール。

がん-めん【顔面】顔かおの表面。「—を紅潮させる」(類語)顔・面かお・面つら・フェース・面おもて

がんめん-かく【顔面角】横顔を見て、外耳孔と鼻の付け根を結ぶ線と、眉間みけんと鼻の付け根を結ぶ線とのなす角度。顎あごの突出程度を表すもの。日本人は85.1度が平均。

がんめん-きん【顔面筋】▶表情筋

がんめん-しんけい【顔面神経】顔面に分布する神経。表情筋を支配する運動神経、唾液・涙などの分泌を支配する神経、味覚を支配する神経がある。第7脳神経。

がんめん-しんけいつう【顔面神経痛】三叉さんさ神経痛の俗称。

がんめん-しんけいまひ【顔面神経麻×痺】顔面神経の麻痺。脳内の病変による中枢性のものでは顔の下半部に、外傷や耳の疾患などで神経線維が障害されて起こる末梢性のものでは片側に麻痺がみられる。

かんめん-ぞう【完面像】クワンメンザウ 一つの結晶系に属する結晶の中で、対称の要素が最も多い結晶形。

がんめん-とうがい【顔面頭蓋】▶内臓頭蓋

がんめん-はくせん【顔面白×癬】顔面にできる粃糠疹ひこうしん。はたけ。白癬菌によると誤認されていた。

かん-めんぽう【乾麺×麭】—メンパウ 旧陸軍で、乾パンのこと。

がん-も「がんもどき」の略。

かん-もう【冠毛】クワン— タンポポ・アザミなどの果実の上端に生じる毛状の突起。萼がくが変形したもので、風を受けて飛び、種子を散布するのに役立つ。

かん-もう【換毛】クワン—〔名〕スル 動物の毛が抜けかわること。人間や家畜ではたえず抜けかわるが、野生では毎年一定の時期に起こる。

かん-もう【寛猛】クワンマウ ゆるやかなことと、きびしいこと。「其挙動の粗密—は互に相似たるも」〈福沢・文明論之概略〉

寛猛相済あいすくう 《「春秋左伝」昭公二十年から》政治には寛容と厳格との調和が必要であるということ。

がん-もう【頑×蒙】グワン—〔名・形動〕かたくなで愚かなこと。また、そのさま。頑迷。「—な民衆」

がん-もう【願望】グワンマウ〔名〕スル「がんぼう(願望)」に同じ。「殉死を許していただこうという—は」〈鴎外・阿部一族〉

かん-もうで【寒詣で】—マウデ〔名〕スル「寒参かんまいり」に同じ。

かん-もく【完黙】クワン—「完全黙秘」の略。

かん-もく【×緘黙】〔名〕スル 口を閉じて何も言わないこと。押し黙ること。「新聞が一時に—して了っただけに」〈里見弴・多情仏心〉

がん-もく【眼目】❶目。まなこ。「委員等が最も其の—を注で、熟視するの人物は」〈竜渓・経国美談〉❷ある物事の最も重要な点。「会議の—」(類語)重点・主眼・軸足・立脚点・立脚地・力点・主力・重き・重視・要点・要所・要・ポイント・要領・大要・キーポイント・急所・つぼ

かん-もじ【閑文字】無意味な文字・文章。無益な言葉。かんもんじ。「—を連ねただけの小説」

かん-もち【寒餅】寒中につく餅。かんのもち。(季 冬)「—のとどきて雪となりにけり/万太郎」

かん-もち【×癇持(ち)】「癇癪かんしゃく持ち」に同じ。

かん-もつ【官物】クワン— ❶官府の所有物。かんぶつ。❷諸国から政府に納める田租や上納物。かんぶつ。「—の初穂を割さき奉らせ給ふめり」〈大鏡・師尹〉

かん-もつ【勘物】考え調べること。また、文章の内容について調べてつけた注記。「諸卿の—に任せ、この書を和国にひろむべし」〈浄・用明天王〉

がん-もどき【×雁▽擬き】豆腐を崩して、細く切った野菜や昆布などを加え、油で揚げたもの。味が雁の肉に似るのでこの名がある。飛竜頭ひりょうず。がんも。

かんもり-づかさ【掃=部▽寮】▶かもんりょう(掃部寮)

かん-もん【勘文】平安時代以後、明法道・陰陽道おんようどうなど諸道の学者や神祇官じんぎかん・外記げきなどが朝廷や幕府の諮問に答えて、先例・日時・方角・吉凶などを調べて上申した意見書。勘状。勘注。かんがえぶみ。

かん-もん【勘問】取り調べること。責め問うこと。「獄ひとやに居る事既に五、六度になると云ふとも、度毎に必ず—する事なし」〈今昔・一三・一〇〉

かん-もん【貫文】クワン—「貫かん❹」に同じ。

かん-もん【喚問】クワン—〔名〕スル 公的な機関に呼び出して問いただすこと。「国会で証人を—する」(類語)糾問・審問・査問・尋問

かん-もん【棺文】クワン— 棺に書く経文。「出離生死、入住涅槃、寂静無畏、究竟安楽」など。

かん-もん【関門】クワン— ❶関所の門。また、関所。❷目的を達するのに突破しなければならない難所。また、突破するのが困難な所。「入試の—を突破する」

かん-もん【関門】山口県下関市と、福岡県北九州市門司区。

かん-もん【肝文】〔名・形動ナリ〕❶重要な文章。「不晴不晴の時、と申すが、中にも一でござる」〈虎寛狂・布施無経〉❷大切なこと。また、そのさま。「朝夕気をつくるが胸算用の一なり」〈浮・胸算用・三〉

がん-もん【雁門】㊀中国山西省北部にある句注山のこと。中国北辺守備の要地。雁山。㊁咸陽宮の築地が高く、雁が越えられないので、始皇帝が雁の通路としてつくったという伝説の穴。

がん-もん【願文】❶仏・菩薩の本願を示す文。❷法会・仏事などを営むとき、施主の願意を記す文。また、神仏に願を立てるとき、その趣旨を記す文。

かんもん-かいきょう【関門海峡】本州と九州を分かつ海峡。瀬戸内海の西口にあたり、周防灘と響灘とを結ぶ。最狭部は早鞆瀬戸。関門のよび名は下関と門司から。下関海峡。馬関海峡。

かんもん-きょう【関門橋】関門海峡の早鞆瀬戸に架けられたつり橋。自動車専用の道路橋。つり橋部の長さ1068メートル。昭和48年(1973)完成。

かんもんぎょき【看聞御記】▶看聞日記

かん-もんじ【閑文字】▶かんもじ(閑文字)

かんもん-トンネル【関門トンネル】関門海峡を通る海底トンネル。3本ある。山陽本線の関門トンネルは彦島を通り、昭和17年(1942)に下りが、同19年に上りが開通。関門国道トンネルは同33年、山陽新幹線の新関門トンネルは同50年開通し、それぞれ早鞆瀬戸の下にある。

かんもんにっき【看聞日記】室町時代、後崇光院の日記。応永23〜文安5年(1416〜48)の日記41巻と応永15年(1408)の御幸記1巻、別記1巻、目録1巻の計44巻。当時の宮廷・幕府・世俗の出来事などを記す。看聞御記。

かん-もんみゃく【肝門脈】▶門脈

かん-や【紙屋】《「かみや」の音変化》❶「紙屋院」に同じ。❷「紙屋紙」の略。

かん-や【寒夜】寒さが厳しい夜。冬の夜。(季 冬)

かんや-がみ【紙屋紙】「かみやがみ(紙屋紙)」に同じ。

かん-やく【完訳】〔名〕スル 外国語や古語で書かれた作品の全文を翻訳すること。また、訳したもの。全訳。「源氏物語を一する」⇔抄訳。

かん-やく【漢訳】〔名〕スル 漢文に翻訳すること。また、訳したもの。「一された仏典」

かん-やく【漢薬】▶漢方薬

かん-やく【管鑰｜管籥】❶鍵。「守城長曰く、『僕其一を司れり』」〈東海散士・佳人之奇遇〉❷竹笛。「一の声、…欣欣然と悦びて」〈浄・蝉丸〉

かん-やく【関鑰｜関鎰】❶門のかんぬきと鍵。門戸の戸締まり。❷出入りの要所。また、物事の重要なところ。かなめ。「君府は実に欧亜の一世界の咽喉なり」〈東海散士・佳人之奇遇〉

かん-やく【簡約】〔名・形動〕スル 文章・話の内容などを手短に要領よくまとめること。また、そのさま。「初心者向けの一な仕様書」「名作を一した全集」
(類語)手短・簡潔・簡単・単純・簡略・簡素・簡便・簡易・安直・シンプル

がん-やく【丸薬】飲みやすくするため、練り合わせて球状にした薬剤。丸剤。

かん-やどり【神宿り】《武神である八幡神の宿る所の意》兜の頂。八幡座。

かんやひょうばいてつ-コンス【漢冶萍煤鉄公司】中国にあった製鉄会社。清末の1907年に、漢陽製鉄所・大冶鉄山・萍郷炭鉱が合併して創立。日本へ大量の鉄鉱石を供給した。現在の華中鋼鉄公司大冶鋼廠にあたる。

かんやまといわれびこ-の-すめらみこと【神日本磐余彦天皇】神武天皇の異称。

かん-ゆ【肝油】タラ・サメなどの新鮮な肝臓からとった、黄色の脂肪油。ビタミンA・Dに富む。

かん-ゆ【乾油】▶乾性油

かん-ゆ【換喩】比喩法の一。ある事物を表すのに、それと深い関係のある事物で置き換える法。「青い目」で「西洋人」を、「鳥居」で「神社」を表す類。

かん-ゆ【韓愈】[768〜824]中国、唐の文学者・思想家。唐宋八家の一人。昌黎(河北省)の人ともいわれるが、河陽(河南省)の人。字は退之。昌黎先生と称される。儒教、特に孟子を尊び、道教・仏教を排撃した。柳宗元とともに古文復興運動に努めた。

がん-ゆ【含油】油を含んでいること。

かん-ゆう【奸雄｜姦雄】悪知恵を働かせて英雄となった人。奸知にたけた英雄。
(類語)英雄・ヒーロー・老雄・群雄・両雄・風雲児・雄・巨星・巨人・英傑・傑物・傑士・傑人・人傑・俊傑・怪傑・大人物・逸材・大物・女傑・大器

かん-ゆう【官有】国が所有すること。国有。⇔民有。(類語)公有・国有・民有・私有

かん-ゆう【勧誘】〔名〕スル あることをするように勧めて誘うこと。「保険の一」「劇団に一される」
(類語)誘い・勧め・誘惑

かん-ゆう【寛宥】寛大な気持ちで罪過を許すこと。「かの卿を一せらるべきなり」〈平家・一〇〉

かん-ゆう【寛裕】〔名・形動〕心が広くてゆったりしていること。また、そのさま。「政府の政一に帰し世間の論自主を尊ぶ」〈西周・明六雑誌三二〉

がん-ゆう【含有】〔名〕スル 成分や内容の一部として含みもつこと。「鉄分を多く一する食品」
(類語)含む・包含・内含・内包・包括・包蔵・包摂・収納・含める・収める・収まる・入れる・仕舞う・仕舞い込む・蔵する・収蔵・格納・収録・収載

かんゆう-ざいさん【官有財産】「国有財産」に同じ。

がんゆう-りょう【含有量】ある物質が、ある物の中に成分として含まれている量。含量。

かんゆう-りん【官有林】「国有林」に同じ。

がんゆ-けつがん【含油頁岩】▶オイルシェール

がんゆ-じくうけ【含油軸受(け)】金属粉末を焼結したものや樹脂など多孔質な材料に油を染み込ませて作った軸受け。長期間給油が不要。

がんゆ-そう【含油層】石油を含有する地層。多孔質の砂岩などからなり、背斜構造をなし、不透水層に挟まれた地層に多い。

かん-よ【関与】・【干与】〔名〕スル ある物事に関係すること。「事件に一する」「国政に一する」
(類語)与る・かかずらう・関係・共同・関連・連関・連係・相関・交渉・係わり・繋がり・結び付き・掛かり合い・引っ掛かり・絡み・関する・係わる・係る・まつわる・絡む

かん-よう【肝要】〔名・形動〕《人間の肝と扇の要の意から》非常に大切なこと。最も必要なこと。また、そのさま。「何事にも辛抱が一だ」
(類語)重要・大事・大切・肝心・肝心要・切要・緊要・喫緊・重大・主要・須要・必須・不可欠

かん-よう【官用】❶政府、国家機関で使用すること。「一地」❷政府や国家機関の用事。

かん-よう【官窯】中国で、宮廷で用いる陶磁器を製造した政府の陶窯。また、そこで焼いた陶磁器。狭義には、すぐれた作品の多い宋代の青磁をさす。日本では江戸時代の藩窯がこれにあたる。

かんよう【咸陽】中国陝西省、渭水北岸にある工業都市。紡績工業が盛ん。秦代の首都。人口、行政区95万(2000)。シエンヤン。

かん-よう【涵養】〔名〕スル 水が自然に染み込むように、無理をしないでゆっくりと養い育てること。「読書力を一する」

かん-よう【寒羊】羊の一品種。モンゴル・中央アジアで飼われ、毛肉兼用種。尾に脂肪を蓄える。

かん-よう【換用】〔名〕スル かえて用いること。代用。「一物」

かん-よう【間葉】▶間充織

かん-よう【寛容】〔名・形動〕スル ❶心が広くて、よく人の言動を受け入れること。他の罪や欠点などをきびしく責めないこと。また、そのさま。「一の精神をもって当たる」「一な態度をとる」「多少の欠点は一する」❷▶免疫寛容 (派生)かんようさ〔名〕
(類語)寛大・寛仁・広い・寛闊・寛弘・広量

かんよう【漢陽】中国、武漢市の西部地区。漢水の南岸にあり、製鉄・兵器工場があった。漢口・武昌とともに、かつての武漢三鎮の一。ハンヤン。

かん-よう【慣用】〔名〕スル 習慣的に用いること。また、習慣として世間に広く使われること。「一に従う」「一の手段」「一されている言い方」

かん-よう【簡要】手短で要領を得ていること。また、手短にまとめた要点。

かんよう-あんごう【慣用暗号】《conventional cryptography》▶共通鍵暗号

かんようあんごう-ほうしき【慣用暗号方式】《conventional encryptosystem》▶共通鍵暗号

かんよう-おん【慣用音】呉音・漢音・唐音のいずれでもなく、日本で広く使われている漢字音。「消耗」の「耗」を「もう」、「情緒」の「緒」を「ちょ」と読む類。

かんよう-きゅう【咸陽宮】戦国時代、秦の孝公が咸陽に建てた壮大な宮殿。のち、始皇帝が住んだ。

かんようきゅう【咸陽宮】謡曲。四番目物。金春流以外の各流。燕の荊軻と秦舞陽とは秦の始皇帝の命をねらうが、花陽夫人の琴に聴きほれているうちに討ち取られる。

かんよう-く【慣用句】二語以上の単語が結合して、それ全体である特定の意味を表すもの。「油を売る」「あごを出す」の類。イディオム。慣用語。
(類語)成句・イディオム

かんよう-ご【慣用語】❶特定の場面できまって用いる言葉。きまり文句。「ごめんください」「おはよう」の類。❷特定の社会だけで通用している語や言い回し。官庁用語・学術用語・商売用語・軍隊用語の類。❸「慣用句」に同じ。

かんよう-しょくぶつ【観葉植物】葉の形や色合いなどを観賞する目的で栽培される植物。ポトス・インドゴムノキなど。熱帯・亜熱帯産のものが多い。

がんよう-もん【含耀門】平安京大内裏八省院二十五門の一。東面し、西面の章義門と対する。朝賀・即位などの儀式の際、外弁・大臣以下がこの門より入って朝集堂の座に着いた。

かんよう-よみ【慣用読み】慣用音を用いた読み方。

かん-らい【寒雷】冬に鳴る雷。(季 冬)

がん-らい【元来】〔副〕❶最初からそういう状態・性質であることを表す。もともと。「この時計は一父の物だ」「一は好き嫌いがない」❷(接続詞的に用いて)物事を説き起こしたり、疑問を呈したりするときに、文頭に付ける語。「一幸福とは何なのであろうか」⇒本来(用法)
(類語)もともと・本来・大体・どだい・自体・そもそも

がんらい-こう【雁来紅】《雁の来るころに葉が紅色になるところから》ハゲイトウの別名。(季 秋)

かんら-かんら〔副〕豪傑などの高らかに笑う声を表す語。かんらから。かんらからから。

かん-らく【陥落】〔名〕スル ❶落ち込むこと。陥没。「地盤が一する」❷攻め落とされること。「首都が一する」❸地位や順位が下がること。「最下位に一する」❹口説き落とされること。「熱意に負けて一する」❺欠けていること。欠落していること。「自分の性質の一部一しているばかりに」〈花袋・春潮〉(類語)落城

かん-らく【乾酪】チーズ。

かん-らく【歓楽｜懽楽】〔名〕スル ❶㋐喜び楽しむこと。「これまで覚えたことのない淡い、地味な一を覚えた」〈鴎外・雁〉㋑物質的な欲望を満足させて楽しい思いをすること。「一の巷」❷ぜいたくに暮らすこと。「ともに一して、福を子孫に伝へんや」〈読・弓張月・続〉❸(「冠落」とも書く)病気をいう忌み詞。「昨日路次より一にて候ふほどに」〈謡・正尊〉(類語)快楽・享楽・享受・悦楽・逸楽・謳歌・淫楽・楽しむ

歓楽極まりて哀情多し　《漢武帝「秋風辞」から》喜び楽しむことが極まると、かえって悲しみの情が生じること。

かんらく-がい【歓楽街】劇場・遊戯場・飲食店などが集まるにぎやかな区画。盛り場。
かんらく-きょう【歓楽境】いろいろな楽しみを提供してくれる所。遊興施設の集まる温泉地や盛り場など。
かんらく-そ【乾酪素】►カゼイン
かんらく-へんせい【乾酪変性】結核などで、病巣部の組織が壊死し、黄色みを帯びたチーズ状になった状態。乾酪化。
かんら-さん【漢拏山】►ハルラサン
かん-らん【甘藍】❶キャベツの別名。〘季 夏〙❷ハボタンの別名。
かん-らん【×奸濫¦×姦濫】よこしまで、みだらなこと。「政府の為に武夫の―を抑え其高名心を制したれども」〈田口・日本開化小史〉
かん-らん【寒×蘭】ラン科の多年草。日本の暖地の山地にまれに自生。葉は数本束生し、広線形でつやがある。晩秋、淡黄緑色または紅紫色の香りのある花を開く。園芸品種もある。〘季 冬〙
かん-らん【×橄×欖】❶カンラン科の常緑高木。葉は羽状複葉で、春、白い小花をつける。緑色で卵形の実は食用。中国南部の原産で、鹿児島南部で栽培される。うおのほねぬき。❷オリーブの誤訳。「青い―の森が…だんだんうしろの方へ行ってしまい」〈賢治・銀河鉄道の夜〉
かん-らん【観覧】〔名〕スル 見物すること。「宝物館を―する」「―席」
〖類語〗見物・見学・参観・拝観・来観・見る
かんらん-がん【×橄×欖岩】橄欖石を主成分とする深成岩。変質すると蛇紋岩になる。
かんらん-ざん【橄欖山】►オリーブ山
かんらん-しゃ【観覧車】遊園地などにある乗り物の一。巨大な水車形の、ゆっくり回転する骨組みにつるしたゴンドラに乗り、高い位置からの展望を楽しむ。
かんらん-しょく【×橄×欖色】►オリーブ色
かんらん-せき【×橄×欖石】鉄・マグネシウムを含む珪酸塩鉱物。黄緑色で、ふつう短柱状の結晶をなす。斜方晶系。塩基性および超塩基性岩の主要な造岩鉱物。特に高品質のものは、ペリドットとよばれて宝石となる。
かんらん-ゆ【×橄×欖油】►オリーブ油
かん-り【×奸吏¦×姦吏】心のよこしまな役人。不正をはたらく役人。
かん-り【官吏】❶国家公務員のこと。役人。官員。「―登用」❷明治憲法下で、天皇の大権に基づいて任命され、国家に対し忠順かつ無定量の公務に服した者。高等官および判任官をさす。
〖類語〗公務員・役人・官員・吏員・公僕・国家公務員・地方公務員・武官・文官・事務官
かん-り【冠履】❶冠とくつ。❷上位と下位。尊卑。
かん-り【管理】〔名〕スル ❶ある規準などから外れないよう、全体を統制すること。「品質を―する」「健康―」「―教育」❷事が円滑に運ぶよう、事務を処理し、設備などを保存維持していくこと。「―の行き届いたマンション」「生産―」❸法律上、財産や施設などの現状を維持し、また、その目的にそった範囲内で利用・改良などをはかること。〖類語〗(❶)(❷)監理・監督・統轄・総轄・管轄・管掌・掌理・主管・所管・取り締まり・マネージメント・分轄・直轄・所轄・支配・保全・保守・維持・保管・管財・差配・つかさどる
かん-り【監吏】❶監督する役人。❷税関の職員。
かん-り【監理】〔名〕スル 物事を監督、管理すること。取り締まること。「電波―局」「御前此所へ帰って来て、宅の事を―する気はないか」〈漱石・こゝろ〉
〖類語〗管理・監督・統轄・総轄・管轄・管掌・掌理・主管・所管・取り締まり・マネージメント・分轄・直轄・所轄・支配・つかさどる
がん-り【元利】元金と利息。「―合計」
〖類語〗元金・元本
かんりうんえい-じゅたくほうしき【管理運営受託方式】►マネージメントコントラクト

かんり-えいようし【管理栄養士】厚生労働大臣の免許を受け、傷病者の療養のために必要な栄養指導や、特定多数の人に食事を提供する給食施設での栄養管理・指導などに当たる者。栄養士の免許をもつ者のみ取得資格がある。
かんり-かかく【管理価格】市場の需給関係によらず、独占または寡占企業の市場支配力によって設定される価格。需要やコストの変化に対しても硬直的である。カルテル価格と異なり、先導企業の決めた価格に他企業が追随することで維持される。⇒カルテル
かんりかんとく-しゃ【管理監督者】「管理職」の法律上の名称。労働基準法に定める、年次有給休暇、深夜労働、割増賃金などの労働時間規制の適用から除外することを認められた人・職のこと。
がん-りき【眼力】❶目で物を見る力。視力。がんりょく。❷物事の善悪・真偽・成否などを見抜く能力。がんりょく。〖類語〗眼光・心眼・慧眼・達眼
がん-りき【願力】❶衆生を救おうとする仏・菩薩の誓願の力。❷神仏に願をかけて、自己の目的を貫こうとする精神力。念力。
願力の船 阿弥陀仏の本願力によって衆生が生死の苦しみから抜け出すことができることを、船が彼岸に導くことにたとえた言葉。弘誓の船。
がんりき-えこう【願力回向】浄土真宗で、衆生の往生の因も果も、すべて阿弥陀仏の本願の力によって施し与えられたものであること。他力回向。
かんり-けん【管理権】他人の財産や施設を管理する権利または権限。
かんり-こうい【管理行為】財産を現状において維持し、また、財産の性質を変更しない範囲で利用・改良を目的とする行為。保存行為・利用行為・改良行為がある。⇒処分行為
かんり-こうがく【管理工学】►インダストリアル-エンジニアリング
かんり-しゃ【管理者】❶管理する人。特に、管理のための資格を持って業務に当たる人。「衛生―」❷►アドミニストレーター
かんり-しゃかい【管理社会】管理機構の巨大化、社会の組織化、高度情報化などによって、人間が生活のあらゆる面にわたって管理されるようになった社会。人間疎外が深刻化している現代社会を批判的にとらえた概念。
かんり-しょく【管理職】官公庁・企業・学校などで、管理または監督の任にある職。また、その任にある人。⇒名許り管理職
かん-りつ【官立】国家が設立したものであること。現在では「国立」という。「―の大学」
〖類語〗国立・公立
かん-りつ【寒×慄】〔名〕スル ふるえおののくこと。ぞっとすること。「彼は眦を決きて―せり」〈紅葉・金色夜叉〉
かんりつうか-せいど【管理通貨制度】国内通貨の供給量を正貨準備量によって増減するのではなく、通貨当局が政策的に管理・調節する制度。
かんり-てんとう【冠履×顛倒】〔名・形動〕地位・価値などの上下の順序が乱れること。また、そのさま。「なんぼ―な世の中で」〈魯庵・社会百面相〉
かんり-にん【管理人】❶私法上、他人の財産を管理する人。❷所有者から委託されて、アパート・施設などの管理をする人。
かんり-のうりょく【管理能力】❶経営や取り締まりの手腕。❷財産を管理しうる法律上の能力。未成年者・成年被後見人はこの能力がないとされる。
かんり-ひ【管理費】►共益費
かんり-ふくむきりつ【官吏服務紀律】明治憲法下で、官吏の服務上の義務を規定していた法規。明治20年(1887)勅令三九号で発布。昭和23年(1948)国家公務員法の施行により廃止。
かんり-ぼうえき【管理貿易】国に直接、管理・統制されている貿易。品目・数量・相手国・決済方法などが指定される。
かんり-ポスト【監理ポスト】「監理銘柄」の旧称。

かんり-めいがら【監理銘柄】証券取引所(金融商品取引所)が、上場廃止基準に触れるおそれのある株式について割り当てる特別の扱い。監理銘柄(審査中)と監理銘柄(確認中)の二つの指定がある。上場廃止の可能性を一般投資家に周知徹底させるための措置で、売買は通常通り行われるが、上場廃止と決まれば整理銘柄になる。企業側の説明などによって廃止基準に触れないと判断されれば指定は解除される。
かんり-めいれい【管理命令】強制執行や会社の整理などの際、管理人に財産などを管理させるために裁判所が下す命令。
かん-りゃく【簡略】〔名・形動〕手短で簡単なこと。手軽で簡単なこと。また、そのさま。「―なあいさつ」「手続きを―にする」〖派生〗かんりゃくさ〔名〕
〖類語〗たやすい・簡単・容易・簡易・あっさり・手っ取り早い・やすい・楽・手軽・造作ない
かん-りゅう【乾留¦乾×溜】〔名〕スル 固体の有機物を、外気を遮断して加熱分解し、揮発成分と不揮発成分とに分ける操作。石炭乾留・木材乾留など。
かん-りゅう【貫流】〔名〕スル 川などが貫いて流れること。「平野の中央を―する川」
〖類語〗流れる・流動・流通・流出・捌ける・通う
かん-りゅう【寒流】❶流域外の海水に比べて温度の低い海流。低塩分で酸素・栄養塩類に富み、プランクトンが多い。日本近海では親潮など。⇔暖流。❷冷たい水流。〖類語〗海流・潮流・暖流
かん-りゅう【幹流】主流。本流。
かん-りゅう【緩流】緩やかな水の流れ。
かん-りゅう【還流】蒸気となったものを冷却し、凝結させて再び液体としてもとに戻すこと。
かん-りゅう【環流】〔名〕スル ❶めぐり流れること。また、その流れ。「血液が体内を―する」❷大気や海水の地球規模の大きな流れ。❸一度流れ込んだものが、再び元に返っていくこと。「投下された外国資本が形を変えて故国に―する」
かん-りゅう-おう-そ【韓柳欧蘇】中国、唐代の韓愈・柳宗元、宋代の欧陽脩・蘇軾のこと。
がんりゅう-じま【巌流島】山口県下関市、彦島の東方にある船島の異称。慶長17年(1612)佐々木巌流が宮本武蔵に決闘で敗れた所と伝える。
かん-りょう【完了】〔名〕スル ❶物事が完全に終わること。また、完全に終えること。「開店の準備が―する」「予定の仕事を―する」❷文法で、動作・状態がすでに終了していること、また、その結果が現在まで実現している状態にあることなどを表す言い方。動詞に、文語では助動詞「つ」「ぬ」「たり」「り」、口語では助動詞「た」などを付けて表す。ヨーロッパ諸語では、基準となる時の違いに応じて、現在完了・過去完了・未来完了などの区別のあるものがある。〖類語〗終了・完結・終わる・済む・片付く・上がる・引ける・跳ねる・結了・終結・終決・終止・終息・閉幕・幕になる・幕を閉じる・ちょんになる・けりが付く・方が付く
かん-りょう【官僚】役人。官吏。特に、政策決定に影響力をもつ中・上級の公務員。
かん-りょう【感量】物を量るとき、はかりや計器の針が反応する最低の量。
かん-りょう【管領】〔名〕スル ❶領有し、支配すること。また、その人。「己の党与を諸国に配賦し以て―せしめたり」〈田口・日本開化小史〉❷自分のものにすること。「良からんずる宿をも取り、財宝をも―せんと志して」〈太平記・八〉❸►かんれい(管領)
がん-りょう【含量】「含有量」に同じ。
がん-りょう【岩×稜】岩の尾根。岩尾根。「―登攀」
がん-りょう【顔料】❶水や油に溶けない白または有色の不透明な粉末。分散状態で物を着色する。鉛丹などの無機顔料と、レーキなどの有機顔料とに大別される。印刷インキ・塗料・化粧品・プラスチックの着色剤など広く用いられる。❷絵の具。
がんりょう-インク【顔料インク】インクジェットプリンターで用いられるインクの一。インクの粒子が紙の表面に残るという特徴がある。耐水性が高い。

➡染料インク

かんりょう-しゅぎ【官僚主義】クワンレウ 官僚制や官僚政治における、権威主義、独善性、秘密主義、形式重視などの側面を批判的にいう語。

かんりょう-せい【官僚制】クワンレウ ❶巨大組織の運営にたずさわる専門的な人々の集団およびその組織・制度。❷合理的な規則や秩序に従って組織の目標を効率的に達成しようとする管理運営の体系・形態。

かんりょう-せい【寒涼性】カンリヤウ 東洋医学で、体を冷やしたり炎症を抑えたりする性質。➡温熱性 ➡平性 (補説)キュウリ・柿・馬肉などは寒涼性の食物とされる。

かんりょう-せいじ【官僚政治】クワンレウセイヂ 官僚が実質的支配権をにぎり、幅をきかせる政治体制。➡政治主導

かんりょう-てき【官僚的】クワンレウ〔形動〕官僚主義にみられるような、権威主義的、形式主義的な態度や傾向があるさま。「―な組織」

かんりょう-ないかくせい【官僚内閣制】クワンレウ 官僚が内閣の政策に強い影響力を及ぼしている状態を指摘する表現。(補説)日本の政治制度は議院内閣制だが、実際には政策立案の実務等を各省庁の官僚が主導し、これを閣僚などが追認する形で進められてきた。こうした官僚主導の政策立案・決定プロセスを政治主導へ転換する必要性が指摘されている。

がん-りょく【眼力】「がんりき(眼力)」に同じ。

かん-りん【官林】クワン「官有林」に同じ。

かん-りん【寒林】❶冬枯れの、寒々とした林。(季冬)「野の入日燃えて―の道をはる／秋桜子」❷《梵Śitavanaの訳》インドのマガダ国にあった林の名。山深く気温が低い所で、死体を捨てる場所であったという。尸陀林しだりん。転じて、墓地。

寒林に骸かばねを打つ　死後、悪道に落ちて苦しんだ人の霊魂が、その苦しみを自分の肉体が働いた悪業のためだといって、寒林にある自らの死体をむち打ったという「天尊説阿育王譬喩経」にみえる説話。

かん-りん【×翰林】❶《「翰」は筆の意》学者、文人の仲間。❷「翰林院」「翰林学士」の略。(類語)仲間・同輩・朋輩ほうばい・同僚・同志・同人・友・メート・同士・常連・一味・一派・徒党・味方・盟友・同腹・相手

かんりん-いん【×翰林院】ーヰン ❶中国で、唐の玄宗の時代以来、高名な儒学者・学士を召し、詔勅の起草などに当たらせた役所。清朝では国史の編纂へんさん、経書の侍講などを主に担当した。❷►アカデミー❶

かんりん-がくし【×翰林学士】❶中国で、唐代以降の官名。天子直属の官として翰林院に所属し、主として詔勅の起草をつかさどった。唐・宋代に、宰相となる者が多かった。翰林博士。❷文章博士もんじょうはかせの唐名。

かんりん-まる【咸臨丸】江戸幕府が安政4年(1857)にオランダで建造させた木造・3本マストの蒸気軍艦。原名ヤパン。排水量625トン、機関100馬力、備砲12門。幕府海軍の練習艦として用いられた。万延元年(1860)勝海舟を艦長として遣米使節の随行艦となり、太平洋を横断。

かん-るい【感涙】深く感じて流す涙。感激・感謝のあまり流す涙。「―にむせぶ」

かん-れい【寒冷】〔名・形動〕ひえびえとして寒いこと。また、そのさま。「―な地方」⇔温暖。(類語)冷たい・寒さ・寒気かんき・寒気さむけ・寒波・酷寒・極寒・厳寒

かん-れい【閑麗】〔名・形動〕みやびやかでうるわしいこと。また、そのさま。「又築造の尤も―なるものは」〈総生寛・西洋道中膝栗毛〉

かん-れい【漢隷】►八分はっぷん

かん-れい【慣例】クワン 繰り返し行われて習慣のようになった事柄。しきたり。ならわし。「―に従う」(類語)通例・定例・恒例・慣行・例・習い・習わし・仕来しきたり・常例

かん-れい【管▽領】クワン ❶室町幕府の職名。将軍を補佐して政務を総轄した。初め執事といい、貞治元年(1362)斯波義将しばよしまさ以後この名がある。室町中期以後は斯波・細川・畠山の三氏が交代で就任したので三管領という。かんりょう。❷►関東管領かんとうかんれい

かん-れい【艦齢】軍艦が建造されてからの年数。また、軍艦の使用可能年数。

かんれい-こうきあつ【寒冷高気圧】ーカウキアツ 気温が周囲より低い高気圧。大気の下層部が冷却されて生じる。上空3キロ以上では気圧が逆に低くなるので、背の低い高気圧ともいう。冬季のシベリア高気圧など。

かんれい-しゃ【寒冷×紗】織り目の粗い薄地綿布。濃いのりで仕上げをして、カーテン・かや・造花・芯地などに使う。

かんれい-ぜんせん【寒冷前線】寒気側から暖気側へ移動している前線。寒気団が暖気団の下に潜入して押し上げる。通過時には気温が急に降下し、驟雨しゅうう・雷雨・突風などを伴う。

かん-れき【官歴】クワン 官吏としての経歴。

かん-れき【還暦】クワン《60年で再び生まれた年の干支えとにかえるところから》数え年61歳のこと。また、その祝い。華甲。本卦還ほんけがえり。「―を迎える」(類語)志学・破瓜はか・弱冠・而立じりつ・不惑・知命・耳順・華甲・古希・致仕・喜寿・傘寿・米寿・卒寿・白寿・厄年

かん-れつ【乾裂｜干裂】❶かわき、さけること。干ひ割れること。❷干潟や湿地に堆積した泥の表面が乾燥するときに生じる亀甲状の割れ目。

かん-れつ【寒烈】〔名・形動〕寒さがはげしいこと。また、そのさま。凜烈りんれつ。「―の気」「―な地方」

かん-れつ【×轘裂】クワン 古代中国の刑罰の一。罪人の手足、首を別々の車に縛りつけ、違った方向に走らせて罪人のからだを引き裂くもの。車裂き。轘刑。

かん-れん【関連｜関×聯】クワン〔名〕スル ある事柄と他の事柄との間につながりがあること。連関。「―が深い」「―する事柄」「―性」「一貫問」

(類語)繋つながり・連関・連係・連鎖・連帯・コンビネーション・関係・相関・関与・交渉・係かかわり・結び付き・掛かり合い・引っ掛かり・絡み (―する)関する・係かかわる・係かかる・まつわる・係かかずらう・与あずかる・絡む

がん-れん【×頷×聯】律詩の第3・4の2句。前聯。

かんれん-がいしゃ【関連会社】クワンレン グワイシャ 資本参加や役員派遣などによって、他の会社から支配を受ける会社のうち、子会社以外の会社。(補説)会計上の判定基準は、支配する会社が議決権の20パーセント以上を有する状態とされるが、実質的にその会社から受ける影響が大きいと認められた場合は、20パーセント未満でも関連会社となることがある。

かんれんしゅくせい-きょうしんしょう【冠×攣縮性狭心症】クワンレンシュクセイ ケフシンシヤウ 冠状動脈が一時的に痙攣けいれんして細くなり、血流が低下することによって起こる狭心症。夜間から早朝にかけての安静時や、飲酒・喫煙時などに起こることが多い。ニトログリセリンなどの硝酸薬やカルシウム拮抗きっこう薬により冠状動脈を拡張させ痙攣を抑える。➡器質性狭心症

かんれん-せいきゅう【関連請求】クワンレン セイキウ 行政庁の処分または裁決の取り消しに関連する一定範囲の請求。例えば、原状回復や損害賠償の請求など。

かん-ろ【甘露】㊀〔名〕❶中国古来の伝説で、天子が仁政を施すと、天が感じて降らすという甘い露。❷《梵amṛtaの訳。不死・天酒の意》天上の神々の飲む、忉利天とうりてんにある甘い霊液。不死を得るという。転じて、仏の教え、仏の悟りにたとえる。❸煎茶の上等なもの。❹夏に、カエデ・エノキ・カシなどの樹葉からしたたり落ちる甘い液汁。その木につくアブラムシから分泌されたもの。❺「甘露酒」「甘露水」の略。㊁〔名・形動〕非常においしいこと。甘くて美味なこと。また、そのさま。「ああ、―、―」

かん-ろ【寒露】❶晩秋から初冬にかけての、霜になりそうな冷たい露。❷二十四節気の一。10月8日ごろ。このころになると、北地では初氷がみられるようになる。(季秋)

がん-ろう【玩弄｜×翫弄】グワン〔名〕スル ❶遊び道具としてもてあそぶこと。❷見下してなぶりものにすること。愚弄。「人を―するにもほどがある」

がん-ろう【頑×陋】グワン〔名・形動〕頑固で道理をわきまえないこと。かたくなで愚かなこと。また、そのさま。頑迷固陋がんめいころう。「保守的で―な人」

がんろう-ぶつ【玩弄物】グワンロウ ❶おもちゃ。玩具。❷なぶりものにされる物、または人。

かん-ろく【干×禄】《「干」は干もとめる意》❶俸禄を求めること。仕官を望むこと。❷幸いを求めること。

かん-ろく【官×禄】クワン 官位と俸禄。また、官府からもらう俸禄。

かんろく【勘六】[1746～1805]江戸末期の書家。勘亭流の祖。岡崎屋と称し、号は勘亭。江戸中村座の手代で、劇場の看板・番付を独特な書風に改めた。

かん-ろく【貫×禄】クワン からだつきや態度などから感じる人間的重みや風格。身に備わった威厳。「―がつく」「―がある」「―十分だ」

(類語)威厳・威徳・尊厳・威儀・権威

かんろく【観勒】クワンロク 7世紀の百済くだらの僧。602年に来日し、暦法・天文地理・方術の書を伝えた。日本最初の僧正に任ぜられたという。生没年未詳。

かんろくじしょ【干禄字書】中国の字書。1冊。初唐の顔元孫の著。干禄とは禄を干もとめる意で、官吏登用試験受験者のために作った実用的字体字書。約八百字を四声によって分類し、字ごとに正・通・俗の三体をあげる。顔真卿がんしんけいが正書して碑に刻した。

かんろ-しゅ【甘露酒】濃厚で甘みに富む酒の一種。麹こうじを多く、水を少なく仕込んで醸造したもの。

かんろ-しょうゆ【甘露×醤油】ーシヤウユ 塩水の代わりに濃い口醤油を使って仕込んだ醤油。味は濃厚で、刺身などに向く。

かんろ-すい【甘露水】❶砂糖を溶かして煮てからさました水。❷おいしい水のたとえ。

かんろ-に【甘露煮】ハゼ・フナなどの小魚を甘辛く煮つめた食品。ふつう白焼きにしてから中火で骨まで軟らかくなるまで煮込む。

かんろ-ばい【甘露梅】❶青梅をシソの葉でくるみ、砂糖漬けにした菓子。江戸の新吉原の名物。❷練り餡あんをくるんだ淡紅色の求肥ぎゅうひを、梅酢に漬けたシソの葉で包んだ菓子。神奈川県小田原の名物。

かんろ-りやく【甘露利益】仏語。一乗の教えの恵みを、甘露にたとえていう語。

かん-わ【官話】クワン《官衙かんがで用いる言語の意》かつて中国の官界・上流社会で用いられた標準的言語。北京ペキン・南京ナンキン・西方の諸官話がある。

かん-わ【閑話｜間話】❶むだばなし。❷心静かにする話。もの静かな会話。「一夕の―を楽しむ」

かんわ【寛和】クワンワ►かんな(寛和)

かん-わ【漢和】❶中国と日本。和漢。❷中国語と日本語。❸「漢和辞典」の略。❹►かんな(漢和)

(類語)中日

かん-わ【緩和】クワン〔名〕スル 厳しさや激しさの程度を和らげること。また、和らぐこと。「制限を―する」「混雑が―する」(類語)和らぐ・緩衝・融和・和らげる・和む・弛緩しかん・間延び

かんわ-いりょう【緩和医療】クワンワイレウ►緩和ケア

かんわ-きゅうだい【閑話休題】ーキウダイ 文章で、余談をやめて、話を本題に戻すときに、接続詞的に用いる語。それはさておき。あだしごとはさておき。

かんわ-ケア【緩和ケア】クワンワ《relief care》完全な治癒の望めない患者に対し、生命の持続よりも、その身体的痛みや精神的苦痛を取り除くことに重点をおいた介護・看護。末期癌がん患者などに対して行われる。緩和医療。

かんわケア-びょうとう【緩和ケア病棟】クワンワケア ビヤウトウ 末期癌がん患者などの痛みの緩和と看護を担当する病棟。➡ホスピス

かんわ-げんしょう【緩和現象】クワンワゲンシヤウ 外的作用によって平衡状態の乱れた物質系が、内部運動によってしだいに平衡状態に戻る現象。

かん-わざ【神業｜神▽事】►かみわざ(神業)❷

かんわ-じてん【漢和辞典｜漢和字典】漢字・漢語の読み方や意味を日本語で説明した辞典。

かんわ-ぜん【看話禅】►かんなぜん(看話禅)

かんわ-れんく【漢和×聯句】►かんなれんく(漢和聯句)

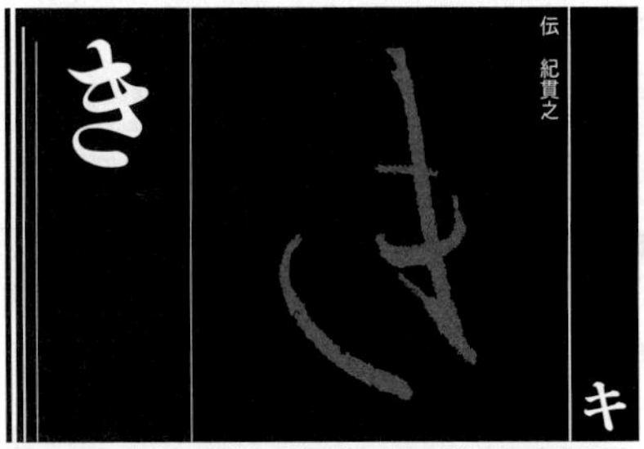

き ❶五十音図カ行の第2音。軟口蓋の無声破裂子音[k]と母音[i]とから成る音節。[ki] ❷平仮名「き」は「幾」の草体、片仮名「キ」は「幾」の草体の楷書化から変化したもの。

き【×几】 ❶机。「司馬遷は―に凭ったまま」〈中島敦・李陵〉❷脇息。➔漢「き(几)」

き【己】 十干の第六。つちのと。➔漢「こ(己)」

き【木・▽樹】 ❶地上部の茎が木質化している植物。樹木。「―を植える」「―の枝」❷建物・器具などの材料として使えるようにした用材。木材。「―の机」❸(「柝」とも書く)歌舞伎・人形浄瑠璃・相撲などで用いる拍子木。開幕・閉幕などの合図に用いる。類語 樹木 …語 青木・荒木・植木・埋め木・末木・老い木・冠木・唐木・枯れ木・草木・朽ち木・頸木・黒木・挿し木・下木・白木・雑木・立ち木・垂木・乳切り木・接ぎ木・積み木・取り木・生木・並木・生り木・庭木・鉢の木・幅木・肘木・冬木・古木・曲げ木・丸木・瑞木・本木・割り木 (ぎ)赤木・網代木・浮き木・受け木・腕木・埋もれ木・枝木・雄木・押さえ木・親木・笠木・形木・堅木・鰹木・雁木・木木・経木・差し木・算木・軸木・締め木・正真木・心木・滑り木・炭木・隅木・擂粉木・添え木・杣木・台木・千木・付け木・爪木・釣り木・常磐木・年木・止まり木・止め木・苗木・流れ木・新木・鼻木・版木・板木・拍子木・榾木・枕木・股木・棟木・雌木・横木・寄せ木・連木・若木

木が入・る 演芸・演劇・相撲などで、開場・開幕・口上などの合図に拍子木が打たれる。

木から落ちた猿 頼りとするものを失って、どうしてよいかわからないことのたとえ。

木静かならんと欲すれども風止まず 《「韓詩外伝」九の「樹静かならんと欲して風止まず、子養わんと欲して親待たず」から》親の生きている間に孝行せよという戒め。また、物事が思いのままにならないことのたとえ。風樹の嘆。

木で鼻を括・る 《「くくる」は「こくる」の誤用。「こくる」はこする意》無愛想に応対する。冷淡にあしらう。木で鼻をかむ。「―・ったような返事」

木に竹を接・ぐ 違う性質のものをつぎ合わせる。前後関係や筋が通らないことのたとえ。

木にも草にも心を置く 小さなことにもおどおどすることのたとえ。木にも萱にも心を置く。

木に縁りて魚を求む 《「孟子」梁恵王上から》方法を誤ると目的は達せられないことのたとえ。

木の実は本へ落つ 実は、なった木の根本に落ちる。物事はみなそのもとに帰ることのたとえ。

木を見て森を見ず 小さいことに心を奪われて、全体を見通さないことのたとえ。

き【▽牙】 きば。「―かみたけびて」〈万・一八〇九〉

き【生】 ㊀〔名〕まじりけがないこと。「ウイスキーを―で飲む」㊁〔接頭〕名詞に付く。❶純粋でまじりけがない、新鮮な、の意を表す。「―娘」「―まじめ」❷人工を加えていない、自然のままの、の意を表す。「―糸」「―ぶどう酒」「―醤油」

き【危】 ❶あやういこと。あぶないこと。「―を踏み険を冒すの事業にして」〈田口・日本開化小史〉❷「危険物」の略号。❸二十八宿の一。北方の第五宿。水瓶座のα星など三星をさす。うみやめぼし。危宿。➔表「二十八宿」➔漢「き(危)」

き【気】 ❶生命・意識・心などの状態や働き。㋐息。呼吸。「―が詰まりそうな部屋」㋑意識。「―を失う」㋒物事に反応する心の働き。「―を静める」㋓精神の傾向。気質。「―が強い」㋔精神の盛り上がり。気勢。「復興の―がみなぎる」㋕気分。気持ち。「―が楽だ」「―が乗らない」㋖あれこれ考える心の動き。心遣い。心配。「どうにも―になる」㋗物事にひきつけられたり、人を恋い慕ったりする気持ち。興味。関心。「彼女に―がある」㋘何かをしようとする、また何かしたいと思う心の動き。つもり。「どうする―だ」「やる―がある」❷天地に生じる自然現象。空気・大気や、水蒸気などの気体。「山の―」❸あたりに漂う雰囲気。心に感じる周囲のようす。「陰鬱な―が漂う」❹ある物がもっている特有の香りや風味。「―の抜けたビール」❺昔、中国で1年を24分した一つの、15日間。さらに3分した一つを候といい、気は3候からなる。節気。➔漢「き(気)」
類語 (❶㋒)心・心持ち・気持ち・気分・心気・精神・心機・神経・心理・感情・機嫌・空気/(❶㋓)気性・気象・気立て・気前・心ばえ・心根・心柄・情性・性格/(❷)大気・外気・エア・空気

気が合・う 考え方や感じ方が通じ合う。「彼とは不思議に―・う」

気があ・る ❶意志・意欲がある。「本当に勉強する―・るのか」❷興味や関心がある。特に、恋い慕う気持ちがある。「彼は彼女に―・るらしい」

気がい・い 気立てがいい。人がいい。「―・いから何でも引き受けてしまう」

気が飢・える ►飢える❸

気が移・る 関心が他のことに移る。気持ちが変わる。「―・って買う物が決まらない」

気が多・い 心が定まらず、関心や興味がいろいろに変わる。「―・くて何にでも手を出す」

気が大き・い 小さなことを気にしない。度量が大きい。「酒を飲むと―・くなる」

気が置け◦ない 遠慮したり気をつかったりする必要がなく、心から打ち解けることができる。「―◦ない間柄」補説 文化庁が発表した平成18年度「国語に関する世論調査」では、「その人は気が置けない人ですね」を、本来の意味である「**相手に気配りや遠慮をしなくてよいこと**」で使う人が42.4パーセント、間違った意味「**相手に気配りや遠慮をしなくてはならないこと**」で使う人が48.2パーセントと、逆転した結果が出ている。

気が重・い 物事をするのに気が進まない。億劫である。「―・い仕事」

気が勝・つ 勝ち気である。「―・った女性」

気が利・く ❶細かいところにまで注意が及ぶ。「若いのによく―・く」❷しゃれている。粋である。「―・いたせりふ」

気が気でな・い 気がかりで落ち着かない。

気が差・す うしろめたい気持ちがする。気がとがめる。「黙って欠席したので―・す」

気が知れ◦ない 相手が何を考えているのかわからない。「あんな遊びに夢中になるとは―◦ない」

気が進ま◦ない すすんでしようとは思わない。気乗りがしない。「今度の仕事はあまり―◦ない」

気が済・む 気持ちがおさまる。また、満足する。心が落ち着く。「とことんやらないと―・まない」

気が◦する そのように感じられる。そのような気になる。「危ない―◦する」「食べる―◦しない」

気が急・く 早くしようと気持ちがはやる。気があせる。「早く知らせねばと―・く」

気がそが◦れる 何かをしようという気持ちがくじかれる。「批難する―◦れる」

気が高ぶ・る 興奮する。「―・って眠れない」

気が立・つ 心がいらだつ。興奮する。「受験直前で―・っている」

気が小さ・い 小さなことを気にする。度量が小さい。また、小心である。

気が散・る 一つの事に気持ちが集中できない。「テレビがうるさくて―・る」

気が尽・きる ❶気がめいる。退屈する。「小夜中のおしらべごと、嘸かしお―・きるであろ」〈逍遥・桐一葉〉❷気力がなくなる。「これ程―・きては、頓て死ぬるに間はない」〈浮・織留・一〉

気が付・く ❶そのことに考えが及ぶ。気づく。「まちがいに―・いた」❷細かいところにまで注意がゆきとどく。「よく―・く女性」❸意識が回復する。正気にかえる。

気が詰ま・る 窮屈に感じられる。気づまりに感じる。「彼と一緒にいると―・る」

気が強・い 気性が激しく容易に屈しない性格である。勝ち気である。「―・い投手」

気が遠くな・る 意識がなくなる。正気を失う。「徒歩で世界一周とは―・るような話だ」

気が通・る さばけている。粋である。気が利く。「―・りたる主とうちくつろぎて」〈浮・懐硯・四〉

気が咎・める うしろめたい気持ちがする。やましさを感じる。「方便でもうそをつくのは―・める」

気がな・い 関心がない。気乗りがしない。「まるで―・い返事」

気が長・い のんびりとしている。ゆったりと構えてあせらない。「完成まで三〇年とは―・い」

気が抜・ける ❶気持ちの張りがなくなる。「試験が終わって―・ける」❷飲み物などの風味がなくなる。「―・けたビール」

気が乗・る そのことをする意欲がわく。また、興味がわく。気乗りがする。「―・らない顔つき」

気が早・い せっかちである。気短である。

気が張・る 気持を引きしめる。緊張する。「上司の前では―・る」

気が晴・れる 気持ちがすっきりする。「言うだけ言って―・れる」

気が引・ける 気おくれがする。引け目を感じる。

気が触・れる ❶正気でなくなる。気が狂う。❷心が動く。「さもしい金に―・れた見世女郎のあさましさと」〈浄・冥途の飛脚〉

気が滅・る 気疲れする。はらはらする。「こりゃどうもならぬ。ああ、ああ、―・る」〈浮・一代男・四〉

気が変にな・る 精神の働きが正常でなくなる。

気が紛・れる 嫌な気分や緊張感が、他に関心を向けることによって忘れられる。「芝居を見たら―・れた」

気が回・る ❶細かいところまで注意がゆきとどく。「そこまで―・らなかった」❷邪推する。「もしやどこぞへ寄ってかと―・った」〈浄・千本桜〉

気が短・い 短気である。すぐいらいらしたり怒ったりする。

気が向・く ある事をしたい気になる。

気が滅入・る 陰気で憂鬱な気分になる。元気がなくなる。「病気がちで―・る」

気が揉・める 心配で気持ちが落ち着かない。やきもきする。「到着が遅れて―・める」

気が弱・い 自信が持てずに、他人に気兼ねしたり、思いどおりに行動できなかったりする。

気が若・い 年齢のわりに気の持ち方が若い。

気で気を病・む 必要のない心配をして、自分で自分を苦しめる。

気に入・る ❶好みに合う。❷他人の機嫌をとる。「色々お―・りて、すかし給へども」〈浮・好色盛衰記〉

気に掛か・る 心にかかって離れず、心配である。

気に掛・ける 心にとめて考える。心配する。

気に食わ◦ない 不満である。気にいらない。

気に障・える ►障える❷

気に障・る いやな気持ちを起こさせる。感情を害する。「―・る物の言い方をする」

気に◦する 心にとめて不安に思う。心配する。「人がなんと言おうと―◦するな」

気に留・める 心にとどめる。留意する。また、忘れないでいる。

気にな・る 心配になる。気にかかる。

気に病・む 心配する。悩む。「業績不振を―・む」

気は心 額や量は少ないが、真心をこめているということ。贈り物をするときなどにいう言葉。「―ですか

ら、少しだけ値引きします」

気は世を蓋(おお)う　《「史記」項羽本紀から》精神が天下をおおいつくすほどに雄大である。意気が非常に盛んなさまをいう。

気も漫(そぞ)ろ　ある事に心を奪われて落ち着かないさま。そわそわするさま。

気を入(い)・れる　物事に一生懸命になる。「—・れて仕事をする」

気を失・う　❶意識を失う。気絶する。❷意欲を失う。気落ちする。「此の城を夜討に落として、敵に—・はせ」〈太平記・二八〉

気を移・す　❶気持ちを変える。❷心をかたむける。「大浦甚八といふ者は、小歌、小舞に—・し」〈浮・永代蔵・五〉

気を落と・す　物事がうまくいかず、元気をなくす。失望する。落胆する。

気を兼・ねる　遠慮する。気がねをする。「一家分散後は…よそ目にも気の毒なほど—・ねる」〈蘆花・思出の記〉

気を利か・せる　相手の立場やそのときの状況にふさわしいように心を働かせる。気を利かす。「—・せて席を外す」

気を配・る　さまざまに注意を払う。配慮する。

気を遣(つか)・う　「気を配る」に同じ。

気を尽く・す　❶精を出す。夢中になる。「そくばくの—・せる古賢の心ざし」〈戴恩記〉❷気力をつかい尽くす。気疲れする。「兄弟と人には語られず、—・し申し候」〈浮・文反古・二〉

気を付・ける　❶注意を払う。「失礼のないように—・ける」❷元気をつけさせる。「なまじひなる事し出して敵に—・けつることよ」〈太平記・三〇〉❸気づかせる。思い出させる。「中々なる軍(いくさ)して敵に—・けてはかなふまじとて」〈太平記・三二〉

気を通・す　気を利かす。「こんな姿の女めが、—・しすぎて」〈浮・一代女・三〉

気を取ら◦れる　注意を奪われる。「話に—◦れてあやうく乗り越すところだった」

気を取り直・す　思い直して元気に振るまう。「—・して再び練習に励む」

気を取・る　機嫌をとる。「御隠居への心づかひ、奥様の—・る事」〈浮・五人女・二〉

気を抜・く　❶緊張をゆるめる。「最後まで—・くな」❷びっくりさせる。肝をぬく。「からくりの太鼓に—・かれて」〈洒・辰巳之園〉

気を呑(の)ま◦れる　心理的に圧倒される。「相手の勢いに—◦れる」

気を吐・く　威勢のよい言葉を発する。また、意気盛んなところを示す。「一人—・く」

気を張・る　気持ちをひきしめる。また、心を奮い立たせる。気張る。「—・って悲しみに耐える」

気を引・く　相手の関心をこちらに向けさせる。また、それとなく相手の心を探る。「相手の—・く発言をする」

気を回・す　必要以上にあれこれ考える。よけいな憶測や邪推をする。「変に—・しすぎる」

気を持た・せる　意味ありげな言動をして、相手に期待などを抱かせる。

気を揉(も)・む　心配してやきもきする。

気を許・す　相手を信用して警戒心や緊張をゆるめる。「—・したのが間違いだった」

気を良く◦する　思いどおりになって、いい気持ちになる。「評判がよいのに—◦する」

気を悪く◦する　不愉快な気分になる。機嫌を悪くする。「心ない言葉に—◦する」

き【忌】❶死者の喪に服して慎む一定の日数。忌中。喪中。いみ。「—にこもる」❷死者の命日。「一周—」「芭蕉—」→漢「き(忌)」

き【×杵】きね。「此の粉春(こつき)の女ども、此の音を聞きて、—と云ふ物を提(ひさ)げて」〈今昔・二六・二三〉

き【奇】〔名・形動〕珍しいこと。不思議なこと。また、そのさま。「事実は小説より—なり」→漢「き(奇)」
類語 不思議・不可思議・不可解・不審・奇妙・面妖(めんよう)・妙(みょう)・変(へん)・異(い)・謎(なぞ)・怪(かい)・奇異・奇怪・幻怪・怪奇・怪異・神秘・霊妙・霊異・玄妙・あやかし・ミステリー・ミステリアス・奇天烈(きてれつ)・摩訶(まか)不思議・けったい・おかしい

奇を衒(てら)・う　わざと普通と違っていることをして人の注意を引こうとする。「—・った表現」補説「奇を狙(ねら)う」とするのは誤り。

き【季】❶1年を四つに分けた、春・夏・秋・冬のそれぞれ。❷陰暦で、春・夏・秋・冬の末の月。3月・6月・9月・12月。❸毎年、あることが行われたり、ある状態が続いたりする一定の期間。シーズン。❹年月の区分にいう語。1年を1季とし、半年を半季という。❺俳句で、四季やその景物を表す語。季語。季題。「—が重なる」→漢「き(季)」

き【▽城┊▽柵】敵などを防ぐために垣をめぐらした所。とりで。しろ。「筑紫の国は敵(あた)守るおさへの—そと」〈万・四三三一〉

き【×癸】十干(じっかん)の第一〇。みずのと。

き【紀】[一]地質時代の区分単位の一。代(だい)をいくつかに区分したもの。さらに世(せい)に分けられる。デボン紀・ジュラ紀・第四紀など。[二]㊀「日本書紀」の略。㊁「紀伊(きい)」の略。→漢「き(紀)」

き【軌】❶車の両輪の間の幅。❷車が通ったあとのくぼみ。わだち。❸一定の法則。みちすじ。軌範。→漢「き(軌)」

軌を一(いつ)に◦する　❶《韓愈「秋懐詩」其一から》車の通った跡を同じくするように、立場や方向を同じくする。「考え方が—◦する」→揆(き)を一にする ❷《「北史」崔鴻伝から。両輪の幅を同一にする意》国家が統一される。

き【記】[一]❶書きしるすこと。また、その文書。記録。「思い出の—」❷文体の一。事実をしるすもの。[二]「古事記」の略。→漢「き(記)」類語(❶)筆記・書記

き【起】漢詩で最初の句。起句。「—承転結」→漢「き(起)」

き【▽酒】さけ(酒)の古名。「相飲まむ—そこの豊御酒(とよみき)は」〈万・四二六四〉

き【鬼】❶異類異形のばけもの。おに。「其(そ)の霊魂—となりて我輩の終生を苦しめん」〈織田訳・花柳春話〉❷死者の霊魂。「いかなる賤しき者までも、死しては霊(りやう)となり—となりて」〈太平記・三四〉❸二十八宿の一。南方の第二宿。蟹(かに)座の中心部にある四星をさす。たまおのほし。たまほめぼし。鬼宿。→表「二十八宿」→漢「き(鬼)」

き【基】[一]〔名〕化学反応の際、一つの原子のように、ある化合物から他の化合物に移動することのできる原子団。原子団の名称に付して用いる。水酸基・メチル基・燐酸(りんさん)基など。基のうちイオンになりやすいものは根(こん)ともいう。[二]〔接尾〕助数詞。機械・灯籠・墓石など、立てて据えておく物を数えるのに用いる。「ロケット発射台三—」「石塔一—」→漢「き(基)」

き【基】[632〜682]中国、唐代の僧。長安の人。法相(ほっそう)宗の開祖。玄奘(げんじょう)の弟子となり、師に従って「成唯識論(じょうゆいしきろん)」の訳経に協力、のち解釈を加えて「成唯識論述記」「大乗法苑義林章」などを著す。慈恩大師。基法師。窺基(きき)。

き【黄】色の名。三原色の一つで、菜の花、ゆで卵の黄身などのような色。きいろ。イエロー。

黄なる泉　《「黄泉(こうせん)」を訓読みにした語》あの世。冥土(めいど)。「苔生(お)ふる岩に千代ふる命をば—の水ぞ知るらむ」〈宇津保・藤原の君〉

黄なる涙　嘆き悲しんで流す涙。多く獣の涙にいう。「師子…—を流しつつ」〈太平記・三二〉

黄なる物(もの)　《小判が黄金色をしていることから》小判。

き【×揆】やり方。方法。→漢「き(揆)」

揆を一(いつ)に◦する　《「孟子」離婁下から》同じやり方をする。→軌を一にする

き【期】❶ある一定の期間。定められた時期。接尾語的にも用いられる。「少年—」「第二—工事」❷時機。機会。「—が訪れる」❸《age》地質年代の区分の最小の単位。世(せい)をさらに細分したもの。→漢「き(期)」
類語 期間・周期

き【棋┊▽碁┊×棊】将棋。また、囲碁。→漢「き(棋)」「ご(碁)」

き【着】着ること。着るもの。〈名義抄〉

き【×葱】ネギの古名。〈和名抄〉

き【×箕】二十八宿の一。東方の第七宿。射手(いて)座の四星をさす。みぼし。箕宿(きしゅく)。→表「二十八宿」

き【×綺】「かんはた(綺)」に同じ。「桜の唐(から)の—の御直衣」〈源・花宴〉→漢「き(綺)」

き【機】[一]〔名〕❶物事の起こるきっかけ。また、物事をするのによいおり。機会。時機。「—を見る」「反撃の—を逸する」❷物事の大事なところ。かなめ。「—を制する」❸飛行機。「プロペラ—」❹仏語。仏の教えに触発されて活動を始める精神的能力。教えを受ける人、あるいは修行をする人の能力・素質。機根。[二]〔接尾〕助数詞。飛行機を数えるのに用いる。「三—編隊」→漢「き(機)」類語 きっかけ・契機・機会・縁・原因・もと・種(たね)・起こり・因(いん)・因由・素因・真因・要因・一因・導因・誘因・理由・事由(じゆう)・訳(わけ)・近因・遠因・せい・起因する・因(よ)る・基づく・発する・根差す

機が熟・する　ある物事をするのに、ちょうどよい時機になる。「改革の—・する」

機に乗・じる　好都合な状況や時期をうまく利用する。「—・じて攻め込む」

機に臨み変に応ずる　その時、その場に応じて適切な処置をとる。臨機応変。

機に因(よ)りて法を説く　仏教の真理は一つであるが、その時、その場に応じて適切な説法を行う。転じて、臨機応変に処理をする。

機を失・する　よい機会を逃がす。

機を見るに敏　好都合な状況や時期をすばやくつかんで的確に行動するさま。

き【×簋】古代中国で穀物を盛るのに用いた容器。台付きの円形の鉢。古くは「毀(き)」とも書く。

き【×驥】1日に千里を走るほどの名馬。駿馬(しゅんめ)。→漢「き(驥)」

驥も櫪(れき)に伏(ふ)す　《「驥」は、一日に千里を走るという駿馬。「櫪」は、馬小屋》いかなる名馬も厩舎(きゅうしゃ)につながれていては何もできないことから、才能のある者が世に認められず、力を発揮できずにいること。

き〔助動〕[(せ)・(け)|○|き|し|しか|○]活用語の連用形に付く。ただし終止形はカ変動詞には付かず、連体形・已然形は、カ変動詞の未然形・連用形、サ変動詞の未然形に付く。話し手または書き手の過去の直接経験を回想的に表す。…た。…たなあ。「頼め来**し**人をまつちの山風にさ夜更け**しか**ば月も入りに**き**」〈新古今・雑上〉補説 未然形の「せ」「け」は上代に「せば」「けば」「けく」の形で用いられ、「せば」は中古の和歌にも見られる。「け」「き」はカ変動詞から、「せ」「し」「しか」はサ変動詞から出たものという。カ変連用形からの接続形「きし」「きしか」という形が見られるのは中古からであるが、「きし」は「きし方(かた)」だけ、「きしか」は「着しか」の掛け詞としたものだけであるところから、「きし」を動詞「く(来)」の連用形に、完了の助動詞「ぬ」の連用形、過去の助動詞「き」の連体形の付いた「きにし」の音変化「きんし(じ)」の撥音無表記であるとして、カ変動詞の連用形からの接続を認めないという説もある。同じ過去の助動詞「けり」が伝承した過去を回想するのに対し、「き」は確実な過去の事実を回想する。→有りき

き【貴】[一]〔接頭〕❶人や人の集団を表す言葉に付いて、身分・位・家柄などが高いことを表す。「—公子」「—夫人」「—族」❷相手または相手に属する物を表す語に付いて、敬意をもって「あなたの」の意を表す。「—国」「—社」「—研究所」[二]〔接尾〕人を表す語に付いて、年長者などに対する敬愛・親愛の気持ちを表す。「姉—」「伯父—」→漢「き(貴)」

き〔接尾〕中古、童女などの名に付けて呼ぶ語。「雀の子をいぬ—が逃がしつる」〈源・若紫〉

き【▽寸】〔接尾〕❶古代における長さの単位の一。後世の曲尺(かねじゃく)の寸(すん)に相当する。「御歯の長さ一—(ひとき)」〈記・下〉❷古く、馬の丈(たけ)を測るのに用いる語。4尺を基準とし、それより1寸、2寸、…8寸と高ければ、それぞれ「ひとき」「ふたき」…「やき」といい、9寸以上は

「丈に余る」という。また、3尺9寸は「かえりひとき」という。「黒栗毛なる馬の、たけ八一あまりばかりなる」〈宇治拾遺・七〉

き【▽匹¦×疋】〔接尾〕《「ぎ」とも》助数詞。❶馬などを数えるのに用いる。「ゆきやらで雪の尾花と見つるかなひと一ふた一の駒にまかせて」〈夫木・一八〉❷反物の布帛ふはくを数えるのに用いる。「幾一ともえこそ見わかね秋山のもみぢの錦よそにたてれば」〈後撰・秋下〉

き【騎】〔接尾〕助数詞。馬に乗った人を数えるのに用いる。「数千一の軍兵」➡漢「き(騎)」

ぎ 「き」の濁音。軟口蓋の有声破裂子音[g]と母音[i]とから成る音節。ただし、現代共通語においては、一般に語頭以外では鼻音の頭音をもつ[ŋi]となる(これを鼻濁音の「ぎ」ともいう)。

ぎ【×妓】酒席で、音曲・歌舞などをもって客をもてなす女。芸妓。芸者。➡漢「ぎ(妓)」

ぎ【技】うでまえ。わざ。「心一一体」➡漢「ぎ(技)」

ぎ【偽】❶いつわり。❷論理学で、ある命題が事実に一致しないこと。⇔真。➡漢「ぎ(偽)」

ぎ【義】❶儒教における五常の一。人として守るべき正しい道。道義。「仁・一・礼・智・信」❷道理。条理。❸意味。意義。「読書百遍ひゃっぺん一自おのずから見あらわる」❹教え。教義。❺血縁上のものでない義理の関係。「一を結ぶ」➡漢「ぎ(義)」〔類語〕道義・正義・人道・人倫・大道・仁義・意味・意義・意い・概念・謂いい・こころ・語意・語義・字義・文意・含意・含み・意味合い・旨・ニュアンス・語感・本義・広義・狭義

　義を見てせざるは勇無きなり 《「論語」為政から》人としてなすべきことと知りながら、それを実行しないのは勇気がないからである。

ぎ【儀】㊀〔名〕❶儀式。礼式。「婚礼の一」❷事柄。こと。「その一ならば論に及ばない」㊁〔接尾〕人代名詞、人名、あるいはそれらの側の物を表す名詞に付いて、…こと、…に関して、の意を表す。多く、通知・通達などの文書の類に用いられる。「私一この度一身上の都合により…」「陳れば本校一も御承知の通り」〈漱石・吾輩は猫である〉➡漢「ぎ(儀)」
〔類語〕事項・項目・費目・くだり・式

ぎ【×誼】よしみ。したしみ。「一を通じる」➡漢「ぎ(誼)」

ぎ【魏】古代中国の国名。㊀戦国七雄の一。晋の六卿の一として勢力を拡大、韓氏・趙氏とともに晋を滅ぼし、その領土を3分。前403年、文侯のとき周の諸侯に列せられ、現在の山西省南部から河南省北部を領有。都は安邑、のち大梁(開封)。前225年、秦しんに滅ぼされた。㊁三国の一。曹操そうそうが華北を統一し、その子の曹丕そうひが220年に建国。首都は洛陽らくよう。蜀しょく・呉ごとともに天下を3分したが、265年、元帝は晋の武帝に禅譲。曹魏。㊂南北朝時代の北朝最初の王朝。386年、鮮卑せんぴ族の拓跋珪たくばつけい(道武帝)が建国。第3代の太武帝の時、華北を統一。都は初め平城(山西省大同)、のち493年洛陽に遷都。534年に東西に分裂。東魏は550年、西魏は556年に滅亡。北魏。後魏。拓跋魏。

ぎ【議】❶話し合い。相談。「委員会の一を経る」❷意見。考え。提案。❸古代、特別の身分ある者に対して、律が規定した特典。皇室の親族や特に才徳にすぐれた者、三位以上の者などの刑法上の罪を減じた。➡漢「ぎ(議)」

ぎ【気】〔語素〕名詞の下に付いて、それにふさわしい性質・気質・気性などの意を表す。「男一」「商売一」

ぎ【着】〔語素〕《動詞「き(着)る」の連用形が名詞化した「き(着)」から》名詞の下に付いて、そのような物事のために着る物の意を表す。「肌一」「上一」「晴れ一」

ギア〖gear〗歯車。また、歯車を組み合わせた動力伝動装置。ギヤ。「変速一」

ギャープ〖GAAP〗《Generally Accepted Accounting Principles》一般に認められた会計原則の略称。米国会計基準は「US-GAAP」、日本の企業会計原則は「JA-GAAP」などと略称される。

き-あい【木藍】きあゐ 天然の藍のとれる木本植物。リュウキュウアイ、インドアイなどがある。

き-あい【気合(い)】きあひ ❶精神を集中させて事に当たるときの気持ちの勢い。また、そのときの掛け声。「一がこもる」「一をかける」❷呼吸。いき。「一をはかる」「一が合う」❸その場の状態や雰囲気。「一重の垣が二人の間に結ばれた様な一になった」〈左千夫・野菊の墓〉❹気性。きだて。「ああいう一は漸次ぜんじなくなります」〈万太郎・末枯〉❺心持ち。気分。「一ヲウカガウ」〈和英語林集成〉〔類語〕気迫・呼吸

　気合いを入い・れる ❶緊張感を高め、精神を集中する。「もっと一・れて走れ」❷精神がたるんでいるなどとして、しかりつけたり体罰を加えたりする。もと、軍隊で用いられた語。「新入部員に一・れる」

きあい-まけ【気合(い)負け】きあひ〔名〕スル 相手の気合いに圧倒されて気持ちの上で負けること。「戦う前から一する」

き-あ・う【来合ふ】きあふ〔動ハ四〕「来合わせる」に同じ。「あくるまでも試みむとしつれど、頓とみなる召使ひの一・ひたりつればなん」〈かげろふ・上〉

き-あが・る【気上(が)る】〔動ラ五(四)〕のぼせる。逆上する。「豊崎が一・って…洋盞を手荒く挙げて」〈魯庵・社会百面相〉

ぎ-あく【偽悪】《「偽善」に対してできた語》わざと悪を装うこと。「一趣味」⇔偽善。

き-あけ【忌明け】「いみあけ」に同じ。

き-あげは【黄揚羽】アゲハチョウ科のチョウ。翅はねの開張11センチくらい。翅は黄色の地に黒色などの斑紋や条紋がある。開けた草地などを飛び、高山にもみられる。幼虫は緑色に黒い横縞のある芋虫で、ニンジン・ミツバなどの葉を食べる。吐噶喇とから列島以北に分布。

き-あさ【生麻】まださらしてない麻布。

きあし-しぎ【黄脚×鷸】シギ科の鳥。全長27センチくらい。全体に灰色で脚が黄色。シベリアで繁殖し、日本では旅鳥として春秋に河口でみられる。

キア-じどうしゃ【起亜自動車】《Kia Motors》韓国の自動車会社。1944年設立。1998年に現代ヒュンダイ自動車の傘下に入り、現代起亜自動車グループを構成する。

ギアシフト〖gearshift〗自動車の変速機の歯車を切り替えること。ギアチェンジ。

キアズマ〖chiasma〗減数分裂の前期に、相同染色体が接着して二価染色体をつくるときの、よじれて交差している部分。

き-あたり【気当(た)り】気に障ること。

ギア-チェンジ〖gear change〗▶ギアシフト

き-あつ【気圧】❶大気の圧力。ふつう地上にかかる大気の重さをいい、1平方センチメートル当たり約1キログラム重に相当するが、場所・季節などで異なり、上空に行くほど小さくなる。単位にパスカルまたはヘクトパスカルを用い、ミリバールも慣用される。❷大気圧の単位。1気圧は水銀柱760ミリの高さに相当する圧力に由来し、1013.25ヘクトパスカル。記号atm

き-あつ【汽圧】蒸気の圧力。蒸気圧。

き-あつかい【気扱い】きあつかひ 気づかい。気苦労。「心配もなく、一も無く」〈二葉亭・浮雲〉

きあつ-けい【気圧計】気圧を測る装置。水銀気圧計・アネロイド気圧計などがある。晴雨計ともよばれる。バロメーター。

きあつ-けいど【気圧傾度】一定の距離を隔てた二点間の気圧差。天気図で等圧線が密集している場合ほど気圧傾度は大きく、風が強い。

きあつ-の-おね【気圧の尾根】をね 天気図で、高気圧の中心からU字状に細長く伸びている高圧部。気圧の峰。

きあつ-の-たに【気圧の谷】天気図で、低気圧の中心からV字状またはU字状に細長く伸びている低圧部。一般に南北方向が多く、その東側では天気が悪い。トラフ。

きあつ-はいち【気圧配置】比較的広い範囲における高気圧・低気圧および前線などの分布状態。冬にみられる西高東低型、夏にみられる南高北低型、梅雨型など、季節により特徴がある。

ギアナ〖Guiana〗南アメリカ大陸北東部の大西洋に面する地域。ガイアナ・スリナム・フランス領ギアナを中心とする地域。

ギアナ-こうち【ギアナ高地】―カウチ 南アメリカ大陸北東部の高地。ベネズエラおよびギアナ南部からブラジル北部にかけて広がる。西部はテーブル状の峰が多数あり、東部は1000メートル級の山が連なる。マシーソ-グアヤーネス。

ギア-ひ【ギア比】歯車の組み合わせにより動力の伝動速度を変える装置で、その変速の割合。ギヤ比。歯車比。

キアラ〖Giuseppe Chiara〗[1602〜1685]イタリア人イエズス会士。寛永20年(1643)宣教のため筑前大島に潜入したが捕らえられ、棄教後、宗門改役をつとめた。日本名、岡本三右衛門。

ギアラ 牛の第四胃。歯ごたえがあり脂肪もよくのっていて、焼き肉にして美味。赤センマイ。➡ミノ ➡蜂の巣 ➡センマイ〔補説〕「guarantee」からとするものもあるが、語源未詳。

き-あり【黄×蟻】体が黄褐色のアリ。砂糖などの食品に集まるイエヒメアリ・ヒメアリなどがある。

ギアリング〖gearing〗自動車の変速機や最終減速機などにおいて、歯車で回転速度を変えること。また歯車の組み合わせを変えることによって、その車の走行の性質を変えること。

ギアリング-レシオ〖gearing ratio〗銀行の総資産に対する自己資本の比率。リスクアセットレシオが、資産の危険の程度に応じてウエート付けした総資産を分母にするのに対して、単純に自己資本を総資産で割ったものをさす。従って国債も住宅ローンも一般貸し出しもすべて資産として単純合計されるという不都合がある。➡リスクアセットレシオ

ギア-レシオ〖gear ratio〗歯車比。かみ合っている二つの歯車の歯数の比。

キアロスクーロ〖イタリア chiaroscuro〗《明暗の意》❶絵画の明暗法。光と影との微妙な対照効果によって立体感を出すこと。陰影法。❷明暗効果を主要な表現方法とした単彩画。

き-あわ・せる【来合(わ)せる】きあはせる〔動サ下一〕図きあは・す〔サ下二〕ちょうどやって来て、たまたま出会う。「ちょうど一・せたタクシーに乗る」
〔類語〕会う・出会う・出くわす・行き合う・巡り合う・出会しゅつする・邂逅かいこうする・遭遇する・鉢合わせする・再会する・一期一会いちごいちえ

き-あん【×几案¦机案】《「几」も「案」も机つくえの意》机。「一整然として字を書く潔癖家もあれば」〈蘆花・思出の記〉

き-あん【起案】〔名〕スル 公式文書などの草案を作ること。起草。「会則を一する」

ぎ-あん【議案】会議で審議・決定するための原案。議事の対象となる案件。〔類語〕議題・議事

きあん-こう【輝安鉱】―クワウ アンチモンと硫黄からなる鉱物。金属光沢のある鉛灰色で、斜方晶系。結晶は柱状で縦に条線があり、軟らかい。アンチモンの重要な鉱石。

きあん-もん【徽安門】平安京内裏内郭十二門の一。北面し、玄輝門の西にある。西廂にしびさし門。

き-い【忌×諱】―キ〔名〕スル 「きき(忌諱)」の慣用読み。「其の筋の一に触れしにや」〈鉄腸・花間鶯〉

き-い【奇異】〔名・形動〕普通とようすが違っていること。不思議なこと。また、そのさま。「一な服装」
〔類語〕不思議・妙・奇妙・奇怪・怪奇・怪異・不可思議・面妖めんよう・奇天烈きてれつ・摩訶まか不思議・けったい・変

き-い【奇偉】―キ〔名・形動〕並はずれてりっぱであること。また、そのさま。「性一にして人と異なり」〈織田訳・花柳春話〉

きい【紀伊】旧国名の一。和歌山県全域と三重県の一部とにあたる。紀州。紀国きのくに。

き-い【貴意】相手の意見や考えを敬っていう語。お考え。御意見。多く手紙文に用いる。「一を伺いたく存じます」〔類語〕意見・考え・見解・主張・説・論・所説・所論・持説・持論・私見・私意・私考・所思・所見・見方・オピニオン（尊敬）高見（謙譲）愚見・卑見・私見・管見

【己】▻こ

【▽碁】▻ご

×**几** [音]キ(呉)(漢) [訓]つくえ、おしまずき ‖ 物を載せたり、ひじや腰を掛けたりする足つきの台。「几案・几帳/床几(しょうぎ)・浄几」

×**卉** [音]キ(漢) ‖ くさ。草の総称。「卉木(きぼく)/花卉」 [補説]「卉」は正字。

企 [音]キ(呉)(漢) [訓]**くわだてる** ‖ ①つまだちする。つまだちして望む。「企及」②先々のことをもくろむ。計画する。「企画・企業・企図」 [名付]もと

伎 [音]キ(漢) ギ(呉) [訓]わざ ‖ ①細かいわざ。「伎癢(ぎよう)・伎倆(ぎりょう)」②芸人。芸者。「伎楽」

危 学6 [音]キ(慣) [訓]**あぶない、あやうい、あやぶむ** ‖ ①あぶない。あやうい。「危機・危急・危険・危地・危篤・危難/安危」②あやぶむ。「危惧(きぐ)」③害する。そこなう。「危害」④すっくと高く立つ。「危坐(きざ)・危峰」

机 学6 [音]キ(呉)(漢) [訓]**つくえ** ‖ ㊀〈キ〉①つくえ。「机案・机下・机上・机辺/浄机」②ひじや腰を掛ける台。「床机(しょうぎ)」㊁〈つくえ(づくえ)〉「経机・脇机」 [難読]文机(ふづくえ)

気〔氣〕 学1 [音]**キ**(漢) **ケ**(呉) ‖ ㊀〈キ〉①息。「気管・気息/一気・呼気・口気」②ガス体。「気圧・気化・気体/外気・換気・空気・香気・湿気・臭気・瘴気(しょうき)・蒸気・冷気」③天地間に生じる自然現象。「気温・気候・気象/磁気・暑気・天気・電気・陽気」④宇宙と人間の根底にあるとされるエネルギー。生命の活力。「運気・元気・正気(せいき)・生気・精気・病気」⑤精神・感情の働き。「気質・気性・気分/意気・陰気・鋭気・狂気・血気・根気・才気・士気・正気(しょうき)・短気・稚気・怒気・平気・本気・勇気」⑥何か特有のようす。「気運・気味/鬼気・景気・語気・妖気(ようき)・霊気・雰囲気」⑦一年を二四分した期間。「気節/節気・二十四気」㊁〈ケ〉①ガス体。「湯気(ゆげ)」②心の働き。気持ち。「気色(けしき)/嫌気・俗気・毒気・山気・若気(わかげ)」③ようす。「気配/油気・色気・金気(かなけ)・産気・土気(つちけ)・人気(ひとけ)・水気(みずけ)」④病気。「脚気(かっけ)・腰気」 [名付]おき [難読]呆気(あっけ)・噯気(おくび)・気質(かたぎ)・気障(きざ)・健気(けなげ)・若気(にやけ)・惚気(のろけ)・呑気(のんき)・暢気(のんき)

▽**肌** [音]キ(呉)(漢) [訓]**はだ** ‖ ㊀〈キ〉はだ。はだえ。「肌膚・肌理(きり)/玉肌・雪肌」㊁〈はだ〉「肌着・肌身/赤肌・片肌・木肌・鮫肌(さめはだ)・地肌・素肌・鳥肌・人肌・諸肌(もろはだ)・山肌・柔肌(やわはだ)」 [難読]肌理(きめ)・黄肌(きはだ)・肌衣(はだぎ)

岐 [音]**キ**(漢) ギ(呉) [訓]ちまた、わかれる ‖ 本道から枝分かれした道。行き方が幾筋にも分かれること。「岐路/多岐・分岐」 [名付]みち [難読]隠岐(おき)・岐阜(ぎふ)

希 学4 [音]**キ**(漢) ケ(呉) [訓]まれ、ねがう、こいねがう ‖ ㊀〈キ〉①めったにない。「希少・希代(きだい)/古希」②願う。「希求・希望」③(「稀(き)」の代用字)濃度が薄い。「希釈・希薄・希塩酸」④ギリシャ。「希日辞典」㊁〈ケ〉㊀の①に同じ。「希有(けう)」 [難読]希臘(ギリシャ)・希伯来(ヘブライ)

忌 [音]**キ**(漢) [訓]**いむ、いまわしい** ‖ ①いやなこととして避ける。恐れはばかる。「忌諱(きき・きい)・忌憚(きたん)・忌避/禁忌・嫌忌・猜忌(さいき)」②死者の命日。「忌日(きにち)/遠忌(おんき)・年忌・一周忌・桜桃忌・三回忌」③喪に服する期間。「忌中・忌引(きびき)・忌服(きぶく)」 [難読]忌忌(いまいま)しい

汽 学2 [音]**キ**(漢) ‖ 湯気。蒸気。「汽車・汽船・汽笛」

奇 [音]**キ**(漢) [訓]あやしい、くし、くすし、あやに ‖ ①普通とは違っている。珍しい。「奇異・奇行・奇習・奇人・奇抜・奇妙/好奇・新奇・珍奇」②普通の知識では割り切れない。不思議だ。あやしい。「奇怪・奇術/怪奇・伝奇・猟奇」③普通の程度をはるかに超えてすぐれている。「奇観・奇才・奇勝・奇特」④予想から外れた。思いがけない。「奇禍・奇遇・奇襲」⑤二で割り切れない数。はした。「奇数」⑥(「畸(き)」の代用字)形が正常でない。「奇形」⑦(「綺(き)」の代用字)飾り立てて美しい。「奇麗」 [名付]あや・くす・すく [難読]数奇屋(すきや)

祈〔祈〕 [音]**キ**(漢) [訓]**いのる** ‖ 神仏に願う。「祈雨・祈願・祈請・祈祷(きとう)・祈念」 [難読]祈年祭(としごいのまつり)

季 学4 [音]**キ**(呉)(漢) [訓]すえ ‖ ①春夏秋冬のそれぞれの時節。シーズン。「季候・季節/雨季・夏季・乾季・四季・冬季」②四季のそれぞれの終わり。また、一時期の終わり。「季春・季世/節季」③年月の区分。一年。「一季・年季・半季」④俳句の題材となる四季の風物。季語。「季題/無季」⑤兄弟のいちばん下。末っ子。「季子/伯仲叔季」 [名付]とき・とし・ひで・みのる

紀 学4 [音]**キ**(呉)(漢) [訓]のり、しるす ‖ ①筋道をきちんと立てたおきて。「紀律/官紀・軍紀・校紀・綱紀・風紀」②筋道や順序を追って整理・記録する。「紀行・紀要・紀伝体」③順序を追って記録した文書。また、歴史書のうち、特に帝王の一代の事柄を記したもの。「本紀(ほんぎ)」④年代。とし。「紀元/皇紀・世紀・西紀・芳紀」⑤一二年間。「一紀」⑥地質時代の区分の一。「二畳紀」⑦「日本書紀」の略。「記紀」⑧紀伊(きい)国。「紀州」 [名付]おさ・こと・すみ・ただ・とし・もと

軌 [音]**キ**(呉)(漢) [訓]わだち ‖ ①車の輪と輪の間隔。レール。「軌道/狭軌・広軌」②通った車輪の跡。わだち。「軌跡」③一定の筋道。「軌範/常軌・不軌」 [名付]のり

▽**姫** [音]キ(呉)(漢) [訓]**ひめ** ‖ ㊀〈キ〉①貴人のめかけ。「寵姫(ちょうき)」②美女。婦人の美称。「美姫・妖姫(ようき)」㊁〈ひめ〉「姫君/歌姫・乙姫(おとひめ)・織姫・舞姫・佐保姫(さほひめ)」

既〔既〕 [音]**キ**(漢) [訓]**すでに** ‖ ①すでに。「既刊・既婚・既成・既知・既定・既得」②尽きる。「皆既食」

帰〔歸〕 学2 [音]**キ**(呉)(漢) [訓]**かえる、かえす** ‖ ①もとの所に戻る。かえる。「帰還・帰京・帰国・帰宅・帰路/回帰・不帰・復帰」②しかるべき所に落ち着く。「帰順・帰趨(きすう)・帰属・帰着・帰納」 [名付]もと・より [難読]帰去来(かえりなんいざ)・不如帰(ほととぎす)

記 学2 [音]**キ**(呉)(漢) [訓]**しるす** ‖ ①事柄を書き留める。「記載・記事・記者・記述・記入・記録/誤記・左記・速記・注記・登記・筆記・表記・併記・明記」②頭にとどめて忘れない。「記憶・記念/暗記・強記・銘記」③事柄をしるした文書。「私記・実記・手記・戦記・伝記・日記」④文章の一体。事実をありのままに記したもの。「岳陽楼記」⑤記録係。「外記(げき)・書記」⑥「古事記」の略。「記紀」 [名付]とし・なり・のり・ふさ・ふみ・よし

起 学3 [音]**キ**(呉)(漢) [訓]**おきる、おこる、おこす、たつ** ‖ ①おきあがる。高くせりあがる。「起居・起床・起伏・起立/突起・勃起(ぼっき)・躍起・隆起」②仕事・活動を始める。おこす。「起工・起訴・起草/喚起・継起・決起・惹起(じゃっき)・想起・提起・奮起・発起」③物事の始まり。「起因・起句・起源・起点/縁起(えんぎ)」 [名付]おき・かず・ゆき

飢 [音]**キ**(呉)(漢) [訓]**うえる** ‖ ①食物が少なくてひもじい思いをする。うえる。「飢餓・飢渇・飢寒」②不作で食糧が乏しいこと。「飢饉(ききん)」 [補説]「饑」と通用する。

鬼 [音]**キ**(呉)(漢) [訓]**おに** ‖ ㊀〈キ〉①死者の霊魂。亡霊。「鬼哭(きこく)・鬼神/幽鬼」②死者。あの世。「鬼籍・鬼録」③この世のものとも思われない恐るべき存在。化け物。「鬼気・鬼道/悪鬼・疫鬼・餓鬼・邪鬼・吸血鬼」④冷酷な人間のたとえ。「鬼畜/債鬼・殺人鬼」⑤人間わざではない。「鬼才・鬼謀」㊁〈おに〉「鬼子・鬼火/青鬼・赤鬼」 [難読]天邪鬼(あまのじゃく)・鬼遣(おにやらい)・鬼灯(ほおずき)

基 学5 [音]**キ**(呉)(漢) [訓]**もと、もとい** ‖ ①建物の土台。「基礎」②物事の土台。根拠となるもの。「基金・基準・基地・基盤・基本/開基・国基」③もとづく。「基因」④化学で、原子の集団を表す語。「塩基・水酸基」 [名付]のり・はじむ・はじめ [難読]基督(キリスト)

寄 学5 [音]**キ**(呉)(漢) [訓]**よる、よせる** ‖ ①頼ってよりかかる。身をよせる。「寄寓・寄宿・寄生・寄留」②人に物をあずける。送り届ける。「寄稿・寄進・寄贈・寄託・寄付」③一時的に立ちよる。「寄港・寄航」 [名付]より [難読]寄居虫(やどかり)・寄生木(やどりぎ)・寄越(よこ)す・寄席(よせ)・寄人(よりゅうど)

▽**崎** [音]キ(漢) [訓]**さき**、みさき ‖ ㊀〈キ〉①山道がけわしい。「崎嶇(きく)」②長崎のこと。「崎陽」㊁〈さき(ざき)〉みさき。「観音崎(かんのんざき)」 [補説]「﨑」は「崎」の俗字。

×**悸** [音]キ(漢) [訓]おそれる ‖ 驚きと恐れのために、心臓がどきどきする。「心悸・動悸」

規 学5 [音]**キ**(呉)(漢) [訓]のり ‖ ①コンパス。「規矩(きく)/定規(じょうぎ)」②行動や判断のよりどころとなる基準。「規格・規準・規則・規定・規範・規模・規約・規律/軍規・条規・新規・正規・内規・法規」③一定の枠・ルールにはまるようにする。「規正・規制」 [名付]ただ・ただし・ただす・ちか・なり・み・もと [難読]子規(ほととぎす)

亀〔龜〕 [音]**キ**(呉)(漢) [訓]**かめ** ‖ ㊀〈キ〉①爬虫(はちゅう)類の名。カメ。「亀甲(きこう・きっこう)/神亀」②占いに用いるカメの甲。「亀鑑・亀卜(きぼく)・亀裂」㊁〈かめ(がめ)〉「石亀・海亀・鶴亀」 [名付]あま・すすむ・ひさ・ひさし

喜 学4 [音]**キ**(呉)(漢) [訓]**よろこぶ** ‖ ①よろこぶ。よろこび。「喜悦・喜色・喜怒哀楽/歓喜・狂喜・驚喜・欣喜(きんき)・随喜・悲喜・一喜一憂」②よろこばしい。めでたい。「喜雨・喜事」③(草書体「㐂」の分析から)七十七歳。「喜寿」 [名付]たのし・のぶ・はる・ひさ・ゆき・よし

幾 [音]**キ**(呉)(漢) [訓]**いく** ‖ ㊀〈キ〉①比較的小さな数について問う語。いくつ。「幾何(きか)」②少しずつ。それとなく。「幾諫(きかん)」③(「機」と通用)細かいきざし。「幾微」④こいねがう。「庶幾」㊁〈いく〉「幾重(いくえ)・幾多・幾度・幾年・幾人・幾分」 [名付]おき・ちか・ちかし・のり・ふさ [難読]幾何(いくばく)・幾許(いくばく)・庶幾(こいねが)う・丁幾(チンキ)

揮 学6 [音]**キ**(呉)(漢) [訓]ふるう ‖ ①手を振り回す。手に持って振り動かす。「揮毫(きごう)/指揮」②まき散らす。外に表し出す。「揮発油/発揮」

×**揆** [音]キ(漢) ‖ ①はかる。はかりごと。「揆度(きたく)」②やり方。全体的な過程や規模。「一揆」

期 学3 [音]**キ**(漢) **ゴ**(呉) ‖ ㊀〈キ〉①区切られた一定の時間。「期間・期末/会期・学期・漁期・刑期・次期・周期・初期・前期・長期・定期・冬期・任期・末期・満期・無期・思春期・四半期・農繁期」②決められた時点・日時。「期限・期日/延期・死期・時期・納期」③そうなることを予定する。「期待/所期・予期」④一回り。一か月、または、一年。「期月・期年」㊁〈ゴ〉㊀の①②に同じ。「一期・最期・末期」 [名付]さね・とき・とし・のり

棋 [音]**キ**(漢) ‖ ①碁石。「棋子・棋布」②囲碁、または将棋。「棋界・棋士・棋道・棋譜・棋風」 [補説]「棊」は異体字。

人**稀** [音]キ(漢) ケ(呉) [訓]まれ ‖ ㊀〈キ〉①めったにない。「稀覯(きこう)・稀少・稀代/古稀」②濃度が薄い。まばら。「稀薄」㊁〈ケ〉㊀の①に同じ。「稀有(けう)」 [補説]「希」と通用する。

漢字項目 き-2

貴 学6 音キ呉漢 訓たっとい、とうとい、たっとぶ、とうとぶ ‖ ①価値・身分が高い。「貴顕・貴族・貴重・貴賓・貴金属・貴公子/高貴・尊貴・富貴」②値段が高い。「騰貴」③相手に対して敬意を示す語。「貴下・貴君・貴校・貴国・貴社・貴殿」名付 あつ・あて・たか・たかし・たけ・むち・よし 難読 貴方(あなた)・貴女(あなた)・貴人(うまひと・あてびと)

毀 音キ呉漢 訓こわす、こぼつ、そしる ‖ ①破りこわす。「毀棄・毀傷・毀損/破毀」②悪口を言う。そしる。「毀誉/誹毀(ひき)・謗毀(ぼうき)」難読 刃毀(はこぼ)れ

×**愧** 音キ呉漢 訓はじる、はじ ‖ はじる。はじ。「愧死・愧色/慚愧(ざんき)」

人**暉** 音キ呉漢 訓かがやく ‖ ①ひかり。かがやき。「落暉」②かがやく。ひかる。「暉暉」名付 あき・あきら・てらす・てる

棄 音キ呉漢 訓すてる ‖ うち捨てる。「棄却・棄権/遺棄・自棄・唾棄(だき)・投棄・破棄・廃棄・放棄」難読 自棄(やけ)

人**葵** 音キ漢 訓あおい ‖ ㊀〈キ〉植物の名。アオイ。「紅蜀葵(こうしょっき)」㊁〈あおい〉「立葵・天竺葵(てんじくあおい)・二葉葵(ふたばあおい)」名付 まもる 難読 向日葵(ひまわり)・蒲葵(びろう)・山葵(わさび)

×**詭** 音キ呉漢 訓いつわる、たがう ‖ ①悪だくみでだます。「詭計・詭弁」②普通と違う。「詭激」

×**跪** 音キ漢 訓ひざまずく ‖ ひざまずく。「跪坐(きざ)・跪謝/拝跪」

旗 学4 音キ漢 訓はた ‖ ㊀〈キ〉①はた。「旗下・旗幟(きし)・旗手/錦旗・軍旗・校旗・国旗・戦旗・弔旗・反旗・半旗」②清(しん)の軍団。「旗人」㊁〈はた(ばた)〉「旗色・旗印・旗本/赤旗・白旗・手旗・一旗」名付 たか

人**熙** 音キ呉漢 ‖ ①ひかる。かがやく。「光熙」②光が行きわたる。ひろまる。ひろめる。ひろい。「熙隆」③よろこぶ。たのしむ。「熙熙」補説「熙」は正字。「煕」「凞」は異体字。名付 おき・さと・てる・のり・ひろ・ひろし・ひろむ・よし

人**箕** 音キ呉漢 訓み ‖ ①農具の一。み。「箕裘(ききゅう)」②両足を前に伸ばした座り方。「箕踞(ききょ)・箕坐(きざ)」

人**綺** 音キ呉漢 ‖ ①美しい模様を織りなした絹。あや絹。「綺羅」②飾り立てて美しい。「綺語・綺麗」③巧みに織りなすこと。「綺譚・綺談」補説「奇」を代用字とすることがある。名付 あや

器〔器〕 学4 音キ呉漢 訓うつわ ‖ ①入れ物。また、一定の形に作られた道具。「楽器・機器・凶器・銀器・磁器・漆器・什器(じゅうき)・食器・土器・陶器・鈍器・武器・名器・容器・利器」②生物体で、特定の働きと形を持つもの。「器官/性器・臓器」③人間の働きや才能。「器用・器量/才器・大器・凡器」名付 かた 難読 土器(かわらけ)

人**嬉** 音キ呉漢 訓うれしい ‖ たのしむ。遊び喜ぶ。「嬉嬉・嬉戯・嬉笑・嬉遊」

人**毅** 音キ慣 訓つよい ‖ 心構え・態度がしっかりして動じない。「毅然/弘毅(こうき)・剛毅・豪毅・沈毅」名付 かた・こわし・さだむ・しのぶ・たか・たけ・たけし・つよし・とし・のり・み・よし

×**麾** 音キ呉漢 訓さしまねく ‖ ①軍を指図する旗。「麾下」②指図する。「指麾」

畿 音キ漢 ‖ 王城から五〇〇里以内の土地。都から遠くない天子の直轄地。「畿内/王畿・近畿・京畿」

輝 音キ呉漢 訓かがやく ‖ ①光が四方に広がる。かがやく。「輝石・輝銀鉱」②かがやかしいこと。はえ。「光輝」名付 あきら・てる・ひかる

機 学4 音キ漢 訓はた ‖ ㊀〈キ〉①布を織る装置。はた織り機。「機業/織機」②細かい部品の組み合わせで働く仕掛け。からくり。「機械・機関・機器/印刷機・発動機」③物事の細かい仕組み・働き。「機構・機能/無機・有機」④物事を動かす中心。大切な所。「機軸/枢機・万機」⑤細かで見えにくい事柄。「機微・機密/軍機」⑥物事の起こる兆し。きっかけ。「機運・機縁・機会/逸機・危機・契機・好機・時機・待機・転機」⑦心の働き。「機嫌・機知・機転・機敏/春機・心機・動機」⑧飛行機。「機体/敵機・僚機・旅客機」㊁〈はた(ばた)〉「機織り/棚機」名付 のり 難読 機関(からくり)

人**窺** 音キ呉漢 訓うかがう ‖ のぞき見る。うかがう。「窺見・窺知/管窺」

人**磯** 音キ漢 訓いそ ‖ ㊀〈キ〉石が波に洗われる水際。「石磯」㊁〈いそ〉「磯辺」難読 荒磯(ありそ)・磯馴松(そなれまつ)

×**禧** 音キ呉漢 訓さいわい ‖ めでたいこと。さいわい。「新禧」名付 おさむ・さき・とみ・よし

騎 音キ漢 ‖ ①馬に乗る。またがって乗る。「騎虎(きこ)・騎士・騎手・騎乗・騎馬・騎兵」②馬に乗った人。「軽騎・単騎・鉄騎・一騎当千」名付 のり

×**饑** 音キ漢 訓うえる ‖ ①作物が実らないで乏しい。「饑饉(ききん)」②食糧が乏しくてひもじい。「饑餓」補説「飢」と通用する。

×**羈** 音キ呉漢 ‖ ①手綱でつなぎとめる。つないで自由を奪う。「羈絆(きはん)/不羈」②馬で旅をする。「羈客(きかく)・羈旅」補説「覊」は異体字。

×**驥** 音キ呉漢 ‖ 一日に千里を走ることのできる良馬。転じて、優れた才能を持つ人。「驥足・驥尾(きび)」

漢字項目 ぎ

【▽伎】►き

×**妓** 音ギ呉 ‖ 芸者。遊女。「妓楼/芸妓・娼妓(しょうぎ)・美妓・舞妓(ぶぎ)・老妓」難読 妓生(キーセン・キーサン)・妓夫(ぎゅう)・舞妓(まいこ)

技 学5 音ギ呉 訓わざ ‖ ㊀〈ギ〉細工をする手並み。手わざ。「技芸・技巧・技師・技術・技能・技量/演技・競技・実技・神技・特技・武技・妙技・余技」㊁〈わざ〉「足技・大技・小技・寝技・早技」名付 あや

宜 音ギ呉漢 訓むべ、うべ、よろしい ‖ 程よくかなっている。「機宜・時宜・辞宜・適宜・便宜」名付 すみ・たか・なり・のぶ・のり・のる・まさ・やす・よし 難読 宜乎(むべなるかな)・禰宜(ねぎ)

人**祇** 音ギ呉 ‖ 土地の神。くにつかみ。「神祇(じんぎ)・天神地祇」補説 人名用漢字表(戸籍法)の字体は「祇」。「祇候(しこう)」の「祇」は別字。名付 けさ・のり・まさ・もと 難読 祇園(ぎおん)

偽〔僞〕 音ギ呉漢 訓いつわる、にせ ‖ ㊀〈ギ〉本物らしく見せてだます。いつわる。にせ。「偽作・偽証・偽善・偽造・偽名/虚偽・真偽」㊁〈にせ〉「偽者」

欺 音ギ慣 訓あざむく ‖ しかつめらしく装って相手をだます。「欺瞞(ぎまん)/詐欺」

義 学5 音ギ呉漢 ‖ ①人のふみ行うべき正しい筋道。「義務・義理/恩義・信義・仁義・正義・大義・忠義・道義・徳義・不義」②私欲を捨てて、公共のためにすること。「義塾・義倉・義捐金(ぎえんきん)」③意味。主旨。「意義・奥義・疑義・教義・原義・語義・広義・講義・字義・多義・定義・本義・名義」④血縁でなく約束でつながった関係。「義姉・義父・義兄弟」⑤実物のかわり。仮の。「義眼・義歯・義足」名付 あき・いさ・しげ・たけ・ただし・ちか・つとむ・とも・のり・みち・よし・より

疑 学6 音ギ呉漢 訓うたがう ‖ ①ぐずぐずしてためらう。「遅疑・狐疑逡巡(こぎしゅんじゅん)」②疑わしく思う。「疑義・疑念・疑問・疑惑・疑心暗鬼/懐疑・嫌疑・猜疑(さいぎ)・質疑・容疑・半信半疑」

儀 音ギ呉漢 ‖ ①きちんと整えた人の姿・形。「威儀・容儀」②形の整った作法。「儀式・儀礼/行儀・辞儀・祝儀・盛儀・葬儀・風儀・流儀・礼儀」③見習うべき手本。模範。「儀表」④かたどったもの。模型。また、科学実験器械。「渾天儀(こんてんぎ)・測距儀・地球儀」⑤その件に関すること。事柄。「公儀・仕儀・難儀・別儀・余儀」名付 きたる・ただし・のり・よし

戯〔戲〕 音ギ慣 ゲ慣 訓たわむれる、ざれる ‖ ①面白半分にふざける。「戯画・戯書・戯文/悪戯・嬉戯・球戯・児戯・遊戯」②芝居。演劇。「戯曲」難読 悪戯(いたずら)・戯作(げさく)・戯歌(ざれうた)・戯言(ざれごと・たわごと)・巫山戯(ふざけ)る

人**誼** 音ギ呉漢 訓よしみ ‖ ①親しい関係。「旧誼・交誼・厚誼・情誼・友誼」②(「義」と通用)言葉の意味。「古誼」補説「誼譁(けんか)」の「誼」は別字。名付 こと・よし

擬 音ギ呉漢 訓はかる、なぞらえる、まがい、もどき ‖ ①どうしようかとはかり考える。思案する。「擬議」②他のものと引き比べてみる。本物らしく似せる。なぞらえる。「擬音・擬勢・擬態・擬古文・擬人法・擬声語/模擬」難読 雁擬(がんもどき)・擬宝珠(ぎぼし)

犠〔犧〕 音ギ慣 ‖ ①神を祭るときに供える、生きた姿の動物。いけにえ。「犠牲」②犠牲にすること。「犠打」難読 犠牲(いけにえ)

×**蟻** 音ギ呉漢 訓あり ‖ ㊀〈ギ〉昆虫の名。アリ。「蟻酸・蟻集」㊁〈あり〉「蟻塚・蟻地獄/白蟻」

議 学4 音ギ呉漢 訓はかる ‖ ①意見を出して話し合う。「議案・議会・議決・議題・議論/会議・協議・衆議・審議・詮議・討議・評議・謀議・論議・和議」②あれこれ批評する。「抗議・誹議(ひぎ)・物議」③意見。議案。「異議・建議・提議・動議・発議」④おもいはかる。「不可思議」⑤「議員」の略。「市議・都議」名付 かた・のり

×**巍** 音ギ呉漢 ‖ 山の高く大きいさま。「巍峨(ぎが)・巍巍・巍然」名付 たか・たかし

キー〖key〗❶鍵(かぎ)。「車の―」❷問題などを解決する手掛かり。物事を理解するうえで、最も重要な部分。「―ポイント」❸ピアノ・オルガンなどで、音を出すために指で押す部分。鍵(けん)。鍵盤(けんばん)。❹タイプライター・コンピューターなどで、文字や記号を印字したり入力したりするための指で押す部分。「―パンチャー」❺音楽で、調のこと。「―を上げる」
類語 (❶)錠・錠前・鍵・南京錠・合い鍵/(❷)鍵・ヒント

キー〖Χ|χ|chi〗►カイ

ギー〖ヒンディー ghee|ghī〗インド・ネパールなどの調理用の透明な油。水牛・牛・羊・山羊などの乳から作ったバターを溶かし、脂肪(バターオイル)分を集めたもの。

キー-アサイン〖key assign〗コンピューターのキーボードにおける、キーの記号や機能の割り当てのこと。キーバインド。

キー-インダストリー〖key industry〗基幹産業。主要産業。

キーウィ〖kiwi〗►キウイ

キー-ウエスト〖Key West〗米国フロリダ州南端の保養・観光都市。フロリダキーズ諸島西端の島を占め、海軍基地・ヘミングウェイ記念館がある。

きい-おおしま【紀伊大島】和歌山県南部にある島。➡大島❸㊁

キー-カーカー〖Caye Caulker〗中央アメリカ、ベリーズの北東部にある島。ダイビングやシュノーケリングといったマリンスポーツが盛ん。

キー-カスタマイズ〖key customize〗コンピューターのキーボードにおいて、個々のキーの機能の割り当て(キーアサイン)を変更すること。

キー-カレンシー〖key currency〗►基軸通貨(きじくつうか)

きい-きい〔副〕❶堅い物がこすれあったりして生じる高い音を表す語。「ブレーキを—(と)鳴らして自転車が止まる」❷かん高く鋭い声を表す語。「子供が耳もとで—言う」

ぎい-ぎい〔副〕物がきしんだりするときに出る、やや鈍い感じの音を表す語。「ぶらんこを—(と)こぐ」

きいきい-ごえ【きいきい声】ﾆｺﾞｴ 女性や子供の、調子が高く鋭い、耳障りな声。

キー-きょく【キー局】►キーステーション

ギーク〘geek〙❶グロテスクな芸を見せる見世物師。❷あることに熱中している人。特に、コンピューターやインターネットについて、マニアックな技術や知識を有する人。アルファギーク。➲ナード

きい-け【紀伊家】►紀州家きしゅうけ

キーサン【妓生】《朝鮮語。「キーセン」とも》朝鮮の芸妓げい。古くは、宮中で舞楽をし高官を接待する官妓と、一般の宴席で客を接待する民妓とがあった。

きい-さんち【紀伊山地】紀伊半島の大半を占める山地。山容は壮年期の険しさを示し、最高峰は大峰山にある八剣山はっけんざんで、標高1915メートル。(補説)吉野・大峰(吉野山、吉野水分みくまり神社、金峰きんぷ神社、金峰山寺きんぷせんじ、吉水神社、大峰山寺)、熊野三山(熊野本宮大社、熊野速玉大社、熊野那智大社、青岸渡寺、補陀洛山ふだらくさん寺、那智の滝、那智原始林)、高野山(金剛峰寺、丹生都比売にうつひめ神社、丹生官省符にうかんしょうぶ神社、慈尊院)と、その三つを結ぶ参詣道である大峰奥駈道おおみねおくがけみち、熊野参詣道(中辺路なかへち・小辺路・大辺路・伊勢路)、高野山町石道ちょういしみちは、平成16年(2004)「紀伊山地の霊場と参詣道」の名で世界遺産(文化遺産)に登録された。

きい-じょう【基肄城】ｷｲｼﾞｮｳ 現在の佐賀県三養基みやき郡基山きやま町と福岡県筑紫野市にまたがってあった古代の朝鮮式山城。白村江はくすきのえの戦いに敗れたのを機に、大宰府防衛のために築かれた。全長4.3キロに及ぶ土塁や、谷をふさぐ大規模な水門などが残る。

キージンガー〘Kurt Georg Kiesinger〙[1904〜1988]ドイツの政治家。1966年キリスト教民主同盟(CDU)と社会民主党(SPD)の「大連立」を実現させ自ら西ドイツ首相に就任。SPDのブラント副首相兼外相とともに東方外交を展開、東欧諸国と国交を開いた。1967年にはCDU党首に選出された。1969年首相を辞職。➲ブラント

きい-すいどう【紀伊水道】ｽｲﾀﾞｳ 紀伊半島と四国との間にある海峡。南部は太平洋に続き、北部は瀬戸内海と通じる。

キー-ステーション〘key station〙ネットワーク(放送網)の中心となって、各地域の放送局に実際に番組を制作して送り出す放送局。親局。キー局。

キーストーン〘keystone〙❶アーチの頂部にはめる要石かなめいし。くさび石。❷欠かすことのできない重要な所や物。「極東防衛の—となる基地」❸野球で、二塁のこと。本塁から見て、内野の頂上にあるところから いう。

キー-ストローク〘key stroke〙パソコンのキーボードにおける、キーが押し込まれる深さ。

キースラーガー〘ﾄﾞｲﾂ Kieslager〙►層状含銅硫化鉄鉱鉱床そうじょうがんどうりゅうかてっこうこうしょう

ギーゼキング〘Walter Gieseking〙[1895〜1956]ドイツのピアノ奏者。フランスの生まれ。端正な奏法を確立し、特にフランス近代音楽の演奏で名声を博した。

キーセン【妓生】《朝鮮語》►キーサン

キー-ターム《和 key＋term》問題解決を図るうえで、最も重要となってくる条件、事柄。

きいたか-ぼうず【聞いたか坊主】ﾊﾞｳｽﾞ 歌舞伎で、幕あきに「聞いたか聞いたか」「聞いたぞ聞いたぞ」と言い合いながら坊主姿で登場して、その狂言の筋などを知らせる役。「道成寺」「鳴神」などに出る。

きいた-ふう【利いた風】〔名・形動〕❶いかにも物知りぶったなまいきな態度を見せること。また、そのさま。知ったかぶり。「—な口をきくな」❷気の利いていること。また、そのさま。「—な名をつけて高慢な顔したと聞いたが」〈黄・造化夢〉(類語)生意気・こざかしい・小生意気・ちょこ才・しゃらくさい

き-いちご【木×苺】バラ科キイチゴ属のうち、落葉低木の総称。モミジイチゴ・カジイチゴ・クサイチゴ・ラズベリーなど。茎・葉柄にとげが多く、春に白い花をつける。実は黄や赤色に熟し、食用。(季 花=春｜実=夏)「谷くらく—咲くよ蕗の上に/秋桜子」

きいち-ほうげん【鬼一法眼】ﾎﾌｹﾞﾝ 伝説上の人物。京都一条に住む陰陽師おんみょうじで、文武の達人といわれ、所持していた兵法の秘書「六韜三略りくとうさんりゃく」を、源義経に盗まれた話で知られる。浄瑠璃に登場する。

きいちほうげんさんりゃくのまき【鬼一法眼三略巻】ｷｲﾁﾎﾌｹﾞﾝｻﾝﾘｬｸﾉﾏｷ 浄瑠璃。時代物。五段。文耕堂・長谷川千四の合作。享保16年(1731)大坂竹本座初演。「義経記」などをもとに脚色。歌舞伎では「菊畑」「一条大蔵譚いちじょうおおくらものがたり」「五条橋」として上演される。

き-いつ【帰一】〔名〕ｽﾙ 別々の事柄が、同一のものに帰着すること。「一つの真理に—する」

キーツ〘John Keats〙[1795〜1821]英国の詩人。ロマン派の代表者。繊細な美的感覚と豊かな言語構成を特色とする。作「エンディミオン」「レイミア、イザベラ、聖女アグネス祭の前夜、その他の詩集」など。

き-いっぽん【生一本】〔名・形動〕❶純粋でまじりけのないこと。また、そのもの。「灘なだの—」❷純真で、ひたむきに一つの事に打ち込んでいくこと。また、そのさま。「—な性格」(類語)生っ粋・純粋

キー-テナント《和 key＋tenant》一つのビルに入っているテナントの中で、最も大切な借り手。知名度の高い企業・ブランド店・レストランなど。

き-いと【生糸】家蚕の繭糸数本をそろえ、繰り糸にしたままで練らないもの。

キー-トップ〘key top〙コンピューターのキーボードにおける、個々のキーの上面。タッチタイピングをしやすいよう、ホームポジション時の両人差し指にあたる「F」と「J」のキートップに小さな突起があるものが多い。

キートン〘Buster Keaton〙[1895〜1966]米国の喜劇映画俳優。無声映画時代に、決して笑顔を見せない芸とからだを使ったギャグで人気を集めた。代表作「恋愛三代記」「探偵学入門」など。

キーナイ〘Kenai〙米国アラスカ州南部、キーナイ半島西岸にある町。1791年、ロシアの植民地として創建され、毛皮交易所や漁業基地として発展。ロシア正教会の教会があり、国立史跡に指定されている。

キーナイフィヨルド-こくりつこうえん【キーナイフィヨルド国立公園】ｺｸﾘﾂｺｳｴﾝ《Kenai Fjord National Park》米国アラスカ州南部、キーナイ半島にある国立公園。同国最大の氷原であるハーディング氷原が広がり、イグジット氷河、ホールゲート氷河をはじめ、多数の氷河が流れ出ている。

キーヌ-とう【キーヌ島】ﾀｳ《Kihnu》►キフヌ島

キーノート〘keynote〙❶音楽で、主音。主調音。❷文学・思想などの中心となっている考え。基調。

キーノート-スピーチ〘keynote speech〙会議などの基調講演。政党の基本方針演説。

キーパー〘keeper〙「ゴールキーパー」の略。

キー-パーソン〘key person〙かぎを握る人物。重要人物。キーマン。

キーパー-チャージ〘keeper charge〙サッカーで、反則の一。ゴールエリア内で、ボールを持っていない、またはこれから受けようとしているゴールキーパーに対してチャージ(身体的接触)すること。1997年のルール改正で廃止された。

キー-バインド〘key bind〙►キーアサイン

キーパッド〘keypad〙コンピューターで、用途を特化した小型のキーボード。数字を入力するテンキーパッドやゲーム機のコントローラーなど。

キーパンチャー〘keypuncher〙❶穿孔機せんこうきでコンピューターの入力カードや紙テープに穴を開ける作業をする人。❷コンピューター用のデータを、キーボードを使って入力する作業を行う人。

きい-はんとう【紀伊半島】ﾊﾝﾀｳ 近畿地方の太平洋側に突き出た、日本最大の半島。紀ノ川と櫛田くしだ川とを結ぶ中央構造線から南をいう。林業・木材加工業・水産業が盛ん。景勝地が多い。

キー-ピッチ〘key pitch〙コンピューターのキーボードなどにおける、隣り合うキーどうしの間隔のこと。

キープ〘keep〙〔名〕ｽﾙ ❶確保すること。また、保持すること。「よい席を—する」❷バーなどの飲食店で、酒を瓶ごと買って店に預けておくこと。「ボトルを—する」❸ラグビーで、スクラムの中にボールを保持したまま前進すること。❹サッカーやバスケットボールなどで、ボールを相手に渡さず保持すること。❺テニスで、サービスゲームを取ること。

キーファー〘Anselm Kiefer〙[1945〜]ドイツの画家。ドイツの歴史、ナチズムなどを主題に、下地に藁わらや衣服を貼った巨大な絵画やオブジェなど、現代社会への批判・告発を表現した作品で知られる。

キープ-アライブ〘keep alive〙コンピューターやネットワーク機器の間で、通信経路が確保されていることを確認するために定期的に行われる通信、またはパケットのこと。

キープアライブ-きのう【キープアライブ機能】►キープアライブ

キープアライブ-パケット〘keep alive packet〙►キープアライブ

キー-ポイント〘key point〙事件や問題を解くための重要な手掛かりとなる点。「—を押さえる」(類語)重点・主眼・眼目・軸足・立脚点・立脚地・力点・主力・重き・重視・要点・要所・要・ポイント・要領・大要・急所・つぼ

キーボード〘keyboard〙❶ピアノなどの鍵盤けんばん。❷鍵盤楽器の総称。特に、シンセサイザーなどの電子鍵盤楽器をさすことが多い。❸コンピューターで、データを符号化する入力キーを配列してある盤。❹タイプライターで、印字する活字を指定するキーを並べた盤。(類語)鍵盤

キーボード-ショートカット〘keyboard shortcut〙►ショートカットキー

キー-ホルダー〘key holder〙鍵かぎを束ねて携帯するための道具。

キーマ-カレー〘keema curry〙《キーマはヒンディー語などでひき肉の意》みじん切りにした野菜とひき肉をいためて作る、汁気の少ないカレー。

キーマン〘keyman〙組織などの重要人物。中心人物。キーパーソン。

キー-ラーゴ〘Key Largo〙米国フロリダ州南部、フロリダ半島の先端に連なるフロリダキーズ諸島中、最大の島。最も本土寄りに位置する。

キーラン-きょうかい【キーラン教会】ｹｳｸﾜｲ《Teampall Chiarain》►キーラン修道院

キーラン-しゅうどういん【キーラン修道院】ｼｳﾀﾞｳｷﾝ《Teampall Chiarain》アイルランド西部、ゴールウエー湾に浮かぶアラン諸島の一、イニシュモア島にある中世の修道院跡。島の北側にあり、聖キーランが修行したとされる。修道院のまわりに文字が刻まれた二つの石板があり、その一方は日時計として使われたと考えられている。聖キーラン教会。聖キーラン修道院。キーラン教会。

キール〘keel〙船の竜骨りゅうこつ。

キール〘Kiel〙ドイツ北部、バルト海に面する港湾都市。北海に至るキール運河が通じる。造船・機械・電子機器などの工業も盛ん。中世以来ハンザ都市として繁栄。旧軍港で、1918年に起こった反乱がドイツ革命の口火を切った。

キール-うんが【キール運河】►ノルトオストゼー運河

ギールケ〘Otto Friedrich von Gierke〙[1841〜1921]ドイツの法学者。ドイツ特有のゲルマン法的団体思想を歴史的、理論的に研究した。著「ドイツ団体法論」「ドイツ私法論」など。

キールナ〘Kiruna〙►キルナ

キールン【基隆】台湾北部の港湾都市。台北の外港。貿易・漁業が盛ん。旧称、鶏籠ケイロン。

キーレス-エントリー〘keyless entry〙鍵を鍵穴に

差し込むことなく、自動車の扉の施錠・解錠ができる装置。電波や音波などを利用した遠隔操作で、施錠・解錠を行う仕組み。

き-いろ【黄色】〔名・形動〕❶三原色の一つで、黄の色。また、そのさま。「一な帽子」❷大判・小判などの色。山吹色。類語イエロー・クリーム色・山吹色・黄土色

きいろ・い【黄色い】〔形〕黄色である。黄色をしている。「一・い花」

黄色い声　女性や子供などのかん高い声。「一を張り上げる」

キー-ロガー〖key logger〗コンピューターのキーボードからの入力内容を記録するアプリケーションソフト。本来コンピューターの不正使用を防止する目的で用いられていたが、パスワードやクレジット番号の盗用などに悪用されることもある。

きいろ-しょうじょうばえ【黄色×猩×猩×蠅】ショウジョウバエ科の昆虫。体長約2センチで黄色。腹に黒い横縞があり、複眼が赤い。果物に集まり、幼虫はうじ状で、果物に発生する酵母を餌とする。

きいろ-だからがい【黄色宝貝】タカラガイ科の巻き貝。潮間帯の岩礁・サンゴ礁にすむ。殻高3センチくらい、殻は黄色。インド洋や西太平洋に分布し、古くは中国やインドで通貨として用いられた。めんがただから。

キー-ロック〖key lock〗▶ダイヤルロック❷

キーロフ〖Kirov〗ロシア連邦西部、キーロフ州の都市。同州の州都。旧称フリイノフ、続いてブヤトカ。ウラル山脈西麓、ブヤトカ川沿いに位置する河港都市。シベリア鉄道が通る。機械工業、化学工業が盛んなほか、人形などの玩具製作で知られる。帝政ロシア時代の流刑地の一。

キーロフ〖Sergey Mironovich Kirov〗［1886〜1934］ロシアの革命家・政治家。シベリアやカフカスで活動後、十月革命を指導。1923年共産党中央委員となり、昇進を重ねスターリンに並ぶ人物と評されたが、1934年12月に暗殺された。

キーロフスク〖Kirovsk〗ロシア連邦北西部、ムルマンスク州の都市。コラ半島南部のヒビニ山脈南麓に位置する。1920年代に燐灰石(りんかいせき)の鉱床が発見され、以降、鉱業都市として発展。名称は革命家セルゲイ=キーロフにちなむ。1931年から1934年までの旧称ヒビノゴルスク。

キーワード〖keyword〗❶問題の解明や内容の理解の上で、重要な手掛かりとなる語。KW。❷情報検索で、検索の手掛かりとして使用する語句。

キーワード-こうこく【キーワード広告】《keyword advertising》▶検索連動型広告

キーワードターゲティング-こうこく【キーワードターゲティング広告】《keyword targeting advertising》▶検索連動型広告

キーワードれんどうがた-こうこく【キーワード連動型広告】▶検索連動型広告

キーワードれんどう-こうこく【キーワード連動広告】▶検索連動型広告

き-いん【気韻】気品のあるようす。特に、書画などの風雅なおもむき。
類語おもむき・風情・風韻・幽玄・気分・興味

き-いん【起因｜基因】〔名〕スル　ある事の起こる原因となること。「機械の未整備に一する事故」
類語引き金・誘因・動機・モチーフ・原因・始まる・よる・もと・種(たね)・起こり・きっかけ・因(いん)・因由・素因・真因・要因・一因・導因・理由・事由(じゆ)・訳(わけ)・近因・遠因・せい・基づく・発する・根差す

き-いん【棋院】囲碁の専門家で構成する団体。また、その集会所。

き-いん【貴院】院と名のつく機関を相手としたとき、その機関をいう敬称。

ぎ-いん【偽印】偽造された印鑑。また、その印影。

ぎ-いん【議員】国会や地方議会など合議体の機関を構成し、議決権をもつ者。類語政治家・代議士

ぎ-いん【議院】❶国政を審議する場所。国会。❷衆議院と参議院。
類語国会・議会・両院・二院・衆議院・参議院

ぎいんうんえいいいん-かい【議院運営委員会】国会法によって衆参両院に設置される常任委員会の一。議院の運営、国会法・議院の諸規則、議長の諮問、裁判官弾劾裁判所・裁判官訴追委員会、国立国会図書館に関する事項などを扱う。委員は各党の国会対策委員会の幹部が兼任することが多い。議運。

ぎいん-きしょう【議員記章】▶議員バッジ

ぎいん-きしょう【議院記章】▶国会記章

ぎいん-きそく【議院規則】国会の各議院が、会議その他の手続きや内部の規律について、独自に定める規則。

ギーンゲン〖Giengen〗ドイツ南部、バーデン-ビュルテンベルク州の都市。テディーベアで知られるドイツの人形メーカー、シュタイフ社の本社工場および体験型博物館シュタイフワールドがある。

ぎいんしょうげん-ほう【議院証言法】《「議院における証人の宣誓及び証言等に関する法律」の略称》議院の行う国政調査に応じて出頭する証人の証言などについて定めた法律。偽証罪、自白による刑の減免などを規定する。昭和22年(1947)施行。

きいん-せいどう【気韻生動】中国画の理想で、生気が満ちあふれていること。5世紀末の南斉の画論家謝赫(しゃかく)が、「画の六法(りっぽう)」の第一にあげる。➡六法

ぎいん-とくてん【議員特典】職務の遂行を保障するために、憲法上、国会議員に与えられている特典。国会の会期中は、院外における現行犯の場合を除き、その院の許諾がなければ逮捕されない。また、議院で行った演説・討論・表決について院外で責任を問われないなど。

ぎいん-ないかくせい【議院内閣制】行政府である内閣の存立が、議会(特に衆議院)の信任を得ることを必須条件とする制度。英国で発達し、下院の多数党、または、多数を制する政党の連合によって内閣を組織し、閣員は原則として議席を有する。日本国憲法でもこれを明文化している。責任内閣制。

ぎいん-ねんきん【議員年金】国会議員または地方議会の議員に支払われる年金。国会議員のものは平成18年(2006)に廃止。➡国会議員互助年金

ぎいん-バッジ【議員バッジ】国会や地方議会の議員に支給されるバッジ。議員の地位を象徴する表現として用いることが多い。議員記章。議員徽章。「不祥事の責任を取り一を外す」補説国会議員には、本会議場に入場する際の着用が義務付けられている。

キーンベック-びょう【キーンベック病】手根骨(しゅこんこつ)の一つである月状骨が壊死(えし)・軟化する病気。手首の関節を過度に使用する職業でみられ、右手に多い。1910年にオーストリアの放射線科医キーンベック(R.Kienböck)が発表。月状骨軟化症。

ぎいん-ほう【議院法】明治憲法の下で、帝国議会の組織および運営に関して定めた法律。明治22年(1889)公布。昭和22年(1947)廃止。現在の国会法にあたる。

ぎいん-りっぽう【議員立法】国会で、議員により発議される法律。政府提案の立法(閣法)に対する。

ぎいん-れんめい【議員連盟】特定の目的を達成するために、政党・派閥・参院・衆院の枠にとらわれず活動する議員集団。日中友好議員連盟など。議連。

き-う【気宇｜器宇】心のもちかた。特に、その広さ。気がまえ。度量。「一壮大」

き-う【祈雨】降雨を神仏に祈ること。あまごい。(季 夏)

き-う【喜雨】日照り続きのあとに降る雨。慈雨。(季 夏)「一到る絶えて久しき戸樋(とひ)の奏で/虚子」

キウイ〖kiwi〗《「キーウィ」とも》❶《鳴き声から》キウイ目キウイ科の鳥の総称。全長35〜55センチ。全体に灰褐色で羽は毛状。翼は退化して飛べず、脚が太くて短い。くちばしは細長く、臭覚がよく発達し、土中のミミズなどを食べる。夜行性。体に比べて大きな卵を産む。ニュージーランドの特産で、森林に3種が生息し、同国の国鳥。❷「キウイフルーツ」の略。

キウイ-フルーツ〖kiwi fruit〗マタタビ科の蔓性(つるせい)の落葉樹。葉はやや円形で厚い。雌雄異株。6、7月ごろ開花し、果実は円筒状をし、褐色で表面に毛があり、鳥のキウイに似る。果肉は緑色または黄色で、黒い種子が放射状に並ぶ。果実を生食するほかケーキの材料などにする。中国の原産で、ニュージーランドで改良され、果実として栽培。チャイニーズグーズベリー。

き-うけ【気受け】他人が、その人に対して持つ好悪の感情。受け。「世間の一がよい人」類語評判・世評・評価・人気・受け・人受け・聞こえ・名(な)・声聞(せいぶん)・声名(せいめい)・名声・盛名・信(しん)・信頼・信任・信望・人望・定評・覚え・名望・声望・徳望・人気・魅力・名誉・名聞(めいぶん)・面目・体面・面子(メンツ)・一分(いちぶん)・沽券(こけん)・声価

きうち-せきてい【木内石亭】［1724〜1808］江戸後期の鉱物学者。近江(おうみ)の人。名は重暁(しげあき)。全国の奇石を収集・研究し、鉱物学・化石学・考古学に貢献。著「雲根志」など。

きうち-そうごろう【木内惣五郎】▶佐倉惣五郎(さくらそうごろう)

きうち-のぼり【木内昇】［1967〜 ］小説家。東京の生まれ。編集業のかたわら平成16年(2004)「新選組幕末の青嵐」で作家としてデビュー。「茗荷谷の猫」で注目を集める。「漂砂(ひょうさ)のうたう」で直木賞受賞。

き-うつ【気鬱】〔名・形動〕気分がはればれしないこと。また、そのさま。「一な日々」

きうつ-しょう【気鬱症】気分がふさぐ病気。憂鬱症。

き-うつり【気移り】〔名〕スル　関心や注意が一つのところに集中せず、他のものへと移ってゆくこと。「飽きっぽくてすぐ一する性格」類語移り気・多情・浮気・気まぐれ・むら気・むら・飽き性・お天気

き-うつり【季移り】連歌・連句で、雑(ぞう)の句をはさまず、ある季の句に直ちに他の季の句を付けること。

き-うま【木馬】木材を山中から搬出するための用具。堅い材でそりに似た形に作ったもの。丸太を並べた上を滑走させる。きんま。

き-うら【木裏】板の、樹心に近い面。⇔木表。

き-うり【胡=瓜｜黄×瓜】▶きゅうり(胡瓜)

き-うるし【生漆】精製途中で、採取したばかりのものに近い状態の漆汁。

き-うるし【黄漆】透き漆に黄色の顔料をまぜた漆。毒性が強い。

き-うん【気運】物事がある方向に進もうとする傾向。時のなりゆき。「政権交代の一が高まる」

き-うん【機運】時のめぐりあわせ。物事をなす時機。「一が熟する」「一に乗じる」
類語機会・時(とき)・折(おり)・頃合(ころあ)い・機・時機・時節・好機・潮時(しおどき)・時宜・機宜・チャンス

ぎ-うん【疑雲】心に疑いのかかっているさまを雲にたとえた語。「一に覆われる」

ぎ-うん【議運】「議院運営委員会」の略。

き-え【帰依】〔名〕スル　神仏や高僧を信じてその力にすがること。「三宝(さんぼう)に一する」類語信仰・信ずる・信心・狂信・敬神・崇拝・尊信・渇仰(かつごう)・信教・入信・宗教

き-えい【気鋭】〔名・形動〕気力があって、意気込みが鋭いこと。また、そのさま。「新進一の批評家」

き-えい【帰営】〔名〕スル　軍隊で、外出先から兵営に帰ること。「一時限」

き-えい【機影】飛んでいる、飛行機の姿。また、そのかげ。「レーダーが一をとらえる」

きえ-い・る【消え入る】〔動ラ五(四)〕❶しだいに消えてなくなる。「一・るような声」「夜の闇に一・る人影」❷悲しさ、恥ずかしさなどのために人心地がなくなる。どうしてよいのか、身をもてあます。「一・りつつ、えも言ひやらねば」〈枕・九〇〉❸気を失う。「夜べ俄(にはか)に一・る人の侍りしにより」〈源・真木柱〉❹息が絶える。死ぬ。「年老い、病して、死ぬる刻みになりて、念仏して一・らんとす」〈宇治拾遺・四〉

きえ-う・せる【消え▽失せる】〔動サ下一〕文きえう・

き

す〔サ下二〕❶そこにあったものが見えなくなる。「人込みの中に姿が—・せる」❷死ぬ。「—・せ給ひにしことを思し出づるに」〈源・夕霧〉
きえ-かえ・る【消え返る】〔動ラ四〕❶《「返る」は、すっかり…する意》すっかり消えてなくなる。また、たちまち消えてしまう。「定めなく—・りつる露よりも空頼めする我は何なり」〈かげろふ・上〉❷《「返る」は、もとに戻る意》水の泡や霜などが消えてはまたできる。「—・り岩間に迷ふ水の泡のしばし宿借る薄氷かな」〈新古今・冬〉❸死ぬほどに思いつめる。「若き人々の、なだらかに物聞ゆべきもなく、—・り」〈源・橋姫〉
きえ-がた【消え方】〔名・形動ナリ〕今にも消えようとするさま。また、その時。「雪は、檜皮葺いとめでたし。少し—になりたるほど」〈枕・二五一〉
きえ-がて【消え▽難て】〔形動ナリ〕消えにくいさま。「さくら散る花の所は春ながら雪ぞ降りつつ—にする」〈古今・春下〉
きえ-ぎえ【消え消え】〔副〕《古くは「きえきえ」とも》❶今にも消えそうなさま。「音楽が—に聞こえてくる」❷気を失いそうなさま。「はや先立ったか、はかなやと、—とこそなりにけれ」〈浄・大経師〉
きえ-さ・る【消え去る】〔動ラ五(四)〕消えてなくなる。見えなくなる。「跡形もなく—・る」
きえ-・す【消えす】〔動サ変〕消える。死ぬ。多く打消しの助動詞「ず」を伴って用いる。「山隠れ—・せぬ雪のわびしきは君まつの葉にかかりてぞ降る」〈後撰・恋六〉
きえ-そう【帰依僧】❶三宝のうちの僧に帰依すること。❷ある人が帰依している僧。
きえた-ねんきん【消えた年金】旧社会保険庁によって不適切に管理された年金記録のうち、加入者が保険料を納付したにもかかわらず、社会保険庁に納付の記録がない年金記録のこと。平成19年(2007)に発覚した年金記録問題で明らかになった。加入者の手元に領収書等が残ってない場合、納付の事実の有無や年金記録訂正の要否を公正に判断する第三者機関として各都道府県の行政評価事務所(総務省の出先機関)などに年金記録確認第三者委員会が設置された。➡消された年金 ➡宙に浮いた年金
き-えつ【喜悦】〔名〕スル 心からよろこぶこと。大きなよろこび。「—の声を上げる」
類語 喜ぶ・嬉しがる・歓喜する・随喜する・欣喜雀躍する・雀躍する・小躍りする・浮かれる・はしゃぐ
キエティスム〔フラ quiétisme〕➤静寂主義
きえ-のこ・る【消え残る】〔動ラ五(四)〕❶すっかり消えてしまわないで、一部が残る。「山かげに—・った雪」❷生き残る。「女君—・りたるいとほしみに」〈源・若菜下〉
きえ-は・てる【消え果てる】〔動タ下一〕文きえは・つ〔タ下二〕❶すっかり消えて、なくなる。「最後の望みも—・てた」❷死ぬ。「物の枯れゆくやうにて—・て給ひぬるはいみじきわざかな」〈源・総角〉❸関係がまったく絶える。「—・ててやみぬばかりか年をへて君を思ひのしるしなければ」〈後撰・恋一〉
キエフ〔Kiev〕ウクライナの首都。同国中北部、ドニエプル川中流に沿う工業都市。精密機械工業が発達。9〜13世紀にキエフ公国の首都として繁栄。ギリシャ正教寺院などの名所・旧跡が多い。人口、行政区270万(2008)。
キエフ-こうこく【キエフ公国】9世紀末から13世紀にかけてロシアに東スラブ人が建てた初期封建国家。10世紀ごろにはドニエプル川流域一帯を領有。モンゴルに滅ぼされた。
きえ-ぶつ【帰依仏】三宝のうちの仏に帰依すること。
キエフ-ペチェールスカヤ-だいしゅうどういん【キエフペチェールスカヤ大修道院】《Kiev-Pechersk》ウクライナの首都キエフにある、ロシア正教会を代表する修道院。11世紀の創建。ギリシャからやって来た修道士たちがこの地のペチェール(洞窟)で修道生活を始めたことに由来する。1990年と2005年に「キエフ：聖ソフィア大聖堂と関連する修道院建築物群、キエフペチェールスカヤ大修道院」として世界遺産(文化遺産)に登録された。
きえ-ほう【帰依法】三宝のうちの、仏の説いた法に帰依すること。
きえ-まど・う【消え惑ふ】〔動ハ四〕死ぬほどに思い迷う。「—・へる気色いと心苦しくらうたげなれば、をかしと見給ひて」〈源・帚木〉
きえ-もの【消え物】❶小道具のうち、舞台でこわしたり消耗したりして1回しか使えないもの。こわす皿、破る手紙、行灯の油、食物など。焚き捨て。❷贈答品で、食品・調味料、洗剤・入浴剤など、使うとなくなるもの。
きえ-やら-ぬ【消え▽遣らぬ】〔連語〕《動詞「き(消)ゆ」の連用形＋補助動詞「や(遣)る」の未然形＋打消しの助動詞「ず」の連体形》消えるはずのものがまだ消えないである。「まだ—山々の雪」
キエリカーティ-きゅうでん【キエリカーティ宮殿】《Palazzo Chiericati》イタリア北東部の都市ビチェンツァ、マッテオッティ広場にあるルネサンス様式の宮殿。16世紀中頃、アンドレア＝パラディオの設計で建造。パラディオの代表作の一つとして知られる。現在は一部が改築されて市立絵画館になっている。
き・える【消える】〔動ア下一〕文き・ゆ〔ヤ下二〕❶感覚でとらえられなくなる。㋐姿・形などが見えなくなる。「煙が空に—・える」「男は人ごみの中に—・えた」㋑音が聞こえなくなる。「足音が—・える」㋒におい・味・痛みなどが感じられなくなる。「臭みが—・える」❷それまであったものが、そこからなくなる。㋐燃えていた火が絶える。また、発していた光がなくなる。「火が—・える」「街の明かりも—・えた」㋑雪・霜・露などが、とけたり乾いたりして、なくなる。「日陰の雪も—・えた」㋒世間の評判、人の感情などが薄れてなくなる。「やがてうわさも—・えるだろう」「憎しみが—・える」㋓身に備わっていたものが、なくなる。「彼特有の辛辣さが—・えた」「初出場の硬さが—・える」㋔埋め合わせがついて、なかったものとなる。「帳簿上の赤字はこれで—・えた」㋕当然存在するはずの物や人が、なくなったり、いなくなったりする。「宝石が金庫から—・えていた」「人影の—・えたスタジアム」❸㋐正気を失う。「目も眩れ、心も—・えて覚ゆる」〈平家・二〉㋑死ぬ。「やがて—・え給ひなば、かひなくなむ」〈源・若菜上〉
類語(❶❷)失せる・無くなる・消失する・消散する・雲散する・霧散する・雲散霧消する・消滅する・離散する・四散する・飛散する・散逸する・散る・鎮火する
キェルケゴール〔Kierkegaard〕➤キルケゴール
ギェレルプ〔Karl Gjellerup〕[1857〜1919]デンマークの小説家。無神論的ヒューマニズムに立って、思想的作品を残した。1917年、ノーベル文学賞受賞。作「一理想主義者」「ゲルマン族の弟子」など。
きえ-わ・ぶ【消え×侘ぶ】〔動バ上二〕恋などのため、死ぬほどにつらく思う。「—・びぬうつろふ人の秋の色に身をこがらしの森の白露」〈新古今・恋四〉
き-えん【気炎｜気×焔】燃え上がるように盛んな意気。議論などの場で見せる威勢のよさ。「—を吐く」「怪—」類語 熱血
気炎を揚・げる 威勢のいいことを言う。気炎を吐く。「酒を飲んで—・げる」
き-えん【奇縁】思いもかけない不思議なめぐりあわせ・因縁。「合縁—」
き-えん【帰×燕】秋になって南方へ帰っていくツバメ。季秋「白猫の見れども高き—かな/蛇笏」
き-えん【棄×捐】〔名〕スル ❶捨てて用いないこと。❷法令により、貸借関係を破棄すること。特に江戸時代、幕府や諸藩が大名・旗本・家臣などの困窮を救うため、債務の棒引きなどを命じたこと。
き-えん【機縁】❶仏語。教えを求める資質が、教えを説くきっかけとなること。❷ある物事が起こったり、ある状態になったりする、きっかけ。縁。「子供のときに読んだ本が—となって今の仕事に就く」
類語 縁・きっかけ・縁因
ぎ-えん【義×捐】〔名〕スル 慈善や被災者救済などの趣旨で、金銭や品物を差し出すこと。「冗費を節して教育慈善等の公益に—する事」〈魯庵・破垣〉補説「義援」とも当てて書く。
ぎえん【義淵】[?〜728]奈良初期の法相宗の僧。大和の人。元興寺の智鳳に唯識を学び、岡寺(竜蓋寺)を開いた。門下に玄昉・行基らがいる。
ぎえん-きん【義×捐金】《「義援金」とも書く》義捐のために寄付する金銭。補説 災害などの被害を受けた人の生活を支えるために、日本赤十字社や中央共同募金会などの団体に寄せられる寄付金。被災地の自治体に送られ、義援金配分委員会によって被災者に公平・平等に配分される。➡支援金
き-えんさん【希塩酸｜×稀塩酸】濃度の低い塩酸。1リットル中に塩化水素100グラム程度以下を含む。
きえん-ばんじょう【気炎万丈】〔名・形動〕大いに気炎をあげること。また、そのさま。「其時は大得意で—だったが」〈魯庵・社会百面相〉
きえん-れい【棄×捐令】江戸幕府が旗本・御家人救済のために出した法令。札差に対する借金の帳消しや低利による年賦償還などを命じたもの。寛政元年(1789)と天保14年(1843)に、寛政の改革、天保の改革の一環として実施された。
き-おい【木負い】軒が二軒になっている場合に、地垂木の先端に置かれる横木。
き-おい【気負い】《「競い」から》自分こそはといった態度や気持ち。「—のない話しぶり」
きおい【▽競い｜▽勢い】❶張り合うこと。競争すること。❷強い勢い。気勢。「墨摺流す空の—夕立の雨の一しきり」〈二葉亭・浮雲〉❸「競い肌」に同じ。「職人らしき—の風」〈露伴・五重塔〉❹「競い馬」の略。「その時の御勝負には…十番の—にてありしよな」〈虎明狂・横座〉
きおい-うま【▽競ひ馬】「競べ馬」に同じ。「—の鼓に我を打ちこめて出だしもはてぬ世にこそありけれ」〈夫木・二七〉
きおい-がお【▽競ひ顔】相手に負けまいと張り合うような顔つき。「—にやとて思し止まりぬ」〈栄花・根合〉
きおい-かか・る【▽競ひ掛かる】〔動ラ四〕❶勢い込んで激しく攻めかかる。「味方—・り候間、敵方引き退き候」〈伊達日記・上〉❷勢い込む。「お悦びであらうと—・って戻ったに」〈浄・艶狩剣本地〉
きおい-ぐち【▽競ひ口】勢いののったとき。調子づいたはずみ。「敵は十分勝ち誇ったる—」〈浄・島原蛙合戦〉
きおい-こ・む【気負い込む】〔動マ五(四)〕「気負い立つ」に同じ。「—・んで交渉の席に臨む」
きおい-ざか【紀尾井坂】東京都千代田区紀尾井町にある坂。江戸時代には紀伊・尾張・井伊の3藩の屋敷があった。明治11年(1878)大久保利通が暗殺された所。清水谷坂。
きおいじし【勢獅子】歌舞伎舞踊。常磐津。本名題「勢獅子劇場花轡」。3世瀬川如皐作詞、5世岸沢式佐作曲、花柳寿輔振り付け。嘉永4年(1851)江戸中村座初演。
きおい-た・つ【気負い立つ】〔動タ五(四)〕ある物事に立ち向かおうとしてひどく意気ごむ。勇み立つ。きおいこむ。「—・って新しい仕事に臨む」
きおい-はだ【▽競い肌】任侠のような気風。勇み肌。
き-おう【既往】過去。また、すんでしまった事柄。「一切—を云わず」〈福沢・福翁自伝〉
既往は咎めず 《「論語」八佾から》過去のことをとがめるより、将来を慎むことが大切である。
き-おう【期央】期間の中央。特に、会計年度・営業年度・事業年度などの中央のこと。
き-おう【棋王】将棋の七大タイトルの一。棋王戦の勝者がタイトルを手にする。
き-お・う【気負う】〔動ワ五(ハ四)〕《「競う」から派生した語》自分こそはと意気ごむ。気持ちがはやって勇み立つ。「いいところを見せようと—・う」類語 勇む・逸る・奮う・急き込む・勇み立つ・奮い立つ・猛る

きお・う【▽競ふ|▽勢ふ】〘動ハ四〙勢い込んで先を争う。張り合う。「水に入り火にも入らむと立ち向ひ—・ひし時に」〈万・一八〇九〉

ぎおう【祇王|妓王】ギワウ ㊀平家物語に登場する人物。京都の白拍子。平清盛の寵愛ちょうあいを受けたが、のち、自分の推挙した仏御前にその寵が移ったため、母・妹とともに尼となり、嵯峨さが往生院に隠棲した。㊁謡曲。三番目物。宝生・金剛・喜多流。喜多流では「二人ふたり祇王」。平清盛をめぐる白拍子の祇王と仏御前の葛藤かっとうを描く。

きおう-がん【奇応丸】キワウ 熊の胆いを主剤とした丸薬。腹痛・霍乱かくらん・小児の虫などに用いた。

ぎおう-じ【祇王寺】ギワウ 京都市右京区嵯峨にある真言宗大覚寺派の尼寺。明治28年(1895)往生院の跡に再建された。祇王・祇女ぎじょおよびその母の墓である宝篋印塔ほうきょういんとうがある。

きおう-しょう【既往症】キワウシャウ これまでにかかったことのある病気で、現在は治癒しているもの。既往歴。

きおう-せん【棋王戦】キワウ 将棋の七大タイトル戦の一。昭和35年(1960)創設。五番勝負で行われ、勝者は棋王のタイトルを手にする。連続して5期以上にわたりタイトルを保持した棋士には永世棋王を名乗る資格が与えられる。

きおう-だいがく【畿央大学】キアウ 奈良県北葛城きたかつらぎ郡広陵こうりょう町にある私立大学。平成15年(2003)の開設。

きおう-れき【既往歴】キワウ ►既往症

き-おおつ【黄大津】きおほ 黄色の粘土に消石灰・苆すさを混ぜた、上塗り用の壁土。

き-おく【記憶】〘名〙スル ❶過去に体験したことや覚えたことを、忘れずに心にとめておくこと。また、その内容。「—に新しい出来事」「少年時代のことを今でも—している」「—力」❷心理学で、生物体に過去の影響が残ること。また、過去の経験を保持し、これを再生・再認する機能の総称。❸コンピューターに必要なデータを蓄えておくこと。(類語)(❶)覚え・物覚え・メモリー・思い出・追憶・聞き覚え・見覚え（—する）覚える・銘ずる・銘記する・牢記ろうきする・暗記する

きおく-じゅつ【記憶術】早く正確に記憶する方法。5の平方根「2.2360679」を「富士山麓さんろくオウム鳴く」のように語調のよい言葉にして覚えるような類。

きおく-しょうがい【記憶障害】シャウガイ 高次脳機能障害の一。事故や疾病で脳に損傷を受けた場合などに起こる。物事を覚えたり、覚えたことを思い出す能力が低下し、新しいことが覚えられない、日付・場所がわからない、人の名前や顔が思い出せない、物の置き場所を忘れる、過去のことが思い出せない、同じ質問を何度も繰り返す、などの行動や状態が見られる。

きおく-そうしつ【記憶喪失】サウシツ 意識障害によって、過去のある時の経験を思い出せないこと。

きおく-そうち【記憶装置】サウチ《storage》コンピューターを構成する装置の一つで、プログラムやデータを記憶しておく部分。動作が高速で中央処理装置(CPU)が直接読み書きを行う主記憶装置と、大容量で電源を切っても記録内容が保持される補助記憶装置に大別できる。

きおく-そし【記憶素子】コンピューターの主記憶装置として、実際に情報を記憶している半導体素子。

きおく-ばいたい【記憶媒体】《storage media》情報を記憶することのできる物体。ハードディスク、メモリーカード、光ディスクなど。記憶メディア。

きおく-メディア【記憶メディア】►記憶媒体

きおく-ようりょう【記憶容量】ヨウリャウ 記憶装置に蓄えることのできる情報の量。単位としてビット・バイトなどを用いて表す。

き-おくれ【気後れ】〘名〙スル 相手の勢いやその場の雰囲気などに押されて、心がひるむこと。気おじ。「人前だと—して話ができない」(類語)畏縮・怖じ気

き-おくれ【季後れ】連句で、前句の季よりも早い季の付句つけくをすること。例えば、晩秋の句に初秋で付けるなど。落ち着かないので、よくないとされる。

き-おじ【気▽怖じ】ぢ〘名〙スル「気後おくれ」に同じ。

キオスク〘kiosk|フランス kiosque〙❶トルコ・イランなどのイスラム圏にみられる、四阿あずまや。❷ヨーロッパの駅・公園などで、新聞・雑誌などの売店や公衆電話ボックスとして用いられる簡易な建物。➡キヨスク

キオス-とう【キオス島】タウ《Chios》►ヒオス島

き-おち【気落ち】〘名〙スル 失望して気力をなくすこと。「試合に負けて—する」
(類語)気抜け・力抜け・拍子抜け・力落とし

き-おどし【黄▽威】をどし 黄染めの糸・革を用いた鎧よろいの威。

き-おも【気重】〘名・形動〙❶気分がふさいで、積極的に何かをする気にならないこと。また、そのさま。「失職して—な毎日」❷相場が低調で、取引が活発でない状態。

き-おもて【木表】板の、樹心から遠い面。⇔木裏。

き-おり【木折り|気折り】をり〘名・形動ナリ〙無骨で愛想のないこと。また、そのさま。「田舎侍の、—に強こはしかりけるが」〈盛衰記・三〉

き-おりもの【生織物】生糸で織り、あとで精練した絹織物。羽二重・縮緬ちりめんなど。生織り。➡練り織物

き-おろし【着下ろし】❶新しい衣服に初めて袖を通すこと。また、その衣服。❷着ふるした衣類を目下の者などに与えること。また、その衣類。おさがり。「奥様—の小袖」〈浮・五人女・二〉

き-おん【気温】ヲン 大気の温度。ふつう地上1.5メートルの高さの通風のよい日陰で計った温度をいい、百葉箱に入れた温度計を用いる。(類語)温度

き-おん【基音】楽器の弦や管などの発音体の固有振動のうち、振動数の最も少ない基本振動によって生じる音。音の高さは、その基音で決まる。基本音。

き-おん【黄×苑】ヲン キク科の多年草。深山に生える。高さ60〜90センチ。葉は披針形で縁にぎざぎざがあり、互生。夏、多数の黄色い花を散房状につける。ひごおみなえし。

き-おん【棄恩】仏語。真理の道に入るため、父母の恩を捨てて世俗への執着を断つこと。

ぎ-おん【祇園】ヲン ㊀《「祇樹給孤独園ぎじゅぎっこどくおん」の略》中インドの舎衛しゃえ国にあった祇陀ぎだ太子の林苑。のち、給孤独と称された須達しゅだつ長者が買い求めた。祇陀林。給孤独園。給孤園。㊁「祇園精舎」の略。㊂京都の祇園社(現在の八坂やさか神社)。㊃京都市東山区の八坂神社を中心とする一帯。鴨川から東の、四条通りの南北両側を占め、近世初期以来の花街。

ぎ-おん【擬音】映画・演劇などで、実際の音に似せて人工的につくり出した音。効果音。サウンドエフェクト。

ぎおん-え【祇園会】ギヲン 京都市の祇園社の祭礼。昔は毎年陰暦6月7日から14日まで行われたが、現在は7月17日から24日まで。山鉾やまぼこ巡行などがある。夏の疫病よけのご利益があるとされる。祇園御霊会ごりょうえ。祇園祭。屛風びょうぶ祭。(季 夏)「—や二階に顔のうづ高き/子規」

きおん-げんりつ【気温減率】キヲン 高度が増すにつれて気温が低くなる割合。平均して100メートル増すごとにセ氏0.5〜0.6度低くなる。気温逓減率。

ぎおん-ご【擬音語】►擬声語ぎせいご

きおん-こうばい【気温勾配】キヲン ►温度勾配

ぎおんさいれいしんこうき【祇園祭礼信仰記】ギヲンサイレイシンカウキ 浄瑠璃。時代物。五段。中邑阿契なかむらあけい・豊竹応律とよたけおうりつ・黒蔵主こくぞうすらの合作。宝暦7年(1757)大坂豊竹座初演。「信長一代記」を題材とし、特に四段目の「金閣寺」が有名。

ぎおん-しゃ【祇園社】ギヲン 京都市東山区にある八坂神社の旧称。

ぎおん-しょうじゃ【祇園精舎】ギヲンシャウジャ《梵 Jetavana-vihāraの訳》須達しゅだつ長者が、中インドの舎衛城しゃえじょうの南にある祇陀ぎだ太子の林苑を買い取り、釈迦とその教団のために建てた僧坊。祇陀林寺。

ぎおん-づくり【×祇▽園造(り)】ギヲン 京都の八坂神社本殿にみられる建築様式。入母屋いりもや造りの母屋の前方に向拝ごはいを設け、さらに側面および背面の三方に庇ひさし部分を設けたもの。

ぎおん-どうふ【×祇▽園豆腐】ギヲン 江戸時代、京都の祇園社門前の二軒茶屋が売り出した田楽でんがく豆腐。平たく切った豆腐を串にさして両面を焼き、味噌たれを塗って上に麩粉ふこなどを振ったもの。現在は木の芽田楽をいう。

ぎおん-なんかい【祇園南海】ギヲン［1677〜1751］江戸中期の漢詩人・文人画家。紀伊の人。名は瑜ゆ・正卿せいけい。字あざなは伯玉。木下順庵の門下。紀伊藩の儒官。中国、元・明の文人画風を学び、日本文人画の開拓者とされる。著「詩学逢原」「南海詩訣」など。

ぎおんにょうごここのえにしき【祇園女御九重錦】ギヲンニョウゴここのえにしき 浄瑠璃。時代物。五段。若竹笛躬わかたけふえみ・中邑阿契なかむらあけいの合作。宝暦10年(1760)大坂豊竹座初演。三十三間堂の縁起や平家物語などを脚色したもの。特に三段目が「三十三間堂棟由来さんじゅうさんげんどうむなぎのゆらい」の外題でよく上演される。

ぎおん-の-かみ【祇園の神】ギヲン 八坂神社の祭神。牛頭天王ごずてんのう(素戔嗚尊すさのおのみこと)と八柱御子神(天照大神あまてらすおおみかみの五男三女神)と少将井の宮(櫛名田比売くしなだひめ)。

ぎおん-の-よざくら【×祇▽園の夜桜】ギヲン 京都市の円山公園の夜桜見物。かがり火に照らされたしだれ桜を観賞する。

ぎおん-ばやし【×祇▽園×囃子】ギヲン ❶祭り囃子の一つで、京都八坂神社の祇園会のときに、山鉾やまぼこの上などで、笛・太鼓・鉦かねではやされるもの。(季 夏)❷歌舞伎下座音楽で、祇園会の山鉾巡行の囃子の趣にならったもの。「弁天小僧」のつらね、「助六」の股くぐりのくだりなどに使われる。

ぎおん-ぼう【×祇▽園坊】ギヲンバウ 広島県芸北地方から産する渋柿。また、その干し柿。(季 秋)

ぎおん-まつり【祇園祭】ギヲン「祇園会ぎおんえ」に同じ。

ぎおん-まもり【×祇▽園守り】ギヲン ❶京都の祇園社から出す、鈴のついた守り札。❷紋所の名。❶を図案化したもの。

ぎおん-りんじさい【祇園臨時祭】ギヲン 京都の祇園社で、祇園会ぎおんえの翌日、陰暦6月15日に行った祭礼。朝廷から奉幣使が遣わされた。慶応元年(1865)再興されたが、その後は再び廃絶した。

き-か【机下|×几下】《相手の机の下に差し出す意》手紙で、相手に対する敬意を表す脇付わきづけとしてあて名の横に添えて書く語。案下。(類語)侍史・台下・足下・座右・硯北・膝下・玉案下・御許・御前・拝

き-か【気化】クワ〘名〙スル 液体が気体に変わる現象。蒸発と沸騰がある。固体が直接に気体に変わる昇華しょうかも含めることもある。(類語)蒸発・昇華

き-か【奇貨】クワ ❶珍しい品物。❷利用すれば思わぬ利益を得られそうな事柄・機会。「道士らが王室の李姓であるのを—として、老子を先祖だと言いなし」〈鷗外・魚玄機〉

奇貨居おくべし《秦の商人呂不韋りょふいが趙に人質になっていた秦の王子子楚しそを助けて、あとでうまく利用しようとしたという「史記」呂不韋伝の故事から》珍しい品物は買っておけば、あとで大きな利益をあげる材料になるだろう。得がたい好機を逃さず利用しなければならない意にいう。

き-か【奇禍】クワ 思いがけない災難。「—に遭う」
(類語)災禍・災厄・厄・被害・害・禍害・惨害・惨禍・災害・難なん・災い・被災

き-か【季夏】❶夏の末。晩夏。❷陰暦6月の異称。

き-か【帰化】クワ〘名〙スル ❶他国の国籍を得て、その国民となること。「日本に—する」❷生物が原産地から他地域に運ばれ、新しい環境に適応して生存・繁殖するようになること。

き-か【幾何】「幾何学」の略。

き-か【貴家】相手を敬って、その家・家族をいう語。多く、手紙などで用いる。「—益々御隆盛の段」
(類語)家庭・家いえ・所帯しょたい・世帯せたい・一家・家族・家内・うち・我が家・ホーム・マイホーム・スイートホーム・ファミリー・お宅・おうち・お家いえ

き-か【旗下】❶大将の旗印のもと。また、大将の支配下。「将軍の—に馳せ参じる」❷特定の考え方の影響下。「科学万能の—に奔趨ほんすうしたれども」〈抱月・囚はれたる文芸〉

き-か【×麾下】《大将の指揮のもとの意から》❶将軍じきじきの家来。はたもと。「徳川一の臣属等は窃かに眉を顰めし」〈染崎延房・近世紀聞〉❷ある人の指揮下にあること。また、その者。「一の艦隊」

き-か【貴下】〔代〕二人称の人代名詞。同等または目下の相手に対する敬称。男性が多く手紙などで用いる。あなた。「一のご意見お聞かせ願いたく」
(類語)貴君・貴兄

き-が【木香】❶木材のかおり。「一の残る新築の家」❷酒に移った樽の香。「たまには杉の一の躍り出る奴を呑ませ」〈露伴・新浦島〉

き-が【帰×臥】〔名〕(スル) 官職を退いて故郷に帰り、静かに生活すること。「故山、虢略にーし、人と交を絶って」〈中島敦・山月記〉

き-が【起×臥】〔名〕(スル) 起きることと寝ること。また、生活すること。おきふし。「一を共にする」「遣手は娼家に一する者ですね」〈漱石・吾輩は猫である〉

き-が【飢餓|×饑餓】食べ物がなくて飢えること。飢え。「一感」(類語)飢え・干乾し

ぎ-か【偽花】1個以上の花軸をもつ花序であるが、まとまって1個の花のように見えるもの。ヒマワリの頭状花など。

ぎ-か【偽果】▶仮果

ぎ-が【戯画】戯れに描いた絵。また、誇張したり風刺を交えたりして描いたこっけいな絵。ざれ絵。カリカチュア。

ギガ〖giga〗《巨人の意のギリシャ語gigāsから》国際単位系(SI)で、メートル法の単位の上に付けて、その10億倍すなわち10^9を表す語。記号G　「一ヘルツ」

ぎ-が【×巍×峨】〔ト・タル〕(文)〔形動タリ〕山や建造物などが高くそびえ立つさま。「農商務省の官衙が一として聳えて居たり」〈独歩・武蔵野〉

き-かい【気海】❶空気が地球を包んでいるようすを海にたとえていう語。大気の各範囲。❷漢方で、へその下方1寸5分(大人で約3センチ)の所。任脈に属し、腎炎・糖尿病などの治療点。

き-かい【奇怪】〔名・形動〕❶常識では考えられないほど怪しく不思議なこと。また、そのさま。きっかい。「一な事件が起こる」❷常識に外れていて合点のゆかないこと。けしからぬこと。また、そのさま。きっかい。「責任者が出てこないとは一な話だ」(派生)きかいさ〔名〕(類語)不思議・妙・奇妙・奇異・怪奇・怪異・不可思議・面妖・奇天烈・摩訶不思議・けったい・変

き-かい【規戒】〔名〕(スル) 規範によっていましめること。また、その規範といましめ。「他人の過失を自由に一するに於てをや」〈中村訳・自由之理〉

き-かい【棋界】囲碁や将棋の世界。棋士の社会。

き-かい【貴介|貴×价】高い身分。高い地位。また、その人。「無学の一子弟などは」〈鴎外・魚玄機〉

き-かい【貴会】相手の会を敬っていう語。多く、手紙・文書などで用いる。

き-かい【毀壊】〔名〕(スル) こわしやぶること。また、こわれやぶれること。「況や又戦闘の利害に係わる時は是を一するを得るをや」〈西周訳・万国公法〉

き-かい【機会】事をするのに最も都合のよい時機。ちょうどよい折。チャンス。「抜け出す一をうかがう」「絶好の一を逃す」
(類語)時・折・頃合い・機・時機・時節・機運・好機・潮時・時宜・機宜・チャンス

き-かい【機械|器械】❶動力を受けて、目的に応じた一定の運動・仕事をするもの。❷実験・測定・運動競技などに使う装置・道具。❸自分の意思を失ったように、指令どおりに動いたり、物事を繰り返したりすること。(補説)「工作機械」「包装機械」のように、動力を用いて操作する装置(マシン)を「機械」、「測定器械」「光学器械」のように、人間が直接動かし、比較的小型で小規模な装置や道具(インストルメント)を「器械」と使い分けることが多い。
(類語)(❶❷)機器・機具・器具・利器・装置・機関・からくり・仕掛け・マシン・メカニズム

きかい【機械】横光利一の小説。昭和5年(1930)発表。心理主義的手法が高く評価された。

き-がい【危害】身体・生命・物品を損なうような危険なこと。「人体に一を及ぼす」「一を加える」
(類語)害・有害・害悪・害毒・被害

き-がい【気概】困難にくじけない強い意志・気性。「先駆者の一を示す」「一のある人」
(類語)意欲・気骨・骨っ節・反骨・精神

き-がい【機外】❶機体の外。❷能力・素質がないこと。「独り独仙君に至っては一の機を弄し過ぎて」〈漱石・吾輩は猫である〉

ぎ-かい【義解】▶ぎげ(義解)

ぎ-かい【議会】公選議員で組織され、選挙民の意思を代表して法律などを決定することを目的とする合議制の機関。国会・都道府県議会・市区町村議会など。(類語)国会・議院・両院・二院・衆議院・参議院

きかい-あぶら【機械油】摩擦を減らし、摩擦熱を防ぎ、機械の運動を滑らかにするための油。潤滑油。

きかい-あみ【機械編み】機械で編むこと。また、機械で編んだ物。

きかい-いと【機械糸】動力運転の機械を用いてつくった生糸。▶座繰り糸

きかい-おりき【機械織(り)機】動力を用いて布を織る機械。機械機織。きかいしょっき。

きかい-か【機械化】〔名〕(スル) ❶生産性や作業能率を高めるため、人力に替えて機械を使用すること。「農業を一する」❷軍隊で、機械を多く導入して機動力を高めること。❸外的な刺激に支配されることによって、人間の活動が個性・自主性を失うこと。

きかい-が-しま【鬼界ヶ島】㊀九州の南西海上の諸島の古名。薩南諸島とも、硫黄島をさすともいう。古代の流刑地で、僧俊寛が流された所。㊁(鬼界島)謡曲「俊寛」の喜多流における名称。

きかいか-ぶたい【機械化部隊】戦車・装甲自動車などの機械力を導入して編制された部隊。

きかい-かん【機械観】▶機械論

きかいかんらん【気海観瀾】日本最初の物理学書。青地林宗著。1巻。文政10年(1827)刊。西洋の理科書を抄訳し、物質の定義、力学や自然現象を図解して漢文で説明したもの。

ぎかい-きゅうでん【議会宮殿】《Palatul Parlamentului》ルーマニアの首都ブカレストの中心部にある国民の館の正式名称。議事堂宮殿。

きかい-きんとう【機会均等】❶権利・待遇を平等に与えること。「教育における一」❷外交政策上、自国内における諸外国の経済的活動に対して、どの国にも平等の待遇を与えること。

きかいげんいん-ろん【機会原因論】精神にも物体にも独自の作用因を認めず、それを神だけに帰する説。心身間に直接の相互作用を否定し、唯一真なる原因である神が精神あるいは身体の一方を機会原因として他方に働きかけるとする。ゲーリンクスやマルブランシュらが唱えた。偶因論。

きかい-ご【機械語】コンピューターが直接解読して実行できる命令語からなる言語。一般のプログラミング言語も、最終的にコンパイラーによってこれに翻訳される。マシン語。

きかい-こうがく【機械工学】機械の開発・設計・製作・運転に関して研究する工学の一分野。基本部門として、材料力学・機械力学・流体力学・熱力学・制御工学などがあり、広い応用部門をもつ。

きかい-こうぎょう【機械工業】❶機械およびその部分品を製造する工業。❷機械を用いて物を生産する工業。▶手工業

きかい-こうりつ【機械効率】❶機械に与えられたエネルギーと、機械が有効な仕事をするエネルギーとの比。❷ピストン式内燃機関などで、実際にクランク軸から取り出される正味仕事と、燃焼ガスがシリンダー内で行う図示仕事との比。両者の差が機械損失で、摩擦などによって失われる。

きかい-し【機会詩】慶事・凶事などに際して作られる儀礼的な詩。17〜18世紀のドイツで発達した。

きかいしき-どけい【機械式時-計】▶機械時計

きかい-じま【喜界島】鹿児島県南部、奄美大島の東方にある島。大島郡喜界町をなす。面積60平方キロメートル。サトウキビ・サツマイモの栽培が盛ん。

きがい-しゃげき【危害射撃】日本への武力攻撃事態で、敵国または第三国の船が臨検に応じないとき、船体に向けて行う射撃。▶警告射撃 (補説)平成13年(2001)奄美大島沖で不審船を見つけた際に海上保安庁が初の危害射撃を実施した。▶海上警備行動

きがい-しゅうしゅく【期外収縮】不整脈の一。心臓の規則的な収縮に先立って異常刺激が生じて起こる収縮。

きかい-しゅぎ【機会主義】「日和見主義」に同じ。

ぎかい-しゅぎ【議会主義】❶国家の最高意思を、国民を代表する議会において決定していく政治方式。特に議院内閣制をいう場合が多い。議会政治。❷資本主義社会から社会主義社会への変革を、議会に多数を占めることによって成し遂げようとする主義・立場。

きかい-すいらい【機械水雷】▶機雷

きか-いせい【幾何異性】立体異性の一。有機化合物の分子、あるいは錯体内配位子の立体配置の違いによって生じる異性現象。

ぎかい-せいじ【議会政治】「議会主義❶」に同じ。

きかい-せいず【機械製図】機械およびその部品の構造・形状・寸法などを示した図面。

きか-いせいたい【幾何異性体】化学構造式は同じであるが、分子あるいは錯体での立体配置の違いによって生じる異性体。シス型とトランス型など。▶立体異性体

きかい-せんばん【奇怪千万】〔形動〕(文)〔ナリ〕非常に奇怪であるさま。きっかいせんばん。「一な話」「一な振る舞い」

きかい-そしき【機械組織】植物体を強固にし、保持する組織。厚角組織・厚膜組織・繊維組織に分けられる。機械的組織。

きかい-たいそう【器械体操】鉄棒・平均台・跳び箱・つり輪などの器械を使ってする体操。

きかい-てき【機械的】〔形動〕❶機械を使って仕事をするさま。❷機械に関する方面。「採掘作業に一なレベルの問題が生じる」❸機械が動くように、意思をもたずに決まった動作を行うさま。「一にページをめくる」❹個々の状況を考慮せず、一律に物事を処理するさま。「一なグループ分け」❺力学的な性質をもつさま。

きかいてき-エネルギー【機械的エネルギー】▶力学的エネルギー

きかいてき-せいしつ【機械的性質】材料の、引っ張り・剪断・衝撃・疲労などに対する強さや、材の硬さなどの性質。

きかいてき-ふうか【機械的風化】地表近くの硬い岩石が、気温変化・結氷作用などによる膨張・収縮のため破壊されて、礫や砂に変わっていく現象。物理的風化。

きかいてき-ゆいぶつろん【機械的唯物論】生命現象や人間の意識の世界をも物理的自然界と同質に扱い、すべてを一貫して力学的概念や法則で説明しようとする説。ラ＝メトリ・ディドロ・エルベシウス・ドルバックら、18世紀フランス唯物論者によって唱えられた。▶唯物論

きかい-どけい【機械時-計】動力装置や調速機などの部品が、すべて機械的である時計。ぜんまいを動力とし、歯車の組み合わせによって針を動かし、時刻を表示する。機械式時計。▶クロノメーター❷

きかい-のこぎり【機械×鋸】動力を用いて物をひく鋸。丸鋸・帯鋸など。きかいのこ。

ぎかい-の-はな【議会の華】国会で、発言に対して飛ばされる野次のこと。審議を活発にするものだとして「華」と表現したもの。(補説)衆議院・参議院ともに、みだりに発言したり騒いだりして他人の発言をさまたげてはならない旨を規則で定めているが、悪質でない限りは習慣的に寛容されている。

きかい-ばた【機械機】▶機械織り機

きかい-はん【機会犯】キクワイ ▶偶発犯ぐうはつはん

きかい-ひよう【機会費用】キクワイ ある生産要素を特定の用途に利用する場合に、それを別の用途に利用したならば得られたであろう利益の最大金額を指し、実際の生産額の費用とする概念。オポチュニティーコスト。

きがいぶんせき-じゅうようかんりてん【危害分析重要管理点】ニヂユウエウクワンリテン ▶ハサップ(HACCP)

きかい-ぶんめい【機械文明】産業革命以後、手工業生産に代わって機械による大量生産が行われるようになった近代資本主義社会の文明の一側面をいう。

きかい-べん【機械弁】心臓弁膜症の弁置換術で用いられる人工弁の一。炭素繊維やステンレス・チタンなどの合金で作られる。生体弁よりも耐久性に優れるが、血栓ができやすいため、抗凝血薬を服用し続ける必要がある。

きかい-ほけん【機械保険】工場や事務所などで、不測かつ突発的な事故により稼働中の機械や装置に生じた損害を塡補する損害保険。従業員による誤操作、材質や設計・製造上の欠陥、ショートなどの過電流、他物の落下・衝突などによる事故の損害に対して保険金が支払われる。➡機械利益保険

きかい-ぼり【機械掘り】機械を使ってトンネル・坑道の掘削や、地下・海底資源の採掘を行うこと。➡手掘り

きかい-ほんやく【機械翻訳】コンピューターを利用して、ある言語を他の言語に自動的に翻訳すること。自動翻訳。

きかいりえき-ほけん【機械利益保険】機械保険が適用される事故による逸失利益を塡補する保険。操業の休止・阻害で生じる営業利益の喪失分、営業維持のための経常費、休業中の損失を軽減するための収益減少防止費用などが補償の対象になる。

きかい-ろん【機械論】❶哲学で、すべての事象の生成変化を自然的、必然的な因果関係によって説明し、目的や意志の介入を認めない立場。❷生物を精緻な機械と考え、生命現象を物理化学的法則で解明しようとする立場。

きか・う【▽錯ふ】きかふ〔動ハ四〕語義未詳。きしり合う意か。一説に、食い違う意とも。「柱、桁けた、梁うつばり、戸、牖まどの—・ひ動き鳴る事なく」〈祝詞・大殿祭〉

き-がえ【着替え｜着換え】ーがへ〔名〕スル 着替えること。また、着替えるための衣類。「—を持っていく」「家で—してから出かける」(類語)更衣・着替える・衣替え

き-か・える【着替える｜着換える】ーかへる〔動ア下一〕図きか・ふ〔ハ下二〕《「きがえる」とも》着ていた衣服を脱いで他のものを着る。「作業衣に—・える」(類語)着替え・更衣・衣替え

ぎが-か【戯画化】ギグワクワ〔名〕スル 物事をこっけいに、また風刺的に描き出すこと。おかしく皮肉なとらえ方をすること。「政界を—して描く」

きか-がく【幾何学】図形や空間の性質を研究する数学の一部門。紀元前300年ころ、ユークリッドによって集大成され、現在は、微分幾何学・代数幾何学・位相幾何学などに発展。幾何。

きかがくてき-せいしん【幾何学的精神】パスカルの用語。幾何学の方法に示されるように、少数の原理から出発して秩序正しく推論を継続していく合理的な認識の精神。⇔繊細の精神。

きかがくてき-もよう【幾何学的模様】ーモヤウ 直線と曲線によって構成された抽象的模様。

きか-がほう【幾何画法】ーグワハフ 幾何学の原理によって物の形を描く方法。製図の細密なことを主とし、定規・コンパスなどを用いて描く。

きかか-よそう【幾何化予想】キカクワヨサウ 数学の命題の一。1982年に米国の数学者ウィリアム＝サーストンが提出。「どのような三次元多様体も、8種類の幾何構造のいずれかに分解される」というもの。2003年にグレゴリー＝ペレルマンによって証明された。

き-がかり【気掛(か)り】〔名・形動〕どうなるかと不安で、心から離れないこと。また、そのさま。「明日の空模様が—だ」「—なのは娘のことだ」

(類語)心配・不安・憂い・懸念・危惧きぐ・危懼きく・疑懼ぎく・恐れ・胸騒ぎ・心がかり・不安心・心細い・心許こころもとない・怖い・危なっかしい・おぼつかない

き-かか・る【来掛(か)る】〔動ラ五(四)〕❶ちょうどその場所のあたりに来る。さしかかる。「店の前に—・ったとき声を掛けられた」❷来ようとする。途中まで来る。「こちらへ—・って引き返した」

きか-き【気化器】キクワ ▶キャブレター

きか-きゅうすう【幾何級数】ーキフスウ ▶等比とうひ級数

き-かく【企画｜企×劃】ークワク〔名〕スル ある事を行うために計画をたてること。また、その計画。くわだて。「秋の公演を—する」(類語)設計・立案・計画・もくろみ・企くわだて・はかりごと・一計・企図・案・構想・プラン・プロジェクト・青写真・筋書・手の内・予定

き-かく【気格】品格。気品。「装飾は人の心目を娯楽し、—を高尚にする」〈逍遥・小説神髄〉

きかく【其角】▶宝井其角たからいきかく

き-かく【寄客】寄食する客。居候いそうろう。

き-かく【×掎角】《「掎」は鹿を捕らえるのに後ろ足をとる意、「角」は前から角つのをとる意》❶前後呼応して敵を制すること。❷両雄が、相対して争うこと。「—の勢をなす」

き-かく【規画】ークワク 企て、はかること。また、企て。画策。「其一の大、其の忍耐力の強き」〈雪嶺・真善美日本人〉

き-かく【規格】❶工業製品・材料・工程などに対して定めた基準。❷物事の基準となる、社会一般の標準。「—をはみ出した人物」

き-かく【棋客】将棋や囲碁をする人。棋士。ききゃく。

き-がく【器楽】楽器だけで演奏する音楽。⇔声楽。(類語)音楽・楽・ミュージック・洋楽・邦楽・音曲

ぎ-かく【擬革】綿布などにニトロセルロースや合成樹脂を塗布し、皮革に似せたもの。レザークロス。

ぎ-がく【▽伎楽】❶日本最初の外来楽舞で、こっけい・野卑な無言仮面劇。推古天皇20年(612)百済くだらの味摩之みましが中国の呉くれの国で学んで伝えたという。飛鳥あすか・奈良時代を最盛期として衰え、江戸時代に滅びた。呉楽くれがく・くれのうたまい。呉の歌舞うたまい。❷仏教で、音楽のこと。

ぎ-がく【×妓楽】妓女の奏する音曲。

ぎ-がく【偽学】❶正道に反した学問。❷その時代の主流に反した学問。異学。

ぎ-がく【義学】❶「義塾ぎじゅく」に同じ。「幼童の時、—に往ゆきしが」〈中村訳・西国立志編〉❷仏教の体系的な教義についての学問。修行を目的とする行学ぎょうがくに対し、倶舎くしゃ・唯識の学問をいう。

きかく-いん【企画院】キクワクヰン 戦時経済の企画・調整・推進にあたった内閣直属の官庁。昭和12年(1937)企画庁と資源局とを合併して設立。同18年(1943)軍需省に吸収された。

きかくいん-じけん【企画院事件】キクワクヰン 昭和16年(1941)企画院の調査官、和田博雄・勝間田清一ら革新官僚17人が、治安維持法違反で検挙された事件。第二次大戦後、無罪とされた。

きかく-か【規格化】ークワ〔名〕スル ❶製品の品質・形状・寸法などを規格に合わせて統一すること。「製品を—する」❷思想や行動を画一的な型にはめること。「—された思考」

きかく-がい【規格外】ーグワイ 製品や農作物などが、定められた基準に当てはまらないこと。「寸法—」「—野菜」

きかくがい-やさい【規格外野菜】キカクグワイ 出荷前の大きさ・色・形などによる選別の際に、規格に適合しないとしてより分けられた野菜。形など外観上の規格から外れても鮮度や味に問題がなければ、商品として流通する場合もある。

きかく-きょうそうにゅうさつ【企画競争入札】キクワクキヤウサウニフサツ 官公庁が物品・役務の調達等を行う際、入札参加者を公募し、企画書の提出を求め、事前に定めた採点方式で点数が高い業者に発注する入札方式のこと。受注者に特殊な施設や技術、企画力などが求められ、価格のみで決まる一般競争入札がふさわしくない案件で採用される。➡総合評価方式 (補説)従来、官公庁の契約は公益法人等との随意契約が多くの割合を占めていたが、競争性や透明性の確保の点で問題があることから、財務省は平成18年(2006)、可能な限り一般競争入札や企画競争入札に変更するよう指示する通達を出した。

きがく-きょく【器楽曲】器楽演奏のための曲。

ぎかく-し【擬革紙】じょうぶな紙の表面に塗被加工をし、型付けなどの特殊な仕上げをして革に似せて作った紙。書籍の表紙や家具などに用いる。レザーペーパー。

ぎがく-し【▽伎楽師】古代の朝廷で、伎楽生に伎楽の技術を教授する職。また、その人。

ぎがく-しょう【▽伎楽生】ーシヤウ 律令制で、伎楽を伝習した生徒。治部省雅楽寮に属した。

きかく-てん【企画展】キクワク 美術館・博物館などで、期限やテーマを設けて特別に企画される展覧会。常設展に対していう。

きかく-ばん【規格判】日本工業規格(JIS)による、紙の仕上がり寸法。A判・B判の二系列がある。

きかく-ひん【規格品】規格に従って作られた製品。

ぎがく-めん【▽伎楽面】伎楽に用いた仮面。舞楽面・能面よりも大きい。正倉院・法隆寺・東大寺などに現存。

き-がけ【生掛(け)】こよりに灯心をまいて芯しんとし、上に油で練った蝋を数回塗って乾かした蝋燭ろうそく。

き-がけ【来掛け】❶来る途中。きしな。「—に買い物をしてきた」⇔行ゆき掛け。❷来る早々。着くとすぐ。「これは—からの御挨拶」〈伎・四谷怪談〉

き-かげき【喜歌劇】❶喜劇的要素をもつ、音楽劇の総称。オペラブッファ・オペレッタなど。❷オペレッタ。

きか-こうがく【幾何光学】ークワウガク 光を光線の集合と考えて幾何学的に扱い、光の直進の原理、反射・屈折の法則などを用い、像の結び方を研究する光学の一部門。光学器械のレンズの組み合わせなどに応用。

きか-こうり【幾何公理】数学全般の共通公理に対し、幾何学そのものについての公理をいう。

き-がさ【気×嵩】〔名・形動〕負けん気が強いこと。勝ち気なこと。また、そういう性質や、そのさま。「負嫌いの—な強い人は」〈魯庵・社会百面相〉

き-がさなり【季重なり】連句・俳句で、1句のうちに季語が二つ以上入ること。一方が主であることが明らかなときなどを除いて、通常これを嫌う。

きか-ざる【聞か猿】三猿さんえんの一。聞くまいとして両手で耳を覆っている猿の像。

き-かざ・る【着飾る】〔動ラ五(四)〕美しい衣服を着て身を飾る。盛装する。「—・って出席する」(類語)装よそおう・めかす・装よそう・めかし込む・扮する

きかし-ぐさ【きかし草】ミソハギ科の一年草。田や湿地に生え、高さ約15センチ。茎の下部は地をはう。葉は小さく楕円形で、対生。8、9月ごろ、葉の付け根に淡紅色の小花を1個ずつつける。

きか-しょくぶつ【帰化植物】キクワ 植物が自生地から他地域に移され、野生化して繁殖するようになったもの。日本ではブタクサ・ヒメジョオン・シロツメクサなど。

き-がしら【木頭｜×柝頭】歌舞伎で、幕切れに打つ拍子木の最初の音。きのかしら。

きか-じん【帰化人】キクワ 帰化によってその国の国籍を得た人。

きか・す【利かす】□〔動サ五(四)〕「利かせる」に同じ。「わさびを—・す」□〔動サ下二〕「き(利)かせる」の文語形。

きか・す【聞かす】□〔動サ五(四)〕「聞かせる」に同じ。「おもしろい話を—・そう」□〔動サ下二〕「き(聞)かせる」の文語形。

きか・す【聞かす】〔連語〕《「す」は尊敬の助動詞》お聞きになる。きこす。「高志こしの国に賢さかし女めを有りと—・して」〈記・上・歌謡〉

き-ガス【木ガス】▶もく(木)ガス

き-ガス【希ガス｜×稀ガス】「希ガス元素」の略。

きか-すうれつ【幾何数列】▶等比とうひ数列

きガス-げんそ【希ガス元素】周期表18(0)族であ

るヘリウム・ネオン・アルゴン・クリプトン・キセノン・ラドンの6元素の総称。いずれも常温で気体。空気中に微量含まれる。化学的にきわめて不活発で、他の元素とは容易に化合しない。そのため孤高な性質の意で貴ガスともいう。不活性気体。

きかずざとう【不聞座頭】狂言。和泉流では「不見不聞」。留守を頼まれた耳の不自由な太郎冠者と盲目の菊都が、それぞれの弱点につけこんで、なぶり合う。

きか-せい【帰家性】▶帰巣性

きか・せる【利かせる】〔動サ下一〕図きか・す〔サ下二〕❶効き目があるようにする。「シーツにのりを―・せる」「顔を―・せて特別に配慮してもらう」「にらみを―・せる」❷機敏に心を働かせる。「気を―・せて準備しておく」「機転を―・せる」

きか・せる【聞かせる】〔動サ下一〕図きか・す〔サ下二〕❶聞くようにさせる。「とんだ長話を―・せてしまった」❷言葉で言ってわからせる。「よく言って―・せる」❸話や歌などがじょうずで、思わず聞き入らせる。「なかなか―・せるのどだ」

き-がた【木型】木製の原型。鋳物・陶器・靴などを作るときに用いるものがある。

き-かつ【飢渇｜饑渇】飢えとかわき。特に、飲食物の欠乏すること。けかつ。「―に苦しむ」

きか-どうぶつ【帰化動物】動物が本来の生息地から、主に人為的に他地域へ移動され、そこに定着して繁殖するようになったもの。日本ではアメリカザリガニ・食用ガエル(ウシガエル)・ブルーギルなど。

きかぬ-き【利かぬ気｜聞かぬ気】〔名・形動〕「利かん気」に同じ。「剛情な―の腕白小僧」〈漱石・門〉

き-がね【木尺｜木矩】表具師が、模様のゆがみを調べるのに使う木の定規。

き-がね【気兼ね】〔名〕スル 他人の思わくなどに気をつかうこと。遠慮。「隣り近所に―する」
(類語)遠慮・心置き・憚り・控え目・斟酌・忌憚・謹慎・内輪・憚る・控える・差し控える・慎む・断る

き-がね【黄金】黄金のこと。近世、特に大判・小判を指す。「都の人に―八十枚に代えなしてより」〈浮・織留・二〉

きか-ねつ【気化熱】気化するのに必要な熱量。ふつう、1グラムの液体を、同温度の気体にするのに必要な熱量をいい、セ氏100度の水の気化熱は539.8カロリーに等しいとされる。昇華熱も含めていうこともある。蒸発熱。

ギガバイト〖gigabyte｜GB〗コンピューターで扱う情報量や記憶容量の単位の一。2^{30}(10億7374万1824)バイト。または10^9(10億)バイト。GB。➡ギビバイト

ギガ-ビーピーエス〖Gbps〗《gigabits per second》データ通信における転送速度の単位。1秒間に10^9ビットのデータを転送できる。1bpsの10億倍に当たる。ギガビット毎秒。ギガビット/秒。Gbit/s。Gb/s。➡bps

ギガビット-イーサネット〖gigabit Ethernet〗伝送速度が1Gbpsのイーサネット規格の総称。1000BASE-T、1000BASE-Xなどがある。GbE。

ギガビット-まいびょう【ギガビット毎秒】▶ギガビーピーエス(Gbps)

きか-へいきん【幾何平均】▶相乗平均

き-がまえ【気構え】❶物事に対処する心の準備。また、物事に取り組む際の意気込みや心構え。「同僚とは仕事への―が違う」❷漢字の構えの一。「気」「氤」などの「气」の称。❸株式で、相場の変動を予測したり、心配したりすること。
(類語)心がけ・心構え・腹積もり・心積もり・精神

き-がみ【生紙】❶「生漉き紙」に同じ。❷熟紙に対し、加工を施していないすいたままの和紙。

き-がみ【黄紙】江戸時代、奉行などが上司に差し出す伺い書に添付した黄色の紙片。

ギガモ〖GIGAMO〗富士通とソニーが平成10年(1998)に開発したMO(光磁気ディスク)の規格。1枚あたり1.3GBの記憶容量をもつ。

きが-ゆしゅつ【飢餓輸出】外貨を獲得するために、国内の消費を切りつめて輸入を抑制する一方、国民の生活必要物資までも輸出すること。

き-からすうり【黄烏瓜】ウリ科の蔓性の多年草。山野に自生し、巻きひげで他に絡む。葉は心臓形で浅い切れ込みがある。雌雄異株。夏、白い花が咲く。果実は黄色く熟す。漢方で塊根を栝楼根といい薬用。また根のでんぷんから天瓜粉を製する。うかい。うしのしい。

き-がらちゃ【黄枯ら茶｜黄唐茶】❶染め色の名。薄い藍色を帯びた薄茶色。❷「黄枯ら茶飯」の略。

きがらちゃ-めし【黄枯ら茶飯】醤油と酒などとを加えて炊いた飯。

キガリ〖Kigali〗ルワンダ共和国の首都。標高1500メートルの高原地帯にある。

きが-りょうほう【飢餓療法】水分以外の食物を制限するか断つかして、病気の治療効果をあげようとする方法。絶食療法。断食療法。

き-がる【気軽】〔形動〕図〔ナリ〕こだわったり面倒がったりしないで行動に出るさま。また、堅苦しくなくて、気がおけないさま。「―に引き受ける」「―な格好で出掛ける」(派生)きがるさ〔名〕(類語)安直・簡単

き-がる・い【気軽い】〔形〕図きがる・し〔ク〕気軽であるさま。こだわりがなく、あっさりしている。「誰とでも―・くつきあう」

き-がわ【黄皮｜橘皮】橘などの実の皮。刻んで香辛料として料理に用いる。〈和名抄〉

き-がわり【気変(わ)り】❶「心移り」に同じ。❷株式で、相場での売買の人気が変動すること。

き-かん【気管】❶脊椎動物の喉頭に続き、気管支までの膜性の管。呼吸の際の空気の通路で、食道の前を下がり、分岐して左右両肺につながる。発声にも関与する。❷昆虫など、甲殻類以外の節足動物がもつ呼吸器官。表皮が体内に陥入し、樹枝状に分かれて広がった管。体表の気門から入った空気を各部に送る。

き-かん【汽缶】▶ボイラー

き-かん【祁寒】きびしい寒さ。厳寒。酷寒。

き-かん【奇観】珍しい眺め。ほかでは見られないような風景。「―を呈する」
(類語)景観・美観・異観・壮観・偉観・スペクタクル・景色・美景・佳景・勝景・絶景・奇勝・絶勝・形勝・景勝・山紫水明・風物・近景・遠景

き-かん【季刊】雑誌などが、3か月ごと1年に4回発行されること。また、その刊行物。クオータリー。

き-かん【軌間】鉄道線路の、左右のレール頭部の内面間の最短距離。JRの標準軌間は1.435メートルとされ、新幹線で採用されている。これより広いものは広軌、狭いものは狭軌という。ゲージ。

き-かん【既刊】すでに出版・発行されていること。また、その刊行物。⇔未刊。

き-かん【帰還】〔名〕スル ❶遠方から帰ってくること。特に、戦場などから基地・故郷などに帰ること。「宇宙から無事―する」「―兵」❷(「饋還」とも書く)「フィードバック」に同じ。
(類語)帰郷・帰省・里帰り・帰国・帰京・帰参

き-かん【帰館】〔名〕スル やかたに帰ること。宿舎に帰ること。また、自宅に帰ることをふざけていう場合もある。「お父さんのご―だ」

き-かん【帰艦】〔名〕スル 上陸した乗組員が自分の軍艦に、また、飛び立った飛行機がその航空母艦に帰ること。「搭載機が―する」

き-かん【飢寒｜饑寒】食べ物がなく、寒さに凍えること。飢えと寒さ。「―に耐える」

き-かん【基幹】物事のおおもと、中心となるもの。「―部門」(類語)基本・根本・中心・大本・基礎・基盤・根底・基部・基底・大根・根幹・基軸・基調・基・土台・下地・初歩・いろは・ABC

き-かん【亀鑑】《「亀」は甲を焼いて占ったもの。「鑑」は鏡の意》行動や判断の基準となるもの。手本。模範。「教育者の―ともいうべき人物」

き-かん【幾諫】〔名〕スル《「論語」里仁から》相手を怒らせないように穏やかにいさめること。「滑稽の中に諷刺を寓し、時弊を―することなくあらば」〈神田孝平・明六雑誌一八〉

き-かん【期間】ある期日または日時から、他の期日または日時に至るまでの間。「―を延長する」
(類語)期・周期・間

き-かん【貴翰｜貴簡】相手を敬って、その手紙をいう語。(類語)手紙・御状・御書・懇書・貴書・貴札・芳書・芳信・芳翰・芳墨・尊書・尊翰・台翰・朶雲

き-かん【旗艦】❶艦隊の司令長官・司令官が乗って指揮をとる軍艦。マストにその司令官の階級に応じた旗を掲げる。❷(自社製品中の)最高級品。また、系列店中の主力店。本店。フラグシップ。

き-かん【器官】多細胞生物において、いくつかの組織が集まって一定の形・大きさおよび生理機能をもつ部分。「消化―」

き-かん【機感】仏語。仏が衆生の心の働きを感じ取って、それに対応すること。また、衆生の心の働きが、仏の導く力を感じること。

き-かん【機関】❶火力・水力・電力などのエネルギーを機械的エネルギーに変える装置。❷活動のしかけのあるもの。からくり。「ただ一槌を受くるのみにて全体の―これが為に廃して」〈中村訳・西国立志編〉❸法人や団体などの意思を決定したり、代表したりする者、または組織。「行政―」「国家―」❹ある目的を達成する手段として設けた組織や機構。「報道―」
(類語)機械・機器・機具・器具・利器・装置・からくり・仕掛け・マシン・メカニズム

き-かん【貴官】〔代〕二人称の人代名詞。官吏や、軍人である相手を敬っていう。

き-がん【危岩｜危巌】険しくそびえ立つ岩。

き-がん【奇岩｜奇巌】珍しい形をした大きな岩。「一怪石」(類語)岩・岩石・巨岩・巌・岩根・磐石・岩壁

き-がん【祈願】〔名〕スル ある目的が達成されるように、神仏に祈り願うこと。「世界平和を―する」
(類語)願う・祈り・祈念・祈祷・加持・黙祷・誓願・立願・発願・願掛け・代願

き-がん【帰雁】春になって、北へ帰っていく雁。(季 春)「順礼に打ちまじりゆく―かな/嵐雪」

き-がん【起龕】禅宗で、葬儀のとき、棺を墓所へ送り出すこと。

き-がん【輝岩】火成岩の一。輝石を主成分とする完晶質の粗粒の超塩基性岩。

ぎ-かん【妓館】遊女屋のこと。

ぎ-かん【技官】特別の学術、技芸に関する仕事にたずさわる公務員。厚生技官・建設技官など。

ぎ-かん【技監】技師・技官の総監督をする役職。国土交通省と特許庁にそれぞれ置かれるほか、自治体などにも置かれることがある。

ぎ-かん【議官】❶明治初期に設けられた、太政官の評議に参与した高官。❷明治初期に設けられた、元老院の議員。元老院議官。

ぎ-がん【義眼】手術で摘出した眼球の代わりに装着する、ガラスや合成樹脂製の眼球。

ぎ-がん【擬岩】セメントやモルタルにアクリル繊維などを混ぜたもので作った模造の岩石。自然の岩石から型取りをし着色してそっくりに仕上げる。テーマパーク、動物園、水族館などで使用。

きかん-いにんじむ【機関委任事務】法律または政令により、国または他の地方公共団体などから都道府県知事・市町村長などの地方公共団体の機関に委任される事務。平成12年(2000)地方自治法の改正により廃止され、自治事務・法定受託事務に再編された。➡自治事務 ➡団体委任事務 ➡法定受託事務

きかん-かいせんもう【基幹回線網】▶バックボーン❸

きかん-き【利かん気｜聞かん気】〔名・形動〕《「きかぬき」の音変化》人に負けたり、人の言うなりになったりすることを激しく嫌う性質。また、そのような性質であるさま。勝気。「―な少年」
(類語)負けん気・勝ち気・強気・向こう意気・鼻っ柱・鼻

っぱし・負けず嫌い・気丈

きかん-く【機関区】キクヮンシー 機関車の運用・整備・検査・修繕、またその乗務員の管理を行う鉄道の現業部門。

きかん-こう【期間工】農閑期に自動車工場などに期間限定で就職する農民。農繁期になる前に退職して満了金をもらい帰郷する。季節工。季節労働者。また一般に、企業が臨時に雇う期間従業員のこと。

きかんこんなん-くいき【帰還困難区域】キクヮンコンナンクイキ 福島第一原発事故による避難指示区域の一。事故を起こした原子炉が冷温停止状態に達した後、それまでの警戒区域・避難指示区域(計画的避難区域)を見直して新たに設定されたもので、年間積算線量が50ミリシーベルトを超えており、5年間経過しても20ミリシーベルトを下回らないおそれのある地域。➡避難指示解除準備区域 ➡居住制限区域

きかん-ざい【起寒剤】▶寒剤かんざい

きかん-さんぎょう【基幹産業】ーゲフ 一国の経済活動の基盤となる重要な産業。一般に鉄鋼・エネルギー・自動車産業や電子工業などをさすが、経済の発展段階によってその内容は異なる。キーインダストリー。

きかん-し【気管支】キクヮンシー 気管の下端から左右に分かれ、両肺に通じる細い管。

きかん-し【機関士】キクヮンシー 船舶・機関車・航空機などの機関を運転・整備する乗員。

きかん-し【機関紙┊機関誌】キクヮンシー ある団体や組織が、その主義・主張や活動の宣伝などのために発行する新聞、または雑誌。

きかんし-えん【気管支炎】キクヮンシー 気管支の粘膜の炎症。ウイルスや細菌の感染から起こり、発熱・悪寒・咳せき・痰たんなどの症状がみられる。気管支カタル。

きかんし-かくちょうしょう【気管支拡張症】キクヮンシクヮクチャウシャウ 気管支の細かい枝が広範囲にわたって拡張した状態。肺炎・百日咳ひゃくにちぜき・肺結核などのあとに起こることが多い。咳せき・痰たん・血痰などがみられる。

きかんし-きょう【気管支鏡】キクヮンシキャウ 気管や気管支の内部を肉眼で直接観察するため、口から挿入する金属製の管状の医療器具。

きかんし-ぜんそく【気管支×喘息】キクヮンシー アレルギーや自律神経の変調などが絡み合って、気管支の痙攣けいれん収縮、粘膜の浮腫ふしゅ、粘液分泌の増加が起こって気道が狭められ、発作的に喘鳴ぜんめいを伴う呼吸困難を呈する病気。

きかん-しつ【機関室】キクヮンー ❶工場などで、主要原動機を据えつけてある室。❷船舶・飛行機・機関車などで、推進機を設置してある室。❸発電・暖冷房・換気・給排水などの機関を据えつけてある室。

きかんし-はいえん【気管支肺炎】キクヮンシー 気管支炎が奥に進んで肺胞に及び、その範囲が肺の小葉に限られる炎症。発熱・呼吸困難は比較的軽く、咳せきと痰たんが出る。小葉性肺炎。カタル性肺炎。

きかん-しゃ【機関車】キクヮンー 駆動用の原動機を搭載し、軌道上で客車・貨車を牽引けんいんする鉄道車両。原動機によって、電気機関車・蒸気機関車・ディーゼル機関車などがある。(類語)電車・汽車・列車

きかん-しゃいん【期間社員】ーシャヰン「期間従業員」に同じ。

きかん-じゅう【機関銃】キクヮンー 引き金を引き続けている間、弾丸を連続発射する銃。機銃。マシンガン。

きかん-じゅうぎょういん【期間従業員】ージュウゲフヰン 企業が、繁忙期や増産対策として就業期間を限定して直接募集する臨時従業員。契約社員。

きがん-じょ【祈願所】キグヮンー 祈願のために建立した社寺。多く、天皇または将軍・大名などの建立したもの。

き-かんすう【奇関数】ークヮンスウ 関数$f(x)$のうち、すべてのxに対して、$f(-x)=-f(x)$を満たす関数。例えば、$f(x)=x$や$f(x)=\sin x$など。(図)偶関数。

きかん-そうかん【気管挿管】キクヮンサウクヮン 病気などで呼吸機能が低下または停止したとき、気管にチューブを挿入して肺に酸素を送る医療行為。平成16年(2004)7月より講習を受けた救急救命士も実施できるようになった。

きかんだて-うんそうほけん【期間建運送保険】運送保険のうち、一定期間(通常は1年)継続的に輸送される貨物を対象に、輸送中や保管中の事故による損害を填補するもの。

きかんだてかもつ-かいじょうほけん【期間建貨物海上保険】キカンダテクヮモツカイジャウホケン 海上保険のうち、継続的に輸送される貨物を対象に1年間包括的に引き受け、輸送中の事故による損害を填補するもの。

ギガンテス〖Gigantes〗ギリシャ神話で、大地の女神ガイアから生まれた巨人族。オリンポスの神々と戦って敗れた。(補説)単数形はギガス(Gigas)。

きかん-てん【旗艦店】《flagship shopの訳》各地に出した同系列の店の中で、そのブランドを代表して中心的な存在となる店。

きかん-とうしか【機関投資家】キクヮン 有価証券への投資から生じる収益を主要な収益源としている法人形態の投資家。銀行・保険会社・証券投資信託・財団など。

き-がんぴ【黄×雁皮】ジンチョウゲ科の落葉低木。関西地方以西の山地に自生し、高さ約1メートル。葉は卵形で対生。秋、黄色の小花が咲く。樹皮を和紙の原料に用いる。黄小きい雁皮。

きかん-ほう【機関砲】キクヮンハウ 弾丸を連続発射する火砲。機関銃を大型化した、ふつう口径20ミリ以上のものをいう。

きかん-ぼう【利かん坊┊聞かん坊】ーバウ〔名・形動〕《「きかぬぼう」の音変化》言うことをなかなか聞かない、勝ち気でわんぱくな子。また、そのような性質であるさま。きかんぼ。「一な(の)くせに泣き虫だ」(類語)腕白わんぱく・駄駄っ子

きかん-みんぞく【基幹民族】ロシア連邦において、独自の共和国を持ち、一定の自治を認められた民族。ロシア系住民の人口増加により、各共和国内で多数を占めない場合もある。

き-き【危機】悪い結果が予測される危険な時・状況。あやうい状態。「一に瀕ひんする」「経営一を乗り切る」(類語)危険・ピンチ・危難・危殆きたい・危地・虎口ここう・物騒・剣呑けんのん・危ない

きき【利き┊効き】❶働き。作用。「ブレーキの一が悪い」❷効き目。効能。「一の早い薬」❸名詞と複合して、その働きがすぐれている意を表す。「左一」「一足」「腕一」(補説)ふつう、❶❸は「利き」、❷は「効き」と書く。

き-き【忌×諱】〔名〕スル《慣用読みで「きい」とも》嫌って避けること。

忌諱に触・れる　人の嫌がることを言ったり行ったりして、その人の機嫌を損ねる。「家元の一・れる」

き-き【汽機】蒸気機関のこと。

き-き【既記】すでに記したこと。

き-き【帰期】帰る時期。帰る時。「一を待ちわびる」

き-き【記紀】古事記と日本書紀。

き-き【鬼気】恐ろしくて不気味な気配・雰囲気。「一迫る光景」

き-き【毀棄】〔名〕スル ❶物を壊したり捨てたりして、役に立たないようにすること。❷法律で、物の効用を滅失または減少させる一切の行為。

きき【聞き】❶耳に聞くこと。また、聞こえる音。「百鳥ももとりの来居て鳴く声春されば一のかなしも」〈万・四〇八九〉❷《他人が聞く意から》評判。「誉れを愛するは、人の一を喜ぶなり」〈徒然・三八〉❸(「利き」とも書く)酒や茶などの味や香りを試すこと。また、香こうをかぎ分けること。「私の一では泉川か滝水だらうと存じます」〈滑・七偏人・初〉

き-き【機器┊器機】機械・器械・器具の総称。「教育一」「電気一」(類語)機械・機具・器具・利器・装置・機関・からくり・仕掛け・マシン・メカニズム

きき【窺基】▶基き(人名)

き-き【×騏×驥】❶よく走るすぐれた馬。駿馬しゅんめ。❷すぐれた人物。「一老いたりと雖いえども、其志は尚千里の外に在り」〈竜渓・経国美談〉

騏驥の跼躅きょくちょくは駑馬どばの安歩あんぽに如しかず　《「史記」淮陰侯伝から》すぐれた馬もぐずぐずしていれば、つまらない馬が静かに歩み続けるのに及ばない。すぐれた人も怠けていれば、平凡な人が努力するのに及ばないというたとえ。

き-き【奇奇】〔ト・タル〕(図)〔形動タリ〕非常に珍しいさま。また、非常に不思議なさま。

き-き【×嬉×嬉┊×嘻×嘻】〔ト・タル〕(図)〔形動タリ〕笑い楽しむさま。喜びうれしがるさま。「一として戯れる」(類語)嬉しい・喜ばしい・楽しい・欣快きんかい・愉快・欣欣きんきん・欣然きんぜん・満悦・御機嫌

き-き【輝輝┊×暉×暉】〔ト・タル〕(図)〔形動タリ〕照り輝くさま。「中庭忽ち見る隕星の光、煌々一、炳乎として人を射る」〈服部誠一・東京新繁昌記〉

き-ぎ【木木】多くの木。いろいろの木。「一の緑」

き-ぎ【危疑】〔名〕スル あやぶみ疑うこと。「よしーすべき理由はなくとも」〈逍遥・小説神髄〉

き-ぎ【気気】人それぞれの気質・気持ち。「互いの一もすむとおぼしく」〈緑雨・門三味線〉

き-ぎ【奇技】珍しい技芸。また、それによって作った珍しい物。「万国の方物或は近世の一を陳列し」〈村田文夫・西洋聞見録〉

き-ぎ【×嬉戯】〔名〕スル うれしそうに遊び戯れること。「鞠まり投げに一するさま」〈藤村・伸び支度〉

き-ぎ【機宜】時機にふさわしいこと。また、それをするのによい機会。「一を得た適切な措置」(類語)機会・時とき・折おり・頃合ころあい・機・時機・時節・機運・好機・潮時しおどき・時宜・チャンス

ぎ-き【義気】正しいことを守り行おうとする意気。義侠心ぎきょうしん。「一のある人」

ぎ-き【義旗】正義のために旗あげをすること。また、その旗じるし。

ぎ-き【儀軌】❶密教で、仏・菩薩ぼさつ・諸天などを念誦ねんじゅ・供養する方法や規則。また、それらを記した典籍。❷規則。法則。儀範。「仏々祖々の法は、かならずその始めに、帰依三宝の一あるなり」〈正法眼蔵・帰依仏法僧宝〉

ぎぎ【義義】ナマズ目ギギ科の淡水魚。全長約30センチ。体は長く、口のひげが8本ある。脂びれをもち、尾びれは後縁中央が切れ込む。体色は黄色で暗灰褐色の斑紋がある。背びれと胸びれにとげがあり、刺されると痛む。胸びれを動かしてギーギーと音を立てるところからこの名がある。本州中部以南と四国の一部に分布。(季 秋)

ぎ-ぎ【疑義】意味・内容がはっきりしないこと。疑問に思われる点。「一をただす」「一を抱く」(類語)疑い・疑問・疑惑・疑念・疑心・不審・疑団・疑点・半信半疑

ぎ-ぎ【擬議】〔名〕スル ❶よく思いめぐらすこと。さまざまに論議すること。❷躊躇ちゅうちょすること。ためらうこと。「かくと見るよりちっとも一せず夷子えびすが襟がみ引つかみ」〈露伴・日ぐらし物語〉

ぎ-ぎ【×巍×巍┊×魏×魏】〔ト・タル〕(図)〔形動タリ〕❶山などの高く大きいさま。「一たる岩山」❷徳の高く尊いさま。「神徳一たり」〈栄花・鳥の舞〉

きき-あ・う【聞き▽敢ふ】ーあふ〔動ハ下二〕❶ちょうど聞きつける。「いかで一・へつらむ、追ひて物したる人もあり」〈かげろふ・中〉❷(多く打消しの語を伴って用いる)十分に聞き取る。とっくり聞く。「三人は一・へず悦びて輿こしにのる」〈保元・下〉

きき-あきら・む【聞き明らむ】〔動マ下二〕聞いて、事の次第をはっきりと知る。「一・め、恨み解け給ひにたなり」〈源・真木柱〉

きき-あ・きる【聞(き)飽きる】〔動カ上一〕何度も聞いていやになる。「自慢話は一・きた」

きき-あし【利(き)足】両足のうちで、力が発揮でき、よく動くほうの足。「一でふんばる」

きき-あつ・む【聞き集む】〔動マ下二〕いろいろなことを聞いて、心にとどめる。「世にある人の有様を、大方なるやうにて一・め」〈源・末摘花〉

きき-あやま・る【聞(き)誤る】〔動ラ五(四)〕事実を誤って聞く。聞きちがえる。「客の注文を一・る」(類語)聞き損なう

きき-あらわ・す【聞き現す┊聞き▽顕す】ーあらはす〔動サ四〕聞いて、明らかにする。「かく忍ぶる筋を一・しけり」〈源・手習〉

きき-あわ・す【聞(き)合(わ)す】ーあはす ㊀〔動サ五

(四)〕「聞き合わせる」に同じ。「電話で―・す」㊁〔動サ下二〕「ききあわせる」の文語形。

きき-あわ・せる【聞(き)合(わ)せる】ききあはす〔動サ下一〕図ききあは・す〔サ下二〕❶いろいろとたずねて真偽や実態を確かめる。問い合わせる。「所在を―・せる」❷聞いてくらべる。聞きくらべる。「演奏の違いを―・せる」(類語)問い合わせる・聞きただす・打診・問う・尋ねる・聞く・諮る・質す・問い質す・質問する・発問する・借問する・試問する・下問する

きき-いさん【危機遺産】ヰサン《「危機にさらされている世界遺産」の通称》世界遺産のうち、自然災害や紛争、開発、密猟などによって価値を損なう恐れのあるもの。ユネスコの危機遺産リストに登録され、資金援助や国際協力などを受けることができる。危機を脱したと判断されればリストから削除される。

きき-いしき【危機意識】❶危機が迫っているということを感じること。危機感。❷既成の秩序や価値観が崩壊しつつあることを認識し、これに対処しなくてはならないとする自覚。

きき-い・ず【聞き▽出づ】〔動ダ下二〕秘密などを探って聞きだす。「尋ねさせ侍れど、いまだ―・で侍らず」〈落窪・三〉

きき-いっぱつ【危機一髪】髪の毛1本ほどのごくわずかな差で危機に陥りそうな危ない瀬戸際。「―のところで難を免れる」(類語)絶体絶命・剣が峰・九死

きき-い・る【聞(き)入る】㊀〔動ラ五(四)〕熱心に聞く。じっと耳を傾ける。「虫の音に―・る」㊁〔動ラ下二〕「ききいれる」の文語形。(類語)聞き惚れる

きき-い・れる【聞(き)入れる】〔動ラ下一〕図ききい・る〔ラ下二〕❶人の要求や願いなどを聞いて、承知する。「申し出を―・れる」「忠告を―・れる」❷身を入れて聞く。耳を傾ける。「いかなる大事あれども、人の言ふ事―・れず」〈徒然・六〇〉(類語)受け入れる・聞き届ける・認める・承認・承諾・受諾・受け付ける・心得る・応じる・承る・承服・黙認・公認・自認・約諾・快諾・内諾・甘受・オーケー・受容・承知

きき-うで【利(き)腕】両腕のうちで、力が発揮でき、よく動くほうの腕。何かをするときに、通常使うほうの腕。利き手。「―を押さえる」
(類語)かいな・細腕・やせ腕・右腕・片腕・腕・二の腕

きき-お・う【聞き負ふ】ききおふ〔動ハ四〕自分の身の上のこととして聞く。「若からぬ人は―・ひけりとや」〈伊勢・一一四〉

きき-お・く【聞(き)置く】〔動カ五(四)〕❶自分の意見は言わないで、人の話を聞くだけにしておく。「参考までに―・くにとどめる」❷聞いて心にとめる。「家の伝へにて―・ける事あり」〈今昔・二五・九〉

きき-おさめ【聞(き)納め】ききをさめ それが聞くことのできる最後の機会。もう二度と聞くことができないこと。「日本での演奏もこれが―だ」

きき-おじ【聞き▽怖じ】ききおぢ〔名〕スル 聞いただけで怖ろしく思うこと。「謙遜ないしは―してあえて近寄らない人も」〈寅彦・相対性原理側面観〉

きき-おち【聞き落ち】聞いただけで恐れて逃げだすこと。「石見の国中に三十二箇所ありける城ども皆―して」〈太平記・二八〉

きき-おとし【聞(き)落(と)し】聞き漏らすこと。また、その事柄。聞き漏らし。

きき-おと・す【聞(き)落(と)す】〔動サ五(四)〕❶聞くべきことをうっかりして聞かないでしまう。聞き漏らす。「相手の名を―・す」❷聞いて心の中で相手を軽蔑する。「あへなく淡つけきやうにや―・し給ひけむ」〈源・若菜下〉(類語)聞き漏らす

きき-おぼえ【聞(き)覚え】❶以前に聞いた記憶があること。「―のある声」❷聞いて覚えること。また、その事柄。耳学問。「―の英語」
(類語)記憶・覚え・物覚え・覚える・見覚え

きき-おぼ・える【聞(き)覚える】〔動ア下一〕図ききおぼ・ゆ〔ヤ下二〕❶以前に聞いて記憶している。「その話なら―・えている」❷何度も聞いているうちに自然と覚える。「テレビで―・えた歌」

きき-および【聞(き)及び】《多く「おききおよび」の形で》人づてに聞いて知っていること。「すでにお―のことと存じます」

きき-およ・ぶ【聞(き)及ぶ】〔動バ五(四)〕人づてに聞いて知っている。前々から聞いている。「ご高名はかねがね―・んでおります」
(類語)伝え聞く・漏れ聞く・聞き継ぐ・聞き込む

きき-かいかい【奇奇怪怪】キクヮイクヮイ〔名・形動〕《「奇怪」のそれぞれの字を重ねて意味を強めた語》きわめて奇怪なこと。また、そのさま。「―な事件」

きき-かえ・す【聞(き)返す】ききかへす〔動サ五(四)〕❶一度聞いたことを繰り返して聞く。㋐繰り返し質問する。問いなおす。聞きなおす。「答えが要領を得ないので、もう一度―・した」㋑以前に聞いたものをもう一度聞く。聞きなおす。「テープを再び―・す」❷相手から聞かれたのに対して、逆にこちらから聞く。「ぼくのことより君はどうなのと―・す」(類語)聞き直す

きき-がお【聞き顔】ききがほ 聞いて知っているような顔つき。聞き知り顔。「かかる御気色―にはあらで」〈源・絵合〉

きき-がき【聞(き)書(き)】〔名〕スル ❶人から聞いて、その内容を書きとめること。また、そのようにして書いたもの。「民話を―する」❷叙位任官の理由などを書いた文書。「源以仁、頼政法師父子追討の賞とぞ―にはありける」〈平家・四〉

きき-かじり【聞き×齧り】聞きかじること。また、その事柄。なま聞き。半可通。「―の知識」
(類語)生かじり・一知半解

きき-かじ・る【聞き×齧る】〔動ラ五(四)〕物事の一部分、またはうわべだけを聞いて知る。ちょっと聞いただけの知識を持つ。「新しい学説を―・っただけの議論」

きき-かた【聞(き)方｜聴(き)方】❶話を聞いたり、人にものを尋ねたりするときの方法や態度。「―が悪い」❷国語教育の一分野。話を聞いて正しく理解する方法や態度の教育。聞くこと。❸聞く側。聞き手。「―に回る」❹連句・香などの味わい方。

きき-かよう【記紀歌謡】キカエウ 古事記・日本書紀に記載されている歌謡。重複分を除くと約190首で、上代人の日常生活全般を素材とし、明るく素朴で民謡的要素が強い。歌体は片歌から長歌までさまざまだが、定型・五七調はまだ成立していない。

きき-かよ・う【聞き通ふ】ききかよふ〔動ハ四〕❶耳に入ってくる。うわさに流れる。「おのづから―・ひて、隠れなき事もこそあれ」〈源・浮舟〉❷聞いて互いに心を通わせる。「御遊びの折々、琴、笛の音に―・ひ、ほのかなる御声を慰めにて」〈河内本源・桐壺〉

きき-かわ・す【聞き交はす】ききかはす〔動サ四〕互いに消息などを聞き合う。「御有様は絶えず―・し給ひけり」〈源・早蕨〉

きき-かん【危機感】今のままでは危ないという不安や緊迫感。「―をいだく」

きき-かんり【危機管理】キクヮンリ ❶大地震などの自然災害や、不測の事態に迅速・的確に対処できるよう、事前に準備しておく諸政策。❷▶リスクマネージメント

き-ぎく【黄菊】❶黄色い花の菊。(季秋)❷襲の色目の名。表は黄、裏は青で、秋に用いる。

きき-ぐるし・い【聞(き)苦しい】〔形〕図ききぐる・し〔シク〕❶聞いていて不愉快である。聞くにたえない。「―・い言い訳ばかりをする」❷聞き取りにくい。聞きづらい。「雑音が入って―・い」

きき-こう【聞(き)香】キカウ 香をかぐこと。香をかいでその種類を当てること。ぶんこう。もんこう。

きき-ごうしゃ【聞(き)巧者】キガウシャ「聞き上手」に同じ。

きき-ごうろ【聞(き)香炉】キカウロ 手にとって香をかぐための、小型で煙返しをつけない一重口の香炉。

きき-ごたえ【聞き応え】ききごたへ 聞くだけの価値があること。「―のある演奏」

きき-ごと【聞き事】聞くだけの価値があること。「一列に並び、互ひの悪をいひあひけるこそ―なれ」〈浮・禁短気・三〉

きき-ごま【利(き)駒】将棋で、金将・銀将・飛車・角行などの、攻守にすぐれた働き駒。また、相手の駒の働きを抑えている駒。

きき-こみ【聞(き)込み】聞いて知ること。特に、刑事などが犯罪捜査のためにあちこち聞いてまわり、情報を得ること。「―捜査」

きき-こ・む【聞(き)込む】〔動マ五(四)〕❶聞いて知る。情報などを聞き出す。「どこで―・んだか油断がならない」❷繰り返し十分に聞く。「講釈ときちゃあ年のゆかねえ時分から―・んで」〈魯文・西洋道中膝栗毛〉
(類語)聞き及ぶ・伝え聞く・漏れ聞く・聞き継ぐ

きき-ざい【毀棄罪】物の効用をそこなう罪の総称。文書の毀棄、建造物・器物の損壊、信書の隠匿などの罪を含む。➡公用文書等毀棄罪 ➡私用文書等毀棄罪

きき-ざけ【聞(き)酒｜利(き)酒】酒を少量味わって、そのよしあしを鑑定すること。また、そのために用いる酒。(季秋)

きき-さ・す【聞き▽止す】〔動サ四〕聞くのを中途でやめる。「異なる事なければ―・し給ひつ」〈源・帚木〉

きき-さだ・める【聞(き)定める】〔動マ下一〕図ききさだ・む〔マ下二〕聞いて、はっきりこれと確かめる。「物音の性質を―・めようとすると同時に」〈鷗外・鼠坂〉

きき-ざれ【聞き▽戯れ】話をいい加減に聞くこと。冗談半分。「―に聞けるなり」〈土佐〉

きぎし【×雉｜雉＝子】キジの別名。(季春)

雉の頓使ひたづかい 《天つ神の命を受けて葦原の中つ国に降った天若日子が帰ってこないので、キジを遣わしたところ、天若日子はこれを射殺してしまったという古事記の故事から》行ったきりで戻ってこない使い。一説に、副使をつけないでたった一人だけ使いをやることを忌んでいう言葉。

きき-しの・ぶ【聞き忍ぶ】〔動バ四〕聞いても黙っている。聞こえないふりをする。「心やましううち思ひて―・び給ふ」〈源・横笛〉

きき-し・める【聞き占める】〔動マ下一〕その声や音などをしっかり聞く。「伸子は保の云うことを、半分も―・めてはいないのであった」〈宮本・伸子〉

ぎぎ-しょうかい【疑義照会】ギセウクヮイ 医師の処方箋に疑問や不明点がある場合、薬剤師が処方医に問い合わせて確認すること。薬剤師法第24条に「薬剤師は、処方せん中に疑わしい点があるときは、その処方せんを交付した医師、歯科医師又は獣医師に問い合わせて、その疑わしい点を確かめた後でなければ、これによって調剤してはならない」と規定されている。➡処方監査

きき-じょうず【聞(き)上手】キジャウズ 相手にうまく応答して、気分よく十分に話をさせること。また、その人。聞き巧者。(対)聞き下手。

ききしり-がお【聞き知り顔】ききしりがほ 聞いてわかっているという顔つき。「内の人は、―にさし答へ給はむもつつましくて」〈源・総角〉

きき-し・る【聞(き)知る】〔動ラ五(四)〕❶聞いて知る。「うわさで―・ったかぎりでは」❷聞いてわかる。聞いてその意味を理解する。「あはれと―・るべき人もあらじと思ふに」〈徒然・四四〉
(類語)承知・把握・知る・心得る・悟る・分かる

きき-しんがく【危機神学】《ドイ Theologie der Krisis》第一次大戦後の混乱の中で説かれた弁証法神学。

きぎす【×雉｜雉＝子】キジの別名。きぎし。「夫人は身を潜めて、一の伏隠れた風情であった」〈鏡花・白鷺〉(季春)

きき-すご・す【聞(き)過ごす】〔動サ五(四)〕いい加減に聞いて心にとめないでおく。また、聞かなかったことにする。聞き流す。「人の注意を―・す」
(類語)聞き流す・聞き捨て

きき-ずて【聞(き)捨て】《「ききすて」とも》聞いたことを心にとめないこと。「忠告を―にする」
(類語)聞き過ごす・聞き流す

聞き捨てならない 黙って聞き流すわけにはいかない。「その話は―ない」

きき-す・てる【聞(き)捨てる】〔動タ下一〕図ききす・つ〔タ下二〕聞いたことを意識的に心にとめない

ようにする。聞き流す。「妻の言葉を―・てて、三吉は出て行った」〈藤村・家〉

きき-すま・す【聞き済ます】〔動サ四〕すっかり聞き取る。「将軍これを―・してげれば」〈太平記・一七〉

きき-すま・す【聞(き)澄ます】〔動サ五(四)〕心を落ち着けてよく聞く。耳をすまして聞く。「目を閉(つぶ)って、足許(あしもと)の小石を揺(ゆす)る急流の響を―・していると」〈荷風・ふらんす物語〉

きき-ずみ【聞(き)済み】聞きとどけること。承諾すること。「先刻御話を申した様に御―を願いたい」〈漱石・虞美人草〉

きき-ず・む【聞(き)済む】〔動マ五(四)〕《「ききすむ」とも》聞きとどける。承諾する。「外に望みは何もない、どうか―・んで下さい」〈円朝・怪談牡丹灯籠〉

きき-そ・う【聞き添ふ】ーそふ〔動ハ下二〕聞いた上にさらに聞く。「めづらしき事どもを―・ふるかなと、人知れず思ひ知りて」〈源・関屋〉

きき-そこな・う【聞(き)損なう】ーそこなふ〔動ワ五(ハ四)〕❶聞く機会を逃す。「評判の名講義を―・う」❷聞きまちがえる。聞き誤る。「声が低かったので―・う」
(類語)(❶)聞き逃す・聞き忘れる/(❷)聞き誤る

きき-そび・れる【聞きそびれる】〔動ラ下一〕文ききそび・る〔ラ下二〕聞く機会を逃して、聞かないままになる。「来週の予定を―・れる」

きき-ぞん【聞(き)損】聞いても得にならないこと。聞くだけ損になること。⇔聞き得。

ききたいおう-ゆうし【危機対応融資】金融秩序の混乱などが発生した際に、政府が危機と認定し、政府指定の金融機関を通じて企業に低利で融資を行う制度。政府指定の金融機関に対しては、日本政策金融公庫(日本公庫)から資金の貸し付けやリスク補完等が行われる。平成20年(2008)の世界金融危機に対応するため、同年12月から実施され、日本政策投資銀行などから民間企業に多額の融資が行われた。金融危機の影響で民間金融機関の貸し出し余力が乏しくなり、企業の資金繰りが悪化したため、政府主導で対策を進める目的があった。また同23年の東日本大震災においても、日本公庫から多額の震災関連融資が行われた。

きき-たが・える【聞き▽違える】ーたがへる〔動ア下一〕文ききたが・ふ〔ハ下二〕「ききちがえる」に同じ。

きぎ-たかたろう【木々高太郎】ータカタラウ[1897～1969]大脳生理学者・小説家。山梨の生まれ。本名、林髞(たかし)。ソ連に留学し、パブロフの条件反射理論を日本に紹介。一方で探偵小説作家としても注目を集め、探偵小説芸術論を展開。「推理小説」という言葉の生みの親。「人生の阿呆」は推理小説として初の直木賞受賞作。他に「網膜脈視症」「文学少女」「新月」など。

きき-だ・す【聞(き)出す】〔動サ五(四)〕❶自分の知りたいことなどを、聞いてさぐり出す。「相手の本心を―・す」❷聞くことを始める。聞き始める。「四月から英会話講座を―・す」❸においをかいで知る。「食(めし)のこげるを―・し」〈浮・織留・三〉

きき-ただ・す【聞き▽質す┊聞き×糺す】〔動サ五(四)〕物事の不明な点などを聞いて確かめる。「うわさの真偽を―・す」
(類語)問い合わせる・聞き合わせる・打診・問う・尋ねる・聞く・諮(はか)る・質(ただ)す・問い質す・質問する・発問する・借問(しゃもん)する・試問する・下問する

きき-た・つ【聞き立つ】〔動タ下二〕たずね求める。熱心に聞き出す。「金銀あるに任せて少し取り出で、手掛け者を―・て」〈浮・永代蔵・五〉

きき-ちがい【聞(き)違い】ーちがひ 聞きまちがいをすること。ききちがえ。「それは何かの―だろう」

きき-ちが・う【聞(き)違う】ーちがふ ❶〔動ワ五(ハ四)〕「聞き違える」に同じ。「電話番号を―・う」❷〔動ハ下二〕「ききちがえる」の文語形。

きき-ちが・える【聞(き)違える】ーちがへる〔動ア下一〕文ききちが・ふ〔ハ下二〕人の言葉や話の内容をまちがって聞き取る。聞き誤る。聞きまちがえる。ききちがう。「一時を七時と―・える」

きき-ちゃ【聞(き)茶┊利(き)茶】❶「嗅(か)ぎ茶」に同じ。(季 春)「絵襖(ゑぶすま)の古き牡丹に―かな/虚子」❷「闘茶(とうちゃ)」に同じ。

きき-ぢょく【利き×猪口】利き酒の際に用いる猪口(ちょく)。ふつう、小振りの湯のみ大の白地の磁器で、酒の光沢も見るため底に青色の蛇の目模様がある。

きき-つ・く【聞き付く】❶〔動カ四〕心ひかれて聞く。聞き入る。「いと懐しげなるに―・きて」〈源・薄雲〉❷〔動カ下二〕「ききつける」の文語形。

きき-つ・ぐ【聞(き)継ぐ】〔動ガ五(四)〕❶人から人へと次々に伝え聞く。「昔から語りつぎ―・がれてきた話」❷続けて聞く。「霍公鳥(ほととぎす)鳴き渡りぬと告ぐれども我―・がず花は過ぎつつ」〈万・四一九四〉
(類語)聞き及ぶ・伝え聞く・漏れ聞く・聞き込む

きき-つ・ける【聞(き)付ける】〔動カ下一〕文ききつ・く〔カ下二〕❶音や声に気づく。「怪しい物音を―・けて外に出る」❷偶然聞いて知る。人づてに聞いて知る。「うわさを―・ける」❸聞き慣れる。「彼の大声は―・けている」(類語)聞き慣れる

きき-つたえ【聞(き)伝え】ーつたへ《「ききづたえ」とも》人づてに聞くこと。また、その話。伝聞。
(類語)伝聞・人づて・又聞き・仄聞(そくぶん)・風の便り・口コミ

きき-つた・える【聞(き)伝える】ーつたへる〔動ア下一〕文ききつた・ふ〔ハ下二〕人づてに聞く。伝え聞く。「評判を―・えて入場者がふえる」

きき-づて【聞き▽伝】《「ききつて」とも》「聞きつたえ」に同じ。「ただに―にきくことをも記(しる)せれば」〈著聞集・二〇〉

きき-づら・い【聞き▽辛い】〔形〕文ききづら・し〔ク〕❶音声がよく聞き取れない。聞き取りにくい。聞きにくい。「雑音が入って―・い放送」❷質問するのがためらわれる。聞きにくい。「人前では―・い」❸聞くにたえない。聞き苦しい。「―・い個人攻撃」

きき-て【利(き)手】❶「利き腕」に同じ。❷腕前がすぐれている人。腕利き。「道場一の―」

きき-て【聞(き)手┊聴(き)手】❶人の話や音楽などを聞く側の人。「―に回る」❷話を聞くのがうまい人。聞きじょうず。

きき-とが・める【聞き×咎める】〔動マ下一〕文ききとが・む〔マ下二〕❶人の話などを聞いて、不審な点などに気づく。また、それを問いただしたり、非難したりする。「失言を―・める」❷聞いて心にとめる。「逢坂(あふさか)の夕つけになく鳥の音を―・めずぞ行き過ぎにける」〈後撰・雑二〉

きき-どく【聞(き)得】聞けば聞いただけ利益のあること。⇔聞き損。

きき-どころ【利(き)所】❶効き目のあるところ。「灸(きゅう)の―」❷ある物事の中の、特に大切な部分。要所。「―を押さえる」

きき-どころ【聞(き)所┊聴(き)所】人の話や演奏などの、聞く値うちのある部分。「一曲の―」

きき-とど・ける【聞(き)届ける】〔動カ下一〕文ききとど・く〔カ下二〕❶要求や願いなどを聞いて承知する。聞き入れる。「要請がようやく―・けられた」❷注意して聞き確かめる。「―・けてみづからがそれよと声をかくるまで」〈浄・国性爺〉(類語)(❶)受け入れる・聞き入れる・認める・承認・承諾・受諾・受け付ける・心得る・応じる・承る・承服・黙認・公認・自認・約諾・快諾・内諾・甘受・オーケー・受容

きき-と・める【聞(き)留める】〔動マ下一〕文ききと・む〔マ下二〕聞いた事を心にとめておく。聞きとどめる。「―・めて以来忘れ得ぬ恩師の一言」

ききとも-な・い【聞きとも無い】〔形〕文ききともな・し〔ク〕《「ききたくもない」の転じた「ききとうもない」の音変化。近世語》聞く気もしない。聞くのもいやだ。聞き苦しい。「えい―・い、え知れぬ人のあだ名を立て」〈浄・天の網島〉

きき-とり【聞(き)取り┊聴(き)取り】❶詳しく話を聞くこと。「民俗学の―調査」❷外国語を聞いて理解すること。ヒヤリング。

ききとり-がき【聴(き)取り書(き)】検察官や司法警察職員などが、犯罪捜査に必要な事柄を被疑者や関係者から聴取した記録。調書。

ききとり-がくもん【聞(き)取り学問】人から聞いたままを覚えているだけの学問。耳学問。

ききとり-ざん【聞(き)取り算】▶読み上げ算

きき-と・る【聞(き)取る┊聴(き)取る】〔動ラ五(四)〕❶音声・言葉をはっきりととらえ、その内容を理解する。「早口でよく―・ることができない」❷詳しく話を聞く。「関係者から当時の状況を―・る」❸聞いて心にとめる。聞いて覚える。「おのづから人の上などうち言ひそしりたるに、幼き子どもの―・りて」〈枕・一二七〉

きき-と・れる【聞き×蕩れる┊聞き×惚れる】〔動ラ下一〕文ききと・る〔ラ下二〕一心に聞き入る。うっとりして聞く。聞きほれる。「十吉はすべてを忘れて父の話に―・れた」〈三重吉・小鳥の巣〉

きき-なお・す【聞(き)直す】ーなほす〔動サ五(四)〕❶一度聞いたことを、もう一度改めて聞く。「念のため日時を―・す」❷聞いて、考え直す。「まことならばこそあらめ、おのづから―・し給ひてむ」〈枕・八二〉
(類語)聞き返す

きき-なが・す【聞(き)流す】〔動サ五(四)〕聞いても心にとめないでおく。聞き捨てにする。聞き過ごす。「そんなうわさは―・すことだ」(類語)聞き過ごす・聞き捨て

きき-なし【聞き×做し】鳥のさえずり・鳴き声を、それに似た言葉に置き換えて聞くこと。ホオジロのさえずりを「一筆啓上仕(つかまつ)り候(そうろう)」とするなど。

きき-な・す【聞き×做す】〔動サ五(四)〕聞いてそれと思う。それと意識して聞く。「私には子宝が何となく空々(そらぞら)しく―・されたのである」〈志賀・母の死と新しい母〉

きき-なら・う【聞き慣らふ】ーならふ〔動ハ四〕いつも聞いて耳慣れている。聞き慣れている。「幼くより―・ひ侍れど、その心知らぬこと侍り」〈徒然・一三五〉

きき-なら・す【聞き慣らす┊聞き×馴らす】〔動サ四〕聞いて耳に慣らす。よく聞いて知る。「月ごろ、など強ひても―・さざりつらむ」〈源・明石〉

きき-な・れる【聞(き)慣れる┊聞き×馴れる】〔動ラ下一〕文ききな・る〔ラ下二〕何度も聞いて耳に慣れている。聞きつけている。「―・れた小学唱歌」
(類語)聞きつける

きき-にく・い【聞き▽難い┊聞き▽悪い】〔形〕文ききにく・し〔ク〕❶聞き取るのが困難である。聞き取りにくい。聞きづらい。「―・い電話の声」❷質問などするのがためらわれる。聞きづらい。「ここでは話が―・い」「―・いことをあえて聞く」❸聞くにたえない。聞き苦しい。「良識派には―・い話かもしれない」

きき-にげ【聞き逃げ】うわさなどを聞いただけで、恐れて逃げだすこと。「これは―し給ひたりと笑ひあへる」〈平家・五〉

き-ぎぬ【生絹】生糸で織った練られていない絹織物。すずし。➡練り絹

きき-のが・す【聞(き)逃す】〔動サ五(四)〕❶うっかりして聞き損なう。「講演を―・してしまった」❷聞かないことにして済ます。「今回だけは―・してやろう」
(類語)聞き損なう・聞き忘れる

きき-はさ・む【聞き▽挿む】❶〔動マ四〕小耳にはさむ。「―・んだる刀の行方」〈伎・色読販〉❷〔動マ下二〕❶に同じ。「見むと思はばとあるを―・めて」〈かげろふ・上〉

きき-はず・す【聞(き)外す】ーはづす〔動サ五(四)〕❶聞き落とす。聞き漏らす。「一句でも巫女(いちこ)のいうことを―・すまいとして」〈長塚・土〉❷途中で、聞くのをやめる。「玉を二度取り返したといふはなし―・して胸ぐら取り」〈浄・大織冠〉

きき-はな・つ【聞き放つ】〔動タ四〕関係ないと思って聞く。聞き流す。「むげに―・ち侍らんことの、情なきやうなれば」〈とりかへばや・三〉

きき-はや・す【聞き×囃す】〔動サ四〕聞いてほめたてる。聞いてもてはやす。「和琴いとおもしろしなど―・し給ふ」〈紫式部日記〉

きき-ばら【聞(き)腹】人に言われたことなどが気に入らないで、腹を立てること。「聞けば―とか、余り愉快でもなかったので」〈二葉亭・其面影〉

きき-ばん【聞番】江戸時代、諸大名が江戸の藩邸に置いた職名。幕府との公務上の連絡や、他大名と

の交際を役目とした。留守居。聞役(ききやく)。

きき-ひょうか【危機評価】キキヒャウカ ▶リスクアセスメント

きき-ひら・く【聞き開く】〔動カ四〕聞いてその意味や言い分などを理解する。「汝が申す所、一々に―・きぬ」〈曽我・一〇〉

きき-ふけ・る【聞き×耽る】〔動ラ四〕一心に聞く。「この歌どもを人の何かと言ふを、ある人―・りてよめり」〈土佐〉

きき-ふ・る【聞き▽旧る｜聞き▽古る】〔動ラ上二〕何度も聞き慣れて珍しくなくなる。「都には―・りぬらんほととぎす関のこなたの身こそつらけれ」〈続後撰・夏〉

きき-ふ・る【聞き触る】〔動ラ下二〕聞き慣れている。「毎度―・れし事ぞかし」〈浮・一代男・六〉

きき-ふる・す【聞(き)古す｜聞き▽旧す】〔動サ五(四)〕何度も聞いて新鮮でなくなる。「すでに―・した話題」

きき-ぶんせき【機器分析】化学的な分析操作に、精巧な機器を用いる方法。質量分析・X線分析・分光分析・ガスクロマトグラフィーなど。

きき-べた【聞(き)下-手】受け答えが下手で、相手に楽しく、十分に話をさせることができないこと。また、その人。⇔聞き上手(じょうず)。

きき-ほ・れる【聞き×惚れる｜聴き×惚れる】〔動ラ下一〕文ききほ・る〔ラ下二〕聞いてうっとりする。「美しい歌声に―・れる」類語聞き入る

きき-まが・う【聞き▽紛ふ】キキマガフ〔動ハ四〕聞きちがえる。まちがえて聞く。「主(しゅう)の声を―・ふならば、不奉公といふものでは」〈狂言記・二千石〉

きき-まがわ・す【聞き▽紛はす】キキマガハス〔動サ四〕異なる音が入りまじって、聞いても区別がつかないようにさせる。「(読経ノ声ト)例の絶えせぬ水の音なむ、夜もすがら―・さる」〈紫式部日記〉

きき-みみ【聞(き)耳｜聴(き)耳】❶よく聞こうとすること。また、そうしているときの耳。「嫉妬(しっと)深き近所の誰彼目を側(そば)め、一清(すま)して」〈紅葉・二人女房〉❷耳で聞いた感じ。「同じ事なれども―異なるもの、法師の言葉」〈枕・六〉❸人聞き。外聞。「世の―もいかがと思ひ給へてなむ煩ひぬる」〈源・竹河〉

聞き耳潰(つぶ)・す　わざと聞かないふりをする。「呼びかけるのに、何で―・すのぢゃ」〈伎・韓人漢文〉

聞き耳を立・てる　注意を集中してよく聞こうとする。耳を澄ます。「ひそひそ話に―・てる」

きき-みょうみょう【奇奇妙妙】キキメウメウ〔名・形動〕《「奇妙」のそれぞれの字を重ねて意味を強めた語》きわめて奇妙なこと。また、そのさま。「ここに―の事実ありさ」〈逍遥・当世書生気質〉

きき-め【効(き)目｜利(き)目】ある働きかけや作用によって現れるよい結果。効能。効果。「―が速い」「―がない」類語効果・効用・効能・効力・実効・効験・霊験・効・験・甲斐・徴(しるし)・成果

ぎぎ-め・く〔動カ四〕❶ぎぎと鳴きさわぐ。「赤く大なる鼬(いたち)の…大きに―・きて」〈盛衰記・一三〉❷いきり立つ。「数万人の公卿殿上人、我も我もと―・き参り給ふ」〈伽・熊野の御本地〉

きき-め・ず【聞き▽愛づ】キキメヅ〔動ダ下二〕伝え聞いて恋い慕う。「このかぐや姫を得てしがな、見てしがなと、音に―・でて惑ふ」〈竹取〉

きき-もの【利き者】「利け者」に同じ。「今では新松坂の此春(このはる)、其君(そのきみ)、…なぞが―さ」〈洒・古契三娼〉

きき-もの【聞(き)物】聞く価値があるもの。

きき-もら・す【聞(き)漏らす】〔動サ五(四)〕❶聞いておくべきところを、うっかりして聞かないでしまう。聞き落とす。「大事なところを―・してしまう」❷秘密などを聞いて他人に漏らす。「人の―・さむこともことわりと」〈源・夕霧〉類語聞き落とす

き-きゃく【棋客】▶きかく(棋客)

き-きゃく【棄却】〔名〕スル ❶捨て去ること。捨てて取り上げないこと。「問題を―する」❷裁判所が、受理した訴訟について審理の結果、その理由がないとして請求などをしりぞけること。刑事訴訟では、手続きの無効を理由に手続きを打ち切る場合にもいう。「公訴を―する」➡却下

きき-やく【聞(き)役】❶人が話すのを聞く立場。また、その人。聞き手。「―に回る」❷江戸時代、中国地方や九州の諸藩が長崎に置いていた職。長崎奉行や本藩との連絡に当たった。❸▶聞番(ききばん)❹江戸幕府の目付(めつけ)の異称。

ぎ-ぎゃく【戯×謔】たわむれ。おどけ。「こは、固(もと)より―に過ぎざりき」〈鴎外訳・即興詩人〉

ききゃく-るい【×鰭脚類】鰭脚目に属する哺乳類の総称。食肉目鰭脚亜目とすることもある。四肢がひれ状をし、繁殖期以外は水中で生活することが多い。アシカ・セイウチ・アザラシ各科が含まれる。海洋と一部の大きな湖に分布。ひれあしるい。

き-きゅう【企及｜×跂及】キキフ〔名〕スル 計画を立て努力して到達すること。また、肩を並べること。匹敵すること。「自分には、彼等の到底―し難い芸術上の天才がある」〈谷崎・異端者の悲しみ〉

き-きゅう【危急】キキフ ❶危険・災難がさし迫っていること。「財政―の際」❷IUCN(国際自然保護連合)の1994年版レッドリストで使用されていたカテゴリー項目の一。絶滅の危険性は絶滅危機より低い。略号はVU(Vulnerable)。2001年版以降では「絶滅危惧Ⅱ類」として分類されている。類語急・火急

危急存亡の秋(とき)　《諸葛亮(しょかつりょう)「前出師表」から》生き残るか滅びてしまうかという危ういせとぎわ。

き-きゅう【気球】キキウ 熱した空気や、大気より軽い水素・ヘリウムなどのガスを、袋内に満たし、空中に浮揚させるもの。軽気球。

き-きゅう【希求｜×冀求】キキウ〔名〕スル 強く願い求めること。「平和を―する精神」類語渇望・切望・熱望・待望・願う・求める・希(こいねが)う・望む・欲する・念ずる・念願・願望・希望・庶幾・切願・熱願・思う

き-きゅう【帰休】キキウ〔名〕スル 勤労者が勤務を離れ、一定期間休暇をとること。「一時―する」「―兵」

き-きゅう【×耆旧】キキウ《「耆」は60歳の意》年寄り。老人。

き-きゅう【×欷泣】キキフ〔名〕スル すすり泣くこと。欷歔(ききょ)。「―する声が漏れる」

き-きゅう【×箕×裘】キキウ 父祖の業。また、その業を継ぐこと。「―を継ぐ」補説よい弓職人の子は、父の仕事から柳の枝を曲げて箕(み)を作ることを学び、よい鍛冶屋(かじや)の子は、金鉄を溶かして器物を修繕する父の仕事から獣皮をつぎ合わせ裘(かわごろも)を作ることを学ぶという「礼記」学記の文による。

ききゅう-かんそく【気球観測】キキウクワンソク 気球に観測器を装着して高層の気象を観測すること。

ききゅう-しゅ【危急種】キキフ 日本の平成3年(1991)版レッドリストで使用されていたカテゴリー項目の一。絶滅の危険が増大している種。絶滅の危険性は希少種よりも高く、絶滅危惧種より低い。略号はV(Vulnerable)。補説平成9年(1997)版以降では「絶滅危惧Ⅱ類」(略号VU)として分類されている。

き-きょ【起居】〔名〕スル ❶立ったり座ったりすること。立ち居。「―進退」❷日常の生活。起き伏し。「―を共にする」「仮宿舎に―する」❸ふだんのようす。動静。「書簡で―安否を問う」類語(❶)立ち居振る舞い・立ち振る舞い・行住坐臥(ぎょうじゅうざが)・挙措／(❷)生活

き-きょ【寄居】〔名〕スル 他人の家に一時身を寄せること。寄寓(きぐう)。寄食。「先輩の家に―する」

き-きょ【×欷×歔】〔名〕スル すすり泣くこと。むせび泣き。欷泣(ききゅう)。「この間には鬼(き)の―するを聞く」〈鴎外訳・即興詩人〉

き-きょ【×跪居】〔名〕スル 敬礼の一。両ひざをつき、つま先を立てて、かかとの上に尻をおく姿勢。また、その姿勢をとること。「―して謁(えつ)を賜る」

き-きょ【×箕×踞】〔名〕スル《その姿勢が箕(み)に似ているところから》両足を前へ投げ出して座ること。

き-ぎょ【帰御】貴人がお帰りになること。「鎌倉の騒動にて、急ぎ―あるべし」〈浄・会稽山〉

き-ぎょ【×綺▽語】「きご(綺語)」に同じ。「狂言―」

ぎ-きょ【義挙】正義のために起こす企てや行動。類語快挙・壮挙・美挙・美徳・フェアプレー

きき-よ・い【聞(き)良い】〔形〕文ききよ・し〔ク〕耳に快く響くさま。聞いて気持ちがよい。「―・い音量」「このような陰口は―・いものではない」

き-きょう【気胸】キキョウ 胸膜腔に空気が入った状態。肺が破れることによる自然気胸では、胸痛・呼吸困難を示すことが多い。また、肺結核の治療などのため、人為的に空気を入れる人工気胸が行われた。

き-きょう【奇×矯】キケウ〔名・形動〕言動が普通と違っていること。また、そのさま。「―な振る舞い」類語型破り・風変わり・エキセントリック・奇抜・突飛・変

き-きょう【×桔▽梗】キキャウ ❶キキョウ科の多年草。日当たりのよい山野に生え、高さ約1メートル。葉は長卵形で、裏面がやや白い。8、9月ごろ青紫色の釣鐘形の花が咲く。つぼみのときは風船状をなし、花びらの先が5裂して開く。園芸種には白色花や二重咲きのものもある。秋の七草の一。根は漢方で薬用。おかととき。ありのひふき。きちこう。季秋「かたまりて咲きて―の淋しさよ／万太郎」❷襲(かさね)の色目の名。表は二藍(ふたあい)、裏は青。きちこう。❸「桔梗色」の略。❹紋所の名。キキョウの花をかたどったもの。

き-きょう【帰京】キキャウ〔名〕スル 都に帰ること。現在では、東京、明治以前は京都へ帰ることをいう。「来月―する予定です」類語帰郷・帰省・里帰り・帰国・帰還・帰参

き-きょう【帰郷】キキャウ〔名〕スル 故郷に帰ること。帰省(きせい)。「お盆には―する」類語帰省・里帰り・帰国・帰京・帰参

ききょう【帰郷】キキャウ 大仏次郎の小説。昭和23年(1948)発表。国外に亡命、戦後帰国した元海軍軍人の目を通して、故国日本の荒廃を批判したもの。

き-きょう【帰▽敬】キキャウ〔名〕スル《帰依(きえ)敬礼(きょうらい)の意》仏などを心から信じ、尊敬すること。きけい。

き-きょう【棄教】キケウ〔名〕スル それまで信仰していた宗教を捨てること。

きき-よう【聞(き)様】キキヤウ 聞く方法。聞き方。また、聞いて理解する態度。「―が悪い」

き-ぎょう【企業】キゲフ 営利を目的として、継続的に生産・販売・サービスなどの経済活動を営む組織体。また、その事業。資本主義経済のもとでは、ふつう、私企業をさす。類語公企業・私企業・大企業・中小企業・会社・社(しゃ)・商会・カンパニー・コーポレーション

き-ぎょう【起業】キゲフ〔名〕スル 新しく事業を始めること。「―公債」

用法起業・創業――「創業」「起業」ともに古くからあり、意味の違いはない。ただ、「ベンチャー起業」のように「従来にない新種の事業を起こす」意に使うのは最近である。また、「創業家」「創業記念日」のような使い方は「起業」には見られない。「起業家」という場合には、新事業を起こした人の意のほかに、新事業を起こす専門家という意もある。

き-ぎょう【機業】キゲフ 織物をつくる事業。織物業。

ぎ-きょう【偽経】ギキャウ 西域や中国・日本などで俗信や正統仏教とは別の思想を取り入れて偽作された経典。

ぎ-きょう【義×侠】ギケフ 正義を重んじて、強い者をくじき、弱い者を助けること。おとこだて。類語男気・侠気・任侠・一本気・きっぷ

ぎ-きょう【議×卿】ギキャウ 鎌倉時代、幕府によって議奏に指名された公卿。ぎけい。

きぎょう-いしき【企業意識】キゲフ 労働者の生活の向上は自分の属する企業の繁栄によるのであり、企業あっての労働者であるとする考え方。

ききょう-いろ【×桔▽梗色】キキャウ 桔梗の花のような青みがかった紫色。

きぎょう-おうだん【企業横断】キゲフワウダン ある目標の下に企業と企業をつないで作業すること。「一型の情報検索」

きぎょう-か【企業家】キゲフ 企業をおこしたり、企業の経営に取り組んだりする人。企業者。

きぎょう-か【起業家】キゲフ 新しく事業をおこして運営する人。また、それを専門に行う人。

きぎょう-かいけい【企業会計】キゲフクワイケイ 企業の経営活動とその結果について、主として貨幣額によって記録・計算・報告する方法。財務会計と管理会計に大別される。

きぎょうかいけい-きじゅん【企業会計基準】キゲフクワイケイー 企業会計基準委員会(ASBJ)が制定する、日本における財務会計の基準。「棚卸資産の評価に関する会計基準」「連結財務諸表に関する会計基準」など、個別の論点ごとに作成・公表され、企業会計原則に優先して適用される。➡IAS(国際会計基準)

きぎょうかいけいきじゅん-いいんかい【企業会計基準委員会】キゲフクワイケイキジユンヰヰンクワイ 公益財団法人財務会計基準機構(FASF)に設置されている、日本企業の会計基準を開発、設定するための機関。平成13年(2001)発足。委員は企業の代表、公認会計士、学識経験者などから選出。国際会計基準審議会(IASB)が設定する国際財務報告基準(IFRS)と日本の会計基準との差異を解消し、収束(コンバージェンス)させる活動を行う。ASBJ(Accounting Standards Board of Japan)。

きぎょうかいけい-げんそく【企業会計原則】キゲフクワイケイー 企業の会計処理および公認会計士監査などにおいて準拠すべき基準。企業会計制度対策調査会が昭和24年(1949)に設定。➡企業会計基準

ききょう-がさ【×桔▽梗×笠】キキヤウー 桔梗の花を伏せた形の、先のとがったかぶり笠。青・赤・黄などで彩り、祭りや踊りなどに用いる。

きぎょうかん-しんよう【企業間信用】キゲフカンー 取引関係にある企業相互間における資金の貸借。売り手側では受取手形・売掛金など、買い手側では支払手形・買掛金などとして計上される。

きぎょうきんゆうしえん-とくべつオペレーション【企業金融支援特別オペレーション】キゲフキンユウシエンー 日銀が企業金融の円滑化を目的として実施した貸付制度。平成20年(2008)の金融危機以降の企業金融情勢を受けて、同年12月から同22年3月まで実施。金融機関を対象に、社債・CPなどを担保として、担保の枠内で無制限に資金を貸し付けた。

きぎょう-くみあい【企業組合】キゲフくみあひ 中小企業等協同組合法に基づき、商業・工業・鉱業・運送業・サービス業その他の事業を行う法人組織。

きぎょう-けつごう【企業結合】キゲフケツガフ 企業の結合形態の総称。カルテル・トラスト・コンツェルンなど。

きぎょう-けんきん【企業献金】キゲフー 政治献金のうち法人が行うもの。➡企業・団体献金

きぎょう-ごうどう【企業合同】キゲフガフドウ ▶トラスト❷

きぎょうさいせいしえん-いいんかい【企業再生支援委員会】キゲフサイセイシエンヰヰンクワイ 企業再生支援機構の委任を受けて、申請企業に対する再生支援の可否を判断する組織。

きぎょうさいせいしえん-きこう【企業再生支援機構】キゲフサイセイシエンー 株式会社企業再生支援機構法に基づいて平成21年(2009)に発足した組織。国の出資や保証により資金を調達。有用な経営資源を有しながら過大な債務を抱える企業に対し、金融機関から債権を買い取るなどして、経営再建を支援する。産業再生機構の後継的存在。同22年に日本航空の再生支援を行うことを決定。ETICエティック(Enterprise Turnaround Initiative Corporation of Japan)。

きぎょうさいせい-ファンド【企業再生ファンド】キゲフサイセイー 経営が困難になった企業に融資・出資等を行い、再建後に企業の債権や株式を売却して資金を回収するファンド。有望な事業を持ちながら、過重な債務により収益性が圧迫されている企業などが対象となる。日本では、官民出資の企業再生ファンドとして、産業再生機構(平成19年に解散)や企業再生支援機構が設立されている。

ききょう-ざら【×桔▽梗皿】キキヤウー 桔梗の花の形にかたどった皿。

ききょう-しき【帰▽敬式】キキヤウー ▶御髪剃おかみそり

きぎょう-しゅうちゅう【企業集中】キゲフシフチユウ 企業が市場支配力や生産規模の拡大などを目的として、合併またはカルテル・トラスト・コンツェルンなどの形態で結合すること。

きぎょうじょうほう-ポータル【企業情報ポータル】キゲフジヤウホウー《enterprise information portal》企業内の情報システムやデータベースを一括管理し、従業員や取引先に情報提供するシステム。企業ポータル。企業内ポータル。企業内情報ポータル。社内ポータル。イントラネットポータル。EIP。

ぎきょう-しん【義×侠心】ギケフー 義侠を積極的に行おうとする心・気性。おとこぎ。「一にかられての行動」

きぎょう-せいび【企業整備】キゲフー 国家が諸企業を整理・統合し、再編成すること。第二次大戦時の戦時経済下で広範に行われた。

きぎょう-せきにん【企業責任】キゲフー 企業がその活動によって他人に与えた損害を賠償する責任。鉱害・煙害・交通事故などに対する賠償など。➡無過失責任主義

きぎょう-せんし【企業戦士】キゲフー 特に熱心に仕事をこなし、企業の利益に貢献する会社員。がむしゃらに働く仕事第一のサラリーマンを、からかってこうよぶこともある。

ぎ-きょうだい【義兄弟】ーキヤウダイ ❶兄弟として交わるという約束・誓いを交わした者どうし。❷義理の兄弟。異父母の兄弟や、自分の配偶者の兄弟など。

きぎょうたんきけいざいかんそく-ちょうさ【企業短期経済観測調査】キゲフタンキケイザイクワンソクテウサ ▶日銀短観

きぎょうだんたい-けんきん【企業・団体献金】キゲフダンタイー 企業や宗教団体・労働組合・業界団体などの各種団体が行う政治献金の総称。個人献金と対比される。賄賂性が疑われやすいため、透明性を確保する必要があり、献金方法などが個人献金よりも厳格に管理される。➡団体献金 (補説)政治家個人・資金管理団体に対する企業・団体献金は禁止されているが、政治資金団体・政党は受け取ることができる(平成24年7月現在)。

きぎょう-たんぽけん【企業担保権】キゲフー 株式会社が発行する社債について、その会社の総財産を一体として担保の目的とする物権。昭和33年(1958)施行の企業担保法によって創設。

きぎょう-つうか【企業通貨】キゲフツウクワ 航空会社のマイレージ、クレジットカードのポイント、スイカなどの電子マネーのように購入金額に応じてポイントがたまり、そのポイントで他の商品を購入できる方式。(補説)複数の業種にわたって利用できるものをいう。通常、一社専用のポイントカードを企業通貨とはいわない。

きぎょう-とうせい【企業統制】キゲフー 私的独占によって発生する弊害の防止など国民経済の立場から、国が企業に対して行う統制。

きぎょう-とうち【企業統治】キゲフー ▶コーポレートガバナンス

きぎょうとせいぶつたようせい-イニシアティブ【企業と生物多様性イニシアティブ】キゲフとセイブツタヤウセイー 生物多様性の保全・自然資源の持続可能な利用に意欲的に取り組む日本国内の企業の集まり。平成20年(2008)設立。共同研究、情報の共有、市民・NGO等との対話、政策提言などを行う。JBIB(Japan Business Initiative for Biodiversity)。➡ビジネスと生物多様性イニシアティブ

きぎょうない-きょういく【企業内教育】キゲフナイケウイク 企業が、その経営・生産に役立つ従業員を養成するために行う教育訓練。新入社員教育・技能者養成・監督者訓練・教養教育など。

きぎょうないじょうほう-ポータル【企業内情報ポータル】キゲフナイジヤウホウー《enterprise information portal》▶企業情報ポータル

きぎょうない-べんごし【企業内弁護士】キゲフナイー《in-house lawyerの訳語》企業に雇われ、会社の法務問題の処理にあたる専任の弁護士。組織内弁護士。(補説)行政庁に所属する弁護士もいる。

きぎょうない-ポータル【企業内ポータル】キゲフナイー《enterprise portal》▶企業情報ポータル

きぎょう-ねんきん【企業年金】キゲフー 企業が従業員の老後保障を目的として行う私的年金および準公的年金制度。適格退職年金(適格年金)、厚生年金基金(調整年金)、確定給付型企業年金、確定拠出年金などがある。➡企業年金連合会

きぎょうねんきん-ききん【企業年金基金】キゲフネンキンー 「基金型企業年金」のこと。

きぎょうねんきん-れんごうかい【企業年金連合会】キゲフネンキンレンガフクワイ 平成16年(2004)厚生年金保険法改正に伴って、同17年に厚生年金基金連合会を改組して名称を変更した法人組織。年金給付を行うための保有資産の安全で効率的な運用を行いながら、厚生年金基金・確定給付型企業年金・確定拠出年金といった複数の企業年金適用資格を通算して給付する、厚生年金基金を中途で脱退した人などに対して年金を給付する、といった事業を行う。(補説)厚生年金基金連合会は昭和42年(1967)に全国の厚生年金基金が共同で設立した特殊法人。

ききょう-の-ま【桔梗の間】キキヤウー 江戸城内表座敷の一。御番医師の詰所で、襖に桔梗が描かれていた。

きぎょう-ばいしゅう【企業買収】キゲフバイシウ 企業統合の方法の一。買収元企業が、買収先企業の株式を現金または株式交換により取得し、一定割合以上を保有することで、買収先企業の支配権を得る。議決権を有する株式の2分の1超を得ると、普通決議(役員の選任等)の賛否が自由に決められ、3分の2超を得ると、特別決議(定款変更等)の賛否も含めて、完全に支配権が得られる。

きぎょうばいしゅう-かち【企業買収価値】キゲフバイシウー 企業の合併・買収に際しての評価。ふつうは株式時価総額と有利子負債との合計額をいう。

きぎょう-ひみつ【企業秘密】キゲフー 「トレードシークレット」に同じ。「製造法は一だ」

ききょう-ぶくろ【×桔▽梗袋】キキヤウー 底を桔梗の花形のように五角形にかたどった巾着きんちやく。

きぎょう-ぶっかしすう【企業物価指数】キゲフー 企業間で取引される財(商品)の価格の変動を示す指数。国内企業物価指数・輸出物価指数・輸入物価指数で構成され、日本銀行が月次で公表している。企業向けサービス価格指数がサービスを対象とするのに対し、企業物価指数は工業製品・農林水産物・鉱産物・電力・都市ガス・水道などを対象とする。商品の需給動向を把握し、景気動向・金融政策の判断材料を提供。時価で表示される名目額から価格変動要因を除去して実質額を算出するデフレーターや、企業間で商品価格を決定する際の参考指標としても利用される。CGPI(Corporate Goods Price Index)。

きぎょうべつ-くみあい【企業別組合】キゲフベツくみあひ 企業別、事業所別に組織される労働組合。日本にはこの種の組合が多い。➡産業別組合 ➡職業別組合

きぎょう-ポータル【企業ポータル】キゲフー《corporate portal》▶企業情報ポータル

きぎょうむけ-サービスかかく-しすう【企業向けサービス価格指数】キゲフむけー 企業間で取引されるサービスの価格の変動を示す指数。日本銀行が月次で公表している。企業物価指数が商品を対象とするのに対し、企業向けサービス価格指数は金融・保険・不動産賃貸・運輸・情報通信・広告・リース・レンタルなどのサービスを対象とする。サービスの需給動向が反映されることから、マクロ経済分析の材料の一つとされる。また、時価で表示される名目額から価格変動要因を除去して実質額を算出するデフレーターや、企業間でサービス価格を決定する際の参考指標としても利用される。サービス価格指数。CSPI(Corporate Service Price Index)。➡SPI

ききょう-もん【桔梗門】キキヤウー 江戸城門の一。西ノ丸下より三ノ丸に至る間の通用門。内桜田門。

きぎょうよう-ざいさん【企業用財産】キゲフヨウー 昭和23年(1948)施行の国有財産法上の行政財産の一種。国の企業またはその企業に従事する職員の住居用の財産をいう。

きぎょう-りとく【起業利得】キゲフー ▶創業者利得さうげふしやりとく

ききょう-りょうほう【気胸療法】ーレウハフ 人工気胸を用いる治療法。

きぎょう-れんごう【企業連合】キゲフレンガフ ▶カルテル

き-きょく【危局】危険が迫っている情勢・場面。(類語)難局・非常時

きーきょく【×枳×棘】からたちといばら。心にとげのある人や、居心地の非常に悪い場所などをたとえていう。

きーきょく【棋局┊碁局】❶碁盤。また、将棋盤。❷碁・将棋の局面。

きーきょく【貴局】相手を敬って、その人の属する郵便局・水道局など、「局」と名のつく所をいう語。

きーきょく【×鰭×棘】魚類のひれを支えている先のとがった骨質のもの。

ぎーきょく【戯曲】演劇の脚本・台本。人物の会話や独白、ト書きなどを通じて物語を展開する。また、そのような形式で書かれた文学作品。ドラマ。
(類語)台本・脚本・シナリオ・オリジナル

ききょ-ちゅう【起居注】中国で、天子の側近にいて、その言行を記録すること。また、その官職や、記録された文書。

ききょ-らい【帰去来】《陶淵明(とうえんめい)の「帰去来辞」から》官職を退いて故郷に帰ろうとすること。➡帰りなんいざ

ききょらいのじ【帰去来辞】陶淵明(とうえんめい)作の文。5世紀初頭の成立。官を辞して帰郷し、自然を友とする田園生活に生きようとする決意を述べたもの。

きーき・る【着切る】〔動ラ五(四)〕衣服などを、着ることができなくなるまで着る。「散々—・ってしまった子供の衣類や」〈秋声・足迹〉

きーぎれ【木切れ】木の切れはし。こっぱ。木片。
(類語)棒切れ・板切れ・木片・木っ端・ウッドチップ

きーぎわ【着際】(ぎは) ❶着物など身につけるものの端の部分。「笄(かうがい)にて、障子ごしに袴(はかま)の—を刺しければ」〈曽我・六〉❷着物などを身につけたようす。着こなしのぐあい。「袴の一烏帽子つき、河津殿にさも似たり」〈浄・大磯虎〉

きき-わ・く【聞き分く】㊀〔動カ四〕声や話などを聞いて判断する。「ことに男は人の声をも手をも見分き—・かぬものを」〈枕・二七四〉㊁〔動カ下二〕「ききわける」の文語形。

きき-わけ【聞(き)分け】人の言うことを納得してそれに従うこと。多く、子供についていう。分別。「—のよい子」「—のないことを言う」(類語)物分かり

きき-わ・ける【聞(き)分ける】〔動カ下一〕文ききわ・く〔カ下二〕❶聞いて音や声などの違いを区別する。「野鳥の声を—・ける」❷聞いてその意味を理解する。納得して従う。「親の言うことを—・ける」

きき-わずら・う【聞き煩ふ】(わづらふ)〔動ハ四〕聞いて心苦しく思う。「母北の方をせめ奉れば、—・ひ給ひて」〈源・竹河〉

きき-わす・れる【聞(き)忘れる】〔動ラ下一〕文ききわす・る〔ラ下二〕❶うっかりして、聞くべきことを聞かないままにする。「集合時刻を—・れる」❷聞いたことを忘れる。「この年齢になると何でもすぐに—・れてしまう」(類語)聞き逃す・聞き損なう

きき-わた・す【聞き渡す】〔動サ四〕❶あたり一帯の声・音を聞く。「伴僧の声々、遠く近く—・されたるほど」〈紫式部日記〉❷ずっと聞きつづける。「鐘の声も—・さまほしくおぼえ侍るを」〈源・宿木〉

きき-わた・る【聞き渡る】〔動ラ四〕長い間ずっと聞く。以前からずっと聞いている。「音にのみ—・りこし宇治川の網代(あじろ)の波も今日ぞかぞふる」〈更級〉

きーきん【飢×饉┊×饑×饉】❶天候異変などで、農作物の収穫が少なく、食糧が欠乏すること。「天保の—」❷必要とする物が非常に不足すること。「水—」
(類語)不作・凶作・凶荒

きーきん【基金】❶経済活動の財産的基礎となる資金。❷特別会計・特殊法人などの財産的基礎となる資金。❸地方公共団体が特定の目的のために、財産を維持し、資金を積み立て、または定額の資金を運用するために設けた財産。基本財産。(類語)資本・資本金・資金・元手・元金・キャピタル・財源・ファンド

きーきん【寄金】金銭を寄付すること。また、その金銭。寄付金。「多額の—が集まる」「政治—」

ぎーきん【偽金】❶錫(すず)(Ⅳ)塩の溶液に硫化水素を通すと得られる黄金色の顔料。金箔(きんぱく)の代用にされる。❷➤アルミニウム青銅

ぎーきん【義金】「義捐金(ぎえんきん)」に同じ。

ききんがた-きぎょうねんきん【基金型企業年金】(キキンガタキギョウネンキン) 確定給付型企業年金の一種。企業とは別の法人格の基金を設立し、そこで年金資金を管理・運用するもの。企業年金基金。➡規約型企業年金

きぎん-こう【輝銀鉱】(クワウ) 銀と硫黄からなる鉱物。等軸晶系。金属光沢のある黒灰色で軟らかく、ナイフで切れる。銀の重要な原料鉱石。

きーきんぞく【希金属】➤レアメタル

きーきんぞく【貴金属】産出量が少なく、貴重な金属。空気中で酸化されにくくて酸類などにも冒されにくい。金・銀・白金・イリジウムなど。㊥卑金属。
(類語)軽金属・重金属・金属・卑金属

きーく【危×懼】〔名〕スル「危惧(きぐ)」に同じ。「成り行きを—する気持ちが強い」

きーく【奇句】人が言い及ばないような奇抜な句。

きーく【起句】❶漢詩の第1句。特に、絶句の第1句。起(き)。➡起承転結(きしょうてんけつ)❷詩文の書き出しの句。

きーく【▽崎×嶇】㊀〔名〕スル 険しいこと。容易でないこと。また、辛苦すること。「万里に流飄(りうへう)し重阻に—す」〈東海散士・佳人之奇遇〉㊁〔ト・タル〕文〔形動タリ〕❶山道の険しいさま。「—たる山路」❷世渡りの厳しく困難なさま。「轗軻(かんか)—たる人生の行路に遭いて」〈透谷・二宮尊徳翁〉

きく【菊】❶㋐キク科の多年草。日本の代表的な花の一。主に秋に咲き、花の色・形などにより、非常に多くの品種があり、大きさにより大菊・中菊・小菊と大別される。古く中国から渡来したとされ、江戸時代には改良が進んだ。観賞用に広く栽培され、食用にもなる。(季 秋)「わがいのち—にむかひてしづかなる／秋桜子」㋑キク科キク属の多年草の総称。茎は硬く、葉は卵形で多くの切れ込みがある。秋、白または黄色の頭状花が咲く。シュンギク・リュウノウギク・イソギクなども含まれる。キク科植物は双子葉植物では最も進化・分化しており、世界に広く分布。約950属2万種が知られ、キク・タンポポ・ヨモギ・アザミなどの属が含まれる。多年草が多いが一年草や高木もある。花は頭状花序をつくり、合弁花で、管状花と舌状花との二形がある。萼(がく)は変形して冠毛となる。❷襲(かさね)の色目の名。表が白、裏が紫または蘇芳(すおう)のものをいう。陰暦9、10月に着用する。菊襲(きくがさね)。❸紋所の名。菊の花や葉などを図案化したもの。皇室の一六葉八重表菊のほか種類が多い。❹菊の花のような形をしたひも。菊形。菊花形。➡漢「きく(菊)」

きーく【規×矩】❶コンパスとさしがね。転じて、寸法や形。❷考えや行動の規準とするもの。手本。規則。「詩歌といい、舞踏といい、皆それぞれに—をそなえて」〈逍遥・小説神髄〉❸「規矩術」の略。

きーく【喜×懼】〔名〕スル 喜びながら、一方では恐れること。喜びと恐れ。「人間は小事にも—するものだ」

き・く【利く┊効く】〔動カ五(四)〕❶効果や働きなどが現れる。期待どおりのよい結果が実現する。効き目がある。「てきめんに—・く薬」「宣伝が—・いて大評判だ」「腹部へのパンチが—・く」❷本来の機能を十分に発揮する。機敏に、また、さかんに活動する。「鼻が—・く」「麻痺(まひ)して手足が—・かない」❸それをすることが可能である。できる。「洗濯の—・く生地」「無理の—・かないからだ」「学割が—・く」❹(多く「口を利く」の形で)㋐言葉を発する。物を言う。「生意気な口を—・く」「口も—・かない仲」㋑間に入って、うまくいくように世話をしてやる。まとまるように話をつける。「取引先に口を—・いてやる」❺技能がすぐれている。腕が立つ。「日頃—・いたる口三味線、太鼓持ちとなれり」〈浮・永代蔵・五〉(補説)ふつう、❶は「効く」、❷❸は「利く」と書く。(類語)作用する・機能する・奏効する・働く
(…句)大きな口を利く・押さえが利く・押しが利く・顔が利く・気が利く・小口を利く・潰(つぶ)しがきく・睨(にら)みが利く・鼻が利く・幅が利く・目が利く・目先が利く・目端(めはし)が利く・山葵(わさび)が利く

き・く【聞く┊聴く】〔動カ五(四)〕❶音・声を耳に受ける。耳に感じ取る。「物音を—・く」「見るもの—・くものすべてが珍しい」「鳥の声も—・かれない」❷(聴く)注意して耳にとめる。耳を傾ける。「名曲を—・く」「有権者の声を—・く」❸話を情報として受け入れる。「—・くところによると」「君の評判をあちこちで—・いた」❹人の意見・要求などを了承し、受け入れる。「親の言いつけをよく—・く」「今度ばかりは彼の頼みを—・いてやってほしい」❺(「訊く」とも書く)尋ねる。問う。「道を—・く」「自分の胸に—・け」「彼の都合を—・いてみる」❻感覚を働かせて識別する。㋐(聞く)においのよしあしや種類を鼻で感じ取る。においをかぐ。「香(こう)を—・く」㋑(「利く」とも書く)酒の味のよしあしや種類を舌で感じ取る。味わい試す。「酒を—・く」❼当てて試してみる。「板の厚さに—・いて釘を打つ」❽釣りで、当たりの有無を確かめるために、仕掛けを引いたり軽く竿を上げたりしてようすをみる。(可能)きける
(…句)音に聞く・香(こう)を聞く・言承(ことう)け良しの異見(いけん)聞かず・天は高きに居(お)って卑(ひく)きに聴く・仲人口(なこうどぐち)は半分に聞け・胸に聞く
(類語)(❶)耳にする／(❷)傾聴する・謹聴する・聴聞する・聴取する (謙譲)伺う・承る・拝聴する／(❸)仄聞(そくぶん)する・耳に挟む・耳に入れる・耳に入る (尊敬)お耳に達する・御高聞(ごこうぶん)に達する (謙譲)伺う・承る／(❺)尋ねる・問い合わせる・問い掛ける・問う・諮(はか)る・質(ただ)す・問い質す・質問する・借問(しゃもん)する (謙譲)伺う

聞いて呆(あき)・れる　言ったことが実情とは大違いで、聞いていてばからしくなる。「清廉潔白が—・れる」

聞いて極楽(ごくらく)見て地獄　話に聞くのと実際に見るのとでは非常に違っていることのたとえ。

聞いて千金(せんきん)見て一文(いちもん)　➤聞いて極楽見て地獄

聞きしに勝(まさ)・る　聞いて予想していた以上に程度がはなはだしい。「—・る大惨事」「—・る豪華なホテルだった」

聞くは一時(いっとき)の恥聞かぬは末代(まつだい)の恥　知らないことを聞くのは、その場では恥ずかしい思いをするが、聞かないで知らないまま過ごすと、一生恥ずかしい思いをしなければならないということ。問うは一旦の恥、問わぬは末代の恥。

聞く耳(みみ)持(も)・たぬ　➤聞く耳を持たない

聞く耳を持た・ない　相手の発言を聞く気がない。

聞けば聞き腹(ばら)　聞かなければ知らないから平気であるけれど、聞けば腹だたしくなるということ。

聞けば気の毒見れば目の毒　知らないでいればそれで済むことも、見たり聞いたりすれば欲望が起こって心身の害になるということ。

きーぐ【木具】❶檜(ひのき)の白木などで作った、漆を塗らない器物。❷足付きの折敷(おしき)。木具膳(きぐぜん)。

きーぐ【危惧】〔名〕スル あやぶみ、おそれること。危懼(きく)。「一の念を抱く」「前途を—する」(類語)懸念・恐れ・憂慮・杞憂(きゆう)・悲観・恐れる・心配・不安・危惧(きぐ)・疑懼(ぎく)・胸騒ぎ・気がかり・心がかり・不安心・心細い・心許(こころもと)ない・憂い・怖い・危なっかしい・おぼつかない

きーぐ【器具】簡単な器機や道具類。「実験—」「電気—」➡道具(用法)
(類語)道具・用具・調度・器材・器物・工具・古道具・骨董・装具・用品・機械・機器・機具・利器・装置・機関・からくり・仕掛け・マシン・メカニズム

きーぐ【機具】機械と器具の総称。「農—」
(類語)機械・機器・器具・利器・装置・機関・からくり・仕掛け・マシン・メカニズム

ぎーく【疑×懼】〔名〕スル うたがって不安に思うこと。「我

漢字項目 きく

人 **掬** 音キク(漢)　訓すくう、むすぶ ‖ 水をすくう。「掬水／一掬」

菊 音キク(呉)(漢) ‖ 植物の名。キク。「菊花／寒菊・観菊・残菊・白菊(しらぎく)・野菊(のぎく)・乱菊・除虫菊」(名付)あき・ひ

× **麹** 音キク(漢)　訓こうじ ‖ ①こうじ。「麹塵(きくじん)」②酒。「麹君・麹車」

人 **鞠** 音キク(漢)　訓まり ‖ ㊀〈キク〉①まり。「蹴鞠(しゅうきく)」②身を丸くかがめる。「鞠躬如(きっきゅうじょ)」③大事に育てる。「鞠育」④(「鞫(きく)」と通用)罪人を取り調べる。「鞠訊(きくじん)・鞠問」㊁〈まり〉「手鞠」(名付)つぐ・みつ

軍は再戦して再挫し、猛将多く亡びて、衆心—す」〈露伴・運命〉 (類語) 不安・心配・懸念・危惧きぐ・危懼きぐ・恐れ・胸騒ぎ・気がかり・心がかり・不安心・心細い・心許こころもとない・憂い・怖い・危なっかしい・おぼつかない

ぎ‐ぐ【疑惧】〔名〕スル「疑懼ぎく」に同じ。「いろいろの不安と—に挟はさまれながら」〈谷崎・秘密〉

ぎ‐ぐ【戯具】遊び道具。おもちゃ。

ギグ【gig】商船・軍艦などに積載された幅の狭い軽快なボート。陸との交通に用いられた。

きく‐あき【菊秋】陰暦9月の異称。菊月きくづき。

きく‐あざみ【菊×薊】キク科の多年草。日当たりのよい山地の草原に生え、高さ約90センチ。葉は広卵形で切れ込みがあり、菊の葉に似る。秋、多数の紅紫色の頭状花を散房状につける。

きく‐あわせ【菊合(わ)せ】‥あはせ ❶左右に分かれて互いに菊花を出し、その優劣を争う遊戯。歌をつけて競うことが多い。❷菊の花を持ち寄って、花輪の美、作柄などを品評して優劣を争う催し。菊くらべ。

きく‐いく【×鞠育】〔名〕スル 養い育てること。養育。「—の恩」「たけを襁褓の中より—したるの乳母なり」〈菊亭香水・世路日記〉

きく‐いし【菊石】▶アンモナイト

きく‐いただき【菊▽戴】ヒタキ科ウグイス亜科の鳥。全長約10センチ、日本で最小の鳥の一。全体に緑褐色で、頭頂が黄色く、雄はさらにその中央が赤い。日本では亜高山帯の針葉樹林で繁殖し、冬には平地に移動する。まつむしり。(季 秋)「この高木—も来るとかや／虚子」

きく‐いちもんじ【菊一文字】❶菊作りで、大輪の16弁に作った花。❷後鳥羽上皇が備前則宗ら一文字系の番鍛冶ばんかじに命じて鍛えさせ、みずから焼き刃をしたという刀剣。茎なかごに菊花の紋が刻んであり、この名がある。御所焼。菊作り。

きくい‐むし【木食虫】きくひ‐ ❶甲虫目キクイムシ科および近縁の科に属する昆虫の総称。体長0.8〜11ミリ。体は楕円形または円筒形で、木に穴を掘って生活する。マツノキクイムシ・クリノミクイムシなど。(季 夏) ❷等脚目キクイムシ科の甲殻類。体長約3ミリ。体は半円筒形で黄白色をし、背面に黒い模様がある。海中の木材に食い入り、木船などに被害を与える。

きく‐いも【菊芋】キク科の多年草。高さ1.5〜3メートル。茎・葉に粗い毛がある。葉は長楕円形。秋、黄色の大きな頭状花を開く。地下茎は塊状でイヌリンを含み、食用、またはアルコール・果糖の原料にする。北アメリカの原産で、救荒作物として栽培されたが、野生化している。からいも。(季 秋)

き‐ぐう【奇偶】❶奇数と偶数。❷博打ばくちの、半はんと丁ちょう。また、博打。

き‐ぐう【奇遇】思いがけなく出あうこと。意外なめぐりあい。「こんなところで会うなんて—だね」 (類語) 邂逅かいこう・出会い・巡り合い・鉢合わせ・会う

き‐ぐう【寄×寓】〔名〕スル 一時的によその家に身をよせて世話になること。また、仮の住まい。寓居。「おじの家に—する」 (類語) 居候・寄食・食客

き‐ぐう【×羇×寓|×羈×寓】旅の宿。旅寓。「再び暇いとまを告げて—に帰れり」〈織田訳・花柳春話〉

きぐう‐けんさ【奇偶検査】《parity check》▶パリティーチェック

きくおか‐けんぎょう【菊岡検校】キクヲカケンゲウ ［1792ころ〜1847］江戸後期の地歌作曲家・演奏家。京都の人。一山いちやま検校に師事し、多くの名曲を残した。作「茶音頭」「夕顔」「磯千鳥」など。

きく‐か【菊花】‥クワ ❶菊の花。(季 秋) ❷薫物たきものの名。菊の花の香を模したもの。丁字香ちょうじこう・沈香じんこう・麝香じゃこうをねり合わせてつくる。菊の露。

きく‐がさね【菊▽襲|菊重ね】❶「菊❷」に同じ。❷女房の重ねの袿うちきの配色の一。表着うわぎは白、袿は五衣いつつぎぬで白・白・薄紫・薄紫・紫とする組み合わせなど、いろいろある。秋に着用する。❸「菊座きくざ❶」に同じ。❹《菊月が重なる意から》陰暦で、閏うるう9月。

きくか‐しゅ【菊花酒】キククワ‐ 中国で、菊の花・茎・葉と黍きび・米とを混ぜて醸造した酒。9月9日の重陽ちょうようの節句に用いる。きっかしゅ。

きくか‐しょう【菊花章】キククワシヤウ ▶大勲位だいくんい菊花章

きくか‐しょう【菊花賞】キククワシヤウ 日本の競馬の五大クラシックレースの一。毎年10月に、京都競馬場でサラブレッド3歳馬によって行われる。走行距離は3000メートル。きっかしょう。

きくかしょう‐けいしょく【菊花章×頸飾】キククワシヤウ‐「大勲位だいくんい菊花章頸飾」の略。

きくがしら‐こうもり【菊頭蝙=蝠】‥かうもり 翼手目キクガシラコウモリ科の哺乳類。体長7センチくらい。鼻の周辺のひだや突起が複雑にあり、菊に似る。昆虫を食べる。日本から中国・アジア南部・ヨーロッパ・北アフリカまで分布。(季 夏)

きくか‐せき【菊花石】キククワ‐ 緑・赤・紫色の地に白色や紅色の菊紋のような模様のある、観賞用の石(水石)。輝緑凝灰岩の中に角閃石かくせんせきの結晶が放射状に成長したもの。岐阜県本巣もとす市産。きっかせき。

きく‐がた【菊形】❶菊の花の形。❷鷹たかの頭、鼻孔の上にふさふさと立った毛。菊毛きくげ。

きくか‐だいじゅしょう【菊花大×綬章】キククワダイジユシヤウ「大勲位だいくんい菊花大綬章」の略。

きくか‐なます【菊花×膾】キククワ‐「菊膾きくなます」に同じ。きっかなます。

きくか‐の‐えん【菊花の宴】キククワ‐「菊の宴」に同じ。きっかのえん。

きくか‐の‐さかずき【菊花の杯】キククワ‐さかづき「菊の杯」に同じ。きっかのさかずき。

きくか‐の‐さけ【菊花の酒】キククワ‐「菊の酒」に同じ。きっかのさけ。

きくか‐もん【菊花紋】キククワ‐ 菊の花をかたどった皇室の紋章。菊の御紋。きっかもん。

きく‐からくさ【菊唐草】❶ゴマノハグサ科の多年草。山地に生え、茎は地をはう。葉は羽状に深く裂けていて、唐草模様を思わせる。夏、白い小花をつける。近畿・四国に分布。ほろぎく。❷唐草に菊の花をあしらった模様。

きくがわ【菊川】キクがは ㊀静岡県南西部の市。牧ノ原台地の西方、菊川流域にあり、製茶業が盛ん。平成17年(2005)1月に菊川町、小笠おがさ町が合併して成立。人口4.7万(2010)。㊁静岡県島田市の地名。小夜中山さよのなかやまの東方にあり、東海道の宿場町として発展。

きくがわ‐し【菊川市】キクがは‐ ▶菊川㊀

きくかわ‐は【菊川派】キクかは‐ 浮世絵の一派。江戸後期の浮世絵師菊川英山を祖とする。英山は、喜多川歌麿風の美人画を得意とし、渓斎英泉けいさいえいせんをはじめ、多くの弟子を育てた。

きく‐がわら【菊瓦】‥がはら 菊花模様のついた小さい丸瓦。主に大棟に用いる。菊丸瓦。

き‐くぎ【木×釘】木製の釘。木細工などに用いる。

きく‐きく【聞く聞く】〔副〕聞きながら。聞きつつ。「鶏とりも鳴きぬと—寝にければ」〈かげろふ・下〉

ぎく‐ぎく〔副〕スル ❶物の節目や継ぎ目、また、堅い物などがきしむさま。また、その音を表す語。ぎしぎし。「からだの節々が—(と)する」❷ぎこちないさま。ぎくしゃく。「—した動作」❸恐れ驚くさま。びくびく。「三上の一言に、…—していた」〈葉山・海に生くる人々〉❹痛みうずくさま。ずきずき。「傷はいつまでも—と痛み続ける」〈三重吉・小鳥の巣〉

きく‐きり【菊×桐】菊と桐の紋章。特に、一六弁の菊と五七ごしちの桐の日本国皇室の紋章。

きく‐きん【×麹菌】▶麹黴こうじかび

きく‐くよう【菊供養】‥クヤウ 東京浅草の浅草寺で、10月18日(もとは陰暦9月9日の重陽ちょうようの日)に行われる法会。参詣人は菊の花を供え、すでに供えてあったのを持ち帰り、諸病、災難よけとする。(季 秋)「ひざまづく童女の髪や—／秋桜子」

きく‐ごぼう【菊▽牛×蒡】‥ゴバウ ❶キク科の多年草。高さ約50センチ。根は黒くて長く、多肉質。葉は線形で、基部は茎を抱く。夏、黄色の花をつける。根は煮て、若葉はサラダにして食べる。ヨーロッパの原産で、観賞用にも栽培。❷ゴボウアザミの別名。

きくごろう‐じま【菊五郎×縞】キクゴラウ‐ 浴衣ゆかた・手拭てぬぐいなどに用いられる格子縞の一種。歌舞伎役者の3世尾上菊五郎が用いて流行したもの。4本と5本の筋を組み合わせた格子の中に「キ」と「呂」の文字を交互に配し、四と五を加えた九筋の「ク」、五筋の「ゴ」で「キクゴ呂」と読ませた。菊五郎格子。

きく‐ざ【菊座】❶菊の花をかたどった座金ざがね。兜かぶとや鎧よろいの飾りにする。きくのざ。❷衣服などの穴の周囲を放射状に糸でかがること。❸カボチャの一品種。実は扁球形で、深い縦の彫りがあるもの。❹肛門こうもんの異称。また、男色。「それ—のひだは四十二重なりと」〈浮・男色十寸鏡〉

きく‐ざいく【菊細工】菊の枝を曲げ、その花や葉などで、人形その他種々の形に似せて作ること。また、その作品。➡菊人形

きく‐ざけ【菊酒】❶菊の花を浸した酒。また、重陽ちょうようの節句(9月9日)に飲む酒。菊の酒。菊花の酒。(季 秋) ❷みりんの一種。菊の花を煮付けた汁を用いて造ったもので、肥後や加賀の名産。菊の酒。

きく‐ざし【菊▽尺】▶きくじゃく(菊尺)

きく‐ざら【菊皿】菊の花の模様のついた皿。または、菊の花の形をした皿。

きく‐し【麹氏】古代中国の王家の名。500年ごろから640年にかけて、トルファン地方にあった漢人の植民国家高昌こうしょうを支配した。

きくじどう【菊慈童】㊀周の穆王ぼくおうに愛された侍童じどう。罪を犯して南陽郡酈県れきけんに流され、その地で菊の露を飲んで不老不死の仙人になったという。㊁謡曲「枕慈童まくらじどう」の観世流における名称。

きく‐じゃく【菊尺】菊の花の寸法を測るための尺度。また、その物差し。1尺は曲尺かねじゃくの6寸4分(約19センチ)に相当。きくざし。

ぎく‐しゃく〔副〕スル 話し方や動作、また、物事の関係などが円滑でないさま。「—した身のこなし」「夫婦の間が—している」

きく‐じゅつ【規×矩術】さしがねを用いて、建物の垂木たるきなどの構造部の実形を立体幾何学的に求め、直接木材に作図する方法。規矩法。

きく‐じゅんじょう【規×矩準縄】《「孟子」離婁上から。「準」は平をはかるみずもり、「縄」は直をはかるすみなわ》物事・行動の規準になるもの。法則。規則。手本。 (類語) 規則・決まり・定め・規定・規程・条規・定則・規約・約束・規準・規律・ルール・コード・本則・総則・通則・細則・付則・概則・おきて

きく‐じん【×麹×塵】‥ヂン ❶色の名。灰色がかった黄緑色。染め色では紫根しこんと刈安かりやすで染める。織り色では縦糸を青、横糸を黄で織る。天皇の袍ほうの色で禁色きんじきとされた。きじん。きちん。❷「麹塵の袍ほう」の略。

きく‐じん【×鞠×訊|×鞫×訊】〔名〕スル 罪を調べ問いただすこと。鞠問きくもん。

きくじん‐の‐ほう【×麹×塵の×袍】キクヂン‐ハウ 天皇が賭弓のりゆみ、臨時祭、5月の競くらべ馬などの略儀に着用する袍。麹塵色で、文様は黄櫨染こうろぜんと同様に桐・竹・鳳凰ほうおうを表す。近世では尾長色唐草も使われた。青色の袍。

き‐くず【木×屑】‥くづ 材木を切ったり削ったりするときに出るくず。

きく‐すい【菊水】水の流れに菊の花が浮かぶ模様。紋所では楠木くすのき氏の家紋が有名。

きく‐すい【菊水】中国河南省南部を流れる白河の支流。この川の崖上にある菊の露がしたたり落ち、これを飲んだ者はみな長生きしたという。菊の水。

きくすい‐かみきり【菊吸天=牛】キクすひ‐ カミキリムシ科の昆虫。体長6〜9ミリ。体は黒く、胸部背面に赤黄色の斑紋が一つある。菊・ヨモギなどの新しい茎にかみ傷を輪状につけて産卵し、しおれさせる。きくすい。(季 秋)

き‐くずし【着崩し】‥くづし 着崩すこと。服装の一部をわざと乱したり、決められた型を崩したりすること。「学校制服の—が問題となる」

き‐くず・す【着崩す】‥くづす〔動サ五(四)〕❶衣類を、これ以上着られないというほどに着古す。❷粋な感じを出すために、装いの一部をわざと乱す。着物や帯

をゆるく着付けたり、フォーマルスーツにカジュアルな小物を合わせたりして、決まった型を崩して着る。
きく-ずみ【菊炭】《切り口が菊花形をしているところから》茶の湯で用いる輪切りにした櫟炭(くぬぎずみ)。
き-ぐすり【生薬】「しょうやく(生薬)」に同じ。
きぐすり-や【生薬屋】生薬を売る店。転じて、薬屋。
きく・する【×掬する】〔動サ変〕文きく・す〔サ変〕❶両手で水などをすくいとる。「水を―・して喉を湿(うるお)おし」〈竜渓・経国美談〉❷気持ちをくみとる。推し量って理解する。「真情を―・する」❸手にすくいとって味わいたいと思う。「ある―・すべき情景に逢うと」〈漱石・三四郎〉
き-くずれ【気崩れ】〔名〕スル 上昇相場のときに、何かのきっかけで急落の傾向をみせること。
き-くずれ【着崩れ】〔名〕スル きちんと着ていた着物の着付けが、しだいに崩れること。「着付けが下手なので、すぐ―する」
き-くず・れる【着崩れる】〔動ラ下一〕文きくづ・る〔ラ下二〕❶着物の着付けが乱れる。「帯がゆるんで―・れる」❷長い間着ているために衣服の形が崩れる。「―・れたスーツ」
き-ぐせ【着癖】その人特有の衣服の着方。
きぐ-ぜん【木具膳】「木具(きぐ)❷」に同じ。
きく-ぞろえ【菊×揃え】菊を陳列して、咲きぐあいの優劣を競うこと。
きくた-かずお【菊田一夫】[1908～1973]劇作家・演出家。横浜の生まれ。本名、数男。第二次大戦後、「鐘の鳴る丘」「君の名は」で、連続ラジオドラマに新分野を開いた。戯曲「花咲く港」「がめつい奴」など。
きくた-ずり【菊多×摺り】福島県菊多地方で産した小紋の摺り模様。江戸中期に八丈絹に用いられた。
きくた-の-せき【菊多の関】勿来(なこそ)の関の古称。
き-くたびれ【気草=臥れ】神経が疲れること。精神的な疲労。気づかれ。「信一は病源を―だと思うて居た」〈滝井・無限抱擁〉
きくち【菊池】熊本県北部の市。稲作や果菜類の栽培が盛ん。中心の隈府(わいふ)は中世、菊池氏の居城地で、肥後の中心地として栄えた。袈裟尾(けさお)古墳や菊池温泉がある。平成17年(2005)、泗水(しすい)町・旭志(きょくし)村・七城(しちじょう)町と合併。人口5.0万(2010)。
き-ぐち【木口】❶材木の種類や品質。木柄。「一杯をは可成(かなり)吟味してあるらしく」〈漱石・道草〉❷木材の切り口。横断面。こぐち。❸袋物などの口につけた木の取っ手。
きくち-がわ【菊池川】熊本県北部を流れる川。阿蘇(あそ)外輪山北西麓に源を発し、玉名市で島原湾に注ぐ。長さ約71キロ。上流は渓谷美を呈し、オオサンショウウオ・ヤマメなどが生息。
きくち-かん【菊池寛】[1888～1948]小説家・劇作家。香川の生まれ。本名、寛(ひろし)。第三次・第四次「新思潮」同人。文芸家協会の設立に尽力し、雑誌「文芸春秋」を創刊。のち、芥川賞・直木賞を制定した。小説「恩讐の彼方に」「藤十郎の恋」「真珠夫人」、戯曲「屋上の狂人」「父帰る」など。
きくちかん-しょう【菊池寛賞】菊池寛を記念して設けられた年1回の文化賞。文学・演劇・映画・新聞・放送・雑誌・出版などの分野で、その年度に創造的な業績を挙げた個人・団体に授与される。
きくち-けいげつ【菊池契月】[1879～1955]日本画家。長野の生まれ。旧姓は細野、本名、完爾。児玉果亭に学び、京都に出て菊池芳文に師事。円山・四条派の写生風に大和絵の手法を加えた古典的風趣の歴史人物画を描き、初期文展以来、京都画壇で指導的立場に立った。
きくち-けいこく【菊池渓谷】熊本県北部、阿蘇(あそ)外輪山北西部にある菊池川源流の渓谷。菊池市に属する。外輪山の伏流水が造り出したもので、6.7キロメートル続く景勝地。一帯の国有林は昭和40年(1965)、九州で初めて自然休養林に指定された。阿蘇くじゅう国立公園に属する。
きくち-ござん【菊池五山】[1769～1849]江戸後期の漢詩人。讃岐(さぬき)の人。名は桐孫(とうそん)。通称、左太夫。市河寛斎に学び、のち江戸詩壇の代表的存在となった。著「五山堂詩話」。
きくち-し【菊池市】▶菊池
きく-ぢしゃ【菊萵=苣】キク科の野菜。葉はやわらかく、切れ込みが多くて縮れているが、丸葉の品種もある。特有の芳香と苦味をもち、サラダなどにする。地中海地方の原産。エンダイブ。オランダぢしゃ。はなぢしゃ。(季 夏)
きくち-じんじゃ【菊池神社】菊池市にある神社。祭神は菊池武時・武重・武光。明治3年(1870)菊池城址に社殿を創建。
きくち-せいし【菊池正士】[1902～1974]実験物理学者。東京の生まれ。菊池大麓(だいろく)の四男。大阪大学教授。雲母を用いた電子線回折を研究し、菊池線・菊池帯とよばれる回折模様を発見。ドイツ留学後、大阪大学にサイクロトロンなどを建設。日本原子力研究所(現、日本原子力研究開発機構)理事長などを歴任。文化勲章受章。
きくち-だいろく【菊池大麓】[1855～1917]数学者。江戸の生まれ。箕作秋坪(みつくりしゅうへい)の次男。英国に留学。日本の近代数学および数学教育の確立に貢献。文部大臣、東大・京大総長、学士院長などを歴任。
きくち-たけしげ【菊池武重】[?～1341]南北朝時代の武将。肥後の人。武時の長男。肥後守。足利尊氏(あしかがたかうじ)が建武政府に反したとき、新田義貞に従って箱根で奮戦。のち、九州に帰り、南朝軍の中心として戦った。
きくち-たけとき【菊池武時】[?～1333]鎌倉末期の武将。肥後の人。後醍醐天皇の隠岐(おき)脱出に呼応し、博多の鎮西探題(ちんぜいたんだい)北条英時(ほうじょうひでとき)を攻めたが、少弐貞経(しょうにさだつね)・大友貞宗の離反により敗死した。
きくち-たけとも【菊池武朝】[1363～1407]南北朝時代の武将。肥後の人。武光の孫。初名、武興。征西将軍良成親王を立てて今川了俊と各地で戦い、南朝勢力の回復に努めたが、のち、衰退した。
きくち-たけみつ【菊池武光】[?～1373]南北朝時代の武将。肥後の人。武時の子。征西将軍懐良(かねよし)親王を迎え、少弐頼尚(しょうによりひさ)・少弐頼国を破って大宰府を占領したが、のち、九州探題今川了俊に圧迫されて衰えた。
き-くちば【黄朽葉】❶染め色の名。梔子(くちなし)に茜(あかね)または紅花(べにばな)をまぜた、黄色を帯びた橙(だいだい)色。❷織り色の名。縦糸を紅、横糸を黄で織ったもの。❸襲(かさね)の色目の名。表は黄丹(おうに)、裏は黄。秋に用いる。
きくち-ゆうほう【菊池幽芳】[1870～1947]小説家・新聞記者。茨城の生まれ。本名、清。大阪毎日新聞社に勤めるかたわら、新聞小説を連載。家庭小説の先駆をなした。小説「己が罪」「乳姉妹」など。
きくち-ようさい【菊池容斎】[1788～1878]江戸末期・明治初期の日本画家。江戸の人。本名、武保。通称、量平。狩野派・土佐派などの画法を学び、有職故実に詳しく、歴史画にすぐれ、忠臣孝子たちの肖像画集「前賢故実」を木版本とした。
き-くつ【奇×崛】〔名・形動〕山が険しく変化のあること。また、そのさま。転じて、物事が一風変わってすぐれていることにもいう。「―な興趣を呈する」
き-くつ【鬼窟】❶鬼のすむ洞穴。❷物事の道理に暗いこと。また、そういう仲間。「談林風の一裡に堕在していた芭蕉の天才を」〈芥川・芭蕉雑記〉
き-ぐつ【木×沓｜木▽履】木をくりぬいて作ったくつ。浅沓(あさぐつ)、サボなど。
きく-づき【菊月】陰暦9月の異称。(季 秋)
きく-づくり【菊作り】❶菊を栽培すること。また、その人。(季 秋)❷フグなどの刺身を、皿の上に菊の花のように盛りつけたもの。❸「菊作りの太刀」の略。
きくづくり-の-たち【菊作りの太-刀】「菊一文字(きくいちもんじ)❷」に同じ。
ぎくっ-と〔副〕スル ❶弱点や不意をつかれて驚くさま。ぎくりと。「証拠を突き付けられて―する」❷急に折れ曲がったり、継ぎ目がずれたりするさま。ぎくんと。「荷物を持ち上げたとたん腰が―した」類語 驚く・びっくり・どきっと・ぎょっと・動転する・肝(きも)をつぶす・腰を抜かす
きく-と【菊斗】▶鬼斗(きと)
きく-とうだい【菊灯台】台座が菊の花の形をした灯明台(とうみょうだい)。朱塗り・黒塗り・白木(しらき)などがある。
きくとかたな【菊と刀】《原題 The Chrysanthemum and the Sword》米国の文化人類学者、ルース=ベネディクトの日本文化論。1946年刊。日本文化を「恥の文化」として類型化した。
きく-とじ【菊×綴じ】水干(すいかん)・直垂(ひたたれ)・素襖(すおう)などの縫い目にとじつけたひも。結んだ絹のひもの先をほぐして菊の花のようにしたところからの名。皮ひも、布ひもを結んだものもある。
きく-な【菊菜】シュンギクの別名。(季 春)
きく-なます【菊×膾】食用菊の花びらをさっとゆでて、三杯酢で和えたもの。大根なますにまぜることもある。きっかなます。(季 秋)「一色をまじへて美しく/年尾」
きく-ならく【聞くならく】〔連語〕《動詞「き(聞)く」の終止形＋伝聞推定の助動詞「なり」のク語法》聞くところによると。「―、熱心なる油絵師は刑場(けいじょう)なんどへも出張して…眼を注ぎて観察するとか」〈逍遥・小説神髄〉
きく-にんぎょう【菊人形】菊花で衣装部分をこしらえた人形。また、その見世物。主に歌舞伎の当たり狂言に題材をとる。(季 秋)「夜風たつ―のからにしき/蛇笏」
きく-の-えん【菊の宴】陰暦9月9日、重陽(ちょうよう)の節句の日に宮中で催された観菊の宴。菊の節会(せちえ)。重陽の宴。菊花の宴。菊水の宴。
きく-の-きせわた【菊の▽被せ綿】陰暦9月9日、重陽(ちょうよう)の節句に行われた慣習。前夜、菊の花に霜よけの綿をかぶせ、その露と香りを移しとって、翌朝その綿でからだをなでると、長寿を得るといわれた。きせわた。きくわた。(季 秋)
きく-の-さかずき【菊の杯】菊の宴で、杯に菊の花を浮かべて長寿を祝うこと。また、その酒杯。菊の酒。菊花の杯。
きく-の-さけ【菊の酒】❶「菊酒(きくざけ)❶」に同じ。(季 秋)「草の戸の用意をかしや―/太祇」❷「菊酒❷」に同じ。❸酒の美称。「種は春ぞと―、花を受けたる袂(たもと)かな」〈謡・盛久〉
きく-の-しずく【菊の×雫】「菊の露」に同じ。「秋深き籬(まがき)の露も匂ふなり花より伝ふ―に」〈新千載・秋下〉
きく-の-したみず【菊の下水】菊の根もとを流れている水。これを飲むと長生きするとされた。「山川の―いかなれば流れて人の老いを堰(せ)くらむ」〈新古今・賀〉
きく-の-せちえ【菊の節会】▶菊の宴(えん)
きく-の-せっく【菊の節句】五節句の一。陰暦9月9日の節句。重陽(ちょうよう)の節句。(季 秋)
きく-の-たかはま【企救の高浜】▶企救(きく)の浜(はま)
きく-の-つゆ【菊の露】菊の花にたまる露。これを飲めば長生きするといわれた。菊の雫(しずく)。(季 秋)
きくのはな【菊の花】狂言。和泉(いずみ)流。大蔵流では「茫々頭(ぼうぼうがしら)」。無断で京都見物した太郎冠者が、菊の花がきっかけで上﨟(じょうろう)に誘われ、そこで盗みをはたらいて恥をかいたことなどを主人に語る。
きく-の-はま【企救の浜】北九州市小倉北区の海岸の古称。現在は埋め立てられた。企救の高浜。企救の長浜。
きく-の-ま【菊の間】江戸城中本丸の表座敷の一。3万石以下の譜代大名、大番・書院番・小姓組番の各頭などの詰め所。襖(ふすま)に菊が描かれていた。
きく-のり【菊海=苔】食用菊の花びらを蒸したものを、海苔状にして干したもの。もどしてさっとゆで、酢の物・和(あ)え物に使う。
きく-の-わた【菊の綿】「菊の被(き)せ綿」に同じ。
き-くばり【気配り】〔名〕スル あれこれ気を使うこと。手抜かりがないように注意すること。心づかい。配慮。「―が行き届く」「会場の設営に―する」類語 配慮・心配り・心遣い・気遣い・心掛け・顧慮・細心・気兼ね・屈託・注意・用心・警戒・戒心・用意・留意
きく-ばん【菊判】❶《初めて輸入されたとき、菊の花の商標がついていたところから》紙の原紙寸法の一。636ミリ×939ミリ。❷書籍の判型の一。❶を16

折りにした大きさで、151ミリ×220ミリ。A5判よりやや大きい。

きく-はんさい【菊半×截】《「きくはんせつ(菊半截)」の慣用読み》書籍の判型の一。菊判❷の半分の大きさ。A6判よりやや大きい。

きく-はんとう【企救半島】北九州市北東部、関門海峡と周防灘(すおうなだ)とを境する半島。

きく-びしお【菊×醤】黄菊の花びらに熱湯をかけ、塩漬けにしてから麹(こうじ)や唐辛子を入れ、さらに押しを加えて作った食品。

きく-びな【菊×雛】菊の節句に飾る雛人形。後(のち)の雛。(季 秋)

きく-びより【菊日‐和】秋、菊の花が咲くころの好天気。(季 秋)

きく-まくら【菊枕】干した菊の花びらを入れて作った枕。香りがよく、頭痛や目の病いなどに効能があるという。(季 秋)「夜々むすぶ夢の哀艶―/蛇笏」

きく-み【菊見】菊の花を眺めて楽しむこと。観菊。(季 秋)

き-ぐみ【木組(み)】木造建築で、材木に切り込みを入れて組み合わせること。

き-ぐみ【気組(み)】物事に取り組む心構え。意気込み。気構え。「明日が日無一文になろうとも驚かないだけの―もあったが」〈里見弴・多情仏心〉

きく-むし【菊蒸(し)】菊の葉の上に、味付けをした鯛(たい)などの淡泊な魚をのせて蒸した料理。

きく-むすび【菊結び】ひも・水引の装飾用の結び方の一。菊の花の形に結ぶもの。

きくむら-いたる【菊村到】[1925～1999]小説家。神奈川の生まれ。本名、戸川雄次郎。読売新聞記者を経て文筆活動に入る。「硫黄(いおう)島」で芥川賞受賞。戦記、伝記などの実録物のほか、推理小説なども手がける。他に「あゝ江田島」「けものの眠り」など。

きくめ-いし【菊目石】花虫綱キクメイシ科の腔腸(こうちょう)動物。イシサンゴの一種で、サンゴ礁の重要な構成種。岩石に着生。直径約1センチの個体が集まって、直径2～3メートルの半球形の群体を形成。個体の着いた跡が菊の花の集まったように見える。菊銘石(きくめいせき)。海花石。

きくめい-せき【菊銘石】キクメイシの別名。

きく-もん【×鞠問┊×鞫問】〔名〕スル 罪を問いただすこと。鞫訊(きくじん)。「楽人陳某は―を受けたが、情を知らざるものとして釈(ゆる)された」〈鷗外・魚玄機〉

きぐ-や【木具屋】木具の製造を職業とする人。また、それを売る店。

き-ぐらい【気位】自分の品位を誇り、それを保とうとする心の持ち方。「―が高い人」

(類語)品・品位・品格・風格・格調・沽券(こけん)・気品

き-くらげ【木＝耳】❶担子菌類キクラゲ科のキノコ。桑やニワトコの枯れ木に群生。形が人の耳に似て、茶色で寒天質。乾燥すると縮み、軟骨質になる。主に中華料理に用いる。きのみみ。(季 夏)「―や母の遺せし裁鋏(たちばさみ)/不死男」❷《❶に形が似るところから》人の耳。「其所見を著者の―に聞かしめたまわば」〈逍遥・小説神髄〉

キクラデス-しょとう【キクラデス諸島】《Kyklades》ギリシャ南部、エーゲ海にある諸島。アンドロス島・ミロス島など約220の島からなる。名は古代の宗教の中心であったデロス島を環(キクロス)状に囲むことに由来。ミロス島で発見されたビーナス像(ミロのビーナス)は有名。キクラゼス諸島。シクラゼス諸島。

ぎくり〔副〕不意をつかれて驚き恐れるさま。ぎくっ。「図星をさされて―とした」(類語)ぎっくり

き-ぐるま【×轜車】▶じしゃ(轜車)

き-ぐるみ【着▽包み】人が着用することのできる大型のぬいぐるみ。マスコットやキャラクター、擬人化した動物などをモチーフにしたものが多い。

き-ぐろう【気苦労】〔名・形動〕あれこれと気を使って、精神的に疲れること。また、そのさま。「―が絶えない」「大会開催中は―な毎日だ」

(類語)気疲れ・心労・心痛・ストレス・心配・気がかり・心がかり・不安・懸念・危惧(きぐ)・憂慮・憂患・屈託(くったく)・思案・憂(うれ)い・虞(おそれ)・気遣い・煩(わずら)い

き-くん【貴君】〔代〕二人称の人代名詞。男性が、手紙などで、対等または目下の男性に対し、軽い敬意を込めて用いる。「―のご活躍を祈ります」

(類語)貴兄・貴下

ぎ-くん【義訓】上代文献、特に万葉集の用字法の一。漢字漢語の意義によって訓を当てるもの。「暖(はる)」「寒(ふゆ)」「未通女(おとめ)」などの類。

ぎ-くん【戯訓】上代文献、特に万葉集の用字法の一。漢字の字形・字音・字義などを遊戯的、技巧的に利用したもの。「出づ」を「山上復有山」、「獅子(しし)」を「十六」、「い」を「馬声」、「ぶ」を「蜂音」などと書く類。戯書。

ぎ-ぐん【義軍】正義のために起こすいくさ。また、その軍勢。義兵。

ぎ-くんし【偽君子】表面は君子らしく見せかけるが、実際は君子でない人。えせくんし。

ぎ-げ【義解】文章などの意味をときあかすこと。また、その書物。ぎかい。「令義解(りょうのぎげ)」など。(類語)解釈・釈義・講釈・評釈・解義・読解・釈する・説き明かす

き-けい【奇形┊×畸形┊×畸型】❶珍しい形。奇妙な形。「遂には燕の尾にかたどった―迄出現したが」〈漱石・吾輩は猫である〉❷生物体で、遺伝または発生途中の発育不全によって起きる形態的・機能的異常のうち、個体変異の範囲を超えるもの。

き-けい【奇計】普通では考えつかないような巧みな計略。奇策。「―を用いて敵の不意をつく」

(類語)策・方策・対策・施策・手・企て・一計・奇策・愚策・秘策・対応策・善後策・得策・方法

き-けい【奇景】珍しくすぐれた景色。

き-けい【奇警】〔名・形動〕発想・言動などが奇抜で並はずれていること。また、そのさま。「―な批評を浴びせかける」〈藤村・千曲川のスケッチ〉

き-けい【帰敬】▶ききょう(帰敬)

き-けい【亀▽鏡】手本となるもの。模範。ききょう。「―ニ備ユル」〈日葡〉

き-けい【×詭計】人をだまし、おとしいれようとする計略。偽計。「―に陥る」「―を弄(ろう)する」

(類語)陰謀・策略・計略・作戦・謀略・はかりごと・企み・画策・策動・術策・権謀・謀計・奸策(かんさく)・深謀・遠謀・深慮・悪だくみ・わな・機略

き-けい【機警】〔名・形動〕その場に応じて知恵が働くこと。また、そのさま。「何か―な返答をと思ったが」〈蘆花・思出の記〉

き-けい【貴兄】〔代〕二人称の人代名詞。男性が、手紙などで、同輩または先輩に対して、軽い敬意や親しみの気持ちを込めて用いる。「―のご活躍をお祈り申し上げます」(類語)貴君・貴下

ぎ-けい【偽計】人をあざむく計略。詭計(きけい)。

ぎ-けい【欺計】「偽計(ぎけい)」に同じ。「暴威に代るに―を以てし」〈福沢・文明論之概略〉

ぎ-けい【義兄】❶義理の兄。妻または夫の兄、姉の夫など。❷血縁関係はないが、兄弟の約束を交わして兄としている人。

ぎ-けい【儀刑┊儀型┊儀形】《「儀式刑法」の略》手本。模範。ぎぎょう。「和漢の鑑(かがみ)と仰ぎて、四海の一人を恥ぢず」〈太平記・二七〉

ぎ-けい【×劓刑】▶劓(はなきり)

ぎ-げい【技芸┊▽伎芸】❶美術・工芸などの技術。❷歌舞・音曲などの芸能。また、そのわざ。(補説)❶は「技芸」、❷は「伎芸」と書くことが多い。(類語)技術・技巧・技法・技能・技量・腕(うで)・腕前・技(わざ)・テクニック

ぎけいき【義経記】室町前期の軍記物語。8巻。作者、成立年代ともに未詳。源義経(みなもとのよしつね)の不遇な幼年時代と、晩年の悲劇的な運命を描いたもの。判官(ほうがん)物語。義経(よしつね)物語。

ぎけいぎょうむぼうがい-ざい【偽計業務妨害罪】風説の流布や偽計により、他人の業務を妨害する罪。刑法第233条が禁じ、3年以下の懲役または50万円以下の罰金に処せられる。➡威力業務妨害罪 (補説)この場合の業務とは、営業・生産など職業として行う経済活動だけでなく、広く、人の反復的な社会活動一般をさす。

きけい-じ【奇形児】奇形を有する小児。

ぎげい-てん【伎芸天】伎芸をよくし、五穀豊穣・吉祥豊楽をつかさどり、福徳・技能を授ける天女。大自在天の髪際から化生したという。大自在天女。

ぎけい-とりひき【偽計取引】株価の変動をねらって、虚偽の情報を流すなど不正な手段で投資家をだますこと。

き-げき【喜劇】❶こっけいみや風刺を交えて観客を笑わせながら、人生の種々相を描こうとする演劇。⇔悲劇。❷思わず笑いだすような、こっけいな出来事。「事件はとんだ―に終わった」⇔悲劇。(類語)コメディー・笑劇・ファルス・スラップスティック

喜劇は終わった幕を引け　人間の生涯は結局一幕の喜劇にすぎないと、フランスの作家ラブレーが臨終の際に口にしたとされる言葉。

き-げき【×詭激】〔名・形動〕言動が異常に過激なこと。また、そのさま。「其の言論の―に渉(わた)る時は」〈鉄腸・雪中梅〉

き-けつ【気血】人体内の生気と血液。漢方で、経絡(けいらく)の内外を循環する生命力の源とみなされるもの。

き-けつ【奇傑】一風変わった、すぐれた人物。

き-けつ【×剞×劂】《「剞」は曲がった刀、「劂」は曲がった鑿(のみ)の意》❶彫刻用の小さい刃物。❷彫刻すること。また、彫刻したもの。❸版木を彫ること。また、印刷。上梓(じょうし)。

き-けつ【既決】❶すでに決定したこと。「―事項」⇔未決。❷裁判で、判決がすでに確定していること。⇔未決。

き-けつ【帰結】〔名〕スル ❶最終的にある結論・結果に落ち着くこと。また、その結論・結果。「議論百出したが、結局同じところに―した」❷《consequence》哲学で、ある事柄を原因または理由として、そこから結果として出てくる事態。また、仮定もしくは前提から推論によって導き出される結論。⇔理由。

(類語)帰着・帰趨(きすう)・帰する・結果

き-けつ【起結】❶始めと終わり。❷詩歌、特に漢詩文の起句と結句。

き-げつ【忌月】忌日(きにち)のある月。祥月(しょうつき)。命月(めいげつ)。きづき。

き-げつ【期月】❶前もって定めた期限の月。❷満1か月。

き-げつ【×虧月】満月から新月までの間の、欠けて細くなってゆく月。⇔盈月(えいげつ)。

ぎ-けつ【議決】〔名〕スル 合議して決定すること。また、その決定された事柄。「満場一致で―する」

(類語)決議・採決・票決・議定・表決・可決・決定・本決まり・論決・評決・取り決め・断(だん)・決(けつ)・裁決・裁定

ぎけつ-きかん【議決機関】団体や法人の意思を決定する合議機関。都道府県・市町村の議会、社員総会、株主総会など。意思機関。

ぎけつ-けん【議決権】❶会議に参加し、議決に加わる権利。表決権。❷議決機関がある事項を議決する権利または権限。

ぎけつけん-こうし【議決権行使】会議などで、議案に対して賛否の意思を表明すること。特に、株主が株主総会で議案に対する賛否を投票することをいう。投票方法には、株主総会に出席しての投票、議決権行使書の郵送、インターネットでの投票の三つがある。

きけつ-し【×剞×劂氏】版木を彫る人。彫り師。

きけつ-しゅう【既決囚】有罪の判決が確定して、刑の執行を受けている者。⇔未決囚。

き-けまん【黄華×鬘】ケシ科の越年草。関東以西の低地に自生。高さ約40センチ。全体に粉白色を帯び、傷つけると悪臭がする。葉は羽状に細かく切れ込む。春、黄色い唇形の花を総状につける。(季 春)

きけ-もの【利け者】手腕があって幅のきく人。利き者。「財界の―」

き・ける〔動カ下一〕載せる。「あの女どものやうに、頭へ―・けて持ってみなせえ」〈滑・膝栗毛〉

き・ける【聞ける】〔動カ下一〕聞かせる。「私に仰せ―・けられませ」〈浄・冥途の飛脚〉

キケロ【Marcus Tullius Cicero】[前106～前43] 古代ローマ随一の雄弁家・政治家。執政官のとき、カティリナの陰謀を事前に発見、元老院から「祖国の父」の称号を受けた。共和主義者でカエサルに対立、その死後はアントニウスに反対して殺された。著「友情論」「老年論」など。

きけわだつみのこえ 第二次大戦中の戦没学生75名の遺稿集。昭和24年(1949)刊。

き-けん【危険】〔名・形動〕❶あぶないこと。生命や身体の損害、事故・災害などが生じる可能性のあること。また、そのさま。「身に—が迫る」「高所での—な作業」⇔安全。❷悪い結果を招く可能性があること。また、そのさま。「国際的に孤立する—がある」「—な賭かけに出る」〔類語〕(❶)危難・危機・危殆きたい・危地・虎口ここう・ピンチ・物騒・剣呑けんのん・危ない/(❷)虞おそれ・リスク・懸念・憂慮・危惧・杞憂きゆう・悲観・心配・不安

き-けん【気圏】➤大気圏たいきけん

きけん【喜見】「喜見城きけんじょう」の略。

き-けん【貴顕】〔名・形動〕身分が高く、名声のあること。また、そういう人や、そのさま。「—紳士」「元来—なる人の上に出るもの」〈中村訳・西国立志編〉

き-けん【棄権】〔名〕スル 権利をすてて使わないこと。特に、投票または議決の権利を行使しないこと。「選挙を—する」「競技を途中で—する」
〔類語〕放棄・放擲ほうてき・遺棄

き-げん【危言】《「危」は、高い、きびしいの意》高尚な言葉を用いること。また、その言葉。

き-げん【奇言】奇抜な言葉。とっぴな言い方。奇語。「大人の人見知りより生ずる禍なりと言うも—にあらざる可し」〈福沢・福翁百話〉

き-げん【紀元】❶歴史上の年数を数えるときの基準。また基準となる最初の年。現在、世界的に行われているのはキリスト降誕の年を元年とする西暦(西紀)であるが、イスラム教徒は、ムハンマド(マホメット)がメッカからメジナに移った西暦622年をイスラム紀元元年とする。日本では明治5年(1872)に、神武天皇即位の年とされる西暦紀元前660年を元年と定めて皇紀と称した。❷年号を建てること。建元。改元。また、年号。

き-げん【起源｜起原】物事の起こり。始まり。みなもと。「人類の—」
〔類語〕始まり・始め・根源・源・源流・本元・物種・温床・濫觴らんしょう・源泉・起こり・元・発端・端緒・嚆矢こうし

き-げん【期限】❶前もって決められた一定の時期・期間。「定期券の—が切れる」「提出—」❷法律行為の効力の発生・消滅または債務の履行を、将来到達することの確実な事実の発生にかかわらせる付款ふかん。確定期限と不確定期限とがある。➡付款
〔類語〕期日・締め切り

き-げん【機嫌｜×譏嫌】㊀〔名〕❶表情や態度にあらわれる気分のよしあし。快・不快などの感情。気分。「—がよい」「—を損ねる」❷人の意向や思わく。また、安否やようす。「—をうかがう」❸そしりきらうこと。嫌悪すること。「時人の—をかへりみず、誓願の一志不退なれば」〈正法眼蔵・行持〉❹時機。しおどき。「病をうけ、子産み、死ぬることのみ—を計らず」〈徒然・一五五〉㊁〔形動〕〔文〕〔ナリ〕(多く「御機嫌」の形で)気分がよいさま。愉快なさま。「だいぶお酒が入ってご—なようす」➡御機嫌ごきげん〔補説〕もと「譏嫌」と書き、そしりきらうの意。仏教で、他人の「譏嫌」を受けないようにする戒律「息世譏嫌戒」から出た語。のちに「機」が、気持ちに通じる意を生じてから用いられるようになった。
〔類語〕(㊀❶)感情・気分・気・気色きしょく・気持ち・顔色かおいろ・風向き・御機嫌・上機嫌・情じょう・情感・心情・情緒じょうちょ・情緒じょうしょ・情調・情操・情念・情動・喜怒哀楽・感じ・エモーション/(❷)安否・様子

機嫌気褄きづまを取・る 《「機嫌を取る」と「褄つまを取る」とを掛けて、口調をよくした言葉》機嫌を取る。

機嫌を取・る 人の気分を慰めやわらげるようにする。人の気に入るような言動をする。

ぎ-げん【偽言】いつわりの言葉。うそ。虚言。「玉女は彼の—を信じたのだ」〈木下尚江・良人の自白〉

ぎげん【義玄】➤臨済りんざい

ぎ-げん【戯言】たわむれにいう言葉。冗談。

ぎ-げん【魏源】[1794～1856]中国、清の学者・思想家。邵陽しょうよう(湖南省)の人。字あざなは黙深もくしん。公羊学くようがくを通して、経世実用の学に努めた。著「海国図誌」は、日本の幕末開国論に影響を与えた。他に「詩古微」「書古微」など。

きげん-うかがい【機嫌伺(い)】(多く「御機嫌伺い」の形で)人の日常のようすや安否などをたずねること。「ご—に参上する」

きけん-うんてん【危険運転】酒や薬物の影響で正常な運転のできない状態、制御できない高速度での運転、高速で故意に割り込みまたは接近する運転、高速でことさらに赤信号を無視する運転などをいう。➡危険運転致死傷罪

きけんうんてんちししょう-ざい【危険運転致死傷罪】危険な運転で人を負傷させ、または死亡させる罪。刑法第208条の2が禁じ、致傷は15年以下の懲役、致死は1年以上の有期懲役に処せられる。危険運転致死罪。危険運転致傷罪。〔補説〕第208条の2は平成13年(2001)に新設。刑法改正前は業務上過失致死傷等罪が適用されていたが、悪質な交通事犯に対応するために改正された。同条が定める危険運転とは、アルコールや薬物による不正常な運転・速度超過・技能を欠いた無免許運転・割り込み・幅寄せ・信号無視・煽あおり運転など。

きげん-かい【機嫌買い】〔名・形動〕❶他人に対する好悪の感情が変わりやすいこと。また、そういう人や、そのさま。「—な彼がどの位綿密な程度で細君に説明してやったか」〈漱石・道草〉❷人の機嫌を取ること。また、その人。〔補説〕「きげんか(機嫌変)え」の音変化ともいう。

きげん-がお【機嫌顔】機嫌のよい顔つき。

きけん-し【危険視】〔名〕スル 危険な人やものと見なすこと。危険であるとして扱うこと。「反社会的思想と—する」

ぎ-けんし【擬絹糸】人造絹糸。シルケット。

きけん-しそう【危険思想】国家や社会の存立・発展・秩序などに害を及ぼすものとみなされる思想。

きけん-じゅんびきん【危険準備金】保険会社が保険金を確実に支払うため、保険業法の規定により積み立てが義務付けられている責任準備金の一。保険事故の発生率等が予測を超え、多額の保険金支払いが必要となるリスクや、保険金の運用利回りが予定利率を下回るリスクなど、将来発生が見込まれる危険に備えるもの。

きけん-じょう【喜見城】須弥山しゅみせんの頂上の忉利天とうりてんにある帝釈天たいしゃくてんの居城。七宝で飾られ、庭園では諸天人が遊び戯れるというので、楽園などのたとえにされる。喜見宮。善見城。

きげん-じょうご【機嫌上戸】酒に酔うと機嫌よく、陽気になる人。

きけん-しんごう【危険信号】❶災害や事故の危険を知らせるための信号。発煙筒や赤色旗・赤色灯などによる。❷健康・経済などが危険な状態になる前兆。

きけん-じんぶつ【危険人物】❶危険思想をもっている人物。❷油断のならない人物。

きけん-すいいき【危険水域】❶潮流や川の流れが複雑で、また暗礁があったりして船が遭難する恐れのある水域。❷海賊に襲われたり、紛争に巻き込まれたりする恐れのある水域。❸物事が不安定になる恐れのある状態を例えていう。「支持率低下で—の政権」「円高が進み、株式市場心理が—に入る」「尿酸値が—に達する」

きけん-せきにん【危険責任】危険な施設・企業など社会に対して危険を作り出している者は、そこから生じる損害に対して常に賠償責任を負わなければならないという考え方。また、その賠償責任。

きげん-せつ【紀元節】四大節の一。明治5年(1872)、日本書紀の伝える神武天皇即位の日に基づいて制定された祝日で、2月11日。昭和23年(1948)廃止されたが、同41年から「建国記念の日」として復活し、国民の祝日となった。《季 春》

きげん-ぜん【紀元前】紀元元年より以前。現在、一般には西暦紀元元年以前をいい、B.C.(Before Christ)で表す。

き-げんそ【希元素｜×稀元素】地球上ではまれにしか存在しないと考えられていた元素。希ガス元素・希土類元素・白金族元素・ウラン・モリブデンなど。希有けう元素。

きげん-つき【期限付(き)】ある事柄の実行に、条件として一定の期間が定められていること。「—の工事」

きげんつき-いせき【期限付(き)移籍】➤レンタル移籍

きげん-とり【機嫌取り】人の気に入るような言動をすること。また、その人。ごきげんとり。

きげん-なおし【機嫌直し】機嫌の悪いのを直すこと。不愉快な気分を変えること。また、そのためのもの。

きけんなかんけい【危険な関係】《原題、 Les Liaisons dangereuses》ラクロの長編小説。1782年刊。鋭い心理分析と巧妙な構成により、当時の上流社会を書簡体で描いた。

きけん-はん【危険犯】法益が侵害されたという結果(実害)が発生しなくても、法益侵害の危険が発生すれば成立するとされる犯罪。放火罪など。危殆きたい犯。➡侵害犯

きけん-はんえん【危険半円】熱帯低気圧の経路に沿って、北半球では進行方向の右側、南半球では左側の半円。可航半円よりも風が強く、船は低気圧の前方に流されるので危険。➡可航半円

きけん-びょうげんたい【危険病原体】感染すると重篤な疾患を起こす病原体。〔補説〕国立感染症研究所はWHOの指針に基づき実験室で取り扱う病原体等を4つのリスク群に分類している。このうち、危険病原体は、リスク群3(拡散の可能性が低く有効な治療・予防法があるもの)と4(拡散の可能性があり、有効な治療・予防法がないもの)。最も危険度が高い4には、天然痘ウイルス・エボラウイルス・ラッサウイルス等が含まれ、これらを取り扱うBSL-4(生物危険度4)の施設にはエアロック、シャワー、高度な滅菌装置、吸排気フィルターなど病原体を封じ込める設備が必要とされる。

きけん-ふたん【危険負担】売買などの双務契約において、一方の債務が債務者の責めに帰することのできない事由で履行不能となって消滅した場合に、他方の債務も消滅するかどうかの問題。

きけん-ぶつ【危険物】火災や爆発などを起こしやすく、損害を与えるおそれのある物品。消防法では危険物を6種類に分類。その他にも、さまざまな法律・政令で危険物が指定されている。➡表P.868

き-こ【生粉】小麦粉などの混ざりもののない、純粋なそば粉。「—打ちそば」

き-こ【旗鼓】❶軍旗と太鼓。「—堂々」❷軍隊。軍事。「将軍の名は唯だ僅か—に光栄を添うるの一具となれるのみ」〈田口・日本開化小史〉

旗鼓の間に相見あいま・ゆ 敵味方となって対戦する。「早晩—・えずばなるまい」〈魯庵・社会百面相〉

き-こ【騎虎】虎とらの背に乗ること。

騎虎の勢い 《「隋書」独孤皇后伝から》虎に乗った者は途中で降りると虎に食われてしまうので降りられないように、やりかけた物事を、行きがかり上途中でやめることができなくなることのたとえ。

き-ご【奇語】思いもよらない珍しい言葉。巧みでおもしろい言葉。奇言。

き-ご【季語】俳句で、季節と結びついて、その季節を表すと定められている語。連歌・俳諧では、季詞きことば、季の詞ことば。四季の詞。季題。

き-ご【寄語】伝言でんごん。ことづて。

き-ご【×綺語】❶仏語。十悪の一。真実に反して言葉を飾りたてること。❷美しく飾った言葉。多く、小説・詩文の美辞麗句をいう。きぎょ。「狂言—」

ぎ-こ【擬古】昔の風習・様式などをまねること。特に

［危険物］消防法による危険物

第一類 酸化性固体	①塩素酸塩類、②過塩素酸塩類、③無機過酸化物、④亜塩素酸塩類、⑤臭素酸塩類、⑥硝酸塩類、⑦沃素酸塩類、⑧過マンガン酸塩類、⑨重クロム酸塩類、⑩その他のもので政令で定めるもの、⑪これらのいずれかを含有するもの
第二類 可燃性固体	①硫化燐、②赤燐、③硫黄、④鉄粉、⑤金属粉、⑥マグネシウム、⑦その他のもので政令で定めるもの、⑧これらのいずれかを含有するもの、⑨引火性固体
第三類 自然発火性物質および禁水性物質	①カリウム、②ナトリウム、③アルキルアルミニウム、④アルキルリチウム、⑤黄燐、⑥アルカリ金属（カリウムおよびナトリウムを除く）およびアルカリ土類金属、⑦有機金属化合物（アルキルアルミニウムおよびアルキルリチウムを除く）、⑧金属の水素化物、⑨金属の燐化物、⑩カルシウムまたはアルミニウムの炭化物、⑪その他のもので政令で定めるもの、⑫これらのいずれかを含有するもの
第四類 引火性液体	①特殊引火物、②第一石油類、③アルコール類、④第二石油類、⑤第三石油類、⑥第四石油類、⑦動植物油類
第五類 自己反応性物質	①有機過酸化物、②硝酸エステル類、③ニトロ化合物、④ニトロソ化合物、⑤アゾ化合物、⑥ジアゾ化合物、⑦ヒドラジンの誘導体、⑧ヒドロキシルアミン、⑨ヒドロキシルアミン塩類、⑩その他のもので政令で定めるもの、⑪これらのいずれかを含有するもの
第六類 酸化性液体	①過塩素酸、②過酸化水素、③硝酸、④その他のもので政令で定めるもの、⑤これらのいずれかを含有するもの

詩文で、古体になぞらえて作ること。

き-こう【気孔】維管束植物の表皮の、孔辺細胞およびその間にある小孔。狭義には、すきまだけをいう。光合成・呼吸・蒸散などの際に空気や水蒸気の通路となる。陸生植物では葉の裏面に多い。

き-こう【気功】中国古来の自己鍛練法。呼吸法と体操によって体内の気血の循環をよくし、病気予防・健康維持を図るもの。気功療法。

き-こう【気候】ある土地で、1年を周期として繰り返される大気の総合状態。現在は気温・降水量・風などの30年間の平均値を気候値とする。「一の変化が激しい」「温暖な一」「一のよい土地」(類語)気象・季候・時候・陽気・寒暖・寒暑・天候・天気・日和・風土

き-こう【希×覯|×稀×覯】めったに見られないこと。非常に珍しいこと。「一の古書」

き-こう【奇功】思いがけない、すぐれた功績。

き-こう【奇巧】ｦｶ〔名・形動〕細工などが、珍しくて巧みであること。また、そのさま。「就中なかんずく尤も一なるものは」〈中村訳・西国立志編〉

き-こう【奇行】ｦｶ普通の人のしない、風変わりな行動。奇抜な振る舞い。「一の持ち主」

き-こう【奇効】ｦｶ思いがけない効果。不思議な効き目。「一を奏する」

き-こう【季候】《「四季七十二候」から》その季節の気候。季節や天候。時候。(類語)気候・気象・時候・陽気・寒暖・寒暑・天候・天気・日和・風土

き-こう【紀行】ｦｶ旅行中の体験・見聞・感想などを書きつづった文章。紀行文。「東関一」(類語)ドキュメント・ドキュメンタリー・ルポルタージュ・ノンフィクション

き-こう【紀綱】ｦｶ《「紀」は細い綱、「綱」は太い綱》国家を治める上で根本となる制度や規則。綱紀。

き-こう【帰向】ｦｶ〔名〕ｽﾙ 心がある方向に向かうこと。「時至れば、必ず家と妻とに一せざるを得ない、習性を持っている」〈獅子文六・自由学校〉

き-こう【帰校】ｦｶ〔名〕ｽﾙ ❶出先から学校へ帰ること。❷学校から帰ること。下校。

き-こう【帰耕】ｦｶ〔名〕ｽﾙ それまでの職業をやめて郷里に帰り、農業に従事すること。

き-こう【帰航】ｦｶ〔名〕ｽﾙ 船・航空機が帰りの航路につくこと。復航。「本国に一する」

き-こう【帰降】ｦｶ〔名〕ｽﾙ《「きごう」とも》敵に降伏すること。帰順。降参。

き-こう【帰港】ｦｶ〔名〕ｽﾙ 船が出発した港に帰ること。「遠洋航海を終えて一する」

き-こう【起工】〔名〕ｽﾙ 工事を始めること。大規模なものにいう。着工。「一式」

き-こう【起稿】ｦｶ〔名〕ｽﾙ 原稿を書き始めること。(類語)起草・起筆

き-こう【寄口】律令制の戸籍で、他戸の戸籍に編入された者。寄人きりゅう。よせく。よりく。

き-こう【寄港|寄航】ｦｶ〔名〕ｽﾙ ❶目的地まで航海中の船が途中の港に立ち寄ること。❷（寄航）航空機が、目的地までの航路の途中の空港に立ち寄ること。(類語)停泊・投錨とうびょう・船繋ふながかり・泊まる

き-こう【寄稿】ｦｶ〔名〕ｽﾙ 依頼されて、新聞や雑誌などに原稿を書いて送ること。「雑誌に一する」

き-こう【亀甲】ｦｶ ►きっこう(亀甲)

き-こう【貴校】ｦｶ 文書などで、相手を敬って、その学校をいう語。御校おんこう。(類語)学校・学園・学院・学窓がくそう・学舎・学び舎や・学堂・塾・教えの庭・学びの庭・学府・スクール（尊敬）御校

き-こう【機巧】ｦｶ ❶巧みな装置。細かい仕組み。からくり。「原子素量の存在、その結合による物質の構成一」〈寅彦・ルクレチウスと科学〉❷いろいろと才知をめぐらすこと。「一を弄ろうする」

き-こう【機甲】ｦｶ 科学兵器や機械力で装備すること。

き-こう【機構】❶機械などの諸部分が互いに関連して働く仕組み。機械の内部構造。メカニズム。❷会社・団体などの、組織。また、その組織の仕組み。「官僚一」「一改革」(類語)仕組み・メカニズム・仕掛け・機関・構造・制度・組織

き-こう【騎行】ｦｶ〔名〕ｽﾙ 馬に乗って行くこと。「君僕と共に一するや」〈織田訳・花柳春話〉

き-こう【貴公】〔代〕二人称の人代名詞。男性が、対等または目下の男性に対して用いる。江戸前期には、武士が目上の男子に対して敬意をもって用いたが、しだいに尊敬度が落ち、江戸末期には、現在の用法になった。(類語)貴殿・尊台・貴台・尊堂・尊公

き-ごう【記号】ｶﾞ 社会習慣的な約束によって、一定の内容を表すために用いられる文字・符号・標章などの総称。言語も記号の一つと考えられる。広く交通信号などから、象徴的なものまでを含む。また、文字と区別して特に符号類をいうこともある。しるし。符号。「元素一」「音声一」(類語)印・符号・目印・マーク・標識・指標・丸・ばつ・ペケ・略号・目盛り

(用法)記号・符号――「記号」は広く、言語・文字・各種のしるし・身振りなどを含む。学問の用語としても用いる。「文」は漢字であると同時に、地図では学校を示す記号である。◆「符号」は、文字を除き、図形・音声・光・電波などのしるしについて使うことが多い。◆記号と符号の相違にはあいまいな面もある。目印として付けた○は符号だが、地図上の○は記号である。一般的に、ある体系の中でのしるしは記号だが、「モールス符号」「正(負)の符号」のような例外もある。

き-ごう【鬼号】ｶﾞ「戒名かいみょう❷」に同じ。

き-ごう【揮×毫】ｶﾞ〔名〕ｽﾙ《「揮」はふるう、「毫」は筆の意》毛筆で文字や絵をかくこと。特に、知名人が頼まれて書をかくこと。「色紙しきしに一する」

き-ごう【貴号】ｶﾞ 栄誉を表す称号。爵位や学位。

き-ごう【旗号】ｶﾞ はたじるし。旗章。徽号きごう。

き-ごう【×徽号】ｶﾞ ❶「旗号きごう」に同じ。❷天皇が高僧に生前贈る号。禅師号・大師号など。

ぎ-こう【技工】手で加工する技術。また、その技術を持つ人。「歯科一士」

ぎ-こう【技巧】ｶﾞ 技術上の工夫。特に、芸術の制作や表現における技術的な工夫。テクニック。「一を凝らす」(類語)技術・技能・技量・テクニック・技法・手法・技芸・腕うで・腕前・技わざ

ぎ-こう【義公】徳川光圀とくがわみつくにの諡号しごう。

ぎ-こう【義甲】ｶﾞ 弦楽器を演奏するときに、指先にはめたり指で持ったりして用いる爪つめ状の道具。箏爪ことづめ・ピックの類。つめ。

ぎ-こう【義校】ｶﾞ 明治時代の初めに、愛知県・岐阜県に普及した民間の簡易初等学校。

ぎ-こう【擬講】❶平安時代以降、三会さんえの講師に任じられる僧。講師に擬された者の意。⇒已講いこう❶❷浄土宗や真宗大谷派の僧の学階の一。

ぎ-ごう【戯号】ｶﾞ たわむれにつける筆名。また、戯作者げさくしゃ・狂歌師などの雅号。げごう。

きこう-いんし【気候因子】気候の地域差を生じる原因となるもの。緯度・高度・水陸分布・地形・海流など。

きこう-がく【気候学】気候の形成過程や各地の気候の正確な記述、気候と人間生活との関係などを研究する学問。気象学・地理学と深い関連をもつ。

きこう-がく【機構学】機械の内部構造・組み立て・相互運動などを対象として研究する機械工学の一部門。

きこう-がた【気候型】特徴によって分類した気候の型。気候因子に着目して大陸性気候・海洋性気候・高山気候などに分ける。また、ケッペンの気候分類では、植生分布をもとにして熱帯多雨林気候・ステップ気候・砂漠気候などに分ける。

きこう-く【気候区】共通の気候型をもつ一続きの地域。気候帯を気温・降水量などの細かい特徴によってさらに区分したときの各地域。

きこう-し【貴公子】❶高貴な家柄の男子。貴族の子弟。❷容貌ようぼう・風采ふうさいがすぐれ、気品のある青年。

きこう-じょうさん【気孔蒸散】気孔を通じて行われる蒸散。

きこう-ず【気候図】ｯ 各地の気候を白地図上に表した図。気候要素ごとに作られる気温図・降水量図や気候区分図など。

きこう-たい【気候帯】地球上の気候分布を、緯度にほぼ平行な帯状の地域に大まかに区分したもの。熱帯・温帯・寒帯などに分ける。

ぎこう-てき【技巧的】ｷﾞｶ〔形動〕技巧がすぐれているさま。また、技巧に頼りすぎているさま。「一な文章」

きこう-でん【▽乞巧×奠】ｷｶ ►きこうでん(乞巧奠)

ぎこう-は【技巧派】ｷﾞｶ ❶芸術で、特に表現上の技巧に重きをおき、美を追求する傾向。❷スポーツで、特に技巧にすぐれている選手。「一の投手」

きこう-ぶたい【機甲部隊】ｷｶ 戦車・装甲車・自走砲など火力と機動力を有する機械化部隊の総称。

きこう-ぶん【紀行文】ｷｶ「紀行」に同じ。

きこう-ぶんがく【紀行文学】ｷｶ 旅行中の体験や感想を中心に書き記した文学作品。日本では「土佐日記」に始まり、「十六夜いざよい日記」「東関紀行」「奥の細道」などがある。

きこうへんどう-かんそくえいせい【気候変動観測衛星】ｸﾜﾝｿｸｴｲｾｲ 宇宙航空研究開発機構（JAXA）が推進する地球環境変動観測ミッション（GCOMジーコム）で打ち上げられる2種類の観測衛星の一。250メートル分解能をもつ多波長光学放射計により、雲・エアロゾル・海色・植生・雪氷などの状態を観測する。平成24年度（2012）以降の打ち上げに向けて開発中。GCOM-C（Cは、climate=気候の頭文字）。⇒水循環変動観測衛星

きこうへんどう-サミット【気候変動サミット】►国連気候変動サミット

きこうへんどう-しゅのうかいごう【気候変動首脳会合】ｼｭﾉｳｸﾜｲｶﾞﾌ ►国連気候変動サミット

きこうへんどうにかんする-せいふかんパネル【気候変動に関する政府間パネル】ｷｺｳﾍﾝﾄﾞｳﾆｸﾜﾝｽﾙｾｲﾌｶﾝ《Intergovernmental Panel on Climate Change》►アイ-ピー-シー-シー(IPCC)

きこうへんどう-ハイレベルかいごう【気候変動ハイレベル会合】▶国連気候変動サミット

きこうへんどうわくぐみ-じょうやく【気候変動枠組(み)条約】《United Nations Framework Convention on Climate Change》「気候変動に関する国際連合枠組条約」の略称。1992年の地球サミットで155か国が署名し成立。二酸化炭素など、地球温暖化などの気候変化の原因となる温室効果ガス濃度の安定化を目標とする。地球温暖化防止条約。UNFCCC。➡京都議定書

きこうへんどうわくぐみじょうやく-ていやくこくかいぎ【気候変動枠組(み)条約締約国会議】地球温暖化防止のために1992年の地球環境サミットで採択された気候変動枠組条約(UNFCCC)に参加する国により温室効果ガス排出防止策等を協議する会議。1997年京都で開催された第3回締約国会議(COP3)で、温室効果ガス削減を義務付けた京都議定書が採択された。

きこう-ぼん【希×覯本】古書や限定版など、世間で容易には見られない珍重すべき書物。希覯書。希書。珍本。(類語)希書・珍書・珍本

ぎこう-よう【宜興窯】中国江蘇省宜興近郊の陶窯。明代以降に栄え、鈞窯系の雑器や朱泥・紫泥などの茶器を産する。

きこう-ようそ【気候要素】気候の状況を表す種々の要素。気温・風・降水量・湿度・日照・雲量など。

きこう-りょうほう【気候療法】気候のよい所に転地することで、肺結核・喘息・リウマチなどの病気の治療や病後の保養を図る療法。

きごう-ろん【記号論】❶《semiotics; semiology》一般に記号といわれるものの本質・在り方・機能を探究する学問。米国のパースとスイスのソシュールに始まるとされ、論理学・言語学・人類学・芸術などに関連する。❷《semiotic》科学的経験主義で展開された記号の機能に関する理論。機能の三側面に従い、語用論・意味論・統語論から成る。

きごう-ろんりがく【記号論理学】命題・概念・推論などを、その要素と関係に還元して記号で表記し、論理的展開を数学的演算の形で明らかにする論理学の一分野。哲学・数学などに応用される。数学的論理学。数理論理学。➡論理学

きこえ【聞(こ)え】❶聞こえること。「電話の―が悪い」❷評判。うわさ。「秀才の―が高い」❸聞いて感じるところ。外聞。「大会社の部長といえば―もよいが」(類語)評判・風評・世評・下馬評・呼び声・評価・人気・受け・人受け・気受け・名・声聞・声名・名声・盛名・信・信頼・信任・信望・人望・定評・暖簾・覚え・名望・声望・徳望・人気・魅力・名誉・名聞・面目・体面・面子・一分・沽券・声価

きこえ-あ・う【聞こえ合ふ】〔動ハ四〕「言い合う」の謙譲語。大勢が口々に申し上げる。「御前にさぶらふ人々、いさやえこそ聞こえ定めね、と―・へり」〈源・東屋〉

きこえ-い・ず【聞こえ▽出づ】〔動ダ下二〕❶外部に話がもれる。うわさになる。「おほかた―・でば、いかに北の方宜はむ」〈落窪・一〉❷「言い出ず」の謙譲語。口に出して申し上げる。「昔の御事ども―・で給ひて」〈源・葵〉

きこえ-かえ・す【聞こえ返す】〔動サ四〕「言い返す」の謙譲語。❶お答え申し上げる。お返事申し上げる。「御答へを、いささか恥づかしとも思ひたらず―・し」〈枕・一八四〉❷御辞退申し上げる。「すずろにむつかしきわざかな、と思ひわぶれど、いかがは―・さむ」〈源・蜻蛉〉

きこえ-かよ・う【聞こえ通ふ】〔動ハ四〕「言い通う」の謙譲語。お話申し上げる。便りを差し上げる。「何やかやと御消息のみ―・ひて」〈源・総角〉

きこえ-かわ・す【聞こえ交はす】〔動サ四〕「言い交わす」の謙譲語。お話を申し上げたりうかがったりする。便りを差し上げたりいただいたりする。「いまは、いづかたも疎疎しからず、―・し給へど」〈狭衣・三〉

きこえ-ご・つ【聞こえ▽言つ】〔動タ四〕《「聞こえ言」の動詞化》目上の方のうわさなどを口にする。目上の方のお耳に入るように話をする。「人につきて―・つを聞くを」〈かげろふ・上〉

きこえ-さ・す【聞こえさす】〔動サ下二〕《「言う」の謙譲語「聞こゆ」に使役の助動詞「さす」が付いて、その謙譲の度合いを強めた語》❶申し上げる。「せちに―・すべき事なむある」〈大和・一五五〉❷手紙を差し上げる。「人伝てならで―・せむ」〈源・紅葉賀〉❸(補助動詞)動詞連用形に付いて、謙譲の意を表す。…申し上げる。「いつしか出でさせ給はなむと待ち―・するに、いとひさし」〈枕・二七八〉(補説)直接ではなく、人を介して申し上げるという形式をとることによって、その相手と距離を置き、へりくだる気持ちを強めた語。

きこえ-さ・す【聞こえ▽止す】〔動サ四〕「言い止す」の謙譲語。申し上げかけて途中でやめる。「人々参れば、―・しつ」〈源・玉鬘〉

きこえ-や・る【聞こえ▽遣る】〔動ラ四〕「言い遣る」の謙譲語。❶手紙や伝言などをお伝え申し上げる。「姨捨山の月にはあらぬわが心も―・らむ方なくて」〈狭衣・四〉❷(多く打消しの形で用いる)言うべきことを最後まで申し上げる。「いとあはれとものを思ひ染みながら、言にいでても―・らず」〈源・桐壺〉

きこえよ-がし【聞(こ)えよがし】〔名・形動〕《動詞「きこえる」の命令形＋接尾語「がし」から》悪口や皮肉などをわざと本人に聞こえるように話すこと。また、そのさま。「―な言い方」「―に物を言う」

きこ・える【聞(こ)える】〔動ア下一〕図きこ・ゆ〔ヤ下二〕《動詞「き(聞)く」の未然形に上代の自発の助動詞「ゆ」が付いた「きかゆ」の音変化》❶音・声などが耳で感じられる。自然に耳に入る。「汽笛が―・える」❷聞いて、そのように受け取られる。そのように理解・解釈される。とれる。「彼が言うと本当らしく―・える」「皮肉に―・える」❸相手の言うことを、納得して認めることができる。物事のわけが理解できる。わかる。「そりゃ、―・えません」❹㋐話がある所にまで伝わる。知れる。「君のうわさは重役にまで―・えているぞ」㋑広く知られる。評判になる。「世に―・えた秀才」❺「言う」の謙譲語で、その対象を敬う。㋐お耳に入れる。申し上げる。「―・ゆれば恥づかし、―・えねば苦し」〈伊勢・一三〉㋑便りで申し上げる。手紙を差し上げる。「十二年の山ごもりしてなむ久しう―・えざりつると」〈後撰・恋二・詞書〉㋒世間で名前・官職名を、…と申し上げる。…とお呼びする。「昔、太政大臣と―・ゆるおはしけり」〈伊勢・九八〉❻《❺の誤用から。「きこえたまふ」全体で》「言う」の尊敬語。言われる。おっしゃる。「力なきことは、な―・え給ひそ」〈読・雨月・菊花の約〉❼(補助動詞)動詞連用形に付いて、謙譲の意を表す。…申し上げる。「上の御ありさまなど思ひ出で―・ゆれば」〈源・桐壺〉(類語)(❶)響く・伝わる・聞き取れる・耳に入る・耳に付く・耳朶に触れる

き-こく【×枳×殻】カラタチの別名。

き-こく【帰国】〔名〕スル ❶外国から母国に帰ること。帰朝。「外遊から―する」❷故郷に帰ること。帰郷。「二三日うちに―する筈になっていたので」〈漱石・こゝろ〉(類語)帰郷・帰省・里帰り・帰還・帰京・帰参

き-こく【鬼×哭】亡霊が浮かばれないで泣くこと。また、その声。

き-こく【貴国】相手の国を敬っていう語。

き-こく【旗国】《Flag State》船舶や航空機が登録され、所属している国。(補説)船舶は原則として船尾に所属国の国旗を掲揚。航空機は主翼にローマ字大文字で所属国の略号を記す。日本は「JA～」。

ぎ-ごく【疑獄】❶政治問題化した大規模な贈収賄事件。❷犯罪事実がはっきりせず、有罪か無罪か判決のしにくい裁判事件。

きこく-し【鬼谷子】㊀中国、戦国時代の思想家。縦横家の一人。鬼谷(山西省)に住んだのでこの名がある。蘇秦に合縦策を、張儀に連衡策を教えたといわれる。姓名・生没年・事績未詳。鬼谷先生。㊁縦横学の書。1巻。鬼谷子の撰とも、後世の偽作ともいう。

きこく-しじょ【帰国子女】親の仕事の都合などで長年海外で過ごして帰国した子供。

きこく-しゅうしゅう【鬼×哭×啾×啾】〔ト・タル〕図〔形動タリ〕亡霊の泣き声がしくしくと聞こえるようなさま。恐ろしい気配が迫ってすさまじいさま。「―たる激戦地の跡に立つ」

きこく-しゅぎ【旗国主義】公海・公空にある船舶や航空機は、その旗国の管轄に属するという国際法上の原則。

きこく-てい【枳殻邸】京都市下京区東六条にある東本願寺の別邸。江戸初期、石川丈山が作庭した回遊式庭園が有名。周囲にカラタチが植えてある。渉成園。

きこく-ほう【旗国法】船舶の所属国の法律。船舶の本国法。国旗法。

き-ごこち【着心地】衣服を着たときの感じ。着ぐあい。着ごころ。「―がよい」

き-ごころ【気心】その人が本来もっている性質や考え方。「―が通じる間柄」「―の知れた仲間」(類語)根性・性根・心根

き-ごころ【着心】「着心地」に同じ。

き-ござ【着×茣×蓙】夏に、旅行者や登山者などが、日光・雨露を防ぐために身につけて用いたござ。(季 夏)「粟の草取るや―に風もなく／温亭」

き-ごし【木×輿】「板輿」に同じ。

きこし-お・す【聞こし▽食す】〔動サ四〕《動詞「聞く」の尊敬語「きこす」と、動詞「食う」の尊敬語「おす」の複合したもの》「治める」の尊敬語。お治めになる。「―・す国のまほらぞ」〈万・八〇〇〉

きこし-め・す【聞こし召す】〔動サ五(四)〕《動詞「聞く」の尊敬語「きこす」に動詞「見る」の尊敬語から転じた「めす」の複合したもの》❶本来の「飲む」「食う」の尊敬語から転じて、酒を飲むことを戯れていう。「だいぶ―・して真っ赤な顔をしている」❷「聞く」の尊敬語。お聞きになる。「若し大后はこの事―・さねかも」〈記・下〉❸「聞き入れる」の尊敬語。お聞き入れになる。お許しになる。「上達部御前に召さむ、と啓し給ふ。―・すとあれば」〈栄花・初花〉❹「治める」の尊敬語。お治めになる。「難波の海おし照る宮に―・すなへ」〈万・四三六一〉❺「飲む」「食う」の尊敬語。お飲みになる。召しあがる。「物などたえて―・さず、日を経て青み痩せ給ひ」〈源・浮舟〉(類語)食べる・召し上がる・上がる・召す

ぎこ-しゅぎ【擬古主義】▶擬古典主義❶

きごしょう【綺語抄】平安後期の歌学書。3巻。藤原仲実著。嘉承2年(1107)から永久4年(1116)ごろの間に成立。難解な歌の詞や単語を天象から植物までの17部門に分類し、万葉集・古今集などから例歌を引用して注釈を加えたもの。国語辞典の先駆をなす。

きこ・す【聞こす】〔動サ四〕❶《「き(聞)かす」の音変化》「聞く」の尊敬語。お聞きになる。「麗し女を有りと―・して」〈記・上・歌謡〉❷《❶の意味から変化したものとも、下位者に言い聞かせる意の四段活用動詞からともいう》「言う」の尊敬語。おっしゃる。「な寝ねそと母―・せども」〈万・三三八九〉

ぎこち-な・い〔形〕図ぎこちな・し〔ク〕《「ぎこつなし」の音変化。「ぎごちない」とも》❶動作や話し方などが滑らかでない。「―・い運転」「―・くあいさつをする」❷からだに合わなくて、ぐあいが悪い。「薄綿もめん蒲団のただ冴え―・いに」〈緑雨・おぼろ夜〉(派生)ぎこちなげ〔形動〕ぎこちなさ〔名〕(類語)たどたどしい

き-こつ【気骨】自分の信念を守って、どんな障害にも屈服しない強い意気。「―のある若者」(類語)意欲・気概・骨っ節・反骨

き-こつ【▽肌骨】肌と骨。全身。

肌骨を驚かす 恐怖でふるえあがらせる。ぞっとさせる。

き-こつ【奇骨】風変わりで個性の強い性格。普通にはない、すぐれた性格。

き-こつ【×鰭骨】▶担鰭骨

ぎ-こっかい【擬国会】明治23年(1890)帝国議会開設後に、民間で開かれた模擬国会。

ぎこつ-な・い〔形〕図ぎこつな・し〔ク〕《「きごつない」「ぎごつない」とも》無愛想で粗野である。武骨である。「アノ人―・イ物言イチャ」〈日葡〉「若衆に、―・き法師の思ひを寄せながら」〈咄・醒睡笑・三〉

ぎこてん-しゅぎ【擬古典主義】❶古典芸術を規範とする文学・芸術上の傾向。西欧の啓蒙主義文学などにみられるが、伝統的形式性にこだわり、内容の浅薄な模倣に終わる傾向もあった。擬古主義。➡古典主義 ❷明治20年代、西鶴らの古典に学んだ尾崎紅葉・幸田露伴・樋口一葉らの文芸上の立場。

き-ことば【季▽詞│季言葉】「季語」に同じ。

き-こなし【着こなし】衣服の着方。「―がうまい」(類語)おめかし・コーディネート・お洒落・身じまい・身拵え・盛装・ドレスアップ・身繕い

き-こな・す【着こなす】〔動サ五(四)〕衣服を自分に似合うように、じょうずに着る。「はでな色をさりげなく―・す」(類語)着る・被る・被る・引っ被る・戴く・はく・羽織る・まとう・着込む・突っかける・お召しになる

きこ-にち【帰▽忌日│帰已日】暦注の一。遠出・帰宅・転居・結婚などを忌む日。帰忌。

き-コバルトこう【輝コバルト鉱】コバルト・砒素・硫黄からなる鉱物。金属光沢のある銀白色で、少し赤みを帯びた六面体または八面体の結晶。等軸晶系。条痕色は灰黒。コバルトの鉱石。

ぎこ-ぶん【擬古文】古い時代の文体にならって書いた文章。特に、江戸中期から明治時代にかけて、国学者などが、主に平安時代の和歌や仮名文を模範にして書いた文章をいう。

き-ごみ【気込み】一心になること。意気ごみ。「洋行する時には大変な―で」〈漱石・三四郎〉

き-ごみ【着込み│着▽籠み】上着の下に鎧・腹巻き・鎖帷子などを着込むこと。また、その着込んだもの。きごめ。

き-こ・む【着込む│着▽籠む】㊀〔動マ五(四)〕❶衣服をたくさん重ねて着る。「下着を―・む」❷衣服をきちんと着る。あらたまった衣服を着る。「晴れ着を―・む」㊁〔動マ下二〕髪を着物の内側に入れて着る。「髪―・めたるあやしの者ども」〈源・葵〉
(類語)着る・被る・被る・引っ被る・戴く・はく・羽織る・まとう・着こなす・突っかける・お召しになる

き-ごめ【生米】精製していない米。玄米。黒ごめ。

ぎこ-ものがたり【擬古物語】平安時代の物語を模倣して、鎌倉時代に作られた物語。「源氏物語」の模倣が著しく、独創性に乏しい。「住吉物語」「松浦宮物語」「石清水物語」「苔の衣」など。

き-ごや【木小屋】材木などを積んで置く小屋。

きこ-ゆ【聞こゆ】〔動ヤ下二〕「きこえる」の文語形。

き-こり【×樵│木×樵】山林の木を切りだすこと。また、それを職業とする人。そまびと。

き-こ・る【×樵る】〔動ラ四〕《「木伐る」の意》山林の木を切る。「草刈り―・ることなかれ」〈天武紀・下〉

き-ころ・す【着殺す】〔動サ五(四)〕1枚の着物を、破れてだめになるまで着る。着つぶす。「気に入ったとなると膝が抜けるまで―・してしまう」〈谷崎・痴人の愛〉

ぎ-ごわ【義▽強】〔形動〕図〔ナリ〕強情で、なかなか自分の意志をまげないさま。頑固。「―な片意地な処もお有んなすって」〈紅葉・金色夜叉〉

き-こん【気根】植物の地表に出ている茎あるいは幹から出て、空気中に現れている根。タコノキ・トウモロコシなどにみられる。

き-こん【気根│機根】❶一つの物事にじっと耐える精神力。根気。気力。「少しは長い手紙を書く―も付き」〈蘆花・思出の記〉❷仏語。すべての人に備わる、教えを受けて発動する能力・資質。根機。機。(類語)根気・忍耐力・根・精根

き-こん【気魂】たましい。精神。

き-こん【既婚】すでに結婚していること。「―者」⇔未婚。

き-こん【基根】物事のもと。基礎。根本。

きこん-に【気根に】〔副〕❶根気のあるさま。「先から―弾きやす」〈洒・売花新駅〉❷気ままに。自由に。「そんなら―呑みなせえ」〈洒・粋町甲閨〉

きさ【▽象】象の古名。「一出で来てその山を越しつ」〈宇津保・俊蔭〉

き-さ【×詭詐】嘘をつくこと。偽ること。譎詐。「才変じて佞猾となり智移りて―となり」〈西周・明六雑誌一二〉

き-さ【器差】測定器が実際に示す値と本来示すべき値との差。測定器の製作過程から生じた誤差。

きさ【×樏】材木の木目の模様。「一の木に、鉄の脚つけたる槽」〈宇津保・吹上上〉

き-ざ【危座│危×坐】〔名〕スル きちんとすわること。正座。端座。「寂然と―して」〈露伴・寝耳鉄砲〉

き-ざ【気▽障】〔名・形動〕《「きざわ(気障)り」の略》❶服装や言動などが気どっていて嫌な感じをもたせること。また、そのさま。「―な話し方」❷気にかかること。心配なこと。また、そのさま。「化物が…顕れているのぢゃあねえかと思ふから、些と―なところがあらあな」〈滑・七偏人・五〉❸不快な感じを起こさせること。また、そのさま。「そのすうすうとすすり込む音が何分―だ」〈滑・浮世風呂・四〉(類語)伊達

きざ【刻▽段】きざみつけた筋。きざみめ。「引かかるよう、―が入れてあるのじゃから」〈鏡花・高野聖〉

き-ざ【帰座】もとの座に帰ること。特に、神などがもとの御座所に帰り鎮座すること。「東大寺の神輿、東寺の若宮より―の時」〈徒然・一九六〉

き-ざ【起座│起×坐】〔名〕スル ❶起きあがってすわること。❷座を立つこと。「威儀師覚俊―して、南の弘庇に出でて」〈盛衰記・三〉

き-ざ【×跪座│×跪×坐】〔名〕スル ひざまずくこと。「仏間にはいって行き、―合掌して念仏を称えたのだから」〈里見弴・安城家の兄弟〉

き-ざ【×箕×坐】足を投げ出して座ること。

ぎ-さ【欺詐】うそをつくこと。あざむくこと。「真理少なければ―多からざるを得ず」〈福沢・学問のすゝめ〉

ぎざ ❶いくつもの刻み目。ぎざぎざ。きざ。「―のある硬貨」❷大正から昭和初期にかけて流通していた50銭銀貨のこと。

ギザ〖Giza〗エジプト、ナイル川下流西岸の都市。カイロの対岸に位置し、クフ王などのピラミッドやスフィンクスがある。人口、行政区289万(2006)。ギゼー。エル-ギザ。

きさい【▽后】「きさき(后)」の音変化。「帝、―の思しおきつるままにもおはしまさば」〈源・総角〉

き-さい【忌祭】故人の年忌の祭り。

き-さい【奇才】世にまれな、すぐれた才能。また、その才能の持ち主。「文壇の―」
(類語)英才・天才・偉才・鬼才・異能・秀才・俊才

き-さい【奇祭】独特の習俗をもった、風変わりな祭り。京都太秦広隆寺の牛祭など。

き-さい【既済】物事がすでに済んでいること。また、借金などをすでに返済していること。きせい。「代金の一分」⇔未済。

き-さい【既裁】すでに裁決したこと。⇔未裁。

き-さい【記載】〔名〕スル 書類・書物などに書いて記すこと。「詳細は説明書に―されている」「―事項」
(類語)書き入れる・書き込む・記入・記帳・簿記・記録

き-さい【起債】〔名〕スル 国・地方公共団体・株式会社などが、財政資金や事業資金を調達するために債券を発行すること。

き-さい【鬼才】人間とは思えないほどの鋭い才能。また、その持ち主。「映画界の―」
(類語)英才・天才・偉才・奇才・異能・秀才・俊才

き-さい【揮×灑】〔名〕スル 思いのままに書画をかくこと。「一甚だ自由にして、真に波瀾老成の感ありき」〈蘆花・自然と人生〉

き-さい【機才】すばやく才気の働くこと。機敏な才知。「―が利く」

き-ざい【木材】もくざい。材木。

き-ざい【基剤】軟膏剤や座剤などの製造に際して使われる賦形剤。吸収をよくしたり、皮膚病変部の保護・刺激・冷却などの作用をしたりする。軟膏のワセリン、散布剤のタルク、座薬のカカオ脂など。

き-ざい【器材】器具と材料。また、器具・器械を作る材料。「実験用の―」

き-ざい【器財】うつわ。道具。家財道具。

き-ざい【機材】機械と材料。また、機械を作る材料。

きさい-しじょう【起債市場】資金の需要者が国債・地方債・社債などの債券を発行して資金を調達する市場。国・地方公共団体・株式会社などの発行者、応募者、銀行・証券会社などの仲介者によって構成される。

きさい-の-みや【▽后の宮】❶「きさきのみや❶」に同じ。「二条の―にて白き大袿を賜はりて」〈後撰・春上・詞書〉❷「きさきのみや❷」に同じ。「―、悩ましげにおはしますとて」〈源・宿木〉

きさい-ばら【▽后腹】「きさきばら」に同じ。「―のは、いづれともなく気高く清げにおはします中にも」〈源・匂宮〉

きさい-ぶんがく【記載文学】文字で書き記された文学。➡口承文学

きさ-がい【▽象貝】キサガイ科の二枚貝。殻長2センチくらい。貝殻は前後によくふくらんでハート形をし、黄白色。本州中部以南の浅海の砂底にすむ。

き-ざかい【気逆ひ】〔名・形動ナリ〕不愉快なこと。気に入らないこと。また、そのさま。「互ひの誤り―なる事をこらゆることあるべからず」〈どちりなきりしたん・一〇〉

きさかた【象潟】秋田県にかほ市の地名。旧町名。日本海に面する。もとは入り江で、八十八潟九十九島と形容される景勝地であったが、文化元年(1804)の地震で陸地化し、現在は水田。(歌枕)「さすらふる我が身にしあれば―や海人の苫屋にあまたたび寝ぬ」〈新古今・羇旅〉➡にかほ

きさき【▽后│▽妃】❶天皇の正妻。皇后および中宮。また、皇太后や後宮の女御・更衣などをいう場合もある。❷王侯貴族の妻。

き-さき【気先】気力の発するところ。気勢。「―をくじく」

き-さき【機先】❶前兆。前触れ。「入込吉日今参り、奴とお針の―もよし」〈浄・亀山噺〉❷「きせん(機先)」に同じ。

きさき-がね【▽后がね】《「がね」は接尾語》将来、后になるはずの人。后の候補者。「かういふ幸ひ人の腹の―こそまた追ひすがひぬれ」〈源・少女〉

きざき-こ【木崎湖】長野県北西部、大町市にある断層湖。仁科三湖の一。面積1.4平方キロメートル。最大深度29メートル。湖面標高764メートル。

きざ-きざ【刻刻│▽段▽段】〔形動ナリ〕細かく切り刻むさま。ずたずた。「悲しみのはらわた―に断つとは」〈浄・傾城酒呑童子〉

ぎざ-ぎざ【▽刻刻│▽段▽段】㊀〔名・形動〕のこぎりの歯のような細かい刻み目。また、その刻み目のあるさま。「―のある葉っぱ」「切り口が―になる」㊁〔副〕スル のこぎりの歯のような刻み目が続いているさま。「縁が―(と)したレースの飾り」アクセント㊀はギザギザ、㊁はギザギザ。

きざき-さとこ【木崎さと子】[1939～]小説家。満州の生まれ。本名、原田正子。フランス、アメリカに十数年滞在。帰国後創作を始め、「青桐」で芥川賞受賞。他に「裸足」「沈める寺」「緋の城」など。

きさき-の-みや【▽后の宮】❶皇后の住居。また、その宮殿。きさいのみや。「―に宴し給ふ」〈北野本天武紀〉❷皇后・中宮の敬称。きさいのみや。「―、日頃ただにもおはしまさぬを」〈栄花・月の宴〉

きさきのみや-の-つかさ【▽后の宮▽職】律令制における皇后付きの役所。中務省の管轄。皇后宮職。中宮職。きさいのみやのつかさ。

きさき-ばら【▽后腹】后の腹から生まれたこと。また、その皇子・皇女。きさいばら。「時の帝の御妹、…―にておはします」〈宇津保・藤原の君〉

きさき-まち【▽后町】《「町」は宮殿内の区画の意》皇后・女御などの居所。宮中の常寧殿のこと。きさいまち。「中宮は―より、いまだいらせおはしまさねば」〈著聞集・一四〉

きさき-もの【期先物】先物取引で、受渡期日が近くないもの。⇔期近物。

き-さく【奇策】人の予想もしない奇抜なはかりごと。奇計。「―を講じる」「―妙案」

類語 策・方策・対策・施策・手・企て・一計・奇計・愚策・秘策・対応策・善後策・得策・方法

き-さく【×詭策】敵をだます計略。詭計。

き-さく【気さく】〔形動〕図〔ナリ〕人柄がさっぱりしていて、こだわらないさま。気取りがなく親しみやすいさま。「一な人柄」「一に話し掛ける」

きさ・ぐ【×刮ぐ|▽削ぐ】〔動ガ下二〕けずりおとす。「蚶貝比売きさがひひめ一・げ集めて」〈記・上〉

ぎ-さく【偽作】〔名〕スル ❶本物に似せて作ること。特に、書画などを本来の作者の作品に見せかけて作ること。また、その作品。贋作がんさく。❷著作権者に無断で著作物の複製・発行などをすること。

類語 模造・偽造・贋作・贋造・代作

ぎ-さく【戯作】《「きさく」とも》「げさく(戯作)」に同じ。「八文字屋が草紙、其磧きせき自笑の一多かる中に」〈浮・妾形気・序〉

ぎ-さく【擬作】❶似せて作ること。また、その作品。❷詩会・歌会に備えて前もって詩歌を作っておくこと。また、その詩歌。「然るべき時名をあげたる歌は、多くは一にてありけるとかや」〈無名抄〉

き-ざくら【黄桜】桜の一品種。花は八重で、濃黄色または赤みを帯びる。樹皮を曲げ物の材料にする。

きさげ《動詞「刮きさぐ」の連用形からか》機械ややすりで仕上げた工作物の面を、人手でさらに精密に仕上げるのに用いる削り工具。スクレーパー。

き-ざけ【生酒】まぜ物のない純粋の酒。

きさご【細=螺|喜佐古|扁=螺】ニシキウズガイ科の巻き貝。内海の砂泥地に埋もれて群生する。貝殻は低円錐状で、殻径3センチくらい。殻表は青黒色にタイル状模様がある。肉は食用、殻はおはじき・貝細工などに使う。きしゃご。ぜぜがい。(季 春)「浪退けば一おびただしきことよ／青畝」

きざ-こきゅう【起座呼吸】キザコキフ 心不全・喘息ぜんそくなどの患者が、呼吸を楽にするため、上半身を起こした姿勢でする呼吸。臥位がいでは静脈の還流量が増すので肺の鬱血うっけつが増強し、肺活量は減少するため、坐位を余儀なくされる。

きさご-はじき【細=螺▽弾き】キサゴの貝殻を散らして、指ではじき当てる子供の遊び。おはじき。

き-ささげ【木豇=豆】ノウゼンカズラ科の落葉高木。樹皮は黒褐色、葉は大きく、キリの葉に似る。夏、漏斗状で先の5裂した淡黄色の花を円錐状につける。実は秋にでき、ササゲに似て細長い。中国原産。楸ひさぎ。きささぎ。(季 秋)「一を見て眠くなり旅疲れ／虚子」

き-ざし【兆し|×萌し】物事が起こりそうな気配。兆候。「春の一を感じる」「回復の一が見える」

類語 兆候・前兆・予兆

き-ざし【気ざし】気持ち。気ごころ。「その愁然として眼付のうちになさけを含め…吾仏とあおぎ敬う一を現わしていた」〈二葉亭訳・あひゞき〉

き-ざ・す【兆す|×萌す】〔動サ五(四)〕❶草木が芽を出す。芽生える。「新芽が一・す」❷物事が起ころうとしている気配がある。心の中にある感情や考えなどが生まれる。「日射しに秋の色が一・す」「淡い恋心が一・す」補説 とがって芽生えるものが現れ出る意の「牙き差す」からとも、また「気差す」の意からともいう。

類語 催す・芽生える・萌芽・生まれる・起こる・起きる・生ずる・発する・生起する・発生する・湧く・出来る

き-さつ【季札】[前575ころ～前485ころ]中国、春秋時代の呉の王子。その才徳によって兄たちから位を譲られたが、固辞して清節を守った。徐君が札の剣を欲しているのを知り贈ろうとしたが、すでに没していたため、墓辺に剣を掛けて心の約束を果たしたという。季子。

き-さつ【貴札】相手を敬って、その手紙をいう語。貴翰きかん。類語 御状ごじょう・御書ごしょ・懇書・貴書・貴翰きかん・芳書・芳信・芳翰ほうかん・芳墨・尊書・尊翰そんかん・台翰たいかん・朶雲だうん

きざっ-たらし・い【気▽障ったらしい】〔形〕いかにもきざな感じである。「一・いことを言う」

きざっ-ぽ・い【気▽障っぽい】〔形〕いかにもきざな感じがする。「一・い台詞せりふ」

きさ-の-おがわ【象の小川】キサノヲガハ 奈良県吉野郡吉野町、象山きさやまの麓を流れる喜佐谷川の古称。宮滝で吉野川に合流。歌枕「昔見し一を今見ればいよよ清さやけくなりにけるかも」〈万・三一六〉

きざ-はし【▽階|▽段▽階】階段。きだはし。「石の一」

類語 階段・階梯・段段・階・石段・石階

き-さま【貴様】〔代〕二人称の人代名詞。❶男性が、親しい対等の者または目下の者に対して用いる。また、相手をののしる場合にも用いる。おまえ。「一とおれ」「一の顔なんか二度と見たくない」❷目上の相手に対して、尊敬の気持ちを含めて用いた語。貴殿。あなたさま。「一もよろづに気のつきさうなる御方様と見えて」〈浮・一代男・一〉補説 中世末から近世中期までは文字通り尊敬の意を含んで用いられたが、それ以降はしだいに尊敬の意は薄れ、近世後期には現代とほぼ同様に用いられるようになった。類語 お前・君

きざみ【刻み】㊀〔名〕❶刻むこと。また、刻み目。「割りやすいように一を入れる」❷短い間隔をとった規則正しい音。「時計の一が耳につく」❸打楽器や拍子木などを間隔を短く連続して打つこと。「ドラムのシャープな一」❹「刻みタバコ」の略。「キセルで一を吸う」❺階級。等級。「下しもの一といふ際きはになれば」〈源・帚木〉❻時。おり。場合。「今際いまはの一につらしとや思はむ」〈源・夕顔〉㊁〔接尾〕量・長さ・時間を表す数詞に付いて、…おき、…ごと、の意を表す。「千円一の料金設定」「六分一に電車が来る」類語 彫り・切り込み

きざみ-あし【刻み足】小またでせわしげに歩くこと。また、その足運び。「一で忙しく歩く」

きざみ-あらめ【刻み荒▽布】アラメを煮て干し、幾枚も重ねて強く押しつけ、小口から鉋かんなで削った食品。

きざみ-こ・む【刻み込む】〔動マ五(四)〕❶細かく刻んで他のものの中に入れる。「漬物に昆布を一・む」❷文字などを彫りつける。「碑に和歌を一・む」❸心に深く記す。「強烈な印象が脳裡に一・まれた」

きざみ-こんぶ【刻み昆布】コンブを干して細く刻んだ食品。糸こんぶ。

きざみ-ざや【刻み×鞘】横に刻み目をつけた刀の鞘。

きざみ-タバコ【刻みタバコ】葉タバコを細かく刻んで、キセルに詰めて吸うもの。きざみ。

きざみ-づけ【刻み漬(け)】野菜を細かく刻んで塩漬けにしたもの。切り漬け。一夜いちや漬け。

きざみ-つ・ける【刻み付ける】〔動カ下一〕図きざみつ・く〔カ下二〕❶刃物で刻んで物に跡をつける。彫りつける。「柱に名前を一・ける」❷忘れないように、しっかりと覚えこむ。心に強く印象づける。「幼心に一・けられた光景」

きざみ-びょうし【刻み拍子】キザミビャウシ 能の足拍子の一。細かく数多く踏むもの。

きざみ-め【刻み目】刻みをつけたしるし。「柱に一をつける」

きざ・む【刻む】〔動マ五(四)〕❶刃物で物を細かく切る。「ネギを一・む」❷物の形を彫りつける。彫刻する。「仏像を一・む」❸刃物などで筋状に切れ目を入れる。また、彫ったような凹凸をつける。「文字を碑に一・む」「額に一・まれたしわ」❹細かく区切るようにして継続・進行していく。「柱時計が時を一・む」「年輪を一・む」❺心の中にしっかりとどめる。しっかりと記憶する。「忠告を胸に一・む」「心に一・まれた幼い頃の記憶」❻入れ墨をする。「面おもてを一・みて」〈雄略紀〉❼責め苦しめる。さいなむ。「わが身をただ今までいろいろに一・まれ」〈浮・文反古・五〉可能 きざめる

類語 切る・裁つ・ちょん切る・ぶった切る・かき切る・切り刻む・ちぎる・切り抜く・刎はねる・切り込む・切り出す

き-さめ【▽樹雨】木の葉や枝についた霧が水滴となって落ちること。また、その水滴。

きさ-やま【象山】奈良県中部、吉野町宮滝にある山。歌枕「み吉野の一の際まの木末こぬれにはここだもさわく鳥の声かも」〈万・九二四〉

き-ざら【木皿】木製の皿。

きさらぎ【如=月|更=衣|▽衣更着】陰暦2月の異称。(季 春)「一やふりつむ雪をまのあたり／万太郎」

きさらぎ-こはる【如月小春】[1956～2000]劇作家・演出家。東京の生まれ。本名、楫屋正子。劇団「綺畸きき」で活動、「ロミオとフリージアのある食卓」で注目される。昭和58年(1983)劇団「NOISE」を設立、都市とそこに生きる人間の姿を斬新な技で描いた。

きさらぎ-の-わかれ【更=衣の別れ】陰暦2月15日の釈迦の入滅。転じて、涅槃会ねはんえのこと。

き-ざらし【木×晒】「木醂きざわし」に同じ。

きさらづ【木更津】千葉県中西部、東京湾東岸にある市。小櫃おびつ川下流にあり、河口部の広い盤洲ばんず干潟は潮干狩り場として有名。東京湾横断道路の千葉県側の接岸地。中世は鎌倉と、近世には江戸と結ぶ港として繁栄。人口12.9万(2010)。

きさらづ-し【木更津市】▶木更津

きさらづ-じんく【木更津甚句】民謡の一つで、安政(1854～1860)ごろ、木更津出身の落語家木更津亭柳勢が寄席で歌い広めたもの。船頭たちの船唄ふなうたがもとといわれる。

き-ざわし【木×醂|木▽淡】きざはし 木になったまま熟して甘くなった柿。きざがき。きざらし。(季 秋)

き-ざわり【気障り】きざはり〔名・形動〕相手の言動を不快に感じること。また、そのさま。「一な応対」

き-さん【帰山】〔名〕スル 僧が自分の寺へ帰ること。

き-さん【帰参】〔名〕スル ❶帰ってくること。❷一度ひまをとった主人のもとに再び仕えること。「一がかなう」「元の職場へ一する」❸勘当されて家を出た者が、許されて親元へ帰ること。

類語 帰郷・帰省・里帰り・帰国・帰還・帰京

き-さん【起算】〔名〕スル ある点を起点として、数え始めること。「契約から一して七日以内に届ける」

き-ざん【岐山】中国陝西せんせい省の山。古公亶父ここうたんぽが周室の基礎をきずいたと伝えられる所。天柱山。

き-ざん【祁山】中国甘粛省南東部の山。天水てんすいの南西方に位置する。諸葛孔明しょかつこうめいが魏への攻略を六度試みて果たせなかった地。

き-ざん【箕山】中国河南省中西部の山。登封とうほうの南東方に位置する。尭ぎょうの時代、隠者の巣父そうほ・許由きょゆう・伯益はくえきが住んでいたと伝えられる。

箕山の志こころざし 《尭帝が自分に位を譲ろうとするのを聞いた許由きょゆうが、それをことわり箕山に隠れ住んだという「晋書」向秀伝の故事から》世俗の名利をさけて操を守り通そうという志。隠遁いんとんの志。

箕山の節せつ 《許由きょゆうが世俗の名利をさけ、箕山に隠退して節操を守ったという「漢書」鮑宣伝の故事から》節操を守って官途につかないことのたとえ。

ぎ-さん【×蟻蚕】孵化ふかしたばかりの蚕の幼虫。黒褐色の毛で覆われ、アリに似る。毛蚕けご。

ぎ-さん【×蟻酸】最も簡単なカルボン酸。無色の刺激臭のある液体。アリやハチの毒腺どくせんやイラクサのとげなどの葉に含まれ、皮膚にふれると水疱すいほうができる。最初にアリを蒸留して得られたところからの名。有機薬品の合成原料・溶剤・皮革加工などに用いる。化学式HCOOH

ぎざん【義山】[1648～1717]江戸中期の浄土宗の僧。京都の人。俗姓、三魔きま氏。字あざなは良照。号、信阿。江戸増上寺の呑誉どんよに師事。浄土宗典籍を校訂。法然の伝記「円光大師行状画図翼賛」60巻を円智と共編。

きさん-かじょ【岐散花序】キサンクワジョ 有限花序の一。花軸の先端に花がつき、その下から対生する枝が出て、それぞれの先端に花をつけることを繰り返すもの。オミナエシ・ハコベなどにみられる。

き-さんご【木×珊×瑚】❶まだ加工されない、枝の形をしたままのサンゴ。❷スイカズラ科の常緑小高木サンゴジュの別名。

き-さんご【黄×珊×瑚】花虫綱キサンゴ科の腔腸こうちょう動物。イシサンゴの一種。水深50～100メートルの海底で、高さ約30センチの樹枝状の群体になる。個体は円筒形で、枝から突き出し、共肉は赤く、触手は黄色、骨格は多孔質。本州中部以南に分布。

き-さんじ【気散じ】〔名・形動〕❶心の憂さをまぎらすこと。また、そのさま。気ばらし。「近郊の遊覧地へ一な一日を暮しに行った」〈芥川・秋〉❷気苦労のないこと。また、そのさま。気楽。のんき。「一な暢気のんき極ま

き

る世間では」〈魯庵・破垣〉
類語 憂さ晴らし・気晴らし・気慰み

キサンチン〘ドイツ Xanthin〙尿酸の前駆物質の酸化生成物。多くの臓器と尿中に発生し、尿結石を形成することがある。

キサントゲン-さん【キサントゲン酸】《xanthogenic acid》エチルアルコール中で水酸化カリウムと二硫化炭素とを反応させてできるカリウム塩を、希酸で処理して得られる無色の液体。化学式C_2H_5OCSSH

キサントフィル〘xanthophyll〙カロテノイドのうち、水酸基などの形で酸素を含む一群の色素。動植物に広く分布。卵黄に含まれるルテインなど。葉緑体に含まれるものは光合成の補色色素として働く。葉黄素。

キサントプロテイン-はんのう【キサントプロテイン反応】ハンノウ《xanthoprotein》たんぱく質の検出反応の一。試料に硝酸を加えて加熱すると黄色になり、冷やした後アンモニアを加えると橙(だいだい)色になる。

き-し【▽吉士・▽吉師】❶古代の姓(かばね)の一。朝鮮半島より渡来した官吏に与えられた。❷新羅(しらぎ)の官職名。一七階官位中の一四位。

き-し【気死】〔名〕スル 憤死すること。また、気絶すること。「宮ははや一せる乎」〈紅葉・金色夜叉〉

き-し【奇士】❶言行の特にすぐれた人。❷おかしな言行をする人。奇人。

きし【岸】❶陸地の、海・川・湖などの水に接している所。みずぎわ。「一に打ち寄せる波」❷土地の切り立った所。がけ。「あしひきの山かも高き巻向(まきむく)の一の小松にみ雪降り来る」〈万・二三一三〉類語 岸辺・波打ち際・汀(みぎわ)・渚(なぎさ)・右岸・左岸・両岸・岸壁

き-し【季子】末の子。ばっし。まっし。

き-し【起死】死にかかっている病人を、生き返らせること。

き-し【基×址】土台。基礎。基盤。

き-し【棋士】囲碁、または将棋をすることを職業としている人。

き-し【棋子】碁石。「一軒では一の盤に落つる音が聞えていた」〈蘆花・思出の記〉

き-し【貴使】相手を敬って、その使いとして来た人をいう語。

き-し【貴姉】㊀〔名〕相手の姉を敬っていう語。㊁〔代〕二人称の人代名詞。男性が自分と対等または年長の女性を敬って呼ぶ語。多く手紙に用いる。

き-し【貴紙】❶相手を敬って、その手紙をいう語。お手紙。❷相手を敬って、その編集発行する新聞などをいう語。

き-し【貴誌】相手を敬って、その編集発行する雑誌などをいう語。

き-し【×愧死】〔名〕スル 恥ずかしさのあまり死ぬこと。また、死ぬほど恥ずかしい思いをすること。慚死(ざんし)。「卑劣の小人をして、一せしめんと欲するなり」〈竜渓・経国美談〉

き-し【棄市】古代中国の刑罰の一。公衆の面前で打ち首にして、その死体を市中にさらすこと。

き-し【旗×幟】❶旗と幟(のぼり)。旗印。❷表立って示す立場や態度、また、主義主張。「一を鮮明にする」

き-し【箕子】中国、殷(いん)の紂(ちゅう)王の叔父。名は胥余(しょよ)。紂王に仕え、微子・比干とともに三賢とよばれたが、諫言して入れられず去った。荒廃した殷の廃都を詠じた「麦秀の歌」が有名。朝鮮に行き、箕子朝鮮を建国したとも伝えられる。

き-し【騎士】❶馬に乗っている武士。❷中世ヨーロッパにおける戦士階級の呼称。領主に仕え、武芸・礼節などの修業を通じて、騎士道を実践した。ナイト。

き-じ【木地】ヂ ❶年輪や木材繊維の粗密などによる、木材の地質。木理(もくり)。木目(もくめ)。❷漆などの塗料を塗る前の、白木のままの木材・指物(さしもの)・器物。❸ろくろ挽(び)き、木彫りなどの細工をする材料の木を粗挽きしたもの。❹「木地塗り」の略。

き-じ【生地・▽素地】ヂ ❶手を加えていない、もともとの性質。「一が出る」❷化粧しないままの素肌。素顔。「一のままできれいな人」❸布・織物などの地質。また、染色や仕立てなどの加工をするための布・織物。「一のいい背広」❹陶磁器の、まだ釉(うわぐすり)を塗っていないもの。❺パン・麺(めん)やパイ皮にするために、粉をこねあげたもの。類語（❶）本性・地・下地・地金/（❸）布・布地・服地・反物・呉服・太物

き-じ【奇事】珍しいこと。また、不思議なこと。

き-じ【記事】❶事実を書くこと。また、その文章。❷新聞・雑誌などで伝える事柄。また、その文章。「事件を一にする」「三面一」❸「記事文」の略。類語 雑報・埋め草・記録・実録・実記・手記・ドキュメント

き-じ【黄血】ヂ《黄色い体液を出すところから》釣りの餌に用いるシマミミズ。

きじ【亀茲】▶クチャ

き-じ【喜字】▶喜(き)の字

き-じ【棋×峙】ヂ〔名〕スル 盤上の碁石が黒白相対するように、英雄などが割拠して相対していること。

き-じ【棄児】捨てられた子供。捨て子。

きじ【×雉・雉=子】❶キジ目キジ科の鳥。全長は、雄が尾が長いので80〜100センチ、雌が50〜60センチ。雄は暗緑色を主とする多彩な色で、目の周りに赤い肉垂れがある。雌は全体に褐色。北海道を除く日本各地の明るい林や草原にすみ、地上で餌をとる。雄はケンケーンと大きな声で鳴く。日本の国鳥。にほんきじ。きぎし。きぎす。（季 春）「一の眸のかうかうとして売られけり/楸邨」❷キジ科の鳥のうち、シャコ・ウズラ類を除いたものの総称。日本・アジア・ヨーロッパに分布。ほとんどが雄は美しく、雌は地味。コウライキジ・オナガキジ・ヤマドリなど。

雉の草隠れ　雉が草の中に頭だけ隠して尾を出したままでいること。一部分だけ隠して、隠れているつもりでいること。頭隠して尻(しり)隠さず。雉の隠れ。

雉も鳴かずば打たれまい　よけいなことを言わなければ、災いを招かないですむことのたとえ。

き-じ【機事】❶物事をたくらむこと。また、巧妙な行為。❷機密に属する事柄。類語 秘密・内密・内証(ないしょ)・内内(ないない)・隠密(おんみつ)・極秘(ごくひ)・厳秘(げんぴ)・丸秘(まるひ)・機密・枢密(すうみつ)・天機・密事・秘事・暗部・隠し事・秘め事・密(ひそ)か事・内証(ないしょ)事・秘中の秘・秘(ひそ)か・密(ひそ)か

ぎ-し【技師】❶機械・土木建築などの専門技術をもち、職業とする人。エンジニア。❷技官(ぎかん)の旧称。類語 技術者・エンジニア・技手

ぎ-し【義士】❶人間としての正しい道を堅く守り行う男子。義人。❷「赤穂(あこう)義士」の略。「一銘々伝」

ぎ-し【義子】義理の子。養子、娘の夫など。
類語 養子・継子・まま子・連れ子

ぎ-し【義姉】❶義理の姉。妻または夫の姉、兄の妻など。❷血縁関係はないが、姉妹の約束を交わして姉としている人。

ぎ-し【義枝】▶接(つ)ぎ穂❶

ぎ-し【義肢】四肢を失った場合などに、その機能を補うために装着する人工的な手足。義手と義足。

ぎ-し【義歯】歯が抜けたり欠けたりしたあとを補う人工の歯。入れ歯。

ぎ-し【擬死】動物が、敵に襲われるなどの急激な刺激に対して、反射的にとる不活動状態。甲虫などでみられる。

ぎし【魏志】中国の歴史書「三国志」のうち、魏の国に関する史実を記した部分の通称。30巻。「蜀志(しょくし)」「呉志」とともに、晋の陳寿の著。魏書。

ぎ-じ【義字】表意文字。意字(いじ)。㊇音字(おんじ)。

ぎ-じ【疑似・擬似】〔名〕スル ❶本物によく似ていてまぎらわしいこと。また、そのもの。「一コレラ」❷そっくりまねをすること。「妄(みだ)りに洋客の口気を一するの論なり」〈吉岡徳明・開化本論〉

ぎ-じ【疑事】うたがわしい事柄。うたがうべき事柄。

ぎ-じ【擬餌】❶釣りで、生き餌(え)の代わりに用いる、それに色や形を似せて作ったもの。擬似餌(ぎじえ)。❷「擬餌針(ぎじばり)」の略。

ぎ-じ【議事】会合して、審議すること。また、その内容。「一の進行をはかる」類語 議案・議題

ぎじ-イベント【疑似イベント】報道されることを企図して、企業などが本物らしくよそおってつくりあげる出来事や催し物。

ぎじ-え【擬似餌】ヱ「擬餌(ぎじ)❶」に同じ。

きし-かいせい【起死回生】クワイセイ 滅びかけているものや絶望的な状態のものを、立ち直らせること。「一の策を講じる」類語 蘇生・復活・再生・更生・回天

ぎじ-かがく【疑似科学】クワガク いかにも科学的であるように見えるが、論理的根拠がなく、実証も反証もできない事柄。例えば、血液型と性格の関係など。

ぎじ-かくし【×雉隠】ユリ科の多年草。山地に生え、高さ約70センチ。茎はよく分枝し、枝は葉状の線形で、葉の代わりをする。雌雄異株で、春の終わりごろ、黄白色の小花をつける。実は丸く、秋に赤く熟する。

きし-かた【来し方】〔連語〕《「き」は動詞「く(来)」の連用形、「し」は過去の助動詞「き」の連体形》❶過ぎ去った時。過去。こしかた。「一を懐かしむ」「一を思ひ出づるもはかなきを行く末かけて何頼むらむ」〈源・総角〉❷通りすぎてきた場所・方向。通過した所。こしかた。「一を見やれば、うみづらに並べて集まりたる屋どもの前に」〈かげろふ・中〉➡こしかた(来し方)

きしかた-ゆくすえ【来し方行く末】ユクスヱ〔連語〕❶過去と未来。来し方行く先。「一を思う」❷過ぎてきた方向・場所と、これから行く方向・場所。来し方行く先。「一も知らず、海にまぎれむとしき」〈竹取〉

きし-がわ【貴志川】ガハ 和歌山県北部を流れる川。紀ノ川最大の支流。高野(こうや)山弁天岳(標高985メートル)に源を発して西流し、途中真国(まくに)川を合わせて海南市東部で向きを北東に変え、岩出(いわで)市南部で紀ノ川に合流する。長さ39キロ。下流はモモの産地。

きし-かん【既視感】▶デジャ-ビュ

ぎじ-かんちく【疑似患畜】クワンチク 家畜伝染病予防法において、患畜である疑いがある家畜及び牛疫、牛肺疫、口蹄疫、狂犬病、鼻疽またはアフリカ豚コレラの病原体に触れたため、または触れた疑いがあるため、患畜となるおそれがある家畜をいう。

き-しき【規式】定まった作法・方式。きまり。

ぎ-しき【儀式】公事(くじ)・神事・祭事・慶弔などの、一定の作法・形式で執り行われる行事。また、その作法。類語 式・式典・セレモニー・典礼・祝典・祝儀・祭典・祭礼・祭儀・大祭・大儀・大礼・大典・盛儀

きし-きし〔副〕堅い物がこすれ合う音や木がきしむ音を表す語。「歩くと廊下が一(と)鳴る」

ぎし-ぎし【羊=蹄】タデ科の多年草。道端にみられ、高さ1メートルに達する。茎は直立し、下部の葉は長い柄をもち、長楕円形。夏、小花が円錐状に密につき、実は三角形で褐色。民間で、根をおろして絞った汁を皮膚病に用いる。し。しのね。しぶくさ。（季 春｜花=夏）「一も雀隠れの穂をあげし/禅寺洞」

ぎし-ぎし ㊀〔副〕❶堅い物のこすれ合う音や木が強くきしむ音を表す語。「一(と)音のする階段」❷すきまもないほど詰まっていくさま。「老若男女が一と詰め掛けていた」〈鴎外・独身〉❸容赦なく厳しくものを言うさま。「あんまり一言はしゃるな」〈浄・五枚羽子板〉㊁〔形動〕すきまがほとんどなく窮屈なさま。「十畳でも…かなり一で」〈志賀・襖〉アク ㊀はギシギシ、㊁はギシギシ。

ぎしき-ば・る【儀式張る】〔動ラ五(四)〕形式張ってものものしく体裁を飾る。「一・った会合」

ぎしき-め・く【儀式めく】〔動カ五(四)〕儀式のようである。物々しいようすである。「一・いたことをする」

き-じく【基軸】ヂク 思想や組織などの根本・中心・基準となるもの。類語 基本・中心・核・目玉・心(しん)・核心・心臓・髄・大本(おおもと)・基礎・根本(こんぽん)・根幹・基調・基底・根底・基(もと)・土台・下地・初歩・いろは・ABC・基盤・基幹・基部・大根(おおね)

き-じく【機軸】ヂク ❶機関や車輪などの心棒。❷物事の中心となるところ。活動の中心。「内閣の一となる地位」❸根本的な仕組み。構想。方法。「新一を打ち出す」❹地球の自転の回転軸。地軸。
類語（❷）中核・中枢・枢機・枢軸・枢要/（❸）仕方・方法・仕振り・仕様(しよう)・方式・流儀・メソッド・方途・定石

きじく-つうか【基軸通貨】キヂクツウクワ 国際間の決済などに広く用いられる通貨。一般的に米ドルを指すが、過去には英ポンドなどがその役を担った。キーカレン

シー。➡ブレトンウッズ協定

きじ-ぐるま【×雉車】杉などの材で雉の形を作って彩色し、下に車をつけた郷土玩具。熊本県・福岡県のものが有名。

きじ-こうこく【記事広告】新聞や雑誌などに、本文の記事のような体裁で掲載される広告。

きじ-し【木地師】▶木地屋

きじした-こうこく【記事下広告】新聞広告の定型の一。多く、紙面の下3段から10段ほどのスペース全てに、または分割して掲載される。下段広告。（類語）全面広告・三八つ広告・突き出し広告・記事中広告・三行広告

ぎ-じじゅう【擬侍従】平安時代以降、即位や朝賀などのときに、親王または公卿の中から選んで、仮に侍従として奉仕させたもの。侍従代。➡侍従

きし-しゅうどうかい【騎士修道会】▶宗教騎士団

ぎじ-しょう【疑似症】真性の急性感染症によく似ているが、はっきりそうであるとは断定できないもの。「赤痢―」

きし-せいいち【岸清一】[1867～1933]日本近代スポーツの育成者。島根の生まれ。1911年の大日本体育協会の創立に際し嘉納治五郎会長を助け、のち2代目の会長。東京の岸記念体育会館はその遺志によって建てられた。

きし-せんめい【旗×幟鮮明】立場や主張がはっきりしていること。（補説）「きしょくせんめい」と読むのは誤り。

きしだ-ぎんこう【岸田吟香】[1833～1905]新聞記者。岡山の生まれ。名は銀次。ヘボンの「和英語林集成」の編集に協力。のち、東京日日新聞の記者。東亜同文会などを創設し、日中文化交流に尽力した。

きしだ-くにお【岸田国士】[1890～1954]劇作家・小説家。東京の生まれ。フランスで演劇を研究。演出家・評論家として日本の新劇運動を指導。文学座創立者の一人。戯曲「チロルの秋」「紙風船」「牛山ホテル」、小説「由利旗江」「暖流」など。

きしだくにお-ぎきょくしょう【岸田国士戯曲賞】岸田国士を記念して創設された文学賞。昭和30年(1955)新劇戯曲賞として設置。同36年「新劇」岸田戯曲賞と改称、同54年から現名称。年に1回、活字化された戯曲作品を対象として選考される。

きしだ-としこ【岸田俊子】[1863～1901]婦人運動家。京都の生まれ。号は湘烟。明治初期、自由民権・男女同権を説いた。自由党副総理中島信行と結婚し、外交界にも活躍。著「善悪の岐」など。

き-したば【黄下×翅】ヤガ科のガ。翅の開張7センチくらい。前翅は波状紋のある灰黒色で、後ろ翅は黄色地に黒褐色の帯がある。幼虫はフジ・クヌギなどの新葉を食べ、成虫は夏にみられる。

きしだ-りゅうせい【岸田劉生】[1891～1929]洋画家。東京の生まれ。吟香の子。白馬会洋画研究所で学び、のちフュウザン会を結成。北方ルネサンス特にデューラーの影響を受けて細密な写実描写に転じ、草土社を創立。晩年は宋元画・初期肉筆浮世絵に傾倒して日本画も描いた。代表作「麗子像」。

きしだん-せりょういん【騎士団施療院】《Sacra Infermeria》マルタ共和国の首都バレッタにある建物。16世紀にマルタ騎士団の施療院として建造。聖エルモ砦に隣接し、グランド港を見下ろす高台に位置する。現在は地中海会議センターとなり、内部に施療院時代の病室を再現した部屋がある。

きしだんちょう-の-きゅうでん【騎士団長の宮殿】㊀《Grandmaster's Palace》マルタ共和国の首都バレッタにある宮殿。16世紀後半に、聖ヨハネ大聖堂の設計を手掛けたマルタ騎士団の設計技師ジェローラモ＝カサールにより建造。現在は大統領府と共和国議会が置かれ、二つの中庭、色大理石を敷き詰めた兵器庫通路、壁画などがある一部の部屋が一般公開されている。㊁《Palati tou Megalou Magistrou》ギリシャ東部、ロードス島の都市ロードスにある宮殿。14世紀に聖ヨハネ騎士団の城塞都市として築かれた旧市街の北西に位置する。歴代の騎士団長の住居だったが、オスマン帝国占拠以降、監獄として使われた。19世紀半ばに火災で被害を受け、20世紀にイタリア人により再建。一時期、ムッソリーニの別荘だったこともある。

きし-ちょうせん【箕子朝鮮】前3世紀ごろ、朝鮮半島の北西部大同江流域に栄えた中国人の王国。首都は王険(現在の平壌)。始祖の箕子は、殷王朝の一族といわれる。前195年ごろ、衛満によって滅ぼされた。

き-しつ【気室】❶圧縮空気の入った室。❷押し上げポンプの水を噴出する口と、シリンダーとの間に設ける、空気の入った室。❸葉の、気孔につながる細胞間隙。また、苔類の葉状体の表皮下にある空隙。❹鳥類の卵の鈍端で、卵殻膜が2枚に分かれてできる空所。

き-しつ【気質】❶気だて。気性。かたぎ。「母方から流れる芸術家の―」❷中国で、万物を構成する物質である気によって形成される物の性質。特に宋学では、人間がそれぞれ別にもつ身体的、精神的な性質をいう。❸心理学で、個人の性格の基礎にある、遺伝的、体質的に規定されたものと考えられている感情的傾向。体液の相対的な割合の違いによって多血質・胆汁質・黒胆汁質・粘液質の分類や、回帰性・分裂性・粘着性という気質分類がある。
（類語）気性・性・性向・性情・性格・性質・質・性分・気立て・人柄・心柄・心根・心性・品性・資性・資質・個性・人格・キャラクター・パーソナリティー

き-しつ【記室】❶中国の官職名の一。後漢に置かれ、長官のもとで文章・記録をつかさどった。❷《❶を経由して差し上げる意》手紙の相手を尊敬して、あて名の下につける語。

き-しつ【基質】❶㋐酵素の作用を受けて化学反応を起こす物質。アミラーゼが作用するでんぷんなど。㋑代謝の出発物質。❷複合した構造の基盤となる部分。㋐細胞間にある物質。細胞間質。礎質。㋑染色糸を取り巻く物質。染色体基質。㋒細胞質内でゴルジ体・ミトコンドリアなどの構造物の間を埋めているもの。細胞質基質。

き-しつ【器質】臓器や器官に認められる形態的・解剖的性質。

き-じつ【忌日】▶きにち(忌日)

き-じつ【×枳実】ミカン・ダイダイ・ナツミカンの未熟果実を乾燥させたもの。漢方で、健胃・胸痛・腹痛・鎮咳・去痰などに薬用。

き-じつ【記実】事実を書き記すこと。記事。

き-じつ【期日】❶あることを行うと、前もって特定されている日。「会議の―を決める」「公判―」❷その日までと前もって定められている日。期限の切れる日。日限。「―までには必ず返す」（類語）期限・締め切り

きしつ-か【器質化】体内に入ってきた異物や体内でつくられる病的物質(血栓・壊死組織など)を肉芽組織が取り囲み、吸収などの処理をする現象。

きしつせい-きょうしんしょう【器質性狭心症】冠状動脈が動脈硬化により狭窄し、心筋への血流が低下することによって起こる狭心症。➡冠攣縮性狭心症

きじつぜん-とうひょう【期日前投票】有権者が投票日前に投票したい場合、名簿登録地の市区町村の期日前投票所に行って直接投票箱に投票する制度。平成15年(2003)公職選挙法改正で新設。きじつまえとうひょう。➡不在者投票

きしつ-の-せい【気質の性】宋の儒者が、人間性について提起した学説の一。各人の受けた気の清濁による、それぞれに異なる現実的、物質的な性格。➡本然の性

きじつ-ぶん【記実文】「記事文」に同じ。

きじつまえ-とうひょう【期日前投票】▶きじつぜんとうひょう(期日前投票)

ぎじ-ていそくすう【議事定足数】会議を開催するのに必要と定められている最小限の人数。日本の国会では衆・参議院とも3分の1。定足数。

きし-どう【騎士道】中世ヨーロッパにおける騎士の精神的支柱をなした気風・道徳。忠誠・武勇に加えて、神への奉仕・廉恥・名誉、婦人への奉仕などを重んじた。

キジ-とう【キジ島】《Kizhi》ロシア連邦北西部、カレリア共和国のオネガ湖に浮かぶ島。ペトロザボーツクの北東約60キロメートルに位置する。18世紀建造のプレオブラジェンスカヤ教会やポクロフスカヤ教会をはじめとする木造の教会建築群があり、1990年に「キジ島の木造教会建築」の名称で世界遺産(文化遺産)に登録された。キジー島。キージ島。

ぎじ-どう【議事堂】議員が集まって議会を開くための建物。「国会―」（類語）会館・公会堂・講堂・ホール

きしどう-ものがたり【騎士道物語】12～13世紀に欧州で発達した、騎士道と貴女崇拝を主題とした物語文学の総称。韻文または散文で作られ、主にフランス・ドイツ・イギリスで、吟遊詩人たちによって弾き語りされた。

き-しな【木品】材木の品質。また、樹木・材木の種類。「―の引合い」〈露伴・五重塔〉

き-しな【来しな】《「しな」は接尾語》来るついで。来る途中。きがけ。「―に銀行に寄ってきた」

キシナウ〖Chişinău〗モルドバ共和国の首都。農業地帯の中心にあり、ぶどう酒などの醸造や農産物加工が盛ん。人口、行政区66万(2008)。旧称キシニョフ。

きじなか-こうこく【記事中広告】新聞広告の定型の一。紙面の1段の中に、数行から十数行の幅で掲載される。記事に割り込んで載ることもある。記事中。（類語）全面広告・記事下広告・三八つ広告・突き出し広告・三行広告

ぎじ-にってい【議事日程】会議にかける日時と、議事を進める順序や内容。また、それらを記したもの。

キシニョフ〖Kishinyov〗キシナウの旧称。

きじ-ぬり【木地塗(り)】木目を生かして木地に漆を薄く塗ること。また、その漆器。木地。

きし-ね【岸根】川岸・湖岸などの、水に接する所。「―の柳がもとに」〈浮・五人女・三〉

きじ-ねこ【×雉猫】キジの背のような、茶褐色の斑のある猫。

きじのお-しだ【×雉の尾羊×歯】キジノオシダ科の常緑、多年生のシダ。暖地の樹林下に生える。高さ約60センチ。塊状の根茎から葉を束生し、栄養葉は羽状に分かれている。胞子葉は直立し、線形の羽片に胞子嚢群が線状につく。

きし-のぶすけ【岸信介】[1896～1987]政治家。山口の生まれ。佐藤栄作の実兄。東条内閣の商工相。第二次大戦後、A級戦犯容疑者となるが不起訴。昭和32年(1957)首相となり、日米安保条約改定を強行し、辞職。➡池田勇人

きしのやなぎ【岸の柳】長唄。杵屋梅彦作詞、3世杵屋正次郎作曲。明治6年(1873)発表。隅田川・柳橋・本所あたりの江戸情緒と夏の風物を描いたもの。

きし-は【岸派】日本画の流派の一。岸駒を祖として、江戸後期から明治期に栄えた。各流派を折衷し、あくの強い独特の写生画風で知られる。主な画家は、岸駒の長男岸岱、河村文鳳・横山華山。

きじ-はた【×雉羽太】ハタ科の海水魚。岩礁にすみ、全長約40センチ。体色は紫褐色の地に橙色の円点が多数散在する。本州中部以南に分布。美味。あこう。あこ。

きじ-ばと【×雉×鳩】ハト科の鳥。全長33センチくらい。全体にぶどう色をし、肩と翼に赤褐色のうろこ模様があり、首の両側に灰青色の横縞がある。アジアに分布。日本では留鳥として平地や山地の林にすむ。デデッポーポーと鳴く。やまばと。つちくればと。

ぎじ-ばり【擬餌針｜擬餌×鉤】羽毛・金属片などで魚の好む虫・小魚などにかたどって作った人工の餌をつけた釣り針。擬餌。

きじ-びき【木地×挽き】木地を粗挽きすること。木地のままで盆・椀・玩具などの細工をすること。また、その職人。木地屋。

き-しぶ【生渋】絞り取ったままで、混ぜ物のない柿渋。（季 秋）

きじ‐ぶえ【×雉笛】狩猟で、雉をおびきよせるために吹く笛。雉の声に似た音を出す。《季 春》

きじ‐ぶん【記事文】事実の記述を主とする文章。また、その文体。記実文。記事。

きし‐べ【岸辺】岸に沿った所。岸のあたり。
[類語]岸・右岸・左岸・両岸・岸壁

きしべ‐の‐がく【▽吉師▽部の楽】▶吉志舞きしまい

ぎじ‐ぼうがい【議事妨害】バウガイ 議会で計画的に議事進行をさまたげること。長時間の演説、不信任案や多数の修正案の提出、牛歩戦術など。多くは少数党の議会戦術として行われる。➡フィリバスター

きしぼ‐じん【鬼子母神】▶きしもじん(鬼子母神)

ぎじ‐ほっきにん【擬似発起人】正規の発起人ではなく、株式募集に関する文書に、自分の氏名および会社の設立を賛助する旨を記載することを承諾した者。発起人と同一の責任を負うものとされる。

きじほんまつ‐たい【紀事本末体】歴史記述の一形式。一つの事件の始終をまとめて記述する方法。南宋の袁枢えんすうが著した「通鑑つがん紀事本末」に始まる。

きし‐まい【▽吉志舞】キシマヒ 大嘗会だいじょうえに代々の安倍氏が奉仕した歌舞。闕腋けってきの打掛うちかけに甲冑かっちゅうをつけ、楯たて・戟ほこを持って舞う。中世には廃絶した。吉師部きしべの楽がく。楯伏舞たてふしまい。楯節舞たてふしまい。

きじ‐まきえ【木地×蒔絵】キヂマキヱ 木地の木目もくを生かして、漆を塗らずに蒔絵を施すこと。また、そのもの。

きしま・す【×軋ます】㊀〔動サ五(四)〕「軋ませる」に同じ。「座っているいすを―・す」㊁〔動サ下二〕「きしませる」の文語形。

きしま・せる【×軋ませる】〔動サ下一〕図きしま・す〔サ下二〕❶きしむような音を出させる。「車体を―・せる」「ベッドを―・せる」❷気をもませる。じらす。「―・せずと話しや」〈浄・艶狩剣本地〉

ぎじ‐マルチタスク【擬似マルチタスク】《non-preemptive multitasking》▶ノンプリエンプティブマルチタスク

きしみ【×軋み】❶きしむこと。また、その音。「階段の―」❷相争うこと。「両者間に―が生じる」

きしみ‐あ・う【×軋み合う】アフ〔動ワ五(ハ四)〕対立して互いに争う。張り合う。「世の中が今のように激しく―・わない時分であった」〈谷崎・刺青〉

きし・む【×軋む】〔動マ五(四)〕物と物とがすれ合って、きしきし、みしみしなどと音を立てる。「床が―・む」「雨戸が―・んであけにくい」

ぎし・む【×軋む】〔動マ四〕りきむ。いばる。「堪忍せぬと―・みまはれれば」〈浄・二枚絵草紙〉

きじ‐むしろ【×雉×蓆】バラ科の多年草。山野に生え、高さ10〜30センチ。全体に粗い毛がある。葉は根際から群生し、卵形の小葉からなる羽状複葉。春、黄色い5弁花を開く。《季 春》

きじむなあ 沖縄の妖怪。ガジュマル・アコウなどの古木の精で、赤ら顔、童形をしているという。

きし‐め・く【×軋めく】〔動カ五(四)〕物と物とがすれ合って、きしむような音がする。きしきしいう。きしむ。「荷車の―・く音」

ぎし‐め・く【×軋めく】〔動カ四〕❶ぎしぎしと音を立てる。きしむ。〈日葡〉❷りきむ。いきばる。「五郎やったり、やったり。もちっと―・け、―・け」〈洒・田舎芝居〉

き‐しめじ【黄占地】シメヂ 担子菌類キシメジ科のキノコ。秋、松林に生える。傘は黄色く、中央部は暗褐色を帯び、柄は太い。食用。

きじ‐めし【×雉飯】雉の肉を味付けして炊き込んだ飯。

きし‐めん【×棊子麺|×碁子麺】❶平打ちのうどん。名古屋地方の名物。ひもかわうどん。❷小麦粉を練って平たくのばし、竹筒で碁石の形に抜き、ゆでてきな粉をかけた食べ物。中世に中国から伝来。

きしも‐じん【鬼子母神】《梵 Hārītīの訳。音写は訶梨帝かりてい》女神の名。千人の子があったが、他人の子を取って食い殺したため、仏はその最愛の一児を隠してこれを教化し、のち仏に帰依きえして出産・育児の神となった。手にザクロの実を持ち、一児を抱く天女の姿をとる。訶梨帝母かりていも。きしも。きしぼじん。

きしもと‐ゆずる【岸本由豆流】ユヅル［1788〜1846］江戸後期の国学者。江戸の人。通称、大隅。号は椎園しいぞの。村田春海の門人で、古典の考証・注釈に努めた。著「土佐日記考証」「万葉集攷証」など。

きじ‐もの【木地物】キヂ 木地びきのままの、何も塗っていない器物。

き‐しゃ【汽車】❶蒸気機関車で客車や貨車を引いて軌道を走る列車。❷鉄道の列車、特に長距離列車のこと。[類語]電車・機関車・列車
汽車の後押し 無駄な骨折りをするたとえ。

き‐しゃ【帰社】〔名〕スル 出先から自分の会社に帰ること。「営業マンが―する」

き‐しゃ【記者】❶新聞・雑誌や放送などで、記事の取材・執筆、また編集に携わる人。❷文章を書く人。文書を起草する人。筆者。
[類語]特派員・レポーター・キャスター・事件記者

き‐しゃ【喜捨】〔名〕スル 進んで寺社、僧や貧者に金品を寄付すること。「托鉢僧に―する」

き‐しゃ【貴社】相手を敬って、その所属する会社などをいう語。御社おんしゃ。[類語]社・小社・弊社・本社・会社・企業・商会・カンパニー・コーポレーション・御社

き‐しゃ【騎射】〔名〕スル ❶馬上から弓を射ること。⇔歩射ぶしゃ。❷馬上から弓を射る行事。朝廷では5月5日に行われた騎射の節せち、武家では流鏑馬やぶさめ・笠懸かさがけ・犬追物いぬおうものなどがある。うまゆみ。

きじ‐や【木地屋】キヂ 木地びきを職業とする家。また、その人。木地びき。木地師。

きしゃ‐かいけん【記者会見】クワイケン 官庁・企業・団体・著名人などがマスメディアの記者を集め、重要な発表を行うこと。

きしゃ‐がさ【騎射×笠】江戸時代、武士が騎射や馬での遠行のときに用いた竹製網代あじろ編みの笠。

きじ‐やき【×雉焼(き)】❶キジの肉を醤油とみりんにひたして焼いた料理。❷マグロ・カツオなどの切り身を、生姜しょうが汁などを加えた醤油にひたしてから焼いた料理。❸「雉焼き豆腐」の略。

きじやき‐どうふ【×雉焼(き)豆腐】豆腐を大きめに切り、塩をつけて焼き、熱い酒をかけた料理。雉焼き。

きしゃ‐きゅう【騎射宮】人馬宮じんばきゅうの異称。

き‐しゃく【希釈|×稀釈】〔名〕スル 溶液の濃度を溶媒を加えて薄めること。「塩酸を水で―する」

き‐じゃく【気×癪】《「きしゃく」とも》心配や驚きのために起こす癪。「一昨年の大地震、わしは―で床につき」〈浄・氷の朔日〉

き‐じゃく【帰寂】僧侶が死ぬこと。入寂。入滅。

き‐じゃく【着尺】和服1枚を仕立てるのに必要な反物たんものの長さと幅。⇔羽尺はじゃく。

きじゃく‐じ【着尺地】ヂ「着尺物」に同じ。

ぎじゃくっ‐せん【耆闍崛山】《梵 Gṛdhrakūṭaの音写。鷲峰じゅほうなどと訳》「霊鷲山りょうじゅせん」に同じ。

きしゃく‐ど【希釈度】溶液の濃度が薄められる程度。通常、溶質1モルが含まれる溶液のリットル数で表す。

きしゃく‐ねつ【希釈熱】溶液に溶媒を加えて薄めたときに発生または吸収する熱量。

きじゃく‐もの【着尺物】大人の着物を1枚仕立てるための反物。ふつう幅36センチ、長さ11.4メートルぐらいで、これを1反という。着尺地。

きしゃ‐クラブ【記者クラブ】国会や官公庁などで、取材する報道各社の記者が、共同会見などの取材活動や相互親睦のために組織した団体。また、その詰め所。

きしゃく‐りつ【希釈律】電解質溶液の希釈度と電離度との関係は、一般に弱電解質では希釈していくと電離度が大きくなるという法則。

きしゃく‐れいとう【希釈冷凍】ヘリウム3とヘリウム4の混合液が示す量子力学的な効果により、1ケルビンから10^{-3}ケルビン程度の極低温を得る冷却法。

きしゃ‐ご【細=螺|喜▽佐古】「きさご」の音変化。

きしゃてんぷくとうおよびどうちし‐ざい【汽車転覆等及び同致死罪】人が乗っている汽車・電車・船舶を、転覆・沈没させたり破壊したりする罪。刑法第126条が禁じ、無期または3年以上の懲役に処せられる。また、これによって人を死亡させた場合は、死刑または無期懲役に処せられる。汽車転覆罪。汽車転覆等致死罪。汽車転覆致死罪。

きしゃ‐の‐せち【騎射の節】平安時代、5月5日に、天皇が近衛このえ・兵衛ひょうえの武官の騎射を観覧した儀式。

きしゃ‐はさみもの【騎射挟み物】江戸時代、8代将軍徳川吉宗よしむねが復活させた流鏑馬やぶさめの一種。的に薄板の挟み物を用いたところからいう。

ぎしゃ‐ば・る【義者張る】〔動ラ五(四)〕堅苦しく筋を通そうとする。また、力みかえる。いばる。「真顔になって―・れば」〈露伴・新浦島〉

きしゃ‐ぽっぽ【汽車ぽっぽ】《「ぽっぽ」は汽笛の音》汽車をいう幼児語。

きしゃ‐やすで【汽車馬=陸】ババヤスデ科のヤスデ。体長約3.5センチ。肌色から朱色の地に褐色の横縞がある。日本特産で、長野県を中心に分布し、特に八ヶ岳山麓で周期的に大発生し、小海線の線路上にはい出して列車の進行を妨げることがある。

き‐しゅ【奇手】奇抜な手段。かわったやり方。「売り上げ倍増の―を放つ」

き‐しゅ【帰趣|帰×趨】「きすう(帰趨)」に同じ。「ふと予の殺人の動機に想到するや、予は殆ほとんど―を失いたるかの感に打たれたり」〈芥川・開化の殺人〉

き‐しゅ【記主】仏教で、その宗派の重要な経論について、規範的な注釈をした人。

き‐しゅ【起首】物事の起こり。はじめ。根源。

き‐しゅ【鬼手】囲碁・将棋などで、相手の意表をつくような奇抜な手。

き‐しゅ【寄主】▶宿主しゅくしゅ

き‐しゅ【亀手】亀の甲のように、ひびのきれた手。きんしゅ。「夏日は流汗し冬日は―して勤苦労働に役しつつある多数の貧乏人」〈河上肇・貧乏物語〉

き‐しゅ【期首】ある期間の初め。⇔期末。

き‐しゅ【貴種】高貴な家柄に生まれること。また、その人。

き‐しゅ【旗手】❶軍隊・団体の行進などで、そのしるしとなる旗を持つ人。❷思想・芸術などの運動で、その先頭に立って活躍する人。「革新運動の―」

き‐しゅ【機首】航空機の胴体の前頭部。

き‐しゅ【機種】❶航空機の種類。❷機械の種類。

き‐しゅ【騎手】❶馬に乗る人。❷競馬で、出場馬の乗り手。ジョッキー。

き‐じゅ【×耆儒】年とった儒者、また、学者。

き‐じゅ【喜寿】《「喜」の字の草体「㐂」が「七十七」に見えるところから》数え年77歳のこと。また、その祝い。喜の字の祝い。
[類語]志学・破瓜・弱冠・而立・不惑・知命・耳順・華甲・還暦・古希・致仕・傘寿・米寿・卒寿・白寿・厄年

ぎ‐しゅ【技手】❶官庁・会社などで、技師の下に属する技術者。❷旧制の官庁で、技師の下に属した判任官または判任官待遇の技術官。ぎて。

ぎ‐しゅ【義手】失った手の形状や機能を補うためにつける人工の手。

きしゅいそん‐もじ【機種依存文字】《「きしゅいぞんもじ」とも》コンピューターやオペレーティングシステムが独自に文字コードを割り当てるため、特定の環境でないと正しく表示されない文字。いわゆる文字化けを起こすことがある。

き‐しゅう【奇習】シフ 珍しい風習。奇妙な習慣。

き‐しゅう【奇襲】シフ〔名〕スル 相手の油断、不意をついて、思いがけない方法でおそうこと。不意打ち。「敵の背後から―する」「―攻撃」
[類語]急襲・不意討ち・だまし討ち

き‐しゅう【季秋】シウ ❶秋の末。晩秋。秋3か月の最後の月。❷陰暦で9月の称。

き‐しゅう【紀州】シウ 紀伊きい国の異称。

き‐しゅう【既修】シウ 大学などで、規定の学科や課程などをすでに修了していること。特に、法科大学院への入学希望者について、大学の法学部を卒業していること。⇔未修。

き‐しゅう【既習】シフ〔名〕スル すでに学習・習得していること。また、その事柄。「―した範囲から試験問題を

出す」
き-しゅう【貴州】中国南部の省。省都は貴陽。雲貴高原の東部に位置し、山がちで、水銀や木材を産し、稲作が行われる。ミャオ族など少数民族が多い。人口、3725万(2005)。コイチョウ。
き-しゅう【貴酬】相手を敬って、その人からの手紙に対する返事をいう語。あて名の脇付に書く。御返事。
き-しゅう【×箕×帚】▶きそう(箕帚)
き-しゅう【×羇愁｜×羈愁】旅先で感じる、もの悲しい思い。旅愁。客愁。
き-じゅう【奇獣】珍しいけもの。
き-じゅう【帰従】〔名〕スル つき従うこと。服従すること。帰服。「反旗を収めて一する」
き-じゅう【器×什】日常用いる、種々の家具や器具。什器。
き-じゅう【機銃】「機関銃」の略。
き-じゅう【騎銃】騎兵が用いる小銃。歩兵銃より銃身が短く軽い。
ぎ-しゅう【魏収】[506〜572]中国、北斉の学者。鉅鹿(河北省)の人。字は伯起。初め北魏、のち北斉に仕え、「魏書」を著した。
ぎ-しゅう【×艤舟】船出の用意をすること。ふなよそい。
ぎ-しゅう【×蟻集】・【×蟻×聚】〔名〕スル アリのように数多く群がり集まること。「内外の男女、一蟻屯して」〈織田訳・花柳春話〉
きしゅう-いぬ【紀州犬】日本犬の一。和歌山・三重地方に産する。中形で、毛色は主に白。頭は幅広く、首・尾も太い。感覚・動作とも鋭敏。猟犬・番犬用。
きじゅう-き【起重機】▶クレーン
きじゅうき-せん【起重機船】起重機を備え、水上での重量物の移動・運搬に用いる船。港湾での工事・造船などに使用する。移動式クレーンの一種。浮きクレーン。クレーン船。
きしゅう-け【紀州家】徳川御三家の一。徳川家康の第10子頼宣を祖とする。紀州藩の藩主で、55万5千石を領有した。8代将軍吉宗、14代将軍家茂などを出した。紀伊家。
きしゅう-しょう【貴州省】▶貴州
きし-ゆうすけ【貴志祐介】[1959〜　]小説家。大阪の生まれ。阪神・淡路大震災と多重人格障害をテーマとした「十三番目の人格 ISOLA」で作家デビュー。「黒い家」で日本ホラー小説大賞受賞。他に「青の炎」「硝子のハンマー」など。
きじゅう-そうしゃ【機銃掃射】機関銃の銃口を動かし、敵をなぎ払うように射撃すること。
きしゅう-ネル【紀州ネル】木綿のネルの通称。明治初期に、紀州の瀬戸重助が作り始めたところからいう。
きしゅう-みかん【紀州▽蜜×柑】ミカンの一品種。生育は遅いが大木になる。実は冬に黄赤色に熟し、香気が高く、酸味が少なく、種子が多い。中国の原産。和歌山地方で栽培され、明治中期以後にウンシュウミカンが普及する以前は代表的品種であった。こみかん。
ぎしゅう-もん【宜秋門】㊀平安京内裏外郭の門の一。西面の中門で、内郭陰明門の西に位置。右衛門府の詰め所があったので右衛門の陣ともいう。㊁京都御所の西面中央の門。皇族・公卿などが出入した。公卿門。
ぎしゅう-もんいん【宜秋門院】[1173〜1238]後鳥羽天皇の中宮。九条兼実の娘。名は任子。
ぎしゅうもんいん-の-たんご【宜秋門院丹後】鎌倉初期の女流歌人。宜秋門院に仕えた。歌は千載集・新古今集などにみられる。生没年未詳。
きしゅう-やき【紀州焼】▶偕楽園焼
きしゅう-りゅう【紀州流】紀州で伝わり発達した泳法。岩倉流・小池流・能島流など。紀州伝。
き-しゅく【帰宿】〔名〕スル ❶宿舎に戻ること。「そっと一するに相違ないわい」〈逍遥・当世書生気質〉❷議論・意見などがある結論に到達すること。帰着。「其の執る所の説は概して、皆極端の平等主義に一し」〈竜渓・経国美談〉
き-しゅく【×耆宿】《「耆」も「宿」も老、旧の意》学徳の優れた老人。老大家。「学界の一」(類語)権威・第一人者・泰斗・大家・巨匠・大御所・オーソリティー
き-しゅく【寄宿】〔名〕スル ❶他家に身を寄せて世話になること。「叔父の家に一する」❷寄宿舎に入って共同生活をすること。「県人寮に一する」❸「寄宿舎」の略。❹ある場所を借りて泊まること。「木の下に一人の修行の僧、一したりけるに」〈今昔・一五・二五〉
(類語)下宿・寄留
ぎ-じゅく【義塾】身分などにかかわりなく、一般の子弟も平等に教育を受けられるよう、寄付金などでつくられた塾。
きしゅく-しゃ【寄宿舎】学生・会社員などが、共同生活をする宿舎。寮。(類語)寮・宿舎・社宅・飯場・学寮
きしゅく-せい【寄宿生】寄宿舎に寝泊まりしている学生・生徒。寮生。
きしゅく-てあて【寄宿手当】雇用保険法に規定される求職者給付の一。雇用保険の被保険者が失業した際、公共職業安定所長の指示した公共職業訓練等を受けるため、その者が生計を維持している同居の家族・親族等と別居して寄宿する必要がある場合に、基本手当に加算して支給される。
きしゅく-にち【鬼宿日】暦注の一。二十八宿の鬼宿にあたる日。最吉日で、婚礼以外は万事に大吉とされる。
き-しゅつ【既出】すでに示されていること。「一の英単語」
き-じゅつ【奇術】❶観客にわからないような仕掛けで人の目をくらまし、いかにも不思議なことが起こったように見せる芸。手品。❷不思議なわざ。
(類語)手品・マジック
き-じゅつ【既述】〔名〕スル すでに述べたこと。前述。「この点は一したとおりである」
き-じゅつ【記述】〔名〕スル ❶文章にして書きしるすこと。また、書きしるしたもの。「見聞したことをつぶさに一する」❷《description》事物の特質を、事実そのままに正確かつ組織的にしるしのべること。(類語)叙述
き-じゅつ【×詭術】人を偽りだます方法・手段。
ぎ-じゅつ【技術】❶物事を取り扱ったり処理したりする際の方法や手段。また、それを行うわざ。「一を磨く」「高度な表現一」❷科学の研究成果を生かして人間生活に役立たせる方法。「先端一の導入」「産業界における一革命」
(類語)(❶)手並み・手腕・手の内・妙手・手際・手練・凄腕・技巧・技法・手法・技芸・技能・技量・腕・腕前・技・テクニック・メチエ/(❷)工法・製法・テクノロジー
ぎじゅつ-いてん【技術移転】高水準の技術を他へ移行すること。企業間・地域間・国際間で行われる。先進国から工業化をめざす開発途上国への移転など。
ぎじゅついてん-きかん【技術移転機関】大学・研究機関などで発明・開発した新技術を企業に仲介するための組織。研究成果を評価し、特許を取り、企業に紹介して、使用料を大学・研究者に還元する。助成金の交付、特許料の軽減などの優遇措置がある。TLO(technology licensing organization)。
ぎじゅつ-か【技術家】❶ある特定のわざにすぐれた人。❷「技術者」に同じ。
ぎじゅつ-かくしん【技術革新】❶生産技術が画期的に革新されること。❷▶イノベーション
ぎじゅつかてい-か【技術家庭科】中学校の教科の一。生活に必要な技術を習得させ、生活と技術との関係を理解させるとともに、生活に対する実践的態度などの養成を目標とする。
ぎじゅつ-きょういく【技術教育】生活や生産活動に必要な技術や知識を習得させる教育。
きじゅつ-げんごがく【記述言語学】言語学の一分野。ある言語について、時期・地域を限定し、歴史的な考慮を加えずにその諸相をありのままに記述しようとするもの。さらに言語構造についての一般的理論を打ち立てることもめざす。
きじゅつ-し【奇術師】奇術を職業とする人。手品師。
ぎじゅつ-し【技術士】科学技術に関して高度の専門的応用能力を必要とする事項について、計画・研究・設計・検査や指導を行う者。技術士試験に合格し、登録される者。
ぎじゅつ-しゃ【技術者】科学上の専門的な技術をもち、それを役立たせることを職業とする人。技術家。(類語)技師・エンジニア
ぎじゅつ-てき【技術的】〔形動〕❶技術に関係のあるさま。「一にすぐれた発明」❷実際の運営面に関するさま。「労使間で新制度の運用の一な折衝を行う」
きじゅつてき-かがく【記述的科学】動植物学・鉱物学などのように、事実の記述を主とする科学。➡説明的科学
きじゅつ-ぶんぽう【記述文法】説明文法・歴史文法に対するもので、一定の時期・場所における、ある言語の文法現象をありのままに記述するもの。
ぎじゅつ-りっこく【技術立国】産業技術・科学技術などを育成し、それらに基づいて国を発展・繁栄させていくこと。
きしゅ-ぶっしん【鬼手仏心】外科医は残酷なほど大胆に手術するが、それは患者を治そうとするやさしい心によるものだということ。仏心鬼手。
きしゅりゅうり-たん【貴種流離×譚】説話の類型の一。若い神や貴人が、漂泊しながら試練を克服して、神となったり尊い地位を得たりするもの。大国主命や日本武尊の説話など。
き-しゅん【季春】❶春の末。晩春。春3か月の最後の月。❷陰暦で3月の称。
き-じゅん【帰順】〔名〕スル 反逆や抵抗をやめて服従すること。帰服。「武器を捨てて一する」
(類語)屈従・服従・忍従・屈伏・帰服
き-じゅん【基準】物事の基礎となるよりどころ。また、満たさねばならない一定の要件。「作品評価の一」「設置一」➡標準(用法)
(類語)尺度・物差し・目安・拠り所・規準・標準・水準・レベル・定規・本位
き-じゅん【規準】思考・行為などの際、のっとるべきよりどころ。規範となる標準。「判断の一」
(類語)基準・規則・決まり・定め・規定・規程・条規・定則・規約・約束・規矩準縄・規律・ルール・コード・本則・総則・通則・細則・付則・概則・おきて
きじゅん-かい【基準階】高層建築などで、各階ともにほぼ同じ平面構成のとき、それらの代表とする階。
きじゅん-かがく【基準価額】投資信託の一口当たりの純資産価値のこと。信託財産の純資産総額を受益権口数で除した額で表す。組み入れている株式・公社債などの値動きによって変化し、投資信託の買付代金や解約による受取代金を算出する際の基礎となる。
きじゅん-かわせそうば【基準為-替相場】諸外国通貨との為替相場決定の基準となる特定の外国通貨との相場。日本では対米ドル相場。➡裁定為替相場
きじゅん-せん【基準線】建築・工作などの図面を描くとき、寸法・位置などの基準とする線。
きじゅん-ちか【基準地価】各都道府県が毎年7月1日現在の基準地の地価を調査し、国土交通省がまとめて9月中旬に発表する地価。住宅地、商業地、工業地など用途地域別に1平方メートル当たりの価格で示される。基準地標準価格。基準地価格。➡公示地価 ➡路線価 ➡地価LOOKレポート
きじゅん-でんきょく【基準電極】ある電極の電極電位を測定するために用いられる電極。電極電位の絶対値の測定は原理的に不可能なため、基準となる電極と組み合わせて電池をつくり、その起電力から電極電位を求める。電位が安定で再現性が高い水素電極やカロメル電極が使われる。参照電極。照合電極。基準半電池。
きじゅんない-ちんぎん【基準内賃金】所定労

働時間における労働に対して支払われる賃金。基本給・能力給・家族手当など。

きじゅん-はんでんち【基準半電池】▶基準電極

きじゅん-ひょうほん【基準標本】ヘウホン ▶タイプ標本

きじゅん-めん【基準面】地形図を作る場合の高さの基準とする面。陸上には東京湾の平均海面、海図では最低低潮面を用いている。

きじゅんらく【喜春楽】雅楽の舞曲。唐楽。黄鐘(おうしき)調で古楽の中曲。四人舞。隋の煬帝(ようだい)、陳の粛公また大安寺の安操の作という。寿心楽。寿春楽。弄殿(ろうでん)喜春楽。きすんらく。

きじゅんわりびきりつ-および-きじゅんかしつけりりつ【基準割引率及び基準貸付利率】日銀が金融機関に資金を直接貸し出す際の基準金利。基準となるべき割引率(基準割引率)及び基準となるべき貸付利率(基準貸付利率)として日本銀行法によって規定される。預金金利等が公定歩合と連動していた規制金利時代には、公定歩合が金融政策の代表的な政策金利として機能していたが、平成6年(1994)の金利自由化完了と共に連動性がなくなった。それに代わり無担保コールレート翌日物が日銀の政策金利として導入され、公定歩合は金融市場調節の誘導目標としてその上限の役割を示すことになった。公定歩合は政策金利としての意味合いを持たないという点から同18年8月、基準割引率及び基準貸付利率という名称に変更になった。

き-しょ【希書|×稀書】なかなか手に入らない珍しい書物。希覯本(きこうぼん)。(類語)稀覯本・珍書・珍本

き-しょ【奇書】珍しい書物。珍書。

き-しょ【寄書】〔名〕スル ❶手紙を書き送ること。また、その手紙。❷新聞・雑誌などに文章を寄せること。また、その文章。寄稿。投稿。「弾劾状を新聞に―してやる」〈魯庵・社会百面相〉

き-しょ【貴所】㊀〔名〕❶相手を敬って、その住所をいう語。❷貴人の居所。貴人の御前。「或る―より仰せを承りて」〈著聞集・一九〉㊁〔代〕二人称の人代名詞。あなたさま。あなた。中世までは尊敬の意を含んでいたが、近世以降は敬意が薄れ、同輩に用いるようになった。「―はそれほど鈍な故に諸国をめぐる事ぢゃ」〈咄・きのふはけふ・下〉

き-しょ【貴書】相手を敬ってその手紙や書物などをいう語。尊書。(類語)手紙・御状(ごじょう)・御書(ごしょ)・懇書・貴翰(きかん)・貴札(きさつ)・芳書・芳信・芳翰(ほうかん)・芳墨・尊書・尊翰(そんかん)・台翰(だいかん)・朶雲(だうん)

き-じょ【季女】ヂョ いちばん末の娘。すえむすめ。

き-じょ【鬼女】ヂョ ❶女の姿をしている鬼。❷心が鬼のようにむごい女。

き-じょ【貴女】ヂョ ㊀〔名〕《古くは「ぎじょ」とも》身分の高い女性。㊁〔代〕二人称の人代名詞。手紙文などで用い、女性に対する敬意を表す。あなた。

き-じょ【機女】ヂョ はたを織る女。はたおりめ。

き-じょ【機序】しくみ。機構。メカニズム。(類語)構造・造り・組み立て・骨組み・仕組み・成り立ち・構成・編成・組成・組織・機構・機制・体制・体系・結構・コンストラクション・システム・メカニズム

き-じょ【機×杼】ヂョ はたを織る用具。杼(ひ)。

ぎ-しょ【偽書】本物に見せかけた、にせの手紙・文書・書物や墨跡など。偽筆(ぎひつ)。

ぎ-しょ【義×疏】経典の意味・内容を解説した書。ぎそ。「法華―」「三経―」

ぎ-しょ【戯書】❶興にまかせて、おもしろ半分に書いた字や文章・書物。ざれがき。❷▶戯訓(ぎくん)

ぎしょ【魏書】中国の二十四史の一。後魏の歴史を記した書。北斉(ほくせい)の文宣帝の勅命で、魏収の撰。554年に成立。帝紀12、列伝92、志10の全114巻。後魏書。

ぎ-じょ【×妓女|▽伎女】ヂョ ❶芸妓(げいぎ)。また、遊女。❷平安時代、内教坊(ないきょうぼう)に所属して女舞(おんなまい)を行った女性。

ぎじょ【祇女】ギヂョ 平家物語に出てくる人物。祇王(ぎおう)の妹で、京都の白拍子(しらびょうし)。姉とともに嵯峨(さが)の往生院にはいり、尼となった。ぎにょ。

き-しょう【気性】シャウ ㊀〔名〕生まれつきの性質。気質。きだて。気象。「―が激しい」「さっぱりとした―」㊁〔形動〕性質がしっかりしているさま。気が強いさま。「―な奴だ、心配いたすな」〈円朝・怪談牡丹灯籠〉(類語)気質・性・性向・性情・気・性格・気象・気立て・気前・心ばえ・心根・心柄・情(じょう)・性格

き-しょう【気象】シャウ ❶大気の状態、および雨・風・雪など大気中で起こる諸現象。❷「気性㊀」に同じ。「上等の社会に立つ時は、―も自然に温和になり」〈鉄腸・雪中梅〉❸宇宙の根元的なものの作用により生じる形象。(類語)(❶)気候・天気・天候・陽気・日和・風土・季候・寒暖・寒暑・時候

き-しょう【希少|×稀少】セウ〔名・形動〕少なくて珍しいこと。きわめてまれなこと。また、そのさま。「今時―な存在」

き-しょう【奇×峭】セウ〔名・形動〕山などが険しくそびえ立っていること。また、物事がきわだって鋭いこと。また、そのさま。「越後境の連山、或は―、或は雄偉」〈蘆花・自然と人生〉「彼も一種の―な性格である」〈鴎外・ヰタ-セクスアリス〉

き-しょう【奇×捷】セフ「奇勝(きしょう)❶」に同じ。

き-しょう【奇勝】❶思いがけない勝利。また、思いもつかないような計略で勝つこと。奇捷(きしょう)。❷珍しい景色。すばらしい景色。景勝。「天下の―」(類語)(❷)景勝・形勝・絶勝・名勝・景色・美景・佳景・勝景・絶景・奇観・山紫水明・風物・近景・遠景

き-しょう【帰性】シャウ 仏語。迷いのない本性に帰ること。法性の真実に行き着くこと。

き-しょう【記章】シャウ 記念として参加者・関係者に与えるしるし。「従軍―」(類語)バッジ・略章

き-しょう【記章|×徽章】シャウ《「徽」は旗じるし、「章」は模様の意》職業・身分・所属などを示すために帽子や衣服などにつけるしるし。バッジ。

き-しょう【記×誦】〔名〕スル ❶記憶しておいて、そらで唱えること。暗唱。「今もなお―せるものが数十ある」〈中島敦・山月記〉❷暗記して唱えるだけで、理解したり実践したりはしないこと。「―の学」

き-しょう【起床】シャウ〔名〕スル 寝床から起き出すこと。「五時に―する」「―喇叭(らっぱ)」⇔就床(しゅうしょう)。(類語)離床・起きる・目覚める・覚醒(かくせい)する・目を覚ます・目が覚める・覚める・覚ます・起こす

き-しょう【起▽請】シャウ〔名〕スル《❸が原義》❶自分の言動に偽りのないことや約束に違背しないことを、神仏に誓って書き記すこと。また、その文書。❷「起請文❷」に同じ。「花川といへる女に―を書かせ」〈浮・一代男・三〉❸物事を発起し、その実行や順守を主君などに誓願すること。上申して、上級官司の裁可を請うこと。また、その文書。「大宰大弐従四位上藤原朝臣衛、四条の―を上奏す」〈続後紀・承和九年八月一五日〉(類語)約束・誓約・契約・誓う・確約・宣誓・公約・盟約・血盟・特約

き-しょう【毀傷】シャウ〔名〕スル 損ない傷つけること。「彼も此も―せられたり」〈鴎外・藤鞆絵〉

き-しょう【旗章】シャウ 旗につける図柄。旗じるし。また、国旗・校旗・軍旗などの総称。

き-しょう【×嬉笑|×嘻笑】セウ〔名〕スル 喜び笑うこと。「―にも相感じ怒罵にも相感じ」〈二葉亭・浮雲〉

き-しょう【×譏笑】セウ〔名〕スル そしり笑うこと。あざけり笑うこと。また、その笑い。「此三宝論を聴かば人誰か―せざらんや」〈西周・明六雑誌三八〉

き-じょう【机上|×几上】ジャウ 机の上。(類語)卓上

き-じょう【気丈】ヂャウ〔名・形動〕心がしっかりしていること。気持ちをしっかりと保つさま。気丈夫。「―な人」「悲しみをこらえ―に振る舞う」(類語)確(しっか)り・勝ち気・きかん気・負けん気・強気・向こう意気・鼻っ柱・鼻っぱし・負けず嫌い

き-じょう【気情】ジャウ 意地を張ること。気力で耐えること。「たった一飛びと思へども―も足も心ばかり」〈浄・宵庚申〉

き-じょう【軌条】デウ 線路。レール。

き-じょう【帰城】ジャウ〔名〕スル 城に帰ること。

き-じょう【器×仗】ヂャウ 武器。兵仗(へいじょう)。

き-じょう【機上】ジャウ 飛行機に乗っていること。また、飛行機の中。「―の人となる」

き-じょう【騎乗】〔名〕スル 馬に乗ること。「本命馬に―する」(類語)乗馬・騎馬

き-じょう【×鰭条】デウ 魚類のひれを支える線状の組織。担鰭骨(たんきこつ)から、ひれの外縁に向かって、平行または放射状に出ているもの。ひれすじ。

き-じょう【貴丈】ヂャウ〔代〕二人称の人代名詞。相手の男性を敬っていう語。近世、手紙文などで用いられた。「―御覧候はば、ひそかに御知らせ下さる可く候」〈芭蕉書簡・天和二年二月木因宛〉

き-じょう【貴嬢】ヂャウ〔代〕二人称の人代名詞。未婚女性である相手を敬っていう語。「―の御来訪を歓迎いたします」

ぎしょう【宜昌】ギシャウ 中国湖北省西部、揚子江北岸の河港都市。三峡の東の入り口に当たる。商業や鉄鋼・機械工業が盛ん。イーチャン。

ぎ-しょう【偽称】〔名〕スル 氏名・地位・職業などをいつわっていうこと。また、いつわりの氏名など。「身分を―する」

ぎ-しょう【偽証】〔名〕スル ❶いつわって証明や証言をすること。❷法廷などで、法律に従って宣誓した証人・鑑定人・通訳が、虚偽の陳述をすること。

ぎ-しょう【戯笑】セウ ふざけて笑うこと。たわむれ笑うこと。「稗官(はいかん)小説は、人の―に供し」〈中村訳・西国立志編〉

ぎ-しょう【擬傷】シャウ 地上に巣を作る鳥が、傷を負って飛べないでいるかのような動作をして侵入者の注意を引き、卵やひなから遠ざけようとする行動。

ぎじょう【義浄】ギジャウ [635〜713]中国、唐代の僧。斉州(山東省)の人。玄奘(げんじょう)を慕ってインドに行き、帰国後「華厳経」などを漢訳し、三蔵の号を賜った。著「大唐西域求法高僧伝」「大唐南海寄帰内法伝」など。

ぎ-じょう【儀×仗】ヂャウ ❶儀式に用いる装飾的な武具・武器。❷儀式。

ぎ-じょう【戯場】ヂャウ 芝居などを演じる場所。舞台。劇場。「詩歌管絃の―」〈田口・日本開化小史〉

ぎ-じょう【議定】ヂャウ〔名〕スル ❶合議して事を決めること。また、その評議。ぎてい。❷慶応3年12月9日(1868年1月3日)王政復古の際に置かれた官職。総裁・参与とともに三職の一。明治2年(1869)廃止。

ぎ-じょう【議場】ヂャウ 会議をする場所。会議場。

きしょう-えいせい【気象衛星】キシャウヱイセイ 地球の気象状況を観測する人工衛星。可視光線・赤外線を利用して雲や海面水温の分布などを観測し、上層風の流れなどの情報を地上局に送る。

きしょう-がく【気象学】キシャウ 大気の状態やその中で起こる諸現象を物理的・化学的に研究する学問。

きしょう-かち【希少価値|×稀少価値】キセウ 少なくて珍しいために生じる価値。「かつての日用品も今では―がある」

きしょう-きんぞく【希少金属|×稀少金属】キセウ ▶レアメタル

きしょう-けいほう【気象警報】キシャウ 重大な災害が起こるおそれがある気象の状態のときに、気象台が発表する警報。暴風雨・暴風雪・大雨・大雪のほか、高潮などの警報もある。

ぎしょう-げんしょく【議▽請減×贖】ギシャウゲンショク 律令制で、特別の身分の者が罪を犯した場合、その犯罪の実情をたずねて、奏請して勅裁を仰ぎ、減刑または贖罪(しょくざい)させたこと。

きしょう-こうがく【気象光学】キシャウクワウガク 光学現象を研究する気象学の一分科。暈(かさ)・虹・薄明など、大気中の光の散乱・屈折などを対象とする。

ぎしょう-ざい【偽証罪】宣誓した証人が、法廷などで虚偽の陳述をする罪。刑法第169条が禁じ、3か月以上10年以下の懲役に処せられる。(補説)自らの記憶と違うことをあえて述べると罪になるが、記憶違いなどで事実と異なることを述べても罪にならない。また、記憶と違うことを述べても、それが結果的に事実だった場合も罪にならない。

きしょう-さいがい【気象災害】キシャウ 気象現象が主

な原因となって生じる災害。洪水・風害・霜害・冷害・干害・雪害など。

きしょう-しゅ【希少種】日本の1991年版レッドリストで使用されていたカテゴリー項目の一。存在基盤が脆弱な種。絶滅の危険性は危急種よりも低い。略号はR(Rare)。(補説)1997年版以降では「準絶滅危惧」として分類されている。

きじょう-しゅっぱん【机上出版】▶デスクトップパブリッシング

ぎじょう-しょ【議定所】朝廷で政治上のことを評議した所。後醍醐天皇が元亨年間(1321～1324)に設置。

きしょう-せいし【起▽請誓紙】「起請文」に同じ。「恋の―といったような色っぽいものではなくて」〈秋声・仮装人物〉

きしょう-だい【気象台】気象の観測・資料収集・研究をし、天気予報・気象警報を出すなどの気象業務を行う機関。地震・火山などの観測も含む。

きしょう-だいがっこう【気象大学校】千葉県柏市にある気象庁幹部職員養成のための大学校。大正11年(1922)中央気象台付属測候技術官養成所として設立、昭和37年(1962)2年制の気象大学校となり、同39年に4年制に移行。

きしょう-ちゅういほう【気象注意報】災害が起こるおそれがある気象状態のときに、気象台が発表する注意報。風雨や霜・高潮のほか、濃霧・異常乾燥・雪崩などの注意報もある。

きしょう-ちょう【気象庁】国土交通省の外局の一。全国の気象・地震・火山などを観測して、その資料を収集・配布し、天気予報・気象警報を発表するなど、気象関係業務を担当する。昭和31年(1956)に中央気象台を昇格・改組したもの。

きしょう-ちょう【気象潮】気象の影響によって潮位が変動する現象。台風襲来時の高潮など。

きしょう-つうほう【気象通報】気象庁・管区気象台から気象観測の解析結果・予報・警報などを一般の人や特定の機関・団体などに知らせること。ラジオ・無線電信などを通じて行うほか、鉄道・電力などの関係機関には直接通報する。

きしょう-つぎ【起▽請継ぎ】紙を張り継ぐとき、第一紙の左端の表と第二紙の右端の裏が糊代となる、普通とは逆の張り継ぎ方。起請文で、前書きの白紙に牛王宝印を押した誓詞を張り継ぐとき、牛王宝印を尊んで上にしたことから。

きしょう-でんき【気象電気】▶大気電気

き-しょう-てん-けつ【起承転結】❶漢詩、特に絶句の構成法。第1句の起句で詩意を言い起こし、第2句の承句でそれを受け、第3句の転句で素材を転じて発展させ、第4句の結句で全体を結ぶ。起承転合。❷物事の順序や、組み立て。

き-しょう-てん-ごう【起承転合】▶起承転結

きしょう-どうぶつ【希少動物｜稀少動物】生息数が非常に少なく、絶滅の心配のある野生動物。日本では、イヌワシ・ノグチゲラ・ツシマヤマネコなど。

きじょう-の-くうろん【机上の空論】頭の中だけで考え出した、実際には役に立たない理論や考え。(補説)「砂上の楼閣」との混同で、「砂上の空論」とするのは誤り。

きしょう-はくしょ【気象白書】気象庁が毎年発表する報告書「気象業務はいま」の通称。気象庁の業務についての紹介と、最近の気象災害や地震・火山活動などの状況についてまとめられている。

きしょう-びょう【気象病】気象の変化に深いかかわりのある病気や症状。寒波期に脳出血、低気圧のときに神経痛・リウマチ、季節の変わり目に気管支喘息の発作が起きやすいことが知られている。気候病。

き-しょうぶ【黄菖蒲】アヤメ科の多年草。高さ約1メートル。葉は幅広の剣状。初夏、ハナショウブに似た黄色の大形の花を開き、実を結ぶ。ヨーロッパの原産。池のほとりや湿地に植え、野生化もしている。(季 夏)

き-じょうぶ【気丈夫】〔名・形動〕❶気持ちがしっかりしていること。また、そのさま。気丈。「いくら―な人でも病気には勝てない」❷頼りにするものがあって、心づよいこと。また、そのさま。心丈夫。「君さえいてくれたら―だ」(類語)確り・気丈・心丈夫

きじょう-プラン【机上プラン】まだ実行に移されていない計画。また、実際的ではない計画。デスクプラン。

ぎじょう-へい【儀仗兵】儀礼・護衛のために、天皇・皇族・高官や外国の賓客などにつけられる兵。

きしょう-もん【起▽請文】❶神仏への誓いを記した文書。誓いの内容を記した前書の部分と、違背した場合に神仏の罰をこうむることを記して神名を列記した神文の部分とからなる。平安末期からあり、南北朝時代以後盛んになった。熊野神社などの牛王宝印の守り札の裏を利用することが多い。誓文。誓紙。起請。起請誓紙。❷江戸時代、男女間の愛情の変わらないことを互いに誓い合って書いた文書。遊女が客に誠意を示す手くだとして用いた。起請。起請誓紙。

き-じょうゆ【生醤油】❶ほかの調味料などを混ぜたり、薄めたりしていない醤油。❷もろみをしぼったままで、熱を加えていない醤油。

きしょう-ようそ【気象要素】ある場所のある時刻での天気の特性を表す要素。気温・気圧・風向・風速・湿度・雲量・雲形・降水量など。

きしょう-よほうし【気象予報士】国家資格の一。気象庁から提供される気象データを総合的に判断し、気象予報を行う専門職。(補説)民間の気象会社は、現象の予想を気象予報士に行わせることが義務づけられている。

きしょう-レーダー【気象レーダー】雲の位置・雨域・雨の強さなどを調べる気象観測用のレーダー。波長3～10センチ程度のマイクロ波を発射し、雨滴などによる反射波を受信して測定する。

き-しょく【気色】❶心の状態が外面にあらわれたようす。顔色。表情。きそく。「―をうかがう」❷㋐あるものにいだく感じ。気持ち。気分。「爬虫類はあまり―のよいものではない」㋑病気などの身体的状態によってもたらされる気分。体調。容態。「―がすぐれない」㋒ある事柄に対する意向。内意。要望。「さるにてもこれへ、と御―ありければ」〈平家・二〉❸風や雲の動きに表れる大気のようす。きそく。「風雲の―常に違ふことあり」〈続紀・元正〉

(類語)感情・機嫌・気分・空気・表情・雰囲気・感じ・様子・気配・ムード・アトモスフィア・佇まい・におい・情・情感・心情・情緒・情緒・情調・情操・情念・情動・喜怒哀楽・気・気持ち・エモーション

気色が悪・い　❶気味が悪い。不快である。「理由もわからずにほめられると―・い」❷気分がすぐれない。「あんなものを見たんで、―・くなった」

き-しょく【基色】❶油絵などでカンバスに地塗りとして用いる色。白または黄などを用いる。❷絵のモチーフとなる色。

き-しょく【寄食】〔名〕スル 他人の家に身を寄せ、世話を受けること。居候。「叔父の家に―する」(類語)居候・寄寓・食客

き-しょく【喜色】うれしそうな顔つき。よろこんでいるようす。「―をあらわにする」(類語)笑顔・笑い顔・恵比須顔・にこにこ顔・地蔵顔・破顔・朗色・生色

き-しょく【貴職】㊀〔名〕高い位の官職。㊁〔代〕二人称の人代名詞。役人などを敬っていう。多く手紙や文書で用いる。

き-しょく【旗色】❶《旗の色はその軍隊を示すところから》立場。また、態度。「―を鮮明にする」❷戦いの形勢。はたいろ。

き-しょく【機織】はたを織ること。はたおり。

ぎ-しょく【偽色｜擬色】《false color》デジタルカメラでの撮影画像に生じる、撮影対象に本来ないはずの色。明暗差が激しい色の境目などで生じることが多い。

きしょく-まんめん【喜色満面】喜びを顔いっぱいに表すこと。

きじょ-ほう【帰除法】珠算で、九帰法を用いて行う除法。

き-しらじ【黄白地】白地に黄色の紋を染めた革で威した鎧。また、黄地に白の紋を染めた革で威した鎧。黄白地威。

キシラ-とう【キシラ島】《Kythira》▶キティラ島

き-じらみ【木虱】半翅目キジラミ科の昆虫の総称。体長2～4ミリ。体形はセミに似て、透明の翅をもち、前翅は楕円形。後脚がよく発達し、跳ねる。草木の茎・葉に群生して液を吸う。ナシキジラミ・クワキジラミなど。

きしり【軋り】❶きしること。また、その音。❷人と人との間の争い。軋轢。

きしり〔副〕❶物がきしんで鳴る音を表す語。「棚板が―と音を立てる」❷すきまなく詰まるさま。ぴったり。きっちり。「鬢先のみ―ととりまはしたるを」〈色道大鏡・二〉

き-じり【木尻】❶木の下端。木材の根に近いほうの部分。❷炉端の末席。横座(主人の座)の対面で、使用人などがすわる座。薪をここからくべるので、薪の尻が向くことから生じた名称。

ぎしり〔副〕❶物がきしんで鳴る、重く低い感じの音を表す語。「―と床が鳴る」❷すきまなく詰まるさま。ぎっちり。ぎっしり。「すずみ台―ーと人がふえ」〈柳多留・六〉

きしり-あ・う【軋り合う】〔動ワ五(ハ四)〕堅い物が互いに強くこすれ合って音を立てる。「荷車の車輪と心棒とが―・う」

キシリトール〖xylitol〗食品添加物の甘味料の一種。樹木の成分キシランが原料。ダイエットや虫歯予防に利用されている。

きし・る【軋る｜轢る｜輾る】〔動ラ五(四)〕❶堅い物が強くすれ合って音を立てる。きしむ。「雨戸の―・る音」❷すれ合わんばかりに近づける。「舷を―・り艫舳を双べたれば」〈太平記・一六〉❸かじる。かむ。「夜ごとに鼠が―・りけるが」〈咄・きのふはけふ・上〉

キジル〖Kizyl〗▶クズル

き-じるし【き印】「きちがい」を遠回しに言う語。

き-じるし【木印】占有者を標示するために切った木につける刻印。山じるし。切り判。

キシレン〖xylene〗芳香族炭化水素の一。ベンゼンの水素二つをメチル基で置換したもの。オルト・メタ・パラの3種の異性体がある。有毒で引火性のある無色透明の油状液体。石油の改質油から抽出される。塗料・有機溶剤・合成樹脂などの原料にする。化学式$C_6H_4(CH_3)_2$　キシロール。ザイレン。ジメチルベンゼン。

キシレン-じゅし【キシレン樹脂】メタキシレンとホルマリンとを硫酸の存在下で加熱して得られる熱硬化性樹脂。電気絶縁材・ゴム改良材などに利用。

きしろ・う【軋ろふ】〔動ハ四〕《動詞「きしる」の未然形に上代の反復・継続の助動詞「ふ」の付いた「きしらふ」の音変化》争う。せりあう。「人と―・ひそねむ心つかひ給ふな」〈源・若菜下〉

キシロース〖xylose〗ペントースの一種。木材・わら・竹などに含まれ、甘味がある。化学式$C_5H_{10}O_5$　木糖。

キシロール〖xylol〗▶キシレン

キシロカイン〖Xylocaine〗リドカインを主成分とする局所麻酔薬。商標名。

ぎじ-ろく【議事録】議事の内容・審議経過・議決事項などを記録したもの。会議録。

きじろ-ぬり【木地蝋塗(り)】漆芸の技法の一。透き漆を塗って素材の木目を生かす塗り方。

キシロホン〖ドイ Xylophon〗「木琴」に同じ。

ぎし-わじんでん【魏志倭人伝】魏志にある東夷伝の倭人に関する記事の通称。3世紀前半ごろの日本の地理・風俗・社会・外交などをかなり詳細に記述している、最古のまとまった文献。

きしわだ【岸和田】大阪府南西部の市。大阪湾に臨む。もと岡部氏の城下町。纖維・機械工業などが発達。人口19.9万(2010)。

きしわだ-し【岸和田市】▶岸和田

きしわだ-じょう【岸和田城】岸和田市にあった城。天正13年(1585)小出秀政が入封し修築。寛永17年(1640)以降岡部氏在城。千亀利城。

き-しん【忌×辰】「忌日」に同じ。

き-しん【紀信】中国、漢の武将。滎陽で漢の劉邦が楚の項羽に包囲されたとき、自ら漢王と称して楚に降り劉邦を逃れさせ、のち項羽に殺された。

き-しん【帰心】❶故郷やわが家に帰りたいと願う心。「一が募る」❷ある人を心から尊敬すること。心服。「一叛意は己が身の為なり」〈性霊集・三〉 類語 里心

帰心矢の如し　故郷やわが家に帰りたいと思う気持ちが非常に強い。

き-しん【鬼神】▶きじん(鬼神)

き-しん【寄進】〔名〕スル 神社や寺院に金銭や物品を寄付すること。類語 奉納・献納・奉献

き-しん【規×箴】いましめ。いさめ。

き-しん【×晷針】《「晷」は日かげの意》古代の日時計の一種。水平の台の上に一定の高さの柱を垂直に立て、その影の落ちる方角によって時間を計り、影の長短で季節・1太陽年の長さを知る。日晷儀。

き-しん【貴紳】身分と名声のある男子。貴顕紳士。

き-じん【奇人｜×畸人】性格や言行が普通とは異なっている人。変人。類語 変人・変物・変わり者・変わり種

き-じん【帰陣】〔名〕スル 自分の陣営に帰ること。戦場から帰ること。

き-じん【鬼神】《「きしん」とも》❶荒々しく恐ろしい神。おにがみ。また、化け物。変化。「断じて行えば一も之を避く」❷天地万物の霊魂。死者の霊魂と天地の神霊。「天地を動かし一を感ぜしめ」〈古今・真名序〉❸仏語。超人的な能力をもつ存在の総称。

鬼神に横道なし　鬼神❷は正道をはずれたことはしない。

き-じん【貴人】身分・地位の高い人。きにん。

き-じん【旗人】中国の清朝時代、八旗に属した者の総称。各種の特権と旗地が与えられた。➡八旗

き-じん【×麹×塵】《「きくじん」の音変化》黄色がかった緑色。「一の直垂に」〈平家・一〉

ぎ-しん【義心】正義のために尽くそうとする心。また、忠義の心。

ぎ-しん【義臣】忠義の心のあつい家臣。

ぎしん【義真】[781〜833]平安前期の天台宗の僧。延暦寺第1世座主。相模の人。最澄に師事し、随行して入唐。帰国後、延暦寺の建立に協力し、師の没後、戒壇院を設立。修禅大師。

ぎ-しん【疑心】❶うたがう心。うたがい。「一がつのる」「一を抱く」❷仏語。根本煩悩の一。仏教の真理に対して、まどいうたがう心。疑。
類語 疑い・疑問・疑義・疑惑・疑念・不審・懐疑・猜疑・狐疑・疑団・疑点・半信半疑

疑心暗鬼を生ず　《「列子」説符の注から》うたがう心が強くなると、なんでもないことが恐ろしく感じられたり、うたがわしく思えたりする。

ぎ-しん【議親】律令制の六議の一。天皇の五等親までの親族、太皇太后・皇太后の四等親までの親族、皇后の三等親までの親族に与えられた刑法上の特典。

ぎ-じん【義人】利害を顧みず、正義を重んじる人。

ぎ-じん【擬人】❶人間でないものを人間に見立てること。❷人間でないものに対し、法律上の人格を与えること。類語 たとえ・比喩・形容・象徴・比況・縮図

ぎしん-あんき【疑心暗鬼】「疑心暗鬼を生ず」の略。

ぎじん-か【擬人化】〔名〕スル 人間でないものを人間に見立てて表現すること。「動物を一した童話」

ぎじん-かん【擬人観】人間の特性を他の事物にあてはめ、人間と類似したものとして説明しようとする考え方。例えば、神が人間と同じような姿をして同じ言葉を使うと考えるような見方。

き-しんごう【黄信号】❶注意をうながす黄色い交通信号。❷憂慮すべき事柄が起こりそうであること。「業績に一が点滅している」

きしん-しばい【寄進芝居】江戸時代、社寺に収益を寄進するために行われた歌舞伎の興行。勧進芝居。

きしん-しゃ【起震車】地震の揺れを再現できる装置をもつ車両。多く、室内を再現した大型の箱と振動装置を備えており、揺れを体感することで防災に役立てるもの。

きしん-じょう【寄進状】社寺などに金品や領地を寄進するとき、その品目・趣旨などを記した文書。

きしん-じょうるり【寄進浄瑠璃】江戸時代、社寺に収益を寄進するために行われた浄瑠璃の興行。勧進浄瑠璃。

きしんちけい-しょうえん【寄進地系▽荘園】開発領主が国司の収奪から逃れるため、その所有地を中央の権門勢家や寺社に寄進することによって成立した荘園。11世紀ごろから多くなり、寄進者はそのまま現地の支配権を認められ、寄進を受けた者は国から不輸・不入の特権を得た。➡自墾地系荘園

き-しんど【気しんど】〔形動〕〔文〕〔ナリ〕気づかれのするさま。また、心苦しいさま。気の毒だ。「前から見て居るに、一でならぬ」〈浄・伊賀越〉

ぎしんなんぼくちょう-じだい【魏晋南北朝時代】中国で、後漢が滅亡し、魏・呉・蜀の三国が分立した220年ごろから、隋が全土を統一した589年に至る約370年間の時代。江南に興った南朝の四国と呉・東晋を合わせて六朝という。

きじん-の-うれえ【×杞人の憂え】▶杞憂

きじん-の-おまつ【鬼神のお松】江戸後期の女盗賊。文化・文政年間(1804〜1830)に越後の笠松峠に住んだといわれる。小説・戯曲・講談などに描かれ、歌舞伎狂言「新板越白浪」が有名。

ぎじん-ほう【擬人法】人間以外のものを人間に見立てて表現する修辞法。「鳥が歌う」「風がささやく」の類。➡活喩法

ぎじん-めい【擬人名】その外見・性質などの特徴によって与えた、人名のような呼び名。非常にやせている人を骨皮筋右衛門、好色な人を助平、ネズミを忠兵衛などという類。

きしんろん【起信論】「大乗起信論」の略。

きす【×鱚】スズキ目キス科の海水魚。沿岸の砂泥底にすむ。全長約30センチ。体は細長く、前方は筒形、後方は側扁する。背側は淡黄灰色で、腹側は白い。北海道以南に産し、シロギスともよぶ。近縁にはホシギス・アオギスなどがある。〔季 夏〕「一の背のうすき綱目の涼おぼゆ／林火」補説「鱚」は国字。

キス〖kiss〗〔名〕スル《「キッス」とも》❶接吻。口づけ。❷ビリヤードで、動いている玉と玉とが接触すること。類語 接吻・くちづけ・ベーゼ

き・す【帰す】㊀〔動サ五〕「き(帰)する」(サ変)の五段化。「灰燼に一・す」㊁〔動サ変〕「き(帰)する」の文語形。

き・す【規す】〔動サ変〕決まる。「列国の交際始て道理を以て相い一・するを得べし」〈竜渓・経国美談〉

き・す【期す】㊀〔動サ五〕「き(期)する」(サ変)の五段化。「将来に一・す」㊁〔動サ変〕「き(期)する」の文語形。

き・す【着す】〔動サ下二〕「きせる」の文語形。

き-ず【木酢】ユズ・ダイダイなどの果実の絞り汁。料理に酢として使用する。〔季 秋〕

き-ず【生酢】ほかの調味料を混ぜたり、薄めたりしていない酢。

きず【傷｜×疵｜×瑕】❶切る、打つ、突くなどして、皮膚や筋肉が裂けたり破れたりした部分。「深い一を負う」❷物の表面の裂け目や、欠けたりした部分。「レンズに一がつく」❸人の行為・性質・容貌などや物事の不完全な部分。好ましくない点。欠点。「怒りやすいのが玉に一」❹不名誉なこと。恥ずべきこと。汚点。「経歴に一がつく」❺心などに受けた痛手。「失恋の一をいやす」類語 (❶)怪我・手傷・生傷・古傷・向こう傷・傷病／(❸)難点・欠陥・短所・瑕・難・遜色
下接語 後ろ傷・打ち傷・掠り傷・刀傷・咬み傷・切り傷・刺し傷・擦り傷・弾傷・突き傷・手傷・生傷・古傷・無傷・向こう傷・矢傷・山傷・槍傷

瑕無き玉　完全無欠なもののたとえ。

瑕に玉　欠点の多い中に少しだけ美点があること。「玉に瑕」を逆に言ったもの。

傷持つ足　犯罪などの後ろ暗いところがあって、常に不安をいだいていることのたとえ。傷持つ脛。

疵を求む　《「韓非子」大体から》ことさらに人の欠点や過失を探し求める。毛を吹いて疵を求む。

ぎす【義須】ソトイワシ科の海水魚。全長約50センチ。体は細長くてキスに似るが、背びれの基底が著しく長い。背面は淡褐色、腹面は白色。北海道以南のやや深海に生息。上質のかまぼこの材料となる。

ぎす【螽＝蟖】キリギリスの別名。

ぎ・す【擬す】㊀〔動サ五〕「ぎ(擬)する」(サ変)の五段化。「次期社長に一・される」㊁〔動サ変〕「ぎ(擬)する」の文語形。

ぎ・す【議す】㊀〔動サ五〕「ぎ(議)する」(サ変)の五段化。「十分に一・さないままに採決した」㊁〔動サ変〕「ぎ(議)する」の文語形。

きず-あと【傷跡｜×疵痕】❶傷のついたあと。また、傷の治ったあと。「ほおに残る一」❷被害や損害などを受けた影響。「戦争の一」❸心などに受けた痛手のあと。「失恋の一」類語 傷痕

キス-アンド-ライド〖kiss and ride〗運転ができる家族の一人が、通勤・通学する家族を車で、近くの駅まで送り迎えすること。米国で、乗り降りのときキスをするところから生まれた語。

き-すい【汽水】淡水と海水がまじり合った塩分の少ない水。深く入り込んだ湾や河口部の海水。

き-すい【既遂】❶すでに、なし終わっていること。❷犯罪が完全に実現していること。⇔未遂。

きすい【帰綏】中国の内モンゴル自治区の都市フフホトの旧称。

き-ずい【気随】〔名・形動〕自分の思いのままに振る舞うこと。また、そのさま。好き勝手。気まま。「一が過ぎる」「自分の娘だったらこんな一なまねはさせない」〈実篤・その妹〉類語 勝手・わがまま・好き・自分勝手・手前勝手・身勝手・得手勝手・好き勝手・気任せ・ほしいまま・奔放・自由

き-ずい【奇×瑞】めでたいことの前兆として起こる不思議な現象。瑞相。吉兆。

き-すいえんこう【輝水鉛鉱】モリブデンと硫黄からなる鉱物。鉛灰色で金属光沢があり、極めて軟らかい。六方晶系。ふつう、葉片状や鱗片状結晶の集合体をなす。ペグマタイト・熱水鉱床中に産し、モリブデンの原鉱。

きずい-きまま【気随気×儘】〔名・形動〕勝手気ままに振る舞うこと。また、そのさま。わがまま勝手。「一に生きる」

きすい-こ【汽水湖】汽水からなる湖。海と連絡しているものが多い。サロマ湖、浜名湖、中海と宍道湖など。

き-ずいしょう【黄水晶】淡黄色で透明な水晶。黄色は結晶中に不純物として鉄を含むことによる。宝石の代用や印材に利用。シトリン。

き-ずいせん【黄水仙】ヒガンバナ科の多年草。葉は剣状。春、濃黄色の花を横向きに開く。南ヨーロッパの原産で、江戸末期に渡来。観賞用。ジョンキル水仙。〔季 春〕「突風や算を乱して一／汀女」

きすい-はん【既遂犯】既遂❷となった犯罪。

きすい-ぶんりき【汽水分離器】蒸気機関などの水蒸気中の水滴を取り除くための装置。

ぎ-すいり【偽推理】無意識的な誤った推理。意識的な詭弁とは区別される。論過。

き-すう【奇数】二で割り切れない整数。⇔偶数。

き-すう【帰×趨】〔名〕スル 物事が最終的に落ち着くこと。行き着くところ。帰趣。「勝敗の一を見とどける」「人心の一するところを知らない」
類語 帰着・帰結・帰する・結果

き-すう【基数】❶記数法で基礎となる数。十進法では、0〜9の整数。❷自然数の機能のうち、物の個数をかぞえるときに使う数。❸集合で、要素の個数。計量数。計数。濃度。カーディナル数。

き-すうし【基数詞】数詞の一。物事の数量を表す

もの。「一ち」「二つ」「三個」などの類。⇔序数詞。
きすう-ほう【記数法】ﾃﾞ 数字を使って数を表す方法。一般には、アラビア数字を使った十進法による位取り記数法が用いられる。
キスカ-とう【キスカ島】ﾀｳ《Kiska》米国アラスカ州、アリューシャン列島西部のラット諸島にある火山島。第二次大戦の日本と連合軍との激戦地。
き-ずき【生×漉き】《「きすき」とも》コウゾ・ミツマタ・ガンピだけを原料にして紙をすくこと。また、その和紙。
きずき-あ・げる【築き上げる】ｷｽﾞｷ〔動ガ下一〕図きづきあ・ぐ〔ガ下二〕❶土石などを積み上げて、建造物を完成させる。「城壁を—・げる」❷財産や体制などを作り上げる。「苦労を重ねて—・げた会社」
きずき-がみ【生×漉き紙】生漉きの紙。
ぎす-ぎす〔副〕ｽﾙ ❶やせていて、やわらかみやふくらみに乏しいさま。「—したからだつき」❷親しみにくいさま。無愛想で、冷たい感じがするさま。「—した世の中」「性格が—している」
き-すぐ【生▽直】〔形動〕図〔ナリ〕《「きすく」とも》まじめで堅苦しいさま。きまじめ。「—な人」
き-ず・く【築く】ｷﾂﾞ〔動カ五(四)〕《「城き築つく」の意》❶土石などを積み上げてつくる。「堤防を—・く」❷体制・地位・財産などをしっかりとつくる。「政界に確固たる地位を—・く」「巨万の富を—・く」(可能)きずける
(補説)本来は、土や石などを積み重ね、固めてつくる意の「杵き築つく」で、この「杵」が後に「城き」と意識されてできた語か。(類語)作る・拵こしえる・仕立てる・形作る・作り出す・作り上げる・仕立て上げる・誂あつらえる
きず-ぐすり【傷薬|×疵薬】外傷につける薬。
きず-ぐち【傷口|×疵口】《「きずくち」とも》❶皮膚の破れ目や裂け目。「—を縫う」❷人に触れられたくない過去の過ち。「人の—に触れるような言い方」❸物事のうまくいかない部分。「損失を取り返そうとして、かえって—を広げる」
きすけ【喜助】江戸時代、吉原の遊郭で雑用をした若い者の通称。「これ—、どうぞ裏口へ回してよいやうにしてくれろ」〈洒・客者評判記〉
き-すげ【黄×菅】ユウスゲの別名。(季 夏)
ぎすけ-に【儀助煮】小魚類を干したあと甘からく煮て、芥子けしの実・のりなどをかけ、焙炉ほいろで乾かした食品。明治中期に福岡の宮野儀助が始めたという。
きす-ご【×鱚子】関西・四国地方で、魚キスのこと。
きず-つ・く【傷付く|×疵付く】❶〔動カ五(四)〕❶負傷する。けがをする。「—・いた足が痛む」❷物の表面に傷ができる。物の一部が損なわれる。「壁が—・く」❸人の感情などが損なわれる。「プライドが—・く」❷〔動カ下二〕「きずつける」の文語形。(類語)負傷・手負い・死傷・痛む・壊れる・損ずる・損傷する・毀損きそんする・汚損する・損耗する・磨損する・腐る
きず-つ・ける【傷付ける|×疵付ける】〔動カ下一〕図きずつ・く〔カ下二〕❶傷を負わせる。けがをさせる。「あやまって相手を—・ける」❷物の表面に傷を生じさせる。物の一部を損なう。「レンズを—・けないよう注意する」❸人の感情などを損なう。「体面を—・ける」「人を—・ける発言」
(類語)傷害・刃傷・壊す・破壊する・損壊する・毀損きそんする・破損する・損傷する・損ずる・損そこなう・毀こぼつ・欠く・砕く・割る・破る・崩す・潰つぶす
き-すて【着捨て】《「きずて」とも》衣類などを、着られるだけ着て捨てること。また、その衣類。
き-す・てる【着捨てる】〔動タ下一〕図きす・つ〔タ下二〕❶衣服を着られるだけ着て惜しげもなく捨てる。「Tシャツをひと夏だけで—・てる」❷脱いだ衣服をそのままにしておく。脱ぎ捨てる。「子供の—・てた服が散らばっている」
きず-とがめ【傷×咎め|×疵×咎め】手当てのしかたが悪かったりして、傷が悪化すること。
きずなｷｽﾞﾅ JAXA(宇宙航空研究開発機構)と情報通信研究機構が共同開発した通信衛星WINDSｳｲﾝｽﾞの愛称。平成20年(2008)2月に打ち上げ。アジア・太平洋地域の離島や山間地域における高速・大容量のデータ通信サービスの提供、災害時の通信手段の確保、遠隔診断などを目的とする。一般家庭向けに下り155Mbps、上り6Mbps、直径5メートルクラスのアンテナを利用すると、最大1.2Gbpsのデータ通信を行うことができる。
き-ずな【×絆|×紲】ｷｽﾞﾅ ❶人と人との断つことのできないつながり。離れがたい結びつき。「夫婦の—」❷馬などの動物をつないでおく綱。
(類語)かかわり・かかりあい・ゆかり・縁え・縁えにし・よしみ・関係・つながり・縁故・縁由・つて
きず-ホルモン【傷ホルモン】動植物体に傷がついたときに、その傷口の細胞から分泌され、新しい細胞の生長や増殖を促すホルモン性の物質。
キス-マーク《和 kiss＋mark》❶強くキスをされたあとにできる、あざ。❷手紙などにしるした唇の形の口紅の跡。
き-ずまし【生澄まし】水に醤油だけを入れ、だしを加えないで作ったすまし汁。
きす・む【▽蔵む】〔動マ四〕大切におさめる。「頂いただきに—・める玉は二つなしかにもかくにも君がまにまに」〈万・四一二〉
きず-もの【傷物|×疵物】傷のついた物。また、傷のある不完全な物。
き-ずり【木×摺り】塗り壁の下地用に、幅3センチ程度の板を少しずつ間隔をあけて取り付けたもの。
キスリング〘ﾄﾞｲﾂ Kissling〙縦長で、横に二つのポケットのついた、口を巾着きんちゃく型に縛る大型のリュックサック。スイスの袋物職人キスリングが考案した。
キスリング〘Moïse Kisling〙[1891〜1953]ポーランド生まれの画家。エコール-ド-パリの一人。明るい色彩で、哀愁を帯びた女性像・風景・静物を描いた。
き・する【帰する】〔動サ変〕図き・す〔サ変〕❶あるところに落ち着く。最後にはそうなる。「すべての努力が水泡に—・した」❷罪・責任などを他の人や物のせいにする。なすりつける。負わせる。「責任を部下に—・する」❸従う。「悪をしりぞけて善に—・するなり」〈愚管抄・一〉❹信仰するようになる。帰依きえする。「法相大乗の宗を—・す」〈平家・七〉
(類語)帰着・帰結・帰趨・結果
帰する所ところ　ゆきつくところ。つまり。結局。「言っていることは、—みな同じだ」
き・する【記する】〔動サ変〕図き・す〔サ変〕❶書きとめる。しるす。「碑文に—・する」❷しっかりと記憶する。「心に—・する」
(類語)認したためる・書く・記す・書き表す・書き立てる
き・する【期する】〔動サ変〕図き・す〔サ変〕❶前もって期限や時刻を定める。「正午を—・して決起する」❷期待する。「生還は—・しがたい」❸心に誓う。約束する。「必勝を—・する」「再会を—・する」
ぎ・する【擬する】〔動サ変〕図ぎ・す〔サ変〕❶見立てる。なぞらえる。「山水に—・した庭園」❷決定していないことなどを、仮に当てはめてみる。「次期総裁に—・せられる」❸刀などを突きつける。あてがう。「背に銃を—・する」
(類語)たとえる・なぞらえる・見なす・見たてる
ぎ・する【×艤する】〔動サ変〕図ぎ・す〔サ変〕船出の用意をする。艤装する。「渡場には老船頭が舟を—・して自分を待っている」〈花袋・野の花〉
ぎ・する【議する】〔動サ変〕図ぎ・す〔サ変〕集まって互いに意見を出し合う。相談する。「善後処置を—・する」
きせ【▽被】裁縫で、縫い目が表から見えないように糸道にそって深く折ったときの、縫い目から折り山までの部分。折りきせ。「—をかける」
き-せい【気勢】何かをしようと意気込んでいる気持ち。盛んな意気。「—をあげる」「—をそがれる」
(類語)意気込み・熱意・熱気・景気
気勢が上が・る　気分が盛り上がる。「決勝戦を控えて選手の—・る」
き-せい【希世|×稀世】世にまれなこと。世にまれなほどすぐれていること。希代。「—の英雄」
き-せい【奇正】奇抜な方法と正当な方法。また、兵法で、奇襲と正面攻撃。「—剛柔あらゆる手段を尽して見たが」〈鴎外・灰燼〉
き-せい【奇声】奇妙な声。変な声。「—を発する」
き-せい【祈誓】〔名〕ｽﾙ 神仏にいのって誓いを立てること。
き-せい【祈請】〔名〕ｽﾙ 神仏にいのって加護を願うこと。「航海の安全を—する」
き-せい【季世】終局の世。末世まつせ。「既に古人に及ばざる—の人なれば」〈福沢・文明論之概略〉
き-せい【既成】すでにできあがっていること。「—の概念」
き-せい【既▽済】▶きさい(既済)
き-せい【既製】注文に応じて作るのではなく、製品としてすでにでき上がっていること。出来合い。レディーメード。(類語)出来合い・レディーメード
き-せい【帰省】〔名〕ｽﾙ 郷里に帰ること。また、郷里に帰って父母を見舞うこと。帰郷。「墓参りに—する」「—客」(季 夏)「なつかしや—の馬車に山の蝶/秋桜子」(類語)帰郷・里帰り・帰国・帰還・帰京・帰参
き-せい【記性】記憶する能力。「勤めて鈔録を為し、—の不足を補いし人なり」〈中村訳・西国立志編〉
き-せい【寄生】〔名〕ｽﾙ ❶ある生物が他の生物の体表に付着または体内に侵入し、そこから栄養をとって生活すること。付着または侵入されて害を受けるほうを宿主しゅくしゅという。「回虫は人体に—する」❷他の働きなどに頼り、生きていくこと。「芸能界に—する」
き-せい【規正】〔名〕ｽﾙ 規則に従って、悪い点を正し改めること。「不均衡を—する」「政治資金—法」
(類語)直す・改める・正す・訂する・修正する・是正・改善・改良・改正・補正・訂正・修訂・改訂・補訂・補綴ほてつする・手直し・手を入れる・手を加える
き-せい【規制】〔名〕ｽﾙ ❶従うべききまり。規定。❷規則に従って物事を制限すること。「集団行動を—する」「交通—」(類語)抑制・統制・管制・抑止・牽制・留め立て・支配・束縛・拘束・縛る・制約
き-せい【規整】〔名〕ｽﾙ 規律を立てて物事を正しくととのえること。「風紀を—する」
き-せい【期成】ある物事をなしとげようと決意すること。
き-せい【棋勢】囲碁・将棋で、局面の形勢。
き-せい【棋聖】❶囲碁・将棋で、技量の特にすぐれた人。❷囲碁・将棋で、棋聖位に与えられる称号。棋聖戦の勝者がタイトルを獲得する。将棋は昭和37年(1962)、囲碁は同51年に創設。❸江戸末期の棋士、天野宗歩あまのそうほのこと。
き-せい【機制】仕組み。機構。「心理—」
(類語)構造・造り・組み立て・骨組み・仕組み・成り立ち・構成・編成・組成・組織・機構・機序・体制・体系・結構・コンストラクション・システム・メカニズム
き-ぜい【亀×筮】「亀卜きぼく」に同じ。
ぎ-せい【×妓生】「キーサン」を日本語読みした語。
ぎ-せい【偽製】〔名〕ｽﾙ にせものをつくること。また、そのもの。偽造。
ぎ-せい【擬声】他人の声や動物の声をまねること。また、その声。
ぎ-せい【擬制】実質の異なるものを、法的取り扱いにおいては同一のものとみなして、同一の効果を与えること。失踪しっそう宣告を受けた者を死亡したものとみなすなど。⇨推定
ぎ-せい【擬勢|義勢】❶意気込み。また、見せかけだけの勢い。強がり。虚勢。「若気とはいえ詰らぬことに—張り」〈露伴・いさなとり〉❷動物が敵を脅すために、体色を変化させたり、毛を逆立てて体を大きく見せたりすること。
ぎ-せい【擬製】〔名〕ｽﾙ 本物をまねて作ること。また、作った物。
ぎ-せい【犠牲】❶神、精霊などをまつるときに供える生き物。いけにえ。❷ある目的のために損失となることをいとわず、大切なものをささげること。また、そのもの。「道義のために地位も財産も—にする」「—を払う」❸災難などで、死んだり負傷したりすること。「戦争の—となる」
(類語)いけにえ・償い・代償・えじき・好餌・捨て石
ぎ-せい【議政】討議によって政治を行うこと。また、

議論して立法すること。「一国の政(まつりごと)は一と行政の二様に分れ」〈福沢・福翁百話〉

きせい-かざん【寄生火山】▶側火山(そっかざん)

ぎせい-かん【議政官】明治初期の立法機関。慶応4年(1868)閏4月設立。上局・下局で構成されたが、有効な機能を果たせずに翌年5月廃止。

きせい-かんわ【規制緩和】主に経済を活性化するために、政府や自治体が認可や届け出などの規制を緩めること。

きせい-きょせい【寄生去勢】寄生された宿主の生殖巣が破壊されたり性徴に変化をきたしたりすること。フクロムシに寄生されたイソガニ・アブラガニの雄が雌のようになるなど。

ぎせい-ご【擬声語】動物の音声や物体の音響を言語音によって表した語。「わんわん」「ざあざあ」「がらがら」の類。広義には擬態語を含めていうことがある。擬音語。➡擬態語 (類語)擬音語・擬態語・オノマトペ

きせい-こうしょう【気成鉱床】気成作用で形成された鉱床。気成鉱物のほか、錫石(すずいし)・タングステン鉱物などを産出。

きせい-こうぶつ【気成鉱物】気成作用でできた鉱物。電気石・蛍石・黄玉など。

きせい-こん【寄生根】寄生植物が他の植物の体内に侵入して養分を吸収するために形成する根。吸根。

きせい-さっか【既成作家】すでに名を成し、地位を確立している作家。

きせい-さよう【気成作用】マグマ固結の末期に、マグマから分離した高温のガス成分によって鉱物が生成したり岩石が変質したりする作用。

きせい-し【帰省子】いつもは親元を離れていて、一時的に帰省した人。(季 夏)

きせい-じじつ【既成事実】すでに起こってしまっていて、承認すべき事柄。

きせい-じぬし【寄生地主】農民に土地を貸し付けて小作料を取り立てるだけで、自らは農業にたずさわらない土地所有者。日本では、第二次大戦後の農地改革で解体されるまで存続した。

ぎせい-じはく【擬制自白】民事訴訟の口頭弁論または準備手続きにおいて、当事者の一方が自分にとって不利な相手方の主張した事実を争わず、または口頭弁論期日に出頭しないことにより、自白したものとみなされること。また、その自白。

ぎせい-しほん【擬制資本】公社債・株券・土地価格など、現実の資本ではないが、それから利子・配当や地代などの収益を得られることから資本とみなされるもの。架空資本。

ぎせい-しゃ【犠牲者】事件や事故により、生命を失うなどの重大な損害を受けた人。

きせい-しょくぶつ【寄生植物】寄生生活をする植物。ふつう、活物寄生する高等植物をさす。寄生しながら光合成も行うヤドリギ・ツクバネなどと、全く光合成を行わないナンバンギセルなどとがある。

きせい-せいとう【既成政党】政策をもってすでに活動している政党。特に、議会に議席を有している政党。

きせい-せん【棋聖戦】❶囲碁の七大タイトル戦の一。昭和51年(1976)創設。決勝戦は七番勝負で行われ、勝者は棋聖のタイトルを手にする。連続10期以上タイトルを獲得した棋士は現役で、連続5期または通算10期獲得した棋士は現役で60歳以上に達したときまたは引退時に、名誉棋聖を名乗ることができる。❷将棋の七大タイトル戦の一。昭和37年(1962)創設。五番勝負で行われ、勝者は棋聖のタイトルを手にする。通算で5期以上、棋聖のタイトルを獲得した棋士には永世棋聖を名乗る資格が与えられる。

ぎせい-だ【犠牲打】野球で、バントまたはフライによって、打者自身はアウトになるが、走者が進塁または得点しえた打撃で、打数に算入されないもの。犠打。サクリファイス-ヒット。

きせい-ちゅう【寄生虫】❶寄生生活をする小動物。体内に寄生する回虫・蟯虫(ぎょうちゅう)・肺吸虫・条虫などの内部寄生虫と、体表に寄生するノミ・シラミ・ダニなどの外部寄生虫があるが、前者をさすことが多い。❷自分では働かず、他人に依存して生活している者。「業界の一」

きせいちゅう-びょう【寄生虫病】寄生虫が体内に寄生したために起こる病気。回虫症・鉤虫(こうちゅう)症・日本住血吸虫症・肝吸虫症など。

ぎせい-てき【犠牲的】〔形動〕自分の利益・生命などを投げ出して、他人のために尽くすさま。「一な精神」

きせい-どうとく【既成道徳】社会一般に通用している道徳的判断や慣習。

ぎせい-どうふ【擬製豆腐】ゆでてつぶした豆腐に、卵や野菜などを加えて調味し、焼いたり蒸したりした料理。ぎせどうふ。

きせい-どうめい【期成同盟】同じ目標の実現に向かって、結束して活動する人々の組織。

きせい-ばえ【寄生×蠅】ヤドリバエの別名。

きせい-ばち【寄生蜂】ハチのうち、他の昆虫やその卵に産卵し、卵からかえった幼虫がそれを食べて成長するもの。タマバチ・コバチ・ヒメバチ・コマユバチ・ツチバチなど。害虫の天敵として重要。やどりばち。きせいほう。

ぎせい-バント【犠牲バント】野球で、打者が、自分はアウトになる代わりに走者を進塁させるために行うバント。

きせい-ひん【既製品】既製の品物。出来合いの品。

きせい-ふく【既製服】既製の洋服。注文服に対して、出来合いの量産品をいう。

ぎせい-フライ【犠牲フライ】野球で、打者がフライを打ってアウトになっても、野手の捕球後、走者が得点または進塁した場合の、その飛球。犠牲飛球。犠飛。

きせい-ほんせん【紀勢本線】三重県の亀山から新宮(しんぐう)を経て和歌山市に至るJR線。紀伊半島を海岸沿いに走る。昭和34年(1959)全通。全長384.2キロ。

ギゼー〖Gizeh〗▶ギザ

き-せかい【器世界】「器世間(きせけん)」に同じ。

きせ-かえ【着せ替え】着せ替えること。他の人や人形などが着ている衣服を他の衣服と取り替えること。「子供の一をする」「一人形」

きせかえ-にんぎょう【着せ替え人形】洋服を着せ替えることができる、玩具の人形。

きせ-か・える【着せ替える】〔動ア下一〕文きせか・ふ〔ハ下二〕人や人形などが着ている衣服を、他の衣服と取り替える。

きせ-か・ける【着せ掛ける】〔動カ下一〕文きせか・く〔カ下二〕❶衣類を着せるために、からだにかぶせる。「コートを一・ける」❷責任・罪などを他人に負わせる。「人ニ罪ヲ一・ケル」〈和英語林集成〉

きせ-がわ【黄瀬川｜木瀬川】静岡県東部の川。御殿場付近に源を発して南流し、沼津市と清水町との境で狩野(かの)川に注ぐ。長さ約32キロ。下流にあった黄瀬川宿は治承4年(1180)源頼朝・義経の対面の地。

き-せき【奇石】珍しい形・色をした石。

き-せき【奇跡｜奇×蹟】❶常識で考えては起こりえない、不思議な出来事・現象。「一が起こる」「けががなかったのが一だ」❷キリスト教など、宗教で、神の超自然的な働きによって起こる不思議な現象。
(類語)異変・珍事・変事・ハプニング・非常・緊急・急難・事変

きせき【奇蹟】文芸同人雑誌。大正元年(1912)9月創刊。翌年5月終刊。舟木重雄・広津和郎(ひろつかずお)・葛西善蔵(かさいぜんぞう)・谷崎精二らが中心。

き-せき【軌跡】❶車輪の通った跡。轍(わだち)。❷先人の行いの跡。❸ある人や物事がたどってきた跡。「作家の心の一をたどる」❹数学で、点が一定の条件に従って動くときに描く図形。例えば、定点から一定の距離を保ちながら動く点の軌跡は円となる。

き-せき【帰籍】〔名〕スル「復籍」に同じ。

き-せき【鬼籍】死んだ人の名や死亡年月日を書きしるす帳面。過去帳。点鬼簿。

鬼籍に入(い)・る　死んで鬼籍に名を記入される。死亡する。(補説)この句の場合、「入る」を「はいる」とは読まない。

き-せき【貴石】宝石。また、そのうち、希少性のあるもの。ダイヤモンド・ルビー・サファイアなど。

き-せき【輝石】カルシウム・マグネシウム・鉄などを含む複雑な珪酸塩(けいさんえん)鉱物。斜方晶系に属する斜方輝石と、単斜晶系の単斜輝石とがある。火成岩・変成岩の重要な造岩鉱物。

ぎ-せき【×妓籍】芸者としての籍。

ぎ-せき【偽籍】古代、調・庸をのがれたり口分田の班給を有利にしたりするため、戸籍を偽ること。

ぎ-せき【擬石】セメント・顔料・砂・砕石などを材料にして、天然石に似せてつくった人造石。

ぎ-せき【議席】議場で議員が座る席。また、議員としての資格。「一を得る」「一を失う」

きせき-あんざんがん【輝石安山岩】輝石を斑晶(はんしょう)として含む安山岩。日本で最も普通の火山岩。

きせき-げき【奇跡劇】キリストまたは使徒・聖者などの行った奇跡や行為を題材とした宗教劇。中世ヨーロッパで演じられた。

きせき-てき【奇跡的】〔形動〕常識では考えられないような不思議なさま。「一に命が助かる」

き-せきれい【黄×鶺×鴒】スズメ目セキレイ科の鳥。全長約20センチ。背面は灰色、腹面が黄色で、白い眉斑がある。水辺をせわしく動き回って餌をとり、長い尾を上下に振る。日本では、留鳥として主に渓流沿いにすむ。(季 秋)

き-せけん【器世間】仏語。人間などの生き物のよりどころとなる大地・山河など有情(うじょう)を入れる器(うつわ)の意でいう。器世界。

きせず-して【期せずして】〔連語〕思いがけず。偶然に。「一同じ列車に乗り合わせる」

き-せつ【気節】❶気概があって、節操の固いこと。「一に乏しい」❷気候。季節。

き-せつ【季節】❶1年を天候の推移に従って分けたときの、それぞれの区切り。温帯では春夏秋冬の四季があり、熱帯では乾季と雨季がある。「一の移り変わり」「一の食物」❷時期。シーズン。「行楽の一」「受験の一」(類語)(❶)時季・時節・時候・候・四季・四時(しじ)・春夏秋冬・折節(おりふし)・シーズン

き-せつ【既設】すでに設置、建設されていること。「一の機関」

き-せつ【期節】折。時期。季節。「人間の生涯中尤(もっと)も難有(ありがた)い一」〈漱石・吾輩は猫である〉

き-せつ【×羈×紲｜×羈×絏】❶手綱。また、おもがいと手綱。❷つなぎとめること。また、その物事。拘束。「再び帰らねばならぬ女の心に一の苦しみを与う」〈漱石・草枕〉

き-ぜつ【気絶】〔名〕スル一時的に意識を失うこと。失神。「ショックのあまり一する」(類語)失神・悶絶・人事不省

き-ぜつ【奇絶】〔名・形動〕きわめて珍しいこと。すばらしいこと。また、そのさま。「なある程こりゃ一ですね」〈漱石・坊っちゃん〉

ぎ-ぜつ【義絶】〔名〕スル❶親子・兄弟など、肉親との関係を絶つこと。「(親ヤ親類ノ)みんなに一されたって構わない積りでいるんですから」〈谷崎・蓼喰ふ虫〉❷㋐律令制下で、夫婦の縁を切ること。㋑中世で、親子の縁を切ること。不孝(ふきょう)。勘当(かんどう)。㋒近世で、親族の縁を切ること。(類語)離縁・絶縁・勘当

き-せっかい【生石灰】▶せいせっかい(生石灰)

きせつ-かいゆう【季節回遊】魚類などが、季節に応じて群をつくって移動すること。

きせつ-がた【季節型】同一の種の動物が季節によって示す、形態や色彩の変異の型。年2回発生するチョウでは大きさ・模様が異なる春型・夏型があり、ライチョウでは羽色が異なる夏型・冬型がある。季節的変異。

きせつ-かん【季節感】その季節らしさを感じさせること。「一を取り入れた料理」

きせつ-かんぜい【季節関税】国内生産者を

保護するため、果物や野菜などの輸入品について、特定の季節に限って高い税率で課する関税。
きぜつ-きょう【奇絶峡】 和歌山県南西部、田辺市を流れる右会津川上流の峡谷。高尾山(標高606メートル)と三星山(標高549メートル)の山間約2キロメートルにわたり奇岩・巨岩が見られる。滝上の絶壁に堂本印象派の原画をもとに刻んだ7.3メートルの摩崖仏がある。桜と紅葉の名所。
きせつせい-インフルエンザ【季節性インフルエンザ】 冬から春にかけて流行するインフルエンザ。Aソ連型(H1N1亜型)・A香港型(H3N2亜型)・B型の3種類がある。[補説]新型インフルエンザ(豚由来H1N1型)は季節に関係なく流行する。
きせつせい-かんじょうしょうがい【季節性感情障害】 ►エス-エー-ディー(SAD)
きせつせい-じょうどうしょうがい【季節性情動障害】 ►エス-エー-ディー(SAD)
き-せった【木雪駄】 草履の裏に、横に割れ目を入れた厚い板をつけた履物。
きせつ-ちょうせい【季節調整】 月次または四半期ごとの統計指標において、天候や社会習慣などによる季節的な要因の影響を排除するため、元の数値に加える統計上の処理のこと。天候や気温、月間営業日数の違い、決算期やボーナス月特有の動きなどの影響を取り除くことで、データをより正確に比較・分析できるようになる。米国務省が開発した「X-12-ARIMA」という季節調整プログラムが広く利用されている。
きせつ-はずれ【季節外れ】 その季節にふさわしい状態から外れていること。「―の雪」
きせつ-びょう【季節病】 季節の変化に伴って周期的に悪化したり多発したりする病気。神経痛・リウマチなどの慢性病や、春先に多い喘息、夏の食中毒など。
きせつ-ひん【季節品】 1年のうち、ある季節に限って売り出される品物。
きせつ-ふう【季節風】 季節によって吹く方向を変える風。大陸と海洋の温度差が原因で起こり、平均して、冬は大陸から海洋に、夏は海洋から大陸に向かって吹く。東南アジアやインドに著しく、乾季・雨季を生じるもとになる。モンスーン。
きせつふう-きこう【季節風気候】 季節風が卓越する地帯に特徴的な気候。一般に、夏は高温・多雨で冬は低温・乾燥となる。モンスーン気候。
きせつ-らいゆうぎょ【季節来遊魚】 ►死滅回遊魚
きせつ-れっしゃ【季節列車】 季節によって増加する利用客のために、時期を限って運転される列車。
きせつ-ろうどう【季節労働】 ❶季節によって仕事の量に大きな差のある業種での労働。農業・北洋漁業など。❷農閑期などに、本業以外の労働に従事すること。
き-せと【黄瀬戸】 安土桃山時代に美濃で焼かれた瀬戸系の陶器。淡黄色の釉をかけたもの。意匠の特色から、あやめ手、ぐいのみ手などが有名。
きせ-なが【着背長】 鎧・具足の美称。特に、大将の着るものをいう。「新院、左府、御―を召されたり」〈保元・上〉
キセニア〘xenia〙 被子植物で、花粉の優性遺伝子が、受粉した際に、その胚乳の形質を支配する現象。重複受精によるもので、胚乳以外に影響の現れる場合をメタキセニアとよぶ。
キセノン〘xenon〙 希ガス元素の一。無色無臭の気体。空気中に微量が存在し、希ガス中でも最も少ない。化学的にきわめて不活性であるが、弗化物など少数の化合物が知られる。記号Xe　原子番号54。原子量131.3。クセノン。
キセノン-ランプ《和 xenon+lamp》キセノンを石英管に封入した放電灯。自然昼光に近い光を発する。人工太陽灯・映写・投光照明などに使用。ゼノンランプ。
キセル〘カンボ khsier〙【煙管】《管の意》❶刻みタバコを吸う道具。ふつう、雁首・吸い口に金属を用い、途中の管である羅宇に細い竹を使用する。❷《キセルは両端だけ金を使っているところから》乗降駅付近だけの乗車券や定期券を持ち、途中区間をただ乗りすること。キセル乗車。[類語]ただ乗り・薩摩守
き-せる【着せる】〔動サ下一〕図き・す〔サ下二〕❶衣服などを身につけさせる。「着物を―・せてもらう」❷上からかぶせる。「銀台に金を―・せる」「歯に衣を―・せぬ批評」❸他に押しつけ負わせる。こうむらせる。「罪を―・せる」「恩に―・せる」❹上にのせる。置く。「鞍―・せば命死なまし甲斐の黒駒」〈雄略紀・歌謡〉❺打つ。たたく。「馬取りの鼻捻ほどの棒もがな濡らせる人を―・せて腹癒」〈仮・仁勢物語・下〉[一句]石に布団は着せられず・奥歯に衣着せる・恩に着せる・濡れ衣を着せる・歯に衣着せぬ
キセル-がい【キセル貝】 キセルガイ科の陸生の巻き貝の総称。腐った木や落ち葉の下にすむ。貝殻は左巻きで、キセルの形に似る。ナミギセルガイ・オオギセルガイなど種類は多い。
キセル-づつ【キセル筒】 キセルを入れておく筒。または、キセルのこと。
キセル-とおし【キセル通し】 キセルの中にたまったやにを取り除くためキセルに通す、こよりや針金。
キセル-はり【キセル張り】 キセルを作ること。また、それを職業とする人。
き-ぜわ【生世話】「生世話物」の略。
き-ぜわし・い【気忙しい】〔形〕図きぜは・し〔シク〕❶あれこれと気持ちがせかれて、落ち着いていられない。きぜわしない。「―・い年の瀬」「―・く荷物をまとめる」❷落ち着きがなく、せっかちである。きぜわしない。「相変わらず―・い男だ」[類語]忙しい・忙しい・忙しない・慌ただしい・目まぐるしい・急・きりきり舞い・東奔西走・てんてこ舞い・多忙・繁忙・繁多・繁劇・多事多端・多用・繁用・忽忙・倥偬・怱怱・席の暖まる暇もない・猫の手も借りたい
きぜわし-な・い【気忙しない】〔形〕《「ない」は接尾語》❶「気忙しい❶」に同じ。「―・く動きまわる」❷「気忙しい❷」に同じ。「―・い性分」
きせ-わた【着せ綿・被せ綿】 ❶物の上にかぶせてある綿。❷「菊の被せ綿」に同じ。❸シソ科の多年草。山地・丘陵地の草原に生え、高さ60〜90センチ。全体に毛がある。葉は卵形。8、9月ごろ、茎上部の葉の付け根に、淡紅色の唇形の花が咲く。花びらの上面に白い毛がある。❹キセワタガイの別名。❺菊の被せ綿に模して作った和菓子。
きせわた-がい【着綿貝】 腹足綱キセワタガイ科の巻き貝。海岸の砂泥底にすむ。体は白くナメクジ状で、頭部は盾状。貝殻は半透明で薄く、体内に埋もれている。アサリの稚貝などを食べる。きせわた。
きぜわ-もの【生世話物】 歌舞伎の世話物のうち、写実的傾向の著しい内容・演出によるもの。文化・文政期(1804〜1830)以降の江戸歌舞伎で発達。生世話狂言。真世話物。
き-せん【木銭】「木賃」に同じ。
き-せん【汽船】 蒸気の力を動力として動く船。蒸気船。船舶法では、機械力を利用して推進する船をいう。
き-せん【帰泉】 黄泉におもむくこと。死ぬこと。「一の霊魂は九夜の夢に迷ひにき」〈海道記〉
き-せん【帰船】〔名〕スル ❶下船していた船員や乗客がもとの船に帰ること。❷港に帰ってくる船。
き-せん【帰線】 ❶電気回路を構成する導線のうち、アースに帰るほうの線。❷テレビの画面で、走査が1回の終点から次の始点まで戻るときに描く線。実際には見えないよう工夫されている。
き-せん【基線】 ❶三角測量の基準になる三角形の一辺。これをもとにして三角網を広げていく。❷►界線❷
きせん【喜撰】 ㊀平安初期の歌人。六歌仙の一人。山城の人。古今集に「わが庵は都のたつみしかぞ住む世を宇治山と人は言ふなり」の一首がある。歌学書「喜撰式」の著者と伝えられる。生没年未詳。㊁歌舞伎舞踊。清元・長唄。松本幸二作詞、清元斎兵衛・10世杵屋六左衛門作曲、2世藤間勘十郎振り付け。五変化「六歌仙容彩」の一つで、天保2年(1831)江戸中村座で初演された。
き-せん【棋戦】 囲碁または将棋の勝負。
き-せん【貴賤】 貴いことと、卑しいこと。また、身分の高い人と低い人。「職業に―なし」「―貧富」[類語]身分・尊卑・出自・家格・門地・階級・家柄
き-せん【機先】 物事が起ころうとする、また、事を行おうとするその直前。
機先を制・する 相手より先に行動して、その計画・気勢をくじく。「―・して攻勢に出る」[補説]「機先を征する」と書くのは誤り。
き-せん【機船】 発動機を動力とする船。発動機船。
き-せん【騎戦】 馬に乗って行う戦闘。
き-ぜん【気前】 ❶生まれつきの性質。気だて。心根。「旦那様は誠に誠にいい御器量で御―がよくて」〈滑・早変胸機関〉❷その場の気分。心持ち。「おや能い―だなう」〈滑・浮世床・二〉
き-ぜん【喟然】〔ト・タル〕図〔形動タリ〕ため息をつくさま。嘆息するさま。「主人の小野里代議士は―として長嘆息を洩らした」〈魯庵・社会百面相〉
き-ぜん【毅然】〔ト・タル〕図〔形動タリ〕意志が強くしっかりしていて、物事に動じないさま。「何を言われても―としている」「―たる態度を失わない」[類語]きっぱり・断固・断然
き-ぜん【巋然】〔ト・タル〕図〔形動タリ〕高くそびえ立つさま。「古の劇場の石壁石柱は―として」〈鷗外訳・即興詩人〉
ぎ-せん【義戦】 正義を守るためのいくさ。
ぎ-せん【擬戦】 実戦になぞらえて行ういくさ。模擬戦。
ぎ-ぜん【偽善】 うわべをいかにも善人らしく見せかけること。また、そういう行為。「―に満ちた社会」⇔偽悪。[類語]偽り・嘘・嘘っぱち・嘘八百・虚偽・二枚舌・虚言・虚辞・そら言・そら音
ぎ-ぜん【巍然】〔ト・タル〕図〔形動タリ〕山などが高くそびえたっているさま。また、ぬきんでて偉大なさま。「―として連なる山々」「―たる人物」
きせん-いでん【帰先遺伝】 ►先祖返り
きぜん-げん【既然言】 国文法でいう已然形の古い言い方。江戸末期の国学者鈴木重胤の用語。
きせんしき【喜撰式】 平安時代の歌学書。1巻。喜撰の著と伝えるが未詳。仁和年間(885〜889)の成立とも。和歌の病、分類などを論じる。倭歌作式。
ぎぜん-しゃ【偽善者】 偽善を行う人。
きせん-スペクトル【輝線スペクトル】 原子がエネルギーの高い状態からもとの状態へと遷移するときに放射する光のスペクトル。元素により固有の単色光の明るい線となって現れる。
きせん-せいうん【輝線星雲】 散光星雲のうち、電離したガスが光を放射する星雲。近傍にある高温の星からの紫外線によって励起される場合が多く、若い大質量星による場合はHⅡ領域、白色矮星の場合は惑星状星雲と呼ばれる。
きせん-そくりょう【基線測量】 三角測量のもとになる基線の長さと方位角を正確に測定すること。繰り返しの測定で変化がわかるので、地殻変動の調査にも利用される。
きせんそこびきあみ-ぎょぎょう【機船底引(き)網漁業】 1隻または2隻の機船でトロール網以外の底引き網を引いて操業する漁業。
きせん-だけ【喜撰岳】 京都府宇治市東部の山。喜撰が歌に詠んだ宇治山のこと。きせんやま。
きせん-ほうし【喜撰法師】 ►喜撰㊀
きせん-やど【木銭宿】「木賃宿」に同じ。
きせん-やど【汽船宿】 汽船の乗降客や積み荷などの取り扱いを業とする宿。
きそ【木曽】 ㊀長野県南西部、木曽川上流一帯の称。木曽郡の地域。ヒノキなど良材の産地。江戸時代は尾張藩領。㊁㊀の北部にある町名。㊂謡曲。四番目物。観世流。越中国埴生に陣をしいた木曽義仲が、祐筆の覚明に願文を書かせて八幡宮に奉納し、その加護により倶利伽羅で大勝する。

き-そ【希疎┊×稀疎】〔名・形動〕まばらで少ないこと。また、そのさま。「物産の―なること」〈村田文夫・西洋聞見録〉

きそ【昨=日┊昨=夜】《「きぞ」か。「そ」の清濁不明》昨夜。ゆうべ。また、昨日。「ぬばたまの―は帰しつ今夜さへわれを帰すな道の長手を」〈万・七八一〉

き-そ【起訴】〔名〕スル 刑事訴訟で、検察官が裁判所に公訴を提起すること。正式な裁判を求める「公判請求」と書面審理による簡易な手続きを求める「略式命令請求(略式起訴)」がある。民事訴訟法では、訴えの提起をいう。「収賄罪で―される」(類語)訴訟・上訴・控訴・抗告・上告・提訴・反訴・訴える

き-そ【基礎】❶ある物事を成り立たせる、大もとの部分。もとい。「―がしっかりしているから、上達が早い」「―を固める」「―知識」❷建造物の荷重を支持し、地盤に伝える最下部の構造物。地形・土台など。
(用法)**基礎・基本**――「中国語を基礎(基本)から勉強する」「生活習慣の基礎(基本)を身につける」などの場合は相通じて用いられる。「社会繁栄の基礎」「会社の基礎を固める」などは「基本」では言い換えられない。◆「基本」は物事の根本、よりどころとなるものをいう。「基本法」は他の法律のよりどころとなる憲法などをさす。「法律の基礎」というと、法を支える考え方・思想の意味が強い。
(類語)(❶)基本・根本・大本・基盤・根底・基幹・基部・基底・大根・根幹・中心・基軸・基調・基・土台・下地・初歩・いろは・ABC/(❷)土台・礎・礎石

き-そ【機素】機械を構成するもとになる機械部品。部品の最小単位。機械要素。

ぎ-そ【義×疏】►ぎしょ(義疏)

きそ-あみ【基礎編み】編み物で基礎になる編み方。棒針編みでは表編み・裏編み、鉤針編みでは鎖編み・細編み・長編みなど。

きそい【競い】きそうこと。せり合い。競争。「仲間の―に由るものなり」〈福沢・文明論之概略〉

きそい-あ・う【競い合う】〔動ワ五(ハ四)〕互いに負けまいと競争し合う。「成績を―・う」

きそ-いがく【基礎医学】医学の研究や臨床の基礎となる学問。解剖学・生理学・生化学・病理学・微生物学など。➡臨床医学

きそい-がり【競い狩(り)】昔、陰暦5月5日に、山野に出て薬草を採集した行事。薬狩り。(補説)「かきつはた衣に摺り付け丈夫の着襲ひ狩りする月は来にけり」〈万・三九二一〉の「着襲ひ狩り(=着飾ってする狩猟)」を「競ひ狩り」と解してできた語。

きそい-た・つ【競い立つ】〔動タ五(四)〕❶先を争うように立つ。「高層ビルが―・つ中心街」❷先を争うように事を始める。「此機に乗じて江刺に対い回復なさんと―・ち」〈染崎延房・近世紀聞〉

き-そう【気相】物質が、気体の状態にある相。➡相❹

き-そう【汽走┊機走】帆船が、無風時や出入港時に、補助動力としてつけている機関を使用して航走すること。

き-そう【奇相】珍しい人相。他に類例がないほどすぐれた人相。

き-そう【奇想】普通には思いつかない、変わった考え。奇抜な着想。
奇想天外より落つ　普通の人の思いつかないような考えが、ふと浮かんでくる。奇想天外より来る。

き-そう【帰巣】動物が自分の巣や繁殖場所に再び帰ってくること。「―本能」

き-そう【帰葬】〔名〕スル 他郷で死んだ人の遺体を故郷に送り帰して葬ること。

き-そう【帰装】帰りの身じたく。「直に―を整う可く厳命した」〈蘆花・黒潮〉

き-そう【起草】〔名〕スル 草稿を書くこと。文案を作ること。「原案を―する」(類語)起稿・起筆

き-そう【基層】❶ある事物の根底に存在して、その基礎をなしているもの。基盤。「文化の―」❷ある言語が他の言語によって駆逐されたとき、下になった先住民の言語。例えば、ラテン語の後裔であるフランス語では、ケルト語が基層になっている。❸アスファルト舗装道路の、表層と路盤との間の土層。

き-そう【貴相】尊い地位に上るべき人相。貴人の相。

き-そう【貴僧】㊀〔名〕身分の高い、すぐれた僧。㊁〔代〕二人称の人代名詞。僧侶である相手を敬っていう語。ご坊。

き-そう【×箕×帚】ちりとりと、ほうき。また、掃除をすること。きしゅう。
箕帚を執る　掃除する。また、妻妾として仕える。箕帚を奉ずる。「或時は…家に納れて―・らせたこともあったが」〈荷風・濹東綺譚〉
箕帚を奉ずる　「箕帚を執る」に同じ。「一番此奴を侍妾として―・ぜさしてやろうか」〈露伴・露団々〉

き-そう【毅宗】►崇禎帝

き-そう【徽宗】[1082〜1135]中国、北宋第8代の皇帝。在位1100〜1125。名は佶。書画の名手として知られ、文化・芸術を保護奨励したが、政治力なく国政は乱れ、金の侵入に際し帝位を子の欽宗に譲位、のち親子とも捕らえられ、今の黒竜江省で死去。

き-そ・う【着▽襲ふ┊着▽装ふ】〔動ハ四〕衣服をいく枚も重ねて着る。「布肩衣ありのことごと―・へども寒き夜すらを」〈万・八九二〉

きそ・う【競う】〔動ワ五(ハ四)〕互いに負けないように張り合う。競争する。「技を―・う」「高さを―・う」➡争う(用法) (可能)きそえる
(類語)競争・比べる・競合・角逐・勝負・競り合い・競技・プレー・争う・張り合う・対抗する

き-ぞう【帰蔵】古代中国の三易の一。殷代に行われた占法。

き-ぞう【寄蔵】贓物罪となった行為の一。犯罪行為で得た物と知りながら預かり隠すこと。法律用語としては平成7年(1995)の刑法改正以前のもの。改正後は「保管」という。

き-ぞう【寄贈】〔名〕スル《「きそう」とも》物品をおくり与えること。「母校にピアノを―する」
(類語)贈る・贈与・寄付・贈答・恵贈

き-ぞう【×跪像】ひざまずいた姿の像。跪座像。

ぎ-そう【偽装┊擬装】〔名〕スル ❶ある事実をおおい隠すために、他の物事・状況をよそおうこと。「心中に―した殺人」「―工作」❷周囲のものと似た色や形にして姿を見分けにくくすること。特に、戦場などで行うもの。カムフラージュ。「戦車を―する」(類語)仮装・扮装・変装・やつす・仮病・やせ我慢

ぎ-そう【偽層】►クロスラミナ

ぎ-そう【義▽爪】►ピック❸

ぎ-そう【義倉】飢饉に備えて穀類を蓄えておく制度。また、そのための倉。中国、隋代に始まり、日本では律令制時代、雑税の一種として収納、備蓄用に当てた。江戸時代の幕府・諸藩の特別課徴および義捐による備荒貯穀をもいう。

ぎ-そう【儀装】儀式のための装飾・設備。

ぎ-そう【×艤装】〔名〕スル 船体が完成したあと就航に必要な種々の装備を船に施すこと。

ぎ-そう【議奏】❶太政官からの建議を天皇に奏上すること。❷鎌倉時代、朝廷に置かれた職。源頼朝が公卿10人を推薦し、重要政務の合議に当たらせた。❸江戸時代、朝廷に置かれた職。天皇の側近として口勅を伝え、上奏を取り次いだ。清華・羽林の両家から四、五人が選ばれた。

ぎ-ぞう【偽造】〔名〕スル にせものをつくること。贋造。「旅券を―する」「―紙幣」
(類語)模造・偽作・贋作・贋造・代作

ぎそう-うけおい【偽装請負】実際には派遣労働であるのに、請負契約を装うことで企業が雇用責任を免れようとすること。請負事業は本来、請負業務を発注する会社(委託会社)と業務を引き受ける請負会社が請負契約を結び、請負会社が自社で雇用した労働者に指示を出して業務を完成させるものである。請負会社が委託会社に労働者を派遣し、委託会社の指示のもとで業務を行わせることは派遣事業とみなされ、労働者派遣契約を結ばずにこうした派遣を行うことは労働者派遣法および職業安定法に違反する。派遣事業の場合、派遣先の委託会社は使用者として労働時間管理や安全衛生の確保などの責任を負うが、偽装請負の場合、実質的な使用者(委託会社)と契約上の使用者(請負会社)が一致しないため、責任の所在が不明確になりがちで、雇用や安全上の問題が生じやすくなるおそれがある。(補説)請負労働者への業務上の指示を請負会社が行わない限り、請負事業とは認められない。例えば、委託会社の管理者が請負労働者に対して作業方法などを文書または口頭で指示する場合や、請負労働者が委託会社の社員と同じ職場で作業しているため必然的に委託会社の担当者から直接指示を受ける状況にある場合、請負会社の管理者が請負労働者を兼ねていて他の請負労働者を十分に管理できない場合などは、いずれも偽装請負とみなされる。

き-そうえんこう【輝×蒼鉛鉱】ビスマスと硫黄からなる鉱物。金属光沢のある銀白または灰白色で、塊状や葉片状。輝安鉱に似るが、比重は大。斜方晶系。ビスマスの重要な鉱石。輝ビスマス鉱。

ぎぞうカード-ほう【偽造カード法】►預金者保護法

ぎぞうがいこくつうかこうし-ざい【偽造外国通貨行使罪】►外国通貨偽造及び行使等罪

きそう-かん【気送管】►エアシューター

ぎそう-かん【×蟻走感】皮膚や体内をアリがはっているように感じる異常知覚。

きそう-きょく【奇想曲┊×綺想曲】►カプリッチョ

ぎぞうこうぶんしょこうしとう-ざい【偽造公文書行使等罪】詔書偽造等罪・公文書偽造等罪・虚偽公文書作成等罪・公正証書原本不実記載等罪にあたる行為で偽造した公文書を、実際に使用する罪。刑法第158条が禁じ、各罪と同等の刑が科せられる。偽造公文書行使罪。

ぎぞう-ざい【偽造罪】行使の目的で、通貨・文書・有価証券・クレジットカード類・印章などを偽造する罪。それぞれ、刑法第2編第16章・17章・18章・18章の2・19章が禁じる。

ぎぞうしぶんしょとうこうし-ざい【偽造私文書等行使罪】私文書偽造等罪・虚偽診断書等作成罪にあたる行為で偽造した私文書を、実際に使用する罪。刑法第161条が禁じ、各罪と同等の刑が科せられる。偽造私文書行使罪。

きそう-せい【帰巣性】動物が、一定のすみ場所や巣などから離れても、再びそこに戻ってくる性質または能力。ミツバチ・アリ・ツバメ・伝書バト・サケなどにみられる。ホーミング。帰家性。

ぎぞうつうかこうし-ざい【偽造通貨行使罪】►通貨偽造及び行使等罪

ぎぞうつうかとう-しゅうとくざい【偽造通貨等収得罪】行使の目的で、偽造または変造された貨幣・紙幣などを入手する罪。刑法第150条が禁じ、3年以下の懲役に処せられる。偽造通貨収得罪。

きそう-てんがい【奇想天外】〔名・形動〕《「奇想天外より落つ」から》普通では考えつかないほど、奇抜であること。また、そのさま。「―な発想」(類語)型破り・奇矯・エキセントリック・変・奇抜・とっぴ・風変わり

きそう-ぶんか【基層文化】民俗学の研究対象となる民族的な日常伝承文化。歴史学が対象としてきた表層文化に対していう。

ぎぞうゆうかしょうけんこうしとう-ざい【偽造有価証券行使等罪】偽造または変造された有価証券や、虚偽の記入がある有価証券を行使する罪。また、それらを行使の目的で人に交付したり、輸入したりする罪。刑法第163条が禁じ、3か月以上10年以下の懲役に処せられる。偽造有価証券行使罪。

ギゾー〖François Pierre Guillaume Guizot〗[1787〜1874]フランスの歴史家・政治家。研究生活から政界に入り、内相・首相をつとめたが、反動策をとって1848年二月革命を招き、イギリスに亡命。著

「イギリス革命史」「ヨーロッパ文明史」など。

きそ-おんたけ【木曽御嶽】御嶽山の別名。

きそ-かいどう【木曽街道】▶木曽路

きそ-がわ【木曽川】長野県中西部の鉢盛山に発し、飛騨川を合して伊勢湾に注ぐ川。長さ227キロ。上流は木曽谷の峡谷で、中流域の峡谷は日本ラインとよばれる景勝地。下流では輪中がみられる。

きそ-ぎけつ【起訴議決】検察審査会制度において、検察審査会が第二段階の審査を行い、被疑者を起訴するべきであると判断した場合の議決。➡強制起訴 (補説)検察審査会が第一段階の審査で起訴相当と議決したのに対し、検察官が改めて不起訴処分とした場合、または法的期間内に処分を行わなかった場合に、検察審査会が行う第二段階の審査で11人の検察審査員のうち8人以上が起訴するべきと判断した場合にこの議決を行う。

き-そく【気▽色】「きしょく(気色)」に同じ。「仏法知りたる―し」〈徒然・八〇〉

き-そく【気息】❶呼吸。いき。「―をととのえる」❷気持ち。気質。「西洋で新人と云われている連中は、皆―の通っている処があって」〈鴎外・青年〉(類語)呼吸・息・息の根・寝息・息吹・息衝き・息遣い・息差し

き-そく【規則】❶行為や事務手続きなどが、それに基づいて行われるように定めた事柄。決まり。「―を守る」「―ずくめ」「就業―」❷物事の秩序。「―正しい」❸㋐最高裁判所、国会の両議院、会計検査院、人事院などが、憲法や法律に基づき、内部規律・事務処理などに関して制定する法。㋑都道府県知事・市町村長が、その権限に属する事務に関して制定する細則。➡条例

(類語)(❶❷)決まり・定め・規定・規程・条規・定則・規約・約束・規準・規矩準縄・規律・ルール・コード・本則・総則・通則・細則・付則・概則・おきて

き-そく【亀足】《紙の端をひねった形が亀の足に似ているところから》❶焼いた鳥肉の足や魚のくし焼きの手元を紙で巻き、その端をひねったもの。❷折敷・折櫃などの敷き紙の四隅を、上に折り返したもの。❸ふたのない容器に紙をかぶせたとき、とれないようにその四隅をひねったもの。

き-そく【貴息】相手を敬ってその子息をいう語。令息。

き-そく【×窺測】〔名〕スル うかがいはかること。推測。

き-そく【×羈束】〔名〕スル つなぎしばること。自由を束縛すること。拘束。「人世に―せられんことは」〈藤村・春〉

き-そく【×驥足】《「驥」は足の速い馬の意》すぐれた才能。才能のすぐれた人。

驥足を展▽ば・す 《「蜀志」龐統伝から》❶優秀な素質をもっている人が、その才能を存分に現す。「二人は秀才だったにも拘らず…その―・すことができなかった」〈中山義秀・厚物咲〉❷自由に振る舞う。気ままに行動する。「つい旅先では―・したくなるんでございますね」〈井伏・駅前旅館〉

き-ぞく【帰属】〔名〕スル ❶特定の組織体などに所属し従うこと。「国家への―意識」❷物・権利などが、特定の人・団体・国などの所有となること。「領土の―問題」「国庫に―する」(類語)所属・直属・配属・専属

き-ぞく【貴族】❶身分や家柄の尊い人。また、社会的な特権を世襲している上流階級に属する人。明治憲法では華族といったが、第二次大戦後消滅。❷特権を持つ者や優雅な生活をする者のたとえ。「労働―」「独身―」

ぎ-そく【偽足┊擬足】アメーバなどの原生動物、また血液中の白血球などにみられる、原形質体から形成される一時的突起。伸縮し、運動や食物摂取の働きをする。虚足。根足。仮足。

ぎ-そく【義足】足の切断部分を補うためにつける人工の足。義脚。

ぎ-ぞく【義賊】金持ちから金品を盗み、それを貧民に分け与える、義侠心のある盗賊。

きぞく-いん【貴族院】明治憲法により、衆議院とともに帝国議会を構成していた立法機関。明治23年(1890)創設。昭和22年(1947)日本国憲法施行とともに廃止。

きぞくいん-ぎいん【貴族院議員】貴族院を構成していた議員。皇族議員・華族議員および勅任議員(多額納税者議員・帝国学士院会員議員・勅選議員)からなっていた。

きそく-えんえん【気息×奄×奄】〔ト・タル〕文〔形動タリ〕息が絶え絶えになって、今にも死にそうなさま。また、物事が今にも滅びそうな状態にあるさま。「不景気で―としている企業」

きぞく-しゅぎ【貴族主義】少数の特権階級やすぐれた人々だけが政治や文化にかかわる資格があると考える立場。

きそく-しょ【規則書】学校・団体などの規則を書きしるしたもの。

きそく-しょぶん【×羈束処分】法規の執行にあたり、行政庁の自由裁量の認められない処分。➡裁量処分

きぞく-せい【貴族制】貴族が政治権力を握って支配する政治体制。貴族政治。アリストクラシー。

きそく-せいていけん【規則制定権】国会の両議院や最高裁判所が、憲法に定められている範囲の事項に関する規則を制定することができる権限。

きそく-ただし・い【規則正しい】〔形〕文きそくただ・し〔シク〕一定のきまりに従って、物事がきちんと行われるさま。「―・い生活」「―・く並べる」

きそく-てき【規則的】〔形動〕一定のきまりに従っているさま。規則正しいさま。「―な変化」

きぞく-てき【貴族的】〔形動〕言動・態度などが貴族らしいさま。また、気品のあるさま。「―な風貌」

きそく-どうし【規則動詞】ある一定の形で規則的に語尾が変化する動詞。例えば、日本語では変格活用に対して正格に活用する動詞。➡不規則動詞

きそく-りょく【×羈束力】裁判が、その言い渡しをした裁判所に対してもつ拘束力。裁判所は一旦言い渡した判決などを自ら取り消したり、撤回したりできないこと。

き-そげ【着▽殺げ】着古し。古着。「ないもせぬ親の―まで打ちまげて」〈浮・世間猿〉➡着類着殺げ

きそ-けしょうひん【基礎化粧品】肌の調子を整えたり、肌の健康を保つために用いる化粧品。洗顔料・クレンジングクリーム・美容液・化粧水・乳液・パックなど。➡メーキャップ化粧品

きそ-けんきゅう【基礎研究】特別な応用・用途を直接に考慮することなく自然世界を追究し、仮説・理論の形成や新しい自然認識を得るために行われる理論的・実験的研究。➡応用研究

きそ-ごい【基礎語彙】ある言語の学習に基本となる語彙。また、人間の言語に共通して不可欠と思われる語彙。土居光知の選び出した1100語の「基礎日本語」、オグデンらの選び出した850語の英語のBasic Englishが有名。

きそ-こうじ【基礎工事】建造物の基礎をつくるための工事。

きそ-こうじょ【基礎控除】課税所得金額を算定するときに、すべての対象者に対して総所得金額から一律に一定の金額を控除すること。また、その控除金額。

きそ-さんぎょう【基礎産業】「基幹産業」に同じ。

きそ-さんどう【木曽桟道】木曽路の上松と福島との間にあった桟道。木曽の桟。

きそ-さんみゃく【木曽山脈】長野県南西部、木曽谷と伊那盆地との間に連なる山脈。最高峰は駒ヶ岳の標高2956メートル。中央アルプス。

きそ-じ【木曽路】㊀中山道の、鳥居峠付近から馬籠峠に至る間をいう。奈良時代の初めに開かれ、江戸時代には贄川宿から馬籠宿まで11宿が置かれた。木曽街道。㊁中山道の異称。木曽街道。

きそ-しっかん【基礎疾患】ある病気や症状の原因となる病気。例えば、高血圧症・高脂血症・糖尿病は虚血性心疾患の基礎疾患とされる。

きそ-じょう【起訴状】被告人の氏名、公訴事実、罪名などを記載し、検察官が公訴を提起する意思を表示した文書。

きそじょう-いっぽんしゅぎ【起訴状一本主義】検察官が公訴を提起する際、裁判所に起訴状だけを提出し、裁判官に事件についての予断をいだかせるような書類・証拠物などを提出してはならないという原則。

きそ-せいさん【基礎生産】生物学で、緑色植物が光合成を行って有機物を作り出すこと。海洋学では、植物プランクトンによって行われるものをいう。

きそ-そうとう【起訴相当】検察審査会が議決する審査結果の一。検察官が不起訴とした事件について、検察審査会が起訴を相当と認める場合、審査員の3分の2(8人)以上の多数をもって議決する。検察官は再度捜査を行う。ここで検察官が再度不起訴とした場合、検察審査会は再度審査を行う。検察審査会が再び起訴相当と認めた場合、検察官に意見を述べる機会を与えた上で、審査員の3分の2以上の多数をもって起訴議決がなされ、裁判所が指定する弁護士により公訴が提起される。これにより被疑者は強制的に起訴される。➡不起訴相当 ➡不起訴不当

きそ-たいおん【基礎体温】基礎代謝が行われている状態のときの体温。普通は朝、目を覚ました直後に舌下で計る。女性では、排卵後に体温の上昇がみられるので、受胎調節や健康管理に応用される。BBT(basal body temperature)。

きそたいおん-けい【基礎体温計】基礎体温を測定するための体温計。一般的なものよりも目盛りが細かい。多く、女性が受胎調節や健康管理のために使用することから、婦人体温計ともいう。

きそ-たいしゃ【基礎代謝】生命を維持するために必要な最小のエネルギー。基礎代謝量は成人で1日1200〜1500カロリー、1日の消費エネルギーの6割から7割とされる。BM(basal metabolism)。(補説)人間の1日の総エネルギー消費は、大きく基礎代謝、生活活動代謝、食事誘発性熱産生の3つで構成される。

きそ-だに【木曽谷】長野県南西部、木曽川上流の渓谷。また、それに沿う地域。木曽桟道跡や、寝覚の床がある。

き-そつ【既卒】すでに学校を卒業していること。卒業予定者または新卒に対して言う。「―者」

きそ-づ・ける【基礎付ける】〔動カ下一〕文きそづ・く〔カ下二〕物事に基礎を与える。根拠を与える。「多年の研究に―・けられた理論」

きそ-てき【基礎的】〔形動〕物事の基礎に関連するさま。「―な知識が問われる」「―な研究」

きそてき-ざいせいしゅうし【基礎的財政収支】▶プライマリーバランス

きそ-ねんきん【基礎年金】昭和61年(1986)から実施された年金制度改正により、全国民を対象に適用される国民年金のうち、共通に支給される定額部分。老齢基礎年金、障害基礎年金、遺族基礎年金のこと。(補説)公的年金の給付で、2階建てのうちの1階部分にあたるもの。2階部分には、賃金報酬に比例する老齢厚生年金と退職共済年金とがある。

きそねんきん-ばんごう【基礎年金番号】従来別々であった国民年金(10桁)・厚生年金(10桁)・共済年金(8桁か14桁)の加入者番号を国民年金方式で統一した10桁の番号。保険料滞納や加入漏れの防止が目的。平成9年(1997)1月に導入。

きそ-の-かけはし【木曽の▽桟】▶木曽桟道

きそ-の-ごぼく【木曽の五木】木曽地方から産する5種の良木。ヒノキ・サワラ・クロベ・コウヤマキ・アスナロをさす。木曽五木。

キソノス-とう【キソノス島】《Kythnos》▶キトノス島

き-そば【生蕎=麦】そば粉だけで打ったそば。また、小麦粉などの混ぜものが少ないそば。

きそ-はじめ【着▽衣始め】江戸時代、正月三が日のうちの吉日に、新しい衣服を初めて着ること。また、その儀式。(季 新年)

きそふくしま【木曽福島】長野県南西部、木曽郡の旧町名。現在は木曽町の一部。木曽谷の中心。もと中山道の宿駅で、木曽馬の産地であった。御

嶽山の登山口。
きそ-ぶし【木曽節】長野県木曽地方の民謡。古くは「御嶽山節」とよばれたが、大正年間、盆踊り歌として全国に広まった。
きそ-べんぎしゅぎ【起訴便宜主義】検察官が事件を起訴するかどうかを判断する際に、訴追を必要としないときは不起訴にすることを認める原則。⇨起訴猶予
きそ-ボルト【基礎ボルト】►アンカーボルト
き-ぞめ【着初め】❶新しい衣服を初めて着ること。❷武士の子が成人した際、初めて鎧を着る儀式。
きそ-ゆうよ【起訴猶予】検察官が事件を不起訴とする場合の理由の一。法務省訓令の「事件事務規定」に定められた不起訴の裁定の一。被疑事実が明白な場合で、被疑者の性格・年齢および境遇、犯罪の軽重および情状ならびに犯罪後の情況により訴追を必要としないときに適用される。⇨不起訴
きそ-よしなか【木曽義仲】源義仲の通称。
きそ-りえき【基礎利益】生命保険会社が本業で得た利益を示す指標。一般の会社の営業利益に近い。保険料等収入・利息及び配当金等収入などの収入から、保険金等支払金や事業費などの費用を差し引いて算出。基礎利益に、有価証券の売却損益や、臨時損益を加減すると経常利益になる。
きそん　㊀〔名〕若者。「踊りても一十七、八人もまじる役者は笛、太鼓、鉦」〈後撰夷曲集〉㊁〔形動〕図〔ナリ〕《近世語》うわついているさま。「おお、辛気、そんな一なこっちゃないわいな」〈浄・河原達引〉
き-そん【既存】〔名〕スル 以前から存在すること。「一の施設を活用する」補説「きぞん」と読むのは、本来は誤り。類語存在・所在・現存・実在・実存・現在・厳存・存立・存ずる・在る・居る
き-そん【帰村】〔名〕スル 郷里の村に帰ること。「都会生活をやめて一する」
き-そん【毀損】〔名〕スル ❶物をこわすこと。物がこわれること。「器物を一する」❷利益・体面などをそこなうこと。「名誉を一する」補説「棄損」とも書く。類語破壊・痛む・壊す・壊れる・ぶち壊す・打ち壊す・取り壊す・打ち砕く・叩き壊す・損壊・破損・破砕・砕破・全壊・壊滅・傷つく・損ずる・損傷・汚損・損耗・磨損
き-そん【×虧損】〔名〕スル 徳や利益などが、欠けてそこなわれること。また、そこなうこと。
きそんじゅうたく-ほしょうせいど【既存住宅保証制度】中古住宅の売買後、一定期間内に雨漏りや傾きなどが発生した場合、補修費用の大部分が保証される制度。平成13年(2001)に住宅保証機構が創設。同23年受付を終了した。⇨住宅完成保証制度
きた【北】❶太陽の出る方に向かって左の方角。⇔南。❷北風。(季 冬)「一寒しだまって歩くばかりなり/虚子」類語東・西・南
きた【北】江戸城の北の吉原遊郭、大坂の曽根崎新地や堂島の俗称。⇨南 ⇨東 ⇨西
きた【北】㊀札幌市北部の区名。北海道大学がある。㊁さいたま市北部の区名。旧大宮市の北部にあたる。盆栽村がある。㊂東京都北部の区名。荒川右岸にある。昭和22年(1947)滝野川・王子の両区が合併して成立。明治時代から製紙・印刷業が発達。大規模住宅団地や飛鳥山公園がある。人口33.6万(2010)。㊃新潟市の区名。阿賀野川の東岸を占める。旧豊栄市域を含む。㊄浜松市の区名。竜ヶ岩洞がある。㊅名古屋市北部の区名。住宅地・工業地。㊆京都市北部の区名。昭和30年(1955)上京区から分離。大徳寺・鹿苑寺・上賀茂神社などがある。㊇大阪市北部の区名。中之島公園・天満天神・造幣局などがある。平成元年(1989)大淀区を合併。また、特に大阪駅・梅田駅周辺の繁華街の称。㊈堺市の区名。住宅地化が進む。㊉神戸市北部の区名。宅地化が進行。有馬温泉がある。昭和48年(1973)兵庫区から分離。⊕岡山市の区名。造山古墳、吉備津神社、岡山城などがある。⊕熊本市の区名。平成24年(2012)4月政令指定都市への移行に伴い設立。
きた【喜多】㊀能楽師の姓の一。シテ方の家柄。㊁「喜多流」の略。
きだ【▽段｜▽常】《「きた」とも》㊀〔名〕❶布などの長さを計る単位。反。「庸布四百一」〈天武紀〉❷田畑の面積の単位。段。「およそ田は、長さ三十歩、広さ十二歩を一とせよ」〈孝徳紀〉㊁〔接尾〕助数詞。物の断片、切れ目を数えるのに用いる。「十拳剣を乞ひ度して、三一に打ち折りて」〈記・上〉
ぎだ【義太】「義太夫節」の略。
ぎ-だ【犠打】「犠牲打」の略。
ギター〖guitar〗撥弦楽器の一。平たいひょうたん形をした木製共鳴胴から棹が伸び、その表面に張られた6本の弦を弾奏する。音域が広く種々の奏法がある。⇨エレクトリックギター
きた-アイルランド【北アイルランド】アイルランド島北東部の地方。中心都市ベルファスト。スコットランド系移民の子孫が多く、アイルランド独立後も英国領にとどまった。プロテスタント系とカトリック系との間に深刻な紛争が続いている。
きたあきた【北秋田】秋田県北部、米代川中流域にある市。北部の鷹巣盆地では稲作が盛ん。平成17年(2005)3月に鷹巣町・森吉町・阿仁町・合川町が合併して成立。人口3.6万(2010)。
きたあきた-し【北秋田市】►北秋田
きた-アメリカ【北アメリカ】六大州の一。アメリカ大陸のうち、パナマ地峡以北。グリーンランドおよび西インド諸島なども含む。主要国はカナダ・アメリカ合衆国・メキシコ。また、中南米を分けたときは、アメリカ合衆国以北をさす。北米。
きた-アルプス【北アルプス】飛騨山脈の通称。
き-たい【危×殆】〔名・形動〕あやういこと。非常にあぶないこと。また、そのさま。危険。「此娘を…これわれ物、一なる物として」〈鴎外・青年〉類語危険・危難・危機・危地・虎口・ピンチ・物騒・剣呑・危ない
危殆に瀕・する　非常にあぶない状態になる。大きな危機にさらされる。「経済は一・している」
き-たい【気体】物質が示す状態の一。一定の形・体積をもたず、流動性に富むもの。分子間の引力は小さくて分子が自由に運動でき、体積は温度に比例、圧力に反比例して変化する。ガス。ガス体。⇨液体⇨固体 類語液体・固体
き-たい【気態】物質が気体の状態にあること。
き-たい【希代｜×稀代】〔名・形動〕《「きだい」とも》❶世にもまれなこと。めったに見られないこと。また、そのさま。「一の名馬」❷不思議であること。非常に変わっていること。また、そのさま。「浪花節で咄喊する様な一な調子であった」〈漱石・坑夫〉類語絶世・希有・珍しい・貴重・珍重・得難い・貴い・稀・高貴・大切・重要・異色・異彩・珍貴・珍稀
き-たい【奇態｜奇体】〔名・形動〕普通とは違った感じを与えること。また、そのさま。風変わり。奇妙。「名状しがたい一な存在」〈島木健作・生活の探求〉類語変・不思議・妙・奇妙・奇異・怪奇・怪異・不可思議・面妖・奇天烈・摩訶不思議・けったい
き-たい【鬼胎｜奇胎】❶(鬼胎)心配すること。心中のひそかな恐れ。「一を抱く」❷►胞状奇胎
き-たい【基体】《ラテ substratum》物の性質・状態・変化の基礎をなしていると考えられるもの。
き-たい【期待】〔名〕スル あることが実現するだろうと望みをかけて待ち受けること。当てにして心待ちにすること。「一に添うよう努力する」「活躍を一している」「一薄」類語希望・望み・光明・曙光・光・ホープ
きたい【×腊】魚や鳥などをまる干しにしたもの。「我が目らに塩塗り給ひ一賞すも」〈万・三八八六〉
き-たい【機体】飛行機の本体。翼以外、またはエンジン以外の部分。また、飛行機の全体。「一が傾く」
キタイ〖Khitai〗4世紀以来、遼河支流シラ-ムレン流域にいたモンゴル系の遊牧民族。10世紀初めに耶律阿保機が周辺の諸民族を統合し、その子太宗のとき国号を遼とした。12世紀初めに宋と金に滅ぼされたが、一部は中央アジアに移動して西遼を建てた。契丹。⇨契丹文字
き-だい【木×鯛】❶木彫りの鯛。正月など祝儀の際に掛鯛として用いる。❷自在鉤の上げ下げを調節する、魚形に彫った木。
き-だい【季題】❶「季語」に同じ。❷句会などで、題として出される季語。
き-だい【寄題】実際にその場所に行ったり実物を見たりしないで、与えられた題によって和歌などを作ること。また、その作品。
き-だい【黄×鯛】タイ科の海水魚。全長約35センチ。マダイに似るが、やや体高が高く黄赤色。本州中部以南、特に東シナ海に多い。美味。れんこだい。
き-だい【貴台】㊀〔名〕相手を敬って、その家屋敷をいう語。㊁〔代〕二人称の人代名詞。相手を敬っていう語。多く手紙文で用いる。貴下。高台。尊台。類語貴殿・尊台・尊堂・貴公・尊公
ぎ-たい【擬態】❶他のもののようすや姿に似せること。❷動物が、攻撃や自衛などのため、体の色・形などを周囲の物や動植物に似せること。コノハチョウが枯れ葉に似せて目立たなくしたり、アブが有害なハチに似せて目立つ色をもったりすることなど。
ぎ-だい【議題】会議にかけて討議する問題。「一にとり上げる」類語議案・議事
きたい-おんどけい【気体温度計】気体が温度によって体積あるいは圧力を変化させる現象を利用した温度計。補正を加えて精密な温度測定ができ、高温には窒素、低温にはヘリウムなどを使用。
きたい-かのうせい【期待可能性】犯罪行為の当時、行為者が適法行為をすることができたはずだと期待できること。期待可能性がなければ刑事責任はないという学説の根拠となる概念。
きたい-けん【期待権】一定の事実が発生すれば一定の法律的利益を享受しうるという期待を内容とする権利。
ぎたい-ご【擬態語】事物の状態や身ぶりなどの感じをいかにもそれらしく音声にたとえて表した語。「つるつる」「じろじろ」「こっそり」など。なお、広義の擬声語には、擬態語が含まれることがある。⇨擬声語 類語擬声語・擬音語・オノマトペ
きたい-ち【期待値】❶$A_1, A_2, \cdots, A_n$の起こる確率が$p_1, p_2, \cdots, p_n$であり、それらが起こった場合に$x_1, x_2, \cdots, x_n$の値をとるとき、$x_1p_1+x_2p_2+\cdots+x_np_n$の値をいう。例えば、くじ引きで、1本のくじに期待しうる賞金の平均化した値。❷《❶から転じて》物事に対する期待の度合い。「次の政権に対する一が高い」
きた-いっき【北一輝】[1883～1937]国家主義者。新潟の生まれ。本名、輝次郎。初め社会主義に近づき、また中国革命に参加。のち右翼運動の理論的指導者となる。著「日本改造法案大綱」は青年将校に大きな影響を与えた。二・二六事件に連座して死刑。
きたい-ていすう【気体定数】ボイル-シャルルの法則によれば、気体1モルの体積V、圧力P、絶対温度Tの間には、$PV=RT$の関係があり、このときの比例定数Rをいう。気体の種類にかかわりなく、$R=8.3143$ J/K・molの値をとる。ガス定数。
きたい-でんち【気体電池】酸素・塩素・水素などの気体を用いる電極を二つ組み合わせて作った電池。燃料電池・酸アルカリ電池など。
きたい-ねんりょう【気体燃料】常温・常圧のもとで気体状態の燃料。石炭ガス・アセチレンガス・プロパンガス・天然ガスなど。
きたい-はずれ【期待外れ】心待ちにしていたような結果にならないこと。「一の出来」
きたいばらき【北茨城】茨城県北東部の市。常磐炭田南部の中心として発達。水産業・工業が盛ん。海岸の五浦は景勝地。人口4.7万人(2010)。
きたいばらき-し【北茨城市】►北茨城
きたいはんのう-の-ほうそく【気体反応の法則】化学反応において、互いに反応する気体の体積は、等温・等圧において簡単な整数比をなすという法則。1805年、ゲイ=リュサックが発見し、ゲイ=リュサックの第二法則ともいう。

きたいぶんし-うんどうろん【気体分子運動論】気体は互いに独立して自由に運動する分子からなるとし、その分子の運動から気体の性質を説明する理論。マクスウェル・ボルツマンらが確立。

ぎたい-ほう【擬態法】修辞法の一。事物のようすを擬態語や擬声語を使って表現する方法。

きたい-みもん【希代未聞】世にも珍しく、今まで聞いたことのないこと。「一の事件」

きたい-りょう【期待料】期待する気持ちを金銭に換算した額。「次期エースとしての一を含んだ年俸を提示する」

きたい-レーザー【気体レーザー】誘導放出を起こす媒体として気体を用いるレーザー。気体の原子や分子などを管内などに封入して励起する。赤外線を発する炭酸ガスレーザー、短波長の可視光および紫外線を発するエキシマレーザーのほか、ヘリウムネオンレーザー、アルゴンレーザーなどがある。ガスレーザー。

きた-いん【喜多院】埼玉県川越市にある天台宗の寺。山号は星野山、院号は仏地院。天長7年(830)円仁の開創と伝える。永仁年間(1293〜1299)尊海が中興、関東天台宗の中心となる。慶長年間(1596〜1615)天海が家康の保護を受けて復興。川越大師。

きた・う【鍛う】㊀〔動ワ五(ハ四)〕「鍛える」に同じ。「よしよし、おれが一・ってやる」〈蘆花・思出の記〉㊁〔動ハ下二〕「きたえる」の文語形。

きたウイスト-とう【北ウイスト島】《Isle of North Uist》▶ノースウイスト島

きた-うけ【北受け】北に向いていること。北向き。

きた-うら【北浦】茨城県南東部の海跡湖。南北に長く、面積36平方キロメートル。鹿島工業地帯の用水源。霞ヶ浦とともにワカサギ漁の帆引船で知られる。

きたえ【鍛え】きたえること。また、その程度。きたえ方。「一が足りない」

きたえ-あ・げる【鍛え上げる】〔動ガ下一〕図きたへあ・ぐ〔ガ下二〕十分にきたえる。十分にきたえて仕上げる。「鉄を一・げる」「一・げた肉体」

きた-えぞ【北蝦夷】サハリン(樺太)の古称。

きた・える【鍛える】〔動ア下一〕図きた・ふ〔ハ下二〕《古くは四段にも活用》❶高温で熱した金属を繰り返し打ったり水で冷やしたりして硬度・密度などを高め、良質のものにする。鍛錬する。「刀剣を一・える」❷練習・修練を繰り返し、技術や身体・精神をしっかりしたものにする。「心身を一・える」「選手を一・える」❸いじめる。「やかましく一・へずとも、はやく汲んでくれろよ」〈洒・南閨雑話〉(類語)練る・磨く・切磋琢磨

きたおおじ-ろさんじん【北大路魯山人】[1883〜1959]陶芸家。京都の生まれ。本名、房次郎。別号に魯卿・無境・夢境など。書・篆刻もよくした。料理に通じ、食器用に斬新な意匠の陶磁器を製作。

きたお-しげまさ【北尾重政】[1739〜1820]江戸中・後期の浮世絵師。江戸の人。北尾派の祖。本姓、北畠。通称、久五郎。美人画・風景画にすぐれ、山東京伝・曲亭馬琴らの戯作の挿絵も多い。書・俳諧もよくした。

きたお-じろう【北尾次郎】[1853〜1907]物理学者・気象学者。島根の生まれ。東大教授。ドイツに留学。論文「大気運動と颶風に関する理論」は高い評価を受けた。

きた-オセチア【北オセチア】ロシア連邦にある21の共和国の一。カフカス山脈北麓に位置する。基幹民族はイラン系のオセット人。首都はウラジカフカス。旧ソ連時代に東隣のチェチェノ-イングーシ自治共和国が抑圧されたのに比して優遇され、東方に領土を広げた。これがもとでソ連崩壊後にイングーシ共和国との間に紛争が勃発した。➡南オセチア

きたお-は【北尾派】北尾重政を祖とする浮世絵の一派。政演(山東京伝)・政美(鍬形蕙斎)らが知られる。

きたお-まさのぶ【北尾政演】山東京伝の浮世絵師としての名。

きたお-まさよし【北尾政美】[1764〜1824]江戸後期の浮世絵師。江戸の人。名は紹真。のち鍬形蕙斎の名で聞こえた。北尾重政の門下で、黄表紙などの挿絵を描く一方、美人画・武者絵を発表。のち狩野派を学び、略画絵本・肉筆画を制作。

きた-おもて【北面】❶北に向いている方。北向き。また、その場所。「宮より一、大きなる山のほとり」〈宇津保・吹上上〉❷宮中や寝殿造りの家などで、北向きの部屋。また、客間に対して内輪の部屋。「南の院の一にさしのぞきたれば」〈枕・二七八〉❸院の御所を警固する武士の詰め所。また、そこに詰める武士。北面の武士。ほくめん。「西面、一の者ども」〈宇治拾遺・一二〉

き-だおれ【着倒れ】衣類に金をかけて財産をなくすこと。「京の一、大阪の食い倒れ」

きた-おろし【北下ろし│北×颪】冬、山から吹き下ろす北風。(季 冬)「街道や大樫垣の一/鬼城」

キタカ〖Kitaca〗《北＋カードからの造語》JR北海道の開発した、ICカードと自動改札機を無線で通信させ運賃を精算するシステム。定期券の機能をもつキタカ定期券もある。札幌を中心とする函館本線・室蘭本線などのほか、JR東日本のスイカ使用可能地域で利用できる。一部のキヨスクや駅近くのコンビニエンスストア・飲食店などでの買い物にも使える。➡イコカ ➡スイカ ➡スゴカ ➡トイカ

きた-かいきせん【北回帰線】地球上の北緯23度26分の緯線。夏至の日に太陽がこの線の真上に来る。夏至線。

きたかいきせん【北回帰線】《原題 Tropic of Cancer》ヘンリー=ミラーの長編小説。1934年刊。パリを舞台に、作家である主人公の生活と意見を、超現実的手法などさまざまな表現形式を用いて描いたもの。

きた-かぜ【北風】北方から吹いてくる冷たい風。きた。(季 冬)「一や石を敷きたるロシア町/虚子」(類語)木枯らし・寒風・空っ風

きたかた【喜多方】福島県北西部の市。会津盆地の北部を占める。漆器・桐下駄・酒・味噌・醤油などを特産し、土蔵造りの建物が多い。平成18年(2006)1月、熱塩加納村・塩川町・山都町・高郷村と合併。人口5.2万人(2010)。

きたかた-けんぞう【北方謙三】[1947〜　]小説家。佐賀の生まれ。「弔鐘はるかなり」でハードボイルドの新鋭として注目される。他に「檻」「渇きの街」など。近年は「破軍の星」「三国志」「水滸伝」「楊家将」など、歴史小説にも活躍の場を広げる

きたかた-し【喜多方市】▶喜多方

き-たがね【木×鏨】堅い木で作られたたがね。彫金で薄い金属板に凹凸をつけるのに用いる。

きたかみ【北上】岩手県南部、北上盆地中央部にある市。中心の黒沢尻は北上川舟運の河港として発展。人口9.3万人(2010)。

きたかみ-がわ【北上川】岩手県北部の七時雨山に源を発し、宮城県追波湾に注ぐ川。長さ249キロ。

きたかみ-こうち【北上高地】岩手県東部をほぼ南北に約250キロメートルにわたって連なる高地。東西は最大幅で80キロメートル。最高峰は早池峰山。西は北上盆地、東は三陸海岸。北上山地。

きたかみ-さんち【北上山地】主に岩手県東部を占める山地。平均標高約1000メートルであるが、最高峰は早池峰山の1914メートル。

きたかみ-し【北上市】▶北上

きたかみ-ぼんち【北上盆地】岩手県、北上川上・中流域の南北に細長い盆地。穀倉地帯。

きた-がわ【北川】福井県西部を流れる川。滋賀県高島市北部の三十三間山(標高842メートル)に源を発し、天増川として南流し寒風川と県境で合流。北西流して三方上中郡若狭町で鳥羽川、さらに小浜市で遠敷川を合わせ小浜湾に注ぐ。長さ約30キロ。流域の約80パーセントが山地。

きた-がわ【北側】物の北に面した部分。また、ある位置より北の方。

きたがわ-うたまろ【喜多川歌麿】[1753〜1806]江戸後期の浮世絵師。喜多川派の祖。本姓、北川。初めの号は豊章。独自の美人画、特に大首絵を創案、女性の官能的な美を描き出した。狂歌絵本・肉筆画も制作。

きたがわ-たみじ【北川民次】[1894〜1989]洋画家。静岡の生まれ。二科会会員。渡米してニューヨークに学んだのち、メキシコに渡りシケイロスらと交遊。メキシコ絵画の影響を受けた、力強い作風が特徴。作品に「タスコの祭日」「哺育」など。

きたがわ-は【喜多川派】喜多川歌麿を祖とする浮世絵の一派。2代歌麿・月麿・藤麿らが知られる。

きたがわ-ふゆひこ【北川冬彦】[1900〜1990]詩人・映画評論家。滋賀の生まれ。本名、田畔忠彦。映画評論で生計を立てるかたわら、雑誌「詩と詩論」の創刊に参加。詩集に「戦争」「三半規管喪失」など。

きたがわ-もりさだ【喜田川守貞】[1810〜?]江戸後期の風俗史家。大坂の人。本姓、石原。上方・江戸の風俗習慣を記録した「守貞漫稿」は、明治になって「類聚近世風俗志」として刊行された。

きたぎ-いし【北木石】岡山県笠岡市の、瀬戸内海に浮かぶ北木島などから産する花崗岩の石材。淡紅色や白色。建築や墓石に用いられる。

きだ-きだ【▽段▽段】〔形動ナリ〕物を細かく切り刻むさま。ずたずた。「恋も未練も一に切捨くれんと突立つ」〈露伴・風流仏〉

ぎた-ぎた〔副〕脂ぎっているさま。油でべたつくさま。ぎとぎと。「ポマードで一(と)した髪」

きた-きつね【北×狐】キツネの亜種。北海道やサハリン(樺太)に分布。本州のキツネよりやや大きく、毛色は鮮やかな橙褐色で、四肢の黒い部分が広い。(季 冬)

きた-キプロス【北キプロス】キプロス島北部を占める地域。中心都市はレフコシャ(ニコシア)。トルコ系住民が多く居住する。南部のギリシャ系住民と対立、1983年「北キプロス・トルコ共和国」として独立を宣言するが、トルコ以外の各国や国連には承認されていない。➡キプロス

きた-きゅうしゅう【北九州】㊀九州の北部地域。㊁福岡県北部の市。政令指定都市。昭和38年(1963)門司・小倉・戸畑・八幡・若松の5市が合併して発足した。北九州工業地帯の中心。人口97.7万(2010)。

きたきゅうしゅう-くうこう【北九州空港】福岡県北九州市にある空港。国管理空港の一。平成18年(2006)新北九州空港として開港、同20年現名称に変更。周防灘に浮かぶ人工島にある。➡拠点空港

きたきゅうしゅう-こうぎょうちたい【北九州工業地帯】北九州市を中心に、福岡・久留米・大牟田、また山口県にかけての工業地帯。かつては石炭関連工業が、現在は鉄鋼・金属・化学工業が発達。

きたきゅうしゅう-こくていこうえん【北九州国定公園】福岡県北東部の自然・山岳を中心とする国定公園。福智・企救・貫の山地を含む。貫山地にあるカルスト台地の平尾台をはじめとして自然景観にすぐれ、遺跡・史跡も多い。

きたきゅうしゅう-し【北九州市】▶北九州㊁

きたきゅうしゅう-しりつだいがく【北九州市立大学】北九州市小倉南区にある市立大学。昭和21年(1946)設立の小倉外事専門学校を母体に、同25年、北九州外国語大学として発足。同28年、北九州大学に改称し、平成13年(2001)現校名に改称した。同17年公立大学法人となる。

きた-きり【着た切り】1着の衣類を着つづけること。今着ている衣服だけで着替えを持っていないこと。きたっきり。「旅行中一で通す」

きたきり-すずめ【着た切り×雀】《「着たきり」に「舌切り雀」をかけた語》着たきりであること。また、その人。

きた-く【北区】▶北

き-たく【帰宅】〔名〕スル 自分の家に帰ること。「夜中に一する」

き-たく【寄託】〔名〕スル ❶物品などを他人に預け、その処置や保管を頼むこと。「故人の蔵書を市に━する」❷当事者の一方（受寄者）が相手方（寄託者）のために保管することを約束して、ある物を受け取ることによって成立する契約。
類語 供託・預ける・託する・委ねる・任せる・預託・信託・委託・委任・付託・言付ける・頼む

き-たく【貴宅】相手を敬って、その家をいう語。
類語 家・うち・家屋・屋舎・住宅・住家・住居・家宅・私宅・居宅・自宅・居宅・住まい・住みか・ねぐら・宿・ハウス・家（尊敬）お宅・尊宅・尊堂・高堂（謙譲）拙宅・弊宅・陋宅・陋居・陋屋・寓居

きたくこんなん-しゃ【帰宅困難者】▶帰宅難民

きたく-なんみん【帰宅難民】大地震などの災害で交通機関が止まり、都市部にいて自宅へ帰れなくなる人をいう。帰宅困難者。

きた-ぐに【北国】北の方にある国。北方の地方。

き-たけ【着丈】《「きだけ」とも》❶洋服の、後ろ襟ぐりから裾までの寸法。❷和服の長着で、着付けたときの肩山から裾までの寸法。➡身丈

きだ-さだきち【喜田貞吉】[1871〜1939]歴史学者。徳島の生まれ。日本歴史地理学会を組織し、雑誌「歴史地理」を刊行。京大教授などを歴任。南北朝正閏論・法隆寺再建論などの論争で有名。

きたさと-しばさぶろう【北里柴三郎】[1852〜1931]細菌学者。熊本の生まれ。ドイツに留学、コッホのもとで研究し、破傷風菌の純粋培養に成功、さらに抗毒素を発見。帰国後ペスト菌を発見し、血清療法を研究。伝染病研究所長を務めたが、その東大移管に反対し、私財を投じて北里研究所を創立した。

きたさと-だいがく【北里大学】東京都に本部のある私立大学。北里柴三郎が設立した北里研究所が母体となり、昭和37年（1962）に開設された。

きた-ざま【北様│北▽方】北の方。北の方角。「その川より渡りて、━にさして行きて」〈宇津保・俊蔭〉

きたざわ-らくてん【北沢楽天】[1876〜1955]漫画家。埼玉の生まれ。本名、保次。日本初の職業漫画家であるとともに「日本の近代漫画の祖」と呼ばれる。新聞・雑誌に多くの政治風刺漫画を発表して人気を集めた。のちに漫画雑誌「東京パック」「楽天パック」を創刊し、後進の指導にも尽力した。

きた-しぐれ【北時-雨】北の方から降ってくる時雨。（季 冬）

きた-しちだゆう【喜多七大夫】[1586〜1653]江戸初期の能役者。喜多流の祖。堺の人。名は長能。幼名、六平太。金春流を学び、金剛流の芸系も受け継ぐ。豊臣秀吉に仕え、のち徳川秀忠より一流創設を許された。

キダシネオン-どおり【キダシネオン通り】《Kydathineon》ギリシャの首都アテネの中心部、19世紀頃の古い街並みが残されたプラカ地区にある通り。タベルナと呼ばれる庶民的な食堂や食料品店が多く、市民や観光客で賑わっている。

きたじま-けんしん【北島見信】江戸中期の天文学者。長崎の人。長崎奉行天文方。「紅毛天地二図贅説」を訳述。日本を中心に東アジア・南方諸島を含む大日本州の設置を提唱した。生没年未詳。

きたじま-せつざん【北島雪山】[1636〜1697]江戸前期の書家。肥後の人。名は三立。長崎で中国人兪立徳や黄檗僧らに書法を学ぶ。唐様書道の祖とされる。細井広沢は門人。

きた-じゅうじせい【北十字星】白鳥座のこと。大きな十字形を、南十字星に対していう。

きたしらかわ-の-みや【北白川宮】旧宮家の一。明治3年（1870）伏見宮智成親王が一家を興したのに始まる。昭和22年（1947）廃止。

きた-す【来す】〔動サ五（四）〕❶結果として、ある事柄・状態を生じさせる。招く。「支障を━・す」「からだに変調を━・す」❷来るようにする。「年々長崎の津に船を━・すこととはなりぬ」〈蘭学事始〉
類語 招く・もたらす・持ち来す・引き起こす・生む・将来する・招来する・誘発する・惹起する・生ずる・生み出す・作り出す・創出する・創造する

き-だすけ【気助け│気▽扶け】人を慰め、励ますこと。また、そうした物事。「このたよりのない女の━をしてやらねばならない」〈三重吉・小鳥の巣〉

きた-する【北する】〔動サ変〕文きた・す〔サ変〕北に向かって行く。北進する。

きた-せきどうかいりゅう【北赤道海流】赤道の北側を、東から西へ流れる海流。北東貿易風によって生じる。太平洋ではフィリピンの東方で二分し、その一方が北上して黒潮となる。

ぎだ-たいし【祇陀太子】《「祇陀」は、梵 Jetaの音写》中インドの舎衛国波斯匿王の太子。所有の祇陀林を、須達長者とともに釈迦に献じ、そこに祇園精舎が造られた。誓多。

きた-たいせいよう【北大西洋】大西洋の赤道以北の水域。

きたたいせいようきょうりょく-りじかい【北大西洋協力理事会】▶ナックシー（NACC）

きたたいせいようじょうやく-きこう【北大西洋条約機構】▶ナトー（NATO）

きただいとう-じま【北大東島】沖縄県、大東諸島の一つで最東端にある隆起サンゴ礁の島。面積約12平方キロメートル。沖縄本島の東方360キロメートルに位置し、島尻郡北大東村をなす。サトウキビを産し、最近ではジャガイモとの輪作が行われる。

き-たたき【木×啄│木×叩】キツツキ科の鳥。全長46センチくらい。全体に黒で腹と腰が白く、雄では頭頂部とほおが赤い。東南アジア、朝鮮半島に生息。日本では対馬に生息したが、絶滅したとされる。

きた-だけ【北岳】山梨県北西部、赤石山脈北部にある日本第2の高峰。標高3193メートル。南に連なる間ノ岳・農鳥岳とともに白根山とよばれる。

きたたんご-じしん【北丹後地震】昭和2年（1927）3月7日、京都府北部の丹後半島に発生したマグニチュード7.3の地震。京都を中心に福井・岡山・大阪・徳島・香川など、広範囲に被害を及ぼした。死者2925人。家屋全壊1万2584戸。また、この地震により、丹後半島の頸部を切るような形で郷村断層が、これと直交する形で山田断層が出現した。

き-だち【木太-刀】❶木で作ったかたな。木刀。木剣。❷白木のままの鞘巻の太刀。「出仕の時は木鞘巻の刀を差し、━を持たせけるが」〈太平記・三五〉

き-だち【木立ち】こだち。

き-だち【木▽質】❶本草学で、茎が丈夫で堅く、その性質が樹木に類する植物。➡草質 ❷樹木の、木材としての質。

きだち-カミツレ【木立カミツレ】植物マーガレットの別名。

きた-ちょうせん【北朝鮮】朝鮮民主主義人民共和国の通称。

きたちょうせん-じんけんしんがいたいしょ-ほう【北朝鮮人権侵害対処法】《「拉致問題その他北朝鮮当局による人権侵害問題への対処に関する法律」の通称》拉致問題など北朝鮮当局による人権侵害に対処し、解決を図ることを目的とした日本の法律。平成18年（2006）施行。拉致問題解決に向けた国の責務や、国際的連携の強化、脱北者の保護などについて規定している。北朝鮮人権法。

きたちょうせん-じんけんほう【北朝鮮人権法】▶北朝鮮人権侵害対処法

き-たつ【既達】文書などで、すでに通達したこと。

き-た・つ【来立つ】〔動タ四〕来て、そこに立つ。「鹿待つと我が居る時にさ雄鹿の━・ち嘆かくたちまちに我は死ぬべし」〈万・三八八五〉

き-だて【気立て】他人に対する態度などに現れる、その人の心の持ち方。性質。気質。「━のいい娘」
類語 気まえ・心ばえ・気・性格・気性・気象・心根・心柄・情

き-だて【季立て】俳諧で、季語を季節に分類・配列すること。

き-たては【黄蛺=蝶】タテハチョウ科のチョウ。翅の開張6センチくらい。翅は黄褐色の地に黒斑が散在し、裏面は枯れ葉模様。夏から秋に発生し、花蜜や樹液に集まる。幼虫の食草はカナムグラ・麻など。

きたドイツ-れんぽう【北ドイツ連邦】普墺戦争ののち、1867年、マイン川以北の22のドイツ諸邦がプロイセンを中心に結成した連邦。71年のドイツ帝国成立の基礎となった。

きた-どの【北殿】❶北側にある殿舎。「━の桟敷にて」〈増鏡・むら時雨〉❷北隣に住んでいる人の敬称。「━こそ、聞き給ふや」〈源・夕顔〉❸北六波羅探題のこと。➡六波羅探題

きたな・い【汚い│×穢い】〔形〕文きたな・し〔ク〕❶よごれていて、それに触れたくない気持ちを起こさせるさま。不潔である。「床が━・い」「━・い手でさわるな」❷秩序や調和がとれてなく、不快な感じを与えるさま。乱雑である。「━・くしていますが、お上がりください」「字が━・い」❸下品である。「━・い言葉づかい」❹考え方や態度などがいやしい。卑劣である。「━・い根性」「━・い手を使う」❺欲が深い。けちである。「意地が━・い」「金に━・い男」派生 きたながる〔動ラ五〕きたなげ〔形動〕きたなさ〔名〕
(一語) 意地汚い（ぎたない）寝穢い・薄汚い・口汚い・小汚い・腹汚い
類語 むさくるしい・汚らしい・小汚い・薄汚い・尾籠

きたない-ばくだん【汚い爆弾】放射性廃棄物などに火薬を取り付けて爆発させる爆弾。放射性物質を飛散させ、生体や環境を汚染する。核爆弾のような核分裂は起きない。ダーティーボム。

きだ-なか【▽段半】《「きたなか」とも》田畑の面積で、一段の半分。半段。五畝。〈運歩色葉〉

きたながとかいがん-こくていこうえん【北長門海岸国定公園】山口県北部、日本海沿岸の国定公園。高山岬・須佐湾・青海島・竜宮の潮吹などの海食地形や、萩市の史跡などを含む。

きたなげ-な・し【汚げ無し│×穢げ無し】〔形ク〕きたならしい感じがしない。見苦しくない。「━・き女、いとをかしげなる児を抱きて」〈大和・一六九〉

きたなごや【北名古屋】愛知県西部、名古屋市の北西にある市。市制施行前から同市のベッドタウンとして発展。平成18年（2006）3月に師勝町・西春町が合併して成立。人口8.2万（2010）。

きたなごや-し【北名古屋市】▶北名古屋

きたな-び・る【汚びる│×穢びる】〔動ラ上二〕見苦しい、また、卑怯な振る舞いをする。「━・れて敵に笑はるな」〈太平記・五〉

きたな・む【汚む│×穢む】〔動マ四〕きたないと思う。けがらわしいもの、つまらないものとして嫌い、軽蔑する。「この病者に至りては、厭ひ━・む人のみありて」〈発心集・四〉

きたなら-し・い【汚らしい│×穢らしい】〔形〕文きたなら・し〔シク〕いかにもきたなく見える。いかにもきたない感じである。「しみだらけの━・い壁」
類語 汚い・むさくるしい・小汚い・薄汚い・尾籠

きた-にほん【北日本】日本列島の北部の地域。北海道と東北地方。きたにっぽん。

きたの【北野】京都市上京区北西部の地名。北野天満宮がある。名は大内裏の北の野の意。

きたのうみ-としみつ【北の湖敏満】[1953〜　]力士。第55代横綱。北海道出身。本名、小畑敏満。昭和49年（1974）21歳2か月で史上最年少の横綱となり、輪島とともに一時代を築いた。優勝24回。幕内50場所連続勝ち越しなどの記録を持つ。引退後、一代年寄北の湖となり、日本相撲協会理事長を務める。➡輪島大士（第54代横綱）➡若乃花幹士㈡（第56代横綱）

きた-の-かた【北の方】❶《寝殿造りで、多く北の対屋に住んだところから》公卿・大名など、身分の高い人の妻を敬っていう語。北の御方。北の台。「三条殿に、殿、━並びておはします」〈宇津保・俊蔭〉❷北六波羅探題のこと。北殿。「六波羅の━、左近将監仲時」〈太平記・八〉➡六波羅探題

きたのしょう【北ノ庄】福井市の古称。柴田勝

家の居城地。
きた-の-じん【北の陣】ヂン ❶内裏の北の朔平門さくへいもんにあった兵衛府ひょうえふの陣(詰め所)。また、朔平門の別称。縫殿ぬいどのの陣。❷里内裏さとだいりなどで、警護の武士の詰め所。また、その詰め所のあった門。
きたの-じんじゃ【北野神社】▶北野天満宮
きた-の-たい【北の対】寝殿造りで、正殿の北にある建物。北の対屋たいのや。
きた-の-だい【北の台】「北の方❶」に同じ。「新田義貞の一の伯父なりしかば」〈太平記・一〇〉
きたの-たけし【北野武】[1947～]タレント・俳優・映画監督。東京の生まれ。芸名、ビートたけし。漫才コンビ「ツービート」で人気を集め、個性派俳優としても活躍。深作欣二ふかさくきんじが降板した映画「その男、凶暴につき」で監督デビューし、斬新な暴力描写が話題となる。平成9年(1997)「HANA-BI」でベネチア国際映画祭グランプリ(金獅子賞)を受賞。静寂な映像の中に死の影を漂わせた独特な手法が海外でも高く評価される。「キタノブルー」と呼ばれる青の色使いが特徴。作「ソナチネ」「キッズ・リターン」「座頭市」など。
きたの-てんじん【北野天神】▶北野天満宮
きたのてんじんえんぎ【北野天神縁起】菅原道真すがわらのみちざねの生涯や死後の怨霊おんりょう説話、北野天満宮の由来・霊験を描いた絵巻。鎌倉時代の作。
きたの-てんまんぐう【北野天満宮】京都市上京区にある神社。主祭神は菅原道真。豊臣秀頼造営の社殿は国宝。「北野天神縁起」をはじめ多数の文化財を所蔵。太宰府天満宮とならび全国天満宮の本宮。北野天神。北野神社。
きたのふじ-かつあき【北の富士勝昭】[1942～]力士。第52代横綱。北海道出身。本名、竹沢勝昭。昭和45年(1970)玉の海とともに横綱に昇進。優勝10回。引退後、年寄九重ここのえを襲名し、千代の富士、北勝海ほくとうみの二横綱を育てた。➡玉の海正洋(第51代横綱) ➡琴桜傑将ことざくらまさかつ(第53代横綱)
きたの-まつり【北野祭】8月4日(もと5日)に行われる京都北野天満宮の祭礼。《季 秋》
きた-の-まる【北の丸】城の北側の区画。特に、江戸城の北の丸にあった将軍の正妻の居所をいう。
きた-の-まんどころ【北の▽政所】❶摂政・関白の正妻を敬っていう語。のちには、大臣・大納言・中納言の正妻をもいった。❷特に、豊臣秀吉の正妻の敬称。➡高台院こうだいいん
きだ-はし【▽階｜▽段▽階】「きざはし」に同じ。「一のもとに行きて見れば、履物どもひしと脱ぎたり」〈義経記・三〉
きたばたけ【北畠】㊀姓氏の一。㊁村上源氏。源通親の孫の中院雅家なかのいんまさいえが洛北北畠に住み改姓。その曽孫の親房ちかふさが南朝の重鎮として活躍。顕能あきよしから代々伊勢国守。天正4年(1576)具教とものりが織田信長勢に攻められて滅亡。
きたばたけ-あきいえ【北畠顕家】アキイヘ[1318～1338]南北朝時代の公卿・武将。親房の長男。陸奥守むつのかみとして義良のりよし親王を奉じ、奥羽に下向したが、足利尊氏の反乱により西上、尊氏を九州に追った。のち任地に帰ったが、再度上洛の尊氏と戦い、和泉で戦死。
きたばたけ-あきのぶ【北畠顕信】[?～1380]南北朝時代の武将。親房の次男。春日少将と称する。兄顕家の死後、鎮守府将軍となり、父親房と奥羽に転戦。父の帰還後も奥州で戦ったが勝利できず、吉野に帰った。
きたばたけ-あきよし【北畠顕能】[?～1383]南北朝時代の武将。親房の三男。伊勢国守となり、伊勢南軍の総帥。
きたばたけ-じゅごう【北畠准后】北畠親房の異称。三后に准じる待遇で、後村上天皇が親房に与えたもの。
きたばたけ-じんじゃ【北畠神社】三重県津市にある神社。祭神は北畠顕能・北畠親房・北畠顕家。
きたばたけ-ちかふさ【北畠親房】[1293～1354]南北朝時代の公卿・武将。後醍醐天皇の皇子世良ときよし親王の養育にあたったが、その死によって出家。宗玄、のち、覚空と号した。建武の中興により、再び出仕。顕家とともに義良のりよし親王を奉じて東国下向を企て、常陸ひたちに上陸。結城親朝らを誘致しようとしたが成功せず、のち吉野に帰った。以後、南朝方の政治・軍事の中心人物として活躍。学識深く、著書に「神皇正統記じんのうしょうとうき」「職原鈔しょくげんしょう」など。北畠准后。
きたばたけ-とものり【北畠具教】[1528～1576]戦国時代の武将。伊勢国司。織田信長に居城大河内城を攻められ敗北。信長の次男信雄のぶかつを自身の子である具房の養嗣子として家督を譲り出家するが、のち、信雄らに謀られて自刃。
きたばたけ-みつまさ【北畠満雅】[?～1428]室町時代の武将。伊勢国司。南北朝合一後も南朝を支持、小倉宮を奉じて挙兵するが幕府軍に敗れて戦死。
きたばたけ-やほ【北畠八穂】[1903～1982]小説家・児童文学者。青森の生まれ。本名、美代。作家深田久弥と結婚したが、のち離婚。方言を駆使した郷土色豊かな作品を描く。「鬼を飼うゴロ」で野間児童文芸賞を受賞。他に「十二歳の半年」、小説「もう一つの光を」など。
きたはち【北八｜喜多八】「東海道中膝栗毛」の主人公。弥次郎兵衛とともに滑稽こっけいな旅を続ける。
きたはねばし-もん【北桔橋門】江戸城門の一。本丸の北側、竹橋門と乾二重櫓いぬいにじゅうやぐらとの中間にある。
きたはま【北浜】大阪市中央区、船場北部の地名。土佐堀川に面して北向きに店が並び、江戸時代には米・金相場が行われた。現在は大阪証券取引所があり、東京の兜町かぶとちょうと並ぶ証券街。北脇きたわき。
きたはら-あいこ【北原亜以子】[1938～]小説家。東京の生まれ。本名、高野美枝。女性ならではの視点で描いた時代小説で人気を集める。「恋忘れ草」で直木賞受賞。他に「粉雪舞う」「夜の明けるまで」「慶次郎縁側日記」シリーズなど。
きたはら-たけお【北原武夫】タケヲ[1907～1973]小説家。神奈川の生まれ。宇野千代と結婚、スタイル社を創業するが、のちに離婚。著書に小説「妻」「桜ホテル」「情人じょうじん」、評論「告白的女性論」など。
きたはら-はくしゅう【北原白秋】ハクシウ[1885～1942]詩人・歌人。福岡の生まれ。本名、隆吉。与謝野鉄幹の門人となり、「明星」「スバル」に作品を発表。のち、木下杢太郎きのしたもくたろうらと耽美派文学の拠点となる「パンの会」を結成。詩集「邪宗門」「思ひ出」、歌集「桐の花」、童謡集「トンボの眼玉」など。
きた-はんきゅう【北半球】ハンキウ 赤道を境とする地球の北側の半分。⇔南半球。
きたはんきゅう-かんじょうモード【北半球環状モード】キタハンキウクワンジヤウ ▶北極振動
きたひろしま【北広島】北海道中央部の市。平成8年(1996)広島町が市制施行して改称。札幌市のベッドタウン化が進む。人口6.0万(2010)。
きたひろしま-し【北広島市】▶北広島
きたまえ-ぶね【北前船】キタマヘ 近世初期から明治時代にかけて、日本海海運で活躍した北国廻船ほっこくかいせん、またそれに使われた北国船ほっこくぶねの上方での呼称。近世の中ごろから用いられるようになった、改良型の弁財船をもいう。
きた-まくら【北枕】❶枕を北に置いて寝ること。釈迦が涅槃ねはんのとき頭を北に、顔を西に向けて臥ふしたといわれることから、死者を寝かせるときの作法とされる。ふつう不吉として忌む。❷フグ科の海水魚。全長約20センチ。背面は灰褐色で、暗色の斑紋があり、腹面は青紫色。皮膚・肝臓・腸などに毒がある。本州中部以南の浅海に分布。
きた-まちぶぎょう【北町奉行】キタマチブギヤウ 江戸幕府の職名。江戸町奉行の一。南町奉行と月番交替で江戸町方の行政・司法・警察をつかさどった。➡町奉行
きたまつうら-はんとう【北松浦半島】ハンタウ 九州北西部にある半島。長崎県佐世保市と佐賀県伊万里市を結ぶ国見山系以西を占める。元寇げんこうや倭寇わこうなどの史跡に富む。西岸はリアス式海岸で、西海さいかい国立公園の一部。
きた-まつり【北祭】京都の賀茂神社の例祭である葵あおい祭のこと。石清水いわしみず八幡宮の祭りを南祭というのに対していう。《季 夏》
きたみ【北見】㊀北海道の旧国名。現在のオホーツク総合振興局と宗谷総合振興局の管轄地域の大半部にあたる。㊁北海道北東部の市。常呂ところ川中下流域にあり、ハッカ産業で発展。近年はタマネギの産地。平成18年(2006)3月、端野町・留辺蘂るべしべ町・常呂町と合併。人口12.6万(2010)。
きたみ-こうぎょうだいがく【北見工業大学】コウゲフダイガク 北見市にある国立大学法人。昭和35年(1960)設立の北見工業短期大学を母体に、同41年大学として発足。平成16年(2004)国立大学法人となる。
きたみ-さんち【北見山地】北海道北東部、東のオホーツク海岸に並行して走る山地。最高峰は天塩てしお岳の標高1558メートル。
きたみ-し【北見市】▶北見㊁
きた-みどう【北御堂】ミダウ 大阪市にある真宗本願寺派津村別院のこと。
きたみの-じしん【北美濃地震】ヂシン 昭和36年(1961)8月19日に発生したマグニチュード7.0の直下型地震。震源は岐阜県北西部の大日岳付近。岐阜・石川・福井の3県に被害を及ぼした。
きたみ-ぼんち【北見盆地】北海道北東部、北見市を中心にした盆地。農業地帯で、タマネギの産地。
きた・む【×鞫む】〔動マ下二〕《「鍛きたう」と同語源》罰する。懲らしめる。「法のりのまにまに問ひ賜ひ一・め賜ふべくあれども」〈続紀宣命・六二詔〉
きた-むき【北向き】❶北の方角に向いていること。「一の部屋」❷江戸中期、京都島原中堂寺町北側の長屋横町にいた下等の遊女。「京の一よりはおとりぬ」〈浮・一代男・七〉
北向きの鬼面きめん 陰気でひどく不愉快そうな顔つきのたとえ。
きたむら-かおる【北村薫】カヲル[1949～]小説家。埼玉の生まれ。本名、宮本和男。高校教諭を務めながら平成元年(1989)「空飛ぶ馬」で覆面作家としてデビュー。その後作家活動に入り、「鷺と雪」で直木賞受賞。他に「夜の蝉」「スキップ」「ひとがた流し」など。
きたむら-きぎん【北村季吟】[1624～1705]江戸前期の歌人・俳人・古典学者。近江の人。通称、久助。号、拾穂軒。飛鳥井雅章あすかいまさあきに歌学を、松永貞徳に俳諧を学び、のちに幕府に仕えた。著「徒然草文段抄」「源氏物語湖月抄」「枕草子春曙抄」など。
きたむら-せいぼう【北村西望】セイバウ[1884～1987]彫刻家。長崎の生まれ。文展、帝展で活躍。男性裸像にすぐれ、長崎市原爆中心地の「平和祈念像」で有名。文化勲章受章。
きたむら-とうこく【北村透谷】[1868～1894]詩人・評論家。神奈川の生まれ。本名、門太郎。自由民権運動に加わった後、「楚囚之詩」を発表。島崎藤村らと「文学界」で活躍。近代ロマン主義文学の中心となったが、自殺。長詩「蓬莱曲ほうらいきょく」、評論「厭世詩家と女性」「内部生命論」など。
きたむら-のぶよ【喜多村信節】[1783～1856]江戸後期の国学者・考証学者。江戸の人。名は節信ときのぶともいう。市中や民間の風俗・伝承を記録・考証した。著「嬉遊笑覧」「瓦礫雑考」など。
きたむら-りゅうへい【北村龍平】[1969～]映画監督。大阪の生まれ。「ヒート・アフター・ダーク」を監督し、劇場映画デビュー。長編第1作「VERSUS－ヴァーサス－」で国内外から絶大な評価を得る。他に「あずみ」「ゴジラ FINAL WARS」など。
きたむら-ろくろう【喜多村緑郎】ロクラウ[1871～1961]新派俳優。東京の生まれ。本名、六郎。明治29年(1896)高田実らと成美団を結成。新派の写実的演技術の確立に努め、女形として活躍。主な舞台に「侠艶録」「滝の白糸」「婦系図」など。
きたもと【北本】埼玉県中部の市。中山道の宿場町として発達。昭和40年代から住宅団地が急増。人口6.9万(2010)。
きたもと-し【北本市】▶北本
きた-もりお【北杜夫】モリヲ[1927～2011]小説家・精

神科医。東京の生まれ。本名、斎藤宗吉。斎藤茂吉の次男。「夜と霧の隅で」で芥川賞受賞。船医の体験をユーモラスに描いた「どくとるマンボウ航海記」がベストセラーとなり、この「どくとるマンボウ」シリーズで、多くのファンを獲得。他に「楡家(にれけ)の人びと」、父茂吉の評伝四部作「青年茂吉」「壮年茂吉」「茂吉彷徨」「茂吉晩年」など。芸術院会員。

きた-やま【北山】❶北方の山。❷京都市市街の北側にある山々。船岡山・衣笠(きぬがさ)山・岩倉山など。また、その一帯の称。❸《「北」を「来た」の意に掛けた洒落から》㋐恋慕の情が起こること。ほれること。「伊兵衛どのがちょこちょこ来るは、おきたどのに―ゆゑぢゃ」〈伎・稽古筆七いろは〉➡来る ㋑衣服などがいたんできたこと。また、食物が腐ってきたこと。「ちりめんの小袖、よほど―と見え」〈洒・大通契語〉㋒(多く、「腹がきたやま」の形で)腹がへってきたこと。「ときに腹が―だ」〈滑・膝栗毛・初〉

きたやま-がわ【北山川】(がは) 奈良県南東部の伯母峰(おばみね)峠付近に源を発して南流し、和歌山県新宮市北部で熊野川に注ぐ川。上流に池原などのダムがあり、中流で瀞(どろ)八丁の峡谷をつくる。長さ約100キロ。

きたやま-ざき【北山崎】岩手県北東部、太平洋に臨む岬。陸中海岸を代表する景勝地の一。100～200メートルにおよぶ断崖絶壁が8キロメートルにわたって続き、「海のアルプス」といわれる。

きたやま-しぐれ【北山時-雨】❶京都の北山の方から降り渡る時雨。❷「北山❸㋐」に同じ。「あいつおれには―だよ」〈滑・浮世床・二〉❸「北山❸㋒」に同じ。「どうやら腹も―」〈滑・旧観帖・初〉

きたやま-すぎ【北山杉】京都市北部から産する杉。磨き丸太として、室町時代から茶室や数寄屋に重用された。現代では高級建築材として床柱などに用いる。

きたやま-どの【北山殿】㊀京都北山にあった足利義満(あしかがよしみつ)の別荘。義満の死後、鹿苑寺(ろくおんじ)(金閣寺)となった。北山第(きたやまてい)。㊁足利義満の異称。

きたやま-ぶんか【北山文化】(ブンクワ) 室町初期、第3代将軍足利義満のころの文化。伝統的公家文化と武家文化の融合が進み、また、日明貿易などを通じ中国文化の影響を受けて水墨画や五山文学が発達。義満が京都北山に営んだ山荘にちなんでこの名があり、義政時代の東山文化に対していう。

ぎだゆう【義太夫】(ギダイフ) ㊀➤竹本義太夫(たけもとぎだゆう) ㊁「義太夫節」の略。

ぎだゆう-かたり【義▽太▽夫語り】(ギダイフ) 義太夫節を語るのを職業としている人。太夫(たゆう)。

ぎだゆう-きょうげん【義▽太▽夫狂言】(ギダイフキヤウゲン) 歌舞伎狂言で、人形浄瑠璃の戯曲を移入したもの。義太夫節で劇を進行させる。丸本歌舞伎。丸本物。でんでん物。竹本劇。義太夫物。

ぎだゆう-しゃみせん【義▽太▽夫三味線】(ギダイフ) 義太夫節の伴奏に用いる太棹(ふとざお)の三味線。音色が太く低く強い。

ぎだゆう-ぶし【義▽太▽夫節】(ギダイフ) 浄瑠璃の流派の一。貞享年間(1684～1688)に竹本義太夫が始め、のち竹本・豊竹二派に分かれた。物語の筋、せりふに三味線の伴奏で節をつけ語るもので、操り人形劇と結びついて発達。非常に流行したため、浄瑠璃といえばこれをさすようになった。義太。義太夫。

ぎだゆう-ぼん【義▽太▽夫本】(ギダイフ) 義太夫節の詞章を書いた本。丸本・五行本・床本(ゆかほん)などの種類がある。浄瑠璃本。

きた-ヨーロッパ【北ヨーロッパ】➤北欧(ほくおう)

キタラ〖(ギリシャ) kithara〗リラから発達した古代ギリシャの撥弦楽器。共鳴胴に立てた2本の腕木を横木で結び、横木と胴の間に5～11本の弦を張ったもの。

きた-りす【北×栗×鼠】リス科の哺乳類。アジア北部からヨーロッパにかけて最も普通にみられるリスで、主に針葉樹林にすむ。冬の耳の毛はふさふさしている。エゾリスはこの一亜種。

ギタリスト〖guitarist〗ギターの演奏者。

きた-りゅう【喜多流】(リウ) 能のシテ方の流派の一。喜多七大夫が興したもので、江戸初期、元和5年(1619)ごろに幕府から認められた新興の流派。

ぎだ-りん【祇陀林】㊀➤祇園(ぎおん)㊀ ㊁➤祇園精舎(ぎおんしょうじゃ)

きた・る【来る】〔動ラ五(四)〕《「きいたる(来至る)」の音変化》❶やって来る。くる。「米大統領―・る」「冬―・りなば春遠からじ」❷使いものにならなくなる。古くなっていたむ。古くさくなる。ぼける。「角琴柱(かくことじ)はちと―・ったから打ち直させうと思ふよ」〈滑・浮世風呂・二〉❸異性に、ほれこむ。「年増(としま)のお妾めは自己(おいら)に九分九厘―・って居て」〈滑・七偏人・三〉❹(動詞の連用形に付いて)…し続けて現在にまで及ぶ。「行い―・る」 類語 来る・迫る・差し迫る・押し迫る・押し詰まる・切迫する・近づく・やってくる・訪れる・来訪する・到着する・着く

来る者は拒まず 《「春秋公羊伝」隠公二年から》心を寄せて近づいて来る者は、どんな者でも受け入れるという意。「―、去る者は追わず」

きたる【来る】〔連体〕《動詞「きた(来)る」の連体形から》月日や行事などを表す語の上に付いて、近いうちにくる、この次の、の意を表す。「運動会は―一〇日に開かれる」「―定期総会において」⇔去る。

きたる-べき【来るべき】〔連体〕近いうちにくるはずの。「―大会に備える」

きた-ろっぺいた【喜多六平太】(ロクヘイタ) [1874～1971]能楽師。シテ方喜多流14世宗家。東京の生まれ。闊達(かったつ)自在な芸境の名人で、衰えていた流勢を盛り返した。文化勲章受章。

きたわき-のぼる【北脇昇】[1901～1951]洋画家。名古屋の生まれ。鹿子木孟郎(かのこぎたけしろう)・津田青楓(つだせいふう)に師事。シュールレアリスムの影響を受け、京都にあって、関西前衛美術の発展に貢献した。

き-たん【忌×憚】〔名〕(スル)❶いみはばかること。きらいいやがること。「友達から―され軽蔑されるような人間」〈谷崎・異端者の悲しみ〉❷遠慮すること。多く、否定の語を伴って用いられる。「どうぞ―のないご意見を」 類語 遠慮・気兼ね・心置き・憚(はばか)り・控え目・斟酌(しんしゃく)・謹慎・内輪・憚る・控える・差し控える・慎む・断る

き-たん【奇×譚】珍しい話。不思議な物語。

き-たん【起単】《「単」は僧堂内で修行者の座位を示す名札のこと》禅宗で、僧が暇を請い、寺を離れること。特に、15日以上の場合をいう。

き-たん【起端】物事のおこり。発端。

き-たん【×愧×赧】恥じて顔を赤くすること。赤面(せきめん)。「―の念」

き-だん【気団】水平方向にほぼ均一な性質をもつ空気の大きな塊。大陸・大洋上などの広い地域に大気が停滞すると形成される。「北極―」

き-だん【奇談】変わった、珍しい話。不思議な話。 類語 異聞・奇話・奇聞・逸聞

き-だん【基壇】社寺・宮殿などの建物の基部に築いた石造や土造の壇。

き-だん【×綺談|奇談】巧みに作られた、面白い話。

ぎ-たん【義胆】正義を貫く精神。正義を行う勇気。

ぎ-だん【疑団】心の中にわだかまっている疑いの気持ち。「胸中の―は容易に解く由が無い」〈木下尚江・良人の自白〉 類語 疑問・疑い・疑義・疑惑・疑念・疑心・不審・懐疑・猜疑・狐疑・疑点・半信半疑

きたん-かいきょう【紀淡海峡】(ケフ) 和歌山市加太(かだ)と淡路島の由良(ゆら)の間にある海峡。紀伊水道と大阪湾をつなぎ、中央に友ケ島がある。友ケ島水道。

き-ち【危地】危険な場所。また、危険な立場や状況。 類語 苦境・逆境・窮地・危険・危難・危機・危殆(きたい)・虎口(ここう)・ピンチ・物騒・剣呑(けんのん)・危ない

きち【吉】縁起がよいこと。めでたいこと。きつ。「―か凶(きょう)かを占う」⇔凶。➡漢「きち(吉)」 類語 おめでた・吉事・慶事・好事・寿

き-ち【奇知|奇×智】すぐれた知恵。奇抜な才知。 類語 英知・人知・衆知・全知・理知・理性・才知・知性・悟性・故知・知恵・知・インテリジェンス

き-ち【既知】すでに知っていること。すでに知られていること。「―の事実」⇔未知。

き-ち【基地】行動の基点となる場所。特に、軍隊・探検隊・登山隊などの活動の拠点。根拠地。「軍事―」「南極―」 類語 ベース・兵営・キャンプ

き-ち【貴地】相手を敬って、その居住地をいう語。御地(おんち)。

き-ち【旗地】中国の清時代、朝廷から旗人に与えられていた世襲の土地。

き-ち【機知|機×智】その場に応じて、とっさに適切な応対や発言ができるような鋭い才知。ウイット。エスプリ。「―に富む会話」 類語 頓知・機転・ウイット・エスプリ・ユーモア

き-ち【×窺知】〔名〕(スル) うかがい知ること。「作曲家としての天分を―するに足りる」〈谷崎・春琴抄〉

き-ちがい【気違い|気▽狂い】(ちがひ) ❶精神状態が普通でなく、正常ではない言動をすること。気が狂うこと。❷(多く他の語の下に付いて)ある一つのことに異常に熱中すること。また、その人。マニア。「野球―」 類語 狂乱・狂気・乱心

気違いに刃物 非常に危険であることのたとえ。

き-ちがい【季違い】(ちがひ) その物事にふさわしい季節と違っていること。季節違い。

きちがい-あめ【気違い雨】(きちがひ) 晴れたかと思うと、また急に降ってくる雨。

きちがい-ざた【気違い沙汰】(きちがひ) 常識では考えられない振る舞い。 類語 狂態・痴態

きちがい-じ・みる【気違い染みる】(きちがひ)〔動マ上一〕言動などが常軌を逸していて、正気とは思えないほどである。「―・みた振る舞い」

きちがい-なすび【気違い茄=子】(きちがひ) チョウセンアサガオの俗称。薬用に用いられていたが、分量を誤ると狂躁(きょうそう)状態になることから、かつてはこう呼ばれた。

きちがい-ばな【気違い花】(きちがひ) 本来咲くはずのない時節に咲く花。狂い咲きの花。

きちがい-びより【気違い日-和】(きちがひ) 晴雨の定まらない、きわめて不順な天気。

きちがい-みず【気違い水】(きちがひみづ)《飲むと正気を失うことがあるところから》酒のこと。

きぢか-もの【期近物】先物取引で、受渡期日が近いもの。⇔期先物(きさきもの)。

きち-きち ㊀〔副〕❶堅い物がこすれたり当たったりする音を表す語。「―と材(き)の軋(きし)る音の物凄さ」〈露伴・五重塔〉❷正確に、または規則正しく物事をするさま。きちんきちん。「部屋代を―(と)払う」㊁〔形動〕空間・分量・時間などに、ゆとりがないさま。「―に詰め込む」「―な靴」「―なスケジュール」 アクセント ㊀はキチキチ、㊁はキチキチ。 類語 ぎっしり・ぎっちり・ぎゅうぎゅう・びっしり・きっちり・ぎちぎち

ぎち-ぎち ㊀〔副〕物がこすれ合って鈍くきしむ音を表す語。「床板の継ぎ目が―(と)鳴る」㊁〔形動〕物事がいっぱいでゆとりがないさま。「予定が―に詰まっている」 アクセント ㊀はギチギチ、㊁はギチギチ。 類語 ぎっしり・ぎっちり・ぎゅうぎゅう・びっしり・きっちり・きちきち

きちきち-ばった【きちきち×蝗】❶《飛びながらたてる音から》ショウリョウバッタの雄の俗称。(季 秋)❷ショウリョウバッタモドキの旧称。

きち-きょく【基地局】《base station》移動する無線局と通信を行うための、基地となる無線局。または、携帯電話やPHSなどの移動体通信機器が無線通信を行うための拠点を指し、基幹電話網に接続する役割をもつ。基地局の電波が届く範囲(通信可能エリア)をセルという。

き-ちく【鬼畜】鬼と畜生。転じて、残酷で、無慈悲な行いをする者。

き-ちく【騎竹】竹馬に乗ること。

きちく-の-とし【騎竹の年】竹馬に乗って遊ぶような年ごろ。幼年のころ。

きちく-の-まじわり【騎竹の交わり】(まじはり) 子供のときからの交友。竹馬(ちくば)の友。

きちく-もの【鬼畜物】能の分類の一。鬼神・畜類・天狗(てんぐ)などをシテとする曲。五番目物の一種。➡五番目物

きち-こう【×桔梗】(キチカウ) ❶キキョウの別名。〔季 秋〕❷「ききょう(桔梗)❷」に同じ。

きち-じ【吉事】めでたい事柄。縁起のよい事柄。きつじ。⇔凶事(きょうじ)。〔類語〕慶事・好事・おめでた・寿・吉

きちじ【喜知次┊吉次】フサカサゴ科の海水魚。全長約30センチ。頭部に鋭いとげを多数もち、体は鮮紅色を呈する。駿河湾以北に分布し、三陸沖や北海道岸に多い。脂肪があり、煮つけなどにする。きんき。

きち-じつ【吉日】縁起のよい日。祝い事など、何か事をするのによいとされる日。きちにち。きつじつ。「思い立ったが―」⇔凶日(きょうじつ)。〔補説〕呉音「きち」と漢音「じつ」の混ぜ読みで、新しい形。「きちにち」「きつじつ」が本来の読み方。〔類語〕好日・佳日・寧日

きち-じょう【吉上】(キチジャウ) ❶この上もなく吉であること。上吉。大吉。❷(「吉祥」とも書く)六衛府の下役。禁裏各門の警衛に当たった。黄仕丁(おうしちょう)。

きち-じょう【吉祥】(キチジャウ) めでたい兆し。吉兆。きっしょう。

きちじょう-か【吉祥果】(キチジャウクワ) 鬼子母神が手に持つ魔除(まよ)けの果実。ふつうザクロとされる。

きちじょう-けか【吉祥▽悔過】(キチジャウケクワ) 正月に、吉祥天を本尊として最勝王経を読み、罪過を懺悔(さんげ)するとともにその年の五穀豊穣を祈願する法会。

きちじょう-こんごう【吉祥金剛】(キチジャウコンガウ) 密教で、文殊菩薩(もんじゅぼさつ)の称。

きちじょう-じ【吉祥寺】(キチジャウ) ㊀東京都文京区本駒込にある曹洞宗の寺。山号は諏訪山。長禄2年(1458)太田道灌が江戸城和田倉門内に創建。開山は青巌周陽。天正18年(1590)徳川家康の入城で、神田駿河台に移り、さらに明暦3年(1657)の大火後、現在地に移転。文禄4年(1595)創始の旃檀林(駒沢大学の前身)は江戸時代曹洞禅学の中心。㊁東京都武蔵野市の東半部の地名。住宅地。明暦の大火後、㊀の門前町の人々が移住して新田を開いた。

きちじょう-そう【吉祥草】(キチジャウサウ) ユリ科の常緑多年草。陰地に生え、茎は地表をはい、ひげ根を出す。葉は広線形。秋の終わりに、淡紫色の小花を穂状につけ、実は紅紫色。植えている家の吉事のときに花が開くという俗信がある。観音草。吉祥蘭。〔季 秋〕

きちじょう-てん【吉祥天】(キチジャウ) 《梵 Śrī-mahādevī の訳》福徳を授ける仏教守護の女神。父は徳叉迦(とくしゃか)、母は鬼子母(きしも)。毘沙門天(びしゃもんてん)の妻とされる。ふつう立ち姿の天女で、左手に如意(にょい)宝珠を捧げ、右手で施無畏印(せむいいん)をつくる。功徳天。宝蔵天女。きっしょうてん。

きちじょうてんにょ-ほう【吉祥天女法】(キチジャウテンニョホフ) 密教で、吉祥天を本尊として福徳を祈願する修法。

きちじょう-にち【吉祥日】(キチジャウ) 陰陽道(おんようどう)で、何事を行うのにも吉とされる日。きっしょうにち。

きちじょう-もんよう【吉祥文様】(キチジャウモンヤウ) 祝意をあらわすのに用いる文様。松竹梅・蘭(らん)・菊・瑞雲(ずいうん)・鶴亀(つるかめ)・鳳凰(ほうおう)・宝づくしなど。

きち-ずい【吉×瑞】めでたいしるし。吉事の前兆。

きち-すう【既知数】方程式などで、すでに値が知られているか、わかっていると仮定される文字や数。⇔未知数。

きちぞう【吉蔵】(キチザウ) 江戸時代、下男の通称。「大方は一、三助が成り上がり」〈浮・永代蔵・一〉

きちぞう【吉蔵】(キチザウ)［549～623］中国、隋(ずい)代の僧。金陵(江蘇省)の人。三論宗再興の祖。嘉祥(かじょう)寺に住して教えを広めたので、嘉祥大師とよばれる。「三論玄義」など著書が多く、ほとんど現存。

きちっ-と〔副〕(スル) ❶「きちんと❶」に同じ。「スーツを―着る」❷「きちんと❷」に同じ。「―時間を守る」❸「きちんと❸」に同じ。「計算が―合う」

きち-にち【吉日】▶きちじつ(吉日)

きち-む【吉夢】縁起のよい夢。きつむ。⇔凶夢。

きちや【吉弥】㊀江戸初期、延宝年間(1673～1681)の名女形(おやま)、上村吉弥。㊁❶「吉弥笠」の略。❷「吉弥結び」の略。

きちや-おしろい【吉弥白=粉】上村吉弥が京都四条通りの高瀬川橋詰めで売り出したおしろい。

きちや-がさ【吉弥×笠】編み笠の一。上村吉弥がかぶりはじめ、若い女性の間に流行した。

き-ちゃく【帰着】〔名〕(スル) ❶帰りつくこと。「無事母港に―する」❷いろいろの過程を経て、最終的に落ち着くこと。「結局は最初の案に―した」
〔類語〕帰結・帰趨・帰する・落ち着く

きちや-むすび【吉弥結び】上村吉弥が始め、若い女性の間に流行した帯の結び方。後ろで引き結びにして、結んだ両端を垂らした。玉章(たまずさ)結び。

き-ちゅう【気柱】管の中の柱状の空気のこと。管楽器では、気柱が共鳴して音が大きくなる。

き-ちゅう【忌中】近親者の喪に服し、忌み慎んでいる期間。普通は死後49日間をいう。喪中。

き-ちゅう【奇中】❶不思議に的中すること。❷不思議な物事がいくつかあるそのうち。「一の奇」

き-ちゅう【基柱】❶中心となる柱。❷最も重要な人物。「社会運動の―」

き-ちゅう【貴×冑】(キチウ) 高い身分の家柄。華冑(かちゅう)。「この新将軍が―の族(やから)ながらも」〈藤村・夜明け前〉

き-ちゅう【機中】飛行機のなか。「―の人となる」

ぎ-ちゅうけん【魏忠賢】［1568～1627］中国、明(みん)末の宦官(かんがん)。16代皇帝天啓帝(てんけいてい)の下で権勢を振るい、東林党を弾圧して全盛を誇った。17代皇帝崇禎帝(すうていてい)の即位後、弾劾を受け失脚、自殺した。

ぎちゅう-じ【義仲寺】滋賀県大津市にある単立法人の寺。もと天台宗寺門派。山号は朝日山。天文22年(1553)、木曽義仲の墓所に佐々木高頼が一寺を建立、義仲庵と呼んだのが始まりという。松尾芭蕉の墓がある。よしなかでら。

き-ちょ【貴著】相手を敬って、その著書をいう語。

き-ちょう【×几帳】(キチャウ) 寝殿造りの室内調度で、間仕切りや目隠しに使う屏障具(へいしょうぐ)の一。土居(つちい)という台の上に2本の柱を立てて横木をわたし、それに夏は生絹(すずし)、冬は練絹(ねりぎぬ)などの帷子(かたびら)をかけたもの。高さは5尺と4尺とがある。

き-ちょう【帰庁】(キチャウ)〔名〕(スル) 外出先や出張先から役所に帰ること。「―して復命書を提出する」

き-ちょう【帰朝】(キテウ)〔名〕(スル) 外国から帰ってくること。帰国。「欧州訪問から―する」「―報告」

き-ちょう【記帳】(キチャウ)〔名〕(スル) ❶帳簿に事項・数字などを記入すること。「売上高を―する」❷参会者が名簿などに署名すること。「受付で―する」
〔類語〕書き入れる・書き込む・記入・記載・簿記

き-ちょう【基調】(キテウ) ❶思想・行動・学説・作品などの根底にある基本的な考え・傾向。「国際協調を―とする外交」❷絵画や装飾などで、その中心となっている色。「青を―とした作品」❸▶主調(しゅちょう)❶
〔類語〕基本・大本(おおもと)・基礎・根本(こんぽん)・根幹・中心・基軸・基底・根底・基(もと)・土台・下地・初歩・いろは・ABC・基盤・基幹・基部・大根(おおね)

き-ちょう【黄×蝶】(キテフ) シロチョウ科のチョウ。翅(はね)の開張約4.5センチ。翅は黄色く、夏型では前翅の黒い縁どりが目立つ。幼虫の食草はハギ・ネムノキなど。東北地方南部から南に普通にみられる。〔季 春〕

き-ちょう【貴重】㊀〔名〕(スル) とうとびおもんじること。非常に大切にすること。「主人の尤(とが)も―する命が」〈漱石・吾輩は猫である〉㊁〔形動〕〔文〕〔ナリ〕非常に大切なさま。得がたいものであるさま。「―な時間を割く」「―な体験」〔類語〕得難い・珍重・珍しい・貴い・稀・稀有・高貴・大切・重要・異色・異彩・珍貴・珍稀

き-ちょう【機長】(キチャウ) 航空機の乗員中の最高責任者。運航中の業務に関して指揮・監督する。ふつう民間機では正操縦士が兼ねる。

きち-よう【吉曜】(キチエウ)「吉日(きちじつ)」に同じ。「―をえらび、事始めあり」〈吾妻鏡・九〉

ぎ-ちょう【×毬▽打┊×毬×杖】(ギチャウ) ▶ぎっちょう

ぎ-ちょう【魏徴】［580～643］中国、唐初の政治家・学者。曲城(山東省)の人。字(あざな)は玄成。太宗に召し出され、節を曲げぬ直言で知られる。「隋書(ずいしょ)」「群書治要」などの編纂(へんさん)にも功があった。

ぎ-ちょう【議長】(ギチャウ) ❶会議の席で、議事を進行させ採決を行う人。また、機関としての会議を代表し、その活動の中心となる人。「―をつとめる」「共闘会議―」❷国会両議院や地方公共団体の議会で、議員中から選挙され、議事整理、議場の秩序維持、事務監督に当たり、議会を代表する人。
〔類語〕チェアマン・チェアパーソン

漢字項目　きち

吉　〔音〕キチ(呉)　キツ(漢)　〔訓〕よい‖㊀〈キチ〉めでたい。運がよい。「吉日(きちじつ・きちにち)・吉例/小吉・大吉」㊁〈キツ〉㊀に同じ。「吉凶・吉相・吉兆・吉報/不吉」〔名付〕さち・とみ・はじめ・よ・よし〔難読〕吉方(えほう)・吉師(きし)・吉備(きび)・吉左右(きっそう)・吉利支丹(キリシタン)

漢字項目　きつ

【吉】▶きち

▽**乞**　〔音〕キツ(漢)　コツ(慣)　〔訓〕こう‖物を頼む。ねだる。「乞丐(きっかい・こつがい)・乞食(こつじき)」〔難読〕乞食(こじき)・乞巧奠(きっこうでん・きこうでん)

×**吃**　〔音〕キツ(漢)　〔訓〕どもる‖①どもる。「吃音・吃語」②(「喫」と通用)受け入れる。「吃驚(きっきょう)・吃水」〔難読〕吃逆(しゃっくり)・吃驚(びっくり)

×**屹**　〔音〕キツ(慣)　〔訓〕そばだつ‖山が高くそびえ立つ。「屹然・屹立」〔難読〕屹度(きっと)

×**拮**　〔音〕キツ(漢)　ケツ(漢)‖①しめる。ぎゅっと引き締める。「拮抗(きっこう)」②忙しく働く。「拮据(きっきょ)」

喫　〔音〕キツ(慣)‖①食う。飲む。「喫煙・喫茶/満喫」②身に受ける。こうむる。「喫驚・喫緊」

詰　〔音〕キツ(漢)　〔訓〕つめる、つまる、つむ、なじる‖①問いつめる。なじる。「詰責・詰問/難詰・面詰・論詰」②かがまる。「詰屈」

人**橘**　〔音〕キツ(漢)　〔訓〕たちばな‖①木の名。タチバナ。「橘中/柑橘類」②橘(たちばな)氏のこと。「源平藤橘」〔難読〕枸橘(からたち)

きちょう-えんぜつ【基調演説】(キテウ) ▶基調講演

きちょう-こうえん【基調講演】(キテウカウエン) 企業・政党が発表したり、シンポジウムや会議などの開催に際して行われる基本方針についての講演。基調演説。キーノートスピーチ。

ぎちょう-せいめい【議長声明】(ギチャウ) ❶議会や国際会議などで合意に達した事柄を、参加者の総意として議長名で発表する声明のこと。❷特に、国連安全保障理事会による問題対応策の一。当事国に自制を求めるなど、事態の改善をうながす声明を、議長が安保理に代わって発表する。採択には全理事国の合意が必要だが、拘束力はない。重要度は安保理決議より低く、報道声明よりは高い。

きちょう-はんだん【基調判断】(キテウ) 政府が毎月発表する、景気についての公式見解。内閣府が生産・個人消費・雇用などから判断して原案を作成し、関係閣僚会議で決定される。景気の基調判断。➡月例経済報告

きちょう-ひん【貴重品】貴重な品物。特に、高価な物や所持金をいう。

きちょう-めん【×几帳面】(キチャウ) ㊀〔名〕角柱の角につけた面の一。角そのものは残すように、両側に段をつけたもの。もと几帳の柱によく用いられたところからいう。㊁〔形動〕〔文〕〔ナリ〕細かいところまで、物事をきちんと行うさま。決まりや約束にかなうように正確に処理するさま。「―な性格」「時間を―に守る」
〔類語〕まじめ・大まじめ・生まじめ・くそまじめ・忠実・愚直・四角四面

きちょう-りょく【起潮力】(キテウ) ▶潮汐(ちょうせき)力

きちり〔副〕❶すきまやずれのないさま。きっちり。「―と合った蓋(ふた)」❷整っていて、乱れのないさま。きちんと。「実に―と片付いていた」〈漱石・こゝろ〉

きち-れい【吉礼】めでたい儀式。きつれい。

きち-れい【吉例】めでたいしきたり。きつれい。

き-ちん【木賃】❶素泊まりの客が、煮炊きなどのための薪代(まきだい)として宿に支払う金銭。木銭(きせん)。❷「木賃宿」の略。

キチン〘chitin〙節足動物の表皮、軟体動物の殻、菌類の細胞壁などを形成する、窒素を含む多糖類。水や弱酸には不溶、強酸に溶ける。

キチン〖kitchen〗▶キッチン
きちん-きちん〔副〕正確に規則正しく物事をするさま。「毎月―と里に仕送りする」
きちん-と〔副〕スル ❶よく整っていて、乱れたところのないさま。「洋服を―着る」「部屋が―している」❷正確な、また規則正しいさま。「集会時間に―集まる」「家賃を―払う」❸すきまや過不足のないさま。ぴったり。「帳尻が―合う」(類語)ちゃんと・しっかり・しゃんと
きちん-どまり【木賃泊(ま)り】木賃宿に泊まること。また、その宿。「―に居なさんすように成ろうとは」〈一葉・十三夜〉
キチン-の-なみ【キチンの波】《Kitchin cycles, Kitchin's waves》米国のJ=キチンが1923年に明らかにした景気循環の短期波動。企業家が期待する適正在庫水準と現在在庫水準との乖離によって生ずる在庫投資循環で、約40か月の周期をもつ。
きちん-やど【木賃宿】❶江戸時代、木賃❶を取り旅人に自炊させて泊めた宿屋。食事付きの旅籠に対していう。木銭宿。❷一般に、粗末な安宿。(類語)宿・旅館・宿屋・ホテル・民宿・ペンション・旅籠・モーテル・ラブホテル・連れ込み・連れ込み宿
きつ【×狐】キツネの古名。「行方のしれぬは、どうでおーの業かしれぬ」〈伎・韓人漢文〉
きづ【木津】京都府木津川市の地名。木津川舟運の河港。住宅地。平城京や東大寺建設の際木材の集積地となった。
きつ・い〔形〕文きつ・し〔ク〕❶物事の程度がはなはだしい。「―・い勾配」「日ざしが―・い」❷鼻や舌などへの刺激が強い。「―・いにおい」「―・い酒」❸力の入れ方・加わり方が強い。「洗濯物を―・く絞る」「目を―・く閉じる」❹ゆとりがなく、窮屈である。「帯が―・い」「去年の服が―・くなった」❺規律・要求などが厳しい。「―・いおきて」「―・く戒める」❻ある事柄をこなしたり、それに耐えたりするのが容易でない。「仕事が―・い」「からだが―・い」❼気性が激しい。気が強い。「―・いところのある子」「目つきが―・い」(派生)きつがる〔動ラ五〕きつさ〔名〕(類語)(❶)ひどい・激しい・すごい・厳しい・固い・険しい・鋭い・ぎゅっと・きゅっと・がっちり・かっちり・確と・ひしと/(❹)窮屈・狭苦しい・せせこましい・手狭・狭小・狭隘・狭窄・狭い
きつう〔副〕《形容詞「きつし」の連用形「きつく」のウ音便から》❶たいへん。ひどく。「番頭どの一精が出ます」〈松翁道話・二〉❷(あとに打消しの語を伴って)どうしても。絶対に。「間に合はせねばーかなはぬ大事の用」〈浄・重井筒〉
きつ-えん【喫煙¦喫×烟】〔名〕スル タバコを吸うこと。「構内で―してはならない」「―室」
きつえん-りつ【喫煙率】調査対象者のうち、タバコを吸う習慣のある人の割合。百分率で表す。(補説)日本では厚生労働省の調査と日本たばこ産業の調査と2種あるが、数値はほぼ同じ。未成年者は調査対象になっていない。
きつ-おん【×吃音】発声時に第1音が円滑に出なかったり、ある音を繰り返したり伸ばしたり、無音が続いたりする言語障害。不安や緊張などの心理的影響が強いと考えられているが、原因は不明。舌・唇・声帯・横隔膜など、発声・調音(構音)・呼吸に関係のある器官に痙攣を伴うこともある。吃音症。吶吃。どもり。
きっ-か【菊花】▶きくか(菊花)
キッカー〖kicker〗ラグビー・サッカーなどで、ボールをける人。多く、ペナルティーキックなどでいう。
きっ-かい【▽乞×丐】物乞い。乞食。こつがい。「何故、仙にして、―をして歩くか」〈芥川・仙人〉
きっ-かい【奇っ怪】〔名・形動〕「きかい(奇怪)」を強めていう語。「―な振る舞い」「―千万」
き-づかい【気遣い】❶あれこれと気をつかうこと。心づかい。「どうぞお―なく」❷よくないことが起こるおそれ。懸念。「情報が漏れる―はない」(類語)配慮・心配り・気配り・心遣い・心掛け・顧慮・細心・気兼ね・屈託・心配・用心・注意・警戒・戒心・用意・留意
き-づか・う【気遣う】〔動ワ五(ハ四)〕あれこれと気にかけて心配する。案じる。「安否を―・う」(類語)恐れる・危惧する・危懼する・懸念する・憂える
きっ-かけ【切っ掛け】❶物事を始める手がかり。糸口。また、原因や動機。「事態打開の―をつかむ」「ふとした―で知り合う」❷歌舞伎などの舞台で、俳優の出入り、音楽・照明の変化などの進行上の合図となる動作やせりふ。「下座に―を渡す」❸符号。しるし。「けいこ本の所々へ○や△や、色々な―をして」〈滑・浮世床・初〉❹気勢。心意気。「男の―を外すまじきとて」〈甲陽軍鑑・一六〉(類語)契機・機・縁・原因・もと・種・起こり・因・因由・素因・真因・要因・一因・導因・誘因・理由・事由・訳・近因・遠因・せい・起因する・因る・基づく・発する・根差す
きっ-か・ける【切っ掛ける】〔動カ下一〕《「きっかけ」の動詞化》話をきり出す。相談ごとなどをしようとする。「実は、と目を瞑って―・けたが」〈鏡花・日本橋〉
きっか-と〔副〕はっきりと。きちんと。「これほど―言っておいたものをぞ」〈史記抄・九〉
きっかり〔副〕❶時間・数量などが正確で過不足のないさま。かっきり。ちょうど。「―約束の時間に来る」「五キロ―の荷物」❷きわだって、はっきりしているさま。くっきり。「―と日蔭を限って解け残った霜が白く見えて居た」〈長塚・土〉(類語)丁度・かっきり・きっちり・ぴったり・ちょっきり・ジャスト
き-づかれ【気疲れ】〔名〕スル 心づかいや緊張などのため、精神的に疲れること。「看病で―する」(類語)気苦労・心労・心痛・ストレス
きづ-がわ【木津川】㊀三重県の鈴鹿山脈南部に発し、京都府南部を流れて八幡市で淀川に注ぐ川。㊁京都府南端にある市。1980年代に京都府・大阪府・奈良県にまたがる関西文化学術研究都市の一部として開発が進む。平成19年(2007)3月、山城町・木津町・加茂町が合併して市制施行。官民の研究機関が多い。人口7.0万(2010)。
きっかわ-これたり【吉川惟足】[1616～1694]江戸前期の神道家。姓は「よしかわ」とも読む。吉川神道の創始者。江戸の人。京都の吉田神道を学び、江戸でその正統継承者と自称、一派を立てる。諸大名の信頼を得、幕府神道方となる。著「神代巻惟足抄」など。
きづがわ-し【木津川市】▶木津川㊁
き-づかわし・い【気遣わしい】〔形〕文きづかは・し〔シク〕事の成り行きなどが気にかかるさま。心配である。気がかりだ。「病人の容体が―・い」(派生)きづかわしげ〔形動〕きづかわしさ〔名〕
きっかわ-ひろいえ【吉川広家】[1561～1625]安土桃山・江戸初期の武将。元春の三男。毛利氏支藩の岩国藩吉川氏の祖。関ヶ原の戦いでは徳川氏に内通し、戦後、宗家毛利氏の領国周防・長門両国の保全に功があった。
きっかわ-もとはる【吉川元春】[1530～1586]戦国時代の武将。駿河守。毛利元就の次男。従兄の吉川興経の養子。弟の小早川隆景とともに毛利氏の中国平定に尽力。豊臣秀吉に従って九州侵攻に参加、陣中で死亡。
きっかわ-れいか【吉川霊華】[1875～1929]日本画家。東京の生まれ。本名、準。狩野派・土佐派を学び、のち冷泉為恭に私淑して大和絵を研究。白描画を得意とした。代表作「離騒」。
きつき【杵築】大分県、国東半島南部にある市。江戸時代、松平氏の城下町。柑橘類のほかイチゴ・花卉栽培が盛ん。平成17年(2005)10月、大田村・山香町と合併。人口3.2万(2010)。
き-づき【気付き】それまで見落としていたことや問題点に気づくこと。「小さな―が大発見につながる」「日々の―が成長をもたらす」「生徒の―を促す」
き-づき【忌月】「きげつ(忌月)」に同じ。「三月は故宮の御―なり」〈源・少女〉
き-つきげ【黄×鴾毛】馬の毛色の名。つきげの黄色みがかったもの。
きつき-し【杵築市】▶杵築
きつ-きつ【×吃×吃】〔ト・タル〕文〔形動タリ〕声を出して笑うさま。「―として窃笑せり」〈紅葉・金色夜叉〉
きつ-きつ【×屹×屹】〔ト・タル〕文〔形動タリ〕山などが高くそびえ立つさま。また、いかめしい感じがするさま。「編輯記者の―として原稿に対する机の前を」〈魯庵・社会百面相〉
きつ-きつ【×拮×拮】〔ト・タル〕文〔形動タリ〕てきぱきと働くさま。「彼は、只た一人―として掘り進んだ」〈菊池寛・恩讐の彼方に〉
きづき-の-みや【杵築宮】高皇産霊神が大国主命のために建てたといわれる殿舎。現在の出雲大社の起こりと伝える。
きつ-ぎゃく【×吃逆】しゃっくりのこと。
きっきゅう-じょ【×鞠×躬如】〔ト・タル〕文〔形動タリ〕身をかがめて、つつしみかしこまるさま。「―として用を聞いている」〈円地・女坂〉
きっ-きょ【×拮▽据】〔名〕スル 忙しく働くこと。仕事に励むこと。けっきょ。「中央集権の実を挙げて内治に―すると共に」〈嶺雲・明治叛臣伝〉
きっ-きょう【吉凶】縁起のよいことと悪いこと。吉と凶。運や縁起のよしあし。「―を占う」(類語)慶弔・禍福
吉凶は糾える縄の如し「禍福は糾える縄の如し」に同じ。
きっ-きょう【喫驚¦×吃驚】〔名〕スル おどろくこと。びっくりすること。「紳士は―し、空を仰いで」〈鉄腸・南洋の大波瀾〉(類語)驚く・驚き・驚愕・驚嘆・愕然・驚倒・驚天動地・驚異・びっくりする・どきっとする・ぎくっとする・ぎょっとする・たまげる・仰天する・動転する・一驚する・瞠目する・恐れ入る・あきれる・唖然とする・呆気にとられる・目を疑う・目を丸くする・目を見張る・息をのむ・肝をつぶす・腰を抜かす
きっ-きん【喫緊¦×吃緊】〔名・形動〕差し迫って重要なこと。また、そのさま。緊要。「―の問題」(類語)大事・重要・大切・肝心・肝心要・肝要・切要・緊要・重大・主要・須要・必須・不可欠
キッキング〖kicking〗サッカーで、わざと相手選手を蹴ること。反則となる。
キッキング-ザ-パック〖kicking the puck〗アイスホッケーで、パックを足で蹴ってしまうこと。反則にはならないが、そのパックが相手ゴールに入っても得点にはならない。
キック〖kick〗〔名〕スル 蹴ること。特に、球技などでボールを蹴ること。「フリー―」「ドロップ―」(類語)蹴る・蹴飛ばす・蹴上げる・蹴り上げる・足蹴にする
き-つ・く【来着く】〔動カ四〕到着する。「返り事は、京に―・きてなむ持て来たりける」〈伊勢・二〇〉
き-づ・く【気付く】〔動カ五(四)〕❶それまで気にとめていなかったところに注意が向いて、物事の存在や状態を知る。気がつく。「誤りに―・く」「忘れ物に―・く」❷意識を取り戻す。正気に戻る。気がつく。「―・いたらベッドの上だった」(類語)感づく
キックアウト〖kickout〗アメリカンフットボールで、試合再開のときに相手ゴールに向かってボールを蹴り出すこと。25ヤードラインから行う。
キック-アンド-ラッシュ〖kick and rush〗ラグビー・サッカーなどで、大きいキックを上げると同時に、大勢で突進し、なだれこむ戦法。
キックオフ〖kickoff〗❶サッカーやラグビーなどで、ハーフウエーラインの中央からボールを蹴って試合を開始または再開すること。❷(比喩的に)長期の事業や行事などを開始すること。「プロジェクトの―」「新事業の―イベント」
キックオフ-リターン〖kickoff return〗アメリカンフットボールで、相手側がキックオフしたボールをキャッチして前進し、陣地の回復をはかること。
き-づくし【気尽(く)し】〔名・形動〕気をもむこと。また、そのさま。「―な他人の家に」〈長塚・土〉
キック-ステップ〖kick step〗堅雪の急斜面や雪渓での基本的な登山歩行技術。雪面を靴で蹴って足場をつくりながら登降するもの。

キック-ターン〘kick turn〙スキーで、方向転換技術の一。停止したまま、片足のスキーを蹴り上げて反対方向に回し、次いでもう片足をそれにそろえて向きを変える方法。

きっ-くつ【詰屈¦×佶屈】㊀〔名・形動〕スル ❶かがまって、伸びがないこと。曲がりくねっていること。「一した老梅の幹」〈谷崎・春琴抄〉❷堅苦しいこと。特に、文章や字句が堅苦しくてわかりにくいこと。また、そのさま。「一な条文に辟易へきえきする」㊁〔ト・タル〕文〔形動タリ〕堅くぎくしゃくとしたさま。「黒に金釦ボタンの大学学生の制服さえ着けて一としていた」〈白秋・食後の唄(序)〉〔類語〕難しい・分かりにくい・難解・晦渋かいじゅう・深遠・高度・ハイブロー・歯が立たない・しち難しい・小難しい・難解

きっくつ-ごうが【詰屈×聱牙】ゴウガ〔名・形動〕《韓愈「進学解」から》文章や字句が堅苦しくて難解なこと。また、そのさま。「其角きかく、嵐雪らんせつは人事を写さんとして端無く一に陥り」〈子規・俳人蕪村〉

キックバック〘kickback〙❶「リベート」に同じ。❷チェーンソーなど工具の刃が材料にはまり込んだり、固いものにぶつかったりして、工具が作業者側に勢いよく跳ね返る現象。

キック-プリーツ〘kick pleat〙歩きやすいようにスカートの後ろ中央や脇などに入れるひだ。

キックボール〘kickball〙❶バスケットボール・ハンドボールなどで、ボールを蹴る反則。❷キックベースボール。

キック-ボクシング《和 kick＋boxing》ムエタイ(タイ式ボクシング)から考案された日本独特の競技。投げ技が許されることもある。

き-づくり【木造り】❶木材でつくってあること。また、そのもの。木製。木造。❷木材を必要な形に切ったり削ったりすること。「杣入そまいり、一、事終はり、今日吉日の柱立て」〈浄・出世景清〉

ぎっくり㊀〔副〕スル ❶不意をつかれて驚き動揺するさま。ぎくっ。「急に名前を呼ばれて一(と)する」❷歌舞伎の見得みえで、にらむさま。「かさを持って一とにらんだらの」〈滑・浮世風呂・前〉㊁〔名〕歌舞伎で、目をむいてにらむこと。〔類語〕ぎくり

ぎっくり-ごし【ぎっくり腰】腰をひねったり、重い物を持ち上げようと力を入れたりした時などに起きる、激しい腰の痛み。椎間板ヘルニアの発症である場合もある。

き-つけ【気付け】❶元気をつけること。また、そのための酒など。「一に一杯やる」❷失神した者の意識を回復させること。また、そのための薬や酒。❸ ▶きづけ(気付)

き-つけ【着付け】❶衣服、特に和服をきちんと着ること。また、人にきちんと着せること。「一教室」❷着なれていること。「一の羽織で出かける」❸歌舞伎の衣装で、上着のこと。❹能楽の衣装で、狩衣かりぎぬ・法被はっぴ・水衣みずごろも・唐織などの下に着る小袖。

き-づけ【気付】《「きつけ」とも》郵便物を、相手の現住所ではなく、その人の勤め先や立ち寄り先へ送ること。また、そのとき、あて先の下に付ける語。「ホテル一で手紙を出す」〔類語〕親展・直披じきひ・直披ちょくひ・平安

き-づけ【季付け】連句で、季を定めてつけること。

きっ-けい【吉慶】めでたいこと。祝うべきこと。

きつけ-ぐすり【気付け薬】気付け❷に用いる興奮剤。アンモニア・ブランデーなど。

き-つ・ける【着付ける】〔動カ下一〕文きつ・く〔カ下二〕❶衣服を身につける。「和服をうまく一・けるのに苦労する」❷着なれる。「洋服を一・けていると、和服はめんどうだ」

きつ-ご【×吃語】言葉がどもること。

きっ-こう【×拮抗¦×頡×頏】ケフカウ〔名〕スル《「けっこう(拮抗)」の慣用読み》勢力などがほぼ同等のものどうしが、互いに張り合って優劣のないこと。「一する二大勢力」〔類語〕おっつかっつ・互角・伯仲・五分五分・どっこいどっこい・とんとん

きっ-こう【亀甲】カフ ❶亀かめの甲。きこう。❷「亀甲形」の略。❸紋所の名。亀の甲をかたどったもの。きこう。❹「亀甲括弧かっこ」の略。

きっこう-うち【亀甲打ち】キッカフ 亀甲の文様を打ち出した組みひも。調度・武具の類に用いる。

きっこう-がた【亀甲形】キッカフ 亀の甲のように六角形が上下左右に並んだ形。また、その文様。六角形一つのものにもいう。亀甲。

きっこう-かっこ【亀甲括弧】キッカフクワクコ 文章表記中などで用いる〔 〕の記号。補足説明や注記などを表すのに用いる。亀甲。亀甲パーレン。➡括弧

きっこう-きん【×拮抗筋】キッカウ 互いに反対の作用を同時に行う一対の筋肉。伸筋と屈筋、外転筋と内転筋など。

きっこう-さよう【×拮抗作用】キッカウ ある現象に対して、二つの要因が互いにその効果を打ち消し合うように働く作用。交感神経と副交感神経、アドレナリンとインシュリンなどにみられる。

きっこう-でん【▽乞巧×奠】キッカウ 陰暦7月7日の行事。女子が手芸・裁縫などの上達を祈ったもの。もと中国の行事で、日本でも奈良時代、宮中の節会せちえとしてとり入れられ、在来の棚機女たなばたつめの伝説や祓はらえの行事と結びつき、民間にも普及して現在の七夕行事となった。乞巧祭会きこうさいえ。きこうでん。(季 秋)

きっこう-ばか【亀甲墓】キッカフ 沖縄で、外形が亀の甲羅を伏せたような形の墓。中国南部の様式が影響したもの。

きっこう-はぐま【亀甲羽熊】キッカフ キク科の多年草。山地の林下に生え、高さ10〜20センチ。葉は五角状。秋、白い花を多数つける。

きっこう-ぶね【亀甲船】キッカフ ❶李朝時代の朝鮮の軍船。矢や敵の侵入を防ぐため、船体上面を厚板で亀甲状に装甲した船。❷日本の近世前期の小型軍船で❶のように装甲したもの。

キッコー-しゅうどういん【キッコー修道院】シウダウヰン《Iera Moni tou Kykkou》キプロス中西部、トロードス山脈の北西中腹にある修道院。ペドゥラス村の西方約20キロメートルに位置する。11世紀末の創建。何度か火災に見舞われたため、現在の建物は19世紀から20世紀にかけて建てられた。同国で最も著名な修道院であり、数多くの巡礼者が訪れる。

ぎっこどく-おん【給孤独園】ヲン ▶祇園ぎおん㊀

きっ-さ【喫茶】❶茶を飲むこと。きっちゃ。❷「喫茶店」の略。カフェ。「ジャズ一」

きっ-さ【×譎詐】《「けっさ(譎詐)」の慣用読み》いつわり。うそ。「然許さばかりの残刻と一とを擅ほしいままにして」〈紅葉・金色夜叉〉

きっ-さき【切っ先¦×鋒】《「きりさき」の音変化》❶刃物の先端。刀のはさき。「胸元に一を突きつける」❷とがらせた物の先端。❸相手を責める言葉などの調子。「批判の一が鈍る」〔類語〕刃先

きっさき-あがり【切っ先上がり】刀の切っ先を水平よりも上にあげた構え。また、そこから切り込むこと。「一に引き回す」〈読・弓張月・後〉

きっさき-さがり【切っ先下がり】刀の切っ先を水平よりも下にした構え。また、そこから切り込むこと。「踏み込む一に、左右の肩先切り割られ」〈読・弓張月・拾遺〉

きっさ-てん【喫茶店】コーヒー・紅茶などの飲み物や、軽食を出す飲食店。カフェ。
〔類語〕カフェテラス・茶房・茶店

きっさようじょうき【喫茶養生記】キッサヤウジヤウキ 鎌倉前期の茶道書。2巻。栄西えいさい著。建保2年(1214)成立。茶種を日本にもたらした栄西が、茶の栽培、喫茶の方法、喫茶による養生などについて記したもの。

きつ-じ【吉事】▶きちじ(吉事)

きっ-しく【▽蓄×縮】〔形動ナリ〕《「きくしゅく」の音変化》堅苦しくて融通がきかないさま。また、損得にこだわって出し惜しみをするさま。「竹にくくりし戸のあけたて、一ならぬ挨拶に」〈浄・鬼一法眼〉

きつ-じつ【吉日】▶きちじつ(吉日)

ぎっ-しゃ【▽牛車】牛にひかせる乗用の車。主として平安時代、貴族階級を中心に使われ、身分により種類が異なった。唐車からぐるま・雨眉あままゆの車・檳榔毛びろうげの車・糸毛の車・網代車あじろぐるま・八葉はちようの車など。御所車。うしぐるま。ぎゅうしゃ。

ぎっしゃ-の-せんじ【▽牛車の宣旨】親王・摂関家などが牛車に乗ったまま宮中の建礼門まで入ることを許す旨を記した宣旨。

キッシュ〘フランス quiche〙フランスのパイ料理の一。パイ皿にパイ生地を敷き、ベーコン・ハム・チーズなどの具を入れ、生クリームや牛乳を混ぜた塩味の卵液を注ぎ、オーブンで焼いたもの。オードブルに用いる。

きっしゅう-よう【吉州窯】キッシウエウ 中国江西省吉安市永和鎮にあった陶磁の古窯。六朝りくちょう時代には古越磁、唐宋時代には白磁・青磁・天目てんもくが焼かれた。

きっ-しゅん【吉春】めでたい新春。年賀状などに用いる語。

きっ-しょ【吉所】よい所。縁起のよい場所。

きっ-しょ【吉書】❶平安・鎌倉・室町時代に、改元・年始・譲位・代替わりなど、すべて事が改まったとき、初めて天皇に奉る政務上の文書。❷武家で、年始・代始めなどのとき、初めて出す政務上の文書。❸賦税を怠らないように農民に与える定書さだめがき。❹書き初め。(季 新年)

きっ-しょう【吉祥】シャウ ▶きちじょう(吉祥)

きっしょう-てん【吉祥天】キッシャウ ▶きちじょうてん(吉祥天)

きっ-しょく【喫食】〔名〕スル 食事をとること。「一者」「災害用備蓄米を一する」「宿泊客の一率」

きっしょ-の-そう【吉書の奏】平安時代、朝廷で年始・政始まつりごとはじめなどに弁官・蔵人・大臣から吉書を奏聞した儀式。

きっしょ-はじめ【吉書始め】❶武家で、年始・任官・将軍職相続などのとき、吉書を出した儀式。❷書き初め。また、書き初めによい日として暦に記された日。

きっしり〔副〕❶物事がぴったりと合うさま。きっちり。しっくり。「輿こしは一と旨うまく馬車の中に納った」〈漱石・思ひ出す事など〉❷「ぎっしり」に同じ。「その外は一人で詰まっている」〈鴎外・灰燼〉

ぎっしり〔副〕すきまなく詰まっているさま。ぎっちり。「箱に一(と)詰める」「予定が一だ」〔類語〕ぎっちり・ぎちぎち・ぎゅうぎゅう・びっしり・きっちり・きちきち・いっぱい

きっ-しん【吉×辰】よい日。めでたい日。吉日きちじつ。

きっ-しん【吉信】よい便り。めでたい知らせ。

ギッシング〘George Robert Gissing〙[1857〜1903]英国の小説家。貧窮と放浪の体験に基づく写実的作品を書いた。小説「新三文文士街」、自伝的随筆「ヘンリー＝ライクロフトの私記」、評論「ディケンズ論」など。

キッシング-グーラミー〘kissing gourami〙東南アジアの淡水にすむ魚。全長約30センチ。2匹が唇をつける動作をするが、これは愛情の表現ではなく、相手に対する威嚇行動。

キッシンジャー〘Henry Alfred Kissinger〙[1923〜]米国の政治家・政治学者。ドイツの生まれ。1938年、米国に移住。大統領補佐官・国務長官として、米中関係の打開、ベトナム和平の実現などに活躍。73年、ノーベル平和賞受賞。著「回顧録」。

キッス〘kiss〙〔名〕スル ▶キス

キッズ〘kids〙子供たち。また、若者たち。「一ファッション」「ストリート一」

きっ-すい【生粋】《「きすい」の音変化》まじりけが全くないこと。「一の江戸っ子」
〔類語〕生一本・純粋・純正・純一・純良・至純・純・醇じゅん・無垢むく・無雑むざつ・真正・純然たる・醇乎じゅんこたる

きっ-すい【喫水¦×吃水】船舶が水に浮いている時の、船体の最下端から水面までの垂直距離。船脚ふなあし。

きっすい-いん【吉水院】ヰン 奈良県吉野山にある金峰山寺きんぷせんじの僧坊。役小角えんのおづぬの庵という。明治の神仏分離で廃寺、吉水よしみず神社となる。源義経が追われて潜み、後醍醐天皇が行宮としたことで有名。

きっすい-せん【喫水線】静水面に浮いている船体の水面と接する線。

きっ・する【喫する】〔動サ変〕文きっ・す〔サ変〕❶食う。飲む。吸う。「茶を一・する」❷好ましくないことを、身に受ける。こうむる。「惨敗を一・する」
〔類語〕(❶)飲む・服する・食べる

きっ-せき【詰責】〔名〕スル 人の失敗や罪などを厳しく問いつめること。「わたしの怠慢を一するもののように思われた」〈荷風・雨瀟瀟〉
類語 責める・咎める・詰る・難ずる・噴く・吊るし上げる・締め上げる・責め付ける・責め立てる・難じる・非難・難詰・面詰・面責・問責・叱責する・譴責する・弁難・論難・指弾・追及・詰問

きつ-ぜん【×屹然】〔ト・タル〕図〔形動タリ〕❶山などが高くそびえ立つさま。「一たる高峰」❷孤高を保ち周囲に屈しないさま。「自己の本領一として山岳と高きを争い」〈子規・歌よみに与ふる書〉

きっ-そう【吉▽左右】《「左右」は知らせ、便りの意》❶よい知らせ。吉報。❷善悪や成否いずれかの知らせ。類語（❶）快報・吉報・朗報・福音

きっ-そう【吉相】❶吉兆。❷よい人相。
類語 幸先・吉兆・瑞相・瑞兆・瑞祥・祥瑞・瑞光

きっ-そう【吉草】カノコソウの別名。

きっ-そう【×吃相】表情。顔色。顔つき。「一かえて立上らんとすれば」〈露件・寝耳鉄砲〉

きっそう-こん【吉草根】カノコソウの根・根茎を乾燥させたもの。鎮静・鎮痙薬とする。纈草根。

き-づた【木×蔦】ウコギ科の蔓性の常緑樹。山野に自生。茎から気根を出し、岩や木にからんで伸びる。葉は光沢があり、卵形。晩秋、黄緑色の小花をつけ、実は翌春に黒く熟す。ふゆづた。季 冬

きっ-た-つ【切っ立つ】〔動タ五(四)〕《「きりたつ」の音変化》垂直にそそり立つ。「腰掛の後部は高い屏風のように一っているので」〈漱石・道草〉

きっ-たて【切っ立て】❶切ったように垂直にそびえていること。また、そのもの。「一の総二階」〈里見弴・多情仏心〉❷仕立てたばかりの衣服。仕立ておろし。「一の半被」〈鏡花・註文帳〉

きっ-たん【吉旦】よい日。吉辰。吉日。

きったん【契丹】▶キタイ

きっ-たん【詰旦】明日の朝。または、早朝。

きったんこくし【契丹国志】中国の歴史書。27巻。南宋の葉隆礼撰。1180年成立。契丹(遼)の歴史を紀伝体で記述したもの。

ぎったん-ばっこん シーソーをいう幼児語。

きったん-もじ【▽契丹文字】契丹族が10世紀の遼代に制定し、金でも使用された文字。字形は漢字に似て、表意文字の大字と表音文字の小字とから成るが、現在もすべては解読されていない。

き-づち【木×槌】木製のつち。

き-づち【汽×鎚】スチームハンマーのこと。

キッチナー〖Horatio Herbert Kitchener〗[1850～1916]英国の軍人。ファショダ事件・南ア戦争で指揮をとる。第一次大戦時、陸相。

きっ-ちゃ【喫茶】▶きっさ(喫茶)

キッチュ〖ドイツ Kitsch〗❶俗悪なもの。まがいもの。❷本来の目的とは違う使い方をされるもの。

きっちゅう-の-たのしみ【×橘中の楽しみ】《中国の巴邛で、橘の実を割ってみると、その中で二人の仙人が向かいあって碁を楽しんでいたという「幽怪録」の故事から》将棋や囲碁をする楽しみ。

ぎっちょ 左きき。左ぎっちょ。

ぎっちょ《鳴き声から》キリギリスのこと。

きっ-ちょう【吉兆】よいこと、めでたいことの起こる前ぶれ。吉相。対 凶兆。
類語 幸先・吉相・瑞相・瑞兆・瑞祥・祥瑞・瑞光

ぎっ-ちょう【×毬杖|×毬打】昔、正月に木の毬を打って遊ぶのに用いた、長い柄のついた槌。また、その遊戯。玉打ち。ぎちょう。きゅうじょう。季 新年

きっちょむ-ばなし【きっちょむ話|▽吉四六話】《「きっちょむ」は吉右衛門の音変化》大分県に伝承される「きっちょむ」を主人公とする一連のとんち話。

きっちり〔副〕スル ❶すきまやずれがないさま。ぴったり。「ふたを一(と)閉める」「答えが一(と)合う」❷時間や数量に端数がないさま。きっかり。「一三時に着く」「一万円一」❸物事を確実に行うさま。「毎日一(と)予習をする」❹よく整っていて乱れのないさま。「一と真面目くさって」〈谷崎・卍〉類語（❶）ぎっしり・ぎっちり・ぎゅうぎゅう・びっしり・ぎちぎち・きちきち/（❷）丁度・きっかり・かっきり・ぴったり・ちょっきり・ジャスト

ぎっちり〔副〕「ぎっしり」に同じ。「かばんに一(と)詰め込む」

キッチン〖kitchen〗《「キチン」とも》台所。調理場「ダイニングー」類語 台所・勝手・厨房・ダイニングキッチン

キッチン-キャビネット〖kitchen cabinet〗❶(台所に作り付けた)食器戸棚。❷大統領・首相などの私設顧問団。

キッチン-タイマー〖kitchen timer〗台所用タイマー。料理などの時間をセットすると、セットされた時間にタイマーが鳴って知らせる。

キッチン-ドリンカー〖kitchen drinker〗アルコール依存症になった主婦のこと。

キッチン-ペーパー《和 kitchen＋paper》台所仕事の油を拭ったり汚れをふいたりする用紙。補説 英語ではpaper towel

き-つつき【啄=木=鳥】キツツキ目キツツキ科の鳥の総称。スズメ大からカラス大まであり、ふつう森にすむ。一般に雄の頭部に赤か黄色の部分がある。指は2本が前向き、2本が後ろ向きで、鋭い爪があり、爪と堅い尾羽で体を支えて樹幹に垂直に止まる。強堅なくちばしで樹木をつつき、長い舌で中の虫を食べる。日本にはコゲラ・アカゲラ・アオゲラ・クマゲラなど10種が分布。けら。てらつつき。たくぼく。季 秋「一や落葉をいそぐ牧の木々/秋桜子」

きっ-つけ【切付】馬具の下鞍のうち、肌付の上に重ねるもの。馬の背や両脇を保護する。

キッツビュール〖Kitzbühel〗オーストリア西部、チロル州の町。中世に銅の採掘で発展。19世紀後半より、スキーリゾートとして世界的に知られる。ハーネンカム山とキッツビューラーホルン山は、冬はスキー、夏はハイキングの観光客でにぎわう。

きっ-て【切手】《切符手形の意》❶「郵便切手」の略。❷「商品切手」の略。❸金銭受取の証明として発行する券。手形・切符・証書の類。❹昔、関所の通過や乗船などに必要とされた通行証。通り切手。

きっ-て【切って】〔接尾〕場所・グループを表す名詞に付いて、その範囲の中で最もすぐれていることを表す。…の中でいちばん。「野球界一の理論家」「その界隈一のあばれんぼう」

キット〖kit〗❶模型・機械などの組み立て材料一式。❷ある目的のための道具一式。「パンク修理一」

きっ-と【×屹度|▽急度】〔副〕《「きと」の音変化》❶話し手の決意や確信、また強い要望などを表す。確かに。必ず。「明日は一雨だろう」「一来てくださいね」❷表情や態度などが厳しいさま。「一にらむ」「一申しつける」❸行動・状態にゆるみのないさま。「帯を一固く締め直してやれば」〈嵯峨の屋・姉と弟〉❹動作が瞬間的に行われるさま。急に。とっさに。「一思ひ出だして」〈平家・九〉➡必ず 用法
類語 必ず・絶対・是非

屹度した 確実であるさま。「一証人があっては御貸し申されませぬ」〈黄・金生木〉

屹度な・る 急に厳しい表情になる。もと、歌舞伎の演技の用語として台本のト書中に用いた。「一・ってにらみつける」

キッド〖Benjamin Kidd〗[1858～1916]英国の社会学者。ダーウィニズムを人間社会に適用し、また、社会に統合をもたらすものとして宗教の役割を重視した。著「社会進化論」「西洋文明の諸原理」など。

キッド〖kid〗❶子ヤギ。❷子ヤギの皮。薄くてやわらかく、光沢がある。衣類・手袋・靴などに用いられる。❸子供。若者。

キッド〖Thomas Kyd〗[1557ころ～1595ころ]英国の劇作家。「スペイン悲劇」により、エリザベス朝の復讐悲劇流行のきっかけを作った。

きっと-しかり【×屹度叱り】江戸時代、庶民に科した刑罰の一。「叱り」の重いもの。➡叱り

キッドスキン〖kidskin〗子ヤギの皮。また、そのなめし革。高級な靴・手袋などに用いる。

きつ-なん【詰難】〔名〕スル 問いつめて責めること。難詰。

きつね【×狐】❶イヌ科の哺乳類。体長45～90センチ、尾長30～55センチ。毛色は主に橙褐色。口先が細くとがり、耳が三角で大きく、尾は太い。雑食性で、ノネズミを狩るときには高く跳躍して前足で押さえる。日本にはキタキツネ・ホンドギツネの2亜種がすむ。森林や草原のほか人家周辺にも現れ、民話に多く登場。人を化かすといわれ、また稲荷神の使者ともされる。季 冬「公達に一化けたり宵の春/蕪村」❷人をだます、ずるがしこい人。❸《キツネは油揚げが好物といわれるところから》㋐稲荷鮨。㋑「狐饂飩」「狐蕎麦」の略。❹《化粧をして男を迷わすところから》遊女。「歌妓は箱持の案内に属つき、一は引手の家婢にひかれ」〈魯文・安愚楽鍋〉❺「狐拳」の略。

狐と狸の化かし合い 《狐も狸も人を化かすといわれるところから》悪賢い者どうしが互いにだまし合うことのたとえ。

狐に小豆飯 ゆだんできないことのたとえ。

狐につまま・れる 狐に化かされる。また、意外な事が起こって何が何だかわからず、ぽかんとする。「一・れたような顔」

狐の子は頬白 子が親に似ることのたとえ。

狐を馬に乗せたよう 落ち着きのないこと。また、いいかげんで信用できないこと。

きつね-あざみ【×狐×薊】キク科の越年草。道端などに生え、高さ60～90センチ。葉は羽状に深く裂けていて、裏面に白い綿毛が密生。春から初夏、紅紫色の頭状花を上向きに開く。

きつね-いろ【×狐色】狐の毛のような薄い茶褐色。

きつね-うどん【×狐×饂×飩】甘辛く煮た油揚げをのせたかけうどん。

きつね-おとし【×狐落(と)し】❶狐を捕らえるわな。❷狐つきの人から狐の霊を追い出して病を治すこと。また、その術。

きつね-がり【×狐狩り】英国貴族の好む狩猟。派手な狩猟服を着た騎馬の集団が猟犬を追い立てて、狐をかみ殺させる。17世紀以降スポーツとして確立。2004年、英国下院は「狐狩り禁止法」を成立させた。フォックスハンティング。

きつね-けん【×狐拳】▶藤八拳

きつね-ごうし【×狐格子】❶妻飾りの一。格子の内側に板を張ったもの。入母屋屋根に用いる。木連れ格子。妻格子。❷縦横の桟を細かく正方形に組んだ格子。

きつね-ざる【×狐猿】霊長目キツネザル科の哺乳類の総称。原始的なサルで、口先がとがり、顔がキツネに似る。ワオキツネザル・エリマキキツネザルなどがあり、マダガスカルおよび周辺の島々に分布。レムール。リーマー。

きつね-せぎょう【×狐施行】近畿地方で、寒中に「せんぎょう、せんぎょう」などと唱えながら稲荷神社を巡拝し、あるいは狐のいそうな所へ赤飯・油揚げなどを置いて帰る行事。季 冬 ➡寒施行

きつね-そば【×狐蕎=麦】甘辛く煮た油揚げをのせたかけそば。

きつねただのぶ【狐忠信】浄瑠璃「義経千本桜」の登場人物。子狐の化身で、鼓の皮になった親を慕い佐藤忠信の姿になって現れ、その鼓を持つ静御前を守る。また、その狐が活躍する四段目切りの通称。

きつね-づか【×狐塚】狐のすむ穴。

きつねづか【狐塚】狂言。田へ鳥追いにやらされた太郎冠者が、夜になって臆病になり、見舞いに来た主人と次郎冠者を狐と思い込んで縛る。

きつね-つかい【×狐使い|×狐遣い】狐を使って行うという妖術。また、それを行う人。

きつね-つき【×狐付き|×狐×憑き】狐の霊がとりついたといわれる、精神の異常な状態。また、その人。

きつね-つり【×狐釣り】キツネをわなで捕らえること。また、その人。「一の名人夫婦有ること隠れなく」〈浄・国性爺後日〉

きつね-ど【×狐戸】狐窓に入れた狐格子の建具。

きつね-の-えふで【×狐の絵筆】スッポンタケ科

のキノコ。秋、竹林に生える。初めは白い卵形で、のち伸びて角状となり、先は赤く中空。上端に胞子を含む黒い粘液があり、悪臭を放つ。きつねのえかきふで。

きつね-の-かみそり【×狐の剃=刀】ヒガンバナ科の多年草。山野に生え、高さ約40センチ。地下茎はラッキョウ形。春、線形の葉を出す。夏、葉の枯れたのちに花茎を伸ばし、黄赤色の6弁花を数個開く。有毒。

きつね-の-ちゃぶくろ【×狐の茶袋】❶ホコリタケの別名。また、ツチグリの別名。❷コミカンソウの別名。❸植物ゴンズイの別名。❹ムラサキケマンの別名。

きつね-の-てぶくろ【×狐の手袋】ジギタリスの別名。

きつね-の-ぼたん【×狐の×牡丹】キンポウゲ科の多年草。山野の湿地や田のあぜに生え、高さ20〜60センチ。茎は中空。葉は3枚の小葉からなる複葉。春から秋に、黄色のつやのある5弁花を開き、金平糖こんぺいとう状の実ができる。有毒。(季春)

きつね-の-まご【×狐の孫】キツネノマゴ科の一年草。野原や道端に生え、高さ10〜40センチ。基部は地に伏し、茎は四角柱。葉は長楕円形で、対生する。夏から秋に、枝の先に淡紅色の唇形の花を穂状につける。

きつね-の-よめいり【×狐の嫁入り】❶日が照っているのに、急に雨がぱらつくこと。日照り雨。❷夜、山野で狐火が連なって、嫁入り行列の提灯ちょうちんのように見えるもの。(類語)天気雨

きつね-び【×狐火】㊀《狐の口から吐き出された火という俗説から》❶闇夜に山野などで光って見える燐火りんか。鬼火。また、光の異常屈折によるという。狐の提灯ちょうちん。(季冬)「一や髑髏どくろに雨のたまる夜に/蕪村」❷歌舞伎などで、人魂ひとだまや狐火に見せるために使う特殊な火。焼酎火しょうちゅうび。㊁浄瑠璃「本朝廿四孝ほんちょうにじゅうしこう」の四段目「謙信館奥庭狐火の段」の通称。

きつね-びより【×狐日-和】照っているかと思えば雨が降ったりするような天気。

きつね-ふく【×狐福】《「きつねぶく」とも》思いがけないしあわせ。僥倖ぎょうこう。「大黒殿の袋を拾ふか、一ならん」〈浮・二十不孝・三〉

きつね-まど【×狐窓】屋根や破風はふ下などに設けた、狐格子きつねごうしを入れた通風・排気・採光用の窓。開閉式と固定式がある。狭窓さまど。

きつね-めし【×狐飯】味付けした油揚げを刻んでまぜ合わせた飯。

きつねものがたり【狐物語】《原題、フランス Roman de Renart》12世紀後半から13世紀半ばにかけて書き継がれた、フランスの韻文物語。ルナールという狐を主人公にした動物説話集。

きつね-わな【×狐×罠】狐を捕らえるためのわな。(季冬)

きっ-ぱ【切っ刃】《「きりは(切り刃)」の音変化》❶刀の刃の部分。❷刃を下に向けて腰にさした短刀・かたな。〈日葡〉

切っ刃を回・す　❶《腰の刀を鞘さやごと回して引き抜く態勢をとることから》刀を抜こうとする。「御返答によって浪人の切れ味お目にかけると、一・し」〈浄・浪花鑑〉❷刀を振り回す。「一・せば取っつかまへて、かはりがはりに若衆にするぞ」〈伎・吾嬬鑑〉❸相手に反論する。「智恵もないくせに一・し小見苦しい」〈伎・毛抜〉

ぎっぱ〘名・形動〙《「りっぱ(立派)」の音変化。近世語》りっぱであること。また、そのさま。「一な男が云うてぢゃが」〈滑・浮世風呂・二〉

きっぱり〘副〙スル 態度をはっきりと決めるさま。「一(と)あきらめる」「一(と)した態度」(類語)断固・断然・毅然

きっ-ぱん【喫飯】飯を食うこと。食事。「一の号令がかからんうちに」〈野間・真空地帯〉

きっ-ぷ【切符】❶金銭支払い済みの証拠となる紙片。乗車券・入場券・観覧券など。「電車の一」❷品物の引き換え、配給などのしるしに使う券。「交通違反の一を切られる」「衣料一」❸出場できる資格や権利。「甲子園への一を手にする」

きっ-ぷ【気っ風】《「きふう」の音変化》その言動からうかがえる、人の気性。特に、思いきりがよく、さっぱりとした気性をいう。気前。「一がいい」
(類語)男気・侠気・義侠・任侠・一本気

キップ〘kip〙なめし加工されていない原皮の一種で、生後約半年から2年くらいのインド牛などの中重量級の動物の皮のこと。また、子馬や小獣の皮。

キップ-の-そうち【キップの装置】ーサウチ オランダの化学者キップKippが発明した、固体物質と液体物質を反応させて連続的に気体を発生させるガラス製の装置。実験室で二酸化炭素・硫化水素などを発生させるのに使用。

キップリング〘Joseph Rudyard Kipling〙[1865〜1936]英国の小説家・詩人。ボンベイ(ムンバイ)の生まれ。インドを舞台とする作品で知られる。1907年、ノーベル文学賞受賞。小説「ジャングル-ブック」、詩集「七つの海」など。

きっ-ぽう【吉方】ーパウ「恵方えほう」に同じ。

きっ-ぽう【吉報】よい知らせ。喜ばしい通知。「合格の一」(対)凶報。(類語)朗報・快報・吉左右・福音

き-づま【気×褄】人の機嫌。「機嫌一をとる」

気褄を合わ・す　相手が気に入るように調子を合わせる。機嫌をとる。

き-づまり【気詰(ま)り】〘名・形動〙相手や周囲に気がねなどをして、心がのびのびとしないこと。また、そのさま。「発言者がなく一な雰囲気」(類語)煩わしい・面倒臭い・くだくだしい・うっとうしい

きつ-む【吉夢】▶きちむ(吉夢)

きつ-め〘名・形動〙こころもちきついこと。また、そのさま。「一な(の)服」(対)緩ゆるめ。

きつ-もん【詰問】〘名〙スル 相手を責めて厳しく問いただすこと。「遅延の理由を一する」
(類語)責める・咎とがめる・詰なじる・難ずる・嘖さいなむ・吊つるし上げる・締め上げる・責め付ける・責め立てる・難じる・非難・難詰・面詰・面責・問責・詰責・叱責しっせきする・譴責けんせきする・弁難・論難・指弾・追及

き-づよ・い【気強い】〘形〙(文)きづよ・し〘ク〙❶頼りになって安心である。心強い。「両親が健在なので一・い」❷気が強い。強気である。気丈である。「一・い性格」❸頑固で情にほだされない。「一・い母親に疎まれがちであった」〈秋声・あらくれ〉(類語)心強い

きつ-りつ【×屹立】〘名〙スル ❶山などが高くそびえ立つこと。「市街には高層ビルが一している」❷人が動かずに立っていること。「白髪の老人が…一しているのであった」〈鷗外・鎚一下〉(類語)聳そびえる・そそり立つ・そばだつ・切り立つ・聳立しょうりつ・対峙たいじ

き-つりふね【黄釣船】ツリフネソウ科の一年草。山中の湿地に生え、高さ約50センチ。葉は長楕円形で、互生。夏、葉の付け根から細い柄を出し、数個の黄色い花をつり下げる。(季秋)

きつりん【吉林】㊀中国東北地方の省。省都、長春。大豆・コーリャン・小麦などを産する。林業も盛ん。チーリン。㊁中国吉林省の都市。松花江上流にある河港都市。木材の集散地で、化学・機械などの工業も盛ん。人口、行政区179万、都市圏432万(2000)。チーリン。

きつりん-しょう【吉林省】ーシヤウ ▶吉林㊀

き-つるばみ【黄×橡】染め色の名。くすんだ黄赤色。木蘭色もくらんじき。

きつ-れい【吉礼】▶きちれい(吉礼)

きつ-れい【吉例】▶きちれい(吉例)

きつれ-ごうし【木連れ格子】ーガウシ ▶狐格子きつねごうし

き-て【来手】来る人。来てくれる人。「嫁の一がない」

ぎ-て【技手】「ぎしゅ(技手)」のこと。「技師ぎし」との混同を避けるための呼び方。

き-てい【汽艇】蒸気機関で動く小型の船。ランチ。

き-てい【既定】すでに決まっていること。「一の方針」(対)未定。(類語)確定・本決まり・内定・所定・決定

き-てい【起程】〘名〙スル ❶旅に出発すること。旅立ち。「亜弗利加に一し玉うや」〈中村訳・西国立志編〉❷物事の起こり始め。

き-てい【基底】❶ある物事の基礎となるもの。物事のおおもとのところ。根底。「一をなす精神」❷基礎となす底面。立体の底。❸数学で、ベクトル空間の任意のベクトルαがn個のベクトルの組$\alpha_1, \alpha_2, \cdots \alpha_n$において、$\alpha = a_1\alpha_1 + a_2\alpha_2 + \cdots a_n\alpha_n$と表されるときの$\alpha_1, \alpha_2, \cdots \alpha_n$のこと。(類語)基本・根本・大本・基礎・基盤・根底・基幹・基部・大根おおね・根幹・中心・基軸・基調・基もとい・土台・下地・初歩・いろは・ABC

き-てい【規定】〘名〙スル ❶物事を一定の形に定めること。また、その定めた内容。きまり。規程。「一の書式」「概念を一する」❷法令の条文として定めること。また、法令の個々の条文。「第一条に一するところに従う」❸化学で、溶液の濃度の単位。1規定は溶液1リットル中に溶質1グラム当量を含むときの濃度で、1モル毎立方メートル。記号N ❹「規定種目」の略。
(類語)規則・規約・規律・ルール・本則・総則・通則・細則・付則・定則・概則・定め・コード・規矩準縄きくじゅんじょう・条規

き-てい【規程】❶決まり。さだめ。規定。❷一定の目的のために定められた一連の条項の称。特に、官公庁などで、内部組織や事務取扱を定めたもの。「服務一」「図書貸し出し一」(類語)規則・きまり・規約・規定・規律・ルール・本則・総則・通則・細則・付則・定則・概則・おきて・定め・コード・規矩準縄きくじゅんじょう・条規

き-てい【貴弟】相手を敬って、その弟をいう語。

き-てい【旗亭】《中国で酒旗とよぶ旗を立て目印としたところから》料理屋。酒場。また、旅館。「一の一つにはいって昼飯を食った」〈寅彦・写生紀行〉

ぎ-てい【義弟】❶義理の弟。夫または妻の弟、妹の夫など。❷血縁関係はないが、兄弟の約束を交わして弟としている人。弟分。

ぎ-てい【議定】〘名〙スル 会議を開いて事を決定すること。また、その決定したこと。ぎじょう。
(類語)決議・議決・採決・票決・表決・可決・決定・決まり・本決まり・確定・画定・論決・評決・取り決め・断だん・断案・決けつ・裁決・裁定・決断・判断・断定

キディー〘kiddy〙子供。「一ランド」

きてい-えき【規定液】容量分析に使われる標準溶液。1規定、0.1規定、0.01規定などの濃度がある。

キティオン〘Kition〙キプロスの都市ラルナカの古代名。またはラルナカ市街にある古代遺跡。紀元前13世紀にアカイア人が築いた町に起源する。前9世紀から前4世紀にかけてフェニキア人支配の下で栄え、現在も神殿や町の外壁が残っている。ストア学派の祖ゼノンの生地。

ぎてい-けんぽう【議定憲法】ーケンパフ ▶協定憲法きょうていけんぽう

きてい-しゅもく【規定種目】競技会などで、出場選手全員が行うように定められた種目。規定。

ぎてい-しょ【議定書】❶議定した事項を記録した文書。ぎじょうしょ。❷外交交渉や国際会議の議事または公式報告で、関係国の代表が署名したもの。

きてい-じょうたい【基底状態】ージヤウタイ 原子あるいは分子などがとりうるエネルギーの最も低い状態。外からエネルギーが入れば励起状態となりうる。

ぎていしょていやくこく-かいぎ【議定書締約国会議】ークワイギ ▶モップ(MOP)

ぎていしょていやくこく-かいごう【議定書締約国会合】ークワイガフ ▶モップ(MOP)

きてい-だせきすう【規定打席数】野球で、個人打撃成績順位を作成するうえで、有資格者として必要な最少打席数。規定打席。

きてい-ど【規定度】規定❸で示される濃度。

きてい-まく【基底膜】❶上皮・筋・神経組織が結合組織と接する所にある膜状のもの。ムコ多糖類に富む。❷内耳の蝸牛かぎゅう内部を蝸牛管・前庭階・鼓室階に仕切っている膜。

キティラ-とう【キティラ島】ータウ《Kythira》ギリシャ南部、ラコニア湾の沖合に浮かぶ島。イオニア諸島に属す。中心地はキティラ。古代ギリシャ時代、美と愛の女神アフロディテ信仰の地として知られ、のちにシテール島の名でフランスの画家アントワーヌ=ワトーや作曲家クロード=ドビュッシーの作品の題材となった。古くから海上交通の要衝で、しばしば海賊の拠点となったり攻撃を受けたりした。ベネチア共和国、オスマン帝国などの支配を受け、フランス領、英国領とな

り、19世紀半ばよりギリシャ領。キシラ島。シテール島。
きてい-るい【奇×蹄類】奇蹄目に属する哺乳類の総称。草食性で、第3指(中指)1本を中心につま先立つ形に進化し、走るのに適した体制をもつ。指の数は後肢で1本または3本、前肢では4本のものもあり、ひづめを備える。化石種が多く、ウマ・サイ・バクの3科18種が現存する。➡偶蹄類
きてい-れきがん【基底×礫岩】地層の不整合面のすぐ上に載っている礫岩。
ギディングズ〖Franklin Henry Giddings〗[1855〜1931]米国の社会学者。社会結合の基礎を同類意識に求め、のち、行動心理学によって社会複数行動説を提唱。著「社会学原理」「人間社会の科学的研究」など。
き-てき【汽笛】蒸気の噴出によって音を出す仕掛けの笛。機関車・船・工場などの蒸気機関に装置し、信号・合図などに用いる。「一を鳴らす」
ぎ-てき【儀狄】中国、夏の伝説上の人物。初めて酒を造ったという。転じて、酒の異称。
キデクシャ〖Kideksha〗ロシア連邦西部、ウラジーミル州の村。スーズダリの東約4キロメートルに位置する。12世紀にユーリー=ドルゴルーキーの居城が置かれ、聖ボリスとグレブ聖堂が建造された。同聖堂は13世紀にモンゴル軍の侵略を受けて破壊されたが、16世紀から17世紀頃に改築され、現在も残っている。1992年に「ウラジーミルとスーズダリの白亜の建造物群」の名称で世界遺産(文化遺産)に登録された。
き-てつ【軌×轍】❶車が通ってできた車輪のあと。わだち。❷前人の行為のあと。前例。また、手本。
ぎ-てつ【×蟻×垤】「蟻塚」に同じ。
きてれつ〔形動〕〔文〕〔ナリ〕非常に風変わりであるさま。多く「奇妙きてれつ」の形で用いる。「奇妙一な格好」「よっぽど一な間違があったぜ」〈逍遥・当世書生気質〉〔補説〕「奇天烈」とも書く。〔類語〕不思議・怪異・妙・奇怪・奇異・怪奇・不可思議・面妖・摩訶不思議・けったい
き-てん【起点】物事の始まるところ。特に、鉄道・道路などの出発点。「東海道の一」⇔終点。
き-てん【基点】❶距離や時間を計るとき、もとになる点や場所。❷考えや行動のもととなるところ。〔類語〕原点
き-てん【貴店】相手を敬って、その店をいう語。
き-てん【輝点】テレビの受像管で、電子ビームが当たってできる小さい光の点。光点。
き-てん【機転¦気転】その場に応じた、機敏な心の働かせ方。「一がきく」「一をきかす」
〔類語〕機知・頓知・ウイット・エスプリ・ユーモア
き-でん【紀伝】❶人物の一代の事績を記録した書物。❷「紀伝体」の略。❸「紀伝道」の略。
き-でん【帰田】官職を辞し、郷里の田園に帰って農事に従うこと。帰耕。
き-でん【起電】〔名〕スル 電気を起こすこと。
き-でん【貴殿】㊀〔代〕二人称の人代名詞。男性が目上または同等の男性に対して用いる。あなた。「一の御尽力の賜物と感謝しています」〔補説〕もと、目上の相手への敬称として用いたが、のちに、同輩に対する親愛の気持ちを表す語としても用いるようになった。現代では多く手紙や文書で用いる。㊁〔名〕相手を敬って、その住宅をいう語。貴宅。「六波羅の一へも参ずべし」〈盛衰記・一〇〉
〔類語〕尊台・貴台・尊堂・貴公・尊公
ぎてん【義天】[1055〜1101]高麗の僧。文宗の第4子。1085年に宋に渡り、華厳・天台・律・禅を学び、帰国後、天台の布教に努めた。「新編諸宗教蔵総録」(義天録)などを刊行。大覚国師。
ぎ-てん【疑点】疑問に思う点。「一を問いただす」
〔類語〕疑問・疑い・疑義・疑惑・疑念・疑心・不審・懐疑・猜疑・狐疑・疑団・半信半疑
ぎ-てん【儀典】儀式についてのきまり。また、規範となる先例。典例。
きでん-き【起電機】摩擦や静電誘導などによって、電気を発生させる装置。誘導起電機など。
きでん-さんぎょう【機電産業】LSIやマイコンなどの電子技術と機械とを結びつけた産業。電卓・産業用ロボットなどがその例。
き-でんし【奇電子】▶不対電子
きでん-せん【×饋電線】給電線の旧称。
きでん-たい【紀伝体】歴史記述の一形式。本紀(帝王の年代記)・列伝(臣下の伝記)・志(社会の現象)・表(年表や系譜など)から成るが、本紀と列伝が中心なのでこの名がある。「史記」に始まり中国の正史形式の標準となった。➡編年体 ➡紀事本末体
きでん-どう【紀伝道】律令制の大学寮での四道の一。中国の史書・詩文を学ぶ学科。初め文章道とよばれたが、平安時代に入って紀伝道が公称となり、四科の中で最も重んぜられるようになった。
きでん-はかせ【紀伝博士】大学寮で紀伝道を教えた博士。
きでん-りょく【起電力】電流を生じさせる原動力。導体内の両極の電位差による。生じる原因には、電池の化学反応や光・熱・電磁誘導などがある。単位はボルト。動電力。
き-と【企図】〔名〕スル あることをくわだてること。また、その内容。もくろみ。「再建を一する」〔類語〕計画・企て・はかりごと・一計・企画・案・立案・構想・設計・プラン・プロジェクト・青写真・筋書・手の内・予定・計る
き-と【帰途】帰りみち。帰路。「一につく」
〔類語〕帰り・帰り道・帰路・復路
キト〖Quito〗エクアドル共和国の首都。アンデス山脈中の標高2850メートルの高地にあり、赤道直下に位置するが気候は温暖。インカ帝国の古都。人口、行政区158万(2008)。
き-と〔副〕❶動作が瞬間的に行われるさま。急に。とっさに。「御輿を寄せ給ふに、このかぐや姫一影になりぬ」〈竹取〉❷特に意図せずにある動作をするさま。思わず。ふと。「一寝入りたりけるに」〈梁塵秘抄口伝・一〇〉❸ゆるみなく、厳しく動作をするさま。きつく。しっかり。「蛇を鷲爪以てつかみて、一引きて踏まふれば」〈今昔・二九・三三〉❹必ず。確かに。「その鳥一参らせよ」〈弁内侍日記〉
き-ど【木戸¦▽城戸】❶(木戸)庭などの出入り口に設けた簡単な開き戸。「裏一」❷(木戸)興行場などの客の出入り口。❸「木戸銭」の略。「一御免」❹城や柵などの門。❺江戸時代、市中の要所、町々の境界に設けられた警衛のための門。
木戸を突・く 興行場で、入場を拒む。「いきなり女給さんに一・かれたじゃあございせんか」〈万太郎・みぞれ〉
き-ど【喜怒】喜びと怒り。また、人間の感情。
き-ど【輝度】光源のまぶしさを示す量。広がりをもつ光源の単位面積あたりの光度で表す。単位はカンデラ毎平方メートル。
ぎ-と【義徒】義のために行動を起こす人々。
きど-あいらく【喜怒哀楽】喜びと怒り、悲しみと楽しみ。人間のさまざまな感情。「一が激しい」
〔類語〕感情・情・情感・心情・情緒・情緒・情調・情操・情念・情動・気分・気・気色・機嫌・気持ち・感じ・エモーション
きとう【几董】▶高井几董
き-とう【気筒】シリンダー。「六一のエンジン」
き-とう【祈×祷】〔名〕スル 神仏の加護を願い、言葉によって除災増福を祈ること。また、その儀礼。「加持一」〔類語〕祈り・祈念・加持・黙祷・祈願・誓願・立願・代願・発願・願掛け・願う
き-とう【季冬】❶冬の終わり。晩冬。❷陰暦12月の異称。
き-とう【既倒】すでに倒れていること。➡狂瀾を既倒に廻らす
き-とう【帰投】〔名〕スル 艦船・航空機・兵隊などが基地に帰りつくこと。「本隊に一する」
き-とう【帰島】〔名〕スル 島へ帰ること。
き-とう【亀頭】陰茎の先端部。海綿体の帽状の部分で、先端に尿道が開口。雁首。
き-どう【気道】肺に通じる空気の通り道。鼻腔・口腔・喉頭・気管・気管支などからなる。
き-どう【奇童】並はずれてすぐれた子供。神童。
き-どう【奇道】普通と違う仕方。奇抜な方法。
き-どう【軌道】❶電車などの軌条車両を走らせるための構造物からなる道。道床・枕木・レールなどからなる。「市電の一」❷天体が運行する道筋。「人工衛星の一」❸物体が運動するときに描く一定の道筋。「放物線の一を描く」❹物事の経過していく道筋。「生活の一を修正する」「一をはずれる」〔類語〕線路・軌条・レール
軌道に乗・る 物事が計画したとおり順調に進行するようになる。「経営がやっと一・る」
き-どう【起動】〔名〕スル 動きや働きを起こすこと。特に、機器類が運転を開始すること。始動。「パソコンを一する」〔類語〕始動・運転・労働・作動・稼働・仕事・勤労・作業・労作・労務・労役・実働・稼働・働き・勤務・勤続・勤め
き-どう【鬼道】❶「餓鬼道」に同じ。❷あやしい術。幻術。妖術。
き-どう【棋道】囲碁・将棋の道。
き-どう【×詭道】人を欺くやり方。不正な手段。
き-どう【機動】軍隊などが部隊・兵器の迅速な展開行動を起こすこと。
ぎ-とう【儀刀】儀式のとき威儀を整えるために佩用する太刀。かざりたち。
ぎ-とう【擬闘】映画・テレビなどで行う、乱闘・切り合いなどの演技。
きどう-エレベーター【軌道エレベーター】地上から宇宙空間にまで達する軌道を持つ、未来技術に基づく想像上のエレベーター。高強度のケーブルを人工衛星などから地上に垂らし、逆方向にも遠心力を使って伸ばして約10万キロの長さの軌道を建造する。軌道を伝う昇降機で人や物を運搬する構想で、従来のロケットで運搬するより燃料消費やコスト面で優れる。宇宙エレベーター。〔補説〕実現のための最大の課題は、ケーブルの素材として、軽量で、極めて高い引っ張り強度を持つ素材が必要なことで、カーボン-ナノチューブが有望視されている。また、建造場所として、地球の自転による遠心力を有効に使えることから、赤道付近の海上が好適とされている。
きどう-かんすう【軌道関数】原子や分子における電子の運動状態を記述する波動関数。この絶対値の2乗はある位置における電子の存在確率を表す。
きどう-き【起動機】▶始動機
きどう-きじゅうき【軌道起重機】脚柱の下端に車輪をつけ、軌道上を移動する形式の起重機。塔形クレーン・橋形クレーンなど。
きどう-けいしゃかく【軌道傾斜角】天体の軌道の特徴を表す軌道要素の一。太陽を周回する天体では黄道面と軌道面のなす角度、惑星を周回する天体(地球を周回する人工衛星を含む)では赤道面と軌道面のなす角度のこと。
き-どうこう【輝銅鉱】銅と硫黄からなる鉱物。斜方晶系。黒灰色で軟らかく、塊状か土状のものが多い。銅の原料鉱石として重要。
きどう-さくせん【機動作戦】軍隊の機動性を十分に生かして行う戦い。
ぎどう-さんし【儀同三司】㊀《儀礼の格式が三司(太政大臣・左大臣・右大臣)と同じである意》准大臣の異称。㊁《儀同三司を自称したところから》藤原伊周の異称。
ぎどうさんし-の-はは【儀同三司の母】[?〜996]平安中期の歌人。名は貴子。円融天皇の内侍。藤原道隆の妻で、伊周・定子の母。高内侍。
きとう-し【祈×祷師】祈祷をする神官・僧侶など。
きどう-しゃ【気動車】ディーゼル機関・ガソリン機関などを原動機として自力走行する鉄道車両。
きどう-しゃ【軌道車】鉄道線路の視察・改修などのため、軌道上を走る小型車両。
ぎどう-しゅうしん【義堂周信】[1325〜1388]南北朝時代の臨済宗の僧。土佐の人。号は空華道人。夢窓疎石に師事。足利義満に招かれて建仁寺・南禅寺などに住した。初期五山文学の代表者

の一人。詩文集「空華集」、日記「空華日工集」など。

きとう-しょ【祈×祷書】キリスト教各教派の典礼書。式典・礼典・礼拝の次第や基準を集めた書物。PB(prayer book)。

きどう-せい【機動性】機動力のあること。「一に富む災害対策」

きどう-せん【軌道線】一般道路上に敷設したレール上を走る電車。一部専用軌道を走ることもある。路面電車などはこの軌道線に属する。➡鉄道線

きどう-たい【機動隊】《「警察機動隊」の略》主に治安警備や災害警備にあたる専門的な集団警備力と機動性をもつ警察部隊。
(類語)刑事・巡査・SP・婦警・私服・でか

きどう-ちょうはんけい【軌道長半径】天体の軌道の特徴を表す軌道要素の一。太陽や惑星を周回する天体がとる楕円軌道の長半径(長軸の半分)を指す。太陽系の天体の場合、ケプラーの法則によると、公転周期T年、軌道長半径a天文単位の間に、$T^2=a^3$という式が成り立つ。軌道半長径。

きどう-ディスク【起動ディスク】《startup disk》コンピューターを起動する上で必要なファイルが保存されているディスクのこと。

きどう-でんし【軌道電子】原子・分子内で原子核の周りの軌道を動いていると考えられた電子。量子力学では、一定の波動関数で状態が表される電子をいう。

きどうでんし-ほかく【軌道電子捕獲】►電子捕獲❶

きどう-はんちょうけい【軌道半長径】►軌道長半径

きとう-ぶぎょう【祈×祷奉行】鎌倉幕府・室町幕府の職名。恒例・臨時の祈祷の事をつかさどった。

きどう-ぶたい【機動部隊】機動性の高い部隊。陸軍では、戦車・装甲車などを装備した強力な部隊。海軍では、航空母艦を中心に巡洋艦・駆逐艦で編制した高速攻撃部隊。

きどう-ようそ【軌道要素】天体の軌道の特徴を示す要素。太陽の周りを公転する惑星では、軌道長半径・離心率・軌道傾斜角・昇交点黄経・近日点黄経・近日点通過時刻の六つがある。ケプラー要素。

き-どうらく【着道楽】着る物にぜいたくをして楽しむこと。また、その人。

きとう-りゅう【起倒流】柔術の一流派。寛永年間(1624〜1644)茨木又左衛門俊房の創始。

きどう-りょく【機動力】❶戦略・戦術上の必要に応じ、軍隊として迅速に行動する能力。❷状況に応じてすばやく活動できる能力。

きどう-ろん【軌道論】天体の軌道を調べて、その運動状態を定める理論。

き-どおし【着通し】同じ衣服を着続けること。

き-とお・す【着通す】〔動サ五(四)〕同じ衣服をある期間ずっと着る。「三年間一・した学生服」

きど-おんど【輝度温度】高温の固体の表面から放射されるある波長の光の輝度と等しい輝度の黒体の温度。真の固体温度より低い値となる。

き-とがめ【気×咎め】気がとがめること。「欺(だま)した様な一がして」〈蘆花・自然と人生〉

きと-きと〔形動〕図〔ナリ〕《富山地方の方言》生きのよいさま。新鮮なさま。「一のブリ」

きと-きと〔副〕《「きと」を強めた語》❶すばやく。さっさと。「右京の権太夫清長を御使にて一と召しあり」〈とはずがたり・三〉❷きっぱりと。「一よく申したるぞ」〈宇治拾遺・三〉❸必ず。是非とも。「ただ今内裏へきと参らせ給へ。なはなは一」〈著聞集・一六〉

ぎと-ぎと❶〔副〕脂ぎっているさま。油などでべとつくさま。「一した料理」❷〔形動〕❶に同じ。「油で一な手」〔アクセント〕❶はギトギト、❷はギトギト。

き-とく【危篤】病気が非常に重くて、今にも死にそうなこと。「一に陥る」(類語)重体・瀕死

き-とく【既得】すでに得ていること。「一の知識」
(類語)獲得・取得・入手・拾得

き-とく【×耆徳】徳望の高い老人。宿徳。

きとく【貴徳】雅楽の舞曲。高麗楽(こまがく)。高麗壱越(いちこつ)調の中曲。一人舞で走舞(はしりまい)に属す。仮面をつけ、鉾(ほこ)を持って勇壮に舞う。番舞(つがいまい)は散手(さんじゅ)。

き-とく【奇特】〔形動〕図〔ナリ〕《「きどく」とも》❶言行や心がけなどがすぐれていて、褒めるに値するさま。「世の中には一な人もいるものだ」❷非常に珍しく、不思議なさま。「比の香の一なるを漸く寄りて見ればく」〈今昔・六・六〉(類語)殊勝・神妙・健気

き-どく【既読】すでに読んでいること。もう読んであること。「一のメールを削除する」⇔未読。

き-どく【奇特】❶〔形動〕図〔ナリ〕►きとく(奇特) ❷〔名〕神仏の持っている、超人間的な力。霊験。「宝物ぢゃと申しても一がなければ、我らごときの者の持っていらぬ物ぢゃが」〈虎清狂・鏡男〉

き-どくが【黄毒×蛾】ドクガ科の昆虫。翅(はね)は全体に黄色で茶色の斑紋(はんもん)があり、開張は3センチくらい。幼虫は黒褐色で背に橙色の線がある。幼虫・成虫とも毒毛をもち、人が触れると皮膚炎を起こす。

きとく-けん【既得権】一たび獲得した権利。法的根拠に基づき、すでに獲得している権利。

きとく-けんえき【既得権益】国や地域・組織などが、法的根拠に基づき、以前から獲得している権利と利益。

きどく-ずきん【奇特頭巾】目の部分だけを開けた、主として婦人用の頭巾。貞享・元禄(1684〜1704)のころ流行したもので、黒または紫の絹を用い、裏には紅絹(もみ)をつけた。気儘(きまま)頭巾。奇特帽子。

きど-ぐち【木戸口】❶庭などの、木戸のある出入り口。また、その辺り。❷興行場の出入り口。木戸。❸城・柵(さく)などの出入り口。木戸。

きどく-ぼうし【奇特帽子】「奇特頭巾」に同じ。

きど-げいしゃ【木戸芸者】江戸時代、歌舞伎劇場で新狂言の出る前日などに、木戸口の台の上で狂言の名題・役割を読み上げたり、役者の声色などを使ったりして景気をあおり、客を集めた芸人。

きど-こういち【木戸幸一】[1889〜1977]政治家。東京の生まれ。孝允(たかよし)の孫。文相・内相などを経て内大臣。東条英機を首相に推すなど天皇側近として影響力をもった。第二次大戦後、A級戦犯として終身禁錮刑、のち仮釈放。

きど-こういん【木戸孝允】►きどたかよし(木戸孝允)

きど-ごめん【木戸御免】相撲や芝居などの興行場に、木戸銭なしで自由に出入りできること。また、その者。また一般に、出入り自在なことにもいう。

キトサン〖chitosan〗カニ・エビ・昆虫などの外骨格や、微生物・キノコの細胞壁を構成するキチンの分解産物。肥料・化粧品の添加剤として用いられるほか、生体内で分解・吸収される点を利用して手術用の糸などに用いられる。

きど-せん【木戸銭】興行見物のために入り口で払う料金。入場料。木戸。

きど-たかよし【木戸孝允】[1833〜1877]政治家。長州の人。初め桂小五郎と称し、のち木戸姓。維新の三傑の一人。吉田松陰に学び、討幕の志士として活躍。明治維新後、五箇条の御誓文の起草、版籍奉還、廃藩置県などに尽力。征韓論・台湾征討に反対した。きどこういん。逃げの小五郎のあだ名もある。

キドニア〖Kydōniā〗ハニアの古代名。

キドニー〖kidney〗「腎臓(じんぞう)」に同じ。

キドニー-パンチ〖kidney punch〗ボクシングで、腎臓のあるところを打つパンチ。反則となる。キドニーブロー。

キドニー-ブロー〖kidney blow〗►キドニーパンチ

き-どの【×綺殿】《綺羅(きら)を作る所の意》江戸時代、京都で、服飾品・化粧道具を作り、売った店。

キトノス-とう【キトノス島】《Kythnos》ギリシャ南東部、エーゲ海に浮かぶ島。キクラデス諸島の北西部、本土のピレエウスから南東約100キロに位置する。主な町はキトノスとドリオピダ。ドリオピダには伝統的な集落景観が残っているほか、同国屈指の規模をもつ鍾乳洞、カタフィキ洞窟がある。キソノス島。

きど-ばん【木戸番】❶江戸時代、市中の木戸ごとに設けられた小屋。また、その番人。❷興行場の木戸口を守り、客を引く番人。❸一般に人の出入りする場所や店先などで番をすること。

ギド-ベール〖フランス Le Guide Vert〗《vertは緑。表紙の色から》ミシュラン社発行の旅行ガイドブックの通称。各国の優れた観光地を紹介し、星の数で格付けする。緑のミシュラン。グリーンミシュラン。➡ミシュラン

ギド-ミシュラン〖フランス Le Guide Michelin〗►ミシュラン❷

きど-もん【木戸門】2本の柱を冠木(かぶき)でつなぎ屋根をのせた、木戸の門。腕木門。

きとら-こふん【キトラ古墳】《「キトラ」は地名「北浦」からという》奈良県明日香村阿部山にある二段築成の円墳。特別史跡。直径約14メートル、高さ約3.3メートル。7世紀後半から8世紀にかけて築造されたものと考えられる。昭和58年(1983)以来の調査で、石槨(せっかく)の四方に青竜(せいりゅう)、白虎(びゃっこ)、玄武(げんぶ)、朱雀(すざく)の四神図と十二支像、天井に天文図のあることが判明した。平成16年(2004)から、修復・保存のため壁画全図のはぎ取りが行われた。

き-どり【木取り】大形の木材から必要な寸法の材を切り取ること。また、そのために墨掛けすること。

き-どり【気取り】❶体裁をつくろうこと。もったいぶること。「一のない性格」❷(現代語では多く接尾語的に用いる)そのものになったつもりで、それらしく振る舞うこと。「芸術家一」「夫婦一」「八人のそこつ者もいっぱし役者の一にて」〈滑・八笑人・四〉❸気だて。性格。「立居振舞ひ髪容(かみかたち)、第一一を大切とし」〈風来六部集・里のをだ巻評〉❹趣向。工夫。「屏風(びょうぶ)の一はどうでござんす」〈洒・軽井茶話〉❺ようす。感じ。「まだどうか夢の覚めぬやうなお一ぢゃ」〈黄・見徳一炊夢〉
(類語)見え・めっき・洒落っ気・飾り気・虚栄心

きどり-や【気取り屋】体裁ぶる人。とりすました、しゃれ者。

き-ど・る【気取る】〔動ラ五(四)〕❶体裁をつくろい、もったいぶったり、とりすましたりする。「人前で一・る」「一・った話し方」「一・らない人柄」❷(「…をきどる」の形で)そのものになった気で、それらしい振る舞いをする。「秀才を一・る」❸それと感づく。けどる。「要介がどうか床をいそぐやうすゆゑ、女中一・るこころなり」〈洒・二蒲団〉❹心を配って、用意しておく。「ここに一本あるから、肴も少し一・ってくんな」〈伎・四谷怪談〉
(類語)勿体ぶる・澄ます・格式ばる・しゃれる

きどるい-げんそ【希土類元素】【×稀土類元素】周期表3(ⅢA)族であるスカンジウム・イットリウムおよびランタノイド15元素を合わせた17元素の総称。単体は一般に灰色または銀白色の金属で、化学的性質はよく似ている。レアメタルの一種。希元素とされていたが、実際には地殻にかなり存在する。レアアース。

きどるい-じしゃく【希土類磁石】希土類元素を主成分とする永久磁石の総称。ネオジム磁石、サマリウムコバルト磁石、プラセオジム磁石などがあり、磁力が強いものが多い。ハードディスク、ヘッドホン、各種小型電子機器などに用いられる。レアアース磁石。

ギド-ルージュ〖フランス Le Guide Rouge〗《rougeは赤。表紙の色から》ミシュラン社が発行するホテル・レストランのガイドブックの通称。各国ごとにまとめられており、星の数で格付けを表す。赤のミシュラン。レッドミシュラン。➡ミシュラン

キトン〖ギリシャ chitōn〗古代ギリシャの衣服。長方形の布を二つに折ってからだに巻き、肩を止め具で止め、胴をひもで結んで襞(ひだ)を整える。

き-とんぼ【黄蜻=蛉】トンボ科アカネ属のトンボ。体長4センチくらい。体は橙褐色、翅(はね)はほぼ基部のほう半分が橙色。夏から秋に、池沼に出現する。

キナ〖オランダ kina〗アカネ科キナ属の常緑高木の総称。葉は卵形・長楕円形や披針形で、対生。花は淡紅紫色や淡黄色。樹皮からキニーネが得られる。南米コロンビアからボリビアにかけてのアンデス山地原産。キナのき。➡キナ皮(ひ) (補説)「規那」とも書く。

キナ-アルカロイド〖ドイツ Chinaalkaloid〗キナの樹

皮に含まれるアルカロイドの総称。キニーネのほか、キニジン・シンコニン・シンコニジンなど。
き-ない【畿内】《「畿」は王城から500里四方の地の意》❶皇居に近い地。❷京都に近い国々。山城・大和・河内・和泉・摂津の5か国。五畿内。きだい。
き-ない【機内】飛行機の中。「一食」
きない-けんえき【機内検疫】航空機内で感染症患者の発生を確認すること。空港に到着した航空機に検疫官が乗り込み、検疫を行う。船舶の場合は臨船検疫という。➡検疫感染症
きない-しょく【機内食】航空会社が、航空機内で乗客に出す食事。
キナ-エキス《和 kina(オランダ)＋extract(オランダ)》キナ皮をアルコールに浸し、濾過・蒸発させて作ったエキス。苦く、健胃薬に用いた。
キナ-えん【キナ塩】キニーネを塩酸・硫酸などと化合させて作る白色針状の結晶。抗マラリア剤。
き-なか【半=銭｜寸半】《「き」は1寸、「なか」は半分の意。一文銭の直径が1寸であるところから》❶1文の半分。半文。「(十文トルマデハ)いかな九文一でも、堪忍ばし召さるな」〈浄・歌念仏〉❷半分。「小男鹿の八つの御耳どころか、一ある御耳でも、あっちら向いて聴く事ではない」〈滑・浮世風呂・四〉
き-なが【気長】〔形動〕図〔ナリ〕ゆっくりと構えて、せかせかしないさま。気が長いさま。また、そういう性質。「一に待つ」⇔気短
き-なが・い【気長い】〔形〕図きなが・し〔ク〕気が長い。「一・く機会を待つ」
き-ながし【着流し】❶袴や羽織をつけない男子和装の略装。くだけた身なりをいう。❷能の装束で、袴をつけないこと。
き-なが・す【着流す】〔動サ五(四)〕羽織や袴をつけずに和服を着る。また、着物を無造作に着る。「荒い縞の着物をぞろりと一・して」〈漱石・明暗〉
きな-きな〔副〕あれこれと思い悩むさま。くよくよ。「必ず一思はぬがよい」〈浄・盛衰記〉
き-な・く【来鳴く】〔動カ四〕鳥がやって来て鳴く。「玉に貫く花橘を乏しみしこの我が里に一・かずあるらし」〈万・三九八四〉
きな-くさ・い【きな臭い】〔形〕図きなくさ・し〔ク〕❶紙や布などのこげるにおいがする。こげくさい。「一・いと思ったら座布団がこげていた」❷《硝煙のにおいがすることから》戦争・動乱などの起こりそうな気配がする。「一・い国境地帯」❸なんとなく怪しい。うさんくさい。「一・い感じのする話」
き-なぐさみ【気慰み】気持ちがなぐさめられること。また、そうした事柄。「一に菜園をつくる」
(類語)憂さ晴らし・気晴らし・気散じ
きな-こ【黄な粉】《黄なる粉の意》大豆を煎ってひいた粉。砂糖をまぜて餅・団子などにまぶしたり、製菓原料にしたりする。豆の粉。豆粉。
きなこ-もち【黄な粉餅】黄な粉をまぶした餅。
き-なし【気無し】〔名・形動〕❶気乗りがしないこと。気が入っていないこと。また、そのさま。「鏡に映る自分の髪の形に見入りながら、一に言った」〈秋声・足迹〉❷心に何ももたないこと。無心であること。また、そのさま。「頷を延ばして、両手を膝に落して、婦人は一に、平気で坐っていた」〈二葉亭・めぐりあひ〉❸思慮がないこと。また、そういう人や、そのさま。「一にかかってご覧じませ。私どもは、とんだ目に遭ひませう」〈伎・吾嬬鑑〉
き-な・す【着做す｜著為す】〔動サ四〕(上に修飾語を伴って)その状態に着る。「萌黄の小袿、…なまめかしく一・し給ひて」〈夜の寝覚・一〉
ぎなた-よみ【ぎなた読み】《「弁慶が、なぎなたを持って」と読むのを「弁慶がな、ぎなたを持って」と読むこと》句切りを誤って読むこと。弁慶読み。
キナ-チンキ《和 kina(オランダ)＋tinctuur(オランダ)》キナ皮をアルコールに浸して製した赤色の液。苦味があり、健胃薬に用いられた。
キナ-の-き【キナの木】キナの別名。
キナバル-さん【キナバル山】《Kinabalu》マレーシアのサバ州にある山。ボルネオ島の最高峰。標高4095メートル。周囲は国立公園で、2000年「キナバル自然公園」の名称で世界遺産(自然遺産)に登録。
キナ-ひ【キナ皮】キナの樹皮を乾燥させたもの。苦味健胃薬やマラリアの特効薬のキニーネの原料。
き-なり【生成り｜生形】❶糸や布地の漂白していないもの。また、その色。➡生成り色 ❷生地のままで、飾り気のないこと。「敦樸は厚淳朴なるぞ。其まま一なを云ふぞ、飾らぬぞ」〈蒙求抄・二〉
きなり-いろ【生成り色】生成り❶のような色。わずかに赤黄色を帯びた白色。
き-な・れる【来慣れる｜来馴れる】〔動ラ下一〕図きな・る〔ラ下二〕ふだんよく来て慣れている。通い慣れる。来つける。「一・れたゴルフ場」
き-な・れる【着慣れる｜着馴れる】〔動ラ下一〕図きな・る〔ラ下二〕ふだんよく着て慣れている。着つける。「一・れたユニホーム」
き-なん【危難】生命にかかわるような災難。
(類語)危険・危機・危殆・危地・虎口・ピンチ・物騒・剣呑・危ない
き-ナンバー【黄ナンバー】黄地に黒色の文字で示されたナンバープレート。また、それをつけることから、自家用軽自動車のこと。
ギニア〘Guinea〙西アフリカの大西洋に面する共和国。首都コナクリ。気候は高温多湿。ボーキサイト・鉄鉱などを産出。フランスの植民地から1958年に独立。人口1082万(2010)。ギネー。
ギニア-ビサウ〘Guinea-Bissau〙西アフリカ、ギニアの西にある共和国。首都ビサウ。ポルトガルから1974年に独立。人口157万(2010)。ギネビサウ。
ギニア-わん【ギニア湾】アフリカ大陸中西部、大西洋岸にある大きな湾。湾沿いは植民地時代にヨーロッパの貿易商によって黄金海岸・象牙海岸・穀物海岸などと名付けられた。
ギニー〘guinea〙《ギニア産の金でつくったところから》1663年から1813年まで鋳造された英国の金貨。1717年以降21シリングに一定された。現在は用いられていない。
キニーネ〘オランダ kinine〙キナの樹皮に含まれる主要なアルカロイド。マラリア治療の特効薬として知られ、塩酸塩・硫酸塩が用いられる。白色の結晶で、味はきわめて苦い。キニン。(補説)「規尼涅」とも書く。
き-に-いり【気に入り】(多く「おきにいり」の形で)好みに合うこと。好ましく思うこと。また、その人や物。「社長のお一」「お一の店」
キニク-がくは【キニク学派】《犬のような、の意のギリシャ語kynikosから》アンティステネスを祖とする古代ギリシャ哲学の一派。シノペのディオゲネスにみられるように禁欲的な自足生活を送り、習俗無視・反文明の思想を実践。キュニコス学派。犬儒学派。
き-にち【忌日】❶故人の死亡した日と同じ日付の日で、毎年または毎月、回向をする日。命日。忌辰。きじつ。❷人の死後、七七日まで7日ごとに追善供養をする日。(類語)命日・祥月命日
き-にち【帰日】〔名〕スル 海外から日本に帰ること。帰朝。「駐在員が一する」
き-にち【期日】➤きじつ(期日)
き-にゅう【記入】〔名〕スル 所定の用紙などに書き入れること。「必要事項を一する」(類語)記載・記帳・簿記
き-にゅう【鬼乳｜奇乳】生後2、3日の新生児の乳腺から出る乳汁。母体から受けたホルモンによる。魔乳。
ぎにょ【祇女】➤ぎじょ(祇女)
き-にょう【鬼繞】漢字の繞の一。「魁」「魅」などの「鬼」の称。
ギニョール〘フランス guignol〙《「ギニョル」とも》操り人形で、人形の胴体の中に手を入れて指で操るもの。また、それによる人形劇。
ギニョル〘フランス guignol〙➤ギニョール
き-にん【帰任】〔名〕スル 一時離れていた自分の任地や任務に戻ること。「出向先から一する」
(類語)返り咲き・復帰・カムバック・再起・復職
き-にん【貴人】「きじん(貴人)」に同じ。
キニン〘ドイツ Chinin〙➤キニーネ
ぎ-にん【義認】《justification》キリスト教で、罪ある人間がキリストの贖罪により正しい人として神に認められること。罪のゆるし。カトリックでは、義化という。
きにん-ぐち【貴人口】❶茶室で貴人用の出入り口。通常2枚の障子を立て、立ったまま出入りできる。➡躙り口 ❷能舞台で、正面に向かって右側の地謡座の奥にある戸口。
きにん-だたみ【貴人畳】茶室で、床の前の畳。貴人の座席とされたところからいう。床前畳。
きぬ【衣】❶衣服。着物。ころも。「歯に一着せずものを言う」❷古代、上半身を包むものの総称。平安時代の装束では、上着と肌着との間に着た衣服。袿や袙など。❸皮膚、動物の羽毛や皮、里芋の子の皮などを、衣服にたとえていう語。「鶏のひなの…一短げなるさまして」〈能因本枕・一五五〉
きぬ【絹】❶蚕の繭からとった繊維。❷絹糸で織った織物。絹織物。(類語)木綿・麻・羊毛
絹を裂くよう 《絹の布を裂くときに、高く鋭い音が出るところから》非常にかん高く鋭い声のたとえ。多く女性についていう。「一な悲鳴」
きぬ-あさ【絹麻】薄い麻布に特殊な糊加工をして絹のような光沢を出したもの。絹麻上布。
きぬ-あや【絹綾】薄い綾織りの絹織物。
きぬ-いた【衣板】「砧」に同じ。〈和名抄〉
きぬ-いと【絹糸】蚕の繭からとった糸。生糸・練糸などがあり、ふつう練糸をいう。けんし。
きぬいと-そう【絹糸草】チモシーの種子を水盤の脱脂綿の上に多くまいて発芽させたもの。その絹糸のように細い緑を観賞する。(季 夏) ➡稗蒔き
きぬ-うんも【絹雲母】微細な鱗片状の白雲母。絹雲母片岩の主要構成鉱物。粘土鉱物として産する場合は強い絹糸光沢がある。良質のものは陶土に使用。セリサイト。
きぬ-え【絹絵】絹地に描いた絵。
きぬ-おり【絹織(り)】絹糸で織ること。また、その織ったもの。
きぬ-おりもの【絹織物】絹糸で織った織物。羽二重・縮緬・透綾・紬など。
きぬ-がき【絹垣】❶絹のとばり。神祭りなどの際、垣のように張りめぐらして囲うもの。❷伊勢神宮の遷宮のとき、御神体をおおう絹の布。
きぬかけ-やま【衣掛山】京都市にある衣笠山の異称。宇多法皇が夏に雪景色を所望して、この山に白衣をかけさせたところからの名という。
きぬ-がさ【衣笠｜絹傘｜蓋】❶絹を張った長柄のかさ。昔、貴人の外出の際、後ろからさしかざしたもの。❷仏像などの上にかざす天蓋。
きぬがさ-さちお【衣笠祥雄】[1947〜]プロ野球選手。京都の生まれ。広島東洋カープで活躍。昭和62年(1987)6月、米国メジャーリーグの連続試合出場記録2130試合を破り、以降、同年の引退まで2215試合連続出場に記録を伸ばして当時の世界記録を樹立。「鉄人」と呼ばれる。国民栄誉賞受賞。
きぬがさ-そう【衣笠草】ユリ科の多年草。高い山の林下に自生。高さ30〜60センチ。1本の茎頂に葉が8枚ぐらい輪状につく。葉は倒卵状楕円形。夏、葉の中心から柄を伸ばし、白い花を一つつける。はながさそう。(季 夏)
きぬがさ-たけ【衣笠茸】スッポンタケ科のキノコ。夏から秋にかけ、竹林に多く生える。初めは球状で、伸びると高さ15〜25センチ。柄の釣鐘状の頭部から周囲に白い網状の外被がかぶさる。頭部表面に粘液があり、悪臭を放つ。中国料理に用い、竹蓀という。
きぬがさ-ていのすけ【衣笠貞之助】[1896〜1982]映画監督。三重の生まれ。林長二郎(長谷川一夫)主演の一連の作品で、松竹時代劇の黄金時代を築いた。代表作「狂った一頁」「雪之丞変化」「地獄門」など。
きぬがさ-やま【衣笠山】京都市街の北西部にあ

る山。標高201メートル。山麓に金閣寺・等持院・竜安寺などがある。衣掛山。〔歌枕〕

きぬ-かずき【▽衣▽被】❶平安時代ごろから、上流の婦人が外出するとき、顔を隠すために衣をかぶったこと。またその衣や、それをかぶった女性。中世以降は単衣の小袖を頭からかぶり、両手で支えて持った。かずき。「―を脱がせて、おもてをあらはにして」〈著聞集・一二〉❷鰯をいう女房詞。

きぬ-がち【▽衣勝ち】〔形動ナリ〕何枚も着物を重ねて着ているさま。「―に、身じろぎもたをやかならずぞ見ゆる」〈紫式部日記〉

きぬ-かつぎ【▽衣▽被ぎ】❶《女房詞から》小粒の里芋を皮のままゆでるか蒸すかしたもの。皮をむき、塩などをつけて食べる。〔季 秋〕❷▶きぬかずき

きぬ-かぶり【▽衣▽被り】僧などが用いた、衣被に似たかぶりもの。「時々―したるをうち脱ぎ」〈宇治拾遺・五〉

きぬ-がわ【鬼怒川】栃木県北西端にある鬼怒沼に源を発し、県中央部を貫流して茨城県南西部で利根川に合流する川。長さ177キロ。上流に多目的ダムや温泉が多い。古くは毛野川とよばれ、太平洋に注いでいた。

きぬがわ-おんせん【鬼怒川温泉】栃木県日光市東部の温泉。鬼怒川上流の谷沿いにある。泉質は単純温泉。

きぬ-ぎぬ【▽衣▽衣┊後=朝】❶衣を重ねて掛けて共寝をした男女が、翌朝別れるときそれぞれ身につける、その衣。「しののめのほがらほがらと明けゆけばおのが―なるぞ悲しき」〈古今・恋三〉❷男女が共寝をして過ごした翌朝。また、その朝の別れ。「―になるとも聞かぬ鳥だにも明けゆくほどぞ声も惜しまぬ」〈新勅撰・恋三〉❸男女、夫婦の離別。「此の如くに、―になるとても、互ひに飽き飽かれぬ仲ぢゃほどに」〈狂言記・箕被〉❹物が離れ離れになること。「首と胴との―」〈浮・伝来記・三〉

きぬ-くばり【▽衣配り】年末に、正月の晴れ着用として、一門の人々や使用人などに衣服を与えた行事。「この二十一日に例年の―とて、一門中、下人ども、かれこれ集めて」〈浮・胸算用・四〉〔季 冬〕

き-ぬけ【気抜け】〔名〕スル ❶張りつめていた気持ちが一時にゆるんで、ぼんやりすること。「試験が終わって―する」❷ビールや炭酸飲料水に含まれている炭酸ガスが抜けて、風味がなくなること。
〔類語〕気落ち・力抜け・拍子抜け・力落とし

きぬげ-ねずみ【絹毛×鼠】ネズミ科キヌゲネズミ亜科の哺乳類。体長18センチ、尾長9センチくらいで、体毛は柔らかい絹状。ほお袋をもち、草の種子などの餌を詰め込んで巣に運ぶ。朝鮮半島から中国にかけて分布。

きぬ-こくら【絹小倉】絹紡糸を使って小倉織にした洋服地。

きぬ-ごし【絹×漉し】❶絹篩や絹布で細かにこすこと。また、そのこしたもの。❷「絹漉し豆腐」の略。

きぬごし-どうふ【絹×漉し豆腐】豆乳に凝固剤を加え、型に入れて加熱し、そのまま固めた豆腐。布でこさないので、きめが細かく柔らかい。ささのゆき。あわゆき豆腐。⇒木綿豆腐

きぬ-こまちいと【絹小町糸】紡績絹糸を諸撚りにした縫い糸。絹小町。

きぬ-ゴロ【絹ゴロ】絹糸でゴロフクレンのように織ったもの。夏の洋服地。

きぬ-さや【絹×莢】▶さやえんどう(莢豌豆)

きぬ-ざる【絹猿】霊長目キヌザル科のサル。南アメリカの森林に分布。体長約20センチ、尾長約30センチと小形で、ポケットモンキーとして知られる。体毛は柔らかく光沢がある。コモンマーモセット。

きぬ-じ【絹地】❶絹織りの生地。絹布。❷日本画を描くのに用いる平絹。絵絹。

きぬ-じょうふ【絹上布】上布のような感触をもたせた薄地の絹織物。透綾。

きぬ-ずきん【絹頭巾】絹布で作った頭巾。平たい円柱状で、頭全体がはまるようにしたもの。

きぬ-ずれ【▽衣擦れ┊▽衣×摺れ】歩くときなどに、着た着物の裾などがすれ合うこと。また、その音。

きぬ-セル【絹セル】❶縦糸に絹糸、横糸に梳毛糸を使ったセル風の交織地。❷絹糸に撚りをかけてセルの風合いを出した織物。

きぬた【×砧┊×碪】《「きぬいた(衣板)」の音変化》❶木槌で打って布を柔らかくしたり、つやを出したりするのに用いる木や石の台。また、それを打つこと。〔季 秋〕「―打て我に聞かせよや坊が妻/芭蕉」❷「砧拍子」の略。

きぬた【砧】㊀謡曲。四番目物。世阿弥作。長年帰らぬ夫を砧を打ちつつ待っていた妻が焦がれ死にし、死後も妄執に苦しむ。㊁箏曲および地歌の曲名の一類。砧の音を表現する部分(砧地)を含むのが特徴。岡康砧・五段砧・新砧などがある。砧物。

きぬた-こつ【×砧骨】耳小骨の一。鐙骨と槌骨の間にある。ちんこつ。

きぬた-せいじ【×砧青磁】中国、南宋時代に竜泉窯で焼かれた青磁。日本における呼称で、青磁の最上品とされた。

きぬた-そう【×砧草】アカネ科の多年草。山地に生え、高さ30～60センチ。茎は四角柱で、葉が4枚ずつ輪生。葉は卵形で先がとがる。夏、白い小花が集まって咲く。

きぬ-だたみ【絹畳┊×絁畳】絹糸で織った敷物。「―八重を波の上に敷きて、其の上に下りましき」〈記・中〉

きぬた-びょうし【×砧拍子】歌舞伎下座音楽の一。2本の木の棒を打ち合わせて砧の音の感じを出すもの。田舎家の場面や立ち回りなどに用いる。

きぬ-ちぢみ【絹縮】縦糸に生糸、横糸に強撚糸を使って織り上げ、精練して縦しぼを出した絹織物。

きぬ-てん【絹天】《「天」はビロードの当て字「天鵞絨」の略》絹のようなつやのある綿ビロード。高級な足袋・鼻緒・夜具襟などに用いる。

きぬ-ぬま【鬼怒沼】栃木県北西部、鬼怒川の源流にあたる沼。鬼怒沼山(標高2141メートル)の南麓にあり、標高2040メートルの高層湿原。大小47の池塘がある。イワカガミ・チングルマ・ワタスゲなどの群落が見られる。

き-ぬの【生布┊木布】織ったままで、まださらしてない布。夏の衣服に用いる。〔季 夏〕

きぬ-の-みち【絹の道】▶シルクロード

きぬ-ばり【絹針】絹布や薄手木綿を縫うときに用いる細い針。

きぬ-ばり【絹張り】❶絹布を張って作ること。また、そうしたもの。「―の日傘」❷絹布を洗い張りすること。また、そのための伸子や板。❸ハゼ科の海水魚。全長11センチくらいで、黄赤色の地に黒褐色の横帯が6、7本ある。

きぬひかり 稲の一品種。昭和63年(1988)新潟県で作出。粘りが少なくさっぱりとした味。近畿地方で多く栽培される。北陸122号。

きぬ-ひょうぐ【絹表具】巻物・掛け物・屏風・ふすまなどを絹地で表装すること。また、そのもの。

きぬ-ふたこ【絹双子】織り糸に絹糸をまぜて双子織りにしたもの。

きぬ-ぶるい【絹×篩】絹布を底に張ったきめの細かいふるい。

きぬまき-せん【絹巻(き)線】絶縁体として絹糸を巻いた銅線。

きぬ-め【絹目】印画紙で、表面に絹織物の布目に似た凸凹をつけたもの。

きぬ-モスリン【絹モスリン】▶シフォン

きぬ-もの【絹物】絹織物。また、絹で作った衣服。

きぬ-や【絹屋】❶絹の幕を屋根と四方に張った仮屋。「―二つを打ちて唐、高麗の楽屋とす」〈今昔・一二・二二〉❷絹布を織り、または売る家や人。〈日葡〉

きぬ-わた【絹綿】くず繭からつくる真綿の一種。防湿・保温性などに富む。〔季 冬〕

きね【×巫┊巫=覡】神に仕える人。神官や巫女。「あしひきの山のさかきはときはなる影に栄ゆる神の―かな」〈拾遺・神楽歌〉

き-ね【×杵】《「ね」は接尾語》❶臼に入れた穀物などをつくための、木製の道具。脱穀や餅つきなどに用いる。❷紋所の名。❶をかたどったもの。

き-ねい【帰寧】〔名〕スル 嫁に行った女性や、親もとを離れている女性が、里帰りして父母の安否を問うこと。「父母の大故と雖も―せしめず」〈服部誠一・東京新繁昌記〉

きね-うた【×杵歌】穀物などを杵でつくときにうたう歌。

キネオラマ《和 kineoramaキネマとパノラマの合成語》パノラマに色彩光線を当てて景色を変化させて見せる装置。明治末期から大正にかけての興行物。

キネクト〘Kinect〙米国マイクロソフト社が家庭用ゲーム機Xbox360向けに開発した専用インターフェース。プロジェクトナタルという開発コード名のモーションキャプチャー技術を製品化したもの。各種センサーで体の動き・顔の表情・音声をとらえ、特別なコントローラーを使わずに直感的にゲームをプレーできる。

キネシオロジー〘kinesiology〙運動機能学。人体の運動について研究する学問。特に、衣服の体への適応性を高めるために人体のもっている運動性を分析し、より着やすい服を作ろうとする研究。

キネシクス〘kinesics〙言葉を使わずに意思を伝達する身振りについての研究。動作学。

キネシセラピー〘kinesitherapy〙運動療法。疾患の治療に運動を応用すること。キネジテラピー。

キネジテラピー〘フランス kinesithérapie〙▶キネジセラピー

キネシン〘kinesin〙アデノシン三燐酸を分解して生ずる化学的エネルギーを、力学的エネルギーに変換する酵素(分子モーター)の一種。生命活動に必要なたんぱく質や細胞内小器管などを細胞内骨格である微小管に沿って運搬する。

キネスコープ〘Kinescope〙テレビ受像用のブラウン管の商標名。

ギネス-ストアハウス〘Guinness Storehouse〙アイルランドの首都ダブリンにある、ビール醸造会社ギネスによるアトラクション施設。1876年に建てられ1957年まで倉庫として使われた建物があり、ギネスビールの歴史や製造工程を紹介している。

ギネス-ブック〘Guinness Book〙いろいろな世界一の記録を集めた本。英国のビール会社ギネス社が1956年に刊行。以後毎年新版が出ている。

き-ねずみ【木×鼠】リスの別名。

きね-づか【×杵▽束】「真束」に同じ。

きね-づか【×杵▽柄】杵の柄。「昔とった―」

キネティック-アート〘kinetic art〙現代美術の一。作品自体が動いたり、作品を観客が動かすことができたりするもの。動く美術。

キネトスコープ〘Kinetoscope〙1889年にエジソンが発明した映写機械。箱の中でフィルムを回転させ、上からのぞいて見るもの。

キネマ〘kinema〙《「キネマトグラフ」の略》❶映画。活動写真。シネマ。❷映画館。「…キネマ」の形で、劇場名として用いられた。〔類語〕活動・幻灯・スライド・銀幕・ムービー・フィルム・スクリーン・サイレント映画・無声映画・トーキー・アニメーション

キネマティクス〘kinematics〙エネルギー・運動量・角運動量の保存量などを用いて物体の運動を議論する方法。運動学。

キネマトグラフ〘kinematograph〙「キネマ❶」に同じ。

きねや【杵屋】長唄三味線方の家名。貞享・元禄(1684～1704)ごろに始まり現代に至る。諸派に分かれて各々が家元を名のり、六左衛門・六三郎・勝三郎・勘五郎・喜三郎・弥三郎・弥十郎・佐吉・正次郎・六四郎・栄蔵などの家がある。

きねや【稀音家】長唄三味線方の家名。11世杵屋六左衛門が稀音家照海と名のったのに始まる。大正15年(1926)3世杵屋六四郎が稀音家と改姓、以後一門の名となる。

きねや-かんごろう【杵屋勘五郎】長唄三味線方。㊀(3世)[1815ころ～1877]前名、11世六左

衛門。通称、根岸の勘五郎。作曲にすぐれ、音曲の故実にも通じていた。「四季の山姥」「橋弁慶」などを作曲。㊁(5世)［1875～1917］12世六左衛門の次男。三味線の名手。「新曲浦島」「島の千歳」「多摩川」などを作曲。

きねや-さきち【杵屋佐吉】［1884～1945］長唄三味線方。4世。劇場に出演する一方、お座敷長唄の普及に努めた。また、大三味線や電気三味線を試作。

きねや-じょうかん【稀音家浄観】［1874～1956］長唄三味線方。2世。東京の生まれ。初世の子。本名、杉本金太郎。前名、3世杵屋六四郎。4世吉住小三郎とともに長唄研精会を創立、長唄を鑑賞音楽として発展させた。文化勲章受章。

きねや-ろくざえもん【杵屋六左衛門】長唄三味線方・唄方。杵屋宗家。㊀(別家9世)［?～1819］三味線方。8世宗家喜三郎の養子で、別家を興す。「小原女」「越後獅子」などを作曲。㊁(別家10世)［1800～1858］三味線方。長唄中興の祖といわれる。「供奴」「喜撰」「賤機帯」などを作曲。本家10世喜三郎の死後本家・別家を一本化した。㊂(14世)［1900～1981］三味線方から唄方に転向。作曲も巧みで、「楠山節考」などを作曲。

きねや-ろくさぶろう【杵屋六三郎】［1779～1855］長唄三味線方。4世。作曲・演奏両面にすぐれ、長唄中興の祖といわれる。7世市川団十郎の知遇を得て「勧進帳」などを作曲。

キネラ〖quinella〗《「クイネーラ」とも》競馬で、連勝複式。また、その馬券。➡連勝式

き-ねん【祈年】その年の豊作を神に祈ること。

き-ねん【祈念】〔名〕スル 神仏に、願いがかなうように祈ること。「世界の平和を―する」
(類語)祈り・祈祷・加持・黙祷・祈願・誓願・立願・代願・発願・願掛け・願う

き-ねん【紀年】ある紀元から数えた年数。

き-ねん【記念】〔名〕スル ❶思い出となるように残しておくこと。また、そのもの。「卒業を―して写真を撮る」「―品」❷過去の出来事・人物などを思い起こし、心を新たにすること。「創立五〇周年を―する式典」(補説)「紀念」とも書いた。(類語)思い出

き-ねん【期年｜朞年】まる1年。「一の間にして鉄路は四方に延長し」〈雪嶺・偽悪醜日本人〉

ぎ-ねん【疑念】うたがわしく思う気持ち。うたがい。「―を抱く」「―が晴れる」(類語)疑問・疑義・疑惑・疑心・不審・懐疑・猜疑・狐疑・疑団・疑点・半信半疑

きねん-いん【記念印】▶記念スタンプ❶

きねん-きって【記念切手】ある出来事・行事などを記念して発行する郵便切手。

ぎ-ねんごう【偽年号】▶私年号

きねんこく-ほうへい【祈年穀奉幣】平安時代から室町時代にかけて、その年の豊作を祈って、伊勢神宮・賀茂神社・春日神社など近畿の有力な22の神社に奉幣した儀式。2月と7月の吉日に行った。

きねん-さい【祈年祭】▶としごいのまつり(祈年祭)

きねん-さい【記念祭】ある事柄を記念して行う祭りや行事。

きねん-スタンプ【記念スタンプ】❶国家的行事などを記念するために、一定期間を設けて郵便物に押す日付印。記念印。❷観光地遊覧などの記念に押すスタンプ。

きねん-ひ【記念碑】ある出来事や人の功績などを記念して建てる碑。モニュメント。

きねん-び【記念日】記念すべき出来事のあった日。「結婚―」

きねん-ぶつ【記念物】❶記念の品物。❷文化財保護法上の文化財の一。遺跡・名勝地・動植物および地質鉱物で学術・歴史・芸術上価値の高いもの。

ぎ-ねんりん【偽年輪】正常の年輪のほかにできる年輪。虫害・干害などで形成層の働きに異常が生じたことによる。仮年輪。

キノ〖kino〗インド原産のマメ科の高木キノなどの樹液を乾燥させた、暗褐色のゴム状の物質。タンニンを含み、染色などに使用。(補説)「吉納」とも書く。

キノア〖quinoa〗アカザ科の一年草。種子は直径2～3ミリで、穀物として食用。南アメリカのアンデス高原地帯が原産で、インカ帝国時代から栽培。種子はスープやかゆ、粉はパンやケーキなどに用いられる。

き-の-いらつめ【紀女郎】奈良中期の万葉歌人。名は小鹿。安貴王の妻。大伴家持との贈答歌で知られる。生没年未詳。

き-の-いわい【喜の祝(い)】「喜の字の祝い」に同じ。

き-のう【気×嚢】❶鳥類の肺に付属する薄膜の袋。中に空気を蓄えて体を浮きやすくさせ、また呼吸を助けるなどの働きをする。❷昆虫の気管の一部が拡大して袋状となったもの。❸飛行船や気球の、浮揚のためのガスを入れる袋。ガス袋。

きのう【昨-日】❶今日より1日前の日。さくじつ。❷ごく近い過去。「―こそ早苗とりしかいつの間に稲葉そよぎて秋風の吹く」〈古今・秋上〉(類語)昨日・前日

昨日の今日 事が起こってから1日しかたっていない今日。「―なのにもう言うことが違う」

昨日のつづれ今日の錦 昨日までみすぼらしい身なりをしていた者が、今日はりっぱな服装をしていること。栄枯盛衰の激しいことのたとえ。

昨日の敵は今日の友 昨日までは敵だった者たちでも、事情が変わって今日は味方同士になること。人の心や運命がうつろいやすく、あてにならないものであることのたとえ。昨日の友は今日の仇。

昨日の花は今日の夢 世の中の移り変わりが激しいことのたとえ。昨日の花は今日の塵。

昨日の淵は今日の瀬 《「古今集」雑下の「世の中は何か常なる飛鳥川昨日の淵ぞ今日は瀬になる」から》「昨日の花は今日の夢」に同じ。

昨日は人の身今日は我が身 他人にふりかかった災難が、いつ自分にもふりかかるかわからないこと。人の運命の予測しがたいことのたとえ。

昨日や今日 ついこのごろ。最近。昨日今日。

き-のう【既納】すでに納めてあること。「―の分を差し引いて計算する」↔未納。

き-のう【帰納】〔名〕スル 個々の具体的な事例から一般に通用するような原理・法則などを導き出すこと。「以上の事実から次の結論が―される」↔演繹。

き-のう【帰農】〔名〕スル ❶離村して農業をやめていた者が農業に戻ること。❷都会での生活をやめて地方に行き、農業を始めること。

き-のう【機能】〔名〕スル ある物が本来備えている働き。全体を構成する個々の部分が果たしている固有の役割。また、そうした働きをなすこと。「心臓の―」「言語の―」「正常に―する」(類語)性能・作用・働く

ぎ-のう【技能｜伎能】あることを行うための技術的能力。うでまえ。「―を身につける」「特殊―」(類語)技術・技巧・技量・テクニック・技法・手法・技芸・腕・技

ぎのう-オリンピック【技能オリンピック】▶国際技能競技大会

きのう-きょう【昨-日今-日】❶昨日と今日。❷つい最近。このごろ。「―に始まったことではない」

きのう-ご【機能語】《function word》米国の言語学者C=C=フリーズ(Fries［1887～1967］)の用語。語彙的意味をほとんど担わず、主に統語的関係を示す非自立語。前置詞・接続詞・助動詞・冠詞・関係詞など。

ぎのうごりん-こくさいたいかい【技能五輪国際大会】「国際技能競技大会」の通称。

ぎのう-し【技能士】職業能力開発促進法に基づいて、厚生労働者・都道府県、およびその委託を受けた職業能力開発協会が実施する技能検定試験に合格した者に与えられる称号。職種ごとに一級・二級がある。

ぎのう-じっしゅうせい【技能実習生】入国管理法における外国人の在留資格の一。研修生として技術や技能を実践的に学ぶために、研修を受けた企業等と雇用契約を結んで就労することができる。最長2年間、在留が認められる。➡研修・技能実習制度

ぎのうしゅうとく-てあて【技能習得手当】雇用保険法に規定される求職者給付の一。雇用保険の被保険者が失業した際、公共職業安定所長の指示した公共職業訓練等を受ける場合に、その期間中、基本手当に加算して支給される。受講手当と通所手当(交通費)がある。

きのう-しゅぎ【機能主義】《functionalism》❶諸要素の機能や相互の関係に着目し、それぞれが全体の維持にどうかかわっているかという観点から、文化・社会現象をとらえようとする立場。❷建築・工業などで、余分な装飾を排し、用途に応じたむだのない形態・構造を追求する傾向。

きのう-しょうがい【機能障害】解剖学的な変化を伴わずに生理機能が損なわれている状態。

きのうせい-こうぶんし【機能性高分子】特定の機能をもつ高分子化合物の総称。特徴的な分子構造や特定の官能基をもち、イオン交換樹脂、人工血管をはじめ、工業や医療の分野で用いられる。

きのうせい-しょくひん【機能性食品】体調を整える効果をもつとされる加工食品。栄養や味ではなく、生体調節機能を人工的に強化している。食物繊維を入れた飲料など。保健機能食品とは違い、効能を示すことはできない。ファンクショナルフード。

きのうち-よし【木内克】［1892～1977］彫刻家。茨城の生まれ。渡欧してブールデルに師事。デフォルメによる特異な作風で具象派彫刻を代表した。

きのう-てき【帰納的】〔形動〕推論の方法などが帰納によっているさま。

きのう-てき【機能的】〔形動〕機能が有効に発揮されるさま。「―な配置」

きのうてきじききょうめい-だんそうさつえい【機能的磁気共鳴断層撮影】▶エフ-エム-アール-アイ(fMRI)

きのうてき-すいり【帰納的推理】帰納によって結論を導き出す推理。

きのう-の-よ【昨-日の夜】昨夜。また、地方により、時代によっては、一昨夜をさす。「昨夜も、―も、そがあなたの夜も」〈枕・二九二〉

きのうはきょうのものがたり【きのふはけふの物語】江戸初期の咄本。2巻。作者未詳。寛永年間(1624～1644)の成立か。武将や公卿の逸話、男色などの小咄を収める。

きのう-び【機能美】建築・工業製品などで、余分な装飾を排してむだのない形態・構造を追求した結果、自然にあらわれる美しさ。

きのう-ふぜん【機能不全】物事の本来の働きが不完全になること。何らかの不具合があって、全体としてうまく働かないこと。「取締役会が―に陥る」

きのう-ほう【帰納法】帰納的推理による研究法。F=ベーコンが科学的研究法として提唱、のちにJ=S=ミルによって完成された。↔演繹法。

ぎのう-りゅうがく【技能留学】さまざまな専門技術を習得するための留学。

きのう-ろんりがく【帰納論理学】帰納法を取り扱う論理学。与えられた仮説がどの程度確証されているかを明らかにするもの。カルナップによって発展。

き-の-え【▽甲】《「木の兄」の意》十干の1番目。こう。

きのえ-ね【▽甲▽子】干支の1番目。かっし。

きのえね-まち【▽甲▽子待ち】甲子の日の夜、子の刻まで起きていて語り合い、大豆・黒豆・二股大根を供え、大黒天を祭る行事。きのえねまつり。

きのえね-まつり【▽甲▽子祭(り)】「甲子待ち」に同じ。

き-の-か【木の香】材木のかおり。「―の漂う新宅」

き-の-かいおん【紀海音】［1663～1742］江戸中期の浄瑠璃作者。大坂の人。通称、榎並喜右衛門。豊竹座の座付作者として竹本座の近松門左衛門に対抗。作「椀久末松山」「お染久松袂の白しぼり」「八百屋お七」など。

き-の-かしら【木の頭】▶きがしら(木頭)

き-の-かた【気の方】神経衰弱。また、労咳。「借銭を苦にして―煩うて」〈浮・万金丹・一〉

きのかわ【紀の川】きのかは 和歌山県北部、紀ノ川中流域にある市。モモ・イチゴなどの果樹栽培が盛ん。平成17年(2005)11月、打田町・粉河こかわ町・那賀町・桃山町・貴志川町が合併して成立。人口6.6万(2010)。

き-の-かわ【紀ノ川】―かは 奈良県の大台ヶ原山に源を発し、和歌山県北部を西流して紀淡海峡に注ぐ川。長さ136キロ。上流の奈良県内は吉野川とよぶ。

きのかわ-し【紀の川市】きのかは― ▶紀の川

き-の-くすり【気の薬】〘名・形動〙《中世・近世語》気を晴らす種となるもの。おもしろくて心の慰めになること。また、そのさま。➡気の毒「あはは、さてもさても―な坊ぢゃ」〈狂言記・笠の下〉

き-の-くに【紀国】《「木の国」の意》紀伊国きいのくにの古称。➡紀伊

きのくに-ごき【紀国御器┊紀国五器】紀伊国産の朱漆塗りの食器。「羹箸かんばし、塗箸、―、なべぶたまで、さらりと新しくしかへて」〈浮・胸算用・一〉

きのくに-や【紀伊国屋┊紀国屋】㊀▶紀国屋文左衛門きのくにやぶんざえもん ㊁(紀伊国屋)歌舞伎俳優の沢村宗十郎とその系統の俳優たちの屋号。

きのくにや-ぶんざえもん【紀国屋文左衛門】―ブンザエモン[?～1734]江戸中期の豪商。本姓は五十嵐。紀伊の人。世に紀文と称せられる。嵐を冒して江戸にみかんを輸送したり、江戸の大火の際に材木を買い占めたりして巨富を築いたが、晩年は零落したという。

き-の-こ【×茸┊×蕈┊▽菌】《「木の子」の意》菌類のうち、顕著な子実体しじつたいを形成するもの。大部分は担子菌類に、一部は子嚢しのう菌類に属する。ふつう傘状をなし、山野の樹陰や朽ち木などに生じる。食用となるマツタケ・シイタケ・シメジなどと、有毒なテングタケ・ツキヨタケなどがある。くさびら。たけ。**〔季 秋〕**「道かはす人の背籠や―にほふ/秋桜子」

きのこ-がり【×茸狩(り)】山林でキノコを探し取ること。たけがり。**〔季 秋〕**

きのこ-ぐも【×茸雲】核爆発・火山爆発などで生じる、キノコ状の巨大な雲。

きのさき-おんせん【城崎温泉】―ヲンセン 兵庫県北部、豊岡市にある温泉。泉質は塩化物泉。

きのさきにて【城の崎にて】志賀直哉の小説。大正6年(1917)発表。小動物の死を見つめ、人間の生と死の意味を考えた心境小説。

き-の-じ【きの字】からだを「き」の字のような形にして、座ったり寝たりすること。だらしない居ずまいにいう。「元九郎が―なりの寝すがた」〈浮・御前義経記・一〉

き-の-じ【喜の字】《「喜」の字の草書体「㐂」が「七十七」と読めるところから》77歳のこと。➡喜寿きじゅ

きのした-けいすけ【木下恵介】[1912～1998]映画監督。静岡の生まれ。本名、正吉。「花咲く港」で監督デビュー。庶民の生活や情感を温かなまなざしで描いた作品を多く残す。テレビでも情愛あふれたドラマを提供し人気を集めた。代表作は、初の国産カラー作品である「カルメン故郷に帰る」のほか、「二十四の瞳」「野菊の如き君なりき」「喜びも悲しみも幾歳月」など。平成3年(1991)文化功労者。

きのした-じゅんあん【木下順庵】[1621～1698]江戸前期の儒学者。京都の人。名は貞幹さだもと。別号、錦里。松永尺五まつながせきごに学び、加賀藩主に仕え、のち将軍綱吉の侍講となった。門下に新井白石・室鳩巣むろきゅうそう・雨森芳洲あめのもりほうしゅう・祇園南海ぎおんなんかいらがいる。詩文集「錦里文集」など。

きのした-じゅんじ【木下順二】[1914～2006]劇作家。東京の生まれ。東大卒。「彦市ばなし」「夕鶴」などの民話劇と「山脈やまなみ」などのリアリズム演劇で、戦後の演劇界を代表する存在となる。演劇論・評論のほかシェークスピア作品の翻訳も多い。

きのした-たかふみ【木下幸文】[1779～1821]江戸後期の歌人。備中びっちゅうの人。前名、義質よしなお。号、亮々舎さやさやのや・朝三亭。香川景樹に師事し、桂園十哲の一人。随筆「亮々草紙」、歌文集「亮々遺稿」など。

きのした-ちょうしょうし【木下長嘯子】―チヤウセウシ[1569～1649]江戸初期の歌人。豊臣秀吉の妻、北の政所まんどころの甥おい。名は勝俊。小浜城主。関ヶ原の戦いのあと、京都東山に隠棲。細川幽斎に和歌を学び、近世和歌革新の先駆者となった。歌文集「挙白集」「若狭少将勝俊朝臣集」など。

きのした-とうきちろう【木下藤吉郎】―トウキチラウ 豊臣秀吉の前名。

きのした-なおえ【木下尚江】―なほえ[1869～1937]評論家・小説家・社会運動家。長野の生まれ。キリスト教徒となる。普選運動・社会主義啓蒙運動に奔走。また、日露戦争の際には非戦運動を起こす。小説「火の柱」「良人りょうじんの自白」など。

きのした-もくたろう【木下杢太郎】―モクタラウ[1885～1945]詩人・劇作家・医学者。静岡の生まれ。本名、太田正雄。北原白秋らとともに「パンの会」を結成。小説集「唐草表紙」、詩集「食後の唄」、戯曲「南蛮寺門前」「和泉屋染物店」など。

きのした-りげん【木下利玄】[1886～1925]歌人。岡山の生まれ。本名、利玄としはる。佐佐木信綱の門下。「心の花」、ついで「白樺」同人。歌集「銀」「紅玉」「一路」など。

きのじ-の-いわい【喜の字の祝(い)】―いはひ 喜寿の祝い。喜の祝い。

きのじ-や【喜の字屋】江戸吉原の遊郭内の仕出し屋の通称。享保(1716～1736)のころ、小田原屋喜右衛門が始めたことに由来する名という。「雑煮のあんばいよき、―の名も高く」〈洒・遊子方言〉

き-の-つらゆき【紀貫之】[870ころ～945ころ]平安前期の歌人。三十六歌仙の一人。大内記・土佐守とさのかみなどを歴任。紀友則きのとものり・凡河内躬恒おおしこうちのみつね・壬生忠岑みぶのただみねと古今集の撰にあたり、仮名序を書いた。著「土佐日記」、家集「貫之集」など。

き-の-と【▽乙】《「木の弟と」の意》十干の2番目。おつ。

き-の-ときぶみ【紀時文】平安中期の歌人。貫之つらゆきの子。梨壺なしつぼの五人の一人。村上天皇の勅により万葉集の訓釈を行い、また後撰集を撰進。生没年未詳。

き-の-どく【気の毒】〘名・形動〙スル《もと、自分の気持ちにとって毒になることの意で、「気の薬くすり」に対する語》❶他人の不幸や苦痛などに同情して心を痛めること。また、そのさま。「お―に存じます」「―な境遇」❷他人に迷惑をかけて申し訳なく思うこと。また、そのさま。「彼には―なことをした」❸気にかかること。不快に思うこと。また、そのさま。「思ひもつかねえことを言はれると、おいらも腹は立たねえが―だ」〈人・辰巳園・初〉❹困ってしまうこと。きまりが悪いこと。また、そのさま。「親方の手前―のおもはくにて、顔を真赤にしてゐる」〈滑・浮世床・初〉 派生 **きのどくがる**〘動ラ五〙 **きのどくげ**〘形動〙 **きのどくさ**〘名〙
類語 (❶)可哀相かわいそう・哀れ・不憫ふびん・痛痛しい・痛ましい・労いたわしい/(❷)心苦しい・済まない・申し訳ない

きのどく-せん【気の毒銭】《価値が低く、使った相手に気の毒な銭の意》一文銭の寛永通宝のこと。

き-の-とものり【紀友則】平安前期の歌人。三十六歌仙の一人。大内記に至る。紀貫之きのつらゆきらと古今集を撰進。家集「友則集」。生没年未詳。

キノ-ドラマ《和 kino＋drama》実演の一部に映画をとりいれた演劇。連鎖劇。

き-の-ないし【紀内侍】平安中期の歌人。貫之つらゆきの娘。鶯宿梅おうしゅくばいの故事で有名。紅梅の内侍。生没年未詳。

き-の-はし【木の端】木の切れ端。転じて、取るに足りないもの。「ただ―などのやうに思ひたるこそ、いといとほしけれ」〈枕・七〉

き-のばし【気延ばし┊気×暢ばし】気晴らし。「―ニ笛ヲ吹ク」〈和英語林集成〉

き-の-はせお【紀長谷雄】―はせを[845～912]平安前期の漢学者。通称、紀納言。文章博士・大学頭。菅原道真すがわらのみちざねに学び、藤原時平らと「延喜格」の編纂へんさんにあたった。漢詩文集「紀家集」がある。

き-の-へ【▽柵の▽戸】上代、蝦夷えぞに備えて陸奥・出羽・越後に設けた城柵じょうさくに配置した民戸。

き-のぼり【木登り】〘名〙スル ❶木によじ登ること。「―して遊ぶ」❷《高い木の上に首をのせられるところから》獄門にかけられること。さらし首になること。「孫兵衛親子三人をば―と定め」〈浮・沖津白波〉

木登りは木で果てる 木登りのじょうずな者は結局は木で死ぬ。得意の技能を持つ者は、かえってその技能のために身を滅ぼすというたとえ。

きのぼり-うお【木登魚】―うを スズキ目キノボリウオ科の淡水魚。全長約25センチ。体は細長く、わずかに側扁する。体色は淡褐色。えらの一部が変化した器官をもち、空気呼吸ができるので、夜間に水辺に上がり、胸びれやえらぶたのとげで体を支えて地上を移動する。東南アジアの原産で、熱帯魚として飼育される。

きのぼり-カンガルー【木登カンガルー】カンガルー科キノボリカンガルー属の哺乳類の総称。体長50～75センチ、尾長50～90センチ。樹上性で、木の葉を常食とする。オーストラリア北部・ニューギニアの熱帯多雨林に生息。

きのぼり-とかげ【木登蜥=蜴】アガマ科の爬虫はちゅう類。全長約25センチで、尾はその3分の2を占める。樹上性で、環境によって体色を緑色から褐色まで変える。琉球諸島に分布。

キノホルム〖chinoform〗キノリンの誘導体。淡黄褐色の粉末。腸内殺菌・防腐薬として広く用いられたが、スモン病の原因になるとして、日本では昭和45年(1970)使用禁止。キノフォルム。

き-の-まま【着の×儘】普段着などのままで、改めて着替えないこと。「―で出て行きけるが」〈浮・織留・五〉

きのまる-どの【木の丸殿】「きのまろどの」に同じ。「山の中なれば、かの―もかくやと」〈平家・八〉

きのまろ-どの【木の▽丸殿】丸太で造った粗末な殿舎。特に、福岡県朝倉市にあった斉明天皇の行宮あんぐうのこと。黒木の御所。きのまるどの。〔歌枕〕「朝倉や―にわれ居をれば名のりをしつつ行くは誰たが子ぞ」〈新古今・雑中〉

き-の-み【木の実】木になる果実。このみ。

きのみ-あぶら【木の実油】木の実を絞って作る油。特に、椿油つばきあぶらをいう。

きのみ-きのまま【着の身着の×儘】〘連語〙いま着ている着物以外は何も持っていないこと。「―で焼け出される」

きのみち-の-たくみ【木の道の▽工】大工や指物師。こだくみ。「―の、よろづの物を心に任せて作り出だすも」〈源・帚木〉

き-の-みどきょう【季の▽御読経】―みドキヤウ 春秋の2季、陰暦2月と8月に3日ないし4日間、宮中で、大般若経だいはんにゃきょうを衆僧に転読させた儀式。

き-の-め【木の芽】❶樹木の新芽。このめ。**〔季 春〕** ❷サンショウの若芽。類語 芽・冬芽・ひこばえ

きのめ-あえ【木の芽▽和え】―あへ サンショウの若芽をすりつぶしてまぜた白味噌で貝・イカ・ウド・竹の子などをあえた料理。このめあえ。**〔季 春〕**

きのめ-だち【木の芽立ち】春、木の芽が出るころ。

きのめ-づけ【木の芽漬(け)】アケビやサンショウの若芽を塩漬けにしたもの。京都鞍馬の名物であった。このめづけ。**〔季 春〕**

きのめ-でんがく【木の芽田楽】サンショウの若芽をすり込んだ味噌を豆腐に塗って焼いた料理。**〔季 春〕**

きのめ-とうげ【木ノ芽峠】―たうげ 福井県の敦賀市と南越前町の境にある峠。標高628メートル。古来、近畿と北陸を結ぶ交通の要地。

きのめ-やき【木の芽焼(き)】❶サンショウの若芽をたたいてみりん醤油に入れ、焼き魚にかけながら焼いた料理。❷サンショウの若芽をみじん切りにして卵白に入れ、薄塩の焼き魚に塗ってあぶった料理。

き-の-やまい【気の病】―やまひ 過度の精神の疲れなどから起こる病気。きやみ。

き-の-よしもち【紀淑望】[?～919]平安前期の歌人・漢学者。長谷雄はせおの子。大学頭・信濃権守しなののごんのかみ。古今集真名序の作者といわれる。

き-のり【気乗り】〘名〙スル ❶興味がわいて、それをしようという気持ちになること。気が進むこと。「あまり―(が)しない」❷取引所で、景気づくこと。

きのり-うす【気乗り薄】〘名・形動〙❶あまり気が進

まないこと。また、そのさま。「一なようす」❷取引所で、売買に活気がなく不振なこと。

キノリン〖quinoline〗ベンゼン環とピリジン環が縮合した構造の複素環式化合物。特異臭のある無色の液体。コールタールから得られ、また合成もできる。水には不溶。染料の合成原料、分析試薬に利用。

ぎのわん【宜野湾】沖縄県、沖縄本島南西部の市。市域の約35パーセントを米軍基地が占める。田イモを特産。人口9.2万(2010)。

ぎのわん-し【宜野湾市】▶宜野湾

キノン〖quinone〗ベンゼン環の水素2原子を酸素2原子で置換した形の化合物の総称。ベンゼン環が一つのベンゾキノン、二つのナフトキノン、三つのアントラキノンなどで、パラとオルトの異性体がある。濃い色を呈するものが多く、合成染料の原料にする。狭義にはパラベンゾキノンをさす。

き-ば【木場】材木の集積場。貯木場。また、材木市が開かれ、材木商の多い地域。

きば【木場】東京都江東区中部の地名。元禄年間(1688〜1704)江戸幕府の許可で材木市場が開かれて発展。近年、貯木場は南部の新木場に移転した。

き-ば【牙】《「き(牙)は(歯)」の意》哺乳類の歯で特に大きく鋭く発達したもの。犬・トラ・セイウチなどでは犬歯、象・イッカクでは門歯が長大となる。

牙を噛か・む　くやしがったり非常に興奮したりして、歯を強くくいしばる。

牙を研・ぐ　相手を倒そうと準備して待ち構える。爪つめをとぐ。「報復の一・ぐ」

牙を鳴ら・す　❶牙をむき出しにする。敵意をあらわにする。❷くやしがったり怒ったりして歯ぎしりをする。「にっくい奴は直姫と、一・して語らるれば」〈浄・蝉丸〉

牙を剝む・く　❶動物が、攻撃や威嚇のために牙をあらわに出す。❷攻撃の意思をあらわにする。危害を加えようとする。

き-ば【騎馬】馬に乗ること。また、乗っている人。「一警官」(類語)乗馬・騎乗

ぎば　歌舞伎の立ち回りで、投げられたり蹴けられたりしたときに、飛び上がって尻もちをつき、足を開いて前に投げ出す動作。人形浄瑠璃でもいう。(補説)ふつう「ギバ」と書く。

ぎば【耆婆】《梵 Jīvakaの音写》古代インドの名医。釈迦の弟子の一人。多くの仏弟子の病気を治し、父王を殺した阿闍世王あじゃせおうを信仰に入らせた。

き-はい【気配】❶「けはい(気配)❶」に同じ。「何か門に近づく一がする」〈木下尚江・良人の自白〉❷「けはい(気配)❷」に同じ。

き-はい【起拝】神や天皇、または貴人に対して行う座礼の作法の一。右膝から立ち、左足から進め、両足を踏み整えて姿勢を正し、笏しゃくを正し笏頭を目の前にあげ、左膝を伏せ、次いで右膝を伏せて拝礼する。

き-はい【亀背】脊柱の胸椎きょうつい部が後方へ曲がって突き出している状態。

き-はい【×跪拝】〔名〕スル ひざまずいて礼拝すること。拝跪はいき。(類語)礼拝・奉拝・遥拝・再拝・拝礼

き-ばい【木灰】きばい 草木を焼いてつくった灰。肥料・あく抜きなどに用いる。もっかい。

き-ばえ【気▽延へ】きばえ 気だて。気性。「若けれども亀菊は、侍まさりの一といひ」〈浄・会稽山〉

き-ばえ【着映え】着たときに衣服がりっぱに見えること。「一のしない柄」

キバ-かんこく【キバ汗国】▶ヒバハン国

き-はぎ【木×萩】マメ科の落葉低木。山野に自生。葉は3枚の小葉からなる複葉。夏から秋まで蝶形の花を多数つける。花は旗弁が淡黄色、翼弁が紫色。

き-はく【気迫｜気×魄】力強く立ち向かってゆく精神力。「一がこもる」「一に満ちた演技」(類語)気合い・精神・熱

き-はく【希薄｜×稀薄】〔名・形動〕❶液体や気体などの濃度・密度がうすいこと。また、そのさま。「酸素の一な山頂」❷ある要素の乏しいこと。物事に向かう気持ち・意欲などの弱いこと。また、そのさま。「問題意識が一だ」(類語)薄い・薄っぺら・薄め・うっすら・薄手

き-ばく【起爆】〔名〕スル 火薬に爆発反応を起こさせること。「一装置」(類語)爆発・爆裂・炸裂さくれつ・破裂・誘爆

きばく-ざい【起爆剤】❶「起爆薬」に同じ。❷ある事態を引き起こすきっかけとなるもの。「事件勃発の一となった出来事」

きばく-やく【起爆薬】爆破薬などの点火に用いる、わずかな衝撃・摩擦で爆発する爆薬。雷汞らいこう・アジ化鉛など。点火薬。起爆剤。

き-ばこ【木箱】木製の箱。

き-ばさみ【木×鋏】庭木・生け垣などの刈り込みに用いる、柄の長いはさみ。

き-ばしり【木走】スズメ目キバシリ科の鳥。全長14センチくらい。背面は褐色に白斑があり、腹面は白い。キツツキのように尾羽を支えとして樹幹をよじ登り、樹皮下の虫を探す。日本では亜高山帯にすみ、冬はやや低地に移動。

き-はずかし・い【気恥ずかしい】きはずかしい〔形〕図きはづか・し〔シク〕なんとなく恥ずかしい。きまりが悪い。「面と向かって言うのも一・い」(類語)小恥ずかしい・うら恥ずかしい・きまり悪い・恥ずかしい・ばつが悪い・照れ臭い・面映ゆい・こそばゆい・尻こそばゆい

きば-せん【騎馬戦】二、三人が組んで馬の形をつくり、その上に別の一人が乗り、敵味方に分かれて上に乗っている者を落とし合ったりその者の帽子などを取り合ったりする遊戯。

き-はだ【木肌｜木▽膚】木のはだ。樹木の外皮。また、樹木の外皮をはぎ取った表面。(類語)樹皮・木皮・靭皮

き-はだ【黄肌】サバ科の海水魚。熱帯海域の代表的なマグロで、全長約2メートル、体重300キロに達する。第2背びれとしりびれは濃黄色。刺し身などにする。きはだまぐろ。きわだ。

き-はだ【黄×蘗｜黄▽膚】❶ミカン科の落葉高木。樹皮は厚く、内部は黄色。葉は羽状複葉。雌雄異株。夏、黄緑色の小花を円錐状につける。樹皮を漢方で黄柏おうばくといい、苦味があり、健胃薬に用い、また黄色染料に利用。材はつやがあり、家具・細工物に使う。きわだ。おうばく。❷「黄蘗色きはだいろ」の略。

きば-たい【騎馬隊】馬に乗って行動する一団。特に、騎兵隊のこと。

きはだ-いろ【黄×蘗色】キハダの樹皮で染めた明るい黄色。きわだいろ。

きはだ-し【黄×蘗紙】キハダの樹皮の煎汁せんじゅうで染めた黄色の和紙。虫害に強く、古く写経などに使われた。おうばくし。

きはだ-まぐろ【黄肌×鮪】キハダの別名。きわだまぐろ。

き-ばたらき【気働き】その場に応じて、よく気が利くこと。機転。「お仁好じんこうと言うばかりで、一のあるじゃ無し」〈木下尚江・良人の自白〉

き-ばたん【黄×巴旦】オウム科の鳥。全長49センチくらい。白色で冠羽が黄色のオウム。ニューギニア・オーストラリアに分布。人の声をまねる。

き-ばち【▽樹蜂】膜翅まくし目キバチ科のハチの総称。体は細長く、腰はくびれていない。雌は長い針状の産卵管をもち、樹皮に産卵する。その後に産卵管が抜けず、1本足で立っているように見えるので独脚蜂ともいう。幼虫は主に針葉樹の材部を食害。

ぎ-ばち【義蜂】ギギ科の淡水魚。全長約25センチ。体形はギギによく似るが、尾びれ後縁はわずかにくぼむ程度。体色は黄色で暗褐色の斑紋がある。胸びれを動かしてギーギーと音を出す。背びれと胸びれにとげをもち、刺されると痛む。日本特産で、東北・関東・九州に分布。

き-はちじょう【黄八丈】きはちじょう 黄色地に茶・鳶とび色などで縞や格子柄を織り出した絹織物。初め八丈島で織られたのでこの名がある。

き-はちす【木×蓮】❶ムクゲの別名。❷フヨウの別名。

き-はつ【既発】すでに発生したこと。「一の災を救うの慈善」〈福沢・福翁百話〉

き-はつ【揮発】〔名〕スル ❶液体が常温で気体となり発散すること。「ベンジンが一する」❷「揮発油」の略。

き-ばつ【奇抜】〔名・形動〕❶きわめて風変わりで、人の意表をつくこと。また、そのさま。「一なデザインの服」「一な着想」❷ひときわ優れていること。また、そのさま。「そが最も斬新一なる芸術を」〈荷風訳・珊瑚集〉(派生)きばつさ〔名〕(類語)型破り・奇矯・エキセントリック・変・とっぴ・風変わり・奇想天外

きはつ-さい【既発債】これから発行される新発債に対し、発行日を過ぎた債券。特に市場で取引される発行済みの債券。

きはつせい-メモリー【揮発性メモリー】《volatile memory》電源を切ると、記憶内容が消去してしまう半導体メモリー。DRAMなどがある。揮発メモリー。

きはつ-メモリー【揮発メモリー】《volatile memory》▶揮発性メモリー

きはつ-ゆ【揮発油】原油を分別蒸留する際、低沸点で得られる油。ふつう燃料用のものをガソリン、溶剤用のものをベンジンとよぶ。揮発油税法などでは「セ氏15度で比重が0.8017を超えない炭化水素油」と規定している。(類語)油

きはつゆ-ぜい【揮発油税】ガソリンに課せられる国税の一。昭和12年(1937)創設で一時廃止後、同24年に復活。道路特定財源だったが平成21年度(2009)から一般財源化された。地方揮発油税とあわせて「ガソリン税」と通称される。➡道路整備事業財政特別措置法

き-ばな【木花｜▽樹華】樹氷。(季 冬)

き-ばな【木鼻】社寺建築で、頭貫かしらぬき・肘木ひじき・虹梁こうりょうなどの端が柱の外側に突出した部分。握り拳や象・獅子などにかたどった彫刻などが施される。大仏様・禅宗様建築にみられる。

き-ばな【黄花】黄色の花。また、花が黄色の植物。

きばな-うつぎ【黄花▽空木】スイカズラ科の落葉低木。日本特産で、東北・関東地方の山地に自生。葉は長楕円形で、対生する。初夏、ウコンウツギに似た黄色の花が咲くが、花柄はない。実は秋に熟し、二つに裂けて翼のある種子を出す。(季 夏)

きばな-コスモス【黄花コスモス】キク科の多年草または一年草。高さ40〜60センチ。コスモスに似るが、夏、濃い黄色い花を開く。メキシコ原産。

きばな-しゃくなげ【黄花石▽南▽花】ツツジ科の常緑低木。本州中部以北の高山に生える。茎は地をはい、枝は上を向く。葉は長楕円形で、枝先に輪状につく。夏、黄色の漏斗状の花を数個つける。

き-はな・る【来離る】〔動ラ下二〕今までいたところを離れる。「青丹あをによし奈良を一・れ」〈万・四〇〇八〉

きば-のろ【牙×獐】シカ科の哺乳類。体高約50センチ。全体に黄褐色。角はない。上あごの犬歯が大きく、口の外に出ている。朝鮮半島・中国に分布し、川岸のアシの茂みなどにすむ。がしょう。

キバ-ハンこく【キバハン国】▶ヒバハン国

ぎば-へんじゃく【×耆婆×扁×鵲】《扁鵲は古代中国の名医》世にもまれな名医。

きば-みんぞく【騎馬民族】騎馬による機動力を生かして領土を拡大し、また、遊牧・交易などを行って生活した民族。ユーラシア内陸の草原地帯で活躍したスキタイや匈奴きょうどなどがある。

きばみんぞく-せつ【騎馬民族説】4〜5世紀ごろ、アジア北東部の騎馬民族が朝鮮半島から日本に到来して北部九州・畿内を征服し、大和政権を樹立したとする説。昭和23年(1948)江上波夫が提唱。

き-ば・む【黄ばむ】〔動マ五(四)〕黄色みを帯びる。黄色くなる。「木々の葉が一・む」「一・んだ表紙」

き-ばや【気早】〔名・形動〕気の早いこと。また、そのさま。せっかち。「一な人」「もとよりいちじの一からおこりしことゆえ」〈魯文・西洋道中膝栗毛〉(類語)せっかち・性急

き-ばや・い【気早い】〔形〕図きばや・し〔ク〕気が早い。せっかちである。「短気で一・い江戸っ子」

き-ばらい【既払い】きばらい《「きはらい」とも》すでに支払ってあること。支払いずみ。(対)未み払い。

き-ばらし【気晴(ら)し】〔名〕スル 他の物事に心を向けて気分を晴らすこと。気散じ。「一に映画を見る」(類語)憂さ晴らし・気散じ・気慰み・遊び・遊戯・戯なわ

れ・遊すさび・慰み事・娯楽・遊技・ゲーム・プレー・レジャー・レクリエーション

きはら-ひとし【木原均】[1893～1986]遺伝学者。東京の生まれ。京大教授。イネ科植物の細胞遺伝学を研究し、ゲノム分析によって栽培小麦の祖先を解明。種なしスイカの結実にも成功。また、カラコルム探検隊長としても活躍した。文化勲章受章。

き-ば・る【気張る】〔動ラ五(四)〕❶息をつめて力を入れる。いきむ。「―・って荷を持ち上げる」❷気力を奮い起こす。いきごむ。「―・って仕事に取り組む」❸格好をつけて見えをはる。また、気前よく金銭を出す。「―・って高級品を買う」「祝儀を―・る」
(類語)意気込む・勢い込む・ハッスル

き-はん【帰帆】〔名〕スル 港に帰る船。また、船で帰途につくこと。「故国に―する」

き-はん【帰阪】〔名〕スル 大阪に帰ること。

き-はん【規範｜軌範】❶行動や判断の基準となる模範。手本。「社会生活の―」❷《ドイツ Norm》哲学で、判断・評価・行為などの基準となるべき原則。
(類語)道徳・倫理・道義・徳義・人倫・人道・世道・公道・公徳・正義・大義・仁義・徳・道みち・モラル・モラリティー

き-はん【×羈×絆】《牛馬をつなぐ意から》足手まといとなる身辺の物事。きずな。ほだし。「この世の―と濁穢じょくえを脱ぎ捨てる」〈寅彦・藤棚の陰から〉

き-ばん【基板】集積回路などに作り上げるための、回路素子を組み込んだり、プリント配線をしたりした板。プリント基板・シリコン単結晶板などがある。プリント回路板。

き-ばん【基盤】物事を成立させるための基礎となるもの。土台。「生活の―を固める」(類語)基本・根本・大本・基礎・根底・基幹・基部・基底・大根おおね・根幹・中心・基軸・基調・基もと・下地・初歩・いろは・ABC

ぎ-はん【偽版】偽造した版木。また、その印刷物。

ぎ-はん【儀範】従うべき模範。手本。規範。

きはん-いしき【規範意識】《ドイツ Normalbewusstsein》❶ウィンデルバントの用語。相対的な現実の価値判断を超えて、あらゆる評価に対し普遍的・絶対的な価値を規範として妥当させ、かつ担う意識。❷ある対象について価値判断を下す際、その前提になっている価値を価値として認める意識。

きはん-がく【規範学】一定の価値目的(真・善・美など)を実現するための当為・規範を取り扱う学問。論理学・倫理学・美学など。経験科学に対していう。

きはん-せん【機帆船】発動機と帆を備えた小型の木造船。主に内海・近海の貨物輸送に用いた。

きはんてき-せきにんろん【規範的責任論】違法行為をした者の刑事責任の本質を、非難可能性という規範的なものに求める法理論。故意・過失などの心理的要素を重視する立場に対するもの。

きばんてきぼうえいりょく-こうそう【基盤的防衛力構想】キバンテキボウエイリョクコウソウ 昭和51年(1976)の防衛大綱で示された、防衛力整備に関する基本概念。日本が周辺地域の不安定要因とならないように、独立国として必要最小限の防衛力を保有する、という考え方。平成22年(2010)の防衛大綱改定で、同構想に代わって、機動性・即応性を重視した動的防衛力の構築を目指す方針が示された。(補説)基盤的防衛力とは、後方支援体制を含む防衛上必要な機能を備え、平時は十分な警戒態勢をとり、限定的かつ小規模な侵略にも対処することができ、情勢の変化に応じて新たな態勢に円滑に移行し得るよう配慮された防衛力を意味する。

きはん-ぶんぽう【規範文法】ブンポウ 言語のありのままの状態を記述するのではなく、正しい言語表現と考えられる言葉のきまりを述べた文法。学校文法。教科文法。

きはん-ほうそく【規範法則】ハフソク 自然法則に対して、倫理学・法律学などにみられる当為や価値に関する法則。カントの定言的命令がこれにあたる。

きはん-りょく【既判力】確定した判決のもつ効力の一。一旦判決が確定すれば、その後同一の事件が訴訟上問題となっても、当事者はこれに反する主張をなしえず、裁判所もそれに抵触する内容の裁判ができないという拘束力をいう。

き-ひ【忌避】〔名〕スル ❶きらって避けること。「徴兵を―する」❷訴訟事件に関して、裁判官や裁判所書記官に不公正なことをされるおそれのある場合に、当事者の申し立てにより、その者を事件の職務執行から排除すること。また、そのための申し立てをすること。➡回避 ➡除斥 (類語)敬遠・回避・不可避

き-ひ【基肥】「もとごえ」に同じ。

きび【吉備】上代、山陽道にあった国。のち、備前びぜん・備中びっちゅう・備後びんご・美作みまさかの四国となる。現在の岡山県全域と広島県東部。

き-び【気▽味】《「きみ」の音変化。また「び」は「味」の漢音とも》気持ち。心持ち。「―が悪くって居ても起たっても居られませんもの」〈漱石・琴のそら音〉

きび【×黍｜×稷】《「きみ」の音変化》❶イネ科の一年草。高さ約1メートル。葉は幅広の剣状。夏から秋にかけ、茎の頂に多数の花穂をつけ、実ると垂れる。実は2ミリほどの扁球形で、白または黄色。インドの原産で、古くから穀物として栽培。ウルチキビ・モチキビなど多くの品種がある。(季 秋)「一刈て檜笠ひのきの朝日の土間に入る/子規」❷トウモロコシの別名。

き-び【機微】表面だけでは知ることのできない、微妙なおもむきや事情。「人情の―に触れる」

き-び【×羈×縻】〔名〕スル《「羈」は馬の手綱、「縻」は牛の鼻綱の意》つなぎとめること。また、そのもの。束縛。「人心を束縛―せず」〈村田文夫・西洋聞見録〉

き-び【×驥尾】駿馬しゅんめの尾。また、その後ろ。
驥尾に付・す《青蝿が名馬の尾につかまって1日で千里の遠方に行ったという、「史記」伯夷伝の故事から》すぐれた人に従って行けば、何かはなしとげられる。先達を見習って行動することを、へりくだった気持ちでいう言葉。驥尾に付つく。

ぎ-ひ【犠飛】「犠牲フライ」に同じ。

キビウク〖Kiviuq〗土星の第24衛星。2000年に発見。名の由来はイヌイット神話の巨人。非球形で平均直径は約14キロ。キビウック。

きび-がく【▽吉備楽】雅楽を参考にして岡山県に起こった楽舞。明治5年(1872)岸本芳秀の創始したもの。歌謡と箏そうに笙しょう・篳篥ひちりき・笛などを加えて演奏する。黒住・金光両教の式楽。

きびがら-ざいく【×黍殻細工｜×黍×稈細工】トウモロコシなどの茎の芯と皮を材料に、種々の模型を作る手細工。また、その細工品。

き-びき【忌引(き)】近親者の死のため、勤めや学校を休んで喪に服すること。また、そのための休暇。

きび-きび〔副〕スル 人の動作や話し方などが生き生きとして気持ちのよいさま。「―(と)した応対ぶり」
(類語)てきぱき・しゃきしゃき・はきはき

きび-こうげん【吉備高原】カウゲン 中国山地の南側、岡山・広島両県にまたがって広がる台地状の高原。標高200～600メートル。

きび-こくさいだいがく【吉備国際大学】岡山県高梁たかはし市にある私立大学。平成2年(1990)の開設。

きひ-ざい【忌避剤】有害動物の嫌う成分を用い、害虫・害獣などが近寄らないようにする薬剤。

きび・し【厳し】㊀〔形ク〕❶あいているところがなく詰まっている。密である。「歯は白きこと斉ひとしく―・くして」〈西大寺本金光明最勝王経平安初期点〉❷厳格である。容赦がない。「弾正をば霜台といふぞ。―・くはげしう事をただす官ぢゃほどにぞ」〈百丈清規抄・三〉(補説)「きびし」(シク活用)の、古い活用形式。㊁〔形シク〕「きびしい」の文語形。

きびし・い【厳しい｜▽酷しい】〔形〕文きび・し〔シク〕❶厳格で少しのゆるみも許さないさま。厳重である。「―・いしつけを受ける」「―・く取り締まる」「練習が―・い」❷いいかげんな対処が許されないさま。困難が多くて、大変なさま。「生活が―・い」「前途は―・い」❸自然現象などの程度が著しいさま。㋐傾斜が急である。けわしい。「―・い山容」㋑気象条件がなみはずれている。激しい。ひどい。「寒さが―・くなる」「残暑―・い折から」❹物事の状態が緊張・緊迫しているさま。「―・い国際情勢」「表情を―・くして会見する」❺すきまがなく密である。「松―・しく生ひつづき」〈東関紀行〉❻なみはずれているとしてあきれ、また、感心するさま。たいしたことだ。結構だ。「鯛の浜焼に、蛸たこの桜煮、これは―・いお持たせぢゃな」〈伎・五大力〉➡厳し (補説)平安初期にはク活用。(派生)きびしげ〔形動〕きびしさ〔名〕(類語)(❶)きつい・厳格・厳重・厳酷・厳正・冷厳・峻厳しゅんげん・峻烈しゅんれつ・苛酷かこく・酷さ・容赦ようしゃない・仮借かしゃくない・険しい・鋭い・激しい

きび-しょ【▽急▽焼】《「急焼」の唐音から》「急須きゅうす㊀」に同じ。

きびす【×踵】❶かかと。くびす。❷履物の、かかとにあたる部分。「沓くつの―を、刀にて切りたるやうに」〈宇治拾遺・二〉(類語)踵・くびす
踵を返・す あともどりする。引き返す。きびすを回めぐらす。「―・して家に駆け戻る」
踵を接・する 物事が間をおかずに起きる。「―・して事件が続く」

きびす-がえし【×踵返し】ガヘシ 柔道で、相手の足首を片手で刈るようにして後方へ倒す技。

きび-そ【生皮×苧】生糸を繰るときに出る糸くずを集め、乾燥させたもの。絹糸紡績などの原料とする。

きび-だいじん【吉備大臣】吉備真備きびのまきびの通称。

きびだいじんにっとうえことば【吉備大臣入唐絵詞】キビダイジンニッタウヱコトバ 鎌倉初期の絵巻物。もと2巻。上巻のみ現存。中国に渡った吉備真備が、唐の朝廷から出された多くの難問を、阿倍仲麻呂の霊の助けによって解いたという説話を描いたもの。

き-びたき【黄×鶲】ヒタキ科ヒタキ亜科の鳥。全長14センチくらい。雄は頭・背・尾が黒、腹が白、まゆ・胸・腰が目立つ黄色で、朗らかにさえずる。雌は全体に緑褐色。日本では夏鳥として山地の森林で繁殖し、冬は東南アジアに渡る。(季 夏)「―や沢辺に多き薊あざみの座/秋桜子」

きび-だんご【×黍団子｜▽吉備団子】❶キビの粉で作った団子。❷もち米粉・砂糖などを材料に、碁石形に作った餅もち菓子。岡山の名産。

き-ひつ【起筆】〔名〕スル 文章を書きはじめること。筆を起こすこと。⇔擱筆かくひつ。(類語)起稿・起草

ぎ-ひつ【偽筆】他人の書いた文字や絵に似せて書くこと。また、書いたもの。⇔真筆しんぴつ。(類語)偽書

きびづか-こふん【吉備塚古墳】奈良市高畑町、奈良教育大構内にある古墳。直径約25メートルの円墳または前方後円墳。平成16年(2004)2月、6世紀初めのものと見られる三累環頭大刀が出土。

きびつ-じんじゃ【吉備津神社】㊀岡山市吉備津にある神社。主祭神は大吉備津彦命おおきびつひこのみことで、一族の千千速比売命ちちはやひめのみことなど八神を配祀。吉備開拓の祖神。社殿は国宝。鳴釜なるかま神事は有名。吉備津宮。備中国一の宮。㊁広島県福山市にある神社。祭神は大吉備津彦命。備後国一の宮。

きびつ-づくり【▽吉備津造(り)】▶比翼ひよく造り

きび-なご【▽吉備奈▽仔｜×黍▽魚子】ニシン科の海水魚。全長約10センチ。体は細長く、背側は淡青色で、体側に銀白色の縦帯が走る。本州中部以南の沖合にすみ、5、6月ごろに大群で接岸して産卵する。食用。

きび-の-なかやま【吉備の中山】岡山市西部にある吉備津神社の後方の山。(歌枕)「まがねふく一帯にせる細谷河の音のさやけさ」〈古今・神遊びの歌〉

きび-の-まきび【吉備真備】[695～775]奈良時代の政治家・学者。本姓は下道しもつみち氏。吉備の豪族出身。唐に留学、諸学を学ぶ。帰朝後、橘諸兄たちばなのもろえのもとで活躍。藤原仲麻呂に疎まれ筑前守に左遷。その後、再渡唐。仲麻呂没落後、中央に帰り右大臣となる。律令の刪定さんていなどに尽力。吉備大臣と称せられた。

キビバイト〖kibibyte｜KiB〗コンピューターで扱う情報量や記憶容量の単位の一。2^{10}(1024)バイト。KiB。(補説)もとは2^{10}バイトを表す単位はキロバイト(KB)だったが、これが1000ちょうどの10^3バイトも意味するようになったため、前者だけを示す単位としてキビバイトが使われるようになった。

ギビバイト〘gibibyte｜GiB〙コンピューターで扱う情報量や記憶容量の単位の一。2^{30}(10億7374万1824)バイト。GiB。〔補説〕もとは2^{30}バイトを表す単位はギガバイト(GB)だったが、これが10億ちょうどの10^9バイトも意味するようになったため、前者だけを示す単位としてギビバイトが使われるようになった。

きび-もち【×黍餅】モチキビの実を蒸してついた餅。また、キビの実をもち米にまぜてついた餅。

きびゅう-ほう【帰×謬法】キビウハフ ▶背理法はいり

ギピュール-レース《和 guipure(フラ)＋lace》地になる網目がなく、模様と模様とを直接つなぎ合わせたレース。また、粗い目の地に大きな模様のついたレースのこともいう。

きび-よ-い【気▽味▽好い】〔形〕図きびよ-し〔ク〕「きみよい」に同じ。「御神楽おかぐらだけの事はありしも―・し」〈露伴・五重塔〉

き-ひょう【起票】キヘウ〔名〕スル 伝票をおこすこと。新しく伝票を書くこと。

き-ひょう【旗標】キヘウ はたじるし。旗章。

き-びょう【奇病】キビヤウ 珍しい病気。また、原因や治療法のわかっていない病気。

き-びょう【鬼病】キビヤウ 鬼神にとりつかれたかと思われるような奇妙な病気。「忽ちに―に遇ひて死去せし時に」〈万・三六八八・題詞〉

ぎ-ひょう【儀表】ギヘウ 模範。手本。「正直、忠厚、節廉にして、他人の―となれば」〈中村訳・西国立志編〉

ぎ-ひょう【戯評】ギヒヤウ 漫画・戯文で行う社会批評。

き-びょうし【黄表紙】キベウシ《表紙が黄色であったところから》江戸後期の草双紙の一。しゃれと風刺に特色をもち、絵を主として余白に文章をつづった大人向きの絵物語。安永(1772〜1781)から文化(1804〜1818)にわたり流行。二つ折りの半紙5枚で1巻1冊として2、3冊で1部としたが、しだいに長編化して合巻ごうかんに変わった。恋川春町・山東京伝などが代表的な作者。

き-びら【生平】苧麻ちょま・大麻などの繊維で織った麻布で、さらしてないもの。滋賀県彦根市高宮付近で、多く産出した。〔季 夏〕

きびわ きびわ〔形動ナリ〕幼くて、か弱いさま。「いと若く―なるかぎり十二三ばかり」〈堤・貝合〉

きび-わる-い【気▽味悪い】〔形〕図きびわる-し〔ク〕「きみわるい」に同じ。「―・くて触れない」

き-ひん【気品】どことなく感じられる上品で気高い趣。「―のある物腰」「―の感じられる文章」
〔類語〕品・品位・品格・風格・格調・沽券・気位

き-ひん【気×稟】生まれつきもっている気質。

き-ひん【貴賓】身分の高い客。「―席」
〔類語〕賓客・来賓・主賓・国賓・公賓・社賓・ゲスト・客

き-ひん【器品】器具や物品。器物。「今我国内に外国の―を買入るるは」〈福沢・学問のすゝめ〉

き-びん【機敏】〔名・形動〕時に応じてすばやく判断し、行動すること。また、そのさま。「―な動き」「―な処置」〔派生〕きびんさ〔名〕
〔類語〕鋭敏・俊敏・明敏・敏・賢い・鋭い・聡さとい・目聡い・賢さかしい・過敏・敏感・炯眼けいがん・利口・利発・聡明・怜悧・慧敏けいびん・穎悟えいご・英明・賢明・犀利さいり・シャープ

き-ふ【×肌膚】はだ。皮膚。〔類語〕皮膚・皮かわ・肌はだ・はだえ・地肌じはだ・上皮うわかわ・外皮がいひ・表皮ひょうひ・スキン

き-ふ【季父】父母の末の弟。いちばん若い叔父。

き-ふ【帰付】つき従うこと。「身を宗廟そうびょうの氏族に―して」〈平家・七〉

き-ふ【帰府】〔名〕スル ❶役所に帰ること。❷都に帰ること。

き-ふ【寄付｜寄附】〔名〕スル 公共事業や社寺などに、金品を贈ること。「―を募る」「被災者に衣類を―する」「―金」〔類語〕贈る・贈与・寄贈・贈答・恵贈

き-ふ【亀×趺】亀の形をした、碑の台石。

き-ふ【棋布】〔名〕スル 碁石を並べたように点々と散らばっていること。「畑の中に点々と―した民家は」〈寅彦・写生紀行〉

き-ふ【棋譜】碁・将棋の対局での手順の記録。

き-ふ【貴腐】過熟状態になったブドウの実に不完全菌の一種がついて水分が蒸発し、干しぶどうのようになること。上等の白ワインの原料となる。

き-ふ【来▽経】〔動ハ下二〕年月が訪れては過ぎ去る。「はねず色のうつろひ易き心あれば年をそ―・ふる言ことは絶えずて」〈万・三〇七四〉

き-ぶ【基部】土台の部分。ねもとの部分。「柱の―」
〔類語〕基本・根本・大本・基礎・基盤・根底・基幹・基底・大根おおね・根幹・中心・基軸・基調・基もと・土台・下地・初歩・いろは・ABC

ぎ-ふ【×妓夫】▶ぎゅう(妓夫)

ぎふ【岐阜】㊀中部地方西部の県。もとの美濃みの・飛騨ひだの2国にあたる。人口208.1万(2010)。㊁岐阜県南部の市。県庁所在地。提灯ちょうちん・うちわ・和傘などを特産し、既製服製造が盛ん。長良ながら川の鵜飼いは有名。平成18年(2006)1月、柳津町を編入。人口41.3万(2010)。

ぎ-ふ【義父】義理の父。継父、配偶者の父、養父など。〔類語〕養父・まま父・継父・舅・岳父・父

ぎ-ふ【×蟻付】〔名〕スル 蟻ありが甘い物に群がるように、多くのものが寄り集まること。「自ら名利の存する場所に―して」〈田口・日本開化小史〉

ギフ〘GIF〙《graphics interchange format》▶ジフ(インターネット)

ギブ〘give〙与えること。「―アンド-テーク」

ギブアウェイ〘giveaway〙▶ギブアウェー

ギブアウェー〘giveaway〙《「ギブアウェイ」とも》サービス品として渡すもの。おまけ。景品。

ギブ-アップ〘give up〙〔名〕スル あきらめてやめること。降参すること。「力尽きて―する」
〔類語〕参る・恐れ入る・負ける・降参する・兜かぶとを脱ぐ・シャッポを脱ぐ・一本取られる・敗れる・敗北する・敗退する・完敗する・惨敗する・大敗する・惜敗する・やられる・土がつく・一敗地にまみれる・屈する・伏ふくする・屈服する・くじける・膝ひざを屈する

ギブ-アンド-テーク〘give-and-take〙相手に利益を与え、自分も相手から利益を得ること。

きぶ-い〔形〕図きぶ-し〔ク〕《中世・近世上方語》❶厳格である。「―い人でよく清規を行はれたぞ」〈百丈清規抄・四〉❷苛酷で容赦がない。「法が―・ければ」〈史記抄・李斯伝〉❸がまんできないほど、ひどい。「こがらしの寒い寒い風が―・う吹くほどに」〈中興禅林風月集抄〉❹刺激の強い味である。「大人なぶりの骨膾ほねなますちと酢がすぎて―・からう」〈浄・本領曽我〉❺険しい。「坂の―・き事、屏風を立てたるが如し」〈伽・大仏の縁起〉
〔補説〕シク活用の「きびし」と同語源の語であるが、ク活用の例が多い。

ぎふ-いりょうかがくだいがく【岐阜医療科学大学】ギフイレウクワガクダイガク 岐阜県関市にある私立大学。平成18年(2006)に開設された。保健科学部の単科大学。

き-ふう【気風】気性。気だて。特に、ある集団・地域内の人々に共通する気質。「代々伝わる進取の―」
〔類語〕肌・気質・肌合い・家風・精神

き-ふう【棋風】碁の打ち方や将棋の指し方にあらわれる、人それぞれの個性。

ぎふ-うちわ【岐阜団=扇】―うちは 両面に漆うるしを塗った岐阜特産のうちわ。

ぎ-ふうつう【擬風通】ガス糸を用いて風通織に似せた織物。縦・横に色を違えた糸で小紋を織り出す。

き-ふく【帰服｜帰伏】〔名〕スル 心を寄せてつき従うこと。支配下に入ること。服従。帰順。「あっぱれ上人やとて、―し奉る僧俗も」〈菊池寛・頸縊り上人〉〔類語〕屈従・服従・忍従・屈伏・帰順

き-ふく【起伏】〔名〕スル ❶高くなったり低くなったりしていること。「ゆるやかに―する丘」❷盛んになったり衰えたり、さまざまな変化があること。「―に富んだ人生」「感情の―が激しい」
〔類語〕浮き沈み・浮沈・消長・栄枯盛衰・七転び八起き

き-ぶく【忌服】近親者が死亡したとき、一定期間喪に服すること。服忌ぶっき。〔類語〕忌み・喪・服喪・忌み明け

き-ぶくりん【黄覆輪】「金覆輪きんぷくりん」に同じ。

き-ぶくれ【着膨れ｜着×脹れ】〔名〕スル 厚着をしてからだがふくれること。「―ラッシュ」〔季 冬〕「―のおろかなる影曳くを恥づ／万太郎」

き-ぶく-れる【着膨れる｜着×脹れる】〔動ラ下一〕図きぶく-る〔ラ下二〕厚着をして、からだがふくれるほどになる。「―・れるほど着込む」

ぎふ-けいざいだいがく【岐阜経済大学】岐阜県大垣市にある私立大学。昭和42年(1967)経済学部の単科大学として開設。平成6年(1994)に経営学部を設置した。

ぎふ-けん【岐阜県】▶岐阜㊀

ぎふ-けんりつかんごだいがく【岐阜県立看護大学】岐阜県羽島はしま市にある県立大学。平成12年(2000)の開設。同22年、公立大学法人となる。

きふ-こうい【寄付行為】―カウヰ ❶財団法人の設立のために、財産を提供してその運用に必要な根本規則を定める行為。❷財団法人の根本規則のこと。社団法人の定款にあたる。

き-ぶさい【気▽塞い】〔形動〕《「きふさぎ」の音変化。近世語》心のさわりになるさま。気にかかるさま。「両人を片付けさせば、跡に―な者もない」〈浄・先代萩〉➡気ぶっせい〔補説〕形容詞としての使用例もある。「庭の木蔭も気ぶさいと」〈浄・応神天皇〉

き-ふさぎ【気塞ぎ】〔名・形動〕気分がふさいで、晴れ晴れとしないこと。「―な一日を送る」

き-ぶし【木五=倍=子｜木付子】キブシ科の落葉低木。山野に自生。葉は卵形で先がとがる。雌雄異株。春、葉よりも先に、黄色い花を穂状につける。果実はタンニンを含み、五倍子の代用として黒色染料にする。通条花。まめぶし。〔季 花=春〕

ぎふ-し【岐阜市】▶岐阜㊁

きぶし-ねんど【木節粘土】亜炭層の下にある層状の粘土。灰色または暗褐色で、中に炭化した木片を含む。愛知県瀬戸地方などに分布。耐火材・陶磁器の原料。

き-ぶしょう【気無性｜気不精】―ブシヤウ〔名・形動〕気が重くて、ものういこと。また、そのさま。「―に成りて、次第に顔の色の青きを」〈一葉・われから〉

ぎふ-じょう【岐阜城】―ジヤウ 岐阜市の金華山にあった織田氏の山城。永禄10年(1567)、斎藤道三さいとうどうさんの居城、稲葉山城を織田信長が攻略して岐阜城と改称。関ヶ原の戦いののち、廃城。金華山城。

ぎふ-しょうとくがくえんだいがく【岐阜聖徳学園大学】―シヤウトクガクヱンダイガク 岐阜市にある私立大学。昭和47年(1972)に、聖徳学園岐阜教育大学の名称で開学。平成10年(1998)に現校名に改称した。

ぎふ-じょしだいがく【岐阜女子大学】―ヂヨシ― 岐阜市にある私立大学。昭和43年(1968)家政学部の単科大学として開設。平成17年(2005)に文化創造学部を設置した。

き-ふじん【貴夫人】高貴な身分の夫人。

き-ふじん【貴婦人】高貴な身分の婦人。
〔類語〕レディー・淑女

ギプス〘ドイツ Gips〙▶ギプス

ギプス〘ドイツ Gips〙《なまって「ギブス」とも》❶石膏せっこう。焼き石膏。❷「ギプス包帯」の略。

ギプスコルセット〘ドイツ Gipskorsett〙ギプスで原型を取り、革・プラスチック・金属などを用いて成形した鎧よろい状のもの。カリエスなどの治療に用いる。

ギプスベット〘ドイツ Gipsbett〙脊椎疾患で安静や矯正が必要なとき、患者の寝た姿勢に合わせ石膏で形を作った寝床。

ギプス-ほうたい【ギプス包帯】―ハウタイ 骨折、関節の病気などの際、患部固定のために用いる、包帯を石膏で固めたもの。

ギブソン-ミックス〘Gibson mix〙コンピューターの処理能力を定量的に計測するための手法の一種。主に科学技術計算の分野で利用される。命令ミックスの一。

き-ふだ【木札】木製の札。

ぎふ-だいがく【岐阜大学】岐阜市にある国立大学法人。岐阜農林専門学校・岐阜師範学校・岐阜青年師範学校を統合して、昭和24年(1949)新制大学として発足。同27年岐阜県立大学工学部を、同

39年岐阜県立医科大学を合併。平成16年(2004)国立大学法人となる。
キプチャク-ハンこく【キプチャクハン国】《Kipchak》モンゴル帝国の四ハン国の一。1243年、チンギス=ハンの孫バトゥ(抜都)がキルギス草原にロシアのキプチャク草原を加えて建国。都はボルガ河畔のサライ。14世紀前半に最も繁栄したが、のちチムールに圧迫されて衰退し、1502年に滅んだ。補説「欽察汗国」「金帳汗国」とも書いた。
ぎふ-ちょう【岐阜×蝶】テフ アゲハチョウ科のチョウ。翅(はね)の開張5～6センチ。翅は淡黄色の地に黒色の太い縞模様が並ぶ。後ろ翅には赤・橙・青色の斑紋がある。早春に出現し、飛び方は弱々しい。幼虫の食草はカンアオイ。本州のみに分布。季春
ぎふ-ぢょうちん【岐阜▽提▽灯】ヂヤウチン 岐阜特産の提灯。細骨に薄紙をはり、種々の模様を描く。納涼用に軒先などにつるす。季夏
き-ぶつ【木仏】❶木彫りの仏像。きぼとけ。❷感情の冷ややかな、情愛のうすい人。木石漢。
木仏金仏(かなぶつ)石仏(いしぼとけ) 人情や風流を解しない人、また、融通のきかない人のたとえ。
き-ぶつ【奇物】❶珍しい品。不思議な物。❷奇人。
き-ぶつ【器物】うつわ。また、器具・道具類の総称。
キブツ〖kibbutz〗《ヘブライ語のqibus(集団の意)から》イスラエル国の農業共同体。私有制を否定し、運営・生産・教育などを共同で行う。
ぎ-ぶつ【偽物】にせもの。偽造品。贋物(がんぶつ)。
類語偽・えせ・まがい物・まがい・もどき・まやかし
ぎ-ぶつ【擬物】物になぞらえること。
き-ぶっせい【気ぶっせい】〘形動〙《「きぶさ(気塞)い」の音変化》気づまりなさま。「差向いになると多少―には違いなかったけれども」〈漱石・行人〉
きぶつそんかい-ざい【器物損壊罪】キブツソンクワイ― ▶器物損壊等罪
きぶつそんかいとう-ざい【器物損壊等罪】キブツソンクワイトウ― 他人の所有物を損壊するなどして、その価値を減少・滅失させる罪。刑法第261条が禁じ、3年以下の懲役または30万円以下の罰金、もしくは科料に処せられる。過失犯も罰せられる。親告罪の一つ。器物損壊罪。器物破損罪。補説本罪のいう器物には、飼い犬などのペットも含まれる。電磁的記録、公用・私用文書、建造物、船舶などは含まれない。➡公用文書等毀棄罪 ➡私用文書等毀棄罪 ➡建造物等損壊及び同致死傷罪
きぶつはそん-ざい【器物破損罪】▶器物損壊等罪
ぎぶつ-ほう【擬物法】―ハフ 修辞法の一。人間を物になぞらえて表現する方法。「一座の看板」「生き字引き」など。
ギフト〖gift〗贈り物。進物。「―券」「―コーナー」
類語贈り物・プレゼント・進物・付け届け
き-ふどう【黄不動】仏画。滋賀県大津市の園城寺(おんじょうじ)にある不動明王画像の通称。平安初期の作。全身が黄色で彩色されているのでこの名がある。赤不動・青不動とともに三不動の一。
ギフト-カード《和 gift+card》❶贈答用商品券。ギフト券。❷贈り物に添える簡単なあいさつの手紙。
補説英語では❶はgift certificate
ギフト-ショップ〖gift shop〗❶贈り物用の品を扱う店。❷外国人向けのみやげ物店。スーベニアショップ。
ギフト-ほう【ギフト法】―ハフ《ギフトはGIFT。Gamete Intra-Fallopian-tube Transfer(配偶子卵管内移植)の略》不妊症治療法の一。受精する前の精子と卵巣から採った卵子をいっしょにして卵管に戻す方法。卵管が通じている必要があるが、成功率は高い。
き-ぶとり【着太り】〘名〙スル ❶厚着して、太って見えること。着ぶくれ。❷衣服を着ると、実際より太って見えること。「―するたち」⇔着痩(や)せ。
キフヌ-とう【キフヌ島】―タウ《Kihnu》エストニア西部、バルト海のリガ湾に浮かぶ島。エストニアの伝統的な歌や踊り・民俗衣装・結婚式などの生活文化が色濃く残っており、2003年に「キフヌ島の文化空間」の名でユネスコの無形文化遺産に登録。キーヌ島。
きぶね【貴船】京都市左京区鞍馬の地名。
きぶね-がわ【貴船川】―がは 京都市左京区の貴船神社付近を流れ、鞍馬川に合流する川。歌枕
きぶね-ぎく【貴船菊】シュウメイギクの別名。貴船山に多い。季秋「菊の香や垣の裾にも―/秋桜子」
きぶね-じんじゃ【貴船神社】京都市左京区にある神社。祭神は闇龗神(くらおかみのかみ)、高龗神(たかおかみのかみ)。古くから祈雨・止雨の神として信仰を集めた。
きぶね-まつり【貴船祭】6月1日に行われる京都貴船神社の祭礼。もと陰暦4月と11月の1日に行われ、4月の祭礼では付近に生える虎杖(いたどり)を採って、大きさや量を競い、虎杖祭とよばれた。貴船神事。季夏
きぶね-やま【貴船山】京都市左京区の山。標高700メートル。東麓に貴船神社があり、東の鞍馬山と対する。
ギプノペジヤ〖ロシア gipnopediya〗旧ソ連で開発された、睡眠時を利用する学習法。各種の情報の記憶、特に外国語学習に効果があるといわれる。
きふ-ほう【記譜法】―ハフ 音楽を図表・文字・記号などを用いて書き表す方法。現在では五線記譜法が広く用いられている。
ぎふ-やっかだいがく【岐阜薬科大学】ギフヤククワ― 岐阜市にある市立大学。昭和6年(1931)設立の岐阜薬学専門学校を母体に、同24年新制大学として発足。
き-ぶり【木振り】木の幹や枝の格好。「―がいい」
キプリング〖Kipling〗▶キップリング
き-ふるし【着古し】長い間着て古くなること。また、その衣服。「父の―のコート」類語古着・お古
き-ふる・す【着古す】〘動サ五(四)〙衣服を長い間着て古くする。「―・した背広」
キプロス〖ギリシャ Kypros〗《糸杉の意》地中海東部、キプロス島を占める共和国。首都ニコシア。1571年オスマン帝国領、1925年英国の植民地となり、ギリシャへの帰属の動きも出るなか、60年独立。住民の8割を占めるギリシャ系住民とトルコ系住民とが対立。64年からPKF(国連平和維持軍)が駐留。74年トルコ軍が北部に進駐して南北に分断される。83年北部が独立を宣言し「北キプロス・トルコ共和国」を名のるが国連未承認。南部のキプロス共和国は2004年EU(欧州連合)に加盟。2008年1月からユーロを導入。人口110万(2010)。サイプラス。クブルス。南キプロス。
キプロス-とう【キプロス島】―タウ 地中海東端、トルコ南方にある島。シチリア島、サルデーニャ島に次ぐ地中海第3の大島で、全域をキプロス共和国が占める。
キブロン〖Quiberon〗フランス西部、ブルターニュ地方の港町。かつてイワシ漁が盛んだったが、現在は夏季の観光保養地として知られる。ブルターニュ半島南沖のベリールアンメール島への玄関口。キベロン。
きふ-ワイン【貴腐ワイン】貴腐ブドウを原料とする高級白ワイン。高い糖度と濃厚な香りをもつ。ハンガリーのトカイ、フランスのソーテルヌなどで造られるものが有名。補説貴腐ブドウとは、不完全菌類(カビ)の一種ボトリチスシネレアがブドウの果皮につき、水分が蒸発して糖分などが凝縮されたものをいう。
き-ぶん【気分】❶快・不快など、ある期間持続する、やや漠然(ばくぜん)とした心身の状態。㋐ある状況によってもたらされる、その時の心持ち。「仕事をする―になれない」「今日は―がのらない」「―を新たにする」㋑からだの状態によって生じる気持ち。「船酔いで―が悪くなる」「―がすぐれない」❷その場の雰囲気(ふんいき)。趣。「音楽が会場の―を盛り上げる」「正月―が抜けない」「お祭り―」❸気質。気性。「さっぱりした―の人」➡気持ち用法
類語(❶)気持ち・心地・心持ち・気(き)・気色(きしょく)・機嫌・感情・心境・情(じょう)・情感・心情・情緒(じょうちょ)・情緒(じょうしょ)・情調・情操・情念・情動・喜怒哀楽・感じ・エモーション/(❷)雰囲気・趣・感じ・情緒・情調・ムード・空気・風情・気韻・風韻・幽玄
き-ぶん【奇聞】珍しいうわさ。変わった話。
類語奇談・異聞・奇話・逸聞
き-ぶん【紀文】紀国屋文左衛門(きのくにやぶんざえもん)の通称。
き-ぶん【記文】記録した文。記事文。「論文といい―といい…工風を要する事にて」〈逍遥・小説神髄〉
き-ぶん【記聞｜紀聞】聞いた事を書くこと。また、その記録。聞き書き。「西洋―」
き-ぶん【機分】❶生まれつきの性質や才能。気質。器量。「その子、獅子の―あれば」〈太平記・一六〉❷時のいきおい。機運。「末世の―」〈太平記・二七〉
ぎ-ふん【義憤】道義に外れたこと、不公正なことに対するいきどおり。「金権政治に―を覚える」
類語怒り・腹立ち・憤り・怒気・瞋恚(しんい)・憤怒(ふんぬ)・憤怒(ふんど)・憤懣(ふんまん)・鬱憤(うっぷん)・痛憤・悲憤・憤激・憤慨(ふんがい)・立腹・激怒・癇癪(かんしゃく)・逆鱗(げきりん)
ぎ-ぶん【戯文】❶たわむれに書いた文章。また、こっけいな味わいの文章。❷中国の南宋および元の時代に温州・杭州を中心に発達した戯曲雑劇。音楽と科白(せりふ)からなる。「琵琶記」「還魂記」など。南戯。
ぎ-ぶんしょ【偽文書】偽造・変造した文書。また、虚偽の記載をした文書。
きぶん-しょうがい【気分障害】―シヤウガイ 躁病・鬱病(うつびょう)・躁鬱病(そううつびょう)など、気分の変調が持続することによって、苦痛を感じ、日常生活に支障が生じる精神疾患の総称。
き-へい【奇兵】敵の不意を討つ軍隊。⇔正兵(せいへい)。
き-へい【喜平】ネックレスやブレスレットに用いる鎖のつなぎ方の一種。鎖の環をつないでひねって押しつぶしたもの。つぶした面が並んで見えるようにしたチェーンの基本的なデザイン。カーブチェーン。「―のネックレス」
き-へい【旗兵】中国、清朝の八旗の兵。
き-へい【×麾兵】将軍・指揮官の直属の兵。麾下(きか)。
き-へい【騎兵】❶騎馬の兵。❷陸軍で、騎馬による戦闘のほか、その機動力を活用して連絡・偵察などを行う兵。また、その兵科。
き-べい【器▽皿】うつわ。皿や小鉢。
ぎ-へい【義兵】正義のために起こす兵。「―を挙げる」
ぎへい-うんどう【義兵運動】日清戦争後から韓国併合前後までの朝鮮民衆による反日武装闘争。とりわけ1907年の日本の統監府による韓国軍隊解散をきっかけに運動は全国的規模で激化。日本は大規模な部隊を送り鎮圧にあたった。
きへい-たい【奇兵隊】文久3年(1863)長州藩の高杉晋作らがつくった軍隊。武士・庶民を問わず参加を認めた。長州征伐・戊辰(ぼしん)戦争に活躍したが、明治2年(1869)藩の兵制改革のために解散。
きへい-たい【騎兵隊】騎兵の部隊。騎馬隊。
きへい-たいしょうぐん【騎兵大将軍】―タイシヤウグン 古代、天皇の外出や外国使節の来朝のとき、警備にあたった騎兵の指揮官。
きへい-ぶぎょう【騎兵奉行】―ブギヤウ 江戸幕府の職名。老中の下にあって騎兵隊を統率した。文久年間(1861～1864)に設置。
き-へき【奇癖｜奇×僻】奇妙なくせ。珍しいくせ。
類語習癖・持病・悪癖
き-べつ【記別】仏語。仏が、弟子たちの来世の悟りの内容を予言すること。仏となることの予言。
き-べつ【亀×鼈】カメとスッポン。カメの類。
きへな・る【来▽隔る】〘動ラ四〙来て隔たりができる。一説に、障害となって間が隔たる意とも。「あしひきの山―・りて玉桙(たまほこ)の道の遠けば」〈万・三九六九〉
きべ-は【木辺派】浄土真宗十派の一。滋賀県野洲(やす)市木部(きべ)の錦織寺(きんしょくじ)を本山とする。錦織寺派。
き-べら【木×篦】木を削って作ったへら。
ギベリン〖Ghibelline〗中世末期のイタリア諸都市で、神聖ローマ帝国皇帝を支持してゲルフ(教皇派)と争った党派。皇帝派。皇帝党。
ギベルティ〖Lorenzo Ghiberti〗[1378～1455]イタリアの彫刻家。フィレンツェのサンタ-マリア-デル-フィオーレ大聖堂の洗礼堂を飾る青銅扉の作者として有名。著に「覚え書」がある。
ギベレリン〖gibberellin〗▶ジベレリン
キベロン〖Quiberon〗▶キブロン
き-へん【木偏】漢字の偏の一。「松」「梅」などの「木」の称。

き-へん【机辺】机のあたり。「—の友とする書」
き-へん【ᵛ欺ˣ騙】〔名〕ｽﾙ あざむきだますこと。欺瞞ぎまん。「狡猾こうかつ能よく人を—し」〈織田訳・花柳春話〉
き-へん【機変】❶時機に応じ変化すること。「世の事変は活物にて容易に其—を前知す可らず」〈福沢・学問のすゝめ〉❷機略。策略。「正直一偏で少しも—を用うることが御座いません」〈鉄腸・花間鶯〉
き-へん【貴辺】〔代〕二人称の人代名詞。相手を敬って呼ぶ語。貴殿。御辺ごへん。「主上を始め丸まろも—も父ならずや」〈浄・用明天王〉
き-べん【ˣ詭弁┆ˣ詭ˣ辯】❶道理に合わないことを強引に正当化しようとする弁論。こじつけ。「—を弄ろうする」❷《sophism》論理学で、外見・形式をもっともらしく見せかけた虚偽の論法。(補説)❶は「奇弁」、❷は「危弁」とも書く。また、「弁が立つ」との混同で、「詭弁が立つ」とするのは誤り。
(類語)理屈・屁理屈・小理屈・こじつけ・空理・空論・講釈・御託ごたく
き-べん【旗弁┆旗ˣ瓣】蝶形花ちょうけいかで、上方にある1枚の花びら。旗を立てたような形なのでいう。
ぎ-べん【擬ˣ娩】▶クーバード
きべん-がくは【ˣ詭弁学派】▶ソフィスト
き-ぼ【鬼簿】「過去帳かこちょう」に同じ。
き-ぼ【規模】❶物事の構造・内容・仕組みなどの大きさ。「雄大な—の構想」「地球—の環境汚染」❷手本。模範。「国家の御宝、末代の—なり」〈盛衰記・二六〉❸要かなめ。眼目。「松が咲きけりといふ言葉、この松が崎の能に—なれば」〈申楽談儀〉❹名誉。面目。「氏族の—とする職なれば」〈太平記・一〇〉❺甲斐かい。ききめ。成果。「勘当を赦ゆるされねば、伝授しても—がない」〈浄・手習鑑〉❻報い。代償。「その代はり、十分ずいぶんお骨折りの—はしやす」〈人・梅美婦禰〉❼根拠。証拠。「大名の家に宝なくて家督の継ぎ目は何を以て—とする」〈浄・苅萱桑門〉(類語)スケール
ぎ-ぼ【義母】義理の母。継母けいぼ、配偶者の母、養母など。(類語)養母・まま母・継母・姑・母
き-ほう【危邦】ｷﾞﾊﾞｳ 政治が乱れて滅びそうな国。
き-ほう【危峰】高くけわしい峰。
き-ほう【気泡】ｷﾊﾞｳ 液体・固体の内部や表面にできる、気体を含んで丸くなったもの。泡あわ。
き-ほう【気胞】ｷﾊﾞｳ ❶魚の浮き袋。❷▶肺胞はいほう
き-ほう【気砲】ｷﾊﾞｳ 文政年間(1818〜1830)に国友藤兵衛が製作した空気銃。ポンプで空気を圧縮貯蔵し、弾丸を連続して発射することができた。
き-ほう【奇峰】珍しい形の峰。(類語)高峰・高嶺・峻嶺
き-ほう【既報】すでに報告・報道をしたこと。また、その報告や報道。「本紙—のとおり」
き-ほう【鬼方】ｷﾊﾞｳ 鬼門とされる方角。
き-ほう【貴方】ｷﾊﾞｳ ━〔名〕相手を敬って、その住所・住居をいう語。━〔代〕二人称の人代名詞。男性が同等の相手を敬っていう語。現在では、多く文書などで用いられる。貴君。
き-ほう【貴邦】ｷﾊﾞｳ 相手を敬って、その国をいう語。貴国。
き-ほう【貴報】相手を敬って、その手紙・報告などをいう語。
き-ほう【機法】ｷﾎﾌ《「機」は機根、「法」は教法》浄土真宗で、信心と阿弥陀仏の救い。「—一体」
き-ほう【機ˣ鋒】ほこ先。きっさき。また、鋭い勢い・攻撃。「—をかわす」
きぼうｷﾎﾞｳ 国際宇宙ステーション(ISS)の一部を構成する日本の実験棟。昭和60年(1985)5月からNASDA(宇宙開発事業団)を中心に開発が進められ、平成20年(2008)3月からJAXAジャクサ(宇宙航空研究開発機構)が建設を開始。米国のスペースシャトルで3回に分けてISSへ運搬されて組み立てられ、同21年7月に完成。宇宙特有の環境を利用して、天体や地球の観測、および生命科学や物質科学などの実験・研究を行う。JEM(Japanese Experiment Module)。(補説)最大4名の宇宙飛行士が長期間滞在できる有人施設で、二つの実験スペース(船内実験室・船外実験プラットフォーム)、二つの保管スペース(船内保管室・船外パレット)、およびロボットアーム、衛星間通信システムの六つの部分で構成されている。船内実験室は地上とほぼ同じ空気組成で1気圧に保たれ、普段着で活動できる。船外実験プラットフォームでは、船内からロボットアームを操作して、微小重力・高真空などの宇宙環境下でさまざまな観測や実験を行う。
き-ぼう【企望】ｷﾊﾞｳ〔名〕ｽﾙ くわだててその達成を望むこと。「此にても旧来の民政を—する者あれば、忽ち之を厳刑に処し」〈竜渓・経国美談〉
き-ぼう【危亡】ｷﾊﾞｳ 国や身が滅びようとすること。危機。「屢屢しばしば—に瀕したりしに」〈竜渓・経国美談〉
き-ぼう【希望┆ˣ冀望】ｷﾊﾞｳ〔名〕ｽﾙ ❶あることの実現をのぞみ願うこと。また、その願い。「みんなの—を入れる」「入社を—する」❷将来に対する期待。また、明るい見通し。「—に燃える」「—を見失う」❸文法で、❶の意を表す言い方。動詞に、文語では助動詞「たし」「まほし」、口語では助動詞「たい」などを付けて言い表す。◆有人宇宙施設「きぼう」は別項。
(類語)(❶)望み・願望・志望・素志・念願・希求・庶幾・切望・切願・熱望・熱願（人に何かを望むこと）要望・所望しょもう（—する）望む・欲する・希こいねがう・求める・念ずる/(❷)望み・光明こうみょう・曙光しょこう・光・ホープ
き-ぼう【奇謀】普通では思いつかないような計略。奇抜な計略。
き-ぼう【祈望】ｷﾊﾞｳ〔名〕ｽﾙ 祈り願うこと。強く願望すること。「同君再び来会の時あるを—するは」〈森有礼・明六雑誌三〇〉
き-ぼう【既望】ｷﾊﾞｳ《既すでに満月を過ぎた意》陰暦16日の夜。また、その夜の月。いざよい。(季 秋)
き-ぼう【飢乏】ｷﾎﾞﾌ 食物が足りなくて飢えること。
き-ぼう【鬼謀】人が思いも及ばないような、すぐれたはかりごと。「神算—」
き-ぼう【幾望】ｷﾊﾞｳ《幾ほとんど満月に近い意》陰暦14日の夜。また、その夜の月。
き-ぼう【期望】ｷﾊﾞｳ〔名〕ｽﾙ 期待し望むこと。「将来の平和を—す」〈竜渓・経国美談〉
き-ぼう【ᵛ欺ˣ罔】ｷﾊﾞｳ ▶きもう(欺罔)❶
き-ぼう【毀ˣ謗】ｷﾊﾞｳ〔名〕ｽﾙ そしること。非難すること。誹謗ひぼう。
き-ぼう【ˣ詭謀】だまして、人をおとしいれようとする計略。詭計。「自然が人間に繁殖をはからせる—である」〈鷗外・キタ・セクスアリス〉
き-ぼう【ˣ匱乏】ｷﾎﾞﾌ〔名〕ｽﾙ 物が不足していること。「士卒の衣糧—して」〈中村訳・西国立志編〉
ぎ-ほう【技法】ｷﾞﾊﾌ 芸術などで、技術上の方法。手法。「伝統的な—によった作品」(類語)画法・描法・技術
ぎ-ほう【儀法】ｷﾞﾊﾌ きまり。おきて。
ぎ-ほう【ˣ蟻封】「蟻塚ありづか」に同じ。
きほう-ガラス【気泡ガラス】ｷﾊﾞｳ ▶泡あわガラス
きほう-かんしょうざい【気泡緩衝材】ｷﾊﾞｳｸﾜﾝｼﾖｳｻﾞｲ ポリエチレンの膜の間に多くの気泡を作った包装材。空気の層で梱包した品物を衝撃から守る。気泡の大きさには大小ある。
きほうかん-すいじゅんき【気泡管水準器】ｷﾊﾞｳｸﾜﾝ 測量器具の一。ガラス管に気泡を残すようにエーテルやアルコールを満たして、台に取り付けた水準器。台が水平になると気泡が目盛りの中心にくる。
きほう-きょう【ˣ夔ˣ鳳鏡】ｷﾎｳｷﾔｳ 中国・日本の古代の銅鏡・鉄鏡の一。向かい合う2羽の鳥をかたどって配した文様がある。後漢から六朝りくちょう時代に用いられ、日本でも前期の古墳から少数が出土。
きぼう-こうりかかく【希望小売価格】ｷﾊﾞｳｾｳ ある商品について、製造業者などが希望する小売価格。
きほう-ざい【起泡剤】ｷﾊﾞｳ ❶液体に溶けて、泡を生じやすく、できた泡を安定に保つ物質。石鹸せっけん・卵白・ゼラチンなど。❷加熱などによって気体を発生し、泡を生じる物質。炭酸水素ナトリウム・ベーキングパウダーなど。
ぎ-ぼうし【擬宝ᵛ珠】《「ぎぼうしゅ」の音変化》❶「ぎぼし(擬宝珠)❶」に同じ。❷ユリ科ギボウシ属の多年草の総称。山地に生え、葉は根際から群がり出る。夏、花茎の上部に紫色または白色の漏斗状の花を総状につける。日本から中国にかけて分布。オオバギボウシ・コバノギボウシなどがあり、園芸品種は多い。ぎぼし。(季 夏)
ぎ-ぼうしゅ【擬宝珠】▶ぎぼし(擬宝珠)❶
きほう-しょうかき【気泡消火器】ｷﾊﾞｳｾｳｸﾜｷ 化学的に反応させて生じた炭酸ガスの泡を吹きつけて火を消す方式の消火器。
きぼう-たいしょく【希望退職】ｷﾊﾞｳ〔名〕ｽﾙ 自ら望んで退職すること。また、会社の退職者募集に応じてやめること。
きぼう-てき【希望的】ｷﾊﾞｳ〔形動〕そうあってほしいと希望をかけるさま。「多分に—な予測」
きぼうてき-かんそく【希望的観測】ｷﾊﾞｳﾃｷｸﾜﾝｿｸ 事のなりゆきを、希望を交えて都合のよいようにおしはかること。
きほう-びょう【気泡病】ｷﾊﾞｳﾋﾞﾔｳ 水中の窒素が過剰なために、魚の体内に気泡が生じる病気。
きほう-ぶろ【気泡風呂】ｷﾊﾞｳ ▶バブルバス❷
きぼう-ほう【喜望峰】ｷﾊﾞｳ《Cape of Good Hope》南アフリカ、ケープ半島南端にある岬。1488年ポルトガルのバーソロミュー＝ディアスが発見、嵐の岬と命名したが、のち喜望峰と改称。97年バスコ＝ダ＝ガマが初めてここを回って、インドに達した。名は、ポルトガルのエンリケ王子がインドへの航路発見を念じて名づけたとも、航路発見を記念してポルトガル王ジョアン2世が命名したともいう。
きほう-もん【ˣ夔ˣ鳳文】中国、殷いん・周時代の青銅器などにみられる空想の鳥の文様。曲がった嘴くちばし、大きなとさか、鷲わしのようなけづめをもつ。
ぎほう-れき【儀ˣ鳳暦】太陰太陽暦の一。中国で唐代に李淳風りじゅんぷうが作った麟徳りんとく暦の日本での呼び名。高宗の儀鳳2年(677)日本に伝わり、文武天皇元年(697)から天平宝字7年(763)まで使用。
きぼ-かさん【規模加算】耕作地を広げる農家に対して、戸別所得補償制度の支給額を上乗せする優遇措置。平成23年度(2011)から導入。農家の経営基盤強化を促進するのが狙い。
き-ぼく【ˣ卉木】草と木。草木。「山野の—」
き-ぼく【亀ˣ卜】亀の甲を焼き、そのひび割れの入り方で吉凶を占うト占術。中国では竜山文化時代から殷いん時代にかけて盛行。日本には奈良時代に伝来し、ト部うらべが担当した。かめうら。
ぎ-ぼく【義僕】忠実な下男。忠僕。
ぎ-ぼし【擬ᵛ宝ˣ珠】《「ぎぼうしゅ」の音変化》❶欄干などの柱の上端につける宝珠形の装飾。青銅製が多い。宝珠頭ほうじゅがしら。ぎぼうし。ぎぼうしゅ。❷ネギの花。ねぎぼうず。❸「ぎぼうし(擬宝珠)❷」に同じ。
ぎぼし-こうらん【擬ᵛ宝ᵛ珠高欄】ｶｳﾗﾝ 柱に擬宝珠をつけてある欄干。
きぼし-まるとびむし【黄星丸跳虫】マルトビムシ科の昆虫。体長約1.5ミリ。体は球形で、翅はねはない。背面は暗紫色に橙黄色の斑点が散在。ウリ・菜類の芽や幼根を食害する。じのみ。
ぎぼし-むし【擬ᵛ宝ˣ珠虫】腸鰓ちょうさい類の半索動物の総称。浅海などの砂泥地に潜ってすむ。体は細長いひも状で柔軟、前端に擬宝珠形の吻ふんをもつ。ヨードホルムのようなにおいを出す。
き-ぼとけ【木仏】木彫りの仏像。きぶつ。
き-ぼね【気骨】心づかい。気苦労。心配。
気骨が折・れる　あれこれ気を使って精神的に疲れる。気疲れする。「新人の教育は何かと—・れる」(補説)「気骨」を「きこつ」と読むと、「信念を守りぬく強い意気」の意となる。したがって、「きこつがおれる」と読むのは誤り。
きぼ-の-メリット【規模のメリット】▶スケールメリット
きぼべつ-かぶかしすう【規模別株価指数】東証一部上場株式を、時価総額と流動性(売買の活発さ)の観点で、大型株(上位100銘柄)、中型株(101位〜500位)、小型株(501位〜)の各グループに分け、それぞれの値動きを指数化した指標。昭和43年(1968)1月4日の各時価総額を100とする。全銘柄対象のTOPIX等と比較することで、市場動向を細かく把握できる。

き-ほよう【気保養】《「きぼよう」とも》楽しんだりのんびりしたりして、心を休めること。気晴らし。「久し振りに好い―をしました」〈漱石・彼岸過迄〉
(類語)骨休め・息抜き・休む

き-ぼり【木彫(り)】木材を彫って形・模様などを作ること。また、そのもの。もくちょう。

き-ほん【基本】判断・行動・方法などのよりどころとなる大もと。基礎。「―の型」「―を身につける」「―に忠実な演技」➡基礎(用法)
(類語)大本・基礎・根本・根幹・中心・基軸・基調・基底・根底・基・土台・下地・初歩・いろは・ABC・基盤・基幹・基部・大根

ギボン〘Edward Gibbon〙[1737～1794]英国の歴史家。ローマ史を研究、「ローマ帝国衰亡史」を著した。他に「自叙伝」など。

ギボン〘gibbon〙手長猿。

きほん-おん【基本音】▶基音

きほん-きゅう【基本給】諸手当を除いた基本的な賃金部分。本俸。本給。(類語)本給・本俸

きほん-ごい【基本語彙】日常の言語生活に必要で、使用頻度の高い単語の総体。

きほん-こうかんほう【基本交換法】▶バブルソート

きほん-ざいさん【基本財産】❶▶基金❸ ❷固定資産のうち、事業活動の経過とともに価値の減少がみられないもの。土地など。

きほん-さいせいさん-すう【基本再生産数】《basic reproduction number》一人の感染者から感染して発症する二次感染者数の平均値。または、一人の女性が生涯に生む女児数の期待値。R0。

きほんせいさく-かくりょういいんかい【基本政策閣僚委員会】平成21年(2009)9月に成立した民主党を中心とする連立政権において、閣内に新設された委員会。与党間で調整が必要な政策課題について、閣議に諮る前に、与党党首級の閣僚が協議を行う。政策閣僚委。(補説)平成22年(2010)、米軍基地移設問題をめぐる社民党の連立離脱、および郵政改革法案の扱いをめぐる国民新党党首の閣僚辞任以後、委員会は開催されていない。

きほん-せっけい【基本設計】建築や都市計画などの設計過程で、条件に合うように基本的な事項を決定し、図面・仕様を作製すること。工事費の概算が明らかにされ、実施設計のもとになる。

きほん-そうにゅうほう【基本挿入法】▶挿入ソート

きほん-そしきけい【基本組織系】高等植物の、表皮と維管束以外の組織の総称。皮層・髄・葉肉の部分などで、同化・貯蔵・貯水など重要な働きをするものが多い。原本組織。

きほん-ソフト【基本ソフト】▶オペレーティングシステム

きほん-たんい【基本単位】各種の物理量を測定するために設定された、互いに独立な数個の単位。国際単位系(SI)では、長さ(メートル)・質量(キログラム)・時間(秒)・温度(ケルビン)・電流(アンペア)・物質量(モル)・光度(カンデラ)を基本単位とする。

きほんたんい-ベクトル【基本単位ベクトル】▶基本ベクトル

きほん-てあて【基本手当】雇用保険法に規定される求職者給付の一つ。雇用保険の被保険者が失業した際に給付される手当。受給するためには、離職前の2年間に被保険者期間が12か月以上(倒産・解雇等の理由による離職の場合は離職前の1年間に被保険者期間が6か月以上)などの条件を満たす必要がある。俗に、失業手当とも。失業給付。

きほん-てがた【基本手形】振出によって作成された手形。手形文句・手形金額などの記載を必要とし、裏書・引受・保証など手形関係の基礎となる。

きほんてき-じんけん【基本的人権】人間が人間として当然もっている基本的な権利。近代初頭では、国家権力によっても制限されえない思想・信教の自由などの自由権を意味した。20世紀には、自由権を現実に保障するための参政権を、さらに国民がその生活を保障される生存権などの社会権をも含めていう場合が多い。日本国憲法は、侵すことのできない永久の権利としてこれを保障している。人権。基本権。

きほんてき-よっきゅう【基本的欲求】食欲・性欲・睡眠・排泄・呼吸など、個体や種の生存を維持するために生物が本来もっている欲求。

きほんにゅうしゅつりょく-システム【基本入出力システム】▶バイオス(BIOS)

きほん-にんしょう【基本認証】▶ベーシック認証

きほん-ベクトル【基本ベクトル】平面または空間において、直交する座標軸の向きに単位の長さをとったベクトル。基本単位ベクトル。

きほん-ほう【基本法】❶国家経営の基本となる法。憲法。❷特定の行政分野における基本政策、または基本方針を示すために制定される法律。教育基本法・公害対策基本法・原子力基本法など。❸▶ドイツ基本法

きほん-ろんりえんざんそし【基本論理演算素子】▶論理素子

ぎ-ま【擬麻】綿糸・綿織物などに加工を施し、麻に似た風合いをもたせたもの。

き-まい【貴妹】相手を敬って、その妹をいう語。

ぎ-まい【義妹】❶義理の妹。夫または妻の妹、弟の妻など。❷血縁関係はないが、姉妹の約束を交わして妹としている人。妹分。

き-まえ【気前】❶さっぱりした気性。特に、金銭などを出し惜しみしない性質。「―よく金を出す」「―を見せる」❷気だて。心だて。「―が悪い」(類語)気立て・心ばえ・気・気性・気象・心根・心柄・情・性格

気前がよ・い　金や物を出し惜しみしない。けちけちしない。「金回りがよいのか最近妙に―・い」

ぎま-かこう【擬麻加工】綿織物やレーヨンなどに糊状物質を付加したり、強アルカリによる処理で収縮させたりして、麻のような硬い感触と外観を与える加工。擬麻法。

き-まかせ【気任せ】〘名・形動〙自分の思いのまま、気の向くままにすること。また、そのさま。気まま。「―な旅に出る」(類語)勝手・わがまま・好き・自分勝手・手前勝手・身勝手・得手勝手・好き勝手・気随・ほしいまま・奔放・自由

ぎ-まく【偽膜|義膜】組織としての構造をもたず、繊維組織にうみなどが加わってできた膜様のもの。ジフテリアなどの際にみられる。

き-まくら【木枕】木製の箱型の枕。ふつう籾殻などを入れた布の枕をのせて使う。箱枕。(季 夏)

き-まぐれ【気紛れ】〘名・形動〙❶気が変わりやすいこと。その時々の思いつきや気分で行動すること。また、そのさま。「―な性格」「―に習い事を始める」❷物事の変わりやすいこと。また、そのさま。「―な秋の空」(類語)多情・浮気・移り気・むら気・むら・飽き性・気移り・お天気

きまぐれ-てんき【気紛れ天気】晴雨の定まらない変わりやすい天気。

き-まじない【木呪い】▶生り木責め

き-まじめ【生真面目】〘名・形動〙非常にまじめなこと。まじめすぎて融通がきかないこと。また、そのさま。「―な顔」(類語)まじめ・大まじめ・几帳面・くそまじめ・忠実・愚直・四角四面

き-まず・い【気まずい】〘形〙文きまづ・し〘ク〙互いの気持ちがしっくりと合わず不快なさま。打ち解けず、気づまりなさま。「友人との間が―・くなる」「―・い雰囲気」(派生)きまずげ〘形動〙きまずさ〘名〙

きまだら-ひかげ【黄斑日陰蝶】ジャノメチョウ科のサトキマダラヒカゲ・ヤマキマダラヒカゲの総称。翅は開張6センチくらいで、黄褐色の紋が並ぶ。林にすみ、樹液を吸う。幼虫はササ類を食う。

きまだら-るりつばめ【黄斑瑠璃燕蝶】シジミチョウ科のチョウ。翅の開張約3.5センチ、翅の表面は暗紫色、裏面は黄色に黒紋があり、後ろ翅に2本の尾状突起をもつ。幼虫はアリの巣の中で育つ。本州特産。

き-まつ【季末】季節の終わり。

き-まつ【期末】ある一定の期間の終わり。運営上・会計上の期間の終わり。「―試験」(対)期首。

きまっ-て【決(ま)って|極まって】〘副〙ある条件のもとでは必ずそうなるさま。いつも。必ず。「忙しいときに―人が来る」

きまつ-はいとう【期末配当】営業年度を1年とする会社が、決算期末に行う配当。➡中間配当

き-まぶり【木守り】《「きまもり」の音変化》❶「きまもり」に同じ。❷最後に残されたもの。「忠臣の根継ぎとなれ、我等が家の―」〈浄・国性爺〉

き-まま【気儘】〘名・形動〙❶遠慮や気がねをせずに、自分の思うままに行動すること。また、そのさま。「―な独り暮らし」❷わがままに振る舞うこと。また、そのさま。「―な言いぐさ」➡勝手(用法)(派生)きままさ〘名〙
(類語)勝手・わがまま・好き・自分勝手・手前勝手・身勝手・得手勝手・好き勝手・気随・気任せ・ほしいまま・奔放・自由

きまま-かって【気儘勝手】〘名・形動〙自分の思いのままに行動すること。また、そのさま。「―に振る舞う」

きまま-ずきん【気儘頭巾】「奇特頭巾」に同じ。

きまま-ほうだい【気儘放題】〘名・形動〙わがままの限りを尽くすこと。また、そのさま。「―に育った子」

き-まめ【生豆】なまのままの豆。焙煎する前のコーヒー豆をいう。

き-まめ【気忠実】〘名・形動〙よく気がつき、労をいとわず働くこと。また、そのさま。「―な好人物」

き-まもり【木守り】来年もよく実るようにと、木に一つ二つ取り残しておく果実。(季 冬)

き-まよい【気迷い】❶心が定まらず、あれこれと思い迷うこと。「一時の―」❷取引所で、先行き相場の見通しがつかず、売っていいのか買っていいのか迷う状態。

ギマラインス〘Guimarães〙▶ギマランイス

ギマランイス〘Guimarães〙ポルトガル北部の都市。工業が盛ん。初代ポルトガル王アフォンソ1世(アフォンソ=エンリケス)生誕の地で、「国家発祥の地」と称される。旧市街にはギマランイス城、ブラガンサ公爵館、ノッサ-セニョーラ-ダ-オリベイラ教会など中世の歴史的建造物が多く、2001年に「ギマランイス歴史地区」として世界遺産(文化遺産)に登録。ギマラインス。

ギマランイス-こうげん【ギマランイス高原】《Chapada dos Guimarães》ブラジル中西部の都市クヤバの東約60キロメートルにあるテーブル状の台地。「ブラジルのグランドキャニオン」とも称され、国立公園に指定。標高差数百メートルの断崖が連なり、「花嫁のベール」と名付けられた滝がある。

ギマランイス-じょう【ギマランイス城】《Castelo de Guimarães》ポルトガル北部の都市ギマランイスにある城。この地を治めていた伯爵の宮殿として10世紀に建造。高さ28メートルの塔など7つの塔をもつ。初代ポルトガル王アフォンソ1世(アフォンソ=エンリケス)生誕の地。旧市街にはブラガンサ公爵館、ノッサ-セニョーラ-ダ-オリベイラ教会をはじめ中世の歴史的建造物が多く、2001年に「ギマランイス歴史地区」として世界遺産(文化遺産)に登録。

きまり【決(ま)り|極まり】❶物事が決まること。問題になっていたり面倒だったりした物事の終わり。決着。おさまり。「これで話は―だ」「仕事に―を付ける」❷よりどころとして定められている事柄。規則。通則。「―を破る」「―に従う」❸一定していること。いつものこと。定例。「散歩が朝の―だ」❹(多く「おきまり」の形で)言動がいつも同じで新鮮味がないこと。また、きまり文句。「お―の自慢話」❺面目。体裁。「文三はお勢よりは―を悪がって口数をきかず」〈二葉亭・浮雲〉❻万事首尾よくいっていること。明和・安永(1764～1781)ころの江戸の流行語。「『朧月と五色丹前を買って参りやした』『おお―』」〈洒・辰巳之園〉❼遊里で、客と遊女が恋仲になること。また、その相手や間

柄。「今夜のぬしの客衆はとんだ―だの」〈咄・くだ巻〉
(類語)規約・規程・規定・規律・ルール・本則・総則・細則・付則・定則・概則・おきて・定め・決定・制度

決まりが悪・い　他に対して面目が立たない。恥ずかしい。ばつが悪い。「―・い思いをする」

きまり-き・る【決(ま)り切る】〔動ラ五(四)〕(多く「きまりきって」「きまりきった」の形で用いる) ❶当然のことになっている。言うまでもなくはっきりしている。「そんな―・ったことを聞くな」❷いつも同じで型にはまっている。「―・った文句」

きまり-ごと【決(ま)り事】ある組織内での規則・ルール。また、しきたりやマナー。決まり。決め事。「わが社では9時出勤が―だ」「冠婚葬祭の―」

きまり-て【決(ま)り手|▽極まり手】相撲で、勝負がきまったときのわざ。➡四十八手(しじゅうはって)

きまり-ばんづけ【▽極まり番付】►顔見世番付(かおみせばんづけ)

きまり-もんく【決(ま)り文句】いつもきまって言う文句。また、型にはまった文句。(類語)名文句

きまり-わる・い【決(ま)り悪い|▽極まり悪い】〔形〕(文)きまりわる・し〔ク〕《心のおさまりが悪い意》体裁が悪く恥ずかしい。気恥ずかしい。きまりがわるい。「顔を合わせるのが―・い」
(類語)小恥ずかしい・うら恥ずかしい・ばつが悪い・照れ臭い・面映ゆい・こそばゆい・尻こそばゆい・面目ない・疚(やま)しい・肩身が狭い・合わせる顔がない

きま・る【決(ま)る|▽極まる】〔動ラ五(四)〕❶不確か・未決定であった物事が最終的にはっきりして、動かない状態になる。さだまる。決定する。「方針が―・る」「有罪と―・る」❷変わらないで同じである。一定している。「毎朝―・った道を通る」「買う店が―・っている」❸(「…にきまっている」の形で)疑う余地がなく、当然である。きっとそうである。また、必ずそうなる。「冬は寒いに―・っている」「そんなことを言われれば、だれだって怒るに―・っている」❹スポーツや勝負事で、技がうまくかかったり、ねらいどおりに運んだりする。また、勝負がつく。「背負い投げが―・る」「速攻が―・る」「東土俵で―・る」❺(「きまっている」「きまってる」の形で)物事の型や服装などが、きちんとかっこうよくおさまる。さまになる。「背広が―・っている」❻歌舞伎などで、演技が高潮に達するか、ひと区切りついたとき、役者が形をつけたままでその動きをとめる。「花道の七三(しちさん)で―・る」❼男女の仲がうまくまとまる。「今夜はお楽しみだの、―・ったのと、一座の女郎衆に言はれたが」〈洒・部屋三味線〉
(類語)(❶)決する・定まる・固まる・まとまる・決定する・確定する・決着がつく

き-まわし【着回し】(きまはし)一着の服の上下の組み合わせを変えたり、装身具を組み合わせたりして異なる感じを出すこと。「―の利くスーツ」

き-まわり【木回|木×廻】(きまはり)甲虫目ゴミムシダマシ科の昆虫。体長約2センチ、卵形で黒色。山林に多く、倒木の上などを歩き回る。幼虫は材部を食う。

ぎ-まん【欺×瞞】〔名〕(スル) あざむくこと。だますこと。「―に満ちた言動」「国民を―する」

き-み【気味】❶ある事態や物事から受ける感じ。また、その感じた気持ち。きび。「―が悪い」「総て―のよい、きらびやかな、うつくしい、月は」〈二葉亭訳・めぐりあひ〉❷いくらかその傾向にあること。「かぜの―がある」❸香りと味。「喉(のんど)渇き口損じて、―も皆忘れにけり」〈盛衰記・一一〉❹物事の趣。味わい。「閑居の―もまた同じ」〈方丈記〉➡気味(ぎみ)
(類語)傾向・傾き・性向・趨勢(すうせい)・趣向(しゅこう)・動向・流れ・大勢(たいせい)・トレンド

気味がい・い　好ましく思っていない人が災難にあったり失敗したりして愉快である。いい気味だ。

気味が悪・い　なんとなく恐ろしい。なんとなく気持ちが悪い。気味悪い。

きみ【君|▽公】㊀〔名〕❶一国の君主。天皇。天子。❷自分が仕えている人。主君。主人。「わが―」❸人を敬慕・親愛の情をこめていう語。「いとしの―」❹人名・官名などの下に添えて敬意を表す語。男女ともにいう。「師の―」「明石の―」〈源・若菜下〉❺貴人や目上の人をいう語。お方。「この―をば、私ものに思ほし」〈源・桐壺〉❻遊女。遊君。「一達声をあげて…笑ひぬ」〈浮・一代男・五〉❼古代の姓(かばね)の一。もと皇親系の尊号で、天武天皇の八色(やくさ)の姓制では朝臣(あそん)姓を与えられる者が多かった。㊁〔代〕二人称の人代名詞。❶多く男が同等または目下の相手に対していう語。「―、一緒に行こう」❷上代では多く女が男に対して、中古以後はその区別なく、敬愛の意をこめて相手をいう語。あなた。「あかねさす紫野行き標野行き野守は見ずや―が袖振る」〈万・二〇〉
(類語)お前・貴様
(下接)大君・十善の君・万乗(ばんじょう)の君・儲(もう)けの君・嫁が君・我が君（ぎみ）兄君・姉君・尼君・父君・母君・姫君・村君・若君

君君(きみきみ)たらずといえども臣(しん)臣たらざるべからず《「古文孝経」序から》主君に徳がなく主君としての道を尽くさなくても、臣下は臣下としての道を守って忠節を尽くさなければならない。

君君(きみきみ)たり臣(しん)臣たり　《「論語」顔淵から》主君は主君の道を尽くし、臣下は臣下の道を尽くすこと。

君辱(はずかし)められれば臣死す　《「国語」越語から》主君がはずかしめを受けるようなことがあれば、その臣たるものは命を投げ出して主君の恥をそそがなければならない。

君は舟(ふね)臣(しん)は水(みず)　《「荀子」王制から》主君と臣下とは舟と水のような関係で、主君は臣下によってその位置を保ったり、また、くつがえされたりする。

き-み【鬼魅】鬼とばけもの。妖怪変化(ようかいへんげ)。きび。

き-み【黄み】黄色がかっていること。きいろみ。「―を帯びた緑」

き-み【黄身】鳥の卵の中の、卵白に包まれる球形の黄色い部分。胚(はい)発生の際の栄養となる。卵黄(らんおう)。

きみ【×黍|×稷】「きび(黍)」に同じ。

ぎ-み【気味】〔接尾〕名詞や動詞の連用形に付いて、そのような傾向やようすがある意を表す。「風邪―」「焦り―」「太り―」

きみ-あい【気味合(い)】(きみあひ)〔名・形動〕❶気分。趣。また、気分のいいさま。趣のあるさま。「少し手持無沙汰の―で」〈木下尚江・良人の自白〉「わが身と俺が立ち合ひとは、はて―なことぢゃの」〈浄・千両幟〉❷相手に特別の関心をもつこと。特に、歌舞伎の演技で、互いに相手の心中を探るように顔を見合わせることなどをいう。「―の見得(みえ)」❸異性に特別の関心をもつこと。恋愛。また、その相手の異性。「てめえがここにゐては、お半と―の邪魔になる」〈伎・独道中五十三駅〉

きみあい-の-おもいいれ【気味合(い)の思い入れ】(きみあひのおもひいれ)歌舞伎の演技の一。相手の心を推量しながら、自分の気持ちをしぐさや表情で表すこと。

き-みいでら【紀三井寺】(きみゐでら)㊀和歌山市紀三井寺にある救世観音宗の寺。正式名称は紀三井山金剛宝寺護国院。宝亀元年(770)、唐僧為光の開創と伝える。もと真言宗。西国三十三所第2番札所。境内に三つの井戸があるところからの名といい、大津の三井寺(園城寺)に対して紀州の「紀」を冠して呼ぶ。㊁《札所の二番目であるところから、賢い人を一番と見立てて》愚か者のこと。「心だての二番なる―の輩(ともがら)」〈仮・浮世物語・一〉

きみ-が-きる【君が着る】〔枕〕君のかぶる御笠(みかさ)の意から、「三笠(みかさ)」にかかる。「―三笠の山に居る雲の」〈万・二六七五〉

きみかげ-そう【君影草】(‥サウ)スズランの別名。

きみ-が-さす【君が差す】〔枕〕君の差す御笠(みかさ)の意から、「三笠(みかさ)」にかかる。「―三笠の山のもみぢ葉の」〈古今・雑体〉

きみ-がた【君方】〔代〕二人称の人代名詞。「きみ(君)」の複数形。君たち。あなたがた。「―は皆(みな)能(よ)く物が食べられるな」〈鉄腸・雪中梅〉

きみ-が-よ【君が代】㊀日本の国歌である歌。「君が代は千代に八千代にさざれ石の巌(いはほ)となりて苔のむすまで」の歌詞は和漢朗詠集にあるが、その原型は古今集に見いだされる。明治13年(1880)、宮内省伶人(れいじん)長の林広守が作曲。同26年、祝日大祭日唱歌として公布され、事実上の国歌となった。平成11年(1999)8月施行の「国旗国歌法」で法制化された。㊁〔連語〕《「よ」は寿命の意》❶あなたの寿命。「―もわが代も知るや岩代の岡の草根をいざ結びてな」〈万・一〇〉❷主君の栄えているとき。特に、天皇の御治世。「―は限りもあらじ長浜のまさごの数はよみつくすとも」〈古今・神遊びの歌〉

きみがよ-の【君が代の】〔枕〕君が代の長くあれの意から、「なが」「はるか」にかかる。「―長等(ながら)の山のかひありとのどけき雲のゐる時ぞ見る」〈拾遺・神楽歌〉

きみがよ-らん【君が代×蘭】リュウゼツラン科の常緑低木。ユッカの一種。葉は堅い革質で剣状をし、長さ約1メートル。夏・秋、約1メートルの花茎を直立し、黄白色の鐘形花を多数円錐状につける。米国の原産。ねじいとらん。

きみ-けいせい【君傾▽城】《同義の「君」と「傾城」を重ねた語》遊女。遊君。傾城。「―といふ者は此の類での王様」〈浄・丹波与作〉

きみ-さま【君様】❶貴人に対する敬称。あなたさま。「―は当世流行(はや)る藪医師(やぶくすし)」〈仮・竹斎・上〉❷自分の意中の異性をいう語。かのさま。かたさま。「思へや―かなへや我が恋」〈松の葉・一〉❸遊女を親しみを込めていう語。「待つほどに、―の足音して、床近く立ちながら帯とき捨て」〈浮・一代男・三〉

きみさわ-がた【君沢形|君沢型】(きみさは‥) 江戸時代末に日本で建造された西洋式の帆船。ロシア使節プチャーチンに雇われてスクーナー型帆船を建造した伊豆国君沢郡戸田(へだ)村(静岡県沼津市)の船大工に命じて、幕府が同型の船をつくらせたもの。

き-みじか【気短】〔形動〕(文)〔ナリ〕落ち着いて待っていられないさま。また、怒りっぽいさま。せっかち。短気。「―ですぐけんかを始める」(対)気長。(類語)短慮

きみ-しぐれ【黄身時-雨】白あんに卵黄と砂糖を加え、微塵粉(みじんこ)または糝粉(しんこ)をまぜて蒸した生菓子。

きみしにたもうことなかれ【君死にたまふこと勿れ】(きみしにたまふことなかれ)与謝野晶子の長詩。明治37年(1904)発表。日露戦争のとき、新妻を残して出征した弟への愛をこめて作った反戦詩。

きみじま-いちろう【君島一郎】(‥イチラウ)[1887～1975]野球研究家。栃木の生まれ。東京帝国大学(現東京大学)卒業後、日本銀行に入行。昭和15年(1940)朝鮮銀行副総裁。公職追放後、日本野球草創期の研究に取り組み、多くの功績を残した。著「日本野球創世記」

き-みず【生水】(‥みづ)わき出た、天然のままの水。

き-みず【黄水】(‥みづ)►おうすい(黄水)

きみ-ず【黄身酢】水ときした葛粉(くずこ)にだし汁を加え、卵黄を混ぜて湯煎(ゆせん)し、裏ごしして適量の酢を加えたもの。魚介や野菜のあえ物やかけ酢に用いる。

きみ-ずし【黄身×鮨】卵黄に甘酢を加え、湯煎(ゆせん)してねり上げたり炒(い)りつけたりしたものを、飯の代わりに小さく握って白身魚などをのせた鮨。

きみ-たち【君▽達】㊀〔代〕二人称の人代名詞。「きみ(君)」の複数形。主として男性が、同輩または目下に対して用いる。あなたたち。きみら。「未来は―の双肩にかかっている」㊁〔名〕「きみ(君)」の複数形。きんだち。「御迎への人々、―などあまた参り給へり」〈源・若紫〉

き-みつ【生蜜】まだ精製していない蜂蜜。

き-みつ【気密】密閉して気体の流通を妨げ、気圧の変化の影響を受けないようにすること。「―構造」「―性が高い」

きみつ【君津】千葉県南西部の市。東京湾沿岸部は京葉工業地帯の一部。人口8.9万(2010)。

き-みつ【機密】《枢機に関する秘密の意》政治・軍事上、きわめて重要な事柄についての秘密。「―の漏洩(ろうえい)を防ぐ」「―文書」
(類語)秘密・極秘・丸秘・内密・内証(ないしょう)・内内(ないない)・隠密(おんみつ)・厳秘(げんぴ)・枢密(すうみつ)・天機・機事・密事・秘事・暗部・隠し事・秘め事・密(ひそ)か事・内証(ないしょう)事・秘中の秘・秘(ひそ)か・密(ひそ)か

きみつ-アイピールーターネットワーク【機密IP

ルーターネットワーク】►シパーネット(SIPRNet)

ギミック〖gimmick〗❶手品・おもちゃなどの仕掛け。❷放送などで、映像や音による特殊効果。

ギミック-アクセサリー〖gimmick accessory〗腕や胸などに入れ墨のような模様を特殊なクレヨンで書いたり、ステッカーをはったりするもの。

きみつ-し【君津市】►君津

きみつ-しつ【気密室】外気との連絡を遮断して密閉した室。

きみつ-ひ【機密費】❶支出の内容を明らかにしないで、機密の用途に充てる費用。❷特に、「官房機密費(➡内閣官房報償費)」「外交機密費(➡外務省報償費)」などの略。

きみ-どうふ【黄身豆腐】卵にだし汁・塩・みりんを加えて蒸したもの。形状や感触が豆腐に似る。

きみとねやろか【君と寝やろか】江戸時代のはやり唄。文人の中島棕隠(なかじまそういん)の作といわれ、「君と寝やろか、五千石とろか、何の五千石、君と寝よ」の歌詞で、天明年間(1781～1789)に流行。

き-みどり【黄緑】黄みを帯びた緑色。

(類語)緑・グリーン・エメラルドグリーン・深緑・浅緑・緑色(りょくしょく)・翠緑(すいりょく)・深緑(しんりょく)・草色(くさいろ)・萌葱(もえぎ)色・柳色・松葉色・利休色・オリーブ色・エメラルド

きみ-な【▽公名｜君名｜×卿名】天台宗などで、新しく僧となる前の貴族の子息を、父親の官職名などにより、大蔵卿(おおくらきょう)・治部(じぶ)卿・大納言などと呼んだこと。また、その呼び名。

きみのなは【君の名は】菊田一夫作の放送劇。後宮春樹(あとみやはるき)と氏家真知子(うじいえまちこ)の悲恋メロドラマ。昭和27年(1952)から29年にかけてNHKラジオで連続放送され、人気を博した。映画化もされた。

き-みゃく【気脈】❶血液の通う道筋。❷仲間うちなどでの、考え・気持ちのつながり。

気脈を通・じる　互いに連絡をとって意志を通じ合う。「計画実行のために―・じておく」

(類語)裏切り・内応・内通・背信・背徳・背任・変心・寝返り・密告・おためごかし

きみ-よ・い【気味▽好い】〔形〕文きみよ・し〔ク〕気持ちがよい。愉快である。「―・いやつ」

き-みょう【奇妙】(キメウ)〔名・形動〕❶珍しく、不思議なこと。また、そのさま。「科学では説明できない―な現象」❷風変わりなこと。また、そのさま。「―な格好」❸非常に趣・おもしろみ・うまみなどがあること。また、そのさま。「むむ、それは―だ。世話でもそれを煮てくんな」〈人・春告鳥・初〉(派生)きみょうさ〔名〕

(類語)不思議・妙・奇怪・奇異・怪奇・怪異・不可思議・面妖・奇天烈・摩訶不思議・けったい・変

き-みょう【帰命】(キミャウ)《梵 namasの訳。音写は南無》仏語。仏の救いを信じ、身命を投げ出して従うこと。帰依。

きみょう-きてれつ【奇妙きてれつ】(キメウ)〔形動〕文〔ナリ〕《「奇妙」を強めていう語》ひどく不思議なさま。なんとも変なさま。「―な事件」

きみょう-ちょうらい【帰命頂礼】(キミャウチャウライ)❶頭を地につけて仏を礼拝し、帰依の気持ちを表すこと。❷仏を礼拝するときに唱える言葉。

きみょう-ちょうらい【奇妙頂礼】(キメウチャウライ)〔形動〕《「帰命頂礼」をもじっていったもの》奇妙。「いや、こぼしはせぬが、はて―な」〈滑・膝栗毛・三〉

きみ-わる・い【気味悪い】〔形〕文きみわる・し〔ク〕なんとなく不安で、恐ろしい。なんとなく気持ちが悪い。不気味である。「幽霊でも出そうな―・い家」

(類語)怖い・おっかない・空恐ろしい・物恐ろしい・おどろおどろしい・恐れる・心配・懸念・危惧(きぐ)・危懼(きく)・疑懼(ぎく)・恐れ・胸騒ぎ・気がかり・心がかり・不安心・心細い・心許(こころもと)ない・憂い・危なっかしい・おぼつかない

き-みん【飢民】飢えている人々。

き-みん【棄民】戦争や災害などで困窮している人々を、国家が見捨てること。また、その人々。

ぎ-みん【義民】正義のために一身をささげる人民。特に、江戸時代、百姓一揆(いっき)を指導して権力と闘った人をいう。「―佐倉惣五郎」

き-む【機務】非常に重要な政務。

き・む【決む｜▽極む】〔動マ下二〕「きめる」の文語形。

ぎ-む【義務】❶人がそれぞれの立場に応じて当然しなければならない務め。「―を果たす」⇔権利。❷倫理学で、人が道徳上、普遍的・必然的になすべきこと。❸法律によって人に課せられる拘束。法的義務はつねに権利に対応して存在する。「納税の―」⇔権利。

(類語)責務・任務・本分・課業・日課・責任・任(にん)・本務・使命・役目・役(やく)・役儀・分(ぶん)・職分・職責・責め

キム-イルソン【金日成】[1912～1994]朝鮮民主主義人民共和国国家主席。平安南道出身。抗日独立運動に加わり、1932年ごろからゲリラ戦を指導。第二次大戦後、北朝鮮臨時人民委員会委員長を経て、48年の建国とともに首相に就任。72年国家主席となる。➡金正日(キムジョンイル)

き-むか・う【来向かふ】(きむかう)〔動ハ四〕時や人がやってくる。近づいてくる。「日並(ひなみし)の皇子の命(みこと)の馬並(な)めて御(み)狩り立たしし時は―・ふ」〈万・四九〉

ぎむ-きょういく【義務教育】(ケウイク)法律に基づいて、国民がその保護する学齢児童・生徒に義務として受けさせなければならない普通教育。現行の学校教育法では、小学校・中学校の9年間の教育。

ぎむきょういく-ひょうじゅんほう【義務教育標準法】(ギムケウイクヘウジュンハフ)《「公立義務教育諸学校の学級編制及び教職員定数の標準に関する法律」の通称》公立小中学校の学級編制と教職員の定数の標準について必要な事項を定め、義務教育水準の維持向上を目的とした法律。昭和33年(1958)成立。義務標準法。

き-むく【黄無×垢】表裏ともに黄色で無地の着物。

キム-グ【金九】[1876～1949]朝鮮の政治家・独立運動家。号は白凡(ペクポム)。甲午農民戦争に参加。三・一独立運動の後は上海に亡命し、大韓民国臨時政府の最高指導者として活動。解放後、南北統一運動を展開したが、李承晩(イスンマン)と対立し、暗殺された。自叙伝「白凡逸志(はくはんいっし)」を残した。きんきゅう。

キム-サリャン【金史良】[1914～1950?]朝鮮の作家。本名、金時昌(キムシチャン)。平壌(ピョンヤン)生まれ。日本に留学し、東大を卒業。在日中に書かれた「光の中に」は芥川賞候補となった。第二次大戦後は朝鮮に帰国し、作家として朝鮮戦争に従軍、戦中に行方不明となった。他に「海への歌」「太白山脈」など。きんしりょう。

キム-ジハ【金芝河】[1941～　]韓国の詩人・思想家。本名、金英一(キムヨンイル)。李承晩(イスンマン)政権を倒した四・一九学生革命に参加し、以降学生運動を主導した。1970年には長編譚詩(たんし)「五賊」を発表し、反共法により投獄される。釈放後も民主化闘争に参加するなど、詩作以外にも活動を広げる。きんしが。

ぎむ-しゃ【義務者】法律上、特定の義務を負うべき人。「納税―」

キムジャン《朝鮮語》韓国で立冬の前後に行われる、キムチを漬け込む行事。

キム-ジョンイル【金正日】[1942～2011]朝鮮民主主義人民共和国の政治家。金日成(キムイルソン)の長男。1997年、朝鮮労働党総書記に就任。

き-むずかし・い【気難しい】(きむづかしい)〔形〕文きむづか・し〔シク〕《「きむつかしい」とも》❶我が強かったり神経質であったりして扱いにくい。機嫌が取りにくい。「愛想がよさそうに見えて、けっこう―・いところがある」❷不機嫌である。機嫌が悪い。「そう―・い顔をするなよ」❸気分がすぐれない。また、物事をするのが煩わしい。「お―・しくは明日でもよろしうございます」〈人・梅美婦禰・初〉(類語)偏屈・へそ曲がり・つむじ曲がり

きむずかし-や【気難し屋】(きむづかし)気難しい人。機嫌のとりにくい人。

き-むすこ【生息-子】うぶな息子。まだ女性との性体験のない若者。童貞。「児島は―である。彼の性欲的生活は零である」〈鷗外・ヰタ-セクスアリス〉

き-むすめ【生娘】うぶな娘。まだ男性との性体験のない娘。処女。(類語)処女・バージン

キム-ソウン【金素雲】[1907～1981]朝鮮の詩人・随筆家。釜山(プサン)生まれ。筆名、鉄甚平(てつじんぺい)。1920年に渡日し、「朝鮮民謡選」「朝鮮童謡選」等を刊行。戦後、帰国して「現代韓国文学選集」を編纂(へんさん)した。ほかの著に「三韓昔がたり」、自伝「天の涯に生くるとも」など。きんそうん。

キム-ダルス【金達寿】[1919～1997]在日朝鮮人作家。朝鮮の慶尚南道生まれ。日大卒。昭和5年(1930)日本に移住。小説「玄海灘」で認められたほか、朝鮮渡来文化の発掘・紹介にも尽力。著作に「朴達の裁判」「太白山脈」「日本の中の朝鮮文化」など。

キムチ《朝鮮語。漬物の意》朝鮮料理で、塩漬けした大根・白菜・キュウリなどを唐辛子・ニンニク・塩辛などをまぜた薬味で漬け込んだもの。

ぎむ-づ・ける【義務付ける】〔動カ下一〕義務としてそれをするようにさせる。義務として負わせる。「シートベルトの着用を―・ける」

ぎむ-てき【義務的】〔形動〕進んでするのでなく、義務としてするさま。「―に返事を書く」

ぎむてき-けいひ【義務的経費】国や地方公共団体の歳出のうち、支出が法令などで義務付けられ、任意に縮減できない性質の経費。人件費・公債費・扶助費など。➡裁量的経費

キム-デジュン【金大中】[1924～2009]韓国の第15代大統領。全羅南道出身。野党政治家として朴正熙大統領と対立し、1973年東京で韓国情報機関に拉致される(金大中事件)。80年には同氏の逮捕をきっかけに起きた民主化運動(光州事件)で内乱陰謀罪などに問われ死刑判決。後に減刑されるも米国への亡命を余儀なくされ、帰国後は自宅軟禁生活を強いられた。98年に4度目の挑戦で大統領に就任、経済再建などに取り組んだ。北朝鮮に対して融和的外交(太陽政策)を提唱。2000年北朝鮮を訪問し、金正日総書記と初の南北首脳会談を実現。ノーベル平和賞を受賞した。また、1998年に小渕恵三首相と日韓共同宣言を発表し、韓国での日本文化開放を推し進めた。2003年に任期満了で大統領を退任。2009年8月18日、多臓器不全のためソウル市内の病院で死去した。きんだいちゅう。➡ノムヒョン

キムデジュン-じけん【金大中事件】昭和48年(1973)、韓国の野党指導者金大中(キムデジュン)が、韓国の公権力によって東京都内のホテルから拉致され、5日後にソウルの自宅近くで解放された事件。平成19年(2007)10月、韓国政府は同国の当時の情報機関KCIAが事件に深く関与していたことを正式に表明した。

ギムナジウム〖(ドイ) Gymnasium〗ドイツの大学進学を前提とした中等教育機関。7年制または9年制。古典語系、現代語系、数学・自然科学系がある。

ギムネ〖gimlet〗T字形をした木工用の錐(きり)。

ぎむ-のうりょく【義務能力】一定の義務を負うことのできる法律上の資格。

ぎむひょうじゅん-ほう【義務標準法】(ギムヘウジュンハフ)《「公立義務教育諸学校の学級編制及び教職員定数の標準に関する法律」の通称》►義務教育標準法

キム-ヨンサム【金泳三】[1927～　]韓国の政治家。第14代大統領。慶尚南道出身。1954年国会議員に当選。長く野党議員として活躍するが90年に当時の与党に合流。93年、13年ぶりの文民大統領となった。政権末期には通貨危機が起こり、不況のなか98年に任期を終えた。きんえいさん。➡キムデジュン

きむら-いへえ【木村伊兵衛】(イヘヱ)[1901～1974]写真家。東京の生まれ。スナップ写真の名手として知られ、報道写真の新分野を開拓。

きむら-き【木村毅】[1894～1979]文芸評論家・小説家。岡山の生まれ。早大卒。明治文化研究会同人として、創作・翻訳・評論に幅広く活躍。日本フェビアン協会・労働農民党にも参加し、社会運動に関わる。著作に「小説研究十六講」「日米文学交流史の研究」など。

きむら-きんじ【木村謹治】(キンヂ)[1889～1948]ドイツ文学者。秋田の生まれ。東大教授。ゲーテの研究家。また、ドイツ語辞書を編纂(へんさん)。著「『若きゲーテ』研究」

など。
きむら-けんかどう【木村蒹葭堂】ｹﾝｶﾄﾞｳ[1736～1802]江戸中期の文人。大坂の人。名は孔恭。通称、坪井屋吉右衛門。別号、巽斎ｿﾝｻｲ。本草学・絵画・詩文を学び、書画骨董を収集。著「蒹葭堂日記」など。
きむら-しげなり【木村重成】[?～1615]近世初期の武将。長門守ﾅｶﾞﾄﾉｶﾐ。豊臣秀頼に仕え、大坂冬の陣で奮戦。和議の使者として、見事な進退を見せたという。大坂夏の陣で戦死。
きむら-しょうのすけ【木村庄之助】ｷﾑﾗｼｮｳﾉｽｹ 相撲行司の宗家。寛政年間(1789～1801)、真田伊豆守ｻﾅﾀﾞｲｽﾞﾉｶﾐの家臣であった中立羽左衛門ﾅｶﾀﾞﾁﾊﾞｻﾞｴﾓﾝが、江戸で勧進相撲を興行して行司になったのに始まり、3代目から改姓、以来代々木村庄之助を名乗る。現在では筆頭立行司ﾀﾃｷﾞｮｳｼﾞの名。
きむら-しょうはち【木村荘八】ｷﾑﾗｼｮｳﾊﾁ[1893～1958]洋画家。東京の生まれ。岸田劉生とともにフュウザン会の結成に参加。のち春陽会会員として活躍。挿絵や随筆にもすぐれた。著「東京繁昌記」など。直木賞作家の木村荘十は異母弟に当たる。
きむら-そうじゅう【木村荘十】ｷﾑﾗｿｳｼﾞｭｳ[1897～1967]小説家。東京の生まれ。洋画家の木村荘八ｼｮｳﾊﾁは異母兄。満州で新聞記者、出版社経営を経験し、作家となる。正義感に満ちた大衆小説を執筆。「雲南守備兵」で直木賞受賞。他に「血縁」「嗤ﾜﾗう自画像」など。
きむら-たいけん【木村泰賢】[1881～1930]仏教学者・インド哲学者。岩手の生まれ。東大教授。著「印度六派哲学」「阿毘達磨ｱﾋﾞﾀﾞﾂﾏ論の研究」など。
きむら-たけ【黄▽紫×茸】植物オニクの別名。
きむら-ひさし【木村栄】[1870～1943]天文学者。石川の生まれ。岩手県奥州市の緯度観測所で緯度変化の観測に従事。明治35年(1902)、緯度変化の公式にZ項(木村項)を付加すべきことを提唱。文化勲章受章。
きむら-ひでまさ【木村秀政】[1904～1986]航空機設計者。青森の生まれ。昭和13年(1938)設計の航研機が1万1600キロの長距離飛行世界記録を樹立。第二次大戦後、初の国産旅客機YS11を開発。
きむら-まさこと【木村正辞】[1827～1913]幕末・明治の国文学者。千葉の生まれ。号は欟斎ｷｻｲ。東大教授。著「万葉集文字弁証」など。
きむら-もとお【木村資生】[1924～1994]遺伝学者。愛知の生まれ。京大卒。国立遺伝学研究所教授。集団遺伝学を研究し、分子進化の中立説を発表。著作に「分子進化学入門」など。昭和51年(1976)文化勲章受章。平成4年(1992)には、日本人初のダーウィンメダルを受賞。
きむら-よしお【木村義雄】ﾖｼｵ[1905～1986]将棋棋士。14世名人。東京の生まれ。13世名人関根金次郎に入門。関根の世襲名人位返上に伴う実力名人戦により昭和12年(1937)第1期名人となり、通算8期にわたって名人位を保持。
ギムレット〖gimlet〗ジンにライム果汁を加えてシェークしたカクテル。
き-め【木目│肌＝理】❶(木目)もくめ。「一の通った板壁」❷皮膚や物の表面の細かいあや。また、それに触れたときの感じ。「一の細かい肌」
木目が細か・い　細かいところまで気が配られている。「一・い仕事ぶり」
きめ【決め│▽極め】約束。きまり。とりきめ。「仲間うちの一を守る」(類語)規則・定め・掟ｵｷﾃ・不文律・ルール・規定・規程・条規・定則・規約・規準・規矩準縄ｷｸｼﾞｭﾝｼﾞｮｳ・規律・コード・本則・総則・通則・細則・付則・概則
ギメ〖ﾌﾗﾝｽ guillemet〗►ギュメ
き-めい【忌明】きあけ。いみあけ。
き-めい【記名】(名)ｽﾙ 氏名を書きしるすこと。「持ち物に一する」(類語)署名・サイン・落款
き-めい【記銘】記憶の第一段階。新しい経験を受け入れ、それを覚え込むこと。
き-めい【貴名】相手を敬って、その名前をいう語。(類語)名前・芳名・尊名・高名ｺｳﾒｲ
き-めい【貴命】貴人・年長者の命令。また、相手を敬って、その命令をいう語。仰せ言。
ぎ-めい【偽名】本名を隠すための、いつわりの名。
きめい-がっき【気鳴楽器】ｶﾞｯｷ 空気そのものが振動して発音体となり音を発する楽器の総称。管楽器のほか、オルガン・アコーディオン・ハーモニカなど。
きめい-かぶけん【記名株券】株主の氏名が券面に記載されている株券。記名株。➡無記名株券
きめい-さいけん【記名債券】債権者の氏名が券面に記載されている債券。➡無記名債券
きめい-しき【記名式】証券などに権利者の氏名または商号を記載する方式。
きめいしき-うらがき【記名式裏書】手形・小切手などやその補箋ﾎｾﾝに被裏書人の氏名または商号の記載と裏書人の署名がある裏書。正式裏書。完全裏書。➡白地ｼﾗｼﾞ式裏書
きめい-しゃさい【記名社債】社債権者の氏名が社債原簿および債券面に記載されている社債。日本では、社債は通常無記名式である。
きめい-しょうけん【記名証券】権利者の氏名が券面に記載されている有価証券。指名証券。➡無記名証券
きめい-とうひょう【記名投票】ﾄｳﾋｮｳ 投票用紙に投票者の氏名を書く投票の方式。➡無記名投票
きめ-ごと【決め事】お互いに合意して決めた約束や規則。決まり事。「町内の一を守る」
きめ-こまか【木目細か│肌＝理細か】〔形動〕図〔ナリ〕《「きめごまか」とも》❶皮膚や物の表面がなめらかなさま。「一な肌」❷物事に細かく気を配るさま。「一な指導」
(類語)細かい・細ｻｻやか・細心・綿密・細緻ｻｲﾁ・緻密・繊細・デリケート・デリカシー・神経質
きめ-こまか・い【木目細かい│肌＝理細かい】〔形〕図きめこまか・し〔ク〕「木目細か」に同じ。「一・い泡」
きめ-こみ【木目込み│▽極め込み】❶押絵の一。和紙をはり重ねて厚くつくった紙に、綿を入れないで平らに切れ地をはりつけたもの。❷俳優の化粧法の一。鼻を高く見せるために、鼻すじに白粉ｵｼﾛｲを濃く塗り、左右を薄くするもの。❸「木目込み人形」の略。
きめこみ-にんぎょう【木目込み人形】ﾆﾝｷﾞｮｳ 木彫りの人形に金襴ｷﾝﾗﾝなどの切れ地をはり、その端を彫った溝に埋め込んで衣装とした人形。江戸中期ごろから作られた。賀茂川人形。
きめ-こ・む【決め込む│▽極め込む】〔動マ五(四)〕❶事実がどうであろうと、自分で勝手にそうだと決める。思い込む。「できないと一・んでいる」❷そうすることに決めて押し通す。意図的にそうする。「ねこばばを一・む」❸そのつもりになって、いい気でいる。「画壇の大家を一・む」
きめ-たおし【▽極め倒し】ﾀｵｼ 相撲のきまり手の一。相手の差し手の関節をきめてひねり倒す技。
きめ-だし【▽極め出し】相撲のきまり手の一。相手の差し手の関節を、かんぬき・片かんぬき・なた・泉川ｲｽﾞﾐｶﾞﾜなどできめて寄り進み、土俵外に出す技。
きめ-だま【決め球】►ウイニングショット
きめ-つ・ける【決め付ける│▽極め付ける】〔動カ下一〕図きめつ・く〔カ下二〕❶一方的に断定する。「最初から犯人と一・ける」❷一方的にきびしくしかりつける。「いらいらしているしず子は、あたまから弟を一・けた」〈山本有三・真実一路〉
きめ-て【決め手│▽極め手】❶物事の真偽や勝負事での勝ち負けを決定する手段・方法。また、そのよりどころ。「一を欠く」「物的証拠が一となる」❷物事を最終的に決める人。
きめ-どころ【決め所│▽極め所】❶物事の決着をつけるのに都合のよい箇所。また、その時機。「ここが勝負の一だ」❷要所。急所。「湯風呂に長入りして磨けども、一を知らぬゆゑ、結句ただれたやうにてむさくろし」〈浮・敗毒散・一〉
ギメ-びじゅつかん【ギメ美術館】ﾋﾞｼﾞｭﾂｶﾝ《フランス Musée Guimet》フランス、パリにある国立の東洋美術館。実業家エミール＝ギメの収集品をもとに設立された美術館を起源とし、1945年、ルーブル美術館東洋部の所蔵品を合わせ国立ギメ美術館となる。
キメラ〖chimera〗❶ライオンの頭、蛇の尾、ヤギの胴をもち、口から火を吐くというギリシャ神話の怪獣。キマイラ。❷生物学で、異なる遺伝子型の細胞が共存している状態の一個体。植物では接ぎ木したものにみられ、動物では異系統の発生初期の胚を融合させて作った人工キメラマウスなどがある。
キメラ-マウス〖chimera mouse〗2種類以上の異系統のマウスの発生初期の胚を融合させることにより、人工的に作られるマウス。2種以上の遺伝的に異なる細胞から成る。
き・める【決める│▽極める】〔動マ下一〕図き・む〔マ下二〕❶不確実・未定であった物事をはっきりさせる。㋐決定する。「日時を一・める」「方針を一・める」㋑決心する。「こうと一・めたらなかなか変えない」「腹を一・める」㋒選定する。「代表を一・める」㋓結果をはっきりさせる。決着をつける。「勝ち越しを一・める」「勝負を一・める」❷約束する。「一・めた日に間に合わせる」❸そう思いこんで疑わない。一途にそう思う。「彼を犯人と一・めてかかる」❹(「…にきめている」の形で)そのようにすることを習慣としている。変えないで、いつも同じにしている。「朝食はパンに一・めている」❺意図的に好ましくない行動・態度をとる。きめこむ。「横着を一・める」❻かっこうよくぴったりした服装をする。「紺のスーツで一・める」❼歌舞伎などで、演技が高潮に達するか、ひと区切りついたとき、演者が動きを止めて形をつける。「舞台中央で片肌を脱いで一・める」❽スポーツなどで、ある技を成功させる。「スクイズを一・める」❾相撲・柔道などで、相手の差した両腕を抱え込んで動きを封じる。「かんぬきに一・める」❿強くとがめる。きめつける。「行き端ﾊ(＝金ノ使イ道)を聞かうと一・めらるる」〈浄・重井筒〉⓫飲んだり食べたりする。飲食する。「酒に咎ﾄｶﾞをなするんぢゃあねえが、つい一斤一・めると」〈滑・浮世床・初〉
(用法)**きめる・さだめる**――「今後一年間の日程を決める(定める)」の場合は相通じて用いられる。◆「規約を決める(定める)」の場合も両語とも使えるが、ニュアンスに差があり、「決める」は単に規約を作ることを意味し、「定める」は規約を作るとともに、以後その状態を維持するという気持ちをも含んでいる。◆「決める」のほうが口語的で広く用いられ、「買うことに決める」「腹を決める」「会長を決める」など、はっきり決定する、の意味で使われる。また「技ﾜｻﾞを決める」など、うまく決着をつける、の意味でも用いられる。◆「定める」は「学校制度を定める」「税制を定める」など、改まった言い方で文章語的といえる。また、「ねらいを定める」「居を定める」など慣用的表現にも用いられ、これらは「きめる」では言い換えられない。◆類似の語に「決する」がある。「決する」には、いろいろあったがついに決定したという感じがある。「勝敗を決したのはあの一打だった」のように、やや文語的な表現となる。「決する」も「雌雄を決する」「意を決する」など、多く慣用句に用いる。
(類語)定まる・固まる・まとまる・確定する
決めてかか・る　初めからそうなると思い込む。「第一球はストレートがくると、一・る」
き-めん【鬼面】鬼の顔。また、鬼の顔にかたどった仮面。
鬼面人を威ｵﾄﾞす　見せかけだけ恐ろしそうにして人をおどかす。鬼面人を驚かす。
き-めん【貴面】相手を敬って、その人と面会することをいう語。お目にかかること。「一ならねば便りも聞かず」〈浄・天の網島〉
きめん-がに【鬼面×蟹】ヘイケガニ科のカニ。海底にすむ。甲は四角形で、甲幅約3.5センチ。甲の表面にいぼ状の突起があり、鬼面のように見える。はさみ脚は小さい。東京湾以南に分布。
きめんざん-たにごろう【鬼面山谷五郎】ﾀﾆｺﾞﾛｳ[1826～1871]幕末の力士。第13代横綱。美濃ﾐﾉの人。本名、田中新一。優勝7回。史上最も高齢の43歳で横綱免許を受けた。➡陣幕久五郎(第12代横綱)➡境川浪右衛門(第14代横綱)

きも【肝｜▽胆】❶肝臓。「鳥の一」❷内臓の総称。五臓六腑。❸胆力。気力。精神力。「一の太い人」❹思慮。くふう。「あまりに一過ぎてしてけるにこそ」〈沙石集・七〉(補説)「肝に据えかねる」という言い方について➡腹に据えかねる(補説)
(類語)はらわた・腑・心胆
肝が据わ・る　落ち着いていてめったなことには驚かない。度胸がある。胆が据わる。「一・った人物」(補説)「肝が座る」と書くのは誤り。
肝が太・い　物に動じない。大胆である。
肝に染・みる　心に深く感じて忘れない。
肝に銘・ずる　心に強くきざみつけて忘れない。「ご忠告を一・じて忘れません」(補説)「肝に命ずる」と書くのは誤り。
肝を煎・る　❶心をいら立たせる。やきもきする。「円道様も為右衛門様も定めし一・って居らるるじゃろ」〈露伴・五重塔〉❷世話をする。取り持つ。「一・ってくれる人のあるのを幸い」〈秋声・爛〉
肝を砕・く　❶あれこれと思い悩む。「これを聞き、かれを聞くにも、心を迷はし一・く」〈盛衰記・四一〉❷苦心して考えをめぐらす。「君臣共に一・きて、呉王をうる事、二十ヶ年の春秋」〈曽我・五〉
肝を消・す　❶「肝を潰す」に同じ。「一・して周章てて逃出そうとすると」〈魯庵・破垣〉❷苦心する。心を尽くす。「心をくだき、一・しけるところに」〈太平記・一一〉
肝を据・える　覚悟を決める。腹を据える。
肝を潰・す　非常に驚く。
(類語)驚く・びっくりする・どきっとする・ぎくっとする・ぎょっとする・たまげる・仰天する・動転する・喫驚する・驚愕する・驚倒する・一驚する・驚嘆する・瞠目する・恐れ入る・あきれる・唖然とする・愕然とする・呆気にとられる・目を疑う・目を丸くする・目を見張る・息をのむ・腰を抜かす
肝を嘗・める　《「嘗胆」を訓読みにした語》ひどくつらい思いをする。➡臥薪嘗胆
肝を冷や・す　驚き恐れて、ひやりとする。
肝を焼・く　心を悩ます。苦慮する。

きも-いり【肝煎り｜肝入り】❶双方の間を取りもって心を砕き世話を焼くこと。また、その人。「新聞社の一で30年ぶりの対面がかなう」❷江戸幕府の職名。同職中の支配役・世話役。高家肝煎・寄合肝煎など。❸江戸時代、村役人をいう。庄屋・名主など。❹奉公人・遊女などを周旋すること。また、それを業とする人。「一は道々うそを言ひ含め」〈川柳評万句合〉(類語)世話・取り持ち・口利き・口入れ・口添え・仲立ち・斡旋・周旋・紹介・仲介

きもいり-やど【肝煎宿】奉公人などの周旋を職業とする家。口入れ屋。

きも-い・る【肝煎る】〔動ラ五(四)〕世話をする。取り持つ。「足下に婦人を一名一・って貰いたいのじゃが」〈魯庵・社会百面相〉

き-もう【起毛】〔名〕スル 布の表面の繊維を毛羽立たせること。ラシャ・フランネルなどで行う。

き-もう【▽欺×罔】〔名〕スル《「ぎもう」「きぼう」とも》❶人をあざむき、だますこと。「俗に一さるるを一盃を喰うと曰う」〈服部誠一・東京新繁昌記〉❷法律上、詐欺の目的で人をだまして錯誤に陥らせること。

きもう-き【起毛機】円筒にブラシ状の針金を取り付けた起毛用の機械。

きもう-きん【起毛筋】►立毛筋

きもう-とかく【亀毛×兎角】《亀の毛や兎の角は実在しないことから》ありえない物事のたとえ。

ギモーブ〖フランス guimauve〗マシュマロのこと。

きも-き・ゆ【肝消ゆ】〔動ヤ下二〕ひどく驚く。「我にもあらぬ気色にて、一・えみ給へり」〈竹取〉

キモグラフ〖kymograph〗►カイモグラフ

きも-ごころ【肝心】《「きもこころ」とも》心。たましい。正気。「一も失せて、防がんとするに力もなく足も立たず」〈徒然・八九〉

きも-さき【肝先】胸。また、こころ。「ぐっと一に徹えたのである」〈紅葉・二人女房〉

キモシン〖chymosin〗たんぱく質分解酵素の一。子牛などの胃液中に存在し、乳汁中のカゼインを凝固する酵素。レンニン。

きも-すい【肝吸い】ウナギの肝を入れてつくった吸い物。

きも-せい【肝精】尽力。骨折り。「死なれた母の一で、物も書き、縫ひ針、綿も摘む」〈浄・生玉心中〉
肝精焼・く　世話をやく。骨を折る。「いはれぬ一・かうより、町所家主を頼んで連れて帰りませう」〈浄・薩摩歌〉

きも-だま【肝玉｜肝▽魂】《「きもたま」とも》肝と魂。特に、物に動じない精神力。胆力。きもだましい。きもったま。「一が大きい」

きも-だましい【肝魂】《「きもたましい」とも》❶胆力。気力。きもだま。「貴嬢方御婦人に対うと一が縮んで」〈魯庵・社会百面相〉❷心。「一も身にそはず、あきれたるさまにて」〈平家・三〉

きも-だめし【肝試し】人が恐れる場所に行かせるなどして、度胸があるかどうかを試すこと。

き-もち【気持(ち)】❶物事に接したときに心にいだく感情や考え方。「一のこもった贈り物」「お一はよくわかります」❷ある物事に接したときに生じる心の状態。気分。感じ。「一のよい朝」「一の悪い虫」❸物事に対しての心の持ち方。心がまえ。「一を新たにする」「一を引きしめてかかる」❹からだの状態から生じる快・不快の感じ。気分。「一が悪く吐き気がする」❺相手に対する感謝の心や慶弔の意などを表す語。ふつう謙遜していうときに用いる。「ほんの一ですが」「一ばかりの品を送ります」❻(副詞的に用いて)ほんのわずか。「一長めに切る」
(用法)きもち・気分・ここち――「気持ち(気分、心地)がよい(悪い)」「すがすがしい気持ち(気分、心地)だ」のように、心の状態をいう場合には、相通じて用いられる。◆「気持ち」は心の状態だけでなく、考え方や考えの内容を表す。「どういうつもりなのか、彼の気持ちがわからない」の場合は、「気分」「心地」は使わない。◆「気分」は快・不快、明・暗などの心身の状態を中心に、「とりとめのない気分」「気分がすぐれない」「お祭り気分」「その場の気分を敏感に察する」など、ひろく漠然とした感じや雰囲気の表現にも及ぶ。◆「心地」は、「生きた心地がしない」「天にも上る心地」のような慣用表現として、また「住み心地」「乗り心地」のような熟語として用いられる。◆「気持ち(心持ち)右を向いてください」は、「気持ち」「心持ち」だけの用法。
(類語)想念・思念・念・感懐・感想・所懐・胸懐・心懐・胸中・心中・心事・心情・心境・感慨・万感・偶感・考え・思考・思索・一存・心持ち・心地・気分・思い・感情・気・機嫌・精神/(❻)心持ち・少し・少ない

きもつき-がわ【肝属川】鹿児島県、大隅半島中央部を流れる川。高隈山地御岳(標高1182メートル)の東斜面に源を発し、シラス台地の笠野原を迂回して志布志湾に注ぐ。長さ34キロ。上流部を鹿屋川ともいう。支流の串良川に高隈ダムが建設され畑地灌漑が行われている。下流部には沖積平野の肝属平野が広がる。

きもつき-さんち【肝属山地】鹿児島県、大隅半島南部に広がる山地。北東から南西に約56キロメートル、幅10〜14キロメートル続く。最高点は北東部に位置する甫与志岳の967メートル。山地中ほどの稲尾岳(標高930メートル)周辺には、世界的に貴重な暖帯林植生が原生林のまま残り、国指定天然記念物となっている。最南端の佐多岬周辺は霧島錦江湾国立公園に属する。

きもっ-たま【肝っ玉｜肝っ▽魂】「きもだま」の音変化。「一のすわった男」「一かあさん」(類語)度胸・胆力

き-もと【生×酛】清酒醸造に用いる酒母の一。

キモトリプシン〖chymotrypsin〗たんぱく質分解酵素の一。膵臓から分泌され、たんぱく質をペプチドまで加水分解する。

きも-なます【肝×膾】肝を切り刻んでなますにすること。また、そのなます。「わが心にかなはば、用ひん。かなはずは、一につくらん」〈宇治拾遺・一五〉
肝膾を作・る　《内臓を切り刻むほどの思いをする意》非常に心配する。気をもむ。「一・り、かたづを飲める者もあり」〈盛衰記・四二〉

き-もの【木物】生け花の花材で、松・梅・桜など木本類の総称。枝物。➡草物

き-もの【季物】その季節にふさわしい野菜・果物・魚など。季節物。

き-もの【着物】❶からだに着るものの総称。衣服。❷洋服に対して和服。特に長着。(類語)(❶)衣服・衣類・着衣・被服・衣装・装束・衣・お召物・衣料・ドレス・洋品/(❷)和服

キモノ-スリーブ〖kimono sleeve〗日本の着物の袖からヒントを得て作られた袖のこと。身頃と続きで裁った短い袖。

きも-ふと・し【肝太し】〔形ク〕大胆である。ずぶとい。「思量ありー・くして」〈今昔・二八・二三〉

きも-むかう【肝向かふ】〔枕〕心は腹中で向かいあっている肝の働きによるとする意から、「心」にかかる。「一心を痛み思ひつつ」〈万・一三五〉

き-もめん【生木綿】織りあげたままでさらしてない木綿。

き-もん【気門】昆虫・クモなど、気管で呼吸する節足動物の体の側面にある呼吸のための穴。気管に続く。各体節に一対ずつあるものが多い。呼吸門。

き-もん【奇問】奇抜な質問。変な出問。「難問一」

き-もん【記問】古書を読んでただ暗記しているだけで、その知識を活用しないこと。

き-もん【起文】「起請文」の略。

き-もん【鬼門】❶陰陽道で、邪悪な鬼が出入りするとして万事に忌み嫌われた艮(北東)の方角。また、その方角にあたる場所。❷行くと悪いことに出あう場所。また、苦手な人物や事柄。「あそこの家はどうも一だ」「数学は一だ」

き-もん【▽崎門】儒学者、山崎闇斎の門下。

き-もん【旗門】スキーの回転競技で、コースを指示するために立てられた一対の旗。

キモン〖Kimōn〗[前512ころ〜前449ころ]古代ギリシャのアテネの政治家・将軍。ペルシア海軍に大勝。キプロス遠征中に戦死。

ぎ-もん【疑問】❶うたがい問うこと。「一を発する」❷本当かどうか、正しいかどうか、疑わしいこと。また、その事柄。「学説に一をいだく」「本物であるかどうかは一だ」
(類語)(❶)質疑・質問・クエスチョン・問い・発問・設問・諮問・問答・問題/(❷)疑い・不審・疑義・疑念・疑団・懐疑・疑点・疑惑・疑心・猜疑・狐疑・半信半疑

きもん-かど【鬼門角】鬼門の方角。また、その方角にあたる場所。「此の家一なる事を気にかけ」〈浮・織留・四〉

ぎもんかなづかい【疑問仮名遣】語学書。2冊。文部省国語調査委員会編。前編は大正元年(1912)、後編は同4年刊。仮名遣いについて疑問のある291語について、学者の考説や室町時代以前の証例を示したもの。

ぎもん-し【疑問視】〔名〕スル 疑問に思うこと。疑わしく感じること。「制度の有効性を一する」

ぎもん-し【疑問詞】疑問文で疑問を表す語の総称。英語の疑問代名詞(who)・疑問副詞(when, why)など、ふつうインド-ヨーロッパ語の文法で使われる用語。日本語では、代名詞の「なに・だれ・いつ・どこ」、数詞の「いくつ・いくら」、副詞の「なぜ・どう」、連体詞の「どの・どんな」など、疑問として用いられる語をいうことがある。

ぎ-もんじょうしょう【擬文章生】平安時代、大学寮で詩文や歴史を学び、寮試に及第した者。文章生になるにはさらに試験があった。擬生。

ぎもん-だいめいし【疑問代名詞】インド-ヨーロッパ語の文法で、疑問の意を含む代名詞。英語のwho, what, whichなど。日本語では、不定称の代名詞「なに・どこ・どれ・だれ・どなた」などをいうことがある。

ぎもん-てん【疑問点】疑問に思うところ。「一を指摘する」

きもん-の-がく【記問の学】記問にしかすぎない学問。消化されずに自分のものとなっていない学問。

ぎもん-ふ【疑問符】疑問を表す「？」の符号。疑問文の終わりなどに用いる。クエスチョンマーク。俗に、はてなマークともいう。⇒感嘆符

ぎもん-ふくし【疑問副詞】インド-ヨーロッパ語の文法で、疑問の意を含む副詞。英語のwhen, whyなど。日本語では、「どう」「なぜ」など。

ぎもん-ぶん【疑問文】疑問や反語の意を表す形の文。日本語では、ふつう文中に疑問の副詞「いつ・なぜ・どの」や疑問を表す助詞を用いる。西欧語では、文末に疑問符「？」を付ける。

きもん-よけ【鬼門除け】鬼門の方角に神仏をまつり、災難を避けようとすること。うしとらよけ。

き-や【木屋】❶材木を貯蔵する小屋。❷材木、また薪を売る家。❸薪炭類を入れる小屋。

ぎや【祇夜】《梵 geyaの音写。応頌・重頌と訳す》十二部経の一。経文の中で、散文で述べたところを、もう一度韻文で述べる部分。

ギヤ〖gear〗▶ギア

きゃあ〔感〕女性や子供が、驚きや恐怖で発する語。「—と悲鳴を上げる」

ぎゃあ〔感〕恐ろしい目に遭ったり、突然深い傷を負ったりしたときなどに思わず発する語。

きゃあ-きゃあ〔副〕驚いたりこわがったり、また興奮して騒いだりする甲高い声を表す語。「人気歌手の登場に—(と)騒ぐ」

ぎゃあ-ぎゃあ〔副〕❶うるさく泣きわめく声を表す語。「火がついたように—(と)泣く」❷不平不満などをうるさく言いたてるさま。「—(と)文句を言う」

ギャウ〖アイスランド gjá〗アイスランド島を南北に走る大地の裂け目。北米プレートとユーラシアプレートの二つが生まれる境界部分となっており、毎年数ミリメートルずつ東西に広がっている。シンクベトリル国立公園内にあるアルマンナギャウが有名。⇒中央海嶺

ギャオ〖GyaO!〗日本の代表的なポータルサイトであるYahoo! JAPANが運営する動画配信サービス。平成21年(2009)、USENの子会社GyaOとYahoo! JAPANの両社が運営する動画配信サービスが統合。広告収入で運営され、映画、テレビドラマ、アニメ、音楽などを無料で配信する。有料サービスはGyaO!ストアで提供される。

ギャオ-ストア【GyaO!ストア】日本の代表的なポータルサイトYahoo! JAPANが運営する有料の動画配信サービス。平成21年(2009)、USENの子会社GyaOとYahoo! JAPANの両社が運営する動画配信サービスが統合。映画、テレビドラマ、アニメ、音楽などを配信。無料サービスはGyaO!で提供される。

きや-きや〔副〕スル ❶からだの一部がするどく痛むさま。「何か胸が—して、はらはらと落涙した」〈鏡花・高野聖〉❷危ぶんでひやひやするさま。「わしゃ危うて—する」〈浄・丹波与作〉

きゃく【客】㊀〔名〕❶訪ねてくる人。また、招かれてくる人。まろうど。「—をもてなす」❷料金を払って、物を買ったり、乗り物に乗ったりする人。顧客・乗客・観客など。「—の入りが悪い」❸旅人。また、止宿人。「不帰の—」❹主体または自分と対立するもの。客体。「月の題に大仏を詠み合せて大仏が主となり月が—となるとも」〈子規・俳句問答〉❺(多く「お客さん」の形で)㋐ある組織の中で、別格扱いされる人。㋑勝負事・商売などで、くみしやすい相手。❻月経のこと。㊁〔接尾〕助数詞。接待用の道具・器物を数えるのに用いる。「吸物椀五一」⇒漢「きゃく(客)」

(類語)(㊀❶)客人・来客・訪客・来訪者・訪問者・賓客・来賓・ゲスト・先客・珍客・弔客/(❷)花客・得意・クライアント・旅客・観衆・聴衆・お客様・一見

客が付・く　顧客があらわれる。買い手がつく。また、固定客をもつ。

客発句に亭主脇　連歌や連俳で、客に発句をよませ、主人が脇句をつけること。客に花をもたせることのたとえ。

客を・する　客を招いて、もてなす。「赤い飯を炊いて—するという相談が」〈漱石・こゝろ〉

客を取・る　芸者や遊女が客を迎えて相手をする。

客を引・く　❶遊びや宿泊の客を誘い寄せる。❷客を招き入れる。「父は…其処で食事をすれば睡眠もするし、客も引くという風で」〈上司・父の婚礼〉

きゃく【格】奈良・平安時代の律令の追加法令。律令の追加・修正の必要があるとき、詔勅・太政官符の形式で公布した。また、それを編集した書物。⇒漢「かく(格)」

きゃく【脚】㊀〔名〕「あし(脚)」❷㋑に同じ。「偏旁冠—」㊁〔接尾〕助数詞。机・椅子などの、あしのついた道具を数えるのに用いる。「机五一」⇒漢「きゃく(脚)」

き-やく【奇薬】不思議なほどよく効く薬。

き-やく【既約】数学で、分数の分母・分子が1以外の公約数をもたないこと。また、整数や整式が二つ以上の因数の積に分解できないこと。

き-やく【規約】団体内で協議して決めた規則。「組合—」「連盟—」

(類語)規則・きまり・規程・規定・規律・ルール・本則・総則・通則・細則・付則・定則・概則・おきて・定め・コード・規矩準縄・条規

ぎゃく【逆】〔名・形動〕❶物事の順序・方向などが反対であること。また、そのさま。さかさま。「立場が—になる」「—コース」⇔順。❷論理学で、ある命題の主語と述語を換位して得られる命題。「pならばqである」に対して「qならばpである」という形式の命題。最初の命題が真でも、逆命題は必ずしも真ではない。❸柔道で、関節技のこと。逆手。❹道理や道徳に反すること。また、そのさま。「朝廷の御為には…—に与する条理なし」〈染崎延房・近世紀聞〉⇒漢「ぎゃく(逆)」(類語)反対・あべこべ・逆様・裏腹・逆さ・裏返し・表裏・右左・上下・後ろ前

逆を取・る　❶柔道で、相手の手足の関節を反対に曲げる。❷相手の仕掛けを利用して逆に攻める。

ぎゃく【瘧】熱病の一。おこり。わらわやみ。

ギャグ〖gag〗❶演劇や映画で、本筋と直接関係なく客を笑わせるために入れるせりふや身振り。「—を入れる」❷冗談。しゃれ。「—が通じない」

ぎ-やく【偽薬】外観・味などは同じであるが、薬理効果のない乳糖・でんぷんなどや、他の標準薬で製した薬。二重盲検法に使用。プラシーボ。プラセボ。

ぎゃく-あく【逆悪】主君にそむくなど、道理や秩序に反する悪。

きゃく-あし【客足】商店や興行場などに客が集まること。また、その度合い。「—が遠のく」

きゃく-あしらい【客あしらい】客をもてなすこと。また、そのしかた。客扱い。「—がうまい」

(類語)応接・応対・接待・接客・人あしらい・客扱い

ぎゃく-アセンブラー【逆アセンブラー】機械語のプログラムを逆アセンブルするプログラム。

ぎゃく-アセンブル【逆アセンブル】《disassemble》機械語のプログラムを、アセンブリー言語(人間に理解しやすく記号化した言語)で書かれたプログラムに変換すること。ディスアセンブル。⇒逆アセンブラー

きゃく-あつかい【客扱い】〔名〕スル ❶「客あしらい」に同じ。「古い旅館で—に慣れている」❷客として扱うこと。「いつまでも—されては困る」❸鉄道で、旅客の輸送に関する業務。

(類語)応接・応対・接待・接客・人あしらい・客あしらい

きゃく-い【客衣】▶かくい(客衣)

きゃく-い【客位】❶主・客の関係からみて、客としての地位。かくい。⇔主位。❷客のいる上座の方向。⇔主位。

きゃく-い【客意】▶かくい(客意)

ぎゃく-い【逆位】染色体異常の一。染色体上の遺伝子の配列順序が部分的に逆転したもの。

ぎゃく-い【逆意】謀反を起こそうとする心。逆心。

ぎゃくイールド-じょうたい【逆イールド状態】《イールドは、yield(利回り・利益の意)》短期金利が長期金利を上回っている状態。

きゃく-いじり【客弄り】漫才などの芸で、特定の観客と会話したり、舞台に上げたりして巻き込むこと。

ぎゃく-いでんがく【逆遺伝学】特定の遺伝子を選択的に破壊・欠失させて、生体への影響や遺伝子の機能を解析すること。従来の遺伝学では、まず生物の形質に注目し、その原因となる遺伝子を特定するが、遺伝子工学やDNA解析技術の発展によって、特定の遺伝子を改変し、それによって個体にどのような表現型が現れるか調べることが可能になった。ノックアウトマウスは逆遺伝学の手法で作られたヒト疾患モデル動物で、さまざまな研究に利用される。

きゃく-いん【客員】団体や組織で、正式の構成員ではなく、客分として遇されている人。かくいん。「—教授」

きゃく-いん【脚韻】詩歌で、句末・行末に同音の語をおくこと。漢詩では一定の句末に同一の韻字を用い、西洋の詩では近接する行末に同一音ないし類似音をそろえる。「—を踏む」⇒頭韻

きゃく-うけ【客受け】商店や興行物などに対する客の印象や評判。「—のする出し物」

ぎゃく-うち【逆打ち】四国八十八箇所巡礼で、香川県さぬき市の第88番札所大窪寺を出発して四国を左回りに、徳島県鳴門市の第1番札所霊山寺へと巡ること。⇒順打ち (補説)閏年に逆打ちをすると巡礼3回分の御利益がある、また、弘法大師と会えるなどの言い伝えがある。

ぎゃく-うらがき【逆裏書】▶戻り裏書

ぎゃく-うん【逆運】思いどおりにいかない運命。不運。「—を嘆く」

きゃく-えん【客演】〔名〕スル 俳優や音楽家などが、自分の所属していない団体に招かれて出演すること。「人気俳優の—で話題を呼んだ公演」「—指揮者」

ぎゃく-えん【逆縁】❶仏語。悪行がかえって仏道に入る機縁となること。⇔順縁。❷親が子の死をとむらったり、敵対していた者などのために仏事をしたりすること。⇔順縁。

ぎゃく-えんきんほう【逆遠近法】絵画の構図法で俯瞰図法の一。画面の奥に向かう線を末広がりに表したり、後方の物を前方の物より大きく描いたりする方法。東洋画にみられる。

ぎゃくえん-こん【逆縁婚】婚姻形態の一。配偶者の一方が死んだ場合、死んだ配偶者の兄弟または姉妹と再婚すること。

きやくがた-きぎょうねんきん【規約型企業年金】確定給付型企業年金の一種。労使が合意した年金規約に基づいて企業が生命保険会社・信託会社などの外部機関と契約、年金資金の管理・運用を任せるもの。⇒基金型企業年金

ぎゃく-がって【逆勝手】❶床の間で向かって右に本床、左に床脇棚があるもの。左勝手。⇔本勝手。❷茶の湯で、客が主人の左手に座るかたちの茶席。また、その場合の点前。道具の置き方や、点前の方法が一部逆になる。左勝手。さかがって。⇔本勝手。❸生け花で、客位が花に向かって左側にある花型。光線が左側から入る席で生けられる。左勝手(池坊では右勝手)。⇔本勝手。

ぎゃく-かわせ【逆為替】為替決済方式の一。債権者が相手からの送金を待たず、債務者を支払人とする手形を振り出し、銀行にこれを売り渡すことで代金を取り立てること。輸出入の代金決済に用いられる。取立為替。⇒送金為替

ぎゃく-かん【逆換】▶戻換

ぎゃく-かんすう【逆関数】関数$y=f(x)$のxとyとを入れ換えて得られる関数$x=f(y)$のこと。$y=f^{-1}(x)$と表す。

ぎゃく-きでんりょく【逆起電力】❶回路の電流の変化に伴い、この変化を打ち消す向きに生じる起電力。❷電気分解で、電極反応によって生じた物質が電極に付着し、本来の電極反応を妨げる向きに生じる起電力。

ぎゃく-きょう【逆境】▶ぎゃっきょう

ぎゃく-ぎょうれつ【逆行列】数学で、行列Aについて、$AX=E$を満たす行列Xのこと。A^{-1}と書く。

ぎゃく-ぎれ【逆切れ】〔名〕スル なだめている人、または、怒られている人が、かっとなって怒りだしてしまうこと。⇒切れる❼

きゃく-ぐう【客×寓】▶かくぐう(客寓)
ぎゃく-ぐう【虐遇】〔名〕スル 残酷に扱うこと。虐待。「主人が嫉妬から女を一する」〈鷗外・ヰタ-セクスアリス〉
ぎゃく-くく【逆九九】大きな数を被乗数、小さな数を乗数とする九九。二一(にいち)が二、三二(さんに)が六の類。
ぎゃく-けい【虐刑】残虐な刑罰。
ぎゃく-げん【逆元】二つの要素の演算の結果が単位元となるとき、一方の要素から見た他方をさす語。加法では0が単位元で、ある数 a の逆元は $-a$、乗法の単位元は1で a の逆元は $1/a$。
きゃく-ご【客語】文法上、他動詞の動作・作用の受け手を表す語。広義には補語などを含めていうことがある。目的語。客辞。
ぎゃく-こう【逆光】─クヮウ ▶ぎゃっこう
ぎゃく-こう【逆行】─カウ〔名〕スル▶ぎゃっこう
ぎゃく-こうか【逆効果】─カウクヮ ▶ぎゃっこうか
ぎやく-こうか【偽薬効果】─カウクヮ 偽薬(プラセボ)の投与によってみられる治癒効果。薬物そのものの効能ではなく、投薬された安心感や医師への信頼などの心理作用によって症状が改善する状態をいう。プラセボ効果。プラシーボ効果。➡二重盲検法
ぎゃくこうせい-けんぼう【逆行性健忘】ギャクカウセイケンバウ ▶ぎゃっこうせいけんぼう
ぎゃく-こうせん【逆光線】─クヮウセン ▶ぎゃっこうせん
ぎゃく-コース【逆コース】▶ぎゃっコース
ぎゃく-コンパイラー【逆コンパイラー】逆コンパイルするためのソフトウエア。機械語のプログラムを、元のソースコードに変換する。デコンパイラー。
ぎゃく-コンパイル【逆コンパイル】機械語のプログラムを、元のソースコードに変換すること。デコンパイル。➡逆コンパイラー
きゃく-ざ【客座】❶来客のための座席。❷囲炉裏(いろり)に向かって客のすわる座席。横座(主人の席)のわきで入り口に近い座。向かい座。
ぎゃく-ざい【逆罪】仏語。理にそむく、きわめて重い罪。五逆罪などがあり、無間(むけん)地獄に落ちる罪とされる。無間業。
きゃく-ざしき【客座敷】来客をもてなすための座敷。客間。
ぎゃく-さしね【逆指(し)値】❶株式や為替などで、保有するポジションに損失が生じたときにそれを確定させ、拡大するのを防ぐための指し値。また、その注文。ストップロス-オーダー。損切りライン。❷株式や為替などで、新規のポジションを持つときの指し値の一つ。多く、ボックス圏相場が終わり上下に抜けると予想されるときに、ボックス圏の底より下がったら売り、天井より上がったら買いの注文を出すために使う。
ぎゃく-さつ【虐殺】〔名〕スル むごたらしい方法で殺すこと。「捕虜を一する」
(類語)惨殺・殺戮(さつりく)・なぶり殺し・皆殺し
ぎゃく-ざや【逆×鞘】❶株式相場で、当然高くてよい銘柄が安く、当然安くてよい銘柄が高いこと。⇔順鞘(じゅんざや)。❷中央銀行(日本では日本銀行)の基準割引率および基準貸付利率(公定歩合)が市中銀行の貸出金利を上回ること。またその差。⇔順鞘。❸資金が調達時よりも運用利回りの低下によって下回り、損失が出る状態。⇔順鞘。❹食糧管理制度のもとで、米・麦の政府売渡価格が政府買入価格より安い状態。
ぎゃく-さん【逆算】〔名〕スル ❶逆の順序で、さかのぼって計算すること。「年齢から生年を一する」❷ある計算法とは逆の計算法。加法に対する減法など。
(類語)勘定・計算・運算・演算・加減乗除・算術・算出・算定・概算・試算・見積もり・指折り
ぎゃく-ざん【逆産】胎児が頭からではなく、足から産まれること。逆子(さかご)。
ぎゃく-さんかくかんすう【逆三角関数】─サンカククヮンスウ 三角関数の逆関数。例えば、正弦関係 $y=\sin x$ の逆関数は $\sin y=x$ で、これを $y=\sin^{-1}x$ または、$y=\arcsin x$ と書き、アークサイン x と読む。
ぎゃく-さんかくけい【逆三角形】底辺が上に、頂点が下に位置する三角形。
きゃく-し【客死】〔名〕スル ▶かくし(客死)
きゃく-し【客思】▶かくし(客思)
きゃく-じ【客辞】▶客語(きゃくご)
ぎゃく-し【虐使】〔名〕スル 無慈悲にこき使うこと。酷使。「心を一すること」〈嘉村・秋立つまで〉
きゃく-しき【▽格式】❶律令を補足・修正するための法令。格(きゃく)と式。かくしき。「弘仁一」➡格(きゃく) ➡式 ❷▶かくしき(格式)❶
きゃく-しつ【客室】❶旅館などで、客を泊めるための部屋。また、列車・飛行機などの、乗客を乗せる部分。「一係」「一乗務員」❷客間(きゃくま)。客座敷。
(類語)応接室・応接間・客間
きゃく-しつ【脚質】競馬・競輪で、競走馬や選手のレースの進め方の特徴。逃げ・先行・差し脚・追い込みなどと分ける。
ぎゃく-しつ【×瘧疾】「瘧(おこり)」に同じ。
きゃくしつ-じょうむいん【客室乗務員】─ジョウムヰン 列車・飛行機・船舶などの中で、乗客の世話をする人。特に、旅客機でサービスを行う人についていう。(補説)旅客機の客室乗務員は、フライトアテンダントまたはキャビンアテンダントともいう。以前は女性乗務員をスチュワーデス、男性乗務員をスチュワードとも呼んだ。
ぎゃく-しめい【逆指名】〔名〕スル ❶指名される側の者が、逆に相手を指名すること。❷プロ野球で、選手が希望するチームに入団できる制度。平成5年(1993)に導入され、「自由獲得枠制度」「希望入団枠制度」に変更の後、同19年に廃止された。逆指名制度。
きゃく-しゃ【客車】鉄道で、乗客を乗せるための車両。かくしゃ。
きゃく-しゃ【客舎】▶かくしゃ(客舎)
ぎゃく-しゃぞう【逆写像】─シャザウ 数学で、集合 M から集合 N への写像 f で M の要素 x に対して N の要素 y が対応するとき、y に対して x を対応させた写像。
きゃくしゃ-びん【客車便】旅客列車で小荷物を輸送すること。また、その小荷物。
ぎゃく-しゅ【逆取】〔名〕スル 正しくない手段によって取ること。
ぎゃく-しゅ【逆修】仏語。❶煩悩に身を任せ、真理から遠ざかること。⇔順修。❷生前に、自分の死後の冥福(めいふく)のために仏事をすること。予修(よしゅ)。逆善。逆修善。❸年老いた者が、年若くして死んだ者の冥福を祈ること。❹生前に、墓石に戒名を刻むこと。朱書きとする。また、その戒名。逆修の朱。
きゃく-しゅう【客愁】─シウ ▶かくしゅう(客愁)
ぎゃく-しゅう【逆襲】─シフ〔名〕スル 攻撃されて守勢に立っていた者が、勢いを転じて逆に相手を攻撃すること。「一に転じる」(類語)反撃・反攻
ぎゃくしゅ-じゅんしゅ【逆取順守】《「史記」陸賈伝から》道理にそむいた方法で天下を取り、道理にかなった方法でそれを守ること。
ぎゃく-じゅん【逆順】❶道理にそむくことと、従うこと。順逆。❷逆の順序。
きゃく-しょう【客星】─シャウ ▶かくせい(客星)
きゃく-しょう【客将】─シャウ ▶かくしょう(客将)
きゃく-じょう【客情】─ジャウ ▶かくじょう(客情)
ぎゃく-じょう【逆上】─ジャウ〔名〕スル 激しい怒りや悲しみなどのために、頭に血が上ること。分別をなくし取り乱すこと。「一して刃物をふるう」
(類語)興奮・激昂(げきこう)・激昂(げっこう)・上気・熱狂・熱中・高揚・感奮・激発・エキサイト・フィーバー (一する)高ぶる・のぼせる・激する・かっとなる・いきり立つ・逸(はや)り立つ・わくわくする・ぞくぞくする・どきどきする
きゃくしょう-そくもう【▽隔生即▽忘|▽隔生則▽忘】キャクシャウソクマウ 仏語。人がこの世に生まれ変わるとき、前世のことは忘れ去るということ。
きゃく-しょうばい【客商売】─シャウバイ 旅館・飲食店など、客のもてなしを主とする商売。
きゃく-しょく【脚色】〔名〕スル《芝居の仕組み、筋書の意から》❶小説や事件などを舞台・映画・放送で上演できるように脚本にすること。「自伝を一したテレビドラマ」❷事実をおもしろく伝えるために粉飾を加えること。「話に多少一した部分もある」(類語)劇化
きゃく-しん【客心】▶かくしん(客心)

漢字項目 きゃ

【×伽】▶か
【脚】▶きゃく

漢字項目 きゃく

【▽格】▶かく

却 音キャク漢　訓しりぞく、しりぞける、かえって ‖ ①その場から後ろに引き下がる。しりぞく。「退却」②差し出したものを引っこませる。しりぞける。「却下/棄却」③除き去る。「消却・焼却・脱却・売却・返却」④すっかり…してしまう。「閑却・困却・忘却・冷却」(補説)「卻」は異体字。(難読)却説(かえって/さて)

客 学3　音キャク呉　カク漢　訓まろうど ‖ ㊀〈キャク〉①他人の家を訪れる人。招かれる人。「客人・客間/先客・弔客・珍客・賓客・来客」②旅。旅人。「客死・客舎」③料金を払う利用者。「客車・客席/観客・上客・乗客・船客・浴客・旅客」④本来のことではなく、一時的なこと。「客員・客演」⑤主体・主観に対して外部にあること。「客観・客体」㊁〈カク〉①㊀の①に同じ。「主客」②㊀の②に同じ。「客死・客舎/過客・孤客」③㊀の③に同じ。「旅客」④人。人士。「侠客(きょうかく)・剣客・刺客・酒客・政客・俗客・墨客・論客」⑤過ぎ去ったこと。「客歳・客年・客臘(かくろう)」(補説)㊀㊁とも「キャク」「カク」両用する場合も多い。(名付)ひと・まさ

脚 音キャク漢　キャ唐　カク呉　訓あし ‖ ㊀〈キャク〉①ひざから下の足。転じて、足全体。「脚下・脚部・脚力/健脚・双脚・馬脚・飛脚」②ある範囲の下側。「脚韻・脚注/山脚」③支えとなるもの。物事の根拠。「三脚・橋脚・失脚・立脚」④漢字の組み立てで、下部に付く部分。「偏旁冠脚(へんぼうかんきゃく)」⑤芝居のための下書き。「脚色・脚本」㊁〈キャ〉あし。「脚立(きゃたつ)・脚絆(きゃはん)/行脚(あんぎゃ)」㊂〈あし〉「雨脚・日脚・船脚」(補説)「腳」は異体字。(難読)鴨脚樹(いちょう)・脚気(かっけ)

漢字項目 ぎゃく

虐 音ギャク呉漢　訓しいたげる ‖ むごい扱いをする。「虐殺・虐政・虐待/残虐・嗜虐(しぎゃく)・自虐・暴虐」

逆 学5　音ギャク呉　ゲキ漢　訓さか、さからう ‖ ㊀〈ギャク〉①本来の方向・事態などと反対である。「逆境・逆行・逆転・逆風・逆流・逆輸入/可逆」②支配や命令にさからう。正道にそむく。「逆心・逆賊/悪逆・横逆・弑逆(しいぎゃく)・大逆・反逆」③さかのぼる。「逆上/吃逆(きつぎゃく)」㊁〈ゲキ〉①普通とは方向が反対である。「逆鱗(げきりん)」②出迎える。「逆旅」③前もって。「逆睹(げきと)」㊂〈さか〉「逆子・逆夢」(難読)吃逆(しゃっくり)・逆上(のぼ)せる

×**謔** 音ギャク慣　キャク漢　訓たわむれる ‖ おどける。たわむれる。たわむれ。「諧謔(かいぎゃく)」

きゃく-しん【▽隔心】「かくしん(隔心)」に同じ。「傍輩も是に一ある体(てい)に見えける間」〈太平記・二二〉
きゃく-じん【客人】客として来ている人。
(類語)客・来客・訪客・来訪者・訪問者・賓客・来賓・まろうど・ゲスト・先客・珍客・弔客
きゃく-じん【客神】「まろうどがみ(客神)」に同じ。
ぎゃく-しん【逆心】主君に背く心。謀反の心。逆意。「一をいだく」
ぎゃく-しん【逆臣】主君に背く家来。君主を殺した臣下。げきしん。
ぎゃく-シングル【逆シングル】野球で、グラブを利き手の反対方向に出して、片手で打球を捕らえる動作。バックハンドキャッチ。
きゃくじん-ごんげん【客人権現】滋賀県大津市の日吉山王の祭神。商家で、客足の多くなることを祈願して祭る。

ぎゃくしん-せい【逆進性】それぞれが逆の方向に進む傾向。例えば、消費税率が上がると低所得者ほど収入に対する食料品などの生活必需品購入費の割合が高くなり、高所得者よりも税負担率が大きくなるということ。
ぎゃくしん-ぜい【逆進税】課税標準の増加に伴って税率がしだいに低くなる税。累減税。⇒累進税
ぎゃくしん-の-げんり【逆進の原理】光が進む途中に鏡を置くと、光がもと来た進路に沿って戻っていくという原理。
ぎゃく-すい【逆水】逆流する水。大水などの際に、本流から支流に流れ込む水。
ぎゃくすいりょく-そうち【逆推力装置】飛行機の着陸時に、エンジンのガスの流れを逆方向に変えてブレーキの働きをさせる装置。
ぎゃく-すう【逆数】ある数との積が1となる数。2の逆数は$\frac{1}{2}$、$\frac{1}{3}$の逆数は3。反数。
きゃく-ずき【客好き】❶客が来るのを喜び、好むこと。また、その人。「―の一家」❷客に好かれること。「―のする雰囲気」
きゃく-すじ【客筋】❶その店に来る客の傾向・種類。客種(きゃくだね)。「―のよい店」❷商売上の客。得意先。「―からの注文」[類語]客種・客層
きゃく-せい【客星】▶かくせい(客星)
ぎゃく-せい【虐政】人民を苦しめるむごい政治。
[類語]悪政・苛政・暴政・圧政・軍政
ぎゃくせい-せっけん【逆性石×鹸】普通のものとは逆に、水中で陽イオンとなり、その部分が界面活性作用をもつ石鹸。洗浄作用は弱いが、強い殺菌力とたんぱく質沈殿作用があり、医療消毒などに用いられる。陽性石鹸。
きゃく-せき【客席】劇場などの客の座席。
[類語]席・座・座席・場席(ばせき)・空席・定席(じょうせき)・座所・居所・シート
ぎゃく-せつ【逆接】二つの文または句の接続で、上に述べたことから予想される以外の結果が示される関係を、あえて結びつける場合をいう。例えば、「雨が降る」と「運動会を行う」の文で、接続助詞「ても」または接続詞「しかし」を用いて、それぞれ「雨が降っても運動会を行う」とか「雨が降る。しかし、運動会を行う」などとする類。⇔順接(じゅんせつ)。
ぎゃく-せつ【逆説】❶一見、真理にそむいているようにみえて、実は一面の真理を言い表している表現。「急がば回れ」など。パラドックス。❷ある命題から正しい推論によって導き出されているようにみえながら、結論で矛盾をはらむ命題。逆理。パラドックス。❸事実に反する結論であるにもかかわらず、それを導く論理的過程のうちに、その結論に反対する論拠を容易に示しがたい論法。ゼノンの逆説が有名。逆理。パラドックス。
ぎゃくせつ-すいみん【逆説睡眠】▶レム睡眠
ぎゃくせつ-てき【逆説的】[形動]真理にそむくようであるが、実際には真理をついているさま。また、普通とは反対方向から考えを進めるさま。「―に言えば」
きゃく-せん【客船】旅客輸送用の船。旅客船(りょかくせん)。かくせん。
きゃく-せん【脚線】脚の輪郭の線。
きゃく-ぜん【客膳】客に出す食事。また、その膳。
ぎゃく-ぜん【逆善】「逆修(ぎゃくしゅ)❷」に同じ。
ぎゃく-せんでん【逆宣伝】[名]スル ❶相手の宣伝を逆に利用して、相手が不利になるような宣伝をし返すこと。また、その宣伝。❷意図した効果とは逆の宣伝効果が現れてしまった宣伝。
きゃくせん-び【脚線美】女性の脚の輪郭が表す曲線の美しさ。
きゃく-そう【客窓】▶かくそう(客窓)
きゃく-そう【客僧】❶旅の僧。旅僧。かくそう。❷他の寺に身を寄せている僧。また、法談などのため招かれた僧。かくそう。
きゃく-そう【客層】顧客になる人たちの階層。性別・年齢・職業・所得などによって区分する。
[類語]客種・客筋
ぎゃく-そう【逆走】[名]スル ❶逆の方向に走ること。特に、高速道路などの一方通行の道で、本来とは逆方向に車を走らせること。❷ヨットなどが風上に向かって進むこと。「―性能」⇒縦帆 ❸事態が、順当な動き、予想または期待された動きと反対の方向に動くこと。「改革に―の兆候がうかがえる」
[類語]逆流・逆行・あと戻り・あとずさり・逆戻り・後進・後退・退歩・退行・遡行
ぎゃく-そう【逆送】[名]スル ❶送り返すこと。「郵便物を差出人に―する」❷少年法で、家庭裁判所に送致された少年事件を再び検察官に戻すこと。死刑・懲役・禁錮にあたる事件について、刑事処分を必要と認める場合にこの手続きがとられる。
[類語]返送・転送・回送・送還
ぎゃく-ぞく【逆賊】主君に背く者。謀反をなす者。
[類語]凶漢・凶賊・奸賊(かんぞく)
きゃく-たい【却退|×卻退】[名]スル 後退すること。退歩すること。「在昔に比較すれば更に数歩―せり」〈津田真道・明六雑誌四二〉
きゃく-たい【客体】❶主体の認識・行為などの対象となるもの。かくたい。⇔主体。❷意識から独立して存在する外界の事物。客観。かくたい。
ぎゃく-たい【虐待】[名]スル むごい扱いをすること。「動物を―する」[類語]迫害・暴行・乱暴・アウトレージ
きゃく-だたみ【客畳】茶室で、客の座る畳。
きゃく-だね【客種】店・興業場などに来る客の種類。客筋(きゃくすじ)。客層。「―が変わる」[類語]客筋・客層
ぎゃく-たま【逆玉】「逆玉の輿」の略。
ぎゃく-たまのこし【逆玉の×輿】普通の男性が、財産地位のある女性と結婚すること。逆玉。
きゃく-たんか【客単価】客一人当たりが、一回の買い物、飲食などで支払った平均金額。「ネットショップで―を上げる方法」
ぎゃく-だんそう【逆断層】傾斜した断層面に沿って、上盤が下盤に対してずり上がった断層。衝上(しょうじょう)断層。⇔正断層。
ぎゃく-たんち【逆探知】[名]スル 電話や電波で、受信場所から逆に回線などをたどって発信元をつきとめること。「犯人からの電話を―する」
きゃく-ちゅう【脚注|脚×註】書物などの本文の下に付された注。フットノート。⇔頭注。
[類語]注・小書き・割り書き・割り注
ぎゃく-ちょう【逆潮】船の進行方向または風向きと反対方向に流れる潮流。⇔順潮。
ぎゃく-ちょう【逆調】調子が悪いこと。物事が順調にはかどらないこと。
ぎゃく-づけ【逆付け】連歌・俳諧で、付句から前句へと意味が通じるような句の付け方。後ろ付け。
きゃく-づとめ【客勤め】[名]スル 商売として客の相手をすること。
ぎゃく-て【逆手】❶柔道などで、相手の腕の関節を逆に曲げる技。❷相撲で、禁じ手のこと。❸相手の攻撃をそらし、逆にそれを利用して攻め返すこと。また、ある状況などに対して、ふつう予想されるのとは反対の方法で応じること。さかて。「不利な条件を―に取る」❹物の持ち方や握り方が普通とは逆であること。さかて。⇔順手。
ぎゃく-ていとうゆうし【逆抵当融資】▶リバースモーゲージ
ぎゃく-てがた【逆手形】▶戻(もど)り手形
きゃく-でん【客殿】貴族の家や寺院などで、客を接待するために造られた建物。または、広間。
ぎゃく-てん【逆転】[名]スル ❶それまでとは反対の方向に回転すること。逆回転。「スクリューを―させる」❷事の成り行きなどがそれまでとは反対になること。「形勢が―する」「―勝ち」
[類語]転回・裏返す・ひっくり返す・覆す・翻す・倒す・跳ね返す・転覆・逆様
ぎゃくてん-がち【逆転勝ち】スポーツなどで、形勢の悪かった方が、逆転して勝利すること。「―を収める」
ぎゃくてん-こっかい【逆転国会】▶ねじれ国会
ぎゃく-てんしゃこうそ【逆転写酵素】転写とは逆に、RNAの塩基配列を鋳型としてDNAを合成する酵素。レトロウイルス中に存在。遺伝子操作で伝令RNAからサイクリックDNAを合成するときに利用される。
ぎゃくてん-そう【逆転層】通常とは逆に、気温が上空ほど高くなっている大気の層。風のない晴れた夜に地表近くに形成され、また沈降する気流などによって上空にでき、スモッグなどが拡散しにくくなる。
ぎゃくてん-まけ【逆転負け】スポーツなどで、形勢のよかった方が、逆転されて敗戦すること。「―を喫する」
きゃく-ど【客土】❶耕地の土壌改良のため、他から性質の異なる土を運んで混入すること。また、その土。いれつち。かくど。❷旅先の土地。かくど。
ぎゃく-と【逆徒】主君に背いて謀反を起こした者たち。反徒。逆党。げきと。
ぎゃく-と【逆×睹】[名]スル《「逆」はあらかじめ、「睹」は見る意》物事の結末をあらかじめ推測すること。予測。げきと。「前途は―しがたい」
きゃく-とう【脚湯】両足だけを湯にひたしてあたためる温浴法。また、その湯。あしゆ。
ぎゃく-とう【逆党】「逆徒(ぎゃくと)」に同じ。
ぎゃく-どう【逆胴】剣道で、相手の左胴を打つこと。通常は右胴を打つが、相手が左片手横面または片手突きにきた場合に、右前に出るか左うしろに下がりながら行う。
ぎゃく-とく【▽獲得】[名]スル「かくとく(獲得)」の、真宗での読みくせ。
きゃく-どめ【客止(め)】[名]スル 劇場などで、満員のために客の入場を断ること。札止(ふだど)め。「満員―」
ぎゃく-の-みねいり【逆の峰入り】修験道の行者が大峰入りをするときに、吉野から入って熊野に出ること。真言系当山派の入山のしかた。[季 夏]⇔順の峰入り。
ぎゃく-のれんだい【逆▽暖×簾代】企業買収で、買収される会社の純資産より低い価格で買収した場合の差額をいう。買収した会社の営業外収益となる。⇒暖簾代
ぎゃく-ばり【逆張り】取引で、人気のよいときに売り、悪いときに買うこと。⇔順張り。
ぎゃく-ひ【逆比】▶反比(はんぴ)
きゃく-ひき【客引き】[名]スル 旅館・バー・キャバレーなどで、客を誘い入れること。また、それを仕事とする人。客取り。[類語]宿引き・ぽん引き
ぎゃく-びき【逆引き】辞典で、綴りの末字から逆順に引けるようにしてあること。「―辞典」
ぎゃく-ひぶ【逆日歩】株式の信用取引・貸借取引で、貸株残高が融資残高よりも多いときに、株を借りている売り方が支払う品貸料。品貸料。⇔順日歩。
ぎゃく-ひれい【逆比例】▶反比例(はんぴれい)
きゃく-ふ【脚夫】❶「運脚(うんきゃく)」に同じ。❷荷物運送などに当たる労働者。❸郵便配達人の古い言い方。
きゃく-ぶ【客部】文中で、客語とそれを修飾する修飾語からなる部分。
きゃく-ぶ【脚部】脚(あし)の部分。
ぎゃく-ふう【逆風】❶進行方向から吹いてくる風。向かい風。「―をついて出港する」⇔順風。❷不利な状況。進行を妨げる出来事。「年金問題が参院選で与党の―となる」⇔追い風。
きゃく-ぶん【客分】客として扱うこと。また、その扱いを受ける人。「―としての待遇」
きやく-ぶんすう【既約分数】分母と分子に1以外の公約数がなくて、それ以上に約分できない分数。
ぎゃくぼうえん-レンズ【逆望遠レンズ】▶レトロフォーカスレンズ
きゃく-ほん【脚本】演劇や映画などの仕組み・舞台装置、俳優のせりふ・動作などを記したもの。台本。本。映画・放送ではシナリオともいう。
[類語]台本・戯曲・シナリオ・オリジナル
きゃくほん-か【脚本家】脚本を書く人。シナリオライター。
きゃく-ま【客間】来客を応接する部屋。客室。
[類語]応接間・応接室・客室

きゃく-まち【客待ち】〔名〕スル タクシーなどが、客の来るのを待つこと。「深夜タクシーが―する一画」
ギャグマン〖gagman〗映画・演芸などのギャグの作者。または、そのギャグを演じる人。
ぎゃく-みょう【逆名】ミャウ 生前につけておく戒名。
ぎゃく-モーション【逆モーション】❶野球などで、動きだそうと構えた方向と反対の側に球が来て、逆の動きを強いられること。❷映画などのトリック撮影の一。撮影した齣こまの順序を逆に焼き付けるもの。屋根から飛び降りるところを写して、屋根へ跳び上がる場面にするなど。
ぎゃく-もどり【逆戻り】〔名〕スル 再びもとの場所・状態に戻ること。「話し合いが―する」
類語 逆行・逆流・逆走・あと戻り・あとずさり・後進・後退・退歩・退行・遡行
ぎゃく-もんだい【逆問題】《inverse problemの訳語》ある現象に着目し、結果や応答(出力)から原因(入力)を推定する解析方法。部分的・間接的に得られた情報や境界条件、誤差を含む観測値から、その現象を支配する方程式や数理モデルを決定することを指す。非破壊検査、重力探査、各種CTをはじめ、工学・理学・医療などの分野で応用。⇔順問題。
きゃく-ゆう【客遊】イウ〔名〕スル 他郷・他国に旅をすること。かくゆう。
ぎゃく-ゆしゅつ【逆輸出】〔名〕スル ❶海外に進出した企業の工場で生産した製品を、本国に輸出すること。❷一度輸入した物をまたその国へ輸出すること。広く、技術・文化などについてもいう。
ぎゃく-ゆにゅう【逆輸入】ニフ〔名〕スル 一度輸出した物を再び輸入すること。技術や文化にもいう。
きゃく-よう【客用】客のために備えておくこと。また、そのもの。「―の寝具」
ぎゃく-よう【逆用】〔名〕スル そのもの本来の目的とは逆のことに利用すること。「法を―した行為」
きゃく-よせ【客寄せ】商店や興行などで、客を集めること。「―のためのショー」類語 人寄せ・人集め
きゃくよせ-パンダ【客寄せパンダ】►人寄せパンダ
きゃく-らい【客来】客が訪ねてくること。「表の門ががらがらとあく、―かと思うとそうでない」〈漱石・吾輩は猫である〉
ぎゃく-らん【逆乱】謀反による争乱。げきらん。
ぎゃく-り【逆理】►逆説
きゃく-りき【脚力】❶►きゃくりょく❶ ❷「かくりき(脚力)」に同じ。「宇佐大宮司公通が―とて六波羅に着く」〈盛衰記・二六〉
ぎゃく-りゅう【逆流】リウ〔名〕スル 普通とは逆の方向に流れること。また、その流れ。「河水が―する」
類語 逆行・逆走・あと戻り・逆戻り・退歩・遡行
ぎゃくりゅうせい-しょくどうえん【逆流性食道炎】ギャクリウセイショクダウエン 胃液が逆流して食道に起こる炎症。ひどい胸焼け、胸痛、喉に酸っぱい液が上がって来るなどの症状がある。食道下部の括約筋がゆるむ、食道の動きが鈍るなどが原因。同じ症状で炎症がみとめられないものを含めて胃食道逆流症という。
ぎゃく-りょ【逆旅】►げきりょ(逆旅)
きゃく-りょく【脚力】❶歩いたり走ったりする足の力。きゃくりき。❷►かくりき(脚力)
ぎゃく-る【逆流】仏語。生死輪廻の流れに逆らって、悟りへの道におもむくこと。⇨順流じゅんる
ギャグル〖gaggle〗❶《ガチョウなどのがあがあ声の意》騒々しい一団。❷(アメリカで)政府高官などが、カメラを入れないで記者からの質問を受けること。また、そのような取材方法。
ぎゃく-れん【逆×蓮】蓮華を逆さに伏せた形の装飾。唐様の高欄で親柱の頭部に用いる。さかばす。
ぎゃく-ろう【逆浪】ラウ さかまく波。さかなみ。げきろう。
ぎゃく-ろう【×謔浪】ラウ〔名〕スル たわむれふざけること。「客と共に―した玄機は」〈鴎外・魚玄機〉
きゃく-ろじ【客路地】ヂ 料理屋などで、客を通すために設けた通路。
キャザー〖Willa Sibert Cather〗[1873〜1947]米国の女流小説家。地方の自然を背景に開拓者の生活を描いた。代表作「おお、開拓者よ!」「私のアントニーア」など。
ギャザー〖gather〗布を縫い縮めて寄せるひだ。
類語 ひだ・プリーツ・ダーツ
ギャザリング〖gathering〗❶集会。集合。集めたもの。❷オンラインショップにおける販売方法の一。購入希望者の人数によって商品の価格が変動するもの。希望者数が多いほど単価が安くなる。商標名。
きや-し【木屋師】山中で伐採した丸太を人力で川まで運び出す専門職人。
ギャジット-バッグ〖gadget bag〗►ガジェットバッグ
きゃ-しゃ【▽華×奢|▽花車】〔形動〕〔文〕〔ナリ〕❶姿かたちがほっそりして、上品に感じられるさま。繊細で弱々しく感じられるさま。「―なからだつき」❷器物などの作りが、頑丈でないさま。「―なつくりの机」❸上品ではなやかなさま。「二十七八の女、さりとは―に仕出し三つ重ねたる小袖」〈浮・五人女・三〉
類語 か細い・細作り・細い・弱い・脆もろい・柔やわい・柔やわ・軟弱・脆弱ぜいじゃく・繊弱・孱弱せんじゃく・か弱い・ひ弱い
きゃしゃ-あきない【▽花車商ひ】アキナヒ 趣味的な道具や装飾品などの、ぜいたく品を扱う商売。また、その店。「鮫鞘(=刀ノ柄つかノ装飾)・書物・香具・絹布、かやうの―は」〈浮・永代蔵・六〉
きゃしゃ-あそび【▽花車遊び】風流な遊び。和歌・連歌・能楽・茶の湯・香道・鞠まりなど。「歌に心をなし、世にある―をつくし」〈浮・置土産・四〉
きゃしゃ-どうぐ【▽花車道具】ダウグ 遊芸・風流事などに用いるぜいたくな道具。「荷物ほどけば、都の―あまた」〈浮・諸艶大鑑・一〉
き-やす【気安】〔形動〕〔文〕〔ナリ〕気楽であるさま。「―に着物を着替えにかかった」〈横光・家族会議〉
き-やす・い【気安い】〔形〕〔文〕きやす・し〔ク〕遠慮がいらない。気楽である。心安い。「―・く頼める」派生 きやすげ〔形動〕きやすさ〔名〕
類語 心安い・親しい・近しい・睦むつまじい・親密・懇意・昵懇じっこん・懇親・別懇・懇ねんごろ・親愛・和気藹藹わきあいあい・仲良し・仲が良い・気が置けない
キャスク〖cask〗使用済み核燃料などの高レベルの放射性物質を収容し、貯蔵・運搬する容器。
キャスケード-ブーケ〖cascade bouquet〗►カスケードブーケ
キャスケット〖フランス casquette〗前びさしのついた帽子の総称。
ギャスケル〖Elizabeth Cleghorn Gaskell〗[1810〜1865]英国の女流小説家。人道主義的な立場から、社会問題や世相をユーモアを交えて描いた。作「メアリー=バートン」「クランフォード」など。
キャスター〖caster〗❶家具・スーツケースなどの下に取り付ける、自在に向きの変わる小さな車輪。脚車あしぐるま。❷塩・こしょうなどを入れて食卓におく小さな台。薬味立て。カスター。❸自動車の前輪を支える軸受けに与えた後方への傾き。車輪に直進性を与える。❹「ニュースキャスター」の略。
類語 記者・特派員・レポーター・事件記者
ギャスタウン〖Gastown〗カナダ、ブリティッシュコロンビア州の都市、バンクーバーの一地区。バラード入り江に面する。バンクーバー発祥の地として著名。活気のあるダウンタウンの中でも観光客に人気がある。
キャスチング〖casting〗►キャスティング
キャスティング〖casting〗《「キャスチング」とも》❶演劇・映画などで、役を振り当てること。配役。❷釣りで、竿にリールをつけ、仕掛けを遠くへ投げること。⇨投げ釣り
キャスティング-ボート〖casting vote〗❶会議で賛否同数の際の議長(委員長)の決裁権。また議会などで、二大勢力が均衡している場合の第三党の持つ決定権。「少数議席の新党が―を握る」❷どちらになるか決まらないときに、それを決めることになる力。
キャステル-コッホ〖Castell Coch〗►コッホ城
キャスト〖cast〗演劇・映画・テレビドラマなどの配役。「オールスター―」「ミス―」類語 配役
ギャスプ〖GASP〗《Group Against Smoker's Pollution》反公害・嫌煙団体。または、その運動。
き-やすめ【気休め】一時的な慰めや、その場かぎりの安心。また、そのための言葉や行動。「―にすぎない処置」「―を言う」
類語 安堵あんど・一安心・安心・安全・大丈夫
き-やせ【着痩せ】〔名〕スル 衣服を着ると実際よりもやせて見えること。「―するたち」⇔着太り。
キャセロール〖フランス casserole〗洋風の、ふた付きの厚手鍋なべ。また、それを用いた料理。
キャタストロフィ〖catastrophe〗►カタストロフィ
きゃ-たつ【脚立|脚×榻】《「脚榻子」の唐音》短いはしごを八の字形に合わせ、上に板をのせた形の踏み台。
きゃたつ-づり【脚立釣(り)】浅い海中に脚立を据え、その上でする釣り。舟影に敏感なアオギスの釣りなどで行う。
キャタピラー〖Caterpillar〗《芋虫の意。「カタピラー」とも》鋼板を帯状につなぎ合わせ、輪にして前後の駆動輪にかけ渡し、回転させて走行する装置。車輪より接地面積が大きく、悪路でも走行できるので、ブルドーザー・トラクター・戦車などに用いられる。無限軌道。履帯。クローラー。商標名。
キャタライザー〖catalyzer〗触媒。自らは結果的には少しも変化せず、他の物質の化学変化の速度を変える物質。
きゃっ〔感〕驚いたときなどに思わず発する語。
きゃつ【▽彼▽奴】〔代〕《「かやつ」の音変化》三人称の人代名詞。主として男子をののしったり親しみをこめたりしていう語。あいつ。やつ。「これは―の仕業だ」
ぎゃっ〔感〕押しつぶされたり、非常に驚いたりしたときなどに、思わず発する語。
きゃっ-か【却下】キャク〔名〕スル ❶願い出などを退けること。「願書を―する」❷裁判所・官庁などの国家機関が、訴訟上の申し立てや申請などを取り上げないで排斥すること。民事訴訟では、訴えの内容を審理しないで不適法として門前払いすることをいい、棄却と区別される。「保釈請求を―する」⇨棄却
きゃっ-か【脚下】キャク 足の下。足もと。
きゃっか-しょうこ【脚下照顧】キャクカセウコ 禅家で、足もとに気をつけよの意。自己反省、または日常生活の直視を促す語。
きゃっ-かん【客観】キャククワン〔名〕スル ❶観察・認識などの精神活動の対象となるもの。かっかん。⇔主観。❷主観から独立して存在する外界の事物。客体。かっかん。⇔主観。❸当事者ではなく、第三者の立場から観察し、考えること。また、その考え。かっかん。「つくづく自分自身を―しなければならなくなる」〈梶井・瀬山の話〉
ぎゃっ-かん【逆換】ギャククワン ►戻換れいかん
きゃっかん-しゅぎ【客観主義】キャククワンシュギ ❶哲学で、主観から独立して、客観的に妥当する真理・価値・規範の存在を主張する立場。⇔主観主義。❷個人的・独断的見解をしりぞけ、客観的基準に従って行動する態度。⇔主観主義。❸刑法理論で、刑事責任の根拠を主として外部的行為または結果に求める立場。⇔主観主義。
きゃっかん-せい【客観性】キャククワンセイ 客観的であること。だれもがそうだと納得できる、そのものの性質。「―に欠ける論評」⇔主観性。
きゃっかん-てき【客観的】キャククワンテキ〔形動〕❶主観または主体を離れて独立に存在するさま。⇔主観的。❷特定の立場にとらわれず、物事を見たり考えたりするさま。「―な意見」「―に描写する」⇔主観的。
類語 主観的
きゃっかんてき-かんねんろん【客観的観念論】キャククワンテキクワンネンロン 哲学で、精神的・観念的なものを主観的意識から独立した客観的原理として立て、世界をそのあらわれとする立場。プラトン・ヘーゲルらに代表される。⇨主観的観念論
きゃっかんてき-せいしん【客観的精神】キャククワンテキセイシン ヘーゲルの精神哲学における概念。精神の発展段階で、主観的精神から絶対的精神へと展開する中間の段階に位置するもの。具体的には法・道徳・人倫

という諸形態で顕現する。

きゃっかんてき-だとうせい【客観的妥当性】概念や判断が客観的な事実や事象に正しく合致していて普遍性をもつこと。

きゃっかん-テスト【客観テスト】採点者の主観に左右されず、機械的に採点できる形式のテスト。結合法・穴埋め法・多肢選択法など。

きゃっかん-びょうしゃ【客観描写】対象をあるがままに、作者の主観を加えずに描き出すこと。自然主義文学で多く試みられた。

きゃっ-き【客気】▶かっき(客気)

きゃっ-きゃっ〔副〕❶サルなどの鳴く声を表す語。❷女性や子どもがたわむれ騒ぐときなどに発する声を表す語。「遊園地で―とはしゃぐ子供たち」

ぎゃっ-きょう【逆境】苦労の多い境遇。不運な境遇。「―にめげない」⇔順境。
(類語)苦境・危地・窮地・危険・危難・危機・危殆・虎口・ピンチ・物騒・剣呑・危ない

きゃっ-こう【却行】後ろにさがること。あとずさり。

きゃっ-こう【脚光】舞台の前面の床から俳優・歌手などを照らす光線。フットライト。

脚光を浴・びる ❶舞台に立つ。❷世間の注目の的となる。「新しい資源として―・びる」

ぎゃっ-こう【逆光】《「逆光線」の略》写真などで、対象物の背後からさす光。「―を受けて樹木が黒々と見える」⇔順光。

ぎゃっ-こう【逆行】〔名〕(スル) ❶進むべき方向と反対の方へ進むこと。順序や流れに逆らって進むこと。「時代に―する」⇔順行。❷地球から見て、惑星などが天球上を東から西へ動く視運動。外惑星では衝の前後、内惑星では内合の前後に起こる。⇔順行。❸地球の公転運動と反対の方向に公転する天体の軌道運動。ハレー彗星がその例。⇔順行。
(類語)逆流・逆走・あと戻り・あとずさり・逆戻り・後進・後退・退歩・退行・遡行・後ろ向き

ぎゃっこう-えいせい【逆行衛星】公転方向が惑星の公転と逆方向の衛星。太陽系では、木星に4個、土星に1個、海王星に1個見つかっている。⇔順行衛星。

ぎゃっ-こうか【逆効果】期待したのとは反対の結果が出ること。「しかるばかりでは―を招く」

ぎゃっこう-しょうわくせい【逆行小惑星】軌道傾斜角が90度を超える小惑星の総称。太陽系天体の中で逆行する軌道をもつ天体はまれ。1999年に最初の逆行小惑星ディオレッツァが発見された。

ぎゃっこうせい-けんぼう【逆行性健忘】意識障害の起こった時点より以前にさかのぼって思い出すことができない状態。

ぎゃっ-こうせん【逆光線】「逆光」に同じ。

ぎゃっこう-ほせい【逆光補正】逆光下で撮影する際、露出補正を行い、そのままでは暗く写ってしまう被写体を適切な露出で撮影すること。また、自動でその補正を行う機能。

ぎゃっこう-よくせい【逆向抑制】ある事柄を学習し、次に別の学習をしたとき、先の学習の記憶が干渉を受けて再生しにくくなること。溯向抑制。後退禁止。⇔順向抑制。

ぎゃっ-コース【逆コース】❶普通と逆の道順。❷社会の進歩、時代の流れに逆らう動き。昭和26年(1951)ごろから、復古調を皮肉って使われだした語。

キャッサバ〘cassava〙トウダイグサ科の落葉低木。高さ約3メートル。葉は手のひら状に五〜七つに深く裂けている。塊根がサツマイモに似て大きく、タピオカとよばれるでんぷんをとり、熱帯地方では主食の一とする。ブラジルの原産。タピオカのき。カッサバ。

キャッシェル〘Cashel〙アイルランド中南部、ティペラリー州の町。中世にマンスター王の居城が置かれ、政治的・宗教的中心地として栄えた。高さ90メートルの石灰岩の丘の上に、ロックオブキャッシェルという教会遺跡があることで知られる。

キャッシャー〘cashier〙❶現金出納係。レジ係。❷金銭登録器。キャッシュレジスター。

キャッシュ〘cache〙❶宝物の隠し場所。安全な貯蔵所。❷▶キャッシュメモリー

キャッシュ〘cash〙現金。また、現金払いのこと。「―で支払う」(類語)現金・現生・有り金

キャッシュ-オン-デリバリー〘cash on delivery〙現金着払い。代金引換払い。コレクトオンデリバリーとも。COD。

キャッシュ-カード〘cash card〙銀行など金融機関が預金者に対して発行する口座番号などを記憶したプラスチック製磁気カード。自動預払機に挿入すると預金の引き出しなどが印鑑・通帳なしでできる。

キャッシュ-サーバー〘cache server〙コンピューターネットワーク上で、データの複製を蓄積しておくサーバーのこと。一般的に、インターネットにおけるHTTPプロクシーサーバー(プロクシー)がこれにあたる。ネットワーク上の負荷を分散させる役割がある。

キャッシュ-ディスペンサー〘cash dispenser〙現金自動支払機。磁気カードを挿入し暗証番号を打ち込むと、現金が払い出される仕組みの機械。CD。

キャッシュ-バック〔名〕(スル)《和 cash＋back》現金を払い戻すこと。

キャッシュ-フロー〘cash flow〙一定期間に企業に出入りする資金の量。企業の毎決算期の税引き後利益から配当金と役員賞与を差し引いたものに減価償却費を加えて算出したもの。いわゆる自己資金をいう。企業財務の健全性を表す指標の一つ。

キャッシュフロー-けいさんしょ【キャッシュフロー計算書】貸借対照表・損益計算書とともに財務諸表の中心をなすもので、企業の一定期間の現金収支(キャッシュフロー)を記した計算書。内容は、**営業活動**による現金収支、企業買収など**投資活動**による現金収支、借り入れや返済など**財務活動**による現金収支の3種。C/S。C/F。

キャッシュ-ポジション〘cash position〙外国為替持高の一種で、手持ち現金・預け金・コールローン、その他の即時換金可能な短期証券投資など流動性の高い外貨債権残高をいう。現金持高。

キャッシュ-メモリー〘cache memory〙コンピューターの処理速度の高速化を図るための記憶装置。データを一時的に保存することで、低速な主記憶装置にアクセスする回数を減らしたもの。キャッシュ。

キャッシュ-レジスター〘cash register〙金銭登録器。レジスター。レジ。キャッシャー。

キャッシュレス〘cashless〙現金ではなく、小切手・口座振替・クレジットカードなどを利用して支払いや受け取りを行うこと。

キャッシング〘cashing〙金融機関が個人に対して行う、現金自動支払機による小口金融。

キャッシング-サービス〘cashing service〙クレジットカード会社や信販会社が会員に対して行う小口で短期間の消費者金融。クレジットカードを使って銀行の窓口もしくはキャッシュディスペンサーで、あらかじめ決められた限度内で現金を無担保・無保証で貸し出すサービスのこと。

キャッスル〘castle〙城。大邸宅。

キャッスル-コッホ〘Castle Coch〙▶コッホ城

キャッスルマン-びょう【キャッスルマン病】リンパ節が慢性的に腫大する病気。インターロイキン6というサイトカインが過剰に放出され、発熱・倦怠感・食欲不振・体重減少・発疹などの症状を引き起こす。1956年に米国の病理学者キャッスルマンが初めて報告。きわめてまれな病気で、日本国内の患者数は1500人程度という。(補説)治療に用いる分子標的治療薬アクテムラ(一般名トシリズマブ)は国産初の抗体医薬として平成17年(2005)に承認・発売された。

キャッチ〘catch〙〔名〕(スル) ❶捕らえること。捕捉。「情報を―する」❷球技で、ボールを捕らえること。捕球。❸水泳や漕艇で、水をうまくとらえること。❹《「キャッチャー」から》野球で、捕手。

キャッチ-アップ〘catch-up〙〔名〕(スル) 追いつくこと。遅れを取り戻そうとすること。

キャッチ-アンド-リリース〘catch and release〙釣り上げた魚を再び水に戻してやること。結果より経過を尊重するスポーツフィッシングの象徴的行為。

キャッチー〘catchy〙〔形動〕受けそうであるさま。人気になりやすいさま。特に音楽で、旋律が覚えやすいさま。「―なメロディー」

キャッチ-オール-パーティー〘catch-all party〙▶包括政党

キャッチ-コピー《和 catch＋copy》人の注意をひく広告文、宣伝文。(補説)英語では、単にcopyまたはsales message

キャッチ-セールス《和 catch＋sales》街頭で通行人に声をかけ、言葉巧みに商品を売ること。➡不招請勧誘

キャッチ-バー《和 catch＋bar》盛り場で、強引に客を勧誘して暴利をむさぼる酒場。

キャッチフレーズ〘catchphrase〙広告や宣伝で、感覚に訴えて、強い印象を与えるように工夫された短い文句。うたい文句。(類語)標語・スローガン

キャッチ-ボール〔名〕(スル)《和 catch＋ball》❶野球のボールを投げ合うこと。簡単な送球・捕球の練習。(補説)英語ではcatch ❷バレーボールで、ボールがプレーヤーの手や腕に静止する反則。ホールディング。❸《❶から転じて》渡したり受け取ったりすること。やりとり。「言葉の―」「心の―」

キャッチ-ホン《和 catch＋phone》通話中の電話を切らずに、新たにかかってきた第三者との通話ができる方式の電話。

キャッチャー〘catcher〙❶捕らえる人。捕らえるもの。「アイ―」❷野球で、捕手。

キャッチャー-ボート《和 catcher＋boat》捕鯨船団の中で、直接捕鯨に従事する船。船首に捕鯨砲を備える。捕鯨船。

キャッチ-ライト〘catch light〙ポートレートや動物写真の撮影技法の一。被写体の瞳に光を反射させて白い輝きを入れること。生き生きとした表情にする効果がある。

キャッチワード〘catchword〙❶政治運動などの標語。スローガン。❷商品の宣伝文句。❸辞書などの欄外に示した見出し語。柱。❹劇で、せりふのきっかけ。

キャッツ-アイ〘cat's-eye〙❶猫目石。❷道路上の交差点・中央線などに打ち込んだ夜間標識用の鋲。夜間、車のヘッドライトの光を反射して光る。

キャット〘cat〙猫。「―フード」

キャットウオーク〘catwalk〙❶劇場や工場などの上部にある、作業用の細い通路。❷ファッションショーなどの舞台で、客席側に張り出した細い部分。

キャットニップ〘catnip〙《「猫の噛むもの」の意》シソ科の多年草イヌハッカのこと。

キャットネット〘CATNET〙《Credit Application Terminal Network》日本IBM社が提供している総合的なクレジットデータ通信サービス、およびシステム全般のこと。クレジット会社と加盟店との間で、オンラインでクレジットカードの利用限度額やカードの有効性のチェックなどを行う。

キャットフィッシュ〘catfish〙ナマズの英語名。ナマズの一種で、アメリカ中・南部が原産のチャネルキャットフィッシュは白身魚として養殖される。

キャット-ボンド〘CAT bond〙《CATは、catastrophe の略》損害保険会社が大規模自然災害の補償による損失の発生を避けるために売り出す債券。大型台風の風速、大地震の震度などの基準を定め、期限内にそれを上回る大災害がなければ投資家は元本と高い金利を受け取る。災害の規模によっては、元本を失うこともある。大災害債券。

きゃつ-ばら【▽彼▽奴▽輩】〔代〕三人称の人代名詞。「きゃつ」の複数。きゃつら。あいつら。「一々に―蟇目負ほせてくれよ、とののしりければ」〈太平記・二三〉

キャップ〘cap〙❶縁なし、また、前面だけにつばのある帽子。➡ハット ❷先端にかぶせる物。瓶のふたや万年筆のさやなど。

キャップ〘CAP〙《combat air patrol》戦闘空中哨戒。要撃戦闘機が戦闘を予期して指定空域で哨戒、

待機すること。
キャップ《「キャプテン」の略》チームなどの長。
(類語)キャプテン・主将・大将
ギャップ〖gap〗❶すきま。間隙。❷大きなずれ。懸隔。食い違い。「世代間の―を感じる」❸登山用語。稜線がV字形に深く切れこんでいる所。きれっと。❹スキーで、斜面上の凹凸。
ギャップ-イヤー〖gap year〗大学の入学試験に合格した学生が、高校卒業後に一定の休学期間を得てから入学する制度。英国で始まった。(補説)休学中の行動は自由で、ボランティア活動や留学、旅行などで見聞を広めたりするなどの例が多い。大学卒業後から大学院進学前・就職前までの期間に適用されることもある。
キャップ-さい【キャップ債】支払い金利に上限が定められている変動利付債。
キャップ-スタイル〖cap style〗おわん形の帽子をかぶったように地肌にぴったりとつき、頭の中心から顔の方に向けた放射状の毛流れで作られた髪形。
キャップストーン〖capstone〗古代エジプトのピラミッド頂上部に置かれた四角錐状の石。一般に、冠石。
キャップ-スリーブ〖cap sleeve〗肩先が隠れる程度のごく短い袖のこと。肩先にキャップ(帽子)をかぶせたような感じであることから付いた名。
キャップ-せい【キャップ制】《price cap plan》インターネットの接続や携帯電話などの通信サービスで用いられる料金システムの一。一定時間に達するまでは利用時間に応じて課金し、超過分からは定額とする。
キャップ-ライト《和 cap＋light》「キャップランプ」に同じ。
キャップ-ランプ《和 cap＋lamp》坑内作業や夜間工事などで、ヘルメットなどの前面に取り付けて用いる照明灯。
きゃつ-め【▽彼▽奴▽奴】〔代〕三人称の人代名詞。「きゃつ」をさらに卑しめていう語。あいつめ。「―、まだいたのか」
きゃつ-ら【▽彼▽奴▽等】〔代〕三人称の人代名詞。「きゃつ」の複数。あいつら。「下宿を―に占領されてしまった」
キャディー〖caddie〗ゴルフで、プレーヤーのクラブを運んだり、プレー上の助言を与えたりする人。
キャディー-バッグ〖caddie bag〗ゴルフのクラブ運搬用の袋状のケース。
キャド〖CAD〗《computer-aided design》コンピューターを利用して行う機械や構造物の設計・製図。また、その機能を組み込んだコンピューターシステムやソフトウエアを指す。このデータを基に数値制御の工作機械を操作するCAMとあわせて用いられることが多いので、まとめてCAD/CAMと呼ばれることもある。シーエーディー。コンピューター援用設計。
キャド-ソフト【CADソフト】《CAD software》▶キャド(CAD)
ギャ-ド-ペカドル〖ポルトガル Gvia do Pecador〗《罪人の導きの意》キリシタン版の一。2巻。教霊・修徳のための手引書で、スペインのドミニコ会司祭ルイス＝デ＝グラナダの著書の抄訳国字本。慶長4年(1599)長崎で出版。
ギャトリンバーグ〖Gatlinburg〗米国テネシー州東部の町。ノースカロライナ州との州境に近いリゾート地。グレートスモーキー山脈国立公園の玄関口。
キャニオン-デ-シェイ-こくていきねんぶつ【キャニオンデシェイ国定記念物】《Canyon de Chelly National Monument》米国アリゾナ州北東部、ナバホ族の居留区にある渓谷。先住民アナサジ族の住居跡、ホワイトハウス遺跡がある。
キャニスター〖canister〗紅茶・コーヒーなどを保存する、ふた付き容器。
キャノーラ〖canola〗遺伝子工学でつくられたセイヨウアブラナの品種。キャノーラ油をとる。カノーラ。➡油菜
キャノーラ-ゆ【キャノーラ油】菜種油の一つ。キャノーラ(アブラナの一品種)からとれる食用油。不飽和脂肪酸であるオレイン酸やリノール酸などを多く含む。カノーラ油。
キャノチエ〖フランス canotier〗婦人帽の一種で、帽子の山の部分は低く、天井は平らで、つばは狭く、固く平らになった形のもの。
キャノピー〖canopy〗《天蓋の意》❶建物の戸口・窓などに設けた天蓋形のひさし。❷飛行機・競走用自動車などの操縦席を覆う透明な円蓋。❸パラシュートの開いてふくらむ部分。傘体。
キャノン〖canon〗▶カノン
キャノン-ビーチ〖Cannon Beach〗米国オレゴン州北西部、太平洋岸に面する観光・保養地。海流の影響で夏でも涼しい。海岸にそびえる一枚岩、ヘイスタックロックが有名。
キャノン-ほう【キャノン砲】▶カノン砲
キャノンボール〖cannonball〗《球形の砲弾の意》❶テニスのサーブで、非常に速く威力のあるもの。❷特急列車。❸アメリカで行われる非公式の自動車レース。長距離の公道を暴走し、タイムを競う。
キャパ〖Robert Capa〗[1913～1954]ハンガリー生まれの報道写真家。スペイン内乱・第二次大戦などの戦争写真で知られる。インドシナ戦争で爆死。
ギャバ〖GABA〗《gamma-aminobutyric acid》哺乳類の中枢神経に生じるアミノ酸の一種。人間の脳内にも微量に存在する、抑制性の神経伝達物質の一つ。血圧を下げるなど、精神安定に効果があるとされる。ガンマアミノ酪酸。
ギャバ「ギャバジン」の略。
キャバ-クラ《和 cabaret(フランス)＋clubから》風俗営業の一種。キャバレーとクラブの中間的形態の店。
キャパシター〖capacitor〗▶コンデンサー❶
キャパシタンス〖capacitance〗容量。コンデンサーの電気容量。
キャパシティー〖capacity〗❶収容能力。また、容量。❷物事を受け入れる能力。受容力。
ギャバジン〖gabardine〗梳毛糸で織った目の詰んだ綾織物。服地・レーンコート地とする。ギャバ。
キャバレー〖フランス cabaret〗《居酒屋の意》ダンスホールや舞台のある酒場。歌や踊り、コントなどのショーが演じられ、ホステスのサービスによって飲食やダンスが楽しめる。もともとは現在の日本の形態とは異なり、19世紀末のパリに発生し、社会風刺を含んだ歌や寸劇を見せた場所。
(類語)酒場・飲み屋・割烹・縄暖簾・ビヤホール・ビヤガーデン・パブ・スナック・クラブ・居酒屋・バー
ギャバロン-ちゃ【ギャバロン茶】《ギャバは GABA。gamma-aminobutyric acid(ガンマアミノ酪酸)の略。ロンはウーロン茶から》摘み取った緑茶用の茶葉を低酸素・低温で貯蔵したあと製茶したもの。血圧を下げる作用のあるガンマアミノ酪酸を多く含む。
きゃ-はん【脚×絆|脚半】❶旅行・作業などのときに、すねに着けて足ごしらえとした紺木綿などの布。はばき。「手甲―」❷「巻き脚絆」に同じ。
ギャバン〖Jean Gabin〗[1904～1976]フランスの映画俳優。初期には伊達男役、中年以降は渋い演技で人気を集めた。主演作「望郷」「大いなる幻影」など。
ギヤ-ひ【ギヤ比】▶ギア比
キャビア〖caviar〗チョウザメの卵を塩漬けにした食品。酒の肴やカナッペの材料に用い、珍重される。
きゃぴ-きゃぴ㊀〔副〕スル 騒々しいくらい元気で明るく、やや落ち着きがないさま。主にハイティーンの少女について言った。「―した女の子」㊁〔形動〕㊀に同じ。「―な女子大生」
キャピタリズム〖capitalism〗▶資本主義
キャピタル〖capital〗❶頭文字。大文字。キャピタルレター。❷首都。❸資本。❹建築で、柱頭。
(類語)(❶)大文字・小文字/(❸)資本・資本金・資金・元手・元金・財源・基金・ファンド
キャピタル-クランチ〖capital crunch〗金融機関の資本不足によって起きる金融閉塞。貸し渋りなどの現象がこれにあたる。
キャピタル-ゲイン〖capital gain〗資本利得。株式・債券・土地など保有資産の価格上昇から生じる利得。資産の売却譲渡によって実現した場合と、発生しただけで未実現の場合とに区別される。
キャピタルゲイン-タックス〖capital gain tax〗譲渡所得課税。特に株式などの売買によって得た利益に対する課税。従来、個人については原則として非課税になっていたが、平成元年(1989)4月から原則課税に改められた。
キャピタル-レター〖capital letter〗欧文の頭文字。また、欧文の大文字の活字。
キャピタル-ロス〖capital loss〗有価証券その他の資産の売却によってこうむる値下がり損。➡キャピタルゲイン
キャビテーション〖cavitation〗液体の運動によって、液中が局部的に低圧となって、気泡を生じる現象。気泡内は蒸発した気体、分離した溶解ガスなどで満たされる。
キャピトル-ヒル〖Capitol Hill〗米国の首都、ワシントン、東部の一地区。連邦議事堂がある小高い丘一帯を指し、最高裁判所や議会図書館もある。また、連邦議会のこと。
キャビネ〖フランス cabinet〗フィルム・印画紙などの日本における大きさ。120ミリ×165ミリ。キャビネ判。カビネ。
キャビネット〖cabinet〗❶飾り棚。戸棚。❷ラジオ・テレビなどの外箱。❸書類などを整理・収納する箱。❹内閣。「シャドー―」
キャビネット-ガバメント〖cabinet government〗内閣が議会に対して優位にある議院内閣制。
キャビネ-ばん【キャビネ判】▶キャビネ
キャピラリー〖capillary〗▶毛細管
キャビン〖cabin〗《「ケビン」とも》❶小屋。❷船室。また、航空機の客室。
キャビン-アテンダント〖cabin attendant〗旅客機の客室乗務員。スチュワード・スチュワーデスに代わる、性差のない語。フライトアテンダント。CA。➡客室乗務員
キャビン-スペース〖cabin space〗主として自動車の客室空間のこと。
きゃ-ふ【脚布】婦人の腰巻き。「おのれが姉は―せずに味噌買ひに行く」〈浮・胸算用・四〉
キャブ〖cab〗❶タクシー。❷トラックやバスなどの運転台。機関車の運転室。
ギャブ〖GAB〗《general arrangements to borrow》IMF(国際通貨基金)の資金補充を目的に、1962年先進工業国10か国とIMFの間で締結された取り決め。参加国がIMFから資金を引き出す際に、IMFは他の参加国から融資を受けることができる。1983年末にスイスがGABに参加。サウジアラビアともGABに準じた取り決めを締結した。一般借入取り決め。一般借入取極。(補説)1982年に起きた累積債務危機を契機に条項を改正。貸付限度額が大幅に拡大され、GAB非参加国向けの融資にもGABの資金を利用できるようになった。
キャフィス〖CAFIS〗《credit and finance information switching system》NTTデータが提供している総合的なクレジットデータ通信サービス。クレジット会社と加盟店との間で、オンラインでクレジットカードの利用限度額やカードの有効性のチェックなどを行う。
キャフェ〖フランス café〗▶カフェ
キャフェテリア〖cafeteria〗▶カフェテリア
キャブ-オーバー《和 cab＋over》トラック・バスなどの型で、運転台を前端にもってきて、エンジンの上方に置くもの。荷台や客室が広くなる。
キャブ-シグナル〖cab signal〗運転席に自動列車制御装置(ATC)などからの信号が現れるようにした装置。運転許容速度がスピードメーターに数字で現れるもの。高速度運転や、雨や霧などで見通しの悪い場合でも、信号を確認しながら運転ができる。
キャプション〖caption〗❶印刷物で、写真や挿絵に添えた説明文。ネーム。❷本の章・節、記事などに

付けた見出し。❸映画の字幕。
キャプスタン〖capstan〗❶船のもやい綱などを巻き取る巻き胴が縦形の巻き揚げ機。絞盤(こうばん)。❷テープレコーダーなどで、一定の速度でテープを送る回転筒。
キャプスロック-キー【Caps Lock キー】《capital letters lock key》コンピューターのキーボード上に設けられた、特殊キーの一。英字の大文字・小文字の入力切替を行う。
キャフタ〖Kyakhta〗ロシア連邦、ブリヤート共和国の都市。バイカル湖の南、モンゴルとの国境近くにある。(補説)「恰克図」とも書く。
キャブタイヤ-ケーブル〖cabtire cable〗ゴムで被覆絶縁した導体を、さらに特殊ゴムで覆った電線。
キャフタ-じょうやく【キャフタ条約】(デウ) 1727年、キャフタで清とロシアの間で締結された条約。モンゴルとシベリアの国境線の画定、交易場の設置などを内容とした。
キャプチャー〖capture〗コンピューターのディスプレーに表示された静止画や動画をデータとして保存すること、またはその機能。ディスプレー画面全体やウインドーに表示された内容を静止画像のデータとして保存することをスクリーンキャプチャーといい、他の映像機器などから動画データをコンピューターに取り込むことをビデオキャプチャーという。
キャプティブ〖captive〗〘形動〙❶とらわれているさま。束縛されて自由がないさま。❷経済用語で、内部消費用の、自社内で消費するため製造している、の意。
キャプテン〖captain〗集団の統率者。船長・艦長・機長、チームの主将など。
(類語)主将・キャップ・大将・船長・艦長・船頭
キャプテン〖CAPTAIN〗《Character And Pattern Telephone Access Information Network》電話回線でテレビ受像機と情報センターを結び、各種情報を文字と図形で映し出すサービスシステム。日本式のビデオテックス。昭和59年(1984)開始。平成14年(2002)3月にサービス終了。
キャプテン-クック〖Captain Cook〗英国の探険家、ジェームズ=クックの通称。
キャプテンシー〖captaincy〗キャプテンとしてチームを統率する力。指導力。「一を発揮する」
キャプラ〖Frank Capra〗[1897～1991]米国の映画監督。イタリア生まれ。理想主義的で軽快な風刺喜劇を得意とした。1934年、「或(あ)る夜の出来事」でアカデミー賞の主要部門を独占。他に「オペラハット」「スミス都へ行く」「毒薬と老嬢」「素晴らしき哉(かな)人生!」など。
キャプリン〖capeline〗クラウン(山)の上部が平らで、波打った大きなへりが特徴の帽子のこと。麦わらや布でできたものが多い。
キャブレター〖carburetor〗内燃機関で、気化させた燃料に空気を混ぜて可燃性の混合気体をつくる装置。気化器。キャブ。
ぎゃふん〘副〙やり込められて一言も言い返せないさま。「一と言わせる」「一となってしまう」
キャベツ〖cabbage〗アブラナ科の一年草または越年草。葉は肉厚で幅広く、重なり合って大きな球になる。夏、とう立ちして淡黄色の4弁花を総状につける。ヨーロッパ海岸地方の原産で、野生種は結球しない。日本へは明治年間に渡来し、野菜として栽培。多くの品種がある。甘藍(かんらん)。たまな。(季 夏)
キャベツ-まき【キャベツ巻(き)】▶ロールキャベツ
キャベンディッシュ〖Cavendish〗カナダ南東部、プリンスエドワード島北岸の町。モンゴメリーの小説「赤毛のアン」のアボンリー村のモデルとなった。グリーンゲイブルスをはじめ、モンゴメリーの生家や墓地がある。
キャベンディッシュ〖Henry Cavendish〗[1731～1810]英国の物理学者・化学者。水素の発見、水の組成の決定、地球比重の測定、静電気の法則の発見など多くのすぐれた業績を残した。
ギヤマン〖(オラ) diamant｜(ポルト) diamante〗❶江戸時代、ダイヤモンドを称した語。❷《ガラスを切って細工するのにダイヤモンドを用いたところから》ガラス製品。(季 夏)
ギヤマン-ぼり【ギヤマン彫(り)】ガラス製品に彫刻をほどこしたもの。
き-やみ【気病み】気苦労・心配から起こる病気。
キャミソール〖camisole〗《「カミソール」とも》丈が腰までのスリップのような女性用下着。
キャム〖CAM〗《computer-aided manufacturing》コンピューターを利用して製品の製造・加工を行うこと。またはそのためのコンピューターシステムやソフトウエアを指す。CAD(キャド)のデータを基に、数値制御の工作機械を操作して加工を行う。CADとあわせて用いられることが多いので、まとめてCAD/CAMと呼ばれることもある。
キャムコーダー〖camcorder〗ハンディータイプのカメラ一体型VTR。商標名であるが同種の製品の総称としても用いる。
キャムレット〖camlet〗ラクダやアンゴラヤギの毛で平織りや繻子(しゅす)織りした毛織物。カムレット。
キャメラ〖camera〗▶カメラ
キャメル〖camel〗❶ラクダ。また、ラクダ色。❷ラクダの毛で織った毛織物。
キャメル-スピン〖camel spin〗フィギュアスケートで、上体と片方の足を水平に保った状態で回転する技。
キャメル-トロフィー〖Camel Trophy〗ジャングルや砂漠を四輪駆動車で踏破するレース。第1回大会は1980年にアマゾンで開かれた。2000年を最後に開催されていない。
キャメロン〖David Cameron〗[1966～]英国の政治家。保守党。銀行家の家系に生まれ、オックスフォード大学卒業後、保守党職員となる。2001年に下院議員に当選し、05年党首に就任。10年の総選挙で保守党が比較第一党となる勝利を収め、第二次大戦後初の連立政権を自由民主党㊁と組み、自らは首相となった。
きゃ-もじ【▽花文字】〘形動ナリ〙《「花車(きゃしゃ)」の女房詞から》繊細で、美しく上品なさま。「御小袖、一なる御したて」〈東国紀行〉
きゃら【×伽羅】《梵 kālāguruの音写「伽羅阿伽嚧」の略。また、tagaraの音写「多伽羅」の略とも》❶ジンコウの別名。香木として有名。❷香料の一種。ジンコウなどの香木の樹心から製する良質の香。❸「伽羅木(きゃらぼく)」の略。❹よいものをほめていう語。「姿こそひなびたれ、心は一にて候」〈浄・十六夜物語〉❺江戸時代、遊里で、金銭のこと。
キャラ「キャラクター」の略。「万人に好かれる一」
　キャラが被(かぶ)・る　似たようなキャラクターがそろう。特に、芸風の似たお笑い芸人や役者が複数存在することをいう。
　キャラが立・つ　ゲーム・アニメのキャラクターや人物について、はっきりとした個性が確立されていて、他よりも目立って見える。個性が光る。
ギャラ《「ギャランティー」の略》出演料。契約料。
(類語)手当て・報酬
きゃら-いろ【×伽羅色】濃い茶色。
キャラウェー〖caraway〗セリ科の一・二年草。ウイキョウに似る。ヨーロッパの原産。種子は甘い香りとほろ苦さがあり、香辛料にする。ひめういきょう。
ギャラクシー〖galaxy〗銀河。
キャラクター〖character〗❶性格。人格。その人の持ち味。「特異な一の持ち主」❷小説・劇・映画などの登場人物。「一の設定がうまい」❸文字。記号。
(類語)性質・性格・心柄・性向・性情・気質・質(たち)・性(しょう)・性分(しょうぶん)・気性(きしょう)・気立て・人柄・心根(こころね)・心性(しんせい)・品性・資性・資質・個性・人格・パーソナリティー
キャラクターがた-デバイス【キャラクター型デバイス】▶キャラクターデバイス
キャラクター-グッズ《和 character＋goods》▶キャラクター商品
キャラクター-しょうひん【キャラクター商品】(ーシャウヒン)映画・テレビ番組の人気者の絵などをデザインに利用した商品。キャラクターグッズ。
キャラクター-セット〖character set〗▶文字セット
キャラクター-ディスプレー〖character display〗ブラウン管などのディスプレー装置のうち、表示内容が、文字・数字・記号などに限られるもの。文字表示装置。
キャラクター-デバイス〖Character Device〗キーボードのように、データの入出力を文字単位で行う機器のこと。キャラクター型デバイス。
キャラクター-ピース〖character piece〗即興風の自由な形式のピアノ小曲の総称。例えば、バガテル・即興曲・カプリッチョ・楽興の時など。
キャラクター-ブランド《和 character＋brand》タレントなどのキャラクターをイメージして商品化された服飾のブランド。
キャラクターベース-インターフェース〖character based interface〗▶シー-ユー-アイ(CUI)
キャラクター-ユーザーインターフェース〖character user interface〗▶シー-ユー-アイ(CUI)
キャラコ〖calico〗糊(のり)づけし、つや出ししたカナキン。子供服・足袋などに使用。キャリコ。
きゃら-ざいく【×伽羅細工】名木で種々の細工をすること。また、その人。「大坂の伯母御とは、一の甚五郎の内儀か」〈浄・女腹切〉
きゃら-だい【×伽羅代】江戸時代、客が遊女に与えた小遣い銭。
きゃらだ-せん【佉羅陀山】須弥山を囲む七金山の一。地蔵菩薩(じぞうぼさつ)が住む浄土という。からだせん。
キャラ-だち【キャラ立ち】個性が際立っていること。また、個性を目立たせること。➡キャラが立つ
ギャラップ〖George Horace Gallup〗[1901～1984]米国の心理学者・統計学者。社会・政治・経済などの動向予測に科学的なサンプリング法を導入。1935年世論調査所を設立。
ギャラップ-ちょうさ【ギャラップ調査】(ーテウサ)《Gallup poll》米国の世論調査会社ギャラップによって行われる調査。所長のG=H=ギャラップの名をとる。米国で最も規模が大きく、権威があるとされる世論調査。
きゃら-の-あぶら【×伽羅の油】江戸前期、京都室町の髭の久吉が売り始めた鬢(びん)付け油の一種。
きゃら-の-き【×伽羅の木】キャラボクの別名。
きゃら-の-まくら【×伽羅の枕】香をたく引き出しをつけた木枕。江戸時代、遊女などが用いた。また、はなはだしいぜいたくのたとえにいう。
キャラバン〖caravan〗❶砂漠を隊を組んで行く商人の一団。隊商。❷宣伝・販売などのため各地をまわる一団。❸登山・調査のため辺地を行くこと。また、その一団。
キャラバン-シューズ〖Caravan shoes〗布製ゴム底の軽登山靴。商標名。
きゃら-ぶき【×伽羅×蕗】フキの茎を、醤油(しょうゆ)で伽羅色に煮詰めた食品。(季 夏)「一の滅法からき御寺かな/茅舎」
きゃら-ぼく【×伽羅木】イチイ科の常緑低木。幹は地上をはうように伸び、葉は線形で先がとがる。雌雄異株。春、小花をつけ、実は熟すと赤くなる。庭園などに植栽。きゃらのき。
キャラメル〖caramel〗❶水飴に砂糖・練乳・油脂・でんぷん・香料などを合わせて煮詰め固めた飴菓子。小さく切って包装する。❷▶カラメル
ギャラリー〖gallery〗《「ガレリー」とも》❶回廊。廊下。❷美術品の展示場。画廊。❸劇場の天井桟敷。❹ゴルフ・テニスなどの試合の、観客。
(類語)観客・観衆・見物人・大向こう・聴衆・ファン・客
ギャラリー-バー〖gallery bar〗絵画などを鑑賞しながら酒を飲むことができるバー。
ギャラリスト〖gallerist〗画商。画廊の経営者。
ギャランティー〖guarantee〗❶保証すること。請け合うこと。また、保証料。手数料。❷出演料。契約料。ギャラ。
ギャランティー-がた【ギャランティー型】インターネットなどの通信サービスにおいて、通信速度やサービスの品質を保証する方式。多く、帯域保証に加え、年間の中断時間の上限や障害時の対応、セキュリティーの確保なども保証する。専用線接続サービスに

用いられる。帯域保証型。品質保証型。ギャランティード。➡ベストエフォート型

ギャランティード〖guaranteed〗▶ギャランティー型

ギャラント〖gallant〗〔形動〕❶華麗な。堂々とした。また、優美な。❷女性に親切なさま。

き-やり【木▽遣り】❶重い木材や岩などを、多人数で声を掛けたりしながら運ぶこと。また、それをする人。❷「木遣り歌」の略。

キャリア〖career〗《「キャリヤ」とも》❶職業・技能上の経験。経歴。「―を積む」「―不足」❷国家公務員で上級試験に合格している者。「―組」

キャリア〖carrier〗《「キャリヤ」とも》❶自転車などの荷台。❷物を運搬する器具。台車など。❸▶担体(たんたい)❹保菌者。体内に病原体を保有しているが、まだ発病していない者。感染源となりうる。❺「コモンキャリア」の略。❻▶搬送波

キャリア-アップ〔名〕(スル)《和 career＋up》より高い資格・能力を身につけること。経歴を高めること。「―を目指して転職する」

キャリア-ウーマン〖career woman〗職業をもつ女性。特に、専門的な知識や技術を必要とする職業に従事している女性。

キャリア-カウンセラー〖career counselor〗その人の能力・適性・学力・経歴などを考慮してふさわしい職業を選ぶ相談を受け、適切な援助をする専門職。

キャリアズ-キャリア〖carriers' carrier〗光ファイバー網などの通信インフラを、他の電気通信事業者に貸し出す事業者。また、その事業形態。卸電気通信役務(おろしでんきつうしんえきむ)。➡コモンキャリア

キャリア-ダウン〔名〕(スル)《和 career＋down》現在より低い地位の仕事につくこと。

キャリア-は【キャリア波】《carrier wave》▶搬送波

キャリア-パス《和 career＋pass》企業内での昇進・出世を可能とする職務経歴。昇進への早道。

キャリア-バッグ〖carrier bag〗働く女性のための携帯かばん。書類が十分に入る大きさで持ち手の付いたデザインが主流。

キャリア-バンク《和 career＋bank》人材銀行を一歩進めて個人に関する情報をデータベースとしてもつ組織。

キャリー〖carry〗❶運ぶこと。輸送すること。運搬。携帯すること。❷ゴルフで、打った地点から落下点までのボールの飛距離。

キャリー-アウト〖carry out〗▶テークアウト

キャリー-オーバー〖carry-over〗〔名〕(スル)❶繰り越すこと。帳簿で、繰越金。❷当籤(とうせん)者や正解者がなく、賞金が次回に持ち越されること。また、その賞金。❸原材料に含まれる成分のうち、食品に持ち越されて残存するが、微量で成分効果を発揮することがないために、食品添加物表示が免除された成分のこと。❹(航空機などの)整備を先送りにすること。❺新製品の製作で、一部旧型の部品を使うこと。❻小児期にかかった病気やその後遺症の治療を成人になってからも続けること。

キャリー-とりひき【キャリー取引】▶キャリートレード

キャリー-トレード〖carry trade〗機関投資家やヘッジファンドなどが、金利の低い通貨で投資資金を調達し、金利の高い通貨に交換して金融商品を購入、運用すること。運用益のほか、金利差分の利益が見込まれる。キャリー取引。➡円キャリー取引

キャリーバック〖carryback〗ラグビーで、防御側が危機を脱するため、ボールを味方のインゴールに持ち込んで地面につけること。

キャリー-バッグ〖carry bag〗❶物を中に入れて運ぶかばん。「パソコン用―」❷底に車輪のついた小型のかばん。

きやり-うた【木▽遣り歌｜木▽遣り唄】民謡の一。大木や岩を大ぜいで運ぶときにうたう仕事歌。地突き、棟(むね)上げ、祭りの山車(だし)を引くときなどにも歌われる。木遣り節。木遣り音頭。

きやり-おんど【木▽遣り音頭】▶木遣り歌

きやり-くずし【木▽遣り崩し】(くづし)江戸末期に、木遣り歌を三味線用に編曲した俗曲。明治中期にも流行。

キャリコ〖calico〗❶金魚の一品種。三色出目金と琉金(りゅうきん)との雑種。体色は三色出目金に、体形は琉金に似る。キャリコ琉金。❷▶キャラコ

キャリック-ア-リード-つりばし【キャリックアリード×吊り橋】《Carrick-a-Rede Rope Bridge》英国、北アイルランド北部、アントリム州の小村バラントイの近くにある吊り橋。断崖に囲まれた岬とキャリック島という小さな島を結ぶ。長さ約20メートル、高さ約30メートルあり、サケ漁をする漁師により、17世紀頃から使われていた。コーズウエー海岸の観光名所の一。

キャリック-オン-シャノン〖Carrick-on-Shannon〗アイルランド北西部の町。シャノン川沿いに位置し、19世紀に水上交通の要衝として栄えた。釣りの名所として知られる。毎年8月に音楽祭が催される。

キャリックファーガス〖Carrickfergus〗英国、北アイルランド東部の港町。12世紀にノルマン人により建造されたキャリックファーガス城を中心に発展。17世紀に造られた町の城壁が残っている。ビクトリア時代以来、ガラス産業が盛ん。キャリクファーガス。

キャリックファーガス-じょう【キャリックファーガス城】(ジャウ)《Carrickfergus Castle》英国、北アイルランド東部の港町キャリックファーガスにあるノルマン様式の城。ベルファスト湾に臨み、12世紀に海上防備を目的として建造。同国に現存する中世の建造物の中でも保存状態が良いものの一つとして知られる。

キャリッジ-リターン〖carriage return〗タイプライターやワープロなどで、改行を行うこと。➡CR

キャリパー〖caliper〗▶カリパス

キャリパス〖callipers〗▶カリパス

キャリバン〖Caliban〗天王星の第16衛星。1997年にパロマー山天文台でシコラックスとともに発見された。名の由来はシェークスピア「テンペスト」の怪物でシコラックスの子。天王星の赤道面に対して大きく傾いた軌道を公転している。直径は約90キロ。

きやり-ぶし【木▽遣り節】▶木遣り歌

キャリブレーション〖calibration〗測定器や計器などの機械を調整すること。コンピューターの分野では、ディスプレーやプリンターに出力される色を調整することを指す。

キャリヤ〖career〗▶キャリア

キャリヤ〖carrier〗▶キャリア

ギャリン〖(チベット) rgyaling〗チベットのラマ僧が法要で用いるダブルリードの管楽器。西アジアのスルナーイと同種の楽器。➡スルナーイ

キャリング-ケース〖carrying case〗特定の物を一定の個数だけ収納できるようにしたケース。

キャリング-ボール〖carrying ball〗バスケットボール・ハンドボールで、反則の一。ボールをもったまま規定歩数以上移動すること。サッカーのゴールキーパーにもいい、またバスケットボールではトラベリングともいう。

ギャル〖gal〗女の子。若い女性をいう語。(類語)少女・女の子・女児・女子・娘・乙女・子女・ガール

キャルス〖CALS〗《commerce at light speed》製品やサービスの情報を共有し、設計・生産・調達・決済までのすべてをネットワーク上で行うための標準規格。もとは、米国国防総省が軍用資材調達の支援システムとして開発したもので、当初フルネームはcomputer-aided logistics systemと呼ばれていたが、その後応用分野が拡がり、computer-aided acquisition and logistic support、continuous acquisition and life-cycle supportへと改称され、企業活動における生産・調達・運用支援統合情報システムを指すようになり、さらに現在の電子商取引へと変化してきた。

ギャルソン〖(フランス) garçon〗❶男の子。少年。❷男の給仕。ボーイ。(類語)給仕・ウエーター・ウエートレス・女給

ギャルリー-サンチュベール〖Galerie St. Hubert〗ベルギーの首都、ブリュッセルの中心部にある商店街。ヨーロッパ最古のアーケードといわれる。ジャン＝ピエール＝クリュイズナールの設計により、1847年完成。

ギャレー〖galley〗船内・機内の調理室。ガレー。

キャレット〖caret〗コンピューターの操作画面において、文字入力位置に表示される印。

キャロウモアきょせき-ぼち【キャロウモア巨石墓地】《Carrowmore Megalithic Cemetery》アイルランド北西部の都市スライゴーの南西部郊外にある古代遺跡。約30の巨石墓をはじめ、環状列石や地下の石室があり、紀元前5000年から6000年のものと考えられている。

ギャロス〖Roland Garros〗[1888〜1918]フランスの飛行家。1913年、世界初の地中海横断に成功。第一次大戦で戦死。その功績を称え、パリのテニス競技場に名が冠された。➡全仏オープン

キャロット〖carrot〗ニンジン。「―ケーキ」「―ジュース」

ギャロップ〖gallop〗馬術で、馬が一歩ごとに足4本全部を地上から離して走る最も速い走法。駆歩(かけあし)。

ギャロップ〖galop〗二拍子または四拍子で跳躍の動作がはいる輪舞。また、その曲。19世紀中ごろに流行。ガロップ。

キャロル〖carol〗キリスト教会で、主としてクリスマスの季節に歌われる民謡調の祝いの歌。クリスマスキャロル。カロル。

キャロル〖Lewis Carroll〗[1832〜1898]英国の童話作家・数学者。「不思議の国のアリス」「鏡の国のアリス」など、ユーモラスで幻想的な童話で知られる。

きゃん【×俠】〔名・形動〕《唐音》❶「おきゃん」に同じ。「お梅は―な声で」〈独歩・郊外〉❷勇み肌でいきなさま。また、そのような人。「―のおみさん、通のぬし」〈洒・軽井茶話〉

キャン-ギャル《和 campaign ＋gal から》▶キャンペーンガール

ギャング〖gang〗❶暴力的犯罪者の一団。また、その一員。特に、米国の犯罪組織をさしていうことが多い。❷強盗。「銀行―」

(類語)追い剝(は)ぎ・泥棒・盗人・盗賊・強盗・賊・こそ泥

ギャング-エージ〖gang age〗小学校後半くらいの年齢の子供が、同性だけの閉鎖的集団をつくって、いたずら・遊び・乱暴な行為などをする成長過程の一時期。徒党時代。

ギャングスター〖gangster〗ギャングの一員。

キャンサー〖cancer〗癌(がん)。

キャンサー-キャリア〖cancer carrier〗癌(がん)患者。担癌者。

キャンスパム-ほう【CAN-SPAM法】(ハフ)《Controlling the Assault of Non-Solicited Pornography and Marketing Act》2004年に米国で施行された迷惑メール(スパム)防止を目的とした法律。

キャンセル〖cancel〗❶〔名〕(スル)売買などの契約を取り消すこと。また、約束・予約を取り消すこと。「購入契約を―する」「―待ち」❷コンピューターの操作を取り消したり、実行中のプログラムを中断すること。(類語)取り消す・解約・破談・破約・反故(ほご)

キャンター〖canter〗馬術で、普通の駆け足のこと。

キャンタロープ〖cantaloupe〗マスクメロンの一品種。ヨーロッパや北米で栽培。果皮は網目はなくて、溝がある。果肉は甘く、芳香がある。初めてヨーロッパで栽培されたイタリアの地名に由来。

キャンティ〖(イタリア) chianti〗イタリアのトスカナ州キャンティ地方産のワイン。

キャンディー〖candy〗▶キャンデー

キャンディータフト〖candytuft〗アブラナ科の一年草。高さ15〜30センチ。初夏、芳香のある4弁の白または桃色の小さな花を多数つける。

キャンディッド-しゃしん【キャンディッド写真】《candid photography》被写体に気づかれないで、自然な表情や動きなどを写すこと。また、そのような写真。スナップ写真。

キャンデー〖candy〗《「キャンディー」とも》❶砂糖を煮固めて作った洋風の飴(あめ)菓子。❷「アイスキャンデー」の略。

キャンドゥー-ろ【キャンドゥー炉】《CANDU reactor; CANDUはCanadian Deuterium Uraniumの略》カナダ型重水炉。燃料として天然ウランの

UO_2を用い、減速材には重水を用いる。

キャンドル〖candle〗ろうそく。

キャンドル-サービス《candle-light serviceから》❶キリスト教で、クリスマス前夜祭などにろうそくを持って行う礼拝。燭火礼拝。❷結婚披露宴で、参会者のテーブル上のろうそくに、新郎新婦が点火して回ること。

キャンバー〖camber〗自動車の、両前輪の外側へのわずかな傾き。ハンドル操作を軽くし、前輪のむだな振れを取り除く。

キャンパー〖camper〗キャンプ❶をする人。

キャンバス〖canvas〗❶►カンバス ❷野球で、一・二・三塁のベース。❸ボクシングやレスリングの試合をするリングの床。❹(Canvas)ウェブページの記述のためのマークアップ言語、HTML5で新たに採用されたビットマップグラフィックスを描画するための仕様。図形やグラフの描画、画像の合成、基本的なアニメーション作成が可能。

キャンパス〖campus〗大学などの構内。また、校庭。転じて、大学。「―ウエア」(類語)学内・校内

キャンバス-シューズ〖canvas shoes〗いわゆるズック靴のこと。キャンバス生地で作られることが多く、底も合成ゴムがほとんど。スニーカー。

キャンバス-トップ《和 canvas＋top》箱形の乗用車で、屋根(トップ)のみが畳める幌(ほろ)になったもの。ソフトトップ。(補説)英語ではrug top

キャンピング〖camping〗キャンプ❶をすること。

キャンピング-カー《和 camping＋car》キャンプ用の食堂・寝室などの設備をした自動車。キャンピング車。

キャンピング-しゃ【キャンピング車】►キャンピングカー

キャンピング-トレーラー《和 camping＋trailer》車内で生活できるように、キッチンや寝室などの設備をもつトレーラー。乗用車で牽引(けんいん)して移動できる。

キャンプ〖camp〗〔名〕(スル) ❶テントを張って野営すること。「高原で―する」(季 夏)「白樺の雨に来て張る―あり／たかし」❷軍隊の駐屯地。「米軍―」❸スポーツ選手などの合宿練習。「プロ野球のスプリング―」❹捕虜や難民の収容所。(類語)ベース・兵営・基地

キャンプ-イン《和 camp＋in》プロ野球などのチームが合宿練習を始めること。

キャンプサイト〖campsite〗キャンプをするのに適した場所。キャンプ場。

キャンプ-じょう【キャンプ場】(ヂヤウ) キャンプ❶をするための敷地が確保され、水場などの設備が整えられている場所。

キャンプ-デービッド〖Camp David〗米国大統領専用の山荘。メリーランド州にある。

キャンプファイア〖campfire〗キャンプ❶で、夜、皆が集まって燃やすたき火。また、その火を囲んで歌ったり踊ったりすること。(季 夏)

キャンプ-むら【キャンプ村】キャンプ場に多くのテントが張られているようすを村に見立てていう語。

ギャンブラー〖gambler〗賭博(とばく)師。ばくち打ち。

ギャンブル〖gamble〗賭(か)け事。ばくち。「公営―」(類語)博打(ばくち)・賭博・賭け・賭け事

ギャンブル-いそんしょう【ギャンブル依存症】(イゾンシヤウ) ►病的賭博

キャンペーン〖campaign〗ある目的のもとに組織的に人々に働きかける活動。宣伝・啓蒙活動。「自然環境保全の―を張る」「プレス―」

キャンペーン-ガール《和 campaign＋girl》キャンペーンを効果的に印象づけるための女性。

キャンペーン-マニュアル〖campaign manual〗特定商品や企業の、ある期間の集中的な広告宣伝に関する計画・運営管理をまとめたもの。

キャンベラ〖Canberra〗オーストラリアの首都。同国南東部にあり、連邦直轄地。典型的な計画都市で、1913年から建設。人口、行政区35万(2008)。カンベラ。

キャンベル〖Campbell〗ブドウの一品種。アメリカ原産。生食・ジュース用、ワイン醸造用に栽培される。果皮は黒紫色。

キャンベルタウン〖Campbelltown〗英国スコットランド西部の町。キンタイア半島の南端部に位置する。かつてウイスキー産業で栄えたが、現在は三つの蒸留所のみが残っている。沖合には干潮時に歩いて渡ることができるダバー島がある。

キャンベル-リバー〖Campbell River〗カナダ、ブリティッシュコロンビア州、バンクーバー島の東海岸中央部にある町。同国有数のサーモン(鮭(さけ))フィッシングの地として知られる。ディスカバリー海峡を隔てたクアドラ島やバンクーバー島中央部のストラスコーナ州立公園への観光拠点になっている。

きゃん-みさき【喜屋武岬】沖縄県、沖縄本島南端に位置する岬。糸満市に属する。約50メートルの断崖で、近くに国指定史跡の具志川城(ぐしかわ)跡がある。付近一帯は沖縄戦跡国定公園に含まれる。喜屋武崎。

キャンモア〖Canmore〗カナダ、アルバータ州南西部の町。バンフ国立公園の東約20キロメートルに位置し、バンフに次ぐカナディアンロッキーの新たな観光拠点になっている。

き-ゆ【×窺×覦】〔名〕(スル) 隙(すき)をうかがいねらうこと。

き-ゆ【×覬×覦】〔名〕(スル) 身分不相応なことをうかがい望むこと。「鴃舌(げきぜつ)の蛮夷(ばんい)神州を―しに来たかと疑猜(ぎさい)い憤りて」〈露伴・寝耳鉄砲〉

き・ゆ【消ゆ】〔動ヤ下二〕「きえる」の文語形。

キュア〖cure〗治療。医療。

キュアリング〖curing〗収穫時などに傷ついたサツマイモ類や球根を、高温多湿条件下において傷口にコルク層を形成させ、腐敗を防ぐ方法。

キュイジーヌ〖(フランス) cuisine〗料理。料理法。「ヌーベル―」

ギュイヨー〖Jean Marie Guyau〗[1854～1888] フランスの哲学者・詩人。スペンサーらの進化論哲学と生の哲学とを結合する立場から生の本質と発展をとらえようとした。著「義務も制裁もない道徳」「社会学的見地からみた芸術」など。

きゅう【九】(キウ) ❶数の名。8の次、10の前の数。ここのつ。く。❷9番目。第9。(補説)金銭証書などで、間違いを防ぐために「玖」を用いることがある。➡漢「きゅう(九)」(類語)一・二・三・四・五・六・七・八・十(じゅう)・百・千・万・億・兆・ゼロ・零・一つ・二つ・三つ・四つ・五つ・六つ・七つ・八つ・九つ・十(とお)

きゅう【弓】❶ゆみ。❷中国古代の長さの単位。㋐弓術で的までの距離をはかる単位。1弓は6尺。㋑土地の測量の単位。1弓は8尺。➡漢「きゅう(弓)」

きゅう【旧】(キウ) ❶古いこと。古い物事。「―を捨て新につく」⇔新。❷昔。以前。もと。「―に倍するお引き立て」「―に復する」❸「旧暦」の略。「―の正月」⇔新。➡漢「きゅう(旧)」(類語)元・前(さき)・前(まえ)・先

きゅう【×灸】(キウ) 漢方医術の一。もぐさをつぼに当たる皮膚の特定の位置に据え、線香で火をつけて燃やし、その熱の刺激で病気に対する治癒力を促進する療法。やいと。➡漢「きゅう(灸)」

灸を据・える ❶灸で治療をする。❷きつく注意したり罰を加えたりしてこらしめる。

きゅう【急】(キフ) ㊀〔名〕❶切迫した事態。また、突然の変事。「風雲―を告げる」「国家の―を救う」「―を知らせる」❷急いですること。「―を要する仕事」❸舞楽や能などで、1曲全体または1曲中の舞などを序・破・急の三つに分けた場合、その最後の部分。➡序破急 ㊁〔形動〕文〔ナリ〕❶切迫したさま。急いで対処しなければならないさま。「―な事態」❷物事が前触れなく突然に起こるさま。にわか。だしぬけ。「―に雨が降りだす」「―な腹痛」❸気短なさま。性急。「新奇を求めるのに―なあまり」❹手を緩めずきびしいさま。「追撃がはなはだ―だ」❺速度・調子が速いさま。「脈拍が―になる」「―な流れ」❻傾斜などが大きいさま。「―な坂」➡漢「きゅう(急)」

(類語)㊁(❶)緊急・緊切・火急／(❷)にわか・出し抜け・突然・急遽(きゅうきょ)・唐突・短兵急・不意・忽然(こつぜん)・俄然(がぜん)(連用修飾語として)突如・いきなり・不意に・ふと・矢庭に／(❺)急速・急激・激しい・慌ただしい・目まぐるしい・忙(せわ)しい・忙(せわ)しい・忙(せわ)しない・気忙(きぜわ)しい／(❻)険しい

きゅう【×笈】(キフ) ❶本を入れて背負う箱。❷「おい(笈)」に同じ。➡漢「きゅう(笈)」

笈を負・う 《「史記」蘇秦伝から。本箱を背負って旅する意》遠く故郷を離れて勉学する。

きゅう【級】(キフ) ㊀〔名〕❶物事を上下の地位・段階に分ける区切り。階級。等級。「柔道の―が上がる」❷学校で、同一の学年。また、学級。組。クラス。「彼はぼくより一つ―が上だ」❸写真植字の文字の大きさの単位。一級は4分の1ミリ。㊁〔接尾〕❶名詞に付いて、その程度であることを表す。「国宝―の重要文化財」❷珠算や柔・剣道など、技能の段階に応じて免許状を発行するようなものについて、その程度・段階などを表すのに用いる。「珠算三―」「二―整備士」❸軍艦や自衛隊の艦船における同型艦のまとまりを表す。一般に、その級で最初に建造された艦の名を冠する。「超弩―」「ニミッツ―航空母艦」❹助数詞。㋐学校で学級を数えるのに用いる。「一学年を五―に分ける」㋑階段の一つ一つを数えるのに用いる。「入口の石段を二三―上ると」〈芥川・仙人〉➡漢「きゅう(級)」

きゅう【宮】❶宮殿。❷中国・日本音楽の階名の一。五声の基音となる第1音。❸「宮刑」の略。❹黄道(こうどう)を30度ずつ12に区分した、それぞれの部分。「白羊―」➡漢「きゅう(宮)」

きゅう【球】(キウ) ❶丸いもの。たま。❷空間の一定点から一定の距離にある点の軌跡。その定点を球の中心、一定距離を球の半径という。➡漢「きゅう(球)」

キュー〖cue〗ビリヤードで、玉を突くのに用いる棒。

キュー〖cue¦Q〗ラジオ・テレビなどで、演技・音楽・撮影その他の進行開始の合図。「―を出す」

キュー〖Q¦q〗❶英語のアルファベットの第17字。❷〈Q〉《quality factor》電気回路における共振の鋭さを表す値。❸〈Q〉大きなエネルギーの単位。1Q=2.52×10^{17}kcalで、石炭約360億トンを燃やしたときの熱量に相当。❹〈Q〉《question》疑問、質問、問題の略号。「―アンドA」❺〈Q〉《queen》チェス・トランプで、クイーンの記号。❻《「級(きゅう)」の音から》写真植字の級数を表す俗な略号。

キュー〖queue〗オペレーションズリサーチなどの分野で利用されるデータ構造の一種。最初に入力したデータが最初に出力されるという特徴をもつ。待ち行列。

きゅう〔副〕❶強くこすったりねじったりするときの、きしる音を表す語。「コルク栓(せん)が―と音をたてて抜ける」❷軽く力を入れて締めたり、ねじったり、こすったりするさま。「はちまきを―と締める」❸冷や酒などを一気に飲むさま。「コップ酒を―と空ける」

き-ゆう【机右】(イウ) つくえのそば。座右。

き-ゆう【希有¦稀有】(ウ)〔名・形動〕►けう(希有)

き-ゆう【×杞憂】(イウ)《中国古代の杞の人が天が崩れ落ちてきはしないかと心配したという、「列子」天瑞の故事から》心配する必要のないことをあれこれ心配すること。取り越し苦労。杞人の憂え。「―に終わる」(類語)懸念・恐れ・憂慮・取り越し苦労・危惧・悲観

き-ゆう【喜憂】(イウ)〔名〕(スル) よろこびと心配。また、よろこんだり心配したりすること。「高が売女の一顰一笑(いっぴんいっしょう)に―して」〈魯庵・社会百面相〉

き-ゆう【×嬉遊】(イウ)〔名〕(スル) 楽しみ遊ぶこと。

ぎゅう【牛】(ギウ) ❶うし。特に、牛肉。また、牛皮。❷二十八宿の一。北方の第二宿。山羊座(やぎざ)中の西部の六星をさす。いなみぼし。牛宿。➡漢「ぎゅう(牛)」

ぎゅう【×妓▽夫】(ギウ) 客引きや護衛をしながら夜鷹などについて歩く男。また、遊女屋で客引きをする若い男。妓夫太郎。「―が夜鷹を大勢連れて来ていて」〈鷗外・ヰタ・セクスアリス〉(補説)「牛」とも書く。

ぎゅう〔副〕❶力を込めて締めつけたり、押しつけたり、ねじったりするさま。「―と握る」❷きつく責めたてるさま。また、責められて音(ね)をあげるさま。「―という目にあわせる」「―と言わせる」

ぎ-ゆう【義勇】正義と勇気。また、正義のために発する勇気。

きゅう-あ【旧×痾】(キウ) ❶いつまでも治らない病気。宿痾(しゅくあ)。持病。❷以前にかかった病気。

漢字項目　きゅう

九 [学]1 [音]**キュウ**(キウ)(漢) **ク**(呉) [訓]**ここの、ここのつ** ‖ ㊀〈キュウ〉①数の名。ここのつ。「九回・九経・九卿(きゅうけい)/重九(ちょうきゅう)」②数の多いこと。「九重(きゅうちょう)・九死一生/三拝九拝」㊁〈ク〉㊀に同じ。「九月・九九(くく)・九分九厘/三三九度」㊂〈ここの〉「九重・九日」[名付]かず・ただ・ちか・ちかし・ひさ [難読]九年母(くねんぼ)・九十九(つくも)・九十九髪(つくもがみ)・九十九折(つづらおり)

久 [学]5 [音]**キュウ**(キウ)(漢) **ク**(呉) [訓]**ひさしい** ‖ ㊀〈キュウ〉時間が長い。ひさしい。「久闊(きゅうかつ)/永久・恒久・持久・耐久・長久・悠久」㊁〈ク〉㊀に同じ。「久遠(くおん)」[名付]つね・なが・ひこ・ひさ・ひさし [難読]永久(とこしえ)・(とこしなえ)

及 [音]**キュウ**(キフ)(漢) [訓]**およぶ、および、およぼす** ‖ ある線まで追いつく。ある範囲まで届く。「及第・及落/企及・言及・溯及(そきゅう)・追及・波及・普及・論及・過不及」[名付]いたる・しき・たか・ちか [難読]埃及(エジプト)

弓 [学]2 [音]**キュウ**(漢) [訓]**ゆみ** ‖ ㊀〈キュウ〉①ゆみ。「弓術・弓状・弓道/強弓(ごうきゅう)・大弓・半弓・洋弓」②弓の形をしたもの。「胡弓(こきゅう)」㊁〈ゆみ〉「弓矢/石弓・真弓・破魔弓」[名付]ゆ [難読]弓場(ゆば)・弓筈(ゆはず)・(ゆみはず)・弓勢(ゆんぜい)・弓手(ゆんで)

×**仇** [音]キュウ(キウ)(漢) [訓]あだ、あた、あだする ‖ ①憎らしい相手。あだ。「仇怨(きゅうえん)・仇敵/復仇・報仇」②(「逑」と通用)仲間。連れ合い。「好仇」

丘 [音]**キュウ**(キウ)(漢) ク(呉) [訓]**おか** ‖ ①小高い山。おか。「丘陵/円丘・砂丘・段丘・火口丘」②土を盛った墓。「丘墳」[名付]お・たか・たかし [難読]比丘(びく)

旧〔舊〕 [学]5 [音]**キュウ**(キウ)(漢) ク(慣) [訓]ふるい、もと ‖ ①現在まで年月を経てきている。昔からの。「旧家・旧式・旧態・旧弊/新旧」②年が改まる前の。「旧冬・旧年・旧臘(きゅうろう)」③以前の状態。もと。「旧姓/懐旧・守旧・倍旧・復旧」④昔なじみ。「旧知/故旧」⑤陰暦。「旧盆・旧正月」[名付]ひさ・ふさ・ふる

休 [学]1 [音]**キュウ**(キウ)(漢) [訓]**やすむ、やすまる、やすめる**、いこう ‖ ①仕事をやめて心身をやすめる。やすむ。「休暇・休憩・休日・休息・休養/帰休・定休・不休」②活動を一定期間停止する。やめる。「休会・休刊・休講・休止・休戦・休火山/遊休・閑話休題」③喜ばしい。しあわせ。「休祥・休戚(きゅうせき)」④「休暇」「休日」の略。「産休・連休」[名付]たね・のぶ・やす・やすし・よし

吸 [学]6 [音]**キュウ**(キフ)(漢) [訓]**すう** ‖ ①息や液体などをすいこむ。「吸引・吸気・吸血・吸収・吸入/呼吸」②すいつく。「吸着・吸盤」

朽 [音]**キュウ**(キウ)(漢) [訓]**くちる** ‖ 腐ってぼろぼろになる。衰えてだめになる。「朽木/不朽・腐朽・老朽」

人**汲** [音]キュウ(キフ)(漢) [訓]くむ ‖ ①水をくみ上げる。「汲水」②忙しく動き回るさま。「汲汲」[補説]人名用漢字表(戸籍法)の字体は「汲」。

臼 [音]**キュウ**(キウ)(漢) [訓]**うす** ‖ ㊀〈キュウ〉①うす。「臼状/杵臼(しょきゅう)」②うすの形をしたもの。「臼歯/脱臼」㊁〈うす〉「石臼・茶臼」

求 [学]4 [音]**キュウ**(キウ)(漢) グ(呉) [訓]**もとめる** ‖ ㊀〈キュウ〉①もとめる。「求愛・求刑・求職・求道/希求・請求・探求・追求・要求・欲求」②中心に向かう。「求心力」㊁〈グ〉仏法を願いもとめる。「求道・求法/欣求(ごんぐ)」[名付]ひで・まさ・もと・もとむ [難読]求肥(ぎゅうひ)

人**灸** [音]キュウ(キウ)(漢) [訓]やいと ‖ 漢方療法の一。やいと。「灸治・灸術・灸点/温灸・鍼灸(しんきゅう)」

人**玖** [音]キュウ(キウ)(漢) ク(呉) ‖ ①美しい黒色の石。②数字の「九」の代用。[名付]き・たま・ひさ

究 [学]3 [音]**キュウ**(キウ)(漢) ク(呉) [訓]**きわめる** ‖ ①真理や本質をつかむため、これ以上行けないところまで推し進める。「究明・究理/学究・研究・攻究・考究・探究・追究・討究・論究」②これ以上行けないところ。「究極・究竟(きゅうきょう)」[名付]さた・すみ [難読]究竟(くきょう)・(くっきょう)

×**咎** [音]キュウ(キウ)(漢) [訓]とがめる、とが ‖ とがめる。とが。「咎徴/罪咎」

泣 [学]4 [音]**キュウ**(キフ)(呉)(漢) [訓]**なく** ‖ ①涙を流す。なく。「泣訴/感泣・号泣・涕泣(ていきゅう)・悲泣」②なみだ。「垂泣」

急 [学]3 [音]**キュウ**(キフ)(呉)(漢) [訓]**いそぐ**、せく ‖ ①進行がせかせかと速い。いそぐ。「急行・急進・急速・急流/早急・至急・性急」②事態がさし迫っている。「急迫・急務・急用/応急・火急・危急・救急・緊急・不急」③にわかに。突然。「急遽(きゅうきょ)・急激・急死・急転・急病・急変/短兵急」④傾斜の度が大きい。「急峻(きゅうしゅん)・急坂」⑤「急行」の略。「準急・特急」[難読]急度(きっと)

×**柩** [音]キュウ(キウ)(漢) [訓]ひつぎ ‖ 死体を納める箱。棺桶。「柩車/霊柩」

人**笈** [音]キュウ(キフ)(漢) [訓]おい ‖ 荷物や書籍を入れて背負う竹製の箱。「書笈・負笈(ふきゅう)」[補説]人名用漢字表(戸籍法)の字体は「笈」。

級 [学]3 [音]**キュウ**(キフ)(呉)(漢) [訓]しな ‖ ①一段一段と区切られた順序。「下級・階級・高級・初級・昇級・上級・進級・低級・等級・特級」②学校のクラス。組。「級長・級友/学級・原級・同級」③うちとった首。「首級」

糾 [音]**キュウ**(キウ)(漢) [訓]あざなう、ただす ‖ ①なわをより合わせる。②一つに寄せ集める。「糾合」③からまってねじれる。よじれる。「紛糾」④問いただして調べる。「糾弾・糾明・糾問」[補説]「糺」は異体字。[名付]ただ・ただし

宮 [学]3 [音]**キュウ**(漢) **グウ**(慣) **ク**(呉) [訓]**みや** ‖ ㊀〈キュウ〉①王などの住む大きな建物。「宮城・宮中・宮廷・宮殿/王宮・月宮・後宮・迷宮・離宮」②五刑の一。生殖機能を奪う刑罰。「宮刑」③天球の区分。「十二宮」㊁〈グウ〉①王などの住む建物。「行宮(あんぐう)・東宮・竜宮」②神社。「宮司(ぐうじ)/参宮・神宮・遷宮」㊂〈ク〉皇居。「宮内」㊃〈みや〉「宮家・宮様/大宮・仮宮・若宮」[名付]いえ・たか [難読]外宮(げくう)・春宮(とうぐう)・内宮(ないくう)・守宮(やもり)

人**赳** [音]キュウ(キウ)(漢) ‖ たけくたくましく進むさま。強く勇ましい。「赳赳」[名付]たけ・たけし

×**躬** [音]キュウ(漢) [訓]み、みずから ‖ ①み。からだ。「鞠躬如(きっきゅうじょ)」②みずから。自分で。「実践躬行」[補説]「躳」は異体字。[名付]ちか・なお・みる・もと

救 [学]4 [音]**キュウ**(キウ)(漢) ク(呉) [訓]**すくう** ‖ 危険や災害からすくい出す。「救援・救急・救護・救済・救出・救助・救難・救命」[名付]すけ・たすく・なり・ひら・やす

人**毬** [音]キュウ(キウ)(漢) [訓]まり、いが ‖ ㊀〈キュウ〉まり。「打毬」㊁〈いが〉とげのある外皮。「毬栗(いがぐり)」[難読]毬杖(ぎっちょう)・毬打(ぎっちょう)・松毬(まつかさ)・毬藻(まりも)

球 [学]3 [音]**キュウ**(キウ)(漢) [訓]**たま** ‖ ①まるい形のもの。「球形・球根・球体/眼球・気球・血球・結球・地球・天球・電球」②まり。ボール。また、ボールを用いる競技。「球威・球技・球戯/硬球・蹴球・送球・速球・卓球・庭球・捕球・野球」③野球。「球界・球場・球団」

人**厩** [音]キュウ(キウ)(漢) [訓]うまや ‖ 馬を飼う小屋。うまや。「厩舎・厩肥/典厩」[補説]人名用漢字表(戸籍法)の字体は「廐」。

給 [学]4 [音]**キュウ**(キフ)(呉)(漢) [訓]たまう ‖ ①あてがって足りるようにする。「給水・給油/供給・自給・需給・配給・補給」②金品を下し与える。たまう。「給食・給付・給与・給料/官給・支給・発給」③手当て。給料。「恩給・月給・減給・高給・昇給・日給・薄給・俸給・無給」④世話をする。「給仕/女給」[名付]たり・はる

嗅 [音]**キュウ**(キウ)(漢) [訓]**かぐ** ‖ においをかぐ。「嗅覚・嗅神経」

×**舅** [音]キュウ(キウ)(漢) [訓]しゅうと ‖ ①おじ。母親の兄弟。「舅父」②しゅうと。「舅姑(きゅうこ)/外舅」

×**裘** [音]キュウ(キウ)(漢) [訓]かわごろも ‖ 獣の毛皮で作った衣服。皮ごろも。「裘葛(きゅうかつ)/狐裘(こきゅう)」

人**鳩** [音]キュウ(キウ)(漢) [訓]はと ‖ ㊀〈キュウ〉①ハト。「鳩舎」②あつまる。あつめる。「鳩合・鳩首」㊁〈はと(ばと)〉「鳩笛/山鳩」[難読]斑鳩(いかる)・(いかるが)・鳩尾(みぞおち)

窮 [音]**キュウ**(漢) [訓]**きわめる、きわまる** ‖ ①奥深くまで行きつくす。つきつめる。きわめる。「窮極・窮理/無窮」②にっちもさっちもいかなくなる。動きがとれない。きわまる。「窮屈・窮状・窮鼠(きゅうそ)・窮地・窮乏・窮余/困窮・貧窮」[補説]「竆」は異体字。[名付]み

漢字項目　ぎゅう

牛 [学]2 [音]**ギュウ**(ギウ)(漢) ゴ(呉) [訓]**うし** ‖ ㊀〈ギュウ〉ウシ。「牛肉・牛乳・牛馬/役牛・牽牛(けんぎゅう)・水牛・闘牛・肉牛・乳牛・牧牛・野牛・和牛」㊁〈うし〉「雄牛・子牛・種牛・雌牛」[名付]とし [難読]黄牛(あめうし)・牛膝(いのこずち)・蝸牛(かたつむり)・天牛(かみきりむし)・牛車(ぎっしゃ)・牛王(ごおう)・牛頭馬頭(ごずめず)・牛蒡(ごぼう)・犛牛(ぼうぎゅう)・(りぎゅう)・(ヤク)

キューアール-コード【QRコード】《Quick Response Code》小さな四角形を縦横に同数並べた図形パターンにより、文字や数字などのデータを記録する規格。バーコードよりも大量の情報を正確に記録できる。商標名。

きゅう-あい【求愛】(キウ―)〘名〙(スル) 異性に対し愛情を求めること。「―の手紙」

きゅう-あく【旧悪】(キウ―) ❶過去に犯した悪事。「―が露見する」❷江戸時代、特定の重罪を除き、12か月以上を経て発覚した犯罪は、再犯や他の犯罪がなければ罰せられなかったこと。また、その犯罪。
[類語]悪事・凶行・悪行・罪

きゅうあん【久安】(キウアン) 平安後期、近衛天皇の時の年号。1145年7月22日～1151年1月26日。

キュー-アンド-エー〘Q&A〙《question and answer》質問と答。問題と解答。

きゅう-い【九×夷】(キウ―) 昔、中国の漢民族が東方にあると考えた九つの野蛮国。畎夷(けんい)・于夷(うい)・方夷・黄夷・白夷・赤夷・玄夷・風夷・陽夷をいう。

きゅう-い【九位】(キウヰ) 世阿弥による能の芸格の分類。上三位は妙花風・寵深花(ちょうしんか)風・閑花風、中三位は正花(しょうか)風・広精(こうしょう)風・浅文(せんもん)風、下三位は強細(ごうさい)風・強麁(ごうそ)風・麁鉛(そえん)風の九段階がある。

きゅう-い【休意】(キウ―)〘名〙(スル) 安心すること。「願わくは君―せよ」〈織田訳・花柳春話〉

きゅう-い【宮×闈】(―ヰ) 宮中の后妃の居所。「后(きさき)と申すは、位を―に正しくして」〈古活字本保元・下〉

きゅう-い【球威】(キウヰ) 球技で、球の勢い。特に、野球で、投手が打者に対して投げる球の威力。

キュー-イー〘QE〙《quick estimates, quick estimation》四半期GDP速報。四半期ごとに内閣府が発表する国内総生産(GDP)の速報値。景気動向を示す指標として重要視されている。英語で正式には、Quarterly Estimates of GDPといい、quick estimationというのは通称。国民所得統計速報とも。

キュー-イー〘QE〙《quantitative easing》▶量的緩和

キュー-イー-ディー〘Q.E.D.〙《(ラテン) quod erat demonstrandum》「以上が証明されるべきであった」「証明終わり」の意。数学などの証明の末尾に記される。

キュー-イー-ディー〘QED〙《quantum electrodynamics》▶量子電磁力学

きゅういちいち-じけん【九・一一事件】▶アメリカ同時多発テロ事件

きゅう-いん【吸引】〔名〕スル ❶吸い込むこと。吸いつけること。「機械で―する」「―力」❷客などを引き寄せること。「若者を―する魅力」
(類語)吸い込み・吸収

きゅう-いん【吸飲】〔名〕スル 吸って飲むこと。「大麻を―する」(類語)吸う・吸入

きゅう-いん【×蚯×蚓】ミミズの別名。

きゅう-いん【窮陰】冬の末。陰暦12月。

ぎゅう-いん【牛飲】〔名〕スル 牛が水を飲むように、酒などをがぶがぶ飲むこと。鯨飲。「―したもんだから、究竟にはグデングデンに酔て仕舞て」〈二葉亭・浮雲〉(類語)がぶ飲み・鯨飲・痛飲・暴飲

ぎゅういん-ばしょく【牛飲馬食】〔名〕スル 牛が水を飲み、馬がまぐさを食うように、多量に飲み食いすること。鯨飲馬食。(類語)大食い・大食・健啖

きゅういん-ぶんべん【吸引分×娩】胎児の頭を椀状の吸引装置で吸い付け、引っ張る娩出法。

きゅう-う【急雨】にわか雨。驟雨。

きゅう-えい【仇英】中国、明の画家。太倉(江蘇省)の人。字は実父。号は十洲。唐宋の画風を学んで独自の画風をつくった。人物・山水にすぐれ、美人画は明代第一とされる。生没年未詳。

きゅう-えいかん【邱永漢】[1924～2012]小説家・経済評論家・経営コンサルタント。台湾の生まれ。本姓、丘。台湾独立運動に参加した後香港に亡命し、日本との貿易で財をなす。昭和29年(1954)日本に移住し、小説「香港」で外国人として初めて直木賞受賞。その後は実業家としても活躍。著書は他に「食は広州に在り」「西遊記」など。

キュー-エー〖QA〗《quality assurance》品質保証。

キュー-エー-エム〖QAM〗《quadrature amplitude modulation》▶直交振幅変調

ぎゅう-えき【牛疫】家畜伝染病予防法の監視伝染病(家畜伝染病)の一。牛・メンヨウ・豚などがかかる急性熱性伝染病。病原体はウイルスで伝染力が強く、死亡率は高い。

キュー-エス-エス〖QSS〗《quasi-stellar radio source》恒星状電波源。電波を放射しているクエーサー。

キューエスエル-カード【QSLカード】《QSL card》受信証。アマチュア無線家の交信記念カード。QSLは無線略号で「受信証を送ります」「受信証を送ることができますか」の意。

キュー-エス-オー〖QSO〗《quasi-stellar object》▶クエーサー

キュー-エス-ジー〖QSG〗《quasi-stellar galaxy》恒星状銀河。クエーサーのうち、電波をほとんど出していないもの。恒星状小宇宙。準々星。

キュー-エックス-ジー-エー〖QXGA〗《quad XGA》パソコンのディスプレー画面などにおける、2048×1536ピクセル(ドット)の解像度を指す。クアッドエックスジーエー。➡XGA

キュー-エム〖QM〗《quality management》品質管理。

キュー-エム-エス〖QMS〗《quality management system》品質マネージメントシステム。製品やサービスの品質を保証するための管理体制。➡ISO9000シリーズ

キュー-エム-ブイ〖QMV〗《Qualified Majority Voting》▶特定多数決

ギュウェルジンアダ-とう【ギュウェルジンアダ島】《Güvercin Ada》▶ギュウェルジン島

ギュウェルジン-とう【ギュウェルジン島】《Güvercin Ada　トルコ語で「鳩の島」の意》トルコ西部、エーゲ海に面する町クシャダスの沖合に浮かぶ島。14世紀にジェノバ人が築いた要塞がある。現在は本土と陸路で結ばれる。ギュウェルジンアダ島。

きゅう-えん【久遠】▶くおん(久遠)

きゅう-えん【×仇怨】かたき。また、うらみ。「薩の―を忘るる勿れと」〈福沢・文明論之概略〉

きゅう-えん【旧怨】古くからのうらみ。
(類語)恨み・怨恨・怨嗟・意趣・私怨・遺恨・怨念・宿意・宿怨・宿恨・積怨・仇・憎しみ・復讐心・逆恨み・恨めしい

きゅう-えん【旧縁】古くからの縁故。昔のなじみ。「―を頼る」

きゅう-えん【休園】〔名〕スル 動物園・遊園地・幼稚園などが、業務を休むこと。「―日」

きゅう-えん【休演】〔名〕スル 出演を休むこと。また、公演を取りやめること。「急病のため―する」
(類語)休場

きゅう-えん【求縁】〔名〕スル 結婚の相手をさがすこと。縁談を求めること。

きゅう-えん【救援】〔名〕スル 困難な状況や危険に陥っている人を助けること。「―の手を差し伸べる」「被災者を―する」(類語)救助・救難・救急・救命・救済・救世・救国・救民・済民・済世・慈善・助ける

きゅう-えん【球宴】野球の饗宴の意で、オールスターゲームのこと。「夢の―」

きゅうえんしゃひよう-ほけんきん【救援者費用保険金】被保険者が旅行中に遭難やけがなどで入院した際に、保険契約者や被保険者の家族などの現地渡航費や捜索費などを補償する保険金。海外旅行傷害保険や国内旅行傷害保険の特約により支払われる。

きゅうえん-とうしゅ【救援投手】▶リリーフピッチャー

きゅうおうどうわ【鳩翁道話】江戸末期の心学書。正編3巻。天保6年(1835)刊。柴田鳩翁の講話を養子遊翁が筆録したもの。7年刊の続編、9年刊続々編各3巻がある。

キュー-おうりつしょくぶつえん【キュー王立植物園】《Kew》ロンドンの南西郊外、テムズ川南岸にある植物園。広さは121万平方メートルと広大で、1841年に王立植物園として開園。国益と学術研究のために世界各地の植物が集められ、その数は約3万種といわれる。また、キューパレスやパームハウス(大温室)など、建築学的にも貴重な建物が残されている。2003年に、世界遺産(文化遺産)に登録。

キュー-オー-エス〖QoS〗《quality of service》マルチメディアコンテンツの配信をはじめとするネットワークサービスの品質。クオリティーオブサービス。

キュー-オー-エル〖QOL〗《quality of life》▶クオリティーオブライフ

きゅう-おん【旧恩】以前に受けた恩義。

きゅう-おん【吸音】〔名〕スル 音を吸収して、反響を少なくすること。

きゅう-おん【球音】ボールの音。球技をする音。特に野球で、バットでボールを打つ音やグラブでボールを捕る音をいう。「―響く甲子園」

きゅうおん-ざい【吸音材】音をよく吸収する建築材料。室内騒音の軽減、音楽施設での残響時間調節などのために使用される。フェルト・テックス・グラスファイバーなど。

きゅうおん-りつ【吸音率】音波が物体に入射したときの、入射エネルギーから反射エネルギーを引いた値と、入射エネルギーとの比。一般に同じ材料でも吸音率の値は音波の周波数により変化する。➡吸音力 ➡吸音材

きゅうおん-りょく【吸音力】音を吸収する能力。音が吸収される割合を示す吸音率と吸音材の表面積を掛けた値で表される。

きゅう-か【九夏】夏の90日間のこと。九暑。(季 夏)

きゅう-か【旧家】❶昔から続いてきた家。由緒ある家柄。「―の出」❷以前に住んでいた家。

きゅう-か【休暇】会社・官庁・学校などで認められた、休日以外の休み。「―をとる」「夏季―」
(類語)休日・休み・ホリデー・バケーション・バカンス

きゅう-か【急火】不意に起こった火事。また、近所の火事。
(類語)火事・火災・火難・出火・失火・炎上・大火・小火・自火・近火・怪火・不審火・祝融・回禄

きゅう-か【球花│×毬花】裸子植物の松・杉・ヒノキなどの雌花。1本の軸上に雌しべの基部に胚珠をつけたものが多数つき、球状になったもの。

きゅう-か【球果│×毬果】裸子植物の、特に松・杉などの針葉樹がつくる果実。多数の木質の鱗片が重なって球形や円錐形をなすもの。種子は各鱗片の内側につく。松の場合は松かさとよばれる。

きゅう-カーブ【急カーブ】道路などで、曲りぐあいが急であること。急に曲がること。また、その曲線。「グラフが―を描く」

きゅう-かい【九回】〔名〕スル 何度も回ること。曲がりくねること。「腸日ごとに―すともいうべき惨痛を」〈鷗外・舞姫〉

きゅう-かい【九界】▶くかい(九界)

きゅう-かい【旧懐】昔をなつかしく思う心。

きゅう-かい【休会】〔名〕スル ❶会を開かないこと。「出席者少数のため―する」❷国会または各議院が、議決によって会期中に一定期間活動を休止すること。➡自然休会 ❸取引所で立会を休むこと。

きゅう-かい【救解】〔名〕スル 罪を弁護して人を救うこと。「幕府既に勅を奉じて長州の罪を問う今将に―すべからず」〈染崎延房・近世紀聞〉

きゅう-かい【球界】野球に関係する人たちの社会。野球界。「―の雄」「高校―」

きゅう-がい【臼蓋】大腿骨頭(大腿骨の上端)を屋根状に覆う、骨盤の骨。寛骨臼のくぼみの上部に沿って張り出した部分。先天性股関節脱臼では臼蓋の形成不全がみられる。寛骨臼蓋。

きゅうがい-けいせいふぜん【臼蓋形成不全】大腿骨の先端部を包む骨盤の臼蓋の発育が不完全な状態。股関節の軟骨に負担がかかり、変形性股関節症の原因となる。

きゅうか-いんせき【球×顆×隕石】▶コンドライト

きゅう-かく【旧格】古いしきたりやきまり。「世の事物皆―に制せられて」〈福沢・学問のすゝめ〉

きゅう-かく【吸角】皮膚に吸い付けて、うみ・悪血を吸い出す医療器具。中空の鐘状のガラス器にゴム球を付けたもの。吸い玉。吸い瓢。

きゅう-かく【嗅覚】においを感じる感覚。揮発性の化学物質の刺激を受けたときに生じる。臭覚。

きゅう-がく【丘×壑】❶おかと谷。❷隠者の住む所。

きゅう-がく【休学】〔名〕スル 学生・生徒が在籍のまま学校を長期間休むこと。「病気で一年間―する」
(類語)停学・休校

きゅうかく-きかん【嗅覚器官】においの刺激を感受する器官。嗅細胞からなり、哺乳類では鼻腔に、昆虫では触角や口ひげにある。嗅覚器。

きゅう-かくど【急角度】角度が急なこと。勾配の大きい坂道や鋭角的な曲がり角などにいう。「道が―に曲がる」「―に落ちるフォークボール」

きゅう-がくは【九学派】▶九流

きゅうかこく-じょうやく【九箇国条約】1922年、ワシントン会議で、日本・イギリス・アメリカ・フランス・イタリア・オランダ・ベルギー・ポルトガル・中国の9国が締結した条約。中国の領土保全・門戸開放・機会均等などを定めた。九国条約。

きゅう-かざん【休火山】噴火の記録はあるが、長い間、噴火していない火山。かつて火山を死火山・活火山とともに三つに分類していたときの一。近年この語は用いない。(類語)火山・死火山・活火山

きゅう-かぞく【旧華族】❶明治2年(1869)の華族制度の設定と同時に華族となった旧公卿と大名。❷以前に華族であった人、またその家。

きゅう-かつ【久×闊】久しく会わないこと。また、便りをしないこと。無沙汰。「―をわびる」
久闊を叙・する 無沙汰をわびるあいさつをする。久し振りに友情を温める。「互いに―・する」

きゅう-かつ【×裘葛】❶皮衣と葛かたびら。冬の衣と夏の衣。❷寒暑の移り変わり。1年間。
裘葛を易・える 冬と夏を経過する。1年の月日が過ぎる。

きゅう-かつ【×裘褐】キウ ❶皮衣と、粗い毛織りの衣服。❷質素な衣服。

きゅう-かなづかい【旧仮名遣い】キウかなづかひ 歴史的仮名遣いのこと。昭和21年(1946)告示された現代仮名遣いを新仮名遣いというのに対していう。旧仮名。〔類語〕仮名遣い・歴史的仮名遣い・現代仮名遣い・新仮名遣い

きゅう-かぶ【旧株】キウ 増資などによって新しく発行された株式に対して、すでに発行されている株式のこと。親株。⇔新株。

きゅう-かん【九官】キウクワン 中国古代、舜の時に定めたという九つの官名。司空(総理)・后稷(こうしょく)(農政)・司徒(教育)・士(刑罰)・共工(百工)・虞(ぐ)(山林沼沢)・秩宗(ちつそう)(祭祀)・典楽(音楽)・納言(上言下達・下言上達)。

きゅう-かん【旧刊】キウ 以前に刊行したこと。また、その書籍。

きゅう-かん【旧慣】キウクワン 古くからのならわし。〔類語〕旧習

きゅう-かん【旧歓】キウクワン 昔味わったよろこび。

きゅう-かん【旧館】キウクワン 以前からある、古いほうの建物。⇔新館。

きゅう-かん【旧観】キウクワン もとの姿。昔のありさま。

きゅう-かん【休刊】キウ〔名〕スル 新聞・雑誌など定期刊行物が発行を休むこと。「新聞—日」

きゅう-かん【休閑】キウ 土地を肥やすため、一定期間耕作をやめること。休耕。〔類語〕遊休

きゅう-かん【休館】キウクワン〔名〕スル 図書館・博物館・映画館などが、業務や営業を休むこと。

きゅう-かん【吸汗】キフ 肌着などが汗を吸い取ること。「—性に優れたシャツ」

きゅう-かん【急患】キフクワン ❶急病。「—によりて死し」〈蘆花・自然と人生〉❷急病の患者。急病人。〔類語〕急病

きゅう-かん【急×癇】キフ 小児の神経病。急に全身痙攣(けいれん)の発作を起こし、それを繰り返して失神する。

ぎゅう-がん【牛眼】ギウ 幼児の緑内障で、眼圧高進のために眼球が拡大した状態。

きゅうかん-ち【休閑地】キウカン ❶休閑中の耕地。❷利用されずにいる土地。空き地。

きゅうかん-ちゅう【吸管虫】キフクワン 繊毛虫綱吸管虫目の原生動物の総称。淡水・海水に広く生息。細胞体に餌をとるためのとげ状の吸管を多数もつ。出芽と接合によって増殖。幼生には繊毛がある。

きゅうかん-ちょう【九官鳥】キウクワンテウ ムクドリ科の鳥。全長約30センチ。全身黒色で、翼に白斑、ほおから首の後ろにかけ黄色い部分があり、くちばしと足は橙黄(とうこう)色。人間の言葉をよくまねる。インドから東南アジアの原産。秦吉了(しんきつりょう)。

キューカンバー〖cucumber〗❶キュウリ。❷美容液の一種。キュウリのエキスを抽出し、透明な化粧液としたもの。さっぱりとした感触は肌触りが大変よい。

きゅうかん-び【休刊日】キウカン 日刊の新聞が発行されない日。多くの新聞社がおよそ月に1日、新聞配達員の休養のために設定し、新聞の発行を休む。新聞休刊日。〔補説〕スポーツ紙・夕刊紙などは宅配分は休刊し、駅売り・店売り分は発行されることが多い。

きゅうかん-び【休肝日】キウカン 毎日酒を飲む習慣の人が、酒を飲まない日。アルコールを分解する肝臓の負担を軽くするためという。

きゅう-き【旧記】キウ 昔の事柄を記した文書。

きゅう-き【旧規】キウ 昔からの規則。古い規定。

きゅう-き【吸気】キフ ❶息を吸い込むこと。また、吸い込んだ息。⇔呼気。❷内燃機関で、混合ガスをシリンダー内に吸い込むこと。また、その気体。⇔排気。

きゅう-き【吸器】キフ 寄生植物で、宿主から養分を吸収する構造。

きゅう-き【窮鬼】❶貧乏神。「これらの外道—は、鍾馗(しょうき)の力をかりても退くる事難し」〈読・英草紙・一〉❷生き霊。〈色葉字類抄〉

きゅう-ぎ【旧×誼】キウ 古いなじみ。昔のよしみ。旧好。「—に免じてお許しください」

きゅう-ぎ【球技】キウ ボールを使って行うスポーツの総称。野球・テニス・サッカー・バレーボールなど。〔類語〕ラグビー・アメリカンフットボール・ホッケー・ゴルフ・バスケットボール・ピンポン・ハンドボール

きゅう-ぎ【球戯】キウ ❶球やボールを使って行う遊戯。❷ビリヤード。撞球(どうきゅう)。

きゅうき-おん【吸気音】キフ 音声学で、吸う息によって発せられる音声。感心したり驚いたりしたときの「へー」「ホー」、痛さをこらえるときの「スー」など。普通、言語音としては用いられない。⇔呼気音。

きゅうき-かん【吸気管】キフキクワン 内燃機関で、気体をシリンダーへ吸入する管。吸入管。

キュー-きてい【Q規定】《Regulation Q》米国連邦準備制度理事会が決める預金金利最高限度。

きゅうき-ほう【九帰法】キウキハフ 珠算で、八算の際に用いられる九九。「二一天作の五」に始まり「九進の一十(いんじゅう)」に終わる割り声をかける。九帰句法。くきほう。

きゅう-きゅう【救急】キウキフ 急場の難儀を救うこと。特に、急病人・負傷者に応急の手当てを施すこと。〔類語〕救助・救難・救援・救命・救済・救世・救国・救民・済民・済世・慈善

きゅう-きゅう【急急】キフキフ〔形動ナリ〕非常に急ぐさま。「心—にして時々物狂ひのやうなれども」〈盛衰記・一八〉

きゅう-きゅう【×汲×汲】キフキフ〔ト・タル〕〔文〕〔形動タリ〕一つのことに一心に努めて、他を顧みないさま。また、あくせくしてゆとりのないさま。「—として一生を終える」「自己の勢力を扶植するに—たるを知っていたので」〈蘆花・思出の記〉〔類語〕営営・せっせと・こつこつ・孜孜と

きゅう-きゅう【×岌×岌】キフキフ〔ト・タル〕〔文〕〔形動タリ〕❶山などが高いさま。「(屏風岩ハ)半空(なかぞら)より一文字に垂下して、—たる其の勢」〈紅葉・金色夜叉〉❷きわめて危ないさま。「国勢の孤立して、—たるをも顧みず」〈竜渓・経国美談〉

きゅう-きゅう㊀〔副〕スル ❶物がこすれたり押しつけられたりして鳴る音を表す語。「靴が—(と)鳴る」❷物をいっぱい詰め込んだり押し込んだりするさま。「引き出しに—(と)詰め込む」❸経済的余裕がないさま。「金がなくていつも—(と)している」❹ひどい目にあい苦しむさま。「仕事に追われて—言っている」㊁〔形動〕❶㊀❷に同じ。「客を—に詰め込む」❷㊀❸に同じ。「—の生活」〔アクセント〕㊀はキューキュー、㊁はキューキュー。

きゅう-ぎゅう【九牛】キウギウ 9頭の牛。また、多くの牛。

ぎゅう-ぎゅう㊀〔副〕❶物がきしんだり、こすれたりするときに鳴る音を表す語。「台車が—(と)音をたてる」❷強く締めつけたり押しつけたりするさま。「帯を—(と)締める」❸無理に詰め込んだり押し込んだりするさま。「トランクに荷物を—(と)詰める」❹人を強く責めたてるさま。また、責められて音(ね)をあげるさま。「一言わせてやる」㊁〔形動〕❶㊀❸に同じ。「荷物を—に詰める」「場内は若者で—だ」❷㊀❹に同じ。「—な目にあわせる」〔アクセント〕㊀はギューギュー、㊁はギューギュー。〔類語〕ぎっしり・ぎっちり・ぎちぎち・びっしり・きっちり・きちきち

きゅうきゅう-かんごし【救急看護師】キウキフ 認定看護師の一。救急看護に必要な知識と確実な救命技術をもち、状況に応じて的確な判断で対処できると認定された看護師。認定は日本看護協会が行う。正称は救急看護認定看護師。

きゅうきゅうかんごにんてい-かんごし【救急看護認定看護師】キウキフカンゴニンテイ ▶救急看護師

きゅうきゅう-きゅうめいし【救急救命士】キウキフキウメイ 救急患者に対し、病院到着前に医師の指示のもと、気道確保・除細動・輸液点滴などの高度な応急処置を行う者。平成3年(1991)公布の救急救命士法に基づく国家資格。

きゅうきゅうきゅうめい-しつ【救急救命室】キウキフキウメイ ▶イー-アール(ER)

きゅうきゅうきゅうめい-センター【救急救命センター】キウキフキウメイ 重症または複数の診療領域にわたる救急患者を24時間体制で受け入れ、診療する医療機関。救命救急センター。

きゅうきゅう-しゃ【救急車】キウキフ 急病人や事故による負傷者を病院に運ぶための自動車。白色に赤十字の標識をつけ、応急医療器具を備えている。消防署に配置。

きゅうきゅう-しょち【救急処置】キウキフ 急病・負傷などの突発事態に対し、適切に行われるべき医学的処置。

ぎゅうぎゅう-づめ【ぎゅうぎゅう詰め】全く余裕がないほど、たくさん詰め込むこと。「—の電車」

きゅうきゅう-でん【救急田】キウキフ 古代、凶作のときなどの庶民の救済用として諸国に設けた田地。

きゅうきゅう-にょりつりょう【急急如律▽令】キフキフニョリツリャウ 中国漢代の公文書の末尾に、急々に律令のごとくに行え、の意で書き添えた語。のち、呪文(じゅもん)の終わりに添える悪魔ばらいの語として、道家・陰陽師(おんようじ)・祈祷僧(きとうそう)などが用いた。

きゅうぎゅう-の-いちもう【九牛の一毛】キウギウ《「漢書」司馬遷伝から。多くの牛の中の1本の毛の意》多数の中のごく一部分。取るに足りないこと。

きゅうきゅう-ばこ【救急箱】キウキフ 軽いけがや病気の応急手当て用の薬や包帯などを入れた箱。

きゅうきゅう-びょういん【救急病院】キウキフビャウヰン 救急隊によって搬送される傷病者に、緊急な医療活動を行える態勢をもつ病院。都道府県知事により告示。

きゅうきゅう-りょう【救急料】キウキフレウ 奈良・平安時代、危急に備えて、諸国で正税稲の一部をさいて備蓄した稲。国司が毎年出挙(すいこ)してその地子稲(じしとう)を救急にあてる。救急料稲。

きゅう-きょ【旧居】キウ 以前の住まい。

きゅう-きょ【×鳩居】キウ《ハトは巣を作るのがへたなため、カササギの巣に入る意から》妻が自分で家をもつことができず、夫の家を自分の家とすることのたとえ。また、借家住まいのたとえ。

きゅう-きょ【急×遽】キフ ㊀〔形動〕〔文〕〔ナリ〕急に物事が行われるさま。「寄宿舎に入れられた—な身の変化の中に」〈嘉村・途上〉㊁〔副〕あわただしく事を行うさま。いそいで。にわかに。「—出発する」〔類語〕至急・早急・急ぎ・大急ぎ・取り急ぎ・緊急・特急・超特急・出し抜け・突然・唐突・短兵急・不意・忽然(こつぜん)・俄然(がぜん)・突如・いきなり・不意に・ふと・矢庭に

きゅう-きょう【九×竅】キウケウ 人や哺乳(ほにゅう)動物の体にある九つの穴。口・両眼・両耳・両鼻孔・尿道口・肛門(こうもん)の総称。九穴。九孔。

きゅう-きょう【旧教】キウケウ ローマ-カトリック教会の日本における通称。「—徒」⇒新教

きゅう-きょう【究×竟】キウキャウ ❶物事をきわめた、最高のところ。究極。くきょう。くっきょう。「—の目標」❷つまるところ。結局。

きゅう-きょう【窮境】キャウ 非常に苦しい境遇・立場。窮地。「—に陥る」

きゅう-ぎょう【旧業】キウゲフ ❶以前やっていた事業・仕事。「—に復する」❷昔の人の成した事業、または業績。

きゅう-ぎょう【休業】キウゲフ〔名〕スル 営業・業務などを休むこと。「都合により本日—します」

きゅうきょう-うんどう【×仇教運動】キウケウ 清代末期の中国に起こったキリスト教排斥運動。初めは単なる反キリスト教運動だったが、しだいに排外・反帝国主義運動の性格を強め、1898年に始まる義和団事件で頂点に達した。

きゅうぎょう-きゅうふ【休業給付】キウゲフキフ 通勤災害に対して給付される労災保険の一つ。通勤途中の負傷・疾病の治療のため労働できず、賃金を受けられない場合に、休業4日目から1日につき給付基礎日額の60パーセントが支給される。ほかに、特別支給金として給付基礎日額の20パーセントが支給される。業務災害の場合は休業補償給付という。

きゅうぎょう-そんがい【休業損害】キウゲフ 給与所得者・事業所得者などが、事故などで仕事を休んだために得られなかった給与やその期間の減収分。

きゅうぎょう-てあて【休業手当】キウゲフ 使用者の責任となる事由によって休業した場合、その期間中、使用者が労働者に支払わなければならない手当。労働基準法に規定。

きゅうきょう-と【旧教徒】キウケウ 旧教(ローマ-カトリック教会)を信仰する人。⇒新教徒

きゅう-きょうふう【急驚風】キフキャウ 漢方で、小児の急性髄膜炎のこと。⇒驚風

きゅうぎょう-ほしょう【休業補償】キウゲフホシヤウ 労働基準法による災害補償の一。労働者が業務上の傷病のため賃金を受けられない場合、休業3日目まで使用者から支払われる補償。平均賃金の100分の60の額。

きゅうぎょうほしょう-きゅうふ【休業補償給付】キウゲフホシヤウキフフ 労働者災害補償保険法に基づき、業務災害に対して給付される労災保険の一つ。業務による負傷・疾病の治療のため労働できず、賃金を受けられない場合に、休業4日目から1日につき給付基礎日額の60パーセントが支給される。ほかに、特別支給金として給付基礎日額の20パーセントが支給される。通勤災害の場合は休業給付という。(補説)給付基礎日額は、原則として災害発生日以前3か月間に支払われた賃金の総額をその期間の暦日数で割った額。算定額が別途規定された最低保障額に満たない場合、最低保障額が適用される。

きゅう-きょく【九×棘】キウ― 《「きゅうぎょく」とも。昔、中国で九卿きゅうけいの座を表すために9本の棘いばらを植えたところから》公卿くぎょう。「―の宿所宿所、皆門戸を閉ぢて」〈太平記・三三〉

きゅう-きょく【究極】キウ―・【窮極】キユウ―〔名〕スル 物事をつきつめ、きわめること。また、その最後の到達点。究竟。「―の目的」「この機器を益々修改しゅうかいし、工巧を―しければ」〈中村訳・西国立志編〉

(類語)極み・至り・極・極致・極点・終極・最後

きゅう-きょく【×嬉遊曲】キイウ― ▶ディベルティメント

きゅうきょ-ほう【九去法】キウキヨハフ 四則計算の検算方法の一。ある整数を9で割った余りと、その整数の各位の数の和を9で割った余りとは等しいという原理を利用するもの。くきょほう。

きゅう-きん【九禁】キウ― 《九重ここのえの禁門の意》皇居。宮中。禁裏。

きゅう-きん【球菌】キウ― 球状の細菌の総称。ぶどう球菌・連鎖球菌・双球菌などがある。球状菌。

きゅう-きん【給金】キフ― 給料として支払われる金銭。

きゅう-ぎん【給銀】キフ― 「給金」に同じ。

きゅうきん-ずもう【給金相撲】キフキンずまふ 相撲で、あと1勝すれば勝ち越しとなって給金直しとなる取組。

きゅう-きんぞく【希有金属】キイウ― ▶レアメタル

きゅうきん-づけ【給金付け】キフキン― 歌舞伎俳優などの1年分の給料を書き出すこと。また、それを一枚摺ずりに印刷したもの。給金表。

きゅうきん-なおし【給金直し】キフキンなほし 相撲で、力士が本場所で勝ち越して昇給すること。十両以上は8勝、幕下以下なら4勝。

きゅう-く【窮苦】❶行き詰まって苦しむこと。困窮。❷貧乏。貧困。

きゅう-くつ【窮屈】〔名・形動〕❶空間や場所にゆとりがなく、自由に動きがとれないこと。また、そのさま。「―な服」「座席が―になる」❷思うようにふるまえず気詰まりであること。また、そのさま。「お偉方ばかりで―な会だ」「―な思いをする」❸形式張って堅苦しいこと。融通のきかないこと。また、そのさま。「―で面白みのない男」「―に考えすぎる」❹物や金が不足してままならないさま。「―な暮らし」(派生)きゅうくつがる〔動ラ五〕きゅうくつさ〔名〕

(類語)きつい・狭い・狭苦しい・せせこましい・手狭てぜま・狭小・狭隘きょうあい・狭窄きょうさく

きゅうくつ-ぶくろ【窮屈袋】明治時代、袴はかまのことをいった語。「―をぬぐ間もなく」〈藤村・春〉

きゅう-くん【旧訓】キウ― ❶漢字・漢文などの古い読み方。❷昔の教えや戒め。

ぎゅう-ぐん【義勇軍】戦争・事変の際に、人民が自発的に編制する戦闘部隊。

きゅう-けい【九刑】キウ― 中国、周代の9種の刑罰。墨ぼく・劓ぎ・剕ひ・宮・大辟たいへきの五刑に、流(追放)・贖しょく(罰金)・鞭べん(笞刑)・扑ぼく(笞刑)を加えたもの。

きゅう-けい【九×卿】キウ― ❶古代中国の九つの主要官職名。時代により名称が異なるが、周代では、少師・少傅しょうふ・少保・冢宰ちょうさい・司徒・司空・司馬・司寇しこう・宗伯。❷公卿くぎょうの異称。「重盛いやしくも―に列して三台にのぼる」〈平家・三〉

きゅう-けい【九経】キウ― ■中国の9種の経書。「詩経しきょう」「書経」「易経」「儀礼ぎらい」「礼記らいき」「周礼しゅらい」「春秋左氏伝」「春秋公羊伝くようでん」「春秋穀梁伝こくりょうでん」。一説に、「易経」「詩経」「書経」「礼記」「春秋」「孝経」「論語」「孟子」「周礼」をいう。きゅうきょう。■昔、中国で、天下を治める九つの道。身を修め、賢を尊び、親に親しみ、大臣を敬い、群臣と交わり、庶民を子とし、百工を招来し、遠人を柔らげ、諸侯をなつけること。

きゅう-けい【弓形】❶弓のように曲がった形。ゆみがた。ゆみなり。❷数学で、円の弧とその両端を結ぶ弦とによってできる図形。

きゅう-けい【休憩】キウ―〔名〕スル 仕事や運動などを一時やめて、休むこと。休息。「ゆっくり―をとる」

(類語)休息・休養・休み・安息・休む・休らう・憩いこう・くつろぐ・一休みする・小休止する・少憩する・一服する・一息入れる・骨休めする・息をつく・リラックス

きゅう-けい【求刑】キウ―〔名〕スル 刑事裁判の最終段階において、検察官が、被告人に対して科せられるべき刑種や刑量に関する意見を述べること。➡論告ろんこく

きゅう-けい【宮刑】古代中国の五刑の一。死刑に次ぐ重い刑罰で、男子は去勢され、女子は監房に幽閉された。腐刑。宮。

きゅう-けい【球形】キウ― まりのように丸い形。

(類語)丸い・まろい・丸っこい・真ん丸・円まやか・円まか・円ぷら・円形・球状・円盤状・輪形

きゅう-けい【球茎】キウ― 地下茎の一。でんぷんなどの養分を蓄え、球形に肥大したもの。その頂端から新しい芽を出す。グラジオラス・サトイモ・クワイなどにみられる。

きゅうけい-ほう【旧刑法】キウケイハフ 明治13年(1880)7月17日、太政官布告三六号で公布され、同15年1月1日から施行された刑法典。フランス刑法の影響が強い。同41年10月1日、現行刑法の施行により廃止。

きゅう-げき【旧劇】キウ― ❶新派劇・新劇に対して、歌舞伎など、旧来の演劇のこと。旧派劇。旧派。❷映画で、現代劇に対して時代劇のこと。髷物まげもの。

きゅう-げき【急撃】キフ― 急に攻撃すること。「愈々―を受くるに従て、愈々潰走し」〈竜渓・経国美談〉

きゅう-げき【急激│急劇】キフ―〔形動〕〔文〕〔ナリ〕物事の変化や動きなどが急で、はげしいさま。「気温の―な変化」(類語)急速・たちまち・ハイピッチ・急テンポ・急・激しい

きゅう-けつ【九穴】キウ― 「九竅きゅうきょう」に同じ。

きゅう-けつ【吸血】キフ― 生き血を吸うこと。

きゅう-けつ【×灸穴】キウ― 灸をすえるのに最も適した箇所。三里さんり・身柱ちりけ・湧泉など。灸点。

きゅう-けつ【泣血】キフ― 目から血が出るほど、ひどく泣き悲しむこと。「勅勘の御心情想像に堪たえず実以て―の至りに奉存ぞんじたてまつり」〈染崎延房・近世紀聞〉

きゅう-けつ【宮×闕】《「闕」は宮殿の門の意》宮城。皇居。禁中。

きゅう-けつ【給血】キフ―〔名〕スル 輸血に必要な血液を提供すること。供血。「―者」

きゅうけつ-き【吸血鬼】キフケツ― ❶人の生き血を吸うという魔物。バンパイア。❷無慈悲に人を苦しめて利益をしぼり取る人間。

きゅうけつ-ざい【急結剤】キフケツ― セメントの凝結を著しく速めるための混和剤。塩化カルシウム・珪酸ソーダなど。

きゅうけつ-どうぶつ【吸血動物】キフケツ― 他の動物の皮膚について、その血液や体液を吸って栄養とする動物。蚊・ノミ・シラミ・ヒルなど。

きゅうけつまくか-しゅっけつ【球結膜下出血】キウケツマクカ― ▶結膜下出血

きゅう-げん【九原】キウ― 《中国の春秋時代、晋しんの卿けい・大夫たいふの墓のあった地名から》墳墓。墓地。また、あの世。黄泉こうせん。「獄門にかくるまでもなくて、―の苔に埋もれにけり」〈太平記・七〉

きゅう-げん【急減】キフ―〔名〕スル 急に減ること。また、急に減らすこと。「売り上げが―する」(対)急増。

きゅう-げん【給源│給原】キフ― 物を供給するみなもと。供給源。

きゅう-げんそ【希有元素】キイウ― ▶希元素きげんそ

きゅう-けんぽう【旧憲法】キウケンパフ 大日本帝国憲法のこと。日本国憲法を新憲法と称するのに対していう。明治憲法。

キューケンホフ-こうえん【キューケンホフ公園】―コウヱン《Keukenhof》オランダ南西部、ゾイトホラント州の町、リッセの近郊にある公園。世界最大級のチューリップ園として知られる。1949年開設。

きゅう-こ【旧故】キウ― 古いなじみ。昔の友。旧友。

きゅう-こ【×舅×姑】キウ― 舅しゅうとと姑しゅうと。

きゅう-ご【九五】キウ― 《易で、九を陽とし、五を君主の位に配するところから》天子の位。「ふたたび―の帝位をふませ給はんこと」〈太平記・四〉

きゅう-ご【救護】キウ―〔名〕スル 困っている人を救い守ること。特に、被災者・傷病者などを保護し、看護・治療すること。「負傷者を―する」「―班」

(類語)援護・助ける・保護・庇護ひご・愛護・擁護・防護・介護・養護・監護・警護・後見こうけん・守護・救護・守る

ぎゅう-ご【牛後】ギウ― 牛の尻。強大な者の後に従い、使われる者のたとえ。牛尾。➡鶏口けいこう

きゅうこう【九江】キウカウ 中国江西省の河港都市。揚子江南岸、鄱陽はよう湖北岸にあり、茶の積み出し港。景勝地の廬山ろざんがある。チウチアン。

きゅう-こう【九×皐】キウカウ 幾重にも曲がりくねった奥深い沢。

きゅう-こう【丘▽岡】キウカウ 土地の小高い所。おか。「―を平にし、泥沼を埋め」〈徳永・太陽のない街〉

きゅう-こう【旧功】キウ― ❶昔たてた手柄。❷長く仕えること。また、その功績。「数年の勤め―によって」〈浄・堀川波鼓〉

きゅう-こう【旧交】キウカウ 昔からの交際。(類語)付き合い・交わり・人付き合い・社交・交友・行き来・国交・国際

旧交を温・める 昔からの交際を再び始める。

きゅう-こう【旧好】キウカウ 昔からのよしみ。旧誼きゅうぎ。

きゅう-こう【旧稿】キウカウ 以前に書いた原稿。

きゅう-こう【休校】キウカウ〔名〕スル 学校が授業を行わないで休みにすること。「大雪のため―する」

(類語)停学・休学

きゅう-こう【休耕】キウカウ〔名〕スル 田畑の耕作を、一時やめること。「―田」

きゅう-こう【休航】キウカウ〔名〕スル 船や航空機などの運航を休止すること。欠航。

きゅう-こう【休講】キウカウ〔名〕スル 教師が講義を休むこと。講義がないこと。「学会出席のため―する」

きゅう-こう【急行】キフカウ〔名〕スル ❶急いで行くこと。「現地に―する」❷「急行列車」の略。「上りの―」

(類語)飛ぶ・駆け着ける・馳はせ着ける・馳せる

きゅう-こう【×躬行】―カウ〔名〕スル みずから実行すること。「実践―」「草平大人自ら―して、小生に小言を示しているのである」〈百閒・大人片伝〉

(類語)実行・実践・行動・励行・履行・実施・施行しこう・執行・決行・敢行・断行・遂行・行う

きゅう-こう【救荒】キウクワウ〔名〕スル 飢饉ききんに見舞われた人々を救うこと。

きゅう-ごう【旧号】キウガウ ❶雑誌などの古い号数のもの。バックナンバー。❷古い雅号・俳号。

きゅう-ごう【▽叫号】キウガウ〔名〕スル さけぶこと。

きゅう-ごう【糾合│×鳩合】キウガフ〔名〕スル ある目的のもとに人々を寄せ集め、まとめること。「有志を―して会を発足させる」

き-ゆうこう【帰有光】―イウクワウ [1506～1571]中国、明の文人。崑山(江蘇省)の人。字あざなは熙甫きほ、号は震川。身辺の雑事を繊細かつ叙情的に描いた散文は高く評価。王世貞と並ぶ明代散文作家の代表者とされる。

きゅう-こうか【急降下】キフカウカ〔名〕スル 飛行機が地表に対して急角度で降下すること。「―爆撃」

(類語)錐揉きりもみ・スピン

きゅう-こうぐん【急行軍】キフカウグン 速度を増し、休憩を減らして行軍すること。

きゅうこう-けん【急行券】キフカウ― 急行列車に乗るために乗車券とは別に必要な切符。

きゅう-こうさい【旧公債】キウ― 弘化元年(1844)から

慶応3年(1867)までの諸藩の負債を明治政府が引き受け、明治6年(1873)に50年年賦の無利息で発行した公債。

きゅうこう-さくもつ【救荒作物】キウクワウ 一般の農作物が不作のときでも成育して、比較的よい収穫をあげられる作物。ソバ・ヒエ・アワ・サツマイモなど。備荒作物。

きゅうこう-しょくぶつ【救荒植物】キウクワウ 山野に自生する植物で、飢饉(ききん)の際に食糧になるもの。ノビル・ナズナ・オオバコなど。備荒植物。

きゅうこう-どうぶつ【旧口動物】キウコウ 成体の口が原口に由来し、肛門は別に原腸の末端に形成される動物の総称。扁形・輪形・袋形・節足・軟体動物など。先口(せんこう)動物。⇒新口動物

きゅうこう-ひだくほう【吸光比濁法】キフクワウヒダクハフ ►タービディメトリー

きゅうこう-れっしゃ【急行列車】キフカウ 主要駅だけに停車し、高速で運行する列車。

きゅうこ-かく【汲古閣】キフコ 中国、明末・清初の蔵書家毛晋(もうしん)の書庫の名。蔵書は約8万部で、その中の善本を翻刻したものは汲古閣本として有名。

きゅう-こく【九国】キウ ㊀「九州㊂」に同じ。㊁中国、戦国時代の九つの国。斉(せい)・楚(そ)・燕(えん)・趙(ちょう)・韓(かん)・魏(ぎ)・宋(そう)・衛(えい)・中山(ちゅうざん)。くこく。

きゅう-こく【九穀】キウ 9種類の穀物。黍(きび)・糯黍(もちきび)・糯粟(もちあわ)・稲・麻・大豆・小豆・大麦・小麦をいう。

きゅう-こく【旧国】キウ ❶歴史の古い国。❷ふるさと。故国。

きゅう-こく【泣×哭】キフ〔名〕スル 泣き叫ぶこと。

きゅう-こく【急告】キフ〔名〕スル 急いで告げ知らせること。「作戦の変更を―する」類語 急報・速報

きゅう-こく【救国】キウ 国の危急・難儀を救うこと。「―の志士」

類語 救援・救助・救難・救急・救命・救済・救世・救民・済民・済世・慈善・助ける

きゅう-ごしらえ【急×拵え】キフごしらへ 間に合わせるために、急いでつくること。また、そのもの。急造。「―の舞台」

きゅう-こせいだい【旧古生代】キウ 古生代を2分した場合の前半部。カンブリア紀・オルドビス紀・シルル紀の三つの総称。⇒新古生代

きゅうごだいし【旧五代史】キウゴダイシ ►五代史(ごだいし)㊁

きゅう-こつ【朽骨】キウ くちた骨。「―爛肉」

きゅうこどく-おん【給孤独園】キフコドク ►祇園㊁

きゅうご-ひばくしゃ【救護被爆者】キウゴ 昭和20年(1945)8月にアメリカ軍が広島・長崎市に原子爆弾を投下した際、またその後に、爆心地の外に避難した被爆者の救護にあたるなどして、残留放射能により二次的に被爆した人。被爆者援護法の第1条3号に該当する被爆者で、国の認定を受けると被爆者健康手帳が交付される。被爆者数(被爆者健康手帳所持者数)の約1割を占める。三号被爆者。

きゅう-こん【吸根】キフ ►寄生根(きせいこん)

きゅう-こん【求婚】キウ〔名〕スル 結婚を申し込むこと。プロポーズ。

きゅう-こん【球根】キウ 植物で、球状または塊状の地下茎や根。栄養分を蓄えて多肉になったもので、栄養繁殖をする。スイセンの鱗茎(りんけい)、サフランの球茎、シクラメンの塊茎、ショウブの根茎、ダリアの塊根など。

きゅう-こん【窮困】〔名〕スル 困難な状況や貧乏のために、ひどく苦しむこと。困窮。「―見るに忍びず」〈織田訳・花柳春話〉

きゅうこん-でんせつ【求婚伝説】キウコン 伝説の類型の一。勇気のあるすぐれた男が、他国へ旅をして身分の高い女とめぐりあい求婚する。女の親からの多くの難題に苦労するが、解決して結婚するというもの。

きゅうざ【久▽三】キウ 「久三郎(きゅうざぶろう)」に同じ。「―、提灯(ちょうちん)ともしや」〈浮・一代男・一〉

きゅう-さい【旧債】キウ 昔の負債。古い借金。

きゅう-さい【休載】キウ〔名〕スル 新聞・雑誌などで、続きものの記事・小説などの掲載を休むこと。「作者の都合により、しばらく―します」

きゅう-さい【宮宰】フランク王国メロビング朝の最高官職。元来は王家の家政をつかさどるものだったが、王権の衰退とともに地位を高め行政職となったもの。マヨルドムス。

きゅう-さい【救済】キウ〔名〕スル ❶苦しむ人を救い助けること。「難民を―する」❷神や仏の側からさしのべられる救い。キリスト教では、人間を罪や悪から解放し、真実の幸福を与えること。救い。

類語 救助・救難・救援・救急・救命・救世・救国・救民・済民・済世・慈善・助ける

きゅう-ざい【嗅剤】キウ 失神・昏睡(こんすい)・泥酔の状態にある者に鼻からかがせて、意識や呼吸を回復させる薬剤。アンモニア水・亜硝酸アミルなど。

きゅうさい-けん【救済権】キウサイ 既存の権利が侵害されたとき、その救済を求める権利。損害賠償請求権・返還請求権など。

きゅうさい-さんぽう【救済三法】キウサイサンパフ 国家賠償法・行政不服審査法・行政事件訴訟法の総称。行政救済三法。

きゅう-さいぼう【嗅細胞】キウサイバウ 嗅覚の刺激物質を受容する細胞。人間では鼻腔(びくう)上部の粘膜中に分布。臭細胞。

きゅうさい-めいれい【救済命令】キウサイ 労働者または労働組合に対する使用者の不当労働行為の救済申し立て事件について、労働委員会が発する命令。

きゅう-さく【旧作】キウ 以前に作った作品。

きゅう-さく【休作】キウ〔名〕スル 作付けを休むこと。

きゅう-さく【朽索】キウ くさった縄や綱。

朽索六馬(りくば)を馭(ぎょ)す 《「書経」五子之歌から》くさった縄で6頭の馬を御するように、非常に難しくて危ないことのたとえ。朽索の六馬を馭するが如し。

きゅう-さく【窮策】追い詰められたあげくに考え出した案・方法。窮余の策。

きゅう-さつ【糾察】キウ〔名〕スル 罪状を取り調べて明らかにすること。吟味。

きゅう-ざひょう【球座標】キウザヘウ 空間の任意の一点の位置を、定点からの距離と方向とで示す座標。空間の極座標。

きゅうざぶろう【久▽三郎】キウザブラウ 江戸時代、上方で、下男奉公をする者の通称。久三(きゅうざ)。久七。久助。「―に会うても只は通さず」〈浮・一代女・五〉

きゅう-さん【急×霰】キフ にわかに降ってくるあられ。また、その音。「―のような拍手」(季 冬)

きゅう-ざん【丘山】キウ 丘と山。また、物が多いことのたとえ。「もし財貨を好まば、―の如き富を致すべし」〈中村訳・西国立志編〉

きゅう-し【九死】キウ ほとんど命が助かりそうもないような危ない状態。

類語 絶体絶命・剣が峰・危機一髪

九死に一生を得(え)る ほとんど命が助かりそうもないところをかろうじて助かる。

きゅう-し【九紫】キウ 九星の一。星では火星、方角では南。

きゅう-し【弓矢】❶弓と矢。❷武芸。また、武門・武家。「景時が―の冥加と守り給へ」〈盛衰記・二一〉

きゅう-し【×仇視】キウ〔名〕スル かたきのように憎み見ること。敵視。「上帝を父視せず、却て之を―し」〈織田訳・花柳春話〉類語 憎む・嫌う・忌み嫌う・恨む・嫉(そね)む・呪(のろ)う・嫌がる・厭(いと)う・憎悪する・嫌悪する・敵視する・嫉視(しっし)する・呪詛(じゅそ)する・唾棄(だき)する・目の敵(かたき)にする・白い目で見る

きゅう-し【旧史】キウ 古い時代の歴史。また、古い歴史書。

きゅう-し【旧×址】キウ 歴史的な建物や事件などがあったあと。旧跡。

類語 遺跡・遺址・旧跡・古跡・古址・史跡・名跡

きゅう-し【旧師】キウ 以前に教えを受けた先生。

類語 恩師・先師・師・師匠・指南役・師範・宗匠・師父・教師・教員・教諭・教授・教官・講師・ティーチャー・プロフェッサー・チューター・インストラクター・尊師

きゅう-し【休止】キウ〔名〕スル 仕事・活動などを、一時休むこと。また、動きが止まること。「運転を―する」

類語 中止・中断・中絶・全廃・途絶・断絶・お流れ・休む・打ち切る・やめる・切り上げる・よす・断つ・沙汰止(さたや)み・立ち消え

休止符を打・つ 進行していたことに一応の区切りをつける。一段落をつける。

きゅう-し【臼歯】キウ 哺乳類の歯のうち、奥に生えている歯。犬歯の隣に並ぶ前臼歯(小臼歯)とその奥の後臼歯(大臼歯)とがある。狭義には、乳歯を生じない後臼歯をさす。人間では表面が比較的平らな臼状をしている。おくば。うすば。

きゅう-し【×灸師】キウ 灸治療を行うことを業とする人。現在は免許制で、「あん摩マッサージ指圧師、はり師、きゆう師等に関する法律」に定める国家試験に合格し、厚生労働省の資格者名簿に登録された人。⇒按摩マッサージ指圧師

きゅう-し【急死】キフ〔名〕スル 急に死ぬこと。急逝。頓死(とんし)。「旅行先で―する」

類語 急逝・頓死・即死・死ぬ

きゅう-し【急使】キフ 至急の使い。「―を立てる」

類語 使い・使節・特使・正使・密使・使者・全権大使・特命全権大使

きゅう-し【急×駛】キフ〔名〕スル 速く走ること。「―せる車の逆風(ぎゃくふう)に扇(あお)らるるが」〈紅葉・金色夜叉〉

きゅう-し【球史】キウ 野球の歴史。「―に残る熱戦」

きゅう-し【給紙】キフ〔名〕スル 印刷機、コピー機に用紙を補給すること。「手動―」「―カセットの容量」

きゅう-し【窮死】〔名〕スル 窮迫のうちに死ぬこと。「枯野に―した先達を歎かずに」〈芥川・枯野抄〉

きゅう-じ【旧事】キウ 昔のこと。古い事柄。くじ。「―に属すること」

きゅう-じ【旧時】キウ 過ぎ去った時。昔。往時。「―を回想する」

類語 過去・当時・いにしえ・往年・一昔・昔年・往日・昔日・昔時・往昔・往古・古昔・在りし日

きゅう-じ【旧辞】キウ ❶古い記録。❷日本古代の口承された神話・伝説を記録したもの。古事記編纂(へんさん)の主要な資料。また、日本書紀の編纂にも利用された。本辞(ほんじ)。くじ。⇒帝紀(ていき)

きゅう-じ【×灸治】キウヂ〔名〕スル 灸をすえて治療すること。

きゅう-じ【急事】キフ 急を要する事柄。さし迫った事柄。また、突発的な事件。

きゅう-じ【宮仕】宮中や貴人に仕えること。「―暇なくて日数を送り、家に帰らず候」〈曽我・五〉

きゅう-じ【救治】キウヂ〔名〕スル 悪いところをなおして、もとのよい状態にすること。「悪習を―する」

きゅう-じ【球児】キウ 野球に励む少年。「高校―」

きゅう-じ【給仕】キフ〔名〕スル ❶食事の席にいて世話をすること。また、その人。「家族の夕飯を―する」❷もと、官庁や会社などで、雑用をした人。

類語 ウエーター・ウエートレス・ボーイ・ギャルソン・女給

きゅう-じ【給餌】キフ〔名〕スル えさを与えること。

ぎゅう-し【牛脂】ギウ 牛の脂肪を精製したもの。白または淡黄色をし、特有の匂いがある。食用のほか、せっけん・ろうそくの製造原料や潤滑油、軟膏の基剤などに使用。ヘット。

ぎゅう-じ【牛耳】ギウ 牛の耳。

牛耳を執(と)・る 《中国の春秋戦国時代、諸侯が盟約するとき、盟主になるべき人が牛の耳をとって裂いて出した血をすすって誓い合ったという「春秋左氏伝」の故事から》同盟の盟主になる。また、団体の中心となって自分の思いどおりに事を運ぶ。牛耳る。

キュー-シー〖QC〗《quality control》►品質管理

キューシー-かつどう【QC活動】クワツドウ《QCは、quality control(品質管理)の略》►QCサークル活動

キューシーサークル-かつどう【QCサークル活動】クワツドウ《QCは、quality control(品質管理)の略》職場内で自発的に集まった小人数の集団が、製品・サービスの品質管理や改善、不良品の低減、安全対策などに取り組むこと。この活動により、グループ全体の能力・自主性の向上、人材育成、職場活性化などの相乗効果が期待できる。1960年代に製造業の現場で生まれて普及、日本の国際競争力を強めたとされる。QC活動。

キュー-シー-ディー〖QCD〗《quantum chromo-

dynamics》▶量子色力学
キュー-シート〖cue sheet〗番組を予定どおり進行させるために、放送順序・時間・形式・方法などが秒単位で詳細に記載されている番組進行表。
きゅうし-かく【休止核】キウシ ▶静止核
きゅう-しき【旧式】キウ〔名・形動〕❶昔からのしきたり。古い方式。「—にならう」⇔新式。❷型・デザイン・考え方などが古くさいこと。また、そのさま。「—な機械」「—な考え」⇔新式。
〔類語〕古い・時代遅れ・流行遅れ・古風こふう・昔風むかしふう・陳腐・旧弊・前近代的・旧態依然・中古・オールドファッション
きゅう-しき【旧識】キウ 古くからの知り合い。昔なじみ。旧知。「—のように語り合う」〔類語〕旧友・幼馴染おさななじみ・昔馴染み・旧知・故人・故旧
きゅうじ-ぐち【給仕口】キフジ「通い口」に同じ。
きゅうし-じょうたい【休止状態】キウシジャウタイ《hibernation》▶ハイバネーション
きゅうしち【久七】キウシチ「久三郎きゅうさぶろう」に同じ。「飯炊きの梅が下しもの茶碗に汲くみて、—にさし出しければ」〈浮・五人女・四〉
きゅうじ-ちゅう【給事中】キフジ ❶中国の官職名の一。秦・漢時代は宮中で給仕をする下級の役職であったが、隋・唐代以降は門下省に属し、天子の詔勅を審議する要職となった。明・清代は天子をいさめる官。❷少納言しょうなごんの唐名。
きゅう-しつ【吸湿】キフ〔名〕スル 湿気を吸い取ること。「—剤」
きゅう-しつ【宮室】❶帝王・天皇の宮殿。❷帝王・天皇の一族。皇室。
きゅう-しつ【球質】キウ 野球で、投手が投げる球の性質。「—が重い」
きゅう-しつ【×髹漆】キウ 漆うるしを塗ること。また、漆を塗ったもの。
きゅう-じつ【旧日】キウ 過ぎ去った日。往日。
きゅう-じつ【休日】キウ ❶休みの日。業務・授業などを休む日。❷国民の祝日。
〔類語〕休暇・休み・ホリデー・バケーション・バカンス
きゅうしつ-せい【吸湿性】キフシツ 物質が水分を吸着する性質。
きゅうし-ふ【休止符】キウシ「休符きゅうふ」に同じ。
きゅう-しほうしけん【旧司法試験】キウシハフシケン 司法試験のうち、新司法試験が導入されて以降の、従来の試験の通称。平成23年(2011)を最後に廃止された。〔補説〕極めて高倍率な試験で、法曹を目指す者が何度も挑戦しては失敗することなどが問題化していた。この弊害の解消と法曹人口の増員を目的に、法科大学院が設置され、新司法試験が導入された。
きゅう-しゃ【×柩車】キウ ひつぎを載せる車。霊柩車れいきゅうしゃ。
きゅう-しゃ【×厩舎】キウ ❶牛や馬を飼う小屋。うまや。❷競馬で、馬主から競走馬を預かり、調教・管理をする所。
きゅう-しゃ【×鳩舎】キウ 鳩を飼う小屋。鳩小屋。
ぎゅう-しゃ【牛車】ギウ ❶牛が引く荷車。うしぐるま。❷「ぎっしゃ(牛車)」に同じ。
ぎゅう-しゃ【牛舎】ギウ 牛を飼う小屋。うしごや。
きゅう-しゃめん【急斜面】キフ 傾斜の急な斜面。
きゅう-しゅ【旧主】キウ ❶前代の君主。先皇。❷昔仕えた主人・主君。
きゅう-しゅ【球趣】キウ 野球の試合のおもしろみ。
きゅう-しゅ【給主】キフ ▶給人きゅうにん❶❷
きゅう-しゅ【×鳩首】キウ〔名〕スル《「鳩」は集める意》人々が寄り集まって、額をつきあわせて相談すること。「—凝議」
〔類語〕相談・打ち合わせ・下相談・談合・示談・話し合い・合議・協議・商議・評議・評定ひょうじょう・凝議ぎょうぎ・内談
きゅうじゅ【久寿】キウジュ 平安後期、近衛天皇・後白河天皇の時の年号。1154年10月28日～1156年4月27日。
きゅうしゅう【九州】キウシウ ㊀日本列島の四大島のうち、南西端にある島。対馬つしまなどの属島をもつ。㊁九州地方。㊂西海道の9か国の総称。筑前ちくぜん・筑後ちくご・肥前ひぜん・肥後ひご・豊前ぶぜん・豊後ぶんご・日向ひゅうが・大隅おおすみ・薩摩さつま。西海。鎮西ちんぜい。㊃中国、夏か王朝の始祖禹うが中国全土を九つの地域に分けたもの。「書経」禹貢によると、冀き・兗えん・青・徐・揚・荊・予・梁・雍の九州。
きゅう-しゅう【九秋】キウシウ ❶秋の90日間のこと。〔季 秋〕❷画題で、秋にちなむ9種の風物。秋山・秋境・秋城・秋樹・秋燕・秋蝶・秋琴・秋笛・秋塘。または、9種を一組にした秋の花。桂花けいか・芙蓉ふよう・秋海棠しゅうかいどう・月草つきくさ・瞿麦なでしこ・剪秋羅せんのう・紅蓼べにたで・雁来紅がんらいこう・紺菊こんぎく。
きゅう-しゅう【×仇×讐】キウシウ あだ。かたき。仇敵。
きゅう-しゅう【旧習】キウシフ 昔からの習慣。古いならわし。旧慣。
きゅう-しゅう【吸収】キフシウ〔名〕スル ❶吸い取ること。「汗を—する」❷外から内に取り入れて自分のものにすること。「知識を—する」「大資本に—される」❸音や光・粒子線などが物質を通過するとき、そのエネルギーや粒子が物質中に取り込まれて失われること。また、気体が液体や固体の内部に取り込まれること。❹生物体が生体膜を通して物質を内部に取り入れること。特に、栄養素を消化管壁の細胞膜を通して血管・リンパ管中に取り入れることをいい、主に小腸で行われる。植物では根から水分などを吸い入れることをいう。〔類語〕吸引・吸い込み
きゅう-しゅう【急襲】キフシフ〔名〕スル 敵のすきをねらって、急に襲いかかること。「夜陰に乗じて—する」
〔類語〕奇襲・不意討ち・だまし討ち・攻撃・襲撃・強襲・突撃・進撃・攻め・侵攻・攻勢・狙ねらい撃ち・征伐せいばつ・総攻撃・攻略・直撃・迫撃・挟み撃ち・挟撃・出撃・追い撃ち・追撃・アタック・襲おそう・攻める・攻め立てる
きゅう-しゅう【窮愁】キウシウ 苦しみうれえること。困窮して悲しむこと。「仮令たとえ免職、—、恥辱などという外部の激因が無いにしても」〈二葉亭・浮雲〉
きゅうしゅう-えいようふくしだいがく【九州栄養福祉大学】キウシウエイヤウフクシダイガク 福岡県北九州市にある私立大学。平成13年(2001)の開設。管理栄養士を育成する食物栄養学部の単科大学。
きゅうしゅう-おうだんじどうしゃどう【九州横断自動車道】キウシウワウダンジドウシャダウ 九州を東西に横断する高速道路。長崎市から大村・佐賀・鳥栖とす各市を経て大分市に至る長崎大分線と、熊本県上益城郡御船町から延岡市に至る延岡線とがある。
きゅうしゅう-がっぺい【吸収合併】キフシウ 合併する会社のうち、一会社だけが存続し、他の会社は存続会社に吸収されて消滅する合併方式。⇒新設合併
きゅうしゅう-かんごふくしだいがく【九州看護福祉大学】キウシウ 熊本県玉名市にある、公設民営の私立大学。平成10年(1998)に、熊本県や玉名市などによって開設された。
きゅうしゅう-きょうりつだいがく【九州共立大学】キウシウ 福岡県北九州市にある私立大学。昭和40年(1965)の開設。
きゅうしゅう-げいじゅつこうかだいがく【九州芸術工科大学】キウシウゲイジュツコウクワダイガク 福岡市南区にあった国立大学。昭和43年(1968)設置。平成15年(2003)九州大学と統合し、九州大学芸術工学部となる。⇒九州大学
きゅうしゅう-げん【吸収源】キフシウ《sinkの訳語》二酸化炭素などの温室効果ガスを吸収する海洋や森林のこと。二酸化炭素を吸収して炭酸同化作用などの働きをするもの。炭素吸収源。「—の整備」〔補説〕排出源(source)に対する語。気候変動に関する政府間パネル(IPCC)が1990年にまとめた報告書の中にも記載されている言葉。
きゅうじゅう-けん【×歙州×硯】キフジウ 中国の名高い硯すずりの一。江西省婺源ぶげん県歙渓きゅうけい(かつての安徽省)産の暗青色の水成岩でつくる。
きゅうしゅう-こうぎょうだいがく【九州工業大学】キウシウコウゲフダイガク 福岡県北九州市戸畑区に本部のある国立大学法人。明治40年(1907)に私立明治専門学校として開設。その後、官立となり、昭和24年(1949)新制大学として発足。平成16年(2004)国立大学法人となる。
きゅうじゅうごかじょう-の-いけんしょ【九十五箇条の意見書】キウジフゴカデウ 1517年、ルターが免罪符の販売を批判してウィッテンベルク城教会の門扉に掲げた意見書。大きな反響を呼び、宗教改革のきっかけとなった。九十五箇条の提題。
きゅうしゅう-こくさいだいがく【九州国際大学】キウシウ 福岡県北九州市にある私立大学。昭和25年(1950)に八幡大学として開学。平成元年(1989)に、現校名に改称した。
きゅうしゅう-こくりつはくぶつかん【九州国立博物館】キウシウコクリツハクブツクワン 福岡県太宰府市にある歴史博物館。平成17年(2005)開館。同19年より国立文化財機構の管轄となる。日本文化の形成に関する収蔵品をそろえる。
きゅうしゅう-さんぎょうだいがく【九州産業大学】キウシウサンゲフダイガク 福岡市にある私立大学。昭和35年(1960)に九州商科大学として開設。同38年に、現校名に改称した。
きゅうしゅう-さんち【九州山地】キウシウ 九州中部を北東から南西の方向に走る山地。最高峰は祖母そぼ山で標高1758メートル。西日本最大の電源地帯。南部の照葉樹林地帯には湧水群があり、大淀川の源流ともなっている。
きゅうしゅう-しかだいがく【九州歯科大学】キウシウシクワダイガク 福岡県北九州市小倉北区にある県立大学。前身は大正10年(1921)設立の九州歯科医学専門学校。昭和24年(1949)新制大学として発足。平成18年(2006)公立大学法人となる。
きゅうしゅう-じどうしゃどう【九州自動車道】キウシウジドウシャダウ 九州縦貫自動車道の通称。北九州と南九州とを結ぶ高速道路。北九州市から鳥栖とす・熊本・人吉・えびのの各市を経て鹿児島市に至る鹿児島線と、えびの市で分岐して宮崎市に至る宮崎線とがある。平成7年(1995)7月に全通。
きゅうしゅう-じょうほうだいがく【九州情報大学】キウシウジャウホウダイガク 福岡県太宰府だざいふ市などにある私立大学。平成10年(1998)の開設。経営情報学部の単科大学。
きゅうしゅう-じょしだいがく【九州女子大学】キウシウヂョシダイガク 福岡県北九州市にある私立大学。昭和37年(1962)の開設。
きゅうしゅう-しんかんせん【九州新幹線】キウシウ 九州を走る新幹線。博多と鹿児島中央を結ぶ鹿児島ルートは、平成16年(2004)に新八代しんやつしろ・鹿児島中央間が部分開通、同23年に博多・新八代間が延伸され全線開通した。博多と長崎を結ぶ長崎ルートは未開通。運行列車は「みずほ」「さくら」「つばめ」。
▷**九州新幹線の駅**
▨鹿児島ルート：(山陽新幹線から直通)—博多—新鳥栖—久留米—筑後船小屋—新大牟田—新玉名—熊本—新八代—新水俣—出水—川内—鹿児島中央
▨長崎ルート：(博多)—(新鳥栖)—(佐賀)—(肥前山口)—(武雄温泉)—(嬉野温泉／仮)—(新大村／仮)—(諫早)—(長崎)［注］全線未開業、「仮」は仮称
きゅうしゅう-スペクトル【吸収スペクトル】キフシウ 光線など、連続したスペクトルをもつ電磁波が物質に当たったときに、その物質特有の波長範囲の部分が選択的に吸収されて暗黒となったスペクトル。物質の構造決定や分析に利用。
きゅうしゅうせい-こうぶんし【吸収性高分子】キフシウセイカウブンシ ▶吸水性高分子
きゅうしゅうせい-じゅし【吸収性樹脂】キフシウセイ ▶吸水性高分子
きゅうしゅう-せいばつ【九州征伐】キウシウ 天正15年(1587)豊臣秀吉が島津氏を征服した戦い。秀吉は大友・島津両氏の抗争の調停に入り、休戦を拒否した島津義久を倒し、九州全土を支配下におさめた。
きゅうしゅうせい-ポリマー【吸収性ポリマー】キフシウセイ ▶吸水性高分子
きゅうしゅう-せんりょう【吸収線量】キフシウセンリヤウ 放射線を受けた物質が単位質量当たりに吸収するエネ

ルギーの量。単位はグレイで示し、ラドも用いられる。

きゅうしゅう-だいがく【九州大学】福岡市東区に本部のある国立大学法人。京都帝国大学の分科大学であった福岡医科大学と新設の工科大学が、明治44年(1911)合併、旧制の九州帝国大学となり、昭和24年(1949)福岡高等学校・久留米工業専門学校を統合し、新制大学に移行。平成15年(2003)九州芸術工科大学を統合し芸術工学部とする。同16年国立大学法人となる。

きゅうしゅう-たんだい【九州探題】室町幕府の職名。足利尊氏が鎌倉時代の鎮西探題にならい、九州統轄のために置いたもの。応仁の乱以後は名目だけになった。

きゅうしゅう-ちほう【九州地方】九州島および南西諸島からなる地方。福岡・大分・佐賀・長崎・熊本・宮崎・鹿児島の7県があり、また、沖縄県も含めていうことが多い。

きゅうしゅうちゅうおうさんち-こくていこうえん【九州中央山地国定公園】熊本県と宮崎県にまたがる山岳国定公園。九州山地のほぼ中央に位置し、国見岳・市房山などの山岳や球磨川水系などの河谷が深く刻み込まれた地域。平家の落人伝説にまつわる五家荘・椎葉などの山村がある。

きゅうしゅう-どうりょくけい【吸収動力計】原動機の動力を制動機で吸収し、その力をてんびん・ばねばかりなどで測定する装置。

きゅうしゅう-ねつ【吸収熱】溶解熱のうち、特に気体が液体に溶けるときに発生または吸収する熱量。

ぎゅうしゅう-ばぼつ【牛×溲馬勃】《韓愈「進学解」から》牛の尿と馬の糞。価値のないもの、役に立たないもののたとえ。

きゅうしゅう-ほけんふくしだいがく【九州保健福祉大学】宮崎県延岡市にある私立大学。平成11年(1999)の開設。

きゅうしゅう-ルーテルがくいんだいがく【九州ルーテル学院大学】熊本市にある私立大学。大正15年(1926)創立の九州女学院を源流として、平成9年(1997)に開設。

きゅう-しゅつ【救出】〔名〕スル 危険な状態から救い出すこと。「人質を━する」
【類語】救難・救援・救急・救命・救済・救世・救国・救民・済民・済世・慈善・救助・助ける

きゅう-じゅつ【弓術】弓で矢を射る武術。弓道。

きゅう-じゅつ【×灸術】灸によって病気を治療する医術。

きゅう-じゅつ【救×恤】〔名〕スル《「恤」はめぐむ意》困っている人に見舞いの金品などを与えて救うこと。
【類語】助ける・救助・救難・救援・救急・救命・救済・救世・救国・救民・済民・済世・慈善

きゅうじゅつ-きん【救×恤金】被災者や貧困者などを援助するための寄付金。義捐金。

きゅう-しゅん【九春】春の90日間のこと。【季 春】

きゅう-しゅん【急×峻】〔名・形動〕傾斜が急で険しいこと。また、そのさま。「━な山坂」
【類語】険阻・峻険・険峻・険しい

きゅう-しゅん【球春】プロ野球が、キャンプやオープン戦を手始めに開始される春の時期。

きゅう-しょ【×灸所】❶灸をすえて効きめのある場所。つぼ。また、灸をすえた跡。❷「急所❶」に同じ。「━を中られ、…悶絶す」〈逍遥・細君〉

きゅう-しょ【急所】❶からだの中で、生命にかかわる大事な所。「傷は━を外れている」❷物事の最も大事な所。「問題の━をつく」「━を握られる」
【類語】重点・主眼・眼目・軸足・立脚点・立脚地・力点・主力・重き・重視・要点・要所・要・ポイント・要領・大要・キーポイント・つぼ

きゅう-しょ【急書】急ぎの手紙。急信。「僕━を発して、先ず君に問うて」〈織田訳・花柳春話〉

きゅう-しょ【給所】「給地❷」に同じ。

きゅう-じょ【宮女】宮中に仕える女性。女官。

きゅう-じょ【救助】〔名〕スル 危険な状態から救い助けること。被災者・遭難者などを救うこと。「沈没船の乗組員を━する」「人命━」
【類語】救難・救援・救急・救命・救済・救世・救国・救民・済民・済世・慈善・助ける

きゅう-じょ【給助】金銭や物品を与えて助けること。ほどこし。「━を仰ぐ」

きゅう-じょ【×翕如】〔形動タリ〕音律や声調などがよくそろっているさま。「━たる声の中に、布留の神宝を出だし奉るに」〈太平記・三九〉

ぎゅう-じょ【牛女】牽牛星と織女星。【季 秋】

きゅうじょ-あみ【救助網】市街電車の前面下方に取りつけ、人などがひかれないようにした金網。

きゅう-しょう【九×霄】《「霄」は空の意》天の高い所。九天。「━の雲を望んで」〈太平記・二一〉

きゅう-しょう【旧称】もとの呼び名。旧名。

きゅう-しょう【旧章】古くからのおきて。昔の法典。

きゅう-しょう【休祥】よい前兆。めでたいことのしるし。吉兆。

きゅう-しょう【求償】〔名〕スル ❶賠償や償還を求めること。❷保険会社が事故の被害者である契約者に保険金を支払うことで相手に対する保険金請求権を得て、加害者に対して請求すること。

きゅう-しょう【急症】急に起こる病症。急病。

きゅう-しょう【宮相】宮内大臣の略称。

きゅう-じょう【弓状】弓のように弧を描いた形。ゆみなり。

きゅう-じょう【旧情】以前からいだいている感情。また、以前いだいていた感情。「━を温める」

きゅう-じょう【休場】〔名〕スル ❶競技や興行などに出るのを休むこと。「横綱が━する」❷興行場などが休業すること。【類語】休演

きゅう-じょう【臼状】臼のような形。

きゅう-じょう【宮城】天皇のすむ所。特に、明治21年(1888)旧江戸城を宮城と称してから、昭和21年(1946)までの皇居の称。【類語】御所・宮中・内裏

きゅう-じょう【×毬×杖】▶ぎっちょう(毬杖)

きゅう-じょう【球状】球のような形。
【類語】丸い・まろい・丸っこい・真ん丸・円やか・円か・円ら・円形・球形・円盤状・輪形

きゅう-じょう【球場】野球場。
【類語】競技場・グラウンド・コート・コロシアム・スタジアム・トラック・フィールド・運動場

きゅう-じょう【×鳩×杖】▶はとのつえ

きゅう-じょう【窮状】貧困などのために困り果てているようす。「━を救う」【類語】惨状

きゅうじょう-かざん【臼状火山】▶火砕丘

きゅう-しょうがつ【旧正月】陰暦の正月。【季 春】「道ばたに━の人立てる/草田男」

きゅうしょう-けん【求償権】他人の債務を弁済した者が、その他人に対して返還の請求をする権利。連帯債務者や保証人が債務を弁済したときなどに生じる。

きゅうしょうさんじゅつ【九章算術】中国古代の算術書。3世紀ころ成立。著者未詳。土地面積・穀物交換・分配などの計算術を9章に分けて記す。高度な内容を含み、後世まで重んじられた。

きゅうじょう-せいだん【球状星団】数万から100万個の恒星が球状に密集しているもの。中心になるほど密集。銀河系では約150個が知られる。

きゅうじょう-せんしゅ【球状船首】船首の水面下の部分に、球状の膨らみを前方へ突出させたもの。これによってできる波が船体のつくる波と干渉し、造波抵抗を減らす。高速船のほかタンカーなどにも採用されている。

きゅう-しょうほう【旧商法】明治23年(1890)公布された商法典。ドイツ人ロエスレルの起草。日本の実情に合わないという理由で施行が延期され、明治32年(1899)、現行商法の施行とともに、破産編を除いて廃止。大正12年(1923)破産法施行に伴い、破産編も廃止された。⇒商法❷④

きゅうしょう-ぼうえき【求償貿易】▶バーター貿易

きゅうしょうらん【嬉遊笑覧】江戸後期の随筆。12巻。付録1巻。喜多村信節著。文政13年(1830)成立。諸書から江戸の風俗習慣や歌舞音曲などを中心に社会万般の記事を集め、28項目に類別して叙述したもの。

きゅう-しょく【休職】〔名〕スル 公務員や会社員などが、身分を保証されたまま一定期間職務を休むこと。「病気のため━する」

きゅう-しょく【求職】〔名〕スル 職を探し求めること。「━活動」

きゅう-しょく【給食】〔名〕スル 学校や会社などで、児童・生徒・従業員などに食事を支給すること。また、その食事。

きゅうしょくしゃ-きゅうふ【求職者給付】雇用保険法による失業等給付の一。雇用保険の被保険者が失業した際に、求職活動期間の生活の安定を図ることが目的。基本手当・傷病手当・技能習得手当・寄宿手当・高年齢求職者給付金がある。

きゅうしょくしゃしえん-せいど【求職者支援制度】雇用保険を受給できない失業者の早期就職を支援する制度。非正規労働者や失業給付が終了した人などで一定の要件を満たす求職者を対象に無料で職業訓練を実施し、収入や預貯金が一定水準以下の場合は給付金を支給。【補説】時限措置として行われた緊急人材育成支援事業に代わる恒久制度として、平成23年(2011)10月からハローワークを中心に実施。⇒緊急人材育成・就職支援事業

きゅうじょ-しんごう【救助信号】遭難など危急の場合に救助を求めるために発する信号。

きゅうじょ-ばしご【救助×梯子】火災など緊急の場合、高所にいる人を救出するためのはしご。

きゅうじょ-ぶくろ【救助袋】▶火災救助袋

きゅうじょ-まい【救助米】被災者などに給付する米。

きゅうじょ-まく【救助幕】火災など緊急の場合、高所から飛び降りて脱出する人を受け止めるための大きな布。

ぎゅうじ・る【牛耳る】〔動ラ五(四)〕《「牛耳」の動詞化》団体や組織を支配し、思いのままに動かす。牛耳を執る。「党内を━る」【可能】ぎゅうじれる
【類語】支配・統治・君臨・制覇・制圧・征服・圧伏・管理・管轄・統轄・統御・統率・宰領・監督・統制・取り締まり・独裁・専制・治世・統べる・制する・領する

きゅう-しん【丘×疹】皮膚面から隆起した発疹のうち、待ち針の頭大から豌豆大のもの。

きゅう-しん【旧臣】古くからの家来。また、昔の家臣。

きゅう-しん【休心┊休神】〔名〕スル 心を休めること。安心。多く手紙文で用いる。「ご━ください」

きゅう-しん【休診】〔名〕スル 診療を休むこと。

きゅう-しん【求心】中心に近づこうとすること。【⇔】遠心。

きゅう-しん【急伸】〔名〕スル 売り上げ・利益などが急に伸びること。「株価が━する」【類語】伸び・伸長

きゅう-しん【急信】急ぎのしらせ。急ぎの手紙。

きゅう-しん【急進】〔名〕スル ❶急いで進むこと。【⇔】漸進。❷理想や目的などを急いで実現させようとすること。「━派」【⇔】漸進。

きゅう-しん【急診】急病人や病状の急変した患者を急いで診察すること。

きゅう-しん【球心】数学で、球の中心。

きゅう-しん【球審】野球で、捕手の後方にいて、投手の投球や打者の打球、本塁上でのプレーを判定し、試合の進行をつかさどる審判員。主審。チーフアンパイア。⇒塁審 ⇒線審

きゅう-じん【九×仞】《「仞」は長さの単位》高さが非常に高いこと。

九仞の功を一簣に虧く《「書経」旅獒から》高い山を築くのに、最後のもっこ1杯の土が足りないために完成しない。長い間の努力も最後の少しの過失

からだめになってしまうことのたとえ。(補説)「簣」は、もっこ、「虧」は、欠に同じ。「九仞の功を一気に虧く」と書くのは誤り。

きゅう-じん【旧人】キウ- ❶以前の人。また、古くからいる人。❷原人に次ぎ、新人の前段階の化石人類。ネアンデルタール人などをさしたが、現在では、知能の進化程度を評価して現生人類(ホモサピエンス)に含めている。➡猿人 ➡原人 ➡新人❷

きゅう-じん【吸×塵】キフヂン〔名〕スル 掃除機などが、ごみやほこりを吸い込むこと。「一力」

きゅう-じん【求人】キウ-〔名〕スル 必要な働き手を求めること。「新聞紙上で一する」「一難」
(類語)募集・公募・募る・急募・リクルート

きゅう-じん【宮人】宮中に仕える人。多くは女官をさす。

きゅう-じん【球人】キウ- 野球界にいる人。特に、野球選手。野球人。

きゅう-じん【窮人】生活に困窮している人。窮民。

きゅう-しんけい【嗅神経】キウ- 鼻腔に分布する嗅細胞から神経突起が伸びたもの。嗅脳に至り、匂いの刺激を中枢に伝える。第一脳神経。

きゅう-しんシナゴーグ【旧新シナゴーグ】キウ-《Staronová synagoga》チェコの首都プラハの中心部、旧市街のユダヤ人地区(ヨゼホフ)にあるシナゴーグ。1270年に建造。現在も使われているシナゴーグの中ではヨーロッパ最古とされる。元は新シナゴーグと呼ばれていたが、16世紀に新たなシナゴーグが建てられたため、現名称になった。1992年、「プラハ歴史地区」の名で世界遺産(文化遺産)に登録された。

きゅうしん-しゃかいとう【急進社会党】キフシンシヤクワイタウ 1901年、クレマンソーが進歩的共和派を結集して結成したフランスの政党。中産階級を支持基盤に、第三共和制における指導的政党としてしばしば政権を担当した。第二次大戦後は影響力を失い、フランス民主連合や国民運動連合に協力。

きゅうしん-しゅぎ【急進主義】キフシ- 現在の社会体制や秩序の、急激な、あるいは根本的な変革をめざす主張や立場。ラジカリズム。

きゅうしんせい-しんけい【求心性神経】キウシンセイ- 末梢からの刺激や興奮を中枢へ伝達する神経。感覚神経など。➡遠心性神経

きゅうしん-てき【求心的】キウシ-〔形動〕思考などが内面に向かおうとする傾向。「一な態度」

きゅうしん-てき【急進的】キフシ-〔形動〕目的・理想などを急いで実現しようとするさま。また、現状を変えることに積極的なさま。「一な改革」

きゅうしん-りゅう【▽扱心流】キフシンリウ 柔術の一派。江戸中期、近江(おうみ)の犬上郡兵衛永保の創始という。

きゅうしん-りょく【求心力】キウシ- ❶►向心力(こうしんりょく) ❷他人を引きつけ、その人を中心にやっていこうとさせる力。「首相の一が低下する」⇔遠心力❷。

きゅう-じんるい【旧人類】キウ- 従来通りの考え方や感じ方をする世代。新人類に対していう語。

きゅう-す【急須】キフ- ㊀〔名〕《もと中国で、酒の燗(かん)をした注ぎ口のある小鍋》湯をさして茶を煎(せん)じ出すのに用いる、取っ手のついた小さい器。きびしょ。茶出し。㊁〔名・形動〕急場のときに必要なこと。また、そのさま。「今この災に逢える家こそ一なるべければ、この金を与え給え」〈中村訳・西国立志編〉
(類語)土瓶・ティーポット・鉄瓶・薬缶(やかん)・湯桶

きゅう-すい【吸水】キフ-〔名〕スル ❶水を吸い取ること。「一性」❷植物が生育に必要な水を外界から取り入れること。一般に根から行うが、藻類・コケ類などでは水との接触面から行う。

きゅう-すい【×汲水】キフ-〔名〕スル 水をくみ上げること。「一ポンプ」

きゅう-すい【給水】キフ-〔名〕スル 水、特に飲料水を供給すること。また、その水。「一制限」(類語)配水

きゅうすい-かねつき【給水加熱器】キフスイ- ボイラーに供給する水を、蒸気などの熱を利用してあらかじめ加熱しておく装置。

きゅうすい-かん【給水管】キフスイクワン 上水を供給するための水道管。

きゅうすい-しゃ【給水車】キフスイ- 断水時などに飲料水を供給する自動車。

きゅうすいせい-こうぶんし【吸水性高分子】キフスイセイカウブンシ 吸水性にすぐれ、多量の水分を保持することができる高分子の総称。高分子が形作る網目構造の中に多数の水分子を取り込んでゲル状にする性質をもつ。自重の100倍から1000倍の水を吸収することができ、また圧力をかけても離水しにくい。紙おむつや生理用品などの吸水材として広く用いられる。代表的な高分子としてポリアクリル酸ナトリウムがある。高吸水性高分子。吸水性ポリマー。吸収性樹脂。高分子吸収体。SAP(サップ)(superabsorbent polymer)。

きゅうすいせい-じゅし【吸水性樹脂】キフスイセイ- ►吸水性高分子

きゅうすいせい-ポリマー【吸水性ポリマー】キフスイセイ- ►吸水性高分子

きゅうすい-せん【給水栓】キフスイ- 上水道などの給水管の末端に取り付けて、水を出したり止めたりする栓。

きゅうすい-せん【給水船】キフスイ- 他の船に飲料水や機関用水などを供給する船。

きゅうすい-そうち【給水装置】キフスイサウチ 配水管から分岐して設けた給水管や給水用具。

きゅうすい-タンク【給水タンク】キフスイ- 給水用の水槽。給水車・給水船・給水塔などに設ける。

きゅうすい-ち【給水池】キフスイ- 上水道の水の供給量を調整するために設ける貯水池。

きゅうすい-とう【給水塔】キフスイタフ 給水に必要な水圧を得るために水槽をのせて高くした構造物。

きゅうすい-ろかき【給水×濾過器】キフスイロクワキ 水蒸気を冷却して水に戻し、再びボイラーに給水するときに、濾過して清浄にする装置。

きゅう-すう【級数】キフ- ❶数学で、数列の各項を順に加法記号(+)で結んだもの。例えば、数列[a_n]で、$a_1+a_2+a_3+\cdots+a_n+\cdots$をいう。項が有限個であれば有限級数、無限個であれば無限級数という。❷写真植字の文字の大きさを級で表す数。最小7級から最大100級まで24種あり、1級は4分の1ミリ、13級がほぼ9ポイントにあたる。

きゅうすけ【久助】キウすけ ❶「久三郎(きゅうざぶろう)」に同じ。「それ一は湯をわかせ」〈滑・膝栗毛・五〉❷《「久助葛(くず)」の略》吉野葛(よしのくず)。

キュー-ストール〖QSTOL〗《quiet short takeoff and landing》無騒音短距離離着陸機。

きゅう・する【休する】キウする〔動サ変〕㊁きう・す〔サ変〕❶あとが続かなくなる。おしまいになる。「万事一・す」❷休息する。休む。「緑陰に一・する」

きゅう・する【給する】キフする〔動サ変〕㊁きふ・す〔サ変〕金品を与える。支給する。「学費を一・する」
(類語)授ける・恵む・施す・やる・あげる・差し上げる・くれる・くださる・賜る・供する・供与・提供・授与・恵与

きゅう・する【窮する】〔動サ変〕㊁きゅう・す〔サ変〕❶行き詰まってどうにもならなくなる。困りきる。「返答に一・する」❷金や物が不足して困る。「生活に一・する」(類語)苦しむ・困る・困り果てる・困りきる・困りぬく・てこずる・弱る・参る・困(こう)ずる・困却する・往生(おうじょう)する・難儀する・難渋(なんじゅう)する・閉口する・困惑する・当惑する・途方に暮れる・手を焼く

窮すれば通ず 《「易経」繋辞下から》事態が行き詰まって困りきると、かえって思いがけない活路が開けてくるものである。

きゅう-せい【九星】キウ- 古代中国の「洛書(らくしょ)」の図にあるという九つの星。一白(いっぱく)・二黒(じこく)・三碧(さんぺき)・四緑(しろく)・五黄(ごおう)・六白(ろっぱく)・七赤(しちせき)・八白(はっぱく)・九紫(きゅうし)。陰陽道(おんようどう)で、これを五行(ごぎょう)と方位に配し、人の生まれた年に当てて運命の吉凶を占う。

きゅう-せい【旧制】キウ- 以前の制度。古い制度。⇔新制。(類語)古制・遺制

きゅう-せい【旧姓】キウ- 結婚や養子縁組などで改姓する前の姓。⇔現姓。

きゅう-せい【旧×栖｜旧×棲】キウ- 昔住んでいた家。「一をかへりみて」〈曽我・二〉

きゅう-せい【急性】キフ- 症状が急に起こり、その進み方が速いこと。「一の内臓疾患」⇔慢性。

きゅう-せい【急逝】キフ-〔名〕スル 急に死ぬこと。急死。「一した作家を悼む」
(類語)急死・頓死・即死・死ぬ・永逝・死亡・死去・死没・長逝・永眠・往生・逝去・他界・物故・絶息・絶命・大往生・お陀仏・死する・辞世・成仏・昇天・崩御・薨去(こうきょ)・卒去・瞑目(めいもく)・落命・夭折・夭逝(ようせい)

きゅう-せい【糾正】キウ-〔名〕スル 物事の正・不正をただすこと。

きゅう-せい【救世】キウ- 乱れた世の人々を救うこと。特に、宗教の力でこの世の苦しみや罪悪から人々を救うこと。(類語)救援・救助・救難・救急・救命・救済・救国・救民・済民・済世・慈善・助ける

きゅうせい【救済】キウセイ ►ぐさい(救済)

きゅう-せい【球聖】キウ- 球技の名選手。特に、ゴルフのボビー=ジョーンズ、野球のタイ=カップをいう。

きゅうせい-アルコールちゅうどく【急性アルコール中毒】キフセイ- 短時間に多量のアルコール飲料を摂取したときに生じる、エチルアルコールの中毒。症状には個人差があるが、一般に血中アルコール濃度が0.4パーセントを超えると昏睡(こんすい)状態に陥り、死に至る可能性が高まるとされる。➡アルコール中毒

きゅうせいアレルギー-ショック【急性アレルギーショック】キフセイ- ►アナフィラキシーショック

きゅうせいえんしょうせいだつずいせい-たはつこんしんけいえん【急性炎症性脱髄性多発根神経炎】キフセイエンシヤウセイダツズイセイ- ►ギランバレー症候群

きゅうせいえんしょうせいだつずいせい-たはつしんけいえん【急性炎症性脱髄性多発神経炎】キフセイエンシヤウセイダツズイセイ- ►ギランバレー症候群

きゅうせいえんしょうせいだつずいせい-たはつしんけいこんニューロパチー【急性炎症性脱髄性多発神経根ニューロパチー】キフセイエンシヤウセイダツズイセイ- ►ギランバレー症候群

きゅうせいえんしょうせい-たはつニューロパチー【急性炎症性多発ニューロパチー】キフセイエンシヤウセイ- ►ギランバレー症候群

きゅうせい-かいはくずいえん【急性灰白髄炎】キフセイクワイハクズイエン 感染症予防法の2類感染症の一。ポリオウイルスが経口的に感染し、中枢神経の主として脊髄(せきずい)の灰白質をおかす病気。小児に多く、かぜに似た症状のあと、手足の麻痺(まひ)が生じる。日本では生ワクチンによる予防が行われ、現在ではまれ。ポリオ。脊髄性小児麻痺。

きゅうせい-かんいしゅくしょう【急性肝萎縮症】キフセイカンヰシユクシヤウ 肝臓が広範囲にわたって急激に機能障害を起こし、縮小する病状。劇症肝炎でみられる。

きゅうせいかんけつせい-ポルフィリンしょう【急性間欠性ポルフィリン症】キフセイカンケツセイ-シヤウ ポルフィリン症の一種。ふだんは症状がなく、栄養不良、ステロイドやバルビツール酸系薬剤の摂取、ストレスなどを契機に発症する。腹痛・不整脈・ヒステリー様発作・不眠症・四肢のしびれなどの症状が見られる。ヘム合成酵素の欠損により、ポルフィリンの前駆体が体内に蓄積することによって発症する。ポルフィリンは蓄積されないため、光線過敏症は発症しない。AIP(Acute intermittent porphyria)。

きゅうせい-かんせんしょう【急性感染症】キフセイカンセンシヤウ 感染症のうち、発病・進行の経過が急であるもの。麻疹(はしか)・インフルエンザ・腸チフス・赤痢(せきり)・コレラなど。急性伝染病。

きゅうせいき-びょういん【急性期病院】キフセイキビヤウヰン 急性疾患や慢性疾患の急性増悪などで緊急・重症な状態にある患者に対して入院・手術・検査など高度で専門的な医療を提供する病院。➡慢性期病院

きゅうせい-ぐん【救世軍】キウセイ- 1865年、英国のメソジスト派の牧師W=ブースが始め、78年に救世軍と名のったプロテスタントの一派。軍隊組織を特徴とし、大衆伝道と社会事業を重視。日本では山室軍平(やまむろぐんぺい)が指導者として有名。SA(Salvation Army)。

きゅうせい-こうこう【旧制高校】キウセイカウカウ 旧制度の高

等学校のこと。⇒高等学校❷

きゅうせい-こうまくがいけっしゅ【急性硬膜外血腫】キフセイカウマクグワイケツシユ 頭部の外傷などにより、硬膜の血管が損傷し、頭蓋骨と硬膜の間で出血が起こり、短時間で血腫ができた状態。血腫が脳を圧迫し、頭痛・嘔吐などの症状が現れる。血腫が大きくなると、意識障害をきたす。頭蓋内血腫の一つ。⇒急性硬膜下血腫 ⇒硬膜外血腫 ⇒慢性硬膜外血腫

きゅうせい-こうまくかけっしゅ【急性硬膜下血腫】キフセイカウマクカケツシユ 頭部の外傷などにより、硬膜と脳の間で出血が起こり、短時間で血腫ができた状態。外傷による脳の損傷、または血腫の増大に伴って脳が圧迫されることにより、意識障害などの症状が現れる。脳動脈瘤破裂など外傷以外の原因で起こる場合もある。⇒硬膜下血腫 ⇒慢性硬膜下血腫 ⇒急性硬膜外血腫

きゅうせい-こきゅうきしょうじょう【急性呼吸器症状】キフセイコキフキシヤウジヤウ 鼻水・鼻づまり、のどの痛み、咳、発熱・悪寒のうち二つ以上の症状を呈する状態。風邪やインフルエンザなどで見られる症状。

きゅうせいさんざいせい-のうせきずいえん【急性散在性脳脊髄炎】キフセイサンザイセイナウセキズイエン ▶アデム(ADEM)

きゅうせい-しっかん【急性疾患】キフセイシツクワン 症状が急に起こり、その進み方が速い病気。急性病。⇒慢性疾患

きゅうせい-しゅ【救世主】キウセイシユ ❶キリスト教で、イエス＝キリストのこと。救い主。❷人類を救う人。救い主。メシア。❸不振の団体・組織などを救う働きをする人。「弱小チームの―」

きゅうせいしゅキリスト-だいせいどう【救世主キリスト大聖堂】キウセイシユ―ダイセイダウ《Khram Khrista Spasitelya》ロシア連邦の首都モスクワの中心部にあるロシア正教会の大聖堂。19世紀末、ナポレオン1世のロシア遠征に対する防衛戦に勝利したことを記念して建造。1931年、宗教弾圧を進めたスターリンにより破壊。旧ソ連崩壊後、2000年に再建された。高さは破壊前と同じく103メートル。世界中の正教会の中で最も大きいことで知られる。救世主ハリストス大聖堂。

きゅうせい-じゅつ【九星術】キウセイ― 九星によって運勢や物事の吉凶を判断する術。

きゅうせいしゅハリストス-だいせいどう【救世主ハリストス大聖堂】キウセイシユ―ダイセイダウ《Khram Khrista Spasitelya》▶救世主キリスト大聖堂

きゅうせい-ストレスしょうがい【急性ストレス障害】キフセイ―シヤウガイ 強度のストレスを感じたあとに起こる精神障害。心的外傷後ストレス障害(PTSD)と同じような症状を呈するが、症状が1か月程度で収まるもの。それ以上継続する場合は、PTSDである可能性を考慮する。ASD(acute stress disorder)。

きゅうせい-ちゅうがく【旧制中学】キウセイ― 旧制度の中学校のこと。⇒中学校❷

きゅうせい-ちゅうじえん【急性中耳炎】キフセイ― ウイルスや細菌の感染によっておきる中耳の炎症。風邪などの合併症として起こることが多く、小児に多くみられる。耳が痛んで鼓膜が腫れるが、ほとんどは抗生物質やアセトアミノフェンなどの非ステロイド系の抗炎症薬によって治癒する。痛みや熱、腫れがひどいときには、鼓膜を切開して滲出液を排出する。

きゅうせい-でんせんびょう【急性伝染病】キフセイデンセンビヤウ ▶急性感染症

きゅう-せいど【旧制度】キウ― ❶古い制度。旧来の制度。❷▶アンシャンレジーム

きゅうせい-のうしょう【急性脳症】キフセイナウシヤウ 原因不明の中枢神経障害。突然に発症し、高熱・痙攣けいれんなどの症状があり、重くなると意識不明となり死亡する。

きゅうせい-びょう【急性病】キフセイビヤウ「急性疾患」に同じ。

きゅうせい-ふくしょう【急性腹症】キフセイフクシヤウ 突然の激しい腹痛を主症状とし、緊急の開腹手術を要する腹部疾患群。虫垂炎・胆嚢たんのう炎・膵臓すいぞう炎・腸閉塞ちょうへいそく・胆石症など。

きゅう-せかい【旧世界】キウ― 世界のうち、旧大陸にあたる地域。㊀新世界。

きゅう-せき【旧跡¦旧×蹟】キウ― 歴史上の事件や事物のあった場所。旧址きゅうし。「名所―」

(類語)遺跡・遺址いし・旧址・古跡・古址・史跡・名跡

きゅう-せき【休戚】キウ―《「休」は喜び、「戚」は悲しみの意》喜びと悲しみ。幸と不幸。

きゅう-せき【求積】キウ― 面積・体積を求めること。

きゅうせき-ほう【求積法】キウセキハフ 不定積分を有限回行うことによって微分方程式の解を求める方法。

きゅう-せつ【九折】キウ― 坂道などで、曲折が多いこと。つづらおり。「―の道」

きゅう-せつ【旧説】キウ― 以前に唱えられていた説。古い説。

きゅう-せつ【急切】キフ―〔名・形動〕切迫していること。また、そのさま。「事の―已やむ可べからざるに非ずして」〈西周訳・万国公法〉

きゅう-せつ【急設】キフ―〔名〕スル 急いで設けること。急に設けること。「救護所を―する」

きゅう-せっき【旧石器】キウセキキ 旧石器時代の人類が用いた打製石器。⇒新石器

きゅうせっき-じだい【旧石器時代】キウセキキ― 石器時代のうちで最古の時代。地質学的には更新世にあたる。利器として打製石器・骨角器を使用。生活は狩猟・採集によった。日本での人類文化の最古の時代も旧石器時代あるいは先土器時代とよばれ、30万年前にさかのぼるともいわれる。⇒中石器時代 ⇒新石器時代

キュー-ゼット-エス-エス〖QZSS〗《quasi-zenith satellite system》▶準天頂衛星システム

きゅう-せん【九泉】キウ―《幾重にも重なった地の底の意》死後の世界。黄泉こうせん。よみじ。あの世。また、墓場。「兼ねては父祖の尸かばねを―の苔の下に羞はずかしむる恨みあり」〈太平記・四〉

きゅう-せん【弓×箭】❶弓と矢。弓矢。❷弓矢を取る身。武士。「―の面目とよろこび給へば」〈平治・上〉❸弓矢で戦うこと。戦い。「甲冑かっちゅうを枕とし、―を業とする本意」〈平家・一一〉

きゅう-せん【旧染】キウ―《「きゅうぜん」とも》古くからしみこんでいる習わし。多く悪い習慣をいう。

きゅう-せん【休戦】キウ―〔名〕スル ❶戦争中、合意により戦闘行為を一時中止すること。「―条約」❷争いごとを一時中止すること。「論争を一時―にする」

きゅう-せん【求仙】キウ― ベラ科の海水魚。全長約25センチ。体は細長くて側扁する。体色は、雄では青みを帯び、雌では赤みを帯びるところから、それぞれアオベラ・アカベラとよばれる。函館以南の沿岸にみられる。食用。ぎざみ。

きゅう-ぜん【×翕然】キフ―〔ト・タル〕図〔形動タリ〕多くのものが一つに集まり合うさま。「ふうむ、―たる同情を集めたものだね」〈佐藤春夫・晶子曼陀羅〉

きゅうせん-すじ【弓×箭筋】―すぢ 手相で、人さし指と中指の間に入っている筋。剣難の相とされる。「話に聞いた―は、剣難に遭ふといふ筋だ」〈伎・吾嬬鑑〉

きゅうせん-どう【球泉洞】キウセン― 熊本県南西部、球磨くま川中流の東岸にある鍾乳洞。球磨郡球磨村に位置する。全長4.8キロメートルで、九州でも最大規模のもの。昭和48年(1973)3月に発見された。3億年前、海底だった石灰岩層が隆起してできたと推測されている。フローストーン・リムストーン・カーテンなどの美しい造形が見られ、球磨川下りとともに観光の拠点。

きゅうせん-の-みち【弓×箭の道】武士としての道。弓馬の道。「―は迷はぬに」〈謡・八島〉

きゅうせん-はっかい【九▽山八海】クセン― ▶くせんはっかい(九山八海)

きゅう-せんぽう【急先×鋒】キフ― 先頭に立って勢いよく行動したり、主張したりすること。また、その人。「反対派の―に立つ」

きゅう-そ【泣訴】キフ―〔名〕スル 泣いて訴えること。嘆き申し述べること。「窮状を―する」

(類語)訴える・直訴・直願・嘆願・哀訴・哀願・愁訴・泣き付く・掻かき口説くどく

きゅう-そ【窮×鼠】追い詰められ逃げ場を失った鼠ねずみ。

窮鼠猫を嚙かむ《「塩鉄論」刑法から》追いつめられた鼠が猫にかみつくように、弱い者も追いつめられると強い者に反撃することがある。

きゅう-そう【九想】キウサウ ▶くそう(九想)

きゅう-そう【×灸×瘡】キウサウ 灸をすえたあとにできるかさぶた。

きゅう-そう【×穹×蒼】キウサウ《弓形で青々しているところから》おおぞら。青空。蒼穹そうきゅう。

きゅう-そう【急送】キフ―〔名〕スル 物品を急いで送ること。「救援物資を―する」

きゅう-そう【給桑】キフサウ 蚕に桑の葉を与えること。

きゅう-そう【×璆×鏘】キウサウ〔ト・タル〕図〔形動タリ〕玉や金属が触れ合って美しく鳴り響くさま。また、詩や歌などの旋律の美しいさま。「琳琅りんろう―として鳴るじゃないか」〈漱石・吾輩は猫である〉

きゅう-ぞう【旧蔵】キウザウ〔名〕スル ❶以前から所蔵していること。また、その物。「―の品を寄贈する」❷以前に所蔵していたこと。また、その物。「古刹に―されていた経巻」

きゅう-ぞう【吸蔵】キフザウ〔名〕スル 気体が固体に吸収されて、内部に入り込む現象。パラジウムは体積の数百倍の水素を吸蔵する。

きゅう-ぞう【急造】キフザウ〔名〕スル 急いでつくること。急ごしらえ。にわかづくり。「宿舎を―する」

きゅう-ぞう【急増】キフ―〔名〕スル 急にふえること。また、急にふやすこと。「人口が―する」㊀急減。

きゅう-そうしき【旧相識】キウサウシキ 昔からの知り合い。旧知。旧識。「この人は想うにたがわぬ―にて」〈鷗外訳・即興詩人〉

ぎゅう-そうじゅ【牛僧孺】ギウ―［779～847］中国、唐の政治家。字あざなは思黯しあん。時の宰相の子、李徳裕と対立。新興科挙官僚と門閥貴族の対立として名高い牛李ぎゅうりの党争を展開。

きゅう-そく【休息】キウ―〔名〕スル 仕事などをやめて心身を休めること。くつろぐこと。「しばし―する」

(類語)休憩・休養・休み・安息・休む・休らう・憩いこう・くつろぐ・一休みする・小休止する・少憩する・一服する・一息入れる・骨休めする・息をつく・リラックス

きゅう-そく【急速】キフ―〔名・形動〕物事の起こり方や進み方が非常に速いこと。またそのさま。「―な時代の変化」「―に親しくなる」

(類語)急激・たちまち・ハイピッチ・急テンポ・急

きゅう-そく【球速】キウ― 野球で、投手の投げる球の速さ。「―についてゆけない」

きゅう-ぞく【九族】キウ― 自分を中心に、先祖・子孫の各4代を含めた9代の親族。高祖父母・曽そう祖父母・祖父母・父母・自分・子・孫・曽孫・玄孫。一説に、父方の四、母方の三、妻方の二の九つの親族をいう。

きゅう-ぞく【旧俗】キウ― 昔からの風俗・習慣。旧習。

きゅう-そだい【窮措大】《「措大」は学者・書生の意》貧乏な学者や書生。「今迄はわからずやの―の家に養われて」〈漱石・吾輩は猫である〉

きゅう-そつ【旧卒】キウ― 何年か前に学校を卒業したこと。また、その人。「―者応募可」

きゅうソれんよくりゅうしゃしえん-とくべつそちほう【旧ソ連抑留者支援特別措置法】キウ―レンヨクリウシヤシエントクベツソチハフ ▶戦後強制抑留者特別措置法

きゅう-そん【朽損】キウ― 腐っていたむこと。

きゅう-たい【旧×苔】キウ― 古い苔こけ。年月を経た苔。

きゅう-たい【旧態】キウ― 昔からの状態やありさま。「―に復する」

きゅう-たい【球体】キウ― 球の形をした物体。

きゅう-たい【球帯】キウ― 球面を平行な二平面で切ったとき、その二平面に挟まれる球面の部分。

きゅう-たい【×裘代】キウ― 僧服の一。法皇・門跡もんぜきおよび公卿で出家した人が、主として参内のときに着用する。俗人の直衣のうしに相当する。

きゅう-だい【九大】キウ― 中国古代の自然観で、宇宙を構成する9要素。風・雲・雷・海・火・日・天・地・空。

きゅう-だい【及第】キフ―〔名〕スル ❶試験や審査に合格すること。「期末試験に―する」「―点」㊀落第。❷一定の基準に達していること。「セールスマンとして―だ」㊀落第。(類語)合格・パス・受かる

きゅう-だい【休題】キウダイ それまでの話を一時やめること。「閑話かんわ一」

きゅうたい-いぜん【旧態依然】キウタイ〔ト・タル〕図〔形動タリ〕もとのままで変化や進歩のないさま。「一とした生活ぶり」類語 古い・時代遅れ・流行遅れ・古風こふう・昔風むかしふう・旧式・陳腐・旧弊・前近代的・中古・オールドファッション

きゅう-だいす【及台子】キフ 茶道具で、2本柱の台子。中国から渡来したもので、形が進士及第の際に通る門に似ているところからいう。

きゅう-たいせい【旧体制】キウ これまでの古い体制・制度。「一の打破を叫ぶ」

きゅうだい-ほんせん【久大本線】キウダイ 福岡県久留米と大分とを結んで九州を横断するJR線。昭和9年(1934)全通。全長141.5キロ。

きゅう-たいようれき【旧太陽暦】キウタイヤウレキ ▶ユリウス暦れき

きゅう-たいりく【旧大陸】キウ ヨーロッパ人によるアメリカ大陸発見以前に知られていた、ヨーロッパ・アジア・アフリカの三大陸。旧世界。⇔新大陸。

きゅう-たく【旧宅】キウ 以前に住んでいた家。

きゅう-たつ【窮達】困窮と栄達。貧賤ひんせんと富貴。窮通。「是非も曲直も栄辱も一も」〈二葉亭・浮雲〉

ぎゅう-たろう【牛太郎】ギウタラウ ▶妓夫太郎ぎゅうたろう

ぎゅう-たろう【×妓▽夫太郎】ギウタラウ「妓夫ぎゅう」に同じ。補説「牛太郎」とも書く。

きゅう-たん【急×湍】キフ 流れの速い瀬。早瀬。急灘きゅうだん。「老木の蔭を負い、一の浪に潰りて」〈紅葉・金色夜叉〉

きゅう-たん【給炭】キフ〔名〕スル 石炭を供給すること。

きゅう-だん【急談】キフ 急を要する話・用談。

きゅう-だん【急×灘】キフ「急湍きゅうたん」に同じ。

きゅう-だん【糾弾|×糺弾】キウ〔名〕スル 罪や責任を問いただし、非難すること。「汚職収賄を一する」
類語 非難・指弾・論難・弾劾・風当たり・攻撃・批判・責める

きゅう-だん【球団】キウ プロ野球チームを運営する団体。「在京一」

ぎゅう-タン【牛タン】ギウ《「タン」はtongue(舌)から》食用としての牛の舌。焼き肉やシチューなどに用いる。

ぎゆう-だん【義勇団】非常時に、民間人が自由意志で軍事行動などに参加するために編制する団体。

きゅうたん-き【給炭機】キフタン ▶ストーカー

きゅう-ち【九地】キウ きわめて低い所。地の底。「九天の上から一の底に落ちた気がした」〈魯庵・くれの廿八日〉⇔九天。

きゅう-ち【旧地】キウ ❶以前の領地。❷昔、ある事物のあった地。旧跡。

きゅう-ち【旧知】キウ 古くからの知り合い。昔なじみ。「一の間柄」「一のよしみ」類語 旧友・幼馴染おさななじみ・昔馴染み・故人・故旧・旧識

きゅう-ち【給地】キフ ❶▶給田きゅうでん ❷江戸時代、主君から家臣に与えられた知行地。給所。給領。

きゅう-ち【窮地】追い詰められて逃げ場のない苦しい状態や立ち場。「一に陥る」「一を脱する」
類語 苦境・逆境・危地・危険・危難・危機・危殆きたい・虎口ここう・ピンチ・物騒・剣呑けんのん・危ない

きゅうち-しん【求知心】キウチ 知識を求める心。
類語 興味・関心・好奇心・探究心・色気いろけ

きゅう-ちゃく【吸着】キフ〔名〕スル ❶吸いつくこと。❷二つの異なる物質相が接するとき、その界面で、それぞれを構成している成分が濃縮される現象。活性炭がその表面に着色溶液の色素をくっつけて脱色するなど。正吸着ともいい、逆に界面で希薄になる場合を負吸着という。

きゅうちゃく-おん【吸着音】キフチャク 肺には関係なく、前後2か所で閉鎖を作ることにより、舌打ちをするようにして発音される言語音。アフリカのコイサン語族に属する言語やバンツー諸語に観察される。舌打ち音。クリック。

きゅうちゃく-ざい【吸着剤】キフチャク 表面に他の物質を吸着する性質の強い物質。活性炭・活性アルミナ・シリカゲルなど。脱色・脱臭・脱湿や、触媒・化学分析などに利用。吸着媒。

きゅうちゃく-ねつ【吸着熱】キフチャク 物質の吸着により発生し、または吸収される熱量。一般的に、一定温度において吸着される物質の単位質量または1モルあたりの熱量で表される。

きゅう-ちゅう【吸虫】キフ 吸虫綱に属する扁形へんけい動物の総称。ふつう体の前端の口の周囲と腹部に吸盤をもち、肛門こうもんはない。魚・カエル・鳥・獣に寄生する多くの種が含まれ、肝蛭かんてつ・肝吸虫・肺吸虫・日本住血吸虫などがある。かつて二つの口をもつとして二口虫・ジストマとよばれた。

きゅう-ちゅう【宮中】❶宮殿の中。特に、天皇の居所。禁中。禁裏。❷神社の境内。
類語 皇居・御所・宮城・内裏

きゅう-ちゅうかんそう【旧中間層】キウ 資本主義社会の成立以前から存在する伝統的生業基盤に立つ、自営農民や職人、自営の商工業者など。

きゅうちゅう-こもんかん【宮中顧問官】クワン 宮内大臣の諮問に応じた勅任の名誉官。明治18年(1885)に設置、昭和20年(1945)廃止。

きゅうちゅう-さいし【宮中祭×祀】宮中三殿(賢所かしこどころ・皇霊殿・神殿)で行われる祭祀。天皇自身が祭典を行い御告文を奏上する大祭(神嘗祭・新嘗祭など)と、掌典長が祭典を行い天皇が拝礼する小祭(四方拝・歳旦祭など)があり、年間約20件の祭儀が行われる。

きゅうちゅう-さんでん【宮中三殿】皇居内の賢所かしこどころ・皇霊殿・神殿の総称。

きゅうちゅう-じょう【宮中×杖】ヂャウ「鳩杖はとのつえ」に同じ。

きゅうちゅう-も【宮中喪】大喪たいそうのほか、皇族の死などに際し、天皇が服する喪。昭和22年(1947)廃止。

きゅう-ちょ【旧著】キウ 以前に出版した著書。古い著作。⇔新著。

きゅう-ちょう【九重】キウ ❶いくえにも重なること。「錦衣一」❷宮中。宮廷。ここのえ。

きゅう-ちょう【九腸】キウチャウ 腸全体。はらわた。
九腸寸断すんだんす　はらわたがずたずたに断ち切られるほど、つらく悲しい。断腸の思い。

きゅう-ちょう【休徴】キウ《「休」はめでたい意》よいしるし。めでたいしるし。吉兆。

きゅう-ちょう【急潮】キフ ❶流れの速い潮流。❷太平洋岸で、外洋水が沿岸に押し寄せる現象。冬季、沖合を低気圧が通過するときに起こることが多く、相模湾・駿河湾ではブリの大漁をもたらす。

きゅう-ちょう【急調】キフ 調子が急なこと。物事の進み方などが速いこと。急調子。「一にこみあげる苦悶の呻き声」〈徳永・太陽のない街〉

きゅう-ちょう【級長】キフチャウ 旧制度の小・中学校で、児童・生徒の中から選ばれた学級の長。

きゅう-ちょう【窮鳥】テウ 追いつめられて逃げ場を失った鳥。
窮鳥懐ふところ**に入**い**れば猟師も殺さず**　追いつめられて逃げ場を失った者が救いを求めてくれば、見殺しにはできないということのたとえ。

きゅう-ちょうし【急調子】キフテウ 調子や物事の進み方が非常に速いこと。急テンポ。「一で事が進む」

きゅうちょう-の-てん【九重の天】キウチョウ ❶天の最も高い所。九天。❷「九重❷」に同じ。

きゅう-つい【急追】キフ〔名〕スル 急いで追うこと。激しく追いかけること。「先行馬を一する」

きゅう-つい【窮追】〔名〕スル 追い詰めること。また、問い詰めること。「敵兵を一して、メーナリスの山下に押し詰め」〈竜渓・経国美談〉

きゅう-つう【九通】キウ 中国の歴代の制度の沿革を記した9種の書。全2388巻。「通典つてん」「通志」「文献通考」「続文献通考」「皇朝文献通考」「続通典」「皇朝通典」「続通志」「皇朝通志」を総称していう。清の乾隆年間(1736〜1795)に成立。

きゅう-つう【窮通】「窮達」に同じ。「人間の一は機会の独断すべきものにあらずして」〈透谷・明治文学管見〉

ぎゅう-づめ【ぎゅう詰め】「ぎゅうぎゅう詰め」に同じ。

きゅう-てい【九×鼎】キウ《夏かの禹う王が九つの州から金を貢上させ鼎かなえを作り、天子の象徴として夏・殷いん・周3代に伝えたといういうところから》非常に貴重なもの。

きゅう-てい【休廷】キウ〔名〕スル 法廷を閉じて裁判を一時休むこと。

きゅう-てい【泣×涕】キフ〔名〕スル 涙を流して泣くこと。涕泣ていきゅう。「卿速かに去るべし、復た一するなかれ」〈織田訳・花柳春話〉

きゅう-てい【宮廷】天皇・国王の居所。
類語 御殿・宮殿・王宮

キュー-ティー〖QT〗《qualification test》認定試験。

キュー-ディー-アール〖QDR〗《Quadrennial Defense Review》4年ごとの国防計画見直し。米国防総省が、将来20年間の防衛計画を構築するために行う国防計画の見直し。国防戦略・兵力構成・予算計画などについて包括的に検討し、議会に報告書を提出する。1997年に始まった。

キューティー-けいしき【QT形式】▶クイックタイム

キューティクル〖cuticle〗❶髪の毛の表皮などを構成する物質。「一ケア」❷爪の根元の薄い皮。甘皮あまかわ。「一リムーバー」➡クチクラ

きゅうてい-ご【宮廷語】宮廷や貴族などの間で用いられる特別な言葉。「おもうさま(お父様)」「おたあさま(お母様)」など。

きゅう-ていこくだいがく【旧帝国大学】キウ 帝国大学を前身とする大学。旧帝大。

きゅう-ていだい【旧帝大】キウ「旧帝国大学」の略。

きゅうてい-たいりょ【九×鼎大▽呂】キウテイ《大呂は周の太廟たいびょうにある大鐘で、九鼎とともに国の重大な宝物》貴重な物、重い地位や名声などのたとえ。

きゅうてい-ひ【宮廷費】皇室費の一。内廷諸費以外の宮廷諸費に充てられる費用。宮内庁が経理する。➡内廷費

きゅうてい-ぶんがく【宮廷文学】宮廷を基盤に栄えた文学。日本では平安時代の文学をさし、ヨーロッパでは、中世封建諸侯の宮廷で好まれた、騎士道と女性崇拝を主題とした文学をさす。

きゅう-てき【×仇敵】キウ 恨みや憎しみをいだいている相手。かたき。「年来の一」
類語 相手・敵てき・敵かたき・ライバル・好敵手・難敵・宿敵

きゅうてきこく-じょうこう【旧敵国条項】キウテキコクデウカウ 国連憲章で、第二次大戦で連合国の敵に回った日本・ドイツ・イタリアなど7か国に対する差別を認めた条項。1995年、国連総会で該当する項目の削除が決議された。補説 旧敵国に対する強制行動については安全保障理事会の承認を不要とする(第53条)、連合国が行った講和条約などの戦後処理を国連が排除しない(第107条)などの条項があった。

きゅう-てつ【九哲】キウ 孔門の十哲のうち、顔回を除いた九人。閔子騫びんしけん・冉伯牛ぜんはくぎゅう・仲弓・宰予・子貢・冉有・季路・子游・子夏をいう。

きゅう-てつ【丘×垤】キウ 蟻塚ありづか。

きゅう-てん【九天】キウ ❶古代中国で、天を方角により九つに区分したもの。中央を鈞天きんてん、東方を蒼天そうてん、西方を昊天こうてん、南方を炎天、北方を玄天、東北方を変天、西北方を幽天、西南方を朱天、東南方を陽天という。❷天の最も高い所。九重の天。⇔九地。「春琴を一の高さに持ち上げ百歩も二百歩も謙くだっていた」〈谷崎・春琴抄〉❸宮中。九重きゅうちょう。ここのえ。❹大地を中心に回転する九つの天体。日天・月天・水星天・金星天・火星天・木星天・土星天・恒星天・宗動天をいう。くてん。

きゅう-てん【旧典】キウ ❶古い法典。古い制度。❷古文書。古書。

きゅう-てん【×灸点】キウ ❶灸をすえる所に墨でつける点の印。❷灸をすえること。

きゅう-てん【急転】キフ〔名〕スル 物事のようすが急に変わること。「事態が一する」
類語 一変・一転・急変・激変・豹変ひょうへん・心機一転

きゅう-でん【休電】キウ〔名〕スル 電力の供給を一時中止すること。

きゅう-でん【宮殿】❶天皇・国王などの住む御殿。❷神を祭る社殿。類語 御殿・宮廷・王宮

きゅう-でん【球電】電光の一種。雷雨のときにまれに現れて、赤黄色の光を放ちながら中空をゆっくり移動する球状のもの。
きゅう-でん【給田】中世、領主から荘官や地頭に給与された田畑。貢租を免除された。給地。
きゅう-でん【給電】〔名〕スル 電力を供給すること。
きゅうてん-えん【九点円】三角形の各辺の中点、三つの垂線の足、各頂点と垂心とを結ぶ線分の中点の九つの点を通る円。L＝オイラーが発見した。
きゅうでん-せん【給電線】❶変電所または発電所から供給地の配電幹線までの電線路。❷無線装置で、アンテナと送受信機とを結び、高周波電力を伝える線路。フィーダー。
きゅうてん-ちょっか【急転直下】事態が急転して、速やかに解決や結末に向かうこと。「事態は一解決した」
きゅうでん-ばし【宮殿橋】《Dvortsoviy most》ロシア連邦北西部、レニングラード州の都市サンクトペテルブルグにあるネバ川に架かる跳ね橋。エルミタージュ美術館がある本土とワシリエフスキー島の東側の岬ストレルカを結ぶ。19世紀に造られた浮橋があったが、20世紀初めに現在の橋が完成した。
きゅうでん-ひろば【宮殿広場】《Dvortsovaya ploshchad'》ロシア連邦北西部の都市サンクトペテルブルグの広場。エルミタージュ美術館(旧冬宮)と旧参謀本部の間に位置する。中央に、1812年のナポレオン戦争戦勝記念として建てられたアレクサンドルの円柱がある。
きゅう-テンポ【急テンポ】〔名・形動〕❶テンポが速いこと。❷物事の進展などが非常に速いこと。また、そのさま。急調子。「事件の一な展開」
（類語）急激・急速・たちまち・ハイピッチ・急・激しい
きゅう-と【旧都】もとの都。古都。⇔新都。
キュート〖cute〗〔形動〕活発でかわいらしいさま。若い女性にいう。（類語）可愛かわいい・愛いとおしい・愛しい・愛らしい・愛くるしい・あどけない・いじらしい・しおらしい・めんこい・可憐かれん・いたいけ・しとやか
きゅう-ど【弓×弩】弓といしゆみ。弓の総称。
きゅう-ど【旧土】以前にいた土地。また、もとの領土。旧地。
きゅう-とう【九冬】冬の90日間のこと。（季 冬）
きゅう-とう【旧冬】昨年の冬。昨冬。ふつう、新年になってから用いる。（季 新年）
きゅう-とう【旧×套】古くからの形式や慣習。ありきたりの方法。「一を脱する」
きゅう-とう【急登】〔名〕スル 登山で、急な坂を登ること。また、急な登り道。きゅうと。
きゅう-とう【急騰】〔名〕スル 物価や相場などが急激に上がること。「株価が一する」⇔急落。
（類語）騰貴・値上がり・値上げ・高騰・暴騰
きゅう-とう【球灯｜×毬灯】丸く小さい提灯ちょうちん。酸漿ほおずき提灯。
きゅう-とう【給湯】〔名〕スル 湯を供給すること。「各部屋に一する」「一設備」
きゅう-とう【窮冬】冬の終わりごろ。陰暦12月をさす。
きゅう-どう【弓道】弓で矢を射る武道。また、その作法。明治以降一般に普及した。弓術。
きゅう-どう【旧道】新しい道ができる以前からある古い道。⇔新道。
きゅう-どう【求道】真理や宗教的な悟りを求めて修行すること。➡求道ぐどう
きゅう-どう【球道】❶野球・ゴルフなどで、投球や打球のコース。たますじ。❷野球の道。武道・芸道になぞらえていう。「一一筋に生きる」
ぎゅう-とう【牛刀】牛を切りさくのに用いる大きな包丁。（類語）刀・剣けん・剣つるぎ・刀剣・太刀・大刀たち・大刀だいとう・名刀・宝刀・軍刀・日本刀・青竜刀・サーベル・真剣
牛刀をもって鶏にわとりを割さく 《「論語」陽貨から》小さな物事を処理するのに必要以上の大がかりな手段を用いることのたとえ。
ぎゅう-とう【牛痘】牛がかかる痘瘡とうそう。牛痘ウイルスは人間にも感染するが、軽症で済み、人間の痘瘡への免疫をも獲得するので種痘に利用される。
きゅうとうじょ【旧唐書】▶くとうじょ(旧唐書)
きゅう-とく【旧徳】以前に施した徳や恵み。
ぎゅう-どん【牛丼】「牛飯ぎゅうめし」に同じ。
ぎゅう-なべ【牛鍋】牛肉をネギ・豆腐などとともに鉄鍋で煮ながら食べる料理。主に関東でいい、明治の文明開化期に流行した。牛肉鍋。（季 冬）
ぎゅうなべ-や【牛鍋屋】牛鍋を食べさせる店。牛屋。
きゅう-なん【急難】急に起こった災難。差し迫っている災難。
（類語）非常・緊急・異変・事変・変事・珍事・ハプニング・奇跡
きゅう-なん【救難】災害にあった人や遭難者を救うこと。「一訓練」
（類語）救助・救援・救急・救命・救済・救世・救国・救民・済民・済世・慈善
きゅうなん-じゅう【救難銃】遭難者を救うためのロープを発射する銃。救助銃。救命銃。
きゅうなん-ふひょう【救難浮標】▶救命ブイ
ぎゅう-にく【牛肉】食用とする牛の肉。ぎゅう。
ぎゅうにくトレーサビリティー-ほう【牛肉トレーサビリティー法】「牛の個体識別のための情報の管理及び伝達に関する特別措置法」の通称。牛海綿状脳症の広がるのを防ぎ、消費者に安全な牛肉を提供するための法律。国内で生まれたすべての牛に識別番号を付け、生年月日・性別・飼育者・飼育地などの情報を生産・流通・消費の各段階で記録・管理することが義務づけられる。識別番号は公開され、インターネットを通じて情報を閲覧できる。平成15年(2003)施行。
きゅう-にゅう【吸入】〔名〕スル 吸い入れること。特に、治療のため、薬物・気体などを吸い込むこと。「酸素を一する」（類語）吸う・吸飲
ぎゅう-にゅう【牛乳】牛の乳。白色の液体で、脂肪・たんぱく質・糖分などの栄養に富む。殺菌などの処理をして飲料とし、バター・チーズ・乳酸飲料などの原料とする。ミルク。（補説）食品衛生法にもとづく「牛乳」は乳脂肪3.0パーセント以上のもの。
きゅうにゅう-き【吸入器】蒸気・霧の状態にした薬物や酸素を鼻や口から吸入させるための器具。呼吸器疾患の治療や麻酔に用いる。（季 冬）「上の子やみずからかくる一／汀女」
ぎゅうにゅう-けい【牛乳計】牛乳の比重を測定する器具。
きゅうにゅう-べん【吸入弁】▶吸すい込み弁
きゅうにゅう-ますい【吸入麻酔】気体状の麻酔薬を吸入させて全身麻酔をかける方法。
きゅう-にん【旧任】以前に任命されていたこと。また、その人。
きゅう-にん【給人】❶古代、年給を賜った人。給主。❷中世、幕府・主家から恩給としての所領を与えられた者。また、領主の命を受けて領地を支配した者。給主。❸江戸時代、幕府・大名から知行地あるいはその格式を与えられた旗本・家臣。
きゅう-ねつ【急熱】〔名〕スル 急に熱くすること。「一処理」⇔急冷。
キュー-ねつ【Q熱】コクシエラ属リケッチアの一種によって起こる、人畜共通の熱性感染症。人間にはダニの媒介によって感染し、発熱・頭痛・せき・胸痛などの症状がある。感染症予防法の4類感染症の一。1937年に初めて報告され、発生地クイーンズランドQueenslandにちなむ名。
きゅう-ねったいく【旧熱帯区】❶動物地理区の一。北界に属し、東南アジア熱帯、サハラ砂漠以南のアフリカ、マダガスカル島を含む地域。全北区の動物相と共通点が多い。東洋・エチオピア・マラガシーの3亜区に分ける。❷植物区系の一。アフリカから東南アジア、ミクロネシアにわたる熱帯および亜熱帯の地域。クスノキ・フタバガキ・タコノキ・ショウガ各科などの分布の中心をなす。
きゅうねつ-はんのう【吸熱反応】周囲からの熱の吸収を伴う化学反応。➡発熱反応
きゅう-ねん【久年】久しい年。長い年月。「君が山なす一の御恩に対し」〈樗牛・滝口入道〉
きゅう-ねん【旧年】去年。昨年。「一中はお世話になりました」（季 新年）（類語）昨年・前年・去年・こぞ
きゅう-のう【嗅脳】大脳底部の嗅覚に関与する領域。嗅神経の入ってくる部分にある。旧皮質に属し、両生・爬虫はちゅう類では広く占めるが、人間では退化して小さい。
きゅう-の-まい【急の舞】能の舞事まいごとの一つで、最も速く激しいもの。速い調子の笛を主に、大鼓・小鼓が入る。「道成寺」「紅葉狩」など。
きゅう-は【旧派】❶古い流儀・流派。昔風のやり方。「一の歌人」❷新派劇に対して、歌舞伎のこと。旧派劇。旧劇。⇔新派。
きゅう-は【急派】〔名〕スル 急いで派遣すること。「特使を一する」
きゅう-ば【弓馬】❶弓と馬。弓術と馬術。また、武芸一般。❷いくさ。戦い。「思はざりしに一の騒ぎ」〈謡・朝長〉
きゅう-ば【急場】差し迫って、すぐに処置しなければならない場合。「一をしのぐ」「一の役に立つ」
キューバ〖Cuba〗中央アメリカ、西インド諸島中最大の島キューバ島およびその属島を占める共和国。首都ハバナ。砂糖・タバコを産出。ルンバ・ハバネラなどの民族音楽・舞踊が盛ん。もとスペインの植民地で、1898年の米西戦争後、米軍政下を経て1902年独立。59年、社会主義政権が成立。人口1148万(2010)。クーバ。➡カストロ ➡ゲバラ（補説）「玖馬」とも書く。
ぎゅう-ば【牛馬】牛と馬。「一のように働かされる」
ぎゅうば【牛馬】狂言。牛を売る男と馬を売る男が新市で場所を争い、結局牛と馬を競走させて決めることになり、牛のほうが負ける。うしうま。
きゅう-はい【九拝】〔名〕スル ❶天皇に拝賀のときや高僧を恭敬するとき、立ったり座ったりひざまずいたりして9回拝礼すること。❷何度もおじぎをして深い敬意を表すこと。「三拝一する」❸中国、周代に定められた9種の礼拝法。稽首・頓首・空首・振動・吉拝・凶拝・奇拝・褒拝・粛拝。❹手紙の末尾に書いて、相手への敬意を表す語。
きゅう-はい【休配】郵便・新聞・牛乳などの配達を休むこと。「一日」
きゅう-はい【朽廃｜朽敗】〔名〕スル 建物などが古くなり、役に立たなくなること。「一した山小屋」
きゅうはい-すい【給排水】給水と排水。
キューバ-かくめい【キューバ革命】1950年代後半、カストロらの指導の下に行われたキューバの社会主義革命。1956年、バティスタ独裁政権に対するゲリラ活動を開始。59年に新政権を樹立して農業改革・企業国有化などを推進。61年に社会主義宣言を行った。
キューバ-きき【キューバ危機】1962年、キューバでのソ連ミサイル基地建設をめぐって米ソが激しく対立した事件。米国の海上封鎖にソ連が譲歩してミサイルを撤去し、衝突は回避された。
きゅう-はく【休泊】休息または宿泊すること。「馬の世話から一の世話まで」〈藤村・夜明け前〉
きゅう-はく【急迫】〔名〕スル ❶物事が差し迫った状態になること。せっぱつまること。「事態が一する」❷敵などが急速に迫ってくること。（類語）切迫・緊迫・迫る・差し迫る・押し迫る・押し詰まる・来る
きゅう-はく【窮迫】〔名〕スル 行きづまってどうにもならなくなること。特に、金銭的に差し迫って困り果てること。「一した生活」
きゅう-ばく【旧幕】明治維新後、江戸幕府をさしていった語。「一時代」
きゅうは-げき【旧派劇】「旧派❷」に同じ。
きゅうば-しのぎ【急場×凌ぎ】事が差し迫っているとき、一時の間に合わせでその場を切り抜けること。また、その手段。「一の代役」
きゅう-ばつ【救抜】〔名〕スル 苦しい状況から救い出すこと。「彼女かのじょを淤泥おでいの中うちから一する」〈鷗外・雁〉

きゅうば-の-いえ【弓馬の家】武士の家柄。武門。武家。「しかるに義経、—に生まれ来て」〈謡・安宅〉
きゅうば-の-みち【弓馬の道】武芸の道。また、武士道。
きゅう-ばら【急腹】急に腹を立てること。「造作とか戸棚とかを買ってしまひますよ、と何か—の様子」〈人・梅児誉美・後〉
きゅう-はん【旧版】出版物で、改訂・増補などを行う以前の古い版。⇔新版。
きゅう-はん【旧藩】明治維新後、江戸幕府時代の各藩をさしていった語。
きゅう-はん【急坂】傾斜の急な坂。
(類語)坂・坂道・山坂・女坂・男坂・上り坂・下り坂
きゅう-ばん【吸盤】❶動物が他の物に吸いつくための器官。筋肉を収縮させるなどして内側くぼみの圧力を減少させて吸着する。吸虫・ヒル・タコ・コバンザメ・ヤモリなどにみられる。❷壁面などに物体を固定するため、押し付けて吸着させるもの。
きゅう-はんぱつ【急反発】〔名〕スル 値下がりしていた相場が急激に値上がりに転じること。「原油価格が—したため石油関連株が買われる」
きゅう-ひ【×厩肥】家畜の糞尿・敷きわら・草などを混ぜて腐らせた有機質肥料。うまやごえ。
きゅう-ひ【給費】〔名〕スル 国・学校・団体などが、費用、特に学費を支給すること。また、その費用。
きゅう-び【急火】❶急に燃え上がる火。❷強い火力。
きゅう-び【×鳩尾】❶胸骨の下のくぼんだ所。みぞおち。❷「鳩尾の板」の略。
ぎゅう-ひ【牛皮】牛の皮。ぎゅうかわ。
ぎゅう-ひ【▽求肥┆牛皮】「求肥飴」の略。
ぎゅう-び【牛尾】❶牛のしっぽ。❷「牛後」に同じ。
ぎゅうひ-あめ【▽求肥×飴】白玉粉を蒸し、白砂糖と水飴を加えて練り固めた菓子。白く半透明で弾力がある。
キュー-ビー〖QB〗《quarterback》アメリカンフットボールで、クオーターバック。qbとも。
キューピー〖Kewpie〗キューピッドをかたどった裸の人形。頂きのとがった頭と大きな目をもつ。
きゅう-ひしつ【旧皮質】大脳皮質の一部。系統発生的に最も古い部分。魚類では大脳を構成するが、両生類からは古皮質、爬虫類以上はさらに新皮質が発達して覆う。人間では背面内側にわずかに存在し、食欲・性欲などの本能行動や情動に関係するといわれる。➡新皮質 ➡古皮質
キュービズム〖cubism〗►キュビスム
きゅうひ-せい【給費生】給費を受けている学生・生徒。
きゅう-ひつ【休筆】〔名〕スル 文筆家が執筆活動を休むこと。「一年間—する」
キュービック〖cubic〗❶多く複合語の形で用い、立体の、立方体の、の意を表す。「—ブロック」❷長さを表す単位名の前に付けて、体積の単位を作る語。立方。「—センチメートル」
きゅう-ピッチ【急ピッチ】〔名・形動〕調子や進行が非常に速いこと。また、そのさま。「—な工事」
キュービット〖cubit〗古代メソポタミアおよびエジプトの長さの単位。肘の長さに由来し、1キュービットは50センチ弱。
キュービット〖qubit〗►量子ビット
キューピッド〖Cupid〗㊀ローマ神話の恋の神クピドの英語名。ビーナスの子。弓矢を持つ裸の有翼の少年で、その矢に当たった者は恋心を起こすという。ギリシャ神話のエロスに当たる。㊁天王星の第27衛星。2003年にハッブル宇宙望遠鏡によって発見された。名はシェークスピアの「アテネのタイモン」に登場する㊀に由来。天王星に9番目に近い軌道を公転する。直径は15キロほどで最小。平均表面温度はセ氏マイナス209度以下。
きゅうび-の-いた【×鳩尾の板】鎧の付属品の名称。胸板の左のはずれを防御する細長い鉄製の革包みの板。はとのおのいた。
きゅうび-の-きつね【九尾の×狐】9本の尾をもつ狐。古くはめでたい獣とされたが、後には、多くの年を経た妖狐とされた。金毛九尾の狐。
きゅう-びょう【急病】急に起こる病気。(類語)急患
きゅう-ひん【宮×嬪】宮中の女官。宮女。
きゅう-ひん【救貧】貧困者を救うこと。
きゅう-びん【急便】急ぎの通信・運送や使い。
きゅうひんちゅうせい-ほう【九品中正法】中国、魏から隋の初期までの官吏登用法。地方に置かれた中正官がその地の人物に九等の序列をつけて評価し中央官吏に推薦する制度。九品官人法。
きゅうひん-ほう【救貧法】生活困窮者の生活を扶助し、自活に導くことを目的とする法律。英国に始まる。日本では、恤救規則(1874年)・救護法(1929年)・生活保護法(1946年)がこれに相当する。
きゅう-ふ【休符】楽譜で、音の一時的な休止を示す記号。休止符。
きゅう-ふ【給付】〔名〕スル ❶金品を支給・交付すること。「従業員に制服を—する」❷債務者の債務の内容、および、それを履行する行為。
(類語)交付・支給・追給・与える
きゅう-ぶ【休部】〔名〕スル スポーツ・文化活動などの部または部員が活動を休止すること。
キューブ〖cube〗❶立方体。「アイス—」❷►ルービックキューブ
キュー-ブイ〖q.v.〗《ラテquod vide》その語を見よ、の意。
キュー-ブイ-ジー-エー【QVGA】《quarter VGA》主に携帯電話やPDAなどのディスプレー画面に用いられる、320×240ピクセル(ドット)の解像度を指す。➡VGA
きゅう-ふう【旧風】古い風習。昔からのしきたり。「—を改める」
きゅう-ふく【九服】中国、周代に、1000里四方の王畿を中心に、その外500里ごとに一服として分けた九つの区域。侯服・甸服・男服・采服・衛服・蛮服・夷服・鎮服・藩服の九つをいう。九畿。
キューブ-コーナー〖cube corner〗►コーナーキューブ
きゅうふ-そしょう【給付訴訟】原告が被告の給付義務の存在を主張し、給付判決を求める訴え。給付の訴え。
きゅう-ぶつ【旧物】古くさいもの。また、古い制度やしきたり。
きゅうふつき-ぜいがくこうじょ【給付付(き)税額控除】税額控除と手当給付を組み合わせた制度。算出された税額が控除額より多い場合は税額控除、少ない場合は給付を受ける。例えば、10万円の給付付き税額控除を行う場合、税額が15万円の人は5万円を納付し(10万円の税額控除)、税額が5万円の人には5万円が支給される(5万円の手当給付)。通常の税額控除や所得控除と違い、課税所得がない低所得者も恩恵を受けられる。民主党が平成21年(2009)の総選挙の際に、所得税改革の一環としてマニフェストに掲げた。導入に向けて政府税制調査会で検討が進められている(平成24年7月現在)。
きゅうふ-はんけつ【給付判決】給付訴訟において、裁判所が原告の主張する給付請求権の存在を認め、被告にその給付を命じる判決。
キューブリック〖Stanley Kubrick〗[1928〜1999]米国の映画監督。雑誌社のカメラマンなどを経て映画界に入る。芸術性を追求し、問題作を世に送り出した。クラーク原作の「2001年宇宙の旅」はSF映画の金字塔とされる。他に「現金に体を張れ」「博士の異常な愛情」「時計じかけのオレンジ」「フルメタル・ジャケット」など。
きゅう-ブレーキ【急ブレーキ】自動車や電車などで、一気に制動装置を働かせること。
きゅう-ぶん【旧聞】耳新しくない、古い話。以前に聞いた話。「もはや—に属する話」
きゅう-ぶん【球分】球を平行な二平面で切ったとき、その二平面に挟まれる部分。
きゅう-ぶん【給分】主家から家臣に給付される所領・米銭など。給料。
ぎゅう-ふん【牛×糞】牛のふん。
きゅう-へい【旧弊】〔名・形動〕❶古い習慣・制度などの弊害。「—を改める」❷古い習慣や考え方にとらわれること。また、そのような言動やさま。「—な人」「小母さんの—が始まった」〈花袋・蒲団〉
(類語)宿弊・積弊・流弊・古い・時代遅れ・流行遅れ・古風・昔風・旧式・陳腐・前近代的・旧態依然・中古・オールドファッション
ぎゅう-へい【義勇兵】徴兵によらずに、自発的に軍に参加する兵。また、戦時に義勇軍に属して戦う兵。
きゅうべつ-ていすう【級別定数】公務員の職務を複雑さ、困難さ、責任の度合に応じて1級から11級までの職務の級に分類し、級ごとの職員数の枠を定めたもの。公務員の給与は職務の級に基づいて支給される。国家公務員に関しては、一般職給与法や人事院規則に規定があり、人事院が定める。地方公務員に関しては、定数がない場合が多く、人件費膨張の一因となっている
きゅう-へん【急変】〔名〕スル ❶状態が急に変わること。「病状が—する」❷急に起こった変事。「—に備える」(類語)一変・一転・急転・激変・豹変・心機一転・変わる
きゅう-ほ【急歩】急いで歩くこと。また、その歩き方。急ぎ足。
きゅう-ぼ【急募】〔名〕スル 急いで募集すること。「従業員を—する」(類語)公募・募る・求人・リクルート
ぎゅう-ほ【牛歩】牛のように歩みが遅いこと。物事が遅々として進まないことにいう。
きゅう-ほう【旧法】❶すでに廃止された古い法令・法律。❷古い方法。
きゅう-ほう【旧封】もとの領地。旧地。
きゅう-ほう【臼砲】口径に比して砲身が短く、射角が大きい火砲。
きゅう-ほう【急報】〔名〕スル 急いで知らせること。また、急ぎの知らせ。「事故を—する」(類語)速報・急告
きゅう-ぼう【窮乏】〔名〕スル 金銭や物品が著しく不足して苦しむこと。「生活が—する」
(類語)貧困・貧苦・困苦・困窮・貧窮・貧乏・困乏・生活苦・貧・赤貧・極貧・清貧・じり貧・貧寒・素寒貧・不如意・文無し
キュー-ボード〖Q-Board〗福岡証券取引所が平成12年(2000)に開設した新興企業向けの株式市場。将来的に成長の可能性がある九州周辺の企業を対象とする。福証Q-Board。➡新興市場
きゅう-ほく【窮北】北のはて。「—の地」
きゅう-ぼく【朽木】くちた木。くちき。
きゅう-ほくあく【旧北亜区】動物地理区の一。全北区に属し、ヒマラヤ山脈以北から北極地方以南までのユーラシア大陸、サハラ砂漠以北のアフリカを含む地域。ヤマネ・パンダ・ラクダ・カヤクグリなどの固有種があり、ネズミ・ヒツジ・ヤギ・タヌキ・イノシシ・キジなどが特徴となっている。
きゅうぼく-ふんしょう【朽木×糞×牆】《「論語」公冶長「朽木は雕るべからず、糞土の牆は杇るべからず」から》朽ちた木は彫刻できず、腐った壁は塗りかえができない。精神のくさった人間は教育のしようがないことにいう。朽木糞土。
ぎゅうほ-せんじゅつ【牛歩戦術】議会などで審議引き延ばしのため、投票などの際にのろのろと行動すること。
キュー-ボタン〖cue button〗テープレコーダーなどでテープを早送りしているときに、内容を確認するために押すボタン。
キューポラ〖cupola〗《「キュポラ」とも》❶丸天井。円蓋。ドーム。❷屋根の上に設けた小塔。❸鋳物製造で、銑鉄を溶かすのに用いる円筒形の直立炉。溶銑炉。
きゅう-ぼん【旧盆】陰暦で行う盂蘭盆。
(類語)盂蘭盆・盆・精霊会・新盆・霊祭り
キュー-マーク【Qマーク】《quality mark》繊維製

品品質総合検査制度に基づき、Qマーク管理委員会が繊維製品につける品質保証マーク。
きゅう-まい【救米】キウ 災害にあった人に支給する米。「五升の御―を貰ふて」〈福沢・学問のすゝめ〉
きゅう-みん【休眠】キウ〔名〕スル ❶生物が生活機能を一定期間、不活発にしたり停止したりする状態。動物では冬眠・夏眠などにみられ、植物では種子・胞子・冬芽がこれにあたる。❷活動を停止していること。「一状態の工場」「一鉱区」(類語)睡眠・冬眠
きゅう-みん【救民】キウ 生活に苦しむ人々を救い助けること。「一政策」
(類語)救援・救助・救難・救急・救命・救済・救世・救国・済民・済世・慈善・助ける
きゅう-みん【窮民】生活に困っている人々。
きゅうみん-いいんかい【休眠委員会】キウミンヰヰンクワイ ▶スリーピングボード
きゅうみん-が【休眠芽】キウミ 形成されたのち、生長を止めて休眠状態にある芽。冬芽など。
きゅうみん-とっきょ【休眠特許】キウミントクキョ 特許権は取得しているが、実際の商品や事業などに利用されていない特許。未使用特許。
きゅう-みんぽう【旧民法】キウミンパフ ❶ボアソナードらによって起草され、明治23年(1890)公布されたが施行されなかった民法典。同31年に施行された現行の民法典に対していう。❷民法旧規定のこと。
きゅうみん-ほうし【休眠胞子】キウミンハウシ 胞子ができてから芽を出すまでに、一定の休眠期間のあるもの。銹菌さびきんの冬胞子、藻類の接合胞子など。
きゅうみん-よきん【休眠預金】キウミ 長い間出し入れがなく、そのままになっている預金。
きゅう-む【急務】キフ 急いでしなければならない任務や仕事。「財政の再建が目下の一である」
(類語)雑役・実務・事務・業務・雑務・要務・特務・激務
きゅうむ-いん【×厩務員】キウム 厩舎で、競走馬の世話をする人。馬丁ばていの新しい呼び名。
きゅう-めい【旧名】キウ もとの名。以前の名。
きゅう-めい【究明】キウ〔名〕スル 道理や真理をつきつめて明らかにすること。「真相を一する」
(類語)解明・糾明
きゅう-めい【急命】キフ 緊急の命令。
きゅう-めい【糾明|×糺明】キウ〔名〕スル 罪や不正を糾問し、真相を明らかにすること。「罪状を一する」
(類語)解明・究明
きゅう-めい【救命】キウ 危険にさらされた人の命を救うこと。(類語)救助・救難・救援・救急・救済・救世・救国・救民・済民・済世・慈善
きゅう-めい【窮命】〔名〕スル 非常に苦しい目にあうこと。運命がきわまること。「このうえ一させられてたまるものか」〈万太郎・春泥〉
きゅうめい-いかだ【救命×筏】キウメイ 船舶・航空機などが、遭難に備えて積んでいる救命用のいかだ。
きゅうめい-えん【救命炎】キウメイ 船の夜間遭難時に用いられる発煙信号。水に触れると炎を発する薬品を金属製の缶に詰めてある。
きゅうめい-き【救命器】キウメイ 坑内での火災・ガス爆発事故などの場合に、救援者が有害ガスの中で安全に呼吸するために着ける装置。
きゅうめいきゅうきゅう-しつ【救命救急室】キウメイキウキフ ▶イー・アール(ER)
きゅうめいきゅうきゅう-センター【救命救急センター】キウメイキウキフ ▶救急救命センター
きゅうめい-ぐ【救命具】キウメイ 水上における人命救助に用いられる器具。救命胴衣・救命ボート・救命ブイなど。
きゅうめい-さく【救命索】キウメイ 航海中の船舶で、動揺が激しいときの歩行を助けたり、大波にさらわれるのを防いだりするため、甲板上に縦横に張り渡すロープ。また、救命艇の外周や潜水夫の身体に結びつけるロープ。
きゅうめい-てい【救命艇】キウメイ ▶救命ボート
きゅうめい-どうい【救命胴衣】キウメイ 船舶・航空機の遭難の際、おぼれないように胴につけるチョッキ状の浮き袋。ライフジャケット。
きゅうめい-ブイ【救命ブイ】キウメイ 水中の遭難者がつかまって水に浮くための浮き輪状の救命具。救命浮環ふかん。救命浮標。
きゅうめい-ふかん【救命浮環】キウメイフクワン ▶救命ブイ
きゅうめい-ほう【救命砲】キウメイハウ 船の遭難時に、救助船や岸などから遭難船に向けて救命ロープを発射する砲。救命銃。
きゅうめい-ボート【救命ボート】キウメイ 船舶・航空機に備え付けて、水中遭難時に使うボート。救命艇。
ぎゅう-めし【牛飯】ギウ ネギなどと煮た牛肉を、汁とともにかけたどんぶり飯。牛丼ぎゅうどん。
きゅう-めん【球面】キウ ❶球の表面。❷一定点から等距離の空間にある点の集合。
きゅうめん-かく【球面角】キウメン 球面上の二つの大円の交点で、それぞれの大円に引いた接線のなす角。
きゅうめん-きかがく【球面幾何学】キウメン 球面上の図形について研究する幾何学。
きゅうめん-きょう【球面鏡】キウメンキャウ 球面の一部分を反射面とする鏡。凸面鏡と凹面鏡がある。
きゅうめん-けい【球面計】キウメン 球面の曲率半径を測る器械。ふつう凹凸の中心部の高さを測定し計算によって求めるものが用いられる。スフェロメーター。
きゅうめん-さんかくけい【球面三角形】キウメン 一つの球面上において三つの大円の弧で囲まれた球面の部分。
きゅうめん-さんかくほう【球面三角法】キウメンサンカクハフ 球面における距離や角を三角関数を利用して計算する方法。
きゅうめん-しゅうさ【球面収差】キウメンシウサ 光が球面鏡・レンズなどの光学系を通るとき、球面の中心付近を通る光と周縁部を通る光とが光軸上の一点に集まらないために、像が不鮮明になる現象。開口収差。
きゅうめん-てんもんがく【球面天文学】キウメン 天球上に投影された惑星・恒星などの位置・運動・見かけの大きさなどを研究する学問。
きゅう-もん【九門】キウ《「九」は九重きゅうちょうの意》皇居の門。
きゅう-もん【糾問|×糺問】キウ〔名〕スル 罪や不正を厳しく問いただすこと。「証言の真偽を一する」
(類語)審問・喚問・査問・尋問・問う
きゅう-もん【宮門】❶宮殿・皇居の門。❷内裏の外郭の門。
きゅうもん-しゅぎ【糾問主義】キウモン 刑事訴訟で、訴えによらずに裁判所の職権で手続きを開始し、事件を審理する方式。➡弾劾だんがい主義
ぎゅう-や【牛屋】ギウ ❶牛肉屋。❷牛鍋ぎゅうなべ屋。
きゅう-やく【旧約】キウ ㊀以前にした約束。昔の約束。㊁「旧約聖書」の略。
きゅう-やく【旧訳】キウ ❶以前の翻訳。昔の翻訳。⇔新訳。❷▶くやく(旧訳)
きゅう-やく【窮厄】危難にあったり追い詰められたりして苦しむこと。「一の色は衝つと貫一の面に上れり」〈紅葉・金色夜叉〉
きゅうやくせいしょ【旧約聖書】キウヤク《旧約とは、神がモーセを通して人類に与えた契約の意》新約聖書とともにキリスト教の聖典。ユダヤ教の聖典を新約に先立つものとしてキリスト教会が採用した。律法(モーセ五書)・預言書・諸書(詩篇・箴言など)から成る。旧約全書。➡新約聖書
きゅう-ゆ【給油】キフ〔名〕スル ❶自動車・飛行機などに燃料油を補給すること。「高速道路に入る前に一する」❷機械の摩擦部分に潤滑油を注入すること。
きゅう-ゆう【旧友】キウイウ 古くからの友達。また、昔の友人。「一と再会する」(類語)昔馴染むかしなじみ・幼馴染み・旧知・故人・故旧・旧識
きゅう-ゆう【旧遊】キウイウ ❶以前、旅をしてその地を訪れたこと。曽遊そうゆう。「一の地」❷以前、ともに遊んだ友人。「一、今は亡く」
きゅう-ゆう【級友】キフイウ 同じ学級の友達。同じ学年の友達。(類語)クラスメート・同級生
きゅう-よ【×犰×狳】キウ アルマジロの別名。
きゅう-よ【給与】キフ〔名〕スル ❶給料。官公庁・会社などで支給される給料・諸手当の総称。❷金品などをあてがい与えること。また、そのもの。「制服を一する」(類語)給料・賃金・サラリー・ペイ・手間賃・駄賃
きゅう-よ【窮余】追い詰められて、困ったあげく。苦しまぎれ。「一の一策」
きゅう-よう【休養】キウヤウ〔名〕スル 仕事などを休んで、気力や体力を養うこと。「温泉で一する」
(類語)休憩・休息・休み・安息・休む・休らう・憩いこう・くつろぐ・一休みする・小休止する・少憩する・一服する・一息入れる・骨休めする・息をつく・リラックス
きゅう-よう【急用】キフ 急ぎの用事。「一ができる」
きゅう-よう【給養】キフヤウ〔名〕スル ❶物を与えて養うこと。「すべてのパン粉は…その一すべき人口の割合に応じて分配す」〈河上肇・貧乏物語〉❷軍隊で、人や馬に衣食などを供給すること。
きゅう-ようし【急養子】キフヤウ ▶末期まつご養子
きゅうよ-しょとく【給与所得】キフヨ 税法上の所得の分類の一。俸給・給料・賃金・歳費および賞与などの給与による所得。
きゅうよしょとく-こうじょ【給与所得控除】キフヨショトクコウヂョ 給与収入に所得税・住民税を課税する際に、勤務に伴う必要経費の概算額として収入から差し引かれる、所得控除の一つ。控除額は年収に応じて決まり、年収500万円の場合の給与所得控除は154万円。
きゅう-らい【旧来】キウ 昔から行われていること。以前から。従来。「一の陋習ろうしゅう」(類語)古来・従来
きゅう-らい【急雷】キフ 突然鳴り出す雷。
(類語)雷・雷神らいじん・鳴る神・雷らい・雷鳴・雷電・天雷・疾雷しつらい・迅雷じんらい・霹靂へきれき・雷公・遠雷・春雷・界雷・熱雷・落雷・稲妻いなずま・稲光いなびかり・電光・紫電しでん
きゅう-らい【救×癩】キウ ハンセン病患者を救うこと。
きゅう-らく【及落】キフ 及第と落第。合格と不合格。「一の分かれめをさまよう」
きゅう-らく【急落】キフ〔名〕スル 物価や相場などが急激に下がること。「株価が一する」⇔急騰。
(類語)低落・値崩れ・下落・暴落・下がる
ぎゅう-らく【牛酪】ギウ バター。「麺包パンを…空しく卓に残したりしや」〈逍遥・小説神髄〉
きゅう-り【久離|旧離】キウ 江戸時代、不品行の子弟が失跡などしたとき、連帯責任から免れるため、親族が奉行所に届け出て失跡者を人別帳にんべつちょうから除名し、縁を切ること。しばしば勘当と混同された。
久離を切・る 親族などの関係を断つ。勘当する。「とうに親子の一・り」〈浄・冥途の飛脚〉
きゅう-り【旧里】キウ ふるさと。郷里。故郷。
きゅうり【胡=瓜|▽黄×瓜】キウリ ウリ科の蔓性つるせいの一年草。茎から巻きひげを出して絡みつく。葉は手のひら状に浅く切れ込む。夏、黄色の雄花と雌花とをつける。実は円柱形で、いぼがあり、緑色であるが熟すと黄褐色になる。若い実を食用にする。インドの原産。野菜として栽培。からうり。(季 夏)「市に見る今朝の一や小指ほど/紅葉」
きゅう-り【窮理】キユ・【究理】キウ ❶物事の道理・法則を明らかにすること。「小力を合がして大力とするの一」〈魯文・安愚楽鍋〉❷朱子学における学問修養の中心課題の一。広く事物の道理をきわめ、正確な知識を獲得することで、そのために読書をすすめた。➡居敬きょけい
(類語)研究・考究・探究・学問・討究・講究・調査・分析・論究・攻究・研鑽けんさん・スタディ・リサーチ(一する)究める・調べる
きゅうり-うお【胡=瓜魚】キウリうを サケ目キュウリウオ科の海水魚。全長約25センチ。シシャモに似るが、歯が大きい。キュウリに似たにおいがある。北海道以北に分布。春、産卵のため川を上り、夏、稚魚は海へ入る。食用。
きゅうり-がく【窮理学】❶江戸後期から明治初期にかけて、西洋流の学問一般、特に物理学をさした語。❷朱子学。程朱学。
きゅうり-きのう【旧里帰農】キウリ ▶人返ひとがえし❷
きゅうり-ぐさ【胡=瓜草】キウリ ムラサキ科の一・二年

草。野原や道端に生え、高さ10〜30センチ。葉は長楕円形で、もむとキュウリのにおいがする。春、茎の上部に、多数のるり色の小花をつける。たびらこ。

きゅうりずかい【窮理図解】物理学書。3巻。福沢諭吉著。慶応4年(1868)刊。英米の書物を参考に、自然現象を通俗的に解説したもの。

きゅうりつう【窮理通】江戸後期の物理学書。8巻。帆足万里著。天保7年(1836)成立、安政3年(1856)一部刊。西洋の物理学書を参考に、暦法・地球・引力・大気・生物などを論じたもの。

きゅうりづかい【胡瓜遣】滑稽本。2冊。仮名垣魯文著。明治5年(1872)刊。「窮理図解」をもじり、開化期の世相を描く。

きゅうり-もみ【胡瓜揉み】キュウリの薄切りを塩でもみ、三杯酢などであえた料理。(季 夏)

きゅう-りゅう【九流】中国、戦国時代に興った九つの学派。儒家・道家・陰陽家・法家・名家・墨家・縦横家・雑家・農家をいう。九家。九学派。

きゅうりゅう【九竜】中国広東省、九竜半島の南端にある商業都市。香港の一部。香港島の対岸にあたる。チウロン。カオルン。

きゅう-りゅう【旧流】古い流派。旧派。

きゅう-りゅう【穹窿】❶弓形に見える天空。大空。蒼穹。❷弓形または半球状のもの。❸円みをつけた天井。ボールト・ドームの類。(類語)空・天・天穹・太虚・上天・天球・青空・青天井・宙・空・空中・虚空・中空・中天・上空・大空

きゅう-りゅう【急流】水勢の速い流れ。
(類語)奔流・激流・濁流・懸河

きゅうりゅう-いんせき【球粒隕石】▶コンドライト

きゅう-りょう【丘陵】❶小さな山。おか。❷ゆるやかな起伏の低い山が続く地形。「一地帯」
(類語)台地・高台・丘・高地

きゅう-りょう【旧領】古くから領有している土地。また、かつて領有していた土地。

きゅう-りょう【休漁】〔名〕スル 漁を休むこと。

きゅう-りょう【虬竜・虯竜】想像上の動物。みずち。きゅうりゅう。

きゅう-りょう【救療】治療して救うこと。特に、貧困者の病傷を治療すること。

きゅう-りょう【給料】労働者・使用人などに対して、雇い主が支払う報酬。俸給。
(類語)賃金・給与・サラリー・ペイ・手間賃・駄賃

きゅう-りょう【給領】「給地❷」に同じ。

きゅうりょう-く【休猟区】狩猟鳥獣が減少した場合、その増加を図るために狩猟を休止させる区域。都道府県知事が3年以内の期限で設定する。

きゅう-れい【旧例】昔からのしきたり。先例。

きゅう-れい【急冷】〔名〕スル 急にひやすこと。急にひえること。⇔急熱。

キュー-レイティング【Qレイティング】《Q-rating》視聴好感度。特定のテレビ番組や広告などを知っていて、かつその番組や広告に好意を持っている人の割合。

きゅう-れき【旧暦】明治5年(1872)まで用いられていた太陰太陽暦。⇔新暦。

きゅう-れき【球歴】野球などの球技に関する経歴。「輝かしい一を誇る」

キュー-レシオ【Qレシオ】《Q ratio》企業の1株当たりの時価評価資産に対する株価の比率。

キューレット〖curette〗掻爬などに用いる外科用医療器具の一。キュレット。

きゅう-ろ【穹廬】モンゴル人が用いる、弓なりに張ったテント状の住宅。パオ。

きゅう-ろう【旧労】ずっと以前から仕えて功労のあること。また、その功労。

きゅう-ろう【旧臘】《「臘」は陰暦12月の意》去年の12月。新年になってから用いる語。

きゅう-ろう【宮漏】宮中にあった水時計。➡漏刻

きゅうろく-ぐわ【久六鍬】柄が短く、柄の取り付け角度を大きくし、堅牢に作ったくわ。固い土を掘り起こすのに用いる。黒鍬。

きゅうろく-じま【久六島】青森県西部、鰺ヶ沢の西方31キロメートルにある無人島。500メートルの範囲に三つの岩礁からなる。付近はホッケ・アワビなどの漁場。島名は発見者の名から。

きゅう-わ【旧話】古くから伝わる話。昔話。

キュクロプス〖Kyklōps〗ギリシャ神話で、額に目が一つある巨人族。野蛮で人を食うという。

キュステンディル〖Kyustendil〗ブルガリア西部の都市。首都ソフィアの南西約90キロメートル、オソゴボ山の麓のバンスカ川沿いに位置する。古代ローマ時代より温泉地として知られ、2世紀から3世紀頃の浴場の遺跡がある。現在も多くの温泉やサナトリウムがある。

きゅっ-と〔副〕❶強く締めたり、こすったり、また握ったりするさま。「一口を結ぶ」「指でガラスを一こする」「胸が一しめつけられる」❷酒などを一息に飲むさま。「コップで一やる」(類語)堅い・きつい・ぎゅっと・がっちり・かっちり・確と・ひしと

ぎゅっ-と〔副〕強く力を入れて締めたり握ったりするさま。「タオルを一しぼる」「一抱きしめる」(類語)堅い・きつい・きゅっと・がっちり・かっちり・確と・ひしと

ギュツラフ〖Karl Friedrich August Gützlaff〗[1803〜1851]ドイツの宣教師。東洋布教に従事。漂流日本人漁師に日本語を学び、渡日を企てて失敗。1837年、シンガポールで最古の邦訳聖書「約翰福音之伝」を出版。漢名は郭実猟。

キュニコス-がくは【キュニコス学派】▶キニク学派

キュニョー〖Nicolas Joseph Cugnot〗[1725〜1804]フランスの軍人・技術者。1769年頃、世界初の蒸気自動車を製作した。

キュビエ〖Georges Léopold Cuvier〗[1769〜1832]フランスの動物学者。化石動物を研究して、比較解剖学を打ち立てるとともに古生物学の基礎を確立。進化論に反対し、天変地異説を提唱した。

キュビスム〖フランス cubisme〗20世紀初めに、フランスを中心に興った美術運動。対象を複数の角度から幾何学的面に分解し、再構成する技法を創出。現代抽象美術に大きな影響を与えた。ピカソ・ブラックらが代表。立体派。キュービズム。

キュビット〖qubit〗▶量子ビット

キュプラ《cuprammonium rayonの略》銅アンモニアレーヨン。

キュポラ〖cupola〗▶キューポラ

ギユメ〖フランス guillemet〗山括弧。ギメ。〈 〉や《 》の記号。➡括弧

キュラソー〖フランス curaçao〗リキュールの一。オレンジの果皮から香気をラム酒やブランデーに浸出した甘い洋酒。カクテルに用いる。キュラソー島のオレンジを用いたのでこの名がある。

キュラソー-とう【キュラソー島】《Curaçao》カリブ海南部の島。オランダ領アンティルの自治政府がある。石油の精製が盛ん。ベネズエラから輸送される。面積451平方キロメートル。

キュリー〖curie〗放射能の旧単位。1キュリーは、1秒間当たりの放射性核種の崩壊数が3.7×10^{10}すなわち370億個あるときをいい、ラジウム1グラムの放射能にほぼ相当し、3.7×10^{10}ベクレルに等しい。キュリー夫妻にちなんだ命名。記号Ci

キュリー〖Curie〗㊀(Pierre 〜)[1859〜1906]フランスの物理学者。磁性体を研究し、キュリーの法則・キュリー点を発見。次いで妻マリーとともに、ラジウム・ポロニウムを発見し、1903年ノーベル物理学賞受賞。㊁(Marie 〜)[1867〜1934]フランスの化学者・物理学者。ポーランド生まれ。夫ピエールと協力して放射能を研究し、ラジウム・ポロニウムを発見。さらに塩化ラジウムを分離。夫の死後も研究を続け、金属ラジウムの分離に成功。1903年ノーベル物理学賞、11年化学賞受賞。㊂▶ジョリオキュリー

キュリー-おんど【キュリー温度】▶キュリー点

キュリー-てん【キュリー点】強磁性体で強磁性から常磁性への、強誘電体で強誘電性から常誘電性への移行を生じる温度。P=キュリーが発見。キュリー温度。

キュリーワイス-の-ほうそく【キュリーワイスの法則】強磁性体のキュリー点以上の温度Tcにおける磁化率についての法則。磁化率χは温度Tとの間で、χ=C/(T−θ)と表される。Cはキュリー定数と呼ばれる物質に固有の定数、θは常磁性キュリー温度で、通常Tcよりわずかに高い。1907年にP=ワイスが理論的に導出し、P=キュリーが実験から得た磁化率の温度変化を説明することに成功した。

キュリウム〖curium〗アクチノイドに属する超ウラン元素の一。プルトニウムに加速したα線を照射して作った人工放射性元素。元素記号Cm　原子番号96。

キュリオシティ〖Qriocity〗ソニー・コンピュータエンタテインメント社が運営するコンテンツ配信サービス、ソニーエンタテインメントネットワークの旧称。

キュリオシティー〖curiosity〗好奇心。物好き。また、珍しいもの。「一ショップ」

ギュルババ-の-れいびょう【ギュルババの霊廟】《Gül Baba türbéje》▶グルババの霊廟

キュレーター〖curator〗博物館・美術館などの、展覧会の企画・構成・運営などをつかさどる専門職。また、一般に、管理責任者。キュレイター。

キュレネ〖Cyllene〗木星の第48衛星。他の多くの衛星とは逆方向に公転している。2003年に発見。名の由来はギリシャ神話のゼウスの娘。非球形で平均直径は2キロ。キュレーネ。

キュレネ〖Kyrēnē〗リビア北東部にある古代ギリシャの都市遺跡。アポロン神殿・ゼウス神殿・デメテル神殿などの遺構が残る。1982年「キュレネの古代遺跡」の名で世界遺産(文化遺産)に登録された。

キュレネ-がくは【キュレネ学派】北アフリカのキュレネ出身のアリスティッポスを祖とする古代ギリシャ哲学の一派。快楽を善として、快楽主義を唱えた。キレネ学派。

キュレル〖François de Curel〗[1854〜1928]フランスの劇作家。文明批評的な思想劇・社会劇を発表。作「聖女の裏面」「新しき偶像」「狂える魂」など。

キュロス-にせい【キュロス二世】《Kuros Ⅱ》[前600〜前529]アケメネス朝ペルシアの創始者。在位、前559〜前529。メディアを滅ぼし、小アジア・アッシリアなどを征服し、エジプトを除く全オリエントを統一。バビロン捕囚のユダヤ人を解放した。ペルシア名はクリシュ。キルス。クロス。

キュロット〖フランス culotte〗❶スポーツ用半ズボン。乗馬ズボン。❷「キュロットスカート」の略。

キュロット-スカート《和 culotte(フランス)＋skirt》ズボンのように裾が分かれた女性用スカート。

きゅん-と〔副〕胸が締めつけられて涙が出そうになるさま。感動して急に気持ちが高ぶるさま。「胸が一なるラストシーン」

きょ【居】住まい。住居。「一を構える」➡漢「きょ(居)」(類語)家・うち・家屋・屋舎・住宅・住家・住居・家宅・私宅・居宅・自宅・宅・住まい・住みか・ねぐら・宿・ハウス・家(尊敬)お宅・尊宅・尊堂・高堂・貴宅(謙譲)拙宅・弊宅・陋宅・陋居・陋屋・寓居

居は気を移す　《「孟子」尽心上から》住む場所や地位によって人の気性は変わる。

きょ【炬】たいまつ。かがりび。「一に付す」➡漢「きょ(炬)」

きょ【挙】❶行動。振る舞い。くわだて。「反撃の一に出る」❷ひきたて。推挙。「前の頭の一によりて」〈大鏡・伊尹〉➡漢「きょ(挙)」(類語)行い・行為・活動・動き・所行・言動・言行・行状・行跡・沙汰

きょ【虚】❶備えのないこと。油断。すき。「敵の一に付け入る」❷事実でないこと。うそ。いつわり。「一と実が入りまじる」⇔実。❸中身・実体がないこと。むなしいこと。うつろ。から。「人に実あって、偽り多し。その心は本と一にして」〈浮・永代蔵・一〉❹二十八宿の一。北方の第四宿。水瓶座のβ星と小馬座のα星をさす。とみてぼし。虚宿。➡漢「きょ(虚)」
(類語)法螺・そら・嘘っぱち・嘘八百・虚偽・偽善・まことしやか・二枚舌・はったり・虚言・虚辞・そら言

虚に乗ずる　相手の油断につけ込む。

漢字項目 きょ

去 学3 音**キョ**漢 **コ**呉 訓**さる**、いぬ ‖ ㊀〈キョ〉①その場から離れていく。さる。「去就・去来/薨去(こうきょ)・死去・辞去・逝去・退去」②時間が過ぎさる。今より一つ前の。「去秋・去春・去年」③取りさる。「去勢/除去・消去・撤去」④漢字の四声の一。「去声(きょしょう)」㊁〈コ〉時間が過ぎさる。「過去」[名付]なる [難読]去年(こぞ)

巨 音**キョ**漢 コ慣 訓おおきい、おおい ‖ ㊀〈キョ〉①おおきい。「巨漢・巨人・巨体・巨大・巨木」②おおい。「巨億・巨額・巨財・巨富・巨万」③ずば抜けてすぐれている。「巨匠・巨頭」㊁〈コ〉おおきい。「巨細」[名付]お・おお・なお・まさ・み

居 学5 音**キョ**漢 コ呉 訓**いる**、おる、おく ‖ ㊀〈キョ〉①腰を落ち着けて住む。住む所。「居住・居所・居留/隠居・家居・閑居・寓居(ぐうきょ)・皇居・雑居・住居・新居・蟄居(ちっきょ)・転居・同居・別居」②腰を下ろす。すわる。「起居・蹲居(そんきょ)」③普段の様子。つね。「居常」④いながら。じっとして何もしないさま。「居然」㊁〈コ〉家にいる。「居士」㊂〈い〉「居候・居間/雲居・芝居・鳥居・仲居・長居」[名付]い・おき・おり・さや・すえ・やす・より [難読]一言居士(いちげんこじ)・夏安居(げあんご)・円居(まどい)・団居(まどい)

拒 音**キョ**漢 訓**こばむ**、ふせぐ ‖ ①相手を寄せつけない。こばむ。「拒絶・拒否/抗拒・峻拒(しゅんきょ)」②寄せつけず守る。ふせぐ。「拒止」

拠〔據〕 音**キョ**漢 **コ**呉 訓よる、よりどころ ‖ ㊀〈キョ〉①何かをするための足場とする。よる。「拠点/依拠・割拠・準拠・占拠」②たよりとなる足場。よりどころ。「原拠・根拠・典拠・本拠・論拠」㊁〈コ〉よりどころ。「証拠」[名付]より [難読]拠無(よんどころな)い

×**炬** 音キョ漢 コ慣 訓たいまつ ‖ たいまつ。かがり火。「炬火(きょか・こか)/松炬」[難読]炬燵(こたつ)

挙〔擧〕 学4 音**キョ**漢 訓**あげる、あがる**、こぞる ‖ ①高く持ち上げる。「挙手」②多くのものの中から取り上げる。「挙用/科挙・推挙・選挙・枚挙・列挙」③事を起こす。起こした事柄。「挙行・挙式・挙兵/一挙・快挙・義挙・再挙・壮挙・暴挙」④ふるまい。「挙止・挙動」⑤…をあげて全部。こぞって。「挙国・挙党」⑥とらえる。「検挙」[名付]しげ・たか・たつ・ひら

▽**据** 音キョ漢 訓**すえる、すわる** ‖ 忙しく働く。「拮据(きっきょ)」

虚〔虛〕 音**キョ**漢 **コ**呉 訓むなしい、うそ、そら、から、うつけ、うつろ、うろ ‖ ㊀〈キョ〉①からっぽで何もない。むなしい。「虚無/盈虚(えいきょ)・空虚」②うわべだけで中身がない。「虚栄・虚飾・虚勢・虚名・虚礼」③うそ。いつわり。「虚偽・虚言・虚構・虚実・虚報・虚妄」④気力や精気が足りない。「虚弱・虚脱/腎虚(じんきょ)」⑤備えがないこと。すき。「虚虚実実」⑥邪心を持たない。「虚心/謙虚」⑦「虚数」の略。「虚根」㊁〈コ〉①むなしい。「虚空・虚無僧」②うそ。「虚仮(こけ)」[難読]虚貝(うつせがい)・虚言(そらごと)

許 学5 音**キョ**漢 訓**ゆるす**、もと、がり、ばかり ‖ ㊀〈キョ〉①願いを聞き入れる。ゆるす。「許可・許諾・許否・許容/允許(いんきょ)・官許・裁許・聴許・特許・認許・免許・黙許」②おおよその数量を表す語。ばかり。「許多(きょた)/少許」㊁〈もと〉「親許・口許・国許・枕許(まくらもと)・目許」[名付]ゆく [難読]許多(あまた)・許婚(いいなずけ)・許嫁(いいなずけ)・幾許(いくばく)

×**渠** 音キョ漢 訓みぞ ‖ ①人工の水路。掘り割り。みぞ。「暗渠・河渠・函渠(かんきょ)・溝渠・船渠」②かしら。首領。「渠魁(きょかい)・渠帥(きょすい)」

距 音**キョ**漢 訓へだたる、へだてる、けづめ ‖ ①一方から一方まで間が大きくあくこと。へだたり。「距離/測距儀」②鶏などのけづめ。「距爪(きょそう)」

▽**裾** 音キョ漢 訓**すそ** ‖ ㊀〈キョ〉①着物のすそ。「軽裾」②山のふもと。「裾礁(きょしょう)」㊁〈すそ〉「裾野/川裾・裳裾(もすそ)・山裾」

×**墟** 音キョ漢 ‖ ①荒れた跡。「殷墟(いんきょ)・廃墟」②大きな丘。「丘墟」

×**踞** 音キョ漢 コ呉 ‖ 訓うずくまる ①しゃがむ。うずくまる。「蹲踞(そんきょ)・蟠踞(ばんきょ)」②おごりたかぶる。「踞傲(きょごう)」

人**鋸** 音キョ漢 訓のこぎり ‖ 大工道具、また、刑具の一。のこぎり。のこ。「鋸歯/刀鋸」[難読]大鋸屑(おがくず)

×**遽** 音キョ漢 訓にわか、すみやか、あわただしい ‖ 急に。あわただしい。あわてる。「遽然/急遽」

×**醵** 音キョ漢 ‖ 多くの人で金銭を出し合う。「醵金・醵出」

漢字項目 ぎょ

【▽語】▶ご

魚 学2 音**ギョ**漢 訓**うお、さかな** ‖ ㊀〈ギョ〉①うお。さかな。「魚介・魚肉・魚類/海魚・乾魚・金魚・水魚・成魚・鮮魚・大魚・稚魚・人魚・養魚・熱帯魚」②さかなの形をしたもの。「魚雷/木魚」㊁〈うお〉「魚河岸(うおがし)/白魚」㊂〈さかな(ざかな)〉「魚屋/小魚・塩魚・生魚・煮魚」[名付]いお・お・な [難読]年魚(あゆ)・香魚(あゆ)・勇魚(いさな)・岩魚(いわな)・虎魚(おこぜ)・松魚(かつお)・堅魚(かつお)・針魚(さより)・細魚(さより)・秋刀魚(さんま)・柳葉魚(ししゃも)・衣魚(しみ)・紙魚(しみ)・蠹魚(しみ)・章魚(たこ)・飛魚(あご)・魚子(ななこ)・沙魚(はぜ)・氷魚(ひお)・魚籠(びく)・比目魚(ひらめ)・真魚(まな)・翻車魚(まんぼう)・赤目魚(めなだ)・公魚(わかさぎ)

御 音**ギョ**漢 **ゴ**呉 訓**おん**、お、み ‖ ㊀〈ギョ〉①(「馭」と通用)馬を手なずけて操る。「御者」②扱いにくいものをうまくならす。コントロールする。「制御」③人民をならして治める。「御宇/統御」④(「禦」と通用)ふせぐ。「防御」⑤そば近く仕える人。「侍御」⑥天子の行為や持ち物に敬意を表す語。「御衣・御苑・御璽・御製・御物/還御・出御・渡御・崩御」⑦動作や持ち物に尊敬・丁寧などの意を表す語。「御意・御慶」㊁〈ゴ〉①㊀の⑤に同じ。「女御(にょうご)」②㊀の⑥に同じ。「御所・御前・御殿(ごてん)」③㊀の⑦に同じ。「御供(ごくう)・御飯」㊂〈おん〉「御大・御中(おんちゅう)・御身(おんみ)・御曹司(おんぞうし)」㊃〈お〉「御陰・御家芸・御世辞」㊄〈み〉「御子・御仏(みほとけ)・御台所/大御神」[名付]おき・おや・のり・みつ [難読]御侠(おきゃん)・御点前(おてまえ)・御披露目(おひろめ)・御虎子(おまる)・御座(おわ)す・御稜威(みいつ)・御輿(みこし)・御簾(みす)・御手洗(みたらし)

×**馭** 音ギョ漢 ‖ ①馬を操る。「馭者」②うまくならす。治める。「統馭」[補説]「御」と通用する。

漁 学4 音**ギョ**漢 **リョウ**(レフ)慣 訓すなどる、あさる ‖ ㊀〈ギョ〉①魚をとる。「漁獲・漁業・漁港・漁船・漁村・漁夫/半農半漁」②あさる。「漁色」㊁〈リョウ〉魚をとる。「漁師/禁漁・出漁・大漁・不漁・密漁」[補説]「リョウ」は「猟」の音を借用したもの。[難読]漁火(いさりび)

×**禦** 音ギョ漢 訓ふせぐ ‖ 抑えて止める。ふせぐ。「制禦・防禦」[補説]「御」と通用する。

漢字項目 きょう-1

【兄・経・×卿・▽敬・▽慶・▽警】▶けい
【▽向・×亨・▽孝・香・▽校・▽梗・興】▶こう

凶 音**キョウ**漢 ‖ ①作物が実らない。「凶作・凶年/豊凶」②運が悪い。不吉。「凶事・凶兆・凶報・凶夢/吉凶・大凶」③(「兇」と通用)人の殺傷など、ひどい悪事をすること。また、悪者。「凶悪・凶器・凶行・凶状・凶刃・凶弾・凶暴/元凶」

×**兇** 音キョウ漢 ‖ 人をきずつけること。また、悪者。「兇刃/元兇」[補説]「凶」と通用する。

共 学4 音**キョウ**漢 訓**とも** ‖ ㊀〈キョウ〉①いっしょに。ともに。「共演・共学・共感・共存・共著・共通・共闘・共同・共有・共和/公共」②共産主義・共産党のこと。「反共・防共・容共」㊁〈とも(ども)〉「共共・共寝/身共・諸共(もろとも)」[名付]たか

人**匡** 音キョウ(キャウ)漢 訓ただす ‖ ゆがんだものを元の形のとおりに直す。正しくする。「匡正・匡輔(きょうほ)」[名付]たすく・ただ・ただし・まさ・まさし

叫 音**キョウ**(ケウ)呉漢 訓**さけぶ** ‖ 甲高い声を張りあげる。「叫喚/号叫・絶叫」[難読]雄叫(おたけ)び

×**夾** 音キョウ(ケフ)呉 訓はさむ ‖ ①両わきから中のものをはさむ。「夾角・夾撃」②物の間に入りまじる。「夾雑」

人**杏** 音キョウ(キャウ)慣 アン唐 訓あんず ‖ 果樹の名。アンズ。「杏仁(きょうにん・あんにん)・杏林/巴旦杏(はたんきょう)」[難読]杏子(あんず)・銀杏(いちょう・ぎんなん)

狂 音**キョウ**(キャウ)漢 訓**くるう、くるおしい** ‖ ①気がくるう。「狂気・狂人・狂乱/発狂」②行為などが正常の域を外れる。正気とは思えないさまである。「狂喜・狂信・狂騒・狂態・狂奔/酔狂・熱狂」③こっけいな。「狂歌・狂句・狂言・狂詩」④激しくひどい。荒れくるう。「狂風・狂瀾(きょうらん)」

享 音**キョウ**(キャウ)漢 訓うける ‖ ①ありがたく受け取る。「享受・享年・享有・享楽」②(「饗」の代用字)酒食でもてなす。「享宴」[補説]原義は、神に供物をすすめる意。[名付]あきら・すすむ・たか・つら・みち・ゆき

京 学2 音**キョウ**(キャウ)呉 **ケイ**漢 訓みやこ ‖ ㊀〈キョウ〉①首都。みやこ。「英京・西京・帝京」②京都のこと。「京風・京人形」③東京。「帰京・上京」㊁〈ケイ〉①みやこ。「京畿(けいき)・京洛(けいらく)」②東京のこと。「京浜・京葉」③京都。「京阪神」[名付]あつ・おさむ・たかし・ちか・ひろし [難読]東京(トンキン)・南京(ナンキン)・北京(ペキン)

人**侠** 音キョウ(ケフ)漢 ‖ 信義にあつく、強きをくじき弱きを助ける人。男気。男だて。「侠客・侠気・侠骨/義侠・剣侠・任侠(にんきょう・じんきょう)・勇侠・遊侠」[補説]人名用漢字表(戸籍法)の字体は「俠」。[難読]御侠(おきゃん)・侠気(おとこぎ)

供 学6 音**キョウ**漢 **ク**呉 グ慣 訓**そなえる、とも** ‖ ㊀〈キョウ〉①神仏などにささげそなえる。「供花」②差し出して役立てる。「供給・供出・供託・供与・供覧/提供・試供品」③事情を述べる。「供述/口供・自供」④(「饗」の代用字)酒食で人をもてなす。「供応」㊁〈ク・グ〉①㊀の①に同じ。「供花(くげ)・供御(くご)・供米・供物・供養/節供(せっく)・仏供(ぶっく)・御供(ごくう)」②人のおともをする。「供奉(ぐぶ)/内供(ないぐ)」㊂〈とも(ども)〉「供侍/子供」

協 学4 音**キョウ**(ケフ)漢 ‖ ①力を合わせる。「協会・協賛・協同・協力」②調子を合わせる。「協調/妥協・不協和音」③相談する。話し合って物事をまとめる。「協議・協商・協定・協約」[名付]かな・かのう・やす

×**怯** 音キョウ(ケフ)漢 訓おびえる、ひるむ ‖ 臆病で心がしりごみする。「怯弱・怯懦(きょうだ)/卑怯」

況 音**キョウ**(キャウ)漢 訓いわんや、まして ‖ ①ありさま。ようす。「概況・活況・近況・景況・現況・好況・市況・実況・状況・盛況・戦況・不況」②他のものとくらべる。たとえる。「比況」[補説]「况」は俗字。

峡〔峽〕 音**キョウ**(ケフ)慣 訓はざま、かい ‖ 山と山とに挟まれた所。はざま。「峡谷/海峡・山峡・地峡」

漢字項目　きょう－2

挟〔挾〕 音キョウ(ケフ)漢　訓はさむ、はさまる、さしはさむ ‖ 両わきから中のものをはさむ。「挟撃・挟侍・挟持」名付さし・もち

×拱 音キョウ漢　訓こまぬく、こまねく ‖ ①両手を胸元で組み合わせる。こまぬく。「拱手/垂拱」②両手でかかえるほどの太さ。「拱把・拱木」③アーチ状。「拱門・拱廊」

狭〔狹〕 音キョウ(ケフ)慣　訓せまい、せばめる、せばまる ‖ ①間隔や範囲がせまい。「狭隘きょうあい・狭軌・狭義・狭窄きょうさく・狭小」②心にゆとりがない。「狭量/偏狭」名付さ 難読狭霧さぎり・狭山さやま・狭間はざま

×矜 音キョウ呉漢　キン漢　訓ほこる ‖ ㊀〈キョウ〉自負する。ほこる。「矜持」㊁〈キン〉あわれむ。「矜恤きんじゅつ」補説㊀を「キン」と読むのは慣用読み。

恐 音キョウ漢　訓おそれる、おそろしい、こわがる ‖ ①こわがる。おそれる。「恐慌・恐怖・恐妻家」②おどす。「恐喝」③おそれ入る。「恐悦・恐懼きょうく・恐縮・恐恐謹言」④(兢きょうの代用字)びくびくするさま。「戦戦恐恐」難読恐持こわもて

恭 音キョウ漢　訓うやうやしい ‖ 丁寧で慎み深くすること。うやうやしい。「恭賀・恭敬・恭順/温恭」名付うや・すみ・たか・たかし・ただ・ただし・ちか・つか・のり・みつ・やす・やすし・ゆき・よし

胸 学6　音キョウ漢　訓むね、むな ‖ ㊀〈キョウ〉①首と腹の間の部分。むね。「胸囲・胸郭・胸腔きょうこう・胸骨・胸部/気胸」②胸のうち。心。「胸懐・胸襟・胸中・胸底・胸裏」㊁〈むね〉「鳩胸」㊂〈むな〉「胸板・胸毛・胸先・胸元・胸算用」補説「胷」は異体字。難読胸繋むながい

脅 音キョウ(ケフ)漢　訓おびやかす、おどす、おどかす ‖ 人に迫っておびやかす。「脅威・脅喝・脅迫」

▽脇 音キョウ(ケフ)漢　訓わき、かたわら ‖ ㊀〈キョウ〉わき下の肋骨のある部分。わきばら。わき。「脇息」㊁〈わき〉「脇机・脇腹・脇見・脇道・脇目・脇役/小脇・両脇」補説「脇」と「脅」は本来同字であるが、日本では意味によって使い分ける。難読関脇せきわけ

強 学2　音キョウ(キャウ)漢　ゴウ(ガウ)呉　訓つよい、つよまる、つよめる、しいる、こわい、つとめる、しいて、したたか、あながち ‖ ㊀〈キョウ〉①力や勢いがある。固く丈夫だ。つよい。「強化・強健・強豪・強者・強弱・強靭きょうじん・強打・強大・強敵・強風・強力/頑強・屈強」②強い者。「列強・弱肉強食」③強くする。つよめる。「強調・強心剤/増強・補強・富国強兵」④無理に押しつける。しいる。しいて。「強行・強制・強弁・強要/牽強けんきょう」⑤無理につとめる。「勉強」㊁〈ゴウ〉①つよい。「強弓・強欲・強力ごうりき」②無理に押しつける。「強引・強姦ごうかん・強訴・強奪・強盗」㊂〈つよ〉「強気・強腰・強火」㊃〈こわ〉「強飯こわめし・強飯こわいい・強談判」補説「彊」は異体字。名付あつ・かつ・こわ・すね・たけ・つとむ・つよ・つよし 難読強持こわもて・強請ねだる・強請ゆすり

教 学2　音キョウ(ケウ)呉　訓おしえる、おそわる ‖ ①おしえる。おしえ。「教育・教科・教戒・教訓・教材・教師・教示・教授・教養/高教・示教・指教・調教・文教」②信仰の教え。「教会・教祖・教理/異教・回教・国教・邪教・宗教・殉教・信教・説教・背教・布教・仏教・密教」名付おしえ・かず・こ・たか・なり・のり・みち・ゆき

×梟 音キョウ(ケウ)呉漢　訓ふくろう ‖ ①フクロウ。「鴟梟しきょう」②たけだけしい。つよい。「梟悪・梟将・梟雄」③さらし首にする。「梟首」難読梟帥たける

郷〔鄕〕 学6　音キョウ(キャウ)漢　ゴウ(ガウ)慣　訓さと ‖ ㊀〈キョウ〉①村里。いなか。「郷邑きょうゆう」②ふるさと。「郷関・郷国・郷土・郷里/家郷・懐郷・帰郷・同郷・望郷」③ところ。土地。「異郷・故郷・水郷・仙郷・桃源郷・理想郷」㊁〈ゴウ〉村里。「郷士/近郷・在郷・本郷」名付あき・あきら・のり 難読故郷ふるさと

×竟 音キョウ(キャウ)呉　訓おわる、おえる、ついに ‖ ①おわる。おえる。「竟宴」②ついに。結局は。「究竟くきょう・くっきょう・畢竟ひっきょう」

人喬 音キョウ(ケウ)漢　訓たかい ‖ ①高くそびえる。たかい。「喬松・喬木」②おごり高ぶる。「喬志」名付すけ・たか・たかし・ただ・のぶ・もと

×僑 音キョウ(ケウ)漢 ‖ 仮住まいをする。外地に仮住まいをする人。「僑居/華僑」

×兢 音キョウ呉漢 ‖ 恐れてびくびくする。「戦戦兢兢」補説「恐」を代用字とすることがある。

境 学5　音キョウ(キャウ)呉　ケイ漢　訓さかい ‖ ㊀〈キョウ〉①土地の区切り目。さかい。「境界/越境・国境・四境」②一定の区切られた場所。「異境・環境・仙境・秘境・辺境・魔境」③置かれた状態。「境涯・境遇・境地/佳境・逆境・苦境・順境・心境・進境・老境」④仏教で、認識の対象となる世界。「六境」㊁〈ケイ〉社寺などの外囲い。「境内」㊂〈さかい(ざかい)〉「境目/県境・国境・地境・潮境・見境」難読海境うなさか

×嬌 音キョウ(ケウ)呉漢 ‖ あでやか。なまめかしい。「嬌姿・嬌笑・嬌声・嬌態/愛嬌」

×鞏 音キョウ漢 ‖ きつく締まって固い。「鞏固・鞏膜」補説「強」を代用字とすることがある。

▽頰 音キョウ(ケフ)呉漢　訓ほお ‖ ほお。「豊頰」

橋 学3　音キョウ(ケウ)漢　訓はし ‖ ㊀〈キョウ〉はし。「橋脚・橋梁きょうりょう/架橋・艦橋・陸橋」㊁〈はし(ばし)〉「橋板・橋桁はしげた/石橋・桟橋・船橋・太鼓橋」名付たか

矯 音キョウ(ケウ)呉漢　訓ためる ‖ ①曲がったものを正しく直す。ためる。「矯正・矯風」②無理に曲げる。いつわる。「矯飾」③強い。はげしい。「矯激/奇矯」名付いさみ・たけし・ただ

×竅 音キョウ(ケウ)呉漢　訓あな ‖ 細い穴。人間の身体にある穴。「竅穴/七竅しちきょう」

×嚮 音キョウ(キャウ)漢　コウ(カウ)呉　訓むかう、さき ‖ ㊀〈キョウ〉①ある方向に向かう。「嚮導」②以前。さきに。「嚮日」㊁〈コウ〉向かう。「意嚮」

×疆 音キョウ(キャウ)漢　訓さかい ‖ ①さかい。境界。「疆域・疆界/辺疆」②果て。限り。「無疆」補説「彊きょう」とは別字。

鏡 学4　音キョウ(キャウ)呉　訓かがみ ‖ ㊀〈キョウ〉①姿を映し見る道具。かがみ。「鏡台・鏡面/神鏡・破鏡・明鏡・凸面鏡」②レンズを用いた器具。「眼鏡・検鏡・顕微鏡・望遠鏡」③戒めとなる手本。模範。「鏡鑑」㊁〈かがみ〉「鏡板/手鏡・水鏡」名付あき・あきら・かね・とし・み 難読真澄鏡まそかがみ・まそみかがみ・眼鏡めがね

競 学4　音キョウ(キャウ)慣　ケイ漢　訓きそう、せる、くらべる ‖ ㊀〈キョウ〉①勝敗・優劣を争って張り合う。きそう。「競泳・競演・競技・競走・競争・競艇・競歩」②値段をせり合う。「競売」㊁〈ケイ〉㊀に同じ。「競馬・競売・競輪」名付つよし

響〔響〕 音キョウ(キャウ)漢　訓ひびく、とよむ ‖ ①音や声が空気に乗って伝わる。ひびき。「音響・残響・反響・余響・交響楽」②音がひびくように作用が及ぶこと。「響応/影響」名付おと 難読玉響たまゆら

人饗 音キョウ(キャウ)漢　訓あう、あえ ‖ 会食する。酒食を出して客をもてなす。「饗宴・饗応・饗膳きょうぜん/大饗」補説人名用漢字表(戸籍法)の字体は「饗」。「享」「供」を代用字とすることがある。

驚 音キョウ(キャウ)呉　訓おどろく、おどろかす ‖ ①おどろく。「驚異・驚愕きょうがく・驚喜・驚嘆・驚倒/一驚・喫驚きっきょう」②おどろかす。「驚天動地」名付とし 難読吃驚びっくり・喫驚びっくり

×驕 音キョウ(ケウ)呉漢　訓おごる、おごり ‖ おごり高ぶる。「驕傲きょうごう・驕恣きょうし・驕奢きょうしゃ・驕慢」

漢字項目　ぎょう

【▽刑・形】▶けい

【行】▶こう

仰 音ギョウ(ギャウ)漢　コウ(カウ)慣　ゴウ(ガウ)呉　訓あおぐ、おおせ、おっしゃる ‖ ㊀〈ギョウ〉①上を見あげる。あおぐ。「仰臥ぎょうが・仰角・仰視・仰天・仰望/俯仰ふぎょう」②人を見あげて敬う。「欽仰きんぎょう・鑽仰さんぎょう」③大げさ。「仰山/大仰おおぎょう」㊁〈コウ・ゴウ〉あがめる。「渇仰かつごう・景仰けいこう・信仰しんこう」名付たか・もち

人尭〔堯〕 音ギョウ(ゲウ)呉漢 ‖ 中国古代の伝説上の聖天子の名。「尭舜ぎょうしゅん」補説「尭」「堯」ともに人名用漢字。名付あき・たか・たかし・のり・よし

暁〔曉〕 音ギョウ(ゲウ)慣　訓あかつき、さとる、さとす ‖ ①夜明け。あかつき。「暁光・暁天/今暁・昨暁・春暁・早暁・払暁」②はっきり悟る。「暁達/通暁」名付あき・あきら・あけ・さとし・とき・とし

業 学3　音ギョウ(ゲフ)漢　ゴウ(ゴフ)呉　訓わざ ‖ ㊀〈ギョウ〉①苦労してなしとげる事柄。「業績/偉業・学業・功業・事業・実業・授業・修業・所業・卒業・大業・覇業」②生活のために行う仕事。「業界・業者・業務/営業・家業・稼業・休業・兼業・作業・産業・残業・失業・就業・商業・職業・生業・操業・農業・廃業・副業・分業・夜業」③やしき。「別業」㊁〈ゴウ〉①報いを招く前世の行い。「業苦・業報/悪業・因業・罪業・宿業・善業・非業・自業自得」②怒りの心。「業腹ごうはら」㊂〈わざ〉「業師・業物/神業・軽業・仕業・力業・手業・寝業・早業」名付おき・かず・くに・なり・のぶ・のり・はじめ・ふさ 難読業平なりひら・生業なりわい

凝 音ギョウ呉漢　訓こる、こらす ‖ ①一所にかたまって動かない。こりかたまる。「凝血・凝結・凝固・凝集・凝然・凝滞」②じっと一点に集中する。「凝議・凝視」名付こおる・こり 難読煮凝にこごり

虚を衝つ・く 相手の弱点や無防備につけ込んで攻撃する。「―・かれて返答に困る」

きょ【距】 植物の花びらや萼がくの付け根にある突起部分。内部に蜜腺みつせんをもつ。スミレの花びら、ヒエンソウの萼などにみられる。➡漢「きょ(距)」

きょ【▽裾】 束帯の下襲したがさねの後ろに長く引く部分。初め下襲と続いていたが、鎌倉時代以後、天皇以外は下襲から切り離してひもで腰につけた。官位により、地紋・長さが異なる。きぬのしり。➡漢「きょ(裾)」

き-よ【寄与】〔名〕スル 社会や人のために役に立つこと。貢献。「世界平和に―する」
類語献身・貢献・尽力・挺身ていしん

き-よ【毀誉】 けなすこととほめること。悪口と称賛。「世上の―は、如何なりとも」〈竜渓・経国美談〉

ぎょ【×敔】 中国古代の木製楽器の一。伏した虎とらのような形で、背に27の刻み目があり、竹のささらでこすって音を出す。奏楽を止める合図用。現代でも、孔子廟びょうの雅楽などに使用。

ぎょ【御】〔接頭〕❶天子・帝王に関係ある事物を表す名詞に付いて、尊敬の意を表す。「―物」「―製」❷尊敬すべき人の行為や持ち物に付いて、尊敬の意を表す。「―意」「―慶」➡漢「ぎょ(御)」

きょ-あく【巨悪】 大きな悪。また、大悪人。「社会の―に立ち向かう」

きょ-い【虚位】ヰ ❶空席となっている地位。空位。❷実権の伴わない名目だけの地位。「王室は全く―を擁するが如き」〈田口・日本開化小史〉

きょ-い【虚威】ヰ うわべだけの威勢。からいばり。虚勢。「唯徒に政府の威光を張り…実なき―と云うものなり」〈福沢・学問のすゝめ〉

きよ-い【清い】【▽浄い】〔形〕文きよ・し〔ク〕❶よごれ・にごり・くもりなどがなく美しい。「谷川の―・い流れ」「月が―・く澄み渡る」❷心に不純なところがない。清廉潔白である。「―・い関係」「―・き一票」❸態度がきっぱりしていさぎよい。思いきりがよい。「―・く別れる」❹（「聖い」とも書く）おかしがたい雰囲気である。神聖である。「―・しこの夜」「神奈備の―・き御田屋みたやの垣つ田の」〈万・三二二三〉❺（連用形を副詞的に用いて）残すところのないさま。「―・う忘れてやみぬる折ぞ多かる」〈枕・二七六〉〔派生〕きよげ〔形動〕きよさ〔名〕〔類語〕清らか・清潔・清浄・清麗・綺麗きれい・清澄・清冽せいれつ・無垢むく・純潔・潔白けっぱく

ぎょ-い【御衣】天皇・貴人などを敬って、その衣服をいう語。お召しもの。

ぎょ-い【御意】❶貴人や目上の人などを敬って、その考え・意向をいう語。お心。おぼしめし。「―にかなう」❷（「御意のとおり」の意から）目上の人に対して、同意・肯定を示す返事の言葉。ごもっとも。おっしゃるとおり。「―にございます」
〔類語〕考え・貴慮・尊慮・賢慮・貴意・尊意・思おぼし召し

御意に入いる　おぼしめしにかなう。お気に召す。御意に召す。「是が又禿の―・った処で」〈紅葉・金色夜叉〉

御意に召・す　►御意に入いる

御意を◦得える　❶貴人や主君などの考えや意見をうかがう。❷お目にかかる。「―◦得まして光栄に存じます」

きょう【今-日】けふ ❶今過ごしている、この日。本日。こんにち。「選挙は―行われる」❷その日と同じ日付や曜日の日。「来年の―会いましょう」〔類語〕本日・当日

今日あって明日あすない身　❶人の身のはかないこと。❷死期が迫っていること。

今日か明日あすか　❶その日を心待ちに待つさま。「―と待ちわびる」❷死期などが差し迫っているさま。「―の身」

今日という今日　今日こそ。「―はもう容赦しない」

今日の情けは明日あすの仇あだ　人の心の変わりやすいことのたとえ。

今日の後のちに今日なし　今日という日が過ぎれば二度と同じ日は来ない。1日1日を大切にせよという意。

今日は人の上明日あすは我が身の上　今日は人ごとと思っていた災難も、明日は我が身の上に降りかかってくるかもしれない。災難というものは、いつ誰に起こるかわからないものである。昨日は人の身、今日は我が身。

きょう【凶】【×兇】❶縁起や運が悪いこと。不吉。「―と出るか吉きちと出るか」⇔吉。❷悪。悪人。「寇あだを斬り、―を滅す」〈続紀・神護景雲〉➡漢「きょう(凶・兇)」
〔類語〕不吉・不祥

きょう【▽孝】ケウ ❶孝行。「―の心いみじくあはれなれど」〈浜松・三〉❷親の追善供養。また、親の喪に服すること。「三年の―送る」〈宇津保・俊蔭〉➡漢「こう(孝)」

きょう【狂】キャウ ❶くるうこと。気がちがうこと。「―と呼び、痴と喚よぶ。敢て管せず」〈逍遥・当世書生気質〉❷名詞の下に付いて、その事に熱中する人の意を表す。マニア。「競馬―」➡漢「きょう(狂)」

きょう【京】キャウ ❶皇居のある土地。みやこ。「―へのぼる」❷京都。❸いろは歌の最後「す」の次につける語。❹►けい(京) ➡漢「きょう(京)」

京に田舎いなかあり　にぎやかな都にも、意外に田舎のような所がある。

京の着倒れ　京都の人は、破産するほど衣服にお金をかけるということ。「大阪の食い倒れ」に対していう。

京の夢ゆめ大阪の夢　夢の話をする前に唱える言葉。〔補説〕江戸いろはガルタで、最後の句。

京へ筑紫つくしに坂東ばんどうさ　室町時代の諺ことわざ。方向を示す助詞を京都では「へ」、九州では「に」、関東では「さ」を用いるというように、地方によって差異のあること。ロドリゲスの「日本大文典」や「実隆公記」などに記されている。

きょう【×羌】キャウ 中国古代、青海地方に住んでいたチベット系の遊牧民族。後漢時代に陝西せんせい・甘粛に移り、五胡十六国時代に後秦こうしんを建国。隋・唐代には一族のタングート(党項)族が有力となり、その一部は11世紀に西夏を建国。

きょう【▽狭▽布】ケフ 古代、奥州から調・庸の代物として貢納された幅の狭い白色の麻布。

きょう【香】キャウ 将棋で、「香車きょうしゃ」の略。➡漢「こう(香)」

きょう【×卿】キャウ ㊀〔名〕❶律令制で、八省の長官。❷大納言・中納言・三位以上の人と四位の参議をいう敬称。公卿。❸明治の太政官制で、各省の長官。㊁〔接尾〕英国で、爵位を持つ人の氏名に付ける尊称。SirやLordの訳語。「リットン―」➡漢「けい(卿)」

きょう【強】キャウ ㊀〔名〕強いこと。また、強いもの。⇔弱。「―は弱を圧し、小は大の食となるは」〈逍遥・当世書生気質〉㊁〔接尾〕数量を表す語に付いて、実際はその数よりも少し多いことを表す。数の端数を切り捨てたときに用いる。「五キロ―」「九割―」⇔弱。➡漢「きょう(強)」

きょう【経】キャウ ❶《梵 sūtraの訳。音写は修多羅》仏や聖者の言行や教えを文章にまとめたもの。㋐十二分経の一。散文形式で示したもの。契経かいきょう。㋑三蔵の一の、経蔵。㋒広く、仏教に関する典籍一般。一切経。❷仏教以外の、宗教や学芸の根本となる書物。聖典。「五―」➡漢「けい(経)」

きょう【郷】キャウ ふるさと。故郷。「―に帰る」➡漢「きょう(郷)」

きょう【境】キャウ ❶場所。地域。土地。「無人の―」❷心の状態。境地。「無我の―に入る」❸環境。境遇。「誰しも―には転ぜらるる習いなり」〈露伴・露団々〉❹仏語。五官および心の働きにより認識される対象。六根の対象の、色・声・香・味・触・法の六境をいう。境界きょうがい。➡漢「きょう(境)」
〔類語〕心境・境地・地域・区域・地区・地方・方面・一円・一帯・地帯・界隈かいわい・土地・地ち・境域・境さかい・領域・エリア・ゾーン・区画

きょう【橋】ケウ 中枢神経の中脳と延髄との間の部分。左右の小脳半球を結ぶ橋ともなっている。腹側を錐体路すいたいろが通り、また第5～8脳神経の起始細胞群や神経伝導路が複雑に走る。脳橋。➡漢「きょう(橋)」

きょう【興】❶おもしろいこと。おもしろみ。「―をそぐ話題」「―が尽きない」「―を添える」❷その場のたわむれ。座興。「一夜の―」❸「詩経」の六義りくぎの一。自然の風物に託して自分の感興をうたう詩の叙述法。➡漢「こう(興)」
〔類語〕醍醐味・曲・味・持ち味・興味・味わい

興が乗・る　おもしろさを感じて夢中になる。

興が湧わ・く　おもしろさを感じる。

興に入い・る　興味を感じて夢中になる。おもしろがる。

興に乗・ずる　「興に乗のる」に同じ。

興に乗・る　おもしろさを感じて何かをする。興に乗ずる。「―・って自慢ののどを披露する」

興をさか・す　興味を催させる。「時々につけて―・すべき渚の苫屋とまや」〈源・明石〉

興を醒さ・ます　おもしろみや楽しい気分をそぐ。白ける。興ざめする。「一座の―・す長話」

きょう【×轎】ケウ ❶中国・朝鮮で用いられた一種の駕籠かご。❷乗り物。かご。

きょう【×饗】キャウ 酒食を設けてもてなすこと。また、その酒食。「食をまうけて大きに―す」〈三宝絵・中〉➡漢「きょう(饗)」

き-よう【気葉】キエフ 水草の、空気中に出ている葉。一般に水中の葉とは形が異なる。サンショウモ・バイカモなどにみられる。気中葉。

き-よう【紀要】キエウ 大学や研究所などで出す、研究論文や調査報告書などを載せた定期刊行物。

き-よう【起用】〔名〕スル 今まで用いられなかった人を取り立てて用いること。「新人を主役に―する」
〔類語〕登用・挙用・抜擢

きよう【貴陽】キヤウ 中国貴州省の省都。同州中部、交通の要地にある工業都市。人口、行政区299万(2000)。コイヤン。

き-よう【器用】〔名・形動〕❶からだを思うように動かして、芸事・工作などをうまくこなすこと。また、そのさま。「手先が―だ」「―に箸はしを使う」❷要領よく、いろいろな物事を処理すること。また、そのさま。「何事も―にこなす」❸抜けめなく立ち回ること。また、そのさま。「世渡りが―だ」❹不平不満なく、受け入れること。いさぎよいこと。また、そのさま。「なんにも言わずに、―に買っときなさい」〈里見弴・多情仏心〉「気遣ひしやるな、逃げはせぬと、もっとも―な白状」〈浄・淀鯉〉❺すぐれた才能のあること。また、その人。「武家の棟梁とうりょうと成りぬべき―の仁じん」〈太平記・一三〉〔派生〕きようさ〔名〕
〔類語〕巧み・うまい・巧妙・絶妙・老巧・達者・賢い・小器用・手まめ・不器用・ぶきっちょ・じょうず

き-よう【×餼羊】キヤウ 古代中国で、告朔こくさくのときなどに供えたいけにえの羊。

ぎょう【行】ギャウ ㊀〔名〕❶文字などの、縦または横の並び。くだり。「―を改める」「か―う段」❷仏語。㋐《梵 saṃskāraの訳》十二因縁の一。過去に身・口・意の三業さんごうによってなした善悪すべての行い。㋑《梵 saṃskṛtaの訳》因縁によって作られた、一切の無常な存在。㋒《梵 carita, caryāの訳》僧や修験者の修行。㋓《梵 gamanaの訳》住・座・臥がとともに四儀の一。歩くこと。❸哲学で、行為。実践。❹数学で、行列または行列式で横の並び。❺「行書」の略。「楷かい、―、草そう」❻律令制で、位官を連ねて書く際、位階が高く官職が低いときに位官の間に置いた語。⇔守。「正三位兼―左近衛大将」〈宇津保・内侍督〉❼《row》表計算ソフトなどのリレーショナルデータベースにおける、横一列のデータの単位。複数のデータの組み合わせを、ひとまとめにしたもの。⇔列。㊁〔接尾〕助数詞。文字などの縦または横の並びの数をかぞえるのに用いる。「一六一目」➡漢「こう(行)」

ぎょう【尭】ゲウ 古代中国の伝説上の聖王。五帝の一。暦を作り、無為の治をなした。後を継いだ舜しゅんとともに後世理想の天子とされ、その政治は「尭舜の治」と称される。陶唐氏。

ぎょ-う【御宇】《宇内うだいを御する意》帝王が天下を治めている期間。御代みよ。「崇神天皇の―」

ぎょう【業】ゲフ ❶なすべきこと。仕事。わざ。「畢生ひっせいの―」❷暮らしの手だて。生業。職業。「家の―を継ぐ」「菓子の販売を―とする」❸学問。技芸。「―を修める」➡漢「ぎょう(業)」〔類語〕職・なりわい・商売・渡世・家業・稼業・現職・定職・ビジネス

ぎょう【鄴】ゲフ 中国河北省東端にあった、三国時代の魏ぎ、また、後趙こうちょう・前燕ぜんえん・東魏とうぎ・北斉ほくせいの首都。

ぎょう【仰】ギャウ〔形動〕《近世語》程度のはなはだしいさま。仰山ぎょうさん。「―にお江戸は賑やかだ」〈黄・栄花夢〉➡仰仰ぎょうぎょうしい ➡漢「ぎょう(仰)」

ぎ-よう【技×癢】【▽伎×癢】ギヤウ 自分の技量を見せたくて、うずうずすること。「非常な興味を以て読んだ。そして―を感じた」〈鷗外・ヰタ・セクスアリス〉

ぎ-よう【偽葉】ギエフ ►仮葉かよう

ぎ-よう【儀容】礼儀にかなった姿や態度。容儀。

ぎょうあ【行阿】ギヤウア 南北朝時代の歌人・語学者。俗名、源知行みなもとのともゆき。曾祖父光行、祖父親行、父義行と代々学者の家系に生まれ、源氏物語の校合を行った。「原中最秘抄」を増補完成、また「仮名文字遣」を著した。生没年未詳。

きょう-あい【狭×隘】ケフアイ〔名・形動〕❶面積などが狭くゆとりがないこと。また、そのさま。「―な土地」❷心がせまいこと。度量が小さいこと。また、そのさま。「人を容いれない―な心」〔類語〕狭量・偏狭・狭い・狭苦しい・せせこましい・手狭てぜま・狭小・狭窄きょうさく・窮屈

きょうあいがくえん-まえばしこくさいだいがく【共愛学園前橋国際大学】キョウアイガクエンマエバシコクサイダイガク 前橋市にある私立大学。平成11年(1999)に開学した。国際社会学部の単科大学。

ぎょうあ-かなづかい【行阿仮名遣】ギヤウアカナヅカヒ 行阿がその著「仮名文字遣」で説いた仮名遣い。藤原定家の仮名遣い説に項目と例を加え増補したもの。また、著書「仮名文字遣」をさすこともある。

きょう-あく【凶悪┆×兇悪】〔名・形動〕性質が残忍で、ひどい行為をすること。また、そのさま。「―な犯罪者」派生きょうあくさ〔名〕

きょう-あく【×梟悪】ケウ 性質が非常に悪くて、人の道に背くこと。また、その人。「世已すでに澆季げうきにして―のもの最も時を得たり」〈田口・日本開化小史〉

きょうあく-はん【凶悪犯】残忍な犯罪を実行した者。補説警察白書では、殺人・強盗・放火・強姦の罪を犯した者をさす。

きょう-あす【今-日明-日】けふ ❶今日と明日。❷今日か明日のうち。ごく近い将来。「―にも決まるだろう」

きょう-あつ【強圧】キヤウ〔名〕スル 強い力や権力で圧迫・抑圧すること。類語弾圧・威圧・圧迫・暴圧・圧制

きょうあつ-てき【強圧的】キヤウアツ〔形動〕相手を力ずくで押さえようとするさま。「―な手段」

きょう-あん【教案】ケウ 授業の目標・方法・時間配当などを記した予定案。教授案。学習指導案。

ぎょう-あん【暁▽闇】ゲウ 夜明け方のほの明るいやみ。あかつきやみ。「―をついて出発する」

きょう-い【胸囲】ヰ 胸まわりの寸法。男子は乳首のすぐ下で、女子は乳房隆起の上端で測る。
類語胸回り・バスト

きょう-い【脅威】ケフ 強い力や勢いでおびやかすこと。また、おびやかされて感じる恐ろしさ。「戦争の―にさらされる」「―を与える」「―を感じる」

きょう-い【強意】キヤウ 文章表現で、ある語句・部分の意味を強めること。「―の助詞」

きょう-い【教委】ケウヰ「教育委員会」の略。

きょう-い【驚異】キヤウ 驚き不思議がること。また、驚くほど素晴らしい事柄や現象。「―の目をみはる」「宇宙の―」類語驚き・驚愕きやうがく・驚嘆・愕然・喫驚・驚倒・驚天動地

きょう-いき【境域┆×疆域】キヤウヰキ ❶土地のさかい。また、境界内の土地。❷分野。領域。
類語世界・地域・区域・地区・地方・方面・一円・一帯・地帯・界隈かいわい・土地・地ち・境さかい・領域・エリア・ゾーン・境・区画

きょう-いく【教育】ケウ〔名〕スル ❶ある人間を望ましい姿に変化させるために、身心両面にわたって、意図的、計画的に働きかけること。知識の啓発、技能の教授、人間性の涵養かんやうなどを図り、その人のもつ能力を伸ばそうと試みること。「―を受ける」「新入社員を―する」「英才―」❷学校教育によって身につけた成果。「―のある人」
類語(❶)訓育・薫育・教化・教学・文教・育英・指導・指南・教授・教習・手ほどき・コーチ（―する）教える・育てる・導く・仕付ける・仕込む

きょういく-いいん【教育委員】ケウイクヰヰン 教育委員会の構成員。教育・文化に関して見識ある者を地方公共団体の長が議会の同意を得て任命する。任期は4年。

きょういく-いいんかい【教育委員会】ケウイクヰヰンクワイ 地方の教育行政を担当する機関。都道府県、市町村などに設置。教委。

きょういく-か【教育家】ケウイク「教育者」に同じ。

きょういく-かがく【教育科学】ケウイククワガク 教育を実証的、客観的に研究する学問的立場。一般に教育研究の科学的側面を強調する教育学。

きょういく-がく【教育学】ケウイク 教育の本質・目的・方法および制度・行政・歴史などを総合的に研究する学問。

きょういく-がくぶ【教育学部】ケウイク 大学の学部の一。教育学の研究・教授を主とするものと、教員養成を主とするものとがある。

きょういく-かてい【教育課程】ケウイククワテイ 学校教育で、教育内容を学習段階に応じて系統的に配列したもの。カリキュラム。

きょういく-かんじ【教育漢字】ケウイク 常用漢字のうち、義務教育期間、特に小学校6か年の間に、読み書きともできるよう指導することが必要であるとして、学習指導要領の「学年別漢字配当表」に示された漢字の通称。もと国語審議会が昭和23年(1948)に選定した当用漢字別表の881字に始まり、同52年の学習指導要領改訂で996字、平成元年(1989)の改訂で1006字となった。学習漢字。➡表「学習漢字」

きょういく-きき【教育機器】ケウイク 教育効果を高めるために使う機器。オーバーヘッドプロジェクター(OHP)・ティーチングマシン・ランゲージラボラトリー(LL)・テレビなど。

きょういく-きほんほう【教育基本法】ケウイクキホンハフ 日本国憲法の精神に基づき、日本の教育の基本的なあり方を明示した法律。義務教育や家庭教育、生涯学習などについて、それぞれの基本方針を定めた18条からなる。昭和22年(1947)施行。平成18年(2006)の改正で前文に「公共の精神の尊重」「豊かな人間性と創造性」「伝統の継承」などについての記述が盛り込まれた。➡不当な支配

きょういく-ぎょうせい【教育行政】ケウイクギヤウセイ 国または地方公共団体が、公教育のための諸条件を整備・確立し、教育政策を運営すること。主な機関は、文部科学省・教育委員会。

きょういくくんれん-きゅうふ【教育訓練給付】ケウイククンレンキフフ 雇用保険法に規定される失業等給付の一。労働者の能力開発の支援が目的。雇用保険の被保険者、または被保険者でなくなってから1年以内の人が、指定教育訓練を受講し、修了した場合に、その費用の一部が教育訓練給付金として支給される。

きょういくくんれん-きゅうふせいど【教育訓練給付制度】ケウイククンレンキフフセイド 労働者が主体的に能力開発に取り組むことを支援し、雇用の安定と再就職の促進を図ることを目的として設けた雇用保険の給付制度。厚生労働大臣の指定する教育訓練を受講し修了した場合、費用の一部が支給される。➡教育訓練給付

きょういくけい-しゅぎ【教育刑主義】ケウイク 刑罰を科する目的は、受刑者を改善して社会生活に同化するよう更生させるための教育をすることにあるという理論。教育刑論。➡応報刑主義 ➡目的刑主義

きょういく-けん【教育権】ケウイク 教育に関して公に認められた権利。国民、とりわけ子供の教育を受ける権利と、教育を実施する者が教育の内容・方法を決定する権利に分けられるが、後者については、その担い手が親・教師・国のいずれであるか、見解が分かれている。

きょういく-げんり【教育原理】ケウイク ❶教育の目的・意義・方法・内容などについての、基本的原則や理論的基礎を明確にするための研究。❷教育職員免許法にある教職専門科目の一。❶をもとにした教育概説を内容とする。

きょういく-こうがく【教育工学】ケウイク 情報・行動科学や科学技術を応用し、教育の能率化を図るための技術研究。教育機器およびそのプログラムの開発利用などが含まれる。教授工学。

きょういく-こうむいん【教育公務員】ケウイクコウムヰン 国・公立学校の学長・校長・園長・教員、また部局長、教育委員会の教育長および専門的教育職員のこと。国立学校の場合は国家公務員、公立学校は地方公務員の身分を有する。

きょういくこうむいん-とくれいほう【教育公務員特例法】ケウイクコウムヰントクレイハフ 教育公務員の職務と責任の特殊性に基づき、その任免・給与・分限・懲戒・服務および研修について国家・地方両公務員法の特例を定めた法律。昭和24年(1949)施行。

きょういくこんなん-こう【教育困難校】ケウイクコンナンカウ ▶指導困難校

きょういくさいせい-こんだんかい【教育再生懇談会】ケウイクサイセイコンダンクワイ 教育改革について議論する内閣の諮問機関。安倍晋三政権時代に設置された教育再生会議の後継組織として、福田康夫政権時代に閣議決定で設置された。教育費負担、教育委員会制度のあり方、教科書の充実、小中学生の携帯電話利用などについて提言をまとめた。鳩山由紀夫内閣の発足に伴い平成21年(2009)11月に廃止された。

きょういくしえん-しきん【教育支援資金】ケウイクシヱン 低所得者世帯を対象に、入学・就学に必要な経費を無利子で貸し付ける制度。厚生労働省が定め、都道府県社会福祉協議会が実施する、生活福祉資金貸付制度による貸付資金の一つ。

きょういく-しすう【教育指数】ケウイク ▶イー-キュー(EQ)

きょういく-じっしゅう【教育実習】ケウイクジツシフ 教育職員免許法に基づき、教員免許状を取得しようとする者が、必要単位取得の一部として学校教育の現場で実習授業を行うこと。

きょういく-しゃ【教育者】ケウイク 教育にたずさわる人。教育家。

きょういく-しゃかいがく【教育社会学】ケウイクシャクワイガク 教育と社会との相互関係を実証的に研究する学問。

きょういく-しょうしゅう【教育召集】ケウイクセウシフ 旧日本陸軍で、補充兵を教育するために行った召集。

きょういくしょくいん-けんてい【教育職員検定】ケウイクシヨクヰン 教員としての資格を認定するため、大学での単位修得者以外に一定の方法で学力その他の資質を都道府県教育委員会が検定すること。教員検定。

きょういくしょくいん-めんきょほう【教育職員免許法】ケウイクシヨクヰンメンキヨハフ 教員の免許に関する基準を定め、教員の資質の保持と向上を図ることを目的とする法律。昭和24年(1949)施行。平成19年(2007)の改正で教員免許更新制が導入された。

きょういく-しんりがく【教育心理学】ケウイク 教育問題を心理学的見地から研究する学問。発達過程、学習過程、学習の評価、人格形成の過程などが一般的研究領域。

きょういく-そうだん【教育相談】ケウイクサウダン 児童・生徒が直面する教育上のさまざまな問題や障害について、本人や親・教師などに対して行われる専門的立場からの助言・指導。

きょういく-そくてい【教育測定】ケウイク 教育の効果を、数量的、客観的に測定すること。➡教育評価

きょういく-だいがく【教育大学】ケウイク 教員養成や教育に関する研究を目的として設置された大学。

きょういく-ちょう【教育長】ケウイクチヤウ 教育委員会事務局の長。教育委員会の権限に属するすべての事務をつかさどる。各教育委員会が任命する。

きょういく-ちょくご【教育勅語】ケウイク 明治天皇の名のもとに、明治23年(1890)10月30日に発せられた「教育ニ関スル勅語」。教育の根本を皇祖皇宗の遺訓に求め、忠孝の徳を国民教育の中心に据えた。昭和23年(1948)、国会でその失効および排除を決議。

きょういく-てき【教育的】ケウイク〔形動〕教育上望ましいさま。また、教育しようとする傾向があるさま。「―な配慮」「―な映画」

きょういく-てつがく【教育哲学】ケウイク 教育の諸問題について、哲学的態度と方法によって研究をする学問分野。

きょういく-バウチャーせいど【教育バウチャー制度】ケウイク《「バウチャー」は引換券・割引券の意》学齢に達した子供の教育費として利用できる引換券を交付する制度。保護者と子供とで希望の学校を選び、引換券を提出、学校は集まった引換券に応じた補助金を受け取る。教育バウチャー。➡バウチャー制度
補説米国の経済学者が、学校に競争原理を取り入れ、学校格差・教育格差をなくそうという意図から提唱。英国、米国の一部で実施されている。日本では安倍首相が導入を図ったが辞任で立ち消えとなる。

きょういく-はくしょ【教育白書】ケウイク 文部省が毎年発表した「我が国の文教施策」の通称。学校教育・社会教育・文化施策などについてまとめたもの。文部科学省発足により、内容を改めて文部科学白書へ移行。

きょういく-ひ【教育費】ケウイク ❶国および地方公共団体が教育活動のために支出する費用。❷子女の教

育のために支出する個人負担の費用。

きょういく-ひょうか【教育評価】ケウイクヒヤウカ 児童・生徒の知能・学力・適性・性格・身体・健康などの変化を、教育目的に照らして価値判定すること。これによって教授計画改善や学習の動機づけをし、教育効果の向上を図る。

きょういく-ふじょ【教育扶助】ケウイクー 生活保護法による扶助の一。生活困窮者に対して義務教育を受けるのに必要な費用を援助すること。

きょういく-ほけん【教育保険】ケウイクー「学資保険」に同じ。

きょういく-ママ【教育ママ】ケウイクー 自分の子供の教育に過度に熱心な母親をいう語。

きょういく-れい【教育令】ケウイクー 明治12年(1879)、それまでの学制を廃し、公布された教育に関する法令。教育の権限を地方に大幅にゆだね、小学校の設置・就学義務の緩和、私立小学校への補助などを規定した。同19年小学校令などの制定により廃止。

きょう-いし【経石】キヤウー 小石に経文を記したもの。一字一石のものが多いが、多字一石経もある。土中に埋めて追善や祈願を行う。きょうせき。

きょう-いそん【共依存】《「きょういぞん」とも》依存症の一つ。特定の人間関係に依存する状態。自己の存在意義を認めてもらおうとして過剰な献身をくり返すなどの行為がみられる。DV(ドメスティックバイオレンス)を受けた女性が、「自分が至らないために起こった」と考えて暴力に耐え、人間関係を解消できないなどの例がある。

きょう-いつ【×驕×佚┊×驕逸】ケウー〘名・形動〙おごり高ぶって、ほしいままにすること。また、そのさま。「将軍及び大名等は早く既に人民の財産を奪掠して其一を資(たす)けたり」〈田口・日本開化小史〉

きょう-いつ【×驕×溢】ケウー おごり高ぶって分に過ぎた行動をすること。

きょうい-てき【驚異的】キヤウイー〘形動〙驚くほどすばらしいさま。「一な記録を残す」

きょう-いも【京芋】キヤウー エビイモの別名。京都の芋棒料理に使うのでいう。

きょう-いん【凶音】悪い知らせ。特に、死亡の通知。きょうおん。

きょう-いん【教員】ケウヰン 学校で児童・生徒・学生を教育する職務についている人。教育職員。教師。

(類語)先生・教師・教官・教諭・教授・講師・師・師匠・指南役・師範・宗匠・師父・ティーチャー・プロフェッサー・チューター・インストラクター・尊師・恩師・旧師・先師

きょう-いん【郷音】キヤウー ❶故郷の言葉。お国なまり。きょうおん。❷故郷からの便り。郷信。きょうおん。

きょういん-くみあい【教員組合】ケウヰンくみあひ ▶教職員組合

きょういん-けんてい【教員検定】ケウヰンー ▶教育職員検定

きょういん-めんきょじょう【教員免許状】ケウヰンメンキヨジヤウ 教育職員免許法に基づき、教員としての資格を認定する証書。

きょういん-ようせい【教員養成】ケウヰンヤウセイ 教員になるために必要な知識や技能を教授し、教員としての資格・条件をもつ人を育てること。教育職員免許法に基づいて、原則として大学の教職課程で行われる。

きょう-う【強雨】キヤウー 強く、激しく降る雨。

きょう-うた【京唄┊京歌】キヤウー ▶上方唄(かみがたうた)

きょう-うち【京打ち】キヤウー 京都で打ってつくった、かんざしなどの金属装飾品。

きょう-うちまいり【京内参り】キヤウうちまゐり 京都へ見物などに行くこと。都見物。「先づ先づ一を仕らんとて、三条大橋うち渡りて」〈仮・竹斎・上〉

きょう-うん【強運】キヤウー 運が強いこと。また、強い運勢。「一の持ち主」

きょううん【慶運】キヤウウン [?〜1369ころ]南北朝時代の歌人。法印。僧浄弁の子。頓阿・兼好・浄弁とともに、和歌の四天王といわれた。家集に「慶運法印集」がある。けいうん。

きょううん【慶雲】キヤウウン ▶けいうん(慶雲)

ぎょう-うん【暁雲】ゲウー 明け方の雲。

きょう-え【経会】キヤウヱ 一切経を供養する法会。経供養。一切経会。

きょう-え【経▽衣】キヤウー「経帷子(きょうかたびら)」に同じ。

きょう-えい【共栄】幾つかのものが、共に栄えること。「共存一」

きょう-えい【共営】共同で事業を経営すること。

きょう-えい【鏡映】キヤウー〘名〙スル 空間内の図形を、ある平面に関して鏡に映すような面対称に移すこと。

きょう-えい【競泳】キヤウー〘名〙スル 一定の距離を泳いで、その速さを競うこと。自由形・平泳ぎ・バタフライ・背泳・リレーなどの種目がある。(季 夏)

きょう-えい【競映】キヤウー〘名〙スル 似たような傾向の映画を上映して、評判や客の入りを競うこと。

きょうえい-かく【鏡映核】キヤウエイー 同じ質量数で陽子と中性子の数を入れ換えた関係にある二つの原子核。炭素13と窒素13、ベリリウム7とリチウム7などがあり、陽子数と中性子数が等しい場合は自己鏡映核という。

きょうえい-だいがく【共栄大学】埼玉県春日部市にある私立大学。平成13年(2001)の開学。

きょう-えき【共益】共同の利益。

きょう-えき【享益】キヤウー 利益を受けること。

きょう-えき【胸液】胸膜腔の中にある漿液(しょうえき)。

きょう-えき【×疆×埸】キヤウー《「疆」は大きい境(さかい)、「埸」は小さい境の意》❶田畑の境界。❷国境。

きょうえき-けん【共益権】社員権の一。法人の目的達成のためにその運営に参与する権利。議決権・業務執行権など。➡自益権

きょうえき-たじ【×疆×埸多事】キヤウエキー 国境で戦争が起こってあわただしいこと。

きょうえき-ひ【共益費】アパートなどの階段・廊下・外灯・ごみ処理などの共用部分の維持管理のために居住者が出す費用。管理費。

きょうえき-ひよう【共益費用】ある債権者が、他の債権者との共同の利益のために支出した費用。強制執行のための費用など。

きょう-えつ【恐悦┊恭悦】〘名〙スル ❶相手の好意などを、もったいなく思って喜ぶこと。多く、感謝の意を表すときに用いる語。「一至極に存じます」❷非常に喜ぶこと。「唐人船も行くえ知れずになって、まずまず一だ」〈藤村・夜明け前〉

きょう-えん【共演】〘名〙スル 一緒に演じること。主役格の俳優・歌手などが二人以上一緒に出演すること。「日米の名優が一する」

(類語)出演・主演・助演・独演・競演・好演・熱演・演ずる

きょう-えん【狂宴】キヤウー 常識はずれの大騒ぎをする宴会。「一を繰り広げる」

きょう-えん【×竟宴】キヤウー ❶平安時代、宮中で進講や勅撰集の撰進が終わったあとで催される酒宴。諸臣に詩歌を詠ませたり禄を賜ったりした。❷祭りのあとで催される宴会。直会(なおらい)。

きょう-えん【×嬌艶】ケウー〘名・形動〙なまめかしく美しいこと。あでやかなこと。また、そのさま。「一な花房のしだれを見せた」〈嘉村・秋立つまで〉

きょう-えん【興宴】興趣の深い宴会。おもしろい宴遊。

きょう-えん【競演】キヤウー〘名〙スル 演技や演奏の優劣を競うこと。また、同一あるいは類似の劇や役を演じて、人気や優劣を争うこと。「二大女優が一する」

(類語)出演・主演・共演・助演・独演・好演・熱演・演ずる

きょう-えん【×饗宴┊享宴】キヤウー 客をもてなすための宴会。「一を催す」(類語)盛宴・祝宴

きょうえん【饗宴】キヤウエン《原題、ギリシャ Symposion》プラトンの中期対話編の一。詩人アガトン邸での祝宴で、参会者が順に恋の神エロスを賛美する演説をし、最後にソクラテスがエロスになぞらえて知恵の愛である哲学を説く。

きょう-えん【×饗×筵】キヤウー もてなしの席。

きょう-えんき【強塩基】キヤウー 水溶液中で電離度の大きい塩基。水酸化ナトリウム・水酸化カリウム・水酸化バリウムなど。強アルカリ。➡弱塩基

きょう-おう【胸奥】ーアウ 胸の奥。心の中。

(類語)胸・胸裏・胸中・胸間・胸底・胸臆(きょうおく)・肺腑(はいふ)・心(こころ)・心中・心裏

きょう-おう【教皇】ケウワウ ▶きょうこう(教皇)

きょう-おう【経王】キヤウワウ 経典中、最もすぐれて貴いもの。一般に、法華経(ほけきょう)・大般若経(だいはんにゃきょう)など。

きょう-おう【×薑黄┊×姜黄】キヤウワウ ショウガ科の多年草。高さ約1メートル。ウコンに似るが、葉は長楕円形で裏面に毛がある。春から初夏、赤みがかった白い花を穂状につける。根茎は黄色く、香りがあり、漢方で薬用。インドの原産。春鬱金(はるうこん)。

きょう-おう【×嚮往】キヤウワウ〘名〙スル その方に心が向いてゆくこと。尊び慕うこと。「彼れ皆な私淑する所あり、務めて士風に一せり」〈雪嶺・偽悪醜日本人〉

きょう-おう【響応】キヤウー〘名〙スル 響きが声に応じるように、人の言動に応じること。「全国の良民一呼して、一し」〈竜渓・経国美談〉

きょう-おう【×饗応】キヤウー・【供応】キヨウー〘名〙スル《「饗応(きょうおう)」から》❶酒や食事などを出してもてなすこと。きょうよう。「一を受ける」❷(饗応)相手の言動に逆らわずに迎合すること。へつらうこと。きょうよう。「これは一の言なり」〈今昔・二四・二六〉

(類語)もてなす・馳走(ちそう)・ふるまう・饗する・相伴

きょう-おうぎ【京扇】キヤウあふぎ 京都で作られた扇。京折り。

きょうおうごこく-じ【教王護国寺】ケウワウゴコクー 京都市南区九条町にある東寺真言宗の総本山。正称は金光明四天王教王護国寺。山号は八幡山、院号は普賢総持院。平安遷都直後、平安京鎮護のため羅城門左に建立に着手した。弘仁14年(823)空海に勅賜され、密教道場となる。金堂・五重塔をはじめ、五大菩薩像・五大明王像など多数の文化財を所蔵。平成6年(1994)「古都京都の文化財」の一つとして世界遺産(文化遺産)に登録された。左寺。左大寺。東寺(とうじ)。

きょうおう-ごと【×饗応言】キヤウオウー もてなしの言葉。また、機嫌をとる言葉。「種々の一云ひければ」〈盛衰記・二二〉

きょう-おく【×怯臆】ケフー おびえてしりごみすること。臆病であること。「蓋(けだ)し人には一の心極て多きものにて」〈田口・日本開化小史〉

きょう-おく【胸臆】❶むね。胸部。❷心。心の中。胸のうち。「一を開く」「一に納める」

(類語)胸中・胸襟・胸懐・胸裏・胸間・胸三寸・意中・念頭・襟懐・方寸・胸・思い・考え

きょう-おしろい【京白=粉】キヤウー 近世、京都で作られた上等なおしろい。

きょう-おち【香落ち】キヤウー 将棋で、実力の上の者が自分の左方の香車(きょうしゃ)をはずして手合わせすること。

きょう-おとこ【京男】キヤウをとこ 京都の男。都の男。

京男に伊勢女(いせおんな) 男は京都の男がよく、女は伊勢の女がよいということ。

きょう-おもて【京表】キヤウー 他の土地から京都をさして言った語。国表(くにおもて)、江戸表に対していう。

きょう-おん【凶音】▶きょういん(凶音)

きょう-おん【郷音】キヤウー ▶きょういん(郷音)

きょう-おん【×跫音】あしおと。「空谷(くうこく)の一」

きょう-おん【×嬌音】ケウー 美しくあでやかな声。また、女性のなまめかしい声。嬌声。

きょう-おんな【京女】キヤウをんな 京都の女。都の女。優美でしとやかとされる。「東男(あずまおとこ)に一」

きょう-か【狂花】キヤウクワ 狂い咲きの花。

きょう-か【狂歌】キヤウー 日常卑近の事を題材に、俗語を用い、しゃれや風刺をきかせた、こっけいな短歌。万葉集の戯笑歌(ぎしょうか)、古今集の俳諧歌(はいかいか)の系統で、江戸中期以後、特に流行。ざれごとうた。

きょう-か【京家】キヤウー ▶きょうけ(京家)

きょう-か【供花┊供華】ークワ「供花(くげ)❶」に同じ。

きょう-か【×拱架】アーチを築造するとき、石材などを積み立てる支えとする型枠。

きょう-か【強化】キヤウクワ〘名〙スル 強くすること。さらに強くすること。「体力の一をはかる」「警備を一する」

(類語)強める・増強・補強・強まる

きょう-か【教化】ケウクワ〘名〙スル 人を教え導き、また、道

徳的、思想的な影響を与えて望ましい方向に進ませること。「人民を―する」「―活動」
(類語)感化・徳化・醇化(じゅんか)・文教・教育・訓育・薫育・教学・育英・指導・指南・教授・教習・手ほどき・コーチ・教える・育てる・導く・仕付ける・仕込む

きょう‐か【教科】ケウクワ 学校教育で、児童・生徒が学習する知識や技術を系統立てて組織した一定の分野。国語・社会・算数・理科など。(類語)科目・学科

きょう‐か【×嬌歌】ケウー なまめかしい歌。

きょう‐か【橋架】ケウー 橋げた。また、橋。

きょう‐か【鏡架】キャウー 鏡立て。鏡台。

きょう‐か【×驕▽誇】ケウクワ おごり高ぶって大言を吐くこと。きょうこ。「―自尊」

きょう‐が【狂画】キャウグワ こっけいな絵。ざれ絵。

きょう‐が【恭賀】うやうやしく祝うこと。謹賀。「―新年」「―新禧」(類語)謹賀・奉賀・奉祝・慶賀・慶祝

ぎょう‐が【仰×臥】ギャウグワ〘名〙スル あおむけに寝ること。「ベッドに―する」⇔伏臥(ふくが)。
(類語)寝る・臥(ふ)す・臥(ふ)せる・横たわる・枕(まくら)する・寝転ぶ・寝転がる・寝そべる・横臥(おうが)する・安臥(あんが)する・伏臥(ふくが)する・側臥(そくが)する・横になる

きょうか‐あわせ【狂歌合(わ)せ】キャウカあはせ 歌合わせにならい左右に分かれて詠んだ狂歌の優劣を競う遊戯。

きょう‐かい【▽交会】ケウクワイ ❶人と人とが親しくまじわること。交際。「憎みいやしみて、―する事なし」〈宇治拾遺・一二〉 ❷性交。〈日葡〉

きょう‐かい【協会】ケフクワイ ある目的のため会員の協力で設立・運営される会。
(類語)組合・法人・協同組合・団体・組織・結社・連盟・ユニオン・ソサエティー・アソシエーション

きょう‐かい【胸懐】ークワイ 胸のうち。心。胸襟。
(類語)胸中・胸襟・胸裏・胸臆・胸間・胸三寸・意中・念頭・襟懐・方寸・思い・胸・考え・想念・思念・念(ねん)・気持ち・感懐・感想・所懐・心懐・心中(しんちゅう)・心事・心情・心境・感慨・万感・偶感・思考・思索・一存

きょう‐かい【教会】ケウクワイ 宗教を同じくし、その教えを守り伝えようとする人々の団体。また、その教えを述べ、礼拝儀式を行うための建物。特にキリスト教でいうが、他宗教でも用いられる。

きょう‐かい【教戒┆教×誡】ケウー〘名〙スル 教えいましめること。(類語)戒める・戒告・訓戒・戒・諭旨・勧戒

きょう‐かい【教×誨】ケウクワイ〘名〙スル ❶教えさとすこと。❷刑務所・少年院などで、収容者に対して徳性の育成を目的として教育すること。(類語)教訓

きょう‐かい【境界┆×疆界】キャウー ❶土地のさかい。「隣国との―」❷物事のさかい。「哲学と文学の―」
(類語)境・境界線・区画・仕切り・境目(さかいめ)・際(きわ)・分かれ目・分界・臨界・閾(いき)・ボーダーライン・地域

きょう‐かい【興懐】ークワイ 興を感じる心。「当時の―を存せん為に録す」〈中井弘・航海新説〉

きょう‐がい【凶害┆×兇害】凶悪な害。人を殺すこと。

きょう‐がい【境界】キャウー ❶各人をとりまく境遇。境涯。「これまでの不安心な―を一歩離れて」〈鴎外・阿部一族〉 ❷精神・感覚の働きによりもたらされる状態。境地。「恋とか愛とか云う―は既に通り越して」〈漱石・草枕〉 ❸仏語。㋐善悪の報いによって各人が受ける境遇。㋑「境(きょう)❹」に同じ。❹自分の力の及ぶ範囲。「己が―にあらざる物をば、争ふべからず」〈徒然・一九三〉 (類語)環境・境遇・身の上・境涯・境地・身空

きょう‐がい【境涯】キャウー この世に生きていく上でおかれている立場。身の上。境遇。「不幸な―」
(類語)境遇・身の上・環境・境界・境地・身空

きょう‐がい【驚×駭】キャウー〘名〙スル 非常に驚くこと。驚愕(きょうがく)。けいがい。「誰か其長足の進歩に―せざるものあらんや」〈福沢・学問のすゝめ〉

ぎょう‐かい【業界】ゲフー ❶同じ産業や商業に関係する人々の社会。同業者の世界。「金融―」❷特に、マスコミ・広告など情報産業に関係する人々の社会。「―人」

ぎょう‐かい【凝塊】ークワイ こり固まったもの。

ぎょう‐がい【仰×臥位】ギャウグワヰ 上を向いて寝た姿。上を向いて寝た状態。背臥位。➡臥位

きょうかい‐おんがく【教会音楽】ケウクワイー キリスト教教会で、礼拝や儀式のときに演奏する音楽。聖歌・ミサ曲・賛美歌などがある。

ぎょうかい‐かくれきがん【凝灰角×礫岩】ギョウクワイー 火砕岩(かさいがん)の一。直径32ミリ以上の火山岩塊と多量の火山灰とからなる岩石。

ぎょうかい‐がん【凝灰岩】ギョウクワイー 堆積岩(たいせきがん)の一。直径4ミリ以下の火山灰が固まってできた岩石。もろいが加工しやすく、建築・土木用石材とする。

きょうかい‐けんぽ【協会けんぽ】ケフクワイー《「全国健康保険協会管掌健康保険」の略称》平成20年(2008)10月に設立された全国健康保険協会が運営する健康保険。自社の健康保険組合を持たない中小企業の従業員を対象とする。これまで国(社会保険庁)が運営していた政府管掌健康保険が移行したもの。
(補説)社会保険庁が運営していた公的年金事業は、平成21年(2009)12月の同庁廃止後、平成22年1月から日本年金機構に移行した。

きょうかい‐こうけつあつ【境界高血圧】キャウカイカウケツアツ 正常血圧と高血圧との中間にある高血圧の状態。最高血圧(収縮期血圧)140〜159ミリ、最低血圧(拡張期血圧)90〜99ミリくらいが目安の一つ。境界域高血圧。

きょうかい‐し【教×誨師】ケウクワイー 受刑者に対し、その非を悔い改めるよう教えさとす人。

ぎょうかい‐し【業界紙】ゲフカイー 特定の業界に関する報道を専業とする新聞。業界新聞。

きょうかい‐じょうけん【境界条件】キャウカイデウケン ある決まった大きさの空間や物体内で起こる物理現象を考えるとき、その境界や物体表面において現象の起こり方を規定する条件。また、ある領域の微分方程式の解を求める際に、その領域の境界上で与えられる条件。

きょうかい‐じん【境界人】キャウカイー ▶マージナル‐マン

きょうかいせい‐じんかくしょうがい【境界性人格障害】キャウカイセイジンカクシャウガイ《borderline personality disorder》▶境界性パーソナリティー障害

きょうかいせい‐パーソナリティーしょうがい【境界性パーソナリティー障害】キャウカイセイーシャウガイ《borderline personality disorder》パーソナリティー障害の一。神経症と精神疾患の境界にあるとみられる病態。ふだんは円満な性格の人がちょっとしたことをきっかけに、残忍・陰湿・執拗(しつよう)な性格に豹変し、人格が変わったように見える。自傷行為を伴う場合もある。境界性人格障害。ボーダーライン人格障害。BPD。➡自己愛性人格障害

きょうかい‐せん【境界線】キャウカイー 土地のさかいめの線。また、物事のさかいめ。「純文学と大衆文学との間に―は引きにくい」
(類語)境・境界(きょうかい)・区画・仕切り・境目(さかいめ)・際(きわ)・分かれ目・分界・臨界・閾(いき)・ボーダーライン・地域

きょうかい‐せんぽう【教会旋法】ケウクワイセンパフ 中世カトリック教会音楽、特にグレゴリオ聖歌に用いられる旋法。終止音と音域を異にする8または12種類に分けられる。

きょうかい‐そう【境界層】キャウカイー 空気・水など粘性の小さい流体が物体の回りを流れるとき、物体の表面にできる粘性の大きくなった流体の薄い層。

きょうかいそんかい‐ざい【境界損壊罪】キャウカイソンクワイー 境界標を損壊・移動・除去などして、土地の境界を認識できないようにする罪。刑法第262条の2が禁じ、5年以下の懲役または50万円以下の罰金に処せられる。

ぎょうかい‐だんたい【業界団体】ゲフカイー ある特定の産業にかかわる企業や、ある特定の業務にかかわる個人を会員として構成される非営利団体。

きょう‐かいどう【京街道】キャウカイダウ 大坂京橋から伏見を経て京都四条縄手に至る街道。

きょうかい‐どう【教会堂】ケウクワイダウ キリスト教徒が礼拝・儀式などを行うための建築物。教会。聖堂。

ぎょうかい‐ひょうじゅん【業界標準】ゲフカイヘウジュン《industry standard》▶デファクトスタンダード

きょうかい‐へんこう【境界変更】キャウカイヘンカウ 地方公共団体の区域の変更で、地方公共団体の廃止または新設を生じないもの。

きょうかい‐ほう【教会法】ケウクワイハフ キリスト教、特にカトリックで、信徒の信仰・日常生活や教会の組織運営に関して教皇と公会議とによって定められた規範。

きょうかい‐まさつ【境界摩擦】キャウカイー 二つの物体の接触面が、薄膜などに覆われていたり、気体や液体の吸着分子層があったりする場合の摩擦。⇔乾燥摩擦。

きょうかい‐れき【教会暦】ケウクワイー キリスト教教会で用いる特別な暦。降誕・復活などイエス＝キリストの生涯の事跡を記念する日を1年間の周期に配したもの。典礼暦。

きょうか‐がっしゅく【強化合宿】キャウクワー スポーツなどで、選手やチームの力をさらに強くするために行う合宿練習。

きょうか‐かてい【教科課程】ケウクワクワテイ 教育課程の旧称。

きょうか‐ガラス【強化ガラス】キャウクワー 板ガラスを軟化点近くまで熱し、急冷して焼き入れを行い、表面や内部にひずみ層をつくることによって、耐衝撃性などを強度にしたガラス。割れると豆粒状に砕ける。自動車の窓、ブラウン管などに利用。

きょう‐がかり【京掛(か)り】キャウー ▶上掛(かみが)かり

きょう‐かく【×匡郭】キャウクワク 木版本や古活字本などの各丁の外枠の線。

きょう‐かく【×夾角】ケフー 互いに交わる2本の直線、または曲線に挟まれた角。

きょう‐かく【狂客】キャウー 風狂の人。風雅に徹している人。「俳諧に遊ぶ―とはなれりけり」〈鶉衣・咄々房挽歌並序〉

きょう‐かく【×侠客】ケフー 義侠・任侠を建て前として世渡りする人。町奴(まちやっこ)・博徒(ばくと)など。男伊達(おとこだて)。侠者。

きょう‐かく【胸郭】ークワク 胸部の外郭をつくるかご状の骨格。胸椎(きょうつい)・肋骨(ろっこつ)および胸骨からなり、心臓・肺などの臓器を支え保護する。
(類語)胸・胸部・胸腔(きょうこう)・胸板(むないた)・胸間(きょうかん)・胸元(むなもと)・胸先(むなさき)・胸倉(むなぐら)・懐(ふところ)・胸壁・バスト・チェスト

きょう‐かく【胸×膈】❶胸と腹との間。また、胸部。むね。❷胸のうち。心中。「不肖の臣が―を苦しめ砕くは」〈浄・近江源氏〉

きょう‐かく【脅嚇】ケフー・【恐嚇】キョウー〘名〙スル おどしつけて恐れさせること。「声を放ちて不同意者を、―しければ」〈竜渓・経国美談〉

きょう‐がく【共学】〘名〙スル 男女が同じ学校、同じ教室で一緒に学ぶこと。「男女―」

きょう‐がく【京学】キャウー ❶江戸時代、京都に発達した儒学。藤原惺窩(ふじわらせいか)らの学派や堀川学派など。❷江戸時代、地方から京都に出て学問をすること。

きょう‐がく【教学】ケウー〘名〙スル ❶教えることと学ぶこと。教育と学問。❷それぞれの宗教・宗派の立場から、自らの宗教を研究する学問。
(類語)教育・訓育・薫育・教化・文教・育英・指導・指南・教授・教習・手ほどき・コーチ・教える・育てる・導く・仕付ける・仕込む
教学相(あい)長(ちょう)ず 《「礼記」学記から》人に教えることと師から学ぶこととは相補い合うもので、両方を経験してはじめて学業も向上する。

きょう‐がく【郷学】キャウー ▶ごうがく(郷学)

きょう‐がく【驚×愕】キャウー〘名〙スル 非常に驚くこと。驚駭(きょうがい)。「市中を―させた事件」
(類語)驚き・驚嘆・愕然・喫驚・驚天動地・驚異・驚く・びっくりする・どきっとする・ぎくっとする・ぎょっとする・たまげる・仰天する・動転する・驚倒する・一驚する・瞠目(どうもく)する・恐れ入る・あきれる・唖然(あぜん)とする・呆気(あっけ)にとられる・目を疑う・目を丸くする・目を見張る・息をのむ・肝(きも)をつぶす・腰を抜かす

ぎょう‐かく【仰角】ギャウー 物を見上げたときの視線の方向と、水平面とのなす角。⇔俯角(ふかく)。

ぎょう‐かく【行革】ギャウー「行政改革」の略。

ぎょう‐かく【暁角】ゲウー 夜明けを告げる角笛(つのぶえ)の音。「―が哀しげに響きはじめた」〈中島敦・山月記〉

ぎょう‐かく【×磽×确┆×墝×埆】ゲウー〘名・形動〙「こうかく(磽确)」の慣用読み。

ぎょう‐がく【行学】ギャウー 修行と学問。

きょうがく‐きょく【教学局】ケウガクー 昭和12年(1937)に設置された文部省の外局。教育全般の戦時体制

への即応、国家思想の高揚などを目的とした。

きょうかく-せいけいじゅつ【胸郭成形術】キョウクヮク 肺結核に用いられた外科療法。肋骨の一部を切除して胸郭を狭め、結核の空洞を押しつぶすもの。

きょうか-し【狂歌師】キャウカ 狂歌を詠み、教えることを業とする人。

きょう-がし【京菓子】キャウクヮシ 京都で作られる菓子。また、京風の菓子。

きょう-が-しま【経島】キャウ 平清盛が大輪田泊(現在の神戸港)に築いた波浪よけの島。一切経を記した石を埋めて工事したという。きょうのしま。

ぎょうか-しゃ【凝華舎】ギョウクヮ 平安京内裏五舎の一。内裏西北隅近く、飛香舎の北にある女官用の部屋。梅壺。

きょうか-しょ【教科書】ケウクヮ ❶教科の主たる教材として用いられる図書。教科用図書。❷あることを学ぶのに適している本。「ビジネスパーソンのための—」
(類語)テキスト・教本・読本

きょうか-しょくひん【強化食品】キャウクヮ ビタミン・無機質・アミノ酸などの栄養成分を添加・補強した食品。

きょうかしょ-けんていせいど【教科書検定制度】ケウクヮ 民間で編集された教科書について、文部科学大臣が検定し、合格したもののみの使用を認める制度。明治19年(1886)の小学校令・中学校令によって始まり、同36年国定制となり、昭和22年(1947)から再び検定制となった。➡国定教科書

きょうかしょ-さいばん【教科書裁判】ケウクヮ 昭和40年(1965)、高校日本史教科書の執筆者である家永三郎が、文部省による教科書検定は憲法の禁じる検閲にあたり違憲であるとして、国を相手に提訴した裁判。

きょうかしょ-たい【教科書体】ケウクヮ 和文活字書体の一。筆で書いた楷書体に近いもの。小学校の教科書で使われる。

きょうか-すいげつ【鏡花水月】キャウクヮ 鏡に映った花や水に映った月のように、目には見えながら手にとることができないもの。また、言葉では表現できず、ただ心に感知するしかない物事。

きょうかすいげつ-ほう【鏡花水月法】キャウクヮスイゲツハフ 漢文で、直接その物事を説明せずに、はっきりその姿を感じとらせる表現法。

きょう-がた【京方】キャウ ❶京都方面。京の方角。「我もとは上下の行所なりければ、もし—の者あるやとて」〈義経記・三〉 ❷京にある朝廷の味方。「—へ御降参候を」〈伽・三人法師〉

きょう-かたびら【経帷子】キャウ 仏式の葬儀で、名号・経文・題目などを書いて死者に着せる衣。白麻などで作る。経衣。

きょうか-たんにんせい【教科担任制】ケウクヮ 教員がそれぞれ専門の教科のみを担当し、指導に当たる制度。

きょう-かつ【恐喝｜恐×愒｜恐×猲】〔名〕スル 相手の弱みなどにつけこみおどすこと。また、おどして金品をゆすりとること。「収賄をねたに—する」
(類語)ゆすり・強請・脅迫・強迫

きょうかつ-ざい【恐喝罪】人を脅迫して財物を交付させ、または財産上不法の利益を得たり、他人に得をさせたりする罪。刑法第249条が禁じ、10年以下の懲役に処せられる。

きょう-かのう【京▽狩▽野】キャウ 江戸幕府の御用絵師として江戸に下った狩野探幽・尚信・安信らの江戸狩野に対し、京に残った狩野山楽の家系のこと。

きょう-がのこ【京鹿の子】キャウ ❶京都で染めた鹿の子絞り。❷和菓子の一。紅餡の外側を白隠元豆などで覆った鹿の子餅。❸バラ科の多年草。シモツケソウに似る。高さ約1メートル。葉は手のひら状に深く切れ込み、縁にぎざぎざがある。夏、多数の紅紫色の小花が密生して咲く。観賞用。(季 夏)

きょうがのこむすめどうじょうじ【京鹿子娘道成寺】キャウガノコムスメダウジャウジ 歌舞伎舞踊。長唄。藤本斗文作詞、杵屋作十郎・杵屋弥三郎作曲。宝暦3年(1753)江戸中村座で初世中村富十郎が初演。能を舞踊化した、道成寺物の代表作。娘道成寺。道成寺。

きょう-が-ひ【今-日が日】ケフ 今日という日。「—まで考えたことがなかった」

きょうか-プラスチック【強化プラスチック】キャウクヮ ガラス繊維やナイロン・ビニロンなどを補強材として加えて成形したプラスチック製品。衝撃に強く、自動車車体・ボート船体や建材・ヘルメットなどに広く使用。FRP。

きょうか-ぼく【強化木】キャウクヮ ベニヤ単板にフェノール樹脂液を浸透させて加熱し、重圧を加えて作った材。軽くて硬く、プレス成型が自在なため、精密機械部品などに使用。

きょう-がま【京釜】キャウ 室町末期、京都三条釜座で作られた茶釜。無文で滑らかな肌の優美なもの。

きょうか-まい【強化米】キャウクヮ ビタミンなどの栄養成分を添加した米。

ぎょう-がまえ【行構え】ギャウがまへ 漢字の構えの一。「術」「衛」などの「行」の称。ゆきがまえ。

きょう-がみ【経紙】キャウ 写経の用紙。きょうし。

きょう-が-みさき【経ヶ岬】キャウ 京都府北西部、丹後半島北東端にある岬。若狭湾口西側に位置し、近畿地方の最北端。岬付近は海食による断崖で海岸美に富んでいる。標高144メートルの崖上に灯台がある。丹後天橋立大江山国定公園に属する。

きょう-が・る【興がる】〔動ラ五(四)〕❶興味を示す。おもしろがる。「一座の—・るような話を持ち掛けて」〈谷崎・異端者の悲しみ〉 ❷一風変わっている。酔狂である。「竹斎とて、—・る痩法師一人あり」〈仮・竹斎・上〉

きょう-がわら【経瓦】キャウがはら ►瓦経

きょう-かん【凶漢｜×兇漢】人に危害を加える悪者。悪漢。(類語)凶賊・奸賊・逆賊

きょう-かん【共感】〔名〕スル 他人の意見や感情などにそのとおりだと感じること。また、その気持ち。「—を覚える」「—を呼ぶ」「彼の主張に—する」
(類語)同感・共鳴

きょう-かん【叫喚】ケウクヮン〔名〕スル ❶大声でわめきさけぶこと。「阿鼻—」「厨の燃え立つ底より一声—せるは誰」〈紅葉・金色夜叉〉 ❷「叫喚地獄」の略。

きょう-かん【狂簡】キャウ 志は大きいが、行いがそれに伴わず疎略なこと。「疎大—、採るあらば荷甚」〈東海散士・佳人之奇遇〉

きょう-かん【京官】キャウクヮン 律令制で、在京の中央官人。けいかん。

きょう-かん【峡間】ケフ 谷あい。谷間。

きょう-かん【胸間】❶胸のあたり。「—に輝く勲章」❷胸のうち。「—に秘めた思い」
(類語)(❶)胸部・胸腔・胸郭・胸板・胸元・胸先・胸倉・懐・胸壁・バスト・チェスト／(❷)胸中・胸襟・胸懐・胸裏・胸臆・胸三寸・意中・念頭・襟懐・方寸・胸・思い・考え

きょう-かん【胸管】クヮン リンパ管の主幹。下半身および左上半身のリンパを集める。腸リンパ管・腰リンパ管の合流点から、脊柱に沿って上り、左の鎖骨下で静脈に連絡するまでの部分。

きょう-かん【強×諫】キャウ〔名〕スル 強くいさめること。「人倫の道に悖る所業として忠直卿を—した」〈菊池寛・忠直卿行状記〉

きょう-かん【教官】ケウクヮン ❶国立の学校・研究所などで教育・研究に携わる人。❷私立大学や技術を教える学校の教員。❸旧陸海軍の学校の教職者。また、旧制の学校で教練を担当した軍人。
(類語)先生・師・師匠・指南役・師範・宗匠・師父・教師・教員・教諭・教授・講師・ティーチャー・プロフェッサー・チューター・インストラクター・尊師・恩師・旧師・先師

きょう-かん【教観】ケウクヮン 仏語。教相と観心の二門。天台宗における理論的な教理研究の側面と実践的な修行の側面。➡観心 ➡教相

きょう-かん【経×函】キャウ 経文を入れる箱。経箱。

きょう-かん【経巻】キャウクヮン《「きょうがん」とも》経文を記した巻物。また、経典。

きょう-かん【郷貫】キャウクヮン《「貫」は戸籍の意》郷里の戸籍。本籍。また、郷里。

きょう-かん【郷関】キャウクヮン 故郷の国ざかい。また、郷里。「—をたちでる折」〈逍遥・当世書生気質〉
(類語)故郷・郷里・ふるさと・郷土・国・田舎・在所・国もと・郷党・郷国・家郷・故山・生地・生国

きょう-がん【強顔】キャウ〔名・形動〕あつかましいこと。また、そのさま。厚顔。「この男の—なることよ」〈鴎外訳・即興詩人〉

きょう-がん【競願】キャウグヮン〔名〕スル ある事柄の許可をめぐり、複数の個人または法人が官公署などに願い出ること。「私鉄二社が鉄道敷設を—する」

きょう-がん【響岩】キャウ 火山岩の一。アルカリ長石・霞石などを主成分とし、少量の有色鉱物を含み、暗緑色または暗灰色をした緻密な岩石。たたくと独特の音響を発する。フォノライト。

ぎょう-かん【行間】ギャウ ❶文章の行と行との間。「—ににじみ出る思い」❷印刷で、行と行とのあき。
行間を読・む 文章の表現されていない筆者の真意をくみとる。

ぎょう-かん【業間】ゲフ ❶授業や作業の合間。「—体操」❷業種と業種との中間的な部分。どの業種からも見落とされそうな仕事の領域。「—ビジネス」

きょう-かんかく【共感覚】音を聞くと色が見えるというように、一つの刺激が、それによって本来起こる感覚だけでなく、他の領域の感覚をも引き起こすこと。➡色聴

ぎょうがん-じ【行願寺】ギャウグヮン ►革堂

きょうかん-じごく【叫喚地獄】ケウクヮン 八大地獄の第四。殺生・偸盗・邪淫・飲酒をした者が落ち、熱湯や猛火の中で苦しめられ、泣きさけぶ所という。

きょうかん-の-じもく【京官の除目】キャウクヮン―ヂモク ► 司召の除目

きょうかん-ふくいんしょ【共観福音書】キョウクヮン 新約聖書のうち、マタイ・マルコ・ルカの三福音書のこと。内容や構成に一致点が多く、相互に参照が可能なため、こう呼ばれる。

きょう-き【凶器｜×兇器】人を殺傷するために用いられる道具。また、人を殺傷したときに用いられた道具。刀剣・銃・棒など。

きょう-き【狂気】キャウ 気が狂っていること。また、異常をきたした精神状態。「—の沙汰」
(類語)狂乱・気違い・乱心

きょう-き【狂喜】キャウ〔名〕スル 異常なまでに喜ぶこと。「合格通知に—する」「—乱舞」
(類語)歓喜・驚喜・欣喜雀躍・有頂天・随喜

きょう-き【×侠気】ケフ 弱い者を助けようとする気性。おとこぎ。「—に富んだ人」
(類語)男気・義侠・任侠・一本気・きっぷ

きょう-き【狭軌】ケフ 鉄道線路の軌間が標準軌間より狭いもの。JRでは新幹線を除くほとんどの在来線に使用し、1067ミリのものが多い。➡広軌

きょう-き【強記｜×彊記】キャウ〔名〕スル 記憶力がすぐれていること。また、よく記憶すること。「博覧—」「牡牛は驢馬の忠告を—し」〈永峰秀樹訳・暴夜物語〉

きょう-き【▽慶喜】キャウ 仏語。喜ぶこと。特に、他力の信心を得て、往生が定まったことを喜ぶこと。

きょう-き【競起】キャウ〔名〕スル 二つ以上の物事が、先を争うように起こること。「外寇内患一時に—し」〈染崎延房・近世紀聞〉

きょう-き【驚起】キャウ〔名〕スル おどろいて起きること。「警鐘の声のみを以て、充分に彼等を—せしむる能わざるを憂いしが」〈竜渓・経国美談〉

きょう-き【驚×悸】キャウ〔名〕スル 驚いて胸がどきどきすること。「元来彼は死と云うと、病的に—する種類の人間で」〈芥川・枯野抄〉

きょう-き【驚喜】キャウ〔名〕スル 思いがけない出来事に驚き喜ぶこと。「異国での再会に—する」
(類語)歓喜・狂喜・欣喜雀躍・有頂天・随喜

きょう-き【×驕気】ケウ おごり高ぶった気持ち。

きょう-ぎ【供犠】►くぎ(供犠)

きょう-ぎ【協議】ケフ〔名〕スル 集まって相談すること。「対策を—する」
(類語)合議・会談・謀議・評議・審議・会議・相談・打ち合わせ・下相談・談合・示談・話し合い・商議・評定・鳩首・凝議・内談

きょう‐ぎ【狭義】ケフ ある語が示す意味の範囲に幅があるとき、狭く限定したほうの意味。⇔広義。
(類語)意味・意義・意・意味合い・旨・ニュアンス・語感・本義・広義・義・概念・謂い・こころ・語意・語義・字義・文意・含意・含み
きょう‐ぎ【教義】ケウ ある宗教・宗派が真理と認めている教えの内容・体系。ドグマ。教理。
(類語)仏説・仏法
きょう‐ぎ【経木】キャウ ❶杉・檜などの木材を紙のように薄く削ったもの。菓子・料理の包装などに用いる。❷経文や法名を書く幅25センチほどの細長い薄板。寺に納め、追善供養とした。
きょう‐ぎ【競技】キャウギ〘名〙スル 一定の規則に従って、技術や運動能力の優劣を互いにきそうこと。「陸上―」「珠算―」
(類語)競争・プレー・競合・角逐・勝負・競り合い・競う・争う・張り合う・対抗する・比べる
ぎょうき【行基】ギャウキ [668～749]奈良時代の僧。百済系の渡来人、高志氏の出身。和泉の人。法相宗を学び、諸国を巡って布教。民衆とともに道路・堤防・橋や寺院の建設にあたったが、僧尼令違反として禁止された。のち、聖武天皇の帰依を受け、東大寺・国分寺建立に協力。日本最初の大僧正の位を授けられた。行基菩薩。ぎょうぎ。
ぎょう‐き【暁起】ゲウ〘名〙スル 朝早く起床すること。「―より夜眠に至るまで」〈中村訳・西国立志編〉
ぎょう‐き【×澆季】ゲウ《「澆」は軽薄、「季」は末の意》❶道徳が衰え、乱れた世。世の終わり。末世。「―溷濁の俗界」〈漱石・草枕〉❷後の世。後世。末代。「―にこれを伝へたり」〈平治・上〉
ぎょう‐ぎ【行儀】ギャウギ ❶礼儀の面からみた立ち居振る舞い。また、その作法・規則。「―よく座る」「―が悪い」❷しわざ。行状。「悉皆盗人の―か」〈浄・大経師〉❸仏語。行事の儀式のやり方。
(類語)礼儀・エチケット・マナー・作法
ぎょう‐ぎ【凝議】〘名〙スル 熱心に相談を重ねること。「鳩首―」「額をあつめて、何か―していた外交員の連中は」〈宮島資夫・金〉
(類語)相談・打ち合わせ・下相談・談合・示談・話し合い・合議・協議・商議・評議・評定・鳩首・内談
きょうぎ‐あみ【経木編み】キャウギ 経木を用いて物を編むこと。また、その編んだ物。
ぎょうぎ‐あられ【行儀×霰】ギャウギ 小紋染めの文様の名。霰の図柄が規則正しく並んでいるもの。
きょうぎ‐がく【教義学】ケウギ キリスト教の諸教義を体系的に解説しようとする神学の一部門。⇒組織神学
きょうぎ‐カルタ【競技カルタ】キャウギ 歌ガルタを競技にしたもの。小倉百人一首の札から50枚を抜き取り、相対する二人が各25枚ずつ自陣に並べる。敵陣の札を取った場合は自陣から1枚相手に渡すことができ、先に自陣の札がなくなった側を勝ちとする。
きょうぎ‐さなだ【経木▽真田】キャウギ 経木を細く切って真田ひものように編んだもの。夏帽子などの材料に用いる。
ぎょうぎ‐さほう【行儀作法】ギャウギサハフ 立ち居振る舞いのしかた。
ぎょうぎ‐しば【行儀芝】ギャウギ イネ科の多年草。草地や海岸に群生し、高さ10～25センチ。茎は地をはい、節から根を出す。初夏、数本の緑紫色の穂をつける。
きょうきじゅんびけっしゅう‐ざい【凶器準備結集罪】キョウキジュンビケッシフザイ 凶器準備集合罪となる集合をさせる罪。刑法第208条の3の第2項が禁じ、3年以下の懲役に処せられる。
きょうきじゅんびしゅうごう‐ざい【凶器準備集合罪】キョウキジュンビシフガフザイ 二人以上の者が、他人に害を加える目的で凶器を準備したり、凶器の準備があることを知って集合する罪。刑法第208条の3の第1項が禁じ、2年以下の懲役または30万円以下の罰金に処せられる。
きょうぎ‐じょう【競技場】キャウギヂャウ 各種の運動競技ができる、整備された総合的施設。
(類語)グラウンド・コート・コロシアム・スタジアム・球場・トラック・フィールド・運動場

ぎょうき‐ず【行基図】ギャウキヅ 行基が作ったとされる日本地図。現存しないが、体裁を模したと考えられるものが平安時代から江戸初期まで各種流布した。
ぎょうぎ‐ただし・い【行儀正しい】ギャウギ〘形〙文ぎゃうぎただ・し〘シク〙行儀をよく守っているさま。行儀がよい。「―・く座る」
ぎょうぎ‐づよ・い【行儀強い】ギャウギ〘形〙文ぎゃうぎづよ・し〘ク〙《近世語》行儀がよい。行儀正しい。「―・く義理も情も知ったる人」〈浄・油地獄〉
きょうぎ‐ながし【経木流し】キャウギ ❶供養のため、経木に死者の戒名を記して川や海に流すこと。❷大阪四天王寺で、春秋の彼岸や盆に、経木に故人の法名を書いて、金堂わきの亀の井の水に流す行事。
きょうぎ‐の‐みつやく【狭義の密約】ケフギ 国家間の条約や協定などで秘密にされている部分。他国に重要な権利・自由を与えたり、自国が重要な義務・負担を引き受けるなど、公表されている合意・了解とは異なる重要な内容を持つ国家間の合意・了解で、国民には知らされていないもの。平成21年(2009)11月から22年3月にかけて密約問題を検証した外務省の有識者委員会が示した密約に関する定義の一つ。⇒広義の密約
ぎょうき‐ぶき【行基×葺き】ギャウキ 本瓦葺きの一。丸瓦の下方が末広がりとなったものを用い、下方に置く丸瓦の細いほうを覆うように順々に重ねて葺いたもの。法隆寺金堂の玉虫厨子の屋根にみられる。
ぎょうき‐やき【行基焼(き)】ギャウキ 須恵器の俗称。和泉国大鳥郡で産したねずみ色の素焼きの陶器。行基が指図して焼きはじめたという。
きょう‐きゃく【橋脚】ケウ 橋桁を支える柱。
きょう‐きゅう【×匡救】キャウキウ〘名〙スル 悪を正し、危険などから救うこと。「―事業」
きょう‐きゅう【供給】キフ〘名〙スル ❶必要に応じて、物を与えること。「被災者に物資を―する」❷販売のために、商品を市場に出すこと。また、その数量。⇔需要。(類語)自給・与える
きょう‐きゅう【強弓】キャウキウ ▶ごうきゅう(強弓)
きょうきゅう‐けいやく【供給契約】キョウキフ 目的物の所有権の移転を、将来一定の時期に行う義務を負う契約。
きょうきゅう‐げん【供給源】キョウキフ 物を供給するもとになる所。「農業用水の―」
きょうぎゅう‐びょう【狂牛病】キャウギウビャウ「牛海綿状脳症」の俗称。
きょう‐きょ【×僑居】ケウ〘名〙スル 仮に住むこと。また、そのすまい。仮ずまい。寓居。「巴里の暑を避け、例に由て此湖辺に―す」〈織田訳・花柳春話〉
きょう‐ぎょ【強×禦】キャウ ❶悪が強くて善を受け付けないこと。❷武勇に優れること。
きょう‐きょう【×拱橋】ケウ アーチ型の橋。
きょう‐きょう【×驕×矜】ケウ〘名〙スル おごりたかぶること。「かくの如き説は、自ら―するの甚しきものといふべし」〈中村訳・自由之理〉
きょう‐きょう【▽軽▽軽】キャウキャウ〘形動ナリ〙言動がかるがるしいさま。軽率。「春宮の御弟の宮達は少し―にぞおはしましし」〈大鏡・兼家〉
きょう‐きょう【×恟×恟】〘ト・タル〙文〘形動タリ〙おそれおののくさま。びくびく。おどおど。「腫れ物にでも触れるように、―として立ち向かった」〈菊池寛・忠直卿行状記〉(類語)慄然・戦戦恐恐
きょう‐きょう【×洶×洶】〘ト・タル〙文〘形動タリ〙❶波などがわき立つさま。水音が騒がしいさま。「須臾にして波濤―の音漸く高く」〈鴎外訳・即興詩人〉❷騒ぎどよめくさま。「歳末の市中は物情―として」〈紅葉・金色夜叉〉
きょう‐きょう【×皎×皎】ケウケウ〘ト・タル〙文〘形動タリ〙白く光り輝くさま。こうこう。「―たる望月、黄金の船の如く」〈鴎外訳・即興詩人〉
きょう‐きょう【×兢×兢】〘ト・タル〙文〘形動タリ〙おそれつつしむさま。びくびくして安心できないさま。「後ろ暗いところがあって―としている」「戦々―」(補説)「戦々兢々」は「戦々恐々」とも書く。

きょう‐きょう【恐恐】〘副〙おそれかしこまるさま。
きょう‐ぎょう【協業】ケフゲフ〘名〙スル 一連の生産過程で多数の者が計画的、組織的に労働する生産形態。
きょう‐ぎょう【経行】キャウギャウ ❶仏語。心身を整えるために、一定の場所をゆっくり歩くこと。(補説)禅宗では「きんひん」と読む。❷堂内の仏前を静かに読経しながら歩くこと。
きょう‐ぎょう【経教】キャウゲウ 経文に説かれている教え。「―の深さ義理を悟り」〈今昔・七・二四〉
きょう‐ぎょう【競業】キャウゲフ 営業上の競争。
ぎょう‐きょう【業況】ゲフキャウ 各業種別、企業規模別などに判断する、ある時期の景気の状況。
きょうきょう‐きんげん【恐恐謹言】おそれながらつつしんで申し上げる、の意。手紙文の結びに記して敬意を表す。
きょうぎょう‐きんし【競業禁止】キャウゲフ ▶競業避止
きょうきょう‐くまん【胸▽脇苦満】キョウケフ 漢方の腹診で、みぞおちから胸のわきにかけて充満した感じで苦しく、肋骨の下を押すと抵抗がある症状。
ぎょうぎょう‐し【仰仰子|行行子】ギャウギャウ《その鳴き声から》オオヨシキリの別名。(季 夏)
ぎょうぎょう‐し・い【仰仰しい】ギャウギャウ〘形〙文ぎゃうぎゃう・し〘シク〙大げさである。「―・く飾りたてる」「―・いあいさつ」(補説)「仰仰」は近世以降の当て字で、室町時代の表記からみると、「業業」「凝凝」「希有希有」などから生じたと考えられる。「仰」「仰山」の「ぎょう」も同語源。(派生)ぎょうぎょうしげ〘形動〙ぎょうぎょうしさ〘名〙
きょうぎょうしんしょう【教行信証】ケウギャウシンショウ 鎌倉前期の仏教書。親鸞著。6巻。広く経典や解釈論の中から念仏往生の要文を抜粋・編集し、浄土真宗の教義を組織体系化した書。すべてを阿弥陀仏の回向の働きと捉え、信心に中心を置いて説く。顕浄土真実教行証文類。
ぎょうきょうはんだん‐しすう【業況判断指数】ゲフキャウハンダン 企業や業界などの景況感を数値化した指標。特に、日本銀行が四半期に一度発表する主要(全国)企業短期経済観測調査(日銀短観)の中心となる数値指標。景気がよいと判断した企業の割合から、悪いと判断した企業の割合を引いた数値で、「よい」だけであれば100、「よい」と「悪い」と同数であれば0となる。プラスであれば景気は上向いていると判断。景気の転換点を見るのに用いる。判断指数。業況判断DI。⇒景気動向指数
ぎょうきょうはんだん‐ディーアイ【業況判断DI】ゲフキャウハンダン《DIは、ディフュージョンインデックス(diffusion index)の略》▶業況判断指数
きょうぎょう‐ひし【競業避止】キャウゲフ 営業者と特定の関係にある者が、営業者の営業と競争的な性質の行為をしてはならないこと。商法・会社法上、営業譲渡人・支配人・代理商・持分会社の業務執行社員・取締役にこの義務がある。競業禁止。
きょう‐きょく【郷曲】キャウ 村ざと。かたいなか。
きょうきょ‐りせん【郷挙里選】キャウキョ 中国、漢代に行われた官吏登用制度。郷里の有能な者、有徳者を地方長官が官吏に推薦するもの。
きょうぎ‐りえん【協議離縁】ケフギ 養親子間の合意による縁組の解消。戸籍上の届け出によって効力を生じる。⇒裁判離縁
きょうぎ‐りこん【協議離婚】ケフギ 夫婦の合意による婚姻の解消。戸籍上の届け出によって効力を生じる。⇒裁判離婚
きょう‐きん【凶×饉】飢饉。不作。
きょう‐きん【恭謹】〘名・形動〙うやうやしくつつしみ深いこと。また、そのさま。「―にして而も気節に乏しからざる」〈紅葉・金色夜叉〉
きょう‐きん【胸筋】胸部の筋肉群。大胸筋とその奥層の小胸筋とがあり、上肢の運動や呼吸に関与する。
きょう‐きん【胸襟】胸のうち。心の中。
(類語)胸中・胸懐・胸裏・胸臆・胸間・胸三寸・意中・念頭・襟懐・方寸・思い・胸・考え
胸襟を開・く 思っていることをすっかり打ち明ける。

「―いて語り合う」

きょう-きん【頰筋】ケフ ほおの部分の筋肉。

きょう-く【狂句】キャウ ❶無心連歌のこと。❷松尾芭蕉の俳諧で、風狂の精神に基づく自由闊達で洗練された句。❸川柳。〔類語〕川柳・雑俳

きょう-く【恐懼】〔名〕スル ❶おそれかしこまること。「震にただ―して落涙ならに止まらざるあるのみ」〈露伴・運命〉❷候文の手紙の末尾に記し、敬意を表す語。「再拝―」「―謹言」❸昔、朝廷からとがめを受け、家にこもって謹慎すること。

きょう-く【教区】ケウ 布教や信者の指導・監督の便宜上設けられた区域。

きょう-く【驚懼】キャウ〔名〕スル おどろきおそれること。「君敢て世人の軽浮表裏相異なるを憎んで、伯父母を―せしめしことあり」〈織田訳・花柳春話〉

きょう-ぐ【狂愚】キャウ 道理を心得ず愚かなこと。

きょう-ぐ【供具】神仏や来客などに飲食を供すること。また、その器具。くぐ。

きょう-ぐ【教具】ケウ 学習を効果的に行うための用具。黒板・掛け図・標本・視聴覚器具・運動用具など。〔類語〕教材・校具

きょう-ぐう【僑寓】ケウ 仮の住まい。僑居きょ。

きょう-ぐう【境遇】キャウ その人が置かれた、家庭環境・経済状態・人間関係などの状況。身の上。境涯。「恵まれた―に育つ」〔類語〕環境・境界・境地・身空

きょう-くだり【京下り】キャウ 京都から地方へ行くこと。下向げ。「当国中の―の輩」〈吾妻鏡・一〉

きょう-くつ【敬屈】キャウ ▶けいくつ(敬屈)

きょう-くよう【経供養】キャウクヤウ ❶経文を写し終えたとき、仏前に供えて法会を営むこと。❷陰暦3月2日に、四天王寺の太子夢殿で行われた法会。

ぎょう-くらべ【行比べ】ギャウ 仏道修行で得た力を比べ合うこと。「いで―致すべし」〈松の葉・四〉

きょう-くん【教訓】ケウ〔名〕スル 教えさとすこと。また、その内容・言葉。「―をたれる」「―を得る」〔類語〕教誨きょう

きょうくんしょう【教訓抄】ケウクンセウ 鎌倉時代の雅楽書。10巻。狛近真ちかざね著。天福元年(1233)成立。楽曲の口伝・由来や楽器の奏法を記す。「体源抄」「楽家録」と合わせて三大楽書とよばれる。

きょう-け【京家】キャウ 藤原氏四家の一。不比等ふひとの四男麻呂まろを祖とする。麻呂が左京大夫を兼ねたのでこの名がある。

きょう-け【教化】ケウ〔名〕スル《「きょうげ」とも》❶仏語。人々を教え導いて仏道に入らせること。教導化益けやく。❷法要の際、仏前で朗唱する讃の一種。

ぎょう-け【行化】ギャウ 仏語。❶修行と教化きょう。❷修行を終えて教化のために巡り歩くこと。

きょう-けい【恭敬】〔名〕スル つつしみ、うやまうこと。くぎょう。「畏まって慇懃―を尽した青年」〈魯庵・社会百面相〉

きょう-けい【鏡径】キャウ 円形の鏡やレンズの口径。

ぎょう-けい【行刑】ギャウ 自由刑を執行すること。

ぎょう-けい【行啓】ギャウ《古くは「ぎょうげい」とも》太皇太后・皇太后・皇后・皇太子・皇太子妃・皇太孫が外出すること。➡行幸ぎょう

ぎょう-けい【暁鶏】ゲウ 夜明けを知らせる鶏の鳴き声。また、その時刻。

ぎょうけい-かん【行刑官】ギャウケイクヮン 行刑に従事した刑務所などの官吏。現在では刑務官または矯正職員という。

きょう-げき【京劇】キャウ 中国の古典劇の一。清代に南曲が北京に伝わって成立。胡弓こきゅう・月琴・銅鑼どらなどの伴奏で、歌・せりふ・しぐさ・立ち回りによりストーリーを展開する演劇。京戯。けいげき。

きょう-げき【挟撃｜夾撃】ケフ〔名〕スル 両方からはさみ撃ちにすること。「前後から敵を―する」〔類語〕攻撃・襲撃・急襲・強襲・突撃・進撃・進攻・侵攻・攻勢・狙ねらい撃ち・征伐せいばつ・総攻撃・攻略・直撃・迫撃・挟み撃ち・出撃・追い撃ち・追撃・アタック・襲おそう・襲いかかる・攻める・攻めかかる・攻め立てる

きょう-げき【矯激】ケウ〔名・形動〕言動などが並はずれて激しいこと。また、そのさま。「―の言を弄して自ら欺き」〈独歩・運命〉〔類語〕激しい・凄すさまじい・強烈・猛烈・激烈・熾烈しれつ・苛烈かれつ・激甚・急激・急・峻烈しゅんれつ・激越・ドラスチック・ファナティック

きょう-けち【夾纈】ケフ 奈良時代に行われた染色法。文様を彫った2枚の板の間に折り畳んだ布帛ふはくを固く挟み、文様の部分に孔あなをあけて染料を注いで染める。板締め。

きょう-けつ【供血】〔名〕スル 輸血用の血液を提供すること。

きょう-けつ【皎潔】ケウ〔形動タリ〕▶こうけつ(皎潔)

ぎょう-けつ【凝血】〔名〕スル 体外に出た血液が固まること。また、その固まった血。

ぎょう-けつ【凝結】〔名〕スル ❶「凝縮ぎょうしゅく❷」に同じ。❷コロイド溶液に電解質を加えると、コロイド粒子が大きくなって沈殿する現象。凝固。凝析。❸感情や考えがこりかたまること。「私の思いは、ただ一点に向かって―されていたのである」〈太宰・チャンス〉〔類語〕凝縮・凝固・固まる・収縮・萎縮・縮小・縮み・短縮・濃縮・圧搾・圧縮・縮める

ぎょう-げつ【暁月】ゲウ 明け方の月。「―将に遠山に没せんとす」〈織田訳・花柳春話〉

ぎょうけつ-かく【凝結核】大気中に含まれる水蒸気が凝縮して水滴を生じるときの核となる微粒子。塵埃じんあい・塩類の微粒子や炭粉など。核。

きょうげ-べつでん【教外別伝】ケウグヱ 禅宗で、仏の悟りを伝えるのに、言葉や文字によらず、心から心へと直接伝えること。➡不立文字ふりゅうもんじ

きょう-けん【凶険｜兇険】〔名・形動〕心がよこしまで荒々しいこと。また、そのさま。「汝ら沙門の恐るる如き、―無道の悪魔ならんか」〈芥川・るしへる〉

きょう-けん【狂犬】キャウ 狂犬病にかかった犬。

きょう-けん【狂狷】キャウ《「論語」子路から》いちずに理想に走り、自分の意思をまげないこと。

きょう-けん【恭倹】〔名・形動〕人に対してはうやうやしく、自分自身は慎み深く振る舞うこと。また、そのさま。「―己れを持す」

きょう-けん【恭謙】〔名・形動〕慎み深く、へりくだること。また、そのさま。「―な態度で人に接する」〔類語〕敬虔けいけん・謙虚

きょう-けん【強肩】キャウ 野球で、球を速く遠くまで正確に投げることができること。「―の外野手」

きょう-けん【強健】キャウ〔名・形動〕からだが強くて丈夫であること。また、そのさま。「―な身体」〔派生〕きょうけんさ〔名〕〔類語〕頑丈・堅牢・堅固・頑強・強固・屈強・確固・元気・健康・丈夫・無病息災・無事・健勝・清勝・健すこやか・壮健・健全・達者・まめ・つつがない・息災・強壮・頑健・矍鑠かくしゃく

きょう-けん【強堅】キャウ〔名・形動〕強く、しっかりしていること。また、そのさま。堅固。「―な意志」〔類語〕確かり・丈夫・堅固けん・頑丈・堅牢けんろう・強靭きょうじん

きょう-けん【強権】キャウ 国家が司法上・行政上有する強い権力。

きょう-けん【教権】ケウ ❶教師が学生・生徒に対してもつ権力。❷宗教上の権威。特に、ローマ-カトリック教会または教皇の権威・権力。

きょう-げん【狂言】キャウ ❶日本の古典芸能の一。猿楽のこっけいな物真似まねの要素が洗練されて、室町時代に成立したせりふ劇。同じ猿楽から生まれた能に対する。江戸時代には大蔵・和泉いずみ・鷺さぎの三流があったが、鷺流は明治末期に廃絶した。本狂言と間あい狂言に大別される。能狂言。❷歌舞伎。また、その出し物。歌舞伎狂言。❸人をだますために仕組んだ作り事。「―強盗」❹道理にはずれた言葉や動作。「仏法を知らざる痴人ちじんの―なり」〈正法眼蔵・礼拝得髄〉❺戯れの言葉。ざれごと。冗談。また、ふざけて、おもしろおかしく言うこと。「正直にては良き馬はまうくまじかりけりと―して」〈盛衰記・三四〉

きょう-げん【郷原｜郷愿】キャウ 道徳家を装って、郷里の評判を得ようとする俗物。

郷原は徳の賊《「論語」陽貨から》道徳家を装う者は、かえって徳をそこなうものである。

きょう-げん【嬌言】ケウ なまめかしい言葉。嬌語。

きょう-げん【興言】〔名〕スル 一時の興にまかせて言うこと。また、その言葉。座興の言。「後撰、古今ひろげて―し遊びて」〈大鏡・道兼〉

きょうげん-うたい【狂言謡】キャウゲンうたひ 狂言中でうたわれる歌謡。特定の狂言にうたわれるもの、独立した小曲で諸狂言に用いられるものなどがある。

きょうげん-おうぎ【狂言扇】キャウゲンあふぎ 狂言で用いる扇。流儀によって図柄が決まっている。また、大名は金地、小名は銀地、太郎冠者は鳥の子地など、役柄で色も異なる。

きょうげん-かた【狂言方】キャウゲン ❶演能の際に、狂言を演じる人。本狂言・間あい狂言・三番叟さんばそうなどをつとめる。狂言師。❷歌舞伎の狂言作者のこと。江戸後期には特に四、五枚目の下級作者をいい、立作者の下でせりふの書き抜き、幕の開閉などの仕事をした。

きょうげんき【狂言記】キャウゲンキ 江戸時代に読み物として流布した、狂言詞章の版本の総称。万治3年(1660)から享保15年(1730)にかけて刊行された「絵入狂言記」「新板絵入狂言記外五十番」「絵入続狂言記」「絵入狂言記拾遺」の4種。いずれも50番を収め、詞章は群小諸派によるものといわれる。

きょうげん-きぎょ【狂言綺語】キャウゲン ▶きょうげんきご(狂言綺語)

きょうげん-きご【狂言綺語】キャウゲン 道理に合わない言葉と巧みに飾った言葉。仏教・儒教などの立場から、小説・物語の類をいう。きょうげんきぎょ。

きょうげん-こうたい【狂言小謡】キャウゲンこうたひ 狂言謡の一種。主として本狂言の酒宴の場で、酌に立つときにうたう短い謡。謡曲の一節からとったものが多い。

きょうげん-ごうとう【狂言強盗】キャウゲンガウタウ 自分が金品を着服したうえで、強盗に襲われてその金品を奪われたようにふるまうこと。

きょうげん-こまい【狂言小舞】キャウゲンこまひ ▶小舞こまい❶

きょうげん-ざ【狂言座】キャウゲン 能舞台で、橋懸かりの付け根の奥の一隅。後見柱の向かって左脇で、間あい狂言をつとめる役者が、自分の演技の前後に控える場所。間座あいざ。

きょうげん-さくしゃ【狂言作者】キャウゲン 歌舞伎で、劇場専属の劇作者。宝暦(1751～1764)ごろ、立作者・二枚目・三枚目・狂言方・見習作者の制度が確立した。劇作のほかに演出事務・舞台監督なども担当。

きょうげん-し【狂言師】キャウゲン ❶狂言を演じる役者。❷江戸時代、大奥や諸大名の奥向きに出向いて歌舞伎狂言を演じ、また、奥女中に歌舞や音曲を教えた女師匠。お狂言師。

きょうげん-じさつ【狂言自殺】キャウゲン 死ぬつもりがないのに、人をだますために自殺のふりをしてみせること。「金につまると―をして田舎の親たちを、おどかす」〈太宰・東京八景〉

きょうけん-しゅうかい【教研集会】ケウケンシフクヮイ《「教育研究全国集会」の略》日本教職員組合が主催する研究集会。民主教育の確立を目標とし、教育問題を実践的、総合的に検討する。毎年1回開催。

きょうげん-じょうるり【狂言浄瑠璃】キャウゲンジャウルリ 歌舞伎狂言の劇中で演じられる常磐津ときわず・清元などの浄瑠璃による所作事しょさごと。

きょうげん-づくし【狂言尽(く)し】キャウゲン ❶能と交互に上演するのでなく、狂言だけを何番か上演すること。またその会。❷歌舞伎のこと。「物真似まね狂言尽くし」を略して称したもの。

きょうげん-ばかま【狂言袴】キャウゲン 狂言で、太郎冠者および商人・百姓などの役のつける袴。紋散らしの模様がある。半袴。

きょうげん-ばしら【狂言柱】キャウゲン《狂言座の向かってすぐ右にあるところから》後見柱こうけんばしらの異称。

きょうけん-はつどう【強権発動】キャウケン 強権を実際に行使すること。特に、第二次大戦直後、農家が米の供出を拒んだとき、政府が警察力を使って強制的に供出させたこと。

きょうけん-びょう【狂犬病】キャウケンビャウ 人畜共通の感染

症。感染症予防法の4類感染症、家畜伝染病予防法の監視伝染病(家畜伝染病)の一。病原体は狂犬病ウイルスで、人への感染は病獣(犬、オオカミ、キツネなど)の咬み傷などから発症する。神経系を冒され、興奮状態となり、よだれを流し、全身の痙攣けいれん・麻痺まひを起こして死に至る。反射が亢進し、水を飲んだり見たりするとのどに痛みを伴う痙攣が起こるので、恐水病ともいう。

きょうげん-ぼん【狂言本】キャウゲン 歌舞伎狂言の筋をまとめた版本。元禄年間(1688〜1704)に流行した。多くは挿絵が入っているので絵入り狂言本ともいう。

きょうげん-まく【狂言幕】キャウゲン ▶定式幕じょうしきまく

きょうげん-まわし【狂言回し】キャウゲンマハシ ❶歌舞伎劇で、筋の運びや主題の解説に終始必要な役柄。❷表立たずに物事の進行をつかさどる人物。「社長交代劇の一をつとめる」

きょうげん-めん【狂言面】キャウゲン 狂言で用いる面。おかしみのあるものが多い。神・鬼や動物のほか、老人・醜女の役などに用いる。武悪ぶあく・嘯吹うそふき・賢徳・乙おとなど。

きょうげん-やくしゃ【狂言役者】キャウゲン 歌舞伎狂言を演じる役者。

きょうげん-りこう【興言利口】即興の巧みな話術。

きょう-こ【強固】キャウコ・【×鞏固】キョウコ〔形動〕図〔ナリ〕強くしっかりして、ゆるがないさま。「一な意志」
(類語)頑丈・堅牢・堅固・頑強・屈強・強健・確固・固い・しっかり・揺るぎない・牢固ろうこ・磐石ばんじゃく・金城鉄壁きんじょうてっぺき

きょう-ご【▽向後┊×嚮後】キャウゴ ▶きょうこう(向後)

きょう-ご【教護】ケウゴ〔名〕スル 非行少年などを、教育し保護すること。(類語)保護・監護

ぎょう-こ【暁鼓】ゲウコ 夜明けを知らせる太鼓。

ぎょう-こ【凝固】〔名〕スル ❶こりかたまること。「血液が一する」❷液体または気体が固体に変わる現象。水が氷になるなど。❸「凝結❷」に同じ。
(類語)凝縮・凝結・固まる・収縮・萎縮・縮小・縮み・短縮・濃縮・圧搾・圧縮・縮める

きょうご-いん【教護院】ケウゴヰン 児童福祉法に基づく児童福祉施設の一。平成9年(1997)同法改正により児童自立支援施設と改称。

ぎょうこ-いんし【凝固因子】▶血液凝固因子

きょう-こう【凶行┊×兇行】ヵウ 殺人・傷害などの凶悪な行為。「一に及ぶ」「一現場」
(類語)悪事・悪行・旧悪・罪

きょう-こう【凶荒】クヮウ 農作物の出来が非常に悪いこと。凶作。(類語)不作・凶作・飢饉ききん

きょう-こう【匡衡】キャウカウ 中国、前漢の学者。字あざなは稚圭ちけい。貧しくて灯油が買えず、壁に穴をあけて隣家の明かりで書を読み、学者となったという。「詩経」に通じ、礼制の改革を進言した。生没年未詳。

きょう-こう【▽向後┊×嚮後】キャウ 今からのち。今後。きょうご。「我輩が監督する以上は一理窟を一切いっさい聞かない」〈魯庵・社会百面相〉(対)向来きょうらい。

きょう-こう【峡江】ケフカウ ▶フィヨルド

きょう-こう【×拱構】アーチ形の構造物。

きょう-こう【恐慌】クヮウ〔名〕スル ❶おそれあわてること。「一をきたす」「是ここに於おいて誰たれか一し、狼狽ろうばいし」〈紅葉・金色夜叉〉❷生産過剰などの原因により、景気が一挙に後退する現象。株価などの暴落、失業者や滞貨の増大、企業の倒産、銀行の取り付けなどの混乱が起こる。1929年アメリカから始まり、全世界に及んだ大恐慌が有名。パニック。

きょう-こう【恐×惶】クヮウ〔名〕スル ❶おそれること。おそれかしこまること。恐懼きょうく。「弟子たちの困憊こんぱいと一との間にあって」〈中島敦・弟子〉❷改まった手紙の末尾に書き添え、相手に敬意を表す語。

きょう-こう【胸×腔】カウ 胸膜で覆われた、胸郭の内部。肺・心臓などを収める。きょうくう。
(類語)胸・胸部・胸郭きょうかく・胸板むないた・胸間きょうかん・胸元むなもと・胸先むなさき・胸倉むなぐら・懐ふところ・胸壁・バスト・チェスト

きょう-こう【強行】キャウカウ〔名〕スル 無理を押しきって強引に行うこと。「採決を一する」「一突破」
(類語)決行・敢行・断行・行う・実行

きょう-こう【強攻】キャウコウ〔名〕スル 損害や危険を覚悟で強引に攻めること。「一策に出る」(類語)先攻・後攻・速攻

きょう-こう【強硬】キャウカウ〔名・形動〕自分の立場・主張を強い態度であくまでも押し通そうとすること。また、そのさま。「一な態度」「一に反対する」(派生)きょうこうさ〔名〕(類語)頑固・硬骨・頑固一徹・たか派

きょう-こう【教皇】ケウクヮウ ローマ-カトリック教会の最高位の聖職。地上におけるキリストの代理、使徒ペテロの後継者であり、全教会に対する首位権をもつ。法王。ローマ教皇。きょうおう。➡バチカン

きょう-こう【郷校】キャウカウ 「郷学ごうがく」に同じ。

きょう-こう【郷貢】キャウコウ 中国で、唐代、士を採用するのに学校によらず、州県の長官の選抜によった者。

きょう-こう【橋構】ケウ 橋に用いる構桁こうけた。

きょう-ごう【叫号】ケウガウ〔名〕スル 大声で叫ぶこと。「風波に駭おどろきし一の声は」〈鷗外訳・即興詩人〉

きょう-ごう【協合】ケフガフ〔名〕スル 親しみとけ合うこと。和合。「頗る天理に一すと雖も」〈加藤弘之・明六雑誌三一〉

きょう-ごう【▽校合┊×挍合】ケウガフ〔名〕スル 2種以上の写本・刊本などを比べ合わせて、本文の異同を確かめたり誤りを正したりすること。校書。こうごう。
(類語)改訂・訂正・修訂・勘校・校閲・校正・直す

きょう-ごう【強剛】キャウガウ〔名・形動〕強くて屈しないこと。手ごわいこと。また、そのさま。「市九郎の一なる意志を、知りぬいて」〈菊池寛・恩讐の彼方に〉

きょう-ごう【強豪】キャウガウ 勢いが盛んで強いこと。また、その人。「一どうしの対決」

きょう-ごう【競合】キャウガフ〔名〕スル ❶せりあうこと。きそいあうこと。「大手各社が一する市場」❷私法上、単一の事実または要件について、評価あるいはその効果が重複すること。また、刑法で、同一行為が数個の罪名にあたること。❸コンピューターで、異なるソフトウエアやハードウエアが、同じファイルにアクセスしたり、同じデバイスを利用したりすることで、動作が不安定になったり、データ更新の整合性が失われてしまったりすること。
(類語)競争・角逐かくちく・勝負・競せり合い・競技・プレー・競きそう・争う・張り合う・対抗する・比べる

きょう-ごう【×驕傲】ケウガウ〔名・形動〕おごりたかぶること。また、そのさま。「先次第で一になったり柔和になったり」〈福沢・福翁自伝〉

ぎょう-こう【行幸】ギャウカウ〔名〕スル《「ぎょうごう」とも》天皇が外出すること。行く先が2か所以上にわたるときには巡幸という。みゆき。➡行啓ぎょうけい

ぎょう-こう【暁光】ゲウクヮウ 明け方の空の光。

ぎょう-こう【暁更】ゲウカウ 夜明け時。あかつき。

ぎょう-こう【×僥×倖】ゲウカウ〔名〕スル ❶思いがけない幸い。偶然に得る幸運。「一を頼むしかない」「一にめぐりあう」❷幸運を願い待つこと。「生死の境の中に生きることを一しなければならない運命」〈有島・生れ出づる悩み〉(類語)ラッキー・幸運・付き・幸せ

ぎょう-ごう【行香】ギャウカウ《「ぎょうこう」とも》❶法会ほうえのとき、参会の僧たちに焼香の香を配り渡すこと。また、その役目の人。❷僧が堂内や諸堂を回って、また施主などが寺に参って、焼香すること。

ぎょう-ごう【行業】ギャウゴフ ❶仏道の修行。❷行い。行状。「我、聖人しょうにんの一を聞く」〈今昔・七・一七〉

きょうこう-きてい【強行規定】キャウカウ ▶強行法規

きょうこう-きんげん【恐×惶謹言】キョウクヮウ《おそれつつしんで申しあげる意》改まった手紙の末尾に書き添え、相手に敬意を表す語。恐惶敬白。

きょうこう-ぐん【強行軍】キャウカウ ❶通常より行程を多くきびしくした行軍。❷時間的にゆとりのない計画で、無理に事を進めること。「二日間の一であちこち回ってきた」

きょうこう-けいはく【恐×惶敬白】キョウクヮウ「恐惶謹言」に同じ。

きょう-ごうし【京格子】キャウガウシ 竪子たてこの特に細い連子れんじ格子。京都の民家に多くみられる。

きょうごう-だっせん【競合脱線】キャウガフ 列車が、複数の要因で脱線すること。

きょうこう-ちょう【教皇庁】ケウクヮウチャウ 全世界のローマ-カトリック教会の行政およびバチカン市国統治の中央機関。教皇と枢機卿によって運営される。法王庁。ローマ聖庁。ローマ教皇庁。

きょうこう-は【強硬派】キャウカウ 自分の主張を貫くために、強い態度であくまでも押し通そうとする立場の人。(対)穏健派。(類語)鷹派・武闘派

きょうこう-ほう【強行法】キャウカウハフ ▶強行法規

きょうこう-ほうき【強行法規】キャウカウハフキ 当事者の意思にかかわらず、法として画一的に適用される規定。公法上の規定に多い。強行法。強行規定。➡任意法規

きょうこう-りょう【教皇領】ケウクヮウリャウ ローマ教皇が世俗的支配権をもって統治する領域。中世を通じて変遷を遂げ、ナポレオンによりいったん廃絶、のち復活。1929年、ラテラノ条約によりバチカン市国となる。法王領。

きょう-こく【峡谷】ケフ 幅が狭く、両側が切り立った崖がけからなる谷。

きょう-こく【強国】キャウ 軍事的、経済的に強い勢力をもつ国。(類語)大国・列強

きょう-こく【郷国】キャウ 故郷。ふるさと。「豈あに一日とても一恋しからざらんや」〈独歩・愛弟通信〉
(類語)故郷・郷里・ふるさと・郷土・国・田舎・在所・国もと・郷党・郷関・家郷・故山・生地・生国

きょう-こく【▽頃刻】キャウ しばらくの間。けいこく。「一に変化して百度戦ふと雖いえども」〈太平記・四〉

きょう-ごく【京極】キャウ ㊀平安京の四周の大路。それぞれ東京極・西京極・南京極(九条大路)・北京極(一条大路)といった。㊁京都市の新京極の通称。

きょうごく【京極】キャウ ㊀姓氏の一。㊁室町時代の守護大名。佐々木信綱の四男氏信が京都の京極に邸を構えたのに始まる。四職ししき家の一。

きょうごく-たかつぐ【京極高次】キャウ［1563〜1609］安土桃山・江戸初期の武将。妻は豊臣秀吉の側室淀君の妹。織田信長、のち豊臣秀吉に仕え、九州征伐などに従軍。近江おうみ大津城主。関ヶ原の戦いでは東軍につき、若狭小浜8万5千石の城主となる。

きょうごく-ためかね【京極為兼】キャウ［1254〜1332］鎌倉後期の歌人。藤原定家の孫為教ためのりの子。二条家と歌道の主導権を争い、革新的な歌風を樹立。玉葉集を編集した。政治上、持明院統に属し、佐渡・土佐に流された。歌論書「為兼卿和歌抄」がある。

きょうごく-なつひこ【京極夏彦】キャウ［1963〜　］小説家。北海道の生まれ。本名、大江勝彦。妖怪・民俗学の知識を生かした幻想的な長編ミステリーを数多く手がけ、幅広い読者層を獲得する。「後巷説のちのこうせつ百物語」で直木賞受賞。他に「嗤わらう伊右衛門」「覘のぞき小平次」「魍魎もうりょうの匣はこ」など。

きょうごく-の-うえ【京極上】キャウゴクノウヘ 宇津保物語の登場人物。清原俊蔭の娘で、父から伝えられた七絃琴の秘曲を、息子の藤原仲忠に伝授する。

きょうごく-は【京極派】キャウゴク 藤原定家の孫為教ためのりを祖とする和歌の流派。為教の兄為氏ためうじの二条家歌道と正統性を争って革新的歌風を唱えた。作風は玉葉集、また風雅集にあらわれる。京極家。➡二条派 ➡冷泉れいぜい派

きょう-こそで【京小袖】キャウ 京染めの小袖。

きょう-こつ【×侠骨】ケフ 義侠心の強い気質。おとこだての気性。

きょう-こつ【胸骨】胸郭の前面中央にある、平たくて細長い骨。上縁両側は鎖骨と関節をなし、側縁左右に第1〜7肋骨ろっこつが連結。下端は剣状突起となり、みぞおちに位置する。

きょう-こつ【▽軽×忽┊▽軽骨】キャウ〔名・形動〕❶かるがるしいこと。軽はずみなこと。また、そのさま。けいこつ。「忽ちきゃっきゃっと一な声を発し」〈二葉亭・浮雲〉❷ばかげたこと。とんでもないこと。また、そのさま。「なう一や、この年になって恋をするものか」〈虎明狂・枕物狂〉❸軽くみること。軽蔑すること。「公家くげの成敗を一し」〈太平記・二一〉

きょう-こつ【▽頰骨】ケフ ほおの隆起をなす骨。眼窩がんかの底部外方に一対ある。顴骨けんこつ・かんこつ。ほおぼね。

ぎょう-こつ【行▽乞】ギャウ 十二頭陀ずだの一。僧侶が乞食こつじきをして歩くこと。托鉢たくはつ。

ぎょう-こつ【×髐骨】ゲウ 肉の落ちてしまった骨。白

骨。また、白骨のようにやせ衰えていること。「膚(はだへ)は―と衰えたり」〈謡・景清〉

ぎょうこ-てん【凝固点】液体または気体の凝固が生じる温度。液体では融点、気体では昇華点に等しい。

ぎょうこてん-こうか【凝固点降下】ーカウカ 純粋な液体の凝固点よりも、他の物質を溶かしたときのほうが、凝固点が低くなる現象。電離しない物質を溶かしたときは、そのモル数に比例して降下し、物質の種類に関係しない。分子量の決定などに利用。分子降下。氷点降下。

きょう-ことば【京言葉┊京▽詞】キャウー 京都の人の話す言葉。優美な言葉とされた。京都弁。

ぎょうこ-ねつ【凝固熱】液体または気体が凝固するときに外部に放出する熱量。融解熱または昇華熱に等しい。

きょう-このごろ【今-日×此の頃】けふー 近ごろ。昨今。最近。「寒さ厳しい―」

きょう-ごよみ【京暦】キャウー 昔、京都の陰陽寮(おんようりょう)で発行した暦。地方で作ったものに対していう。

きょう-さ【教唆】ケウー〔名〕スル ❶ある事を起こすよう教えそそのかすこと。「―扇動」「法外な給料増加の請求を坑夫等に―し」〈木下尚江・火の柱〉 ❷他人をそそのかして犯罪実行の決意を生じさせること。

(類語)おだてる・唆す・仕向ける・指嗾(しそう)

ぎょう-さ【行作】ギャウー 行儀作法。ふるまい。おこない。「さて身の―を見れば、物知り顔に我をたかぶり」〈都鄙問答〉

ぎょう-さ【業作】ゲフー 仕事をすること。作業。「人の―は妨ぐ可らず」〈福沢・学問のすゝめ〉

きょう-さい【凶歳】農作物が不作の年。凶年。

きょう-さい【共済】相互に助け合い、力を合わせて事をなすこと。「―事業」⇒共済組合

きょう-さい【共催】〔名〕スル 二つ以上の団体が共同で一つの催しを行うこと。「新聞社と―する」

(類語)合同・協同・連携・提携・連名・共有・共用・催合(もやい)・タイアップ・協力・協賛・参与・チームワーク・関与・共同・開催・挙行・主催・執行

きょう-さい【×匡済】キャウー〔名〕スル 悪をただし、乱れをすくうこと。「泰西流の政理をもってこれを―する」〈陸羯南・近時政論考〉

きょう-さい【恐妻】夫が妻に対して頭の上がらないこと。「―家」

きょう-さい【境栽】キャウー 花壇や道路などに沿って帯状に植えた低木や園芸植物。

きょう-ざい【共在】〔名〕スル 二つ以上の事物、また、事物の性質が同時に存在すること。「古い歴史と新しい文化の―する国」

きょう-ざい【教材】ケウー 授業や学習に用いる諸種の材料。教科書・副読本・標本などをいう。

(類語)教具・校具

ぎょう-さい【業際】ゲフー 異なる事業分野にまたがること。「―市場」

きょうさい-くみあい【共済組合】ーくみあひ 同種の職業または同一の事業などに従事する者の相互扶助を目的とする団体。組合員の疾病・負傷・死亡・退職などに際し、一定の給付を行う。国家公務員、地方公務員、私立学校教職員が作る組織で、それぞれが加入する健康保険・年金保険の保険者。⇒共済年金 (補説)日本鉄道共済組合(JR共済)、日本たばこ産業共済組合(JT共済)、日本電信電話共済組合(NTT共済)が平成9年(1997)に、農林漁業団体職員共済組合が同14年に厚生年金保険に統合された。

きょうさい-ねんきん【共済年金】国家公務員・地方公務員・私立学校教職員の各共済組合が給付する年金。退職共済年金・障害共済年金・遺族共済年金などがあり、基本的には厚生年金の老齢厚生年金・障害厚生年金・遺族厚生年金に準じて給付される。⇒公的年金

きょうさ-かんせつ【胸鎖関節】ークワンセツ 胸骨と鎖骨とがつくる関節。

きょう-さく【凶作】農作物の出来が非常に悪いこと。ひどい不作。「二年続きの―」(季 秋) ⇔豊作。

(類語)不作・凶荒・飢饉(ききん)

きょう-さく【狭×窄】ケフー〔名・形動〕すぼまって狭いこと。また、そのさま。「海峡の―な部分」「視野―」

(類語)狭い・狭苦しい・せせこましい・手狭(てぜま)・狭小・狭隘(きょうあい)・窮屈

きょう-さく【▽警策】キャウー〔名・形動ナリ〕❶禅宗で、座禅中の僧の眠けや心のゆるみ、姿勢の乱れなどを戒めるため、肩などを打つ木製の棒。長さ1メートルほどで、先は扁平な板状。けいさく。❷《「きょうざく」とも》㋐人が驚くほど詩文にすぐれていること。また、そのさま。こうざく。「文ども―に、舞、楽(がく)、物の音ども、ととのほりて」〈源・花宴〉 ㋑人柄・容姿・物事などがすぐれてりっぱなこと。また、そのさま。こうざく。「御心ばへもいと―に、御かたちもいとうるはしく」〈増鏡・三神山〉

きょう-さく【競作】キャウー〔名〕スル 数人が作品をきそって作ること。「桜をテーマに写真家が―する」

(類語)合作・連作・オムニバス

きょうさく-しゃげき【狭×窄射撃】ケフサクー 狭い場所で特別の実包を用いてする射撃。

きょうさく-しょう【狭×窄症】ケフサクシャウ 心臓弁膜症の分類の一つ。心臓の弁膜が十分に開かなくなり、心房から心室、あるいは心室から動脈(大動脈・肺動脈)へ血液が送り出されにくくなる疾患。4つの弁膜(僧帽弁・大動脈弁・三尖弁・肺動脈弁)のいずれかまたは複数に生じる。また、一つの弁膜に狭窄症と閉鎖不全症が同時に生じる場合もある。⇒僧帽弁狭窄症 ⇒僧帽弁狭窄兼閉鎖不全症 ⇒大動脈弁狭窄症 ⇒大動脈弁狭窄兼閉鎖不全症

きょう-さつ【挟殺】ケフー〔名〕スル 野球で、走者を塁と塁の間に挟みうちにしてアウトにすること。

きょう-さつ【恐察】〔名〕スル 他人の事情を推察することをへりくだっていう。拝察。「余儀なき御趣意を―して」〈藤村・夜明け前〉

きょう-ざつ【×夾雑】ケフー 余計なものがまじりこむこと。

きょうざつ-ぶつ【×夾雑物】ケフザツー あるものの中にまじっている余計なもの。「―を取り除く」

きょうさ-はん【教唆犯】ケウサー 他人を教唆して犯罪を実行させること。また、その者。共犯の一種で、正犯に準じて罰せられる。

きょう-ざまし【興▽醒まし】〔名・形動〕楽しい気分や興味をそぐこと。また、そのようにするものや、そのさま。「ここで金の話を出すのは全く―だ」

(類語)興醒め・白ける・艶消し・色消し

きょう-ざめ【興▽醒め】〔名・形動〕スル《「きょうさめ」とも》それまでの楽しい気分や興味が薄れること。また、そのさま。「祝いの席で―な話はするな」

(類語)興醒まし・白ける・艶消し・色消し

きょう-ざ・める【興▽醒める】〔動マ下一〕文きょうざ・む〔マ下二〕《「きょうさめる」とも》あることがきっかけとなって、それまでの楽しい気分や興味が薄れる。「へたな芝居に―・めた顔」

きょう-さん【共産】資産・生産手段などを、その社会の成員全部で共有すること。「―社会」

きょう-さん【×夾算┊×夾×竿】ケフー 昔、書物・巻物などに挟んで、読みさしの所や検出箇所のしるしとしたもの。竹または木を長さ9センチ、幅1.5センチほどに薄く削り、挟むための裂け目を入れる。

きょう-さん【協賛】ケフー〔名〕スル ❶事業・催し物などの趣旨に賛成し、協力すること。❷明治憲法下の帝国議会で、法律案・予算案を成立させるために同意の意思表示をすること。(類語)共同・合同・協同・連携・提携・連名・共有・共用・催合(もやい)・タイアップ・協力・参与・チームワーク・共催・関与

きょう-さん【胸算】〔名〕スル 胸の中で見積もること。胸算用(むなざんよう)。「父の―に、福沢の家は総領に相続させる積りで」〈福沢・福翁自伝〉

きょう-さん【強酸】キャウー 水溶液中での電離度の大きい酸。塩酸・硝酸・硫酸など。⇒弱酸

きょう-さん【▽慶×讃】キャウー ❶仏菩薩や祖師の功徳(くどく)を喜び、ほめたたえること。けいさん。❷新たに仏像・経巻・堂塔などが完成したときに行う、喜びたたえる仏事。⇒落慶(らっけい)

ぎょう-さん【仰山】ギャウー〔形動〕文〔ナリ〕❶言動や物事が大げさなさま。「―ないでたちで現れる」「―な身ぶりで話す」❷程度や数量のはなはだしいさま。副詞的にも用いる。「―なおみやげをいただきまして」「今日は―釣れた」(補説)「仰」は当て字。⇒仰仰(ぎょうぎょう)しい (類語)沢山・多く・多い・数数(かずかず)・多数・数多(すうた)・無数・多量・大量・大勢(おおぜい)・夥(おびただ)しい・いっぱい・あまた・多多・いくらも・いくらでも・ざらに・ごろごろ・どっさり・たっぷり・十二分に・豊富に・ふんだんに・腐るほど・ごまんと・わんさと・しこたま・たんまり・うんと・たんと・なみなみ・十分・しっかり・がっつり

きょうさん-え【▽慶×讃会】キャウサンヱ ❶仏像・堂塔・写経などの完成を祝う法会。❷浄土真宗で、7月15日に阿弥陀の仏徳をたたえる法会。

きょうざん-おり【京桟織(り)】キャウザンー 片縒(かたよ)りの綿糸で織る縞木綿。京桟。京桟縞。

きょうさん-か【共産化】ークワ〔名〕スル 社会体制が共産主義思想に基づくものに変わること。赤化(せっか)。

きょうさん-けん【共産圏】第二次大戦後、社会主義諸国のグループに対する西側資本主義諸国からの呼称。社会主義陣営。

きょうさん-しゅぎ【共産主義】❶財産の私有を否定し、生産手段・生産物などすべての財産を共有することによって貧富の差のない社会を実現しようとする思想・運動。古くはプラトンなどにもみられるが、現代では主としてマルクス・エンゲルスによって体系づけられたマルクス主義思想をさす。❷マルクス主義で、プロレタリア革命によって実現される人類史の発展の最終段階としての社会体制。そこでは階級は消滅し、生産力が高度に発達して、各人は能力に応じて働き、必要に応じて分配を受けるとされる。⇒マルクス主義

きょうさんしゅぎ-インターナショナル【共産主義インターナショナル】►第三インターナショナル

きょうさん-とう【共産党】ータウ ㊀マルクスの唱えた学説を信条とし、共産主義社会の実現を目標とする政党。⇒ソビエト共産党 ⇒中国共産党 ㊁►日本共産党

きょうさんとう-せんげん【共産党宣言】キョウサンタウー マルクスとエンゲルスが1847年、共産主義者同盟の綱領として起草し、翌年2月にロンドンで発表した宣言。科学的社会主義の原理と階級闘争におけるプロレタリアートの役割などを述べ、労働者の団結を呼びかけたもの。

ぎょうざん-やき【×尭山焼】ゲウザンー 赤膚焼(あかはだやき)の異称。江戸時代、寛政年間(1789～1801)に大和郡山城主の柳沢尭山が再興したことからついた名。

ぎょうざん-やき【▽楽山焼】ゲウザンー ►らくざんやき(楽山焼)

きょう-し【狂死】キャウー〔名〕スル 気が狂って死ぬこと。狂い死に。

きょう-し【狂詩】キャウー 江戸中期以後に流行した、こっけいを主とする漢詩体の詩。押韻・平仄(ひょうそく)など漢詩作法に従いながら、俗語・卑語を多用した。銅脈先生(畠中正盈)・寝惚先生(大田南畝)らが代表的作者。

きょう-し【供試】性能を調べるために実験や試験などに提供すること。また、その物。「―薬」

きょう-し【姜詩】キャウー 中国、後漢の人。二十四孝の一人。妻と協力して病母に仕え、母の好物の魚を苦労して求めていたが、ある時、家のそばから泉が湧き出し、鯉(こい)がおどり出てきたと伝えられる。

きょう-し【強仕】キャウー《「礼記」曲礼上の「四十を強と曰(い)う、すなわち仕う」から》40歳のこと。不惑。

きょう-し【教士】ケウー 全日本剣道連盟が授与する称号の一。範士の下、錬士の上の位。審査会の議決を得て授与される。⇒範士 ⇒錬士

きょう-し【教旨】ケウー ❶教えの趣旨。❷宗教の趣旨。

きょう-し【教師】ケウー ❶学校などで、学業・技芸を教える人。先生。教員。「数学の―」「家庭―」❷宗教上の教化を行う人。(類語)先生・教員・教官・教諭・教授・講師・師・師匠・指南役・師範・宗匠・師父・ティーチャー・プロフェッサー・チューター・インストラクター・尊師・恩師・旧師・先師

きょう-し【経紙】「きょうがみ(経紙)」に同じ。

きょう-し【郷試】中国の科挙の試験段階の一。宋代の解試の元代以後の称。3年に一度、各省都で行われ、これに及第すると挙人となる。

きょう-し【×嬌姿】女性のなまめかしい姿。

きょう-し【×驕×侈】〔名・形動〕おごって、ぜいたくをすること。また、そのさま。「安逸―に生長する人は」〈中村訳・西国立志編〉 類語 贅沢・豪奢・豪勢・奢侈・華奢・驕奢・贅・奢り

きょう-し【×驕恣｜×驕×肆】〔名・形動〕おごりたかぶって、ほしいままに振る舞うこと。また、そのさま。「太子の寵を頼んで―であることまでが」〈中島敦・李陵〉

きょう-じ【凶事】縁起の悪い出来事。不吉な事。⇔吉事。類語 弔事・不祥事

きょう-じ【享持】権利や利益を受け、保持すること。享有。

きょう-じ【挟持】〔名〕スル ❶両側から支え助けること。❷心に抱くこと。❸物を携え持つこと。「若し天下に律書を―する者あれば死罪に処するに至れり」〈吉岡徳明・開化本論〉

きょう-じ【×矜持】・【×矜×恃】《慣用読みで「きんじ」とも》自分の能力を優れたものとして誇る気持ち。自負。プライド。「―を傷つけられる」類語 自任

きょう-じ【香×匙】香をすくうさじ。香すくい。

きょう-じ【香▽箸】►こうばし(香箸)

きょう-じ【▽脇士｜▽脇侍｜×夾侍｜挟侍】本尊の左右に控えている仏像。阿弥陀如来では観音と勢至菩薩、釈迦如来では文殊と普賢菩薩など。脇立。わきじ。

きょう-じ【教示】〔名〕スル《「きょうし」とも》知識や方法などを教え示すこと。示教。「御―を賜りたい」類語 訓示・助言・教える・知らせる・示す・示教・指教・入れ知恵

きょう-じ【経師】❶書画の幅や屏風・ふすまなどを表装する職人。表具師。❷経文を書き写すことを業とした人。❸経文を折り本や巻物に仕立て、表装する職人。

きょう-じ【×驕児】❶わがままな子供。だだっこ。❷おごりたかぶった、わがままな人。「一代の―を気取っても」〈佐藤春夫・晶子曼陀羅〉類語 きかん坊

ぎょう-し【仰視】〔名〕スル あおぎ見ること。「像高さ十数丈、―すれば」〈雪嶺・真善美日本人〉

ぎょう-し【凝脂】❶こり固まっている脂肪。❷きめの細かいつやのある白い肌。

ぎょう-し【凝視】〔名〕スル 目をこらして見つめること。「闇の中を―する」類語 熟視・虎視・見る

ぎょう-じ【行司】❶相撲で、力士を立ち合わせ、勝負を判定する役。また、その人。❷「行事❹」に同じ。

ぎょう-じ【行事】❶恒例として日を定め取り行う催し。「創立記念の―が執り行われる」「年中―」❷おこない。行状。「第二を―自由の権という」〈小川為治・開化問答〉❸平安時代、朝廷の諸儀式をつかさどった役。行事官。❹江戸時代、商人や町内の組合などを代表して事務をとった人。行司。❺ある事柄を中心となって担当すること。また、その人。責任者。世話人。「東大寺を造る―の良弁僧正といふ人」〈今昔・一一・一三〉類語 (❶)催し物・催し・盛事・式典・イベント・フェスティバル

ぎょう-じ【行持】〔名〕スル 仏道の修行を常に怠らずに続けること。

きょう-しき【京▽職】律令制で、京都の司法・警察・民政などをつかさどった役所。左京職・右京職に分かれ、長官を大夫という。みさとづかさ。

きょう-しき【強識】記憶力がよく、物事をよく知っていること。強記。「博覧―」

きょう-しき【教式】「教授様式」の略。

きょうしき-こうぞう【×拱式構造】戸口・窓などの開口上部をアーチで支える建築構造。アーチ式構造。⇒楣式構造

きょうしき-こきゅう【胸式呼吸】胸郭の肋骨についている肋間筋によって行われる呼吸。胸郭呼吸。⇒腹式呼吸

きょうし-きょく【狂詩曲】自由な形式により、民族的または叙事的内容を表現した器楽曲。ラプソディー。

きょうじ-げんごがく【共時言語学】《フランス linguistique synchronique》言語学の一部門。ある言語の一定時期における姿・構造を体系的に研究するもの。ソシュールの提唱による。⇒通時言語学

きょうじ-せい【共時性】►シンクロニシティー

きょう-じせい【強磁性】磁界内に置くと、磁界と同じ方向に強く磁化され、磁界を除いても磁気を残す性質。

きょうじせい-たい【強磁性体】強磁性をもつ物質。鉄・ニッケル・コバルトおよびその合金など。

きょうじ-せいど【教示制度】行政処分に不服のある者が、不服申し立ての方法を知らないために救済の機会を失うことのないように、その手続きを教示することを行政庁に義務づけている制度。

ぎょうじ-だまり【行司×溜まり】相撲で、土俵の裏正面の、行司が控えている場所。

きょう-じちん【龔自珍】[1792〜1841]中国、清の学者。仁和(浙江省)の人。字は璱人。号は定盦。訓詁・音韻・文字学・蒙古語・梵語を研究。また、公羊学を学んで空想的社会主義の傾向を示した。著「定盦文集」など。

きょう-しつ【教室】❶学校で授業を行う部屋。❷大学で、専攻科目ごとの研究室。また、教科別に教員の所属する部屋。❸学習指導や技芸の教授をする所。また、その組織や催し。「進学―」「手芸―」類語 学舎・校舎・学校

きょう-じつ【凶日】物事をするのに縁起の悪い日。不吉な日。⇔吉日。類語 悪日・厄日

きょう-じつ【×嚮日】さきの日。さきごろ。

ぎょう-じつ【行実】その人の行ってきた事柄。また、それを記した文。こうじつ。

ぎょう-じつ【暁日】《「きょうじつ」とも》❶朝日。❷明け方。あかつき。「―よそほひなす千騎の女」〈浄・国性爺〉

ぎょうじ-どころ【行事所】❶古代、大嘗祭のときに、悠紀・主基の行事を取り行うために臨時に設けた場所。❷蔵人所に属し、諸国からの貢ぎ物の検査や公事・神楽などの事務処理をする所。

ぎょうじ-の-くろうど【行事の▽蔵▽人】平安時代、行事❸に任ぜられた蔵人。

きょうじ-ぼさつ【▽脇士×菩×薩】本尊を挟んで左右に侍する両菩薩。

きょう-しゃ【狂者】❶気の狂った人。❷風雅に熱中する人。風狂の人。「先師の意を以て見れば、少し―の感も有るにや」〈去来抄・先師評〉❸ふざけたことを行う人。狂言師。「―の言を巧にする戯にも非ず」〈太平記・五〉

きょう-しゃ【×俠者】「俠客」に同じ。「―子路はまずこの点で度胆を抜かれた」〈中島敦・弟子〉

きょう-しゃ【×怯者】臆病な人。

きょう-しゃ【狭斜】《中国の長安で、遊里のあった道幅の狭い街の名から》遊里。色町。「―の巷」

きょう-しゃ【香車】❶将棋の駒の名。まっすぐ前方へ幾間でも進める。成ると金将と同じ働きをする。香子。香。やり。❷《❶を「やり」というところから》遊郭の遣り手。

きょう-しゃ【強者】強い者。他にまさる力や権力をもつ者。「―の論理」⇔弱者。類語 勇士・勇者・豪傑

きょう-しゃ【×驕×奢】〔名・形動〕奢侈にふけること。おごっていてぜいたくなこと。また、そのさま。「―をほしいままにする」「彼国の華美にして―なる政治の仕方を目撃し」〈田口・日本開化小史〉類語 奢り・贅沢・贅・奢侈・おごる・豪奢・豪勢・華奢・驕侈

きょうじ-や【経師屋】❶「経師❶」に同じ。❷《「貼る」に、つけねらう意の「張る」をかけて》女を手に入れようとねらう人をいう俗語。

ぎょう-しゃ【業者】❶商工業などの事業を営んでいる人。「出入りの―」❷同じ種類の事業や商売をしている人。同業者。「―仲間」「―間の相場」

ぎょう-じゃ【行者】❶仏道を修行する人。修行者。ぎょうざ。❷修験道を修行する人。修験者。山伏。❸「あんじゃ(行者)」に同じ。❹「役の行者」の略。類語 雲水・旅僧・行脚僧・虚無僧・山伏・雲衲・普化僧・薦僧・修験者・梵論・遍路

きょう-しゃく【教▽跡｜教×迹】仏の説いた教えのあと。その具体的な事実。

きょう-じゃく【×怯弱】〔名・形動〕臆病なこと。積極性のないこと。また、そのさま。「其心志―にして物に接するの勇なく」〈福沢・学問のすゝめ〉類語 臆病・弱い・弱気・引っ込み思案・気弱・内弁慶・陰弁慶・内気・大人しい・こわがり・小心・小胆・怯懦・意気地なし

きょう-じゃく【強弱】強いことと弱いこと。また、その程度。「言葉に―をつける」

きょう-じゃく【▽景×迹｜×還×迹】❶人のおこなったこと。行状。経歴。きょうざく。「その―を悪み」〈続紀・聖武〉❷推し量ること。推察。きょうざく。「余事は御―あるべく候」〈沙石集・七〉

きょうじゃく-アクセント【強弱アクセント】►強さアクセント

きょうじゃく-きごう【強弱記号】強弱標語を表す記号。p(ピアノ)・f(フォルテ)など。

きょうじゃく-ひょうご【強弱標語】楽譜で、音の強弱およびその変化を指示する語。ピアノ・フォルテなど。

ぎょうじゃ-こう【行者講】奈良県吉野の金峰山にある蔵王権現に参拝する信者の団体。山上参り。山上講。

ぎょうじゃ-どう【行者堂】❶行者がこもる堂。❷役の行者を祭る堂。

ぎょうじゃ-にんにく【行者忍▽辱】ユリ科の多年草。本州中部以北の深山に自生。高さ30〜50センチ。地中の鱗茎は淡褐色の繊維で覆われる。夏、花茎を伸ばし、白い小花を多数球状につける。全体にニンニク臭が強いが若いものは食用。

ぎょうじゃ-まいり【行者参り】奈良県吉野の金峰山にある蔵王権現に参拝すること。山上参り。大峰入り。

きょう-しゅ【凶手｜×兇手】人を殺傷しようとする者。また、そのしわざ。「―に倒れる」

きょう-しゅ【×拱手】〔名〕スル《慣用読みで「こうしゅ」とも》❶中国の敬礼で、両手の指を胸の前で組み合わせておじぎをすること。❷手をつかねて何もしないでいること。「唯だ―して黙視するのみ」〈織田訳・花柳春話〉類語 無為

きょう-しゅ【強手】囲碁・将棋で、激しい戦いをしかける手。

きょう-しゅ【強取】〔名〕スル 無理やりに奪い取ること。「他人の財物を―したる者」

きょう-しゅ【教主】❶一宗一派を開いた人。教祖。宗祖。❷仏教で、釈迦のこと。

きょう-しゅ【×梟首】〔名〕スル 斬首にした人の首を木にかけてさらすこと。また、その首。獄門。

きょう-しゅ【興趣】味わいの深いおもしろみ。「―を添える」「―が尽きない」類語 情緒・情趣・情味・滋味・興味・興・感興・おもしろみ・味わい・趣・風情・気韻・風韻・幽玄・気分

きょう-じゅ【享受】〔名〕スル 受け入れて自分のものとすること。受け入れて、味わい楽しむこと。「自由を―する」「テレビの恩恵を―している」類語 快楽・歓楽・享楽・悦楽・逸楽・謳歌・淫楽・楽しむ・興ずる・堪能・満喫・エンジョイ

きょう-じゅ【教授】〔名〕スル ❶学問や技芸を教え授けること。「書道を―する」❷児童・生徒・学生に知識・技能を授け、その心意作用の発達を助けること。❸大学や高等専門学校・旧制高等学校などで、研究・教育職階の最高位。また、その人。「大学―」類語 訓育・薫育・教化・教学・文教・育英・育てる・導く・仕付ける・仕込む・教える・教育・指導・手ほどき・指南・教習・コーチ・先生・師・師匠・指南役・師範・宗匠・師父・教師・教員・教諭・教官・講師・ティーチャ

ー・プロフェッサー・チューター・インストラクター・尊師・恩師・旧師・先師

ぎょう-しゅ【業主】 事業を経営する人。また、営業をする人。

ぎょう-しゅ【業種】 ❶商業・工業などの事業の種類。❷経理・営業などの業務の種類。(類語)職種

ぎょう-しゅ【×翹首】〔名〕スル 首を上げて、ひたすら待ち望むこと。待ち遠しく思うこと。

きょうじゅ-あん【教授案】 ►教案

きょう-しゅう【強襲】〔名〕スル ❶強引に攻めること。強攻。「敵の陣地を―する」❷猛烈な勢いでおそうこと。「ピッチャー―の安打」

(類語)攻撃・襲撃・急襲・突撃・進撃・進攻・侵攻・攻勢・狙い撃ち・征伐・総攻撃・攻略・直撃・迫撃・挟み撃ち・挟撃・出撃・追い撃ち・追撃・アタック・襲う・襲いかかる・攻める・攻めかかる・攻め立てる

きょう-しゅう【教宗】 教外別伝である禅宗で、自宗以外の宗派をいう語。➡教内

きょう-しゅう【教習】〔名〕スル 特別な知識・技術などを教えて習得させること。

(類語)教育・指導・訓育・薫育・教化・教学・文教・育英・指南・教授・手ほどき・コーチ・教える・育てる・導く・仕付ける・仕込む

きょう-しゅう【経宗】 ❶経典に説かれる教えの趣旨。❷経典を基礎として成り立っている宗派。華厳経による華厳宗、法華経による天台宗、大日経による真言宗、浄土三部経による浄土宗など。➡論宗 ❸特に、法華経を強調する日蓮宗のこと。

きょう-しゅう【郷愁】 ❶他郷にあって故郷を懐かしく思う気持ち。ノスタルジア。「故国への―を覚える」「―にかられる」❷過去のものや遠い昔などにひかれる気持ち。「古き良き時代への―」

(類語)ノスタルジア・ホームシック

きょう-しゅう【×嬌羞】 女性のなまめかしい恥じらい。「―を含んだまなざし」

きょう-じゅう【▽軽重】「けいちょう(軽重)」に同じ。「頸械手枷を入れられ、罪の―を糺すらんも」〈太平記・二〉

ぎょう-しゅう【凝集】・**【凝×聚】**〔名〕スル ❶散らばったりしていたものが、一つに集まり固まること。「勢力を―させる」❷原子・分子・イオンなどが、互いの間の引力によって集合する現象。❸コロイド粒子が集まって、より大きな粒子になる現象。フロキュレーション。(類語)結集

ぎょう-じゅう【行住】 行くことと、とどまること。また、立ち居。「動作―がしとやかなりせば」〈逍遥・諷誡京わらんべ〉

ぎょうしゅう-げん【凝集原】 凝集反応を起こす抗原。赤血球の膜上や細菌の体表にある。ABO式血液型ではAとBの2種ある。

きょう-じゅうごう【共重合】 2種以上の単量体を混合して重合させる化学反応。単独重合体の性質を改善するのに役立つ。

ぎょうじゅう-ざが【行住×坐×臥】 ❶仏語。人の起居動作の根本である、行くこと・とどまること・座ること・寝ることの四つ。四威儀。❷日常の振る舞い。また、つね日ごろ。「―初心を忘れない」

(類語)立ち居振る舞い・立ち振る舞い・起居・挙措・不断

きょうしゅう-じょ【教習所】 特別な技能を習得させるための施設。「自動車―」

ぎょうしゅう-そ【凝集素】 抗原に凝集反応を起こさせる抗体。ABO式血液型では抗Aと抗Bの2種あり、血漿中に存在。

ぎょうしゅう-はんのう【凝集反応】 抗原抗体反応の一。赤血球や細菌などの凝集原が、それに対応する凝集素によって塊状の凝集を起こす現象。血液型の判定などに応用。凝着反応。

ぎょうしゅう-りょく【凝集力】 分子・原子あるいはイオン間に働く引力。

きょうじゅ-かい【教授会】 大学の学部で、人事・教育課程・学生などに関する重要事項を審議する機関。また、その会議。構成員は教授を主体とし、准教授・専任講師などを加えることもある。

きょう-しゅく【恐縮】〔名・形動〕スル ❶おそれて身がすくむこと。「家畜伝染のやまいとあるから、われ人ともに、―はいたしましたものの」〈魯文・安愚楽鍋〉❷相手に迷惑をかけたり、相手の厚意を受けたりして申し訳なく思うこと。おそれいること。また、そのさま。「―ですが窓を開けてくださいませんか」「お電話をいただき―しております」(派生)**きょうしゅくがる**〔動ラ五〕**きょうしゅくげ**〔形動〕

(類語)有り難い・謝る・謝する・わび・わび言・平謝り・陳謝・謝罪・わびる・かたじけない・うれしい・もったいない・おそれ多い・幸甚

きょう-しゅく【強縮】 筋肉に繰り返し刺激が加えられるときに起こる持続的な収縮。攣縮より大きな収縮が得られる。強直。

きょう-じゅく【郷塾】 村里にある塾。村塾。

ぎょう-しゅく【凝縮】〔名〕スル ❶こり固まってちぢまること。趣旨・内容などを一点に集中させること。「作者の心情がこの一行に―されている」❷気体が冷却または圧縮されて液体に変わる現象。凝結。

(類語)凝結・凝固・収縮・萎縮・縮小・縮み・短縮・圧縮・濃縮・縮める・圧搾・凝結

ぎょうしゅく-き【凝縮器】 気体を冷却・圧縮して液化させる装置。復水器・リービッヒ冷却器などがある。

ぎょうしゅく-ねつ【凝縮熱】 気体が凝縮して液体になるときに放出する熱量。気化熱と等しい。

きょうじゅ-し【教授師】 受戒や伝法灌頂などの際、受者に作法を教える僧。教授阿闍梨。

きょうじゅ-だんかい【教授段階】 教授および学習指導の展開を、順序づけて定式化した段階のこと。➡五段階教授法

きょう-しゅつ【供出】〔名〕スル ❶政府などの要請に応じて金品などを差し出すこと。「富者は財産の多分を、軍費に―し」〈竜渓・経国美談〉❷政府が民間の物資・主要農産物などを一定の価格で半強制的に売り渡させること。「収穫米を―する」

きょう-じゅつ【供述】〔名〕スル 刑事訴訟法上、被告人・被疑者・証人などが、主として裁判官・検察官などの尋問に答えて事実を述べること。また、その内容。「犯行の動機を―する」

きょう-じゅつ【×矜×恤】 あわれみめぐむこと。「他人より―憐憫を受け」〈中村訳・自由之理〉

きょうじゅつきょひ-けん【供述拒否権】 ►黙秘権

きょう-しゅっけつ【橋出血】 脳出血の一種。橋と呼ばれる部分の出血。発症直後から意識障害・呼吸障害・四肢麻痺が起こる。重症例が多い。脳幹出血。

きょうじゅつ-しょ【供述書】 刑事訴訟法上、供述者が自らその供述を記した書面。

きょうじゅつ-ちょうしょ【供述調書】 ►供述録取書

きょうじゅつ-ろくしゅしょ【供述録取書】 被告人・被疑者・参考人などの供述を聞き取って作成した書面。一定の条件のもとに証拠能力が認められる。供述調書。

きょうじゅ-ほう【教授法】 児童・生徒に対して、教育の目的を達成するための系統的教授方法。学習指導法にあたる旧学制下の用語。

きょうしゅ-ぼうかん【×拱手傍観】〔名〕スル 手を出さないで、ただ、ながめていること。

きょうじゅ-ようしき【教授様式】 教えるための様式、特に、児童・生徒に対する指導過程の各段階で用いられる定式化された指導方法。講義法、観察・実験・読書などの自習法、討議・発表等の相互学習法など。教式。

きょう-じゅん【恭順】〔名〕スル 命令につつしんで従う態度をとること。「王に―の意を表する」

ぎょう-しゅん【尭舜】 中国古代の伝説上の帝王、尭と舜。徳をもって理想的な仁政を行ったことで、後世の帝王の模範とされた。

きょう-じゅんれい【京巡礼】 近世、京都の富家や茶屋の女などが、着飾った巡礼姿で京都33か所の観音巡りをしたこと。また、その女。

きょう-しょ【挟書】《「挟」は蔵の意》書物を所蔵すること。

きょう-しょ【▽校書】「校合」に同じ。

きょう-しょ【教書】 ❶ローマ-カトリック教会で、教皇・司教が信徒を教導するため公式に発する布告・書簡。❷米国で、大統領や州知事が連邦議会または州議会に出す政治上の意見書。メッセージ。「一般―」「予算―」❸英国で、国王から議会へ、また議会の一院から他の一院へ発する文書。❹教科書のこと。「その方言を以て―を訳し、児童をして暗誦せしめ、往いてその父母隣近に伝えしむ」〈中村訳・西国立志編〉❺►御教書

きょう-じょ【共助】〔名〕スル ❶互いに助け合うこと。互助。❷裁判所間および行政機関の間で、その職務の遂行に必要な協力・補助をすること。「国際司法―」

きょう-じょ【狂女】 気の狂った女。

きょう-じょ【興女】 遊女。「ただ―は酒なんどの一座は所々にて」〈浮・一代女・一〉

ぎょう-しょ【行書】 漢字の書体の一。楷書をやや崩した書体で、楷書と草書の中間にあたる。

(類語)楷書・草書・隷書・篆書・行草・三体・五体・勘亭流

きょう-しょう【共晶】 ►共融混合物

きょう-しょう【×夾鐘】 ❶中国音楽の十二律の一。基音の黄鐘より三律高い音。日本の十二律の勝絶にあたる。❷陰暦2月の異称。

きょう-しょう【協商】〔名〕スル ❶協議してとり決めること。「如何なる―の一夜の中に成立したればか」〈木下尚江・火の柱〉❷《フランス entente》国家間の係争点を調整し、親善関係を結ぶための協定。同盟よりゆるく、条約ほど正式ではない。「三国―」

きょう-しょう【狭小】〔名・形動〕狭くて小さいこと。また、そのさま。「―な国土」「度量の―な人」⇔広大。(派生)**きょうしょうさ**〔名〕(類語)狭い・狭苦しい・せせこましい・手狭・狭隘・狭窄・窮屈

きょう-しょう【胸章】 胸につける記章。

きょう-しょう【胸×牆】・【胸×墻】 敵弾を防ぐために、また、味方の射撃の便をよくするために、胸の高さほどに築いた盛り土。胸壁。

きょう-しょう【強将】 強い大将。

強将の下に弱卒無し 《蘇軾「題連公壁」から》強い大将のもとには、その感化を受けて弱い兵はいない。勇将の下に弱卒なし。

きょう-しょう【×梟将】 勇猛な大将。猛将。

きょう-しょう【喬松】 中国古代の不老不死の仙人、王子喬と赤松子。「―の寿」

きょう-しょう【×嬌笑】 女性のなまめかしい笑い。色っぽい笑い。

きょう-しょう【橋床】 橋にかかる荷重を支持する部分。床板とそれを支えて主桁に荷重を伝える床組とからなる。

きょう-じょう【凶状】・【×兇状】 凶悪な罪を犯した事実。罪状。

きょう-じょう【教条】 教会が公認した教義。また、その教義の箇条。ドグマ。

きょう-じょう【教場】 教室。「一の方が急にがやがやする」〈漱石・坊っちゃん〉

きょう-じょう【橋上】 ❶橋の上。❷船舶の船橋(ブリッジ)などの上。

ぎょう-しょう【行商】〔名〕スル 店を構えず、商品を持って売り歩くこと。また、その人。「野菜を―する」⇔座商。(類語)街商・露天商・セールス

ぎょう-しょう【暁鐘】 ❶夜明けに鳴らす鐘。明けの鐘。⇔暮鐘。❷新しい時代の始まりを告げ知らせるもの。「近代日本の―」

ぎょう-しょう【×驍将】 ❶強く勇ましい大将。❷力強く事を推進する人。「新感覚派の―」

ぎょう-じょう【行状】 ❶日ごろのおこない。身持ち。品行。「―が悪い」❷生前の行動や業績・履歴などを記したもの。(類語)品行・素行・身持ち・操行・行跡・行動・行い・振る舞い・行為・挙・活動・動き・所行・言動・言行・沙汰

きょうじょう-かかくさ【×鋏状価格差】▶はさみじょうかかくさ(鋏状価格差)
ぎょうじょう-き【行状記】ある人物の日ごろのおこないなどを記したもの。
きょうじょう-しゅぎ【教条主義】状況や現実を無視して、ある特定の原理・原則に固執する応用のきかない考え方や態度。特にマルクス主義において、歴史的情勢を無視して、原則論を機械的に適用しようとする公式主義をいう。ドグマチズム。
きょうしょう-てん【共晶点】▶共融点
ぎょうしょう-にん【行商人】行商してまわる商人。
ぎょうしょう-ぶんか【仰×韶文化】中国、黄河中流域に栄えた新石器時代の文化。磁山文化に次ぐ農耕文化で、紀元前五千年紀から長期間存続した。彩陶の使用を特徴とする。河南省仰韶村の遺跡の名にちなんで命名。ヤンシャオ文化。➡竜山文化
きょうじょう-もち【凶状持(ち)】前科のある者。また、凶悪な罪を犯して追われている者。
きょう-じょうるり【京浄瑠璃】京都で行われた浄瑠璃。古浄瑠璃では嘉太夫節が代表であり、後世では一中節などがある。
きょう-じょうろう【京上×臈】❶京都の公家衆。公達。「一かと覚しくて、冠とやらん着たる人と」〈太平記・七〉❷京都の身分の高い婦人。「みめのよい一をひけらかしに来たか」〈浄・女夫池〉
きょう-しょく【共食】❶トーテムやその他の崇拝対象に供物をそなえ、それを共に食べる儀礼。崇拝対象との一体化を図り、集団の共同・連帯を確認、強化する意味がある。日本では、直会がその一例。❷複数の人が一緒に食事を取ること。個食に対していう。
きょう-しょく【京職】▶きょうしき(京職)
きょう-しょく【×矜▽式】〔名〕スル つつしんで手本にすること。「其徳義名誉一郷の一する所となりて」〈山県有朋・軍人訓誡〉
きょう-しょく【教職】児童・生徒・学生を教育指導する職務。
きょう-しょく【矯飾】〔名〕スル うわべをとりつくろい飾ること。「一して言う」「誇りもなく、一もなく、不平もなく」〈有島・生れ出づる悩み〉
きょうしょく-いん【教職員】教員および教育関係の仕事につく職員。
きょうしょくいん-くみあい【教職員組合】教職員が結成する組合。日本教職員組合(日教組)、日本高等学校教職員組合(日高教)など。教員組合。教組。
きょうしょく-かてい【教職課程】大学・短期大学で、教育職員免許法に基づき、教員免許状が取得できるように編成した教育課程。
きょうしょく-だいがくいん【教職大学院】高度な実践的指導力を備えた教員を養成する専門職大学院。平成18年(2006)7月に中央教育審議会が創設を提言し、同20年に19校が開設された。主な入学対象は現職の教員、大学の学部卒業者など。標準修了年限は2年。1年の短期コースや教員免許をもたない社会人を対象とする3年間のコースを併設する大学院もある。修了時に教職修士の学位が与えられる。
きょうしょく-ついほう【教職追放】昭和20年(1945)、日本の民主化のために不適格な教育関係者をその職から排除した処置。連合国最高司令官の覚書に基づいて行われ、同27年、対日講和条約の発効で解除。➡公職追放
きょうじょ-しぎ【京女×鷸】シギ科の鳥。全長22センチくらい。夏羽は、頭に黒い線があり、胸は黒く、腹は白、背から尾にかけては赤褐色と黒の斑模様。北半球北部で繁殖し、冬は南半球まで渡る。日本では旅鳥として春・秋に干潟や川原でみられ、くちばしで石などをひっくり返して餌を探す。《季 秋》
ぎょうしょ-たい【行書体】行書の書体。行体。
きょうしょ-でん【校書殿】平安京内裏十七殿の一。清涼殿の南、安福殿の北にある。歴代の書物を保管した。文殿。

きょうしょ-の-きん【挟書の禁】中国、秦の始皇帝のとき、民間で医薬・卜筮・種樹の書以外の書物を持つことを禁じたこと。
きょうじょ-もの【狂女物】女物狂いを主題とした能。四番目物に属する。「班女」「隅田川」「花筐」など。
きょう・じる【興じる】〔動ザ上一〕「きょうずる」(サ変)の上一段化。「遊びに一・じる」
(類語)興ずる・堪能する・満喫する・享受する・享楽する・楽しむ
きょう-しん【共振】〔名〕スル 振動体に固有振動数と等しい振動が外部から加わると、振動の幅が大きくなる現象。主に電気振動でいい、音などの場合は共鳴ということが多い。
きょう-しん【狂信】〔名〕スル 冷静な判断力を失って、激しく信じ込むこと。「一的な行動」
(類語)信仰・信ずる・信心・帰依・敬神・崇拝・尊信・渇仰・信教・入信・宗教
きょう-しん【京進】中世、荘園・公領の年貢・公事などを京都の本所・領主に進上したこと。京納。
きょう-しん【供進】❶天子に献上すること。❷神に幣帛を奉ること。
きょう-しん【協心】〔名〕スル ある目的のために心を合わせること。「衆亦此旨趣に基き一努力せよ」〈五箇条の御誓文〉
きょう-しん【強振】〔名〕スル 棒などを強く振ること。「バットを一する」
きょう-しん【強震】❶強い地震。❷地震の強さの旧階級。壁に割れ目ができ、墓石が倒れ、煙突が壊れるほど強いものとされ、震度5にあたった。➡震度
きょう-しん【郷信】故郷からの便り。また、故郷への便り。
きょう-しん【郷紳】❶近世中国における社会階層の一。退職官吏や科挙合格者で故郷に在住している者をいい、多くの特権を与えられ、事実上地方郷村を支配した。❷▶ジェントリー
きょう-しん【×嬌×嗔】〔名〕スル 女性がなまめかしく怒ること。また、その怒り。「女は一してその男を打てり」〈鴎外訳・即興詩人〉
きょう-じん【凶人｜×兇人】凶悪な人。凶暴な人。
きょう-じん【凶刃｜×兇刃】人を殺傷するために用いる刃物。「一に倒れる」
きょう-じん【狂人】精神に異常をきたした人。
狂人走れば不狂人も走る 人間は他人のしりについて行動しがちであることのたとえ。
きょう-じん【強×靭】〔名・形動〕しなやかで強いこと。柔軟でねばり強いこと。また、そのさま。「一な肉体」「一な意志」(派生)きょうじんさ〔名〕
(類語)タフ・逞しい・不死身・丈夫
きょう-じん【郷人】❶同郷の人。故郷の人。❷村人。さとびと。
きよう-じん【器用人】才知・技芸などにすぐれた人。また、頭のめぐりがよく、要領のいい人。器用者。「をかしき中間のすることまでも口拍子にまかせ、かかる一のあること」〈浮・織留・一〉
きょうしん-か【共進化】2種以上の生物が、寄生や共生、捕食や競争関係などの相互作用を通じて進化すること。虫媒花の花の構造と、受粉昆虫の口器の形態の進化など。相互進化。
きょうしん-かい【共進会】産業の振興を図るため、産物や製品を集めて展覧し、その優劣を品評する会。明治初年代より各地で開催された。競進会。
きょうしん-かい【競進会】▶共進会
きょうしん-かいろ【共振回路】電気振動の共振を生じさせる電気回路。コイルとコンデンサーを直列または並列に接続したLC回路や水晶振動子が知られる。また、マイクロ波の共振には空洞共振器が用いられる。振動回路。
きょうしん-き【共振器】電磁波や電気振動などの振動を受け取って共振させる装置。マイクロ波の空洞共振器、レーザーの光共振器などがあるほか、電気振動では共振回路が用いられる。共振子。

きょうしん-けい【強震計】通常の地震計では測れないような大きな地震動を記録できるように作られた地震計。加速度を記録する方式のものが多い。
きょうしん-ざい【強心剤】衰弱した心臓の機能を高めるために使用する薬剤。ジギタリス製剤・キサンチン誘導体・ドーパミンなど。強心薬。
きょうしん-し【共振子】▶共振器
きょうしん-しょう【狭心症】心臓部の締めつけられるような一過性の痛みを主症状とする病気。冠状動脈の硬化・痙攣などが原因で血流が一時的に減少し、心筋への酸素供給が不足するために起こる。痛みが左腕のほうに放散するのが特徴。
ぎょうしん-せい【暁新世】地質時代区分の一。新生代第三紀を五つに分けたときの最初の時期。6500万年前から5500万年前まで。
きょうしんめいち-りゅう【鏡新明智流】剣術の一派。安永年間(1772～1781)桃井直由が創始。
きょう-す【香子】「香車❶」に同じ。
きょう・す【供す】㊀〔動サ五〕「きょう(供)する」(サ変)の五段化。「実用に一・さない品」㊁〔動サ変〕「きょう(供)する」の文語形。
きょう・ず【▽孝ず】〔動サ変〕❶親孝行をする。「父母に一・ずる心もっとも深し」〈今昔・七・二七〉❷亡くなった親の供養をする。「後々の御わざなど、一・じつかうまつり給ふさまも」〈源・賢木〉
きょう-すい【狂酔】〔名〕スル ひどく酒に酔うこと。また、酒に酔って乱れること。「一した挙げ句の行為」
きょう-すい【供水】〔名〕スル 上水道で水が不足した場合に、他の水源・水系から供給すること。
きょう-すい【胸水】胸膜腔に貯留した液。通常は少量が胸膜の表面をうるおしているが、胸膜炎・肺癌・肝硬変などの際に増加する。
ぎょう-ずい【行水】〔名〕スル ❶たらいに湯や水を入れ、その中でからだを洗い流すこと。また、その湯や水。「一を使う」「烏の一」《季 夏》❷潔斎のため、水や湯でからだを清めること。
きょうずい-そんしょう【胸髄損傷】▶高位脊髄損傷
きょうすい-びょう【恐水病】▶狂犬病
ぎょうずい-ぶね【行水船】江戸時代、行水する設備を設けた小船。のちには据え風呂や浴室を設け、停泊中の船の人から料金をとって入浴させた。
きょう-すずめ【京×雀】市中の事情に詳しく、事件や人のうわさをよくする京都の人のこと。京烏。
きょう・する【狂する】〔動サ変〕図きゃう・す〔サ変〕❶正気を失う。気が狂う。「忽ち眼を刮して又閉じ、其状一・するが如く」〈織田訳・花柳春話〉❷狂ったように夢中になる。熱中する。「句に熱し詩に一・するのあまり」〈漱石・思い出す事など〉
きょう・する【供する】〔動サ変〕図きょう・す〔サ変〕❶神仏などに、そなえる。ささげる。「墓前に花を一・する」❷身分の高い人などに、差し出す。差し上げる。「茶菓を一・する」❸役立てる。提供する。「参考に一・する」「実用に一・する」
(類語)与える・呉れる・遣る・下さる・授ける・恵む・施す・あげる・差し上げる・賜る・供与・提供・授与・恵与
きょう・する【×拱する】〔動サ変〕図きょう・す〔サ変〕両手を胸の前で重ね合わせる。こまぬく。中国古代の礼法の一。「立って一・するが礼なりとて」〈風流志道軒伝・一〉
きょう・する【×饗する】〔動サ変〕図きゃう・す〔サ変〕酒や食事を出して人をもてなす。饗応する。「遠来の客を一・する」(類語)馳走・ふるまう・相伴
きょう・ずる【興ずる】〔動サ変〕図きょう・ず〔サ変〕おもしろがって熱中する。楽しんで愉快に過ごす。きょうじる。「釣りに一・ずる」「笑い一・ずる」
(類語)楽しむ・堪能する・満喫する・享受する・享楽する・エンジョイする
ぎょう・ずる【行ずる】〔動サ変〕図ぎゃう・ず〔サ変〕❶修行をする。「道を一・ずる」❷行う。「此の優婆塞善を一・ずる人と聞きて」〈今昔・二・三〉
きょう-せい【共生｜共×棲】〔名〕スル ❶共に同じ所

で生活すること。❷異種の生物が、相互に作用し合う状態で生活すること。相利共生と片利共生があり、寄生も含めることがある。

きょう-せい【×匡正】ｷｬｳ ｾｲ〔名〕ｽﾙ 正しい状態にすること。ただすこと。「かくて貧富の懸隔のはなはだしきを—し」〈河上肇・貧乏物語〉

きょう-せい【叫声】ｹｳ さけび声。「—があがる」

きょう-せい【胸声】胸部に響かせるようにして出す、低声区の声。➡声区

きょう-せい【強制】ｷｬｳ ｾｲ〔名〕ｽﾙ 権力や威力によって、その人の意思にかかわりなく、ある事を無理にさせること。「参加を—する」

類語 強要・強いる・無体・無理無体

きょう-せい【強盛】ｷｬｳ ｾｲ〔名・形動〕勢いが強くて盛んなこと。また、そのさま。「土地は痩せ人口は少く、—な国家は作れません」〈阿部知二・冬の宿〉

きょう-せい【強勢】ｷｬｳ ｾｲ ❶つよい勢い。強大な勢力。ごうせい。「—は権利なりとの格言さえある此浮世に」〈漱石・吾輩は猫である〉❷強さアクセントで、強めの部分。ストレス。

きょう-せい【強精】ｷｬｳ ｾｲ 精力を増強すること。多く、男性についていう。「—剤」

きょう-せい【強請】ｷｬｳ ｾｲ〔名〕ｽﾙ 無理に頼むこと。また、ゆすること。ごうせい。「余りに激しく—されるので」〈荷風・ふらんす物語〉

類語 ゆすり・恐喝・脅迫・強迫・迫る

きょう-せい【教正】ｹｳ 明治初年、教部省に置かれた教導職の最上位。

きょう-せい【教生】ｹｳ 教職課程の一部として、学校で教育実習をする学生。教育実習生。

きょう-せい【×嬌声】ｹｳ 女性の、こびを含んだなまめかしい声。「—を上げる」

きょう-せい【矯正】ｹｳ〔名〕ｽﾙ ❶欠点・悪習などを正常な状態に直すこと。「発音を—する」「歯列—」❷刑務所・少年院などに収容されている人たちの改善更生のための処遇を行うこと。従来の「行刑」に代わって用いられている語。「—施設」「—職員」

類語 仕込み・躾（しつけ）・調教・矯める・直す

ぎょう-せい【行政】ｷﾞｬｳ ｾｲ ❶国家の統治作用のうち、立法と司法以外の作用の総称。法のもとに、公共の目的の実現を目指して行われる。❷内閣をはじめとする国の機関または公共団体が、法律・政令その他の法規に従って行う政務。❸「行政機関」の略。「事故の多発は—の怠慢による」

類語 立法・司法・政治・政（まつりごと）・施政・政策・国政・国事・政事・政道・万機（ばんき）・経世・経国・経綸（けいりん）・治国・治世・統治・治政・為政（いせい）

ぎょう-せい【暁星】ｹﾞｳ ❶夜明けの空に消えずに残っている星。❷明けの明星（みょうじょう）。金星。

ぎ-ようせい【疑陽性｜擬陽性】ｷﾞﾔｳ ｾｲ 検査の結果が陽性と陰性の中間であるもの。

ぎょうせい-いいんかい【行政委員会】ｷﾞｬｳｾｲｲ ｷﾝｸﾜｲ 行政機関の一。政治的中立性を必要とする行政を推進するため、一般行政機構から独立して設置される合議制の機関。訴訟の判断などの準司法的権能、規則制定などの準立法的権能を有するものが多い。公正取引委員会・労働委員会・選挙管理委員会・教育委員会・収用委員会・公安委員会など。

きょうせい-いみん【強制移民】ｷｬｳ ｾｲ 奴隷・犯罪者などを強制的に植民地などに移住させ、開拓その他の労働に従事させること。

きょうせい-いん【矯正院】ｹｳｾｲ ｲﾝ 少年審判所から送致された少年を収容し教育した、旧矯正院法に基づく施設。少年院の前身。

ぎょうせい-かいかく【行政改革】ｷﾞｬｳ ｾｲ 国や地方公共団体の行政機関の組織や機能を改革すること。主に、財政の悪化や社会の変化に対応して、組織の簡素合理化、事務の効率化、職員数や給与の適正化などの形で行われる。行革。

ぎょうせい-かいぼう【行政解剖】ｷﾞｬｳ ｾｲ 行政上の見地から、感染症・中毒・災害などで死亡した疑いのある死体について、死因確認のために監察医が行う解剖。➡司法解剖

ぎょうせい-がく【行政学】ｷﾞｬｳ ｾｲ 行政を研究対象とする社会科学の一分野。行政の実態を調査・分析して、その一般的な法則、合理的かつ効率的な運営、現行制度改善の方策などを研究する。

きょうせい-かくり【強制隔離】ｷｬｳ ｾｲ 伝染病予防法により、患者または感染のおそれや疑いのある者を、伝染病院・隔離病舎などに強制的に隔離したこと。平成11年(1999)同法は廃止され、代わって施行された感染症予防法では、特定の感染症患者などに対して、感染症指定医療機関への入院の勧告ができるとされている。

きょうせい-カルテル【強制カルテル】ｷｬｳ ｾｲ 政府が強制的に結ばせるカルテル。恐慌対策や中小企業経営の安定がおびやかされるような場合などに実施される。

きょうせい-かん【共生感】《ﾌﾗﾝｽ symbiose》人間が自分以外の事物と共通の生命をもつとする発想。呪術・宗教の発生を基礎づける観念とみなされる。

ぎょうせい-かん【行政官】ｷﾞｬｳｾｲ ｸﾜﾝ 行政事務に従事する公務員の総称。➡司法官

ぎょうせい-かんさつ【行政監察】ｷﾞｬｳ ｾｲ 行政の適正かつ効率的な運用を確保するため、旧総務庁行政監督局が行った監察。各行政機関、公共企業体などの業務の実施状況を調査し、改善勧告を行った。平成13年(2001)から総務省行政評価局の行政評価・監視に引き継がれた。

ぎょうせい-かんちょう【行政官庁】ｷﾞｬｳｾｲｸﾜﾝ ﾁｬｳ ❶国家の行政事務を行う中央・地方の官庁の総称。❷内閣およびその下に属して、国家の意思を決定、表示する権限をもつ行政機関。

きょうせい-かんり【強制管理】ｷｬｳｾｲ ｸﾜﾝﾘ 不動産に対する強制執行の一。裁判所の任命した管理人が債務者所有の不動産を管理し、その収益を債権者の金銭債権の弁済に当てる執行方法。

ぎょうせい-かんりちょう【行政管理庁】ｷﾞｬｳｾｲｸﾜﾝ ﾘﾁｬｳ 行政機関の機構と運営に関する調査・勧告および行政監察などを行った総理府の外局。昭和23年(1948)設置。同59年総務庁に統合。

ぎょうせいかんり-よさんきょく【行政管理予算局】ｷﾞｬｳｾｲ ｸﾜﾝﾘ ▶オー-エム-ビー(OMB)

ぎょうせい-きかん【行政機関】ｷﾞｬｳｾｲ ｷｸﾜﾝ 国の行政事務を行う国家機関。立法機関・司法機関に対するもの。また、地方公共団体の行政事務を行う機関を含めていうこともある。行政府。➡中央省庁

類語 政府・政庁・政権・内閣・台閣・官府・官庁・官衙（かんが）・官・国・公・お上

きょうせい-きそ【強制起訴】ｷｬｳ ｾｲ 検察官が不起訴処分とした事件について、検察審査会による第二段階の審査で起訴議決がなされた場合に、裁判所が指定した弁護士が検察官に代わって被疑者を起訴すること。

ぎょうせい-きそく【行政規則】ｷﾞｬｳ ｾｲ 行政権の制定する一般的な定めで法規としての性質を有しないもの。国民の権利義務に関係しない、行政内部の事務分掌に関する定めなどをいう。ふつう、告示・訓令・通達などの形式をとる。行政命令。

ぎょうせい-きゅうさい【行政救済】ｷﾞｬｳｾｲ ｷｳｻｲ 行政行為によって権利や利益を侵害された国民のために、行政機関の活動を是正したり、生じた損害を補償したりすること。

ぎょうせいきゅうさい-さんぽう【行政救済三法】ｷﾞｬｳｾｲｷｳ ｻｲｻﾝﾊﾟﾌ ▶救済三法

きょうせい-きょういく【矯正教育】ｹｳｾｲ ｹｳｲｸ 犯罪や非行のような社会的不適応を示す者を矯正し、社会に復帰させる教育。

ぎょうせい-きょうてい【行政協定】ｷﾞｬｳｾｲ ｹﾌﾃｲ 政府がその固有の権限に属する事項、または条約・国内法により認められた事項について外国と締結する協定。議会による承認を必要としない。

ぎょうせい-く【行政区】ｷﾞｬｳ ｾｲ 行政事務処理の便宜上設けられる区。政令指定都市の区がこれにあたる。特別区と異なり区議会をもたない。➡自治区

ぎょうせい-くかく【行政区画】ｷﾞｬｳｾｲ ｸｸﾜｸ 行政機関の権限の及ぶ範囲として定められた区画。都道府県・市町村などの区域。

きょうせい-けいざい【強制経済】ｷｬｳ ｾｲ 法的強制力をもって税を徴収し、経費支出にあてる経済。

ぎょうせい-けいさつ【行政警察】ｷﾞｬｳ ｾｲ ❶警察の活動で、公共の安全と秩序を維持するための作用。➡公安警察 ➡政治警察 ➡司法警察 ❷特に、衛生・交通・産業などの各行政分野に関連して行われる警察の活動。➡保安警察

きょうせい-けいばい【強制競売】ｷｬｳ ｾｲ 不動産に対する強制執行の一。債務者の不動産を差し押さえ、入札・せり売りなどの方法で換価して債権者への弁済にあてるもの。

ぎょうせい-けいやく【行政契約】ｷﾞｬｳ ｾｲ 行政主体相互間または行政主体と私人間において、公法上の効果の発生を目的とする契約。報償契約など。公法上の契約。

ぎょうせい-けん【行政権】ｷﾞｬｳ ｾｲ 国家の統治権のうち、行政を行う権能。日本国憲法では内閣に属し、内閣は行政権の行使について、国会に対して責任を負う。立法権・司法権とともに国家の三権を構成する。

ぎょうせい-こうい【行政行為】ｷﾞｬｳｾｲ ｶｳｷ 行政機関が、法規に基づき、意思の表示または公権力の行使として、具体的事実に関して法的規制をする行為。行政上の許可・免許・特許・認可など。

ぎょうせい-コスト【行政コスト】ｷﾞｬｳ ｾｲ 企業会計の考え方に基づいて行政機関の財政状況を開示する財務書類の一つ。国・地方公共団体・特殊法人などの行政機関が行政サービスを提供するために消費した費用を示す。民間企業に適用される企業会計原則に準拠して計算されるため、行政機関の財務の健全性を現実的に評価することができる。補説 総務省が提唱する行政コスト計算書では、人にかかるコスト(人件費、退職給与引当金繰入など)、物にかかるコスト(物件費、維持補修費、減価償却費など)、移転支出的なコスト(扶助費・補助費・繰出金など)、その他のコスト(災害復旧費・失業対策費・地方債利子など)に区分される。

ぎょうせい-こっか【行政国家】ｷﾞｬｳｾｲ ｺｯｶ ❶行政上の争いの裁判を司法裁判所ではなく行政裁判所にさせるなど、行政権を司法権の干渉から解放する国家。明治憲法下の日本がこれであった。➡司法国家 ❷行政機能の拡大・発達などによって、行政権が立法権・司法権に対して優位におかれる傾向のみられる現代の国家。

ぎょうせい-サービス【行政サービス】ｷﾞｬｳ ｾｲ 国や地方公共団体が、集めた税金等を用いて国民や地域住民に対して行う奉仕活動や役務。

きょうせい-さいきん【共生細菌】真核生物の細胞や動植物と共生する細菌。動物の腸の内部に生息する腸内細菌、マメ科の植物の根に着生する根粒菌など。

ぎょうせい-ざいさん【行政財産】ｷﾞｬｳ ｾｲ 国または地方公共団体の行政上の用途・目的に供される国有財産または公有財産。国有財産法上では、公用財産・公共用財産・皇室用財産・企業用財産の4種がある。➡普通財産

ぎょうせい-さいばん【行政裁判】ｷﾞｬｳ ｾｲ 行政法規の適用について争いや疑いのある事件を、訴訟手続きによって裁判すること。狭義には、行政裁判所が裁判することをいう。

ぎょうせい-さいばんしょ【行政裁判所】ｷﾞｬｳ ｾｲ 行政事件に関する裁判をするために、司法裁判所とは別に設けられた特別裁判所。明治憲法下では設置されていたが、日本国憲法ではこれを認めず、行政事件を含む一切の裁判を司法裁判所に属せしめている。

ぎょうせいさっしん-かいぎ【行政刷新会議】ｷﾞｬｳｾｲｻｯｼﾝ ｸﾜｲｷﾞ 内閣府に設置された機関。国民的な観点から、国の予算・制度をはじめとする行政全般のあり方を刷新するとともに、国・地方公共団体・民間の役割の見直しを行う。平成21年(2009)に成立した民主

党鳩山政権下で新設された。事業仕分けにより、国・独立行政法人・政府系公益法人などの事業において予算が適切に利用されているか調査し、事業の要否を判定する。首相が議長、行政刷新担当大臣が副議長を務め、他の閣僚や民間の有識者が議員を構成する。

ぎょうせい‐じけん【行政事件】ギョウセイジケン 行政法規の適用に関する訴訟事件。原則として行政事件訴訟法が適用される。

ぎょうせいじけん‐そしょう【行政事件訴訟】ギョウセイジケン ❶►行政訴訟 ❷司法裁判所が扱う行政事件に関する訴訟のこと。行政裁判所制度を導入している場合に行政裁判所が扱う訴訟を「行政訴訟」と呼ぶのに対して、司法裁判所が行政事件を扱う司法制度を採用している場合に司法裁判所が扱う行政訴訟を「行政事件訴訟」と呼んで区別することがある。補説フランスやドイツなど大陸法系の国では司法裁判所とは別に行政裁判所を設置している場合が多く、英米法系の国では行政裁判所などの特別裁判所の設置を認めていないことが多い。日本の場合、大日本帝国憲法下では行政裁判所を設けていたが、日本国憲法では行政事件も司法権の所管とし、通常の司法裁判所で扱われる。

ぎょうせいじけん‐そしょうほう【行政事件訴訟法】ギョウセイジケンソショウホウ 行政訴訟の手続きを定めた法律。行政により国民が権利・利益を侵害された場合の救済、行政の適法性の確保などを目的とする。行政庁が行った処分・裁決等に対し、取り消しなどを求めて裁判所に提訴する際の、訴えの種類や原告適格、被告適格等について規定している。昭和37年(1962)制定。国家賠償法・行政不服審査法と合わせて救済三法という。行訴法。補説平成17年(2005)に一部改正され、救済範囲の拡大、審理の充実、手続きの簡素化および利便性向上、仮差し止めなど救済制度の整備などが行われた。

きょうせい‐しっこう【強制執行】キョウセイシッコウ ❶民事執行法に従い、国家権力によって、私法上の請求権を強制的に実現する手続き。❷行政法上の義務の不履行に対し、行政主体が実力で履行を強制すること。

ぎょうせい‐しっこうほう【行政執行法】ギョウセイシッコウホウ 行政上の強制執行の根拠を定めた一般法。明治33年(1900)制定。昭和23年(1948)に行政代執行法が制定され廃止。

きょうせいしっこうぼうがい‐ざい【強制執行妨害罪】キョウセイシッコウボウガイザイ 公務員が行う強制執行を免れる目的で、財産を隠匿・損壊・仮装譲渡などをする罪。刑法第96条の2が禁じ、2年以下の懲役または50万円以下の罰金に処せられる。

ぎょうせい‐しどう【行政指導】ギョウセイシドウ 行政機関が一定の行政目的を達成するために、企業や団体などに対して勧告・助言など法的強制力を持たない手段により協力を求めて、望ましい方向へ同調させる行為。

ぎょうせい‐じむ【行政事務】ギョウセイ ❶国の行政機関(地方公共団体を含む)が、行政権の発動として行う事務。❷地方公共団体の事務で、住民の権利を規制し義務を課するような公権力の行使を伴うもの。地方公共団体独自の解釈については条例で定めることを必要とする。

きょうせい‐しゅうよう【強制収用】キョウセイシュウヨウ 国または地方公共団体が、公共の利益となる事業の遂行のために私有の土地や物件などを強制的に取得すること。

きょうせい‐しゅうようじょ【強制収容所】キョウセイシュウヨウジョ 政治的理由などで、裁判によることなく市民を強制的に収容する施設。特に、ナチスドイツがユダヤ人などを収容していたものは有名。

きょうせい‐しゅうりょう【強制終了】キョウセイシュウリョウ《forced termination》実行中のアプリケーションソフトを強制的に終了させる操作のこと。制御不能になったときやキー入力を受け付けないときなどに行う。作業中のデータは失われてしまうことが多い。

きょうせい‐じゅつ【矯正術】キョウセイ 四肢の変形などを、機器を用いて矯正する技術。また、身体の姿勢を正すための徒手体操。

きょうせい‐しょうきゃく【強制消却】キョウセイショウキャク 株主の同意を得ないで、会社が一方的に株式を消却すること。➡任意消却

きょうせい‐しょくぶつ【共生植物｜共×棲植物】►コンパニオン‐プラント

ぎょうせい‐しょし【行政書士】ギョウセイ 他人の依頼を受けて、官公署に提出する書類などを作成することを業とする者。行政書士法で規定されている。➡司法書士

きょうせい‐しょぶん【強制処分】キョウセイ 刑事訴訟法で、犯罪捜査の必要上強制的に行われる処分。逮捕・勾留・召喚・押収・捜索など。広義では、証拠調べの性質をもつ検証・証人尋問・鑑定などを含む。

ぎょうせい‐しょぶん【行政処分】ギョウセイ 行政機関が国民に対し、法規に基づいて権利を与えたり義務を負わせたりすること。営業の認可、租税の賦課など。行政行為。

きょうせい‐しりょく【矯正視力】キョウセイ 眼鏡やコンタクトレンズで矯正したときの視力。裸眼視力に対していう。

きょうせい‐しんどう【強制振動】キョウセイ 振動体に周期的な外力を作用させることによって起こす振動。

ぎょうせい‐しんぱん【行政審判】ギョウセイ 行政機関または行政委員会が、行政処分の決定、不服申し立ての審理について、公開の口頭審理など訴訟なみの手続きをとる制度。裁決について不服のある場合は高等裁判所に提訴する。海難審判所・国税不服審判所・公正取引委員会・特許庁・収用委員会・労働委員会などの審理に適用される。

ぎょうせい‐せいり【行政整理】ギョウセイ 行政機関の組織・人員を整理・縮小すること。

きょうせい‐そうかん【強制送還】キョウセイソウカン 密入国者や国内で犯罪行為などを行った外国人を、国家権力によって本国に送り返すこと。強制退去。

きょうせい‐そうさ【強制捜査】キョウセイソウサ 強制処分による捜査。逮捕・勾留・捜索・押収などのように、対象者の意思に反して行う捜査。法律に規定のある場合に限られ、捜査機関が令状を得て行うものと、捜査機関の請求により裁判官が行うものとがある。➡任意捜査

きょうせい‐そかい【強制疎開】キョウセイ 空襲や火災などの被害を少なくするため、建造物や人などを強制的に比較的安全な他の地域へ移動させること。

ぎょうせい‐そしき【行政組織】ギョウセイ 国および地方公共団体の行政機関の全体。

ぎょうせい‐そしょう【行政訴訟】ギョウセイ 行政官庁の行った行為の適法性を争い、その取り消し・変更などを求める訴訟。明治憲法では行政裁判所が裁判する訴訟をいったが、日本国憲法では司法裁判所で行われる行政事件に関する訴訟をさす。行政事件訴訟。行訴。

きょうせい‐そち【強制措置】キョウセイ ❶行政上の制度において、本人の意思に関わりなく強制的に定めること。❷少年事件で、収容された施設で行動の自由を制限すること。❸社会保険未加入・未納の事業所・個人に勧告し、保険料を支払わない場合は銀行口座を差し押さえるなどの処置を取ること。❹平和を破壊、または侵略行為を行った国に対して国連が取る処置。経済制裁などの非軍事的措置と、武力を行使する軍事的措置とがある。

ぎょうせい‐たいけん【行政大権】ギョウセイ 明治憲法に定められた、行政に関する天皇の大権。官制大権と任官大権とに大別される。

ぎょうせい‐だいしっこうほう【行政代執行法】ギョウセイダイシッコウホウ 行政上の強制執行の手段として、代執行の根拠および手続きを定めている法律。昭和23年(1948)施行。

ぎょうせい‐だいじん【行政大臣】ギョウセイ 内閣府の長としての内閣総理大臣、および行政機関の長として行政事務を分担管理する各省大臣。➡無任所大臣

きょうせい‐ちゅうさい【強制仲裁】キョウセイ 公共企業体の労働争議などについて、当事者双方の同意なしに行われる仲裁。職権仲裁。

ぎょうせい‐ちょう【行政庁】ギョウセイチョウ 国または地方公共団体の行政機関の総称。

きょうせい‐ちょうしゅう【強制徴収】キョウセイチョウシュウ 国または地方公共団体が、公法上の金銭債権を、滞納処分などの手続きにより、強制的に取り立てること。また、その方法。

きょうせい‐ちょうてい【強制調停】キョウセイチョウテイ ❶民事上の紛争の調停で、当事者に調停にかけることを強制し、また応じた調停の結果に服させるもの。❷労働争議の解決のため、当事者の一方または双方の意思にかかわらず開始される労働委員会の調停。公益事業および公益に著しい障害を及ぼす事件について認められる。➡任意調停

きょうせい‐つうふう【強制通風】キョウセイ 送風機・換気扇などを用いて、人工的に通風を行うこと。押し込み通風など。➡自然通風

きょうせい‐つうようりょく【強制通用力】キョウセイ 法律による、支払い手段としての貨幣の通用力。日本では、日本銀行券は、公私一切の取引に無制限に通用するが、補助貨幣の受け払いについては額面金額の20倍までに限り通用力がある。

きょうせい‐てき【強制的】キョウセイ〔形動〕相手の意思を無視し、権力・威力などによって無理にさせるさま。「―に署名させる」

ぎょうせいてつづき‐ほう【行政手続(き)法】ギョウセイテツヅキ 行政運営における公正の確保と透明性の向上を図ることを目的に、制定された法律。行政機関が行う指導や処分、行政機関に対して行う申請等に関して、必要とされる手続きや、行政側に求められる対応等を定める。平成6年(1994)施行。補説平成18年(2006)の改正で、行政機関が政省令等を制定する際に、案を公示して広く一般から意見を公募する、パブリックコメント(意見公募手続き)の制度が設けられた。

きょうせい‐にんち【強制認知】キョウセイ 父または母が子を認知をしない場合に、子またはその直系卑族が認知請求の訴えを起こし、判決によってなす認知。裁判認知。➡認知

ぎょうせい‐ばつ【行政罰】ギョウセイ 行政法上の義務違反行為に対する制裁として私人に科せられる罰。刑法に定める刑罰を科す行政刑罰と、過料を科す秩序罰とがある。

ぎょうせい‐はん【行政犯】ギョウセイ 行政上の取締法規に違反する行為で罪となるもの。➡法定犯

ぎょうせい‐ひょうかかんし【行政評価・監視】ギョウセイヒョウカカンシ 行政運営の改善・適正化を図るために、合規制・適正性・効率性等の観点から行政機関の業務の実施状況を評価・監視し、改善方策をとりまとめた勧告等を行う。総務省行政評価局の担当。

ぎょうせい‐ふ【行政府】ギョウセイ ►行政機関

ぎょうせいふふくしんさ‐ほう【行政不服審査法】ギョウセイフフクシンサホウ 行政上の不服申し立てについて規定する法律。国民の権利の救済をはかり、行政の適正な運営の確保を目的とする。昭和37年(1962)施行。国家賠償法・行政事件訴訟法と合わせて救済三法という。

きょうせい‐べんご【強制弁護】キョウセイ 刑事事件で、被告人の意思にかかわらず弁護人を選任しなければならないとする制度。死刑・無期または3年を超える懲役・禁錮にあたる事件については、弁護人がなければ公判を開けない。必要的弁護。

ぎょうせい‐ほう【行政法】ギョウセイホウ 行政の組織と作用に関する法の総称。特に、行政権の主体である国または地方公共団体と国民との関係を定める法規。

きょうせい‐ほけん【強制保険】キョウセイ 法律の規定により、一定範囲の人々は例外なく加入しなければならない保険。雇用保険・労働者災害補償保険・自動車損害賠償責任保険など。➡任意保険

きょうせい‐ほご【矯正保護】キョウセイ 犯罪者や非行少年の更生を目的とする処遇。刑務所・少年院などの施設でなされるものを矯正といい、施設外でなされる指導援助を保護という。

ぎょうせい‐めいれい【行政命令】ギョウセイ 行政機関

が行政上の目的のために発する命令で、法規としての性質をもたないもの。行政規則と同義に用いられる。

きょうせい‐やく【矯正薬】薬品の不快な味やにおいを消して飲みやすくするために加える薬剤。甘味剤・果物エッセンスの類。矯正剤。

きょうせい‐りこう【強制履行】債務者が債務を履行しない場合、債権者が裁判所に訴えて、国家権力により強制的に履行させること。

ぎょうせい‐りっぽう【行政立法】行政機関が、その組織や行為の基準として定める規範や規則のこと。また、その規範・規則を定める行為。国民の権利・義務に関する規範である法規命令と、法規の性質をもたない行政規則とがある。法規命令には、政令・省令・内閣府令・規則などがある。

きょうせい‐りょく【強制力】ある行為を強制する力。特に、国民に命令してそれに従うことを強制する国家権力。

きょうせい‐ろうどう【強制労働】労働者の意思を無視して、強制的に行わせる労働。

きょうせいわいせつ‐ざい【強制×猥×褻罪】13歳以上の男女に対し、暴行または脅迫を加えて猥褻行為をする罪。13歳未満の男女に対する猥褻行為は、暴行・脅迫が伴わなくともこの罪が成立する。刑法第176条が禁じ、6か月以上10年以下の懲役に処せられる。(補説)強姦と強制猥褻の区別は、性器どうしの交接の有無による。また、強姦は加害者は必ず男性で被害者は必ず女性だが、強制猥褻は男女とも加害者・被害者になりうる。➡強姦罪

きょうせいわいせつちし‐ざい【強制×猥×褻致死罪】▶強制猥褻等致死傷罪

きょうせいわいせつちししょう‐ざい【強制×猥×褻致死傷罪】▶強制猥褻等致死傷罪

きょうせいわいせつちしょう‐ざい【強制×猥×褻致傷罪】▶強制猥褻等致死傷罪

きょうせいわいせつとうちししょう‐ざい【強制×猥×褻等致死傷罪】強姦・強制猥褻などで人を死傷させる罪。刑法第181条が禁じ、強制猥褻・準強制猥褻による場合は無期または3年以上の懲役に、強姦・準強姦による場合は無期または5年以上の懲役に、集団強姦による場合は無期または6年以上の懲役に処せられる。強制猥褻致死傷罪。強制猥褻致死罪。強制猥褻致傷罪。強姦致死罪。強姦致傷罪。

きょうせい‐わぎ【強制和議】旧法において、破産手続きで、配当に代わる弁済方法として、破産者の提供する和議条件を債権者の法定多数で可決し、裁判所の認可によって手続きを終了させること。平成12年(2000)の民事再生法施行に伴い和議法が廃止され、強制和議の制度は廃止された。

きょう‐せき【経石】▶きょういし(経石)

ぎょう‐せき【行跡｜行×迹】❶人がおこなってきた事柄。こうせき。❷行状。身持ち。こうせき。
(類語)行動・行ない・振る舞い・行為・挙・活動・動き・所行・言動・言行・行状・沙汰

ぎょう‐せき【業績】事業や学術研究の上で獲得した成果。「―をあげる」「―を残す」
(類語)足跡・事績・成果・収穫・結実・実り

ぎょう‐せき【凝析】▶凝結❷

きょうせき‐こう【共析鋼】炭素を0.86パーセント含有する鋼で、高温から徐々に冷却してセ氏723度でフェライトとセメンタイトを同時に析出し、交互の層になったもの。

きょうせき‐しょう【共析晶】▶共融混合物

きょう‐せん【胸腺】リンパ節に似た構造をもち、T細胞とよぶ細胞性免疫を受け持つリンパ球の分化・増殖に関与する器官。人間では胸骨の後ろ側、左右の肺の間の前部にある葉状の腺組織。幼時に発達するが思春期以降は退縮する。

きょう‐せん【教宣】労働組合や政党などの活動において、教育と宣伝のこと。「―部」

きょう‐せん【▽軽×賤】〔名・形動〕▶けいせん(軽賤)

きょう‐せん【×饗×饌】「饗膳」に同じ。

きょう‐せん【×驕×僭】おごりたかぶって、分に過ぎた振る舞いをすること。

きょう‐ぜん【×饗膳】もてなしの料理の膳。ごちそうの酒やさかな。饗饌。

きょう‐ぜん【×恟然】〔ト・タル〕図〔形動タリ〕驚き恐れるさま。また、驚き騒ぐさま。恟々。「人心何となく―たり」〈透谷・泣かん乎笑はん乎〉

きょう‐ぜん【×跫然】〔ト・タル〕図〔形動タリ〕人の足音がするさま。「靴音の―たるを聞き」〈織田訳・花柳春話〉

ぎょう‐せん【仰×瞻】〔名〕スル 仰ぎ見ること。また、尊敬すること。「万人の―する骨数斗ニテ其人あるを」〈東海散士・佳人之奇遇〉

ぎょう‐ぜん【凝然】〔ト・タル〕図〔形動タリ〕じっとして動かないさま。「―として彫塑の如く佇めり」〈芥川・開化の殺人〉

きょうせん‐リンパたいしつ【胸腺リンパ体質】全身のリンパ節や胸腺が肥大する体質。抵抗力が弱く、わずかの刺激に強く反応し、急死することがある。

きょう‐そ【教祖】❶ある宗教・宗派の創始者。開祖。宗祖。❷新しい主義・運動などを興して一つの傾向をつくり出した人。「レゲエの―」
(類語)開祖・元祖・始祖・ルーツ

ぎょう‐そ【行訴】「行政訴訟」の略。

ぎょう‐そ【×翹×楚】《「翹」は高くぬきんでる、「楚」は高く伸びた雑木の意》才能が衆にぬきんでてすぐれていること。また、その人。俊秀。

きょう‐そう【凶相｜×兇相】❶占いで、凶を示す相。不運の相。❷凶悪な人相。人柄の悪そうな顔つき。

きょう‐そう【狂草】極端にくずした草書。唐の張旭・懐素や、明末の王鐸・傅山が著名。

きょう‐そう【狂想】常識はずれでまとまりのない考え。また、気まぐれな考え。

きょう‐そう【狂騒｜狂×躁】狂ったような騒がしさ。「都会の―から逃れる」
(類語)熱・熱中・熱狂・フィーバー

きょう‐そう【強壮】〔名・形動〕からだが丈夫で元気なこと。また、そのさま。「―な身体」
(類語)元気・健康・丈夫・無病息災・無事・健勝・清勝・健やか・壮健・健全・達者・まめ・つつがない・息災・強健・頑健・矍鑠

きょう‐そう【教相】仏語。❶釈迦が一生の間に説いた教えにみられる相違や特徴。❷密教で、実践的な修行に対して、教義を理論的に研究する面。➡事相 ❸「教相判釈」の略。

きょう‐そう【競争】〔名〕スル ❶互いに同じ目的に向かって勝敗・優劣をきそい合うこと。「生産高を―する」「―力がある」「生存―」❷生物の、ある生息空間や食物をめぐる相互作用。異種どうしの種間競争と同一種どうしの種内競争がある。
(類語)(❶)競合・角逐・勝負・競り合い・競技・プレー(―する)競う・争う・張り合う・対抗する・比べる

きょう‐そう【競走】〔名〕スル 一定の距離を走ってその速さをきそうこと。「オートバイ―」「障害物―」
(類語)レース

きょう‐そう【競×漕】〔名〕スル ボートで一定の距離をこいで、その速さをきそうこと。ボートレース。(季 春)

きょう‐ぞう【胸像】人物の頭から胸のあたりまでの彫像や塑像。

きょう‐ぞう【経蔵】❶三蔵の一。釈迦の説いた教えの総称。❷寺院で、一切経などの経典を納めておく蔵。経堂。

きょう‐ぞう【鏡像】❶鏡に映る像。一般に、平面に関して対称をなす点や物体の像。❷中心O、半径rの球で、その空間にO以外の点Pをとり、その半直線OP上に$OP \cdot OQ = r^2$となる点Qをとったとき、P・Qを相互にその鏡像であるという。➡反転❹

ぎょう‐そう【行草】行書と草書。(類語)楷書・行書・草書・隷書・篆書・三体・五体・勘亭流

ぎょう‐そう【行装｜行▽粧】外出の際の服装。旅のいでたち。「御者はことごとく女装せり。忌わしき―かな」〈鴎外訳・即興詩人〉

ぎょう‐そう【形相】顔つき。顔かたち。特に、怒りや嫉妬など激しい感情の現れた顔つき。「―が変わる」「憤怒の―」➡形相 (類語)表情・顔・顔付き・顔立ち・容貌・面構え・面差し・面立ち・面影・人相・面相・容色・相好・血相・剣幕・面魂

ぎょう‐ぞう【形像】仏などの姿・形をかたどった絵や彫刻。けいぞう。「畳の上に仏の―を画きて」〈今昔・一・二三〉

きょうぞう‐いせいたい【鏡像異性体】原子の立体配置が互いに鏡像の関係となっている立体異性体。エナンチオマー。対掌体。➡ジアステレオマー

きょうそう‐かかく【競争価格】完全競争市場において、需要と供給の関係によって決定される価格。均衡価格。

きょうそう‐きょく【狂想曲】▶カプリッチョ

きょうそう‐きょく【協奏曲】独奏楽器と管弦楽によって演奏される器楽曲。コンチェルト。

きょうそう‐けいやく【競争契約】契約事項を公告し、入札・せり売りなどによって契約希望者を競争させ、最も有利な条件を提出した者を相手方として締結する契約。➡随意契約

きょうそう‐げんり【競争原理】個人または集団が、必要とするものを獲得するために他者と競い合い、勝者が獲得できるとする、優勝劣敗の競争を受容する考え方。誰でも平等に競争に参加できる自由競争を市場や経済活動などの基本とする考え方で、資本主義の基本原理の一つとされる。また、能力主義や管理主義の根底をなす原理とされる。➡市場原理

きょうそう‐ざい【強壮剤】体力回復や保健強壮のために用いる薬剤。ビタミン剤・栄養剤など。強壮薬。

きょうそう‐ざい【競争財】▶代替財

きょうそう‐しけん【競争試験】多数の志願者の中から一定の人数を選抜するために行う試験。

きょうそう‐しん【競争心】他に張り合って勝ちたいと思う気持ち。競争意識。「―をあおる」

きょうそうてき‐けんきゅうしきん【競争的研究資金】▶競争的資金

きょうそうてきけんきゅうしきん‐はいぶんきかん【競争的研究資金配分機関】▶ファンディング‐エージェンシー

きょうそうてき‐しきん【競争的資金】研究機関や研究者から研究課題を公募し、第三者による審査を経て優れた課題に配分される研究資金。競争的研究資金。➡ファンディング‐エージェンシー

きょうそう‐にゅうさつ【競争入札】▶入札

きょうそう‐ば【競走馬】競馬用の馬。ふつう、サラブレッド系かアラブ系。競馬馬。

きょうそう‐ばいばい【競争売買】複数の売り手・買い手による競争を経て、売買契約を締結する方法。競り売買・入札売買・競売買に分かれる。

きょうそう‐はんじゃく【教相判釈】仏教経典を、その時期・形式・内容などによって分類・体系化し、相互の関係や価値を判定して仏の究極の教えがどこにあるかを解釈すること。また、それによって、よりどころとする経の優位を正当化しようとしたもの。教判。教相。判教。

きょう‐ぞうり【京草履】淡竹の皮で作り、ビロードなどで縁どった婦人用の草履。もと京都で作られ、元禄(1688～1704)ごろ流行した。

きょう‐そく【▽脇息】座ったわきに置いてひじをかけ、からだをもたせかける道具。ひじかけ。

きょう‐そく【教則】物事を教授する上での手順や規則。

きょう‐ぞく【凶賊｜×兇賊】残忍で凶悪な賊。
(類語)凶漢・奸賊・逆賊

きょう‐ぞく【強賊】▶ごうぞく(強賊)

きょうそく‐ぼん【教則本】楽器演奏上の基本的技法などを初歩から段階を追って学ぶように編集した本。

ぎょうそ‐ほう【行訴法】「行政事件訴訟法」の略称。

きょう‐ぞめ【京染(め)】京都で染めた、また京都風の染め物の総称。鹿の子染め・友禅染の類。

きょう-ぞり【京反り】鳥居反りの異称。京物に多いところからいう。

きょう-そん【共存】〔名〕スル《「きょうぞん」とも》二つ以上のものが同時に生存・存在すること。「動物と人間とが一する」(類語)併存・同居・両立

きょう-そん【郷村】▶ごうそん(郷村)

ぎょうそん【行尊】[1057〜1135]平安後期の天台宗の僧。源基平の子。諸国を行脚。祈祷に優れ、天台座主となった。和歌にもすぐれ、金葉集・新古今集などに入集。平等院大僧正。

きょうそん-きょうえい【共存共栄】〔名〕スル 二つ以上のものが、争うことなく、ともに生き、ともに栄えること。

きょうそん-しすう【共存指数】《金武坤の著書から》周囲の人とどれだけ和やかな人間関係を作れるかの指数。思いやり指数。NQ(network quotient)。

きょう-だ【×怯×懦】〔名・形動〕臆病で気が弱いこと。いくじのないこと。また、そのさま。「己の一を恥じる」「一な性格」(類語)臆病・弱気・引っ込み思案・気弱・内弁慶・陰弁慶・内気・大人しい・こわがり・小心・小胆・怯弱・意気地なし

きょう-だ【強打】〔名〕スル ❶強い勢いで打ちつけること。「転んで後頭部を一した」❷野球で、打者が積極的に打っていくこと。「バントシフトの裏をかいて一に出る」

ぎょうだ【行田】埼玉県北部の市。江戸時代は阿部氏・松平氏などの城下町。もとは足袋の生産で知られ、現在は輸送機械工業が盛ん。古墳が多く、さきたま風土記の丘がある。平成18年(2006)1月、南河原村を編入。人口8.6万(2010)。

きょう-たい【狂体】詩歌などで、着想や用語にこっけいみをもたせたもの。

きょう-たい【狂態】正気とは思われない振る舞いや態度。「酔って一を演じる」(類語)気違いざた・痴態

きょうたい【暁台】▶加藤暁台

きょう-たい【×筐体】機器類を収める箱形の容器。

きょう-たい【×嬌態】女性の、こびを含んだなまめかしい振る舞いや態度。(類語)媚態・しな

きょう-だい【兄弟】❶片親または両親を同じくする男の子供たち。兄と弟。また、その間柄。けいてい。❷男女の別なく、片親または両親を同じくする子供たち。また、その間柄。兄弟姉妹。「姉二人、兄二人の五人一の末っ子」「一げんか」❸養子縁組みなどにより親を同じくする間柄になった者。また、自分の兄弟姉妹の配偶者または自分の配偶者の兄弟姉妹。義理の兄弟。❹親しい男性どうしが、くだけた場面で用いる呼び名。「おい一、ひとつ頼むよ」❺「兄弟分」に同じ。(補説)❷・❸は「兄妹」「姉弟」「姉妹」とも書く。(類語)(❶❷❸)兄弟・姉妹・兄妹・姉弟・弟妹・兄姉・同胞・はらから・連枝

兄弟は他人の始まり　兄弟も成長すれば利害関係や結婚などによって情が薄くなり、しだいに他人のようになってしまうこと。

兄弟は両の手　兄弟は、左右の手のように互いに助け合うべきであるということ。兄弟は左右の手。

きょう-だい【×矜大】おごりたかぶること。尊大。

きょう-だい【強大】〔名・形動〕強くて大きいこと。また、そのさま。「一な勢力を誇る」(対)弱小。(派生)きょうだいさ〔名〕(類語)強い・強力・無敵

きょう-だい【経題】経文の題目。

きょう-だい【橋台】橋の上部構造の両端を支持する基礎。

きょう-だい【鏡台】鏡を立てる台。多く箱造りで引き出しなどがある。
(類語)鏡・ミラー・手鏡・姿見・三面鏡

ぎょう-たい【行体】❶行書の書体。❷身なり。いでたち。特に、山伏など修行者の姿。

ぎょう-たい【業体】▶ぎょうてい(業体)

ぎょう-たい【業態】❶営業や企業の状態・体制。❷生活や職業活動の状態。「住民の一」

ぎょう-たい【凝滞】〔名〕スル 物事の流れがとどこおって通じないこと。「富は益々一部に一する」〈魯庵・社会百面相〉

きょうだい-じけん【京大事件】▶滝川事件

きょうだい-でし【兄弟弟子】同じ師匠について学問や技芸を学んだ者。また、その間柄。

きょうだい-ぶん【兄弟分】❶他人どうしではあるが、仮に兄弟の縁を結んだ者。また、その間柄。義兄弟。「一の杯を交わす」❷兄弟のように親しい仲間。

きょう-たく【供託】〔名〕スル 金銭・有価証券その他の物品を供託所または一定の者に寄託すること。
(類語)寄託・預ける

きょう-たく【教卓】教室で教師が使う机。

きょうたく-きん【供託金】❶供託所に寄託した金銭。例えば、家主が賃料を借主から受領しない場合に、借主の供託した賃料。❷公職選挙の候補者が立候補の届け出に際し、法令の規定によって寄託しなければならない金銭。一定得票数に達しないときは没収される。

きょうたく-しょ【供託所】法令の規定により、供託事務を取り扱う所。金銭・有価証券については、法務局・地方法務局およびその支局、または法務大臣の指定する出張所。その他の物品については法務大臣の指定する倉庫業者または銀行。

きょうたく-ほう【供託法】供託の手続きを定めた法律。明治32年(1899)施行。その後、数回にわたり改正。

ぎょうだ-し【行田市】▶行田

きょう-だしゃ【強打者】野球で、長打力のある選手。猛打者。スラッガー。

きょう-だつ【強奪】▶ごうだつ(強奪)

ぎょう-たつ【暁達】物事や道理によく通じること。通暁。

きょう-だて【×饗立て】▶甲立て

きょうたなべ【京田辺】京都府南西部の市。平成9年(1997)田辺町が市制、改称。人口6.8万(2010)。

きょうたなべ-し【京田辺市】▶京田辺

きょう-たん【▽敬嘆|▽敬×歎】尊敬の念をもって感嘆すること。「公家殊に一せさせ給ひて」〈太平記・一二〉

きょう-たん【驚嘆|驚×歎】〔名〕スル すばらしい出来事や、思いも及ばない物事に接して、おどろき感心すること。「一に値する」「最新の科学技術には一するばかりだ」
(類語)驚き・驚愕・愕然・喫驚・驚倒・驚天動地・驚異・驚く・びっくりする・どきっとする・ぎくっとする・ぎょっとする・たまげる・仰天する・動転する・一驚する・瞠目する・恐れ入る・あきれる・唖然とする・呆気にとられる・目を疑う・目を丸くする・目を見張る・息をのむ・肝をつぶす・腰を抜かす

きょう-だん【凶弾|×兇弾】凶悪な者が撃った弾丸。「一に倒れる」

きょう-だん【×杏壇】《「荘子」漁父から》学問を教える所。学問所。孔子が学問を講じた壇のまわりに杏の木があったところからいう。

きょう-だん【京談】京言葉。京都弁。「東人の一を無理に似せたるは、殊の外に聞きにくきものなり」〈吉原すずめ・下〉

きょう-だん【教団】同じ教義を信じる人たちによって組織された宗教団体。

きょう-だん【教壇】教室で授業するときに教師の立つ壇。また、教職のこと。「母校の一に立つ」

ぎょう-たん【暁旦】夜明け。あかつき。

きょうたんご【京丹後】京都府北西端にある市。丹後半島の大部分を占める。平成16年(2004)峰山町、大宮町、網野町、丹後町、弥栄町、久美浜町が合併して成立。人口5.9万(2010)。

きょうたんご-し【京丹後市】▶京丹後

きょうたん-そう【×夾炭層】石炭層を含む地層。

ぎょうたん-ぞろえ【行端×揃え】《justification》▶均等割り付け

きょう-ち【境地】❶その人の置かれている立場。「苦しい一に立たされる」❷ある段階に達した心の状態。「悟りの一」❸芸術などの、分野・世界。「新しい一を開拓する」❹場所。土地。環境。〈日葡〉
(類語)心境・境・環境・境遇・身の上・境涯・境界・身空

きょう-ち【興致】おもしろい趣。興趣。

きょうちく-とう【×夾竹桃】キョウチクトウ科の常緑低木。株立ちとなり、葉は竹に似て、3枚が輪生。乳液に毒がある。夏、紅色の花を開く。花は先の5裂する筒形であるが、八重咲きが多く、白色・淡黄色などもある。インドの原産。(季 夏)「一花なき墓を洗ひをり/波郷」

きょう-ちつ【経×帙】経巻を納める帙。

ぎょう-ちゃく【凝着】〔名〕スル ▶付着❷

きょう-ちゅう【峡中】谷間。谷あい。

きょう-ちゅう【胸中】胸のうち。心に思っていること。心中。「一をうち明ける」「一を察する」
(類語)胸襟・胸懐・胸裏・胸臆・胸間・胸三寸・意中・念頭・襟懐・方寸・思い・胸・考え・想念・思念・念ねん・気持ち・感懐・感想・所懐・心懐・心中・心事・心情・心境・感慨・万感・偶感・思考・思索・一存

ぎょう-ちゅう【×蟯虫】線虫綱蟯虫科の袋形動物。体は糸状で、体長約1センチ。雄のほうが小さい。人間の盲腸などに寄生。雌は夜間に肛門からはい出して周辺に卵を産みつける。肛門周辺部の不快なかゆみがあり、虫卵は経口的に摂取される。

きょう-ちょ【共著】二人以上の人が共同して1冊の書物を書き著すこと。また、その書物。共同著述。➡単著

きょう-ちょ【×夾×紵|挟×紵|×夾貯】古代中国の漆技法の一つで、麻布を漆ではさむように貼り合わせて造形すること。➡乾漆

きょう-ちょう【凶兆】不吉な前兆。よくないことが起こる前ぶれ。(対)吉兆。

きょう-ちょう【協調】〔名〕スル 互いに協力し合うこと。特に、利害や立場などの異なるものどうしが協力し合うこと。「労資が一する」「一性」(類語)同調・迎合

きょう-ちょう【狭長】〔名・形動〕細長いこと。また、そのさま。「一な谷あいの平地」

きょう-ちょう【恐鳥】モアの別名。

きょう-ちょう【強調】〔名〕スル ❶ある事柄を特に強く主張すること。「事の重大さを一する」❷絵画・音楽などで、ある一部分を特に目立つように表現すること。❸取引相場が上がろうとしている状態。
(類語)主張・力説・叫ぶ・強弁

きょうちょう-かい【協調会】労資協調主義を推進するため、大正8年(1919)政府と財界によって設立された財団法人。労働事情の調査・研究、労働者教育、労働争議の仲裁・和解などを主な事業とした。昭和21年(1946)解散。

きょうちょう-かいにゅう【協調介入】先進主要国の中央銀行が為替相場を安定させる目的で協調して外国為替市場に介入し、為替の売買取引をすること。➡為替介入 ➡単独介入

きょうちょう-げんじつかん【強調現実感】《augmented reality》▶拡張現実感

きょうちょうてき-マルチタスク【協調的マルチタスク】《cooperative multitasking》▶ノンプリエンプティブマルチタスク

きょうちょう-の-きょぎ【強調の虚偽】文中のある単語や句を特に強調することによって生じる虚偽。「あの人は正直だ」の「あの人」を強調すると、他の人は正直ではないように聞こえる類。

きょうちょう-フィルタリング【協調フィルタリング】《collaborative filtering》多くのユーザーの嗜好情報を蓄積して解析することにより、ある特定のユーザーの嗜好を推論する技術。インターネット上で商品を購入する場合、ユーザーが選択した物品に対し、嗜好を同じくするユーザーの過去の購入履歴を元に新たな物品を推薦するシステムなどがある。

きょうちょう-ゆうし【協調融資】二つ以上の銀行が同一企業に対し、使途の同じ資金を共通の条件で分担して融資をすること。シンジケートローン。

きょう-ちょく【強直】㊀〔名〕スル ❶かたくこわばること。硬直。ごうちょく。「筋肉が一する」❷関節強直のこと。❸▶強縮 ㊁〔形動〕(文)〔ナリ〕意志が強く

正直なさま。剛直。「一な人物」
きょう-ちん【共沈】水溶液中で、ある物質が沈殿するときに、単独では沈殿しない他の物質も誘発されてともに沈殿すること。微量物質の分離・濃縮などに利用。
きょう-つい【胸椎】脊柱のうち、頸椎と腰椎との間の12個の椎骨。おのおのに肋骨が左右一対ずつ付着し、胸郭の後壁をなす。
きょう-つう【共通】〔名・形動〕スル 二つまたはそれ以上のものの、どれにもあること。どれにもあてはまること。また、そのさま。「一の理解」「国民に一な意見」「両者に一する特徴」
(類語)通有・普遍・同一・一律・一つ・類似・相似・酷似・近似・似たり寄ったり・類縁・髣髴(一する)通ずる・通う・通底する・軌を一にする
きょう-つう【胸痛】胸部の痛み。
ぎょう-つう【暁通】ゲウ〔名〕スル よく知っていること。精通していること。通暁。「内地に在て事情に一する者が、精確の報道を為さば」〈雪嶺・真善美日本人〉
きょうつう-いんすう【共通因数】二つ以上の数や単項式に、共通に含まれる因数。
きょうつう-かぎあんごう【共通鍵暗号】暗号化と復号に同じ鍵を使う暗号方式。暗号文の送信者と受信者が共通の鍵をもつ必要がある。秘密鍵暗号。対称鍵暗号。私有鍵暗号方式。慣用暗号。共有鍵暗号。共有鍵暗号方式。共通鍵暗号方式。➡暗号鍵
きょうつうかぎあんごう-ほうしき【共通鍵暗号方式】▶共通鍵暗号
きょうつう-ご【共通語】❶それぞれ異なる言語を用いている集団の間で、相互に意志を通じ合うことのできる言語。❷一つの国の中で、地域・階層の違いを超えて通用する言語。日本ではその基盤を東京語に置いている。規範性をもつ「標準語」という用語と分別するために使用される語。
(類語)標準語・国際語
きょうつう-こう【共通項】二つ以上のものに共通して存在する項目・要素。
きょうつう-こん【共通根】二つ以上の方程式に共通な根。
きょうつう-しゅうごう【共通集合】二つ以上の集合の共通部分全体からなる集合。記号「∩」で表す。キャップ。ミート。積集合。共通部分。交わり。
きょうつう-せっせん【共通接線】二つの円や曲線に同時に接する直線。
きょうつうだんたい-しょうがいほけん【共通団体傷害保険】保険契約者と一定の関係にある団体員全員を被保険者とし、その団体員に対して同一の保険金額により契約する保険。傷害保険に特約の形で付帯する。
きょうつう-てん【共通点】二つ以上のものに共通して存在する物事や性質。通有点。「二つの話には一がある」
きょう-づか【経塚】キャウ 経文を経筒・経箱に入れて埋めた塚。後世まで教法を伝えようとし、また追善供養や現世利益などを目的に平安中期から近世にかけて行われた。仏具などを添えることが多く、経石・瓦経なども埋めた。
きょう-づくえ【経机】キャウ 読経の際、経典をのせる黒または朱の漆塗りの机。
きょう-づつ【経筒】キャウ 経塚に埋める写経を納めるための蓋付きの容器。銅製の円筒形のものが多い。
きょう-てい【協定】ケフ〔名〕スル ❶紛争・競争などを避けるため、協議して取り決めをすること。また、その事柄。「業者間で価格を一する」❷国家間の文書による合意。条約の一種であるが、条約ほど厳格な形式をとらない。「日米漁業一」
(類語)条約・約束・取り決め・申し合わせ・約定・約定・契約・協約・結約・盟約・誓約・確約・保証・公約・口約
きょう-てい【胸底】心の奥底。胸の奥。「深く一に秘める」(類語)胸・胸裏・胸中・胸間・胸奥・胸臆・肺腑・心うち・心中・心裏
きょう-てい【教程】ケウ 教授する段階や方法。また、それにのっとった教科書。「馬術一」
きょう-てい【×筐底】キャウ・【×篋底】ケフ 箱の底。箱の中。「一を探って、古い日記を見出した」〈蘆花・思出の記〉
筐底に秘・する 人目にふれないように、箱の底深くしまっておく。「原稿を未発表のまま一・する」
きょう-てい【競艇】キャウ モーターボートの競走。多く賭けの対象として行われ、勝舟投票券(舟券)が発売され的中投票券に配当金が支払われる。モーターボートレース。
ぎょう-てい【行程】ギャウ 道のり。こうてい。「一猶数里あり」〈織田訳・花柳春話〉
ぎょう-てい【業体】ゲフ ❶営業や企業の状態。業態。❷おこない。所行。また、風体。ぎょうたい。「此様な身で此様な一で」〈一葉・にごりえ〉
きょうてい-かかく【協定価格】ケフテイ 価格の下落防止のため、国際間または同業者間で協定する商品の販売価格。
きょうてい-けんぽう【協定憲法】ケフテイケンパフ 君主と国民との間の合意の形式をとって制定された憲法。1830年のフランス憲法など。議定憲法。協約憲法。➡欽定憲法 ➡民定憲法
きょうてい-ぜいりつ【協定税率】ケフテイ ❶ある国が他国との条約により、特定の特定産品に対して約束した一定の関税率。❷GATTおよびWTO協定によって定められた関税率。
きょうてい-せかいじ【協定世界時】ケフテイ セシウム原子時計の示す国際原子時と、太陽の南中を基準とする世界時との差が0.9秒以内になるように調整した時刻系。BIPM(国際度量衡局)が管理する。世界時の速度は一定ではないため、常に一定である原子時との差が生じたときに、1秒を追加または削除して調整する。この1秒を閏秒という。UTC(universal time coordinated)。(補説)日本標準時(JST)は協定世界時より9時間進んでいるところから「+0900(JST)」と表す。
きょう-てき【強敵】キャウ 強力な敵。手ごわい相手。
きょう-てき【狂的】キャウ〔形動〕正常でなく、気が狂ったかに見えるさま。「一な信仰」
きょう-てつ【鏡鉄】キャウ ▶鏡銑
きょう-てん【狂×癲】キャウ 気が狂うこと。癲狂。
きょう-てん【教典】ケウ ❶宗教上の基本となる書物。❷教育上の基本となる書物。
きょう-てん【経典】キャウ《古くは「きょうでん」とも》❶仏の教えを記した文章・書物。経文。❷ある宗教で、信徒の守るべき教えを記した神聖な書。キリスト教の聖書、イスラム教のコーランなど。
きょう-でん【強電】キャウ ❶産業用に使用される大電力・高電圧・大電流のこと。❷電気エネルギーの伝送や、他のエネルギーへの変換などを対象とする電気工学部門の通称。⇔弱電。
きょう-でん【▽敬田】キャウ 仏語。三福田の一。仏・法・僧など、敬うべきもののこと。敬うことによって福徳が得られるとされるところからいう。
ぎょう-てん【仰天】ギャウ〔名〕スル《天を仰ぐほど驚く意》ひどくびっくりすること。「一して腰を抜かす」
(類語)驚く・たまげる・びっくり・どきっとする・ぎくっとする・ぎょっとする・動転する・喫驚する・驚愕する・驚倒する・一驚する・驚嘆する・瞠目する・恐れ入る・あきれる・唖然とする・愕然とする・呆気にとられる・目を疑う・目を丸くする・目を見張る・息をのむ・肝をつぶす・腰を抜かす
ぎょう-てん【暁天】ゲウ 明け方の空。また、夜明け。
ぎょう-でん【宜陽殿】ギャウ 平安京内裏十七殿の一。紫宸殿の東にあり、楽器・書籍など歴代の御物を保管した。儀陽殿。
きょう-でんかいしつ【強電解質】キャウ 水に溶けたとき、ほとんど完全にイオンに解離する電解質。多くは結晶質。強酸・強塩基・塩類など。➡弱電解質
きょうてん-どうち【驚天動地】キャウテン《天を驚かし地を動かす意》世間をひどく驚かすこと。「一の大事件」
(類語)驚き・驚愕・驚嘆・愕然・喫驚・驚倒・驚異
ぎょうてん-の-ほし【暁天の星】ゲウテン 明け方の空は星がまばらであること。数の少ないことのたとえ。暁星。
きょう-と【凶徒】【×兇徒】殺人・謀反などの悪行を働く者。また、その仲間。
きょうと【京都】キャウ ㊀近畿地方中部から北部に位置する府。もとの山城・丹後国の全域と丹波国の大部分にあたる。人口263.7万(2010)。㊁京都府南部の市。府庁所在地。指定都市。国際文化観光都市に指定され、古都保存法の適用を受けている。延暦13年(794)に桓武天皇が遷都して平安京と称した。以来、明治維新まで千年以上にわたって日本の首都。京都御所・二条城・清水寺など、史跡・社寺が多く、西陣織・友禅染・清水焼などの伝統的工芸品を産する。歴史的な年中行事も多い。人口147.4万(2010)。京。(補説)賀茂別雷神社・賀茂御祖神社・教王護国寺・清水寺・醍醐寺・仁和寺・高山寺・西芳寺・天竜寺・鹿苑寺・慈照寺・竜安寺・本願寺・二条城と、宇治市の平等院・宇治上神社・大津市の延暦寺は、平成6年(1994)「古都京都の文化財」の名で世界遺産(文化遺産)に登録された。
きょう-と【教徒】ケウ ある宗教を信仰している人。信徒。「キリスト一」「仏一」(類語)信者・信徒・宗徒・門徒
きょうど【×匈奴】前3世紀末から後1世紀末にかけて、モンゴル高原を中心に活躍した遊牧騎馬民族。秦代末の前209年、冒頓が単于(君主)となり、北アジア最初の遊牧国家を建設。東胡、大月氏を征圧し全盛となり、漢にも侵入したが、漢の武帝の遠征と内紛により、東西に分裂し、後48年さらに南北に分裂。南匈奴は漢に服属し、北匈奴は91年漢に討たれた。人種的にはトルコ系説が有力。西方に移動した子孫がフン族であるといわれる。
きょう-ど【強×弩】【×彊×弩】キャウ 力の強いいしゆみ。
強弩の末魯縞に入る能わず 《「漢書」韓安国伝から》強い弓で射た矢も、最後にはその勢いが衰えて、魯で産する薄絹さえも射通すことができない。強いものも、衰えてしまっては何事もできなくなることのたとえ。
きょう-ど【強度】キャウ ❶強さの程度。「鉄筋の一」❷度合い・程度のはなはだしいこと。「一の近視」
きょう-ど【郷土】キャウ ❶自分が生まれ育った土地。故郷。「一の誇り」「一愛」❷その地方・土地。「一史」
(類語)故郷・郷里・ふるさと・国・田舎・在所・国もと・郷党・郷国・郷関・家郷・故山・生地・生国
きょう-ど【境土】【×疆土】キャウ 一国の統治権の及ぶ地域。また、国境。
きょうと-あまござん【京都尼五山】キャウト 京都にある五つの尼寺。景愛寺・檀林寺・護念寺・恵林寺・通玄寺の総称。
きょうと-い【▽気×疎い】〔形〕図けうと・し〔ク〕「けうとい」に同じ。「一・イ人」〈日葡〉
きょうと-いりょうかがくだいがく【京都医療科学大学】キャウトイレウクワガクダイガク 京都府南丹市にある私立大学。平成19年(2007)に開学。医療科学部の単科大学。
きょう-とう【凶党】【×兇党】タウ 悪人の集まり。悪党。「一已に屋後に在り」〈織田訳・花柳春話〉
きょう-とう【共闘】〔名〕スル《「共同闘争」の略》複数の組織・団体が共同して闘争すること。「同一産業の他単組と一する」「一体制を組む」
(類語)喧嘩・諍い・争い・紛争・闘争・立ち回り・大立ち回り・抗争・暗闘・争闘・ゲバルト
きょう-とう【狂×濤】キャウタウ 逆巻き荒れ狂う大波。怒濤。狂瀾。
きょう-とう【狂騰】キャウ〔名〕スル 物価・株価などが非常な勢いで上がること。「消費者物価が一する」
きょう-とう【×俠盗】ケフタウ 金持ちから盗んだ金品を貧乏人に与えたりする、義俠心のある盗賊。義賊。
きょう-とう【教頭】ケウ 小学校・中学校・高等学校で、校長を補佐し、校務を整理する職制。
きょう-とう【経塔】キャウタフ ❶経文・陀羅尼などを納めて供養する塔。❷写経で、経文の文字によって五重・七重の塔の形を表したもの。
きょう-とう【郷党】キャウタウ その人の郷里。また、郷里を同じくする仲間。「一の期待をになう」

(類語)故郷・郷里・ふるさと・郷土・国・田舎・在所・国もと・郷国・郷関・家郷・故山・生地・生国

きょう-とう【橋塔】橋の入り口や主要橋脚の上に、塔や門の形に造った構造物。

きょう-とう【橋頭】橋のほとり。橋のたもと。

きょう-とう【競闘】〔名〕スル きそいたたかうこと。「児女子をして偉丈夫と―せしむるが如くならん」〈津田真道・明六雑誌五〉

きょう-とう【驚倒】〔名〕スル 非常に驚くこと。「世間を―させた大事件」

(類語)驚く・驚き・驚愕・驚嘆・愕然・喫驚・驚天動地・驚異・びっくりする・どきっとする・ぎくっとする・ぎょっとする・たまげる・仰天する・動転する・一驚する・瞠目する・恐れ入る・あきれる・唖然とする・呆気にとられる・目を疑う・目を丸くする・目を見張る・息をのむ・肝をつぶす・腰を抜かす

きょう-どう【共同】〔名〕スル ❶複数の人や団体が、同じ目的のために一緒に事を行ったり、同じ条件・資格でかかわったりすること。「―で経営する」「―で利用する」「三社が―する事業」❷「協同」に同じ。

(類語)(❶)合同・協同・連携・提携・連名・共有・共用・催合い・タイアップ・協力・協賛・参与・チームワーク・共催・関与

きょう-どう【享堂】《「享」はまつる意》禅宗寺院で、祖師の像や位牌を安置する堂。

きょう-どう【協同】〔名〕スル 複数の人または団体が、力を合わせて物事を行うこと。共同。「住民が―して地域の振興に努める」「産学―」(類語)共同・協力・提携・連携・協賛・参与・チームワーク・共催・関与・合同・連名・共有・共用・催合い・タイアップ

きょう-どう【協働】〔名〕スル 同じ目的のために、対等の立場で協力して共に働くこと。

きょう-どう【教導】〔名〕スル 学問的な理念や宗教思想などに基づいて、教えみちびくこと。「信者を―する」(類語)補導・善導・唱導・指導

きょう-どう【経堂】寺院で、経典を納めておく建物。経蔵。

きょう-どう【×嚮導】〔名〕スル ❶先に立って案内すること。また、その人。「道中師といいて其頃は旅行中の―と保護とを任とするものありし」〈露伴・風流魔〉❷軍隊で、横隊の隊列の両端にあって整列・行進などの基準となる者。(類語)誘導・先導・案内・引っ張る・手引き・導き・ガイド・道案内・先達・露払い

きょう-どう【鏡胴】望遠鏡・カメラなどで、レンズを支持し、焦点の調節、外光の遮断などをする筒形の胴。

きょう-どう【鏡銅】銅3分の2、錫3分の1からなる青銅合金。古く鏡として利用された。

きょう-どう【響胴】弦楽器類の胴。弦の振動に共鳴して楽音を豊かにする。サウンドボディー。

きょう-どう【驚動】〔名〕スル 驚いて落ち着きを失うこと。驚き騒ぐこと。「斯る危難に瀕せしことなれば、其心中の―は一方ならざるべきに」〈竜渓・経国美談〉

ぎょう-とう【行頭】文章などの行のはじめ。⇔行末。

ぎょう-どう【行道】❶仏道の修行をすること。❷法会で、僧が行列して読経しながら仏像や仏堂の周囲を右回りにめぐること。❸法会で、僧が行列して読経しながら道を練り歩くこと。御練り。

ぎょう-どう【凝当┆凝▽濁】杯の底に残った酒。また、その酒で、杯の口を当てた部分を洗い流すこと。また、杯の飲み残しを捨てるための容器。魚道。「―と申し侍るは、底に凝りたるを捨つるにや候ふらん」〈徒然・一五八〉

きょうどう-いごん【共同遺言】同一の遺言証書によって、二人以上の者が遺言すること。民法上は無効とされる。

きょうどう-うんこう【共同運航】▶コードシェア

きょうどう-かいそん【共同海損】船舶および積み荷に対する共同の危険を免れるために、船長が船舶または積み荷について行う処分によって生じた損害および費用。海難による沈没を防ぐため、積み荷の放棄や船舶の乗り上げなどをした場合、その損害や費用は各利害関係者が公平に分担する。⇒単独海損

きょうどう-かん【×嚮導艦】艦隊の行動の基準となったり、他の艦船を案内したりする軍艦。

きょうどう-きぎょうたい【共同企業体】▶ジョイントベンチャー

きょうどう-くみあい【協同組合】農林漁業者・中小商工業者、または消費者などが、その事業や生活の改善を図るために、協同して経済活動などを行う組織。農業協同組合・生活協同組合など。

きょうどう-こう【共同溝】電気・電話・上下水道・ガスなどのケーブルや管などをまとめて収容する道路地下の施設。

きょうどう-さしおさえ【共同差(し)押(さ)え】多数の債権者が、同一の債務者に対して同時に行う差し押さえ。

きょうどうさん-せっくつ【響堂山石窟】中国河北省邯鄲市西方、鼓山にある仏教石窟寺院の遺跡。北斉時代につくられたもので、南北2か所あり、南響堂山に7窟、北響堂山に3窟ある。

きょうどうしせつ-ぜい【共同施設税】共同作業場・共同集荷場・汚物処理場などの共同施設の費用に充てるため、その施設の利用者・受益者に課する市町村税。

きょうどう-しっこう【共同執行】同一の債務者に対し、多数の債権者が共同して同時に差し押さえなどの強制執行をすること。

きょうどう-じっし【共同実施】京都議定書による京都メカニズムの一。温室効果ガスの排出量削減義務のある先進国が共同で排出量削減事業を行い、実際に削限事業を行った国で生じた排出削減量を、投資を行った先進国へクレジットとして移転させる仕組み。JI(joint implementation)。

きょうどう-しはい【共同支配】法律上、数人の支配人を置き、その数人の共同でなければ代理権を行使できないとする方法。支配人の広範な権限の濫用の防止を目的とする。

きょうどう-しゃかい【共同社会】▶ゲマインシャフト

きょうどう-じゅうたく【共同住宅】1棟に2世帯以上が共同で居住する構造の住宅。アパート・団地の類。

きょうどう-しゅっし【共同出資】❶複数の個人が共同の事業に資金を出すこと。❷複数の企業が共同の事業に資金を出すこと。このようにして設立された会社を共同出資会社という。⇒合弁会社

きょうとう-しょう【狭頭症】頭蓋骨の縫合が早期に起こり、頭部が狭くなる疾患。外見上は小頭症と似るが、脳は正常に成長を続けるため圧迫を受け、頭蓋変形・眼球突出・嘔吐などの症状がみられる。

きょうどう-しょく【教導職】一般国民の教化を目的として、明治5年(1872)教部省におかれた職。神官や僧侶が任命された。同17年廃止。

きょうどう-しんけん【共同親権】未成年の子供に対する親権を父母の双方が持っていること。⇒親権(補説)日本の法律では夫婦が離婚した場合、親権は父母のどちらかに帰属する。欧米では離婚後も双方がともに親権を持つと認める国が多い。

きょうどう-せいはん【共同正犯】二人以上の者が共同して犯罪を実行すること。関与した全員が正犯として罰せられる。⇒単独正犯

きょうどう-せいめい【共同声明】2か国以上の政府の首脳が、公式会談の終了後などに共同で発表する声明。一般に法的拘束力はないが、道義的な拘束力をもつとされる。

きょうどう-ぜっこう【共同絶交】村落など地域社会で、秩序や慣習を乱した住民を制裁のために排除し、共同で絶交すること。村八分の類。

きょうどう-せん【共同栓】数戸が共同で使用する水道栓。共用栓。

きょうどう-せんげん【共同宣言】二人以上、または二つ以上の団体・国家が共同で発表する宣言。国家間の場合は、法的拘束力を持つものと持たないものとがある。

きょうどう-せんせん【共同戦線】二つ以上の団体が、当面する共通の目的のためにつくる協力体制。「―を張る」

きょうどう-そうぞく【共同相続】二人以上の相続人が共同で遺産を相続すること。⇒単独相続

きょうどう-そかい【共同租界】清末以降、中国の開港都市で、諸外国が共同で行政権をもっていた地域。アモイ・上海などにあったが、1943年までにすべて解消。⇒専管租界

きょうどうそしき-きんゆうきかん【協同組織金融機関】会員の相互扶助を目的に、協同組合の方式を経営形態に採用している金融機関。会員は中小企業、個人事業者など各協同組織に関する法律で定められており、職域や地域、事業体、団体などで組織された組合員が協同で経営する。しかし、金融自由化の動きや大手地方銀行・都市銀行の貸し出し強化により、協同組織金融機関はその独自の経営保持が困難になっている。商工組合中央金庫・農林中央金庫・労働金庫・信用協同組合・農業協同組合など。

きょうどう-そしょう【共同訴訟】一つの民事訴訟手続きで、二人以上の原告または被告がいる訴訟形態。

きょうどうそしょう-さんか【共同訴訟参加】係属中の民事訴訟に、第三者が原告または被告の共同訴訟人として参加すること。

きょうどう-たい【共同体】家族や村落など、血縁や地縁に基づいて自然的に発生した閉鎖的な社会関係、または社会集団。協同体。

きょうどう-たい【協同体】▶共同体

きょうどう-だいひょう【共同代表】二人以上の者が共同しなければ法人を代表できない場合の代表。

きょうどう-だいり【共同代理】二人以上の代理人が共同しなければ代理権を行使できない場合の代理。

きょうどう-たんぽ【共同担保】同一の債権の担保として数個の物の上に担保物権を設定すること。

きょうどう-ち【共同地】古代・中世ヨーロッパの農漁村で、住民が放牧・伐採・狩猟・漁労などに共同で利用した土地。日本での入会地に当たる。

きょうどう-つうしんしゃ【共同通信社】日本の代表的通信社。東京に本社を置く一般社団法人で、昭和20年(1945)同盟通信社解散のあとを受け、全国主要新聞社と日本放送協会が設立。内外のニュースや写真の収集・配付サービスを行っている。

きょうどう-ていとう【共同抵当】同一の債権の担保として数個の不動産の上に抵当権を設定すること。

きょうどう-でんわ【共同電話】1本の電話回線に2個以上の電話機を接続させ、共同で使用する電話方式。

きょうどう-ひこくにん【共同被告人】被告人を異にする二つ以上の刑事事件が併合審理されるときの数人の被告人をいう。

きょうどう-ふほうこうい【共同不法行為】複数の行為者が共同で他人に損害を加えること。共同行為者が連帯して賠償責任を負う。

きょうどう-べんじょ【共同便所】公衆便所のこと。

きょうとう-ほ【橋頭×堡】❶橋のたもとに構築する陣地。❷渡河や上陸作戦のとき、上陸地点に確保し、その後の作戦の足場とする拠点。❸事に着手する足がかり。よりどころ。「進出の―とする支店」(類語)軍陣・陣・陣営・陣所・陣屋・敵陣・戦陣・トーチカ

きょうどう-ぼうぎ【共同謀議】二人以上の者が犯罪行為の遂行について合意し、そのうちのあるものが、犯罪を実行すること。英米法では、不法な行為について合意しただけで犯罪となり、日本でも公務員はこれに準じる。共謀。

きょうどう-ぼきん【共同募金】《community chest》社会福祉事業の費用を一般から公募する運動。日本では、昭和22年(1947)から社会福祉法人の共同募金会により「赤い羽根運動」として毎年10月に行われている。(補説)スイスの一牧師が路傍に「与えよ、取れよ」と記した木の箱を置き、金を持つ者はこれに金を入れ、貧しい者は金を取り出したことが起源という。

きょうどう-ほけん【共同保険】同一の保険の目的に対して、複数の保険者が共同して塡補責任を負

う保険契約。

きょうどう-ほしょう【共同保証】同一の債務について、二人以上が保証債務を負担すること。

きょうどう-ぼち【共同墓地】❶市町村が公衆のために設けた墓地。または団体が所有している墓地。❷無縁仏を合葬するための墓地。

きょうとうみ【喬答弥】ケウタフミ《梵 Gautamī》釈迦しゃか族の女子の姓。特に釈迦牟尼の叔母の摩訶波闍波提まかはじゃはだいをさす。生母の麻耶夫人まやぶにんが出産後7日目に死んだのち、代わって釈迦を養育した。憍曇弥きょうどんみ。

ぎょうどう-めん【行道面】ギャウダウー 行道❸に用いる仮面。法会によって獅子しし・菩薩ぼさつ・天童・八部衆などがある。

きょうどう-よくじょう【共同浴場】ーヨクヂャウ 低料金または無料で入浴できる公設・私設の浴場。

きょうと-おおばんやく【京都大番役】キャウトおほバンヤク 鎌倉幕府御家人役の一。幕府が守護・有力御家人を通じて召集、主として六波羅探題が統轄し、内裏諸門の警備などにあたった。

きょうと-がいこくごだいがく【京都外国語大学】キャウトグワイコクゴダイガク 京都市にある私立大学。昭和34年(1959)に開学。外国語学部の単科大学。昭和46年(1971)に大学院を設置した。

きょうとがくえん-だいがく【京都学園大学】キャウトガクエンー 京都府亀岡市にある私立大学。昭和44年(1969)に開学。平成6年(1994)に大学院を設置した。

きょうと-かちょうだいがく【京都華頂大学】キャウトクワチャウダイガク 京都市東山区にある私立大学。昭和28年(1953)開学の華頂短期大学を改組して、平成23年(2011)開学。

きょうど-がんぐ【郷土玩具】キャウドグワング その土地特産の材料を用い、あるいはその土地の風俗・慣習・伝説に基づいて作られた玩具。こけし、赤べこ、鯛車など。

きょうと-ぎていしょ【京都議定書】キャウトー《「気候変動に関する国際連合枠組条約の京都議定書」の通称》先進諸国の排出する二酸化炭素・メタン・亜酸化窒素など6種類の温室効果ガスの削減をめざす国際的取り決め。先進国全体で2008年から2012年までに1990年比5パーセントの削減を目標とし、各国ごとに法的拘束力のある数値が示された。先進国間で排出量の取引ができる。1997年京都で開かれた第3回気候変動枠組条約締約国会議で採択。

きょうとぎていしょ-ていやくこくかいごう【京都議定書締約国会合】キャウトギテイショテイヤクコククワイガフ 京都議定書に批准した国が集まる会議。気候変動枠組条約の締約国会議(COP)と併せて、毎年開催される。第1回は2005年にカナダのモントリオールで開催された。京都議定書締約国会議。➡コップモップ(COP/MOP)

きょうど-きょういく【郷土教育】キャウドケウイク 郷土の自然や生活・文化に具体的な教材を求め、郷土への愛情と理解を育成することを目標とした教育。

きょうと-きょういくだいがく【京都教育大学】キャウトケウイクダイガク 京都市伏見区にある国立大学法人。京都師範学校・京都青年師範学校を統合し、昭和24年(1949)京都学芸大学として発足。同41年、現校名に改称。平成16年(2004)国立大学法人となる。

きょうとく【享徳】キャウトク 室町中期、後花園天皇の時の年号。1452年7月25日～1455年7月25日。

ぎょう-とく【行徳】ギャウー 仏道修行によって身に備わる徳。

ぎょうとく【行徳】ギャウトク 千葉県市川市南部の地名。江戸川の河港、成田街道の宿場町として発達。江戸時代は製塩が盛んであった。工業地・住宅地。新浜鴨場と野鳥観察舎がある。

きょう-どくせい【強毒性】キャウー ウイルスなどの病原体によって感染症が発症したとき、重症化させる能力が強いこと。インフルエンザの場合は、呼吸器だけでなく脳や内臓など全身に感染が広がるもの。免疫の過剰反応(サイトカインストーム)が引き起こされると、免疫力の高い若年層ほど重症化し死亡する危険性が高い。➡ビルレンス

きょうどくせい-とりインフルエンザウイルス【強毒性鳥インフルエンザウイルス】キャウドクセイー H5型、H7型の鳥インフルエンザウイルスのうち、致死率の高いものを指す。日本の家畜伝染病予防法ではH5型、H7型のすべての鳥インフルエンザウイルスを高病原性と定義しており、致死率に大きな差がみられるために、強毒性・弱毒性などと呼び分けている。➡弱毒性鳥インフルエンザウイルス

きょうど-げいじゅつ【郷土芸術】キャウドー ❶ある地方に伝わる特有の民謡・舞踊・玩具・工芸品などの総称。❷1900年頃ドイツで唱えられた芸術上の主張。芸術は、そこの土地・人物・事件を反映するものでなくてはならないとするもの。

きょうど-げいのう【郷土芸能】キャウドー 地域社会で伝承され、その土地の祭礼や行事などで行われる芸能。➡民俗芸能

きょうと-こうかじょしだいがく【京都光華女子大学】キャウトクワウクワヂヨシダイガク 京都市右京区にある私立大学。昭和39年(1964)に開学した。

きょうと-こうげいせんいだいがく【京都工芸繊維大学】キャウトコウゲイセンヰダイガク 京都市左京区にある国立大学法人。京都高等蚕糸専門学校と京都高等工芸専門学校とを統合し、昭和24年(1949)新制大学として発足。平成16年(2004)国立大学法人となる。

きょうと-こくりつきんだいびじゅつかん【京都国立近代美術館】キャウトコクリツキンダイビジュツクワン 京都市左京区にある美術館。初め国立近代美術館京都分館として発足し、昭和42年(1967)に独立。主に京都派の日本画など、関西を中心とした作家の作品を所蔵。

きょうと-こくりつはくぶつかん【京都国立博物館】キャウトコクリツハクブツクワン 京都市東山区にある博物館。明治30年(1897)帝国京都博物館として開設。同33年京都帝室博物館と改称。大正13年(1924)京都市に下賜され恩賜京都博物館と改称。昭和27年(1952)再び国に移管し、現在の名称となる。平成13年(2001)独立行政法人国立博物館の、同19年より独立行政法人国立文化財機構の管轄となる。主に古美術品・考古学資料などを収蔵・陳列している。

きょうと-ごさん【京都五山】キャウトー 京都にある臨済宗の五大寺。南禅寺を別格とし、その下に天竜寺・相国寺しょうこくじ・建仁寺・東福寺・万寿寺が位置する。室町時代、足利義満の時に定められた。

きょうと-ごしょ【京都御所】キャウトー 京都市上京区にある旧皇居。元弘元年(1331)から、明治2年(1869)の東京遷都までの皇居。数度の修理・改築・火災を経て、安政2年(1855)に現在の建物が再建された。

きょうとさが-げいじゅつだいがく【京都嵯峨芸術大学】キャウトサガー 京都市右京区にある私立大学。平成13年(2001)に開学。芸術学部の単科大学。同17年に大学院を設置した。

きょうと-サンガ-エフシー【京都サンガF.C.】キャウトー 日本プロサッカーリーグのクラブチームの一。ホームタウンは京都市と周辺5市。大正11年(1922)発足の京都紫郊しこうクラブが前身。平成6年(1994)に京都パープルサンガに改称。同8年にＪリーグ加盟。同19年から現名称。(補説)「サンガ」はサンスクリット語で仲間などの意。

きょうと-さんぎょうだいがく【京都産業大学】キャウトサンゲフダイガク 京都市北区に本部のある私立大学。昭和40年(1965)に天文学者の荒木俊馬あらきとしまらが設立。

きょうと-し【京都市】キャウトー ▶京都㊂

きょうど-し【郷土誌】キャウドー 郷土に関する歴史・地理・生活や民間伝承の記録・研究などを記した書物。

きょうと-しゅご【京都守護】キャウトー 鎌倉幕府の職名。京都にあって御家人を統率し、洛中の警備、朝廷との連絡に当たった。文治元年(1185)初めて北条時政が任ぜられ、承久の乱後、六波羅探題に引き継がれた。

きょうと-しゅごしょく【京都守護職】キャウトー 江戸幕府の職名。京都所司代・大坂城代・近国大名を指揮する権限を持った。文久2年(1862)創置、慶応3年(1867)廃止。

きょうとじょうほう-だいがくいんだいがく【京都情報大学院大学】キャウトジャウホウダイガクヰンダイガク 京都市左京区にある私立大学院大学。平成16年(2004)に日本初のIT専門職大学院として開設。応用情報技術研究科がある。

きょうど-しょく【郷土色】キャウドー 風俗・習慣・産物などに表れるその地方の特色。地方色。ローカルカラー。

きょうと-しょしだい【京都所司代】キャウトー 江戸幕府の職名。京都の守護、禁中・公家に関する政務の管掌、京都・伏見・奈良の三奉行の支配、京都周辺8か国の訴訟の処理、西国の大名の監視などを行った。慶長5年(1600)設置、慶応3年(1867)廃止。

きょうと-じょしだいがく【京都女子大学】キャウトヂヨシダイガク 京都市東山区にある私立大学。明治43年(1910)設立の京都高等女学校に始まる。大正9年(1920)設立の京都女子高等専門学校を母体に、昭和24年(1949)新制大学として発足。

きょうとしりつ-げいじゅつだいがく【京都市立芸術大学】キャウトシリツー 京都市西京区にある市立大学。京都府画学校を前身として、昭和25年(1950)京都市立美術大学として発足。同44年、現校名に改称。

きょうと-せいかだいがく【京都精華大学】キャウトセイクワダイガク 京都市左京区にある私立大学。昭和54年(1979)に開学した。

きょうと-ぞうけいげいじゅつだいがく【京都造形芸術大学】キャウトザウケイゲイジユツダイガク 京都市左京区にある私立大学。平成3年(1991)に開学。芸術学部の単科大学。同8年に大学院を設置した。

きょうと-だいがく【京都大学】キャウトー 京都市左京区にある国立大学法人。明治30年(1897)に京都帝国大学として設立。第三高等学校などを合併して、昭和24年(1949)に新制大学に移行。平成16年(2004)国立大学法人となる。

きょうと-だいかん【京都代官】キャウトダイクワン 江戸幕府の職名。京都町奉行の支配下にあって、畿内近圏の幕府直轄領を支配し、禁裏の御用をつかさどった。

きょうと-たちばなだいがく【京都橘大学】キャウトー 京都市山科区にある私立大学。昭和42年(1967)に橘女子大学として開学。平成17年(2005)に男女共学となり、現校名に改称された。

きょうと-タワー【京都タワー】キャウトー 京都市下京区の京都タワービル屋上にある展望塔。円筒形の塔身はモノコック構造となっており、鉄骨は使われていない。高さ131メートル(京都タワービル含む)。昭和39年(1964)完成。

きょうと-ノートルダムじょしだいがく【京都ノートルダム女子大学】キャウトーヂヨシダイガク 京都市左京区にある私立大学。昭和36年(1961)にノートルダム女子大学として開学。平成11年(1999)に現校名に改称した。

きょうと-パープルサンガ【京都パープルサンガ】キャウトー ▶京都サンガF.C.

きょうと-びじゅつこうげいだいがく【京都美術工芸大学】キャウトー 京都府南丹市にある私立大学。平成24年(2012)開学。

きょうと-ふ【京都府】キャウトー ▶京都㊀

きょうとふりつ-いかだいがく【京都府立医科大学】キャウトフリツイクワダイガク 京都市上京区にある府立大学。明治5年(1872)設立の京都府仮療病院に始まり、医学専門学校を経て、大正10年(1921)医科大学として発足。昭和27年(1952)新制大学に移行。平成20年(2008)公立大学法人となる。

きょうと-ふりつだいがく【京都府立大学】キャウトー 京都市左京区にある府立大学。京都府立女子専門学校と京都府立農林専門学校とを統合し、昭和24年(1949)西京大学として発足。同34年、現校名に改称。平成20年(2008)公立大学法人となる。

きょうと-ぶんきょうだいがく【京都文教大学】キャウトブンケウダイガク 京都府宇治市にある私立大学。平成8年(1996)に開学した。

きょうどへんちょう-ほうしゃせんちりょう【強度変調放射線治療】キャウドヘンテウハウシヤセンチレウ コンピューター制御により腫瘍部分にのみ放射線を集中照射する、放射線療法の一つ。一方向からのビームの強度を小さくし、多方向から照射することで、治療効果を高めながら、合併症のリスクを低減することができる。IMRT(Intensity Modulated Radiation Therapy)。

きょうと-ぼんち【京都盆地】京都府南部の盆地。北半部を京都市が占める。三方を山に囲まれ、南は大阪平野・奈良盆地に接する。山城盆地。

きょうと-まちぶぎょう【京都町奉行】江戸幕府の職名。遠国奉行の一。老中に属し、京都の町方支配、五畿・近江・丹波・播磨8か国(のち、山城・大和・近江・丹波の4か国)の公事訴訟や寺社支配、禁裏御所の警衛などを任務とした。➡町奉行

きょうと-メカニズム【京都メカニズム】京都議定書における温室効果ガス排出量削減目標を、国際的な協力や活動によって達成するための仕組み。共同実施(JI ; joint implementation)、クリーン開発メカニズム(CDM ; clean development mechanism)、国際間の排出量取引(ET ; emissions trading)がある。柔軟性メカニズム。柔軟性措置。

きょうと-やっかだいがく【京都薬科大学】京都市山科区にある私立大学。明治17年(1884)設立の私立独逸学校に始まり、京都薬学専門学校を経て、昭和24年(1949)新制大学として発足。

きょうど-りょうり【郷土料理】その地域に特有の料理。特産物を材料にしたり、伝統的な調理法を用いたりするもの。

きょうどんみ【憍曇弥】►喬答弥

きょう-な【京菜】アブラナ科の野菜。葉は根際から多数出て、細く裂けている。春、黄色の花が咲く。ふつう夏に種子をまき、冬から初春にかけて収穫。葉を漬物や煮物にする。古くから京都地方で栽培され、関西ではミズナとよぶ。ミブナはこの一品種。千筋菜。(季 春)

きょう-ない【教内】禅宗で、教外別伝・不立文字を建て前とする自宗を教外と称するのに対し、経典をよりどころとする他宗をいう語。

きょう-ながし【経流し】死者の追善、また生類の供養のため、経典を書写して川や海に流すこと。

きょうにょ【教如】[1558〜1614]安土桃山時代の浄土真宗の僧。大坂の人。諱は光寿。顕如の長男。石山の合戦で織田信長と戦い、父の死後に本願寺12世を継いだが豊臣秀吉の命で隠退。徳川家康の寄進を受け、東本願寺(大谷派)を京都に建立した。

きょう-にん【×杏▽仁】アンズの種子。漢方で鎮咳・去痰薬にする。あんにん。

ぎょう-にん【行人】❶仏道を修行する人。行者。❷比叡山延暦寺の堂衆。❸高野山で、山中で修行する者。また、高野山三方の一で、学僧が法事や修行などをするとき、雑事を務める僧。❹近世の乞食僧。一つ歯の高木履または鳥足を履き、頭に水を入れた木桶などを載せ、喜捨を仰いだ。

きょう-にんぎょう【京人形】京都で作られた人形。木彫りで着衣させたものが多い。市松人形・鴨川人形・嵯峨人形・御所人形など。狭義には、おかっぱ姿の少女人形。

きょうにん-すい【×杏▽仁水】杏仁油をとったあとの杏仁のかすに水を加え、蒸留して得られる無色透明の揮発性の液。独特の芳香があり、せき止め・うがい薬などに用いる。

ぎょうにん-づか【行人塚】行者が生きたまま埋葬され、即身成仏したと伝えられる塚。東日本に多い。

きょうにん-どうふ【×杏▽仁豆腐】中国料理の点心の一。杏仁をすりつぶして寒天で固め、シロップをかけたもの。一般には、杏仁のエッセンスを加えた牛乳の寒天ゼリーが多い。あんにんどうふ。

ぎょう-にんべん【行人偏】漢字の偏の一。「役」「往」などの「彳」の称。

きょうにん-ゆ【×杏▽仁油】杏仁を圧縮して得られる無色または淡黄色の透明な脂肪油。軟膏や香油・食用油などに用いる。

きょう-ねつ【狂熱】狂おしいほどの激しい情熱。「—の恋」(類語)激情・情熱・熱情

きょう-ねつ【強熱】〔名〕スル 強く熱すること。また、強い熱。

きょう-ねん【凶年】❶凶作の年。⇔豊年。❷災禍の多い年。

きょう-ねん【享年】《天から享けた年の意》人のこの世に生存していた年数。死んだときの年齢。行年。「—八十」(補説)「享年八十歳」は「年」と「歳」が重複するので「享年八十」でよいが、「享年四十歳」も古くからある。また、死んだときの年齢の意だけでなく、「我既に享年七十、いまだ天命を悟らず」のような使い方もある。(類語)行年・没年

ぎょう-ねん【行年】《「行」は経る意》「享年」に同じ。

ぎょう-ねん【凝念】思いをこらすこと。また、その思い。

ぎょうねん【凝然】[1240〜1321]鎌倉後期の華厳宗の僧。伊予の人。字は示観。各宗の教義に精通。後宇多上皇に菩薩戒を授け、東大寺戒壇院の長老となった。著述1200余巻といわれ、「八宗綱要」「浄土源流章」「三国仏法伝通縁起」などがある。

きょうねん-し【強×撚糸】強く撚りをかけた織物用の糸。縮緬などの皺を出すのに使われる。

ぎょうねん-すいにち【行年衰日】陰陽道で、生まれ年の干支と年齢の関係によってその人の忌むべき日と定めた日。

きょう-ねんぶつ【経念仏】経を読み、念仏すること。「朝夕—を欠かさない」

きょう-の-あき【今-日の秋】俳句で、立秋のこと。今朝の秋。(季 秋)

きょう-の-しま【経島】►きょうがしま(経島)

きょう-の-ぜん【×饗の膳】婚礼などの祝い事に用いる膳。饗立て(甲立て)をし、相生に立てた松に、揚巻結びの5色の糸を下げ、台には松竹梅・鶴亀などの彩色画を描く。

きょう-の-つき【今-日の月】陰暦八月十五夜の月。仲秋の満月。(季 秋)

きょう-の-ひ【今-日の日】《「今日」を強めていう語》まさに今日という日。

きょう-の-ほそぬの【▽狭▽布の細布】狭布のこと。幅が狭く不足するところから、「胸合はず」「逢はず」などの序詞に用いる。きょうのさぬの。きょうのせばぬの。「錦木はたてながらこそ朽ちにけれ—胸あはじとや」〈後拾遺・恋一〉

きょう-のぼり【京上り】地方から京都へ行くこと。上洛。「任果てて上りけるに、送りに—すとて」〈今昔・二六・一六〉

きょう-の-まき【経の巻】屋根の獅子口の上端にのせる、経巻に似た円筒形の瓦。

きょう-は【教派】同一宗教の分派。宗派。

きょう-は【驚破】〔名〕スル 驚かすこと。びっくりさせること。「惘然なる主人の夢を—するのを」〈漱石・吾輩は猫である〉

きょう-はい【▽向背|×嚮背】《「きょうばい」とも》❶従うことと背くこと。こうはい。〈色葉字類抄〉❷背き合うこと。仲たがい。「九郎判官と—し給ふこと理なるかな」〈義経記・六〉

きょう-はい【狂俳】❶戯れやこっけいを主とする俳諧。❷雑俳の冠付けの一。七五調で意味が浅く内容は単純。江戸後期、名古屋を中心に流行。

きょう-はい【狂×悖】非常識で不道徳な言動をすること。「—の性は愈々抑え難くなった」〈中島敦・山月記〉

きょう-はい【胸背】胸と背。前と後ろ。

きょう-ばい【競売】〔名〕スル 複数の買い手に値をつけさせて、最高価格を申し出た者に売る方法。法律では、「けいばい」とよびならわされている。せり売り。「—に付す」(類語)競り売り・競り・オークション

きょうばい-サイト【競売サイト】►オークションサイト

きょう-ばいばい【競売買】複数の売り手・買い手が、定められた方法によって互いに競争して取引し、売買契約を締結する方法。証券取引所(金融商品取引所)や商品取引所で行われる。けいばいばい。➡相対売買

きょう-はく【脅迫】〔名〕スル ❶相手にあることをさせようと、おどしつけること。「人質を取って—する」「—状」「—電話」❷刑法上、他人に恐怖心を生じさせる目的で害を加えることを通告すること。民法上の強迫に対応。(類語)ゆすり・恐喝・強請・強迫

きょう-はく【強拍】音楽の拍子の中で、強勢のある拍。二拍子の第1拍など。下拍。⇔弱拍。

きょう-はく【強迫】〔名〕スル ❶あることをするよう無理に要求すること。むりじい。「寄付を—する」❷民法上、他人に違法な害悪を示して恐怖心を生じさせ、その人の自由な意思決定を妨げること。強迫による意思表示は取り消すことができる。❸無意味で不合理と思える考えや行為が、意志に反して支配的になる状態。自分でもばかげていると自覚しながら、打ち消そうとするとさらに強くなり、その考えや行為を繰り返さずにはいられなくなる。➡強迫性障害
(類語)ゆすり・恐喝・脅迫・強請・迫る

ぎょう-はく【×澆薄】〔名・形動〕道徳が衰えて人情のきわめて薄いこと。また、そのさま。「人情の—に流るるをいと嘆かわしきことに思いて」〈逍遥・小説神髄〉

きょうはく-かんねん【強迫観念】考えまいとしても脳裏に浮かび、自分の意志では払いのけることのできない観念。「—にとらわれる」

きょうはく-ざい【脅迫罪】本人または親族の生命・身体・自由・名誉・財産に害を加えると脅す罪。刑法第222条が禁じ、2年以下の懲役または30万円以下の罰金に処せられる。(補説)脅しの目的が金品を得ることである場合は恐喝未遂罪に、実際に金品を得た場合は恐喝罪にあたる。脅迫罪は被害者が脅しを認識すれば成立するので、未遂罪はない。

きょうはく-しんけいしょう【強迫神経症】►強迫性障害

きょうはくせい-しょうがい【強迫性障害】強迫観念や強迫行為を主な症状とする神経症。意思に反して不快な考えが繰り返し頭に浮かび、また、不安を振り払うために同じ行動を繰り返し、生活にも支障が生じる神経症。不安障害の一種。治療には薬物療法、カウンセリングなど。強迫神経症。

きょう-ばこ【経箱】経文を入れておく箱。経函。

きょうばし【京橋】㊀東京都中央区中部の地名。商業地区。江戸時代、日本橋を起点に京へ上る最初の橋があった。もと東京市の区名。㊁大阪市の寝屋川に架かり、中央区と都島区とを結ぶ橋。京街道の起点にあたる。また、その付近一帯。繁華街。

きょうは-しんとう【教派神道】国家神道に対して、幕末期に起こり、明治時代に、教派として公認された神道系教団の総称。黒住教・神道修成派・出雲大社教・扶桑教・実行教・大成教・神習教・御嶽教・神道大教・神理教・禊教・金光教・天理教・神宮教の14教派で、神宮教が明治32年(1899)解散したため、一般に神道十三派と呼ばれた。教典・教会を備え、また、神道大教を除き、教祖もしくは創始者が存する点で神社神道とは区別される。宗派神道。

きょう-ばつ【×矜伐】才能があると、おごり高ぶること。矜慢。

きょう-はん【共犯】二人以上の者が一つの罪に関与していること。また、その関与者。刑法上、共同正犯・教唆犯・従犯に分けられるが、狭義では教唆犯と従犯をいう。(類語)結託・馴れ合い・八百長・ぐる

きょう-はん【狭範】►限界ゲージ

きょう-はん【教判】「教相判釈」の略。

きょう-はん【教範】❶基準・模範となる教え方。❷軍事訓練に関係のある教科書の総称。

きょう-はん【橋畔】橋のたもと。橋頭。

きょう-ばん【響板】音響効果を高めるため、ピアノの弦の下に張ってある板。アップライトピアノでは背部に張る。

きょう-ひ【共×匪】中国で、国民政府時代に共産党指導のもとで活動したゲリラをいった語。

きょう-び【今-日日】今日このごろ。当今。「—珍しい美談だ」
(類語)今・現在・現今・当今・当節・今日・現代・当世・当代・近代・同時代・今の世・今様・モダン・コンテンポラリー・時代

きょうび-えんるい【狭鼻猿類】左右の鼻の穴が接近して下を向いているサル類。旧世界に分布

し、多くは顔・しりが鮮やかな赤や青色で、尾を枝に巻きつけることができない。アカゲザル・カニクイザル・テングザルなど。オナガザル類。

ぎ-ようひし【擬羊皮紙】▶硫酸紙

きょうひ-しょう【強皮症】・【×鞏皮症】▶全身性硬化症

きょう-ひつ【×匡×弼】非をただし、欠けたところを補い助けること。また、それを行う人。匡輔。

きょう-びつ【経×櫃】経文を納めておく櫃。

きょう-びと【京人】都の人。京都の人。「筑紫の国に二十年ばかり経にける下衆の身を、見知らせ給ふべき―よ」〈源・玉鬘〉

きょう-ひょう【狂×飆】荒れ狂う大風。暴風。「―波を鞭ちて」〈鴎外訳・即興詩人〉

きよう-びんぼう【器用貧乏】何事も一応はうまくできるために一事に徹底できず、かえって大成しないこと。また、そのような人。

きょう-ふ【×俠婦】俠気のある女。俠女。

きょう-ふ【×怯夫】臆病者。懦夫。「―をして気勢を激発せしむる事なり」〈中村訳・西国立志編〉

きょう-ふ【恐怖】〔名〕スル　おそれること。こわいと思うこと。また、その気持ち。「―にかられる」「人心を―せしめる事件」「―心」

類語 恐れ・畏怖・恐れる・こわがる・臆する・おびえる・びくつく・びくびくする・おどおどする・おじる・おじける・恐れをなす・悪びれる

きょう-ふ【教父】カトリック教会で、2～8世紀に現れた神学者のうち、正統信仰をもち、聖なる生涯を送り、教会に公認された人々。オリゲネス・アウグスティヌスなどが有名。

きょう-ふ【驚怖】〔名〕スル　おどろき恐れること。「大自然の摂理に―の念を抱く」

きょう-ぶ【胸部】❶胸の部分。「―打撲傷」❷呼吸器。「―疾患」類語 胸・胸壁・胸板・胸倉・胸腔・胸郭・胸間・胸元・胸先・懐・バスト・チェスト

ぎょう-ぶ【▽刑部】「刑部省」の略。

ぎょう-ぶ【行歩】歩くこと。歩行。「身に病付きて―することあたはず」〈今昔・一三・二〇〉

きょう-ふう【狂風】激しく吹きまくる風。

きょう-ふう【京風】❶京都の人の好み・やり方。「―の味つけ」❷洗練されて優雅なようす。

きょう-ふう【強風】❶強い風。❷風速毎秒13.9～17.1メートル、風力階級7の風。類語 大風・烈風・暴風

きょう-ふう【矯風】悪い風習・風俗を改め正すこと。

きょう-ふう【驚風】漢方で、小児のひきつけを起こす病気の称。癲癇の一型や髄膜炎の類。

ぎょう-ふう【暁風】明け方の風。「―冷々として青黒き海原を掃い来り」〈蘆花・自然と人生〉

きょうふう-かい【矯風会】1870年代に米国で禁酒運動をもとに設立されたキリスト教の婦人団体。日本では矢島楫子らが明治19年(1886)に組織。同26年に、日本基督教婦人矯風会に発展。世界の平和、性の尊厳と人権の保護、未成年者の禁煙・禁酒を活動目標とする。

きょうぶ-きょう【教部×卿】教部省の長官。

ぎょうぶ-きょう【▽刑部×卿】刑部省の長官。正四位下相当。

きょう-ふく【胸腹】胸と腹。「皆―豊満なる人なり」〈中村訳・西国立志編〉

きょう-ぶく【▽軽服】遠縁の者の死去による、軽い服喪。また、そのとき着用する喪服。「きさいの宮の御―の程は、なほかくておはしますに」〈源・蜻蛉〉➡重服

きょう-ぶくろ【経袋】経文を入れておく袋。

きょうふ-しょう【恐怖症】そう感じることが無意味であると思いながら、特定の事物や状況に対して強い不安や恐怖を感じる神経症。不潔恐怖症・高所恐怖症・対人恐怖症など。

きょうぶ-しょう【教部省】明治5年(1872)、神祇省に代わって置かれた宗教関係を所管する官庁。社寺の廃立、神官・僧侶の任命などを扱った。同10年に廃止、その事務は内務省に引きつがれた。

ぎょうぶ-しょう【▽刑部省】❶律令制で、太政官八省の一。訴訟や罪人の裁判・処罰などを管掌。うたえただすつかさ。うたえのつかさ。❷明治2年(1869)設置された六省の一。裁判・警察・監獄のことを管掌。同4年司法省の設置により廃止。

きょうふ-せいじ【恐怖政治】❶投獄・拷問・脅迫・処刑などの暴力的な手段によって反対者を弾圧し、政治上の目的を達成する政治。❷フランス革命末期、1793年5月のジロンド派追放から94年7月のテルミドールの反動まで、ロベスピエールらのジャコバン派によって行われた独裁政治。

きょうぶ-だいどうみゃく【胸部大動脈】心臓から出た大動脈が逆U字状に方向を変えたあとの、第4胸椎の高さから横隔膜までの部分。

きょう-ふつ【共沸】混合溶液を蒸留するとき、一定の圧力で一定の沸点を示し、そのとき発生する蒸気と溶液の組成が等しくなる現象。化合物と異なり、圧力を変えると組成は変化する。アゼオトロープ。

ぎょう-ぶっしょう【行仏性】仏語。法相宗で、修行によって仏性を得ること。➡理仏性

きょうふ-てつがく【教父哲学】教父たちの哲学の総称。異教的な古代文明の中でキリスト教を擁護し、ギリシャ哲学を利用してキリスト教思想を説明した。

ぎょうぶ-なしじ【▽刑部梨=子地】蒔絵の技法の一。金箔を置いて梨子地漆で地塗りをし、刑部梨子地粉といわれる不整形の金銀粉末を置き、その上に梨子地漆を塗り重ねて研ぎ出したもの。江戸時代、漆工刑部太郎の創案といわれる。

きょう-ぶん【凶聞】不吉な知らせ。凶報。

きょう-ぶん【狂文】江戸中期、狂歌に対して起こり、明治初期まで行われた、諧謔・風刺を主とする戯文。

きょう-へい【強兵】❶強い兵。強い軍隊。❷軍備・兵力を増強すること。「富国―」

きょう-へい【郷兵】その土地の民間人を集め、訓練して守備兵としたもの。

きょう-へい【矯弊】悪い風習を改め正すこと。矯風。「―に最第一の要は、身躬から先ず慎しむにあり」〈福沢・福翁百話〉

きょう-へき【胸壁】❶「胸牆」に同じ。❷とりで。要塞。❸屋上などにめぐらす欄干状の壁。❹河川・海岸の堤防上、橋台の背面などに設けて、波浪や土砂崩れなどを防ぐ壁体。❺胸部の外壁。❻▶バットレス

類語 (❺)胸・胸部・胸腔・胸郭・胸板・胸間・胸元・胸先・胸倉・懐・バスト・チェスト

きょう-へん【凶変¦×兇変】不吉な出来事。

きょう-へん【共編】〔名〕スル　二人以上で共同して書物を編集すること。また、その書物。

きょう-べん【強弁¦強×辯】〔名〕スル　無理に理屈をつけて、自分の意見や言い訳を通そうとすること。「自分を正当化するために―する」

類語 主張・力説・叫ぶ・強調

きょう-べん【教×鞭】教師が授業に使うむち。

教鞭を執・る　教師になって学生・生徒を教える。教職に従事する。「三〇年間―・った」

きょう-ほ【×匡×輔】非を正し、及ばないところを助けること。また、その人。匡弼。「国の―は必ず忠良を待つ」〈古活字本平治・上〉

きょうほ【享保】▶きょうほう(享保)

きょう-ほ【競歩】陸上競技の種目の一。左右どちらかの足が常に地面に接しているようにして、一定距離の歩行の速さを競う。ウオーキングレース。

きょう-ほう【凶報】❶悪い知らせ。⇔吉報。❷死去の知らせ。「―に接する」類語 悲報

きょうほう【享保】江戸中期、中御門天皇・桜町天皇の時の年号。1716年6月22日～1736年4月28日。きょうほ。

きょう-ほう【教法】❶(ケウハフ)物事を教える方法。❷(ケウホフ)《古くは「きょうぼう」とも》仏、特に釈迦の説いた教え。「釈尊の―を学んで」〈義経記・二〉

きょう-ほう【×襁×褓】❶おむつ。おしめ。❷赤子のこと。❸赤ん坊をくるむ布。産着。「近衛院三歳、六条院二歳、これみな―の中に包まれて」〈平家・四〉

きょう-ぼう【凶暴¦×兇暴】〔名・形動〕性質が残忍で非常に乱暴なこと。また、そのさま。「―な犯人」「―性を帯びる」派生 きょうぼうさ〔名〕

類語 狂暴・凶猛・獰悪・獰猛・激越・猛悪・鉄火・乱暴・狼藉・無法・乱行・蛮行・暴状・暴挙・暴行・暴力・腕力沙汰・荒くれ・粗暴・野蛮

きょう-ぼう【共謀】〔名〕スル　二人以上の者が合意して悪事などをたくらむこと。「―して窃盗を働く」

きょう-ぼう【狂妄】〔名・形動〕常軌を逸した、道理に反する行いをすること。また、そのさま。きょうもう。「惑溺―なる者」〈西周・明六雑誌八〉

きょう-ぼう【狂暴】〔名・形動〕狂ったようにあばれること。また、そのさま。「酒に酔うと―になる」派生 きょうぼうさ〔名〕

類語 凶暴・凶猛・獰悪・獰猛・激越・猛悪・鉄火・乱暴・狼藉・無法・乱行・蛮行・暴状・暴挙・暴行・暴力・腕力沙汰・荒くれ・粗暴・野蛮

きょう-ぼう【強暴】〔名・形動〕スル　❶強くて荒々しいこと。また、そのさま。「―なるスパルタに争抗し」〈竜渓・経国美談〉❷強迫や暴行を加えること。

きょう-ぼう【教坊】❶劇場や遊里など、遊芸を見せる所。「音曲に巧にして且つ容貌の美なるを以て盛名―に冠たり」〈織田訳・花柳春話〉❷中国で唐代以降、官設の歌舞音楽の教習所。

きょう-ぼう【経法】釈迦が説き経に書かれた教え。

ぎょう-ほう【行法】❶(ギャウハフ)法律を執行すること。❷(ギャウホフ)《古くは「ぎょうぼう」》仏語。仏道を修行すること。また、その方法。特に、密教の修法をいう。

ぎょう-ぼう【仰望】〔名〕スル　仰ぎ望むこと。また、敬い慕うこと。「碧空を―する」

ぎょう-ぼう【凝望】〔名〕スル　目をこらしてながめること。じっと遠くを見つめること。

ぎょう-ぼう【×翹望】〔名〕スル　《「翹」は挙げる意》首を長くのばして待ち望むこと。その到来を強く望み待つこと。翹首。「新しい指導者を―する」

きょうぼう-きょうどうせいはん【共謀共同正犯】二人以上の者が犯罪の実行を共謀し、その一部の者が共同の意思に基づいて犯罪を実行した場合、実行しなかった者も共同正犯として処罰されること。➡共同謀議 ➡共同正犯 ➡共犯

きょうほう-きん【享▽保金】江戸幕府の鋳造した、正徳5年(1715)から通用の小判・一分判、享保10年(1725)から通用の大判の3種の金貨の総称。元禄・宝永年間に鋳造された悪貨による悪影響を是正するために改鋳されたもので、慶長金とほぼ同品位。

きょうほう-ぎん【享▽保銀】江戸幕府の鋳造した、正徳5年(1715)から通用の丁銀・豆板銀の総称。

きょうぼう-ざい【共謀罪】ある特定の犯罪を行おうと具体的・現実的に合意することによって成立する犯罪。実際に犯罪を行わなくても、何らかの犯罪を共謀した段階で検挙・処罰することができる。米国や英国などでは設けられているが、日本の刑法では定められていない。補説 平成12年(2000)の国連総会で採択された国際組織犯罪防止条約に加入するために共謀罪を犯罪とする国内法の整備が必要として、同16年以降、法案・修正案が数度にわたって国会に提出されているが、成立していない。法務省は、暴力団による組織的な殺傷事件や悪徳商法などの組織的詐欺などが対象で、国民の一般的な社会活動が共謀罪にあたることはないと説明しているが、盗聴などの行き過ぎた捜査や社会運動・抗議活動への適用を懸念する見方もある。

きょうほう-の-かいかく【享保の改革】江戸幕府三大改革の一。8代将軍徳川吉宗が主導。綱紀の粛正、質素倹約の励行、目安箱の設置、公事方御定書の制定、足し高の制、上米の制、相対済令、定免制の採用、新田の開発、新作物栽培の奨励などの政策が実施された。

きょうほう-の-ききん【享保の飢饉】享保17

年(1732)イナゴ・ウンカなどの虫害により西国一帯に起こった大飢饉。被災地への米の回送などで江戸の米価が急騰し、翌年、江戸で最初といわれる打ち壊しが起こった。

きょう-ぼく【×梟木】ケウボク さらし首をかけておく木。獄門台。

きょう-ぼく【×喬木】ケウボク「高木」に同じ。➡灌木

きょう-ほん【狂奔】〔名〕スル ❶狂ったように走りまわること。「ひづめに火花を散らして、まっしぐらに―する」〈芥川・偸盗〉 ❷ある目的のために夢中になって奔走すること。「資金集めに―する」

きょう-ほん【教本】ケウホン ❶宗教・道徳などの教えの根本。❷教則本。教科書。「ギター―」
(類語)教科書・テキスト・読本

きょう-ほん【経本】キャウホン 経文を書いた本。経典。

きょう-ま【京間】キャウマ ❶近畿地方で主に行われた建築における柱間の基準寸法。柱間の6尺5寸(約1.97メートル)を1間とする。大間。❷日本住宅で、畳の大きさを6尺3寸(約1.90メートル)と3尺1寸5分(約0.95メートル)を基準とする造り方。➡田舎間

きょう-まい【京舞】キャウマイ 日本舞踊の上方舞のうち、京都で起こり発達したもの。篠塚流・井上流などがある。主として地歌を地とする。➡上方舞 ➡地歌舞

きょう-まい【供米】農家が米を供出すること。また、その米。供出米。

きょう-まく【胸膜】肺を二重に包む膜。肺の外側表面と胸郭の内面を覆っている。そのすきまを胸膜腔といい、少量の胸水があって摩擦をやわらげている。肋膜。

きょう-まく【強膜】キャウマク・【×鞏膜】キョウマク 眼球の後部約6分の5を覆う白色の厚く強靱な線維性の膜。前方は角膜に連なる。結膜を透かして白目として見える。白膜。

きょう-まく【×莢膜】ケフマク 一部の細菌で細胞壁の外側にある層。細菌が分泌する多糖類やポリペプチドからなり、白血球などの食細胞から細菌本体を守る役割を担う。免疫反応を引き起こす抗原性がある。カプセル。

きょうまく-えん【胸膜炎】胸膜の炎症。結核・肺炎・インフルエンザや癌などでみられ、胸痛・呼吸困難・咳・発熱などの症状がある。胸膜腔に滲出液がたまる湿性肋膜炎と、たまらない乾性肋膜炎に分けられる。肋膜炎。

きょうまく-えん【強膜炎】キャウマク 強膜の炎症。白目の充血や圧痛・異物感などの症状がある。結核・梅毒やリウマチ・膠原病などでみられ、角膜炎や虹彩炎・毛様体炎を伴うことがある。

きょう-ます【京×枡】キャウマス 戦国時代から京都を中心に用いられた枡。豊臣秀吉によって全国統一の公定枡とされた。1升枡は、方4寸9分(約15センチ)、深さ2寸7分(約8センチ)。江戸初期には容量を異にする江戸枡も使用されたが、寛文9年(1669)京枡に統一。昭和34年(1959)法的に廃止。

ぎょう-まつ【行末】ギャウマツ 文章の行の終わり。⇔行頭。

ぎょう-まつ【×澆末】ゲウマツ 人情がきわめて薄くなった末の世。澆季。「今―の風に向きて大本の遠きを見るに」〈太平記・三九〉

きょう-まん【▽軽慢】キャウマン おごり高ぶって、人をあなどること。「何ぞ人に殺害せられ、人に―せらるる者あるぞ」〈今昔・三・二〇〉

きょう-まん【×驕慢・×憍慢】ケウマン〔名・形動〕おごり高ぶって人を見下し、勝手なことをすること。また、そのさま。「―な態度」(派生)きょうまんさ〔名〕
(類語)高慢・傲慢・不遜・倨傲・傲岸・暴慢・慢心

きょう-み【興味】❶その物事が感じさせるおもむき。おもしろみ。興。「人生の最も深き―あり」〈高村・友の妻〉 ❷ある対象に対する特別の関心。「―がわく」「―を引く」「―に満ちた表情」「―の的」❸心理学で、ある対象を価値あるものとして、主観的に選択しようとする心的傾向。教育学では、学習の動機付けの一つ。(類語)(❶)興・興趣・感興・おもしろみ・味わい・趣・風情・気韻・風韻・幽玄・気分／(❷)関心・好奇心・求知心・探究心・色気

きょうみ-しんしん【興味津津】〔ト・タル〕図〔形動タリ〕興味があとからあとからわいて尽きないさま。「やじ馬が―と見守る」

きょうみ-ぶか・い【興味深い】〔形〕図きょうみぶか・し〔ク〕おもしろくて気持ちがひきつけられるさま。非常に興味があるさま。「事件の―・い展開」

きょうみ-ほんい【興味本位】おもしろいかどうかだけを判断基準にする傾向。「―に書き立てた記事」

きょう-みょう【▽交名・▽校名】ケウミャウ・【×夾名】ケフミャウ 多くの人の名を書きつらねた文書。連名書。「討ち手の―記いて、福原へ参らせらる」〈平家・九〉

きょう-む【凶夢】不吉な夢。悪夢。⇔吉夢。

きょう-む【教務】ケウム ❶学校での授業に関係する事務。「―課」❷宗教で、宗門上の事務。「―所」

きょう-む【郷夢】キャウム 他郷で故郷のことを夢にみること。また、その夢。

ぎょう-む【暁霧】ゲウム 夜明け方の霧。朝霧。

ぎょう-む【業務】ゲフム ❶職業や事業などに関して、継続して行う仕事。❷法律で、人が生活するうえでの、反復的な社会活動や私的な行動のこと。
(類語)実務・事務・雑務・雑役・要務・特務・激務・急務・仕事・労働・労作・労務・役務・労役・操業・働く・営業・作業・営利事業・経営・商業・商売・商行為・ビジネス・外商・外交・セールス

ぎょうむかいぜん-めいれい【業務改善命令】ゲフムカイゼン 金融庁が金融機関に対して行う行政処分の一つ。金融機関の法令違反や、財務内容の悪化などが明らかになった際に、改善・再発防止が必要な点を指摘し、業務改善計画の提出を求める。銀行法・保険業法・金融商品取引法等が根拠。違反が重大な場合などは、業務停止命令が併せて下される。

ぎょうむ-かんさ【業務監査】ゲフム 企業の会計業務以外の業務活動(購買・生産・物流・販売など)、および組織・制度などに対する監査。取締役が行う業務の適法性や合理性などを判定する。➡会計監査

ぎょうむ-かんり【業務管理】ゲフムクワンリ ❶企業経営における特定業務が、効果的かつ能率的に遂行されることを確保するための管理活動。❷ ►生産管理❷

ぎょうむ-さいがい【業務災害】ゲフム 労働者が業務の遂行中に受けた負傷・疾病・死亡などの災害。使用者は過失の有無にかかわらず災害補償をしなければならない。

ぎょうむ-しっこうしゃ【業務執行者】ゲフムシッカウシャ 組合や法人などの団体で、その事業に関する業務を執行する人。

ぎょうむしっこう-しゃいん【業務執行社員】ゲフムシッカウ 会社の業務を執行する権限・責任を持つ社員。合名会社の社員、合資会社の無限責任社員など。

きょうむ-しゅにん【教務主任】ケウム 学校で、教育計画の立案や教育事務に関する連絡・調整・指導にあたる職。

ぎょうむ-じゅんえき【業務純益】ゲフム 銀行などの金融機関が融資などの本業で得た利益を示す。一般の会社の営業利益に近い。貸出利息の額から預金利息の額を引いた資金利益、手数料等の役務取引等利益、債券・外為等の売買損益を意味する「その他業務利益」などを合計して業務粗利益とし、そこから経費、並びに一般貸倒引当金繰入額を差し引いて算出する。

ぎょうむじょう-おうりょうざい【業務上横領罪】ゲフムジャウワウリヤウザイ 業務として他人から預かり保管している金品を横領する罪。刑法第253条が禁じ、10年以下の懲役に処せられる。(補説)この場合の業務は、威力業務妨害の業務のように、広く社会活動一般を指すのではなく、職業などとして行う経済活動のこと。

ぎょうむじょう-かしつ【業務上過失】ゲフムジャウクワシツ 社会生活において、他人の生命や身体に危害を加えるおそれのある行為を反復・継続して行う際に、必要とされる注意を怠ること。業務上過失致死傷罪は、一般の過失致傷罪・過失致死罪よりも重く罰せられる。(補説)この場合の業務とは、職業上の活動に限らず、娯楽のための個人的な活動なども含まれる。➡業務❷

ぎょうむじょうかしつちし-ざい【業務上過失致死罪】ゲフムジャウクワシツチシザイ ►業務上過失致死傷等罪

ぎょうむじょうかしつちししょう-ざい【業務上過失致死傷罪】ゲフムジャウクワシツチシシヤウザイ ►業務上過失致死傷等罪

ぎょうむじょうかしつちししょうとう-ざい【業務上過失致死傷等罪】ゲフムジャウクワシツチシシヤウトウザイ 業務上必要な注意を怠り、人を死傷させる罪。また、自動車の運転上必要な注意を怠り、人を死傷させる罪。刑法第211条が禁じ、前者は5年以下の懲役もしくは禁錮または100万円以下の罰金に、後者は7年以下の懲役もしくは禁錮または100万円以下の罰金に処せられる。業務上過失致死傷罪。業務上過失致死罪。業務上過失致傷罪。(補説)この場合の業務とは、職業上の活動に限らず、社会生活において反復・継続して行う活動のこと(➡業務❷)。自動車で、故意に危険な運転をして人を死傷させた場合は、危険運転致死傷罪が適用される。

ぎょうむじょうかしつちしょう-ざい【業務上過失致傷罪】ゲフムジャウクワシツチシヤウザイ ►業務上過失致死傷等罪

ぎょうむじょう-しっかざい【業務上失火罪】ゲフムジャウシツクワザイ ►業務上失火等罪

ぎょうむじょうしっかとう-ざい【業務上失火等罪】ゲフムジャウシツクワトウザイ 失火罪・激発物破裂罪にあたる行為を、業務上必要な注意を怠ったことにより行う罪。刑法第117条の2が禁じ、3年以下の禁錮または150万円以下の罰金に処せられる。業務上失火罪。(補説)この場合の業務とは、職業上の活動に限らず、社会生活において反復・継続して行う活動を指す。➡業務❷

ぎょうむじょうだたいおよびどうちししょう-ざい【業務上堕胎及び同致死傷罪】ゲフムジャウダタイおよびドウチシシヤウザイ 医師・助産師・薬剤師などが、女性本人の依頼や承諾によって堕胎させる罪。刑法第214条が禁じ、3か月以上5年以下の懲役に処せられる。また、これによって女性を死傷させたときは、6か月以上7年以下の懲役に処せられる。業務上堕胎罪。業務上堕胎致死傷罪。業務上堕胎致死罪。業務上堕胎致傷罪。(補説)母体保護法が条件付きながら堕胎を認めているため、本罪を禁じる法は事実上空文化している。

ぎょうむじょう-だたいざい【業務上堕胎罪】ゲフムジャウ ►業務上堕胎及び同致死傷罪

ぎょうむじょうだたいちし-ざい【業務上堕胎致死罪】ゲフムジャウダタイチシ ►業務上堕胎及び同致死傷罪

ぎょうむじょうだたいちししょう-ざい【業務上堕胎致死傷罪】ゲフムジャウダタイチシシヤウ ►業務上堕胎及び同致死傷罪

ぎょうむじょうだたいちしょう-ざい【業務上堕胎致傷罪】ゲフムジャウダタイチシヤウ ►業務上堕胎及び同致死傷罪

ぎょうむ-ソフト【業務ソフト】ゲフム《business software》►ビジネスソフト

ぎょうむ-ていけい【業務提携】ゲフム 複数の企業が業務上の協力関係を築くこと。資材調達・物流面や、技術の開発・供与、販売促進、人材交流など、さまざまな提携事例がある。同時に資本提携が行われる場合もある。

ぎょうむていし-めいれい【業務停止命令】ゲフムテイシ 金融庁が金融機関に対して行う行政処分の一つ。金融機関の法令違反が著しい場合や、財務内容の悪化が深刻な場合などに、期限付きで業務の一部または全部を停止することを命じる。業務改善命令も併せて出される。銀行法・保険業法・金融商品取引法等が根拠。

ぎょうむぼうがい-ざい【業務妨害罪】ゲフムバウガイ 他人の業務を妨害する罪。偽計業務妨害罪と威力業務妨害罪がある。

ぎょうむ-よう【業務用】ゲフム 業務で使用すること。特に、一般家庭向けではなく、企業や商店、学校などで使用する目的で作られた製品を指していう。「―コンピューター」「―食品」

ぎょうむよう-アプリケーション【業務用アプリケーション】ゲフム《business-use application》►ビジネスソフト

きょう-むらさき【京紫】キャウ 赤みのある紫色。つや

やかで優雅な色合いからそうよばれる。

きょう-めい【共鳴】〔名〕スル ❶振動体が、その固有振動数に等しい外部振動の刺激を受けると、振幅が増大する現象。振動数の等しい二つの音叉(おんさ)の一方を鳴らせば、他方も激しく鳴りはじめるなど。電気振動のときには共振ということが多い。❷分子の構造が、一つの化学構造式で表せず、二つ以上の式の重ね合わせとして表される状態。❸他人の考えや行動などに心から同感すること。「主義に―する」
〔類語〕(❸)同感・共感

きょう-めい【×嬌名】なまめかしくて美しいという評判。芸者などの評判の高いのにいう。

ぎょう-めい【×驍名】強く勇ましいという評判。武勇のきこえ。「―を馳(は)せた武芸者」

きょうめい-き【共鳴器】❶特定の振動数の音だけに共鳴するようにした中空の器。複雑な音を分析するのに使用。❷電波に共鳴する電気的装置。共振器。

きょうめい-じょうたい【共鳴状態】2個の素粒子が一時的にゆるく結合した状態。ハドロンの衝突実験で不安定な複合粒子として観測され、強い相互作用により極めて短時間(10^{-20}秒程度以下)で崩壊し、より寿命が長いハドロンや中間子が生成される。

きょうめい-せつ【共鳴説】ヘルムホルツが唱えた聴覚についての理論。内耳の蝸牛(かぎゅう)にある基底膜の繊維が、それぞれ固有の周波数にだけ共鳴し、それによって音の高低が識別されるというもの。

きょうめい-ばこ【共鳴箱】共鳴器の一種。音叉の柄の先に小箱をつけたもの。音叉の振動による音を大きく響かせる。

きょう-めん【鏡面】鏡やレンズなどの表面。

きょう-めんやく【強綿薬】ニトロセルロースの硝化の度合いの高い綿火薬。窒素の含有量13パーセント以上のもの。爆発力が大きく、無煙火薬の原料とする。

きょう-もう【凶猛┊×兇猛】〔名・形動〕荒々しくたけだけしいこと。また、そのさま。「ほとんど常軌を逸した、―な勇気が」〈芥川・偸盗〉
〔類語〕狂暴・凶暴・獰悪(どうあく)・獰猛・激越・猛悪・鉄火

きょう-もう【狂妄】〔名・形動〕「きょうぼう(狂妄)」に同じ。

ぎょう-もう【×驍猛】〔名・形動〕強くたけだけしいこと。また、そのさま。勇猛。「彼の―なるスパルタ将ホービダスは」〈竜渓・経国美談〉

きょう-もの【京物】❶京都から産出する物。❷慶長(1596〜1615)以後、京都に住んだ刀鍛冶の作った新刀。

きょう-もん【×拱門】アーチ形の門。

きょう-もん【教門】❶仏の教え。❷仏教で、教義を組織だてて研究する方面。教相門。

きょう-もん【経文】❶仏教の経典。また、その文章。お経。❷宗教上の教えを記した神聖な書物。

きょう-やき【京焼】桃山時代以降、京都に産する陶磁器の総称。江戸初期、野々村仁清(ののむらにんせい)らによって完成された。

きょう-やく【▽交▽易】「こうえき(交易)」に同じ。「―の船につきて、この国に帰りぬ」〈宇津保・藤原の君〉

きょう-やく【共役┊共×軛】❶数学で、二つの角・線・点・図形・数などが互いに対称的あるいは相補的関係にあり、入れ換えてもその関係に変化のないこと。❷環状構造をもつ不飽和化合物において二重結合が交互に存在すること。

きょう-やく【共訳】〔名〕スル 二人以上の人が共同で翻訳すること。また、その訳したもの。

きょう-やく【狂薬】酒のこと。「嗚呼(ああ)謹むべきは―なり」〈鉄腸・雪中梅〉

きょう-やく【協約】〔名〕スル ❶協議した上で約束をとりむすぶこと。「紳士―」❷団体などの間で協議して契約すること。また、その内容。「労働―」❸2か国以上の間でとりかわす条約の一形式。
〔類語〕約束・誓約・契約・誓う・確約・宣誓・公約・盟約・血盟・特約・起請(きしょう)

きょうやく-かく【共役角】頂点と2辺を共有していて、互いに反対側にある二つの角。両方の角を合わせると360度になる。

きょうやく-けい【共役径】楕円・双曲線の一方の直径に垂直な他方の直径。

きょうやく-けんぽう【協約憲法】▶協定憲法(きょうていけんぽう)

きょうやく-こ【共役弧】円周上の二点によって分けられる二つの弧。

きょうやく-てん【共役点】二点が互いに特別な位置関係にあり、互いに入れ換えてもその関係に変化のない点。

きょうやく-ふくそすう【共役複素数】複素数$a-bi$に対して、複素数$a+bi$のこと。複素共役。

きょう-やさい【京野菜】京都地方で明治以前から栽培されている特産野菜。壬生菜(みぶな)・九条ネギ・伏見トウガラシ・賀茂ナス・酸茎菜(すぐきな)など。

きょう-ゆ【教諭┊教喩】〔名〕スル ❶教えさとすこと。❷(教諭)教育職員免許法による普通免許状を有する、幼稚園、小・中・高等学校、中等教育学校、特別支援学校の正教員。旧制では、中等学校の正規の教員をいった。
〔類語〕先生・師・師匠・指南役・師範・宗匠・師父・教師・教員・教授・教官・講師・ティーチャー・プロフェッサー・チューター・インストラクター・尊師・恩師・旧師・先師

ぎょう-ゆ【暁諭┊暁喩】〔名〕スル さとし教えること。言い聞かせること。

きょう-ゆう【共有】〔名〕スル ❶一つの物を二人以上が共同で持つこと。「秘密を―する」「―財産」❷共同所有の一形態で、二人以上の者が同一物の所有権を量的に分有する状態。最も個人的色彩の強いもの。⇔専有。➡合有 ➡総有 〔類語〕分有・共同・合同・協同・連携・提携・連名・共用・催合(もやい)・タイアップ・協力・協賛・参与・チームワーク・共催・関与

きょう-ゆう【享有】〔名〕スル 権利・能力などを、人が生まれながら身につけて持っていること。「基本的人権の―」「人間は自由と責任とを―している」〔類語〕具有・持ち合わせる

きょう-ゆう【×侠勇】義侠心があって勇ましいこと。また、その人。

きょう-ゆう【×洶×涌┊×洶湧】㊀〔名〕スル 水が勢いよくわき出ること。また、波が立ち騒ぐこと。きょうよう。「得々たる感情が心の裏に―するのを制し兼ねた」〈菊池寛・忠直卿行状記〉㊁〔ト・タル〕文〔形動タリ〕水が勢いよくわき出るさま。また、波が立ち騒ぐさま。きょうよう。「独り早川の渓声のみ―として枕に響けり」〈鉄腸・雪中梅〉

きょう-ゆう【×梟勇】強く勇ましいこと。また、その人。

きょう-ゆう【×梟雄】残忍で強く荒々しいこと。また、その人。悪者などの首領にいう。

きょう-ゆう【郷友】同郷の友。「―会」

きょう-ゆう【郷×邑】むらざと。郷里。

きょう-ゆう【郷勇】中国清末に、正規軍の不足を補うために設けられた地方義勇軍。地方の治安維持や、太平天国の乱などの鎮圧に活躍。のちには地方軍閥の武力的基盤を形成するようになった。

ぎょう-ゆう【×驍勇】〔名・形動〕強く勇ましいこと。また、その人やさま。「―なる戍将(じゅしょう)、マルドニウスの為めに、攻撃せられて」〈竜渓・経国美談〉

きょうゆう-かぎあんごう【共有鍵暗号】▶共通鍵暗号

きょうゆうかぎあんごう-ほうしき【共有鍵暗号方式】▶共通鍵暗号

きょうゆう-けつごう【共有結合】化学結合の一。二つの原子が一つ以上の電子を共有することによって生じる結合。ふつう、二つの電子が電子対を作り、これが共有される。

きょうゆうけつごう-けっしょう【共有結合結晶】原子間の共有結合によって形成される結晶。極めて硬く、融点が高く、化学的に安定な性質をもつ。ダイヤモンドや炭化珪素が知られる。共有結晶。

きょうゆう-けっしょう【共有結晶】▶共有結合結晶

きょうゆう-こんごうぶつ【共融混合物】複数の成分が混ざり合う溶液から、同時に融解または析出してできる、2種以上の微細な結晶の混合物。溶液全部が結晶化するまでその温度は一定に保たれ、このときの温度を共融点という。共晶。共析晶。

きょうゆう-ち【共有地】複数の人が共同で所有、または、利用している土地。共同地。

きょうゆう-ディスク【共有ディスク】《shared disk》コンピューターネットワークを通じて、複数のコンピューターが共有して利用できるハードディスクのこと。

きょうゆう-ディレクトリー【共有ディレクトリー】《shared directory》▶共有フォルダー

きょうゆう-てん【共融点】複数の成分が混ざり合う溶液から共融混合物が生じる温度。共晶点。

きょうゆう-でんしつい【共有電子対】二つの原子の共有結合において、結合に寄与する電子対のこと。それぞれの原子が同数の電子を出し合い、スピンの符号が異なる電子が対となって結合する。結合電子対。

きょう-ゆうでんたい【強誘電体】自発的な電気分極をもち、この分極の向きを電界で反転できる物質。水晶・ロッシェル塩など。

きょうゆう-ファイル【共有ファイル】《shared file》複数のコンピューターで共有して利用できるネットワーク上のファイル。

きょうゆう-フォルダー【共有フォルダー】《shared folder》コンピューターネットワーク上にある複数のコンピューターから参照できるフォルダーのこと。

きょうゆう-ぶつ【共有物】二人以上の人または団体が共同で所有している物。

きょうゆう-プリンター【共有プリンター】《shared printer》▶ネットワークプリンター

きょうゆ-じょ【教諭所】江戸中期以降、各地に常設された成人ないし青年のための社会教育機関。多く郷学(ごうがく)を兼ね、生活心得・人倫道徳の説諭、素読・習字の教授、諸技術の指導などを行った。

きょう-よ【供与】〔名〕スル 相手が欲する物品・利益などを与えること。「武器の―」「便宜を―する」
〔類語〕与える・呉(く)れる・遣(や)る・下さる・授ける・恵む・施す・あげる・差し上げる・賜る・供する・提供・授与・恵与

きょう-よう【共用】〔名〕スル ❶二人以上が共同で使うこと。「ごみの焼却炉を―する」❷2種類以上の物に共通して使えること。「部品を―する」〔類語〕共同・合同・協同・連携・提携・連名・共有・催合(もやい)・タイアップ・協力・協賛・参与・チームワーク・共催・関与

きょう-よう【▽孝養】❶親に孝行を尽くすこと。こうよう。「母への―に生きながらえるみちもあるが」〈谷崎・盲目物語〉❷亡き親のために供養をして、ねんごろに弔うこと。また、一般に死者の後世(ごせ)を弔うこと。追善供養。こうよう。

きょう-よう【供用】〔名〕スル 多くの人の使用のために提供すること。使用に充てること。「国有地を住民の運動場として―する」

きょう-よう【供養】▶くよう(供養)

きょう-よう【×洶×涌】▶きょうゆう(洶涌)

きょう-よう【強要】〔名〕スル 無理に要求すること。無理やりさせようとすること。「寄付を―する」
〔類語〕強制・強いる・無体・無理無体

きょう-よう【教養】〔名〕スル ❶教え育てること。「君の子として之(これ)を―して呉れ給え」〈木下尚江・良人の自白〉❷㋐学問、幅広い知識、精神の修養などを通して得られる創造的活力や心の豊かさ、物事に対する理解力。また、その手段としての学問・芸術・宗教などの精神活動。㋑社会生活を営む上で必要な文化に関する広い知識。「高い―のある人」「―が深い」「―を積む」「一般―」
〔類語〕(❷)知識・知見・学(がく)・学問・学識・学殖(がくしょく)・蘊蓄(うんちく)・素養・見識・知性・常識・造詣・博識・博学・碩学(せきがく)・篤学・有識・該博・博覧強記

ぎょう-よう【×杏葉】《形が杏(あんず)の葉に似ているところから》❶唐鞍(からくら)の面繋(おもがい)・胸繋(むながい)・尻繋(しりがい)につ

ける金属製または革製の装飾。❷胴丸・腹巻などの肩上に、染め革でくるんでつけた鉄板。❸紋所の名。杏の葉を二つ左右から抱き合わせた形のものなど。ぎょよう。

ぎょう-よう【業容】事業の内容。

ぎょうよう-ぐつわ【×杏葉×轡】轡の一。立聞に続く鏡の部分を杏の葉にかたどったもの。木の葉轡。

きょうよう-ざい【強要罪】本人または親族の生命・身体・自由・名誉・財産に害を加えると脅迫し、または暴行によって人に義務のないことを行わせ、もしくは権利の行使を妨害する罪。刑法第223条が禁じ、3年以下の懲役に処せられる。

きょうよう-しょうせつ【教養小説】伝記の形式をとりながら、主人公の人間形成の過程を描き、人間的価値を肯定する小説。ドイツに主流があり、ゲーテの「ウィルヘルム=マイスター」、ケラーの「緑のハインリヒ」、フランスではロマン=ロランの「ジャン=クリストフ」などが代表作。

きょうよう-せん【共用栓】▶共同栓

きょうようそくしん-ほう【共用促進法】《「特定先端大型研究施設の共用の促進に関する法律」の通称》科学技術に関する試験・研究・開発を行う研究機関が、先端大型研究施設を公正、効率的に共用できるようにするための法律。平成6年(1994)施行。理化学研究所が設置した、特定放射光施設(SPring-8)、特定高速電子計算機施設(次世代スーパーコンピューター)などの施設が対象。設置機関とは別に、利用者の選定や支援などの業務を行う利用促進機関が設置される。[補説]日本の国際競争力を高めるために、文部科学省は公的な研究機関や大学が所有する大規模先端研究装置の民間開放を促進。大強度陽子加速器施設J-PARC(ジェーパーク)なども共用促進法の対象となる。

きょうよう-ぶ【教養部】大学で、主として一般教育を教えるために設けた組織。専門の学部と別建てで、学生は入学後2年または1年半の間所属する。教養学部を兼ねる例もある。

ぎょうよう-ぼたん【×杏葉×牡丹】紋所の名。牡丹の葉を花の上に、杏葉❸の形に描いたもの。

きょうよう-りん【供用林】契約によって、地元住民が林産物を採取したり、家畜を放牧したりすることを認める国有林。

きょう-よく【協翼】力をそえて助けること。協力翼賛。

ぎょう-よく【▽楽欲】《「楽」は願う意》仏語。願い求めること。欲望。「六塵の―多しといへども、皆厭離しつべし」〈徒然・九〉

きょうよ-けつごう【供与結合】▶配位結合

きょう-よみ【経読み】❶経を読むこと。❷法師の異称。「此の美作は、武蔵といふ―の娘なりけり」〈十訓抄・一〉

きょうよみ-どり【経読み鳥】《鳴き声が「法華経」と聞こえるところから》ウグイスの別名。経読む鳥。[季 春]

きょう-らい【▽向来】以前から今まで。これまで。従来。「―実施してきた方法」⇔向後。

きょう-らい【▽敬礼】❶神仏などを敬って礼拝すること。「香椎の宮の擁護し給ふ瑞相也と―し」〈太平記・一六〉❷仏に祈るとき、仏の名に冠して唱える語。「―救世観世音伝灯東方粟散王と申すほどに」〈三宝絵・中〉

きょう-らく【享楽】〔名〕スル 思いのままに快楽を味わうこと。「―にふける」「人生を―する」
[類語]快楽・歓楽・享受・悦楽・逸楽・謳歌・淫楽・楽しむ・興ずる・堪能・満喫・エンジョイ

きょう-らく【京×洛】みやこ。京都。けいらく。

きょう-らく【競落】〔名〕スル 競売で、動産または不動産をせり落としてその所有権を取得すること。法律用語では「けいらく」と読む。

きょうらく-しゅぎ【享楽主義】快楽を追求することを人生最上の目的とする主義。快楽主義。

きょうらく-てき【享楽的】〔形動〕快楽にふけるさま。「―な生活態度」

きようら-けいご【清浦奎吾】[1850～1942]政治家。熊本の生まれ。旧刑事訴訟法・保安条例の制定に参画。第二次山県内閣の法相として治安警察法を制定。大正13年(1924)首相に就任したが、護憲三派の攻撃で総辞職。

きょう-らん【狂乱】〔名〕スル ❶心が狂い乱れて、異常な言動をすること。「嫉妬で―する」「半―」❷物事の状態が、はなはだしく異常になること。「地価―」❸「狂乱物」の略。[類語]気違い・狂気・乱心

きょう-らん【狂×瀾】❶荒れ狂う大波。❷物事が狂い乱れている状態。「時代の―に身をまかせる」

狂瀾を既倒に廻らす 《韓愈「進学解」から》崩れかけた大波を、もと来た方へ押し返す。形勢がすっかり悪くなったのを、再びもとに返すたとえ。回瀾を既倒に反す。

きょう-らん【供覧】〔名〕スル 多くの人が見られるようにすること。「―に付す」「作品を―する」

きょうらん-どとう【狂×瀾怒×濤】怒り狂う荒波。転じて、物事の秩序がひどく乱れた状態をいう。

きょうらん-もの【狂乱物】能・狂言や歌舞伎舞踊で、狂乱した人物の所作を主題にした作品。能の「三井寺」「隅田川」、狂言の「金岡」「枕物狂」、歌舞伎舞踊の「お夏狂乱」「保名」など。

きょう-り【胸裏┊胸×裡】胸のうち。心の中。胸中。「―に思いを秘める」[類語]胸中・胸襟・胸懐・胸臆・胸間・胸三寸・意中・念頭・襟懐・方寸・胸・思い・考え

きょう-り【教理】ある宗教・宗派が真理とする教えの体系。宗教上の道理。教義。

きょう-り【郷里】❶生まれ育った土地。ふるさと。❷むらざと。村落。〈日葡〉
[類語]故郷・ふるさと・郷土・国・田舎・在所・国もと・郷党・郷国・郷関・家郷・故山・生地・生国

きょう-り【鏡裏┊鏡×裡】像の映る鏡の中。

ぎょう-り【×澆×漓】《「澆」「漓」ともに、薄い意》道徳が衰え、人情の薄いこと。「是世―の俗に及び、人梟悪の心を挟む故なり」〈盛衰記・二〉

ぎょう-りき【行力】仏道を修行して得た力。

きょうりき-こ【強力粉】小麦粉のうち、たんぱく質やグルテンの含有量が最も高く、粘りの強いもの。食パン・マカロニなどに使用。➡薄力粉

きょう-りつ【共立】〔名〕スル ❶並び立つこと。並立。「両方の権利が―しない時に」〈寅彦・ねずみと猫〉❷共同して設立すること。「―校」

ぎょう-りつ【凝立】〔名〕スル 身動きもせず、じっと立っていること。「ヂドは色を喪いて―すること少らくなりき」〈鴎外訳・即興詩人〉

きょうりつ-じょしだいがく【共立女子大学】東京都千代田区に本部のある私立大学。明治19年(1886)創立の共立女子職業学校に始まり、共立女子専門学校を経て、昭和24年(1949)新制大学として発足。

きょうりつ-やっかだいがく【共立薬科大学】東京都港区に本部のあった私立大学。昭和5年(1930)設立の共立女子薬学専門学校に始まり、同24年新制大学として発足。平成20年(2008)、慶応義塾大学と合併し、廃止された。

きょうりつ-ろん【経律論】仏語。仏の説いた経と、仏の定めた律と、教義を検討した論。➡三蔵❷

きょうり-もんどうしょ【教理問答書】▶カテキズム

きょう-りゅう【恐竜】中生代の三畳紀に出現し、白亜紀末に絶滅した爬虫類の総称。骨盤の形によって竜盤類と鳥盤類とに大別され、肉食性と草食性がある。白亜紀の草食性のものには体長35メートルを超すものもいた。

きょう-りょ【郷×閭】《むらざとの門の意》「郷里❶」に同じ。

きょう-りょう【凶漁】ひどい不漁。⇔豊漁。

きょう-りょう【狭量】〔名・形動〕人を受け入れる心が狭いこと。度量が狭いこと。また、そのさま。「―な人間」⇔広量。[派生]きょうりょうさ〔名〕[類語]狭隘・偏狭・けち・マイオピア・みみっちい・いじましい・せせこましい・狡辛い・さもしい・卑しい・せこい・陋劣・低劣・卑怯・姑息・小量・けつの穴が小さい

きょう-りょう【経料】読経の謝礼として僧に与える金銭。読経料。

きょう-りょう【▽較量┊▽校量】くらべ合わせて考え、おしはかること。こうりょう。「これを以て―し給へ」〈義経記・六〉

きょう-りょう【橋×梁】河川、渓谷、運河などの上に架け渡し、道路・鉄道などを通す構築物。橋。
[類語]橋・ブリッジ・丸木橋・八つ橋・釣り橋・反り橋・太鼓橋・跳ね橋・桟橋

きょう-りょく【協力】〔名〕スル 力を合わせて事にあたること。「―を仰ぐ」「事業に―する」
[類語]共同・協同・提携・連携・協賛・参与・チームワーク・共催・関与・助ける・助ける・手伝う・手助けする・助力する・幇助する・助勢する・加勢する・助太刀する・力添えする・援助・応援・支援・後押し・守り立てる・バックアップ・フォロー・力を貸す・手を貸す・肩を貸す・補助・補佐

きょう-りょく【強力】〔名・形動〕力や作用が強いこと。また、そのさま。ごうりき。「―な味方」「運動を―に推進する」[派生]きょうりょくさ〔名〕
[類語]強い・強大・無敵

きょうりょく-せいしんあんていざい【強力精神安定剤】▶抗精神病薬

きょう-りん【×杏林】❶杏の林。❷《古代中国の神仙董奉が、多くの人の病気を治し、治療代の代わりに杏の木を植えさせたところ、数年で林になったという「神仙伝」董奉の故事から》医者の別称。

きょうりん-だいがく【杏林大学】東京都三鷹市に本部のある私立大学。昭和45年(1970)医学部の単科大学として開設された。現在は、医学部のほか外国語学部・総合政策学部・保健学部をもつ。

きょう-れい【凶冷】凶作をもたらす冷害。「―の年」「―に見舞われる」[季 夏]

きょう-れい【教令】〔名〕スル 教え戒めて命令すること。教示。

きょう-れい【×饗礼】客を招待して饗応する礼式。あるじ。あるじもうけ。馳走。

ぎょう-れき【業歴】会社などの、事業の経歴。

きょう-れつ【強烈】〔名・形動〕力・作用・刺激が強くて激しいこと。また、そのさま。「―なパンチ」「―な個性」「―なにおい」[派生]きょうれつさ〔名〕[類語]猛烈・激烈・鮮烈・凄烈・凄絶・壮烈・壮絶・悲壮・鋭い・激しい・凄まじい・熾烈・苛烈・激甚・急激・峻烈・激越・矯激・ドラスチック・ファナティック

ぎょう-れつ【行列】〔名〕スル ❶多くの人や物などが列をつくって並ぶこと。また、その列。「店頭に―ができる」「―して開場を待つ」❷供奉の列をなして行くこと。また、その列。❸数字や文字を方形に並べたもの。例えば、2行3列の行列とは、三つ横に並ぶ数の組を縦に二つ並べたものをいい、その数字や文字を要素とよぶ。マトリックス。
[類語]並ぶ・並列・整列・堵列・列立・林立・櫛比・並行・群集・人出・人だかり・群衆・人垣・黒山・人波・人通り・野次馬・勢ぞろい・烏合・雲霞・群れ

ぎょうれつ-さんじゅう【行列三重】歌舞伎下座音楽の一。数人合奏の三味線に大拍子・双盤などの入るにぎやかなもの。大名の行列に使う。

ぎょうれつ-しき【行列式】行列の要素が一定の規則で展開され、決まった値をもつもの。例えば、1行目の要素がa、bで、2行目の要素がc、dである2行2列の行列では$ad-bc$の値となる。

きょう-れん【狂恋】正気でなくなるほどの激しい恋。

きょう-れん【教練】〔名〕スル ❶教えて熟練させること。「善く―したる才能は」〈中村訳・西国立志編〉❷軍隊で行う戦闘訓練。❸軍事教練のこと。

きょう-ろ【匡廬】廬山の異称。周の時代に仙人の匡俗が隠れ住んだのでいう。匡山。

きょう-ろ【京呂】和風小屋組みの一種。柱の上

に軒桁をのせ、その上に小屋梁を架ける構造。折置方式よりも構造的にすぐれる。

ぎょう-ろ【暁露】明け方に置く露。朝露。

きょう-ろう【×拱廊】アーケードのこと。

きょうろく【享禄】室町後期、後奈良天皇の時の年号。1528年8月20日～1532年7月29日。

きょう-ろん【経論】三蔵のうち、経蔵と論蔵。

きょう-わ【共和】〘名〙スル 二人以上の人が共同し和合して事に当たること。「君民一して」〈金子堅太郎訳・政治論略〉

きょうわ【享和】江戸後期、光格天皇の時の年号。1801年2月5日～1804年2月11日。

きょう-わ【協和】〘名〙スル ❶心を合わせ仲よくすること。「上下一して相仮借し」〈逍遥・内地雑居未来之夢〉❷同時に鳴らした二つ以上の音が、よく調和して響くこと。(類語)親善・善隣・修好・和・親和・宥和・和親

きょう-わい【供賄】不正な接待や供応をしたり、賄賂を贈ったりすること。

きょうわい-ざい【供賄罪】►第三者供賄罪

きょうわえんぜつ-じけん【共和演説事件】明治31年(1898)、第一次大隈内閣の文相尾崎行雄の舌禍事件。金権万能の現状を批判し、日本が共和制になったら、三井・三菱が大統領候補になるだろうとの演説が不敬とされ、尾崎は辞任、内閣崩壊のきっかけとなった。

きょうわ-おん【協和音】協和❷の状態にある和音。(対)不協和音。

きょう-わく【狂惑】心が狂い惑うこと。「東尾の聖これを聞きて、一の事にこそあらめとて信ぜざる程に」〈発心集〉

きょう-わく【×誑惑】〘名〙スル 人をだまし惑わすこと。「平和の虚名に一せられて」〈竜渓・経国美談〉

きょうわ-こく【共和国】❶共和制をとる国家。❷ソビエト社会主義共和国連邦を構成した15の国家。また、ロシア連邦において一定の自治を認められた21の地方行政組織。
(類語)連邦・合衆国・君主国・帝国・王国

きょうわこく-ひろば【共和国広場】《Piazza della Repubblica》イタリアの首都ローマ中心部にある広場。テルミニ駅に近く、ナツィオナーレ通りの起点にあたる。古代ローマ時代のディオクレチアヌス帝浴場にあった柱廊(エゼドラ)を利用して造られたため、16世紀にはエゼドラ広場と呼ばれ、現在もその呼称が使われることがある。現名称は1946年のイタリア共和国成立を記念して付けられた。広場中央に「ナイアディの泉」と呼ばれる噴水がある。

きょうわこく-れんごう【共和国連合】フランスの保守政党。1976年、シラクがゴーリストを糾合して結成。二大政党の一つとして社会党と争いつつ、ときにコアビタシオンで連携した。2002年に国民運動連合へと発展的に解消。

きょうわ-せい【共和制】主権が国民にあり、直接または間接に選出された国家元首や複数の代表者によって統治される政治形態。少数の特権階級に主権がある貴族的共和制・寡頭的共和制などがあるが、一般には国民の意志に基づく政治が行われる民主的共和制をいう。➡君主制

きょうわ-せいじ【共和政治】共和制による政治。

きょうわ-とう【共和党】民主党㊄と並ぶ米国の二大政党の一つ。1854年結党。60年リンカーンを大統領に当選させる。農地法(ホームステッド法)・保護貿易などのほか奴隷制廃止など進歩的政策で北東部の産業資本家・西部の農民の支持を受けて発展。20世紀中盤からは民主党の左傾化と入れ替わるように保守化し、軍需産業・南部保守層・キリスト教右派などを地盤とする。ルーズベルト㊀・アイゼンハワー・ニクソン・フォード・レーガン・ブッシュ父子などの大統領を輩出。

きょう-わらべ【京童】「京童部」に同じ。

きょう-わらわ【京▽童】「京童部」に同じ。

きょう-わらわべ【京▽童▽部】京の若者たち。京都市中の物見高くて口さがない若者ども。京わらべ。京わらわ。京わらんべ。「世の中の一方分きて、とりどりののしり」〈栄花・初花〉

きょうわ-れき【共和暦】►革命暦

きょう-わん【峡湾】►フィヨルド

きょ-えい【虚栄】❶実質の伴わないうわべだけの栄誉。「塵世の一を薄んじ、来生の真福を望み」〈中村訳・西国立志編〉❷外見を飾って、自分を実質以上に見せようとすること。みえ。「一を張る」

ぎょ-えい【魚影】水中を泳ぐ魚の姿。また、魚の集まりぐあい。「一が濃い」

ぎょ-えい【御詠】天皇や皇族が作った詩歌。

ぎょ-えい【御影】天皇・三后・皇太子などの写真または肖像画。

きょえい-しん【虚栄心】自分を実質以上に見せようと、みえを張りたがる心。「一が強い」
(類語)見え・めっき・洒落っ気・飾り気・気取り

きょえいのいち【虚栄の市】《原題、Vanity Fair》サッカレーの長編小説。1847～1848年刊。虚栄に満ちた人間たちの俗物性を描き出し、当時の英国上流社会を鋭く風刺したもの。

きょ-えき【巨益】非常に大きな利益。巨利。

きょ-えん【許遠】[709～757]中国、唐代の武将。安史の乱のとき睢陽太守となり、安禄山の大軍の攻囲に屈せず戦ったが、捕らえられて殺された。

ぎょ-えん【魚塩】海産物の総称。「野に菜穀を植し海に一を生ず」〈津田真道・明六雑誌九〉

ぎょ-えん【御×苑】皇室所有の庭園。

ぎょ-えん【御宴】❶皇室や貴人の催す宴会。❷相手を敬って、その人が催す宴会をいう語。

ギヨー〖guyot〗大洋底からそびえたつ、頂上の平らな海山。火山島が波食で平坦になり、徐々に沈降してできたもの。米国の地理学者A＝H＝ギュヨーにちなむ名。平頂海山。ギュヨー。

きよおか-たかゆき【清岡卓行】[1922～2006]小説家・詩人。中国大連の生まれ。大連を追想した「アカシヤの大連」で芥川賞受賞。他に小説「海の瞳」「マロニエの花が言った」、詩集「日常」「パリの五月に」など。芸術院会員。

きょ-おく【巨億】きわめて数の多いこと。莫大な数。巨万よりも意味が強い。「一の財をなす」

ギョーザ【餃子】《中国語》中国料理の点心の一。小麦粉を練って伸ばした薄い皮で、豚のひき肉や細かく刻んだ野菜を包んで半月形にし、焼いたり、蒸したり、ゆでたりしたもの。チャオズ。

ギヨーム〖Guillaume de Champeaux〗[1070ころ～1121]フランスのスコラ哲学者。普遍論争では極端な実念論を唱えた。

きょ-か【去夏】去年の夏。昨夏。

きょ-か【去家】昔の家の制度で、他家への入籍や分家などのため、戸主または家族が、その属する家の籍を脱すること。

きょ-か【×炬火】たいまつ。かがり火。こか。

きょ-か【挙火】❶かまどで煮たきすること。転じて、生計を立てること。❷昔、朝鮮で国王への直訴の際にとられた方法。首都漢城の南山で、たいまつや灯火をかかげ、その意を示した。

きょ-か【挙家】一家の者全部。「或は一遠方に移住し」〈福沢・福翁百話〉

きょ-か【許可】〘名〙スル ❶願いを聞き届け、ある行為・行動を許すこと。「外出の一が下りる」「使用を一する」❷ある行為が一般に禁止されているとき、特定の場合にそれを解除し、適法にその行為ができるようにする行政行為。警察許可・財政許可・統制許可などがある。
(類語)(❶)認可・許諾・承認・認許・允許・允可・容認・許容・聴許・裁許・免許・公許・官許・許し・オーケー・ライセンス・勘弁・容赦・裁可・特許・宥恕・黙許・批准 (一する)許す・認める

きょ-か【許嫁】「いいなずけ」に同じ。「自身にはすでに一の少女…があって」〈蘆花・思出の記〉

ぎょ-か【魚×蝦・魚×鰕】魚とエビ。また、魚類一般。

ぎょ-か【御歌】❶天皇の作った和歌。❷相手を敬って、その人が作った和歌をいう語。

ぎょ-か【漁火】夜間、魚を集めるために漁船でたくかがり火。いさりび。

ぎょ-か【漁家】漁業をして生計をたてている家。

きょ-かい【巨×魁・×渠×魁】頭目。首領。ふつう、悪者の頭領をいう。「暗黒街の一」

ぎょ-かい【魚介】・【魚貝】魚類と貝類。また、海産動物の総称。「一類」(補説)タコやイカ、貝類などの軟体動物を含める場合は、ふつう「魚介」と書く。

きょかい-きゅう【巨×蟹宮】黄道十二宮の第4宮。蟹座に相当したが、歳差のため現在は双子座の西部から蟹座の西部を占め、太陽は6月22日ごろこの宮に入る。

きょか-えいぎょう【許可営業】行政庁の許可を得て適法に行うことができる営業。質屋・古物商・風俗営業・旅館営業など。

きよ-がき【清書き】浄書。せいしょ。

きょか-ぎょぎょう【許可漁業】水産動植物の繁殖保護または漁業調整の必要から、農林水産大臣や知事の許可を受けなければ営むことのできない漁業。➡指定漁業

きょ-がく【巨額】〘名・形動〙金額が非常に多いこと。また、そのさま。「一な(の)投資」(類語)多額・高額

ぎょ-かく【漁獲】〘名〙スル 水産物をとること。また、その水産物。「一高」「一制限」
(類語)漁・漁労・密漁・入漁・出漁

ぎょかくかのう-りょう【漁獲可能量】►タック(TAC)

きょかく-きゅう【巨核球】骨髄中にみられる、血小板を放出する細胞。直径40～100マイクロメートルと、骨髄中の細胞の中で最大。不定型の核をもち、成熟すると多数の顆粒と小胞があらわれ、分離膜が形成される。無核の血小板は、巨核球の細胞質が分離膜によって分断されることで作られる。一つの巨核球から直径数マイクロメートルの血小板が2000～7000個放出される。

ぎょかく-わく【漁獲枠】「漁獲可能量」に同じ。「クロマグロの一割当を削減する」➡TAC

きょか-こうこく【許可抗告】最高裁判所への上訴手続きの一。高等裁判所の決定に最高裁判例に反する判断や法令解釈上の重要な問題があるとして当事者が申し立て、高等裁判所が認めた場合に抗告が認められる制度。

ぎょ-かす【魚×滓】►うおかす

きょ-かつ【虚喝】〘名〙スル 虚勢をはっておどかすこと。からおどし。「怒濤、暴風、疾雷、閃雷は自然の一である」〈独歩・空知川の岸辺〉

きよかわ-はちろう【清川八郎】[1830～1863]幕末の志士。庄内藩の郷士の子。はじめ尊王攘夷運動に参加したが、寺田屋事件に失望して幕府の浪士組結成に参加。近藤勇らと対立して暗殺された。

きょ-かん【巨漢】並外れて大きな男性。大男。
(類語)巨人・大男・大人・ジャイアント

きょ-かん【巨艦】非常に大きな軍艦。

きょ-かん【居館】住まいとしている邸宅・屋敷。

きょ-がん【巨岩・巨×巌】非常に大きな岩。
(類語)岩・岩石・巌・岩根・磐石・奇岩・岩壁

きょ-がん【巨眼】非常に大きい目。

きょ-がん【×炬眼】物事を見分ける眼力。炯眼。

ぎょ-かん【御感】貴人、特に天皇が、感心すること。「拙き和歌の一に預り」〈露伴・二日物語〉

ぎょ-がん【魚眼】魚の目。水晶体にあたるレンズが球形をしている。

ぎょがん-せき【魚眼石】含水珪酸塩鉱物の一。正方晶系で、板状・柱状または錐状の結晶。無色または白色でガラス・真珠光沢がある。劈開は完全。

きょかん-てん【巨艦店】《「旗艦店」からの造語か》売り場面積が数千～1万平方メートルを超えるような大型店。

きよ-がんな【清×鉋】建築工事で、組み立てる前に神前に用材を並べ、仕上げの鉋をかけて清めをすること。また、その儀式。

ぎょがん-レンズ【魚眼レンズ】画角が180度以

上の超広角の凸レンズ。全天レンズ。フィッシュアイレンズ。(類語)レンズ

きょ-き【虚器】❶役に立たない名ばかりのうつわ。❷名目だけで実権の伴わない地位。虚位。

虚器を擁ょう・する 実権の伴わない名ばかりの地位にいて、他の実力者にあやつられる。

きょ-き【×歔×欷】〔名〕スル すすり泣くこと。むせび泣き。「魂と魂と抱擁し、接吻し、ーし、号泣したかった」〈倉田・愛と認識との出発〉

(類語)泣く・涙する・涙ぐむ・噎むせぶ・啜すすり上げる・噦しゃくり上げる・咳せき上げる・哭こくする・落涙する・流涕りゅうていする・涕泣ていきゅうする・嗚咽おえつする・慟哭どうこくする・号泣する・号哭ごうこくする・めそめそする・涙に暮れる・涙に沈む・涙に噎ぶ・袖そでを絞る・むずかる・べそをかく

きょ-ぎ【虚偽】真実ではないのに、真実のように見せかけること。うそ。いつわり。「ーの申し立て」

(類語)偽り・嘘うそ・法螺ほら・そら・嘘っぱち・嘘八百・偽善・まことしやか・二枚舌・はったり・虚・虚言・虚辞・そら言・そら音

ぎょ-き【御忌】❶天皇・皇后などの年忌の法会ほうえ。転じて、貴人や宗派の開祖の忌日に行う法会。ごき。❷浄土宗の寺院で毎年行う法然の年忌の法会。江戸時代以前は正月に行われたが、現在は4月に修する。京都知恩院の御忌大会が有名。法然忌。(季 春)「群集する人を木の間にーの寺/虚子」

ぎょ-き【御記】貴人の書いた記録・日記類。ごき。

ぎょ-き【漁期】漁獲が行われる時期。目的とする魚介類の漁獲に好適な時期。りょうき。

きょぎかんてい-ざい【虚偽鑑定罪】▶虚偽鑑定等罪

きょぎかんていとう-ざい【虚偽鑑定等罪】法律に基づいた宣誓をした鑑定人・通訳・翻訳者が、虚偽の鑑定・通訳・翻訳をする罪。刑法第171条が禁じ、3か月以上10年以下の懲役に処せられる。虚偽鑑定罪。

きょぎこうぶんしょさくせい-ざい【虚偽公文書作成罪】▶虚偽公文書作成等罪

きょぎこうぶんしょさくせいとう-ざい【虚偽公文書作成等罪】公務員が、その職務に関し、行使の目的で虚偽の文書・画像を作成したり、変造したりする罪。刑法第156条が禁じ、詔書偽造等罪・公文書偽造等罪が定める刑が科せられる。虚偽公文書作成罪。

きょぎこくそ-ざい【虚偽告訴罪】▶虚偽告訴等罪

きょぎこくそとう-ざい【虚偽告訴等罪】他人に刑事処分や懲戒処分を受けさせる目的で、偽りの告訴・告発などをする罪。警察などへの虚偽告発だけでなく、他の役所などへの虚偽申告も含まれる。刑法第172条が禁じ、3か月以上10年以下の懲役に処せられる。虚偽告訴罪。誣告罪ぶこくざい。

きょぎしんだんしょさくせい-ざい【虚偽診断書作成罪】▶虚偽診断書等作成罪

きょぎしんだんしょとうさくせい-ざい【虚偽診断書等作成罪】医師が、公に提出する診断書や死亡診断書などに虚偽の記載をする罪。刑法第160条が禁じ、3年以下の禁錮または30万円以下の罰金に処せられる。虚偽診断書作成罪。

きょぎ-せつめい【虚偽説明】事実について真実とは異なる情報を提供すること。あるいは真実の情報を知りながら提供しないこと。➡不実告知

きょぎ-ひょうじ【虚偽表示】ヘウ 相手方と通謀して行う真意でない意思表示。事情を知らない第三者に対しては無効を主張できない。通謀虚偽表示。

ぎょき-もうで【御忌詣で】ごきまうで 御忌❷に参詣すること。(季 春)

きょぎゆういんこうぶんしょさくせい-ざい【虚偽有印公文書作成罪】 虚偽公文書作成等罪のうち、公務員が印章・署名の偽造や不正使用などで公文書を偽造・変造する罪。

きょ-ぎょう【虚業】ゲフ 投機相場などのように、堅実でない事業。「実業」に対していう。

ぎょ-きょう【漁協】ケフ「漁業協同組合」の略。

ぎょ-きょう【漁況】キャウ 漁獲量の変動の状態。魚のとれぐあい。「ーがいい」

ぎょ-ぎょう【漁業】ゲフ 魚介類の捕獲・採取や養殖などを行う産業。(類語)水産業

きょぎょう-か【虚業家】キョゲフ 権利譲渡などを目的とする名目だけの会社を設立する者や、堅実でない事業を営む者。

ぎょぎょう-きしょう【漁業気象】ギョゲフキシャウ 操業中の漁船が必要とする気象観測および気象通報。主要地点の海水温や気圧・前線の動向などをラジオを通じて知らせる。

ぎょぎょう-きょうどうくみあい【漁業協同組合】ギョゲフケフドウくみあひ 一定地区内の漁民を組合員とし、漁民に必要な物資の供給、共同施設の利用、漁獲物などの加工・販売、信用事業などの事業を行う水産業協同組合。漁協ぎょきょう。

ぎょぎょう-くみあい【漁業組合】ギョゲフくみあひ ❶漁業者の同業組合。明治34年(1901)の漁業法に基づいて設立され、漁業権の共有管理、漁獲物の共同販売、必要物品の共同購入などを行った。昭和23年(1948)以降、漁業協同組合などに移行。❷漁業者の広域組合。明治19年(1886)の漁業組合準則に基づいて設立され、漁村間の漁業秩序の維持などを目的とした。

ぎょぎょう-けん【漁業権】ギョゲフ 漁場において、一定の漁業を独占的、排他的に営むことができる権利。定置漁業権・区画漁業権・共同漁業権の3種がある。都道府県知事の免許によって発生する。

ぎょぎょうしゅけん-ほう【漁業主権法】ギョゲフシュケンハフ《排他的経済水域における漁業等に関する主権的権利の行使等に関する法律」の通称》国連海洋法条約に基づいて、日本の排他的経済水域における外国人の漁業禁止などを定めた法律。平成8年(1996)施行。

ぎょぎょう-せいさんくみあい【漁業生産組合】ギョゲフセイサンくみあひ 漁業者が組織する同業組合。昭和23年(1948)の水産業協同組合法の認める協同組合の一。漁業の生産面とその付帯事業を営むもの。

ぎょぎょう-せんかんすいいき【漁業専管水域】ギョゲフセンクワンスイヰキ 漁業に関して沿岸国が排他的権限を行使できる公海上の水域。多くの国が沿岸から200海里と定める。漁業水域。

ぎょぎょう-とうろく【漁業登録】ギョゲフ 漁業権・入漁権の得喪変更を第三者への対抗要件として、免許漁業原簿に行う登録。

ぎょぎょう-ほう【漁業法】ギョゲフハフ 漁業生産についての基本的な制度を定めた法律。漁業権・入漁権・指定漁業・漁業調整などについて規定する。現行法は明治34年(1901)制定、同43年一部改正、昭和24年(1949)全面改正された。

ぎょぎょう-ほけん【漁業保険】ギョゲフ ❶漁業に関する損害保険の総称。漁船・漁具の損失や、海上での漁業者の遭難などを対象とする。❷漁獲物に関する損害保険。

ぎょぎょう-めんきょ【漁業免許】ギョゲフ 漁業法に基づいて、都道府県知事が漁業権を設定する行為。

きょきょ-げつ【去去月】昨月の前の月。先々月。

きょきょ-じつ【去去日】昨日の前の日。おととい。

きょきょ-じつじつ【虚虚実実】《「虚」は備えにすきがあり、「実」は備えが堅い意》相手の備えの堅いところを避け、すきをねらい、互いに計略や秘術の限りを尽くして戦うこと。虚実。「ーの駆け引き」

きょきょ-ねん【去去年】去年の前の年。おととし。

きょ-きん【×醵金】〔名〕スル ある目的のために金を出し合うこと。また、その金。「被災者救援のためにーする」(補説)「拠金」とも当てて書く。(類語)醵出

きょ-く【巨×軀】並はずれて大きな体。巨体。

きょく【曲】❶楽曲の調子。節ふし。「詞にーをつける」❷音楽の作品。能・狂言や舞踊などにもいう。「バッハのーを演奏する」❸まがっていること。また、正しくないこと。不正。「ーを正す」❹おもしろみ。愛想。「ーのないことをいう」❺軽業・手品・曲馬・曲独楽きょくごまなど、変化に富んでいておもしろみのある技芸。また、趣向を凝らした技。「ーヲツクス」〈日葡〉❻漢詩の六体の一。心情を詳しく述べるもの。➡漢「きょく(曲)」

(類語)(❷)楽曲/(❹)興・醍醐味・味・持ち味・味わい

曲がな・い おもしろみがない。愛想がない。「そう言ってしまってはーい」

きょく【局】㊀〔名〕❶官庁などで、業務分担の大きな区分。また、それを扱う部署。部・課などの上にある。❷「郵便局」「放送局」などの略。❸当面の事件・仕事・職務。「そのーに当たる」❹囲碁・将棋などの盤。また、その盤を使ってする勝負。「ーに向かう」㊁〔接尾〕助数詞。囲碁・将棋などで、対局数を数えるのに用いる。「碁を三ー打つ」「名人戦第五ー」➡漢「きょく(局)」(類語)(㊀❶)省・庁・署・課・セクション

局を結・ぶ ある事柄・場面を終わらせる。「激励の辞で書簡のー・ぶ」

きょく【極】❶物事のそれ以上先のないところ。きわまり。きわみ。極限。「疲労のーに達する」❷最高の位。天子の位。❸磁石の磁極。N極とS極。❹電極。❺地軸と地表との交点。北極と南極。❻地軸の延長と天球との交点。天の北極と南極。❼数学用語。㋐極座標の原点。㋑球の直径の両端。㋒曲線または曲面において、極線または極面を考えるときの定点。極点。➡漢「きょく(極)」

(類語)極み・至り・究極・極致・極点・終極

ぎょく【玉】❶美しい石。たま。❷硬玉・軟玉の総称。翡翠ひすい・碧玉へきぎょくなど。❸料理店などで、鶏卵。また、すしだねの卵焼き。❹取引所で、取引の対象となる株式や商品。また、信用取引や先物取引で、売り建てまたは買い建てをして未決済のままの約定。❺将棋の駒こまの「玉将」の略。❻芸者のこと。❼「玉代ぎょくだい」の略。➡漢「ぎょく(玉)」

玉を吞の・む 証券会社の社員または商品取引員が、顧客から受けた株式や商品の売買を、取引所を通さずに自分が相手方となって成立させ、あたかも委託どおりに売買を行ったように見せかけて、手数料やもうけた証拠金をだましとる。呑み行為をする。

ぎょ-く【魚×鼓】「魚板ぎょばん」に同じ。

ぎょ-く【御句】相手を敬って、その作句をいう語。

ぎょ-く【漁区】漁船が操業を許された区域。法令や国際的な条約・協定などによって定められる。

(類語)漁場

ぎょ-ぐ【漁具】漁業で使う道具・器械。漁網・釣り具・銛もり・タコ壺など。

きょく-あじさし【極×鰺刺】ーあぢさし カモメ科の鳥。全長約35センチ。頭が黒いほかは全体に白っぽい灰色で、くちばしと脚が赤い。北極圏で繁殖し、南極圏まで渡りをする鳥として知られる。

きょく-アナ【局アナ】《「アナ」は「アナウンサー」の略》テレビ局・ラジオ局に正社員として所属しているアナウンサー。➡フリーアナウンサー

ぎょく-あん【玉案】❶玉で飾った美しい机。転じて、机の美称。❷他人を敬って、その机をいう語。

ぎょくあん-か【玉案下】手紙の脇付わきづけに用いる語。机下。(類語)侍史・机下・台下・足下・座右・硯北けんぽく・膝下・御許・御前・拝

きょく-い【極位】ーヰ ▶ごくい(極位)

ぎょく-い【玉×扆】❶玉座の背後に立てた屏風。「一日臨んで文鳳ぶんぽう見ゆ」〈和漢朗詠・下〉❷天皇の御座所。玉座。「これ御為に設けたるーにて候へば」〈太平記・三〉

きょく-いん【局員】ーヰン 局と名のつく組織の職員。

(類語)職員・所員・署員・社員・行員・店員

ぎょく-いん【玉印】玉で作った印。美しい印。

ぎょく-いん【玉音】❶玉のように清らかで美しい音や声。❷相手を敬って、その音信や書信をいう語。❸▶ぎょくおん(玉音)

きょく-う【極右】極端な右翼思想。また、その思想をもつ人。⇔極左。

きょ-ぐう【挙隅】《「論語」述而から》一隅を挙げて他の三隅を知らせること。一部を知らせて全体を理解させること。

きょく-うず【極渦】ーうづ《「きょくか」とも》北極や南極の上空で、極点付近を中心に周回する大規模な大気の流れ。巨大な低気圧の渦で、秋から春にかけて活発になる。周極渦。極夜渦。

きょく-うち【曲打ち】〔名〕スル 太鼓などを、いろいろな変化をつけて打つこと。また、その打ち方。

きょく-うんどう【極運動】地球の自転軸が地球に対して運動するため、極が相対的に移動する現象。北極は上から見下ろすと、反時計回りにやや不規則な円を描くように移動し、半径5メートル程度で、約430日周期と1年周期との二つの運動の合成からなる。

きょく-えい【×旭影】朝日の光。「―三竿湖上に昇り」〈織田訳・花柳春話〉

ぎょく-えい【玉詠】他人を敬って、その詠んだ詩歌をいう語。玉什(ぎょくじゅう)。

ぎょく-えき【玉液】美しい液体。茶や酒の美称。

ぎょく-おん【玉音】天皇の声。ぎょくいん。

ぎょくおん-ほうそう【玉音放送】ハウソウ 昭和20年(1945)8月15日正午、天皇が終戦の詔書を読んだラジオ放送。

きょく-がい【局外】グワイ ❶事件や仕事などに直接関係をもたない立場。「―に立つ」「―から見守る」❷郵便局・放送局など、局とつく機関の管轄外の地域。⇔局内。類語無関係

ぎょくかい【玉海】㊀中国の類書。200巻。宋の王応麟の撰。古今の文献にみえる事柄を天文・律暦・地理など21部門・240余項目に分類し収めたもの。㊁「玉葉(ぎょくよう)」の異称。

きょくがい-しゃ【局外者】キョクグワイ― その事柄に関係のない立場の人。第三者。類語他人

きょくがい-ちゅうりつ【局外中立】キョクグワイ― 交戦国のどちらとも関係をもたず、戦争に影響を与える行動をしない立場。

きょく-かく【極核】►きょっかく(極核)

きょく-がく【曲学】真理をまげた学問。

きょくがく-あせい【曲学×阿世】《「史記」儒林伝から》学問上の真理をまげて、世間や権力者の気に入るような言動をすること。「―の徒」

ぎょく-かん【玉澗】中国、宋末・元初の画僧。本名は若芬(じゃくふん)、字(あざな)は仲石。浙江(せっこう)省の人。破墨(はぼく)山水を得意とし、代表作に「廬山図」「瀟湘八景図」がある。生没年未詳。

ぎょく-がん【玉眼】❶仏像などの眼(め)に水晶などをはめこんだもの。また、その技法。彫眼(ちょうがん)にかわって鎌倉時代以後一般化した。❷高貴な人の目。また、女性の美しい目。

ぎょく-がん【玉顔】❶玉のように美しい顔。❷天皇の顔。竜顔。

きょく-ぎ【曲技】軽業(かるわざ)。また、軽業のような技術。曲芸。類語芸当・離れ業・アクロバット・サーカス

きょく-ぎ【局戯】囲碁・将棋・双六(すごろく)など、局㊀❹に向かってする遊戯。

きょく-きどう【極軌道】―キダウ 人工衛星がとる軌道の一。地球の両極上空を通る、赤道に対して直角の軌道のこと。地球全域を観測できるため、偵察衛星、気象衛星、リモートセンシングを行う地球観測衛星などの軌道として利用される。

きょくぎ-ひこう【曲技飛行】―カウ 航空機の特殊な飛び方。宙返り・きりもみ・背面飛行など。アクロバット飛行。スタント飛行。

きょく-きょり【極距離】天球上の一点と極とのなす角。赤緯(せきい)の余角。

きょく-げい【曲芸】常人にはできない、身軽さや熟練を必要とする離れ業。軽業(かるわざ)。アクロバット。類語芸当・曲技・サーカス

きょくけい-どうぶつ【曲形動物】動物界の一門。袋形・扁形動物に近縁で、主に海産。体長1センチ以下で、萼(がく)部とよぶ本体と、他に付着する柄部とに分けられる。萼部上縁に触手冠、その内側に口・肛門などがある。消化管はU字状。群体性と単体性のものがある。スズコケムシなど。内肛(ないこう)動物。曲虫。

きょく-けん【極圏】►きょっけん(極圏)

きょく-げん【曲言】〔名〕スル はっきり言わないで、それとなく意味を含ませて言うこと。また、その言葉。「―してなかなか真意をつかませない」

きょく-げん【局限】〔名〕スル ある一定の部分に範囲を限ること。「問題を―して検討する」

きょく-げん【極言】〔名〕スル 極端な言い方をすること。遠慮せずに言うこと。また、その言葉。「―すれば学歴は何の意味ももたない」類語極論

きょく-げん【極限】❶物事の限度ぎりぎりのところ。「体力の―に達する」❷数列の項の番号を限りなく大きくするとき、または関数の変数の値をある値に近づけるか正・負の無限大にするときに、数列や関数値が限りなく近づく一定の値。極限値。類語限度・限界・リミット

きょくげん-じょうきょう【極限状況】―ジャウキャウ ►限界状況(げんかいじょうきょう)❶

きょくげん-ち【極限値】►極限❷

きょく-こう【極光】―クワウ ►きょっこう(極光)

ぎょく-こう【玉稿】―カウ ►ぎょっこう(玉稿)

きょく-ごま【曲独=楽】寄席演芸で、大小の独楽による曲芸。元禄(1688～1704)ごろの博多曲独楽に始まる。

きょく-さ【極左】極端な左翼思想。また、その思想をもつ人。⇔極右。

ぎょく-ざ【玉座】天皇・国王のすわる席。

きょく-ざい【局在】〔名〕スル 限られた場所に存在すること。「都市部に―する販売店」

ぎょく-さい【玉砕｜玉×摧】〔名〕スル 玉のように美しくくだけ散ること。全力で戦い、名誉・忠節を守って潔く死ぬこと。「―した守備隊」⇔瓦全(がぜん)。

ぎょく-さつ【玉札】相手を敬って、その手紙をいう語。〈日葡〉

きょく-ざひょう【極座標】―ザヘウ 平面上に一点Oと半直線OXを定め、任意の点Pの位置をOからの距離rおよびOPとOXとのなす角θで表した座標。これを(r,θ)と書く。

ぎょく-ざん【玉山】❶玉のとれる山。❷人柄・容姿などの優れている人をたとえていう語。

玉山崩(くず)る《「世説新語」容止から》容姿のりっぱな人が酔いつぶれるたとえ。

ぎょく-ざん【玉山】台湾の最高峰。標高3997メートル。日本の統治時代には、新高(にいたか)山とよんだ。ユイシャン。

きょくさんじん【曲山人】[?～1836ころ]江戸後期の人情本作者。江戸の人。本名、仙吉。別号、三文舎自楽・司馬山人など。下層町民の風俗・生活を活写し、「仮名文章娘節用(かなまじりむすめせつよう)」で、人情本流行をもたらした。「教外俗文娘消息(きょうげぞくぶんむすめしょうそこ)」「娘太平記操早引(むすめたいへいきみさおのはやびき)」など。

きょく-し【曲私】私欲にとらわれてよこしまなこと。わたくし。「―のある人」

きょく-し【曲師】浪曲で、伴奏の三味線をひく人。

きょく-し【局紙】ミツマタを原料とする、丈夫でつやのある上質の紙。辞令用紙・証券用紙などに用いる。明治8年(1875)大蔵省抄紙局が設けられ、そこで創製された。

きょく-し【×麯子】中国・朝鮮で用いる麹(こうじ)の一種。穀粒を砕き、水を加えてこね固め、かびを繁殖させたもの。茅台(マオタイ)・濁酒などの原料にする。チャウズ。

きょく-じ【曲事】❶不正な行為。「―を働く」❷法に背くこと。また、それを罰すること。「―申シツケル」〈和英語林集成〉

ぎょく-し【玉×巵】美しいさかずき。玉杯。

ぎょく-し【玉×趾】天子や貴人の足。また、相手を敬って、その人の足をいう語。おみあし。

玉趾を挙(あ)・ぐ《「春秋左伝」僖公二六年から》貴人が足を運ぶ。また、貴人が来て下さる。「将軍一たび―・げて」〈竜渓・経国美談〉

ぎょく-じ【玉璽】天子の印。御璽(ぎょじ)。

きょく-しがいせん【極紫外線】―シグワイセン 波長1～10ナノメートル程度の紫外線。波長が短い領域はX線に分類されることもある。短い波長を活かし、半導体の超微細加工を実現する露光技術の研究が進められている。極端紫外線。EUV。XUV。

きょく-じつ【×旭日】朝日。

旭日昇天の勢い 天にのぼる朝日のように勢いが盛んなこと。「選挙に大勝していまや―だ」

漢字項目 **きょく**

旭 人 音キョク漢 訓あさひ ‖ あさひ。「旭光・旭日」名付あき・あきら・あさ・てる

曲 学3 音キョク漢 訓まがる、まげる、くせ ‖ ①まがる。まげる。「曲折・曲線・曲面/迂曲(うきょく)・婉曲(えんきょく)・屈曲・湾曲」②ねじまげる。こじつける。「曲解・曲学・曲言・曲筆/私曲・邪曲・歪曲(わいきょく)」③入りくんで細かい。くわしい。「委曲」④曲がって入りくんだ所。くま。「河曲(かきょく)」⑤音楽のふし。音楽作品。「曲調/音曲(おんぎょく)・歌曲・楽曲・作曲・序曲・新曲・選曲・箏曲(そうきょく)・舞曲・編曲・名曲・浪曲」⑥詩。歌。「春風馬堤曲」⑦脚本。「戯曲・元曲」⑧変化のある技巧。「曲技・曲芸」名付くま・のり 難読浦曲(うらわ)・曲尺(かねじゃく)・曲彔(きょくろく)・曲瀬(くせ)・曲事(くせごと)・曲者(くせもの)・曲輪(くるわ)・曲玉(まがたま)

局 学3 音キョク漢 訓つぼね ‖ ㊀〈キョク〉①小さく仕切る。仕切られた部分。「局限・局所・局地・局部/限局」②役所などの業務分担の区分。「局員・局長/医局・開局・支局・当局・部局・薬局」③(「跼(きょく)」と通用)曲がりちぢまる。「局蹐(きょくせき)」④碁盤や将棋盤。また、その一勝負。「局面/一局・棋局・結局・終局・対局」⑤情勢。「危局・時局・政局・戦局・大局・難局・破局」㊁〈つぼね〉「長局」名付ちか 難読美人局(つつもたせ)

棘 × 音キョク漢 訓いばら、とげ ‖ ①とげのある木の総称。いばら。「枳棘(ききょく)・荊棘(けいきょく)」②とげ。「鰭棘(ききょく)」難読荊棘(いばら)

極 学4 音キョク漢 ゴク呉 訓きわめる、きわまる、きわみ、きめる ‖ ㊀〈キョク〉①物事の中心。「太極」②端まで行きつくす。きわめる。「極言・極力」③行きつくした果て。末端。「極限・極地・極点・極東/究極・磁極・終極・電極」④この上のない地位。天子の位。「登極」⑤この上ない。きわめて。「極右・極小・極端・極致・極度・極微」⑥電極・磁極・地軸の両端。「南極・北極・陽極」㊁〈ゴク〉①果て。終わり。「極月」②きわめて。「極上・極秘・極細(ごくぼそ)・極楽/至極」補説原義は、端から端まで張り渡した棟木。名付きわ・きわむ・きわめ・なか・のり・みち・むね 難読月極(つきぎめ)

跼 × 音キョク漢 ‖ しゃがむ。かがむ。身体をちぢこませる。「跼蹐(きょくせき)・跼天蹐地(きょくてんせきち)」

漢字項目 **ぎょく**

玉 学1 音ギョク漢 訓たま ‖ ㊀〈ギョク〉①美しく価値のある石の類。「玉砕・玉石・玉杯/攻玉・紅玉・硬玉・珠玉・碧玉(へきぎょく)・宝玉」②美しくすぐれているものの形容語。「玉肌(ぎょっき)・玉露/金科玉条・金殿玉楼」③天子または他人を敬って物事に添える語。「玉音(ぎょくおん)・玉音(ぎょくいん)・玉稿・玉座・玉章・玉体」④将棋の駒の一。王将。「玉将/入玉」⑤花柳界で、芸者のこと。「玉代/半玉」㊁〈たま(だま)〉「玉垣・玉砂利/親玉・善玉・手玉・火玉・水玉・目玉・槍玉(やりだま)・数珠玉・鉄砲玉」名付きよ 難読薬玉(くすだま)・玉章(たまずさ)・玉蜀黍(とうもろこし)・勾玉(まがたま)

きょくじつ-き【×旭日旗】旭日を図案化した旗。旧日本軍の連隊旗・軍艦旗など。旭旗(きょくき)。

きょくじつ-しょう【×旭日章】―シヤウ 勲功ある者に授与される勲章。明治8年(1875)制定。旭日大綬章(きょくじつだいじゅしょう)、旭日重光章(きょくじつじゅうこうしょう)、旭日中綬章(きょくじつちゅうじゅしょう)、旭日小綬章(きょくじつしょうじゅしょう)、旭日双光章(きょくじつそうこうしょう)、旭日単光章(きょくじつたんこうしょう)の6等級がある。補説制定時は勲一等から勲八等までの8等級があった。また、旭日章は男性のみを叙勲の対象としていたが、平成15年(2003)より女性も対象となった。

きょく-しゃ【曲射】物陰の目標または水平の目標に、湾曲した弾道で上方から砲弾を落下させる射撃。⇒直射 ⇒平射

きょく-しゃ【局舎】局と名のつくところの建物。
きょく-しゃく【曲尺】▶かねじゃく(曲尺)
きょくしゃ-ほう【曲射砲】曲射に用いる大砲。臼砲・迫撃砲・榴弾砲などの総称。
ぎょく-しゅ【玉手】❶美しい手。❷天子の手。また、他人を敬って、その手や書いたものをいう語。
ぎょく-しゅ【玉酒】いい酒。うまい酒。
ぎょく-じゅ【玉樹】❶美しい木。❷風姿の高潔な人。❸エンジュの別名。
ぎょくじゅ【玉樹】中国青海省中南部の都市。通天河流域の標高3700メートルの高所にある。牧畜や食肉加工業が発達。ユイシュー。
ぎょく-じゅう【玉×什】「玉詠」に同じ。
きょく-しょ【局所】❶全体の中のある限られた部分。局部。❷からだの一部分。局部。「一疲労」❸陰部。局部。(類語)局部・陰部・恥部・隠し所・性器・部分・箇所・ところ・部位・一部・一部分・細部・断片・一端・一斑・一節・件・パート・セクション・点
きょく-しょ【極所】行き着く所。「一に至る」
ぎょく-しょ【玉書】他人を敬って、その手紙をいう語。玉章。
ぎょく-じょ【玉女】❶玉のように美しい女性。「七宝の蓮花を生じ、一々の花の上に各七人の一あり」〈太平記・二四〉❷仙女。天女。「仙人には婦も无し。一には夫无し」〈今昔・一〇・九〉
きょく-しょう【極小】〔名・形動〕❶きわめて小さいこと。また、そのさま。「一な粒子」⇔極大。❷関数$f(x)$が$x=a$において減少から増加の状態に変わるとき、関数$f(x)$は$x=a$で極小であるという。このときの$f(a)$を極小値という。➡極大
(類語)最小・過小
きょく-しょう【極少】〔名・形動〕きわめて少ないこと。また、そのさま。「一な資源」
きょく-じょう【×棘条】魚のひれの、硬いすじ。
ぎょく-しょう【玉将】将棋の駒で、慣例として下手の者が用いる王将。玉。➡王将❶
ぎょく-しょう【玉章】❶美しい詩文。❷他人を敬い、その手紙・文章をいう語。玉書。たまずさ。
(類語)手紙・御状・御書・懇書・貴書・貴翰・貴札・芳書・芳信・芳翰・芳墨・尊書・尊翰・台翰・朶雲
ぎょく-しょう【玉×觴】玉で作った杯。玉杯。
ぎょく-じょう【玉条】❶美しい枝。❷尊重し、守るべき規則・法律。「金科一」
きょくしょう-ち【極小値】関数が極小のときにとる値。
ぎょく-しょく【玉食】非常にぜいたくなものを食べること。美食。「錦衣一」
きょくしょ-へんすう【局所変数】▶ローカル変数
きょくしょ-ますい【局所麻酔】手術を行う部分に麻酔を行うこと。感覚神経の走路をコカインなどの薬剤で遮断し、そこから先を麻痺させるもの。意識は失われない。局部麻酔。➡全身麻酔
きょく-じん【曲尽】〔名〕スル ことこまかに事情を説きつくすこと。「師宣を生んだ元禄の人情を一している」〈芥川・芭蕉雑記〉
ぎょく-しん【玉×簪】玉で美しく飾ったかんざし。
ぎょく-じん【玉人】❶玉を磨き、加工する職人。❷容姿の美しい人。また、人格の高い人。
ギョク-しんがっこう【ギョク神学校】《Gök Medrese》トルコ中東部の都市シバスの市街中心部にある、かつての神学校。13世紀末、ルームセルジューク朝の宰相サーヒップ＝アタにより創設された。「ギョク」とは青空を意味し、青色のタイルで装飾された高さ25メートルの2本の尖塔をもつ。
きょく-すい【曲水】❶曲がりくねって流れる小川。❷「曲水の宴」の略。(季 春)「一の詩や盃に遅れたる/子規」
ぎょくずい【玉蕊】鎌倉時代、九条道家の日記。承元3年(1209)から暦仁元年(1238)まで断続的に伝わり、有職故実に詳しい。祖父兼実の日記「玉葉」にちなむ名。光明峰寺殿記。峰禅閣記。

ぎょく-ずい【玉髄】石英の微小な結晶からなる鉱物。透明または半透明で、色は白・灰・淡褐・赤・緑色など、含む不純物により異なる。美しいものは飾り石にする。カルセドニー。
きょくすい-の-えん【曲水の宴】昔、宮中や貴族の屋敷で陰暦3月3日に行われた年中行事の一。庭園の曲水に沿って参会者が座り、上流から流される杯が自分の前を通り過ぎないうちに詩歌をよみ、杯を手に取って酒を飲んでから杯を次へ流すという遊び。もと、中国で行われたもの。曲宴。曲水の豊の明かり。ごくすいのえん。(季 春)
きょく-する【局する】〔動サ変〕(文)きょく・す〔サ変〕範囲を制限する。限る。「其文化一・して海内に布くを得ず」〈西周・明六雑誌一〉
きょく-せい【局勢】❶時局の情勢。❷囲碁・将棋などの局面の形勢。
きょく-せい【極性】❶生物体の細胞・組織が、ある軸に沿って、形態的・生理的な差異を示すこと。植物に茎と根が、動物に頭部と尾部が、卵に動物極と植物極があるなど。軸性。❷電荷の分布が正・負それぞれに偏ること。分子内の化学結合、電池などについていう。
きょく-せい【極星】天球の極の目印となる恒星。北極では小熊座のα星が北極星となるが、南極では相当する星はない。➡北極星
きょく-せい【極盛】勢いが最もさかんなこと。
ぎょく-せい【玉成】〔名〕スル 玉のようにりっぱに磨きあげること。りっぱな人物に育てあげること。
きょくせい-ぶんし【極性分子】分子内の結合に電気的な偏りがあり、電気双極子をもつ分子。有極性分子。
ぎょく-せいり【玉整理】信用取引や清算取引で、売買が増加して相場の動きが鈍くなったとき、売り方の買い戻しと買い方の転売によって、取り組みが整理されること。
きょく-せき【×跼×蹐|局×蹐】〔名〕スル「跼天蹐地」の略。「底のない道義の厄を抱いて、路頭に一している」〈漱石・虞美人草〉
ぎょく-せき【玉石】❶玉と石。❷価値のあるものとないもの。良いものと悪いもの。❸宝石。〈日葡〉
玉石倶に焚く《「書経」胤征から》良いものも悪いものも、ともに滅びる。
ぎょくせき-こんこう【玉石混×淆】〔名〕スル《「抱朴子」外篇・尚博から》価値のあるものとないものとが、入りまじっていること。(補説)「玉石混合」とするのは誤り。
きょく-せつ【曲折】〔名〕スル ❶曲がりくねること。折れ曲がること。「人通りの少ない夜寒の小路を一して」〈漱石・こゝろ〉❷物事がさまざまに入り組んで変化をすること。また、込み入った事情。「一を経る」「紆余一」(類語)屈曲・屈折・折れる・曲がる
きょく-せつ【曲節】❶楽曲の節。節回し。曲調。❷曲がっていたり節があったりすること。心や行動がねじ曲がっていること。「心に一あり、人の為にあしき人は…始終あしき也」〈正法眼蔵随聞記・四〉
きょく-せつ【曲説】〔名〕スル 事実を曲げて説明すること。また、その説明。「発言内容を一した記事」
ぎょく-せつ【玉折】玉が砕けること。転じて、才子・佳人が若死にすることのたとえ。
ぎょく-せつ【玉×屑】❶玉を砕いた粉末。不老不死の仙薬とされた。❷詩文の中のすぐれた一節。❸雪。特に、降る雪。「一霏々乱れて斜に飛び」〈蘆花・自然と人生〉
きょく-せん【曲線】角がなく、連続的に曲がっている線。カーブ。「ゆるやかに一を描く」(類語)弧
きょく-せん【極線】一点から二次曲線に弦を無数に引いたとき、弦の両端における2本の接線の交点を結んでできる直線。
ぎょく-せん【玉泉】❶清らかな泉。❷《天台大師智顗が中国湖北省当陽県玉泉山の玉泉寺に住したところから》天台宗のこと。
ぎょく-せん【玉×蟾】《月の中に三つ足の蟾(ヒキガエル)がいるという伝説から》月の異称。
ぎょくせん-じ【玉泉寺】静岡県下田市柿崎にある曹洞宗の寺。山号は瑞竜山。天正年間(1573〜1592)俊栄の開山。幕末、ハリスの着任後はアメリカ領事館となった。
ぎょくせんじょう【玉泉帖】平安時代、小野道風が白楽天の詩を楷・行・草3書を混用して書写したもの。名は巻首の詩句「玉泉南澗花奇怪」から。
きょくせん-じょうぎ【曲線定規】曲線を描くための製図用定規。雲形定規など。
きょく-ぜんせん【極前線】▶寒帯前線
ぎょくせん-どう【玉泉洞】沖縄県、沖縄本島南東部にある鍾乳洞。南城市玉城の雄樋川下流に位置する。30万年前に形成されたとされ、主洞と枝洞とを合わせた総延長は約5000メートル。昭和42年(1967)から愛媛大学学術探検部による探検・調査が行われ、現在は890メートルが観光洞として公開されている。
きょくせん-び【曲線美】曲線のつくりだす美しさ。特に、女性の肉体のもつ曲線の美しさ。
きょくせん-ひょう【曲線標】鉄道線路の曲線部の始めと終わりに立てる標識。
きょく-そう【曲想】楽曲の構想やテーマ。「一を練る」
きょく-そう【極相】生物群集、特に植物群落が、遷移の過程を経て、その地域の環境に適合する、長期にわたって安定な構成をもつ群集に到達したときの状態。クライマックス。安定期。
きょく-そく【局促|局×趣】㊀〔名〕スル かがまること。小さくちぢこまること。㊁〔ト・タル〕(文)〔形動タリ〕度量のきわめて小さいさま。「あたかもわが一たるをあざけるに似たり」〈藤村・春〉
きょく-たい【極体】動物の卵母細胞が減数分裂をして卵子ができる過程で形成される、3個の小さな細胞。核はあるが細胞質をほとんどもたず、退化して消滅する。
きょく-だい【極大】〔名・形動〕❶きわめて大きいこと。また、そのさま。「一な被害」⇔極小。❷関数$f(x)$が$x=a$において増加から減少の状態に変わるとき、関数$f(x)$は$x=a$で極大であるという。このときの$f(a)$を極大値という。➡極小
(類語)最大・無限大
ぎょく-たい【玉体】❶玉のように美しいからだ。❷天子または貴人のからだ。❸他人を敬って、そのからだをいう語。
ぎょく-たい【玉帯】玉の飾りをつけた革製の帯。貴族の束帯に用いられた。たまのおび。
ぎょく-だい【玉代】芸者や娼妓などを呼んで遊ぶための代金。花代。はな。ぎょく。
ぎょく-だい【玉台】天帝の住まいにある美しい楼台。たまのうてな。
きょく-だいこ【曲太鼓】曲打ちする太鼓。
ぎょくだいしんえい【玉台新詠】中国、六朝時代の詩集。10巻。梁の簡文帝が徐陵に編纂させたもので、当時流行していた宮体詩とよばれる艶詩を中心に、漢から梁にかけての詩を収録。
きょくだい-ち【極大値】関数が極大のときにとる値。
ぎょく-だか【玉高】❶芸者・娼妓の玉代の金高。❷取引所で売買の約定が成立した数量。
きょく-たん【極端】〔名・形動〕❶普通の程度から大きく外れていること。一方にはなはだしくかたよっていること。また、そのさま。「議論が一から一へ走る」「一な言い方」❷もののいちばんはし。(派生)きょくたんさ〔名〕(類語)極度・度外れ・桁外れ・桁違い・異常・法外・箆棒・途方もない・途轍もない・大変・大層・並み外れ・格段・著しい・甚だしい
きょくたん-しがいせん【極端紫外線】▶極紫外線
きょく-ち【局地】限られた一定の区域・土地。
きょく-ち【極地】❶さいはての土地。❷地球上の南極および北極地方。極地方。「一探検」
(類語)終点・最果て
きょく-ち【極値】❶関数の極大値と極小値。❷ある期間に、ある地点で観測された気圧・気温・風速・降

水量などの、最高・最大の値または最低・最小の値。
きょく-ち【極致】到達することのできる最高の境地。きわみ。「芸術の―に達する」「官能の―」
(類語)極きわみ・至り・極・究極・極点・終極
ギョクチェアダ-とう【ギョクチェアダ島】タウ《Gökçeada》▶ギョクチェ島
ギョクチェ-とう【ギョクチェ島】タウ《Gökçeada》トルコ北西部の島。旧名イムロズ島、ギリシャ語名インブロス島。同国最大の島で、サロス湾に浮かぶ。第一次大戦後のセーブル条約によりギリシャ王国に割譲されたが、希土(ギリシャ・トルコ)戦争後の1923年よりトルコ領になった。主な町はギョクチェアダ。海岸保養地であり、ワインの生産も盛ん。ギョクチェアダ島。
きょくち-かん【極致感】▶オルガスムス
きょくち-きこう【局地気候】数十平方キロメートル以下程度の狭い地域内に特徴的に現れる気候。盆地の気候など。小気候。
きょくち-せんそう【局地戦争】センサウ ❶地域的に限定された戦争。局地戦。❷「限定戦争」に同じ。
きょくち-てき【局地的】〔形動〕物事がある地域に限られているさま。「―な豪雨」
きょくち-ふう【局地風】地形などが原因で、限られた地域に吹く特徴的な風。海陸風・フェーンなど。地方風。
きょくち-ほう【極地法】ハフ 局地探検や大規模登山などで、ベースキャンプから順に前進キャンプを設営し、目的地に到達する方法。➡ラッシュタクティクス
ぎょく-ちゃ【玉茶】葉をひねって丸く平たくした緑茶。
きょく-ちょう【曲調】テウ 楽曲の調子。「明るい―」
きょく-ちょう【局長】チャウ 局と名のつく組織の最高責任者。
ぎょく-ちょう【玉帳】チャウ ❶玉で飾ったとばり。また、美しいとばり。❷将軍の幕営。❸芸者・娼妓しょうぎの玉代ぎょくだいを記入する帳簿。
ぎょく-ちょう【玉×牒】テフ ❶皇帝の系譜。❷仏教の経典のこと。
きょく-ちょうしんせい【極超新星】ゴクテウシンセイ 通常の超新星に比べ、数十倍の爆発エネルギーをもつもの。太陽の40倍以上という大質量の恒星が進化の最終段階で超新星爆発を起こしたものと考えられている。また、星の内部に形成された高速回転するブラックホールにより強力なジェットを生じたものは、γ線ガンマせんバーストの発生源の一であるという説がある。ハイパーノバ。
きょく-ちょうたんぱ【極超短波】ゴクテウタンパ 波長が0.1～1メートル程度、周波数300～3000メガヘルツの電波。直進性が強く、地上デジタルテレビの放送、レーダーなどに使用。デシメートル波。UHF(ultrahigh frequency)。
きょく-ちょうちょうは【極超長波】ゴクテウチャウハ 波長が100～10万キロメートル、周波数3～3キロヘルツの電波。地中や水中を伝播する性質があるため、潜水艦通信や鉱山での通信に利用される。
きょく-ちょく【曲直】❶形や線が曲がっていることと、まっすぐなこと。「線の―が此気合の幾分を表現して」〈漱石・草枕〉❷不正なことと正しいこと。正邪。「理非―をただす」(類語)(❷)是非・正否・当否・可否・可不可・適否・良否・理非・正邪・善悪・優劣・よしあし
きょく-づき【曲×搗き】うたいはやしながら、おかしな身ぶりをして餅もちをつくこと。また、その人。
きょく-ていおん【極低温】ゴクテイヲン 絶対零度(セ氏零下273.15度)に近い、極めて低い温度。ふつう、ヘリウムの沸点である4K(セ氏零下約268度)以下をいい、0.01K以下をさらに超低温とよぶことがある。超伝導や超流動現象などが現れる。
きょくてい-ばきん【曲亭馬琴】[1767～1848]江戸後期の読本作者。江戸の人。本姓は滝沢。名は興邦おきくに。別号、大栄山人・著作堂。山東京伝に師事して黄表紙「尽用而二分狂言つかうてにぶきょうげん」を発表。以後、合巻ごうかん・読本と盛んに著作。史伝物に特色があり、勧善懲悪の理念と因果応報の道理を雅俗折衷の文体で描いた。代表作「椿説ちんせつ弓張月」「俊寛僧都島物語」「南総里見八犬伝」「近世説美少年録」など。
ぎょくてき-せき【玉滴石】オパールの一種。強い輝きをもつ無色透明の含水石英で、球状やぶどう状をなして産出。
きょく-てん【極点】❶物事が到達できる最終的な点。物事の度合いの最も高まったところ。「緊張が―に達する」❷北極点または南極点。❸▶極❼㋒
(類語)極み・至り・極・究極・極致・終極
ぎょく-でん【玉殿】玉で飾った宮殿。美しい宮殿。
きょくてん-せきち【×跼天×蹐地】《高い天の下でからだを縮め、厚い大地の上を抜き足で歩く意》肩身がせまく、世間に気兼ねしながら暮らすこと。ひどくつつしみ恐れること。跼蹐きょくせき。「―の心境」
きょく-ど【極度】〔名・形動〕❶物事の程度の限界のところ。極限。「此孔雀の舌の料理は…豪奢風流の―と」〈漱石・吾輩は猫である〉❷程度のはなはだしいこと。また、そのさま。「―に緊張する」(類語)極端・余り・非常・度外れ・桁けた外れ・桁けた違い・異常・法外・箆棒べらぼう・途方もない・途轍とてつもない・大変・大層・並み外れ・格段・著しい・甚だしい・すごい・ものすごい・計り知れない・恐ろしい・ひどい・えらい・この上ない・筆舌ひつぜつに尽くしがたい・言語に絶する・並並なみなみならぬ
ぎょく-と【玉斗】❶玉で作った酒びしゃく。❷北斗七星の異称。
ぎょく-と【玉×兎】《月の中に兎うさぎがすむという伝説から》月の異称。「金烏きんう―」(季 秋)
きょく-とう【極東】㊀東の果て。㊁ヨーロッパから見て、最も東方にある、日本・中国・朝鮮半島・シベリア東部の称。
ぎょく-どう【玉堂】ダウ ❶玉で飾った殿堂。美しい宮殿。❷他人を敬って、その家をいう語。❸中国、漢代の宮殿の名で、学者が出仕した所。のちの翰林院かんりんいんの異称。
きょくとう-いいんかい【極東委員会】ゴクトウヰヰンクワイ 日本を占領管理するため、1945年12月ワシントンに設けられた連合国の最高政策決定機関。拒否権をもつ米国・英国・ソ連・中国ほか11か国で構成。対日講和条約の発効とともに自然消滅。
きょくとう-こくさいぐんじさいばん【極東国際軍事裁判】第二次大戦後、ポツダム宣言に基づき、東京に置かれた極東国際軍事裁判所で、日本の主要な戦争犯罪人に対して行われた裁判。1946～48年まで審理が行われ、死亡・精神異常による免訴3名を除く被告25名全員が有罪とされ、うち東条英機ら7名は絞首刑。東京裁判。➡戦争犯罪 ➡A級戦犯 ➡ニュルンベルク裁判
きょくとう-じょうこう【極東条項】デウカウ 米軍の駐留目的を極東の平和維持に限定する条項。日米安全保障条約第6条に、極東における国際の平和および安全の維持に寄与するため、米軍は日本国内の施設および区域を使用できると定めている。
ぎょくどう-ふうき【玉堂富貴】ギョクダウ 文人画の画題の一。牡丹ぼたんの花を主として、蘭と海棠かいどうとを添える。
きょく-どめ【局留(め)】郵便物や荷物を発信人指定の郵便局に留めておく扱いのこと。また、その郵便物。留置郵便。
きょく-ない【局内】郵便局・放送局など、局のつく機関の管轄に属している範囲。局の内部。⊖局外。
きょく-のみ【曲飲み】変わった飲み方で酒などを飲むこと。また、曲芸をしながら酒などを飲むこと。
きょく-のり【曲乗り】〔名〕スル 馬・玉・自転車などに乗って曲芸をすること。また、変わった乗り方でそれらに乗ること。
きょく-ば【曲馬】馬の曲乗りや、馬に曲芸をさせる見世物。
ぎょく-はい【玉×佩】礼服らいふくの付属具の一。上代から近世にかけて、即位・大嘗会だいじょうえ・朝賀の儀式に、天皇はじめ三位以上の臣下が腰に帯びた装身具。5色の玉を貫いた5本の組糸を金銅の花形の金具につないで足先に垂らし、沓くつ先にあたって鳴るようにしたもの。佩おび物。
ぎょく-はい【玉杯｜玉×盃】玉で作ったさかずき。また、さかずきの美称。
(類語)杯さかずき・杯はい・酒杯・金杯・銀杯・猪口ちょこ・ぐい飲み
ぎょく-はく【玉×帛】玉と絹織物。特に、中国古代、諸侯が天子に拝謁したり、互いに訪問したりするときに贈り物として用いたもの。
きょくば-し【曲馬師】曲馬を演じる芸人。
きょくば-だん【曲馬団】曲馬・軽業・奇術などを興行しながら、各地を回る芸人の一座。サーカス。
きょく-ばち【曲×撥】ばちを使った曲芸。また、曲打ちの太鼓や曲弾きの三味線のばちさばき。
きょく-ばん【局版｜局盤】煎茶せんちゃの席で、風炉ふろの下に敷く木製・金属製・陶器製の板。
きょく-ばん【局番】電話で、地域指定の呼び出し番号。「市外―」
きょく-ばん【極板】電極に用いる導体板。また、アルカリ電池などの電極板。
ぎょく-はん【玉×旛｜玉×幡】高御座たかみくらや御帳台みちょうだいの棟むねの下にかける装飾。玉を鎖であやどり、先端に薄金の杏葉ぎょうようをつけたもの。
ぎょく-ばん【玉盤】玉で作った皿の類。また、皿の美称。
きょく-ひ【曲×庇】〔名〕スル 事実を偽ったり法律を曲げたりして、人をかばうこと。「伯が心中にて一者なりなんど思われんは」〈鷗外・舞姫〉
きょく-び【極微】〔名・形動〕きわめて小さいこと。また、そのさま。ごくび。「―の世界」「―な生物」
ぎょく-ひ【玉×臂】美しいひじ。玉のように美しいうで。美人のひじの形容として用いる。
きょく-びき【曲弾き】三味線・琴などを特殊な技巧で弾いたり、非常な速さで弾いたりすること。
きょく-ひつ【曲筆】〔名〕スル 事実を曲げて書くこと。また、その文章。「史実を故意に―する」「舞文ぶぶん―」⊖直筆ちょくひつ。
ぎょく-ひつ【玉筆】他人を敬って、その筆跡や詩文などをいう語。
きょくひ-どうぶつ【×棘皮動物】動物界の一門。体は五方向に放射相称で、石灰質の骨片か殻をもち、骨板上にさまざまの形のとげをもつ。運動器官として管足をもち、体内の水管系につながる。幼生は左右相称。すべて海産。ウニ・ナマコ・ヒトデ・ウミユリ・クモヒトデの5綱に分けられる。
きょくふ【曲阜】中国山東省中部の都市。周代の魯ろ国の都。また、孔子の生地として知られ、孔子廟びょうがある。チュイフー。
きょく-ふ【曲譜】楽曲の譜。楽譜。
きょく-ふ【局譜】囲碁の対局の経過を図譜にまとめたもの。
きょく-ぶ【局部】❶全体の中の限られた一部分。局所。❷陰部。局所。
(類語)局所・陰部・恥部・隠し所・性器・部分・箇所かしょ・ところ・部位・一部・一部分・細部・断片・一端いったん・一斑いっぱん・一節ひとふし・件くだり・パート・セクション・点
ぎょく-ふ【玉×斧】❶玉で飾った斧おの。また、斧の美称。❷他人を敬って、その人が詩文の添削をすることをいう語。「先達の―を待つ」
玉斧を乞こう　詩や文章の添削を請い求める。
ぎょく-ふ【玉膚】美しく、なめらかな肌。玉肌ぎょっき。
きょく-ふう【極風】▶極偏東風きょくへんとうふう
きょくぶ-ぎんがぐん【局部銀河群】太陽系の属する銀河系付近の直径約500万光年の範囲に分布する、約30個からなる銀河の集団。マゼラン雲など。
きょくぶ-こうせいけい【局部恒星系】銀河系の中で太陽付近にあると考えられていた恒星の集団。
きょくぶしょう-ぎし【局部床義歯】シヤウギシ ▶部分入れ歯
きょくぶ-てき【局部的】〔形動〕ある限られた部分だけに関係しているさま。「―な雨」
きょくぶ-はっしんき【局部発振器】入力周波数を別の周波数に変換するときに、二つの周波数の差に等しい周波数をつくりだすための発振器。スーパーヘテロダインの受信機に利用。
きょくぶ-ますい【局部麻酔】▶局所きょくしょ麻酔
ぎょく-へん【玉偏】▶たまへん(玉偏)

ぎょく-へん【玉篇】中国の字書。30巻。梁りょうの顧野王こやおう撰。543年成る。「説文解字せつもんかいじ」にならって、字数を大幅に増加した部首分類体の字書。のち、唐の孫強が増補し、宋の陳彭年らが勅命により増補修訂した。顧野王の写本の一部は日本に現存。

きょく-へんとうふう【極偏東風】南極および北極地域の高気圧帯から吹き出し、地球の自転の影響で東から西に吹く風。極風。

きょく-ほ【曲▽浦】曲がりくねった形の海岸。「長汀ちょうてい―」

きょく-ほ【極▽浦】遠くまで続く海岸。また、はるか遠方にある海岸。「―の波を分け、潮しおにひかれて行く舟は」〈平家・七〉

ぎょく-ほ【玉歩】天子や貴人を敬って、その人が歩くことをいう語。

きょく-ほう【局方】キョクハウ「日本薬局方」の略。

ぎょく-ぼう【玉貌】ギョクバウ ❶玉のように美しい容貌。❷他人を敬ってその容貌をいう語。

きょく-ほく【極北】❶北の果て。北極に近い所。❷物事が極限にまで達したところ。「純文学の―を目指す試み」

きょく-まり【曲×鞠】まりを使う曲芸。曲手鞠きょくてまり。

きょく-みょう【極妙】キョクメウ 非常に妙味があること。至妙。ごくみょう。

きょく-む【局務】❶官庁や企業などの部局の事務。❷太政官だいじょうかん中の外記げきの上席の者(大外記)で、少納言局を兼ねたもの。平安時代以後、中原・清原両氏の世襲となった。

きょく-めん【曲面】曲線が動いてできる面。連続的に曲がった、平面でない面。数学では、平面の一部分の三次元空間への連続写像。

きょく-めん【局面】❶碁や将棋の盤面。また、勝負の形勢。❷物事の、その時の状況・状態。「新しい―を迎える」「重大な―に立つ」〔類語〕事態・趨勢すうせい・場合

ぎょく-めん【玉面】❶美しい顔。玉顔。❷他人を敬って、その顔をいう語。

きょく-もく【曲目】演奏される楽曲の名。また、その名を列記したもの。

きょく-もく【極目】目のとどく限り。見渡す限り。「―際なき曠原を横ぎり」〈独歩・無窮〉

きょく-もち【曲持(ち)】さまざまなものを手・足・肩・腹などで持ち上げ、それを操って見せる曲芸。

ぎょく-もん【玉門】❶玉で飾った門。りっぱな門。❷女性の陰部。陰門。

ぎょくもん-かん【玉門関】ギョクモンクワン 中国、漢代に甘粛省敦煌とんこうの北西におかれた関所。陽関とともに西域への重要な関門だった。ユイメンコアン。

きょく-や【極夜】南北の極圏で、一日中太陽の昇らない状態が続く現象。南極で5月末から、北極では11月末から、それぞれ約1か月半続く。➡白夜びゃくや

きょく-よう【曲用】ヨーロッパ諸語などの文法で、名詞・代名詞・形容詞・数詞などが性・数・格などの違いに応じて行う語形変化。動詞の語形変化を活用と呼ぶのに対する語。

きょく-よう【極洋】キョクヤウ 南極や北極に近い海洋。

ぎょく-よう【玉容】美しい容貌ようぼう。玉貌。

ぎょく-よう【玉葉】ギョクエフ ❶美しい葉。❷天子の一族を敬っていう語。「金枝―」❸他人を敬って、その手紙・はがきをいう語。

ぎょくよう【玉葉】ギョクエフ 平安後期から鎌倉初期にかけての九条兼実くじょうかねざねの日記。66巻。長寛2年(1164)から建仁3年(1203)までを記述し、朝儀や政界の実情などに詳しい。玉海。

ぎょくようしゅう【玉葉集】ギョクエフシフ「玉葉和歌集」の略。

ぎょくようわかしゅう【玉葉和歌集】ギョクエフワカシフ 鎌倉時代の勅撰和歌集。20巻。伏見院の命で、京極為兼きょうごくためかねが撰し、正和元年(1312)ごろ成立。歌数約2800首。風雅集とともに京極派の歌風を示すものが多い。玉葉集。

きょく-よみ【曲読み】歌などをさまざまに技巧をこらして読むこと。また、その読み方。

きょくらい【曲礼】「礼記らいき」の編名。

ぎょく-らん【玉×蘭】ハクモクレンの漢名。

きょく-りつ【曲律】楽曲の旋律。メロディー。

きょく-りつ【曲率】曲線や曲面の曲がりの度合いを示す値。曲線上の近い二点のそれぞれの接線がつくる角と、二点間の弧の長さとの比の極限値で表す。曲率が大きいほど湾曲は大きく、また円では一定である。

きょくりつ-えん【曲率円】ヱン 曲線上の三点P・Q・Rを通る円Oを考え、Q・Rが曲線上を点Pに限りなく近づくとき、この円Oが限りなく近づく円O′を、この曲線の点Pにおける曲率円という。曲率円の半径は、この曲線のPにおける曲率半径に等しい。

きょくりつ-ちゅうしん【曲率中心】曲率円の中心。

きょくりつ-はんけい【曲率半径】曲率円の半径。曲率中心と曲線までの長さ。曲率の逆数で表される。

きょく-りゅう【曲流】キョクリウ〔名〕スル 河川が曲がりくねって流れること。蛇行だこう。

きょく-りゅう【極流】キョクリウ 北極海・南極海から赤道の方向へ流れる海流。

きょく-りょう【局量】キョクリャウ 心の広さ。度量。「壱岐は元来漢学者の才子で―が狭い」〈福沢・福翁自伝〉

きょく-りょう【極量】キョクリャウ 薬局方に規定された医薬品の最大限の用量。毒・劇薬の個々について、大人の1日量または1回量を定めている。

きょく-りょく【極力】〔副〕力の限りを尽くすさま。できる限り。「―争いを避ける」「―努力する」
〔類語〕力一杯・精一杯・力任せ・精精・鋭意・体当たり・燃焼・力ずく・腕ずく

ぎょく-りん【玉輪】月の異称。

きょく・る【曲る】〔動ラ四〕《名詞「きょく(曲)」の動詞化》からかう。ひやかす。「この番頭はこんたまでが―・るぜえ」〈滑・浮世風呂・三上〉

きょく-れい【曲礼】立ち居振る舞いなどの細かな礼儀作法。

きょく-れい【曲▽領】古代、武官の礼服らいふくの付属具。首を通して肩に当て、その上に裲襠うちかけを着た。

ぎょく-れん【玉×輦】玉で飾った乗り物。天子や貴人の乗り物。また、輦の美称。

ぎょく-れん【玉×簾】玉で飾ったすだれ。また、すだれの美称。

きょく-ろ【×棘路】《昔、中国で9本の棘いばらの木を植えて公卿の座を示したところから》公卿の異称。「いにしへは槐門―の間に九族をなびかし」〈平家・一〉

ぎょく-ろ【玉露】❶玉のように美しい露。❷煎茶せんちゃの優良品。日覆いをして育てた茶樹の若葉を原料とする。天保年間(1830〜1844)江戸の茶商山本嘉兵衛が宇治で作ったのに始まるという。

きょく-ろう【極×臈】キョクラフ ❶寺内で最も臈次ろうじの高い僧。ごくろう。❷六位の蔵人くろうどで、最も年功を積んだ人。一臈。ごくろう。

ぎょく-ろう【玉楼】❶玉で飾った高殿たかどの。りっぱな御殿。「金殿―」❷「白玉楼はくぎょくろう」の略。

きょく-ろく【曲×彔・曲×椂】法会ほうえの際などに僧が用いる椅子いす。背のよりかかりを半円形に曲げ、脚をX字形に交差させたものが多い。

ぎょくろ-とう【玉露糖】ダウ 白砂糖に葛粉くずこ・片栗粉・ひき茶などを加えて水でこね、木型に入れて玉の形に打ち出した菓子。江戸吉原の名物で、熱湯を注いで飲んだ。

きょく-ろん【曲論】〔名〕スル 道理を曲げて論じること。まちがいを正しいものとする議論。「自己の正当化のために―する」〔類語〕愚論・暴論

きょく-ろん【極論】〔名〕スル ❶極端な言い方や論じ方をすること。また、そのような議論。極言。「―すれば人間の歴史は徒労の歴史である」❷徹底的に論じること。論じつくすこと。「既に二千三百年前に孟子墨楊の法格を―し」〈西周・明六雑誌四二〉〔類語〕極言

ぎょ-ぐん【魚群】魚の群れ。

ぎょぐん-たんちき【魚群探知機】船から海底に向かって超音波を発射し、その反射波によって、水中の魚群の規模・種類や位置などを知る装置。超音波魚群探知機。魚探。

きよ-げ【清げ】〔形動ナリ〕けがれなく美しいさま。きれいなさま。「聴色ゆるしいろの氷とけぬかと見ゆるを、いとど濡らしそへつつ眺め給ふさま、いとなまめかしく―なり」〈源・総角〉➡清らきよら

きょ-けい【居敬】朱子学における学問修養の中心課題。心を一つに集中し、他にそらさないことで、そのために静座をすすめた。➡窮理きゅうり

ぎょ-けい【魚形】魚の形。また、魚のような形。紡錘形。

ぎょ-けい【御慶】❶およろこび。お祝い。❷新年を祝うあいさつ。また、その言葉。ごけい。〔季 新年〕
〔類語〕大慶・同慶

ぎょけい-すいらい【魚形水雷】▶魚雷ぎょらい

ぎょけい-ちょう【御慶帳】チャウ 門口などに置いて、年賀の客の氏名を記帳してもらうための帳面。

きょ-けつ【虚血】組織や臓器への動脈血の流入が減少あるいは途絶すること。乏血ぼうけつ。

きょ-げつ【去月】今月の、前の月。先月。

きょけつせい-しんしっかん【虚血性心疾患】シンシツクワン 冠状動脈に狭窄きょうさく・閉塞が生じ、心筋への血流・酸素供給が阻害されることによって起こる、心疾患の総称。狭心症・心筋梗塞など。動脈硬化が主な要因。冠状動脈疾患。冠動脈心疾患。IHD(Ischemic Heart Disease)。

きょ-げん【虚言】〔名〕スル うそを言うこと。また、その言葉。きょごん。「―を弄する」「吾れ何為なんすれぞ―せんや」〈織田訳・花柳春話〉〔類語〕偽り・嘘うそ・法螺ほら・そら・嘘っぱち・嘘八百・虚偽・偽善・まことしやか・二枚舌・はったり・虚・虚辞・そら言・そら音

ぎょ-げんき【魚玄機】[844ころ〜871ころ]中国、唐代末の女流詩人。長安の人。字あざなは蕙蘭けいらん・幼微。詩文の才能で有名になり、女道士となったが、召使いの女を殺して死刑になった。森鴎外の小説「魚玄機」の主人公。

きょげん-しょう【虚言症】シャウ 自己の境遇を願望に基づいて空想し、現実と混同する病的な傾向。神経症などでみられる。

きょ-ご【虚語】うそ。いつわり。虚言きょげん。

きょ-こう【挙行】カウ〔名〕スル 儀式や行事などをとり行うこと。「記念式典を―する」
〔類語〕開催・主催・共催・執行・行う

きょ-こう【虚構】❶事実ではないことを事実らしくつくり上げること。つくりごと。❷文芸作品などで、作者の想像力によって、人物・出来事・場面などを現実であるかのように組み立てること。フィクション。仮構。
〔類語〕フィクション・作り事・創作・物語・話はなし・叙事・ストーリー・お話・作り話・説話・小説・口碑こうひ・伝え話・昔話・民話・伝説・言い伝え

きょ-こう【許衡】カウ[1209〜1281]中国、元の学者。新鄭(河南省)の人。字あざなは仲平。号は魯斎ろさい。元代を代表する朱子学者。著「魯斎心法」「許文正公遺書」。

きょ-ごう【×倨傲】ガウ〔名・形動〕おごり高ぶること。また、そのさま。傲慢ごうまん。「―な態度」
〔類語〕傲慢・不遜・高慢・傲岸・驕慢きょうまん・暴慢・慢心

ぎょ-こう【魚×膠】カウ サメなどの魚類を原料とする膠にかわ。接着剤などに使用。

ぎょ-こう【御幸】カウ 天皇が出かけること。行幸。みゆき。

ぎょ-こう【漁港】カウ 漁船の操業の根拠地となる港。漁船の給油・給水や漁獲物の保蔵・加工のための施設、魚市場などを備える。〔類語〕港・港湾・波止場はとば・船着き場・船泊まり・桟橋・埠頭ふとう・岸壁がんぺき・築港・海港・河港かこう・津つ・商港・軍港・ハーバー・ポート

きょこうち-ほう【挙行地法】キョカウチハフ 婚姻挙行地の法律。国際私法上、婚姻の方式の準拠法として認められる。

きょ-こうへい【許広平】クヮウヘイ[1898〜1968]中国の婦人運動家。番禺(広東省)の人。魯迅ろじんの妻。魯迅の死後「魯迅全集」を刊行。中華人民共和国成立後は全国婦女連合会副主席として活躍。魯迅との往復書簡集「両地書」は有名。著「暗い夜の記録」「魯迅回想録」など。シュイ＝コアンピン。

きょ-こく【挙国】《国を挙あげて、の意》国全体。国民すべて。

きょこく-いっち【挙国一致】〔名〕スル 一つの目的の

ために国全体が一体となること。
きょこくいっち-ないかく【挙国一致内閣】経済恐慌や戦争などの国家的危機が起こった場合に、挙国一致のために対立政党も加えて構成される内閣。日本の斎藤内閣、英国のマクドナルド内閣、フランスのドゴール内閣などがその例。➡大連立
きょ-こつ【距骨】足根骨そっこんこつの一。かかとの上方にある短い骨。下方は踵骨しょうこつにつながり、上は下肢骨と関節をつくる。
きょ-こん【巨根】特に大きな男根。
きょ-こん【虚根】方程式の根のうち、負の数の平方根、すなわち虚数を含むもの。➡実根
きょ-こん【許婚】婚約をすること。また、婚約をした人。いいなずけ。「一者」
きょ-こん【許渾】中国、唐の政治家・詩人。丹陽(江蘇省)の人。字あざなは仲晦ちゅうかい・用晦ようかい。監察御史・虞部員外郎・刺史などを歴任。登楼懐古の作が多く、特に七言律詩にすぐれた。生没年未詳。
きょ-ごん【虚言】▶きょげん(虚言)
きょ-ざ【×踞座】〔名〕スル うずくまること。「博士は―して我等を待てり」〈鴎外訳・即興詩人〉
ぎょ-ざ【御座】天子や貴人の座席。玉座。ござ。
きょ-さい【去歳】❶去年。昨年。(季 新年)❷過ぎ去った年。往年。
きょ-さい【巨細】▶こさい(巨細)
きょ-ざい【巨材】❶大きな材木。❷偉大な才能。また、その持ち主。
きょ-ざい【巨財】莫大な財産。「―を蓄える」
ぎょ-さい【魚菜】さかなと野菜。惣菜そうざい。
きょさい-とう【巨済島】テウ 大韓民国中南部、慶尚南道にある同国第2の島。面積389平方キロメートル。漁業の基地。造船業が盛ん。コジェド。
ぎょ-さく【御作】❶貴人の作品。❷相手を敬って、その作品をいう語。
きょ-さつ【巨刹】大きな寺。大寺。
(類語)伽藍がらん・寺・仏閣・寺院・仏家・梵刹ぼんさつ・仏寺・仏刹・山門・古寺・古刹・名刹
ぎょ-さつ【御札】他人を敬って、その書状をいう語。〈易林本節用集〉
きよさと【清里】山梨県北杜ほくと市の地名。八ヶ岳南東麓に広がる標高1000〜1400メートルの高原。避暑地・観光地。高原野菜栽培と酪農が盛ん。
きよさわ-きよし【清沢洌】きよし［1890〜1945］ジャーナリスト。長野の生まれ。米国留学ののち朝日新聞の記者などを経て、フリーの評論家。反軍国主義の立場に立つ自由主義者として、外交・政治評論に活躍。著作に「日本外交史」「暗黒日記」など。
きよざわ-まんし【清沢満之】まんし［1863〜1903］真宗大谷派の僧。愛知の生まれ。幼名、満之助。浩々洞こうこうどうを結成して雑誌「精神界」を発刊し、絶対的精神主義を唱導した。大谷大学初代学長を務めた。
ぎょさん【魚山】㊀中国山東省にある山。魏ぎの曹植そうちが空中に梵天ぼんてんの声を聞いて、梵唄ぼんばい(声明しょうみょう)を作ったという伝説の地。㊁京都の大原付近の称。また大原の来迎院。ここで僧の良忍が声明を興したのでいう。
きょ-し【巨資】巨額の資本。大資本。「―を投じる」
きょ-し【拒止】〔名〕スル こばみとどめること。防ぎ止めること。「進入を―する」
きょ-し【挙子】❶中国の官吏登用試験である科挙に応じる人。❷子をもうけること。「但し此一、婚姻、死喪の三事は」〈村田文夫・西洋聞見録〉
きょ-し【挙止】立ち居振る舞い。挙動。挙措きょそ。「一進退」
きょ-し【挙試】律令制で、出仕を望む大学の学生に課された試験。こし。
きょし【虚子】▶高浜虚子たかはまきょし
きょ-し【×鋸歯】❶のこぎりの歯。❷植物の葉の縁にある、ぎざぎざの切れ込み。
きょ-じ【虚字】中国古典語法において、言葉を実字と虚字に2分類する場合、概念を表さず文法的な関係を示す文字。例えば、前置詞・助動詞・接続詞・感嘆詞・否定詞的な働きをもつもの。➡実字じつじ
きょ-じ【虚辞】うそ。虚言。(類語)偽り・嘘うそ・法螺ほら・そら・嘘っぱち・嘘八百・虚偽・偽善・まことしやか・二枚舌・はったり・虚・虚言・そら言・そら音
ぎょ-し【魚×翅】乾燥させた鱶ふかのひれ。中国料理で珍重。ユイチー。
ぎょ-し【御史】❶古代中国の官名。古くは君主に近侍する史官であったが、秦代以後には主として官吏の監察に当たった。❷弾正台だんじょうだいの唐名。
ぎょ-し【御旨】お考え。おぼしめし。
ぎょ-し【漁史】詩人・文人の雅号の下に添えて用いる語。「鴎外一」
ぎょ-じ【御璽】天皇の印章。天皇の行為であることの証明として、法律や政令などの公布文や認証文に押される。玉璽。御印ぎょいん。
きょ-しき【挙式】〔名〕スル 式を行うこと。特に、結婚式をあげること。「教会で―する」
ぎょじぎぞうおよびふせいしよう-ざい【御璽偽造及び不正使用罪】ギョジギゾウおよびフセイシヨウザイ ▶御璽偽造及び不正使用等罪
ぎょじぎぞうおよびふせいしようとう-ざい【御璽偽造及び不正使用等罪】ギョジギゾウおよびフセイシヨウトウザイ 行使の目的で御璽・国璽・御名を偽造する罪。また、正式の御璽などを不正に使用したり、偽造の御璽などを使ったりする罪。刑法第164条が禁じ、2年以上の有期懲役に処せられる。御璽偽造及び不正使用罪。御璽偽造罪。御璽不正使用等罪。御璽不正使用罪。
ぎょじぎぞう-ざい【御璽偽造罪】ギョジギザウザイ ▶御璽偽造及び不正使用等罪
きょ-じく【虚軸】ヂク ▶虚数軸きょすうじく
きよしこのよる【清しこの夜】《原題、ドイツ Stille Nacht, Heilige Nacht》クリスマスキャロルの代表曲。オーストリアの教会音楽家、グルーバーの作曲。
ぎょし-だい【御史台】❶中国の、御史大夫を長官とした官吏監察官庁。官僚の弾劾を取り扱った。後漢に成立し、宋代まで続き、明・清では都察院とよばれた。❷弾正台だんじょうだいの唐名。
ぎょし-たいふ【御史大夫】❶中国の官名。秦漢時代は三公の一。御史の筆頭で、大臣を補佐する国政参議官。後、御史台の長官。❷大納言の古い呼び名。❸弾正尹だんじょうのいんの唐名。
きょしちょう-ざ【巨×嘴鳥座】キョシテウザ 南天の小星座。小マゼラン雲がある。日本からは見えない。学名ラテン Tucana
きょ-しつ【巨室|×鉅室】❶大きな家・部屋。❷勢力のある家。「昔閥閲一威権王侯に亜ぐ者ありて」〈津田真道訳・泰西国法論〉
きょ-しつ【居室】家族が日常いる部屋。居間いま。
きょ-しつ【虚室】❶何もない部屋。人の住んでいない部屋。あきべや。空室。❷《「荘子」人間世から》わだかまりのない心。虚心。
きょ-じつ【虚日】何事もない平穏な日。ひまな日。
きょ-じつ【虚実】❶実質・実体のあることとないこと。❷うそとまこと。虚構と事実。「―とりまぜて語る」❸「虚虚実実」の略。(類語)真偽・あることないこと
きょじつ-ひにく【虚実皮×膜】近松門左衛門の芸術論で、芸の真実は虚構と現実との微妙なはざまにあるとするもの。穂積以貫著「難波土産」に紹介されている。
きょし-てき【巨視的】〔形動〕❶人間の感覚で直接に識別しうる程度の大きさを対象とするさま。「一な世界」⇔微視的。❷事物を全体的に観察するさま。マクロ的。⇔微視的。
ぎょじふせいしよう-ざい【御璽不正使用罪】▶御璽偽造及び不正使用等罪
ぎょじふせいしようとう-ざい【御璽不正使用等罪】▶御璽偽造及び不正使用等罪
きょし-もん【×鋸歯文】のこぎりの歯の形をした文様。弥生時代から古墳時代にかけての土器・銅鐸どうたく・銅鏡、古墳の壁画、また飛鳥・奈良時代の瓦などにみられる。
ぎょ-しゃ【御者|×馭者】馬車の前部に乗って馬を操り、馬車を走らせる人。
ぎょ-しゃ【漁者】漁師りょうし。
きょ-じゃく【虚弱】〔名・形動〕力や勢いが弱いこと。特に、からだが弱いこと。また、そのさま。「―な体質」
(派生)きょじゃくさ〔名〕
(類語)弱い・ひよわ・羸弱るいじゃく・柢弱ていじゃく・病弱
きょじゃく-こうれいしゃ【虚弱高齢者】―カウレイシャ 介護保険法に基づく要介護認定で自立と判定され、要介護の状態ではないが、心身機能の低下や病気などのため、日常生活の一部に介助を必要とする高齢者。➡要援護高齢者
きょじゃく-じ【虚弱児】病気にかかりやすかったり、あるいは軽度の慢性疾患があったりして、からだの弱い児童・生徒。
ぎょしゃ-ざ【×馭者座】北天の星座の一。2月中旬の午後8時ごろ天頂付近で南中する。五角形をなし、α星アルファ星はカペラで光度0.1等。学名ラテン Auriga
ぎょし-やす・い【御し▽易い】〔形〕因ぎょしやす・し〔ク〕自分の思うように扱いやすい。「一・い相手」
ぎょしゃ-だい【御者台】御者が乗る馬車前面の台。
きょ-しゅ【挙手】〔名〕スル 合図や意思表示のために片手を高くあげること。「賛成の―を求める」
きょ-じゅ【巨儒|×鉅儒】すぐれた儒者。また、学識の深い大学者。大儒。碩儒せきじゅ。
きょ-じゅ【巨樹】きわめて大きな立ち木。巨木。
きょ-しゅう【去秋】シウ 去年の秋。昨秋。
きょ-しゅう【去就】シウ ❶背き離れることと、つき従うこと。❷どう身を処するかの態度。進退。「今後の身の―に迷う」「―を決する」(類語)進退
きょ-しゅう【虚舟】シウ ❶客も積み荷もない舟。からぶね。❷心に何のわだかまりもないこと。
きょ-しゅう【×醵集】シフ〔名〕スル 金品を出し合って、集めること。「寄付を―する」
きょ-じゅう【巨獣】ジウ 大きなけもの。
きょ-じゅう【居住】ヂュウ〔名〕スル 住むこと。すまい。「一者」(類語)住む・在住・現住・先住・常住・定住・安住・転住・移住・永住
きょ-じゅう【▽据銃】小銃射撃のとき、目標をねらうために銃床を肩につけて構えること。
ぎょ-しゅう【漁舟】シウ 漁りょうをする小さな舟。
きょじゅういてん-の-じゆう【居住移転の自由】キョヂュウイテン― 日本国憲法上の基本的人権の一。公共の福祉に反しないかぎり、自由に居住・移転することができること。国外への移転の自由をも含む。
きょじゅう-けん【居住権】キョヂュウ― 家屋の居住者が継続して居住できる権利。根拠は生存権にある。
きょじゅう-せい【居住性】キョヂュウ― 住宅の住み心地。また、自動車などの乗り物の居心地。「後部座席の―に配慮した車」
きょじゅうせいげん-くいき【居住制限区域】キョヂュウセイゲンクヰキ 福島第一原発事故による避難指示区域の一。事故を起こした原子炉が冷温停止状態に達した後、それまでの警戒区域・避難指示区域(計画的避難区域)を見直して新たに設定されたもので、年間積算線量が20ミリシーベルトを超えるおそれがあり、引き続き避難の継続を求める地域。除染を計画的に実施して、基盤施設を復旧し、地域社会の再建を目指す。➡避難指示解除準備区域 ➡帰還困難区域
きょじゅう-ち【居住地】キョヂュウ― ❶人間の住んでいる場所。「難民の―」❷人が生活のため居を定めた住所。(類語)住所・居所きょしょ・住居じゅうきょ・現住所・現住地・居所いどころ・住すまい・所番地ところばんち・番地・所書き・アドレス
きょ-しゅつ【×醵出|拠出】〔名〕スル 金品を出し合うこと。「災害の見舞金を―する」(補説)「拠出」は当て字。(類語)醵金
ぎょ-しゅつ【御出】高貴な人の外出。おでまし。「殿下てんかの―に鼻突はなつきに参りあふ」〈平家・一〉
きょしゅ-の-れい【挙手の礼】右手を曲げて帽子のひさしの高さにあげ、相手に注目する礼。
きょ-しゅん【去春】去年の春。昨春。
きょ-しょ【居所|居処】❶居住する場所。いどころ。すみか。「―が定まらない」❷法律で、住所ではない

が、人がある程度継続して住む場所。
〘類語〙住所・住居・居住地・現住所・現住地・居所・住まい・所番地・番地・所書き・アドレス

きょ-しょ【居諸】《「詩経」邶風・柏舟の「日居月諸」から。「居」「諸」は助辞》日月。光陰。「馬に乗りて―を送ること能わざれば」〈鴎外訳・即興詩人〉

きょ-しょう【去声】❶漢字の四声の一。発音の最初が強く、最後が低く弱まるもの。きょせい。➡四声 ❷日本漢字音や国語アクセントの声調の一。上昇調に発音するもの。

きょ-しょう【巨匠】その方面、特に芸術の分野で際立ってすぐれた人。大家。「画壇の―」
〘類語〙大家・名匠・権威・第一人者・泰斗・耆宿・大御所・オーソリティー

きょ-しょう【巨商】大商人。豪商。

きょ-しょう【挙証】〔名〕スル 証拠をあげること。事実の存否につき、裁判所に心証を得させるために証拠をあげ示すこと。「占有権を―する」〘類語〙証明・検証・実証・例証・証言・立証・論証・証・裏付け・裏書き・裏打ち・証する・裏付ける・明かす・証拠立てる

きょ-しょう【虚証】漢方で、体力・気力が衰え、顔色も悪く、疲れやすく、脈も弱々しい状態。➡実証

きょ-しょう【裾礁】島あるいは大陸周囲の海岸に形成される珊瑚礁。

きょ-じょう【居城】領主が日常住んでいる城。

きょ-じょう【居常】つねひごろ。ふだん。平生。「春琴が―傲岸にして芸道にかけては自ら第一人者を以て任じ」〈谷崎・春琴抄〉

きょ-じょう【挙状】鎌倉・室町時代、官位・身分の低い者が訴訟しようとするときに、所属の長官が与えた添え状。また、代理人をたてて訴訟するときに、その旨を裁判所に通知する文書。

きょ-じょう【挙場】❶その場所にいる者すべて。会場全体。満場。❷中国で、科挙の試験場。

ぎょ-しょう【魚礁|漁礁】魚が多く集まる、海底に岩のある所。石・ブロック・廃船などを海中に沈めた人工魚礁もある。

ぎょ-しょう【魚×醤】▶うおじょうゆ(魚醤油)

ぎょ-じょう【漁場】❶魚などが多くいて、漁業に適した場所。ぎょば。❷漁業権が設定される水域。ぎょば。〘類語〙漁区

きょしょう-じっし【虚掌実指】書道で、筆を持つときに、手のひらの力を抜いて指先に力を入れること。

きょしょう-せきにん【挙証責任】訴訟上、証拠によって事実の存否が確認できない場合、裁判所はその事実は存在しないと仮定するが、それによって当事者の一方が受ける不利益をいう。刑事訴訟では検察官、民事訴訟では原告が原則として挙証責任を負う。立証責任。

きょ-しょうてん【虚焦点】軸に平行な入射光線が凸面鏡や凹レンズによって発散光線となるとき、その光線を逆方向に延長して得られる点。発散光線があたかもそこから出ているように見える。

ぎょじょう-ひょうしき【漁場標識】漁場の方位・区域などを示すために設ける標識。

きょ-しょく【×炬×燭】たいまつ。かがり火。

きょ-しょく【虚飾】実質を伴わない外見だけの飾り。みえ。「―に満ちた生活」
〘類語〙飾り・装飾・修飾・文飾・粉飾

ぎょ-しょく【漁色】次々に女を追い求めて情事にふけること。「―家」

きょしょく-しょう【拒食症】▶神経性無食欲症

きょ-しん【許慎】中国、後漢の学者。召陵(河南省)の人。字は叔重。経籍に通じ、儒教経典の諸解釈を比較検討した「五経異義」や、中国文字学の基をなす「説文解字」を著した。生没年未詳。

きょ-しん【虚心】〔名・形動〕心に何のこだわりももたずに、すなおであること。また、そのさま。「忠告を―に聞く」〘派生〙きょしんさ〔名〕

きょ-じん【巨人】❶神話や伝説によって伝承される巨大な人物。ジャイアント。❷きわめてからだの大きい人。❸その分野ですぐれた能力をもち、偉大な業績のある人。「財界の―」
〘類語〙(❷)大男・巨漢・大人・ジャイアント/(❸)偉人・巨星・英傑・傑物・傑士・傑人・人傑・俊傑・怪傑・大人物・逸材・大物・女傑・大器・英雄・ヒーロー・老雄・群雄・奸雄・両雄・風雲児・雄

きょじん【巨人】▶読売ジャイアンツ

きょ-じん【挙人】❶律令制で、式部省の受験に推挙された大学寮の学生。❷中国の明・清代に、科挙の郷試に合格し、進士の受験資格を得た者。

ぎょ-しん【魚信】釣りで、魚が餌に食いついた動きが浮きや糸・竿を通して伝わってくること。当たり。

ぎょ-しん【御寝】寝ることの意の尊敬語。おやすみ。「長き夜すがら―もならず」〈平家・三〉

御寝なる　「寝る」の尊敬語。おやすみになる。「白河院は北首に―・りけり」〈徒然・一三三〉

きょじん-しょう【巨人症】成長ホルモンの分泌過剰のため、四肢の骨が長くなり、身長が異常に伸びる病気。成長期以降に起こった場合には先端巨大症となる。

きょしん-たんかい【虚心×坦懐】〔名・形動〕何のわだかまりもないすなおな心で、物事にのぞむこと。また、そのさま。「―に話し合う」

きょじん-でんせつ【巨人伝説】巨大なからだをもち、超人間的な性質を備えた者の存在や事跡に関する伝説。日本の大太法師やギリシャ神話のアトラスなど。

きょしん-へいき【虚心平気】〔名・形動〕「虚心坦懐」に同じ。「彼はその女のためにどんなことでも―にやってのけたに違いない」〈葉山・海に生くる人々〉

きょ-す【挙す】〔動サ変〕上の位に取り立てる。昇進させる。「覚成僧都、法印に―・せらる」〈平家・三〉

きょ-す【×醵す】〔動サ変〕持ち寄る。出し合う。醵出する。「衆人これが為に金銭を―・し、これに資給してけり」〈中村訳・西国立志編〉

きよす【清洲】愛知県清須市の地名。名古屋市の北西に位置し、住宅地。清洲城跡に公園がある。➡清須

きよす【清須】愛知県西部にある市。戦国時代に織田信長が居城とした清洲城跡がある。現在は南東に隣接する名古屋市のベッドタウン。平成17年(2005)7月に西枇杷島町・清洲町・新川町が合併して成立。21年(2009)に春日町を編入。人口6.6万(2010)。
〘補説〙現市名は「清須」、旧町名は「清洲」と表記。

きょ-すい【×渠帥|巨帥】悪人のかしら。頭目。

ぎょ-すい【魚水】魚と水。また、魚と水との関係のような親密な間柄のたとえ。水魚。「―の契り」

きょ-すう【虚数】実数でない複素数。$a+bi$ (a,bは実数、$b \neq 0$　iは虚数単位)の形で表される。➡実数

きょすう-じく【虚数軸】複素数を座標平面上の点として表すとき、虚数部分の値を目盛りとする軸。虚軸。

きょすう-たんい【虚数単位】2乗して−1となる数のこと。記号iで表す。

きょすう-ぶ【虚数部】▶虚部

キヨスク〖KIOSK〗JR各社の駅構内にあるキヨスク株式会社経営の売店の名称。➡キオスク〘補説〙JR東日本は平成19年(2007)7月から「キオスク」に名称変更。

きよす-し【清須市】▶清須

きよす-じょう【清洲城】清須市にあった城。室町時代は尾張守護代の織田氏の居城。のち、織田信長とその子信雄、豊臣秀次・福島正則・松平忠吉・徳川義直と城主が変わったが、慶長15年(1610)義直が名古屋城に移り、廃城。清須城。

きよずみ-でら【清澄寺】▶せいちょうじ(清澄寺)

きよずみ-やま【清澄山】《「きよずみさん」「きよすみやま」「きよすみさん」とも》千葉県南部、鴨川市にある山。標高377メートル。山上に清澄寺があり、日蓮が開宗を宣言した地として知られる。

きよ-ずり【清刷(り)】写真製版の版下として用いるため、原版から平滑な白紙または専用のプラスチックフィルムに鮮明に刷った印刷物。

きよ-ずり【清×剃り】一度剃った上を、さらに丁寧に剃ること。きよぞり。「もう―だからそろそろとおさすりばかり」〈滑・浮世風呂・二〉

きょ-する【×踞する】〔動サ変〕文きょ・す〔サ変〕腰をかける。腰をおろす。「小島に―・する怪物のような姿を見て」〈魯庵・社会百面相〉

ぎょ-する【御する】〔動サ変〕文ぎょ・す〔サ変〕❶(「馭する」とも書く)馬や馬車を巧みに扱う。「暴れ馬を―・する」❷他人を自分の思い通りに動かす。「部下を巧みに―・する」❸統治する。「政府は暫く此愚民を―・するに一時の術策を用い」〈福沢・学問のすゝめ〉❹天皇などがお出ましになる。「紫宸に―・して徳は馬の蹄の極まる所に被び」〈記・序〉

ぎょ-する【漁する】〔動サ変〕文ぎょ・す〔サ変〕❶魚介類をとる。すなどる。❷あさる。また、女色におぼれる。「余を以て色を舞姫の群に―・するものとしたり」〈鴎外・舞姫〉

き-よせ【季寄せ】俳諧で、季語を集めて分類・整理したもの。歳時記の簡略なもの。

きよせ【清瀬】東京都中北部の市。西武池袋線が通じる住宅都市。東京病院(旧国立療養所)などがある。人口7.4万(2010)。

きょ-せい【去声】▶きょしょう(去声)

きょ-せい【去勢】〔名〕スル ❶生殖腺を除去し、機能をなくさせること。もとは雄の精巣除去をいった。第二次性徴の発現する前に行うと、中性的な体つきとなる。家畜では、闘争心をなくして群飼育できるようになり、脂肪の適度な肉質になる。❷自主性や抵抗する気力を失わせること。多く、受け身の形で用いる。「―された現代人」

きょ-せい【巨星】❶直径が太陽の数十倍から100倍もある大きい恒星。絶対光度は非常に明るく、太陽の100倍程度あるが、密度は非常に小さい。アルデバラン・カペラなど。➡矮星 ❷輝かしい業績をあげた偉大な人物。大人物。
〘類語〙(❷)偉人・巨人・英傑・傑物・傑士・傑人・人傑・俊傑・怪傑・大人物・逸材・大物・女傑・大器・英雄・ヒーロー・老雄・群雄・奸雄・両雄・風雲児・雄

巨星墜つ　偉大な人物が死ぬ。「文壇の―・つ」

きょ-せい【挙世】世間全体。「―彼ヲオソル」〈和英語林集成〉

きょ-せい【虚声】偽りの評判。根拠のないうわさ。

きょ-せい【虚勢】みせかけの威勢。からいばり。
〘類語〙空威張り・夜郎自大

虚勢を張る　自分の弱い所を隠して、外見だけは威勢のあるふりをする。からいばりをする。「弱いくせに―・る」

きょ-せい【虚静】欲望などを捨てて、静かに落ち着いていること。「枯淡―の域に入る」

きょ-ぜい【挙税】古代、稲籾や銭貨を貸して利息をとったこと。出挙。こぜい。

ぎょ-せい【御製】天皇の作る詩文や和歌。古くは他の皇族の作品をもいった。

きょ-せき【巨石】非常に大きな石。

きょせき-ぶんか【巨石文化】巨石による構築物を特徴とする新石器時代の文化。鉄器時代に及ぶものもあり、メンヒル・ドルメン・ストーンサークルなどの遺跡が世界各地にみられる。

きよせ-し【清瀬市】▶清瀬

きょ-せつ【虚説】根拠のないうわさ。浮説。

きょ-せつ【×鋸×屑】❶おがくず。❷おがくずが出るように、言葉がよどみなく出ることのたとえ。

きょ-ぜつ【拒絶】〔名〕スル 相手の頼みや要求をこばむこと。「要求を―される」「面会―」
〘類語〙拒否・一蹴・不承知・難色・蹴る・断る・拒む・否む・辞する・謝する・謝絶する・辞退する・固辞する・遠慮する（謙譲)拝辞する（厳しく強い調子)退ける・撥ね付ける・突っ撥ねる・峻拒する

きょぜつ-しょう【拒絶症】他人からの命令や要求に従わず、かえって逆のことを行う傾向をみせる症状。統合失調症にみられる。

きょぜつ-しょうしょ【拒絶証書】手形を振り出した者がその義務を履行しないとき、受取人が手形上の権利行使または保全のために必要な手続きをしたことを証明する公正証書。

きょぜつ-はんのう【拒絶反応】❶臓器移植などの際に、移植片を拒んで宿主から追い出そうとする働き。拒否反応。❷ある物事や人を心理的、生理的に受け付けないこと。「コンピューターに一を示す」
きょ-せん【巨船】非常に大きな船。大船。
きょ-ぜん【居然】〔ト・タル〕図〔形動タリ〕座って動かないさま。じっとしているさま。「一たる一宿儒を以て、朝野の重んずるところたり」〈露伴・運命〉
きょ-ぜん【×遽然】〔副〕にわかであるさま。突然。「忽ち耳を貫く喧囂に、彼は一其眼を開いたのである」〈木下尚江・良人の自白〉
ぎょ-せん【御×撰】天皇が編集したり著したりすること。また、その書物。
ぎょ-せん【御選】天皇が選定すること。また、そのもの。
ぎょ-せん【漁船】漁業とそれに関連する仕事に使用する船。
きょ-そ【挙措】立ち居振る舞い。挙止。「一端正」
(類語)起居・立ち振る舞い・行住坐臥
挙措を失・う　取り乱した行いをする。挙措を失す。「突然の悲報に接して一・う」
きょ-そう【距▽爪】鶏などの蹴爪。
きょ-ぞう【巨像】非常に大きな彫刻の像。
きょ-ぞう【虚像】❶物体から出た光線が鏡・レンズなどによって発散させられるとき、その発散光線によって、実際に物体があるように結ばれる像。⇔実像。❷実際とは異なる、作られたイメージ。「マスコミによって作られた一」⇔実像。
(類語)映像・画像・画面・像・実像・残像
ぎょ-そう【魚巣】養殖している淡水魚から卵を採取したり、その卵を孵化させたりする装置。水生藻類・シュロ皮・柳の根や合成繊維を用いて作る。
キヨソーネ〖Edoardo Chiossone〗［1832～1898］イタリアの版画家。明治8年（1875）大蔵省の招きで来日。紙幣・郵便切手などの原版や各種版画技法による肖像画を制作。明治天皇・西郷隆盛らの肖像がある。キヨソネ。
きょ-ぞく【巨賊】多くの手下をもつ強力な盗賊。
ぎょ-ぞく【魚族】魚の種類。魚類。
きょ-そん【居村】自分の住んでいる村。いむら。
きょ-そん【×踞×蹲】〔名〕スル　うずくまること。しゃがむこと。蹲踞。「泰然として一し手に笏を持す」〈竜渓・浮城物語〉
ぎょ-そん【漁村】漁業を主な生業としている海辺の村。漁民の住む村。
きょ-た【許多｜巨多】数の多いこと。多数。「一の財宝を打棄てて」〈鉄腸・南洋の大波瀾〉
きよた【清田】北海道札幌市南東端の区。平成9年（1997）豊平区から分区して成立。
きょ-たい【巨体】きわめて大きなからだ。巨躯。
きょ-だい【巨大】〔名・形動〕非常に大きいこと。また、そのさま。「一な船体」(派生)きょだいさ〔名〕
(類語)ジャンボ・マクロ・過大・豪壮・雄大・壮大・大規模
ぎょ-たい【魚袋】古代以来、節会・大嘗会・御禊などの儀式において、束帯を着用した際に石帯の右腰につけた飾り具。木製の箱を白鮫の皮で張り、金あるいは銀製の魚の形を表に六つ、裏に一つつけ、紫または緋の組紐をつけた。金魚袋は親王および三位以上、銀魚袋は四位・五位の者が使用。中国唐代の魚符を模したもの。
ぎょ-だい【御題】❶天皇の書いた題字。❷天皇が出した詩文の題。勅題。
きょだい-かがく【巨大科学】▶ビッグサイエンス
きょだい-ガスわくせい【巨大ガス惑星】▶木星型惑星
きょだい-きけん【巨大危険】航空機事故などで、損害保険会社が一度に多額の保険金支払い義務を負う危険のこと。
きょだい-じ【巨大児】出生時の体重が4000グラム以上の新生児。母親が糖尿病などで妊娠中に高血糖の状態が続くと胎児が巨大児となる場合がある。
きょだいじきていこう-こうか【巨大磁気抵抗効果】磁場により物質の電気抵抗が変化する磁気抵抗効果の中でも、特にその相対変化の度合いが特に大きい現象。1987年、ドイツのグリュンベルク、フランスのフェールらが、強磁性と非磁性の薄膜を重ねた多層膜が特に大きな変化を示すことを発見。二人はこの業績により2007年のノーベル物理学賞を受賞した。この効果はハードディスクの読み出し部分（磁気ヘッド）に応用され、記憶容量の飛躍的な増加をもたらしたことで知られる。GMR。
きょだいじきていこうこうか-そし【巨大磁気抵抗効果素子】▶巨大磁気抵抗素子
きょだいじきていこう-そし【巨大磁気抵抗素子】磁場により物質の電気抵抗が変化する磁気抵抗効果の中でも、特にその相対変化の度合いが大きい巨大磁気抵抗効果を利用した半導体素子。ハードディスクの読み出し部分（磁気ヘッド）に応用され、記憶容量の飛躍的な増加をもたらしたことで知られる。GMR素子。巨大磁気抵抗効果素子。
きょだい-じしん【巨大地震】非常に大きい地震。マグニチュード8以上の規模の地震。➡マグニチュード
きょだい-ちきゅうがたわくせい【巨大地球型惑星】太陽系以外の系外惑星で、地球の数倍から10倍程度の質量をもつ、岩石や金属などの固体成分を主体とする密度が高い惑星の総称。木星のような巨大惑星に比べ質量・体積ともに小さいため発見は困難だったが、観測技術の向上により2005年以降いくつかの系外惑星で発見が続いている。スーパーアース。➡地球型惑星
きょたい-とし【巨帯都市】▶メガロポリス
きょだい-は【巨大波】海洋で発生する波高が極めて高い波。複数の大波が、偶然に位相が一致して重なることで発生する。予測が困難で、海難事故の原因となる。三角波・フリーク波（一発大波）など。
きょだい-ひょうわくせい【巨大氷惑星】▶天王星型惑星
きょだい-ぶんし【巨大分子】一つの結晶が一つの分子であるような分子。共有結合によって無限に近いほど多数の原子が集まってでき、ダイヤモンドなどにみられる。また、でんぷん・たんぱく質のような高分子をいうことがある。
きょだい-わくせい【巨大惑星】木星型惑星と天王星型惑星の総称。
きよたき【清滝】京都市右京区嵯峨の地名。保津川支流の清滝川沿いの景勝地。紅葉の名所。(歌枕)「一のせせの白糸くりためて山わけ衣をりてきましを」〈古今・雑上〉
きょ-たく【居宅】住んでいる家。すまい。
(類語)家・うち・家屋・屋舎・住宅・住家・住居・家宅・私宅・自宅・居・宅・住まい・住みか・ねぐら・宿・ハウス・家（尊敬）お宅・尊宅・尊堂・高堂・貴宅（謙譲）拙宅・弊宅・陋宅・陋居・陋屋・寓居
きよた-く【清田区】▶清田
きょ-だく【許諾】〔名〕スル　相手の希望や願いを聞き入れて許すこと。「一を得る」「申し入れを一する」
(類語)許可・承知・認可・承認・認許・允許・允可・容認・許容・聴許・裁許・免許・公許・官許・許し・オーケー・ライセンス・勘弁・容赦・裁可・特許・宥恕・黙許・批准（一する）許す・認める
ぎょ-たく【魚拓】魚の拓本。魚に直接墨を塗ってから紙・布を置いてこする直接法と、貼りつけた紙の上から墨や絵の具をつけたたんぽでたたいてとる間接法がある。
ぎょ-たく【魚×柝】「木魚」に同じ。
きょ-たつ【挙達】《「ぎょたつ」とも》❶推挙されて出世すること。また、登用するよう推挙すること。「一道遠くして、忠戦の輩勇みをなすべからず」〈太平記・一三〉❷ある事柄をとり上げて目上の人に申し出ること。〈日葡〉
きょ-だつ【虚脱】〔名〕スル　❶体力を消耗したり、急速な意識障害をきたしたりした状態。失血・中毒・心臓疾患などで血液循環が著しく障害されたために起こる。❷体力も気力も失せて、ぼんやりとして何も手につかないようになること。「ショックのあまり一して座り込む」「一感」「一状態」(類語)放心・自失・うつけ
きょ-たん【去×痰｜×祛×痰】気管や気管支にたまった痰を除去すること。
きょ-たん【虚誕】根拠のないことを大げさにいうこと。でたらめ。ほら。「一妄説を軽信して」〈福沢・学問のすゝめ〉
きょ-だん【巨弾】大きな弾丸や爆弾。
きょ-だん【虚談】事実でない話。作り話。虚説。
ぎょ-たん【魚探】「魚群探知機」の略。
きょたん-ざい【去×痰剤】「去痰薬」に同じ。
きょたん-やく【去×痰薬】気道の粘液の分泌を促進させたり、分泌物の粘性を低下させたりして、痰の吐き出しを容易にする薬物。咳を止める効果もある。去痰剤。
きょ-ちゅう【居中】〔名〕スル　二つの間に立つこと。中間にあって偏らないこと。
きょちゅう-ちょうてい【居中調停】《mediation》当事国以外の第三国が間に立って、国際紛争を平和的に解決するようにとりもつこと。
ぎょ-ちょう【魚鳥】魚と鳥。
ぎょ-ちょう【漁釣】魚を釣ること。釣魚。
ぎょちょう-どめ【魚鳥止（め）】❶魚鳥の捕獲を禁止すること。❷精進のため魚や鳥を食べないこと。「一せぬのは甲斐のはかりごと」〈柳多留・二〇〉
ギヨチン〖フランス guillotine〗▶ギロチン
きょっ-かい【曲解】〔名〕スル　物事や相手の言動などを素直に受け取らないで、ねじまげて解釈すること。また、その解釈。「好意を一されては困る」
(類語)思い違い・誤解・勘違い・心得違い・混同・本末転倒・取り違える
ぎょっ-かい【玉階】宮殿の階段。また、りっぱな階段。
きょっ-かく【極核】被子植物の胚嚢細胞の核分裂によって生じた8個の核のうち、ふつう胚嚢の中心にある2個の核。花粉管の精核と受精し、胚乳になる。中心核。
きょっ-かん【極官】❶最高の官位。ごっかん。❷官職世襲の時代に、その家として就くことのできた最高の官位。ごっかん。
きょっ-かん【極冠】❶地球の両極地方の緯度60度より高緯度の領域。また地球電磁気学の分野では、極光帯よりも内側の緯度65度～70度以上の領域を指す。❷火星の両極地方に認められる白い部分。火星の夏にはほとんど消失し、冬に広がる。二酸化炭素が氷結したドライアイスであり、その下に水の氷が存在すると考えられる。
きょっ-かん【極×諫】〔名〕スル　言葉を尽くして厳しくいさめること。「身命を賭して一する」
ぎょっ-かん【玉冠】❶玉で装飾した美しい冠。❷「冕冠」に同じ。❸「礼冠」に同じ。
ぎょっ-かん【玉簡｜玉×翰】相手を敬って、その人の書いた手紙をいう語。「一拝受」
きょっ-き【×旭×暉】朝日の光。旭光。
きょっ-き【×旭旗】「旭日旗」に同じ。
ぎょっ-き【玉▽肌】美しい肌。たまのはだ。
ぎょっ-き【玉器】玉製の器物。また、玉で飾った器物。
きょっ-けい【極刑】最も重い刑罰。死刑。「一に処する」
ぎょっ-けい【玉茎】陰茎。男性器。〈日葡〉
ぎょっ-けつ【玉×玦】環の一部に切れ目のある佩玉。
ぎょっ-けつ【玉×闕】玉で飾った美しい宮殿。玉殿。「金台一」
きょっ-けん【極圏】地球の北緯と南緯それぞれの66度33分の緯線。また、それよりも高緯度の地域。北極圏と南極圏。
ぎょっ-こ【玉×壺】玉で作った美しいつぼ。
きょっこう昭和53年（1978）2月に打ち上げられた科学衛星EXOS-Aの愛称。東京大学宇宙航空研究所（後の宇宙科学研究所、現JAXA、宇宙航空研究開発機構）が開発。名称はオーロラを意味す

る「極光」に由来する。大気圏外におけるオーロラ観測を目的とし、紫外線領域でのオーロラ撮像に成功。またオーロラ出現時のプラズマの乱れなどを発見した。平成4年(1992)8月に運用終了。

きょっ-こう【×旭光】キョククヮウ ❶朝日の光。旭暉(きょっき)。❷紋所の名。朝日の光をかたどったもの。(類語)曙光(しょこう)

きょっ-こう【曲行】キョクカウ ❶曲がりくねって行くこと。❷まちがった行為。不正な行為。

きょっ-こう【極光】キョククヮウ ▶オーロラ

ぎょっ-こう【玉稿】ギョクカウ りっぱな原稿。相手を敬って、その原稿をいう語。

きょっこう-たい【極光帯】キョククヮウ 統計的にオーロラが出現する確率が高い帯状の領域。南北両極ともに、地磁気緯度で65度から70度にあたる。また、ある時刻にオーロラが同時に見える領域をオーロラオーバルという。オーロラ帯。オーロラゾーン。

きょっこう-の-たのしみ【曲×肱の楽しみ】キョクコウ《論語」述而から。「曲肱」はひじを曲げて枕の代わりにするような貧しい生活の意》貧しい生活の中にある楽しみ。

ぎょっ-こつ【玉骨】ギョク ❶貴人または美人の骨。「氷肌(ひょうき)—」❷梅の幹枝をたとえていう語。

ぎょっ-と〔副〕スル 突然予期しないことに出会って、驚き動揺するさま。「鍵を落としたかと—した」
(類語)驚く・びっくりする・どきっとする・ぎくっとする・たまげる・仰天する・動転する・喫驚(きっきょう)する・驚愕(きょうがく)する・驚倒する・一驚する・驚嘆する・瞠目(どうもく)する・恐れ入る・あきれる・唖然(あぜん)とする・愕然(がくぜん)とする・呆気(あっけ)にとられる・目を疑う・目を丸くする・目を見張る・息をのむ・肝(きも)をつぶす・腰を抜かす

きょつね【清経】謡曲。二番目物。世阿弥作で、平家物語などに取材。源平の合戦で入水(じゅすい)した平清経の霊が、妻の前に現れて修羅の苦しみを語る。

きょ-てい【居邸】住んでいる屋敷。邸宅。

ぎょ-てい【魚×梯】ダム・堰(せき)などがある所で、魚が河川をのぼれるように作る、ゆるい傾斜や階段状の水路。魚道。

きょ-てん【拠点】活動の足場となる重要な地点。「販売の—を築く」「軍事—」(類語)本拠・根拠地・足場

きょ-でん【虚伝】根拠のないうわさや言い伝え。

ぎょ-でん【魚田】《魚の田楽の意》魚をくしに刺し、白焼きにしたあと味噌をつけ、さっと焼いて焦げめをつけた料理。

きょてん-くうこう【拠点空港】ーカウ 国際または国内航空輸送網の拠点となる空港。空港法第4条などに定められる。管理者により会社管理空港、国管理空港、特定地方管理空港に分けられる。➡地方管理空港

▷ **拠点空港一覧**
会社管理空港＝成田国際空港、中部国際空港、関西国際空港　**国管理空港**＝東京国際空港、新千歳空港、稚内空港、釧路空港、函館空港、仙台空港、新潟空港、大阪国際空港、広島空港、高松空港、松山空港、高知空港、福岡空港、北九州空港、長崎空港、熊本空港、大分空港、宮崎空港、鹿児島空港、那覇空港　**特定地方管理空港**＝旭川空港、帯広空港、秋田空港、山形空港、山口宇部空港

きょてん-びょういん【拠点病院】ービャウヰン「災害拠点病院」「がん診療連携拠点病院」の略。

ぎょ-と【魚×肚】チョウザメ・イシモチなどのうきぶくろを干したもの。中国料理でスープや煮込みなどに用いる。

きょと・い〔形〕《「けうとい」から転じた「きょうとい」の音変化。近世語》❶はなはだしい。とんでもない。「滅相な—・いこと言はんす」〈咄・無事志有意〉❷みごとである。すばらしい。「はあ、鯖(さば)のすもじかいな。こりゃ—・い—・い」〈滑・膝栗毛・七〉

きょ-とう【去冬】去年の冬。昨冬。

きょ-とう【巨頭】❶大きな頭。❷その方面に多大な影響を与える重要な地位にある人物。大立者。「財界の—」

きょ-とう【挙党】ータウ 政党などの党全体。党をあげて事に当たること。「—体制」

きょ-どう【挙動】立ち居振る舞い。動作。「—のおかしい人物」「—不審」(類語)一挙一動・一挙手一投足

ぎょ-とう【魚灯】「魚灯油」の略。

ぎょ-とう【漁灯】漁船で魚を寄せ集めるためにともすあかり。集魚灯。いさり火。

ぎょ-どう【魚道】ーダウ ❶魚の群れが通る道筋。潮流・水深や魚の種類などにより、ほぼ一定している。❷「魚梯(ぎょてい)」に同じ。❸「凝当(ぎょうとう)」に同じ。

きょとう-いっち【挙党一致】キョタウ 政党内が一致団結して事に当たること。党内派閥の違いをこえて協力しあうこと。「—内閣」

きょとう-かいだん【巨頭会談】ークヮイダン 国家の最高首脳が集まって行う会談。

きょとう-たいせい【挙党態勢】キョタウ 政党が党内一致して政治活動に当たろうとする気構え。「—で予算国会に臨む」

きょどう-はん【挙動犯】一定の結果の発生を必要とせず、何らかの身体的挙動そのものが犯罪とされるもの。偽証罪や解散しない罪など。

ぎょとう-ゆ【魚灯油】イワシ・ニシンなどの脂肪からとる油。灯火用。魚油。魚灯。

きょと-きょと〔副〕スル 不安や恐れなどのために、落ち着きなくあちこち見まわすさま。きょろきょろ。「—(と)周囲を見まわす」「慣れない場で—する」

きょ-どころ【清所】貴人の家の台所。御清所(おきよどころ)。御厨所(みくりや)。

きょとん〔副〕びっくりしたり、事情がのみこめなかったりして、目を見開いてぼんやりしているさま。「突然声をかけられて—とする」「—とした顔」
(類語)ぼんやり・ぼうっと・ぼそっと・ぼけっと・ぽっと・ぼさっと・ぼさぼさ・ぼうっと・ぽかん

ぎょ-にく【魚肉】❶魚の肉。「—ソーセージ」❷《相手の思うままに切り刻まれるものの意》生命や運命が相手の手の中にあること。「人はまさに刀俎(とうそ)たり、我は—たり、何ぞ辞することをせんや」〈太平記・二八〉

きょ-にゅう【巨乳】俗に、女性の乳房が大きいこと。また、その女性。

きょ-にんか【許認可】許可と認可。特に、行政機関が行う規制行為。「—制の廃止」

きょ-ねん【去年】今年の前の年。昨年。(季 新年)
(類語)昨年・前年・旧年・こぞ

きょねん【巨然】中国、五代南唐・宋初の画家。江寧(江蘇省)の人。師の董源(とうげん)とともに南宗画の祖とされ、「董巨」と並称される。生没年未詳。

ぎょ-のう【魚脳】ーナウ 魚の頭部の軟骨。

ぎょのう-ちょうちん【魚脳▽提▽灯】ギョナウチャウチン 魚脳を煮て半透明にし、平らにたたきのばして火おおいとした提灯。

きよの-けんじ【清野謙次】[1885～1955]病理学者・人類学者。岡山の生まれ。京大教授。生体染色法を研究。また、縄文人などの人骨を収集して計測による研究を行い、原日本人説を提唱した。著「日本考古学・人類学史」「日本貝塚の研究」など。

きよの-さちこ【キヨノサチコ】[1947～2008]絵本作家。東京の生まれ。本名、清野幸子。イラストの仕事などを手がけたのち、昭和51年(1976)おおともやすおみとの共作絵本「ノンタンぶらんこのせて」「ノンタンおやすみなさい」でデビュー。以降、「ノンタン」シリーズを発表し続け人気を得る。

ぎょ-ば【漁場】▶ぎょじょう(漁場)

きょ-はく【巨舶】非常に大きな船。巨船。「高さ水平より凡(およ)そ我が十七間(けん)にして—其下を過ぐ」〈村田文夫・西洋聞見録〉

きょ-はく【巨×擘】❶おやゆび。❷同類の中で特にすぐれた人。また、指導的立場にある人。巨頭。

きょ-はく【挙白】《「白」は、杯の意》杯をあげて酒を飲むこと。また、他人に酒をすすめること。

きょはくしゅう【挙白集】キョハクシフ 江戸前期の歌文集。10巻8冊。木下長嘯子(きのしたちょうしょうし)著。慶安2年(1649)刊。清新で奇抜な歌風で注目される。

きよはら【清原】姓氏の一。古代の氏族。天武天皇の皇子舎人(とねり)親王の曽孫夏野に始まる家系と、舎人親王の子貞代王に始まる家系とがある。

きよ-はらい【清×祓】ーハラヒ 神事の前後などに、清めのために行うはらい。きよはらえ。

きよ-はらえ【清×祓】ーハラヘ「きよはらい」に同じ。

きよはら-の-いえひら【清原家衡】ーイヘヒラ[?～1087]平安後期の武将。武則の孫。出羽の人。前九年の役後、奥羽の支配を独占した清原氏の宗家争いで、異父兄の清衡とともに異母兄の真衡(さねひら)と戦った。真衡の死後、清衡・源義家の軍に攻められ、金沢柵で戦死。

きよはら-の-きよひら【清原清衡】▶藤原清衡(ふじわらのきよひら)

きよはら-の-たけのり【清原武則】平安後期の武将。出羽の俘囚(ふしゅう)の長。前九年の役で、安倍貞任・宗任討伐に苦しむ源頼義・義家を助けて活躍。鎮守府将軍に任じられた。以後、陸奥・出羽に勢力を得る。生没年未詳。

きよはら-の-たけひら【清原武衡】[?～1087]平安後期の武将。武則の子。後三年の役で、家衡とともに清衡・源義家の軍と争い、金沢柵で敗れ、殺された。

きよはら-の-としかげ【清原俊蔭】宇津保物語の登場人物。唐へ渡る途中、波斯(はし)国に漂着、仙人から七絃琴の秘曲と宝琴を授けられて帰朝。➡京極上(きょうごくのうえ)

きよはら-の-なつの【清原夏野】[782～837]平安前期の貴族・学者。清原家の祖。小倉王の子で清原の姓を賜り、臣籍に下った。内裏式の改訂、令義解(りょうのぎげ)・日本後紀の編集にあたった。

きよはら-のぶかた【清原宣賢】[1475～1550]室町後期の学者。吉田兼倶(よしだかねとも)の子。清原宗賢の養子。号、環翠軒(かんすいけん)。法名、宗尤。儒学・国学に通じた。著「日本紀神代鈔」「貞永式目抄」。

きよはら-の-ふかやぶ【清原深養父】平安前期の歌人。清原房則の子。元輔の祖父。内蔵大允(くらのだいじょう)。家集「深養父集」があり、「古今集」「後撰集」に歌が収載される。生没年未詳。

きよはら-の-もとすけ【清原元輔】[908～990]平安中期の歌人。三十六歌仙の一人。深養父(ふかやぶ)の孫。清少納言の父。肥後守。梨壺(なしつぼ)の五人の一人として後撰集を撰進。家集「元輔集」がある。

きよ-ばり【清張り｜清貼り】ふすまを張るときに、下地の袋張りの上に、紙や布で上張りをすること。また、その紙や布。

ぎょ-はん【魚飯】焼いた魚の身をほぐして炊き込んだ飯。また、器に飯と魚の切り身を入れて蒸し、すまし汁をかけたもの。

ぎょ-ばん【魚板】魚の形に木を彫って作った板。禅寺などで、時刻の合図などにたたく。魚鼓(ぎょく)。

きょ-ひ【巨費】巨額の費用。「—を投じる」

きょ-ひ【拒否】〔名〕スル 要求や提案を聞き入れないで断ること。拒絶。「立ち退き要求を—する」
(類語)拒絶・一蹴・不承知・難色・断る・蹴る・拒む・否(いな)む・辞する・謝する・謝絶する・辞退する・固辞する・遠慮する(謙譲)拝辞する(厳しく強い調子)退ける・撥(は)ね付ける・突っ撥(ぱ)ねる・峻拒(しゅんきょ)する

きょ-ひ【許否】許すことと許さないこと。「請願事項の—を決する」

きよ-び【清火】不浄を清めるために、火打ち石で打ち出す火。切り火。

ぎょ-ひ【魚肥】魚を原料として作った肥料。窒素・燐酸(りんさん)分に富む。干し鰯(か)・絞り滓(かす)など。

ぎょ-び【魚尾】❶袋綴(ふくろと)じの和本で、用紙の中央、各丁の折り目の部分にある魚の尾の形をした飾り。❷人相学で、目尻のこと。

きょひ-けん【拒否権】❶会議で可決されたことに同意をこばみ、効力の発生を防ぐことのできる権利。❷国際連合の安全保障理事会における常任理事国に認められる特権的な表決権。一国が拒否すれば案件が成立しない。❸議会を通過した法律に対し、君主・大統領などが承認をこばみ、その成立をさまたげる権限。

きょひ-はんのう【拒否反応】ーハンオウ ▶拒絶(きょぜつ)反応

きょ-びょう【虚病】ービャウ 偽りの病気。仮病(けびょう)。

きょ-ふ【巨富】非常に多くの財産。「—を築く」

きょ-ぶ【虚部】複素数 z が $a+bi$ の形で表されるとき、その虚数の項 b を指し、$\mathrm{Im}\,z$ と表される。一方、実

数の項 a は実部といい、Re z と表される。虚数部。

ぎょ-ふ【魚符】木製または銅製の、魚の形をした割符(わりふ)。中国の隋・唐の時代に、役人が宮中に出入りするときの証拠品とした。➡魚袋(ぎょたい)

ぎょ-ふ【御府】天子の収集した書画が納められている、宮廷の倉庫。

ぎょ-ふ【漁夫┆漁父】漁業に従事する人。漁師。(類語)漁師・漁民・海人・海女

漁夫の利(り)　《シギとハマグリが争っているのを利用して、漁夫が両方ともつかまえたという「戦国策」燕策の故事から》両者が争っているのにつけ込んで、第三者が利益を横取りすることのたとえ。

きよ-ぶき【清拭き】〔名〕(スル)　濡(ぬ)れた布でふいたあと、仕上げとしてさらに乾いた布でふくこと。

ぎょ-ふく【魚腹】魚の腹。魚の腹の中。

魚腹に葬(ほうむ)らる　《「楚辞」漁父から。魚のえさとなる意》海や川で水死する。

ぎょ-ふく【御服】天子・貴人の衣服。

ぎょ-ぶつ【御物】天子の所有品。室町時代以降、将軍家の什宝(じゅうほう)に対しても使われたが、現代の制度では宮内庁にある御物台帳に記載されているものをさす。ごもつ。ぎょもつ。「正倉院―」

ぎょふ-の-とりで【漁夫の×砦】《Halászbástya》ハンガリーの首都ブダペストにあるネオロマネスク様式の建物。ブダ城がある丘の上に位置し、ドナウ川を望む。19世紀末から20世紀初頭にかけて建造され、白い尖塔が回廊で結ばれている。名称の由来は、かつて同地をドナウ川の漁師組合が守っていたから、または、魚市場があったからともいわれる。ブダ地区の歴史的建造物の一つとして1987年、世界遺産(文化遺産)に登録された。

きょ-ぶん【虚聞】❶事実無根のうわさ。虚説。「―に惑わされる」❷実力の伴わない名声。虚名。

きよ-ぶん【寄与分】遺産相続の際に、相続人が被相続人の財産の維持または増加に対して労務の提供や療養看護などにより特別の寄与をした場合に、付加される相続分。

ぎょ-ふん【魚粉】魚を乾燥して粉にしたもの。養鶏飼料や肥料に用いる。フィッシュミール。

きょぶん-とう【巨文島】(ニタウ)　大韓民国南部、全羅南道の島群。済州海峡にあり、水運の要地。1885～87年、英国艦隊が占領して、ロシア南下政策に対抗した。コムンド。

きょ-へい【挙兵】〔名〕(スル)　兵を集めて軍事行動を起こすこと。旗揚げ。

きょ-へき【×渠壁】❶ドックの壁。❷建物の周囲につくった空堀(からぼり)の土留め壁。

ぎょ-べつ【魚×鼈】魚とスッポン。また、水産動物の総称。「草木を生ずる事なく、―を育すべき道なし」〈風来六部集・放屁論後編〉

きょ-へん【巨編┆巨×篇】文学や映画などで、規模の非常に大きい作品。「スペクタクル―」

きょ-ほ【巨歩】❶大またで勢いよく歩くこと。❷すぐれた業績や手柄。「医学史に―をしるす」

きょ-ほう【巨峰】ブドウの一品種。実は黒紫色で大粒。昭和17年(1942)大井上康がアメリカ系とヨーロッパ系とを交雑して作出。商標名。

きょ-ほう【巨砲】(ハウ)　❶大きな大砲。❷野球の強打者。「クリーンナップに左の―を揃える」

きょ-ほう【虚報】間違った情報。偽りの知らせ。

きょ-ぼう【虚妄】(バウ)　▶きょもう(虚妄)

ぎょ-ほう【漁法】(ハフ)　魚介類を捕る方法。釣り・定置網・簗(やな)や籠(かご)・銛(もり)などを用いる方法がある。

きよ-ほうへん【毀誉褒×貶】ほめることと、けなすこと。さまざまな評判。「―を顧みない」

きょ-ぼく【巨木】大きな木。巨樹。大木。こぼく。(類語)大木・大樹

ぎょ-ぼく【魚木】フウチョウソウ科の常緑高木。熱帯に分布し、葉は3枚の倒卵形の小葉からなる複葉。初夏、黄白色の花を群生する。材で魚の形に作り釣りの擬似餌(ぎじえ)にする。あまき。

きよ-ま・る【清まる┆▽浄まる】〔動ラ五(四)〕清らかになる。「身も心も―・る思いがする」

きよまろ【清麿】[1813～1854]江戸後期の刀工。信濃の人。姓は山浦。通称、環(たまき)。銘は源清麿。江戸の四谷に住み、四谷正宗とよばれた。勤王志士と交わり、幕府に監視されたのを憤って自刃した。

きよ-まわり【清まはり┆▽浄まはり】(―まはり)　神事を行う前に、心身のけがれを清めること。潔斎。斎戒。「その日より―して」〈発心集・八〉

きよ-まわ・る【清まはる┆▽浄まはる】(―まはる)〔動ラ四〕❶物忌みして身を清く保つ。潔斎する。「この人々もみな精進し、―・りてあるに」〈源・浮舟〉❷清くなる。「今は泣きののしるとも、事の―・らばこそあらめ」〈落窪・二〉

きょ-まん【巨万】非常に多くの数や金額。「―の富を築く」(類語)億万

きょ-まん【×倨慢】おごりたかぶって、他をあなどること。傲慢(ごうまん)。

ぎょ-み【魚味】❶魚肉の味。また、魚の料理。❷「魚味の祝い」の略。

きよみ-が-せき【清見ヶ関】平安時代、静岡市東部、旧清水市の興津(おきつ)にあった関。清見寺(せいけんじ)がその跡という。

きよみ-がた【清見潟】静岡市東部、旧清水市の興津(おきつ)から袖師にかけての海岸。清水港を隔てて三保(みほ)の松原に対する。〔歌枕〕「―波ぢの霧は晴れにけり夕日にのこるみほのうら松」〈玉葉・秋下〉

きよ-みず【清水】(―みづ)　澄んだきれいな水。しみず。

きよみず【清水】(きよみづ)　京都市東山区の地名。五条坂や清水寺がある。清水焼の産地。

清水の舞台から飛び降りる　思い切って大きな決断を下すこと。山の斜面にせり出すように造られた清水寺の本堂(清水の舞台)から飛び降りることにたとえていった。

きよみずざとう【清水座頭】(きよみづザトウ)　狂言。和泉(いずみ)流。瞽女(ごぜ)と座頭が清水の観世音に参籠(さんろう)すると、その功徳でそれぞれの夢に観世音のお告げがあり、二人は夫婦となる。

きよみず-せいげん【清水清玄】(きよみづ―)　浄瑠璃・歌舞伎における清玄桜姫ものの主人公。清水寺の僧清玄。桜姫の色香に迷い、堕落して死に至る。

きよみず-でら【清水寺】(きよみづ―)　㊀京都市東山区清水にある北法相(きたほっそう)宗の寺。山号は音羽山。延暦17年(798)ごろ僧延鎮が坂上田村麻呂(さかのうえのたむらまろ)の助成を得て開創。西国三十三所の第16番札所。本尊は十一面観音像。清水の舞台とよばれる前面を懸け造りとした本堂は国宝。平成6年(1994)「古都京都の文化財」の一つとして世界遺産(文化遺産)に登録された。せいすいじ。㊁島根県安来市清水町にある天台宗の寺。山号は瑞光山。用明天皇、あるいは推古天皇のときに尊隆が開創。9世紀以降天台密教の霊場、観音霊場としても有名。本堂、十一面観音像は重要文化財。

きよみず-やき【清水焼】(きよみづ―)　京焼の代表的な焼き物。清水五条坂辺を中心に産する陶磁器。江戸初期に始まる。中国風染め付けや色絵磁器を焼成。清水六兵衛・仁阿弥道八らの陶工が有名。

きよみず-ろくべえ【清水六兵衛】(きよみづロクベヱ)　[1738～1799]江戸中期の陶工。摂津の人。号、愚斎。京都五条坂の窯元(かまもと)海老屋(えびや)清兵衛に学び、独立して同地に窯を開いた。野趣に富む六兵衛風として独自の京焼を生んだ。以来現在まで8代を数える。

ぎょみ-の-いわい【魚味の祝(い)】(―いはひ)　「真魚始(まなはじ)め」に同じ。

きよみはら-りょう【浄御原令】(―リヤウ)　「飛鳥浄御原律令(あすかきよみはらりつりょう)」の略。

きょ-みん【居民】その土地に住む人。住民。「今は―殆ど逃亡してあらず」〈独歩・愛弟通信〉

ぎょ-みん【漁民】漁業にたずさわる人。漁師(りょうし)。(類語)漁師・漁夫・海人(あま)・海女(あま)

きょ-む【虚無】❶何物もなく、むなしいこと。空虚。❷この世に存在するすべてのものに価値や意味を認めないこと。「―感」❸虚心であること。「―自在の心」❹無限の宇宙。大空。虚空(こくう)。❺古代中国の老子の哲学で、万物の根源・本体は、はかりがたく無であるということ。

きょ-む【虚夢】事実とは異なる夢。また、実現しない、むなしい夢。

きよ・む【清む┆▽浄む】〔動マ下二〕「きよめる」の文語形。

きょむ-しゅぎ【虚無主義】▶ニヒリズム

きょむ-てき【虚無的】〔形動〕世の中や人生などがむなしく思われるさま。「―な人生観」

きょむ-とう【虚無党】(―タウ)　㊀帝政ロシア時代、チェルヌイシェフスキーを指導者とする革命的民主主義者の党派の称。㊁ロシア皇帝暗殺などの非常手段に訴えた1870～80年代の革命家たちを、非難してよんだ語。

きょむ-の-がく【虚無の学】中国の戦国時代、老子が唱え、荘子などが受け継いだ学問。自然のままに、無為であることを道徳の極致とする。その末流が道家(どうか)となった。

きよめ【清め┆▽浄め】❶よごれを除き、清浄にすること。「まだ―もやらぬ火皿のマッチ巻莨(シガー)の骸(から)と共に」〈蘆花・不如帰〉❷罪やけがれなどの不浄を取り除くこと。また、その役割をするもの。「―の火」「お―」(類語)潔斎・斎戒

きょ-めい【虚名】❶実力以上の評判や名声。「―を博する」❷事実とは違っている悪いうわさ。「事の子細を陳じ申さば、―遂に消えて」〈太平記・一四〉

ぎょ-めい【御名】天皇の名。また、公文書への天皇の署名。「―御璽(ぎょじ)」

きよめ-がみ【清め紙】便所で使う紙。落とし紙。

きよめ-の-しお【清めの塩】(―しほ)　不浄を清めるための塩。葬式から帰ったときに用いる塩や、力士が仕切りの際に土俵にまく塩などをいう。

きよめ-の-みず【清めの水┆▽浄めの水】(―みづ)　▶力水(ちからみず)

きよ・める【清める┆▽浄める】〔動マ下一〕(文)きよ・む〔マ下二〕❶けがれや汚れを除き去って清らかにする。「身を―・める」❷恥や汚名などを取り除く。すすぐ。「父祖の恥を―・めんがために」〈平家・一〇〉(類語)浄化・純化

きょ-もう【虚妄】(―マウ)　事実でないこと。うそいつわり。うそ。こもう。きょぼう。「―の説」

ぎょ-もう【魚網┆漁網】(―マウ)　❶魚介類などの捕獲に用いる網。引き網・刺し網・張り網などがある。❷紙の異称。〈下学集〉

ぎょもく-えんせき【魚目×燕石】《魚の目と、燕山から出る石。どちらも玉(ぎょく)に似ているところから》よく似ているが本物とは違うもの。にせもの。

ぎょ-もつ【御物】▶ぎょぶつ(御物)

きよもと【清元】㊀清元節の家の名。㊁「清元節」の略。

きよもと-うめきち【清元梅吉】清元節三味線方。㊀(2世)[1854～1911]初世の門弟。江戸の生まれ。立(たて)三味線として活躍。「三千歳」「隅田川」などを作曲。㊁(3世)[1889～1966]2世の子。大正11年(1922)家元から分離、清元流(梅吉派)を創立。のち2世寿兵衛と改名。「津山の月」「お夏狂乱」などを作曲。

きよもと-えんじゅだゆう【清元延寿太夫】(―エンジユダイフ)　清元節の家元。㊀(初世)[1777～1825]江戸の人。初名、2世富本斎宮(いつき)太夫。富本節から分かれて清元節を創始。のち延寿斎と改名。㊁(2世)[1802～1855]初世の子。美声の持ち主で名人太兵衛といわれ、清元節の基礎を確立。㊂(5世)[1862～1943]4世の養子。清元節の語り口を上品にし、社会的地位の向上に努めた。

きよもと-ばおり【清元羽織】女物の羽織の一種。黒襟(くろえり)をかけ、脇に襠(まち)をつけないもの。小粋半纏(こいきばんてん)。

きよもと-ぶし【清元節】江戸浄瑠璃の一派。文化11年(1814)清元延寿太夫が富本節から独立して創始。大正11年(1922)3世梅吉が分かれ、延寿・梅吉の二派になったが、後に合同した。軽妙洒脱で粋な曲調を特色とし、歌舞伎・舞踊などの地によく用いられる。

ぎょ-もん【魚文┆魚紋】❶魚の形・うろこなどの模様。❷魚が泳いだため水面にできる波紋。

ぎょ-ゆ【魚油】イワシ・ニシン・サバなどを圧搾して採

取した脂肪油。魚臭があり、不飽和脂肪酸の含有が多い。硬化油・石鹸などの原料。

きょ-ゆう【許由】中国古代の伝説上の人物。堯帝が位を譲ろうと言うと、汚れたことを聞いたと、潁水で耳を洗い、箕山に隠れたと伝えられる。

許由巣父　許由が潁水で耳のけがれを洗い落としているのを見た巣父が、そのような汚れた水は牛にも飲ませられないとして牛を連れて帰ったという、「荘子」逍遥遊・「史記」燕世家などにみえる故事。栄貴を忌み嫌うことのたとえ。また、その故事を描いた画題。

ぎょ-ゆう【御遊】宮中や上皇の御所などで催された管弦の催し。

きょ-よ【許与】〔名〕スル 許し与えること。また、許可を与えること。「資格を―する」

きょ-よう【挙用】〔名〕スル 下の地位にいた人を上の地位にとりたてて使うこと。登用。「幹部に―する」 類語 起用・登用・抜擢

きょ-よう【許容】〔名〕スル そこまではよいとして認めること。大目にみること。「―の範囲をこえる量」「―しがたいミス」 類語 容認・許可・認可・許諾・承認・認許・允許・允可・聴許・裁許・免許・公許・官許・許し・オーケー・ライセンス・勘弁・容赦・裁可・特許・宥恕・黙許・批准 (―する)許す・認める

ぎょ-よう【×杏葉】▶ぎょうよう(杏葉)❸

きょよう-おうりょく【許容応力】機械や構造物の材料に衝撃・変形が加えられても、破壊せず安全に使用できる範囲内にある応力の限界値。許し内力。

きょよう-かん【居庸関】中国河北省、北京の北西60キロにあった関所。華北とモンゴル高原を結ぶ要衝。

きょよう-せんりょう【許容線量】人体への影響上許容できると考えられた被曝放射線量の最大値。1977年からは線量当量限度が用いられる。

きょよう-でんりゅう【許容電流】電気機器に安全に流すことができる電流の最大値。

きょよう-ほう【許容法】命令や禁止でなく、「することができる」というように、許容を内容としている法規。

きょよう-りょう【許容量】放射線や有害物質などで、人体に危険がないとみなされる最大限の量。

きよ-ら【清ら】〔名・形動〕清く美しいこと。気品があって美しいこと。また、そのさま。「青く―にて物問いたげに愁いを含める目の」〈鷗外・舞姫〉「装束の―なること、物にも似ず」〈竹取〉 補説 平安時代には「きよげ」よりも上の第一流の美をさして用いた。

きょ-らい【去来】〔名〕スル ❶去ることと来ること。行ったり来たりすること。ゆきき。往来。「心中に―する思い」❷過去と未来。

きょらい【去来】▶向井去来

ぎょ-らい【魚雷】《「魚形水雷」の略》海戦兵器の一。艦艇や航空機から発射し、水中を自走して敵艦船を撃沈させるもの。 類語 水雷・機雷

きょらいしょう【去来抄】江戸中期の俳論書。3冊(版本)。向井去来著。元禄15年(1702)ごろから宝永元年(1704)にかけて成立。安永4年(1775)刊。芭蕉および門人の俳論を集成したもの。さび・しおり・不易流行など、蕉風俳諧の本質に触れたものが多い。

ぎょらい-てい【魚雷艇】魚雷攻撃を任務とする高速の小艦艇。

きよ-らか【清らか】〔形動〕文〔ナリ〕けがれなく澄みきって美しいさま。清純なさま。「―な谷川の流れ」「―な愛」 派生 きよらかさ〔名〕 類語 清い・きれい・清潔・清浄・清麗・清澄・清冽・無垢・純潔・潔白

ぎょ-らん【魚卵】魚のたまご。スケトウダラやサケ、ボラなどのものは食用とされる。

ぎょ-らん【魚×籃】魚を入れるかご。びく。

ぎょらん-かんのん【魚籃観音】三十三観音の一。手に魚の入ったかごを持つ像と、大魚に乗る像とがある。悪鬼・羅刹・毒竜の害を除く力をもつという。

きょ-り【巨利】大きな利益。「―をむさぼる」

きょ-り【距離】❶二つの場所や物事の間の隔たり。「前の車との―を縮める」「考え方に―がありすぎる」❷人との関係で、相手に対する気持ちの上での隔たり。「―を置いてつきあう」「相手の態度に―を感じる」❸数学で、二点を結ぶ線分の長さ。また、二つの図形上の点を結ぶ線分のうちの最短のものの長さ。 類語 (❶)隔たり・間隔 (ある地点までの距離)道のり・道程・路程・里程・行程・航程 (物事の間の隔たり)径庭・懸隔・開き・幅・間・間合い・あいだ・合間・時間・インターバル

ぎょ-り【魚▽麗】▶ぎょれい(魚麗)

きょり-かん【距離感】❶対象までの距離を正しく把握する感覚。「パットの―をつかむ」❷相手に対して、心のへだたりがあると思う気持ち。「彼との―を保つ」

きょり-きょうぎ【距離競技】スキーのノルディック種目の一。起伏の多い雪の山野に設定されたコースを走り、その所要時間を競う。ディスタンス-レース。

きょり-くうかん【距離空間】任意の二点間に距離が定義される空間。例えば、平面上の二点間では距離が定義できるから、平面は距離空間である。

きょり-けい【距離計】目標までの距離を測る光学器械。特にカメラでは、ピント合わせと連動させて用いる。

きょりけいれんどう-カメラ【距離計連動カメラ】▶レンジファインダーカメラ

きょり-しすう【距離指数】見かけの等級から絶対等級を引いた差。天体の距離を示すのに使う。天体が遠くにあるほど指数は大きくなる。

きょり-ひょう【距離標】❶鉄道線路の起点からの距離を示す標識。1キロごとの甲号、0.5キロごとの乙号などがある。❷高速道路の各起点からの距離を示す標識。100メートルごとのメートルポスト、1キロ・10キロごとのキロポストがある。

きょ-りゅう【居留】〔名〕スル ❶一時その土地に住むこと。❷居留地に住むこと。「横浜に―した外国人」

ぎょ-りゅう【魚竜】魚竜目に属する古代の爬虫類の総称。中生代三畳紀からジュラ紀の海に生息。体形はイルカに似た流線形で、全長1〜3メートル。四肢はひれ脚となり、口に鋭い歯をもつ。日本からも化石が出土している。イクチオサウルス。

ぎょ-りゅう【御柳】ギョリュウ科の落葉小高木。多くの細い枝を出し、繊細な葉を密生する。春と夏の2回、淡紅色の小花が群生して咲く。中国の原産で、日本に寛保年間(1741〜1744)に渡来。庭木などにする。檉柳。

きょりゅう-ち【居留地】国内の一部を限って、外国人の居住・営業のために指定した地域。中国では租界といった。日本では明治33年(1900)の条約改正により廃止された。 類語 属国・従属国・保護国・植民地・自治領・属領・租界

きょりゅう-みん【居留民】居留地に住む外国人。

ぎょ-りょう【魚×綾｜魚陵｜魚▽竜｜御×綾】紋織物の一。上質の唐綾をいう。「―の直垂に緋威の鎧着て」〈平家・九〉

ぎょ-りょう【漁猟】❶漁労と狩猟。「―時代」❷漁業。すなどり。「―船」

ぎょりょう-しゃくば【魚▽竜爵馬】❶古代中国で行われた演芸の一。大魚が竜になってうねり歩いたり、大雀や馬の形をしたものが走ったりするなど珍奇な趣向をこらしたもの。❷ぜいたくで珍奇な遊興・娯楽。「―の翫物と」〈平家・一〉

ぎょ-りん【魚×鱗】❶魚のうろこ。❷うお。さかな。❸兵法で、陣立ての一。魚のうろこの形のように、中央部を突出させて、人の字形に配置した陣形。

ぎょりん-がかり【魚×鱗懸かり】魚鱗の隊形で敵に攻めかかること。

ぎょりん-ずさつ【魚×鱗図冊】中国の宋代から明・清代にかけて作られた土地台帳。主に徴税用に作成した。明の洪武年間に完備されたものが有名。土地の図形が魚のうろこに似るところからこの名がある。魚鱗図。魚鱗冊。

ぎょりん-せん【魚×鱗×癬】皮膚の表面が乾燥して、角質層が魚のうろこのような状態を示す皮膚病。

ぎょ-るい【魚類】脊椎動物の一群。円口類・軟骨魚類・硬骨魚類に大別される。水中で生活し、えらで水中の溶存酸素を取り入れて呼吸する。体には背びれ・しりびれ・尾びれや、対をなす胸びれ・腹びれなどを備え、多くは体表に鱗がある。繁殖方法は卵生が主で、卵胎生もある。うお。さかな。

きょ-れい【挙例】〔名〕スル 例をあげること。

きょ-れい【虚礼】うわべばかりで誠意を伴わない礼儀。形式的な礼儀。「―廃止」 類語 礼・礼儀・礼節・儀礼・礼式・礼法・作法・風儀・マナー・エチケット

ぎょ-れい【魚麗】中国古代兵法による陣形の一。楕円形の陣立てで、魚群が進む形に似ているところからいう。ぎょり。

きょれい-ふまい【虚霊不昧】《朱熹「大学章句」から》天から授かった心の本体は空で、欲に曇ることなく、鏡のようにすべての物事を明らかに映すことができること。

ギョレメ〖Göreme〗トルコ中央部、カッパドキア地方の町。凝灰岩が浸食を受けてできた奇岩が連なり、迫害から逃れたキリスト教徒が岩山を掘り抜いて造った住居、教会、修道院が多数点在する。世界遺産に登録されたギョレメ国立公園の観光拠点の一つ。

ギョレメ-こくりつこうえん【ギョレメ国立公園】《Göreme Milli Parklar》トルコ中央部、カッパドキア地方にある国立公園。主な町はギョレメ。4世紀頃までに迫害から逃れた初期キリスト教徒が移住。凝灰岩が浸食を受けてできた奇岩が連なり、それらを掘り抜いて造られた住居、教会、修道院が多数点在する。1985年に「ギョレメ国立公園とカッパドキアの岩石遺跡群」の名称で世界遺産(複合遺産)に登録された。

ギョレメ-やがいはくぶつかん【ギョレメ野外博物館】《Göreme Açık Hava Müzesi》トルコ中央部、カッパドキア地方の町ギョレメにある野外博物館。世界遺産に登録されたギョレメ国立公園内に位置する。イスラム教徒による迫害を逃れて、キリスト教徒が造った岩窟教会や修道院がある。そのうち30あまりの教会が集まるギョレメの谷を野外博物館として公開。聖バジル教会、林檎の教会、聖バルバラ教会、蛇の教会、暗闇の教会など、鮮やかなフレスコ画で装飾された教会が残っている。

ぎょ-れん【御×簾】貴人を敬って、その用いるすだれをいう語。みす。

きょ-ろう【虚労】病気などで、心身が衰え弱ること。「―して脚もまた萎えにたり」〈菅家後集〉

ぎょ-ろう【魚×蝋】魚や海獣の油からとる白色の固形脂肪。ろうそくなどに用いた。

ぎょ-ろう【漁労｜漁×撈】魚貝や海藻などの水産物をとること。また、その作業。「―船」 類語 漁獲・漁・密漁・入漁・出漁

ぎょろう-ちょう【漁労長】漁船で、漁場・漁法などの選定の権限をもち、漁獲作業の指揮をとる者。

きょろ-きょろ〔副〕スル 落ち着きなく、絶えずあたりを見まわすさま。「物珍しげに―(と)まわりを見る」「授業中に―するな」

ぎょろ-ぎょろ〔副〕スル 大きな目玉で鋭くあたりを見まわすさま。「―(と)あたりをにらみまわす」「やせて、目だけが―(と)している」

きょろく【許六】▶森川許六

きょろく【鉅鹿】中国秦代に、現在の河北省平郷県に置かれた郡および県の名。項羽が、秦の将軍章邯の軍勢に大勝した土地として有名。

きょろ-つ-く〘動カ五(四)〙目を落ち着きなく動かして周囲を見まわす。「不安気に目を―・かせる」

ぎょろ-つ-く〘動カ五(四)〙大きな目玉が鋭く光り動く。「探るように目を―・かせる」

ぎょろっ-と〔副〕スル 大きな目玉を鋭く動かしてにらむさま。「大きな目をむいて―にらむ」「―した目」

ぎょろ-め【ぎょろ目】鋭い光を帯びた大きな目。大きく見開いた目。「―でにらむ」

きょろり〔副〕❶目を大きくはっきりと見開いているさま。「ふたえの―とした眼もとに」〈里見弴・多情仏心〉❷平気なさま。けろり。「盗人はまゐりますまいと言うて、―として居るぢゃ」〈松翁道話・三〉

ぎょろり〔副〕大きな目玉を鋭く動かしてにらむさま。「―と目をむく」

き-よわ【気弱】〔名・形動〕気が弱いこと。また、そのさま。「―な言葉をはく」(派生)きよわさ〔名〕(類語)臆病・弱気・引っ込み思案・内気・内弁慶・陰弁慶・大人しい・こわがり・小心・小胆・怯懦・怯弱・意気地なし

き-よわ・い【気弱い】〔形〕(文)きよわ・し〔ク〕気が弱い。意気地がない。「―・い笑みを浮かべる」

きょん【×羌】シカ科の哺乳類。体高約40センチ。体色は赤褐色。雄は短い角をもち、上あごの犬歯が牙状。犬に似た大きな吠え声を出す。眼下腺が大きく、目のように見えるのでヨツメジカともよばれる。東アジアに分布。ほえじか。

キョンギ-ド【京畿道】大韓民国北西部、黄海に臨む道。首都ソウルを取り囲む。道都は水原。けいきどう。

キョンサン-ナムド【慶尚南道】大韓民国南東部、朝鮮海峡に臨む道。道都は昌原、古くは現在の広域市の釜山・蔚山を含んだ。洛東江流域は二毛作地帯。けいしょうなんどう。

キョンサン-プクド【慶尚北道】大韓民国南東部、日本海に臨む道。太白山脈、小白山脈が連なる。道都大邱は広域市。農業・紡織工業などが盛ん。けいしょうほくどう。

キョンシー【僵屍・殭屍】《中国語》硬直した死体。中国では、死体は長い時間が経過すると、悪霊になって人に害を与えるという俗信がある。

キョンジュ【慶州】▶けいしゅう(慶州)

きら　❶きらきらする光。また、鱗粉や水面に浮いた油など、きらきら光って見えるもの。❷▶きらら

きら【吉良】愛知県西尾市の地名。三河湾に臨み、江戸時代から製塩が行われた。もと吉良義央の領地。吉良温泉がある。

き-ら【棋羅】碁石を並べたように、ずらりと並ぶこと。

き-ら【×綺羅】《「綺」は綾織りの絹布、「羅」は薄い絹布の意》❶美しい衣服。羅綺。「―をまとう」❷外見が華やかなこと。また、うわべを装い飾ること。「―を張る」「―を競う」❸栄華をきわめること。権勢の盛んなこと。「世のおぼえ、時の―目出たかりき」〈平家・一二〉

綺羅を飾・る　❶華やかに装う。「―・った宴の出席者たち」❷体裁をつくる。見えを張る。「侍の―・りいかめしく横たへし大小」〈浄・妹背山〉

綺羅を磨・く　衣服や調度の技巧を凝らしてりっぱにする。「播磨米は砥草か、むくの葉か、人の―・くは」〈平家・一〉

キラー〖killer〗❶殺人者。殺し屋。❷魅力で相手を悩殺する人。「マダム―」❸野球で、特定の相手を抑える投手。あるいは打ち込む打者。「左投手―」❹ゾウリムシや酵母で、毒素を出して同じ培養中の他系統のものを殺す遺伝形質をもつもの。(補説)キラー因子をもつ酵母は、醸造に利用されることもある。

キラーイ-おんせん【キラーイ温泉】《Király Gyógyfürdő》ハンガリーの首都ブダペストにある温泉。ドナウ川西岸、マルギット橋の近くに位置する。オスマン帝国時代に造られたドーム型の屋根をもつ建物と、トルコ風の浴槽がある。

キラー-えいせい【キラー衛星】《killer satellite》敵の人工衛星または核弾頭を攻撃・破壊するための軍事衛星。

キラー-コンテンツ〖killer contents〗ある分野において、集客する力のある魅力的な情報やソフトウエアなどのこと。例えば、テレビ放送における、スポーツの人気チームの試合放映など。

キラー-さいぼう【キラー細胞】抗体の存在下で標的とする細胞を攻撃する細胞。ウイルス感染細胞などを傷害するキラーT細胞や、腫瘍細胞を破壊するナチュラルキラー細胞など。K細胞。

キラー-ティーさいぼう【キラーT細胞】《killer T cell》リンパ球の一種。癌細胞やウイルスに感染した細胞を攻撃する、細胞性免疫の主役。➡T細胞

キラーニー〖Killarney〗アイルランド南西部、ケリー州の都市。三つの湖とダンロー渓谷を擁すキラーニー国立公園があり、風光明媚な観光地として知られる。19世紀建造のセントメアリー大聖堂がある。

キラーニー-こくりつこうえん【キラーニー国立公園】《Killarney National Park》アイルランド南西部にある同国初、かつ最大級の国立公園。ケリー州の都市、キラーニーに隣接する。三つの湖とダンロー渓谷のほか、ロス城、マックロスハウスなどを擁し、風光明媚な自然景観で知られる。原生林が広がり、同国唯一の野生のアカジカの生息地になっている。

き-らい【帰来】〔名〕スル　帰って来ること。副詞的にも用いる。「―大いに活躍している」「一時散じた生徒も次第に―して」〈福沢・福翁自伝〉

きらい【嫌い】〔名・形動〕❶きらうこと。いやだと思うこと。また、そのさま。「―な食物」「運動が―な人」⇔好き。❷(「きらいがある」の形で用いる)好ましくない傾向。懸念。「独断の―がある」「考えすぎる―がある」❸(「きらいなく」の形で用いる)差別。区別。「男女の―なく入学を許可する」❹連歌・連句で、句の配置上、避けなければならないきまり。❺(「…ぎらい」の形で)名詞または他の語句に付いて、その物事をするのがいやであること、また、そのような人の意を表す。「勉強―」「食わず―」(類語)毛嫌い

き-らい【機雷】《「機械水雷」の略》水面下に敷設・係留し、艦船が接触したりすると爆発する水雷。(類語)水雷・魚雷

ぎらい【嫌い】「きら(嫌)い❺」に同じ。「負けず―」「食わず―」

ぎらい【儀礼】中国の儒教教典の一。17編。周公の著と伝えられるが確証はない。古代の礼に関する文献を儒家が伝承してきたものの一部で、冠婚葬祭を中心とする礼の具体的規定。「周礼」「礼記」とともに三礼と称せられる。

きらい-げん【機雷原】大量の機雷を敷設した海域。

き-らいごう【鬼来迎】民俗芸能の一。千葉県山武郡横芝光町の広済寺で盆の7月16日に行われる、地獄のさまなどを演じる宗教劇。(季 夏)

きらい-ばし【嫌い箸】行儀が悪いとして嫌われる、箸の使い方。移り箸、刺し箸、涙箸、惑い箸などがある。

きら・う【嫌う】〔動ワ五(ハ四)〕❶いやがって、その対象とかかわりたくないと思う。好ましくないものとして、避ける。「世間から―・われる」「不誠実な人を―・う」❷はばかって、それをしないようにする。また、そうすることをいやだと思う。「葬式は友引の日を―・う」「相手の差し手を―・う」❸(人になぞらえた言い方で)それがあるとそこなわれやすいので避けるべきである。「塩は湿気を―・う」❹(「きらわず」の形で用いる)区別する。わけへだてをする。「相手―・わず論争を挑む」「所―・わずつばをはく」❺連歌・連句で、句の配列上、同類の言葉を付けたり、ある特定の語を特定の場所に使ったりすることを忌み避ける。❻よくないものとして退ける。「穢き奴どもを―・ひ賜ひ棄てて賜ふに依りて」〈続紀・宣命・一九詔〉

(用法)きらう・いやがる――「ゴキブリを嫌う(いやがる)」では相通じて用いられるが、「ごきぶりを嫌って、見るのもいやがった」では「嫌う」「いやがる」を入れ換えると不自然になる。◆「嫌う」はいやだと思う気持ちを示すだけだが、「いやがる」は嫌う気持ちを態度や言葉に表すことである。「母と別れるのをいやがって泣いた」「いやがる相手を交渉の場に引き出す」などでは「嫌う」は使わない。◆類似の語に「いとう」がある。「いとう」はやや古い言葉で、「世をいとう」のように、できれば避けたいものだという気持ちが強い。◆また、「おからだ、十分においといください」は、悪い要素を避けておいたわりくださいの意で、「いとう」独特の用法。

(類語)憎む・嫌がる・厭う・忌み嫌う・恨む・嫉む・呪う・憎悪する・嫌悪する・敵視する・仇視する・嫉視する・呪詛する・唾棄する・目の敵にする・白い目で見る

きら・う【▽霧らふ】〔連語〕《動詞「き(霧)る」の未然形＋反復継続の助動詞「ふ」。上代語》霧や霞が一面に立ちこめる。「秋の田の穂の上に―・ふ朝霞いつへの方に我が恋やまむ」〈万・八八〉

ギラヴァンツ-きたきゅうしゅう【ギラヴァンツ北九州】日本プロサッカーリーグのクラブチームの一。ホームタウンは北九州市。昭和22年(1947)創設の地元企業チームが平成13年(2001)にクラブチームとなり、同22年から現名称に改めJリーグに参加。(補説)「ギラヴァンツ」はイタリア語の「ジラソーレ(ひまわり)」と「アヴァンツァーレ(前進)」を組み合わせ、「ジラ」を太陽の光をイメージして「ギラ」に読み替えた造語。

キラウエア〖Kilauea〗ハワイ島南東部の活火山。標高1222メートル。山頂に大カルデラがあり、その中央のハレマウマウ火口では溶岩湖がよく出現する。

きら-きら〔副〕スル　光り輝いているさま。「星が―(と)輝く」「―したひとみ」(類語)ぴかり・ぴかぴか・きらり・ぎらり・ぎらぎら・てかてか・てらてら・ちらちら・ちかちか

ぎら-ぎら〔副〕スル　強烈にまた、どぎつく光り輝くさま。「真夏の太陽が―(と)照りつける」「―した目」

きらきら-し・い〔形〕(文)きらきら・し〔シク〕❶《古くは「きらぎらし」とも》美しく光り輝いている。「―・い日ざしの底にまだ何処となく肌寒さが感ぜられた」〈谷崎・蓼喰ふ虫〉❷容姿が端正である。「御容貌など…隈なくにほひ―・しく」〈源・初音〉❸堂々としていて威厳がある。「大きに太りて鬚長く、―・しく怖ろし気なり」〈今昔・二五・四〉

き-らく【気楽】〔名・形動〕❶心配や苦労がなく、のんびりとしていられること。また、そのさま。「―な身分」「―に暮らす」❷物事にこだわらないで、のんきなさま。「―なことを言う」(派生)きらくさ〔名〕(類語)のんき・安楽・太平楽・楽

き-らく【帰×洛】〔名〕スル　都、特に京都に戻ること。

き-らく【喜楽】喜びと楽しみ。喜び楽しむこと。

きら-こうずけのすけ【吉良上野介】▶吉良義央

きら・す【切らす】〔動サ五(四)〕❶切れた状態にする。「鼻緒を―・す」「しびれを―・す」「息を―・す」❷用意していた物や金を出し切ってなくしてしまう。たやす。「油を―・す」「小銭を―・す」

きら-ず【切らず・雪=花=菜】《切らずに用いることができる意》おから。うのはな。「おから」が「空」に通じるのを嫌っていった語。

きら-すなご【雲=母砂子】雲母を微細な粉にしたもの。料紙や色紙などの装飾に用いる。

きら-ずり【雲=母刷(り)・雲=母×摺り】料紙装飾や浮世絵版画の技法の一。版木に糊や膠をつけて紙に摺り、その上に雲母の粉を篩いかけ、乾いたあと、残りの粉を払い落とす。

きら-ちょう【吉良町】▶吉良

きら-つ・く〔動カ五(四)〕きらきら光る。きらきらする。「―・く天気に映って俄かにそこら明るくなった」〈左千夫・春の潮〉(類語)光る・輝く・煌めく・閃く・瞬く・照る・照り輝く・照り映える・照り付ける・ぎらつく・発光する・一閃する・反照する

ぎら-つ・く〔動カ五(四)〕ぎらぎら光る。ぎらぎらする。「油で―・いた水面」

きらっ-と〔副〕瞬間的に光り輝くさま。きらりと。「朝露が―輝く」「―光るところのある文章」

きらび-やか〔形動〕(文)〔ナリ〕❶華やかで輝くばかりに美しいさま。「―な装い」「―な宴」❷言葉や動作などが、きっぱりしているさま。「すみやかに流罪に行なはれ候へかしと、―に申してけり」〈著聞集・六〉(派生)きらびやかさ〔名〕(類語)華やか・絢爛・華麗・華美・はで・はでやか・華華しい・美美しい

きら-ぼし【×綺羅星・×煌星】《「綺羅、星の如し」からできた語》きらきらと光り輝く無数の星。地位の高い人や明るいものが多く並ぶようすのたとえ。「―のごとく並ぶ各国の元首」

きら-めか・す【×煌めかす】〔動サ五(四)〕きらめくようにする。きらきらさせる。「指輪を―・す」

きら-めき【×煌めき】きらめくこと。きらきら光ること。「星の―」「知性の―」(類語)光・明かり・輝き・光明・光輝・光耀・光彩・光芒・閃光

きら-め・く【×煌めく】〔動カ五(四)〕❶きらきら光り輝く。「—・く星座」「—・く才気」❷華やかで人目をひく。「道の程、従者ずさ多く仕はれて、—・くも理なり」〈今昔・二六・一四〉❸盛んにもてなす。「風炉ふろたきなどして—・きたりけり」〈著聞集・一二〉類語光る・輝く・照る・閃ひらく・照り輝く・照り付ける・ぎらつく

きら-やか【×煌やか】〔形動〕図〔ナリ〕輝くように美しいさま。きらびやか。「—なるよだれ掛をかけたる其の様」〈逍遥・当世書生気質〉類語綺麗きれい・美美びびしい・華やか・艶つややか・鮮やか・美麗・華麗・華美・鮮麗

きら-よしなか【吉良義央】[1641〜1702]江戸中期の幕府の高家。上野介こうずけのすけ。元禄14年(1701)、勅使下向の際、江戸城内で接待役の浅野長矩ながのりに斬りつけられて負傷。長矩は即日切腹、義央はおとがめなく、翌年の赤穂義士の討ち入りで殺された。⇒高家❹

きらら【雲=母】雲母うんものこと。きら。

きら-らか【×煌らか】〔形動〕図〔ナリ〕きらきらと輝くさま。きらびやか。「陽光を浴びて—な川面」

きらら-がみ【雲=母紙】雲母を紙面に塗って筆の走りをよくした紙、または、雲母で模様を刷り出した紙。経巻・典籍などの用紙に用いる。雲母引紙きらびきがみ。

きらり〔副〕一瞬、鋭く光を放つさま。「涙が—と光る」「彼には何か—と光るものを感じる」
類語ぴかり・ぴかぴか・きらきら・ぎらり・ぎらぎら・てかてか・てらてら・ちらちら・ちかちか

ぎらり〔副〕一瞬、強く不気味に光るさま。「目が—と光る」「刀を—と抜きはなつ」

きられ-やく【切られ役｜斬られ役】映画や演劇などの立ち回りで、切られる演技をする役。

きられ-よさ【切られ与三】歌舞伎狂言「与話情浮名横櫛よわなさけうきなのよこぐし」の通称。また、その登場人物の伊豆屋与三郎。

きらわ・し【嫌はし】きらはし〔形シク〕好ましくない。いとわしい。「御心には—・しく思し召しながら、辞するに詞やなかりけむ」〈太平記・三五〉

きらわ◦ず【嫌わず】きらはず〔連語〕《動詞「きら(嫌)う」の未然形＋打消しの助動詞「ず」》▶嫌う❹

き-らん【貴覧】相手の見ることを、見る人を敬っていう語。御覧。高覧。「—に供する」

きらん-そう【金=瘡=小草】サウ シソ科の多年草。道端に生える。茎は四方に広がり、地をはう。葉は長楕円形で、根元のものは放射状に出る。春、濃紫色の唇形の花が咲く。じごくのかまのふた。

ギラン-バレー-しょうこうぐん【ギランバレー症候群】シャウコウグン 風邪や下痢などのあとに左右の下肢の脱力感・筋力低下・感覚鈍麻・歩行困難などの症状を呈する病気。ウイルスや細菌の感染によって引き起こされる自己免疫疾患。感染後1〜2週間で発症する。フランスの神経科医ギラン(G.Guillain)とバレー(J.A.Barré)の二人が最初に報告。厚生労働省の特定疾患(難病)に指定されている。感染後多発性神経炎。急性炎症性脱髄性多発神経炎。急性炎症性脱髄性多発根神経炎。急性炎症性脱髄性多発神経根ニューロパチー。急性炎症性多発ニューロパチー。AIDP(Acute Inflammatory Demyelinating Polyneuropathy)。GBS(Guillain-Barré syndrome)。⇒慢性炎症性脱髄性多発神経炎

きり【切り｜▽限り】㊀〔名〕❶区切り。切れ目。「—のよいところでやめる」「—をつける」❷(多く「きりがない」「きりのない」などの形で用いる)かぎり。はて。際限。「欲をいえば—がない」❸(限り)商品の先物取引で、受け渡しの期限。限月げんげつ。「先—さきぎり」❹芸能で、最後の部分。㋐謡曲で、1曲の最後の部分。㋑浄瑠璃・歌舞伎で、一段・一幕の最後の部分。「四の—」㋒寄席よせで、その日の最後の出し物。また、その演者。㋓「切能きりのう」の略。㋔「切狂言きりきょうげん」の略。❺碁で、相手の石の接続を切断すること。また、そのような手。㊁〔接尾〕助数詞。やや厚めに切ったものを数えるのに用いる。「干し瓜三—ばかり食ひ切りて」〈宇治拾遺・七〉類語果て・果てし・限かぎり・際限

き-り【▽肌理】❶皮膚のきめ。❷木目もく。

き-り【奇利】思いがけない利益。「—を博する」

きり【×桐】❶ゴマノハグサ科の落葉高木。高さ約10メートル。樹皮は灰白色。葉は大形の広卵形で長い柄をもち、対生。5月ごろ、紫色の鐘状の花が円錐状に集まって咲く。実は熟すと殻が裂け、翼をもった種子が出る。材は白く、軽くて狂いが少なく、げた・たんすなどに重用。中国の原産。しろぎり。(季 花=夏 実=秋)❷紋所の名。桐の花と葉をかたどったもの。五七の桐・五三の桐・唐桐からぎりなど。❸《❶の材で作るところから》琴。❹《❷を打ってあるところから》大判・小判などの判金。また、金銭。「籠を出る鳳皇—の光なり」〈柳多留・七一〉

き-り【棋理】囲碁・将棋の理論。

きり【×錐】❶板材などに穴をあける工具。三つ目錐・四つ目錐・壺錐つぼぎりなどがある。❷弓を射て、前の矢の当たった的の穴に、後の矢が当たること。
類語千枚通し・ドリル

錐嚢中のうちゅうに処おるが如ごとし 《「史記」平原君伝から》錐の先が袋から突き出るように、英才は隠れていてもいつか必ず真価を現すということ。

錐嚢のうを通・す ❶「錐嚢中に処るが如し」に同じ。❷物事の現れやすいことのたとえ。錐嚢を脱す。「人の善悪は—・すとてかくれなし」〈平家・一二〉

錐を立つべき地 錐を立てるほどのきわめて狭い場所。立錐りっすいの地。

きり【霧】《動詞「き(霧)る」の連用形から》❶地表や海面付近で大気中の水蒸気が凝結し、無数の微小な水滴となって浮遊する現象。古くは四季を通じていったが、平安時代以降、秋のものをさし、春に立つものを霞かすみとよび分けた。気象観測では、視程1キロ未満のものをいい、これ以上のものを靄もやとよぶ。(季 秋)「—しばし旧里に似たるけしき有り/几董」❷液体を細かい水滴にして空中に飛ばしたもの。「—を吹いてアイロンをかける」
…語雲霧・黒い霧（ぎり）秋霧・朝霧・薄霧・川霧・狭さ霧・初秋霧はつあきぎり・山霧・夕霧・夜霧
類語雲・霞かすみ・靄もや・ガス・スモッグ

霧不断ふだんの香を焚た・く 仏前で絶えずたく香の煙のように、霧が絶えることなくたちこめる。「いらか破れては—・き」〈平家・灌頂〉

キリ《ポルトガル cruz(十字架の意)から》❶10の意。❷最後。また、最低のもの。「ピンから—まで」⇔ピン。❸天正カルタ4種48枚のうち、各種の12枚目。

きり〔副助〕《名詞「き(切)り」から転じた語。「っきり」「ぎり」の形でも用いる》体言、活用語の連用形・連体形に付く。❶動作や事物に付いて、その範囲を限定する意を表す。㋐だけ。かぎり。「ひとり—になる」「思いっ—泣く」㋑ずっと…している。…のままだ。「閉めっ—の部屋」「何を聞いても黙っている—だ」❷(主に否定の表現と呼応して)これ以上動作が行われないという限度・限界を表す。…を最後として。「先月会った—顔を見ていない」「出かけた—戻ってこない」❸(主に否定の表現と呼応して)特定の事物以外のものは存在しないという意を表す。しか。だけしか。「選手は一〇人—残っていない」「一〇〇円—持っていない」

ぎ-り【義理】❶物事の正しい筋道。また、人として守るべき正しい道。道理。すじ。「—を通す」「—にはずれた行為」❷社会生活を営む上で、立場上、また道義として、他人に対して務めたり報いたりしなければならないこと。道義。「—が悪い」「君に礼を言われる—はない」「—をわきまえる」❸つきあい上しかたなしにする行為。「—で参加する」❹血族でない者が結ぶ血族と同じ関係。血のつながらない親族関係。「—の母」❺わけ。意味。「新訳の経は猶、文詞甚だ美なりと言へども、—淡く薄し」〈今昔・七・一二〉

義理ある仲なか 血はつながっていないが、親子や兄弟姉妹などの血族と同様の関係にある間柄。

義理と褌ふんどし欠かされぬ 男子は常に褌を締めなければならないように、義理を欠いてはならない。

義理にも ❶体面やつきあいの上からでも。❷おせじにも。「—字がじょうずとはいえない」

義理を欠・く 対人関係や社会関係のうえで、相手に対して当然しておかなければならないことを怠る。「賀状も出さず—・いている」

義理を立・てる つきあいや恩義などに対して、それに見合う行為でこたえる。「恩師に—・てる」

ぎり〔副助〕▶きり〔副助〕

きり-あい【切(り)合い｜斬(り)合い】ひあ 互いに刃物で相手を切ろうとして争うこと。

きり-あい【×鍵合】ひあ シギ科の鳥。全長17センチくらい。体には褐色の斑模様があり、くちばしはやや長く、先が下に曲がる。ヨーロッパ・アジア大陸に広く分布。日本では旅鳥として春・秋にみられる。

ぎり-あい【義理合(い)】ひあ 義理のからんだつきあい。「仕事上の—で出席する」

きり-あ・う【切(り)合う｜斬(り)合う】ふあ〔動ワ五(ハ四)〕❶互いに刃物で相手を切ろうとして争う。「刀で—・う」❷物と物とが十文字に交錯する。

きり-あげ【切(り)上げ】❶区切りをつけ終わりにすること。「この辺で—にしよう」❷計算で、求める位未満の端数を、求める位に1として加えること。⇔切り捨て。❸通貨の対外価値を高くすること。⇔切り下げ。

きり-あげ【切(り)揚げ】さつまいもを細長く切ってごま油で空揚げにしたもの。

きり-あ・げる【切(り)上げる】〔動ガ下一〕図きりあ・ぐ〔ガ下二〕❶区切りをつけて終わりにする。「仕事を早めに—・げる」❷計算で、求める位未満の端数を1として一けた上の位の数に加える。「小数点以下を—・げる」⇔切り捨てる。❸通貨の対外価値を高くする。「ドルを—・げる」⇔切り下げる。
類語やめる・打ち切る・よす・断つ・中止する・とりやめる・休止・停止・中断・中絶・ストップ

きり-あさ【×桐麻】イチビの別名。

きり-あな【切(り)穴】歌舞伎劇場で、舞台の床を切り抜いた方形の穴。幽霊・変化へんげなどの出入りや、井戸・池などに飛び込むときに用いる。花道に設けるものは「すっぽん」という。

きり-あぶら【×桐油】▶とうゆ(桐油)❶

きり-あめ【霧雨】「きりさめ」に同じ。

ギリー〘gillie〙《従僕の意》伝統的な靴の一種で、舌革がなく、ひもを甲部の皮革製の環に通して留めるようにしたもの。昔、スコットランドの高地の従僕がはいていたことから。

きり-いし【切(り)石】❶用途に応じて種々の形に切った石材。❷割れて角だった石。❸敷石。石畳。

きりいし-づみ【切(り)石積み】一定の形に切った石材を規則正しく積み重ねた建造物。また、その積み方。

ぎり-いっぺん【義理一遍】〔名・形動〕世間体を飾るため形式的に物事をすること。また、そのさま。通り一遍。「—な(の)あいさつ」

きり-い・る【切(り)入る｜斬(り)入る】〔動ラ五(四)〕刀をかざして敵の中に突入する。きりこむ。「唯一人にて敵陣に、—・りしが」〈竜渓・経国美談〉

きり-うじ【切×蛆】キリウジガガンボの幼虫。稲・麦の幼根などを食害する。

きりうじ-ががんぼ【切×蛆大=蚊】ガガンボ科の昆虫。体長1.8センチくらいで、灰褐色。胸部の背面と翅はねとに褐色のすじがある。

きり-うり【切(り)売り】〔名〕スル❶ひと続き、ひとまとまりになっているものを、少しずつ切って売ること。「土地を—する」❷知識・学問や自分の経験などを小出しにすること。また、そのようにして収入を得ること。「学問の—」❸人間にとって価値のあるものを少しずつなくしていくこと。「良心の—」類語量り売り・分売

きり-え【切(り)絵】ゑ 紙を切り抜いて形を作り、台紙に張ったもの。着色することもある。切り紙絵。

キリエ〘ギリシャ Kyrie〙《主よ、の意》ミサ典礼の式文しきぶんの一。神にあわれみを求める祈り。あわれみの賛歌。⇒ミサ曲

きり-えず【切(り)絵図】ヅ ❶全図の一部分を示した絵図面。❷地域別または地目(田畑・山林など)別に区切って作った地図。

きり-おこ・す【切(り)起(こ)す】〔動サ五(四)〕❶荒れ地を開墾する。「河原を―・して畑にする」❷切って取り出す。また、切って運び出す。「雪の板を二尺平方ぐらいに―・し」〈康成・雪国〉
きり-おとし【切(り)落(と)し】❶切り落とすこと。また、切り落としたもの。❷肉や魚などを切り分ける際にできる、半端で形のそろわない部分。❸江戸時代の歌舞伎劇場で、平土間の最前列の大衆席。文化年間(1804～1818)には消滅したが、下等の大衆席の意でその名が残る。追い込み場。大入り場。❹江戸時代の関西の劇場で、団体客(連中)のこと。土間の仕切りを取り去って入れたところからいう。
きりおとし-ぐち【切(り)落(と)し口】荷物の上げ下ろしができるように、倉庫などの2階の床に作った開口部。
きり-おと・す【切(り)落(と)す】〔動サ五(四)〕❶物の一部を切って本体から離す。「パンの耳を―・す」❷堤防の一部を壊して、水を流す。「堤防を―・す」❸つるしてある幕の上部をはずして一気に下へ落とす。切って落とす。
きり-おろ・す【切(り)下ろす┊斬(り)下ろす】〔動サ五(四)〕上から下へ切る。「ふりかざした刀で、一気に―・す」
きり-がい【×錐貝】シチクガイ科の巻き貝。浅海にすむ。貝殻は細長く、殻高約10センチ。殻表は細かい顆粒(かりゅう)で覆われる。本州中部以南に分布。
きり-かえ【切(り)替え┊切(り)換え】❶切りかえること。「頭の―が速い」「ギアの―」❷洋裁で、切り込みを入れて、別布や共布を接(は)ぎ合わせること。❸「切り替え畑(ばた)」の略。[類語]更新・更改・書き換え
きり-かえし【切(り)返し】❶切りかかってきた相手に逆に切りつけること。また、相手の攻撃にすばやく反撃すること。❷剣道で、正面打ちと左右の横面打ちとを連続して行う練習法。❸相撲のきまり手の一。相手の膝(ひざ)の外側に自分の膝の内側をあてて横後ろにひねり倒すもの。❹田の土を掘り返し、細かくなるように耕すこと。田解(たげ)き。❺樹木の枝を、すべて途中から切り落として短くする剪定(せんてい)法。❻映画で、カットバックのこと。
きり-かえ・す【切(り)返す】〔動サ五(四)〕❶切りかかってきた相手に逆に切りつける。「敵の刀を払ってすばやく―・す」❷言論による批判や攻撃などにすばやく言い返す。「皮肉たっぷりに―・す」❸柔道で、相手が技を仕掛けてくるところを逆にとって相手を倒す。❹相撲で、切り返しの技をかける。❺自動車の運転で、一方に回したハンドルをすばやく反対方向に回す。
きりかえ-せん【切(り)替え線】洋裁で、切り替え❷でできる縫い目の線。
きりかえ-ばた【切(り)替え畑】❶森林・原野を切り開いて畑作をし、地力が衰えると森林・原野に戻すことを繰り返す耕作法。また、その畑。❷▶焼き畑
きり-か・える【切(り)替える┊切(り)換える】〔動ア下一〕図きりか・ふ〔ハ下二〕今までのものをやめて別のものにする。「考え方を―・える」「テレビのチャンネルを―・える」「新制度に―・える」
きり-かか・る【切(り)掛(か)る┊斬(り)掛(か)る】〔動ラ五(四)〕❶切ろうとして襲いかかる。「刀をかざして敵に―・る」❷切り始める。また、切りそうになる。「髪を―・ったときに来客がある」
[類語]切りつける・切りかける
きり-かき【切(り)欠き】❶水量測定に用いる堰板(せきいた)の上部から切り取った正方形または三角形の部分。そこからあふれ出る水量から全体の流量を算出する。ノッチ。❷材料力学で、強度試験のために試験片につけた楔形(くさびがた)の切り取り部分。❸組み合わせるために部材を細長く切り取った溝状の部分。
きり-がくれ【霧隠れ】霧にかくれること。
きり-かけ【切(り)掛け┊切(り)懸け】❶途中まで切ること。また、途中まで切ったもの。❷板を横に張った板塀や羽目板。また、板を横に張った目隠し用のついたて。❸幣帛(へいはく)につける紙の四手(しで)。❹武具の一。御幣に似た指物(さしもの)。
きり-か・ける【切(り)掛ける┊斬(り)掛ける】〔動カ下一〕図きりか・く〔カ下二〕❶切り始める。また、途中まで切る。「枝を―・けてやめる」❷刃物で相手を切ろうとする。切りつける。「袈裟(けさ)懸けに―・ける」❸切った物を他の物にかけておく。特に、首を切って獄門にかける。「すぐに国中引き渡し、獄門に―・けよ」〈浄・歌念仏〉[類語]切りつける・切りかかる
ぎり-がた・い【義理堅い】〔形〕図ぎりがた・し〔ク〕対人関係の義理を大切にして、おろそかにしない。「―・い昔気質の人」
きり-がたり【切(り)語り】義太夫節一段のうち、最も重要な切りの部分を語る太夫。切り場語り。➡口語り
きり-かね【切(り)金┊×截り金】❶仏画や仏像の装飾に使う技法。細長く切った金や銀の箔を用いて、衣などに繊細華麗な文様を描き出す。平安時代から鎌倉時代にかけて盛行した。❷金銀の薄板を小さく切って、蒔絵(まきえ)にはめ込む技法。箔より少し厚めのものを用い、図中の雲などにあしらう。
きり-がね【切(り)金】江戸時代、債務を分割して弁済する手続き。また、その額。きりきん。
きり-かぶ【切(り)株】木や草を切ったり刈ったりしたあとに残る根もとの部分。
きり-かみ【切(り)紙】《「きりがみ」とも》❶切った紙。❷紙を切って、種々の物の形を作りだすこと。❸奉書紙・鳥の子紙などを折り目どおり二つに切ったもの。また、それに書いた手紙。❹❸に書きつけた武芸などの免許状。
きり-かみ【切(り)髪】《「きりがみ」とも》❶切り取った髪の毛。❷近世から明治にかけて、多く未亡人が結った髪形。短く切った髪を髷(まげ)を結わずに束ね、髻(もとどり)に紫の打ちひもをかけたもの。切り下げ髪。❸少女の肩のあたりで切った振り分け髪。「年の八歳(やとせ)を―のよち子を過ぎ」〈万・三三〇七〉
きり-がみ【×桐紙】桐材を薄く紙のように削ったもの。紙箱の外面などに張る。
きりかみ-ざいく【切(り)紙細工】紙を切り抜いて、種々の形をつくる手芸。切り抜き細工。
きりかみ-でんじゅ【切紙伝授】❶古今伝授で、奥義とする秘説を切り紙に記して伝授する形式。東常縁(とうのつねより)が宗祇(そうぎ)に行ったものを最初とする。❷神道で、口伝による誤りなどを避けるために、❶にならって切り紙に記して行った伝授。
きり-が-みね【霧ヶ峰】長野県中部、諏訪(すわ)湖の北東にある高原。車山(くるまやま)の標高1925メートルを最高にゆるやかな起伏の草原が広がる。高層湿原がみられ、冬はスキー場。
きり-かむろ【切り×禿】《「きりかぶろ」とも》子供の髪形で、肩のあたりで切りそろえ、結ばないでいるもの。また、その子供。
きり-が-やつ【×桐が▽谷】桜の一品種。花は淡紅色で、多くは八重咲き。鎌倉の桐ヶ谷から出たといい、最高の品種とされる。きりがや。
きり-かわ・る【切(り)替(わ)る】〔動ラ五(四)〕それまでの物事に替わって別の物になる。「新貨幣に―・る」
きり-きざ・む【切(り)刻む】〔動マ五(四)〕細かく切る。「キャベツを―・む」「身を―・まれる思い」
[類語]刻む・切る・裁つ・ちぎる・刎(は)ねる・ちょん切る・ぶった切る・かき切る・切り抜く・切り込む・切り出す
きり-ぎし【切(り)岸】《「きりきし」とも》切り立った険しいがけ。絶壁。断崖(だんがい)。
きり-きず【切(り)傷┊切り×疵】刃物などで切ってできた傷。創傷。
きり-きょうげん【切狂言】▶大切(おおぎ)り❷❹
きり-きり〔副〕❶物が強く擦れ合う音を表す語。「歯を―(と)いわせて悔しがる」❷きつく巻きつけるさま。「後ろ手に―(と)縛りあげる」❸激しく回転するさま。「―(と)回りながら墜落する」❹弓弦を強くいっぱいに引くさま。また、その音を表す語。「弓を―(と)引き絞る」❺鋭く痛むさま。「胃が―(と)痛む」❻物事をてきぱきとするさま。「―(と)立ち働く」
[類語]ずきずき・しくしく・ちくちく・ひりひり
ぎり-ぎり 頭頂にあるつむじ。転じて、頭の頂上。「爪先(つまさき)より―まで打ち込み」〈浄・宵庚申〉
ぎり-ぎり【▽限り▽限り】〔名・形動〕限度いっぱいで、それ以上余地がないこと。また、そのさま。副詞的にも用いる。「しめきり―に間に合う」「経済的に―な(の)状態で生活する」「―許容できる線」
[類語]すれすれ・一杯一杯・かつかつ
ぎり-ぎり〔副〕❶物が強く擦れ合う音やそのさまを表す語。「歯を―(と)食いしばる」❷強く力を入れるさま。また、強く巻きつけるさま。「ひもで―(と)縛る」❸気がいらだつさま。「もう―して来た葉子は剣を持った声で」〈有島・或る女〉
ぎりぎり-けっちゃく【▽限り▽限り決着】まったく余地がない状況になること。「生れてから今日まで―の生活をして来たんだ」〈漱石・明暗〉
きりきり-しゃん〔副〕身支度にすきがなく、かいがいしいさま。きりりしゃん。「―(と)台所に立つ」
きりぎりす【螽=蟖┊螽=斯┊蟋=蟀】❶直翅(ちょくし)目キリギリス科の昆虫。体は緑色または褐色で、体長4センチくらい。夏から秋にかけて日当たりのよい草原でみられ、雄は日中ギースチョンと鳴く。本州以南に分布するが、岡山以東のヒガシキリギリスと近畿以西のニシキリギリスに分類することもある。はたおり。ぎす。ぎっちょ。(季 秋)「わが胸の骨息づくや―/波郷」❷コオロギの古名。(季 秋)「無残やな甲(かぶと)の下の―/芭蕉」
きりきり-まい【きりきり舞(い)】〔名〕スル❶片足を上げて勢いよくからだを回すこと。❷慌ただしく立ち働くこと。また、あわてふためくこと。てんてこ舞い。「仕事がたてこんで―する」
[類語]忙しい・東奔西走・てんてこ舞い・せわしい・せわしない・気ぜわしい・あわただしい・目まぐるしい
きり-きん【切(り)金】❶室町時代、金の延べ金(がね)を必要に応じて切り、はかりにかけて貨幣として使ったもの。❷▶きりがね
きり-ぎん【切(り)銀】中世末から近世初期、切り金と同様に使った銀。
キリグア〖Quiriguá〗グアテマラ東部、ホンジュラスとの国境近くにあるマヤ遺跡。モタグア川の中流域において8世紀頃を中心に最も繁栄した。保存状態のよい10基もの石碑があり、マヤ文明の研究において重要な価値をもつ。1981年に「キリグアの遺跡公園と遺跡群」の名で世界遺産(文化遺産)に登録。
きり-くい【切り×杭】❶木の切り株。❷《木の杭から芽が生え出るのにたとえて》中古、正月の女叙位(にょじょい)のとき、女官が、自分の年功と母親の年功を合わせて叙爵を申請したこと。
きり-くぎ【切り×釘】「合い釘」に同じ。
きり-くず【切り×屑】物を切ったときに出る不用の部分。
きり-くずし【切(り)崩し】切り崩すこと。「組織の―を図る」
きり-くず・す【切(り)崩す】〔動サ五(四)〕❶削り取ってもとの形でなくする。「山を―・す」❷相手方の弱点などを突いて、全体のまとまりをこわす。「敵陣を―・す」「反対派を―・す」
きり-くだしぶみ【切下文】平安時代、大蔵省から諸国に、租税や儀式・行事の費用の割り当てなどのために発行された文書。
きり-くち【切(り)口┊×截り口】❶物を切った面。切断面。小口(こぐち)。❷切り傷の口。❸切る手並み。また、方法。物事を批判したり分析したりするときの、着眼や発想のしかたなど。「新しい―で批評する」❹封をした袋などで、そこから切り開くようにつけられた目印や切れ目。❺紋所の名。ナシの果実を縦に切った面を模様化したもの。
きり-くび【切(り)首┊斬(り)首】❶首を切ること。また、切り落とされた首。首級。❷歌舞伎の小道具の一。作りものの首級。
きり-くみ【切(り)組(み)】❶材木を切り組むこと。また、そのもの。「―柱」❷能で、切り合いの場面。また、

そのとき奏する囃子の名称。

きりくみ-とうろうえ【切(り)組(み)灯籠絵】人物・建物・風景などの絵を描いた錦絵風の版画を切り抜き、板の上に立体的に組み立て、火をともして眺めるもの。

きり-く・む【切(り)組む】〔動マ五(四)〕材木を種々に切って組み合わせる。「床板を格子に―・む」

きり-ぐも【霧雲】霧のようにぼんやりと漂う雲。俗に、層雲のこと。

きり-ゲージ【×錐ゲージ】ドリルの直径を検査・測定する器具。鋼鉄製の板に各種の大きさの穴をあけたもの。ドリルゲージ。

きり-こ【切(り)子｜切り▽籠】❶立方体のそれぞれの角を切り落とした形。❷《「切り子ガラス」の略》「カットグラス」に同じ。〈季 夏〉❸「切り子灯籠」の略。〈季 秋〉

キリコ〘Giorgio de Chirico〙[1888～1978]イタリアの画家。ギリシャ生まれ。幻想的、神秘的な画風によって形而上絵画を代表、シュールレアリスムの先駆者とされる。デ=キリコ。

きり-こうじょう【切(り)口上】❶一語ずつ区切ってはっきりという言い方。堅苦しく改まった言い方。また、形式的で無愛想な言い方。「―のあいさつ」❷江戸時代の歌舞伎で、1日の演目が終わるときの口上。楽屋頭取などが舞台から「まず今日はこれぎり」と述べた。現在でも演出上行うことがある。

きりこ-ガラス【切(り)子ガラス】▶カットグラス

きり-ごたつ【切り×炬×燵】床に炉を切って、下に火入れを作った炬燵。掘り炬燵。〈季 冬〉

きりこ-だま【切(り)子玉】古墳時代から奈良時代にかけて、装身具に用いられた玉。ふつう、長さ2～3センチの細長いそろばん玉のような形の多面体で、水晶製が多い。

きりこ-どうろう【切(り)子灯籠】枠を切り子❶の形に組んで、四方の角に造花や紙・帛などを細長く切ったものを飾りつけた灯籠。盂蘭盆会などに用いる。〈季 秋〉

きり-ごま【切り×胡麻】炒り胡麻を包丁でみじんに切ったもの。

きり-こまざ・く【切(り)細裂く】〔動カ五(四)〕切ってこまかく裂く。「彼は目の前の闇を、力いっぱいステッキを振り廻して―・いた」〈里見弴・今年竹〉

きり-こみ【切(り)込み｜斬(り)込み】❶刃物である深さまで切ること。また、その部分。「用材に―を入れる」❷刀を持って攻め入ること。攻撃をしかけること。「―をかける」「―隊長」❸裁縫で、縫い代などがひきつれないようにはさみで切れ目を入れること。また、その切れ目。❹切った魚の肉を塩と麹で漬けた食品。❺「切り込み砂利」の略。類語 彫り・刻み

きりこみ-こ【切込湖】栃木県北西部、奥日光最北の湖。西側の刈込湖とつながり、ひょうたん形をしている。三岳(標高1945メートル)の噴火による溶岩流で沢がせ止められてできた。面積0.02平方キロメートル。深度16メートル。湖面標高は約1610メートル。コメツガ・ダケカンバなどの原生林に囲まれる。

きりこみ-さんがわら【切(り)込み桟瓦】横断面が波状で、対角の二隅を切り込んだ瓦。普通の屋根瓦。

きりこみ-じゃり【切(り)込み砂利】採取したままで、砂の混じっている砂利。道路の敷き込みなどに使用。

きりこみ-たいちょう【切(り)込み隊長｜斬(り)込み隊長】❶まっさきに敵陣に突撃する部隊の隊長。❷(比喩的に)まっさきにそのことをする人。例えば、野球の一番打者、新規事業の開拓者、困難な事態を切り開く人など。

きりこみ-たん【切(り)込み炭】採掘したままで、粉炭と塊炭とが分別されていない石炭。

きり-こ・む【切(り)込む｜斬(り)込む】〔動マ五(四)〕❶刃物で深く切る。「肩先深く―・まれる」❷刀を抜いて切って入る。踏み込んで切る。「敵陣に―・む」❸深いところまで鋭く入り込む。「議論の核心に―・む」❹切って中に入れる。「野菜を―・んで煮る」❺切ってはめ込む。「堅い樫の板を奇麗に―・んだ手際は」〈漱石・三四郎〉

類語 刻む・切る・裁つ・ちぎる・刎ねる・ちょん切る・ぶった切る・かき切る・切り刻む・切り抜く・切り出す

きり-ころ・す【切(り)殺す｜斬(り)殺す】〔動サ五(四)〕刃物で切って殺す。「一刀のもとに―・す」

きり-さいな・む【切り▽苛む｜斬り▽苛む】〔動マ五(四)〕むごたらしくずたずたに切る。めった切りにして苦しめる。「身を―・まれる思い」

きり-さき【切(り)裂き】指物や幟などの縁に切り目を多く入れて、なびきやすくしたもの。

きりさき-ジャック【切り裂きジャック】《Jack the Ripper》19世紀末の英国ロンドンで、売春婦を連続して惨殺した犯人の通称。事件は未解決で、今日でも猟奇的殺人の代名詞とされている。

きり-さ・く【切(り)裂く】〔動カ五(四)〕切って開いたり、切って二つに分けたりする。また、切ってばらばらにする。「魚の腹を―・く」「布を―・く」

きり-さげ【切(り)下げ】❶切り下げること。❷物価や貨幣価値を低くすること。「平価―」⇔切り上げ。❸「切り下げ髪」の略。

きりさげ-がみ【切(り)下げ髪】❶髪を首のあたりで切りそろえて垂らした髪形。❷▶切り髪❷

きり-さ・げる【切(り)下げる】〔動ガ下一〕文きりさ・ぐ〔ガ下二〕❶上から下へと切る。切り下ろす。「肩先から―・げる」❷切って垂らす。「額に―・げた髪」❸物価や貨幣価値を低くする。引き下げる。「為替レートを―・げる」⇔切り上げる。

類語 (❸)引き下げ・値下げ・値下がり

きり-さば・く【切り×捌く】〔動カ五(四)〕❶切っていくつかの部分に分ける。「マグロを―・く」❷うまく処理する。取りさばく。「紛争を―・く」

きり-さめ【霧雨】霧のような細かい雨。水滴の直径0.5ミリ未満をいい、低い層雲から降る。糠雨。小糠雨。きりあめ。〈季 秋〉

類語 小雨・小雨・糠雨・小糠雨・細雨・煙雨

きり-ざんしょう【切(り)山×椒】糝粉に山椒の汁または粉と砂糖とを混ぜて蒸し、臼でついてから拍子木形に切った和菓子。〈季 新年〉「暮からの風邪まだ抜けず―/万太郎」

ギリシア〘ポルトガル Grécia〙▶ギリシャ

キリシタン〘ポルトガル cristão〙【吉利支丹｜切支丹】天文18年(1549)フランシスコ=ザビエルの布教以来、日本に広がったキリスト教(カトリック)、またその信徒。江戸幕府は邪宗として弾圧した。伝来の当初は南蛮宗・伴天連宗ともよばれ、5代将軍徳川綱吉のときから「吉」の字を避けて「切支丹」の字が当てられた。

キリシタン-じ【キリシタン寺】▶南蛮寺

キリシタン-だいみょう【キリシタン大名】近世初期、キリスト教徒となった大名。高山右近・大友宗麟・有馬晴信・大村純忠・小西行長らが有名。豊臣秀吉や徳川氏の禁教令によって滅んだ。

キリシタン-バテレン《和 cristão(ポルトガル)＋padre(ポルトガル)》キリシタン布教時代の外国人宣教師で司祭職の者の称。

キリシタン-ばん【キリシタン版】近世初期、イエズス会が主として九州地方で刊行した活字本の総称。バリニャーノが天正18年(1590)に活字印刷機を伝えてから刊行。欧文本・ローマ字本・邦文本・欧和混用本がある。「ドチリナキリシタン」「伊曽保物語」「日葡辞書」など。

キリシタン-ぶぎょう【キリシタン奉行】江戸幕府の職名。キリシタンの探索や取り締まりのため、寛永17年(1640)設置。のち宗門改役と改称。

キリシタン-ぶんがく【キリシタン文学】室町末期から江戸初期にかけて、キリシタンの宣教師などにより、日本語で著述・翻訳された宗教文学、および宣教用・語学用の書物。「伊曽保物語」「日葡辞書」など。南蛮文学。

キリシタン-やしき【キリシタン屋敷】江戸小石川茗荷谷(東京都文京区)にあった、転びバテレンらを収容した牢獄。正保3年(1646)宗門改役であった大目付井上政重の下屋敷に設置。寛政4年(1792)廃止。山屋敷。

きり-じに【切(り)死に｜斬(り)死に】〔名〕スル 切り合って死ぬこと。「大勢と渡り合って―した」

類語 討ち死に・戦死・戦没・陣没・玉砕

きりしま【霧島】㊀鹿児島県、鹿児島湾北岸にある市。北部の霧島山系から平野部まで温泉が数多い。鹿児島空港がある。平成17年(2005)11月、国分市と周辺6町が合併して成立。人口12.8万(2010)。㊁「霧島山」の略。㊂キリシマツツジの別名。〈季 春〉「一や葉一つなき真盛り/風生」

きりしま-おんせん【霧島温泉】鹿児島県北東部、霧島山の南西面の中腹にある温泉群。林田・丸尾・湯之谷・明礬などの温泉がある。泉質は炭酸水素塩泉・塩化物泉・硫黄泉。

きりしま-かざんたい【霧島火山帯】九州の阿蘇山から霧島山・桜島・吐噶喇列島・硫黄鳥島を経て台湾北部に至る火山帯。阿蘇・始良・阿多(指宿とも)・鬼界の四大カルデラがある。琉球火山帯。

きりしまきんこうわん-こくりつこうえん【霧島錦江湾国立公園】宮崎・鹿児島両県にまたがる霧島地域と、池田湖・佐多岬・桜島などを含む錦江湾(鹿児島湾)地域からなる国立公園。霧島地域には韓国岳や高千穂峰などの火山が集中。桜島は始良カルデラの中央火口丘で、現在も活発に噴火を繰り返している。補説 平成24年(2012)、霧島屋久国立公園から分離され、始良カルデラを編入し、独立した国立公園となった。

きりしま-し【霧島市】▶霧島㊀

きりしま-じんぐう【霧島神宮】鹿児島県霧島市にある神社。旧官幣大社。主祭神は天津日高彦火瓊瓊杵尊。

きりしま-つつじ【霧島躑=躅】ツツジ科の常緑低木。ヤマツツジの変種とされる。葉は楕円形で、枝先に集まってつく。春、紅色の筒形の花を開く。品種が多い。〈季 春〉

きりしまやく-こくりつこうえん【霧島屋久国立公園】霧島錦江湾国立公園と屋久島国立公園の旧指定名称。昭和9年(1934)に霧島国立公園として指定。同39年、屋久島地域と錦江湾(鹿児島湾)地域が追加指定され、霧島屋久国立公園に改称。平成19年(2007)、口永良部島を編入。同24年、霧島錦江湾国立公園と屋久島国立公園に分離された。

きりしま-やま【霧島山】宮崎・鹿児島両県にまたがる火山群。最高峰は韓国岳の標高1700メートル。第2の高峰は高千穂峰の1574メートルで、天孫降臨の伝説で知られる。

ギリシャ〘ポルトガル Grécia〙ヨーロッパ南東部の共和国。バルカン半島の南端部とエーゲ海の島々からなる。首都アテネ。古代文明の発祥地で、前2500年ごろから石器・青銅器文明が発達。前8、9世紀ごろアテナイ・スパルタなど多数の都市国家が成立したが、前4世紀マケドニアに併合。その後、ローマ帝国やオスマン帝国の支配下に入ったが、1829年王国として独立。1924年に共和国、35年王制復活を経て、73年共和国。ギリシャ正教が行われる。人口1075万(2010)。ギリシア。ヘラス。エラザ。補説「希臘」とも書く。

ギリシャ-ご【ギリシャ語】インド-ヨーロッパ語族の一語派をなす言語。ギリシャ本土からエーゲ海の島々、キプロス島などで話されている。3000年以上にわたる豊富な記録を有し、ふつう、前2000年から前4世紀前半までを古代ギリシャ語、15世紀半ばまでを中世ギリシャ語、それ以降を近代ギリシャ語と区分する。また前5～前4世紀のアッティカ方言に代表される古代ギリシャ語を特に古典ギリシャ語とよぶことがある。

ギリシャ-じゅうじ【ギリシャ十字】十字形の一つで、縦と横の長さが等しく、それぞれの中央で交差しているもの。

ギリシャ-しんわ【ギリシャ神話】古代ギリシャ民族が伝承した神話や伝説。主神ゼウスを中心に、オリン

ポスの神々や人間の英雄などが登場する。「イリアス」「オデュッセイア」のほか、多くの文芸作品に描かれ、ヨーロッパの文芸や美術に大きな影響を与えた。

ギリシャ-せいきょう【ギリシャ正教】ーセイケウ「ギリシャ正教会」に同じ。

ギリシャ-せいきょうかい【ギリシャ正教会】ーセイケウクワイ ❶ ▻東方正教会 ❷ロシア正教会とともに、東方正教会の中心的教会。コンスタンチノープル総主教の管下から独立し、1850年、ギリシャの国教となった。

ギリシャ-てつがく【ギリシャ哲学】前6世紀ごろから後6世紀にかけて、ギリシャ本土とその周辺の地域で発達した古代ギリシャの哲学。イオニア学派・エレア学派・ソクラテス・プラトン・アリストテレス・エピクロス学派・ストア学派・新プラトン学派など。

ギリシャ-どくりつせんそう【ギリシャ独立戦争】ードクリツセンサウ 15世紀以来オスマン帝国の支配下にあったギリシャの独立戦争。1821年から29年まで続いたが、ロシア・フランス・イギリスがギリシャを支援したため、オスマン帝国は29年のアドリアノープル条約で独立を認めた。

ギリシャ-ひげき【ギリシャ悲劇】アテネを中心に前5世紀ごろ栄えた演劇。運命に逆らい、また、流される人間を主題とした荘重・沈痛な悲劇で、仮面をつけた俳優とコロス(合唱団)によって演じられる。アイスキュロス・ソフォクレス・エウリピデスを三大悲劇詩人という。

ギリシャ-もじ【ギリシャ文字】ギリシャ語を書き表すのに用いられる表音文字。前9世紀ころ、古代ギリシャ人がセム系の文字であるフェニキア文字を借用し、改良を加えてつくった。普通は24字。ローマ字・ロシア文字のもととなった。

ぎり-じゅんぎ【義理順義】「順義❷」に同じ。

きり-ず【切(り)図】ーヅ 全体の一部分を区切って作った地図。

きり-すか・す【切(り)透かす】〔動サ五(四)〕切って間がすくようにする。「障子の上の部分を少しずつ—・した」〈藤村・家〉

ぎり-ずく【義理▽尽く】ーづく どこまでも義理を立て通すこと。「—で他人からしていただくんでは胸がつかえますから」〈有島・或る女〉

ぎり-ずくめ【義理▽尽くめ】ーづくめ 義理を尽くすこと。また、義理に縛られること。「—で身動きがとれない」

きり-すて【切(り)捨て┊斬(り)捨て】❶切り取って捨てること。❷不要なものとしてかえりみないこと。「福祉の—」❸計算で、求める位未満の端数を捨てること。㊟切り上げ。❹人を切ってそのまま放っておくこと。

きりすて-ごめん【切(り)捨て御免】江戸時代、武士に与えられていた特権の一。町人・百姓などが無礼な行為に及んだ場合、殺しても処罰されなかったこと。転じて、弱者に対し、特権を用いて横暴なふるまいをすること。

きり-す・てる【切(り)捨てる┊斬(り)捨てる】〔動タ下一〕図きりす・つ〔タ下二〕❶切り取ってその部分を捨てる。「枝を—・てる」❷無益なもの、不要なものとして捨て去る。「弱者を—・てる」「過去を—・てる」❸計算で、求める位未満の端数を捨てる。「小数点以下を—・てる」㊟切り上げる。❹人を切ってそのまま放っておく。「一刀のもとに—・てる」

キリスト〖ポルトガル Cristo〗「イエス=キリスト」に同じ。(補説)「基督」とも書く。

キリスト-きょう【キリスト教】ーケウ 仏教・イスラム教と並ぶ世界三大宗教の一。イエスをキリストすなわち救世主と信じる宗教。神の国の福音を説き、人類の罪を救済するために自ら十字架につき、復活したイエス=キリストを信仰の中心とする。ユダヤ教を母体として1世紀中ごろパレスチナに起こり、4世紀末ローマ帝国の国教となる。欧米を中心として世界各国に広まっている。ローマ-カトリック教会・東方正教会・プロテスタント諸教会の三つの流れがある。耶蘇(やそ)教。

キリスト-きょうかい【キリスト教会】ーケウクワイ キリスト教を信仰する人々の組織。また、その礼拝や儀式を行うための建造物。教会。

キリストきょうこうよう【キリスト教綱要】ーケウカウエウ《原題、ラテン Institutio Christianae Religionis》キリスト教神学の最初の組織的神学書。カルバンの主著。1559年決定版刊行。キリスト教の教理を解説し、宗教改革の根本思想を明らかにしたもの。

キリストきょう-しゃかいしゅぎ【キリスト教社会主義】ーケウシヤクワイシユギ キリスト教の思想と信仰とを基礎とする社会主義。19世紀中ごろから、イギリス・ドイツなどで提唱され、各国に広まった。説教による労働者の啓蒙や職場での協同を通じて、労働者の解放と社会の改良とを求めた。

キリストきょう-しゃかいどうめい【キリスト教社会同盟】ーケウシヤクワイドウメイ《ドイツ Christlich-Soziale Union》ドイツ、バイエルン州の保守政党。キリスト教民主同盟(CDU)と姉妹関係にあり、連邦議会では統一会派を組む。同州にはCDUの組織はない。CSU。ツェーエスウー。

キリストきょう-じょしせいねんかい【キリスト教女子青年会】ーケウヂヨシセイネンクワイ ▻ワイ-ダブリュー-シー-エー(YWCA)

キリストきょう-せいねんかい【キリスト教青年会】ーケウセイネンクワイ ▻ワイ-エム-シー-エー(YMCA)

キリストきょう-と【キリスト教徒】ーケウー キリスト教を信仰する人。クリスチャン。

キリストきょう-みんしゅどうめい【キリスト教民主同盟】ーケウー《ドイツ Christlich-Demokratische Union》ドイツの保守政党。第二次大戦前の保守政党の分立がナチスの台頭の一因だったとの反省に立ち、1945年に連合国占領下で発足した。49年に東西ドイツが分裂すると、東では衰退したが、西では広範な保守層の支持を得る政党に発展。アデナウアー・エアハルト・キージンガー・コール・メルケルが首相となった。CDU。ツェーデーウー。➡キリスト教社会同盟

キリスト-こうたんさい【キリスト降誕祭】ーカウタンサイ ▻クリスマス

キリストしゃのじゆう【キリスト者の自由】ーシヤのジイウ《原題、ドイツ Von der Freiheit eines Christenmenschen》キリスト教の信仰書。ルター著。1520年成立。だれにも従属しない信仰による自由と、隣人への限りない愛による奉仕を論じた。

キリスト-ろん【キリスト論】キリスト教神学の一部門。イエス=キリストの人格、ことにその神性と人性、神との関係などを考究する神学理論。

きり-ずみ【切り▽角】▻隅切(すみき)り角(かく)

きり-ずみ【切(り)炭】程よい長さに切った木炭。

きり-ずみ【切(り)墨】材木の、切る箇所を示すために引く墨の線。

きり-せぶ【切り▽畝歩】江戸時代、検地帳に一区画として登録されている田畑を分割して、その一部を質入れすること。

ぎり-ぜめ【義理責め】義理をたてに責めること。「残酷な武士道の—などが少なくって」〈谷崎・蓼喰ふ虫〉

きり-そ・ぐ【切り▽殺ぐ】〔動ガ五(四)〕先がとがるように切り取る。「—・いだように立つ峰々」

きり-そろ・える【切り×揃える】ーそろへる〔動ア下一〕図きりそろ・ふ〔ハ下二〕切って、同じ長さや形にする。「前髪を—・える」

きり-だいばん【切(り)台盤】食器や食物をのせる台。台盤の長さを普通の半分にしたもの。➡台盤

きり-たお・す【切(り)倒す┊斬(り)倒す】ーたふす〔動サ五(四)〕❶立っている物を切って倒す。「杉の大木を—・す」❷人を切って殺す。「敵を—・す」

きり-たがね【切り×鏨】刀剣の中子(なかご)に銘を刻むために用いるたがね。

きりたけ-もんじゅうろう【桐竹紋十郎】ーモンジフラウ 文楽の人形遣い。㊀(初世)[1847?～1910]大坂の生まれ。本名、小林福太郎。桐竹門十郎の子。父の名跡門十郎を継いだが、のち紋十郎と改めた。女形遣いの名手。㊁(2世)[1900～1970]大阪の生まれ。本名、磯川佐吉。前芸名、簑助。吉田文五郎の門に入り、抜擢されて、昭和2年(1927)2代目を襲名。女形遣いの名手。革新的で新作などにも意欲をみせた。

きり-だし【切(り)出し】❶木材や石を切り出すこと。❷細長い鋼板の先に、幅広の斜めの刃のついた小刀。切り出しナイフ。❸用件などを言い始めること。「話の—に困る」❹歌舞伎の大道具で、山・樹木・建物などの形を切り抜いた厚紙・板などに彩色し、舞台に立てるようにしたもの。「一欄間(らんま)」

きり-だ・す【切(り)出す】〔動サ五(四)〕❶切り始める。「のこぎりで—・す」❷木材や石などを切って運び出す。「石を—・す」❸話や相談ごとを言い出す。思い切って話し始める。「別れ話を—・す」❹小切手や手形などを振り出す。「誰がそんな不渡手形を—・して」〈佐藤春夫・都会の憂鬱〉

きり-た・つ【切(り)立つ】㊀〔動タ五(四)〕山や岩などが、鋭い傾斜でそそり立つ。「—・った崖(がけ)」㊁〔動タ下二〕「きりたてる」の文語形。(類語)聳(そび)える・そそり立つ・そばだつ・屹立(きつりつ)・聳立(しょうりつ)・対峙(たいじ)

きりたっぷ-しつげん【霧多布湿原】北海道南東部、琵琶瀬(びわせ)湾に面して扇形に広がる湿原。面積は約32平方キロメートルで、釧路湿原・サロベツ原野につぐ広さをもつ。ミズバショウやハマナスなど花の咲く植物が多く、「花の湿原」と呼ばれる。平成5年(1993)ラムサール条約に登録された。

きりたっぷ-みさき【霧多布岬】北海道南東部、太平洋に鋭く突き出た岬。正式名称、湯沸(とうふつ)岬。

きり-たて【切(り)立て】❶切ったばかりであること。また、そのもの。「—の草花」❷仕立ておろして間もないこと。また、そのもの。「—のフロックコート」〈魯庵・社会百面相〉❸蹴鞠(けまり)で、かかりの四隅に立てる木。

ぎり-だて【義理立て】〔名〕スル 交際上、相手に対する義理を堅く守ること。「行きつけの店に—する」

きり-た・てる【切(り)立てる】〔動タ下一〕図きりた・つ〔タ下二〕❶激しく切ってかかる。切りまくる。「多勢に—・てられる」❷切ったり削ったりして、鋭くそそり立つようにする。「東の岸を高く屏風の如くに—・てたれば」〈太平記・一四〉

きり-だめ【切り×溜め】❶料理場で用いる、切った野菜や作った料理などを入れておく浅い木箱。長方形でかぶせぶたがあり、薄く漆が塗ってある。❷「箱膳(はこぜん)」に同じ。

きり-たんぽ【切りたんぽ】秋田地方の郷土料理。ついてつぶした飯を細い杉などの棒に円筒状にぬりつけて焼いたもの。鶏肉・野菜などと醤油汁で煮たり、田楽風に味噌を塗ったりして食べる。名は、たんぽ槍の先を切った形に似るからという。(季 秋)

ぎり-チョコ【義理チョコ】バレンタインデーに、女性が知人の男性などに付き合いで配るチョコレート。➡本命チョコ ➡友チョコ

きり-ちん【切(り)賃】❶物を切る手間賃。❷江戸時代、両替屋に払った、金銀貨を銭に替える手数料。

き-りつ【起立】〔名〕スル 立ち上がること。「全員—して迎える」

き-りつ【規律┊紀律】❶人の行為の基準として定められたもの。おきて。「—を守る」❷一定の秩序。「—正しい生活」(補説)「規律」は集団や機構の秩序を維持する決まり、「紀律」は風紀に関する取り締まりに用いられることが多い。(類語)規則・きまり・おきて・定め・規約・規程・規定・規矩準縄(きくじゅんじょう)・ルール・コード

ぎ-りつ【擬律】裁判所が判決において法規を具体的な事件に適用すること。

きり-づかい【切(り)遣い】ーづかひ 昔、金銀を必要に応じて適当な量に切り、貨幣として使ったこと。

きり-つぎ【切(り)継ぎ┊切(り)接ぎ】〔名〕スル ❶物を切ってつぎ合わせること。「フィルムを—する」❷接ぎ木の一。台木の皮と木質部との境目を縦にそぎ、そこに下方を斜めに削った接ぎ穂を差し込んで密着させる方法。❸勅撰集などで、撰歌後、部分的に加除・訂正をするため稿本を切りついだこと。❹裏打ちした書画と表具地を適当な形に切り、つぎ合わせて掛け物にすること。

ぎり-づきあい【義理付(き)合い】ーづきあひ 義理のためにしかたなくするつきあい。

きり-つけ【切(り)付け┊斬(り)付け】❶切りつける

こと。❷いろいろな形に切った布を着物などにかがりつけて模様としたもの。切り付け模様。

きり-づけ【切(り)漬(け)】大根・瓜などを小さめに切って塩で漬けたもの。➡丸漬(まるづ)け

きりつけ-もん【切(り)付け紋】無地の羽織などに、同質の布に描いた紋を切り抜いて張り付け、まわりを目立たないように縫い留めたもの。正平紋。

きり-つ・ける【切(り)付ける┆斬(り)付ける】〔動カ下一〕図きりつ・く〔カ下二〕❶刃物を持って襲いかかる。切りかかる。「暴漢に―・けられる」❷切って形や印をつける。「柱に目印を―・ける」

(類語)切りかける・切りかかる・切り返す

きりつせい-たんぱくにょう【起立性×蛋白尿】立ちつづけたり運動をしたりすると尿にたんぱくが出て、安静にすると出なくなる状態。学童に多いが、成人すれば自然に消失する。

きりつせい-ちょうせつしょうがい【起立性調節障害】立ち上がったときや長時間立っていたときに、立ちくらみ・目まいなどを起こす状態。姿勢の変化に応じて血圧や血流量を正常に保つ、自律神経機能の失調によることが多い。OD(orthostatic disturbance)。

きりつせい-ていけつあつしょう【起立性低血圧症】座ったり横になったりの状態から立ち上がったとき、目まいや立ちくらみが起こる病気。起立時に血圧が急に下がり、なかなか回復しない。水分や塩分の補給、ゆっくり立ち上がる、運動で足腰を鍛えるなどの対策が必要。OH(orthostatic hypotension)。

きりっ-と〔副〕スル きちんとしてゆるみのないさま。きりりと。「―した顔つき」

きり-つぼ【桐壺】㊀《庭に桐の木が植えてあったところから》宮中五舎の一。平安京内裏の淑景舎(しげいしゃ)の別称。㊁源氏物語第1巻の巻名。光源氏の母桐壺更衣の死、源氏の臣籍(しんせき)降下、藤壺の入内(じゅだい)、源氏と葵の上との結婚、亡き母に生き写しの藤壺への源氏の思慕などが描かれる。

きりつぼ-の-みかど【桐壺の帝】源氏物語の登場人物。光源氏の父。本文には名称がなく、その登場する初巻「桐壺」の名による。

きり-づま【切妻】《「つま」は端の意》❶切妻屋根の両端の、山形部分。切棟。❷「切妻造り」の略。

きりづま-づくり【切妻造(り)】切妻屋根をもつ建物の様式。甍(いらか)造り。

きりづま-はふ【切妻破風】切妻屋根に取りつけた破風。切破風。

きりづま-やね【切妻屋根】大棟(おおむね)から両側に葺(ふ)きおろす形式の屋根。古代には真屋(まや)と称され、寄せ棟屋根よりも格が上とされた。➡寄せ棟造り

きりづみ-おんせん【霧積温泉】群馬県安中市にある温泉。泉質は硫酸塩泉。

ぎり-づめ【義理詰め】❶道理をもって物事をとらえること。理屈詰め。「先より腹の立つやうに持ってくる時になほ物静かに、―に」〈浮・胸算用・三〉❷義理をたてに責めたてること。また、義理でどうしようもなくなること。義理責め。「ああ死にましょと引くに引かれぬ―に」〈浄・天の網島〉

きり-つ・める【切(り)詰める】〔動マ下一〕図きりつ・む〔マ下二〕❶物の一部分を切り取って短くする。「裾を一〇センチほど―・める」❷経費などを節約する。倹約する。「食費を―・める」

(類語)(1)縮める・約(つづ)める・詰める/(2)引き締める・約(つづ)める・倹約・節約・始末・経済・セーブ・エコノミー

ぎり-づよ・い【義理強い】〔形〕図ぎりづよ・し〔ク〕《近世語》義理を守ろうとする気持ちが強い。義理堅い。「今の継母(まま)さんが―・く、妹よりも私(わたし)の方をかばってくれます」〈人・英対暖語・三〉

きり-ど【切(り)戸】❶「潜(くぐ)り戸❶」に同じ。❷「切り戸口」の略。

きり-どおし【切(り)通し】《「きりとおし」とも》❶山・丘などを切り開いて通した道路。「鎌倉の―」❷物事を滞りなくさばくこと。「政務―にして、上下の善悪を糺(ただ)されければ」〈古活字本保元・上〉

きりど-ぐち【切(り)戸口】❶くぐり戸をつけた小門。❷能舞台で、右手側面の奥にあるくぐり戸。地謡、後見などが出入りする。臆病口(おくびょうぐち)。忘れ口。切り戸。

きり-とり【切(り)取り┆斬(り)取り】《「きりどり」とも》❶切り取ること。❷土木工事で、地面の高い所を削り取ること。❸人を切って金品を奪うこと。また、その人。「―するも浪人の習ひと」〈風来六部集・放屁論後編〉

きりとり-せん【切(り)取り線】切り離す位置を示した線。多く破線・点線で示す。

きり-と・る【切(り)取る】〔動ラ五(四)〕❶一部分を切って取る。「胃を半分―・る」❷武力で領地などを奪い取る。「クニヲー・ル」〈日葡〉

きり-なし【▽限り無し】❶きりがないこと。際限がないこと。「―におやつをねだる」❷絶え間のないこと。ひっきりなし。

きり-に-ほうおう【×桐に×鳳×凰】紋所の名。翼を左右に張った鳳凰の下に、桐の葉と花を配して円形につくったもの。

ぎり-にんじょう【義理人情】義理と人情。「―に厚い男」

きり-ぬき【切(り)抜き】❶切り抜くこと。また、切り抜いたもの。「新聞の―」❷「切り抜き絵」の略。

きりぬき-え【切(り)抜き絵】物の形を切り抜いて取るように描いた絵。また、その切り抜いた絵。

きりぬき-ざいく【切(り)抜き細工】色紙を切り抜いてさまざまの形に細工すること。また、そのもの。

きりぬき-ちょう【切(り)抜き帳】新聞・雑誌から切り抜いた記事をはりつける帳面。スクラップブック。

きり-ぬ・く【切(り)抜く】㊀〔動カ五(四)〕一部分を切って抜き取る。「新聞の記事を―・く」「紙を丸く―・く」㊁〔動カ下二〕「きりぬける」の文語形。

(類語)切る・切り刻む・切り込む・切り出す

きり-ぬ・ける【切(り)抜ける】〔動カ下一〕図きりぬ・く〔カ下二〕❶敵の囲みなどを切り破って逃れる。「敵陣を―・ける」❷困難な状況や危険な状態からやっとのことで抜け出る。「ピンチを―・ける」

きり-ねた【切りねた】❶漫才で、最後にどっと笑わせて舞台を降りるときに用いるねた。❷落語で、真打ちが演じるものとされている出し物。大ねた。

キリノ〘Elpidio Quirino〙[1890～1956]フィリピンの政治家。第二次大戦中は抗日運動を指導し、独立後は副大統領、次いで大統領に就任。外交面では反共・親米政策をとった。

きり-のう【切能┆▽尾能】能で、1日の番組の最後に演じる能。普通は、五番立てで正式に演じる場合の五番目の曲種の能(五番目物)をいう。切(きり)。

きり-の-うみ【霧の海】❶霧の立ちこめた海。(季 秋)❷霧が一面に深く立ちこめて海のように見えること。霧海。(季 秋)

きりのき-ずみ【×桐の木炭】桐の木で作った炭。粉にして火薬に混ぜたり懐炉灰に使ったりする。

ぎり-の-しがらみ【義理の▽柵】義理に縛られて、思うままにならないこと。

きり-の-とう【×桐の×薹】❶桐の花軸。❷紋所の名。桐を図案化したもので、五三の桐、五七の桐などがある。❸《文様に❷を用いたところから》大判・小判・一分金(いちぶきん)などの判金。きりのと。「その時の白菊は―に替へて、小判弐百両」〈浮・好色盛衰記〉

きりの-としあき【桐野利秋】[1838～1877]軍人。薩摩の人。旧名、中村半次郎。幕末から西郷隆盛の下で活躍。明治維新後陸軍少将になったが、征韓論に敗れて辞職。西南戦争では西郷とともに戦い、城山で戦死。

きりの-なつお【桐野夏生】[1951～]小説家。石川の生まれ。犯罪に走る女性の心理などをリアリティあふれる手法で描く。「柔らかな頬」で直木賞受賞。他に「OUT」「グロテスク」「魂萌(たまも)え!」など。

きり-のれん【切り▽暖×簾】商家で用いる暖簾で、下の方を縫い合わせず、開いたままにしたもの。

きり-は【切(り)刃】物がよく切れる刃。

きり-は【切(り)羽┆切(り)端】鉱石の採掘やトンネル工事で、掘削が行われる現場。切り場。

きり-ば【切(り)場】❶「切り羽」に同じ。❷義太夫節の一段を口(くち)・中(なか)・切(きり)に分けたときの切りの部分。➡端場(はば)

きり-ばかま【切り×袴】丈が足首までの、ごく普通に見られる袴。小口袴。半袴。➡長袴(ながばかま)

きり-はく【切り×箔】❶金銀の箔を細かく切ったもの。❷細かく切った金銀の箔を散らす装飾法。巻物・歌集の料紙・色紙・短冊・屏風(びょうぶ)などに用いる。❸金銀の箔を漆で鳥の子紙に張りつけ、糸のように細く切ったもの。金襴(きんらん)・紋織物などに用いる。

きり-ばこ【霧箱】▶ウィルソンの霧箱

キリバス〘Kiribati〙南太平洋中部、ギルバート諸島・フェニックス諸島・ライン諸島を占める共和国。首都はタラワ。コプラを産する。もと英国の植民地。1979年独立。人口10万(2010)。

きり-はず・す【切(り)外す】〔動サ五(四)〕❶つないであるものなどを、切って外す。「電話線を―・す」❷切り損なう。「―・して大木に切りこみ」〈浄・日本蓬莱山〉

きりは-づくり【切(り)刃造(り)】日本刀の造り込みの一。鎬(しのぎ)と峰との間が広く、刃方の肉の勾配(こうばい)が急なもの。

きり-ばな【切(り)花】枝・茎をつけたまま切り取った花。生け花などに用いる。

きり-はなし【切(り)離し┆切(り)放し】❶切り離すこと。❷(切り放し)江戸時代、火災などの非常の際に、入獄中の囚人を一時釈放したこと。きりはなち。

きり-はな・す【切(り)離す┆切(り)放す】〔動サ五(四)〕一つの物や結びついている物を、切って離れさせる。切って別々にする。「貨車を―・す」「二つの問題を―・して考える」

(類語)断ち切る・離す・外す・分ける・分かつ・分離する

きり-はなれ【切(り)離れ】❶切れて別々になること。❷「切れ離れ」に同じ。

きり-はふ【切破風】▶切妻(きりづま)破風

きり-はら・う【切(り)払う┆斬(り)払う】〔動ワ五(ハ四)〕❶草木などを切り除く。「下枝を―・う」❷切りかかって追い払う。「群がる敵を―・う」

きりはら-しんじ【桐原真二】[1901～1945]野球選手・新聞記者。大阪の生まれ。大正13年(1924)慶大野球部の主将となり、遊撃手として活躍。早大の監督であった飛田穂洲(とびたすいしゅう)とともに中断されていた早慶戦の復活に尽力し、同14年の秋に実現させる。のち大阪毎日新聞社の記者を務めるが、フィリピンで戦病死。

きり-ばり【切(り)張り┆切(り)貼り】〔名〕スル ❶障子やふすまの破れた部分だけを切り取って、張り替えること。❷切り抜いて張りつけること。

ぎり-ば・る【義理張る】〔動ラ五(四)〕❶どこまでも義理を立て通す。「生(な)さない中だからと―・って、小夜の為ばかしを言っちゃ」〈二葉亭・其面影〉❷贈答・馳走などを度をこえてする。「らっちもない所へ―・って、ぽんぽんしてゐやせぬか」〈松翁道話・二〉

義理張るより頰張(ほおば)れ 義理を立ててつきあいに金を使うよりも、自分の利益を考えろということ。

きり-ばん【切り盤】俎板(まないた)のこと。「ちょっきり―百人前を夢の間に仕立てすまして」〈浄・嫗山姥〉

きり-ばん【切(り)番】順番・順位などの数が区切りのいい値であること。(補説)10000番や10万番など、多くは末尾の数桁が0である数を指すが、1234や7777といった、数字が連続する番号やぞろ目になっている番号をいうこともある。

きり-び【切(り)火┆×鑽り火】❶ヒノキ・モミなどの堅い材に細い丸棒をもみこみ、その摩擦熱でおこす火。❷火打ち石と火打ち金(がね)を打ち合わせておこす火。❸旅立ちや外出などの際、火打ち石で身に打ちかける清めの火。「―を打つ」

きり-ひおけ【×桐火×桶】桐の木を輪切りにし、中をくりぬいて金属板を張った円い火鉢。(季 冬)

きり-びしゃく【切り▽柄×杓】茶の湯の風炉点前で、湯を汲み出したあとの柄杓の置き方の一。柄を親指と人差し指の間に置き、その掌(たなごころ)をからだと反対側

の向きに開いて釜に置く。➡置き柄杓

きり-びと【切り人】主君の寵愛(ちょうあい)を受けて権勢を振るう人。切り者。切れ者。「院の—して、やうやうに讒奏(ざんそう)せられ候ふなれ」〈平家・八〉

きり-ひとは【×桐一葉】《「淮南子」説山訓から》桐の葉が落ちるのを見て秋を知ること。衰亡の兆しを感じることのたとえ。(季 秋)「一日当りながら落ちにけり/虚子」➡一葉(いちよう)落ちて天下の秋を知る

きりひとは【桐一葉】坪内逍遥の戯曲。7幕。明治29年(1896)刊、37年初演。豊臣家の没落を描く史劇。

きり-ひなわ【切(り)火縄】(ひなは) 適当な長さに切った火縄。火縄銃に点火したり、タバコに火をつけたりするほか、時間を計るのにも用いた。

きり-ひら・く【切(り)開く】〔動カ五(四)〕❶切って中を開く。「封を—・く」❷山を崩したり荒れ地を開墾したりして、道路・宅地・田畑などにする。「丘を—・いて宅地にする」❸敵の囲みを破って、進路をつくる。「血路を—・く」❹困難や障害を乗り越えて進路を開く。「運命を—・く」「新境地を—・く」
(類語)開墾・開拓・開発

きり-ひろ・げる【切(り)広げる】〔動ガ下一〕文きりひろ・ぐ〔ガ下二〕切り開いて中を広くする。「堀を—・げる」

きり-ふ【切符】❶租税などの割り当てを記した文書。年貢・公事の支配状。❷►割符(わっぷ) ❸和船建造で、所要部材の寸法や数量などを詳細に記した書。

きり-ふ【切▽斑|切▽生】鷲(わし)の尾羽で、白と黒のまだらがあるもの。矢羽に用いる。まだらの大小や濃度によって大切斑・小切斑・薄切斑などがある。

きり-ふう【切(り)封】►腰文(こしぶみ)

きり-ぶえ【霧笛】「むてき(霧笛)」に同じ。

きり-ふき【霧吹き】液体を、霧状にして吹きかけること。また、その器具。

きりふき-ぞめ【霧吹き染(め)】布の上に型を置き、染料を霧状にして吹きつけて染める方法。ぼかし、霜降り染めができる。

きり-ふ・せる【切(り)伏せる|斬(り)伏せる】〔動サ下一〕文きりふ・す〔サ下二〕人を切って倒す。「一刀のもとに—・せる」

きり-ふだ【切(り)札】❶トランプで、他のすべての札を負かす力を与えられた札。❷とっておきの最も有力な手段。「最後の—を出す」「—となる証拠」
(類語)隠し球・奥の手・ジョーカー

きり-ぶた【切(り)蓋】煮物などのとき、鍋のふたを少しずらしてかぶせること。

きり-ふたが・る【▽霧り▽塞がる】〔動ラ四〕❶霧がかかってみえなくなる。「山の陰いかに—・りぬらむ」〈源・夕霧〉❷涙でものが見えなくなる。「月ごろはいとど涙に—・りて」〈源・葵〉

きりふり-こうげん【霧降高原】(カウゲン) 栃木県日光市の北西にある高原。赤薙(あかなぎ)山(標高2010メートル)の南東斜面に広がり、標高は約1200メートル。ニッコウキスゲ・ヤマツツジの群生地。

きりふり-の-たき【霧降滝】栃木県日光市中部、板穴川にかかる滝。二段からなり、高さ約75メートル、幅約15メートル。

きり-ぼう【切(り)棒】駕籠(かご)をかつぐ棒の短いもの。また、その駕籠。

きりぼう-かご【切(り)棒×駕▽籠】かつぐ棒の短い駕籠。➡長棒駕籠

きり-ぼし【切(り)干し|切り▽乾し】大根やさつまいもなどを薄く切って、日に干すこと。また、そのもの。特に大根についていう。(季 冬)「—やいのちの限り妻の恩/草城」

きりぼし-だいこん【切(り)干し大根】大根を細長く、または薄く切って干したもの。煮物・はりはり漬けなどに用いる。

きり-ほど・く【切り▽解く|斬り▽解く】〔動カ五(四)〕❶結んであるひも・縄などを切ってほどく。「小包のひもを—・く」❷互いに切り合っている刀を離す。「切り結びては—・き」〈浄・用明天王〉

きり-まい【切米】❶中世、分納された年貢米。❷江戸時代、幕府・藩が軽輩の士に与えた俸禄米または金銭。春・夏・冬の3期に分けて支給された。

きりまいてがた-あらため【切米手形改】江戸幕府の職名。勘定奉行に属し、旗本・御家人の切米受け取り手形に関することを司った。書替(かきかえ)奉行。

きり-まえ【切(り)前】(まへ) ❶義太夫節で、切(きり)りの前の部分。また、それを語る太夫。❷寄席で、最後から一つ前の演目。また、とりのすぐ前に出る芸人。

きり-まく【切(り)幕】❶「揚げ幕」に同じ。❷歌舞伎で、1日の興行の最後の幕。切狂言。

きり-まく・る【切り×捲る|斬り×捲る】〔動ラ五(四)〕❶手当たりしだいに切る。「敵を切って—・る」❷いろいろな側面から相手を論難する。また、いろいろな相手を論難する。「著書で日本の政治家を—・る」

きり-まど【切(り)窓】壁・羽目板などを切り抜いて作った明かり取りの窓。

きり-まわし【切(り)回し】(まはし) 物事を切り回すこと。切りもり。「家計の—がじょうずだ」

きり-まわ・す【切(り)回す】(まはす)〔動サ五(四)〕❶中心になって物事を処理する。また、巧みにやりくりする。「店をひとりで—・す」❷物のまわりを切る。「髪を禿(かぶろ)に—・し」〈平家・一〉❸あちらこちらを切る。また、手当たりしだいに切る。「すすけたる明かり障子の破ればかりを、禅尼手づから、小刀して—・しつつ張られければ」〈徒然・一八四〉(類語)(❶)扱う・取り扱う・計らう・さばく・こなす・取りさばく・処する・律する

キリマンジャロ〘Kilimanjaro〙タンザニア北東部にある火山。アフリカ大陸の最高峰。標高5895メートル。赤道付近に位置するが、氷河・万年雪がある。南西の麓ではコーヒーやバナナを栽培。

キリマンジャロ-こくりつこうえん【キリマンジャロ国立公園】(コクリツコウヱン)《Kilimanjaro National Park》タンザニア北東部の火山キリマンジャロ一帯に広がる国立公園。1973年、国立公園に指定。87年、世界遺産(自然遺産)に登録された。

きり-み【切(り)身】魚などを、適当な大きさに切ったもの。

きり-みず【切(り)水】(みづ) ❶花を切り取って、切り口をすぐに水につけること。❷玄関や庭などに水をまくこと。打ち水。

きり-みせ【切店|切見世】江戸の、下等な遊女屋。長屋を仕切って一人ずつ女郎を置き、時間ぎめで客をとった。局見世(つぼねみせ)。鉄砲見世。

キリム〘トルコ kilim〙トルコ・イラン方面に産する、つづれ織りにしたパイルのないカーペット。

きり-むぎ【切(り)麦】小麦粉をこねて、うどんのように細く切った麺(めん)。熱くして食べるものを熱麦(あつむぎ)、冷やしたものを冷や麦といった。(季 夏)

きり-むす・ぶ【切(り)結ぶ|斬(り)結ぶ】〔動バ五(四)〕互いに刀をまじえて切り合う。また、激しく争う。「丁々発止と—・ぶ」「論敵と激しく—・ぶ」
(類語)戦う・争う・渡り合う・衝突する・激突する・戦闘する・一戦を交える

きり-むね【切棟】「切妻(きりづま)❶」に同じ。

きり-め【切(り)目】❶切ったあと。切り口。刻み目。「肉に—を入れる」❷物事の区切り。切れ目。「仕事に—をつける」

きりめ-いた【切(り)目板】切り目縁(えん)に張った板。

きりめ-えん【切(り)目縁】縁板を敷居と直角方向に張った縁。濡れ縁に用いる。木口(こぐち)縁。➡榑縁(くれえん)

きり-めどう【切り▽馬道】(メダウ) 殿舎をつなぐ廊の一部を取り外せるようにし、内庭へ入る通路とした所。

きりめ-なげし【切(り)目▽長▽押】敷居と縁との境目に設けた長押。縁長押。

きり-めん【切(り)面】面の一種。材木の角を45度に切り落としたもの。

きり-もがり【切り虎=落】興行などで、見物人の入る場所のまわりを囲った竹矢来(たけやらい)。

きり-もち【切(り)餅】❶のし餅を長方形に切ったもの。(季 冬) ❷《外形が❶に似ているところから》江戸時代、一分銀100枚(25両)を紙に包んで方形にして封印をしたもの。

きり-もどし【切り戻し】鉢植え植物などの、伸びた枝・花茎や繁りすぎた株を切り縮めて姿を整えること。

きり-もの【切り者】「切り人(びと)」に同じ。「時の—なれば、うれしと思ひて相具して行く」〈十訓抄・四〉

きり-もの【▽着り物】(関西地方で)きもの。衣類。きりもん。

きり-もみ【×錐×揉み】〔名〕(スル) ❶穴をあけるため、錐を両手のひらで挟んで強く回すこと。❷飛行機が失速したあと、機体が螺旋(らせん)を描きながらほとんど垂直に降下すること。スピン。(類語)急降下・スピン

きり-もり【切(り)盛り】〔名〕(スル) ❶食物を適当に切ったり器に盛ったりして分けること。❷物事をうまく処理すること。切り回し。「大世帯を—する」
(類語)やりくり・金繰り・工面・都合・融通・捻出・算段・まかない・繰り合わせ

ギリヤーク〘ロシア Gilyak〙►ニブヒ

ギリヤーク-ご【ギリヤーク語】サハリン(樺太(からふと))北部とアムール川下流域の少数の人々によって話されている言語。ニブヒ語。

き-りゃく【機略】その時その時の状況に応じたはかりごと。臨機応変の策略。「—に富む」「—縦横」(類語)陰謀・策略・計略・謀略・はかりごと・企み・術策・権謀・謀計・奸策(かんさく)・詭計(きけい)・深謀・遠謀・悪だくみ・わな

きり-ゆ【×桐油】►とうゆ(桐油)❶

き-りゅう【気流】(リウ) 温度や地形の変化によって大気中に起こる空気の流れ。「—に乗って飛行する」

きりゅう【桐生】(きりふ) 群馬県南東部の市。古くからの絹織物の産地で、特に帯地と紋織御召を多く産する。平成17年(2005)6月、新里村、黒保根(くろほね)村を合併したが、両村は旧桐生市から飛び地となっている。人口12.2万(2010)。

き-りゅう【寄留】(リウ)〔名〕(スル) ❶一時的に他の土地または他人の家に住むこと。「知人宅に—する」❷寄留法で、本籍地以外の一定の場所に90日以上住所または居所を持つこと。昭和26年(1951)住民登録法の制定にともない廃止。(類語)寄宿・下宿

きりゅう-おり【×桐▽生織】(きりふ) 群馬県桐生市で生産される織物の総称。

きりゅう-ざいく【×杞柳細工】(キリウ) コリヤナギの枝を編んで作った細工物。籠や行李など。

き-りゅうさん【希硫酸|×稀硫酸】(リウサン) 低濃度の硫酸の水溶液。

きりゅう-し【桐生市】(きりふ) ►桐生

きりゅう-しんごう【旗×旒信号】(キリウシンガウ) 船舶で、国際信号旗を組み合わせマストに掲揚して行う信号法。

きりゅう-だいがく【桐生大学】(きりふ) 群馬県みどり市にある私立大学。平成20年(2008)の開設。医療保健学部の単科大学。

きりゅう-もん【×虺竜文】古代中国の青銅器に用いられた文様。蛇に似た爬虫(はちゅう)類動物を描く。

きりゅう-ゆうゆう【桐生悠々】(きりふいういう)[1873〜1941]ジャーナリスト。石川の生まれ。本名、政次。東大卒。信濃毎日新聞主筆として軍部批判の筆をふるう。乃木希典(のぎまれすけ)の殉死や関東防空大演習を批判し、たびたび職を追われる。退職後は、個人雑誌「他山の石」を発刊、軍部批判を続けた。

き-りょ【貴慮】相手を敬って、その気持ちや考えをいう語。お考え。
(類語)尊慮・賢慮・御意(ぎょい)・貴意・尊意・思召(おぼしめ)し

き-りょ【×羇旅|×羈旅】❶たび。旅行。❷和歌・俳句の部立(ぶだて)の一つで、旅情を詠んだもの。
(類語)旅行・旅(たび)・遠出・行旅(こうりょ)・客旅(かくりょ)・旅路(たびじ)・道中(どうちゅう)・旅歩き・周遊・トラベル・ツアー・トリップ

き-りょう【着料】(レウ) ❶衣服の材料。また、衣服。❷衣服を買いそろえるための費用。

き-りょう【器量】(リヤウ) ❶ある事をするのにふさわしい能力や人徳。「指導者としての—に乏しい」❷その人の才徳に対して世間が与える評価。面目。多く、男性についていう。「—を上げる」❸顔だち。容貌(ようぼう)。多く、女性についていう。「—のよい娘」❹もののじょうず。名人。「笛の御(おん)—たるによって」〈平家・四〉
(類語)度量・力量・広量・雅量

ぎ-りょう【技量｜技×倆｜▽伎×倆】ギリャウ ある物事を行う能力。腕前。手並み。「すぐれた―の持ち主」(類語)技術・技能・技巧・技芸・腕・腕前・技・テクニック

ぎ-りょう【議了】ギレウ〔名〕スル 議事を終えること。

きりょう-ごのみ【器量好み】キリャウ― 顔だちの美しい女性ばかりを好むこと。また、そのような人。面食い。

きりょう-じまん【器量自慢】キリャウ― ❶顔だちが美しいのをみずから誇ること。❷才能をみずから誇ること。「かくばかり―あらば、俳諧連歌の名目をからず」〈去来抄・修行〉

きりょう-じん【器量人】キリャウ― 大きな物事をなしとげる能力をそなえた人。

きりょう-のぞみ【器量望み】キリャウ― 顔だちの美しい女性を妻に望むこと。

きりょう-まけ【器量負け】キリャウ―〔名〕スル ❶才能があるばかりに、失敗したり不幸になったりすること。❷顔だちが美しすぎて、かえって縁遠かったり不幸になったりすること。

きりょう-よし【器量▽好し】キリャウ― 顔だちが美しいこと。また、その人。美人。

き-りょく【気力】何かを行おうとする精神力。気持ちの張り。「―が充実している」「―に乏しい」(類語)根性・精神力・ガッツ・意気地・甲斐性・意力・活力・精力・元気・活気・生気・精気・神気・鋭気・壮気・覇気・血気

き-りょく【汽力】蒸気の力。蒸気力。「―発電」

き-りょく【棋力】囲碁や将棋の腕前。

きりょく-がん【輝緑岩】半深成岩の一。完晶質で斑状の黒色の緻密な岩石。斜長石・輝石を主とし、斑晶と石基とがはっきりしないものも多い。粗粒玄武岩。

きりょく-ぎょうかいがん【輝緑凝灰岩】―ギョウクワイガン 古い時代の玄武岩や塩基性の凝灰岩が変質したもの。緻密で、赤褐色や暗緑色のものが多い。

きり-よけ【霧▽除け】「霧除け庇」の略。

きりよけ-びさし【霧▽除け×庇】霧・雨が入り込まないよう、出入り口や窓などの上部に設ける小さな庇。

きりり〔副〕❶引き締まっていてゆるみのないさま。きりっと。「―とした顔だち」❷強く締めたり、引き絞ったりするさま。きりっと。「鉢巻きを―と締める」❸戸や櫓などのきしむ音を表す語。「妻戸を―とおし開く」〈虎明狂・花子〉

ぎりり〔副〕物のきしる音を表す語。「奥歯を―とかむ」

キリル-もじ【キリル文字】9世紀、ギリシャ人宣教師キュリロス(Kyrillos ロシア名キリル)が、ギリシャ文字をもとに作成した文字。現在のロシア文字はこれを多少改修したもの。

キリロフ〖Kirillov〗ロシア連邦北西部、ボログダ州の町。シベルスコエ湖、ドルゴエ湖に面する。14世紀末創設のキリロベロゼルスキー修道院があることで知られる。

キリロベロゼルスキー-しゅうどういん【キリロベロゼルスキー修道院】―シウダウヰン《Kirillo-Belozerskiy monastïr'》ロシア連邦北西部の町キリロフにある修道院。14世紀末、モスクワのシモノフ修道院の修道士により創設。シベルスコエ湖に面し、周囲を堅固な壁に囲まれる。ロシア革命後に修道院は閉鎖され、現在は郷土博物館として公開されている。

きり-わら【切り×藁】❶短く切ったり、刻んだりしたわら。❷荒壁に塗り込めるのに用いる、刻んだわら。❸わらを短く切って束ねた、たわし。❹歌舞伎の鬘で、❸のような形に髷をつくったもの。

きり-わり【切(り)割(り)】❶物を切っていくつかに分けること。また、そのもの。❷山や丘を切り崩して道をつくること。また、その道。切り通し。

きり-わ・る【切(り)割る】〔動ラ五(四)〕物を切って二つ、またはそれ以上に分ける。「石材を―・る」

き-りん【×騏×驎】❶1日に千里も走るという、すばらしい馬。駿馬。❷「麒麟」に同じ。

騏驎も老いぬれば駑馬に劣る 《「戦国策」斉策から》名馬も年をとると駄馬にも負ける。すぐれた人も年をとると凡人にも及ばなくなるたとえ。(補説)「騏驎」は、この成句では駿馬のことをいい、「麒麟も老いぬれば駑馬に劣る」と書くのは誤り。

き-りん【×麒×麟】❶偶蹄目キリン科の哺乳類。首と脚が長く、頭頂までの高さは6メートルに達し、アカシアなど高木の葉を食べる。舌が長く、雌雄とも角をもつ。体表は黄白色の地に栗色・砂色などの斑があり、網目模様に見える。アミメキリン・マサイキリンなどの亜種があり、アフリカに分布。ジラフ。中国名、長頸鹿。❷中国の想像上の動物。聖人が出現する前兆として現れるといわれた。体形は鹿、蹄は馬、尾は牛に似て、頭に1本の角があり、全身から5色の光を放つという。一説に、麒は雄、麟は雌という。一角獣。❸才能の傑出した人。麒麟児。

きりん-かく【麒麟閣】中国漢代、長安の宮中にあった高殿。武帝が麒麟を献上されたとき築いたといわれる。宣帝のとき、11人の功臣の肖像などが飾られた。麒閣。麟閣。

キリング〖killing〗人を殺すこと。

キリング-フィールド〖killing field〗❶戦場。❷(Killing Fields)カンボジアのポル=ポト政権時代、民衆の大量虐殺が行われた場所。

きりん-けつ【×麒×麟血｜×麒×麟×竭】熱帯地方に産する竜血樹の幹などからとれる紅色の樹脂。止血剤・着色剤・防食剤に用いる。

きりん-ざ【×麒×麟座】北天の星座。北極星に近いので一年じゅう見えるが、明るい星がない。2月上旬の午後8時ごろ南中する。学名(ラテ) Camelopardalis

きりん-さい【×麒×麟菜】ミリン科の紅藻。暖海の珊瑚礁などに生える。高さ10～20センチ。円柱状で、二またの分枝を繰り返し、紫紅色。軟骨質で、乾くと角質になる。食用。琉球つのまた。

きりん-じ【×麒×麟児】才能・技芸が特にすぐれ、将来性のある若者。

きりん-そう【×麒×麟草】―サウ ベンケイソウ科の多年草。山地に生え、高さ10～30センチ。葉は柄がなく、倒卵形で先が丸みを帯び、縁にぎざぎざがあり、厚い。夏、茎の先に黄色の小花を多数つける。(季 夏)

キル〖kill〗❶殺すこと。❷回路を断つこと。「―スイッチ」❸テニスなどで、ボールを相手コートに強烈に打ち込むこと。「―ショット」

き・る【切る｜斬る｜▽伐る｜×截る｜×剪る】㊀〔動ラ五(四)〕❶つながっているものを断ったり、付いているものを離したりする。特に、刃物などでものを分け離す。「枝を―・る」「爪を―・る」「二センチ角に―・る」❷㋐刃物などで人を傷つけ、または、殺す。「一刀のもとに人を―・る」㋑鋭利なもので、からだの一部を傷つける。「ナイフで手を―・る」㋒切開手術をする。「盲腸を―・る」❸ふさがっているものや閉じてあるものを開ける。「封を―・る」❹遠慮なく、鋭く批判する。「芸能界を―・る」❺㋐溝をほる。「ねじ山を―・る」㋑部屋や土間の一部を掘り下げて炉やこたつをつくる。「いろりを―・る」㋒謄写版のやすりの上で、鉄筆で文字を書く。「原紙を―・る」❻㋐続いている物事を、そこでやめたり断ったりする。「話を―・る」「電話を―・る」㋑続いている人との関係をなくする。「縁を―・る」㋒器械を操作して電流を止める。「スイッチを―・る」「ラジオを―・る」㋓道や列などを横切って通る。「行列を―・って進む」❼券などにパンチを入れたり、その一部を離したりする。「切符を―・る」❽振り落としたり、したたらせたりして水分などを取り去る。「傘のしずくを―・る」「ざるに上げて水気を―・る」❾一面に広がっているものを分けるようにして勢いよく進む。「波を―・って走る」「肩で風を―・る」❿トランプ・カルタ・花札などで、札をよくまぜ合わせる。「カードをよく―・って配る」⓫㋐囲碁で、相手の石の連続を断つ。㋑将棋で、駒を交換し、手に持つ。特に、大駒を小駒と交換する。「飛車を―・る」⓬免職・解雇・除名する。「従業員の首を―・る」⓭物事に区切りをつける。㋐時期や数量を限定する。「期限を―・る」「先着一〇〇名で―・る」㋑ある基準の数値以下・以内にする。割る。「一〇〇メートル一〇秒を―・る」「元値を―・って売る」㋒伝票や小切手などを発行する。「小切手を―・る」⓮際立った、または、思いきった行為・動作をする。㋐他に先立って始める。「彼がまず口を―・った」「攻撃の火蓋を―・る」㋑威勢のいい、または、わざと目立つような口ぶり・態度をする。「たんかを―・る」「札びらを―・る」㋒歌舞伎や能で、強い感情を表すためにある目立つ表情・動作をする。「面を―・る」「見得を―・る」⓯ハンドル・舵などを操作して、進む方向を変える。「ハンドルを右に―・る」「カーブを―・る」⓰卓球・テニス・ゴルフなどで、打球に特殊な回転を与えたり、その進路を曲げたりするように打つ。カットする。⓱トランプで、切り札を出して勝負に出る。「クラブのエースで―・る」⓲空中にきまった形を描く。「手刀―・って懸賞を受け取る」⓳(「鑽る」とも書く)石と金属を打ち合わせたり、木と木をこすり合わせたりして発火させる。「火を―・る」⓴(動詞の連用形に付いて)㋐完全に、また、最後までその行為をする。…し終える。…し尽くす。「力を出し―・る」「売り―・る」㋑限界にきて、これ以上の事態は考えられない状態である。すっかり…する。「疲れ―・る」「弱り―・った表情」㋒きっぱり…する。「引き止めるのを振り―・る」「関係を断ち―・る」㉑物事を決定する。終える。「いまだ勝負も―・らぬに」〈今昔・二八・三五〉㉒(木を切って)つくる。「今年はたびをも―・ってはかせい」〈和泉流狂・木六駄〉(補説)広く一般的には「切る」を用い、人などには「斬る」、立ち木などには「伐る」、枝・葉・花などには「剪る」、布・紙などには「截る」を用いることがある。(可能)**きれる** ㊁〔動ラ下二〕「き(切)れる」の文語形。

(…句)大見得を切る・肩で風を切る・金片を切る・久離を切る・九字を切る・口を切る・口火を切る・首を切る・鯉口を切る・さくを切る・札片を切る・自腹を切る・杓子で腹を切る・十字を切る・正面を切る・白を切る・仁義を切る・堰を切る・啖呵を切る・手を切る・泣いて馬謖を斬る・肉を切らせて骨を切る・腹を切る・火蓋を切る・臍の緒切ってから・棒先を切る・身を切る・見得を切る・身銭を切る・髻を切る・元結を切る・指を切る・連木で腹を切る

(類語)(❶)裁つ・刻む・ちぎる・刎ねる・ちょん切る・ぶった切る・かき切る・切り刻む・切り抜く・切り込む・切り出す/(⓭㋑)割る・割り込む・下回る・下る

切った張った 切りつけたり殴ったり、乱暴なことをするさま。「―の大立ち回り」

切って落と・す ❶さっと切って下へ落とす。「やにわに三騎―・す」❷歌舞伎で、振竹を用いた仕掛けによって、舞台にかかっている浅葱幕・黒幕・道具幕を振り落とす。❸(「幕がきっておとされる」の形で)ある期間継続する行事などが始まる。「ペナントレースの幕が―・される」

切って捨・てる 《「切り捨てる」を強めて言う言葉。切って、そのまま捨てることから》物事を思い切りよく見捨てたり、打ち切ったりする。「知らないの一言で―・てる」

切って取・る 勝負で相手を討ち取る。「三者連続三振に―・る」

切っても切れ・ない 切ろうとしても切ることができない。関係が極めて深いことにいう。

きる【着る｜▽著る】〔動カ上一〕(文)〔カ上一〕❶衣類などを身につける。からだ全体または上半身にまといつける。着用する。「着物を**きる**」「上着を**きる**」❷物事を自分の身に引き受ける。㋐(「…をきる」の形で)身に負う。かぶる。「ひとの罪を**きる**」㋑(「…にきる」の形で)相手の行為をありがたく受ける。こうむる。「恩に**きる**」(補説)「きる」は本来、衣服などを身につける意で、着物以外に袴・笠・烏帽子・兜・布団・刀などについても用いられた。現代では主としてからだ全体や上半身に着用するものをいい、袴やズボンなどは「はく」、帽子や笠などは「かぶる」、刀などは「おびる」というように、どの部分につけるかによって異なる語が用いられる。(類語)(❶)まとう・着ける・着する・着用する・羽織る・引っ掛ける・身ごしらえする・身仕舞いする・装う・はく・突っかける・かぶる・着込む・着こなす (尊敬)召す・召される・お召しになる

き・る【▽霧る】〘動ラ四〙❶霧が立つ。かすむ。「霞(かす)み立ち春日(はるひ)の—・れるももしきの大宮所(おほみやどころ)見れば悲しも」〈万・二九〉❷涙で目がかすむ。「目も—・りていみじ」〈源・夕霧〉

き-るい【帰塁】〘名〙(スル)野球で、走者が一度離れた塁に戻ること。

き-るい【着類】身にまとう物。衣類。

きるい-きそげ【着類着▽殺げ】《「きそげ」は着ふるしの意》衣類一切。着る物全部。「わづかの田地一、お光めが櫛笄(くしかうがい)まで売代(うりしろ)なし」〈浄・歌祭文〉

ギルガメシュ〘Gilgamesh〙古代メソポタミアの叙事詩中の半神半人の英雄。ウル第1王朝第5代の王であったが、親友エンキドゥの死をきっかけに不死を求めて放浪する。

キルギス〘Kyrgyz〙㊀中央アジア南東部の共和国。首都ビシュケク。天山山脈の北西麓を占める。1991年ソ連邦解体に伴い独立、キルギスタン共和国に改名。93年現名称とする。牧畜・綿花栽培が盛ん。アンチモン・水銀・石炭などを産する。人口551万(2010)。㊁古来、モンゴル高原のエニセイ川上流域に拠ったトルコ系遊牧民族。漢代から部族国家を形成。14世紀ごろから天山山脈北西に移動。18世紀以降、清朝、ロシアの支配下に入り、1936年、ソ連邦内で社会主義共和国を構成した。黠戛斯(かつかつし)。堅昆(けんこん)。乞児吉思。

キルギスタン〘Kyrgyztan〙▶キルギス㊀

キルキュバイヤルクロイストゥル〘Kirkjubæjarklaustur〙アイスランド南部の村。12世紀に同国初の修道院が創設された地として知られる。当時の建物はラキ火山の噴火で失われ、20世紀に教会が再建された。ラキ火山やエルドギャウに近く、玄武岩の柱状節理が見られる。

キルク〘(オランダ) kurk〙▶コルク

キルクーク〘Kirkuk〙イラク北東部の都市。キルクーク油田の中心地で、レバノンやシリアへのパイプライン輸送の起点。また古くから羊毛の集散地。

キルケ〘Kirkē〙ギリシャ神話で、魔法にすぐれた女神。太陽神ヘリオスの娘。オデュッセウスの部下たちを魔法の酒で豚に変えた。

キルケゴール〘Søren Aabye Kierkegaard〙[1813〜1855]デンマークの思想家。ヘーゲル哲学の影響を受けるが、その思弁的合理主義に反対して主観主義の立場をとった。また、人間実存の真理は「あれかこれか」の選択、融和しがたい対立にあると説き、実存哲学の先駆者とされる。著「あれかこれか」「不安の概念」「死に至る病」など。キェルケゴール。

キルケニー〘Kilkenny〙アイルランド南東部、キルケニー州の都市。同州の州都。ノア川沿いに位置する。ビール醸造が盛ん。中世には同国の中心都市として栄え、キルケニー城、セントカニス大聖堂、ブラックアビーをはじめとする歴史的建造物が数多く残る。哲学者ジョージ=バークリーの生地。

キルケニー-じょう【キルケニー城】《(Kilkenny Castle)》アイルランド南東部、キルケニー州の都市キルケニーにある城。12世紀にオーモンド公爵バトラー家の居城として建造された。17世紀と19世紀に改築されて現在の姿になった。ビクトリア朝様式の装飾を施された城内にはバトラー家代々の肖像画を展示するほか、バトラー近代美術館を併設する。

キルケネス〘Kirkenes〙ノルウェー北部の港町。バランゲルフィヨルドの支湾、ベクフィヨルドに臨む。近郊のシドバランゲル鉱山より産する鉄鉱石の積出港として発展。ロシア国境に近く、第二次大戦中はドイツ軍の基地が置かれた。当時の防空壕跡(アナースグロッタ)が現在も残る。ヒルケネス。

ギル-こ【ギル湖】《Lough Gill》アイルランド北西部の都市スライゴーの東郊にある湖。スライゴー市中を流れるガラボーグ川の源流にあたる。風光明媚な景勝地として知られ、17世紀建造のパーク城や詩人・劇作家ウィリアム=イェーツの詩にも登場するイニシュフリー島がある。ロッホギル。

キルシュ〘(ドイツ) Kirsch〙サクランボウを原料にしたブランデー。リキュールの原料。菓子の香りづけにも用いる。キルシュワッサー。

キルシュワッサー〘(ドイツ) Kirschwasser〙▶キルシュ

キルス〘Cyrus〙▶キュロス二世

ギルダー〘guilder〙❶オランダの旧通貨単位。1ギルダーは100セントに相当した。2002年1月(銀行間取引は1999年1月)、EU(欧州連合)の単一通貨ユーロ導入以降は廃止。グルデン。フロリン。❷アルバ・オランダ領アンティルの通貨単位。

キルデア〘Kildare〙アイルランド東部、キルデア州の町。5世紀から6世紀頃、聖ブリジッドが修道院を創建。その建物を元にし、13世紀にセントブリジッド大聖堂が建造された。ほかに20世紀初頭に造られた日本庭園や、競走馬を育成・調教するアイリッシュナショナルスタッドがある。

キルティング〘quilting〙2枚の布地の間に羊毛・羽毛・化繊綿などの詰め物を入れ、刺し縫いにすること。また、そのもの。防寒用衣類や寝具類に用いる。キルト。

キルト〘kilt〙スコットランドの民族衣装で、男性が着用する格子縞のスカート。氏族固有の柄があり階級も表す。

キルト〘quilt〙❶羊毛・羽毛などをキルティングした布団。❷「キルティング」に同じ。

ギルト〘gilt〙金箔(きんぱく)。金めっき。

ギルド〘guild〙中世ヨーロッパの都市で発達した商工業者の独占的、排他的な同業者組合。商人ギルドは11世紀に、手工業ギルドは12世紀に成立。13〜14世紀には各都市の政治・経済を支配したが、16世紀以降衰退。

キルド-こう【キルド鋼】《(killed steel)》固める直前に珪素(けいそ)・アルミニウムなどの脱酸剤を加えて十分ガスを除去した鋼。鎮静鋼。

ギルド-しゃかいしゅぎ【ギルド社会主義】《(guild socialism)》20世紀初め、英国に起こった政治・社会運動。当時の国家や資本主義に反対し、中世のギルドを模して労働組合を基盤につくられた産業の民主主義的連合によって、自治的社会主義を目ざす運動。ギルド-ソーシャリズム。

ギルト-トップ〘gilt top〙書物の上縁に金箔を施したもの。天金(てんきん)。

ギルド-ハウス〘guild house〙中世ヨーロッパのギルドの建物。

キルナ〘Kiruna〙スウェーデン北部の都市。磁鉄鉱の大鉱山がある。キールナ。

ギルネ〘Girne〙キプロス北部の町キレニアのトルコ語名。

ギルネ-じょう【ギルネ城】《(Girne Kalesi)》▶キレニア城

ギルバート〘gilbert〙CGS単位系の起磁力の単位。1ギルバートは$10/4\pi$アンペア回数に相当。名称はW=ギルバートにちなむ。記号Gb

ギルバート〘William Gilbert〙[1544〜1603]英国の医師・物理学者。磁気現象を実験的に研究し、地球が磁石であるという仮説を導入。磁気と区別して電気にエレクトリックの名称を与えた。磁気学の父とよばれる。著「磁石について」6巻。

ギルバート-しょとう【ギルバート諸島】《(Gilbert)》太平洋中西部、赤道の南北に連なる諸島。珊瑚礁(さんごしょう)の島で、16島からなる。キリバス領。もと英国領。

キルビー-とっきょ【キルビー特許】《(Kilby patents)》集積回路に関する最も基本的な特許。米国のテキサスインスツルメンツ社に帰属したため、日本の半導体メーカーは莫大な特許料を支払うことになった。発明者ジャック=キルビーの名前に由来する。

キルヒナー〘Ernst Ludwig Kirchner〙[1880〜1938]ドイツの画家。表現主義運動の端緒をなすブリュッケ派の中心的画家の一人。木版画にも優れた。

キルヒホッフ〘Gustav Robert Kirchhoff〙[1824〜1887]ドイツの物理学者。定常電流に関するキルヒホッフの法則を発見、次いでブンゼンとともに分光分析を研究し、黒体概念を導入して熱放射の輻射能(ふくしゃのう)に関する法則を確立。弾性論・音響論にも寄与。

キルビメーター〘(フランス) curvimètre〙小さなローラーと目盛り板からなり、ローラーを地図上に転がしてその距離を測定する器具。曲線計。

キルヒャー〘Athanasius Kircher〙[1601〜1680]ドイツのイエズス会士・自然科学者。古代エジプト象形文字・幻灯・光の屈折・電磁石・火山など、広い分野で業績をあげた。著「エジプト語復原」「明暗大技術」「地下の世界」など。

キルマルケダル-きょうかい【キルマルケダル教会】《(Kilmalkedar Church)》アイルランド南西部、大西洋に向かって突き出たディングル半島の西部にあるロマネスク様式の教会。12世紀頃に建てられたと考えられる。ケルト民族最初の文字といわれるオガム文字が刻まれた立石がある。

キルヨス〘Kilyos〙トルコ北西部の都市イスタンブール近郊の町。イスタンブール市街より北方約35キロに位置し、黒海に面する海岸保養地として知られる。

ギルランダイオ〘Domenico Ghirlandaio〙[1448ころ〜1494]イタリアの画家。壁画に優れ、初期ルネサンスのフィレンツェ絵画を完成。作品にサンタマリア-ノベラ聖堂の「洗礼者ヨハネの生涯」と「聖母マリアの生涯」、肖像画「老人と孫」など。ギルランダイオ。

キルリアン-しゃしん【キルリアン写真】《Kirlian photography》高周波電界中に置かれた、水分を含む物体による放電をとらえた写真。1939年ごろ、旧ソ連の電気技師S=D=キルリアンと妻により発見された。

キルロナン〘Kilronan〙アイルランド西部、ゴールウエー湾に浮かぶアラン諸島の一、イニシュモア島の村。同島の中心地であり、フェリーの発着地がある。

キルワキシワニ-とう【キルワキシワニ島】《(Kilwa Kisiwani)》タンザニア南東部沖合、インド洋上に浮かぶ小島。12世紀から15世紀に、金・鉄・奴隷などの貿易の拠点として栄えた。大モスクや宮殿などの遺構が残る。1981年、隣の島ソンゴムナラとともに「キルワキシワニとソンゴムナラの遺跡群」として世界遺産(文化遺産)に登録されたが、遺跡の浸食や破壊に対する管理体制の欠如を問われ、2004年に危機遺産リストに登録された。

キルン〘kiln〙窯(かま)。炉。

きれ【切れ】㊀〘名〙❶㋐物の切れ端。「板の—」「布—」㋑(「布」「裂」とも書く)織物を切ったもの。また、織物。布(ぬの)。「木綿の—」「余り—(ぎれ)」㋒書画などの、古人の筆跡の断片。断簡。「高野—(ぎれ)」「古筆—(ぎれ)」❷刃物の切れぐあい。切れ味。「包丁の—がにぶる」❸㋐頭脳や技術の働きの鋭さ。「頭の—のいい人」「技に—がない」㋑投げた球の曲がりぐあいの鋭さ。「カーブの—がいい」㋒さらっとして後に残らない口あたり。「—のいいウイスキー」❹㋐水気などがなくなること。また、そのぐあい。「油の—がよくないフライ」㋑付着していたものや残っていたものがなくなること。また、そのぐあい。「泡の—のよい洗剤」「痰(たん)の—をよくする薬」❺目じりの切れ込みのぐあい。「—の長い目」❻石材の体積の単位。一切れは1尺立方で、約0.028立方メートル。❼(「ぎれ」の形で)名詞の下に付き、そのものを使い切っている意を表す。「期限—」「在庫—」❽同類の中の末端の一人。はしくれ。「望んで軍(いくさ)に立ってこそ男の—ともいふべけれ」〈浄・用明天王〉
㊁〘接尾〙助数詞。❶切ったものを数えるのに用いる。「たくあん一—」「ようかん二—」❷江戸時代、一分金を数えるのに用いる。「白銀五百匁二包み、小判二十五両一歩合わせて四十—」〈浄・二枚絵草紙〉
(下接語)板切れ・紙切れ・半切れ・一切れ・棒切れ・襤褸(ぼろ)切れ(ぎれ)当て切れ・有り切れ・歌切れ・裏切れ・恵比須(えび)切れ・木切れ・錦(にしき)切れ・小切れ・古(こ)切れ・古代切れ・古筆切れ・細(ほそ)切れ・時代切れ・竹切れ・裁ち切れ・継ぎ切れ・出切れ・共切れ・布切れ・端(は)切れ・古(ふる)切れ・名物切れ・寄せ切れ
(類語)切片・切れ端・端くれ・断片

ぎれ【切れ】「き(切)れ㊀❼」に同じ。「時間—」「種—」

きれ-あが・る【切れ上がる】〘動ラ五(四)〙上の方

まで切れる。また、目尻や額の生え際などが上の方へ上がっている。「一・った目元」

きれ-あじ【切れ味】❶刃物の切れぐあい。「一のいいナイフ」❷才能・技などの鋭さ。「鋭い一の批評」「一のいいショット」

き-れい【×綺麗｜奇麗】〔形動〕図〔ナリ〕❶色・形などが華やかな美しさをもっているさま。「一な花」「一に着飾る」❷姿・顔かたちが整っていて美しいさま。「一な脚」「一な女性」❸声などが快く聞こえるさま。「一な発音」❹よごれがなく清潔なさま。「手を一に洗う」「一な空気」「一な選挙」❺男女間に肉体的な交渉がないさま。清純。「一な関係」❻乱れたところがないさま。整然としているさま。「机の上を一に片づける」❼（「きれいに」の形で）残りなく物事が行われるさま。すっかり。「一に忘れる」「一にたいらげる」➡美しい〔用法〕〔派生〕きれいさ〔名〕〔類語〕（❶）美しい・美美しい・煌びやか・鮮やか・美麗・華麗・華美・鮮麗・流麗・壮麗・清麗・優美・美的／（❷）麗しい・見目よい・見目麗しい・端整・端麗・秀麗・佳麗・艶美・艶麗・あでやか／（❹）清い・清らか・清潔・清浄・清浄・清澄・清冽・清麗・無垢・純潔・潔白

ぎ-れい【儀礼】❶慣習によってその形式が整えられている礼法。礼式。❷一定の形式にのっとって行われる宗教上の行為。「通過一」〔類語〕礼法・礼式・礼・礼儀・礼節・作法・風儀・マナー・エチケット・虚礼

きれい-くび【×綺麗首】美しい容貌。また、美人。「一をそろえる」

きれい-ごと【×綺麗事】❶実情にそぐわない、体裁ばかりを整えた事柄。「もはや一では済まされない」「一を並べる」❷手際よく美しく仕上げること。「一でなくってはいけねえから、折角骨を折って詰めさせたに」〈滑・八笑人・初〉

きれい-さっぱり【×綺麗さっぱり】㊀〔形動〕図〔ナリ〕非常にすっきりとしたさま。「相談ずくで一に別れたにしたところで」〈虚子・杏の落ちる音〉㊁〔副〕スル❶すっきりとして、あとに何も残らないさま。「一（と）忘れる」❷清潔で汚れていないさま。また、清潔で心地よいさま。「一（と）洗い上げる」「シャワーを浴びて一（と）する」

きれい-ずき【×綺麗好き】〔名・形動〕清潔であるのを好む性質。また、そういう人やさま。「一な人」

ぎれい-てき【儀礼的】〔形動〕儀礼の形式だけを重んじて物事を行うさま。「一なあいさつ状」

きれい-どころ【×綺麗所】花柳界の芸者をさす語。また、着飾った美しい女性。きれいどこ。「一を並べる」〔類語〕芸者・芸妓・芸子・左褄

キレート〖chelate〗《カニのはさみの意》「キレート化合物」の略。

キレート-かごうぶつ【キレート化合物】中心の金属イオンを挟むような形で、イオンや分子が配位結合している化合物。このときの配位子をキレート剤といい、環構造をなすのでキレート環という。オキシヘモグロビン・コバラミン・クロロフィルなど。

キレート-てきてい【キレート滴定】金属イオンなどの試料物質が、適当な配位子と反応してキレート化合物を作ることを利用した滴定法。

きれ-カジ《きれいな＋casualから》きれいなふだん着。また、ふだん着を着ながらセンスが良い人。

き-れき【棋歴】囲碁・将棋についての経験や経歴。

きれ-ぎれ【切れ切れ】〔名・形動〕❶細かくいくつにも切れていること。また、そのさま。「一な（の）雲」「一な（の）記憶」❷切れそうになって、からくもつながっているさま。「息も一に言う」
〔類語〕ちぎれちぎれ・とぎれとぎれ

きれ-くち【切れ口】❶物の切れた部分。切断面。「材木の一」「堤の一」❷たんかを切ること。威勢のよい放言。「そのやうな一をきくが」〈洒・夢の盗汗〉
〔類語〕割れ目・切れ目・分け目・裂け目・小口

きれ-こみ【切れ込み】❶切れ込むこと。また、切れ込んだところ。「一のある襟」❷葉・花びらなどの縁の刻み。欠刻。❸収支決算の赤字。欠損。

きれ-こ・む【切れ込む】〔動マ五（四）〕❶切れ目が物の中に深く入り込む。「海岸線が深く一・んでいる」❷その方向へ入り込んでいく。「往還から横に一・み」〈蘆花・思出の記〉❸収支決算が赤字になる。

きれ-じ【切れ地｜▽布地｜▽裂地】❶織物。反物。また、その地質。「厚い一」❷織物の切れ端。❸袋物や鼻緒などにする特別の紋織物。

きれ-じ【切れ字】連歌・俳諧の発句で、句中または句末に用いて、句に曲折をもたせたり、特別に言い切る働きをしたりする語。終助詞や用言の終止形・命令形などが多い。「や」「かな」「けり」など。

きれ-じ【切れ×痔｜▽裂れ×痔】肛門の粘膜が、硬い便の排出時などに切れる病気。排便時に激痛があり、ただれ・出血などもみられる。肛門裂創。裂肛。裂け痔。

きれじ-じゅうはちじ【切れ字十八字】連歌・俳諧で秘伝とされた18の切れ字。かな・もがな・し・じ・や・らん・か・けり・よ・ぞ・つ・せ・ず・れ・ぬ・へ・け・に。このうち、「せ」「れ」「へ」「け」は動詞の命令形語尾、「し」は形容詞語尾で、「に」は副詞「いかに」のこと。他は助動詞と終助詞。

き-れつ【奇列】奇数番目にあたる列。⇔偶列。

き-れつ【亀裂】亀の甲の模様のように、ひびが入ること。また、その割れ目。ひび割れ。「日照りで一を生じた水田」「親子の関係に一が入る」
〔類語〕ひび割れ・ひび・割れ目・切れ目・分け目・裂け目・継ぎ目・節目・ミシン目

き-れつ【×皸裂】あかぎれ。亀裂。

ぎ-れつ【義烈】正義を守る心が強く激しいこと。「一の士」「忠勇一」

きれっ-と【切れっ▽処｜切れっ戸】登山で、山稜が深く切れこんで低くなっているところ。きりと。きれと。ギャップ。

きれっ-ぱし【切れっ端】「切れ端」に同じ。

きれ-て【切れ手】❶金ばなれのいい人。気前のいい人。「全体おまはんは粋の一ぢゃによって」〈洒・北川蜆殻〉❷切れ者。敏腕家。やり手。「あの子はここの内中での一だというふぜ」〈洒・船頭深話〉

キレナイカ〖Cyrenaica〗アフリカ北部、リビアの東半部を占める地方。中心都市ベンガジ。サヌーシー教団の本拠地。

きれ-なが【切れ長】〔名・形動〕目尻が細長く切れ込んでいること。また、そのさま。「一な（の）目」

キレニア〖Kyrenia〗キプロス北部、地中海に面する港町。トルコ語名ギルネ、ギリシャ語名ケリニア。フェニキア時代より商港があり、古代ローマ時代には海上交易の要衝として栄えた。東ローマ帝国時代に築かれたキレニア城、ベッラパイス修道院などの歴史的建造物が残る。現在は海岸保養地として知られる。

キレニア-じょう【キレニア城】《Kyrenia Castle》キプロス北部の港町キレニアにある城。東ローマ帝国時代の7世紀に建造。16世紀にベネチア人が四隅に円塔を造り、防備の強化が図られた。内部には教会のほか、1965年に発見された2300年前の難破船を展示する博物館がある。ギルネ城。

きれ-はし【切れ端】必要な部分を切り取った残りの小部分。きれっぱし。「材木の一」
〔類語〕切片・切れ・端くれ・断片

きれ-はな・る【切れ離る】〔動ラ下二〕❶切れて別々になる。「理不尽者が切った時、一・れぬ用心ぢゃ」〈咄・鹿の子餅〉❷思い切る。「一・れたる行き方はさすが所に住めばなり」〈浄・阿波鳴渡〉

きれ-はなれ【切れ離れ】❶思い切ること。あきらめ。きりはなれ。「一よく向を変えて右の坂をすたすたと上りはじめた」〈鏡花・高野聖〉❷気前。金ばなれ。きりはなれ。「尤も商人で一が良く相談は早解りがするから」〈魯庵・社会百面相〉

きれ-ま【切れ間】物が切れてできた間。また、物事のとだえた合間。絶え間。「雲の一」「雨の一」

きれ-め【切れ目】❶切れてできたあと。「包丁で一を入れる」❷続いて並んでいるものの、とぎれたところ。「行列の一」❸継続して行われている物事の、いったんとぎれるところ。ひと区切りついたところ。「仕事の一」「文章の一」❹物事や関係などの尽きた時。「金の一が縁の一」〔類語〕切れ口・分け目・裂け目・割れ目・節目・継ぎ目・ミシン目

きれ-もの【切れ物】❶物を切る道具。刃物。❷よく切れる刀剣。「みづからの刀の一なる由をいひしを聞きて」〈折たく柴の記・上〉❸品切れのもの。「当年は柑子が一ぢゃほどに」〈虎明狂・柑子俵〉

きれ-もの【切れ者】❶頭の回転が速く、物事をてきぱきと処理する才能のある人。敏腕家。やり手。「社内きっての一」❷「切り人」に同じ。「今内務の一の白井なんかひどいそうです」〈蘆花・黒潮〉

き・れる【切れる】〔動ラ下一〕図き・る〔ラ下二〕❶力が加わって、ひと続きのもの、つながっているものなどが分かれる。「ひもが一・れる」「緊張の糸が一・れる」❷傷ついたり、裂け目ができたりする。「ひびが一・れる」「手の一・れるような札」❸㋐破れ崩れる。「堤防が一・れる」㋑こすれてへる。すりきれる。「着物の裾が一・れる」「靴下が一・れる」❹つながっていた関係がなくなる。「縁が一・れる」「彼女とはもう一・れた」❺㋐今まで続いていたものが、途中やあるところでなくなる。「音信が一・れる」「電話が一・れる」「一・れた雲間から光がさす」㋑並び続いているものがとだえる。「町並みが一・れる」「人通りが一・れる」❻㋐売れたり使いきったりして今まであった物がなくなる。「品物が一・れている」「油が一・れる」㋑それが有効である一定の時間・期間が終わりになる。「期限が一・れる」「車検が一・れる」「麻酔が一・れる」㋒ある基準以下になる。不足する。「元値が一・れる」「目方が一・れる」❼突然おこりだす。逆上する。かっとなる。「彼はすぐに一・れるから怖い」❽振り落としたり、したたらせたりした結果、水分がなくなる。「洗った野菜の水気が一・れる」❾進む方向が横へそれる。左右いずれかへ曲がる。「道が左へ一・れる」「打球が一・れる」❿トランプ・カルタなどの札がよくまじり合う。⓫囲碁で、石がつながらない状態になる。⓬㋐刃物の切れ味が鋭い。「よく一・れる刀」㋑見事な効果を示す。「技が一・れる」㋒頭の働きが速く、物事をてきぱきと処理する能力にすぐれる。「頭が一・れる」「一・れる男」⓭（「息がきれる」の形で）激しい運動などのあと、せわしく苦しそうに呼吸する。⓮（「しびれがきれる」の形で）㋐足がしびれる。㋑待ちくたびれる。⓯（動詞の連用形に付いて、多く打消しの語を伴って用いる）㋐最後までしとおすことができる。「こらえ一・れずに泣き出す」「逃げ一・れないと観念する」㋑すっかり…することができる。「食べ一・れないほどのごちそう」⓰物事のきまりがつく。「よき事もわろき事も其時ことは一・るるなり」〈愚管抄・五〉⓱勢力をもつ。幅が利く。「わしゃあこではえらう一・れるがな」〈滑・膝栗毛・五〉⓲気前よく振る舞う。金離れがよい。「是でもはづむ所では随分一・れて見せるよ」〈滑・浮世床・初〉
〔…句〕油が切れる・息が切れる・堪忍袋の緒が切れる・痺れが切れる・手が切れる・元が切れる
〔類語〕破れる・破ける・裂ける・綻びる・擦り切れる・千切れる・張り裂ける・破裂する・パンクする

き・れる【着れる】〔動ラ下一〕着ることができる。上一段活用の「き（着）る」を可能動詞化したもの。「きられる」（「きる」の未然形＋可能の助動詞「られる」）が本来の言い方。

き-れん【起×聯】律詩の第1・第2の2句。首聯。➡律詩

ぎ-れん【議連】「議員連盟」の略。

きれん-ざん【祁連山】中国の青海省と甘粛省との境界にある山。祁連山脈の主峰で、酒泉の南方に位置し、標高5547メートル。漢・魏時代に漢を攻める匈奴の基地であった。チーリエンシャン。

き-れんじゃく【黄連×雀】レンジャク科の鳥。全長約20センチ。全身ぶどう色で、尾端と翼の先が黄色。冠羽がある。北半球の北部で繁殖し冬は南部へ渡る。日本では冬鳥として渡来、群れでヤドリギなどの実を食べる。〔季 秋〕

き-ろ【岐路】❶道が分かれる所。分かれ道。❷将来が決まるような重大な場面。「人生の一に立つ」❸本筋ではなく、わきにそれた道。「余が頗る学問の一

に走るを知りて」〈鴎外・舞姫〉
〔類語〕分かれ道・二筋道・枝道・横道・脇道・間道

きろ【季路】孔子の弟子、子路(しろ)のこと。

き-ろ【帰路】帰り道。帰途。「―につく」
〔類語〕帰り道・帰途・家路・復路

キロ〘フランス kilo〙《千の意のギリシャ語chiloiから》❶国際単位系(SI)で、単位の上に付けて1000倍(10^3)を表す語。記号k ❷「キロメートル」「キログラム」などの略。❸コンピューターで、2^{10}(1024)倍を表す語。ふつう記号にKを用いる。

き-ろう【生×蝋】ハゼ・ウルシなどの実からとったままの蝋。ろうそくの原料。木蝋(もくろう)。

き-ろう【帰老】老いて官をやめ、故郷に帰って老後を過ごすこと。

き-ろう【×耆老】《「耆」は60歳、「老」は70歳の意》6、70歳の老人。年寄り。

き-ろう【棄老】昔、口減らしのために、老人を山中などに捨てたという習俗。「―伝説」

ぎ-ろう【×妓楼】遊女を置いて、客を遊ばせることを業とする店。遊女屋。女郎屋。

ギロカスタル〘Gjirokastër〙►ジロカストラ

ギロカストラ〘Gjirokastra〙►ジロカストラ

キロカロリー〘kilocalorie〙栄養学で、熱量の単位。1キロカロリーは1000カロリー。記号は、kcalまたはCalを用いる。大カロリー。➡カロリー❷

キロキティア〘Choirokoitia〙キプロス島の南岸、マロニ川西岸丘陵にある新石器時代の遺跡。紀元前7000～前4000年頃の集落の跡と墓地が残されている。住居は藁(わら)や日干し煉瓦(れんが)と石で造ったとみられ、大きさは直径2～3メートルから10メートルとさまざまで、復元住居も造られている。墓地からは、偶像や祭礼用の什器(じゅうき)などの副葬品が出土した。1998年、世界遺産(文化遺産)に登録された。ヒロキティア。

きろ-きろ〔副〕目などがきょろきょろと動くさま。「あたりを―睨(ね)め廻し」〈浄・油地獄〉

ぎろ-ぎろ〔副〕スル 目玉が鋭く光るさま。目をぎらつかせるさま。「暗闇で目を―(と)させる」

き-ろく【季×禄】律令制で、在京の官人および大宰府・壱岐・対馬の官人に位階に応じて支給した禄。春・秋の2季に分け、絁(あしぎぬ)・綿・布・糸などを支給した。

き-ろく【記録】〔名〕スル ❶将来のために物事を書きしるしておくこと。また、その書いたもの。現在は、文字に限らず、映像や音声、それらのデジタルデータを含んでいう。「―に残す」「実験の―」「議事を―する」❷競技などで、数値として表された成績や結果。また、その最高数値。レコード。「―を更新する」❸歴史学・古文書学で、史料としての日記や書類。〔類語〕(❶)筆録・採録・詳録・登録・記載 (―する)録する・書き留(と)める・書(か)き留(と)める・書き付ける・控える (事実を書きしるしたもの)実録・実記・記事・ドキュメント

き-ろく【鬼録】過去帳。鬼籍。「―に登る(=死ぬ)」

きろく-えいが【記録映画】虚構を加えず事実の記録に基づいて作った映画。ドキュメンタリー映画。

きろく-がき【記録書(き)】記録文などに多く用いられた、一種の略字。漢字の字画の一部を用い、醍醐(だいご)を酉酉、菩薩(ぼさつ)を卄と書く類。抄物(しょうもつ)書き。

きろく-がそすう【記録画素数】《recording pixels》デジタルカメラなどで記録された画像データを構成する画素の総数。「640×480」のように、縦横の画素の積で表す。

きろく-じょ【記録所】❶「記録荘園券契所(きろくしょうえんけんけいじょ)」の略。❷源頼朝の要請により、文治3年(1187)訴訟処理を主な目的として朝廷に設置された役所。❸南北朝時代、建武政府が設置した、朝廷の重要事項を取り扱う訴訟機関。

きろくしょうえんけんけい-じょ【記録▽荘園券契所】平安時代および建武の中興時に置かれた役所。延久元年(1069)後三条天皇が荘園整理のために初めて設置し、その後しばしば設けられた。荘園記録所。記録荘園所。

きろくだ【木六駄】狂言。太郎冠者(たろうかじゃ)が、伯父の家に木と炭を六駄ずつ運ぶ途中で酒を飲み、酔った勢いで木の六駄を茶屋の亭主に与えてしまい、いい気持ちで伯父を訪ねてしかられる。

きろく-てき【記録的】〔形動〕記録として残しておく価値があるほど珍しいさま。「―な猛暑」

きろく-ばいたい【記録媒体】►記憶媒体

きろく-ぶんがく【記録文学】事実を客観的に描写する、記録的性格の強い文学。ルポルタージュをはじめ、広くは伝記・日記・書簡集なども含まれる。

きろく-みつど【記録密度】《recording density》光ディスクや磁気テープなどの記録メディアにおける、単位面積や単位長さ当たりの記録容量。

きろく-メディア【記録メディア】►記憶媒体

きろく-やぶり【記録破り】従来の記録をしのぐこと。また、そのような出来事や状況。「―の暑さ」

キログラム〘フランス kilogramme ┆ 英 kilogram〙【瓩】国際単位系(SI)の基本単位の一で、質量の単位。1キログラムはパリのBIPM(国際度量衡局)にある国際キログラム原器の質量とされる。ほぼセ氏4度の水1立方デシメートルの質量に相当する。キロ。記号kg
〔補説〕「瓩」は国字。

キログラム-げんき【キログラム原器】メートル条約に基づき、1キログラムの質量をもつと選定された標準分銅。白金90パーセント、イリジウム10パーセントの合金製の直径・高さとも約39ミリメートルの円柱体。パリのBIPM(国際度量衡局)に保管される。条約加盟各国にはこれと同じ構造のものが配られ、日本では工業技術院計量研究所に保管。国際キログラム原器。➡キログラム ➡国際原器

キログラム-じゅう【キログラム重】重力単位系の力の単位。1キログラム重は9.80665ニュートン。重量キログラム。重力キログラム。記号kgw, kgf

キログラムメートル〘フランス kilogrammètre〙【瓩米】❶仕事の単位。1キログラムメートルは質量1キログラムの物体を高さ1メートル引き上げるのに必要な仕事の量で、9.80665ジュールに相当。記号kgw・m ❷熱量の単位。❶に相当する熱量。

キログリン〘Killorglin〙アイルランド南西部、ケリー州の町。アイベラ半島を一周する観光ルート、ケリー周遊路の町の一。ラウン川沿いに位置する。毎年8月に雄ヤギを王として戴冠するパックフェアという伝統行事が行われる。

キロサイクル〘kilocycle〙►キロヘルツ

ギロチン〘フランス guillotine〙斜状の刃をもつ斧(おの)を落下させ、受刑者の首を切断する死刑執行具。フランス革命で盛んに用いられ、恐怖政治の象徴となった。提唱者の医師ギヨタン(J.I.Guillotin)の名にちなむ。断頭台。ギヨチン。

ギロチン-はだん【ギロチン破断】原子炉配管が瞬時に真二つに切れること。

キロ-てい【キロ程】道路・鉄道などのキロメートルを単位とする距離。

キロてい-うんちん【キロ程運賃】鉄道などで、輸送距離に1キロメートル当たりの料金率を掛けて計算した運賃。

キロトン〘kiloton〙❶質量または重さの単位。1キロトンは1000トン。グラムキロトン。❷原水爆の爆発力を表す単位。TNT火薬1000トンに匹敵する爆発力。

キロ-バー《和 kilo＋bar》重さ1キロの金の延べ棒。
〔補説〕英語では one-kilo bar of gold.

キロバイト〘kilobyte ┆ KB〙コンピューターで扱う情報量や記憶容量の単位の一。2^{10}(1024)バイト。または10^3(1000)バイト。KB。➡キビバイト

キロ-ビーピーエス〘kbps〙《kilobits per second》データ通信における転送速度の単位。1秒間に10^3ビットのデータを転送できる。1bpsの1000倍に当たる。キロビット毎秒。キロビット/秒。Kbit/s。Kb/s。➡bps

キロビット-まいびょう【キロビット毎秒】►キロ-ビー-ピー-エス(kbps)

キロヘルツ〘kilohertz〙周波数の単位。1キロヘルツは1000ヘルツ。キロサイクル。記号kHz

キロメーター-ランセ《フランス kilomètre lancéから》スキーのアルペン競技の一。1キロメートルの直線コースを滑降し、その速さを競うスピード競技。キロラン。

キロメートル〘フランス kilomètre〙【粁】メートル法の長さの補助単位。1キロメートルは1000メートル。記号km　キロ。〔補説〕「粁」は国字。

キロメートル-は【キロメートル波】►長波

ぎろり〔副〕目玉が鋭く光り動くさま。「―とにらむ」

キロリットル〘フランス kilolitre〙【竏】メートル法の体積の単位。1キロリットルは1000リットルで、1立方メートルに等しい。記号kL

キロワット〘kilowatt〙❶仕事率の補助単位。1キロワットは1000ワット。記号kW ❷「キロワット時」の略。

キロワット-じ【キロワット時】仕事・熱量・電力量の単位。1キロワットの工率で1時間になされる量。日本では電力料金の算定に用いる。記号kWh

き-ろん【奇論】人の意表をつく、変わった意見・説。

キロン〘Chiron〙彗星小惑星遷移天体の一。1977年に小惑星として発見され、のちに彗星に特徴的な急激な光度変化や中心核が観測され、現在は小惑星と彗星の両方に分類されている。名称はギリシャ神話のケンタウロスの賢者ケイロンに由来する。軌道長半径は13.7天文単位で、木星と天王星に軌道をもつケンタウロス族に属し、公転周期約51年で巡る。

ぎ-ろん【議論】〔名〕スル 互いの意見を述べて論じ合うこと。また、その内容。「―を戦わす」「―を尽くす」「仲間と―する」
〔類語〕論議・論・討論・討議・論ずる・論(あげつら)う
議論を上下(じょうげ)する　議論を戦わせる。

ぎろん-か【議論家】議論のじょうずな人。また、すぐに議論をしたがる人。

き-わ【奇話】珍しくて変わった話。奇談。
〔類語〕奇談・異聞・奇聞・逸聞

きわ【際】《「ぎわ」の形で、他の語と複合しても用いる》❶あと少しで別のものになろうとするぎりぎりのところ。境目。また、物の端。「がけの―から見下ろす」「生え―」「波打ち―」❷ある物にきわめて接近した所。すぐそば。「戸口の―に置く」「壁―」「山―」「窓―」❸物事がそうなろうとするまさにそのとき。「今わの―」「入り―」「死に―」「往生―」❹物事の窮まるところ。限界。際限。「世に悲しきことの―にはおぼえ侍りしを」〈源・柏木〉❺身分。家柄。分際。「いとやむごとなき―にはあらぬが」〈源・桐壺〉❻才能・器量などの程度。「取る方なく口惜しき―と、優なりとおぼゆばかりすぐれたるとは、数ひとしくこそ侍らめ」〈源・帚木〉❼物事の程度。ほどあい。「はしたなき―に熱かりければ」〈大鏡・道長下〉❽江戸時代、年末・節季の決算期。「―の日和(ひより)に雪の気づかひ/惟然」〈続猿蓑〉
〔類語〕隅・角・端・縁・へり・隅っこ・端っこ・境・境界(きょうかい)・境界線・境目(さかいめ)・仕切り・分かれ目・分界・臨界・閾(いき)・ボーダーライン

きわ-ぎわ【際際】❶人それぞれの分際。「人の―おぼしわきまへつつ」〈源・若菜上〉❷季節の終わり。特に、盆・暮れなどの、商家の決算期。「正月前の―に旦那(だんな)殿は外が内」〈浄・重井筒〉

きわぎわ・し【際際し】〔形シク〕物のけじめがはっきりしているさま。きわだっている。「さても、―・しかりける心かな」〈枕・二九三〉

きわぎわ-と【際際と】〔副〕はっきりと。てきぱきと。「かやうの事、―、かねてより御さだめ候へかし」〈曽我・四〉

ぎ-わく【疑惑】本当かどうか、不正があるのではないかなどと疑いをもつこと。また、その気持ち。疑い。「―の目で見る」「―を招く言動」「―が晴れる」
〔類語〕疑い・疑問・疑義・疑念・疑心・不審・懐疑・猜疑(さいぎ)・狐疑・疑団・疑点・半信半疑

きわ-こと【際殊】〔形動ナリ〕きわだっているさま。格別なさま。「―に、賢くて」〈源・桐壺〉

きわ-ずみ【際墨】額の形を美しくみせるために、髪の生え際を墨で縁どること。置き墨。「額はただ丸く、―こく」〈浮・一代男・三〉

き-わずらい【気煩い】気の病。気やみ。

きわ-ぞり【際×剃り】生え際の毛を剃ること。特

に、水着や下着で隠れる範囲に収まるよう、むだ毛を剃り整えること。

き-わた【木綿】❶パンヤの別名。❷もめんわた。繭から作る真綿に対していう。綿花。

き-わだ【黄肌】▶きはだ(黄肌)

き-わだ【黄×蘗】▶きはだ(黄蘗)

きわ-だか【際高】㊀〔形動ナリ〕❶きわだっているさま。「しるしをも—に施し給ふなるべし」〈今鏡・二〉❷気位が高く、いかめしいさま。「あまり—なるおほせこそ苦しけれ」〈夜の寝覚・五〉㊁〔名〕季節の終わり、特に年末に物価が上がること。「この—でしまはれぬ」〈浮・子息気質・五〉

きわ-だか・し【際高し】〔形ク〕特にきわだっている。また、気位が高い。「さすがなるさかしら心の、—・くさいまくれたるやうなる」〈浜松・二〉

きわ-だけ・し【際▽剛し┊際▽猛し】〔形ク〕きわだって気が強い。また、一本気である。「極じくきびしく—・くぞ坐すかりける」〈今昔・一九・一〇〉

きわ-だ・つ【際立つ】〔動タ五(四)〕周囲のものとはっきりした違いがあって、ひときわ目立つ。よい意味に使われる場合が多い。「—・った出来ばえ」

(類語)目立つ・引き立つ・主立つ・水際立つ

きわだ-まぐろ【黄肌×鮪】▶きはだまぐろ(黄肌鮪)

ぎわ-だん【義和団】中国清朝末期、山東省の農民の間に起こった秘密結社。白蓮教の一派で、拳術・棒術などの武術に習熟。義和拳教。拳匪。団匪。

ぎわだん-じけん【義和団事件】日清戦争後、義和団が生活に苦しむ農民を集めて起こした排外運動。各地で外国人やキリスト教会を襲い、1900年北京の列国大公使館区域を包囲攻撃したため、日本を含む8か国の連合軍が出動してこれを鎮圧。講和を定めた北京議定書によって中国の植民地化がさらに強まった。北清事変。団匪事件。拳匪事件。

きわ-づ・く【際付く】〔動カ四〕汚れなどがはっきり目につく。「天井襖は雨もりに—・き」〈風俗文選・旅賦〉

きわ-ど・い【際▽疾い】〔形〕文きはど・し〔ク〕❶悪い事態になりそうな、すれすれの状態である。「—・いところで助かる」「質問を—・くかわす」❷もう少しで卑猥になりかねない。「—・い話」❸はなはだしい。また、過酷である。「和漢の才にとみて、腹あしくよろづに—・き人なりけるが」〈愚管抄・四〉(派生)きわどさ〔名〕

(類語)物騒・不穏・険悪・危険・剣呑・危ない・危うい

きわ-な・し【際無し】〔形ク〕❶限りがない。果てしない。「才といふもの、いづれも—・くおぼえつつ」〈源・若菜下〉❷限りなくすばらしい。「仮名のみなむ、今の世はいと—・くなりたる」〈源・梅枝〉

キワノ〖kiwano〗ウリ科の果物。果皮は黄色で突起が多い。種子の周りに緑色の果肉があり、そこが食用となる。原産地はアフリカともペルーともいわれる。

きわまり【極まり┊窮まり】きわまること。また、きわまったところ。極限。はて。きわみ。

きわまり-づき【極まり月】《「極月」を訓読みにした語》12月のこと。「一年中の—を、しはすとはいふならん」〈咄・醒睡笑・四〉

きわまり-て【極まりて】〔副〕きわめて。この上なく。「—はかなき人にこそ」〈宇治拾遺・六〉

きわまり-な・い【極まり無い】〔形〕文きはまりな・し〔ク〕この上なくはなはだしい。「不衛生なこと—・い」「巧妙—・い手口」(類語)限りない・果てしない

きわま・る【極まる┊窮まる】〔動ラ五(四)〕❶ぎりぎりの状態までいく。限度・限界に達する。「感—・って泣く」「—・るところを知らない征服欲」❷(形容動詞の語幹に付いて)この上なく…である。「退屈—・る話」❸(「谷まる」とも書く)動きがとれなくて困りはてる。窮する。「進退—・る」❹終わりとなる。果てる。尽きる。「兵尽き、矢—・りて」〈徒然・八〇〉❺決まる。定まる。「鮹の足は日本国が八本に—・りたるものを」〈浮・胸算用・四〉(類語)尽きる・終わる・果てる・止む

きわみ【極み】きわまるところ。物事の行きつくところ。極限。限り。きわまり。「天地の—」「無礼の—」「贅の—を尽くす」

(類語)至り・極・究極・極致・極点・終極

きわ・む【極む┊窮む┊究む】〔動マ下二〕「きわめる」の文語形。

きわめ【極め】❶刀剣・書画・骨董などの価値をみきわめること。鑑定。目利き。また、その鑑定書。「—をつける」❷推し進めた最後のところ。極限。果て。きわみ。「運の—ぞ無念なる」〈謡・熊坂〉❸定めること。決定。契約。「先刻の—じゃあ、私がおかみさんな筈だよ」〈滑・浮世風呂・二〉

きわめ-いん【極(め)印】❶江戸時代、浮世絵版画を刊行する際、検閲済みのしるしとして版画にすられた、丸に「極」の字などの小さな印。❷古筆などの鑑定のしるしとして、折り紙や極め札に押す印。

きわめ-がき【極(め)書(き)】刀剣・書画・古道具などの鑑定書。箱書き・極め札・巻末の奥書きなど、いろいろな形式がある。

きわめ-つき【極め付き】《「きわめづき」とも》❶書画・刀剣などで鑑定書のついていること。また、そのもの。❷すぐれたものとして定評のあること。また、そのもの。折り紙つき。「—の芸」「—の大酒飲み」❸歌舞伎で、ある俳優の演技が他のだれよりもすぐれていると定評のある役柄。(補説)「極め付け」とするのは誤りだが、慣用で使われることもある。

(類語)好評・定評・高評・折り紙付き

きわめ-つく・す【極め尽(く)す】〔動サ五(四)〕残すところなく追究する。「剣の道を—・す」

きわめ-つけ【極め付け】「極め付き」に同じ。

きわめ-て【極めて】〔副〕❶程度がはなはだしいさま。この上なく。非常に。「解決は—難しい」「病状は—悪い」❷きっと。必ず。「こは—やうある事にこそ」〈読・弓張月・後〉(類語)たいへん・とても・非常に・はなはだ・大いに・すこぶる・ごく・大層・至って・至極・いとも・実に・まことに・いたく・ひどく・恐ろしく・すごく・ものすごく・滅法

きわめ-ふだ【極(め)札】短冊形の札に記した、刀剣・書画などの鑑定書。折り紙。極め書き。

きわ・める【極める┊窮める┊究める】〔動マ下一〕文きは・む〔マ下二〕❶(極める)これより先はないというところまで行き着く。「富士山頂を—・める」「頂点を—・める」❷(極める・窮める)極点に達した状態になる。この上もない程度までそうなる。「ぜいたくを—・める」「困難を—・める」❸(極める)残るところなく尽くす。「口を—・めてほめる」「理を—・めて言う」❹(究める・窮める)深く研究して、すっかり明らかにする。「真理を—・める」「道を—・める」❺終わらせる。「この渚に命をば—・めむ」〈源・明石〉❻決める。定める。「何れも様、これに—・めさせられまするか」〈虎寛狂・鬮罪人〉❼「きわまる」に同じ。「数ふるも三冬の後の冬なればいとど寒さの—・めゆくかな」〈新撰六帖・一〉(類語)(❸)突き詰める・煎じ詰める/(❹)研究・考究・探究・討究・講究・論究・攻究・究理・研鑽/(❺)限る・絶する

きわ-もの【際物】❶ある時季のまぎわにだけ売れる品物。正月の羽子板、3月のひな人形、5月の鯉のぼりなど。「—商い」❷一時的な流行をあてこんで作った商品。❸演劇・映画・演芸・小説などで、実際にあった事件や流行をただちに取り入れて題材としたもの。「—小説」

きわもの-し【際物師】❶際物を作ったり、売ったりする人。❷一時の流行・人気をあてこんで仕事をする人。

きわ-やか【際やか】〔形動〕文〔ナリ〕❶くっきりときわだつさま。「青空を背景に—な雪山」「花橘の月影にいと—に見ゆるかをりも」〈源・幻〉❷さっぱりとしたさま。また、行動などがてきぱきとしているさま。「思ひ出所ありて、いと—に起きて」〈枕・六三〉(類語)はっきり・くっきり・ありあり・まざまざ・確と・明らか・定か・さやか・鮮やか・明瞭・鮮明・分明・顕著・顕然・歴然・歴歴・瞭然・亮然・判然・画然・截然

き-わり【木割(り)】❶木、特に薪用の木を割ること。また、その人。まきわり。❷建築物や和船の設計で、各部の寸法、または寸法の割合。また、それを決める方式。柱の寸法などを基準とした比で表す。

きわ・る【▽極る】〔動ラ四〕尽きる。果てる。「年—・る身の行くへこそ悲しけれあらばあふよの春をやは待つ」〈明日香井集〉

き-を-つけ【気を付け】〔連語〕直立不動の姿勢をとらせるための号令。また、その姿勢。「—、回れ右」「—の姿勢をとる」

きん【巾】❶切れ。切れ地。布。❷ふきん。手ぬぐい。❸箏の13本目の弦。奏者から見ていちばん手前の弦。❹頭や襟をおおう布。頭巾。「頭に紺染めの—を被き」〈読・雨月・青頭巾〉➡漢「きん(巾)」

きん【斤】❶尺貫法の質量の単位。1斤はふつう160匁で、約600グラム。商品の包装単位には、慣用的に100匁・120匁・180匁などを1斤とする場合がある。❷▶英斤 ❸食パンの単位。1斤は350～400グラムをいう。➡漢「きん(斤)」

きん【×听】大判の西洋紙一連を500枚としたときの重さを表す単位。現在は使われない。ポンド。

きん【金】㊀〔名〕❶銅族元素の一。単体は黄金色で光沢がある。金属中最も展延性に富み、厚さ0.1マイクロメートルの箔にすることが可能。化学的に安定で、酸化されにくく錆びず、また、王水には溶けるが、普通の酸やアルカリにはおかされない。自然金の形で主に石英鉱脈中から産出し、母岩が風化したあと川に沈積した砂金としても得られる。貴金属として貨幣・装飾品や歯科医療材料などに使用。比重19.3。記号Au 原子番号79。原子量197.0。こがね。黄金。❷値打ちのあるもののたとえ。「—の卵」「沈黙は—」❸㋐金貨。また、金銭。「—一封」「手切れ—」㋑金額を記すときに、上に付けて用いる語。「—五万円」❹きんいろ。こがねいろ。「—ラメのスカーフ」❺将棋の駒で、金将。❻金メダル。「日本選手が—・銀・銅を独占する」❼睾丸のこと。きんたま。❽金曜日。❾五行の第四位。方位では西、季節では秋、五星では金星、十干では庚・辛に配する。㊁〔接尾〕数を示す語に付いて、金の純度を表すのに用いる。24金が純金。カラット。「18—のペン先」➡漢「きん(金)」

きん【金】女真族完顔部の首長阿骨打が1115年に建てた国。遼を滅ぼし、宋を南方に追って、中国東北地区・蒙古・華北を征服。都は会寧、後に燕京、汴京。1234年、モンゴルに滅ぼされた。

きん【菌】❶菌類。カビ・キノコなど。「—の培養」❷細菌。「赤痢—」➡漢「きん(菌)」

きん【琴】中国古代の弦楽器。長さ約120センチで、弦は7本。琴柱は用いず、左手で弦を押さえ、右手で弾く。上代に日本に渡来したとされる。現在は衰滅。➡漢「きん(琴)」

きん【筋】筋肉。「—が収縮する」「平目—」➡漢「きん(筋)」

きん【禁】禁じられていること。また、その事柄。「—を解く」「—を犯す」➡漢「きん(禁)」

(類語)禁止・禁制・禁断・禁令・禁遏・禁圧・厳禁・無用・法度・差し止め・駄目・禁忌

きん【×磬】《唐音》読経の際に打ち鳴らす、銅製や鉄製の鉢形をした仏具。禅宗で用い始めたもの。磬とは異なる。銅鉢。

きん【襟】❶衣服のえり。❷胸のうち。心のうち。胸襟。➡漢「きん(襟)」

襟を披・く　心中を打ち明ける。胸襟をひらく。

きん【×釁】物事のすきま。すき。また、仲たがい。「互に一方の—を撃て双方の真面目を顕し得ざることあり」〈福沢・文明論之概略〉

ぎん【吟】❶詩歌を声に出してうたうこと。吟じること。❷詩歌を作ること。また、その詩歌。「車中の—」❸漢詩の古詩の一体。調子が悲痛で沈んだもの。「白頭—」「江上—」❹謡曲で、声の出し方の強弱。「つよ—」❺(ふつう「ギン」と書く)義太夫節の語り方を示す文字譜の一。三味線の三の糸の嬰へ音を中心とした旋律。➡漢「ぎん(吟)」

ぎん【銀】❶銅族元素の一。金と並び称される貴金属。単体は白色で金属光沢がある。電気・熱の伝導性は金属中最大で、展延性は金に次いで大きく、厚

さ0.15マイクロメートルの箔にすることが可能。硝酸および熱硫酸に溶け、硫黄や硫化水素で黒変する。自然銀・輝銀鉱などとして産出。装飾品・貨幣・感光材料などに使用。記号Ag　原子番号47。原子量107.9。しろがね。❷銀貨。また、貨幣。「一一〇枚」「小判走れば一が飛ぶ」〈浄・博多小女郎〉❸ぎんいろ。「一の世界」❹将棋の駒で、銀将。❺銀メダル。❻銀ギセルなど❶で作ったものの略称。「藁つ火へ一を突っ込む田舎道」〈柳多留・九〉➔漢「ぎん(銀)」

きん-あつ【禁圧】〔名〕スル　権力で無理におさえつけて禁じること。「宗教を一する」[類語]禁制・禁断・禁止・禁・禁令・禁遏・厳禁・無用・法度・差し止め・駄目・禁忌 (一する)禁ずる・取り締まる・制する

きん-あつ【禁×遏】〔名〕スル　禁じてやめさせること。「下劣なる嗜欲を一して」〈中村訳・西国立志編〉

きん-あらためやく【金改役】江戸幕府の職名。金座の長官。金箔・平金類の取り締まりと小判・一分金などの検定・極印および包封をつかさどった。後藤家の世襲。

きん-い【金位】❶金製品に含まれる金の純度。純金を24金(カラット)とし、20金・18金などと表す。❷江戸時代、金の品質の順位。

きん-い【錦衣】にしきの衣服。美しい着物。

錦衣故郷に帰る　他郷で立身出世して故郷に帰る。故郷に錦を飾る。錦を着て故郷に帰る。

錦衣を着て故郷に帰る　「錦衣故郷に帰る」に同じ。

ぎん-い【銀位】銀製品に含まれる銀の純度。

ぎん-い【銀緯】銀河座標での緯度。天の川を通る銀河面を零度とし、そこからの角距離で表す。

きん-いおう【金硫-黄】硫化アンチモンの一種。橙黄色の粉末。ゴムの加硫に用いる。また、去痰薬に用いた。化学式Sb_2S_5

きんい-ぎょくしょく【錦衣玉食】《「宋史」李鷹伝から》美しい衣服を着て、ぜいたくな食事をすること。ぜいたくな生活をすること。美衣美食。

きんい-こう【錦衣行】立身出世して帰郷すること。

きんい-こうし【金衣公子】ウグイスの別名。古く中国で別種のコウライウグイスをさした。金衣鳥。

きんいしゅく-しょう【筋萎縮症】筋肉が萎縮し、運動機能が失われる病気の総称。筋肉が障害されて起こる進行性筋ジストロフィーや、運動神経の障害による筋萎縮性側索硬化症などがある。

きんいしゅくせいそくさくこうか-しょう【筋萎縮性側索硬化症】神経線維が破壊されて筋肉が萎縮していく進行性の難病。特定疾患の一つ。脊髄や脳の運動神経が変性し脱落するために起こるとされるが、詳しい原因は不明。手が握れない、飲み込みにくい、ろれつが回らないなどの症状がみられ、手足の筋力が次第に弱まっていく。進行が速く、発症から2〜5年で呼吸筋が麻痺し、自律呼吸ができなくなる場合が多いが、眼球を動かす筋肉や知覚・感覚などに障害が及ぶことは少ない。ALS (amyotrophic lateral sclerosis)。

きん-いつ【均一】〔名・形動〕質や量などがどれも一様であること。また、そのさま。「一な力でかきまわす」「一価格」「一〇〇円一」[類語]均質・均等・画一・一色

きん-いっぷう【金一封】寄付金や賞金などを、金額を明示しないで紙に包み、封をしたもの。

きん-いろ【金色】金のような輝きのある黄色。こがねいろ。こんじき。「一の穂波」

ぎん-いろ【銀色】銀のような輝きのある灰白色。しろがねいろ。「一の翼」
[類語]しろがね色・銀灰色・銀白色・白銀・いぶし銀

きん-いん【近因】いくつかの原因の中で最も直接的なもの。⇔遠因。[類語]原因・もと・種・起こり・きっかけ・因・因由・素因・真因・要因・一因・導因・誘因・理由・事由・訳・遠因

きん-いん【金印】❶黄金で作った印。古代中国では諸王・諸侯・御史大夫などが持っていた。❷漢倭奴国王印のこと。

きん-いん【金員】金額。金高。また、金銭。「若干の一を貸与する」

漢字項目　きん

【今】▶こん
【×矜】▶きょう
【▽訓】▶くん
【▽経┊▽軽】▶けい

巾　[音]**キン**(漢)　[訓]きれ‖①布きれ。「巾着/手巾・雑巾・茶巾・布巾・三角巾」②布製のかぶりもの。「巾幗/頭巾」[補説]「幅」「冪」の代用字とすることがあるが、もと別字。[難読]脛巾・領巾・肩巾

斤　[音]**キン**(漢)　[訓]おの‖①おの。「斧斤」②重さの単位。約600グラム。「斤目・斤量/英斤」[名付]のり

均　(学)5　[音]**キン**(呉)(漢)　[訓]ひとしい、ならす‖全体を一様にならす。凹凸がなく等しい。「均一・均衡・均質・均斉・均整・均霑・均等・均分/平均」[名付]お・ただ・なお・なり・ひとし・ひら・まさ

近　(学)2　[音]**キン**(漢)　コン(慣)　[訓]**ちかい**‖㊀〈キン〉①ある場所にちかい。ちかづく。ちかい所。「近郊・近所・近接・近隣/遠近・至近・接近・側近・卑近・付近・遠交近攻」②現在にちかい。ちかごろ。「近況・近近・近時・近日・近代・近年/最近・輓近」③人間関係などがちかい。「近縁・近親/昵近・親近」④その物と似ている。「近似」㊁〈コン〉ちかい。「近衛府/右近」㊂〈ちか(ぢか)〉「近近・近道/手近・間近・身近」[名付]ちか・とも・もと[難読]近江・遠近・近衛

人**欣**　[音]キン(漢)　ゴン(慣)　[訓]よろこぶ‖よろこぶ。「欣快・欣然・欣喜雀躍」[名付]やすし・よし[難読]欣求

人**芹**　[音]キン(漢)　[訓]せり‖植物の名。セリ。「芹菜」

金　(学)1　[音]**キン**(漢)　**コン**(呉)　[訓]**かね、かな、こがね**‖㊀〈キン〉①金属の総称。「金石・金文/合金・鋳金・彫金・板金・冶金」②金属元素の一。きん。こがね。「金貨・金塊・金銀・金鉱・金箔・金粉/砂金・純金・鍍金・白金」③お金。貨幣。「金員・金額・金子・金銭・金融・金利・金満家/換金・給金・献金・現金・残金・資金・借金・賞金・税金・千金・送金・大金・代金・貯金・罰金・募金・料金・義捐金」④こがね色。「金波・金髪」⑤美しい、りっぱな、かたいものなどを形容する語。「金言・金科玉条・金枝玉葉・金城鉄壁」㊁〈コン〉㊀の①②および④⑤に同じ。「金剛・金色・金泥・金銅・金堂/黄金」㊂〈かね(がね)〉「金目/板金・裏金・帯金・小金・地金・筋金・針金」㊃〈かな〉「金網・金具・金棒・金輪」[名付]か[難読]金雀児・金糸雀・金海鼠・金団・鍍金・滅金

人**衿**　[音]キン(漢)　[訓]えり‖衣服のえり。「開衿・青衿」[補説]「襟」と通用する。

菌　[音]**キン**(漢)　[訓]きのこ‖①キノコ。「菌糸・菌類」②カビ、バクテリアなどの微生物。「桿菌・細菌・殺菌・雑菌・真菌・黴菌・無菌・滅菌・病原菌・保菌者」

勤〔勤〕　(学)6　[音]**キン**(漢)　**ゴン**(呉)　[訓]**つとめる、つとまる**、いそしむ‖㊀〈キン〉①力を尽くしてつとめはげむ。「勤勉・勤労/精勤・忠勤」②勤め先で仕事をする。勤め。「勤続・勤務/皆勤・外勤・欠勤・在勤・出勤・常勤・退勤・通勤・転勤・夜勤」③(「覲」の代用字)天子や主君にお目にかかる。「参勤」㊁〈ゴン〉つとめはげむ。特に、仏のためのお勤め。「勤行/恪勤」[名付]いそ・いそし・つとむ・とし・のり

人**欽**　[音]キン(漢)　[訓]つつしむ‖①つつしみ敬う。「欽仰・欽羨・欽慕」②天子に関する物事に付けて敬意を示す語。「欽定・欽命」[名付]うや・こく・ただ・ひとし・まこと・よし

琴　[音]**キン**(漢)　ゴン(呉)　[訓]**こと**‖㊀〈キン〉①弦楽器の一。古代中国で、七弦のこと。「琴瑟・琴線/弾琴」②弦楽器。また、鍵盤楽器の類。「月琴・提琴・風琴・木琴・洋琴」㊁〈こと(ごと)〉「琴歌・琴爪/竪琴・大正琴」[難読]琴柱・和琴

筋　(学)6　[音]**キン**(漢)　[訓]**すじ**‖㊀〈キン〉①細長い線維の束でできた肉。「筋骨・筋肉・筋力/心筋・腹筋」②細長い線状のもの。「鉄筋」㊁〈すじ〉「筋道/青筋・粗筋・大筋・川筋・首筋・毛筋・背筋・血筋・手筋・鼻筋・腹筋・本筋・道筋」[難読]筋斗返り・翻筋斗

僅　[音]**キン**(漢)　[訓]**わずか**‖ほんの少し。わずか。やっと。「僅僅・僅差・僅少」

禁　(学)5　[音]**キン**(漢)　[訓]いさめる‖①ある行為に枠をはめて差し止める。「禁煙・禁止・禁書・禁酒・禁制・禁断・禁物・禁欲/厳禁」②かってな行為を差し止めるための一定の枠。おきて。「解禁・国禁・大禁」③一定の場所に閉じこめる。「禁錮/監禁・拘禁・軟禁」④特別な人以外は出入りを許されない場所。宮中。「禁苑・禁中・禁門・禁裏」⑤忌み避ける。「禁忌・禁句」

人**禽**　[音]キン(漢)　[訓]とり‖①とり。鳥類。「禽獣/家禽・小禽・水禽・鳴禽・猛禽・野禽」②(「擒」と通用)とりこにする。いけどり。「生禽」

×**瑾**　[音]キン(漢)‖固くて美しい玉。「瑾瑜/瑕瑾」

緊　[音]**キン**(呉)(漢)‖①固く引きしまる。引きしめる。「緊縮・緊張・緊縛・緊密」②物事が差し迫っている。「緊急・緊迫・緊要/喫緊」

錦　[音]**キン**(漢)　[訓]**にしき**‖①金色の糸で美しい模様を織りなした絹織物。にしき。「錦衣・錦旗・錦繍」②にしきのような。美しい。「錦鶏・錦秋・錦地・錦心繍口」[名付]かね

×**擒**　[音]キン(漢)‖とらえる。いけどりにする。とりこ。「擒捉・擒縛」

謹〔謹〕　[音]**キン**(漢)　[訓]**つつしむ**‖①言動に注意してかしこまる。細かく気を配る。「謹厳・謹厚・謹慎・謹聴」②相手に対して恭敬の意を表す語。つつしんで。「謹賀・謹啓・謹言・謹上・謹製・謹呈」[名付]すすむ・ちか・なり・のり・もり

襟　[音]**キン**(漢)　[訓]**えり**‖㊀〈キン〉①えり。「開襟」②胸のうち。心。「襟懐・襟度/胸襟・宸襟」③要害の地。「襟帯」㊁〈えり〉「襟足・襟首/裏襟・丸襟」

漢字項目　ぎん

吟　[音]**ギン**(漢)‖①うめく。なげく。「呻吟」②詩歌を詠む。「吟詠・吟行・吟誦/苦吟・高吟・詩吟・即吟・低吟・放吟・朗吟」③詩歌。「秀吟・名吟」④内容を探り確かめる。「吟醸・吟味」[名付]あきら・おと・こえ

銀　(学)3　[音]**ギン**(漢)　[訓]しろがね‖①金属元素の一。しろがね。「銀貨・銀器・銀山・銀製・銀箔/金銀・純銀・水銀・白銀」②お金。「銀行・銀座・銀子/賃銀・路銀」③ぎん色。「銀河・銀糸・銀髪・銀盤・銀幕・銀輪・銀世界」④「銀行」の略。「市銀・都銀・日銀」[名付]かね[難読]銀杏・銀鼠

きんいん-ちょくしょ【金印勅書】1356年、神聖ローマ皇帝カール4世が発布した帝国法。皇帝選挙に関する手続きを規定し、七人の選帝侯の地位・権限を確認したもの。文書の印章に黄金を用いたところからの名。黄金文書。

きん-う【金×烏】《太陽の中に3本足の烏がいるという中国の伝説から》太陽の異称。「一玉兎」➔八咫烏[類語]太陽・日・天日・日輪・火輪・日天子・白日・赤日・烈日・お日様・お天道様・今日様・サン・ソレイユ

きんう-ぎょくと【金×烏玉×兎】《「金烏」は太陽の異称、「玉兎」は月の異称》日と月。転じて、歳月のこと。烏兎(うと)。➡金烏 ➡玉兎
きん-うん【金運】金銭に関する運勢。「一が強い」
きん-うんも【金雲▽母】黒雲母の一。黄褐色や赤褐色で真珠光沢がある六角板状の結晶。電気の絶縁体に利用。
きん-えい【近詠】最近作った詩歌。
きん-えい【近影】人物の写真で、最近撮ったもの。
(類語)真影・遺影・顔写真・スナップショット・モンタージュ
きん-えい【菌×癭】菌類の寄生によって植物体の一部が肥大してできた、こぶ状や塊状の部分。松の枝にできるこぶなど。菌こぶ。
きん-えい【禁泳】泳ぐことを禁じること。「一区」
きん-えい【禁衛】ヱイ 皇居の守護。禁中の衛兵。
ぎん-えい【吟詠】〔名〕スル ❶詩歌を節をつけてうたうこと。「漢詩を一する」❷詩歌を作ること。また、その詩歌。(類語)朗詠・朗吟・詠吟・吟唱・口吟・詠唱
きん-えき【金液】陶磁器に使う金色の上絵の具。テルペンにロジウム・ニッケル・クロムなどの金属を加えた濃原液。水金(みずきん)。
きん-えき【禁×掖】禁中。禁裏。宮廷。
きん-えつ【×欣悦】〔名〕スル 喜ぶこと。欣喜。「啓すれば、王斜めならず一し」〈読・弓張月・続二〉
きん-えん【近縁】❶近い血縁。また、その人。⇔遠縁。❷生物の分類上、近い関係にあること。
きん-えん【金円】ヱン かね。金銭。金員。
きん-えん【金塩】►塩化金酸ナトリウム
きん-えん【筋炎】骨格筋に起こる炎症。最も多いのは化膿菌(かのうきん)の感染によるもので、寒け・震えを伴って高熱を出し、筋肉が腫れて痛む。
きん-えん【禁園|禁×苑】ヱン 皇居の庭園。
きん-えん【禁煙|禁×烟】〔名〕スル ❶タバコを吸う習慣を断つこと。「健康のため一する」❷タバコを吸うのを禁止すること。「一車」
きん-えん【禁×厭】►きんよう(禁厭)
ぎん-えん【銀塩】❶白黒フィルムの感光剤に用いる、塩化銀のこと。❷《「銀塩カメラ」の略》「フィルムカメラ」に同じ。
きんえんか-ナトリウム【金塩化ナトリウム】キンエンクワー ►塩化金酸ナトリウム
ぎんえん-カメラ【銀塩カメラ】►フィルムカメラ
ぎんえん-しゃしん【銀塩写真】《銀塩❶を感光剤とすることからいう》デジタル写真に対し、フィルムカメラで撮影した写真。また、その写真を印画紙に焼き付けたり、印刷物にしたもの。
きんえん-しゅ【近縁種】❶生物の分類で、近い関係にある種。❷外見は全く異なるが、実態に似たところのあることのたとえ。
きんえん-じょうれい【禁煙条例】ーデウレイ ❶特定の公共の場所での喫煙を禁止する条項を含む条例のこと。➡路上喫煙禁止条例 ❷特に、神奈川県の受動喫煙防止条例のこと。
きん-おう【金×甌】黄金で作った、かめ。
きん-おう【勤王|勤皇】ーワウ ►きんのう(勤王)
きんおう-むけつ【金×甌無欠】《「南史」朱异伝から》傷のない黄金のかめのように、完全で欠点のないこと。国家が強固で、外国の侵略を受けたことがないことをいう。(類語)完全・完璧(かんぺき)・万全・十全・両全・満点・完全無欠・百パーセント・パーフェクト
きん-おく【金屋】ーヲク 黄金で飾った家。りっぱな家屋。金殿。「一の寵(ちょう)を得る」
きん-か【近火】ークワ 近所の火事。「一見舞い」
(類語)火事・火災・火難・出火・失火・炎上・大火・小火(ぼや)・自火・急火・怪火・不審火(び)・祝融(しゅくゆう)・回禄(かいろく)
きん-か【近家】近所の家。
きん-か【金花】ークワ ❶黄金製の飾り花。「垣に一を掛け」〈謡・関寺小町〉❷アキノキリンソウの別名。
きん-か【金×柑】❶「きんかん(金柑)」の略。❷「金柑頭(きんかあたま)」の略。「あたまは一なる人あり」〈浮・一代女・六〉
きん-か【金貨】ークワ 金を主成分とする鋳造貨幣。
きん-か【琴歌】❶琴に合わせてうたう歌。また、琴の音と歌声。❷和琴(わごん)の伴奏で、神楽のときなどにうたった上代の歌謡。➡琴歌譜
きん-か【×槿花】ークワ ❶ムクゲの花。朝に開いて夕方にはしぼむところから、はかない栄華のたとえにされる。❷アサガオの花。
槿花一日(いちじつ)の栄(えい) 《白居易「放言」から》栄華がはかないこと。一炊の夢。槿花一朝(いっちょう)の夢。
槿花一朝(いっちょう)の夢 「槿花一日(いちじつ)の栄(えい)」に同じ。
きん-が【禁河】天皇の遊猟のためや、魚を天皇に供するために一般人の漁を禁止した川。とめかわ。
きん-が【謹賀】つつしんで喜びを申し述べること。(類語)恭賀・奉賀・奉祝・慶賀・慶祝
ぎん-か【銀貨】ークワ 銀を主成分とする鋳造貨幣。
ぎんが 昭和62年(1987)2月に打ち上げられたX線天文衛星ASTRO-C(アストロシー)の愛称。宇宙科学研究所(現JAXA、宇宙航空研究開発機構)がてんまの後継として開発。名称は「銀河」に由来する。高感度のX線望遠鏡、全天X線監視装置、γ(ガンマ)線バースト検出器を搭載。大マゼラン雲に出現した超新星からのX線を捉えることに成功。セイファート銀河からのX線強度の時間変動やクエーサーのスペクトルの観測を行った。平成3年(1991)11月に運用完了。
ぎん-が【銀河】❶天の川。地球上から見たときの銀河系。天漢。銀漢。(季 秋) ❷銀河系と同等の規模をもつ無数の恒星や星間物質からなる集合体。形から、渦巻き銀河・棒渦巻き銀河・楕円銀河・不規則銀河などに分類される。銀河系外星雲。系外銀河。小宇宙。島宇宙。
きんか-あたま【金×柑頭】はげ頭。きんかん頭。「下ぐるは一なり」〈浄・博多小女郎〉
きん-かい【近海】陸地に近い海。その土地に近い海域。「九州一」⇔遠海。
きん-かい【×欣快】ークワイ〔名・形動〕非常にうれしいこと。また、そのさま。「一に存じます」「一の至り」
(類語)嬉しい・喜ばしい・楽しい・愉快・嬉嬉(きき)・欣欣(きんきん)・欣然(きんぜん)・満悦・御機嫌
きん-かい【×欣懐】ークワイ よろこばしく思うこと。また、その気持ち。
きんかい【金海】高麗茶碗の一。朝鮮半島の慶尚南道金海で産出した御本(ごほん)茶碗。薄作りで、不透明な白色に薄赤色の斑(はん)がある。キンパイ。
きん-かい【金塊】ークワイ 金のかたまり。金の地金(じがね)。
きん-かい【禁戒】禁じ戒めること。また、その事柄。いましめ。おきて。「一を犯す」
きん-かい【謹戒|謹×誡】〔名〕スル いましめること。また、自らつつしみいましめること。「余は時々に発明してみずから一なすべきなり」〈逍遥・小説神髄〉
きん-かい【襟懐】ークワイ 心の中。胸のうち。
(類語)胸中・胸襟・胸懐・胸裏・胸臆・胸間・胸三寸・胸・念頭・意中・方寸・思い・考え
ぎん-かい【銀塊】ークワイ 銀のかたまり。
きんかい-ぎょ【近海魚】近海で捕れる魚類。イワシ・アジ・サバ・タイなど。
きんかい-ぎょぎょう【近海漁業】ーゲフ 近海で行う漁業。沿海漁業。沖合漁業。
きん-かいきん【金解禁】金貨幣または金地金の輸出禁止を解除すること。特に日本では、昭和5年(1930)浜口内閣が金の自由輸出禁止を解除し、金本位制度に復帰させた政策をいう。金輸出解禁。
きんかい-くいき【近海区域】ーキ 船舶安全法施行規則に定められている航行区域の一。東経175度、東経94度、南緯11度、北緯63度の線に囲まれた水域。➡沿海区域 ➡遠洋区域 ➡平水区域
きんかい-こうろ【近海航路】ーカウロ ❶近海における船の通り道。❷近海区域の旧称。
きんかい-しじょう【金塊市場】キンクワイシヂャウ ►金市場
きんかいしゅう【金槐集】キンクワイシフ 「金槐和歌集」の略。
ぎんかい-しょく【銀灰色】ギンクワイー 銀色を帯びた灰色。シルバーグレー。
きんがい-せん【×菫外線】キングワイー ►紫外線(しがいせん)
きんかい-そうば【金塊相場】キンクワイサウば 金市場で成立する金塊の売買相場。
きんかい-もの【近海物】近海でとれた魚類。
きんかいわかしゅう【金槐和歌集】キンクワイワカシフ《「金」は「鎌」の偏、「槐」は大臣の意》鎌倉3代将軍源実朝の私家集。1巻。建暦3年(1213)成立か。約700首を、春・夏・秋・冬・恋・雑に分類。万葉調の力強い歌風が特徴。金槐集。鎌倉右大臣家集。
きんか-ぎょくじょう【金科玉条】キンクワギョクデウ《揚雄「劇秦美新」から》最も大切な法律・規則。絶対的なよりどころとなるもの。「父の教えを一とする」
きん-かく【巾×幗】ークワク ❶中国で、女性の髪飾り。一説に、女性が喪中にかぶる頭巾とも。❷女性。また、女性的なもののたとえ。「一詩人」
きん-かく【金革】❶刀剣と甲冑(かっちゅう)。武器。武具。❷戦争。いくさ。
きん-かく【金閣】❶黄金で飾った高殿。また、豪華な楼閣。❷鹿苑寺(ろくおんじ)の舎利殿の通称。
きん-かく【菌核】植物組織内や土壌中に菌糸が集まってできる硬い塊。松の根に生じるブクリョウなど。
きん-かく【勤×恪】まじめに勤めること。恪勤(かっきん)。
きん-かく【筋覚】「筋肉感覚」の略。
きん-がく【金額】具体的な数字で表される金銭の量。きんだか。「莫大(ばくだい)な一」
(類語)価格・値段・値・価・物価・単価
きん-がく【勤学】〔名〕スル 学問につとめはげむこと。「老師に就て日夜に一し」〈織田訳・花柳春話〉
(類語)勉強・学習・勉学・研鑽(けんさん)・研修・研学・修学・修業(しゅぎょう)・修業(しゅうぎょう)・修練・習練・稽古(けいこ)
ぎん-かく【吟客】詩歌を作る風流人。
ぎん-かく【銀閣】❶銀で飾った高殿。❷慈照寺の観音殿の通称。
きんがく-さいけん【金額債権】一定額の金銭の給付を目的とする債権。
きん-かくし【金隠し】❶大便所の切り穴の前に設けたおおい。また、そのように作られた陶製の便器。❷鎧(よろい)の前腰にある草摺(くさずり)。前板(まえいた)。
きんかく-じ【金閣寺】㊀京都市北区にある鹿苑寺(ろくおんじ)の通称。足利義満の別荘北山殿(きたやまどの)を、義満の死後、遺言により禅寺としたもの。応永4年(1397)3層の舎利殿を建立し、内外に金箔を押したところから、金閣とよばれた。応仁の乱で金閣以外の建物は焼失し、金閣も昭和25年(1950)の放火で焼失、のち再建された。平成6年(1994)「古都京都の文化財」の一つとして世界遺産(文化遺産)に登録された。㊁浄瑠璃「祇園祭礼信仰記」の四段目の通称。
ぎんかく-じ【銀閣寺】京都市左京区にある慈照寺の通称。足利義政の山荘東山殿(ひがしやまどの)を、義政の死後、遺言により禅寺としたもの。初期の書院造りの遺構として貴重な東求堂(とうぐどう)と、2層の観音殿、それに白砂を盛り上げた庭園が残る。観音殿は、銀箔を押す計画があったところから、銀閣とよばれる。平成6年(1994)「古都京都の文化財」の一つとして世界遺産(文化遺産)に登録された。
きんかく-びょう【菌核病】ービャウ 豆類やウリ・ナスなどに一群の子嚢(しのう)菌が寄生し、菌核を生じる病害。
きんかくほんい-せいど【金核本位制度】キンカクホンヰー 金本位制度の一。金地金(きんじがね)本位制度と金為替本位制度とをあわせた呼称。
ぎんか-くらげ【銀貨水=母】ギンクワー クダクラゲ目ギンカクラゲ科の腔腸(こうちょう)動物。青藍色をし、気胞体は円盤状で直径約4センチ。内部は多くの室に分かれる。下面に多数の感触体などがあり、暖流に乗って移動。
きんかく-わん【金角湾】《Haliç》トルコ北西部の都市イスタンブールにある湾。ボスポラス海峡がマルマラ海とつながる南西部の出口付近から、北西に向かって細長い湾を形成する。南側の旧市街と北側の新市街の間に、ガラタ橋とアタチュルク橋が架かる。名称は、英語名ゴールデンホーン(Golden Horn)から。トルコ語ではハリチ(入り江の意)と呼ばれる。
ぎんが-ぐん【銀河群】数個から数十個程度の銀河の集団。星雲群。
ぎんが-けい【銀河系】太陽系を含む多数の恒星を主体とする天体の集団。直径約10万光年、中心

の厚さ1.5万光年の凸レンズ状に分布し、渦巻き状の構造をもち、回転運動をしている。中心の核部分は古い恒星からなり、円盤状の部分は若い恒星や散開星団・星間物質からなる。外側には約130個の球状星団などが直径約15万光年の球状に分布しており、ハローとよぶ。中心は射手座の方向にあり、太陽系は中心から約3万光年離れた所にある。天の川銀河。

ぎんがけいがい-せいうん【銀河系外星雲】ギンガケイグワイ ▶銀河❷

ぎんがけいない-せいうん【銀河系内星雲】銀河系内にあるガスや微粒子からなるガス状星雲。形から惑星状・散光・暗黒星雲などに分類される。銀河星雲。

きんが-さいぼう【筋芽細胞】サイバウ《myoblast》増殖して筋肉となる細胞。培養できる。

ぎんが-ざひょう【銀河座標】ザヘウ 天球座標の一。銀河系のほぼ中心、天の川を通る天球上の大円を銀河赤道とし、経度・緯度に相当する銀経・銀緯を用いて天体の位置を表す座標。銀河系の構造などを研究するのに利用。

きんかさん【金華山】キンクワサン《「きんかざん」とも》宮城県の牡鹿おしか半島の東に位置する島。面積約9平方キロメートル、最高地点445メートル、西麓に黄金山こがね神社がある。沖合は暖流と寒流の交わる好漁場。

きんかざん【金華山】キンクワサン ㊀㊀ ▶きんかさん(金華山) ㊁岐阜市北東部にある山。標高329メートル。長良川の南岸に位置し、山頂に岐阜城址がある。稲葉山。㊁❶瀬戸焼の3代藤四郎が㊀㊁の土を用いて焼いたと伝えられる茶入れの称。❷「金華山織り」の略。

きんかざん-おり【金華山織(り)】キンクワサン 金糸・銀糸で模様を織り出した紋ビロード。帯地や壁掛けなどに用いる。

きんかざん-やき【金華山焼】キンクワサン ❶岐阜県岐阜市・各務原かかみがはら市周辺で産出する陶器。近年は楽焼き・抹茶器・煎茶器せんちゃきなどの日用陶器を製する。❷▶金華山㊁❶

キンカジュー〖kinkajou〗アライグマ科の哺乳類。樹上で暮らし、体長約50センチ。尾が長く、枝などに巻きつけることができる。毛は柔らかで、褐色。夜行性。果実を主食とする。中南米の森林に分布。

きんか-じゅんび【金貨準備】キンクワ ▶金準備きんじゅんび

きんが-しんねん【謹賀新年】つつしんで新年の喜びを申し述べること。年賀状などに記す語。

ぎんが-せいうん【銀河星雲】▶銀河系内星雲

ぎんが-せいだん【銀河星団】▶散開星団

ぎんが-せきどう【銀河赤道】セキダウ 銀河系における天の川を通る大円。銀河座標の銀緯が0度となり、銀河面に含まれる。

きん-かた【金方】資金を出す人。金主。「―があって商売をはじめた」〈鏡花・白鷺〉

ぎん-かた【銀方】「金方きんかた」に同じ。江戸時代、銀本位の上方でいう。

ぎんが-だん【銀河団】数百個ないし数千個の銀河の集団。星雲団。

きんか-ちょう【錦華鳥|錦花鳥】キンクワテウ カエデチョウ科の鳥。全長約10センチ。くちばしが太く赤く、頭から背にかけて灰色。雄はほおが橙だいだい色、胸に黒白の横縞がある。オーストラリアの原産。飼い鳥とされ、日本には明治時代から輸入。

ぎんがてつどうのよる【銀河鉄道の夜】ギンガテツダウノヨル 宮沢賢治の童話。生前未発表。昭和16年(1941)刊。貧しい少年ジョバンニが、級友を救おうとして溺死できしした親友カムパネルラとともに、夢の中で銀河鉄道に乗って宇宙を旅するという幻想的な作品。

ぎんが-でんぱ【銀河電波】銀河系内から放出される電波。星間物質による吸収が光より少ないので、銀河系の構造を知る有力な手がかりになる。

ぎんが-なんきょく【銀河南極】銀河座標において銀緯が－90度となる天球上の点。地球から見て南側の極を指し、彫刻室座の方向にあたる。北側の極である銀河北極と合わせて銀河の極と呼ばれる。

ぎんが-の-きょく【銀河の極】銀河座標における銀河北極と銀河南極。これら両極の方向は天の川の星や星間物質などに邪魔されずに遠方の銀河や天体を観測するのに適しているため、宇宙の覗き窓または宇宙の窓とも呼ばれる。

きんかふ【琴歌譜】平安初期の歌謡譜本。1巻。編者未詳。万葉仮名で書かれた22首の歌詞と、その歌い方や和琴の弾き方などを示す。

ぎんが-ほっきょく【銀河北極】ホクキョク 銀河座標において銀緯が＋90度となる天球上の点。地球から見て北側の極を指し、髪座の方向にあたる。南側の極である銀河南極と合わせて銀河の極と呼ばれる。

きんかほんい-せいど【金貨本位制度】キンクワホンヰ 金本位制度の一。金貨が実際に流通し、その鋳造と鋳つぶし、また輸出入が自由で、他の通貨との固定比率による兌換だかんが保証されている制度。

きん-がま【錦窯】陶磁器の上絵を焼き付けるのに用いる窯。火炎が直接器物に触れないように二重構造になっている。上絵窯。にしきがま。

きん-がみ【金紙】❶金粉や金箔きんぱくを押したり、金泥などを塗ったりした紙。金色の紙。きんし。こんし。❷金色の金属を薄く紙のようにのばしたもの。

ぎん-がみ【銀紙】❶銀粉や銀箔ぎんぱくを押したり、銀色の塗料を塗ったりした紙。銀色の紙。ぎんし。❷銀色の金属を薄く紙のようにのばしたもの。

ギンガム〖gingham〗染め糸とさらし糸を使って棒縞や格子柄に織った平織りの薄地綿布。夏の婦人服や子供服などに用いる。

きん-かめむし【金椿=象|金亀虫】カメムシ科キンカメムシ亜科の昆虫の総称。熱帯を中心に広く分布し、緑・赤・紫などの金属光沢のある色をしたものが多い。植物の汁を吸う。

ぎんが-めん【銀河面】銀河系において天の川を通る大円(銀河赤道)を含む平面。銀河座標の銀緯が0度になる。銀河系内の天体や星間物質の密度が最も高い。

きん-からかわ【金唐革】からかは 唐草や花鳥などの模様に金泥を塗った装飾革。または、その模造品。袋物やタバコ入れなどに用いた。

きん-がわ【金革】がは 地色を金色にした革。

きん-がわ【金側】がは 外まわりを金で作ったもの。「―時計」

ぎん-がわ【銀革】がは 地色を銀色にした革。

ぎん-がわ【銀側】がは 外まわりを銀で作ったもの。

きん-がわせ【金為-替】がはせ 金本位制度国の通貨で支払われる外国為替。

ぎん-がわせ【銀為-替】がはせ 銀本位制度国の通貨で支払われる外国為替。

きんがわせ-ほんいせいど【金為-替本位制度】キンガハセホンヰセイド 金本位制度の一。国内では金貨を発行せず、金貨本位制度または金地金本位制度を採用している国の通貨で支払われる金為替によって兌換だかんが行われる制度。通貨と金との等価関係が間接的に維持される。金地金本位制度とあわせて、金核本位制度とよぶこともある。

ぎん-がわり【吟替(わ)り|吟変(わ)り】がはり ❶薩摩琵琶の旋律型の一。悲哀・憂愁の場面などに、高い音域でうたわれる。❷小唄の節に合わない声。

きん-かん【近刊】近いうちに出版されること。最近出版されたこと。また、その書物。

きん-かん【金冠】クワン ❶黄金製のかんむり。また、黄金で飾ったかんむり。❷虫歯を治療したあと、歯にかぶせる金製の覆い。こんかん。

きん-かん【金×柑】ミカン科の常緑低木。葉は小さく、両端がとがる。夏、白い小花をつける。実は球形または楕円形で、熟すと黄橙色。香りと酸味が強く、果皮は甘い。生食や砂糖漬けにする。中国の原産。暖地で栽培される。〔季 花=夏 実=秋〕「乳児泣きつつ一握り匂はしむ/楸邨」

きん-かん【金管】クワン「金管楽器」の略。

きん-かん【金環】クワン ❶金製の輪。金色の輪。❷古墳時代、耳飾りに用いた切れ目のある金属製の輪。

きん-かん【琴管】クワン 琴と、笛・笙しょうなどの管楽器。

きん-がん【近眼】「近視」に同じ。⇔遠眼。

ぎん-かん【銀漢】天の川。銀河。天漢。〔季 秋〕

ぎん-かん【銀環】クワン ❶銀製の輪。銀色の輪。❷古墳時代、耳飾りに用いた切れ目のある銀色の輪。

きんかん-あたま【金×柑頭】はげ頭。きんかあたま。

きんかん-がっき【金管楽器】キンクワンガクキ 唇の振動を管内の空気に伝えて音を出す管楽器の総称。一般に、真鍮しんちゅうまたはその合金で作られ、朝顔形の開口部をもつ。トランペット・ホルンなど。ブラス。➡木管もっかん楽器

きんがん-きょう【近眼鏡】キャウ 近視用の凹おうレンズの眼鏡。

きんかん-しょく【金環食|金環×蝕】キンクワン 日食で、太陽の光が月の回りに環のように見えるもの。月の本影が地球まで届かないときに起こる。金環日食。

きんかん-づか【金冠塚】キンクワン 韓国、慶州市にある新羅しらぎ時代の古墳の一。積石塚で、5世紀末ごろの造営。木棺内から黄金製の冠など、豪華な装身具が多数発見された。クムグヮンチョン。

きんかん-にっしょく【金環日食|金環日×蝕】キンクワン ▶金環食

きん-かんばん【金看板】❶金文字を彫りこんだ看板。❷世間に対して誇示・宣伝する主義や主張など。「即断即行を―に掲げる政治家」〔類語〕看板・立て看板・立て看・一枚看板・表看板・プラカード

きんき 海水魚キチジの別名。

きん-き【近畿】《都に近い国々の意》「近畿地方」の略。

きん-き【×欣喜】〔名〕スル 非常に喜ぶこと。

きん-き【金気】《五行を四季に配すると、金は秋に当たるところから》秋のけはい。秋気。「―蕭条として忽ち至る殺風景」〈鏡花・日本橋〉

きん-き【金器】❶黄金製の器物。❷金属製の器物。

きん-き【金×櫃】❶金属製の箱。❷金銭や貴重品などを入れる箱。

きん-き【琴棋|琴▽碁】《「きんぎ」とも》琴ことと碁ご。風流な遊びをいう。「やさしくも女の―香歌の道にも心ざしのありしは」〈浮・一代女・一〉

きん-き【禁忌】〔名〕スル ❶忌いみ嫌って、慣習的に禁止したり避けたりすること。また、そのもの。タブー。「―を破る」❷人体に悪影響を及ぼす危険がある薬剤の配合や治療法を避けて行わないようにすること。〔類語〕禁止・禁・禁物・忌み・物忌み・タブー

きん-き【錦旗】「錦にしきの御旗みはた」に同じ。

ぎん-き【銀器】銀製の器物。

キンキー-ヘア〖kinky hair〗美容用語で、細かく縮れた毛のことをいう。

きんき-いりょうふくしだいがく【近畿医療福祉大学】イレウフクシダイガク 兵庫県神崎郡福崎町などにある私立大学。平成12年(2000)に開学した。社会福祉学部の単科大学。

きんき-からい【金帰火来】クワライ 国会議員が金曜の夜に選挙区に帰り、週末に地元での政治活動をして火曜に東京に戻ること。

きんき-じどうしゃどう【近畿自動車道】ジドウシャダウ 近畿地方を連絡する高速自動車道。名古屋・神戸を結ぶ名古屋神戸線、名古屋・吹田を結ぶ名古屋大阪線、それから分岐する伊勢線、紀勢線、および敦賀線の総称。

きんき-じゃくやく【×欣喜×雀躍】〔名〕スル こおどりして喜ぶこと。「合格の知らせに―する」〔類語〕歓喜・狂喜・驚喜・有頂天・随喜

きん-き-しょ-が【琴棋書画】グヮ 中国で、士大夫の身につけるべきものとされた琴と碁と書と画の四芸。日本でも室町時代以後、掛け物・襖絵ふすまえ・屏風絵びょうぶえなどの題材として盛んに描かれた。

きん-きせ【金着せ】金属器の表面に薄くのばした金をかぶせたり金めっきを施したりすること。また、その器物。「―の鎖」

ぎん-きせ【銀着せ】金属器の表面に薄くのばした銀をかぶせたり銀めっきを施したりすること。また、その器物。「―の盆」

キンギセップ〘Kingisepp〙▶クレッサーレ
キンギセパ〘Kingissepa〙▶クレッサーレ
ぎん-ギセル【銀ギセル】銀製のキセル。近世、道楽息子を象徴する持ち物とされた。
きんき-だいがく【近畿大学】東大阪市に本部のある私立大学。大正14年(1925)設立の大阪専門学校と昭和18年(1943)設立の大阪理工科大学とを統合し、同24年新制大学として発足。
きんき-ちほう【近畿地方】ーチハウ 京都・大阪・滋賀・兵庫・奈良・和歌山・三重の2府5県からなる地域。
ぎん-ぎつね【銀×狐】キツネの一亜種。カナダ・アラスカなどに多く、黒色の毛に白い差し毛が混生するため銀色に見える。毛皮が珍重される。シルバーフォックス。ぎんこ。(季 冬)
きんき-にっぽんてつどう【近畿日本鉄道】ーニッポンテツダウ 大阪・名古屋を結ぶ本線を中心に、京都・奈良・伊勢志摩・大垣などに至る路線をもつ電鉄会社。また、その鉄道。近鉄。
きん-きゅう【金九】ーキウ ▶キムグ
きん-きゅう【緊急】ーキフ〔名・形動〕重大で即座に対応しなければならないこと。また、そのさま。「事は一を要する」「一な(の)用事がある」(類語)急・至急・早急・火急・特急・超特急・急ぎ・大急ぎ・急遽(きゅうきょ)
きんぎゅう-きゅう【金牛宮】キンギウー 黄道十二宮の第2宮。牡牛(おうし)座に相当したが、歳差のため現在は牡羊座にある。太陽は4月21日ごろこの宮に入る。
きんきゅうきゅうめい-しつ【緊急救命室】キンキフキウメイー ▶イー-アール(ER)
きんきゅうけいほう-ほうそう【緊急警報放送】キンキフケイホウハウソウ 東海地震の警戒宣言の発令、津波警報の発令、地方自治体の長から要請のあった場合に、テレビ・ラジオで流される緊急放送。対応する受信機であれば通電待機状態であってもスイッチが入り放送が流れる。NHKが試験放送を実施、民放各社も装置を設備している。EWS(emergency warning system)。
きんきゅう-けん【緊急権】キンキフー 自国または自国民に急迫した危険のある場合、それを避けるため他国の権利・利益を侵害してもさしつかえないという国際法上の権利。侵害に対する賠償は必要。緊急避難。
きんきゅう-こうか【緊急降下】キンキフカウカ〔名〕スル 飛行中の航空機が、機内圧力の低下と酸素不足が生じた場合、人体に安全な高度まで降下すること。
きんきゅう-こうつうろ【緊急交通路】キンキフカウツウロ 大規模な災害が発生した際に、災害応急対策を実施するための消防・救急・警察・自衛隊などの緊急車両の通行を円滑にするため、一般の車両が通行を禁止・制限される道路。災害対策基本法に基づいて都道府県公安委員会が指定する。
きんきゅう-ざいせいしょぶん【緊急財政処分】キンキフー 明治憲法下で、緊急の必要があるとき、勅令によって行うことの認められていた国家の財政処分。
きんきゅう-じしんそくほう【緊急地震速報】キンキフヂシンソクホウ 地震の発生直後に、各地への到達時刻や震度を予測して通知する予報・警報。気象庁がテレビ・ラジオ・携帯電話・専用端末などを通じて発表する。平成16年(2004)2月に試験運用を開始し、同19年10月から一般向けの情報提供を開始。(補説)震源に近い地震計でとらえた初期微動の観測データから、震源や地震の規模(マグニチュード)を推定し、各地域に主要動が到達する前にその時刻や震度を予測する。地震波のうち、速度の速いP波を高感度地震計でとらえ、遅くて揺れの強いS波との伝播速度の違いを利用してS波の震度・到達時間を解析する仕組み。この情報をもとに、列車やエレベーターをすばやく制御して危険を回避したり、避難行動をとることによって被害を軽減したりすることが期待される。
きんきゅうじじんそくほうしゃのうえいきょうよそく-ネットワークシステム【緊急時迅速放射能影響予測ネットワークシステム】キンキフジジンソクハウシヤノウエイキヤウヨソクー ▶スピーディ(SPEEDI)
きんきゅう-じたい【緊急事態】キンキフー ❶すみやかな対応が必要とされる重大な事態。「一が発生する」❷大規模な災害や騒乱が発生して、治安上差し迫った危険が存在する状態。内閣総理大臣が、国家公安委員会の勧告に基づき、全国または一部の地域について布告を発することができる。
きんきゅうじたいおうきゅうたいさく-きょてんしせつ【緊急事態応急対策拠点施設】キンキフジタイオウキフタイサクー 原子力災害が発生した際に、国・都道府県・市町村および原子力事業者などの関係者が集まり、情報共有・意思統一を図りながら対策活動を推進するための拠点となる施設。平成12年(2000)、原子力災害対策特別措置法に基づいて、原子力施設から20キロメートル未満に設置された。全国に22か所ある。平常時は原子力安全・保安院の原子力防災専門官・原子力保安検査官が常駐し、防災体制の強化に取り組む。原子力緊急事態発生時には、国・地方公共団体・事業者などの間で情報を交換し、相互に協力するため、原子力災害合同対策協議会が設置される。平成11年(1999)に発生した東海村JCO臨界事故の教訓を踏まえて設置された。原子力防災センター。オフサイトセンター。
きんきゅう-しつもん【緊急質問】キンキフー 国会の本会議で、緊急を要する場合に、議院の議決により口頭ですることを認められた質問。
きんきゅう-じどうしゃ【緊急自動車】キンキフー 道路交通法で、消防用・救急用自動車や公安委員会が指定する警察用・自衛隊用自動車などで、緊急の用務のために運転中のもの。一般車に対する優先、有料道路の無料通行などが認められる。
きんきゅう-しゅうかい【緊急集会】キンキフシフクワイ 衆議院の解散中に緊急の事態が発生したとき、内閣の求めによって開かれる参議院の集会。ここでとられた措置は国会の権能を代行するが、次の国会開会後10日以内に衆議院の同意を得ないと失効する。
きんきゅう-じょうたい【緊急状態】キンキフジヤウタイ ❶緊急に対策を必要とする状態。❷法律で、緊急避難または正当防衛を成立させる理由となる状態。
きんきゅうじょうほう-ネットワークシステム【緊急情報ネットワークシステム】キンキフジヤウホウー ▶エム-ネット(Em-net)
きんきゅうじんざいいくせいしゅうしょくしえん-じぎょう【緊急人材育成・就職支援事業】キンキフジンザイイクセイシウシヨクシエンジゲフ 平成20年(2008)に起きた金融危機の影響で悪化した雇用情勢を受け、翌21年7月から23年9月までの間、実施された制度。臨時特例交付金を財源として、中央職業能力開発協会が緊急人材育成・就職支援基金を創設。非正規労働者や長期失業者など雇用保険を受給できない人を主な対象として、職業訓練の機会を提供し、受講中の生活費を給付(緊急人材育成支援)。また、求職者を受け入れる中小企業に対する助成金の支給(中小企業等雇用創出支援)などの事業を実施。同23年10月から求職者支援制度に移行した。(補説)職業訓練・再就職・生活を支援するための制度。第1のセーフティーネットである雇用保険と最後のセーフティーネットである生活保護の間に位置することから、第2のセーフティーネットとも呼ばれる。
きんきゅう-そち【緊急措置】キンキフー 突発事態に際し、急いで処置をすること。
きんきゅう-たいほ【緊急逮捕】キンキフー 逮捕状なしで被疑者を逮捕すること。死刑・無期または3年以上の懲役・禁錮にあたる罪を犯した疑いが十分にあり、かつ急を要する場合にのみ認められる。逮捕後、直ちに裁判官に逮捕状の発行を求めなければならない。
きんきゅう-ちょうせい【緊急調整】キンキフテウセイ 公益事業などの大規模な労働争議を調整する制度。争議が国民生活を著しく阻害するおそれのある場合、内閣総理大臣が中央労働委員会の意見を聞いて決定し公表する。これにより、争議行為は50日間禁止され、その間に解決のための調整が行われる。
きんきゅう-ちょくれい【緊急勅令】キンキフー 明治憲法下で、議会の閉会中に緊急の必要があるとき、天皇の発布した法律に代わる勅令。
きんきゅう-どうぎ【緊急動議】キンキフー 会議で、予定外の議事を緊急の議題として取り上げるように求める提案。
きんきゅう-はっしん【緊急発進】キンキフー ▶スクランブル
きんきゅう-ひなん【緊急避難】キンキフー ❶大急ぎで避難すること。❷刑法上、急迫した危難を避けるため、やむをえず他人の法益をおかす行為。一定の要件をみたすものは罰せられないが、損害賠償責任がある。❸民法上、他人の物から生じた急迫の危難を避けるために、その物に加える損壊行為。損害賠償責任はない。❹▶緊急権
きんきゅう-ひにん【緊急避妊】キンキフー 避妊をしなかったり、避妊に失敗した場合に、望まない妊娠を回避するために、緊急的な措置としてとる避妊方法。ヤッペ法や緊急避妊薬を服用する方法がある。事後避妊。EC(emergency contraception)。
きんきゅう-ひにんピル【緊急避妊ピル】キンキフー ▶緊急避妊薬
きんきゅう-ひにんやく【緊急避妊薬】キンキフー 妊娠を回避するために性交後に服用する経口剤。避妊措置に失敗した場合などに、望まない妊娠を防ぐために用いる。日本では平成23年(2011)にノルレボの製造販売が承認された。事後避妊薬。モーニングアフターピル。緊急避妊ピル。➡避妊薬
きんきゅう-ひばくいりょう【緊急被×曝医療】キンキフヒバクイレウ 原子力施設で放射線が異常に放出されたり、放射性物質による被曝(ひばく)・汚染が発生した場合に、施設従業員や周辺地域の住民に対して行われる医療活動。放射線障害、被曝・汚染に伴う外傷・熱傷等に対する急性期医療。
きんきゅうひばくいりょう-ネットワークかいぎ【緊急被ばく医療ネットワーク会議】キンキフヒバクイレウークワイギ 放射線医学総合研究所と救急医学・内科・外科・放射線医学などの専門医療機関が連携・協力して緊急被曝医療に取り組むための組織。原子力災害や放射線事故に備え、平常時から情報交換・研究協力・人的交流などを行う。国の防災基本計画に基づいて平成10年(1998)放射線医学総合研究所に設置。
きんきゅうほしょう-せいど【緊急保証制度】キンキフホシヨウー 景気悪化により資金繰りが悪化した中小企業を支援するために、平成20年(2008)10月から同23年3月まで行われた時限的制度。(補説)原油・原材料価格や仕入価格の高騰の影響を強く受ける中小企業を対象として創設され、平成22年2月からは、対象業種を拡大した景気対応緊急保証制度へ移行。同23年4月以降は既存のセーフティーネット保証による対応に戻った。
きんきゅう-めいれい【緊急命令】キンキフー ❶至急の対策を要するために出される命令。❷議会閉会中に緊急の必要により、議会の承認を得ずに発せられる命令。日本では、明治憲法下における天皇による緊急勅令がこれにあたる。
きんきゅう-ゆにゅうせいげん【緊急輸入制限】キンキフユニフセイゲン ▶セーフガード
きんきゅう-ろしんれいきゃくシステム【緊急炉心冷却システム】キンキフー ▶イー-シー-シー-エス(ECCS)
きん-ぎょ【金魚】フナを原種とする観賞用の淡水魚。和金・琉金(りゅうきん)・出目金・頂天眼・オランダ獅子頭(ししがしら)・蘭鋳(らんちゅう)・キャリコなど、品種は極めて多い。品種によってひれ・目・頭部・体形・体色などに著しい変化がみられる。中国の原産で、日本へは文亀2年(1502)に渡来。(季 夏)「思ひ出も一の水も蒼を帯びぬ/草田男」
きん-ぎょ【禁漁】▶きんりょう(禁漁)
ぎん-ぎょ【銀魚】❶うろこが銀白色の金魚。(季 夏) ❷シラウオの別名。
きん-きょう【近況】ーキヤウ 近ごろのようす。最近の生活や身の回りの状況。「一を知らせる」「一報告」(類語)現況・現状・近状
きん-きょう【禁教】ーケウ ある宗教の信仰や布教を禁

止すること。また、その宗教。「━令」
きん-ぎょう【近業】ゴフ 最近の作品・業績など。
きん-ぎょう【×欽仰】ギャウ〔名〕スル 尊敬し慕うこと。きんこう。きんごう。「天才を━し、英雄を崇拝する心」〈鷗外・羽鳥千尋〉
ぎん-きょう【銀鏡】キャウ ❶銀の表面を磨いた鏡。❷ガラスの表面に銀の薄膜を付着させた鏡。
ぎんきょう-はんのう【銀鏡反応】ギンキャウハンオウ ぶどう糖などの還元性のある有機化合物に硝酸銀アンモニア溶液を加えて温めると、銀イオンが還元されて析出し、ガラスに付着する反応。還元性物質の検出のほか、鏡を作るのにも応用される。
きんぎょ-うり【金魚売り】金魚を売り歩くこと。また、その人。(季 夏)「踏切を一滴ぬらす━/不死男」
きん-きょく【琴曲】七弦琴で演奏する曲。十三弦琴で弾く箏曲そうきょくをいうこともある。
きん-ぎょく【金玉】❶金と玉。また、財宝。❷珍重すべきすぐれたもの。「━の声」
きん-ぎょくきん【金玉均】[1851～1894]朝鮮李朝末期の政治家。開化派(独立党)の指導者。公州(忠清南道)の人。朝鮮改革と清国の影響力の排除をめざし、1884年甲申こうしん事変を起こしたが、失敗して日本に亡命。上海シャンハイで暗殺された。キム＝オッキュン。
きんぎょく-とう【金玉糖】タウ 寒天・水・砂糖・水あめを煮詰めたものを冷やして固め、ざらめ砂糖をまぶした涼味のある和菓子。(季 夏)「鉢に敷く笹葉透かして━/かな女」
きんぎょ-すくい【金魚×掬い】スクヒ 浅い水槽中の金魚を針金のわくに薄い紙を張った杓子などですくい取る遊び。祭りや縁日の露店などで行われる。
きんぎょ-そう【金魚草】サウ ゴマノハグサ科の多年草。高さ30～80センチ。葉は細長い。夏、白・黄・紅・紫色などの花を総状につける。花は唇形で、金魚に似る。南ヨーロッパ・北アフリカの原産で、観賞用。(季 夏)
きんぎょ-の-ふん【金魚の×糞】切れずに長くつながっているさま。大勢の人が、一人の人物にぞろぞろとついて回るさまなどにいう。金魚のうんこ。「取り巻きが━のように付き従う」
きんぎょ-ばち【金魚鉢】金魚を飼うための、ガラス製などの鉢形の容器。(季 夏)
きんぎょ-ぶ【金魚×麩】金魚の餌えさにする焼き麩。
きんぎょ-まげ【金魚×髷】男髷の一。髷の根をあげ、髷を少しそらし加減にしたもの。江戸時代、武家の若者や富豪の子息などの間に流行。金魚本多ほんだ。
きんぎょ-も【金魚藻】❶ホザキノフサモの別名。(季 夏)❷マツモの俗称。(季 夏)
きん-きょり【近距離】近い距離。⇔遠距離。
類語 短距離・至近距離・近場・近所・最寄り
きんきょり-りょく【近距離力】▶短距離力
きん-きら〔形動〕きらきらと輝くさま。また、派手できらびやかなさま。「━に飾りたてた会場」
きんきら-きん〔形動〕きらきらと派手に輝くさま。きらびやかに飾りたてるさま。「━な衣装」
きん-きり【金切り】去勢をいう俗語。「━牛」
きん-ぎれ【錦切れ】❶錦にしきの切れはし。❷明治維新のころの官軍。また、その兵士。目印として肩に錦の切れをつけていたところからいう。
きん-きん【金金】《明和・安永(1764～1781)ごろの江戸の流行語》身なりを飾って得意然としていること。「髭ひげなでの、━か。にくいの」〈洒・辰巳之園〉
きん-きん〔形動〕しっかりと冷えているさま。「冷蔵庫で━に冷やしたビール」
きん-きん【×欣×欣】〔ト・タル〕図〔形動タリ〕非常によろこぶさま。「━として命令に従う」
類語 嬉嬉きき・欣然きんぜん・欣快きんかい・愉快・満悦・御機嫌
きん-きん〔副〕スル 音や声がかん高くて、耳に鋭く響くさま。「━した子供の声」
きん-きん【近近】〔副〕近い将来。近いうちに。ちかぢか。「━(に)上京する予定です」
類語 近日・そのうち・やがて・ちかぢか・遅かれ早かれ・早晩・追って・何時か・いずれ

きん-きん【僅僅】㊀〔副〕数量が非常に少ないさま。わずかに。「━三名の出席者しかいない」㊁〔ト・タル〕図〔形動タリ〕ごくわずかであるさま。「━たる一冊子に過ぎずと雖いえども」〈日本教育史略〉
類語 唯・たった・わずか・たかだか・少ない・少し
きん-ぎん【金銀】❶金と銀。また、非常に美しく貴重なもの。❷金貨と銀貨。❸金銭。また、財産。❹将棋で、金将と銀将。
金銀は回り持ち「金かねは天下の回りもの」に同じ。
金銀は湧わき物 金銀は、苦労しないで自然に手に入ることもあるということ。
ぎん-ぎん ㊀〔形動〕あることに熱中して気分が高揚しているさま。また、その対象にもいう。「━に踊りまくる」「━なロック」㊁〔副〕スル ❶犬や虫などがうるさく鳴くさま。「蝉が━鳴いていた」〈葛西・子をつれて〉❷頭がひどく痛むさま。「二日酔いで頭が━する」 アクセント ㊀はギンギン、㊁はギンギン。
きんぎん-か【金銀花】クヮ スイカズラの花。漢方で乾燥したものを解熱・解毒薬に用いる。花が白色から2、3日後に黄色になるところからの名。
きんぎん-じ【金銀地】ヂ 金銀の粉を蒔まき散らして研ぎ出した無地の蒔絵。
きんぎん-ずく【金銀▽尽く】ヅク 何事も金銭の力で自由にしようとすること。金銭ずく。かねずく。「━にて自由のなる勤つとめ女」〈浮・禁短気・四〉
きんきん-ぜん【×欣×欣然】〔ト・タル〕図〔形動タリ〕いかにもうれしそうなさま。「━として出かける」
きんきんせんせいえいがのゆめ【金々先生栄花夢】キンキンセンセイエイグヮのゆめ 黄表紙。2冊。恋川春町画作。安永4年(1775)刊。謡曲「邯鄲かんたん」の翻案。金村屋金兵衛が、金持ちの養子になり放蕩三昧ほうとうざんまいにふけって勘当される夢を見て、栄華のむなしさに気づき国へ帰る。黄表紙はこの作より始まるとされる。
きんぎん-づくり【金銀作り】金や銀で作ったり飾ったりすること。また、その物。
きんぎん-ひか【金銀比価】金と銀との交換比率。銀の価格を1としたとき、それと同一重量の金の価格が示す倍率。比価。
きんぎん-ふくほんいせいど【金銀複本位制度】フクホンヰセイド 金貨と銀貨を本位貨幣とし、両者の比価を公定し、他の貨幣を補助貨幣とする制度。両本位制度。
きんぎんへいこう-ほんいせいど【金銀併行本位制度】キンギンヘイカウホンヰセイド 金貨と銀貨を本位貨幣とし、両者の比価を公定しない制度。金貨と銀貨の交換比率は金銀の市場価格に従って変動する。
きんぎん-ぼく【金銀木】ヒョウタンボクの別名。花が初め白く、のち黄色になるところからの名。
きん-く【金口】▶こんく(金口)
きん-く【金句】❶「金言きんげん❶」に同じ。❷言いまわしの巧みな句。美しい句。りっぱな言葉。
きん-く【勤苦】〔名〕スル 非常に苦労すること。「これより━して…経験を為し」〈中村訳・西国立志編〉
きん-く【禁句】❶和歌や俳諧はいかいなどで、使ってはならない語句。止め句。❷聞き手の感情を害したり刺激したりするのをはばかって避けるべき言葉や話。「受験生の前では、落ちる、すべるの類は━だよ」
類語 タブー・忌み言葉
キング〖king〗❶王。国王。❷トランプで、王様の絵のついた札。❸チェスで王の駒。❹王のような存在。最強のもの、最大のもの。「ホームラン━」
類語 王・国王・帝王・皇帝・大王・王様
キング〖Martin Luther King〗[1929～1968]米国の牧師・黒人解放運動指導者。非暴力直接行動主義の立場から、公民権運動を指導。1964年、ノーベル平和賞受賞。遊説中に暗殺された。キング牧師。
ぎん-く【吟句】吟詠する詩歌などの句。
キング-コブラ〖king cobra〗コブラ科の爬虫はちゅう類。毒蛇の最大種で、全長5メートルを超すものもあり、毒性も強い。体は茶褐色で、頸部けいぶのふくらみは他のコブラより広くない。インド・東南アジアなどに分布。
キング-コング〖King Kong〗アメリカ映画「キングコング」に登場する巨大なゴリラ。最初の作品の公開は1933年。
キング-サーモン〖king salmon〗マスノスケの別名。
キング-サイズ〖king-size〗標準より一段と大きい寸法。超大判。特大。
キングジョン-じょう【キングジョン城】ジャウ《King John's Castle》▶リムリック城
キングズ-イングリッシュ〖King's English〗標準イギリス英語。純正英語。女王治世中は、クイーンズイングリッシュという。
キングズキャニオン-こくりつこうえん【キングズキャニオン国立公園】コクリツコウヱン《Kings Canyon National Park》米国カリフォルニア州中東部、シエラネバダ山脈の西側斜面にある国立公園。最終氷期の氷河による浸食で形作られたキングズ渓谷を中核とする。セコイア国立公園と隣接。
キングスタウン〖Kingstown〗中央アメリカ、カリブ海上の国、セントビンセントおよびグレナディーン諸島の首都。セントビンセント島の南部に位置し、同島最大の港を擁す。ジョージ王朝時代の建築様式に由来するアングリカン大聖堂やセントメアリーズカトリック教会があり、観光・保養地としても知られる。
キングストン〖Kingston〗㊀西インド諸島、ジャマイカの首都。カリブ海に臨む。港湾都市。コーヒー・ココナッツやボーキサイトなどの積み出し港。人口、行政区58万(2001)。㊁カナダ、オンタリオ州南東部の都市。オンタリオ湖北東岸に面する。水上交通の要衝として発展。19世紀に建造されたイギリスの要塞フォートヘンリーやセントローレンス川の多島域サウザンドアイランズへの観光拠点でもある。人口、都市圏16万(2008)。
キングズリー〖Charles Kingsley〗[1819～1875]英国の宗教家・小説家。キリスト教社会主義を唱えた。小説「オールトン・ロック」「酵母」、童話「水の子ら」など。
キングズリー〖Sidney Kingsley〗[1906～1995]米国の劇作家。社会的関心の濃い作品を書く。作「白衣の人々」「デッド・エンド」など。
キングダム〖kingdom〗王国。「ユナイテッド━(＝英連邦)」
きん-ぐち【金口】❶吸い口に金紙を巻いた巻きタバコ。❷火皿と吸い口が金製のキセル。
きん-ぐち【金石＝魚】ニベ科の海水魚。全長20～30センチ。体は長楕円形で側扁する。体色は橙黄とうこう色で、腹面は特に濃い。渤海ぼっかい湾から東シナ海に多く分布。食用。きぐち。
キング-ハウス〖King House〗アイルランド中央部、ロスコモン州の町ボイルにある建物。1730年に同地方を治めていたヘンリー＝キング卿により建造。現存する貴族の館の中では歴史的価値が高く、1995年より博物館として公開されている。
キング-へび【キング蛇】ナミヘビ科キングヘビ属の爬虫はちゅう類の総称。全長1～1.5メートル。色・柄は種々ある。無毒。毒蛇を捕食することもある。北アメリカから南アメリカ北部に分布。
キング-ペンギン〖king penguin〗ペンギン科の鳥。エンペラーペンギンに次ぐ大きさで全長94センチくらい。ほおが鮮やかな黄色。南極大陸沿岸および周辺の島々に分布。オウサマペンギン。
キング-ぼくし【キング牧師】▶キング(人名)
きんくま-しょう【金熊賞】シャウ ベルリン国際映画祭で、最優秀作品に与えられる賞。クマがベルリン市の象徴であることにちなんだもので、トロフィーも後脚で立つクマの形をしている。
キングメーカー〖kingmaker〗首相など、政治権力者の人選を左右する実力をもつ人。
きんくろ-はじろ【金黒羽白】カモ科の鳥。全長は雄が44センチ、雌が38センチくらい。雄は腹が白いほかは全体に黒色で、頭に冠羽がある。雌は腹が白く、上体は茶色。ユーラシア北部で繁殖し、日本には冬鳥として湖や川・海湾に渡来。(季 冬)
きん-ぐん【禁軍】天子を護衛する軍隊。
きん-けい【近経】「近代経済学」の略。⇔マル経。

きん-けい【近景】❶近くの景色。⇔遠景。❷絵画や写真で、手前の方に見える景色。
(類語)景色・美景・佳景・勝景・絶景・奇観・奇勝・絶勝・形勝・景勝・山紫水明・風物・遠景

きん-けい【金鶏】天上にすむという想像上の鶏。この鶏が鳴いて暁を知らせると、天下の鶏がこれに応じて鳴くという。転じて、暁に鳴く鶏。あけのとり。

きん-けい【錦鶏｜金鶏｜錦×雞】キジ科の鳥。全長は雄が約1メートル、雌が65センチ。雄は兜状の冠羽と腰が黄金色、胸から腹が赤く、尾羽は長く茶色。雌は全体に茶色。中国の原産で、飼い鳥とされる。あかきじ。にしきどり。

きん-けい【謹啓】つつしんで申し上げること。手紙の最初に書くあいさつの語。「拝啓」よりも敬意が高い。「敬白」「謹言」で結ぶ。
(類語)拝啓・拝復・啓上・前略・冠省

ぎん-けい【銀経】銀河座標での経度。銀河系の中心方向である射手座の中の一点を零度とし、白鳥座の方向へ北回りで360度までの角距離で表す。

ぎん-けい【銀鶏】キジ科の鳥。全長は雄が約1.5メートル、雌が70センチ。雄は冠羽が赤く、頭と胸から背にかけて光沢のある緑色、後頭部は白いうろこ状の羽で覆われ、腹は白く、尾羽は白に緑の斑がある。雌は全体に茶色。中国・チベットの原産で、飼い鳥とされる。

きんけい-ぎく【錦鶏菊】キク科の一年草または二年草。高さ50～60センチ。葉は卵形の小葉からなる羽状複葉。夏、周辺が黄色で中心が紫褐色の頭状花を開く。北アメリカ南部の原産。(季夏)

きんけい-しょう【錦鶏障】鶏錦の絵が描かれている宮中のふすま障子。

きんけい-ちょう【錦鶏鳥】「錦鶏」に同じ。

きんけい-でんせつ【金鶏伝説】山中や塚の中に金の鶏が埋められていて、中から鶏の鳴き声が聞こえてくるという伝説。全国に例が多い。

きんけい-の-ま【錦鶏の間】《錦鶏を描いたふすまがあるところから》京都御所の居間の名。

きんけいのま-しこう【錦鶏の間×祇候】大日本帝国憲法下の制度で、勅任官を5年以上勤めた者、および勲三等以上の華族や官吏で特に功労のある者に与えられた資格。ときどき錦鶏の間に祇候して、天皇の諮問などに奉答するもの。

きん-げき【×釁隙】❶すきま。ひま。❷不和。仲たがい。「此二党強大になるに及びて互いに一生ぜしかど」〈田口・日本開化小史〉

きん-けつ【金欠】金銭を持っていないこと。

きん-けつ【金穴】❶金を掘り出す鉱坑。❷資金や費用を出してくれる人。かねづる。❸金持ち。

きん-けつ【金闕】㊀中国、漢の未央宮にあった金馬門の異称。㊁「禁闕」に同じ。

きん-けつ【禁穴】❶からだの中で、生命にかかわる大切な所。急所。❷極めて大事な箇所。要所。

きん-けつ【禁×闕】皇居の門。禁門。また、皇居。

きんけつ-しょう【菌血症】病原菌が血液中に検出される状態。

きんけつ-びょう【金欠病】金がなくて困っていることを病気になぞらえていう語。

きん-けん【近県】近くの県。「東京一の住宅地」

きん-けん【金券】❶金貨と交換できる紙幣。❷特定の範囲内で、金銭の代わりに通用させる券。収入印紙・郵便切手・商品券など。「一ショップ」

きん-けん【金権】金銭を多く持つことによって生じる権力。

きん-けん【勤倹】〔名・形動〕勤勉で倹約なこと。仕事にはげみ、むだな出費を少なくすること。また、そのさま。「一な風を奨励する」

きん-げん【金言】❶処世上の手本とすべき内容を持つすぐれた言葉。金句。❷仏の口から出た、不滅の真理を表す言葉。こんげん。(類語)寸言・寸鉄・警句・箴言・格言・名言・至言・名句・座右の銘

金言耳に逆らう　金言は、ややもすると人の感情を損なって、聞き入れられない。

きん-げん【謹言】つつしんで言上すること。手紙の結びに用いて、相手に敬意を表す語。➡謹啓
(類語)敬具・敬白・拝具・草草・早早・怱怱・かしこ・あなかしこ・頓首・不一・不二

きん-げん【謹厳】〔名・形動〕まじめで、いかめしいこと。また、そのさま。「一な教育者」(派生)きんげんさ〔名〕(類語)謹直・実直・律儀・几帳面・正直

ぎん-けん【銀券】銀貨と交換できる紙幣。

ぎん-げん【銀元】中国で清末以後用いられた一元の銀貨。

きんげん-じっちょく【謹厳実直】〔名・形動〕つつしみ深くまじめで正直であること。また、そのさま。「一な勤めぶり」

きんけん-しょうぶ【勤倹尚武】勤倹で、武勇を尊ぶこと。

きんけん-せいじ【金権政治】金の力によって支配する政治。

きんげん-せんい【筋原線維｜筋原繊維】骨格筋の筋線維を構成するさらに微細な線維。数百本集まって1本の筋線維となる。

きん-げんそう【金現送】国際金本位制度のもとで、国際間の決済などのために金を直接送ること。

きんげんそう-てん【金現送点】金現送が行われるようになる為替相場の限界点。外国為替相場が金平価に金の現送費を加減した範囲を超えて変動すれば、為替による決済よりも金を現送するほうが有利となる。

きんげんだい-こうこがく【近現代考古学】考古学の一分野。文献資料だけではなく、遺物や遺跡を調べて近現代の人々の生活状況を、また、記録を残さなかった階層の人々の生活を明らかにしようとするもの。

きんけん-たいしつ【金権体質】金銭の授受を介することにより利害調整を図る政治的手法が常態化している状態。政治家と企業・団体あるいは政治家間などで、金銭を収受した側が、金銭を提供した側に対して特別な便宜を与えることにより、両者が利益を実現しようとする性質・特徴があること。

きん-こ【今古】今と昔。古今。今昔。

きん-こ【近古】❶ちかい昔。❷歴史上の時代区分の一。中古と近世の間。ふつう日本では鎌倉時代・室町時代をさす。中世。

きん-こ【金海=鼠】ナマコ目キンコ科の棘皮動物。浅海にすむ。体は長楕円形で、体長約20センチ、灰褐色のものが多い。前端の口の周囲に10本の触手がある。茨城県以北に分布。煮て干したものを光参といい、中国料理に用いる。ふじこ。(季冬)

きん-こ【金庫】❶金銭・財宝を保管するための倉庫。かねぐら。❷現金・重要書類・貴重品などを盗難や火災から守り安全にしまっておくための鋼鉄製などの箱や室。❸国または地方公共団体の現金出納機関。❹特別法によって設立された特殊金融機関の名称。農林中央金庫・商工組合中央金庫の二つがある。信用金庫・労働金庫は一般の金融機関。
(類語)銀行・公庫・バンク

きん-こ【金鼓】❶鉦と太鼓。「一を打って見聞の衆を集め給ふ」〈太平記・二四〉❷戦陣で命令の伝達に用いる陣鉦と陣太鼓。「耳をつらぬく一の響」〈浄・太功記〉

きん-こ【禁錮｜禁固】〔名〕スル ❶一室に閉じ込めて、外へ出るのを許さないこと。「罰として、土蔵の中に文緒を一するつもりなのであった」〈有吉・紀ノ川〉❷自由刑の一。刑務所に拘置されるだけで刑務作業は強制されない刑。無期と有期の2種がある。➡懲役 ❸(禁錮)仕官の道を閉ざして仕えさせないこと。「我をも仕への途を一せられて」〈折たく柴の記・上〉
(類語)懲役・拘留

きんご　天正カルタを用いたばくちの一。手札とめくり札とを合わせて15、またはそれに最も近い数を勝ちとするもの。

きん-ご【金×吾】《漢代に宮門の警備や天子の護衛に当たった武官「執金吾」の略》衛門府の唐名。

きん-こう【均衡】〔名〕スル 二つまたはそれ以上の物事の間で、力や重さなどの釣り合いがとれていること。バランス。「一が崩れる」「一を保つ」
(類語)平衡・平均・均整・釣り合い・兼ね合い・バランス

きん-こう【近郊】都市周辺の地域。(類語)郊外

きん-こう【×欣幸】幸せに思って喜ぶこと。「一の至り」

きん-こう【金口】❶雄弁で、りっぱな意見を言う人の口。また、りっぱな言葉。❷器物の口の部分が金属になっているもの。❸ ▶こんく(金口)

きん-こう【金工】金属に細工をする工芸。また、その職人。

きん-こう【金光】黄金の光。金色の光。

きん-こう【金鉱】❶金を含んでいる鉱石。❷金のとれる鉱脈や鉱山。

きん-こう【×欽仰】▶きんぎょう(欽仰)

きん-こう【錦江】朝鮮半島南部、小白山脈に源を発し、群山の北で黄海に注ぐ川。韓国第2の大河。長さ402キロ。クムガン。

きん-こう【謹厚】〔名・形動〕つつしみ深く、まじめで温厚なこと。また、そのさま。「一な人柄」

きん-ごう【近郷】近くの村。また、都市に近い村。「一近在」

ぎん-こう【吟行】〔名〕スル ❶詩歌を吟詠しながら歩くこと。❷和歌や俳句の題材を求めて、名所・旧跡などに出かけること。「仲間と春山を一する」

ぎん-こう【銀行】❶預金や定期積金の受け入れ、資金の貸付け、手形割引、為替取引などを行う金融機関。中央銀行・普通銀行・政府金融機関などがある。❷需要の多いものや緊急時に必要とされるものなどを確保・保管しておいて、それを供給する団体や組織。「血液一」「人材一」
(類語)金庫・公庫・バンク

ぎん-こう【銀鉱】❶銀を含んでいる鉱石。❷銀のとれる鉱脈や鉱山。

ぎん-こう【銀×鉤】❶銀の鉤。銀製の釣り針。また、銀製のすだれかけ。❷書の筆法の一。また、巧みな書の形容。❸新月をたとえていう語。

きんこう-か【金紅花】・【金光花】ユリ科の多年草。本州中部以北の高山などの湿原に群生。高さ20～50センチ。葉は線形で、根から2列に重なって出る。夏、黄色い6弁花を穂状につける。

ぎんこう-か【銀行家】銀行業を営む者。銀行の経営者。

ぎんこうかぶしきほゆうせいげん-ほう【銀行株式保有制限法】《「銀行等の株式等の保有の制限等に関する法律」の通称》銀行等の金融機関による持ち合い株式等の保有制限と、銀行等保有株式取得機構の設立について定めた法律。同機構は、持ち合い株式等の処分の円滑化を図る目的で設立され、銀行等からこれら株式等を買い取り、管理・処分する役割がある。平成14年(2002)施行。

ぎんこうかん-とりひき【銀行間取引】▶インターバンク

ぎんこうかんとりひき-しじょう【銀行間取引市場】銀行などの金融機関が、日々の短期的な資金の過不足を調整するため、相互に短期資金や外国為替の取引を行う市場。インターバンク市場。

ぎんこう-きょうこう【銀行恐慌】経済危機などにより、預金引き出し請求が銀行に殺到し、支払いの停止や銀行の破産が続出する状態。➡金融恐慌

きんこう-けい【近交系】近親交配を繰り返し、形質の異なる個体を分離することによって作り出された、遺伝的に均一な動植物の個体群。ほとんどの遺伝子が同じ対立遺伝子をもつホモ接合体となっている。(補説)すべての、または重要な形質に関与する遺伝子がホモ接合体となっているものを純系という。

きんこう-けいすう【近交係数】近親交配の程度を表す指標。ある個体の2つの相同遺伝子❶が共通の祖先の同一の遺伝子に由来する確率。固定指数。F値。

ぎんこう-けん【銀行券】中央銀行が発行する

紙幣。今日の代表的な現金通貨で、公私一切の取引に無制限に通用する。日本では日本銀行が発行している。金本位制下では、銀行が振り出す一種の約束手形で、金などと兌換できたが、現在では、国家により完全法貨として強制通用力を付与された不換紙幣となっている。銀行紙幣。

ぎんこうけん-ルール【銀行券ルール】日銀が引き受ける長期国債の総額を日本銀行券の流通残高以下に収めるという政策目標。日銀が自主的に設定している。補説日銀の貸借対照表上では、国債の引き受け額は資産に、銀行券の発行残高は負債に計上される。

ぎんこう-こぎって【銀行小切手】❶銀行預金者が自己の預金から一定金額の支払いをその銀行に委託するための有価証券。❷日銀小切手に対して、普通銀行の発行する小切手。

きんこう-ざいせい【均衡財政】経常支出総額が経常収入総額に等しい財政状態。

ぎんこう-しゅぎ【銀行主義】1830〜40年代に英国で唱えられた、通貨論争における主張の一。銀行券は、正貨準備にかかわりなく銀行の自由裁量で発行しても、兌換が維持されるかぎり、物価は騰貴しないという説。⇒通貨主義

きんこうしゅく-しょう【筋拘縮症】筋肉組織の一部が破壊され変性し、運動機能に障害が起こる疾患。日本では、乳児期に受けた筋肉注射が原因で、大腿四頭筋・殿筋・三角筋などに発症することが多い。

ぎんこう-じゅんびきん【銀行準備金】市中銀行が預金の支払いに備えて保有している資金。支払準備金。

ぎんこう-しんよう【銀行信用】銀行が取引先に与える信用。具体的には、銀行が資金を貸し出すこと。

きんこう-せき【金紅石】酸化チタンからなる鉱物。赤・青・紫・黒・褐色などで、ふつうは柱状結晶。正方晶系。火成岩や変成岩に含まれる。人工結晶は人造宝石として用いられる。ルチル。

きんこう-せんにん【琴高仙人】中国、周代の趙の仙人。琴の名手で、鯉を巧みに乗りこなしたという。故事人物画の画題として知られる。

きんこう-たいか【近交退化】近親交配を繰り返すことによって繁殖能力が低下したり、異常な形質が出現したりすること。近親交配では両親から同じ対立遺伝子を受け継ぐ可能性が高く、有害な劣性遺伝子が発現しやすくなる。

きんこうたい-しょう【菌交代症】抗生物質を用いて治療した際、それに感受性をもつ細菌が減少・死滅しても、耐性をもつ細菌や真菌が異常増殖して新たに別の病気を生じる状態。交代菌症。

ぎんこう-てがた【銀行手形】銀行が振り出したり支払いを引き受けたりする手形。⇒個人手形

ぎんこうとうほゆうかぶしきしゅとく-きこう【銀行等保有株式取得機構】銀行間の株式持ち合いを解消するために設置された機構。平成14年(2002)に大手銀行・地方銀行が出資して設立。株価下落のリスクを回避するため、銀行が保有する持ち合い株を市場を通さず直接時価で買い取り、時間をかけて市場に放出する。株式市場に影響を及ぼさずに銀行経営を安定させ、貸し渋りを防ぐことなどがねらい。補説同機構の業務は平成18年(2006)9月までに約1兆6000億円分を買い取って終了したが、同20年の世界的金融危機による株価の下落で銀行の含み損が拡大したため、緊急市場安定化策の一つとして、同機構による株式買い取りを再開する法案が成立した。同21年3月から3年間の時限措置で、買い取り枠は最大20兆円。

きんこう-のうぎょう【近郊農業】都市近郊で行われる農業。都市生活と密接に結びつき、野菜・花卉・植木・鶏卵などの小規模・集約的農業が多い。

ぎんこう-ほう【銀行法】普通銀行の設立・業務・経営・国の監督権などについて定めた法律。昭和2年(1927)制定。同56年、全面改正。

ぎんこう-ぼき【銀行簿記】銀行業で用いられている複式簿記の一種。現金式仕訳法・伝票制度の採用のほか、試算表を毎日作成するなどの特徴がある。

きんこう-もくぜつ【金口木舌】《「論語集注」八佾から》言論によって社会を指導する人物。木鐸。

きんこう-よさん【均衡予算】経常支出総額が経常収入総額に等しい予算。

きんこう-りろん【均衡理論】経済諸変数の間の相互関係が均衡状態にあるとき、需要と供給とがある価格水準において等しくなる場合など、そのような安定した状態が成立するための条件などを分析する理論。

ぎんこう-わりびき【銀行割引】銀行が行う手形割引。

きんこう-わん【錦江湾】鹿児島湾の別名。

きんこ-かぶ【金庫株】株式会社が自社の既発行株式を取得し、消却せずに資産として保有している株式。自己株式。貯蔵株。補説従来、日本の商法では原則として保有を禁止されていたが、平成13年(2001)10月の商法改正により解禁となった。なお、同18年5月施行の会社法においても自己株式の取得が認められている。

きんこきかん【今古奇観】中国、明代末の短編小説集。40巻。抱甕老人編。「三言」「二拍」から40編を選んだもの。江戸時代に伝来し、曲亭馬琴・都賀庭鐘や上田秋成らに影響を与えた。

きん-こく【金穀】金銭と穀物。「地頭を置きて地方の一を取扱はしめ」〈田口・日本開化小史〉

きん-こく【謹告】つつしんで申し上げること。公示や広告文の冒頭に用いる語。

きん-ごく【近国】❶近くの国。❷律令制で定められていた行政区画で、京に近い国々。伊賀・伊勢・志摩・尾張・三河・丹波・因幡・備前・紀伊・讃岐・近江・美濃・若狭・但馬・播磨・淡路の17か国。⇒遠国 ⇒中国 類語隣国・隣邦・四隣

きん-ごく【禁国】律令制で、封戸に充てることを禁じられた国。伊賀・伊勢・三河・近江・美濃・越中・石見・備前・周防・長門・紀伊・阿波など。

きん-ごく【禁獄】〘名〙スル 牢獄に拘禁すること。「地の底の牢舎へ、一せられる身の上となった」〈芥川・きりしとほろ上人伝〉

きん-こく-もく【金×剋木】五行説で、金性が木性に剋つこと。

ぎん-ごけ【銀×蘚】ヘチマゴケ科の蘚類。低地の市街地から高山までみられる。高さ5〜10ミリ。葉は密に重なり、全体が灰白色を帯びることが多い。

きん-こじ【金▽巾子】❶金箔を押した巾子紙。❷「金巾子の冠」の略。

きんこしだん【近古史談】江戸後期の歴史書。4巻。大槻磐渓著。元治元年(1864)刊。近世初頭の武将の逸話などを集め、論評を加えたもの。

きんこじ-の-かんむり【金▽巾子の冠】纓の揺れをおさえるために金巾子をつけた冠。もと、天皇が日常かぶっていたもの。金の冠。

きんごしゅう【琴後集】▶ことじりしゅう(琴後集)

きん-ごしらえ【金×拵え】金で作ったり飾ったりすること。また、そのもの。特に、刀剣の付属金具についていう。こがねづくり。「一の脇差」

ぎん-ごしらえ【銀×拵え】銀で作ったり飾ったりすること。また、そのもの。特に、刀剣の付属金具についていう。しろがねづくり。「一の胴金」

きん-こじり【金×鐺】金や金銅などで飾った鐺。

ぎん-こじり【銀×鐺】銀で飾った鐺。

きん-こつ【金骨】世俗を超越した風格。仙骨。「先聖必ずしも一に非ず」〈正法眼蔵随聞記・一〉

きん-こつ【筋骨】筋肉と骨格。転じて、からだつき。「一たくましい青年」「一隆々」
類語恰幅・体つき・体格・体躯・背恰好・肉付き

きんこつ-がた【筋骨型】クレッチマーの分類による体型の一。充実した躯幹と大きな四肢とを持つ体型。粘着質の気質の者が多いとされる。闘士型。

きんこ-ばん【金庫番】❶金庫の番人。❷組織の会計責任者。入出金の管理を任されている人や部門。「党の一」「会社の一」

きんこぶん-ろんそう【今古文論争】中国、漢代の学術界で行われた今文学派と古文学派の争い。今文派は今文、古文派は古文で書かれたテキストに依拠し、それぞれの経書解釈を唱え、朝廷の学官の地位を争った。

きんこ-りゅう【琴古流】尺八の流派の一。初世黒沢琴古が明和(1764〜1772)のころ創始。都山流とともに二大流派をなす。

きん-こん【菌根】維管束植物の根に菌類が共生しているもの。マツタケのように菌類が主に外部につく外菌根と、菌類がランなどの内部組織にまで入り込む内菌根がある。

きん-こん【禁×閫】宮中の門。また、宮中。

きん-こん【緊×褌】ふんどしをしっかり締めること。事に当たる前に気を引き締めること。

きんこん-いちばん【緊×褌一番】気を引き締め、十分な覚悟をもって事に当たること。「一、打開策に取り組む」

きんこん-きん【菌根菌】植物と菌との共生体である菌根を作る菌。糸状菌の一。植物から光合成による産物をもらう一方、水や土中の栄養物の吸収を助ける。この菌の子実体がキノコ。

きんこん-しき【金婚式】《golden wedding》結婚50周年を祝う式。また、その祝い。⇒表「結婚記念式」

ぎんこん-しき【銀婚式】《silver wedding》結婚25周年を祝う式。また、その祝い。⇒表「結婚記念式」

きん-さ【金砂】▶きんしゃ(金砂)

きん-さ【僅差】わずかの差。「一で負ける」
類語小差・誤差・鼻の差・紙一重・間一髪

きん-ざ【金座】江戸幕府の金貨鋳造所。勘定奉行の管轄下にあった。文禄4年(1595)徳川家康が後藤庄三郎光次を江戸に招いて小判を鋳造させたのに始まり、駿府・京都・佐渡にも設けられたが、その後江戸に統合された。明治2年(1869)造幣局の設置に伴い廃止。

ぎん-さ【銀砂】▶ぎんしゃ(銀砂)

ぎん-ざ【銀座】㊀江戸幕府の銀貨鋳造所。勘定奉行の管轄下にあった。慶長6年(1601)伏見に設けられ、のち駿府・京都・江戸・大坂・長崎に移転したり新設されたりしたが、その後江戸に統合された。明治2年(1869)造幣局の設置に伴い廃止。㊁《慶長17年(1612)から寛政12年(1800)まで㊀があったところから》東京都中央区の地名。京橋・有楽町・新橋に接し、日本を代表する繁華街。また、全国各地の繁華街や人通りの多い場所の名に付けて用いる。

きん-さい【金×釵】金製のかんざし。きんさ。

きん-ざい【近在】都市の近くの村。近郷。
類語田舎・近郷・在所・在郷・郊外・近郊

ぎん-さい【銀×釵】銀製のかんざし。ぎんさ。

きん-さいきん【金再禁】金輸出禁止を解いた後に、再び金の輸出を禁止すること。

きん-さいぼう【筋細胞】動物体の筋肉組織を形成する収縮性のある細胞。細長い紡錘状または線維状を示すので、筋線維ともよぶ。筋肉細胞。

きん-さく【近作】その作者の最近の作品。

きん-さく【金策】〘名〙スル 必要な金銭を準備すること。また、そのための工夫。金の工面。「一に走る」

ぎん-ざけ【銀×鮭】サケ科の魚。全長約80センチ。背は藍色で小黒点が散在。幼魚期を河川で過ごしたあと海に下り、このころ銀灰色となるので銀毛とよばれる。海に入り1年ほどで成熟し、生まれた川に帰って産卵する。北太平洋に分布。ぎんます。

きんさ-だいじん【×欽差大臣】中国、清代におかれた臨時の官職。皇帝直属で、内乱鎮圧・対外重要問題処理などを担当した。

きん-さつ【金札】❶金製のふだ。また、金色のふだ。❷江戸時代、諸藩が発行した金貨代用の紙幣。❸明治初年、政府が発行した金貨代用の紙幣。太政官札と民部省札の2種。❹閻魔の庁で浄玻璃の鏡にかけて善人と悪人を見分け、極楽に送

る善人の名を記したという金製の札。金紙。➡鉄札
きんさつ【金札】謡曲。脇能・五番目物。喜多以外の各流。観阿弥作。桓武天皇の勅使が神社創建のため伏見へ行くと天から金札が降り、天津太玉神あまつふとだまのかみが現れて、悪魔を祓はらい御代を祝福する舞を舞う。
きん-さつ【禁札】禁制の条項を書いた立て札。
きん-さつ【禁殺】閉じ込めて殺すこと。「兵部卿親王を一し奉る由」〈太平記・一四〉
ぎん-さつ【銀札】❶銀製のふだ。また、銀色のふだ。❷江戸時代、諸藩が発行した銀貨代用の紙幣。
ぎん-ざめ【銀×鮫】ギンザメ目ギンザメ科の海水魚。全長約1メートル。頭は大きく、尾びれは細長くて先が糸状に伸びる。えらあなは一対。体色は銀白色で、体側に2本の褐色線が走る。雄には胸びれ付近に交尾用のかぎ状突起がある。体内受精された卵を産む。北海道から東シナ海の深海底に生息。かまぼこの原料。ぎんぶか。
きん-ザラサ【金ザラサ】金泥で模様を彩色したサラサ。
ぎん-ザラサ【銀ザラサ】銀泥で模様を彩色したサラサ。
きん-さん【菌傘】きのこの傘状の部分。
きん-ざん【金山】金を産出する鉱山。金鉱。
(類語)鉱山・銀山・銅山・鉄山・炭山・炭鉱
ぎん-さん【銀傘】甲子園球場の、内野席全体を覆う屋根。面積は約7500平方メートル。
ぎん-ざん【銀山】❶銀を産出する鉱山。銀鉱。❷鼠取ねずみとりに用いる薬、石見銀山いわみぎんざんのこと。
きんざん-じ【径山寺】㊀中国浙江せっこう省北部、天目山北東峰の径山にある臨済宗の寺。中国五山の一。㊁「径山寺味噌みそ」の略。
きんざん-じ【金山寺】㊀岡山市北区金山寺にある天台宗の寺。山号は銘金山、院号は遍照院。孝謙天皇のときの建立と伝え、天正3年(1575)円智が復興。近世、岡山藩主池田光政の寺院整理政策に公然と抵抗したことで有名。平安末期以来の古文書を多数所蔵。かなやまじ。㊁中国、江蘇省鎮江北西の金山にある寺。梁の武帝が水陸会を初めて行った所と伝えられ、宋代以後、文人の遊行の地として知られる。㊂韓国、全羅北道金堤郡にある寺。599年の創建で、766年新羅の真表の再建と伝える。1592年、壬辰の乱(文禄の役)で焼失、のち再建。石造の塔、蓮台、灯籠などは創建当時のもの。クムサンサ。
きんざんじ-みそ【▽径山寺味×噌¦金山寺味×噌】煎いった大豆と大麦の麹こうじをまぜて塩を加え、刻んだなすや瓜・しょうがなどを入れて熟成させたなめ味噌。和歌山県湯浅の名物。径山寺から製法が伝わったという。
きん-し【近思】自分の身近なところから考えていくこと。
きん-し【近視】平行光線が網膜の前方で像を結ぶため、遠い所がよく見えない状態。また、その目。水晶体の屈折力が強すぎるか、網膜までの距離が長すぎるために起こる。凹レンズで矯正。ちかめ。近眼。近視眼。㊥遠視。
きんし【金史】中国二十四史の一。金の歴史を記した書。元の脱脱(托克托トクト)らの撰。1344年成立。本紀19、志39、表4、列伝73の全135巻。
きん-し【金糸】❶金色の糸。❷金箔きんぱくを和紙にはりつけ細く切って縒よったり、金箔を細く切って絹糸などの周囲に縒りつけたりしたもの。金襴きんらんなどの織物や刺繍ししゅうなどの装飾用とする。❸堆朱ついしゅの一。黄色と赤色の漆を塗り重ねて、彫り目にいく筋もの線を表した漆器。❹金めっきをした細い金属線。
きん-し【金紙】❶「きんがみ(金紙)❶」に同じ。❷「金札きんさつ❹」に同じ。
きん-し【金紫】金印と紫綬しじゅ。また、それを身につけるような高位・高官。
きん-し【金×鵄】金色のトビ。神武天皇が長髄彦ながすねひこを征伐したとき、弓の先に止まり、味方を勝利に導いたという。
きん-し【菌糸】菌類の栄養体を構成する糸状の細胞列。環境条件がよければ分枝と結合を限りなく繰り返し、種によって子実体しじつたいや菌核を形成する。
きん-し【勤仕】〘名〙スル《「きんじ」とも》職務・役目をつとめ、つかえること。ごんし。「宮中に一する」
きん-し【禁止】〘名〙スル《古くは「きんじ」とも》ある行為を行わないように命令すること。「通行を一する」「外出一」(類語)禁・禁制・禁断・禁令・禁遏きんあつ・禁圧・厳禁・無用・法度はっと・差し止め・駄目だめ・禁忌(一する)禁ずる・取り締まる・制する
きん-じ【近似】〘名〙スル　非常に似通っていること。「一した図柄」(類語)類似・共通・相似・酷似・肖似しょうじ・似たり寄ったり・類縁・髣髴ほうふつ・似る・似寄る・似つく・似通う・通う・相通ずる・類する・紛まがう
きん-じ【近事】近ごろの出来事。最近の事件。
きん-じ【近侍】〘名〙スル　主君のそば近くに仕えること。また、その人。近習きんじゅ。「国王に一する武官」
きん-じ【近時】近ごろ。このごろ。最近。副詞的にも用いる。「一の世相」「一巷ちまたで流行している」(類語)此の頃・このところ・この節・近ごろ・昨今・当今・当節・最近・近年・近来・頃来けいらい・頃日けいじつ・時下・今節
きん-じ【金地】チ紙・布・塗り物などの地に、金箔きんぱくを押したり金泥を塗ったりしたもの。
きん-じ【金字】金色の文字。特に、金泥で書いた文字。金文字。
きん-じ【×矜持】チ「きょうじ(矜持)」の慣用読み。
きんじきんじ【代】二人称の人代名詞。きみ。おまえ。対等または目下の相手に対していう。「一はよからむ時にを来こ」〈かげろふ・中〉
ぎん-し【銀糸】❶銀色の糸。❷銀箔ぎんぱくを和紙にはりつけ細く切って縒よったり、銀箔を細く切って絹糸などの周囲に縒りつけたりしたもの。刺繍ししゅうなどの装飾用とする。
ぎん-じ【銀地】チ紙・布・塗り物などの地に、銀箔ぎんぱくを押したり銀泥を塗ったりしたもの。「一の舞扇」
ぎんシアンか-カリウム【銀シアン化カリウム】ギンシアンカカリウム 銀の塩化物の水溶液にシアン化カリウム水溶液を加えて得られる無色の結晶。銀めっきに用いる。ジシアノ銀(I)酸カリウム。
きんし-えいぎょう【禁止営業】ーエイギャウ 公益上・行政上・財政上の理由により、国が禁止している営業。売春、猥褻わいせつ文書・図画の販売、貨幣・紙幣・国債証券などの製造・販売など。
きん-しが【金芝河】▶キムジハ
きん-しがいせん【近紫外線】ーシグワイセン 波長200～380ナノメートル程度の紫外線。人体に影響を与えるUVA(320～400ナノメートル)、UVB(280～320ナノメートル)、UVC(200～280ナノメートル)を含み、日焼けの原因になるほか強い殺菌作用をもつ。
きんし-がん【近視眼】❶近視の目。近眼。❷目先のことだけにとらわれ、将来の見通しがつけられないこと。
きんし-かんぜい【禁止関税】ークワンゼイ ある輸入品に対して、自国の産業を保護する目的で課する特に高率の関税。禁止税。
きんしがん-てき【近視眼的】〘形動〙大局を見通せず、目先の事だけにとらわれているさま。「一な意見」
きん-じき【禁色】❶律令制で、位階によって衣服の色が定められ、相当する位階より上位の色の着用が禁じられたこと。また、その色。❷天皇や皇族などの衣服の色で、臣下の着用が禁じられたもの。黄櫨染こうろぜん・青・赤・黄丹おうに・深紫こきむらさき・深緋こきあけ・深蘇芳こきすおうの7色。❸有文うもんの綾織物、また、霰地あられじに窠かの紋のある表袴うえのはかまの着用が禁じられたこと。❹「禁色宣下せんげ」の略。
きんじき-せんげ【禁色宣下】禁色の着用を許可する宣旨を下すこと。
きんし-きてい【禁止規定】ある一定の行為を禁止する規定。取締規定の一種で、警察の取締規則など。禁止法。
きんし-ぎょくよう【金枝玉葉】ーギョクエフ 天皇の一門。天子の一族。皇族。
きんじきんほんい-せいど【金地金本位制度】キンヂキンホンヰー 金本位制度の一。金貨の代わりに銀行券・補助鋳貨などを流通させ、請求があれば金地金によって兌換だかんを行う制度。金為替本位制度とあわせて、金核本位制度とよぶこともある。金塊本位制度。
きんし-くんしょう【金×鵄勲章】ークンシャウ 戦功が特にすぐれた陸海軍人に与えられた勲章。明治23年(1890)に制定、功一級から功七級までの等級があった。昭和22年(1947)廃止。
きんじ-けいさん【近似計算】真の値ではないが、それに近い値を求める計算。
きんし-こう【金糸×猴】イボハナザルの別名。金毛猴。
きんし-ごぼう【金糸▽牛×蒡】ーゴバウ ごぼうを細長く刻んでごま油でいためたもの。汁物の材料やきんぴらごぼうにする。
きんし-こんぶ【金糸昆布】昆布の中心部を糸のように細く刻んだもの。料理の口取りなどに使う。切り水晶昆布。
きん-じさ【均時差】視太陽時から平均太陽時を引いた差。視太陽と平均太陽の赤経の差。時差。
きん-じさん【禁治産】ーヂサン▶きんちさん(禁治産)
きんじ-しき【近似式】ある式の近似値の計算に都合のいい式。
きんじし-しょう【金×獅子賞】ーシャウ ❶ベネチア国際映画祭で、最優秀作品に与えられる賞。❷ベネチアビエンナーレで、優れた芸術家やパビリオンに与えられる賞。(補説)ベネチアの守護聖人マルコの象徴とされる、有翼の獅子(ライオン)にちなむ。
きんし-じゃく【金糸×雀】カナリアのこと。
きん-しじょう【金市場】ーシヂャウ 金の現物取引または先物取引を通じて金価格を形成している市場。ロンドン・チューリヒ・ニューヨーク・香港の四大市場のほか世界各地にある。金塊市場。
きん-ジストロフィー【筋ジストロフィー】▶進行性筋ジストロフィー
きんし-ぜい【禁止税】▶禁止関税
きんし-たまご【金糸卵¦錦糸卵】薄く焼いた卵焼きを細長く切ったもの。ちらしずしなどに使う。
きんじ-ち【近似値】真の値に近い値。真の値に、実用にさしつかえのない程度の誤差が加わった値。
きんし-ちょう【禁止鳥】ーテウ▶禁鳥
きん-しつ【均質】〘名・形動〙成分や密度、また品質などにむらがなく一様であること。また、そのさま。等質。「一な水溶液」「一な製品を生産する」
(類語)均一・均等・画一・一色
きん-しつ【金漆】コシアブラの樹脂液から精製した塗料。奈良・平安時代、漆うるしと同じように用いた。一説に、上質の透漆すきうるしのことをとも。きんうるし。きんのうるし。こんしつ。
きん-しつ【琴×瑟】❶琴と瑟(大琴)。❷むつまじい夫婦仲のたとえ。「一の交わり」
琴瑟相和あいわす　《「詩経」小雅・常棣から》琴と瑟との音がよく合う。夫婦仲が非常によいたとえ。
きん-じつ【近日】❶近いうち。ちかぢか。「一中に伺います」「一公開」❷太陽に近いこと。(類語)そのうち・いずれ・やがて・近近・遅かれ早かれ・早晩・追って
きんじつ-てん【近日点】太陽系の惑星・彗星すいせいなどが、軌道上で太陽に最も接近する点。㊥遠日点。
きんじ-て【禁じ手】❶相撲・囲碁・将棋などで、禁じられている技、または手。用いると反則負けとなる。相撲では、握りこぶしで打つことや頭髪を故意につかむことなど。将棋では、二歩にふ・打ち歩詰め。囲碁では、1回待たずにすぐ劫こう取りにいくことなど。❷一般に、使ってはならないとされる手段・方法。「公的資金による株価対策は市場をゆがめる一とされる」
きんじ-とう【金字塔】ータフ ❶《「金」の字の形をした塔の意》ピラミッド。❷後世に永く残るすぐれた業績。不滅の業績。「一を打ち建てる」(類語)遺産
きんし-ばい【金糸梅】オトギリソウ科の半落葉小低木。高さ約1メートル。株立ちになり、長楕円形の葉を対生。夏、やや垂れた枝の先に、黄色の梅に似た花を開く。雄しべが金色の糸のようにみえる。中国原産で、庭木とする。(季 夏)
きんしへん【金枝篇】《原題 The Golden Bough》英国の文化人類学者J＝G＝フレーザーの著書。1890年初版刊、1936年、決定版全13巻刊。呪術じゅじゅつや

宗教を比較研究した。
きんし-ほう【禁止法】ハフ ❶ ▶禁止規定 ❷国際私法で、外国法の適用を排斥する内国法をいう。❸文法で、動作の禁止を表す語法。「…な」「…べからず」「な…そ」など。
きん-しゃ【金砂】❶金の粉末。金粉(きんぷん)。❷金砂子(きんすなご)。❸金色の砂。また、砂金。
きん-しゃ【金×紗┊錦×紗】❶紗の地に金糸などを織り込んで模様を表した絹織物。❷「金紗縮緬(きんしゃちりめん)」の略。❸「金紗御召(きんしゃおめし)」の略。
きん-しゃ【×禽舎】動物園などで、鳥を飼っている小屋。鳥小屋。
ぎん-しゃ【吟社】詩歌を作るための結社。
ぎん-しゃ【銀砂】❶銀の粉末。銀粉(ぎんぷん)。❷銀砂子(ぎんすなご)。❸銀色の砂。白砂。
きんしゃ-おめし【金×紗▽御召】練り染め糸で織った絹織物。平織りまたは紋織りでしぼが細かく、婦人の着物・羽織などに用いる。
きんしゃ-おり【金×紗織(り)】紗の地に金糸を用いて模様を織り出した紋織物。
キンシャサ〖Kinshasa〗コンゴ民主共和国の首都。コンゴ川(ザイール川)下流の南岸にある河港都市。旧称レオポルドビル。人口、行政区727万(2004)。
きんしゃ-ちりめん【金×紗▽縮×緬】普通の縮緬よりさらに細い生糸を用いて薄く織った絹織物。
ぎん-しゃり【銀舎利】白米の飯をいう俗語。第二次大戦中から戦後にかけての食糧不足の時代に、麦飯や代用食に対していいはじめた語。
きん-しゅ【金主】❶事業などの資金を出す人。❷芝居などの興行主に資金を提供する人。❸金銭を多く持っている人。かねもち。❹江戸時代、大名に金を貸す町人。
きん-しゅ【金朱】堆朱(ついしゅ)で、毛彫りのようにした彫り目に金粉を擦り込んだもの。
きん-しゅ【金種】額面金額による貨幣の種類。
きん-しゅ【筋腫】筋肉にできる良性の腫瘍(しゅよう)。多くは平滑筋に生じ、子宮筋腫が最も多い。
きん-しゅ【禁酒】〔名〕スル 習慣的に酒を飲んでいたのをやめること。また、酒を飲むことを禁止すること。「―禁煙」
きん-じゅ【近▽習】主君のそば近くに仕える役。近侍(きんじ)。きんじゅう。
ぎん-しゅ【銀主】❶「金主❶」に同じ。〈和英語林集成〉❷「金主❹」に同じ。
ぎん-しゅ【銀朱】水銀を焼いて作った赤色顔料。主に朱墨(しゅずみ)として使う。朱。
きん-しゅう【金秋】キンシウ《五行(ごぎょう)の金が季節では秋にあたるところから》秋。(季 秋)
きん-しゅう【菌×褶】キンシフ キノコの傘の裏にある放射状のひだ。
きんしゅう【錦州】キンシウ 中国遼寧省中南部の工業都市。交通の要地。付近に炭田があり、化学などの工業が盛ん。チンチョウ。人口、行政区86万(2000)。
きん-しゅう【錦秋】キンシウ 紅葉が錦(にしき)の織物のように美しい秋。「―の候」
きん-しゅう【錦×繡┊錦×綉】キンシウ ❶錦(にしき)と、刺繡(ししゅう)を施した織物。❷美しい織物・衣服。「―を身にまとう」❸美しい紅葉や花のたとえ。「―の山々」❹美しい字句や文章のたとえ。「―を重ねた文章」
きん-じゅう【近×什】キンジフ 最近作った詩歌や文章。
きん-じゅう【近習】キンジフ ▶きんじゅ(近習)
きん-じゅう【×禽獣】キンジウ 鳥とけだもの。鳥獣。「―にも劣るやから」(類語)動物・けもの・けだもの・獣(じゅう)・獣類・畜類・畜生・野獣・百獣・鳥獣・アニマル
きんしゅう-こ【錦秋湖】キンシウ 岩手県南西部にある人造湖。北上川の支流和賀川上流に造られた多目的ダム(湯田(ゆだ)ダム)の貯水池。
きん-しゅく【緊縮】〔名〕スル ❶しっかりと引き締めること。また、引き締まること。「肌の筋肉が寒い風に抵抗して、一時に―する様な」〈漱石・門〉❷支出を切りつめること。「家計を―する」
きんしゅく-ざいせい【緊縮財政】支出をできるだけ減らして歳出規模の縮小を図る財政。
きんじゅ-しゅっとうにん【近▽習出頭人】江戸幕府初期の職名。将軍・大御所の側近で、幕政の中枢に参与した者。
きんじゅ-ばん【近▽習番】❶鎌倉幕府の職名。順番を定めて将軍に伺候(しこう)する役。❷ ▶新番(しんばん)
きんしゅ-ほう【禁酒法】ハフ アルコール飲料の製造・販売・運搬・輸出入を禁止した米国の法律。1920年から施行されたが、密造・密売などが続出したため、33年に廃止。
きん-じゅんび【金準備】金本位制度のもとで、中央銀行が銀行券の兌換(だかん)や国際収支尻の最終的な決済の準備として保有する金貨・金地金。金貨準備。
きん-しょ【禁書】法律や命令で特定の書籍の発行・輸入・閲覧・所持を禁止すること。また、その書籍。中国の焚書坑儒(ふんしょこうじゅ)、江戸幕府のキリシタン書輸入禁止など。
きん-しょ【謹書】〔名〕スル つつしんで書くこと。書画などの署名のあとに添えて用いることもある。
きん-じょ【近所】❶ある場所からちかいところ。近辺。付近。「自宅はこの―です」❷近くの家。「―づきあい」「隣―」
(類語)(❶)近く・付近・近辺・近隣・近傍・界隈(かいわい)・近回り・近間(ちかま)・その辺(へん)・最寄り・そば/(❷)四隣(しりん)・町内・市内・市中・隣組・向こう三軒両隣(りょうどなり)・隣近所
きん-しょう【近称】文法で、指示代名詞のうち、話し手自身に近い事物・場所・方向を示すもの。口語の「これ」「ここ」「こちら」、文語の「こ」「こなた」など。➡中称 ➡遠称 ➡不定称
きん-しょう【金性】キンシャウ ❶金の品位。金の純度。❷五行(ごぎょう)の一つである金に、生年月日が当たっている人の性質。また、その人。
きん-しょう【金将】キンシャウ 将棋の駒の一。前後左右と斜め前方へそれぞれ一つずつ進めるもの。金(きん)。
きん-しょう【金章】キンシャウ ❶美しくすぐれた文章。「―金句おなじく一代教文より出でたり」〈平家・四〉❷黄金の印章。金印。
きん-しょう【金賞】キンシャウ 展覧会・品評会などで、第1位の入賞。
きん-しょう【菌症】キンシャウ 真菌の寄生によって起こる動物の病気。人間の水虫・白癬(はくせん)などの類。
きん-しょう【×焮衝】〔名〕スル からだの一局部が赤くはれ、熱をもって痛むこと。炎症。「顔が真赤に―するやら」〈蘆花・思出の記〉
きん-しょう【筋×鞘】キンセウ 横紋筋線維を包む細胞膜。筋細胞膜。
きん-しょう【僅少】キンセウ〔名・形動〕ほんのわずかであること。また、そのさま。「―の差」「―な金額」
(類語)些少・微少・少少・軽少・鮮少
きん-しょう【×擒×縦】とりこにすることと、放つこと。意のままにあやつること。「運命の―を感ずる点に於て」〈漱石・思ひ出す事など〉
きん-じょう【今上】キンジャウ「今上天皇」の略。
きん-じょう【近状┊近情】キンジャウ 最近のようす。近況。「―を報告する」(類語)近況・現況・現状
きん-じょう【金城】キンジャウ ❶《金でつくった城の意》守りの堅固な城。❷《天守閣の屋上に金のしゃちほこがあるところから》名古屋城の異称。(類語)堅城
きん-じょう【禁城】キンジャウ 天子の居城。皇居。宮城。
きん-じょう【錦上】キンジャウ にしきの上。美しいものの上。
錦上に花を添・える 《王安石「即事」から》美しいものの上にさらに美しいものを添える。よいものの上にさらによいものを添える。錦上に花を敷く。
きん-じょう【謹上】キンジャウ つつしんで奉ること。手紙のあて名に添える語。
(類語)献上・進上・謹呈・献呈・進呈・贈呈
ぎん-しょう【吟唱】ギンシャウ・【吟×誦】ギンショウ〔名〕スル 詩歌に節をつけてうたうこと。「古今の詩を―する」
ぎん-しょう【吟×嘯】ギンセウ〔名〕スル ❶詩歌をうたうこと。❷嘆き悲しむ声を上げること。「鉄檻(てつかん)の下に―せざるを得ず」〈織田訳・花柳春話〉
ぎん-しょう【銀将】ギンシャウ 将棋の駒の一。前と斜め前後の五方向に、それぞれ一つずつ進めるもの。成ると、金将と同じ働きをする。銀(ぎん)。
ぎん-しょう【銀賞】ギンシャウ 展覧会・品評会などで、金賞に次ぐ第2位の入賞。
ぎん-じょう【吟醸】ギンジャウ〔名〕スル 吟味した原料を用い丁寧に醸造すること。酒・醤油などにいう。
(類語)醸造・醸成・醸す
きんじょう-がき【謹上書(き)】キンジャウ 昔、手紙のあて名の上に「謹上…殿」と記したこと。
きんじょうがくいん-だいがく【金城学院大学】キンジャウガクヰン 名古屋市守山区にある私立大学。明治22年(1889)設立の金城女学校に始まり、金城女子専門学校を経て昭和24年(1949)新制大学。
きんしょう-けいやく【金消契約】キンセウ ▶金銭消費貸借契約
きんじょう-さいはい【謹上再拝】キンジャウ ❶神を拝むときにいう語。「―、敬って申す」❷手紙の末尾に添える語。
ぎんじょう-しゅ【吟醸酒】ギンジャウ 60パーセント以下に精米した白米を原料とし、低温で発酵させて醸造した清酒。
きんしょうじょ【錦祥女】キンシャウヂョ ㊀浄瑠璃「国性爺合戦(こくせんやかっせん)」中の人物。老一官(鄭芝竜(ていしりゅう))の娘で和藤内(わとうない)(鄭成功(ていせいこう))の異母姉。甘輝将軍の妻。㊁「錦祥女髷(わげ)」の略。
きんしょうじょ-わげ【錦祥女×髷】キンシャウヂョ 歌舞伎の鬘(かつら)。錦祥女など中国の若い女性の役に使用。
きん-じょう-すい【金生水】キンジャウ 五行説による相性(あいしょう)の一。金性と水性とが相性がよいとすること。「十六の女こそ―とて大吉なり」〈浄・凱陣八島〉
きんじょう-だいがく【金城大学】キンジャウ 石川県白山市にある私立大学。平成12年(2000)に開設。
きんじょう-てっぺき【金城鉄壁】キンジャウ《金の城と鉄の城壁の意》防備の非常に堅固な城壁。守りが非常に固いこと、まったくすきがないことのたとえ。「―の内野守備」
(類語)堅い・揺るぎない・強固・堅固(けんご)・牢固(ろうこ)・磐石(ばんじゃく)・難攻不落
きんじょう-てんのう【今上天皇】キンジャウテンワウ 現在の天皇。今上陛下。
きんじょう-とうち【金城湯池】キンジャウタウチ ❶《「漢書」蒯通伝から。「湯池」は熱湯をたたえた堀》守りが非常に固く、攻めるのが難しい城。金湯。❷堅固で、他から侵害されにくい勢力範囲。「保守派の―」
きん-しょうにち【金正日】キンシャウ ▶キム=ジョンイル
ぎん-しょうふ【銀生×麩】ギンシャウ 色が白い生麩。最も良質のものとされる。
きんじょう-へいか【今上陛下】キンジャウ 今上天皇。
きんしょう-ほう【金商法】キンシャウハフ ▶金融商品取引法
きんじょ-がっぺき【近所合壁】壁一つを隔てた隣。隣近所。
きん-しょく【金色】きんいろ。
きん-しょく【錦色】にしきのような美しい色。
ぎん-しょく【銀色】ぎんいろ。
ぎん-しょく【銀×燭】❶銀製の燭台。❷美しく輝くともしび。「―の光に照らされた会場」
きんしょく-じ【錦織寺】滋賀県野洲(やす)市木部(きべ)にある寺。浄土真宗木辺(きべ)派本山。山号は遍照山、院号は安養院。天安2年(858)円仁が創建。初めは天台宗で、嘉禎元年(1235)親鸞(しんらん)が阿弥陀仏を安置してから転宗。にしごりでら。
きんしょくじ-は【錦織寺派】▶木辺派(きべは)
きんじょ-めいわく【近所迷惑】〔名・形動〕近所の人にとって迷惑であるさま。また、そのような行為。「―な(の)騒音」
きん-しりょう【金史良】キンシリャウ ▶キム=サリャン
きん・じる【禁じる】〔動ザ上一〕「きん(禁)ずる」(サ変)の上一段化。「私語を―・じる」
ぎん・じる【吟じる】〔動ザ上一〕「ぎん(吟)ずる」(サ変)の上一段化。「漢詩を―・じる」
きんしろく【近思録】中国、宋代の思想書。14巻。朱熹(しゅき)・呂祖謙(りょそけん)の共編。1176年ころ編。周敦頤

・程顥・程頤・張載らの文章を14部門に分類して収める。宋学の入門書とされた。

きん-しん【近臣】主君のそば近くに仕える臣下。

きん-しん【近信】最近の便り。

きん-しん【近親】〔名・形動〕❶血縁の近い親族。❷主君のそば近くに仕える親しい臣下。近臣。❸きわめて親しいこと。また、そのさま。「主人公は作者にもっとも―な存在だという事実に」〈中村光夫・風俗小説論〉 類語 肉親・身内・係累・家族・一家・家内・家人・家の人・親子・親兄弟・妻子・骨肉・血肉・身寄り・家累・家眷・一家眷属・妻子眷属・一族・ファミリー

きん-しん【金針｜金×鍼】鍼術で使う金製の針。

きん-しん【謹慎】〔名・形動〕スル《古くは「きんじん」とも》❶言動をひかえめにすること。また、そのさま。「酒をやめて―する」「―な性質で居ながら、五日と尻がすわらない」〈逍遥・当世書生気質〉❷一定期間、出勤や登校などを差し止める処罰。❸江戸時代、上級の武士に適用された名目上の刑で、門戸を閉じて昼間の出入りを禁じたもの。慎。類語 遠慮・気兼ね・心置き・憚り・控え目・斟酌・忌憚・内輪・憚る・控える・差し控える・慎む・断る

きん-じん【金人】❶金属でつくった人の像。❷《金色の人の意で》仏。仏身。また、金色の仏像。

きんしん-けっこん【近親結婚】▶近親婚

きんしん-こうはい【近親交配】同系交配の一。近親間で行う交配。家畜の改良に用い、目標とする形質についてホモ接合体の出現を高める。

きんしん-こん【近親婚】親族関係の近い者どうしの結婚。日本の民法では、直系血族間、三親等内の傍系血族および直系姻族間の婚姻を禁じている。近親結婚。➡血族結婚

きんしん-しゅうこう【錦心×繡口】美しい思想と美しい言葉。詩文の才能にすぐれていること。また、その人。錦心繡腸。

きんしん-そうかん【近親相×姦】親子・兄弟姉妹など血縁関係の近い男女の間で性的交渉が行われること。インセスト。

きん-す【金子】❶金貨。❷おかね。金銭。

ぎん-す【銀子】❶銀貨。❷おかね。金銭。

きんすいせい-ぶっしつ【禁水性物質】消防法の別表で危険物として第3類に分類されるもの。同法では「自然発火性物質および禁水性物質」を第3類にまとめ、固体または液体であって、空気中での発火の危険性を判断するための政令で定める試験において政令で定める性状を示すもの、または水と接触して発火し、もしくは可燃性ガスを発生する危険性を判断するための政令で定める試験において政令で定める性状を示すものと規定される。➡危険物

きん-すじ【金筋】❶金色の筋。特に、制服の襟・袖・ズボンなどに縫いつけたもの。❷刀で、沸が集結してできる、金色の光を放つ長い線条。

ぎん-すじ【銀筋】❶銀色の筋。特に、制服の襟・袖・ズボンなどに縫いつけたもの。❷刀で、沸が集結してできる、銀色の光を放つ長い線条。

ぎん-すすだけ【銀×煤竹】染め色の名。竹のすすけたような赤黒い色に銀色を加味した色。

ぎん-すだれ【銀×簾】細いガラス棒をすだれのように編んだもの。夏、氷とともに盛った刺身・あらいなどが水につかるのを防ぐために皿に敷く。

きん-すなご【金砂子】金箔を粉にしたもの。絵画・蒔絵・ふすま地などに用いる。金粉。金砂。

ぎん-すなご【銀砂子】銀箔を粉にしたもの。絵画・蒔絵・ふすま地などに用いる。銀粉。銀砂。

ギンズバーグ〖Allen Ginsberg〗[1926～1997] 米国の詩人。1950年代後半、反管理社会を打ち出したビート派文学運動の代表者。長詩「吠える」、詩集「アメリカの没落」など。

きん・ずる【禁ずる】〔動サ変〕図きん・ず〔サ変〕❶してはいけないとさしとめる。禁止する。「外泊を―・ずる」❷(多く「禁じえない」の形で用いる)ある気持ちを抑える。「痛惜の念を―・じえない」類語 禁止・厳禁・禁・禁制・禁断・禁令・禁遏・禁圧・無用・法度・差し止め・駄目・禁忌・取り締まる・制する

ぎん・ずる【吟ずる】〔動サ変〕図ぎん・ず〔サ変〕❶詩歌に節をつけてうたう。吟詠する。吟唱する。「古歌を―・ずる」❷詩歌や俳句を作る。
類語 詠ずる・うたう・唱える・誦する

きん-せい【均勢】複数の勢力のつりあいがとれていること。「列強が―を保つ」

きん-せい【均整｜均斉】全体的につりあいがとれて整っていること。「―のとれた体型」
類語 平衡・平均・均衡・釣り合い・兼ね合い・バランス

きん-せい【近世】❶現代に近い時代。また、近ごろの世の中。❷歴史の時代区分の一。近代と区別していうときに使う。㋐日本史では安土桃山時代・江戸時代をさす。㋑西洋史ではルネサンスから市民革命・産業革命のころまでをさす。㋒中国史では明の末から20世紀初めの辛亥革命までをさす。

きん-せい【金声】❶鐘や鉦などの音色。❷美しい声。また、貴重な文章。「―の序文は得るも易かりぬべきを」〈鶉衣・笠の次手序〉

きん-せい【金星】太陽系の2番目の惑星。地球の軌道のすぐ内側にあり、太陽との平均距離は1億820万キロすなわち0.7233天文単位、公転周期は225日、自転周期は243.01日で、公転とは向きが逆。地球よりわずかに小さく、質量は地球の0.815倍。衛星はない。月のように満ち欠けがあり、最大の明るさはマイナス4.7等。大気の大部分が炭酸ガスで、表面の気温はセ氏約470度。日没後西の空に見えるときを宵の明星、明け方東の空に見えるときを明けの明星とよぶ。太白。ビーナス。

きん-せい【金製】金で作ること。また、そのもの。

きん-せい【禁制】〔名〕スル《古くは「きんぜい」》ある行為を禁じること。また、その法規。「男子―」類語 禁圧・禁断・禁止・禁・禁令・禁遏・厳禁・無用・法度・差し止め・駄目・禁忌・禁ずる・取り締まる・制する

きん-せい【謹製】心をこめ、つつしんで作ること。また、その製品。多く、食品の製造業者が用いる。

ぎん-せい【吟声】詩歌などを吟ずる声。

ぎん-せい【銀製】銀で作ること。また、そのもの。

きんせいおうだん-しょうわくせい【金星横断小惑星】公転軌道が金星の軌道と交差する小惑星の総称。近日点と遠日点が金星の軌道よりそれぞれ内側と外側に位置する。代表的なものとしてイカルス、アポロ、ファエトンなどがある。

きんせいきじんでん【近世畸人伝】江戸中期の伝記集。5巻。伴蒿蹊著。寛政2年(1790)刊。続編5巻は三熊花顛著。同10年刊。中江藤樹・遊女大橋など、さまざまな職業・階層の約200人の奇異な行状を記したもの。

きんせい-ぎょくしん【金声玉振】《古代中国で、音楽を合奏するとき、初め鐘を鳴らし、終わりに磬を打って一区切りとした故事から》知徳が備わって、大成するたとえ。特に、孔子の大成した人格をいう語。

きんせい-げんり【禁制原理】▶パウリの原理

きんせい-ご【近世語】国語史で、江戸時代の言語。およそ享保(1716～1736)または宝暦(1751～1764)ごろを境に前・後期に2分される。前期は京・大坂を中心に行われた上方語が勢力を持ち、後期は、東国語を基盤として江戸に発達した江戸語が成立して上方語と並び、またそれ以上の勢力を持ち、次第に共通語的性格を有するようになった。

きん-せいざい【金製剤】金の有機化合物を原料とする、抗リウマチ薬の一つ。金チオリンゴ酸ナトリウム・金チオグルコース・オーラノフィンなど。作用機序は解明されていないが、金製剤が細胞内に取り込まれると、炎症を引き起こす酵素の分泌が抑制され、腫れや痛みが軽減すると考えられる。効果があらわれるには数か月を要する。服用により、かゆみやタンパク尿、肝障害などがあらわれることがあるため、定期的な検査が必要。

きんせい-ずいまくえん【菌性髄膜炎】《「髄膜炎菌性髄膜炎」の略》▶流行性髄膜炎

きんせい-せき【×菫青石】鉄・マグネシウム・アルミニウムを含む珪酸塩鉱物。無色・菫色・淡青色でガラス光沢がある。斜方晶系。変成岩中に多い。

きんせい-せん【禁制線】原子・分子・原子核などにおけるエネルギー準位間で、普通ではほとんど起こりえない遷移が特殊条件下で起こり、光子が放出されて観測される弱いスペクトル線。禁止線。

きん-せいたん【金聖嘆】[?～1661]中国、明末・清初の文芸評論家。呉県(江蘇省)の人。名は人瑞。聖嘆は号。「離騒」「荘子」「史記」「杜詩」「水滸伝」「西廂記」を「六才子書」とよんで推奨、最後の2書に対する評解・改作を施して旧来の文学観を変えた。

きんせい-ちょう【錦静鳥】カエデチョウ科の鳥。全長約10センチ。頭が青灰色、背が暗褐色でくちばしとのどが黒い。オーストラリア原産。飼い鳥。

きんせい-ひん【禁制品】「禁制物」に同じ。

きんせい-ぶつ【禁制物】法令によって、所有や売買が禁止されている物品。麻薬・猥褻文書など。

きんせい-ぶんがく【近世文学】日本文学史で、安土桃山時代・江戸時代に成立した文学の総称。前期は上方、後期は江戸を中心に発達。町人階級の興隆により、写実を基調に、義理・人情・好色・粋・通・こっけいなどを主題として多種多様な文学が生まれた。➡江戸文学 ➡上方文学

キンゼイ-ほうこく【キンゼイ報告】《原題、Sexual Behavior in the Human Male》米国の動物学者キンゼイ(A.C.Kinsey)が全米の男女を対象に行った性行動に関する調査の報告書。1948年に男性編、53年に女性編を発表。

キンセール〖Kinsale〗アイルランド南部、コーク州の港町。コークの南約25キロに位置し、バンドン川が注ぐキンセール湾に臨む。6世紀にセントマルトス教会が創建され、中世にノルマン人の商港として発展。17世紀初頭にスペイン-アイルランド連合軍と英国軍が戦った「キンセールの戦い」の舞台になった。デズモンド城、チャールズフォートなどの歴史的建造物が残る。

ぎん-せかい【銀世界】雪が一面に降り積もって白一色になっている景色。「一面の―」
類語 雪景色・雪景・冬化粧・雪化粧

きん-せき【金石】❶金属と石。鉱物。また、金属器と石器。❷きわめて堅く、永久不変なもののたとえ。

きん-せきがいせん【近赤外線】赤外線のうち、波長が短く、0.7～2.5マイクロメートル程度の光線。暗視カメラの照明装置、赤外線通信、静脈認証などに用いられる。NIR(near infrared)。

きんせき-がく【金石学】❶金石文の文字や文章などを研究する学問。考古学と文献史学の境界分野にあたる。❷鉱物学の旧称。

きんせき-の-まじわり【金石の交わり】《「漢書」韓信伝から》堅く結ばれた交わり。心変わりをしない友情。

きんせき-ぶん【金石文】金属や石に刻まれた文字や文章。刀剣・甲骨・土器などに刻んだものを含めることもある。

きんせきへいよう-じだい【金石併用時代】考古学上の歴史区分の一。新石器時代から青銅器時代への過渡期にあたり、石器と銅器がともに使用された時代。銅器時代。日本では弥生時代にあたる。

きんせせつびしょうねんろく【近世説美少年録】読本。3輯15冊。曲亭馬琴著。文政12年～天保3年(1829～1832)刊。善悪二人の美少年の対立を主とする勧善懲悪物語。弘化2年(1845)から続編「新局玉石童子訓」を刊行したが、6輯30冊で中断。

きん-せつ【近接】〔名〕スル❶近づくこと。近寄ること。接近。❷すぐ近くにあること。「店舗に―した駐車場」「職住―」類語 接近・密接・隣接・緊密・親近

きん-せつ【筋節】❶脊椎動物の神経胚の後期に中胚葉から生じ、将来筋肉となる部分。やがて横紋筋に分化する。❷筋原線維の構造および筋収縮の単位。アクチンが重合した細い線維(アクチンフィラメント)と、ミオシンが重合した太い線維(ミオシンフ

ィラメント)によって構成されている。サルコメア。
きん-せつ【緊切】〔名・形動〕❶ぴったりとつくこと。また、そのさま。「一な関係にある」❷差し迫って大切なこと。また、そのさま。「一な問題」
(類語)急・緊急・火急・早急・至急
きん-ぜつ【禁絶】〔名〕スル 厳重に禁止して根絶やしにすること。「鴉片あへんの煬毒ようどくを一せば」〈東海散士・佳人之奇遇〉
ぎん-せつ【銀雪】銀色に輝く雪。「一の山々」
きんせつ-さつえい【近接撮影】▶接写
きんせつ-さよう【近接作用】二物体が及ぼし合う力が、物体間に存在する媒質あるいは場の物理的変化を媒介として伝わること。⇔遠隔作用
きんせつ-しんかん【近接信管】キンセツシンクワン 目標物に近づくと起爆するように装置した信管。
きんせつば-こう【近接場光】クワウ 光の波長よりも極めて小さい開口部などで、局所的にまとわりつくように存在する特殊な光。プリズムなどの全反射における反射面の背後ににじみ出る光(エバネッセント光)もその一。一般的な光と異なり、遠方に伝播しない。走査型近接場光顕微鏡、半導体などの微細加工技術、大容量記憶装置への応用が試みられている。
きんせつ-れんせい【近接連星】連星のうち、両天体の間隔がどちらかの天体の半径程度しか離れていないもの。互いの天体の大気の構造や進化に影響を与えるほど接近した近接連星が知られる。一方が恒星、一方が白色矮星や中性子星などの高密度天体の場合、恒星から流れ込むガスが高密度天体の周囲に降着円盤を形成したり、新星の突発的な増光やX線バースターの放射の原因になったりする。
きん-せん【▽京銭】室町時代から江戸初期にかけて流通した銭貨の一。明の南京付近で流通していた劣悪な私鋳銭が日本に流入したものといわれる。撰銭えりぜにの対象となった。南京銭。
きん-せん【×欣羨】非常にうらやましがること。「暗に一の意を洩らす」〈漱石・吾輩は猫である〉
きん-せん【金扇】地紙に金箔きんぱくをおした扇。
きん-せん【金銭】❶貨幣の総称。かね。ぜに。「一に細かい人」「一感覚」❷金で鋳造した銭。金貨。
(類語)金・銭・銭金ぜにかね・貨幣・通貨・おあし・金子きんす
きん-せん【金線】金の線。金色の線。金すじ。
きん-せん【×欽羨】〔名〕スル 敬いつつ、うらやましく思うこと。「頻しきりに日本人種の独り東洋に雄飛するを一せり」〈竜渓・浮城物語〉
きん-せん【琴線】❶琴の糸。❷心の奥深くにある、物事に感動・共鳴しやすい感情を琴の糸にたとえていった語。「心の一に触れる言葉」(補説)❷は、「琴線に触れる」で成句となり、良いものに感銘を受ける意で使う。不愉快になる意で用いるのは誤用で、その意味では「気に障る」「癪しゃくに障る」などの表現がある。
琴線に触ふ・れる 良いものや、素晴らしいものに触れて感銘を受けること。「心の一・れる」(補説)文化庁が発表した平成19年度「国語に関する世論調査」では、本来の意味である「**感動や共鳴を与えること**」で使う人が37.8パーセント、間違った意味「**怒りを買ってしまうこと**」で使う人が35.6パーセントという結果が出ている。
きん-せん【謹×撰】〔名〕スル 貴人の命などにより、歌集や書物などをつつしんで編集・著述すること。
きん-せん【謹選】〔名〕スル 貴人の命などによりつつしんで選択すること。慎重に選ぶこと。
きん-ぜん【×欣然】〔ト・タル〕図〔形動タリ〕よろこんで物事をするさま。「一とたゆまずに研究を専念に遣っているから偉い」〈漱石・三四郎〉
(類語)嬉嬉きき・欣欣きんきん・欣快きんかい・愉快・満悦・御機嫌
ぎん-せん【吟箋】詩歌を書くための用紙。詩箋。
ぎんせん【銀川】中国、寧夏回族自治区の中心都市。旧名、寧夏。宋代、西夏の首都で興慶といった。黄河中流の銀川平野にあり、交通の要地。インチョアン。
ぎん-せん【銀扇】地紙に銀箔ぎんぱくをおした扇。
ぎん-せん【銀銭】銀で鋳造した銭。銀貨。
ぎん-せん【銀×箭】銀の矢。銀色の矢。
ぎん-せん【銀線】銀の線。銀色の線。銀すじ。
ぎん-ぜん【銀×髯】銀白色のほおひげ。白髯はくぜん。
きん-せんい【筋線維|筋繊維】キンセンヰ 筋肉を構成する線維状の細胞。骨格筋のものは多核で横紋があり、1本ごとに運動神経と結合していて、心筋では網目状につながって多核細胞のようになる。平滑筋のものは単核。筋肉線維。
きんせん-か【金×盞花】クワ キク科の一年草または越年草。高さ15〜50センチ。葉は長卵形で厚くて柔らかい。夏、淡黄色・黄赤色の頭状花をつける。南ヨーロッパの原産。切り花にし、花壇にも植えられる。こがねぐさ。ときしらず。長春花。唐金盞花。(季 春)「磯波の泡波伸びつ一/秋桜子」
きんせん-がに【金銭×蟹|金線×蟹】カラッパ科のカニ。内湾の砂底にすむ。甲幅4センチくらい。甲はほぼ円形で左右両側に太い突起があり、淡青色で暗紫色の点が散在。東京湾以南に分布。食用。
きんせん-さいけん【金銭債権】一定額の金銭の給付を目的とする債権。
きんせん-さいむ【金銭債務】金銭の支払いを目的とする債務。
きんせん-しょうけん【金銭証券】一定額の金銭の給付を目的とする権利または権限を表示した有価証券。手形・小切手・社債券など。
きんせんしょうひたいしゃく-けいやく【金銭消費貸借契約】キンセンセウヒタイシャク 借主が、将来返還することを約束して、貸主から金銭を借り入れる契約。銀行から住宅資金を借り入れたり、消費者金融業者から融資を受ける場合などに締結する。ローン契約。金消契約。⇒グレーゾーン金利 ⇒消費貸借 (補説)売掛債権など、消費貸借によらない契約によって発生した債権を金銭消費貸借に切り替える契約を「準金銭消費貸借契約」という。⇒準消費貸借
きんせん-しんたく【金銭信託】信託銀行が、委託者から金銭を受け入れ、信託終了のとき委託者に運用利益と元本を金銭で交付する信託形式。
きんせん-すいとうちょう【金銭出納帳】ースイタフチヤウ 金銭の収入・支出を記録する帳簿。金銭出納簿。
きんせん-すいとうぼ【金銭出納簿】ースイタフボ ▶金銭出納帳
きんせん-ずく【金銭▽尽く】ヅク 精神的な面を無視して、金銭の損得だけで行動すること。勘定ずく。かねずく。「一で解決する」
(類語)計算ずく・勘定ずく・そろばんずく・欲得ずく
きんせん-とうろくき【金銭登録器】金銭出納を表示・記録し、金銭を保管する事務器。レジスター。
きん-そう【巾▽箱】ーザウ ❶布を張った小箱。❷「巾箱本」の略。
きん-そう【金創|金×瘡】ーサウ ❶刃物による切り傷。刀傷。「左の股に受けたる一は」〈竜渓・経国美談〉❷切り傷の治療法。また、その施術者。「とぶらひ来る中に、一の上手あり」〈咄・醒睡笑・一〉
きん-そう【謹奏】〔名〕スル つつしんで奏上すること。
きんそう-がく【金相学】キンサウ 金属および合金の内部組織を調べて、構造・組成や性質を研究する学問。金属組織学。
きん-そうば【金相場】ーサウバ ❶金市場で成立する金の価格。❷江戸時代、金貨と銀貨との交換比率。元禄13年(1700)金1両を銀60匁と公定したが、貨幣改鋳や需給などによって相場は日々変動した。
きんそうば-かいしょ【金相場会所】キンサウバクワイショ 江戸時代、主に金為替・銀為替の売買を行うために大坂に設置された取引所。ここでの交換比率が標準相場となった。
きんそう-ぼん【巾▽箱本】キンザウ 巾箱にはいるほど、細字で書かれた小形の唐本。袖珍しゅうちん本。
きん-そうん【金素雲】▶キム＝ソウン
きん-そく【禁足】〔名〕スル ❶一定の場所から外へ出るのを禁止すること。「一を命じる」❷罰として外出を禁止すること。「一を食う」(類語)足止め
きん-そく【禁則】物事の禁止事項を定めた規則。
きん-そく【緊束】〔名〕スル ❶きつく縛ること。堅くくくること。「圧窄一して」〈阪谷素・明六雑誌二一〉❷きびしく制限を加えること。
きん-ぞく【金属】一般に、金属光沢をもち、熱や電気をよく伝え、強度が大きくて折れにくく、展性・延性をもち、常温で固体の物質の総称。重金属と軽金属、貴金属と卑金属、遷移金属と非遷移金属などに分類される。(類語)軽金属・重金属・貴金属・卑金属
きん-ぞく【勤続】〔名〕スル 同じ勤務先に勤め続けること。「二〇年一した職員」「永年一者」
(類語)働く・勤務・勤め・労働・仕事・勤労・作業・労作・労務・労役・実働・稼働・働き
きんぞく-アレルギー【金属アレルギー】金属製アクセサリーや、歯科治療で詰め物として用いた金属などが汗や体液で溶けて体内に入り、病的な抗原抗体反応を起こし皮膚炎や慢性的な口内炎などの症状を呈するもの。ニッケル・コバルト・クロムはアレルギーを起こしやすく、チタンは起こしにくいといわれる。
きんぞく-イオン【金属イオン】金属の原子から生じるイオン。すべて陽イオンになる。
きんぞく-おん【金属音】金属を硬い物でたたいたり、こすったりしたときに発生する、甲高くて頭にひびく感じの音。「ジェット機が一を発して飛び立つ」
きんぞく-おんどけい【金属温度計】ーヲンドケイ 熱膨張率の異なる金属の薄片を重ね合わせて螺旋らせん状に曲げ、温度の変化によって指針が動くようにした温度計。バイメタル温度計。
きんぞく-かい【金属灰】ークワイ 金属を焼いてできる灰。多くは金属の酸化物。
きんぞくか-かみコンデンサー【金属化紙コンデンサー】キンゾククワ ▶MPコンデンサー
きんぞくかん-かごうぶつ【金属間化合物】ークワガフブツ 2種以上の金属元素が結合し、新しい性質をもつようになった化合物。合金に多くみられる。
きんぞく-きあつけい【金属気圧計】金属の弾性を利用した気圧計。アネロイド気圧計など。
きんぞくき-じだい【金属器時代】人類が金属を用いるようになった時代。青銅器時代と鉄器時代をいう。
きんぞく-クラスター【金属クラスター】金属原子が数個から十数個集まって、一つの化合物のような特定の構造単位をもった錯体。原子同士が直接結合するものや配位子によって結合するものなどがある。金属クラスター錯体。クラスター錯体。
きんぞくクラスター-さくたい【金属クラスター錯体】▶金属クラスター
きんぞく-けつごう【金属結合】ーケツガフ 金属元素の原子が集まって金属結晶をつくるときの結合。陽イオンとその間を運動する自由電子との静電気的な相互作用による結合で、方向性をもたない。アルカリ金属などにみられる。
きんぞく-けっしょう【金属結晶】ーケッシャウ 金属元素の原子が固体状態でとる規則的な原子配列。このときの原子間の結合を金属結合という。
きんぞく-げんそ【金属元素】単体で金属を形成する元素。地球上に存在する約100種の元素のうち、金・銀・銅・鉄・カリウム・ナトリウムなど約70種。
きんぞく-けんびきょう【金属顕微鏡】ーケンビキャウ 金属、合金、セラミックの組織や研磨面、電子部品などの不透明な試料を観察するための顕微鏡。半透明鏡またはプリズムを対物レンズと接眼レンズの間に置き、鏡筒側方からの光を鉛直上方から試料表面に投射し、その反射光を拡大する。解像度は高いが被写界深度は浅い。反射型顕微鏡。
きんぞく-こうたく【金属光沢】ークワウタク よく磨いた金属面が放つ光沢。光を通さない不透明な輝きが特徴。
きんぞく-こうぶつ【金属鉱物】ークワウブツ 金属を主成分とする鉱物。また、金属光沢をもつ鉱物。
きんそく-しょり【禁則処理】ワープロソフトによる文章の作成やコンピューター組版で、句点・読点・閉じ括弧などを行頭に置いたり、開き括弧などを行末に置いたりしないように、入力したり、プログラムを組ん

だりすること。

きんぞく-すいそ【金属水素】極めて高圧の下に置かれた水素が金属状態になっているもの。数百ギガパスカルという超高圧において、100万分の1秒以下というわずかな時間だけ液体状の金属水素を作りだすことに成功したという実験報告がある。固体状のものはまだ観測されていない。また、木星、土星の内部には金属水素が存在すると考えられている。

きんぞく-せい【金属性】金属に特有の性質。また、金属に似た性質。「一の音」

きんぞく-せっけん【金属石×鹸】普通のアルカリ石鹸が含むナトリウムやカリウムの代わりに、他の金属が入った石鹸。アルカリ石鹸と金属塩とを反応させるか、油脂と金属酸化物とを加熱して作り、鉛石鹸・カルシウム石鹸などがある。水に溶けず、洗浄力はないが、乾燥剤・顔料・防水剤・塩化ビニール樹脂安定剤などに使用。

きんぞく-たんちき【金属探知機】電磁誘導の原理を利用して金属の有無を確認する装置。磁場を発生させ、金属が接近した時に生じる磁界の変化を検出する。空港などの保安検査、地雷除去、埋設・埋蔵物の調査、食品等の製造品質管理などに用いられる。

きんぞくてき-ゆうきぶつ【金属的有機物】►合成有機金属

きんぞく-バット【金属バット】アルミニウムを主成分とする合金製の野球用バット。

きんぞく-ひろう【金属疲労】金属材料に外力が繰り返し加わり、無数の微小な亀裂が生じること。材料がもろくなって、やがては破壊される。

きん-そしき【筋組織】►筋肉組織

きん-そん【近村】近くの村。付近の村。

きん-だ【勤惰】「勤怠」に同じ。

キンダー〘ドイツ Kinder〙「幼児」に同じ。「一ガーテン」

キンダーガーテン〘kindergarten〙《ドイツ Kinder＋ドイツ Garten(庭)》「幼稚園」に同じ。幼稚園の創始者でもあるドイツの教育思想家F＝フレーベルの造語。

きん-たい【今体】現在行われている形式や体裁。

きん-たい【近体】❶近ごろはやっている体裁や様式。❷漢詩で、唐代以降の五言・七言の律詩および絶句の形式。近体詩。今体。➡古体 ❸印刻で、宋・元以後時代の印。

きん-たい【勤怠】仕事に励むことと怠けること。また、出勤と欠勤。勤惰。

きん-たい【襟帯・×衿帯】❶着物の襟と帯。❷《山が襟のように、川が帯のように取り巻く意から》山や川に囲まれて、敵の攻撃を受けにくい要害の地。

きん-だい【近代】❶現代に近い時代。また、現代。「一都市」❷歴史の時代区分の一。広義には「近世」と同義であるが、一般には封建制社会のあとの資本主義の社会をいう。日本史では明治維新から太平洋戦争の終結まで、西洋史では市民革命・産業革命からロシア革命までの時代。〔類語〕現代・当代・現今・モダン・当世・今日・同時代・今の世・コンテンポラリー・今・当今・当節・今日日

きん-だい【金台】❶細工物で、金を地金とすること。また、そのもの。「一の指輪」❷金で飾った高楼。美しい高楼。

きん-だい【禁内】「禁中」に同じ。

ぎん-だい【銀台】❶細工物で、銀を地金とすること。また、そのもの。「一の帯留め」❷銀で飾った高楼。美しい高楼。❸香をたいた後、銀葉をのせておく台。

きんたい-えん【錦袋円】江戸時代の宝永年間(1704〜1711)に、江戸下谷の勧学屋が売り出した丸薬。痛み止め・気付け・毒消しなどに用いられた。

きんだい-おんがく【近代音楽】❶近代の音楽。ルネサンス以降の西洋音楽。古代音楽・中世音楽などに対していう。❷1890年ごろから第一次大戦終了ごろまでの西洋音楽。R＝シュトラウス・ドビュッシー・スクリャービンらによって多様な作品が生み出された。

きんだい-か【近代化】〔名〕スル 封建的なものを排して、物事を科学的、合理的に行うようにすること。産業化・資本主義化・民主化などの視点からとらえられる。「一の波」「一された設備」

きんだい-かがく【近代科学】16世紀半ばに始まった、ヨーロッパ近代の自然科学の諸体系の総称。経験科学は、古代ギリシャでは哲学と融合し、中世ヨーロッパでは神学に従属していたが、近代ヨーロッパではそれらを克服し、数学と実験による経験界の探求を特徴とするようになった。

きんたい-きょう【錦帯橋】山口県岩国市の錦川に架かる橋。五つの木造アーチ橋を四つの橋台に連ねたもので、力学的にすぐれる。日本の三奇橋の一。延宝元年(1673)に創建され、昭和25年(1950)流失したが、3年後に再建。凌雲橋。五竜橋。そろばん橋。きんたいばし。

きんだい-くみきょく【近代組曲】19世紀後半以降に発達した器楽曲の形式の一。オペラ・バレエ・劇音楽などの一部を抜粋し、いくつかの自由な形式の管弦楽曲として配列したもの。チャイコフスキーの「くるみ割り人形」、ビゼーの「アルルの女」など。

きんだい-けいざいがく【近代経済学】1870年代以降のオーストリア学派・ローザンヌ学派・ケンブリッジ学派・ケインズ経済学などの経済学の総称。マルクス経済学に対する用語。近経。

きんだい-げき【近代劇】19世紀末にヨーロッパで起こった演劇。近代市民社会の個人主義・自由主義の立場から人生や社会問題を扱った。作家としては、イプセン・ストリンドベリ・ハウプトマン・チェーホフ・ショーら。日本では明治末期から大正期にかけて「文芸協会」「自由劇場」を中心に展開された。

きんだい-けんちく【近代建築】1890年代から1960年ごろまで行われたモダニズムの建築。過去の様式との絶縁、新奇性の追求を特色とし、1920年代からは特に機能主義・合理主義・経済主義を強調した。

きんだい-ごしゅきょうぎ【近代五種競技】オリンピック競技の一。乗馬・フェンシング・射撃(ピストル)・水泳(300メートル自由形)・陸上(4000メートルクロスカントリー)の5種目を一人で行い、総合得点で順位を決める。➡五種競技 ➡七種競技 ➡十種競技

きんだい-こっか【近代国家】封建国家や絶対主義国家の崩壊後に、市民革命によって成立した国家。自由・平等、基本的人権の保障、議会政治、法治主義による中央集権制などを特徴とする。

きんだい-さんぎょう【近代産業】ヨーロッパで産業革命以後に起こった産業形態。大規模な設備と機械技術を用いた分業体制が特徴。資本主義の発展とともに成長した。

きんたい-し【錦袋子】江戸時代の元禄年間(1688〜1704)に流行した薬。明から渡来した秘薬で、万病に効くとされた。

きんだい-し【近代詩】明治以降、漢詩や和歌・俳句のような伝統的な詩形から脱し、ヨーロッパの詩や精神にならって、新しい思想・感情を自由な形式で表現した詩。新体詩に始まり、象徴詩を経て口語自由詩へと発展した。

きんだいしゅうか【近代秀歌】鎌倉前期の歌論集。1巻。藤原定家著。承元3年(1209)成立。和歌の歴史を述べ、古い言葉を用いつつ新しい感覚を表すことを説き、秀歌の例を引く。

きんだい-しゅぎ【近代主義】❶近代市民社会の自由・平等・独立の原理を確立しようとする思想的立場。❷19世紀末から20世紀初頭のカトリック教会内で、近代思想・学問の方法を導入したキリスト教改革運動。教皇ピウス10世はこれを激しく弾圧した。❸►モダニズム❷

きん-たいしゅつ【禁帯出】備え付けの物品の持ち出しを禁じること。また、その表示。帯出禁止。

きんだい-じん【近代人】個人主義的で、合理的、科学的な生き方を身につけている人。

きんだいち-きょうすけ【金田一京助】[1882〜1971]言語学者・国語学者。岩手の生まれ。春彦の父。東大・国学院大教授。ユーカラおよびアイヌ語研究の基礎を築いた。文化勲章受章。著「アイヌ叙事詩ユーカラの研究」「アイヌ叙事詩ユーカラ集」「国語音韻論」など。

きんだいち-はるひこ【金田一春彦】[1913〜2004]言語学者・国語学者。東京の生まれ。京助の長男。音韻史を専門とし、日本語のアクセントや方言に関する研究ですぐれた業績を残した。著「日本語」「日本語音韻の研究」「十五夜お月さん」など。

きん-だいちゅう【金大中】►キム＝デジュン

きんだいちゅう-じけん【金大中事件】►キムデジュン事件

きんだい-てき【近代的】〔形動〕近代独特の性質・傾向をもっているさま。また、前時代にはない新鮮さをもっているさま。「一な建物」

きんだい-とし【近代都市】近代社会の発展とともに建設され発達した都市。

きんだい-ひめじだいがく【近大姫路大学】兵庫県姫路市にある私立大学。平成19年(2007)に開学した。

きんたい-ひょう【勤怠表】毎日の出欠を記録する表。

きんだい-ぶんがく【近代文学】近代に成立し発達した文学。ヨーロッパでは15、6世紀のルネサンス以降、特にフランス革命以降の文学をさし、分析的な散文、特に小説が主流。日本では、明治維新以後の文学をさす。◆雑誌名別項。

きんだいぶんがく【近代文学】文芸雑誌。昭和21年(1946)創刊、同39年廃刊。本多秋五・平野謙・山室静・埴谷雄高・荒正人・佐々木基一・小田切秀雄を同人として創刊。戦後派文学推進の拠点となった。

きん-だか【金高】金銭の額。金額。かねだか。

ぎん-だか【銀高】《江戸時代、上方では銀貨本位であったところから》金高。金額。

きん-だく【×欣諾】〔名〕スル 喜んで承諾すること。

きん-だく【金諾】《「史記」季布伝から》確かな承諾。まちがいのない約束。「一ヲ与エル」〈和英語林集成〉

ぎん-だし【銀出し】「銀出し油」の略。「揚屋町の一にて、さっと水髪に結ひ」〈黄・艶気樺焼〉

ぎんだし-あぶら【銀出し油】頭髪用の油の一。ビナンカズラのつるの皮を水に浸し、粘りをつけたもの。

きん-だち【▽公▽達・▽君▽達】《「きみたち」の音変化》❶親王・諸王など、皇族の人々。❷摂関家・清華家などの子弟・子女。❸(代名詞的に用いて)あなたさま方。また、あなたさま。「一こそめざましくも思しめさめ」〈源・藤袴〉

きんだち-け【▽公▽達家】摂政・関白家に次ぐ格式の家。清華家。

きんだち-ずりょう【▽公▽達▽受領】公達で国司に任ぜられた者。「品不賤ぬ一の、年若きありけり」〈今昔・三〇・一一〉

キンタナ-ひろば【キンタナ広場】《Plaza de la Quintana》スペイン北西部、ガリシア州の宗教都市サンティアゴ-デ-コンポステラの旧市街にある広場。中世以来、ヨーロッパ随一の巡礼聖堂として知られるサンティアゴ-デ-コンポステラ大聖堂の東側(裏側)に位置し、彫刻家マテオの預言者像が飾られた「免罪の門」(別名「聖なる門」)に面する。1985年、サンティアゴ旧市街が世界遺産(文化遺産)に登録された。

きん-たま【金玉】❶金色の玉。❷睾丸の俗称。

金玉が縮み上が・る 男子が恐怖でふるえあがることの形容。

ぎん-だま【銀玉】❶銀色の玉。❷江戸時代、豆板銀の通称。

きんたま-ひばち【金玉火鉢】火鉢にまたがって暖まること。また、それによい小形の火鉢。股火鉢。

きん-だみ【金▽彩】細工物などを金箔や金泥でいろどること。また、そうしたもの。

ぎん-だみ【銀▽彩】細工物などを銀箔や銀泥でいろどること。また、そうしたもの。

きんだみ-じ【金▽彩地】蒔絵地に金粉を蒔き散らしたもの。金粉蒔地。金沃懸地。

ぎんだみ-じ【銀▽彩地】蒔絵地に銀粉を蒔き

散らしたもの。銀粉蒔地ぎんぷんまきじ。銀沃懸地ぎんいかけじ。

ぎん-だら【銀×鱈】カサゴ目ギンダラ科の海水魚。深海底にすみ、全長約1メートル。体は細長く、背びれが2基あり、背は暗褐色。北海道からベーリング海を経て南カリフォルニアに分布。味噌漬けなどにし、また、肝油をとる。北洋むつ。

キンタル〘フランス quintal〙❶ヤード-ポンド法の質量の単位。1キンタルは米国では100ポンド、英国では112ポンド。❷メートル法の質量の単位。1キンタルは100キログラム。

きんたろう【金太郎】キンタラウ㊀源頼光の四天王の一人、坂田金時さかたのきんときの幼名。相模の足柄あしがら山に住む山姥やまうばの子といわれ、獣を友として育った怪力の持ち主。浄瑠璃・歌舞伎では怪(快)童丸の名で登場。㊁❶㊀をかたどった人形。❷《❶が掛けているところから》ひし形の布地の三つの隅にひもをつけた、幼児の腹掛け。

きんたろう-あめ【金太郎×飴】キンタラウ❶どこを切っても切り口に金太郎の顔が現れる棒状の飴。❷《❶から転じて》似たり寄ったりで違いのないこと、画一的であることのたとえ。「今年の新入社員は―だ」「―的な補助金政策」

きんたろう-いわし【金太郎×鰯】キンタラウ京都府与謝郡沿岸の海でとれる小形のマイワシの俗称。

きんたろう-やき【金太郎焼】キンタラウ新潟県佐渡市相川産の陶器。寛永年間(1624〜1644)黒沢金太郎が始めた。ねずみ色で硬質の陶器。相川焼。

きん-たん【金丹】昔、道教の道士が金石を砕いて練って作ったという不老不死の薬。

きん-たん【×釁端】不和のはじまり。「戊辰の年仏国と朝鮮と―を開きしも」〈村田文夫・西洋聞見録〉

きん-だん【金談】金銭の貸借についての相談。

きん-だん【禁断】〘名〙スル ある行為をかたく禁止すること。「殺生を―する」〘類語〙禁制・禁圧・禁止・禁・禁令・禁遏きんあつ・厳禁・無用・法度はっと・差し止め・駄目だめ・禁忌・禁ずる・取り締まる・制する

きんだん-しょうじょう【禁断症状】シヤウジヤウ 麻薬・アルコール・ニコチンなどの慢性中毒となった者が、急にその摂取を中断した場合に起こす精神的、身体的症状。悪寒おかん・嘔吐おうと・妄想など。禁断現象。離脱症状。退薬症状。

きんだん-の-このみ【禁断の木の実】❶旧約聖書「創世記」に記されている、神から食べることを禁じられていた知恵の木の実。アダムとイブは蛇に誘惑されてこれを食べ、楽園から追放された。❷禁じられているが、非常に誘惑的な快楽。

きん-ち【錦地】❶風景のよい土地。❷相手を敬って、その居住地をいう語。貴地。御地おんち。

きん-ちさん【禁治産】心神喪失の常況にある者を保護するため、法律上自分で財産を管理・処理できないものとして、後見をつけること。また、その制度。本人・配偶者・四親等以内の親族・後見人・保佐人または検察官の請求により、家庭裁判所が宣告する。平成12年(2000)民法の改正とともに廃止され、成年後見制度へと移行した。きんじさん。

きんちさん-しゃ【禁治産者】家庭裁判所から禁治産の宣告を受けた者。平成12年(2000)禁治産制度の廃止により、成年被後見人に改められた。きんじさんしゃ。➡成年後見制度

きんち-てん【近地点】地球を回る月や人工衛星が、軌道上で地球に最も接近する点。ペリジー。⇔遠地点。

きん-ちゃ【金茶】❶金色を帯びた茶色。金茶色。❷寄席などで、客のこと。「わかだんなかぶの―といわれたけだ者が」〈魯文・安愚楽鍋〉

きん-ちゃく【巾着】❶布や革などで作った、口をひもで締める小さな袋。金銭・薬などを入れて持ち歩いた。❷「腰巾着」に同じ。❸江戸時代の私娼の一。❹遊女屋の遣手婆やりてばば。「―は亭主を砂利場辺に置き」〈柳多留拾遺・六〉

きん-ちゃく【近着】最近到着したこと。また、そのもの。「―の外国映画」

きんちゃく-あみ【巾着網】巻き網の一。大きな帯状の網の裾すそに締め綱を通してあり、魚群を取り巻いたあと、巾着のように下方を締めて捕る。イワシ・サバ・カツオなどに用いる。

きんちゃく-がい【巾着貝】ガヒ イタヤガイ科の二枚貝。浅海の砂底にすむ。殻高4センチくらい。殻は紫赤色で、三角状円形をし、3〜5本の太い放射状の肋ろくがあり、巾着に似る。相模湾以南に分布。

きんちゃく-きり【巾着切り】「掏摸すり」に同じ。

きんちゃく-そう【巾着草】サウ カルセオラリアの別名。

きんちゃく-だい【巾着×鯛】ダヒ スズキ目キンチャクダイ科の海水魚。全長約25センチ。体は卵形で著しく側扁し、黄褐色の地に青色の縦縞がある。本州中部以南の暖海に分布。

きんちゃく-むすび【巾着結び】子供の帯に通して腰に下げる、下げ巾着のひもの結び方。飾りを兼ねる。

きん-ちゅう【禁中】《禁闕きんけつの中の意》皇居。宮中。禁裏。

きんちゅうならびにくげ-しょはっと【禁中並公家諸法度】江戸幕府の法令。金地院崇伝こんちいんすうでん起草。元和元年(1615)制定。正式名称は禁中方御条目。17条からなり、皇室・公家・門跡のありかたなどについて規定したもの。公家諸法度。

きんちゅう-まきじ【金中×蒔地】マキヂ 蒔絵などで、地に金粉を薄く蒔いたもの。

ぎんちゅう-まきじ【銀中×蒔地】マキヂ 蒔絵などで、地に銀粉を薄く蒔いたもの。

きん-ちょ【近著】最近の著作。近作。

きん-ちょう【金▽打】キチャウ❶近世、誓いの印として、金属製の物を打ち合わせたこと。武士は刀の刃または鍔つば、女子は鏡などを打ち合わせた。かねうち。「てうてうてうと―し、本蔵が心底しんていかくの通り」〈浄・忠臣蔵〉❷かたい約束。誓い。「親にも隠し包みしは、大事を漏らさぬ心の―」〈浄・妹背山〉

きん-ちょう【禁鳥】テウ 法律によって捕獲を禁じた鳥。保護鳥。禁止鳥。

きん-ちょう【×禽鳥】テウ 鳥。鳥類。

きん-ちょう【緊張】キチャウ〘名〙スル❶心やからだが引き締まること。慣れない物事などに直面して、心が張りつめてからだがかたくなること。「―をほぐす」「―した面もち」❷相互の関係が悪くなり、争いの起こりそうな状態であること。「―が高まる」「―する国際情勢」❸生理学で、筋肉や腱けんが一定の収縮状態を持続していること。❹心理学で、ある行動への準備や、これから起こる現象・状況などを待ち受ける心の状態。〘類語〙張り詰める・気が張る

きん-ちょう【錦帳】キチャウ 錦にしきで織った垂れ布。にしきのとばり。

きん-ちょう【謹聴】キチャウ〘名〙スル❶つつしんで聞くこと。拝聴。「講話を―する」❷演説会などで、「静かに聞こう」の意で聴衆が発する語。〘類語〙傾聴・静聴・拝聴・清聴・陪聴・聞く

きんちょう-かんこく【金帳汗国】キンチャウ ▶キプチャクハン国

きんちょう-びょう【緊張病】キンチャウビャウ 統合失調症の一病型。激しい興奮や衝動的行為と、運動をやめ硬直した状態とが交互に現れるもの。

きん-ちょく【謹直】〘名・形動〙つつしみ深くて正直なこと。謹厳実直なさま。「―な人柄」〘類語〙実直・律儀・謹厳・正直

きん-ちょく【謹×飭｜謹勅】〘名・形動〙つつしみ深いこと。また、そのさま。「功に誇らず、過を飾らず、平常の―なる有様を以て」〈竜渓・経国美談〉

きん-つう【筋痛】▶筋肉痛

きん-づかい【金遣い】ヅカヒ 江戸時代、商品の価格を金貨の単位(両・分・朱)で表し、金貨を本位に商取引をしたこと。江戸を中心に行われた。

ぎん-づかい【銀遣い】ヅカヒ 江戸時代、商品の価格を銀の量目りょうめ(貫・匁・分)で表し、銀貨を本位に商取引をしたこと。大坂を中心に行われた。

きん-つぎ【金継ぎ】割れたり欠けたりした陶磁器を漆うるしで接着し、継ぎ目に金や銀、白金などの粉を蒔まいて飾る、日本独自の修理法。修理後の継ぎ目を「景色」と称し、破損前と異なる趣を楽しむ。現代では漆の代わりに合成接着剤を使うこともある。金繕い。

きん-づくり【金作り】金または金色の金属で飾って作ること。また、そのもの。こがね作り。

ぎん-づくり【銀作り】銀または銀色の金属で飾って作ること。また、そのもの。しろがね作り。

きん-つくろい【金繕い】ツクロヒ《「きんづくろい」とも》「金継ぎ」に同じ。

きん-つば【金×鍔｜金×鐔】❶金または金色の金属で作った、刀の鍔。近世、伊達だてな風俗とされた。❷「金鍔焼き」の略。❸ぜいたくで華美な人。「―は余程かうじた山師なり」〈柳多留・五〉❹主君の寵愛ちょうあいを一身に集めている人。「―と人によばるる身のやすさ/芭蕉」〈猿蓑〉

ぎん-つば【銀×鍔｜銀×鐔】❶銀製の刀の鍔。また、銀で飾った鍔。❷「銀鍔焼き」の略。

きんつば-やき【金×鍔焼(き)】小麦粉の薄い皮で餡あんを包み、刀の鍔に似せて平たくし、鉄板の上で軽く焼いた和菓子。江戸時代からあり、現在は餡に小麦粉を溶いた液をつけて焼く。

ぎんつば-やき【銀×鍔焼(き)】米粉で作った皮で小豆餡あずきあんを包み、鉄板の上で刀の鍔の形に焼いたもの。金鍔焼きに比べ、皮が白い。

ぎん-つぶし【銀潰し】近世、街道をうろつき、旅費がないといっては刀の金具などの粗悪品を純銀と称して、無理に売りつけた悪者。ごまのはいの類。

きん-づまり【金詰(ま)り】かねづまり。

きん-てい【×欽定】君主の命令により制定すること。

きん-てい【禁廷｜禁庭】宮中。皇居。禁裏。

きん-てい【謹呈】〘名〙スル つつしんで差し上げること。物を贈るときに用いる語。「拙著を―する」〘類語〙進呈・献呈・贈呈・進上・献上・謹上

きん-でい【金泥】金粉をにかわで溶いた顔料。書画などに用いる。こんでい。

ぎん-でい【銀泥】銀粉をにかわで溶いた顔料。書画などに用いる。白泥はくでい。

キンディア-とう【キンディア塔】タフ《Turnul Chindiei》ルーマニア中南部の都市トゥルゴビシュテ、ワラキア公国の旧王宮跡にある塔。15世紀にワラキア公ブラド゠ツェペシュにより見張りの塔として建造。現在は歴史博物館になっている。キンダ塔。キンディエ塔。

キンディー〘al-Kindī〙[800ころ〜870ころ]イスラム哲学者。アラブ人。ギリシャ哲学を移入し、数学・天文学・医学など諸学にも広く通じた。著「知性論」は、のちのイスラム哲学の出発点となった。

きんてい-けんぽう【×欽定憲法】ケンパフ 君主によって制定された憲法。大日本帝国憲法(明治憲法)など。➡協定憲法 ➡民定憲法

きんてい-しそう【×欽定詩宗】「桂冠けいかん詩人」に同じ。

きんていやくせいしょ【欽定訳聖書】《原題、The Authorized Version of the Bible》ジェームズ1世のもとで英訳された聖書。1611年刊。簡潔な表現、荘厳な韻律、美しい語句は、近代英語の散文に大きな影響を与えた。

きん-てき【金的】❶まん中に金紙を張った弓の的まと。❷手にしたいと望んでいる大きな目標。

金的を射当い・てる　「金的を射落とす」に同じ。

金的を射落いおと・す　多くの人があこがれていたものを、自分のものにする。金的を射止める。金的を射当てる。

金的を射止いと・める　「金的を射落とす」に同じ。「初出場で見事優勝の―・めた」

ぎん-てき【銀笛】銀色の金属で作った笛。ふつう6穴で、吹き口は平たい。

きん-てつ【金鉄】❶金と鉄。また、金属。❷堅固で、容易にくずれないことのたとえ。「―の誓い」

きんてつ-バファローズ【近鉄バファローズ】▶オリックスバファローズ

キンデルダイク〘Kinderdijk〙オランダ、ゾイトホラント州の水郷地帯にある村。ロッテルダムの南東約16キロに位置する。運河沿いに1740年代に建設さ

れた19基の風車が並び、うち17基には風車守の家族が住み、今も稼動可能な状態になっている。同国屈指の観光地。1997年、「キンデルダイク-エルスハウトの風車群」として、世界遺産(文化遺産)に登録。

きん-てん【均×霑】〔名〕《「霑」は、うるおう意》平等に恩恵や利益を受けること。「国民一般に利益を—せしむる為でなく」〈魯庵・社会百面相〉

きん-てん【近点】❶目の調節によってはっきりと対象物を見ることのできる最も近い点。➡遠点❶ ❷中心天体のまわりを楕円運動している天体が最も近づく点。近日点・近地点など。➡遠点❷

きん-てん【金点】1標準気圧下での金の凝固点。セ氏1064.18度。国際温度目盛りの一。

きん-てん【×鈞天】天の中央。転じて、上帝の居所。

きん-てん【禁転】手形などの譲渡を禁じること。

きん-でん【金殿】金で飾った宮殿。また、非常に美しい御殿。

ぎん-てん【銀点】1標準気圧下での銀の凝固点。セ氏961.75度。国際温度目盛りの一。

きんてん-かく【近点角】中心天体を焦点の一つとする楕円軌道上を運動する天体の位置を、近点を起点として測った角度。真近点角。近点離角。

きんてん-かん【×欽天監】中国で、明・清代に天文観測、暦の製作、時報などをつかさどった役所。

きんでん-ぎょくろう【金殿玉楼】金や宝玉で飾った宮殿。非常に美しくてりっぱな建物。

きんでん-けい【筋電計】筋肉の活動電位を測定・記録する装置。

きんてん-げつ【近点月】月が近地点を通過してから再び近地点を通過するまでの時間。近地点は月の公転方向に移動するため、恒星月より長くなり、27.554550日。

きんてん-こぎって【禁転小切手】振出人または裏書人が、裏書譲渡を禁止する旨をしるした小切手。裏書禁止小切手。

きん-てんさい【禁転載】新聞・雑誌や書籍などの記事・図版などを無断で転載することを禁じること。多く、奥付などに書かれる。

きんでん-ず【筋電図】筋肉が収縮するときの活動電位の変化を筋電計で測定し、グラフに表したもの。運動機能障害の診断・検査などに利用。EMG(electromyogram)。

きんでん-せい【均田制】►均田法

きんてん-てがた【禁転手形】振出人または裏書人が、裏書譲渡を禁止する旨をしるした手形。裏書禁止手形。

きんてん-ねん【近点年】地球が近日点を通過してから再び近日点を通過するまでの時間。近日点が地球の公転方向に移動するため、恒星年より長く、365.259643日。

きんでん-ほう【均田法】土地を国有とし、耕作者に均等に分与する制度。土地の私有化を抑え、税収の確保を目的としたもの。中国北魏に始まり、唐代中ごろまで行われた。日本では大化の改新で班田収授法として行われた。均田制。➡口分田

きんてん-りかく【近点離角】►近点角

きんと【忻都】中国、元の武将。13世紀、文永・弘安の役のとき、元軍を率いて日本に来襲。生没年未詳。

きん-と【金途】かねの工面。金銭の調達。金策。

きん-と【筋斗】《「筋」は木を切る道具。柄が軽くて頭が重く、よく斗転(回転)するところから》とんぼ返りをすること。

きん-と〔副〕しっかり冷えているさま。「—冷えたビール」

きん-ど【襟度】立場や考えなどの異なる人を受け入れる心の広さ。度量。「大国としての—を持す」

きん-とう【均等】〔名・形動〕二つ以上の物事の間が互いに平等で差がないこと。また、そのさま。「—に配分する」「機会—」(類語)均一・均質・平均・均分・等分・平準・標準・アベレージ・均(なら)す・押し均す・揃(そろ)う

きん-とう【近東】《Near East》ヨーロッパに近い所にあるバルカン諸国・トルコ・シリア・レバノン・イスラエル・エジプトなどの東方諸国の称。

きん-とう【金当｜緊当】《「当金」を逆さ読みにした語》借金が約束の日時にきちんと返されること。代金などが即座に現金で渡されること。多く「ごきんとう」の形で、受け取る側の謝辞として用いられる。「こりゃ御—ぢゃわいな」〈滑・膝栗毛・七〉

きん-とう【金湯】「金城湯池」の略。

きん-とうが【金冬×瓜】ウリ科の蔓性(つるせい)の一年草。カボチャの仲間。果実は長楕円形で黄赤色。ゆでてから果肉をほぐすと、そうめんのようになり、食用。北アメリカ南部の原産。そうめんカボチャ。糸カボチャ。(季 秋)

きんとう-がほう【均等画法】一つの図で、立体の各部分の寸法が測定できるようにした画法。等角画法。均度射影画法。

きんとうざえもん【金藤左衛門】狂言。大蔵流。女から身の回りの物を取り上げた山賊の金藤左衛門が、油断して長刀(なぎなた)を奪われ、反対に女に身ぐるみはがれる。和泉流「痩松(やせまつ)」の類似曲。

きんとう-てん【金刀点】書道で、「大」の字の右下に引く最後の一画。刀に似るところからいう。

きんとう-ほう【均等法】「男女雇用機会均等法」の略。

きんとう-ルビ【均等ルビ】►グループルビ

きんとう-わり【均等割(り)】差のないように割り当てること。また、その割り当て。「費用を—にする」

きんとう-わりつけ【均等割(り)付け】《justification》ワープロソフトや表計算ソフトなどの書式で、文字を一定間隔で配置すること。行全体を均等割付する場合、両端揃え、行端揃えという。

きんとき【金時｜公時】㊀源頼光の四天王の一人、坂田金時のこと。幼名は金太郎。㊁❶金太郎をかたどった人形。❷《㊀が赤ら顔であるところから》顔の赤い人。❸甘く煮た小豆の上に、細かく削った氷を盛った食べ物。氷あずき。氷金時。❹《「金時芋」の略》川越芋の別名。❺「金時豆」の略。

金時の火事見舞い　《顔の赤い金時が火事見舞いに行けば、ますます赤くなるところから》非常に赤い顔のたとえ。飲酒で赤くなった顔などをいう。

きんとき-あずき【金時小-豆】アズキの栽培品種。早生種。豆は大粒で赤色。甘納豆や餡(あん)に用いる。

きんとき-ささげ【金時豇=豆】ササゲの栽培品種。豆は楕円形で赤色。煮くずれしづらく赤飯に用いる。

きんとき-だい【金時×鯛】スズキ目キントキダイ科の海水魚。全長約30センチ。体は長楕円形で側扁し、鮮紅色。下あごが上あごよりも突出し、目が大きい。本州中部以南に分布。

きんとき-まめ【金時豆】インゲンマメの栽培品種。豆は楕円形で赤紫色。煮豆や甘納豆などに用いる。

きんとき-やま【金時山】神奈川・静岡県境にあり、箱根火山外輪山中の最高峰。標高1213メートル。坂田金時の伝説の地。

きん-とく【金徳】金銭を多く所有することにより生じる徳。銀徳。

ぎん-とく【銀徳】「金徳」に同じ。

きん-どけい【金時-計】金側(きんがわ)の時計。

ぎん-どけい【銀時-計】❶銀側(ぎんがわ)の時計。❷東京帝国大学を優等で卒業した者の俗称。大正7年(1918)まで、天皇から銀時計が授けられたのでいう。

きん-とと　金魚をいう幼児語。

きん-とらのお【金虎の尾】キントラノオ科の低木。高さ約1.8メートルに達し、葉は長卵形。夏、黄色の5弁花を総状につける。中央アメリカ原産。

キンドル〖Kindle〗►アマゾンキンドル

キンドル-ディーエックス〖Kindle DX〗►アマゾンキンドルDX

きん-トレ【筋トレ】►筋力トレーニング

きん-とん【金団】❶さつま芋などで作った餡(あん)に、甘く煮た栗・いんげん豆などをまぜたもの。栗きんとんと豆きんとん。橘飩(きっとん)。❷求肥(ぎゅうひ)を練り切り餡で半包みにして、餡そぼろを付けた菓子。

ぎん-ながし【銀流し】❶水銀に砥粉(とのこ)をまぜ、銅などの金属にすりつけて、銀色に仕上げること。また、そのもの。「—のキセル」❷《❶がはげやすいところから》外見はよいが質の悪いもの。見かけだおし。まがいもの。「—の紳士」

きん-なしじ【金梨=子地】❶蒔絵(まきえ)で、金粉を蒔いた梨子地。❷表面を梨子地に仕上げた金製品。

ぎん-なしじ【銀梨=子地】❶蒔絵(まきえ)で、銀粉を蒔いた梨子地。❷表面を梨子地に仕上げた銀製品。

きんなら【緊那羅】《梵 Kiṃnaraの音写》人に似て人でない歌神。インド神話の神で、仏教では八部衆の一。帝釈天(たいしゃくてん)に仕える。馬首人身・人首鳥身などがあり、楽器を奏する姿や歌舞する姿に表される。

ぎん-なん【銀×杏】《「ぎんあん」の連声(れんじょう)。「あん(杏)」は唐音》❶イチョウの別名。❷イチョウの実。黄色で悪臭のある外種皮を土に埋めておくなどして取り去り、内部の核の仁(じん)を食用とする。(季 秋)「—が落ちたる後の風の音/汀女」

ぎんなん-そう【銀×杏草】スギノリ科の紅藻。潮間帯の岩上に群生。高さ10〜25センチ。先が二分した卵形に広がる。北海道から東北地方に分布。糊(のり)の原料や食用とする。えぞつのまた。

きん-にく【筋肉】収縮性をもつ動物特有の運動器官。原生・中生・海綿動物を除くすべてに存在。脊椎動物では量が多く、たんぱく質に富む。骨格に付着する骨格筋と、心臓壁をなす心筋は横紋筋からなり、胃腸などの壁をなす内臓筋は平滑筋からなる。骨格筋は多数の筋線維が束状に集まり、紡錘状などの形となっている。筋。

きんにく-うんどう【筋肉運動】筋肉の収縮・弛緩(しかん)による運動。

きんにく-かんかく【筋肉感覚】筋肉の収縮や緊張の状況を知覚する感覚。筋紡錘(きんぼうすい)・腱紡錘(けんぼうすい)から刺激が反射的に中枢神経に伝えられて生じる、位置や運動の感覚。筋覚。

きんにく-しつ【筋肉質】〔名・形動〕❶脂肪が少なく筋肉が発達している体つき。❷(比喩的に)運営に無駄がなく、不利な状況にも適切かつ迅速に対応できるさまをいう。「企業にも—な体質が望まれる」

きんにく-せんい【筋肉線維｜筋肉繊維】►筋線維(きんせんい)

きんにく-そしき【筋肉組織】筋線維が集まってできた組織。横紋筋細胞からなる骨格筋組織、心筋組織と平滑筋組織の3種類がある。筋組織。

きんにく-つう【筋肉痛】筋肉の痛み。激しい運動などで筋肉を使い過ぎることによって起こる。筋痛。

きんにくない-ちゅうしゃ【筋肉内注射】筋肉内に薬液を注入すること。血管に富むので、吸収がよい。

きんにく-リウマチ【筋肉リウマチ】主に筋肉や腱(けん)などに腫(は)れと痛みのある疾患群。原因がリウマチと考えられたことからの名であるが、はっきりしない。

きんにく-ろうどう【筋肉労働】身体を激しく動かしてする労働。肉体労働。

きん-にっせい【金日成】►キム=イルソン

ぎん-ねず【銀×鼠】「ぎんねずみ(銀鼠)」に同じ。

ぎん-ねずみ【銀×鼠】銀色を帯びたねずみ色。ぎんねず。ぎんねず色。

ぎん-ねむ【銀合=歓】マメ科の小高木。高さ約8メートルになるが、日本では1〜2メートルくらい。葉はネムノキに似て羽状複葉。花は白く、枝の先に球状に集まって咲く。熱帯アメリカの原産。ぎんごうかん。

きん-ねん【近年】最近の数年間。ここ数年。「—にない豊漁」(類語)此の頃・このところ・この節・近ごろ・昨今・当今・当節・今節・最近・近時・近来・頃来(けいらい)・頃日(けいじつ)・時下

きん-のう【金納】〔名〕(スル)租税・小作料などを金銭で納めること。「地代を—する」⇔物納。
(類語)物納・米納・代納

きん-のう【金農】[1687〜1763ころ]中国、清代の画家・書家。浙江(せっこう)省の人。字(あざな)は寿門。号、冬心(とうしん)。墨梅・墨竹・花果を得意とし、独特の書風で知られる。

きん-のう【金×嚢】かねを入れる袋。さいふ。

きん-のう【勤王｜勤皇】《「きんおう」の連声(れんじょう)》天子のために忠義を尽くすこと。特に江戸末期、佐

幕派に対し、天皇親政を実現しようとした思潮。また、その政治運動。尊王。「一の志士」
きん-のう【錦×嚢】ーナウ ❶錦にしきで作った袋。❷《唐の李賀が、道を歩くときにも下男に❶を持たせ、詩ができると入れたという故事から》詩稿を入れる袋。❸他人の詩をほめていう語。
きんのう-じょうい【勤王×攘×夷｜勤皇×攘×夷】キンワウジャウイ ▶尊王攘夷そんのうじょうい❷
きん-の-こと【琴の琴】《「こと」は弦楽器の総称》「琴きん」に同じ。
ぎんのさじ【銀の匙】中勘助なかかんすけの小説。前編は大正2年(1913)、後編は同4年発表。作者の少年時に取材した自伝的作品で、正義と自由と美にあこがれる少年の世界を繊細に描く。
きん-の-たまご【金の卵】めったに手に入らない貴重な人材。補説 求人難のときの中卒・高卒の就職希望者をいった、昭和39年(1964)の流行語から。
きん-ば【金歯】金冠をかぶせた歯。金製の義歯。
きん-ば【錦馬】シカの別名。
きん-ぱ【金波】❶日光や月光が映って金色に輝く波。「一銀波」❷平織りの地に、斜文織りか繻子しゅす織りで縞を織り出した袴はかま地。❸左縒より・右縒りの横糸を同じ杼口ひぐちに打ち込んだ雲井縮緬ちりめん。
ぎん-ば【銀歯】銀冠をかぶせた歯。銀製の義歯。
ぎん-ぱ【銀波】❶月光などが映って銀色に輝く波。❷斜子ななこ織りの地に、平織り、または縦糸の斜文織りか繻子しゅす織りで紋様を織り出したもの。
キンバーライト〖kimberlite〗▶キンバリー岩
きん-ばい【金梅】❶オウバイの別名。❷「金梅草」の略。
きん-ぱい【金杯｜金×盃】金製または金めっきのさかずき。
類語 杯さかずき・杯はい・玉杯・酒杯・銀杯・猪口ちょく・ぐい飲み
きん-ぱい【金×牌】賞の記念などの、金製または金めっきの楯たてやメダル。
ぎん-ぱい【銀杯｜銀×盃】銀製または銀めっきのさかずき。
ぎん-ぱい【銀×牌】賞の記念などの、銀製または銀めっきの楯たてやメダル。
きんばい-そう【金梅草】ーサウ キンポウゲ科の多年草。山地の湿原などに生え、高さ40〜80センチ。葉は円形で深い切れ込みがある。夏、梅に似た黄色の花をつける。
ぎんばい-そう【銀梅草】ーサウ ユキノシタ科の多年草。山地の木陰などに生え、高さ40〜70センチ。葉は楕円形で先が裂けている。夏、梅に似た白い花が咲く。
きん-ばえ【金×蠅】ーばへ ❶クロバエ科のハエ。体長約1センチで、黄金緑色。動物の死体などに好んで集まり、足についた汚物が伝染病を媒介したりする。❷クロバエ科のうち、体が金緑色ないし青緑色の光沢のあるハエの総称。幼虫はさしとよばれ、釣りの餌にされる。あおばえ。ぎんばえ。(季 夏)
きん-ばかり【金×秤】金や薬など貴重なものの微少量を量るための棹秤さおばかり。5匁もんめすなわち18.75グラムを最大限度とする。
ぎん-ばかり【銀×秤】金秤よりも少し大きい棹秤さおばかり。百匁もんめすなわち375グラムを限度とする。
きん-ばく【緊縛】〔名〕スル きつくしばること。「既存の価値観に一される」類語 縛・繋縛けいばく・束縛
きん-ぱく【金×帛】金と絹。金銭と布帛ふはく。
きん-ぱく【金×箔】❶《古くは「きんばく」》金の薄板を槌つちでたたいて薄紙のように延ばしたもの。「漆器に一を置く」❷実質以上によく見せかけた外見。また、りっぱな肩書きや身分。
金箔が付・く ❶地位や肩書きがついてりっぱになる。❷評価が高まる。箔がつく。
金箔が剝は・げる 上辺だけの飾りがとれて、隠れていた実質・本性が現れる。めっきがはげる。
きん-ぱく【×窘迫】〔名〕スル 迫られて苦しむこと。また、困ること。困窮。「少しも圧制だの一だの掣肘せいちゅうだのを受けてはいない」〈鷗外・雁〉
きん-ぱく【緊迫】〔名〕スル 状況などが、非常に差し迫っていること。緊張して、今にも事が起こりそうなこと。「一した空気に包まれる」類語 切迫・急迫・迫る・差し迫る・押し迫る・押し詰まる
きん-ぱく【謹白】つつしんで申しのべること。手紙・文書の結びに用いて、相手に敬意を表す語。謹言。⇒謹啓
ぎん-ぱく【銀×箔】《古くは「ぎんばく」》銀の薄板を紙のように薄くたたき延ばしたもの。
きんぱく-けんでんき【金×箔検電器】導体の先に付けた2枚の金箔が、帯電すると反発して開くのを利用した検電器。⇒検電器
ぎんはく-しょく【銀白色】銀色を帯びた白色。シルバーホワイト。
きんぱく-つき【金×箔付き】❶金箔がついていること。また、そのもの。❷まがいものでなく、そのとおりのものであること。また、評価の定まっているものであること。「一の不精者」❸位や肩書きをもっていること。
きん-ばつ【禁伐】山林などの樹木の伐採を禁止すること。「一林」
きん-ぱつ【金髪】金色の髪の毛。ブロンド。
類語 ブロンド・赤毛・紅毛・銀髪・茶髪
ぎん-ぱつ【銀髪】銀色の髪の毛。また、白髪。
類語 白髪はくはつ・白髪しらが・半白はんぱく・ロマンスグレー
きん-ばと【金×鳩】ハト科の鳥。全長約25センチ。くちばしが赤、ほおから腹にかけては紫褐色、背は緑色で金属光沢がある。インド・ミャンマー・中国南部に分布。日本では八重山諸島にすみ、天然記念物。
きんば-もん【金馬門】中国、漢代の未央宮びおうきゅうの門の一。側臣が出仕して下問を待つ所。金馬。金門。
きん-ぱら【金腹】カエデチョウ科の鳥。全長11センチくらい。頭から胸までは黒色のほかは栗色。東南アジアの原産。飼い鳥。
ぎん-ぱら【銀腹】カエデチョウ科の鳥。全長11センチくらい。くちばしが太く、頭から胸まで黒色、腹は白、背面は茶色。インドの原産。飼い鳥。
きんばら-めいぜん【金原明善】[1832〜1923]実業家・社会事業家。静岡県の生まれ。家産を投じて天竜川治水・護岸工事などを行った。のち、養蚕・牧畜・植林の奨励、銀行の創設、免囚保護など多方面で活躍。
キンバリー〖Kimberley〗南アフリカ共和国中部の都市。世界的なダイヤモンド産地で、1871年の鉱山発見により建設された。
キンバリー-がん【キンバリー岩】キンバリー地方などに産するダイヤモンドの母岩の橄欖かんらん岩。斑状の火成岩で、パイプ状の小岩体をなす。キンバーライト。
ぎん-ば・る【銀張る】〔動ラ五(四)〕❶顔の白粉おしろいの上に、脂肪が浮き出してきて醜くなる。歌舞伎社会でいう。❷張り裂けそうにふくれる。「大きなお腹、しかも一・ってござりました」〈浮・銀持気質〉
きん-ばん【勤番】❶交代で勤務すること。また、その番。❷江戸時代、大名の家臣が交代で出府し、江戸の屋敷などに勤務すること。あるいは遠方の要地に出張して警備につくこと。また、その人。
ぎん-ばん【銀盤】❶銀製の皿や盆。❷平らな氷の表面。特に、スケートリンクの美称。「一の女王」❸▶銀葉ぎんよう❷
きん-はんげん【禁反言】人が自由意志に基づいて行った自分の行為、または捺印なついんした証書に反した主張をすることを禁止すること。取引の安全のために重要な意味をもつ、英米法の法理。禁反言の原則。エストッペルの原則。
きんばん-ざむらい【勤番侍】ーざむらひ 国もとから出て、江戸や大坂の藩邸詰めとなっている侍。勤番者。
ぎんばん-しゃしん【銀板写真】よく磨いた銀の板に沃素ようその蒸気を当てて沃化銀の膜を生じさせ、それを感光板として画像を作る写真法。1837年、フランスのダゲールが発明。ダゲレオタイプ。
きん-ぴ【金肥】金銭を払って買う肥料。化学肥料などのこと。自給肥料に対していう。かねごえ。
きん-ぴ【禁秘】❶堅く秘密にして、決して見せないこと。❷宮中の秘密。
きん-ぴか【金ぴか】〔名・形動〕❶金色にぴかぴかと光り輝くこと。また、そのさま。「一な(の)メダル」❷派手に飾るさま。また、真新しくて、光り輝くように見えるさま。「一な(の)自転車」❸「金ぴか物」の略。
きんぴか-もの【金ぴか物】歌舞伎で、大時代おおじだいな狂言の俗称。登場人物が金襴きんらんなどの衣装をつけ、道具にも金襖きんぶすまなどを用いるところからいう。
きんぴしょう【禁秘抄】キンピセウ 鎌倉時代の有職故実ゆうそくこじつ書。3巻。順徳天皇著。承久3年(1221)ごろ成立。宮中の行事・故実・制度などを漢文で解説したもの。禁中抄。建暦御記。順徳院御抄。
きん-びゃくだん【金白×檀】漆の塗り方の一。全体に金箔きんぱくをおき、その上に透き漆を薄く塗るもの。
きん-ぴょう【勤評】ーピヤウ「勤務評定」の略。
きんぴょう-ばひょう【金×瓢馬表】キンペウバヘウ 黄金製の千成り瓢箪ひょうたんの馬じるし。豊臣秀吉が用いた。
きん-びょうぶ【金×屏風】ービヤウブ 地紙全体に金箔きんぱくをおいた屏風。金屏。(季 冬)
ぎん-びょうぶ【銀×屏風】ービヤウブ 地紙全体に銀箔ぎんぱくをおいた屏風。銀屏。(季 冬)
きんぴら【金平｜公平】[一]金平浄瑠璃の主人公の名。坂田金時の子。怪力無双で多くの武功をたてたことから、強いもののたとえにいう。[二]〔名・形動〕❶「金平浄瑠璃」の略。❷「金平牛蒡ごぼう」の略。❸「金平糊のり」の略。❹《近世語》気が強くて荒っぽいこと。また、そのさま。多く、女子にいう。「一な娘ではなし」〈黄・御存商売物〉
きんぴら-ごぼう【金平▽牛×蒡】ーゴバウ ゴボウをささがき、またはせん切りにして油でいため、砂糖・醤油で味をつけ、唐辛子とうがらしで辛味をきかせた料理。
きんぴら-じま【金平×縞】太くて荒い縞柄の織物。
きんぴら-じょうるり【金平浄瑠璃】ージヤウルリ 古浄瑠璃の流派の一。薩摩浄雲の弟子江戸和泉太夫(のちの桜井丹波少掾さくらいたんばのしょうじょう)が創始。多くは金平の武勇談が主題で、荒々しい人形の演出が元禄以前の江戸で盛行、江戸歌舞伎の荒事芸にも影響を与えた。金平節。
きんぴら-にんぎょう【金平人形】ーニンギヤウ 金平浄瑠璃の主人公の坂田金平に似せて作った人形。
きんぴら-のり【金平×糊】にかわをまぜて作った、接着力の強い糊。
きんぴら-ぶし【金平節】▶金平浄瑠璃きんぴらじょうるり
きんぴら-ぼね【金平骨】扇の骨の、太くて堅い丈夫なもの。
きんぴら-ぼん【金平本】金平浄瑠璃の正本しょうほん。また、金平浄瑠璃に類似した内容の種々の版本。
きんぴら-もの【金平物】歌舞伎や小説などで、金平浄瑠璃に取材し、また、それに類した極端な武勇談を取り扱った作品。
きん-ひん【▽経▽行】《唐音》「きょうぎょう(経行)」に同じ。禅宗でいう。
きん-ぴん【金品】金銭と品物。
きん-ぶ【×欣舞】〔名〕スル 躍り上がって喜ぶこと。欣躍。「人々一する其の中に」〈竜渓・経国美談〉
きん-ぷう【金風】《五行ごぎょう説で、秋は金にあたるところから》秋の風。秋風。(季 秋)
ぎん-ぶか【銀×鱶】ギンザメの別名。
きん-ぶぎょう【金奉行】ーブギヤウ ▶かねぶぎょう(金奉行)
きん-ぷくりん【金覆輪】《「きんぶくりん」とも》器具の周縁をおおう覆輪で、金または金色の金属を用いてつくったもの。黄覆輪。
ぎん-ぷくりん【銀覆輪】《「ぎんぶくりん」とも》器具の周縁をおおう覆輪で、銀または銀色の金属を用いてつくったもの。白しろ覆輪。
きんぷ-さん【金峰山】山梨・長野県境に位置する秩父ちちぶ山地の高峰。標高2599メートル。かつて甲府水晶の原石を産出した。きんぽうさん。
きんぶ-じんじゃ【金峰神社】奈良県吉野郡吉野町にある神社。祭神は金山毘古命かなやまひこのみこと。中世修験道とともに栄えた。鉱山の守護神。平成16年(2004)「紀伊山地の霊場と参詣道」の一部として世界遺産(文化遺産)に登録された。

きん-ぶすま【金×襖】❶地紙全体に金箔きんぱくをおいた襖。❷「金襖物」の略。

ぎん-ぶすま【銀×襖】地紙全体に銀箔ぎんぱくをおいた襖。

きんぶすま-もの【金×襖物】操り芝居または歌舞伎で、御殿や城中の場を仕組んだ時代物で、舞台一面に金襖の道具立てを用いる作品。また、その段や場。「伽羅めいぼく先代萩」の「御殿」など。

きんぷ-せん【金峰山】《「きんぶせん」とも》奈良県中央部、吉野山から山上ヶ岳に至る連峰の総称。また、山上ヶ岳の別称。金の御岳みたけ。御金みかねの岳。

きんぷせん-じ【金峰山寺】奈良県吉野山にある金峰山修験本宗の総本山。院号は蔵王堂院。役えんの小角おづぬの草創と伝え、聖宝僧正(理源大師)の中興と伝える。蔵王堂・二王門を中心に金峰山一山は天台・真言両宗の修験道寺院で構成され、諸院諸坊数十字を数える。平成16年(2004)「紀伊山地の霊場と参詣道」の一部として世界遺産(文化遺産)に登録された。蔵王堂。金輪王寺。

きん-ぶち【金縁】金製、または金色の縁。「一眼鏡」

ぎん-ぶち【銀縁】銀製、または銀色の縁。「一の額」

きんぶち-しょうけん【金縁証券】英国政府発行の公債証書。金縁がついているのでいう。転じて、超一流の証券。ギルトエッジ。

きん-ぶな【金×鮒】フナの一亜種。全長15〜20センチ。フナ類中最も体高が低く、筒形に近い。体色は黄褐色から赤褐色。本州の関東以北の池沼に分布。関東では、きんたろうとよぶ。食用。

ぎん-ぶな【銀×鮒】フナの一亜種。全長約30センチ。体高やや高く、側扁する。背面は緑褐色、側面から腹面は淡い銀白色。日本各地に分布。食用。まぶな。ひわら。

きん-ぷら【金×麩羅】❶そば粉の衣をつけて揚げたてんぷら。また、卵黄を加えた小麦粉の衣をつけたてんぷら。榧かやの油で揚げたものもいう。❷金めっきを施したもの。「一の安時計」

ぎん-ぶら【銀ぶら】〔名〕スル 東京の銀座通りをぶらぶら散歩すること。

きん-ブロック【金ブロック】1933〜37年に金本位制度を維持するために結ばれたフランス・イタリア・ベルギー・オランダ・スイス・ポーランド6か国の相互協力関係。金本位ブロック。

きん-ぶん【今文】中国で漢代に使われていた書体、隷書をいう。➡古文こぶん❸

きん-ぶん【均分】〔名〕スル ひとしくわけること。同じ割合に分けること。等分。「利益を一する」類語 平均・均等・等分・均ならす・押し均す・揃そろう・分ける・割る

きん-ぶん【金分】純金の含まれている割合。

きん-ぶん【金文】鉄器・銅器など金属器に刻まれた文字や文。特に、中国、殷いん・周時代の青銅器に鋳刻された銘文をいう。➡石文

きん-ぷん【金粉】金の粉末。また、金色の粉末。蒔絵まきえなどに用いる。

ぎん-ぷん【銀粉】銀の粉末。また、銀色の粉末。蒔絵まきえなどに用いる。

きんぶん-がく【今文学】中国で、今文で書かれた経書を研究する学問。前漢時代に官学として盛行。

きんぶん-しょうしょ【今文尚書】キンブンシャウショ 今文で書かれた「書経」。秦の焚書ふんしょのとき、博士の伏生が壁の中に隠して残した29編を、漢代の隷書で書きなおしたもの。

きんぶん-そうぞく【均分相続】キンブンサウゾク 共同相続人それぞれの相続分を均等にする相続形態。

きんぷん-まきじ【金粉×蒔地】キンプンまきヂ ▶金彩地きんだみ

ぎんぷん-まきじ【銀粉×蒔地】ギンプンまきヂ ▶銀彩地ぎんだみ

きん-ぺい【金幣】❶金の貨幣。「この時、一に乏しかりければ」〈中村訳・西国立志編〉❷金色の幣ぬさ。

きん-ぺい【禁兵】禁裏を守護する兵。近衛兵このえへい。

ぎん-ぺい【銀幣】❶銀の貨幣。❷銀色の幣ぬさ。

きん-へいか【金平価】金本位制度下で、本位貨幣に含まれる法定の金量を比較して得られる各国間の通貨の交換比率。法定平価。

きんぺいばい【金瓶梅】中国、明代の長編小説。全100回。作者未詳。「水滸伝すいこでん」の一挿話に題材をとり、薬商西門慶せいもんけいが大富豪に成り上がって破滅するまでを描く。色欲生活の描写が多く、題名は相手の三人の女性の名から。中国四大奇書の一。

きん-ぺき【金×碧】金色と青緑色。

きんぺき-さんすい【金×碧山水】東洋画の技法の一。緑青ろくしょうや群青ぐんじょうで描いた山水画の山や岩の輪郭線に金泥を添え、装飾的効果を高めたもの。

きんぺき-しょうへきが【金×碧障壁画】シャウヘキグワ 金箔きんぱくを押し、その上に絵を描いた障壁画。桃山時代に盛行。

きん-べん【巾偏】▶はばへん(巾偏)

きん-べん【勤勉】〔名・形動〕仕事や勉強などに、一生懸命に励むこと。また、そのさま。「一な学生」派生 きんべんさ〔名〕類語 精勤・精励・勉励・精進

きん-ぺん【近辺】ある場所の周辺の地域。付近。類語 そば・傍ら・近く・わき・はた・許もと・辺り・近所・周辺・四辺・周囲・まわり・界隈かいわい・近傍・一帯・辺ほとり

きん-ペン【金ペン】金と銅との合金で作られたペン先。ふつう14金で、主として万年筆用。

きん-ぼ【×欽慕】〔名〕スル 敬いしたうこと。敬慕。「英雄豪傑の気風を一し」〈藤村・春〉

ぎん-ぽ【吟歩】〔名〕スル 詩歌をうたいながら、また、詩歌をつくりながら歩くこと。「明月に乗じ山野一し侍るに」〈去来抄・先師評〉

ぎん-ぽ【銀×宝】ニシキギンポ科の海水魚。沿岸にすみ、全長約20センチ。体は細長く、側扁し、頭は小さい。背びれがえらあなの上方から尾びれの付け根まで連なる。東京地方では春にとれるものをてんぷらにする。うみどじょう。ぎんぽう。(季 春)

きん-ぼう【近傍】キンバウ ❶近辺。付近。「一の村」❷幾何学で、点Pを中心として任意の半径で円を描いたとき、その円内の点全体の集合をPの近傍という。類語 辺り・近所・側そば・周辺・近辺・四辺・周囲・まわり・近く・付近・界隈かいわい・一帯・辺ほとり

きん-ぼう【金×榜|金×牓】キンバウ ❶金製または金文字で書かれた扁額へんがく。❷中国で、科挙に合格した者の名を掲示した黄金の札。

金榜に名なを掛かく 科挙に合格する。出世して高官となる。

きん-ぽう【禁方】キンパウ 秘密の方術。特に、薬の処方についていった。

きん-ぽう【禁法】キンパフ 禁制の法令。法度はっと。禁令。

きん-ぽう【錦×袍】キンパウ 錦にしきで作った上衣。

きんぽう-げ【金×鳳▽花|毛=茛】❶キンポウゲ科の双子葉植物の総称。約3000種が北半球の温帯・寒帯に分布。一年草または多年草で、まれに低木。葉は三出複葉あるいは手のひら状に切れ込む単葉。花は、萼がくが花びら状となるものもある。アルカロイドを含む有毒のものが多い。ウマノアシガタ・ボタン・センニンソウ・トリカブト・オダマキ・フクジュソウなど。(季 春)❷ウマノアシガタの別名。また、その一品種で、花が重弁のもの。

きんぽう-ざん【金峰山】㊀山形県鶴岡市の山。市街地の南にあり、標高471メートル。山頂に金峰きんぽう神社がある。㊁熊本市西方にある鐘状火山。標高665メートル。北方の二ノ岳(熊岳)・三ノ岳(那智山)とともに複式火山をなす。山頂に金峰山神社がある。一ノ岳。きんぼうざん。

きん-ぼうすい【筋紡×錘】キンバウスイ 骨格筋の内部にある紡錘形の受容器。神経と連絡しており、筋肉の収縮状態を伝えて、脊髄反射を介しての姿勢・運動の調節に重要な働きをする。

きんぽく-さん【金北山】新潟県、佐渡島の西部にある最高峰。標高1172メートル。

きん-ぼし【金星】相撲で、平幕の力士が横綱を倒したときの勝ち星。転じて、大きな手柄。

きん-ボタン【金ボタン】❶金色の金属製ボタン。❷《❶が付いていることから》学生服、また、男子学生の俗称。

きんほんい-せいど【金本位制度】キンホンヰ 金を価値尺度とし、一定重量の金を価格の度量標準とする貨幣制度。狭義には金貨本位制度をさし、広義には金核本位制度を含める。

ぎんほんい-せいど【銀本位制度】ギンホンヰ 銀を価値尺度とし、一定重量の銀を価格の度量標準とする貨幣制度。

きんほんい-ブロック【金本位ブロック】キンホンヰ ▶金ブロック

きんま【▽木▽馬】▶きうま(木馬)

キンマ《東南アジアの言語に由来するという。「蒟醬」とも書く》❶コショウ科の蔓植物つるしょくぶつ。葉は厚く、心臓形。雌雄異株。黄色の花を穂状につける。インドの原産で、東南アジアにかけて広く栽培。葉は辛味と芳香があり、石灰とビンロウジの種子を包み、かんで口中清涼剤にする。❷タイ・ミャンマー産の漆器。また、その技法。素地は、多く竹を編んで作った籃胎らんたいで、黒漆塗りの表面に文様を毛彫りし、朱漆などの色漆を充填じゅうてんして研ぎ出したもの。日本には近世に伝わり、茶道具として珍重された。➡象谷塗ぞうこくぬり

きん-まく【筋膜】個々の筋または筋群を包む膜。結合組織からなる。筋を保護し、他の筋の起始・付着点ともなる。筋外膜。

ぎん-まく【銀幕】映写幕。スクリーン。転じて、映画。また、映画界。「一のスター」類語 映画・活動写真・シネマ・キネマ・ムービー・フィルム・スクリーン

キンマ-で【キンマ手】キンマ❷の技法で作った漆器。元来はキンマの葉を入れる容器。

キンマ-ぬり【キンマ塗】「キンマ❷」に同じ。

きんまん-か【金満家】大金持ち。富豪。類語 金持ち・富豪・大尽・素封家・成金・財閥・長者・物持ち

ぎん-み【吟味】〔名〕スル《❸が原義》❶物事を念入りに調べること。また、念入りに調べて選ぶこと。「よく一した材料を用いる」❷罪状を調べただすこと。詮議せんぎ。「役人の一を受ける」❸詩歌を吟じてその趣を味わうこと。「むさとそしるべき歌とはおぼえぬなり。よくよく一し給へ」〈戴恩記〉類語 調べる・検する・閲えっする・閲けみする・改める・検査・点検・検分・実検・臨検・検閲・査閲・監査・チェック

ぎんみ-うかがいがき【吟味伺書】ギンミうかがひがき 江戸時代、幕府の吟味筋(刑事裁判)で、専決権をもたない事件について、いかなる刑を科すべきか上司に指示を仰ぐ文書。代官より勘定奉行へ、あるいは寺社・町・勘定の三奉行などより老中へ提出された。

ぎんみ-がかり【吟味掛】江戸時代の裁判で、訴訟や犯罪を調べただす役。吟味役。吟味方。

ぎんみ-かた【吟味方】▶吟味掛ぎんみがかり

ぎんみかた-あらためやく【吟味方改役】江戸幕府の職名。勘定吟味役のもとで、勘定方の調べた公文書を再吟味する役。

ぎんみ-すじ【吟味筋】ギンミすぢ 江戸幕府の裁判手続きの一。被疑者を奉行所や代官所の独自の判断で召喚して審理するもの。今日の刑事裁判にあたる。➡出入でいり筋

きん-みずひき【金水引】キンみづひき ❶金箔きんぱくをおいた水引。❷金箔をおいた元結もとゆい。金元結。❸バラ科の多年草。道端や山野に生え、高さ0.5〜1.5メートル。葉は羽状複葉で、小葉は長楕円形。7〜9月、黄色の小花を穂のようにつける。果実を包む萼がくには鉤かぎ状の毛があり、動物などに付着する。

きん-みつ【緊密】〔名・形動〕スル ❶物と物とがすきまなくくっつくこと。物事の関係が密接なこと。また、そのさま。「一な連絡をとる」「更に一して行く車に車夫達の姿は見えなくなり」〈横光・上海〉❷非常に厳しいこと。また、そのさま。厳格。「一ニ仰セ付ケラルル」〈日葡〉派生 きんみつさ〔名〕類語 接近・密接・近接・親近

ぎんみ-もの【吟味物】江戸時代、吟味筋すじによって裁判が行われる刑事事件。

ぎんみもの-しらべやく【吟味物調役】江戸幕府の職名。寺社奉行・町奉行のもとで、刑事訴訟の下調べや公文書の調査などをする役。

きん-みゃく【金脈】❶金の鉱脈。❷資金など、金銭を引き出せる所。「政治家の一を探る」

ぎん-みゃく【銀脈】銀の鉱脈。

ぎんみ-やく【吟味役】▶吟味掛

きん-みらい【近未来】現在からあまり遠くない未来。「―小説」

きんみらいせいじ-けんきゅうかい【近未来政治研究会】自由民主党の派閥の一。平成10年(1998)に政策科学研究所から山崎拓らが独立して旗揚げした。山崎派。(補説)近未来政治研究会の系譜：(河野派㊀から)→中曽根派→渡辺派→山崎派

きん-む【勤務】〔名〕スル 会社などにつとめて仕事をすること。また、その仕事。「市役所に―する」
(類語)働く・勤める・仕える・立ち働く・勤まる・仕事・労働・勤労・勤続・作業・労作・労務・労役・働き・勤め

きんむ-い【勤務医】病院や診療所などに勤務している医師。病院や診療所などを自ら経営する開業医に対し、雇用されている医師をいう。

きんむえんちょう-せいど【勤務延長制度】継続雇用制度の種類の一つ。定年に達した雇用者を退職させることなく、定年後も引き続き雇用する制度。⇒再雇用制度

きん-むく【金無×垢】純金。「―の仏像」

きんむ-さき【勤務先】勤務している場所。つとめ先。(類語)職場・勤め先・勤め口・仕事場

きん-むしくいぬり【金虫食い塗(り)】漆塗りの手法の一。虫食いの跡のように凹凸にした下塗りに金箔を置き、その上に漆を塗り重ねて研ぎ出すもの。

きんむ-ひょうてい【勤務評定】職員の勤務成績を評定し、記録すること。一般公務員については、任命権者の義務として法令によって規定されており、教育公務員についても昭和33年(1958)以来実施されるようになった。勤評。

きんむりょく-しょう【筋無力症】▶重症筋無力症

きん-め【斤目】斤を単位として量った物の重さ。また、目方。量目。

きん-め【金目】江戸時代の金貨の単位の名目。両・歩・朱など。

きん-め【金目┊金▽眼】❶猫などで、目の色が金色のもの。❷「金目鯛」の略。

ぎん-め【銀目】江戸時代の銀貨の単位の名目。貫・匁・分・厘など。

ぎん-め【銀目┊銀▽眼】❶猫などで、目の色が銀色のもの。❷「銀目鯛」の略。

きん-めい【×欽命】君主の命令。また、その使い。大命。

きんめい-すい【金明水】富士山頂の火口北壁、久須志岳の南西面に湧き出す泉。霊水とされる。

ぎんめい-すい【銀明水】富士山頂の浅間神社奥宮の東方に湧き出す泉。霊水とされる。

きんめい-ちく【金明竹】マダケの栽培品種。全体に黄金色で、葉には初め黄色でのちに白く変わる縦線がある。主に、観賞用。

きんめい-てんのう【欽明天皇】[510～571]第29代の天皇。継体天皇の皇子。名は天国排開広庭。在位中に百済から仏教が伝来したという。

きんめ-ぎんめ【金目銀目】猫の目の、一方が金色で他方が灰青色のもの。

ぎん-めし【銀飯】白米の飯。(類語)しゃり・銀しゃり

きんめ-だい【金目×鯛】キンメダイ目キンメダイ科の海水魚。全長約40センチ。深海にすみ、体は長楕円形で側扁し、全身が朱または紅色。目が大きく金色に輝く。本州中部以南に分布。食用。(季 冬)

ぎんめ-だい【銀目×鯛】キンメダイ目ギンメダイ科の海水魚。全長約30センチ。やや深海にすみ、体形はキンメダイに似て、体が銀色。下あごに一対のひげがある。本州中部以南に分布。

きん-メダル【金メダル】金製、または金めっきのメダル。オリンピックなどの優勝者に与えられる。

ぎん-メダル【銀メダル】銀製、または銀めっきのメダル。オリンピックなどの準優勝者に与えられる。

きん-めっき【金鍍=金】〔名〕スル 金以外の金属の表面に、金の薄膜を付着させること。また、そのもの。ふつうは、金シアン化カリウムを電解液とする電気めっき法で行う。装飾品・電子部品などに使用。

ぎん-めっき【銀鍍=金】〔名〕スル 他の金属の表面に、銀の薄膜を付着させること。また、そのもの。ふつうは、銀シアン化カリウムを電解液とする電気めっき法で行う。装飾品・電子部品などに使用。

ぎん-めん【銀面】馬具の一。唐鞍を置くときに、馬の面を飾る銀めっきの用具。額に唐花、額の上には、菖蒲形を着ける。

きん-もう【▽訓×蒙】▶くんもう(訓蒙)

きんもうずい【訓蒙図彙】江戸時代の図解事典。20巻。中村惕斎著。寛文6年(1666)成立。天文・地理・動植物などについての精確な図に和名・漢名・注記を付した啓蒙書。

きん-モール【金モール】❶金糸をより合わせたひも。また、金めっきを施した細い金属線。装飾用。「―の肩章」❷横糸に金糸、縦糸に絹糸を用いた織物。

ぎん-モール【銀モール】❶銀糸をより合わせたひも。また、銀めっきを施した細い金属線。装飾用。❷横糸に銀糸、縦糸に絹糸を用いた織物。

きん-もくせい【金木×犀】モクセイ科の常緑低木。よく分枝し、葉は狭長楕円形。雌雄異株。秋、強い芳香のある赤黄色の小花を密集してつける。中国の原産。古くから庭木とされる。(季 秋)

ぎん-もくせい【銀木×犀】モクセイ科の常緑小高木。キンモクセイに似て、秋、白い小花を多数つけ束生し、強い芳香を放つ。中国の原産。(季 秋)

きん-もじ【金文字】金泥・金粉・金箔などで書いた金色の文字。金字。

ぎん-もじ【銀文字】銀泥・銀粉・銀箔などで書いた銀色の文字。銀字。

きん-もつ【禁物】❶してはならない物事。また、しないほうがよい物事。「病気に酒は―だ」「油断は―」❷好ましくないもの。嫌いなもの。「百姓は春のじとじと降り続く雨が―だと書いてあるよ」〈宇野浩二・苦の世界〉(類語)悪い・けしからん・いけない・駄目

きん-もん【金紋】金箔・金漆で描いた家紋。江戸時代、大名が家格により挟み箱のふたに描くのを許された。

きん-もん【禁門】❶禁裏の門。転じて、皇居。禁中。❷警戒が厳重で容易に出入りのできない門。

きんもん-かいきょう【金門海峡】《Golden Gate》米国カリフォルニア州のサンフランシスコ湾と太平洋とを結ぶ海峡。幅1.6～3.2キロ。長さ8キロ。金門橋が架かる。ゴールデンゲート。

きんもん-きょう【金門橋】《Golden Gate Bridge》米国カリフォルニア州、サンフランシスコ湾口の金門海峡に架設された吊橋。ジョセフ=シュトラウスが設計、4年以上の難工事を経て、1937年に完成。ゴールデンゲート橋。ゴールデンゲートブリッジ。

きんもんごさんのきり【金門五山桐】歌舞伎狂言。時代物。5幕。初世並木五瓶作。安永7年(1778)大坂角の芝居初演。盗賊石川五右衛門の話を脚色したもので、南禅寺山門の場がよく上演される。楼門五三桐。

きんもん-さきばこ【金紋先箱】金紋をつけた挟み箱。大名行列の先頭に担がせたもの。

きん-もんしゃ【金紋×紗】紋織物の一。紗の織地に、金糸で紋を織り出したもの。

きんもん-とう【金門島】中国福建省、アモイの東方海上にある島。面積131.7平方キロメートル。台湾が支配し、軍事基地がある。チンメンタオ。

きんもん-の-へん【禁門の変】▶蛤御門の変

きん-や【禁野】天皇の狩り場として、一般人の狩猟を禁じた野。標野。大和の宇陀野、河内の交野など。

きんや【禁野】狂言。各流。大蔵流では明治以降廃止。禁野で鳥をとろうとした大名が、男にだまされて弓矢を取り上げられ、身ぐるみはがされる。

きん-やく【×欣躍】〔名〕スル おどり上がって喜ぶこと。欣喜雀躍。

きん-やく【勤役】役を勤めること。また、その役。

きん-やっかん【金約款】主に国際間の長期にわたる金銭貸借において、貨幣価値の下落による債権者の損失を防ぐため、契約時の特定の品位・量目をもつ金貨または特定の金量に相当する金額を紙幣などの通貨で支払うことを約定した条項。

ぎん-やんま【銀蜻=蜓】ヤンマ科のトンボ。体長約7センチ。全体に光沢のある緑色で、腹部の基部が雄は青色で銀色の部分があり、雌は黄緑色、他の部分は黒褐色で淡色の斑紋がある。翅は透明。東京地方では雄をギン、雌をチャンとよんでいた。(季 秋)

きん-ゆ【禁輸】輸出入を禁止すること。「―品目」

きん-ゆう【金融】金銭の融通。特に、資金の借り手と貸し手のあいだで行われる貨幣の信用取引。
(類語)経済・産業・流通・財政・理財・エコノミー

ぎん-ゆう【吟友】詩歌を作る仲間。詩友。

きんゆうあんていか-フォーラム【金融安定化フォーラム】金融市場の監視や情報交換を目的として1999年に創設された国際的なフォーラム。主要国の中央銀行・財務当局・金融監督当局に加え、世界銀行やIMFなどの国際機関がメンバーとして参加。2008年の世界金融危機を契機に、09年に金融安定理事会(FSB)として発展的に改組された。FSF(Financial Stability Forum)。

きんゆうあんてい-りじかい【金融安定理事会】▶エフ-エス-ビー(FSB)

きんゆう-エーディーアール【金融ADR】金融分野における裁判外紛争解決制度(ADR)。平成21年(2009)金融商品取引法等改正により創設。金融機関と利用者の間で発生した紛争を裁判で解決しようとすると、利用者側の負担が重くなるため、指定紛争解決機関が中立・公正な立場から簡易で迅速な解決手段を提供する。指定紛争解決機関は、銀行・証券・保険などの業態ごとに主務大臣が指定。同22年10月以降、金融機関には指定紛争解決機関との契約締結が義務付けられる。契約には苦情処理・紛争解決手続の応諾、事情説明・資料提出、手続き実施者の解決案の尊重などの内容が含まれる。

きんゆう-エヌピーオー【金融NPO】《NPOは、non-profit organizationの略》市民からの出資金をもとに、NPO(民間非営利団体)のために低利で融資する非営利金融機関。NPOバンク。NPO銀行。市民バンク。(補説)NPO銀行、NPOバンクなどとも呼ばれるが、融資だけができる組織で、銀行法に基づく銀行ではない。

きんゆうえんかつか-ほう【金融円滑化法】▶中小企業金融円滑化法

きんゆう-かい【金融界】銀行・信用金庫・保険会社など金融業者の社会。

きんゆう-がいしゃ【金融会社】金融を主な業務とする会社。特に、消費者金融会社・住宅金融会社・証券金融会社など。

きんゆうかつどう-さぎょうぶかい【金融活動作業部会】▶ファトフ(FATF)

きんゆう-かんわ【金融緩和】❶金融市場で資金の供給が需要を上回り、資金調達が容易になった状態。㊦金融逼迫。❷中央銀行が景気を刺激するためにとる政策。短期金利の誘導目標(政策金利)を引き下げ、市中への資金供給量を増やす。これにより中長期金利も低下し、企業や家計への融資が拡大したり、株価・為替相場などが変動したりすることによって、経済の活性化が促される。㊦金融引き締め。(補説)短期名目金利が0パーセント近くまで低下し、政策金利の引き下げによる金融緩和が困難な場合には、量的緩和や信用緩和などの非伝統的金融政策が導入されることがある。

きんゆう-きかん【金融機関】資金の供給・仲介などを行う機関。銀行・金融公庫・信用金庫・保険会社・証券会社など。(類語)信用機関

きんゆう-きき【金融危機】景気の悪化などから金融不安が増大し、金融機関の経営悪化や倒産、信用逼迫(クレジットクランチ)、企業の連鎖倒産、取り付

け騒ぎなどが起こり、株価の下落・低迷、失業率の増加などを伴い金融恐慌に近い危機的状況になること。2007年、米国のサブプライムローンの信用力低下によって起こった世界同時不況など。⇒モラルハザード

きんゆう-きせい【金融規制】金融システムの健全性・安定性を確保するために、金融監督当局や自主規制機関が金融市場や金融機関に関する規則を定め、金融取引に一定の制限を加えること。

きんゆうきせいきょうか-ほう【金融規制強化法】キンユウキセイキヤウクワハフ 金融機関に対する規制監督を強化する米国の法律。2010年7月成立。2008年のリーマンショック等に端を発する金融危機を受けて、再発防止を目的として、大規模金融機関に対する監督強化、高リスク取引の制限、住宅ローン等の消費者取引の規制強化などの規定が盛り込まれている。正式名称は「Dodd-Frank Wall Street Reform and Consumer Protection Act」(ドッド-フランク-ウォールストリート改革および消費者保護法)。ドッド-フランク法。

きんゆうきのうきょうか-ほう【金融機能強化法】キンユウキノウキヤウクワハフ《「金融機能の強化のための特別措置に関する法律」の通称》金融システム安定化のため、地方銀行や信用金庫、信用組合などの地域金融機関に対して公的資金を注入できるよう枠組みを定めた法律。平成20年(2008)3月末までの時限立法として、同16年8月に成立。2兆円の政府保証枠が設定されたが、経営強化計画を達成できない場合は経営責任を厳しく問われるなどから敬遠され、適用は2件にとどまった。【補説】米国のサブプライムローン問題に端を発した金融危機の影響が広がりをみせる中、金融機関の金融仲介機能を強化するための施策の一環として、同20年12月、改正金融機能強化法が施行された。改正法では、注入要件が大幅に緩和され、政府保証枠は12兆円に拡大された。

きんゆう-ぎょう【金融業】ーゲフ 銀行、信用金庫、保険会社、証券会社など、貨幣の信用取引を行う業務。広義には貸金業も含めていうことがある。

きんゆう-きょうこう【金融恐慌】ーキヨウクワウ 天災・内乱、景気の悪化などで、企業を結ぶ貸借の決済が不可能となり、信用関係が急激に崩壊して、預金の取り付け、銀行の支払停止および連鎖倒産などで、金融界全般に混乱が起こること。日本では、昭和2年(1927)の恐慌をさす。

きんゆう-ぎょうせい【金融行政】ーギヤウセイ 国の金融当局が行う政務。日本では金融庁が担当。規制や監督・検査、行政処分等を通じて金融システムの安定・利用者保護・公正な市場の確保などに取り組む。

きんゆう-きんきゅうそちれい【金融緊急措置令】ーキンキフソチレイ 昭和21年(1946)2月、敗戦後の急激なインフレーション抑制のために行われた預金封鎖・新円切り替えなどの措置。

きんゆう-けいざい【金融経済】▶資産経済

きんゆう-けんさかん【金融検査官】ーケンサクワン 大蔵省銀行局または財務局に所属し、金融機関の業務、財産の状況について検査などを行った職員。⇒金融証券検査官

きんゆうけんさ-マニュアル【金融検査マニュアル】《「預金等受入金融機関に係る検査マニュアル」の通称》金融庁の検査官が、銀行等の金融機関を検査する際の手引書。検査項目は経営管理体制・自己資本比率・リスク資産の保有状況・中小企業への融資・法令順守体制など多岐にわたり、詳細な判断基準が示されている。平成9年(1997)に公表され、その後も改訂が重ねられている。

きんゆう-こうがく【金融工学】金融市場で資金を運用する際に生じるリスクを工学的な手法で分析・管理し、効率よく利益を上げる方法を追求したり、新しい金融商品を開発したりする学問およびその技術。数学、統計学、経済学、情報技術などの手法を駆使する。1970年代から米国の金融市場で研究が進み、金融リスクの査定、デリバティブ(金融派生商品)の値付け分析、投資戦略の策定など、資本の有効利用や資金運用の効率化に寄与する理論として普及・発展した。【補説】2007年の米国のサブプライムローン問題を発端に深刻化した世界金融危機は、金融工学を駆使した証券化商品の破綻が原因とする見方があり、金融工学のあり方が問われている。

きんゆう-こうこ【金融公庫】政府が出資して設立した金融機関。中小企業金融公庫・農林漁業金融公庫・国民生活金融公庫・沖縄振興開発金融公庫などは平成20年(2008)の政府系金融機関改革によって株式会社日本政策金融公庫に統合された。⇒政府金融機関

きんゆう-コングロマリット【金融コングロマリット】銀行・証券会社・保険会社などが統合した金融複合企業。競争力を強め、収益を高めるのがねらい。

きんゆうサービス-きこう【金融サービス機構】▶エフ-エス-エー(FSA)

きんゆう-さい【金融債】特定の金融機関が特別法に基づいて、資金調達のために発行する債券。利付債と割引債とがある。

きんゆう-さきものとりひき【金融先物取引】金利・通貨・債券・株式のような金融商品を現時点で約定した価格により、将来の一定期日に受け渡すことを約束する取引。

きんゆう-しさん【金融資産】現金・預金・有価証券・貸出金などの形で保有する資産。土地・建物・機械・原材料・製品などの実物資産に対していう。

きんゆう-しじょう【金融市場】ーシヂヤウ 金融取引が行われ、資金の需給関係が調整される市場。国内金融市場・国際金融市場・長期金融市場・短期金融市場など。信用市場。

ぎんゆう-しじん【吟遊詩人】ギンイウー ❶中世ヨーロッパで、恋愛歌や民衆的な歌を歌いながら各地を遍歴した芸人。❷▶トルバドゥール

きんゆう-システム【金融システム】資金の調達・運用など金融取引を円滑に行うための仕組み。株式・債券市場を含む金融市場や、中央銀行、さまざまな金融機関、企業、個人などがそれぞれの役割を果たしながら金融システムを構成している。

きんゆうシステムかいかく-ほう【金融システム改革法】ーハフ《「金融システム改革のための関係法律の整備等に関する法律」の略称》1990年代に内閣総理大臣橋本龍太郎が主導した金融制度改革(金融ビッグバン)を一体的に進めるために、平成8年(1996)に制定された法律。証券取引法・証券投資信託法・銀行法・保険業法等を一括して総合的に改正するもので、証券デリバティブの全面解禁、銀行・証券・保険間の相互参入の促進、私設取引システムの導入、ディスクロージャーの充実などが行われた。

きんゆうシステム-レポート【金融システムレポート】日本銀行金融機構局が作成する、金融システムに関するレポート。日本の金融システムの安定度・機能度などに関して包括的な分析を行う。潜在的リスクを予防的に検証することで、金融システムの安定化を図ることを目的とする。平成17年(2005)に開始され、同19年から年2回発行。

きんゆう-しほん【金融資本】❶発展した資本主義体制下で、独占的な産業資本と銀行資本とが密接に結びついた資本形態。❷銀行資本。また、貸付資本。

きんゆう-じゆうか【金融自由化】ージイウクワ 金利・業務分野・金融商品・店舗など金融制度にかかわる政府規制を緩和・撤廃すること。

きんゆうしょうけん-けんさかん【金融証券検査官】ーケンサクワン 金融庁検査局または財務省財務局に所属し、金融機関の業務・財産状況等について検査を行う職員。

きんゆう-しょうひん【金融商品】ーシヤウヒン 銀行・保険会社・証券会社などで扱う商品。預金・金銭信託・保険・株式・投資信託・外国為替など旧来の金融商品のほかに、そこから派生して生まれたデリバティブなどを含んでいう。

きんゆうしょうひん-ちゅうかいぎょう【金融商品仲介業】キンユウシヤウヒンチユウカイゲフ 証券会社などの委託を受けて、有価証券の売買の媒介や募集・売出しの取り扱い、デリバティブ取引の媒介、投資一任契約や投資顧問契約の締結の媒介などを行うこと。金融商品取引法に規定。業として行うには内閣総理大臣への登録が必要。⇒金融商品取引業【補説】平成19年(2007)の金融商品取引法施行に伴い、証券仲介業は金融商品仲介業に名称が変更され、有価証券関連以外のデリバティブ取引の媒介、投資顧問契約などの締結の媒介などの業務が対象に加えられた。

きんゆうしょうひん-とりひきぎょう【金融商品取引業】キンユウシヤウヒンとりひきゲフ 有価証券の販売・勧誘、引受け、デリバティブ取引、資産管理、投資助言・代理、投資運用などを行うこと。金融商品取引法に規定。業として行うには内閣総理大臣への登録が必要。⇒金融商品仲介業【補説】平成19年(2007)の金融商品取引法施行に伴い、証券業は金融商品取引業に名称が変更され、有価証券関連以外のデリバティブ取引、集団投資スキーム持分の自己募集、投資助言・代理業、投資運用業などの業務が対象に加えられた。

きんゆうしょうひんとりひき-ぎょうしゃ【金融商品取引業者】キンユウシヤウヒンとりひきゲフシヤ 金融商品取引法で規定される金融商品取引業を行うため、金融庁に申請し登録を受けた業者。第一種金融商品取引業、第二種金融商品取引業、投資助言・代理業、投資運用業の4つに分類される。

きんゆうしょうひん-とりひきじょ【金融商品取引所】キンユウシヤウヒンー 金融商品取引法に基づき、有価証券の売買取引を行うのに必要な市場を開設することを目的として設立された組織。平成19年(2007)証券取引法の改正施行に伴って法律上の名称は証券取引所から現名に改称されたが、各取引所は従来の名称を使用することができる。取引は金融商品取引所の承認を受けた金融商品取引業者(会員組織の取引所は会員会社)だけができる。東京(東証)・大阪(大証)・名古屋(名証)・ジャスダック(JASDAQ)・札幌(札証)・福岡(福証)の6つがあり、前4者が株式会社で後2者は証券会員制法人。かつては、京都・神戸・広島・新潟にも置かれていた。海外では、ニューヨーク・ロンドン・フランクフルトにある取引所の取引高が多い。

きんゆうしょうひんとりひき-ほう【金融商品取引法】キンユウシヤウヒンとりひきハフ 証券取引法・金融先物取引法などを整理統合して、多様化する金融取引に対応し、国民経済の健全な発展と投資者の保護を目的として定められた法律。投資ファンドの特権を規制し、株式公開買付制度の見直し、大量保有報告書制度の見直し、インサイダー取引・時間外取引など不公正な取引に対する罰則を強化、上場企業の四半期業績の開示の義務づけなどを定める。平成18年(2006)成立。翌年施行。金商法。【補説】平成21年(2009)の改正で、格付け会社を登録制とし、金融庁の監督下に置くことが定められた。これは、2008年の世界的金融経済危機の発端となったサブプライムローン問題で、格付け会社が住宅ローン担保証券のリスクを過小評価していたことが一因とされることを受けて、欧米諸国と協調する形で実施された。同改正では他にも、利用者保護・公正で利便性の高い市場基盤の整備などの観点から、金融分野における裁判外紛争解決制度(ADR)の創設、金融商品取引所と商品取引所の相互参入容認などの措置が講じられた。

きんゆうしょうひんはんばい-ほう【金融商品販売法】キンユウシヤウヒンハンバイハフ《「金融商品の販売等に関する法律」の通称》金融商品販売業者が金融商品の販売に際し、顧客に対して説明すべき事項を定め、その販売・勧誘による損害から顧客を保護することを目的とした法律。平成12年(2000)5月制定、翌年4月施行。日本版ビッグバン以後、有価証券、投資信託、デリバティブ、外貨債、外貨預金など多種多様な金融商品が普及し、そのリスクを熟知しない顧客との間でトラブルが増加したことから制定された。

きんゆうじょうほうシステム-センター【金融情報システムセンター】キンユウジヤウホウー 金融機関の扱う情報

システムのシステム監査、安全対策基準の設定などを検討する公益財団法人。昭和59年(1984)設立。本部は東京都中央区。FISC(Center for Financial Industry Information Systems)。

きんゆう-しんぎかい【金融審議会】内閣総理大臣の諮問に応じて、金融制度の改善など国内金融の重要事項について調査・審議を行う組織。平成10年(1998)に金融制度調査会・証券取引審議会・保険審議会を統合して金融庁に設置された。

きんゆう-せいさい【金融制裁】指定した団体・企業・個人が金融機関に持つ口座からの預金の引き出しや送金を国家権力で禁止する処置。

きんゆう-せいさく【金融政策】通貨当局、特に中央銀行が、基準割引率および基準貸付利率(公定歩合)操作・公開市場操作・預金準備率操作などの手段によって物価の安定や景気の調整を図ろうとする政策。通貨政策。➡経済政策 ➡財政政策

きんゆうせいさくけってい-かいごう【金融政策決定会合】日本銀行の政策委員会が集中的に金融政策について話し合う会合。平成10年(1998)発足。原則として月1〜2回開く。基準割引率および基準貸付利率(公定歩合)、金融市場調節の方針、金融政策判断の基礎となる経済・金融情勢に関する基本的見解などについて話し合う。会議は非公開だが、決定はすぐ発表され、議事要旨は約1か月後に公表。委員は正副総裁3名と審議委員6名の計9名。政府代表はオブザーバーとして出席し、議決権はないが、意見を述べたり、議案を提出したりできる。

きんゆうせいり-かんざいにん【金融整理管財人】預金保険法の規定に基づいて、破綻した金融機関の業務の整理や財産の管理を行う人。内閣総理大臣の委任を受けた金融庁長官が弁護士・公認会計士・金融実務家から選任する。預金保険機構が任命される場合もある。

きんゆう-そうば【金融相場】不況期の金融緩和により、金融機関などから余剰資金が証券市場に流入することによって上昇する株式相場。

きんゆう-ちょう【金融庁】内閣府の外局の一。金融に関する制度の企画立案、金融機関の検査、監督、監視を担当する中央行政機関。平成12年(2000)に金融監督庁と大蔵省金融企画局が統合されて発足、翌年内閣府の外局に改組された。長は金融庁長官。長官とは別に、金融庁の事務を担当する内閣府特命担当大臣が置かれる。

きんゆう-ちょうせつ【金融調節】中央銀行が公開市場操作などによって短期金融市場の資金量を調整すること。日本では日本銀行が金融政策決定会合で決めた基本方針を実現するために、短期金融市場で民間金融機関相手に債券や手形を売買して、市場の資金量を調節する。➡公開市場操作

きんゆう-とっく【金融特区】《「金融業務特別地区」の略称》金融規制の緩和、税の減免などの優遇措置によって、金融機関の集中を促進する特別な地区。日本では沖縄県の名護市。

きんゆう-の-しょうけんか【金融の証券化】►セキュリタイゼーション

きんゆうはせい-しょうひん【金融派生商品】►デリバティブ

きんゆう-バブル【金融バブル】多様な金融商品などによって過剰な信用供与が行われたことにより発生したバブル経済。(補説)1980年代以降、米国の主導により規制緩和による金融の自由化・グローバル化が進み、金融市場の規模が急速に拡大。一方、金融緩和によって市中に豊富な資金が供給され、余剰資金が株・不動産などへの投機的な投資に向けられた。投資銀行・ヘッジファンドは最先端の金融工学を駆使してCDSなどの金融派生商品(デリバティブ)を開発。リスクを分散し、高いレバレッジで巨額の資産を運用した。こうして金融経済が実体経済の数倍もの規模に膨張。金融バブルを生む結果となった。2007年に米国でサブプライムローンの不良債権化が進み、世界中に影響が波及。2008年に米大手証券会社のリーマンブラザーズが経営破綻すると、世界中の金融市場で連鎖的に信用収縮が起こり、金融バブルは崩壊した。

きんゆう-ひきしめ【金融引(き)締め】景気の過熱やインフレを抑制するために、中央銀行(日本では日本銀行)が基準割引率および基準貸付利率(公定歩合)・預金準備率の引き上げ、売りオペレーションなどによって通貨の供給を抑え、金利水準を高めて、総需要を抑制すること。⇔金融緩和。

きんゆう-ビッグバン【金融ビッグバン】金融制度の大規模な改革。英国で1986年に行われた証券市場改革(ビッグバン❷)、それに先立って米国で75年に行われた証券市場改革(メーデー❷)、日本で90年代に行われた金融システム改革(ビッグバン❸)など。

きんゆう-ひっぱく【金融×逼迫】金融市場で資金の需要が供給を上回り、資金調達が困難になる状態。⇔金融緩和。

きんゆう-ふあん【金融不安】景気の後退や金融機関の経営悪化などで、金融市場や金融機関に対する信用度が低下して、経済の先行きに不安を感じること。金融機関の破綻、不良債権の増加、株価の下落・低迷、信用逼迫(クレジットクランチ)などを引き起こすことがある。信用不安。➡金融危機

きんゆう-ほごしゅぎ【金融保護主義】❶金融機関が外国から資金を引き上げ、国内に優先的に融資すること。公的資金で救済した金融機関に対して、政府が国内融資を優先するよう求めること。国際金融市場への資金供給が減少し、世界的な景気後退を長引かせるおそれがあると指摘されている。❷国内の重要な企業・金融機関などが外国の政府系ファンドに買収されることを阻止しようとすること。

きんゆうほしょう-がいしゃ【金融保証会社】►モノライン保険会社

きんゆうほしょう-ほけん【金融保証保険】元本が確定している金融商品の元利払いを保証する保険。投資家が債券を購入する際、金融保証保険が付されていれば、債券が不履行になった場合にも保険会社から元利払いを受けることができる。金融保証保険が付されると債券の信用格付けが上がり、一方で保証料が発生するため利回りが低下する。

きんゆう-もちかぶがいしゃ【金融持(ち)株会社】銀行・証券会社・保険会社などが設立する持株会社で、傘下の子会社が金融関連の事業を営む会社。一般の事業会社を傘下におくことは制限されている。平成9年(1997)独禁法の改正に伴い、設立が認められるようになった。三菱UFJフィナンシャルグループ、三井住友フィナンシャルグループ、みずほフィナンシャルグループ、野村ホールディングス、日興シティホールディングス、東京海上ホールディングスなど。

きんゆう-りっこく【金融立国】金融業を振興・発展させたり、金融システムを整備したりすることで国の繁栄を図ること。(補説)1980年代に金融自由化を積極的に推し進めた米国・英国・アイスランドなどは、規制緩和により国内の金融市場を開放し、国外から資金を集めることによって経済を発展させたが、投機性の高い金融取引を容認したことなどから過剰流動性が生じ、バブル経済が発生・崩壊し、金融危機を招く結果となった。こうした新自由主義的アプローチによる金融立国の破綻をふまえた上で、民主党菅直人政権は、平成22年(2010)6月に発表した新成長戦略の中で、金融の役割を「実体経済、企業のバックアップ役としてそのサポートを行うこと」とし、アジアの金融センターとして新興国へ資金を供給する形での「新金融立国」構想を打ち出した。

きんゆしゅつ-かいきん【金輸出解禁】►金解禁

きんゆしゅつ-きんし【金輸出禁止】金準備の減少を防ぐため、金貨・金地金の輸出を禁止すること。

きんゆ-ほう【均輸法】❶中国、漢の武帝が始めた経済政策の一。各地方の特産物を税として納めさせ、政府が不足地に転売する物価調整法。➡平準法 ❷宋代、王安石の新法の一。政府が必要物資を直接調達・輸送し、商人の中間搾取を排除するもの。

きん-よう【金容】►こんよう(金容)

きん-よう【金葉】金を紙のように薄く打ち延ばしたもの。

きん-よう【金曜】週の第6日。木曜の次の日。金曜日。

きん-よう【×鈞窯|均窯】中国の陶磁の一。乳青色の釉をかけた青磁で、紅紫色の斑文を加えたものもある。宋・元代に河南省鈞州はじめ華北各地で作られ、明・清代には華南で模倣された。

きん-よう【禁×厭】まじないで、病気や災害を防ぐこと。きんえん。

きん-よう【緊要】〘名・形動〙非常に重要なこと。差し迫って必要なこと。また、そのさま。「最も―な議題」「国を挙げての取り組みが―である」

(類語)大事・重要・大切・肝心・肝心要・肝要・切要・喫緊・重大・主要・須要・必須・不可欠

ぎん-よう【銀葉】❶銀を紙のように薄く打ち延ばしたもの。❷香道の道具の一。雲母の薄片に金銀の縁をつけたもの。香をたくとき香をのせて火の上におく。香敷。銀盤。

ぎんよう-アカシア【銀葉アカシア】マメ科アカシア属の常緑高木。葉は羽状複葉で、小葉は白粉を帯びる。春、葉の付け根に、黄色の小花が集まって咲く。オーストラリアの原産。

きんようしゅう【金葉集】「金葉和歌集」の略。

きんよう-び【金曜日】「金曜」に同じ。

きんようわかしゅう【金葉和歌集】平安後期の勅撰和歌集。八代集の第五。10巻。白河法皇の命で、源俊頼が撰。二度の改撰ののち、大治2年(1127)成立。源俊頼・源経信・藤原顕季ら227人の歌約650首を収める。金葉集。

きん-よく【禁欲|禁×慾】〘名〙スル 本能的な欲望、特に性欲を抑えること。

ぎん-よく【銀翼】飛行機のつばさ。飛行機。

きんよく-しゅぎ【禁欲主義】肉体的、世俗的欲望を抑え、道徳・宗教上の理想を実現しようとする立場。

きんよく-てき【禁欲的】〘形動〙欲望、特に性欲を抑えているさま。「―な生活」

きん-ら【金×鑼】中国、明・清楽で用いる盆形の打楽器。直径約30センチの銅製の盤で、ひもで下げ、ばちで中央をたたいて鳴らす。

きん-らい【近来】近ごろ。最近。副詞的にも用いる。「―にない大盛況を呈する」「―まれな事件」

(類語)此の頃・このところ・この節・近ごろ・昨今・当今・当節・最近・近時・近年・頃来・頃日・時下・今節

きんらいはいかいふうていしょう【近来俳諧風体抄】江戸前期の俳論書。3冊。岡西惟中著。延宝7年(1679)刊。俳諧の一般的理論と作法の実際とを、談林派の立場から論じたもの。

きんらいふうていしょう【近来風体抄】南北朝時代の歌論書。1巻。二条良基著。元中4年(1387)成立。頓阿・慶運・兼好ら同時代歌人についての短評、本歌取り・歌題・制詞などの論を収める。

きんらい-ぶし【欣来節】明治時代のはやり歌。「おっぺらぼうのきんらいらい」という囃子詞がつく。

きん-らん【金×蘭】❶《「易経」繋辞上から》非常に親密な交わり。非常に厚い友情。❷ラン科の多年草。低山の木陰に生える。高さ約50センチ。葉は互生し、披針形で粗い縦じわがある。春、黄色の花を総状に10個ほどつける。(季 春)

きん-らん【金×襴】綾地または繻子地に金糸で文様を織り出した織物。袈裟・能装束・帯地・袋物・表装などに用いる。

ぎん-らん【銀×蘭】ラン科の多年草。低山の木陰に生え、高さ20〜30センチ。茎の上部に楕円形の葉を2、3枚つける。春、数個の白い小花をつける。(季 春)

ぎん-らん【銀×襴】綾地または繻子地に銀糸で文様を織り出した織物。

きんらん-ちょう【金×襴鳥】ハタオリドリ科の鳥。全長約15センチ。繁殖期の雄は顔と腹が黒のほかは橙色。それ以外のときは雌と同じく暗褐色。ア

フリカの原産。飼い鳥。
きんらん-で【金×襴手】色絵の上に金彩色を施した磁器。中国、明代に流行し日本に輸入された。器物は碗が最も多い。
きんらん-どんす【金×襴×緞子】金襴や緞子。また、高価な織物。「一の帯」
きんらん-の-ちぎり【金×蘭の契り】《「易経」繋辞上から》きわめて親密な交わり。金蘭の交わり。
きんらん-の-とも【金×蘭の友】《金蘭の契りを交わした友の意》きわめて親密に結ばれている友。
きんらん-の-まじわり【金×蘭の交わり】はまじり「金蘭の契り」に同じ。
きんらん-ぼ【金×蘭簿】親しい友人の氏名・住所を記した帳面。
きん-り【金利】❶貸金・預金に対する利子。利息。「一がかさむ」❷元金に対する利子の比率。利率。「一を引き下げる」
(類語)利・利子・利息・単利・複利・年利・月利・日歩
きん-り【禁裏|禁×裡】《みだりにその中に入ることを禁じる意から》❶天皇の住居。皇居。禁中。御所。❷天皇。禁裏様。
きんり-さま【禁裏様】天皇を敬っていう語。禁廷様。
きんり-スワップ【金利スワップ】金融派生商品の一。同一通貨間の金利について、一定期間金利が変動しない固定金利と、一定期間内に金利が変動する変動金利の金利のみを、期間を決めて交換するもの。金利計算には計算上の元本として想定元本を用いる。一般的には、金利が上昇傾向にある時に、リスク軽減の手段として変動金利から固定金利への金利スワップ取引が使われることが多い。
きんり-せいかつしゃ【金利生活者】キンリセイカツシャ 預金や債券の利子、株式の配当金などで生活している人。
きんり-せいさく【金利政策】中央銀行(日本では日本銀行)が、基準割引率および基準貸付利率(公定歩合)を操作することによって間接的に資金量を調節し、経済の安定を図る政策。
きんり-づき【禁裏付】江戸幕府の職名。京都所司代の指揮下で、禁裏の会計・警衛を管掌し、朝廷・公家・女官などを監督した。
きん-りゅう【×禽竜】▶イグアノドン
きんりゅう-ざん【金竜山】東京都台東区にある浅草寺せんそうじの山号。
きん-りょう【斤量】キンリャウ ❶はかりで量った重さ。目方。量目。斤目。❷競馬で、出走馬に課せられる負担重量。
きんりょう【金陵】中国、南京ナンキンの古称。春秋時代の呉ご・越えつ・楚そのころの名称。
きん-りょう【禁猟】キンレフ 鳥獣の保護・繁殖のため、法令で狩猟を禁ずること。
きん-りょう【禁漁】キンレフ 魚介類など水産資源の保護・繁殖のために、一定の場所で一定期間、水産物をとることを法令で禁止すること。きんぎょ。
きんりょう-き【禁猟期】キンレフ 狩猟が禁止になる期間。
きんりょう-き【禁漁期】キンレフ 法令により、漁業が禁止される期間。魚介類・海藻類の種類と区域が指定され、ふつう繁殖・生育時期に設定される。きんぎょき。
きんりょう-く【禁猟区】キンレフ 狩猟が禁止されている区域。旧狩猟法上の用語で、現行法では鳥獣保護区。
きんりょう-く【禁漁区】キンレフ 法令によって、漁業が禁止される区域。きんぎょく。
ぎんりょう-そう【銀▽竜草】ギンリヤウサウ イチヤクソウ科の多年生の腐生植物。山地の陰地に生え、高さ約10センチ。褐色の根以外はすべて白く半透明。茎は太く直立し、うろこ状の葉が重なってつく。夏、茎先に、下向きの花を1個開く。水晶蘭。幽霊茸ゆうれいたけ。(季 夏)
きんりょう-ち【禁猟地】キンレフ 狩猟禁止の場所。鳥獣保護区・休猟区、公道・公園・社寺境内・墓地など。
きん-りょく【金力】金銭の人を動かす力。金銭の威力。金の力。「一にものをいわせる」
きん-りょく【筋力】筋肉の力。「一の低下」
きんりょく-しょく【金緑色】光が反射して金色を帯びて見える緑色。「一の蠅はえ」
きんりょく-せき【金緑石】ベリリウム・アルミニウムの酸化鉱物。ガラス光沢のある緑・黄・赤色などで、ふつう短冊状結晶。斜方晶系。美しいものはアレキサンドライトや猫目石とよばれて宝石になる。
きんりょく-トレーニング【筋力トレーニング】筋肉の発揮する力を強くするための運動。目的により種々の方法がある。レジスタンストレーニング。筋トレ。
きん-りん【近隣】隣り合ったごく近いあたり。隣近所。「一諸国」「一社会」(類語)近所・近間・最寄り・隣近所・近く・付近・近辺・近傍・界隈かいわい・近回り・そば
きん-りん【金×鱗】金色のうろこ。また、美しい魚。
きん-りん【菌輪】キノコの菌糸が土中に放射状に広がり、その先に子実体を生じるため、輪を描いたように生えるキノコ。欧米では妖精が踊った所といわれ、フェアリーリングとよぶ。妖精の輪。菌環。
きん-りん【錦×鱗】色彩の美しい魚。
ぎん-りん【銀輪】❶銀で作った輪わ。また、銀色の輪。❷自転車の車輪。また、自転車。
ぎん-りん【銀×鱗】銀色のうろこ。また、銀色に光ってみえる魚。「急流に一が躍る」
きんりん-じゅうく【近隣住区】キンリンヂュウク 都市計画で、小学校を中心に店舗・レクリエーション施設などを備えた、人口8000〜1万人程度の住宅地域。
きんりん-しょうぎょうちいき【近隣商業地域】キンリンシャウゲフチヰキ 都市計画法で定められた用途地域の一。近隣の住民が日用品購入のため利用する店舗のほか、住宅・事務所・倉庫・小規模の工場などの建設が認められる。
きん-る【近流】▶こんる(近流)
きん-る【金×縷】金の糸。また、金色の糸。
ぎん-る【銀×縷】銀の糸。また、銀色の糸。
きん-るい【金類】「金属」に同じ。「尋常の一を化して黄金と為さんと欲し」〈中村訳・西国立志編〉
きん-るい【菌類】カビ・キノコとよばれる真菌類のほか、細菌・粘菌などを含めた生物の一群。葉緑素をもたず、寄生や腐生で生活し、胞子や分裂・出芽で増える。生物を動物・植物の二界に分けるときは植物に含めるが、独立の菌界を立てることも行われる。
きんる-ぎょくい【金×縷玉衣】中国漢代、金糸で玉片をつづってつくった、遺体をおおう衣。
きんる-ざいく【金×鏤細工】貴金属製品に細かい金の粒をつけて模様を表す細工。
きん-れい【今隷】中国、六朝りくちょう時代における隷書。漢代の隷書を古隷というのに対していう。➡隷書
きん-れい【金鈴】❶金製のすず。金色のすず。❷橘たちばなの実のたとえ。「一離離と房なり」〈宴曲集〉
きん-れい【禁令】ある行為を禁止する法令。
(類語)禁止・禁・禁制・禁断・禁遏きんあつ・禁圧・厳禁・無用・法度はっと・差し止め・禁ずる・取り締まる・制する
ぎん-れい【銀鈴】銀製のすず。銀色のすず。
ぎん-れい【銀×嶺】雪が積もって銀白色に輝く山。
きんれい-か【金鈴花】クワ オミナエシ科の多年草。山地の林内などに生え、高さ30〜60センチ。葉は手のひら状に3〜5つに裂けていて、互生。夏、黄色の筒状の小花が密に集まって咲く。白山おみなえし。
ぎんれい-か【銀鈴花】クワ サクラソウ科の多年草。山地の湿った地に生え、高さ30〜60センチ。葉は互生し、長楕円形で先がとがる。夏、白い小花を総状につけ、花はほとんど開かない。みやまたごぼう。
きんれい-づか【金鈴塚】韓国、慶州市にある新羅しらぎ時代の古墳の一。積石塚で、6世紀中ごろの造営。黄金製の冠や装身具のほか、小さな金鈴が出土。クムニョンチョン。
きんれいづか-こふん【金鈴塚古墳】千葉県木更津市にある古墳時代後期の前方後円墳。全長約95メートル。横穴式石室の中央に箱式石棺があり、副葬品として金鈴・大刀・武具・馬具など多数を出土。
ぎん-レフ【銀レフ】《「レフ」は「レフレクター」の略》写真撮影に用いるレフレクターの一。表面を銀色に仕上げた反射板。
きん-れん【金×蓮】《「金蓮歩」の故事から》纏足てんそくの美称。
ぎんれん【銀×聯】中国の銀行間決済ネットワーク。中国銀聯が運営。日本・米国・韓国・ドイツ・フランスなどの銀行やカード会社とも提携し、利用できる地域が拡大している。➡銀聯カード
きんれん-か【金×蓮花】クワ ノウゼンハレンの別名。(季 夏)
ぎんれん-カード【銀×聯カード】主に中国で発行されているデビットカード。預金の範囲内で、ATMでの現金の引き出しや加盟店での決済に利用できる。中国ではクレジットカードの普及が遅れ、高額紙幣もないため、現金に代わる支払手段として普及。➡中国銀聯
きん-れんげ【金×蓮▽花】❶仏前に供える金色の蓮華れんげの造花。こんれんげ。❷アサザの別名。
きんれん-ぽ【金×蓮歩】《南斉の東昏侯とうこんこうが潘妃はんひのために、地上に金製の蓮華をまき、その上を歩かせたという「南史」斉本紀の故事から》美人のあでやかな歩み。
きん-ろう【金×鑞】キンラフ 金・銀・銅・亜鉛・カドミウムなどからなる合金。金製品の接合に使う。
きん-ろう【勤労】キンラウ〔名〕スル ❶心身を労して仕事にはげむこと。「共に王事に一せよ」〈藤村・夜明け前〉❷賃金をもらって一定の仕事に従事すること。「一学生」(類語)働く・労働・仕事・作業・労作・労務・労役・実働・稼働・働き・勤務・勤続・勤め
きん-ろう【禁籠】〔名〕スル 閉じこめて外に出さないこと。押し込めること。「父は一せられ、子はいまだ稚をさなし」〈太平記・二〉
ぎん-ろう【銀×鑞】ギンラフ 銀・銅・亜鉛・カドミウムなどからなる合金。金属どうしの接合に用いる。
きんろう-いよく【勤労意欲】キンラウ 働きたいと思う気持ち。「一の向上」「一をそがれる」
きんろう-かいきゅう【勤労階級】キンラウカイキフ 勤労による所得で生活する階級。
きんろうかんしゃ-の-ひ【勤労感謝の日】キンラウカンシャ 国民の祝日の一。11月23日。国民が勤労を尊び、生産を祝い、互いに感謝し合う日。もとの新嘗祭にいなめさいにあたる。昭和23年(1948)制定。(季 冬)
きんろう-しゃ【勤労者】キンラウ 勤労所得で生活する人。俸給生活者・労働者・農漁民・小商工業者など。
(類語)勤め人・労働者・会社員・サラリーマン・ビジネスマン・ホワイトカラー・グレーカラー・ブルーカラー
きんろうしゃたいしょくきん-きょうさいきこう【勤労者退職金共済機構】キンラウシャタイショクキンケフサイキコウ 独力で退職金制度を設けることが困難な中小企業や建設業・清酒製造業・林業の事業主から掛け金を集めて運用し、従業員に退職金を支払う機関。昭和34年(1959)、中小企業退職金共済事業団として設立。平成10年(1998)、建設業・清酒製造業・林業退職金共済組合と統合して勤労者退職金共済機構に改称。
きんろう-しょとく【勤労所得】キンラウ 個人の勤労に基づく所得。給料・賃金・歳費など。所得税法では給与所得という。➡不労所得 ➡財産所得
きんろう-ほうし【勤労奉仕】キンラウ〔名〕スル 公共的な目的のために、無報酬で勤労に従事すること。
きんろ-ぎょうじゃ【近路行者】キンロギヤウジヤ ▶都賀庭鐘つがていしょう
きんろく-こうさい【金×禄公債】明治6年(1873)の秩禄奉還、同9年の秩禄処分にあたって、華族や士族の家禄・賞典禄の代わりとして明治政府が発行した公債。
きんろ-ばい【金露梅】バラ科の落葉小低木。高山に自生。高さ約50センチ、まれに1メートル。よく分枝し、3〜5枚の小葉からなる羽状複葉をつける。夏、黄色の5弁花を開く。庭木や盆栽などにする。
ぎんろ-ばい【銀露梅】キンロバイの変種。花が白色のもの。本州中部と四国の高山にみられる。白露梅。(季 春)
きん-わ【謹話】つつしんで話をすること。また、その話。もと、皇室関係のことを述べる場合に話し手の名前などのあとにつけて用いた語。「侍従長一」

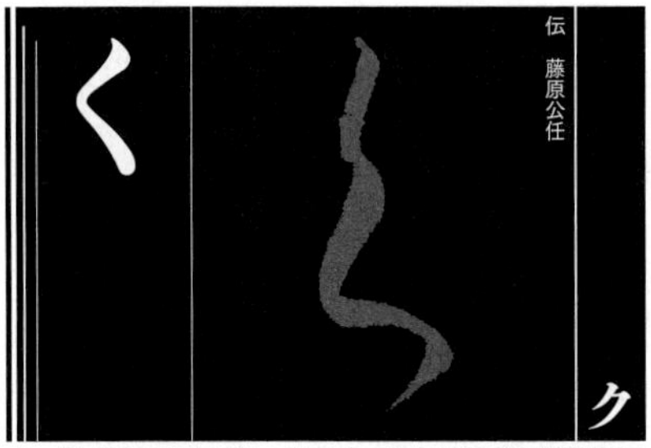

く ❶五十音図カ行の第3音。軟口蓋の無声破裂子音[k]と母音[u]とからなる音節。[ku] ❷平仮名「く」は「久」の草体から。片仮名「ク」は「久」の初2画。

く【九・×玖】 ❶数の名。8の次、10の前の数。ここのつ。きゅう。❷9番目。第9。➡漢「きゅう(九・玖)」

く【口】 ㊀〔名〕仏教で、くち。また、口から出す言葉。➡口業(くごう) ㊁〔接尾〕助数詞。器物や人数を数えるのに用いる。「鍬(くわ)一—」➡漢「こう(口)」

く【区】 ❶小さく区切られた地域。区画。ブロック。「禁猟—」「第一—の走者」❷地方自治法で定められた行政上の区画。㋐一定の自治権をもつ法人である自治区。東京都の特別区と市町村などの財産区。㋑行政事務処理の便宜のために設けられた行政区。政令指定都市の区。❸法令執行のために設けられた区画。選挙区・学区など。➡漢「く(区)」

く【句】 ㊀〔名〕❶文中の言葉のひと区切り。❷詩歌の構成上の単位。㋐和歌・俳句などで、韻律上、5音または7音からなるひと区切り。また、その組み合わせでひとまとまりとなったもの。「上(かみ)の—」㋑漢詩で、4字・5字・7字などからなるひと区切り。❸連歌・連句の発句(ほっく)。また、俳句。「—を詠む」❹慣用句やことわざ。❺言語単位の一。㋐単語が連続して一つのまとまった意味を表し、文を形成するもの。また、それが文の一部分をなすもの。フレーズ。㋑二つ以上の単語が連なって、あるまとまった意味を表し、一つの単語と似たような働きをなすもの。「副詞—」㋒文の構成要素の一つで、一つの自立語、または、それに付属語のついたもの。文節。㊁〔接尾〕助数詞。連歌の各句や俳句などを数えるのに用いる。「一—浮かんだ」➡漢「く(句)」類語 語句・章句・字句・一字一句

く【苦】 ❶心身につらく感じること。くるしみ。苦労。「—あれば楽あり」「生活—」❷仏教における基本理念の一。煩悩(ぼんのう)や悪い行為などの報いとして受ける心身の苦しみ。➡八苦(はっく) ➡漢「く(苦)」

苦に・する 非常に気に掛けて思い悩む。苦に病(や)む。「借金を—・する」

苦にな・る つらい負担となる。気にかかって心の重荷になる。「貧しさも—・らない」

苦に病・む たいそう気にして思い悩む。苦にする。「息子の素行を—・む」

苦は楽(らく)の種(たね) 現在の苦労は、将来の幸福のもとになるということ。

苦もなく 大して苦労せずに。簡単に。わけもなく。「難問題を—解いてみせた」

く【×垢】 仏語。煩悩(ぼんのう)。心をけがす不浄なもの。

く【×矩】 地球から見て、外惑星が太陽から90度の位置にあること。また、その時刻。太陽の東にあれば上矩または東方矩、西にあれば下矩または西方矩という。➡漢「く(矩)」

く【来】 〔動カ変〕「く(来)る」の文語形。

く【▽消】 〔動カ下二〕消える。「降り置ける雪の常夏に**けずて**渡るは」〈万・四〇〇四〉「梅の花早くな散りそ雪は**けぬ**とも」〈万・八四九〉「立山の雪し**く**らしも」〈万・四〇二四〉補説「消ゆ」に先行する上代語とされるが、活用形は大半が連用形である。終止形の例とされる「四〇二四」を「来らし」とする説もあり、また、未然・連用形の「け」は「消ゆ」の未然・連用形「きえ」の音変化とする説もある。

く 〔接尾〕《上代語》活用する語に付いて名詞化する。四段・ラ行変格活用の動詞や助動詞「けり」「り」「む」「ず」などはその未然形に付き、形容詞にはその古い未然形「け」に付く。ただし、助動詞「き」には、その連体形に付く。❶主語または連用修飾語となって、㋐「…すること」「…するもの」の意を表す。「あかねさす日は照らせれどぬばたまの夜渡る月の隠ら—惜しも」〈万・一六九〉㋑「…する所」「…する場所」の意を表す。「梅の花散ら—はいづくしかすがにこの城(き)の山に雪は降りつつ」〈万・八二三〉㋒「…するとき」の意を表す。「み吉野の山の嵐の寒け—にはたや今宵も我(あ)が一人寝む」〈万・七四〉❷「言ふ」「思ふ」などの意の動詞に付いて、引用文を導き、「…することには」「…するのは」の意を表す。「寺々の女餓鬼申さ—大神(おほみわ)の男餓鬼賜りてその子生まはむ」〈万・三八四〇〉❸引用文の末尾に置かれ、引用句を形成して、「…すること」の意を表す。「皇御孫命(すめみまのみこと)のうづの幣帛(みてぐら)を朝日の豊さか登りに称辞竟(たたへごとを)へまつら—と宣る」〈祝詞・祈年祭〉❹文末にあって、文全体を名詞止めの感動文とする。「…くに」「…くも」の形で用いられ、「…することよ」「…であることよ」の意を表す。「苦しくも暮れ行く日かも吉野川清き河原を見れど飽かな—に」〈万・七二一〉補説 上二段・下二段・カ変・サ変の動詞および「つ」「ぬ」「しむ」などの助動詞には、その終止形の下に「く」と同じ意を表す「らく」が付く。ただし、上一段の「見る」には、その未然形に「らく」が付く。➡らく(接尾) ➡ク語法

く【×躯】 〔接尾〕助数詞。仏像などを数えるのに用いる。体(たい)。➡漢「く(躯)」

く【▽処・▽所】 〔語素〕名詞、または、それに準じるもの、動詞の連用形に付いて、場所の意を表す。「いず—」「こもり—」補説「すみか」の「か」、「どこ」の「こ」と同語源と考えられる。

漢字項目 く

【九・久・▽丘・▽究・宮】▶きゅう
【口・工・▽公・▽孔・功・×垢・紅・貢】▶こう
【供】▶きょう
【×倶】▶ぐ
【庫】▶こ

区〔區〕 学3 音ク(呉)(漢) 訓まち ‖ ①細かく仕切る。「区画・区分・区別」②ある目的で区切った地域や範囲。「海区・学区・管区・漁区・教区・地区」③行政区画の一。「区長・区民/市区・特別区」④こまごましている。「区区」難読 区区(まちまち)

句 学5 音ク(呉)(漢) ‖ ①文章の切れ目。切れ目をつけること。「句点・句読(くとう)/章句」②いくつかの単語が連なって、ある意味を表すもの。フレーズ。「禁句・警句・語句・字句・冗句・成句・絶句・文句」③和歌・連歌・俳諧・漢詩などの構成上の単位。「句法/起句・結句・詩句・初句・承句・俳句・発句・連句」④俳句。「句会・句稿・句作・句集/選句・類句」

×狗 音ク(呉) 訓いぬ ‖ ①イヌ。「狗肉/良狗」②卑しいもの。「狗盗/走狗」難読 狗母魚(えそ)・狗尾草(えのころぐさ)

苦 学3 音ク(呉) 訓**くるしい、くるしむ、くるしめる、にがい、にがる** ‖ ㊀〈ク〉①味がにがい。「苦汁・苦味/甘苦」②精神的・肉体的につらい思いをする。くるしい。くるしみ。「苦学・苦境・苦行・苦心・苦戦・苦痛・苦悩・苦楽・苦労/艱苦(かんく)・刻苦・困苦・辛苦・痛苦・病苦・貧苦・労苦」③にがにがしい。「苦言・苦笑・苦情」④程度がひどい。「苦寒」㊁〈にが〉「苦手・苦味・苦虫」難読 苦力(クーリー)・苦汁(にがり)

人矩 音ク(呉)(漢) 訓かね、のり ‖ ①L字形の定規。かねじゃく。さしがね。「縄矩」②一定の基準。「規矩」③四角。「矩形」補説「榘」は異体字。名付 かど・ただし・ただす・つね 難読 矩差(かねさし)・矩尺(かねじゃく)

×躯 音ク(呉)(漢) 訓からだ、むくろ ‖ からだ。「躯幹/体躯・短躯・長躯・病躯・老躯」

駆〔驅〕 音ク(呉)(漢) 訓**かける、かる** ‖ ①馬などを走らせる。かる。かける。「駆使・駆動/疾駆・先駆・前駆・馳駆(ちく)・長駆」②追い払う。「駆除・駆水・駆逐・駆虫」補説「駈」は俗字。人名用漢字。

▽駒 音ク(呉)(漢) 訓**こま** ‖ ㊀〈ク〉小さな馬。また、若い元気な馬。「駒隙(くげき)/白駒」㊁〈こま(ごま)〉「駒下駄/黒駒・手駒・若駒」

×懼 音ク(漢) グ(呉) 訓おそれる ‖ びくびくする。おそれ。「畏懼(いく)・危懼・疑懼・恐懼・惶懼(こうく)」補説「惧(ぐ)」は俗字。

×衢 音ク(漢) 訓ちまた ‖ 四方に通じる道。よつつじ。「街衢・康衢」

漢字項目 ぐ

【×弘・▽紅】▶こう
【▽求】▶きゅう

具 学3 音グ(呉) 訓そなえる、そなわる、つぶさに ‖ ①必要なものをそろえる。そなえる。そなわる。「具象・具体・具備・具有/不具」②そなえておく器物。「家具・玩具(がんぐ)・器具・工具・寝具・道具・農具・馬具・武具・仏具・文具・夜具・用具」③詳しく申し立てる。つぶさに。「具申・具陳/敬具」名付 とも 難読 玩具(おもちゃ)

人倶 音グ(慣) ク(呉)(漢) 訓ともに ‖ そろって。ともに。「不倶戴天(ふぐたいてん)」補説 人名用漢字表(戸籍法)の字体は「俱」。名付 とも・ひろ・もろ 難読 倶楽部(クラブ)・倶利迦羅(くりから)

惧 音グ(呉) ク(漢) ‖ おそれる。おそれ。「危惧」補説 もと「懼(ぐ)」の俗字。

愚 音グ(呉)(漢) 訓**おろか** ‖ ①おろか。ばか。「愚挙・愚行・愚痴・愚直・愚鈍・愚民・愚問・愚劣/暗愚・迂愚(うぐ)・頑愚」②ばかにする。「愚弄(ぐろう)・愚民政策」③おろかな者。「下愚・賢愚・衆愚・凡愚」④自分に関する物事に添えて謙遜(けんそん)を表す語。「愚見・愚考・愚妻・愚生・愚僧・愚息」

▽虞 音グ(呉)(漢) 訓**おそれ** ‖ ①心配する。おそれ。「虞犯/憂虞」②おもんぱかる。「不虞」③古代中国の伝説上の王朝名。「唐虞」名付 すけ・もち・やす

ぐ 「く」の濁音。軟口蓋の有声破裂子音[g]と母音[u]とからなる音節。[gu]ただし、現代共通語においては、一般に語頭以外では鼻音の頭音をもつ[ŋu]となる(これを鼻濁音の「ぐ」ともいう)。

ぐ【▽五】 丁半ばくちで、5の数をいう。「一一、一六、一三と三ばいきってな」〈洒・卯地臭意〉

ぐ【具】 ㊀〔名〕❶ある目的を果たすために利用する手段。道具。「政争の—にする」❷料理で、汁、まぜ御飯などに入れたり付け添えたりする魚・貝・肉・野菜などの副材料。「味噌汁の—」❸㋐連れ添うこと。また、その人。妻。配偶者。「一所(ひとところ)は宮腹(みやばら)の—にておはす」〈栄花・月の宴〉㋑貴人の相手役。従者。「ひめ宮の御—にて」〈源・蜻蛉〉㊁〔接尾〕助数詞。衣類・器具などで、ひとそろいになるものを数えるのに用いる。「鎧(よろい)一—」➡漢「ぐ(具)」類語 材料・種(たね)・実(み)

ぐ【愚】 ㊀〔名・形動〕おろかなこと。ばかげたこと。また、そのさま。「—を犯す」「—な男」「尾鰭(おひれ)を附けて—な評判をしておった」〈魯庵・社会百面相〉㊁〔代〕一人称の人代名詞。自分のことをへりくだっていう語。「一案ずるに何様(なにさま)小姑というものは」〈紅葉・二人女房〉➡漢「ぐ(愚)」類語 愚か・愚かしい・低能・馬鹿

愚に返・る 年をとって、分別を失う。また、おろかになる。「中風の老父(おやじ)は最早(もう)余程—・ってる様ですが」〈木下尚江・良人の自白〉

愚にも付かぬ ばかばかしくて問題にならない。「—ことを言う」

愚の骨頂 この上なくおろかなこと。

クアーティー【QWERTY】 コンピューターや英文タイプライターのキー配列の一。19世紀に考案されたもの。上から2段目、左から6個分のキーの文字列、Q・W・E・R・T・Yから名づけられた。

クアーティー-はいれつ【QWERTY配列】▶クアーティー(QWERTY)

ぐ-あい【具合｜▽工合】ぐあひ ❶活動や機能からみた物事の状態。「エンジンの―を調べる」「雨戸の滑り―」「風は吹くし波は高いしといった―であった」❷健康の状態。「―が悪いので休む」❸物事の運び方。「こんな―にやろう」❹物事を行うにあたっての状況。都合。「話の―でどうなるかわからない」「午前中は―が悪い」「うまい―に電車が来た」❺体面。体裁。「ここまできて断るのは―が悪い」

(用法)具合・調子――「からだの具合(調子)がいい」「機械の具合(調子)が悪い」などでは相通じて用いられる。◆「具合」は、「味の具合を見る」「客の集まり具合がいい」「今辞めるのは具合が悪い」のように、物事の状態や周囲の状況を実際に確かめていうのに用いることが多い。◆これに対して「調子」は、動き・勢いなどのようすを外部から感覚的にとらえていうことに用いて、「今日の彼はいつもと調子が違う」「その調子、その調子」「調子を合わせる」のように使う。◆類似の語に「加減」がある。「からだの加減が悪い」のように、「具合」や「調子」と同じように用いるほか、「風呂の加減をみる」のように、程度の意味もある。また、「ほろ酔い加減」「上向き加減」のように接尾語としても用いる。

(類語)都合・状態・調子・あんばい・加減・コンディション・有り様ありさま・様子ようす・動静・様相・模様・態様・様態・状況・概況・情勢・形勢・容体・気配

グアイタ-の-とう【グアイタの塔】タワ《Guaita》イタリア半島北東部のサンマリノ共和国、ティターノ山の尾根の頂(標高738メートル)にある塔。城壁に囲まれた旧市街の防備のため、11世紀に建造された。かつて牢獄として使われたこともある。ロッカグアイタ。

く-あくせつ【口悪説】仏語。うそ・おせじ・ののしりなど、口による悪い行い。

クアジーモド〘Salvatore Quasimodo〙[1901～1968]イタリアの詩人。初期は叙情詩を、第二次大戦中から反ファシズムの詩を作った。1959年ノーベル文学賞受賞。詩集「水と土」「来る日も来る日も」。

グアダラハラ〘Guadalajara〙メキシコ中西部にある都市。歴史的な建物が多く「西部の真珠」とよばれる。農・鉱業の中心地。人口、都市圏394万(2008)。

グアダルーペ〘Guadalupe〙スペイン西部、エストレマドゥーラ州の町。1300年頃、羊飼いが木彫りの聖母像を発見し小さな礼拝堂が建てられたことに起源する。世界遺産(文化遺産)のサンタマリア-デ-グアダルーペ王立修道院があることで知られる。

グアダルーペ-じいん【グアダルーペ寺院】―ジヰン《Basílica de Guadalupe》メキシコ、メキシコシティ北東部の郊外都市、グアダルーペ-イダルゴにあるカトリック寺院。1531年、先住民の前に褐色の肌をした聖母が現れたという奇跡に由来する。

グアダルーペ-しゅうどういん【グアダルーペ修道院】―シウダウヰン《Monasterio de Guadalupe》▶サンタマリア-デ-グアダルーペ王立修道院

グアダルキビル-がわ【グアダルキビル川】―がは《Guadalquivir》スペインのアンダルシア地方で最大の川。長さ656キロ。アラビア語で、大きい川の意。

グアッシュ〘フラ ンス gouache〙▶ガッシュ

クアッド-エックスジーエー〘quad-XGA〙▶キュー-エックスジーエー(QXGA)

クアッドコア-シーピーユー【クアッドコアCPU】《quad-core CPU》▶クアッドコアプロセッサー

クアッドコア-プロセッサー〘quad-core processor〙四つのコア(演算回路の中核部分)を集積したマイクロプロセッサー。異なる処理を独立して同時に実行できるため、総合的な実行効率が上がる。クアッドコアCPU。➡デュアルコアプロセッサー ➡マルチコアプロセッサー

クアッド-プレー〘quad play〙▶クアドロプルプレー

グアディクス〘Guadix〙スペイン南部、アンダルシア州の町。グラナダの東方約50キロメートルに位置する。町の起源は古代ローマ時代にさかのぼり、イスラム教徒支配時代の要塞跡が残っている。少数民族ロマのクエバ(ほら穴)と呼ばれる洞窟住居があることで知られる。グアディス。グアディシュ。

グアテマラ〘Guatemala〙㊀中央アメリカの共和国。首都グアテマラ。マヤ文明が栄えたあと、スペインの植民地となったが1839年独立。コーヒー・バナナを輸出。人口1355万(2010)。㊁グアテマラ共和国の首都。中央アメリカ最大の都市。海抜約1500メートルの高地にある。

グアドループ〘Guadeloupe〙カリブ海、小アンティル諸島中部にあるフランスの海外県。バステール島・グランドテール島と周辺の島々から成る。1635年フランス領に、1946年海外県になる。サトウキビ・バナナの栽培が盛ん。人口45万(2006)。

クアドロプル-プレー〘quadruple play〙音声通話(固定電話)、データ通信(インターネット)、映像配信(テレビ放送)に、携帯電話などの移動体通信を加えた四つのサービスを、一つの事業者が提供すること。クワトロプレー。クアッドプレー。グランドスラム。➡トリプルプレー

グアナコ〘guanaco〙偶蹄ぐうてい目ラクダ科の哺乳類。体高約1メートルの、こぶのないラクダ類。南アメリカの山岳地帯や低地の半砂漠地帯にすむ。➡ラマ

グアナハ-とう【グアナハ島】タウ《Isla de Guanaja》中央アメリカ、ホンジュラス、カリブ海にあるバイア諸島の島。イスラス-デ-ラ-バイア県に属す。周囲をサンゴ礁に囲まれダイビングやシュノーケリングなどのマリンスポーツが盛ん。北米の観光客に人気がある。

グアナフアト〘Guanajuato〙メキシコ中部の都市。標高2050メートルの高地にある。植民地時代に銀鉱山の町として栄えた。その歴史的な建造物は、1988年「古都グアナフアトとその銀鉱群」として世界遺産(文化遺産)に登録された。

グアニル-さん【グアニル酸】《guanylic acid》生物体内に存在するヌクレオチドの一種。グアニンにリボースと燐酸1分子がついたもの。干しシイタケのうまみの主成分。調味料として生産される。グアノシン一燐酸。GMP。

グアニン〘guanine〙核酸を構成するプリン塩基の一。DNA、RNAの両方に含まれ、DNA中ではシトシンと塩基対をつくる。グアノから発見された。

グアノ〘guano〙海鳥などの糞ふんが堆積たいせきし固まったもの。ペルー・チリ・セーシェルなどのものが有名。燐酸肥料に利用される。糞化石。鳥糞石。

グアバ〘guava〙フトモモ科の小高木。分枝が多く、葉は卵形で、煎じたものをグアバ茶として飲む。果実は球形または卵球形で香りがあり、食用。熱帯アメリカの原産。ばんじろう。ばんざくろ。

クアハウス〘ドイ ツ Kurhaus〙温泉地に設けられた保養所。多くは入浴施設とスポーツ施設をあわせもち、専門家の指導のもとに健康増進をはかる。

グアバ-ちゃ【グアバ茶】グアバの葉を茶のように煎じた飲料。食物繊維・ポリフェノール・ビタミンC・ミネラル類を多く含み、健康によいという。

クアム〘QAM〙《quadrature amplitude modulation》▶直交振幅変調

グアム-とう【グアム島】タウ《Guam》西太平洋、マリアナ諸島最大の島。米国領で大軍事基地がある。観光地として有名。面積541平方キロメートル。人口17万(2006)。

グアヤキル〘Guayaquil〙エクアドルの太平洋岸にある都市。同国最大の貿易港でコーヒー・パナマ帽などを輸出。人口、行政区222万(2008)。

グアヤコール〘guaiacol〙ブナの木きタールやユソウボクの樹脂(グアヤク脂)に含まれる特異な臭気をもつ結晶。水に溶けない。クレオソートの主成分で、防腐剤・殺菌剤に用いる。化学式$C_7H_8O_2$

クアラ-ルンプール〘Kuala Lumpur〙マレーシアの首都。マレー半島中西部にあり、錫・ゴムの集散地。住民の多くは中国系。人口、行政区158万(2008)。

グアルダ〘Guarda〙スイス東部、グラウビュンデン州の村。イン川に沿ったエンガディン谷に位置する。スグラフィットというエンガディン地方の伝統的な技法で壁を装飾した建物が多い。絵本「ウルスリのすず」の舞台のモデルとなったことで知られる。

グアルディ〘Francesco Guardi〙[1712～1793]イタリアの画家。詩情あふれるベネチアの風景を描いた。作「ラグーナ」「大運河とリアルト橋」など。

クアルテット〘イタ リア quartetto〙▶カルテット

く-あわせ【句合(わ)せ】くあはせ 歌合わせにならって、左右に分かれて発句ほっくを作り、優劣を競うもの。

く-あん【句案】文章・和歌・俳句などを作ろうとして、あれこれ考えをめぐらすこと。

ぐ-あん【具案】❶草案を立てること。❷一定の手段・方法を備えた計画。具体案。

ぐ-あん【愚案】❶おろかな考え。ばかげた意見。❷自分の考えをへりくだっていう語。愚見。

(類語)愚見・愚考・愚意・愚存・愚慮

愚案に落・つ　❶おろかな考えに従う。「権勢にやおもねりけん、また愚案にや落ちけん」〈太平記・二〉❷納得がいく。腑ふに落ちる。「御辞退に及び給ふは何とも―ち申さず」〈浄・吉野忠信〉

ぐ-あん【愚暗｜愚▽闇】おろかで道理がわからないこと。暗愚。「無才―の身をもって」〈平家・二〉

クアンタオ【官倒】《中国語。タオ(倒)は、物資を横流しする、転売する意の北京方言》中国の改革・開放政策の中で出てきた「官僚ブローカー」のこと。政府・共産党の幹部やその親族が、自ら国営会社を運営したり、新興企業集団と癒着し物資を横流ししたりして物価をつり上げ不当な利益を得るのをさしていう。

グアンタナモ〘Guantánamo〙キューバ南東部の湾岸都市。グアンタナモ州の州都。グアンタナモ湾には米国の海軍基地が置かれている。

グアンタナモ-べいぐんきち【グアンタナモ米軍基地】《Guantanamo Bay Naval Base》キューバ南東部のグアンタナモにある米国海軍の基地。1902年にスペインから独立したキューバは翌年、独立を援助した米国に対してグアンタナモ基地の永久租借を認めた。そのため、61年に両国の国交が断絶した後も、この地に米国海軍基地が置かれている。2002年からはイスラム過激派のテロ容疑者などを収容。

く-い【句意】句の意味。俳句の意味。

くい【×杭｜×杙｜▽株】くひ ❶(杭・杙)地中に打ち込んで支柱や目印にする棒。❷切り株。くいぜ。「(大象ガ)足に大きなる―を踏み貫きたり」〈今昔・五・二七〉

株くひを守・る　「株くひぜを守る」に同じ。

くい【悔い】後悔すること。「―のない青春」「―を残す」(類語)後悔・悔悟・悔恨・悔やむ・悔いる・懲りる・思い残す

くい【食い】くひ ❶食うこと。「いかもの―ぐい」❷魚がえさに食いつくこと。また、その度合い。「―が悪い」「入れ―ぐい」

ぐ-い【愚意】自分の気持ちや考えをへりくだっていう語。愚見。愚案。「―を申し述べます」

グイ〘GUI〙《graphical user interface》▶ジー-ユー-アイ(GUI)

ぐい〔接頭〕動詞の連用形または連用形名詞に付いて、そのまま、すぐに、一息に、勢いよく、などの意を表す。「―飲み」「―寝」「まあおれと一所に―登って」〈洒・新吾左出放題〉

クイアー〘queer〙《「クィア」とも》同性愛者。

くい-あい【食(い)合い】くひあひ ❶食い合うこと。「票の―」❷かかわり合い。「此方に―の無い事だから」〈二葉亭・浮雲〉❸株式の信用取引で、未決済の売建玉うりたてぎょくと買建玉の割合のこと。

くい-あ・う【食(い)合う】くひあふ〘動ワ五(ハ四)〙❶互いに相手や相手のものを食う。また、互いに相手の領域を侵す。「ピラニアどうしが―・う」「選挙の地盤を―・う」❷一つのものを一緒に食べる。「同じ釜の飯を―・った仲」❸組み合わせた部分がよく合わさる。かみ合う。「二つの歯車が―・う」

くい-あ・きる【食(い)飽きる｜食い×厭きる】くひ―〘動カ上一〙あきるほど十分に食べる。また、同じものを

何度も食べたりして、もうこれ以上食べたくなくなる。食傷する。「刺身は―・きた」

くい-あげ【食(い)上げ】くひ ❶失業して生活の手段を失うこと。「おまんまの―」❷釣りで、魚がえさをくわえて浮き上がり、浮きが横になること。❸食い扶持を取り上げられること。「怪我でもさせ申すと、それこそ扶持の―だ」〈滑・浮世床・初〉 類語 失業・解雇・馘首・首切り・くび・失職・お払い箱・食いはぐれ

くい-あま・す【食(い)余す】くひ〔動サ五(四)〕食べつくさないで残す。食い残す。「ご馳走が多くて―・す」

くい-あら・す【食(い)荒らす】くひ〔動サ五(四)〕❶あれこれ乱暴に食べて損害を与える。「作物を野ネズミに―・される」❷あれこれ箸をつけて食い散らす。「ご馳走を―・す」❸他の勢力範囲を侵して害を与える。「選挙地盤を―・す」

くい-あらため【悔(い)改め】キリスト教で、自らの罪を懺悔して神にゆるしを願うこと。➡痛悔

くい-あらた・める【悔(い)改める】〔動マ下一〕図くいあらた・む〔マ下二〕過去の過ちを反省して心がけを変える。「これまでの非行を―・める」

くい-あわせ【食(い)合(わ)せ】くひあはせ ❶一緒に食べると害があるとされる食物の組み合わせ。鰻と梅干し、テンプラと氷水、テンプラとスイカなど。食べ合わせ。「―が悪い」❷凹凸の部分を互いに組み合わせること。また、その部分。かみあわせ。

くい-あわ・せる【食(い)合(わ)せる】くひあはせる〔動サ下一〕図くひあは・す〔サ下二〕❶2種類以上の食物を一緒に食べる。特に、一緒に食べると有害なものを同時に食べる。「スイカとテンプラを―・せるのはよくない」❷凹部と凸部を互いに食い込むように組み合わせる。かみあわせる。「歯車を―・せる」❸上の歯と下の歯をかみ合わせる。「歯を―・せて念珠をもみちぎる」〈宇治拾遺・三〉❹出くわす。「いい日を―・せたあ」〈滑・浮世風呂・四〉

くい-いじ【食(い)意地】くひイヂ どうしても食べたいと思う気持ち。「―が張っている」類語 食欲・食い気

クイーユ〘Henri Queuille〙[1884～1970]フランスの政治家・医師。急進社会党党首。第二次大戦下、ドゴールの抵抗運動に参加し、のち、首相。

くい-い・る【食(い)入る】くひ〔動ラ五(四)〕❶物の内部に強く深く入り込む。食い込む。「ロープが手首に―・る」❷視線などが、対象に深く入り込む。「テレビに―・る」「―・るように見つめる」

クイーン〘Ellery Queen〙米国の推理小説家。ダネー(Frederic Dannay[1905～1983])と、リー(Manfred Bennington Lee[1905～1971])の共同ペンネーム。本格推理小説を多数執筆。また、推理小説の書誌学研究に努めた。作「ローマ帽子の謎」「Yの悲劇」など。

クイーン〘queen〙❶王妃。女王。❷トランプで、女王の絵のついた札。❸チェスで、女王の駒。❹一団の中の花形の女性。「社交界の―」類語 女帝・女王

クイーンエリザベス-こうえん【クイーンエリザベス公園】コウヱン《Queen Elizabeth Park》カナダのバンクーバーにある植物園。英国のジョージ6世とエリザベス妃のバンクーバー訪問を記念して1940年に名付けられた。四季折々の花々が見られるほか、熱帯植物を植えたブローデル温室がある。リトルマウンテンからの眺望も観光客に人気がある。

クイーンエリザベスにせい-ごう【クイーンエリザベス二世号】ガウ《Queen Elizabeth 2》英国で建造された豪華客船。6万7140総トン。1969年に竣工、75年3月に世界一周クルーズの途次に初来日。

クイーン-サイズ〘queen size〙婦人服の超大判。本来はキングサイズにつぐ準特大の意。

クイーンシャーロット-しょとう【クイーンシャーロット諸島】シヨタウ《Queen Charlotte Islands》カナダ南西部、ブリティッシュコロンビア州の太平洋岸にある諸島。グラハム島、モレスビー島はじめ大小約150の島々からなる。モレスビー島南部はグアイ-ハーナス国立公園保護区に指定。保護区内のスカングアイ(アンソニー島)には、ハイダ族のトーテムポールや集落跡が残り、1981年世界遺産(文化遺産)に登録された。

クイーンズ-イングリッシュ〘Queen's English〙英国の標準英語。女王統治下でのいい方。国王統治下では、キングズイングリッシュという。

クイーンズクロス-きょうかい【クイーンズクロス教会】ケウクワイ《Queen's Cross Church》英国スコットランド西岸の都市グラスゴーにある教会。グラスゴー出身の建築家チャールズ=レニー=マッキントッシュが設計した唯一の教会で、19世紀末に完成した。マッキントッシュ教会。

クイーンズランド〘Queensland〙オーストラリア北東部の州。州都ブリスベーン。牧畜やサトウキビ栽培、ボーキサイト採掘が行われる。東北部の海岸沖に世界最大の珊瑚礁グレートバリアリーフがある。

クイーン-マザー〘queen mother〙現国王または女王の母である皇太后。

くい-うち【×杭打ち｜×杙打ち】くひ 杭を地中に打ち込むこと。

くいうち-じぎょう【×杭打ち地形】くひうちヂギヤウ 杭を地中に打ち込んで、地盤を堅固にすること。湿気のある軟らかい地質の場合に行う。杭打ち基礎。

クィエティスム〘フランス quiétisme〙➤静寂主義

くい-かか・る【食(い)掛(か)る】くひ〔動ラ五(四)〕❶かみつこうと飛びかかる。「犬が鶏に―・る」❷食い始める。「昼食を―・ったときに呼び出される」❸食ってかかる。たてつく。「親に―・る」

くい-かけ【食(い)掛け】くひ 食いかけて途中でやめること。また、食べかけのもの。食いさし。

くい-か・ける【食(い)掛ける】くひ〔動カ下一〕図くひか・く〔カ下二〕❶食べ始める。「―・けたときに電話が鳴った」❷食べ終わらずに中途でやめる。「料理を―・けたまま席を立つ」

くい-かじ・る【食い×齧る】くひ〔動ラ五(四)〕❶あちこち少しずつ食べる。「子供が―・った菓子」❷学問・芸事などを少しだけ習って、やめてしまう。「ドイツ語は結局―・っただけだった」

くい-か・ねる【食(い)兼ねる】くひ〔動ナ下一〕図くひか・ぬ〔ナ下二〕❶食べるのに苦労する。「かたくて―・ねる」「多すぎて全部は―・ねる」❷暮らしに困る。「一人でも―・ねるほどの薄給」

く-いき【区域】ヰキ くぎられた一定範囲の場所。「立ち入り禁止―」「受け持ち―」類語 地区・地域・地帯・地方・区画・方面・一円・一帯・界隈・土地・地・境域・境・領域・エリア・ゾーン

くいきがい-さいそうしん【区域外再送信】クヰキグワイ 放送法に規定される対象地域以外において、地上波テレビ放送の番組をCATV事業者などが再送信すること。

くい-きり【食(い)切り】くひ 針金などを切るのに用いる道具。やっとこに似た形で、挟む部分が刃になっている。

くい-き・る【食(い)切る】くひ〔動ラ五(四)〕❶歯でかみ切る。「縄を―・る」❷全部食べてしまう。「二人分の料理を―・ってしまう」

くい-くい〔副〕❶小刻みに何度も引くさま。「小ブナが―(と)糸を引く」❷いつまでも思い切れずにいるさま。くよくよ。「心一つに―と思ひつめたる揚句には」〈浮・万金丹・三〉

ぐい-ぐい〔副〕❶力を込めて引くさま、または、押すさま。「綱を―(と)引っ張る」❷物事を勢いよく積極的に進めるさま。「計画を―(と)押し進める」「後続のランナーを―(と)引き離す」❸酒などを勢いよく続けて飲むさま。「冷や酒を―(と)あおる」❹空腹で腹が鳴るさま。「腹な虫めが―ぬかすわい」〈滑・浮世風呂・四〉

クイクイルコ-いせき【クイクイルコ遺跡】ヰセキ《Cuicuilco》メキシコ、メキシコシティ南部にある古代遺跡。紀元前にさかのぼる、メキシコ高原最古の遺跡として知られる。紀元150年から200年にかけて起きたヒトレ火山の噴火により滅亡。

くい-ぐつ【×杭×沓｜×杙×鞋】くひ 固い地盤に杭を打ち込むとき、杭の先につける鉄具。くいわらじ。

くい-け【食(い)気】くひ 食べたいと思う気持ち。食欲。「色気よりは―」類語 食欲・食い意地

くい-こ・む【食(い)込む】くひ〔動マ五(四)〕❶強く深く入り込む。食い入る。「縄が手首に―・む」「爪が肌に―・む」❷他の範囲・領域にまで入り込む。「会議が昼休みに―・む」「初出場で堂々二位に―・む」「独占市場に―・む」❸支出が多くなって蓄えなどを減らす。赤字になる。「予備費に―・む」

くい-ごろ【食(い)頃】くひ 食べるのに最も適した時期。食べごろ。

くい-ころ・す【食(い)殺す】くひ〔動サ五(四)〕食いついて殺す。かみ殺す。「サメに―・される」

くい-さが・る【食(い)下(が)る】くひ〔動ラ五(四)〕❶食いついてぶら下がる。食いついて離れないでいる。「尻尾には最前の黒いものが…―・って居る」〈漱石・吾輩は猫である〉❷強い相手に粘り強く立ち向かい、どこまでも争う。粘り強く追及する。「納得するまで質問して―・る」❸相撲で、相手の胸に頭をつけて前褌を引き、腰を低くして組む。

くい-さ・く【食(い)裂く】くひ〔動カ五(四)〕食いついて裂く。口にくわえて裂き切る。「唇を―・かんとすばかりに咬みて咬みて」〈紅葉・金色夜叉〉

くい-さし【食い▽止し】くひ 途中で食べるのをやめること。また、そのもの。食いかけ。食べさし。

くい-さ・す【食い▽止す】くひ〔動サ五(四)〕❶食べている途中でやめる。食べさす。「朝飯を―・したまま出かける」❷物事に手をつけて途中でやめる。「田も畠も―・いた様で、はかがいかいね」〈浄・振袖始〉

くい-しば・る【食(い)縛る】くひ〔動ラ五(四)〕❶歯を強くかみ合わせる。「歯を―・る」❷我慢する。耐え忍ぶ。「いつも四角四面に―・って猥褻がましい挙動絶えてしない」〈二葉亭・浮雲〉

くい-し・める【食(い)締める】くひ〔動マ下一〕図くひし・む〔マ下二〕固く合わせる。食いしばる。「下唇を―・めながら、暫らくの間口惜しそうに」〈二葉亭・浮雲〉

くい-しろ【食(い)代】くひ 食物を買う費用。食費。

くいしん-ぼう【食いしん坊】くひしんバウ〔名・形動〕食い意地が張って、むやみと食べたがること。また、そういう人や、そのさま。くいしんぼ。「―な子供」

クイズ〘quiz〙問題を出し、それに答えさせる遊び。また、その問題。なぞ。当て物。「―番組」
類語 なぞなぞ・なぞかけ・判じ物・パズル・クロスワードパズル

くい-す・ぎる【食(い)過ぎる】くひ〔動ガ上一〕図くひす・ぐ〔ガ上二〕❶度を越してたくさん食べる。「―・ぎて腹をこわす」❷他に比べ多量に消費する。「この車はガソリンを―・ぎる」類語 食べ過ぎ・過食・暴飲暴食

くいぜ【▽株｜×杭｜×杙】くひ《古くは「くいせ」とも》木の切り株。また、くい。

株を守・る《切り株にぶつかって死んだうさぎを手にいれた農夫が、その後は働くことをやめ、またうさぎを得ようと切り株を見張って暮らしたという「韓非子」五蠹の故事から》昔通りの習慣にこだわって、融通のきかないことのたとえ。くいを守る。

くい-ぞめ【食(い)初め】くひ 出生後初めて食事をさせる祝いの儀式。新調の膳を使って食べさせるまねをする。生後100日目にする所が多い。箸立て。箸揃え。百日。補説 最近「食う」をきらって「お食べ初め」ということがあるが、これは正しくない。

くいぞめ-わん【食(い)初め×椀】くひぞめ 食い初めに用いる椀。漆塗りで、鶴・亀などめでたい図柄の蒔絵のものが多い。

くい-たお・す【食(い)倒す】くひたふす〔動サ五(四)〕❶店で飲み食いをしてその代金を払わない。「そば代を―・される」❷遊び暮らして財産をなくす。食いつぶす。「親の築いた身代を―・す」

くい-だおれ【食(い)倒れ】くひだふれ ❶飲食にぜいたくをして、財産をなくすこと。「京の着倒れ、大阪の―」❷働かないで遊び暮らすこと。また、その人。

くい-だし【×杭出し｜×杙出し】くひ 堤防や河岸を防護するため、その前面に杭を数列に打ったもの。

くい-だめ【食い×溜め】くひ〔名〕スル 一度にたくさん

食べて腹にためること。食い置き。

くいたり◦ない【食(い)足りない】〔連語〕❶食物が不十分で食欲が満たされない。❷物事が十分でなく、満足できない。「論述が甘くて—◦ない」

ぐ-いち【ˇ五一】❶双六やばくちで、さいの目の五と一とが出ること。❷《さいころの目は五と一とは対面していないところから》食い違っていること。互い違いであること。「—に生えたが歯違ふの歯の見所」〈浄・手習鑑〉

くい-ちがい【食(い)違い】❶食い違うこと。また、その点。「意見の—を調整する」❷塀・土手などが互い違いになるように作ってあること。また、そのもの。(類語)ずれ・行き違い・ジレンマ・矛盾・撞着・自家撞着・齟齬・牴牾・扞格・背反・二律背反・背理・不整合・不一致・対立・相克・相反する・食い違う

くいちがいじく-はぐるま【食(い)違い軸歯車】平行でもなく、交差もしない二軸間に回転を伝える歯車。ウオーム歯車・ねじ歯車など。

くい-ちが・う【食(い)違う】〔動ワ五(ハ四)〕❶組み合わせた部分がうまく合わない。「継ぎ目の模様が—・う」❷物事や意見などがうまく一致しない。「見積書と—・う」「両者の言い分が—・う」(類語)矛盾・撞着・齟齬・牴牾・扞格・背反・二律背反・背理・不整合・不一致・対立・相克・相反する

くい-ちぎ・る【食(い)千切る】〔動ラ五(四)〕歯でかんで切り離す。かみきる。「肉を—・る」

くいち-きん【九一金】漁業主と漁夫とが漁獲物の配分を9と1の割合で行ったこと。松前藩運上制度下で始まり、北洋のニシン漁業などに引き継がれた。

ぐいち-さぶろく【ˇ五一ˇ三六】❶ばくちのさいの目で、2個のさいが五と一、または三と六と出ること。どちらも価値のない数。❷どちらも取り柄や値打ちがないこと。

くいちゃあ《多く「クイチャー」と書く》沖縄県宮古諸島の集団舞踊。祭礼や祝いの席などで、男女が円陣を組んで、歌を掛け合いながら勇壮に踊る。多く三線・太鼓を伴う。

くい-ちら・す【食(い)散らす】〔動サ五(四)〕❶食べ物を食べこぼして散らかす。食い散らかす。「子供が—・した御飯つぶを拾う」❷あれこれと食べ物に少しずつ箸をつける。「おかずを—・す」❸いろいろなことに少しずつ手を出す。「—・すだけで、一つもものにならない」

くい-つき【食(い)付き】❶食いつくこと。「魚の—が悪い」❷物事を始めるきっかけ。「隣ずからの寒暄の挨拶が—で、親々が心安く成るにつれ」〈二葉亭・浮雲〉❸ある食べ物を好んで食べるようになること。「それから—になって霜月の声を聞くと色気より食い気」〈魯文・安愚楽鍋〉❹寄席で、中入り直後の出番。また、それをつとめる芸人。

クイック〘KWIC〙《keyword in context》文脈付き索引。情報検索で、キーワードが文脈の中に含まれて出てくる索引。

クイック〘quick〙❶「クイックステップ」の略。「—で踊る」❷多く他の外来語の上に付いて、動作などの速いことの意を表す。「—モーション」(対)スロー。

くい-つ・く【食(い)付く】〔動カ五(四)〕❶しっかりとかみつく。食らいつく。「すっぽんに—・かれる」「—・きそうな目つき」❷しっかりと取りつく。しがみつく。「机に—・いて離れない」❸物事に喜んで飛びつく。「もうけ話に—・く」❹相手に文句や難癖をつけて迫る。かみつく。「上役に—・く」(類語)食らいつく・噛みつく・齧りつく・かぶりつく・くわえこむ

クイックキャスト〘QUICKCAST〙►ポケットベル

クイック-こうげき【クイック攻撃】バレーボールで、低めのトスを上げ、素早くスパイクを打ち込む攻撃法。

クイックサンド〘quicksand〙砂質の土砂が、浸透水の上昇流によって液体様の状態になる現象。また、その土砂。流砂現象。➡液状化

くい-つく・す【食(い)尽(く)す】〔動サ五(四)〕すっかり食べてしまう。「携帯した食料を—・す」

クイックステップ〘quickstep〙❶速歩。速足。❷社交ダンスで、四拍子の速い踊り方。クイック。

クイック-ターン〘quick turn〙水泳で、折り返し動作の回転式ターンの総称。壁の間際で前または後ろ方向に回転し、足で壁を蹴って折り返すサマソールトターン。とんぼ返りターン。

クイックタイム〘QuickTime〙パソコンなどで動画や音声データを利用するためのソフトウエア。米国アップルコンピューター社(現アップル)が開発。QT。

クイックタイム-けいしき【クイックタイム形式】►クイックタイム

クイックタイム-プレーヤー〘QuickTime Player〙米国アップル社が提供する、QuickTime形式をはじめとする動画や音声ファイルを再生するソフトウエア。

クイック-モーション《和 quick＋motion》❶映画で、遅い速度で撮影し、普通の速度で映写する技法。(対)スローモーション。❷野球で、投手の素早い投球動作。

クイック-リリース〘quick release〙軍事用語で、緊急輸送。兵員・装備を急速にある方面に移動させること。

クイック-レスポンス〘quick response〙販売時点や生産時点で、注文に応じて素早く反応しようという経営手法。QR。

くい-つな・ぐ【食い×繋ぐ】〔動ガ五(四)〕❶限られた食糧を少しずつ食べて生き延びる。「乾パンで—・ぎながら救助を待つ」❷やりくりしながら、ある期間生活を続ける。「アルバイトをして—・ぐ」

くいっ-ぱぐれ【食いっˇ逸れ】「くいはぐれ」を強めていう語。

くい-つぶ・す【食(い)潰す】〔動サ五(四)〕遊び暮らして、財産などをなくす。食いたおす。「親の身上を—・す」

くい-つみ【食(い)積み|食(い)摘み】❶年賀の客をもてなすための料理を重詰めにしたもの。❷蓬莱飾りの江戸での呼称。(季 新年)

くいつめ-もの【食(い)詰め者】貧乏や不品行のために生活に行き詰まった人。

くい-つ・める【食(い)詰める】〔動マ下一〕図くひつ・む〔マ下二〕❶借金・不品行などのために暮らしが立たなくなる。「—・めて夜逃げをする」❷歯を食いしばる。かみしめる。「いつとなく歯を—・めて怒りておはしけるには」〈十訓抄・八〉

くい-で【食(い)出】十分食べたと思うほどの食べ物の量。食べごたえ。「値段の割に—のある料理」

ぐい-と〔副〕❶強く力を入れて急に引いたり、また、押したりするさま。「襟をつかんで—引く」❷勢いよく出したり、また、伸ばしたりするさま。「—手を伸ばす」❸ひと息に勢いよく飲むさま。「—一息に飲みこむ」

くい-どうらく【食(い)道楽】うまい物や珍しい物を食べるのを趣味とすること。また、その人。(類語)食道楽・食通・美食家・グルメ・グルマン

くい-どめ【×杭留(め)|×杙留(め)】護岸・砂防工事などで、杭を打ち込み、土砂の崩壊を防ぐこと。

くい-と・める【食(い)止める】〔動マ下一〕図くひと・む〔マ下二〕物事がそれ以上進まないように防ぎ止める。「延焼を—・める」「侵入を—・める」

くいな【水=鶏|秧=鶏】❶クイナ科の鳥。全長29センチくらいで尾は短い。背面は茶褐色で黒い縦斑があり、顔から胸は青ねずみ色。冬に湿地や水田でみられる。冬くいな。❷ツル目クイナ科の鳥の総称。スズメ大から小形の鶏大のものまで約130種が世界中に分布。日本ではクイナ・ヒクイナなど11種が知られる。詩歌にとりあげられ、鳴く声を「たたく」といわれるのは夏鳥のヒクイナのこと。(季 夏)「一鳴くと人のいへばやさや泊り/芭蕉」

くいな-ぶえ【水=鶏笛】クイナを誘い出すために、その鳴き声に似せて作った笛。(季 夏)

くい-にげ【食(い)逃げ】〔名〕スル ❶飲食店で飲み食いをして代金を払わずに逃げること。また、その人。❷後始末もしないで、そそくさに立ち去ること。「—で悪いが、いずれまた」

クイネーラ〘quinella〙►キネラ

くい-のこし【食(い)残し】❶食べ残すこと。食べ残したもの。❷残り物。「—という程の遺産はあてがわれていたに違いない」〈有島・或る女〉

くい-のば・す【食(い)延ばす】〔動サ五(四)〕❶食べる量を少なくして、長くもつようにする。「携帯食を—・して救助を待つ」❷出費を少なくして、細々と生活を維持する。「わずかな退職金で—・す」

ぐい-のみ【ぐい飲み】❶ぐいと一気に飲むこと。「冷や酒をコップで—にする」❷大ぶりの深い杯。(類語)ひと飲み・一気飲み・らっぱ飲み/杯・杯・玉杯・金杯・銀杯・猪口・酒杯

くい-はぐれ【食いˇ逸れ】食いはぐれること。生計を立てていけなくなること。くいっぱぐれ。

くい-はぐ・れる【食いˇ逸れる】〔動ラ下一〕図くひはぐ・る〔ラ下二〕❶時機をのがして、食べ物にありつけなくなる。食べそこなう。くいっぱぐれる。「昼飯を—・れる」❷生計を立てていくための手段をなくす。くいっぱぐれる。「手に職があれば—・れる心配はない」(類語)失業・解雇・馘首・首切り・くび・失職・食い上げ・お払い箱・あぶれる

クィバストゥ〘Kuivastu〙エストニア西部、バルト海に浮かぶムフ島の町。同島東岸に位置。島の玄関口として知られ、本土のビルツとフェリーで結ばれる。

クイビシェフ〘Kuybïshev〙►サマーラ

クイビシェフ〘Valerian Vladimirovich Kuybïshev〙[1888〜1935]ソ連の政治家。16歳から革命運動に加わり、十月革命後、共産党政治局員となり、国家計画委員会議長に就いたが、のち暗殺された。

くい-ぶち【食(い)扶ˇ持】食べ物を買うための費用。食費。「自分の—を家に入れる」

くい-ぶん【食ひ分】食費。食い扶持。「此の子は—に仕合はせな」〈浄・大織冠〉

くい-ほうだい【食(い)放題】食べたいだけ自由に食べること。食べ放題。

ぐい-まつ【ぐい松】カラマツの変種。葉はカラマツに似るが短く、球果も小さい。南千島・サハリン・東シベリアなどに自生。材は建材などに、樹皮はクラフト紙などの原料にする。色丹松。樺太松。

くい-もの【食(い)物】❶食べる物。食物。「—にありつく」❷自分の利益のために人やものを利用すること。また、その利用される人やもの。「悪徳商法の—になる」

くい-やぶ・る【食(い)破る】〔動ラ五(四)〕かみついて破る。「猫がごみ袋を—・る」

くい-より【食(い)寄り】食事のもてなしなどを目当てに、人が集まってくること。また、利益のために寄り集まること。「親は泣き寄り、他人は—」

クイリナーレ-きゅうでん【クイリナーレ宮殿】《Palazzo del Quirinale》イタリアの首都ローマにある宮殿。ローマの七丘の一、クイリナーレの丘にある。16世紀にローマ教皇グレゴリウス13世の夏の離宮として建設が始まり、クレメンス12世の時代に完成し、歴代教皇の住居として使われた。建築家ドメニコ＝フォンタナ、カルロ＝マデルノらが手がけた。イタリア統一後、ビットリオ＝エマヌエレ2世をはじめ国王の王宮になり、1947年以降、大統領官邸になった。

クイリナーレ-の-おか【クイリナーレの丘】《Colle Quirinale》イタリアの首都ローマにある丘。ローマの七丘の一。現在、大統領官邸になっているクイリナーレ宮殿、憲法裁判所であるコンスルタ宮殿、防衛省が置かれるパラッキーニ宮殿などがある。

クイリヌス〘Quirinus〙ローマ神話の神。ユピテル・マルスとともにローマ国家の三主神とされ、ローマの建設者ロムルスと同一視される。

くい-りょう【食(い)料】❶食物にするもの。食べ物。❷食費。食い扶持。

クィリン〘Cuillin〙英国スコットランド北西岸、スカイ島南西部の山地。同島最高峰のブラッククィリン(標高992メートル)をはじめ、700から1000メートル弱の岩山がある。登山やハイキングで多くの人が訪れる。

く-いる【悔いる】〔動ア上一〕図く・ゆ〔ヤ上二〕自分

のした行為について、まちがいや悪い点があったことに気づき、残念に思ったり反省したりする。後悔する。「前非を―・いる」➡悔やむ(用法)
(類語)後悔・悔悟・悔恨・悔い・悔やむ・懲りる

グイロ〘スペイン güiro〙ラテン音楽で使用する体鳴楽器。波形の刻み目をつけたひょうたん形の楽器で、針金や木の棒でこすって数種の摩擦音を出す。

くい-わかれ【食(い)別れ】クヒ 出棺の際、死者と別れるためにとる食事。

くい-わけ【食(い)分け】クヒ 同じものを餌(えさ)とする2種類以上の動物が、同一環境下に置かれると、餌の種類を変えて共存するようになる現象。

く-いん【九院】クヰン 比叡山にある九つの主要な堂塔。一乗止観院・定心院・総持院・四王院・戒壇院・八部院・山王院・西塔院・浄土院の九つ。

く-いん【庫院】クヰン 禅宗寺院内の厨房(ちゅうぼう)。のちには厨房・僧房などを含めていう。庫裏(くり)。

クインケ-ふしゅ【クインケ浮腫】局部的に興奮した毛細血管からもれ出た液が組織にたまって起こるむくみ。まぶたや唇にできることが多く、アレルギーによるといわれる。1882年にドイツの内科医クインケ(H.I.Quincke)が報告。血管神経性浮腫。

クインシー-マーケット〘Quincy Market〙米国マサチューセッツ州、ボストンの中心部にある歴史的建造物。1826年、食料品を主に扱う商業施設として建てられた。三つの建造物からなり、本来、中央の建物のみを指す。左右にあるノースマーケット、サウスマーケットの建物を含め、ファニエルホールマーケットプレイスと総称される。

クインティリアヌス〘Marcus Fabius Quintilianus〙[35ころ～95ころ]古代ローマの修辞学者・教育者。弁論術教育に貢献。著「弁論術教程」。

クインテット〘イタリア quintetto〙五重奏。五重唱。また、五重奏曲・五重奏団。

くう【功】手柄。功績。こう。「この頃のわが恋力(こひぢから)記(しる)し集め―に申さば五位の冠(かがふり)」〈万・三八五八〉➡漢「こう(功)」

くう【空】㊀〔名〕❶天と地との間。大空(おおぞら)。空間。「―を切る」「―をつかむ」❷《梵 śūnyaの訳。うつろであること、ない、の意》仏語。すべての事物はみな因縁によってできた仮の姿で、永久不変の実体や自我などはないということ。❸「空軍」の略。「陸海―」㊁〔名・形動〕❶何も存在しないこと。また、そのさま。うつろ。「彼は―な懐(ふところ)をひろげて」〈藤村・家〉❷事実でないこと。よりどころのないこと。また、そのさま。「決して自己弁護の―な言草じゃあない」〈里見弴・今年竹〉❸無益なこと。また、そのさま。むだ。「今までの努力が―に帰した」➡漢「くう(空)」
(類語)無・烏有(うゆう)・空(そら)・天・天空・天穹(てんきゅう)・穹窿(きゅうりゅう)・蒼穹(そうきゅう)・太虚(たいきょ)・上天・天球・青空・青天井・宙(ちゅう)・空中・虚空(こくう)・中空(ちゅうくう)・中天・上空・大空

く・う【悔ふ】〔動ハ上二〕《「くゆ」の音変化》「悔いる」に同じ。「此れを―・ふる心なくして」〈今昔・一四・二七〉(補説)近世には「先非を悔うた所に」〈虎明狂・膏薬煉〉のようにハ行四段活用(連用形ウ音便)とみられる例もある。

く・う【食う/喰う】〔動ワ五(ハ四)〕❶食物をかんでのみ込む。食べる。「飯を―・う」❷生活をする。暮らしを立てる。「こんな薄給では―・っていけない」❸口で物をしっかり捕らえる。食いつく。「えさを替えたら魚がよく―・う」❹虫などがかじって物を傷める。また、虫などがからだを刺す。「衣魚(しみ)の―・った書籍」「蚊に―・われる」❺しっかりと間に挟む。また、縄状のものが物にめり込む。「ファスナーに布地が―・われる」❻金銭・時間などがかかる。費やす。「この車はガソリンを―・う」「手間ひま―・う仕事」❼(「年をくう」の形で)かなりの年齢になる。「いたずらに年を―・うばかりだ」❽他の勢力範囲・領域に入り込む。侵す。「縄張りを―・う」❾スポーツなどで、強い相手を負かす。「強敵を―・う」❿演劇・映画などで、ある俳優の演技が勝っていて共演者をしのぐ。「脇役に―・われる」⓫他から、ある行為、特に望ましくない行為を受ける。こうむる。「門前払いを―・う」「お目玉を―・う」「肩すかしを―・う」⓬(「人をくう」の形で)ばかにする。侮る。「人を―・った態度」⓭自分の利益のために、だまして人を利用する。食い物にする。「タレント志望の少女たちを―・う芸能プロダクション」⓮演劇で、上演台本の一部を省略する。カットする。⓯口で軽く挟んで物を支える。くわえる。ついばむ。「春霞流るるなへに青柳の枝―・ひ持ちてうぐひす鳴くも」〈万・一八二一〉⓰かみつく。歯をたてる。「指(および)ひとつを引き寄せて―・ひてはべりしを」〈源・帚木〉⓱薬などを飲む。「つとめて―・ふ薬といふもの」〈かげろふ・中〉
(補説)現代語では、食する意では「食う」がぞんざいで俗語的とされ、一般に「食べる」を用いる。しかし、複合語・慣用句では「食う」が用いられ、「食べる」とは言い換えができないものもある。「たべる(たぶ)」はもともと謙譲・丁寧な言い方であったが、敬意がしだいに失われ通常語となった。(可能)くえる
(一句)泡を食う・一杯食う・犬も食わぬ・同じ釜(かま)の飯を食う・鬼を酢にして食う・糟(かす)を食う・霞(かすみ)を食う・気に食わない・臭い飯を食う・背負(しょ)い投げを食う・粋(すい)が身を食う・すかを食う・側杖(そばづえ)を食う・他人の飯を食う・年を食う・栃麺棒(とちめんぼう)を食う・取って食う・煮て食おうと焼いて食おうと・煮ても焼いても食えない・塗り箸(ばし)で素麺(そうめん)を食う・弾みを食う・人を食う・冷や飯を食う・道草を食う・無駄飯を食う・割を食う
(類語)食べる・食らう・頂く・召し上がる・食する・突(つ)つく・味わう・啄(ついば)む・生きる・生活する・暮らす・やっていく・口を糊(のり)する

食うか食われるか　相手を倒すか、こちらが倒されるか。命がけの勝負であるさま。「―の戦い」

食うや食わず　食事も満足にとらないようす。貧しく暮らしているようす。「―でためた金」

食って掛か・る　食いつくように、激しい言葉と態度で向かっていく。「審判に―・る」

く・う【構ふ】〔動ハ四〕鳥が巣を作る。「つくの穴ごとに燕(つばくらめ)は巣を―・ひ侍る」〈竹取〉➡巣くう

く・う【蹴う】〔動ワ下二〕「蹴(け)る」の古形。「―・ゑ散(はら)かす」〈神代紀・上〉(補説)「馬の子や牛の子にくゑさせてん」〈梁塵秘抄・二〉、「蹴 化ル」〈類聚名義抄〉などの例から、平安末期には下二段活用が下一段化していたかと思われる。また、同じ下一段活用でもクヮ行下一段「くゑる」で、のちに直音化して「ける」になり、カ行下一段となったとする説もある。

ぐう　じゃんけんで、片手を握ってこぶしの形で出すもの。石。

ぐう【寓】❶仮の住まい。寓居。「中島叔母の―は」〈蘆花・思出の記〉❷自分の住まいをへりくだっていう語。「田中―」➡漢「ぐう(寓)」

グー〔形動〕《goodから》魅力のある。おもしろい。すてき。「―なパーティー」

ぐう〔副〕❶呼吸がつまったり、物がのどにつかえたりして苦しいときに発する声を表す語。❷空腹のときに腹の鳴る音を表す語。「腹の虫が―と鳴く」

ぐうの音(ね)も出・ない　一言も反論や弁解ができない。「痛いところをつかれて―・ない」

くう-い【空位】クウヰ ❶ある地位にだれもついていないこと。また、その地位。「会長の座が―になる」❷名ばかりの位。❸空いている座席。空席。「或る時彼の慈童、君の―を過ぎけるが」〈太平記・一三〉

くう-い【空尉】クウヰ 航空自衛官の階級の一。空佐と准空尉との間で、一・二・三等があり、諸外国空軍の大・中・少尉に相当する。

ぐう-い【寓意】ある意味を、直接には表さず、別の物事に託して表すこと。また、その意味。「―を含んだ絵」(類語)直喩・明喩・隠喩・諷喩(ふうゆ)・暗喩・寓話

グーイ〘GUI〙《graphical user interface》➡ジー-ユー-アイ(GUI)

くう-いき【空域】クウヰキ 航空機の航行安全のために、地上の区域と高度を限って設定された空中の区域。

ぐうい-しょうせつ【寓意小説】ーセウセツ 物語に、ある教訓や意見を仮託した小説。

グウィネズ〘Gwynedd〙英国、ウェールズ北部の地方。ウェールズを併合したイングランド王エドワード1世がこの地方に築いた城が残り、カナーボン城、ビューマリス城、コンウィ城、ハーレフ城の四つが保存状態がよい。カナーボンの城郭は、城壁の厚さが最大7メートルあり、王家の居城として使用された。これらは、1986年に「グウィネズのエドワード1世の城郭と市壁群」として世界遺産(文化遺産)に登録された。

漢字項目　くう

空　学1　音クウ(呉)　訓そら、あく、あける、から、むなしい、すく、うつろ‖㊀〈クウ〉①そら。「空間・空気・空中／滑空・虚空(こくう)・航空・上空・低空・天空・碧空(へきくう)・領空」②がらんとして大きい。「天空海闊(てんくうかいかつ)」③中身・根拠がない。何もない。からっぽ。「空虚・空席・空想・空白・空論／架空・真空・中空」④仏教で、実体・本質のないこと。「空観／色即是空」⑤航空機。「空軍・空港・空襲・空路」⑥空気。「空調・空冷」㊁〈そら(ぞら)〉「空色・空耳／青空・夜空」㊂〈から〉「空手・空念仏」
(名付)たか　(難読)空木(うつぎ)・空蝉(うつせみ)・空穂(うつぼ)

漢字項目　ぐう

【宮】➡きゅう

偶　音グウ(慣)　訓たまたま‖①人の形に似せたもの。人形。「偶像／土偶・木偶」②二つで対をなすもの。ペア。カップル。「対偶・配偶・匹偶(ひつぐう)」③二で割り切れる数。「偶数」④思いがけず。たまたま。「偶然・偶発」(名付)ます
(難読)木偶(でく)

人 **寓**　音グウ‖①一時的に別の所に身を寄せる。仮住まい。「寓居・寓所／仮寓・寄寓・流寓」②他の物を利用して気持ちを託する。「寓意・寓言・寓話」③目をとめる。「寓目」
(名付)より・よる

遇　音グウ(慣)　訓あう‖①思いがけず出会う。「奇遇・遭遇」②よい運にめぐりあう。めぐりあわせ。「境遇・不遇・千載一遇」③ある態度で人と接する。もてなす。「厚遇・殊遇・処遇・待遇・知遇・薄遇・優遇・礼遇・冷遇」
(名付)あい・はる

隅　音グウ(慣)　訓すみ‖㊀〈グウ〉①すみ。「一隅・海隅・四隅・片隅・辺隅」②大隅(おおすみの)国。「隅州／薩隅(さつぐう)」㊁〈すみ(ずみ)〉「隅隅／片隅・四隅(よすみ)」(名付)ふさ

ぐう-いん【偶因】物事の根本の原因ではなくて、その発生の機会となる原因。機会原因。

ぐういん-ろん【偶因論】➡機会原因論(きかいげんいんろん)

くう-う【空有】仏語。空と有。事物の実体はあると肯定する立場と、実体はないと否定する立場。

くう-うん【空運】航空機による運送。空輸。

ぐう-えい【偶詠】ふと心に浮かんだことを詩歌に詠むこと。また、その詩歌。偶吟。

クウェート〘Kuwait〙㊀アラビア半島北部、ペルシア湾に面する立憲君主国。首都クウェート。世界屈指の石油産出国。英国保護領から1961年独立。1990年イラクの侵攻を受けるが、翌年、多国籍軍の援助で独立を回復した。人口279万(2010)。㊁クウェート国の首都。ペルシア湾奥のクウェート湾南岸にある港湾都市。

クウェートリンブルク〘Quedlinburg〙ドイツ中部の都市。1949年から90年にかけて旧東ドイツに属した。ドイツの盛期ロマネスク様式を代表する修道院聖堂付属の聖セルバティウス教会や、14世紀から19世紀にかけて建設された旧市街の木組み造りの家並みなどが、戦争の被害を受けずに残る。1994年「クウェートリンブルクの修道院聖堂、城と旧市街」の名称で世界遺産(文化遺産)に登録。

くう-おく【空屋】クウヲク 人の住んでいない家。あきや。

クウォック〘KWOC〙《keyword out of context》情報検索で、キーワードが文脈の頭に置かれて出てくる索引。

クーガー〘cougar〙➡ピューマ

くうかい【空海】[774～835]平安初期の僧。真言宗の開祖。讃岐の人。俗姓、佐伯氏。諡号、弘法大師。延暦23年(804)入唐、翌々年帰朝。高野山に金剛峰寺を建立し、東寺(教王護国寺)を真言道場とした。また、京都に綜芸種智院を開いた。詩文にもすぐれ、書は三筆の一。著「三教指帰」「十住心論」「文鏡秘府論」「篆隷万象名義」「性霊集」など。遍照金剛。

くう-かい【空界】仏語。六界の一。ものの存在を許す空間。遮るものや邪魔するもののないすきま。

ぐう-かく【隅角】❶すみ。かたすみ。❷立体、結晶などのかど。

くう-かつ【空×闊】〔名・形動〕ひろびろとしていること。また、そのさま。「到る処―で」〈長塚・土〉

くう-かぶ【空株】▶からかぶ(空株)

くう-かん【空間】❶物体が存在しないで空いている所。また、あらゆる方向への広がり。「―を利用する」「宇宙―」「生活―」❷哲学で、時間とともにあらゆる事象の根本的な存在形式。それ自体は全方向への無限の延長として表象される。➡時間 ❸数学で、理論で考える前提としての一つの定まった集合。その要素(元)を点とよぶ。普通は三次元のユークリッド空間をいう。❹物理学で、物体が存在し、現象の起こる場所。古典物理学では三次元のユークリッド空間をさしたが、相対性理論により空間と時間との不可分な相関性が知られてからは四次元のリーマン空間も導入された。(類語)スペース・空き・広がり

くう-がん【空▽観】仏語。一切の存在には本性がなく、実体をもたないという真理を観想する方法。

ぐう-かん【偶感】ふと心に浮かんだ感想。(類語)思い・想念・思念・念・感懐・感想・所懐・胸懐・心懐

くうかん-きょくせん【空間曲線】三次元空間における曲線。一つの平面上には含まれない曲線をいう。

くうかん-げいじゅつ【空間芸術】物質的材料を用いて空間に構成される芸術。絵画・彫刻・建築など。造形芸術。➡時間芸術

くうかん-けん【空間権】▶空中権

くうかん-ごうし【空間格子】ある規則に従って配列され、それが周期的に繰り返されている三次元の点の配列のこと。結晶をつくる原子の配列については結晶格子ともいう。

くうかん-しき【空間識】空間における自己の位置・方向・姿勢などの正しい認識。

くうかんしき-しっちょう【空間識失調】空間識に混乱が生じた状態。雲中や夜間の飛行中に、姿勢・位置・速度を正しく認識できなくなる状態。

ぐう-かんすう【偶関数】関数$f(x)$のうちで、すべてのxに対して、$f(-x)=f(x)$を満たすもの。例えば、$f(x)=x^2$など。⇔奇関数。

くうかん-ずけい【空間図形】▶立体図形

くうかん-ち【空閑地】❶利用されずに放置されている土地。空き地。❷まだ開墾・整地されていない荒れ地。❸荘園制下の免租地。

くうかん-ちかく【空間知覚】視覚・聴覚・触覚などによって空間的広がりを認識する作用。形・大小・方向・位置・距離がその対象となる。

くうかん-りったいびょうが【空間立体描画】空中に立体映像を映し出すこと。また、その画像や技術。平成19年(2007)、独立行政法人産業技術総合研究所などが実験に成功。空気中の酸素や窒素などの分子にレーザー光を当てプラズマ化させ発光させることで、立体映像を作り出す。3Dディスプレー。

くう-き【空気】❶地球を包む大気圏の下層部分を構成する無色透明の混合気体。高度数十キロまでは、水蒸気を除くと組成がほぼ一定で、体積比で窒素78.09、酸素20.95、アルゴン0.93、二酸化炭素0.03のほかネオン・ヘリウムなどを含む。乾燥空気1リットルの重さはセ氏零度、1気圧のとき1.293グラム。❷その場の雰囲気。「職場の―になじむ」「険悪な―が流れる」「自由な―を吸う」

(類語)(❶)大気・気・外気・エア/(❷)雰囲気・気分・感じ・様子・気配・ムード・アトモスフィア

空気を読・む　その場の雰囲気から状況を推察する。特に、その場で自分が何をすべきか、すべきでないかや、相手のして欲しいこと、して欲しくないことを憶測して判断する。➡空気❷

くうき-あっしゅくき【空気圧縮機】▶エアコンプレッサー

くうき-えんげしょう【空気×嚥下症】▶呑気症

くうき-ガス【空気ガス】空気に炭化水素ガスやガソリンの蒸気などを混合したもの。小規模の熱源として使用。

くうき-かんせん【空気感染】飛沫核感染のこと。また、飛沫核感染・飛沫感染・塵埃感染など呼吸器から感染する経気道感染を空気感染という場合もある。空気伝染。

くうき-きかい【空気機械】空気をエネルギー源とする機械、および圧力などの形で空気にエネルギーを与える機械。風車や圧縮空気を動力源とする機械類、送風機や圧縮空気を作る機械などがある。

くうき-きかん【空気機関】圧縮空気のもつエネルギーを機械的エネルギーに変換する機関。エアタービンなど。

くうき-こうぐ【空気工具】圧縮空気の膨張する力をエネルギー源に用いる動力工具。空気ドリル・空気ハンマーなど。

くうき-コンデンサー【空気コンデンサー】誘導体に空気を用いたコンデンサー。高圧の希ガス元素を封入したものもある。可変コンデンサーとして使われることが多い。

くうき-シャワー【空気シャワー】大気中に飛び込んできた宇宙線が空気の原子核と衝突して二次粒子を生じ、これがさらに崩壊・生成を繰り返し、多量の粒子となって地上に降り注ぐ現象。宇宙線シャワー。

くうき-じゅう【空気銃】圧縮空気の圧力を利用して弾丸を発射する銃。エアライフル。エアガン。

ぐうき-せい【偶奇性】▶パリティー❸

くうき-せいじょうき【空気清浄器】空気中の塵を取り除く装置。エアクリーナー。

くうき-せいどうき【空気制動機】▶エアブレーキ

くうき-タービン【空気タービン】▶エアタービン

くうき-ちょうせつ【空気調節】▶エアコンディショニング

くうき-でんせん【空気伝染】「空気感染」に同じ。

くうき-でんそうかん【空気伝送管】▶エアシューター

くうき-でんち【空気電池】減極剤に空気中の酸素を用いる一次電池。酸素を吸収しやすくした炭素棒を正極、亜鉛を負極とし、電解液に塩化アンモニウムなどを用いる。

くうき-どうりょくけい【空気動力計】吸収動力計の一。動力吸収流体としての空気中で、プロペラや羽根車を回転させ、その抵抗によって原動機の出力を測定する計器。羽根動力計。

くうき-ドリル【空気ドリル】圧縮空気の膨張する力をエネルギー源に用いる穴あけ機。先端にドリルのついた羽根車に圧縮空気を吹きつけて回転させる。電源のない場所や、電動機の火花が危険な坑内などで用いる。空気錐。

くうき-ぬき【空気抜き】建物や地下道などの中の空気を換気のために排出すること。また、その装置。

くうき-ばね【空気発=条】▶エアクッション

くうき-ハンマー【空気ハンマー】▶エアハンマー

くうき-ブレーキ【空気ブレーキ】▶エアブレーキ

くうきふんしゃ-きかん【空気噴射機関】ディーゼル機関で、燃焼室内に霧状にした燃料を圧縮空気の力で噴射する方式のもの。

くうき-べん【空気弁】空気を吸入したり放出したりするための制御弁。内燃機関や空気圧縮機などに用いる。エアバルブ。気弁。通気弁。

くうき-ホイスト【空気ホイスト】圧縮空気によって巻き胴を回転させ、ロープを巻き上げる起重機。炭坑などで用いる。空気起重機。

くうき-ポンプ【空気ポンプ】▶エアポンプ

くうき-マイクロメーター【空気マイクロメーター】▶エアマイクロメーター

くうきまく-こうぞう【空気膜構造】空気圧で膜または袋を膨らませて形を保つ建築構造。エアドームのように下から加圧して膨らませた構造や、加圧した空気の入った袋をつなぎ合わせた構造などがある。ニューマチック構造。

くうき-まくら【空気枕】空気で膨らませて使う携帯用の枕。

くう-きょ【空虚】〔名・形動〕❶内部に何もないこと。また、そのさま。から。「―なる嚢袋は直上に立つこと能わず」〈中村訳・西国立志編〉❷実質的な内容や価値がないこと。むなしいこと。また、そのさま。「―な論」「―な生活」(派生)くうきょさ〔名〕

(類語)空疎・空漠・空白・空・空っぽ・うつろ・ブランク

くう-ぎょ【空御】貴人の死ぬことを敬っていう語。「―の事出で来し後」〈吾妻鏡・一九〉

ぐう-きょ【×寓居】〔名〕スル❶一時的に身を寄せること。また、その住まい。仮住まい。仮寓。「其お寺と親類で、其処に―して居るのを幸いに」〈福沢・福翁自伝〉❷自分の家をへりくだっていう語。(類語)仮住まい・仮寓・拙宅・弊宅・陋宅・陋居・陋屋

くう-きょう【空教】仏語。三時教の一。有に執着している者を悟らせるため、すべては空であると説く教法。

くうき-よく【空気浴】❶一定時間、裸になって、空気に肌をさらすこと。❷容器の中の空気を加熱し、間接的にその中の物質を乾燥させる理化学実験器具。

くうき-よねつき【空気予熱器】蒸気ボイラーで、燃焼用に送り込む空気をあらかじめ加熱する装置。燃料の点火を容易にし、燃焼効率を高めるために用いる。加熱にはボイラーから排出される熱を利用。

くうき-りきがく【空気力学】流体力学の一部門。空気の流れと、その中で運動する物体との間の力学的相互作用を研究する学問。航空機との関係が深く、航空力学ともいう。

くうき-れいきゃく【空気冷却】▶空冷

ぐう-ぎん【偶吟】「偶詠」に同じ。

くう-くう【空空】㊀〔名〕仏語。宇宙間の一切の存在はすべて空であり、その空であるという道理自体も空であるということ。㊁〔ト・タル〕図〔形動タリ〕❶何もないさま。むなしいさま。「―たる蒼穹」❷心にこだわりのないさま。「例の如く―として偶然童子の如く舞い込んで来た」〈漱石・吾輩は猫である〉

ぐう-ぐう〔副〕❶空腹で腹が鳴るさま。また、その音を表す語。「おなかが―(と)いう」❷深く寝入ったさま。また、いびきの音を表す語。「―(と)眠りこむ」「―(と)高いびきをかく」(類語)ぐっすり・昏昏

くうくう-じゃくじゃく【空空寂寂】《「空寂」のそれぞれの字を重ねて意味を強めた語》㊀〔名〕仏語。宇宙の有形無形の一切は、その実体・本性が空であって、思惟分別を超えていること。㊁〔ト・タル〕図〔形動タリ〕ひっそりと静まりかえっているさま。また、心が何物にもとらわれないさま。「―として天命を楽しんでいるかのように思われた」〈寅彦・備忘録〉㊂〔形動〕図〔ナリ〕㊁に同じ。「無駄か。お前にゃ―だ」〈二葉亭訳・あひゞき〉

くうくう-ばくばく【空空漠漠】〔ト・タル〕図〔形動タリ〕《「空漠」のそれぞれの字を重ねて意味を強めた語》限りなく広いさま。また、とりとめのないさま。「大抵は、―とした思考に耽っていたのだが」〈里見弴・今年竹〉

クー-クラックス-クラン〖Ku Klux Klan〗米国の白人至上主義による秘密結社。南北戦争後、南部地方で黒人排斥を目的として結成され、第一次大戦後は、ユダヤ人・カトリック教徒・社会主義者などにもテロや暴行を加えた。白い服と白覆面とを着けて、脅迫の儀式を行う。白衣団。KKK。

グーグル〖Google〗インターネットの代表的なサーチエンジンの一。また同サービスを運営する米国の企

業。1998年に開設、後に事業化された。2000年より日本でもサービス開始。サーチエンジンのほかに、地図、インターネット広告、電子メールなどさまざまなサービスを提供している。

グーグル-アース〘Google Earth〙米国グーグル社が提供する衛星写真の閲覧ソフトウエア。世界各地の衛星写真を、地球儀を回したときのように連続する画像として閲覧することができる。

グーグル-アップス〘Google Apps〙米国グーグル社が提供するウェブアプリケーションサービス。クラウドコンピューティングのSaaSに分類され、電子メールソフト、ワープロソフト、表計算ソフトなどの各種アプリケーションや複数の利用者とファイルを共有したりする機能をウェブブラウザーからすべて利用できる。独自のドメイン名の使用や、公開されたAPIを通じて企業側の情報システムとの統合運用も可能。

グーグル-アドワーズ〘Google AdWords〙米国グーグル社が提供する検索連動型広告のサービス名。同社が運営するサーチエンジンに入力された検索キーワードに関連する広告を、検索結果と合わせて表示する。アドワーズ。

グーグル-アンドロイド〘Google Android〙▶アンドロイド㊁

グーグル-クローム〘Google chrome〙《「グーグルクロム」とも》米国グーグル社が開発したオープンソースのブラウザーソフト。タブブラウザー機能をもち、セキュリティー面の強化もなされている。閲覧頻度が高いウェブサイトをサムネイル表示するほか、URLや検索語句の入力、検索語句の履歴や候補を表示する多機能ツールバーがある。

グーグル-けいたい【グーグル携帯】❶米国グーグル社のスマートホンの通称。実行環境として同社が開発したアンドロイドを採用している。2010年にNexus Oneネクサスワン、Nexus Sネクサスエスを発売。❷携帯端末メーカー各社が販売するアンドロイド携帯のこと。グーグル社開発の実行環境を搭載することから。

グーグル-ストリートビュー〘Google Street View〙米国グーグル社のサービス、グーグルアースまたはグーグルマップの機能の一。地図上で任意の場所を指定すると、その位置から全方位カメラで撮影した画像が表示される。SV(Street View)。

グーグル-ティーブイ〘Google TV〙米国グーグル社が2010年に発表した、テレビ向けの実行環境。スマートホン向けに開発されたアンドロイドと、ブラウザーソフトGoogle Chromeを基盤とするプラットホームであり、テレビ・ブルーレイディスク関連機器・セットトップボックスなどに組み込んで利用する。テレビでウェブサイトや動画共有サービスを閲覧したり、録画した番組を検索したり、アンドロイド上で動作するゲームで遊んだりできる。グーグルテレビ。

グーグル-テレビ【Googleテレビ】▶グーグルティーブイ(Google TV)

グーグル-バズ〘Google Buzz〙《buzzは、ぶつぶつしゃべる、つぶやくの意》米国グーグル社が提供していたソーシャルネットワークサービス(SNS)の一。2011年、Google＋にサービスを一本化して終了した。

グーグル-ブックけんさく【グーグルブック検索】《Google Book Search》▶グーグルブックス

グーグル-ブックス〘Google Books〙米国グーグル社が提供する書籍の全文検索サービス。OCR技術で電子化された書籍を対象とし、検索語句を含む書籍の一部または全ページを閲覧できる。グーグルブック検索。

グーグル-プラス〘Google＋〙米国グーグル社が提供する、ソーシャルネットワークサービス(SNS)。特定のグループのみとメッセージのやりとりをしたり、写真や動画やウェブ上のコンテンツを共有したりできる機能があるほか、ビデオチャットなども可能。2011年6月に公開。

グーグル-プレー〘Google Play〙米国グーグル社が運営するコンテンツ配信サービス。2012年3月よりアンドロイドマーケットから名称変更。アプリケーションソフト、音楽、映画、電子書籍などのコンテンツをクラウド上で保存・管理し、同社のアンドロイドを搭載したスマートホンやタブレット型端末などで利用する。(補説)名称変更された2012年3月の時点では、日本における音楽、電子書籍のコンテンツ配信サービスは行われていない。

グーグル-ページランク〘Google PageRank〙▶ページランク

グーグル-マップ〘Google Maps〙米国グーグル社が提供する地図情報サービス。平面地図、航空写真、地形の三つの表示方法から選択が可能で、住所や施設名などからの検索もできる。主要都市の一部ではストリートビュー機能を備える。➡グーグルストリートビュー

くう-ぐん【空軍】航空兵力を主力とし、空中における戦闘を主任務とする軍隊。

くう-げ【▽供▽花┊▽供華】「くげ(供花)❶」に同じ。

くう-げ【空華┊空▽花】仏語。煩悩ぼんのうにとらわれた人が、本来実在しないものをあるかのように思ってそれにとらわれること。病みかすんだ目で虚空を見ると花があるように見えることにたとえたもの。

ぐう-け【▽郡家】▶ぐんけ(郡家)

ぐう-げ【×藕▽花】仏語。蓮の花。蓮花れんげ。ぐうか。

くう-けい【空×閨】夫婦の片方がいないために、独りで寂しく寝る寝室。孤閨。空房。「―をかこつ」

くう-げき【空隙】すきま。間隙。「―を埋める」「心の―」

くうげき-りつ【空隙率】岩石や土壌などの単位体積あたりのすきまの割合を百分率で表したもの。多孔度。間隙率。

くう-げ-ちゅう【空仮中】天台宗で説く三諦さんたいのこと。

クーゲルホフ〘ドイツ Kugelhof〙▶クグロフ

くう-けん【空見】仏語。空に執着した考え。一切が空であるという教えにとらわれた考え。

くう-けん【空拳】❶手に武器・道具などを何も持たないこと。素手すで。「徒手―」❷財力や他人の援助などに頼らず、自力で事に当たること。「赤手―」
(類語)素手・手ぶら・徒手・空手

くう-げん【空言】❶根拠のないうわさ。そらごと。「―に惑わされる」❷実行の伴わない言葉。「―虚説の実際に施し難き事情を」〈織田訳・花柳春話〉
(類語)流言飛語・流説・風説・デマ・取り沙汰・噂・風聞・風評・風声ふうせい・巷説こうせつ・浮説・飛語

ぐう-げん【×寓言】他の物事にことよせて意見や教訓を述べた言葉。たとえ話。

ぐうげん-ほう【×寓言法】ハフ 修辞法の一。言おうとすることを、比喩によって暗に悟らせる手法。

くう-ご【×箜×篌】▶くご(箜篌)

ぐう-ご【偶語】〔名〕スル 向かい合って話すこと。

くう-こう【空×劫】ーコフ 仏語。四劫しこうの第四。世界が全く壊滅して、次にまた新たに生成の時が始まるまでの長い空無の期間。

くう-こう【空港】ーカウ 旅客・貨物の航空輸送のための施設をもつ公共用の飛行場。エアポート。
(類語)飛行場・エアポート

ぐう-ごう【偶合】ーガフ〔名〕スル 偶然に一致すること。「夢の夢なる一本百合の此の在る事、畢竟ひっきょう―に過ぎずとは謂え」〈紅葉・金色夜叉〉

くうごう-きあつけい【空×盒気圧計】クウガフー ▶アネロイド気圧計

くうこうきのう-しせつ【空港機能施設】クウカウキノウー 空港の機能を確保するために必要な施設。旅客ターミナルビル・貨物ビル、給油施設など。

くうこうきのうしせつ-じぎょうしゃ【空港機能施設事業者】クウカウキノウシセツジゲフシヤ ▶指定空港機能施設事業者

くうこう-しようりょう【空港使用料】クウカウシヨウレウ 空港の旅行者用施設を利用する旅行客から徴収する料金。従来は国際線旅客のみに課されたが、平成17年(2005)4月から国内線旅客からも徴収する。通常、航空券発行時に徴収される。金額は空港により異なる。空港税。➡停留料

くうこう-ぜい【空港税】クウカウー ▶エアポートタックス

くうこうせいび-ほう【空港整備法】クウカウセイビハフ 空港法の旧称。

くうこう-ほう【空港法】クウカウハフ 国内の空港の設置・管理主体や、管理方法、工事費用等の分担、空港機能施設事業者などについて定めた法律。昭和31年(1956)に空港整備法として制定。平成20年(2008)の法改正時に現名称に変更された。

くう-こく【空谷】人のいない寂しい谷間。

空谷の跫音きょうおん 《「荘子」徐無鬼の「空谷に逃るる者は、人の足音の跫然たるを聞きて喜ぶ」から》だれもいないはずの山奥で聞こえる足音。孤独なときに受ける珍しくてうれしい訪問や便りのたとえ。

くう-さ【空佐】航空自衛官の階級の一。空将補と空尉との間で、一・二・三等があり、諸外国空軍の大・中・少佐に相当する。

くう-さい【空際】❶天と地との接する所。天際。❷仏語。空の極まるところとしての涅槃ねはん。

ぐう-さく【偶作】詩歌などがたまたまできること。また、その作品。偶成。「―を披露する」

くう-さつ【空撮】空中から撮影すること。

くう-ざん【空山】人けのない寂しい山。「馬子唄が、春に更けた―一路の夢を破る」〈漱石・草枕〉

クーザン〘Jean Cousin〙[1490ころ～1560ころ]フランスの画家。絵画をはじめ、ステンドグラス・版画・彫刻・建築・著述など、幅広く活躍。

クーザン〘Victor Cousin〙[1792～1867]フランスの哲学者。ヘーゲル、シェリング、スコットランドの常識哲学などの影響を受け、折衷主義を唱えた。哲学史の領域を開拓。著「近世哲学史講義」「真善美について」など。

くう-し【空士】航空自衛官の階級の一。空曹の下で、空士長および一・二等があり、諸外国空軍の上等・一等・二等兵に相当する。

くう-じ【空自】「航空自衛隊」の略称。

ぐう-し【×藕糸】蓮の茎や根の細い繊維。蓮の糸。

ぐう-じ【宮司】❶神社に仕え、祭祀さいし・造営・庶務などをつかさどる者の長。❷戦前の神官・神職の職階の一。明治4年(1871)の神官職員規則では、神宮および官・国幣社だけに用いられた職名。
(類語)神主・神職・神官

ぐう-じ【宮寺】神社に付属して置かれた寺院。神宮寺じんぐうじ。みやでら。

クーシェット〘フランス couchette〙《「クシェット」とも》ヨーロッパの鉄道で、二段・三段式の簡易寝台。

くう-しけん【空試験】▶ブランクテスト

くう-しつ【空室】使っていない部屋。また、人の住んでいない部屋。あきべや。「―有り」

くうしつ-りつ【空室率】マンションや貸しビルで空室のある割合。空室数に空室期間(月数)をかけた数値を、全室数を12倍した数値で割り100をかける。

くう-しゃ【空車】❶乗客や貨物などをのせていない営業用の車。また、客を乗せないで走っているタクシーの表示。あきぐるま。からぐるま。➡実車 ➡迎車 ❷駐車場などで車を停める空きがあること。➡満車

ぐう-しゃ【宮社】名称に宮のつく神社。明治神宮・男山八幡宮・鹿島神宮など。

ぐう-しゃ【×寓舎】仮住まい。仮寓。また、宿屋。

くう-じゃく【空寂】㊀〔名〕仏語。宇宙のすべての事物は実体がなく、その本性は空であるということ。また、それを悟った境地。㊁〔名・形動〕静かでもの寂しいこと。また、そのさま。「―なうちにも血の湧くような心地ここちに帰るのであった」〈藤村・破戒〉

くう-しゅ【空手】何も持っていないこと。徒手。空拳。からて。

クーシュ〘Polykarp Kusch〙[1911～1993]米国の物理学者。ドイツの生まれ。1912年渡米、翌年帰化。マイクロ波発振器の開発、電子の磁気モーメントの精密決定などに貢献した。55年、W＝E＝ラムとともにノーベル物理学賞受賞。クッシュ。

グージュ〘Olympe de Gouges〙[1748～1793]フランス革命期、ジロンド派の女性活動家。女性解放運動の先駆者。「人権宣言」が女性の権利を無視し

ているとして、男女平等を唱える「女権宣言」を著した。のち、反逆罪のかどでジャコバン派により処刑された。

ぐうじ-ゆ【▽窮子喩】仏語。「法華経」信解品に説かれるたとえ。幼いころ家出し、流浪して困窮した子を、父の長者が見つけて雇い入れ、しだいに重用して最後に実子であることを明かす。長者は仏を、子は声聞・縁覚の二乗をさす。三界を流転する衆生を仏が哀れみ、初め方便を説き、やがて救いの大道を教えることをたとえたもの。長者窮子喩。

くう-しゅう【空宗】仏語。空教を説く宗旨。成実宗・三論宗など。

くう-しゅう【空襲】〔名〕スル 航空機で地上目標を襲撃すること。「一警報」(類語)爆撃・空爆・猛爆・盲爆

ぐう-しゅう【×寓宗】仏語。独立しておらず他宗に付属している宗旨。法相宗に付属した倶舎宗、三論宗に付属した成実宗など。

くう-しゅうごう【空集合】数学で、要素(元)を一つももたない集合。記号φで表す。

くう-しょ【空所】空いた所。何もない所。

ぐう-しょ【×寓所】仮に住む所。仮住まい。仮寓。

くう-しょう【空将】航空自衛官の最高位の階級。空将補の上。諸外国空軍の大・中将に相当する。

くう-しょう【空晶】鉱物内部にある結晶形をした空洞。

くうしょう-せき【空晶石】紅柱石の一。内部に十字形に配列した炭質物を含むもの。ホルンフェルス中に産出。

くうしょう-ほ【空将補】航空自衛官の階級の一。空将と空佐の間。諸外国空軍の少将に相当する。

くう-しん【空振】爆発や噴火などで起こる大気の振動。

ぐう-じん【偶人】人形。木偶。「金銭をして塊然たる一の如くならしめず」〈中村訳・西国立志編〉

クウシンサイ【空心菜】《中国語》ヒルガオ科の多年草ヨウサイの別名。

くう-す【▽古▽酒】《多く「クース」と書く》泡盛の古酒。3年以上、甕で寝かせたもの。

くう-ず【▽供ず】〔動サ変〕供えする。供養する。「西に向かって香花を一・じ」〈太平記・二四〉

グース〖goose〗ガチョウ。「一ダウン(=鵝毛)」

グース〖Hugo van der Goes〗［1440ころ〜1482］フランドルの画家。深みのある空間表現と人物や草花の写実描写にすぐれ、ブルゴーニュ公家の宮廷で活躍。作「ポルティナリの祭壇画」など。

くう-すい【空×翠】❶深山の緑の樹林の間に立ちこめる、みずみずしい山気。「一凝って葉末より滴たる露の冷やかに」〈露伴・二日物語〉❷空に向かってそびえ立つ樹木の緑。

クーズー〖kudu〗ウシ科の哺乳類で、レイヨウの一種。アフリカに分布。頭胴長1.9〜2.5メートル。やや小形のものにレッサークーズーがある。

ぐう-すう【偶数】2で割り切れる整数。⇔奇数。

ぐうすか〔副〕いびきをかきながら眠るさま。熟睡しているさま。擬音語。「椅子に座ったまま一眠ってしまう」

グースネック〖gooseneck〗ガチョウの首のように湾曲したもの。「一のパター」「一ランプ」

グーズベリー〖gooseberry〗《「グズベリ」とも》ユキノシタ科の落葉小低木。葉は円形で三〜五つに裂け、葉柄の付け根にとげがある。春、淡緑色の花をつける。果実は球形で、生食にするほか、ジャムにする。ヨーロッパ・北アメリカ・西アジアの原産で、果樹として栽培。まるすぐり。西洋すぐり。

ぐう・する【×寓する】〔動サ変〕文ぐう・す〔サ変〕❶仮住まいする。「波斯の格曼沙に一・しけるが」〈中村訳・西国立志編〉❷他にかこつけて意味を持たせる。託する。「軽い賛称の意を一・するに過ぎない」〈荷風・つゆのあとさき〉

(類語)住む・住まう・住み着く・暮らす・住する・居着く・居住する・在住する・現住する・居を構える

ぐう・する【遇する】〔動サ変〕文ぐう・す〔サ変〕人をもてなす。待遇する。「客として丁重に一・する」

(類語)扱う・処遇する・待遇する・あしらう

ぐう-せい【偶成】詩歌などが、ふとでき上がること。また、その作品。偶作。

ぐう-せい【×寓生】他に頼って生きること。また、その人。

くう-せき【空席】❶空いている座席。「会場内に一が目立つ」「ハワイ便の一を探す」❷欠員となっている職や地位。「会長のポストはしばらく一とする」

(類語)席・座・座席・場席・空き・空位・欠員

クーセグ〖Kőszeg〗《「ケーセグ」とも》ハンガリー西部の町。オーストリアとの国境近くに位置する。旧市街には、13世紀建造のユリシッチ城、スレイマン1世率いるオスマン帝国軍の撃退から400周年を記念して造られた英雄の門、ネオゴシック様式の聖心教会などの歴史的建造物がある。

くう-せつ【空説】何の根拠もない説。「鬼神に接し幽霊を見るが如き一を信じて」〈福沢・福翁百話〉

くう-せん【空船】人や荷物をのせていない船。からぶね。

くう-せん【空戦】「空中戦」に同じ。

くう-ぜん【空前】今までに例を見ないこと。未曽有。「一の大ヒット」「一の規模」

(類語)未曽有・前代未聞・画期的

くう-ぜん【空然】〔ト・タル〕文〔形動タリ〕何も考えずにぼんやりしているさま。うつろなさま。「失望もなく希望もなく、ただ一として」〈独歩・空知川の岸辺〉

ぐう-ぜん【偶然】㊀〔名・形動〕何の因果関係もなく、予期しないことが起こること。また、そのさま。「一の一致」「一に見つける」⇔必然。(派生)ぐうぜんさ〔名〕㊁〔副〕思いがけないことが起こるさま。たまたま。「一旧友に出あう」(類語)たまたま・ひょっこり・たまさか

ぐうぜん-せい【偶然性】❶予期しないことが起こる要素・性質。❷哲学で、㋐因果系列に含まれない事象が客観的に生起すること。㋑すべての事象が因果系列の連鎖の中に位置するという決定論の立場から、生起する事象について、その原因がわからず、因果系列に含まれずに生起するように見えること。

くうぜん-ぜつご【空前絶後】過去にも例がなく、将来もありえないと思われること。きわめて珍しいこと。

ぐうぜん-の-きょぎ【偶然の虚偽】論理学でいう虚偽の一。事物における本質的・必然的なものと偶然的・例外的なものとを混同して誤った推論を行うことから生じる虚偽。例えば、若くして死んだ女性が美人であったところから、一般に「美人は薄命である」を導き出すような論法。

ぐうぜん-はっせい【偶然発生】▶自然発生

ぐうぜん-へんい【偶然変異】▶突然変異

ぐうぜん-ろん【偶然論】哲学で、世界の発生や生成は、すべて偶然に帰着するという考え方。エピクロス・ルクレティウスなどが唱えた。➡決定論

くう-そ【空疎】〔名・形動〕見せかけだけでしっかりした内容や実質がないこと。また、そのさま。空虚。「一な論争」(派生)くうそさ〔名〕

(類語)空虚・空漠・空白・空か・空っぽ・うつろ・ブランク

くう-そう【空相】仏語。一切のものがすべて空であるという、その姿やありさま。

くう-そう【空曹】航空自衛官の階級の一。准空尉と空士の間で、一・二・三等があり、諸外国空軍の曹長・軍曹・伍長に相当する。

くう-そう【空想】〔名〕スル 現実にはあり得ないような事柄を想像すること。「一にふける」「一家」

(類語)想像・憶測・仮想・想見・夢想・妄想・幻想・架空・ファンタジー・イマジネーション・イリュージョン

ぐう-ぞう【偶像】❶木・石・土・金属などで作った像。❷神仏をかたどった、信仰の対象となる像。❸あこがれや崇拝の対象となるもの。「若者の一」

ぐうぞう-か【偶像化】〔名〕スル 崇拝・信仰の対象になること。また、対象にすること。「救国の英雄として一する」

くうそう-かがくしょうせつ【空想科学小説】▶サイエンスフィクション

くうそう-かん【空走感】自動車のブレーキペダルを踏んだときに、一瞬ブレーキが利かずに走行する感じ。(補説)平成21年(2009)末、トヨタ製ハイブリッドカー新型プリウスに発生したブレーキの不具合を表す語。濡れたり凍ったりして滑りやすくなった路面を低速走行中にブレーキを踏むと、ABS(アンチロックブレーキシステム)が作動することで空走感が出るとトヨタ側は説明した。

くうそう-きょり【空走距離】車両の運転者が停止の必要を感じたときから、ブレーキ操作の開始を経て実際にブレーキが利き始めるまでに、その車両が走行した距離。

ぐうぞう-し【偶像視】〔名〕スル 尊敬・崇拝の対象として見ること。「世界的名選手を一する」

ぐうぞう-すうはい【偶像崇拝】絵画・彫刻・自然物などの可視的対象物を信仰の対象として崇拝・礼拝すること。ユダヤ教・キリスト教・イスラム教などでは厳しく否定される。偶像礼拝。

くうそう-てき【空想的】〔形動〕考えが現実からかけ離れているさま。「一な物語」

くうそうてき-しゃかいしゅぎ【空想的社会主義】《ドイ utopischer Sozialismus》オーエン・サン＝シモン・フーリエらの社会主義に、エンゲルスが与えた名称。科学的社会主義としてのマルクス主義に対するもので、資本主義のはらむ矛盾を直観的に指摘し未来社会の理想像を描いたが、歴史法則の科学的把握が足りず、その実現の方法を欠いた。ユートピア社会主義。➡科学的社会主義

くう-そうば【空相場】▶空取引

ぐうぞう-はかい【偶像破壊】❶キリスト教で、キリスト・聖母・殉教者などの聖画像を破壊することによって、偶像崇拝の風を排斥しようとする運動。❷伝統的な権威・因習などを否定し、打破すること。

くう-そく-ぜ-しき【空即是色】仏語。一切の存在は現象であって空であるが、その空であることが体得されると、その現象としての存在がそのまま実在であるとわかるということ。「般若心経」には「色即是空、空即是色」とある。

くう-たい【空▽諦】天台宗で説く三諦の一。一切のものはすべて空で、実体がないと説くもの。

くう-だい【空大】仏語。五大・六大の一。無礙(何物にも妨げられないこと)を本性とし、無障(障りとならないこと)を働きとして、万物の存在を可能にしているもの。

くうたいくう-ミサイル【空対空ミサイル】▶エー-エー-エム(AAM)

くうたいち-ミサイル【空対地ミサイル】▶エー-エス-エム(ASM)

ぐうたら〔名・形動〕気力に欠けていて、すぐ怠けようとすること。不精でいいかげんなさま。また、そういう人。「一な生活を送る」「一亭主」

(類語)ずぼら・ものぐさ・だらしない

ぐうたら-べえ【ぐうたら▽兵▽衛】ぐうたらな人を人名のようにしていう語。

くう-だん【空弾】発射音だけを発するようにした弾薬。空包。からだま。

くう-だん【空談】❶むだ話。雑談。「一に時を費やす」❷根拠のない話。また、実行できない話。

くう-ち【空地】❶宅地や農地として利用していない土地。あき地。❷都市計画で、公園・広場・道路などをいう。また、建築基準法で、建物に占有されていない部分をいう。(類語)空き地・広場

くう-ちゅう【空中】大空の中。そら。なかぞら。

(類語)宙・空・天・天空・天穹・穹窿・蒼穹・太虚・上天・青空・青天井・空・虚空・中空・中天・上空・大空

ぐう-ちゅう【偶中】偶然に的中すること。まぐれあたり。「偶発の言訳が一の功を奏した時」〈漱石・明暗〉

くうちゅう-かいろう【空中回廊】航空機が妨害を受けずに、目的地に出入りできるように設定した限定空路。

くうちゅう-かっそう【空中滑走】〔名〕スル「滑空」に同じ。

くうちゅう-きどう【空中機動】航空機、特にヘリコプターによって、地上部隊を移動させること。
くうちゅう-きゅうゆ【空中給油】飛行中の航空機に他の航空機から送油管で燃料を補給すること。
くうちゅう-ぎょらい【空中魚雷】雷撃機から水中に投下して敵の艦船を攻撃する魚雷。航空魚雷。空雷。
くうちゅうけいかい-かんせいき【空中警戒管制機】▶エーワックス(AWACS)
くうちゅう-ケーブル【空中ケーブル】▶ロープウエー
くうちゅう-けん【空中権】土地の上の空間について、上下の範囲を定めて設定した地上権。空間権。
くうちゅう-さくどう【空中索道】▶ロープウエー
くうちゅう-ささつ【空中査察】軍縮などの事項が守られているかどうかを人工衛星・航空機などにより空中から調査すること。
くうちゅう-しゃしん【空中写真】▶航空写真
くうちゅう-せん【空中戦】❶航空機どうしによる空中での戦闘。空戦。❷《俗語》選挙戦術の一。知名度を生かし、街頭で名前を連呼して浮動層の支持を獲得すること。➡地上戦❷
くうちゅう-せん【空中線】▶アンテナ❶
くうちゅう-そうきけいかいき【空中早期警戒機】侵入する敵機を早期に発見するため、大型レーダーを搭載して警戒・監視に当たる航空機。
くうちゅうちっそ-こていほう【空中窒素固定法】空気中の窒素を原料として、アンモニアや石灰窒素などの窒素化合物を合成する方法。ハーバー-ボッシュ法が代表的。
くうちゅう-でんき【空中電気】大気の電荷や大気中を流れる電流などによって起こる電気現象の総称。雷電・オーロラなど。気象電気。
くうちゅう-ばくげき【空中爆撃】航空機から爆弾を投下して攻撃すること。空爆。
くうちゅう-ぶんかい【空中分解】〔名〕スル ❶飛行中の航空機がばらばらに分解すること。❷組織・計画などが、中途で分裂したりつぶれたりすること。「突発事故により大事業が―する」(類語)(❷)分裂・四分五裂・流産・破綻・駄目・おじゃん・めちゃくちゃ
くうちゅう-やき【空中焼】本阿弥光悦の孫、空中斎光甫が作製した陶器。楽焼きのほかに、信楽ふうの茶碗を作り、空中信楽と称された。
くうちゅう-ゆそう【空中輸送】▶航空輸送
くうちゅう-ろうかく【空中楼閣】《「桃花扇」入道から》❶空中に楼閣を築くような、根拠のない架空の物事。❷蜃気楼。(類語)蜃気楼・海市
くう-ちょう【空腸】小腸のうち、十二指腸と回腸との間の部分。
くう-ちょう【空調】「空気調節」の略。
くうちょう-こくさく【空頂黒×幘】黒絹製の天冠の一種で、天皇・皇太子の元服のとき、加冠の前に着けるかぶりもの。菱文の刺繍をした羅で三山形に作り、下縁にひもをつけて額に当て、後ろで結ぶ。
くうちょう-どうぶつ【×腔腸動物】▶こうちょうどうぶつ(腔腸動物)
くう-づ・く【▽功付く】〔動カ四〕年功を積む。熟達する。「老いかれにたれど、いと―・きて頼もしう聞こゆ」〈源・総角〉
グーツ-ムーツ〖Johann Christoph Friedrich Guts Muths〗[1759～1839]ドイツの体育学者。ザルツマン創立の学校で教え、実践に基づく体育理論と方法を著述した「青年のための体育」により、近代体育および学校体育の理論を確立した。
くう-てい【空×挺】《空中挺進の意》地上部隊が、航空機によって敵地に侵攻すること。
くうてい-さくせん【空×挺作戦】地上部隊やその補給品を航空機によって輸送し、敵地に侵攻する作戦。
くうてい-ぶたい【空×挺部隊】空挺によって敵地に侵攻する特殊部隊。落下傘部隊・グライダー部隊など。
ぐうてい-るい【偶×蹄類】偶蹄目の哺乳類の総称。第3指と第4指の2本が発達し、第1指は退化して2本または4本のひづめをもつ。草食性で、反芻する牛・羊・シカなどと、反芻しないカバ・イノシシなどとに大別される。10科に分類、約184種が知られる。➡奇蹄類
くう-てがた【空手形】「からてがた❶」に同じ。
クー-デター〖フランス coup d'État〗既存の支配勢力の一部が非合法的な武力行使によって政権を奪うこと。支配階級内部での権力移動であり、体制そのものの変革を目的とする革命と区別する。
(類語)革命・改革・変革・改変・改造・改新・維新・世直し
くう-てん【空転】〔名〕スル ❶車輪などがむだに回転すること。からまわり。❷何の成果もないまま、物事がむだに進行すること。「国会審議が―する」
くう-でん【空電】雷などの放電によって発生する雑音電波。通信電波の受信などの妨害となる。
グーテン-ターク〖ドイツ Guten Tag〗〔感〕こんにちは。
グーテンフェルス-じょう【グーテンフェルス城】《Burg Gutenfels》ドイツ西部、ラインラント-プファルツ州の町、カウプにある城。ライン川を見下ろす丘の上に、ライン渓谷の軍事上の拠点として1200年頃に建造された。現在はホテルになっている。
グーテンベルク〖Johannes Gensfleish Gutenberg〗[1400ころ～1468ころ]ドイツの技術者。活字印刷術の発明者とされる。1450年ごろ、鋳造活字を使った印刷機を考案してマインツで印刷所を開業。印刷した聖書は「グーテンベルクの聖書」と呼ばれる。
グーテン-モルゲン〖ドイツ Guten Morgen〗〔感〕おはよう。
くう-どう【空洞】❶ほらあな。洞穴。また、内部がうつろになっていること。また、その部分。「幹が―になった老木」❷形式だけで内容のないことのたとえ。「法案の―化をはかる」❸肺・腎臓などの内部に壊死が起こり、それが排出または吸収されたあとにできる空間。肺結核のときにできるものなど。
くう-どう【空道】空手家東孝が昭和56年(1981)に創始した武道。空手の突き・蹴りを基本に、投げ技・寝技・絞め技・関節技を取り入れた総合格闘技。頭部と顔面を覆うヘルメット、道着を着けて戦う。
くうどう-きょうしんき【空洞共振器】金属などの導体壁で囲まれて空洞になっている、マイクロ波用の共振器。
くうとう-びょう【空頭病】カイコの軟化病で、頭の近くの胸部が半透明に白くはれて死んでしまうもの。あたまずき。
くうどう-ほうしゃ【空洞放射】▶黒体放射
グートゥマニャ-どうけつ【グートゥマニャ洞穴】《Gūtmaņa ala》ラトビア、ビゼメ地方の町スィグルダにある洞穴。ガウヤ国立公園内のガウヤ川西岸に位置する。奥行き19メートル、幅12メートル、高さ10メートルあり、同国最大級の洞窟として知られる。グートマニャ洞窟。
くうどう-れんが【空洞×煉瓦】内部を空洞にした煉瓦。普通の煉瓦より軽量で、防湿・断熱性をもつ。
グード-ずほう【グード図法】地図投影法の一。緯度40度44分を境にして、低緯度地帯をサンソン図法で、高緯度地帯をモルワイデ図法で描き、ひずみ是正のため、海洋部分に断裂を入れたもの。1923年に米国人グード(J.P.Goode)が考案。ホモロサイン図法。
クートニー-こくりつこうえん【クートニー国立公園】《Kootenay National Park》カナダ、ブリティッシュコロンビア州東部にある国立公園。マーブル渓谷やペイントポット、ラジウム温泉が観光客に人気がある。1984年、周辺の国立公園、州立公園などとともに、「カナディアンロッキー山脈自然公園群」の名で世界遺産(自然遺産)に登録された。
くう-とりひき【空取引】▶からとりひき(空取引)
クーニャン【姑娘】《中国語》若い未婚の女性。娘。
くう-のう【空×嚢】❶からの袋。❷からの財布。「我―を傾くと雖も、未だ美人の手に触るる能わず」〈服部誠一・東京新繁昌記〉
クーバ〖Cuba〗「キューバ」のスペイン語による呼称。
クーパー〖Gary Cooper〗[1901～1961]米国の映画俳優。西部劇を中心に、さまざまな分野の映画に出演した。代表作「モロッコ」「真昼の決闘」「昼下りの情事」など。
クーパー〖James Fenimore Cooper〗[1789～1851]米国の小説家。海洋小説と開拓時代の辺境生活を主題とした歴史的小説を書いた。作「モヒカン族の最後」「大草原」など。
クーパー-つい【クーパー対】超伝導現象を量子力学的に説明することに成功したBCS理論における、逆向きのスピンをもつ2個の電子からなる対(ペア)。2個の電子は重心の周りにゆるい束縛状態にあり、ボース粒子としてふるまう。1956年、米国の物理学者L＝N＝クーパーが提唱。クーパーペア。
クーバード〖フランス couvade〗妻が出産するとき、その夫も寝床に入って子を産む苦しみをまねる風習。南アメリカなどにみられる。擬娩。
クーパー-ペア〖Cooper pair〗▶クーパー対
クーパー-ランディング〖Cooper Landing〗米国アラスカ州南部、キーナイ半島中部にある町。キーナイ川とその支流ロシアン川に面し、キングサーモンフィッシングの拠点として知られる。
くう-ばいばい【空売買】▶空取引
くう-はく【空白】〔名・形動〕❶書類などの書き込むべきところに、何も書いてないこと。また、その部分。❷継続しているものの一部分が欠けていること。何も存在しないこと。また、そのさま。ブランク。「記憶の―を埋める」「―な(の)時間」(類語)(❷)空疎・空漠・空虚・空ろ・空っぽ・うつろ・ブランク
くう-ばく【空幕】「航空幕僚監部」の略称。➡幕僚監部
くう-ばく【空爆】〔名〕スル「空中爆撃」の略。
(類語)爆撃・空襲・猛爆・盲爆
くう-ばく【空漠】㊀〔ト・タル〕図〔形動タリ〕❶果てしなく広いさま。茫漠。「―とした大洋」❷漠然としてとらえどころがないさま。「―とした不安」㊁〔名・形動〕❶❷❸に同じ。「此―の荒野には、音信も無し、影も無し」〈上田敏訳・海潮音〉❷㊀❷に同じ。「如何に―なる主人でも」〈漱石・吾輩は猫である〉
(類語)(❶)漠漠・だだっ広い・蒼茫/(❷)空虚・空疎・空白・空ろ・空っぽ・うつろ・ブランク
くう-はつ【空発】〔名〕スル ❶爆薬などが目的物を破壊することができず、むだに爆発すること。❷小銃などで、ねらいを定める前に弾丸を発射すること。
ぐう-はつ【偶発】〔名〕スル 偶然に物事が起こること。「事件が―する」(類語)起こる・起きる・持ち上がる・出来・勃発・突発・始まる
ぐうはつ-さいむ【偶発債務】現在は実際の債務ではないが、将来一定の条件が発生したとき、負わなければならない潜在的な債務。手形割引による償還義務、債務保証、係争中の訴訟による賠償義務、販売商品に対する保証など。
ぐうはつ-しほん【偶発資本】▶コンティンジェント-キャピタル
ぐうはつ-しょう【偶発症】医療上の検査や治療に伴って、たまたま生じる不都合な症状。患者の体質・体調によることもある。
ぐうはつ-せんそう【偶発戦争】偶然の事件、または当事国の双方あるいは一方の錯誤をきっかけとして起こる戦争。
ぐうはつ-はん【偶発犯】偶発的な事情が原因で、たまたま犯される罪。機会犯。➡常習犯
クーハン〖フランス couffin〗▶クーファン
くう-ひ【空費】〔名〕スル 時間・労力などをむだに使うこと。むだづかい。徒費。「貴重な時間を―する」
(類語)無駄遣い・浪費・濫費・散財・徒費・冗費・使い込む・不経済
くう-びん【空便】航空便。
クープ《scoopから》柄のついた半球状のアイスクリ

ームすくい。

クーファン〖フランス couffin〗《「クーハン」とも》持ち運べるよう持ち手のついた、赤ちゃん用のかご型簡易ベッド。

くう-ふく【空腹】腹が減ること。すきばら。「―を満たす」⇔満腹。〔類語〕空き腹・腹ぺこ

くうふくじ-けっとうち【空腹時血糖値】クウフクジケットウチ 血液中のぶどう糖濃度を表す血糖値のうち、食事前(前の食事から10～14時間後)の空腹時に測定したもの。糖代謝機能の検査指標で、糖尿病などの診断指標の一。日本糖尿病学会では、正常域(100mg/dl未満)、正常高値(100～109 mg/dl)、境界域(110～125mg/dl)、糖尿病域(126mg/dl以上)と分類している。正常域以外の場合は、血中糖濃度を下げるインスリンやホルモンなど調整機能の働きを詳しく検査するために、食後血糖値検査や糖負荷試験などの検査を行う。

クーフシュタイン〖Kufstein〗オーストリア西部、ドイツ国境近くにある町。カイザー山脈のシュッファウ山麓に位置する。旧市街を流れるイン川の断崖上に13世紀創建の城塞(現在は郷土博物館)がある。

クープラン〖François Couperin〗[1668～1733]フランスの作曲家。音楽家の家系に生まれ、大クープランと称される。クラブサン奏法を確立した。

クープレイ〖kouprey〗►コープレイ

くう-ぶん【空文】実際の役に立たない文章。効力のない文書。法規などにいう。「―化した条約」

クーペ〖フランス coupé〗《箱形馬車の意》自動車の車種の一。ツードアで後部に荷物入れがある。

クーベルタン〖Pierre de Coubertin〗[1863～1937]フランスの教育家。男爵。教育の革新とスポーツ教育の重要性を主張。オリンピック復活を提唱して1894年、国際オリンピック委員会を結成。96年、アテネで近代オリンピックの第1回大会を開催した。➡オリンピック❷

クーヘン〖ドイツ Kuchen〗菓子。ケーキ。「バウム―」

くう-ぼ【空母】「航空母艦」の略。

くう-ほう【空包】クウハウ 弾丸の代わりに木・紙製の栓を薬莢やっきょうの先につめ、発射音だけが出るようにした演習用・儀礼用の弾薬。⇔実包。

くう-ほう【空法】クウハフ ❶非現実的な方法。❷►航空法こうくうほう

くう-ほう【空胞】クウハウ ►液胞えきほう

くう-ほう【空砲】クウハウ 実弾をこめていない銃砲。また、空包を発射すること。

くう-ぼう【空乏】クウボフ〘名・形動〙スル 蓄えが乏しいこと。また、そのさま。「国帑こくど非常に―して、人民戦費の負担に苦み」〈竜渓・経国美談〉

くう-ぼう【空房】クウバウ ❶人のいない部屋。空室。あきま。❷「空閨くうけい」に同じ。「―を守る」

クーポラ〖イタリア cupola〗教会建築などにみられる、半球形につくられた天井。丸天井。ドーム。

クーポン〖フランス coupon〗❶切り取って使用する券。回数券など。❷乗車券・指定券・宿泊券などを一つづりにしたもの。また、一定の条件で利用できる割引券や優待券。「―券」❸債券の利札。また、そこに表示された利息のこと。

クーポン-レート〖coupon rate〗►表面利率

くう-まい【空米】現物として存在しない帳簿上の米。また、その米を取引すること。⇔正米しょうまい。

くうまい-きって【空米切手】江戸時代、大坂の蔵屋敷が金銀の調達手段として発行した現米の裏づけのない米切手。

くうまい-そうば【空米相場】―サウバ 相場の変動による差益の獲得を目的とした、米の空取引。

クーマエ〖Cumae〗►クーマ考古学公園

クーマ-こうこがくこうえん【クーマ考古学公園】―カウコガククワウヱン《Parco Archeologico di Cuma》イタリア南部、カンパニア州の都市ナポリ西郊にある公園。紀元前8世紀頃、古代ギリシャがイタリア半島ではじめて築いた植民都市クーマエの遺跡がある。アポロン神殿、ジュピター神殿のほか、詩人ウェルギリウスの「アエネイス」に登場する巫女みこ(シビッラ)の墓と託宣を受けたという洞窟がある。

くう-めい【空名】実際の価値にそぐわない名だけのもの。虚名。「美とは―のみ、愛とは動物の発作のみ」〈独歩・悪魔〉

くう-めい【空明】❶清らかな水に映る月影。❷何もなく明らかなこと。また、空中。「虚空とはこれ―のところなるか」〈長与・竹沢先生と云ふ人〉

くう-もう【空×濛】〘ト・タル〙図〘形動タリ〙小雨や霧のために、ぼんやりと薄暗いさま。

ぐう-もく【×寓目】〘名〙スル 目を向けること。注目すること。「著者は自己の―した本と、買い得て蔵していた本とを挙げている」〈鴎外・渋江抽斎〉

くう-もん【空門】仏語。❶一切を空と考える大乗仏教の教え。転じて、仏教の総称。❷天台宗の四門しもんの一。真理を知るための四つの教えのうち、空を説くもの。❸三解脱門の一。一切は空と悟ること。

くうもん-し【空門子】僧侶の異称。

くうや【空也】[903～972]平安中期の僧。空也念仏の祖。生地・出自など未詳。諸国を巡歴して南無阿弥陀仏の名号みょうごうを唱え、教化きょうけに努めながら道・橋・寺などを造り、市いちの聖ひじり・阿弥陀聖あみだひじりとよばれた。京都に西光寺(のちの六波羅蜜寺)を建立。光勝こうしょう。こうや。➡空也忌

くう-や【空夜】静かな夜。さびしい夜。「深更―閑しずかにして、旅寝の床の草枕」〈平家・七〉

くうや-おどり【空×也踊(り)】―をどり ►空也念仏

くうや-き【空×也忌】空也上人が東国教化のため出寺した11月13日を忌日として、京都の空也堂で修する法会。空也念仏を唱えながら京都市中を回る。(季 冬)

くうや-どう【空也堂】―ダウ 京都市中京区蛸薬師たこやくし通りにある天台宗の寺、極楽院光勝寺の通称。山号は紫雲山。天慶年間(938～947)、空也の開基で、空也念仏の道場。現在の建物は慶応2年(1866)の再建。

くうや-どうふ【空×也豆腐】空也派の僧が作り始めたという料理。豆腐に、だし汁でといた卵汁をかけて蒸し、葛餡くずあんをかけたもの。

くうや-ねんぶつ【空×也念仏】平安中期に空也上人が始めたと伝えられる念仏。念仏の功徳により、極楽往生が決定した喜びを表してひょうたん・鉢・鉦かねなどをたたきながら、節をつけて念仏や和讃わさんを唱えて踊り歩くもの。空也踊り。踊り念仏。鉢たたき。

くうや-は【空×也派】空也上人を開祖とする、天台宗の一派。空也堂を本山とする。

くうや-もち【空×也餅】半つきの餅を小さくちぎり、つぶしあんをくるんで丸めた和菓子。上野池之端にあった菓子店空也の創製といわれる。

くう-ゆ【空輸】〘名〙スル「航空輸送」「空中輸送」の略。「救援物資を―する」

ぐう-ゆう【偶有】―イウ〘名〙スル 偶然に備えていること。

ぐうゆう-せい【偶有性】グウイウ― ►偶有的属性

ぐうゆうてき-ぞくせい【偶有的属性】グウイウテキ― ある事物にとって、本質的なものではなく偶然に備わっているとみられる性質。偶有性。⇔本質的属性。

クーラー〖cooler〗❶冷房装置。冷却器。「カー―」(季 夏)❷携帯用の保冷箱。アイスボックス。

クーラー-ボックス《和 cooler＋box》釣った魚を入れたり、飲食物を携帯するのに使う保冷箱。

くう-らい【空雷】「空中魚雷」の略。

グーラシュ〖ドイツ Gulasch〗►グヤーシュ

グーラッシュ〖ドイツ Gulasch〗►グヤーシュ

グーラミー〖gourami〗熱帯性の淡水魚。東南アジアに広く分布し、体長60センチに達するものもあり、原産地では食用とされる。日本では観賞魚。

くう-らん【空欄】文字が書いてない空白の欄。

クーランジュ〖Coulanges〗►フュステル＝ド＝クーランジュ

クーラント〖フランス courante〗16世紀にフランスで生まれた、2分の3拍子または4分の6拍子の軽快な感じの舞曲。

くう-り【空理】現実とかけ離れた、役に立たない理論。「―空論」〔類語〕理屈・屁へ理屈・小こ理屈・詭弁きべん・こじつけ・空論・講釈・御託ごたく

くう-り【空裏｜空×裡】そら。空中。「ただ漫然として―に飛揚する愛であった」〈漱石・明暗〉

クーリー【苦力】《中国語》もと中国やインドの下層労働者の呼称。19世紀後半、黒人奴隷に代わる労働力として売買された。クリー。

クーリー-シャツ〖coolie shirt〗前あきで、襟なしまたは低いハイネックの単純な形のシャツのこと。〔補説〕中国やインドのクーリー(苦力)が着ていたところから。

クーリエ〖courier〗急使。特使。特に、外交文書などを運ぶ使者。

クーリエ-サービス〖courier service〗急ぎのビジネス文書や小荷物などを、国際航空便を使って外国に送り届ける仕事。国際宅配便。

くうりき-おん【空力音】空気力学的に発せられる音波。エオルス音、風切り音のほか、自動車、列車、飛行機が発する騒音のうち、エンジンやモーターなどの機械的振動以外の騒音などを指す。

くうりき-かねつ【空力加熱】超高速で飛行する航空機などの機体に触れる空気が、機体の表面を加熱する現象。摩擦や圧縮などの作用により、接触面の空気が高温になるために起こる。

くうりき-せいどう【空力制動】►空力ブレーキ

くうりき-とくせい【空力特性】自動車の車体や飛行機の機体などの空気力学的な特性。走行中の自動車や飛行中の飛行機が空気の流れから受けるさまざまな影響を指す。前後、左右、上下(揚力)にかかる力に加え、ヨーイング、ロール、ピッチングなどのモーメントがある。また、風切り音や機体表面の整流作用、横風に対する安定性などを含める場合もある。

くうりき-ブレーキ【空力ブレーキ】空気抵抗を利用する制動方法の総称。空気抵抗は物体の進行方向に対する断面積とその速度の2乗に比例する。そのため、空気中を高速で運動する物体を効率良く制動することができる。航空機ではエアブレーキまたはスピードブレーキ、宇宙開発の分野ではエアロブレーキングと呼ばれる。大気ブレーキ。大気制動。空力制動。

くう-りく【空陸】❶空中と陸上。❷空軍と陸軍。

くうり-くうろん【空理空論】現実とかけ離れた、実際の役に立たない理論。

クーリッジ〖John Calvin Coolidge〗[1872～1933]米国の政治家。第30代大統領。在任1923～1929。共和党。経済の自由放任・行政簡素化・低税率などの政策を実施。対外的にも経済進出と協調外交を推進、米国に「黄金の20年代」とよばれる繁栄をもたらした。➡フーバー

クーリッジ-かん【クーリッジ管】―クワン X線管の一。熱せられた陰極から出た電子を高圧で加速・集束して陽極に衝突させ、X線を発生させるもの。1913年、米国の物理学者クーリッジ(W.D.Coolidge)が発明。

ぐう-りょく【偶力】物体の異なる二点に作用する力で、大きさが等しく方向が反対で作用線が平行な一対の力。物体の回転運動を生ずる。

くう-りん【空輪】仏語。❶四輪しりんの一。風輪の下にあって世界を支えている最下位の虚空の層。❷五輪の一。❸塔の最上部にある九輪くりんのこと。

クーリング-オフ〖cooling-off〗割賦販売・訪問販売などによって契約を締結した者が、契約書を受け取ってから一定期日間内ならば申し込みを撤回し、契約を解除しうる制度。➡特定商取引法 ➡割賦販売法

クーリング-システム〖cooling system〗内燃機関の冷却装置。機関が焼き付く危険性を避けるため、水や空気、オイルなどで適度に冷やす。

クーリング-ダウン〖cooling down〗スポーツで、激しい運動をした後、心身を平静にもどすために行う軽い運動。クールダウン。➡ウオーミングアップ

クーリング-タワー〖cooling tower〗冷却塔。建物の屋上などに設け、吸熱して温度の上がった冷却

水を空冷し、再び冷却器に戻す装置。

クール〖Chur〗スイス東部、グラウビュンデン州の都市。同州の州都。紀元前3000年にケルトが定住、紀元前15年にローマ帝国の統治下となった。アルプスの南北を結ぶ交通の要衝として発展。旧市街には大聖堂をはじめとする中世の面影を残す歴史的建造物が多い。氷河急行やベルニーナ急行の発着駅があり、観光拠点としても知られる。

クール〖フランス cours〗《流れの意》放送で、週1回の続き物番組の放送期間の単位。13週を1クールとし、1年を4クールと数える。

クール〖ドイツ Kur〗《治療の意》特定の治療に必要とされる一定の期間。

クール〖cool〗〘形動〙❶冷たいさま。涼しくてさわやかなさま。「—な色調」❷冷静なさま。冷ややかなさま。「—に観察する」「—な反応」❸かっこいい。「—なファッション」〘類語〙(❶)冷たい・冷ややか・涼やか・冷涼・清涼/(❷)冷静・沈着・冷徹・冷ややか・冷然・平然・非情・薄情・恬淡(てんたん)

クールアース-パートナーシップ〖Cool Earth Partnership〗途上国の気候変動対策を支援するための国際的な資金援助の枠組み。気候変動枠組条約や京都議定書などで規定され、GEF(ジェフ)(地球環境ファシリティー)が暫定的に資金メカニズムとして機能している。平成20年(2008)1月、福田首相がダボス会議で新たな資金メカニズム「クールアースパートナーシップ」構想を発表。地球温暖化による環境被害対策や温室効果ガス排出削減による気候変動緩和に取り組む途上国を対象に、ODAや円借款により5年間で100億ドル規模の資金を供給する。➡鳩山イニシアチブ

クール-ウール〖cool wool〗盛夏用に改良した軽くて薄い涼感のあるウール生地のこと。サマーウール。

クール-ジャズ〖cool jazz〗モダンジャズで、冷静で知的な感じの演奏スタイル。1940年代の熱狂的な演奏形式への反動として発生した。➡ホットジャズ

クール-ダウン〖cool down〗〘名〙(スル)❶熱・怒りがさめること。冷静になること。❷►クーリングダウン

クールダウン-ストレッチ〖cool down stretch〗運動による筋肉の疲れを軽くするための整理運動。

グールド〖Glenn Gould〗[1932〜1982]カナダのピアノ奏者。バッハなどの古典音楽を個性的・現代的な解釈で演奏した。晩年はレコード録音に専念。

クールノー〖Antoine Augustin Cournot〗[1801〜1877]フランスの数学者・経済学者。数理経済学の創始者。経済学に限界概念と数学的分析法を導入。著「富の理論の数学的原理に関する研究」など。

クールノー-の-てん【クールノーの点】独占企業の利潤を最大にする生産量と価格の組み合わせを示す点で、限界収入と限界費用とが等しい状態にある需要曲線上の点をいう。クールノーが、これを最初に究明した。

クール-ビズ《和 cool＋biz(businessの略)》夏場、会社員や公務員ができるだけ涼しく仕事ができるよう軽装になること。ネクタイ・上着なしが基本で、併せて冷房の温度を高めに設定する。環境省が地球温暖化などへの対策として提唱したもの。➡ウオームビズ

クールベ〖Gustave Courbet〗[1819〜1877]フランスの画家。近代写実主義の代表的画家。パリ-コミューンに参加し、スイスに亡命。作「オルナンの埋葬」「画家のアトリエ」「セーヌ河畔の娘たち」など。

クールマイユール〖Courmayeur〗►クールマイヨール

クールマイヨール〖Courmayeur〗《「クールマイユール」とも》イタリア北西部、バッレダオスタ自治州の町。モンブランの南東麓、標高約1300メートルに位置する。同国屈指の山岳リゾートとして知られ、スキーや登山を楽しむ観光客が数多く訪れる。

グールモン〖Remy de Gourmont〗[1858〜1915]フランスの評論家・小説家。象徴主義の理論家として知られる。評論「仮面の書」「文学散歩」など。

くう-れい【空冷】《「空気冷却」の略》エンジンなどを空気で冷やすこと。➡水冷

くうれいしき-きかん【空冷式機関】(クウレイシキ キクワン) 空冷式の内燃機関。航空機・自動車・オートバイなどに使用され、気筒・気筒頭などに冷却ファンを設けて空気との接触を大きくして機関の熱を冷やす。➡水冷式機関

ぐう-れつ【偶列】偶数番目にあたる列。⇔奇列。

くう-ろ【空路】❶航空機の飛行経路。❷航空機を利用すること。「—パリへ向かう」➡海路 ➡陸路

クーロアール〖フランス couloir〗►ガリー

グーロー-シェーディング〖Gouraud shading〗コンピューターグラフィックスで三次元画像を立体的に見せる技法の一。フラットシェーディングに比べ高品位な画質が得られるが、処理に時間がかかる。➡シェーディング❷

クーロス〖ギリシャ kūros〗《青年の意》古代ギリシャ、アルカイック期に制作された直立裸身の青年像。正面を向き、左足を一歩前に出す。

クーロメーター〖coulometer〗►ボルタメーター

くう-ろん【空論】現実とかけ離れた、役に立たない議論・理屈。「机上の—」「空理—」〘類語〙理屈・屁(へ)理屈・小(こ)理屈・詭弁(きべん)・こじつけ・空理・講釈・御託(ごたく)

クーロン〖Charles Augustin de Coulomb〗[1736〜1806]フランスの物理学者。「クーロンの法則」を発見。

クーロン〖フランス coulomb〗国際単位系(SI)の電気量の単位。1クーロンは1アンペアの電流が1秒間流れたときに運ばれる電気量。国際単位系の放射線の照射線量の単位にも用い、その場合にはクーロン毎キログラム(記号C/kg)で表す。1クーロン毎キログラムはX線やγ(ガンマ)線の照射により、空気1キログラムにつき1クーロンの電気量を有する正および負のイオン群を生じさせる照射線量をいい、3876レントゲンに等しい。名称は、C＝A＝クーロンにちなむ。記号C

クーロン【庫倫】►ウランバートル

クーロン-の-ほうそく【クーロンの法則】(ハフソク) 二つの電荷間または磁極間にはたらく力は、距離の2乗に反比例し、両方のもつ電気量または磁気量の積に比例するという法則。1785年、クーロンが発見。

クーロン-の-まさつのほうそく【クーロンの摩擦の法則】(マサツノハフソク) ►摩擦の法則

クーロン-りょく【クーロン力】二つの荷電粒子間にはたらく力。力の大きさは距離の2乗に反比例し、両方のもつ電荷の積に比例するというクーロンの法則に従う。電荷の符号が正負であれば引力となり、同じであれば反発力(斥力(せきりょく))となる。静電気力。

ぐう-わ【×寓話】擬人化した動物などを主人公に、教訓や風刺を織りこんだ物語。「イソップの—」〘類語〙寓言・譬(たと)え話・寓意・諷喩(ふうゆ)・アレゴリー

クーン〖Richard Kuhn〗[1900〜1967]ドイツの化学者。牛乳などからラクトフラビン(ビタミンB_2)の分離・合成に成功。ビタミンAの合成にも成功。

く-え【九会】(クヱ) 仏語。真言密教で、金剛界について説かれる曼荼羅(まんだら)の総称。成身(じょうじん)会・三昧耶(さんまや)会・微細(みさい)会・供養会・四印会・一印会・理趣会・降三世羯磨(ごうざんぜかつま)会・降三世三昧耶会の九つ。

くえ【九絵】(クヱ) ハタ科の海水魚。全長1メートルに達する。体色は茶褐色に白斑が雲状に流れる。本州中部以南の磯にすむ。大物は「もろこ」ともよばれる。

くえ【▽崩え|▽潰え】《動詞「く(崩)える」の連用形から》土や岩などが崩れること。また、崩れた場所。

く-えい【区営】地方自治法によって区が経営・管理していること。「—駐輪場」

ぐ-えい【愚詠】自作の詩歌をへりくだっていう語。

く-えいたつ【孔穎達】►くようだつ(孔穎達)

く-え-いっしょ【×倶会一処】(クヱ) 仏語。念仏者は等しく西方浄土に往生し、一つところに相会うこと。阿弥陀経に「諸上善人倶会一処」とあるところから出た語。

くえい-でん【▽公営田】《「こうえいでん」とも》❶律令制で、官田・公田などを農民の徭役(ようえき)で耕作させ、収穫物は国家の所有としたもの。➡私営田 ❷平安初期、大宰府管下で行われた直営田。良田1万余町を壮丁に耕作させ、必要経費を差し引いた残部を国家に納めさせた。

クエーカー〖Quaker〗キリスト教プロテスタントの一派。正式にはフレンド派。17世紀半ばに、英国でジョージ＝フォックスが創始、まもなく米国に広まった。キリストへの信仰により神の力が人のうちに働くとし、霊的体験を重んじ、教会の制度化・儀式化に反対。絶対的平和主義を主張し、両世界大戦時に多数の良心的戦争反対者を生んだ。基督(キリスト)友会。

クエーク〖quake〗❶震え。揺れ。また、おののき。❷地震。アースクエーク。

クエーサー〖quasar〗X線・光・赤外線など膨大なエネルギーを放出しスペクトルが著しく赤偏する天体。数十億光年以上遠くにあり、星のように見える。1963年に強い電波を出す天体として発見されたが、電波の弱いものもある。準星。準恒星状天体。QSO。

く-えき【苦役】❶つらく苦しい労働。「—を課せられる」❷懲役のこと。

く-えき【駆役】〘名〙(スル) 追い立てて使うこと。こき使うこと。

くえ-こ-む【▽崩え込む】〘動マ五(四)〙落ち込む。くぼむ。「ゲッソリ—・んだ眼窩(がんか)の底に」〈二葉亭・其面影〉

クエスチョン〖question〗《「クエッション」とも》疑問。質問。〘類語〙疑問・問題・問い・題・設問・設題・質問・質疑・発問・問答

クエスチョン-マーク〖question mark〗疑問符に同じ。「?」の符号。

クエッション〖question〗►クエスチョン

くえ-ない【食えない】(クヘ) 〘連語〙《動詞「くえる」の未然形＋打消しの助動詞「ない」》ずるがしこくて気が許せない。「当たりはやわらかいが、—ない奴」

くえ-にち【▽凶会日】(クヱ) 暦注の一。干支(えと)の組み合わせから、ある事柄をするのに最凶であるとされる日。二十数種あり、月ごとに定める。悪日。

くえ-はららか-す【▽蹴▽散かす】(クヱ) 〘動サ四〙けり散らす。「沫雪(あわゆき)のごとくし以て—・し」〈神代紀・上〉➡蹴(け)う

くえ-びこ【久延毘古】古事記にみえる神の名。歩けないが、天下のことをことごとく知る神とされる。〘補説〙「こわれた男」の意の「崩彦(くえびこ)」で、案山子(かかし)のことかともいう。

くえ-まんだら【九会×曼×荼羅】(クヱ) 金剛界曼荼羅の別称。

クエラ-クエラ〖ラテン Quelea quelea〗スズメ目ハタオリドリ科の鳥。和名はコウヨウチョウ(紅葉鳥)。スズメよりやや小形で飼い鳥とされる。アフリカ中南部の半乾燥地にすみ、数百万羽もの大群で農作物に害を与えることがある。

クエリー〖query〗《「問い合わせ」の意》データベースに対する処理要求を文字列で表現したもの。リレーショナルデータベースでは、一般にSQLを用いる。

く-える【食える】(クヘル) 〘動ア下一〙《食うことができる意から》❶食べる価値がある。おいしく感じる。「値段の割にまあまあ—・える」❷生活していける。「今の収入では—・えない」➡食えない

く-える【▽崩える|▽壊える】〘動ア下一〙図く・ゆ〘ヤ下二〙くずれる。「土が柔かで—・えますから地面は歩行(ある)かれません」〈鏡花・高野聖〉

く-える【▽蹴ゑる】(クヱル) 〘動ワ下一〙「蹴(け)る」の古形。「馬の子や牛の子に—・ゑさせてん」〈梁塵秘抄・二〉➡蹴(け)う

グエル-こうえん【グエル公園】(コウヱン)《Parc Güell》スペイン北東部の都市バルセロナにある公園。1900年から1914年にかけて建造。もとは建築家アントニオ＝ガウディが実業家エウセビオ＝グエル伯爵の依頼で分譲住宅として設計。住宅は2戸のみ完成。グエル伯爵の没後、市に寄贈され公園になった。1984年に「バルセロナのグエル公園、グエル邸、カサミラ」の名称で世界遺産(文化遺産)に登録。2005年の拡張登録の際、「アントニオガウディの作品群」に名称変更。

グエル-てい【グエル邸】《Palau Güell》スペイン北東部の都市バルセロナの旧市街近くにある住宅。建築家アントニオ＝ガウディが実業家エウセビオ＝グエル伯爵の依頼で設計。1886年から1890年にかけて建造され、ガウディ初期の傑作として知られる。1984年に「バルセロナのグエル公園、グエル邸、カサミラ」の名称で世界遺産(文化遺産)に登録。2005年の拡張登録の際、「アントニオガウディの作品群」に名称変更。

クエルナバカ〖Cuernavaca〗メキシコ中南部、メキシコシティの南約80キロメートルにある観光・保養都市。モレロス州の州都。コルテス宮殿、ボルダ庭園など、植民地時代の旧跡が数多くある。

く-えん【×枸×櫞】マルブシュカンの漢名。また、酸味のあるレモン類のこと。

クエンカ〖Cuenca〗㊀エクアドル中南部の都市。アスアイ県の県都。1557年、スペイン王カルロス1世の命で都市建設が始まる。植民地時代の建造物が数多く残り、1999年、「サンタアナ-デ-ロス-リオス-デ-クエンカの歴史地区」として世界遺産(文化遺産)に登録された。㊁スペイン、マドリードの南東約130キロにある城塞都市。要塞は9世紀にイスラム教徒により建造。12世紀にレコンキスタ(国土回復運動)が起こり、キリスト教徒の町となった。断崖からせり出すように建てられた建築物など、独特の景観から「魔法にかけられた町」とも呼ばれる。1996年「歴史的城塞都市クエンカ」として世界遺産(文化遺産)に登録された。

くえん-さん【×枸×櫞酸】柑橘類の果実に多く含まれる有機酸。水に溶けやすい結晶で、さわやかな酸味がある。清涼飲料・医薬品などに利用。

くえんさん-かいろ【×枸×櫞酸回路】▶トリカルボン酸回路

グエン-ちょう【グエン朝】▶阮朝

クオーク〖quark〗ハドロンを構成している基本粒子。単独では存在できないがハドロン内に実在するとされる。全部で6種類あり、すべての物質はクオークと電子・ニュートリノなどのレプトンからなる。

クオータ〖quota〗❶分け前。分担額。割当額。❷▶ディスクククオータ

クオーター〖quarter〗❶4分の1。1年では3か月、1時間では15分など。❷球技などで、規定試合時間の4分の1。❸ヤード-ポンド法の長さの単位。1ヤードの4分の1で、22.86センチ。また、4分の1マイルをさすこともある。❹ヤード-ポンド法の質量の慣用単位。ハンドレッドウエートの4分の1で、28ポンド、約12.7キログラム。❺穀物の体積の単位。イギリスでは8英ブッシェル、アメリカでは8.26米ブッシェル、約290リットル。

クオーター-システム〖quarter system〗15分間を放送の基本単位時間とした番組編成。

クオーター-ネルソン〖quarter nelson〗レスリングの首攻めの一。相手の右(左)側から自分の右(左)腕を相手の首に当て、一方の腕を相手の右(左)わき下に通して首を押さえた腕をつかみ、相手の首を左(右)下にひねる。現行ルールでは禁止。

クオーターバック〖quarterback〗アメリカンフットボールで、攻撃側のポジションの一。プレーの展開を図る、攻撃の中心。略称QB。

クオーターバック-スニーク〖quarterback sneak〗アメリカンフットボールで、センターからのボールをクオーターバックが受け、そのままセンターの後ろからラインへもぐりこむランプレー。

クオーターファイナル〖quarterfinal〗準々決勝戦。

クオーターマスター〖quartermaster〗操舵手および操舵装置の整備などに従事する船員。操舵手。

クオータ-システム〖quota system〗▶クオータ制

クオータ-せい【クオータ制】《quota system》❶輸入割り当て制度。輸入品目の数量を割り当てて輸入を制限すること。❷政治における男女平等を実現するために、議員・閣僚などの一定数を女性に割り当てる制度。北欧諸国などで、法制化して実施されている。

クオータリー〖quarterly〗年に4回発行する定期刊行物。季刊誌。

クオーツ〖quartz〗❶石英。水晶。❷水晶発振式の、高精度の時計。水晶時計。クオーツ時計。

クオーツ-どけい【クオーツ時計】▶クオーツ❷

クオーテーション〖quotation〗《「コーテーション」とも》❶引用。引用文。❷「クオーテーションマーク」の略。〘類語〙引用・孫引き・引き合い

クオーテーション-マーク〖quotation mark〗引用文の前後につける記号。「“　”」「‘　’」など。引用符。

クオーテッド-プリンタブル〖Quoted-Printable〗電子メールの送受信で用いられる符号化形式の一。ヨーロッパ系諸言語における飾り文字、キリル文字などの8ビット文字や制御文字をASCIIコードに変換(エンコード)する。ほかの符号化形式としてBase64がある。

クオート〖quart〗ヤード-ポンド法の体積の単位。1パイントの2倍。英国では4分の1ガロンで約1.1リットル。米国では液用は4分の1ガロンで約0.95リットル、穀用は8分の1ペックで約1.1リットル。

クオ-バディス〖ラテ Quo Vadis〗《「あなたはどこへ行くのか」の意》シェンキェビチの長編歴史小説。1896年刊。暴君ネロ治世下のローマを舞台に、迫害されるキリスト教徒の精神的勝利を描く。

クオリア〖qualia〗感覚的・主観的な経験にもとづく独特の質感。「秋空の青くすがすがしい感じ」「フルートの音色のような高く澄んだ感じ」など。感覚質。

クオリティー〖quality〗品質。質。また、質のよいこと。上質。高級。「ハイ―」

クオリティー-オブ-サービス〖quality of service〗▶キュー-オー-エス(QOS)

クオリティー-オブ-ライフ〖quality of life〗《「人生の質」または「生活の質」と訳す》広義には、恵まれた環境で仕事や生活を楽しむ豊かな人生をいう。狭義には、特に医療・福祉分野で、延命治療のみにかたよらずに、患者の生活を向上させることで、患者の人間性や主体性を取り戻そうという考え方。QOL。

クオリティー-ペーパー〖quality paper〗▶高級紙

クオリティー-ライフ〖quality life〗中身を重んじる質の高い生活。

クオレ〖イタリア Il Cuore〗《心・愛情の意》イタリアの小説家デ＝アミーチスの児童小説。1886年刊。12歳の少年エンリコの学校生活を、1年間の日記を通してつづったもの。邦訳名「愛の学校」。クオーレ。〘補説〙作中にある先生の訓話「アペニン山脈からアンデス山脈まで」は、少年マルコがアルゼンチンにいる母に会うため旅をする物語で、日本では「母をたずねて」の名で知られる。

く-おん【久遠】《「きゅうえん」とも》❶仏語。長く久しいこと。遠い過去または未来。❷ある事柄がいつまでも続くこと。永遠。「―の理想」
〘類語〙永久・永遠・とわ・永世・常しえ・常しなえ・恒久・悠久・悠遠・長久・常磐・永劫・永代・無限・無窮・不朽・万代不易・万世不易・万古不易・千古不易

くおん-ごう【久遠×劫】仏語。きわめて遠い過去。

くおん-じ【久遠寺】山梨県南巨摩郡身延町にある日蓮宗の総本山。山号は身延山、院号は妙法華院。文永11年(1274)入山した日蓮のために波木井実長らが西谷に小庵をつくったのに始まる。15世紀後半、日朝が大伽藍を造営した。

くおん-じつじょう【久遠実成】仏語。法華経寿量品の思想の一。釈迦仏がこの世に生まれたのは仮の姿にすぎず、永遠の昔に悟りを開き成仏して限りない時間を人々の教化に尽くしてきたと説くもの。久成正覚。

クォンタム〖quantum〗❶分量。量。数量。❷量子。

クオンツ〖quants〗数理分析専門家。個人的な勘や経験だけでなく、計量的分析によって経営分析を行う人。

クォンツ-スコア《和 quants＋score》金融システム会社のクォンツリサーチ社が提供する株式情報サービス。個別銘柄を成長性・割安性・企業規模・テクニカル・財務健全性・リターン・値動き・市場トレンドなどの観点からそれぞれ10段階で採点し、合計点で評価する。

クオンティティー〖quantity〗分量。数量。額。

くおん-ぶつ【久遠仏】仏語。永遠の昔から人々を教化してきた仏。久遠実成の仏。釈迦仏・阿弥陀仏のこと。

く-か【苦果】仏語。過去の悪業のむくいとして受ける苦しみ。

くが【▽陸】《「くにが(国所)」の音変化》陸地。りく。くぬが。「水鳥の―にまどへる心地して」〈源・玉鬘〉

く-かい【九界】仏語。十界のうち、仏界以外の世界。地獄・餓鬼・畜生・阿修羅・人間・天上・声聞・縁覚・菩薩の九界。きゅうかい。

く-かい【区会】「区議会」の略。

く-かい【句会】俳句を作り、批評しあう集まり。

く-かい【苦海】《「くがい」とも》仏語。苦しみの絶えないこの世を海にたとえていう語。苦界。

く-がい【▽公界】❶表向き。晴れの場所。公儀。「述懐は私事、弓矢の道は―の義」〈太平記・一九〉❷世間。人なか。人前。「何事が起こった。こりゃここは―ぢゃぞ」〈浄・生玉心中〉❸「苦界❷」に同じ。「子細ありて郭中へ還り、二たび―を勤めけるが」〈色道大鏡・九〉

公界を・する　晴れの場所に出る。人前に出る。世を送る。「茗荷など食うたらば―・することがなるまいと思ふによって食はぬ」〈虎清狂・鈍根草〉

く-がい【▽公×廨】❶官庁。役所の建物。官衙。くげ。❷公のもの。諸官庁の用度品。くげ。

く-がい【苦×艾】ニガヨモギの漢名。

く-がい【苦界】❶《「苦海」から》苦しみの多い世界。生死を繰り返して流転するこの世。人間界。❷遊女のつらい境遇。公界。「―に身を沈める」
〘類語〙この世・うつし世・現世・地上・人界・下界・娑婆・此岸・肉界・人間界・世界

くかい-がん【苦灰岩】堆積岩の一。主に苦灰石からなる白色ないし暗灰色の岩石。セメント原料などに利用される。ドロマイト。ドロストーン。白雲岩。

くかい-ぎいん【区会議員】区議会議員の通称。

くがい-しらず【▽公界知らず】世の中のことがわからないこと。また、その人。「汝がやうなる―には」〈咄・醒睡笑・二〉

くかい-せき【苦灰石】カルシウムとマグネシウムの炭酸塩鉱物。白色、黄褐色、淡褐色などで半透明。六方晶系。ドロマイト。白雲石。

くがい-そう【九蓋草】ゴマノハグサ科の多年草。山地や高山に生え、高さ約1メートル。葉は輪生し9層ほどつく。夏、茎の先に紫色の小花を尾状につける。虎の尾。九階草。

くがい-でん【▽公×廨田】律令制で、在外諸司官人に支給された職田。くげでん。

くがい-とう【▽公×廨稲】律令制で、諸国に置かれた官稲の一。正税の一部を出挙し、その利益を官司の入用や官人の俸給に充てた稲。くげとう。

くがい-にん【▽公界人】「公界者」に同じ。「会うて一礼言ひたしとは思せども、遊君は―」〈浄・扇八景〉

くがい-もの【▽公界者】❶世間に出しても恥ずかしくない者。世間に顔出しのできる者。「算置きも―ぢゃ。なぜに打擲召された」〈虎寛狂・居杭〉❷見えを張る者。「傾城は―、五十両の目くさり金取り替へた僭上」〈浄・冥途の飛脚〉

くが-かつなん【陸羯南】[1857～1907]新聞人・評論家。青森の生まれ。本名、中田実。新聞「日本」を創刊し、日本主義・国民主義の立場から政治批判を展開。著「羯南文集」「羯南文録」など。

く-かく【区画・区×劃】〔名〕スル 土地などをいくつかの部分に区切ること。また、その区切った一つ一つ。「小さく―した分譲地」
〘類語〙境界・境界線・仕切り・境・境目・分界・区域・地区・境域・領域・地域・ブロック・エリア・ゾーン

く-がく【苦学】〔名〕スル ❶苦労を重ねて学問をするこ

と。「何の為めに━するかと云えば」〈福沢・福翁自伝〉❷働いて学資や生活費を作りながら勉強すること。「━して大学を卒業する」「━生」

くかく-ぎょぎょう【区画漁業】漁業法に基づいて免許を受け、一定の区域内で水面を区画して行う漁業。ノリ・カキ・魚類の養殖など。

くかく-せいり【区画整理】都市計画などで、土地の区画や形質の変更、道路などの公共施設の変更または新設を行うこと。

くが-じ【▽陸路】陸上を通る道。りくろ。「二か処の城を構へて、船路も、━を支へんとす」〈太平記・一六〉⇔海路/船路。

く-かず【工数】細工の手数。物をこしらえる手数。「上塗りに━がかかったから」〈滑・浮世床・二〉

く-かず【句数】❶句の数。❷連歌・俳諧で、百韻または歌仙一巻のうち同季・同種の句を何句まで連ねてよいか規定したもの。❸連歌・俳諧で、一巻を巻き終わったあと、懐紙の巻末に作者名とその句の数を記入すること。句上げ。

くか-たち【探＝湯｜誓＝湯｜盟＝神＝探＝湯】《「くがたち」「くかだち」とも》古代の裁判における真偽判定法。正邪を判断する場合、神に誓って熱湯の中に手を入れさせ、正の手はただれないが、邪の手はただれるとした。くか。

くが-ち【▽陸地】りくち。「紀伊国千里浜の遠干潟、俄に━になること二十余町なり」〈太平記・二〉

く-がつ【九月】1年の9番目の月。長月。色取り月。菊月。(季 秋)「黒揚羽━の樹間透きとほり/竜太」

くがつ-いつか【九月五日】江戸時代、半季奉公人の秋の出替わりの期日。9月の出替わり。「恋慕の道思ひ切りて━までの事を思ひしに」〈浮・一代女・五〉

くがつ-がや【九月蚊-帳】秋になってもまだつっている蚊帳。(季 秋)

くがつ-じん【九月尽】陰暦9月の末日。秋の終わる日。現在では陽暦の9月末日をいい、秋の深まるころをさす。(季 秋)「━はるかに能登の岬かな/暁台」

くがつ-せっく【九月節句】重陽の節句。

く-かつよう【ク活用】文語形容詞の活用形式の一。語尾が「く・く・し・き・けれ・○」と変化するもの。これに補助活用のカリ活用を加えて、「く(から)・く(かり)・し・き(かる)・けれ・かれ」とすることもある。「よし」「高し」など。連用形の語尾「く」をとって名づけたもの。情意的な意を持つものの多いシク活用に対し、客観的、状態的な意味を表すものが多い。⇒シク活用

く-がね【▽黄金】金。こがね。「銀も━も玉も何せむに優れる宝子にしかめやも」〈万・八〇三〉

くか-へ【探＝湯×瓮】《「くかべ」とも》探湯に用いた釜。「味白檮の言八十禍津日の前に、━を居ゑて」〈記・下〉

くがみ-らくづめ【苦髪楽爪】苦労しているときは髪が早く伸び、楽をしているときは爪が早く伸びるということ。⇒苦爪楽髪

く-がら【句柄】連歌や俳句などの句のできばえ・品格、また持ち味。「━がすばらしい」

く-かん【区間】❶道路や鉄道などの、ある地点と他の地点との間。「不通━」❷数学で、実数の集合の中のある限られた範囲。

く-かん【苦寒】❶非常に厳しい寒さ。また、厳しい寒さに苦しむこと。❷ひどい貧乏のために苦しむこと。貧苦。「飢渇━常に妾が身に迫る」〈織田訳・花柳春話〉❸陰暦12月の異称。

く-かん【苦×諫】〔名〕スル 言いにくいことをはっきり言って、目上の人をいさめること。「それを━しても用いられないので」〈藤村・夜明け前〉

く-かん【苦×艱】つらい目にあって、苦しみ悩むこと。艱難。「地獄の━を訴える」〈芥川・芭蕉雑記〉

く-かん【×躯幹】からだ。また、頭と手足を除いた胴体部分。「一軽捷にして、面は美玉の如く」〈竜渓・経国美談〉

く-がん【句眼】詩句の中で眼目となるところ。

ぐ-がん【×弘願】仏語。広大な誓願。一切衆生を救わんとする阿弥陀仏の四十八願をいう。

ぐ-がん【具眼】物事の本質を見抜き、是非・真偽などを判断する見識をもっていること。「━の士」

くかん-こつ【×躯幹骨】躯幹を構成する脊柱・胸骨・肋骨・鎖骨・肩甲骨・骨盤などの骨。

ぐかんしょう【愚管抄】鎌倉初期の史論書。7巻。慈円著。承久2年(1220)ごろ成立。神武天皇から順徳天皇までの歴史を、末法思想と道理の理念とに基づいて述べたもの。

くき【久喜】埼玉県北東部の市。東北本線と東武伊勢崎線とが交差する交通の要地。足利政氏の館跡の甘棠院がある。平成22年(2010)に菖蒲町・栗橋町・鷲宮町と合併。人口15.4万(2010)。

くき【×岫】❶山の洞穴。「骨、巌の━に積みたり」〈欽明紀〉❷山の峰。「玉釧まき寝し妹を月も経ず置きてや越えむこの山の━」〈万・三一四八〉

くき【茎】高等植物で、葉・根とともに植物を構成する基本器官。先端に生長点があり、内部に維管束をもつ。地下茎・蔓・とげなどになるものもある。性質により草本と木本とに分けられる。
(類語)花茎・地下茎・蔓

くき【▽群来】魚が産卵のために沿岸に大群で来ること。特に、ニシンについていう。⇒鰊群来

く-ぎ【口義】口で伝える奥義。口訣。口伝。

く-ぎ【区議】「区議会議員」の略。

く-ぎ【句義】文章などの句の意義。

く-ぎ【供犠】神に、いけにえを供える宗教的・呪術的儀式。また、そのいけにえ。きょうぎ。

くぎ【×釘】一端をとがらせた金属や竹・木などの細い棒。打ち込んで物と物とを接合・固定したり、物を掛けたりするのに用いる。「━を打つ」「━を抜く」
(類語)鎹・鋲・リベット・楔

釘が利・く 意見などの確かな効き目がある。「余の人の千声より、一言も━・く」〈浄・仏御前〉

釘にな・る 手足が冷えて凍える。「こりゃ、手も足も━・った」〈浄・天の網島〉

釘を刺・す 約束違反や言い逃れができないように念を押す。釘を打つ。「他言するなと━・される」

ぐ-き【虞姫】⇒虞美人

くき-おけ【茎×桶】茎漬けをする桶。茎の桶。

く-ぎかい【区議会】東京都の特別区および財産区の議決機関。区会。

くぎかい-ぎいん【区議会議員】区議会を構成する議員。区会議員。区議。

くぎ-かくし【×釘隠し】長押などに打った釘の頭を隠すための金属や木製の飾り。

くぎ-かすがい【×釘×鎹】釘と鎹。転じて、物事をつなぎ留めるもの。「起請一筆書かねども━より離れぬ中」〈浄・反魂香〉

くぎ-こおり【×釘氷】寒さで手足が釘や氷のように冷え凍えること。「たたずむ足は━、身も冷え渡り」〈浄・寿の門松〉

くぎ-ごたえ【×釘応え】❶打ち込んだ釘の効き目。❷意見などの効き目があること。「もとが主筋、下人筋の親と子、━せぬはず」〈浄・油地獄〉

くぎ-ざき【×釘裂き】衣服などを釘にひっかけて裂くこと。また、その裂いた部分。かぎざき。

くき-し【久喜市】⇒久喜

くぎ-じめ【×釘締め】❶戸や箱のふたなどに釘を打ちつけて、開かないようにすること。釘付け。❷隠し釘を打つ工具。へしこみ。❸念を入れて約束すること。釘をさすこと。「先頃の婚礼の、その席にても嗜ましたる詞は、後日の━なるを」〈人・鯆の魚〉

くき-しゅうぞう【九鬼周造】[1888～1941]哲学者。東京の生まれ。京大教授。ヨーロッパに留学して実存哲学を学ぶ。解釈学的手法を用いて日本文化を究明。著「『いき』の構造」「偶然性の問題」「西洋近世哲学史稿」など。

くぎ-せん【区議選】《「区議」は「区議会議員」の略》区議会議員を選出するための選挙。

くき-だ・つ【茎立つ】〔動タ五(四)〕茎が生え出る。茎が伸びる。「弔いの人に踏まれたらしいがなお━・って青々として居る」〈左千夫・野菊の墓〉

くき-づけ【茎漬(け)】ダイコンやカブなどを茎や葉と一緒に塩漬けにしたもの。(季 冬)「━や手もとくらがる土の塀/犀星」

くぎ-づけ【×釘付け】〔名〕スル ❶釘で打ちつけて物を動かないようにすること。「箱のふたを━する」❷そこから動けないようにすること。また、動けなくなること。「その場に━になる」❸⇒戸締め❷

くき-なが【茎長】なぎなた・刀・槍などの構え方の一。柄のもとのほうを持つ構え方。「藤沢入道長刀を━に取りて」〈義経記・二〉⇔茎短。

くぎ-ぬき【×釘抜き】❶打ち込んだ釘を抜き取るための道具。❷紋所の名。釘抜き、またはそれを組み合わせた形を図案化したもの。違い釘抜き・丸に釘抜きなど。

くぎ-ぬき【×釘▽貫】❶柱やくいを立て並べて、横に貫を渡しただけの柵。「そこはかとなくて、━といふものをぞ、片面にしわたしたりける」〈狭衣・三〉❷「釘貫門」に同じ。「さてはと人の透間を見あはせ、━木隠れにてかの中間耳近く」〈浮・一代女・四〉

くぎぬき-もん【×釘▽貫門】門柱の上部に2本の貫を通し、下に扉をつけた簡単な門。屋敷の通用門や、町の入り口・関所などに設けられた。

くき-ほう【九帰法】⇒きゅうきほう(九帰法)

くぎ-ぼり【×釘彫(り)】❶長押を柱に釘づけするとき、割れないように長押の裏面に彫った釘穴。❷釘状のもので線刻すること。また、そのようにして作られた文様。高麗茶碗などにみられる。

くき-みじか【茎短】なぎなた・刀・槍などの構え方の一。柄の先のほうを持つ構え方。「しら柄の長刀を━にとり」〈平家・一〉⇔茎長。

くぎ-め【×釘目】釘を打ち込んだ所。また、その跡。

くき-やか〔形動〕図〔ナリ〕鮮やかではっきりしているさま。「色ガ━ニ見ユル」〈和英語林集成〉

く-ぎょ【供御】⇒くご(供御)❶

ぐ-きょ【愚挙】ばかげた行い。愚かな企て。
(類語)愚行・愚策・軽挙・妄動・暴挙・蛮行

く-きょう【句境】俳句を作るときの、また、句に表現された作者の心境。「趣のある━」

く-きょう【▽究▽竟】❶仏語。物事の最後に行きつくところ。無上。終極。❷極めてすぐれていること。また、そのもの。「主従三騎━の逸物どもにて」〈平治・中〉❸極めて都合がよいこと。あつらえむき。くっきょう。「卒爾の用にも叶ひて━の事にてあるなり」〈後鳥羽院御口伝〉

く-きょう【苦況】苦しい状況。「━を脱する」

く-きょう【苦境】苦しい境遇。苦しい立場。「━を乗りこえる」「━に立つ」「━に陥る」「━に直面する」
(類語)逆境・危地・窮地・危機・危難・危殆・ピンチ

く-きょう【×矩鏡】測量で、ある直線に対して直角の方向を決めるのに使う器具。

く-ぎょう【▽公×卿】❶公と卿の総称。公は太政大臣・左大臣・右大臣、卿は大納言・中納言・参議および三位以上の朝官をいう。参議は四位も含める。「大臣公卿」と連ねていう場合は、卿のこと。公家。上達部。月卿。卿相。❷(「供饗」「公饗」とも書く)公卿に供する食物などを載せる膳。

くぎょう【公暁】[1200～1219]鎌倉幕府第2代将軍源頼家の子。幼名、善哉。父の死後出家して鎌倉鶴岡八幡宮別当となる。源実朝を父の仇と信じ、八幡宮境内で斬殺。のち、逃れて頼った三浦義村の部下に殺された。

く-ぎょう【苦行】〔名〕スル ❶つらさに耐えて仕事をすること。「難行━」❷仏語。激しく肉体を苦しめる行いによって精神を浄化し、悟りを得ようとする修行。

く-ぎょう【▽恭▽敬】つつしみうやまうこと。きょうけい。「梵天、帝釈および諸天皆━せん」〈今昔・一・一〉

ぐ-きょう【×弘経】仏教の経典やその教えを世に広めること。

くきょう-い【▽究×竟位】仏語。最高無上の位。

仏の悟りを得た究極の地位。

くきょう‐かく【▽究×竟覚】クキャウ 仏語。起信論で説く、無明の迷いを捨て去りわが心の本源を悟った境地。悟りの極地。

くきょう‐がん【▽究×竟願】クキャウグワン 仏語。中途でくじけたり後退したりしないで成就した願。

ぐぎょう‐きゅう【▽公×卿給】クギャウキフ 奈良・平安時代、大臣以下参議までに支給された年給。

ぐぎょう‐せんぎ【▽公×卿×僉議】クギャウ 公卿の会議。「天下においてことなる勝事(しょうじ)なれば、—あり」〈平家・一〉

くきょう‐そく【▽究×竟即】クキャウ 天台宗で悟りに至る六つの段階をいう六即の第六位。この上ない完全円満な仏の境地。

ぐきょう‐だいし【×弘経大士】グキャウ 経典を広めた菩薩。竜樹・世親など。

くぎょう‐の‐ざ【▽公×卿の座】クギャウ 儀式や集会の際に設けられる公卿の地位相応の座所。また、寝殿造りで貴人用に設けてある部屋。「新大納言成親卿をば—へ出し奉り」〈平家・二〉

くぎょう‐の‐ま【▽公×卿の間】クギャウ ❶「公卿の座」に同じ。❷中世の邸宅・寺院などの客殿の端に設けられていた部屋。訪問者の控え室や、対面所として用いた。

くぎょうぶにん【公卿補任】クギャウブニン 公卿の氏名・就任年月・官位などを年代順に記した職員録。神武天皇の代から明治元年(1868)までを記録する。

くきょう‐ほっしん【▽究×竟法身】クキャウ 仏語。真理を悟り極めた仏身。また、その境地。

くき‐よしたか【九鬼嘉隆】[1542～1600]安土桃山時代の武将。紀伊の人。初め伊勢北畠氏の臣。のち、熊野水軍の長として、織田信長の石山本願寺攻めで活躍。関ヶ原の戦いでは西軍に属し、敗れて自刃。

くきょ‐ほう【九去法】ハフ ►きゅうきょほう(九去法)

くきら【▽拘×耆羅｜拘×枳羅｜×倶伎羅】《梵 kokilaの音写。好声鳥と訳す》インドからオーストラリアにかけて分布する鳥、オニカッコウのこと。全長約40センチ、全身黒色。鳴き声が美しい。くしら。

く‐ぎり【句切り｜区切り】❶会話や文章などの、意味・発音上の切れ目。くぎれ。❷物事の切れ目。段落。きり。「仕事に—をつける」
(類語)(❷)折り目・一線・一段落・節目・境

くぎり‐ふごう【句切り符号】ガウ 文中の語句の切れ目を示す符号。句読点・中点・括弧(かっこ)など。

く‐ぎ・る【句切る｜区切る】〔動ラ五(四)〕❶言葉や文章などに、意味・内容や音節などのまとまりで切れ目をつける。句読点や段落を施す。「一言一言—・って話す」❷ある広さをもつものを、境をつけていくつかに分ける。境界を設ける。「広間をカーテンで—・る」(可能)くぎれる (類語)分ける・仕切る・画する

くき‐わかめ【茎若▽布】ワカメの主に茎の部分。つくだ煮、汁の実などにする。

く‐ぎん【口吟】詩歌を小声で歌うこと。

く‐ぎん【苦吟】〔名〕スル 詩歌や俳句などを苦心して作ること。また、その作品。「熱心に—して居るのに、今日は容易に句が出来ぬらしい」〈虚子・俳諧師〉

く‐く【九九】1から9までの数を互いに掛け合わせた数の一覧表。また、その唱え方。「一一(いんいち)が一」から「九九(くく)八十一」まで。

く‐く【句句】言葉や詩歌の一句一句。「其文もまた絶妙にして—錦繍なるが故に」〈逍遥・小説神髄〉

く・く【×絎く】〔動カ下二〕「くける」の文語形。

く・く【▽漏く】〔動カ四〕漏れる。間をくぐり抜ける。「春の野の繁み飛び—・く鶯(うぐひす)の」〈万・三九六九〉

く‐く【区区】㊀〔ト・タル〕〔文〕〔形動タリ〕❶まちまちで、まとまりがないさま。「巷説—として一定しない」〈嶺雲・明治叛臣伝〉❷価値が低いさま。取るに足りないさま。「—たる利害のごとき、問題にはならない」〈中島敦・弟子〉❸些細(ささい)なことにこだわって、こせこせしているさま。「大丈夫—として物を思わんやだ」〈逍遥・当世書生気質〉㊁〔形動〕〔文〕〔ナリ〕㊀❶に同じ。「これに対する世評も—で」〈寅彦・災難雑考〉(類語)細かい・細細(こまごま)しい・煩瑣(はんさ)・瑣末(さまつ)・些細(ささい)・瑣瑣(ささ)たる

く‐く【×煦×煦】〔ト・タル〕〔文〕〔形動タリ〕❶日の光などが暖かなさま。「—たる春日(しゅんじつ)に背中をあぶって」〈漱石・草枕〉❷恵みを与えるさま。「自然主義の文芸は…偏えに—熙々(きき)の情趣に乏しきか」〈片上天弦・人生観上の自然主義〉

く‐ぐ【供具】神仏に供えるもの。供物(くもつ)。また、供物を供える器具。

くぐ【莎＝草｜磚＝子＝苗】イヌクグの別名。

ククイ〖kukui〗トウダイグサ科の高木。葉は卵形で三～七つに裂け、互生する。白色の小花が円錐状に集まって咲く。果実は球形で、種子から染料・灯用油などをとる。マレー地方の原産。

くぐい【×鵠】クグヒ《「くくい」とも》白鳥(はくちょう)の古名。(季冬)「今高往く—の音を聞きて」〈記・中〉

くくし【▽括し】❶くくること。また、くくる材料。❷「括し染め」の略。

くくし‐あ・げる【▽括し上げる】〔動ガ下一〕〔文〕くくしあ・ぐ〔ガ下二〕固くくくる。縛り上げる。「後ろ手に—・げた人の手がそれだ」〈藤村・春〉

くくし‐おび【▽括し帯】くくり染め(絞り染め)の帯。

くくし‐こそで【▽括し小袖】くくり染め(絞り染め)の小袖。

くくし‐ぞめ【▽括し染(め)】►絞(しぼ)り染め

くく・す【▽括す】〔動サ四〕❶縛る。くくる。「女めを梯子に—・せ」〈伎・幼稚子敵討〉❷くくり染めにする。「紅の鹿子結(かのこゆ)ひのその中に、村千鳥をここかしこに、色々に—・しける」〈仮・恨の介・下〉

くぐ‐せ【▽屈背｜傴＝僂】背骨が曲がっていて、のびないこと。〈名義抄〉

くく‐たち【▽茎立ち】《「くく」は茎の意》カブ、アブラナなどの野菜。また、薹(とう)のたった野菜。(季春)「井のもとや—摘んで寺泊り/白雄」

くぐつ【傀＝儡】❶歌などに合わせて舞わせる操り人形。でく。かいらい。❷平安時代以降、❶を操ったりして各地を漂泊した芸人。のち、一部は寺社に仕え、布教に従事した。❸《傀儡回しの女たちが売春もしたところから》舞妓や遊女。遊び女(め)。傀儡女(くぐつめ)。

くぐつ【×裹】❶クグで編んだ手提げ袋。「潮干(しほひ)の三津(みつ)の海女の—持ち玉藻(たまも)刈るらむいざ行きて見む」〈万・二九三〉❷糸・わらなどで編んだ網の袋。「絹綾を糸の—に入れて」〈宇津保・国譲下〉

くぐつ‐し【傀＝儡師】「傀儡(くぐつ)❷」に同じ。(季新年)「—の前だれ赤き女ぶり/由基人」

くぐつ‐まわし【傀＝儡回し】マハシ「傀儡(くぐつ)❷」に同じ。

ククナリエス〖Koukounaries〗ギリシャ、エーゲ海西部、スポラデス諸島のスキアトス島南西部にある海岸保養地。中心地スキアトスの南西約16キロメートルに位置する。白い砂浜が広がる美しい海岸がある。

くぐ‐なわ【莎＝草縄】ナハ クグの茎を裂いて作る細い縄。銭差しや器物を束ねるのに使う。くぐつな。

くくのち‐の‐かみ【久久能智神】日本神話で、伊弉諾(いざなぎ)・伊弉冉(いざなみ)の二神が生んだ神々の一。木の神。句句廼馳(くくのち)。

くぐま・る【▽屈まる】〔動ラ五(四)〕からだをまるめて小さくする。萎縮(いしゅく)する。かがまる。「貫一はいと苦しく心—・りつつ」〈紅葉・金色夜叉〉

くくみ【×銜み｜×鑣】❶口にふくむこと。くぐもること。「—声(ごゑ)」❷刀の柄(つか)や鞘(さや)を金・銀などの薄板で包んだもの。❸轡(くつわ)。〈和名抄〉

くく‐みら【▽茎×韮】《「くく」は茎、「みら」はニラの意》ニラの花茎が伸びたもの。「伎波都久(きはつく)の岡の—われ摘めど」〈万・三四四四〉

くく・む【×銜む｜▽含む】㊀〔動マ五(四)〕❶口の中にふくむ。「例の—・んだような言語(ごんご)までが」〈二葉亭訳・夢かたり〉❷表面に加えもつ。ふくむ。「緊笑(しかめわら)いにも愛嬌を—・んで」〈二葉亭・浮雲〉❸外から包みこむ。または、中に入れる。「襁褓(むつき)に—・まれ給へる」〈狭衣・四〉❹心にとどめる。忘れずにいる。「心の内にいつかあぢはひ—・むごと、なくなくこもりありければ」〈賀茂女集〉㊁〔動マ下二〕「くくめる」の文語形。

くぐ・む【▽屈む】㊀〔動マ四〕からだを折り曲げる。からだを小さくしてしゃがむ。かがむ。「さし—・みて御覧ずれば」〈義経記・二〉㊁〔動マ下二〕腰を曲げて身を低くする。かがめる。「ひさかたの天(あま)つみ空は高けれど背を—・めてぞ我は世に住む」〈夫木・一九〉

くく・める【×銜める｜▽含める】〔動マ下一〕〔文〕くく・む〔マ下二〕❶事情を言い聞かせて納得させる。いいふくめる。「博士は噛んで—・めるように言うのだったが」〈秋声・縮図〉❷口にふくませる。「胸をあけて、乳など—・め給ふ」〈源・横笛〉

くぐもり‐ごえ【くぐもり声】ゴヱ 中にこもって、はっきりしない声。含み声。

くぐも・る〔動ラ五(四)〕《古くは「くくもる」》❶声などが、中にこもる。はっきりしない。「音曲の音が—・るように聞こえて来たり」〈有島・或る女〉❷口ごもる。「とがむべき口も—・り」〈色道大鏡・一四〉

くくり【▽括り】❶ひもなどでくくること。❷複数のものを一つの範疇にまとめること。ひとまとめ。枠。「すべての事故を業務上過失とする—には無理がある」「生活習慣病という—には入らない」❸最後のまとめ。しめくくり。結末。「モノニタイテイ—ヲツケル」〈和英語林集成〉❹袋の口をしばること。また、しばるひも。「—ヲトク」〈和英語林集成〉❺狩衣(かりぎぬ)などの袖口や指貫(さしぬき)などの裾口に通したひも。❻くくり染めにすること。❼鳥獣などの翼や足などをくくって捕らえる仕掛け。わな。足緒(あしを)。「—をかけて鹿を捕りけるほどに」〈著聞集・一六〉

くぐり【▽潜り】❶くぐって出入りする戸や門。❷茶室建築で、くぐって出入りするように作ったもの。中潜り・躙(にじ)り口など。

くくり‐あ・げる【▽括り上げる】〔動ガ下一〕〔文〕くくりあ・ぐ〔ガ下二〕しっかりと縛って、ずり落ちないようにする。また、きつく縛りつけて、動かないようにする。「祭り半纏(ばんてん)の袖をたすきで—・げる」

くくり‐あご【▽括り顎】肉づきがよくて二重になったあご。「—の円い顔」〈荷風・あめりか物語〉

くくりお‐の‐はかま【▽括り緒の×袴】くくりを 裾に通した緒で裾口をくくるようにした袴。指貫(さしぬき)の古い形とされる。

くくり‐ざる【▽括り猿】四角な布に綿を縫い込み、四隅を足として1か所に集めてくくり、頭をつけて猿の形に作ったもの。江戸時代に流行し、幟猿(のぼりざる)に用いた。また、遊郭などで客の足止めをするまじないにした。

くくり‐ずきん【▽括り頭巾】ヅキン 頭の形に合わせて丸く作り、へりをしぼった頭巾。大黒頭巾。「—で野暮(やぼ)めが叱(しか)るやつさ」〈黄・高漫斎〉

くくり‐そで【▽括り袖】綿を入れてふっくらと縫った袖口。「互ひに心懸け袖の、縁に縒り糸—」〈浄・薩摩歌〉

くくり‐ぞめ【▽括り染(め)】►絞(しぼ)り染め

くくり‐つ・ける【▽括り付ける】〔動カ下一〕〔文〕くくりつ・く〔カ下二〕ひもなどで他のものに縛りつける。また、比喩的に行動の自由を奪う。「荷物を車の荷台に—・ける」「一週間も一つ所に—・けられなければならない現在の自分」〈漱石・明暗〉

くぐり‐ど【▽潜り戸】❶門の扉などに設けた、くぐって出入りする小さい戸口。切り戸。くぐり。❷茶室の躙(にじ)り口の戸。

くくり‐なおし【▽括り直し】ナホシ 事業などの枠組みを再編成すること。取引所での売買の単位となる、また、株主総会での議決権の単位となる株式数を変更すること。1000株単位から100株単位に変えるなど。取締役会で定款変更決議が必要。

くぐり‐ぬ・ける【▽潜り抜ける】〔動カ下一〕❶くぐって通り抜ける。「壁の穴を—・ける」❷困難や危険な状況を切り抜ける。「厳重な警戒を—・ける」
(類語)通り抜ける・擦り抜ける・突き抜ける・乗り越える

くくり‐ばかま【▽括り×袴】裾口にひもを通してくくり、すぼめた袴。指貫(さしぬき)・狩袴など。「其の身は玉だすきをあげて—利根(りこん)に、烏帽子(えぼし)をかしげに被(かづ)き」〈浮・永代蔵・四〉

くくり‐ひも【▽括り×紐】物をくくるのに使うひも。

くくり-まくら【▽括り枕】布帛(ふはく)で筒形に縫い合わせ、そば殻・茶殻などを入れ、両端をくくって作る枕。箱枕・木枕などと区別していう。

くくり-もの【▽括り物】くくり染め(絞り染め)にしたもの。「巻き染め、むら濃、―など染めたる」〈枕・一五九〉

くぐり-もん【▽潜り門】くぐって出入りする小さい門。切り抜き門。くぐり。

くく・る【▽括る】〔動ラ五(四)〕❶ひもや縄などを掛けて、ばらばらの物を一つにまとめて縛る。束ねる。「古新聞をひもで―・る」❷ある物に他の物を縛りつける。ひっくくる。「犯人を木に―・る」❸物事にまとまりをつける。締めくくる。「話を―・る」❹一つにまとめる。ひとまとまりにする。「数式a＋bを括弧で―・る」「アイドルとひと言で―・るのは無理がある」❺(「縊る」とも書く)自分で首をつって命を絶つ。縊死(いし)する。「首を―・る」❻(「たかをくくる」の形で)程度を予測する。物事を軽くみる。見くびる。「ちょっとした傷とたかを―・る」❼(「腹をくくる」の形で)覚悟を決める。決意を固める。「腹を―・って結果を待つ」❽くくり染めにする。「ちはやぶる神代も聞かず竜田川からくれなゐに水―・るとは」〈古今・秋下〉❾自由を拘束する。引き留める。「耳へ入れば夜明けまで―・られる」〈浄・天の網島〉 可能 くくれる

用法 くくる・しばる――「荷物をひもでくくる(しばる)」「犯人をくくる(しばる)」などでは、相通じて用いられる。◆「くくる」は「袖口をくくる」「括弧(かっこ)でくくる」のように、ばらばらな物をまとめる意に重点があり、この場合「しばる」は使わない。◆「しばる」は「傷口をしばる」「校則でしばる」など、動かないようにする、束縛するの意に重点があり、この場合「くくる」は使わない。◆類似の語に「むすぶ」「しめる」がある。ひもなどの端を組み合わせてつなぐのが「むすぶ」で、より強く結ぶのが「しめる」である。

類語 束(たば)ねる・束(つか)ねる・絡げる・ひっくくる

くぐ・る【▽潜る】〔動ラ五(四)〕《古くは「くくる」とも》❶物の下や狭い間・中を、姿勢を低くして通って向こう側へ出る。また、門やトンネルなどを通り抜ける。「暖簾(のれん)を―・って店に入る」「障害物競走ではしごを―・る」「校門を―・る」❷水の中にもぐる。「海に―・って魚貝をとる」❸簡単に通り抜けることができない所を巧みにごまかして通る。厳しい監視や規律などのすきをねらって事を行う。「法の網を―・る」❹困難や危険の中を何とか切り抜けていく。「火炎を―・って脱出する」「砲煙弾雨の下を―・る」 可能 くぐれる

ググ・る〔動ラ五〕《俗語。「ググ」は「グーグル(Google)」の略》グーグルのサーチエンジンを使って言葉や画像を検索する。

くく・れる【▽括れる】〔動ラ下一〕ひもなどが巻きついて細く締まる。また、ひもなどが食い込んだように筋ができる。「―・れた顎(あご)」

クグロフ《フランス kouglof／kougelhof》クグロフ型(外側に斜めの溝のある蛇の目型)で焼いたフランス、アルザス地方の菓子。クーゲルホフ。

く-げ【▽公家】❶朝廷に仕える人々。公家衆。❷朝廷。朝家。おおやけ。「一にもかやうの事をあはれとおぼしめして」〈平家・一二〉❸天皇。主上。「就中(なかんづく)―専ら日吉山王に御祈誓有けるとかや」〈保元・中〉

く-げ【▽公×廨】▶くがい(公廨)

く-げ【供×花｜供華】❶仏または死者に花を供えること。また、その花。くうげ。❷「供花会(くげえ)」の略。

類語 供花(きょうか)・献花

く-げ【供×笥】仏前に供える物を盛る器具。

くげ-あく【▽公家悪】歌舞伎の役柄の一。公家の悪役。多く顔を藍色に隈取(くまど)り、陰険な無気味さをもつ。「車引」の時平(しへい)など。

く-けい【区系】地球上の生物をそれぞれの特徴によって地域的に分類した際の各区域。➡植物区系

く-けい【×矩形】長方形。類語 四角・四角形・四辺形・方形(ほうけい)・角形(かくがた)・升形(ますがた)・正方形・長方形

ぐ-けい【愚兄】自分の兄をへりくだっていう語。

類語 兄・舎兄・家兄

ぐ-けい【愚計】❶愚かなはかりごと。❷自分の計画や考えをへりくだっていう語。

くげ-え【供▽花会】ヱ 仏に花をささげる儀式。京都六波羅蜜寺で3月に行われた法華八講を結縁供花と称したのに始まり、5月と9月に京都六条長講堂で行われた法会などが著名。

くげ-かぞく【▽公家華族】クヮゾク もと公家で、明治維新後に華族となったもの。

く-げき【▽駒隙】《「荘子」知北遊の「人、天地の間に生くるは、白駒の隙を過ぐるが如く、忽然たるのみ」から》月日が早く過ぎ去ること、人生の短く無常であることをたとえていう語。隙駒(げきく)。

くげ-こじつ【▽公家故実】公家に関する故実。

くけ-こ・む【×絎け込む】〔動マ五(四)〕布の端を中に入れて縫い目が見えないように縫う。「義経袴に男山八幡の守―・んで愚なと笑い」〈露伴・風流仏〉

くげ-しゅう【▽公家衆】《「くげしゅ」とも》武家に対して、朝廷に仕えた人々。堂上衆。公家方。

くげ-しょはっと【公家諸法度】「禁中並公家諸法度(きんちゅうならびにくげしょはっと)」の略。

くけ-だい【×絎台】和裁用具の一。衣服などをくけるとき、布がたるまないように一端を固定して引っ張る道具。掛け台。

く-けつ【口×訣】文書に記さないで、口で直接言い伝える奥義・秘伝。口伝(くでん)。

ぐけつげてんしょう【弘決外典抄】グケツゲテンセウ 平安時代の仏教書。4巻10編。具平(ともひら)親王著。正暦2年(991)成立。唐の妙楽大師著の「止観輔行伝弘決」中に引用された外典を抄録し、注解を加えたもの。

くげ-でん【▽公×廨田】▶くがいでん(公廨田)

くげ-とう【▽公×廨稲】タウ ▶くがいとう(公廨稲)

くけ-ぬい【×絎縫い】ぬひ 和裁で、布端を始末するときに、縫い目の糸が表から見えないようにする縫い方。耳ぐけ・三つ折りぐけなどがある。

くけ-ばり【×絎針】くけ縫いに使う長い針。

くけ-ひも【×絎×紐】くけ縫いにして作るひも。

くけ-め【×絎目】くけ縫いにした針目。

く・ける【×絎ける】〔動カ下一〕文く・く〔カ下二〕くけ縫いにする。「袖口(そでぐち)を―・ける」

類語 縫う・綴(つづ)る・綴(と)じる・縢(かが)る・まつる・仕付ける・裁縫する・縫製する・縫い込む

く-げん【▽公験】《「験」は証拠の意》❶古代、私有地の売買・譲与による所有権の移転を国司・郡司が公認した文書。❷律令制で、僧尼に与えた身分証明書。

く-げん【苦言】本人のためを思い、言いにくいところまであえて言って、いさめる言葉。「一を呈する」

類語 忠言・切言・諫言(かんげん)・小言

く-げん【苦×患】仏語。地獄におちて受ける苦しみ。転じて、一般に苦しみや悩み。苦悩。

く-げん【苦×艱】苦しみ。苦難。「なる程生というものは一を離れない」〈鴎外・青年〉

ぐ-けん【愚見】愚かな意見。また、自分の意見をへりくだっていう語。「一を申し述べる」

類語 意見・見解・主張・説・論・所説・所論・持説・持論・私見・私意・私考・所思・所見・考え・見方・オピニオン(尊敬)貴意・高見(謙譲)卑見・私見・管見

ぐ-げん【具現】〔名〕スル 実際に、具体的な形に現すこと。また、具体的に現されたもの。「理想を―する」

類語 体現・実現・現実化・発現・表現・形象化・リアライズ

く-けんさつちょう【区検察庁】クケンサツチャウ 簡易裁判所に対応して設置される検察庁。検事または副検事を置き、検察官の事務を統括する。

く-こ【×枸×杞】ナス科の落葉小低木。原野などに生え、茎はとげのある小枝をもつ。葉は柔らかい。夏、淡紫色の花をつけ、実は熟すと紅色。若葉は枸杞茶に用いる。果実は枸杞子、根皮は地骨皮(じこっぴ)といい、それぞれ果実酒や漢方に用いる。〘季 春〙「堰(せき)とめて筏(いかだ)ひたせり一の雨/石鼎」

く-ご【供御】《「ぐご」とも》❶天皇の飲食物。時には、上皇・皇后・皇子の飲食物をいう語。武家時代には将軍の飲食物をもいった。くぎょ。❷飯(めし)をいう女房詞。

く-ご【×箜×篌】東洋の弦楽器の一。琴(きん)に似た臥箜篌(がくご)、ハープに似た竪箜篌(たてくご)、先端に鳳首(ほうしゅ)の装飾のある鳳首箜篌があったが、早くに滅びた。くうご。➡百済琴(くだらごと)

くご-いん【供御院】ヰン 平安時代、宮内省大炊寮(おおいりょう)に属し、畿内の料地から収納した供御の稲穀を取り扱った役所。

く-こう【句稿】カウ 俳句の原稿。

く-こう【供講】法華経などを書写したのち、供養し講讃(こうさん)すること。

く-ごう【口業】ゴフ 仏語。三業の一。言葉がもとで、善悪の結果を招く行為。語業。

く-ごう【苦業】ゴフ 仏語。結果として苦しみを招くような行為。

ぐ-こう【愚公】「列子」湯問にみえる寓話「愚公山を移す」にみえる伝説上の人物。

愚公山を移す　どんなに困難なことでも努力を続ければ、やがては成就するというたとえ。補説 愚公という老人が、交通の便をよくするために一族で自宅の前にある山を崩しはじめた。これを見た人が、その愚かさを笑ったのに対し、愚公は、子々孫々続ければいつかは成功すると答えた。その志に感じた天帝が一夜で山を移させたという。

ぐ-こう【愚考】カウ〔名〕スル 愚かな考え。また、自分の考えをへりくだっていう語。「かように―するものであります」類語 考え・愚案・愚見

ぐ-こう【愚行】カウ 考えの足りない、ばかげた行い。

類語 愚挙・軽挙・妄動・暴挙・醜行・蛮行

ぐ-こう【愚稿】カウ 自分の詩歌や文章などの原稿をへりくだっていう語。拙稿。

くご-かた【供御方】室町幕府の職名。供御所の役人で、将軍の日常の膳部を調えるもの。

くこく-じょうやく【九国条約】デウヤク ▶九箇国条約(きゅうかこくじょうやく)

く-ごころ【句心】❶俳句を作ろうという気持ち。「一がわく」❷俳句を味わう能力があること。「一のある人」

くご-しょ【供御所】室町幕府で、将軍の食事を調理した所。

くこ-ちゃ【×枸×杞茶】クコの若葉を乾燥させて茶の代用とするもの。保健・強壮などの効果があるという。

くご-にん【供御人】平安時代から室町時代にかけて、朝廷に属し、天皇の飲食物を貢納していた人々。のち、通行・交易の特権や販売独占権を与えられる者も出た。禁裏供御人。

くご-ほう【ク語法】ゴハフ 活用語の語尾に「く(らく)」が付いて、全体が名詞化される語法。「言はく」「語らく」「老ゆらく」「悲しけく」「散らまく」など。➡く(接尾) ➡らく(接尾)

くこ-めし【×枸×杞飯】クコの若芽を炊きまぜた飯。〘季 春〙「―やわれに養生訓はなく/青邨」

くご・もる【口籠もる】〔動ラ五(四)〕くちごもる。「出鱈目(でたらめ)を―・り勝(がち)に言って」〈二葉亭・浮雲〉

く-こん【九献】❶杯を三献(3杯)ずつ三度差すこと。祝儀などでの正式の作法。三三九度(さんさんくど)。「も一つ参れ舅(しゅうと)殿、三三(さんさん)―重なれば、後は酒宴の余りにて」〈狂言記・吟じ聟〉❷酒をいう女房詞。

く-さ【来さ】《「さ」は時の意の接尾語。「行くさ来さ」の形で用いられる》こちらへ来る時。こちらへ帰る時。来るさ。「青海原風波なびき行くさ―障(つつ)むことなく船は早けむ」〈万・四五一四〉

くさ【草】㊀〔名〕❶植物のうち、地上部が柔軟で、木質の部分が発達しないもの。草本(そうほん)。❷役に立たない雑草。「―ぼうぼうの庭」❸まぐさ。かいば。❹屋根を葺(ふ)く、わら・かやなどの植物。「―葺きの屋根」❺《山野の草に伏して敵情をうかがう意から》忍びの者。間者。㊁〔接頭〕名詞に付いて、本格的でないものの意を表す。「―野球」「―競馬」

(…語) 青草・秋草・浮き草・海草・埋め草・唐(から)草・枯れ草・腐(くさ)草・下草・染め草・民草・摘み草・蔓(つる)草・夏草・七草・新(にい)草・庭草・春草・冬草・干し草・水草・道草・焼き草・若草（ぐさ）青人草・一番草・小(こ)草・思い草・飼い草・敷き草・田草・千(ち)草・乳草・名無し草・二番草・根無し草・野草・葺(ふ)き草・ぺんぺん草・馬(ま)草・

藻草・藻塩草

草結・ぶ ❶草と草を結び合わせ、そこに霊魂をこめて、互いの心が永久に離れないように祈ったり、旅の安全・幸運などを願ったりする。「妹が門行き過ぎかねて—・ぶ風吹き解くなまたかへりみむ」〈万・三〇五六〉❷《草をたばねて枕にする意から》旅で野宿する。旅寝する。「近江の海湊は八十ちいづくにか君が船泊て—・びけむ」〈万・一一六九〉❸草を結んで、旅の道中の道しるべにする。「朝立ちて別れし人は今もかも鄙の荒野に—・ぶらん」〈夫木・三六〉

草も揺るが・ず まったく風がないさまや暑いさま、また、世の中が太平であるさまのたとえ。草木も揺るがず。「深山路の—・ぬ法の秋風」〈拾玉集・二〉

草を打って蛇に驚く なにげなくしたことから意外な結果が生じるたとえ。草を打って蛇を驚かす。

草を打って蛇を驚かす ►草を打って蛇に驚く

草を結・ぶ ❶《旅の安全を祈って草を結んだ古代の習俗から》旅で野宿する。❷《娘を助けてもらった父の霊が草を結んで恩人の敵をつまずかせ、恩返ししたという、「春秋左伝」の故事から》恩に報いる。結草。

くさ【▽種】㊀〔名〕❶物事が生じるもとになるもの。たね。材料。原因。多く「ぐさ」と濁り、複合語として用いる。「語り—」「質—」❷たぐい。種類。「唐土、高麗と尽くしたる舞ども、—多かり」〈源・紅葉賀〉㊁〔接尾〕助数詞。物の種類を数えるのに用いる。「二—づつ合はせさせ給へ」〈源・梅枝〉

くさ【×瘡】皮膚にできる、できもの・ただれなどの総称。特に、乳児の頭や顔にできる湿疹。かさ。

くさ-あじさい【草紫=陽=花】ユキノシタ科の多年草。関東以西の山地に生え、高さ25〜60センチ。葉は長楕円形で両端がとがる。夏、紅紫色や白色などのガクアジサイに似た花が咲く。

クザーヌス〘Nicolaus Cusanus〙［1401〜1464］ドイツの聖職者・哲学者。枢機卿。神を矛盾的統一とする「反対の一致」説で知られる。数学や自然科学にも明るかった。著「知ある無知」「カトリック的和合について」など。クサヌス。

くさ-あわせ【草合(わ)せ】昔、5月5日の節句などに、種々の草を持ち寄り見せ合って、その優劣を競った遊び。闘草。草尽くし。草結び。(季 夏)

クサイ〘Ξ・ξ xi〙►グザイ

くさ・い【臭い】㊀〔形〕図くさ・し〔ク〕❶不快なにおいを感じる。いやなにおいがする。「ごみ捨て場が—・くにおう」「息が—・い」❷疑わしいようすである。怪しい。「あのそぶりはどうも—・い」「—・い仲」❸演劇などで、せりふの言い方や動作が大げさすぎてわざとらしい。「—・い芝居」㊁〔接尾〕《形容詞型活用図くさ・し(ク活)》名詞またはそれに準じるものに付く。❶…のようなにおいがする意を表す。「汗—・い」「こげ—・い」❷…のようなようすであるの意を表す。「年寄り—・い」「インテリー・い」❸上にくる語の意を強める。「けち—・い」「てれ—・い」(派生)くさがる〔動ガ五〕くさげ〔形動〕くささ〔名〕くさみ〔名〕

(下接)青臭い・汗臭い・阿呆臭い・磯臭い・田舎臭い・陰気臭い・胡散臭い・白粉臭い・男臭い・女臭い・金気臭い・黴臭い・きな臭い・吝嗇臭い・焦げ臭い・酒臭い・しち面倒臭い・邪魔臭い・洒落臭い・熟柿臭い・小便臭い・素人臭い・辛気臭い・饐え臭い・乳臭い・土臭い・照れ臭い・泥臭い・鈍臭い・糠味噌臭い・鈍臭い・馬鹿臭い・バタ臭い・半可臭い・人臭い・日向臭い・貧乏臭い・古臭い・分別臭い・仏臭い・抹香臭い・水臭い・面倒臭い・野暮臭い（ぐさい）生臭い・寝臭い・物臭い

臭い飯を食・う 囚人となり刑務所の飯を食う。刑務所に入れられる。

臭い物に蠅がたかる 臭いものに蠅が集まるように、悪い者どうしは寄り集まるものであるというたとえ。

臭い物に蓋をする 悪事や醜聞などを、他に漏れないように一時しのぎに隠そうとするたとえ。

臭い物身知らず 自分のにおいには気づかないように、欠点はなかなか自覚できないというたとえ。

く-ざい【句材】俳句をつくるときの素材。

ぐ-さい【▽供祭】神仏に物を供えて祭ること。また、その供物。お供え。「一つの棚にはやうやうの—をいろいろにする」〈著聞集・一一〉

ぐ-さい【▽救済】仏語。救いとって、悟りに至らせること。

ぐさい【救済】［1282?〜1376?］鎌倉末期・南北朝時代の連歌師。俗称、侍従房・侍公。和歌を冷泉為相に、連歌を善阿に学んだ。二条良基と「菟玖波集」を編集、「連歌新式」を制定。良基・周阿とともに連歌界の三賢とよばれる。きゅうせい。

ぐ-さい【愚才】自分の才能をへりくだっていう語。

ぐ-さい【愚妻】自分の妻をへりくだっていう語。

(類語)荊妻・山妻

ぐ-ざい【具材】料理で、汁や鍋物に入れる肉・魚・野菜などの副材料。たね。具。

グザイ〘Ξ・ξ xi〙❶〈Ξ・ξ〉ギリシャ語アルファベットの第14字。クサイ。クシー。❷〈Ξ〉グザイ粒子の記号。

くさ-いきれ【草▽熱れ｜草×熅れ】草むらが夏の強い日ざしを受けて発する熱気。くさいきり。(季 夏)「一人死に居ると札の立つ/蕪村」

くさ-いち【草市】7月12日の夜から翌日にかけて、盂蘭盆の仏前に供える草花や飾り物などを売る市。盆市。花市。(季 秋)

くさ-いちご【草×苺】バラ科の草状の低木。山野に生え、高さ20〜60センチ。茎にはまばらにとげがあり、葉は羽状複葉で長い柄がある。春、白い花をつけ、実は熟すと赤くなり、食べられる。わせいちご。なべいちご。(季 夏)

く-さいにち【九斎日】在家の信者が特に仏の戒めを守る特定の日と月。毎月の8日・14日・15日・23日・29日・30日の六斎日と、正月・5月・9月の三長斎月。

くさいり-ずいしょう【草入り水晶】緑色または茶色の針状結晶鉱物が含まれているために、草の入ったように見える水晶。

グザイ-りゅうし【グザイ粒子｜Ξ粒子】素粒子の一。質量は陽子の約1.4倍、電荷は零または負、スピンは2分の1。ストレンジネスが－2のバリオンに属す。崩壊して弱い相互作用でΛ粒子とπ中間子になる。状態が不安定で直ちに崩壊するため、カスケード粒子とも呼ばれる。記号Ξ。

くさ-いろ【草色】青みがかった緑色。もえぎ色。草葉色。(類語)緑・緑色・翠緑・深緑・萌葱色・柳色・松葉色・利休色・オリーブ色・グリーン・エメラルド・エメラルドグリーン・黄緑・深緑・浅緑

くさ-うお【草魚】カサゴ目クサウオ科の海水魚。全長約45センチ。体はおたまじゃくし形で、皮膚がぶよぶよし、腹びれは吸盤となっている。体色は淡灰色で、暗色紋が散在する。本州中部以北の沿岸海底にすむ。(補説)ソウギョ(草魚)は別種。

くさ-うら【草▽占】昔の占いの一。草の葉を結び合わせて、その解け方で吉凶を判断したもの。風になびくありさまで占う方法もあったという。

くさ-うらべにたけ【草裏紅×茸】イッポンシメジ科のキノコ。夏から秋に雑木林に生え、表面は薄いねずみ色または淡黄灰色。有毒。

くさえ-の-さか【孔舎衛坂】大阪府と奈良県との境、生駒山地を越える坂。神武天皇東征の際、兄の五瀬命が負傷したという地。孔舎衛坂。

くさ-かい【草飼ひ】《「くさがい」とも》馬に草を与えること。「馬の—、水便、共に良げなり。しばし降りゐて馬休めん」〈平家・七〉

くさかい-どころ【草飼ひ所】まぐさをとるために与えられた領地。「一所に賜はりて、馬の—をし給へ」〈曽我・八〉

くさ-がき【草垣】草が生い茂って垣根のようになったもの。

くさ-がく・る【草隠る】〔動ラ下二〕草の陰になって見えなくなる。「住吉のあさざは水に影みれば空行く月も—・れつつ」〈新千載・秋上〉

くさ-がくれ【草隠れ】❶茂った草の陰に隠れること。また、そういう場所。「大木の倒れたのが—に其の幹をあらわしている」〈鏡花・高野聖〉❷草深い田舎の隠れ家。「かかる—に過ぐし給ひける」〈源・蓬生〉

くさ-かげ【草陰】茂った草の陰。草むらの中。

くさかげ-の【草陰の】〔枕〕地名の「荒藺」「安努」にかかる。「—荒藺の崎の笠島を」〈万・三一九二〉

くさ-かげろう【草蜉=蝣】❶クサカゲロウ科の昆虫。翅の開張約3センチ。体は緑色、翅は透明で脈が緑色。❷脈翅目クサカゲロウ科の昆虫の総称。細い体で弱々しく、薄く大きい4枚の翅を屋根形に畳む。成虫・幼虫とも他の昆虫を捕食。卵は糸状の柄で物につけられ、優曇華とよばれる。(季 夏)「一吹かれ曲りし翅のまま/草田男」

くさか-げんずい【久坂玄瑞】［1840〜1864］幕末の長州藩士。名は通武。通称は義助。吉田松陰門下。尊王攘夷の急進派で、品川の英国公使館焼き討ち、下関外国艦船砲撃に参加。蛤御門の変で負傷し、自刃。

くさか-ざか【孔舎衙坂】「孔舎衛坂」に同じ。

くさ-かたばみ【草酢=漿】紋所の名。カタバミの葉と茎とをかたどったもの。

くさか-の-やま【草香の山】生駒山の西側一帯の称。現在は東大阪市に属する。(歌枕)「うちなびく—を夕暮に我が越え来れば」〈万・一四二八〉

くさかべ-の-おうじ【草壁皇子】［662〜689］天武天皇の皇子。母は持統天皇。文武・元正両天皇の父。壬申の乱には天武帝とともに戦い、皇太子に立てられたが即位せずに死去。日並知皇子。

くさかべ-めいかく【日下部鳴鶴】［1838〜1922］書家。滋賀の生まれ。名は東作。字は子暘。六朝書道を学び、清国に渡って書学を研究。明治書道界の第一人者で、その書風は鳴鶴流とよばれた。

くさ-かまり【草▽屈り】《「かまり」は「かがまり」の略》草むらに隠れ、敵情を探る者。忍び物見。ふせかまり。

くさ-がめ【臭亀｜草亀】❶カメ目ヌマガメ科の爬虫類。淡水にすみ、甲長約20センチ、暗褐色で首に淡黄色の模様がある。独特の悪臭を出す。北海道を除く日本各地、朝鮮半島・台湾・中国東部に分布。❷カメムシの別名。

くさ-かり【草刈(り)】草を刈ること。また、草を刈る人。(季 夏)「—のこころに眠る田水光/竜太」

くさかり-うた【草刈(り)歌】民謡の一。野山へ草などを刈りに行く道中や刈り取り作業中に歌う労作歌。

くさかり-うま【草刈(り)馬】❶7月7日の朝、真菰や藁で作った馬に草を刈って背負わせ、家まで引いて帰る行事。また、その馬。農馬の安全を祈る。(季 秋)❷草刈りに用いる駄馬。草刈りの馬。「—の中に強からん馬に、賤しの鞍置きてもて来」〈今昔・二五・一一〉

くさかり-がま【草刈(り)鎌】草刈り用の鎌。草鎌。(季 夏)

くさかり-ば【草刈(り)場】❶田畑の肥料や牛馬の秣にするための草を刈り取る場所。特に、その目的で農民が共同で使用した草地。❷(比喩的に)味方に引き込めそうな人の集まり。また、儲ける対象となる人の集まる場所。「弱小派閥が大派閥の—になる」「住宅展示場は住宅ローン業者の—」

くさ-がれ【草枯れ】〔名〕秋から冬にかけ、寒さなどで草が枯れること。また、その季節。(季 冬)「—に背負籠ひかくれゆく/虚子」

(類語)冬枯れ・霜枯れ・立ち枯れ

くさ-かんむり【草冠】漢字の冠の一。「花」「草」「茜」などの「艹(艹)」の称。そうこう。

くさ-き【草木】草と木。そうもく。

(類語)植物・草木・本草・樹木・緑・プラント

草木にも心を置く 草木のそよぎを聞いても恐れ心配する。些細なことにも気を配る。

草木も靡く 盛んな威勢に、すべてのものがなびき従うたとえ。

草木も眠る 夜がすっかり更けて、すべてのものが寝静まることのたとえ。「—丑三つ時」

草木も揺るが・ず 「草も揺るがず」に同じ。「百八十年—・ぬ明朝を」〈浄・国性爺〉

くさ-ぎ【臭木】クマツヅラ科の落葉低木。山野に生

え、高さは1〜3メートル。葉は倒卵形で先がとがり、悪臭がある。8、9月ごろ、萼がくが赤紫色で花弁が白い花を多数つける。実は熟すと青色で、古くから染料に用いた。若葉は食用。くさぎり。(季 花=秋｜実=秋)

くさぎ-かめむし【臭木椿＝象】半翅はんし目カメムシ科の昆虫。体色は暗褐色の地に黄褐色の点紋がある。クサギ・桜などの実につき汁を吸う。悪臭を放つ。北海道を除く日本各地、韓国・中国などに分布。

くさき-ぞめ【草木染(め)】草や木の天然の色素を使って染めること。また、染めたもの。

くさぎ-の-むし【臭木の虫】コウモリガ・カミキリムシなどの幼虫。クサギの枝や幹に穴をあけ、木質を食べて成長する。子供の疳かんの薬に用いた。常山虫じょうざんちゅう。(季 夏)

くさ-きょうちくとう【草×夾竹桃】クサキョウチクタウ ハナシノブ科の多年草。高さ約1メートル。葉は細長く、対生または輪生する。夏、白・紫・紅紫色などの、筒状で先が五つに裂けた花が多数円錐状につく。北アメリカの原産で、観賞用。花魁草おいらんそう。フロックス。(季 夏)

くさ-きり【草切り】《「くさぎり」とも》❶まぐさを細かく刻む器具。押し切り。❷まぐさを刈ること。また、刈る人。❸荒地を初めて開墾した人。草分け。「アノ人ハコノ村ノーダ」〈和英語林集成〉

くさ-きり【草螽＝蟖】直翅ちょくし目キリギリス科の昆虫。大きさ4〜5センチ、緑色または黒褐色。クビキリギスに似るが頭に丸みがある。夏、草原で雄はジーンと鳴く。本州以南、東南アジアに分布。(季 秋)

くさ-ぎり【臭×桐】クサギの別名。

くさ-ぎ-る【×耘る｜草切る】〔動ラ五(四)〕田畑の雑草を刈り除く。除草する。「彼等は今はただ黙って土を耕し、植え、―・り、収穫とりいれされていることだろう」〈島木健作・生活の探求〉

く-さく【句作】〔名〕スル 連句や俳句を作ること。
類語 作文・詩作・作詞・作歌・劇作

ぐ-さく【愚作】❶へたな作品。くだらない作品。❷自分の作品をへりくだっていう語。
類語 拙作・凡作・駄作

ぐ-さく【愚策】❶へたな方策。まずいやり方。❷自分の考えや計画などをへりくだっていう語。
類語 拙策・下策・凡策・悪手・愚挙

くさ-くさ〔副〕スル おもしろくないことがあったり、いらいらしたりして、心が晴れないさま。くしゃくしゃ。「雨続きで気が―する」

くさ-ぐさ【▽種▽種】種類や品数の多いこと。さまざま。いろいろ。「―の意見」

ぐさ-ぐさ ㊀〔副〕❶鋭い刃物などを続けざまに突き刺すさま。また、その音を表す語。「錐きりで―(と)穴をあける」❷他人に何度も厳しいことを言われて、心理的な打撃を受けるさま。「彼の一言一言が胸に―(と)突き刺さる」❸束ねたものをゆすぶって緩めるさま。「髪の毛を持って一揺すると」〈横光・時間〉 ㊁〔形動〕きちんと縛ったり束ねたりしてあったものなどが緩んでだらしなくなるさま。「衿元が―になって戻るのは」〈有吉・紀ノ川〉 アクセント ㊀はグサグサ、㊁はグサグサ。

くさ-くだもの【草果-物】食用になる草の実。イチゴ・ウリなど。ふつうの果物が木にできるのと区別していう。〈和名抄〉

くさ-ぐも【草蜘＝蛛】タナグモ科のクモ。体長約1.5センチ、黄灰褐色で暗褐色の斑紋がある。低木や生け垣の間に、トンネル形の住居のある棚網を張る。

くさ-けいば【草競馬】公営の競馬に対して、農村などで行われる小規模な競馬。

くさ-けずり【草削り】ケヅリ 雑草取りや土寄せに用いる農具。ワの字形をした刃に柄をつけたもの。草掻き。万能まんのう。

くさ-ごえ【草肥】草や木の葉を青いままで田畑の土にすき込んだ肥料。緑肥りょくひ。(季 夏)

くさ-サッカー【草サッカー】素人しろうとが集まって、楽しみとしてするサッカー。

くさ-しぎ【草×鷸】チドリ目シギ科の鳥。全長24センチほどで、背面は暗緑褐色。腹は白く、脚とくちばしが長い。春・秋に沼や田でみられる。(季 秋)

くさ-じし【草▽鹿】歩射ぶしゃの的。板で鹿の姿を作って革や布を張り、中に綿を入れてつるしたもの。鎌倉時代に始まり、室町時代には大的おおまと・円物まるものとともに徒立かちだちの三物みつものといわれた。草鹿的くさじしまと。

くさ-しばい【草芝居】シバヰ 地方の町や村などで上演する素人芝居。また、田舎回りの芝居。田舎芝居。地芝居じしばい。

くさ-す【腐す】〔動サ五(四)〕悪意をもって悪く評する。欠点をことさらに取りあげて悪く言う。けなす。「ライバルの仕事を―・す」可能 くさせる
類語 貶けなす・扱こき下ろす・謗そしる・けちを付ける

くさ-すぎかずら【草杉×蔓】カヅラ ユリ科の多年草。海岸に生え、茎は蔓つる状、葉は退化して鱗片りんぺん状。細い緑色の葉状をした枝に淡黄緑色の小花がつく。太い根は、砂糖漬けにして食べ、また漢方で天門冬てんもんどうといい薬用にする。

くさ-ずもう【草相-撲】ズマフ 祭礼などで行う素人の相撲。また、野外で行う遊びの相撲。(季 秋)

くさ-ずり【草×摺】❶草の葉や花を衣服にすりつけて着色すること。また、そのもの。❷鎧よろいの胴の付属具。大腿部を守るために、革または鉄を連結して、ふつう五段下りにおどし下げる。下散げさん。垂れ。

くさずり-なが【草×摺長】〔形動ナリ〕鎧よろいの草摺を長く垂らして着ているさま。「黒糸威おどしの大荒目の鎧の一枚交なるを、―にゆり下し」〈盛衰記・一五〉

くさずり-びき【草×摺引き】曽我五郎時致と朝比奈三郎義秀が鎧よろいの草摺を引き合って力比べをした故事。浄瑠璃・歌舞伎などに脚色され、特に歌舞伎舞踊の長唄「正札附根元草摺しょうふだつきこんげんくさずり」が有名。

くさせんり【草千里】熊本県、阿蘇山の中央火口丘の一。烏帽子えぼし岳北斜面の火口跡。草原をなし、牛馬の放牧場になっている。草千里ヶ浜。千里ヶ浜。

くさ-ぞうし【草双紙】ザウシ 江戸中期以降に流行した大衆的な絵入り小説本の総称。各ページに挿絵があり、多くは平仮名で書かれた。ふつう、大半紙半截はんせつ二つ折り、1巻1冊5丁(10ページ)で数冊を1部とする。表紙の色によって赤本・黒本・青本・黄表紙と区別し、長編で合冊したものを合巻ごうかんと称した。狭義には合巻だけをいうこともある。絵双紙。

くさ-そてつ【草×蘇鉄】オシダ科の多年生のシダ。山野の林中に生える。葉は根元から群がって出て長さ約1メートルになり、羽状に深く裂けている。春に出るぜんまい状の若葉は食用。雁足がんそく。こごみ。こごめ。

くさ-だい【草代】❶江戸時代の小物成こものなりの一。原野などでまぐさを刈り取る者に納めさせたもの。米納のものを草役米くさやくまい、銭納のものを草役永といった。❷他村や他人の土地でまぐさなどを刈り取る代償として支払う米・金銭。

くさ-だか【草高】江戸時代、領地内の総実収高。

くさ-たけ【草丈】草の背の高さ。特に稲や麦などの作物の伸びた高さ。

クサダシ【Kuşadası】►クシャダス

くさ-だち【草▽質｜草▽本】本草学で、草の性質をもつ植物の総称。草本そうほん。

くさ-たちばな【草×橘】ガガイモ科の多年草。関東以西の山林中に生え、高さ30〜60センチ。葉は楕円形で先がとがる。夏、タチバナに似た白色の花を開く。果実は熟すと裂けて毛のある種を飛ばす。

くさ-たばね【草束ね】❶女性の髪形の一。油をつけず、飾りもなしで束ねるもの。精進髷しょうじんまげ。❷簡単に結う島田髷。享和年間(1801〜1804)に京都の祇園の遊女の間で流行。島田くずし。

くさ-だんご【草団子】蒸した上糝粉じょうしんこに、ゆでたヨモギの若葉をつきまぜて作った団子。

くさ-ち【草地】草が一面に生えている土地。
類語 草原・野原・原・緑土・緑地

くさつ【草津】㊀滋賀県南部の市。東海道・中山道の分岐点の宿場町として発達。人口13.1万(2010)。㊁群馬県北西部、吾妻郡の地名。標高約1200メートルの高原にある温泉町で、泉質は含アルミニウム泉・硫黄泉・酸性泉。

ぐ-さつ【愚札】自分の手紙をへりくだっていう語。
類語 手紙・寸書・寸簡・寸楮すんちょ・愚書

ぐ-さつ【愚察】〔名〕スル 自分の推察や観察を、へりくだっていう語。「―致しますところ」

くさつ-おんせん【草津温泉】―ヲンセン ►草津㊁

くさ-つき【草付き】登山で、岩壁や急峻きゅうしゅんな斜面などの草の生えた所。滑りやすい。

くさ-づくし【草尽(く)し】❶「草合わせ」に同じ。❷種々の草花を描いた絵模様。「帯の結構には…秋の野に―縫うたる」〈仮・恨の介・上〉

くさつ-し【草津市】►草津㊀

くさ-づと【草×苞｜草×裹】❶草で包んである土産物。「松が崎これも都の―に氷を包む夏の山人」〈草根集・一一〉❷賄賂わいろ。「―に国かたぶくとも申しつべし」〈咄・醒睡笑〉

ぐさっ-と〔副〕❶鋭い刃物などを勢いよく突き刺すさま。「出刃包丁を―畳に突き立てる」❷厳しい批判を受けて、心に打撃を受けるさま。「何気ない彼の一言が胸に―きた」

くさつ-ぶし【草津節】群馬県草津温泉の民謡。高温の湯を板でかき回して適温にする共同作業で歌われる作業唄。囃子詞はやしことばが「チョイナチョイナ」というものと「ヨホホイ」というものとの2種類がある。前者は一般には草津節、現地では湯もみ唄、後者は一般には草津湯もみ唄、現地では草津節という。

くさつ-まち【草津町】►草津㊁

くさつ-やき【草津焼】滋賀県草津産の陶器。信楽しがらき土を用い、「草津」の印を焼きつける。

くさどせんげんちょう-いせき【草戸千軒町遺跡】クサドセンゲンチャウヰセキ 広島県福山市草戸町の芦田川河川敷で昭和36年(1961)の発掘調査により確認された中世の集落遺跡。港町ないし市場町と推定され、延宝元年(1673)まで数度にわたり水没。木簡・呪符などが発見され、中世の庶民生活と地方都市に関する重要な遺跡として注目される。

くさ-とべら【草海＝桐＝花】クサトベラ科の常緑低木。小笠原諸島、種子島たねがしま以南の海岸に生え、高さ1〜4メートル。葉は倒卵形で先が丸く、枝先に集まって互生する。夏、黄色の花が集まって咲く。やぎそう。

くさ-とり【草取り】雑草を取り除くこと。また、その人。草むしり。除草。(季 夏)「―の膝敷莫蓙の小ささよ/観崖」

くさとり-づめ【草取り爪】水田の雑草を取る用具。指を保護するため鉄や竹で琴爪の形に作り、指先につけて用いる。雁爪がんづめ。

くさなぎ【草薙】静岡市の地名。日本武尊やまとたけるのみことの草薙剣くさなぎのつるぎの伝説地。草薙神社がある。

くさなぎ-えんせき【日柳燕石】[1817〜1868]幕末の勤王家。讃岐さぬきの人。名は政章。通称加島屋長次郎。詩文に長じ、勤王の博徒として志士をかくまい、投獄された。戊辰ぼしん戦争に従軍中、柏崎で病死。

くさなぎ-の-つるぎ【草薙剣】三種の神器の一。天叢雲剣あまのむらくものつるぎの別称。名は、日本武尊やまとたけるのみことが東征のおり、倭姫命やまとひめのみことから賜ったこの剣で草をなぎ払って難を逃れたのに由来し、のち熱田神宮に祭られたという。補説「くさ」は「臭し」の語幹、「なぎ」は古く蛇を表す語で、蛇から出た剣の意とする説もある。

くさ-ねむ【草合＝歓】マメ科の一年草。水田など湿地に生え、高さ約60センチ。葉は羽状複葉で、ネムに似る。夏から秋に、葉腋から花序を出し、淡黄色の蝶形花を2、3個つける。(季 夏)

くさ-ねんぐ【草年貢】江戸時代の小物成こものなりの一。採草する原野の面積に応じて、米または銭を納めさせた。野年貢。

くさ-の-いおり【草の×庵】イホリ 草ぶきの簡素なすみか。草庵そうあん。くさのいお。「わが袖は―にあらねども暮るれば露のやどりなりけり」〈伊勢・五六〉

くさ-の-おう【草の黄｜草の王】ワウ ケシ科の越年草。道端や山野に生え、高さ約50センチ。茎や葉を切ると黄色の汁が出る。葉は羽状に深く切れ込み、裏面は白みを帯びる。初夏、黄色い4弁の花を数個つける。地上部を乾燥したものを白屈菜といい、胃病に用いられる。(季 夏)

く

くさ-の-かげ【草の陰】「草葉の陰」に同じ。「一苔の下にもよそに見ば我ゆゑなほや露こぼるらん」〈新千載・哀傷歌〉

くさ-の-こう【草の香】ゕ゚ 香草の名。芸香うん。くさのか。〈和名抄〉

くさ-の-しる【草の汁】草緑色の日本画用の絵の具。藍蝋あいろうと雌黄しおうとをまぜて作る。

くさの-しんぺい【草野心平】[1903〜1988]詩人。福島の生まれ。「銅鑼どら」「歴程」などの詩誌で活躍。蛙を題材にした詩が多いことでも有名。文化勲章受章。詩集「第百階級」「定本蛙」など。

くさ-の-と【草の戸】❶草で屋根をふいた庵いおの木戸。草庵の戸。「卯うの花の垣根ばかりは暮れやらで一ささぬ玉川の里」〈夫木・七〉❷簡素なわび住まい。草庵。「一も住みかはる代ぞ雛ひなの家」〈奥の細道〉

くさ-の-とざし【草の×扃】❶草が生い茂って道や入り口を閉ざすこと。「立ちとまり霧のまがきの過ぎうくは一にさはりしもせじ」〈源・若紫〉❷簡素な住まい。わび住まい。「秋の夜の一のわびしきはあくれどあかぬものにぞありける」〈後撰・恋五〉

くさ-の-ね【草の根】❶隠れて見えない草の根もと。❷《grass roots》民衆ひとりひとり。一般大衆。政党・結社などの指導者層に対していう語。「一運動」

草の根を分けて捜・す　あらゆる方法を尽くしてすみずみまで捜す。草を分けて捜す。

くさのね-がいこう【草の根外交】ゕ゚ぃ 国境を越えた民間人や民間団体どうしの交流や協力をいう。民間外交。

くさのね-みんしゅしゅぎ【草の根民主主義】民衆の間に根を下ろし、市民運動や住民運動などによる日常的な参加を基礎とする民主主義。

くさのは【草の葉】《原題Leaves of Grass》ホイットマンの詩集。1855年初刊。以後、増補・改筆。普遍的な人間性や民主主義の精神をうたう。

くさ-の-はら【草の原】❶草の生えている野原。くさはら。❷草深い墓地。「うき身世にやがて消えなば尋ねても一をば問はじとや思ふ」〈源・花宴〉

くさ-の-まくら【草の枕】「草枕くさ㊀」に同じ。「夜を寒み置く初霜を払ひつつ一にあまたたび寝ぬ」〈古今・羇旅〉

くさ-の-み【草の実】草に生なる実。特に、秋草の実。(季秋)「一も人にとびつく夜道かな/一茶」

くさ-の-やどり【草の宿り】❶草の上に宿ること。野宿。「我が如く物や悲しききりぎりす一に声たえずなく」〈後撰・秋上〉❷草ぶきの小さな家。草のいおり。「嵐吹く一に我をおきて袂の露ときゆる秋かな」〈正徹千首〉

くさ-の-ゆかり【草の▽縁】《「紫のひともとゆゑに武蔵野の草はみながらあはれとぞみる」〈古今・雑上〉による》あるものをいとしく思うために、それにつながる他のものにも情愛を感じること。転じて、何らかの縁でつながるもの。紫のゆかり。「ねは見ねどあはれとぞ思ふ武蔵野の露わけわぶる一を」〈源・若紫〉

くさ-ば【草葉】草の葉。(類語)枝葉・葉・木の葉

くさば-いろ【草葉色】▶草色

くさ-ばな【草花】花の咲く草。また、草に咲く花。(季秋)

くさば-の-かげ【草葉の陰】《草の葉の下の意から》墓の下。あの世。「一から見守る」

くさば-の-たま【草葉の玉】草の葉に置く露。「おきてみば袖のみ濡れていとどしく一の数やまさらむ」〈新古今・恋三〉

くさば-の-つゆ【草葉の露】草の葉に置く露がすぐ消えるところから、人の命などのはかないことのたとえ。「わが思ふ人は一なれやかくれば袖のまづそほつらむ」〈拾遺・恋二〉

くさば-の-とこ【草葉の床】草の葉を敷いて寝床とし、野宿すること。「萌え出づる一や惜しからん焼け野に帰る夕ひばりかな」〈新撰六帖・二〉

くさば-はいせん【草場佩川】[1787〜1867]江戸後期の儒学者・漢詩人。肥前の人。名は韡。字あざなは棣芳。江戸で古賀精里に学び、佐賀藩に仕え、詩と絵に長じた。著「佩川詩鈔」など。

くさ-はら【草原】草の茂っている野原。

(類語)草原・湿原・サバンナ・ステップ

くさび【×楔｜▽轄】❶木や金属で、一端が厚く他端に至るにしたがって薄くなるように作ったもの。木材・石材を割るとき、重い物を押し上げるとき、差し込んだ材が抜け落ちるのを防ぐときなどに用いる。責め木。❷車軸の端の穴に差し込んで車輪の外れるのを防ぐ小さな棒。❸二つのものを固くつなぎ合わせるもの。きずな。「共通の危機感が両派の分裂を回避させる一となる」

(類語)鎹かすがい・鋲びょう・リベット・釘

楔を打ち込・む　❶敵陣の中に攻め込んで、その勢力を二分する。また、他の勢力範囲の中に地盤を築く。「一社独占の市場に一・む」❷親しい間柄に邪魔を入れる。「互いの愛情の少しの間隙すきに頓てはー・んで」〈露伴・いさなとり〉(補説)この意味で「楔を打つ」とするのは誤り。

楔を刺・す　後日問題が起こらないように、しっかりと約束を確かめる。念をおす。

くさび-いし【×楔石】石造り・煉瓦れんが造りのアーチ形の頂点の中央に差し入れる石。要石かなめいし。せりもち石。

くさび-がた【×楔形】一端が広く他端に至るにしたがってしだいに狭くなっている、楔に似た形。

くさびがた-もじ【×楔形文字】古代の小アジア世界で、粘土板に刻まれた楔に似た形の文字。表意文字から表音文字に移行する段階にあり、一般に1字が1音節を表す。アッカド語・ヒッタイト語・古代ペルシア語などに使用された。楔状せつじょう文字。けっけいもじ。せっけいもじ。

くさ-ひき【草引き】雑草を引き抜いて取り除くこと。草取り。「田の一をする」

くさ-ひば【草×檜葉｜巻=柏】イワヒバの別名。

くさ-ひばり【草雲=雀】直翅ちょくし目クサヒバリ科の小形のコオロギ。体色は淡黄褐色で黒褐色の点や帯紋がある。雄は昼間からフィリリリと高い声で鳴く。本州以南から台湾まで分布。(季秋)「大いなる月こそ落つれ一/しづの女」

くさ-びら【草▽片｜×蔬｜×茸｜▽菌】《古くは「くさひら」》❶(茸・菌)きのこ類。(季秋)「飢えては樹菓このみ一に、渇いては石の罅隙すきまの真清水に」〈露伴・新浦島〉❷(草片・蔬)野菜。あおもの。「一を食ひて戒いむ事を持たつ」〈持統紀〉❸「獣の肉」をいう斎宮さいぐうの忌み詞。「宍ししを一と称す」〈延喜式・斎宮寮〉

くさびら【菌｜茸】狂言。屋敷内にきのこが生えて困り、山伏に祈祷きとうを頼むが、祈れば祈るほどきのこは増えていく。茸くさびら山伏。

くさびら-いし【草▽片石｜石=芝】花虫綱クサビライシ科の腔腸こうちょう動物。単体のイシサンゴ。楕円形で、長径約20センチ。上面は薄いひだが放射状に並びキノコの傘の裏側に似る。小笠原諸島、奄美群島以南の珊瑚礁さんごしょうにみられる。

くさ-ふ【草▽生】草の生えている所。くさはら。「一連出来上がるごとに、畔の一の上にひろげ」〈島木健作・生活の探求〉

くさ-ぶえ【草笛】草の葉や麦などの茎を口にあて、笛のように吹いて鳴らすもの。(季夏)「友だちのなき一を鳴らしけり/風生」

くさ-ぶか・い【草深い】〔形〕区くさぶか・し〔ク〕❶草が生い茂っているさま。「一・い山道」❷いかにも田舎めいている。ひなびている。「一・い山里」(類語)こんもり・鬱蒼うっそう・蒼蒼・鬱然

くさぶか-の【草深野】草の生い茂っている野原。草深い野。「たまきはる宇智の大野に馬並なめて朝踏ますらむその一」〈万・四〉

くさぶか-ゆり【草深百=合】草深い所に咲いているユリ。「道の辺への一の花咲えみに笑みしがからに妻と言ふべしや」〈万・一二五七〉

くさ-ぶき【草×葺き】茅かや・葦あし・藁わらなどで屋根を葺くこと。また、その屋根。

くさ-ふぐ【草河=豚】フグ目フグ科の海水魚。全長約15センチ。背側は青緑色に小白点があり、腹側は白い。青森県以南の沿岸に分布、砂に潜る習性がある。毒が強い。(季冬)

くさ-ふじ【草藤】ぢ マメ科の蔓性つるせいの多年草。山野の草むらに生える。葉は多数の小葉からなる羽状複葉で、先が巻きひげになる。夏、青紫色の花を総状につける。

くさ-ぶし【草×臥し】❶鹿などが草の上に寝ること。また、その場所。「野分のわきせし小野の一あれはてて深山に深きさを鹿の声」〈新古今・秋下〉❷山野に野宿すること。旅寝。「旅衣野ぢの一寒けきに風も同じく夕ゐせよかし」〈関白内大臣歌合〉

くさ-ぼうき【草×箒】ぎ 乾燥させたホウキグサの茎や枝を束ねて作ったほうき。

くさ-ぼけ【草×木×瓜】バラ科の落葉小低木。山野に生え、高さ約50センチ。枝には小さな突起があり、葉は倒卵形。春、葉より先に赤色の5弁花をつけ、果実は熟すと黄色くなる。しどみ。地梨じなし。(季花=春｜実=秋)「一の紅くれない冷えまさるなり/竜太」

くさ-ぼたん【草×牡丹】キンポウゲ科の多年草。山地に生え、高さ約1メートル。葉は複葉で牡丹の葉に似る。秋に紫色で釣鐘状の花が多数咲く。(季秋)

くさ-まくら【草枕】㊀〔名〕《旅先で、草で仮に編んだ枕の意から》旅寝すること。旅先でのわびしい宿り。くさのまくら。「衣うつ音を聞くにぞ知られぬる里遠からぬ一とは」〈千載・秋下〉㊁〔枕〕❶「旅」「旅寝」および同音の「度たび」にかかる。「一旅にしあれば」〈万・一四二〉❷《草の枕を「ゆふ」意から》「結ふ」および同音の「夕ゆふ」などにかかる。「一夕風寒くなりにけり衣うつなる宿やからまし」〈新古今・羇旅〉❸地名の「多胡たご」にかかる。「一多胡の入野の奥もかなしも」〈万・三四〇三〉(補説)❸については、頭音が「旅」と同じ「た」であるところからとする説がある。

くさまくら【草枕】夏目漱石の小説。明治39年(1906)発表。旅に出た青年画家を主人公に、非人情の境地を描く。

くさま-なおかた【草間直方】なほかた[1753〜1831]江戸後期の商人・学者。大坂の人。通称、鴻池屋伊助。両替商を営みながら、貨幣経済の構造や沿革を研究した。著「三貨図彙」「草間伊助筆記」など。

くさ-み【臭み】❶その物にある嫌なにおい。また、そのにおう度合い。「独特の一がある植物」❷その物から受け取る不快な感じ。嫌み。「一のある演技」「一のない文」❸葱ねぎをいう女房詞。

(類語)悪臭・異臭・臭気・激臭・腐臭

くさ-むしり【草×毟り】雑草をむしり取ること。草取り。除草。(季夏)

くさ-むしろ【草×筵】❶藁わらなどで作った筵。❷筵を敷きつめたように、草が一面に生えていること。また、草を敷物とすること。「うちなびき秋きたりとや一野もせの露の玉をしくらん」〈夫木・一〇〉❸旅先での粗末な敷物や寝床。「一夜仮寝の一、鐘を枕の上に聞く」〈謡・鵜飼〉

くさ-む・す【草▽生す｜草▽産す】〔動サ五(四)〕《「むす」は、生じる意》草が生える。草が生い茂る。「墓に一・す」「山行かば一・す屍かばね」〈万・四〇九四〉

くさ-むすび【草結び】❶簡素な小屋を作って住むこと。「この山の遥かの麓に、一する女なるが」〈謡・身延〉❷《草を結んで道しるべにしたところから》人に先立って事を始めること。草分け。「その一より久しき里人に弥藤太と呼び続けて」〈浮・新可笑記〉❸男女の縁を結ぶこと。縁結び。「化粧坂けわいざかの少将様に頼まれ、弟の五郎様との一」〈浄・虎が磨〉

くさ-むら【×叢｜草×叢】草が群がり生えている所。

(類語)茂み・藪やぶ

くさめ【×嚏】❶くしゃみ。(季冬)「つづけさまに一して威儀くづれけり/虚子」❷くしゃみが出たときのまじないの言葉。くしゃみをすると早死にするという俗信があって、「くさめくさめ」と繰り返し言うと防げるといわれた。「道すがら、一、一と言ひもて行きければ」〈徒然・四七〉

くさ-もち【草餅】ゆでたヨモギの葉などをまぜてついた餅。雛祭りに供える。古くはハハコグサを用いた。

蓬餅。くさのもち。くさもちい。(季 春)「―や足もとに著く渡し舟/風生」
くさもち-の-せっく【草餅の節句】3月3日の節句。草餅を作って雛祭りに供えるところからいう。
くさ-もの【臭物】葱・韮・蒜などをいう女房詞。
くさ-もの【草物】生け花の花材で、草本や草花の総称。⇨木物
くさ-もみじ【草紅-葉】秋、草が紅葉すること。また、色づいた草。くさのもみじ。(季 秋)「―へくそかつらももみぢせり/鬼城」
くさや　ムロアジなどを腹開きにし、魚の内臓などを塩漬け発酵させた液につけたあと日干しにした干物。焼くと独特の臭気がある。伊豆諸島の特産。
くさ-や【草屋】❶草ぶきの家。粗末な家。❷まぐさを蓄えておく小屋。まぐさ小屋。
くさ-やきゅう【草野球】素人が集って、楽しみとしてする野球。
くさや-きん【くさや菌】くさやの製造過程で魚を漬け込む調味液に含まれる乳酸菌の一種の通称。
くさ-やつで【草八手】キク科の多年草。山野の林内に生え、高さ約40センチ。ヤツデに似た手のひら状の葉を多数つける。秋、暗紫色の花を開く。よしのそう。かんぼくそう。
くさ-やね【草屋根】草ぶきの屋根。
くさ-やぶ【草×藪】草が高く生い茂って藪になっている所。
くさ-よし【草×葦】イネ科の多年草。湿地に群生し、高さ約1.5メートル。初夏、紫色の小花を穂状につける。(季 夏)「―や水の中にも野のひかり/朱鳥」
くさら-か・す【腐らかす】〔動サ五(四)〕「腐らす」に同じ。「肉を―・す」
くさら・す【腐らす】〔動サ五(四)〕❶腐るようにする。腐らかす。「おかずを―・す」❷嫌けがさすようにして、やる気や元気をなくさせる。腐らかす。「気を―・す」
くさり【腐り】㊀〔名〕❶腐ること。また、腐ったもの。「―が早い」❷気がめいること。嫌けがさすこと。「退屈過ぎて気の―、一日に一年ずつ齢取るようなり」〈紅葉・不言不語〉㊁〔接頭〕名詞に付いて、あざけりののしる意を表す。くされ。「―金」「―奴」「―婆めにかぎ出され殺された躬が敵」〈浄・手習鑑〉
くさり【鎖|×鏈|×鎻】《動詞「くさ(鏈)る」の連用形から》❶金属製の輪を数多くつなぎ合わせて、ひもや綱のようにしたもの。かなぐさり。「犬を―でつなぐ」「懐中時計の―」❷物と物とを結びつけているもの。また、つなぎ合わせること。絆。「因習の―を断ち切る」❸「鎖帷子」の略。❹関節。また、「笛のくさり」の形で、のどぼとけの軟骨をいう。「骨の―」〈日葡〉「音骨立てるな女めと、笛の―をぐっと刺す」〈浄・油地獄〉
ぐさり〔副〕❶勢いよく突き刺すさま。「槍で―と突く」❷厳しい批判を受けて、強い心理的打撃を受けるさま。「師の叱正の言葉が―と胸にこたえた」
(類語)ずぶり・ぶすり・ぶすぶす
くさり-あい【腐り合い】「腐れ合い」に同じ。
くさり-あ・う【腐り合う】〔動ワ五(ハ四)〕「腐れ合う」に同じ。「薦の弥助と―・い」〈紅葉・二人女房〉
くさり-あみ【鎖編み】糸で輪を作り、かぎ針を通しそのかぎに糸をかけて引き抜き、鎖のようになる編み方。
くさり-いと【鎖糸】地糸を2本の細い糸で鎖状に巻いてある装飾用の糸。
くさり-えん【腐り縁】「腐れ縁」に同じ。
くさり-かたびら【鎖帷=子】筒袖の帷子に鎖をとじつけた防御具。鎧や衣服の下に着込むので着込みともいう。くさり。
くさり-がね【鎖金】金属製の鎖。くさり。「この太刀にて―を打ち切って」〈盛衰記・四〇〉
くさり-がま【鎖鎌】鎌に長い鎖をつけ、その先に分銅をつけた武器。また、それを用いる武芸。分銅を投げつけ、鎖を敵の武器に絡みつかせ、引き寄せて鎌で切りつける。
くさり-きゃはん【鎖脚×絆】鎖を細かく編んで布地にとじつけた、すね当て。
くさり-ぐるま【鎖車】▶鎖歯車
くさり-ごて【鎖▽籠手】鎖を細かく編んで布地の表面にとじつけた籠手。
くさり-さんご【鎖×珊×瑚】床板サンゴ類の一。オルドビス紀からシルル紀の示準化石。筒状の個体が横につながり、横断面は鎖状に見える。ハリシテス。
くさり-だい【鎖題】一人が詠んだ歌の末の句を、他の人が初句として歌を詠み、次々に続けること。また、一人がこのように歌を詠むこと。
くさり-つ・く【腐り付く】〔動カ五(四)〕❶腐ったようになってこびりつく。「胸の裡に―・いている鬱懐の一端が解け始めて」〈菊池寛・忠直卿行状記〉❷「腐れ合う」に同じ。「たとへお二人―・いたる御中なりとも」〈浄・川中島〉
くさり-つなぎ【鎖×繋ぎ】❶鎖でつなぎ合わせること。また、つないだもの。❷はじめと終わりが互いにつながり合って続いている模様。
くさり-ぬい【鎖縫い】日本刺繍で、表面に鎖状に縫い目をつくる刺し方。チェーンステッチ。
くさり-ばかま【鎖×袴】細かい鎖を平らに編み合わせて作った下袴。衣類の下に着けて防具とした。
くさり-はぐるま【鎖歯車】歯車の歯に鎖が一つずつはまるようになっている動力の伝導装置。また、その歯車。自転車などに使用。スプロケット。くさりぐるま。
くさり-はちまき【鎖鉢巻(き)】鎖を細かく編んでとじつけた鉢巻き。また、布の中に鎖を入れた鉢巻き。
くさり-へび【鎖蛇】有鱗目クサリヘビ科クサリヘビ亜科の爬虫類の総称。毒蛇。全長約1メートルで頭部は長三角形。体は太く短く、ひし形または楕円形の斑紋が鎖のように連なる模様がある。ヨーロッパ・アフリカ・アジアに分布。
くさり-れんが【鎖連歌】上の句(長句)と下の句(短句)を交互に詠み続けていく連歌。平安末期に短連歌から発展して長連歌となったころの呼び名。
くさ・る【腐る】㊀〔動ラ五(四)〕❶細菌の作用で植物性・動物性のものが分解して変質する。食物などがいたむ。腐敗する。「魚が―・る」❷からだの組織が破れ崩れる。うみただれる。「凍傷で指先が―・る」❸木・繊維・金属などが風化したり酸化したりしてぼろぼろになる。朽ち崩れる。腐敗・腐食する。「柱が―・る」「さびて―・ったナイフ」❹物が変質して、嫌なにおいがついたり汚れたりして使えなくなる。「金魚鉢の水が―・る」❺純な心が失われてだめになる。精神が救いようがなく堕落する。「性根が―・っている」❻思いどおりに事が運ばないため、やる気をなくしてしまう。いや気がさす。めいる。「気が―・る」「原稿が没になって―・っている」❼(他の動詞の連用形に付いて)その動作をする人に対する軽蔑・ののしりの気持ちを表す。「いばり―・る」「つまらんことを言い―・る」❽賭け事で負ける。「夕べ胴が―・ってありたけ取られ」〈咄・御前男・四〉❾すっかり濡れる。びしょ濡れになる。「―・った着物はしぼって引きさげ」〈滑・膝栗毛・三〉㊁〔動ラ下二〕「くされる」の文語形。
(類語)㊀(❶)傷む・饐える・鯘れる・腐敗する・酸敗する・腐乱する・発酵する/(❸)朽ちる・腐食する・腐朽する
腐っても鯛　すぐれたものは、いたんでもそれなりの値打ちは保っているということのたとえ。
腐る程　使いきれないほど物がたくさんあるようすの形容。「金は―ある」
くさ・る【×鏈る】〔動ラ四〕❶つながる。続く。「くちなはどもの…次第に―・りつらなりつつ」〈発心集・四〉❷つなぎ合わせる。つなぐ。「神山の園の葵を―・りつつ」〈堀河百首〉
くされ【腐れ】㊀〔名〕❶腐ること。また、腐ったもの。「―が出る」❷気持ちがめいること。「気の―」❸月経。「藪入りは―を抜いて願ふなり」〈柳多留・四〉㊁〔感〕《もしこれが偽りなら口が腐ってもよいの意で、誓いをたてるときに用いる語》断じて。決して。絶対に。否定表現を含む文脈の中で用いる。「仇泣きの空誓文、―さうした事ではないと」〈浮・御前義経記・二〉㊂〔接頭〕名詞に付いて、あざけりののしる意を表す。「―金」「―儒者」
くされ-あい【腐れ合い】男女が、不倫な関係を結ぶこと。
くされ-あ・う【腐れ合う】〔動ワ五(ハ四)〕男女が不倫な関係を結ぶ。くさりあう。「長い間―・った二人の仲は」〈秋声・爛〉
くされ-いち【腐れ市】❶廃物・がらくたなどを売買する市。❷▶べったら市
くされ-えん【腐れ縁】離れようとしても離れられない関係。好ましくない関係を批判的・自嘲的にいう。くさりえん。
くされ-がね【腐れ金】❶取るに足りない、ほんの少しの金銭。はした金。目腐れ金。❷不正な手段で得た金。悪銭。
くされ-ずし【腐れ×鮨】塩漬けした魚と飯を合わせて重石をし、発酵させたもの。琵琶湖の鮒鮨、和歌山県のサバを用いた下鮨など。
くさ-レダマ【草レダマ】サクラソウ科の多年草。山野の湿地に生え、高さ50～80センチ。細長い葉が対生または輪生する。夏、多数の黄色い花を円錐状につけ、硫黄草ともいう。マメ科のレダマに似る。
くされ-みず【腐れ水】腐った水。また、汚水。
くさ・れる【腐れる】〔動ラ下一〕㊇くさ・る〔ラ下二〕腐敗する。腐る。「家々の前の狭い浅い溝には、―・れた水がチョロチョロと流れて」〈啄木・鳥影〉(補説)中世ごろに、四段活用から派生し、現在では、「ふてくされる」などの複合語の形で用いる。
くさ-わい【▽種はひ】《「わい」は接尾語「わう」の連用形から》❶物事をひき起こす原因。たね。「思ひ沈むべき―なきとき」〈源・梅枝〉❷種類。品々。「物の―はならびたれば」〈落窪・一〉❸興味をひくたねとなるもの。趣。「唐土の物なれど、人わろきに、何の―もなく」〈源・末摘花〉
くさ-わき【草分き|草脇】《草を押し分けて行くところから》獣類の胸先。くさわけ。「敵かからば、馬の―、太腹突いてはね落とさせ」〈太平記・三七〉
くさ-わけ【草分け】❶土地を切り開いて、そこに村や町を興すこと。また、その人。❷ある物事を初めて行うこと。また、その人。創始者。「電子工業界の―」❸草深い所を分けて行くこと。また、そういう所。「―の道を早みて里を過ぎ」〈浄・日本武尊〉❹「草分き」に同じ。「殿原―のかふ、…鹿の実にはよき処ぞ」〈盛衰記・三六〉(類語)創始・草創・開拓・開拓者・開祖・始祖・鼻祖・元祖・祖・パイオニア
くさわけ-ごろも【草分け衣】草深い所を分けて行くときに着る着物。また、旅衣。「狩人の―ほしもあへず秋のさが野のよもの白露」〈玉葉・秋上〉
くさわけ-なぬし【草分け名主】江戸時代、原野を開墾して町村を開いた名主。
く-さん【苦惨】苦しくみじめなこと。「焔柱を抱くの―を快とせしむる事あり」〈透谷・罪と罰〉
クサントス〖Xanthos〗小アジアにあった古代都市。現在のトルコ南西部の都市アンタリヤの南西約110キロメートルに位置する。古代リキア王国の首都として栄え、当時はアリナと呼ばれた。紀元前6世紀にアケメネス朝ペルシア、前1世紀に古代ローマ帝国に征服された。リキア人による家を模した高さ10メートルもある墳墓塔、ローマ時代の円形劇場やアゴラ、東ローマ帝国時代の教会や住居の遺跡がある。1988年、近郊にあるレトーンとともに、世界遺産(文化遺産)に登録された。
く-し【口四】仏語。十悪のうち、口の所業である妄語・両舌・悪口・綺語の四つ。
く-し【口詩】物に書きつけないで、口ずさむ詩。「駅の長に―取らする人もありけるを」〈源・須磨〉
く-し【句誌】俳句専門の雑誌。
くし【串】《「櫛」と同語源》❶魚貝・獣肉・野菜などを刺し通して焼いたり干したりするのに用いる、先のとがった竹や鉄などの細長い棒。「―を打つ」「―を刺す」❷細長くて、物を貫き通すのに用いるもの。「その御幣の―に書き付けて奉りたりける」〈今昔・二四・五一〉❸ろうそくの芯。「ちゃくちゃくと取れ蝋燭の―/貞徳」〈犬子集・一四〉

くし【▽酒】「さけ」の異称。「この御酒みきは我が御酒ならず—の司かみ常世とこよにいます」〈記・中・歌謡〉
く-し【駆使】〔名〕スル ❶追いたてて使うこと。こき使うこと。「使用人を—する」❷自由自在に使いこなすこと。「最新の技術を—する」
〔類語〕(❶)行使・酷使・使役・人使い
くし【▽髪】(「おぐし」「みぐし」の形で用いる) ❶頭髪。かみ。「御—長く美しうて」〈栄花・花山尋ぬる中納言〉❷(「首」「頭」と当てて書く)頭。くび。「御—も痛く、身も熱き心地して」〈源・夕顔〉
くし【×櫛・×梳】《「串くし」と同語源》髪の毛をすいたり、髪に挿して飾りに使ったりする道具。黄楊つげ・竹・鼈甲べっこう・合成樹脂などで作る。「髪に—を入れる」
櫛の歯が欠けたよう　切れ目なく続くべきもの、そろって並んでいるはずのものが、ところどころ欠けているさま。「次々に客が座席を立ち、会場は—になる」〔補説〕「櫛の歯が抜けたよう」とするのは誤り。
櫛の歯の如ごと・し　絶え間なく続くさま。「御使ひ—・く走りかさなって」〈平家・八〉
櫛の歯を挽ひ・く　《櫛の歯は、一つ一つのこぎりでひいて作ったところから》物事が絶え間なく続く。「—・くように難題がふりかかる」
く-し【×齲歯】▶うし(齲歯)
く・し【▽奇し】〔形シク〕神秘的である。不思議である。「—・しき邂逅かいこう」➡奇くしき ➡奇くしくも
く-じ【九字】❶9個の文字。❷修験者などが、災害を払う護身のまじないとして唱えた9文字の文句。「臨兵りんぴょう闘者皆陣列在前」と呪じゅを唱え、指で空中に縦4本、横5本の線をかく。中国の道家で行われていたものが、日本の陰陽道や仏教の密教に伝わったもの。九字の印。
九字を切・る　九字による秘法を行う。
くじ【久慈】岩手県北東部の市。久慈港は漁港・工業港。昭和59年(1984)宮古とをつなぐ三陸鉄道北リアス線が開通。平成18年(2006)3月、山形村と合併。人口3.7万(2010)。
く-じ【▽公事】❶公務。❷朝廷の政務・儀式。「今日は—ある日なれば、とく参らるらむ」〈大鏡・伊尹〉❸中世、年貢以外の雑税・夫役ぶやくの総称。❹訴訟およびその審理・裁判。「賢し人、出でて—ども定め申して」〈今昔・二・三三〉
く-じ【孔子】孔子こうし。また、孔子の像。「—など掛け奉りてすることなるべし」〈枕・一三二〉
孔子の倒れ　孔子のような聖人でも、時には失敗することがあるというたとえ。くじだおれ。「恋の山には—」〈源・胡蝶〉
く-じ【▽旧事】「きゅうじ(旧事)」に同じ。
く-じ【▽旧辞】「きゅうじ(旧辞)」に同じ。
くじ【×籤・×鬮】紙片や竹片などに文句や記号を記し、その一つを抜き取って、事の成否や吉凶を判断したり、当落・順番などを決めたりする方法。また、その紙片・竹片など。古くは神意をうかがうのに用いた。「—に当たる」「あみだ—」「宝—」
〔類語〕おみくじ・あみだくじ・宝くじ・福引き・空くじ
籤に取・る　くじを引いて決める。くじを引く。「みな紙切れに書き分けて、頭弁朝隆朝臣をして—・らせられけり」〈著聞集・四〉
ぐ-し【▽五四】双六すごろくで二つのさいころを投げたときに、五と四の目が出ること。
ぐ-し【愚姉】自分の姉をへりくだっていう語。
ぐ-し【虞氏】▶虞美人ぐびじん
くしあかるたま-の-みこと【櫛明玉命】日本神話の神。玉造部たまつくりべの祖とされる。「古語拾遺」によれば、天照大神あまてらすおおみかみの岩戸隠れのとき、八坂瓊曲玉やさかにのまがたまを作ったという。
くし-あげ【▽髪上げ】▶御髪上おぐしあげ
くし-あわび【串×鮑】くしあはび 串に刺して干したあわび。串貝。
クシー【Ξ・ξ・xi】▶グザイ
くし-いた・し【▽屈し▽甚し】〔形ク〕《「くっしいたし」の促音の無表記》ひどくふさぎ込んでいる。非常にしょげる。くんじいたし。「ならぶべくもあらぬぞ、—・かりける」〈源・宿木〉
くし-うち【串打ち】鰻うなぎや鳥肉などを焼くために串に刺すこと。
串打ち三年裂き八年火鉢一生　《「桃栗三年柿八年」のもじり》鰻の蒲焼きを作る技術修得の大変さをいった言葉。
くし-うら【×櫛▽占】昔、婦人や子供が行った占いの一。黄楊つげの櫛を持って辻に立ち、「あふことを問ふや夕げのうらまさにつげの小櫛もしるし見せなむ」という古歌を三度唱え、境をくぎって米をまき、櫛の歯を三度鳴らしたのち、その境の内へ来た通行人の言葉で吉凶を占ったもの。
くじ-うん【×籤運】よいくじに当たるかどうかの運。「—が強い」
クシェット【フランス couchette】▶クーシェット
グジェリ【Gzhel'】ロシア連邦西部、モスクワ州の村。モスクワの南東約70キロメートルに位置する。14世紀よりグジェリ焼と呼ばれる白地に藍色の模様を付けた陶器の生産が盛ん。
くし-おき【×櫛置き】▶髪置き❶
くし-おさえ【×櫛押(さ)え】くしおさへ 日本髪で、髪に挿した櫛が前に倒れないように、その前に挿し込んだ銀製の細い棒。江戸中期に流行した。
くし-がい【串貝】くしがひ「串鮑くしあわび」に同じ。
くし-がき【串柿】渋柿の皮をむき、1本の竹串に数個刺して干したもの。(季 秋)
くじ-かさがけ【×籤×笠懸】笠懸の一。五対のくじを竹筒に入れ、10人の射手がそのくじを馬上で受け取り、笠懸が終わったのち、対のくじを持っている者と射当てた矢の数を競う。
くし-がた【×櫛形】❶櫛のように、下部が水平で上部にゆるやかな丸みをもった山形。また、そのもの。❷茶室などの壁に設ける、山形の出入り口。❸木材にらせん状の溝を切り込むのに用いる鉋かんなの一種。刃が櫛の歯状になっている。❹折り烏帽子えぼしの前面上部のまねきの下の半円形の部分。❺「櫛形窓」の略。❻「櫛形の穴」に同じ。
くじ-かた【▽公事方】江戸時代、勘定奉行およびその属僚のうち、司法・警察を分掌したもの。
くじかたおさだめがき【公事方御定書】江戸幕府の法典。2巻。8代将軍徳川吉宗の命で編纂へんさんをはじめ、寛保2年(1742)に完成。上巻は法令81条。下巻は俗に「御定書百箇条」とよばれ、判例・取り決めなど103条を収める。
くしがた-きかん【串形機関】▶タンデム機関
くしがた-の-あな【×櫛形の穴】清涼殿の鬼の間の東南の隅から昼御座ひのおましの西南の隅の壁にかけて、柱を中にして設けた半月形の窓。天皇が殿上の間を見るためにつくったものという。くしがた。
くしがた-べい【×櫛形塀】櫛形の窓がついている塀。
くしがた-まど【×櫛形窓】櫛形の窓。欄間や付け書院などに設けられる。江戸時代にはぜいたくなものとして、民家には禁止されていた。くしがた。
くしがた-やま【櫛形山】山梨県西部にある山。標高2052メートル。頂上にはアヤメの群生があり、アヤメ平と呼ばれる。東斜面の中腹に伊奈ヶ湖・県民の森がある。名の由来は、東方の甲府盆地から見ると山容が櫛の形をしていることから。
くしがた-らんま【×櫛形欄間】櫛形にえぐりあけられた欄間。
くし-カツ【串カツ】一口大の豚肉と、ネギやタマネギを交互に串に刺し、パン粉をつけて揚げたもの。
くじ-がわ【久慈川】くじがは 茨城県北西部を流れる川。八溝やみぞ山の北斜面に源を発し、南流して日立市南端で太平洋に注ぐ。長さ124キロ。農工業や都市用水に利用される。アユの釣り場としても有名。中流域の支流に袋田の滝がある。
ぐしかわ【具志川】ぐしかは 沖縄島東海岸にあった市。金武きん湾に米軍施設の天願てんがん桟橋がある。平成17年(2005)4月に石川市、与那城よなしろ町、勝連かつれん町と合併してうるま市となる。➡うるま
ぐしかわ-し【具志川市】ぐしかはし ▶具志川
く-しき【九識】仏語。眼・耳・鼻・舌・身・意・末那まな・阿頼耶あらやの八識に、菴摩羅あんまら識(無垢むく識)を加えたもの。天台宗・華厳宗などの所説。
くしき【▽奇しき】〔連体〕《形容詞「くし」の連体形から》不思議な。霊妙な。「—縁えにし」
くじき【旧事紀】平安時代の史書。10巻。著者未詳。序に蘇我馬子らの撰とあるが、大同年間(806〜810)以後、承平6年(936)以前の成立とされる。神代から推古天皇までの歴史を述べたもの。先代旧事本紀くじほんぎ。旧事本紀。
く-じき【▽求食】食べ物を求めること。「叫喚—の声啾々しゅうしゅうとして」〈太平記・一八〉
くしきの【串木野】鹿児島県西部にあった市。平成17年(2005)10月、市来いちき町と合併し、いちき串木野市となる。➡いちき串木野
くしきの-し【串木野市】▶串木野
くしき-の-まど【九識の窓】仏語。九識を出入り口として心の働きが外へ現れ出ることを、窓にたとえた語。
くじ・く【▽挫く】㊀〔動カ五(四)〕❶手足の関節などに無理な力が加わって、関節やその周りを痛める。捻挫ねんざする。「足を—・く」❷勢いをそぎ、弱らせる。おさえる。「弱きを助け強きを—・く」「出鼻を—・く」㊁〔動カ下二〕「くじける」の文語形。
〔類語〕㊀(❶)脱臼・骨折・捻挫/㊀(❷)弱める・砕く
ぐし-ぐし〔副〕❶わけのわからないことをぶつぶつ言うさま。「わけもないこと—言って」〈黄・金生木〉❷紙などがもみくちゃになったさま。「—となりけるはまことに愚人夏の虫」〈浄・出世景清〉
ぐじ-ぐじ ぐぢぐぢ〔副〕スル 物言いや態度などがはっきりしないさま。「いつまでも—(と)不平を言う」
くしく-も【▽奇しくも】〔副〕《形容詞「くし」の連用形＋係助詞「も」から》偶然にも。不思議にも。「—その誕生日に世を去った」
くし-くらげ【×櫛水▽母】有櫛ゆうしつ動物の総称。体はクラゲ形で、体表に櫛の歯状の繊毛板が放射状に8本あり、運動器官となっている。フウセンクラゲ・ウリクラゲなど。
くし-げ【×櫛×笥】櫛や化粧道具を入れておく箱。くしばこ。
くし-けず・る【×梳る】くしけづる〔動ラ五(四)〕櫛で髪の毛をとかして整える。けずる。すく。「髪を—・る」
くじ・ける【▽挫ける】〔動カ下一〕文くじ・く〔カ下二〕❶手足の関節に無理な力が加わって、関節やその周りを痛める。捻挫ねんざする。「足が—・ける」❷勢いや意欲がそがれる。「気持ちが—・ける」〔類語〕(❷)へこたれる・おじける・参る・屈する・砕ける・負ける
くじ-ごしんぼう【九字護身法】くじごしんぼふ 九字を切って身を守る法。
くじこんげん【公事根源】室町中期の有職故実書。1巻。一条兼良いちじょうかねよし著。応永30年(1423)ころ成立。宮中における一年間の公事や儀式の起源・沿革を述べたもの。
くじざいにん【鬮罪人】狂言。祇園会の山鉾やまぼこに、鬼が罪人を責める場面を出すことになり、くじで役割を決めるが、鬼を引いた太郎冠者が罪人役の主人をたたく。
くし-ざし【串刺(し)】❶物を串で刺し通すこと。また、刺し通したもの。❷槍などで人を刺し殺すこと。「長槍で—にする」❸戦国時代の刑罰の一。とがった木などで罪人のからだを突き刺して殺すこと。❹江戸時代、獄門台の釘に首を刺してさらしものにすること。さらし首。獄門。❺上代、他人が田地の境界に刺した串を刺しかえし、田地の所有権を奪うこと。また、串を田の中に植え込んで侵入者の足を傷つけることとも。「雑雑くさぐさの罪事は、天つ罪と…—、生け剝ぎ、逆剝ぎ」〈祝詞・六月晦大祓〉
くじ-し【久慈市】▶久慈
くじ-し【▽公事師】江戸時代、当事者に代わって訴訟を進めたり、手続きを指導したりすることを業としていた者。種々の弊害を生じたため、幕府はこれを禁止した。出入り師。
くじ-しょ【▽公事所】昔、訴訟を取り扱い、それを裁

いた所。今の裁判所にあたる。公事場。
くじ-じろう【久慈次郎】［1898～1939］野球選手。岩手の生まれ。早大の捕手として活躍。実業団で選手を続け、昭和9年(1934)の日米野球では全日本チームの主将をつとめた。都市対抗野球での敢闘賞「久慈賞」にその名を残す。
くじ-だおれ【▽孔子倒れ】「孔子の倒れ」に同じ。「これを世の人、―し給ふといふなり」〈今昔・一〇・一五〉
くしだ-がわ【櫛田川】三重県中部を流れる川。三重・奈良両県の県境にある高見山付近に源を発し、東流して松阪市東部で伊勢湾に注ぐ。長さ約85キロ。下流は伊勢平野で、米作地帯。最上流部は室生赤目青山国定公園に属する。名は、倭姫命がこの地で櫛を落としたという伝説にちなむ。
くじ-だくみ【▽公事▽工】〔名・形動ナリ〕❶何事も訴訟によって解決しようとすること。特に、自分の利益のために理屈をつけて訴訟を起こすこと。「ことさら―して、筋なき事を書き求め」〈浮・織留・三〉❷いろいろ理屈を言い張るのがうまいこと。また、そのさま。「―なる女、うすき唇を動かし」〈浮・永代蔵・五〉
くしだ-じんじゃ【櫛田神社】福岡市博多区にある神社。旧県社。祭神は大幡主神・天照皇大神・素戔嗚神。7月に山笠神事が行われる。
くしだ-たみぞう【櫛田民蔵】［1885～1934］経済学者。福島の生まれ。大原社会問題研究所に入り、ドイツに留学。日本における「資本論」研究の水準を高め、マルクス(主義)経済学の普及に尽くした。
くじ-づつ【×籤筒】くじを入れ、振りゆするとくじが出るように穴をあけた筒。
グジップ〖GZIP〗コンピューターのファイルの圧縮・解凍形式の一。UNIX系のオペレーティングシステムに広く普及し、圧縮ファイルにgzという拡張子がつく。ジージップ。
くし-どうぐ【×櫛道具】櫛など、髪を結うときに用いる道具。
クシナガラ-じょう【クシナガラ城】《梵 Kuśinagara》古代インドのマラ国の首都クシナガラ付近にあった城。現在はウッタルプラデーシュ州東端のカシア付近にあたる。城外で釈迦が入滅した聖地として知られる。クシナ城。〔補説〕「拘尸那掲羅城」とも書いた。
くしなだ-ひめ【奇稲田姫】【櫛名田比売】日本神話の女神で、脚摩乳と手摩乳の娘。八岐大蛇のいけにえとなるところを、素戔嗚尊によって助けられ、その妻となった。稲田姫。
ぐし-ぬい【▽串縫い】《「くしぬい」とも》表裏とも同じ大きさの細かい針目で縫う方法で、和裁の最も基本的な縫い方。
くし-の-かみ【▽酒の▽司】【▽酒の▽長】酒のことをつかさどる首長。「この御酒は我が御酒ならず―常世にいます」〈記・中・歌謡〉
くじ-のがれ【×籤逃れ】❶くじ引きによって役目や当番などを逃れること。❷もと、徴兵検査で甲種合格の者が、くじ引きの結果入営を免除されたこと。
くじ-の-やく【×籤の役】【▽孔子の役】室町幕府の職名。毎年正月の評定始めの式で、政務の会議で発言する人を決めるためのくじを出す役。
くじ-ば【▽公事場】▶公事所
くし-ばこ【×櫛箱】【×櫛×匣】櫛などの結髪用具を入れておく箱。くしげ。
くし-はらい【×櫛払い】櫛の歯にたまる汚れを除くため細い針金を束ねて作ったはけ。櫛帚。
くしび【▽霊び】【▽奇び】〔名・形動ナリ〕《動詞「くしぶ」の連用形から》不思議なこと。霊妙なこと。また、そのさま。「未だかく―に異しき児有らず」〈神代紀・上〉
くじ-び【▽公事日】訴訟裁判が行われる日。「今度の―に、両人ともに参りませい」〈狂言記・内沙汰〉
くし-ひき【×櫛×挽き】櫛を作ること。また、櫛を作る職人。
くじ-びき【×籤引(き)】くじを引くこと。くじで物事を決めること。抽籤。
くし・ぶ【▽霊ぶ】【▽奇ぶ】〔動バ上二〕霊妙に見える。不思議な状態になる。「―びますことを恠み給ひき」〈風土記逸文・丹後〉
くじ-ぶぎょうにん【▽公事奉行人】鎌倉幕府の職名。政務を奉行した恩沢奉行・国奉行などの諸奉行の総称。公事奉行。
くじ-ふだ【×籤札】くじ引きに使う札。
くし-ぶっしょう【×狗子仏性】禅宗の公案の一。狗子(犬のこと)に仏性があるかないかという論議を契機として、有無に対する固定した見方を打破する論。趙州狗子。
くじ-ぶみ【▽公事文】❶室町時代、将軍の用事を書いた手紙。❷訴訟の文書。
くじほんぎ【旧事本紀】▶旧事紀
くしま【串間】宮崎県南端の市。サツマイモ・茶などを産する。都井岬には岬馬が、幸島には猿が生息。人口2.0万(2010)。
くし-まき【×櫛巻】女性の髪の結い方の一。ひもで結んだりしないで、束ねた髪を櫛に巻きつけて頭頂部に留めるだけの簡単なもの。
くしま-し【串間市】▶串間
くじ-まと【×籤的】鎌倉時代以後、武家の間で行われた射芸の一。矢代を振って二組みに分かれ、物を賭けて勝負を争うもの。賭け的。
くし-みたま【▽奇し▽御▽魂】神秘な力をもつ霊魂。また、そのような霊魂の宿るもの。「天地の共に久しく言ひ継げと此の―敷かしけらしも」〈万・八一四〉
くじ-みょうごう【九字名号】浄土真宗で、「南無不可思議光如来」の9文字を名号とするもの。十字名号とともに仏壇などの本尊の脇にかける脇懸の名号。
くし-め【×櫛目】櫛で髪の毛をすいたあとにできる筋目。「―の通った髪」
くじめ【久慈目】カサゴ目アイナメ科の海水魚。形も色もアイナメに似るが、側線は1本しかなく、尾びれの後縁は丸みがある。南日本の沿岸の岩礁・藻場にすむ。
く-じめ【句締め】点取り俳諧で、点者が巻末に批評を書いて署名すること。
くしめもん-どき【×櫛目文土器】中・新石器時代の土器の一。ユーラシア大陸北部に分布し、櫛歯状のもので幾何学的文様がつけてある。日本の縄文土器にもそれに類するものがあり、また、弥生土器にも似た文様をもつものがある。
くしもと【串本】和歌山県南端、東牟婁郡の地名。遠洋漁業の基地。潮岬・橋杭岩などの観光地がある。沿岸部は暖流の影響で珊瑚礁など亜熱帯海域の生物がみられ、平成17年(2005)ラムサール条約に登録された。
くしもと-ちょう【串本町】▶串本
くしもと-ぶし【串本節】和歌山県串本地方の民謡。幕末ごろ、他国の門付けが伝えたものといわれる。囃子詞から「オチャヤレ節」とよばれ、祭礼の御輿の行列に歌われていた。のち座敷歌となり、大正末期に全国に広まった。
く-しゃ【句者】好んで俳句を作る人。また、俳句を作るのがじょうずな人。
くしゃ【倶舎】《梵 kośaの音写。籠・箱の意。蔵・倉と訳》❶「倶舎宗」の略。❷「倶舎論」の略。
くじ-や【▽公事家】中世後期、公事の徴収単位となった有力農民。近世初期の本百姓にあたる。役屋。
ぐ-しゃ【愚者】愚かな人。愚人。⇔賢者。
〔類語〕愚人・愚物・痴人・愚か者・痴れ者
愚者にも一得 《「史記」淮陰侯伝の「智者も千慮に必ず一失あり、愚者も千慮に必ず一得あり」から》愚かな者でも、たまには採るべきいい考え方をするということ。
愚者も千慮に一得あり 「千慮の一得」に同じ。
クシャーナ-ちょう【クシャーナ朝】《「クシャナ朝」とも》▶クシャン朝
くし-やき【串焼(き)】魚貝・肉・野菜などを串に刺して焼くこと。また、焼いたもの。
く-じゃく【▽孔×雀】キジ目キジ科クジャク属の鳥の総称。インドクジャクはインド・スリランカの平地や開けた林にすみ、全体に青みがかった色をしている。雄は全長約2メートルで、尾羽を覆う上尾筒は目玉模様のある長い飾り羽となっていて、ディスプレーのとき扇状に開く。変種にシロクジャクがある。マクジャクは全長約2.3メートル、東南アジアの森林にすみ、緑がかった色の羽をもつ。
くじゃく-おうちょう【孔雀王朝】▶マウリヤ朝
くじゃく-がい【▽孔×雀貝】イガイ科の二枚貝。岩礁に足糸で固着する。殻長約4センチ、やや三角形で、殻表に細かい筋が刻まれ、青緑色。本州以南に分布。
くじゃくきょう【孔雀経】大乗密教経典。3巻。唐の不空訳。孔雀明王の神呪・修法、その功徳などを説いたもの。真言宗で用いる。仏母大金耀孔雀明王経。
くじゃくきょうおんぎ【孔雀経音義】平安時代の仏教書。3巻。観静著。「孔雀経」の語句の発音と意味を解説したもの。醍醐寺蔵の写本には、現存最古の片仮名五十音図を記載。
くじゃくきょう-の-ほう【▽孔×雀経の法】仏語。密教で、孔雀明王を本尊として、息災・祈雨を修する秘法。孔雀経の御修法。孔雀明王の法。
くじゃく-ざ【▽孔×雀座】南天の小星座。射手座のはるか南方にあり、日本からは見えない。暗い星が多く見つけにくい。学名 Pavo
くじゃく-サボテン【▽孔×雀サボテン】サボテン科の半低木。メキシコ中央高原の野生種からつくりだされた園芸種。若い茎は平たく、葉状。花は大輪で、赤・紫・白色など。
くじゃく-しだ【▽孔×雀羊=歯】イノモトソウ科のシダ。葉は扇形に広がり、細かく裂けた裂片の前縁に胞子嚢群が並び、これを葉の縁が裏側に反り返るようにして包む。葉柄は黒褐色でつやがある。古くから観葉植物とされる。
くしゃ-くしゃ ㊀〔副〕スル❶紙・布などを丸めたりもんだりして、しわだらけにするさま。「書き損じた便箋を―(と)丸める」❷いらいらして気分が晴れないさま。「雨続きで気分が―する」❸整っていないさま。雑然としているさま。「―した目鼻立ち」〈秋声・黴〉❹音を立てて物をかむさま。「ガムを―(と)かむ」㊁〔形動〕❶㊀❶に同じ。「着物が―になる」❷顔などがしわだらけなさま。「顔を―にして泣く」❸形がひどく乱れているさま。「―な髪の毛」 ㊀はクシャクシャ、㊁はクシャクシャ。
ぐしゃ-ぐしゃ ㊀〔副〕スル❶水気を多く含むさま。「雨上がりの―(と)した山道」❷形が崩れているさま。乱れているさま。「段ボール箱を―(と)つぶす」㊁〔形動〕❶㊀❶に同じ。「涙でハンカチが―になる」❷㊀❷に同じ。「―に壊れた車」「―な本棚」 ㊀はグシャグシャ、㊁はグシャグシャ。
ぐじゃ-ぐじゃ ㊀〔副〕スル❶「ぐしゃぐしゃ㊀❶」に同じ。「大雨で―(と)した泥道」❷しつこく文句を言うさま。「もう済んだことを―言うな」㊁〔形動〕㊀❶に同じ。「―なオムレツ」 ㊀はグジャグジャ、㊁はグジャグジャ。
くじゃく-せき【▽孔×雀石】水酸化銅、炭酸銅からなる鉱物。緑色で光沢がある。針状または塊状で産出。単斜晶系。銅の鉱石、また飾り石・顔料、花火の原料などに利用。マラカイト。
くじゃく-そう【▽孔×雀草】❶クジャクシダの別名。❷マリーゴールドの別名。❸ハルシャギクの別名。《季 夏》「借家見やどこの庭にも―/立子」
くじゃく-ぞめ【▽孔×雀染(め)】孔雀やその羽の模様を染め出すこと。また、その模様の着物。
くじゃく-ちょう【▽孔×雀×蝶】鱗翅目タテハチョウ科の昆虫。翅の開張約5.5センチ、翅の表面はえび茶色で円紋があり、裏面は黒い。幼虫は黒色で、食草はイラクサ。本州中部以北にみられる。《季 春》
くじゃく-にけん【九尺二間】《間口9尺(約2.7メートル)、奥行き2間(約3.6メートル)の家の意》きわめて狭い家。粗末な住居。
くじゃく-の-ま【孔雀の間】平安京内裏の校書殿

東庇の北にあった部屋。

くじゃく‐ばと【▽孔×雀×鳩】ハトの一品種。羽色が白色のものが多く、尾羽を扇状に開く。

くじゃく‐みょうおう【孔雀明王】《梵 Mahāmayūrīの訳》毒蛇を食うクジャクを神格化した明王。祈れば一切の害毒を除くとされる。金色の孔雀に乗る四臂の菩薩形で、手にクジャクの羽・蓮の花・具縁果・吉祥果を持つ姿に描かれる。孔雀経の法は孔雀明王を本尊とする修法。仏母大孔雀明王。孔雀王。

くしゃ‐しゅう【×倶舎宗】南都六宗の一。「倶舎論」を研究した学僧の集まり。法相宗に所属した寓宗。毘曇宗。

クシャダス〖Kuşadası〗《「クサダシ」とも》トルコ西部、エーゲ海に面する町。古代都市エフェソスの港として栄え、中世においてもジェノバやベネチアの商人の交易拠点となった。沖合に浮かぶギュウェルジン島には14世紀にジェノバ人が築いた要塞がある。近年は同国有数の海岸保養地として知られ、ギリシャ領のサモス島をはじめとするエーゲ海の島々への観光拠点にもなっている。

ぐしゃっ‐と〔副〕強い力が加わって物がひどくつぶれるさま。「模型を―踏みつぶす」

くじ‐やど【▽公事宿】江戸時代、訴訟や裁判のために地方から江戸や大坂に出てきた人を宿泊させた宿屋。宿の主人は訴訟人の依頼をうけて訴訟行為を補佐することを公認されていた。公事人宿。出入り宿。郷宿。

クシャトリヤ〖梵 Kṣatriya〗インドのバルナ(四種姓)で、バラモンに次ぐ第二位の身分。王族および武士。(補説)「刹帝利」とも書く。

くしゃ‐まんだら【倶舎曼荼羅】東大寺蔵、平安末期作の曼荼羅。釈迦三尊を倶舎宗の祖師や仏弟子が半円形に囲み、後方に梵天・帝釈天、四隅に四天王を配置してある図。

くしゃみ【×嚔】《「くさめ」の音変化》鼻の粘膜が刺激されて起こる、反射的に激しく息を吐き出す生理現象。(季 冬)

くしゃみ‐ガス【×嚔ガス】鼻や目などを刺激し、くしゃみや吐き気を起こさせる毒ガス。アダムサイト・ジフェニルクロルアルシンなど。

ぐしゃり〔副〕物がつぶれるさま。「豆腐が―とつぶれる」

くしゃろん【倶舎論】5世紀ごろ、インドの世親の著作。玄奘訳は30巻。小乗仏教の教理の集大成である「大毘婆沙論」の綱要を記したもので、法相宗の基本的教学書。阿毘達磨倶舎論。

クシャン‐ちょう【クシャン朝】《Kushan》前1世紀後半、大月氏の諸侯の一つ、イラン系のクシャン族が現在のアフガニスタンを中心に建てた王朝。カニシカ王のころが最盛期で、トルキスタンから北および西インドまでを支配した。3世紀以降ササン朝ペルシアに服属し、6世紀に至りエフタルに滅ぼされた。貴霜。クシャーナ朝。

く‐しゅ【久修】仏語。長い年月にわたって仏道の修行を続けること。

く‐しゅ【苦修】仏語。熱心に仏道修行に励むこと。

く‐じゅ【口受】〔名〕(スル) 直接に口頭で教えを受けること。こうじゅ。

く‐じゅ【口授】〔名〕(スル) 直接に口で言って教え授けること。こうじゅ。「秘伝を―する」
(類語)授ける・伝授・師伝・奥伝・奥許し・口伝

く‐しゅう【九宗】奈良・平安時代、日本に広まった仏教の九つの宗派。三論宗・法相宗・華厳宗・律宗・成実宗・倶舎宗の南都六宗、天台宗・真言宗の二宗に、浄土宗または禅宗を加えたもの。

く‐しゅう【句集】連句や俳句を集めた書物。
(類語)俳書・歳時記・歌集・詞花集・撰集・アンソロジー

く‐じゅう【久住】長くとどまること。また、久しく定住すること。「一には娑婆に―して、常に説法して」〈盛衰記・一八〉

く‐じゅう【▽旧住】仏語。古い昔から住みついていること。

く‐じゅう【苦汁】❶にがい汁。❷つらい経験。「―を飲まされる」(類語)(❷)苦杯・辛酸・苦難・苦労

苦汁を嘗・める つらくて嫌な思いをする。にがい経験をする。「落選の―・める」(補説)「苦渋を嘗める」と書くのは誤り。

く‐じゅう【苦渋】〔名・形動〕❶にがくてしぶいこと。❷苦しみ悩むこと。また、そのさま。「―を味わう」「―の色を浮かべる」「彼は―な表情のままじっと煙草を吸っていたが」〈横光・上海〉

くじゅう‐がわ【九十川】《江戸時代、増水したとき、肩車で90文の渡し賃を取ったところから》増水した、大井川また天竜川の異称。

くじゅうく‐しま【九十九島】長崎県北部、北松浦半島西岸沿いに散在する大小二百余の小島群。西海国立公園に属する。

くじゅうくり‐はま【九十九里浜】千葉県東部の弧状の砂浜海岸。北は刑部岬から南の太東崎まで、長さ約60キロ。1里を6町(約600メートル)として99里あることによる名。

くじゅうくり‐へいや【九十九里平野】千葉県東部、太平洋に臨む海岸平野。北の刑部岬から南の太東崎間約60キロメートル、幅6～10キロメートルにわたって続く広大な地域。砂丘列と低湿地からなり、園芸農業が盛ん。九十九里浜平野。

くじゅう‐こうげん【久住高原】大分県南西部、久住山・大船山両火山群の南麓に広がる高原。竹田市に位置する。東西約20キロメートル、南北約4キロメートル、標高600～1100メートル。ススキ・ネザサ・トダシバなどでおおわれた大草原。採草や放牧に利用されている。阿蘇くじゅう国立公園に属する。

くじゅう‐さん【九重山】大分県中西部にある火山群。主峰は久住山。阿蘇くじゅう国立公園の一部で、山麓に飯田高原・久住高原があり、コケモモ・ミヤマキリシマの群落は天然記念物。黒岳の原生林には男池湧水群がある。九重連山。

くじゅう‐さん【久住山】九重山の主峰。標高1787メートル。山頂付近に御池、空池など、三つの火口跡がある。

くじゅう‐しゃ【久住者】長い期間、山寺にこもって修行する人。特に、比叡山に長くこもって修行する人。くじゅうさ。「山(＝比叡山)の―円応」〈平家・一〉

くじゅう‐の‐ぼさつ【▽旧住の×菩×薩】仏語。新しく浄土に往生した菩薩(新住の菩薩)に対し、久しい以前から浄土に住んでいる菩薩。

く‐しゅうはく【瞿秋白】[1899～1935]中国の政治家・文学者。江蘇省の人。五・四運動に参加。ソ連に新聞記者として滞在し、帰国後、中国共産党中央委員などを歴任。ロシア文学の翻訳や文芸評論で活躍。国民党軍に逮捕、銃殺された。チュイ＝チウパイ。

く‐じゅう‐めつ‐どう【苦集滅道】仏教の根本教理を示す語。「苦」は生・老・病・死の苦しみ、「集」は苦の原因である迷いの心の集積、「滅」は苦集を取り去った悟りの境地、「道」は悟りの境地に達する修行。四諦。

グシュタード〖Gstaad〗スイス西部、ベルン州、ベルナーオーバーラントにある町。標高1050メートル。ヨーロッパ各国の王室も訪れる高級山岳リゾートとして知られる。テニスのトーナメントであるスイスオープンの開催地。

くしゅ‐れんぎょう【久修練行】仏語。長年修行をして、高い宗教的境地に達すること。また、その人。

ぐ‐しゅん【虞舜】中国古代の伝説上の聖王、舜のこと。虞に都し、有虞氏といった。

くしゅんない【久春内】ロシア連邦サハリン州(樺太)の町イリインスキーの、日本領時代の名称。

く‐しょ【区処】〔名〕(スル) ❶区分して処置すること。取り計らい。「凡そ千百の事務を―し」〈中村訳・西国立志編〉 ❷区分された所。くぎり。

く‐しょ【区署】〔名〕(スル) 区分して任務につかせること。また、その場所。「報道部の―など丁寧に指示してくれた」〈火野・麦と兵隊〉

く‐じょ【駆除】〔名〕(スル) 害を与えるものを追い払うこと。「害虫を―する」「コンピューターウイルスを―する」
(類語)駆逐・退治・撲滅・根絶やし・根絶・撃退・掃滅

ぐ‐しょ【具書】中世、訴訟に際し、原告・被告が訴状・陳状のそれぞれに添えて提出した証拠書類。

ぐ‐しょ【愚書】❶価値のない、くだらない書物。❷自分の著書や手紙をへりくだっていう語。
(類語)手紙・寸書・寸簡・寸楮・愚札

ぐ‐じょ【愚女】❶愚かな女。❷自分の娘をへりくだっていう語。

く‐しょう【口称】口に念仏を唱えること。

く‐しょう【苦笑】〔名〕(スル) 他人または自分の行動やおかれた状況の愚かしさ・こっけいさに、不快感やとまどいの気持ちをもちながら、しかたなく笑うこと。にが笑い。「―をもらす」「相手の詭弁に―する」
(類語)微苦笑・苦笑い・笑い

く‐じょう【九条】「九条の袈裟」の略。

くじょう【九条】㊀平安京の条坊の一。また、東西に通じる大路の名。九条大路。㊁ ▶九条通り

くじょう【九条】㊀姓氏の一。㊁五摂家の一。関白藤原忠通の三男兼実が京都九条に住んで九条家を創設したのに始まる。のち、兼実の曽孫良実・実経が二条・一条家を立てた。

く‐じょう【▽公▽請】僧侶が、朝廷から法会や講義に召されること。また、その僧。「―つとめて、在京の間、ひさしく成りて」〈宇治拾遺・四〉

く‐じょう【苦情】❶他から害や不利益などをこうむっていることに対する不平・不満。また、それを表した言葉。「―を言う」「―が殺到する」❷苦しい事情。「或は関東の―を演べ」〈染崎延房・近世紀聞〉(類語)文句・不平・クレーム・コンプレイント

く‐じょう【宮掌】伊勢神宮や熱田神宮の神職の一。権禰宜の下に置かれる。みやじょう。

ぐ‐しょう【具象】〔名〕(スル) ❶はっきりした姿・形を備えていること。具体。「―画」⇔抽象。❷わかりやすく、はっきりと示すこと。「私のそういう長い不在を―するような、…思いがけない変化」〈堀辰雄・美しい村〉
(類語)具体・抽象・捨象

ぐ‐じょう【具状】〔名〕(スル) 詳しく事情を書き述べること。また、その文書。「火山力爆裂の多災残酷なる得て―すべからず」〈志賀重昂・日本風景論〉

ぐじょう【郡上】岐阜県中部にある市。長良川上流域の八幡町、大和町、白鳥町、高鷲村、美並村、明宝村、和良村が平成16年(2004)に合併して成立。人口4.5万(2010)。

ぐじょう‐おどり【▽郡上踊(り)】▶郡上節

くじょう‐かねざね【九条兼実】[1149～1207]鎌倉初期の公卿。藤原忠通の子。九条家の祖。法名は円証。源平争乱期に複雑な政治生活を送るが、源頼朝と結び、摂政・関白となった。博学をもって知られ、典礼・和歌・音楽・書に秀でた。日記「玉葉」がある。月輪関白。法性寺殿。

ぐじょう‐し【郡上市】▶郡上

くじょう‐しょうがく【久成正覚】▶久遠実成

くじょう‐しょり【苦情処理】苦情を受け付け、それに対して措置をとること。「消費者の―」

くじょうしょり‐きかん【苦情処理機関】労働関係での苦情処理を行う機関。特に公営企業の労使双方の委員で構成される共同調整会議。

くしょう‐じん【倶生神】人とともに生まれ、その人の一生の善悪をすべて記録し、死後閻魔王に報告すると考えられた神。人の左右両肩に男女二神があり、おのおの善と悪とを記録するという。

くじょう‐たけこ【九条武子】[1887～1928]歌人。京都の生まれ。西本願寺の大谷光尊の次女。佐佐木信綱に学び、歌集に「金鈴」「白孔雀」などがある。

ぐしょう‐てき【具象的】〔形動〕直接それとわかるようなはっきりした形をもっているさま。「―な絵画」⇔抽象的。

くじょう‐どおり【九条通り】京都市南区を東西に通じる幹線道路。平安京の九条大路にあたる。北側に東寺や羅城門跡がある。九条。

くしょう-ねんぶつ【口称念仏】口に南無阿弥陀仏(なむあみだぶつ)などの念仏を唱えること。また、その念仏。➡観念念仏

くじょう-の-おんしょ【九帖の御書】中国の仏教書。唐の浄土教大成者、善導の全著作の総称。観無量寿経疏4巻、往生礼讃偈1巻、観念法門1巻、法事讃2巻、般舟讃1巻の5部9巻からなり、日本の浄土宗成立に大きな影響を与えた。

くじょう-の-けさ【九条の×袈×裟】三衣(さんえ)の一。九幅(の)の布を横につなぎ合わせた袈裟。九条衣(え)。

ぐじょう-ぶし【郡上節】岐阜県郡上市の盆踊り歌。毎年7月上旬から9月上旬まで続き、特に、8月13日から16日までの間は徹夜で歌い踊る。郡上踊り。郡上音頭。

くじょう-みちいえ【九条道家】[1193～1252]鎌倉前期の公卿。兼実(かねざね)の孫。四男頼経を将軍として鎌倉に送り、また、公武協調策によって摂政・関白となり、権勢を得た。のち出家、不遇のうちに死去。日記「玉蘂(ぎょくずい)」がある。

くじょう-よしつね【九条良経】►藤原良経(ふじわらのよしつね)

くじょう-よりつぐ【九条頼嗣】[1239～1256]鎌倉幕府第5代将軍。在職、1244～1252。第2代摂家将軍。頼経の長男。父隠退のあと、執権北条経時に擁立されて将軍となったが、職を廃されたのち不遇のうちに没した。

くじょう-よりつね【九条頼経】[1218～1256]鎌倉幕府第4代将軍。在職、1226～1244。第1代摂家将軍。道家の子。源頼朝の遠縁にあたるため将軍に迎えられたが、北条氏の独裁下で形式上の将軍にすぎず、子頼嗣に将軍職を譲ったのち出家、不遇のうちに没した。藤原頼経。

ぐしょ-ぐしょ　㊀〔副〕スル ひどくぬれているさま。「寝汗でパジャマが―(と)して気持ちが悪い」㊁〔形動〕㊀に同じ。「下着まで―になる」 アクセント ㊀はグショグショ、㊁はグショグショ。
(類語)びしょびしょ・びしゃびしゃ・びちゃびちゃ・ぐっしょり・びっしょり・しっぽり・しとど

ぐしょ-ぬれ【ぐしょ×濡れ】〔名・形動〕しずくが垂れるほど、ひどくぬれること。また、そのさま。びしょぬれ。ずぶぬれ。「夕立にあって―だ」
(類語)びしょ濡れ・ずぶ濡れ・濡れ鼠

くじら【鯨】クジラ目の哺乳類の総称。76種などに分類される。世界の海洋や一部の大河川に分布。一般に体長4メートル以下の小形種をイルカとよぶ。体は魚型で前肢はひれ状、後肢は退化し、尾は水平に広がった尾びれとなっている。肺呼吸する際、吐く息とともに付近の水を吹き上げ、潮吹きとよばれる。歯はなく鯨ひげをもつヒゲクジラ類(ナガスクジラなど)と、歯をもつハクジラ類(マッコウクジラなど)に大別される。生息数が激減したため国際条約で保護される。いさな。(季 冬)「―よる浜とよ人もただならず/紅葉」
鯨(くじら)に鯱(しゃちほこ)　つきまとって害を与えることのたとえ。また、つきまとって離れないことのたとえ。

くじら-あぶら【鯨油】鯨から採取した油。灯火用などにした。げいゆ。

くじら-おび【鯨帯】昼夜帯(ちゅうやおび)のこと。鯨の黒い背と白い腹の感じに似ているところからの名。

くじら-ざ【鯨座】南天の大星座。12月中旬の午後8時ごろ南中する。明るい星はないが、長周期変光星のミラを含む。学名 ラテ Cetus

くじら-ざし【鯨差(し)】「鯨尺」に同じ。

くじら-じゃく【鯨尺】江戸時代から、反物を測るのに用いられてきた和裁用の物差し。曲尺(かねじゃく)の1尺2寸5分(約38センチ)を1尺としたもの。また、その長さ。もと鯨のひげで作られた。鯨差し。

くじら-じる【鯨汁】鯨の脂肪層の肉を入れて仕立てた味噌汁。すす払いの夜に食べるとされる。(季 冬)

くじら-とり【鯨取り】鯨を捕らえること。また、それを職業とする人。捕鯨。いさなとり。

くじら-のし【鯨熨=斗】鯨の筋肉を打ってのばし、乾燥させたもの。酢に漬けたり吸い物にしたりして食べる。福岡県博多の名産。

くじら-ひげ【鯨×鬚】ヒゲクジラ類の上あごから生えている櫛(くし)の歯状の角質の板。口にふくんだ水からオキアミや小魚などをこし分ける働きをする。工芸品の材料にした。

くじら-ぶね【鯨船】❶鯨を捕らえるのに使った船。特に、江戸時代の勢子船(せこぶね)。(季 冬) ❷江戸時代、勢子船の敏捷(びんしょう)性を生かすために、ほとんど同じ船型に作った小型の軍船。❸《捕獲した鯨を引く捕鯨船に似ているところから》引き船のこと。

くじら-まく【鯨幕】白と黒の布を1枚おきに縦に縫い合わせ、上下に黒布を横に渡した幕。葬式などに用いる。

くじら-もり【鯨×銛】鯨を捕獲するのに用いる銛。ロープがついた平頭(へいとう)銛を捕鯨砲から発射する。かつては手に持って投げた。

くじら-ろう【鯨×蝋】「げいろう(鯨蝋)」に同じ。

くじり【×抉り】❶くじること。❷くじって穴をあける錐(きり)に似た道具。〈和英語林集成〉❸結び目をほどくのに用いる先のとがった道具。〈和名抄〉

くじ・る【×抉る】〔動ラ五(四)〕❶棒などで、穴の中をかきまわす。「楊枝(ようじ)で歯を―・る」❷えぐって中の物を取り出す。「眼(まなこ)を―・りて、其眼玉をえぐり出し」〈江見水蔭・女房殺し〉❸堅い物を突き刺して穴をあける。うがつ。「穴を―・り」〈竹取〉

くしろ【×釧】古代の腕輪。貝・石・青銅・鉄などで作り、青銅製のものには鈴をつけたものもある。ひじまき。たまき。

くしろ【釧路】㊀北海道の旧国名。現在の釧路総合振興局と十勝総合振興局の一部にあたる。㊁北海道東部の総合振興局。局所在地は釧路市。㊂北海道東部の市。総合振興局所在地。北洋漁業の基地。水産業・製紙業などが盛ん。平成17年(2005)10月、阿寒(あかん)町・音別(おんべつ)町と合併。音別地区は約15キロ離れた飛び地。人口18.1万(2010)。

くしろおき-じしん【釧路沖地震】平成5年(1993)1月15日、釧路で震度6を観測した地震。マグニチュード7.5。太平洋プレートの内部で発生した地震としては規模が大きく、道路の陥没や家屋の倒壊のほか、都市ガス・水道などが被害を受けた。

くしろ-がわ【釧路川】北海道東部を流れる川。屈斜路(くっしゃろ)湖に源を発し、途中から人工河川の新釧路川となって太平洋に注ぐ。長さ154キロ。下流部に広大な釧路湿原がある。

くしろ-くうこう【釧路空港】北海道釧路市にある空港。国管理空港の一。昭和36年(1961)開港。函館空港、新千歳空港とともに道内輸送の拠点を担う。愛称、たんちょう釧路空港。➡拠点空港

くしろこうりつ-だいがく【釧路公立大学】北海道釧路市にある公立大学。昭和63年(1988)に開学した。日本最東端の大学。

くしろ-し【釧路市】釧路㊂

くしろ-しちょう【釧路支庁】釧路総合振興局の旧称。

くしろ-しつげん【釧路湿原】北海道東部、釧路市から釧路町・標茶(しべちゃ)町・鶴居(つるい)村にかけて広がる泥炭性草原湿地。面積は約180平方キロメートルあり、サロベツ原野とともに日本最大級の湿原。周辺地域を含め湿原全域が国立公園となっており、野生の動植物の宝庫。昭和55年(1980)ラムサール条約に登録された。

くしろしつげん-こくりつこうえん【釧路湿原国立公園】北海道東部、釧路平野の泥炭性草原湿地を占める国立公園。タンチョウなどの生息地。➡釧路湿原

くしろ-そうごうしんこうきょく【釧路総合振興局】►釧路㊁

くしろ-たんでん【釧路炭田】北海道東部、釧路平野一帯の炭田。江戸末期から採掘され、現在は海底にある。釧路市春採(はるとり)が主要炭鉱。

くしろ-つく【×釧着く】〔枕〕《釧を着ける手から》地名「手節(たふし)」にかかる。「―手節の崎に今日もかも」〈万・四一〉

くしろ-へいや【釧路平野】北海道東部の平野。釧路川下流地帯に広がり、大半が泥炭地の原野。

クシロポタムウ-しゅうどういん【クシロポタムウ修道院】《Moni Xiropotamou》ギリシャ北部、ハルキディキ半島にある東方正教会の聖地アトス山の修道院。10世紀の創設。18世紀に主聖堂が建造され、内部にはフレスコの壁画が施されている。世界最大級とされる聖十字架の聖遺物を所蔵する。

く-しん【苦心】〔名〕スル 物事を成し遂げようといろいろ試みたり考えたりして苦労すること。「―に―を重ねる」「―が実る」「―して作る」(類語)腐心・苦慮・鏤骨(るこつ)・苦労・骨折り・労(ろう)・労苦・辛苦・辛労・心労・煩労・艱苦(かんく)・艱難(かんなん)・苦難・辛酸・ひと苦労

く-しん【苦辛】〔名〕スル ❶ひどく苦しむこと。辛苦。「平生の―はこれによりて全く排せられ畢ぬ」〈鴎外訳・即興詩人〉❷にがさとからさ。「甘酸―の菓子ども」〈太平記・三三〉

く-じん【苦▽参】植物クララの別名。また、その根を乾燥させた生薬。苦みがあり、健胃剤などにする。

ぐ-しん【▽供進】神仏に物を供えること。

ぐ-しん【具申】〔名〕スル 詳しく申し述べること。特に、上役や上位の機関に対して意見や事情を詳しく述べること。「改革案を―する」
(類語)建議・献策・上申・献言・進言・答申

ぐ-しん【愚心】❶愚かな心。❷自分の心・考えをへりくだっていう語。

ぐ-しん【愚臣】㊀〔名〕愚かな臣下。㊁〔代〕一人称の人代名詞。臣下が主君に対して自分自身をへりくだっていう語。

ぐ-しん【愚身】〔代〕一人称の人代名詞。自分自身をへりくだっていう語。

ぐ-じん【愚人】愚かな人。愚者。ぐにん。
(類語)愚者・愚物・痴人・愚か者・痴れ者

くしん-さんたん【苦心惨×憺】〔名〕スル 非常に苦心していろいろやってみること。「会社の再建に―する」

ぐしんらいさん【愚神礼讃】《原題、ラテ Encomium Moriae》エラスムスの著書。1511年刊。痴愚女神の自己礼讃の形式で、哲学者・神学者の空虚な論義、聖職者の偽善などを鋭く風刺し、人文主義の立場から支配者・宗教家を批判した。痴愚神礼讃。

くす【×樟|×楠】くすのき。

く・す〔動サ四〕こちらへ送る。よこす。「こなたは、わしに文(ふみ)を―・さしゃったか」〈伎・仏の原〉

く・す【▽屈す】〔動サ変〕《「くっす」の促音の無表記》❶気がふさぐ。「夕暮となれば、いみじく―・し給へば」〈源・若紫〉❷心が卑屈になる。「論なう―・したる人の名ならむ」〈落窪・一〉

くす【▽薬】〔語素〕くすりの意を表す。「―師」「―玉(だま)」

くず【▽国×栖|▽国巣|▽国×樔】《「くにす」の音変化》❶古代、大和の吉野川上流の山地にあったという村落。また、その住民。宮中の節会(せちえ)に参り、贄(にえ)を献じ、笛を吹き、口鼓(くちつづみ)を打って風俗歌を奏した。くずびと。❷古代、常陸(ひたち)国茨城郡に住んでいた先住民。つちくも。やつかはぎ。「―、名は寸津毘古(きつひこ)、寸津毘売(きつひめ)」〈常陸風土記〉

くず【国栖】謡曲。五番目物。反乱のために吉野の菜摘川に逃れた天武天皇を、老人夫婦が追っ手から隠し、やがて天女と蔵王権現が現れて天皇を祝福する。

くず【×屑】❶物のかけらや切れ端などで役に立たないもの。「糸―」「裁ち―」❷いい部分を取ったあとの残りかす。「―米」「売れ残りの―」❸役に立たない人のたとえ。「人間の―」➡塵(ごみ)(用法)
(類語)廃物・残片・殻(から)・ごみ・塵芥(じんかい)・塵芥(ちりあくた)・滓(かす)

くず【葛】マメ科の蔓性(つるせい)の多年草。山野に生え、茎は長さ10メートル以上に伸びる。葉は先のとがった楕円形の小葉3枚からなる複葉で、大きい。秋、紫赤色の花が集まって咲く。肥大している根は葛根といい薬用、また葛粉をとる。秋の七草の一。(季 秋)「あなたなる夜雨の―のあなたかな/不器男」

ぐず【愚図】〔名・形動〕はきはきしないで動作や決

断が鈍いこと。また、そのような人やさま。「―なやつ」〔補説〕「愚図」は当て字。〔類語〕のろま・うすのろ

くず-あん【葛×餡】醤油や砂糖で味つけした汁に、水で溶いた葛粉を加え、とろ火で煮た食品。あんかけやたれとして用いる。葛だまり。

く-すい【▽鼓吹】❶鉦鼓や笛を主楽器とする、古代の軍用の楽。❷鼓を打ったり笛を吹いたりすること。こすい。❸「鼓吹司」の略。

く-すい【駆水】水を外に排除すること。排水。

く-すいこ【▽公出▽挙】奈良・平安時代に官が行った出挙。租として納められた官稲を春に貸し付けて、秋の収穫後に3〜5割の利息を付けて返させたもの。元来は勧農と救貧のための制度であったが、実際は強制的な一種の税として諸国農民の負担となった。➡私出挙

くすい-し【▽鼓吹司】律令制で兵部省に属し、鉦鼓・大角・小角などの訓練を担当した役所。つづみふえのつかさ。

くすい-そうち【駆水装置】船体内に入った水を排水ポンプなどを用いて排出する装置。

くず-いと【×屑糸】使い残りの短い糸くず。

くずいと-おり【×屑糸織(り)】▶紬糸織り

くず-いれ【×屑入れ】くずを入れる器。屑かご。

ぐ-ずう【×弘通】〔名〕スル《「ぐつう」とも》仏語。仏教が広く世に行われること。また、仏教を普及させること。

くず-うこん【葛×鬱金】クズウコン科の多年草。高さ60〜90センチ。葉は長楕円形で柄が長い。花は小さく白色。熱帯アメリカの原産で、塊根をアロールートとよび、でんぷんをとる。日本には明治時代に渡来し、観葉植物とされる。

くず-うた【▽国×栖歌】古代、宮中の節会の際、国栖❶が参内して奏した風俗歌。➡国栖の奏

くず-おけ【葛×桶】❶葛粉を作るのに用いる桶。❷茶道で用いる一閑張りの炭取り。

くず-お・る【×頽る】〔動ラ下二〕「くずおれる」の文語形。

くず-お・れる【×頽れる】〔動ラ下一〕〔文〕くづほ・る〔ラ下二〕❶《「おれる」を「折れる」の意に解して》気力が抜けて、その場に崩れるようにして倒れたり、座り込んだりする。「悲しみのあまりその場に―・れる」❷気落ちする。「私は―・れた気持で…呆んやりながめていた」〈林芙美子・放浪記〉❸体力や思考力が衰え弱る。衰弱する。「老いねど、―・れたる心地ぞするや」〈源・少女〉

くず-おんせん【葛温泉】長野県大町市、高瀬川の渓谷にある温泉。泉質は単純温泉・硫黄泉。

くず-かけ【葛掛(け)】葛あんをかけた料理。葛あんかけ。あんかけ。

くず-かご【×屑籠】紙くずなどを捨てるかご。屑入れ。

くず-かずら【葛|葛×蔓】㊀〔名〕クズの別名。㊁〔枕〕❶クズの葉が風に裏返るところから、「うら」「うらみ」などにかかる。「秋はつる三室の山の―恨みしほどの言の葉もなし」〈新葉・恋五〉❷クズのつるを繰る意から、「来る」にかかる。「契り置きし露をかごとの―来るも遅しとなほや恨みん」〈新後拾遺・恋五〉

くず-がつお【葛×鰹】精進料理の一。葛粉に赤小豆の煮汁をまぜて蒸し、皮にあたるところに銀箔を巻いてカツオの刺身に似せたもの。からし醤油、わさび醤油などをつけて食べる。

くず-かみ【×屑紙】不用になった紙。紙屑。

くず-がみ【▽国×栖紙】奈良県の国栖地方で産する和紙。コウゾで漉いた厚紙で、表具などに用いる。

くず-きり【葛切り】葛粉を水で溶き加熱して固めたものを、細長く切ったもの。糖蜜をかけて食べることが多い。〔季 夏〕

ぐすく 沖縄の古い言葉で、城のこと。中城・玉城などの地名や姓に残る。➡勝連城跡 ➡座喜味城跡 ➡今帰仁城跡 ➡中城城跡

クスクス〖couscous〗北アフリカの料理の一。小麦などの粗びき粉をそぼろ状にして蒸したもの。また、それにシチューやスープをかけたり、肉や魚を添えたりした料理。

クスクス〖cuscus〗有袋目クスクス科の哺乳類の総称。猫大で、外形は原始的な猿類に似る。夜行性。樹上で暮らし、長い尾を枝に巻きつけて体を支える。足の第2指と3指が癒合しているところから「ゆびむすび」ともよぶ。7種がオーストラリア・ニューギニア・スラウェシおよびその周辺の諸島に分布。カスカス。

くす-くす〔副〕スル ❶しのんで笑う声。また、そのようすを表す語。「下を向いて―(と)笑う」❷こっそりと事をするさま。また、そのような性格であるさま。「根性が―して居るのだもの憎らしかろうでは無いか」〈一葉・たけくらべ〉〔類語〕くすり・くつくつ

ぐす-ぐす〔副〕スル ❶鼻がつまったときの音。また、そのようすを表す語。「鼻を―いわせる」「鼻が―する」❷はれ物などが痛むさま。「やっぱり―痛い」〈三重吉・小鳥の巣〉❸物が擦れ合って、かすかに音のするさま。ごそごそ。「裸で―と(寝床へ)入りさまに」〈浮・一代男・三〉

ぐず-ぐず【愚図愚図】㊀〔副〕スル ❶のろのろといたずらに時間を費やすさま。「借金の返済を―(と)引き延ばす」❷ぶつぶつ不平を言うさま。また、幼児がむずがるさま。「いつまでも―言うな」❸天候がはっきりしないさま。「梅雨時の―した天気」❹物の煮えたつ音。また、そのさまを表す語。「鍋の―と濁った声を立てて居る間」〈長塚・土〉㊁〔形動〕❶ゆるんでしまりのないさま。また、しまりがなくなり崩れるさま。「帯が―になる」「豆腐が―になる」❷態度がはっきりしないさま。また、物事にしまりがないさま。「其夜代助は平岡と遂に―で分れた」〈漱石・それから〉〔補説〕「愚図愚図」は当て字。アクセント㊀はグズグズ、㊁はグズグズ。

〔類語〕のろのろ・もたもた・のっそり・遅い・のろい・のろくさい・まだるい・まだるっこい・とろい・緩慢・緩徐・遅緩・スロー・スローモー・遅遅・そろそろ・ゆっくり

くすぐった・い【×擽ったい】〔形〕〔文〕くすぐった・し〔ク〕❶くすぐられるなど、皮膚が刺激を受けて、むずむずした感じがするさま。こそばゆい。「背中が―・い」❷なんとなく恥ずかしいような気持ちがするさま。きまりが悪い。「そんなにほめられると―・い」〔派生〕くすぐったがる〔動ラ五〕くすぐったげ〔形動〕くすぐったさ〔名〕〔類語〕こそばゆい

くすぐり【×擽り】❶くすぐること。❷演芸・文章などで、ことさらに観客や読者を笑わせようとすること。「―を入れる」

くすぐ・る【×擽る】〔動ラ五(四)〕❶皮膚の敏感な部分を軽く刺激し、むずむずして笑いたくなるような感じを起こさせる。「わきの下を―・る」❷人の心を軽く刺激し、そわそわさせたり、いい気持ちにさせたりする。「母性本能を―・る」「虚栄心を―・る」❸演芸・文章・会話などで、人をことさらに笑わせようとして、こっけいなことを言ったり、演じたりする。「下卑がかったねたで観客を―・る」

くす-こ【▽薬子】▶くすりこ(薬子)

クスコ〖Cuzco〗ペルー南部の都市。アンデス山中、標高約3400メートルの高地にある。インカ帝国の首都として栄え、太陽神の神殿など多数の遺跡が残る。1983年「クスコの市街」として世界遺産(文化遺産)に登録された。

くず-こ【葛粉】クズの根から精製したでんぷん。葛あんなどに使う。奈良県吉野地方の名産。

くすこ-の-へん【薬子の変】弘仁元年(810)平城上皇の寵を得ていた藤原薬子が、兄仲成らとともに上皇の重祚と平城京への遷都を企て、失敗に終わった事件。上皇は出家、薬子は自殺、仲成は殺された。

クスコボ〖Kuskovo〗ロシア連邦の首都モスクワの郊外にある宮殿。クレムリンの南東約10キロメートルに位置する。18世紀にシュレメチェフ伯爵の夏の離宮として建造。広大な庭園の中に、ダンスホールやビリヤード室がある大宮殿のほか、いくつかの小宮殿が点在し、陶器博物館もある。現在は国立博物館として公開されている。

くず-ざくら【葛桜】葛粉で作った皮であんを包み、桜の葉で巻いたまんじゅう。〔季 夏〕

くす-さん【×樟蚕】鱗翅目ヤママユガ科の昆虫。大形のガで、翅の開張9〜12センチ。翅は黄褐色、後ろ翅に眼状紋がある。秋、灯火によく飛来する。長毛の生えた幼虫はクリ・クヌギ・クスノキなどの葉を食い、しらがたろう・栗毛虫などとよばれる。繭は網目状の楕円形で、すかし俵とよばれる。幼虫の絹糸腺から釣り糸にするてぐすがとれる。

くす-し【▽薬師】《「くすりし」の音変化》医者。「一ふりはへて、屠蘇、白散、酒くはへてもてきたり」〈土佐〉

くす・し【▽奇し】〔形シク〕❶神秘的である。「聞きしごとまこと尊く―・しくも神さびをるかこれの水島」〈万・二四五〉❷宗教上の禁忌などを固く守るさま。神妙である。「物忌みし、―・しく忌むやつは、命も短く、はかばかしき事なし」〈宇治拾遺・二〉❸一風変わっているさま。「吉祥天女を思ひかけむとすれば、…―・しからむ」〈源・帚木〉

くずし【崩し】❶くずすこと。また、くずしたもの。❷形・様式・模様などを簡略化すること。「雷文―の模様」❸音曲などの正しい調子を変えて歌ったり弾いたりすること。「木やり―」❹「崩し書き」の略。

くずし-い・ず【崩し▽出づ】〔動ダ下二〕ぽつりぽつりと話しだす。「やや―・でて、問はず語りもしつべきがむつかしければ」〈源・蓬生〉

くずし-がき【崩し書(き)】❶草書体または行書体で文字を書くこと。また、その文字。❷字画を略して書くこと。また、その文字。

〔類語〕(❷)走り書き・なぐり書き

くずし-じ【崩し字】くずし書きにした文字。

くずし-もん【崩し紋】正規の紋所の一部分を略したもの。

くず-じょうゆ【葛×醤油】醤油味の汁を煮立てた中に葛粉を溶いたものを混ぜた、とろみのある汁。

くず・す【崩す】〔動サ五(四)〕❶まとまった形の物をこわして、その形を変えたり、原形をなくしたりする。「崖を―・して道を整備する」「足場を―・す」❷㋐整った形や状態を乱す。「姿勢を―・す」「ひざを―・して楽にする」「強気の構えを―・さない」㋑安定した状態を乱し、悪くする。「調子を―・す」「身を―・す」❸(「相好をくずす」などの形で)顔をほころばす。❹字画を省略する。行書や草書で書く。「字を―・して書く」❺同額の小銭にかえる。両替する。「一万円札を―・す」❻値段を負ける。値引きする。「値を―・して売る」❼効果をなくす。だめにする。「釣込まれて、叱る声を―・して笑って仕舞う」〈二葉亭・浮雲〉〔可能〕くずせる

〔類語〕(❶)壊す・潰す・ばらす・破壊する・損壊する・毀損する・破損する・損傷する・損ずる・損なう・毀つ・傷付ける・欠く・砕く・割る・破る・打ち砕く・打ち壊す・ぶち壊す・取り壊す・叩き壊す・破砕・砕破・全壊・壊滅/(❷)乱す・掻き乱す・乱れる・崩れる・狂う・破綻

くず-そうめん【葛▽素麺】❶葛粉を用い、そうめんのように乾燥して仕上げたもの。ゆでたあと冷やし、糖蜜や醤油をつけて食べ、また椀種に用いる。〔季 夏〕❷葛粉を練ってねかせたものを熱湯中にめん状に突き出してゆで、冷水にとったもの。

グスタフ〖Gustav〗㊀(1世)[1496〜1560]スウェーデン王。在位1523〜1560。バーサ王家の開祖。デンマーク治下にあった祖国を解放して、即位後宗教改革を実施。スウェーデン王国の基礎を固めた。グスタフ=バーサ。㊁(2世)[1594〜1632]スウェーデン王。在位1611〜1632。㊀の孫。デンマーク・ロシア・ポーランドと戦い、領土を拡張して北欧第一の強国とした。三十年戦争に介入、新教徒から「解放者」と敬愛されたが、リュッツェンの戦いで戦死。「北方の獅子」とよばれた。グスタフ=アドルフ。㊂(5世)[1858〜1950]スウェーデン王。ノルウェーの独立を支持。第一次、第二次の両大戦では中立を守った。

くす-だま【▽薬玉】❶種々の香料を詰めた錦の袋に薬草や造花をつけ、長い5色の糸を垂らした飾り物。不浄を払い、邪気を避けるものとして、端午の

節句に柱などに飾った。中国の風習が輸入されたもの。くすりの玉。続命縷ぞくめいる。長命縷。(季 夏)「一の人うち映えてゆききかな/虚子」❷造花などで❶に似せて作った飾り物の玉。式典・祝い事などに用い、割ると中からハトや紙吹雪が出るものもある。飾り花。

くず-だまり【葛×溜まり】葛あんのこと。

くず-だんご【葛団子】葛粉で作った団子。

くず-ちまき【葛×粽】葛粉に砂糖を入れてこね、笹の葉などに包んで蒸したもの。水仙ちまき。

ぐず-つ・く【愚図つく】ぐづ〔動カ五(四)〕❶はっきりした行動・態度をとらずにいる。ぐずぐずする。「決心がつかないまま—・いている」❷だだをこねる。ぐずる。「子供が—・いて寝つかない」❸雨が降ったりやんだりで、天候がはっきりしない。「—・いた天気が続く」
(補説)「愚図」は当て字。
(類語)(❶)滞る/(❷)ぐずる・むずかる/(❸)崩れる・荒れる・しける

くず-てつ【×屑鉄】くづ ❶鉄製品を作るときに出る鉄のくず。❷廃物の鉄製品。スクラップ。

くずてつ-ほう【×屑鉄法】くづてつハフ 鋼鉄の製造法の一。銑鉄に50パーセント以上の屑鉄を加え、平炉や電気炉で製造する。

ぐず-と〔副〕するりと。すっぽりと。「お中様はどこぞの蚊帳へ—入り」〈浄・浪花鑑〉

クズ-とう【クズ塔】タフ《Kız Kulesi》トルコ北西部の都市イスタンブールにあるかつての城塞。ボスポラス海峡の南側、アジア側に近い小島に建っている。古代ギリシャ時代に最初の塔が築かれ、東ローマ帝国時代に要塞化された。その後、灯台として利用され、現在はレストランと展望台になっている。

クストー〖Jacques-Yves Cousteau〗[1911～1997]フランスの海洋・海中探検家。スキューバの開発、海洋ドキュメンタリー映画の制作、海底居住計画の推進などで知られる。著「沈黙の世界」など。

くす-どの【▽薬殿】内裏の安福殿にあり、侍医や薬生やくしょうなどが控えていた所。くすりどの。

くず-に【葛煮】葛粉を用いた煮物。材料に葛粉をまぶして煮る方法と、仕上げに水で溶いた葛粉を加えてとろみを出す方法とがある。

くず-にく【×屑肉】くづ ❶肉を切り分ける際などにできる半端な部分。ひき肉や加工食品などに用いられる。❷こま切れで質の悪い肉。

くず-ぬの【葛布】▶くずふ(葛布)

くす-ね【▽薬×練|▽薬×煉】《「くすねり」の略》松脂まつやにを油で煮て練りまぜたもの。粘着力が強いので、弓の弦などに塗って補強するのに用いる。「さらば—に練って練りとめておきまらせう」〈虎明狂・松脂〉

クズネツク-たんでん【クズネツク炭田】▶クズバス炭田

クズネッツ〖Simon Smith Kuznets〗[1901～1985]米国の経済学者。ロシア生まれ。ハーバード大教授。国民所得統計と国民所得論の権威。景気変動のクズネッツの波を発見したことでも知られる。1971年ノーベル経済学賞受賞。著「近代経済成長の分析」など。

クズネッツ-の-なみ【クズネッツの波】《Kuznets swings》景気循環の波動の形態の一つで、20年を周期とする成長率循環のこと。米国の経済学者サイモン＝クズネッツが明らかにした。クズネッツ循環。

くず-ねり【葛練り|葛×煉り】葛粉に水と砂糖を加え、煮ながらやや固めに練った菓子。(季 夏)

くす・ねる〔動ナ下一〕こっそり盗み取る。ごまかして自分の物にする。「店の金を—・ねる」
(類語)掠かすめる・猫ばば・着服・失敬・横取り・横領

くすのき【楠木|楠】姓氏の一。橘諸兄たちばなのもろえの子孫と称する。河内かわちの土豪で、正成まさしげ以来名をあげた家系。

くす-の-き【×樟|×楠】クスノキ科の常緑高木。暖地に自生し、高さ約20メートルにもなり、長命。葉は卵形で表面につやがある。5月ごろ、黄白色の小花を密生し、実は熟すと黒色。全体に香りがあり、樟脳しょうのうをとる。クスノキ科の双子葉植物は約1400種が熱帯から暖帯に分布し、葉は主に常緑で、香りのあるものが多く、タブノキ・ニッケイ・クロモジなどが含まれる。

くすのき-ぶんげん【×楠分限】《クスノキは生長は遅いが大木となり、その根元がしっかりしているところから》長い年月の間に小利を積み重ねて、確実に資産を殖やした金持ち。⇔梅の木分限。

くすのき-まさしげ【楠木正成】[1294～1336]南北朝時代の武将。河内の土豪。後醍醐天皇の鎌倉幕府討伐計画に応じ、幕府軍を相手に奮戦。建武の中興の功績で河内の国守と守護を兼ね、和泉いずみ守護となった。のち、足利尊氏あしかがたかうじと摂津湊川みなとがわで戦い、敗死。大楠公だいなんこう。

くすのき-まさすえ【楠木正季】まさすゑ[?～1336]南北朝時代の武将。河内の人。正成の弟。名は七郎。正成とともに後醍醐天皇に仕え、湊川で足利尊氏の軍に敗れて自害。

くすのき-まさつら【楠木正行】[1326～1348]南北朝時代の武将。正成の長男。父の死後、河内守・摂津守となり、南朝軍として活躍。河内四条畷しじょうなわてで高師直こうのもろなお・師泰の軍に敗れて自害。小楠公。

くすのき-まさとき【楠木正時】[?～1348]南北朝時代の武将。正成の次男。元弘の変以来各地で転戦。兄正行まさつらとともに四条畷しじょうなわてで高師直こうのもろなお・師泰の軍と戦い、敗れて自害。

くすのき-まさのり【楠木正儀】南北朝時代の武将。正成の三男。兄正行戦死以後、楠木氏の棟梁とうりょうとして活躍。のち、南北両朝の和議を図り、あるいは北朝方につき、また南朝方に帰るなど去就が複雑であった。晩年は不明。生没年未詳。

くすのき-りゅう【×楠木流】リウ 近世、楠木正成を流祖と称した兵法の流派。正成流。

くすのきりゅうはなみのまくばり【樟紀流花見幕張】くすのきりゅうはなみのまくばり 歌舞伎狂言。時代物。7幕。河竹黙阿弥作。明治3年(1870)東京守田座初演。由井正雪・丸橋忠弥らが起こした慶安の変を題材にしたもの。別名題「慶安太平記」。通称「丸橋忠弥」。

くず-の-そう【▽国×栖の奏】古代、宮中で元日をはじめ数々の節会せちえに、国栖❶が参内し、土地の御贄みにえを献じ、歌舞や笛を奏したこと。平安時代以降、国栖人くずびとの参仕が絶え、雅楽寮の楽人が代奏した。

くずのは【葛の葉】㊀信太妻しのだづま伝説中の白狐びゃっこ。女に姿を変えて安倍保名あべのやすなの妻となり、安倍童子、のちの晴明を産むが、正体が現れて信太の森に姿を隠す。㊁浄瑠璃「蘆屋道満大内鑑あしやどうまんおおうちかがみ」の通称。

くずのは-の【葛の葉の】〔枕〕葛の葉が風に吹かれて白い裏を見せるところから、「うら」「うらみ」などにかかる。「—うらみにかへる夢の夜を忘れがたみの野辺の秋風」〈新古今・雑上〉

くず-の-まい【▽国×栖の舞】まひ 古代の宮中の節会せちえに、国栖人くずびとが行った歌舞。⇒国栖の奏そう

くず-ばかま【葛×袴】葛布くずふで作った袴。狩袴をやや裾短に仕立て、括くくり緒おをつけたもの。

くすば・し【▽奇ばし】〔形シク〕珍しい。不思議である。「古にありけるわざの—・しきことと言ひ継ぐ」〈万・四二一一〉

クズバス-たんでん【クズバス炭田】ロシア連邦、西シベリア南部にある国内有数の炭田。褐炭から無煙炭まで各種の石炭を産出する。クズネツク炭田。

くず-はら【葛原】葛の生えている原。

くず-ひき【葛引き】❶葛粉を塗った紙。幅約1.5センチに切って日本髪の飾りなどにする。❷煮物や焼き物の仕上がりに、つやを出したり汁をまとめたりするために、薄く葛粉をひいて仕上げた料理。

くず-ひろい【×屑拾い】くづひろひ 紙や金属などのくずを拾って歩くこと。また、それで生活している人。

くす・ぶ【×燻ぶ】〔動バ下二〕「くすべる」の文語形。

くず-ふ【葛布】縦糸に綿・麻・絹などを用い、横糸に葛の繊維を用いて織った布。丈夫で水に耐えるので、雨具・袴はかまに作り、また、ふすま・屏風びょうぶなどにも用いる。静岡県掛川の特産。くずぬの。(季 夏)

くすぶ・る【×燻ぶる】〔動ラ五(四)〕❶物がよく燃えないで、煙ばかりを出す。「生木が—・る」「焼け跡が—・る」❷煙のすすで黒くなる。すすける。「天井が—・る」❸争い事などが表に現れずに、また、完全に解決しないままで続いている。「不満が—・る」❹閉じこもって陰気に過ごす。「一日中下宿で—・っていた」❺地位や状態などが、その段階にとどまったまま低迷している。「下積みで—・っている」❻身なりやようすが小汚くすすけている。「世帯に—・った彼女とはまるで別の女に見え」〈秋声・縮図〉
(類語)煙る・燻いぶる・燻す・けぶる・煤すすける

くすべ-がき【×燻べ柿】▶ふすべがき(燻べ柿)

くすべ-がわ【×燻べ革】がは▶ふすべがわ(燻べ革)

くすべ-やいち【楠部弥弌】[1897～1984]陶芸家。京都の生まれ。本名、弥一。芸術院会員。大正8年(1919)、陶芸家集団「赤土社」の結成に参加し、創作陶芸運動を開始。以後、帝展や日展などに出品。昭和53年(1978)文化勲章受章。

グズベリ〖gooseberry〗▶グーズベリー

くす・べる【×燻べる】〔動バ下一〕㊇くす・ぶ〔バ下二〕❶くすぶらせる。いぶす。「蚊いぶしを—・べる」❷《相手に煙たい思いをさせる意から》責めたてる。また、嫉妬りんきする。「世間の人がそしらうが、母ぢゃ人が—・べうが」〈浄・二つ腹帯〉

くすぼ・る【×燻ぼる】〔動ラ五(四)〕❶「燻ぶる❶」に同じ。「今度の炭は—・っていかんね」〈虚子・続俳諧師〉❷「燻ぶる❷」に同じ。「天井はランプの油煙で—・ってるのみか」〈漱石・坊っちゃん〉❸「燻ぶる❺」に同じ。「貧乏町に—・ってると云って」〈漱石・倫敦消息〉❹「燻ぶる❻」に同じ。「むしゃうに—・った身なりをすれども」〈黄・高漫斎〉

くず-まい【×屑米】くづ 虫食いの米や、精米するときに砕けた米。

くず-まき【葛巻(き)】❶葛のつるの巻きついたようす。また、そのような形。❷葛練りをかけて巻いた菓子や料理。

くず-まゆ【×屑繭】くづ 絹糸にならない不良の繭。紡績絹糸・真綿などの原料として用いる。(季 夏)

くず-まんじゅう【葛×饅▽頭】ヂュウ 葛練りであんを包んで蒸したまんじゅう。(季 夏)

くすみ くすむこと。また、黒ずんだ色の出ること。

ぐ-ずみ【具墨】胡粉ごふんに墨を加えた絵の具。青黒い色を呈する。

くすみ-かえ・る【くすみ返る】かへる〔動ラ四〕まじめくさる。また、非常に不愛想にする。苦りきる。「おあまり貰ひが立って『おあまり下さいませう』浪人—・って『あまらぬ』」〈咄・鹿の子餅〉

くすみ-き・る〔動ラ四〕「くすみ返る」に同じ。「山のふりさへ愛想なく、—・りたる松の下蔭」〈浄・鑓の権三〉

くず-みず【葛水】みづ 葛湯を冷やした飲み物。(季 夏)「—にうつりてうれし老おいのかほ/蕪村」

くすみ-もりかげ【久隅守景】江戸初期の画家。江戸の人。号、無下斎・一陳翁。狩野探幽かのうたんゆうに師事、のち破門されたという。農民・庶民の風俗を描いた「夕顔棚納涼図」「耕作図」が有名。生没年未詳。

くす・む〔動マ五(四)〕❶黒ずんだ渋い色になる。または、すすけたようなさえない色になる。「—・んだ茶色」❷目立たない地味なようすになる。「—・んだ存在」❸生気を失う。もの思いに沈む。「暗く—・んだ顔つき」❹不愛想に振る舞う。しかつめらしくする。「笑へと仰せらるるにより、—・まるる、何がな思ひ出いだいて笑はうやれ」〈虎明狂・筑紫の奥〉

く-ずもう【句相×撲】ずまふ 二人が一定の題で一定の時間内に俳句を作り、優劣を競うこと。句合わせ。

くず-もち【葛餅】❶葛粉を水で練って煮たあと箱に流し込み、冷やして固めたもの。生麩しょうふ粉・小麦粉を加えて蒸して作るものもある。三角形に切って糖蜜・きな粉などをつけて食べる。(季 夏)「—や老いたる母の機嫌よく/余子」❷葛饅頭くずまんじゅうのこと。

くず-もの【×屑物】くづ ❶使い古して、いらなくなったもの。廃物。「—入れ」❷いいものを選び出したあとに残ったもの。商品価値のないもの。
(類語)廃品・廃物・廃棄物・屑鉄・ぽんこつ

くず-や【×屑屋】紙くず・ぼろ・古綿などの廃品を売買する商売。また、その人。
くず-や【葛屋】草葺きの屋根。また、その家。草屋。茅葺屋。
くすやま-まさお【楠山正雄】［1884～1950］演劇評論家・児童文学者。東京の生まれ。近代劇の翻訳、内外の童話・神話を紹介した。著「日本童話宝玉集」など。
くず-ゆ【葛湯】葛粉に砂糖をまぜ、熱湯を注いでかきまぜた食べ物。《季 冬》「うすめても花の匂の一かな／水巴」
くず-ようかん【葛羊×羹】葛粉にあんなどを加えて練り、蒸した羊羹。正月用の菓子として、切り山椒とともに食べた。
ぐずら-ぐずら【愚図ら愚図ら】〔副〕行動が鈍いさま。また、不平をぶつぶつ言うさま。「一といつまでも仕事にかからない」【補説】「愚図」は当て字。
くすり【薬】❶病気や傷の治療のために、あるいは健康の保持・増進に効能があるものとして、飲んだり、塗ったり、注射したりするもの。医薬品。「胃の一」❷殺虫剤・除草剤など、動植物に対して主に毒性を働かせるもの。「一をまく」❸陶磁器の釉。釉薬。❹火薬。❺心やからだのためになること。特に、あやまちを改めるのに効果のある物事。「失敗もいい一になるだろう」❻少額のわいろ。鼻ぐすり。「一を利かせる」
【…語】(ぐすり) 足留め薬・脂薬・合わせ薬・嗽薬・売り薬・上り薬・置き薬・買い薬・嗅ぎ薬・風邪薬・生薬・傷薬・気付け薬・下し薬・毛生え薬・粉薬・差し薬・痺れ薬・煎じ薬・弾き薬・散らし薬・通じ薬・付け薬・艶薬・塗り薬・眠り薬・練り薬・飲み薬・吐き薬・鼻薬・振り出し薬・惚れ薬・水薬・虫薬・目薬
【類語】薬品・薬物・薬剤・医薬・薬餌
薬が効き過・ぎる　仕置き・忠告などの効果がありすぎて、かえって逆の結果になってしまう。
薬九層倍　薬の売価が、原価に比べて非常に高いこと、また、暴利をむさぼることのたとえ。
薬にしたくもな・い　ほとんどない。全くない。薬にしたくてもない。「いたわりの心など一・い」
薬にする程　非常に少ないことをいう言葉。「一しかない」
薬人を殺さず薬師人を殺す　薬によって人が死んだとしても、その罪はそれを運用した人にある。物は使い方しだいで薬にもなれば毒にもなる。薬師は人を殺せど薬人を殺さず。
薬降る　薬日である陰暦5月5日の正午ごろに雨の降ることをいう。その雨水で医薬を製すると特に薬効があるとされた。《季 夏》「一空よとてもに金ならば／一茶」
薬より養生　健康を保つには、薬を飲むよりも、ふだんの養生が大切であるということ。
くすり〔副〕小さな声で、こっそりと笑うさま。ほんの少し笑うさま。「一と笑う」「一とさせられる小話」
【類語】くすくす・くつくつ
くずり【▽屈×狸】イタチ科の哺乳類。体長87センチくらいになり、イタチ類では大形。ずんぐりした体で全体に黒褐色。一見、小形のクマに似る。北極圏の森林やツンドラに分布する。
グスリ〖ロシア gusli〗ロシアのチター型撥弦楽器。その起源は非常に古い。翼形とかぶと形の二つのタイプがあり、前者はロシア北西部に広く分布している。16世紀末頃から長方形の卓上型グスリも現れた。
くすり-うり【薬売り】薬を売り歩くこと。また、その人。「越中富山の一」
くすり-おろし【薬卸し】▶薬研
くすり-がけ【薬掛(け)｜×釉掛(け)】素焼きの陶磁器の表面に釉をかけること。
くすり-がり【薬狩(り)｜薬×猟】「競い狩り」に同じ。《季 夏》「古図に見る大和菟野の一／月斗」
くすり-ぐい【薬食い】冬、滋養や保温のために鹿・イノシシなどの肉を食べたこと。獣肉は忌んで一般には食べなかったが、病人などは薬になるという口実を設けて食べた。《季 冬》「客僧の狸寝入りや一／蕪村」
くすり-こ【薬子】平安時代、元日に、宮中で供御の屠蘇などの毒味をした未婚の少女。くすこ。《季 新年》「元三の一」〈枕・一五六〉
くすり-ざけ【薬酒】からだの薬となる酒。薬を入れた酒。薬用酒。
くすり-し【薬師】医者。くすし。「一は常のもあれど賓客の今の一貴かりけり」〈仏足石歌〉
くすり-だい【薬代】病院や薬局に支払う薬の代金。また、治療費。
くすり-ちゃ【薬茶】茶のようにして飲む薬用の飲み物。黒大豆・陳皮・ショウガなどを用いる。
くすり-づけ【薬漬(け)】たくさんの薬を服用させられること。
くすり-づつみ【薬包み】❶薬を包んだもの。また、そのような包み方。「紫の七重薄様に、一に押し包みて」〈十訓抄・一〉❷女御・更衣などの入内のとき、薄様1枚に歌を書いて、他の薄様を重ね、四方に押し折って遣わされたもの。
くすり-とり【薬取り】❶薬草などの薬の材料を採取すること。また、その人。❷医者へ薬を取りに行くこと。また、その人。
くすり-なべ【薬鍋】薬を煎じるのに用いる鍋。
くすり-の-かみ【尚＝薬｜典＝薬▽頭】❶後宮の薬司の長官。天皇に薬を捧持する女官。しょうやく。➡薬司 ❷▶てんやくのかみ(典薬頭)
くすり-の-こと【薬の事】病気。「朱雀院の御一、なほ平らぎはて給はぬにより」〈源・若菜上〉
くすり-の-つかさ【薬▽司｜典＝薬＝寮】❶▶やくし(薬司) ❷▶てんやくりょう(典薬寮)
くすり-の-にょうかん【薬の女官】平安時代、宮中で元日から3日間、典薬寮の内薬司がさし出す薬を預かって天皇に奉る役の女官。後宮の尚薬が行う。
くすり-ばこ【薬箱】❶薬を入れる箱。❷医者が往診するとき、薬品を入れて持ち歩いた箱。薬籠。
くすり-び【薬日】陰暦5月5日のこと。この日に薬玉を掛けたからとも、薬狩りをしたからともいう。薬の日。《季 夏》「ほととぎす鳴けども知らずあやめ草こそ一のしるしなりける」〈貫之集〉
くすり-ぶろ【薬風呂】「薬湯❶」に同じ。
くすり-ぶろ【薬風炉】薬を煎じるときに鍋をかける風炉。くすりろ。
くすり-ほり【薬掘り】秋、野山に出て薬草の根を掘り取ること。また、その人。《季 秋》「一蝮も提げて戻りけり／太祇」
くすり-みず【薬水】薬をまぜた水。水薬。また、薬用になる水。
くすり-もぐさ【薬×艾】❶灸に用いるもぐさ。硫黄・麝香などを混ぜ合わせたもぐさ。❷効き目や利益のあるもの。「女夫中よい暮らしこそ所帯の一なれ」〈浄・艶狩剣本地〉
くすり-や【薬屋】薬を調合し、販売する家。薬局。薬店。【類語】薬局・薬舗
くすり-ゆ【薬湯】❶薬品や薬草を入れた浴湯。くすりぶろ。やくとう。❷病気にきく温泉。「よろづの人の浴みける一あり」〈宇治拾遺・六〉
くずりゅう-がわ【九頭竜川】福井県北部を流れる川。源を岐阜県境の油坂峠付近に発し、坂井市で日本海に注ぐ。長さ116キロ。上流には九頭竜ダムがあり、また鉛・亜鉛、森林などの資源が豊富。
くずりゅう-きょう【九頭竜峡】福井県北東部、九頭竜川上流にある峡谷。仏原から下山の間をいい、荒島岳の北東麓にV字形の浸食谷を形成、四季の変化に富んだ渓谷美を見せる。
くすり-ゆび【薬指】《薬を水に溶かしたりつけたりしたところから》親指から数えて4番目の指。紅さし指。名無し指。【類語】親指・人差し指・中指・小指・拇指・食指・高高指・紅差し指
クズル〖Kïzyl〗《「キジル」とも》ロシア連邦中部、トゥバ共和国の首都。西サヤン山脈の南麓、トゥバ盆地東部を流れる大エニセイ川と小エニセイ川の合流点近くに位置。チュルク語系トゥバ人が人口の大半を占める。市内に「アジアの中心」を示す記念碑がある。
くず・る【崩る】〔動ラ下二〕「くずれる」の文語形。
ぐ・する【具する｜×倶する】〔動サ変〕図ぐ・す〔サ変〕❶㋐必要なものが備わっている。そろう。「宇宙の現象は…必ず起きるべき理由を一・して起るのである」〈西田・善の研究〉㋑他の人に従って行く。連れ立つ。「父に一・して行く」❷㋐必要なものをすべてそろえる。備える。「必要書類を一・して申請する」㋑連れて行く。一緒に来させる。「供を一・して出発する」❸夫婦として連れ添う。「子生まで年ごろ一・したる」〈能因本枕・一〇三〉❹携帯する。持つ。「坏なども一・せざりければ」〈伊勢・一二七〉
ぐず・る【愚図る】〔動ラ五(四)〕❶機嫌が悪くて泣いたりすねたりする。むずかる。「赤ん坊が一・る」❷素直に納得せず、無理を言って困らせる。ごねる。「余り此方で騒ぐと…故意と一・りたがるからね」〈独歩・疲労〉【補説】「愚図」は当て字。
【類語】むずかる・ぐずつく
クズル-アウル〖Kızıl Avlu〗トルコ西部の都市ベルガマ(古代都市ペルガモン)にある遺跡。元は紀元2世紀、古代ローマ帝国のハドリアヌスの時代にエジプトの神々を祭る神殿として建造。東ローマ帝国時代にキリスト教の聖堂に改修された。現在は壁面と塔が残り、イスラム寺院として利用されている。
クズル-クレ〖Kızıl Kule〗《トルコ語で「赤い塔」の意》トルコ南部の都市アランヤにある要塞跡。高さ35メートル、レンガ造りの八角形の塔。13世紀、セルジュークトルコのスルターンであるカイクバード1世により、港の見張り台としてアランヤ城と同時期に建造。
くずれ【崩れ】❶くずれること。また、くずれたもの。くずれた所。「髪の一を直す」「天候の一が心配だ」「塀の一」❷会などが終わって人々が解散すること。また、その人々。「宴会の一に盛り場へくりだす」❸戦いで、陣形が乱れること。「総一」❹相場が急落すること。❺㋐(多く身分・職業などを表す語に付いて)以前はそうであったが、今は落ちぶれている人。また、それになれなかった人。「作家一」「役者一」㋑目指したことが途中でだめになること。「併殺一」
くずれ-あし【崩れ足】❶陣立ての崩れようとするようす。❷相場が下落する状態に向かったこと。
くずれ-お・ちる【崩れ落ちる】〔動タ上一〕図くづれお・つ〔タ上二〕積み上げたものなどの一部分がこわれて落ちたり、全体がばらばらにこわれ落ちたりする。崩壊する。「土塀が一・ちる」
くずれ-かか・る【崩れ掛(か)る】〔動ラ五(四)〕❶崩れはじめる。今にも崩れようとする。「城壁が一・っている」❷崩れて、他の物の上にのりかかる。「一・った壁の下敷きになる」
くずれ-ぎわ【崩れ際】❶崩れる直前。崩れるまぎわ。崩れ口。❷がけや塀などの崩れた端の部分。
くずれ-やな【崩れ×梁】漁期が過ぎて不要になり、壊れたまま放置されている下り梁。《季 秋》「かはうその月になく音や一／蕪村」
くず・れる【崩れる】〔動ラ下一〕図くづ・る〔ラ下二〕❶まとまった形をし、安定していたものが、支える力を失ってこわれる。また、こわれてばらばらになる。「がけが一・れる」「積み荷が一・れる」❷㋐整っていた形や状態が乱れる。「人垣が一・れる」「隊形が一・れる」㋑整った、好ましい形や状態が悪くなる。「姿勢が一・れる」「生活態度が一・れる」「信頼関係が一・れる」❸天気が悪くなる。「天候は午後からしだいに一・れるでしょう」❹同額の小銭に替えられる。「一万円札が一・れますか」❺相場などが急落する。「値が一・れる」【類語】(❶)潰える・雪崩れる・崩落する・崩壊する・瓦解する・土崩瓦解する・潰れる・破れる／(❷㋐)乱れる・散ける・潰乱する・壊れる・破綻する／(❸)ぐずつく・荒れる・しける
くすん〔副〕鼻を軽く鳴らす音を表す語。
くすん-ごぶ【九寸五分】❶刃の部分の長さが9寸5分(約29センチ)の短刀。鎧通し。❷女性が護

身用に帯にさした短刀。懐剣かいけん。
くせ【▽曲】《「癖くせ」と同語源》❶(ふつう「クセ」と書く)謡曲で、曲舞くせまいから取り入れたといわれる部分で、1曲の謡所うたいどころ・舞所のこと。能ではシテの動きから居曲いぐせと舞曲まいぐせに分ける。❷他の名詞の上に付いて複合語をつくり、偏った、正しくない、などの意を表す。「一者くせもの」「一事くせごと」
くせ【▽曲瀬】川や海の浅瀬の、砂や岩が多く集まった所。「玉―の清き川原にみそぎして」〈万・二四〇三〉
ぐ-せ【▽救世】《「くぜ」「ぐせ」「ぐぜ」とも》仏語。❶世の人々を苦しみの中から救うこと。❷仏・菩薩ぼさつの通称。❸観世音菩薩のこと。
くせ【癖】《「曲くせ」と同語源》❶無意識に出てしまうような、偏った好みや傾向。習慣化している、あまり好ましくない言行。「爪をかむ―」「なくて七―」「怠け―ぐせがつく」❷習慣。ならわし。「早起きの―をつける」❸一般的でない、そのもの特有の性質・傾向。「―のある味」「―のある文章」❹折れ曲がったりしわになったりしたまま、元に戻りにくくなっていること。「髪の―をとる」「着物の畳み―じわ」➡癖に ➡その癖
(…癖)足癖・髪癖・噛かみ癖・酒癖・尻しり癖・其その癖・手癖・難癖・一癖・筆癖・読み癖 (ぐせ)歌癖・着癖・口癖・抱き癖・出癖・寝癖・話し癖
(類語)性癖・癖へき・習癖・習慣・習性
癖ある馬うまに能のうあり　一癖あるくらいの者のほうが、すぐれた能力をもっているものだ。すぐれた人は、どこか凡人と異なるところがあるものだ。
癖にな・る　悪い習慣や前例になる。「夜更かしが―・る」
く-せい【区政】区の行政。
ぐ-せい【愚生】〔代〕一人称の人代名詞。主に書簡文で、男性が自分をへりくだっていう語。小生。
(類語)小生・不肖・小弟・手前・拙者・自分・私わたくし・私わたし・僕・俺おれ・わし・吾人ごじん・余よ・我が輩はい・迂生うせい
ぐ-ぜい【×弘誓】仏語。❶衆生しゅじょうを救おうとしてたてた菩薩ぼさつの誓願。❷四弘誓願しぐぜいがんのこと。
ぐ-ぜい【▽貢税】中世、寺社へのみつぎもの。租税。
ぐ-ぜい【虞芮】中国周代の虞ぐと芮ぜいの2国。
ぐぜい-そう【×弘誓相】ザウ 仏語。仏や菩薩の、衆生を救おうとする広大な誓いの心が現れた顔つき。弘誓の相。
ぐ-せいなん【虞世南】[558〜638]中国、唐初の名臣・書家。余姚よよう(浙江せっこう省)の人。字あざなは伯施はくし。唐の太宗に重用された。楷書にすぐれ、欧陽詢おうようじゅん・褚遂良ちょすいりょうとともに初唐三大家の一人。碑刻に「孔子廟堂碑」「汝南公主墓誌」。
ぐぜい-の-あみ【×弘誓の網】仏語。衆生救済の誓いの広大な慈悲を、網にたとえた語。誓いの網。
ぐぜい-の-うったえ【▽虞×芮の訴え】ウッタヘ 互いに自己の利益を主張して訴えること、また、自己の非を悟り訴えを取り下げることのたとえ。(補説)昔、中国で虞・芮の2国が田を争い、周の文王の裁決を求めて周に行ったところ、周では、耕す者はあぜを譲り合い、道行く者は道を譲り合っているのを見て、恥じて訴えをやめたという、「史記」周本紀の故事から。
ぐぜい-の-うみ【×弘誓の海】仏語。衆生救済の誓いの広大で深いことを、海にたとえた語。誓いの海。
ぐぜい-の-ふね【×弘誓の船】仏語。衆生救済の誓いによって仏・菩薩ぼさつが悟りの彼岸に導くことを、船が人を乗せて海を渡すのにたとえた語。誓いの船。
ぐぜい-の-よろい【×弘誓の×鎧】ヨロヒ 仏語。衆生を救おうとする誓いの固いことを、鎧にたとえた語。
ぐぜい-ぼう【×弘誓房】バウ 仏語。仏・菩薩の弘誓を説き、仏法の正しい意味を人々に伝える僧。説教師。
ぐぜい-りょうしょ【▽貢税料所】レウショ 中世、神社仏閣の維持費用に供するために寄進された知行所。
くせ-えんつう【救世円通】クセヱンツウ 観世音菩薩の異称。衆生済度しゅじょうさいどのため、さまざまな姿をとって世に現れ、その救いの働きが融通無礙ゆうずうむげであるところからいう。
くせ-かんぜおんぼさつ【救世観世音菩薩】クセクワンゼオンボサツ 観世音菩薩の称号。世の人を苦しみからよく解放するところからいう。救世菩薩。
くせ-かんのん【救世観音】クセクワンオン「救世観世音菩薩くせかんぜおんぼさつ」の略。
くせぐせ-し【癖癖し】〔形シク〕性格などが、ひねくれていて素直でない。「―・しく、なだらかならぬ気色のみ、まさりたまへば」〈夜の寝覚・二〉
くせ-げ【癖毛】妙に曲がったり、一部分だけ逆立ったりして生える、癖のある毛髪。
くせ-ごと【▽曲事】❶道理に合わない事柄。ひがごと。「心細く本意ほいなきは、人ごとの―なり」〈沙石集・八〉❷けしからぬこと。にがにがしいこと。「去年もって参る御年貢を当年もって参る事、―におぼしめす」〈虎明狂・餅酒〉❸違法行為をした者を処罰すること。「横取りして―にあふはずを」〈浄・淀鯉〉
くせ-して【癖して】〔接助〕「癖に」に同じ。「若い―言うことは年寄りじみている」「何だ、男の―」
クセジュ〘フランス Que sais-Je?〙フランスの代表的な小型文庫本。標題はモンテーニュの「われなにをか知る」から。クセジュ文庫。
くせ-だま【▽曲球】❶《「癖球」とも書く》野球で、球速はないが打者の近くへ来て自然に変化する投球。打者が打ちづらく、どの球種にも属さない変化球のこと。❷(比喩的に)表向きとは異なるねらいを持った発言、申し入れ、交渉などをいう。「首相の発言が―ではないかと憶測を呼ぶ」
くせ-ち【癖地】所有したり立ち入ったりすると、不幸があると信じられている土地。癖山。入らずの山。
く-ぜち【口▽舌｜口▽説】❶「くぜつ(口舌)❶」に同じ。❷「くぜつ(口舌)❷」に同じ。「三人みたりばかり、病事、―」〈かげろふ・下〉
く-せつ【苦節】逆境にあっても、自分の信念や態度を固く守りとおす心。「―十年」
く-ぜつ【口舌｜口説】❶言葉。弁舌。また、口先だけのもの言い。おしゃべり。多弁。「恋の―」「―の徒」❷言い争い。文句。特に江戸時代、男女間の痴話げんか。「かやうの―の絶えぬは、これゆゑにこそ」〈著聞集・一六〉
ぐ-せつ【愚説】❶ばかげた、くだらない説。❷自説をへりくだっていう語。
ぐ-せつ【愚拙】〔代〕《「愚かでつたない者」の意から》一人称の人代名詞。男性が自分をへりくだっていう語。愚生。
くせ-づ・く【▽曲付く】〔動カ四〕一風変わった曲節がある。「今様歌は長うて―・いたり」〈枕・二八〇〉
くぜ-てるひこ【久世光彦】[1935〜2006]演出家・小説家。東京の生まれ。「時間ですよ」「寺内貫太郎一家」などのテレビドラマを演出。文筆業でも活躍し、小説「聖なる春」で芸術選奨。他に「一九三四年冬―乱歩」「蕭々館しょうしょうかん日録」など。
くせ-なおし【癖直し】ナホシ 髪を結う前に、熱湯に浸した布などで髪の癖を直すこと。
クセナキス〘Iannis Xenakis〙[1922〜2001]ギリシャの作曲家。ルーマニア生まれ。レジスタンス運動に参加し、のちパリに亡命。数学を音楽作品に取り入れ、コンピューターを用いた「推計音楽」を提唱、斬新な作品を発表した。建築家としてル＝コルビュジェの下で働いていたこともある。作「メタスタシス」「ポリトープ」「ピソプラクタ」など。
くせに【癖に】〔接助〕《名詞「くせ(癖)」＋格助詞「に」から》活用語の連体形および格助詞「の」に付く。非難や不満の気持ちを込めて逆接条件を表す。にもかかわらず。のに。くせして。「弱い―強がりを言う」「本当は好きな―、そぶりも見せない」(補説)打ち解けた会話に用いられる語。「のに」の場合よりも難詰や非難の気持ちが強い。また、「なによ、何も知らないくせに」のような終助詞的用法もある。
くせ-の-せんだい【▽救世の×闡▽提】《「闡提」は仏の教えを信じないため成仏できない者の意》仏語。救世観世音菩薩の、大悪不信の者をも救うという大慈悲をいう語。
クセノファネス〘Xenophanēs〙[前565ころ〜前470ころ]古代ギリシャの哲学者・詩人。擬人的神観に反対し、神は一にして一切なるものと説いた。エレア学派の祖とする見方もある。
クセノフォン〘Xenophōn〙[前430ころ〜前354ころ]古代ギリシャの軍人・文筆家。ソクラテスの門人。著「アナバシス」「ギリシャ史」「ソクラテスの思い出」など。
クセノフォントス-しゅうどういん【クセノフォントス修道院】シウダウヰン《Moni Xenophontos》ギリシャ北部、ハルキディキ半島にある東方正教会の聖地アトス山の修道院。半島西岸の海沿いにあり、要塞のような外観で知られる。10世紀から11世紀頃の創設。主聖堂は二つあり、古いものは16世紀の建造で、クレタ派の画家が描いたフレスコ画があり、新しいものは19世紀の建造でアトス山で最も大きい。
クセノン〘xenon〙➡キセノン
くせ-びと【▽曲人｜癖人】「曲者くせもの」に同じ。「われは出で会ひ参らせぬ―にて候」〈義経記・二〉
くぜ-ひろちか【久世広周】[1819〜1864]幕末の老中。下総しもうさ国関宿藩主。安政の大獄で井伊直弼なおすけと対立。井伊の死後、安藤信正とともに公武合体政策を推進し、和宮かずのみや降嫁を実現。
くせ-ぼさつ【救世菩薩】救世観世音菩薩のこと。
くせ-まい【▽曲舞｜久世舞】マヒ ❶南北朝時代から室町時代に流行した芸能。鼓に合わせて謡いつつ、扇を持って舞ったもの。白拍子舞が母体といわれ、その音曲は謡曲に入って曲くせとなった。❷幸若舞のこと。室町中期以降、幸若舞が特に隆盛となり、曲舞を代表するようになったのでいう。❸能の金剛・喜多流で、蘭曲らんぎょくのこと。
くせ-む【癖む】〔動マ四〕《「くせ(癖)」の動詞化》❶心がねじける。ひねくれる。「道心の後にも心大いに―・みつつ、普通の人には似ざりけり」〈延慶本平家・二〉❷普通とは異なる形にする。風変わりにする。「万葉のやうなどいひて、―・みよめども」〈八雲御抄・六〉
くせ-もの【▽曲者｜癖者】❶盗賊などの怪しい者。「―が忍び込む」❷ひと癖あって、したたかな人物。「ああみえて彼はなかなかの―だ」「―ぞろい」❸表面には現れていない何かがありそうで、油断できないこと。「話のうますぎるところが―だ」❹普通とは違った人物。なみなみでない人。「光盛こそ奇異の―組んで討って候へ」〈平家・七〉
ぐぜり【口▽舌り】《「くぜり」とも》鳥が、本来のさえずりよりも小さな声で鳴くこと。➡口舌ぐぜる
くぜ・る【口▽舌る｜口▽説る】〔動ラ四〕《「くぜつ(口舌)」の動詞化。「ぐぜる」とも》❶いろいろ述べたてる。「手前が言っちゃあきまりが付かない。女郎衆に―・らせろ」〈洒・多佳余字辞〉❷言い争う。痴話げんかをする。「(客が)帰ると起きて―・り出し」〈洒・通仁枕言葉〉❸鳥が盛んにさえずる。「子飼ひから―・る宿屋の燕かな／玉丈」〈北国曲〉
クセルクセス〘Xerxes〙[?〜前465]ペルシア帝国第4代の王。在位前486ころ〜前465。ダレイオス1世の子。エジプトの反乱を鎮定、また、ギリシャにも遠征して第3回ペルシア戦争をおこしたが、サラミスの海戦で敗れて帰国。
く-せん【苦戦】〔名〕スル ❶相手が強く、不利な状況で苦しい戦いをすること。「―を強いられる」「選挙で―する」❷物事をなしとげるために苦しみながら努力すること。「信仰なくんば信仰を得るまで―せよ」〈独歩・悪魔〉(類語)苦闘・悪戦苦闘
く-ぜん【口宣】❶職事しきじが、叙位・任官などの勅命を口頭で上卿しょうけいに伝えること。❷「口宣案」に同じ。
く-ぜん【×瞿然】〔ト・タル〕図〔形動タリ〕驚いて見るさま。驚いて顔色を変えるさま。「―として悟りたまえりとなり」〈露伴・運命〉
ぐ-せん【▽供×饌】神に供物をそなえること。
くぜん-あん【口宣案】「口宣❶」の手控え。のちには独立して効力のある文書となった。口宣。
くせん-てい【駆潜艇】爆雷などによって、敵の潜水艦を攻撃する小型高速艇。
くせん-はっかい【九山八海】仏教の世界観でいう、須弥山しゅみせんを順に取り囲む九つの山と八つの海。一小世界のこと。

く-そ【苦×楚】苦痛。辛苦。「無限の━を蒙(こうむ)り、苛刻の取扱いを受けたり」〈竜渓・経国美談〉

くそ【×糞|×屎】㊀〔名〕❶動物が、消化器で消化したあと、肛門から排出する食物のかす。大便。ふん。❷分泌物が乾いてたまったものや、物のかす。「目━」「鼻━」「金━」❸(「…もくそもない」の形で)ああだこうだ言う必要はない、そんなことは問題にならない、などの意を表す。…もへったくれもない。「こうなったら仕事も━もない」㊁〔感〕人をののしったり、自分の気持ちを励まし奮い立たせたりするときに発する声。くそっ。「━、今に見てろよ」㊂〔接頭〕名詞および形容動詞の語幹、形容詞などに付く。❶卑しめののしる意を表す。「━坊主」❷程度のはなはだしいことをののしる意を表す。「━いまいましい」「━まじめ」「━力」㊃〔接尾〕形容動詞の語幹に付いて、卑しめののしる意を表す。「へた━」「やけ━」

類語 うんこ・うんち・便・大便・ばば・糞(ふん)・糞便・人糞

糞の役にも立た◦ぬ 何の役に立たないことを、ののしりの気持ちをこめていう語。「━◦ぬプラン」

糞も味噌(みそ)も一緒 価値のあるものとないものとの区別がないこと。また、それらを同一に扱うこと。味噌も糞も一緒。「━にして言う」

糞を食らえ 他人の行為や言葉に対してののしり返す言葉。糞でも食らえ。

くそ〔代〕二人称の人代名詞。軽い親しみの気持ちを込めて用いる。あなた。きみ。「━も人も、この殿おはせむ限りは、え安くすまじかめり」〈落窪・四〉

く-そう【九僧】大法会での九人の役僧。導師・呪願(じゅがん)師・唄(ばい)師・散華師・梵音(ぼんのん)師・錫杖(しゃくじょう)師・引頭(いんず)・堂達・衲衆(のうしゅ)。

く-そう【九想|九相】(ーサウ) 仏語。人の死体がしだいに腐敗し、鳥獣に食われ、白骨となり、最後に焼かれて土に帰するまでの九段階を思い浮かべる観想。肉体に執着する心を除くために行う。

く-そう【口▽唱】(ーシャウ) 仏・菩薩(ぼさつ)の名を口に出してとなえること。「南無阿弥陀仏と、くも━遥かに声うちあげたれば」〈栄花・峰の月〉

ぐ-そう【▽供僧】「供奉僧(ぐぶそう)」の略。「当時は長楽寺の━になっていたのである」〈芥川・鼻〉

ぐ-そう【具相】(ーサウ) 仏語。仏身に備わっている相好(そうごう)。32種のすぐれた相好。

ぐ-そう【愚草】(ーサウ) 自分の原稿をへりくだっていう語。「拾遺━」

ぐ-そう【愚僧】㊀〔名〕愚かな僧。㊁〔代〕一人称の人代名詞。僧侶が自分をへりくだっていう語。拙僧。

くそうず【▽臭▽水】(くさうづ)《「くさみづ」の音変化》石油の古名。「━、油、地より涌(わ)くなり」〈毛吹草・四〉

くそ-おけ【×糞×桶】(ーをけ) 糞尿(ふんにょう)を入れて運ぶ桶。こえたご。くそたご。

糞桶の紐(ひも)通し 《紐通しの穴が二つ並んでいるようすが似ているところから》低いあぐら鼻をからかっていう語。肥担桶(こえたご)の紐通し。

くそ-おちつき【×糞落(ち)着き】いやに落ち着き払っていること。「━に落ち着いている」

くそ-がえる【×糞×蛙】(ーがへる) ヒキガエル・ツチガエル・ヌマガエルなどの俗称。

くそ-かずら【×糞▽葛】(ーかづら) ヘクソカズラの古名。「皂莢(さうけふ)に延(は)ひおほとれる━」〈万・三八五五〉

ぐ-そく【具足】〔名〕(スル) ❶不足なく十分に備わっていること。「円満━」「主格客格の━した本式の文句」〈柳田・国語の将来〉❷武具。甲冑(かっちゅう)。特に、「当世(とうせい)具足」の略。❸所有すること。「四天下に七宝を満(み)て千の子を━せんとす」〈今昔・一・一〉❹引き連れること。「━し奉り、ゆくへもしらぬ旅の空にてうき目を見せ奉らんもうたてかるべし」〈平家・七〉❺道具。調度。「手なれし━なども、心もなくて変はらず久しき、いと悲し」〈徒然・二九〉類語 武具・甲冑・鎧(よろい)・兜(かぶと)

ぐ-そく【愚息】自分の息子をへりくだっていう語。豚児(とんじ)。類語 豚児

ぐそく-おや【具足親】武家時代、男子が元服をして初めて鎧(よろい)・兜(かぶと)を身につける際に、それを着せた人。その武勇にあやかれるような人が選ばれた。

ぐそく-かい【具足戒】仏語。僧が守らなければならない戒律。比丘(びく)には250戒、比丘尼には348戒あるとする。具戒。

ぐそく-かたびら【具足帷=子】近世の武士が、具足の下に肌着として着た、ひざまでの長さの単(ひとえ)。小帷子(こかたびら)。

ぐそく-がね【具足金】武士が緊急の際に備えて具足櫃(びつ)の中に蓄えておく金。

ぐそく-し【具足師】鎧(よろい)や兜(かぶと)を作ったり、修理したりする職人。

ぐそく-だい【具足×鯛】(ーだひ) エビスダイの別名。

ぐそく-に【具足煮】エビやカニを殻つきのまま大まかに切り、さっと煮つけたもの。殻を鎧(よろい)に見立てていう。

ぐそく-ばおり【具足羽織】▶陣羽織(じんばおり)

ぐそく-びつ【具足×櫃】当世具足を納めるふたつきの箱。

ぐそく-びらき【具足開き】武家で、正月11日(もと20日)に甲冑(かっちゅう)に供えた具足餅を下げ、刃物を使わず、槌(つち)で割って食べた行事。

ぐそく-ぶぎょう【具足奉行】(ーブギャウ) 江戸幕府で、甲冑(かっちゅう)のことをつかさどった役職。

ぐそく-むしゃ【具足武者】鎧(よろい)や兜(かぶと)をつけた武者。

ぐそく-もち【具足餅】武家で、正月に鎧(よろい)や兜(かぶと)を飾って、その前に供えた鏡餅。正月11日にこれを食べて祝った。鎧餅。(季 新年)

くそ-だめ【×糞×溜め】糞尿(ふんにょう)を蓄えておく所。こえだめ。

くそ-たれ【×糞垂れ】人をののしっていう語。くそったれ。「この━め」

くそ-たわけ【×糞▽戯け】(ーたはけ) 相手をののしっていう語。大ばか。大まぬけ。

くそ-ぢから【×糞力】並み外れて強い力。ばかぢから。「火事場の━」

くそ-つぼ【×糞×壺】便所の床下に埋めて糞尿(ふんにょう)を受ける壺。便壺。便槽。

くそ-どきょう【×糞度胸】並み外れて図太い度胸。

くそ-とび【×糞×鳶|×糞×鵄】ノスリの別名。

くそ-ばえ【×糞×蠅】(ーばへ) キンバエの別名。(季 夏)

くそ-ふく《「糞(くそ)拭(ふ)く」の意》便所。かわや。「ほととぎすのむらとり、━におりゐたる」〈かげろふ・下〉

くそ-ぶくろ【×糞袋|×糞×嚢】胃・腸などの古称。転じて、からだ・人間のこと。〈名義抄〉

くそ-ぶな【×糞×鮒】フナを卑しめていう語。「川隈(かはくま)の━食(は)めるいたき女奴(めやつこ)」〈万・三八二八〉

くそ-まじめ【×糞真-面-目】〔形動〕まじめすぎて融通がきかないさま。「━な性格」

類語 まじめ・大まじめ・几帳面(きちょうめん)・生まじめ・忠実・愚直・四角四面

くそ-ま・る【×糞▽放る】〔動ラ四〕《「まる」は排泄(はいせつ)する意》大便をする。「その大嘗(おおにへ)をきこしめす殿に━・り散らしき」〈記・上〉

くそ-みそ【×糞味×噌】〔形動〕❶《糞も味噌も一緒にする意》価値のあるものとないものとの区別ができないさま。「秀作と駄作とを━に扱う」❷相手をひどくけなすさま。ぼろくそ。「━にこきおろす」

くそ-むし【×糞虫】糞(ふん)に集まる食糞性の昆虫。ダイコクコガネ・マグソコガネ・タマオシコガネなど。ふんちゅう。

く-そん【九尊】仏語。胎蔵界曼荼羅(たいぞうかいまんだら)の中台八葉院に配置される五如来と四菩薩(ぼさつ)の総称。大日如来を中心に宝幢(ほうどう)如来・阿弥陀如来・開敷華王(かいふけおう)如来・天鼓(てんく)雷音如来と、普賢菩薩・文殊菩薩・観音菩薩・弥勒菩薩を配する。

ぐ-ぞん【愚存】自分の考えをへりくだっていう語。愚意。愚考。「━にかなふ所也」〈十問最秘抄〉

くだ【管|×筝】❶細長い円筒形で中が空洞になっているもの。「━を通して水を送る」❷機(はた)の横糸を巻いて杼(ひ)に入れる道具。❸糸繰り車の紡錘(つむ)に差して糸を巻きつける軸。❹「管狐(くだぎつね)」の略。❺「管の笛」に同じ。「吹き響(な)せる━の音も」〈万・一九九〉

類語 管(かん)・筒・パイプ・チューブ・ホース

管を用(もち)いて天(てん)を窺(うかが)う 《「荘子」秋水から》細い管の穴から天をのぞいて見えたものが天だと思い込むように、自分の狭い見識で広大な物事に勝手な判断を下すこと。管の穴から天をのぞく。

管を以(も)って天を窺(うかが)・う 《「荘子」秋水から》管の穴から天をのぞくように、狭い見識を基準にして、大きな問題について自己流の判断を下すたとえ。管の穴から天(てん)をのぞく。

くだ〔名・形動ナリ〕《「くだくだしい」の略》くどいこと。煩わしいこと。また、そのさま。「過ぎし青楼夜話に書きしごとく、言ふは━なれど」〈ひとりね・下〉

くだを巻・く とりとめのないことをしつこく言う。「酔って━・く」補説 管(くだ)❸の連想からとも、この管に糸を巻きつけるとき、ぶうぶう音を立てるところからともいわれる。

く-たい【苦▽諦】仏語。四諦(したい)の一。この世界は苦しみを本質としているという真理。

く-たい【×裙帯】《「くんたい」の撥音の無表記》女子朝服の裳(も)の腰の上に締めて前側左右に長く垂らした幅の狭い飾り帯。引き腰はその遺制という。

く-たい【躯体】▶スケルトン❷

く-だい【句題】❶古歌や漢詩文・経文などの一句を取って、和歌や漢詩の題とすること。❷俳句の題。

ぐ-たい【具体】物事が、直接に知覚され認識されうる形や内容を備えていること。「━案」↔抽象。

類語 具象・抽象・捨象

ぐたい-か【具体化】(ークワ)〔名〕(スル) 抽象的な事柄を実際に形にして表すこと。「計画を━する」

ぐたい-がいねん【具体概念】❶いろいろな属性を有する主体としての事物を示す対象概念。↔抽象概念。❷直接に経験される個物を示す単独概念。❸事物相互の連関を明らかにして事態を全面的にとらえる概念。

くたい-じ【九体寺】浄瑠璃寺(じょうるりじ)の異称。

くだい・す【下いす】〔動サ特活〕《「くださります」の音変化》くださいます。「ふん、その青竜湯とやら、醒めるものなら一服━・せんか」〈咄・軽口五色紙〉

ぐたい-せい【具体性】直接に知覚できる、具体的な形・内容をもっていること。「━に欠ける」

ぐたい-てき【具体的】〔形動〕はっきりとした実体を備えているさま。個々の事物に即しているさま。「━な方法」「━に指示する」↔抽象的。

ぐたいてき-しんり【具体的真理】時間・場所などの、ある具体的な条件のもとで真理とされる事柄。真理は一定の条件のもとに成立し、条件が変われば真理でなくなるとしたヘーゲルの考え方から出た言葉。

くだい-わか【句題和歌】句題❶によって詠む和歌。

くた-かけ【▽鶏】《「くだかけ」とも》ニワトリの古名。くたかけどり。「━はいづれの里をうかれきてまだ夜深きに八声鳴くらん」〈夫木・二七〉

くだ-がゆ【管×粥】▶筒粥(つつがゆ)

くだ-ぎつね【管×狐】想像上の小さなキツネ。竹管の中で飼われ、飼い主の問いに応答したり、予言をしたりする通力をもつ。くだ。

くだ・く【砕く|×摧く】㊀〔動カ五(四)〕❶強い力を加えて、固い物やかたまりになっている物を細かくする。「岩を━・く」❷勢いを弱らせる。計画などをつぶす。くじく。「野望を━・く」❸㋐(「心をくだく」の形で)あれこれと心を悩ます。思い悩む。「善後策に日夜心を━・く」㋑(「身をくだく」の形で)労苦をいとわず懸命に尽くす。身を粉にする。「会社の再建に身を━・く」❹物事をわかりやすく説明する。平たく言う。「内容を━・いて説明する」❺細かく分ける。細分する。「四十八手のその内を、百手(ももて)に━・きて」〈仮・竹斎・上〉

可能 くだける ㊁〔動カ下二〕「くだける」の文語形。

…句 肝胆を砕く・気を砕く・肝(きも)を砕く・心を砕く・心肝を砕く・心気を砕く・肺肝を砕く・身を砕く

類語 ㊀(❶)擂(す)る・碾(ひ)く・搗(つ)く・壊す・割る・破壊する・損壊する・毀損(きそん)する・破損する・損傷する・損ずる・損(そこ)なう・毀(こぼ)つ・傷付ける・欠く・破る・崩す・潰(つぶ)す・打ち砕く・打ち壊す・ぶち壊す・取り壊す・叩き壊す・破砕・砕破・全壊・壊滅/(❷)挫く・弱める

くた-くた ㊀〔副〕❶物がよく煮えている音。また、そのさま。ぐつぐつ。ぐたぐた。「―(と)煮える鍋」❷疲れたり弱ったりして、力の抜けたさま。また、古くなって張りのなくなったさま。「法師は―と絶え入りて」〈著聞集・一〇〉❸細かくなるさま。ずたずた。「杖の―と折るるほど打ちたれば」〈弁内侍日記〉㊁〔形動〕❶疲れたり弱ったりして、力の抜けたさま。「―に疲れる」❷古くなって張りがなくなったさま。「着古して、―になった服」❸物が煮えて原形をとどめなくなったさま。「―になるまで煮る」
(類語)へとへと・ぐったり・奄奄えんえん

くだ-くだ ㊀〔副〕同じことを何度も繰り返したり、長々としつこく細かに述べたりするさま。くどくど。「―(と)弁解する」㊁〔形動ナリ〕細かに砕き、または切るさま。「十づかの剣をぬいて、大蛇を―にきり給ふ」〈平家・一一〉

ぐた-ぐた ㊀〔副〕❶「くたくた㊀❶」に同じ。❷力の抜けたさま。「―して手応えのない赤ん坊」〈漱石・道草〉㊁〔形動〕「くたくた㊁」に同じ。

ぐだ-ぐだ 〔副〕スル ❶同じことを何度も繰り返したり、つまらないことを長々としつこくしゃべったりするさま。くどくど。くだくだ。「―(と)言い訳を続ける」❷無気力でやる気のなさそうなさま。気分などがゆるんでしまりのないさま。だらだら。「―(と)ご飯を食べたりテレビを見たりして過ごす」

くだくだ-し・い 〔形〕文くだくだ・し〔シク〕同じことを何度も繰り返したりして、長ったらしいさま。「―・い説明」(派生)くだくだしさ〔名〕(類語)くどくどしい・回りくどい・しつこい・うるさい・煩わしい・面倒臭い・煩雑・煩瑣はんさ

くだ-くらげ【管水=母】ヒドロ虫綱クダクラゲ目の腔腸こうちょう動物の総称。すべて海産で、浮遊性。個虫が多数ついて群体をつくるが、各個虫は気胞体や触手・栄養体・感触体など機能も形態も分化している。カツオノエボシ・カツオノカンムリなど。

くだけ【砕け】❶砕けること。また、砕けたもの。❷結末。なりゆき。事情。「翌の朝の―をあんじ思案とりどり」〈洒・多佳余宇辞〉

くだけ-まい【砕け米】籾摺もみすりや精白の過程で、砕けた米。

くだ・ける【砕ける|×摧ける】〔動カ下一〕文くだ・く〔カ下二〕❶固い物やかたまりになっている物が、衝撃などで小さくばらばらになる。「コップが粉々に―・ける」「波が―・ける」❷釣り合いがとれなくなって、くずれる。また、何かをしようとする気持ちや勢いがすっかり衰える。くじける。「腰が―・ける」「闘志が―・ける」❸堅苦しさが取れて打ち解ける。「雰囲気が―・けてくる」❹話・文章などが、わかりやすくなる。「―・けた表現」❺深刻に思い悩む。「むらきもの心―・けてかくばかり我あが恋ふらくを知らずかあるらむ」〈万・七二〇〉❻形が整わなくなる。いい加減になる。「歌姿のあまりに―・けて侍る」〈落書露顕〉
(類語)挫ける・へこたれる・おじける・参る・屈する・壊れる・破損する・毀損きそんする・損傷する・損壊する・損ずる・毀こぼれる・欠ける・傷付く・拉ひしげる・潰つぶれる・割れる・いかれる・ポシャる・破れる

ください【下さい】《動詞「くださる」の命令形》❶「くれ」の尊敬語。相手に物や何かを請求する意を表す。ちょうだいしたい。「手紙を―」「しばらく時間を―」❷(補助動詞)「お」を伴った動詞の連用形、「ご(御)」を伴った漢語、また、動詞の連用形に接続助詞「て」を添えたものなどに付いて、相手に何かを要望・懇願する意を表す。「お座り―」「ご覧―」「止めて―」(補説)「くださる」の本来の命令形「くだされ」の音変化とも、「くださいませ」の略ともいう。

くださ・る【下さる】㊀〔動ラ五(四)〕《動詞「くだされる」(下一)の五段化》❶「与える」「くれる」の尊敬語。お与えになる。くだされる。「祝電を―・った」❷(補助動詞)「お」を伴った動詞の連用形、「ご(御)」を伴った漢語、また、動詞の連用形に接続助詞「て」を添えたものなどに付いて、その動作の主が恩恵を与える意を、恩恵を受ける者の立場から敬意を込めて表す。「お話し―・る」「ご理解―・る」「助けて―・る」㊁〔動ラ下二〕「くだされる」の文語形。
(類語)与える・授ける・恵む・施す・やる・あげる・差し上げる・くれる・賜る・供する・供与・提供・授与・恵与

下さる物は夏も小袖こそで 《「小袖」は絹の綿入れ》人がくれる物は季節外れの物でも何でもありがたくもらったほうがよいということ。また、欲の深いことのたとえ。貰もらう物は夏でも小袖。

くだされ-もの【下され物】目上の人からいただいたもの。たまわりもの。ちょうだいもの。

くださ・れる【下される】〔動ラ下一〕文くださ・る〔ラ下二〕《動詞「くだ(下)す」の未然形に助動詞「れる」が付いたものから》❶《「れる」が尊敬の意の場合》「与える」「くれる」の尊敬語。「くださる」よりも敬意が強い。「校長先生がご褒美を―・れた」❷《「れる」が受身の意の場合。上位者から与えられるというところから》「もらう」の謙譲語。いただく。「経正御硯すずり―・れて」〈平家・七〉❸(補助動詞)「お」を伴った動詞の連用形、「ご(御)」を伴った漢語、また、動詞の連用形に接続助詞「て」を添えたものなどに付いて、その動作の主が恩恵を与える意を、恩恵を受ける者の立場から敬意を込めて表す。「ご出席―・れたくお願い申し上げます」(類語)与える・呉れる・下さる・授ける・恵む・施す・やる・あげる・差し上げる・賜る・供する・供与・提供・授与・恵与

くだ-さんご【管×珊×瑚】花虫綱クダサンゴ科の腔腸こうちょう動物。赤色の骨質の細い管が横板で連結された群体をなし、各管の中のポリプが上端から触手を出す。奄美あまみ大島から南洋に分布。

くださん・す【下さんす】〔動サ特活〕《「くだされます」「くださります」の音変化。近世上方で、主として女性が用いた》❶「くれる」の意の尊敬語。くださいます。「祝儀とて、との達から―・すこともござんす」〈難波鉦・二〉❷(補助動詞)動詞の連用形に接続助詞「て」を添えた形に付いて、「…てくれる」の意の尊敬語。…くださいます。「かならず人に逆らはず、身をつつしんで―・せ」〈浄・薩摩歌〉(補説)「くださる」に「んす」の付いた語からともいう。

くだし【下し】❶「下し薬」の略。「―をかける」❷くだすこと。申し渡すこと。「これ、まのあたりにて参らせよ、と侍りつる―の侍りつれば」〈宇津保・国譲下〉

くだし-ぐすり【下し薬】便通をよくするために飲む薬。通じ薬。下剤。くだし。

くだし-ぶみ【下文】上位者が下位者あてに下した公文書。平安時代から中世、院の庁・摂関家・将軍家・政所まんどころなどから、それぞれの支配下にある役所や人民などに出された。書き出しに「下くだす」の文言がある。

くた・す【▽腐す】〔動サ四〕❶朽ちさせる。くさらせる。「卯うの花を―・す長雨ながめの」〈万・四二一七〉❷気持ちを萎なえさせる。そこなわせる。「あなかしこ、あやまち引き出づななど宣ふに、―・されてなむ頬はしがりける」〈源・竹河〉❸非難する。けなす。また、評判などを落とす。「在五中将の名をば、え―・さじ」〈源・絵合〉

くだ・す【下す|▽降す】〔動サ五(四)〕❶高いところから低いところへ移す。㋐価値・地位などを低くする。「位を―・す」㋑流れを利用して、物を下流へ移動させる。「いかだを―・す」❷中央から地方に派遣する。「使者を―・す」❸上位の人が下の者に物を与えたり、命令・判断などを与えたりする。「褒美を―・しおく」「判決を―・す」❹自分ではっきりと判断する。「結論を―・す」「断を―・す」❺自分で実際に処理する。「手を―・す」❻(ふつう「降す」と書く)降参させる。従わせる。スポーツや勝負事で相手を負かす。「敵を―・す」❼㋐薬の作用などで、体外へ出す。「虫を―・す」㋑(「瀉す」とも書く)下痢をする。「腹を―・す」❽筆を紙の上におろして書く。執筆する。「筆を―・す」❾(動詞の連用形に付いて)動作を滞りなく進行させ、一気に終わらせる。「読み―・す」「書き―・す」❿雨などを降らせる。「杣山そまやまに立つけぶりこそ神無月時雨を―・す雲となりけれ」〈拾遺・雑秋〉(可能)くだせる
(類語)下げる・下ろす/倒す・破る・討つ・討ち果たす・なぎ倒す・打ち破る・打ち負かす・打ち取る・屠ほふる・やっつける・打倒する・ノックアウトする

くだ-ずみ【管炭】《「くだすみ」とも》茶の湯で、胴炭どうずみに添える管のように細長い切り炭。炉・風炉ふろ用で、丸いままの丸管と、縦に割った割り管とがある。

くだ-たま【管玉】弥生時代から古墳時代にかけて用いられた装飾用の玉の一種。碧玉へきぎょく製で円筒の細長い玉。長さ1〜5センチ。穴に糸を通して多数つなぎ、主に首飾りにする。

くたち【▽降ち】《動詞「くたつ」の連用形から。「くだち」とも》❶日が傾くこと。また、そのころ。「六月みなづきの晦つごもりの日の、夕日の―の大祓おほはらへに」〈祝詞・六月晦大祓〉❷夜半過ぎ。「夜―に寝覚めて居をれば」〈万・四一四六〉

くた・つ【▽降つ】〔動タ四〕《「くだつ」とも》❶盛りを過ぎる。衰える。「わが盛りいたく―・ちぬ」〈万・八四七〉❷日が傾き夕方に近づく。また、夜半が過ぎて明け方へ向かう。「日―・つなへに消けぬべく思ほゆ」〈万・二二八一〉「夜―・ちて汝が声聞けば寝いねかてなくに」〈万・一一二四〉

くだっし【下っし】《「くださる」の命令形「ください」から転じた「くだせえ」の変化した語》❶相手に物事を請い求める意の尊敬語。ください。「砂糖を思ふさまぶちこんで、一盃いっぺえ―」〈滑・浮世風呂・四〉❷(補助動詞)動詞の連用形に接続助詞「て」を添えた形に付いて、相手に請い求める意の尊敬語。…ください。「どうぞ教へて―」〈滑・八笑人・初〉

くだっ-て【下って|▽降って】〔接〕《「くだりて」の音変化》❶書簡文やあいさつで、自分のことを述べはじめるときに用いて、謙譲の気持ちを表す語。「―小生無事回復いたしましたのでご安心ください」❷物事を並べるとき、少し価値や序列などが下がるものを表すのに用いる語。「社長、重役、―社員」

くたっ-と 〔副〕スル からだの力が抜けて、きちんとした姿勢を保てなくなるさま。また、物が張りを失ってやわらかくなるさま。「気分が悪くて―座り込む」「―した浴衣ゆかた」

ぐたっ-と 〔副〕スル 弱ってからだから力が抜けてしまったさま。ぐったり。「熱のため―している」

くだつ-ぼさつ【救脱菩薩】八大菩薩の第四。病苦・厄難を除く。薬師本願経に説かれている菩薩。

くだ-ながし【管流し】伐採した木を谷川に1本ずつ投げ入れて流し送ること。(季 春)

くたに 植物の名。リンドウ、またボタンともいうが未詳。「花橘、撫子なでし、薔薇さうび、―などやうの花」〈源・少女〉(補説)「苦胆」「苦丹」などと当てることがある。

くたに【九谷】㊀石川県南部、加賀市の地名。九谷焼の発祥地。㊁「九谷焼」の略。

グダニスク〖Gdańsk〗ポーランド北部の都市。バルト海のグダニスク湾に面する同国最大の貿易港。造船・化学工業などが発達。ハンザ同盟都市として繁栄、第一次大戦後ドイツ領から自由市となったが、1939年ドイツが侵攻し、第二次大戦の口火を切った。戦後はポーランド領。ドイツ語名ダンチヒ。グダンスク。

くたに-やき【九谷焼】石川県九谷に産する陶磁器。明暦年間(1655〜1658)から元禄年間(1688〜1704)に焼成されて今日古九谷こくたにとよばれる豪放な色絵作品、および江戸末期の再興後に始まる精巧な赤絵・金襴手きんらんでなどの総称。

くだ-の-ふえ【管の笛|小=角】古代の軍楽器の一。大角はらのとともに戦場で用いた、管の形をした小さい笛。くだ。

くだ-のれん【管▽暖×簾】適当な長さに切った細い竹やガラス管に糸を通して作った暖簾。

くだ-ばしら【管柱】木造建築で、土台から2階の軒桁のきげたまでの間で継ぎ足してある柱。➡通し柱

くだ-ばり【管×鍼】▶かんしん(管鍼)

くたばり-ぞこない【くたばり損ない】ぞこなひ《「くたばりそこない」とも》死に損なうこと。また、その人。人をののしるときに用いる。死にぞこない。

くたば・る 〔動ラ五(四)〕❶非常に疲れる。衰弱する。へたばる。「働きすぎて―・る」❷「死ぬ」をののしっていう語。「あいつもついに―・ったか」
(類語)(❶)ばてる・へたばる・へばる/(❷)逝く・亡くなる・没する・果てる・みまかる・瞑めいする・死ぬ

くだは・る【下はる】〔動ラ四〕《「くださる」の音変化。近世上方(かみがた)で、侠客(きょうかく)・相撲取りなどが用いた》❶「下さる❶」に同じ。「下んせ、下んせ、—りませ」〈浄・忠臣講釈〉❷（補助動詞）動詞の連用形に接続助詞「て」を添えた形に付いて、「…てくれる」の意の尊敬語。…てくださる。「きっと押してみて—れや」〈浄・双蝶蝶〉

くだひげ-どうぶつ【管×鬚動物】▶有鬚(ゆうしゅ)動物

くたび・る【草=臥る】〔動ラ下二〕「くたびれる」の文語形。

くたびれ【草=臥れ】くたびれること。疲れ。「一が治るだで、すぐお湯に入んなされな」〈花袋・一兵卒の銃殺〉(類語)疲労・疲れ・倦怠(けんたい)・疲弊・疲憊(ひはい)・困憊(こんぱい)・困弊(こんへい)・過労・所労

くたびれ-もうけ【草=臥れ×儲け】(まう)いくら努力しても、くたびれるだけでなんの効果もないこと。「骨折り損の—」(類語)徒労・骨折り損・むだ骨・むだ

くたびれ-やすみ【草=臥れ休み】疲労回復のために休むこと。「稀に一日の—をすることもあるが」〈鴎外・護持院原の敵討〉

くたび・れる【草=臥れる】〔動ラ下一〕文くたび・る〔ラ下二〕❶長時間からだや頭を使ったため、疲れて元気がなくなる。「歩きつづけて—・れる」❷年老いたり苦労が続いたりして気力や若さを失う。「人生に—・れる」「生活に—・れた顔」❸衣服などが長く使われたため、古くみすぼらしくなる。「—・れた背広」❹（他の動詞の連用形に付いて）その動作を続けるのが、疲れていやになる。「待ち—・れる」➡疲(つか)れる(用法)
(類語)疲れる・疲労する・困憊(こんぱい)する・へたる・へばる

くたぶ・れる【草=臥れる】〔動ラ下一〕「くたびれる」の音変化。「三吉はさも—・れているらしく答えて」〈藤村・家〉

くだ-まき【管巻(き)】❶織機(しょっき)の杼(ひ)に入れる管によこ糸を巻きつけること。❷クツワムシの別名。また、ウマオイ・ヤブキリなどの別名。

クタマク〘Koutammakou〙アフリカ西部、トーゴの北部に広がるバタマリバ人の居住地域。タキエンタと呼ばれる泥で造られた塔状の家屋が立ち並ぶ。2004年「クタマク、バタマリバ人の土地」の名で世界遺産（文化遺産）に登録された。

くだまつ【下松】山口県南東部の市。周防灘(すおうなだ)に臨み、製塩業が発達したが、現在は重化学工業が盛ん。人口5.5万（2010）。

くだまつ-し【下松市】▶下松

く-だ-もの【果-物¦菓=物】《「く」は「木」、「だ」は「の」の意》❶木および草の実で、多汁でふつう甘味があり、食用になるもの。果実。水菓子。フルーツ。❷柑子(こうじ)をいう女房詞。❸菓子。間食用の食物。「御—を参らせられたりけるに、おこし米をとらせ給ひて」〈著聞集・一八〉❹酒のさかな。「その蓋に、酒、—と入れて出す」〈かげろふ・下〉➡唐菓物(からくだもの)
(類語)フルーツ・水菓子・果菜・デザート

くだ-もの【管物】菊の園芸品種で、花弁が管状になるものの総称。太さにより、太管・間管・細管・針管などとよぶ。

くだ-やり【管×槍¦管×鑓】繰り出しを円滑にするために管に柄を通した槍。左手で管を持ち、右手で柄を持って突く。

くだら【百済】㊀古代朝鮮の三国の一。朝鮮半島西南部に拠った王国。4世紀半ばに部族国家の馬韓(ばかん)北部の伯済国が建国。都を漢城としたが、のち高句麗(こうくり)に圧迫され、熊津(ゆうしん)・夫余と変えた。建国当初より日本とは友好関係を保ち、日本に仏教その他の大陸文化を伝える。660年、新羅(しらぎ)・唐連合軍に滅ぼされた。ひゃくさい。㊁《古代、百済などからの渡来人が多く住んだところから》摂津の国東南部（現在の大阪市生野区辺り）の古郡名。また、奈良県北西部、広陵町の地名。

くだら-おおでら【百済大寺】(でら)▶大安寺(だいあんじ)

くだら-がく【百=済楽】三韓楽の一。百済の楽舞で、6世紀中ごろに伝来。箜篌(くご)・横笛・莫目(まくも)などを伴奏楽器としたが、平安時代に高麗楽(こまがく)に編入された。

くだら-がわ【百済川】(がは)奈良盆地中部を流れる曽我(そが)川の古称。

くだら-かんのん【百済観音】(クワンオン)法隆寺大宝蔵殿の観世音菩薩(かんぜおんぼさつ)立像の通称。飛鳥時代の作。

くだら-ごと【百=済琴】竪箜篌(たてくご)の日本名。古代アッシリアに発祥、奈良時代に百済を経て伝来し、平安初期まで雅楽器として用いられた。正倉院に部分的に残存。➡箜篌(くご)

くだら∘ない【下らない】〔連語〕《動詞「くだる」の未然形＋打消しの助動詞「ない」》まじめに取り合うだけの価値がない。程度が低くてばからしい。くだらぬ。くだらん。「—∘ない話」「—∘ないまちがい」「—∘ない連中と付き合う」➡詰まらない(用法)
(類語)つまらない・ろくでもない・馬鹿らしい・馬鹿馬鹿しい・阿呆(あほう)らしい・愚劣・低劣・低俗・俗悪・低次元・愚にも付かぬ

くだら∘ぬ【下らぬ】〔連語〕「下らない」に同じ。「—∘ぬ冗談を言う」

くだら-の【▽朽だら野】草木が枯れ果てた冬の野。枯れ野。(季冬)

くだらのおおい-の-みや【百済大井宮】(くだらのおほゐのみや)大阪府河内長野市太井にあったとされる敏達(びだつ)天皇の皇居。

くだら-の-かわなり【百済河成】(かはなり)［782〜853］平安初期の画家。百済からの渡来人の子孫で、姓は余(あぐ)。のち百済朝臣の姓を賜る。武官であったが、画技にすぐれた。作品は現存しないが、正史に名を残す最初の画家。今昔物語によると、肖像・山水・草木などを緻密(ちみつ)に描いたという。

くだら-の-みや【百済宮】奈良県北葛城郡広陵町百済にあったとされる舒明(じょめい)天皇の皇居。

くだら∘ん【下らん】〔連語〕「くだらぬ」の意変化。「—∘ん話はよせ」

くだり【下り¦▽降り】❶上から下へ、高いところから低いところへ移動すること。また、その道や流れ。「急な—が続く」「川—」㊀上(のぼ)り。❷鉄道の路線や道路で、各線区ごとの起点から終点への方向。また、その方向に走る列車・バス。㊀上(のぼ)り。❸都から地方へ行くこと。「東(あずま)—」「海道—」㊀上(のぼ)り。❹（土地の名に付けて接尾語的に用いて）遠く隔った場所の意を表す。くんだり。「わざわざ鎌倉—まで出掛けて」〈漱石・彼岸過迄〉❺時間が移ってある刻限の終わり近くになること。また、その時。「申(さる)の—になり候ひにたり」〈宇治拾遺・一一〉❻《北に内裏があったところから》京都内で北から南に行くこと。「大宮を—に二条を東へざざめいて引きければ」〈平治・中〉㊀上(のぼ)り。❼電気通信網における、中心から末端に向かう方向。無線・有線通信の基地局から端末、インターネット上でのプロバイダーから利用者のパソコン、通信衛星から通信機など、各通信網の末端方向を下りと見なす。下り方向の回線または通信経路をダウンリンクという。㊀上り。
(一語)東(あずま)下り・天(あま)下り・御(お)下り・オランダ下り・海道下り・川下り・京下り・上り下り・腹下り

くだり【▽件¦▽条】《「下(くだ)り」と同語源》❶文章における記述の一部分。章。条。段。「冒頭の—がよく書けている」❷前に述べた事柄。くだん。「上の—啓せさせけり」〈大和・一六八〉(類語)部分・箇所(かしょ)・ところ・一部・一部分・一節(いっせつ)・段・段落・パラグラフ・パート

くだり【▽行】《「下(くだ)り」と同語源》㊀〔名〕❶着物の縦のすじ。「袂(たもと)の—まよひ来にけり」〈万・三四五三〉❷上から下までの一列。文章などの行(ぎょう)。「—のほど、端ざまに筋かひて」〈源・常夏〉㊁〔接尾〕助数詞。文章の行を数えるのに用いる。「三—半」

くだり【▽領¦▽襲】〔接尾〕助数詞。衣装や幕・蚊帳などを数えるのに用いる。そろい。「宮の御装束一—かづけ奉り給ふ」〈源・若菜下〉

ぐたり〔副〕ひどく疲れたり弱ったりして、力の抜けたさま。ぐったり。「少しでも腕をゆるめると、女は—とした」〈康成・雪国〉

くだり-あめ【下り×飴】地黄煎(じおうせん)を加えて固めた茶色の固い飴。下痢に効くところから、また上方(かみがた)から江戸へ下ってきた飴であるところからの名ともいう。

くだり-あゆ【下り×鮎】「落ち鮎」に同じ。(季秋)

くだり-うなぎ【下り×鰻】「落ち鰻」に同じ。(季秋)

くだり-がつお【下り鰹】(がつを)春、北上し、夏の終わりから秋にかけて日本の太平洋岸を南下するカツオ。脂がのって美味。戻り鰹。➡上り鰹

くだり-げぎょ【▽降り▽懸魚】破風(はふ)の下方の両脇に設けられた懸魚。桁(けた)の端を隠すために取りつける。脇懸魚。桁隠し。

くだり-ざか【下り坂】❶下りになる坂道。㊀上(のぼ)り坂。❷物事の盛りが過ぎてしだいに衰えていくこと。「景気は—だ」「天気が—になる」㊀上(のぼ)り坂。
(類語)（❷）減退・後退・下火・退潮・尻すぼまり・低下・低落・凋落(ちょうらく)・落ち目・左前・不振

くだり-さかずき【下り杯】(さかづき)地方向けに上方(かみがた)で作られた安物の杯。多く江戸で用いられた語。「—一つ、薫物(たきもの)一具とりて」〈浮・一代男・二〉

くだり-ざけ【下り酒】上方(かみがた)から来た酒を江戸でいう語。

くだり-さつま【下り×薩摩】《17世紀中ごろに、外記節(げきぶし)の創始者、薩摩外記が京都から江戸に下って語りはじめたところから》外記節の通称。

くだり-ざま【下り様】物事が悪い方へ向かっていくようす。「かれ悪事を思ふは—の事なれば」〈発心集〉

くだり-づき【▽降り月】陰暦の十八夜ごろから二十一、二夜ごろまでの、満月を過ぎてしだいに欠けていく月。(季秋)㊀上(のぼ)り月。

くだり-て【下り手】細工の粗末な品物。安物。「—の片し目貫(めぬき)」〈浮・五人女・二〉

くだり-ばら【下り腹】《「くだりはら」とも》下痢をしていること。下痢。

くだり-ぶね【下り船】❶川を下っていく船。❷江戸時代、上方(かみがた)から地方へ行く船。「—の船頭宿願して、順風をこふ」〈咄・醒睡笑・六〉❸伏見から大坂へ下る乗り合いの三十石船。「伏見の京橋に至りけるに、…—の人を集むる船頭の声々やかましく」〈滑・膝栗毛・六〉

くだり-むね【▽降り棟】大棟から、屋根の流れに沿い、軒先に向かって降ろした棟。

くだり-やくしゃ【下り役者】上方(かみがた)の役者で、江戸の劇場に出演するために下ってきた者。「例年霜月一日を顔見世と定め、一地ばえの子供思ひ思ひに」〈浮・元禄大平記・八〉

くだり-やな【下り×梁】下り鮎(あゆ)を捕らえるために仕掛ける梁。(季秋)「行く秋のところどころや—／蕪村」

くだり-ゆ・く【下り行く】〔動カ五(四)〕❶坂道などを下っていく。また、都から地方へ行く。❷世の中が末となっていく。おとろえていく。「—・く運は誰が導きの薄命道」〈一葉・やみ夜〉

くだり-れっしゃ【下り列車】その線区で下り方向に走る列車。くだり。㊀上(のぼ)り列車。

くだ・る【下る¦▽降る】〔動ラ五(四)〕❶上から下へ、高いところから低いところへ移る。㊀のぼる。㋐下方へ向かって移動する。おりる。「坂を—・る」㋑川下の方へ進む。「船で川を—・る」❷㋐中央から地方へ行く。「東海道を—・る」㊀のぼる。㋑《内裏が都の北にあったところから》京都の中で南に行く。❸（「野(や)にくだる」の形で）官職をやめる。公の職務を離れて民間人になる。また、野党の立場になる。❹（「獄(ごく)にくだる」の形で）牢獄に入って刑に服する。「魚玄機が人を殺して獄に—・った」〈鴎外・魚玄機〉❺㋐高い地位の人から下げ渡される。下賜される。「恩賜金が—・る」㋑判断や命令などが言い渡される。「判決が—・る」「辞令が—・る」❻時、時代が移る。後世になる。「—・って明治の御世(みよ)になる」❼（ふつう「降る」と書く）負けて降伏する。「敵の軍門に—・る」❽（多く打消しの語を伴って用いる）ある基準の数値・数量よりも下になる。下回る。「犠牲者は一千人を—・らないだろう」❾程度・価値などが劣る。「数段—・る」「品が—・る」「是れより—・っては、背皺(せじわ)よると枕詞の付く『スコッチ』の背広」〈二葉亭・浮雲〉❿㋐薬などの作用によって体外へ出る。「虫が—・る」㋑（「瀉る」とも書く）下痢をする。「腹が—・る」⓫涙が流れ出る。「声涙ともに—・る」「猿(さる)を聞(き)きて実(じつ)に—・る三声のなみだ」

〈曠野〉⑫雨などが降る。「雨、昨日きのうの夕べよりー・り」〈かげろふ・下〉⑬場所が低い状態である。「ひんがしの廂ひさしのー・りたるかたに」〈源・椎本〉⑭へりくだる。謙遜する。「大人うしのー・り給ふこと甚し」〈読・雨月・吉備津の釜〉➡下おりる(用法) (可能)くだれる

(…句)軍門に降くだる・陣門に降る・声涙俱ともに下る・腹が下る・野やに下る

(類語)(⑦)屈する・伏する・負ける・破れる・敗北する・敗退する・屈服する・膝ひざを屈する/(⑧)割る・割り込む・下回る・切る

くだん【九段】東京都千代田区西部の地名。江戸時代に9層の石段を築いて幕府の御用屋敷を造り、九段屋敷と呼んだところからの名。靖国神社がある。

くだん【九段】箏曲そうきょくの段物の一。九段の調。㊀生田流・山田流で、「六段」にならって作られた曲。㊁八橋流で、「六段」とその後半三段を続けて演奏する形式の曲。

くだん【▽件】《「くだり(件)」の音変化。ふつう「くだんの」の形で用いる》❶前に述べたこと。例の。くだり。「ーの用件で話したい」❷いつものこと。例のもの。「ーの売卜者うらないの行灯が」〈鏡花・婦系図〉

件の如ごとし　前記の通りである。証文・手紙・公用文書などの末尾に用いるきまり文句。「よってー」

くだん-ざか【九段坂】東京都千代田区にある坂。靖国神社横を経て神田方面に下る。

くだん・す【下んす】〔動サ特活〕《「くださんす」の音変化》❶「くれる」の意の尊敬語。くださいます。「たばこ火ひとつー・せ」〈ひとりね・上〉❷(補助動詞)動詞の連用形に接続助詞「て」を添えた形に付いて、「…てくれる」の意の尊敬語。…てくださいます。「ああよう寄ってー・した」〈浄・重井筒〉(補説)はじめ近世上方かみがたの遊里で使われ、のち一般の女性が用いるようになった。終止形・連体形とも「くだんす」、命令形は「くだんせ」が用いられた。

グダンスク〖Gdańsk〗▶グダニスク

くち【口】㊀〔名〕❶動物の消化器系の開口部で、食物を取り入れる器官。人間では顔面の下部にあって、口唇・口蓋こうがい・口底に囲まれ、中に歯・舌などがある。発声にも関係する。口腔こうこう。「食べ物をーに入れる」「ーをつぐむ」❷《㊀❶に似ているところから》㋐人や物の出入りするところ。「通用ー」「改札ー」「粟田あわたー」㋑容器の中身を出し入れするところ。「缶のーを開ける」㋒物の、外部に開いたところ。すきま。穴。「傷ーきず」「ふすまの破れー」❸就職や縁組みなどの落ち着く先。「事務員のーがある」❹物事を分類したときの、同じ種類に入るものの一つ。また、その種類。たぐい。「彼は相当いけるーだ」「甘ー」❺㋐物事の初めの部分。または、まだ始まったばかりのこと。発端ほったん。「宵のー」「序のー」㋑物の端はし。ふち。先端。「切りー」㋒雅楽の一曲や義太夫節の一段を細分したときの最初の部分。❻《㊀❶が飲食の器官であるところから》㋐食べ物の好み。味覚。「ーが肥えている」㋑生活のために食料を必要とする人数。「ーを減らす」㋒食べる量。「三度のーを詰められるほど辛いことはなく」〈秋声・縮図〉❼《㊀❶が言語器官であるところから》㋐口に出して言うこと。ものの言い方。「ーを慎む」「ーが悪い」㋑世間の評判。うわさ。「人のーが気になる」㋒口出しをすること。または、その意見。「『お止しなさい』と女は叱咤る様に男のーを制えた」〈魯庵・くれの廿八日〉㋓話す能力。「ーが達者だ」㋔客の呼び出しがかかること。また、友人などの誘いがあること。➡口が掛かかる　➡口を掛かける　㋕意向。意見。「この男のーを窺うかがひ」〈浮・永代蔵・一〉㋖歌などの詠みぶり。「おのおの初心講へも推参すると聞いたが、殊の外ーがよいと仰せらるる程に」〈虎明狂・鍕〉❽馬の口につける縄。口取り縄。「ー引きける男…聖ひじりの馬を堀へ落としてげり」〈徒然・一〇六〉❾直径。さしわたし。「一六尺の銅どうの柱を」〈平家・五〉㊁〔接尾〕助数詞。❶刀剣などを数えるのに用いる。「脇差し数ー」❷ものを食べる回数をいうのに用いる。「ひとー食べる」❸寄付や出費などの分担の単位として用いる。「ひとーー万円の寄付金」(補説)「口を濁す」という言い方について➡言葉を濁す(補説)

(…語)合い口・後口・甘口・生き口・薄口・甘うま口・売り口・売れ口・追い口・大口・下おり口・折れ口・貝の口・風かざ口・片口・語り口・辛口・軽口・切り口・切れ口・消し口・濃い口・仕口・死に口・初うぶ口・諸口・序の口・吸い口・攻め口・先さき口・竜たつの口・とば口・取り口・上り口・飲み口・早口・一口・広口・別口・火ほ口・水な口・無口・八つ口・遣やり口・宵の口・詠み口・悪口(ぐち)上がり口・秋口・悪たれ口・糸口・入り口・受け口・歌口・裏口・落ち口・おちょぼ口・表口・陰口・肩口・勝手口・門かど口・蝦蟇がま口・烏から口・川口・木口・傷口・木戸口・金口・口口・鯉こい口・小口・木こ口・賢さかしら口・石榴ざく口・差し口・差し出口・地口・獅子しし口・蛇口・冗談口・袖そで口・焚たき口・滝口・追従ついしょう口・告げ口・勤め口・燕つばめ口・壺つぼ口・出入り口・手口・出口・戸口・鳶とび口・仲人口・憎まれ口・逃げ口・二字口・躙にじり口・抜け口・呑のみ口・入はいり口・捌はけ口・働き口・火ひ口・一人口・減らず口・細口・間口・窓口・水み口・店口・無駄口・儲もうけ口・鰐わに口

(類語)口腔・弁舌・物言い・弁・言い回し

口が上が・る　❶生活の道を失う。口が干上ひあがる。❷話し方がじょうずになる。「たんとー・ったの」〈浄・淀鯉〉

口がうま・い　話し方が巧みである。口先で人をまるめ込んだりするのがじょうずである。

口が煩うるさ・い　❶いろいろと評判やうわさをする。「世間のー・い」❷少しのことでも小言や意見をやかましく言う。口うるさい。「ー・い年寄り」

口が奢おご・る　うまい食べ物に慣れて、ぜいたくになる。「ー・った人」

口が重・い　口数が少ない。寡黙である。「ー・い人」「その話が出るとー・くなる」

口が掛か・る　❶芸人・芸妓などが客の座敷に呼ばれる。「宴会のー・る」❷仕事の注文などを受ける。「バイトのー・る」❸仲間などから誘いがある。「マージャンのー・る」

口が堅・い　言うべきでないことをむやみに他言しない。「ー・い男だから信用できる」

口が軽・い　おしゃべりで、言ってはいけないことまで言ってしまう。

口が腐っても　《口を動かさないために腐ってしまってもという意から》秘密などをもらさない決意の強いことをいう言葉。「ー言わない」

口が肥・える　いろいろなものを食べて、味のよしあしがよくわかるようになる。舌が肥える。

口が裂さけても　秘密などを決してもらさない決意を表すのにいう言葉。「ー言えない」

口が過・ぎる　言うのを控えるべきことまで言う。言いすぎる。「年長者に向かって少しー・ぎるぞ」

口が酸っぱくなる程　同じ言葉をなん度も繰り返して言い聞かせるさま。「ー注意する」

口が滑・る　言ってはならないことをうっかり言ってしまう。「ついー・って秘密をもらす」

口が干上ひあが・る　生活手段を失い、食えなくなる。あごが干上がる。「職がなくてー・る」

口が減らない　口が達者で、理屈を並べて言い返したり、勝手なことを遠慮なくしゃべったりするさま。「ああ言えばこう言う、まったくーやつだ」

口が解ほぐ・れる　気持ちが和らいで少しずつ話すようになる。「会が進むにつれ、出席者のー・れる」

口が曲が・る　目上の人や恩義を受けた人などの悪口を言うと、その罰として口の形がゆがむという意。人に対しての悪口をいさめる言葉。

口から高野こうや　《うっかりした言葉がもとで、出家して高野山へ行かなければならなくなるの意から》「口は禍わざわいの門かど」に同じ。「ーへ参ったかと後悔すれど」〈洒・繁千話〉

口から先に生ま・れる　口数の多い者や口の達者な者をあざけっていう言葉。

口から出任せを言・う　口から出るままにいいかげんなことを言う。「ー・って言い逃れる」

口が悪・い　人や物事をずけずけとけなすような話し方をするさま。「根はいい人だがー・い」

口食うて一杯　食うだけで精いっぱいで、余裕のない生活のたとえ。「ーに、雑煮祝うた分なり」〈浮・胸算用・四〉

口では大坂の城も建つ　口先だけなら、どんな大きなことでも言えるというたとえ。

口と腹とは違う　口で言うことと、腹の中で考えていることとは別である。

口なお乳ちち臭し　《『漢書』高帝紀から》年が若くて経験の足りないさまをいう言葉。口なお乳臭にゅうしゅう。

口に合・う　飲食物の味が好みに合う。「おー・えばよろしいのですが」

口に◦する　❶口に入れる。飲み食いする。また、口にくわえる。「朝から何もー◦していない」❷言葉に出して言う。話す。「ー◦するのも不愉快な話」

口に税は掛からない　《どんな発言にも税金は掛からないところから》身勝手な発言をするたとえ。

口に出・す　言葉に表して言う。話す。「思わずー・す」

口に乗・せる　言葉たくみに人をだます。口車に乗せる。「ついー・せられてしまった」

口に上のぼ・る　うわさになる。話題になる。「世間のー・る」(補説)「口にあがる」と読むのは誤り。

口に乗・る　❶人々の話の種になる。評判になる。「僕なんぞでも、こうやって始終書いて居ると少しは人のー・るからね」〈漱石・野分〉❷だまされる。口車に乗る。「迂闊うかつりー・ったのが矢張此方が馬鹿なのサ」〈魯庵・くれの廿八日〉

口に針　言葉がとげとげしく、皮肉や悪意が感じられること。

口に任・せる　深く考えず、思いつくまま口に出して言う。「ー・せてしゃべりまくる」

口に蜜みつあり腹に剣あり　《『唐書』李林甫伝にある、唐の宰相、李林甫を評した言葉》口ではやさしいことを言うが、心の中は陰険であること。

口にも筆にも尽くせ◦ない　話にも文章にも表現しきれない。筆舌に尽くしがたい。「ー◦ないすばらしい出来栄え」

口の下したから　言い終わるか終わらないうちに。「もう言わないというーまた愚痴を言う」

口は口くち心こころは心　口に出して言うことと、心で思っていることとが別であること。

口は禍わざわいの門かど　不用意な言葉から災難を招くことがあるので、言葉は慎むべきものであるという戒め。口はわざわいのもと。

口程にもな・い　実際は口で言っているほどではない。「大きなことを言うわりにはー・いやつだ」

口も八丁はっちょう手も八丁　「口八丁手八丁」に同じ。

口より先に手が◦出る　言葉で注意したり叱しかったりする前に、相手に腕力をふるう。

口を合わ・せる　❶しめし合わせて同じことを言う。口裏を合わせる。「ばれないようにー・せる」❷相手に話の調子を合わせる。「その人の好きな事に連れてー・せようといふものす」〈滑・浮世床・二〉

口を入い・れる　他人の話に割り込む。また、他人のことに干渉する。嘴くちばしをいれる。「内輪の話にー・れてほしくない」

口を掛・ける　❶事前に先方に話を通じておく。申し入れる。「会合の件は、彼にもー・けておいた」❷呼び出しをかける。特に芸妓などを客席に招く。

口を固・める　口止めする。「人に知らさせ給ふな、とよくよく口をぞ固めける」〈太平記・一〉

口を箝かん・する　▶箝する

口を利・く　❶ものを言う。話をする。「生意気なー・く」❷仲を取り持つ。「なんとか先方にー・いてもらいたい」❸口が達者である。「坂東武者は馬の上でこそ口はきき候ふとも」〈平家・一〉❹幅を利かす。「さてこの宿に口きくやさ者は」〈浮・一代男・二〉

口を切・る　❶話を始める。最初に発言する。「まず彼が話のー・った」❷開けたことのないふたや栓、封などを開ける。「シャンペンのー・る」❸馬を歩かせはじめるために、手綱を緩める。「権三が馬は逸物の、ー・って角を入れ」〈浄・鑓の権三〉

口を極・める　言葉のありったけをつくす。あらゆる言い方をする。「―・めて褒める」

口を過ご・す　❶生計を立てる。口を糊(のり)する。「親子四人の―・して行くばかりも容易でない」〈小杉天外・初すがた〉❷余計なことをしゃべる。「弁説にまかせ―・しける乞食」〈咄・露がはなし・五〉

口を酸っぱく◦する　忠告などを何度も繰り返して言う。「―◦して注意する」

口を滑ら・す　言ってはならないことをうっかり口に出して言う。「酒席でつい―・してしまった」

口を添・える　人が頼みごとなどをするときに、間に立って言葉を加えてとりなす。口添えをする。「友人が―・えてくれたので話がうまくまとまった」

口を揃(そろ)・える　各人が同じことを言う。異口同音に言う。「―・えて反対する」

口を出・す　分を越えて意見を言う。口出しをする。「横から―・す筋合いではない」

口を叩(たた)・く　勝手なことを言う。「大きな―・く」

口を垂・る　卑屈な態度でものを言う。「―・れて、これ、一銭おくりゃれ申せといふ」〈浮・男色大鑑・二〉

口を衝(つ)いて◦出る　《蘇軾「跋欧陽公書」から》次から次へと自然に言葉が口に出る。「日ごろの鬱憤(うっぷん)が―◦出る」

口を噤(つぐ)・む　㊀(「つぐむ」が五段活用の場合)口を閉じて開かない。話すのをやめる。「言いかけて、あわてて―・む」㊁(「つぐむ」が下二段活用の場合)口をとがらせてものを言う。「―・めぬ者はなかりけり」〈太平記・二五〉

口を付・ける　器などに口を触れる。また、飲食を始める。「ちょっと―・けただけで箸(はし)をおいた」

口を慎(つつし)・む　余計なことを言わないようにする。「少しは―・みなさい」

口を尖(とが)ら・す　怒ったり言い争ったりするときの口つきや不満な顔つきを表す言葉。「むっとして―・す」

口を閉ざ・す　何も言うまいとして沈黙する。口を閉じる。「―・して取材に応じない」

口を閉・じる　話すのをやめる。だまる。口をつぐむ。口をとざす。「みな一様に―・じて核心に触れようとしない」

口を濁・す　はっきりと言わず、あいまいにする。言葉を濁す。「肝心なところは―・してしまう」

口を拭(ぬぐ)・う　《盗み食いの後、口をふいて素知らぬ顔をする意から》何か悪いことをしていながら素知らぬふりをする。また、知っていながら知らないふりをする。「―・って涼しい顔でいる」

口を濡(ぬ)ら・す　「口を糊(のり)する」に同じ。「曲りなりにも親子三人の―・して」〈一葉・大つごもり〉

口を糊(のり)・する　やっと暮らしをたてる。「内職をして―・する」➡糊口(ここう)

口を挟(はさ)・む　他人の話している途中に割り込んで話す。「横から―・む」

口を引き垂(た)・る　口をへの字に曲げる。「やや、さらにえ知らずとて、―・れて」〈枕・一四三〉

口を顰(ひそ)・む　声をひそめる。「御敵にこそなるべかりけれと―・めけれども甲斐なし」〈太平記・三九〉

口を開(ひら)・く　話しはじめる。「―・けば自慢話ばかりだ」

口を封(ふう)・じる　❶無理やりだまらせる。他言させない。口止めする。「改革派の―・じる」❷俗に、秘密を守るために殺す。

口を塞(ふさ)・ぐ　金品を与えたり、おどしたりして話させないようにする。「証人の―・ぐ」

口を守る瓶(かめ)の如(ごと)くす　《「癸辛雑識」から》不用意な発言は慎むべきであるということを、一度くつがえれば元に戻らない瓶の水にたとえた言葉。

口を毟(むし)・る　誘いをかけて必要とする言葉を引き出す。かまをかける。「子供に飴(あめ)をねぶらせて―・るや罠(わな)の鳥」〈浄・冥途の飛脚〉

口を結・ぶ　口をかたく閉じる。また、だまる。「真一文字に―・ぶ」

口を割・る　白状する。「犯人がついに―・った」

く-ち【駆×馳】〔名〕スル ❶馬や車を走らせること。「乗馬して猟りに―し」〈今江五郎・違式詿違図解・一八〉❷世事に奔走すること。

くち【朽ち｜▽腐ち】〔語素〕名詞の上に付いて用いる。❶くさった、の意を表す。「―木」「―葉(ば)」❷年老いた、老いぼれた、の意を表す。「―尼」「―女」

ぐち《「くち」とも》シログチの別名。〔季 夏〕

ぐ-ち【愚知｜愚×智】愚かなことと知恵のあること。愚者と知者。

ぐ-ち【愚痴｜愚×癡】㊀〔名〕言ってもしかたのないことを言って嘆くこと。「くどくど―を並べる」㊁〔名・形動〕《梵 mohaの訳。痴・無明とも訳す》仏語。三毒の一。心性が愚かで、一切の道理にくらいこと。心の迷い。また、そのさま。「―な人々の異常に放縦(ほうじゅう)な迷信的な崇敬を」〈中勘助・犬〉

〖類語〗(㊀)世迷(よま)い言・繰り言・ぼやき

愚痴の闇(やみ)　愚かで道理のわからないことを闇にたとえていう言葉。

愚痴をこぼ・す　言ってもどうにもならないことを言って嘆く。「友人に―・す」

ぐち【▽共】〔接尾〕《近世上方語》名詞に付いて、…とともに、…ごと、などの意を表す。「台子(だいす)の湯もたぎってあろ。釜―そっと取ってこい」〈浄・手習鑑〉

くち-あい【口合(い)】(くちあひ) ❶お互いの話がよく合うこと。あいくち。❷間に立って口をきき、仲介をすること。また、その人。仲人。「肝煎(きもい)り―ある内に、親元確かの判を取り」〈浄・傾城酒呑童子〉❸しゃれ。地口(じぐち)。「人の娘に怪我さして―所ぢゃあろまいがな」〈滑・膝栗毛・七〉❹舌ざわり。口あたり。「いかに石部も柔らかに、山屋とうふの―にて」〈洒・一事千金〉❺話のもっていき方。「あなたは以前から、我等がそやしつけて―覚えてゐるなれば」〈浮・禁短気・三〉

くち-あけ【口開け｜口明け】❶物の口を開けること。また、その時。くちきり。❷物事・商売などのしはじめ。かわきり。「旦那、―です、廓(なか)までお安く参りましょう」〈荷風・祝盃〉❸山・磯などの共有地の利用の禁を解くこと。また、その日。❹能で、1曲が狂言方のせりふで始まること。狂言口開(きょうげんくちあけ)。❺上方(かみがた)で、歌舞伎の続き狂言の序幕のこと。

〖類語〗始め・皮切り・序の口・しょっぱな・はな

くち-あ・し【口▽悪し】〔形シク〕❶悪口をいうさま。口が悪い。「―・しきをのこ」〈落窪・二〉❷食欲がない。「或る尼の―・しとて物の食はれぬに」〈散木集〉

くち-あそび【口遊び】❶心に浮かぶことを独り言のように言うこと。「ただ仏の御ことをのみ、寝言にも―にもしつつ行ふ」〈宇津保・春日詣〉❷むだ口。うわさ。悪口。「異戯(ことたはぶ)れ言(ごと)はのたまふとも、このかかる―はさらに承らじ」〈宇津保・藤原の君〉

くち-あたり【口当(た)り】❶飲食物を口に入れたときの感じ。「―のいい酒」❷外から見た物腰や感じ。応対のしかたやものの言い方。「―のいい人」

くち-あま【朽ち尼】老いぼれた尼。「なにがしが母なる―の侍るを」〈源・夢浮橋〉

くち-あみ【口網】❶語義未詳。土佐日記の「かの人人の、口網も諸持ちにて、この海辺にて、担ひ出だせる歌」の部分では、漁師がそろって網をかつぎ出すように、人々がそろって歌を詠むようすを表現したものといわれる。❷鳥かごなどの出入り口を閉じる網。「籠の―打ち開き」〈浄・娥歌かるた〉

くち-あらそい【口争い】(くちあらそひ)〔名〕スル 言い争うこと。口げんか。口論。「つまらないことで―する」

〖類語〗口論・口喧嘩・言い争い・言い合い

くち・い〔形〕苦しいほど腹がいっぱいである。満腹である。「食べ過ぎて腹が―・くなる」

くち-い・る【口入る】〔動ラ下二〕❶口出しをする。「ともかくも―・るべきことならず」〈源・夕霧〉❷周旋する。仲立ちをする。「しりにこのことに―・れたる人と乗せてやりつ」〈かげろふ・下〉

くち-いれ【口入れ】〔名〕スル ❶中に立って両者の間を取り持つこと。また、奉公口や縁談などの世話をすること。また、その人。❷横合いから口出しをすること。「いささか―を申したりけるを、俊頼腹だたしき気色にて」〈十訓抄・一〉

〖類語〗世話・周旋・口添え・斡旋(あっせん)・取り持ち・口利き・仲立ち・肝煎(きもい)り・紹介・仲介

くちいれ-や【口入れ屋】奉公人などの周旋を職業とする人。

くち-うつし【口写し】他の人の口調や話の内容をそのままに言うこと。「彼の言葉は評論家の―だ」

くち-うつし【口移し】❶飲食物などを自分の口に含んでから、相手の口に直接移し入れること。「―に薬を飲ませる」❷口頭で言い伝えること。口伝え。口授(くじゅ)。「―に教えられる」

くち-うら【口裏｜口▽占】❶(口裏)言葉や話し方に隠されているもの。また、その人の心の中がうかがえるような、言葉や話し方。「その―から大体のところはわかる」❷(口占)人の言葉を聞いて吉凶を占うこと。「源氏追討の宣命に、源繁昌の―有りとぞささやきける」〈盛衰記・二七〉

口裏を合わ・せる　あらかじめ相談して話の内容が食い違わないようにする。

口裏を引・く　本心を言わせるように誘いをかける。それとなく本心を探る。

くち-うるさ・い【口▽煩い】〔形〕文くちうるさ・し〔ク〕細かいことまでいちいち小言や文句をいうさま。口やかましい。「―・く注意する」〖類語〗うるさい・小うるさい・やかましい・口やかましい・小やかましい・小言幸兵衛(こごとこうべえ)

くち-え【口絵】(ヱ) 書物・雑誌の巻頭、または本文の前に掲載される絵や写真。「カラー―」「引出し―」

〖類語〗挿画・カット・挿図・挿し絵・イラストレーション

くち-えい【口永】江戸時代、金納の貢租に付加された税。本租100文に対して3文を定率とし、銀で納めるものを口銀(くちぎん)、銭で納めるものを口銭(くちせん)といった。➡口米(くちまい)

くち-おおい【口覆い】(くちおほひ) ❶茶道で、茶壺の口を覆い飾る布。❷手・袖・扇などで口を覆い隠すこと。また、そのためのもの。「いたう恥ぢらひて、―し給へるさへ」〈源・末摘花〉

くち-おき【口置き】婦人の装束や経箱・硯(すずり)箱などの縁に金・銀などの縁飾りをすること。置き口。「筋遣(すぢや)り、―、袴の剛(こは)きにかねして」〈栄花・根合〉

くち-おし・い【口惜しい】(くちをしい)〔形〕文くちを・し〔シク〕❶思うようにいかなかったり大切なものを失ったりして残念に思うさま。また、いまいましく思うさま。くやしい。「こんな結果になるなんて―・いことだ」❷対象が期待外れで満足できないさま。つまらない。取り柄がない。「人のありさまの、とりどりに―・しくはあらぬを」〈源・若菜下〉❸身分などが低くて言うに足りない。取るに足らない。「いと―・しき際(きは)の田舎人こそ」〈源・明石〉〖類語〗悔しい・残念・恨(うら)めしい・腹立たしい・無念・心外(しんがい)・癪(しゃく)

くち-おも【口重】〔名・形動〕❶ゆっくりと話すこと。また、そのさま。「―に真相を語る」⇔口軽(くちがる)。❷軽々しくものを言わないこと。また、そのさま。⇔口軽(くちがる)。

〖類語〗口下手・訥弁(とつべん)・とつとつ・舌足らず・口籠る

くち-おも・い【口重い】〔形〕文くちおも・し〔ク〕❶ゆっくりと話すさま。❷軽々しくものを言わないさま。「―・く沈黙する」

くち-がき【口書(き)】❶筆を口にくわえて書や画をかくこと。❷手紙などの書き出し。はしがき。序言。❸江戸時代、被疑者などの供述を記録したもの。足軽以下、百姓・町人に限っていい、武士の場合は口上(こうじょう)書きという。

くち-がしこ・い【口賢い】〔形〕文くちがしこ・し〔ク〕口のきき方が巧みである。「何だ、政治家の徳義に背く?、―・い事をいう」〈魯庵・社会百面相〉

くち-かず【口数】❶ものを言う回数。ことばかず。「―の多い人」❷食べ物を用意しなければならない人の数。「―を減らす」❸一口単位で集める寄付や資金などの数。

くち-がた・い【口堅い】〔形〕文くちがた・し〔ク〕❶秘密などを軽々しく他言しない。口が堅い。「―・い男で信用できる」❷言うことが確かである。「あの―・い人が言うことだから任せよう」❸言葉強く言い張るさ

ま。負けずに主張するさま。「げにあやまちてけりとは言はで、一・うあらがひたる」〈能因本枕・一〇〇〉
くち-がた・む【口固む】〔動マ下二〕❶口止めをする。「心よりほかに漏らすなと一・めさせ給ふ」〈源・夕顔〉❷固く口約束をする。「拝むまじとのたまふに、ゆめゆめと一・めて林中に隠れぬ」〈十訓抄・一〉
くち-がため【口固め】〔名〕スル ❶他言を禁止すること。口止め。❷言葉による約束。口約束。
くち-がたり【口語り】❶浄瑠璃や歌などを三味線なしに語ったり歌ったりすること。❷義太夫節の一段を口(くち)・中(なか)・切(きり)と分けたとき、口または中の部分を語る太夫。端場(はば)語り。⇒切り語り
くち-がね【口金】❶器物の口につける金具。「バッグの一」❷電球の根元の金属製の部分。❸槍の穂をしっかりと柄(え)の先につける金具。
くち-がま・し【口×喧し】〔形シク〕口数が多い。口やかましい。「いづれ一・しう、何やかや取りまぜていふ事つきず」〈浮・胸算用・四〉
くち-がる【口軽】〔名・形動〕❶口数が多く、無用のことまで軽々しくしゃべること。秘密などをすぐ人にもらすこと。また、そのさま。「一で信用できない」⇔口重(くちおも)。❷すらすらとものを言うこと。また、そのさま。⇔口重(くちおも)。
くち-がる・い【口軽い】〔形〕図くちがる・し〔ク〕❶秘密などをすぐ人にもらすさま。「一・い性格」❷すらすらとよくしゃべるさま。口調が軽快であるさま。「お万が客は一・く」〈鴎外・そめちがへ〉
くち-がろ・し【口軽し】〔形ク〕「口軽い❶」に同じ。「大かた一・き者になりぬれば」〈十訓抄・四〉
くち-き【口木】「枚(ばい)」に同じ。「一を銜(ふく)むで城(き)を穿ちて」〈天武紀〉
くち-き【朽(ち)木】❶朽ちた木。腐った木。❷不遇のままむなしく一生を終える人の境遇のたとえ。
朽ち木は柱(はしら)にならぬ 心根の腐った者に、重要な物事はまかせられないことのたとえ。
くちき-がた【朽(ち)木形】木が腐食して、木目が残ったり浮き上がったりしているように見える文様。ふつう、白地に蘇芳(すおう)で染めつけ、几帳や壁代(かべしろ)などに用いる。朽ち木文様。
くち-きき【口利き】❶間に立って紹介や世話をすること。また、その人。「友人の一で就職先が決まる」❷交渉や談判などのうまい人。紛争の仲裁などに幅を利かせている人。「近所第一の一にて」〈露伴・いさなとり〉❸弁舌が巧みなこと。また、その人。口巧者(くちごうしゃ)。「京童(きょうわらわ)にて一にて候」〈義経記・六〉❹話しぶり。口のきき方。「お戯(たわぶ)れたる者の一きらきらしく」〈今昔・二七・一三〉
(類語)世話・取り持ち・口入れ・口添え・仲立ち・肝煎(きもい)り・斡旋(あっせん)・周旋・紹介・仲介
くちき-ざ【朽(ち)木座】仏像の台座の一。朽ちた木の根を用いて、岩の形に作ったもの。
くちき-たおし【朽(ち)木倒し】〔たふし〕❶柔道の投げ技の一。相手の片足のくるぶしの上部を取って持ち上げると同時に、相手のからだを後方へ押し倒す技。❷水泳の飛び込みの型の一。ジャンプしないで、台端に両足先をかけ、棒が倒れるように前に倒れて頭から水に入る。
くち-ぎたな・い【口汚い┊口×穢い】〔形〕図くちぎたな・し〔ク〕《「くちきたない」とも》❶聞く人が不快に感じるほど、言葉づかいが下品で乱暴であるさま。「人を一・くののしる」❷食い意地が張って、食べ物にいやしいさま。「一・く料理に手を伸ばす」
くち-ぎよう【口器用】〔名・形動ナリ〕口先の巧みなこと。また、その人。口巧者(くちごうしゃ)。「一に物語をするといへども」〈仮・竹斎・上〉
くち-ぎよ・し【口清し】〔形ク〕❶ものの言い方がりっぱである。「心の問はむにだに、一・う答へむ」〈源・夕霧〉❷体裁よく言い繕うさま。「商人(あきびと)は愍(あわれ)みて此れ無き事なりと一・く諍(あらが)ふ」〈今昔・二・三三〉
くち-きり【口切り】❶容器などの封を切ること。または、封を切って開けたばかりのもの。口あけ。❷物事のし始め。かわきり。「話の一を依頼する」❸茶道で、新茶を入れて目張りしておいた茶壺の封を切ること。(季冬)❹取引所などで、最初に売買が成立した取引。
くちきり-の-ちゃじ【口切りの茶事】陰暦10月の初めごろに、新茶の口切りをして催す茶会。
くち-ぎれい【口×綺麗】〔形動〕図〔ナリ〕❶口先だけはりっぱなことを言うさま。きれいごとを言うさま。「一な事はいいますとも」〈一葉・にごりえ〉❷食べ物にいやしくないさま。
くち-ぎわ【口際】〔ぎは〕口のあたり。口もと。
くち-ぎん【口銀】❶銀納による口永(くちえい)。❷江戸時代、売買などの手数料として支払う銀貨。
く-ちく【苦竹】マダケの別名。
く-ちく【駆逐】〔名〕スル ❶追い払うこと。「悪貨は良貨を一する」「私は此不安を一するために書物に溺れようと力(つと)めました」〈漱石・こゝろ〉❷馬や車などで追いかけること。「馬車相(あい)一して進み入りぬ」〈鴎外訳・即興詩人〉(類語)追放・駆除・撃退・放逐・掃討・パージ
くちく-かん【駆逐艦】海軍艦船の一。防空力・対潜能力・水上打撃力となるミサイルや魚雷・爆雷などを搭載する比較的小型の快速艦。
くち-くさ【▽腐ち草】❶枯れて腐った草。❷《草が腐って蛍になるという「礼記」月令などの故事から》ホタルの別名。
くち-ぐすり【口薬】❶火縄銃の火皿に置く発火用の火薬。❷口止めのために与える金や品物。口止め料。「お供の衆には一、水まくやうに飲まして置いた」〈浄・手習鑑〉
くち-ぐせ【口癖】《古くは「くちくせ」とも》癖のようにいつも言うこと。また、その言葉。
くち-くち【口口】口づけ。接吻(せっぷん)。「罷り出でたる大橋と一するで候なり」〈伎・幼稚子敵討〉
くち-ぐち【口口】❶大ぜいの人がそれぞれ口に出して言うこと。「一に不平を言う」❷あちらこちらの出入り口。「ビルの一に警備の人がいる」
ぐち-ぐち〔副〕ものの言い方が、つぶやくようでよく聞き取れないさま。歯切れの悪い言い方をするさま。「一(と)文句を言いつづける」
クチクラ〔ラテン cuticula〕生物の体表にできる堅い膜。水分の放散を抑えたり、体を保護したりする。植物ではクチン・ろうなどからなり葉の表面に、動物では硬たんぱく質が主成分で昆虫・甲殻類などの体表にみられる。角皮(かくひ)。キューティクル。
くち-ぐるま【口車】口先だけの巧みな言いまわし。
口車に乗・せる 言葉巧みに人をだます。「まんまと一・せられる」
口車に乗・る 言葉巧みに言われてだまされる。おだてに乗る。「一・って粗悪品を買わされる」
くち-げんか【口×喧×嘩】〔ゲンクワ〕〔名〕スル 激しい言葉でののしり合うこと。言い争い。口論。「つまらないことで一する」(類語)口論・口争い・言い争い・言い合い
くち-ごうしゃ【口巧者】〔ガウ〕〔名・形動〕口先のうまいこと。また、その人や、そのさま。口じょうず。「一な横着ものめ」〈芥川・闇中問答〉
(類語)口達者・口上手・口八丁
くち-こきゅう【口呼吸】〔コキフ〕口から息を吸ったり吐いたりすること。鼻を使わずに口で呼吸すること。(補説)鼻呼吸の場合は、鼻腔などで吸気が浄化、加湿されるが、口呼吸では、空気中の雑菌などがそのまま体内に取り込まれるなどの危険があるとされる。
くち-こごと【口小言】あれこれとやかましく言う小言。「隠居も後で一を言ったが」〈二葉亭・其面影〉
くち-ごたえ【口答え】〔ごたへ〕〔名〕スル 目上の人に逆らって言い返すこと。口返答。「父親に一する」
(類語)言い返す・抗弁
くち-ことば【口言葉┊口▽詞】❶話し言葉。口頭語。「我々の一は省略が最も自由で」〈柳田・国語の将来〉❷「言葉」を強調した言い方。「一たたかずと、早う連れていなっしゃれ」〈浄・女舞衣〉
くち-コミ【口コミ】うわさ・評判などを口伝えに広めること。「一で売れる」(補説)マスコミをもじった語。1960年代の初めに使われだした。(類語)聞き伝え・伝聞・人づて・又聞き・仄聞(そくぶん)・風の便り
くちコミ-サイト【口コミサイト】商品の使い勝手やサービスの良し悪しなどについて、消費者が自由な評価を書き込んだり、閲覧したりできるウェブサイト。
くち-ごも・る【口籠もる】〔動ラ五(四)〕❶言葉や声が口の中にこもってはっきりしない。「一・った声」❷返答に窮したり、言いづらい事情があったりして、言うのをためらう。また、途中で言うのをやめる。「厳しく追及されて一・る」
(類語)口下手・訥弁(とつべん)・とつとつ・舌足らず・口重(くちおも)
くち-ごわ【口▽強】〔ごは〕〔名・形動ナリ〕❶強く言い張ること。また、言葉つきの荒々しいさま。「物も覚えぬ山伏かな、判官かと思せば、一に返事し給ふ」〈義経記・七〉❷馬の口取りのむずかしいこと。馬の性質が荒く御しにくいこと。また、そのさま。「坂東黒とて一なる馬に乗りて」〈浮・風流軍配団〉
くち-ごわ・し【口▽強し】〔ごはし〕〔形ク〕❶強く言い張るさま。「一・くて手触れさせず」〈源・葵〉❷荒れ馬が手綱に従わず、扱いにくいさま。「白葦毛(しらあしげ)なる馬の、きはめて一・きにぞ乗ったりける」〈平家・八〉
くち-さかずき【口杯┊口×盃】〔さかづき〕杯を交わさずに言葉だけで約束すること。「媒(なかだち)いらずの祝言、盃なしの一」〈浄・天神記〉
くち-さがな・い【口さがない】〔形〕図くちさがな・し〔ク〕他人のうわさや批評を無責任・無遠慮にするさま。「一・い世間の人々」
くち-さき【口先】❶口の先端。「一をとがらせる」❷本心でないうわべだけの言葉。ただ口でだけ言っている言葉。また、ものの言い方。「一だけの約束」「一で人を言いくるめる」「一のうまい人」
(類語)(❷)舌先・弁舌
くちさき-かいにゅう【口先介入】〔カイニフ〕中央銀行や政府高官などが、市場に影響を与える目的で、為替・株式の相場について思案を発表すること。売買などを行う直接的な介入に対していう。
くち-さびし・い【口寂しい】〔形〕図くちさび・し〔シク〕「くちざみしい」に同じ。
くち-ざみし・い【口▽寂しい】〔形〕図くちざみ・し〔シク〕《「くちさみしい」とも》❶何か口に入れるものが欲しい感じであるさま。「一・くてタバコをすう」❷食べる物が少なくてもの足りない。「一人前ではちょっと一・い」
くち-ざみせん【口▽三味線】「くちじゃみせん」に同じ。
くち-ざわり【口触り】〔ざはり〕飲食物などを口にしたとき受ける感じ。口当たり。「一がいい」
くち-じお【口塩】〔じほ〕❶魚の切り身などに軽く塩を振りかけること。❷「盛(も)り塩(じお)」に同じ。
くち-しのぎ【口×凌ぎ】❶一時しのぎに食べること。また、その食べ物。「お一に茶菓子をどうぞ」❷暮らしを一時的にしのぐこと。「一の仕事」
くち-じゃみせん【口三味線】❶口で三味線の伴奏をまねること。くちざみせん。❷口先で相手を巧みにだますこと。しゃみせん。くちざみせん。
口三味線に乗・せる 言葉巧みに言いくるめてだます。口車に乗せる。「悪徳業者の一・せられる」
くち-じょうず【口上手】〔ジャウズ〕〔名・形動〕言葉で相手を納得させたり喜ばせたりするのがうまいこと。また、そういう人や、そのさま。口巧者(くちごうしゃ)。「一な司会者」⇔口下手(くちべた)。(類語)口達者・口巧者・口八丁
くち-じり【口尻】唇の両側の端。
くち・す【朽ちす】〔動サ変〕《「朽つ」を強めた言い方で、多く打消しの語を伴って用いる》朽ちてしまう。腐ってなくなる。衰えて忘れ去られる。「絶え間のみ世にはあやふき宇治橋を一・せぬものとなほ頼めとや」〈源・浮舟〉
くち-す・う【口吸ふ】〔すふ〕〔動ハ四〕他人の口を吸う。接吻(せっぷん)する。「かき抱き奉り、引き抓み奉り、一・ふまねなどして」〈古本説話集・下〉
くち-ず-から【口ずから】〔づ〕〔副〕その人自身の口で。自分の言葉で。「一語る所によれば」〈荷風・つゆのあとさき〉
くち-すぎ【口過ぎ】食物を得ること。暮らしを立てること。生計。糊口(ここう)。「先ず一から考えて掛らねば成らなかった」〈藤村・桜の実の熟する時〉

類語 生活・生計・活計・糊口ここう・身過ぎ・世過ぎ・行路

くち-ずくな【口少な】〔名・形動〕口数の少ないこと。また、そのさま。「―でしとやかな人」

くち-ずさ・ぶ【口▽遊ぶ】〔動バ四〕❶「口遊くちずさむ」に同じ。「ゆたのたゆたに、と―・びて」〈狭衣・二〉❷鳴く。「かた岡に谷の鶯門出してはねならはしに―・ぶなり」〈夫木・二〉

くちずさみ【口遊】平安時代の教科書・事典。1巻。源為憲みなもとのためのりの著。天禄元年(970)成立。公家の子弟を対象に、初歩的な知識を暗唱に便利なようにまとめたもの。乾象(天文)・時節・官職・人倫など、19部門に分けてある。くゆう。

くち-ずさみ【口▽遊み】❶詩や歌などを、心に思い浮かぶまま軽く声に出すこと。❷いつも愛唱される歌や言葉。「なかにも恋の歌は、いたく人の―にもし侍る」〈今鏡・六〉❸うわさをすること。また、話の種。評判。「あはれ恥の上の損かなと、諸人―は猶やまず」〈太平記・七〉

くち-ずさ・む【口▽遊む】〔動マ五(四)〕❶詩や歌などを思いつくままに口にしたり歌ったりする。「懐かしの歌を―・む」❷うわさをする。「不義淫乱の噂を―・めば」〈当世下手談義・五〉類語 歌う・詠む

くち-すす・ぐ【×嗽ぐ¦×漱ぐ】〔動ガ五(四)〕❶口の中を水などで洗い清める。うがいをする。くちそそぐ。「石に―・ぎ流れに枕まくらす」❷すぐれた詩文を味わい学ぶ。「文は漢魏の芳潤に―・いで、万巻の書をそらんじ給ひしかば」〈太平記・一二〉

くち-ずつ【口づつ】―づつ もののの言い方がへたなこと。くちてずつ。「己は―に侍れば」〈今昔・二四・二二〉

くち-ずっぱく【口酸っぱく】〔副〕同じ言葉をなん度も繰り返して念を入れて言うさま。「いくら―言っても聞かない」

くち-せん【口銭】❶銭納による口永くちえい。❷江戸時代、問屋が荷主や買い主から徴収した仲介手数料・運送料・保管料。こうせん。

くち-ぞえ【口添え】―ぞへ〔名〕スル 傍らから言葉を添えてとりなすこと。「知人のために―する」

類語 世話・斡旋あっせん・周旋・口入れ・取り持ち・口利き・仲立ち・肝煎きもいり・紹介・仲介

くち-そそ・ぐ【×嗽ぐ¦×漱ぐ】〔動ガ五(四)〕「くちすすぐ❶」に同じ。「河水を掬きくんで―・ぎ」〈蘆花・自然と人生〉

くち-だし【口出し】〔名〕スル 他人の話に割り込んで自分の意見を言うこと。差し出口。容喙ようかい。「だいじな話に横から―するな」

類語 お節介・手出し・ちょっかい・干渉・介入・容喙

くち-たたき【口×叩き】口数の多いこと。また、口数の多い人。「かくし置くわが年やただあらはれん本卦とりこそ―なれ/貞徳」〈犬子集・一四〉

くち-たた・く【口×叩く】〔動カ四〕勝手なことを盛んにしゃべる。「ひとりも―・かぬはなかりしに今宵にかぎりてもの静かに」〈浮・胸算用・四〉

くち-だっしゃ【口達者】〔名・形動〕物言いが巧みで、よくしゃべること。また、そういう人や、そのさま。口巧者くちごうしゃ。「―な男」類語 口上手・口巧者・口八丁

くち-だて【口立て】《「くちたて」とも》❶完全な脚本がなく、おおよその筋だけ立てておき、俳優どうしが口頭の打ち合わせで芝居をまとめていくこと。❷大げさに言い立てること。「年がよったほどに―をばせいで」〈史記抄・儒林伝〉

くち-ぢか・い【口近い】〔形〕文くちぢか・し〔ク〕《近世語》❶身近でありふれている。話題にしやすい。「およそ人の知った、―・いめりやすの分」〈黄・艶気樺焼〉❷口当たりがよい。人の受けがよい。「―・い湯加減をしる佐吉也」〈柳多留・三一〉

くち-ぢゃ【口茶】出がらしの茶にそのまま新しい茶を加えること。また、その茶。

くち-ちょうほう【口調法】―テウハフ〔名・形動ナリ〕口先のうまいこと。また、そのさま。口じょうず。口達者。「それがしも―を以もって、ほってと(=充分ニ)持て成いて帰さう」〈虎寛狂・鱸庖丁〉

くち-つき【口付き】❶口の形。口もとのようす。「かわいい―」❷ものの言い方。しゃべり方。「無愛想な―」❸「口付きタバコ」の略。❹歌の詠みぶり。「さても、あさましの―や。これこそは手づからの御事の限りなめれ」〈源・末摘花〉❺牛馬の口につけた縄を引く人。口取り。「迎へに馬を遣はしたりければ…―のをのこに」〈徒然・八七〉類語 口振り・言いざま・口吻こうふん

くち-つぎ【口次ぎ】話を取り次ぐこと。また、その人。口入れ。「―の嚊かかに身まかせて」〈浮・織留・六〉

くちつき-タバコ【口付きタバコ】吸い口のついている紙巻きタバコ。

くち-づ・く【口付く】㊀〔動カ四〕❶言い慣れる。口癖になる。「皆人―・きたる物語なれば詳しく書きのぶるに及ばず」〈十訓抄・六〉❷以前には食べられなかったものが口に慣れて食べられるようになる。〈日葡〉
㊁〔動カ下二〕「くちづける」の文語形。

くち-づけ【口付け】〔名〕スル ❶接吻せっぷんすること。キス。❷言い慣らすこと。口癖。「朝から晩まで―に、お縁や、だ」〈滑・浮世風呂・三〉類語 キス・接吻・ベーゼ

くち-づ・ける【口付ける】〔動カ下一〕文くちづ・く〔カ下二〕❶自分の唇を相手の唇・顔・手などに触れる。接吻せっぷんする。❷言い慣らす。口癖に言う。「常のことぐさには…とぞ―・け給ひける」〈十訓抄・六〉

くち-づたえ【口伝え】―づたへ ❶口頭で伝達、伝授すること。口伝くでん。「極意を―に教える」❷人から人へ言い伝えること。くちづて。「うわさを―に聞く」

類語 口承・口伝え・口伝

くち-つづみ【口鼓】口で鼓を打つような音を出すこと。舌つづみ。「―を撃ち伎わざを為して歌曰うたひけらく」〈記・中〉

くち-づて【口▽伝】「口伝え❷」に同じ。「―に彼の逝去を知る」

ぐちっ-ぽ・い【愚痴っぽい】〔形〕愚痴を言いがちであるさま。「年をとると―・くなる」

くち-てずつ【口てづつ】―てづつ「口ずつ」に同じ。「おのれは―にて、人の笑ひ給ふばかりの物語は、え知り侍らじ」〈宇治拾遺・一四・一一〉

くち-でま【口手間】よけいな口をきいて時間をとること。「―入れる面倒なと、小腕こうで取って門口に引き出す」〈浄・宵庚申〉

くち-てんごう【口てんがう】―てんがう 冗談を言うこと。また、冗談。ざれごと。「あれは人の―花のお江戸は京まさり」〈浄・丹波与作〉➡てんごう

くち-ど【口▽疾】〔名・形動〕「口早くちばや❶」に同じ。「友に会い堅く手握り―に語る」〈啄木・一握の砂〉

くち-どけ【口溶け】飲食物が口の中で溶けるときの感じ。チョコレートやアイスクリームなど、菓子について言うことが多い。「なめらかな―」

くち-と・し【口▽疾し】〔形ク〕❶返事や返歌がすぐに口をついて出てくるさま。受け答えが早い。「ことなる事なきいらへを―・く言ふ」〈源・手習〉❷軽率な発言をするさま。「跡無き語り言して楽しがる中に…―・き男あり」〈読・春雨・樊噲上〉

くち-どめ【口止め】〔名〕スル ❶口外することを禁じること。箝口かんこう。「―して秘密が外に漏れないようにする」❷「口止め料」の略。❸反論を封じること。納得させること。「重ねて御辺が―に、兄にあらざる証拠を見せんと」〈浄・松風村雨〉❹➤津留つどめ ❺山・磯などの共有地の利用を禁止すること。また、その日。

くちどめ-りょう【口止め料】―レウ 口外を禁じるために与える金品。口止め。

くち-とり【口取り】❶牛馬の口取り縄を取って引くこと。また、その人。❷「口取り肴ざかな」の略。❸「口取り菓子」に同じ。

くちとり-がし【口取り菓子】―グワシ 茶会で、茶を出す前に器に盛って出す菓子。くちとり。

くちとり-ざかな【口取り×肴】饗膳きょうぜんで吸い物とともに、最初に出す皿盛り物。かまぼこ・きんとんや魚・鳥・野菜の類を、甘みをきかせて調理したもの。3品から9品まで奇数で取り合わせる。古式の本膳ほんぜん料理では、勝栗かちぐり・熨斗鮑のしあわび・昆布を三方にのせたもの。くちとりもの。くちとり。

くちとり-ざら【口取り皿】口取り肴ざかなを盛って出す浅くて大きな皿。

くちとり-なわ【口取り縄】―なは 牛馬の口につけ、手に持って引く縄。くちなわ。くちとりづな。

くち-なおし【口直し】―なほし〔名〕スル ❶まずいものや苦い薬などを口にしたあとで、その味を消すために別のものを飲食すること。また、その飲食物。「お茶で―する」❷嫌な目にあったときなど、何かほかのことをして気分を変えること。「―に一杯やろう」

くち-なぐさみ【口慰み】❶退屈しのぎに、話をしたり詩歌を口ずさんだりすること。〈和英語林集成〉❷退屈しのぎに間食をすること。

くち-なし【口無し】ものを言わないこと。また、その人。和歌で、多く梔子くちなしに掛けて使う。「山吹の花色衣ぬしや誰問へど答へず―にして」〈古今・雑体〉

くち-なし【梔=子¦巵=子¦山=梔=子】❶アカネ科の常緑低木。暖地に自生し、高さ約2メートル。葉は長楕円形でつやがある。夏、香りの高い白い花を開く。果実は熟すと黄赤色になり、染料とするほか、漢方では山梔子さんしといい消炎・利尿剤などに用いる。名は、果実が熟しても口を開かないことによる。庭木にする。(季 花=夏¦実=秋)「今朝咲きし―の又白きこと/立子」❷「梔子色」の略。

くちなし-いろ【梔=子色】❶クチナシの実で染めた、少し赤みがかった濃い黄色。❷襲かさねの色目の名。表裏とも黄色のもの。

くちなし-ぞめ【梔=子染(め)】くちなし色に染めること。また、その染め物。

くち-なめずり【口×舐めずり】―なめづり〔名〕スル おいしいものを食べようとするときや食べた後に、舌で唇のあたりをなめること。転じて、ねらった相手や獲物を待ちかまえているようす。舌なめずり。

くち-ならし【口慣らし¦口×馴らし】〔名〕スル ❶すらすらと言えるようになるまで、繰り返し練習すること。「何回も読み上げて―をする」❷飲食物の味を舌になじませること。「―におかゆを食べる」

くち-な・れる【口慣れる¦口×馴れる】〔動ラ下一〕文くちな・る〔ラ下二〕❶言いなれる。「―・れた調子で話す」❷食物の味が口に合うようになる。「赴任先の食べ物にようやく―・れてきた」

くち-なわ【口縄】―なは ➤口取り縄

くち-なわ【朽(ち)縄】―なは 腐った縄。

くち-なわ【▽蛇】―なは《形が朽ちた縄に似ているところから》ヘビの別名。(季 夏)

くちなわ-いちご【▽蛇×苺】くちなは― ヘビイチゴの別名。

くち-ぬき【口抜き】瓶の栓を開ける道具。栓抜き。

くち-ぬの【口布】着物の袖口や洋服のポケット口につける布。

くちのえらぶ-じま【口永良部島】鹿児島県、大隅おおすみ諸島の一島。屋久島の北西にある火山島で、標高600メートルの新岳は活火山。面積38平方キロメートル。

くち-のこ・る【朽(ち)残る】〔動ラ五(四)〕❶朽ちかかったまま残る。朽ちたまま残る。「―・った老杉ろうさんの幹」❷朽ちないで残る。「―・る野田の入江のひとつ橋心細くも身ぞ古ふりにける」〈夫木・二一〉

くち-の-とら【口の虎】言葉から生じるわざわいの恐ろしいことのたとえ。

口の虎は身みを破やぶ・る 言葉を慎まないために、ついに身を滅ぼしてしまうたとえ。

くち-の-は【口の端】❶言葉のはしばし。口先。くちは。「無理に言わせられた表面の―に過ぎないのだ」〈左千夫・春の潮〉❷うわさ。評判。くちは。

口の端に掛か・る 人々の話の種にされる。うわさされる。「徐々そろそろ人の―・るようになりましたものですから」〈二葉亭訳・めぐりあひ〉

口の端に掛・ける 評判にする。

口の端に上のぼ・る うわさになる。話の種になる。「世間の―・る」補説「口の端にあがる」と読むのは誤り。

くち-のみ【口飲み¦口×呑み】容器に入った水や酒などを、小さな器に移さずにそのまま飲むこと。「徳利から―にする」

くち-の-よ【口の世】食っていくのがやっとの状態。また、その程度のわずかな手当。「やうやう―で抱へ

られ」〈浮・永代蔵・五〉

くち-は【口端】「口の端は」に同じ。

くち-ば【朽(ち)葉】❶枯れ落ちた葉。落ちて腐った葉。落ち葉。(季冬)「水底の—にありぬ鯉の影/三鬼」❷「朽葉色」の略。(類語)落ち葉・枯れ葉・わくら葉

くちば-いろ【朽葉色】❶枯れた落ち葉のような色。赤みを帯びた黄色。❷襲かさねの色目の名。表は赤みがかった黄色、裏は黄色。秋に用いる。

くち-ぱく【口ぱく】《口だけをぱくぱくと動かすことから。「口パク」と書くことが多い》録音や他人の音声に合わせて、発声せずに口を動かすこと。特に、テレビ番組や舞台において、歌手が録音に合わせて口を動かし、歌っているふりをすること。

くち-ばし【×嘴|×喙】《「口端くちはし」の意》鳥類の口の部分に突出する、上下のあごの骨の表面が角質化したもの。えさをとるほか、水飲み、羽の手入れにも使う。食性により形はさまざま。カモノハシやウミガメにもみられる。

嘴が黄色・い 《ひな鳥のくちばしが黄色いところから》年が若くて経験の足りないことをあざけっていう言葉。「まだまだ—・くて頼りにならない」

嘴を容い・れる 自分とは直接関係のないことに横から口出しをする。容喙ようかいする。「人のすることにすぐ—・れたがる」

嘴を挟はさ・む 「嘴を容いれる」に同じ。

嘴を鳴ら・す ❶しゃべりたてる。❷歯ぎしりをして悔しがる。「女—・し…思ひ死にをさしたその恨みにと飛んでかかるを」〈浮・一代男・四〉

くち-ばし・る【口走る】〔動ラ五(四)〕❶無意識のうちにしゃべってしまう。「激怒してあらぬことまで—・る」❷調子に乗って、言ってはならないことをうっかり言う。「つい秘密を—・る」(類語)しゃべる・口に出す・口にする・吐く・漏らす・抜かす・ほざく・うそぶく・言い出す

くち-はっちょう【口八丁】〔ハッチャウ〕〔名・形動〕口が達者なこと。また、その人や、そのさま。口巧者くちごうしゃ。➡八丁 (類語)口達者・口上手・口巧者

くちはっちょう-てはっちょう【口八丁手八丁】〔くちハッチャウてハッチャウ〕〔名・形動〕しゃべることもやることも達者なこと。また、そのさま。口も八丁手も八丁。手八丁口八丁。「—な男だけに世渡りがうまい」

くち-は・てる【朽(ち)果てる】〔動タ下一〕図くちは・つ〔タ下二〕❶すっかり腐ってもとの形をなくしてしまう。「—・てた山小屋」❷世に知られないままに死んでしまう。「市井しせいの片隅に—・てる」

ぐち-ばなし【愚痴話】愚痴を繰り返して嘆く話。

くち-はばた・い【口幅たい】〔形〕「口幅ったい」に同じ。「—・くてお願いも申されねば」〈一葉・花ごもり〉

くち-はばった・い【口幅ったい】〔形〕言うことが身の程を知らず、生意気である。「—・いことを言うようですが」

くち-ばみ【×蝮】《「くちはみ」とも》マムシの古名。「—に螫さされたる人」〈徒然・九六〉

くち-ばや【口早|口速】〔名・形動〕❶ものの言い方がはやいこと。また、そのさま。はやくち。「—に話す」❷食べ方のはやいさま。「納戸飯の—に参られる、塗箸はいりませぬか」〈浮・曲三味線・四〉

くち-ばや・し【口早し|口速し】〔形ク〕口のきき方がはやい。本などの読み方がはやい。歌などの受け答えがはやい。「極めて—・くして、人の一巻を誦ずする程に、二、三部をぞ誦しける」〈今昔・一七・四一〉

くち-ばん【口番】劇場の楽屋の出入り口で番をする人。

くち-び【口火】❶爆薬やガス器具などに点火するのに用いる火。❷物事の起こるきっかけや原因。「事故が騒ぎの—となる」

口火を切・る 物事を他に先がけて行って、きっかけをつくる。「攻撃の—・る」「論議の—・る」(補説)「口火を付ける」「口火を開く」とするのは誤り。

くち-ひき【口引き|口×曳き】「口付き❺」に同じ。「—の男」〈徒然・一〇六〉

くち-ひげ【口×髭】鼻の下に生やしたひげ。

くち-ひそ・む【×嚬む】〔動マ四〕苦々しげに口をゆがめる。「怪しく、僻僻ひがひがしくもてなし給ふを、もどき、—・み聞こゆ」〈源・総角〉

くち-びょうし【口拍子】〔ービャウシ〕❶口で拍子をとること。また、その拍子。❷言葉の調子のよさ。「—に乗る」

くち-びらき【口開き】❶「口切り❶」に同じ。❷「口開くちあけ❷」に同じ。

くち-びる【唇|×脣】❶口腔の入り口を囲む薄い皮に覆われた部分。飲食・発音・呼吸の器官。口唇こうしん。❷花びら。「春くれど野べの霞につつまれて花の笑ゑまひの—も見ず」〈永久百首〉(類語)リップ・口唇

唇亡ほろびて歯は寒し 《「春秋左伝」僖公五年から》互いに助け合う関係にあるものの一方が滅びると、他の一方も危うくなるたとえ。

唇を反かえ・す 《「史記」平準書から》憎んで悪口を言う。唇を翻かえす。「万人—・すべし」〈平家・八〉

唇を噛か・む 怒りやくやしさをこらえる。「いつも決勝戦で敗れ、いく度—・んだことであろうか」

唇を尖とがら・す 不平不満のある顔つきをする。また、不満そうにものを言う。口をとがらす。

唇を翻かえ・す 「唇を反かえす」に同じ。「見る人眉を顰ひそめ、聴く人—・す」〈太平記・一〉

くち-ひろ・い【口広い】〔形〕図くちひろ・し〔ク〕《近世語》偉そうな口をきくさま。口はばったい。「かう言っちゃあ—・いこったが」〈洒・卯地臭意〉

くち-ふうじ【口封じ】〔名〕スル ❶秘密などをしゃべらないようにさせること。口止め。「金を渡して—する」❷俗に、秘密が漏れないように殺してしまうこと。

くち-ぶえ【口笛】唇をすぼめ、または指を口に当てたり入れたりして息を強く吹き、笛のような音を出すこと。また、その音。「—を吹く」

くち-ふさぎ【口塞ぎ】❶「口止め❶」に同じ。「せめて一円敷二円もありゃア、一寸—をする訳だが」〈逍遥・当世書生気質〉❷客に供する料理をへりくだっていう語。くちよごし。「お—に召し上がれ」

くち-ふたげ【口▽塞げ】「口塞ぎ❶」に同じ。「いとほしと思ひながら—に言へば」〈落窪・二〉

くち-ぶちょうほう【口不調法】〔ーブテウハフ〕〔名・形動〕「口下手くちべた」に同じ。「—なる我口惜く、問い出る詞ことばを知らで様々考うる中」〈露伴・対髑髏〉

くち-ぶり【口振り】話し方のようす。ものの言い方。言葉つき。「偉そうな—」「大人の—をまねる」(類語)言いざま・口つき・口吻こうふん

くち-べた【口下手】〔名・形動〕話すことが不得意で、思うことをうまく人に言えないこと。また、そのさま。口不調法くちぶちょうほう。「—で人に誤解されやすい」⇔口上手くちじょうず。(類語)話下手・訥弁とつべん・訥訥・口重くちおも・舌足らず

くち-べに【口紅】❶化粧のために唇に塗る紅。ルージュ。❷器物の縁、特に陶磁器の口縁を赤く彩色すること。また、彩色したもの。

くちべに-たけ【口紅×茸】クチベニタケ科のキノコ。夏から秋に山地の湿土上に生える。丸い頭部の頂端に朱紅色に縁どられた星状の裂け目がある。

くち-べらし【口減らし】〔名〕スル 家計の負担を軽くするために、子供を奉公に出したり養子にやったりして、養うべき家族の人数を減らすこと。

くち-へん【口偏】漢字の偏の一。「吹」「味」などの「口」の称。

くち-へんとう【口返答】〔ーヘンタフ〕〔名〕スル 「口答え」に同じ。「昔は亭主に—なんかした女は、一人もなかったんだって云うが」〈漱石・吾輩は猫である〉

くち-ぼそ【口細】❶東京地方で、モツゴの別名。❷マガレイの別名。❸鯔ぼらをいう女房詞。

くち-まい【口米】江戸時代、米納の本租である年貢米のほかに加徴された税米。年貢の減損などを補うためのもの。➡口永くちえい❶

くち-まえ【口前】〔ーまへ〕話しぶり。言い回し。「貴下は—が巧うまくって、調子が可いいから」〈鏡花・婦系図〉

くち-まかせ【口任せ】口から出るに任せてものを言うこと。出まかせ。「—でたらめを言う」

くち-まき【口巻】▶沓巻くつまき❶

くち-まく【口幕】芝居で、最初の一幕。序幕。

くち-まつ【口松】《口のよく回るのを人名に見立てていう語》おしゃべりなこと。また、おしゃべりな人。「わたしらが嫁はそんな—ぢゃあござえやしねえ」〈滑・浮世風呂・二〉

くち-まね【口真▽似】〔名〕スル 他人のものの言い方や声音こわねをまねること。

くちまね【口真似】狂言。酒の客をあしらうため、自分のまねをするように主人に言われた太郎冠者が、必要以上に主人のまねをする。

くち-まめ【口忠=実】〔名・形動〕口数の多いこと。また、そういう人やそのさま。「—によくしゃべる」(類語)饒舌・多弁・おしゃべり

くち-め【口女】ボラの古名。「—、口の疾有りといふ」〈神代紀・下〉

くち-め【朽ち目】❶板などの腐った部分。「ふり過ぐる板屋の軒の—にぞしばし霰あられの玉はのこれる」〈六帖詠草・冬〉❷和琴わごんの名器の名。「和琴なども、—、塩竈しほがま、二貫にくわんなどぞきこゆる」〈枕・九三〉

くち-もち【口持ち】ものの言い方。口ぶり。「—、けしき、ことごとしくなりぬる人は」〈紫式部日記〉

くち-もと【口元|口▽許】㊀〔名〕❶口のあたり。口。「—がほころぶ」❷口のあたりのようす。口つき。「母親似の—」❸出入り口。はいり口。転じて、物事の初め。初歩。「木のほらの—らしく」〈浜田・むく鳥のゆめ〉㊁〔名・形動ナリ〕言うことが幼稚なこと。また、そのさま。「船頭のなまぎきは皆、—なるものなり」〈洒・船頭深話〉(類語)口際

くち-もみ【口×籾】中世、年貢米の減損を補うため、あらかじめ多少の米やもみを、本租のほかに付け加えて納めさせたもの。また、その米やもみ。

クチャ〖Kucha〗中国新疆しんきょうウイグル自治区の都市。天山南道の要衝に位置し、漢代にはオアシス都市国家として栄え、亀茲きじの名で知られた。仏教文化が栄え、多数の遺跡がある。(補説)「庫車」とも書く。

くち-やかまし・い【口×喧しい】〔形〕図くちやかま・し〔シク〕❶細かいところまでいちいち小言や文句を言うさま。口うるさい。「—・く指図する」❷しきりにしゃべってうるさい。「—・い子供たち」(類語)うるさい・やかましい・口うるさい・小やかましい・小うるさい

くち-やくそく【口約束】〔名〕スル 証文などによらない、言葉のうえでの約束。口約こうやく。

くちゃ-くちゃ ㊀〔副〕口の中で物をかむときの音を表す語。「ガムを—(と)かむ」㊁〔形動〕❶形がひどく崩れて、まとまりを失ったさま。また、紙や布などがしわだらけであるさま。「—な髪」「—になった紙幣」❷物事が混乱してきちんとしていないさま。「鉛筆で—に書いた手紙を」〈万太郎・花冷え〉(アクセント)㊀はクチャクチャ、㊁はクチャクチャ。

ぐちゃ-ぐちゃ ㊀〔副〕スル ❶水分を多く含んでやわらかくなったり形が崩れたりしているさま。また、そういうものをつぶしたり、まぜたりしたときの音を表す語。「—した雪どけ道」❷愚痴や不満などをしつこく言うさま。「—(と)文句を言う」㊁〔形動〕❶水気をたっぷり含んでやわらかくなったり形が崩れたりしているさま。「ぬれて—になった新聞紙」❷物事が混乱して、きちんとしていないさま。「—に結んだ帯」「—に書きなぐったメモ」(アクセント)㊀はグチャグチャ、㊁はグチャグチャ。

ぐちゃ-つ・く〔動カ五(四)〕ぐちゃぐちゃとする。「雨で—・いた山道」

ぐちゃり〔副〕水気を多く含んだものがつぶれたりしたときの音を表す語。「卵が—と割れる」

く-ちゅう【苦衷】苦しい心のうち。「—を察する」

く-ちゅう【駆虫】〔名〕スル 寄生虫や害虫を駆除すること。除虫。

ぐ-ちゅう【愚衷】自分の真心をへりくだっていう語。「区々の—を適あはれ瞭察在あらせられ」〈染崎延房・近世紀聞〉

くちゅう-ざい【駆虫剤】寄生虫や害虫を駆除する薬剤。

ぐちゅう-しゅうきゅう【愚中周及】〔ーシウキフ〕[1323〜1409]室町前期の臨済宗の僧。美濃の人。夢窓疎石に師事。のち元に渡り、即休契了らに参禅。帰朝

後、安芸(あき)仏通寺の開山となり、足利義持の帰依を受けた。仏徳大通禅師。

クチュール〘フランス couture〙「オートクチュール」に同じ。

ぐちゅう-れき【具注暦】奈良時代に始まり、平安時代に広く用いられた漢文の暦本。暦日の下に歳位・星宿・干支(えと)・吉凶などが詳しく注記してあるのでこの名がある。日ごとに2〜3行の余白を設けてあるので、公家らが日記として利用した。

クチュリエ〘フランス couturier〙服飾デザイナー。特に、パリのオートクチュール組合に加盟する高級服飾店のデザイナー。

く-ちょう【口調】(―テウ) ❶口に出したときの言葉の調子。「―のいい、気のきいた言い回し」❷ものの言い方のようす。声の出し方や言葉の使い方などに表れた特徴。「改まった―」「師の―をまねる」

(類語)語調・語気・語り口・論調・歯切れ・呂律(ろれつ)

く-ちょう【区長】(―チャウ) ❶東京都の特別区の長。特別区の事務を管理執行する。❷指定都市の行政区の長。市長の権限に属する事務の一部を分掌する。

く-ちょう【句帳】(―チャウ) 作句を記しておく手帳。

く-ちょう【句調】(―テウ) ❶和歌・俳句・詩などの調子。❷文章の言いまわし。文章の調子。「殊更に真面目な―なので」〈漱石・それから〉

ぐ-ちょく【愚直】〔名・形動〕正直なばかりで臨機応変の行動をとれないこと。また、そのさま。ばか正直。「―に生きる」(派生)**ぐちょくさ**〔名〕

(類語)まじめ・大まじめ・几帳面(きちょうめん)・生まじめ・くそまじめ・忠実・四角四面

ぐちょ-ぐちょ〔形動〕ひどく水気を含んでいるさま。「汗でシャツが―になる」

くち-よごし【口汚し】飲食物が少量なため、口を汚す程度で、満腹しないこと。人に料理を勧めるとき、へりくだっていう語。「ほんのお―ですが」

くち-よせ【口寄せ】〔名〕スル 生者または死者の霊や神霊を呼び寄せ、その意思を言葉で語ること。また、それをする人。東北地方のいたこ、奄美(あまみ)・沖縄のゆたなど。(類語)霊媒・市子・巫女(みこ)・巫女(ふじょ)・いたこ・ゆた・かんなぎ・シャーマン

くち-りこう【口利口】〔名・形動ナリ〕口先がうまいこと。また、そのさま。口じょうず。口巧者(くちごうしゃ)。「―に云ひ廻したとて」〈浄・合邦辻〉

く・ちる【朽ちる】〔動タ上一〕文く・つ〔タ上二〕❶腐って形がくずれたりぼろぼろになったりする。「―・ちて今にも壊れそうな廃屋」❷評判が衰えてしまう。すたれる。「今なお―・ちることのない名声」❸むなしく人生を終える。「世に出ることもなく―・ちる」

(類語)傷(いた)む・腐る・腐れる・腐食・朽廃・老朽

ぐち・る【愚痴る】〔動ラ五(四)〕《「ぐち(愚痴)」の動詞化》愚痴を言う。「いつも―・ってばかりいる」

(類語)ぼやく・こぼす

くち-わ【口輪】馬の口につける金具。轡(くつわ)。

くち-わき【口脇】❶唇の両端。❷馬の口の裂け目の、轡(くつわ)を取りつける部分。くつわがかり。

口脇黄ば・む 幼稚で経験が少ないことをあざけっていう言葉。くちばしが黄色い。「さやうに―・みたるぬしたち」〈栄花・さまざまの喜び〉

口脇白・し 年が若く経験が浅い。未熟であるさま。「―・き男、ちと出家をなぶり、理屈につめて遊びたやと思ひつつ」〈咄・醒睡笑・一〉

くち-わけ【口分け】❶種類によって区分すること。分類。類別。〈和英語林集成〉❷分配すること。配分。

くち-わる【口悪】〔名・形動〕悪口や皮肉をずけずけと言うこと。また、そのさまやその人。「―な男」

クチン〘cutin〙植物の表面を保護するクチクラの主成分。不飽和脂肪酸の重合した有機物質。

ぐ-ちん【具陳】〔名〕スル くわしく述べること。細かに報告すること。「調査内容を―する」(類語)詳述・縷述(るじゅつ)

くつ【靴・▽履・×沓・×鞋・×舄】足を覆うように作った履物の総称。革・人造皮革・ゴム・ビニール・布などを材料とし、用途に応じて種々のものがある。古くは、烏皮(くりかわ)の履・浅沓(あさぐつ)・糸鞋(しかい)・麻沓(おぐつ)・錦鞋(きんかい)など、革・木・絹糸・麻・錦・藁(わら)などで作った。

(…語)(ぐつ)雨靴・編み上げ靴・上(うわ)靴・運動靴・革靴・木靴・ゴム靴・短靴・どた靴・泥靴・長靴・布靴・半靴・深靴・雪沓・藁(わら)沓

(類語)履物・シューズ・短靴・長靴・雨靴・編み上げ靴・ブーツ・軍靴・スパイク・パンプス・ハイヒール・ローヒール

靴新しと雖(いえど)も首に加えず 《「史記」儒林伝から》上下・貴賤の区別はきちんと守られなければならないというたとえ。

靴を隔てて痒(かゆ)きを掻(か)く 物事が思うようにならないで、じれったいさまのたとえ。隔靴掻痒(かっかそうよう)。

く・つ【朽つ】〔動タ上二〕「くちる」の文語形。

ぐつ (関西地方で)ぐあい。都合。「―が悪い」

くつ-あと【靴跡】地面などに残された靴底のあと。

くつ-いし【×沓石】礎石の上、柱や縁の束柱(つかばしら)の下に据える石。根石(ねいし)。礎盤(そばん)。

く-つう【苦痛】からだや心に感じる苦しみや痛み。「―に顔がゆがむ」「精神的―を与える」

(類語)苦しみ・痛み・痛苦・四苦八苦・七転八倒

ぐ-つう【×弘通】〔名〕スル ▶ぐずう(弘通)

くつ-おと【靴音】靴で歩く足音。

くつ-がえ・す【覆す】(―がへす)〔動サ五(四)〕❶ひっくり返す。裏返す。「大波が船体を―・す」❷倒して滅ぼす。転覆させる。「政権を―・す」❸それまで正しいものとされてきた考え方や決定を根本から変える。「常識を―・す」「第一審の判決を―・す」(可能)**くつがえせる**

(類語)ひっくり返す・裏返す・翻す・倒す・転覆・逆転

くつ-がえ・る【覆る】(―がへる)〔動ラ五(四)〕❶ひっくり返る。裏返る。転覆する。「―・った船体」❷倒れ滅びる。「政権が―・る」❸それまで正しいものとされてきた考え方や決定が根本から変えられる。「最高裁で判決が―・った」❹(動詞に付いて、その語意を強める)たいそう…する。「監(げん)の命婦、めで―・りて」〈大和・二二〉(類語)倒れる・ひっくり返る・転がる・転げる・転ぶ・倒(こ)ける・転倒する・横転する・転覆する

くつかけ【沓掛】長野県東部、軽井沢町中軽井沢の旧称。もと中山道の宿駅。

くつかけ-おんせん【沓掛温泉】(―ヲンセン) 長野県中部、小県(ちいさがた)郡青木村にある温泉。泉質は単純温泉・硫黄泉。

くっか-せい【屈化性】(クックヮー) 植物が外部の化学的成分の刺激に反応して屈曲する性質。根・花粉管・菌糸などが、ある濃度の糖類やたんぱく質に反応して、一定方向に曲がる性質。向化性。

くつ-がた【×沓形・鴟=尾】▶鴟尾(しび)

くつ-がた【靴型】靴の製造の際に用いる木型。

くつ-かぶり【×沓▽冠】❶和歌の折り句の一種。意味のある10文字の語句を各句の初めと終わりに1字ずつ詠み込んだもの。栄花物語に、「合(あ)はせ薫物(たきもの)すこし」を詠み込んだ「**あ**ふさかも、**は**てはゆききの、**せ**きもゐず、**た**づねてとひこ、**き**なばかへさじ」が最初の例として知られている。くつかむり。くつこうぶり。❷雑俳の一種。中の7文字を題に出して、それに上5字と下5字とをつけて1句に仕立てるもの。くつかむり。くつこうぶり。

くつ-かむり【×沓▽冠】▶くつかぶり(沓冠)

くっ-き【×崛起】〔名〕スル ❶山などが高くそびえ立っていること。「新山、本山を―し」〈志賀重昂・日本風景論〉❷にわかに事が起こること。また、多数の中から頭角を現すこと。「彼の北部に―して大志を懐(いだ)く哲王是遯は」〈竜渓・経国美談〉

くつき【朽木】滋賀県高島市西部の地名。安曇川(あどがわ)上流にあり、かつて朽木の杣(そま)とよばれた木材の産地。朽木渓谷がある。

クッキー〘アメリカ cookie〙小麦粉にバター・砂糖・卵・牛乳・香料などを加えて焼いた菓子。➡ビスケット

クッキー〘Cookie〙ウェブサイトから送信され、ブラウザーを通じて利用者のコンピューターに一時的に保存される情報ファイルのこと。またはその仕組み。クライアントの識別に利用される。

くつき-ぼん【朽木盆】滋賀県朽木地方で江戸時代に生産された盆。主に朱漆や黒漆で菊の花などを線書きで表したもの。

くつき-まさつな【朽木昌綱】[1750〜1802]江戸中期の大名。丹波福知山藩主。蘭学・茶道を学び、古銭研究家として知られる。著「新撰銭譜」「西洋銭譜」など。

くっ-きょう【▽究×竟】(―キャウ)《「くきょう」の促音添加》㊀〔名・形動〕❶きわめて力の強いこと。すぐれていること。また、そのさま。屈強。「跡に残ったのは―の若者ばかりである」〈鷗外・阿部一族〉❷たいへん好都合であること。また、そのさま。あつらえむき。「私のようなものにとってはまことに―な世界であった」〈中勘助・銀の匙〉㊁〔副〕スル つまるところ。結局。畢竟(ひっきょう)。「―するに善悪正邪の区別は」〈透谷・内部生命論〉

くっ-きょう【屈強・×倔強】(―キャウ)〔形動〕文〔ナリ〕きわめて力が強く頑丈なさま。究竟(くっきょう)。「―な若者」

(類語)頑丈・堅牢・堅固・頑強・強固・強健・確固

くっきょう-いち【▽究×竟一】(クッキャウ―) ❶最もすぐれていること。「大のみ小のみ手斧鋸(のこぎり)遣り鉋(かんな)、―の手裏剣と」〈浄・出世景清〉❷この上なく好都合なこと。「必定(ひつぢゃう)久吉この内に忍び居るこそ―」〈浄・太功記〉

くっ-きょく【屈曲】〔名〕スル 折れ曲がること。「鉤(かぎ)の手に―して」〈漱石・吾輩は猫である〉(類語)屈折・曲折

くっきり〔副〕スル 物の姿や形が非常にはっきりとしているさま。「―(と)した画像」(類語)はっきり・ありあり・まざまざ・確(しか)と・明らか・際(きわ)やか・定か・さやか・鮮やか・明瞭(めいりょう)・鮮明・分明・顕著・顕然・歴然・歴歴・瞭然(りょうぜん)・亮然(りょうぜん)・判然・画然(かくぜん)・截然(せつぜん)

くつ-きり【×沓切り】「足半(あしなか)」に同じ。「猿の皮の足袋に、―はきなして」〈宇治拾遺・一一〉

くっ-きん【屈筋】関節を曲げる働きをする筋肉。上腕筋や上腕二頭筋など。➡伸筋

クッキング〘cooking〙料理。調理。また、料理法。「―ホイル」

クッキング-カード〘cooking card〙1枚ごとに料理の材料・調理法や、でき上がりの写真などを印刷してあるカード。料理カード。

クッキング-シート《和 cooking＋sheet》調理時に用いる紙類のこと。水や油を吸収し熱に弱いパルプ製と、吸収せず熱に強い樹脂加工製とがあり、用途が異なる。クッキングペーパー。

クッキング-スクール〘cooking school〙料理学校。

クッキング-トイ《和 cooking＋toy》ままごと遊びではなく、実際に料理や菓子などを作ることができるおもちゃ。火を使わず電熱器で加熱するなど、子供が安全に使用できるよう配慮されている。調理玩具。

クック〘cook〙「コック」に同じ。

クック〘James Cook〙[1728〜1779]英国の軍人・探検家。通称キャプテン＝クック。1768年からの3回の世界周航で、太平洋東回り航路を開拓し、英国の太平洋方面進出の基礎を築く。諸島の発見・確認など地理上の功績が多い。

クック-さん【クック山】ニュージーランド南島にある、ニュージーランドアルプスの主峰。七つの氷河がある。標高3754メートル。

クック-しょとう【クック諸島】(―シヨタウ)《Cook Islands》南太平洋、ポリネシア南部にある島国。北部7島、南部8島からなる。1773年にJ＝クックが訪れた。その後、英保護領となったが1901年ニュージーランドに編入。65年に独自憲法を制定し、軍事など以外の自治権を得た。2011年に日本が国家承認。人口2.2万(2010)。

くつ-くつ〔副〕❶おかしくてたまらず、押しころすようにして笑う声を表す語。「―(と)笑う」❷物の煮えたつ音を表す語。「火鉢の小鍋が―煮える」〈三重吉・山彦〉❸ふざけてくすぐるさま。こちょこちょ。「さらば、ちと笑はしましょ。やあ、―くつ」〈狂言記・子盗人〉❹たんなどがのどにつかえて鳴る音を表す語。「のどを―と、くつめくやうにならせば」〈宇治拾遺・一〇〉

(類語)くすくす・くすり

ぐつ-ぐつ〔副〕❶物の煮えたつ音や、そのさまを表す語。「野菜を―(と)煮こむ」❷のどの鳴る音を表す語。「盥漱(うがい)をするの―と」〈嵯峨の屋・姉と弟〉

くっくっ-と〔副〕こみ上げてくる声をおさえるようにして

笑うさま。「こらえきれずに―笑い出す」

くつくつぼうし　ツクツクボウシの古名。その鳴き声による語。〈和名抄〉(季 秋) (補説)「ほうし」は「法師」とも書く。

くつ-クリーム【靴クリーム】靴墨ぐっ。

くつ-げん【屈原】[前340ころ～前278ころ]中国、戦国時代の楚の政治家・詩人。名は平。原は字あざ。楚の王族に生まれ、懐王に仕え内政・外交に活躍したが、讒言ざんにより次の頃襄けいじょう王の時に追放され、放浪の果てに、汨羅べきに身を投じたという。「楚辞」に約20編の詩がある。代表作「離騒」「九歌」「天問」「九章」など。

グッゲンハイム-びじゅつかん【グッゲンハイム美術館】《Guggenheim Museum》米国のニューヨークにある近代美術館。S＝R＝グッゲンハイムが自身のコレクションを収めるために開設した美術館を前身とする。カンディンスキーなど20世紀の抽象絵画を中心に揃える。巨大な螺旋らせんの形をした建物はF＝L＝ライトによる設計で、1959年完成。その後、ビルバオ(スペイン)・ベネチア(イタリア)・ベルリン(ドイツ)にも分館が建てられている。

くつ-こ【▽口▽籠】《「くつご」とも》牛馬などの口にはめるかご。かみついたり農作物を食べたりしないようにするもの。鉄や縄で作る。くつのこ。

くっ-こう【屈行】スル 敬礼の一。腰をかがめて歩くこと。

くっこう-せい【屈光性】クッコウセイ 植物が光の刺激に対し、一定の方向に屈曲して生長する性質。光の方向に曲がる正の屈光性は茎・葉で、その逆の負の屈光性は根でみられる。

くっ-さい【掘採】〔名〕スル「採掘」に同じ。

くっ-さく【掘削｜掘×鑿】〔名〕スル 地盤や岩盤を掘り取ったり削り取ったりすること。また、掘って穴をあけること。「運河を―する」

(類語)穿孔せんこう・鑽孔さんこう・ボーリング・パンチ

くっさく-き【掘削機】動力を用いて土砂や岩石を掘削する土木建設機械。パワーショベル・バケット掘削機など。

くっさめ【×嚔】《「くさめ」の促音添加》くしゃみ。「頭かしらまで濡らいた。ああ、―、―」〈虎明狂・鍾〉

くっ-し【屈指】《指を折って数える意から》多くの中で、特に数え上げるに値するほどすぐれていること。指折り。「国内―の強豪チーム」

(類語)有数・無類・傑出・秀逸・出色・抜群

くつ-しき【靴敷(き)】靴の中底に敷くもの。

くつ-した【靴下】靴をはくときなどに、足に直接つける衣料。ストッキング・ソックスなど。くつたび。

(類語)ソックス・ストッキング・タイツ

くつした-どめ【靴下留(め)】はいた靴下が落ちないように留めるもの。

くっしつ-せい【屈湿性】植物の器官が湿度に反応して屈曲する性質。根では湿度の高い方へ向かう正の屈湿性がみられる。屈水性。向湿性。向水性。

くつじつ-せい【屈日性】植物の葉や茎が、太陽の光の来る方向に屈曲する性質。向日性。

くっしゃろ-こ【屈斜路湖】北海道東部、川上郡弟子屈てしかが町にあるカルデラ湖。南東から釧路くしろ川が流出する。面積79.7平方キロメートル、最大深度117.5メートル。湖岸から温泉がわく。(補説)「くっしゃろ」は、喉口のどぐちの意のアイヌ語「クッチャロ」に由来し、湖からの川の出口をさす。

くつ-じゅう【屈従】〔名〕スル 相手の力を恐れ、仕方なくその言いなりになること。「時運未いまだ至らず空むなしく斯国に―せり」〈竜渓・経国美談〉

(類語)服従・忍従・屈伏・帰順・帰服

くっ-しょう【屈▽請】クッショウ ❶神仏の出現を祈願すること。「大神も小神も―の砌みぎりに影向ようごうし給ふことにて候へば」〈盛衰記・九〉❷法会ほうえなどのために僧を招くこと。「有験うげんの僧など―し給ひ」〈折たく柴の記・上〉

くつ-じょく【屈辱】屈服させられて恥ずかしい思いをさせられること。はずかしめられて、面目を失うこと。「―に耐える」「―感」

(類語)恥辱ちじょく・汚辱・侮辱・凌辱・辱はずかしめ・恥

くっしょく-せい【屈触性】植物体が固い物に接触した刺激によって起こる屈性。エンドウの巻きひげ、ウツボカズラの葉柄などにみられる。向触性。

グッジョブ〔感〕《good job から》いい出来だ。よくやった。

ぐっしょり〔副〕ひどくぬれているさま。びっしょり。「夕立にあって―(と)ぬれた」

(類語)びしょびしょ・びしゃびしゃ・びちゃびちゃ・ぐしょぐしょ・びっしょり・しっぽり・しとど

クッション〘cushion〙❶羽毛・スポンジなど弾力性のある物を入れ、刺繍ししゅう・レースなどで飾ったいす用の布団。❷いすや乗り物の座席などで、腰を下ろすために弾力をもたせた部分。「―のきいたソファー」❸衝撃や振動を和らげるためのもの。「エアー」❹衝撃を和らげるために間におくもの。「ワンーおいて話を切りだす」❺玉突き台の弾力のある縁。❻球技で、球が壁などにぶつかってはね返ること。

クッション-しょくぶつ【クッション植物】背の低い地上部が密生して、マット状になる植物。高山や極地に多く、強風・乾燥・寒冷に適応している。

クッション-フロア《和 cushion＋floor》表面と裏地の間に緩衝材をはさんだ、床に敷くためのシート。耐水性と弾力性にすぐれる。

クッション-ボール〘cushion ball〙❶球技で、フェンスに当たってはね返った球。❷ビリヤードで、クッションではね返ってくる球。

くっ-しん【屈伸】〔名〕スル 曲げたり伸ばしたりすること。かがんだり伸びたりすること。伸び縮み。「ひざを―する」「―運動」

くっ-しん【掘進】〔名〕スル 坑道などを掘って進むこと。「新しい鉱脈を―する」

くっしん-かわせそうばせい【屈伸為-替相場制】外国為替相場について、最高と最低の限度を設け、その範囲内では変動を認める制度。

クッシング-しょうこうぐん【クッシング症候群】副腎皮質を刺激するホルモンが異常に分泌されて起こる病気。身体に急速に脂肪がつき、顔が丸くなり、多毛・糖尿・高血圧・無力症などを伴う。米国の医師クッシング(H.W.Cushing)が報告。

くっしん-せい【屈伸性】❶伸び縮みする性質。❷需要量や供給量などの経済の基礎的な諸条件の変化に応じ、価格・利子率・賃金などが変動する度合い。

くっしんせいげん-せいど【屈伸制限制度】銀行券発行制度の一。一定限度の保証準備発行のほかに、必要に応じて一定の条件のもとで一時的に制限外保証発行を認める制度。

グッズ〘goods〙商品。品物。「ファンシー―」「エコ―」(補説)「万博記念グッズ」「パンダ歓迎グッズ」など、特定の人物、催し、設備等にちなんで用意された雑貨類をいうこともある。

くっすい-せい【屈水性】▶屈湿性

くつ-ずみ【靴墨】靴の革の保護やつや出しのために塗るクリーム。各種の色がある。靴クリーム。

ぐっすり〔副〕❶深く眠っているさま。熟睡するさま。「―(と)眠っている」❷物を突きさす音、また、そのさまを表す語。「泥濘ぬかるみへ―片足を踏み込み」〈荷風・つゆのあとさき〉❸十分にするさま。「雪を掻いて祝儀を貰ひ、晩には―暖まらう」〈伎・霜夜鐘十字辻筮・四〉

(類語)ぐうぐう・昏昏こんこん

くっ-する【屈する】〔動サ変〕図くっ・す〔サ変〕❶㋐折れ曲がる。かがむ。かがまる。「腰が―・する」㋑何かをしようとする意欲・気力がなくなる。くじける。「失敗に―・せずやりとおす」㋒負けて服従する。屈服する。「権力に―・する」「いかなる批判にも―・しない」❷㋐体や指などを折り曲げる。かがめる。「膝ひざを―・する」㋑縮める。「身を―・して恐懼きょうくする」㋒外圧などのために気力をなくす。くじく。「志を―・せず」㋓勢いをくじいて従わせる。服従させる。「力で敵を―・する」(類語)(❶㋑)挫くじける・へこたれる・おじける・参る/(❶㋒)下る・負ける・破れる・伏ふくする・屈服する・降参する・降伏する・敗北する・敗退する・完敗する・膝ひざを屈する・軍門に降くだる・一敗地に塗まみれる

漢字項目 くつ

屈　音クツ(漢)　訓かがむ、かがまる、かがめる ‖ ①折り曲げる。折り曲がる。「屈曲・屈指・屈伸・屈折／後屈」②くじける。くじく。「屈従・屈辱・屈服／不屈」③かがまって伸びない。「鬱屈うっくつ・窮屈・退屈・卑屈・偏屈」④(「倔くつ」と通用)力強い。「屈強」

掘　音クツ(漢)　訓ほる ‖ 穴をほる。地中からほり出す。「掘削／採掘・試掘・盗掘・発掘・乱掘」

窟　音クツ(慣)　訓いわや ‖ ①ほらあな。いわや。「岩窟・石窟・仙窟・洞窟」②人の集まったすみか。かくれが。「巣窟・魔窟・貧民窟」③集まるところ。「理窟」(補説)③は「屈」を代用字とすることがある。

くつ-ずれ【靴擦れ】〔名〕スル 靴が足に合わずに擦れて傷ができること。また、その傷。

くっ-せい【屈性】植物のある器官が、外部からの刺激に対して一定の方向へ屈曲する性質。刺激の来る方向に向かうのを正の屈性、逆を負の屈性という。屈光性・屈地性・屈湿性などがある。

くっ-せつ【屈折】〔名〕スル ❶折れ曲がること。「畑から畑を継いでは幾十度の―をなしつつ」〈長塚・土〉❷物の考え方やその表現などが素直でなく、わかりにくいところがあること。「―した心理」「―した表現」❸光や音などの波動が、ある媒質から他の媒質に進むとき、その境界面で進行方向を変えること。

(類語)屈曲・曲折・折れる・曲がる

くっせつ-かく【屈折角】光や音などの波動が二つの媒質の境界面で屈折するとき、境界面に立てた法線と、屈折後の進行方向とのなす角。

くっせつきょうせい-しゅじゅつ【屈折矯正手術】クッセツキョウセイ レーザーで角膜を削り、屈折率を調整することで視力の矯正をはかる手術。➡レーシック

くっせつ-けい【屈折計】光に対する物質の屈折率を測定する器械。

くっせつ-ご【屈折語】言語の類型的分類の一。単語の実質的な意味をもつ部分と文法的な意味を示す部分とが密接に結合して、語そのものが語形変化することにより、文法的機能が果たされる言語。インド-ヨーロッパ語族やセム語族の諸言語など。➡孤立語 ➡膠着語こうちゃくご ➡抱合語

くっせつ-の-ほうそく【屈折の法則】光や音などの波動が二つの媒質の境界面で屈折するとき、入射角の正弦と屈折角の正弦との比は一定であるという法則。スネルの法則。

くっせつ-ぼうえんきょう【屈折望遠鏡】対物鏡に凸レンズを使って光を集める形式の望遠鏡。ガリレイ式・ケプラー式などがある。➡反射望遠鏡

くっせつ-りつ【屈折率】光や音などの波動が二つの媒質の境界面で屈折するときの、入射角の正弦と屈折角の正弦との比。

クッソ〘kousso〙バラ科の高木。アフリカなどの高地に産し、葉は羽状複葉。淡紅色または白色の小花を円錐状につける。花から駆虫剤にするコソトキンをとる。(補説)「苦蘇」とも書く。

くっ-そう【屈葬】スル 死体の腰や手足を折り曲げて埋める葬法。縄文時代にみられる。➡伸展葬

くっそく-るい【掘足類】掘足綱の軟体動物の総称。管状の貝殻の口から足を出し砂を掘って潜る。体は左右相称。口に歯舌しぜつをもつが、目はなく、口の周囲から探餌さくじ・感覚器官の頭糸を出す。ツノガイなど日本に約90種が知られる。ほりあし類。

くつ-ぞこ【靴底】❶靴の底。❷シタビラメの別名。

くっ-たく【屈託｜屈×托】〔名〕スル ❶ある一つのことばかりが気にかかって他のことが手につかないこと。くよくよすること。「―のない顔」「人は只だ黄金おかねのことばっかりに―して」〈木下尚江・良人の自白〉❷疲れて飽きること。また、することもなく、退屈すること。「―そうな顔をして、火箸ひばしで火を弄いじっていた」〈秋声・足迹〉(類語)心配・気がかり・心がかり・不安・懸念・危惧きぐ・憂慮・憂患・心痛・心労・気苦労・思案・憂うれい・

虞(おそ)・気遣い・煩(わずら)い

くったく-がお【屈託顔】心に心配事や悩み事のある顔つき。「苦し紛れの一に六畳敷を出たのは」〈漱石・虞美人草〉

くったく-な・い【屈託無い】〔形〕図くったくな・し〔ク〕心配ごとがなく、さっぱりしている。「一・い笑顔」

クッタジュコフスキー-の-ていり【クッタジュコフスキーの定理】《Kutta-Zhukovskij theorem》完全流体の一様な流れの中にある物体にはたらく揚力に関する定理。流れに対して垂直にはたらく揚力Lは、流体の密度ρ、一様な流体の速度U、物体周囲の循環Γとすると、L=ρUΓで表される。ドイツのM=W=クッタとロシアのN=ジュコフスキーが20世紀初頭にそれぞれ導出した。

くつ-たび【靴足-袋】❶靴下。「青色の一に扣金附(おっとめ)の半靴を穿いた老人」〈二葉亭訳・片恋〉❷くるぶしから下だけの足袋。「頭巾を襟巻きにして、中の町ぞうり、八幡ぐろの一」〈洒・通言総籬〉

グッタ-ペルカ〔蘭 gutta-percha〕グッタペルカノキまたはその近縁の植物からとった樹液。乾燥したものは硬いが、50度以上に熱するとゴム状になり可塑性がある。耐酸容器・歯科治療材・電気絶縁材料などに用いる。

グッタペルカ-の-き【グッタペルカの木】アカテツ科の常緑高木。東南アジアからニューギニア地方に産し、樹液からグッタペルカをとる。

くったら-こ【倶多楽湖】北海道南西部、白老郡白老町にあるカルデラ湖。登別温泉の東にある。面積5平方キロメートル、最大深度148メートル。

ぐったり〔副〕疲れたり弱ったりして、力が抜けたさま。ぐたっと。「一(と)横たわる」「あまりの暑さに一する」類語へとへと・くたくた・奄奄

グッチ〔Guccio Gucci〕[1881〜1953]イタリアの皮革職人。1921年フィレンツェに自身の店を開き、鞄を中心とした皮革製品で人気を得る。没後、事業は息子らに引き継がれ、皮革のほか衣服・時計なども扱う服飾ブランドへと成長した。

くっち-せい【屈地性】植物体が重力の作用に対して示す屈性。一般に根は正の屈地性、茎は負の屈地性を示す。

クッチャロ-こ【クッチャロ湖】北海道北部、枝幸郡浜頓別町にある潟湖。猿払平野から頓別平野にかけてある湖沼のうち最大のもので、面積13.3平方キロメートル。ハクチョウやカモ類が多く飛来する。平成元年(1989)ラムサール条約に登録された。

くっちゃん【倶知安】北海道南西部の地名。後志総合振興局所在地。南東に羊蹄山がある。

くっちゃん-ちょう【倶知安町】▶倶知安

くっ-つ・く【くっ付く】〔動カ五(四)〕❶ある物に他の物がぴったりつく。接合する。付着する。「よく一・く接着剤」❷身を寄せる。つき従う。「親に一・いて離れない子」❸味方になる。くみする。「敵方に一・く」❹俗に、男女が夫婦の関係をもつ。「好いた者どうしが一・く」❺食いつく。「おれが何時ら鼻を一・かれた」〈滑・浮世風呂・四〉
類語付く・ひっつく・へばりつく・こびりつく・付ける・従う・随行する・随伴する・随従する・追随する・お供

くつ-づけ【沓付け】雑俳の一種。下の5文字を題として出し、それに上5字・中7字を付けて1句に仕立てるもの。➡冠付け

くっ-つ・ける【くっ付ける】〔動カ下一〕❶物と物をすきまなくぴったりつける。「のりで一・ける」❷中心となるもののそばに置く。また、関連させる。「見本に詳しい説明を一・ける」❸味方に加える。つき従わせる。「中立派を味方に一・けて勝つ」❹俗に、男女を結びつけて夫婦にする。「友人に姪を一・ける」

くつて-どり【沓手鳥】ホトトギスの別名。

くっ-と〔副〕❶こみ上げる笑いをおさえようとして、思わず声のもれるさまを表す語。「一笑いが込み上げて来て、我慢するのに骨が折れた」〈大仏・帰郷〉❷動きの速いさま。一気に。「釣り糸が一引かれる」❸残りなく、そうなるさま。すっかり。すべて。「やれさて、一ぬらしをった」〈狂言記・井礑〉

ぐっ-と〔副〕❶瞬間的に力を入れるさま。また、物事をひと息に行うさま。「両手で一押す」「酒を一飲み干す」❷感動や激しい感情がこみあげてくるさま。「胸に一きた」「怒りを一こらえる」❸息や言葉などが急につまるさま。「だしぬけにこんな事を言われて、僕は一詰まったのである」〈蘆花・思出の記〉❹状態の程度が今までと大きく隔っているさま。一段と。ぐんと。「値段は去年に比べて一高い」❺ちょっとものを言うさま。「ぴったり釘を打たれて、一も云えず」〈二葉亭・浮雲〉❻すっかり。ことごとく。「何の某といはるる女郎も、床の内での鼻歌などで一愛想の尽きることだ」〈洒・傾城買指南所〉
類語ずっと・更に・ますます・もっと・一層・はるかに・段違いに・余程・大分・大分・うんと・ぐんと

グッド〔good〕❶他の外来語の上に付いて、良い、優秀な、などの意を表す。「一ラック」⇔バッド。❷テニス・バレーボールなどで、ボールが規定の線内に入ること。セーフ。イン。

グッド-アイデア〔good idea〕うまい着想。よい思いつき。名案。

グッド-アフターヌーン〔good afternoon〕〔感〕午後のあいさつの語。こんにちは。

グッド-イブニング〔good evening〕〔感〕晩のあいさつの語。こんばんは。

くっ-とう【屈撓】〔名〕スル かがみたわむこと。また、屈服すること。「百難を犯すも、一することを知らざる、勁剛の天性」〈竜渓・経国美談〉

グッドウイル〔goodwill〕❶好意。善意。親切心。「一ガイド(=ボランティアの通訳やガイド)」❷店の信用。➡暖簾

グッドウイル-ガイド〔goodwill guide〕善意通訳。ボランティアで買って出る無報酬の通訳。東京オリンピックのときに発足した制度。

グッド-タイミング〔good timing〕ころあいや時機がちょうどよいこと。

グッド-デザイン〔good design〕すぐれた図案・意匠。

グッドデザイン-しょう【グッドデザイン賞】公益財団法人日本デザイン振興会が主催するデザイン評価・推奨制度。生活と産業の質の向上に貢献するデザインを選出。受賞作品はGマークを表示できる。昭和32年(1957)に通商産業省(現経済産業省)が「グッドデザイン商品選定制度」(通称、Gマーク制度)として創設。当初は工業製品を対象としていたが領域を広げ、建築・サービス・広告・ビジネスモデル・研究開発など人が生み出すあらゆるものや活動を対象とする。平成10年(1998)の制度民営化に伴い現名称に変更された。

グッド-ナイト〔good night〕〔感〕お休みなさい。さようなら。

グッド-バイ〔good-by〕〔感〕さようなら。グッバイ。
補説God be with ye(神が汝とともにあるようにの意)の短縮形。

グッドパスチャー-しょうこうぐん【グッドパスチャー症候群】《Goodpasture's syndrome》肺の出血と急性の腎炎が同時に起こる病気。アメリカの病理学者の名から。

グッドマン〔Benny Goodman〕[1909〜1986]米国のクラリネット奏者。本名、ベンジャミン=デビッド=グッドマン(Benjamin David Goodman)。1930年代後半、爆発的なスイングジャズのブームを生み、「スイング王」と呼ばれた。

グッド-モーニング〔good morning〕〔感〕午前のあいさつの語。おはよう。

グッド-ラック〔good luck〕〔感〕幸運・成功を祈るの意で、別れのあいさつに言う語。ごきげんよう。

グッド-ルーザー〔good loser〕《loserは、敗者の意》負けっぷりのいい人。潔く負けを認める人。負けても潔い人。

グッド-ルッキング〔good-looking〕容姿のよいこと。服装などがよく似合うこと。

くつ-なおし【靴直し】靴を修繕すること。また、その職人。

くつな-しょとう【忽那諸島】瀬戸内海の安芸灘と伊予灘を分ける位置にある島群。愛媛県松山市に属する。平安〜戦国時代、忽那氏の根拠地。

くつ-ぬぎ【沓脱ぎ|靴脱ぎ】❶玄関や縁側の上がり口の、履物を脱ぐ所。❷「沓脱ぎ石」の略。

くつぬぎ-いし【沓脱ぎ石|靴脱ぎ石】縁側や式台などの前に置き、履物を脱いでそこに置いたり、踏み台にしたりする石。くつぬぎ。

くつ-ぬぐい【靴拭い】靴底の汚れをぬぐうため、入り口に置くもの。棕櫚の皮や針金などを編んで作る。

くつ-の-こ【沓の子】沓の底に打ち並べた釘。
沓の子を打・つ　たくさんの人や物がすきまなく立ち並ぶさまをいう。「我も我もと込み入りける程に、一・ったるが如くにて」〈太平記・二九〉

クッパ《朝鮮語》飯に肉・野菜などを煮込んだ熱いスープをかけて食べる朝鮮料理。

くつ-はかず【沓穿かず】俳諧で、下の5文字が句の構成上意味がなく、無用の語であること。

くつ-ばけ【靴刷=毛】靴の汚れをぬぐい、磨いてつやを出すのに用いるはけ。靴ブラシ。

くつ-ばみ【轡|銜|鑣】《「口食(くちはみ)」の意》「くつわ❶」に同じ。「一をならべて十万余騎」〈平家・七〉

グッピー〔guppy〕カダヤシ目カダヤシ科の卵胎性の淡水魚。雄は全長3センチほど、雌はそれより大きく6センチほどになる。一般に雄は雌よりも色彩・模様や、尾びれなどの形が美しく変化に富む。南アメリカ北部の原産。観賞用として品種改良が盛ん。

グッビオ〔Gubbio〕イタリア中部、ウンブリア州の町。インジノ山の中腹に位置し、カミニャーノ川とカバレッロ川が流れる。エトルリア人が築いた町に起源し、古代ローマ時代の劇場の遺跡がある。また、ウンブリ語、エトルリア文字、ラテン語が刻まれた7枚の青銅板が出土したことでも知られる。12世紀に自治都市となり、13世紀に毛織物業で栄えた。城壁に囲まれた旧市街には、サンフランチェスコ教会、大聖堂、ドゥカーレ宮殿、バルジェッロ宮殿をはじめとする13世紀から14世紀にかけての歴史的建造物がある。

くつ-びき【沓引き|臥=機】織機の付属具。一端を機械のまねきにつけ、他の一端を織る人の足につけて、足の屈伸で綜を操るための麻縄。すそお。

くつ-ひも【靴紐】靴の甲の穴やフックをとじ合わせて、靴が脱げないように結ぶひも。

くっ-ぷく【屈伏|屈服】〔名〕スル《古く「くつぶく」とも》❶相手の強さ・勢いに負けて従うこと。力尽きて服従すること。「権力に一する」❷相手を敬い平伏すること。〈日葡〉類語敗北・降参・降伏・服従・屈従・忍従・帰順・帰服

くつ-ぶね【沓船】沓の形をした竹製の花器。横にしてつりさげて用いる。

くつ-べら【靴箆】靴を履くとき、かかとに当てて足を入れやすくするのに用いるへら。

くつ-まき【沓巻】❶矢の篦の先端で、鏃をさし込んだ口もとを固く糸で巻き締めてある部分。また、その糸。篦巻。口巻。❷柱の下部に巻きつけた化粧金物。

くつ-みがき【靴磨き】靴を磨くこと。また、それを職業とする人。

くつみ-けっそん【久津見蕨村】[1860〜1925]ジャーナリスト・思想家。江戸の生まれ。本名、息忠。自由主義思想家として知られ、「万朝報」などで評論活動を展開。著作に「自由思想」「無政府主義」など。

く-づめ【苦爪】苦労をしていると、爪の伸び方が早いということ。

くづめ-らくがみ【苦爪楽髪】苦労しているときは爪の伸びが早く、楽をしているときは、髪の伸びが早いということ。➡苦髪楽爪

くつ-や【靴屋】靴を製造・修理・販売する店。また、それを職業とする人。

くつろ-か【寛か】〔形動ナリ〕くつろいださま。ゆっ

たりとしたさま。「女房、桜の唐衣(からぎぬ)ども一に脱ぎ垂れて」〈枕・二三〉
くつろぎ【▽寛ぎ】くつろぐこと。気持ちが落ち着いて、ゆったりとしていること。「ひとときの一」「一の時間を持つ」
くつろ・ぐ【▽寛ぐ】㊀〔動ガ五(四)〕❶仕事や心配ごとなどを忘れて、伸び伸びとする。心身をゆったりと休める。気がねなくのんびりと振る舞う。「温泉につかって一・ぐ」「一・いだ雰囲気」❷窮屈な服装・姿勢などをやめて、楽なかっこうになる。「浴衣に着替えて一・ぐ」❸能楽で、演者が演能の途中で観客に背を向けていることをいう語。一時的に、その登場人物が、場面から身を隠したことを意味する。❹ゆるむ。ゆるくなる。「冠(かうぶり)の額すこし一・ぎたり」〈源・若菜上〉❺ゆとりがある。余地ができる。「数定まりて、一・ぐ所もなかりければ」〈源・澪標〉(可能)**くつろげる** ㊁〔動ガ下二〕「くつろげる」の文語形。(類語)憩う・リラックス・落ち着く・休む・休らう・休息する・休憩する・一休みする・小休止する・少憩する・一服する・一息入れる・骨休めする・休養する・息をつく
くつろ・げる【▽寛げる】〔動ガ下一〕文くつろ・ぐ〔ガ下二〕❶気持ちなどをゆったりとさせる。安心させる。休息させる。「住みにくい所をどれほどか、一・げて」〈漱石・草枕〉❷かたくしまっているものなどをゆるやかにする。ゆるめる。「一・げた領(えり)の下に項(うなじ)から背へ掛けて三角形に見える白い肌」〈鷗外・雁〉
くつ-わ【×轡¦×銜¦×鑣】❶《口輪の意》手綱(たづな)をつけるため、馬の口にかませる金具。くつばみ。くくみ。「一をとる」❷手綱。❸紋所の名。円形の中に十字を置く。轡の鏡の部分の形をかたどったもの。❹遊女屋。また、遊女屋の亭主。忘八(ぼうはち)。「女郎は浮気らしく見えて心の賢きが上物、と一の又市が申せし」〈浮・一代男・六〉
轡を並・べる　馬が首をそろえて並ぶ。また、そろって同じことをする。「各国の芸術と一・べて相競わんと欲せば」〈雪嶺・真善美日本人〉
轡をは・める　金品を与えて、口止めをする。くつわをかます。「金の一・める」
くつわ-がた【×轡形】円の中に「十」の字を置いた形。
くつわ-ごうし【×轡格子】(ガウシ) 轡形をつなぎ合わせた形の格子。書院の障子などに用いる。
くつわ-だすけ【×轡助け】轡に添えて、馬の口の両側に垂らして飾りとするもの。多くは組み糸で作り、先を房のようにする。
くつわ-むし【×轡虫】直翅(ちょくし)目キリギリス科の昆虫。体は緑色または褐色で、翅(はね)は幅広い。雄はガチャガチャと鳴く。日本特産で、関東以南から九州まで分布。がちゃがちゃ。くだまき。(季 秋)「松の月暗し暗しと一/虚子」
くつわ-や【×轡屋】遊女屋。置屋。
くて【×湫】《「くてと」とも》湿気が多くて水草などが生えている所。低湿地。
くてい【×倶×胝】《梵 koṭiの音写》仏語。数の単位で、10の7乗。1000万。億とする説もある。
ぐ-てい【愚弟】自分の弟をへりくだっていう語。(類語)小弟・舎弟
グディニア〘Gdynia〙ポーランド北部の港湾都市。バルト海に面し、同国随一の港湾をもつ。グダニスク、ソポトとともに「三連都市」と呼ばれる大都市圏を形成。漁業が盛んなほか、造船所、海軍基地、水族館、海洋関係の研究機関などがある。
ぐで-ぐで〔形動〕「ぐでんぐでん」に同じ。
クテシフォン〘Ctesiphon〙イラクのバグダード南東、チグリス川東岸にある遺跡。パルティアおよびササン朝ペルシア帝国の首都として栄えたが、7世紀にアラビアによって破壊された。テシフォン。
く-でま【工手間】❶職人などが物を製作する手数。また、その工賃。「銀にあかして一のかかりし物好きの大座敷」〈浮・色三味線・四〉❷手間。手かず。「八重といふ一に遅し梅の花」〈人・梅児誉美・後〉
く-てん【九天】「きゅうてん(九天)❹」に同じ。
く-てん【句点】文の終わりを示す「。」の記号。まる。➡読点(とうてん) (類語)丸・読点・点・句読点
く-でん【口伝】❶言葉で伝えること。くちづたえ。❷師が、学問や技芸の奥義などを弟子に口で伝えて教え授けること。また、その教え。口授(くじゅ)。口訣(くけつ)。❸奥義を伝えた文書や書物。秘伝書。
(類語)授ける・伝授・師伝・奥伝・奥許し・口授
く-でん【▽公田】▶こうでん(公田)
く-でん【功田】▶こうでん(功田)
ぐでん-ぐでん〔形動〕酒に酔って正体がなくなっているさま。ぐでぐで。「一に酔ってしまう」
(類語)べろべろ・べろんべろん・へべれけ・れろれろ
くてん-コード【区点コード】《Japanese graphic character code》JISで定められた漢字など全角字用の文字コードを、10進数を二つ並べて4桁の数字で表現したもの。
く-ど【苦土】酸化マグネシウムの俗称。
くど【×竈】❶かまど。へっつい。「一の前で、火ィくべてなさるでェ」〈有吉・助左衛門四代記〉❷かまどの後方にある煙出しの穴。〈和名抄〉
くど・い〔形〕文くど・し〔ク〕❶同じようなことを繰り返して言ったり長々と続けたりして、うんざりさせる。しつこくて、うるさい。「表現が一・い」「一・い質問」❷味つけや配色などがしつこい。「色が一・い」(派生)**くどさ**〔名〕(類語)しつこい・ねちっこい・執拗(しつよう)・うるさい・くどくどしい・あくどい
く-とう【句読】❶文を読むとき、その文の切れるところと一時息を切るところ。❷文章の読み方。特に、漢文の素読。「父恭斎に一を授けられていたのである」〈鷗外・渋江抽斎〉❸「句読点」の略。
句読を切・る　句読点を打って文の切れ目をはっきりさせる。
く-とう【句頭】❶語句の冒頭。❷雅楽で、歌詞の最初を独唱する首席唱者。
く-とう【×狗盗】(タウ)《犬のように物を盗む意から》こそどろ。「鶏鳴一」
く-とう【苦闘】〔名〕(スル) 苦しみに耐えながら戦うこと。苦戦。「悪戦一する」(類語)苦戦・悪戦苦闘
く-どう【駆動】〔名〕(スル) 動力を伝えて動かすこと。「四輪一」「一輪」
ぐ-とう【愚答】(タフ) 愚かな答え。「愚問一」
ぐ-どう【▽求道】(ダウ) ❶仏語。仏の教えを求めること。求法(ぐほう)。❷真理を求めること。きゅうどう。
くどう-えいいち【工藤栄一】[1929〜2000]映画監督。北海道の生まれ。ドキュメンタリータッチの集団抗争時代劇を多数手がけた。代表作「十三人の刺客」「大殺陣」など。また、「必殺仕置人」「傷だらけの天使」などのテレビドラマでも才能を発揮した。
くとう-ざんまい【口頭三昧】経文を読むだけで、真に仏道の修行をしないこと。
くどう-じく【駆動軸】(ヂク) 原動機の動力を作動機械に伝えるための軸。
くとうじょ【旧唐書】(クタウジョ) 中国の二十四史の一。唐の歴史を記した書。五代後晋(こうしん)の劉昫(りゅうく)らの撰。945年成立。本紀20、志30、列伝150の全200巻。宋代に「新唐書」が編まれたための称。
くどう-すけつね【工藤祐経】[?〜1193]鎌倉初期の武将。伊豆の人。所領の争いから同族の河津祐泰(かわづすけやす)を殺害。のち、その遺児の曽我祐成(すけなり)・時致(ときむね)の兄弟に、富士の巻狩りの陣中で殺された。➡曽我兄弟
くとう-てん【句読点】文の切れ目や文中の意味の切れ目などに添える符号。句点と読点。広義には、句点・読点のほか、感嘆符・疑問符・中黒(なかぐろ)・コンマ・かっこ類などをも含めていうこともある。
(類語)句点・丸・読点・点
ぐどう-とうしょく【愚堂東寔】(グダウ)[1577〜1661]安土桃山から江戸前期の臨済宗の僧。美濃の人。妙心寺聖沢庵の庸山景庸に師事して法を継ぎ、妙心寺に三度住し、後水尾(ごみずのお)院らの帰依を受けた。大円宝鑑国師。
クトゥブッディーン-アイバク〘Quṭb al-Dīn Aibak〙[?〜1210]インド最初のイスラム王朝の王。奴隷から身を起こし、インドを支配した。➡奴隷王朝
くどう-へいすけ【工藤平助】[1734〜1800]江戸中期の医師・経世家。紀伊の人。名は球卿。海防・開港貿易・蝦夷地(えぞち)開発を主張、「赤蝦夷風説考」を著し、ロシア南下に対する備えを説いた。
くとう-ほう【句読法】(ハフ) 句読点の使い方。また、それについて定めたもの。
グドゥルー〘Gödöllő〙《「ゲデレー」とも》ハンガリー北部の町。首都ブダペストの北東約30キロメートルに位置する。皇帝フランツ=ヨーゼフの妃エリーザベトの夏の離宮、グドゥルー宮殿があることで知られる。
グドゥルー-きゅうでん【グドゥルー宮殿】《Gödöllői Királyi Kastély》ハンガリーの首都ブダペストの郊外グドゥルーにあるバロック様式の宮殿。18世紀半ば、貴族アンタル=グラシャルコビチ伯爵により建造。19世紀後半、オーストリア-ハンガリー帝国の皇帝フランツ=ヨーゼフの所有になり、妃エリーザベトが好んで訪れ、夏の離宮として利用された。ゲデレー宮殿。
クトゥルムシウ-しゅうどういん【クトゥルムシウ修道院】(シウダウヰン)《Moni Koutloumousiou》ギリシャ北部、ハルキディキ半島にある東方正教会の聖地アトス山の修道院。12世紀以前の創設とされる。主聖堂や礼拝堂などの多くは、16世紀から18世紀にかけて建造された。奇跡をもたらすといわれる聖母子のイコンがあることで知られる。
くど-がみ【×竈神¦久度神】かまどの神。荒神(こうじん)。
くどき【口説き】❶くどくこと。また、その言葉。「一じょうず」「一に掛かる」❷日本音楽で、楽曲の構成単位の一。㋐平曲で、素声(しらごえ)に近い単純な旋律をもつ曲節。また、それによって演奏される部分。㋑謡曲で、慕情・傷心などの心情を吐露する、拍子に合わない語りの部分。㋒浄瑠璃で、恋慕・悲嘆・恨みなどを切々と訴える部分。一段中の聞きどころとなる。㋓長唄で、詠嘆的な心情表現をする部分。❸口説き歌が江戸時代に沖縄に伝わったもの。多く踊りを伴う。くどぅち。❹「口説き歌」「口説き節」「口説き模様」の略。
くどき-うた【口説き歌】民謡などで、長編の叙事歌謡を同じ旋律の繰り返しにのせて歌うもの。盆踊りに歌う踊り口説き、木遣(きや)りに歌う木遣り口説きなどがある。口説き。口説き節。
くどき-おと・す【口説き落(と)す】〔動サ五(四)〕なかなか承知しない相手をくどいて承知させる。「一・されて選挙に出るはめになった」
くどき-ごと【口説き言】愚痴をくどくどと言うこと。泣き言。「聖(ひじり)に向かひて、さまざまに一をしける」〈著聞集・二〇〉
くどき-ぶし【口説き節】❶俗曲の一。市井の情話などを長編の歌物語にしたもの。瞽女(ごぜ)などが歌って江戸後期に流行した。鈴木主水(もんど)・八百屋お七など。口説き。❷▶口説き歌
くどき-もよう【口説き模様】(モヤウ) 浄瑠璃・歌舞伎などで、女が恋人に心情を訴えたり、相手の態度を恨んでいろいろと言いかけたりする所作。また、その節回し。口説き。
く-どく【功徳】仏語。❶現世・来世に幸福をもたらすもとになる善行。善根。「一を施す」❷神仏の恵み。御利益(ごりやく)。(類語)善行・篤行・陰徳・善根・積善
くど・く【口説く】〔動カ五(四)〕《「くどくど」などの「くど」と同語源で、「口説く」は当て字か》❶㋐こちらの意向を相手に承知してもらおうとして、熱心に説いたり頼んだりする。説得する。「親を一・いて費用を出させる」㋑異性に対して、自分の思いを受け入れるよう説得する。言い寄る。「言葉巧みに一・く」❷同じことを繰り返し言う。くどくどと愚痴をこぼす。「泣いて一・いて裟婆立つならば、己(おれ)も泣きます一・きます」〈民謡・布施谷節〉❸しきりに意中を訴える。祈願する。「経読み仏一・き参らせらるるほどに」〈讃岐典侍日記・上〉(可能)**くどける** (類語)説き伏せる・説きつける・説得
ぐ-とく【具徳】徳が備わっていること。また、生来、人徳や才能を備え持っていること。「一の士」
ぐ-とく【愚×禿】《頭を剃った、おろか者の意から》僧が自分をへりくだっていう語。特に、親鸞(しんらん)が自称に

用いた。

くどく-え【功徳▽衣】仏語。安居あんごが終わったのち5か月間、僧に着用が許される衣。迦絺那衣かちなえ。

ぐとくしょう【愚禿鈔】グトク セウ 鎌倉時代の仏教書。2巻。親鸞しんらん著。成立年未詳。仏一代の教説のうち、大乗について二双四重(竪超・竪出、横超・横出)の教判を立て、浄土真宗を横超とし、最もすぐれているものとして、他力の信心を強調したもの。二巻抄。

くどく-ぞう【功徳蔵】ザウ 仏語。❶功徳を多く積んだことを蔵にたとえていう語。功徳の宝蔵。❷阿弥陀仏の別称。❸阿弥陀経で説く、自力回向えこうの念仏のこと。

くどく-ち【功徳池】仏語。極楽浄土にあるという池。八功徳水はっくどくすいをたたえているところからいう。八功徳池。

くどく-ちゃ【功徳茶】路上で通行の人に施す湯茶。7月初旬から24日まで仏家で行う。

くどく-てん【功徳天】吉祥天きちじょうてんの別称。

くどく-ど〔副〕❶しつこく繰り返して言うさま。「―(と)小言を言う」❷思い切りが悪いさま。「やい太郎冠者、何を―して居るぞ」〈虎寛狂・靫猿〉

くどくど-し・い〔形〕文くどくど・し〔シク〕話などが、不必要な言葉が多くてくどい。くだくだしい。「―・い言い方」

くどく-ぶろ【功徳風呂】僧や貧民に対して、施しのために湯銭を取らないで入れる風呂。施行せぎょう風呂。

クトッ〘インド ネシア ketuk〙►クトック

クトック〘インド ネシア ketuk〙《「クトッ」とも》ジャワのガムランで用いられる中央部に突起のある壺形ゴング。先端をひもで巻いた桴ばちで、主として弱拍にその突起を打つ。クノンより小型。➡ゴング ➡クノン

クトナー-ホラ〘Kutná Hora〙チェコの首都、プラハの南東約60キロメートルにあるボヘミア地方の町。13世紀後半に銀鉱脈が発見され、経済都市として発展。のちに鉱脈の枯渇とともに衰退していったが、ゴシック式で建てられた教会など、中世の建築物が多数残されている。1995年に「クトナー-ホラ：聖バルバラ教会とセドレツの聖母マリア大聖堂のある歴史都市」として世界遺産(文化遺産)に登録された。

くどやま【九度山】和歌山県北部、伊都郡の地名。高野山北麓を流れる丹生にう川が紀ノ川と合流する地にある。真田昌幸まさゆき・幸村ゆきむら父子が隠棲した地。

くどやま-ちょう【九度山町】チャウ ►九度山

グトル-たき【グトル滝】《Gullfoss》►グトルフォス

グトルフォス〘Gullfoss〙《アイスランド語で「黄金の滝」の意》アイスランド南西部にある滝。氷河から流れ出たクビータウ川にかかる。2段からなり、最大落差約30メートル、幅約70メートル。同国屈指の観光名所として知られる。グトル滝。

くどん【瞿曇】《梵 Gautamaの音写》釈迦しゃかが出家する前の本姓。ゴータマ。また、釈迦。くどんみ。

ぐ-どん【愚鈍】〔名・形動〕判断力・理解力がにぶいこと。頭が悪くのろまなこと。また、そのさま。「二等と三等との区別さえも弁わきまえない―な心が腹立たしかった」〈芥川・蜜柑〉 派生ぐどんさ〔名〕

類語 鈍重・鈍ぐ・のろま・遅鈍・鈍才・魯鈍・馬鹿・阿呆あほう・魯鈍ろどん・無知・蒙昧もうまい・愚昧ぐまい・愚蒙ぐもう・暗愚・頑愚・愚か・薄のろ・盆暗ぼんくら・まぬけ・とんま・たわけ

く-ない【区内】❶区画された範囲の中。❷行政上の、ある一定の区域内。

く-ない【宮内】❶皇居の中。宮中。みやのうち。❷「宮内省」の略。

くない-かん【宮内官】クワン 旧制で、皇室関係の諸官署に勤務した官吏。

くない-きょう【宮内×卿】キャウ ❶律令制における宮内省の長官。❷明治初期の宮内省の長官。

くない-きょう【宮内卿】キャウ［?～1204ころ］鎌倉初期の歌人。源師光もろみつの娘。後鳥羽院の女房。「千五百番歌合」に参加した歌から若草の宮内卿とよばれ、歌は新古今集以下の勅撰集に40首余り入集。

くない-しょう【宮内省】シャウ ❶律令制で、太政官だいじょうかん八省の一。皇室の庶務・土木・用度などを取り扱った。❷明治2年(1869)に設置され、皇室関係の事務を取り扱った官庁。➡宮内庁

グナイスト〘Rudolf von Gneist〙［1816～1895］ドイツの法学者・政治家。イギリス憲政史の研究家で、ドイツ立憲君主制の確立に貢献。明治憲法制定の際、渡欧した伊藤博文らに憲法学・行政学を講じた。

くない-だいじん【宮内大臣】旧制で宮内省の長官。宮相。

くない-ちょう【宮内庁】チャウ 皇室関係の国家事務、天皇の国事行為に関する事務をつかさどり、御璽ぎょじ・国璽こくじを保管する行政機関。内閣府に置かれる。昭和22年(1947)宮内省を廃止して宮内府を設置、同24年宮内庁となる。

クナイペ〘ドイ ツ Kneipe〙ドイツの大衆的な居酒屋。ビールを主とするが喫茶や軽食もできる。

くな-くな〔副〕スル ❶物がたわむさま。また、しなるさま。しなしな。「小関は、白い手頸を―させて振り」〈高見・故旧忘れ得べき〉❷急に力が抜けて萎なえるさま。へなへな。「一と成ると、とんと橋の上へ、真俯向まうつむけに突伏つっぷして」〈鏡花・日本橋〉

ぐな-ぐな〔副〕非常に柔らかで、しっかりしていないさま。ぐにゃぐにゃ。「身体は―、眼ばかり据すえて」〈紅葉・二人女房〉

くな-こく【狗奴国】►くぬこく(狗奴国)

くなしり-とう【国後島】タウ 北海道南千島の島。知床しれとこ半島の東方にある。爺々ちゃちゃ岳などの火山があり、中心集落は泊とまり。第二次大戦後はソ連、のちにロシア連邦の統治下。面積1500平方キロメートル。

くなど-の-かみ【久那斗神｜岐神】►ふなどのかみ

く-なん【苦難】苦しみや困難。「―を乗り越える」

類語 苦しみ・苦痛・試練・四苦八苦・七転八倒・いばら・苦労・骨折り・労ろう・労苦・苦心・腐心・辛苦・辛労・心労・煩労・艱苦かんく・艱難かんなん・辛酸・ひと苦労

くに【国｜▽邦】❶国家。また、その占めている地域。国土。「一の財政」「海の彼方の一」❷地方。地域。「北の一」❸古代から近世までの行政区画の一。大化の改新によって定められ、明治維新まで続いた。「駿河の一」❹生まれ育った土地。郷里。故郷。「盆と正月には一へ帰る」「一は富山です」❺(主に、天あめに対して)地。大地。「天の壁かき立つ極み、一の退そき立つ限り」〈祝詞・祈年祭〉❻国府。また、そこの役人。「一に仰せ給ひて、手輿たごし作らせ給ひて」〈竹取〉❼任国。領国。知行所。「紀伊守一に下りなどして」〈源・空蝉〉❽国の政治。国政。「尾張に下りて一行ひけるに」〈宇治拾遺・三〉❾帝位。天皇の位。また、その政務。「御一譲らむこと近くなり侍りぬるを」〈宇津保・国譲中〉

下接語 葦原あしはらの中つ国・天つ国・浦安の国・御お国・御伽おとぎの国・華胥かしょの国・神の国・唐から国・異こと国・言霊ことだまの幸さきはう国・常世とこよの国・外とつ国・根の国・日出いずる国・日の入る国・御み国・瑞穂みずほの国・黄泉よみの国・我が国 (ぐに)北国・島国・山国・雪国

類語 (❶)国家・邦家・社稷しゃしょく・政府・行政府・政庁・政権・内閣・台閣・官庁・官衙かんが・官かん・公儀こうぎ・お上かみ/(❹)故郷・郷里・ふるさと・郷土・田舎・在所・国もと・郷党・郷国・郷関・家郷・故山・生地・生国

国に杖つえ突く 《「礼記」王制による。古く、中国では70歳になると国中つえをついて歩くことを許されたところから》70歳になることをいう。

国に二君なし 《「礼記」喪服四制から》一国の統治者は、一人であるべきである。

国に盗人ぬすびと家に鼠ねずみ 物事には、その内部に自らを害するものが必ずあるということのたとえ。

国破れて山河あり 《杜甫「春望」から》国は戦乱によってぼろぼろに破壊されつくしたが、山や川はもとの姿のままで存在している。補説「国敗れて山河あり」と書くのは誤り。

国を売・る 自分の利益のために、自国の安全などを犠牲にして、他国に有利な行為をする。補説「国」は、国都(長安)の意とも、国家(の組織)の意ともいう。

く-に【×垢×膩】あかとあぶら。「後に負へる袋には、一の垢付ける衣あり」〈謡・卒都婆小町〉

くに【▽訓】《「くん(訓)」の「ん」を「に」で表記したもの》「くん(訓)」に同じ。「一度ひとたびは一、一度は声に読ませ給ひて」〈宇津保・蔵開中〉

ぐ-に【▽五二】双六すごろく・ばくちなどで、二つのさいころに五と二の目が出ること。

くに-あらそい【国争い】アラソヒ ❶一国の土地や政権をめぐって争うこと。「源平の一、今日をかぎりとぞ見えたりける」〈平家・一一〉❷国と国との争い。「父一官の生国は大明だいみん韃靼だったん、鴫しぎと蛤はまぐりの一、今合戦最中と伝へ聞く」〈浄・国性爺〉

く-に-いち【九二一】初期の鉄砲に用いた火薬。煙硝9匁もんめ、灰2匁、硫黄1匁の割合で配合した。

くに-いっき【国一×揆】室町時代、国衆くにしゅう・国人こくじんとよばれていた小領主や農民が、荘園領主や守護に抵抗して一郡ないし数郡の規模で起こした一揆。

くに-いり【国入り】〔名〕スル ❶大名が自分の領地に赴くこと。また、武士が主君の領地に行くこと。入国。❷(多く「お国入り」の形で)有名人などが自分の故郷に帰ること。

くに-うど【国▽人】《「くにびと」の音変化。「くにゅうど」とも》❶その国の人。その土地に住む人。「つねに一寄り合ひて狩なんどして」〈平治・下〉❷「在国衆ざいこくしゅう」に同じ。「野心の一ら、忽ちに翻って味方を射る間」〈太平記・一四〉

くに-おもて【国表】自分の領国・郷里。藩邸のあった江戸表・京表に対していう。国もと。

くに-がえ【国替え】ガヘ ❶平安時代、国司に任命された人がその国に赴任することを望まないで、他の国に任地を替えてもらったこと。❷江戸時代、幕府が大名統制策として大名の領地を他に移し替えること。所替ところがえ。転封てんぽう。移封いほう。❸《❶や❷から転じて》俗に、代議士が立候補する選挙区を変更すること。

くにが-かいがん【国賀海岸】島根県隠岐おき諸島島前どうぜんの北西部にある約13キロメートルの海岸。隠岐郡西ノ島町北西の外海に面した景勝地。高さ258メートルの海食による断崖摩天まてん崖を代表として、浸食岩の通天橋・溶岩断崖の鬼ヶ城・矢走二十六穴といわれる26の海食洞など奇景・絶景が多く、国の名勝・天然記念物に指定されている。海域公園もある。大山だいせん隠岐国立公園に属する。

くにかかす-じんぐう【国懸神宮】和歌山市秋月にある神社。旧官幣大社。祭神は日矛鏡ひぼこのかがみを神体とする国懸大神。境内に日前ひのくま神宮がある。

くに-がた【国方】❶地方。国もと。故郷。「我が一のあの時分の娘は、いまだ門にて竹馬に乗りあそびし」〈浮・一代女・一〉❷国司の庁の役人。「昔より、此の所は一の者入部する事なし」〈平家・一〉

くにかね【国包】［1592～1664］江戸初期の刀工。仙台の人。山城大掾やましろだいじょうを受領し、後年は用恵と号した。

くに-がまえ【国構え】ガマヘ 漢字の構えの一。「国」「団」「図」などの「囗」の称。

くに-がら【国柄】《古くは「くにから」とも》❶国家の成り立ち。国の状態。「世界中の一と時代とに従て政統は一様なる可からず」〈福沢・文明論之概略〉❷その国や地方に特有の持ち味。「お一が表れる」

くに-がろう【国家老】ガラウ 江戸時代、大名の領国にいて、主君が参勤交代で江戸にいる間留守を預かった家老。➡江戸家老

くにかんり-くうこう【国管理空港】クワンリ クウカウ 拠点空港のうち、国土交通大臣が設置・管理をする空港。東京国際空港、大阪国際空港などがある。

くにきだ-どっぽ【国木田独歩】ドッポ［1871～1908］詩人・小説家。千葉の生まれ。本名、哲夫。新体詩から小説に転じ、自然主義文学の先駆となる。代表作「武蔵野」「源叔父」「牛肉と馬鈴薯」「運命論者」など。

くに-きょう【恭仁京】キャウ 京都府木津川市加茂町例幣れいへいにあった聖武天皇の都。天平12年(740)奈良からこの地に遷都。未完成のまま4年後に難波なにわに移った。大養徳恭仁大宮おおやまとのくにのおおみや。くにのみやこ。

くに-きょうだん【国郷談】キャウダン その地方だけで使われている言葉。国言葉。方言。「他国の者には通ぜず、御一なり」〈おあむ物語〉

く-にく【×狗肉】犬の肉。「羊頭―」

く-にく【苦肉】敵を欺くために自分の身や味方を苦しめること。

苦肉の策　敵を欺くために、自分の身や味方を苦しめてまで行うはかりごと。また、苦しまぎれに考え出した手立て。苦肉の謀(はかりごと)。「―を講じる」

くに-くずし【国崩し】ーくづし《国土をもくずすの意》初期の大砲のこと。16世紀、大友宗麟(おおともそうりん)がポルトガル人から石火矢(いしびや)を得て、名づけたという。

くに-ことば【国言葉】❶その国で使われている言語。その国の共通語・公用語。国語。❷その人の故郷で使われている言葉。方言。国なまり。

くに-ざいく【国細工】地方で作られる細工物。また、田舎育ちの人。「無地の丸鍔(まるつば)、象嵌(ざうがん)の―には稀男」〈浄・冥途の飛脚〉

くに-ざかい【国境┊国▽界】ーざかひ 国と国との境。こっきょう。「―の峠」

くにさき【国東】大分県国東半島東半を占める市。丘陵地が多く柑橘類の栽培が盛ん。電子機器の工場も多く進出。南部の埋め立て地に大分空港がある。平成18年(2006)3月に国見町・国東町・武蔵町・安岐(あき)町が合併して成立。人口3.2万(2010)。

くにさき-し【国東市】▶国東

くにさき-はんとう【国東半島】ーハンタウ 大分県北東部の、瀬戸内海に突き出た火山半島。中央にある両子(ふたご)山は標高721メートル。石仏や古寺が多い。

くにさだ【国貞】㊀江戸初期の刀工。日向(ひゅうが)の人。本名、藤原国貞。和泉守(いずみのかみ)。京都一条堀川の国広の門人。生没年未詳。㊁▶歌川国貞(うたがわくにさだ)

くにさだ-ちゅうじ【国定忠次】[1810～1850]江戸末期の侠客。上野(こうずけ)の国定村の人。本名、長岡忠次郎。賭場(とば)荒らし・関所破りなどの罪で磔(はりつけ)の刑に処せられた。後世、講談・浪曲・芝居などに脚色。国定忠治。

くに-さと【国里】❶国と里。国または里。「あたり近き―までも、いよいよそほを貴みあへりけり」〈仮・伊曽保・上〉❷生まれ故郷。郷里。「おことの―はいづくの人ぞ」〈謡・桜川〉

くに-ざむらい【国侍】ーざむらひ ❶地方の侍。田舎侍。❷江戸時代、大名の領国に住む家臣。

くにしげ【国重】南北朝時代の刀工。山城長谷部派。正宗の門人という。生没年未詳。

くにしのび-うた【▽思▽国歌】《上代は「くにしのひうた」》故国を追憶した歌。また、国土をたたえる歌。「此の歌は―ぞ」〈記・中〉

くに-じまん【国自慢】故国や故郷を自慢すること。お国自慢。

くに-しゅう【国衆】❶律令制で、国衙(こくが)領の住民。❷中世、守護大名の領地に土着していた地侍(じざむらい)や有力農民。有力名主層をさす国人(こくじん)との区別は必ずしもはっきりしない。❸▶御国衆(おくにしゅう)

くに-じょうろう【国上×臈】ージャウラフ 江戸時代、大名などが本国に置いた側室。江戸に在住した正室に対していう。

くに-す【国×栖┊国巣┊国×樔】「くず(国栖)」に同じ。「―らが春菜つむらむ」〈万・一九一九〉

くに-せんじ【国宣旨】平安時代、弁官から諸国に下した公文書。

くに-そだち【国育ち】地方で育ったこと。また、その人。田舎育ち。「姿なら面体なら、京のどなたの奥様にも、誰が否とはいなば山、―とは思はれず」〈浄・堀川波鼓〉

くに-だいみょう【国大名】ーダイミャウ ▶国持(くにもち)大名

くにたち【国立】東京都中部の市。学園都市。市名は、国分寺・立川両駅間の、両方の頭文字を取った国立駅にちなむ。人口7.6万(2010)。

くにたち-おんがくだいがく【国立音楽大学】立川市にある私立大学。大正15年(1926)創立の東京高等音楽学院を前身とし、昭和25年(1950)新制大学として発足。

くにたち-し【国立市】▶国立

くにたま-の-かみ【国▽魂の神】国土を経営し、支配する神。大国主神など。

くに-たみ【国民┊国▽人】一国の人民。こくみん。(類語)国民・人民・公民・市民・万民(ばんみん)・四民・臣民・同胞・国人(くにびと)・民(たみ)・民草(たみくさ)・億兆(おくちょう)・蒼生(そうせい)・蒼氓(そうぼう)・赤子(せきし)

くにたゆう-ぶし【国▽太▽夫節】くにタイフー ❶浄瑠璃の流派の一。享保(1716～1736)初期、一中節から一派を立てた都国太夫半中が始めたもの。のち宮古路(みやこじ)豊後と名のり、豊後節ともよばれる。半中節。宮古路節。❷❶から分かれて上方(かみがた)で行われた浄瑠璃の諸流の総称。薗八(そのはち)節・繁太夫節・正伝節など。

くに-つ【国つ】〔連語〕《「つ」は「の」の意の格助詞》国の。国土の。➡天(あま)つ

くに-づかさ【国▽司】▶こくし(国司)

くに-つ-かみ【国つ神┊地＝祇】天孫降臨以前からこの国土を治めていた土着の神。地神。「僕(あれ)は―、大山津見の神の子ぞ」〈記・上〉➡天(あま)つ神

くにつぐ【国次】▶来国次(らいくにつぐ)

くに-づくし【国尽(く)し】日本諸国の国の名をすべて列挙して、歌いやすいようにつづったもの。江戸時代から明治初期にかけて習字の手本とされた。

くに-つ-こ【国▽造】▶くにのみやつこ(国造)

くに-つ-つみ【国つ罪】❶地上で犯した罪。国の人々の犯した罪。「ここだくの罪を天つ罪と法(の)り別けて、―と」〈祝詞・六月晦大祓〉➡天(あま)つ罪 ❷国法を犯した罪。「神宝(かんだから)を盗みとりしは例(ためし)なき―なり」〈読・雨月・蛇性の婬〉

くにつな【国綱】▶粟田口国綱(あわたぐちくにつな)

クニッピング〖Erwin Knipping〗[1844～1922]ドイツの気象学者。明治4年(1871)来日。日本政府のお雇い外国人として、測候所の設立、天気予報の開始などを進言。日本の気象事業の発展に尽力。

くに-つ-ふみ【国つ▽書┊国つ▽記】国の歴史を記した書物。「天皇記(すべらみことのふみ)及び―…を録(しる)す」〈推古紀〉

くに-つ-まなび【国つ学び】国学(こくがく)を訓読みにした語。

くに-つ-みかみ【国つ▽御神】「国つ神」を敬っていう語。「ささなみの―のうらさびて荒れたる京(みやこ)見れば悲しも」〈万・三三〉

くに-づめ【国詰め】江戸時代、大名やその家臣が国もとで在勤すること。➡江戸詰め

くに-つ-もの【国つ物】その国から産出する物。土地の産物。「大唐の―を庭中(おほには)に置く」〈推古紀〉

くに-つ-やしろ【国つ社】国つ神を祭った神社。「神等をば天つ社、―と忘るる事なく」〈祝詞・竜田風神祭〉

くに-てがた【国手形】《出身地を証明するものの意》江戸時代、方言・国なまりをいった語。

くに-ところ【国所┊国▽処】《「くにどころ」とも》生まれ故郷。郷里。「是れ―の差別もなく、演劇さかえて奇異譚褒うる所以なり」〈逍遥・小説神髄〉

くにとし【国俊】▶来国俊(らいくにとし)

クニドス〖Knidos〗小アジア地方にあった古代都市。現在のトルコ南西部、ダッチャ半島の先端部に位置する。スパルタ人が築いた植民都市に起源し、のちにドリス人六大都市の一つになった。紀元前7世紀頃から芸術と学問の中心地として発展。劇場、アフロディテ神殿、ディオニュソス神殿などの遺跡がある。天文学者エウドクソス、彫刻家ソストラトスの生地。

くにとも-とうべえ【国友藤兵衛】ートウベヱ [1778～1840]江戸後期の科学者・鉄砲鍛冶(てっぽうかじ)。近江(おうみ)の人。名は重恭。号、一貫斎。家は代々、幕府の御用鉄砲鍛冶職。自製の天体望遠鏡で太陽の黒点を観測。また、空気銃・ポンプなどを製作した。

くに-とり【国取り】❶国を領有すること。また、その人。国持ち。❷他人の領国を奪うこと。

くにとり-だいみょう【国取大名】ーダイミャウ ▶国持大名(くにもちだいみょう)

くに-な【国名】平安時代、宮中の女官や僧侶などの呼び名に国の名を付けたもの。女官は父や兄・夫の任国にちなんで、また僧侶はその生国にちなんでつけられた。和泉式部(いずみしきぶ)・讃岐典侍(さぬきのすけ)の類。

くになかのむらじ-きみまろ【国中連公麻呂】[?～774]奈良時代の仏師。百済(くだら)からの渡来人の子孫。東大寺大仏鋳造の事業を指揮し、造東大寺司次官となった。

くになか-へいや【国中平野】新潟県佐渡島のほぼ中央に広がる平野。大佐渡山地と小佐渡山地の間にある地溝帯平野。長さ12キロメートル、幅8キロメートル、面積150平方キロメートル。島の人口の多くがこの平野に集中する。佐渡の米どころで、史跡も多い。

くに-なまり【国×訛り】その地方特有の語法・アクセント・発音など。また、生まれ故郷の言葉。国言葉。(類語)訛・訛音(かおん)

くに-の-おや【国の親】❶天皇。また、太上天皇。「―となりて、帝王の上なき位に」〈源・桐壺〉❷皇后。また、天皇の生母。国母(こくも)。「―ともて騒がれ給ひ」〈紫式部日記〉

くに-の-かみ【国の▽守】❶国司の長官。❷▶国主大名(こくしゅだいみょう)

くにのそこたち-の-みこと【国底立尊】▶国常立尊(くにのとこたちのみこと)

くに-の-つかさ【国の▽司】「国司(こくし)」に同じ。「―詣(まう)で訪(とぶら)ふにも、え起き上がり給はで」〈竹取〉

くにのとこたち-の-みこと【国常立尊】日本神話の神。「日本書紀」では、天地開闢(かいびゃく)のときあらゆる神に先立って現れた第一神。国土生成の中心的神とされる。「古事記」では、国常立神の名で、第6番目に現れた神。国底立尊(くにのそこたちのみこと)。

くに-の-はかせ【国の博士】▶くにはかせ

くに-の-はな【国の花┊国の華】❶国を代表する花。国花。❷国の誇りとなるもの。❸文章の美称。

くに-の-はは【国の母】皇后または皇太后のこと。国母(こくも)。「若君、―となり給ひて」〈源・若菜上〉

くに-の-まほら【国のまほら】《「ま」は美称、「ほ」は最もすばらしいことやものの意、「ら」は接尾語》国の中で最もすばらしい所。くにのまほろば。くにのほ。「―をつばらかに示し給へば」〈万・一七五三〉

くに-の-まほろば【国のまほろば】「国のまほら」に同じ。「大和(やまと)は―」〈記・中・歌謡〉

くに-の-みこともち【国の▽宰┊国▽司】大化の改新以前、朝廷から臨時に諸国に派遣されて、その国の政治を執った者。大化の改新以後は国司となる。

くにのみはしら-の-かみ【国御柱神】天御柱神とともに風をつかさどる神で、奈良竜田大社の祭神。

くに-の-みや【久邇宮】旧宮家の一。明治8年(1875)伏見宮邦家親王の第4王子朝彦(あさひこ)親王が創立。昭和22年(1947)廃号。

くに-の-みやこ【恭仁京】▶くにきょう(恭仁京)

くに-の-みやつこ【国▽造】《国の御奴(みやつこ)の意》大化の改新以前における世襲制の地方官。地方の豪族で、朝廷から任命されてその地方を統治した。大化の改新以後は廃止されたが、多くは郡司となってその国の神事もつかさどった。くにつこ。こくぞう。

くに-はかせ【国博士】❶大化の改新時の政治顧問であった僧旻(みん)と高向玄理(たかむこのくろまろ)に与えられた官名。くにのはかせ。❷律令制で、諸国に置かれた国学の教官。くにのはかせ。

くに-はら【国原】広く平らな土地。広い国土。「春尚淋しくして―に人稀れなり」〈露風・春の旅情〉

くに-ばら【国腹】江戸時代、大名が国もとの側室に産ませた子女。御国腹(おくにばら)。「信州の大名、―の子息両人持ち給ひしが」〈浮・新可笑記・一〉

くに-ばらい【国払い】ーばらひ 江戸時代の刑罰で、一国の内から追放すること。

くに-びき【国引き】《「くにひき」とも》国土を引き寄せること。「出雲国風土記」にみられる伝説による。八束水臣津野命(やつかみずおみつののみこと)が「国来(くにこ)、国来」と言いながら、新羅(しらぎ)に綱をかけて出雲国に引き寄せたという。

くに-びと【国人】❶国民。人民。くにたみ。❷その地方の人。土着の人。「―の心の常として、今は、とて見えざなるを、心あるものは恥ぢずぞなむ来ける」〈土佐〉(類語)国民・人民・公民・市民・万民(ばんみん)・四民・臣民・同胞・国民(くにたみ)・民(たみ)・民草(たみくさ)・億兆(おくちょう)・蒼生(そうせい)・蒼氓(そうぼう)・赤子(せきし)

くにひろ【国広】[1531〜1614]安土桃山時代から江戸初期の刀工。日向ひゅうがの人。姓は田中。信濃守しなののかみを受領。京都一条堀川に住み、堀川派を立てた。作刀の貫禄と門人の多いことで、新刀界の第一人者とされる。

くに-ぶぎょう【国奉行】ブギャウ 鎌倉幕府の職名。鎌倉にいて諸国を分掌、一般庶民の雑訴・犯罪を処理した。雑人ぞうにん奉行。雑務奉行。

くに-ぶみ【国文】平安時代、国司から献上品に添えて朝廷に奉った文書。

くに-ぶり【国▽風｜国振り】❶その国や地方の風俗・習慣。御国振おくにぶり。くにがら。❷各地方の風俗歌ふぞくうた。民謡や俗謡。❸(漢詩に対し)和歌。こくふう。(類語)国風

くにぶり-の-うた【国▽風歌｜風=俗歌】「ふぞくうた(風俗歌)」に同じ。

くにぶり-の-まい【国▽風舞｜風=俗舞】マヒ「ふぞくまい(風俗舞)」に同じ。

くに-へ【国▽方｜国辺】《「くにべ」とも》国の辺り。故郷の方。国。地方。「海原うなはらに霞たなびき鶴たづが音の悲しき夕は―し思ほゆ」〈万・四三九九〉

くに-まぎ【国×覓ぎ】住むのに適したよい土地を探し求めること。「山川を岩根さくみて踏み通り―しつつ」〈万・四四六五〉

くに-ます【国×鱒】サケ目サケ科に属する淡水魚。田沢湖の固有種で、昭和10年(1935)には約9万匹の漁獲量があった。同15年に電源開発や農業利用のため、付近を流れる玉川から強酸性の水が引き込まれたことにより、他の魚類とともに死滅した。これによりクニマスは絶滅したと考えられていたが、平成22年(2010)に山梨県の西湖で生存が確認された。田沢湖で絶滅する直前に各地で卵が放流されており、その子孫が生存していたと考えられている。

くに-まつり【国祭】京都の賀茂神社の本祭。陰暦4月の吉日に行われた。賀茂神社は山城国の地主神であるところからいう。

くに-み【国見】天皇や地方の長おさが高い所に登って、国の地勢、景色や人民の生活状態を望み見ること。もと春の農耕儀礼で、1年の農事を始めるにあたって農耕に適した地を探し、秋の豊穣を予祝したもの。「天の香具山登り立ち―をすれば」〈万・二〉

くにみ-だけ【国見岳】熊本県・宮崎県の県境にある山。九州のほぼ中央、九州山地北部に位置する。標高1739メートルで、同山地および熊本県の最高峰。緑川・川辺かわべ川(熊本県)・耳川(宮崎県)などの分水界。南にある小国見こくにみに対して、大国見おおくにみという。

くに-みたま【国▽御▽魂】国土経営にかかわる神。くにたまの神。

くにみつ【国光】㊀鎌倉後期の刀工。粟田口国綱あわたぐちくにつなの子という。通称新藤五。法名、光心。鎌倉に住む。短刀の名人で、太刀は少ない。正宗はその弟子とされる。生没年未詳。㊁►来国光らいくにみつ

くにむね【国宗】鎌倉中期の刀工。備前道宗の孫、初代国真の子。通称備前三郎。京都を経て鎌倉に定住。新藤五国光はその弟子という。生没年未詳。

くに-めつけ【国目付】江戸時代、主に幼少で家督をついだ大名の領国に、国政監視のために幕府から派遣された役人。

くに-もち【国持】❶「国持衆」の略。❷「国持大名」の略。

くにもち-しゅう【国持衆】❶室町時代、将軍の一門や勲功のある譜代の大国の守護で、管領・相伴しょうばん衆以外の者の敬称。❷►国持大名

くにもち-だいみょう【国持大名】ダイミャウ 江戸時代、主に大領国を持ち、御三家に次ぐ家格を有した大名。前田・島津・伊達など一八家(あるいは二〇家)あった。国大名。国持衆。

くに-もと【国元｜国▽許】❶その人の郷里。故郷。「―の母からの便り」❷大名の領地。本国。
(類語)故郷・郷里・ふるさと・郷土・国・田舎・在所・郷党・生地・生国

くに-もの【国者】地方の人。また、同郷の人。「―どうしで国言葉を使うのは、もとより当然である」〈鴎外・ヰタ-セクスアリス〉

くに-やき【国焼(き)】瀬戸・京都以外の窯で作られた陶磁器。特に茶入れについていう。

くに-やく【国役】❶平安末期、国司がその国内に限って課した租税・諸役。❷室町時代、守護の課した諸役。❸江戸時代、幕府が一定の国に限って臨時に賦課した税。

くにやく-がかり【国役掛】江戸幕府勘定所の一分掌。勘定衆の任務で、国役金の割賦・徴収事務をつかさどった。国役方。

くにやく-かた【国役方】►国役掛くにやくがかり

くにやく-きん【国役金】江戸時代、河川・道路の修築などに際し、国役として徴収された税金。

くにゃ-くにゃ　㊀〔副〕スル「ぐにゃぐにゃ㊀」に同じ。「からだを―(と)させて踊る」㊁〔形動〕「ぐにゃぐにゃ㊁」に同じ。「爆風で―になった鉄骨」アク㊀はクニャクニャ、㊁はクニャクニャ。

ぐにゃ-ぐにゃ　㊀〔副〕スル❶柔らかくて手ごたえがなく、形が変わりやすいさま。ねじれて曲がりくねっているさま。くにゃくにゃ。「からだを―(と)動かす」❷動作・態度などにしっかりしたところがないさま。くにゃくにゃ。「てめえみたいな、―した男らしくもねえやつは」〈賢治・ツェねずみ〉㊁〔形動〕❶㊀❶に同じ。「―に曲がった鉄柱」❷㊀❷に同じ。「骨抜きにされて―になる」アク㊀はグニャグニャ、㊁はグニャグニャ。

くにやく-ぶしん【国役普請】江戸時代、国役金を徴収して実施した土木工事。費用の10分の1を幕府の負担とし、残りを国役とした。

くにゃっ-と〔副〕スル「ぐにゃっと」に同じ。「怪力で鉄格子を―曲げる」

ぐにゃっ-と〔副〕スル❶力なく折れ曲がるさま。「熱せられたガラス棒が―曲がる」❷柔らかくて手ごたえのないさま。「―した物に手が触れた」

ぐにゃり〔副〕柔らかくて手ごたえのないさま。また、たわいなく曲がるさま。ぐんにゃり。「何か―としたものを踏みつけた」

く-にゅう【口入】クニフ〔名〕スル❶口を挟むこと。干渉すること。また、その人。口出し。「法皇去年の冬より政に御―もなく」〈著聞集・三〉❷間に立って世話をすること。また、その人。仲介。くちいれ。「跡は火に成る事も構はず、恐ろしき―に書き付けを出し、騙かたり半分の借り銀がね」〈浮・禁短気・六〉❸中世、所領・所職について仲介すること。また、その人。

グニュー〖GNU〗《GNU is not UNIX》►グヌー

くにゆき【国行】►来国行らいくにゆき

くに-ゆずり【国譲り】ユヅリ❶日本神話で、天照大神あまてらすおおみかみの神勅を奉じて、大国主命おおくにぬしのみことが国土を瓊瓊杵尊ににぎのみことに献上し、隠退したこと。❷天皇が位を譲ること。「御―のこと俄にはかなれば、大后思しあわてたり」〈源・澪標〉

くによし-やすお【国吉康雄】ヤスヲ[1889〜1953]洋画家。岡山の生まれ。明治39年(1906)渡米、社会派的画風の中に郷愁を感じさせる作品で国際的に認められ、米国画壇の代表作家の一人となった。

くにより【国頼】►粟田口国頼あわたぐちくにより

くに-わかれ【国別れ】故郷または自分の住んでいた国を離れて遠くに住んだり行ったりすること。「人の植うる田は植ゑまさずいまさらに―して我あれはいかにせむ」〈万・三七四六〉

く-にん【▽公人】❶平安末期以後、朝廷に仕え、雑事をした下級役人。❷中世、幕府の政所まんどころ・問注所・侍所さむらいどころなどに属し、雑事をした下級職員。❸中世、大社寺に属し、雑事をした者。❹江戸時代、将軍家の下級使用人。

ぐ-にん【愚人】おろかな人。ぐじん。
愚人は夏の虫　愚人は自分から我が身を危地におとしいれるということのたとえ。

くにん-ちょうじゃくにん【▽公人朝▽夕人】—テウジャクニン ❶室町幕府の政所まんどころで、雑役に従事した下級職員。❷江戸時代、将軍が束帯で外出のときに尿筒しとづつを持って近侍した者。

くにん-ぶぎょう【▽公人奉行】—ブギャウ 室町幕府で、諸奉行人の進退や執務に関する事務をつかさどった役人。

グヌー〖GNU〗《GNU is not UNIX》オープンソースのソフトウエアの普及を進めている米国の団体、FSFによる、UNIX互換ソフトウエアの開発プロジェクト。グニュー。

クヌート〖Cnut〗[995ころ〜1035]イングランド王。在位1016〜1035。デンマーク王。在位1018〜1035。ノルウェーとスウェーデンの一部を征服し、一大海洋帝国を建てた。カヌート。

くぬえ-こう【▽薫▽衣香】—カウ ►くのえこう(薫衣香)

くぬ-が【▽陸】《「くにが(国処)」の音変化》陸地。くが。「其れ蘭あららぎ池水一の利くぬがに」〈孝徳紀〉(⇔)海処うみか。

くぬが-の-みち【北陸の道】北陸道の古い呼び名。こしのみち。くにがのみち。くるがのみち。「大彦命おおびこのみことをもて―に遣つかす」〈崇神紀〉

くぬぎ【×櫟｜×椚｜×橡｜×櫪】ブナ科の落葉高木。山野に多く、樹皮は暗灰色で裂け目が多い。葉は長楕円形で縁にぎざぎざがある。5月ごろ、雄花と雌花とが咲く。2年目の秋に球状のどんぐりがなり、食べられる。材は炭やシイタケの原木に、樹皮・実は染料に使われる。つるばみ。くのぎ。くにぎ。(季 花=夏｜実=秋)(補説)「椚」は国字。

くぬぎ-ずみ【×櫟炭】クヌギ材から作った良質の木炭。さざらずみ。

くぬ-こく【狗奴国】魏志倭人伝にみえる国名。3世紀ごろ、北の邪馬台国と対立し、男王が支配していた。くなこく。

くぬち【▽国▽内】《「くにうち」の音変化》国の内。こくない。「悔しかもかく知らませば青丹よし―ことごと見せましものを」〈万・七九七〉

く-ぬひ【▽公▽奴×婢】律令時代、個人所有の私奴婢に対して、官有の奴婢をいう。宮内省の官奴司かんぬしの管轄下で、労役に従事した。66歳以上は官戸かんこ、76歳以上は良民とされた。官奴婢かんぬひ。

くね　垣根。竹垣や生け垣など。くね垣。「腹も立つ。―をも引き抜いてやらう」〈虎寛狂・瓜盗人〉

くね-くね〔副〕スル❶幾度も曲がって続くさま。「―(と)した細い道」❷からだを柔らかく曲げるさま。また、しなを作るさま。「腰を―(と)させて踊る」

くねくね-し〔形シク〕ねじれ曲がっている。また、性格がひねくれている。「―・しく怨ゑんずる人の心破らじ」〈源・紅葉賀〉

クネス〖CNES〗《フラ ンス Centre National d'Études Spatiales》フランスの国立宇宙開発センター。1961年設立。本部はパリ。

クネズミハイロバ-どおり【クネズミハイロバ通り】ドホリ《Ulica Knez Mihailova》セルビアの首都ベオグラードにある通り。1867年に建設され、城塞(現在のカレメグダン公園)と旧市街中心部を結ぶ。レストラン、カフェ、高級ブランド店が並ぶベオグラード随一の繁華街として知られる。

クネズミロシュ-どおり【クネズミロシュ通り】ドホリ《Ulica Kneza Miloša》セルビアの首都ベオグラードにある大通りの一。政府機関の建物が多かったため、1999年の北大西洋条約機構(NATO)によるユーゴスラビア空爆の際に攻撃を受けた。被害に遭った建物が当時のまま残され、「空爆通り」とも呼ばれる。

クネセト〖Knesset〗イスラエルの国会。比例代表による定数120議席の一院制。1949年の成立以来、一つの政党が過半数を占めたことがなく、常に連立内閣が組まれている。

く-ねつ【苦熱】暑さに苦しむこと。また、厳しい暑さ。「夏日袷あわせに袷羽織を着て恬として恥じず、又一の態をも見せない」〈鴎外・渋江抽斎〉

クネッケ《ドイ ツ Knäckebrotから》パンの一種。せんべい、あるいはビスケット状の平焼きライ麦パン。繊維が多く、保存性もよい。

くねら・す〔動サ五(四)〕くねくねさせる。ねじ曲げる。「身を―・す」

クネル〖フラ ンス quenelle〗肉・魚などをすりつぶし、卵・

パン粉・調味料などを加えて球状や円筒形に形づくり、ゆでたり蒸したりしたもの。
くね・る〔動ラ五(四)〕❶幾度もくりかえして折れ曲がる。くねくねする。「―・った山道」❷すねるように愚痴をこぼす。ひがんだような態度をとる。「世をうらみ―・らせ給ふ」〈夜の寝覚・五〉
類語 折れ曲がる・曲がりくねる・うねる・蛇行する
くねん-ぼ【九年母】ミカン科の常緑低木。葉は大形で楕円形。初夏、香りの高い白い花をつけ、秋、黄橙色の甘い実を結ぶ。果皮は厚く、種子が多い。インドシナの原産。香橘。季 花=夏 実=冬
く-の-いち【くノ一】《「女」という字を「く」「ノ」「一」に分解したもの》女忍者。また、女。
く-のう【功能】仏語。よい結果をもたらす働き。
く-のう【苦悩】〔名〕スル あれこれ苦しみ悩むこと。「―の色が濃い」類語 悩み・苦しみ・悶え・懊悩・煩悶・憂悶・苦悶・苦渋・煩い
くのう-ざん【久能山】静岡市東部、有度山の南麓の一山。山頂に徳川家康を祭る東照宮がある。南斜面は石垣イチゴの栽培地。
くのえ-こう【薫衣香|薫香】衣服にたきしめるための薫物。沈香・白檀・丁字香・麝香などを練り合わせたもの。くぬえこう。くえんこう。季 夏「松風にさめて行くなり―/紅緑」
グノー〖Charles François Gounod〗[1818～1893]フランスの作曲家。オペラ・歌曲・宗教音楽にすぐれた作品を残した。作品に、オペラ「ファウスト」、歌曲「アベマリア」など。
グノーシス〖ギリシャ gnōsis〗《知識の意》1～3世紀ごろローマ・ギリシャ・ユダヤなどで広く行われたキリスト教的主知主義の一派、グノーシス派の説く、最高完全の知識。神智。
グノーシス-は【グノーシス派】紀元1世紀から2世紀のギリシャ文化圏における極端な霊肉二元論。霊的知識(グノーシス)を得ることによって物的・肉体的世界から救われるとする。
クノープ-えき【クノープ液】《Knop》植物培養液の一。生育に必要な無機塩類を水に溶かしたもので、水耕法などに使用。ドイツの化学者クノープが考案。
くのじ-てん【くの字点】踊り字の一種「〱」のこと。
くのじ-なり【くの字形】「く」の字の形のように曲がっていること。「―になって寝床にいる」
クノッソス-の-きゅうでん【クノッソスの宮殿】《Anaktoro tis Knosou》ギリシャ南部、クレタ島のクノッソスにある先史時代の宮殿遺跡。同島中央部北岸の都市イラクリオンの南東約5キロメートルに位置する。紀元前17世紀ごろ、ミノス王が建造。複雑な設計で迷宮として名高い。壁画断片・陶器などが残存。1900年、英国人エバンズが発掘。
ぐ-の-もの【具の者】供の者。従者。「その―どもの、御車につきて」〈栄花・浦々の別〉
く-の-やす【久野寧】[1882～1977]生理学者。名古屋の生まれ。名大教授。人体の発汗現象の研究で大きな業績をあげた。文化勲章受章。著「汗」など。
クノン〖インドネシア kenong〗ジャワのガムランで用いられる中央部に突起のある壺形ゴング。先端をひもで巻いた桴で、強拍に少し遅れて、その突起をたたく。クトックより大型。➡ゴング ➡クトック
く-はい【狗吠】❶犬がほえること。また、その声。「一夜を警めて譙楼午を報ず」〈織田訳・花柳春話〉❷《「史記」淮陰侯伝から。犬が飼い主以外にはほえるところから》主人にだけ仕えること。
く-はい【苦杯】《にがい酒を入れた杯の意》にがい経験。つらい経験。類語 苦汁
苦杯を喫・する　「苦杯を嘗める」に同じ。
苦杯を嘗・める　にがい経験をする。苦杯を喫する。「あのチームには前回―・めさせられた」補説「苦杯」を「苦敗」と書くのは誤り。
く-ばい【駆梅|駆黴】〔名〕スル 梅毒を治療すること。「―剤」
グバウフカ-さん【グバウフカ山】《Gubałówka》ポーランド最南部の町ザコパネにある山。標高1126メートル。市街と山頂をケーブルカーが結ぶ。タトラ山地を望む景勝地。ハイキングやスキーで人気がある。
く-ばく【瞿麦】❶セキチクの漢名。❷ナデシコの種子。漢方で消炎・利尿薬などに用いる。
ぐ-ばく【具縛】仏語。煩悩にしばられていること。「―の憂き身」〈海道記〉
クバス〖ロシア kvas〗▶クワス
ぐ-はつ【倶発】〔名〕スル 一時に発生すること。同時に発覚すること。「此観念が或一定の方法で―し、若くは連続するの謂に外ならぬ」〈漱石・文学評論〉
くはら-ふさのすけ【久原房之助】[1869～1965]実業家・政治家。山口の生まれ。久原鉱業所・日立製作所などを創立。金融恐慌後、政界に入り、逓相・政友会総裁を歴任。第二次大戦後公職追放、解除後は中ソ両国との国交回復に尽力した。
くはら-みつる【久原躬弦】[1856～1919]化学者。岡山の生まれ。京都大学総長。日本における有機化学研究の理論的基礎を築いた。著「立体化学要論」など。
くばり【配り|賦り】❶配ること。また、配った位置。「気の―」「字―」❷生け花で、筒形の花器の口元に小枝の叉などを仕掛けて花を支えること。また、その木の叉。
くばり-ばんづけ【配り番付】▶辻番付
くばり-ぶぎょう【賦奉行】鎌倉幕府・室町幕府の職名。訴状に年月日と奉行名とをしるし、引付衆に分配した。賦別奉行。ふぶぎょう。
くばり-ふだ【配り札】❶劇場などが配る招待用の無料入場券。「―をもらひて見初めしより松岡九七郎といへる若女形に思ひつき」〈浮・椀久二世・上〉❷▶辻番付
くばり-もの【配り物】祝儀やあいさつ、また謝礼として配る贈り物。「法事の―」
くば・る【配る|賦る】〔動ラ五(四)〕❶物を、適当な量に分けて、それぞれに行き渡るようにする。割り当てて渡す。「カードを―・る」「招待状を―・る」❷方々に届けて回る。配達する。「新聞を―・る」❸配慮や注意などを行き渡らせる。方々に行き届かせる。「心を―・る」「目を―・る」❹必要に応じてそれぞれ適当な場所に分けて置く。配置する。「見張りを要所に―・る」❺嫁がせる。縁づける。「皆さまざまに―・りておとなびさせたり」〈源・東屋〉可能 くばれる 類語(❶)分ける・分かつ・割り当てる・分配する・配分する・配給する・配付する・配布する・頒布する・配達する・分与する・案分する・折半する・山分けする/(❸)配する・配置する・布置する
くば・る【焼る】〔動ラ四〕火の中に入る。火の中に入れられる。「紙子着て川へはまらうが、油塗って火に―・らうがうぬが三昧」〈浄・油地獄〉
クバルケン-ぐんとう【クバルケン群島】《Kvarken Archipelago》フィンランド西部、ボスニア湾にある群島。約5600もの小島からなり、広さは約1940平方キロメートル。氷河期の巨大な氷床が溶けて圧力が軽減した反動で、地面が隆起し続けている。2006年、同じ現象が見られるスウェーデンのハイコーストの登録範囲が拡大される際、「クバルケン群島/ハイコースト」として世界遺産(自然遺産)に登録された。
ぐはん-しょうねん【虞犯少年】一定の事由があり、性格や環境から、将来罪を犯したり刑罰法令に触れる行為をしたりするおそれのある20歳未満の者。少年法によって家庭裁判所の審判に付される。➡非行少年
くはんだ【鳩槃荼】《梵 kumbhāṇḍaの音写。「くばんだ」とも》増長天の眷属で、人の精気を吸う鬼神。鳩槃荼鬼。鳩槃荼夜叉神。
く-ひ【句碑】俳句を彫った碑。「芭蕉の―」
くび【首|頸】❶脊椎動物の頭と胴をつないでいる部分。頸部。❷❶の上の部分全体。あたま。かしら。こうべ。「―をかしげる」❸❶に似た形。また、それに該当する部分。「びんの―」❹衣服の❶にあたる部分。襟。「セーターの―」❺(「馘」とも書く)職をやめさせること。解雇。馘首。「お前は―だ」❻顔。特に美しい顔。また、美人。「かかる所には看板の―といふものありて」〈洒・浪花色八卦〉
下接語 青首・足首・猪首・後ろ首・打ち首・腕首・襟首・欠き首・合点首・兜首・鎌首・雁首・切り首・綺麗首・蟋蟀首・小首・晒し首・思案投げ首・縛り首・白首・素首・素っ首・乳首・鶴首・手首・投げ首・生首・偽首・抜け首・寝首・喉頸・平首・穂首・丸首・轆轤首
類語(❶)首っ玉・頸部・小首/(❺)解雇・馘首・首切り・免職・罷免・解職・お払い箱・失職・失業
首が据わ・る　乳児の首が、しっかりしてくる。補説「首が座る」と書くのは誤り。
首が繋が・る　あやういところで免職・解雇をまぬがれる。
首が飛・ぶ　❶首を切られる。❷免職になる。解雇される。「不正が発覚して責任者の―・んだ」
首が回ら・ない　借金など、支払うべき金が多くてやりくりがつかない。
首にな・る　❶解雇される。❷首を切られる。
首に縄を付・ける　いやがる者を無理矢理連れて行こうとする。
首の皮一枚　皮1枚で首がつながっていること。まだわずかな望みが残っていることのたとえ。
首振り三年ころ八年　尺八を吹くのに、首を振って音の加減ができるようになるのに3年、さらに細かい指の動きによってころころというよい音が出るようになるには8年かかるということ。
首を掻・く　首をかき切る。「敵の―・く」
首を賭・ける　命がけで物事を行う。また、職を失う覚悟で事にあたる。「計画達成に―・ける」
首を傾・げる　疑問に思う。不審に思う。「それほどのことかと―・げざるをえない」
首を切・る　❶免職・解雇する。❷打ち首にする。
首を縊・る　ひもや縄を首に巻きつけて強く絞める。縊死する。
首を竦・める　驚いたり恐れ入ったりしたときに、思わず首を縮めるしぐさをする。
首を挿げ替・える　重要な役職に就いている人を入れ替える。「編集長の―・える」
首を縦に振・る　承知する。賛成する。補説「首を縦にする」とするのは誤り。
首を突っ込・む　関心や興味をもって、その事に関係をもつ。また、ある事に深入りする。
首を長く・する　期待して待ち焦がれる。「返事を―・して待つ」
首を捩・じる　首を振って不承知の意を示す。
首を刎・ねる　刀で首を切り落とす。首を打つ。
首を捻・る　理解できずに考えこむ。また、疑わしく思ったり不賛成の意を示したりする。
首を振・る　❶首を縦に振って、承諾・賛成の気持ちを表す。うなずく。❷首を横に振って、不満や不賛成の気持ちを表す。
首を横に振・る　承知しない。賛成しない。補説「首を横にする」とするのは誤り。
ぐ-び【具備】〔名〕スル 必要な物や事柄を十分に備えていること。「必要な条件を―している」
くび-おけ【首桶】昔、討ち取った首を入れた桶。首入れ。
くび-がけ【首賭(け)】首を賭けて誓ったり争ったりすること。「―の博奕」〈浄・反魂香〉
くびかけ-しばい【首掛(け)芝居】江戸時代の大道芸。人形を入れた箱をひもで首に掛け、その箱の上で人形を操るもの。傀儡回し。木偶回し。
くび-かざり【首飾り|頸飾り】宝石・貴金属などをつないだ、首にかける装飾品。ネックレス。
くび-かし【首枷|頸枷】「くびかせ」に同じ。「行くほどに縄の鎖につながれて思へばかなし手枷―」〈聞書集〉
くび-かせ【首枷|頸枷】❶罪人の首にはめてからだの自由を束縛する刑具。くびかし。❷足手まといになって、自由を束縛するもの。きずな。くびっか

せ。「子は三界の—」
くび-かみ【首上・×頸上・×頸紙】袍・狩衣・水干などの盤領の首の周りに沿って取り付けた部分。上前の端に結び玉を作った紐をつけ、下前につけた紐にかけるのを例とする。
くび-がり【首狩(り)】他の種族・部族の者を襲って首を取り、儀式を行う習俗。未開社会で、豊作祈願や頭蓋崇拝のための宗教行為として行われた。
くび-き【×頸木・×軛・▽衡】❶車の轅の前端に渡して、牛馬の頸の後ろにかける横木。❷自由を束縛するもの。「—を逃れる」
頸木を争・う　《庾信「竹杖賦」から》互いに張り合って勝負を争う。
くびき-ゆでん【頸城油田】新潟県南西部、高田平野北部にある油田・ガス田。一部は日本海の海底に及ぶ。
くび-きり【首切り・首斬り】❶首を切ること。特に、罪人の首を切り落とすこと。斬罪。また、それを役目とする人。❷免職・解雇すること。「合理化による—」❸昔、戦で敵の首を切り取るのに用いた短刀。首掻き刀。(類語)(❷)解雇・馘首・くび・免職・雇い止め・人員整理・リストラ・お払い箱・失職・失業
くびきり-あさえもん【首斬浅右衛門】江戸時代、将軍家の刀剣の試し斬りと処刑の執刀を世襲して行った山田浅右衛門の通称。
くびきり-ぎす【首切螽蟖】キリギリス科の昆虫。体は細長く、緑色または黄褐色。頭部は円錐形。成虫で越冬し、初夏、雄はジーと連続して鳴く。名は、食いつくとなかなか離れず、無理に引っ張ると首がちぎれることによる。北海道を除く各地にみられる。くびきり。くびきりばった。
くびきり-ばった【首切×蝗】クビキリギスの別名。
くび-きれ【首切れ】俳諧で、初句が意味的にまたは文法的に切れて、2句へうまく続かないこと。
くび-くくり【首×縊り】首をくくって死ぬこと。また、その人。くびつり。縊死。
ぐび-ぐび〔副〕のどを鳴らしながら酒などを飲むさま。「酒を—(と)やる」
くび-じっけん【首実検】〔名〕スル ❶昔、討ち取った敵の首を持ち帰り、首の主を大将が検分したこと。また、面識者に首の主を確かめさせたこと。また、その儀式。❷実際に見せたり会わせたりして、当人であるかどうかを確かめること。
くび-じるし【首印】►首札
ぐ-びじん【虞美人】中国秦末のころ、楚の王項羽の寵姫。劉邦と天下を争った項羽が垓下で漢軍に包囲されたとき、頸部を切って自殺したという。虞姫。虞氏。
ぐびじん-そう【▽虞美人草】ヒナゲシの別名。虞美人が自決したときの血が、この花になったという伝説がある。(季 夏)◆書名別項。
ぐびじんそう【虞美人草】夏目漱石の小説。明治40年(1907)発表。自我の強い高慢な女藤尾を通して、利己と道義の相克を描く。
くびす【×踵】足の裏の後部。かかと。きびす。
踵を返・す　引き返す。くびすを回らす。きびすを返す。
踵を接・する　《「戦国策」秦策から》❶前後の人のかかとが接するほど、次から次へと人が続く。くびすをつぐ。きびすを接する。❷物事が続けざまに起こる。「珍事、続々として—・せしかば」〈田口・日本開化小史〉
踵を接・ぐ　「踵を接する」に同じ。「見物の貴賤千里の浜まで—・ぎ」〈保元・上〉
踵を回らすべからず　《「史記」呉起伝から》かかとをめぐらすほどの時間もない。すぐある事態になってしまう。「もし合戦を致さば、叡岳の滅亡—」〈平家・七〉
くび-すじ【首筋・×頸筋】首の後ろの部分。くびねっこ。うなじ。えりくび。「白い—」
(類語)首根っこ・項・襟首・首根
くび-だい【首台】❶首実検のために、敵の首をのせる台。❷江戸時代、獄門の刑に処された罪人の首をのせて、人々の目に晒した台。獄門台。
くび-だけ【首丈・×頸丈】〔名・形動〕《「くびたけ」とも》❶足元から首までの高さ。また、物事が多くつもるさま。「一つもる借銭の」〈浄・薩摩歌〉❷「くびったけ」に同じ。「あの竹輿に乗せて来た女に我等—」〈浄・矢口渡〉
くび-たま【首玉・×頸玉】❶「首っ玉」に同じ。「—をつかむ」❷犬や猫の首につける輪。くびわ。「緋の—した小猫が、ちろちろと鐸を鳴らして」〈鏡花・日本橋〉❸上代、玉を連ねて緒に通した首飾り。「御—の玉の緒もゆらに取りゆらかして」〈記・上〉
くび-ちょう【首長】「しゅちょう(首長)❷」に同じ。「市長(しちょう)」と混同を避けるための語という。
くび-ちょう【首帳】合戦のときに討ち取った首と、これを取った者の名前を記した帳面。首注文。
ぐ-ひつ【愚筆】へたな筆跡。自分の書いた文字や文章などをへりくだっていう語。
くび-づか【首塚】討ち取った首や罪人の首などを埋めた塚。
くびっ-かせ【首っ×枷・×頸っ×枷】「首枷」に同じ。「子は三界の—」
くび-つき【首付き・×頸付き】首のようす。首のかっこう。「蝸牛が日和を見るという—をして」〈紅葉・二人女房〉
くびっ-たけ【首っ丈・×頸っ丈】〔名・形動〕《首の高さまで深くはまり込む意から》ある思いに深くとらわれること。特に、異性に心をひかれ夢中になること。また、そのさま。「彼女に—だ」
くびっ-たま【首っ玉・×頸っ玉】《「くびたま」の促音添加》くび。くびすじ。「—にかじりつく」
(類語)首・頸部・小首
クビット〖qubit〗►量子ビット
くび-づな【首綱・×頸綱】❶犬や猫の首につける綱。くびなわ。「いとをかしげなる猫の、赤き—に白き札つきて」〈枕・八九〉❷罪人の首に掛けて縛る綱。くびなわ。「ことに母もない倅が。隠居の田地を売っても—はつけさせまい」〈浄・冥途の飛脚〉
くびっ-ぴき【首っ引き・×頸っ引き】《「くびひき」の音変化》❶あるものと向き合って、それから離れずに物事を行うこと。「辞書と—で原書を読む」❷「首引き」に同じ。
くび-つり【首×吊り】〔名〕スル 首をつって死ぬこと。首くくり。「—自殺」(類語)首くくり・縊死
クピド〖ラテ Cupido〗キューピッドのラテン語名。
くびなが-りゅう【首長竜】鰭竜目の古代爬虫類の総称。中生代に栄えた。全長4～12メートル、胴はずんぐりとし、首が非常に長い。海生で、大きなひれ脚で泳ぎ、肉食。プレシオサウルス・エラスモサウルスなど。日本ではフタバスズキリュウなどが知られる。蛇頸竜。長頸竜。
くび-なげ【首投げ】❶相撲のきまり手の一。相手の首に腕を巻き、腰を入れながらひねるように投げる技。❷レスリングで、一方の手で相手の首を巻き、他方の手で相手の腕を引いて投げる技。
くび-なわ【首縄・×頸縄】「首綱」に同じ。
くび-にんぎょう【首人形】泥を固めて首だけ作り、彩色して竹の串にさした人形。
くび-ぬき【首抜き】首から襟の前後にかけて大きな模様や紋を染め抜くこと。「はでな—の浴衣」
くび-ね【首根・×頸根】首の後ろがわ。首筋。首根っこ。「組み合せた手を、—にうんと椅子の背に凭れかかる」〈漱石・虞美人草〉
(類語)首筋・首根っこ・襟首・うなじ
くび-ねっこ【首根っ子・×頸根っ子】首の後ろの部分。また、首の根元。くびすじ。くびね。
(類語)首筋・項・襟首・首根
首根っ子を押さ・える　相手の弱点や急所をつかんで動きがとれないようにする。
くび-の-ざ【首の座】❶罪人が首を切られるときに座った席。❷免職や解雇の処分を言い渡される立場。また、そのような状況。
首の座に直・る　❶打ち首の場所に座る。❷過失などの処分を受けるために、覚悟して出席する。「度胸を据えて、首の座へお直んなさい」〈鏡花・婦系図〉
くびひき【首引】《「くびびき」とも》狂言。印南野で鬼に出会った鎮西八郎為朝が、姫鬼と腕押しなどの勝負をして勝ち、さらに大勢の鬼を相手に首引きをして勝つ。
くび-ひき【首引き】輪にしたひもを向き合って座った二人の首に掛け、互いに引っ張り合って引き寄せられたほうを負けとする遊び。くびっぴき。
くび-ひねり【首×捻り】相撲のきまり手の一。片手で相手の首を抱え、他の手で相手の差し手を抱え込んで首を巻いたほうにひねり倒す技。
くび-ふだ【首札】討ち取った首級に、討たれた人と討った人の姓名を記してつけた札。くびじるし。
くびふり-しばい【首振り芝居】京坂で起こった歌舞伎の一様式。義太夫狂言を、せりふを言わず、浄瑠璃に合わせて身振りだけで演じるもの。天明(1781～1789)ごろから明治期まで、主にちんこ芝居で行われた。身振り狂言。
くび-ほそ・し【×頸細し】〔形ク〕弱々しい。心細い。「頼もしげなく—・しとて」〈源・帚木〉
くび-ぼね【首骨・×頸骨】首の骨。けいこつ。
くび-まき【首巻(き)・×頸巻(き)】マフラー。(季 冬)(類語)襟巻き・マフラー
くびまき-がため【首巻(き)固め】レスリングで、相手の首を巻いて押さえる技。
くび-まわり【首回り・×頸×廻り】首のつけ根のまわり。また、その寸法。
く-ひゃく【九百】《一貫に百文足りないの意から》愚かな者をあざけっていう語。天保銭。
くび-やぐら【首×櫓】相撲の投げ技の一。片手で相手の首を抱え、一方の手で前まわしを取り、自分のからだをそらせながら後方に投げるもの。
く-びょうし【句拍子】修辞法の一。同じ調子の句を、拍子をつけて続けること。「にっちもさっちも」「からりからりとから縁を通る」の類。
くびら【宮毘羅】《梵 Kumbhīraの音写》薬師如来の十二神将の一。武装し、忿怒の姿をとる。宮毘羅大将。金毘羅。
クビライ〖Khubilai〗►フビライ
ぐびり-ぐびり〔副〕のどを鳴らしながら酒などをたくさん飲むさま。「—と大杯を傾ける」
くびり-ころ・す【×縊り殺す】〔動サ五(四)〕ひもなどで首を絞めて殺す。絞め殺す。「—・されそうな泣き声が」〈有島・カインの末裔〉
くび・る【▽括る】■〔動ラ五(四)〕❶ひもなどでくくり締める。「肩上げに—・られ、尻のあたりが丸くふくれて」〈志賀・暗夜行路〉❷(多く「取り括る」の形で)しっかり握る。「香炉取り—・りて」〈宇治拾遺・二〉■〔動ラ下二〕「くび(括)れる」の文語形。
くび・る【×縊る】■〔動ラ五(四)〕❶首を絞めて殺す。「のどを—・られて息絶える」❷罪人を縛り首にする。「—・らるる者九人、流さるる者十五人」〈孝徳紀〉■〔動ラ下二〕「くび(縊)れる」の文語形。
(類語)絞め殺す・縊り殺す・絞殺する・扼殺する
くびれ【▽括れ】中ほどが他のところに比べて細くなっていること。また、その部分。「腰の—」
くびれ-づた【▽括れ×蔦】イワヅタ科の緑藻植物。岩の上に匍匐茎が伸び、枝分かれした茎に球状の葉片部が多数つく。南西諸島の浅海に分布。沖縄では食用として養殖もされる。葉片部の形状から、海ぶどうとも呼ばれる。
くび・れる【▽括れる】〔動ラ下一〕(文)くび・る〔ラ下二〕ものの中ほどが他の部分に比べて細くなる。「腰が—・れたデザイン」
くび・れる【×縊れる】〔動ラ下一〕(文)くび・る〔ラ下二〕首をくくって死ぬ。「屋根裏で—・れていた」
くび-わ【首輪・×頸輪】❶犬や猫の首にはめる輪。❷装飾として首にかける輪。ネックレス。首飾り。
ぐ-ひん【×狗賓】❶天狗のこと。「その身は—に五体を裂かれ」〈浄・万年草〉❷うぬぼれの強いこと。また、そういう人。「人もなげなる振る舞ひ、いやもうき

つい―達で」〈洒・神代相眛論〉

クフ〖Khufu〗古代エジプト第4王朝の王。紀元前26世紀に在位。カイロ南西のギザに世界最大のピラミッドを建立。ギリシャ名はケオプス。

ぐ-ぶ【区部】大都市のなかで区と呼ばれる地域。

く・ぶ【▽焼ぶ】〔動バ下二〕「くべる」の文語形。

ぐ-ふ【愚夫】おろかな男。無知な夫。また、自分の夫をへりくだっていう語。

ぐ-ふ【愚父】自分の父をへりくだっていう語。
(類語)父・家父・家厳・家君

ぐ-ふ【愚婦】おろかな女。また、自分の妻をへりくだっていう語。

ぐ-ふ【×弘布】〔名〕スル 仏語。仏法を世間に広めること。弘法。

ぐ-ぶ【▽供奉】〔名〕スル ❶行幸や祭礼などのときにお供の行列に加わること。また、その人。おとも。「鳳輦の前後を守護し美々しく―し給える有状」〈染崎延房・近世紀聞〉 ❷《「くぶ」とも》「内供奉」の略。

く-ふう【工夫】〔名〕スル ❶よい方法や手段をみつけようとして、考えをめぐらすこと。また、その方法や手段。「新しい方法を―する」 ❷仏道修行などに専念すること。特に禅宗で、座禅に専心すること。
(類語)案出・考案・創案・発案

工夫に落・つ　なるほどと思う。納得する。「―・ちず、終夜これを思案するに」〈浮・伝来記・五〉

く-ふう【句風】俳句の作り方の特色。俳風。

ぐ-ふう【×颶風】❶強く激しい風。「砲車雲は拡がる、今にも一大―が吹起りそうに見える」〈二葉亭・浮雲〉 ❷熱帯低気圧や温帯低気圧に伴う暴風をいう古い気象用語。

くふう-ざい【駆風剤】腸管内にたまったガスを排出させる作用のある薬剤。駆風薬。

ぐふく-じ【弘福寺】▶川原寺

くぶ-くりん【九分九厘】《十分に一厘だけ足りない意から》❶ほとんど完全に近いこと。九分どおり。「―まで出来ている」 ❷(副詞的に)そうなることがほぼ確実であるさま。ほとんど。九分どおり。「当選は―まちがいない」(類語)ほぼ・大体

くぶ-じゅうぶ【九分十分】大した違いはないこと。大同小異。くぶんじゅうぶん。「いづれ人の目は―ぢゃ」〈咄・露がはなし・一〉

ぐぶ-そう【▽供奉僧】本尊に仕える僧。また、神社に奉仕する社僧。供僧。

ぐ-ふたいてん【×倶不戴天】「不倶戴天」に同じ。「―の敵を」〈浄・会稽山〉

グプタ-ちょう【グプタ朝】《Gupta》ガンジス川中流域のマガダ地方から興り、北インドを支配した王朝。320年、チャンドラグプタ1世がパータリプトラを都として建国。4世紀末ごろから最盛期を迎え、文学・哲学・宗教・美術が栄え、インド古典文化の黄金時代となった。5世紀末以降エフタルの侵入に苦しみ、6世紀の中ごろ滅亡した。

ぐ-ぶつ【供仏】《「ぐぶつ」とも》仏に物を供えて供養すること。「―施僧のいとなみも」〈平家・九〉

ぐ-ぶつ【愚物】ばかな人。おろか者。愚人。
(類語)愚者・愚人・痴人・愚か者・痴れ者

くぶつち-の-たち【▽頭▽椎の大刀】【▽頭×槌の大刀】「かぶつちのたち」に同じ。

くぶ-つつ【▽頭▽椎】【▽頭×槌】「頭椎の大刀」に同じ。「みつみつし久米の子が―い石槌い持ち」〈記・中・歌謡〉

くぶ-どおり【九分通り】〔副〕10分の9ぐらいまで。9割がた。おおかた。ほとんど。「―出来上がった」「―まちがいない」

ぐふとく-く【▽求不得苦】仏語。八苦の一。求めているものが得られないことから生じる苦しみ。

クプリーン〖Aleksandr Ivanovich Kuprin〗［1870～1938］ロシアの小説家。さまざまな職を経験したのち、批判的リアリズムに基づいた作品を書いた。作「決闘」「ヤーマ」など。

クブルス〖Kıbrıs〗キプロスのトルコ語名。

く-ぶん【口分】人数に応じて分け与えること。また、分け与えるもの。

く-ぶん【区分】〔名〕スル ❶くぎって分けること。区別していくつかに分けること。区分け。「―された分譲地」 ❷論理学で、ある概念の外延を一定の原理に従っていくつかに分けていく論理的操作。類概念をそれに従属する種概念に分けること。(類語)区別・区分け・小分け・分割・分別・仕分け・分類・類別・けじめ

くぶんきゅうせき-ほう【区分求積法】図形を細かく分けて、各区分の面積または体積を求め、それらの和から全体の面積または体積を近似的に求める方法。

くぶん-しょゆう【区分所有】分譲マンションなど、1棟の建物が構造上数個の部分に区分され、その部分がそれぞれ独立して住居・事務所などに利用できる場合、区分された各部分について所有すること。

くぶん-でん【口分田】❶大化の改新後、班田収授法により、人民に支給された田。6歳以上の良民の男子には二段、女子にはその3分の2、賤民のうち官戸・公奴婢には良民と同額、家人・私奴婢には良民の3分の1を支給。収穫の約3パーセントを田租として徴税した。❷古代中国で、均田法により人民に支給された田。

く-べつ【区別】〔名〕スル あるものと他のものとが違っていると判断して分けること。また、その違い。「善悪の―」「公私を―する」(類語)弁別・識別・判別・見分け・分別・区分・区分け・差別・けじめ・別・分かち

クベバ〖ラテ cubeba〗コショウ科の蔓性植物。インドネシア諸島で栽培され、果実は辛みと芳香があり、薬用。ジャワ長胡椒。畢澄茄。

く・べる【▽焼べる】〔動バ下一〕図く・ぶ〔バ下二〕燃やすために火の中に入れる。「薪を―・べる」
(類語)燃やす・焼く・焚き付ける

く-へんとう【苦×扁桃】アーモンドの一品種。果実は苦みが強い。

くへんとう-すい【苦×扁桃水】苦扁桃油を水に溶かしたもの。せき止めの薬として用いる。

くへんとう-ゆ【苦×扁桃油】苦扁桃の種子から油をとった絞りかすを発酵させたものを蒸留して得る無色の液体。主成分はベンズアルデヒド。飲料・菓子・化粧品などの香料に用いる。

く-ほ【駆歩】〔名〕スル 馬の速駆け。ギャロップ。

くぼ【▽凹】【×窪】❶くぼんでいる部分。くぼみ。「盆の―」 ❷女性の陰部。女陰。「―の名をば何とかいふ」〈催馬楽・陰の名〉

ぐ-ぼ【愚母】自分の母をへりくだっていう語。
(類語)母・家母

くぼ・い【▽凹い】【×窪い】〔形〕図くぼ・し〔ク〕❶まわりより低くなっている。へこんでいる。くぼんでいる。「前歯の抜けた―・い口が」〈嘉村・途上〉 ❷劣っている。また、身分が低い。卑しい。「囲われは長屋のものを―・く見る」〈柳多留・二〉

凹き所に水溜まる　❶くぼんだ所に水が自然に溜まるように、条件の備わったところは自然によい成り行きになることのたとえ。❷悪い境遇にある者には、種々の困難が集まることのたとえ。

く-ほう【句法】詩歌・俳句・文章において、句や文を組み立てる際の言葉の決まり。

く-ぼう【▽公方】❶おおやけ。おもてむき。公事。「和殿をもちてこそ、―、私、心安く」〈曽我・一〉 ❷天皇。また、朝廷。「―までもきこしめしひらかれ」〈曽我・一〉 ❸鎌倉・室町時代、幕府・将軍家をさしていう語。また、鎌倉府の長をいう。❹中世、守護・荘園領主をいう。❺江戸時代、将軍をいう。

ぐ-ほう【×弘法】〔名〕スル 仏語。仏の教えを世間に広めること。弘布。

ぐ-ほう【▽求法】〔名〕スル 仏語。仏の教えや悟りの道を求めること。

ぐほう-じ【弘法寺】千葉県市川市真間にある日蓮宗の寺。山号は真間山。天平9年(737)行基の開創と伝える。13世紀中ごろ、日頂が入って改宗。

くぼう-にん【▽公方人】室町時代、朝廷・社寺や幕府の政所などの警護・雑務に当たった下人や中間。公人。

くぼう-もの【▽公方者】室町時代、将軍に仕えた力者・雑色。

くぼう-やく【▽公方役】室町時代、幕府によって課せられた夫役。

くぼ-がい【久保貝】【×窪貝】ニシキウズガイ科の巻き貝。潮間帯の岩礁に多い。貝殻は円錐形で、殻径3.5センチくらい。殻表は黒褐色で細かい刻み目がある。房総半島以南に分布。食用。いそだま。

く-ぼく【苦木】▶にがき(苦木)

くぼ-さかえ【久保栄】［1900～1958］劇作家・演出家。札幌の生まれ。築地小劇場文芸部を経て、新築地劇団・新協劇団・東京芸術劇場の結成に参加、劇作・演出・評論に活躍。戯曲「五稜郭血書」「火山灰地」、小説「のぼり窯」など。

くぼた-うつぼ【窪田空穂】［1877～1967］歌人・国文学者。長野の生まれ。本名、通治。早大教授。新詩社歌人として出発。万葉・古今・新古今の評釈などにすぐれた業績を残した。詩歌集「まひる野」、歌集「土を眺めて」「鏡葉」など。

くぼた-べいせん【久保田米僊】［1852～1906］日本画家。京都の生まれ。本名、満寛。鈴木百年に師事。「国民新聞」の挿絵を担当し、報道画に新分野を切り開いた。

くぼ-たまり【▽凹×溜まり】【×窪×溜まり】くぼんでいる場所。また、くぼんで水のたまっている所。

くぼた-まんたろう【久保田万太郎】［1889～1963］小説家・劇作家・俳人。東京の生まれ。俳号、暮雨・傘雨。東京の下町を舞台に、市井の人々の生活と情緒を描いた。文化勲章受章。小説「末枯」「春泥」、戯曲「大寺学校」、句集「流寓抄」など。

くぼ-ち【▽凹地】【×窪地】くぼんでいる土地。周囲よりも低くなっている土地。(類語)盆地・低地

くぼ-つき【×窪×坏】▶窪手

くぼ-て【×窪手】【葉=椀】神前に供える物を盛る器。柏の葉を並べ重ねて竹ひごでとじ、中くぼみの盤のようにしたもの。くぼつき。

くぼて-さん【求菩提山】福岡県東部、豊前市と築上郡築上町の境にある山。標高782メートル。古くから山岳信仰の山として知られ、山伏の修験道場として栄えた。多くの遺跡が残っており、山頂には国玉神社がある。国の史跡に指定され、耶馬日田英彦山国定公園に属する。山名の由来は仏典中のことば「菩提を求める」から。五窟岳。

くぼ-てんずい【久保天随】［1875～1934］漢学者・漢詩人。東京の生まれ。本名、得二。評論・随筆・新体詩などを広く発表。著「白露集」「秋碧吟廬詩鈔」など。

くぼま・る【▽凹まる】【×窪まる】〔動ラ五(四)〕❶周囲より低く落ち込んだ状態になる。へこむ。「平原の―・った所」 ❷うずくまる。しゃがむ。「女の童の―・り居て侍るを」〈万治本宇治拾遺・二〉

くぼみ【▽凹み】【×窪み】くぼむこと。また、くぼんでいる所。「道の―に足をとられる」
(類語)穴・穴ぼこ・ホール・壙

くぼみ-いし【▽凹み石】縄文時代の石器の一。こぶし大の石に1、2個のくぼみがあり、ハンマーに用いたと推定されるものと、平らな石にくぼみがいくつもあり、発火器の一部と推定されるものとがある。

くぼ・む【▽凹む】【×窪む】㊀〔動マ五(四)〕❶周囲より低く落ち込む。へこむ。「目が―・む」「―・んだ土地」 ❷うずもれる。おちぶれる。零落する。「我が君のあまねき御代の道つくり―・める身をも哀れとは見よ」〈新撰六帖・二〉 ㊁〔動マ下二〕「くぼめる」の文語形。
(類語)へこむ・陥没・引っ込む

くぼ-め【▽凹目】【×窪目】普通よりも落ちくぼんだ目。奥目。金壺眼。

くぼ・める【▽凹める】【×窪める】〔動マ下一〕図くぼ・む〔マ下二〕周囲よりも低く落ち込ませる。へこます。「その石とうのうしろを―・めて御自筆の願書をおこめになりました」〈谷崎・盲目物語〉

くぼ-やか【▽凹やか】【×窪やか】〔形動ナリ〕くぼんで

いるさま。「大きなる坏(つき)の一なるを」〈今昔・二八・五〉

く-ほん【九▽品】❶仏語。㋐浄土教で、極楽往生の際の九つの階位。上中下の三品(さんぼん)を、さらにそれぞれ上中下に分けたもの。上品上生(じょうぼんじょうしょう)・上品中生・上品下生(げしょう)・中品上生・中品中生・中品下生・下品(げぼん)上生・下品中生・下品下生の九つ。ここのしな。㋑「九品浄土」「九品往生」「九品蓮台」などの略。❷物事について設けた九つの等級。「公任卿、和歌の一をえらび給ひしにも」〈戴恩記〉

くほん-あんにょうかい【九▽品安養界】▶九品浄土(くほんじょうど)

くほん-おうじょう【九▽品往生】極楽浄土に往生すること。往生する者に九つの等級があるところからいう。

くほん-ぎょうごう【九▽品行業】極楽に往生するための9種の修行。九品の行業。

くほん-じ【九品寺】▶浄瑠璃寺(じょうるりじ)

くほん-じょうしょう【九▽品上生】九品の最上位、上品(じょうぼん)上生のこと。

くほん-じょうど【九▽品浄土】極楽浄土。往生する者に9種の差異があるところからいい、また浄土にも9種の差異を立てていう。西方浄土。九品安養界。九品の浄刹(じょうせつ)。九品の浄土。くほん。

くほん-ねんぶつ【九▽品念仏】九品浄土に往生することを願って行う念仏。九品の念仏。

くほん-の-うてな【九▽品の▽台】▶九品蓮台(くほんれんだい)

くほん-の-きょうしゅ【九▽品の教主】九品浄土の教主である阿弥陀仏。

くほん-の-じょうせつ【九▽品の浄刹】▶九品浄土

くほん-の-のぞみ【九▽品の望み】九品浄土に往生したいという願い。

くほん-の-はちす【九▽品の×蓮】▶九品蓮台(くほんれんだい)

くほん-ぶつ【九▽品仏】9体の阿弥陀仏。

くほん-れんだい【九▽品×蓮台】極楽浄土に往生するときに座る蓮台。9種の別があるとする。また、往生後に化生(けしょう)する浄土の蓮台。九品の蓮(はちす)。九品の台(うてな)。九品。

くま【×隈|▽曲|×阿】❶曲がって入り込んだ所。また、奥まった所。もののすみ。片隅。「川の一」「光到らぬ一もなし」〈樗牛・滝口入道〉❷物陰になっている暗がり。陰になった所。「停車場(ステーション)前の夜の一に、四五台朦朧と寂しく並んだ車」〈鏡花・歌行灯〉❸(「暈」とも書く)色の濃い部分と淡い部分、あるいは、光と陰とが接する部分。また、色の濃い部分。「目の下に一ができる」「夕暮れの空の濃い一をいろどっている天王寺のあたりを」〈田村俊子・木乃伊の口紅〉❹隠していること。心に秘めた考え。秘密。「人の心の一は映すべき鏡なければ」〈樗牛・滝口入道〉❺「隈取り」の略。❻十分でない部分。欠点。「その事ぞとおぼゆる一なく」〈源・浮舟〉❼へんぴな所。片田舎。「山里めいたる一などに」〈源・橋姫〉

くま【熊】❶食肉目クマ科の哺乳類の総称。全般に大形で、がっしりした体格をし、足の裏をかかとまで地面につけて歩く。ヨーロッパ・アジア・北アメリカおよび南アメリカ北部に分布し、ホッキョクグマ・マレーグマなど7種があり、多くの亜種が知られる。日本にはヒグマ・ツキノワグマがすむ。(季 冬)「餌を欲りて大きな一となって立ち/汀女」❷《立ち見席の前に設けられた鉄柵に寄る姿が、檻(おり)の中の熊に似ているところから》劇場で立ち見する人。❸(動植物名の上に付き、接頭語的に用いて)強い、大きいなどの意を表す。「一蟬(くまぜみ)」「一蜂(くまばち)」

くま-あり【熊×蟻】クロオオアリの別名。

く-まい【供米】神仏に供える米。くましね。

ぐ-まい【愚妹】自分の妹をへりくだっていう語。

ぐ-まい【愚昧】〔名・形動〕《「昧」は暗い意》おろかで道理に暗いこと。また、そのさま。愚蒙。「一な人」「一なる通人よりも山出しの大野暮の方が遥かに上等だ」〈漱石・吾輩は猫である〉
(類語)蒙昧(もうまい)・暗愚・馬鹿・阿呆(あほう)・魯鈍(ろどん)・愚鈍・無知・頑愚・愚か・盆暗(ぼんくら)

くまい-けい【熊井啓】[1930～2007]映画監督。長野の生まれ。「帝銀事件　死刑囚」で監督デビュー。現代社会・政治問題を扱った実証的な作品で、社会派監督として注目される。代表作は、ダム建設の現実をえぐった「黒部の太陽」のほか、三浦哲郎原作「忍ぶ川」、遠藤周作原作「海と毒薬」など。

くまい-ざさ【九枚×笹】❶ネマガリダケの別名。❷紋所の名。9枚の笹の葉を図案化したもの。

くま-いちご【熊×苺】バラ科の落葉小低木。日当たりのよい山地に生え、茎にとげが多い。葉は広卵形で三～五つに浅く裂ける。初夏、白い花をつけ、実は赤く熟し、食べられる。

くま-えび【熊海=老】クルマエビ科のエビ。体長約20センチ。縞模様があり、脚は紅白のだんだら模様。東京湾以南に産し、てんぷらの材料にされる。

くまおうまる【熊王丸】南北朝時代の僧。赤松光範(あかまつみつのり)の家臣、宇野六郎の子。父の仇敵である楠木正儀(まさのり)を討とうと、その家臣となったが、かえって恩義を受ける。のち、自ら出家して往生院に赴き、正覚法師を名のった。阿若丸(あじゃくまる)。生没年未詳。

くま-おくり【熊送(り)】アイヌの儀礼・行事の一。熊を、神の化身と考え、その霊を神の国へかえすために行うもの。捕獲した子熊を一定期間飼育し、丁重な儀礼をもって殺し、祭壇にそなえ、その肉を共食し、神の国へ送る。同様の儀式が、熊の生息する世界各地にある。熊祭り。イヨマンテ。(季 冬)

くまがい【熊谷】埼玉県熊谷(くまがや)市の旧称。熊谷氏の本拠。➡くまがや

くまがい-がさ【熊▽谷×笠】武蔵国熊谷地方で作られた深編み笠。すり鉢を伏せたような形の笠で、武士や虚無僧(こむそう)・医師などがかぶった。(季 夏)

くまがい-ざくら【熊▽谷桜】桜の一品種。ヒガンザクラに次いで早く咲く。花は一重で、初め紅色、のち白色に変わる。熊谷直実(なおざね)の一ノ谷先陣にちなむ名という。

くまがいじんや【熊谷陣屋】浄瑠璃「一谷嫩軍記(いちのたにふたばぐんき)」の三段目切(きり)の通称。平敦盛を救えとの源義経の密命を果たすため、敦盛の身代わりとして息子の小次郎を犠牲にした熊谷直実(なおざね)は、無常を感じて出家する。

くまがい-そう【熊▽谷草】ラン科の多年草。丘陵地の樹下に生え、高さ約30センチ。まっすぐ伸びた茎の上部に扇形の葉が2枚つく。晩春、大きな淡紅色の花を1個つける。名は、袋状をした花びらを熊谷直実(なおざね)の背負った母衣(ほろ)にたとえたもの。(季 春)

くまがい-たいぞう【熊谷岱蔵】[1880～1962]医学者。長野の生まれ。東北大学総長。日本における結核の予防と治療に貢献。文化勲章受章。

くまがい-たつや【熊谷達也】[1958～]小説家。宮城の生まれ。北海道・東北の厳しい風土や狩猟文化、民話に題材をとった作品を執筆する。「邂逅(かいこう)の森」で直木賞受賞。他に「ウエンカムイの爪」「漂泊の牙」「マイ・ホームタウン」など。

くまがい-なおざね【熊谷直実】[1141～1208]鎌倉初期の武将。武蔵国熊谷の人。はじめ平知盛に仕えたが、のち源頼朝に仕え、一ノ谷の戦いで平敦盛を討った話は有名。建久3年(1192)所領争いに敗れ、自ら髪を切って法然の門に入り、蓮生(れんせい)と名のった。

くまがい-なおよし【熊谷直好】[1782～1862]江戸後期の歌人。岩国藩士。脱藩して大坂へ行き、香川景樹(かげき)に師事。家集「浦の汐貝」、著「梁塵後抄」など。

くまがい-もりかず【熊谷守一】[1880～1977]洋画家。岐阜の生まれ。フォーブ的な画風から単純化された色面構成の独自の画境を開く。

くま-がし【熊×樫】《「くま」は大きい意。「くまかし」とも》大きな樫。りっぱな樫。また、シラカシ・アカガシ・アラカシなどの別名。

くまがや【熊谷】埼玉県北部の市。中山道の宿場町として発達。鎌倉時代には熊谷直実(くまがいなおざね)の所領で、居館の跡が熊谷寺(ゆうこくじ)となっている。現在は重化学工業が盛ん。平成17年(2005)に大里町・妻沼(めぬま)町と合併。平成19年(2007)に江南町を編入。人口20.3万(2010)。くまがい。

くまがや-し【熊谷市】▶熊谷

くま-がり【熊狩(り)】熊を狩ること。(季 冬)

くま-がわ【球磨川】熊本県南部を流れる川。九州山地に源を発し、U字状に流れ、八代(やつしろ)市で八代海に注ぐ。長さ115キロ。富士川・最上(もがみ)川とともに日本三急流の一。沿岸は球磨炭や球磨焼酎の産地。

くま-がわ【熊川】栃木県北東部を流れる那珂川水系の支流の一。那須塩原市の黒滝山(標高1754メートル)東斜面に源を発し、那須野ヶ原を流れ大田原市で蛇尾(さび)川に注ぐ。長さ29.6キロ。

くま-ぐま【×隈×隈】あちこちのすみ。すみずみ。「一まで探し求める」

くまぐま・し【×隈×隈し】〔形シク〕❶物の陰に隠れてよく見えない。薄暗くて見えにくい。「火はほのかにまたたきて、…ここかしこの、一・しくおぼえ給ふに」〈源・夕顔〉❷樹木がこんもりと茂り、陰がある。「この前栽の、いとおもしろく、一・しき見るなり」〈平中・一七〉❸隠しだてが多い。心に秘密を持っているようだ。「何事かは侍らむ。一・しくおぼしたるこそ苦しけれ」〈源・梅枝〉

くまげ-はんとう【熊毛半島】山口県南東部、瀬戸内海に突き出た半島。南端の室津(むろつ)と対岸の長島(上関(かみのせき)町)とは上関大橋で結ばれている。中世以降、室津と上関は内海航路の港町・風待ち港として栄えた。傾斜地はミカンの栽培、沿岸は漁業が盛ん。室津にある四階楼(しかいろう)は明治時代初期の建造物で、国の重要文化財。室津半島。

くま-げら【熊啄=木=鳥】キツツキ科の鳥。全長46センチくらい。全身黒色で、雄は頭上、雌は後頭だけが赤い。ユーラシアに分布し、日本では北海道・本州北部にすむ。天然記念物。

くまこう-はちこう【熊公八公】《落語などに出てくる庶民を代表する二人の名から》無教養ではあるが善意の庶民をいう称。熊さん八つぁん。

くまさか【熊坂】㊀熊坂長範(ちょうはん)のこと。㊁謡曲。五番目物。旅僧の前に熊坂長範の亡霊が現れ、牛若丸に討たれた無念を語る。

くまさか-がい【熊坂貝】クマサカガイ科の巻き貝。貝殻は平たい円錐形で、殻径8センチくらい。非常に薄く、殻上に他の貝殻や石などを固着させている。名はこれを熊坂長範(ちょうはん)が七つ道具を背負っているのに見立てた。房総半島以南の浅海にみられる。

くまさか-ごころ【熊坂心】《熊坂長範(ちょうはん)のような心の意》盗賊の心。盗み心。どろぼう根性。「親のたくはへに一をおこし」〈仮・東海道名所記・一〉

くまさか-ずきん【熊坂頭巾】▶長範頭巾(ちょうはんずきん)

くまさか-ちょうはん【熊坂長範】平安末期の伝説的盗賊。奥州へ下る金売吉次を襲おうとして、美濃国赤坂(あるいは青墓(あおはか))の宿で牛若丸に討たれたという。謡曲「熊坂」や浄瑠璃などに脚色される。

くま-ざさ【×隈×笹|熊×笹】イネ科の植物。山地に自生。葉は幅の広い長楕円形で、冬に縁が枯れて白色にくま取られる。

くまざわ-てんのう【熊沢天皇】昭和20年代に、南朝系の皇統を継ぐと自称した熊沢寛道(ひろみち)のこと。大正時代から、自らを後亀山天皇の末裔と称していたが、第二次世界大戦後にその主張がGHQや米誌の目に留まり、注目を集めた。後に、昭和天皇の退位を求める裁判を起こしたが棄却された。➡南北朝正閏論(なんぼくちょうせいじゅんろん) (補説)南北両朝は1392年に北朝の優位で合一し、以降の天皇家は北朝の系統。第二次世界大戦前には南朝正統論が国によって認められたが、これは両朝並立の約60年間の正統が南朝だったとするもので、合一後の北朝系の皇統を否定していない。また、後亀山天皇と熊沢を結ぶとされる系統は、一般には信憑性が疑われている。

くまざわ-ばんざん【熊沢蕃山】[1619～1691]江戸前期の儒学者。山城の人。名は伯継。字(あざな)は了介(りょうかい)。別号、息游軒。中江藤樹に陽明学を学び、岡山藩主池田光政に仕えた。晩年、政治批判で

幕府に疎まれ、幽囚中に病死。著「大学或問（わくもん）」「集義和書」「集義外書」「源氏外伝」など。

くま-しで【熊四手】カバノキ科の落葉高木。山野にみられ、葉は長楕円形で縁に二重のぎざぎざをもつ。5月ごろ、黄褐色で垂れる雄花と、緑色で上向きの雌花が咲き、秋に果穂が垂れ下がる。材をシイタケの原木にする。おおそね。いしそね。かたしで。

くま-しね【×奠▽稲┊×糈▽米】神仏に供えるために洗い清めた米。かしよね。おくま。「道俗男女に至るまで、—を包みなどして参りけり」〈伽・蛤の草紙〉

くま-じょうちゅう【▽球磨焼酎】ーゼウチウ 熊本県の球磨地方で産する、米を主原料とした焼酎。

くましろ-たつみ【神代辰巳】［1927〜1995］映画監督。佐賀の生まれ。成人映画において、性を描きながらも、男女間のやるせない情感をコミカルなタッチも交えつつ表現した。のち一般映画も手がけた。代表作「赫（あか）い髪の女」「青春の蹉跌（さてつ）」「恋文」など。

くま-ぜみ【熊×蝉】半翅（はんし）目セミ科の昆虫。体長約5センチ、翅（はね）の端まで約6.5センチ。光沢のある黒色で、翅は透明。東京以南に普通にみられ、夏の朝、樹幹でシャーシャーと鳴く。うまぜみ。（季 夏）

くま-そ【熊襲┊熊曽】㊀上代の九州南部の地域名。㊁記紀などにみえる種族。九州南部に勢力を張り、勇猛で大和朝廷に反抗し、景行天皇の皇子日本武尊（やまとたけるのみこと）に討たれたとされる。〔補説〕「くま」は肥後の球磨（くま）地方、「そ」は大隅（おおすみ）の贈於（そお）地方の意という。

くま-たか【熊×鷹】タカ科の鳥。全長は雄が72センチ、雌が80センチくらい。頭に冠羽があり、上体は黒褐色、腹は白に茶の斑がある。北海道から九州の山地にすむ。鷹狩りに用いられた。（季 冬）

くまたか-まなこ【熊×鷹眼】クマタカがえさを探し求めるときのような、鋭く恐ろしい目つき。

くまたけ-らん【熊竹×蘭】ショウガ科の多年草。高さ1〜2メートル。葉は長さ40〜60センチ。7月ごろ、白色で紅色のぼかしのある花を多数つける。

く-まつ【句末】詩歌や文章の句の終わりの部分。

くま-つづら【熊▽葛】クマツヅラ科の多年草。山野に自生し、高さ50〜70センチ。葉は対生。夏、紫色の小花を穂状につける。乾燥したものを漢方で馬鞭草（ばべんそう）といい、月経困難・皮膚病・炎症などに用いる。

くま-で【熊手】❶長い柄の先に、竹製の、熊の手のように曲がったつめ状のものを扇形につけた道具。落ち葉や穀物などをかき集めるのに用いる。くまでぼうき。❷❶に宝船・大判・小判・千両箱・おかめの面などを飾りつけたもの。福をかき集める意味の縁起物として、酉（とり）の市で売られる。（季 冬）❸熊の手を思わせる鉄製のつめを、長い柄の先につけた道具。武器や船の備品としても利用された。❹欲の深いことのたとえ。また、その人。欲張り。「—よ欲よと言はるるも口惜しし」〈浄・淀鯉〉

くまで-しょう【熊手性】ーシヤウ なんでも自分のものにしようとする欲深い性質。「花車さまは御存知—」〈浮・禁短気・三〉

くま-と【×隈▽所┊×隈▽処】折れ曲がって入り組んだ所。奥まった所。物陰。「蘆垣（あしかき）の—に立ちて吾妹子（わぎもこ）が袖もしほほに泣きしそ思（も）はゆ」〈万・四三五七〉

くま-どり【×隈取り┊×暈取り】〔名〕スル ❶陰影や濃淡などで境目をつけること。また、そのもの。❷東洋画で、輪郭に沿って、水墨や彩色をぼかして描くこと。立体感などを表す効果がある。暈渲（うんせん）。❸歌舞伎で、人物の性格や表情などを強調するために施す化粧法。赤・青・黒色などの線で顔面を彩ること。また、その模様。

くまどり-ふで【×隈取り筆】日本画で、ぼかしをするときに用いる筆。穂の形が丸く短い。くまふで。

くま-ど・る【×隈取る┊×暈取る】〔動ラ五（四）〕❶陰影や濃淡などで境目をつける。「疲労の色に—・られた顔」❷日本画で、立体感を表すために隈取りをする。❸歌舞伎役者が顔の隈取りをする。

くま-なく【×隈無く】〔副〕《形容詞「くまなし」の連用形から》❶隅々まで行き届いて、余すところのないさま。隅から隅まで。「家中を—捜す」❷影や曇りがないさま。「月光が—照らす」〔類語〕残らず・洗いざらい・根こそぎ・虱（しらみ）潰し・すべて・皆

くま-な・し【×隈無し】〔形ク〕❶影や曇りがない。隠れるところがない。「月は—・きをのみ見るものかは」〈徒然・一三七〉❷隠し隔てがない。わだかまりがない。「好色事（すきごと）ども、かたみに—・く言ひ表し給ふ」〈源・葵〉❸行き届かないところがない。抜かりがない。万事に通じている。「おのれも—・き好き心にて、いみじく謀（たばか）り」〈源・夕顔〉

くま-ねずみ【熊×鼠】ネズミ科の哺乳類。体長約20センチ。人家の天井裏にすむ。東南アジアの原産で、船による貿易とともに世界中に広まった。エジプトネズミなど多くの亜種がある。

くまの【熊野】㊀和歌山県の東牟婁（ひがしむろ）・西牟婁両郡および三重県の南牟婁・北牟婁両郡一帯の称。森林が多く、製材業が盛ん。古来、熊野三山信仰の地。㊁三重県南部の市。熊野灘に面する。中心の木本（きのもと）は製材業・漁業が盛ん。景勝地「鬼ヶ城」がある。平成17年（2005）11月、紀和町と合併。人口2.0万（2010）。

くま-の-い【熊の▽胆】❶熊の胆嚢（たんのう）を胆汁をとらずに干したもの。苦みが強く、健胃薬・気つけ薬などに用いる。熊胆（ゆうたん）。❷朝鮮人参の古和名。

くまの-かいし【熊野懐紙】ークワイシ 鎌倉初期、後鳥羽上皇の熊野行幸に際して催された歌会で書かれた和歌の懐紙。三十数枚が残存し、当時の代表的歌人の仮名筆跡を多く含む。

くまの-かいどう【熊野街道】ーカイダウ 熊野三社に至る交通路。東の伊勢からと西の紀伊からの二つがあった。

くまの-がわ【熊野川】ーがは 和歌山・三重県境を流れる川。源は奈良県の天（てん）ノ川。上流は十津（と つ）川といい、途中で北山川を合わせ、新宮市で熊野灘に注ぐ。長さ183キロ。新宮川。

くまの-ごおう【熊野▽牛王】ーゴワウ 熊野三社から出す護符。75羽の烏の絵を図案化して「熊野牛王宝印」と記したもの。烏は昔から熊野の神使といわれ、中世以降は起請文（きしょうもん）を書く料紙としても用いられた。牛王。牛王宝印。

くまの-さんざん【熊野三山】▶熊野三社（くまのさんしゃ）

くまの-さんしゃ【熊野三社】熊野地方にある、熊野本宮大社・熊野速玉（はやたま）大社・熊野那智大社の総称。熊野三山。三熊野。

くまのさんしょ-ごんげん【熊野三所権現】熊野三社の主祭神として祭られる、本宮の家都御子神（けつみこのかみ）、新宮の熊野速玉（はやたま）神、那智の熊野夫須美神（くまのふすみのかみ）の三神。熊野（ゆや）権現。三所権現。

くまの-し【熊野市】▶熊野㊁

くまの-しんこう【熊野信仰】ーシンカウ 熊野三社を中心とする信仰。

くまの-たいしゃ【熊野大社】島根県松江市にある神社。祭神は神祖熊野大神櫛御気野命（かむろきくまののおおかみくしみけぬのみこと）（素戔嗚尊（すさのおのみこと）の別名）。出雲国一の宮。

くまの-でんざぶろう【熊野伝三郎】ーデンザブラウ 江戸後期の大道商人。熊皮の袖無しを着て、熊の脂から作ったという膏薬を売った。生没年未詳。

くまの-どうじゃ【熊野道者】ーダウジャ 熊野に参詣（さんけい）する巡礼者。

くまの-なだ【熊野灘】和歌山県の潮岬（しおのみさき）から三重県の大王崎（だいおうざき）に至る海域。航海の難所といわれた。好漁場。吉野熊野・伊勢志摩両国立公園の地。

くまのなち-たいしゃ【熊野那智大社】和歌山県東牟婁（ひがしむろ）郡那智勝浦町にある神社。主祭神は熊野夫須美神（くまのふすみのかみ）。那智の滝を中心として、中世修験道とともに栄えた。熊野三社の一。平成16年（2004）「紀伊山地の霊場と参詣道」の一部として世界遺産（文化遺産）に登録された。飛滝（ひろう）権現。那智権現。熊野那智神社。那智。

くまのにます-じんじゃ【熊野坐神社】▶熊野本宮大社（くまのほんぐうたいしゃ）

くまのはやたま-たいしゃ【熊野速玉大社】和歌山県新宮市にある神社。旧官幣大社。主祭神は熊野速玉神。熊野三社の一。平成16年（2004）「紀伊山地の霊場と参詣道」の一部として世界遺産（文化遺産）に登録された。熊野新宮。熊野権現。熊野速玉神社。新宮。

くまの-びくに【熊野▽比▽丘尼】中世から近世にかけ、地獄極楽の絵解きをしながら、熊野三所権現勧進のため諸国を歩いた尼僧。小歌や俚謡（りよう）をうたい物乞いをして歩いた。のちには、売色を業とする者もいた。歌比丘尼。勧進比丘尼。

くまのほんぐう-たいしゃ【熊野本宮大社】和歌山県田辺市本宮町本宮にある神社。旧官幣大社。主祭神は家都御子神（けつみこのかみ）。中世、熊野大権現と称し、修験道とともに栄えた。熊野坐（くまのにます）神社は旧称。熊野三社の一。平成16年（2004）「紀伊山地の霊場と参詣道」の一部として世界遺産（文化遺産）に登録された。熊野本宮。本宮。

くまの-まがいぶつ【熊野磨崖仏】大分県北東部、国東（くにさき）半島南部の豊後高田（ぶんごたかだ）市にある岩壁に刻まれた石仏群。田原（たわら）山（標高542メートル）の西側、熊野地区に位置する。6メートルの大日如来像や8メートルの不動明王像などがあり、平安時代後期にできた日本最古・最大級の磨崖仏といわれる。国の重要文化財・史跡に指定。

くまの-まんだら【熊野×曼×荼羅】熊野三山を描いた垂迹（すいじゃく）画の一種。熊野三所権現に対する信仰から生まれたもの。

くま-の-み【熊の実】スズメダイ科クマノミ属の海水魚。全長約15センチ。体は楕円形で側扁し、暗褐色で青白色の横帯がある。本州中部以南の岩礁にすみ、大形のイソギンチャクの触手の中に潜む習性がある。また、カクレクマノミ・ハマクマノミなどを含むクマノミ属の総称。

くまの-みずき【熊野水木】ーみづき ミズキ科の落葉高木。葉は対生し、卵状長楕円形で裏側は白色を帯びる。6、7月ごろに白色の小花を密集してつけ、果実は黒く熟す。

くまの-もうで【熊野詣で】ーまうで 熊野三社に参詣すること。熊野参詣。

くまの-やまぶし【熊野山伏】熊野三社を根拠地として修行する山伏。

くまのゆ-おんせん【熊ノ湯温泉】ーヲンセン 長野県の志賀高原にある温泉。泉質は硫黄泉。熊がこの湯で傷を治したという伝説がある。

くま-ばち【熊蜂】❶コシブトハナバチ科のハチ。日本産ハナバチ類では最大。体は黒色で、胸部は黄色の毛で覆われる。枯れ木などに穴を掘って巣を作り、中に花粉や蜜を集めて幼虫のえさにする。本州から九州屋久島まで普通にみられる。くまんばち。（季 春）❷スズメバチの俗称。

くま-ふで【×隈筆】▶隈取（くまど）り筆

くま-まつり【熊祭（り）】「熊（くま）送り」に同じ。（季 冬）

くま-み【×隈×廻┊×隈▽回】《「み」は動詞「み（廻）る」の連用形から。曲がりめぐること、また、そのようになっている地形をいう》道の曲がりかど。くまわ。「玉桙（たまほこ）の道の—に草手折（たを）り」〈万・八八六〉

くま-むし【熊虫】▶緩歩（かんぽ）動物

くまもと【熊本】㊀九州地方中西部の県。もとの肥後国にあたる。人口181.7万（2010）。㊁熊本県中西部にある市。県庁所在地。市内を白川が流れる。江戸時代には細川氏の城下町。平成8年（1996）中核市に指定。同20年に富合町を、22年に城南町・植木町を編入。同24年4月、政令指定都市となった。人口73.4万（2010）。

くまもとがくえん-だいがく【熊本学園大学】くまもとガクヱン 熊本市にある私立大学。昭和17年（1942）設立の東洋語学専門学校、熊本語学専門学校を経て、同25年熊本短期大学となり、同29年熊本商科大学として発足。平成6年（1994）現在の名称となる。

くまもと-くうこう【熊本空港】ークウカウ 熊本県上益城郡益城町にある空港。国管理空港の一。昭和46年（1971）新熊本空港として開港、同48年現名称に変更。愛称、阿蘇くまもと空港。➡拠点空港

くまもと-けん【熊本県】▶熊本㊀

くまもと-けんりつだいがく【熊本県立大学】熊本市にある県立大学。昭和22年(1947)設立の熊本県立女子専門学校を母体に、同24年新制の熊本女子大学として発足。平成6年(1994)現在の名称となる。同18年公立大学法人となる。

くまもと-し【熊本市】▶熊本㊂

くまもと-じょう【熊本城】熊本市にある城。加藤清正の築造。慶長12年(1607)完成。江戸時代は細川氏が城主。西南戦争で焼失したが、昭和35年(1960)天守閣を復興。

くまもと-だいがく【熊本大学】熊本市にある国立大学法人。第五高等学校・熊本医科大学・同付属医学専門部・熊本薬学専門学校・熊本工業専門学校・熊本師範学校・熊本青年師範学校を統合し、昭和24年(1949)新制大学として発足。平成16年(2004)国立大学法人となる。

くまもと-へいや【熊本平野】熊本県北西部、阿蘇山西麓から島原湾へ広がる平野。

くまもと-ほけんかがくだいがく【熊本保健科学大学】熊本市にある私立大学。平成15年(2003)の開設。

くまもと-ようがっこう【熊本洋学校】明治4年(1871)米国人ジェーンズを教師に招いて熊本城内に創立された学校。欧米の学問を教授し、キリスト教主義の教育を行った。浮田和民・海老名弾正・徳富蘇峰らを輩出。

くま-やなぎ【熊柳】クロウメモドキ科の蔓性の落葉低木。葉は卵形でつやがある。夏、白色の小花を群生。実はアズキ大で、熟すと黒色。

くまらじゅう【鳩摩羅什】《梵 Kumārajīva》[344～413]中国、六朝時代の仏典の翻訳家。中央アジア亀茲国の僧。父はインド人、母は亀茲国王の妹。前秦の亀茲攻略後、長安に迎えられ、訳経に従事。法華経・阿弥陀経など35部300巻に及ぶ訳経は、旧訳において最も重要な地位を占める。三論宗の祖師ともされる。羅什。くもらじゅう。

クマリン〘フラ coumarine〙クルマバソウやトンカ豆などに含まれる芳香のある無色の結晶。工業的にも生産される。化粧品の香料などに使用。

くまわかまる【阿若丸】熊王丸の異称。

くまわかまる【阿新丸】[?～1363]日野資朝の子。名は邦光。13歳のとき佐渡に渡り、父の仇敵である佐渡守護本間入道泰宣を討とうとしたが果たさず、子の本間三郎を討った。のち、南朝に仕えた。

くま-わらび【熊×蕨】オシダ科の常緑性のシダ。山地の林下に自生。葉柄には赤褐色の鱗片が密生。葉は長さ約50センチで羽状に切れ込む。鱗片を熊の毛になぞらえたところからの名。

くまん-ばち【熊ん蜂】❶スズメバチの俗称。❷クマバチの別名。

く-み【苦味】苦い味。にがみ。

くみ【組(み)】㊀〔名〕組むこと。組んだもの。❶二つ以上を取り合わせたひとまとまりのもの。そろい。セット。「テーブルと―になっているソファー」❷事をともにする人のまとまり。グループ。「四人ずつ―になる」「居残る―と出発する―とに分ける」❸❷のうち、特に次のようなまとまり。㋐学級。クラス。「二年一―」㋑結社・仲間などの一団。「―の幹部」「新撰―」㋒土木建築工事を請け負う業者などが会社名に使う称。㋓暴力団のこと。❹同類とみなされる仲間。「冷や飯―」❺印刷で、原稿に従って活字を組むこと。また、組んだもの。「一見本」❻株仲間のこと。❼「組歌」の略。❽「組屋敷」の略。❾「組糸」の略。㊁〔接尾〕助数詞。いくつかが集まってひとそろいになっているものを数える。「コーヒー茶碗一―」「二―の夫婦」

〔類語〕(㊀❶)揃い・対・一対・番い・一式・ペア・セット/(❷)仲間・集団・一群・一団・隊・班・チーム・パーティー/(❸)学級・クラス

ぐみ【茱萸｜胡頽子】グミ科グミ属の植物の総称。ナワシログミ・ナツグミ・アキグミ・トウグミ・ツルグミなど。全体に星状の鱗片または毛がある。実は熟すと赤くなり、食べられる。〔季 秋〕

グミ〘ドイ Gummi〙《ゴムの意》ゼラチン・砂糖・水飴などを材料とし、果汁などの味をつけ、ゴムのように弾力のある形に固めた菓子。グミキャンデー。

くみ-あい【組合】❶(組み合い)互いに組みついて争うこと。組み打ち。「取っ―」❷共通の目的のために何人かが寄り合って仲間を作ること。また、その人々。組。「まさか一人じゃあるまい。―か」〈鴎外・普請中〉❸民法上、二人以上の者が出資し合って共同の事業を営むことを約束する契約によって成立する団体で、法人となる資格がないもの。❹特別法によって、特定の共同目的を果たすために、一定の資格のある者で組織することを認められている団体。協同組合・共済組合など。❺「労働組合」の略。「―運動」

〔類語〕協会・法人・協同組合・団体・組織・結社・連盟・ユニオン・ソサエティー・アソシエーション

くみあい-いん【組合員】組合に加入している者。組合を組織する当事者。

くみあいかんしょう-けんこうほけん【組合管掌健康保険】健康保険組合が運営する健康保険。事業主が単独または共同で組合を設立して、その従業員が被保険者となる。保険料率は、協会けんぽ(旧政府管掌健康保険)が定率であるのに対し、標準報酬月額と標準賞与額を算定基礎とし、組合ごとの規約により自主決定で(おおむね低く)定めることができる。また、保険料については、協会けんぽが事業主と被保険者とで折半するのに対して、こちらは事業主の負担割合を高めることができる。さらに法定給付の上乗せとして付加給付ができる。組合健保。

くみあい-きょうかい【組合教会】キリスト教プロテスタントの一派、会衆派の日本での名称。日本では明治43年(1910)以後、日本組合教会として発足、昭和16年(1941)日本基督教団に合同。組合派。

くみあい-けいやく【組合契約】各当事者が出資をして、共同の事業を営むことを約することによって成立する契約。

くみあい-けんぽ【組合健保】「組合管掌健康保険」の略。➡政府管掌健康保険

くみあい-こくほ【組合国保】国民健康保険のうち、地域の同業者によって組織される国民健康保険組合が保険者として運営するもの。➡市町村国保

くみあい-しゅぎ【組合主義】労働組合の目的を、資本主義制度の枠内で経済的条件の改善に限定しようとする立場。

くみあい-せんじゅうしゃ【組合専従者】使用者との雇用関係を休職扱いとして、労働組合の業務だけに従事する者。

くみ-あ・う【組(み)合う】〔動ワ五(ハ四)〕❶互いに組む。「肩を―・う」❷互いに組みついて争う。「がっぷりと四つに―・う」❸仲間になって力を合わせる。「金富の伯父さんと―・ってる仕事なら」〈魯庵・社会百面相〉

くみ-あが・る【組(み)上(が)る】〔動ラ五(四)〕組んででき上がる。「家の骨組みが―・る」

くみ-あ・げる【×汲み上げる】〔動ガ下一〕図くみあ・ぐ〔ガ下二〕❶水などをくんで、上にあげる。「地下水を―・げる」❷下部の意見などを取り上げて用いる。「若手社員の声を―・げる」

くみ-あ・げる【組(み)上げる】〔動ガ下一〕図くみあ・ぐ〔ガ下二〕❶物を組んで積み上げる。構築する。「足場を―・げていく」❷すっかり組む。組みおえる。「予算を―・げる」「活字を―・げる」❸考えを組み立てる。構想する。「計画を―・げる」

くみ-あゆ【×汲み×鮎】川上へのぼってくるアユを、寄せ網で一つ所に寄せ、玉網などですくい上げること。また、そのアユ。〔季 春〕

くみ-あわ・す【組(み)合(わ)す】㊀〔動サ五(四)〕「組み合わせる」に同じ。「両手を―・して祈る」㊁〔動サ下二〕「くみあわせる」の文語形。

くみ-あわせ【組(み)合(わ)せ】❶組み合わせること。また、組み合わせたもの。「色の―を変える」「準決勝の―が決まる」❷数学で、*n*個の異なるものの中から、順序を考えないで*r*個のものを取り出して作った組。その総数を$_nC_r$で表すと、$_nC_r=\{n(n-1)(n-2)\cdots(n-r+1)\}/\{r(r-1)(r-2)\cdots1\}$ コンビネーション。「順列―」〔類語〕取り合わせ・配合

くみ-あわ・せる【組(み)合(わ)せる】〔動サ下一〕図くみあは・す〔サ下二〕❶二つ以上のものを取り合わせてひとまとまりにする。「何種類もの花を―・せた花束」❷競技・勝負事などで戦う相手を決める。「力の接近したチームを―・せる」❸からみ合わせたり交差させたりして、物をつなぎ合わせる。「材木を十文字に―・せる」「指を―・せる」

〔類語〕組む・組み立てる

くみ-いと【組糸】組み合わせた糸。くみ。

くみ-いれ【組(み)入れ】❶組み入れること。❷順に重ねて中に入れられるような仕組みに作られていること。また、そのもの。いれこ。「―の重箱」❸神前の供物などを盛る白木製の角盆。三つをひと組に、いれこに作る。❹「組み入れ天井」の略。

くみいれ-てんじょう【組(み)入れ天井】格子形に組んだ天井。6～8センチ角くらいの木材を10～20センチ間隔に組むもので、古代の寺院に多く用いられた。組み天井。組み入れ。くみれ。

くみいれ-ひりつ【組(み)入れ比率】一つの投資信託が保有する、株式や債券などの銘柄ごとの時価総額の比率。

くみ-い・れる【×汲み入れる】〔動ラ下一〕図くみい・る〔ラ下二〕❶水などをくんで中に入れる。「鍋に水を―・れる」❷考慮する。考えに入れる。「相手の意向を―・れる」

くみ-い・れる【組(み)入れる】〔動ラ下一〕図くみい・る〔ラ下二〕あるまとまりをもつものの中に、全体の一部となるような形で、他のものを加える。編入する。「メンバーに―・れる」「歳入に―・れる」

〔類語〕繰り込む・繰り入れる・織り込む・属する

くみ-いん【組員】組の構成員。特に、暴力団員。

くみ-うた【組歌｜組唄】三味線・箏で、既成の歌詞をいくつか組み合わせて1曲に作曲したもの。地歌(三味線組歌)・箏曲(箏組歌)の最古の形式。修業の便宜上、表組・裏組などに分類している。組。

くみ-うち【組(み)打ち｜組(み)討ち】❶互いに組み合って争うこと。取っ組み合い。「十八九の時分親爺と―をした事が一二返ある位だが」〈漱石・それから〉❷戦場で、相手と組み合って討ち取ること。❸男女交合の絵。春画。枕絵。組み打ちの図。「―を具足櫃から出して見せ」〈柳多留・四五〉〔類語〕決闘・果たし合い・格闘・取っ組み合い・掴み合い・出入り・喧嘩

くみ-お【組緒】「組紐」に同じ。

くみ-おき【×汲み置き】水をくんでおくこと。また、くんでおいた水。「断水用の―」

くみ-おどり【組踊(り)】❶数人が組んで踊ること。また、その踊り。❷二つ以上の踊りを組み合わせて構成する踊り。❸18世紀以来、琉球(沖縄)で伝承されてきた、せりふ・音楽・舞踊からなる古典劇。享保4年(1719)中国の冊封使を歓待するため、踊奉行の玉城朝薫が創作上演したのが始まり。

くみ-おび【組帯】❶古代、男子が礼服に用いた帯。より糸を平らに組み、先に総をつけたもの。❷糸を組んで作ったひも状の帯。近世初期に流行。

くみ-かえ【組(み)替え｜組(み)換え】❶組みかえること。再編成すること。「メンバーの―をする」「予算の―」❷活版印刷で、組版を組み直すこと。❸生物学で、細胞の減数分裂の際に相同染色体の間で交差が生じたため、同一染色体上の遺伝子の構成が変化する現象。

くみかえ-ディーエヌエー【組(み)換えDNA】遺伝子組み換えによって、DNAをつなぎ合わせたもの。

くみかえディーエヌエー-じっけん【組(み)換えDNA実験】▶遺伝子組み換え

くみ-か・える【組(み)替える｜組(み)換える】〔動ア下一〕図くみか・ふ〔ハ下二〕一度組んだものをとりやめ、別のまとめ方で改めて組む。また、組み合

わせを変える。編成しなおす。「日程を―・える」
くみ-がき【組(み)垣】《古くは「くみかき」》木や竹を組み合わせてつくった垣。檜垣・唐垣など。
くみ-かけ【組掛┆組懸】冠の掛緒の一種。糸組のひもで、主に蹴鞠の際に用いるもの。
くみ-がしら【組頭┆▽与頭】❶組と名のつく組織の長。❷江戸時代、徒組・弓組・鉄砲組などの諸組の長。❸江戸時代、百姓代とともに名主を補佐して村の事務を取り扱った役。長百姓。
くみ-がみ【組(み)紙】細く切った色紙を縦横に組んで、布の模様などを作り出す遊び。組紙細工。
くみ-かわ・す【酌み交わす】〔動サ五(四)〕互いに杯をやり取りしながら酒を飲む。「親しく酒を―・す」
くみ-き【組(み)木】両端にコの字形の切り込みのある細長い長短の木片を互いにはめ込み、いろいろな物の形を作って遊ぶ玩具。寄せ木。
グミ-キャンデー《和 Gummi(ドイ)＋candy》►グミ
くみ-きょく【組曲】数個の小曲または楽章を組み合わせて、一つの作品とする器楽曲。
くみ-こ【組子】❶江戸時代、徒組・鉄砲組などの組頭の配下にある者。組下。組衆。❷格子・障子・欄間などの骨組みとして縦横に組んだ細い部材。
くみ-こう【組香】数種の香をたき、その香の名を言い当てること。また、その香。
くみこみ-オーエス【組(み)込みOS】《embedded OS》家電製品、携帯電話、産業機械などが内蔵するコンピューターを制御するオペレーティングシステム。日本のTRONプロジェクトの一環で策定されたITRONが知られる。エンベッドOS。エンベッドシステム。エンベデッドOS。エンベデッドシステム。
くみこみ-かんすう【組(み)込み関数】《built-in function》コンピューターで、プログラミング言語にあらかじめ用意されている関数。三角関数・対数関数などが組み込まれている。ビルトイン関数。
くみこみ-システム【組(み)込みシステム】《embedded system》家電製品、携帯電話、産業機械などに内蔵される、特定の処理をするためのコンピューターシステム。必要最低限の機能だけをもたせることで、最小化・軽量化を図ったもの。
くみ-こ・む【×汲み込む】〔動マ五(四)〕水などをくんで器の中に入れる。汲み入れる。「風呂に水を―・む」
くみ-こ・む【組(み)込む】〔動マ五(四)〕あるものを全体の一部としてその中に入れる。組み入れる。「予算に―・む」「組織下に―・まれる」
くみ-さかずき【組(み)杯┆組(み)×盃】大小いくつかを重ねて一組とした杯。重ね杯。
くみ-ざかな【組み×肴】「口取り肴」に同じ。
ぐみ-ざけ【茱=萸酒┆胡=頽=子酒】熟したグミの実を干し、汁を搾り取ってつくった果実酒。(季 秋)
くみ-し・く【組(み)敷く】〔動カ五(四)〕相手を倒して、自分の下に押さえつける。組みふせる。「侵入者を膝の下に―・く」
(類語)押さえる・押さえ込む・押さえ付ける・押し付ける・ねじ伏せる・組み伏せる
くみ-した【組下】►組子❶
くみ-しゃしん【組(み)写真】一つのテーマで複数の写真を構成し、編集したもの。
くみし-やす・い【▽与し▽易い】〔形〕図くみしやす・し〔ク〕相手として扱いやすい。相手として恐れるに足りない。「―・い相手」
(類語)楽・容易・簡単・容易い・訳無い・楽楽・易易・易易・軽く・悠悠・難無く・苦も無く
くみ-しゅう【組衆】►組子❶
くみ-じゅう【組中】❶組に属する人全部。❷組の仲間。また、江戸時代の五人組などの仲間。
くみ-じゅう【組(み)重】いくつも組み重ねられるように作った重箱。かさね重。(季 新年)
クミス〘kumiss〙主に馬乳からつくる発酵乳酒。乳酸と2～3パーセントのアルコール分を含む。アジア遊牧民の間で飲用される。馬乳酒。
くみ・する【▽与する┆組する】〔動サ変〕図くみ・す〔サ変〕仲間に加わる。味方する。同意する。「いずれの立場にも―・しない」「彼の提案に―・する」
くみ-だい【組題】❶歌題の一。五十首・百首・千首の歌を詠むとき、五十題・百題・千題の題を集めてひと組としたもの。❷連歌で、千句興行のとき、発句の題を組んで出すこと。また、その題。
くみ-たいそう【組(み)体操】複数の人が組んでさまざまな形を作る体操。例えば、二段から四段程度の塔を作ったり、波の動きを表現したりする。組み立て体操。
くみ-だ・す【×汲み出す】〔動サ五(四)〕❶水などをくんで外へ出す。「船底の水をポンプで―・す」❷くみはじめる。
くみ-たて【組(み)立て】❶組み立てること。また、その方法。「機械の―」❷組み立てたものの構造。構成。組織。「内部の―を調べる」「文の―が良くない」
(類語)構造・構成・組成・編成・組織・造り・骨組み・仕組み・成り立ち・機構・機序・機制・体制・体系・結構・コンストラクション・システム・メカニズム
くみたて-こう【組(み)立(て)工】部品を組み立てて一つの機械に仕上げる工員。
くみたて-たいそう【組(み)立(て)体操】►組み体操
くみたて-たんい【組(み)立(て)単位】基本単位を組み合わせてつくった単位。例えば、面積の単位の平方メートルや速度の単位のメートル毎秒など。誘導単位。
くみ-た・てる【組(み)立てる】〔動タ下一〕図くみた・つ〔タ下二〕個々の材料・部品などを組み合わせて、一つのまとまった物を作り上げる。「模型を―・てる」「考えを―・てる」(類語)組む・組み合わせる
くみ-ちがい【組(み)違い】❶「組み違え❶」に同じ。「活字の―」❷組が違っていること。「当たりくじとは―の番号」
くみ-ちが・う【組(み)違う】㊀〔動ワ五(ハ四)〕「組み違える❶」に同じ。「部品を―・う」㊁〔動ハ下二〕「くみちがえる」の文語形。
くみ-ちがえ【組(み)違え】❶組み方をまちがえること。「プログラムの―」❷交差して組むこと。互い違いに組むこと。また、そのもの。❸尻繋の、馬の尾にかけて左右が互いに交わる所。
くみ-ちが・える【組(み)違える】〔動ア下一〕図くみちが・ふ〔ハ下二〕❶組み方をまちがえる。「活字を―・える」❷互い違いになるように組む。組んで交差させる。「―・えた棚」
くみ-ちょう【組長】組と名のつく集団の長。特に暴力団の長。
くみ-チンキ【苦味チンキ】橙皮・センブリ・サンショウなどの粉末に70パーセントのアルコールを加えて製したチンキ剤。黄褐色で、特有の芳香と苦みがある。健胃薬。
く-みつ【口密】仏語。三密の一。口に真言を誦すること。
くみ-つ・く【組(み)付く】〔動カ五(四)〕相手のからだに手足をからませて取りつく。「逃げる男に―・いて引き倒す」
(類語)抱き付く・しがみつく・かじりつく・むしゃぶりつく
くみ-つけ【組(み)付け】活版印刷で、活字の組版または鉛版を、指定の位置および一定のページ順に印刷機の版面台または版胴に固定すること。
くみ-つば【×汲み×鍔】往復ポンプのシリンダー内にはめ込まれた、吐き出し弁付きのピストン。
くみ-て【組(み)手】❶相撲で四つに組んだ状態。「―は左四つ」❷空手で、相手と攻防の技を一連の型に示して行う練習形式。❸建築で、部材と部材を組み合わせた部分。❹組み打ちをする人。組みつく役。「近国にならびなき大力なれば、―なるべし」〈古活字本平治・中〉❺組糸を組むこと。また、組糸を組む人。「糸屋の―」〈浮・鬼一法眼虎の巻・一〉
くみ-てがた【組手形】輸出手形の発行に際し、紛失または延着に備えて同一内容・同一効力の手形を2通発行し、発送時期や経路を異にして送るもの。
くみ-てんじょう【組(み)天井】❶►組み入れ天井 ❷►小組格天井
くみ-ど【組(み)戸】格子に組んだ戸。格子戸。
くみ-とり【×汲み取り┆酌み取り】❶くみ取ること。特に、糞尿をくみ取ること。❷相手の心中を察すること。また、意味を理解すること。
くみとり-ぐち【×汲み取り口】くみ取り便所の糞尿をくみ出す口。
くみとり-べんじょ【×汲み取り便所】大小便を便壺にためておき、くみ取って捨てる方式の便所。
くみ-と・る【×汲み取る┆酌み取る】〔動ラ五(四)〕❶水などをくんで取り出す。また、他の容器に移し入れる。「水槽の水を―・る」❷相手の心情や事情を推し量る。理解する。「先方の意図を―・る」
くみ-ぬい【組み×繍い】刺繍で、糸を交差させて網代のように縫う方法。網代縫い。
くみ-はか・る【酌み量る┆×汲み量る】〔動ラ四〕相手の心の中を推し量る。斟酌する。「深うも―・り給はぬなめりかし」〈源・鈴虫〉
くみ-はん【組版】活版印刷で、原稿の指定に従って、拾った活字・込め物・罫などを組み合わせて版を作ること。また、その版。植字。
くみ-ひも【組×紐】複数の糸を組み合わせて作ったひも。組緒。打ち紐。
くみ-ふ【組夫】組制の下請け企業に雇われ、親企業に派遣されて作業に従事する労働者。昭和22年(1947)職業安定法によって禁止された。
ぐみ-ぶくろ【茱=萸袋┆胡=頽=子袋】グミを入れた袋。昔、重陽の節句に、邪気を払うために身につけたり御帳にかけたりした。茱萸嚢。(季 秋)
くみ-ふ・せる【組(み)伏せる】〔動サ下一〕図くみふ・す〔サ下二〕相手に組みついて倒し、押さえつける。組みしく。「賊を―・せる」(類語)押さえる・押さえ込む・押さえ付ける・押し付ける・ねじ伏せる・組み敷く
くみ-ほ・す【×汲み干す┆×汲み▽乾す】〔動サ五(四)〕水などを全部くんで、からにする。すっかりくみつくす。「井戸の水を―・す」
くみ-まが・う【×汲み▽紛ふ】〔動ハ四〕入れ代わり立ち代わり水をくむ。「もののふの八十少女らが―・ふ寺井の上のかたかごの花」〈万・四一四三〉
くみ-まち【組町】中世末期から近世初期、いくつかの町が集まって組をつくり、町政・行事を行った自治組織。京都の町衆によるものなどが知られる。
くみ-みほん【組(み)見本】►見本組み
くみ-め【組(み)目】組み合わせたり、結んだりしたさかいめ。組み合わせ模様などの一つ一つの目。
くみ-もの【組(み)物】❶組になっている物。組み合わせたもの。❷糸などを組み合わせて作った帯・ひもなど。❸►斗栱
くみ-やく【苦味薬】センブリなどを原料とする苦みの強い植物性の薬物。食欲増進・消化促進に用いる。苦味剤。
くみ-やぐ【組(み)夜具】敷き布団・掛け布団・かい巻きなどがひと組になっている夜具。
くみ-やしき【組屋敷】江戸時代、与力・同心などの組の者にまとめて与えられていた屋敷。組。
ぐみょう-じ【弘明寺】横浜市南区にある高野山真言宗の寺。山号は瑞応山。創建は、天平年間(729～749)行基、弘仁年間(810～824)空海とも伝える。鎌倉幕府歴代武将の祈願所。坂東三十三所第14番札所。
くみ-わけ【組分け】〔名〕スル 人・物をいくつかの組に分けること。「新入生を―する」
(類語)分類・類別・仕分け・分別・色分け・分ける
くみ-わ・ける【×汲み分ける┆酌み分ける】〔動カ下一〕図くみわ・く〔カ下二〕❶水などをくんで、他の容器に分ける。「洗面器に水を―・ける」❷相手の事情などを思いやって理解する。くみとる。「ここのところを―・けて、どうぞしばらく藤さんが本宅に腰の落ち着くやう」〈人・梅児誉美・四〉
く-みん【区民】区の住民。
クミン〘cumin〙セリ科の一年草。種子に強い芳香

とほろ苦み、辛みがあり、香辛料としてチーズ・ソーセージ・スープ・シチューなどに用いる。

ぐ-みん【愚民】おろかで無知な民衆。「斯かかる―を支配するには」〈福沢・学問のすゝめ〉

くみん-ぜい【区民税】「特別区民税」の略。

ぐみん-せいさく【愚民政策】為政者がその権力を保つため、人民を政治的に無知な状態にしておこうとする政策。

く・む【×汲む|酌む】〔動マ五(四)〕❶器物や手のひらなどを使って、水などをすくい取る。また、ポンプなどの機械によって水などを容器に移し入れる。「井戸水を―・む」「釜から茶柄杓ちゃびしゃくで湯を―・む」❷酒・茶などを器につぐ。また、ついで飲む。「お茶を―・む」❸人の心の内を推し量る。立場・事情などを察してよく理解する。思いやる。酌量する。「苦しい心中を―・む」「相手の意向を―・む」❹物事の趣を味わう。「―・めども尽きぬ思い」「せめて弾く形の美しさに情趣を―・みたい」〈谷崎・蓼喰ふ虫〉❺精神・立場などを受け継ぐ。「アララギ派の流れを―・む」[可能]くめる
[補説]❷で、酒をつぐ場合は「酌む」と書く。
[類語]すくう・さらう

く・む【組む】〔動マ五(四)〕❶㋐がっちりと、互いのからだに取りつき合う。取り組む。「四つに―・む」㋑同じ目的で何かをするために仲間になる。組になる。「彼と―・んで事業を始める」❷㋐ものを互い違いに交差させたりからみ合わせたりする。「腕を―・む」「足を―・む」㋑材料・部分を順序に従って合わせたり結んだりして、まとまりのある全体を作り上げる。「ひもを―・む」「足場を―・む」㋒統一あるものにまとめ上げる。組織したり編成したりする。「徒党を―・む」「時間割を―・む」㋓活字を、指定に従って原稿どおりに並べる。「版を―・む」[可能]くめる
[…句]鬼とも組む・座を組む・手を組む・徒党を組む・膝ひざを組む・四つに組む
[類語]組み立てる・組み合わせる

ぐ・む【接尾】《動詞五(四)段型活用》名詞に付いて動詞をつくり、そのものが現れはじめる、現れる直前になるなどの意を表す。「涙―・む」「芽―・む」

クムガン-サン【金剛山】▶こんごうさん(金剛山)㊂

くむら-きょうたい【久村暁台】ゲウタイ▶加藤暁台かとうきょうたい

クムラン-ぶんしょ【クムラン文書】《クムランは、qumrān。「クムランもんじょ」とも》「死海文書しかいもんじょ」に同じ。死海西岸の遺跡クムランとその付近から発見された。

クムラン-もんじょ【クムラン文書】▶クムランぶんしょ(文書)

グムンデン〖Gmunden〗オーストリア中部、ザルツカンマーグート地方東部の町。トラウン湖の北端に面する観光保養地。陶器(グムンデン焼)の産地として知られる。同国最大の陶器メーカー、グムンドナーケラミック社の工場や10世紀創建のオルト城などがある。

く-め【貢▽馬】貢ぎ物として奉る馬。「近代奥州より古いにしえの如くなる名馬の―立たざるは」〈妻鏡〉

く-めい【苦×茗】苦い茶。質の悪い茶。「亭主一口飲み、これは散々の―や、と叱る時」〈咄・醒睡笑・八〉

くめ-うた【久▽米歌|来目歌】古代歌謡のうち、記紀の神武天皇の条にある久米部くめべが歌ったとされる6首の歌。また、特に久米舞に用いる歌をいう。

クメール〖Khmer〗カンボジアの主要民族。古くからメコン川中・下流域に分布、言語上はモン族とともにモン-クメール語族を構成する。主に稲作農業を行い、ほとんどが仏教徒。6世紀に起こったクメール人王朝の真臘しんろうは、アンコールワットなどを造営。

クメール-ご【クメール語】モン-クメール語族の一。カンボジアを中心にタイやベトナム南部で話されている。インド系の文字を使用する。カンボジア語。

クメール-ルージュ〖Khmer Rouge〗《赤いクメール(カンボジア人)の意》カンボジアの反政府組織。特に、ポル=ポトを中心とする共産ゲリラ組織。1976年民主カンボジア政府を発足、反対派を大量虐殺する極端な共産主義革命を行った。ポル=ポト死去後は衰微、消滅。

くめ-くにたけ【久米邦武】[1839～1931]歴史学者。佐賀の生まれ。岩倉具視に従って欧米を視察。古代史の科学的研究に努めた。論文「神道は祭天の古俗」が神道家から攻撃されて東大教授を辞職。著「米欧回覧実記」「古文書学講義」など。

くめ-けいいちろう【久米桂一郎】ケイイチラウ[1866～1934]洋画家。佐賀の生まれ。フランスに渡り、黒田清輝とともにラファエル=コランに師事。帰国後、天真道場を興し、白馬会創立に参加、明るい外光派的画風で活躍。教育家・美術行政家としても知られる。

くめ-じま【久米島】沖縄諸島の西端にある火山島。古くは球美くみともいわれ、中国との交易の中心地であった。キクザトサワヘビやクメジマボタルなど島固有の水生生物が生息する渓流一帯は、平成20年(2008)ラムサール条約に登録された。

くめじま-つむぎ【久▽米島×紬】久米島から産出する紬。紺や茶を使った縞物が多い。琉球紬りゅうきゅうつむぎ。

くめだ-でら【久米田寺】大阪府岸和田市にある真言宗の寺。山号は竜臥山。天平10年(738)行基の開創と伝えられ、行基四十九院の一。中世の曼荼羅図二幅、楠家文書・久米田寺文書など多数を所蔵。

くめ-でら【久米寺】奈良県橿原かしはら市にある真言宗の寺。山号は霊禅山。開創は久米仙人と伝えられ、また聖徳太子の弟の来目皇子くめのみこを開基とする説もある。

くめ-の-いわばし【久米の岩橋】イハはし 役えんの行者が大和の葛城山から吉野の金峰山きんぷせんまで架け渡そうとしたという伝説上の橋。葛城の神が夜間しか働かなかったために完成しなかったという。多く和歌で男女の契りが成就しないことのたとえとされる。[歌枕]「葛城や渡しもはてぬものゆゑに―苔こけ生ひにけり」〈千載・雑上〉

くめ-の-さらやま【久米の佐良山|久米の皿山】岡山県中北部の古い地名。もと久米郡佐良山村、現在は津山市内。[歌枕]「美作みまさかや―さらさらにわが名はたてじよろづよまでに」〈古今・神遊びの歌〉

くめ-の-せんにん【久米仙人】伝説上の仙人。大和国の竜門寺にこもり空中飛行の術を体得したが、吉野川で衣を洗う女の白い脛はぎに目がくらんで墜落。その女を妻として世俗に帰った。のち、遷都の際、木材の空中運搬に成功して天皇から田を賜り、久米寺を建立した。「今昔物語集」「徒然草」にみえる。

くめ-の-へいない【久米平内|粂平内】江戸初期の伝説的人物。九州の人。本名、兵藤長守。江戸に出て千人斬りの願を起こしたが、悔い改めて、自らの像を刻んで浅草寺せんそうじ仁王門外に置き、通行人に踏みつけさせたという。のち、「踏みつけ」が「文付け」と解され、縁結びの俗信の対象とされるようになった。

くめ-べ【久▽米▽部|来目▽部】古代の部の一。朝廷の宮門の警衛を担当した。

くめ-まい【久▽米舞|来目舞】マヒ 宮中の儀式歌舞。舞人四人。もと久米氏が、のちには大伴・佐伯さえき両氏が大嘗会だいじょうえなどに奉仕した。室町末期に廃絶、江戸末期に復興した。

くめ-まさお【久米正雄】マサヲ[1891～1952]小説家・劇作家。長野の生まれ。俳号、三汀。菊池寛・芥川竜之介らとともに第三次・第四次「新思潮」同人として活躍。のち、通俗小説に転じた。戯曲「牛乳屋の兄弟」、小説「受験生の手記」「破船」など。

グメリン〖Leopold Gmelin〗[1788～1853]ドイツの化学者。赤血塩(フェリシアン化カリウム)を発見。世界的叢書「無機化学ハンドブック」初版の編著者。

く-めん【工面】〔名〕スル《「ぐめん」とも》❶いろいろ手段・方法を考えて手はずを整えること。特に、なんとか工夫して金銭を用意すること。算段。「旅費を―する」❷金回り。ふところぐあい。「―のいい馴染に逢って、ふもとの山寺に詣でて鹿の鳴声を聞いた処」〈鏡花・眉かくしの霊〉❸相談。談合。「扨母の心も休めたく、此の亭主に―し」〈浄・天の網島〉
[類語]やりくり・切り盛り・金繰り・都合・捻出・算段・まかなう・繰り合わせ・融通

くも【雲】❶空気中の水分が凝結して、微細な水滴や氷晶の群れとなり、空中に浮かんでいるもの。高度や形状によって種類を分ける。❷㋐確かでない形・行動・所在などのたとえ。➡雲を掴つかむ ㋑きわめて高い所や遠い場所、また、そうした地位・身分のたとえ。「―の上の人」㋒一面にたなびいたり、広がってかすんだりしているもののたとえ。「花の―」㋓すっきりしない気持ち・表情などのたとえ。「身をさらぬ心の月に―はれていつかまことのかげも見るべき」〈新後撰・釈教〉㋔火葬の煙のたとえ。「あはれ君いかなる野辺の煙にて空しき空の―となりけむ」〈新古今・哀傷〉❸紋所の名。浮雲をかたどったもの。
[類語]（❶）霧・霞かすみ・靄もや・ガス・スモッグ

雲衝つ・く「雲を衝く」に同じ。

雲となり雨とな・る ❶時によって変化し、どちらとも定まらないことをいう。❷消えやすいことをいう。消えてなくなってしまう。「―・りてやたつた姫秋の紅葉の色を染むらん」〈続古今・秋下〉❸《宋玉「高唐賦」から》男女、または衆道しゅどうの契りのこまやかなことにいう。「―・るてふなかぞらの夢にも見えよよるならずとも」〈新勅撰・恋三〉

雲に梯かけはし かなえられない高望み。達しがたい望みのたとえ。

雲に汁 雨ごいをすると、雲が雨気を帯びること。事態が好転してくることのたとえ。

雲に臥ふ・す 雲がかかる奥深い山の中で生活する。「―・す峰の庵の柴の戸を人は音せで叩く松風」〈玉葉集三〉

雲は竜に従い風は虎に従う 《「易経」乾卦から》相似た性質を持った者どうしが互いに求め合う。りっぱな君主のもとにはすぐれた臣下が現れるということのたとえ。

雲無心にして岫しゅうを出いず 《陶淵明「帰去来辞」から。「岫」は山の洞穴の意》何事にも束縛されず、自然に従って悠々と生活することのたとえ。

雲を霞かすみと 一目散に走って行方をくらますさま。「―逃げ去る」

雲を掴つか・む 物事が漠然としていて、とらえどころがないさまにいう。「―・むような話」

雲を衝つ・く 身長が非常に高いことのたとえ。雲衝く。「―・くばかりの大男」[補説]「雲をつつく」とするのは誤り。

雲を遏とど・む 《「列子」湯問から》空行く雲を止めるほど、楽曲や歌声がすぐれていることをいう。

くも【蜘=蛛】蛛形ちゅうけい綱真正クモ目の節足動物の総称。体は頭胸部と腹部とからなり、歩脚は四対。ふつう8個の単眼がある。腹部後方に糸を出す突起をもつ。肉食性で、網を張るものと網を張らないものとがある。オニグモ・ジョロウグモ・ジグモなど日本には約1000種が知られる。[季 夏]

蜘蛛の子を散ら・す 《蜘蛛の子の入っている袋を破ると、蜘蛛の子が四方八方に散るところから》大勢のものが散りぢりになって逃げていくことのたとえ。「悪童どもは―・すように逃げ去った」

くも-あい【雲合(い)|雲▽間】アヒ 雲のようす。空模様。

くも-あし【雲脚|雲足】❶雲の流れ動くさま。また、その速さ。「―が速い」❷低く垂れ下がった雨雲。「窓硝子をあげようとする間もなく、すぐもう低い―が切れていた」〈里見弴・安城家の兄弟〉❸雲形に曲がった、雲形の装飾のある机や台の脚。

くも-い【雲居|雲井】ヰ《「居」はすわるの意。「井」は当て字》❶雲のある場所。雲のたなびいている所。大空。「みずからを―のひばりに比べ」〈倉田・愛と認識との出発〉❷雲。「はしけやし我家わぎへの方よ―立ち来くも」〈記・中・歌謡〉❸はるかに遠く、または高く隔たった所。「―なる海山越えてい行きなば吾あれは恋ひむな後は相寝あひぬとも」〈万・三一九〇〉❹宮中。禁中。「わざとの御学問はさるものにて、琴、笛の音にも―を響かし」〈源・桐壺〉❺皇居のある所。みやこ。「秋の夜のつきげの駒よ我が恋ふる―を駆けれ時の間も見む」〈源・明石〉

くもい-がく・る【雲居隠る】くもゐ ㊀〔動ラ四〕「雲隠る㊀❶」に同じ。「淡路島は夕されば―・りぬ」〈万・三六二七〉㊁〔動ラ下二〕「雲隠る㊀❶」に同じ。「春日山

―・れて遠けれど家は思はず君をこそ思へ〈拾遺・雑恋〉 (補説)四段活用は上代の古形。

くもい-たつお【雲井竜雄】[1844～1870]幕末の志士。米沢藩士。本名、小島竜三郎。安井息軒の門に入り、維新後新政府に仕えたが、薩長藩閥に反対して帰藩。のち、新政府打倒をはかり、斬罪。

くもい-ぢょうし【雲井調子】近世箏曲で、平調子とともに最も普通の調子。平調子の第3と第8の弦を半音下げ、第4と第9の弦を1全音上げたもの。

くもい-なす【雲居なす】〔枕〕❶雲のかかる遠くの意から、「遠く」にかかる。「隼人の薩摩の瀬戸を―遠くも我は今日見つるかも」〈万・二四八〉 ❷雲のように揺れ動く心の意から、「心」にかかる。「一心もしのに立つ霧の思ひ過ぐさず」〈万・四〇〇三〉

くもいのかり【雲井の雁】源氏物語中の女性。頭の中将の娘。光源氏の子夕霧の妻となる。

くもいのきょく【雲井の曲】箏曲の組歌の一。八橋検校作曲。慶安年間(1648～1652)成立。曲名の由来には、歌詞に「雲井に響く鳴神の」とあるからという説と、調弦が雲井調子であるからという説とがある。

くもい-の-さくら【雲居の桜】❶宮中にある桜。❷吉野山世尊寺の近くにあったという桜。

くもい-の-そら【雲居の空】❶雲のある大空。「はかなくて煙となりし人により―の睦まじきかな」〈和泉式部集・上〉 ❷遠く離れた所。また、宮中。「君は三笠の山高み―にまじりつつ」〈増鏡・おどろの下〉

くもい-の-よそ【雲居の余▽所】遠く離れている所。はるかに隔たった所。「限りなき―に別るとも人を心に遅らさむやは」〈古今・離別〉

くもい-はるか【雲居×遥か】〔連語〕❶非常に遠く離れているさま。「ちはやぶる神にもあらぬ我が仲の―になりもゆくかな」〈後撰・恋六〉 ❷及びもつかないさま。「逢ふことは―になるかみの音に聞きつつ恋ひわたるかな」〈古今・恋一〉

くもいろうさい【雲井弄斎】㊀箏曲の一。八橋検校作曲。江戸初期の流行歌の弄斎節を、箏の雲井調子に移したもの。㊁上方唄。佐山検校作曲。三味線の手事物。

ぐ-もう【愚×蒙】〔名・形動〕おろかで道理がわからないこと。また、そのさま。愚昧。「小児の隊伍に入るの分際なるを知らず、以て―に誇る者多し」〈吉岡徳明・開化本論〉

(類語)馬鹿・阿呆・魯鈍・愚鈍・無知・蒙昧・暗愚・頑愚・愚か・薄のろ・盆暗・まぬけ・とんま・たわけ・馬鹿者・馬鹿野郎・馬鹿たれ・与太郎・抜け作・おたんこなす・おたんちん・あんぽんたん・べらぼう

くも-がい【蜘＝蛛貝】スイショウガイ科の巻き貝。殻高12センチくらい。貝殻は淡褐色。殻口の外唇から7本の指状突起が出ている形がクモに似る。奄美群島以南の珊瑚礁に分布。

くも-がく・る【雲隠る】㊀〔動ラ四〕❶雲の中に隠れる。くもいがくる。「渡る日の暮れぬるがごと照る月の―・るごと」〈万・二〇七〉 ❷貴人の死ぬことをたとえていう語。「ももづたふ磐余の池に鳴く鴨を今日のみ見てや―・りなむ」〈万・四一六〉 ㊁〔動ラ下二〕❶㊀❶に同じ。「月も―・れぬるを」〈堤・逢坂越えぬ権中納言〉 ❷㊀❷に同じ。「などて君―・れけむかくばかりのどかに澄める月もあるよに」〈栄花・玉の飾り〉 ❸心が晴れ晴れしない。「日の光あまねき空の気色にも我が身一つは―・れつつ」〈金葉・雑上〉 (補説)上代は四段活用。

くも-がくれ【雲隠れ】㊀〔名〕スル ❶雲の中に隠れること。❷姿を隠して見えなくなること。行方をくらますこと。「責任者は―した」 ❸高貴な人が死ぬこと。お隠れになること。㊁(雲隠)源氏物語の巻名。巻名のみで本文はなく、主人公光源氏の死を象徴しているといわれる。

くも-かすみ【雲×霞】❶雲と霞。❷「雲を霞と」に同じ。❸軍勢などの多いこと。うんか。「既に、東武士ども、一の勢ひをたなびき上る由聞こゆれば」〈増鏡・むら時雨〉

雲霞となる 火葬にされる。雲霧となる。「―・らせ給ふもげにいみじき事なれど」〈栄花・峰の月〉

くも-がた【雲形】たなびいた雲の形。また、それを描いた模様や彫刻。「―格子」

くもがた-じょうぎ【雲形定規】楕円・放物線・双曲線などの一部を組み合わせ、全体として雲のような輪郭になっている定規。曲線を描くのに用いる。

くもがた-ひじき【雲形肘木】▶雲肘木

くも-がみ【雲紙】鳥の子紙の一。上に青、下に紫の雲形の模様があるもの。多く色紙・短冊に用いる。うちぐもり。

くも-きり【雲霧】雲と霧。雲または霧。うんむ。

雲霧となる 火葬にされる。雲霧に紛る。雲霞となる。「はかなき―・らせ給ひぬるは」〈栄花・岩蔭〉

くもきり-ごにんおとこ【雲霧五人男】雲霧仁左衛門を首領とする因果小僧六之助・素走り熊五郎・木鼠吉五郎・おさらば伝次の五盗賊。天保期(1830～1844)の創作。講釈・歌舞伎などに仕組まれた。

くもきり-そう【雲切草】ラン科の多年草。山地の林内に生え、高さ15～20センチ。葉は楕円形で2枚が向き合ってつく。夏、淡緑色または暗紫色の花を10個くらい総状につける。

くもきり-まる【蜘蛛切丸】源氏累代の宝刀。源頼光が土蜘蛛の精を切ってからこの名がついた。

くも-ぎれ【雲切れ】雲に絶え間ができること。雲の晴れ間。また、ちぎれ雲。「―のし始めた入梅の空は」〈荷風・つゆのあとさき〉

くも-けぶり【雲▽煙】❶雲と煙。雲または煙。うんえん。❷火葬にすること。また、その煙。

雲煙となす 火葬にする。「―・す夜」〈更級〉

雲煙となる 火葬にされて煙となる。「―・らせ給はむは」〈栄花・峰の月〉

くも-ざる【蜘＝蛛猿】オマキザル科の哺乳類。樹上で暮らす。親指が退化し、指は4本。尾で枝にぶら下がり、四肢を動かしている姿がクモのように見える。中南米の森林にすむ。

く-もじ【く文字】《「く」で始まる言葉の後半の部分を省略し、「文字」を添えていった女房詞》❶茎漬け。漬物。❷《「くゎんぎょ」の「く」から》還御のこと。❸《「九献」の「く」から》酒。または、酒盛り。

くも-じ【雲路】月や鳥などが通るとされる雲の中の道。雲居路。「いづかたの―に我もまよひなむ」〈源・須磨〉

くも-しょうじ【雲障子】縁側や雨戸の上などの欄間に作りつける横長の障子。

くもず-がわ【雲出川】三重県中部を流れる川。三重・奈良両県の県境にある高見山地の三峰山(標高1235メートル)に源を発し、北東流して伊勢平野を抜け津市香良洲町で伊勢湾に注ぐ。最上流域は室生赤目青山国定公園に属する。

くも-すき【雲透き】暗所で物を透かして見ること。薄明かりの中で物を見ること。また、薄明かり。「―に見奉りけるに、物具、事柄尋常なり」〈平治・中〉

くも-すけ【雲助｜蜘＝蛛助】《浮雲の行方定めぬところからとも、また、客を取ろうとクモのように巣を張っているところからとも》❶江戸時代、街道の宿駅や渡し場などで、荷物の運搬や駕籠かきなどを仕事としていた無宿の者。❷人の弱みにつけ込んだり、法外な金銭を取ったりする者を、ののしっていう語。

くもすけ-こんじょう【雲助根性】人の弱みにつけ込んでゆすりをするような卑しい根性。

くも-たてわく【雲立×涌】平行した蛇行曲線の中に雲の形を描いた文様。親王または摂政・関白の袍や指貫、女子の袿などの文様に用いられた。くもたちわき。

く-もつ【▽公物】おおやけの物。官有物。こうもつ。「―を犯すこと有らば罰すべし」〈今昔・二・四〉

く-もつ【供物】《「ぐもつ」とも》神仏に供える物。供養物。お供え。おそなえもの。(類語)盛り物・捧げ物

くも-で【蜘＝蛛手】❶クモの足のように、1か所から四方八方に分かれていること。また、そういうもの。「万国旗や提灯の―に張りわたされた下に」〈万太郎・大寺学校〉 ❷(「に」を伴って副詞的に)あれこれと心の乱れるさま。「―に思い屈する時」〈露伴・風流仏〉 ❸材木などを四方八方に打ち違えて組んだもの。「ある障子の上に、―結うたる所あり」〈平家・二〉 ❹四方八方に駆け巡ること。また、刀剣などを、四方八方に振り回すこと。「竪様、横様、―、十文字に駆け破り駆け回り戦ひけるが」〈平家・八〉

くもで-ごうし【蜘＝蛛手格子】材を縦横に交差させて厳重に構えた、獄舎などの格子。

くも-と【雲斗】雲形をした斗(斗形)。雲肘木とともに飛鳥時代の建築に用いられた。うんと。

くも-とり【雲鳥】❶雲と鳥。また、雲の中を飛ぶ鳥。❷雲に鳥、特に鶴を配した文様。また、その文様のある織物。

くもとり-の【雲鳥の】〔枕〕雲と鶴との綾の模様の多い意から、綾と同音の「あや」にかかる。「夕暮れは思ひ乱れて―あやに恋しき人の面影」〈風雅・恋三〉

くもとり-やま【雲取山】東京都・埼玉県・山梨県の境にある山。標高2017メートル。東京都では最高峰。

くもにまごううえののはつはな【天衣紛上野初花】歌舞伎狂言。世話物。7幕。河竹黙阿弥作。明治14年(1881)東京新富座初演。2世松林伯円の講談「天保六花撰」の脚色で、河内山宗俊のくだりと、三千歳・直侍のくだりが個別に上演されるが、後者は、ふつう「雪暮夜入谷畦道」の外題を用いる。通称「河内山」「河内山と直侍」。

くもぬすびと【蜘盗人】狂言。和泉・大蔵流。連歌の会のようすを見たさに忍び込んだ男が盗人とまちがえられるが、蜘蛛に関する句を巧みに付けて酒宴に入れてもらう。

くも-の-あし【雲の脚｜雲の足】雲の動くさま。雲脚。「急がんと、また立ち出づる―」〈浄・曽根崎〉

くも-の-い【蜘＝蛛の▽網】クモの巣。クモの糸。(季 夏)「―や朝日射しきて大輪に／汀女」

くも-の-いと【蜘＝蛛の糸】クモの出す糸。出糸腺から出る粘液が大気に触れて糸状となったもの。測量用望遠鏡の十字線などに利用される。(季 夏)

くものいと【蜘蛛の糸】歌舞伎舞踊。常磐津。本名題「蜘蛛糸梓弦」。金井三笑作詞、初世佐々木市蔵作曲。明和2年(1765)江戸市村座初演。土蜘蛛の精が、切り禿の少女・仙台座頭・山伏と変化するところが眼目。

くも-の-うえ【雲の上】❶雲のある高い空。天上。❷宮中。禁中。❸手のとどかない所。

くものうえ-びと【雲の上人】❶宮中の人。皇族。❷殿上人。雲客。うんじょうびと。「いとどしく虫の音しげき浅茅生に露おきそふる―」〈源・桐壺〉

くも-の-うきなみ【雲の浮き波】波立っているように見える雲。「風向かふ―立つと見て」〈謡・羽衣〉

くも-の-うら【雲の裏】雲の裏のほう。人の目につかない所のたとえ。「禅師の大徳、―、海の外にも聞こえて」〈読・雨月・青頭巾〉

くも-の-おうぎ【雲の扇】能の型の一。左手を前方に出して、開いた扇を右手に持ってその上に重ね、扇を斜め上方に、左手を斜め下方に引き分けるもの。遠方や空を見るときの動作。天の扇。

くも-の-かけはし【雲の×梯】❶雲がたなびくさまを、かけはしに見立てた語。「天の川―いかにしてふみ見るばかり渡し続けむ」〈落窪・一〉 ❷深い谷間の空中高くかけ渡した橋。「水青きふもとの入江霧晴れて山路秋なる―」〈風雅・雑上〉 ❸《宮中を「雲の上」にたとえて》宮中の御階。「昔見し―変はらねど我が身一つのとだえなりけり」〈風雅・雑下〉

くも-の-かよいじ【雲の通ひ路】雲の行き通う道。天上に行き来できる道筋。「天つ風―吹きとぢよ乙女の姿しばしとどめむ」〈古今・雑上〉

くも-の-ころも【雲の衣】雲を天人の衣服に見立てた語。くものきぬ。「天の川霧立ちのぼる織女の―の返る袖かも」〈万・二〇六三〉

くも-の-す【蜘＝蛛の巣】クモのかけた網。くものあみ。(季 夏)

くものす-かび【蜘＝蛛の巣×黴】藻菌類ケカビ科の

カビ。菌糸がクモの巣状に伸び、数本の柄が立ち、黒色や褐色の胞子嚢をつける。食品などを腐らせるが、アルコール発酵などに利用されることもある。

くものす-ごこう【蜘=蛛の巣後光】《形がクモの巣や仏の後光に似ているところから》くじの一。クモの巣形に書いた線の先に金額などを書き、これを隠して引かせる。あみだくじ。

くものす-しだ【蜘=蛛の巣羊=歯】チャセンシダ科の常緑、多年生のシダ。主に石灰岩地帯に生える。葉は単葉で、長さ5～20センチ、その先が伸び、地に着いて不定芽を生じる。クモが巣を張るのに見立てて名づけられた。猿猴蘭。

くも-の-なみ【雲の波】❶重なっている雲を波にたとえていう語。「天の海に―立ち月の舟星の林に漕ぎ隠る見ゆ」〈万・一〇六八〉❷立ち重なっている波を雲にたとえていう語。「一煙の波の立ちへだて相見んことのかたくもあるかな」〈続古今・離別〉

くも-の-はたて【雲の果たて】《「くものはだて」とも》❶雲の果て。空の果て。「都をば天つ空とも聞かざりき何眺むらむ―を」〈新古今・羇旅〉❷《「はたて」を「旗手」の意に解して》雲のたなびくさまを旗がなびくのに見立てていう語。「吹く風に―はとどむともいかが頼まむ人の心は」〈拾遺・恋四〉

くも-の-はやし【雲の林】㊀〔連語〕群がっている雲を林に見立てていう語。「風わたる―の山桜花の所ぞ雪と降りぬる」〈続千載・春下〉㊁京都市北区紫野にあった雲林院のこと。

くも-の-ふるまい【蜘=蛛の振る舞ひ】クモが巣をかけるさま。恋人が来る前兆であるという俗信があった。くもの行い。「わが背子が来べき宵なりささがにの―かねて著しも」〈古今・墨滅歌〉

くも-の-みね【雲の峰】夏、山の峰のようにそそり立っている雲。入道雲。(季 夏)

くも-はく【雲×箔】雲がたなびいているさまに置いた金箔や銀箔。

くも-ひじき【雲肘木】雲形の肘木。雲斗とともに飛鳥時代の建築に用いられた。雲形肘木。

くも-ひとで【蜘=蛛海=星】クモヒトデ綱の棘皮動物の総称。すべて海産で潮間帯の岩礁に多い。丸い体盤から5本の細い腕が伸び、腕は柔軟で切れやすいが再生する。腕が分岐しているテヅルモヅル、とげ状の突起のあるニホンクモヒトデなど。

くも-ま【雲間】雲の切れているところ。雲の晴れ間。雲切れ。(類語)晴れ間

くも-まい【蜘=蛛舞】《細い綱を渡る姿をクモに見立てていう》綱渡りの一種で、室町時代から江戸時代初めにかけて流行したもの。

くも-まく【蜘=蛛膜】脳や脊髄を包む3層の髄膜のうち、中間にある繊細な半透明の膜。下層の軟膜との間を蜘蛛膜下腔という。ちしゅまく。

くもまくか-しゅっけつ【蜘=蛛膜下出血】脳の血管が破れて蜘蛛膜と軟膜との間に出血した状態。脳卒中の一。突然、激しい頭痛・嘔吐・痙攣などを起こし、意識障害をきたすこともある。

くもま-つまきちょう【雲間×褄黄×蝶】シロチョウ科のチョウ。日本では本州中部地方の高い山にみられる。翅は白色で、前翅の先が黒く縁どられ、雄の前翅の先半分には橙色紋がある。年1回発生して谷間を飛ぶ。

くも-みず【雲水】雲と水。また転じて、行く先の定まらないこと。うんすい。「上り下るや―の、身は定めなき習ひかな」〈謡・船弁慶〉

くも-ゆき【雲行き】❶雲が動いていくようす。天候が変化しそうな雲の動きぐあい。「この―では一雨ありそうだ」❷物事の成り行き。形勢。
(類語)(❶)空模様/(❷)風向き・形勢
雲行きが怪し・い ❶天気が悪くなりそうである。❷もめごと・紛争などの起こりそうな不穏な成り行きである。「話し合いの―・くなってきた」

くもら。う【曇らふ】〔連語〕《動詞「くも(曇)る」の未然形＋反復継続の助動詞「ふ」。上代語》空一面に曇る。「はなはだも降らぬ雪故こちたくも天つみ空は―。ひにつつ」〈万・二三二二〉

くもら・す【曇らす】㊀〔動サ五(四)〕❶太陽・月・空などを曇るようにする。「僕の涙で必ず月は―・して見せるから」〈紅葉・金色夜叉〉❷透明の度合いや光り方などをにぶくさせる。「湯気が鏡を―・す」❸心配や悲しみで、表情などを暗くする。「悲報に顔を―・す」❹考えや思考をにぶくさせる。「私情にとらわれて判断を―・す」❺能で、能面を少しうつむかせる。悲しみ・愁い・嘆きなどの感情を表す。⇔照らす。㊁〔動サ下二〕「くもらせる」の文語形。

くもら・せる【曇らせる】〔動サ下一〕文くもら・す〔サ下二〕「曇らす」に同じ。「眉を―・せる」

くもらわ・し【曇らはし】〔形シク〕曇っているようである。くすんでいる。「空の気色、―・しくをかしきに」〈更級〉

くも-らん【蜘=蛛×蘭】ラン科の多年草。暖地にみられ、樹幹に着生し、気根が四方に伸びる。葉がない。初夏、柄の先に白緑色の小花を総状に開く。

くもり【曇(り)】❶雲で空が覆われている状態。気象用語としては雲量が9以上、視程1キロ以上で、降水や雷のない状態の天気をいう。❷透明なものや光をよく反射するものなどが、曇ってぼんやりすること。また、その状態。「眼鏡の―」❸気持ち、また表情などが、明るさを失って沈むこと。わだかまりがあること。「満面の―は拭い消されなかった」〈魯庵・社会百面相〉❹公明でないこと。うしろぐらいこと。「―なき身」
(…曇)(ぐもり)朝曇り・雨曇り・薄曇り・内曇り・卯の花曇り・潮曇り・霜曇り・高曇り・棚曇り・花曇り・春曇り・本曇り・夕曇り・雪曇り (類語)曇天

くもり-がち【曇(り)勝ち】〔形動〕曇ることが多いさま。曇りやすいさま。「―な天気が続く」「表情は―だった」

くもり-ガラス【曇(り)ガラス】▶磨りガラス

くもり-ぐも【曇り雲】層積雲の俗称。白から灰色の雲が塊を成している。

くもり-ごえ【曇(り)声】はっきりしない声。また、涙などに曇った声。

くもり-な・し【曇り無し】〔形ク〕❶視界が明瞭である。空が晴れわたっている。「日のどかに―・き空の西日になるほど」〈源・常夏〉❷光・色などが鮮明である。澄んでいる。「―・き池の鏡によろづ代をすむべき影ぞしるく見えける」〈源・初音〉❸不正などがない。潔白である。「心の底も―・き、月の桂の光添ふ」〈謡・玉井〉❹物事をよく知っている。「御才もいとはしたなうものし給へば、よろづの事―・かんめり」〈増鏡・秋のみ山〉

くもり-び【曇(り)日】空が曇っている日。曇日。

くもりよ-の【曇り夜の】〔枕〕曇りの夜は物の区別もさだかでないところから、「たどきも知らず」「あがしたばへ」「迷ふ」などにかかる。「足柄のみ坂恐み―我が下延へを言出つるかも」〈万・三三七一〉

くも・る【曇る】〔動ラ五(四)〕《「雲」の動詞化》❶空が、雲や霧などで覆われる。「どんよりと―・る空」❷透明な物や光っていた物などが、他の物に薄く覆われたりさえぎられたりして、よく見通せない。輝きのない状態になる。「鏡が―・る」「涙で目が―・る」❸悲しみや心配事のために、心や顔つきなどに明るさが失われて沈んだ状態になる。「悲しげに―・った表情」「声が―・る」❹容姿などが地味すぎて映えない。「御容貌など、いと華やかにここぞ―・れると見ゆるところなく」〈源・初音〉❺能で、能面が少し下向きになる。
(類語)陰る・霞む・朧・掻き曇る・塞ぐ・塞がる・結ぼれる・沈む・滅入る・鬱する・鬱屈する・鬱結する・消沈する・しょげる・しょげ返る・ふさぎこむ

くも-わた【雲▽腸】鱈の白子。色が白く、形が雲を思わせる。塩漬けにして、吸い物などにする。菊腸。(季 冬)

く-もん【▽公文】❶律令時代の公文書の総称。諸国から中央政府に出した大計帳・正税帳・朝集帳・調庸帳を特に四度の公文という。❷中世、荘園の文書の取り扱い、年貢の徴収などをつかさどった荘官。公文職。❸中世、幕府の訴訟機関で、記録を担当した役。❹▶公帖

く-もん【苦×悶】〔名〕スル 肉体的または精神的に苦しみもだえること。「―に満ちた顔」「日夜―する」
(類語)悩み・苦悩・苦渋・煩悶・難儀・悩む・苦しむ・煩う・悶える・思い煩う・思い迷う・思い乱れる・懊悩する・憂悶する・苦慮する・頭を痛める・頭を悩ます・思い詰める

ぐ-もん【愚問】愚かな質問。また、自分の質問をへりくだっていう語。「―を発する」

ぐもん-ぐとう【愚問愚答】愚かな問答。無意味な問答。

ぐもんけんちゅう【愚問賢注】南北朝時代の歌論書。1巻。頓阿・二条良基著。正平18＝貞治2年(1363)成立。良基の問いに頓阿が答える形式で、歌の本質・風体・本歌取りなどについて説いたもの。

ぐもんじ-ほう【▽求聞持法】仏語。密教で、虚空蔵菩薩を本尊として行う、記憶力増進のための修法。虚空蔵求聞法。

くもん-じょ【▽公文所】❶平安時代、諸国の国衙で公文書を扱った役所。❷平安時代、院・摂関家・寺院・荘園などで、主に所領・年貢の事務を執った所。❸鎌倉時代、幕府の政務を扱った役所。のち、政所の一部局となり、文書のみを取り扱った。

くもん-ぶぎょう【▽公文奉行】室町幕府の職名。禅寺関係の文書を扱った。

グヤーシュ〖ハンガリー gulyás〗パプリカで味つけをした肉シチュー。グーラシュ。グーラッシュ。

く-やく【▽公役】❶官府から人民に課せられた兵役や夫役。❷江戸時代、幕府が江戸の町人に課した夫役。のち、銀納となる。

く-やく【▽旧訳】仏語。一般に、唐の玄奘以前に漢訳された仏典。鳩摩羅什・真諦のものが代表的。⇒新訳❷

く-やく【苦厄】苦しみとわざわい。苦難と災厄。

くやく-こま【▽公役小間】江戸時代、幕府が江戸町人の屋敷地に対して公役を賦課するときの基本となる広さ。20坪を1小間とした。小間。

く-やくしょ【区役所】東京都の特別区や政令指定都市の区で、区の事務を取り扱う役所。

くや-くや〔副〕ある事にこだわり思い悩んでいるさま。くよくよ。「女心に―というても叶はぬ罪をつくりし」〈浮・一代女・五〉

くやし・い【悔しい｜口＝惜しい】〔形〕文くや・し〔シク〕❶物事が思うとおりにならなかったり、はずかしめを受けたりして、あきらめがつかず、腹立たしい気持ちだ。残念でたまらない。「負けて―・い思いをする」「―・かったら見返してやれ」❷後悔される。くやまれる。「わが心しぞいや愚にして今ぞ―・しき」〈記・中・歌謡〉(補説)本来は、「くやし」は「悔いる」に対する形容詞で自分の行為について後悔する気持ちを表し、❶の意については「くちおし」を使ったが、のちにこの使い分けはなくなった。(派生)くやしがる〔動ラ五〕くやしげ〔形動〕くやしさ〔名〕(類語)(❶)口惜しい・恨めしい・腹立たしい・残念・無念・心外・癪

くやし-が・る【悔しがる】〔動ラ五(四)〕悔しさを態度・表情に表す。「歯ぎしりして―・る」

くやし-なき【悔し泣き】〔名〕スル くやしがって泣くこと。「決勝戦に敗れて―する」

くやし-なみだ【悔し涙】くやしさのあまりに出る涙。「裏切られて―をこぼす」

くやし-まぎれ【悔し紛れ】〔名・形動〕くやしさのあまりに見境がなくなること。また、そのさま。「―に悪態をつく」

くやし・む【悔しむ】〔動マ四〕くやしく思う。くやしぶ。「慎みて―・みて善を修し、徳を行へば禍ひ去りて福来たる」〈沙石集・七〉

くやしん-ぼう【悔しん坊】ひどくくやしがること。また、いつまでも残念がる性質の人。「あの親仁めが―で、てめえに意趣げえしをしたのだはな」〈滑・膝栗毛・三〉

く-やつ【×此▽奴】〔代〕《「こやつ」の音変化》二人称の人代名詞。人を卑しめていう。きゃつ。「年比―にあはむと思ふに」〈落窪・二〉

クヤバ〖Cuiabá〗ブラジル中西部マトグロッソ州の州

[位❹]「塵劫記」から

＊杼は秭の記載誤りとも

10^{68}	10^{64}	10^{60}	10^{56}	10^{52}	10^{48}	10^{44}	10^{40}	10^{36}	10^{32}	10^{28}	10^{24}	10^{20}	10^{16}	10^{12}	10^{8}	10^{4}	10^{3}	10^{2}	10	1	10^{-1}	10^{-2}	10^{-3}	10^{-4}	10^{-5}	10^{-6}	10^{-7}	10^{-8}	10^{-9}	10^{-10}
無量大数(むりょうたいすう)	不可思議(ふかしぎ)	那由他(なゆた)	阿僧祇(あそうぎ)	恒河沙(ごうがしゃ)	極(ごく)	載(さい)	正(せい)	澗(かん)	溝(こう)	穣(じょう)	杼(じょ)＊	垓(がい)	京(けい)	兆	億	万	千	百	十	一	分(ぶ)	厘(りん)	毛(もう)	糸(し)	忽(こつ)	微(び)	繊(せん)	沙(しゃ)	塵(じん)	埃(あい)

都。パラグアイ川の源流、クヤバ川に面する河港都市として発展。南西部に広がる大湿原、パンタナールやギマランイス高原国立公園への観光拠点。

くやみ【悔(や)み】❶くやむこと。後悔。❷(多く「お悔やみ」の形で)人の死を悲しみ弔うこと。また、その言葉。「お—に行く」「お—を述べる」

くやみ-ごと【悔(や)み言】❶あとから残念がっていう言葉。❷人の死を惜しんでいう言葉。お悔やみ。

くやみ-じょう【悔(や)み状】人の死を悲しみ、弔いの言葉を述べた手紙。くやみぶみ。

くやみ-ぶみ【悔(や)み文】「悔やみ状」に同じ。

くや・む【悔(や)む】〔動マ五(四)〕❶失敗したことや、十分にできなかったことなどを、あとから残念に思う。後悔する。「若いころの不勉強が—・まれる」❷人の死を惜しみ悲しむ。「親友の死を—・む」

(用法)くやむ・くいる——「過ぎ去ったことを悔やんでも(悔いても)仕方がない」「忠告に従わなかったことを悔やむ(悔いる)」など、あとから残念に思うの意では相通じて用いられる。◆日常的に用いられるのは「くやむ」で、「悔やまれる」のような使い方もある。「あの時の一言が今となっては悔やまれる」◆「くいる」は「前非を悔いる」のように、自分について反省する倫理的な感じが強く、文章語的である。◆類似の語に「後悔する」がある。「後で後悔する」のような誤用が生まれるほど、「悔やむ」「悔いる」に代わって用いられる。

(類語)(❶)後悔・悔いる・悔悟・悔恨・悔い・懲りる・思い残す/(❷)悼む

く・ゆ【悔ゆ】〔動ヤ上二〕「く(悔)いる」の文語形。

く・ゆ【▽崩ゆ】〔動ヤ下二〕「く(崩)える」の文語形。

く・ゆ【▽越ゆ】〔動ヤ下二〕《「こ(越)ゆ」の上代東国方言》越える。「不破の関—・えて我は行く」〈万・四三七二〉

く・ゆ【▽蹴ゆ】〔動ヤ下二〕蹴る。「槻の樹の下に毱—・ゆる侶」〈皇極紀〉

く-ゆう【区有】区が所有していること。また、そのもの。「—地」

く-ゆう【瞿佑】[1341〜1427]中国、明代の文人。字は宗吉。号は存斎。銭塘(浙江省)の人。筆禍により陝西省に流されたが、許されて帰郷。怪異小説「剪灯新話」で知られ、日本の怪談「牡丹灯籠」などにも影響を与えた。「帰田詩話」など。

ぐ-ゆう【具有】〔名〕スル 才能や性質、または資格などを備え持つこと。「生来—する能力」

(類語)享有・持ち合わせる・備える・有する・具備

くゆら-か・す【×燻らかす・▽薫らかす】〔動サ四〕くゆらす。「たき物—・して」〈増鏡・あすか川〉

くゆら・す【×燻らす・▽薫らす】㊀〔動サ五(四)〕煙を緩やかに立ちのぼらせる。くゆらせる。「タバコを—・す」㊁〔動サ下二〕「くゆらせる」の文語形。

くゆら・せる【×燻らせる・▽薫らせる】〔動サ下一〕(文)くゆら・す〔サ下二〕「燻らす」に同じ。「紫煙を—・せる」

くゆ・る【×燻る・▽薫る】〔動ラ五(四)〕❶煙がゆるやかに立つ。くすぶる。「タバコの吸い殻が—・る」❷あれこれと思い悩む。「富士のねの絶えぬ思ひもある物を—・るはつらき心なりけり」〈大和・一七一〉

く-よう【九曜】❶七曜星(日・月・火・水・木・金・土)に羅睺と計都の二星を加えた名称。インドの暦法から起こり、陰陽道で人の生年に配し運命の吉凶などを占う。九曜星。❷「九曜紋」の略。

く-よう【▽公用】❶公の用件。こうよう。❷中世、公事として賦課された銭。公用銭。

く-よう【供養】〔名〕スル《梵 pūjanāの訳。「きょうよう」とも》❶死者の冥福を祈って法会を営むこと。また、開眼供養・鐘供養・経供養など寺院の仏教行事をもいう。供養会。「先祖の—をする」❷仏・法・僧の三宝や死者に、供物を供えること。また、その法会。(類語)回向・花供養・施餓鬼

くよう-がく【▽公羊学】「春秋」の意味を解説する「公羊伝」にもとづく学問。公羊高に始まり、董仲舒・何休らによって伝えられた。理想社会の制度をさまざまに構想する。

くよう-こう【公羊高】中国、戦国時代の斉の学者。子夏の門人で、「春秋公羊伝」の作者といわれる。生没年未詳。

くよう-せい【九曜星】►九曜❶

く-ようだつ【孔穎達】[574〜648]中国、唐の学者。衡水(河北省)の人。字は仲達。諸経・算暦に通じ、国子祭酒を経て、太子の侍講となる。太宗の命で「五経正義」「隋書」を編纂。くえいたつ。こうえいだつ。

くようでん【公羊伝】►春秋公羊伝

くよう-とう【供養塔】供養のために建てる塔。石塔婆・層塔など。

くよう-ほう【供養法】仏語。❶密教で、仏・菩薩・天部などの諸尊や経を供養するためにする行法。また、その仕方を記したもの。❷三宝・父母・師長・死者などに対して行う供養の法式。

くよう-もん【九曜紋】紋所の名。中央の大きな円のまわりを八つの小さな円で囲んだもの。九曜。

くよく-がん【×鸜×鵒眼】中国産の端渓の硯にある丸い斑紋。

くよ-くよ〔副〕スル いつまでも気にかけて、あれこれと思い悩むさま。「—(と)心配する」「—するな」

くら【▽座】座る場所、また、物をのせる所。他の語の下に付いて、複合語として用いられる。「天磐—」「高御—」

くら【蔵・倉・▽庫】❶家財・商品などを安全に保管するための建物。倉庫。❷歌舞伎などで、予定していた興行をやめにすること。➡御蔵❶ ❸鎌倉・室町時代、質屋のこと。(類語)物置・納屋

蔵が建・つ 大金持ちになることのたとえ。

くら【×鞍】❶人が乗りやすいように牛・馬などの背に置く具。❷►鞍橋

クラ〖メラネシア kula〗ニューギニア東端から、東北部の島々を結んで行われる儀礼的交換。時計回りの赤い貝の首飾りと、逆回りの白い貝の腕輪の交換が、広地域の交流の輪を形成する。

くら【▽競】〔接尾〕《「くらべ」の略》動詞の連用形またはそれに促音を伴った形に付いて、競争する意を表す。「押し—」「駆けっ—」

クラーク〖Arthur Charles Clarke〗[1917〜2008]英国のSF作家。1946年に「抜け穴」「太陽系最後の日」でデビュー。豊富な科学的知識をもとにリアルな近未来世界を描き出し、国内外の人気を得た。作「幼年期の終わり」「2001年宇宙の旅」「宇宙のランデヴー」など。

クラーク〖clerk〗事務員。職員。吏員。また、販売員。

クラーク〖ロシア kulak〗ロシアの農村にみられた富農層。十月革命後、1929年から行われた農業経営の集団化により消滅した。

クラーク〖William Smith Clark〗[1826〜1886]米国の教育家。マサチューセッツ農科大学長。1876年(明治9)来日。札幌農学校の初代教頭となり、キリスト教精神に基づく新教育を実施。在日1年足らずだったが、内村鑑三・新渡戸稲造らの学生に深い感化を及ぼした。離日に際して残した「Boys, be ambitious(少年よ大志を抱け)」の言葉は有名。

クラーク-すう【クラーク数】《Clarke number》地球表面下約16キロまでの元素の存在比を重量パーセントで示したもの。アメリカの地球化学者クラークにより算出された。

クラーゲンフルト〖Klagenfurt〗オーストリア、ケルンテン州南東部の都市。同州の州都で商工業の中心地。アルプス東部の山地に囲まれたクラーゲンフルト盆地にあり、ウェルター湖の東岸に位置する。旧市街の中心広場に町の象徴である竜の噴水があり、州庁舎、大聖堂、聖エギート市教区教会など、バロック様式の歴史的建造物が残っている。

クラース〖class〗►クラス

グラース〖Grasse〗フランス南東部、アルプ-マリチーム県の都市。同国の香水生産の中心地として知られ、香水の都とも呼ばれる。ロココ美術を代表する画家フラゴナールの生地であり、フラゴナールやルーベンスの宗教画があるノートルダム-デュ-ピュイ大聖堂、およびフラゴナール美術館がある。

くら-あずかり【蔵預(か)り】蔵に入れて物を預かること。また、それを守る人。

くらあずかり-きって【蔵預(か)り切手】江戸時代、各藩の蔵屋敷から発行された米・砂糖など蔵預かり物の保管証書。

クラースス-じょう【クラースス城】《Crathes Castle》►クラシズ城

クラースナヤ-ポリャーナ〖Krasnaya Polyana〗ロシア連邦南西部、クラスノダール地方の町。黒海東岸の保養都市ソチの東約40キロメートル、カフカス山脈の西端部に位置する。標高600メートル。同国有数のスキーリゾートであり、2014年冬季オリンピックの雪上競技の会場として知られる。

グラーズミア〖Grasmere〗►グラスミア

グラーツ〖Graz〗オーストリア南部にある、オーストリア第2の都市。9世紀に砦が築かれたことに始まり、13世紀にハプスブルク家によって発展した。赤い煉瓦屋根の街並み、16世紀の時計台、ルネサンス様式の州庁舎・市庁舎、後期ゴシック式の大聖堂、バロック様式の霊廟などが、長い歴史に彩られた景観を創りだしている。1999年に「グラーツ市歴史地区」として世界遺産(文化遺産)に登録された。

クラーニ〖Kranj〗《「クラニ」「クラン」とも》スロベニア北西部の都市。首都リュブリャーナの北西約20キロメートル、サバ川とコクラ川の合流点に位置する。古くから交通の要衝としてゴレンスカ地方の中心地として栄え、現在は電子工業が盛ん。旧市街には聖カンティアヌス教会、市庁舎などの歴史的建造物が残っている。国民的詩人プレシェーレンの生地。

グラーフ-ろほう【グラーフ×濾胞】哺乳類の卵巣内の、成熟した卵胞。卵胞の中で卵が一方に寄り、卵胞液が満ちて大きくなったもの。卵胞が破れると排卵となる。オランダの解剖学者グラーフ(Reinier de Graaf)が発見。グラーフ卵胞。

グラーベ〖イタリア grave〗音楽の速度標語の一つ。「荘重に」の意。通常、テンポはきわめて遅い。

クラーレ〖スペイン curare〗フジウツギ科またはツヅラフジ科植物からとった猛毒の樹液。数種のアルカロイドを含み、運動神経を麻痺させ、筋肉を弛緩させる。南アメリカ先住民が毒矢に用いた。麻酔薬や薬理学研究に利用。

くら-い【位】《「座」に「居る」意から》❶定められた序列の中での位置。地位。㋐皇帝・国王などの地位。皇位。王位。帝位。「—に即く」「—を譲る」㋑官職などにおける身分の段階。等級。「三位の—」➡位階 ❷地位・身分の上下関係。階級。❸出来のよしあし、品格などからみた、優劣の段階。㋐物事の等級。㋑連歌・俳諧・能楽などで、作品や所作の品位。❹十進法での数の段階。また、その位置の名。「十の位」「百の位」などという。表は位の名の一例であるが、恒河沙から無量大数までを八桁とびにする説もある。➡表 ❺将棋で、敵陣を制圧する位置。特に、盤面の中央をいう。❻芸道などで、実力の程度。到達した境地。芸位。「我が—のほどを能々心得ぬれば」〈花伝・七〉

(類語)階級・身分・位置・地位・ポスト・ポジション・椅子・格・肩書き・役職・役付き・席

位が付・く その地位にふさわしい威厳がそなわる。

位人臣を極・める 臣下として最高の地位につく。「太政大臣にて—・むべし」〈源・澪標〉

クライ〘cry〙大声で叫ぶこと。大声で泣くこと。

くら・い【暗い┊×昏い┊▽冥い┊▽闇い】〔形〕文くら・し〔ク〕❶光が弱い。光が少なくて、物がよく見えない。「辺りが—・い」「—・い夜道」⇔明るい。❷色彩が黒みがかった感じである。くすんでいる。「—・い緑色」⇔明るい。❸気持ちが晴れ晴れせず、沈み込んでいる。また、人にそのような印象を与えるさま。「—・い気分」「—・い世相」「表情が—・い」⇔明るい。❹不幸な感じである。また、人に触れられたくない事情がある。「—・い過去をもつ」❺その事について希望がもてない。期待できない。「見通しが—・い」⇔明るい。❻その方面・分野のことに知識が乏しい。不案内である。「地理に—・い」「事情に—・い」⇔明るい。❼物事を判断する能力がない。愚かである。「—・き人の、人をはかりて、その智を知れりと思はん、さらに当たるべからず」〈徒然・一九三〉❽文化がまだ発達していない。未開である。「時—・きに鏸(あた)れり」〈神武紀〉❾不足している。不十分である。「我が韃靼(だったん)は大国にて、七珍万宝—・からずと申せども」〈浄・国性爺〉(派生)くらさ〔名〕(類語)小暗がり・手暗がり
(…語)(ぐらい)後ろ暗い・薄暗い・小(お)暗い・小(こ)暗い・木(こ)暗い・仄(ほの)暗い

くらい【位】くらゐ〔副助〕《名詞「くらい(位)」から。中世以降の語。「ぐらい」とも》名詞、および活用語の連体形に付く。❶おおよその分量・程度を表す。ほど。ばかり。「一〇歳—の男の子」「その—で十分だ」❷おおよその基準となる事柄を表す。「声も出ない—びっくりした」「犬—人間に忠実な動物はいない」「目に見えない—小さい」❸(多く「くらいなら」の形で)事実・状態を示して、程度を軽いもの、または重いものとして強く主張する意を表す。「簡単に否決される—なら、提案しなければよかった」

ぐらい ぐらゐ〔副助〕▶くらい(位)〔副助〕

クライアント〘client〙《「クライエント」とも》❶得意先。顧客。特に広告代理店が広告主をさしていう語。また、弁護士、会計士、建築家が依頼人をさしていうこともある。❷カウンセリングなどの心理療法を受けに来た人。来談者。❸コンピューターネットワークにおいて、さまざまな機能を提供するサーバーに対し、その機能やデータを利用する側のコンピューターのこと。家庭でインターネットを利用する際のパソコンなど。また、サーバーが提供する機能やデータを利用するための、ブラウザーなどのソフトウエアのこと。
(類語)客・顧客・花客・得意・乗客・旅客・観客・観衆・聴衆・お客様・一見

クライアントサーバー-アーキテクチャー〘client-server architecture〙▶クライアントサーバーシステム

クライアントサーバー-がた【クライアントサーバー型】《client-server model》▶クライアントサーバーシステム

クライアントサーバー-システム〘client-server system〙コンピューターネットワークの分散型システムの一形式。クライアント側のコンピューターとサーバーが、互いに処理を分担するため、サーバーへの負荷の集中を防ぐことができる。CSS。C/S。クライアントサーバーアーキテクチャー。クライアントサーバー型。クライアントサーバー方式。

クライアントサーバー-ほうしき【クライアントサーバー方式】―ハウシキ《client-server system》▶クライアントサーバーシステム

クライエント〘client〙「クライアント」に同じ。

クライオエレクトロニクス〘cryoelectronics〙超電導をはじめ、極低温下での物理現象を電子工学に利用しようとする技術分野。極低温電子工学。

クライオサージェリー〘cryosurgery〙冷凍手術。液体窒素などで冷凍したメスで局所の冷温壊死(えし)を起こさせ、壊死部分を自然に除去する方法。

クライオジーニクス〘cryogenics〙低温学。低温下における物理学。

クライオトロン〘cryotron〙金属、例えばタンタルとニオブの超伝導性が磁場によって変化することを利用して、継電器または増幅器を作動させる装置。小型で電力消費が極少ですむ。薄膜状のものは集積回路としてコンピューターの開閉素子に応用。

グラ-イコ「グラフィックイコライザー」の略。

くらい-こ・む【食らい込む】くらひ―〔動マ五(四)〕❶刑務所などに入れられる。「三年も—・んだ」❷厄介なものを背負い込む。「人の借金を—・む」

クライシス〘crisis〙❶危機。❷経済上の危機。

くらいし-たけしろう【倉石武四郎】―たけシラウ[1897〜1975]中国語学者。新潟の生まれ。京大・東大教授。中国語の研究・教育に新しい方向を与えた。著「中国語五十年」「漢字の運命」など。

クライシュ-ぞく【クライシュ族】《Quraysh》イスラム勃興期、メッカに居住していたアラブの部族の名。5世紀からメッカを支配。10家に分かれ、その一つハーシム家からムハンマド(マホメット)が出た。

クライスト〘Heinrich von Kleist〙[1777〜1811]ドイツの劇作家・小説家。写実主義の先駆とされる。喜劇「こわれ甕(がめ)」、悲劇「ペンテジレーア」など。

クライストチャーチ-だいせいどう【クライストチャーチ大聖堂】―ダイセイダウ《Christ Church Cathedral》アイルランドの首都ダブリン中心部にある大聖堂。11世紀にデーン人の王が建造した木造教会に起源し、12世紀にダブリン大司教ローレンス＝オトゥールらによりロマネスクとゴシック様式が混在する石造の建物が建造された。建造に寄与したノルマン人の騎士リチャード＝ド＝クレア(ストロングボウ)のものとされる棺や、ローレンス＝オトゥールの心臓を納めた小箱がある。全長60メートルに及ぶ巨大地下聖堂で知られる。

クライストチャーチ-マンション〘Christchurch Mansion〙英国イングランド南東部の都市イプスウィッチにある建物。16世紀のヘンリー8世の治下、ウルジー枢機卿により建てられたチューダー様式の邸宅。現在は陶磁器、ガラス工芸品、郷土ゆかりの画家の作品を展示する美術館になっている。

クライストロン〘klystron〙マイクロ波の増幅または発振用の真空管。速度変調管。

クライスラー〘Chrysler Group LLC〙米国の自動車会社。1925年、W＝P＝クライスラーが設立。クライスラー、ジープ、ダッジなどのブランドをもつ。ゼネラルモーターズ、フォードとともにビッグスリーとよばれ、世界の自動車産業を主導した。本社はミシガン州オーバーンヒルズ。(補説)世界金融危機の影響を受け、2009年4月に連邦破産法の適用を申請し、経営破綻。政府の支援、およびフィアット社との提携により、同年6月に新会社として再生した。

クライスラー〘Fritz Kreisler〙[1875〜1962]米国のバイオリン奏者・作曲家。オーストリア生まれ。作品に「愛の喜び」「ウィーン奇想曲」など。

くらい・する【位する】くらゐ―〔動サ変〕文くらゐ・す〔サ変〕その地位・場所をしめる。位置する。「業界トップに—・する」「本州のほぼ中央に—・する」

グライ-そう【グライ層】《gley》低湿地などの地下にみられる、青灰色の土の層。地下水に浸されて酸素が欠乏するために鉄分が還元されて生じる。G層。

グライダー〘glider〙エンジン・プロペラをもたずに滑空する航空機。ウインチや飛行機に引っ張られて離陸し、上昇気流を利用して飛ぶ。滑空機。

くらい-だおれ【位倒れ】くらゐだふれ 地位の高さに見合うだけの実質がないこと。くらいだおし。

くらい-つ・く【食らい付く】くらひ―〔動カ五(四)〕❶くいつく。かみつく。「魚がえさに—・く」❷しがみつく。しっかり取り付く。「相手の腰に—・いて離れない」「金もうけの話に—・く」(類語)食いつく・噛みつく・齧りつく・かぶりつく・くわえこむ

くらい-づけ【位付け】くらゐ―❶等級や順序をつけること。品定め。❷数の位を決めること。位取り。❸近世、田畑の等級を定めたこと。それに応じて納税規準を定めた。❹近世、役者評判記に用いられた歌舞伎役者の技芸に対する等級づけ。上上吉・上上・上・中など。❺連歌・連句の付合(つけあい)手法の一。前句に表現された人物や事物の品位を見定めて、それに対応する付句をつけること。特に、蕉風で用いられた。

くらい-づめ【食らひ詰め】くらひ―《「位(くらゐ)詰め」の「位」に「食らい」を当てたもの》じりじりと動きのとれない状態になって行くこと。また、生活が苦しくなること。「すこしの利潤を見かけて—になりて、内証かなしく」〈浮・永代蔵・一〉

グライディング〘gliding〙滑空。「ハンググライダーがみごとな—を見せる」

クライト〘krait〙コブラ科のヘビの総称。南アジアに分布する。コブラに近縁で猛毒をもつが、性質はおとなしい。大形で2メートルを超すものもある。体色は黒で、黄色か白色の環状模様がある。

クライドたき-やせいほごく【クライド滝野生保護区】《Falls of Clyde Wildlife Reserve》英国スコットランド南部、産業遺跡ニューラナークの近郊にあるクライド滝を中心とする野生保護区。クライド川がいくつもの滝をともなって保護区内を流れるさまを、風景画家ターナーが描いたことでも知られる。

くらい-どり【位取り】くらゐ―❶算数やそろばんで、数の位を定めること。「—をまちがえる」❷物事の等級や優劣・品位などを定めること。❸将棋で、歩(ふ)を五段目まで突き進め、敵陣を圧迫すること。

くらい-ぬすびと【位盗人】くらゐ―それにふさわしい才能や実力もないのに高位高官にある者をののしっていう語。

クライネ-シャイデック〘Kleine Scheidegg〙スイス中南部、ベルン州、ベルナーオーバーラントの山腹にある峠。ユングフラウヨッホへ向かう際、インターラーケンからラウターブルネンを経由する西回り、グリンデルワルトを経由する東回りの登山電車が合流する駅がある。

くらい-の-やま【位の山】くらゐ―❶帝王の位の抜き出たさまを山にたとえていう語。「すべらぎの—の小松原今年や千代のはじめなるらん」〈続古今・賀〉❷「くらいやま」に同じ。「こ紫たなびく雲をしるべにて—の峰をたづねむ」〈拾遺・雑賀〉

クライブ〘Robert Clive〙[1725〜1774]英国の政治家・軍人。東インド会社書記としてインドに渡り、プラッシーの戦いでベンガル大守軍およびフランス軍を破り、英国のインド支配の基礎を築いた。

クライペダ〘Klaipeda┊Klaipėda〙リトアニア西部の港湾都市。バルト海とクルシュー潟湖に面し、ネマン川河口に近く、同国唯一の海港を擁す。13世紀半ばにリボニア騎士団がクライペダ城を築き、ハンザ同盟に加盟して発展。ドイツ語でメーメルブルクまたはメーメルと呼ばれた。20世紀までプロイセン領。独立後にリトアニアに編入されたが、ドイツ領、ソ連領を経て、1991年のソ連からの独立により、主権を回復した。近郊には世界遺産(文化遺産)に登録されたクルシュー砂州や、海岸保養地のパランガ、ニダがある。

クライペダ-じょう【クライペダ城】―ジヤウ《Klaipėdos pilis》リトアニア西部の港湾都市クライペダの旧市街にある城跡。13世紀半ばにリボニア騎士団の軍事拠点として建造。ドイツ語名メーメルブルク(メーメル城)。堀が造られ増強が図られたが、18世紀以降は軍事的な役割を終えて造船所などに利用された。現在は稜堡(りょうほ)、地下回廊、塔の一部が残っており、博物館として公開されている。

クライマー〘climber〙登山者。特に岩登りをする登山者。登攀(とうはん)者。

くらい-まけ【位負け】くらゐ―〔名〕スル❶相手の地位や品位などに圧倒されて力を出せないこと。「戦う前から—していた」❷実力以上の地位にいるために、かえって苦しむこと。「肩書きに—する」

クライマックス〘climax〙❶物事の緊張や精神の高揚が最高に盛り上がった状態。劇・文学作品などで、最も盛り上がったところ。最高潮。「—に達する」❷修辞学で、漸層法(ぜんそうほう)のこと。➡アンチクライマックス❸森林などの極相(きょくそう)のこと。❹「オルガスムス」に同じ。(類語)頂上・頂点・絶頂・山場・山・峠・ピーク

クライマックス-シリーズ《和 climax＋series》プロ野球で、日本シリーズへの出場権を懸けて争われる試合。セパ両リーグのペナントレースの、上位それぞれ

3チームが出場する。

クライミング〖climbing〗❶手足を使ってよじ登ること。クライム。❷▶ロッククライミング

クライミング-ウォール《和 climbing＋wall》表面に、よじ登るための突起をつけた人工の壁。ビルの外壁や室内に設ける。

クライム〖climb〗〔名〕スル 手足を使って、よじ登ること。クライミング。「岩壁をフリーで―する」

クライム〖crime〗犯罪。「―ストーリー」

クライムウエア〖crimeware〗《クライムは犯罪の意》犯罪行為を目的として作られたソフトウエア。マルウエアの中でも悪質なものを指す。パスワードや暗証番号の盗用、オンライン銀行の不正引き出しなどに用いられる。

クライム-サスペンス〖crime suspense〗犯罪事件を扱った、スリリングな展開の物語。「―映画」

クライモグラフ〖climograph〗縦軸に湿球温度、横軸に相対湿度をとり、その毎月の平均値を記入し、月の順に直線で結んだ図。気候の特性がよく表される。クリモグラフ。

くらい-やま【位山】(くらゐ―)位が上がっていくのを、山を登るのにたとえた語。位の山。「八十坂(やそさか)を越えよと切れる杖なればつきてをのぼれ―にも」〈落窪・三〉

くらい-やま【位山】(くらゐ―)岐阜県北部、飛騨地方の山。標高1529メートル。イチイの原生林があり、名は、古代にこの木を笏(しやく)の材として朝廷に献じたさい、位を賜って一位の木と称したことに由来。

くらい-よ・う【食らい酔う】(くらひよふ)〘動ワ五(ハ四)〙大酒を飲んで酔っぱらう。「酒に―・って居ると見えて」〈逍遥・内地雑居未来之夢〉

くら-いり【蔵入り】❶蔵の中に入れておくこと。また、そのもの。❷劇場などで、興行の純利益。❸江戸時代、年貢米を蔵に納入すること。❹「蔵入り地」の略。

くらいり-ち【蔵入り地】戦国・江戸時代、領主の直轄地。年貢米・諸役・産物を直接領主の蔵に納めたことによる称。

くら-いれ【蔵入れ|▽庫入れ】〔名〕スル ❶蔵の中に納めること。⇔蔵出し。❷貨物を普通倉庫または保税倉庫に寄託して、保管させること。

くらい-ろん【位論】(くらゐ―)天皇の位を得ようとして争うこと。

クライン〖Felix Klein〗[1849〜1925]ドイツの数学者。幾何学・代数学および数学の歴史的考察、数学教育などにすぐれた功績がある。著「エルランゲンの目録」など。

クラインガルテン〖ドイツ Kleingarten〗《「小さな庭」の意》ドイツを初めとするヨーロッパで盛んな市民農園の形態の一。比較的広い区画を長期間にわたって賃貸するもの。ラウベと呼ばれる小屋を備える。

グラインダー〖grinder〗▶研削盤(けんさくばん)

グラインド〖grind〗❶回転。❷ダンスで、腰を回転させる踊り方。

クライン-の-つぼ【クラインの×壺】二つのメビウスの帯を境界線に沿ってはり合わせるとできる、境界がなく表裏の区別もない閉曲面。三次元空間では実現せず、模型図によって示される。ドイツの数学者フェリックス＝クラインによって考案された。クラインの管。クラインの瓶。

クラインフェルター-しょうこうぐん【クラインフェルター症候群】(―シヤウコウグン)身体は男性であるが、精巣の発育障害、女性型の乳房、無精子症を示す病気。性染色体の構成がXXYになったものが多い。米国の医師クラインフェルター(H.F.Klinefelter Jr.)が報告。

くら・う【食らう|×喰らう】(くらふ)〘動ワ五(ハ四)〙❶「食べる」「飲む」のぞんざいな言い方。「大飯(おおめし)を―・う」「大酒を―・う」❷迷惑などを身に受ける。こうむる。「小言を―・う」「パンチを―・う」❸生活する。暮らしを立てる。「茶屋をして―・ふ奴が、ぬるい熱いを知らぬか」〈狂言記拾遺・禰宜山伏〉〔類語〕食べる・食う・頂く・召し上がる・食する・突(つつ)く・味わう・啄(ついば)む

クラヴィーア〖ドイツ Klavier〗▶クラビーア

グラウコーマ〖glaucoma〗緑内障(りょくないしょう)。

クラウジウス〖Rudolf Julius Emanuel Clausius〗[1822〜1888]ドイツの物理学者。理論物理学を専攻。熱力学の第二法則を定式化し、はじめてエントロピーの概念を確立した。著「熱力学論」など。➡熱力学の法則

クラウス〖Karl Kraus〗[1874〜1936]オーストリアのユダヤ系作家・詩人・ジャーナリスト。個人誌「ファッケル(炬火(たいまつ))」で、逆接や風刺を駆使した社会批判的な評論活動を展開。著「宣言と反論」「人類最後の日々」など。

クラウゼビッツ〖Karl von Clausewitz〗[1780〜1831]プロイセンの軍人・軍事理論家。著「戦争論」は近代戦に関する理論の古典的名著とされ、エンゲルス・レーニンらにも影響を与えた。

クラウゼンブルク〖Klausenburg〗▶クルージュナポカ

クラウチング-スタート〖crouching start〗陸上競技の短距離競走で、両手をほぼ肩幅に離して地につけ、両足を前後に開いてかがんだ姿勢から走り出すスタート法。➡スタンディングスタート

クラウチング-スタイル〖crouching style〗スキーで滑降するときの姿勢。背中を丸めて、前かがみになり、風圧の抵抗を少なくするもの。また、野球で、前かがみのバッティングフォーム。

くら-うつし【蔵移し|▽庫移し】物品を他の倉庫に移し換えること。特に、倉庫業者または税関の手で、蔵入れの物品を他の倉庫に保管換えをすること。

クラウディング-アウト〖crowding out〗❶押し出すこと。押しのけること。❷政府による国債の大量発行が民間の資金調達と競合を起こし、金融市場が逼迫(ひっぱく)して金利を上昇させ、民間の資金調達が阻害される現象。民間投資の締め出し。「―効果」

クラウド〖cloud〗❶雲。また、雲状の煙やほこり。❷「クラウドコンピューティング」「クラウドサービス」の略。または、同サービスで利用されるサーバー群を指す。「―を活用する」

グラウト〖grout〗土木工事で、基礎や岩盤の割れ目やすきまに、支持力増大・漏水防止などのために注入する、セメントペースト・モルタル・薬液などのこと。

クラウド-コンピューティング〖cloud computing〗インターネットを経由して、ソフトウエア、ハードウエア、データベース、サーバーなどの各種リソースを利用するサービスの総称。利用者はインターネットへ接続する環境があれば、表計算、ワープロ、電子メールなどのアプリケーションソフト、大規模データの保管、企業の顧客管理業務まで、さまざまなサービスを利用できる。「クラウド(雲)」は、コンピューターネットワークのイメージ図において、インターネットを雲として表すことに由来する。ASPが提供するサービスやSaaSもほぼ同じだが、これらがソフトウエアの機能を提供するものであることに対し、2006年頃からはより包括的な概念を表す言葉として使われるようになった。

グラウト-ポンプ〖grout pump〗土木工事で、グラウトを注入する機械。

クラウン〖clown〗道化。道化役者。ピエロ。

クラウン〖crown〗❶王位を表す冠。王冠。❷王冠模様のある英国の5シリング銀貨。❸帽子の山の部分。

クラウン-エーテル〖crown ether〗酸素原子が環の一部をなす、環状のポリエーテルの総称。名称は分子模型が王冠に似ていることに由来。一般構造式 $(\text{-CH}_2\text{-CH}_2\text{-O-})_n$ で表され、環を構成する全原子数をx、酸素原子数をyとすると、x－クラウン－yと命名される。環の内側にナトリウムなどの金属イオンを取り込む特性をもつ。1967年、米国デュポン社の化学者チャールズ＝ペダーセンが発見し、1987年にノーベル化学賞を受賞した。

クラウン-ガラス〖crown glass〗ガラスのうち、塩基性成分がアルカリおよびアルカリ土類であるもの。ソーダ石灰ガラス・カリ石灰ガラスなど。フリントガラスに比べ屈折率・分散能が小さい。昔、窓ガラスを作るのに球状(クラウン状)に吹いて広げたことから名づけられた。

クラウン-ギア〖crown gear〗傘歯車で、一方のピッチ面が平面になっているもの。平歯車におけるラックに相当。速度比が大きくて、二軸が交わるときに用いる。冠歯車。

クラウン-ジュエル〖crown jewel〗買収先会社の中で最も魅力のある事業部門や子会社。

グラウンダー〖grounder〗野球・サッカーなどで、地面をころがっていく球。ゴロ。

グラウンディング〖grounding〗❶基礎学力。❷(一時的な)飛行禁止。出場禁止。外出禁止。❸ラグビーで、手や腕に持ったボールを地面につけること。また、地上にあるボールを、手または腕で押さえるか、首から腰までの上半身で押さえるように倒れ込むこと。相手ゴール内ならトライとなる。味方ゴール内ならキャリーバックかドロップアウトとなる。

グラウンド〖ground〗《「グランド」とも》❶地。地面。土地。❷運動場。競技場。球技場。野球場。「ホーム―」❸基礎。土台。「バック―」〔類語〕競技場・コート・コロシアム・スタジアム・球場・トラック・フィールド・運動場

グラウンドキーパー〖groundkeeper〗球場や競技場を整備する人。

グラウンドシーツ〖groundsheets〗❶テントの中などで、地面に敷く防水布。❷野球場などで、雨天のとき内野に敷く防水布。

グラウンド-スタッフ〖ground staff〗《「グランドスタッフ」とも》空港の地上勤務員。グラウンドホステスに代わる、性差のない語。➡キャビンアテンダント ➡フライトアテンダント

グラウンド-ストローク〖ground stroke〗テニスで、一度コートにバウンドして跳ね上がったボールを打つこと。➡ボレー

グラウンド-スマッシュ〖ground smash〗テニスで、相手が打ったボールが一度高くバウンドしたところを強打すること。

グラウンド-ゼロ〖ground zero〗❶核爆発の中心点の直下または直上の爆心地。特に昭和20年(1945)広島・長崎に投下された原爆の爆心地を指すことがある。零地点。GZ。❷(Ground Zero)2001年9月11日、アメリカ同時多発テロによって破壊されたニューヨークのワールドトレードセンタービルの跡地。爆心地となった広島を連想させたことからの呼び名。GZ。

グラウンド-ビジョン《和 ground＋vision》基本構想。計画などの骨組みとなる理念。

グラウンド-フロア〖ground floor〗建物の一階のこと。主にイギリスでいう。〔補説〕アメリカではfirst floorという。

グラウンド-ボーイ《和 ground＋boy》野球場で、ボール拾いや用具運搬などをする少年。

グラウンド-ホステス〖ground hostess〗《「グランドホステス」とも》空港またはその市内ターミナルで旅客サービス業務に従事する女子職員。➡グラウンドスタッフ

グラウンド-マナー《和 ground＋manner》競技中の選手の試合態度。

グラウンド-ルール〖ground rule〗競技場の状況によって便宜的に適用される試合規則。

グラウンド-レスリング〖ground wrestling〗レスリングで、寝技のこと。

グラウンド-ワーク〖Groundwork〗都市とその周辺地区の環境の改善・整備を、市民・行政・企業の三者が協力して行う運動。1981年、イギリスのリバプール市郊外から始まった市民運動。

クラウン-プリンス〖crown prince〗(英国以外の)皇太子。

クラウン-プリンセス〖crown princess〗(英国以外の)皇太子妃。

クラウン-ロースト〖crown roast〗王冠形に作った焼き肉。主として子羊の骨つきあばら肉に詰めものをして作る。復活祭につきもの。

くら-おおい【×鞍覆い】(―おほひ)引き馬の鞍橋(くらぼね)の上から鐙(あぶみ)にかけて覆う布帛(ふはく)。

くら-おかみ【▽闇×龗】《「くら」は谷、「おかみ」は竜神

の意》記紀神話で、高龗(たかおかみ)とともに水をつかさどる竜神。京都の貴船(きぶね)神社奥宮の祭神。
くら-おき【×鞍置き】「鞍置き馬」の略。「しろがねの鐙(あぶみ)かけたる―」〈宇津保・吹上上〉
くらおき-うま【×鞍置き馬】鞍を置いた馬。くらうま。くらおき。「一十疋ばかり追ひ入れたり」〈平家・七〉
くらおき-どころ【×鞍置き所】「鞍下(くらした)❶」に同じ。
くら-おとこ【蔵男｜倉男】酒蔵で、酒造りをする男。
くら-かいぐ【×鞍皆具】鞍橋(くらぼね)・鐙(あぶみ)・轡(くつわ)・手綱(たづな)・腹帯(はるび)などの馬具の総称。鞍具。鞍具足。
クラカウ〘Cracow〙▶クラクフ
クラカウアー〘Siegfried Kracauer〙［1889～1966］ドイツ生まれの思想家。ナチスの台頭で米国に亡命、大衆文化現象の分析に業績を残す。著「カリガリからヒトラーへ」など。
くら-がえ【×鞍替え】〔名〕スル ❶遊女や芸者が他の店に勤めの場所をかえること。「いっそ他の楼(うち)へ―でもしようかと」〈荷風・夢の女〉❷仕事・商売・所属などを、それまでのものから別のものにかえること。「条件のいい会社に―する」類語 乗り換える・移る・動く・移動・移転・引っ越す・転ずる・転出・転任・転属・移籍
くら-かけ【×鞍掛(け)｜×鞍懸(け)】❶鞍を掛けておく4脚の台。❷《❶を、踏み台としても用いたところから》踏み台。また、腰掛け。❸「鞍掛け馬」の略。
くらかけ-あざらし【×鞍掛海=豹】アザラシ科の哺乳類。体長約1.8メートル。体は暗褐色で、雄では首・前肢・腹などに鞍形の白い帯がある。オホーツク海・ベーリング海などに分布。
くらかけ-うま【×鞍掛(け)馬】乗馬のけいこに用いる木馬。
くら-かさ【×鞍×笠】「鞍壺(くらつぼ)❶」に同じ。
くら-かた【倉方】室町時代、幕府の倉庫を管理し、財物の出し入れをつかさどった者。
クラカタウ-とう【クラカタウ島】《Krakatau》インドネシアのジャワ・スマトラ両島間のスンダ海峡にある火山島。1883年の大爆発では3万6000人の死者を出し、火山灰は成層圏に達して全地球を覆い、数年間世界の気温が下がった。
くらかね-しょうすけ【倉金章介】［1914～1973］漫画家。山梨の生まれ。本名、虎雄。田河水泡(たがわすいほう)に学び、少女向け漫画の連載を始める。「あんみつ姫」は少女漫画の古典として、現在でもたびたびドラマ化されている。他に「ピカドン娘」「てんてん娘」など。
クラ-カメ「クラシックカメラ」の略。
くら-がり【暗がり｜▽闇がり】❶暗いこと。また、暗い場所。くらやみ。「―に潜む」❷人目につかないところ。内証のこと。「―の商ひはせうものでござらぬ」〈浄・薩摩歌〉❸道理に暗く、愚かなこと。暗愚。「合点であらうと思ひしに、一家中と同じ―仲間でおはするか」〈浮・其磧諸国・二〉類語 暗闇・真っ暗闇・闇
暗がりから牛を引き出す《暗い所に黒い牛がいると何が何やらはっきりしないところから》物の区別がつかないたとえ。また、動作が鈍重で、はきはきしないたとえ。暗闇から牛を引き出す。
暗がりに鬼を繋(つな)ぐ 正体が知れず、気味が悪いたとえ。暗がりの鬼。「この人は、表向き軽うして内証の強き事、―・ぐがごとく」〈浮・永代蔵・四〉
暗がりの犬の糞(くそ) 失敗を押し隠し、知らん顔をすることのたとえ。
くらがり-とうげ【暗峠｜闇峠】大阪府東大阪市と奈良県生駒市との境にある、生駒山地の峠。近世、暗越奈良街道の交通の要地。
くら-が・る【暗がる】〔動ラ四〕暗くなる。「山陰の―・りたるところを見れば」〈かげろふ・中〉
くらき-みち【▽冥き▽途】《「冥途(めいど)」を訓読みにした語》死者が迷って行く道。死後の世界。
く-らく【来らく】《動詞「く(来)」(カ変)のク語法》来ること。「夜のほどろ出でつつ―度(たび)まねくなれば我が胸切り焼くごとし」〈万・七五五〉
く-らく【苦楽】苦しみと楽しみ。「―を共にする」
クラクション〘klaxon〙《製造会社の名、クラクソンから》自動車などの警笛装置。もと商標名。

くら-ぐそく【×鞍具足】▶鞍皆具(くらかいぐ)
クラクフ〘Kraków〙ポーランド南部の都市。14～16世紀、ポーランド王国の首都。歴史的建造物が多く、1364年創立の同国最古のヤギエウォ大学がある。人口、行政区76万(2007)。クラカウ。
クラクフ-もん【クラクフ門】《Brama Krakowska》ポーランド東部の都市ルブリンの旧市街入口にある門。名称はポーランド王国の首都だったクラクフの方角を向いていることに由来する。14世紀、モンゴルによる侵略を受けた後、市街の防備のために建造された。現在、内部はルブリン歴史博物館になっている。
くら-くら〔副〕スル ❶めまいがして倒れそうになるさま。ぐらぐら。「頭が―(と)する」❷湯などが沸きたつさま。ぐらぐら。「炉に掛けた鉄瓶の湯は―沸き立っていた」〈藤村・家〉❸怒りや嫉妬などで心の中が燃え立つようなさま。「彼女の―と嫉妬に燃えた眼の前に」〈広津和郎・風雨強かるべし〉
類語 ぐらりと・ぐらぐら・ぐらっと・ゆらゆら
くら-くら【暗暗】㊀〔名〕薄暗い時刻。日暮れ方。「急ぎ立ちて行く程に、―にぞ家に行き着きたる」〈今昔・二六・一七〉㊁〔副〕暗くて物がよく見えないさま。「白雲に跡―と行くかずもとひもやすると思ひけるかな」〈公任集〉
ぐら-ぐら ㊀〔副〕スル ❶物が揺れ動いて安定しないさま。また、事柄や気持ちなどが動揺するさま。「歯が―する」「地震で建物が―(と)揺れる」「方針が―していて信頼できない」❷湯などが煮え立つさま。「鍋の湯が―(と)煮え立つ」❸めまいがして倒れそうになるさま。くらくら。「二日酔いで頭が―する」㊁〔形動〕揺れ動いて、安定しないさま。「古びて―ないす」アクセント㊀はグラグラ、㊁はグラグラ。
類語 ぐらりと・くらくら・ぐらっと・ゆらゆら
くらげ【水=母｜海=月】腔腸(こうちょう)動物の基本形のうち、浮遊生活を送るもの。ハチクラゲ類・ヒドロ虫類など。体は寒天質からなり、傘の形をしていて、これを伸縮させて泳ぐこともある。傘の中に消化循環系・生殖腺(せいしょくせん)があり、骨はない。傘の周縁に多数並ぶ触手には刺胞(しほう)があり、強い毒をもつものもある。《季 夏》「横ざまに―流るる潮かな／虚子」
くらげ-だこ【水=母×蛸】クラゲダコ科の頭足類。ふつう全長約10センチの釣鐘形のタコで、寒天質状。眼球は筒状に伸び、赤緑色。浮遊性。クラゲのように腕を開閉して泳ぐ。太平洋・インド洋の深海にすみ、日本では相模湾や浦賀水道でみられる。
くらげ-の-ほね【水=母の骨】《クラゲには骨がないところから》ありえない物事のたとえ。また、非常に珍しい物事のたとえ。
くら-けん【蔵券】《「蔵」は大蔵省の略。名称は大蔵省時代からの名残》「財務省証券」に同じ。
くら-ごと【暗事】人に知られないようにしてこっそりと行う事柄。密(みそ)か事。「惣(そう)じてかやうの―、かれこれ四十八ありける」〈浮・一代男・四〉
くら-ざらえ【蔵×浚え】〔名〕スル 手持ちの商品を整理するため安値で売ること。蔵払(くらばら)い。「閉店のため―する」類語 売り出し・安売り・特売・廉売・投げ売り・捨て売り・叩き売り・乱売・ダンピング・見切り売り・セール・バーゲンセール
くらし【暮(ら)し】❶暮らすこと。一日一日を過ごしていくこと。「都会での―に慣れる」❷日々の生活。生計。「豊かな―」「―の足しにする」
類語 生活・世渡り・渡世・処世・世過ぎ・身過ぎ・行路
暮らしが立・つ 生活していける。「共稼ぎしてやっと―・つ」
グラシ〘フランス glacis〙▶グラッシ
グラシアス〘スペイン gracias〙〔感〕ありがとう。
グラジオラス〘gladiolus〙アヤメ科の多年草。高さ約1メートル。葉は剣状で2列につく。夏、赤・白・黄などの色の花が総状に咲く。南アフリカ原産の園芸雑種で、切り花用に栽培。オランダあやめ。唐菖蒲(とうしょうぶ)。《季 夏》
クラシカル〘classical〙〔形動〕「クラシック㊁」に同じ。「―な服装」

くら-しき【倉敷】❶「倉敷地」の略。❷「倉敷料」の略。
くらしき【倉敷】岡山県南部の市。江戸時代、蔵米の積み出し港として発展。明治以後は繊維業を中心に工業化。大原美術館や考古館・民芸館などがある。南部の水島地区は臨海工業地帯。平成17年(2005)8月、船穂町・真備町を編入。人口47.5万(2010)。
くら-しき【×鞍敷｜×鞍×褥】馬具の名。鞍壺(くらつぼ)の上に敷く敷物。馬氈(ばせん)。上敷(うわしき)。
くらしき-げいじゅつかがくだいがく【倉敷芸術科学大学】岡山県倉敷市にある私立大学。平成7年(1995)の開設。
くらしき-さくようだいがく【くらしき作陽大学】岡山県倉敷市にある私立大学。昭和41年(1966)に作陽学園大学として開学。昭和43年(1968)に作陽音楽大学と改称し、平成9年(1997)に現校名に改称した。
くらしき-し【倉敷市】▶倉敷(地名)
くらしき-ち【倉敷地】中世、荘園から年貢などを本所・領家に輸送する際、中継地として一時保管した場所。倉敷。
くらしき-りょう【倉敷料】倉庫に物品を預けたときに支払う保管料。倉敷。敷料。
くら-しし【×鞍▽鹿】ニホンカモシカの別名。
クラシシズム〘classicism〙▶古典主義
クラシズ-じょう【クラシズ城】《Crathes Castle》英国スコットランド北東部、アバディーンシャー州にある城。ロイヤルディーサイドとして知られるディー川沿いに位置する。14世紀、スコットランド王ロバート1世がバーネット家に土地を与え、16世紀に築城。17世紀初めに植えられたイチイの生垣や、20世紀初めに第13代当主夫妻が手掛けた美しい庭園で知られる。クラースス城。クラセー城。クラテス城。クレイゼス城。
くら-した【×鞍下】❶牛馬の背の、鞍の下になる部分。鞍置き所。❷❶の部分の肉。特に、牛ではヒレといい、食肉として最上とされる。❸▶下鞍(したぐら)
クラシック〘classic〙㊀〔名〕❶古代ギリシャ・ローマ時代の文学や美術などの古典作品。❷文学・芸術において、時代を超えて認められる名作。古典。❸《「クラシック音楽」の略》ジャズ・流行歌などのポピュラーミュージックに対して、西洋の伝統的な芸術音楽。❹「クラシックレース」の略。㊁〔形動〕❶古典的。古典主義的。模範的。「―な作風」❷古風なさま。古雅なさま。クラシカル。「―な髪型」「―な雰囲気」
クラシック-おんがく【クラシック音楽】❶▶クラシック㊀❸ ❷▶古典派音楽
クラシック-カー〘classic car〙古い型の自動車。1920～30年代以前の、現在も運転して走ることのできる車をいう。
クラシック-カメラ〘classic camera〙古い型のカメラ。露出の自動化が始まる以前のカメラを指すことが多く、ほぼ1960年以前に作られたカメラ。クラカメ。
クラシック-バレエ《和 classic＋ballet》「古典バレエ」に同じ。補説 英語ではclassical ballet.
クラシック-レース〘classic races〙競馬で、3歳のサラブレッドによって行われる重賞競走の総称。日本の中央競馬では、皐月賞(さつきしょう)・東京優駿(ダービー)・菊花賞、および牝馬(ひんば)限定の桜花賞・優駿牝馬(オークス)を五大クラシックレースとする。
クラシファイド-サイト〘classified site〙《classifiedは「分類された」の意》投稿された短い広告文などを分類し掲載するウェブサイト。多く、個人間の物品売買、求人、イベントの告知などに利用される。
くらし-ぶり【暮らし振り】日々の生活のやり方。日常のようす。「豪勢な―」「昭和初期の質素な―」
くらし-むき【暮(ら)し向き】生活のようす。家計の状態。「―が楽にならない」
グラジュアリズム〘gradualism〙漸進主義。物事をゆるやかに進める主義。
くら-しゅう【蔵衆】▶蔵法師(くらほうし)❶
くら-じり【×鞍尻】鞍の後ろ。鞍の後部。
くら-しろ【倉代】❶正式の倉の代用として設けた倉。仮の倉。❷大嘗祭(だいじょうさい)の供物を運ぶ輿(こし)。

グラシン-し【グラシン紙】《glassine paper》化学パルプを用い、光沢をつけて透明に仕上げた薄紙。書籍のカバーなど特殊包装用。

グラシン-ペーパー〖glassine paper〗►グラシン紙

クラス〖class〗《「クラース」とも》❶学級。組。「一の担任」❷等級。階級。層。「トップ一の成績」「各社の幹部一が利用する料亭」❸オブジェクト指向プログラミング言語における、特定の機能や役割をもたせたプログラムのこと。(類語)組・学級

くら・す【暗す】〔動サ四〕悲しみなどで心を暗くする。曇らす。「かきくもり日かげも見えぬ奥山に心を一・すころにもあるかな」〈源・総角〉

くら・す【暮(ら)す】〔動サ五(四)〕❶日が暮れるまで時間を過ごす。時を過ごす。「一日を読書で一・す」❷日々を送る。月日を過ごす。「余生は郷里で一・したい」❸生活する。また、生計を立てる。「少ない収入でなんとか一・している」❹(他の動詞の連用形に付いて)一日中その事をし続ける意を表す。「遊び一・す」「泣き一・す」(可能)くらせる (類語)送る・費やす・明かし暮らす・明け暮れる・消光する・過ごす・生きる・住む・食べる・やっていく・食う・口を糊する

グラス〖glass〗❶ガラス製のコップ。❷ガラス。「ステンドー」❸眼鏡。「サンー」「オペラー」
(類語)(❶)コップ・タンブラー・ジョッキ/(❷)ガラス

グラス〖grass〗草。芝。

グラス〖Günter Grass〗[1927～]ドイツの小説家。幻想的でしかも鋭い社会批判を含む長編小説を発表。作「ブリキの太鼓」「犬の年」「ひらめ」など。

クラス-アクション〖class action〗ある行為や事件から多数の者が同じような被害を受けたとき、一部の被害者が全体を代表して訴訟を起こすことを認める制度。米国で採用されている。集団訴訟。

グラス-ウール〖glass wool〗ガラスの短繊維を綿状にしたもの。断熱材・遮音材・吸音材などに用いる。ガラス綿。

クラス-かい【クラス会】❶同じ学級で学んだ人たちが、卒業後、親睦のために催す会合。❷同じ学級の学生・生徒・児童が開く会合。

グラス-クロース〖glass cloth〗ガラス繊維で作った布。断熱性・絶縁性などにすぐれる。

グラスゴー〖Glasgow〗英国スコットランド西岸の工業都市。クライド川の河港として発達。造船・鉄鋼業が盛ん。1451年創立のグラスゴー大学がある。人口、行政区58万(2008)。

グラスゴー-グリーン〖Glasgow Green〗英国スコットランド西岸の都市グラスゴーの市街東部に広がる公園。クライド川の北岸に位置する。15世紀にはすでに共有地として利用され、同市最古の公園として知られる。ネルソン提督の記念碑や、ジェームズ=ワットが蒸気機関の着想を得たことを記念する石碑のほか、グラスゴーの歴史を紹介する博物館ピープルズパレスがある。

グラスゴー-だいせいどう【グラスゴー大聖堂】《Glasgow Cathedral》英国スコットランド西岸の都市グラスゴーにあるスコットランド教会の大聖堂。12世紀にデビッド1世により創建。増改築を繰り返し、15世紀頃に現在の姿になった。宗教改革でスコットランドの教会のほとんどが破壊されたなか、唯一完全に現存しており、同国屈指のゴシック様式の建造物として知られる。

グラス-コート〖grass court〗芝生のテニスコート。天然芝のものと人工芝のものがある。四大大会では、ウィンブルドン-テニス大会で用いられる。ローンコート。➡クレーコート ➡ハードコート

グラス-スキー〖grass skiing〗キャタピラ式のスキーで芝の斜面を滑るスポーツ。

グラススティーガル-ほう【グラススティーガル法】《Glass Steigal Act》米国の1933年銀行法のうち、銀行業と証券業の分離について規定した部分。銀行の扱える証券を限定列挙して規定しているので、近年の金融・資本市場の実態にそぐわないといわれている。

グラス-ステージ〖glass stage〗天然の太陽光線を利用するため、屋根をガラス張りにした撮影所。初期の映画撮影に用いた。

クラスター〖cluster〗《花やブドウなどの房の意》❶同種のものや人の集まり。❷都市計画などで、個々の建物・道路・空き地などを相互に関連させて一つの集合体としてとらえ、配置すること。❸原子や分子の集まりの中で、特定の一部の原子や分子が結びついて一つのかたまりとなり、物理的に安定し、かつその集まりの中で一定の役割をになっている状態。❹コンピューターの磁気ディスクなど、円盤状の補助記憶装置を管理する単位。同心円状に分割した区画をトラック、それを放射状(扇形)に等分割した区画をセクターといい、複数のセクターをまとめたものをクラスターとする。❺あるテーマを中心にする大学・研究機関の集合体や、ある技術を中心とする企業の集合体のこと。

クラスター-さくたい【クラスター錯体】►金属クラスター

クラスター-ストライプ〖cluster stripe〗何本かの線が集まって1本の線を構成する柄のこと。

クラスター-だん【クラスター弾】►クラスター爆弾

クラスターだん-れんごう【クラスター弾連合】►クラスター爆弾連合

クラスター-ばくだん【クラスター爆弾】《cluster bomb》複数の小型の爆弾を内蔵し、所定の高度で破裂させてそれらをまき散らす爆弾。集束爆弾。第二次大戦での日本の都市攻撃用焼夷弾はこの形式。クラスター弾。

クラスターばくだんきんし-じょうやく【クラスター爆弾禁止条約】《「クラスター弾に関する条約」の通称》クラスター爆弾の使用・製造・取引などを禁止する条約。締約国は保有弾をすべて廃棄、不発弾を除去し、被害者を支援することなどを規定。2008年5月採択、2010年8月発効。111か国が署名し、75か国が批准しているが、主要保有国の米国・ロシア・中国・韓国などは署名していない(2012年7月現在)。日本は2008年に署名し、2009年に批准。オスロ条約。(補説)2007年にノルウェー政府が提案し、NGO・有志国・国際機関等と連携して、短期間で条約を成立させた過程はオスロプロセスと呼ばれる。

クラスターばくだん-れんごう【クラスター爆弾連合】クラスター爆弾の廃絶および被害の根絶を目指すNGOの国際的連合体。世界約100か国から350団体が参加(2012年7月現在)。クラスター爆弾禁止条約の成立に向けたオスロプロセスにおいて、ノルウェー政府などと連携して中心的な役割を果たした。クラスター弾連合。CMC(Cluster Munitions Coalition)。

クラスタリング〖clustering〗複数のコンピューターを接続し、ひとつのシステムとして機能させる技術。

クラスト〖crust〗❶パンやパイなどの皮。また、ピザの生地部分。❷固くなった積雪の表層。ふつう、日中とけた雪が夜になって凍ってできる。風圧によってもできる。

グラスト〖GLAST〗《Gamma-ray Large Area Space Telescope》フェルミガンマ線宇宙望遠鏡の旧称。

クラスナヤ-ひろば【クラスナヤ広場】《Krasnaya ploshchad'》►赤の広場

クラスヌイ-ヤル〖Krasnïy Yar〗ロシア連邦の都市クラスノヤルスクの旧称。

クラスノゴルスク〖Krasnogorsk〗ロシア連邦、サハリン州(樺太)中南部の町。ユジノサハリンスクの北約200キロメートル、間宮海峡に面し、クラスノゴールカ川が流れる。1945年(昭和20)以前の日本領時代は珍内とよばれ、石炭と木材の集散地として栄えた。

グラスノスチ〖ロシア glasnost'〗情報の公開。ソ連ゴルバチョフ政権の政策の一。

グラズノフ〖Aleksandr Konstantinovich Glazunov〗[1865～1936]ロシアの作曲家。国民主義的性格を基調にロシア音楽のアカデミズム発展に貢献。作品に交響詩「ステンカ-ラージン」、バレエ曲「四季」「ライモンダ」など。

クラスノヤルスク〖Krasnoyarsk〗ロシア連邦中部、シベリア中南部の工業都市。旧称クラスヌイヤル。エニセイ川上流にあり、水陸の交通の要地。17世紀に築かれた砦に起源し、金鉱脈の発見とシベリア鉄道の敷設により発展。帝政ロシア時代は政治犯の流刑地だった。1997年の日ロ首脳会談において北方領土に関するクラスノヤルスク合意が交わされたことでも知られる。人口、行政区94万(2008)。

クラスノヤルスク-ばし【クラスノヤルスク橋】《Krasnoyarskiy most》ロシア連邦中部の都市クラスノヤルスクを流れるエニセイ川に架けられた、シベリア鉄道の鉄橋。19世紀末に建造。完成時は世界最長の橋だった。川を流れてくる氷塊に耐えるよう、橋脚部には花崗岩が用いられている。

グラス-ハーモニカ〖glass harmonica〗ガラスをぬれた指などで擦って音を出す楽器。ガラスのコップなどを並べただけのものから、機構的に組み立てられたもの、また鍵盤で操作するようなものまである。

グラス-バンカー〖grass bunker〗ゴルフのコースで、砂のかわりに草を生やしたバンカー。

クラスプ〖clasp〗留め金のこと。アクセサリーのチェーン(鎖)の一部にアクセントとして使う。

グラス-ファイバー〖glass fiber〗ガラスを溶かして引き延ばし、繊維状にしたもの。電気絶縁材・断熱材・吸音材、強化プラスチックなどに利用。ガラス繊維。

グラスファイバー-ポール〖glass fiber pole〗棒高跳びで使われるグラスファイバー製のポール。竹や金属製のものよりも強い反発力がある。

グラスフェッド〖grass-fed〗►牧草肥育

グラス-ボート《和 glass＋boat》►グラスボトムボート

グラス-ボトム-ボート〖glass bottom boat〗船底に強化ガラスをはめこんで、海中を見ることができるようにした遊覧船。グラスボート。

グラスマーケット〖Grassmarket〗英国スコットランドの首都エジンバラの旧市街、中央部の一地区。エジンバラ城の南東部に位置する。同市有数の市場があった場所で公開処刑がしばしば行われたことでも知られる。現在はレストラン、パブ、ホテルが集まり、観光客も多く訪れる。

クラス-マガジン〖class magazine〗ある特定の年齢・職業・分野の人だけを読者対象とする専門雑誌。

クラス-マザー《和 class＋mother》子供といっしょに幼稚園や小学校などに通って、学校の手伝いをしながら、自分も学ぼうという母親。

グラスミア〖Grasmere〗英国イングランド北西部、カンブリア州の村。湖水地方の観光地の一で、グラスミア湖に面する。詩人ウィリアム=ワーズワースが妻や妹とともに過ごした家(現在は博物館)や、家族が眠るセントオズワルド教会がある。グラーズミア。

クラスメート〖classmate〗同じクラスで学ぶ生徒。同じクラスの友達。(類語)級友・同級生

クラス-メディア〖class media〗ある特定の階層を対象とする広告媒体。専門誌・業界紙など。

クラス-ライブラリー〖class library〗オブジェクト指向プログラミング言語において、クラスと呼ばれる特定の機能や役割をもたせたプログラムをまとめたもの。➡クラス❸

グラス-リスト【GRASリスト】《generally recognized as safe list》FDA(米国食品医薬品局)が安全性を認めた食品のリスト。

グラス-ルーツ〖grass roots〗❶農牧地域。田園地帯。❷一般大衆。草の根。

クラス-ルーム〖classroom〗教室。

くら-ずれ【×鞍擦れ】〔名〕牛馬の背や人の股が、鞍にすれて傷ができること。また、その傷。

グラスレイ〖Graslei〗《香草河岸の意》ベルギー北西部、東フランドル州の都市ヘントの中心部を流れるレイエ川東岸の地区。ギルドハウスをはじめ、歴史的建造物が並ぶ。対岸はコーレンレイ。

クラスレート-かごうぶつ【クラスレート化合物】《clathrate compound》一つの化合物によっ

てできた三次元的な結晶格子のつくる空間に、他の物質分子が、なんらの化学結合にもよらずに閉じ込められた状態の物質。包接化合物。
グラス-ワイン《和 glass＋wine》レストランなどで、ボトルではなくグラスに注いで提供するワイン。ハウスワインを用いることが多い。
クラセー-じょう【クラセー城】《Crathes Castle》►クラシズ城
くら-だし【蔵出し｜▽庫出し】〔名〕スル ❶倉庫に保管してある品物を取り出すこと。⇔蔵入れ。❷酒・味噌などの、貯蔵してあった蔵から取り出したばかりのもの。「―の酒」
くらだし-ぜい【▽庫出し税】商品を生産工場や倉庫から市場に出荷するとき課せられる租税。酒税など。
くら-たに【くら谷】深く切り立った谷。一説に、暗い谷とも。「うぐひすの鳴く―にうちはめて焼けは死ぬとも君をし待たむ」〈万・三九四一〉 補説「くら」は谷の意の古語かという。
くらた-ひゃくぞう【倉田百三】[1891～1943] 劇作家・評論家。広島の生まれ。西田幾多郎に傾倒し、京都の「一灯園」に入って思索的生活を体験。評論集「愛と認識との出発」、戯曲「出家とその弟子」「俊寛」「布施太子の入山」など。
グラタン〖フランス gratin〗肉・魚介・めん類・野菜などをホワイトソースなどであえ、焼き皿に入れ、粉チーズなどを振りかけ天火で焼いた料理。
グラチェ〖イタリア grazie〗〔感〕《「グラツィエ」「グラッチェ」とも》ありがとう。
グラツィエ〖イタリア grazie〗〔感〕►グラチェ
グラツィオーソ〖イタリア grazioso〗音楽で、発想標語の一つ。「優美に、優雅に」の意。
クラッカー〖cracker〗❶小麦粉を主原料とした、塩味の堅焼きビスケット。❷円錐形の紙製の玩具用花火。先端のひもを引くと、大きな音とともに紙テープなどが飛び出す。パーティーなどで用いられる。❸くるみ割り器。❹コンピューターやネットワークシステムに不正に侵入し、悪意をもって他人のデータを盗み見たり、破壊したりするクラッキングを行う者。
くら-づかさ【内=蔵▽寮】►くらりょう(内蔵寮)
くら-づかさ【蔵▽司】►ぞうし(蔵司)
くら-つぎ【×鞍接ぎ】接ぎ木法の一。接ぎ穂か台木の一方を鞍形にそぎ、他方を楔形に切って、その切断面を互いに密着結合させる。
クラッキング〖cracking〗❶石油精製などで、沸点の高い重質石油を、熱分解あるいは接触分解によって、ガソリンなどの軽質石油にすること。❷コンピューターやネットワークシステムに不正にアクセスし、悪意をもってデータを盗み見たり、破壊したりする行為。これを行う者をクラッカーという。補説❷を「ハッキング」と呼ぶこともあるが、ハッキングは本来はコンピューターのエンジニアリング全般を指すもので、不正アクセスの意味はない。
クラッキング-ガス〖cracking gas〗熱分解によるクラッキングの過程で得られるガス。
クラック〖crack〗❶壁や岩壁などの、裂け目や狭い割れ目。❷コンピューターやネットワークシステムに不正にアクセスし、データを盗んだり破壊したりすること。クラッキングすること。「パスワード―」➡クラッキング❷
ぐら-つ・く〔動カ五(四)〕❶安定した状態にあるべきものが、不安定に揺れ動く。ぐらぐらする。「いすが―・く」「奥歯が―・く」❷気持ちや考えなどが、揺れ動いて定まらなくなる。「自信が―・く」「信念が―・く」類語動く・揺れる・揺らぐ・動かす・振れる・振動する・上下する・微動する
グラックス〖Gracchus〗㊀(Tiberius Sempronius～)[前162～前133]古代ローマの政治家。護民官として土地所有の改革を行ったが、反対派に暗殺された。㊁(Gaius Sempronius～)[前153～前121]古代ローマの政治家。㊀の弟。兄の遺志を継ぎ、土地・穀物・市民権の改革立法を進めたが失敗し、自殺。
クラック-デ-シュバリエ〖Crac des Chevaliers〗《「騎士の城」の意》シリア北西部にある十字軍時代の城塞。11世紀の創建で、12世紀に聖ヨハネ騎士団の所有となった際、大規模な増改築が行われた。2006年、カル-エッサラー-エル-ディン(サラディン城)とともに「クラック-デ-シュバリエとカル-エッサラー-エル-ディン」として世界遺産(文化遺産)に登録された。
くら-つくり【×鞍作り】鞍を作ること。また、鞍を作る人。
くら-づくり【蔵造り｜倉造り】❶蔵を建てること。また、その人。❷土蔵造りの家。
くらつくり-の-とり【鞍作止利｜鞍作鳥】飛鳥時代の仏師。司馬達等の孫といわれる。飛鳥寺の丈六仏(飛鳥大仏)や法隆寺金堂の釈迦三尊像の作者。日本最初の本格的な仏師で、中国の北魏様式の流れをくみながら、いっそう洗練された作風は、止利様式とよばれる。止利仏師。生没年未詳。
くらつくり-べ【×鞍作▽部】古代、鞍などの馬具を作ることを職業とした部。渡来人が多かった。
グラッシ〖フランス glacis〗油絵で、透明な油絵の具を溶いて薄めたものを、すでに乾いた絵の具層の上に薄く塗ること。また、その薄い膜。光沢と深みを与えるための伝統的な技法。おつゆ。グラシ。
クラッシー〖classy〗〔形動〕高級な。上流階級的な。「―なファッション」
クラッシャー〖crusher〗鉱石・岩石などを砕く機械。破砕機。粉砕機。
クラッシャブル〖crushable〗〔形動〕つぶすことのできるさま。「衝撃吸収のため―な構造になっている」
クラッシャブル-ゾーン〖crushable zone〗自動車の一部、例えば前方のボンネット部分のように、客室部分よりやや柔構造につくられ、衝突時につぶれて衝撃を吸収するようにした部分。
クラッシュ〖crash〗〔名〕スル ❶自動車競技などでの衝突事故。「コーナーで―してリタイアする」❷コンピューターのハードディスクが壊れること。またはアプリケーションソフトやオペレーティングシステムが突然に異常終了すること。
クラッシュ-アイス《crushed ice から》細かく打ち砕いた氷のこと。
クラッシュ-しょうこうぐん【クラッシュ症候群】交通事故や地震などの災害時に、建物の倒壊などで四肢の筋肉に長時間圧迫が加えられ、その圧迫から解放されたあとに起こる全身障害。壊死した細胞から大量の細胞内成分が漏出、高カリウム血症による褐色の尿、急性腎不全、心不全などの症状を起こす。輸液療法、血液透析などを行う。挫滅症候群。クラッシュシンドローム。
クラッシュ-シルク《crushed silkから》わざと自然な感じにしわをよせたシルク生地のこと。
クラッシュ-シンドローム〖crash syndrome〗►クラッシュ症候群
クラッスス〖Marcus Licinius Crassus〗[前112ころ～前53]古代ローマの政治家。巨富をなしたことで知られる。ポンペイウス・カエサルとともに、第一次三頭政治を行った。パルティア遠征中に戦死。
グラッセ〖フランス glacé〗❶にんじんなどを、バターを加えた煮汁でつやよく煮たもの。バター煮。つや煮。❷砂糖汁や蜜などで煮た菓子。「マロン―」
クラッタリング〖clattering〗《「クラッターリング」とも》コウノトリなどがくちばしを激しく打ち鳴らすこと。求愛や威嚇のために行うことが多い。
クラッチ〖clutch〗❶原動軸から従動軸に、動力を伝達あるいは遮断する装置。かみ合いクラッチ・摩擦クラッチなどがある。連軸器。❷「クラッチペダル」の略。❸起重機の、つめ。
クラッチ〖crutch〗ボートの舷に取り付けた、U字形のオール受けの金具。
クラッチ-ハウジング〖clutch housing〗自動車等のクラッチを覆う、金属製、円筒形の部品。
クラッチ-バッグ〖clutch bag〗《クラッチはつかむ、握る意》持ち手がついていない、片手で抱え持つ小形のバッグ。
クラッチ-ヒッター〖clutch hitter〗野球で、好機によくヒットを打つ打者。
クラッチ-ペダル〖clutch pedal〗自動車のクラッチを操作するペダル。
くらっ-と〔副〕スル めまいや衝撃などで平衡が保てなくなるさま。「立ち上がったとたん―した」
ぐらっ-と〔副〕大きなものが急に揺れたり、動いたりするさま。ぐらりと。「機体が―傾く」
類語ぐらりと・くらくら・ぐらぐら・ゆらゆら
グラッドストーン〖Gladstone〗►グラッドストン
グラッドストン〖Gladstone〗内部が二つに分かれた長方形の小さな旅行かばん。イギリスの政治家グラッドストンが愛用したところから。
グラッドストン〖William Ewart Gladstone〗[1809～1898]英国の政治家。自由党党首として四度内閣を組織し、保守党のディズレーリとともに二大政党による議会政治を推進。選挙法改正やアイルランド問題の解決など自由主義的改革を実現。
グラットン〖glutton〗❶大食い。大食漢。❷転じて、物事に熱中できる人。凝り屋。
グラッパ〖イタリア grappa〗ワイン用のブドウ汁を搾った残り滓からつくったブランデー。食後酒に用いられる。
クラップ-スケート〖clap skate〗《刃が戻る時のパチンという音(clap)から》「スラップスケート」に同じ。
くら-つぼ【×鞍×壺】❶鞍橋の、人がまたがる所。前輪と後輪との間の居木の上にあたる。鞍笠。❷馬術で、鞍の前か後ろかに少しもたれかかること。
くら-づめ【×鞍爪】鞍橋の前輪と後輪の両端。鞍取り。
グラディアトル〖ラテン gladiator〗古代ローマ時代の剣奴。市民の娯楽のため、闘技場で仲間または猛獣を相手に闘った剣士。多くは奴隷や戦争捕虜からなり、養成所もあった。グラディエーター。
グラディエーター〖gladiator〗❶「グラディアトル」に同じ。❷「グラディエーターサンダル」の略。
グラディエーター-サンダル〖gladiator sandal〗足の甲から足首にかけて何本もの細い革バンドで覆ったデザインのサンダル。古代ローマのグラディエーター(グラディアトル)が履いたものに似ていることから。
グラデーション〖gradation〗❶物事の段階的な変化。漸次的移行。❷絵画・写真・テレビの画像などで、明暗や色調の段階的変化。階調。
グラデーション-カット〖gradation cut〗髪の毛の長さに段々をつけてカットする方法。
クラテス-じょう【クラテス城】《Crathes Castle》►クラシズ城
グラデツ〖Gradec〗クロアチアの首都ザグレブの中心部、旧市街の西側の地区名。13世紀半ば、ハンガリー王ベーラ4世により認められた中世の自由都市に起源する。17世紀に隣接するカプトルと合併し、ザグレブと呼ばれるようになった。
グラトコフ〖Fyodor Vasil'evich Gladkov〗[1883～1958]ソ連の小説家。社会主義建設を写実的に描いた。作「セメント」「エネルギー」など。
グラ-ドル「グラビアアイドル」の略。
クラトン〖ドイツ Kraton〗地殻変動が終わり、もはや造山運動を受けなくなった安定した地塊。剛塊。
グラナ〖grana〗高等植物の葉緑体中に含まれる円板状の構造体。クロロフィルを含み、層状をなす。
グラナダ〖Fray Luis de Granada〗[1505～1588]スペインの宗教思想家。ドミニコ会士。主著「罪人の導き」は、慶長4年(1599)日本でも「ぎやどぺかどる」の題名で翻訳、出版された。
グラナダ〖Granada〗㊀スペイン南部、アンダルシア地方の都市。1235年から1492年までグラナダ王国の首都となり、イスラム教徒の拠点として栄えた。アルハンブラ宮殿などがある。㊁中央アメリカ、ニカラグアの南西部、首都マナグアの南東約45キロメートルにある都市。グラナダ県の県都。ニカラグア湖の北西端に位置する。1524年、スペイン人がニカラグアで最初に創設した町として知られ、植民地時代の建造物が多数残されている。
グラナダ-だいせいどう【グラナダ大聖堂】

《Catedral de la Encarnación de Granada》スペイン南部の都市グラナダにある大聖堂。16世紀から17世紀にかけてモスク跡地に建造され、ゴシック様式にルネサンス様式（プラテレスコ様式）が混在する。隣接する王室礼拝堂にはカトリック両王らの棺が納められている。

クラナッハ〖Lucas Cranach〗［1472〜1553］ドイツの画家。多くの肖像画・宗教画を制作。女性裸体画にも独特の境地を開いた。ルターの宗教改革運動を熱烈に支持した。

グラナドス〖Enrique Granados y Campiña〗［1867〜1916］スペインの作曲家・ピアノ奏者。民族音楽を生かし、近代スペイン音楽を発展させた。作品にオペラ「ゴイエスカス」、ピアノ曲「スペイン舞曲」など。

くら-に【倉荷】倉庫に入れてある貨物。

グラニーズ-バッグ〖granny's bag〗《grannyは、おばあさんの意》袋状で大きな木の取っ手がついている布製のバッグ。

くらに-しょうけん【倉荷証券】倉荷証券の一。倉庫業者が、貨物寄託者の請求によって、預かり証券および質入証券に代えて発行する有価証券。この証券で寄託物の譲渡・質入れなどの処分ができる。倉荷証書。

クラニスカ-ゴラ〖Kranjska Gora〗《「クランスカゴラ」とも》スロベニア北西部、ユリスケアルプスの山間にある町。イタリア、オーストリアとの国境に位置する。同国屈指のスキーリゾートとして知られる。

グラニテ〖フランス granité〗糖度の低いシロップあるいはこれに果汁やリキュールなどを加えたものを半凍結させた顆粒状の氷菓。コースの料理では、コースの中ほどで口直しのために供される。

グラニュー-とう【グラニュー糖】《granulated sugar》ざらめ糖の一種。結晶が小さく純度が高いもの。コーヒー・紅茶などに使用。

グラヌム〖Glanum〗フランス南部、プロバンス地方の町サンレミ-ド-プロバンスにある古代ローマ時代の都市遺跡。凱旋門や霊廟をはじめ、紀元前6世紀から3世紀頃までに築かれたさまざまな建造物が残る。

くら-の-かみ【内＝蔵頭】内蔵寮の長官。

くら-の-かみ【尚＝蔵】蔵司の長官。

くら-の-すけ【内＝蔵助】内蔵寮の次官。

くら-の-すけ【典＝蔵】蔵司の次官。

くら-の-つかさ【内＝蔵寮】▶くらりょう（内蔵寮）

くら-の-つかさ【蔵司】▶ぞうし（蔵司）

グラノビータヤ-きゅうでん【グラノビータヤ宮殿】《Granovitaya Palata》ロシア連邦の首都モスクワの中心部、クレムリンにある宮殿。正面玄関が多面体の石で装飾されているため、グラノビータヤ（多面体の）という名をもつ。ソボールナヤ広場の西側に位置する。15世紀末、イワン3世によりイタリアの建築家マルコ＝ルッフォとピエトロ＝ソラリの設計で建造。ロシア帝国時代、戦勝記念や外国からの使節との接見などに用いられた。多稜宮。

グラバー-キック〖grubber kick〗ラグビーで、ボールが地上を転がっていく蹴り方。ゴロのキック。

グラバー-てい【グラバー邸】幕末に来日したイギリス商人トーマス＝グラバーが1863年長崎南山手に完成させた邸宅。日本人大工の手になった日本最初の洋風住宅。

くらはし-じま【倉橋島】広島県南西部、広島湾の入り口にある島。本土との間に音戸ノ瀬戸、西の能美島との間には早瀬瀬戸があり、ともに大橋で結ばれる。瀬戸内海の交通の要地。

くらはし-そうぞう【倉橋惣三】［1882〜1955］教育者・教育学者。静岡の生まれ。東大卒。東京女高師教授、付属幼稚園主事。児童心理学を研究し、自由遊びを重視した幼児教育をすすめた。雑誌「幼児の教育」などを編集。戦後、日本保育学会を創設、初代会長。

くらはし-やま【倉橋山｜倉椅山】奈良県桜井市倉橋付近の山。付近の音羽山・多武峰などとする説もある。〔歌枕〕「橋立ての―に立てる白雲見まく欲り我がするなへに立てる白雲」〈万・一二八二〉

くらはし-ゆみこ【倉橋由美子】［1935〜2005］小説家。高知の生まれ。本名、熊谷由美子。明治大学在学中に「パルタイ」で注目される。「アマノン国往還記」で泉鏡花文学賞受賞。他に「聖少女」「スミヤキストQの冒険」など。

クラバット〖フランス cravate〗❶17〜19世紀、西洋の男性が首に巻いたスカーフ状の装飾。ネクタイの原形。❷ネクタイ。

くら-ばらい【蔵払い】〔名〕スル「蔵浚え」に同じ。

くらはら-これよし【蔵原惟繕】［1927〜2002］映画監督。旧サラワク王国（現マレーシア）の生まれ。石原裕次郎主演「俺は待ってるぜ」で監督デビュー。昭和基地に残された2頭の犬の実話に基づいて映画化した「南極物語」は空前の大ヒット作となった。他に「銀座の恋の物語」「執炎」「青春の門」など。

グラビア〖gravure〗❶写真製版法による凹版印刷。版面は、原画の色の濃淡に応じた深さの微細な凹点からなり、これによってインキ層の厚薄を生じ、画像の濃淡を表現する。写真・図版などの印刷に用いる。写真凹版。フォトグラビア。❷❶で印刷された写真などのページ。グラビアページ。「巻頭―」

グラビア-アイドル《和 gravure＋idol》雑誌のグラビアページや写真集、ポスターなどのモデルとしての活動で人気が出た女性タレント。グラドル。

グラビア-ざっし【グラビア雑誌】写真を主とした週刊誌の類。グラビアページの多い雑誌。

グラビア-ページ《和 gravure＋page》▶グラビア❷

クラビーア〖ドイツ Klavier〗チェンバロ・クラビコード・ピアノなど、鍵盤を有する弦楽器の総称。オルガンを含めていう場合もある。

グラビール〖フランス gravure〗ガラス器の表面に、グラインダーを用いて、摺り模様や彫り模様を表す技法。

クラビコード〖clavichord〗主に16〜18世紀にヨーロッパで用いられた鍵盤楽器。長方形の箱形で、鍵盤の奥に取り付けた金属小片が下から弦を突き上げて音を発する。音量はきわめて小さい。

くら-びつ【鞍櫃】鞍を入れておく櫃。

グラビティーノ〖gravitino〗素粒子物理学の超対称性理論から導かれる未知の超対称性粒子。重力を媒介する粒子グラビトンの超対称性パートナーであり、スピン3/2をもつフェルミ粒子。グラビトン、グラビティーノともに未発見。

グラビトン〖graviton〗重力子。重力場を量子化するとき現れる重力場の量子。理論的にはスピンが2で質量がゼロであることがわかるが、現時点では、重力場に関する量子効果は発見されていない。

クラビホ〖Ruy González de Clavijo〗［?〜1412］スペインの外交官・旅行家。スペインの大使としてチムールに派遣され、旅行記「チムール帝国紀行」を残した。ゴンサレス＝デ＝クラビホ。

くら-びらき【蔵開き】〔名〕スル 新年の吉日に、その年初めて蔵を開く祝い。一般に1月11日をその日として、商家・農家で祝いをする。《季 新年》

クラブ〖club〗❶政治・社交・文芸・スポーツ・娯楽などで、共通の目的を持つ人々によって組織された会。また、その集会所。❷会員制を建て前とする酒場。❸ゴルフで、ボールを打つための棒状の用具。❹トランプで、三つ葉の模様。♣。また、その模様のついた札。〔補説〕❶❷は、「倶楽部」とも書く。

〔類語〕（❶）団体・サークル・サロン・集団・一団・一行・グループ・パーティー・チーム／（❷）酒場・飲み屋・割烹・縄暖簾・ビヤホール・ビヤガーデン・パブ・スナック・居酒屋・キャバレー・バー

クラブ〖crab〗蟹のこと。「―ミートサラダ」

くら・ぶ【比ぶ｜較ぶ｜競ぶ】〔動バ下二〕「くらべる」の文語形。

グラフ〖graph〗❶二つ以上の数量や関数の関係を図形に示したもの。❷写真を主体とした雑誌。画報。〔類語〕画報・画集・絵本

グラブ〖glove〗▶グローブ

グラブ〖grab〗❶ひっつかむこと。略奪。強奪。❷「グラブバケット」の略。

グラファイト〖graphite〗▶石墨

クラブイーティング-モンキー〖crab-eating monkey〗▶かにくいざる

グラフィカル〖graphical〗〔形動〕絵画的。彫刻的。まのあたりに見るようなさま。「―な企画書」

グラフィカル-ユーザーインターフェース〖graphical user interface〗▶ジー-ユー-アイ（GUI）

グラフィッカー《和 graphic＋-er》CG（コンピューターグラフィックス）を制作する人。また特に、それを職業とする人。

グラフィック〖graphic〗〔名・形動〕写真や絵を用いて視覚に訴えるさま。また、写真や図版を主体にした印刷物。「―なデザイン」「―表示」

グラフィック-アート〖graphic arts〗主として印刷術を媒介として表現される視覚芸術の総称。各種の版画や挿絵・ポスター・写真など。また、線描画・書など、線の表現を主とする芸術の意にも用いられる。

グラフィック-アクセラレーター〖graphic accelerator〗▶グラフィックスアクセラレーター

グラフィック-アダプター〖graphic adapter〗▶ビデオカード

グラフィック-イコライザー〖graphic equalizer〗可聴音の波長範囲をいくつかに分割したそれぞれの帯域の周波数の音を、他と独立に増強・減衰させることができる音調制御用アンプ。グライコ。

グラフィック-エンジン〖graphic engine〗コンピューターグラフィックスの描画性能を向上させるハードウエアやソフトウエアのこと。

グラフィック-カード〖graphic card〗▶ビデオカード

グラフィックス-アクセラレーター〖graphics accelerator〗コンピューターの画像表示を高速化するために、CPUの代わりに描画処理を専門に行う機能をもつもの。

グラフィックス-アダプター〖graphics adapter〗▶ビデオカード

グラフィックス-カード〖graphics card〗▶ビデオカード

グラフィックス-ソフト《graphics software から》▶グラフィックソフト

グラフィックス-チップ〖graphics chip〗▶ビデオチップ

グラフィックスプロセッシング-ユニット〖graphics processing unit〗▶ジー-ピー-ユー（GPU）

グラフィックス-ボード〖graphics board〗▶ビデオカード

グラフィックス-メモリー〖graphics memory〗パソコンの画面表示に使うための専用のメモリー。ビデオメモリー、ビデオRAM、VRAMと呼ばれることもある。イメージメモリー。グラフィックメモリー。➡ラスタースキャン

グラフィックス-ワークステーション〖graphics workstation〗高速画像処理に特化したワークステーション。グラフィックワークステーション。GWS。

グラフィック-ソフト《graphics softwareから》コンピューターで図形や画像を作成するためのアプリケーションソフト。画像を点の集まりとして扱うペイントソフトやフォトレタッチソフト、線の向きや長さで管理するベクトルグラフィックスを扱うドローソフトやCAD（キャド）ソフトなどがある。

グラフィック-タブレット〖graphic tablet〗▶タブレット

グラフィック-チップ〖graphic chip〗▶ビデオチップ

グラフィック-ディスプレー〖graphic display〗文字のほか画像や図形をも表示できる、コンピューターの表示装置。

グラフィック-デザイナー〖graphic designer〗印刷技術を利用して、出版・広告などの視覚的デザインを行う人。

グラフィック-デザイン〖graphic design〗印刷によって大量に複製される情報伝達のデザイン。新聞・雑誌などの広告、パンフレットやカレンダーなどに応用。

グラフィックプロセッシング-ユニット〖graphic processing unit〗►ジー-ピー-ユー(GPU)
グラフィック-ペン〖graphic pen〗デザイナー用の特殊ペン。均一で正確な太さの線が引ける。
グラフィック-ボード〖graphic board〗►ビデオカード
グラフィック-メモリー〖graphic memory〗►グラフィックスメモリー
グラフィック-ワークステーション〖graphic workstation〗►グラフィックスワークステーション
グラフィティ〖graffiti〗落書き。本来は考古学用語で、壁などに刻まれた古代の絵画や文字。
グラフィティ-アート〖graffiti art〗主にニューヨークで、1960年代末ごろから盛んになったスプレー・ペンキなどを用いた「落書き芸術」。➡ウォールペインティング
グラフェン〖graphene〗炭素原子が六角形の格子状に並んだ、1原子の厚さの層。グラファイト(石墨)はグラフェンが積み重なり、層状構造になったものを指す。2004年、単層のグラフェンの分離が成功して以降、その特異な電気的特性から電子材料として注目され、ナノグラフェン(ナノメートル程度のグラフェン)の研究が進められている。(補説)2004年にグラフェン作成に初めて成功したロシア出身の物理学者アンドレ＝ガイム、コンスタンチン＝ノボセロフは、2010年、同業績によりノーベル物理学賞を受賞した。
グラフォスコープ〖graphoscope〗コンピューターのディスプレー上のデータをライトペンなどで修正できる装置。
クラブ-かつどう【クラブ活動】ｸﾜﾌﾞﾂﾄﾞｳ 学校教育における教科学習以外の特別活動の一。学年・学級などの枠を超えて作られた児童・生徒の同好グループが、共通の興味や関心を追求して行う自発的な活動。
くら-ぶぎょう【蔵奉行】ｸﾗﾌﾞｷﾞｮｳ 江戸幕府の職名。勘定奉行に属し、各地の米蔵を管理して米穀の出納をつかさどった。
クラブサン〖ﾌﾗﾝｽ clavecin〗►チェンバロ
クラブ-サンドイッチ〖club sandwich〗3枚重ねたパンの間に、鶏肉・レタス・ベーコンなどをはさんだサンドイッチ。
グラブ-スタート〖grab start〗水泳競技のスタートの方法。両手をスタート台の縁にかけ、足で蹴けると同時に両手でスタート台を押しながら飛び込む。
クラブ-ストライプ〖club stripe〗赤と白など比較的派手な色を中心としたストライプの一種。スポーツクラブなどの象徴として用いられる。現在では主にネクタイなどに取り入れられている。
クラブ-チーム〖club team〗スポーツのチームで、企業が運営するのではなく、同好の人々が組織を作り運営するかたちのもの。アマチュアの同好会以外では、サッカーのプロチームの多くがこの形式を取る。
グラフ-チェック〖graph check〗グラフ用紙にみられるような細かい格子柄のこと。スポーツシャツやドレスシャツなどの柄によく使われる。
クラフティ〖ﾌﾗﾝｽ clafouti〗フランスのリムーザン地方の家庭でよく作る菓子。黒サクランボなどの果物を敷き詰めた上に、クレープ生地を流して焼き、砂糖をふりかける。
クラフト〖craft〗手工芸品。民芸品。工芸品。「ペーパー―」
クラフト〖kraft〗「クラフト紙」の略。
クラフト-し【クラフト紙】《kraft paper》クラフトパルプを原料とした丈夫な紙。褐色のものが多い。セメント・肥料・穀物などの袋や包装紙・封筒などに使用。
クラフト-テープ《和 kraft＋tape》幅広なクラフト紙製の粘着テープ。荷造りに用いる。
クラフト-デザイン〖craft design〗工芸デザイン。貴金属装飾品・ガラス器・陶磁器・木工品・染め織物などを対象とする。
クラフト-パルプ〖kraft pulp〗化学パルプの一。木材のチップを、水酸化ナトリウムと硫化ナトリウムの混合液で処理したもの。
クラフトマン《craftsmanから》職人。熟練工。
クラフトマン-シップ〖craftsmanship〗職人の技能。職人芸。技巧。
クラフト-ユニオン〖craft union〗職業別組合。
グラフトン-がい【グラフトン街】《Grafton Street》►グラフトンストリート
グラフトン-ストリート〖Grafton Street〗アイルランドの首都ダブリン中心部の街路。リフィー川の南、トリニティーカレッジとセントスティーブンスグリーンを結ぶ。高級デパート、レストラン、パブが並ぶダブリンきっての目抜き通りとして知られ、観光客をはじめ数多くの人々が集まる。グラフトン街。
クラブハウス〖clubhouse〗スポーツや娯楽などのクラブで、会員のための諸設備のある建物。
グラブ-バケット〖grab bucket〗クレーンなどの先に取り付け、石炭・鉱石・土砂などをつかみ取る装置。
クラブ-フェース〖club face〗ゴルフクラブの打球面。
クラブ-ヘッド〖club head〗ゴルフクラブの先端のボールを打つ部分。
くらぶ-やま【暗部山｜闇部山】鞍馬山の古称。くらぶの山。(歌枕)「梅の花にほふ春べは―闇に越ゆれど著しるくぞありける」〈古今・春上〉
グラフ-りろん【グラフ理論】いくつかの点とこれらを結ぶ線分からなる図形の位相幾何学的性質を解析する数学理論。歴史的には18世紀、L＝オイラーの「ケーニヒスベルクの橋」という、七つの橋を1回ずつ渡って出発点に戻る道筋を考える問題に始まる。電気回路・交通問題・パズルなどに応用。
クラプロート〖Heinrich Julius Klaproth〗[1783～1835]ドイツの東洋学者。シベリア・蒙古など各地を調査し、日本語・モンゴル語など東洋諸語の研究や書籍の収集を行った。著「アジア博言集」など。
クラプロート〖Martin Heinrich Klaproth〗[1743～1817]ドイツの化学者。分析方法の改良に貢献。ウラン・ジルコニウム・セリウムを発見した。著「鉱石化学分析法」など。
くらべ【比べ｜▽較べ｜▽競べ】❶くらべること。比較。「丈たけ―」❷くらべて優劣を争うこと。競争。「がまん―」「知恵―」(補説)❶❷とも、名詞の下に付いて、複合語として用いられる。
クラペイロン〖Benoît Paul Émile Clapeyron〗[1799～1864]フランスの物理学者。カルノーの熱機関に関する理論に数学的裏付けを行い、熱平衡にある物質の二相の関係式を発表。熱力学の先駆者。
くらべ-うま【▽競べ馬】古くからの乗馬競技。2頭または数頭で、一定の距離を競走して勝敗を争う。奈良・平安時代には宮中儀式の一つともされた。特に、賀茂の競べ馬は有名。きそいうま。きおいうま。駒競こまくらべ。競馬けいば。
くらべ-がた・し【比べ難し】〔形ク〕つきあいにくい。機嫌をとりにくい。「女のいと―・く侍りけるを、あひはなれにけるが」〈後撰・雑三・詞書〉
くらべ-ぐる・し【比べ苦し】〔形シク〕❶くらべにくい。比較しにくい。「世の中や、ただかくこそとりどりに―・しかるべき」〈源・帚木〉❷相手になりにくい。つきあいにくい。「院も、―・しう、堪へがたくぞ思ひ聞こえ給ひける」〈源・少女〉
クラベス〖ｽﾍﾟｲﾝ claves〗拍子木状の2本の硬い材質の棒を打ち合わせ、乾いた響きを出す打楽器。もともと中南米音楽の楽器。
くらべ-もの【比べ物】比べて優劣をみること。「前とは―にならないほどの出来栄え」
くら-べや【暗部屋】宮中の局つぼねの名。清涼殿の近くというが、正確な位置は不明。「つれづれなる昼つかた、―の方を見やれば」〈讃岐典侍日記・下〉
くら・べる【比べる｜▽較べる｜▽競べる】〔動バ下一〕図くら・ぶ〔バ下二〕❶二つ以上のものをつき合わせて差異や優劣などを調べる。比較する。「身長を―・べる」「今年は例年に―・べ雪が少ない」❷優劣や勝敗を競う。競争する。「力の程を―・べる」「腕前を―・べる」❸心を通わせ合う。「年ごろよく―・べつる人々なむ、別れがたく思ひて」〈土佐〉
(類語)(❶)比ひする・並べる・突き合わせる・引き合わせる・比較する・対比する・対照する・照合する・類比する・秤はかりに掛ける・見比べる・引き比べる・引き当てる/(❷)競きそう・争う・競争する・競合する・角逐かくちくする・勝負・競せり合い・競技・プレー・張り合う・対抗する
くら-ぼうし【蔵法師】ｸﾗﾎﾞｳｼ ❶戦国大名のもとで蔵を預かり、米穀などの出納をつかさどった僧形の者。蔵衆くらしゅう。❷江戸時代、江戸の深川・本所などにあった倉庫の番人。
くら-ぼね【×鞍▽橋｜×鞍骨｜×鞍▽瓦】鞍の骨格をなす部分。前輪まえわ・後輪しずわ・居木いぎからなる。鞍。鞍瓦くらがわら。
くらま【鞍馬】京都市左京区の地名。鞍馬寺の門前町。
グラマー〖grammar〗文法。文法書。文典。(補説)もとはギリシャ語で、書く術の意。
グラマー〖glamour〗㊀〔形動〕女性のからだつきが、豊満で魅力的なさま。「一な女優」㊁〔名〕「グラマーガール」の略。(類語)肉感的
グラマー-ガール〖glamour girl〗魅力のある豊満なからだつきをした若い女性。
グラマー-スクール〖grammar school〗英国の伝統的な中等教育機関。ギリシャ語やラテン語の文法(グラマー)を主な教育内容としたことに由来する。
くら-まい【蔵米】❶江戸時代、幕府・諸藩の米蔵に収納された米。❷江戸時代、幕臣・藩士らに支給された俸禄米。切米きりまい。❸江戸時代、諸藩の蔵屋敷から藩の財政資金として払い出された米。
くらまい-きって【蔵米切手】江戸時代、蔵米の落札人が米商に発行した証書。
くらま-いし【×鞍馬石】鞍馬から産する閃緑岩せんりょくがん。風化して褐色を帯びる。庭石にする。
くらまい-ちぎょう【蔵米知行】ｸﾗﾏｲﾁｷﾞｮｳ 江戸時代、幕府が旗本・御家人に、また諸藩が家臣に対し、知行地を与えるのではなく、米を俸禄として支給したこと。➡地方知行じかたちぎょう
くらまい-とり【蔵米取り】江戸時代、知行地を与えられず、俸禄米としての蔵米を支給された幕臣や藩士。切米きりまい取り。
くらまえ【蔵前】くらまえ 東京都台東区の地名。隅田川の西岸にあり、江戸時代に幕府の米蔵が置かれた。
くらまえ-こうぎょうかい【蔵前工業会】ｸﾗﾏｴｺｳｷﾞｮｳｸﾜｲ 東京工業大学卒業生の同窓会。一般社団法人。
くらまえ-ふう【蔵前風】くらまえ ❶江戸時代、浅草蔵前の札差ふださしの豪奢ごうしゃな風俗。❷女性の髪の結い方の一。丸髷まるわげの一種で、髷の根を高く、前後を短くして、髱たぼを低くしたもの。江戸後期に流行。蔵前の札差の家の女性の好みから出た。のめしまるまげ。のめしまげ。
くら-まぎれ【暗紛れ】暗やみに紛れること。また、その時刻や場所。「花が雪あかりのような作用をして、あたりの物象を―から浮き上らせているのであろうか」〈谷崎・少将滋幹の母〉
くらま-ごけ【×鞍馬×苔】イワヒバ科の常緑、多年生のシダ。山地の樹林下に生える。茎は地をはい、分枝して苔のように広がる。葉は鱗片りんぺん状。小枝の先に胞子穂をつける。鞍馬山で発見された。叡山えいざん苔。愛宕あたご苔。
グラマシー〖Gramercy〗米国ニューヨーク市マンハッタン南東の地区名。グラマシーパークと高級住宅街がある。
くらまじし【鞍馬獅子】歌舞伎舞踊。富本、のち清元。本名題「夫婦酒替奴中仲めおとざけかわらぬなかなか」。中村重助作詞、名見崎徳治作曲。安永6年(1777)江戸市村座初演。義経が殺されたと聞いて狂乱する静御前に太神楽だいかぐらに身をやつした御厩喜三太、餅もち売り・酒売りの夫婦に姿を変えた女夫狐めおとぎつねを配したもの。
くらま・す【×晦ます｜暗ます】〔動サ五(四)〕❶居場所をわからないようにする。見つけられないように姿を隠す。「行方を―・す」「姿を―・す」❷行為や事実をごまかす。たぶらかす。「人の目を―・す」
くら-まち【蔵町｜倉町】蔵が建ち並んでいる一区画。「―に御倉いと多かり」〈宇津保・俊蔭〉
くらま-でら【鞍馬寺】京都市左京区鞍馬本町にある寺。鞍馬弘教こうきょうの本山。もと天台宗。山号は松尾山。開創は宝亀元年(770)、開山は鑑真がんじんの弟子

鑑禎と伝える。平安京北方鎮護の寺として、のちに融通念仏の道場ともなり朝野の信仰を集めた。竹切祭や火祭りの行事は有名。

くらま-てんぐ【鞍馬天狗】昔、鞍馬の僧正ヶ谷に住んでいたという天狗。◆謡曲名・書名別項。

くらまてんぐ【鞍馬天狗】㊀謡曲。五番目物。鞍馬山の大天狗が源氏再興を目ざす牛若丸に兵法を授け、将来の助力を約束する。㊁大仏次郎おさらぎじろうの小説。大正13〜昭和40年(1924〜65)にかけて四十数編を連作。幕末の京都を背景に、勤王の志士鞍馬天狗が、新撰組を相手に活躍する。

くらま-の-たけきり【鞍馬の竹伐り】►竹切祭たけきりまつり

くらま-の-ひまつり【鞍馬の火祭】鞍馬寺境内にある由岐神社で、10月22日夜に行われる祭礼。若者が松明たいまつをかついで回り、沿道に立て並べた松明の列に火をつけ、一面が火の海となった中を神輿みこしが渡御する。(季 秋)

くらま-はちりゅう【×鞍馬八流】ニンチリウ 剣術の流派の一。平治年間(1159〜1160)、鬼一法眼が鞍馬の僧八人に秘伝を授けたことからの称といわれる。

くらま-まいり【×鞍馬参り】マヰリ「鞍馬詣くらまもうで」に同じ。

くらま-もうで【×鞍馬詣で】マウデ 鞍馬寺へ参詣すること。鞍馬参り。

くらま-やま【鞍馬山】京都市北部の山。標高570メートル。中腹に鞍馬寺がある。牛若丸(源義経)が天狗てんぐから武技を学んだ伝説で知られる。暗部山くらぶやま。

グラマラス〖glamourous〗〘形動〙魅惑的なさま。性的な魅力にあふれているさま。「一な姿態」

くらま-りゅう【×鞍馬流】リウ 剣術の流派の一。❶天正年間(1573〜1592)に、大野将監おおのしょうげんが創始。将監鞍馬流。❷「鞍馬八流」の略。

グラミー-しょう【グラミー賞】シヤウ《Grammy Awards》全米レコード芸術科学アカデミー(NARAS)が、毎年最もすぐれたレコードアーティストを部門別に表彰するために設けた賞。

クラミジア〖ラテン Chlamydia〗クラミジア目の微生物の総称。ウイルスとリケッチアの両方に似た性質がある。宿主の細胞に寄生し、インターフェロンの産生を阻害する作用を示す。トラコーマ・オウム病の病原体などが含まれる。

クラミジア-かんせんしょう【クラミジア感染症】カンセンシヤウ《chlamydia infection》クラミジアによる感染症。性行為により感染する。尿道炎・副睾丸ふくこうがん炎・前立腺炎・子宮頸管けいかん炎などを起こす。感染症の母親からの新生児は結膜炎や肺炎になり、また、流産の原因にもなる。

グラミス-じょう【グラミス城】ジヤウ《Glamis Castle》英国スコットランド東部、アンガス州の村グラミスにある城。14世紀以来、英国王室の邸宅の一。エリザベス2世の母や妹が幼少期を過ごした。シェークスピアの悲劇「マクベス」に登場する城のモデルとして知られる。

くらみつ-としお【倉光俊夫】トシヲ[1908〜1985]小説家。東京の生まれ。朝日新聞社会部を経て、松竹演劇部、映画部勤務ののち、作家となる。「連絡員」で芥川賞受賞。私誌「蚯蚓みみず」を発行。他の作品に「雪の下」「冷べたい水の村」など。

クラミドモナス〖ラテン Chlamydomonas〗クラミドモナス属の緑藻の総称。約300種が知られ、主に淡水に、また海水や氷雪上にも生じる。単細胞で、2本の鞭毛べんもうで運動する。

グラミン-ぎんこう【グラミン銀行】ギンカウ ムハマド＝ユヌスがバングラデシュに設立した銀行。農村部の貧困層を主な対象として無担保で低利の少額融資を行い、自立を支援する。借り手の多くが女性。融資の返済率が高く、採算が取れているため、政府の援助に過度に頼らず融資先を拡大することが可能で、社会的企業の典型的な成功例とされる。同銀行とユヌスは2006年にノーベル平和賞を受賞。

くら・む【暗む｜×眩む｜×晦む】㊀〘動マ五(四)〙❶暗くなる。「刻一刻と一・んで行くなかに」〈里見弴・今年竹〉❷(「目がくらむ」の形で)㋐強い光を受けて、一時的に目が見えなくなる。「照明に目が一・む」㋑過度の刺激を受けたり、疲労から、目が回る。めまいがする。「目も一・むような断崖」「高熱で目が一・む」㋒ある物事に心を奪われて、よしあしの判断ができなくなる。「金に目が一・む」㊁〘動マ下二〙暗くする。また、くらます。隠す。「その郎等を召すに、跡を一・めて失せぬ」〈著聞集・一六〉

グラム〖Hans Christian Joachim Gram〗[1853〜1938]オランダの医者。1884年、グラム染色を完成。

グラム〖フランス gramme｜英 gram〗【瓦】メートル法、およびCGS単位系の質量の単位。1グラムは1キログラムの1000分の1。記号g、gr 補説 精肉や鮮魚などの食料品について、「グラム83円」などと言う場合は、100グラムあたりの価格であることが多い。

グラム-イオン〖gram ion〗イオンの量を表す単位。1グラムイオンはイオンの式量にグラムをつけたもの。モル濃度でのモルに相当する。

グラムいんせい-きん【グラム陰性菌】グラム染色によって染色されない細菌の一群。細胞膜は2層。チフス菌・赤痢菌・大腸菌・ペスト菌・コレラ菌など。

クラムガラス-きゅうでん【クラムガラス宮殿】《Clam-Gallasův Palác》チェコの首都プラハの中心部、旧市街にあるバロック様式の宮殿。18世紀初頭にハプスブルク大使のために建造された。正面玄関にM＝ブラウンによる彫刻が施されている。

グラム-カロリー〖gram calorie〗カロリーのこと。キロカロリーと区別するときにいう。

グラム-げんし【グラム原子】原子の量を表す単位。元素の原子量にグラムをつけたもの。例えば、炭素の原子量は12であるから、その1グラム原子は12グラム。

クラムザッハ〖Kramsach〗オーストリア西部、チロル州の町。イン川を挟んだ対岸の町、ラッテンベルクとともに、ガラス工芸の町として知られる。ガラス技術専門学校やチロル地方の伝統的な家屋を移築した野外博物館がある。

グラムシ〖Antonio Gramsci〗[1891〜1937]イタリアの政治家。1921年、イタリア共産党の創立に参加。1926年ファシスト政府に捕らえられ、10年に及ぶ獄中生活の間に著した膨大な「獄中ノート」で独創的なマルクス主義理論を展開した。

グラム-しきりょう【グラム式量】シキリヤウ 物質の量を表す単位。化学式量にグラムをつけたもの。例えば、塩化ナトリウムの1グラム式量は58.44グラム。グラム化学式量。

グラム-じゅう【グラム重】ヂユウ 力の単位。標準重力のもとで質量1グラムの物体が示す重力。0.098ニュートンに等しい。重量グラム。重力グラム。

グラム-せんしょく【グラム染色】細菌の分類に用いられる染色法。石炭酸ゲンチアナ液やルゴール液で染色し、水またはアルコールで脱色してから、さらにサフランなどで染色する。最初の液が脱色されずに濃紫色に染まるものをグラム陽性菌、脱色されて染まらないものをグラム陰性菌という。

クラム-チャウダー〖clam chowder〗洋風スープの一種で、ハマグリ(クラム)を用いたアメリカ特有のスープ。

グラム-とうりょう【グラム当量】タウリヤウ 反応物質の量を表す単位。化学当量にグラムをつけたもの。例えば、酸素の化学当量は7.997であるから、その1グラム当量は7.997グラム。

グラム-トン〖gramme ton〗►トン❶㋐

グラム-ぶんし【グラム分子】分子の量を表す単位。分子量にグラムをつけたもの。例えば、水の分子量は18.015であるから、その1グラム分子は18.015グラム。モル。

グラムようせい-きん【グラム陽性菌】ヤウセイ グラム染色によって染色される細菌の一群。細胞膜は1層。結核菌・ジフテリア菌・破傷風菌・ぶどう球菌など。

グラムラドマン-ほう【グラムラドマン法】ハフ《Gramm-Rudman-Hollings Act》米国の連邦予算案の赤字上限を規定し、1991年度に財政赤字をなくすことを目標とした法律。85年成立。90年には修正した「包括財政調整法」が発効。提案議員の名にちなむ。

グラム-ロック〖glam rock〗化粧をし派手なコスチュームを着たミュージシャンによる、ある種の退廃美を漂わせたロック。1970年代前半に人気が沸騰したデビッド＝ボウイやT＝レックスなどがその代表。

くら-めつけ【蔵目付】江戸時代、武家の米蔵の目付役。

グラモキソン〖Gramoxone〗除草剤パラコートの一種。致死性が高く犯罪などに悪用されたため、催吐剤・着色剤を添加している。➡パラコート

くら-もち【蔵持(ち)｜倉持(ち)】❶倉庫を所有すること。また、その持ち主。❷金持ち。物持ち。

くらもち-の-みこ【車持皇子】竹取物語中の人物。かぐや姫に求婚する貴公子五人のうちの一人で、蓬莱ほうらいの玉の枝を姫から求められ、偽造する。

くら-もと【蔵元｜倉本】❶酒・醤油などの醸造元。❷室町時代の質屋営業者。❸江戸時代、蔵屋敷で蔵物の出納を管理した町人。多くは掛屋かけやを兼ねた。

くら-もの【蔵物】江戸時代、諸藩の蔵屋敷から払い出された年貢米や各地の特産物。➡納屋物なやもの

グラモフォン〖Gramophone〗蓄音機の一種。登録商標。

くら-や【暗屋】江戸時代の淫売いんばい宿。暗宿くらやど。

くら-やく【倉役】室町時代、幕府・諸大名が土倉どそう・質屋に課した税。土倉役。

くら-やくにん【蔵役人】江戸時代、蔵米・蔵物の出納などをつかさどった諸藩の役人。

くら-やしき【蔵屋敷】江戸時代、幕府・諸大名・寺社などが年貢米・特産物などを収納し、販売・換金するために設けた邸。大坂・江戸・京都・大津・敦賀・酒田・長崎などにあり、特に大坂に多かった。

くら-やど【暗宿】「暗屋くらや」に同じ。

くら-やど【蔵宿】❶倉敷料を取って貨物を置かせる所。❷江戸時代、浅草の幕府の米蔵付近に住んだ札差ふださし。❸大坂の納め宿の異称。

くらやど-し【蔵宿師】江戸時代、旗本・御家人などに雇われて、札差との間の金の貸借についての談判にのぞんだ者。主に浪人で、幕府はこれを取り締まった。また、札差もこれに対抗して屈強な者をおいた。

くら-やみ【暗闇】❶まったく光がなく、暗いこと。また、その所。くらがり。❷人目につかないところ。人の知らないところ。「一に葬り去る」❸見通しがたたず、将来に希望の持てないこと。「病気つづきで先は一だ」類語 暗がり・真っ暗闇・闇

暗闇から牛を引き出す　「暗がりから牛を引き出す」に同じ。

暗闇の鉄砲　向こう見ずに、また、当てずっぽうに物事をすることのたとえ。闇夜の鉄砲。

暗闇の恥を明るみへ出す　穏便におさめておけば知られずに済む恥を、騒ぎたてて世間に広める。

暗闇の頬冠ほおかむり　暗闇では顔が見えないのに、ほおかむりをして顔を隠す。無益なことをするたとえ。

くらやみ-ざいく【暗闇細工】前もって別々に作られた目・鼻・口・耳などを、目隠しをして、紙などにかかれた顔の輪郭の中に並べる遊び。福笑いの類。

くらやみ-の-きょうかい【暗闇の教会】ケウクワイ《Karanlık Kilise》トルコ中央部、カッパドキア地方の町ギョレメにある岩窟教会。イスラム教徒による迫害を逃れてキリスト教徒が造った、岩窟教会や修道院が集まるギョレメ野外博物館の教会の一つ。11世紀建造。キリストの生涯を描いた色鮮やかなフレスコ画が残っており、同地方の岩窟教会の中で最も保存状態が良いものとして知られる。名称は、小さな窓しかなく堂内が薄暗いためとされる。カランルク教会。カランルクキリセ。

くらやみ-まつり【暗闇祭(り)】深夜、暗黒の中で行われる祭り。東京都府中市の大国魂おおくにたま神社の例大祭、京都府宇治市の県あがた神社の祭りなどが有名。(季 夏)

くらよし【倉吉】鳥取県中部の市。中世は山名氏の城下町。江戸時代は鳥取藩家老の荒尾氏の陣屋町として発達。倉吉絣くらよしがすりの産地。人口5.1万(2010)。

くらよし-し【倉吉市】►倉吉

くらよし-へいや【倉吉平野】鳥取県中央部、天神川中・下流域に広がる平野。広義には東岸の羽合平野、西岸の北条平野を含めていう。東方に湯湖の東郷池がある。県の穀倉地帯で、北条砂丘では葉タバコ・ブドウ・ナガイモ、周辺の台地では二十世紀ナシの栽培が盛ん。

くらら【苦=参】マメ科の多年草。山野に生え、高さ60〜90センチ。葉は長楕円形の小葉からなる羽状複葉。初夏、淡黄色の花が総状に集まって開く。根を漢方で苦参といい薬用。茎葉の煮汁を殺虫剤などにする。(季 秋)

クララ〘Clara〙[1194〜1253]イタリアの聖女。イタリア名、キアラ。クララ女子修道会の創立者。アッシジのフランチェスコの説教に感銘して、最初の女弟子となる。清貧と苦行の生涯を送り、死後聖人に列せられた。アッシジのクララ。

くら-らか【暗らか】〘形動ナリ〙暗いさま。「お前の大殿油一にしなして」〈讃岐典侍日記・下〉

くらり〘副〙❶めまいのするさま。くらっと。「ライトに照らされ一とする」❷物事が突然大きく変わるさま。「はてはーと失せにけり」〈五代帝王物語〉

ぐらり〘副〙物が急に大きく揺れたり傾いたりするさま。ぐらっと。「船体が一と傾いた」
(類語)ぐらぐら・くらくら・ぐらっと・ゆらゆら

クラリーノ〘Clarino〙合成皮革の商標名。天然皮革よりも軽量で撥水性に優れ、ランドセル・運動靴・サッカーボールなどに使われる。

クラリオネット〘clarionet〙►クラリネット

クラリオン〘clarion〙金管楽器の一。明快な音色をもつ細長い高音トランペット。

ぐらり-ぐらり〘副〙物が大きくゆっくりと揺れ動くさま。「地震で一(と)建物が揺れる」

クラリティー〘clarity〙ダイヤモンドの鑑定指標の一つ。ダイヤモンドに含まれる不純物の度合い。透明度。11段階で評価し、最上級はFL(flawless)。➡4C

クラリネット〘clarinet〙木管楽器の一。1枚のリードをもつ縦笛型の楽器で、豊かな音色、広い音域をもつ。音域の違いにより種類が分かれる。クラリオネット。

くら-りょう【内=蔵寮】律令制の官司の一。中務省に属し、金銀・珠玉や供進の御服、祭祀の奉幣などをつかさどり、内蔵の管理を担当した。うちのくらのつかさ。くらづかさ。

クラルテ〘フランス Clarté〙《光明の意》バルビュスの長編小説。1919年刊。平凡な勤め人が戦争体験によって社会の不条理や階級意識に目覚め、光明は万人のためのものと知る過程を描く。社会主義的な国際平和運動「クラルテ運動」のもととなった。

クラレ〘curare〙フジウツギ科の植物から得られる黒色の樹脂状抽出物。多くのアルカロイドを含み猛毒。運動神経末端を麻痺させる。精製して麻酔などに用いる。

クラレット〘claret〙フランスのボルドー産の赤ぶどう酒。また、そのような濃い赤紫色。

くらわ・す【食らわす】❶〘動サ五(四)〙❶飲み食いさせる。くわす。「酒でも一・しとけ」❷強打・衝撃などを受けさせる。こうむらせる。「パンチを一・す」「捨て台詞を一・して立ち去る」❷〘動サ下二〙「くらわせる」の文語形。(類語)打つ・叩く・殴る・ぶつ・小突く・ひっぱたく・叩きのめす・打ち据える・ぶん殴る・殴り飛ばす・殴りつける・張る

くらわ・せる【食らわせる】〘動サ下一〙図くらは・す〘サ下二〙「食らわす」に同じ。「ひじ鉄を一・せる」

くら-わたし【倉渡し｜蔵渡し】売買取引条件として、売り手が商品を倉庫に寄託したままで買い手に引き渡すこと。倉庫渡し。居蔵渡し。

くらわんか-ぶね【食らわんか舟】《「酒くらわんか、あん餅くらわんか」などと呼号したところから》江戸時代、淀川を往来する乗合船の乗客に飲食物などを売った煮売り船の俗称。くらわんか。➡煮売り船

クラン〘clan〙氏族。一族。

クラン〘Kranj〙►クラーニ

グラン-オフィシエ〘フランス grand-officier〙大将校。また、レジオンドヌール勲章などの階級の一つ。グランドフィシエ。

グラン-カジノ〘Grand Casino〙►ル-カジノ-ド-モンテカルロ

グランカナリア-とう【グランカナリア島】《Grand Canaria》大西洋、モロッコ沖にあるスペイン領カナリア諸島を構成する島の一。北東部に中心都市でカナリア諸島自治州の州都ラスパルマス-デ-グランカナリアがある。気候温暖な観光保養地として知られる。

グラン-ギニョール〘フランス Grand-Guignol〙フランスの大衆劇で、コメディと恐怖心をそそるドラマとを合わせた一種の恐怖劇。

クランク〘crank〙❶ピストンなどの往復運動を回転運動に変える目的で、またはその逆の目的で使われる装置。自転車の前ギアとペダルとをつなぐ腕など。❷無声映画時代、手動式映画カメラについていた取っ手。また、これを手回しで撮影したことから、映画を撮影すること。

クランク-アップ〘名〙スル《和 crank＋up》映画で、撮影を完了すること。⇔クランクイン。

クランク-イン〘名〙スル《和 crank＋in》映画で、撮影を開始すること。⇔クランクアップ。

クランク-じく【クランク軸】クランク❶として用いられる回転軸。

グラン-クロワ〘フランス grand-croix〙レジオンドヌール勲章などの最高位。大十字章。グランクロア。

クランケ〘ドイツ Kranke〙患者。(類語)病人・怪我人

グランサブロン-ひろば【グランサブロン広場】《Place du Grand-Sablon》ベルギーの首都、ブリュッセルの中心部にある広場。周辺に骨董店が多く、週末には骨董市が開かれる。南東側にノートルダムデュサブロン教会がある。

グランジ〘grunge〙❶〘形動〙うす汚い、粗末な、の意。特に、グランジロックのミュージシャンにならった、わざとぼろぼろにしたり色落ちさせた服や重ね着などを特徴とする、うす汚い感じのするファッションについていう。「一なスカーフ」❷〘名〙「グランジロック」の略。

グラン-ジュテ〘フランス grand jeté〙バレエで、大きくジュテの動作をすること。片足を投げ出して、その方向に軸足で高く跳躍し、投げ出した足で着地する。

グランジ-ロック〘grunge rock〙1980年代末に米国シアトルで起こったロック音楽のスタイル。ひずませたギターの音を前面に出した荒々しいサウンド、シンプルな構成と内省的で暗い歌詞に特徴がある。

グランス〘ラテン glans〙亀頭。

クランスカ-ゴラ〘Kranjska Gora〙►クラニスカゴラ

クラン-タータン〘clan tartan〙《clanは、一族・氏族の意》英国スコットランド地方の各氏族がそれぞれ固有に持っているタータンチェックをいう。

グランタウン-オン-スペイ〘Grantown-on-Spey〙英国スコットランド北部の町。ハイランド地方を流れるスペイ川の中流域に位置する。18世紀に領主のジェームズ=グラント卿により建設され、ジョージ朝時代の建物が立ち並ぶ。町の歴史を紹介するグランタウン博物館がある。釣りの名所としても知られる。

グラン-ダルシュ〘Grande Arche〙フランス、パリ西郊の都市再開発地区、ラ-デファンスにある超高層ビル。その門のような形状から、日本では新凱旋門とも呼ばれる。ルーブル宮殿からコンコルド広場、凱旋門を結ぶ延長線上に位置し、同地区のシンボル的な建物として知られる。

クランチ〘crunch〙キャンディーの砕いたものや、砕いたナッツなどを混ぜた歯ざわりを楽しむチョコレートやあめ類など。

グラン-ツーリスモ〘イタリア gran turismo〙長距離を高速で走れる高性能車。レースに出場が可能なくらいチューンアップした、市販の高性能車。GT。

グラン-ツール〘フランス Grands Tours〙欧州で行われる自転車ロードレースのうち、特に権威のある3大会の総称。ツールドフランス・ジロデイタリア・ブエルタアエスパーニャのこと。

グランデ〘スペイン grande〙大きいこと。

グランディオーソ〘イタリア grandioso〙音楽で、発想標語の一つ。「壮大に、堂々と」の意。

グラン-ディル〘Grande Île〙フランス北東部、アルザス地方、バ-ラン県の都市ストラスブールの旧市街。市内を流れるライン川の支流イル川の中州にあたる。ゴシック様式のストラスブール大聖堂、16世紀に建てられたルネサンス様式のカメルゼル邸、ストラスブール司教の宮殿だったロアン宮などの歴史的建造物や、古い街並みが残るプチットフランスなどがある。1988年、「ストラスブールのグランディル」の名称で世界遺産(文化遺産)に登録された。

くらんど【蔵▽人】《「くらうど」の音変化》「くろうど(蔵人)❶」に同じ。

グラント〘Ulysses Simpson Grant〙[1822〜1885]米国の軍人・政治家。南北戦争末期、北軍総司令官に就任、戦争を勝利に導いた。のち、第18代大統領。在任1869〜1877。共和党。明治12年(1879)来日、琉球問題解決のため日中間の調停に尽力。➡ヘーズ

グランド〘ground〙►グラウンド

グランド〘grand〙〘語素〙他の外来語の上に付いて、大きな、りっぱな、などの意を表す。「一ホール」「一セール」

グラント-エレメント〘grant element〙開発途上国への援助の中に占める贈与的な要素。1969年、DACによって設定。贈与相当分。

グランド-オペラ〘grand opera〙悲劇的性格の神話・伝説などを題材に用い、バレエや合唱を重視して構成される、舞台の豪華なオペラ。19世紀フランスで愛好された。グラントペラ。

グランド-キャニオン〘Grand Canyon〙米国アリゾナ州北部の大峡谷。コロラド川がコロラド高原を浸食してできたもので、長さ350キロ、深さ1600メートル。国立公園。1979年、世界遺産(自然遺産)に登録。

グランドクーリー-ダム〘Grand Coulee Dam〙米国ワシントン州、コロンビア川中流域にある重力式の多目的ダム。1942年完成。堤高168メートル。

グランド-ジョラス〘Grandes-Jorasses〙フランス・イタリア国境、モンブラン山群中の高峰。標高4208メートル。北壁はマッターホルン・アイガーとともにアルプス三大北壁の一。

グランド-スラム〘grand slam〙❶スポーツで、その年の主な試合にすべて勝つこと。㋐テニスで、その年のウィンブルドン-テニス大会・全米オープン・全仏オープン・全豪オープンのシングルスの優勝を独占すること。㋑ゴルフで、全米オープン・全英オープン・全米プロゴルフ選手権・マスターズのすべてに優勝すること。❷野球で、満塁ホームランのこと。❸通信サービスのクアドロプルプレーのこと。

グランド-セール《和 grand＋sale》大売り出し。

グランド-セオリー〘grand theory〙あらゆる領域で適応できる一般理論。ゼネラルセオリー。

グランド-ツーリング-カー〘grand touring car〙スポーツカーの高速走行性能と普通乗用車の居住性を兼ね備えた乗用車。GT。

グランド-デザイン〘grand design〙壮大な図案・設計・着想。長期にわたって遂行される大規模な計画。

グラント-パーク〘Grant Park〙米国イリノイ州、シカゴにある公園。ミシガン湖畔に面し、同国屈指の噴水とされるバッキンガム噴水のほか、シカゴ美術館、シェッド水族館などがある。世界的に有名なジャズやブルースの音楽祭も開かれる。

グランドバーゲン-こうそう【グランドバーゲン構想】北朝鮮の非核化を実現するために韓国大統領李明博が2009年に提唱した妥結案。北朝鮮が核を放棄すれば、見返りとして体制の保証と経済支援を一括して行う。

グランド-バザール〘Grand Bazaar〙トルコ北西部の都市イスタンブールの旧市街、ベヤズット地区にある伝統的な商業地区の通称。トルコ語でカパルチャルシュ(屋根付き市場の意)と呼ばれる。中東最大

級の屋内市場として有名。15世紀半ば、オスマン帝国のスルターン、メフメット2世によって建設された二つの市場に起源し、貴金属、宝飾品、絹織物などを扱う店が集まっている。

グランドバハマ-とう【グランドバハマ島】《Grand Bahama》西インド諸島北部、バハマ諸島北端に位置するバハマの島。ニュープロビデンス島の首都ナッソーに次ぐ同国第2の都市フリーポートおよびルカヤ地区がある。観光・保養地として知られる。

グランド-バンクス〘Grand Banks〙カナダ東部、ニューファンドランド島沖にある浅堆(せんたい)。世界的大漁場の一つで、特にタラの漁場として有名。

グランド-ピアノ〘grand piano〙共鳴箱の中に弦を水平方向に張った大型3脚のピアノ。平型ピアノ。⇒ピアノ

グランド-ファイナル〘grand final〙スポーツなどで、最終戦。

グランド-フィナーレ〘grand finale〙スポーツなどの最終局面。演劇の大団円。

グラン-トリアノン〘Grand Trianon〙▶大トリアノン宮殿

グランパ〘grandpa〙おじいちゃん。

グランパス〘grampus〙㊀鯱(しゃち)。㊁(Grampus)▶名古屋グランパスエイト

グラン-パ-ド-ドゥー〘フランス grand pas de deux〙クラシックバレエで、最高の見せ場として構成された主役の男女のパ-ド-ドゥー。

グラン-ビア〘Gran Vía〙スペインの首都、マドリードの中心部にある大通り。スペイン広場からアルカラ通りまでを指す。ホテル、レストランなどが並ぶ同市きっての繁華街として知られる。20世紀初めの都市計画により、パリやニューヨークなどの近代都市の街並みを模して造られた。

グランビル-の-ほうそく【グランビルの法則】《Granville chart theory》米国のJ=グランビルが株価と移動平均線の関係を8項目にまとめたもの。

クランプ〘clamp〙❶木材・石材の接合部に用いるつなぎ金具。鎹(かすがい)の類。❷数枚の材を接着するときなどに使う締めつけ具。蝦蛄万力(しゃこまんりき)など。❸鋼製足場の組み立てなどに使う結合金物。

クランプ〘cramp〙筋肉の痙攣(けいれん)。

グラン-プラス〘Grand Place〙ベルギーの首都、ブリュッセルの中心部にある広場。15世紀に建造されたゴシック様式の塔がある市庁舎、17世紀末に再建されたギルドハウスなどに囲まれる。ビクトル=ユゴーが「世界一美しい広場」と、またジャン=コクトーが「絢爛(けんらん)たる劇場」と称えたことでも知られる。1998年、世界遺産(文化遺産)に登録された。

グラン-プリ〘フランス grand prix〙コンクール・展覧会・競技会などで、最優秀の作品や個人に与えられる賞。大賞。最高賞。「—レース」(類語)賞・大賞

グランプリ-レース〘grand prix race〙自動車・バイクのレースで、それぞれの最高峰に与えられる一種のステータス。現在四輪車ではF1レースに与えられ、ブラジルグランプリ・モナコグランプリのように開催国名と組み合わせて呼ばれる。GP。

クランベリー〘cranberry〙ツツジ科の常緑の蔓性(つるせい)植物。葉は長楕円形。初夏に紅色の花が咲き、球形の赤い実を結ぶ。果実を生食やジュースなどにして賞味。北アメリカの原産。

クランポン〘フランス crampon〙▶アイゼン

グランマ〘grandma〙おばあちゃん。

グラン-マニエ〘フランス Grand Marnier〙▶グランマルニエ

グラン-マルニエ〘フランス Grand Marnier〙リキュールの一つ。シャンパンコニャック、オレンジピールから作る。甘口。商標名。グランマニエ。

クラン-モンタナ〘Crans-Montana〙スイス南西部、バレー州の州都、シオン近郊にある高級山岳リゾート。西のクラン地区、東のモンタナ地区に分かれている。ワリスアルプスを望む景勝地として知られる。

くり【×刳り】くること。また、くられた部分。「袖付けの—」

く-り【庫裏|庫×裡】❶寺院で、食事を調える建物。庫院(こいん)。❷住職やその家族の住む場所。

くり【×栗】ブナ科の落葉高木。山地に生え、葉は長楕円形で先がとがる。6月ごろ、黄白色のにおいの強い雄花の穂をつけ、その基部に雌花をつける。種子はふつう3個、いがに包まれた実を結ぶ。種子は食用、材は枕木や建材に、樹皮・いがは染料に用いる。品種が多く、果樹として栽培。クリ属には12種があり、甘栗で知られるチュウゴクグリや、ヨーロッパグリ・アメリカグリなどがある。(季 実=秋|花=夏)「一食むや若き哀しき背を曲げて/波郷」

くり【×涅|×皂】❶水底によどむ黒い土。黒色の染料に使用される。「金沙(きんしゃ)の—に黒まず、蓮華(れんげ)の水にそまぬが如くなり」〈沙石集・二〉❷涅色(くりいろ)のこと。「—にすれども黒まざるの理なり」〈風流志道軒伝・五〉

くり【繰り】❶糸などを繰ること。❷(ふつう「クリ」と書く)謡曲の節の一。基本的な音の中では最も高い音階名。❸(ふつう「クリ」と書く)謡曲で、曲(くせ)の序章にあたる、拍子に合わない謡の部分。初めのほうに必ず繰りの音を含む。❹かんぐること。察し。「女と云ふものは、—の深いもので」〈虎明狂・花子〉

ぐり【˅屈˅輪|×倶利】堆朱(ついしゅ)や寺院建築などに用いられる、蕨(わらび)形の曲線の連続文様。ぐりぐり。

クリア〘clear〙《「クリアー」「クリヤー」とも》㊀〔名〕(スル)❶走り高跳びや棒高跳びで、バーを落とさずに跳び越えること。「一回目に軽く—する」❷サッカーやホッケーで、守備側が味方陣内からボールを大きく蹴(け)り返したり打ち返したりして危機を脱すること。❸バドミントンで、シャトルを高く打って相手コート後方へ送ること。ロブ。❹(失敗せずに)通過すること。「難関を—する」❺コンピューターの記憶装置や計算器などをゼロの状態に戻すこと。㊁〔形動〕曇りがなく澄んでいるさま。明晰(めいせき)なさま。「—な音色」「—な頭脳」

クリアエア-タービュランス〘clear-air turbulence〙《turbulenceは、乱気流の意》▶晴天乱気流

クリア-カット〘clear-cut〙〔形動〕輪郭の明確な。くっきりした。また、はっきりした。明快な。「—な説明が要求される」

くり-あが・る【繰(り)上(が)る】〔動ラ五(四)〕❶繰り上げられた状態になる。「先方の都合で会議の時間が三〇分—・る」「次点のA氏が—・って議席を得た」⇔繰り下がる。❷足し算で、ある位の数の和が二けたになったとき、一つ上の位に数が加わる。⇔繰り下がる。

くり-あげ【繰(り)上げ】❶繰り上げること。⇔繰り下げ。❷足し算で、上のけたに数を繰り入れること。❸義太夫節で、音を高めて強く語る節回し。❹歌舞伎で、問答や口論の末に、両方掛け合いで、「さあさあさあ」と調子を高めていくせりふ。最後は一方が相手を決めつける。

クリア-ケース〘clear case〙書類や本などを入れるプラスチック製の携帯ケース。

くりあげ-とうせん【繰(り)上げ当選】選挙後、当選人の死亡その他の事由で欠員が生じた場合、次点者を当選人とすること。繰り上げ補充。

くり-あ・げる【繰(り)上げる】〔動ガ下一〕文くりあ・ぐ〔ガ下二〕❶期日や時間などを、予定より早める。「開催期日を—・げる」「予定を—・げて早めに帰る」⇔繰り下げる。❷順に従って前に送る。「次点者を—・げる」「着順を—・げる」⇔繰り下げる。❸足し算で、ある位の数の和が二けたになったとき、一つ上の位に数を加える。⇔繰り下げる。❹軍勢などを、少しずつ引き揚げる。「ひとまず論陣を—・げた」〈蘆花・思出の記〉(類語)早める・早まる

グリア-さいぼう【グリア細胞】《neuroglia》神経膠細胞(しんけいこうさいぼう)の異称。

クリア-テキスト〘clear text〙コンピューターネットワークにおける、暗号化されていないデータ。平文(ひらぶん)。

クリア-ビジョン《和 clear＋vision》▶イー-ディー-ティー-ブイ(EDTV)

クリア-ファイル〘clear file〙紙ばさみの一。ポリプロピレンなどのシートを2枚重ね、間に書類をはさめるようにしたもの。

くり-あみ【繰(り)網】左右に翼網を備えた袋状の魚網で、末端に引き綱を取り付けたもの。

クリア-ラッカー〘clear lacquer〙顔料を混入しない透明なラッカー。木製家具の仕上げなどに用いる。

クリアランス〘clearance〙❶かたづけること。一掃すること。❷間隔。空間。すきま。ゆとり。❸通関手続き。出港手続き。❹医学で、腎臓が血液中の老廃物などを尿中に排出する働き。清掃率。浄化率。

クリアランス-セール〘clearance sale〙在庫品一掃の大売り出し。蔵払い。

クリアランス-ち【クリアランス値】血液中のある成分が、腎臓の働きによりどのような能率で尿中に排出されるかを示す値。清掃値。

クリアランス-ライト〘clearance light〙自動車が旋回するときなどに最外端の位置を示すランプ。

クリアリング-システム〘clearing system〙❶商品取引業務のうちの委託証拠金の預託、諸差金勘定の受け払いなどの清算業務を行うこと。❷「クリアリングハウス」に同じ。

クリアリング-ハウス〘clearing house〙商品取引における清算業務を専門に行う欧米の会社。日本では取引所で清算する。

くり-あわ・す【繰(り)合(わ)す】㊀〔動サ五(四)〕「繰り合わせる❷」に同じ。「時間を—・して出席する」㊁〔動サ下二〕「くりあわせる」の文語形。

くり-あわせ【繰(り)合(わ)せ】やりくりして都合をつけること。「万障お—の上ご出席ください」(類語)金繰り・やりくり・切り盛り・工面・都合・捻出・算段・まかなう・融通

くり-あわ・せる【繰(り)合(わ)せる】〔動サ下一〕文くりあは・す〔サ下二〕❶糸などを繰って巻き取る。❷時間などをやりくりして都合をつける。「日程を—・せて帰郷する」

くり-あん【×栗×餡】蜜漬けの栗を細かく刻み入れた白餡。また、蒸した栗を裏ごしして練った餡。

クリー【苦力】▶クーリー

グリー〘glee〙男声の、3部またはそれ以上の無伴奏合唱曲。

グリー〘GREE〙インターネットを利用したSNS(ソーシャルネットワーキングサービス)の一。メッセージ送受信、ブログ、オンラインアルバムなどの機能がある。携帯電話の利用者の割合が大きく、携帯電話向けの無料ゲームも多数提供している。

クリーク〘cleek〙ゴルフで、ウッドクラブ5番の称。5番ウッド。

クリーク〘creek〙❶中国の平野部などにみられる、灌漑(かんがい)や交通に利用される小川・小運河。❷ゴルフで、コースを流れている小川。

グリーク〘Greek〙❶ギリシャ人。❷ギリシャ語。

グリーグ〘Edvard Hagerup Grieg〙[1843〜1907]ノルウェーの作曲家。オスロに音楽協会を設立。民族的色彩の強い音楽を作った。作品に「ペール=ギュント」「ピアノ協奏曲」など。

グリー-クラブ〘glee club〙男声合唱団。

くり-いし【×栗石】土木建築用の直径10〜15センチぐらいの石。多く基礎材として使う。

グリース〘grease〙《「グリス」とも》❶半固体状あるいはペースト状の潤滑剤。鉱油に金属石鹸(せっけん)または黒鉛などを混合したもの。軸受けやギア、機械の摩擦部などに用いる。❷頭髪用の半固体状の油。

グリース-ガン〘grease gun〙グリース❶の注入器。

グリーター〘greeter〙ホテルの宴会場やレストランなどで、客を出迎える役目の人。

クリーチャー〘creature〙創造されたもの。生命のある物。特に、空想上の不思議な生物。「さまざまな—が登場するSF映画」

グリーティング-カード〘greeting card〙クリスマス・誕生日・結婚などに祝いの言葉を書いて贈るカード。

くり-いと【繰(り)糸】繭から糸を繰ること。また、繰った糸。

クリート〘cleat〙❶室内に敷設する電線を固定する

ための、陶器・エボナイト製の器具。❷ロープなどの端末をからめて留めるための器具。

グリード〖greed〗欲張りであること。強欲。貪欲。また、意地汚いこと。

クリーナー〖cleaner〗❶電気掃除機。❷汚れを落とす薬品や道具。「ウインドー―」「レコード―」❸エアクリーナーのこと。

クリーニング〖cleaning〗〔名〕スル ❶洗濯。日本では、ドライクリーニングを指すことが多い。「―に出す」❷ごみやよごれを除くこと。(類語)洗浄・洗い濯ぎ・浣衣・濯ぎ物・洗い物・丸洗い・解き洗い

クリーパー〖creepers〗幼児の胸あてのついたズボン。おむつを替えやすいように、股下がボタン留めになっている。

クリーピー〖creepy〗〔形動〕ぞっとするさま。ぞくぞくするさま。

クリーピング-インフレ「クリーピングインフレーション」の略。

クリーピング-インフレーション〖creeping inflation〗好況・不況に関係なく、物価水準が徐々に、しかも持続的に上昇する状態。忍び寄るインフレ。

クリープ〖creep〗❶(人・動物・虫などが)腹ばいになって這って動くこと。❷乗り物がのろのろと進むこと。特に、オートマチックトランスミッションを搭載する車両などで、エンジンがアイドリングの状態でアクセルを踏まなくても徐々に前へ進む現象。クリープ現象。擢り足現象。這い出し現象。❸物体に外力を加えたとき、外力は一定していても、その物体の変形が時間とともに徐々に増加してゆく現象。クリープ現象。

グリーフ〖grief〗(死別などによる)深い悲しみ。悲嘆。苦悩。嘆き。

グリーフ-ケア〖grief care〗《グリーフ(grief)は、深い悲しみの意》身近な人と死別して悲嘆に暮れる人が、その悲しみから立ち直れるようそばにいて支援すること。一方的に励ますのではなく、相手に寄り添う姿勢が大切といわれる。

クリープ-げんしょう【クリープ現象】❶ ►クリープ❷ ❷ ►クリープ❸

クリーブランド〖Cleveland〗米国オハイオ州の工業都市。エリー湖南岸にある。鉄鋼・石油化学・自動車などの工業が盛ん。人口、行政区43万(2008)。

クリーブランド〖Stephen Grover Cleveland〗[1837～1908]米国の政治家。第22代、24代大統領。在任1885～1889、1893～1897。ニューヨーク州知事などを経て大統領に就任。民主党。関税の引き下げなどに尽力。➡ハリソン㊁ ➡マッキンリー

グリーフ-ワーク〖grief work〗《グリーフ(grief)は、深い悲しみの意》身近な人と死別して悲嘆に暮れる人がたどる心のプロセス。悲しみから精神的に立ち直っていく道程。喪の作業。癒しの作業。➡グリーフケア

クリーマー〖William Randal Cremer〗[1838～1908]英国の政治家・平和運動家。第一インターナショナルの英国部主事。1903年ノーベル平和賞受賞。

クリーミー〖creamy〗〔形動〕❶クリームをたっぷり含んださま。「―な味わい」❷クリームのように柔らかでなめらかなさま。「―な泡立ち」

クリーム〖cream〗❶牛乳からとれる黄白色のどろっとした脂肪質。成分は乳脂肪・水分・たんぱく質・乳糖などで、乳脂肪分18.0パーセント以上のもの。バター・菓子の製造や料理・コーヒーなどに用いる。乳脂。生クリーム。クレーム。❷カスタードクリーム。❸凝乳状の基礎化粧料。油性と水性の2タイプがある。皮膚の保護、髪の手入れなどに用いる。「ヘアー―」❹靴墨。靴クリーム。❺クリーム色。❻「アイスクリーム」の略。

クリーム-いろ【クリーム色】クリームのような淡黄色。黄白色。(類語)黄色・イエロー・山吹色・黄土色

クリーム-クレンザー〖cream cleanser〗粒子の細かいみがき粉に洗剤などを混ぜた、粘りのあるクリーム状のクレンザー。粉末状のクレンザーに対していう。

クリーム-サンデー《和 cream＋sundae》アイスクリームの上にチョコレートや果実などを添えた菓子。アイスクリームサンデー。(季 夏)

クリーム-シチュー〖cream stew〗鶏肉・タマネギ・ニンジンなどをホワイトソースや生クリームで煮込んだ料理。

クリーム-ソース〖cream sauce〗ベシャメルソースに生クリームを加えた調味用のソース。

クリーム-ソーダ《和 cream＋soda》ソーダ水にアイスクリームを浮かせた飲料。アイスクリームソーダ。(季 夏)

クリーム-チーズ〖cream cheese〗生クリームまたは生クリームを加えた牛乳で、熟成させないで作る軟質の白チーズ。

クリーム-に【クリーム煮】肉・野菜などをホワイトソースで煮た料理。

クリーム-パン《和 cream＋pão(ポルトガル)》中にカスタードクリームを入れた菓子パン。

くり-いも【×栗芋】栗の実のように水分が少ないサツマイモ。

クリール-れっとう【クリール列島】 ►千島列島

くり-いれ【繰(り)入れ】繰り入れること。

くり-い・れる【繰(り)入れる】〔動ラ下一〕図くりい・る〔ラ下二〕❶細長い物をたぐって引き入れる。また、順に送り入れる。「綱を―・れる」❷ある物や事柄を他の物や事柄の中に移動して入れる。組み入れる。編入する。「利子を元金に―・れる」
(類語)組み入れる・繰り込む・織り込む・属する

くり-いろ【×栗色】栗の実の皮のような焦げ茶色。「―の髪」

くり-いろ【×涅色┆×皂色】染め色の名。黒色。または、黒色に褐色のまじった色。くり。

くりいろ-ど【×栗色土】温帯の、半乾性草原に発達する土壌。上層は栗色、下層は褐色で柱状構造が発達し、炭酸石灰が集積する。

クリーン〖clean〗〔形動〕❶清潔なさま。きれいなさま。「―な選挙」❷鮮やかなさま。見事なさま。

グリーン〖Graham Greene〗[1904～1991]英国の小説家。カトリックの立場から、現代人の不安と虚無とを描く。作「権力と栄光」「情事の終わり」など。

グリーン〖green〗❶緑色。❷草地。緑地。芝生。❸㋐ゴルフ場で、ホール(穴)の周囲の、芝を短く刈って整備した区域。㋑ゴルフコース。「―に出る」
(類語)(❶)緑・エメラルドグリーン・黄緑・深緑・浅緑・緑色・翠緑・深緑・草色・萌葱色・柳色・松葉色・利休色・オリーブ色・エメラルド

グリーン〖Julien Green〗[1900～1998]フランスの小説家。精神と肉体の相克、信仰と罪などの問題をカトリックの立場から追究した。小説「幻を追う人」「閉ざされた庭」「アシジの聖フランチェスコ」など。

グリーン〖Thomas Hill Green〗[1836～1882]英国の哲学者。新ヘーゲル主義の立場から自我実現説を説いた。主著「倫理学序説」。

グリーン-アイティー〖green IT〗IT(情報技術)分野における、地球環境に配慮した取り組み。IT機器の省電力化、使用済み製品からの資源リサイクルのほか、ITを利用した物流や生産現場における燃料・エネルギー効率の向上などを指す。

グリーン-アスパラガス〖green asparagus〗軟化栽培をしないでそのまま育てたアスパラガス。

クリーンアップ〖cleanup〗《清掃、一掃の意》「クリーンアップトリオ」の略。クリーンナップ。

クリーンアップ-トリオ《和 cleanup＋trio》野球で、打順3・4・5番の打者三人組み。ここに強打者を揃える。クリーンアップ。クリンナップ。(補説)cleanupは清掃の意。本塁打を打てば走者が一掃できることから。

グリーン-アプローチ〖green approach〗►シーディー・エー(CDA)

クリーン-インストール〖clean install〗オペレーティングシステムやアプリケーションソフトを、上書きでなく新規にインストールすること。

グリーン-インテリア《和 green＋interior》住まいに飾る観葉植物をいう。室内装飾にマッチした一つの装飾品に見立てての呼び名。

グリーン-エージ《和 green＋age》若々しい世代。

グリーンエナジー-けいかく【グリーンエナジー計画】石油エネルギーを使わず、太陽熱・地熱・風水力などの自然エネルギーを利用した農業をめざす農林水産省の研究計画。

クリーン-エネルギー《和 clean＋Energie(ドイツ)》大気汚染物質を発生しないエネルギー。風力・太陽熱などをさす。

グリーン-カード〖green card〗米国で発行される、外国人のための労働許可証。同時に、米国の入国許可証でもある。

クリーンかいはつ-メカニズム【クリーン開発メカニズム】京都議定書による京都メカニズムの一。温室効果ガスの排出量削減義務のある先進国が、その義務のない途上国において排出量削減事業に投資や技術支援を行い、そこで生じた排出削減量の一部を自国の削減量に充当する仕組み。CDM (clean development mechanism)。

グリーン-かでん【グリーン家電】環境に負担をかけない家庭用電気製品。特に、エコポイント制度における、統一省エネラベルで星四つの基準を満たすエアコン・テレビ・冷蔵庫のこと。➡エコポイント❷

グリーン-カラー《和 green＋collar》プログラマー・システムエンジニアなどの労働者をいう。従来のブルーカラー・ホワイトカラーに対しての呼称。コンピューターのディスプレーの文字が多く緑色をしていたことから。

グリーンキーパー〖greenkeeper〗ゴルフ場や公園などの芝生を育て、管理する人。

クリーン-クルー《和 clean＋crew》室内清掃係。掃除人。(補説)英語ではcleaning person, cleaner

グリーン-けいざい【グリーン経済】環境保全や持続可能な循環型社会などを基盤とする経済。自然環境の保全や天然資源の循環利用によって、将来にわたって持続可能な経済成長を実現しようとするもの。再生可能エネルギーの研究や自然環境の再構築、廃棄物削減事業など環境分野の雇用促進、環境対策への投資など、環境問題への取組みを経済の中心に据えることで、経済発展と環境保全の両方の課題を同時に解決することを目指す。2008年、グリーン経済への移行を促進するため、国連環境計画(UNEP)を中心として、「グリーン経済イニシアチブ」が立ち上げられた。➡グリーンジョブ ➡グリーンニューディール

グリーン-こうにゅう【グリーン購入】製品やサービスを購入する際に、その必要性を十分に考慮し、省エネルギー型のものやリサイクル可能なものなど、環境に配慮したものを優先的に選択すること。➡グリーン購入法 ➡グリーン調達

グリーンこうにゅう-ほう【グリーン購入法】《「国等による環境物品等の調達の推進等に関する法律」の通称》循環型社会形成推進基本法の個別法の一。環境への負荷の少ない持続的発展が可能な社会の構築を図り、国民の健康で文化的な生活の確保に寄与することを目的とする。平成12年(2000)公布、翌13年全面施行。国、地方公共団体、独立行政法人などに、環境物品(環境に配慮した製品・サービス)等の調達の推進と情報提供を義務付け、環境物品等への需要の転換を促進するのに必要な事項を定める。(補説)各機関は「環境物品等の調達の推進に関する基本方針」に基づいて、毎年度、環境物品等の調達方針を作成、実績を公表する。

グリーン-コーディネーター《和 green＋coordinator》ホテル・社屋・店舗などの内部に飾る植物の配置のカウンセラーとなる装飾業者。

グリーンコープ-れんごう【グリーンコープ連合】►生活協同組合連合会グリーンコープ連合

クリーンコール-テクノロジー〖clean coal technology〗石炭を燃やしたときに発生する二酸化炭素・硫黄酸化物・窒素酸化物などの有害物質を減少させる技術。高品質石炭の選別、石炭の液化・ガス化、脱硫・脱硝装置、集塵装置などの技術をいう。CCT。

グリーン-コンシューマーリズム〖green consumerism〗地球環境問題への関心が高まる中で、地球

環境を破壊しない商品、環境保全に貢献している企業製品を購買しようという運動。1987年ドイツで発行された「環境にやさしい礼儀作法」、1988年英国で発行の「ザ-グリーン-コンシューマー-ガイド」などにより広まった。

グリーン-サラダ〖green salad〗レタスやキャベツなど、緑色の野菜を中心としたサラダ。

グリーンシート-しじょう【グリーンシート市場】―シヂヤウ 非上場会社の株式などを取引するために、日本証券業協会が開いた市場。平成9年(1997)7月、取引開始。取引所や店頭市場で公開されないベンチャー企業などの資金調達を円滑にし、また投資家の換金の場を確保するためのもの。

グリーン-しゃ【グリーン車】特別料金を必要とするJRの特級車。車両にはクローバーをかたどった緑色のマークを付けている。

グリーン-ジョブ〖green job〗環境への負荷を持続可能な水準まで低減させながら、事業として採算がとれる雇用、およびその仕事。国際労働機関(ILO)が提唱。環境保全と雇用創出の両面で効果が期待できる。再生可能エネルギーや廃棄物管理システムの設計・建設、環境に優しい輸送システムの開発、製造業における部品・材料の再製造、エネルギー効率の高い建物の建設、廃棄物の回収・処理・再利用など、さまざまな産業分野でグリーンジョブの創出が見込まれる。➡グリーンニューディール 補説 ブラジルではバイオマスエタノールの普及促進で2006年に50万人以上の雇用を創出。中国では太陽熱システム製造で2005年に60万人の雇用を創出している。

グリーンストーン〖greenstone〗緑色岩。翡翠(ひすい)の一種で、暗緑色を呈する。ニュージーランドの特産。

グリーン-ソルト〖green salt〗四弗化ウラン。金属ウランの製造に用いられる。緑色であるところからの名。➡イエローケーキ

グリーン-タフ〖green tuff〗新第三紀の前半の火山活動で形成された火山岩や火砕岩(かさいがん)が、変質して緑色を呈するもの。緑色凝灰岩(りょくしょくぎょうかいがん)。

グリーンタフ-ちいき【グリーンタフ地域】―チヰキ グリーンタフが新第三紀の上部の地層とともに分布する地域。千島弧内帯、西南北海道、東北日本の日本海側からフォッサマグナ、さらに西南日本の日本海側にかけての地域。

グリーン-ちょうたつ【グリーン調達】―テウタツ 国・自治体・企業が、資材や部品などを調達する際に、有害物質の含まれないものや廃棄時に水や土壌を汚染しないものなど、環境に配慮した物品を優先的に選択すること。➡グリーン購入

グリーン-ツーリズム〖green tourism〗農村や漁村での長期滞在型休暇。都市住民が農家などにホームステイして農作業を体験したり、その地域の歴史や自然に親しむ余暇活動。

グリーン-ティー〖green tea〗緑茶。日本茶。

クリーン-テクノロジー〖clean technology〗地球環境問題の解決策となるような技術。再生可能エネルギー・太陽光発電・風力発電・バイオマス燃料・スマートグリッド・浄水技術など。

グリーン-ニュー-ディール〖Green New Deal〗発展が期待される環境保全・再生可能エネルギーなどの産業分野に大規模な投資を行い、新たな雇用を創出し、経済活性化を目指す政策。世界大恐慌時に米国のルーズベルト大統領が行ったニューディール政策に由来して付けられた名称。従来の道路・ダム建設などの公共事業ではなく、環境ビジネスに投資することで、地球温暖化対策など環境問題への取り組みと経済再生の両立をはかる政策として期待されている。太陽光・風力・バイオマスなど再生可能エネルギーの利用拡大、電気自動車・プラグインハイブリッド車・燃料電池自動車などの次世代自動車の開発・普及など、さまざまな取り組みが各国で行われている。緑の内需。➡グリーンジョブ 補説 米国では、オバマ大統領が2009年1月20日の就任演説の中で、自然エネルギー等に10年間で1500億ドルを投資し、500万人の新規雇用を創出すると表明し、世界的に注目された。

グリーン-パーク〖Green Park〗英国の首都ロンドンにある公園。バッキンガム宮殿とその庭園の北側、ピカデリーサーカスの南東側に隣接する。1749年、オーストリア継承戦争の終結を祝う祝賀行事で行われた花火大会に際し、ゲオルク=ヘンデルが「王宮の花火の音楽」を初演した場所として知られる。

グリーンハウス-ガス〖greenhouse gas〗《greenhouseは、温室の意》►温室効果ガス

グリーン-ピア《和 Green＋Pia》勤労者・青少年の健康増進と、増大する余暇の有効利用を目的として、年金福祉事業団が全国的に設置した保養施設「大規模年金保養基地」の通称。平成13年(2001)、年金福祉事業団は解散し、業務を継承した年金資金運用基金が管理運営を行っていたが、年金資金運用基金の施設業務からの撤退が決まり、地元自治体などへの譲渡が進められ、平成17年12月にはすべての譲渡が完了した。補説 年金資金運用基金は平成18年に廃止され、新たに設立された年金積立金管理運用独立行政法人が年金資金運用事業を引き継いでいる。

グリーン-ピーシー〖Green PC〗米国環境保護局が1993年に発表したEnergy Star Programで示した省電力推奨策に基づいて作られたパソコンの総称。

グリーンピース〖Greenpeace〗国際的な環境保護団体。核兵器・原子力発電に反対、海洋生態系の保護などを重点目標に、非暴力直接行動を運動方針とする。本部はアムステルダム。

グリーン-ピース〖green peas〗►グリンピース

クリーン-ヒーター《和 clean＋heater》ガス・石油を燃料とする暖房器で、壁ぎわに取り付け、吸気・排気を室外で行うもの。

グリーン-ビジネス《和 green＋business》都会のオフィスやマンション向けに装飾用・観賞用植物の賃貸・販売を行う仕事。

クリーン-ヒット〖clean hit〗❶野球で、みごとな当たりの安打。❷企画・興行などが当たること。「一商品」

クリーン-ビル〖clean bill〗外国為替手形のうち、荷為替手形に対して船積み書類の添付されていない手形。

グリーン-フィー〖green fee〗ゴルフで、コースの使用料。

グリーン-プラ 1990年代に旧通産省が選定した生分解性プラスチックの愛称。

グリーン-ペッパー〖green pepper〗❶こしょうの未熟な青い実。水煮や冷凍乾燥品などのスパイスとして使う。❷甘味種のトウガラシ(ピーマン・シシトウガラシなど)の英語名。

グリーンベルト〖greenbelt〗❶都市計画で、都市の環境を守るために緑地とした地帯。緑地帯。❷街路の中央などに設けた、草木などを植えた地帯。

グリーン-ベレー〖Green Beret〗米陸軍の特殊部隊。また、その隊員。隊員は緑色のベレー帽をかぶっている。

クリーン-ベンチ〖clean bench〗防塵(ぼうじん)台。作業対象物に空気中や周囲のちりが付着しないように管理された作業台。

グリーン-マップ〖Green Map〗その地域の環境によいもの悪いものを、地域の住民と調査しながら、図上に世界共通の絵文字(アイコン)で示した地図。アイコンには、野生生物観察地点、花の名所、湿地・湿原・干潟、バイオ利用再生施設、エコ農場、史跡・文化財、手作り住宅、リサイクル施設、散策コース、危険地帯などを表すものがある。1992年に米国のウェンディ=ブラウワーが提唱。商標名。

グリーン-ミシュラン〖Green Michelin〗►ギドベール

グリーン-メーラー《和 green＋mailer》狙いを付けた企業の株式を買い占め、高値で買い戻しをさせて利益を上げる買収者をいう。多くは、敵対的M&Aを仕掛けて買い占める。補説 この行為を英語でgreenmailという。「greenback(米ドル紙幣のこと)」＋「blackmail(脅迫)」からの造語。

グリーンメール〖greenmail〗あらかじめある企業の株式を買い占めておいて、企業に対し高額でその株式を引き取るよう迫ること。脅し・恐喝を意味する「ブラックメール」にひっかけた造語。グリーン(緑)は米ドル札の色から。

グリーン-めんきょ【グリーン免許】運転免許証の有効期間を示す欄が緑色であるもの。初めて免許を取得した運転者に与えられる。グリーン免許証。➡ブルー免許 ➡ゴールド免許

グリーンランド〖Greenland〗北大西洋にある世界最大の島。デンマーク自治領。中心地はヌーク(旧ゴートホープ)。面積217万5600平方キロメートル。全島の大部分は厚い氷に覆われている。タラ・ニシンなどの漁業が行われる。人口6万(2010)。

クリーン-ルーム〖clean room〗壁面や空気中に存在するちりの数や量を少なくするように管理してある部屋。高精密を要する部品・IC加工などに利用される。防塵(ぼうじん)室。無塵室。

グリーン-ルーム《和 green＋room》植物の植え込み、または多数の鉢植えなどを取り入れた部屋やコーナー。

グリーン-レボリューション〖green revolution〗緑の革命。穀物の高収量品種を開発すること。開発された品種は途上国に導入されている。

クリーン-ローン〖clean loan〗為替銀行と外国銀行との間で行われる外貨融資のうち、為替取引の裏付けのない無担保の短期貸付。

クリウム〖Curium〗クリオンのラテン語名。

くり-うめ【ˣ栗梅】染め色の名。紫がかった栗色。

グリエ〖フランス grillé〗焼き網やオーブンなどで焼いた、の意。また、網焼き料理。

クリエーション〖creation〗創造。創作。

クリエーター〖creator〗❶造物主。❷創造的な仕事をしている人。創造者。創作家。

クリエーティビティ〖creativity〗創造性。独創的なこと。「一が要求される」「一を発揮する」

クリエーティブ〖creative〗〔形動〕創造的。独創的。「一な仕事」

クリエーティブ-エージェンシー〖creative agency〗広告制作を活動の中心においている広告会社。

クリエーティブ-グループ〖creative group〗広告会社内における広告制作の集団。コピー・デザイン・CFなどの各職種が集まっている。一般に得意先ごとにグループが分かれている。

クリエーティブ-コモンズ〖creative commons〗写真・音楽・動画・文章などをインターネット上で公開する際に、著作権者自身がその作品の利用条件を明らかにすることで、著作者の権利を守りながら、著作物の再利用をしやすくするというシステム。作品の複製・配布・展示や改変を認める場合などにマークを使ってその意思を明示する。CC。補説 日本ではNPO法人であるクリエイティブ-コモンズ-ジャパンが運営する。この団体が提供するライセンスマークには「表示(著作者の明記が必要)」「非営利(営利目的での二次利用禁止)」「改変禁止」「継承(同じライセンス条件で改変した作品を配布)」などがある。

クリエーティブ-ディレクター〖creative director〗広告制作の現場で、実際に制作に関する全体の方向性、制作の進行を管理する職種。

クリエーティブ-ブティック〖creative boutique〗専門的な技能をもった少人数の広告制作スタッフを中心に活動するプロダクションのこと。

クリエート〖create〗〔名〕スル《「クリエイト」とも》創造すること。作り出すこと。「新しい時代を一する」

クリオ〖cryo〗《冷凍の意》少人数の血漿(けっしょう)から作られた、血友病患者への血液凝固因子の補充をするための治療薬。

グリオーマ〖glioma〗神経膠腫(こうしゅ)。脳実質あるいは脊髄(せきずい)実質から発生する腫瘍(しゅよう)の総称。脳腫瘍の約3分の1～9分の4を占め、最も頻度が高い。

クリオーリョ〘スペイン criollo〙ラテンアメリカ生まれのヨーロッパ系の人々。

クリオール〘Creole〙▶クレオール

クリオネ〘clione〙《学名の一部からの名》ハダカカメガイ科の巻き貝ハダカカメガイの通称。貝殻はなく、体はむきだしで半透明。形は十字型で頭部の消化器が赤い。体長約3センチ。水中を羽ばたくようにして浮遊し、仲間の巻き貝を捕食する。日本では北海道のオホーツク海沿岸に流氷とともに現れる。学名クリオネ-リマキナ(clione limacina)。

クリオン〘Kourion〙キプロス南西部にあった古代都市。紀元前14世紀から前13世紀頃にアカイア人の植民都市として建設。古代ローマ時代の野外劇場や、床一面にモザイクを敷き詰めた浴場などの遺跡が残っている。ラテン語名クリウム。

くり-かえ【繰(り)替え】くりかへ 繰り替えること。転用。「一休暇」

くり-かえし【繰(り)返し】くりかへし 繰り返すこと。反復。「猛訓練の―」

くりかえし-きごう【繰(り)返し記号】くりかへしキガウ 和文で同一語・同一音または同一文字の繰り返しを示すときに使う記号。「々」「ゝ」「ヽ」「ゞ」「ヾ」「〃」「〱」など。踊り字。重ね字。畳字。ゆすりがな。繰り返し符号。

くり-かえ・す【繰(り)返す】くりかへす〔動サ五(四)〕❶同じことをもう一度、あるいは何度もする。反復する。「失敗を―・す」「歴史は―・す」❷本のページなどをめくる。「戸棚から暦を出して―・して見ると」〈漱石・吾輩は猫である〉〔類語〕反復・循環・重複・ダブる

くりかえ-ばらい【繰替払い】くりかへばらひ ❶使途の定まった金銭を、一時他の用途に流用して支払うこと。❷会計法などで認められた国庫金の支出方法の特例の一。支出の時期を失するおそれがある場合に、出納官吏が手元に保管されている歳入金・歳出金・歳入歳出外現金を、繰り替えて使用すること。

くり-か・える【繰(り)替える】くりかへる〔動ア下一〕図くりか・ふ〔ハ下二〕❶他のものと入れ替える。「予定を次の日に―・える」❷他に転用する。流用する。「政府が国庫金を―・えて鉄道材料を買入れて呉れた」〈魯庵・社会百面相〉

くり-か・く【繰り懸く】〔動カ下二〕❶たぐってひっかける。「われに千筋の糸を―・けしを」〈謡・土蜘蛛〉❷繰り返して仕掛ける。「木芙蓉の花に呪文を―・くれば」〈浄・国性爺後日〉

くり-かた【×刳り形｜繰(り)形】❶用材にくってあけた穴。衝重ついがさね・三宝さんぼうなどの下にあけた穴。山形・丸形・州浜すはま形などがある。❷建物・家具・器物などの装飾で、部材をくって曲面にした部分。

くり-かた【×栗形】刀の鞘さやの鯉口こいぐちの近くにつけた、栗の実を半切りにした形状のもの。穴があって下げ緒を通す。

くり-かのこ【×栗鹿の子】求肥ぎゅうひなどを小豆のこしあんで包んで丸め、周囲に栗の蜜煮をつけた和菓子。〔季 秋〕

くりから【倶利迦羅｜倶梨迦羅】《梵 Kulikaの音写》「倶利迦羅竜王」の略。

くりから-おとし【×倶利×迦羅落(と)し】❶倶利迦羅竜王が剣に巻きついた形のように、螺旋らせん形に回りながら落ちること。❷源義仲の軍が、平維盛の軍を倶利伽羅谷の谷底へ攻め落としたこと。

くりから-だに【倶利伽羅谷】富山県小矢部市、倶利伽羅峠の南斜面の深い谷。

くりから-とうげ【倶利伽羅峠】たうげ 富山・石川の県境にある峠。標高277メートル。源義仲が平維盛の大軍を火牛の計で破った古戦場。

くりから-ふどうみょうおう【倶利迦羅不動明王】ーフドウミヤウワウ ▶倶利迦羅竜王

くりから-みょうおう【倶利迦羅明王】ーミヤウワウ ▶倶利迦羅竜王

くりから-もんもん【×倶利×迦羅紋紋】背中に彫った倶利迦羅竜王の入れ墨。また、その入れ墨をした人。転じて、入れ墨。〔類語〕彫り物・刺青しせい・タトゥー

くりから-やき【×倶利×迦羅焼(き)】鰻うなぎのひれを串くしに巻きつけて焼いた料理。正式の膳部ぜんぶに用いる。

くりから-りゅうおう【倶利迦羅竜王】ーリュウワウ 不動明王の化身としての竜王。形像は、岩上で火炎に包まれた黒竜が剣に巻きついて、それをのもうとするさまに表される。剣は外道げどうの智、竜は不動明王の智を表したものという。倶利迦羅明王。倶利迦羅不動明王。倶利伽羅。

くり-かわ【×栗皮】ーかは ❶栗の実の皮。また、その皮に似た色。栗皮色。❷栗色の革。

くりかわ-ちゃ【×栗皮茶】くりかは 栗の実の皮のような赤黒い色。栗皮。

くりかわ-の-くつ【×烏皮の▽履｜×烏皮の×沓】くりかはー 養老の衣服令で、武官の礼服らいふく、文官・女子・武官の朝服に用いると定められたくつ。黒塗りの革製で、つま先を高く反らせたもの。

く-りき【功力】仏語。修行によって得た不思議な力。功徳の力。効験こうげん。

くり-きんとん【×栗金団】栗を煮つぶしたり、サツマイモのあんに栗をまぜたりして作ったきんとん。

くり-くり㊀〔副〕スル ❶物が軽快に回転するさま。くるくる。「目を―させる」❷まん丸く愛らしいさま。特に目の丸くはっきりしているさま。「―(と)したかわいい目」❸丸々と肥えているさま。「―(と)肥えた子」㊁〔形動〕頭髪をそったりごく短く刈ったりして、頭の丸いさま。「頭を―にそる」アクセント㊀はクリクリ、㊁はクリクリ。

ぐり-ぐり㊀〔名〕皮下にできる脂肪腫しぼうしゅやリンパ節腫。「耳の下に―ができる」㊁〔副〕スル ❶押さえつけながら強く回すさま。「ひじで肩を―(と)もむ」❷丸くて大きいさま。特に目についていう。「今にも飛び出しそうな―(と)した目」❸固くて丸みのあるものが中で動くさま。「―(と)したしこり」アクセント㊀はグリグリ、㊁はグリグリ。

ぐり-ぐり【▽屈▽輪▽屈▽輪】▶屈輪ぐり

くりくり-ぼうず【くりくり坊主】ーバウズ 髪をそったり、ごく短く刈ったりした頭。「―のいたずらっ子」

くり-げ【×栗毛】馬の毛色の名。地色が黒みを帯びた褐色で、たてがみと尾が赤褐色のもの。

クリケット〘cricket〙英国古来の球技。11人一組でチームをつくり、攻守に分かれて試合をする。投手の球を打者がバットで打ち、相対して立てたウィケット(三脚門)の間を走って得点を争う。

くりげ-ぶち【×栗毛×駮】「くりぶち(栗駮)」に同じ。

くり-けむし【×栗毛虫】クスサンの幼虫。しらがたろう。

グリコーゲン〘glycogen〙グルコース(ぶどう糖)の高次多糖類。無味無臭の白色の粉末。動物の肝臓・筋肉に多く含まれ、分解されてぶどう糖となり、血糖量を維持する一方、筋肉その他の組織のエネルギー源となる。糖原質。

グリコール〘glycol〙水酸基を2個もつアルコール類の総称。二価アルコール。ふつうはエチレングリコールをさす。

くり-こがたな【×刳り小刀】木工・木彫に使う、細身の小刀。

くり-こし【繰(り)越(し)】❶繰り越すこと。❷簿記で、計算結果を次ページに書き送ること。❸会計勘定を次期の会計に組み入れること。❹「繰越金」の略。❺女物和服の襟肩あきを、肩山より後ろにあけること。また、この肩山と襟肩あきまでの寸法、またはその部分の名称。

くりこし-きん【繰越金】決算の結果、繰り越しとなった利益または欠損金。くりこし。

くりこし-けいさんしょ【繰越計算書】各省庁の長が翌年度に未消化の経費を繰り越す必要のあるとき、財務大臣の承認を求めるため提出する計算書。

グリコシダーゼ〘glycosidase〙分子内の糖の結合部を加水分解する酵素の総称。多くの糖が結合しているときに、糖の鎖の末端から分解してゆくα-グルコシダーゼ・β-ガラクトシダーゼと、内部の結合を切るα-アミラーゼ・ヒアルロニダーゼなどがある。

グリコシド〘glycoside〙▶配糖体はいとうたい

くりこし-わりびき【繰(り)越(し)割引】自動車保険にある割引の一。保険料が走行距離に応じるタイプの保険で、年間の走行距離が契約時の申告を下回った場合、保険料の差額分が翌年に割り引かれる。

くり-こ・す【繰(り)越す】〔動サ五(四)〕❶その期間に済まなかった物事を次へ送る。❷会計上、繰り越しをする。「残額を来月分へ―・す」

くり-ごと【繰(り)言】同じ事を繰り返して言うこと。特に、泣き事や不平などを、くどくどと言うこと。また、その言葉。「―を聞かされる」〔類語〕世迷い言・愚痴・ぼやき

くり-ことば【繰(り)言葉】言いにくい文句を、早口に誤りなく繰り返して言って、その度数の多いほうを勝ちとする遊戯。

くりこま-こくていこうえん【栗駒国定公園】ーコクテイコウヱン 岩手・秋田・宮城・山形の4県にまたがる山岳国定公園。栗駒山および焼石やけいし岳を中心とする一帯からなる。温泉や峡谷が多い。

くりこま-やま【栗駒山】岩手・宮城・秋田の県境にある火山。標高1627メートル。湿原高山植物が多い。岩手県では須川すかわ岳、秋田県では大日だいにち岳とよぶ。

くりこみ-りろん【繰(り)込み理論】量子電磁力学で、理論上無限大に発散する電子の質量と電荷を、有限の実測値に置き換えて理論式に繰り込もうという理論。昭和22年(1947)朝永振一郎が提唱。

くり-こ・む【繰(り)込む】〔動マ五(四)〕❶大ぜいでそろって入り込む。「大挙して店に―・む」❷手繰り寄せる。「縄を手元に―・む」❸ある物事の中に組み入れる。「教育費を生活費に―・む」❹大ぜいの人を入り込ませる。「大選手団を―・む」
〔類語〕組み入れる・繰り入れる・織り込む・属する

グリザイユ〘フランス grisaille〙灰色の濃淡・明暗のみで描く画法。また、その作品。浮き彫りの効果を意図して、装飾壁画などに用いられる。

くり-さが・る【繰(り)下(が)る】〔動ラ五(四)〕❶繰り下げられた状態になる。「順番が―・る」⇔繰り上がる。❷引き算で、ある位の引かれる数が引く数よりも小さいとき、引かれる数に10を加えた結果、一つ上の位の数が1小さくなる。⇔繰り上がる。〔類語〕伸びる

くりさき-りゅう【×栗崎流】ーリウ 南蛮流の外科医術の一派。肥後国栗崎の人、栗崎道喜が天正年間(1573〜1592)にルソンで学び、帰国後に始めた。

くり-さげ【繰(り)下げ】❶繰り下げること。「日程の―」⇔繰り上げ。❷引き算で、下のけたに数を繰り入れること。

くり-さ・げる【繰(り)下げる】〔動ガ下一〕図くりさ・ぐ〔ガ下二〕❶期日や時間などを、予定より遅くする。「開演時間を―・げる」⇔繰り上げる。❷順に従ってあとに送る。「順位を一つずつ―・げる」⇔繰り上げる。❸引き算で、ある位の引かれる数が引く数よりも小さいとき、一つ上の位の数を1小さくして引かれる数に10を加える。⇔繰り上げる。

クリサフィティッサ-きょうかい【クリサフィティッサ教会】ーケウクワイ《Panagia Chrisafitissa》ギリシャ、ペロポネソス半島南東端の町モネンバシアの旧市街にある教会。ベネチア共和国時代の17世紀に建造されたイタロ(イタリア風)ビザンチン様式の建物の一つ。

クリシェ〘フランス cliché〙ありきたりな決まり文句。常套句じょうとうく。〔補説〕原義は印刷版、または写真のネガのこと。

くり-しぎぞうむし【×栗×鷸象虫】ーしぎザウむし ゾウムシ科の昆虫。体長0.6〜1センチ。体は卵形、黒褐色で背中に紋がある。吻ふんで栗の実に穴をあけて産卵する。幼虫は実を食害し、栗虫とよばれる。しぎむし。

グリシニン〘glycinin〙ダイズの主要たんぱく質で、グロブリンの一種。分子構造および遺伝子構造が解明されている。➡グロブリン

くりしま-すみこ【栗島すみ子】[1902〜1987]映画女優・日本舞踊家。東京の生まれ。本名、池田すみ子。映画「虞美人草ぐびじんそう」に出演し、松竹蒲田撮影所のスターとなる。引退後は日本舞踊に専念。他の映画代表作に「生なさぬ仲」「船頭小唄」など。

くりじめ-の-お【繰締の緒】ーを 鎧よろいや具足の胴の下端につけ、繰締の鐶かんに通して締め、胴を身体に密着させるためのひも。繰締の本緒もとお。

くりじめ-の-かん【繰締の×鐶】ークワン 鎧よろいや具足の

胴の下端背部に取り付けた金属製の輪。緑締の緒を通して締める。

クリシュナ〘梵 Kṛṣṇa〙ヒンズー教神話の神。ビシュヌ神と同一視され、その十大化身の一ともされる。多くの悪鬼を滅ぼし、世を救うための偉業を行ったとされ、彫刻や絵画の題材となっている。

グリシン〘glycine〙最も簡単な構造のアミノ酸。甘味があり、水に溶けやすい白色の結晶。動物性たんぱく質、特にゼラチンなどに多く含まれ、生合成・物質代謝系で重要な役割を果たす。グリココル。

クリス〘フランス coulisse〙ひもやゴムを通すための穴、折り返し。シャツやコートのウエストにひも通しをつけたものや、パンツのウエストをひも留めにしたものなどがある。

グリス〘grease〙►グリース

グリス〘Juan Gris〙[1887～1927]スペインの画家。ピカソ・ブラックらと交わり、キュビスム運動に参加。

クリスクロス-パス〘crisscross pass〙バスケットボールで、三人以上で行うパスの基本練習。

クリスタル〘crystal〙❶水晶。❷結晶。結晶体。❸「クリスタルガラス」の略。

クリスタル-カートリッジ〘crystal cartridge〙ロッシェル塩の圧電原理を応用したレコード再生用カートリッジ。イコライザー特性に近い周波数特性をもち、アンプが安価にできるが、湿度に弱い。

クリスタル-ガラス〘crystal glass〙反射率・屈折率・透明度が高く、輝きに富むガラス。酸化鉄などの不純物を除いて酸化鉛を加えたもので、高級食器・工芸品などに用いる。クリスタルグラス。

クリスタル-ダイオード〘crystal diode〙半導体の結晶の性質を利用して、検波および整流に用いる二端子素子。

クリスタル-ナハト〘ドイツ Kristallnacht〙《水晶の夜の意》1938年11月9日夜から10日にかけて、ドイツ全土にわたって行われた、ナチスによるユダヤ人の迫害。街路が、壊された窓ガラスの破片で埋まり、きらきら輝いていたことから名づけられた。

クリスタル-フルーツ〘crystal fruit〙果実や果皮を糖液に漬けたあと乾燥し、表面に砂糖の結晶をふかせたもの。オレンジ・レモンなどのピールもの、ドレンチェリーなど。ケーキの味つけや飾りに用いる。

クリスタル-マイクロフォン〘crystal microphone〙ロッシェル塩などの結晶板の圧電現象を利用し、音声振動を電気振動に変換させるマイクロフォン。クリスタルマイクロホン。

クリスチーヌ-ド-ピザン〘Christine de Pisan〙[1364ころ～1430ころ]イタリア生まれのフランスの女流詩人・著作家。優雅なバラードを多く作る一方、「薔薇ばら物語」を批判して女性擁護の論陣を張った。

クリスチャニア〘Christiania〙ノルウェーの首都オスロの1924年までの旧称。

クリスチャニア〘ドイツ Kristiania〙《オスロの旧称、クリスチャニアで始まったところから》スキーをそろえたまま急速度で方向変換または停止する技術。

クリスチャン〘Christian〙キリスト教の信者。キリスト教徒。「―ネーム」

クリスチャン〘Christian〙(4世)[1577～1648]デンマーク王・ノルウェー王。在位1588～1648。内外に積極策を実施したが、対外戦争に敗れ、バルト海への支配権を失った。

クリスチャン-サイエンス〘Christian Science〙1866年、米国のメアリ＝エディ夫人が創始したキリスト教の団体。信仰によって罪悪・病気などは癒いやされると主張する。1908年から、日刊紙「クリスチャン-サイエンス-モニター」を発行。

クリスチャンサン〘Kristiansand〙ノルウェー南部の都市。1641年、王クリスチャン4世により創設。クバドラーテンという格子状の街路が現在も残っている。バルト海と北海を結ぶ不凍港をもつ港湾都市として発展。1680年に建造されたクリスチャン要塞がある。

クリスチャンスボー-じょう【クリスチャンスボー城】《Christiansborg Slot》デンマークの首都、コペンハーゲンの中心部、スロッツホルメンにある宮殿。1167年、アブサロン大主教により建設されたが、戦争や火災により破壊と再建がくり返された。そのため、バロック様式、新古典主義様式、ネオバロック様式の三つの建築様式が混在する。デンマーク王室や政府の迎賓館として使われるほか、国会議事堂、最高裁判所、内閣府の施設がある。

クリスチャン-ディオール〘Christian Dior〙►ディオール

クリスチャン-ネーム〘Christian name〙キリスト教で、洗礼に際して授けられる名。洗礼名。霊名。

クリスチャンハウン〘Christianshavn〙デンマークの首都、コペンハーゲンの中心部、南東側の地区名。クリスチャン4世の時代に造られたクリスチャンハウン運河を中心とする。17世紀末の救世主教会や18世紀に建造された煉瓦れんが造りの建物群など、歴史的建造物が数多く残っている。

クリスティ〘Agatha Christie〙[1890～1976]英国の女流推理作家。探偵ポアロやミス＝マープルが活躍する、卓抜した着想・展開の作品を書いた。作「そして誰もいなくなった」「アクロイド殺人事件」「オリエント急行の殺人」など。

クリスティーナ〘Christina〙[1626～1689]スウェーデン女王。在位1632～1654。グスタフ2世の娘。デカルト、グロティウスらと交わり学芸を奨励した。退位後、各地を奔放に旅し、ローマで没。

クリスト〘Cristo〙►キリスト

クリストス-エルコメノス-きょうかい【クリストスエルコメノス教会】《Christos Elkomenos》ギリシャ、ペロポネソス半島南東端の町モネンバシアにある教会。旧市街の中央、ジャミウ広場に面する。11世紀頃に創建され、17世紀に改築。イタロ(イタリア風)ビザンチン様式の建物の一つ。

クリストバル-せき【クリストバル石】《cristobalite》二酸化珪素を主成分とする鉱物。石英・鱗珪りんけい石と多形をなす。無色か白色で、低温型の正方晶系と高温型の等軸晶系とがある。火山岩中の晶洞などに産する。

クリスピー〘crispy〙〔形動〕パリパリしたさま。さわやかなさま。「―な食感」「―タイプのピッツァ」

クリスピー-ファッション〘crispy fashion〙きびきびした、さわやかなイメージのファッション。例えばシャープな仕立ての麻のスーツなど。➡クリスプ

クリスプ〘crisp〙〔形動〕❶布地などが硬く、張りのあるさま。麻のような素材についていうファッション用語。「―な風合いのシャツ」❷食べ物が硬く砕けやすいさま。ぱりぱり、さくさくしているさま。

クリスプ-ショルダー〘crisp shoulder〙硬く角ばった感じのする肩線(ショルダーライン)。

クリスマス〘Christmas｜Xmas〙イエス＝キリストの誕生を祝う祭り。12月25日に行われる。多くの民族にみられた、太陽の再生を祝う冬至の祭りと融合したものといわれる。「Xマス」とも書く。聖誕祭。降誕祭。(季 冬)「ほんものの樅もみは嵐へ―／正雄」

クリスマス-イブ〘Christmas Eve〙クリスマス前夜。12月24日の夜。また、その時に行う祭り。聖夜。イブ。(季 冬)

クリスマス-カード〘Christmas card〙クリスマスを祝って友人などに贈る絵入りのカード。(季 冬)

クリスマスキャロル〘A Christmas Carol〙ディケンズの小説。1843年刊。守銭奴スクルージがクリスマスの前夜に見た夢によって改心し、人間らしい心を取り戻す。

クリスマス-キャロル〘Christmas carol〙クリスマスを祝って歌う歌。クリスマスカロル。(季 冬) ◆書名別項。

クリスマス-ケーキ〘Christmas cake〙クリスマス用のデコレーションケーキ。

クリスマス-セール〘Christmas sale〙デパートや商店などで、クリスマスの買物をあてこんで行う売り出し。

クリスマス-ソング〘Christmas song〙クリスマスに歌われる歌。

クリスマス-ツリー〘Christmas tree〙クリスマスの飾りに立てる木。普通はモミかエゾマツの若木を用い、モール・ろうそく・豆電球などで飾る。

クリスマス-とう【クリスマス島】《Christmas》インド洋、ジャワ島の南約300キロメートルにあるオーストラリア領の島。同国運輸地域省が治める。燐りん鉱石の輸出が主産業だが衰退傾向にある。人口約1400人(2010)。

クリスマス-プレゼント〘Christmas present〙クリスマスの贈り物。

クリスマス-ローズ〘Christmas rose〙キンポウゲ科の多年草。高さ15～30センチ。葉は手のひら状の複葉で、根際から出る。冬から春、花弁状の紫色を帯びた萼がくをもつ花を開く。根を強心・利尿薬としたが、有毒。ヨーロッパの原産で、観賞用。(季 冬)

グリズリー〘grizzly〙北アメリカ北部にすむハイイログマ。

グリセード〘glissade〙登山で、雪の斜面を、ピッケル・つえなどで制動をかけながら、登山靴のままで滑り降りること。

グリセミック-インデックス〘glycemic index〙►GI値

グリセミック-しすう【グリセミック指数】《glycemic index》►GI値

グリセリド〘glyceride〙脂肪酸とグリセリンとのエステル。油脂の主成分。

グリセリン〘glycerin〙三価アルコールの一。無色で甘味を有し、吸湿性をもつ粘りけのある液体。油脂の構成成分。医薬・化粧品・爆薬原料などに利用。グリセロール。

グリセロール〘glycerol〙►グリセリン

グリソン-びょう【グリソン病】くる病の別名。英国の医学者グリソン(F.Glisson)が病因を発見したところからいう。

くり-たい【×栗帯】植生帯の区分の一。ブナ帯とカシ帯の中間にあり、クリ・コナラ・ミズナラなどが自生。

くり-たけ【×栗×茸】モエギタケ科のキノコ。秋、クリ・ナラなどの枯れ木に群生。高さ5～10センチ、傘は褐色。食用。きじたけ。あかんぼう。(季 秋)

くり-だし【繰(り)出し】❶繰り出すこと。また、繰り出す仕組みに作ってあるもの。「一の釣り竿ざお」❷遊女が娼家しょうかから揚屋まで道中すること。「衣装は当風三つ重ね、道中は―の浮き歩み」〈浄・吉野忠信〉

くりだし-あゆみ【繰り出し歩み】遊女が繰り出しのときに歩く歩き方。腰を据えて、足で八の字を描いて静かに歩くこと。「島原風の八文字、―ゆたかにて」〈伎・壬生大念仏〉

くり-だ・す【繰(り)出す】〔動サ五(四)〕❶細長い物を順々に引き出す。「糸を―・す」❷次々に送り出す。「新手を―・す」❸手もとから勢いよく突き出す。「槍を―・す」❹大ぜいがそろって勢いよく出かける。「みこしを―・す」「盛り場へ―・す」

くり-たた・ぬ【繰り▽畳ぬ】〔動ナ下二〕物を手繰り寄せて折り畳む。「君が行く道の長手を―・ね焼き滅ぼさむ天あめの火もがも」〈万・三七二四〉

くりた-ひろし【栗田寛】[1835～1899]幕末・明治期の歴史学者。常陸ひたちの人。号は栗里。水戸の彰考館に入り、「大日本史」の編纂へんさんに参加。著「荘園考」など。

くり-たまばち【×栗×癭蜂】タマバチ科のハチ。体長約3ミリで黒色、腹部は丸く光沢がある。単為生殖で増え、雌のみが知られる。クリの芽に産卵して虫こぶをつくり、幼虫はそれを食べ、夏に成虫となって出る。中国大陸からの帰化昆虫。

グリチルリチン〘glycyrrhizin〙マメ科の植物である甘草かんぞうの甘味成分。このナトリウム塩が食品添加物の人工(合成)甘味料で、しょうゆとみそにのみ使用できる。甘味は砂糖の100～300倍。

クリッカー〘clicker〙《かちっという音を出すものの意》❶犬などのしつけに使用する器具。正しい行動をとった際に音を出し、同時にえさなどを与えて条件

反応を形成させる。❷アーチェリーで、矢を一定の長さに引きしぼるための金属片。矢の先ではじかれて出る音が、発射の合図となる。❸ARS(オーディエンスレスポンスシステム)の一。聴衆が手元にある端末のボタンを押して回答すると、即座に集計されてスクリーンなどに表示されるシステム。

クリッカブル-マップ〖clickable map〗ハイパーリンクが張られたウェブページ上の画像のこと。マウスポインターを画像の上へ移動させるとクリックできるようにポインターの形状が変化する。クリックすることにより、あらかじめ指定されたページへ移動することができる。イメージマップ。

クリック〖click〗❶電気機器などで、かちっという音。「―ノイズ」❷コンピューターで、マウスのボタンを押す操作。

クリック〖Francis Harry Compton Crick〗[1916〜2004]英国の分子生物学者。デオキシリボ核酸(DNA)の二重螺旋(らせん)構造モデルをJ=D=ワトソンと共同で提出。1962年、ワトソン、ウィルキンズとともにノーベル生理学医学賞受賞。

クリック-ホイール〖click wheel〗機器を操作する入力装置の一。円盤状のタッチホイールの中央に、クリックするためのボタンを配置したもの。米国アップル社の携帯型デジタルオーディオプレーヤー、iPodの一部に搭載されている。

グリッサンド〖(イタリア) glissando〗ピアノ・ハープ・木琴などで、滑るように急速に音階を奏すること。

グリッシーニ〖(イタリア) grissini〗ステッキのように細長く、堅い、イタリア独特のパン。パスタ料理にそえたり、ワイン・ビールなどのつまみに用いる。

グリッチ〖glich〗❶電子回路における、接触不良などで生じる雑音。❷高速回転する中性子星であるパルサーの回転周期が突然ごくわずかに短くなる現象。中性子星の外殻構造の変化により、内部から外殻に向かって角運動量が輸送されることで起こる。星震の一種と考えられている。

グリッド〖grid〗❶鉄格子。また、魚の焼き網。❷電子管の陽極と陰極との間に置かれる電極。格子。

グリッド-コンピューティング〖grid computing〗ネットワークを介して複数のコンピューターを結びつけることにより、スーパーコンピューター並みの高速処理を実現するシステム。分散コンピューティングも同義。

グリッド-ロック〖grid lock〗❶交差点などでの交通渋滞。❷比喩的に、政治で身動きがとれない状態。日本のねじれ国会のような状況。手詰まり。

クリッパー〖clipper〗❶草刈り機。❷毛髪用の鋏(はさみ)。また、羊の毛を刈る鋏。❸快速の大型帆船。特に19世紀中ごろ、遠洋航路で活躍した帆船。多数の帆と頑丈な船体をもつ。❹長距離用の快速飛行艇。

クリッピング〖clipping〗❶切り取ること。切り抜くこと。❷アイスホッケーで、パックを持った相手の選手の前に出て、滑り込んだり、倒れたりして、パックを離させようとする行為。反則となる。❸コンピューターグラフィックスにおいて図形を表示する際、表示領域外の部分を消去する手法。二次元と三次元のクリッピングがある。

クリッピング-サービス〖clipping service〗新聞・雑誌などの記事の切り抜きを整理して提供すること。また、それを行う企業。

クリッピング-ビューロー〖clipping bureau〗新聞・雑誌などの定期刊行物記事の切り抜きをまとめて専門に印刷販売する会社。

クリップ〖clip〗❶物の端を挟んで留める、小形の金具。紙挟みや万年筆のキャップについている留め金など。❷毛髪を巻きつけウエーブをつけるために使う道具。「ヘアー」

グリップ〖grip〗〔名〕(スル)❶バット・ラケットやゴルフのクラブ、一眼レフカメラなどの握りの部分。また、その握り方。「―が悪い」❷物をしっかりと握ること。物をしっかりととらえること。また、その性能。「ラインを外れて走るとタイヤが急に―しなくなる」「しっかりと靴底が―する」「接地性を高めることで―を高める」〘類語〙取っ手・握り・ノブ・つまみ・ハンドル・柄(え)・柄(つか)・把手(はしゅ)

グリップ-エンド《和 grip＋end》バットやラケットなどの握りの端の部分。

クリップ-オン〖clip on〗フレーム(つる)に、クリップでグラスを留める方式の眼鏡やサングラス。

グリップスホルム-じょう【グリップスホルム城】《(スウェーデン) Gripsholm Slott》スウェーデン、ストックホルムの西方約60キロメートル、メーラレン湖に面する町、マリエフレードにある城。14世紀に要塞として建造されたが、16世紀に国王グスタフ1世が改築。現在は王室が所蔵する肖像画コレクションを展示している。

クリップボード〖clipboard〗❶書類を留める金具がついた筆記用の板。❷コンピューターで文字や画像のコピーやペーストを行う際、データを一時的に保存する機能。

クリティカル〖critical〗〔形動〕❶重大なさま。危機的。「―な状況」❷批判的。「―な態度」

クリティカル-イレブンミニッツ〖critical eleven minutes〗《クリティカルは危機的の意》飛行機の離陸後3分と着陸前8分の、合計11分間。雪や突風など天候の影響、鳥の衝突、操縦がマニュアルに切り替わることによるヒューマンエラーなどの危険な要素が増加し、事故が起こりやすくなる時間帯。魔の11分。➡ステライルコックピット

クリティカル-パス〖critical path〗❶プロジェクトの全工程を最短時間で完了するために重要な作業経路。製造業の業務を効率化・標準化し、作業工程を分析・管理する手法として、1950年代に米国で開発された。最長経路。臨界経路。〘補説〙製品Pを完成させるためにS_1・S_2・S_3という三つの工程が必要であるとする。工程S_1・S_2・S_3はプロジェクトの開始から終了までの間に並行して進めることができる独立した工程で、相互に依存しない。S_1では三つの作業a・c・fをこの順番で行う必要があり、2か月を要する。S_2では作業b・dをこの順番で行う必要があり、1か月を要する。S_3では作業eを行い、1.5か月を要するとする。三つの工程が順調に進めば2か月で製品を完成できるが、工程S_1の作業a・c・fのどれか一つでも遅れると、プロジェクト全体の製造期間に遅延が生じる。一方、工程S_2には1か月、S_3には0.5か月の余裕がある。S_1は、製品Pを最短時間で完成させるために遅れることのできない重要な工程であり、こうした一連の作業の経路(作業a→c→f)をクリティカルパスという。これは、製品を完成させる複数の工程のうち最も期間の長い作業経路なので、最長経路ともいう。❷❶の工程管理手法を医療に応用したもの。1980年代に米国で開発され普及した。「クリニカルパス」と同義。

クリティカル-ポイント〖critical point〗❶臨界点。臨界温度下で気体が液化する場合の圧力と体積を示す点。❷(比喩的に)物事が限界に達する段階・時点。

クリティシズム〖criticism〗批評。批判。

クリティック〖critic〗批評家。批判者。

くり-ど【繰(り)戸】雨戸など、1本の溝を通して戸袋から順に1枚ずつ出し入れする戸。

クリトリス〖clitoris〗陰核(いんかく)。

クリニカル-パス〖clinical path〗入院中に行われる検査・処置・指導・看護・食事などを入院から退院までの時間順にまとめた表。診療計画表。クリティカルパスともいう。

クリニクラウン〖cliniclown〗《clinic(病院)とclown(道化師)の合成語》けがや病気で入院している子供の病室を訪ね、子供と一緒に遊び、演技を見せて楽しませる道化師。子供が笑いを取り戻すだけでなく、臨床的効果も上がるとされる。臨床道化師。ホスピタルクラウン。

クリニック〖clinic〗❶診療所。❷臨床講義。〘類語〙病院・医院・療養所・サナトリウム・ホスピス・産院

グリニッジ〖Greenwich〗英国、ロンドン東部の地区。テムズ川南岸で、グリニッジ天文台があった。1997年、世界遺産(文化遺産)に登録された。グリニジ。グリニッチ。

グリニッジ-じ【グリニッジ時】▶世界時

グリニッジ-しごせん【グリニッジ子午線】▶本初子午線

グリニッジ-てんもんだい【グリニッジ天文台】英国の天文台。1675年、国王チャールズ2世によりグリニッジに設立。1884年、ここを通る子午線を本初子午線とし、世界時の基準として決定した。1945年から1958年にかけてグレートブリテン島南端のハーストモンソーに移転。1990年にはさらにケンブリッジに移転し、1998年、天文台としての活動を終了。〘補説〙グリニッジにある旧天文台の建物は、現在は国立海事博物館となっている。

グリニッジ-ひょうじゅんじ【グリニッジ標準時】(ジーエムティー)▶世界時

グリニッジ-ビレジ〖Greenwich Village〗米国、ニューヨーク市マンハッタン南西の地区名。1910年ごろから芸術家の集まる町となった。

グリニッチ〖Greenwich〗▶グリニッジ

グリニャール〖François Auguste Victor Grignard〗[1871〜1935]フランスの化学者。有機合成にマグネシウムを用いる反応を研究し、グリニャール試薬を発明。1912年、P=サバティエとともにノーベル化学賞受賞。

グリニャール-しやく【グリニャール試薬】有機合成に利用される試薬の一。有機ハロゲン化マグネシウム化合物のエーテル溶液の総称。一般式RMgX(Rはアルキル基、Xはハロゲン)で表される。各種有機化合物の合成、活性水素の定量などに利用。

くり-ぬき【×刳り▽貫き｜×刳り抜き】くりぬくこと。また、くりぬいたところや物。「桐の―の手炉(てあぶり)に桜炭が埋(い)けって」〈紅葉・二人女房〉

くり-ぬ・く【×刳り▽貫く｜×刳り抜く】〔動カ五(四)〕物をえぐって穴をあける。えぐって中の物を取り出す。「岩壁を―・く」「目玉を―・く」〘類語〙ほじくる・くる

くり-ねずみ【×栗×鼠】❶リスの別名。❷「栗鼠色」の略。❸馬の毛色名。栗毛にねずみ色のかかったもの。

くりねずみ-いろ【×栗×鼠色】栗色を帯びたねずみ色。くりねずみ。

くりのこ-もち【×栗の子餅｜×栗の粉餅】栗の粉を混ぜ入れて作る餅。また、栗の粉をまぶした餅。重陽(ちょうよう)の節句に作った。栗粉の餅。〘季 秋〙

くり-のべ【繰(り)延べ】❶繰り延べること。延長。「雨天のため大会は来週に―になる」❷売買取引の決済を、ある期間先へ延ばすこと。

くりのべ-かんじょう【繰延勘定】(ていたこんてい)本来は費用または収益であるが、期間損益を正しく計算する必要から、資産として処理された勘定。長期前払費用と繰延資産とをいう。

くりのべ-しさん【繰延資産】すでに支出された費用ではあるが、その効果が将来に及ぶとされるため、全額を当期の費用とせずに次期以降にも配分する会計処理方法として、経過的に計上される資産。創立費・開業費・開発費・社債発行費・株式交付費などがある。

くりのべぜいきん-しさん【繰延税金資産】税効果会計で使用する勘定科目の一つ。企業会計で計上した費用の一部が、税務上はその会計期間の損金と認められず、翌期以降に損金算入される場合、会計上と税務上の税額の差異を繰延税金資産として貸借対照表に計上する。また、企業に税務上の繰越欠損金があり、その繰越期間内に十分な課税所得が見込まれる場合も、繰延税金資産を計上することができる。ただし、業績が低迷し、繰延税金資産を回収するために十分な所得が得られない場合は、繰延税金資産に資産性がないと判断され、取り崩さなければならない。この場合、企業の自己資本比率が低下し、財務状況が悪化する場合がある。

くり-の・べる【繰(り)延べる】〔動バ下一〕文くりの・ぶ〔バ下二〕❶日時や期限を先へ延ばす。延期する。「返済予定を―・べる」❷細長い物を順々にのばしていく。繰り出す。「綱は少し宛―・べられた」〈葉山・海に

生くる人々〉 (類語)持ち越す
クリノメーター〖clinometer〗地層の走向と傾斜とを測定する器具。長方形の板に磁針・水準器・おもりを組み込んだもの。傾斜儀。測斜計。
くり-の-もと【×栗の本】❶鎌倉時代、狂歌を詠む一派のこと。無心。➡柿の本 ❷卑俗・こっけいを主とした連歌。無心連歌。
くりのもと-の-しゅう【×栗の本の衆】鎌倉中期に現れた、こっけいな作風の連歌を作った人々の称。無心衆。➡柿の本の衆
クリノリン〖crinoline〗スカートを張らせるためのアンダースカートおよびその材料。丸い輪の形をしたかごのように作った枠に布などを張ったもの。
クリノリン-ドレス〖crinoline dress〗クリノリンを使って、スカート部分にボリュームをもたせたワンピースドレス。
くり-ばち【×刳り鉢】木をくりぬいて作った鉢。
くりはま【久里浜】神奈川県横須賀市の地名。浦賀水道に面し、嘉永6年(1853)のペリー上陸の地。
ぐり-はま《「はまぐり」の「はま」と「ぐり」を逆さにした語》物事の手順、結果が食い違うこと。ぐれはま。「何もかも―になる」「おめえ達の奇談は、いつでも―、とんちんかんだから」〈魯文・西洋道中膝栗毛〉
くりはら【栗原】宮城県北部にある市。同県最大の面積で稲作が盛ん。平成17年(2005)4月、栗原郡10町村が合併して成立。人口7.5万(2010)。
くりはら-し【栗原市】▶栗原
くり-は-らん【×栗葉×蘭】ウラボシ科の常緑、多年生のシダ。関東以西の山地の湿った林下に生える。茎は太い針金状で暗褐色の鱗片(りんぺん)があり、大きな葉をまばらに出す。葉は長楕円形。
クリビ〖kulibit〗▶クリビッ
クリビア〖clivia〗君子蘭(くんしらん)の別名。
クリビッ〖kulibit〗フィリピン、ルソン島北部の竹筒琴。竹自体から切り出した弦の両端に小さな柱(じ)を立て、両手の指で弦をはじいて奏する。クリビット。クリビ。
クリビット〖kulibit〗▶クリビッ
くり-ひろ・げる【繰(り)広げる】〔動ガ下一〕図くりひろ・ぐ〔ガ下二〕❶順々に広げる。「巻き物を目の前に―・げる」❷新しい情景を次々に展開する。「熱戦を―・げる」「華麗な舞台が―・げられる」
グリファダ〖Glyfada〗ギリシャの首都アテネの南郊の一地区。エーゲ海に面し、保養地として知られる。高級ホテル・レストラン・高級ブティックなどが集まる。
グリフィス〖David Wark Griffith〗[1875～1948]米国の映画監督。多様な表現技法を開拓、映画芸術の父とよばれる。作「国民の創生」「イントレランス」。
グリフィス〖William Elliot Griffis〗[1843～1928]米国の教育者・宗教家。1870年、来日。福井藩の理科教師となり、のち、大学南校で教える。帰米後、講演や著述で日本を紹介。著「ミカドの国」など。
グリフィス-てんもんだい【グリフィス天文台】《Griffith Observatory》米国カリフォルニア州、ロサンゼルス北西部、ハリウッドのグリフィスパーク内にある天文台。天体望遠鏡での観察会やプラネタリウムのショーが行われる。市街を一望できる夜景の名所としても有名。
グリフィン〖griffin〗▶グリュプス
クリフォーズ-タワー〖Clifford's Tower〗英国イングランド北東部の都市ヨークにある塔。13世紀にヘンリー3世により再建されたヨーク城の一部。小高い丘の上にあり市街を一望できる。
グリフォン〖griffon〗▶グリュプス
くり-ぶち【×栗×駁】馬の毛色の名。栗毛のぶちのあるもの。くりげぶち。
クリフデン〖Clifden〗アイルランド西部の町。クリフデン湾に注ぐオーウェングレン川の河口に位置する。コネマラ地方の中心地であり、コネマラ国立公園、カイルモア修道院、イニシュボーフィン島への観光拠点になっている。クリフトゥン。
クリプト〖crypt〗西欧の教会堂の地下室。
クリフトゥン〖Clifden〗▶クリフデン
クリプトコッカス-しょう【クリプトコッカス症】(シャウ)《cryptococcosis》クリプトコッカスという真菌による急性・亜急性・慢性の感染症。肺や全身に真菌症を起こす。
クリプトスポリジウム〖cryptosporidium〗ネズミやネコ、ウシやブタなどに寄生する原虫。人に感染すると激しい下痢を起こす。
グリプトドン〖glyptodont〗グリプトドン科の絶滅した哺乳類。北・南アメリカに更新世に栄えた大形の貧歯類。1枚の巨大な甲をもつ。
クリプトロジー〖cryptology〗情報の保護や機密保持などのために、音声、文書や画像などを第三者に知られないようにする暗号の作成方法。また、それらの解読に関する研究。暗号学。
クリプトン〖krypton〗希ガス元素の一。空気中に微量存在する無色無臭の気体。原子スペクトルの波長は長さの単位メートルの基準にされる。元素記号Kr　原子番号36。原子量83.80。
クリプトンイオン-レーザー〖Krypton ion laser〗▶クリプトンレーザー
クリプトン-きゅう【クリプトン球】(キウ)クリプトンガスを封入した小型電球。従来の電球より明るく寿命も長い。
クリフトン-つりばし【クリフトン×吊り橋】《Clifton Suspension Bridge》英国イングランド南西部の都市ブリストル西部のエイボン渓谷に架かる鉄製の吊り橋。土木・造船技術者ブルネルの設計で1864年に完成。全長414メートル、水面からの高さは76メートル。
クリプトン-はちじゅうご【クリプトン85】(ハチジフゴ)《krypton 85》核分裂生成物として原子炉や再処理工場の運転により生成する放射性物質。不活性ガス。半減期10.3年。
クリプトン-レーザー〖Krypton laser〗クリプトンイオンのガスを用いる気体レーザー(イオンレーザー)。黄色から赤色の比較的波長が長い可視光を発する。アルゴンと混合することで可視光全体、または白色のレーザーを得ることができる。クリプトンイオンレーザー。
くり-ふね【×刳り舟】《「くりぶね」とも》一本の木をくりぬいてつくった舟。丸木舟。空舟(うつほぶね)。
グリベック〖Glivec〗慢性骨髄性白血病などに対する分子標的治療薬「イマチニブ」の商品名。
クリボイ-ログ〖Krivoy Rog〗ウクライナ中南部の重工業都市。世界有数の鉄鉱石の産地で、鉄鋼・機械などの工業が盛ん。人口、行政区68万、都市圏68万(2008)。
グリボエードフ〖Aleksandr Sergeevich Griboedov〗[1795～1829]ロシアの劇作家・外交官。当時の農奴制社会の悪徳を風刺、ロシア写実主義文学の先駆者となった。喜劇「知恵の悲しみ」など。
グリホサート〖glyphosate〗アミノ酸系除草剤の一種。グリシンにリン酸を導入した誘導体。化学名はN-ホスホノメチルグリシン。雑草の茎や葉に散布して使用。植物のアミノ酸合成を阻害し、枯死させる。ほとんどの植物に非選択的に作用するが、動物には毒性を示さないとされる。また、土壌に達すると微生物によって分解されるため、安全性が高いとされる。グリホサートに耐性をもつ遺伝子組み換え作物が開発され、農地の除草にも使用されている。
くり-まわし【繰(り)回し】(はし)金銭などをやりくりすること。「増抵当や追ジキに追われ続けで最う殆んど―が付かないのです」〈魯庵・社会百面相〉
くり-まわ・す【繰(り)回す】(はす)〔動サ五(四)〕金銭などを、都合をつけてやりくりする。「隠居の臍(へそ)くを予算に入れて―・していた」〈紅葉・二人女房〉
くり-まんじゅう【×栗×饅×頭】(マンヂュウ)栗あん、または蜜漬けの栗をまぜた白あんを皮で包み、上面に卵黄を塗ってつやよく焼き上げた和菓子。(季 秋)
クリミア〖Crimea〗クリムの英語名。
クリミアコンゴ-しゅっけつねつ【クリミア-コンゴ出血熱】《Crimean-Congo hemorrhagic fever》クリミア-コンゴウイルスの感染による病気。感染症予防法の1類感染症、検疫法の検疫感染症の一つ。1944年ウクライナのクリミア地方で、1956年にコンゴで集団感染が発生。2～9日くらいの潜伏期間の後、高熱・頭痛・腰痛・結膜炎・咽頭炎、消化器官の出血による下血などが起こり、死亡することもある。ヤギ・ヒツジ・牛などが宿主で、ダニを介して感染することが多い。CCHF。
クリミア-せんそう【クリミア戦争】(センサウ)1853～56年、ロシアと、トルコ・イギリス・フランス・サルデーニャ連合軍との間で起きた戦争。聖地エルサレムの管理権をトルコに要求して南下を図ったロシアに対し、阻止しようとするイギリスなどがクリミア半島に出兵して参戦。ロシアが敗北した。
クリム〖(ロシア) Krïm〗ウクライナ南部、黒海に突出した半島。19世紀まではロシアとトルコ系民族との抗争の地。気候は温暖でヤルタなどの保養地があり、果樹栽培が行われる。クリミア。
グリム〖Grimm〗㊀(Jacob～)[1785～1863]ドイツの言語学者・文献学者。㊁の兄。弟とともに「グリム童話」「ドイツ語辞典」などを編集。また、「ドイツ語文法」を著し、ゲルマン語の子音推移の法則(グリムの法則)をたてた。㊁(Wilhelm～)[1786～1859]ドイツの言語学者・文献学者。㊀の弟。兄と共編したもののほかに「ドイツ英雄伝説」などの著書がある。
くり-むし【×栗虫】クリシギゾウムシの幼虫。栗の害虫。(季 秋)
グリムズビー〖Grimsby〗英国、イングランド北東部の都市。北海漁業の基地。
クリムソン〖crimson〗《「クリムゾン」とも》濃い紅色。深紅色。
クリムソン-レーキ〖crimson lake〗深紅色の西洋絵の具。
クリムト〖Gustav Klimt〗[1862～1918]オーストリアの画家。象徴主義の影響下に、装飾性の強い官能美をたたえた作品を描き、ユーゲントシュティールの代表的存在となった。
グリム-どうわ【グリム童話】ドイツのグリム兄弟が、ドイツや周辺地域の民話を収集し、再編した童話集。初版は1812年、第7版は1857年刊。「シンデレラ」「赤頭巾」「白雪姫」などを収録する。
クリム-ハンこく【クリムハン国】1426年ころ、クリミア半島を中心に成立したモンゴル系のハン国。キプチャクハン国の始祖バトゥの弟の子孫が建設。15世紀後半にオスマン帝国の属国となり、1783年ロシア帝国に滅ぼされた。哥里米汗国。クリミアハン国。
くり-めいげつ【×栗名月】《この夜の月見に栗を供えたところから》陰暦9月13日夜の月。のちの月。豆名月。(季 秋) (類語)後の月・豆名月・名残の月
くり-めし【×栗飯】栗を入れて炊いた飯。栗の飯。(季 秋)「一のまったき栗にめぐりあふ/草城」
クリモグラフ〖climograph〗▶クライモグラフ
くりもと-かおる【栗本薫】(カヲル)[1953～2009]小説家・文芸評論家。東京の生まれ。本名、今岡純代(すみよ)。評論家としての名義は中島梓(あずさ)。ミステリー・SF・ファンタジー執筆など幅広く活躍。「ぼくらの時代」で江戸川乱歩賞受賞。SF「グイン・サーガ」シリーズのほか、「絃(いと)の聖域」などがある。
くりもと-じょうん【栗本鋤雲】[1822～1897]旧幕臣・新聞記者。江戸の人。名は鯤(こん)。別号、匏庵(ほうあん)。外国奉行として幕末外交に活躍。のち、郵便報知新聞の編集主任。著「匏庵遺稿」。
くり-もど・す【繰(り)戻す】〔動サ五(四)〕順々にもとに戻す。「話を―・す」
くりもと-は【×栗本派】幸阿弥6代長清の子、栗本幸阿弥を祖とする蒔絵(まきえ)の一派。➡幸阿弥派
くり-や【×厨】《「涅(くり)屋(や)」の意で、黒くなっているところから》食物を調理する場所。台所。
くり-や【繰(り)矢】矢の一。矢竹は焦篦(こがしの)で、根元が木、矢羽は鴨の第1羽。遠矢(とおや)に用いた。
クリヤー〖clear〗▶クリア
くりやがわ-の-き【厨川の柵】(くりやがは)岩手県盛岡市の北西部にあった古代の砦(とりで)。康平5年(1062)前九年の役で、源頼義・義家父子が安倍貞任(さだとう)・宗任

㌔兄弟を攻め滅した所。

くりやがわ-はくそん【厨川白村】[1880～1923]英文学者・評論家。京大教授。京都の生まれ。本名、辰夫。「近代文学十講」で、西欧の近代文学思潮を体系的に解説。他に「象牙の塔を出でて」「近代の恋愛観」など。

くりやき【栗焼】狂言。主人の命令で栗を焼いていた太郎冠者が、みな食べてしまい、苦しまぎれに竈の神に進上したといってごまかす。

くりやま-せんぽう【栗山潜鋒】[1671～1706]江戸中期の儒学者。山城の人。名は愿。山崎闇斎の門下。徳川光圀に招かれ、「大日本史」の編纂に従事。著「保建大記」「倭史後編」など。

くりやま-だいぜん【栗山大膳】[1591～1652]江戸前期の筑前福岡藩の家老。名は利章。藩主黒田忠之の行状をいさめたが聞き入れられず、幕府に出訴。黒田騒動の主人公として、講談・芝居などに脚色されている。

くりや-め【×厨女】台所の仕事をする女。水仕女。「一のきよげなるが、さし出でて」〈枕・六〇〉

くりや・る【▽呉りやる】〔動ラ四〕《「く(呉)れやる」の音変化》❶「くれる」に軽い尊敬の意を添える。くださる。「そなたのお戻りやるを待ちかねたほどに、いとまを一・れ」〈虎明狂・箕被〉❷(補助動詞)動詞の連用形に接続助詞「て」を添えた形に付いて、…してくださるの意を表す。「わごりょの在所へ秘計して売って一・れ」〈虎明狂・伯母が酒〉

グリュイエール〖Gruyères〗スイス西部、フリブール州の町。グリュイエールチーズの名称の由来となった産地として有名。

グリュイエール-チーズ〖Gruyère cheese〗ガス孔のある硬質チーズ。チーズフォンデュやグラタンなどに用いる。(補説)グリュイエールはスイスの地名。

クリューガー〖Stephanus Johannes Paulus Krüger〗[1825～1904]南アフリカのボーア人政治家。トランスバール共和国最後の大統領。在任1883～1899。英国の併合政策に抵抗して南ア戦争を起こしたが敗れ、スイスに亡命。

グリューネワルト〖Matthias Grünewald〗[1470ころ～1528]ドイツの画家。ゴシックの伝統とルネサンスの新要素とが拮抗する、表現主義的な画風で知られる。作「イーゼンハイム祭壇画」など。

クリュシッポス〖Chrysippos〗[前280ころ～前207ころ]古代ギリシャの哲学者。ストア学派の第3代学頭。同学派の学説を初めて体系化した。

クリュチェフスカヤ-さん【クリュチェフスカヤ山】《Klyuchevskaya Sopka》ロシア連邦北東部、カムチャツカ半島中東部にある活火山。同半島の最高峰(4750メートル)。17世紀末の噴火記録があり、以降、噴火を繰り返している。また、1935年に創設されたカムチャツカ火山観測所がある。クリチェフスコイ自然公園内に位置し、2001年に「カムチャツカの火山群」の名称で世界遺産(自然遺産)に拡大登録された。

グリュックスブルク-じょう【グリュックスブルク城】《Schloß Glücksburg》ドイツ北部、シュレースウィヒ-ホルシュタイン州の都市、フレンスブルクの近郊にあるルネサンス様式の城。1582年から1587年にかけて建造された。広大な池に囲まれた白亜の水城として、観光客に人気がある。

クリュニー-しゅうどういん【クリュニー修道院】《Abbaye de Cluny》フランス中東部、ブルゴーニュ地方、ソーヌ-エ-ロアール県の村クリュニーにあったベネディクト会修道院。910年、アキテーヌ公ギョーム1世が創設。11世紀に修道院の俗化に対抗する改革運動の中心地となったことで知られる。12世紀当時、キリスト教建築の最大の規模を誇り、ブルゴーニュ派ロマネスク様式の傑作とされたが、フランス革命などで荒廃し、現在は遺構がわずかに残るだけとなっている。

グリュプス〖Gryps〗ギリシャ神話で、頭と翼は鷲、胴はライオンの形をした怪物。グリフィン。グリフォン。

く-りょ【苦慮】〔名〕スル 苦心して、いろいろと考えること。思い悩むこと。「対応に一する」
(類語)苦心・腐心・鏤骨・悩む・苦しむ・煩う・悶える・思い煩う・思い迷う・思い乱れる・苦悩する・懊悩する・煩悶する・憂悶する・苦悶する・頭を痛める・頭を悩ます・思い詰める

ぐ-りょ【愚慮】おろかな考え。また、自分の考えをへりくだっていう語。「百般これを一なすに交際は信を失うべからず」〈染崎延房・近世紀聞〉

く-りょう【供料】供養とする金品。「これに夏冬の法服を賜び、一をあてたびて」〈大鏡・実頼〉

くり-ようかん【×栗羊×羹】小豆の練り羊羹の中に、蜜煮の栗を散らして入れたもの。また、裏ごしした栗あんだけで作った羊羹。(季 秋)

くり-ようじ【久里洋二】[1928～]漫画家・アニメーション作家。福井の生まれ。本名、栗原英夫。横山泰三らに師事し、斬新なタッチの漫画で話題を呼んだ。アニメーションでは次々に実験的な手法を繰り出し、国際的に高い評価を得る。アニメーション映画「人間動物園」「ゼロの発見」「部屋」など。

くり-よ・せる【繰(り)寄せる】〔動サ下一〕図くりよ・す〔サ下二〕❶たぐって手元に引き寄せる。たぐり寄せる。「魚網を一・せる」❷次々に詰め寄せる。「城壁に一・せる敵軍」

グリル〖grill〗❶肉や魚の焼き網。また、それで焼いた料理。❷《grill roomから》ホテルなどの、洋風の一品料理などを供する軽食堂。

グリル-ガード《和 grille＋guard》自動車のラジエーターグリルの前に付ける太い鋼管の保護材。四輪駆動車などに付けることが多い。

クリルタイ〖Quriltai〗《集会の意》北アジアの遊牧民族で行われた、部族の長や有力者たちの会合。ハンの選挙、戦争の開始と終結、法令の制定などの重要事項を協議した。

グリルパルツァー〖Franz Grillparzer〗[1791～1872]オーストリアの劇作家。ロマン主義の時代にあって、古典主義への復帰を理想とした。戯曲「サッフォー」「金羊毛皮」、小説「哀れな辻音楽師」など。

クリル-れっとう【クリル列島】《Kuril'skie Ostrova》▶千島列島

くり-わた【繰(り)綿】綿繰り車にかけ、種の部分を取り去っただけの、まだ精製していない綿。

く-りん【九輪】寺の塔の頂上部、露盤上の柱にある九つの輪装飾。相輪の一部で、傘蓋の数が増して変形したもの。俗に相輪ともいう。宝輪。空輪。

く-りん【苦輪】仏語。六道生死の苦しみが繰り返されて止まないこと。回り続ける車輪にたとえていう。

クリン〖Klin〗ロシア連邦西部の町。首都モスクワの北西約90キロメートル、ボルガ川の支流セストラ川沿いに位置する。作曲家チャイコフスキーが晩年を過ごした家があり、博物館として公開されている。

グリンカ〖Mikhail Ivanovich Glinka〗[1804～1857]ロシアの作曲家。ロシア国民楽派の祖とされる。作品に、オペラ「ルスランとリュドミラ」など。

クリンカー〖clinker〗鉱物質が半溶融状態で焼き固まった塊。粉砕するとセメントになる塊、燃料の燃焼によって窯の壁面などに融着した灰、過焼されて溶融状態になり変形したれんがなど。焼塊。

クリンガー〖Friedrich Maximilian von Klinger〗[1752～1831]ドイツの劇作家・小説家。ゲーテ・レンツらとともに新文学運動を展開。戯曲「シュトゥルムウントドラング(疾風怒濤)」がこの運動の名称となった。➡シュトゥルムウントドラング

クリンカー-ビルト〖clinker-built〗ボートの建造法。細長い外板を順々に重ね合わせて釘付けにした構造。カッター・救命艇などに用いる。

クリンギー-ルック〖clingy look〗《clingyは、くっつく、ねばりつく、の意》身体にぴったりフィットして巻きつくような感じのファッションのこと。素材はニットや、合成繊維、絹などが使われる。

くりん-そう【九輪草】サクラソウ科の多年草。山間の湿地に生える。葉は根生し、長楕円形で縁にぎざぎざがある。初夏、長い柄を伸ばし、紅紫色の花を数層に輪生する。観賞用に栽培。(季 夏)「一四五りん草で仕廻ひけり／一茶」

ぐりん-だま【▽屈輪玉】香合などで、唐草または渦のような模様のある球形のもの。

クリンチ〖clinch〗〔名〕スル ボクシングで、相手のからだに組みついて相手の攻撃を防ぐこと。

グリンツィング〖Grinzing〗オーストリアの首都、ウィーン北部の町。ホイリゲと呼ばれる、ワインの新酒を飲ませる酒場が数多くあることで知られる。

グリンデルワルト〖Grindelwald〗スイス中南部、ベルン州、ベルナーオーバーラントにある村。標高1067メートル。「ユングフラウ・アレッチ・ビーチホルン」の名称で世界遺産に登録されている地域の観光拠点。冬はスキー、夏はハイキングの観光客でにぎわう。

クリントン〖Clinton〗㊀(William Jefferson ～)[1946～]米国の第42代大統領。在任1993～2001。民主党。政府による産業協力を積極的に行い米国の好景気を演出。1998年には財政赤字の解消に成功した。ビル＝クリントン。➡ブッシュ㊁ ㊁(Hillary Rodham ～)[1947～]米国の国務長官。㊀の妻。夫の大統領在任中から医療保険改革などに携わり、2001年から上院議員。2008年の大統領選挙では、民主党の候補者指名をオバマと争い、敗れた。2009年からオバマ政権の国務長官。

グリン-ピース〖green peas〗《「グリーンピース」とも》さやの中の緑色の種子を食用とするエンドウ。あおえんどう。青豆。

クリンプ〖crimp〗繊維の縮れ。ウールや綿などにみられ、素材に弾力性と保温性をもたせる。

グリンプス〖glimpse〗ちらりと見ること。一瞥。また、その印象。

グリンメルスハウゼン〖Hans Jakob Christoffel von Grimmelshausen〗[1622ころ～1676]ドイツの小説家。「阿呆物語」は、教養小説の先駆とされる。

く-る【×佝×僂・×痀×瘻】▶佝僂病

くる【▽枢】「くるる(枢)」に同じ。「群玉の一にくぎ鎖し固めとし妹が心は動くなめかも」〈万・四三九〇〉

くる【来る】〔動カ変〕図く〔カ変〕❶空間的に離れているものが自分のいる方・所へ向かって動く。また、近づく。㋐こちらに近づいたり着いたりする。接近・到着する。訪れる。「バスがきた」「留守に友人がきた」「霜のこないうちに取り入れを済ませる」㋑自分が今いる所を、再び、また以前にたずねる。やってくる。「いつかきた町」「また明日きます」㋒物が届く。「便りがくる」「ようやく注文した本がきた」㋓鉄道・水道などの設備が通じる。「この町にはまだガスがきていない」❷時間的に近づく。ある季節・時期・時間になる。「春がきた」「時間がきたので終わりにする」「行く年くる年」❸事態が進んで、ある状態に至る。「もはや救いようのないところまできている」「使いづめでがたがくる」「もともと体が弱いところへきて、この暑さですっかりまいってしまった」❹(「…からくる」の形で)㋐そのことが原因・契機になってある事態が生じる。起因する。「疲労からきた病気」「倒産は経営の不手際からきている」「信念からくる実行力」㋑由来する。「ギリシャ語からきた言葉」❺何かによって、ある反応・感覚・感情が起こる。「ぴんとくる」「胸にじんとくる温かい言葉」❻(「…ときたら」「…ときては」「…とくると」などの形で)ある物事を特に取り上げ強調して言う意を表す。特に…の場合は。…について言うと。「酒とくると、からっきしだめだ」「甘い物ときたら、目がない」❼《近世語から》恋い慕う気持ちが起こる。ほれる。「君はよっぽど、どら吉にきているな」〈逍遥・当世書生気質〉❽あるやり方でこちらに働きかける。「数でこられたらかなわない」❾(補助動詞)動詞の連用形に接続助詞「て」が付いた形に付く。㋐少しずつ移行したり、程度が進んだりして、しだいにその状態になる。だんだん…になる。「日増しに暖かくなってきた」「最近太ってきた」㋑ある動作・状態が前から続いている。ずっと…する。…しつづける。「再三、注意してきたことだが」「改良を重ねてきた品種」㋒ある動作をしてもとに戻る。…しに行って帰る。「買い物に行って

くる」「外国の事情をつぶさに見てこようと思っている」㊤ある動作・状態をそのまま続けながら、こちらへ近づく。また、そのようにしてこちらへ至る。「敵が押し寄せてくる」「付き添ってくる」補説(1) 古くは「からうじて大和人こむと言へり。よろこびて待つに」〈伊勢・二三〉のように、行く意で用いられる場合がある。これは目的地に自分がいる立場でいうのであって、結果としては❶と同じ用法。現代でも、相手に向かって「あすの同級会にはきますか」という言い方をすることがあるのも、これと同じ発想。(2) 命令形は、古くは「いづら、猫は。こち率(ゐ)てこ」〈更級〉のように、「こ」だけの形が用いられ、「こよ」が用いられるのは中世以後。(3) ❹㋐は、多く具合の悪いことが起こる場合に用いられる。〔一句〕呆(あき)れが礼に来る・頭に来る・鴨(かも)が葱(ねぎ)を背負(しょ)って来る・尻(しり)が来る・鶏冠(とさか)に来る・盆と正月が一緒に来たよう・矢でも鉄砲でも持って来い

類語(❶)迫る・差し迫る・押し迫る・押し詰まる・切迫する・近づく・やってくる・来(きた)る・訪れる・来訪する・到着する・着く (尊敬)いらっしゃる・見える・おいでになる・お越しになる・おでましになる・お運びになる・お見えになる (謙譲)参る・伺う・参ずる

来たか長さん待ってたほい　待ちかねていた事態が来たという思いを込めていう軽口。

来た見た勝った　《ラテ Veni, Vidi, Vici》カエサルがポントス王を討ったとき、友人に書いた手紙の文。簡単明瞭な手紙の例とされる。

来る者は拒(こば)まず　「来(きた)る者は拒まず」に同じ。

く・る【▽呉る】〔動ラ下二〕「く(呉)れる」の文語形。

く・る【×刳る】〔動ラ五(四)〕道具を使って、物の内部や内側に穴をあける。えぐる。くりぬく。「―・って仕上げた木工容器」「襟を大きく―・ったドレス」可能くれる 類語えぐる・くりぬく・ほじくる

く・る【暮る】〔動ラ下二〕「く(暮)れる」の文語形。

く・る【繰る】〔動ラ五(四)〕❶細長い物を、順に引き出して物に巻きつけたり、端から順に手元に引いてまとめたりする。たぐる。「まゆから糸を―・る」「すばやく釣り糸を―・る」❷送り動かして移動させる。「雨戸を―・る」❸順に数える。「日を―・ってみたら、もう二か月にもなる」❹綿繰り車にかけて綿花の種子を取り去る。❺紙などひと続きのとじてあるものを順にめくる。「帳簿を―・る」「暦を―・る」❻謡曲で、音をクリの高さに上げる。➡繰り❷ ❼義太夫節で、ある音程から一段上の音程へ上げて語る。高潮した場面に用いる。❽演劇で、俳優が頭の中でせりふの順序をつけ、その順に従って述べていく。可能くれる

ぐる　示し合わせて悪事を企てる仲間。共謀者。一味。「―になって人をだます」
類語結託・馴れ合い・八百長・共犯

クルアーン〖Qur'an〗➤コーラン

クルアニ-こくりつこうえん【クルアニ国立公園】《Kluane National Park》カナダ、ユーコン準州南西部にある国立公園。カナダ最高峰のローガン山があり、広大な氷河や氷原に覆われている。米アラスカ州の二つの国立公園などとともに、世界遺産(自然遺産)に登録されている。

クルアン-サーイ〖タイ khrûang sāi〗タイの弦楽合奏。ソードゥアン・ソーウー・チャケーなどの弦楽器のほかに、縦笛のクルイやチンなどの打楽器が入る。

くるい【狂い】くるひ ❶物事の状態・調子が正常でないこと。「計器に―が生じる」「一分(いちぶ)の―もなく組み立てる」❷物事が予定・計画したとおりにいかないこと。「手順に―が生じる」❸能や歌舞伎で、物狂いになった主人公の激しい舞や踊り。❹多く「ぐるい」の形で、複合語として用いる。ある事に夢中になった状態、また、その人を表す。「女―」「競馬―」❺気が狂うこと。狂気。「冷泉院の―よりは、花山院の―は術(ずち)なきものなれ」〈大鏡・伊尹〉

クルイ〖タイ khlui〗竹製の縦笛。タイのクルアンサーイやマホーリーの合奏などに用いられる。歌口の構造はリコーダー式で、音域により3種に分かれる。

グルイーノ〖gluino〗素粒子物理学の超対称性理論から導かれる未知の超対称性粒子。クオークを結びつける力(強い相互作用)を媒介する粒子グルオンの超対称性パートナーであるフェルミ粒子。

くるい-ざき【狂い咲き】くるひ ❶季節外れに花が咲くこと。また、その花。狂い花。返り咲き。季冬 ❷(比喩的に)盛りを過ぎたものが、ある一時期、勢いを盛りかえすこと。

くるい-じに【狂い死に】くるひ〔名〕スル 発狂して死ぬこと。また、もだえ苦しんで死ぬこと。狂死(きょうし)。

くるい-ばな【狂い花】くるひ「狂い咲き」に同じ。季冬

くるい-もの【狂い物】くるひ➤物狂い能

クルイロフ〖Ivan Andreevich Krïlov〗[1769〜1844]ロシアの詩人。平明なロシア語により、軽妙で社会風刺に富んだ寓意(ぐうい)詩を書いた。クルイローフ。

クルー〖crew〗❶船・航空機・列車などの乗組員。❷ボート競技で、一つのボートに乗ってチームを組む選手たち。❸共同の作業をする一団。「テレビカメラの―」類語(❶)海員・船員・船乗り・水夫・セーラー・乗組員・マドロス

くる・う【狂う】くるふ〔動ワ五(ハ四)〕❶精神の正常な調和がとれなくなる。気が違う。気がふれる。「気が―・う」「―・ったようにわめく」❷物事・機械の働きや状態が正常でなくなる。「時計が―・う」「音程の―・った歌声」「歯車が―・う」❸ねらい・見込みなどが外れる。予測・計画通りにならない。「手元が―・う」「見通しが―・う」❹物事に異常に熱中して見さかいがつかなくなる。おぼれる。「かけ事に―・う」「女に―・う」❺(他の動詞の下に付いて)普通の程度を越えて激しく動き回る。ひどく…する。「踊り―・う」「荒れ―・う」❻神霊・もののけが取りついて、普通ではない行動をする。神がかりになる。「こは物に―・はせ給ふか」〈宇治拾遺・一五〉❼激しく動き回ったり、舞い踊ったりする。「ひとへに死なんとぞ―・ひける」〈平家・四〉❽ふざける。じゃれつく。「あれ御亭(ごて)さん、―・ひなんすな」〈洒・遊子方言〉類語ふれる・発狂・かき乱す・乱す・崩す・乱れる・崩れる・破綻

グルー〖GRU〗《ロシ Glavnoe razvedïvatel'noe upravlenie General'nogo shtaba》旧ソ連国防省参謀本部情報部。秘密情報機関の一つで、1918年設立。現ロシア軍でも存続。

グルー〖Joseph Clark Grew〗[1880〜1965]米国の外交官。1932〜1941年駐日大使。太平洋戦争開戦まで日米の戦争回避に努力。国務省の親日派として戦後の対日政策立案に尽くした。著「滞日十年」など。

クルーエ〖François Clouet〗[1510ころ〜1572]フランスの画家。父ジャンとともに宮廷画家として、精緻(せいち)な描写の肖像画・デッサンを多く残した。

グルーオン〖gluon〗➤グルオン

クルーガーランド-コイン〖Krugerrand coin〗南アフリカ共和国がもっぱら輸出品として発行している投資用金貨。22金の純度をもち、国の保証で信頼性が高い。クルーガー元大統領の像が浮き彫りになっているところからの名。

クルー-カット〖crew cut〗短い角刈りのヘアスタイルのこと。GIカット。

クルーグマン〖Paul Robin Krugman〗[1953〜]米国の経済学者。新貿易理論の基礎を築いた。1982〜1983年、米国レーガン政権で経済諮問委員。2008年ノーベル経済学賞受賞。著「為替レートの謎を解く」「グローバル経済を動かす愚かな人々」など。

クルーザー〖cruiser〗❶クルージングを主目的として造られた、居住設備をもつヨットやモーターボート。❷巡洋艦。

クルーザー-きゅう【クルーザー級】《cruiserweight クルーザーは巡洋艦の意》ボクシングなどの体重別階級の一つ。プロボクシングでは、ヘビー級とライトヘビー級の間で、175ポンド(79.38キロ)を超え200ポンド(90.72キロ)までの階級。ジュニアヘビー級。

クルージュ-ナポカ〖Cluj-Napoca〗《「クルージナポカ」とも》ルーマニア北西部の都市。ハンガリー語名コロジュバール。紀元前2世紀、ダキア人の地に古代ローマ帝国の植民都市ナポカが置かれた。12世紀にトランシルバニア地方のドイツ人が入植し、ナポカの近くに都市クラウゼンブルクを建設。ハンガリー王の庇護の下で発展した。16世紀半ば、トランシルバニア公国領となり、同地方における中心都市になり、第一次大戦後にルーマニア王国に帰属。14世紀創建の聖ミハイ教会、オーストリア-ハンガリー帝国時代の要塞、ブルンコベネスク様式のクルージュナポカ正教大聖堂などがある。

クルージュナポカ-せいきょうだいせいどう【クルージュナポカ正教大聖堂】《Catedrala Ortodoxă din Cluj Napoca》ルーマニア北西部の都市クルージュナポカにあるルーマニア正教会の大聖堂。正式名称は生神女就寝大聖堂。1920年代から1930年代にかけて、ブルンコベネスク様式と呼ばれるルーマニア独自のビザンチン風建築様式で建造された。

クルージング〖cruising〗ヨットで、外洋を巡航すること。

クルーズ〖cruise〗客船による観光旅行。

グルーズ〖Jean-Baptiste Greuze〗[1725〜1805]フランスの画家。教訓性を帯びた市民風俗画や愛らしい少女像を描いた。

クルーズ-コレクション〖cruise collection〗❶豪華客船で観光旅行をする裕福な客のための、しゃれた衣装類。❷客船での観光旅行を集めた、旅行商品。

クルーズ-ファッション〖cruise fashion〗クルージングの船の上などで、ゆっくりとくつろぐための上品で優雅なレジャーファッションのこと。

クルーズ-ミサイル〖cruise missile〗誘導ミサイルの一つ。空気力学的揚力により飛行する。地形を自ら照合しながらレーダーによる捕捉困難な低高度を飛ぶことができる。巡航ミサイル。

クルーソー〖Crusoe〗米国トランスメタ社が2000年に発表したCPU。消費電力を抑えたことにより、主にノートパソコンやPDAで用いられた。

クルー-ソックス〖crew socks〗ゴム編みで木綿製のソックス。履き口を伸ばしたままで履く。

クルー-ネック〖crew neck〗セーターなどの、首回りに合った丸い襟あき。

クルー-の-やかた【クルーの館】《Le Clos Lucé》➤クロリュセ城

グルービー〖groovy〗〔形動〕かっこいいさま。いかした。元来ジャズでの言葉。「―な演奏」

グルーピー〖groupie〗ロック歌手などを追いかけ、まわりを取り囲んで騒ぐ熱狂的な少女ファン。

グルーピング〖grouping〗〔名〕スル 組分けすること。配置すること。「似通ったものを―する」

クループ〖croup〗《しわがれ声の意》のどや気管に、粘膜の壊死(えし)を伴わない偽膜ができる急性の炎症。のどの痛み、しわがれ声などの症状を示すが、ジフテリアとちがって偽膜が容易にはがれる。クルップ。コロップ。

グループ〖groove〗❶溝。❷ジャズやロックなどの音楽で、「乗り」のことをいう。調子やリズムにうまく合うこと。

グループ〖group〗❶仲間。集団。「―旅行」❷共通の性質で分類した、人や物の一団。群。❸同系列に属する組織。「企業―」類語集団・組・チーム・班・パーティー・団体・一団・一行(いっこう)・サークル・クラブ・サロン

グループ-インタビュー〖group interview〗調査対象者を七〜八人集め、司会者が調査テーマについて質問を行い、自由に発言をしてもらうことでさまざまな意見・情報を収集する調査手法。

グループウエア〖groupware〗グループによる共同作業や情報共有を支援するためのソフトウエア。文書の共同作成、管理・電子メール・スケジューラー・データベースの機能のほか、プロジェクトの内容や構成員の会話を分析し、グループの意思決定を支援する機能を備える。かつてはクライアントサーバーシステムと専用ソフトで運用するものが多かったが、クラウドコンピューティングを用いたサービスも普及している。

グループ-エー〖group A〗市販された実用車(セダン)によるツーリングカーレースに参加の許される車。

連続した12か月間に5000台以上を生産したもので、改造は厳しく制限されている。

グループ-がくしゅう【グループ学習】クラスの生徒をいくつかのグループに分け、グループの成員の協力によって進められる学習法。分団学習。

グループ-サウンズ《和 group＋sounds》エレキギターを中心に数人で編成されたポップスグループ。昭和40年代に流行。GS。

クループスカヤ〘Nadezhda Konstantinovna Krupskaya〙[1869～1939]ソ連の政治家・教育家。レーニンの妻。亡命生活ののち、1917年帰国。社会主義教育理論の確立、ピオネール運動の創始などに貢献した。

クループせい-はいえん【クループ性肺炎】「大葉性肺炎」に同じ。フィブリン(線維素)の充満がみられるのでいう。クルップ性肺炎。➡クループ

グループ-ダイナミックス〘group dynamics〙集団内部で成員間にみられる力関係およびその変動を研究する心理学の一分野。集団力学。

グループ-ホーム〘group home〙介護保険制度において、数人の認知症高齢者が共同住居に住み、職員とともに日常の家事を行うことで症状の進行を遅らせ、家庭介護の負担を軽くする施設。平成12年(2000)の介護保険導入後、認知症対応型の施設が急速に増えた。もともとは、認知症高齢者に限らず、知的障害者や精神障害者等の人々が、専門スタッフなどの援助を受けながら一般の住宅で生活する施設形態をいった。GH。

グループ-りょうほう【グループ療法】同じ病気で苦しむ人、同じような悩みを持つ人が集まり、医師・看護師・臨床心理士などを中心にそれぞれの悩みを率直に話し、聞く会。心の負担を軽くし、病気の予後、人間関係の改善などに役立つ。1グループ10人前後、週1回程度が効果的とされる。集団心理療法。

グループ-ルビ《和 group＋ruby》ルビ(振り仮名)の付け方の一種。複数の文字全体の読みとしてルビを付けるやり方。「昨日」「五月雨」「紐育」の場合は、全体に均等に「きのう」「さみだれ」「ニューヨーク」とルビを付ける。対語ルビ。均等ルビ。➡モノルビ

グループ-ワーク〘group work〙グループ活動を通じて、個人や集団の抱える問題により効果的に対処できるよう人々を援助する社会事業の一方法。

グルーポン〘Groupon〙米国グルーポン社が運営する共同購入型クーポンサイト。一般に、24時間や48時間といった制限時間内に一定人数以上の申し込みがあった場合にのみ、クーポンが販売される。日本では平成22年(2010)よりサービス開始。(補説)この手法の先駆けとなったことから、同様のビジネスモデルを利用したサービスを「グルーポン系サービス」「グルーポン系サイト」と呼ぶことがある。

グルーマー〘groomer〙ペットの美容師。毛の手入れから入浴・ブラッシング・耳そうじ・つめ切りなど身の回りの全般にわたって世話をする。

グルーミー〘gloomy〙〘形動〙陰鬱なさま。陰気なさま。「—な日々」「—な時代」

グルーミング〘grooming〙❶髪・ひげ・からだなどを清潔に手入れすること。❷同種の個体間で皮膚・毛・羽毛をつくろい清掃してやる行動。ニホンザルでは個体間の社会関係の確認のために重要な役割をもつとされる。ノミとり。毛繕い。羽繕い。

クルーリ-とう【クルーリ島】《Koulouri》▶サラミス島

くるおし・い【狂おしい】〘形〙〘文〙くるほ・し〘シク〙今にも気が狂いそうに、心が乱れている。「—・いまでのあこがれ」(派生)くるおしげ〘形動〙くるおしさ〘名〙

くるお・す【狂ほす】〘動サ四〙狂ったような行いをさせる。狂わせる。「少名御神の神寿き寿き—・し」〈記・中・歌謡〉

グルオン〘gluon〙《糊の粒子の意》クォークを結びつける力を媒介する粒子。自然界には単独で存在しないが、ハドロン内部には多数存在。グルーオン。

グルカ〘Gurkha〙ネパールの中部に住み、1768年にネパール全土を統一しグルカ王朝(ネパール王国、現在は民主共和国)を樹立した部族。以後、広くすべてのネパール人の称となった。

グルカ-こくりつこうえん【グルカ国立公園】《Nacionalni park Krka》クロアチア南部にある国立公園。ダルマチア地方の都市シベニクの北西部、クルカ川流域を指す。クルカ川がカルスト台地を浸食してできた、スクラディンスキブク、ロシュキスラップなどの滝がある。

グルカゴン〘glucagon〙膵臓のランゲルハンス島α細胞から分泌されるホルモン。肝臓のグリコーゲンを分解して血糖量を増加させる。

グルカ-へい【グルカ兵】英国軍やインド軍などに属するネパール人傭兵。勇猛さで知られ、1857年のセポイの反乱で英国軍に加わり世界に名を馳せた。

グルカン〘glucan〙ローグルコース(ぶどう糖)から構成される多糖類の総称。歯垢の主成分で、ぶどう糖が分岐しながら多数連なる。虫歯菌が作り、黴菌の温床となる。

クルク〘Krk〙クロアチア西部、アドリア海に浮かぶクルク島の町。同島南西岸に位置し、最も人口が多い。城壁に囲まれた旧市街には、中世に同地を統治したフランコパン家が建造した城塞のほか、大聖堂、ベネディクト修道会とフランチェスコ修道会の修道院などがある。

クルク-とう【クルク島】《Krk》クロアチア西部の島。アドリア海に浮かぶ島の中で最も大きく、最北端に位置する。本土と長さ1430メートルの橋で結ばれる。主な町はクルク。海岸保養地として知られる。

くる-くる〘副〙❶物が軽く続いて回るさま。「—(と)回る風車」❷いく重にも巻きつけるさま。また、まるめるさま。「包帯を—(と)巻く」❸丸くて愛らしいさま。くりくり。「目が—(と)してかわいい」❹休まないで身軽に働くさま。「一日中—(と)働く」❺方針や考えなどが定まらないさま。「—(と)変わる当局の答弁」❻滞ることなく物事が行われるさま。すらすら。「男も女も—とやすらかに読みたるこそ」〈枕・一五八〉

ぐる-ぐる〘副〙❶物が続いて回るさま。「—(と)腕を回す」❷物をいく重にも巻きつけるさま。「縄を—(と)巻きつける」

くるくる-ぱあ〘名・形動〙「ぱあ」❸を強調した語。

ぐるぐる-まげ【ぐるぐる髷】江戸時代の女性の髪形の一。ぐるぐると無造作に頭の上で巻きつけた髷。ぐる髷。ぐるぐるわげ。

グルクロン-さん【グルクロン酸】《glucuronic acid》グルコースが酸化されて生じる酸。生体に存在し、動物ではムコ多糖類の主要な構成成分。体内に入った有害物質を抱合して尿中に排出する解毒作用があり、主に肝臓で行われる。

グルコース〘glucose〙単糖類の一。無色の結晶で、甘みがある。D型とL型の光学異性体がある。D-グルコースがぶどう糖で、植物では果実中に多く含まれ、蔗糖などの少糖類、でんぷん・セルロースなどの多糖類の成分。動物では血液・リンパ液中に存在する。L-グルコースは人工的に合成される。

グルココルチコイド〘glucocorticoid〙▶糖質コルチコイド

グルコサミン〘Glucosamine〙グルコースにアミノ基が付いた、糖の一種。動物の皮膚・軟骨などにペプチドグリカン(ムコ多糖)・糖たんぱく質・糖脂質の成分として、また甲殻類の外殻などにキチン質の主成分として含まれている。

グルジア〘Gruziya〙西南アジア、カフカス地方の共和国。首都トビリシ。カフカス山脈の南、黒海の東岸に位置する。柑橘類・茶やマンガンを産する。人口460万(2010)。サカルトベロ。(補説)2008年8月ロシアとの間で南オセチア紛争が勃発、ロシアのメドベージェフ大統領がグルジアの一部であった南オセチアとアブハジアの独立を承認、国境不可侵の取り決めが崩れたことで、CIS(独立国家共同体)を脱退した。

グルジア-ご【グルジア語】南コーカサス語族イベリア語群に属する言語。グルジア・アゼルバイジャン共和国などで話される。

くるし・い【苦しい】〘形〙〘文〙くる・し〘シク〙❶痛みや圧迫感で、肉体的にがまんができない。「激しいせきこみで息が—・い」「満員の乗客に押されて胸が—・い」❷悩み・せつなさ・悲しさ・後悔などで、心が痛んでつらい。「—・い胸のうち」「—・い試練に耐える」❸物や金銭のやりくりが思うようにならない。「—・い家計」❹無理を承知で、ある事をするさま。こじつけるさま。「ずいぶん—・い言い訳だ」❺(多く否定の形で)差し支えがある。都合が悪い。「切捨てても—・くない奴だ」〈円朝・怪談牡丹灯籠〉❻(多く「ぐるしい」の形で、動詞の連用形に付いて)快くない、しにくいなどの意を表す。「見—・い振る舞い」「聞き—・い話」❼不愉快になりおもしろくない。見ぐるしい。聞きぐるしい。「前栽の草木まで心のままならず作りなせるは、見る目も—・く」〈徒然・一〇〉(派生)くるしがる〘動ラ五〙くるしげ〘形動〙くるしさ〘名〙(類語)辛い・切ない・やるせない・たまらない・険しい・貧乏・憂い・耐えがたい・しんどい・苦痛である・やりきれない・悲しい

(用法)くるしい・つらい——「せきがひどく、息をするのも苦しい(つらい)」「仕事が苦しい(つらい)」のように相通じて用いられる。◆「くるしい」は一般的な苦痛の状況を、「つらい」は精神的苦痛について用いることが多い。「苦しい立場」は動くに動けない状況を、「つらい立場」は困っている精神状況を表すのに重点がある。「家計が苦しい」とはいうが、「家計がつらい」とは普通は言わない。◆類似の語に「せつない」がある。「せつない」は、悲しさや恋しさなどのために、胸がしめつけられるような思いを表し、「せつないほどの愛情」「せつない胸の内」のように用いる。◆「病に苦しむ人の姿を見るのはつらい」は「苦しい」とはいわないが、「せつない」と置き換えることはできる。

苦しい時の神頼み　ふだんは信仰心を持たない人が、病気や災難で困ったときだけ神仏に祈って助けを求めようとすること。

苦しゅうな・い　《「苦しくない」の音変化》かまわない。差し支えない。「—・い、近う寄れ」

ぐるし・い【苦しい】「くる(苦)しい❻」に同じ。「暑くて寝—・い」

クルシェドル-しゅうどういん【クルシェドル修道院】《Manastir Krušedol》セルビア北部、フルシュカゴラ地域にあるセルビア正教の修道院。オスマン帝国支配下の16世紀初めの創建。18世紀以降に改築されたバロック様式の外観をもつ。内部は「最後の審判」をはじめとするフレスコ画が壁や天井全体に描かれている。

くるしび【苦しび】苦しみ。「三熱の—をさまして」〈伽・物くさ太郎〉

くるし・ぶ【苦しぶ】〘動バ四〙苦しむ。「その榻を踏まへて立てるに、—・ぶ所なし」〈今昔・一六・一九〉

くるしま-かいきょう【来島海峡】愛媛県今治と芸予諸島の大島との間にあって、安芸灘と燧灘とを結ぶ海峡。潮流が速く、船舶航行の難所。

くるし-まぎれ【苦し紛れ】苦しさのあまりにすること。「—の言いわけ」

くるしま-よしひろ【久留島義太】[1690ころ～1757]江戸中期の数学者。備中の人。本姓は村上。通称、喜内。独学で和算を学び、行列式の展開や円理などを研究した。

くるしみ【苦しみ】苦しむこと。苦痛。つらさ。「産みの—」(類語)苦難・試練・四苦八苦・七転八倒・いばら

苦しみを嘗・める　苦しい経験をする。苦しい目にあう。「戦中、戦後の—・めてきた人」

くるし・む【苦しむ】㊀〘動マ五(四)〙❶からだに痛みや苦しみを感じる。「病気に—・む」❷心につらく思う。思い悩む。「恋に—・む」「貧乏で生活に—・む」❸思うような処理方法が見つからず困る。窮する。「理解に—・む」「判断に—・む」❹力を尽くして物事を行う。骨折る。苦労する。「—・んだ甲斐がある」㊁〘動マ下二〙「くるしめる」の文語形。

(類語)窮する・困る・困り果てる・困りきる・困りぬく・て

こずる・悩む・煩(わずら)う・悶(もだ)える・思い煩う・思い迷う・思い乱れる・苦悩する・懊悩(おうのう)する・煩悶(はんもん)する・憂悶(ゆうもん)する・苦悶(くもん)する・苦慮する・頭を痛める・頭を悩ます・思い詰める

くるし・める【苦しめる】〔動マ下一〕図くるし・む〔マ下二〕❶からだに苦痛を与える。「持病に―・められる」❷心に苦痛を与える。「無茶をして親を―・める」❸困らせる。閉口させる。「質問責めにして講師を―・める」〔類語〕責める・責めさいなむ

クルシャリフ-モスク《Mechet' Kul Sharif》ロシア連邦、タタールスタン共和国の首都カザンのクレムリン(カザンクレムリン)にあるイスラム寺院。16世紀にカザンハン国により建造されたが、イワン4世により破壊。2005年にヨーロッパ最大級のイスラム建築として再建された。

クルシュー-さす【クルシュー砂州】《Kuršių nerija》バルト海とクルシュー潟湖に挟まれた、約100キロメートルにわたって延びる砂州。砂州をつくった伝説の少女の名から、ネリンガともよばれる。リトアニアの港湾都市クライペダとロシアの飛び地カリーニングラードのサンビア半島を結ぶ。砂州の幅は約400メートルから4キロメートル。植林などの方法で、浸食を食い止めて守り続けた文化的景観が評価され、2000年に世界遺産(文化遺産)に登録された。クルシュ砂州。

クルシュ-さす【クルシュ砂州】《Kuršių nerija》►クルシュー砂州

クルス〔ポルトガル cruz〕十字。十字架。十字架像。

くるす-さぶろう【来栖三郎】〔サブラウ〕[1886～1954]外交官。神奈川の生まれ。駐ドイツ大使として日独伊三国同盟を成立させ、太平洋戦争直前には、特派大使として対米交渉を行った。

くるすの【栗栖野】㊀山城国宇治郡山科村(今の京都市山科区)の地名。稲荷山の東麓にあたる。㊁京都市北区の鷹峰(たかがみね)の東、西賀茂のあたりにあった地名。〔歌枕〕「春も見る氷室のわたり気を寒みこや―の雪のむら消え」〈経信集〉〔補説〕㊀は現在「くりすの」と読む。

くるす-ばら【×栗×栖原】栗の木が多く生えている原。「引田(ひけた)の若―若くへに率寝(ゐね)てましもの老いにけるかも」〈記・下・歌謡〉

クルゼイロ〔ポルトガル cruzeiro〕ブラジルの旧通貨単位。1クルゼイロは100センターボに相当した。1994年新通貨レアル導入以降は廃止。

クルセーダー〔crusader〕十字軍の戦士。また、擁護・改革・撲滅などの運動者。

くるそん-ぶつ【拘留孫仏】《梵 krakucchandha-buddhaの音写》過去七仏の第四仏。賢劫(けんごう)の時に出現する千仏の第一仏。くるそん。

グルタチオン〔glutathione〕ペプチドの一。グルタミン酸・システイン・グリシンの三つのアミノ酸が結合したもの。無色の結晶。酵母、動物の肝臓・筋肉などに広く分布し、生体内の酸化・還元反応に重要な役割を果たす。

グルタミン〔glutamine〕たんぱく質を構成するアミノ酸の一。グルタミン酸にアミノ基が一つついたもの。植物では発芽した種子や小麦に多い。動物体内では腎臓などでグルタミン酸とアンモニアから合成される。〔補説〕「具留多味」とも書く。

グルタミン-さん【グルタミン酸】《glutamic acid》アミノ酸の一。小麦のグルテンなどの加水分解によって得られる。白色の結晶。たんぱく質中に含まれ、動物体内では物質代謝に重要な役割を果たす。昆布のうまみの主成分であり、調味料として生産される。〔補説〕「具留多味酸」とも書く。

グルタミンさん-ソーダ【グルタミン酸ソーダ】グルタミン酸ナトリウムのこと。

グルタミンさん-ナトリウム【グルタミン酸ナトリウム】グルタミン酸の二つのカルボキシル基のうちの一つが中和されたモノナトリウム塩。明治41年(1908)池田菊苗が昆布だしのうまみ成分として発見。うま味調味料などに用いる。グルタミン酸ソーダ。

グルック〔Christoph Willibald Gluck〕[1714～1787]ドイツの作曲家。劇的表現を尊重するオペラ改革を行う。作品「オルフェオとエウリディーチェ」など。

クルックス〔William Crookes〕[1832～1919]英国の物理学者・化学者。タリウムを発見し原子量を測定。クルックス管を発明して、陰極線が電気的な微粒子であることを証明した。

クルックス-かん【クルックス管】〔クワン〕真空度が水銀柱0.1ミリ以下の放電管。真空放電の実験に使用。クルックスが発明。

くるっ-と〔副〕❶軽やかに1回転するさま。「―後ろを向く」❷丸くて愛らしいさま。「―した目」

ぐるっ-と〔副〕物の周りを歩いたり、取り巻いたりするさま。「近所を―ひとまわりする」「―とり囲んだ野次馬」

クルップ〔Alfred Krupp〕[1812～1887]ドイツの製鋼業者。兵器や鉄道部品・車両などの生産で成功し、世界的軍需重工業コンツェルン、クルップ社を形成。

クルップ〔ドイツ Krupp〕►クループ

クルップせい-はいえん【クルップ性肺炎】►クループ性肺炎

クルップ-ほう【クルップ砲】〔ハウ〕クルップ社の製作した大砲。特に、1847年に製作した、世界初の鋼鉄製の後装砲。

グルッペ〔ドイツ Gruppe〕►グループ

クルテアベケ-きょうかい【クルテアベケ教会】〔ケウクワイ〕《Biserica Curtea Veche》ルーマニアの首都ブカレストの中心部にある教会。ルーマニア語で「旧王宮教会」を意味し、15世紀にワラキア公ブラド＝ツェペシュが建てた旧王宮の跡地にある。16世紀半ばの創建で、ブカレスト最古の教会とされる。

クルディーガ〔Kuldīga〕ラトビア西部、クルゼメ地方の町。13世紀にリボニア騎士団領となり、14世紀にハンザ同盟に加わった。その後、クールラント公国の首都が置かれて発展。街中を流れるベンタ川には、幅110メートル、落差2メートルの滝がある。13世紀創設でバロック様式のパイプオルガンがある聖カトリーナ教会、1900年にパリ万博のロシアパビリオンを移築したクルディーガ地域博物館がある。

クルディスタン〔Kurdistān〕トルコ・シリア・イラク・イランの国境にまたがる山岳地帯。クルド族居住地。

グルテン〔ドイツ Gluten｜英 gluten〕小麦粉に水を加えて練った生地を水中で洗い流していくと得られる粘性物質。主成分はたんぱく質で、グルタミン酸を多く含む。麩(ふ)の原料。麩素(ふそ)。

グルデン〔オランダ gulden〕►ギルダー

くる-とし【来る年】新しくやってくる年。明年(みょうねん)。「行く年―」

クルド-ぞく【クルド族】《Kurd》クルディスタンに住むイラン系の半農半遊牧民族。言語はイラン語系のクルド語で、多くはイスラム教徒。独立運動が活発。

クルトン〔フランス croûton〕食パンをさいの目に切って揚げたり焼いたりしたもの。スープの浮き実などにする。

グルニエ〔フランス grenier〕屋根裏部屋。➡ロフト

クルニク〔Câlnic〕ルーマニア中央部の村。15世紀にオスマン帝国の襲撃に備えて要塞化された城があり、楕円形の広い敷地を城壁が囲み、住居となる主塔、見張り塔、礼拝堂で構成される。1999年「トランシルバニア地方の要塞教会のある村落群」の名称で世界遺産(文化遺産)に登録。クルニック。カルニク。

グルノーブル〔Grenoble〕フランス南東部の観光都市。アルプス地方のウインタースポーツの中心地。豊富な水力発電の電力を利用した諸工業も盛ん。

グルババ-の-れいびょう【グルババの霊廟】〔レイベウ〕《Gül Baba türbéje》ハンガリーの首都ブダペストにある霊廟。ドナウ川西岸、ばらの丘地区に位置する。16世紀半ば、オスマン帝国がブダ城を攻め落とした直後に死去したトルコの軍人グル＝ババを悼み、八角形の霊廟が建造された。グル＝ババの遺骨が安置され、現在はイスラム教徒の巡礼地の一つになっている。ギュルババの霊廟。

くる-びょう【×佝×僂病】〔ビヤウ〕ビタミンDの欠乏や日光に当たることの少ないのが主な原因で、骨の形成が不良となり、脊椎・四肢骨などの曲がる小児の病気。グリソン病。成人の場合は骨軟化症という。

くる-ぶし【×踝】足首の関節の内外両側にある突起した骨。内側は脛骨(けいこつ)の末端、外側は腓骨(ひこつ)の末端にあたる。くろぶし。つぶぶし。

くる-べ・く【▽転べく】〔動カ四〕❶くるくると回る。くるめく。「いと広き殿のうちに残らず―・き歩けば」〈大鏡・伊尹〉❷目がくるくる回る。目まいがする。くるめく。〈名義抄〉

くるま【車】❶軸を中心にして回転する仕組みの輪。車輪。❷車輪を回転させて進むようにしたものの総称。自動車・自転車・荷車など。特に、現在では自動車を、明治・大正時代では人力車を、中古・中世では牛車(ぎっしゃ)をさすことが多い。「―で駆けつける」「三中は茶屋より人力車(くるま)雇いて今戸の家に帰りしが」〈荷風・かたおもひ〉❸紋所の名。車輪をかたどったもの。源氏車など。〔補説〕❷で人力車の場合には「俥」とも書く。「俥」は国字。

〔一語〕(ぐるま)空き車・網代(あじろ)車・遊び車・雨(あま)車・石車・出(いだ)し車・糸繰り車・井戸車・牛車・乳母(うば)車・扇車・抱え車・風(かざ)車・肩車・空(から)車・唐(から)車・鎖車・口車・源氏車・腰車・御所車・三泣き車・地車・調べ車・滑り車・外車・大八車・手繰(たぐ)り車・段車・辻(つじ)車・土車・綱車・爪(つま)車・手車・砥石(といし)車・戸車・荷車・猫車・歯車・箱車・半蔀(はじとみ)車・弾み車・八丁車・鳩(はと)車・花車・羽根車・膝(ひざ)車・引っ越し車・文(ふ)車・踏み車・風流(ふりゅう)車・ベルト車・摩擦車・水(みず)車・矢車・宿車・横車・ロープ車・綿(わた)繰り車 〔類語〕乗り物・車両・車体・自動車

車の両輪(りょうりん)　二つのうち、どちらを欠いても役に立たないほど密接な関係にあることのたとえ。

車は海へ船は山へ　物事が逆さまであることのたとえ。

車は三寸の轄(くさび)**を以**(も)**て千里を駆**(か)**く**　《「淮南子(えなんじ)」人間訓から》小さなものでも大きな役割を果たすことができることのたとえ。

車を懸(か)**・く**　《「孝経」の「七十にして車を懸く」から》年老いて官を辞する。

車を摧(くだ)**・く**　《白居易「新楽府・太行路」から》人の心が変わりやすく頼ることができないことを、けわしい路で車が破損することにたとえた語。

車を転が・す　自動車を運転することをいう俗語。

車を捨・てる　車から降りて歩く。

くるま-あらそい【車争ひ】〔アラソヒ〕平安時代、賀茂の祭り見物などで、牛車(ぎっしゃ)を止める場所をめぐって、従者たちが争うこと。落窪物語・源氏物語などに描かれている。

くるま-いし【車石】北海道根室市花咲(はなさき)にみられる粗粒玄武岩。枕状溶岩の一で放射状節理を示す。天然記念物。

くるま-いす【車椅子】歩行が不自由なときに腰掛けたまま移動できるように、椅子に車輪をつけたもの。

くるま-いど【車井戸】〔ヰド〕滑車の溝にかけ渡した綱の両端に釣瓶(つるべ)をつけ、綱をたぐって水をくみ上げるようにした井戸。

くるま-うし【車牛】《古くは「くるまうじ」とも》牛車(ぎっしゃ)を引く牛。「この飴斑(あめまだら)の御―の力のつよくて」〈宇治拾遺・一〇〉

くるま-えび【車×蝦｜車海＝老】十脚目クルマエビ科のエビ。日本各地の沿岸の浅海底にすみ、体長約20センチ。体は薄い褐色で濃褐色の横縞があり、腹部を曲げると模様が車輪のように見える。食用で養殖もされる。

くるま-おおじ【車大路】〔オホヂ〕室町時代から江戸時代にかけての京都の道路の名。㊀東山区の北端から左京区岡崎に至る現在の岡崎通りの白川以北、丸太町通りまでの通り。鳥居大路。広道。〔補説〕白川以南三条粟田口までをいうこともあった。㊁昔の五条通り、現在の松原通りの鴨川以東の道をいうか。〔補説〕東山の大和大路とする説もある。

くるま-がい【車貝】〔ガヒ〕クルマガイ科の巻き貝。浅海の砂底にすむ。殻径約5センチの低い円錐形で車輪を思わせる。殻表は黄褐色で、黒斑帯がらせん状に

巡る。房総半島以南に分布。
くるま-がえし【車返し】❶山道などで傾斜が急になってそこから先は車では通れず、車を返す所。また、険しい坂道。❷「車懸かり❶」に同じ。❸サトザクラの園芸品種。花びらは5～7枚あり、淡紅または白色で表面にしわがある。
くるま-がえり【車返り|車▽翻り】「もんどり」の一。手を地につけ足を上に伸ばして、車輪のようにくるくると横転を繰り返すこと。
くるま-がかり【車懸かり】❶中世末以降の戦法の一。車が回るように、一番手・二番手・三番手と休みなく兵を繰り出して敵に攻めかかる戦法。車返し。❷相撲や剣道で、新手が勝った者に次々にかかっていくこと。
くるま-かし【車貸し|車▽借】《「くるまがし」とも》❶車を賃貸しすること。また、それを業とする人。❷車で物を運んでその手数料を取ること。また、それを業とする人。「—と云ふ者あまたあり、それを呼ばせて積みて持て来」〈今昔・二九・三〉
くるま-ぎり【車切り】胴などを刀で横に切り払うこと。輪切り。「胴切り縦わり—、なぎ立てなぎ立て」〈浄・嫗山姥〉
ぐる-まげ【ぐる×髷】「ぐるぐる髷」に同じ。
くるま-げた【車桁】車井戸の滑車をつっている太い横木。
くるま-ざ【車座】多くの人々が輪のように内側を向いて並んで座ること。「—になって酒を飲む」
(類語)対座・円座・膝詰め
くるま-ざき【車裂き】室町・戦国時代の刑罰の一。2両の車にそれぞれ罪人の片足を結びつけ、左右に車を走らせて、からだを引き裂くもの。
くるま-しゃっきん【車借金】江戸時代、数人の連帯証文で借金して、輪番で月賦により返済したこと。
くるま-ぜんしち【車善七】江戸時代、江戸浅草で、代々、非人頭を勤めた者の称。
くるま-ぞい【車▽副】牛車の左右について供奉をする従者。「心ある朝ぼらけに、急ぎ出でつる—などこそ、殊更めきて見えつれ」〈源・東屋〉
くるま-ぞう【車僧】諸国をめぐり歩く僧侶。
くるまぞう【車僧】謡曲。五番目物。車僧が車で嵯峨野に来ると、愛宕山の大天狗が現れて禅問答を挑むが、車僧に負かされる。
くるま-ぞうし【車草紙】手習い草紙などの、表紙を1枚の紙でくるむようにとじた本。
くるま-だい【車代】❶車を買ったり借りたりした代金。❷車に乗ったときに支払う料金。車賃。❸（「お車代」の形で）交通費の名目で支払う若干の謝礼金。「お—にでもしてください」(類語)交通費・足代・運賃
くるま-だい【車×鯛】キントキダイ科の海水魚。全長約25センチ。体は卵形で側扁し、目が大きい。体色は鮮紅色で、幼魚には黒色の横帯がある。本州中部以南に分布。食用。
くるまたいくるまめんせきゼロ-とくやく【車対車免責ゼロ特約】自動車保険における特約の一つ。車両保険に免責金額を設定したときに付けることができるもので、衝突・接触事故の相手車が特定できた場合に、免責金額をゼロとし契約者の自己負担が無くなるもの。
くるま-だち【車裁ち】子供用の長着の裁ち方の一。前後の身頃の幅から一定の幅を裁ち落とし、襟・共襟とするもの。
くるまたに-ちょうきつ【車谷長吉】[1945～]小説家。兵庫の生まれ。本名、車谷嘉彦。放浪生活の経験や煩悩から逃れられない生の苦しみを描いた私小説が評価され、「赤目四十八瀧心中未遂」で直木賞。他に「金輪際」「武蔵丸」など。
くるま-ちん【車賃】車を利用した折に支払う料金。車代。
くるま-づか【車塚】前方後円墳の俗称。貴人が乗った車に見立てたものという。
くるま-ど【車戸】あけたてを滑らかにするため、下部に小さな車をつけた戸。
くるま-とう【車糖】精製糖の中で、ざらめ糖やグラニュー糖より結晶の小さい砂糖。上白糖・中白糖・三盆白のこと。
くるま-とだな【車戸棚】容易に動かせるように下部に小さな車輪をつけた戸棚。
くるま-どめ【車止(め)】❶車の通行を禁止すること。また、そのための標識や設備。❷鉄道で、線路の行き止まりに設ける装置。
くるま-ながもち【車長持】移動しやすいように底に車をつけた長持。
くるま-にんぎょう【車人形】特殊な操法の人形芝居で、三人遣いの人形を車仕掛けの箱に腰掛けて一人で操るもの。幕末ごろに西川古柳が創始。地は主に説経節。東京都八王子市に現存。
くるま-ばくだん【車爆弾】▶自動車爆弾
くるま-ばこ【車箱】牛車の人が乗る箱形の囲いの部分。屋形。車の屋形。
くるまば-そう【車葉草】アカネ科の多年草。山地の木陰に生え、高さ10～30センチ。葉は長楕円形で、10枚ほど輪生する。夏、白い小花が多数咲く。乾燥させたものはクマリンの香りがあり、香料にする。
くるまば-つくばねそう【車葉▽衝羽根草】ユリ科の多年草。深山に生え、高さ約30センチ。葉は幅広い披針形で6～7枚が輪生する。7、8月ごろに淡黄緑色の花を1個つける。
くるま-ばった【車蝗=虫】バッタの一種。大形で緑色。草地に多く、トノサマバッタに似るが、後ろ翅に黒色の弧状の紋があり、翅を広げて跳ぶと、この模様が車の回っているように見える。
くるま-ばな【車花】シソ科の多年草。山野に生え、高さ20～80センチ。茎は四角柱。葉は卵形で対生する。夏、淡紅色の唇形の花が数段に輪生して咲く。
くるま-び【車火】点火すると車輪のように回る仕掛けになっている花火。
くるま-ひき【車引き】車に人や荷物をのせて引くこと。また、それを職業とする人。車夫。くるまや。
くるまびき【車引】浄瑠璃「菅原伝授手習鑑」の三段目の口の通称。梅王丸・桜丸が時平の車をとどめようと松王丸と争う場面。
くるま-ひきあみ【車引(き)網】地引き網の一。船の中に設けた車を踏んで、その軸に網の引き綱を巻いて引き上げるもの。
くるま-びん【車×鬢】《形が車の輻に似ているところから》歌舞伎の鬘の一。鬢の毛をいくつかに分けて束ね、油や漆で固めたもの。荒事の主人公や侠客などに用いる。
くるま-ぶ【車×麩】焼き麩の一。棒に巻いて焼いたもので、輪切りにした切り口が渦巻き模様となる。
くるま-へん【車偏】漢字の偏の一。「転」「輪」などの「車」の称。
くるま-まわし【車回し】門と玄関または車寄せとの間に設けられた円形または長円形の小庭園。車の出入りが容易にできるようにつくられたもの。
くるまもち-べ【車持▽部】古代、天皇の輿の製作・管理に従事した部。
くるま-や【車屋】❶車の製造を家業とすること。また、その人。❷車引き。特に、人力車を引く人。車夫。❸車宿。
くるま-やど【車宿】車夫を雇っておき、人力車や荷車で運送することを業とする家。車屋。
くるま-やどり【車宿り】❶貴族の邸内や社寺の境内などに設置していた、牛車を収納する建物。❷外出のとき、牛車を止めて休息する建物。
くるま-ゆり【車百=合】ユリ科の多年草。本州中部以北の深山に自生。高さ30～60センチ。葉は披針形で輪生する。春、長い花茎をのばし、黄赤色で花弁が強く反り返る花が咲く。(季 夏)
くるま-よい【車酔い】〔名〕スル 走行する自動車の揺れのために気分が悪くなり、頭痛・吐き気などがすること。➡乗り物酔い
くるま-よせ【車寄せ】車を寄せて乗降するために玄関前に設けた屋根付き部分。ポーチ。(類語)玄関・門口・戸口・勝手口・表口・門戸・エントランス
くるま-る【▽包まる】〔動ラ五(四)〕すっぽりとつつまれる。「布団に—・って寝る」
グルマン〘フランス gourmand〙食い道楽。食いしん坊。
くるみ【▽包み】❶くるむこと。また、くるんであるもの。❷赤ん坊を抱くとき、着衣の上からくるんで防寒・保温などのために用いるもの。多くはかいまきに似ているが、袖がない。おくるみ。くるみぶとん。
くるみ【胡=桃】オニグルミの果実。また、クルミ科クルミ属の落葉高木のオニグルミ・テウチグルミなどの総称。果実は丸く、肉質の外果皮と堅い内果皮に包まれた子葉部分を食用にする。(季 花=夏|実=秋)「—落つ日の夜となれば月明かく/汀女」
ぐるみ【▽包み】〔接尾〕《動詞「くる(包)む」の連用形から》名詞に付いて、そのものを含んですべて、そのものをひっくるめて全部などの意を表す。ぐるめ。「家族—」「身—」
くるみあし-ぜん【胡=桃足膳】クルミの実を二つ割りにしたような形の足を四隅につけた粗製の膳。
くるみ-あぶら【胡=桃油】クルミの実を搾ってつくる油。黄緑色で香味があり、食用とするほか油絵の具などの製造に用いる。
くるみ-いろ【胡=桃色】❶クルミの樹皮で染めた薄い褐色。❷襲の色目の名。表は香色、裏は白。❸紙の色の名。クルミの実に似た薄茶色。「—といふ色紙の厚肥えたるを」〈枕・一三八〉
くるみざわ-こうし【胡桃沢耕史】[1925～1994]小説家。東京の生まれ。本名、清水正二郎。本名で数多くの官能小説を執筆した後、放浪の旅に出る。帰国後、多彩な題材の大衆小説を手がけ、「黒パン俘虜記」で直木賞受賞。他に「翔んでる警視」シリーズ、「天山を越えて」「ぼくの小さな祖国」など。
くるみ-どうふ【胡=桃豆腐】クルミの実をすりつぶして葛粉をまぜ、水を加えて煮て豆腐のように固めたもの。椀物の種や煮物に用いる。
くるみ-びょうし【▽包み表紙】製本の様式の一。とじた中身を1枚の表紙でくるみ、のり付けして仕上げる。包背装。つつみびょうし。
くるみ-ボタン【▽包みボタン】木または金属の芯を布や革で包んで作ったボタン。
くるみ-もち【胡=桃餅】❶クルミの実を加えて作った餅。❷すったクルミの実を砂糖と醤油あるいは酒・塩などで調味し、餅にからめたもの。
くるみ-わり【胡=桃割(り)】クルミの実を挟んで殻を割る器具。ナッツクラッカー。
くるみわりにんぎょう【胡桃割り人形】《原題、ロシア Shchelkunchik》チャイコフスキー作曲のバレエ音楽。2幕。台本はE=T=A=ホフマンの童話に基づくもの。1892年ペテルブルグで初演。
くる-む【▽包む】㊀〔動マ五(四)〕巻くようにして物をつつむ。「書類を風呂敷で—・む」➡包む(用法)(可能)くるめる ㊁〔動マ下二〕「くるめる」の文語形。(類語)覆う・覆いかぶせる・被覆する・被せる・掛ける・おっかぶせる・包装する・パックする
クルムバッハ〘Kulmbach〙ドイツ中南部、バイエルン州の都市。ホーエンツォレルン家、ブランデンブルク-クルムバッハ辺境伯の宮廷が置かれ、錫取引で発展。同国最大級のルネサンス様式の城、プラッセンブルク城がある。ビール・ソーセージの産地としても知られる。
クルムホルン〘ドイツ Krummhorn〙《曲がった角の意》主に16世紀ごろのドイツとフランスで使用された木管楽器。管の先端がこうもり傘の柄のように曲がっている。ダブルリードを有し、リードには唇や舌が直接触れないように、リードキャップが取り付けられている。
くるめ【久留米】㊀福岡県南西部の市。もと有馬氏の城下町。久留米絣の産地。ゴム工業や稲作・花木栽培などが盛ん。人口30.2万(2010)。㊁「久留米絣」「久留米縞」の略。
グルメ〘フランス gourmet〙食通。美食家。「—ブーム」(類語)食通・美食家・食い道楽
ぐるめ【▽包め】〔接尾〕《動詞「くる(包)める」の連用

形から》名詞に付いて、そのものを含んですべての意を表す。ぐるみ。「侍―に小春殿貰うた」〈浄・天の網島〉
くる-めか・す【▽転めかす】〔動サ五(四)〕くるめくようにする。くるくる回るようにする。「目を―・す断崖絶壁」「と引き、かう引き、―・せば倒れんとす」〈宇治拾遺・一三〉
くるめ-がすり【久留▽米×絣】福岡県久留米地方から産する堅牢けんろうな木綿の紺絣。江戸後期、井上伝の創始といわれる。
くる-め・く【×眩めく‖▽転めく】〔動カ五(四)〕❶物がくるくる回る。回転する。「風に―・く落葉」❷目が回る。めまいがする。「目も―・くばかりの心地」❸慌てて騒ぎ回る。せわしく立ち回る。「あな、あさまし、と言ひて―・きける程に」〈宇治拾遺・三〉
くるめ-こうぎょうだいがく【久留米工業大学】クルメコウギヤウダイガク 福岡県久留米市にある私立大学。昭和51年(1976)の開設。工学部の単科大学。
くるめ-し【久留米市】►久留米㊁
くるめ-じま【久留▽米×縞】福岡県久留米地方から産する絹糸や木綿糸の縞織物。
くるめ-だいがく【久留米大学】福岡県久留米市にある私立大学。昭和3年(1928)設立の九州医学専門学校に始まり、九州高等医学専門学校を経て、同21年久留米医科大学となる。同25年久留米大学として新制大学に移行。
くるめ-つつじ【久留▽米躑=躅】ツツジ科の常緑低木。ミヤマキリシマの一品種で、福岡県久留米地方で改良されたもの。
くる・める【▽包める】〔動マ下一〕図くる・む〔マ下二〕❶ひとまとめにする。ひっくるめる。「荷物を一つに―・める」❷すっぽりとつつみ込む。くるむ。「毛布でからだを―・める」❸言葉巧みにごまかす。言いくるめる。「うまうまと―・められる」
類語 包つつむ・くるむ・覆う・覆いかぶせる・被覆する・被せる・掛ける・おっかぶせる・包装する・パックする
くるり【×姍】「姍矢くるりや」の略。
くるり㊀〔副〕❶軽く1回転するさま。「―とふり向く」❷物を包んだり取り除いたりするさま。「―と裾すそをはしょる」❸丸く、愛らしいさま。くりくり。「―とした目」❹急にようすが変化するさま。「意見を―と変える」㊁〔名〕「くるり棒」の略。
ぐるり㊀〔名〕まわり。周囲。四辺。「家の―に塀を巡らす」㊁〔副〕❶物が回るさま。「船が―と向きを変える」「―とあたりを見まわす」❷物のまわりを円を描いて動いたり、取り囲んだりするさま。「人垣が―ととり囲む」補説「くるり」は、軽くすばやい回転にいうが、「ぐるり」は大きく鈍重な回転にいう。
類語 周辺・周囲・周縁・周・周回
ぐるり-おとし【ぐるり落とし】江戸後期の女性の髪形の一。鬢びんと髱たぼとを一つにして結ったもの。
くるり-くるり〔副〕軽く何度も回転したり変化したりするさま。「―と軽やかに踊る」「言うことが―(と)変わる」
ぐるり-ぐるり〔副〕鈍重な感じで何度も回転したり変化したりするさま。「水車が―(と)回る」
くるり-ぼう【くるり棒】殻竿からざおのこと。くるり。
くるり-や【×姍矢】桐またはヒノキで作った小鏑こかぶらの先端に、半月形の小雁股こかりまたをつけた矢。水面を跳ね進むので、水鳥を射るのに用いる。くるりの矢。くるり。
くるる【▽枢】❶開き戸を開閉するため、扉の回転軸の上下に設けた心棒の突起。また、その突起を上下の枠のくぼみに入れて戸が回転するようにした仕掛け。❷戸締まりのため、戸の桟から敷居に差し込む止め木。また、その仕掛け。おとし。
くるる-ど【▽枢戸】くるるを使って開閉する戸。
くる-わ【▽郭‖×廓‖▽曲輪】❶城やとりでの、周囲を土や石などで築き巡らしてある囲い。また、その内側の地域。❷《周囲を塀や堀で囲ったところから》遊女屋の集まっている地域。遊郭。遊里。❸俳諧で、発句の題材に伴って出てくる連想の範囲。「発句は題の―を飛び出でて作すべし」〈去来抄・修行〉
くるわ-か・す【狂はかす】くるはかす〔動サ四〕❶狂わせる。「傀儡くぐつ神と言ふものの―・しけるなめり」〈今昔・二八・二七〉❷たぶらかす。だます。「侍従に―・されて、よものふるまひどもし給ふ」〈住吉・上〉
くるわ-ことば【▽郭▽詞‖▽郭言葉】江戸時代、遊里で遊女たちが用いていた言葉。「ありんす」「ざんす」など。里言葉。遊里語。
くるわ-さんがい【▽郭三界】遊郭の辺り。「五十両損かけうかと気遣ひさに、一披露して」〈浄・冥途の飛脚〉
くるわし・い【狂わしい】くるはしい〔形〕図くるは・し〔シク〕いかにも気が違ったように見える。くるおしい。「―・く泣き叫ぶ声」派生 くるわしげ〔形動〕くるわしさ〔名〕
くるわ・す【狂わす】くるはす ㊀〔動サ五(四)〕「狂わせる」に同じ。「心を―・す」「計画を―・してやる」㊁〔動サ下二〕「くるわせる」の文語形。
くるわ・せる【狂わせる】くるはせる〔動サ下一〕図くるは・す〔サ下二〕❶考えや気持ちを正常でなくする。心を乱れさせる。「子供の死が母親を―・せた」「弱点をつかれたことが冷静な彼を―・せた」❷機器などの正確さを失わせる。合わないようにする。「時計を―・せる」「電波の乱れが画像を―・せる」❸予定や計画が、前もって考えていた通りに行かなくさせる。「天候が旅行の日程を―・せた」
くるわぶんしょう【廓文章】クルワブンシヤウ ㊀浄瑠璃。安永9年(1780)成立。寛政5年(1793)大坂大西芝居初演。近松門左衛門作「夕霧阿波鳴渡」吉田屋の段の書き換え。㊁歌舞伎狂言。世話物。一幕。文化5年(1808)江戸中村座初演。㊀に基づく。夕霧伊左衛門。吉田屋。
くるわ-もの【▽郭者】遊里で働いている者。
くるわ-もよう【▽郭模様】―モヤウ 遊里で流行した衣服の模様。
くるわ-よう【▽郭様】―ヤウ 遊里の風俗や様式。また、遊女らしい姿。遊里ふう。「髪の結ひぶり小利口にひっくるくるくる―」〈浄・卯月の紅葉〉
くるわ-よすじ【▽郭四筋】―よすぢ《四筋の通りからできていたところから》大坂新町の遊郭。
クルン-テープ〖Krung Thep〗《天使の都の意》バンコクのタイ語名。
グルント〖ドイ Grund〗土台。基礎。根拠。
くれ【呉】❶中国春秋時代の呉ごの国。転じて、中国のこと。❷広く、中国から伝来した事物に冠していう語。他の名詞の上に付いて複合語をつくる。「―竹」「―楽」
くれ【呉】広島県南西部の市。もと軍港で、海軍鎮守府があった。造船業・重工業が盛ん。人口24.0万(2010)。
くれ【▽塊】かたまり。多く他の名詞の下に付いて、複合語として用いられる。「土―」「石―」
くれ【▽暗】❶暗いこと。また、暗く陰になっているところ。「天の原富士の柴山木こ の―の時ゆつりなば逢はずかもあらむ」〈万・三三五五〉❷秩序が乱れていること。「京中おびただしき―にてぞ有りし」〈五代帝王物語〉
くれ【暮れ】❶太陽が沈むころ。夕暮れ。また、日の暮れること。「日の―が早まる」⇔明け。❷ある期間、特に季節の終わり。「秋の―」❸年の終わり。年末。歳末。「―も押し詰まりまして」〔季 冬〕
類語 (❸)年末・歳末・年の暮れ・年の瀬・歳暮・節季
くれ【×榑】❶切り出したままの、皮のついた材木。また、厚い板材。❷板屋根をふくための薄い板。へぎいた。❸丸太を製材して残った端の板。背板せいた。
くれ【▽某】〔代〕不定称の人代名詞。名を知らない人、また、それとは定めない人、名をわざとぼかしていう場合などに用いる。「なにの親王みこ、―の源氏など数へ給ひて」〈源・少女〉補説「くれがし」「なにくれ」と熟しても用いる。
ぐれ　メジナの別名。
ぐれ《「ぐりはま」の転「ぐれはま」の略》❶まともな道から外れること。特に、盗みなどの悪事を働くこと。また、その者。「その辺一帯を『何々』組の何々というような―が横行していた」〈多喜二・党生活者〉❷物事がくいちがうこと。「寸分違はぬ贋物を跡へ入れ置いたによって、今日まで―がこぬ」〈伎・幼稚子敵討〉
グレア〖glare〗まぶしい光。ギラギラ輝く光。
くれ-あい【暮れ合い】―あひ 日が暮れようとするころ。夕暮れ時。入相いりあい。「―ではあるし、亡くなった姉さんの幽霊かと思った」〈鏡花・化銀杏〉
クレアチニン〖creatinine〗クレアチンの代謝産物。一般に筋肉で生成され、腎臓から尿中に排泄はいせつされる。腎機能不全の際には血液中の濃度が上昇。
クレアチニン-クリアランス〖creatinine clearance〗クレアチニンが腎臓の糸球体でどのくらい濾過ろか処理されるかを調べる腎機能検査法の一。
クレアチン〖creatine〗生体内、特に筋肉中に、主にクレアチン燐酸りんさんの形で多く含まれ、筋収縮のためのエネルギー貯蔵の役割をする物質。筋肉が運動すると分解し、エネルギーを供給する。メチルグリコシアミン。
クレア-とう【クレア島】―タウ《Clare Island》アイルランド西部、クルー湾に浮かぶ島。メイヨー州の町ウエストポートの西方約30キロメートルに位置する。13世紀のシトー派修道院跡があり、15世紀頃、同島を拠点に英国勢力に対抗した女海賊グレース=オマリーが埋葬されたといわれている。
クレアトゥール〖フランス créateur〗ファッションデザイナーの中でも特に創造性が高く、流行に左右されず、一貫して自分のスタイルで創作している人のこと。
クレアボヤンス〖clairvoyance〗「千里眼」に同じ。
グレアム〖Thomas Graham〗[1805～1869]英国の物理学者・化学者。気体拡散に関するグレアムの法則を発見。クリスタロイド・コロイドの概念を導入して、コロイド化学を創始した。
グレイ〖gray〗国際単位系(SI)の吸収線量の単位。1グレイは物質1キログラムあたり1ジュールの放射線のエネルギーを吸収するときの吸収線量。1グレイは100ラド。英国の物理学者L=H=グレイの業績にちなむ。記号Gy
クレイギーバー-じょう【クレイギーバー城】―ジヤウ《Craigievar Castle》英国スコットランド北東部、アバディーンシャー州にある城。17世紀にウィリアム=フォーブスにより建造。スコットランド風のゴシックリバイバル建築の傑作の一として知られる。第一次大戦中、ベルギー傷病兵の病院として使われたことがある。
クレイグニュア〖Craignure〗英国スコットランド西岸、インナーヘブリディーズ諸島、マル島東部の町。ブリテン島本土の町オーバンと連絡航路で結ばれる。トロセイ城、デュアート城に近く、観光拠点として知られ、ミニチュア蒸気機関車が走るマル鉄道の駅がある。
クレイステネス〖Kleisthenēs〗前6世紀末のアテナイの政治家。血縁的部族制を廃して地域的部族制を制定するなどの改革を行い、民主政治の基礎を確立。また、僭主せんしゅヒッピアスの追放後、僭主再現防止のため、オストラシズムを創始した。
クレイゼス-じょう【クレイゼス城】―ジヤウ《Crathes Castle》►クラシズ城
くれ-いた【×榑板】榑縁くれえんに張った板。榑貫くれぬき。
グレイター〖grater〗►グレーター
グレイッシュ〖grayish〗〔形動〕灰色がかっている。灰色を帯びている。「―なコート」
グレイプ〖Greip〗土星の第51衛星。2006年に発見。名の由来は北欧神話の女巨人。非球形で平均直径は約6キロ。
グレインフェッド〖grain-fed〗►穀物肥育
くれ-うち【▽塊打ち】掘り起こした田畑の土のかたまりをたたいて砕くこと。また、その作業。
クレー〖clay〗《「クレイ」とも》❶粘土。また、粘土製の物。❷「クレーピジョン」の略。❸「クレー射撃」の略。❹「クレーコート」の略。
クレー〖Paul Klee〗[1879～1940]スイスの画家・銅版画家。ドイツで活躍。豊かな想像力により、明澄な詩情をたたえた抽象画を描いた。
グレー〖gray〗《「グレイ」とも》❶灰色。ねずみ色。「―の背広」❷白髪交じりの髪。「ロマンス―」❸どちらでもない中間的な状態や態度。「法律に触れるのかどうか、依然―だ」類語 灰色・鼠色
グレー〖Thomas Gray〗[1716～1771]英国の詩

人。ロマン主義の先駆者。「墓畔の哀歌」は「新体詩抄」に訳出され、明治文学に影響を与えた。グレイ。

グレー-アウト〖gray out〗パソコンで、ウインドーのツールバーのメニューやチェックボックスのボタンなどが薄いグレーで表示され、ユーザーの操作の対象から外れている状態。操作上選択する必要がない、または選択してはいけない部分がグレーアウトになる。

グレーイング〖graying〗社会の高齢化。「一時代」

グレー-カード〖gray card〗写真撮影で使うカード型の被写体。反射率18パーセントで無光沢の灰色をしている。反射光式露出計で適正露出を決めるための基準となる標準反射率に相当する。デジタルカメラのホワイトバランスの調整にも用いられる。標準反射板。ニュートラルグレーカード。

グレー-カラー〖gray-collar〗ホワイトカラー・ブルーカラーに対して、技術関係の仕事に従事する労働者。(類語)会社員・サラリーマン・勤め人・勤労者・労働者・ビジネスマン・ホワイトカラー・ブルーカラー

クレー-コート〖clay court〗表面を粘土または赤土でつくるテニスコート。四大大会では全仏オープンで用いられる。クレー。➡グラスコート ➡ハードコート

グレーザー〖Donald Arthur Glaser〗[1926〜]米国の物理学者。宇宙線の研究・測定のための水素泡箱を開発。1960年ノーベル物理学賞受賞。

クレージー〖crazy〗〔形動〕熱狂的なさま。夢中なさま。「一なファン」

グレーシャー-こくりつこうえん【グレーシャー国立公園】ーコクリツコウエン《Glacier National Park》㊀米国、モンタナ州の国立公園。ロッキー山脈のカナダ国境にあり、カナダのウォータートンレーク国立公園とともに1995年、「ウォータートン-グレーシャー国際平和自然公園」の名で世界遺産(自然遺産)に登録された。㊁カナダ、ブリティッシュ-コロンビア州南東部の国立公園。氷河がある。

グレーシャーベイ-こくりつこうえん【グレーシャーベイ国立公園】ーコクリツコウエン《Glacier Bay National Park》米国アラスカ州南東部にある国立公園。フェアウエザー山脈の麓、ブレイディ氷河から数多くの氷塊が直接海岸に流れ込む様子が見られる。カナダとの国境地帯にある他の国立公園などとともに、世界遺産(自然遺産)に登録されている。

クレー-しゃげき【クレー射撃】皿状の標的を空中に飛ばして散弾銃で撃つ射撃競技。破砕された標的の数で勝負を競う。クレー。(補説)種目に、トラップやスキートなどがある。

グレージング〖grazing〗❶家畜が生草を食うこと。転じて、スナック食品などを少しずつ、いつまでも食べ続けること。❷レストランなどで、客が自分の好きな料理を自由に皿に取れること。

グレース〖grace〗〔名・形動〕❶優美。優雅。❷恩恵。恩寵(おんちょう)。

グレー-スケール〖gray scale〗❶濃度が黒から白まで段階で変わるように配列してある灰色の色票。濃度判定基準に用いる。❷コンピューター上で、白黒の明暗だけで画像を表現する方法。色の情報は含まず、明度だけで表す。

グレース-ピリオド〖grace period〗《graceは恩恵の意》猶予期間。特許出願前に内容を公表しても、1年以内ならば権利が認められる制度。

グレー-ゾーン〖gray zone〗中間の領域。どっちつかずの範囲。

グレーゾーン-きんり【グレーゾーン金利】利息制限法の上限金利15〜20パーセント(元本によって率が変わる)と、出資法の旧上限金利29.2パーセントとの間の金利。この金利で営業する貸金業者が多く、多重債務などの問題を生む原因となった。(補説)平成18年(2006)12月に貸金業法等改正法が成立。出資法の上限金利を利息制限法と同じ20パーセントに引き下げることが定められた。平成22年(2010)6月、出資法の上限金利の引き下げが施行され、グレーゾーン金利は廃止された。グレーゾーン金利廃止後も過払い金の返還請求は可能。

クレーター〖crater〗惑星・衛星の表面にみられる、火山の火口のように円形にくぼんだ地形。噴火による説と隕石(いんせき)の落下によるという説とがある。

グレーター〖grater〗《「グレイター」とも》おろし金。チーズ・香辛料をすりおろす道具。

グレーダー〖grader〗土かき板を備えた、地ならし・整地用の建設機械。自走式のものとトラクターによる牽引(けんいん)式のものとがある。

グレーターセントルシア-しっちこうえん【グレーターセントルシア湿地公園】ーシッチコウエン《Greater St Lucia Wetland Park》►イシマンガリソ湿地公園

クレーターレーク-こくりつこうえん【クレーターレーク国立公園】ーコクリツコウエン《Crater Lake National Park》米国オレゴン州南部、カスケード山脈にある国立公園。約7000年前の大噴火により生じたカルデラ湖を中心とする。同州唯一の国立公園。

グレーティング〖grating〗《「グレーチング」とも》►回折格子

グレーディング〖grading〗パタンナーの起こした標準寸法の型紙(パターン)をもとに、大小のサイズの型紙を作ること。➡パタンナー

グレーデッドインデックスがた-ひかりファイバー【グレーデッドインデックス型光ファイバー】《graded-index optical fiber》►GI型光ファイバー

グレート〖great〗《「グレイト」とも》多く複合語の形で用い、大きい、偉大な、の意を表す。「一パワー(=強国)」

グレード〖grade〗等級。階級。段階。「一が高い」(類語)等級・クラス・ランキング・ランク・階級・位(くらい)・地位・身分・格(かく)・位置・ポスト・ポジション・椅子・肩書き・役職・役付き・席・序列・職階・官位・官等

グレード-アップ〖grade up〗〔名〕スル 等級を上げること。格上げ。「アンプを変えて音質を一する」

グレート-ウォール〖great wall〗宇宙空間で銀河が壁状に多数分布する領域。宇宙の中で銀河は一様に分布せず、宇宙の大規模構造と呼ばれる巨大な泡状の構造が見られ、その泡の膜面に相当する。また、泡の内部はボイドと呼ばれる銀河がほとんど存在しない領域がある。

グレートスモーキーさんみゃく-こくりつこうえん【グレートスモーキー山脈国立公園】ーコクリツコウエン《Great Smoky Mountains National Park》米国アパラチア山脈の支脈の一、ノースカロライナ州とテネシー州にまたがるグレートスモーキー山脈にある国立公園。最終氷期に氷河に覆われなかったため、残存種も含む多様な動植物が生息することで知られる。1983年、世界遺産(自然遺産)に登録された。グレートスモーキーマウンテンズ国立公園。

グレートスモーキーマウンテンズ-こくりつこうえん【グレートスモーキーマウンテンズ国立公園】ーコクリツコウエン《Great Smoky Mountains National Park》►グレートスモーキー山脈国立公園

グレートソルト-こ【グレートソルト湖】《Great Salt》米国、ユタ州北部の塩湖。面積4660平方キロメートル。湖面標高1282メートル。湖上を大陸横断鉄道が通る。大塩湖。

グレート-デーン〖Great Dane〗犬の一品種。デンマークの原産で、ドイツで改良された。体高約90センチ、体重約77キロにも達する。元来はイノシシ用猟犬、現在では家庭犬。グレートデン。

グレートバリア-リーフ〖Great Barrier Reef〗オーストラリア北東部、クイーンズランド州東部の珊瑚海(さんごかい)にある世界最大の珊瑚礁。長さ約2000キロ。1981年、世界遺産(自然遺産)に登録。大堡礁(だいほしょう)。➡堡礁

グレートビクトリア-さばく【グレートビクトリア砂漠】《Great Victoria》オーストラリア南西部にある砂漠。ウェスタン-オーストラリア州とサウス-オーストラリア州とにまたがる。

グレート-ブリテン〖Great Britain〗英国本国の主要部をなす島。イングランド・スコットランド・ウェールズに大別される。面積約22万平方キロメートル。ブリテン。大ブリテン。

グレートブリテンおよびきたアイルランド-れんごうおうこく【グレートブリテン及び北アイルランド連合王国】ーレンゴウオウコク《United Kingdom of Great Britain and Northern Ireland》イギリスの正式名称。

グレート-プレーンズ〖Great Plains〗北アメリカ大陸中西部の大平原。ロッキー山脈東麓からミシシッピ川にかけて広がる。小麦・トウモロコシの栽培や放牧が盛ん。

クレードル〖cradle〗携帯情報端末やデジタルカメラなどの付属機器。パソコンとの接続やバッテリーの充電に使われる。

グレーバー〖graver〗先がとがった鋼鉄の彫刀。主に鋼銅(はがねどう)の彫版に用いる。

グレーハウンド〖grayhound〗家畜の犬の一品種。エジプトの原産で、5000年前から猟犬として用いられた。体高約70センチ。競走犬として用いられる。

グレー-パワー〖gray power〗老人による、さまざまの運動や活動。また、社会で発揮される、老人の影響力や能力。シルバーパワー。

グレービー〖gravy〗肉を煮焼きするときに出る汁。多くは漉(こ)して塩・胡椒(こしょう)で調味し、小麦粉や澱粉(でんぷん)で濃度をつけて肉料理のソースとして用いる。肉汁(にくじゅう)。

グレービー-ソース《和 gravy＋sauce》►グレービー

グレービー-ボート〖gravy boat〗料理にかけるソースやカレーなどを入れる容器。多く舟形で、一方に注ぎ口、もう一方に取っ手がついている。

クレー-ピジョン〖clay pigeon〗クレー射撃の標的。石灰とピッチを混ぜて作った素焼きの皿状のもの。クレー射撃の前身にあたる競技では、アオバト(blue pigeon)を標的に使ったことから。クレー。

クレープ〖フランス crêpe〗❶細かな縮みじわをつけた薄手の織物の総称。❷縮緬(ちりめん)。❸縮みじわをつけた薄紙。紙ナプキン・造花などに用いる。縮緬紙。クレープペーパー。❹小麦粉・牛乳・卵などを合わせて溶いたゆるい生地をごく薄く焼いたもの。ジャムなどをくるんだりして食べる。

グレープ〖grape〗ブドウの実。

グレーブ-コンシークエンス〖grave consequence〗《重大な結果の意》国交断絶に至るような外交上の重大事態。

クレープ-シャツ《和 crêpe(フランス)＋shirt》クレープ地のシャツ。縮みのシャツ。(季 夏)

グレープ-ジュース〖grape juice〗ブドウの果汁。

クレープ-シュゼット〖フランス crêpe Suzette〗クレープにバター、砂糖、オレンジの皮と果汁・キュラソー酒を混ぜたものを塗って四つに折り、オレンジ汁と洋酒で煮たもの。アルコール分に火をつけて燃やし、熱いうちに食するデザート。

グレーブス-びょう【グレーブス病】ービヤウ バセドー病の別名。最初の報告者である、アイルランドの内科医グレーブス(R.J.Graves)にちなむ名。

クレープ-デ-シン〖フランス crêpe de Chine〗《中国のクレープの意》細い生糸で平織りにした広幅の薄地縮緬(ちりめん)。中国産の縮緬をまねて、フランスで織り出したもの。婦人服地用。デシン。フランス縮緬。

グレープフルーツ〖grapefruit〗ザボンの一種。果実が枝にブドウのような房状につく。ふつう果皮は黄色で、多汁。米国カリフォルニアで栽培。

クレープ-ペーパー〖crepe paper〗「クレープ❸」に同じ。

クレーマー〖claimer〗《原義は「要求者」「請求者」の意》商品の欠陥、客への対応の仕方などについてしつこく苦情を言う人。特にその苦情が言いがかりと受け取られるような場合にいう。

グレー-マーケット〖gray market〗❶第三国を経由して相手国に商品が正規の価格より安値で流入し形成される市場。灰色市場。❷証券の発行前にその証券をめぐって行われる取引の市場。

クレーマー-ばし【クレーマー橋】《Krämerbrücke》ドイツ中部、チューリンゲン州の都市、エルフルトを流れるゲーラ川に架かる橋。「商人の橋」を意味し、橋の両側に商店が建ち並ぶ。中世における東西交易の

象徴として知られる。
グレーマウンテン-クリフ〖Grey Mountain Cliff〗▶スリーブリーグ
グレー-マネー〖gray money〗やみ取引の金。隠し金。税務署などに申告されていない資金。
クレーム〖claim〗❶商取引で、売買契約条項に違約があった場合、違約した相手に対して損害賠償請求を行うこと。❷苦情。異議。「一をつける」「一の処理をする」〘類語〙苦情・文句・不平・コンプレイント
クレーム〖フランス crème〗▶クリーム
クレーム-エージェント〖claim agent〗保険会社が、海外で起きた事故について損害を調査したり、保険金の支払いなどの手続きを代行させるために委嘱する代理店のこと。
クレーム-タグ〖claim tag〗手荷物引換証。手荷物札と同一番号が表示されており、到着地で受託手荷物を引き取るときなどの確認に使われる。
クレーム-ブリュレ〖フランス crème brûlée〗卵黄・クリーム・砂糖・バニラを混ぜ、オーブンで湯煎ゆせんにかけ、冷ましてから砂糖をふってバーナーなどで焼き色をつけたデザート。
グレー-メール〖graymail〗訴追中の被疑者が政府機密の暴露をほのめかす脅迫。
クレー-モデル〖clay model〗新型自動車の開発段階で、新しいスタイリングを試すために作られる粘土模型。各部の修正が容易なので粘土が使われる。縮尺5分の1のものと現寸のものとがある。
クレール〖René Clair〗[1898～1981]フランスの映画監督。詩情や風刺に富んだ作風。代表作「イタリア麦の帽子」「巴里の屋根の下」「自由を我等に」など。
くれ-えん【×榑縁】細長い板を敷居と平行に並べて張った縁側。➡切り目縁
クレーン〖crane〗《鶴の意》重量物をつり上げて、水平または垂直方向へ移動させる荷役機械。起重機。〘補説〙天井クレーン・ジブクレーン・橋形クレーンなどの固定式クレーンとトラッククレーン・ホイールクレーン・クローラークレーン・鉄道クレーン・浮きクレーンなどの移動式クレーンがある。
グレーン〖grain〗ヤード-ポンド法の質量の単位。1グレーンは7000分の1ポンドで、64.7989ミリグラム。記号gr　グレン。ゲレイン。ゲレーン。〘補説〙グレーンは穀粒の意で、小麦一粒の質量を基にして定めたもの。古代では最も一般的な麦粒を重さの基準とした。
グレーン-ウイスキー〖grain whisky〗オオムギ・ライムギ・トウモロコシなどの穀類を原料とし、麦芽で糖化させてつくるウイスキー。グレンウイスキー。➡モルトウイスキー
クレーン-ゲーム〖crane game〗人形や動物のぬいぐるみなどをおもちゃのクレーンでつり上げて取るゲーム。
クレーン-せん【クレーン船】▶起重機船
クレーン-そく【クレーン則】▶クレーン等安全規則
クレーンとう-あんぜんきそく【クレーン等安全規則】クレーン・移動式クレーン・デリック・エレベーター・リフトなどの安全基準に関する規則を定めたもの。労働安全衛生法の規定に基づいて定められた厚生労働省令。昭和47年(1972)制定。クレーン則。
クレオール〖Creole〗西インド諸島、中南米などで生まれ育ったヨーロッパ人。特にスペイン人・フランス人をいう。クリオール。
クレオール-ご【クレオール語】主としてヨーロッパの言語と非ヨーロッパの言語が接触して成立した混成語のうち、母語として話されているもの。
クレオソート〖creosote〗ブナなどの木タールから得られる、無色または黄色がかった油状の液体。グアヤコールなど種々のフェノール類の混合物で、刺激臭がある。防腐薬・鎮痛薬などに用いる。ケレオソート。
クレオパトラ〖Kleopatra〗(7世)[前69～前30]古代エジプト、プトレマイオス朝最後の女王。在位前51～前30。弟と共同統治したが排斥されて王位を失った。のち、カエサルの力を借りて復位し、エジプトを統一。カエサル暗殺後、アントニウスと結婚したが、彼の敗死とともに自殺。絶世の美女として有名。
クレオパトラの鼻はな　大事に大きな影響を及ぼす些細ささいな物事のたとえ。パスカルが「パンセ」で「クレオパトラの鼻がもう少し低かったら、世界の歴史も変わっていたであろう」と記したのによる。
クレオメ〖ラテン Cleome〗フウチョウソウ科フウチョウソウ属の一年草の総称。熱帯アメリカ原産のセイヨウフウチョウソウ、沖縄に分布するヒメフウチョウソウなどがある。高さ約1メートル。葉は手のひら状の複葉。夏から秋、白・桃・紫色などの4弁花を総状につける。雄しべが長い。酔蝶花すいちょうか。
クレオン〖フランス crayon〗▶クレヨン
クレカ「クレジットカード」の略。
くれ-かか・る【暮れ掛(か)る｜暮れ懸(か)る】〘動ラ五(四)〙夕暮れになりはじめる。暮れ方になる。「一・る秋空」
くれ-がく【▽呉楽】中国古代の呉ごの国で行われたという楽舞。伎楽ぎがくの別称。くれのがく。
くれ-がし【▽某】〘代〙不定称の人代名詞。人の名をはっきり指示しないでいう語。それがし。なにがし。くれ。「一の夫人エブのように気儘きままならず」〈紅葉・金色夜叉〉
くれ-がた【暮れ方】❶日の暮れるころ。夕暮れ時。夕方。「日も一になる」⇔明け方。❷年・年代・季節などの終わり。「冬の一」
グレガリナ〖ラテン Gregarina〗胞子虫綱真グレガリナ目の原生動物の総称。ネズミ・昆虫の寄生虫などが含まれる。
く-れき【句歴】俳人として、句作してきた経歴。
くれ-き【×榑木】ヒノキやサワラなどから製した板材。古くは壁の心材に、近世では屋根板材に使用された。
クレクリンゲン〖Creglingen〗ドイツ中南部の町。ドイツの彫刻家、ティルマン=リーメンシュナイダーの最高傑作、「聖母マリアの昇天」の祭壇で知られるヘルゴット教会がある。ロマンチック街道沿いの町の一。
くれ-ぐれ【暮れ暮れ】日が暮れようとするころ。暮れ方。夕方。「其日の一に母親は還かえって来たのである」〈紅葉・多情多恨〉
くれ-ぐれ【▽呉▽呉】〘副〙繰り返し繰り返しするさま。念を入れるさま。「決して素生を明かしてくれるなと一お頼みでしたから」〈鉄腸・花間鶯〉
くれ-ぐれ【▽暗▽暗】〘副〙《上代は「くれくれ」》心が暗く悲しみに沈むさま。また、思案に暮れるさま。「一と秋の日ごろのふるままに思ひ知られぬあやしかりしも」〈和泉式部日記〉
くれぐれ-も【▽呉▽呉も】〘副〙❶何度も心をこめて依頼・懇願したり、忠告したりするさま。「一お大事に」❷何度考えても。かえすがえす。「一嬉しきものにかの時の訓戒を記して」〈露伴・いさなとり〉〘類語〙どうぞ・どうか・願わくは・なにとぞ・なんとか・ぜひとも・まげて・ひとつ・是非
グレコ〖El Greco〗▶エル=グレコ
くれ-こづき【暮(れ)古月】陰暦12月の異称。
グレゴリー〖Gregory〗グレゴリウスの英語名。
グレゴリー〖Isabella Augusta Gregory〗[1852～1932]アイルランドの女流劇作家。イェーツらとアイルランド文芸劇場を創立、国民演劇の成立に貢献。アイルランド伝説の収集にも努力した。作「噂のひろまり」「月の出」など。グレゴリー夫人。
グレゴリウス〖Gregorius〗ローマ教皇16人の名。グレゴリー。グレゴリオ。㊀(1世)[540ころ～604]在位590～604。伝道を強化し、諸民族の改宗などを行い、教皇権の政治的地位を確立。グレゴリオ聖歌の集大成を行った。㊁(7世)[1020ころ～1085]在位1073～1085。本名、ヒルデブラント。教皇権の確立、教会の浄化に努力。叙任権問題でドイツ皇帝ハインリヒ4世を破門し、「カノッサの屈辱」でこれを赦免した事件で有名。のち同皇帝にローマを追われ、サレルノで憤死。㊂(13世)[1502～1585]在位1572～1585。新教の勢力拡大に対抗するとともに、教会内部の改革を推進。1582年、グレゴリオ暦を制定。日本からの天正遣欧使節を接見。
グレゴリオ〖Gregorio〗グレゴリウスのイタリア語名。
グレゴリオ-せいか【グレゴリオ聖歌】《ラテン cantus gregorianus》ローマ-カトリック教会の典礼に用いる、男声の斉唱による単旋律聖歌。
グレゴリオ-れき【グレゴリオ暦】グレゴリウス13世が、1582年にユリウス暦を改良して制定した暦。現行の太陽暦。
グレコ-ローマン〖Greco-Roman〗「グレコローマンスタイル」の略。
グレコローマン-スタイル〖Greco-Roman style〗レスリングの競技種目の一。腰から下を攻めることは禁じられ、上半身だけで戦う。グレコローマン。➡フリースタイル
くれ◦さします【▽呉れさします】〘連語〙《動詞「く(呉)る」の未然形＋尊敬の助動詞「さします」》❶くださる。「床几しょうぎ一◦さしませ」〈和泉流狂・八尾〉❷(…「てくれさします」の形で)…てくださる。「やあ、そなたはよいところへ出さしました。まづ聞いて一◦さしませ」〈続狂言記・竹の子争〉
くれ-さしめ【▽呉れさしめ】〘連語〙《動詞「く(呉)る」の未然形＋尊敬の助動詞「さしむ」の命令形「さしめ」》ください。くれたまえ。「ひらに助けて一」〈虎清狂・禁野〉
クレ-サラ《「クレジット会社」と「サラリーマン金融」から》信販会社と消費者金融の総称。「一問題相談所」
クレサラ-もんだい【クレサラ問題】《クレサラは「クレジット会社」と「サラリーマン金融」から》過酷な取り立てや高金利、多重債務、違法業者の増加、過払い金など、信販会社や消費者金融からの借り入れをめぐる一連の問題。クレジット・サラ金問題。
くれ-し【呉市】▶呉
クレシェンド〖イタリア crescendo〗▶クレッシェンド
くれ-しげいち【呉茂一】[1897～1977]西洋古典文学者。東京の生まれ。精神医学者、呉秀三の長男。東大・名古屋大教授。ギリシャ神話の研究に力を注ぎ、邦訳多数。「イリアス」の翻訳で読売文学賞、ギリシャ叙情詩の訳詩集「花冠」で日本翻訳文化賞。
クレシダ〖Cressida〗天王星の第9衛星。1986年にボイジャー2号の接近によって発見された。名の由来はシェークスピアの「トロイラスとクレシダ」の登場人物。天王星に4番目に近い軌道を公転する。非球形で平均直径は約80キロ。平均表面温度はセ氏マイナス213度以下。
くれ-しづき【暮(れ)▽新月】陰暦正月の異称。〘季 新年〙
クレジット〖credit〗《信用の意》❶国際金融で、短期または中期の借款。❷信用貸しによる販売または金融。信販・月賦・消費者金融など。❸新聞・書物・写真などに明記する著作権者・原作者などの名前。❹「クレジットタイトル」の略。〘類語〙信販・付け・掛け売り
クレジット-ウオッチ〖credit watch〗格付け会社が、ある特定の企業等の信用格付けについて調査を行っていること表す用語。格付けに影響を及ぼす重要な出来事が予定されている場合、格付け会社は企業をクレジットウオッチに指定し、状況・動向を見極める。結果として格付けが据え置かれる場合もある。CW。
クレジット-カード〖credit card〗銀行・商店などと提携したカード会社が会員に発行するカード。現金を支払わずに、カードを提示するだけで買い物などができる。クレカ。
クレジットカード-とうなんほけん【クレジットカード盗難保険】ートウナンホケン　クレジットカードが紛失・盗難などで他人に不正使用されたとき、その損害を填補する保険。カード発行会社および警察への届け出、紛失・盗難の証明が必要。また、被保険者に重大な過失があった場合は適用されない。カード盗難保険。
クレジットカードふたい-りょこうしょうがいほけん【クレジットカード付帯旅行傷害保険】ーフタイリョコウショウガイホケン　クレジットカードに自動付帯された、旅行中の事故による損害を補塡する目的の保険。
クレジット-がいしゃ【クレジット会社】ーガイシャ　販売信用(クレジット)取引を業務としている会社。信販会社

の他に、銀行・自動車メーカー・電機メーカー・流通会社・石油会社・鉄道・航空会社などを母体とするクレジット会社がある。➡クレジットカード

クレジット-クランチ〖credit crunch〗金融機関が貸し出しを渋ることによって、企業の資金調達が困難となる状態。信用逼迫ひっぱく。➡信用収縮

クレジットサラきん-もんだい【クレジット・サラ金問題】►クレサラ問題

クレジット-タイトル〖credit title〗映画やテレビ番組で、出演者・製作スタッフ・スポンサーなどの名を示す字幕。クレジット。

クレジット-デフォルト-スワップ〖credit default swap〗信用リスクそのものを売買するクレジットデリバティブの一種。証券化商品や債権などが債務不履行(デフォルト)になった場合に損失を肩代わりしてもらう契約を結んだ金融派生商品(デリバティブ)。損失を肩代わりするリスクに対して定期的に保証料(プレミアム)を支払う。一般的な保証率はLIBORライボーを基準にいくらか上乗せした金利を用いることが多い。CDS。

クレジット-デリバティブ〖credit derivative〗信用リスクそのものを売買するデリバティブ(金融派生商品)の一種。

クレジット-ライン〖credit line〗銀行が融資先に与える最高限度額(信用供与枠)。特に、日銀の都市銀行に対する貸出最高限度額を示す。

クレジット-リスク〖credit risk〗►信用リスク

グレシャム〖Thomas Gresham〗[1519ころ～1579]英国の財政家・貿易商。エドワード6世・エリザベス1世の王室財務官となり、貨幣の改鋳などを実施、王立為替取引所の設立を提唱した。

グレシャム-の-ほうそく【グレシャムの法則】ハフウソク 一つの社会で材質の悪い貨幣と良質の貨幣とが同一の価値をもって流通している場合、良質の貨幣は退蔵・溶解・輸出などで市場から消えて、悪い貨幣が流通するという法則。グレシャムが唱えた。「悪貨は良貨を駆逐する」という言葉で有名。

くれ-しゅうぞう【呉秀三】ニシウザウ [1865～1932]精神医学者・医史学者。江戸の生まれ。巣鴨病院(のちの松沢病院)院長。ウィーンに留学し、日本にクレペリンの説を移入。精神障害患者の保護、知的障害者の教育の先駆者。医学史研究、シーボルト研究が特に著名。

グレ-シュル-ロアン〖Grez-sur-Loing〗フランス中北部の都市、フォンテンブローの近郊、ロアン川沿いにある村。明治・大正期に黒田清輝や浅井忠ら、日本の洋画家が滞在した。英国の作曲家、フレデリック＝ディーリアスが晩年を過ごしたことでも知られる。グレ-シュル-ロワン。

クレスチン〖krestin〗担子菌カワラタケの一系統の培養菌糸体から抽出されたたんぱく多糖体。消化器癌がん・肺癌・乳癌などの抗癌剤に用いられる。

クレスト-タイ〖crest tie〗盾形にのせた紋章を柄としたネクタイのこと。スコットランドの伝統的なモチーフで、トラッドファッションの代表的なもの。

クレスピ-ダッダ〖Crespi d'Adda〗イタリア北部、ミラノの北東35キロメートルにある町。19世紀後半、資本家のクリストフォロ＝ベニーニョ＝クレスピが建設した企業都市。イタリアの産業革命期において、資本家と労働者の間に人間的な関係を築き、快適な労働環境を創りあげようとした。1995年に世界遺産(文化遺産)に登録された。

クレセント〖crescent〗《「クレッセント」とも》❶三日月形のもの。「一ポケット」❷引き違い窓などの、三日月形の締め金具。鍵の役目をする。クレセント錠。

クレセント-じょう【クレセント錠】ヂヤウ►クレセント❷

クレセント-ポケット〖crescent pocket〗切り口が三日月状にカーブしたポケット。ウエスタンシャツなどのポケットによくみられる。

クレゾール〖ドイツ Kresol〗コールタールや木タールから得られる、無色または褐色の液体。フェノール類の一。殺菌力があり・消毒・防腐剤に、また合成樹脂の原料などに利用。

クレゾール-せっけんえき【クレゾール石ˣ鹸液】ーセキケンエキ 植物油を水酸化カリウムで鹸化してからクレゾールを加えた混合液。約50パーセントのクレゾールを含む。水で薄めて消毒薬とする。リゾール。

クレソン〖フランス cresson〗アブラナ科の多年草。茎の下部は水中をはい、葉は羽状複葉で、互生。春、白色の小花を開く。全体に辛みがあり、生食する。ヨーロッパの原産で、日本には明治初期に移入。オランダ芥子がらし。みずがらし。ウオータークレス。(季 春)

くれ-たけ【▽呉竹】《中国の呉ごから渡来した竹の意》ハチクの別名。

くれたけ-の【▽呉竹の】〔枕〕竹の節ふしまた節よに関する意から、「ふし」「よ」「よる」「言の葉」「末」にかかる。「一ふみ沈みぬる露の身も」〈金葉・雑下〉「一むなしと説ける言の葉は」〈千載・釈教〉

くれたけ-の-だい【▽呉竹の台】清涼殿東庭の北寄りにある呉竹を植えた所。格子の籬垣ませがき中にある。

クレタ-とう【クレタ島】タウ《Kriti》エーゲ海南部の島。ギリシャ最大の島で、オリーブ・ぶどうなどを栽培。エーゲ文明の中心地。クリート島。

クレタ-ぶんめい【クレタ文明】前20世紀ごろから前14世紀ごろまで、クレタ島で栄えた文明。エーゲ文明の一中心であり、オリエント文明の影響下に発達した海洋文明で、ミケーネ文明に先行する。民族系統は不明。エバンズの調査により、クノッソス宮殿や多数の陶器類が発掘された。ミノア文明。ミノス文明。

クレタ-もじ【クレタ文字】エーゲ文明で用いられた文字。絵文字と線文字A・線文字Bとがあり、線文字Bだけが解読されている。ミノア文字。

クレチアン-ド-トロワ〖Chrétien de Troyes〗[1135ころ～1185ころ]中世フランスの韻文物語作家。アーサー王伝説に基づいて数々の恋と冒険の韻文詩を書き、騎士道物語に新境地を開いた。作「ランスロまたは車上の騎士」「ペルスバルまたは聖杯物語」など。

クレチン-びょう【クレチン病】ビヤウ《ドイツ Kretinismus》生まれつき甲状腺がないか、甲状腺ホルモンをつくる機能が弱い病気。身体的・精神的発達は著しく不良で、特殊な顔つきと手足の短い異常体形を呈する。

ぐ-れつ【愚劣】〔名・形動〕おろかで、おとっていること。ばかばかしいこと。また、そのさま。「一極まりない話」「一な行為」(派生)ぐれつさ〔名〕

(類語)迂愚うぐ・凡愚・馬鹿・愚か・愚かしい・馬鹿らしい・馬鹿馬鹿しい・阿呆らしい・下らない・無思慮むしりょ・無考え・浅はか・浅薄せんぱく・軽はずみ・軽率

くれ-つ-かた【暮れつ方】❶日の暮れるころ。夕方。「辰の日の一遣はす。御文のうち、思ひやるべし」〈源・少女〉❷年や季節の終わりに近いころ。「春の一、のどやかに艶なる空に」〈徒然・四三〉

クレッサーレ〖Kuressaare〗エストニア西部、バルト海に浮かぶサーレマー島南岸の都市。13世紀にサーレラーネ司教領となり、司教の居城、クレッサーレ城を中心に発展。旧ソ連時代の1952年から1988年まで、同地出身の共産主義者ビクトル＝キンギセップにちなみ、キンギセパ(ロシア語名キンギセップ)と呼ばれた。

クレッサーレ-じょう【クレッサーレ城】ジヤウ《Kuressaare linnus》エストニア西部、サーレマー島南岸の都市クレッサーレにある城。14世紀にサーレラーネ司教の居城として建造。戦争などによる被害をほとんど受けなかったため、バルト海沿岸の中世城郭建築を今に伝える貴重な建造物として知られる。現在はサーレマー歴史自然博物館となっている。

クレッシェンド〖イタリア crescendo〗《「クレシェンド」とも》音楽で、強弱標語の一。だんだん強く、の意。*cresc.*と略記。または ＜ の記号を使う。⇔デクレッシェンド。

クレッセント〖crescent〗►クレセント

クレッチマー〖Ernst Kretschmer〗[1888～1964]ドイツの精神医学者。多くの精神障害患者との面接経験から、体格と気質(性格)との相関関係に注目し、肥満型は躁鬱そううつ病患者に、痩身そうしん型は分裂病患者に多いことなどを主張。著「体格と性格」「敏感関係妄想」「医学的心理学」など。

くれ-つづみ【▽呉鼓｜▽腰鼓】呉楽くれがくに用いた鼓。ひもで首から掛け、腰のあたりに横につるして両手で両鼓面を打ち鳴らす。腰鼓ようこ。くれのつづみ。

クレツレスク-きょうかい【クレツレスク教会】ケウクワイ《Biserica Kretzulescu》ルーマニアの首都ブカレストの中心部、革命広場にあるルーマニア正教会の教会。18世紀に、ブルンコベネスク様式と呼ばれるルーマニア独自のビザンチン風建築様式で建造された。内部には建造当初のフレスコ画が残っている。

くれ-て【▽呉れ手】❶物をくれる人。「資金の一」❷(動詞連用形に接続助詞「て」を添えた形に付いて)その物事をしてくれる人。「お手伝いに来て一がない」

クレディビリティー〖credibility〗信頼性。確実性。

クレディビリティー-ギャップ〖credibility gap〗❶政府不信。特に、1960年代末以降アメリカ国民の間に広まった政府への不信感をいう。❷相互不信。世代間の断絶・不信感などにもいう。

くれて-や・る【▽呉れて▽遣る】〔動ラ五(四)〕❶物を与えて、遠くへやる。❷自分より目下の者や、いまいましく思っている者に物を与える。「こんなものすべて一・る」

クレデンシャル〖credential〗❶大使などに授ける信任状。❷資格。資格証明書。

クレド〖ラテン Credo〗《我は信ず、の意》ミサ典礼の式文の一。信仰宣言で、「私は唯一の神を信じる」の言葉で始まる。➡ミサ曲

クレトン〖cretonne〗カーテンや家具カバーなどの生地に使われる、地の厚い平織りの綿布で、サラサ模様などがプリントされたもの。

くれない【紅】くれなゐ《「くれ(呉)のあい(藍)」の音変化》❶鮮明な赤色。特に、紅花の汁で染めた色。「夕日が空を一に染める」❷ベニバナの別名。末摘花すえつむはな。「よそのみに見つつ恋ひなむ一の末摘む花の色に出でずとも」〈万・一九九三〉❸香の名。伽羅きゃらの一種。

(類語)赤・紅こう・レッド・真紅・真っ赤・緋ひ色・赤色せきしょく・紅色こうしょく・鮮紅せんこう・緋・朱しゅ・朱き・丹に・茜あかね色・薔薇ばら色・小豆あずき色・臙脂えんじ・暗紅あんこう・唐紅からくれない・スカーレット・バーミリオン・マゼンタ・ローズ・ワインレッド

紅は園生そのうに植えても隠れなし すぐれた者は、どんな所にいても目だつというたとえ。

くれない-いろ【紅色】くれなゐ 鮮明な赤色。くれない。

くれない-おどし【紅▽威】くれなゐをどし 鎧よろいの威おどしの一。紅色のなめし革や糸などでつづり合わせたもの。緋威ひおどし。べにおどし。

くれない-ぎく【紅菊】くれなゐ 襲かさねの色目の名。表は紅、裏は青。秋に用いる。

くれない-しぼり【紅絞(り)】くれなゐ 紅色の絞り染め。べにしぼり。

くれない-すそご【紅裾濃】くれなゐ 袿うちきの襲かさや鎧よろいの威おどしなどで、紅色を上を薄く、下に向かうにつれてしだいに濃く配色してあるもの。

くれない-ぞめ【紅染(め)】くれなゐ 紅で染めた色。また、その染め物。

くれない-におい【紅匂】くれなゐにほひ 襲かさねの色目の名。襲の衣の上から下へ紅をしだいに濃いものから薄いものとする。くれないのにおい。

くれない-の【紅の】くれなゐ〔枕〕❶色の美しく、浅い意から、「色」「あさ」にかかる。「一色には出でじ」〈古今・恋三〉「一浅葉あさはの野らに」〈万・二七六三〉❷紅花の汁の染料を「うつし」といい、また、紅を水に振り出して染め、灰汁あくで洗う意から、「うつし」「ふりいづ」「飽く」などにかかる。「一現うつし心や妹いもに逢あはざらむ」〈万・一三四三・一云〉

くれない-の-うすよう【紅の薄様】くれなゐのうすやう ❶紅色の薄手の鳥の子紙。「一に、こまやかに書きたるべしと見ゆ」〈源・浮舟〉❷襲かさねの色目の名。襲の衣の上から下へ紅をしだいに薄くし、下の2枚を白としたもの。

くれない-の-しょうぞく【紅の装束】くれなゐのシヤウゾク 成人の用いる単ひとえや袴はかまなどの色を紅とした服装。

くれない-の-なみだ【紅の涙】くれなゐ《「紅涙こうるい」を訓読みにした語》❶嘆き悲しんで出す涙。血の涙。「七人、一を流して惜しむ」〈宇津保・俊蔭〉❷感動のあまり

出す涙。感涙。「唐土の人々もこの世の人も聞くかぎり、―を流して」〈浜松・二〉

くれない-の-は【紅の葉】《「紅葉」を訓読みにした語》もみじ。「幾しほのもみぢふりてかたつた姫―を深く染むらむ」〈相模集〉

くれない-の-はかま【紅の×袴】十二単などの女房装束で、成人女子が用いた紅染めの袴。緋の袴。

くれない-の-ふで【紅の筆】軸の赤い、婦人用の筆。転じて、恋文。「ふみそめて思ひ帰りし―のすさみをいかで見せけむ」〈金葉・恋上〉

くれない-もみじ【紅紅-葉】女房の衣の襲の色目。紅・山吹・黄・青・濃紅・淡紅の順に重ねる。

くれ-なず・む【暮れ▽泥む】〔動マ五(四)〕日が暮れそうで、なかなか暮れないでいる。「―・む空」

グレナダ〖Grenada〗中央アメリカ、カリブ海地域の国。小アンチル諸島南端にあり、グレナダ島と付属島とからなる。首都セントジョージズ。英国領から1974年独立。人口11万(2010)。

グレナディン〖grenadine〗《「グレナデン」とも》ザクロ果汁のシロップ。カクテルの甘味づけ、アイスクリームのソースや清涼飲料などの香りとピンクの色づけに用いる。

くれ-ぬき【×榑▽貫】▶榑板

くれ-の-あい【▽呉の藍】紅花の別名。

くれ-の-あき【暮れの秋】秋の終わり。晩秋。《季 秋》「手向くべき線香もなくて―/漱石」

くれ-のこ・る【暮れ残る】〔動ラ五(四)〕日が沈んだあと、しばらく明るさが残る。「―・った空を渡る雁の一群」

くれ-の-はる【暮れの春】春の終わり。晩春。《季 春》「いとはるる身を恨み寝や―/蕪村」

クレバー〖clever〗〔形動〕賢いさま。気のきいたさま。利口。「なかなか―なやり方だ」〔類語〕賢い・利口・うまい・巧み・巧妙・上手・絶妙・老巧・達者・器用

くれは-きゅうりょう【呉羽丘陵】富山県中央部、富山平野にある丘陵。最高地点は城山の145.3メートル。この丘陵性の山地を境に東側を呉東、西側を呉西という。呉東地域は急斜面で、富山市内や立山連峰の展望がよい。呉西地域は緩やかな斜面で、ナシを中心とする果樹園が多い。

くれ-はし【▽呉▽階】屋根や欄干をつけた階段。「―のもとに、車ひきよせて立てたるに」〈枕・一二〇〉

クレバス〖フランス crevasse〗氷河・雪渓にできる深い割れ目。《季 夏》

クレパス〖Craypas〗クレヨンとパステルの両方の特色をあわせた棒状の絵の具。商標名。〔補説〕「パステルクレヨン」などと言い換える。

くれ-は・てる【暮れ果てる】〔動タ下一〕文くれは・つ〔タ下二〕❶すっかり日が暮れてしまう。「―・てた空に星影が浮かぶ」❷月や季節、年などが終わろうとしている。「秋―・てぬ」〈源・末摘花〉

くれ-はとり【▽呉▽織・▽呉▽服】《「くれはたおり」の音変化。「くれはどり」とも》㊀〔名〕❶上代、漢織とともに中国の呉の国から渡来したと伝えられる織工。❷❶がもたらした技術で織った綾模様のある絹織物。「五彩の―、錦の縁の五尺の屏風四帖をもて」〈性霊集・三〉㊁〔枕〕美しい綾のあるところから、「あや」「あやに」「あやし」にかかる。「おぼつかないかにと人の―あやむるまでに濡るる袖かな」〈山家集・中〉

クレバネット〖Cravenette〗《製造元、英国のクレバネット社の名から》防水加工を施してある薄手の梳毛織物。または、ギャバジン。レーンコート用。クレバ。商標名。

ぐれ-はま「ぐりはま」の音変化。「する事なす事、皆―になって来ている」〈広津和郎・風雨強かるべし〉

グレビー-しまうま【グレビー×縞馬】《Grevy's zebra》ウマ科の哺乳類。アフリカに分布。頭胴長3メートルほど、体重約400キロ。絶滅の危険がある。

グレビレア〖ラテン Grevillea〗ヤマモガシ科の常緑低木。オーストラリア原産。鉢植えにもされ、花は淡紅色。

クレブス〖Hans Adolf Krebs〗[1900〜1981]英国の生化学者。ドイツの生まれ。ナチスの迫害で英国に移住。生体内で尿素が形成されるオルニチン回路を発見。さらに、糖が分解してエネルギーを発生させるクレブス回路(トリカルボン酸回路)を発見し、1953年ノーベル生理学医学賞受賞。

クレブス-かいろ【クレブス回路】▶トリカルボン酸回路

くれ-ふたが・る【▽暗れ▽塞がる】〔動ラ四〕❶あたり一面が暗くなる。くれふさがる。「四方に―・りて、物も覚えずして侍りしを」〈今昔・二四・一一〉❷心が暗くなる。悲しみに沈む。くれふさがる。「院の中―・りて、闇に迷ふ心地すべし」〈増鏡・あすか川〉

クレペリン〖Emil Kraepelin〗[1856〜1926]ドイツの精神医学者。精神障害の分類に体系を立て、統合失調症と躁鬱病の二大分類を提唱した。現在の精神医学における精神障害の概念の枠組みを作り上げた業績がある。精神作業検査法を開発。著「精神医学綱要」。

クレペリン-けんさ【クレペリン検査】一けたの数字を、連続的に加算する作業を行わせ、その結果によって性格や適性を判断する検査法。ドイツの精神医学者クレペリンが創始。クレペリンテスト。

クレペリン-テスト〖Kraepelin test〗▶クレペリン検査

クレマチス〖ラテン Clematis〗キンポウゲ科センニンソウ属の蔓植物の総称。園芸上は、カザグルマ・テッセンや外来園芸品種など大輪の四季咲きのものをさす。

くれ-まど・う【▽暗れ惑ふ】〔動ハ四〕悲しみのために心がふさいで思案に迷う。心がくらんで迷う。「―・ふ心の闇も堪へがたき片はしをだに」〈源・桐壺〉

クレマン〖René Clément〗[1913〜1996]フランスの映画監督。「鉄路の闘い」で注目され、社会性の強い作品を発表。「禁じられた遊び」「太陽がいっぱい」など。

クレマンソー〖Georges Clemenceau〗[1841〜1929]フランスの政治家。急進社会党に属して活躍、「虎」とあだ名された。1906年、首相になると保守化し、国家と教会とを分離する一方、労働運動を弾圧。第一次大戦中、再び首相となって連合軍を勝利に導き、パリ講和会議でドイツに過酷な制裁を要求した。

クレムス〖Krems〗オーストリア、ニーダーエスターライヒ州中西部、ドナウ川沿いの都市。バッハウ渓谷東端に位置する。中世に造幣所が置かれていた古都として知られ、当時の城塞や教会などの歴史的建造物が数多く残る。バッハウワインの産地としても有名。2000年に世界遺産に登録された「バッハウ渓谷の文化的景観」に属する。

くれ-むつ【暮れ六つ】暮れ方の六つ時。現在の午後6時ごろ。酉の刻。また、その時刻に鳴らす鐘。⇔明け六つ。

クレムリン〖Kreml'｜英 Kremlin〗❶中世、ロシアの各都市に築かれた城砦。一般にはモスクワのものをさす。帝政時代にはロシア皇帝の居城とされ、現在はロシア連邦政府の諸機関が置かれている。また、ソ連解体前はソ連政府のことをさした。ウスペンスキー大聖堂、ブラゴベシチェンスキー大聖堂、アルハンゲリスキー大聖堂、クレムリン大宮殿、グラノビータヤ宮殿など、さまざまな時代に建造された大聖堂や宮殿がある。1990年、「モスクワのクレムリンと赤の広場」の名称で世界遺産(文化遺産)に登録された。❷ロシア連邦西部、ウラジーミル州の都市スーズダリの城砦跡。11世紀に建造。カメンカ川沿いの土塁が今も残っている。敷地内には13世紀建造のロジュジェストベンスキー聖堂をはじめ、鐘楼、宮殿、ニコーリスカヤ教会などがある。1992年に「ウラジーミルとスーズダリの白亜の建造物群」の名称で世界遺産(文化遺産)に登録された。

クレムリン-たいかいきゅうでん【クレムリン大会宮殿】《Kremlevskii dvorets s'ezdov》国立クレムリン宮殿の旧称。

クレムリン-だいきゅうでん【クレムリン大宮殿】《Bol'shoy Kremlyovskiy dvorets》ロシア連邦の首都モスクワの中心部、クレムリンにある宮殿。グラノビータヤ宮殿、テレムノイ宮殿を合わせてクレムリン大宮殿と呼ぶことが多い。19世紀初頭、皇帝が旧住した宮殿が火災で焼失し、ロシアの建築家コンスタンチン=トンらにより鉄やコンクリートを用いる新しい建築技術を導入して建造された。現在は外国政府の要人との会見や国家祝典などに利用されるため、一般公開はされていない。大クレムリン宮殿。

クレメンス〖Clemens〗ローマ教皇17人の名。㊀(5世)[1264〜1314]在位1305〜1314。フランス王フィリップ4世に屈服し、教皇庁をアビニョンに移した。アビニョン捕囚の最初の教皇。㊁(7世)[1478〜1534]在位1523〜1534。メディチ家の出身。神聖ローマ皇帝カール5世に対抗し、ローマを奪われたが、のち和解。イギリス王ヘンリー8世の離婚に反対し、イギリス教会のローマからの分離を招いた。イタリア-ルネサンス運動を保護、文芸を奨励した。

クレメンティ〖Muzio Clementi〗[1752〜1832]イタリアの作曲家・ピアノ奏者。近代的ピアノ奏法を確立し、多くのピアノソナタを作曲。

クレメンティヌム〖Klementinum〗チェコの首都プラハの中心部、旧市街にある複合建築物。11世紀創建の聖クレメントに捧げられた教会がドミニコ会の修道院になり、16世紀にイエズス会が神学校として利用した。続いてオーストリア統治下の女帝マリア=テレジアの時代に図書館、天文台、大学施設などが建てられた。現在は国立図書館として利用される。

クレモナ〖Cremona〗イタリア北部、ロンバルディア州の都市。13世紀建設の高さ115メートルの鐘楼トラッツオがある。バイオリンの生産で知られる。

クレモナ-だいせいどう【クレモナ大聖堂】《Duomo di Cremona》イタリア北部、ロンバルディア州の都市クレモナのコムーネ広場にある大聖堂。12世紀初頭に建設が始まり、14世紀頃まで建設の中止と再開、増改築が繰り返された。ファサードおよび洗礼堂はロマネスク様式の傑作とされる。イタリアで最も高い鐘楼トラッツォに隣接する。

くれ-やす・い【暮れ▽易い】〔形〕文くれやす・し〔ク〕日暮れになるのが早い。日が短い。「―・い冬の一日」《季 冬》

くれ-ゆ・く【暮れ行く】〔動カ五(四)〕日や季節、年などが暮れていく。また、ある期間がしだいに終わりになっていく。「―・く秋の一日」

クレヨン〖フランス crayon〗棒状のろう絵の具。洋画・児童画に使う。クレオン。

クレリゴス-きょうかい【クレリゴス教会】《Igreja dos Clérigos》ポルトガル北西部の港湾都市ポルトの旧市街にあるバロック様式の教会。18世紀、イタリアの建築家ニッコロ=ナッソーニにより建造。高さ76メートルの塔は市のシンボルとして親しまれている。1996年、ポルト大聖堂、ボルサ宮殿、サンフランシスコ教会などがある旧市街が「ポルトの歴史地区」の名称で世界遺産(文化遺産)に登録された。

クレリック〖cleric〗❶聖職者。牧師。❷「クレリックシャツ」の略。

クレリック-シャツ〖cleric shirt〗《クレリックは、僧・聖職者の意》襟とカフスを白または無地にして身頃に色や柄物の生地を使ったシャツ。1920年代に流行したもので、今ではクラシックなスタイルとして定着している。

グレリン〖ghrelin〗胃などから分泌されるホルモンの一種。下垂体に働いて成長ホルモンの分泌を促進し、視床下部に働いて食欲を増進させる。また、循環器系やエネルギー代謝にも機能することが明らかになり、心機能の改善やCOPD(慢性閉塞性肺疾患)の栄養障害改善などに効果が期待されている。

く・れる【▽呉れる】〔動ラ下一〕文く・る〔ラ下二〕❶人が自分に、または自分の側の者にものを与える。「いつも姉が小遣いを―・れる」「友達が妹に花を―・れた」❷自分が相手にものを与える。また、相手に対してある行為をしたり、加えたりする。相手を与え手より低い者として卑しめる気持ちを込めた言い方で、「くれてやる」の形になることも多い。「鳥にえさを―・れ

る」「盆栽に水を━・れる」「平手打ちを━・れてやる」❸(補助動詞)動詞の連用形に接続助詞「て」を添えた形に付く。㋐人が自分に、または自分の側の者に対して何かをすることを表す。「手伝って━・れる」「秘密にしておいて━・れ」「母がセーターを編んで━・れる」㋑こちらが、相手に不利益になるようなことを与えることを表す。「痛い目にあわせて━・れるぞ」(補説)(1)対等の間柄か、または目下の関係にある人に対して用いる。目上の人に対したり、尊敬の意を表す場合は「くださる」を用いる。(2)下一段活用であるが、命令形は「くれ」を用いるのが一般的。(3)❸㋐は、その行為が好意的、恩恵的になされる場合が多いが、「とんでもないことをしてくれたなあ」のように、その行為を受ける側が被害をこうむったり、不利益になるときにも用いることがある。(類語)寄越す・与える・授ける・取らせる・もらえる・恵む・施す・やる・供する・供与する・提供する・授与する・恵与する（尊敬）下さる・下される・賜る・あげる（謙譲）差し上げる

く・れる【暮れる┊×眩れる┊▽暗れる】〔動ラ下一〕文く・る〔ラ下二〕❶(暮れる)太陽が沈んであたりが暗くなる。夜になる。「日が━・れる」⇔明ける。❷(暮れる)季節や年月が終わりに近づく。「今年も無事に━・れた」⇔明ける。❸(暮れる)同じことを繰り返しして、時が過ぎる。あけくれする。「今日も一日畑仕事で━・れた」❹悲しみなどで暗い気持ちのまま時を過ごす。「悲嘆に━・れる」「涙に━・れる毎日」❺どうしたらよいか見通しが立たず困ってしまう。思い惑う。「途方に━・れる」「思案に━・れる」❻(「目がくれる」の形で)欲望に心を奪われて正常な判断ができなくなる。「金に目が━・れる」❼激しい感情のため、目先が暗くなる。目がくらむ。「いかにしなし奉り給はむとするにかあらむと思ふに、目━・るる心地して」〈落窪・一〉(類語)更ける

ぐ・れる〔動ラ下一〕❶正しい道をふみはずす。不良化する。「若い時には━・れたこともあった」❷予期した事が食い違う。見込みが外れる。「こう毎月━・れる様では、それが為めに雇うて置く職工が動きませんで」〈泡鳴・断橋〉

クレルボー-じょう【クレルボー城】《Château de Clervaux》ルクセンブルクの北部、クレルブ川沿いの町、クレルボーにある城。前身となる城は12世紀後半に建造され、17世紀になりルネサンス様式に改修された。第二次大戦で被害を受けたが、戦後に修復され現在の姿になった。

クレルモン-こうかいぎ【クレルモン公会議】フランス中部のクレルモンで、1095年に行われた宗教会議。教皇ウルバヌス2世が、十字軍の結成を提唱した。

クレルモン-フェラン〖Clermont-Ferrand〗フランス中南部、オーベルニュ地方、ピュイ-ド-ドーム県の都市。同県の県都。古くからオーベルニュ地方における経済、文化の中心地として発展し、現在は工業が盛ん。1095年、ローマ教皇ウルバヌス2世が十字軍の結成を提唱したクレルモン公会議が開催されたことで知られる。旧市街には12世紀建造のロマネスク様式のノートルダム-デュ-ポール大聖堂、13世紀から14世紀にかけて建造されたゴシック様式のノートルダム-ド-ラソンプシオン大聖堂をはじめとする歴史的建造物が残っている。哲学者パスカルの生地。

くれ-わり【▽塊割(り)】土の塊を砕くのに用いる農具。くれたたき。

ぐ-れん【▽紅×蓮】❶紅色の蓮の花。紅蓮華。「一白蓮の香ゆかしく」〈露伴・五重塔〉❷「紅蓮地獄」の略。❸燃え盛る炎の色のたとえ。「━の炎」

グレン-コー〖Glen Coe〗英国スコットランド西部、ハイランド地方南西部にある渓谷。美しい自然景観で知られるハイランド地方屈指の観光地の一。17世紀末、スコットランドの親イングランド勢力であるキャンベル氏族がマクドナルド氏族を殺戮した「グレンコーの虐殺」の舞台となった。

クレンザー〖cleanser〗みがき粉。珪砂などの研磨剤と洗剤などをまぜて作ったもの。金属器・ガラス器の洗浄用。

ぐれん-じごく【▽紅×蓮地獄】仏語。八寒地獄の第七(鉢特摩)。ここに落ちた者は、寒さのために皮膚が破れて血が流れ、紅色の蓮の花のようになるという。

クレンジング〖cleansing〗❶汚れを落とすこと。浄化すること。「エスニック━」❷化粧を落とすこと。また、化粧を落とすクレンジングクリーム、クレンジングローションなどの化粧品の総称。化粧落とし。「━フォーム」

クレンジング-クリーム〖cleansing cream〗化粧や皮膚の汚れを落とすための油性クリーム。クリンシングクリーム。

クレンジング-フォーム〖cleansing foam〗顔専用の洗顔料。石けんの清浄力と、クレンジングクリームの皮膚保護機能を兼ね備えている。

クレンジング-ローション〖cleansing lotion〗化粧や皮膚の汚れなどを取り除く液状洗浄剤のこと。ゼリー状・クリーム状のものもある。

グレンダーロッホ〖Glendalough〗アイルランド東部、ウィックロー州の町。6世紀に聖ケビンが創設した修道院に起源し、アイルランドにおける初期キリスト教の聖地として発展。英国の支配以降、衰退した。「七つの教会の町」とも称され、二つの氷河湖がある峡谷に、中世に建造された教会・大聖堂・鐘塔などの遺跡が点在する。

ぐれん-たい【愚連隊】《「ぐれる」から生じた語。「愚連」は当て字》盛り場などをうろつき、暴行・ゆすり・たかりなどの不法行為を働く不良の仲間。

グレン-チェック〖glen check〗異色の小格子を組み合わせて構成した大きな格子柄。ツイードやウーステッドに多く用いられる。グレナカートチェック。

ぐれん-の-いどほり【▽紅×蓮の井戸掘り】紅蓮地獄で井戸を掘ること。寒苦のはげしいことのたとえ。

グレンベー-こくりつこうえん【グレンベー国立公園】《Glenveagh National Park》アイルランド北西部、ドニゴール州にある国立公園。レタケニーの北西約20キロメートルに位置する。面積は約110キロ平方メートル。氷河の浸食作用によってできたグレンベー渓谷を中心に、エリゴール山とスリーブスナハト山、および数々の湖を含む。公園内には19世紀建造のグレンベー城がある。アカジカの生息地としても知られる。

グレンベー-じょう【グレンベー城】《Glenveagh Castle》アイルランド北西部、ドニゴール州にあるグレンベー国立公園にある城。細長いベー湖の中央付近に面する。1870年、実業家で地主であるジョン=ジョージ=アデアにより建造。スコティッシュバロニアル様式(ゴシックリバイバル様式の━)の外観をもち、城内には建造当初の家具や調度品を展示している。

くろ【▽畔┊×畦┊×壠】❶土を盛り上げた田畑の境。あぜ。❷小高くなった所。

くろ【黒】❶色の名。墨・木炭のような色。黒色。「━のセーター」❷黒い碁石。また、それを持つほう。先手。「━が三目の勝ち」⇔白。❸犯罪などの容疑が濃いこと。「状況証拠では━だ」「判定は━と出る」⇔白。❹「黒字❷」の略。(類語)黒色・漆黒・真っ黒

グロ〖Antoine Jean Gros〗[1771～1835]フランスの画家。ジャック=ダビッドに師事し、戦争画・歴史画・肖像画を制作。新古典主義の立場に立つが、ロマン派的傾向が強い。

グロ〔名・形動〕「グロテスク」の略。「エロ━」(類語)異様・おどろおどろしい

くろ-あえ【黒▽和え┊黒×韲え】❶いってすりつぶした黒ごまであえること。また、その料理。❷イカを、その墨であえたもの。黒作り。

くろ-あげは【黒揚=羽=蝶】アゲハチョウ科の昆虫。黒色で大形。後ろ翅の突起は幅広く短い。幼虫の食草はミカン・カラタチ・サンショウなど。くろちょう。(季 春)

くろ-あざ【黒×痣】❶皮膚に生じた黒または褐色の斑紋。メラニン色素を含む細胞が増殖したもので、小形のものはほくろと呼ぶ。色素性母斑。❷打撲などで皮下に内出血が起こり、青黒く見えるもの。

くろ-あずき【黒小-豆】小豆の栽培品種。実は小さくて黒い。

クロアゼット-どおり【クロアゼット通り】《Boulevard de la Croisette》フランス南東部、アルプ-マリチーム県の観光保養都市、カンヌの海岸沿いの遊歩道。地中海のコートダジュールに面し、ホテル・高級ブティック・カジノが建ち並んでいる。クロワゼット通り。

クロアチア〖Croatia〗ヨーロッパ中部の共和国。北はハンガリーとスロベニアに接し、西はアドリア海に面する。首都ザグレブ。もとユーゴスラビア連邦の一部。1991年独立。住民は南スラブ系のクロアチア人が多い。ボーキサイト・石油を産し、工業が盛ん。人口449万(2010)。フルバツカ。

くろ-あぶら【黒油】白髪染めに用いた黒色の鬢付け油。「いればをおはぐろでごまかし、━でしらがをかくす」〈魯文・安愚楽鍋〉

くろ-あり【黒×蟻】黒色のアリの俗称。クロオオアリ・クロヤマアリなど。(季 夏)

くろ・い【黒い】〔形〕文くろ・し〔ク〕❶墨のような色をしている。「━・い色の服」❷黒みがかっている。黒に近い色である。「日に焼けて━・い顔」「冬の━・い海」❸汚れて黒ずんでいる。きたない。「━・く手あかのついた辞書」❹犯罪・不正の疑いが強い。「━・いうわさが絶えない人」❺心がよこしまである。邪悪である。「腹の━・い男」❻不吉である。「━・い死の影」❼その道に熟練している。くろうとである。「大道売りの砂糖漬を常住なめつけて居やあがるから、言語は━・いもんだ」〈滑・浮世床・初〉(派生)くろげ〔形動〕くろさ〔名〕

(…語)面黒い・真っ黒い（ぐろい）青黒い・赤黒い・浅黒い・薄黒い・か黒い・どす黒い・腹黒い

(類語)黒黒・黒ずむ・どす黒い・浅黒い・色黒・真っ黒け

グロ・い〔形〕《「グロ」の形容詞化》異様なさま。無気味で不快なさま。

くろいあめ【黒い雨】井伏鱒二の小説。昭和40～41年(1965～66)発表。広島の原爆を扱った記録的作品。黒い雨(別項)に打たれた姪の結婚話が破談になるのを通して、原爆の悲劇を日常生活の場で描く。

くろい-あめ【黒い雨】核兵器、原子炉事故等による核爆発で生じた放射性物質と、高熱で瞬時に燃焼した家屋、樹木の煤などが強い上昇気流に乗って高空に達し、発生した雨雲から雨となって落下したもの。煤が溶け込んで黒い。強い放射能を持つ。(補説)広島では原爆爆発後20分くらいから黒い雨が降った。この雨に濡れた人、雨で汚染された水を飲んだ人は放射線障害をきたした。長崎ではごく限定された地域のみで、ほとんど降らなかった。第五福竜丸が被曝したときは白い灰が降った。◆作品名別項。

くろい-きり【黒い霧】背後に不正や犯罪などが隠されていることのたとえ。松本清張の「日本の黒い霧」に由来する語で、政財界の不正な行為をいう。

くろ-いし【黒石】❶黒い色の石。❷黒の碁石。

くろいし【黒石】青森県中部の市。もと津軽支藩の陣屋町。米とリンゴの産地。浅瀬石川沿いに黒石温泉郷がある。人口3.6万(2010)。

くろいし-し【黒石市】▶黒石

くろい-せんじ【黒井千次】[1932～]小説家。東京の生まれ。本名、長部舜二郎。「内向の世代」の作家の一人。富士重工勤務のかたわら、企業の労働者を描いた「時間」を執筆。他に「群棲」「カーテンコール」「一日 夢の柵」など。芸術院会員。

くろいそ【黒磯】栃木県北東部にあった市。那須温泉郷の入り口。平成17年(2005)に西那須野町、塩原町と合併して那須塩原市となる。➡那須塩原

くろいそ-し【黒磯市】▶黒磯

クロイソス〖Kroisos〗[?～前546]リディア王国最後の王。在位、前560ころ～前546。小アジアのギリシャ人を征服し、巨万の富を築いた。のち、ペルシアに敗れ、アポロンに助けられたという。

くろい‐ダイヤモンド【黒いダイヤモンド】石炭の別称。石油がエネルギーの主流になる以前、石炭が経済にとって非常に重要な資源だったことから。

くろいた‐かつみ【黒板勝美】[1874〜1946]歴史学者。長崎の生まれ。号、虚心。東大教授。「国史大系」の校訂に従事。日本古文書学の確立者。エスペラント語の開拓者でもある。著「国史の研究」「虚心文集」など。

クロイツァー〖Leonid Kreutzer〗[1884〜1953]ロシア生まれのピアノ奏者。1909年、ドイツへ移って活躍。のち日本に定住、東京音楽学校教授となり、多くの門人を育てた。

クロイツェル‐ソナタ ㊀《ドイ Kreutzer Sonate》ベートーベン作曲のバイオリン‐ソナタ第9番、イ長調、作品47。1803年作。友人のバイオリン奏者クロイツェルに捧げられた。㊁《原題、ロシ Kreytserova sonata》レフ=トルストイの小説。1890年刊。情夫であるバイオリン教師とクロイツェルソナタを合奏する妻を殺した夫の告白の形で、人間の理想と性愛との問題を追究する。

クロイツフェルト‐ヤコブ‐びょう【クロイツフェルトヤコブ病】(ビャウ) 主に40歳代から発症し、大脳などの神経細胞に病変が起こって、認知症・人格変化・錯乱・運動失調などの症状を呈する病気。脳に沈着した異常型プリオンが原因とされる。ドイツの神経精神科医クロイツフェルト(H.G.Creutzfeldt)およびヤコブ(A.M.Jakob)が報告。CJD。

クロイツボーデン〖Kreuzboden〗スイス南西部、バレー州、ワリスアルプス山中、サース谷の町、サースグルントの近くにある展望地。人造貯水湖、クロイツボーデン湖がある。4000メートル級の山々が連なるミシャベル連峰と氷河を一望にできることで知られる。

くろ‐いと【黒糸】❶黒い色の糸。❷「黒糸威(おどし)」の略。

くろいと‐おどし【黒糸▽威】(をどし) 鎧(よろい)の威の一。黒糸でつづり合わせたもの。

グロイムバイル〖Glaumbær〗アイスランド北部の町。スカガフィヨルズル湾から内陸約20キロメートルに位置する。18世紀から19世紀頃に建てられた、土壁でできた家や芝生の屋根をもつ家などが残されており、一部はかつての農民の暮らしを紹介する博物館になっている。

くろいわ‐じゅうご【黒岩重吾】(くろいは ヂュウゴ)[1924〜2003]小説家。大阪の生まれ。社会派の推理小説の第一人者として活躍し、後年は日本古代史を題材とした歴史小説の新分野を切り開いた。「背徳のメス」で直木賞受賞。他に「休日の断崖」「天の川の太陽」「落日の王子」など。

くろいわ‐るいこう【黒岩涙香】(くろいは ルイカウ)[1862〜1920]ジャーナリスト・翻訳家。高知の生まれ。名は周六。「万朝報(よろずちょうほう)」を創刊、主筆。「法廷の美人」「鉄仮面」「巌窟王(がんくつおう)」「噫(ああ)無情」などの翻訳・翻案に当たった。

く‐ろう【苦労】(ラウ)〔名〕スル ❶精神的、肉体的に力を尽くし、苦しい思いをすること。「—が絶えない」「—を共にする」「—の種」「—して育てた子供」❷(多く「ごくろう」の形で)人に世話をかけたり、厄介になったりすること。「ご—をかける」「ご—さま」➡御苦労(ごくろう)

類語 (❶)骨折り・労(ろう)・労苦・苦心・腐心・辛苦・辛労・心労・煩労・艱苦(かんく)・艱難(かんなん)・苦難・辛酸・ひと苦労(—する)難儀する・骨折る・てこずる・労する・心を砕く

ぐ‐ろう【愚弄】〔名〕スル 人をばかにしてからかうこと。「弱者を—する」類語 嘲(あざけ)り・揶揄(やゆ)・嘲弄(ちょうろう)

ぐ‐ろう【愚老】(ラウ)〔代〕一人称の人代名詞。老人が自分をへりくだっていう語。

くろ‐うしのした【黒牛の舌】ウシノシタ科の海水魚。全長約40センチ。体は長楕円形で、扁平。北海道南部以南、南シナ海に分布。底引き網で漁獲され、食用。(季 夏)

くろう‐しょう【苦労性】(クラウシャウ)〔名・形動〕小さいことまで気にかけて心配する性質。また、そのさま。「見掛けによらず—な男」

くろ‐うすご【黒臼子】ツツジ科の落葉小低木。高山や北地に生え、高さ約50センチ。葉は楕円形。初夏、壺状の白い花をつける。実は球形で一部が臼状にくぼみ、熟すと黒紫色になる。ジャムなどにする。

くろ‐うたどり【黒歌鳥】ヒタキ科ツグミ亜科の鳥。クロツグミと同属。全長約25センチ。雄は全身黒色で、鳴き声が美しい。雌は茶色。ヨーロッパから中国南部にかけて分布。ブラックバード。

くろ‐うと【玄人】❶技芸などに熟達した人。ある一つの事を職業、専門としている人。専門家。くろと。「—と思わせる包丁さばき」⇔素人(しろうと)。❷芸者・ホステスなど、水商売の女性。くろと。⇔素人(しろうと)。

類語 専門家・プロ・スペシャリスト

くろうど【▽蔵▽人】(くらうど)《「くらひと」の音変化》❶蔵人所(くろうどどころ)の職員。もと皇室の文書や道具類を管理する役であったが、蔵人所が設置されて以後は、朝廷の機密文書の保管や詔勅の伝達、宮中の行事・事務のすべてに関係するようになった。くらんど。❷「女蔵人(にょくろうど)」の略。

くろうと‐すじ【玄人筋】(すぢ) 専門家とされる人々。特に、取引所で相場を専門の職業とする人々。

くろうど‐どころ【▽蔵▽人所】(くらうど) 平安初期に設置された令外(りょうげ)の官。天皇と天皇家に関する私的な要件の処理や宮中の物資の調達や警備などをつかさどった。平安中期以後に職制が整い、別当・蔵人頭(くろうどのとう)・蔵人・出納・小舎人(こどねり)・非蔵人・雑色(ぞうしき)などの職員がいた。

くろうどどころ‐の‐べっとう【▽蔵▽人所別当】(くらうどどころ ―ベッタウ) 蔵人所の長官。殿上人(てんじょうびと)および蔵人所の職員を統轄した。殿上別当。蔵人の別当。

くろうど‐の‐ごい【▽蔵▽人の五位】(くらうど―ゴヰ) 六位の蔵人が6年の任期が満ちて五位に叙せられ、欠員がなくて殿上を下った者。

くろうど‐の‐とう【▽蔵▽人頭】(くらうど) 別当の次に位する蔵人所の官職。定員2名で、一人は弁官から、一人は近衛府の官人から採用され、頭弁(とうのべん)、頭中将(とうのちゅうじょう)と称した。貫首(かんじゅ)。

くろうと‐はだし【玄人×跣】《玄人もはだしで逃げだすほどである意》素人が技芸や学問などに専門家が驚くほどすぐれていること。「—の腕前」

くろうど‐まち【▽蔵▽人町】(くらうど) 蔵人の詰め所。校書殿(きょうしょでん)の西、後涼殿(こうりょうでん)の南にあった。蔵人所町屋。

くろう‐にん【苦労人】(クラウ) 苦労を経験して、世の中の事や人情に通じている人。

くろ‐うめもどき【黒梅▽擬】クロウメモドキ科の落葉低木。山地に自生。枝の先はとげになり、葉は卵形で先がとがる。雌雄異株で、夏、淡黄色の小花が集まってつく。果実は黒く熟し、緩下薬に用いる。

くろ‐うるし【黒漆】黒色の漆。古くは透き漆に油煙などをまぜてつくったが、現代では鉄分や鉄の化合物を用いてつくる。

くろ‐うんも【黒雲▽母】雲母の一。カリウム・鉄・マグネシウム・アルミニウムなどを含む珪酸塩(けいさんえん)鉱物。黒・暗褐・暗緑色などで、六角板状の結晶。薄くはがれやすい。火成岩・変成岩の造岩鉱物として広く産出する。

くろえ【黒江】和歌山県海南市北西部の地名。

くろえ‐ぬり【黒江塗】和歌山県海南市の黒江から産する漆器の総称。寛永年間(1624〜1644)に始まり、現在は家具・調度や蒔絵(まきえ)などを製作。

クロー〖claw〗❶鳥獣の鉤爪(かぎづめ)。❷カメラの、フィルムを一こまずつ送るつめ状突起。

グロー〖glow〗グロー放電のときに気体の発する光。

くろ‐おおあり【黒大×蟻】(―おほあり) アリ科の昆虫。全体に黒色で光沢があり、体長約1センチ。土中に巣を作る。初夏、羽アリが巣から結婚飛行に飛び出し、空中で交尾する。くまあり。

クローカス〖crocus〗➤クロッカス

グローカル‐か【グローカル化】(クワ)〔名〕スル(日本企業が)海外諸国に進出し(グローバル化)、その土地に溶け込む(ローカル化)ことをいう。地球規模で物事を考えながら、その地域に根付いて活動すること。

クローク〖cloak〗❶袖のないゆったりした外套(がいとう)。マント。ケープ。❷「クロークルーム」の略。

クロークルーム〖cloakroom〗劇場・ホテルなどで、客のコートや携帯品を預かる所。クローク。

クローザー〖closer〗野球で、最終局面の短いイニングを投げて試合を締めくくる投手。抑えの切り札の投手。ストッパー。

グローサリー〖grocery〗食料品店。食品雑貨店。

クローシュ〖フラ cloche〗《「鐘」の意》婦人帽の一。釣鐘形で山が深く、やや下向きのふちが付いているもの。クロシュ。クロッシュ。

クロージング〖clothing〗洋服。

クロース〖cloth〗《「クロス」とも》❶織物。布地。❷書物の装丁に用いる加工した布。綿布やスフ織物に特殊な塗料を塗布して用いる。「—装」❸「テーブルクロス」の略。

クローズ〖clause〗❶英文法で、それ自体に主語と述語とを備えた、文の一部分。節。❷法律などの条項。

クローズ〖close〗〔名〕スル ❶店などが終業すること。また、劇の上演などが終わること。「公演は月末で—する」❷店じまいすること。「—セール」❸休日や天候不良などで、営業をしていないこと。

クローズアップ〖close-up〗〔名〕スル ❶映画や写真で、被写体またはその一部分を、画面いっぱいに拡大して映すこと。大写し。アップ。❷特定の事柄を大きく取り上げること。「収賄事件が—される」

類語 映写・上映・試写・大写し・投影・映す・映し出す

クローズアップ‐さつえい【クローズアップ撮影】《close-up photography》近接撮影。接写。または望遠レンズで大写しにすること。

クローズアップ‐レンズ〖close-up lens〗撮影レンズの先端に取りつけて、合成焦点距離を短くして接写ができる補助レンズ。

グロースグロックナー‐さん【グロースグロックナー山】《Großglockner》オーストリア南部、アルプス東部のホーエタウエルン山脈の中央部にある山。同国の最高峰、標高3797メートル。山域はザルツブルク州、ケルンテン州にまたがるホーエタウエルン国立公園に指定されている。東側に、氷河や雪渓などの雄大な山岳景観で知られるグロースグロックナー山岳道路が通る。

グロースグロックナー‐さんがくどうろ【グロースグロックナー山岳道路】(―ダウロ)《Großglockner Hochalpenstraße》オーストリア南部、アルプス東部のホーエタウエルン山脈の中央部、グロースグロックナー山の東側を通る山岳道路。氷河や雪渓などの雄大な山岳景観で知られる。グロースグロックナーホッホアルペン街道。

グロースグロックナー‐ホッホアルペンかいどう【グロースグロックナーホッホアルペン街道】(―カイダウ)《Großglockner Hochalpenstraße》➤グロースグロックナー山岳道路

クローズ‐スタッフ《和 close＋staff》飲食店などで、閉店後の清掃・片付け係。補説 英語ではcleaning staff

クローズド〖closed〗〔形動〕閉ざされているさま。閉鎖的な。

クローズドエンドがた‐とうししんたく【クローズドエンド型投資信託】発行者が発行証券を買い戻すことを保証していないため、原則、償還時(満期)まで解約、換金のできない投資信託。ただし、金融商品取引所などで扱われるものは市場価格で売却できる。オープンエンド型投資信託と違い、純資産価格(基準価額)での換金は保証されていない。

クローズド‐きかん【クローズド期間】投資信託で、解約できない期間のこと。一定期間(もしくは償還時まで)、換金できない期間を設けることでファンドの効率的で安定した運用を図る。設定日から、3〜6か月、または1年というものが多い。

クローズド‐キャプション〖closed caption〗テレビ放送で、特に聴力障害者向けに、音声・せりふなどを字幕化したもの。専用アダプターにより不要の場合は消すことができる。

クローズド‐サーキット〖closed circuit〗自動車・バイクなどのレースを行う閉鎖周回路のこと。⇔オープンサーキット。

クローズド-ショップ〘closed shop〙❶使用者は、特定の労働組合に加入していることを条件に労働者を雇い入れ、組合を脱退または除名された者は解雇しなければならないという制度。➡オープンショップ ➡ユニオンショップ ❷コンピューターのプログラミングや機械操作を、専門要員によって行う方式。➡オープンショップ

クローズド-スタンス〘closed stance〙野球・ゴルフなどで、打球方向側の足よりも他方の足を少し後ろに引いて立つ構え。⇔オープンスタンス。

クローズド-セール《和 closed＋sale》閉店売り出し。閉店セール。(補説)英語ではgoing-out-of-business sale。

クローズド-チェーン〘closed chain〙化学用語で、三つ以上の原子が環状に結合している状態。閉鎖。⇔オープンチェーン。

クローズド-モーゲージ〘closed mortgage〙閉鎖式担保。担保付社債発行の一方式で、同一担保物件について同一順位の担保権をもつ社債の総額を一度に発行するもの。➡オープンエンド-モーゲージ

クローズド-レシオ〘closed ratio〙自動車の変速機の各段の歯車比が互いに接近していること。エンジンの出力・トルクを有効に活用できる。

グローセ-シャイデック〘Grosses Scheidegg〙スイス中西部、ベルン州、ベルナーオーバーラントにあるグリンデルワルトとマイリンゲンの間にある峠。標高1961メートル。アイガー、メンヒを望む展望地として知られる。

クローゼット〘closet〙▶クロゼット

クローチェ〘Benedetto Croce〙［1866～1952］イタリアの哲学者・歴史家。マルクスの批判的検討を通してヘーゲル主義に至る。政治的にはファシズムに反対して自由主義の立場をとった。著「歴史叙述の理論と歴史」「一九世紀ヨーロッパ史」など。

クローデル〘Paul Claudel〙［1868～1955］フランスの詩人・劇作家・外交官。カトリック信仰に支えられた壮大な世界認識の詩劇を書いた。また、駐日大使として日仏文化交流に貢献。詩集「五大頌歌」、戯曲「マリアへのお告げ」「繻子の靴」など。

クローナ〘スウェーデン・アイスランド krona〙スウェーデン・アイスランドの通貨単位。1クローナはスウェーデンでは100エーレ、アイスランドでは100エイリール。

クローニング〘cloning〙同一の遺伝子構成をもつ個体、細胞や遺伝子の集団を作り出すこと。動物個体では核移植、植物ではカルス培養、細胞では細胞培養、遺伝子では組み換えDNA実験によって行う。

グローニンゲン〘Groningen〙▶フローニンゲン

クローネ〘ノルウェー・デンマーク krone〙ノルウェー・デンマークの通貨単位。1クローネは100エーレ。

クローバー〘clover〙シロツメクサの別名。(季 春)

クローバー-マーク〘clover mark〙「身体障害者標識」の通称。

クロー-パトリック〘Croagh Patrick〙アイルランド西部、メイヨー州の町ウエストポートの南西約8キロメートルに位置する山。標高764メートル。先史時代からの聖地であり、キリスト教伝来以降も同国の重要な巡礼地として知られる。5世紀に聖パトリックが訪れ、40日間かけてドラゴンや悪魔を追い払ったという伝説がある。クロッグパトリック。

グローバライゼーション〘globalization〙▶グローバリゼーション

グローバリズム〘globalism〙国家を超えて、地球全体を一つの共同体とみる考え方。汎地球主義。

グローバリゼーション〘globalization〙国家などの境界を越えて広がり一体化していくこと。特に、経済活動やものの考え方などを世界的規模に広げること。グローバライゼーション。

グローバル〘global〙〔形動〕世界的な規模であるさま。また、全体を覆うさま。包括的。「一な視点」

グローバル-アイエックス【グローバルIX】《global Internet exchange》▶ジー-アイ-エックス(GIX)

グローバル-アイピーアドレス【グローバルIPアドレス】《global IP address》▶グローバルアドレス

グローバル-アドレス〘global address〙インターネットに接続されたコンピューターや機器に対し、一意的に割り当てられるIPアドレス。

グローバル-インターネットエクスチェンジ〘global Internet exchange〙▶ジー-アイ-エックス(GIX)

グローバルエリア-ネットワーク〘global area network〙広域通信網。日本のNTTのように、全国的または国際的な規模での通信網をいう。一つの企業内などの狭い地域内に構築されるローカルエリアネットワーク(LAN)に対していう。GAN。

グローバル-カー〘global car〙世界の各地で生産・販売する、自動車会社の主力車種。世界戦略車。

グローバル-コンパクト〘global compact〙▶国連グローバルコンパクト

グローバル-ざひょうけい【グローバル座標系】《global coordinate system》▶ワールド座標系

グローバル-スタンダード〘global standard〙世界標準。世界基準。金融市場・技術・会計制度などさまざまな分野での日本独自の制度・規制の対語として用いられることが多い。

グローバル-ダウ〘Global Dow〙米国のダウジョーンズ社(DJ)が発表する平均株価指数の一つ。国際金融市場の動向を捉える指標として2008年に創設。ダウ工業株30種平均など従来のダウ平均株価が米国の銘柄で構成されているのに対し、グローバルダウは米国・欧州・日本などの主要国および新興国の優良150銘柄を対象に算出される。

グローバル-ネゴシエーション〘global negotiation〙国連などの国際機関の場で南北問題について世界的規模で行う交渉。包括交渉。GN。

グローバル-パートナーシップ〘global partnership〙地球規模の協力関係。世界平和・環境問題など世界的問題の解決のため提携すること。

グローバル-パワー〘global power〙大国。政治・経済や軍事で世界規模の秩序形成・維持を担う力をもつ国家。

グローバル-ビジネス〘global business〙全世界的に事業展開を行うこと。

グローバル-へんすう【グローバル変数】《global variable》コンピューターのプログラムにおける変数の一。プログラム全体にわたって定義され、プログラムの全ての部分(ブロック)に対し有効なもの。大域変数。⇔ローカル変数。

グローバルポジショニング-システム〘global positioning system〙▶ジー-ピー-エス(GPS)

グローバル-マーケット〘global market〙全世界の市場。あるいは全世界を市場としてとらえること。

グローバル-マーケティング〘global marketing〙国際マーケティングの一つの考え方。国際市場を一つの同質的市場ととらえ、各国内市場に対して共通のマーケティングを行うべきだとする。➡マルチドメスティックマーケティング

グローバル-マネージメント〘global management〙全世界を視野に入れた経営を行うこと。

グローバル-ローミング〘global roaming〙▶ローミング

くろ-おび【黒帯】柔道・空手などで、有段者が締める黒色の帯。また、その帯を締めている者。

グロービス-けいえいだいがくいんだいがく【グロービス経営大学院大学】東京都千代田区などにある私立大学院大学。平成18年(2006)に開設された。

クローブ〘clove〙チョウジの別名。また、その花のつぼみを乾かした香辛料。肉料理などに用いる。

グローブ〘globe〙❶光源を包み、光を和らげるのに使われる照明器具。本来は球形のものをさす。❷《the globe》地球。

グローブ〘GLOBE〙《Global Legislators Organization for a Balanced Environment》地球環境議員連盟。地球環境問題について提言する米・欧・ロシア・日本の超党派の国会議員で構成。1989年設立。

グローブ〘glove〙❶野球で、捕手・一塁手以外の野手が使う、5指に分かれた革製の手袋。グラブ。➡ミット ❷ボクシングで用いる革製の手袋。

グローブを合わ・せる　ボクシングで、試合をする。グローブをまじえる。

クローフィッシュ〘crawfish〙料理用のザリガニ。

グローブ-ボックス〘glove box〙❶放射性物質や有害物質を取り扱うための小型密閉フード。前面がガラス張りで内部が見える。ゴム手袋が取り付けられており、これにより内部の操作を行う。❷自動車のダッシュボードについている小物入れ。

グロー-ほうでん【グロー放電】低圧気体中の冷たい電極間に起こる放電。電流密度が小さいのが特徴。ネオンサインや蛍光灯のグローランプなどに利用。

グローマンズ-チャイニーズシアター〘Grauman's Chinese Theater〙米国カリフォルニア州、ロサンゼルス北西部、ハリウッドにある映画館。1927年、興行師シド=グローマンにより建てられ、中国の寺院を模した独特な外観をもつ。映画俳優の足形・手形・サインなどが刻まれた前庭の敷石で知られる。

クローム〘chrome〙❶▶クロム ❷▶グーグル-クローム

クローラー〘crawler〙❶▶キャタピラー ❷▶サーチボット

クローラー-クレーン〘crawler crane〙キャタピラーで走行するクレーン。移動式クレーンの一種。接地面積が広いため、整地されていない斜面や地盤が軟弱な場所での作業に適している。

グロー-ランプ〘glow lamp〙蛍光灯の点灯用の放電管で、真空管にネオン・アルゴンなどを封じたもの。点灯管。

グローリア〘ラテン gloria〙▶グロリア

グローリー〘glory〙孤峰の山頂で、前方に厚い霧が立ち込めるとき、陽光を背にして立つと、自分の影が霧に大きく映り、そのまわりに色のついた光輪が見える現象。大気中の水滴により光が回折して生じる。山の御光。仏の御光。ブロッケン現象。

クローリング-ペッグ〘crawling peg〙漸進的な平価変更方式。平価切り下げまたは切り上げの必要がある場合、連続的、小刻みに変更すること。

クロール〘crawl〙泳法の一。からだを伸ばして水面にうつ伏せになり、両腕を左右交互に抜いて水をかき、ばた足を用いる。クロールストローク。

クロールカルキ〘ドイツ Chlorkalk〙晒し粉。漂白剤・殺菌剤などに用いる。カルキ。

クロールピクリン〘ドイツ Chlorpikrin〙気化して刺激性・催涙性のガスを発する、無色油状の液体。穀物などの殺虫殺菌剤、毒ガスなどに使用する。

クローン〘clone〙一つの細胞または個体から、受精の過程を経ず、細胞分裂を繰り返すことによって生ずる細胞群または個体。全く同一の遺伝子構成をもつ。栄養系。分枝系。

クローン-どうぶつ【クローン動物】体細胞クローン技術によって作り出された動物の総称。未受精卵に乳腺細胞などの体細胞の核を移植し、雌の子宮に戻して発生させる。成功率はきわめて低い。(補説)哺乳類の体細胞クローンの第1号は、1996年に英国で作られたヒツジのドリー。現在ではマウス・ウシ・ヤギ・ブタなどでも成功しているが、成功率は低く、遺伝子発現の異常が高頻度で生じている。移植する体細胞の初期化が不完全なことが原因とされ、メカニズム解明を目指す研究が行われている。

クローン-びょう【クローン病】消化管の粘膜に潰瘍ができ、消化管壁の全層が冒されて肉芽腫が形成される病気。原因は不明。米国の内科医クローン(B.B.Crohn)が最初に報告した。

くろ-がい【黒▽柿】「くろがき」の音変化。「蘇芳、一、唐桃などいふ木どもを」〈宇津保・吹上上〉

くろ-がき【黒柿】カキノキ科の常緑高木。台湾・フィリピンなどに分布。心材は暗紫色で堅く、黒檀同様に建築・工芸用に珍重される。台湾黒檀。

くろ-かげ【黒鹿毛】馬の毛色の名。黒みを帯びた

鹿毛。
くろ-がし【黒×樫|黒×橿】樹皮が黒いカシの総称。イチイガシ・アラカシ・ツクバネガシなど。
くろ-かじき【黒×梶木|黒旗=魚】マカジキ科の海水魚。体長約4メートル、体重500キロに達する。体は側扁し、濃い黒紫青色の地にコバルト色の横帯が十数本ある。太平洋・インド洋の温・熱帯域に分布。くろかわ。
くろ-がしら【黒頭】能で、黒毛の頭。鬼畜、男の怨霊などに用いる。狂言でも牛・馬・犬・幽霊などに使う。➡赤頭 ➡白頭
くろ-かなぶん【黒金×蚉】コガネムシ科の昆虫。体長約2.5センチ、真っ黒でつやがある。夏、成虫は樹液に集まる。本州や九州に普通にみられる。
くろ-がね【▽鉄】《黒い金属の意》鉄のこと。
くろがね-とり【▽鉄取り】鉄鉱を採掘する人。「一六十人が長きなりける者」〈宇治拾遺・四〉
くろがね-の-しろ【▽鉄の城】非常に堅固な城のたとえ。
くろがね-の-たて【▽鉄の盾】❶鉄製の盾。❷きわめて堅固なもの、頼もしいもののたとえ。「―ぢゃ」〈浄・聖徳太子〉
くろがね-の-ちょう【▽鉄の帳】閻魔の庁で、地獄に送る罪人の名を書いてあるという鉄の帳面。「かくまで重き罪科の、閻魔の前には―に付くと聞くものを」〈浄・卯月の紅葉〉
くろがね-ひろし【黒鉄ヒロシ】［1945～ ］漫画家。高知の生まれ。本名、竹村弘。ギャグ漫画で知られるが、幕末に題材をとった歴史漫画も評価が高い。代表作「ひみこーッ」「赤兵衛」「新選組」など。
くろがね-もち【黒▽鉄×黐】モチノキ科の常緑高木。雌雄異株で、5月ごろ、淡紫色の小花を群生し、実は熟すと赤い。名は枝や葉が黒みがかってつやがあることによる。
くろ-かび【黒×黴】コウジカビ科のカビ。菌糸は白く、胞子は黒い。発酵の働きがあり、枸櫞酸・グルコン酸などの有機酸の生産に利用する。(季 夏)
くろ-がまえ【黒構え】昔の築城法の一。城内が見えないように土居を高くした構え。➡透き構え
くろ-かみ【黒髪】黒くてつやのある髪。髪の美称。「緑の―」(類語)髪・頭髪・髪の毛・毛髪・地髪・地毛
くろかみ【黒髪】㊀長唄・地歌の曲名。初世桜田治助作詞、初世杵屋佐吉(地歌としては湖出市十郎)作曲。天明4年(1784)江戸中村座初演の歌舞伎狂言「大商蛭小島」で、伊東祐親の娘辰姫が恋しい頼朝を政子に譲ったあと、ひとり髪をすきながら嫉妬に身を焦がす場面に用いられた。㊁近松秋江の小説。大正11年(1922)発表。遊女に金を貢ぎ続ける男の妄執を描く。
くろ-かみきり【黒天=牛】カミキリムシ科の昆虫。体は黒色で触角や脚は短い。夏、灯火に集まる。幼虫は松・杉・ヒノキなどの材部を食害する。
くろかみ-の【黒髪の】［枕］髪は長く、乱れやすく、解けやすいところから、「長し」「乱れ」「別れ」にかかる。「長からむ心も知らず―乱れて今朝は物をこそ思へ」〈千載・恋三〉
くろかみ-やま【黒髪山】㊀栃木県日光市にある男体山の別称とも、奈良市北端の佐保山に続く丘陵地などともいう。［歌枕］㊁佐賀県西南部にある山。武雄市と西松浦郡有田町の境に位置する。標高516メートル。古くから山岳信仰の山として知られ、山頂に黒髪神社がある。山の北側、雄岩・雌岩の奇岩がある付近は肥前耶馬渓と呼ばれる景勝地。カネコシダが自生し、国の天然記念物になっている。
くろ-がも【黒×鴨】❶カモ科の鳥。全長は雄が51センチ、雌が43センチくらい。雄は全身黒色で、くちばしの付け根に黄色いこぶがある。雌は褐色。北半球の海に分布。日本では冬鳥。(季 冬)❷カルガモのこと。❸《黒鴨仕立ての衣服を身につけていたところから》下男や供の男などをいう語。
くろがも-じたて【黒×鴨仕立て】上着・股引きなど、服装全体を黒や紺の無地で仕立てること。多く下男や供の男などの服装。くろがもいでたち。「―の車夫が、膝掛を小脇に丸め」〈小杉天外・初すがた〉
くろ-かわ【黒革|黒皮】❶黒色に染めた革。❷藍で濃く染めた革。❸(黒皮)イボタケ科のキノコ。秋、松林に生える。傘は直径5～15センチで表面は黒い。肉は白く、傷つけると赤紫色になる。苦みがあるが、食用。
くろかわ-おどし【黒革▽威】鎧の威の一。藍で濃く染めた黒革で威したもの。
くろかわ-きしょう【黒川紀章】［1934～2007］建築家。愛知の生まれ。丹下健三に師事し、建築だけでなく都市計画にも積極的にたずさわった。国立民族学博物館、国立新美術館などを設計。芸術院会員。平成18年(2006)文化功労者。
くろかわ-としお【黒川利雄】［1897～1988］医学者。北海道の生まれ。東北大学学長。癌研究会付属病院長。胃癌の早期発見に力をつくし、集団検診を創始。昭和43年(1968)文化勲章受章。
くろかわ-のう【黒川能】山形県鶴岡市黒川に伝わる能。現在の五流の能にはない伝承を残し、2月1、2日の同所春日神社の王祇祭などに演じる。(季 冬)「雪が雨に雨が霰に―/節子」
くろかわ-はるむら【黒川春村】［1799～1866］江戸後期の国学者。江戸の人。通称次郎左衛門。号、薄斎。初め狂歌を学び、のち国学に入り、考証に長じた。著「墨水雑鈔」「音韻考証」など。
くろかわ-まより【黒川真頼】［1829～1906］幕末・明治時代の国学者。上野の人。本姓は金子。号、荻斎。黒川春村の門人で、師の没後に姓を継ぎ、家学を継承した。また「古事類苑」の編纂に従事。
クロ-カン 「クロスカントリー」の略。
クロカン-よんダブリューディー【クロカン4WD】《クロカンは「クロスカントリー」の略。4WDは、four-wheel driveの略》舗装路面だけでなく不整地も走れる四輪駆動車。通常ジープ(クライスラー社の登録商標名)型の車を指す。
くろ-き【黒木】《「くろぎ」とも》❶(古くは「赤木」に対して、のちには「白木」に対して)皮のついたままの丸太。❷約30センチの長さに切った生木を、かまどで黒く蒸し焼きにして薪としたもの。京都の八瀬・大原でつくられ市中を売り歩いた。❸黒檀の別名。「一の数珠の小さう美しいをとりいだして」〈平家・一二〉
くろ-き【黒▽酒】新嘗祭や大嘗祭などで、白酒とともに神前に供える黒い酒。甘酒にクサギの焼き灰を入れて黒くしたもので、室町時代には黒ごまの粉を入れたものを用いた。➡白酒
くろき-うり【黒木売り】黒木❷を頭にのせて京都市中へ売りにきた八瀬・大原の女。
くろき-かずお【黒木和雄】［1930～2006］映画監督。宮崎の生まれ。戦争レクイエム三部作「TOMORROW/明日」「美しい夏キリシマ」「父と暮せば」では、静かな反戦思想をにじませて大きな感動を呼んだ。また「TOMORROW/明日」は芸術選奨文部大臣賞を受賞。他に「竜馬暗殺」「祭りの準備」「浪人街」など。
くろき-かんぞう【黒木勘蔵】［1882～1930］浄瑠璃研究家。長野の生まれ。「近世邦楽年表」を編纂。著「近世演劇考説」「浄瑠璃史」など。
グロキシニア〖gloxinia〗イワタバコ科の多年草。茎は短く、卵形の大きな葉をつける。釣鐘形の白・赤・紫色などの花が咲く。ブラジルの原産で、観賞用。多くの品種がある。おおいわぎりそう。
くろき-づくり【黒木造り|黒木作り】皮つきの丸太で造ったもの。黒木の鳥居・玉垣など。
くろ-ぎぬ【黒▽衣】❶黒色の衣服。律令制では家人・奴婢の衣とされる。くろききぬ。「軍こぞりて悉に―を被りて」〈崇峻紀〉❷喪服。ふじごろも。くろききぬ。
くろき-の-ごしょ【黒木の御所】皮つきの丸太で造った粗末な宮殿。天皇の仮御所。「一を作りて皇居とす」〈太平記・四〉
くろき-の-とりい【黒木の鳥居】皮つきの丸太で造った鳥居。最も古い形式で、2本の柱と笠木および貫からなる。黒木鳥居。
くろき-の-や【黒木の屋】黒木造りの粗末な建物。「山中に一を造りておはしけるを」〈十訓抄・一〉
くろ-ぐ【黒具】「黒衣❶」に同じ。
くろく-ぐわ【久六×鍬】➤きゅうろくぐわ
くろく-ぜに【九六銭】江戸時代、銭差しに通した銭九六文を百文として通用させたこと。また、その九六文の銭。くろく。くろくびゃく。➡丁百
くろ-ぐそく【黒具足】黒ずくめの鎧や具足。黒漆を塗り、黒糸・黒革を使って作るもの。
くろ-くま【黒熊】毛色の黒いクマ。日本のツキノワグマのこと。(季 冬)
くろ-くも【黒雲】❶黒色の雲。こくうん。❷物事を妨げる不吉なもの。暗雲。「前途をおおう―」
くろ-ぐら【黒×鞍】黒く塗った鞍。
グロ-グラン〖フラ gros-grain〗織り目を横に高くした、絹または化繊などの平織りの織物。光沢があり、ドレス・ガウン・リボンなどに用いられる。
くろ-くりげ【黒×栗毛】馬の毛色の名。黒みを帯びた栗毛。
くろ-ぐろ【黒黒】［副］非常に黒いさま。真っ黒なさま。「墨―と書く」「―(と)した髪」
(類語)黒い・黒ずむ・どす黒い・浅黒い・色黒・真っ黒け
くろ-くわ【黒×鍬】❶戦国時代、築城・開墾・道普請などに従事した者。黒鍬者。❷江戸時代、江戸城内の城番・作事・防火・掃除などに従事した者。❸江戸時代、主として川普請や新田開発などの工事に従事した者。❹➤久六鍬
くろ-ぐわい【黒慈=姑】カヤツリグサ科の多年草。沼地に生え、高さ40～70センチ。秋、茎の先に茶色がかった穂をつける。また、近縁のオオクログワイをさし、塊茎を食用にする。くわいづる。くわい。(季 春)「沼尻に四五枚の田や―/冬葉」
くろ-げ【黒毛】❶黒い毛。❷毛色の黒い馬。
クロケット〖David Crocket〗［1786～1836］米国の開拓者・政治家で、伝説的な英雄。テネシー州の生まれ。連邦下院議員を務めたのち、テキサスの対メキシコ独立戦争に参加。アラモの砦で戦死した。デービー=クロケット。
くろ-けむり【黒煙|黒×烟】黒い煙。こくえん。
くろげ-わぎゅう【黒毛和牛】和牛の一種。毛色は黒。元来は役牛であったが、肉質がよく美味なため肉牛として各地で飼育される。神戸牛・松阪牛・近江牛・米沢牛などはこの種。公正競争規約では黒毛和種という。➡和牛
くろげ-わしゅ【黒毛和種】➤黒毛和牛
クロコ 「クロコダイル」の略。特に、ワニ皮製の意。
くろ-ご【黒▽衣|黒子】❶《「くろこ」とも》歌舞伎で、俳優の演技や舞台進行の介添えをする人が着る黒い衣装。また、その人。人形浄瑠璃では、人形遣いが着る黒い衣装。くろんぼう。黒具。❷表に出ないで物事を処理する人。❸大坂で、俄が流して歩くときにかぶった黒頭巾。(類語)後見
くろ-こう【黒鉱】閃亜鉛鉱・方鉛鉱・黄鉄鉱・黄銅鉱・重晶石などの混合した黒っぽい鉱石。多少の金・銀を含む。青森・秋田・山形・福島・鳥取県などの、グリーンタフが分布する地域で産する。銅などの鉱石として重要。黒物。
くろ-ごうし【黒格子】❶黒く塗った格子。❷《格子を黒く塗ったところから》近世、大坂天王寺近辺にあった市子・口寄せの家。また、そこの住人。
くろ-こげ【黒焦げ】焼けて黒くこげること。また、そのもの。「―になったパン」
くろ-こしょう【黒×胡×椒】香辛料の一。完熟する前のコショウの実を皮のついたまま乾燥させたもの。また、その粉末。色が黒く、辛みが強くて香りが高い。ブラックペッパー。
クロコダイル〖crocodile〗ワニ目クロコダイル科の爬虫類の総称。口を閉じても下あごの大きな第4歯が見える。熱帯にすみ、水辺に近づいた動物を襲う。ナイルワニ・イリエワニなど。
くろ-こま【黒駒】毛色の黒い馬。特に、甲斐国黒

駒のあたりから産したという黒い馬。「妹(いも)が家に早く至らむ歩(あゆ)め—」〈万・一二七一〉

くろ‐ごま【黒×胡麻】❶ゴマの品種の一。種皮が黒色のゴマ。❷《形が❶に似ているところから》読点「、」のこと。くろごま点。

くろこま‐の‐かつぞう【黒駒勝蔵】[1832〜1871]江戸末期の侠客(きょうかく)。甲斐(かい)国黒駒(山梨県笛吹(ふえふき)市)の人。駿河の清水次郎長と抗争を繰り返した。

くろ‐ごめ【黒米】❶精白してない米。玄米。❷稲の古い品種の一。種皮にアントシアニンが含まれるため、黒紫色をなす。紫黒米(しこくまい)。紫米(むらさきまい)。

くろ‐さい【黒×犀】サイ科の哺乳類。アフリカにすむ二角サイの一種。体長3.75メートル、体高1.5メートルに達する。体色は灰褐色ないし灰色で、名はシロサイに対してつけられたもの。口先がとがり、主にマメ科植物を食べる。

くろ‐さぎ【黒×鷺】サギ科の鳥。全長63センチくらいの全身黒色のサギ。白色のものもある。アジアの東・南部からオーストラリアまでの太平洋岸に分布。日本では本州以南の海岸に多い。

くろ‐さつま【黒×薩摩】鉄分を多く含む土を使い、黒い釉(うわぐすり)で仕上げた薩摩焼。古くは庶民の日用品としてつくられた。黒もん。➡白薩摩

くろ‐ざとう【黒砂糖】精製してない、黒い色の砂糖。白砂糖と違って鉄・カルシウム分が多い。飴(あめ)・ようかんなどに用いる。

くろ‐ざね【黒▽核】スイカなどで、種(たね)の黒いもの。

くろ‐さび【黒×錆】鉄さびのうち、黒いもの。主成分は酸化鉄。

くろ‐ざる【黒猿】オナガザル科の哺乳類。スラウェシ島にすみ、全身黒色。大きさ・体形はニホンザルに似る。

くろさわ‐あきら【黒沢明】[1910〜1998]映画監督。東京の生まれ。ダイナミックな映像表現と一貫したヒューマニズムの追求により、国際的評価を受ける。文化勲章受章。没後、国民栄誉賞受賞。代表作「羅生門(らしょうもん)」「生きる」「七人の侍」「影武者」「乱」など。

くろさわ‐おきなまろ【黒沢翁満】[1795〜1859]江戸後期の国学者。伊勢の人。名は重礼。号、葎居(むぐらい)。桑名城主松平氏の家臣。本居宣長(もとおりのりなが)の門弟。著「言霊指南(ことだましなん)」「葎居集」など。

くろさわ‐きよし【黒沢清】[1955〜]映画監督。兵庫の生まれ。成人映画「神田川淫乱戦争」を監督し、商業映画デビュー。サスペンス・ホラー映画を中心に意欲的な問題作を発表、世界的に注目される。代表作は、猟奇殺人事件を扱った「CURE(キュア)」のほか、「ニンゲン合格」「カリスマ」「回路」など。

くろさわ‐きんこ【黒沢琴古】[1710〜1771]尺八琴古流の流祖。初世。筑前の人。各地の尺八曲を収集・整理して琴古流の基礎を築いた。

くろ‐ザン【黒ザン】「黒サントメ」の略。

くろ‐さんご【黒×珊×瑚】ウミカラマツの別名。

くろ‐さんしょううお【黒山×椒魚】サンショウウオ科の両生類。全長約15センチ。山地の森林にすみ、春ごろ池に集まって産卵する。東北南部から中部地方の日本海側に分布。

くろ‐サントメ【黒サントメ】黒色のサントメ縞、またはサントメ革。黒ザン。

くろ‐じ【黒地】地色が黒いこと。また、そのもの。

くろ‐じ【黒字】❶黒い色で書いた文字。❷《収支決算で、収入超過額を黒で書くところから》収支決算の結果、余剰が生じること。また、その余剰金。黒。⇔赤字。(類語)利益・益・儲け・利・収益・利潤・得・利得・利沢・得分・実益・益金・利金・純利・純益・差益・利鞘・マージン・ゲイン・プロフィット

くろ‐じ【黒×鵐】ホオジロ科の鳥。全長17センチくらい。雄は全身暗灰色。極東特産で、北海道や本州北部の山林にすむ。

くろ‐しお【黒潮】フィリピン東方海域より発し、台湾と石垣島との間を通り、吐噶喇(とから)海峡を抜け、本州の南岸沿いに東方に流れる暖流。日本近海における最大の海流で、一部は対馬(つしま)暖流となる。高温で塩分が多く、濃い藍色を呈する。黒瀬川。日本海流。

くろしお‐ぜんせん【黒潮前線】北上する黒潮の北端が、三陸沖で、南下してくる親潮とぶつかり合う潮境帯の南縁。付近は好漁場となる。

くろじ‐とうさん【黒字倒産】帳簿上の収支計算は黒字でありながら、売掛金の回収不能や取引先の倒産などの事情で倒産すること。

くろ‐しぼり【黒搾り|黒絞り】黒ごまからしぼった油。黒搾りの油。⇔白搾(しらしぼ)り。

くろしま‐でんじ【黒島伝治】[1898〜1943]小説家。香川の生まれ。シベリア出兵の体験に基づく反戦小説や農民小説を発表、プロレタリア作家として認められた。著「二銭銅貨」「豚群」「渦巻ける烏の群」。

くろシャツ‐たい【黒シャツ隊】《(イタ)Camicie Nere》イタリアのファシスタ党の武装行動隊の異称。1919年、ムッソリーニが組織。黒シャツを着用した。

グロジュニャン〖Grožnjan〗クロアチア西部、イストリア半島の中央部にある村。長い間、ベネチア共和国の支配下に置かれたため、イタリア風の古い家並みが残されている。同国で唯一イタリア系住民の割合が高い。毎年夏にジャズ音楽祭が催されることで知られる。

くろ‐しょいん【黒書院】《「くろじょいん」とも》将軍や大名などの大規模な殿舎に設けられた書院。天井の格子、障子の縁、床框(とこがまち)に至るまで黒漆塗りとしたもの。多く、居間風の座敷として使われた。➡白書院(しろしょいん)

くろ‐しょうじょう【黒×猩×猩】チンパンジーの別名。

くろ‐しょうぞく【黒装束】頭から足元まで、黒い衣服を着けていること。また、その人。黒支度。

くろ‐しろ【黒白】❶黒と白。❷事の是非。よしあし。こくびゃく。「—をつける」❸画面が色彩ではなく黒と白とで表されるもの。しろくろ。

クロス〖cloth〗▶クロース

クロス〖cross〗〔名〕(スル)❶交差すること。「道路が—する」❷テニス・卓球・バレーボールなどで、コートの対角線方向に打つボール。また、その球筋。❸十字架。クルス。(類語)交差・交わる・筋交い・打ち違い・立体交差

くろ‐ず【黒酢】❶昆布または椎茸(しいたけ)を焼いてすりつぶし、酢を加えたもの。刺身・なますなどに用いる。❷瓶(かめ)で自然発酵させた米酢の一種。

グロス〖gloss〗《光沢の意》リップグロス・フェースグロスなど、唇や頬などに光沢をもたせることで華やかで生き生きとした表情を作り出す化粧品。➡メーキャップ化粧品

グロス〖gross|(オランダ)gros〗❶数量の単位。1グロスは12ダースで、144個。記号gr ❷《総計の意》ゴルフで、ハンディキャップを差し引かない打数の総計。➡ネット

クロス‐あきない【クロス商い】《cross-trade》▶クロス取引

くろ‐ずいしょう【黒水晶】黒色をしている水晶。放射線の影響によるものと考えられている。

クロス‐オーバー〖cross over〗〔名〕(スル)❶異なる分野の物事を組み合わせて新しい物事を作り出すこと。「歌舞伎とミュージカルとを—させた作品」❷ジャズ・ソウル・ロックなど、異なったジャンルの音楽の要素を交ぜて作り出した音楽。また、異なるジャンルの音楽の演奏家の共演。

クロスオーバー‐ファッション〖crossover fashion〗異質な素材やスタイルを組み合わせたファッションのこと。ドレッシーなものとスポーティーなもの、モダンなものとエスニックなものの組み合わせなど。

クロス‐カウンター〖cross counter〗ボクシングで、相手の左(右)パンチに対し、自分の右(左)腕が交差するように打つパンチ。

クロスカップリング‐はんのう【クロスカップリング反応】異なる構造をもつ二つの分子を結合させて一つの分子にする化学反応。カップリング反応の一種。特に、結合させることが難しい、有機化合物を構成するベンゼン環などの炭素どうしを選択的に結びつける化学反応を指す。パラジウムを触媒に用いるヘック反応・根岸カップリング反応・鈴木カップリング反応などが知られ、天然物の全合成、医薬品や農薬、電子材料などの製造に広く応用されている。ヘテロカップリング反応。

クロス‐カントリー〖cross-country〗❶田野・丘陵・森林などを横断して設定されたコースで行う長距離競走。断郊競走。❷▶クロスカントリースキー

クロスカントリー‐スキー《cross-country skiingから》スキーを履いて雪の積もった田野や丘陵を駆けるスポーツ。また、その所要時間を競うスキー競技。クロスカントリー。

クロス‐キック〖cross kick〗ラグビーで、バックスにボールがあり、敵の防御を抜ききれないと判断したときに、相手側選手の少ない地域にボールをキックすること。

クロス‐ケーブル《crossing cableから》コンピューター同士を直接つなぐ場合に用いるケーブル。リバースケーブル。

クロス‐ゲーム〖close game〗追いつ追われつの白熱した試合。接戦。(類語)接戦・シーソーゲーム

クロスサイト‐スクリプティング〖cross site scripting〗インターネットのウェブサイトに見られるセキュリティーシステム上の弱点の一。悪意のあるユーザーがBBS(電子掲示板)に有害なスクリプトを入力し、他の閲覧者のブラウザーを経由してそのスクリプトを送り込むこと。(補説)CSSとも略されるが、cascading style sheetsの略との混同を避けるためにXSS(cross site scripting)と表記することが多い。➡CSS

クロス‐シート〖cross seat〗バスや鉄道車両で、進行方向に直角に置いた席。⇔ロングシート。

クロス‐ステッチ〖cross-stitch〗刺繍(ししゅう)で、X形に糸を交差させて刺し模様を作る技法。十字縫い。

クロス‐スパイク〖cross spike〗バレーボールで、相手コートの対角線方向にボールを打つスパイク。➡ストレートスパイク

くろ‐すずめばち【黒×雀蜂】スズメバチ科の昆虫。スズメバチの中では小形で、黒色の地に白色の横縞がある。地中に直径20センチにも達する球形の巣を作る。長野県などでは幼虫を「蜂の子」と呼んで食用にする。すがれ。すがり。じばち。つちばち。

クロス‐セクション〖cross section〗❶横断面。断面図。❷横断面分析。

クロス‐セル〖cross sell〗ある商品の購入を考えている顧客に対し、その商品に関連する商品や、組み合わせることによって割引になる商品などの購入を勧める販売方法。ハンバーガーを注文した客に、サイドメニューを勧めるなど。➡アップセル

グロスター〖Gloucester〗英国イングランド南西部、グロスターシャー州の州都。セバーン川沿いに位置。古代ローマ時代の駐屯地があった所で、グレブムと呼ばれた。18世紀にグロスタードックス、19世紀初めにセバーン川に並行する運河が造られ、造船業や貿易で栄えた。古代ローマの遺構や7世紀に起源するグロスター大聖堂など、歴史的建造物が数多く残る。

グロスター‐だいせいどう【グロスター大聖堂】《Gloucester Cathedral》英国イングランド南西部、グロスターシャー州の都市グロスターにある大聖堂。7世紀創建のセントピーター修道院に起源する。11世紀から15世紀にかけて建造され、ロマネスク様式、ノルマン様式が混在する。16世紀の宗教改革により修道院は解散し、大聖堂になった。13世紀にヘンリー3世の戴冠式が行われ、14世紀にエドワード2世が埋葬された。回廊のファンボールト(扇形穹窿(せんけいきゅうりゅう))とステンドグラスの美しさで知られる。

クロスターノイブルク〖Klosterneuburg〗オーストリア東部、ウィーン北部郊外にある町。バーベンベルク家レオポルド3世が12世紀に創設したクロスターノイブルク修道院を中心とする。ワイン生産が盛ん。

クロス‐ダイ《cross dyeingから》2種以上の繊維からなる織物で、そのおのおのの繊維を違った色に染めること。

クロス‐チェッキング〖cross checking〗アイスホッケーで、持っているスティックをリンクの氷面上から

離して相手選手の体に対して交差させるようにしてプレーを妨害すること。反則となる。

クロス-トーク〘cross talk〙❶電話の混線。また、ステレオの録音・再生機器において、左右の音が混ざり合うことをいう。❷おしゃべり。雑談。

クロス-とりひき【クロス取引】一つの証券会社が、同じ銘柄について同数の売り注文と買い注文を取引所に出し、取引を成立させること。クロス商い。

クロス-トレーニング〘cross-training〙スポーツで、全身の筋肉と骨が同じ刺激を受け、体の機能や作りがバランスのとれたものになるように、複数の種目の運動を積極的に取り入れる練習法。

グロス-トン〘gross ton〙総トン数。

くろ-ずな【黒砂】黒色の砂。磁鉄鉱・チタン鉄鉱のほか輝石・角閃石かくせんせき・錫石すずいしなどを含み、砂金・砂白金を含むこともある。

グロズヌイ〘Groznïy〙ロシア連邦南西部、チェチェン共和国の首都。カフカス山脈の北麓、テレク川の支流スンジャ川沿いに位置する。旧ソ連時代に開発されたグロズヌイ油田の中心都市。グローズヌイ。

クロス-ネット《cross networkから》民放局などで、一つの放送局が特定のキー局に限定せず、複数の局から番組を選択して、いくつかの系列番組を組み合わせて編成するネットワークの形態。

クロスバー〘crossbar〙❶走り高跳びや棒高跳びで、跳び越える横木。バー。❷ラグビー・サッカーなどで、左右のゴールポストに渡されている横木。バー。

クロス-パス〘cross pass〙サッカーで、フィールドを横切る形で送るパス。

クロスビー〘Bing Crosby〙[1903～1977]米国のポピュラー歌手・俳優。甘い歌声でラジオ・レコードに活躍、「ホワイトクリスマス」が大ヒットした。「わが道を往ゆく」など映画にも多く出演。

クロス-ファイア〘cross fire〙《十字砲火の意》野球で、投手が投手板を踏む位置を変えて、ボールがホームプレート上を外角から内角へ、内角から外角へと斜めに通過するように投げること。

クロス-プラットホーム〘cross platform〙►マルチプラットホーム

クロス-プレー〘close play〙野球で、一瞬アウトかセーフか判定しかねるような、きわどいプレー。

クロスヘッド〘crosshead〙ピストン棒と連接棒とを結ぶ部品。ピストン棒の運動を伝える働きをする。

クロスベルト〘crossbelt〙❶肩から斜めに、または、2本を十文字に掛ける肩帯。❷二つの車の間に8の字形に掛けたベルト。また、そのようなベルトの掛け方。これにより二つの車は互いに反対方向に回転する。

クロスボーダー-とりひき【クロスボーダー取引】《cross-border transaction》国内の取引において、外国企業がその契約を引き受けること。

クロス-ボーティング〘cross-voting〙交差投票。議案の採決に際して、議員が党決定に縛られず自党に対して反対、または反対党に対して賛成することを認める投票方式。

クロス-マーチャンダイジング〘cross merchandising〙異なる種類の商品を組み合わせて、同じ売り場で売ること。例えば、枝豆とビールを組み合わせるなど。

クロス-マッチング〘cross-matching〙不適合輸血を防止するため、給血者と受血者の血球と血漿けっしょうを分離して別の組み合わせで混合し、血球凝集の有無を判定すること。

くろ-ずみ【黒炭】木炭の一種。土窯どがまで焼き、そのまま消火させるので、黒色で質が軟らかい。白炭しろずみに比べて火のつきがよい。くろめ。どがまずみ。

くろずみ-きょう【黒住教】ケウ 神道十三派の一。文化11年(1814)黒住宗忠が創唱。幕末にかけて教勢を広げ、明治9年(1876)一派独立。太陽神天照大神あまてらすおおみかみを信仰の中心に置き、神人合一の境地を目ざす。本部は岡山市。

グロス-ミスコンダクト〘gross misconduct〙アイスホッケーで、試合中に行われる暴行や妨害行為。選手・監督やコーチを問わず、悪質と審判に判断された者は残り全時間退場となる。

くろずみ-むねただ【黒住宗忠】[1780～1850]江戸後期の神道家。黒住教の教祖。備前国御野郡の禰宜ねぎで、大病の回復と神秘体験を得て回心、黒住教を開いた。

グロスミュンスター〘Grossmünster〙スイス北部、チューリヒの旧市街にある、同国最大のロマネスク様式の大聖堂。カール大帝ゆかりの教会跡に11世紀から12世紀初頭にかけて建造された。1519年、スイスの宗教改革者、ウルリッヒ=ツウィングリが赴任し、スイス改革派教会の基礎を築いたことで知られる。

くろ-ず・む【黒ずむ】〘動マ五(四)〙黒みを帯びる。くろばむ。「海面が―・んで見える」「―・んだ顔」

(類語)黒い・黒黒・どす黒い・浅黒い・色黒・真っ黒け

クロス-メディア〘cross media〙一つの情報を、複数の異なる種類の媒体を横断的に利用して伝達すること。場所や状況に応じて、最適な媒体を選んで情報にアクセスすることができるなどの利点がある。

クロスメディア-しょゆう【クロスメディア所有】シヨイウ 同一の資本が同時期に同地域で新聞社やテレビ・ラジオ放送局など複数のメディアを支配すること。日本では、電波法により新聞・ラジオ・テレビの3事業支配が原則として禁止されている。➡マスメディア集中排除原則

グロスモーン-こくりつこうえん【グロスモーン国立公園】コクリツコウヱン《Gros Morne National Park》カナダ東端、ニューファンドランド・ラブラドル州、ニューファンドランド島西部にある国立公園。マントル起源の岩石や氷河の浸食で形成された地形などが見られ、地球科学上重要な場所として、1987年、世界遺産(自然遺産)に登録された。

クロス-ライセンス〘cross license〙相互使用特許権。特許権を持っている各企業が、特許権はそのまま、互いにその実施権のみを与えあうこと。

クロス-ラミナ《和cross＋lamina》層理面と斜交するラミナ(葉理ようり)。砂岩層に多くみられる。偽層。斜交葉理。斜層理。

クロス-レート〘cross rate〙二国間の為替相場を算出するのに用いられる、相手国通貨と、米ドルなど基準となる第三国通貨との間の為替相場。➡裁定為替相場

クロスロード〘crossroad〙十字路。交差点。

クロスワード-パズル〘crossword puzzle〙ヒントで示唆された語を推測し、その文字でます目を縦横に埋めていく言葉遊び。クロスワード。

(類語)クイズ・パズル・なぞなぞ

クロゼット〘closet〙《「クローゼット」とも》❶衣類などを入れる戸棚。❷水洗便所。「ウオーター―」

クロソイド〘clothoid〙螺線らせんの一。曲線の長さと曲率半径とが逆比例する、渦巻き形の曲線。1744年オイラーが発見、M=コルニュが物理光学の回折現象の幾何学的表現として用いた。コルニュの螺線。

クロソイド-カーブ〘clothoid curve〙高速道路などで、クロソイドを描く緩やかなカーブ。運転が単調になることを避け、走行を安定させる。

くろぞう-しつげん【黒沢湿原】徳島県西部、三好みよし市池田町にある湿原。三方を600メートルほどの山に囲まれた標高約550メートルの盆地に広がる約0.27平方キロメートルの湿原。県指定天然記念物のオオミズゴケ・サギソウ・キセルアザミなどの水生植物が繁茂している。「四国の尾瀬」といわれる。

くろ-そこひ【黒底×翳】黒内障こくないしょうの俗称。

くろ-た【黒田】稲の植えつけ前の田。

くろ-だい【黒×鯛】ダヒ タイ科の海水魚。全長約40センチ。形はマダイに似る。体色は暗灰色で、幼魚には7本の暗色の横帯がある。性転換をし、全長約20センチまでは雄で、成長するにつれて雌になる。ほぼ日本各地の沿岸に分布。幼魚を「ちんちん」「かいず」ともいう。ちぬ。ちぬだい。(季 夏)

くろ-ダイヤ【黒ダイヤ】❶►カルボナード ❷石炭を貴重品めかして呼んだ語。

くろだ-きよたか【黒田清隆】[1840～1900]政治家。鹿児島の生まれ。戊辰ぼしん戦争で官軍参謀として五稜郭ごりょうかくを攻撃。明治維新後、北海道開拓長官。日朝修好条規を締結。明治21年(1888)首相に就任、大日本帝国憲法の発布に当たったが、条約改正交渉失敗のため辞職。

くろだ-きよつな【黒田清綱】[1830～1917]政治家・歌人。鹿児島の生まれ。清輝せいきの養父。幕末の王政復古運動に奔走。和歌に秀で、明治・大正天皇の和歌の師。貴族院議員・枢密顧問官。著「滝園歌集」。

くろだ-さぶろう【黒田三郎】ニラウ [1919～1980]詩人。広島の生まれ。第二次「荒地」の創刊に参加。鋭い批評精神を平明に表現した詩や評論を発表。詩集「ひとりの女に」など。

くろだ-じょすい【黒田如水】►黒田孝高くろだよしたか

くろだ-すいざん【畔田翠山】[1792～1859]江戸末期の博物学者。紀伊の人。名は伴存。通称十兵衛。別号、翠嶽・紫藤園。諸国を巡り、植物・魚介を採集し図録にした。著「草木志」「水族志」「古名録」など。

くろだ-せいき【黒田清輝】[1866～1924]洋画家。鹿児島の生まれ。清綱の養嗣子。渡仏してラファエル=コランに師事。帰国後、外光派の画風を日本に導き入れ、久米桂一郎とともに天真道場を開き、のち白馬会を設立。また、東京美術学校西洋画科で指導に当たり、洋画界発展に寄与した。貴族院議員としても活躍。

くろだ-そうどう【黒田騒動】サウドウ 江戸初期、筑前福岡藩黒田家の御家騒動。藩主忠之と家老栗山大膳との確執から、寛永9年(1632)大膳は忠之に謀反心のあることを幕府に出訴。翌年、裁定があって黒田家は存続、大膳は陸奥盛岡藩南部家に預けられた。講談・歌舞伎などに脚色。

くろ-だな【黒棚】黒漆で全体を塗った三段または四段の棚。女子が手回りの道具を載せたりするもの。室町時代以後、婚礼道具となった。くろみだな。

くろだ-ながまさ【黒田長政】[1568～1623]安土桃山から江戸初期の武将。孝高よしたかの子。豊臣秀吉に従い、九州平定、文禄の役・慶長の役に活躍。秀吉死後、関ヶ原の戦いでは徳川方につき、大功を立てて筑前52万石を拝領。

くろだに【黒谷】㊀京都市左京区、比叡山西塔の北谷。法然の修行した青竜寺がある。本黒谷もとくろだに。㊁京都市左京区、岡崎の地名。法然が光明寺(現在の金戒光明寺)を開いた地。新黒谷。

くろだに-しょうにん【黒谷上人】シヤウニン 法然の異称。

くろだにしょうにんごとうろく【黒谷上人語灯録】くろだにシヤウニンゴトウロク 鎌倉時代の仏教書。18巻。了慧編。文永11～12年(1274～75)成立。法然の遺文・法語の集録。漢語灯録10巻、和語灯録5巻、拾遺3巻からなる。

くろ-だね【黒種】蚕の越年卵。前年に採種して冷蔵保存し、飼育期に取り出すもの。色が紫褐色になるところから、淡黄色の生種なまだねに対していう。

くろたね-そう【黒種=子草】サウ キンポウゲ科の一年草。高さ約50センチ。葉は羽状に細く裂ける。夏、淡青色または白色の花を一つ開く。実は熟すと裂け、多数の黒い種子を散らす。ヨーロッパの原産で、江戸時代に渡来。ニゲラ。

くろた-ばいばい【黒田売買】稲の植えつけ前に、収穫を予想して米の売買をすること。➡青田売買 ➡白田売買

くろだ-ぶし【黒田節】福岡県の民謡。もと、筑前黒田藩の武士たちが筑前今様ちくぜんいまようを雅楽の越天楽えてんらくの旋律で歌った祝い歌。昭和初期から全国に広まる。

くろ-だま【黒玉】❶黒色の玉。❷黒色の丸いしるし。黒星。❸黒目くろめのこと。❹黒い飴玉あめだま。❺打ち上げた花火の玉で、発火しないで落ちたもの。

くろだ-よしたか【黒田孝高】[1546～1604]安土桃山時代の武将。播磨はりまの人。初姓、小寺。通称官兵衛。法号、如水。織田信長に仕え、信長死後、羽柴秀吉の統一事業の参謀として活躍。秀吉の死後、関ヶ原の戦いでは徳川方についた。キリシタン大名

で、受洗名はドン＝シメオン。
くろ-たれ【黒垂】 能の仮髪の一。鳥帽子・天冠などをかぶるとき、左右の鬢から肩の少し下まで垂らす黒色の毛髪。
くろ-ち【黒血】 はれ物などから出る、腐敗して黒みを帯びた血。あくち。
くろ-ちく【黒竹｜×烏竹】 ハチクの変種。やや小形の竹で、幹は年を経て黒色となる。観賞用・器具用に栽培される。暖地にまれに自生する。紫竹。
くろ-ちゃ【黒茶】「黒茶色」の略。
くろちゃ-いろ【黒茶色】 黒みがかった茶色。くろちゃ。
くろ-ちょうがい【黒×蝶貝】 ウグイスガイ科の二枚貝。貝殻はアコヤガイに似るが大きく、殻の長さは14センチくらい。殻の表面は黒緑色で白斑がある。紀伊半島以南の暖海に分布。真珠養殖の母貝にされ、殻は貝細工に用いる。
くろ-ぢょか【黒ぢょか】 黒薩摩の酒器。扁平な円形の土瓶で、焼酎を温めるのに使う。(補説)語源は未詳。「黒じょか」「黒千代香」とも書く。
くろづか【黒塚】 ㊀福島県二本松市、阿武隈川東岸、安達ヶ原の古跡。鬼女伝説がある。㊁謡曲。五番目物。観世流では「安達ヶ原」。奥州安達ヶ原にすむ鬼女の家に山伏が投宿し、襲われるが祈り伏せる。㊂歌舞伎舞踊。長唄。木村富子作詞、4世杵屋佐吉作曲。昭和14年(1939)東京劇場初演。㊁によったもので、市川猿之助が選んだ得意の舞踊「猿翁十種」の一つに数えられている。
クロッカス〖crocus〗アヤメ科の多年草。早春、コップ状の黄・紫・白色などの花を開き、のち線形の葉が伸びる。ヨーロッパ・北アフリカ・西アジアの原産。寒さに強く、観賞用に栽培され、多くの品種がある。花サフラン。クローカス。(季 春)「日が射してもう一咲く時分/素十」
クロッキー〖フランス croquis〗人物の動き・量感などを、短い時間でおおまかに写しとる素描。速写。
(類語)スケッチ・デッサン・素描・下絵・絵・絵図・絵画・図画・図絵・画・イラスト・イラストレーション・カット
グロッキー〖groggy〗〔名・形動〕❶ボクシングで、相手の打撃や疲労によりふらふらになること。❷ひどい疲労でぐったりすること。また、そのさま。「残業続きでもう一だ」(補説)英語では「グロッギー」で、「グロッキー」はその訛り。
くろ-つきげ【黒月毛｜黒×鴾毛】 馬の毛色の名。灰色を帯びた月毛。
クロック〖clock〗❶時計。柱時計。置き時計。➡ウオッチ ❷コンピューターで、各部の動作の歩調が合うように、周期的に発する信号。動作速度はこの信号の周波数(クロック周波数)に比例する。
くろ-つぐ【桄＝榔｜桄＝榔＝子】 ヤシ科の常緑低木。南九州の山中に自生。茎はなく、根生する葉は線形の小葉からなる羽状複葉で、長さ2〜3メートルに達する。東南アジアの原産。つぐのき。
クロックアップ《和 clock＋up》►オーバークロック
クロック-しゅうはすう【クロック周波数】《clock frequency》►クロック
クロッグ-パトリック〖Croagh Patrick〗►クローパトリック
くろ-つぐみ【黒×鶫】 ヒタキ科ツグミ亜科の小鳥。全長22センチくらい。腹が白いほかは雄は黒色、雌は褐色。雄は朗らかな声で複雑な節回しでさえずる。東アジアに分布。日本では夏鳥で、山地で繁殖。(季 夏)「一ききとめ蕨捨てて立つ/秋桜子」
くろ-づくり【黒作り】 ❶黒漆で塗った物。「一の文机」❷イカの墨をまぜて作った塩辛。
クロッケー〖フランス croquet〗球技の一。芝生のコート上に6個のフープ(鉄製の小門)を立て、木製のボールを木のつちで打ってその間を通し、最後にコート中央のペッグ(木製の棒)に当てて得点を争う。
グロッケン「グロッケンシュピール」の略。
グロッケンシュピール〖ドイツ Glockenspiel〗「鉄琴」に同じ。
グロッサリー〖glossary〗書籍の巻末などにある用語解説。また、ある特定の分野・作家の術語や語彙などを解説した小辞典。用語解。
クロッシィ〖Xi〗NTTドコモが提供する高速データ通信規格LTEのサービスブランド名。平成22年(2010)より東京・名古屋・大阪の市街部でサービス開始。下り方向の最大通信速度は屋外で37.5Mbps、一部の屋内施設で75Mbps。
グロッシー〖glossy〗光沢のある写真印画紙。
クロッシュ〖フランス cloche〗►クローシュ
グロッソラリア〖glossolalia〗ある言語社会で、理解不可能であるような形のくずれた語や無意味な音声連鎖を作り出して話すこと。ある社会では宗教性・呪術性をもち重要視されるが、現代の多くの社会では精神障害の一例としてとらえられる。異言。
グロッタ-アッズラ〖Grotta Azzura〗イタリア南部、ナポリ湾の南に浮かぶカプリ島にある海食洞。イタリア語で「青の洞窟」を意味し、海岸の洞窟の入り口から差し込む光線が海底に反射し、水面が青く輝いて見える。同島で最も有名な観光地の一。
クロッチ〖crotch〗ズボンや下ばきなどの、またの部分。
くろ-つち【黒土】 ❶黒い色の土。腐敗した植物質などを含んだ、耕作に適した土。こくど。くろぼこ。❷火災にあって焼けた土。やけつち。
くろ-つ-ばら【黒つ薔＝薇】 クロウメモドキ科の低木。枝の先はとげ状、葉は長楕円形。実は熟すと黒色。日本では本州中部以北にみられる。おおくろうめもどき。うしころし。
クロップド-ジャケット〖cropped jacket〗《crop は切り取るの意》ウエストあたりまでの丈の短めのジャケット。長めのスカートや幅広のパンタロンなどと組み合わされる。
クロップド-パンツ〖cropped pants〗《cropは切り取るの意》裾を切り落としたようなデザインの、七分丈程度のパンツ。パンタクールやサブリナパンツ、カプリパンツなどもこの一種。
くろ-つぶれ【黒潰れ】 画像の表示・表現で、暗い部分の階調が失われ真っ黒になっている様子。逆光での人の顔や黒っぽい衣服、または風景の影の部分などに生じやすい。一般に、デジタルカメラはフィルムカメラに比べ露光の寛容度(ラチチュード)が狭いため、黒つぶれを回避するには露出補正が必要な場合がある。⇔白飛び。
くろっ-ぽ・い【黒っぽい】〔形〕❶黒みを帯びている。「一・い服」❷玄人じみている。「一・くなって来たな」〈伎・小袖曽我〉
くろ-づる【黒鶴】 ツル科の鳥。小形で、全長約1.1メートル。頭頂が赤く、くびが黒と白で、体は灰色。ユーラシアの温・寒帯に分布し、日本では数の少ない冬鳥。(季 冬)
くろ-つるばみ【黒×橡】 黒に近い濃いねずみ色。喪服に用いる。「一の御小袿に、けざやかなる御色のほど有様など」〈栄花・鶴の林〉
グロティウス〖Hugo Grotius〗[1583〜1645]オランダの法学者。国家や宗教の枠組みを超えた自然法的合理主義に基づく国際法を体系化し、自然法の父、国際法の祖とよばれる。著「戦争と平和の法」「自由海洋論」など。
グロテウォール〖Otto Grotewohl〗[1894〜1964]ドイツの政治家。社会民主党員としてナチス時代は地下運動に従事。第二次大戦後、同党左派を率いて共産党と合同、社会主義統一党を結成してドイツ民主共和国(東ドイツ)成立とともに首相に就任。
くろて-じま【黒手×縞】 江戸時代に渡来した縞織物。紺地に3本の赤い縦筋の縞模様がある。
グロテスク〖フランス・英 grotesque〗㊀〔名〕異様な人物や動植物などに曲線模様をあしらった装飾文様。古代ローマに始まる。㊁〔形動〕ひどく異様なさま。怪奇なさま。異様。グロ。「一な形」
(類語)異様・おどろおどろしい・グロ
クロテッド-クリーム〖clotted cream〗乳脂肪分60〜70パーセントの固形状をしたクリーム。さらりとして口ざわりがよい。スコーンなどに添えて食べる。
くろ-てん【黒×貂】 イタチ科の哺乳類。テンの仲間で、毛色はふつう黒褐色。シベリア・北海道に分布。光沢のある毛皮は最高級品とされる。セーブル。
くろ-と【▽玄▽人】「くろうと」に同じ。「どうも、併しあれァ、一らしいな」〈里見弴・今年竹〉
くろ-ど【黒戸】 ㊀「黒戸の御所」の略。㊁仏壇をいう女房詞。
くろとかげ【黒蜥蜴】 広津柳浪の小説。明治28年(1895)発表。醜女お都賀が無頼の舅を毒殺し、自殺するまでの人生を描いた、深刻小説の代表作。
くろど-の-ごしょ【黒戸の御所】 宮中の清涼殿の北、滝口の戸の西にあった細長い部屋。薪のすすで黒くなっていたところからの名。黒戸。
くろ-とり【黒鳥】 ❶羽毛の黒い鳥。❷黒い水鳥。現在のクロガモという。「一といふ鳥、岩の上に集まり居り」〈土佐〉
くろ-とりげ【黒鳥毛】 槍の鞘や馬印の先などを飾るのに用いた、黒色の鳥の羽。
クロトン〖croton〗トウダイグサ科の常緑低木。熱帯アジア原産の観葉植物。葉は長楕円形や線形で、色も白・黄・赤・紫などさまざま。変葉木。
クロナキルティー〖Clonakilty〗アイルランド南部の町。ウエストコークの代表的な観光保養地。かつてリネンの生産で栄え、オールドリネンホールと呼ばれる一角には、色とりどりの壁をもつ家並みが残る。
くろ-ナンバー【黒ナンバー】 黒地に黄色の文字で示されたナンバープレート。また、それをつけることから、事業用軽自動車のこと。
くろ-にきび【黒面＝皰】 ►にきび(補説)
クロニクル〖chronicle〗年代記。編年史。(類語)歴史・史実・史・青史・通史・編年史・年代記・ヒストリー
くろ-ぬり【▽畔塗(り)】「あぜぬり」に同じ。(季 春)
くろ-ぬり【黒塗(り)】 黒く塗ること。また、黒く塗ったもの。「一の椀」「一の高級車」
くろねこ【黒猫】《原題 The Black Cat》ポーの短編小説。1843年発表。発作的に黒猫を惨殺したことから、あやまって妻を殺害して破滅するに至る男の病的な心理を推理小説的手法で描く。
くろ-ねごろ【黒根▽来】 黒色の根来塗の漆器。
くろ-ねずみ【黒×鼠】 ❶黒い毛色の鼠。❷黒みがかったねずみ色。❸主家の金品をごまかしたり、主家に害を与えたりする雇い人。⇔白鼠。
くろ-の-きょうかい【黒の教会】《Biserica Neagră》ルーマニア中央部の都市ブラショフにあるルーテル派の教会。旧市街の中心部、スファトゥルイ広場に位置する。14世紀から15世紀にかけて後期ゴシック様式で建造。名称は、17世紀末にハプスブルク家とオスマン帝国との間で起きた大トルコ戦争の際に、黒く煤けたことに由来する。内部には同国最大級のパイプオルガンがある。
クロノグラフ〖chronograph〗❶時間を精密に測定・記録する装置。クロノメーターと連動させるものもある。❷携帯用の時計で、ストップウオッチのように発進・停止を自由にできる秒針のついたもの。
クロノス〖Kronos〗ギリシャ神話で、天空の神ウラノスと大地の女神ガイアの末子。父の王位を奪ったが、のちにわが子ゼウスに征服され、地底に幽閉された。ローマ神話のサトゥルヌスと同一視された。
クロノバイオロジー〖chronobiology〗時間生物学。生物の体内時計(内在リズム)について研究する分野。
クロノメーター〖chronometer〗❶精度の高い携帯用の機械時計。天体観測・経度測定などに用いる。時辰儀。経線儀。❷スイスの検定協会の検定に合格した、精度の高い機械時計に与えられる名称。
クロノロジカル〖chronological〗〔形動〕年代順に並ぶさま。「一に書き上げた履歴書」
くろ-は【黒羽】 ❶黒い鳥の羽。❷鷲の黒い羽で作った矢。「一、白羽、染羽、色々の矢ども」〈義経記・八〉
くろ-はえ【黒南＝風】 梅雨の初めに吹く南風。(季 夏)「沖通る帆に一の鴎群る/蛇笏」➡白南風
くろ-ばえ【黒×蠅】 クロバエ科のうち、キンバエ類

を除いたハエの総称。青黒い光沢がある。触角は羽毛状。活発に飛び、動物の糞(ふん)や死体に集まる衛生害虫。オオクロバエ・ケブカクロバエなど。

くろ‐はち【黒八】「黒八丈(くろはちじょう)」の略。

くろ‐はちじょう【黒八丈】ハチヂャウ 黒色で、織り目を横に高くした絹織物。半襟・袖口などに用いる。初め、八丈島で織ったのでこの名がある。東京都五日市町の特産。黒八。

くろ‐はつ【黒初】ベニタケ科のキノコ。春から秋にかけて、日本各地の雑木林に生える。傘は丸く、初め白いが次第に黒褐色となる。肉は白く、傷つけると黒変する。

クロパトキン〖Aleksey Nikolaevich Kuropatkin〗[1848〜1925]ロシアの軍人。日露戦争開戦とともに陸相から極東方面軍総司令官となったが、奉天の会戦に敗北して解任。

くろ‐ば・む【黒ばむ】〔動マ五(四)〕黒みを帯びる。黒ずむ。「シャツの袖口が—・む」

くろ‐パン【黒パン】ライ麦の粉で作った黒褐色のパン。また、小麦粉のパンにカラメルや黒砂糖を入れて黒い色にしたもの。

くろ‐び【黒日】暦注の一。万事に忌みつつしむべき大凶日で、無理に違反すると死に至るという。昔、暦に黒丸をつけて示した。受死日(じゅしび)。

くろ‐び【黒×檜】ヒノキ科の常緑高木クロベの別名。

くろ‐ビール【黒ビール】焦がした麦芽で醸造した黒茶色のビール。《季 夏》

グロピウス〖Walter Adolf Georg Gropius〗[1883〜1969]ドイツの建築家。バウハウスを創設し、近代建築・デザイン運動の興隆に貢献した。ナチス政権成立以後は英・米で活躍。

くろ‐びかり【黒光り】〔名〕スル 黒くて、つやがあること。「—した肌」

くろ‐ひげ【黒×髭】能面の一。顔全体が強くしゃくれ、口を大きく開けて、あごを突き出した面。竜神を表し、「春日竜神」などに用いる。

グロビゲリナ〖ラテン Globigerina〗有孔虫の一種。石灰質の球状の殻をもち、多数の小穴から針状の仮足を伸ばして浮遊する。広く世界中の海に分布。

グロビゲリナ‐なんでい【グロビゲリナ軟泥】海洋堆積物(かいようたいせきぶつ)の一。グロビゲリナの石灰質の遺体を主成分とする海底泥。乳白色・ばら色・黄色・褐色で、大西洋に広く分布。

クロビス‐いっせい【クロビス一世】《Clovis Ⅰ》[465ころ〜511]フランク王。在位481〜511。メロビング朝の開祖。ローマ総督を破って建国。カトリックに改宗、ローマ‐カトリック教会と協力して国家統一の基礎を築き、507年パリを都と定めた。

くろひめ‐やま【黒姫山】長野県北部の山。新潟県境近くにあり、円錐状二重式火山で旧火口には鏡池などがある。標高2053メートル。東麓の黒姫高原にスキー場などがある。信濃富士。

くろ‐ひょう【黒×豹】ヘウ ヒョウの黒変種。熱帯地方、特にマレー半島に多く産する。

くろ‐びょうし【黒表紙】ベウシ ❶表紙を黒い布紙で装丁した本。❷《黒い表紙のものが多かったところから》役者評判記のこと。❸▶黒本(くろほん)

グロビン〖globin〗ヘムと結びついてヘモグロビンを構成する球状たんぱく質。

くろ‐ふ【黒▽斑】❶黒色の斑点(はんてん)。❷黒い斑のある鷹(たか)の羽。矢羽根に用いる。

くろ‐ぶさ【黒房】相撲で、土俵上のつり屋根の北西の隅に垂らす黒色の房。冬と玄武神を表す。➡青房 ➡赤房 ➡白房

クロプシュトック〖Friedrich Gottlieb Klopstock〗[1724〜1803]ドイツの詩人。ドイツ近代詩の祖とされる。作「メシーアス」「春の祝い」など。

くろ‐ふじょう【黒不浄】フジャウ 死の汚れ。➡赤不浄

くろ‐ぶち【黒×斑|黒×駁】黒のぶちのあるもの。動物の毛色などにいう。「—の馬」

くろ‐ぶち【黒縁】黒く縁どること。また、黒色の縁。「—の眼鏡」

くろ‐ぶな【黒×橅】イヌブナの別名。

くろ‐ふね【黒船】❶近世、日本に来た欧米の帆船。船体を黒く塗ってあったところからの称。幕末には西洋型の船舶全般をさして呼んだ。❷《船の色から》特に、嘉永6年(1853)、日本の開港を求めて相模国浦賀に来航したペリー提督の率いる米国艦隊のこと。幕府・国民に大きな衝撃を与えた。❸《❷から。比喩的に》国内に大きな衝撃をもたらす、海外からの新しい計画や政策、新製品などをいう。「電子書籍は出版界の—となるか」

くろふね‐ぎれ【黒船切】名物切(めいぶつぎれ)の一。表装または茶器の袋などに用いる。寛文年間(1661〜1673)長崎に漂着した黒船がもたらしたという。

くろふね‐ずきん【黒船頭巾】ヅキン《歌舞伎俳優姉川新四郎が侠客の黒船忠右衛門の役を演じた際に用いたところから》投げ頭巾の別称。姉川頭巾。

くろふね‐ちゅうえもん【黒船忠右衛門】チュウヱモン 歌舞伎・浄瑠璃で、享保(1716〜1736)ごろの大坂堂島の侠客(きょうかく)根津四郎右衛門を劇化した人物の名。「黒船出入湊(くろふねでいりのみなと)」などの多くの作品がある。

くろふね‐まつり【黒船祭】ペリーの来航を記念して、日米修好の行事として行われる観光祭。静岡県下田市では5月16〜18日に、神奈川県横須賀市久里浜では7月14日に行われる。《季 夏》

グロブリン〖globulin〗アミノ酸だけからなる単純たんぱく質の一。水に溶けないが、塩類の薄い溶液にはよく溶ける。弱酸性で、動植物に広く分布。血清グロブリンはα(アルファ)・β(ベータ)・γ(ガンマ)に分けられ、体内の物質輸送や免疫に関与する。

くろべ【黒部】富山県北東部の市。黒部川の中・下流域を占める。スイカの産地。宇奈月(うなづき)温泉・黒部峡谷がある。平成18年(2006)3月、宇奈月町と合併。人口4.2万(2010)。

くろ‐べ【黒×檜】ヒノキ科の常緑高木。日本特産で、本州・四国の深山に自生。樹皮は赤褐色でつやがある。葉はうろこ状。5月ごろ、藍色の雄花と雌花とをつけ、球果は黄褐色に熟す。材は建築・器具用。ねずこ。ごろうひば。くろべすぎ。くろび。

くろべ‐がわ【黒部川】ガハ 富山県東部を流れる川。源を飛騨山脈中部の鷲羽(わしば)岳に発し、富山湾に注ぐ。上・中流は深い峡谷をなし、発電所が多い。上流に黒四ダムと人造湖の黒部湖がある。下流の扇状地には湧水が多くある。長さ85キロ。

くろべ‐きょうこく【黒部峡谷】ケフコク 黒部川の上・中流の峡谷。立山連峰と後(うしろ)立山連峰を二分する、日本一深い峡谷をなす。黒部湖から上流を上廊下(かみのろうか)、下流を下廊下(しものろうか)と呼ぶ。

くろべ‐こ【黒部湖】富山県東部、黒部川をせき止めてできた人造湖。昭和38年(1963)建設の黒四ダムの貯水池。面積3.5平方キロメートル、総貯水量約2億立方メートル。立山黒部アルペンルートの中心観光地。中部山岳国立公園に属する。➡黒四ダム

くろべごろう‐だけ【黒部五郎岳】ゴラウダケ 富山県南東部、岐阜県飛騨市・高山市との境にある山。標高2840メートル。薬師岳から三俣蓮華岳(標高2841メートル)への尾根上にある。尾根の東側にカール(圏谷)が見られる。高山植物や雪渓が多い。中部山岳国立公園に属する。「五郎」は岩場を指す「ゴーロ」のなまったことば。

くろべ‐し【黒部市】▶黒部

くろべ‐ダム【黒部ダム】▶黒四(くろよん)ダム

くろ‐ぼ【黒穂】《「くろほ」とも》黒穂病にかかった黒い麦の穂。くろぼう。《季 夏》「駅路(えきろ)や麦の—の踏まれたる/不器男」

くろ‐ほう【黒方】ハウ《「くろぼう」とも》薫物(たきもの)の一。沈香(じんこう)・丁子香(ちょうじこう)・甲香・白檀(びゃくだん)・麝香(じゃこう)などを練り合わせて作る。

くろぼ‐きん【黒穂菌】担子菌類の一種。黒穂病を起こさせ、黒い胞子を飛散する。

くろ‐ぼく【黒ぼく】❶腐植に富み、軽くて粘りけの乏しい黒色の土壌。火山灰土に多い。くろぼこ。❷火山から噴出してできた多孔形の溶岩。関東では多く庭石として用いられる。

くろ‐ぼこ【黒ぼこ】「黒ぼく」に同じ。

くろ‐ぼし【黒星】❶黒く丸いしるし。黒丸。❷相撲の星取り表で負けを表す黒い丸。転じて、負けること。失敗すること。⇔白星。❸的(まと)の中央にある黒い丸。❹《❸から》ねらったところ。急所。図星。「今思えば刻薄という評は—にあたっていない」〈鷗外・キタ‐セクスアリス〉❺瞳(ひとみ)のこと。

くろぼし‐びょう【黒星病】ビヤウ 果実や葉に黒い斑点を生じる病害。ナシ・リンゴ・サツマイモやバラなどでみられ、ある種の糸状菌の寄生による。

くろ‐ぼたん【黒×牡丹】❶牡丹で、花が黒みがかった紫色のもの。❷《中国、唐の富豪の劉訓が牡丹観賞に人を招いたときに、門に水牛を多くつないでおいたところ、人々がそれをさして、「劉氏の黒牡丹だ」と称したという故事から》牛のこと。

クロポトキン〖Pyotr Alekseevich Kropotkin〗[1842〜1921]ロシアの政治思想家・地理学者。国家を廃した小組織の連合による社会を主張する無政府主義の理論家として著作・宣伝に努めた。著「パンの略取」「相互扶助論」など。

くろ‐ぼね【黒骨】《「くろほね」とも》扇や中啓(ちゅうけい)などの黒く塗った骨。また、障子などの黒く塗った桟。

くろぼ‐びょう【黒穂病】ビヤウ 黒穂菌が寄生して生ずる植物の病害。病斑を作り、黒色の粉が充満する。稲・麦・トウモロコシ・ネギなどに多くみられる。

くろ‐ほろ【黒▽母▽衣】鎧(よろい)の背につける母衣の黒いもの。

くろ‐ほろ【黒保呂】矢羽根にする鷲(わし)の保呂羽(ほろば)の黒いもの。「二十四差いたる—の矢負ひ」〈平家・四〉

くろ‐ほん【黒本】江戸中期、赤本に次いで、延享(1744〜1748)ころから青本とともに婦女子の間で流行した草双紙(くさぞうし)の一。黒い表紙で、歌舞伎・浄瑠璃の粗筋や英雄伝などを題材にした絵本。黒表紙。

クロマイ「クロロマイセチン」の略。

クロマ‐キー〖chroma key〗映像の合成技法の一つ。色の違いを利用して抜き取りたい被写体を背景から分離し、別の画面にはめ込むこと。映画やテレビでの映像合成に用いられる。近年はコンピューター上で処理することが多い。

くろ‐まきえ【黒×蒔絵】ヱ 金粉・銀粉などを使わないで、蝋色漆(ろいろうるし)で絵模様を表した蒔絵。黒蝋色(くろろいろ)蒔絵。

くろ‐まく【黒幕】❶黒い色の幕。特に、歌舞伎で、場面の変わり目に舞台を隠したり、道具の奥に掛けて背景代わりにしたりする黒木綿の幕。❷表面には出ないで、指図したり、はかりごとをめぐらしたりする者。「政界の—」[類語]緞帳(どんちょう)・揚げ幕・引き幕・定式幕

くろ‐まぐろ【黒×鮪】サバ科の海水魚。全長約3メートル、体重300キロに達する。背面は青黒色、腹面は銀白色。世界の温・熱帯海域に広く分布し、日本近海のマグロ類では最も多い。刺身やすし種として好まれる。幼魚を「めじ」「よこわ」、成魚を「しび」ともいう。まぐろ。ほんまぐろ。《季 冬》

くろま・す【黒ます】〔動サ四〕❶黒くする。「女房、宮司など、皆いと—・したり」〈栄花・玉の飾り〉❷ごまかす。紛らわしくする。だます。「猶しも声を—・して」〈浄・朝顔話〉

くろ‐まだら【黒▽斑】黒色のまだら。くろぶち。

クロマチック〖chromatic〗〔形動〕《「クロマティック」とも》音楽で、半音階的。「—ハープ」

クロマチック‐ハーモニカ〖chromatic harmonica〗半音階の出せるハーモニカ。本体につけられた押しボタン付きのスライドレバーによって、半音を出すことができる。3〜4オクターブのすべての音が出せるため、クラシックやジャズに多く使われる。

クロマチン〖chromatin〗染色質。

くろ‐まつ【黒松】マツ科の常緑高木。東北から九州の海岸近くに生え、樹皮は黒褐色で、亀甲状の裂け目がある。葉は2枚ずつ対につき、針状で堅い。4月ごろ、雌花と雄花とをつける。材は建築や土木に、樹脂は燃料や香料に用いられる。雄松(おまつ)。

クロマトグラフィー〘chromatography〙吸着剤を用いて、試料混合物の分離・検出・定量などを行う方法。吸着剤を固定相とし、この一端に試料を置き、展開剤によって溶かし出すと、試料の成分によって移動速度に差が現れることを利用したもの。

クロマニョン-じん【クロマニョン人】《Cro-Magnon man》1868年、南フランスのクロマニョンの岩陰遺跡から発掘された化石現生人類。その後、ヨーロッパ、北アフリカ各地で発見された。3万5000〜1万年前に生息し、頭が大きく現代人によく似ているが、身長はやや高い。文化的には、後期旧石器時代に属し、洞窟壁画などを残している。➡新人

くろ-まめ【黒豆┊×烏豆】ダイズの一種で、豆の外皮が黒いもの。正月料理の煮豆や和菓子の材料に、また不祝儀のおこわに入れる。〈季 秋〉

くろまめ-の-き【黒豆の木】ツツジ科の落葉小低木。高山に生え、高さ0.5〜1.5メートル。葉は倒卵形。7月ごろ、壺状の紅がかった白色の花をつける。実は熟すと黒紫色になり、生食のほかジャムなどにする。浅間ぶどう。

くろ-まる【黒丸┊黒円】❶黒色の丸。❷文字のわきにつける黒い点。傍点。また、語と語を区別するために、語間に用いる小さな黒い点。中黒。

くろ-まるはなばち【黒丸花蜂】ミツバチ科の昆虫。女王バチと働きバチの体は黒色の長い毛に覆われ、尾端に赤褐色部があり、雄バチは黄色の毛に覆われる。ノネズミなどの地中の穴を利用して小形の巣を作る。北海道を除く各地にみられる。

くろ-み【黒み】❶黒いこと。黒い色。「―を帯びる」❷黒い部分。また、暗い所。「谷間谷間の一から、だんだんとこちらへ迫ってくる黄昏の色を」〈三重吉・千鳥〉

くろ-み【黒身】魚肉の黒ずんだ部分。血合。

クロミェルジーシュ〘Kroměříž〙チェコ東部、モラバ地方の都市。中世に建てられたオロモウツ司教の邸宅があり、この邸宅とその庭は、1998年に「クロミェルジーシュの庭園群と城」として世界遺産(文化遺産)に登録された。クロムニェジーシュ。クロメルジーシュ。

くろ-みかげ【黒▽御影】閃緑岩や斑糲岩などの建築用材名。黒色のガラス質安山岩の石材をもいう。

くろ-みす【黒▽御×簾】歌舞伎の舞台で、下座音楽を演奏する場所。江戸では文政(1818〜1830)ごろまで上手にあり、のち下手になる。中の演奏者が客席から見えないよう黒いすだれを下げるのでいう。

くろ-みずひき【黒水引】半分を白、半分を黒または紺にした不祝儀用の水引。➡青水引

くろ-みだな【黒▽御棚】「黒棚」に同じ。

くろ-みつ【黒蜜】黒砂糖を溶かして煮つめたもの。「―をかけた蜜豆」

クロミック-ざいりょう【クロミック材料】《和 chromics+materialから》光・熱・電気に反応して色が付き、また(光などが遮られると)退色して元に戻る物質。サングラスに使われるフォトクロミックガラスや、デジタル時計・電卓の表示板に使われる液晶など。

クロム〘ドイ Chrom┊フラ chrome〙クロム族元素の一。単体は銀白色で硬い。天然にはクロム鉄鉱として酸化物の形で産出。常温ではきわめて安定でさびにくく、耐食・耐熱性にすぐれ、めっき、ニクロム・ステンレス鋼などの合金に用いる。元素記号Cr　原子番号24。原子量52.006。クローム。

くろ-・む【黒む】㊀〔動マ四〕❶黒くなる。黒みを帯びる。「―・める屋根の寂しげに立ちて」〈露伴・いさなとり〉❷(「身がくろむ」の形で)暮らしが立つ。「たがひに身の―・みて後」〈浮・織留・六〉㊁〔動マ下二〕「くろめる」の文語形。

クロム-イエロー〘chrome yellow〙クロム酸鉛を主成分とする黄色顔料。黄鉛。

クロムウェル〘Cromwell〙㊀(Oliver〜)[1599〜1658]英国の軍人・政治家。ピューリタン革命の指導者として、議会軍を率いて王軍を破り、1649年チャールズ1世を処刑。1653年、護国卿となって軍事的独裁政治を行った。また、アイルランド・スコットランドを制圧、航海法を発布、オランダ海軍に勝ち、英国の海上制覇の基礎を固めた。㊁(Richard〜)[1626〜1712]英国の政治家。㊀の子。共和国時代、父の後を継いで第2代護国卿となったが、軍隊と議会との対立の中で辞任。王政復古とともにパリに亡命。

クロムウェル-かいりゅう【クロムウェル海流】太平洋赤道潜流の異称。1950年代に米国の海洋学者クロムウェル(Townsend Cromwell)が東太平洋で発見したところから名づけられた。➡赤道潜流

クロム-がわ【クロム革】クロムなめしでなめしてある革。

くろ-むぎ【黒麦】❶黒穂病で穂の黒くなった麦。❷ライムギの別名。〈季 夏〉❸ソバの別名。「魚が橋の―ふるまひ申さんに」〈読・雨月・菊花の約〉

クロム-グリーン〘chrome green〙黄鉛とベルリン青との混合物に硫酸バリウムを加えた緑色顔料。ペンキ・クレヨンなどに使用。クロム緑。

クロム-こう【クロム鋼】クロムを含む鋼。クロム2パーセント以下のものは工具・歯車・軸受けなどに、12パーセント以上のものはステンレスなどに用いる。

クロム-さん【クロム酸】クロム酸塩を生じる酸。水溶液中でのみ知られ、酸化クロム(Ⅵ)が水に溶けてできる。低濃度で黄色、高濃度になると赤から赤黒色になる。また俗に、酸化クロム(Ⅵ)をいう。

クロムさん-カリウム【クロム酸カリウム】黄色の水に溶ける結晶。二クロム酸カリウム水溶液に炭酸カリウムを加えてつくる。強い酸化作用があり、酸化剤・媒染剤・分析用試薬などに使用。いわゆる六価クロムの一。

クロムさん-こんえき【クロム酸混液】二クロム酸カリウムの濃水溶液と濃硫酸との混合液。酸化力が強いので、実験室などでガラス器具の汚れを落とすのに用いられたが、毒性が強いため現在では使われない。クロム硫酸。クリーニング溶液。

クロムさん-ナトリウム【クロム酸ナトリウム】クロム鉱をソーダ灰と混合して焙焼し、水で抽出して得られる黄色の結晶。水に溶け、強い酸化剤。顔料の製造、染色などに用いる。

クロムさん-なまり【クロム酸鉛】鉛塩水溶液に二クロム酸カリウムを加えて得られる黄色の結晶。水には溶けない。黄色顔料に用い、黄鉛・クロムイエローなどとよばれる。化学式$PbCrO_4$

くろ-むし【黒虫】イワムシの別名。

くろむしろ-の-くるま【黒×筵の車】公卿が喪中に用いた車。牛車の箱を黒く塗った筵で覆ったもの。くろぐるま。

クロム-せんりょう【クロム染料】媒染剤に主としてクロム塩を用いる酸性媒染染料。羊毛・絹・ナイロンなどの染色に用いる。

クロム-テープ《和 chrome+tape》録音用テープの一種。二酸化クロムを塗付したもの。

クロム-てっこう【クロム鉄鉱】鉄とクロムとの酸化物からなる鉱物。金属光沢のある黒色不透明の八面体の結晶。等軸晶系。多くは塊状で、橄欖岩・蛇紋岩中に産出。クロムの原料。

クロム-なめし【クロム×鞣】クロム明礬・二クロム酸カリウムなどクロム化合物の水溶液で獣皮をなめすこと。

クロムニェジーシュ〘Kroměříž〙➤クロミェルジーシュ

クロムベルク-じょう【クロムベルク城】《grad Kromberk》スロベニア西部の都市ノバゴリツァの東郊にあるルネサンス様式の邸宅。16世紀末に同地方を治めていた貴族クロムベルク家により建造。現在は博物館になっている。

クロム-みょうばん【クロム明×礬】硫酸カリウムと硫酸クロムとの複塩。一般にカリウムクロム明礬$KCr(SO_4)_2 \cdot 12H_2O$を指す。紫色の正八面体の結晶。媒染剤・皮なめし・めっきなどに用いる。

クロムモリブデン-こう【クロムモリブデン鋼】合金鋼の一種で、クロム1パーセント程度、モリブデン0.15〜0.3パーセントを添加した鋼。溶接しやすく、高温に強く、構造用材に用いる。

くろ-め【黒め】㊀〔名〕➤黒炭 ㊁〔名・形動〕黒色の度合いが強いこと。また、そのさま。「―のブルー」

くろ-め【黒目┊黒▽眼】眼球の中央の黒い部分。くろめだま。➡白目 〈類語〉瞳・瞳孔

くろ-め【黒海=布┊黒▽布┊黒▽菜】コンブ科の褐藻。本州南部から九州までの沿岸に自生。カジメに似るがやや大きく、長さ1〜2メートルで羽状に分かれ、暗褐色、表面にしわがある。食用、またヨードをとる。〈季 春〉「岩窪に深き海ある―かな/誓子」

くろめ-うるし【黒め漆】生漆の水分を熱によって蒸発させた黒褐色の漆。

くろめ-がち【黒目勝ち】〔形動〕黒目の目立つ美しい目のさま。「色白の顔に―な目」

くろ-めがね【黒眼-鏡】黒色のレンズの眼鏡。

くろ-・める【黒める】〔動マ下一〕文くろ・む〔マ下二〕❶黒くする。黒色に染める。「潮風に吹き―・められ日の光りに照り―・められて」〈露伴・いさなとり〉❷うまくだます。ごまかす。取り繕う。「あとを―・めてたもれ」〈虎明狂・髭櫓〉❸暮らしを立てる。「あの人の身をも―・めてやりたいの念力一つで立てる身が」〈浄・丹波与作〉

くろ-も【黒藻】❶トチカガミ科の多年草。池沼や河川にみられる沈水植物。長さ30〜60センチ、茎の節ごとに細い線形の濃緑色の葉を輪生する。雌雄異株。夏から秋、淡紫色の小花を水面に開く。❷ナガマツモ科の褐藻。沿岸の干潮線付近の岩上に生え、高さ30〜50センチ。体は中空のひも状になり、長い枝を羽状に出す。全面に黒褐色の毛がある。食用。

くろ-もじ【黒文字】❶クスノキ科の落葉低木。山地に多く、樹皮は黒斑のある緑色、葉は楕円形で両端がとがる。雌雄異株。春、淡黄色の小花が多数咲く。材からようじを作る。〈季 花=春〉❷《❶の木で作るところから》茶道で、菓子に添えて出すようじ。また一般に、つまようじのこと。

くろもじ-の-あぶら【黒文字の油】クロモジの枝葉からとれる精油。無色または淡黄色で芳香があり、香水・石鹸・化粧品などの香料に用いる。

くろ-もの【黒物】❶《底がすすけて黒いところから》鍋をいう女房詞。❷雑魚、いりこをいう女房詞。❸「黒鉱」に同じ。❹「黒物家電」の略。

くろ-やき【黒焼(き)】動植物を土器に入れて蒸し焼きにし、炭化させたもの。漢方薬などの製法の一。「イモリの―」

くろやなぎ-しょうは【黒柳召波】[1727〜1771]江戸中期の俳人。京都の人。別号、春泥舎。服部南郭に漢詩を学んだが、俳諧に転じ、蕪村の弟子となった。遺稿に「春泥句集」がある。

くろ-やま【黒山】人が大ぜい群がり集まっているさまをいう語。「―の人だかり」
〈類語〉群集・人出・人だかり・群衆・人垣・人波・行列・人通り・野次馬・勢ぞろい・烏合・雲霞・群れ

くろ-やまあり【黒山×蟻】アリ科の昆虫。体長約0.5〜1センチ。体は黒褐色で、灰褐色の毛で覆われる。日当たりのよい所の地中に巣を作り、アブラムシの蜜をなめて共生する。

くろ-ゆり【黒百=合】ユリ科の多年草。本州中部以北の高山に生え、茎は直立し高さ20〜30センチ。葉は4、5枚が数段に輪生する。夏、茎の先に暗紫色の花を一つ下向きに開く。〈季 夏〉「―の曇りを蔵す日なりけり/みどり女」

く-ろ-よん【九▽六四】個人の総所得のうち、給与所得者は9割が課税所得とされているのに、自営業者は6割、農家は4割でしかないこと。税に対するサラリーマンの不平を表した言葉。十五三とも。九六四問題。

くろよん-ダム【黒四ダム】富山県東南部、黒部川上流にある、関西電力の黒部川第4発電所ダム。昭和38年(1963)完成のアーチ式ドームダム。堤高186メートル。これによる人造湖が黒部湖。黒部ダム。

くろよん-もんだい【九▽六四問題┊クロヨン問題】➤くろよん(九六四)

クロラール〘chloral〙刺激臭のある無色の液体。

エチルアルコールに塩素を作用させて作る。DDTの原料に用いられた。
クロライド-ペーパー〖chloride paper〗ガスライト紙。感度の低い印画紙。
くろ-らく【黒楽】楽焼きの一。黒色不透明の釉をかけて焼いたもの。
クロラムフェニコール〖chloramphenicol〗放線菌の一種から作り出された抗生物質。広範囲の細菌やリケッチアなどに有効だが、再生不良性貧血などの副作用がある。チフス菌感染症に使用。商標名クロロマイセチン。
グロリア〖ラテ・英 gloria〗❶《栄光あれの意》ミサ典礼の式文の一。栄光の賛歌。➡ミサ曲 ❷縦糸は絹糸、横糸は梳毛糸または綿糸で織った目の密な交ぜ織り。傘地に多く用いる。グローリア。
グロリオーサ〖ラテ Gloriosa〗ユリ科の多年草。球根から伸びた茎は蔓性で、葉の先が巻きひげとなる。夏、赤色の6弁花が咲き細い花びらがそり返っている。花材として用いられる。熱帯地方の原産。ゆりぐるま。
クロリュセ-じょう【クロリュセ城】《Château du Clos Lucé》フランス中西部の都市アンボアーズにある館。レオナルド=ダ=ビンチがフランソワ1世に招かれ、生涯最後の3年間を過ごしたことで知られる。ダ=ビンチの素描と当時の資材で再現した発明品を展示している。ルクロリュセ。クルーの館。
クロル〖ドイ Chlor〗塩素。クロール。
クロルカルキ〖ドイ Chlorkalk〗►晒し粉
クロル-せっかい【クロル石灰】►晒し粉
クロルテトラサイクリン〖chlortetracycline〗放線菌のストレプトミセス-オレオファシエンスなどから作り出された抗生物質。商標名オーレオマイシン。
クロルデン〖chlordane〗有機塩素系化合物の一。農薬・家庭用殺虫剤・家庭用白あり駆除剤などとして用いられてきたが、現在は使用禁止。
クロルピクリン〖chlorpicrin〗漂白粉の懸濁液にピクリン酸を加え、蒸留して得られる無色の油状の液体。殺虫・殺菌・殺鼠剤、窒息・催涙性の毒ガスなどに用いる。化学式CCl_3NO_2
クロルプロマジン〖chlorpromazine〗精神安定薬の代表的薬物。統合失調症・躁うつ病・神経症のほか、麻酔前投薬に用いる。
クロレラ〖ラテ Chlorella〗淡水産のクロレラ属の緑藻の総称。単細胞からなり、球状で、クロロフィルや良質のたんぱく質を多く含む。緑色植物として最も繁殖力が強い。光合成の研究などに用いる。
くろろ【枢】「くるる」の音変化。「赤小豆餅を搗つけど搗かねど外よりも一は後へ明きにしものを」〈仮・仁勢物語・上〉
クロロキン〖chloroquine〗抗マラリア薬の一。抗炎症作用もあるのでリウマチなどにも用いられたが、視覚障害などの副作用があり、日本では昭和50年(1975)に製造・販売中止。
クロロキン-もうまくしょう【クロロキン網膜症】《chloroquine retinopathy》クロロキン製剤の副作用で生ずる目の障害。視野の欠損、視力低下が主な症状で失明に至る例も多い。治療法は確立していない。
クロロシス〖chlorosis〗植物のクロロフィルの欠如による白化。
クロロフィリン〖chlorophyllin〗クロロフィルを原料とした薬剤。造血剤や脱臭剤とされる。
クロロフィル〖chlorophyll〗►葉緑素
クロロフルオロカーボン〖chlorofluorocarbon〗►シー-エフ-シー(CFC)
クロロプレン〖chloroprene〗触媒の存在下でアセチレンに塩化水素を反応させて得られる無色の液体。ブタジエンと塩素からも製造される。重合してクロロプレンゴムとなる。
クロロプレン-ゴム《和 chloroprene＋gom(オランダ)》クロロプレンを重合させた合成ゴム。天然ゴムよりも耐油性・耐薬品性にすぐれ、電線の被覆、耐油ホースに利用。商標名ネオプレン。
クロロブロマイド-し【クロロブロマイド紙】《chlorobromide paper》感光乳剤として塩化銀と臭化銀を塗布した印画紙。感度が高く、色調や階調が良好で、主に引き伸ばし用。クロロブロマイドペーパー。
クロロブロマイド-ペーパー〖chlorobromide paper〗►クロロブロマイド紙
クロロベンゼン〖chlorobenzene〗ベンゼンを塩素化したもの。無色の液体。合成染料の中間体、有機溶剤などとして用いられる。
クロロホルム〖chloroform〗エーテル臭をもつ無色透明の液体。メタンを塩素ガスで塩素化して作る。揮発性があり、蒸気は甘味を帯びる。フレオンの合成原料、溶剤などに使用。以前は吸入麻酔薬に用いた。化学式$CHCl_3$　クロロフォルム。トリクロロメタン。
クロロマイセチン〖Chloromycetin〗クロラムフェニコールの商標名。クロマイ。
くろ-わく【黒枠‖黒框】黒色の枠。また、そのように縁どられたもの。死亡の通知や広告の枠など。
くろわし-きゅうでん【黒鷲宮殿】《Palatul Vultu-rul Negru》ルーマニア西部の都市オラデアにある建物。20世紀初頭にウィーン分離派(ゼツェシオン)様式で建造。現在はホテル・映画館・レストランなどで構成される複合商業施設になっている。
クロワゼット-どおり【クロワゼット通り】《Boulevard de la Croisette》►クロアゼット通り
クロワッサン〖フラ croissant〗《三日月の意》バターを多く使って焼いた三日月形のパン。
く-ろん【句論】文法で、句・文章についての理論。
ぐ-ろん【愚論】❶愚かな議論。とるに足らない論議。❷自分の議論や論説をへりくだっていう語。
(類語)暴論・曲論
クロンシュタット〖Kronshtadt〗ロシア連邦北西部、サンクトペテルブルグ市の区。市中心部の北西約30キロメートル、フィンランド湾にあるコトリン島を占める。1703年にピョートル1世が同市防衛のために要塞を築き、バルチック艦隊の根拠地となった。十月革命の拠点の一つ。1921年、共産党政権に対する反乱が起こった。海岸部に砦や海堡が数多く残り、1990年に「サンクトペテルブルグ歴史地区と関連建造物群」の名称で世界遺産(文化遺産)に登録された。
クロンシュタット〖Kronstadt〗ルーマニアの都市ブラショフのドイツ語名。
クロンチョン〖インドネシア Kroncong〗16世紀に源を発し、アフリカ・アラブの要素を加味したポルトガル音楽の影響下に形成されたインドネシアのポピュラー音楽。元来は、ポルトガル人がインドネシアに持ち込んだウクレレ風小型ギターの名称。
クロンプトン〖Samuel Crompton〗[1753～1827]英国の発明家。水力紡績機のローラー機構と、ジェニー紡績機の撚りの原理とを組み合わせた、細くて強い糸の作れるミュール紡績機を発明。
くろん-ぼう【黒ん坊】《「くろんぼ」とも》❶日に焼けたりして皮膚の色の黒い人。❷黒色人種を軽蔑していった語。❸歌舞伎の黒衣。
クロンボー-じょう【クロンボー城】《Kronborg》デンマーク東部、シェラン島北部のヘルシングアにある城。通行税徴収のための小城を、1585年、デンマーク王フレデリク2世が大規模な城塞に改築。1629年に焼失したが後に再建。シェークスピアの悲劇「ハムレット」の舞台のモデルになった城として知られる。2000年、世界遺産(文化遺産)に登録された。
クロンマクノイズ〖Clonmacnoise〗アイルランド中部、ロスコモン州とウエストミース州にまたがる町、アスローンにある修道院跡。6世紀半ばに聖キアランが建てた教会に起源する。7世紀から13世紀にかけて同国における初期キリスト教の中心地として栄え、16世紀に英国軍により破壊された。現在、七つの教会、二つの塔、三つのケルト十字が残っている。
く-わ【句話】俳諧に関する話。俳話。
くわ【桑】クワ科クワ属の落葉高木の総称。ヤマグワ・カラグワ・ロソウなどで、品種も多い。葉は卵形で先がとがり、切れ込みのあるものもある。雌雄異株が普通で、4月ごろ、淡黄緑色の小花が集まって咲く。実は複合果で、熟すと紫黒色になり、食べられる。養蚕用に栽培されるのは主にヤマグワ。根皮は薬用にもする。クワ科の双子葉植物は約1400種が熱帯を中心に分布、麻・コウゾ・イチジク・インドゴムノキ・イヌビワなどが含まれる。(季 春|実=夏)「千曲川心あてなる一のみち/花蓑」
くわ【鍬】農具の一。刃のついた平たい鉄の板に柄をつけたもの。田畑を掘り起こしたり、ならしたりする。風呂鍬と金鍬に大別される。
(類語)鋤・鶴嘴
鍬を抜か・す　❶気抜けがする。茫然とする。「広々たる千里が竹に迷ひ入る。和藤内ほうど一・し」〈浄・国性爺〉❷足が抜けるほど疲れる。「おれも一・した。ここでしばらく休まう」〈浄・生玉心中〉
く-わ〔感〕《「こは」の音変化という》相手の注意を引こうとするときに発する語。さあ。これは。ほら。「一、これを御覧ぜよ」〈宇治拾遺・一〉
くわい【慈姑】❶オモダカ科の多年草。泥中に茎の基部から四方に地中枝を出し、その先に、球形で先にくちばし状の芽をもつ淡藍色の塊茎を生じる。葉は大きく、矢じり形。秋、白い花を輪生する。塊茎は食用。中国の原産で、水田に栽培される。(季 春) ❷クログワイの古名。
ぐ-わい【具合‖工合】「ぐあい(具合)」に同じ。歴史的仮名遣いは未詳。
クワイア〖choir〗教会の聖歌隊。「一ボーイズ」
くわい-あたま【慈姑頭】《クワイの芽が出た形に似ているところから》江戸時代、町医者などが結った髪形の一。総髪を後頭部で束ね、先を短く垂れ下げたもの。
クワイ-がわ【クワイ川】《Kwai》タイ西部の川。長さ240キロメートル。タイ・ミャンマー国境のテナセリム山地に源を発し、メクロン川に合流する。第二次大戦中、日本軍が川沿いに泰緬鉄道を建設した。ケオノイ川。
くわ-いじり【鍬弄り】《鍬をいじる程度の意から》楽しみで、趣味程度の畑仕事をすること。
くわ-いちご【桑苺】《イチゴに似ているところから》桑の実のこと。
くわ-いれ【鍬入れ】❶►鍬初め ❷開墾や新築工事・植樹などの際に、儀礼的にその土地に鍬を入れること。また、その儀式。
くわ-いろ【桑色】薄い黄色。
クワイン〖Willard van Orman Quine〗[1908～2000]米国の論理学者・哲学者。ハーバード大教授。論理実証主義を批判し、記号論理学の分野に大きな功績を残す。また、分析哲学では独自の世界を構築した。著「論理的観点から」「ことばと対象」など。
くわ・う【加ふ】〔動ハ下二〕「くわ(加)える」の文語形。
くわ・う【銜ふ‖啣ふ‖咥ふ】〔動ハ下二〕「くわ(銜)える」の文語形。
くわうる-に【加うるに】〔接〕それまで述べた事柄に、さらに追加して他の事柄を述べる場合に用いる。さらに。そのうえ。それだけでなく。(類語)更に・然も・また・その上・おまけに・剰え・糅てて加えて・のみならず・かつ・かつまた・なおかつ・しかのみならず・そればかりか・同時に・あまつさえ・それに
くわえ【加え】❶増しふやすこと。❷酒を銚子などに注ぐこと。また、注ぐのに用いる器。「銚子、一の酒過ぎて」〈浮・一代男・八〉❸婚礼などのとき、❷を持って本酌人を助ける役の者。「花嫁君に二度つぎて…一は六足歩み寄る」〈浄・国性爺後日〉
くわえ【銜え】くわえること。多く、名詞の上に付いて、複合語として用いる。
くわえ-ギセル【銜えギセル】キセルに手を添えないで、口にくわえたままタバコを吸うこと。
くわえ-こ・む【銜え込む】〔動マ五(四)〕❶歯や唇で奥深くしっかりとくわえる。「パイプを一・む」❷女が男を連れ込む。引っ張り込む。「どこかへ客を一・

むらしく〈織田作之助・夫婦善哉〉類語かじりつく・食いつく・食らいつく・噛みつく・かぶりつく

くわえ-ざん【加え算】足し算のこと。寄せ算。

くわ-えだしゃく【桑枝尺】シャクガ科の昆虫。翅は黒色または黒褐色で、黒色の斜めの帯がある。幼虫は尺取虫で、桑の葉を食べ、成長すると約7センチにもなる。桑の細枝によく似ており、昔、桑畑で仕事をする人がまちがえて土瓶を掛けて割ったというので「土瓶割り」の名がある。くわえだしゃくとり。

くわえ-タバコ【×銜えタバコ】巻きタバコに手を添えないで、口にくわえたままで吸うこと。

くわえ-めん【×銜え面】❶面の内側にある突起を口にくわえてかぶる面。❷歌舞伎で、顔をそぎ落とされる場面に用いる張り子の仮面。たもとや懐中にしのばせて、切られる瞬間、口にくわえる。殺面。

くわえ-ようじ【×銜え×楊枝】楊枝を口にくわえること。飲食のあとのようすや気どったようすにいう。

くわ・える【加える】〔動ア下一〕図くは・ふ〔ハ下二〕❶今まであるものに、さらに他のものを添えて合わせる。現在あるものの上に付け足す。また、そのようにして数量や度合いを増す。「だし汁を―・える」「規約に一項を―・える」「列車が速度を―・える」❷同じことをする人の集まりに含める。仲間に入れる。「一行に―・える」「役員に―・える」❸ある作用を他におよぼす。影響を与える。「危害を―・える」「一撃を―・える」「手心を―・える」「説明を―・える」❹あるものを付ける。載せる。「それに判を―・へよ」〈今昔・三一・二四〉補説室町時代以降はヤ行にも活用した。➡加ゆ 類語足す・添える・加わる・付け足す・付け加える・添加

用法くわえる・そえる――「もう一品加える(添える)」「言葉を加える(添える)」などでは相通じて用いる。◆「加える」はあるものに他のものを入れて一つにしたり、何らかの作用を他に与えたりすること。「2に3を加える」「仲間に加える」「攻撃を加える」などと用いる。◆「添える」はすでに満たされ、完成しているものに、さらに何かを付け加える意。「贈り物に手紙を添える」「舞台に花を添える」◆類似の語に「足す」がある。「足す」は、必要量が満たされるように足りないものを補い加える意。「煮物が焦げないように水を足す」などと用いる。

くわ・える【×銜える｜×啣える｜×咥える】〔動ア下一〕図くは・ふ〔ハ下二〕❶口に軽く挟んで支える。「楊枝を―・える」「物欲しそうに指を―・えている」❷引き連れる。伴う。「君は小夜さんを何時迄も―・えている気は無いね」〈二葉亭・其面影〉類語齧る

クワオアー〖Quaoar〗太陽系外縁天体の一つ。カイパーベルト天体に属す。2002年、パロマー山天文台からの観測で発見された。名の由来はアメリカ先住民トログバ族の創世神。冥王星の外側、太陽から43天文単位離れたカイパーベルトに位置し、287年周期で、ほぼ円軌道を描いて公転する。直径約900キロメートル。衛星(ウェイウォット)をもつ。クワーオワー。

くわ-がた【×鍬形】❶《鍬をかたどったところから》兜の前部につけて威厳を添える前立物の一。金属や練り革で作った2本の板を、眉庇につけた台に挿して角のように立てたもの。長鍬形・大鍬形・獅噛鍬形・三つ鍬形などの種類がある。❷太刀の兜金や石突きの金物を❶のような形にしたもの。❸紋所の名。❶をかたどったもの。❹鍬焼き用の❶に似た形の鉄板。❺クワガタムシの別名。《季 夏》

くわがた-いし【×鍬形石】古墳時代の腕飾り。碧玉製で、鍬の刃の形に似る。権威の象徴あるいは宝器と推定され、西日本の古墳にみられる。

くわがた-そう【×鍬形草】ゴマノハグサ科の多年草。山地の樹林下に生え、高さ12～19センチ。春から夏にかけ、淡紅白色の花を総状につける。実は平たい扇形で、細い萼で包まれ、兜の鍬形に似る。

くわがた-の-かぶと【×鍬形の×兜】鍬形❶をつけた兜。

くわがた-むし【×鍬形虫】甲虫目クワガタムシ科の昆虫の総称。体はやや平たくて長く、雄は頭の先に大形のあごを突き出し、兜の鍬形に似る。雌は小形で、あごも発達しない。夜、クヌギなどの樹液に集まる。幼虫は朽ち木や腐植土の中にすむ。ミヤマクワガタ・ノコギリクワガタなど日本に約20種が知られる。くわがた。《季 夏》

くわ-かみきり【桑天＝牛】カミキリムシ科の昆虫。体は黒褐色で、黄灰色の毛が密生する。幼虫は桑・イチジク・ビワなどの幹を食い、穴をあける。北海道を除いて普通にみられる。びわむし。《季 夏》

くわき-げんよく【桑木厳翼】［1874～1946］哲学者。東京の生まれ。京大・東大教授。西洋哲学史、特にカント哲学の紹介に尽力。著「哲学概論」「カントと現代の哲学」など。

くわ-きじらみ【桑木×虱】キジラミ科の昆虫。体長3～4ミリ。前翅は幅が広く楕円形で、触角や脚は短い。体は黄緑色で、成熟すると茶褐色になる。若虫は桑の葉に寄生して液を吸う。くわのわたむし。

くわ-くさ【桑草】クワ科の一年草。荒れ地や畑に生え、高さ約40センチ。茎に微毛がある。葉は桑に似て卵形で、ざらざらしている。秋、淡緑色の小さい雄花と雌花とを多数つける。

く-わけ【区分け】〔名〕スル　全体をいくつかに小さく分けること。くぶん。「荷物を地域別に―する」類語分ける・区分・分割・小分け・差別・けじめ・別・分かち

くわ-こ【桑子】《「くわご」とも》蚕の別名。

くわ-ご【桑▽蚕｜野＝蚕】カイコガ科の昆虫。野生の蚕といわれ、成虫・幼虫ともカイコガに似るが全体に暗褐色。幼虫は桑の葉を食う。成虫は夏、灯火に集まる。のがいこ。やまがいこ。

くわ-ざけ【桑酒】❶桑の実でつくった赤色の酒。❷桑の実や樹皮・根の煎じ汁を加えたリキュール。薬酒の一。

くわ・し【▽細し｜▽美し】〔形シク〕繊細で美しい。こまやかで美しい。「走り出の宜しき山の出で立ちの―・しき山ぞ」〈万・三三三一〉

くわし・い【詳しい｜▽委しい｜▽精しい】〔形〕図くは・し〔シク〕《「くわ(細)し」と同語源》❶細かいところまで注意や調査などがよく行き渡っている。詳細である。「―・い地図」「事情を―・く説明する」❷細部までよく知っている。精通している。「魚には特に―・い人」「事情を―・く知っている男」⇔疎い。派生くわしげ〔形動〕くわしさ〔名〕類語(❶)細かい・詳細・詳密・精細・明細・克明・つまびらか・事細か・子細に・具さに・逐一・細大漏らさず／(❷)明るい・造詣が深い・精通している・通暁している

くわ-した【×鍬下】荒地を切り開いて田畑にするまでの期間。

くわした-ねんき【×鍬下年季｜×鍬下年期】❶江戸時代、開墾中の土地に一定の期間、租税を免除したり軽減したりしたこと。❷明治の地租改正後、原地価または国が定めた地価に基づいて地租を徴収する一定の期間のこと。

くわしほこちだる-くに【細戈千足国】《「くわしほこ」は精巧な武器、「ちだる」は十分備わっている意》日本国の美称。

くわし-め【▽美し女｜▽細し女】美しい女。美人。「賢し女を有りと聞かして―を有りと聞こして」〈記・上・歌謡〉

くわ-しゃくとり【桑尺取】クワエダシャクの幼虫。

くわじょう-か【桑状果】多数の花が密集した花序が成熟し、1個のように見える果実。桑やパイナップルなどにみられる。桑実果。

クワス〖ロシ kvas〗ライ麦で作った黒パンに麦芽を加えて発酵させる、ビールに似た褐色の清涼飲料水。アルコール分は1～3パーセント。クバス。

くわ・す【▽交はす】〔動サ下二〕《「かわす」の音変化》交わし合う。互いに交差させる。「人は目を―・せつつ、いとよく笑みて」〈かげろふ・中〉

くわ・す【食わす】㊀〔動サ五(四)〕「食わせる」に同じ。「何か―・してくれ」「三年も冷や飯を―・された」㊁〔動サ下二〕「くわせる」の文語形。

くわず-いも【食わず芋】サトイモ科の多年草。暖地に生え、葉は矢じり形で長さ60センチにもなり、葉柄は長く高さ約1メートル。根茎は地表に露出し、有毒。

くわず-ぎらい【食わず嫌い】❶食べたことがなく、味もわからないのに嫌いだと決め込むこと。また、その人。❷ある物事の真価を理解しないで、わけもなく嫌うこと。類語食べず嫌い・偏食

くわせ-もの【食わせ物｜食わせ者】❶見かけはよいが、実質はよくない物。偽物。「とんだ―をつかまされた」❷(食わせ者)表面はさりげなく見せて、実は油断のならない者。「あの男は相当の―だ」

くわ・せる【食わせる】〔動サ下一〕図くは・す〔サ下二〕❶物を食べさせる。飲食させる。「腹いっぱい―・せる」❷扶養する。養う。「この収入では家族を―・せられない」❸(害を)与える。食らわす。こうむらせる。「げんこつを一発―・せる」「けんつくを―・せる」❹(「一杯くわせる」の形で)だます。あざむく。「まんまと一杯―・せてやった」❺おいしい料理を出す。「なかなか―・せる店だ」❻口にくわえさせる。含ませる。「御巻数鶴に―・せて州浜にたてたりけり」〈拾遺・賀・詞書〉

くわ-ぞめ【桑染(め)】桑の樹皮の煮汁で薄黄色に染めること。また、その染めたものや色。

くわぞめ-たび【桑染(め)足‐袋】薄黄色に染めた木綿足袋。貞享・元禄(1684～1704)ごろ、主に伊達者が用いた。

クワタ《quadrat ; quadから》活版の組版で、空白の行や行末のあきなどを埋めるのに用いる込め物。和文では活字の大きさの全角以上のもの、欧文では全角の半分以上のもの。➡込め物❷

くわだ・つ【企つ】〔動タ下二〕「くわだてる」の文語形。

くわだて【企て】計画を立てること。また、その内容。もくろみ。計画。「謀反の―が発覚する」類語策・方策・対策・施策・手・一計・奇計・奇策・愚策・秘策・対応策・善後策・得策・計画・もくろみ・はかりごと・企図・企画・案・立案・構想・設計・プラン・プロジェクト・青写真・筋書・手の内・予定

くわだ・てる【企てる】〔動タ下一〕図くはだ・つ〔タ下二〕《足をつま立てる意の「くわた(翹)つ」から転じたもの。近世初期ごろまで「くわたつ」》計画を立てる。計画を試みる。または、実行しようとする。「強盗を―・てる」類語はかる・もくろむ・策する・企図する

くわだ-よしなり【桑田義備】［1882～1981］植物学者。大阪の生まれ。京大教授。欧米に留学。染色体や細胞核の分裂を研究し、細胞学の発展に貢献。文化勲章受章。著「染色体の構造」「細胞核の分裂」。

くわ-ちゃ【桑茶】桑の若葉を蒸したのち、天火で乾燥して茶のように製したもの。また、その色。赤みがかった黄土色。

クワッカ-ワラビー《和 quokka＋wallaby》カンガルー科の哺乳類。オーストラリアに分布。頭胴長約60センチ。草原や低木林にすむ。補説英語では単にquokka

グワッシュ〖フラ gouache〗►ガッシュ

くわ-つみ【桑摘み】蚕を育てる桑の葉を摘み取ること。また、摘み取る人。《季 春》「青淵に―の娘の映り居り／虚子」

くわつみ-うた【桑摘み歌】民謡の一種で、桑摘みのときにうたう歌。《季 春》

くわ-とり【×鍬取り】鍬を使って耕作すること。また、その人。農民。「―の京雀と呼ばれ、領内の離れ島石地をひらき畑を打つ」〈浄・用明天王〉

クワトロ-カンティ〖Quattro Canti〗イタリア南部、シチリア島、シチリア自治州の都市パレルモの旧市街にある交差点。イタリア語で「四つ角」「四つ辻」を意味し、パレルモの代表的な大通りであるマクエダ通りとビットリオエマヌエレ通りが交差する場所を指す。交差点の角の建物は17世紀前半にローマの建築家ジュリオ＝ラッソの設計で建築され、シチリア-バロック様式の装飾が施されている。

クワトロチェント〖イタ Quattrocento〗《イタリア語

で「400の」の意》芸術史上で、1400年代の時代概念。造形芸術では、初期ルネサンスから盛期ルネサンスにかけての時代。➡トレチェント ➡チンクエチェント

クワトロ-プレー〖quattro play〗►クアドロプルプレー

くわな【桑名】くはな 三重県北東部の市。もと本多氏、松平氏の城下町。伊勢湾に面し、七里の渡しの渡船場として発展。焼き蛤はまぐり・時雨蛤が名産。人口14.0万(2010)。

くわな-し【桑名市】くはな►桑名

くわな-ぼん【桑名盆】くはな 三重県桑名市で作られる丸盆。黒漆塗りの地に色粉蒔絵いろこまきえまたは朱漆で蕪菁かぶの絵が描かれたもの。

くわ-の-はし【桑の箸】くは 桑の木で作った箸。俗に、中風を治したり防いだりするとされた。

くわのみ-でら【桑実寺】くはのみ 滋賀県近江八幡市にある天台宗の寺。山号は繖山きぬがさ。開創は7世紀後半、藤原鎌足の子、僧定恵と伝える。「桑実寺縁起」2巻は重文。桑峰そうほう薬師。

くわ-の-ゆみ【桑の弓】くは「桑弓そうきゅう」に同じ。

くわ-はじめ【×鍬初め】くは 農家で、正月11日あるいは他の吉日に、恵方えほうにあたる近くの畑で鍬を入れ、米や餅もちを供えてその年の豊作を祈ること。鍬入れ。(季 新年)「寸青き麦めでたしや—/松浜」

くわ-ばたけ【桑畑｜桑×畠】くは 桑を植えた畑。(季 春)「長良川少し遡れば—/杞陽」

くわ-ばら【桑原】くは ❶桑を植えた広い畑。桑田。❷(「くわばら、くわばら」の形で、感動詞的に)㋐落雷を防ぐために唱えるまじない。㋑嫌なことや災難を避けようとして唱えるまじない。(補説)死後に雷神となったという菅原道真の領地桑原には落雷がなかったところからという。また、雷神が農家の井戸に落ちて農夫にふたをされてしまったとき、雷神が「自分は桑の木が嫌いなので、桑原と唱えたなら二度と落ちない」と誓った、という伝説によるともいう。

くわばら-じつぞう【桑原隲蔵】くはばらジツザウ[1870〜1931]東洋史学者。福井の生まれ。京大教授。日本における東洋史学を確立。特に東西交渉史、西域の研究に多くの業績を残した。著「蒲寿庚ほじゅこうの事蹟」「東洋文明史論叢」など。

くわばら-たけお【桑原武夫】くはばらたけを[1904〜1988]仏文学者・評論家。福井の生まれ。隲蔵じつぞうの子。西欧的知性や近代的精神に基づいた評論が多く、京都大学人文科学研究所の学際的な共同研究を推進した。文化勲章受章。著「第二芸術–現代俳句について」「文学入門」など。

くわ-びら【×鍬平】くは ❶鍬の柄を除いた鉄の部分。❷足のくるぶしから先の部分。「お草臥くたびれであるべいに、お—出しめされい」〈仮・東海道名所記・四〉❸「鍬平足びら」の略。「あづま育ちの女の足の—が直るにもあらず候ふ」〈浮・文反古・五〉

くわびら-あし【×鍬平足】くはびら《鍬の先の鉄の部分に似ているところから》扁平で大きな足のこと。くわびら。

くわ-まゆ【桑繭】くは クワゴの別名。また、その繭。

くわ-や くは【感】《感動詞「くは」＋感動の終助詞「や」から》❶驚いたときなどに発する語。あらまあ。「明星は—ここなりや」〈神楽・明星〉❷相手に呼び掛けたり、注意したりするときなどに発する語。さあ。これ。そら。それじゃあ。「—。きのふの返り事」〈源・末摘花〉

くわ-やき【×鍬焼(き)】くは 鴨肉などをたれにつけて鉄板で焼くこと。昔、野良仕事の合間に、捕った野鳥を鍬の上で焼いて食べたことによるという。

くわやま【桑山】くは 江戸時代、大坂天王寺町珊瑚寺さんごじ相伝の、子供の万病に効くとされた薬。豊臣の家臣桑山修理大夫しゅりのだいぶが朝鮮出兵の際に持ち帰ったものという。桑山小粒薬。桑山の小粒。

くわやま-ぎょくしゅう【桑山玉洲】くはやまギョクシウ[1746〜1799]江戸中期の文人画家。紀伊の人。初め沈南蘋しんなんぴんの写生画を独学、のち池大雅に南画を学んで独自の描線を用いた山水画を描いた。すぐれた画論家としても知られる。

くわ・ゆ【加ゆ】くはゆ〔動ヤ下二〕《「くわ(加)う」が中世以降ヤ行に転じて用いられた語。終止形は「くわゆる」となる例が多い》「加える」に同じ。「かやうのおとなげなき小節に、詞も—ゆる能登の守にあらねども」〈浄・女護島・一〉

くわ-ゆみ【桑弓】くは 桑の木で作った弓。昔、男児出産のとき、この弓に蓬よもぎの茎ではいだ矢をつがえて四方に射て将来の立身出世を祝った。古代中国の風俗による。くわのゆみ。

く-わり【区割(り)】〔名〕スル ある区域をいくつかに分けること。区分。くわけ。「—された分譲地」

クワルク〖ドイ Quark〗カード。凝乳。また、ドイツの熟成させないフレッシュチーズ。➡カード(curd)

クワルテット〖イタリア quartetto〗►カルテット

くわ◦れる【食われる】くはれる〔連語〕《動詞「く(食)う」の未然形＋受身の助動詞「れる」》勢力負けする。圧倒される。「主役が脇役に—◦れる」「新しく参入した会社に市場を—◦れる」

くわわ・る【加わる】くははる〔動ラ五(四)〕❶あるものに、さらに他のものが添えられてその数・量・程度が増す。「会員が新しく—・る」「要素が—・る」「貫禄が—・る」❷ある事に参加する。仲間に入る。「一行に—・る」「話に—・る」❸度合いが強くなる。その程度や状態が増す。「暑さが—・る」「スピードが—・る」❹ある作用が他に及ぶ。行き渡る。「圧力が—・る」(可能)くわわれる (類語)参加・加入・加盟・仲間入り・参入・参画・参与・参会・参列・入会・飛び入り・飛び込み・列する・連なる・名を連ねる

クワンジュ【光州】大韓民国南西部にある広域市。全羅南道の道都。1929年に反日民族解放運動の光州学生運動、1980年に光州事件が起こった地。人口、行政区145万(2008)。こうしゅう。

クワント〖Mary Quant〗[1934〜]英国の服飾デザイナー。1960年代初頭にミニスカートを発表、世界的大ブームを巻き起こした。

くん【訓】漢字の意味に基づいて、それに当てた日本語による読み。「山」を「やま」「川」を「かわ」と読む類。和訓。㊀音おん。➡漢「くん(訓)」

くん【×裙】❶裳裾もすそ。❷►裙子くんす

くん【×葷】❶ネギ・ニンニク・ニラなどのにおいの強い野菜。➡五葷ごくん ❷ショウガやタデのような辛みのある野菜。

くん【勲】勲位。勲等。勲等の等級を表す。「—三等」➡漢「くん(勲)」

くん【薫】よいにおい。かおり。また、よいかおりのする草木。➡漢「くん(薫)」

薫は香を以もって自ら焼く 《「漢書」龔勝伝から。香草はにおいがよいために焼かれるの意》才能のある人が、その才能のために身を滅ぼすたとえ。

くん【君】〔接尾〕同輩や目下の人の姓名に付けて、親しみや軽い敬意を表す。主に男性の用いる語。「中村—」(補説)古くは目上の人に対する敬称として用いた。➡漢「くん(君)」(類語)さん・氏・様・殿

ぐん【軍】❶軍隊。「—を率いる」❷陸軍・海軍・空軍の総称。❸数個軍団または師団によって構成される軍隊の編制単位。「方面—」➡漢「ぐん(軍)」(類語)軍隊・軍勢・隊・部隊

ぐん【郡】❶都道府県の区・市以外の町村を包括する区画。明治11年(1878)府県の下の行政区画とされ、同23年の郡制によって地方自治体として認められたが、大正12年(1923)廃止。現在は単に地理上の区画。❷律令制での行政区画の一。国の下に位し、郡司が管轄した。この下に郷・里がある。➡漢「ぐん(郡)」(類語)都・道・府・県

ぐん【群】❶群がること。集団。「—をなす」❷抽象代数学で、集合Gの元a,b,cの間に一つの演算方法＊が規定されていて、元がその演算方法に関して次の条件を満たすとき、Gを群という。(1) $a*b$はGに属する。(2) $(a*b)*c=a*(b*c)$が成り立つ。(3) $a*e=e*a=a$となる単位元eが存在する。(4) $a*a^{-1}=a^{-1}*a=e$となる逆元a^{-1}が存在する。➡漢「ぐん(群)」

群を抜・く 多くの中で、飛び抜けてすぐれている。抜群である。「—・くスピード」

漢字項目 くん

君 (学)3 (音)クン(呉)(漢) (訓)きみ ‖ ㊀〈クン〉①民を支配する者。王侯。「君王・君主・君臨/暗君・主君・神君・大君・暴君・名君・明君・幼君」②人を尊敬して呼ぶ語。「君子/厳君・細君・夫君・父君」③同輩や目下の者を呼ぶ語。「貴君・諸君」㊁〈きみ(ぎみ)〉「大君・父君・姫君・若君」(名付)きん・すえ・なお・よし

訓 (学)4 (音)クン(呉)(漢) キン(唐) (訓)おしえる、よむ、おしえ、よみ ‖ ㊀〈クン〉①字句の説明・解釈。「訓詁くんこ・訓釈・訓注」②教えさとす。教え。「訓育・訓戒・訓導・訓蒙くんもう・訓練/遺訓・家訓・教訓・垂訓・処世訓」③漢字に日本語を当て、読みとしたもの。訓読み。「訓読/音訓・字訓・正訓・難訓・傍訓・和訓」④訓令。「訓電/回訓・請訓・内訓」㊁〈キン〉教える。教え。「訓蒙きんもう/庭訓」(名付)くに・しる・とき・のり・みち

勲〔勳〕(音)クン(呉)(漢) (訓)いさお、いさおし ‖ ①国に尽くしたりっぱな功績。手柄。いさお。「勲位・勲功・勲章/偉勲・殊勲・戦勲・武勲」②手柄をたてた人。「元勲」③勲位。勲章。「勲一等/叙勲」(名付)いさ・いそ・こと・つとむ・ひろ

薫〔薰〕(音)クン(呉)(漢) (訓)かおる ‖ ①よい香りが立ちこめる。よい香りをくゆらせる。かおり。「薫煙・薫香・薫風/余薫」②(「燻」と通用)燃やして煙を立てる。いぶす。「薫製」③徳で人を感化する。「薫育・薫染・薫陶」(名付)かお・くる・しげ・ただ・つとむ・にお・のぶ・ひで・ふさ・ほう・まさ・ゆき (難読)薫物たきもの

×燻 (音)クン(呉)(漢) (訓)いぶる、いぶす、くすべる、ふすべる ‖ いぶす。「燻煙・燻蒸・燻製」(補説)「熏」は本字。

漢字項目 ぐん

軍 (学)4 (音)グン(慣) (訓)いくさ ‖ ①兵士の集団。戦うための組織。「軍医・軍人・軍隊・軍部/援軍・海軍・官軍・孤軍・行軍・三軍・将軍・進軍・水軍・大軍・友軍・陸軍」②戦争。いくさ。「軍記・軍事・軍神・軍備・軍略/従軍」③試合・競技をする一団。チーム。「東軍・二軍・女性軍」(名付)いさ・すすむ・むら・むれ (難読)軍鶏しゃも

郡 (学)4 (音)グン(呉) (訓)こおり ‖ ①行政区画の一。「郡下・郡司ぐんじ・郡部」②古代中国で、県より大きい行政区の単位。「郡県制/楽浪郡」(名付)くに・さと・とも

群 (学)5 (音)グン(呉) (訓)むれる、むれ、むら ‖ ㊀〈グン〉①多くのものが集まる。多くの。「群居・群衆・群集・群臣・群生・群像・群雄・群狼ぐんろう」②同類の集まり。むれ。「一群・魚群・語群・大群・抜群」㊁〈むら〉「群雀むらすずめ・群千鳥」(補説)「羣」は異体字。(名付)とも・もと

くん-い【君位】ヰ 天皇や君主の位。

くん-い【勲位】ヰ ❶勲等と位階。❷国家や君主に対して功労のあった者に与えられる位階。律令制では一二等、明治以後は八等まで。

ぐん-い【軍衣】軍服。

ぐん-い【軍医】軍隊で、医務に従事する武官。軍医官。

くん-いく【訓育】〔名〕スル ❶教え育てること。「児童を—する」❷豊かな感情と意思をはぐくみ、性格や生活習慣をより望ましいものに育てる教育作用。(類語)教育・指導・薫育・教化・教学・文教・育英・指南・教授・教習・手ほどき・コーチ・教える・導く・仕付ける・仕込む・愛育・育児・子育て・保育・養育・守り・育てる

くん-いく【薫育】〔名〕スル 徳をもって人を教え導くこと。薫陶化育。しつけ。(類語)教育・訓育・教化・教学・文教・育英・指導・指南・教授・教習・手ほどき・コーチ・教える・育てる・導く・仕付ける・仕込む

ぐん-えい【軍営】軍隊の駐屯地。兵営。陣営。
ぐん-えい【群泳】〔名〕スル 魚などが、群れをなして泳ぐこと。また、その群れ。「―するイルカ」
ぐん-えき【軍役】❶軍隊で、軍人として務めること。「―につく」❷戦争、戦役のこと。ぐんやく。❸戦国時代以後、武士が主君に対して負う軍事上の負担。所領・俸禄に応じた部下と武器とを持つことが義務づけられた。ぐんやく。
くん-えん【薫煙】よい香りの煙。香煙。
くん-えん【×燻煙】物を燃やして多量の煙を出すこと。また、その煙。煙でいぶすこと。「―室」
くんえん-ざい【×燻煙剤】加熱によって煙霧質となり、殺虫・殺菌の効力のある薬剤。
ぐん-おう【郡王】ーワウ 中国の封爵の名称。清朝では親王の次位にある封号。
くん-おん【君恩】君主から受ける恩。
くん-か【君家】主君の家。君主の家。
くん-か【訓化】ークワ〔名〕スル 教えさとすこと。
くん-か【薫化】ークワ〔名〕スル 徳によって人をよい方に導くこと。「人々を―する」
ぐん-か【軍靴】ークワ 軍隊用の靴。特に、兵隊の履く編み上げ靴。「―の響き」〔類語〕靴・シューズ・短靴・長靴・雨靴・編み上げ靴・ブーツ・スパイク
ぐん-か【軍歌】軍隊の士気を高めるための歌。また、愛国心・軍隊生活などをうたった歌。
ぐん-が【郡×衙】律令制下の郡の役所。➡国衙こくが
くん-かい【訓戒┊訓×誡】〔名〕スル ❶物事の理非・善悪を教えさとし、いましめること。「―を垂れる」「部下を―する」❷会社や学校などの懲戒処罰で、最も軽いもの。「―処分」〔類語〕戒告・戒・諭旨・教戒・勧戒
くん-かい【訓解】文章や語句を読み、その解釈を行うこと。
くん-かい【訓×誨】ークワイ〔名〕スル 教えさとすこと。教誨。「同胞の暗愚を―し」〈福田英子・妾の半生涯〉
ぐん-かく【軍拡】ークワク「軍備拡張」の略。⇔軍縮。
ぐん-かく【群▽鶴】群れをなしている鶴。
ぐん-がく【軍学】用兵・戦術など兵法を研究する学問。兵学。
ぐん-がく【軍楽】軍隊で、士気を奮いたたせるためや式典などで奏される音楽。管楽器に打楽器を加えた編成のものが多い。
ぐんがく-しゃ【軍学者】軍学を研究し、それによく通じている人。兵法者。軍者。
ぐんがく-たい【軍楽隊】軍隊に所属し、軍楽を演奏する楽隊。
くん-かだ【訓×伽×陀】《訓は和訓、伽陀は偈げ・諷誦ふうじゅの意》仏教歌謡の一。和文体による伽陀の称。
くん-がな【訓仮名】万葉仮名で、その字の訓を漢字の意味とは無関係に日本語の音節に当てたもの。「杜若かきつばた」を「垣津旗」と書き表した場合の「垣」「津」「旗」の類。⇔音仮名。
ぐん-かん【軍監】❶軍事の監督をする役職。また、その人。❷►ぐんげん(軍監)❶
ぐん-かん【軍艦】❶海軍の艦艇で、戦闘力をもつものの総称。❷艦艇の種類の一。旧日本海軍では戦艦・巡洋艦・航空母艦・潜水母艦・水上機母艦・海防艦・砲艦などをいう。駆逐艦・潜水艦などは含まない。❸「軍艦巻き」の略。
ぐんかん-き【軍艦旗】軍艦の艦尾に国籍、および軍艦であることを示すために掲揚する旗。
ぐんかん-じま【軍艦島】《島の形が旧日本海軍の戦艦に似ているところから》❶長崎県長崎市にある、端島はしまの通称。❷石川県珠洲すず市にある、見附島の通称。
ぐんかん-そうれんじょ【軍艦操練所】ーサウレンジヨ 江戸幕府が安政6年(1859)に江戸築地の講武所内に設置した洋式軍艦の教練所。
ぐんかん-どり【軍艦鳥】ペリカン目グンカンドリ科の鳥の総称。5種が熱帯の海に分布。オオグンカンドリは全長99センチくらい、コグンカンドリが81センチくらい。全身が黒く、雄は赤いのどぶくろをもち、雌の胸は白い。尾は燕尾えんび形。他の海鳥を襲ってえさを横取りする。
ぐんかん-ぶぎょう【軍艦奉行】ーブギヤウ 江戸幕府の職名。軍艦の建造、操艦術、教練などをつかさどった。安政6年(1859)設置。
ぐんかんマーチ【軍艦マーチ】行進曲名。鳥山啓とりやまひらく作詞、瀬戸口藤吉作曲の「軍艦」を、明治33年(1900)瀬戸口が自ら行進曲に編曲したもの。
ぐんかん-まき【軍艦巻(き)】《形が似ているところから》握った寿司飯の側面を大きめの海苔で巻き、飯の上にウニ、イクラなどをのせたすし。軍艦。
ぐんかん-ラシャ【軍艦ラシャ】厚地で目が詰まっている毛織物。保温力に富むので外套がいとう・制服などに用いられた。
くん-き【勲記】叙勲者に勲章とともに与える証書。
くん-ぎ【訓義】漢字の読みと意味。
ぐん-き【軍紀┊軍規】軍隊で守らなければならない風紀や規律。軍律。「―を乱す」
ぐん-き【軍記】❶戦争を題材として記述した書物。戦記。軍書。❷「軍記物」「軍記物語」の略。
ぐん-き【軍旗】❶戦場で、主将の所在を示す旗。❷軍隊の表章とする旗。旧日本陸軍では歩兵・騎兵の連隊ごとに天皇から賜ったもの。連隊旗。
〔類語〕旗指し物・指し物
ぐん-き【軍×毅】律令制で、国司のもとで軍団を統率した将。大毅・少毅に分かれていた。
ぐん-き【軍機】軍事上の機密。「―を漏らす」
ぐん-き【群起】〔名〕スル ❶多くの人々が一時に事を起こすこと。「武人地方に―し、封建の元素を形成するに及んで」〈田口・日本開化小史〉❷多くの事物が一時にむらがり起こること。「傍徨擬疑の―する一事に至りては」〈大槻文彦・仮名の会の問答〉
ぐん-ぎ【軍議】軍事に関する評議。「―を凝こらす」
ぐん-ぎ【群議】多くの人々の議論。衆議。
ぐんき-さい【軍旗祭】旧日本陸軍の歩兵と騎兵の各連隊で、軍旗を下賜された記念日に行った祭典。
ぐんき-しょ【軍機処】中国、清朝の軍事・行政上の最高機関。1729年、軍機を司つかさどるために設けられ、のちには一般政治をも統轄した。1911年に廃止。
ぐんきほご-ほう【軍機保護法】ーハフ 軍事上の秘密を保護することを目的とした法律。明治32年(1899)に制定され、昭和20年(1945)廃止。
ぐんき-もの【軍記物】❶江戸時代に出た小説の一種。戦争・合戦を題材に、事実と空想をまじえて書いたもの。絵本太閤記など。❷►軍記物語
ぐんき-ものがたり【軍記物語】中世文学で、戦争・合戦を主題として時代の展開を描いた叙事的物語。保元物語・平治物語・平家物語・太平記など。広義には義経記・曽我物語なども含む。文体は、多く和漢混交文。戦記物語。軍記物。
ぐん-きょ【群居】〔名〕スル 群れをなしていること。また、群がり住むこと。「ウミウが―する島」
くん-ぎょう【勲業】ーゲフ 国家や君主に尽くす働き、仕事。功業。
ぐんき-よみ【軍記読み】江戸時代、軍記物を講釈すること。また、その人。軍書読み。軍談師。
くん-くん〔副〕動物がにおいをかいだり、鼻を鳴らしたりするときの声を表す語。「えさをさがして―(と)かぎ回る」「鼻を―鳴らして子犬が甘える」
ぐん-ぐん〔副〕❶物事が勢いよく進行するさま。どんどん。「病気が―(と)よくなる」❷力強く物事をするさま。ぐいぐい。「ロープを―引っぱる」
〔類語〕どんどん・すらすら
ぐん-け【郡家】律令制で、郡司が執務していた所。郡の役所。こおりのみやけ。ぐうけ。
ぐん-けい【軍鶏】シャモの別名。
ぐん-けい【群系】植物の群落を大きく分類するときの単位。同じような気候・環境のもとで、一定の相観を示すもの。樹林・草原・荒原などに分ける。
ぐん-けいほう【軍刑法】ーケイハフ 軍事に関する犯罪と刑罰を規定する法。旧陸軍刑法と海軍刑法。
くん-げん【訓言】教え導く言葉。訓辞。
ぐん-けん【軍犬】►軍用犬
ぐん-げん【軍▽監】❶律令制の軍団で、大将軍・副将軍に次ぐ職名。ぐんかん。❷古代、陸奥むつ国の鎮守府の職員。
ぐんけん-せい【郡県制】中国で、戦国時代から秦代に施行された、中央集権的な地方行政制度。全国を皇帝の直轄地として郡・県に分け、皇帝の任命する地方官を派遣して統治させたもの。➡封建制
くん-こ【訓×詁】《「訓」は解釈、「詁」は古語の意》古い言葉の字句の意義を解釈すること。「―注釈」
ぐん-こ【軍×袴】旧日本陸軍の軍服のズボン。
ぐん-こ【軍鼓】戦いで打ち鳴らす太鼓。陣太鼓。
くん-こう【君公】主君を敬っていう語。君主。
くん-こう【君侯】諸侯を敬っていう語。
くん-こう【×焄×蒿】ーカウ《「焄」はよい薫り、「蒿」は気が立ちのぼる意》香気の立ちのぼること。
くん-こう【勲功】国家や君主に尽くした功績。また、その功績に対する褒美。いさお。「―をたてる」
くん-こう【薫香】ーカウ ❶よいかおり。芳香。❷練り香など、くゆらせてよいかおりを立てるための香料。たきもの。「―をたく」
ぐん-こう【軍功】戦争で立てた手柄。
ぐん-こう【軍港】ーカウ 海軍の艦艇の根拠地となる港。旧日本海軍では、横須賀・呉くれ・佐世保・舞鶴の4港を軍港とし、それぞれに鎮守府を置いた。➡要港
〔類語〕港・港湾・波止場はとば・船着き場・船泊まり・桟橋・埠頭ふとう・岸壁がんぺき・築港・海港・河港かこう・津つ・商港・漁港・ハーバー・ポート
ぐん-こう【群行】ーカウ ❶大ぜいで群れをなして行くこと。❷斎宮いつきのみやが野の宮で潔斎ののち、9月に行装を整えて伊勢に下向すること。また、その儀式。
くんごう-こく【君合国】クンガフー ►同君連合どうくんれんごう
くんこう-せいそう【×焄×蒿×悽×愴】クンカウセイサウ 香気が立ちのぼって人の心を恐れおののかすこと。鬼神の気の形容。
くんこ-がく【訓×詁学】❶古典の字句の注釈や解釈を主とする学問。❷中国の漢・唐代に、経けい書の字義を研究した学問。漢代に盛行し、唐代に大成された。
くん-こく【君国】❶君主と国家。❷君主の統治する国。
くん-こく【訓告】〔名〕スル 教え告げること。いましめ告げること。「全学生徒に―する」
ぐん-こく【軍国】❶軍隊と国家。軍事と国事。❷戦争をしている国。❸軍事を重視し、国政の中心としている国家。
ぐんこく-しゅぎ【軍国主義】軍事力の強化が国民生活の中で最高の地位を占め、政治・経済・文化・教育などすべての生活領域をこれに従属させようとする思想や社会体制。ミリタリズム。
ぐんこく-せい【郡国制】中国、漢代の地方行政制度。同族・功臣を分封した国を置き、直轄地には郡県を設けるという、封建・郡県併用の地方制度。
ぐん-こん【群婚】複数の男子が互いに対等の資格で複数の女子と婚姻する形態。原始社会に行われた人類最初の婚姻形態といわれる。集団婚。
ぐん-ざん【群山】群がり連なる山々。むらやま。
ぐんさん-ふくごうたい【軍産複合体】ーフクガフタイ 第二次大戦後、米国のアイゼンハワーが用いた言葉で、軍部とある産業とが結びつき、国内の産業経済に大きな影響を及ぼしている体制のこと。MIC。
くん-し【君子】❶学識・人格ともにすぐれた、りっぱな人。人格者。「聖人―」❷高位・高官の人。❸東洋画の画題としての、梅・竹・蘭らん・菊のこと。四君子しくんし。
〔類語〕大人・人士・高士・士人・仁者・人物
君子の過ちは日月じつげつの食の如ごとし《「論語」子張から》日食も月食も光を失ってもすぐに明るくなるように、君子は過ちを犯すことがあっても、すぐに改めて、もとの徳性に立ち返るというたとえ。
君子の九思きゅうし《「論語」季氏から》君子として常に心掛けるべき九つのこと。見るときははっきり見る、聞くときはしっかりと聞く、顔つきはおだやかに、態度はうやうやしく、言葉は誠実で、仕事には慎重、疑問は質ただし、怒りにはあとの面倒を思い、利益を前にし

ては道義を思う、の九つ。

君子の三畏 《『論語』季氏から》君子がおそれはばかる三つのものの意で、天命と大人と聖人の言。

君子の三楽 《『孟子』尽心上から》君子が持つ三つの楽しみ。父母兄弟が無事なこと、天や人に恥じないこと、天下の英才を教育すること。

君子の徳は風 《『論語』顔淵から》風が草をなびかせるように、君子がその徳によって人々をなびかせ教化すること。

君子の交わりは淡きこと水の如し 《『荘子』山木から》君子は人と交わるのに、水のようにさっぱりしているので、友情は永く変わることがない。

君子は危うきに近寄らず 君子はいつも身を慎んでおり、危険なことはおかさない。

君子は器ならず 《『論語』為政から》ある用途のために作られた器物と異なり、君子は一技一芸にかたよらず、完全円満である。

君子は三端を避く 《『韓詩外伝』七から。三端は筆端・鋒端・舌端の三つ》君子は文章・武術・弁論で人と争うことはしないということのたとえ。

君子は周して比せず小人は比して周せず 《『論語』為政から。「周」はあまねく、「比」はべたべたするの意》君子は広く公平に人と親しむが、小人は特定の仲間とだけ親しみがちである。

君子は人の美を成す 《『論語』顔淵から》君子は人の美点・長所を見つけて、それを助け、大成させる。

君子は独りを慎む 《『礼記』大学から》君子は他人が見ていない所でもその行いを慎む。

君子は豹変す 《『易経』革卦から》君子は過ちを改め、善に移ることが際だってはっきりしている。俗に、態度や考えが急変するたとえにもいう。

君子は交わり絶ゆとも悪声を出さず 《『史記』楽毅伝から》君子は交際を絶ったあとでも、決して相手の悪口を言わない。

くん-し【薫紙】 香料を染み込ませた紙。熱したり燃やしたりすると、よい香りがするもの。薫燭。

くん-じ【訓示】〔名〕スル 上位の者が下位の者に執務上の注意などを教え示すこと。また、その言葉。「部下に一する」(類語)教示・助言

くん-じ【訓辞】 さとし戒める言葉。「校長一」

ぐん-し【軍使】 交戦中に、交渉のため敵軍に派遣される者。戦時国際法規は、目印として白旗を掲げ、相手はこれを攻撃してはならないと定める。

ぐん-し【軍師】 ❶大将のもとで、作戦・計略を考えめぐらす人。軍の参謀。❷策略の巧みな人。策士。「彼はなかなかの一だ」

ぐん-じ【軍事】 軍隊・軍備・戦争などに関する事柄。「一機密」「一費」「一施設」

ぐんじ【軍持】《梵 kuṇḍikāの音写》仏語。僧尼の所持する十八物の一。水瓶。転じて、花瓶などの瓶をいう。

ぐん-じ【郡司】 律令制で、国司の下で郡を治めた地方官。大領・少領・主政・主帳の四等官からなり、主に国造などの地方豪族が世襲的に任ぜられた。また、特に長官の大領をいう。こおりのみやつこ。

くんじ-いた・し【屈じ甚し】〔形ク〕《「くっしいたし」と、促音で発音されたものを撥音「ん」で表記したもの》「くしいたし」に同じ。「我が身はいとど一・く思ひ弱りてあぢきなうぞ恨むる」〈源・竹河〉

ぐんじ-えいせい【軍事衛星】 軍事上の目的に使用される人工衛星。偵察・警戒・監視・通信衛星などがある。

ぐんじ-きち【軍事基地】 戦略上の拠点となる重要な軍事施設のある地域。

ぐんじきち-きょうてい【軍事基地協定】 ▶ エム-ビー-エー(MBA)

くんじ-きてい【訓示規定】 各種の規定のうち、裁判所や行政庁に対する指示としての性格をもつにすぎず、それに違反しても行為の効力には影響がないとされるもの。➡効力規定

ぐんじ-きみつ【軍事機密】 軍事上の秘密情報。軍事作戦・用兵・動員などに関する情報から飛行場・港・駅舎などの地図や写真まで含まれる。(補説)日本では明治32年(1899)に公布された軍機保護法に機密を漏洩した場合の罰則が規定されていたが、同法は第二次世界大戦後に廃止。現在は自衛隊法や日米相互防衛援助協定(MDA協定)等に伴う秘密保護法に防衛秘密・特別防衛秘密の漏洩に対する罰則が規定されている。MDA秘密保護法の対象は防衛装備品の情報に限定されているため、平成19年(2007)に、より包括的な秘密保全を目的とした軍事情報一般保全協定(GSO-MIA)が日米間で締結された。

ぐんじ-きょうれん【軍事教練】 大正14年(1925)以降、学校で学生・生徒を対象に行われた、陸軍将校による軍事に関する訓練。昭和20年(1945)廃止。学校教練。教練。

ぐんし-きん【軍資金】 ❶軍事に必要な資金。軍資。❷何かを行うのに必要な資金。

ぐんし-けん【軍師拳】 室内遊戯の一種。参加者が二組に分かれ、それぞれに軍師を置き、その指揮のもとに出すべき手を決めて勝負するもの。ふつう、狐拳(藤八拳)で行う。

ぐんじ-こうどう【軍事行動】 国家が軍事力を使用して行う一切の行動。

くんし-こく【君子国】 ❶礼儀や徳義の厚い国。古代中国で、東方にあったとされる国。❷日本国の美称。

ぐんじ-さいばん【軍事裁判】 ❶軍法会議で行われる裁判。❷戦争犯罪人を裁くために行われる国際的な裁判。➡極東国際軍事裁判 ➡ニュルンベルク裁判

ぐんじ-しげただ【郡司成忠】［1860～1924］軍人・探検家。東京の生まれ。幸田露伴の兄。海軍大尉。報効義会を設立、北千島占守島に上陸して開発に当たった。日露戦争後、海事・国防思想の普及に奔走。

くんし-じん【君子人】 徳行がすぐれ、君子とよぶにふさわしい人。

ぐんじ-せいけん【軍事政権】 軍隊の力を背景に、軍人が政治権力を掌握して支配する政府の形態。軍政。

ぐんじ-たんてい【軍事探偵】 他国の軍事上の秘密を探ること。また、その人。

くん-しつ【燻室】 魚・獣肉の燻製を作るために燻煙をほどこす部屋。燻煙室。

ぐんじ-どうめい【軍事同盟】 2国またはそれ以上の国家の間で結ばれる軍事に関する同盟。➡攻守同盟

ぐんじ-ふうさ【軍事封鎖】〔名〕スル 戦時、敵国への交通や輸送を武力で断ち切ること。➡経済封鎖

ぐんじ-めし【郡司召】 郡司を任命する儀式。

くん-しゃく【訓釈】〔名〕スル ❶ある字句の意義をとき明かすこと。「難解な文章を一する」❷字の語義、発音を注したもの。「日本書紀の一」

くん-しゃく【勲爵】 勲等と爵位。

くん-しゃく【薫灼】〔名〕スル くすぶらし焼くこと。また、苦しめ悩ますこと。「忽ち残煙の一する所となり」〈東海散士・佳人之奇遇〉

くん-しゅ【君主】 世襲により国家を治める最高位の人。天子。王。皇帝。帝王。(類語)元首・大統領

くん-しゅ【葷酒】 臭気の強いネギ・ニラなどの野菜と酒。また、それらを飲食すること。

葷酒山門に入るを許さず 葷酒は、心を乱し修行の妨げになるので、寺の門内に持ち込むことは許さない。禅寺の山門の脇の戒壇石に刻まれる言葉。

くん-じゅ【薫修】 仏語。香の薫りが衣服に染みつくように、習慣として修行を繰り返すこと。また、習慣となった修行。転じて、仏道修行のこと。

ぐん-じゅ【軍需】 軍事上必要とされること。また、その物資。⇔民需。

ぐん-じゅ【群集】〔名〕スル《「くんじゅ」とも》人々が大ぜい群がり集まること。また、その人々。「囲繞一する者、恰も雲霞の如く」〈竜渓・経国美談〉

くん-じゅう【薫習】 仏語。香が物にその香りを移して、いつまでも残るように、みずからの行為が、心に習慣となって残ること。

ぐん-しゅう【群衆】 群がり集まった人々。群集。(類語)群集・人群れ・人出・人だかり・人波・野次馬・烏合の衆・群れ・大衆・民衆・俗衆・モッブ・マス

ぐん-しゅう【群集】・【群聚】〔名〕スル ❶人が多く群がり集まること。また、その集まった人々。ぐんじゅ。むれ。「やじ馬が一する」❷社会学で、多数の人々が共通の関心のもとに、一時的に集合した非組織的な集団。衝動的に行動をともにするが、明確な目的意識をもたない。❸一定の地域に集まり有機的なつながりをもって生活する生物すべての集合体。❹植物の群落を分類する単位。特定の種類が集まり、一定の相観をもつもの。ヤブコウジ-スダジイ群集、ヨシ-マコモ群集、オオバコ群集などという。群叢。(類語)蝟集・人だかり・人出・人垣・黒山・人波・行列・勢ぞろい・烏合・雲霞・群衆・群れ・一群

ぐんしゅう-げき【群集劇】 主役中心ではなく、不特定の多人数でストーリーを展開していく劇。ハウプトマンの「織工」など。

ぐんしゅう-しんり【群集心理】 群集の中に生まれる特殊な心理状態。衝動的で興奮性が高まり、判断力や理性的思考が低下して付和雷同しやすい。

ぐんしゅう-せいたいがく【群集生態学】 生態学の一分野。生物群集を対象とし、環境との相互作用や生物相互の関係などを研究する。群生態学。生物群集学。

ぐんじ-ゆうびん【軍事郵便】 戦時中に、戦地の軍機関・軍人などと本国の機関・人との間に交わされる郵便物。

ぐんしゅう-ふん【群集墳】 6、7世紀の小規模な古墳が密集しているもの。農村の有力者の家族墓ともいう。

ぐん-しゅく【軍縮】「軍備縮小」の略。⇔軍拡。

ぐんしゅく-かいぎ【軍縮会議】 軍備縮小のための国際会議。第一次大戦後、ワシントン・ジュネーブ・ロンドンなどで主に海軍軍備制限のために開催され、1932年にはジュネーブで国際連盟の主催で開催。第二次大戦後は国際連合の主催で続けられている。軍備縮小会議。

ぐんじゅ-けいき【軍需景気】 軍需産業の好況で、産業界全体が活気を帯びること。

くんしゅ-こく【君主国】 君主制を政体とする国家。(類語)連邦・合衆国・共和国・帝国・王国

ぐんじゅ-さんぎょう【軍需産業】 軍需品を生産する産業。

ぐんじゅ-しょう【軍需省】 商工省・企画院を統合して昭和18年(1943)に設置された内閣各省の一。特に航空機の増産を目的とした。同20年廃止。

くんしゅ-せい【君主制】 君主によって統治される政治形態。絶対君主制・立憲君主制などがある。➡共和制

ぐんじ-ゆそう【軍事輸送】 軍事上の目的のため、兵および武器その他軍用の資材を送ること。

くんしゅ-どうとく【君主道徳】 ニーチェの用語。弱者の道徳としての奴隷道徳に対し、権力への意志に基づいて生の充実感にあふれた強者の道徳。

ぐんじゅ-ひん【軍需品】 軍事上必要な物資。

くんしゅろん【君主論】《原題、イタ Il Principe》政治思想書。マキャベリ著。1513年ころ成立。1532年刊。当時のイタリアの政治的混乱を解決するため、強力な君主による独裁的政治の必要性を提言する。政治を宗教や倫理から独立させて、国家理性の理論として確立し、近代政治学の基礎を築いた。

ぐん-しょ【軍書】 ❶軍事上の事柄を記した文書。また、軍学に関する書物。❷合戦を記録した書物。軍記。

ぐん-しょ【群書】 多くの書物。群籍。「一解題」

ぐんしょいちらん【群書一覧】 江戸後期の解題書。6巻。尾崎雅嘉著。享和2年(1802)刊。国書を分類、解題を施したもの。

くん-しょう【勲章】❶国家や公共に対する勲功・功労を表彰して国から授けられる記章。日本では大勲位菊花章・桐花大綬章・旭日章・瑞宝章・宝冠章などの種類があり、大勲位菊花章には大勲位菊花章頸飾と大勲位菊花大綬章がある。昭和12年(1937)に文化勲章が設けられ、武功に対して与えられた金鵄勲章は同22年に廃止。❷他人に自慢できること。その人の誇りとなるもの。「額の傷はボクサーであった私の—だ」類語褒章

くん-じょう【×燻蒸】〔名〕スル ❶いぶしむすこと。いぶった煙が立ちのぼること。❷有毒ガスでいぶして殺虫・消毒を行うこと。「倉庫の穀物を—する」

ぐん-しょう【群小】たくさんの小さいもの。また、多くの取るに足らないことやもの。「—国家」

ぐん-じょう【群生】仏語。すべての生き物。多くの衆生。ぐんせい。

ぐん-じょう【群青】❶鮮やかな藍青色の絵の具。また、その色。藍銅鉱を原料として製する。「—の大海原」❷青色顔料の一。カオリン・珪藻土・硫黄・炭酸ナトリウムと還元剤を配合し、焼成して得られる。絵の具・塗料・印刷インキやプラスチックの着色に用いる。ウルトラマリン。

類語青・真っ青・青色・藍・青藍・紺青・紺碧・紺・瑠璃色・縹・花色・露草色・納戸色・浅葱・水色・空色・ブルー・インジゴ・コバルト・シアン・ウルトラマリン・マリンブルー・スカイブルー

ぐんじょう-いろ【群青色】鮮やかな藍がかった青色。ぐんじょう。

くんじょう-ざい【×燻蒸剤】常温で気体の状態で作用させて殺虫・殺菌をする薬剤。建物を密閉して用いる。クロルピクリン・酸化エチレン・臭化メチルなど。

くんしょう-ねんきん【勲章年金】勲章に付して、生涯、毎年与えられる一定額の金銭。現在日本では、勲章に年金は付随しない。ただし、文化勲章受章者は原則として文化功労者から選ばれるため、「文化功労者年金法」により文化功労者として終身年金が支給されている。

くんしょう-も【勲章藻】アミミドロ科の緑藻。池・沼・湖などに生息するプランクトンの一つで、扁平な細胞が十数個つらなって群体をなし、幾何学的な模様をつくる。

ぐん-しょく【軍職】軍人の官職、または職務。

ぐんしょさくいん【群書索引】図書の索引。3巻。物集高見編。大正5年(1916)刊。和漢書や仏書など1万余部につき、約5万項目の件名を五十音順に配列し、検索できるようにしたもの。

ぐんしょちよう【群書治要】中国、唐代の政治書。50巻。太宗の命で魏徴らが編集。631年成立。経書や晋代までの正史、その他の古来の群書から、政治上の要項を抜き出して配列したもの。

ぐんしょ-よみ【軍書読み】▶軍記読み

ぐんしょるいじゅう【群書類従】江戸後期の叢書。正編530巻。続編1150巻。塙保己一編。正編は文政2年(1819)、続編は明治44年(1911)に刊行完了。古代から近世初期までの国書を神祇・帝王など25の部門に分けて収めたもの。

くんし-らん【君子×蘭】ヒガンバナ科の多年草。細長い葉を群生し、その中心から伸びた茎の頂に、赤や黄色の花をつける。アフリカの原産で、観賞用。クリビア。(季 春)「—蟻頭をふりて頂に/楸邨」

ぐんじ-りょく【軍事力】国家が戦争や防衛を行うための能力。軍艦・戦闘機・重火器などの兵器数や兵員数、その戦闘性能・機動性能など、戦争を行うための総合的な能力。「隣国の—が脅威だ」

くん・じる【薫じる】〔動ザ上一〕「くん(薫)ずる」(サ変)の上一段化。「菊花—・じる秋」

ぐん-しれいかん【軍司令官】軍団を指揮・統率する長官。

ぐん-しれいぶ【軍司令部】❶軍の司令官が、軍団を指揮・統率する本部。❷旧陸軍で、日本全土を東部・中部・西部・北部などの軍管区に分け、それぞれの範囲に属する師団を統轄した機関。

くん-しん【君臣】君主と臣下。「—の礼」

君臣水魚 水と魚との関係のように、君主と臣下との間が親密なことをたとえた語。

くん-しん【×葷辛】ニラ・ニンニク・ネギなどのように臭気のある野菜と、ショウガ・カラシナなどのように辛みのある野菜。

くん-しん【勲臣】勲功のある臣下。功臣。

ぐん-しん【軍神】❶《古くは「ぐんじん」とも》武運を守る神。いくさがみ。八幡大菩薩、ローマ神話のマルスなど。❷武勲を立てて戦死した将兵を、軍人の手本としてたたえた語。「—広瀬中佐」

ぐん-しん【群臣】《古くは「くんしん」とも》多くの臣下。諸臣。

群臣を棄す・つ 《「史記」楽毅伝から》君主・王が死去することをいう。

ぐん-じん【軍人】❶軍籍にある人の総称。「職業—」❷軍士。兵士。いくさびと。

類語兵・兵士・兵隊・兵卒・つわもの・戦士

ぐん-じん【軍陣】❶軍の陣営。軍営。「—を張る」❷軍の陣立て。「—を立て直す」類語陣地・陣・陣営・陣所・陣屋・敵陣・戦陣・トーチカ・橋頭堡

ぐんじん-こうてい【軍人皇帝】古代ローマ帝国の内乱時代、235年から285年にかけて、各地の軍隊によって擁立された皇帝たちの総称。50年間に18人(共同統治者を含めると26人)が帝位につき、そのほとんどが暗殺された。

ぐんじん-しょうぎ【軍人将棋】▶行軍将棋

ぐんじん-ちょくゆ【軍人勅諭】明治15年(1882)明治天皇から陸海軍人に与えられた勅諭。旧陸海軍人の精神教育の基本とされた。

くん-す【×裙子】僧侶がつける、黒色でひだの多い下半身用の衣服。裙。内衣。こしごろも。

くん・ず【▽屈ず】〔動サ変〕《もと「くっす」と促音で発音されたものを撥音「ん」で表記したもの》思いなやむ。気がふさぐ。心が沈む。「うち語らひて、いといたう—・じ給へり」〈源・竹河〉

ぐん-すい【軍帥】一軍を統率する総大将。

クンスト〖ドイツ Kunst〗❶技巧。❷芸術。美術。

くんず-ほぐれつ【組んず▽解れつ】〔連語〕《「くみつほぐれつ」の音変化》取っ組み合ったり離れたりして、激しく争うさま。「—の大格闘」補説現代仮名遣いでは、「くんづほぐれつ」と書くこともできる。

くん・ずる【訓ずる】〔動サ変〕文くん・ず〔サ変〕漢字を訓で読む。訓読する。

くん・ずる【薫ずる】〔動サ変〕文くん・ず〔サ変〕❶よいかおりがする。かおる。また、かおらせる。におわせる。「香を—・ずる」❷風が若葉のかおりを送ってくる。「緑風—・ずる候」類語匂う・薫る・匂わす・鼻につく・香しい・芳しい・馥郁・芬芬

くん・ずる【×燻ずる】〔動サ変〕文くん・ず〔サ変〕いぶる。けむる。「庭中に—・ずる葉巻莨の煙白く立って」〈小杉天外・はやり唄〉

くん-せい【×燻製・薫製】魚や獣の肉を塩漬けにし、ナラ・カシ・桜など樹脂の少ない木くずをたいた煙でいぶし、乾燥させた食品。特殊の香味をもち、保存性がある。「サケの—」

ぐん-せい【軍制】軍の維持・管理・運用などに関する諸制度の総称。

ぐん-せい【軍政】❶軍事に関する政務。❷戦争・内乱などに際し、軍が行政を担当すること。「—を敷く」⇔民政。❸明治憲法下で、軍の編制・維持・管理などに関する国務。➡軍令 ❹「軍事政権」の略。「—当局がサイクロン災害に対する国際支援受け入れを渋る」類語虐政・苛政・暴政・圧政・悪政

ぐん-せい【群生】〔名〕スル ❶同一種類の植物が1か所に群がって生えること。「ススキの—する高原」❷「ぐんじょう(群生)」に同じ。類語密生・叢生・群落

ぐん-せい【群星】数多くの星。群がり集まる星。

ぐん-せい【群×棲】〔名〕スル 同一種類の動物が、集団をつくって生活すること。「—するシマウマ」

ぐん-ぜい【軍勢】《「ぐんせい」とも》軍の勢力。軍隊。「押し寄せる敵の—」類語軍隊・軍・隊・部隊

くん-せき【勲績】てがら。功績。勲功。

ぐん-せき【軍籍】軍人である資格・身分。兵籍。

ぐん-せき【群籍】多くの書籍。群書。

くん-せん【×葷×羶】ニンニク・ニラなどのにおいの強い野菜と、生ぐさい肉。

くん-せん【薫染】〔名〕スル《香気が他に染み込むところから》よい感化を受けること。また、与えること。「良き先輩の—をこうむる」「五年を独逸に—せし学者風を喜び」〈紅葉・金色夜叉〉

くん-ぜん【×醺然】〔ト・タル〕文〔形動タリ〕酒に酔って快いさま。「安酒に—としている私を嘲笑っているのではない」〈井伏・夜ふけと梅の花〉

ぐん-せん【軍扇】武将が陣中で指揮に用いた扇。多くは骨が黒漆塗り、地紙に日月星辰を描く。

ぐん-せん【軍船】水上の戦いに用いる船。いくさぶね。

くんせん-し【君仙子】漢方で、ウツギの実のこと。

ぐん-そう【軍曹】❶旧日本陸軍の下士官の一。曹長の下、伍長の上。❷律令制下、軍団または鎮守府の職員の一。

ぐん-そう【軍装】〔名〕スル ❶戦闘用の武装をすること。また、その装備。「急に—を整えしめ」〈竜渓・経国美談〉❷軍服を着ること。また、その軍服。「戦時中は少女たちを—させ」〈伊藤整・火の鳥〉

ぐん-そう【群×叢】「群集❹」に同じ。

ぐん-ぞう【群像】❶多くの人々の姿。「青春—」❷絵画・彫刻で、人物の集合的構成により、集団的な意志や精神状況を表現したもの。

くん-そく【君側】君主のそば。君辺。「—の奸を除く」

君側を清む 《李商隠「有感詩」から》君主のそばに仕えている悪い家来を除く。

ぐん-そく【軍足】軍用の靴下。太い白の木綿糸で織った靴下。

ぐん-ぞく【軍属】軍人でなくて、軍に所属する者。陸海軍文官や技師などの総称。

ぐん-そくど【群速度】振動数の異なる波の合成波が全体として伝わる速度。例えば光は物質中では色によって速度が異なるので、各色の速度と群速度は一致しない。

ぐん-そつ【軍卒】兵士。兵卒。

くん-たい【×裙帯】❶着物の裳裾と帯。または、単に帯。「青羅の—は新蒲を展べたり」〈和漢朗詠・下〉❷▶くたい(裙帯)

ぐん-たい【軍体】能の三体の一。武人の風姿。

ぐん-たい【軍隊】一定の秩序をもって編制された軍人の集団。類語軍・軍勢・隊・部隊

ぐん-たい【群体】分裂や出芽によって生じた新しい個体が、母体を離れずに、組織内の連絡を保ちながら生活する個体群。海綿動物・サンゴ・クダクラゲ・ボルボックス・珪藻などにみられる。コロニー。

ぐん-だい【軍代】▶陣代

ぐん-だい【郡代】❶中世、守護代の称。❷江戸幕府の職名。勘定奉行に属し、幕府直轄地の行政にあたった。関東郡代・美濃郡代・飛騨郡代・西国郡代など。

くんだいかんそうちょうき【君台観左右帳記】室町時代に能阿弥が著し、相阿弥が大成したとされる秘伝書。中国の画家に関することや、書院の座敷飾りの方式・諸道具について記す。

ぐんたい-てちょう【軍隊手帳】旧日本陸海軍の下士官・兵に交付された手帳。各人の身分を証明した。補説「軍隊手牒」とも書く。

くんだり【▽下り】〔接尾〕《「くだ(下)り」の撥音添加》地名などに付いて、中心地からみて遠く隔たった意を表す。「こんな田舎—まで来てしまった」

ぐんだり【軍荼利】《梵 Kuṇḍalīの音写。蛇の意》「軍荼利明王」の略。

ぐんだり-の-ほう【軍×荼利の法】真言密教で、軍荼利明王を本尊として、調伏や息災・増益を祈る修法。軍荼利明王法。

ぐんだり-みょうおう【軍荼利明王】五大明王の一。南方に配される。ふつう一面三目八臂で武

器を持ち、憤怒ふんぬの相をなし、蛇を瓔珞ようらくとする姿に表される。軍荼利夜叉明王。軍荼利夜叉。軍荼利。

クンダン〘インドネシア kĕndang〙インドネシアおよびマレーの打楽器。牡羊や水牛などの皮を両面に張った樽形の細長い太鼓で、4種の音を出す。

ぐん-だん【軍団】❶軍隊編制の単位の一。歩兵2個師団以上の編制で、軍と師団との中間の規模のもの。❷律令制で諸国に常置された軍事組織。正丁の3分の1が徴発され、軍毅が統率した。一軍団は約1000人、一国に二、三軍団が置かれた。延暦11年(792)廃止、代わりに健児こんでいが設置された。

ぐん-だん【軍談】❶江戸時代の通俗小説で、合戦を題材としたもの。太閤記・甲越軍記など。軍記物。❷軍記物を節おもしろく読み聞かせること。

ぐん-だん【群団】植物の群落を分類するときの単位。構成の似たいくつかの群集をまとめたもの。

ぐんだん-し【軍談師】►軍記読み

ぐんだん-もの【軍談物】講談(講釈)の題材からみた分類の一。合戦場面を中心にした叙事詩的読み物で、講談の源流。修羅場。

くん-ちゅう【訓注|訓×註】難解な字についてその意味や読みなどを注したもの。訓釈。

ぐん-ちゅう【軍中】❶軍隊または軍営の中。陣中。❷戦争の間。戦時中。

ぐん-ちゅう【軍忠】いくさの折に示す忠節。軍功。

ぐんちゅう-じょう【軍忠状】ヂャウ 中世、自分の軍功を大将や軍ぐん奉行に提出して、後日の論功行賞の証拠や家門の名誉とした文書。奥や袖そでに「一見了」「承了」などの証判を受けたので一見状ともいう。証判状。

くん-ちょう【君×寵】主君から特に目をかけられること。主君から受ける寵愛。「―をこうむる」

ぐん-ちょう【郡長】ヂャウ 郡制施行当時、郡行政をつかさどった長官。

くん-づけ【君付け】人の名前の下に「君」をつけて呼ぶこと。自分と同等、またはそれ以下の人に対し軽い敬意や親しみをもって用いる。

くんづ-ほぐれつ【組んづ▽解れつ】〔連語〕►くんずほぐれつ

ぐん-て【軍手】太い白の木綿糸で編んだ作業用の手袋。もと、軍用に作られたもの。

クンデラ〘Milan Kundera〙[1929～　]チェコの小説家。長編小説「冗談」で地位を築く。のち、反体制派として作品の発表を禁じられ、1975年にフランスに亡命。他に「存在の耐えられない軽さ」「不滅」など。

グンデル〘インドネシア gendèr〙ガムランで用いる旋律打楽器。薄い青銅製の音板をひもでつって木琴のように並べ、各音板の下に竹または鉄製の共鳴筒を付け、布を巻いた円盤が先についた桴ばちで奏する。➡ガムラン

くん-てん【訓点】漢文を訓読するために、漢字の上や脇などに書き加える文字や符号。ヲコト点・返り点・送り仮名・振り仮名などの総称。「―を施す」

くん-でん【訓電】〔名〕スル 電報で訓令を発すること。また、その訓令。「大使館に―する」

くんてん-ご【訓点語】古代、漢文を訓読する時に用いられた国語。語彙・語法において和文語とは違った特徴を有し、後世の文語体の形成に影響を与えた。

くんてん-しりょう【訓点資料】シレウ 漢籍・国書・仏典に仮名やヲコト点、返り点などの符号を付して訓読したものを国語研究の資料として取り上げたときの呼称。平安末期以降のものが多く現存。

クント〘August Adolf Eduard Eberhard Kundt〙[1839～1894]ドイツの物理学者。気体や固体中における音波の速度の正確な測定法を示すなど、音響学に貢献。

ぐん-と〔副〕❶思いきって力を入れるさま。ぐっと。ぐいと。「両手で―押す」❷他のものや今までの状態と大きく変わるさま。際立って。いちだんと。「スピードを―上げる」「品質は―落ちる」
(類語)ずっと・更さらに・ますます・もっと・一層・はるかに・段違いに・余程よほど・大分だいぶ・大分だいぶん・うんと・ぐっと

くん-とう【勲等】国家、社会に功績のあった者を表彰するために設けられた勲位の等級。最高を大勲位とし、勲一等以下勲八等まであった。現在は数字を用いた等級は廃止され、各勲章で固有の等級名が設けられている。➡勲章

くん-とう【薫陶】タウ〔名〕スル《香をたいて薫りを染み込ませ、土をこねて形を整えながら陶器を作り上げる意から》徳の力で人を感化し、教育すること。「―のたまもの」「若い生徒を―するのは中々愉快なものですよ」〈野上・真知子〉(類語)育て上げる・養成・育成・育てる

くん-どう【訓導】ダウ〔名〕スル ❶教え導くこと。「子弟を―するの任に当り」〈福田英子・妾の半生涯〉❷旧制小学校の正規の教員の称。現在の教諭に相当。

ぐん-とう【軍刀】タウ 軍人の携帯する、戦闘用の刀。(類語)刀・剣けん・剣つるぎ・刀剣・日本刀・サーベル・銃剣

ぐん-とう【郡稲】タウ 律令制で、各郡に置かれた官稲。農民に貸し出して、利息を郡の経費に充てた。

ぐん-とう【群党】タウ ❶多くの党。❷集まって徒党を組むこと。また、その集団。

ぐん-とう【群島】タウ 群がった多くの島。「フィリピン―」(類語)島・諸島・列島・島嶼とうしょ・アイランド

ぐん-とう【群盗】タウ 群れをなした盗賊。

ぐんとう【群盗】グンタウ《原題、ドイツ Die Räuber》シラーの戯曲。5幕。1782年初演。伯爵家の長男カールが、弟の陰謀によって父の愛と恋人を奪われ、盗賊団の首領となって社会悪に挑戦する物語。

ぐんとう-りろん【群島理論】グンタウ 領海の範囲に関して、インドネシアやフィジーなど群島によって構成される国家の主張する理論。群島の外端を結ぶ線を群島基線とし、その外側に領海や経済水域を設定し、内側の水域は国家の主権に属するとする。

くん-とく【君徳】君主としてのすぐれた人柄、徳。

くん-どく【訓読】〔名〕スル ❶漢字を、その意味にあたる日本語の読み方で読むこと。「花」を「はな」、「草」を「くさ」と読む類。くんよみ。㊀音読。❷漢文を日本語の文法に従って、訓点をつけて読むこと。

クント-の-じっけん【クントの実験】クントが1866年に音速測定のために行った実験。先に板をつけた棒をピストンとしたガラス管で、管外の棒をこすると管内に空気の振動による定常波が生じ、それを観測することによって振動数を求める。

グンドルフ〘Friedrich Gundolf〙[1880～1931]ドイツの文芸史家。本名Gundelfinger。ゲオルゲに師事し、哲学的文芸学を築いた。著「シェークスピアとドイツ精神」「ゲーテ」など。

ぐんない【郡内】㊀山梨県東半部の古称。富士吉田市・都留市・大月市を含む一帯。郡内織の産地。㊁「郡内織」「郡内縞」の略。

ぐんない-おり【郡内織】山梨県郡内地方で産出する織物。多くは絹織物の甲斐絹かいきをさす。

ぐんない-じま【郡内×縞】山梨県郡内地方で産する郡内織の縞物。

ぐんなり〔副〕スル 力が抜けたり、勢いが衰えたりしたさま。ぐなり。「暑さで―(と)した草木」

くん-にく【×燻肉】燻製にした肉。ベーコンなど。

ぐんにゃり〔副〕たわいなく曲がってしまうさま。また、力や気力のなくなったさま。ぐにゃり。「猛暑でレールが―(と)曲がる」「高熱で―(と)なる」

クンニリングス〘cunnilingus〙女性の性器を舌や唇で愛撫すること。

くん-のう【君王】ワウ《「くんおう」の連声》天子・帝王のこと。君主。王。

ぐん-ば【軍馬】軍隊で用いる馬。

ぐん-ばい【軍配】〔名〕スル《「ぐんぱい」とも》❶「軍配団扇うちわ」の略。❷軍勢を配置し指揮すること。「備へなき賊の軍兵、一戦に滅ぶべし。とくとく―し給へ」〈読・弓張月・残四〉❸商売上の駆け引きをすること。「さ、それも商ひの掛け引き。こりゃ、―といふもんぢゃ」〈滑・浮世風呂・四〉

軍配を上・げる　相撲で、行司が勝ったほうの力士を軍配で指し示す。転じて試合や競争などで、勝利・優勢の判定を下す。

軍配を返・す　相撲で、制限時間がきたとき、行司が軍配を裏返して構え、取組を始めさせる。

ぐんばい-うちわ【軍配団=扇】うちは ❶相撲の行司が、両力士の立ち合いや勝負の判定を指示するのに用いるうちわ形の道具。軍配。❷中世末から近世、武将などが用いた指揮用の具。鉄・皮・木などでうちわ形に作り、日・月・二十八宿などを描き、全体に黒漆を塗る。陣扇。軍配。❸紋所の名。❷を図案化したもの。

ぐんばい-なずな【軍配×薺】なづな アブラナ科の越年草。葉は細長い楕円形。春から夏、白い小花を総状につける。実は扁平で広い翼をもち、形が軍配うちわに似る。

ぐんばい-ひるがお【軍配昼顔】ひるがほ ヒルガオ科の蔓性つるせいの多年草。暖地の海岸に生え、茎は砂上をはう。葉は軍配うちわに似た形で、厚くつやがある。夏から秋に、紅紫色のらっぱ状の花を開く。

ぐんばい-ほおずき【軍配酸=漿】ほほづき 巻き貝のナガニシの卵嚢らんのう。形が軍配うちわに似る。海ほおずきの一つで、口に入れて鳴らして遊ぶ。(季 夏)

ぐんばい-むし【軍配虫】半翅はんし目グンバイムシ科の昆虫の総称。大きさ3～4ミリのカメムシで、翅はねを閉じた形が軍配うちわに似る。菊・ツツジなどの葉につき汁を吸う害虫。

ぐん-ばつ【軍閥】❶明治以後、軍事力を背景に政治的権力を掌握した軍上層部の勢力。薩摩さつま・長州の出身者を中心とし、統帥権の独立などにより特権的地位を独占したが、敗戦により崩壊。❷中国で、軍人が私兵をもって各地に割拠した軍事勢力。清末から中華民国時代に輩出した。

ぐん-ぱつ【群発】〔名〕スル 地震などが、局地的に、しきりに起こること。「―する火山性微動」
(類語)多発・頻発・激発

ぐんぱつ-じしん【群発地震】ヂシン 一定の時期、またはある区域に集中して発生する、比較的小さな地震。

ぐんばつ-せいじ【軍閥政治】ヂ 強大な軍の権力を背景に軍の上層部によって行われる政治。

ぐん-び【軍備】国を守るため、または戦争をするために必要な兵員・兵器・軍事施設などをそろえること。また、その装備。(類語)防備・警備

ぐん-ぴ【軍費】戦争および軍事一般の費用。軍事費。戦費。

ぐん-ぴ【群飛】〔名〕スル 多数で群れをなして飛ぶこと。昆虫ではシロアリの生殖期やミツバチの分封期にみられるものや、蚊柱、飛蝗ひこうなど。

ぐんび-かくちょう【軍備拡張】クワクチャウ 軍備の規模を充実・強化すること。軍拡。

ぐんび-かんり【軍備管理】クワンリ 戦争の勃発・拡大を防ぐために行われる軍備の規制・抑制。軍備の縮小に限らず、部分的な軍備拡張の措置も含まれる。

ぐんび-しゅくしょう【軍備縮小】シュクセウ 国際間の緊張緩和、または国力の負担軽減などのために、軍備の規模を縮めること。軍縮。

ぐんぴ-ばいしょうきん【軍費賠償金】バイシャウキン 戦争で、敗戦国が戦勝国の消費した軍費を償うために支払う金銭。

ぐん-ぴょう【軍兵】ピャウ《「ぐんびょう」とも》兵士。兵卒。

ぐん-ぴょう【軍票】ペウ《「軍用手票しゅひょう」の略》主として戦地・占領地で、軍が通貨に代えて発行する手形。軍用手形。

くん-ぷ【君父】主君と父親。「―の恩」

君父の讐あだは倶ともに天を戴いただかず　《「礼記」曲礼上から》君父の敵とは、一緒に同じ空の下に生きることはせず、あくまでも報復する。

ぐん-ぶ【軍部】陸軍・海軍・空軍などの総称。また、軍の当局。

ぐん-ぶ【郡部】郡に属する地域。

ぐん-ぶ【群舞】〔名〕スル 大ぜい群がって踊ること。「少女たちが―する華やかな開会式」「蝶の―」

ぐん-ぷ【軍夫】軍隊に属して雑役をする人。また、兵卒のこと。

くん-ぷう【薫風】初夏、新緑の間を吹いてくる快い風。(季 夏)「―やいと大いなる岩一つ/万太郎」
クンプール〘インドネシア kempul｜kempur〙▶クンプル
ぐん-ぷく【軍服】軍人の制服。
ぐんぶだいじん-げんえきぶかんせい【軍部大臣現役武官制】明治憲法下で、陸・海軍大臣を現役の大・中将に限る制度。明治33年(1900)から実施。軍部専制に利用された。
クンプル〘インドネシア kempul｜kempur〙《「クンプール」とも》ガムランで用いる中型ゴング。中央部に突起のある円形盆状ゴングで、木枠からひもでつるし、布を巻いた桴で打つ。➡ガムラン
グンプロビッチ〘Ludwig Gumplowicz〙[1838～1909]オーストリアの社会学者。社会学研究に自然科学的方法を導入、社会発展の原因を集団の間の対立・抗争にあるとする、いわゆる社会ダーウィニズムを提唱。著「種族闘争論」「社会学的国家観」など。
ぐん-ぼう【軍帽】軍人の制帽。
ぐん-ぽう【軍法】❶戦争の方法。戦術。兵法。❷軍隊の法律。軍隊の刑法。軍律。
ぐん-ぽう【軍×鋒】❶軍の威勢。❷軍の先鋒。先陣。
ぐん-ぽう【群峰】群がりたつ山々。群山。
ぐんぽう-かいぎ【軍法会議】軍人・軍属などを裁判する特別刑事裁判所。日本では大正10年(1921)に設置、昭和21年(1946)廃止。軍事裁判所。
ぐんぽう-しゃ【軍法者】❶戦術、兵法に通じた人。❷策士。知恵者。
ぐんま【群馬】関東地方北西部の県。ほぼもとの上野国の全域にあたる。県庁所在地は前橋市。人口200.8万(2010)。
クンマー〘Ernst Eduard Kummer〙[1810～1893]ドイツの数学者。ベルリン大教授。整数論に理想数を導入して、整数論の発展に貢献。それを応用して、特別な場合のフェルマの最終定理を証明した。(補説)フェルマの最終定理は、1994年に米国プリンストン大学のワイルズ教授によって完全に証明された。
ぐんま-いりょうふくしだいがく【群馬医療福祉大学】群馬県前橋市にある私立大学。平成14年(2002)に群馬社会福祉大学として開学。同22年に看護学部を新設し、現校名に改称した。
ぐんま-けん【群馬県】▶群馬
ぐんまけんりつ-けんみんけんこうかがくだいがく【群馬県立県民健康科学大学】群馬県前橋市にある公立大学。平成17年(2005)に開設された。
ぐんまけんりつ-じょしだいがく【群馬県立女子大学】群馬県佐波郡玉村町にある県立大学。昭和55年(1980)設置。
ぐんま-じけん【群馬事件】自由民権運動の一事件。明治17年(1884)群馬県高崎駅開通式に自由党員らが政府高官襲撃を企てたが果たせず、高利貸し・警察署を襲撃したが、食糧が尽きて解散。首謀者は逮捕された。
ぐんま-だいがく【群馬大学】前橋市に本部のある国立大学法人。群馬師範学校・群馬青年師範学校・前橋医科大学・桐生工業専門学校を統合し、昭和24年(1949)新制大学として発足。平成16年(2004)国立大学法人となる。
ぐんまパース-だいがく【群馬パース大学】群馬県高崎市にある私立大学。平成17年(2005)に開設された、保健科学部の単科大学。
くん-みん【君民】君主と人民。
ぐん-みん【軍民】❶軍人と人民。「―政府」❷兵士。軍卒。
ぐん-みん【群民】多くの人民。群衆。
くんみん-せいおん【訓民正音】▶ハングル
くんみん-どうち【君民同治】君主と、人民の代表者である議会とが、共同で国の政務に当たること。君民共治。
ぐん-む【軍務】軍事に関する事務。また、軍隊の勤務。「―に服する」
くん-めい【君命】主君の命令。(類語)命令・言い付け・命・令・指令・下命・指示・指図・号令・発令・沙汰・主命・上意・達し・威令・厳令・厳命
君命を辱めず　《「論語」子路から》主君の命を受けて使者となり、その任務をりっぱに果たす。
くん-もう【訓×蒙】〔名〕スル　子供や初心者を教えさとすこと。また、そのための書物。きんもう。
ぐん-もう【群盲】❶多数の盲人。❷多くのおろかな人々。
群盲象を評す　《多くの盲人が象をなでて、自分の手に触れた部分だけで象について意見を言う意から》凡人は大人物・大事業の一部しか理解できないというたとえ。群盲象を撫ず。群盲象を模す。
ぐん-もん【軍門】陣営の門。軍営の入り口。陣門。
軍門に降る　戦争に負け、降参する。また、競争や試合などに負ける。「敵の―・る」
ぐん-やく【軍役】「ぐんえき(軍役)❷❸」に同じ。
くん-ゆ【訓諭】〔名〕スル　教えさとすこと。誨諭。
くん-ゆう【薫×蕕】《「薫」は芳香のある草、「蕕」は悪臭のある草の意》❶よいにおいと悪いにおい。❷君子と小人のこと。また、善行と悪行のこと。
薫蕕器を同じゅうせず　《「孔子家語」致思から》君子と小人、善人と悪人とは同一の場所にいることができないことのたとえ。
ぐん-ゆう【群遊｜群×游】〔名〕スル　❶大勢が集まって遊ぶこと。❷むらがって泳ぐこと。「大洋を―するイルカ」
ぐん-ゆう【群雄】多くの英雄。
(類語)英雄・ヒーロー・老雄・奸雄・両雄・風雲児・雄
ぐんゆう-かっきょ【群雄割拠】〔名〕スル　多くの英雄が各地で勢力を振るい、互いに対立し合うこと。「―の世」
ぐん-よう【軍用】❶軍事のために用いること。また、そのもの。「―道路」❷軍の費用。軍費。
ぐん-よう【軍容】❶軍隊の威容や装備のこと。❷軍隊の秩序や規律のこと。
ぐん-よう【群羊】❶多くの羊。❷多くの弱者。
群羊を駆って猛虎を攻む　《「戦国策」楚策から》多くの弱い者を連合させて、強者に対抗する。どう努力しても勝ち目のないことのたとえ。
ぐんよう-き【軍用機】軍事用の目的に使用される航空機の総称。
ぐんよう-きん【軍用金】❶軍事上の目的に使用する金銭。軍資金。❷何か事をするための資金。
ぐんよう-けん【軍用犬】軍隊で捜索・警戒・連絡などに使われる犬。軍犬。
ぐんよう-じぬし【軍用地主】在日米軍の基地や施設として使用されている土地の所有者。沖縄県に集中している。戦中戦後に土地を接収され、現在は日本政府と賃貸借契約を締結し、地代として軍用地料の支払いを受けている。
ぐんよう-ちりょう【軍用地料】軍用地主に対して国から支払われる借地料。現在、在日米軍の基地や施設に使用されている民公有地は、日本政府が地主と賃貸借契約を結び、地代として軍用地料を支払って借り上げ、米軍に提供している。
ぐんよう-ばと【軍用×鳩】軍隊で通信連絡のために使われる伝書鳩。
くん-よみ【訓読み】〔名〕スル「くんどく(訓読)❶」に同じ。「漢字を―する」⇔音読み。
ぐん-らく【群落】❶多くの村落。❷一定の自然環境で、互いに有機的なつながりをもって生育している異種の植物の集まり。植物群落。
(類語)密生・叢生・混生・群生
ぐんらく-たい【群落帯】環境条件によってある方向に帯状に並んでいる植物群落の変化。湖沼で、岸から離れるにしたがい、水ヨシ帯・マコモ帯・浮葉植物帯・沈水植物帯などの分布がみられることなど。
ぐん-り【群吏】多くの役人。多くの官吏。
くん-りく【薫陸】▶くんろく(薫陸)
ぐん-りつ【軍律】❶軍隊内で守るべき規律。軍紀。「きびしい―」❷軍の法律。軍法。
ぐん-りゃく【軍略】攻撃・防衛に関する軍事上のはかりごと。戦略。「―を密にする」
ぐん-りゅうせい【群流星】流星群に属す流星。⇔散在流星。
ぐん-りょ【軍旅】❶軍隊。軍勢。❷戦争。いくさ。「武帝は李陵に命じてこの―の輜重のことに当たらせようとした〈中島敦・李陵〉」(補説)「軍」「旅」は、中国の昔の軍制で、編制人数に基づく部隊の名。
ぐん-りょう【軍糧】軍隊の糧食。兵糧。
ぐん-りょう【郡領】郡司のうち、大領・少領の称。
ぐん-りょう【群僚】多くの官僚。百官。
くん-りん【君臨】〔名〕スル　❶主君として国家を統治すること。❷ある分野で、強大な力を持って他を支配すること。「業界に―する大物」(類語)支配・統治・制覇・制圧・征服・圧伏・管理・管轄・統轄・統御・統率・宰領・監督・統制・取り締まり・独裁・専制・治世・統べる・制する・領する・握る・牛耳る
くん-れい【訓令】〔名〕スル　上級官庁が下級官庁に対して、権限の行使を指揮するために命令を発すること。また、その命令。➡通達
ぐん-れい【軍令】❶軍の命令。陣中での命令。❷軍事上の法令や刑罰。❸明治憲法下で、作戦・用兵に関する統帥事務。➡軍政
くんれいしき-ローマじつづりかた【訓令式ローマ字×綴り方】日本語をローマ字でつづる方式の一種。標準式と日本式とを折衷したもの。昭和12年(1937)内閣訓令として示達。同29年廃止され、内閣告示によって訓令式新表が定められた。第一表と第二表とがあり、前者は訓令式つづり方による本則を表し、後者は標準式・日本式つづり方による許容を表す。➡ローマ字綴り
ぐんれい-ぶ【軍令部】旧日本海軍の中央統帥機関。昭和8年(1933)それまでの海軍軍令部を改称して設置。天皇に直属し、海軍の国防・用兵に関する事項を担当した。
ぐんれいぶ-そうちょう【軍令部総長】軍令部の長官。
くん-れん【訓練】〔名〕スル　❶あることを教え、継続的に練習させ、体得させること。「きびしい―にたえる」「―して生徒を鍛える」❷能力・技能を体得させるための組織的な教育活動のこと。「職業―」(類語)練習・稽古・トレーニング・習練・特訓・エクササイズ
(用法)**訓練・練習**――「訓練(練習)を積む」などでは相通じて用いられる。◆「訓練」はある技術について教え込み、身につけさせることだが、「練習」は自らが繰り返したり、工夫したりして技術の向上をはかることをいう。「教官は練習生に対して訓練を開始した」「よく訓練された盲導犬」「短距離走のスタートの練習をしている」などの「訓練」「練習」は互いに置き換えることはできない。◆類似の語に「稽古」がある。「稽古する」は「練習する」の意、「稽古をつける」は「訓練する」の意で、主に武術、芸事などに関して、「寒稽古に励む」「お茶の稽古に通う」などと用いる。
くん-ろ【薫炉】香をたくのに用いる金属製や陶磁製などのうつわ。香炉。薫籠。
くん-ろう【勲労】国家や主君に対して功労のあること。勲功。功績。
くん-ろう【薫籠】❶衣類に香をたきしめるため、香炉の上にかぶせるかご。伏籠。❷▶薫炉
ぐん-ろう【群×狼】むれ集まっている狼。
くん-ろく【薫▽陸】❶インド、イランなどに産する樹脂が固まって石のようになったもの。香料・薬剤とする。薫陸石。くんりく。❷松や杉の樹脂が地中に埋もれて化石となったもの。琥珀に似ており、香料とする。岩手県久慈市から産出。和の薫陸。
ぐん-ろく【群緑】日本画の絵の具の一。群青と緑青とを混合したもの。また、その色。
ぐん-ろん【群論】代数学の一部門。集合が群の定義を満たすとき、この集合の性質を研究する学問。
くん-わ【訓話】〔名〕スル　教えさとすための話。また、教訓的な話。「朝礼で全生徒に―する」

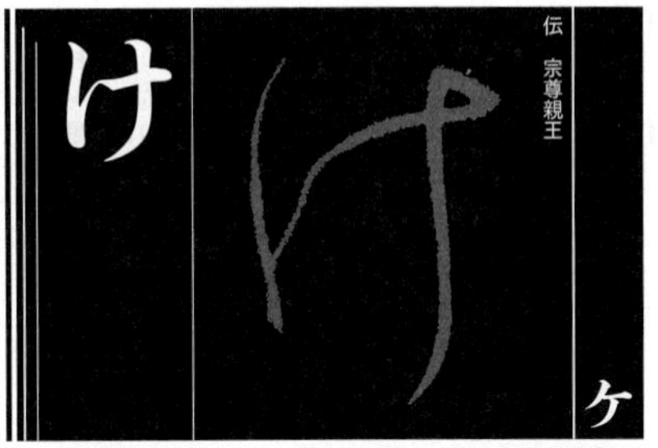

け ❶五十音図カ行の第4音。軟口蓋の無声破裂子音[k]と母音[e]とから成る音節。[ke] ❷平仮名「け」は「計」の草体から。片仮名「ケ」は「介」の省画から。

け【化】❶仏語。教え導くこと。教化きょうけ。❷仏・菩薩ぼさつが人々を教化するために、姿を変えて現れること。❸高僧が死ぬこと。遷化せんげ。➡漢「か(化)」

け【▽日】《上代語。「か(日)」と同源という》二日以上にわたる日のこと。日々ひび。「一日ひとひこそ人も待ちよき長き―をかくのみ待たばありかつましじ」〈万・四八四〉➡日け長し ➡朝に日けに

け【▽木】木き。「松の―の並なみたる見れば家人いはびとの我を見送ると立たりしもころ」〈万・四三七五〉

け【毛】❶生物の体表に生えている糸状のもの。鞭毛べんもう・繊毛・刺毛・剛毛・羽毛なども含む。㋐哺乳類の皮膚に生じる表皮の変形器官。全身のほとんどを覆う、角質の構造物。㋑頭髪。髪の毛。「―を染める」㋒羊毛。㋓植物体の表面に生じる細長い糸状のもの。「タンポポの―」㋔鳥などの羽毛。「鳥の―をむしる」❷細い毛状のもの。「ブラシの―」❸非常にわずかなことをたとえるのに用いる。「そんな気は―ほどもない」❹鎧よろいの威おどしの糸。おどしげ。「同じ―の鎧を二両まで置きたりけるを」〈太平記・二六〉❺作物。特に稲の穂の実り。作毛。「秋の―の上を賜ひて下ぐべきにてありけるに」〈沙石集・三〉❻魚のうろこ。特に鯉のうろこ。「鯉に限って、うろこをふくとは申さぬ、―をふくと申す」〈虎寛狂・惣八〉➡漢「もう(毛)」

(…毛) 兎うの毛・裏毛・尾羽毛・髪の毛・猫っ毛・三毛・身の毛（げ）愛嬌あいきょう毛・青毛・赤毛・葦毛あしげ・命毛・入れ毛・産うぶ毛・上うわ毛・枝毛・後おくれ毛・鹿か毛・糟毛かすげ・川原毛かわらげ・癖毛・栗くり毛・黒毛・逆さか毛・差し毛・地毛・棕櫚毛しゅろげ・尻しり毛・白毛・梳すき毛・立ち毛・力毛・縮れ毛・月毛・虎とら毛・鳥毛・夏毛・二毛・和にこ毛・抜け毛・鼻毛・雲雀ひばり毛・斑まだら毛・冬毛・解ほつれ毛・巻き毛・睫毛まつげ・眉まゆ毛・老ろう毛・無駄毛・胸毛・脇わき毛・綿毛

(類語)体毛・身の毛・羽毛・羽・ダウン・フェザー

毛の生えた それよりはほんの少しまさっていることのたとえ。「素人しろうとに―くらいの芸」

毛を吹いて疵きずを求む 《「韓非子」大体から》❶人の欠点を強いて暴こうとする。❷人の弱点を指摘しようとして、かえって自分の弱点をさらけ出す。

毛を以もって馬を相そうす 《「塩鉄論」利議から。毛並みだけを見て馬のよしあしを判断する意》物事の価値を外見だけで判断することのたとえ。

け【仮】仏語。実体のないこと。名称のみであること。➡漢「か(仮)」

け【気】㊀〔名〕❶そのものがもつ要素や傾向。また、それが感じられる状態・気配。「火の―」「血の―」「泣き上戸の―がある」❷そのものから発して、その存在を感じとらせるもの。気体状のもの。におい。味など。「東おもての朝日の―いと苦しければ」〈かげろふ・下〉❸それを感じられる心の状態。気分。心地。「恐しき―も覚えず」〈源・夕顔〉❹気候。天気。「―を寒み葦あしの汀みぎわもさえぬれば流ると見えぬ池の水鳥」〈和泉式部続集〉❺病気。「脚の―起こりて」〈落窪・三〉❻(多く「気が付く」の形で)産気。「今朝から―がつきて、今日生まるるとて」〈浮・胸算用・二〉㊁〔接頭〕❶動詞・形容詞に付いて、なんとなく、漠然としたなどの意を表す。「―おされる」「―だるい」❷主として形容詞、時に動詞・形容動詞に付いて、ようすが…であるという意を表す。「―おそろし」「―うとし」「―あなどる」「―ざやか」㊂〔接尾〕名詞・動詞の連用形、形容詞・形容動詞の語幹などに付いて、そのようなようす・気配・感じなどの意を表す。名詞に付く場合、「っけ」の形になることも多い。「人―」「飾りっ―」「商売っ―」「食い―」「寒―」「いや―」➡漢「き(気)」

気もな・い ❶そのような気配がない。「まったく動じる―・い」❷取るに足りない。たわいもない。問題にならぬ。「―・いことにわあわあ騒いだり」〈鏡花・化銀杏〉❸とんでもない。思いもよらない。「イヤ、―・い事、―・い事」〈浄・矢口渡〉

け【▽来】動詞「く(来)」の連用形「き」の上代東国方言。「水鳥の発たちの急ぎに父母に物言はずけにて今ぞ悔しき」〈万・四三三七〉

け【×卦】易で、算木に現れる種々の象かた。これで人生や事柄の吉凶を占う。陰陽2種の爻こうを組み合わせるのを八卦はっけといい、さらにこれを二つずつ配合して六十四卦を生ずる。

け【▽怪|×恠】❶あやしいこと。不思議なこと。怪異。「かやうの―ども、未然に凶を示しけれども」〈太平記・二〇〉❷もののけ。たたり。「この男も生頭痛なまずつなくなりて、女は喜びつれどもそれが―のするなめり、と思ひて」〈今昔・二七・二〇〉➡漢「かい(怪)」

け【▽故】原因、理由を表す語。ゆえ。ため。「泣く泣くよばひ給ふ事、千度ばかり申し給ふ―にやあらむ、やうやう雷鳴止みぬ」〈竹取〉

け【▽食】《「笥け」と同語源》食物。食事。「一訖おわりて散あかれむとするに」〈舒明紀〉

け【▽消】動詞「く(消)」の未然・連用形。➡く(消)

け【×笥】❶食物を盛る器。「家にあれば―に盛る飯いいを草枕旅にしあれば椎しいの葉に盛る」〈万・一四二〉❷物を入れる器。「碁石の―に入るる音」〈枕・二〇一〉

け【×罫】「けい(罫)」に同じ。「四巻経書き奉るべき紙経師に打ちつがせ―かけさせて」〈宇治拾遺・八〉

け【×褻】正式でないこと。また、日常的なこと。ふだん。「―に着給ふ御衣ぞおん」〈大鏡・兼通〉↔晴はれ。

褻にも晴れにも ❶ふだんのときも表だったときも。いつも。「別に衣裳とてもあらばや、一襲ひとかさね一つなれば」〈中華若木詩抄・下〉❷たった一つで、他に代わるものがない。後にも先にも。「―一人の男だけに」〈滑・浮世風呂・二〉

け【▽異】〔形動ナリ〕❶普通と違っているさま。異常なさま。「衣手そでて葦毛あしげの馬のいなく声心あれかも常ゆ―に鳴く」〈万・三三二八〉❷まさっているさま。格別であるさま。「十月ばかりの紅葉、四方よもの山辺よりも―にいみじくおもしろく」〈更級〉➡異けな

け〔終助〕《過去の助動詞「けり」の音変化》形容動詞の終止形、動詞の連用形に付く。なお、形容動詞に付くときは「だっけ」の形をとる。過去のことを詠嘆的に思い返したり、気づいたりする意を表す。「今吉めは此の頃橘町へ来たと言っ―が、またよし町へこしたかな」〈洒・妓者呼子鳥〉➡たっけ ➡だっけ (補説)近世の江戸語から用いられた。打ち解けた話し言葉だけに用いられ、下に「ね」「か」などの終助詞を伴うこともある。「け」が動詞の連用形に付く形は、現代語ではほとんど見られない。

け【家】〔接尾〕❶姓氏に付いて、その一族またはその成員であることを表す。「佐藤―」❷官職・称号などに付いて、敬意を表す。「将軍―」「右大臣―」➡漢「か(家)」

げ 「け」の濁音。軟口蓋の有声破裂子音[g]と母音[e]とから成る音節。[ge] ただし、現代語においては、一般に語頭以外では鼻音の頭音をもつ[ŋe]となる。これを鼻濁音の「げ」ともいう。

げ【下】❶程度・価値・等級・序列などが低いこと。標準より劣っていること。下等。した。「中の―の成績」↔上じょう。❷書物や文の章段などで、二つまたは三つに分けたものの最後のもの。「―の巻」↔上じょう。➡漢「か(下)」

下の下 それより下がないほど、非常に劣っていること。最低。「あんなやつは人間として―だ」

げ【牙】❶歯。「先づ上の―を取りて」〈今昔・三・三五〉❷象牙ぞうげ。「―の笛を清延に吹き試みさすべき由」〈著聞集・六〉➡漢「が(牙)」

漢字項目 け

【化|仮|▽花|家|華】▶か
【気|▽希|人稀】▶き
【▽怪|×芥|×懈】▶かい
【懸】▶けん
人袈 音ケ(呉) ‖ 僧侶の衣。けさ。「袈裟けさ」

漢字項目 げ

【下|夏|▽華】▶か
【牙】▶が
【外】▶がい
【解】▶かい
【▽戯】▶ぎ

げ【夏】仏語。僧が外出せず安居あんごを行う期間で、陰暦の4月16日から7月15日までの90日間。(季 夏) ➡漢「か(夏)」

げ【×偈】《梵 gāthā の音写。偈佗げだ・伽陀かだとも音写。句・頌じゅ・諷頌ふじゅなどと訳す》仏語。経典中で、詩句の形式をとり、教理や仏・菩薩ぼさつをほめたたえた言葉。4字、5字または7字をもって1句とし、4句から成るものが多い。頌。

げ【解】律令制で、諸官庁から上級官庁あるいは太政官へ上申した公文書。解状。解文げぶみ。➡符ふ ➡漢「かい(解)」

げ【気】〔接尾〕動詞の連用形、形容詞の語幹などに付いて、名詞、または形容動詞の語幹をつくる。…そうだ、…らしいようす、などの意を表す。「わけあり―」「うれし―」「おとな―もない」

ケア【care】〔名〕スル ❶注意。用心。❷心づかい。配慮。「アフター―」❸世話すること。また、介護や看護。「患者を―する」「―ワーカー」

(類語)世話・心配・扶助・扶育・御守おもり・付き添い・介添え・介助・介護・介抱・看護・面倒見めんどうみ

ケア【CARE】《Cooperative for Assistance and Relief Everywhere》世界の発展途上諸国の貧しい人々の生活向上のために、さまざまな援助活動を行っている国際的な民間支援組織。国際事務局はスイス。もとは、第二次大戦で大きな被害を受けた欧州や日本の市民に生活物資を援助する目的で1945年に米国で設立された民間支援団体が始まり。

ケアード【Edward Caird】[1835～1908]英国の哲学者。グラスゴー大学教授。ドイツ観念論、特にヘーゲル哲学を英国に定着させた。著「ヘーゲル」「カントの批判哲学」など。

け-あい【蹴合(い)】ひあ ❶けり合うこと。けりあい。❷鶏を闘わせること。闘鶏。「―に勝し鶏の如く」〈露伴・露団々〉

け-あがり【蹴上(が)り】鉄棒にぶら下がり、両足で空をけり、反動で上半身を棒上に上げること。

け-あが・る【気上がる】〔動ラ四〕のぼせる。上気する。けのぼる。「―・りて物ぞおぼえぬや」〈紫式部日記〉

げ-あき【夏▽解|夏明き】夏安居げあんごが終わること。また、その最終日。解夏げげ。(季 秋)

けあげ【蹴上】京都市東山区の地名。旧東海道が山科から京都市中に入る交通の要地。琵琶湖疏水の開通の際、インクラインや発電所が設けられた。

け-あげ【蹴上げ】❶けり上げること。また、足ではね上げた泥。はね。「ぬかる墓場道を、―の泥を厭い厭い」〈二葉亭・平凡〉❷階段の一段の高さ。

け-あ・げる【蹴上げる】〔動ガ下一〕文けあ・ぐ〔ガ下二〕けって上へあげる。また、上にむかってける。「ボールを―・げる」「泥を―・げて走る馬」(類語)蹴る・蹴飛ばす・蹴り上げる・足蹴あしげにする・キックする

け-あし【毛足|毛脚】❶毛織物や毛皮などの表面に立っている毛。「―の長い毛布」❷毛が伸びていくようす。「―が早い」❸毛深い足。けずね。

け-あ・し【気▽悪し】〔形シク〕険悪である。すさまじい。「風きはめて―・しく吹きて」〈今昔・二〇・四〇〉

ケア-とう【ケア島】タウ《Kea》ギリシャ南東部、エーゲ海にある島。古代名ケオス島。キクラデス諸島の北

西端に位置し、アッティカ半島に最も近い。中心地はイウリス。現在アギアイリニと呼ばれる、クレタ文明後期からミケーネ文明初期にかけて栄えた都市遺跡がある。古代ギリシャの抒情詩人シモニデスとバキリデス、医師エラシストラトスの生地。ツィア島。

け-あな【毛穴｜毛▽孔】皮膚の表面にある、毛の生えている小さな穴。

ケア-ハウス《和 care＋house》自立した生活ができるよう住宅性を強めたタイプの老人ホーム。車椅子での生活も可能で、食事や入浴・介護サービスを外から受けることもできる。平成元年(1989)に創設された。

ケアフリー〖carefree〗〘形動〙手のかからないさま。「━シャツ」「手入れ不要の━タイプの庭」

ケア-マーク《和 care＋mark》一般貨物の取り扱いを指示する印。作業の安全、荷物の損傷防止などのために包装の上に表示する。

ケア-マネ《「ケアマネージャー」の略》▶介護支援専門員

ケア-マネージメント〖care management〗介護の必要な障害者・高齢者に適切な介護計画を立て、それに従って十分なサービスを提供すること。

ケア-マネージャー〖care manager〗▶介護支援専門員

け-あらし【毛嵐】海面から立ち上る水蒸気が、陸上からの冷たい空気に触れて発生する霧。川・湖の場合にもいう。厳冬期の北日本に多い。

ケアララ-とう【ケアララ島】タウ《Isle of Kerrera》▶ケレラ島

け-ありたそう【毛有田草】ケアリタサウ アカザ科の一年草。都市に雑草として多くみられる帰化植物。高さ約70センチ。アメリカ大陸の原産。

ケアレス-ミス《careless mistakeの略》不注意による誤り。軽率なまちがい。「━が多い」(類語)凡ミス

ケア-ワーカー〖care worker〗介護士。病人や老人の日常生活の介助を行う人。

げ-あんご【夏安▽居】仏語。僧が、夏げの期間、外出せずに一所にこもって修行をすること。夏籠もり。夏行げぎょう。(季 夏)➡安居あんご

ケアンゴーム-こくりつこうえん【ケアンゴーム国立公園】コクリツコウヱン《Cairngorms National Park》英国スコットランド北部、ハイランド地方にある国立公園。面積は4528平方キロメートル。標高1245メートルのケアンゴーム山を擁し、スペイ川の渓谷、インシュ湖、モーリッヒ湖などの景勝地がある。夏は登山やハイキング、冬はスキーを楽しむ観光客が数多く訪れる。主な町はアビモアとグランタウンオンスペイ。

ケアンズ-グループ〖Cairns Group〗カナダ・オーストラリアなど農産物輸出国14か国から構成され、農産物貿易の自由化を主張するグループ。これらの国々は、補助金付きの輸出を行っていない。

けい【兄】㊀〘名〙あに。㊥弟てい。㊁〘代〙二人称の人代名詞。男子が手紙などで親しい先輩や友人などに用いる敬称。「━のご健闘を祈る」㊂〘接尾〙親しい先輩や友人の名などに付けて、敬意を表す。男子が手紙などに用いる。「中村━」➡漢「けい(兄)」

兄たり難がたく弟ていたり難し　《「世説新語」徳行から》両方ともすぐれていて、その優劣を決めにくい。

けい【刑】罪を犯した者に科せられる法律上の制裁。刑罰。「懲役三年の━」「━に服する」➡漢「けい(刑)」(類語)刑罰・罰・実刑・執行猶予・私刑・リンチ

刑の疑わしきは軽くせよ　《「書経」大禹謨から》罪の疑わしい者を罰する時には、軽い刑にした方がよい。

けい【×圭】古代中国の玉器の一。長方形板状で先はとがり、天子が諸侯を封じた際にしるしとして与え、また、祭祀さいしに用いた。➡漢「けい(圭)」

けい【系】❶ある関係をもって、一つのつながりやまとまりをなすもの。系統。「一つの━を形成する」❷名詞に付いて、一つのまとまりのある関係にあることを表す語。「理科━に進む」「外資━の企業」「太陽━」「銀河━」「MKS単位━」❸《鉄道会社によっては「型」または「形」を使う》一つの設計で量産された鉄道車両であることを示す記号。「新幹線N700系」のように表示する。❹数学で、一つの定理から容易に導かれる命題。❺地質年代に基づく地層区分。地質年代区分の「紀」に対応し、地層区分「界」の下位区分。例えば、中生代の地層は中世界、後期白亜紀の地層は上部白亜系と区分される。❻生物学で、ある機能に関する器官であることを表す語。「泌尿器━の病気」(補説)若者言葉では❷を発展させて、「ギャル系の話し方」「ビジュアル系バンド」「いかにも体育会系の若者」「癒いやし系」などと用いる。➡漢「けい(系)」

けい【京】数の単位。兆の1万倍。10の16乗。古くは兆の10倍とも。きょう。➡表「位くらい」➡漢「きょう(京)」

けい【径】円形・球形などのさしわたしの長さ。直径。「一二〇ミリのパイプ」➡漢「けい(径)」

けい【×奎】二十八宿の一。西方の第一宿。アンドロメダ座から魚座にまたがる一六星をさす。とかきぼし。奎宿。➡漢「けい(奎)」

けい【契】朝鮮で、李朝時代に村落などで広く行われていた相互扶助組織。➡漢「けい(契)」

けい【計】❶合計。「一三〇万の売り上げ」❷はかりごと。計画。「一年の━は元旦にあり」「国家百年の━」➡漢「けい(計)」
(類語)合計・総計・集計・トータル・締め・延べ

けい【×卿】㊀〘名〙大納言・中納言・三位以上および四位の参議の人。きょう。㊁〘代〙二人称の人代名詞。❶男子が同輩などを、軽い敬意をこめて呼ぶ語。「余は━を一廉ひとかどの店の主人にもなさばやと思い居たれど」〈蘆花・自然と人生〉❷君主が親しみを込めて臣下に呼びかける語。➡漢「けい(卿)」

けい【×桂】❶ニッケイの慣用漢名。また、トンキンニッケイ(カシア)の漢名。❷カツラの別名。中国ではモクセイをいう。❸将棋で、「桂馬けいま」の略。➡漢「けい(桂)」

けい【啓】❶《「申し上げる」の意》手紙の冒頭に用いる語。「拝啓」より敬意が低い。❷公式令くしきりょうに定められた公文書の一様式。皇太子・三后に下から奉る文書。❸上官に奉る文書。➡漢「けい(啓)」

けい【敬】他人をうやまうこと。謹んで物事を行うこと。「━は礼の本なり」➡漢「けい(敬)」

けい【景】㊀〘名〙景色。ながめ。その場のありさま。「白一色の冬山の━」㊁〘接尾〙助数詞。演劇で、幕をさらに細かく分けた場面を数えるのに用いる。「二幕三━」➡漢「けい(景)」(類語)景色・風景・風光・風色ふうしょく・景観・景色けいしょく・景趣・眺望・眺め・見晴らし

けい【軽】❶「軽自動車」の略。❷(他の語の上について)㋐一般的なものより軽いことを表す。「━金属」「━工業」㋑程度が軽いことを表す。また、簡便・気軽であることを表す。「━過失」「━演劇」➡漢「けい(軽)」

けい【×罫】❶文字をそろえて書くために、紙上に一定の間隔で引いた線。罫線。「━の入った便箋」❷碁盤ごばんなどの上に引いた、縦横の筋。❸輪郭や界線を印刷するために、活字と一緒に組む約物の一。表罫おもてけい・裏罫うらけい・飾り罫などがある。「━で囲む」➡漢「けい(罫)」

けい【×磬】中国古代の打楽器。枠の中に「へ」の字形の石板をつり下げ角つの製の槌つちで打ち鳴らすもの。石板が1個だけの特磬と、十数個の編磬とがある。宋代に朝鮮に伝わり雅楽に使用。日本では奈良時代以降、銅・鉄製の特磬を仏具に用いる。

け-い【×褻居】ヰ ふだんいる部屋。居間。「敦光朝臣酒を愛するの間、たえず酒を━の棚に置く」〈古事談〉

けい【×蹊】こみち。小径。

ケイ〖Ellen Karolina Sofia Key〗[1849～1926]スウェーデンの婦人思想家・教育家。母性尊重・家庭教育重視の立場から社会問題を論じ、婦人運動の先駆的役割を果たした。著「恋愛と結婚」「児童の世紀」など。エレン＝ケイ。

ケイ〖John Kay〗[1704～1764]英国の発明家。飛び杼ひを発明、織布工程の能率増進に貢献した。

け-い【▽怪異】〘名・形動ナリ〙怪しいこと。不思議なこと。また、そのものやさま。怪奇。かいい。「重き━なりとて、牛を陰陽師おんやうじのもとへ遣はすべき由」〈徒然・二〇六〉

げ-い【外位】ヰ 律令制で、地方官に授けられた位。通常の位階である内位に準ずるもの。のち、姓かばねの下位の者に与えられるようになった。外階げかい。がいい。

げい【芸】❶学問や武術・伝統芸能などの、修練によって身につけた特別の技能・技術。技芸。「━は一生」❷人前で演じる特別のわざ。演芸・曲芸など。「猿に━を仕込む」➡漢「げい(芸)」
(類語)演芸・芸能・演技・芸道・一芸・遊芸

芸が細か・い　細部にまで注意が払われていて綿密である。することに念が入っている。

芸が立・つ　一芸に達する。ひとかどの芸がある。「芸の立ったる和歌の心のあらうずる人を」〈狂言記・かくすい〉

芸がな・い　❶遊芸のたしなみがない。❷平凡でおもしろみがない。工夫がない。「人まねをするとは━・い話だ」

芸が身を助けるほどの不仕合わせ　生活にゆとりのあったころ道楽で身につけた芸を、生計のために役立てなければならないほど落ちぶれること。「芸は身を助ける」を皮肉にいったもの。

芸は道によって賢かしこし　何事もその道の専門家がよく知っている。餅もちは餅屋。

芸は身の仇あだ　習い覚えた芸のために、かえって身を誤ることがあるという意。

芸は身を助ける　一芸にすぐれていると、困窮したときにそれが生計の助けになる。

げい【羿】中国古代伝説上の弓の名人。尭ぎょうの時代、10個の太陽がいっぺんに現れて日照りが続いたときに、9個の太陽を射落としたといわれる。

げい【×黥】いれずみ。また、昔、中国で、刑罰として、顔などにいれずみをすること。墨刑ぼっけい。

ゲイ〖gay〗(主として男性の)同性愛者。

けい-あい【恵愛】〘名〙スル 慈しみ愛すること。「子を━する」

けい-あい【敬愛】〘名〙スル 尊敬し、親しみの心を持つこと。「━の念」「━する恩師」(類語)尊敬・敬う・尊ぶ・崇める・仰ぐ・敬する・畏敬・崇拝・慕う・敬慕・敬仰・景仰・崇敬・私淑・傾倒・心酔・心服・敬服

けいあい-じ【景愛寺】京都市上京区西五辻東町にあった臨済宗の尼寺。京都尼五山の首位の寺。開創は建治3年(1277)、開山は如大尼。室町時代に栄えたが、のちに廃絶した。

けいあい-だいがく【敬愛大学】千葉市にある私立大学。昭和41年(1966)に千葉敬愛経済大学として開学。同62年に、現校名に改称した。

げいあみ【芸阿弥】[1431～1485]室町中期の画家。真芸とも称した。号、学叟。足利義政の同朋衆で、水墨画にすぐれ、父の能阿弥、子の相阿弥とともに三阿弥とよばれる。連歌もよくした。作「観瀑僧図」など。

けいあん【×桂×庵｜慶×庵｜慶安】❶縁談や訴訟の仲立ちをする人。また、雇い人・奉公人の斡旋あっせんを職業とする人。口入れ屋。「銀子は或日また浅草の━を訪れた」〈秋声・縮図〉❷お世辞。追従ついしょう。また、それを言う人。「━とりどり御機嫌伺ふ折節」〈浄・傾城酒呑童子〉(補説)承応(1652～1655)のころ、江戸京橋の医者大和慶庵が縁談などを巧みに取りまとめたことによるという。

けいあん【慶安】江戸初期、後光明天皇の時の年号。1648年2月15日～1652年9月18日。

けいあん-ぐち【×桂×庵口】双方に気に入るように言葉巧みに言うこと。仲人口なこうどぐち。桂庵言葉。「お花三文、嘘八百、━の口入所は縁談の世話」〈滑・浮世床・初〉

けいあん-げんじゅ【桂庵玄樹】[1427～1508]室町後期の臨済宗の僧。長門ながとの人。別号、島陰。明に渡り、在明7年ののち帰国。薩摩さつまの島津忠昌の帰依を受けて桂樹庵を開き、「大学章句」など朱熹の新注による四書を日本で初めて刊行。薩南学派の祖とされる。著「桂庵和尚家法倭点」「島陰漁唱」など。

けいあんたいへいき【慶安太平記】慶安の変を題材にした実録本・講談・歌舞伎などの題名または通称。歌舞伎狂言「樟紀流花見幕張くすのきりゅうはなみのまくはり」の別

【京｜境｜競】▶きょう

兄 学2 音ケイ漢 キョウ(キャウ)呉 訓あに、せ、え ‖ ㊀〈ケイ〉①あに。「兄事・兄弟/義兄・実兄・従兄・父兄」②同輩や年長の友人に対する敬称。「学兄・貴兄・諸兄・大兄」㊁〈キョウ〉あに。「兄弟」㊂〈あに〉「兄上・兄貴」名付 え・えだ・これ・さき・しげ・ただ・ね・よし 難読 従兄いとこ・従兄弟いとこ・兄子せこ・兄矢はや

刑 音ケイ漢 ギョウ(ギャウ)呉 ‖ ①罪を犯した者を罰すること。仕置き。「刑事・刑罰・刑法・刑務/寛刑・求刑・極刑・厳刑・減刑・死刑・私刑・実刑・受刑・処刑・体刑・流刑・量刑」②(「型」と通用)手本。模範。「儀刑」③(「形」と通用)形として現れたもの。実績。「刑名」名付 のり 難読 刑部省ぎょうぶしょう

人**圭** 音ケイ漢 ‖ ①先端が三角になった玉器。「玉圭」②圭の形をしたもの。「圭角/土圭・刀圭」名付 か・かど・きよ・きよし・たま・よし 難読 圭冠はしはこ

形 学2 音ケイ漢 ギョウ(ギャウ)呉 訓かた、かたち、なり ‖ ㊀〈ケイ〉①外に現れた姿。かたち。「形式・形状・形態/円形・外形・原形・固形・語形・象形・図形・整形・地形・美形・変形・方形・無形」②物事の様子。「形勝・形勢」③体。肉体。「形骸けいがい・形体」④外に現れる。かたちづくる。「形成・形容」㊁〈ギョウ〉かたち。すがた。「形相/異形・印形・人形・裸形」㊂〈かたち〉「顔形・姿形」㊃〈かた(がた)〉「形見/大形・手形・花形・雛形ひながた」名付 すえ・なり・より 難読 女形おやま

系 学6 音ケイ漢 ‖ ①糸すじのようにつながるもの。次々につながった関係。「系図・系統・系譜・系列/家系・山系・水系・直系・同系・母系・傍系」②組織立ったまとまり。「大系・体系」名付 いと・つぎ・つら・とし

径〔徑〕 学4 音ケイ漢 訓みち ‖ ①円心を通り、円周を切る直線。「口径・直径・半径」②小道。近道。「径庭・径路/山径・小径・捷径しょうけい」③まっすぐに。「直情径行」補説 ②は「逕」と通用する。難読 径山寺きんざんじ

茎〔莖〕 音ケイ慣 訓くき ‖ ㊀〈ケイ〉①植物のくき。「花茎・塊茎・球茎・根茎・地下茎」②男根。「陰茎・包茎」㊁〈くき(ぐき)〉「歯茎・水茎」難読 芋茎ずいき

係 学3 音ケイ漢 訓かかる、かかり、かかわる ‖ ㊀〈ケイ〉①かかわりをもつ。つながる。「係争・係属・係累/関係・連係」②つなぎとめる。「係船・係留」補説「繋けい」と通用する。㊁〈かかり(がかり)〉「係員・係官・係長/庶務係」名付 たえ

人**勁** 音ケイ漢 訓つよい ‖ ぴんと張りつめて、つよい。力がつよい。「勁弓・勁草/簡勁・雄勁」

型 学4 音ケイ漢 訓かた ‖ ㊀〈ケイ〉①同形のものをいくつも作るとき元になるもの。いがた。「原型・紙型・母型」②基準となる形。タイプ。「型式/定型・典型・模型・類型」㊁〈かた(がた)〉「型紙/鋳型・大型・小型・新型・血液型」難読 型録カタログ・紅型びんがた

人**奎** 音ケイ漢 ‖ 二十八宿の一。文章をつかさどる星座の名。とかき。「奎運・奎宿・奎文」名付 あきら・ふみ

契 音ケイ漢 訓ちぎる ‖ ①約束する。ちぎる。「契約/密契・黙契」②割符。「契印・契合」③うまく合う。「契機」④記号や文字をきざみつける。書いた文字。「契文/書契」名付 ひさ 難読 契丹キタン

×**炯** 音ケイ漢 訓あきらか ‖ 光り輝くさま。「炯眼・炯炯」

計 学2 音ケイ漢 訓はかる、はからう、はか、ばかり ‖ ①数える。はかる。「計器・計算・計測・計量/会計・合計・集計・推計・統計・累計」②はかる器具。「温度計・体重計」③企てる。はかりごと。「計画・計略/奇計・生計・設計・早計・大計・謀計」名付 かず・かずえ

人**卿** 音ケイ漢 キョウ(キャウ)呉 訓かみ ‖ ㊀〈ケイ〉①政治を行う重臣。大臣。「卿相けいしょう/九卿・上卿じょうけい」②古代中国で、身分の高い階級。貴族。「卿大夫けいたいふ」③同輩を呼ぶ敬称。「諸卿」㊁〈キョウ〉①㊀の①に同じ。「公卿くぎょう・大蔵卿おおくらきょう」②爵位の一。サー。「ニュートン卿」補説 人名用漢字表(戸籍法)の字体は「卿」。

恵〔惠〕 音ケイ漢 エ(ヱ)呉 訓めぐむ ‖ ㊀〈ケイ〉①情けをかける。めぐむ。めぐみ。「恩恵・互恵・仁恵・特恵」②物を贈られることに敬意を表す語。「恵贈・恵投・恵与」㊁〈エ〉①(「慧」と通用)さとく賢い。「知恵」②縁起がよい。「恵方えほう」名付 あや・さと・しげ・とし・めぐみ・やす・よし

人**桂** 音ケイ漢 訓かつら ‖ ①ニッケイ・モクセイなどの香木の総称。「桂冠・桂皮/肉桂」②月の別名。「桂月」③将棋の駒の一。「桂馬」名付 かつ・よし

×**珪** 音ケイ漢 ‖ ①諸侯に封じる時に、天子が授ける玉。「珪璧けいへき」②化学元素の一。「珪石・珪素」

×**笄** 音ケイ漢 訓こうがい ‖ かんざし。かんざしをさす。「笄年/加笄」

×**荊** 音ケイ漢 訓いばら ‖ ①とげのある木の総称。いばら。「荊冠・荊棘けいきょく」②自分の妻の謙称。「荊妻・荊婦」補説「荆」は正字。難読 荊棘いばら

啓 音ケイ漢 訓ひらく、もうす ‖ ①わからないことを教えて導く。「啓示・啓発・啓蒙けいもう/天啓」②開放する。「啓蟄けいちつ・啓明」③申し上げる。「啓上・啓白/謹啓・拝啓・復啓」④出発する。貴人の外出の敬称。「行啓」名付 あきら・さとし・たか・のぶ・のり・はじめ・はる・ひ・ひら・ひらき・ひろ・ひろし・ひろむ・よし

掲〔揭〕 音ケイ漢 訓かかげる ‖ ①高くあげる。かかげる。「掲示・掲出・掲揚」②目立つように載せて示す。「掲載/前掲・別掲」名付 なが

渓〔溪〕 音ケイ漢 訓たに ‖ 谷川。たに。「渓谷・渓流/雪渓」補説「谿」は通用字。

経〔經〕 学5 音ケイ漢 キョウ(キャウ)呉 キン唐 訓へる、たていと、たて、つね、たつ ‖ ㊀〈ケイ〉①織物の縦糸。また、縦・南北の方向。「経緯・経線・経度/西経・東経」②中国医学で、気血の通路。「経穴・経絡」③通り過ぎる。へる。「経過・経由・経歴」④おさめる。営む。「経営・経国・経済」⑤首をくくる。「経死」⑥いつも変わらぬこと。つね。「経常」⑦儒教で、不変の道理を説いた書。「経書・経典/六経りくけい」⑧月経。「閉経」㊁〈キョウ〉①儒教の経典。「五経・詩経・書経」②仏教の教えを説いた書。「経文/写経・読経どきょう」名付 おさむ・のぶ・のり・ふる 難読 経緯いきさつ・看経かんきん

蛍〔螢〕 音ケイ漢 訓ほたる ‖ ㊀〈ケイ〉昆虫の名。ホタル。「蛍火・蛍光・蛍雪・蛍窓」㊁〈ほたる(ぼたる)〉「蛍石・蛍火/源氏蛍」

▽**頃** 音ケイ漢 訓ころ、このごろ、しばらく ‖ ㊀〈ケイ〉①このごろ。「頃日・頃年」②しばらく。「頃刻/少頃」③田の面積の単位。百畝。「万頃ばんけい」㊁〈ころ(ごろ)〉「今頃・年頃・日頃」難読 頃比ころおい

敬 学6 音ケイ漢 キョウ(キャウ)呉 訓うやまう、つつしむ ‖ ㊀〈ケイ〉身を引き締めてうやうやしくする。うやまう。「敬愛・敬意・敬遠・敬虔けいけん・敬語・敬称・敬服・敬礼・敬老/畏敬・失敬・崇敬・尊敬・表敬・不敬」㊁〈キョウ〉①うやまう。「敬礼きょうらい」②かわいい。「愛敬あいきょう・あいぎょう」名付 あき・あつ・いつ・うや・かた・さとし・たか・たかし・とし・のり・はや・ひろ・ひろし・ゆき・よし

景 学4 音ケイ漢 エイ ‖ ㊀〈ケイ〉①日の光。ひかげ。「返景」②眺め。景色けしき。「景観・景勝・景物/遠景・佳景・光景・叙景・絶景・点景・背景・風景・夜景」③ありさま。ようす。「景況/情景」④仰ぎ慕う。「景仰けいこう・景慕」⑤大きい。「景福」㊁〈エイ〉(「影」と通用)写真。「景印」名付 あきら・かげ・ひろ

×**痙** 音ケイ漢 訓ひきつる ‖ 筋肉がひきつる。ひきつけ。「痙攣けいれん/書痙」

軽〔輕〕 学3 音ケイ漢 キン唐 キョウ(キャウ)呉 訓かるい、かろやか ‖ ㊀〈ケイ〉①目方が少ない。「軽重けいちょう・軽量・軽工業」②重苦しくない。かろやか。「軽快・軽妙・軽音楽」③程度が小さい。「軽症・軽食・軽震・軽微・軽犯罪・軽労働」④かるがるしい。「軽率・軽薄」⑤かろんじる。見さげる。「軽視・軽侮・軽蔑けいべつ」㊁〈かる(がる)〉「軽石・軽業/気軽・手軽・身軽」名付 かる・とし 難読 軽衫カルサン・剽軽ひょうきん

傾 音ケイ漢 訓かたむく、かたむける、かしげる ‖ ①ななめになる。かたむく。「傾斜」②くつがえす。「傾国・傾覆」③一定の方向にかたよる。「傾向/右傾・左傾」④一つの所に思いや力を向ける。「傾注・傾聴・傾倒」難読 傾城けいせい

携 音ケイ漢 訓たずさえる、たずさわる ‖ ①手にさげて持つ。たずさえる。「携行・携帯/必携」②手を取りあう。「提携・連携」補説「攜」は本字。

継〔繼〕 音ケイ漢 訓つぐ、まま ‖ ㊀〈ケイ〉①あとを受けつぐ。「継承・継続・継投/後継・中継」②血縁でない親子関係。「継子・継父・継母」㊁〈まま〉「継親・継子・継母」名付 つぎ・つね・ひで

×**罫** 音ケイ慣 ‖ ①文字の列を正しくするために引いた線。「罫紙・罫線」②印刷で、輪郭や筋を表す線。「表罫おもてけい」難読 罫書けがき・罫引けびき

詣 音ケイ慣 訓もうでる、いたる ‖ ①高い所・境地に行きつく。「造詣」②社寺にもうでる。「参詣・物詣」

×**閨** 音ケイ漢 訓ねや ‖ ①女性の部屋。「閨怨けいえん・閨房/空閨・孤閨」②女性。妻。「閨秀・閨閥/令閨」

慶 音ケイ漢 キョウ(キャウ)呉 訓よろこぶ ‖ ①めでたいと祝う。よろこぶ。「慶賀・慶事・慶祝/国慶節」②めでたいこと。「慶弔/大慶・同慶・余慶・落慶」名付 ちか・のり・みち・やす・よし 難読 慶讃きょうさん

人**慧** 音ケイ漢 エ(ヱ)呉 訓さとい ‖ ㊀〈ケイ〉気がきいて賢い。さとい。「慧眼・慧敏/聡慧そうけい・敏慧」㊁〈エ〉①さとい。「智慧ちえ」②仏教で、真理を明らかに知る力。「慧眼えげん/戒定慧かいじょうえ」名付 あきら・さと・さとし・さとる

憬 音ケイ漢 訓あこがれる ‖ ①気がつく。②遠く行くさま。③あこがれる。「憧憬しょうけい・どうけい」補説 ③は日本での用法。

稽 音ケイ漢 訓とどまる、かんがえる ‖ ①引きとめる。とどまる。「稽留」②かんがえる。「稽古/滑稽こっけい・不稽・無稽」③頭を地につける。「稽首」

憩 音ケイ漢 訓いこい、いこう ‖ 一息つく。休む。いこい。「憩息/休憩・少憩」補説「憇」は俗字。名付 やす

×**頸** 音ケイ漢 訓くび ‖ ㊀〈ケイ〉くび。「頸椎けいつい・頸部/刎頸ふんけい」㊁〈くび〉「頸筋・頸輪/喉頸のどくび」補説「頚」は異体字。

漢字項目 けい－2

人**繫**　音ケイ漢　訓つなぐ、かける、つながる、かかる‖①ひもなどでつなぐ。「繫船・繫縛・繫留」②つながる。つながり。「繫属/連繫」③結びつける。「繫辞」補説①②は「係」と通用する。人名用漢字表(戸籍法)の字体は「繫」。難読面繫(おもがい)

×**瓊**　音ケイ漢　訓たま、に‖①たま。「瓊玉」②玉のように美しい。「瓊筵(けいえん)・瓊姿」難読瓊瓊杵尊(ににぎのみこと)

警　学6　音ケイ漢　キョウ(キャウ)呉　訓いましめる‖①注意を与え、身を引き締めさせる。非常の事態に備える。「警戒・警告・警察・警笛・警備・警報/自警・夜警」②油断がなく素早い。「警抜/奇警」③「警察」「警察官」の略。「県警・婦警」難読警策(きょうさく)・警蹕(けいひつ)

鶏〔鷄〕　音ケイ呉漢　訓にわとり、とり、かけ‖㊀〈ケイ〉ニワトリ。「鶏冠・鶏舎・鶏鳴・鶏卵/闘鶏・養鶏」㊁〈とり(どり)〉「若鶏」補説「雞」は異体字。難読黄鶏(かしわ)・水鶏(くいな)・秧鶏(くいな)・軍鶏(シャモ)・矮鶏(チャボ)・鶏冠(とさか)

人**馨**　音ケイ漢　キョウ(キャウ)呉　訓かおる、かおり‖かおる。かおり。「馨香(けいこう・けいきょう)/素馨(そけい)・芳馨(ほうけい)」名付か・きよ・よし

漢字項目 げい

芸〔藝〕　学4　音ゲイ呉漢‖①草木を栽培すること。「園芸・種芸・農芸」②修練によって得た技能。「芸術・芸人・芸能/演芸・学芸・技芸・曲芸・工芸・至芸・手芸・多芸・武芸・文芸・無芸・六芸(りくげい)」③安芸(あき)国。「芸州」補説「芸(うん)」は香草の名で、「藝」の新字体「芸」とは別字。名付き・すけ・のり・まさ・よし

迎　音ゲイ漢　ギョウ(ギャウ)呉　訓むかえる‖①出むかえる。待ちうける。「迎撃・迎春・迎賓/歓迎・送迎・奉迎」②相手の意をいれる。「迎合」難読来迎(らいごう)

×**睨**　音ゲイ漢　訓にらむ、ねめる‖にらむ。「睨視/睥睨(へいげい)」

鯨　音ゲイ慣　訓くじら、いさな‖①クジラ。「鯨肉・鯨油/巨鯨・白鯨・捕鯨」②大きいことのたとえ。「鯨飲・鯨波」難読鯨魚(いさな)・鯨波(とき)

名題。

けいあん-の-おふれがき【慶安御触書】慶安2年(1649)江戸幕府が公布した触れ書き。全32か条と奥書よりなる。年貢の確保をめざし、農民統治のため日常生活をこまかく規制したもの。

けいあん-の-へん【慶安の変】慶安4年(1651)由井正雪・丸橋忠弥らを首謀者とする浪人の反乱計画。未然に発覚し、正雪は自刃、一味は捕らえられた。慶安事件。

けい-い【涇渭】(―ヰ) 涇水と渭水。共に中国陝西(せんせい)省を流れる川で、涇水は常に濁り、渭水は常に澄んでいる。二つの川が合流する地点では、その清濁が対照的であるところから、清濁・善悪などの区別が明らかなことのたとえに用いられる。

けい-い【経緯】(―ヰ)〔名〕スル ❶縦糸と横糸。❷縦と横。❸南北と東西。経線と緯線。また、経度と緯度。❹物事の筋道。いきさつ。顛末(てんまつ)。「事件の―を話す」❺秩序を立てて治め整えること。「本朝支那の言語文字を―して用うること千有余年」〈西村茂樹・明六雑誌一〉類語過程・いきさつ・顛末・一部始終・プロセス・始末・次第

けい-い【敬畏】(―ヰ)〔名〕スル うやまい、おそれること。心からうやまうこと。「大に人民の為に、―せられたり」〈竜渓・経国美談〉

けい-い【敬意】尊敬する気持ち。「―を表する」「―を払う」「―をこめる」

けい-い【軽易】㊀〔形動〕文〔ナリ〕❶手軽でたやすいさま。簡単なさま。「―な問題」❷軽率なさま。「―なる、軽々しい振る舞ひが多いものぢゃほどに」〈史記抄・竇田伝〉㊁〔名〕あなどり軽んずること。「我人を軽しめば、還って我身人に―せられん」〈日蓮消息・佐渡御書〉類語簡単・容易・安易・平易・手軽(てがる)・楽・手っ取り早い・容易(たやす)い・易(やさ)しい・易(やす)い・平たい・造作(ぞうさ)ない・訳(わけ)ない・朝飯前・お茶の子さいさい

けいい-ぎ【経緯儀】(ケイヰギ) 小型望遠鏡の水平軸と鉛直軸を回転するようにした、観測物体の高度と方位角を測る器械。天体用と測量用がある。セオドライト。

げい-いき【芸域】(―ヰキ) 修得した芸の範囲、幅。「―の広い人」「―を深める」

ケイ-イ-ケイ〖KEK〗「高エネルギー加速器研究機構」の通称。補説KEKは日本語名称のローマ字表記「Kou Enerugi kasokuki Kenkyuu kikou」から。カタカナでは、国際的な英語の発音に近づけて「ケイ・イ・ケイ」と表記する。英語の正式名称は、High Energy Accelerator Research Organization

けい-いん【京×尹】(―ヰン)「京兆(けいちょう)の尹」の略。

けい-いん【契印】❶数枚からなる書類が一連のものであることを証明するために二つの紙面にまたがらせて押す印。また、発行する文書とその原簿との両方にまたがらせて押す。➡割り印　❷▶印相(いんそう)　類語捨て印・割り印・合印・検印・消印・烙印・合い判・朱印・証印・連判・調印

げい-いん【鯨飲】〔名〕スル 鯨が水を飲むように、酒を一時にたくさん飲むこと。牛飲。「こんなにがぶがぶ―されるとは思っていなかった」〈太宰・親友交歓〉類語がぶ飲み・牛飲・痛飲・暴飲

げいいん-ばしょく【鯨飲馬食】鯨のように多量の酒を飲み、馬のように多量の物を食べること。牛飲馬食。

けい-う【恵雨】❶日照り続きのときに降って、農作物をうるおす雨。慈雨。❷君主のめぐみをいう語。

けい-う【軽雨】ほんの少し降る雨。小雨。微雨。

げい-うら【芸裏】《花道での役者の芸を背後から見るところから》歌舞伎で、舞台に向かって花道の左側の観客席。⇔芸表(げいおもて)。

けい-うん【×奎運】《「奎」は文教をつかさどるといわれる星の名》学問の気運。学問や文芸が発達する勢い。文運。「―大いに興る」

けいうん【慶運】▶きょううん(慶運)

けい-うん【慶雲┊景雲┊×卿雲】めでたいことの起こる前兆とされる雲。瑞雲(ずいうん)。

けいうん【慶雲】奈良時代、文武天皇・元明天皇の時の年号。704年5月10日～708年1月11日。きょううん。

げい-うんりん【倪雲林】▶倪瓚(げいさん)

けい-えい【形影】形とその影。相伴って離れないさまにたとえる。

形影相弔(あいとむら)・う　《李密「陳情表」から。自分と自分の影とが互いに哀れみ、慰め合う意》孤独で訪れる人もなく、寂しいさまをいう。「全然(まるっきり)やもめで、実際―・うと云う其の影も」〈鏡花・婦系図〉

形影相伴(あいともな)・う　形とその影のように、いつも一緒にいるさま。また、夫婦の仲がよいようす。

けい-えい【経営】〔名〕スル ❶事業目的を達成するために、継続的・計画的に意思決定を行って実行に移し、事業を管理・遂行すること。また、そのための組織体。「会社を―する」❷政治や公的な行事などについて、その運営を計画し実行すること。「国家の―」❸測量して、建物をつくること。「十兵衛が辛苦―むなしからで、感応寺生雲塔いよいよ物の見事に出来上り」〈露伴・五重塔〉❹物事の準備や人の接待などにつとめはげむこと。けいめい。「湯を沸(わ)かすやら、粥(かゆ)を煮るやら、いろいろ―してくれたそうでございます」〈芥川・運〉❺急ぎあわてること。けいめい。「早朝告げあり。―参入す」〈小右記・長保元年一一月〉類語運営・営業・営利事業・商業・商売・商行為・業務・ビジネス・外商・外交・セールス

けい-えい【継泳】水泳のリレー競技。

けい-えい【警衛】(―ヱイ)〔名〕スル 警戒し護衛すること。また、その役の人。「首相官邸を―する」類語警護・護衛・保護・擁護・庇護(ひご)・守護・防護・ガード

けいえい-がく【経営学】企業経営にかかわる経済的・人間的・技術的側面を研究対象とする学問。

けいえい-かんり【経営管理】(―クワンリ) 企業などの組織体において、各種業務の遂行が経営目的に沿って達成されるように、その活動全般にわたる管理・運営を行うこと。

けいえいかんりがく-しゅうし【経営管理学修士】(ケイエイクワンリガクシウシ)▶エム-ビー-エー(MBA)

けいえい-きょうぎかい【経営協議会】(―ケフギクワイ) 労働者の経営参加または労使協調を目的として、労働条件・人事・経営方針などに関し、労働者と経営者が協議する機関。

けいえい-けいざいがく【経営経済学】経営学の一分野で、特に経営の経済的側面に重点を置いて研究する学問。

けいえい-けん【経営権】経営者が自らその企業を経営・管理する権利。法的に規定された権利ではなく、労働者の経営参加の要求に対して、使用者から主張されるもの。

けいえい-こうがく【経営工学】▶インダストリアル-エンジニアリング

けいえい-さんか【経営参加】労働者または労働組合が企業経営における意思決定に参加すること。

けいえい-しゃ【経営者】企業を経営する人。経営方針や経営計画を決め、基本的・全般的管理を担当する。広義には、経営管理者の総称。

けいえい-とうごう【経営統合】(―トウガフ) 二つ以上の会社が共同で持ち株会社を設立し、その傘下に入ること。同じ親会社をもつことで戦略を共有し、会社同士の関係を深めるもの。合併とは異なり、資本や組織は一本化されない。

けいえい-ぶんせき【経営分析】貸借対照表・損益計算書などの財務諸表や原価資料などを分析・比較・検討して、企業の財政状態および経営成績の良否を明らかにすること。

けい-えき【軽液】純水より比重の小さい液。また、二つ以上の液の比重を比べたときに、その小さい方の液。➡重液

げい-えつ【迎謁】出迎えて拝謁すること。

けいえん【桂園】(ケイヱン) 歌人、香川景樹(かがわかげき)の号。

けい-えん【敬遠】(―ヱン)〔名〕スル ❶表面では敬う態度で、実際にはかかわりを持たないようにすること。「口うるさいので周囲から―される」❷かかわりを持つことを嫌ってその物事を避けること。「めんどうな仕事を―する」❸野球で、投手が打者との勝負を避け、故意に四球を与えること。「強打者を―する」類語忌避・回避・不可避

けい-えん【×閨怨】(―ヱン) 夫と別れた婦人が、ひとり寝の寂しさをうらむこと。また、その気持ち。

けい-えん【×瓊×筵】《玉で飾ったむしろの意》宴席の美称。「花鳥遊楽の―」〈謡・松虫〉

げい-えん【芸×苑】(―ヱン) 文学者・芸術家の社会。芸術界。芸林。

けいえんいっし【桂園一枝】(ケイヱンイッシ) 江戸末期の私家集。3巻。香川景樹の自撰。天保元年(1830)刊。古今調で清新の気に富んだ983首を収める。

けい-えんげき【軽演劇】大衆相手の、こっけいや時事風刺を中心とする劇。昭和初期に東京で興り、昭和20年代まで盛行した風刺喜劇などをいう。

けいえん-じだい【×桂園時代】(ケイヱンジ―) 日露戦争後から大正2年(1913)の政変まで、桂太郎と西園寺公望が交互に政権を担当した期間の呼称。

けいえん-は【×桂園派】(ケイヱン―) 香川景樹が興した和歌の流派。古今集を重んじ、調べの説を唱えて、清新平明に歌うことを主張。➡伊勢派　➡江戸派

けいおう【慶応】江戸末期、孝明天皇・明治天皇の時の年号。1865年4月7日～1868年9月8日。

けいおう-かいらい【継往開来】(ケイワウ―) 先人の事業を受け継ぎ、発展させながら未来を切り開くこと。

けいおうぎじゅく-だいがく【慶応義塾大学】東京都港区に本部がある私立大学。福沢諭吉の洋学塾に始まり、慶応4年(1868)に慶応義塾と命名。大正9年(1920)旧制大学となり、藤原工業大学を合併、昭和24年(1949)新制大学に移行。

けいおうていと-でんてつ【京王帝都電鉄】「京王電鉄」の旧社名。

けいおう-でんてつ【京王電鉄】東京都・神奈川県に路線をもつ電鉄会社。また、その鉄道。新宿・八王子間の京王線と、調布・橋本間の相模原線、渋谷・吉祥寺間の井の頭線などがある。昭和23年(1948)に京王帝都電鉄として設立。平成10年(1998)に社名を京王電鉄に変更した。

ケイオス〖chaos〗▶カオス

げい-おもて【芸表】《花道での役者の芸を正面からみるところから》歌舞伎で、舞台に向かって花道の右側の観客席。⇔芸裏

げい-おん【鯨音】寺院の釣鐘の音。

けい-おんがく【軽音楽】クラシック音楽に対して、ポピュラー・ジャズ・シャンソンなどの総称。

けいおん-き【警音器】サイレンや自動車のクラクションなど、警告音を出す装置の総称。警笛。ホーン。[補説]道路交通法ではサイレン・鐘を除外し「警音器」と称する。

けい-か【京華】みやこ。京洛。

けいか【恵果】[746〜805]中国、唐代の僧。京兆府昭応(陝西省)の人。不空三蔵に従って密教を究め、日本では真言宗付法第七祖と仰がれる。空海はその門人。青竜寺和尚。

けい-か【×珪化】〔名〕スル 岩石の中に珪酸が浸透し、硬い珪質岩になること。また、生物の遺体が地中の珪酸の浸透で珪酸質に変わること。

けい-か【×珪華】湯の花の一。温泉や冷泉から沈殿した二酸化珪素が成分。

けい-か【荊軻】[?〜前227]中国、戦国時代の刺客。衛の人。燕の太子丹の依頼で、秦王政(始皇帝)を刺そうとして失敗、殺された。太子との別れに、易水のほとりで作った易水送別の歌「風蕭々として易水寒し、壮士一たび去って復た還らず」(「史記」刺客伝)の詩が有名。荊卿。⇒易水

けい-か【経過】〔名〕スル ❶時間が過ぎること。「一〇年の歳月が一した」❷ある時間内の物事の進行・変化のぐあい。成り行き。「手術後の一は良好」「試合の途中一」❸ある場所・段階を通りすぎること。「即是れ人類の当に一す可べき階級なり」〈福沢・文明論之概略〉❹小さな天体が大きな天体の前面を通過する現象。[類語]成り行き

けい-か【蛍火】蛍の光。ほたるび。「篝火は、里余の間に散列して、点々一の如く」〈竜渓・経国美談〉

けい-か【軽×舸】軽快に走る小舟。軽舟。「来れ、彼一の中に」〈鴎外訳・即興詩人〉

けい-が【慶賀】〔名〕スル ❶喜び祝うこと。祝賀。「無事帰着を一する」「一に堪えません」❷任官・叙位された者が、お礼を申し上げること。拝賀。奏慶。よろこびもうし。[類語]恭賀・謹賀・奉賀・奉祝・慶祝・めでたい

けい-が【×繋×駕】❶乗り物に馬をつなぐこと。❷競馬で、二輪車に人が一人乗り、それを馬に引かせて走る競走。日本では禁止されている。「一競走」

げい-か【×猊下】《「猊」は「猊座」の略》❶高僧のそば。❷高僧・碩学に対する敬称。❸一つの宗派の管長に対する敬称。❹僧に送る書面の脇付に用いる語。⇒猊座

[類語]和尚・上人・大師・阿闍梨・三蔵

けい-かい【計会】❶考えあわせること。とりはからうこと。「内臣として内外を一し」〈続紀・元正〉❷物事が重なり合うこと。「物色と人情と一すること疎かなり」〈菅家文草・一〉❸さしつかえること。取り込むこと。「歳末の一によって暫く差し置かれぬ」〈太平記・四〉❹困ること。困惑すること。「足難気など、散々の一なり」〈実隆公記〉❺金のやりくりがつかないこと。貧乏。「我が一して、食物がなさに渡るを」〈四河入海・二○〉

けい-かい【啓開】〔名〕スル ❶きりひらくこと。「運命がとに角自分の才覚によって一されたことを感じ」〈平林たい子・かういふ女〉❷水路の障害物を除いて船が航行できるようにすること。

けい-かい【経回｜経×廻】《「けいがい」とも》❶滞在すること。「貴境に参下す。一の間一願を賜はるべし」〈明衡往来〉❷めぐり歩くこと。「京都の一難治の間、身を在々所々にかくし」〈平家・一一〉❸生きて月日を送ること。「頼朝世に一せば、御方に奉公仕りて」〈盛衰記・四一〉

けい-かい【軽快】〔名・形動〕スル ❶軽々としていて、動きのすばやいこと。また、そのさま。「一な身のこなし」❷軽やかで、気持ちがよいこと。また、そのさま。「一なリズム」❸病気がよくなること。症状が軽くなること。「手術が成功してかなり一する」[派生]けいかいさ〔名〕[類語]軽やか・軽妙

けい-かい【境界｜経界】土地などのさかい。きょうかい。「立札だけの荒れた土の中にむなしく残った一ト廓の一」〈万太郎・春泥〉

けい-かい【警戒】〔名〕スル 危険や災害に備えて、あらかじめ注意し、用心すること。「徹夜で一にあたる」「インフレを一する」[類語]厳戒・戒厳・注意・用心・戒心・配慮・用意・留意・心掛け・気配り・気遣い

けい-がい【形骸】❶精神や生命を別にした、からだ。むくろ。「一をさらす」❷建物などの、骨組み。「爆破されて一もとどめない」❸外形だけを残して、実質的な意味を失っているもの。「制度の一化」

形骸を土木にす　《「晋書」嵆康伝から》容姿を気にかけない。身の回りを飾らない。

けい-がい【×荊×芥】アリタソウの別名。

けい-がい【傾蓋】たまたま会うこと。また、ちょっと会っただけで、親しくなること。「拙者一見手を握て殆ど一の想をなしました」〈津田仙・明六雑誌四一〉[補説]孔子が、道で偶然に出会った程子と、車のきぬがさ(蓋)を傾けて、親しく話したという「孔子家語」致思の故事から。

傾蓋故の如し　《鄒陽「獄中上書自明」から》ちょっと会っただけで、旧知のように親しくなる。傾蓋旧の如し。

けい-がい【境外】❶境界の外側。区域外。❷社寺の敷地の外。

けい-がい【×謦×咳｜×謦×欬】せきばらい。しわぶき。また、人が笑ったり話したりすること。

謦咳に接・する　尊敬する人に直接話を聞く。お目にかかる。「老師の一・する」

けい-がい【▽驚×駭】〔名〕スル ▶きょうがい(驚駭)

げい-かい【芸界】芸人の社会。芸能界。

けいがい-ぎんが【系外銀河】▶銀河❷

けいかい-けいほう【警戒警報】警戒を必要とする知らせ。特に、戦時下で、敵機の空襲のおそれがある場合などに出される。「一発令」

けいかい-しょく【警戒色】❶警戒する傾向。警戒するようす。「円の急騰に一を強める」❷周囲の色に比べて目立つような色彩や模様をもつ動物の体色。ハチ・毒蛇などで、有毒・悪臭の動物に多い。⇒保護色

けいかい-せき【×珪灰石】カルシウムの珪酸塩鉱物。ガラス光沢がある白または灰色の板状や柱状の結晶。三斜晶系。石灰岩と深成岩の接触により熱変成作用を受けてできる。

けいかい-せん【警戒線】❶河川などで、洪水の危険水位を示す線。「川の水かさが一を越える」❷「非常線」に同じ。「一を突破する」

けいかい-でんしゃ【軽快電車】▶ライトレールトランジット

けいがい-わくせい【系外惑星】太陽系以外の惑星。太陽ではなく他の恒星の周囲を回る惑星。太陽系外惑星。

けいか-おり【京華織】明治40年(1907)ごろ、京都西陣で織り出された女物帯地。縦糸に絹糸、横糸に絹糸と強撚糸を合わせたものを用いて織り、織り目を高くしたもの。

けい-かき【軽火器】小銃・軽機関銃など、比較的軽量の火器の総称。⇒重火器

けいか-きてい【経過規定】法令の制定や改廃が行われる場合、旧法から新法への円滑な移行に必要な過渡的措置を定めた規定。経過法。

けい-かく【×圭角】《「圭」は玉の意》❶玉のとがったところ。玉のかど。❷性格や言動にかどがあって、円満でないこと。「世の中の辛酸を嘗めつくして、其一がなくなって」〈花袋・田舎教師〉

圭角が取・れる　かどが取れて、円満な人柄になる。かどが取れる。

けい-かく【計画】〔名〕スル ある事を行うために、あらかじめ方法や順序などを考えること。また、その考えの内容。もくろみ。プラン。「一を立てる」「一を練る」「工場移転を一する」[類語]もくろみ・企て・はかりごと・一計・企図・企画・案・立案・構想・設計・プラン・プロジェクト・青写真・筋書・手の内・予定（一する)もくろむ・たくらむ・策する・画する

けい-かく【計較】〔名〕スル「けいこう(計較)」の慣用読み。

けい-かく【傾角】❶1直線と1平面の間の角。❷「伏角」に同じ。❸気象学で、気圧傾度と風向とのなす角度。

けい-がく【京学】▶きょうがく(京学)

けい-がく【渓×壑｜×谿×壑】❶深い谷。渓谷。❷《深い谷川の水は尽きないところから》欲望が次から次と起こって満足を知らないことのたとえ。「一の欲」

けい-がく【経学】儒家の作った経典(経書)を研究する学問。

けい-がく【▽驚×愕】〔名〕スル ▶きょうがく(驚愕)

けいかくがいりゅうつう-まい【計画外流通米】食糧法における区分の一つで、計画流通米以外の米。生産者が直接販売をするもので、数量の届出が義務づけられた。平成16年(2004)の法改正により廃止。⇒計画流通米

けいかく-けいざい【計画経済】一国の経済活動全般が、中央政府の意思のもとに計画的に管理・運営される経済体制。生産手段を公有化した社会主義国家経済の特徴の一つ。

けいかくちょうせい-けいやく【計画調整契約】電力会社が電力の安定供給などを目的に企業と結ぶ契約の一種。大口需要者へ割引料金で電力を供給する代わりに、企業の電力消費をピークとなる平日の昼間以外や休日などに計画的に振替えてもらうもの。⇒ピークシフト ⇒随時調整契約

けいかく-ていでん【計画停電】電力需要が供給力を上回ることが予測される場合に、大規模な停電を回避するために、電力会社が事前に用途・日時・地域などを定めて電力の供給を一時停止すること。特に地域を区分して順番に停止する場合は、輪番停電ともいう。

けいかく-てき【計画的】〔形動〕あらかじめ計画を立てて物事を行うさま。「一な犯行」

けいかくりゅうつう-まい【計画流通米】国内における供給と価格の安定のため、政府が生産・流通を管理する米。食糧法における区分の一つで、政府米と自主流通米をさした。平成16年(2004)の法改正により廃止。⇒計画外流通米

けい-かげき【軽歌劇】通俗的な歌とせりふによる軽い内容のオペラ。ライトオペラ。

けいが-し【慶賀使】江戸幕府の将軍の代替わりごとに琉球が派遣した祝いの使節。⇒謝恩使

けい-かしつ【軽過失】注意義務違反の程度の軽い過失。人が当然払うべき注意を多少なりとも欠くこと。⇒重過失

けい-がしら【×彐頭｜×彑頭】漢字の頭の一。「縁」「彙」「帚」などの頭の「彐」「彑」「ヨ」の称。

けい-かつ【契×闊】別れて長い間会わないこと。ぶさた。久闊。

けいか-ほう【経過法】▶経過規定

けいか-ぼく【×珪化木】樹木が地中に埋没し、珪化した化石。

けい-がまえ【×冂構え】漢字の構えの一。「冊」「再」「冑」などの「冂」の部分の称。まきがまえ。

けいか-りし【経過利子】利付債券を売買する場合、前回の利払い日の翌日から売買の受け渡し日までの経過日数に応じて、日割り計算して買い手が売り手に支払う利子。

けい-かん【×圭冠】▶はしはこうぶり(圭冠)

けい-かん【京官】ークワン ▶きょうかん(京官)

けい-かん【径間】❶さしわたしの距離。❷▶スパン

けい-かん【×挂冠┊▽掛冠】ークワン〔名〕スル《「挂」は掛けるの意》官職を辞めること。辞職すること。致仕(ちし)。かいかん。(補説)後漢の逢萌(ほうぼう)が王莽(おうもう)に仕えることを潔しとせず、冠を解いて東都の城門に掛け、遼東(りょうとう)に去ったという「後漢書」逸民伝の故事から。

けい-かん【×桂冠】ークワン「月桂冠(げっけいかん)」に同じ。

けい-かん【×荊冠】ークワン キリストが十字架にかけられた時にかぶせられた、荊(いばら)の冠。また、受難のたとえ。

けい-かん【渓間┊×谿間】谷あい。谷間。

けい-かん【渓×澗┊×谿×澗】谷川。谷。「寂寞たる―に翱飛するが如し」〈服部誠一訳・春窓綺話〉

けい-かん【経巻】ークワン 経書。経典。

けい-かん【景観】ークワン 風景。景色。特に、すばらしいながめ。「壮大な―」(類語)美観・奇観・異観・壮観・偉観・スペクタクル・景色・風景・風光・風色(ふうしょく)・景(けい)・景色(けいしょく)・景趣・眺望・眺め・見晴らし・パノラマ

けい-かん【警官】ークワン 警察官のこと。
(類語)警察官・お巡りさん・お巡り

けい-かん【鶏冠】ークワン 鶏のとさか。

けい-かん【鶏×姦】男どうしで行う性行為。男色。

けい-かん【×勁×悍】〔名・形動ナリ〕強くて、あらあらしいこと。また、そのさま。「彼の―なるロデリックの如きあり」〈服部誠一訳・春窓綺話〉

けい-がん【×炯眼┊×烱眼】❶鋭く光る目。鋭い目つき。「―人を射る」❷物事をはっきりと見抜く力。鋭い眼力。慧眼(けいがん)。「―をもって鳴る批評家」

けい-がん【×珪岩】主として石英の粒からなる緻密(ちみつ)で硬い岩石。色は白・灰・赤など。砂岩が変成作用を受けて生じたホルンフェルスと、石英粒子が珪酸分で硬く結合された砂岩との2種がある。

けい-がん【啓×龕】厨子(ずし)を開いて中の仏像を拝ませること。開帳。(季 春)

けい-がん【×慧眼】物事の本質を鋭く見抜く力。炯眼(けいがん)。「―の士」➡慧眼(えげん) (類語)眼力・眼光・心眼・達眼

けい-がん【×繋岸】船を岸壁につなぎとめること。

けい-がん【鶏眼】うおのめのこと。

げい-かん【迎寒】❶寒冷の季節を迎えること。❷陰暦8月の異称。

けいかん-えいよう【経管栄養】ケイクワンエイヤウ 食事を口から摂れない患者に対して、鼻や腹部に形成した瘻孔(ろうこう)からチューブを使って栄養補給を行うこと。

けいかん-か【鶏冠花】ケイクワンクワ ケイトウの別名。

けいかんくうてき-ないしきょうしゅじゅつ【経管×腔的内視鏡手術】ケイクワンクウテキナイシキヤウシユジユツ 口や肛門などの開口部から内視鏡を挿入し、体腔内で診断・処置を行う治療方法。体表面を切開することなく、目的の臓器や組織の生検・切除・摘出・吻合(ふんごう)などを行うことができる。NOTES(ノーテス)(Natural Orifice Translumenal Endoscopic Surgery)。

けいかん-けん【景観権】ケイクワンー 自然の景観や、歴史的・文化的景観を享受する権利。(補説)個人的な権利である眺望権が集まって広域化したものととらえることもできる。

けいかん-しじん【×桂冠詩人】ケイクワンー 英国で、王室が最高の詩人に与える称号。現在は終身制の名誉職で、年俸を与えられる。古代ギリシャで、すぐれた詩人に月桂冠を授けた故事に基づく。ジョンソン、ドライデン、ワーズワースなどが選ばれている。桂冠詩宗(しそう)。欽定(きんてい)詩宗。

けいかん-せき【鶏冠石】ケイクワンー 砒素(ひそ)と硫黄からなる鉱物。赤色、橙黄色で樹脂光沢のある単斜晶系短柱状結晶。昔は花火の材料に用いた。

けいかん-ちく【景観地区】ケイクワンー 景観法により規定される、都市計画法上の地域地区の一つ。市街地の良好な景観の形成を図るために定められる地区。建築物の形態・色彩その他の意匠が制限される。平成17年(2005)の景観法施行に伴い、都市計画法の地域地区であった美観地区は廃止され、景観地区に移行。規制が拡充された。

けいかん-ほう【景観法】ケイクワンハフ 都市・農山漁村等における良好な景観は国民共通の資産と認め、その整備と保全を図る法律。地方公共団体は景観計画を定めて建築を規制し、地域の特性を生かした景観を形成する。平成17年(2005)6月全面施行。(補説)景観法に、改正された屋外広告物法、都市緑地法を加え、景観緑(みどり)三法という。

けいかん-りえき【景観利益】ケイクワンー 長年の努力によって守られてきた良好な景観の恩恵を生活環境として楽しむ利益。法の保護の対象となる。➡景観権

けい-き【刑期】懲役・禁錮などの自由刑の執行を受ける期間。「―満了」

けい-き【京畿】❶王城周辺の地。❷京都に近い国々。畿内。

けい-き【契機】❶きっかけ。動機。「失敗を―に体制を立て直す」❷ヘーゲルの弁証法の用語。全体を構成するために不可欠な要素。また、事物の動的過程において、その変化・発展を規定する本質的・必然的な通過段階。(類語)きっかけ・機・縁・原因・もと・種(たね)・起こり・因(いん)・因由・素因・真因・要因・一因・導因・誘因・理由・事由(じゆう)・訳(わけ)・近因・遠因・せい

けい-き【計器】物の長さ・重さ、また、速さなどを計る器械。計量器械。メーター。(類語)度量衡・メーター

けい-き【掲記】〔名〕スル 記録として書き記すこと。「国家の公法例条に―して容易に変換す可らしむ可し」〈津田真道訳・泰西国法論〉

けい-き【経紀】〔名〕スル《すじみちの意》❶国を治めるための法と秩序。❷すじみちを立てて取りしきること。運営すること。「徳川氏の天下を―するの方法をして」〈田口・日本開化小史〉

けい-き【景気】❶売買や取引などに現れる経済活動の状況。特に、経済活動が活気を帯びていること。好景気。「―が上向く」「―が回復する」「―のいい店」❷活気があること。威勢がよいこと。「一杯飲んで―をつける」「―よく太鼓を打ち鳴らす」❸人気。評判。「牛肉も伝染病のふうぶんで大きに―を落としましたが」〈魯文・安愚楽鍋〉❹物事のようす。ありさま。また、情景。景色。「幾分厳(いか)めしい―を夜陰に添えたまで」〈漱石・彼岸過迄〉❺和歌・連歌・俳諧で、景色や情景のおもしろさを主として詠むこと。景曲。「―の句」
(類語)(❶)景況・市況・商況・商状・気配・売れ行き・金回り／(❷)元気・活気・意気・威勢・気勢・士気・精気・溌剌(はつらつ)・志気・勢力・威力・権勢・権力・実権・勢い

けい-き【軽機】「軽機関銃」の略。

けい-き【軽騎】「軽騎兵」に同じ。「後に、―の兵籍に入り」〈中村訳・西国立志編〉

けい-き【傾危】〔名〕スル 傾いてあぶないこと。「―の際、老いても一門の支柱となれる入道相国は折柄怪しき病いに死し」〈樗牛・滝口入道〉

けい-き【継起】〔名〕スル 物事が相ついで起こること。「政界に―する疑惑」(類語)続発・連発・続出・続く・相次ぐ・度(たび)重なる・重なる

けい-ぎ【計議】はかろうこと。相談すること。また、そのはかりごと。「仇敵を打滅すべき―をば、運(めぐ)らされて」〈逍遥訳・自由太刀余波鋭鋒〉

けい-ぎ【経義】経書の意味内容。経書の説く道理。

げい-ぎ【芸気】《「げいき」とも》芸事の心得。芝居気(しばいぎ)。芝居ごころ。

げい-ぎ【芸×妓】歌舞や音曲などで、酒宴の座に興を添えることを業とする女性。芸者。芸子。
(類語)芸者・芸子・綺麗どころ・左褄(ひだりづま)

けいきウオッチャー-ちょうさ【景気ウオッチャー調査】ーテウサ 内閣府が行う、景気に関する月次調査。全国を11地域に分け、仕事を通じて景気の動向を観察できる人々(景気ウオッチャー)から景況感を聞き取る。景気ウオッチャーは、3か月前と比べたその時点の景気と、2～3か月後の景気の予測を、良いから悪いまでの5段階で答え、これに基づいて現状判断DIと先行き判断DIが集計・発表される。街角景況感。(補説)景気ウオッチャーは、コンビニエンスストア店長・タクシー運転手・農林水産業従事者・製造業経営者・人材派遣会社社員など幅広い業種・職種から約2000人が選ばれる。

けい-きかんじゅう【軽機関銃】ーキクワンジユウ 重量10キロ程度の機関銃で、一人で携行し、射撃ができるもの。軽機。➡重機関銃

けい-ききゅう【軽気球】ーキキウ「気球」の古い呼び方。

けいぎこう【経義考】ケイギカウ 中国の目録書。300巻・目録2巻。朱彝尊(しゅいそん)編。1755年刊。経書を29項目に分類し、著者名・書名・巻数・存否などを記す。翁方綱(おうほうこう)編の「経義考補正」12巻がある。

けいき-しひょう【景気指標】ーシヘウ 景気変動の局面を示す指標。景気の現況の把握、予測に用いる。

けいき-じゅんかん【景気循環】ージユンクワン 資本主義経済で、経済活動が拡張する好況と収縮する不況とが交互に発生する、その周期的変動のこと。波動のタイプの代表的なものに、在庫変動に起因する約40か月周期のキチンの波、設備投資の変化に起因する約10年周期のジュグラーの波、建設需要に起因する約20年周期のクズネッツの波、技術革新に起因する約50年周期のコンドラチエフの波がある。景気変動。

けいきちゃくりく-そうち【計器着陸装置】ーサウチ 着陸しようとする航空機に地上から電波を発信し、滑走路への正しい進入コースを指示する装置。ILS。

けいき-づ・く【景気付く】〔動カ五(四)〕❶経済活動が盛んになる。商売が繁盛しはじめる。「正月を控え市場が―・く」❷物事が盛んになる。勢いづく。「酒が入り、一座が―・く」

けいき-づけ【景気付け】❶勢いや元気をつけること。「―に一杯飲もう」❷連歌・俳諧の付合(つけあい)で、景気❺だけで前句へ付けること。

けい-きっすい【軽喫水】船が貨物等を積まず、航海に必要な物だけを積んで浮かんだときの喫水。

けいき-どう【京畿道】ーダウ ▶キョンギド

けいきどうこう-しすう【景気動向指数】ケイキドウカウー 内閣府が毎月公表する産業、労働、金融などさまざまな経済活動で、景気に重要かつ敏感な複数の指標動向をもとに算出した統合的な景気指数。景気の予測や現状判断、確認などに利用される。主な指数として、景気の局面判断や転換点判定に有効なディフュージョンインデックス(DI)や景気動向の大きさやテンポなど量感を把握できるコンポジットインデックス(CI)などがある。平成20年(2008)4月から内閣府は、ディフュージョンインデックス中心の公表から、国際的な主流となっているコンポジットインデックス中心の公表へと移行した。➡業況判断指数

けいき-の-うた【景気の歌】風景のような外部の物事をそのままに詠んだ歌。

けいき-の-きちょうはんだん【景気の基調判断】ーキテウハンダン ▶基調判断

けいき-ひこう【計器飛行】ーヒカウ 航空機が飛行姿勢・地点・航路などを、視覚的な目標に頼らず、機上の計器の指示により判断して飛行を続けている状態。⇔有視界飛行。

けい-きへい【軽騎兵】軽装備の敏捷(びんしょう)な騎兵。

けいき-へんどう【景気変動】▶景気循環

けい-きゅう【×勁弓】張りの強い弓。強弓。

けい-きゅう【軽×裘】ーキウ 軽く暖かい皮ごろも。〈日葡〉

けい-きゅう【警急】ーキフ 警戒すべき突発的な事件。急変。また、急変に対する用意。

けいきゅう-いん【桂宮院】ーキウン 京都市右京区にある広隆寺の奥の院。単層で檜皮葺(ひわだぶ)きの八角円堂。本堂は鎌倉時代の再建。けいぐういん。

けいきゅう-しんごう【警急信号】ケイキフシンガウ ❶遭難した船舶がSOSを出す前に発することを定められた信号。この信号により他の船舶の警急自動受信機が作動する。❷一般的に、警戒のために発する信号。サイレン・汽笛など。

けいきゅう-ひば【軽×裘肥馬】ケイキウー《「論語」雍也の「肥馬に乗り、軽裘を衣(き)ふ」から》軽く暖かい皮ごろもと肥えた馬。富貴な人が外出するときのいでたちにいう。軽肥。「―繋(つな)ぐに所なし」〈太平記・二七〉

けい-きょ【軽挙】軽はずみな行い。「―を慎む」
(類語)軽軽しい・軽はずみ・軽率・軽軽

けい-きょう【敬恭】〔名〕スル 謹んでうやまうこと。

けい‐きょう【景況】キャウ ❶経済上の、景気の状態。「業界の―をみる」❷時とともに移り変わってゆく、その場のありさま。「今、試に都下の―を見よ」〈福沢・文明論之概略〉 類語 景気・市況・商況・商状・気配

けい‐きょう【景教】ケウ ネストリウス派キリスト教の中国での呼称。唐代初期、中国に伝わり、長安を中心に布教され栄えたが、9世紀、武宗の弾圧によって衰えた。のちモンゴル人の元朝がたつと再び興ったが、14世紀に衰滅。大秦景教。

けい‐きょう【×馨香】キャウ ▶けいこう(馨香)

けい‐ぎょう【敬仰】ギャウ〔名〕スル うやまい、あおぐこと。けいこう。「高徳を―する」 類語 尊敬・敬う・尊ぶ・崇める・仰ぐ・敬する・畏敬・崇拝・敬愛・慕う・敬慕・景仰・崇敬・私淑・傾倒・心酔・心服・敬服

けい‐ぎょう【景仰】ギャウ〔名〕スル ▶けいこう(景仰)

けいきょう‐かん【景況感】ケイキャウ 景気の状態に対する印象。企業や消費者が、現在の景気の状態を以前と比較して、好転している、悪化している、停滞しているなど、どのように感じているかということ。「消費者の―が大幅に改善される」「日銀地域経済報告で―が下方修正される」

けい‐きょく【×荊×棘】❶イバラなど、とげのある低い木。また、そういう木の生えている荒れた土地。❷障害になるもの。じゃまになるもの。困難の多いたとえ。「―を除く」「―の道を歩む」❸人を害しようとする心。悪心。「心に―を持つ」

けい‐ぎょく【×瓊玉】《「瓊」は赤色の玉》美しい玉。

けいきょく‐たい【景曲体】和歌・連歌・俳諧で、景色・情景などをありのままに表した詠みぶり。

けいきょ‐もうどう【軽挙妄動】マウドウ〔名〕スル 深く考えずに、軽々しく行動すること。「―を戒める」

けい‐きん【×奚琴】中国の俗楽用の弦楽器。朝鮮では雅楽に用いられた。円筒形の胴に棹(さお)を差し込んだもの、または底を抜いたさじ形のものに、2弦をわたして馬の尾の毛を張った弓で奏する。

けい‐きん【携琴】明清楽(みんしんがく)に用いる弦楽器。胡弓(こきゅう)に似てやや大きく、竹製の円筒形の胴の上面に蛇皮が張ってある。弦は4本で、太い糸と細い糸とを交互に張り馬の尾の毛を張った弓でこすって演奏する。大胡琴。四胡。

けい‐きん【×頸筋】頸部にある筋肉の総称。最大のものは胸骨・鎖骨から乳様突起につなぐ胸鎖乳突筋。

けい‐ぎん【軽銀】アルミニウムのこと。

けい‐きんぞく【軽金属】比重4～5以下の比較的軽い金属。アルカリ金属・ベリリウム・マグネシウム・アルミニウムなど。⇔重金属。

けい‐く【警句】短く巧みな表現で、真理を鋭くついた言葉。アフォリズム。「―を吐く」 類語 寸言・寸鉄・箴言(しんげん)・金言・格言・名言・至言・名句・座右の銘

けい‐ぐ【刑具】罪人の処刑や拷問(ごうもん)などに用いる道具。笞(むち)・絞首台・枷(かせ)など。

けい‐ぐ【敬具】《謹んで申し上げますの意》手紙などの末尾に用いる語。「拝啓」と対応する。敬白。
類語 敬白・謹言・拝具・草草・早早・忽忽(そうそう)・かしこ・頓首・不一・不二

けい‐ぐ【軽愚】精神遅滞の軽度のもの。魯鈍(ろどん)。➡精神遅滞

けいぐう‐いん【桂宮院】グウ ▶けいきゅういん(桂宮院)

けい‐くじゃくせき【×珪▽孔×雀石】珪酸銅の水和物からなる鉱物。青緑色で塊状や土状をしている。銅鉱床の酸化帯に産する。

けい‐くつ【敬屈｜×磬屈】腰を深く曲げて敬礼すること。磬折(けいせつ)。きょうくつ。「深く―して」〈盛衰記・一一〉

けい‐ぐん【鶏群】❶鶏の群れ。❷凡人の集まり。
鶏群の一鶴(いっかく) 《「晋書」嵆紹伝から》凡人の中に、すぐれた人物が一人まじっていることのたとえ。

けい‐けい【荊卿】▶荊軻(けいか)

けい‐けい【×炯×炯｜×烱×烱】〔ト・タル〕図〔形動タリ〕目などが鋭く光るさま。「眼光―」「そう云う時は翁の―たる目が大きく睜(みは)られて」〈鷗外・妄想〉 類語 燦(さん)・燦然・赫赫(かくかく)・燦爛(さんらん)・玲瓏(れいろう)・皓皓(こうこう)・煌煌(こうこう)

けい‐けい【×煢×煢】〔ト・タル〕図〔形動タリ〕孤独で頼るところのないさま。「―として友欲しげに見える」〈二葉亭・浮雲〉

けい‐けい【×熒×熒】〔ト・タル〕図〔形動タリ〕小さくきらきらと輝くさま。「日はいよいよ明らかに、―として宇宙は一の璧(たま)となりぬ」〈蘆花・自然と人生〉

けい‐けい〔副〕キジ・犬・シカなどの鳴き声を表す語。けんけん。「犬射られて―と鳴きて走るを」〈著聞集・九〉

けい‐けい【軽軽】〔副〕考えや判断に慎重さが欠けているさま。かるがるしく。「―にその是非を論ずることはできない」 類語 軽軽しい・軽はずみ・軽率・軽挙

げい‐げい【鯨×鯢】《「鯨」は雄クジラ、「鯢」は雌クジラ。古くは「けいげい」とも》❶クジラ。また、大魚。❷大悪人のたとえ。悪党の首領。「海に―を剪(き)り、遠近尽(ことごと)く逆浪の声を歇(や)む」〈太平記・一七〉
鯨鯢の顎(あぎと)**にかく** クジラに食われそうになる。海で危険な目にあって命を落としそうになることのたとえ。

けいけい‐そんじゃ【荊渓尊者】湛然(たんねん)の別称。

けい‐げき【京劇】▶きょうげき(京劇)

げい‐げき【迎撃】〔名〕スル 攻めて来る相手を迎え撃つこと。邀撃(ようげき)。「―ミサイル」「敵機を―する」

けい‐けつ【経穴】鍼(はり)を打ち、灸(きゅう)を据える身体の要所。経絡(けいらく)に沿って点在する。つぼ。

けい‐けつ【経血】月経で排出される血液。「―量」

けい‐げつ【×桂月】❶《月の中に桂(かつら)の木があるという伝説から》月の異称。季 秋 ❷陰暦8月の異称。かつらづき。

けい‐げつ【×禊月】《3月3日に禊(みそぎ)を行うことから》陰暦3月の異称。

けいけつ‐せき【鶏血石】中国産の印材。赤く美しい斑点がある。

けい‐けん【×勁健】〔名・形動〕強くすこやかであること。また、そのさま。「兵卒を―にし常に之を戦争に用うるに備えんが為なり」〈杉亨二・明六雑誌三〉

けい‐けん【契券】契約の証書。割符(わりふ)・手形の類。

けい‐けん【経験】〔名〕スル ❶実際に見たり、聞いたり、行ったりすること。また、それによって得られた知識や技能など。「―を積む」「―が浅い」「いろいろな部署を―する」❷哲学で、感覚や知覚によって直接与えられるもの。
用法 経験・体験――日常的な事柄については「経験(体験)してみて分かる」「はじめての経験(体験)」などと相通じて用いられる。◇「経験」の方が使われる範囲が広く、「経験を生かす」「人生経験」などと用いる。◇「体験」は、その人の行為や実地での見聞に限定して、「恐ろしい体験」「体験入学」「戦争体験」のように、それだけ印象の強い事柄に用いることが多い。
類語 体験・見聞・場数・経歴・履歴・キャリア

けい‐けん【敬×虔】〔形動〕図〔ナリ〕うやまいつつしむ気持ちの深いさま。特に、神仏を深くうやまい仕えるさま。「―な祈り」「―の念が深い」 類語 謙虚・恭謙

けい‐けん【鶏犬】にわとりと犬。
鶏犬相聞こゆ 《「老子」80章から。にわとりと犬の鳴き声が方々から聞こえてくる意》村里の家が続いているようすをいう。

けい‐げん【軽減】〔名〕スル 負担・苦痛などを減らして軽くすること。また、減って軽くなること。「税の―」「痛みを―させる薬」 類語 削減・節減・低減・半減

けいけん‐かがく【経験科学】クワガク 経験的事実・現象を対象とし実証的な方法で研究する学問。自然科学や社会科学など。数学・形式論理学、また規範学のような学問に対する語。

けいけん‐がくしゅう【経験学習】ガクシフ 児童・生徒の生活経験から生じた興味や関心を重んじ、これを基礎にして行う学習。

けいけん‐カリキュラム【経験カリキュラム】児童・生徒の経験から発する興味や関心を中心として構成される教育課程。

けいけん‐しゃ【経験者】ある物事を経験したことのある人。また、ある分野について特に多くの経験を積んでいる人。「学識―」

けいけん‐しゅぎ【経験主義】❶「経験論」に同じ。❷理論よりも自己の経験のほうを重視し、もっぱらそれによって物事を判断しようとする態度。

けいけん‐しゅぎ【敬×虔主義】17世紀末から18世紀中ごろ、ドイツのプロテスタント教会の正統主義信仰の教義化および形式化に反対して起こった信仰運動。シュペーナーらによって指導され、信仰の内面性、敬虔、実践性と禁欲的生活を唱えた。

けいけん‐そく【経験則】実際に経験する事柄から見いだされる法則。

けいけん‐ち【経験値】経験によって成長した度合いを数量化したもの。経験の程度。「―を積む」「実戦を体験して―が上がる」

けいけんてき‐がいねん【経験的概念】経験を通して得られる概念。

けいけんてき‐ほうそく【経験的法則】ハフソク ❶経験的な個別事象から帰納によって得られた法則。❷因果関係は明確ではないが、経験上そのようだというだけの法則。

けいけん‐ひはんろん【経験批判論】ドイツの哲学者アベナリウスとその一派の認識論学説。認識の根拠を個人的要素を排除した純粋経験に求め、そこでは主観と客観、意識と存在の対立などが見いだされないとした。一種の主観的観念論。

けいけん‐ろん【経験論】哲学で、認識の源泉をもっぱら経験に求める立場。F=ベーコン・ロック・バークリー・ヒュームなど、17～18世紀のイギリス経験論が代表的。経験主義。

けいけんわん‐しょうこうぐん【×頸肩腕症候群】シャウコウグン 首筋・肩・腕・指などが痛んだり、しびれたりする症状。頸部の脊椎の変形、胸郭出口の血管や神経の障害、一部の筋肉の酷使などさまざまな原因によって起こる。頸腕症候群。

けい‐こ【恵顧】人をかわいがり、目をかけること。ひいきすること。「―を賜る」

けい‐こ【×袿×袴】明治17年(1884)に制定された婦人の和装大礼服。袿(うちき)・単(ひとえ)・切り袴(ばかま)・帯・小袖からなり、檜扇(ひおうぎ)を手に持つ。うちきばかま。

けい‐こ【稽古】〔名〕スル《古(いにしえ)を稽(かんが)えるの意》❶芸能・武術・技術などを習うこと。また、練習。「―に励む」「―をつける」「―して上達する」❷芝居などで、本番前の練習。下げいこ。リハーサル。「総―」❸昔の書を読んで物の道理や故実を学ぶこと。学問。「学窓に蛍を集めて、―に隙なき人なれば」〈太平記・一二〉
類語 練習・訓練・トレーニング・エクササイズ・習練・特訓・勉強・学習・勉学・研鑽(けんさん)・勤学・研修・研学・修学・修業(しゅぎょう)・修業(しゅうぎょう)・修練・学業・復習・学問・学ぶ

けい‐ご【敬語】話し手または書き手が相手や話題の人物に対して敬意を表す言語表現。日本語では敬意の表し方によって、ふつう、尊敬語・謙譲語・丁寧語の3種に分けられる。敬譲語。➡尊敬語 ➡謙譲語 ➡丁寧語 補説「敬語の指針」(平成19年2月文化審議会答申)では、敬語の働きと適切な使い方をより深く理解することを目的として、従来の3種類に対し、尊敬語、謙譲語Ⅰ・謙譲語Ⅱ(丁重語)、丁寧語・美化語の5種類に分けて解説している。

けい‐ご【警固】〔名〕スル 非常の事態に備えて守り固めること。また、そのための人や設備。警備。「官邸を―する」

けい‐ご【警悟】才知がすぐれていて、のみこみが早いこと。「永く―の期なく、真正の活命ある人となることは得がたかるべし」〈中村訳・西国立志編〉

けい‐ご【警語】❶人を驚かすような、奇抜な言葉。❷警句(けいく)。

けい‐ご【警護】〔名〕スル 人・物などについて事故を防ぐため、警戒して守ること。また、その役の人。護衛。「身辺を―する」 類語 警衛・護衛・保護・守る・庇(かば)う・擁護・庇護(ひご)・守護・防護・ガード

げい‐こ【芸子】❶芸者。芸妓(げいぎ)。多く関西地方でいう。❷歌舞伎の役者。特に、修業中の年少の者。「さる―あがりの人なりしが」〈浮・一代女・六〉
類語 芸者・芸妓・綺麗どころ・左褄(ひだりづま)

げい‐ご【×囈語】うわごと。ねごと。また、たわごと。

「詩は閑人の—に非ず」〈晩翠・天地有情〉

けい-こう【径行】自分の考えを曲げずに、思うとおりに実行すること。「直情—」

けい-こう【×挂甲】古代の鎧の一。革や金属からなる細長い札とよぶ板を韋緒で横につなげ、これを縦に韋緒や組糸で数段おどしつづけ、胴体の前後を覆って防御としたもの。騎射戦用の鎧として用いた。衛府の武官の料として平安時代以後には儀仗用となった。かけよろい。うちかけよろい。

けい-こう【計▽較】〔名〕スル《慣用読みで「けいかく」とも》はかりくらべること。比較してみること。「戦いの勝敗を—し」〈染崎延房・近世紀聞〉

けい-こう【荊浩】中国、唐末五代の画家。字は浩然。号、洪谷子。水墨山水画に独自の境地を開き、北画中興の祖といわれた。著と伝える「筆法記」がある。生没年未詳。

けい-こう【啓行】〔名〕スル ❶先導すること。先払いをすること。❷旅立つこと。「欧州の人交易の為に他州へ出帆せんとするや、必先英語を学んで而る後—す」〈岡三慶・今昔較〉

けい-こう【経口】口を通ること。薬などを口から与えること。

けい-こう【経行】〔名〕スル ❶過ぎ行くこと。通過。❷月のめぐり。月経。

けい-こう【蛍光】❶蛍の尾部から発する光。ほたる火。❷ルミネセンスの一種。光あるいはX線・陰極線その他の放射線を当てられた物質から発する光あるいは放射線。当てるのをやめると直ちに消える。

けい-こう【嵆康】[223〜262]中国、三国時代の魏の思想家。譙国銍(安徽省)の人。字は叔夜。竹林の七賢の一人で、自然を尊び、礼教に批判的な言辞を多く残した。琴の名人としても有名。

けい-こう【景仰】〔名〕スル《「けいごう」とも》人格の高い人をあおぎ慕うこと。景慕。けいぎょう。〔類語〕尊敬・敬う・尊ぶ・崇める・仰ぐ・敬する・畏敬・崇拝・敬愛・敬慕・敬仰・崇敬・私淑・傾倒・心酔・心服・敬服

けい-こう【傾向】❶物事の大勢や態度が特定の方向にかたむくこと、または、かたむきがちであること。「最近の消費者の—」「彼は大げさに言う—がある」❷思想的にある特定の方向にかたよること。特に、左翼的思想にかたよること。「—小説」❸心理学で、一定の刺激に対して、一定の反応を示す生活体の素質。〔類語〕(❶)傾き・気味・性向・趨勢・趣向・動向・流れ・大勢・トレンド

けい-こう【携行】〔名〕スル 身につけて持って行くこと。「旅行に—する品」「昼食—で参加する」〔類語〕携帯・持参・必携

けい-こう【閨×閤】❶寝室。ねや。❷女子の居間。また、女子。「—詩人」

けい-こう【慶幸】さいわいを喜ぶこと。また、喜ぶべきさいわい。慶福。「—の至り」

けい-こう【鶏口】❶にわとりの口。❷小さな団体の長・頭のたとえ。

鶏口となるも牛後となるなかれ《「史記」蘇秦伝から》大きな団体で人のしりについているよりも、小さな団体でも頭になるほうがよい。

けい-こう【×馨香】よいにおい。芳香。けいきょう。「青年が要するかの一種芳烈な—を欠いでいた」〈蘆花・思出の記〉

けい-ごう【契合】〔名〕スル 合わせた割り符のようにぴったり一致すること。「両者の意見が—する」

げい-ごう【迎合】〔名〕スル 自分の考えを曲げてでも、他人の気に入るように調子を合わせること。「権力に—する」〔類語〕協調・同調

けいこう-エックスせん【蛍光X線】物質にX線を照射したときに放射される特性X線の一種。物質の構成原子の内殻にある電子がはねとばされて空所ができ、この空所に外殻の電子がとび移るときに放出される。原子の種類によって特定の波長の蛍光X線を放射するため、元素分析に用いられる。

けいこうエックスせん-ぶんせき【蛍光X線分析】X線を照射したときに放射される蛍光X線を測定して、試料中の元素の検出・定量を行う分析法。その波長と強度から、ホウ素より重い元素を対象とした元素の組成や量についての情報が得られる。非破壊分析法の一つとして、文化財の調査、犯罪捜査などに用いられる。

けいこう-かんせん【経口感染】病原微生物の混入した飲食物などを摂取して、感染すること。

けいこう-ぎゅうご【鶏口牛後】《鶏口は小さな団体の長、牛後は大きな団体の従者の意》「鶏口となるも牛後となるなかれ」に同じ。

けい-こうぎょう【軽工業】主として消費財を生産する工業。繊維・食品・製紙工業など。⇔重工業。

けい-ごうきん【軽合金】軽金属を主体とした軽い合金。アルミニウム合金・マグネシウム合金・チタン合金・ベリリウム合金など。

けいこう-けんびきょう【蛍光顕微鏡】試料に紫外線などの励起光を照射し、試料が発する蛍光を観察する顕微鏡。医学、生物学の分野で広く用いられ、試料を蛍光色素で染色することにより、特定の部位や細胞などを選択的に観察したり、検査したりできる。

けいこう-こうたいほう【蛍光抗体法】蛍光色素のフルオレセインなどを利用して、細胞にある抗原あるいは抗体の所在を調べ、ウイルス感染の有無を知る方法。免疫蛍光法。FTA(fluorescent treponemal antibody)。

けいこう-ざい【経口剤】口から摂取する薬剤。錠剤・散剤・カプセル剤・シロップ剤などがある。経口薬。

けいこう-しきそ【蛍光色素】照射された光のエネルギーを吸収して発光する色素。蛍光染料などで、X線を可視光に変えるために用いる。

けいこう-スペクトル【蛍光スペクトル】物質からの蛍光のスペクトル。蛍光のスペクトルは物質によって異なるため、各種の有機化合物や金属元素を同定する蛍光分析に用いられる。

けいこう-せい【傾光性】光の強さの変化が刺激となって、植物の一定部分が固有の反応を示す運動。タンポポの花の開閉などにみられる。

けいこう-せい【傾向性】《ドイ Neigung》❶倫理学で、広義には性向の意。カントでは習慣的になった感覚的欲望の意で、これに基づく行為にはたとえ道徳法則と外面上合致しても道徳的価値はないとされ、理性と対立する。❷心理学で、ある一定の刺激に対して一定の反応を示す有機体の性向の意。

けいこう-せんりょう【蛍光染料】蛍光を発する染料。青色・緑色・赤色などの蛍光を放つものがあり、黄緑色の蛍光をもつフルオレセインが代表的。

けいこう-たい【蛍光体】蛍光を発する物質の総称。石油、シアン化白金バリウム、微量の銀の入った硫化亜鉛など、多くの化合物がある。蛍光物質。

けいこう-てんのう【景行天皇】記紀で、第12代天皇。垂仁天皇の第3皇子。名は大足彦忍代別。皇居は大和纏向日代宮。熊襲を征討、また、皇子小碓尊(日本武尊)を派遣して熊襲・蝦夷を平定させたと伝えられる。

けいこう-とう【蛍光灯】❶照明器具の一。低圧のアルゴンおよび水銀蒸気中の放電によって発生した紫外線が、ガラス管内壁に塗ってある蛍光体に当たって発光するようにした放電灯。❷《蛍光灯がすぐ点灯しないところから》反応のにぶい人。頭の回転の遅い人。〔類語〕電灯・電球

けいこう-とりょう【蛍光塗料】蛍光体を顔料とした塗料。紫外線に刺激されて蛍光を発し暗い所でも文字や目盛りが見えるので、交通標識・看板などに用いられる。

けいこう-の-しん【×閨×閤の臣】主君のそば近く仕える家臣。近侍の臣。

けいこう-ばん【蛍光板】蛍光体を塗った板。紫外線・X線・電子線などの放射線を当てると蛍光を発するので、放射線の有無・強さなどを調べるのに用いる。

けいこう-ひにんやく【経口避妊薬】飲む避妊薬。ホルモン剤の一で、継続的に服用して排卵が起こらないようにするもの。ピル。

けいこう-ひょうはくざい【蛍光漂白剤】蛍光染料で、染料そのものは無色であるが、繊維などに染色して青い蛍光を発し、黄ばみを補色によって打ち消し、白く見せる効果のあるもの。

けいこうひんそんがいたんぽ-とくやく【携行品損害担保特約】▶身の回り品担保特約

けいこう-ぶっしつ【蛍光物質】▶蛍光体

けいこう-ぶんがく【傾向文学】特定の主義・主張を宣伝する目的で書かれた文学。主として社会主義文学をいう。

けいこう-ぶんせき【蛍光分析】物質の蛍光を利用した分析法。有機化合物の検出など広く用いられる。

けいこう-ほすいえき【経口補水液】体内で失われた水分や塩分などを速やかに補給できるように成分を調整した飲料。腸内で水分や塩分が効率よく速やかに吸収されるように、ぶどう糖などの炭水化物とナトリウムなどの電解質の濃度が調整されている。熱中症の初期段階で水分補給する場合、水をそのまま飲むよりも有効とされる。世界保健機関(WHO)が提唱する経口補水療法(Oral Rehydration Therapy)において、脱水症などの予防・治療に適した飲料として推奨されている。➡イオン飲料 ➡ORS

けいこう-ほすいえん【経口補水塩】▶オー-アール-エス(ORS)

けいこう-めんえき【経口免疫】ワクチンなどの服用で免疫を作ること。消化器系感染症、小児麻痺の予防などに応用される。

けいこう-やく【経口薬】「経口剤」に同じ。

けいこ-ぎ【稽古着】柔道・剣道・空手道などで、練習をするときに着る特製の衣服。

けい-こく【京国】みやこ。

けい-こく【啓告】〔名〕スル 申し上げること。上申。

けい-こく【渓谷|×谿谷】山にはさまれた、川のある所。たに。たにま。「紅葉の—をさかのぼる」

けい-こく【経国】国家を経営すること。国を治めること。「—の志」「—済民」〔類語〕政治・政・行政・施政・政策・国政・国事・政事・政道・万機・経世・経綸・治国・治世・統治・治政・為政

けい-こく【▽頃刻】しばらくの時間。暫時。「城外の義軍は—の間に、数万の兵数を増加しけり」〈竜渓・経国美談〉

けい-こく【傾国】《「漢書」外戚伝の「北方に佳人有り。…一顧すれば人の城を傾け、再顧すれば人の国を傾く」から》❶君主が心を奪われて国を危うくするほどの美人。絶世の美女。傾城。❷遊女。「白地の娘ども、—の風俗を見習ひ」〈風俗文選・百花譜〉❸遊里。遊郭。「あるいは花見の、開帳の、または—、猿芝居、人立ち多き所にて」〈浄・女楠〉

けい-こく【×熒×惑】五星の一。火星の異称。光度の変化や逆行がはなはだしいので、その大接近は災いの前兆と考えられての名。けいわく。

けい-こく【警告】〔名〕スル ❶よくない事態が生じそうなので気をつけるよう、告げ知らせること。「再三の—を無視する」「事前に—する」❷柔道の反則で、「技あり」と同等となるもの。禁止事項を犯したり、「注意」が二度目の場合に主審が宣告する。〔類語〕勧告・忠告・諭告・注意・忠言・諫言・諫死・意見・戒め(—する)戒める・諫める・窘める・咎める・諭す

けいこく-さいみん【経国済民】国を治め、人民を救うこと。経世済民。

けいこく-しゃげき【警告射撃】領空・領海侵犯の際に、警告のために目標の近辺に向けて行う射撃。➡危害射撃

けいこくしゅう【経国集】平安前期の勅撰漢詩文集。20巻。現存は6巻。淳和天皇の命で、良岑安世が滋野貞主らと編纂。天長4年(827)成立。嵯峨天皇・石上宅嗣・淡海三船・空海ら178人の作品千余編を収める。

けいこく-はんのう【警告反応】ストレスの初期

段階にみられる反応。生体が刺激（ストレッサー）を加えられたとき、初めは何の準備もないため血圧・代謝の低下などのショック相が起こり、次いでそれに対応してショックが回復する。

けいこくびだん【経国美談】矢野竜渓の政治小説。前編は明治16年（1883）、後編は同17年刊。古代ギリシャのテーベの史実をかりて、自由民権論を主張したもの。

けいこ-ごと【稽古事】舞踊・音曲・茶道・華道などを師匠について習うこと。

けいこ-じょ【稽古所】物事を学習する所。特に、遊芸・音曲を教える所。稽古屋。

けいこ-じょうるり【稽古浄瑠璃】ニジョウルリ 浄瑠璃を稽古すること。また、素人が修業中に語る未熟な浄瑠璃。「竹の柱に節込めし―、太平記」〈浄・生玉心中〉

けいこ-だい【稽古台】❶舞踊などの稽古のために設けられた板張りの場所。❷稽古のために使われるものや人。稽古の相手。

けい-こつ【×脛骨】下腿骨かたいこつのうち、内側の太いほうの骨。向こうずねの骨。

けい-こつ【軽×忽】〔名・形動〕❶軽々しく、そそっかしいこと。また、そのさま。きょうこつ。「斯かくの如ごとき―蕪漫ぶまんなる記者御遣わしの義は謝絶致し候そうろう」〈魯庵・社会百面相〉❷なおざりにすること。軽視すること。「いよいよ信仰の事の―に附す可べからざると思ったのである」〈蘆花・思出の記〉

けい-こつ【×頸骨】くびの骨。頸椎けいついのこと。

けいこ-つうじ【稽古通事｜稽古通詞】江戸時代、長崎に勤務した唐通事・オランダ通詞の職階の一で、見習いの通訳官。

けいこつ-しんけい【×脛骨神経】座骨神経の枝で、腓骨ひこつ神経とともに下腿かたい以下の運動・知覚をつかさどる神経。

けいご-でん【警固田】古代、大宰府を警固する兵士の糧米に充てるために置かれた田地。

けい-ごと【景事】❶人形浄瑠璃で、歌謡的な節に合わせて人形が舞踊的な所作をする部分。道行みちゆきの叙景的な部分や物尽くしなど。節事ふしごと。けいじ。❷上方歌舞伎で、舞踊または舞踊劇。現代では人形浄瑠璃にのみ残っている言い方。所作事。

げい-ごと【芸事】琴・三味線・踊りなど、遊芸に関すること。「―を習わせる」

けいこ-のう【稽古能】練習のために演じる能。江戸時代では、上覧能や勧進能以外の能をいい、一般町人に公開された。

けいご-ほう【敬語法】ゴハウ ❶敬語の用い方のきまり。敬語の文法論上、語彙ごい論上の体系。待遇法。❷敬語の用い方の規則にかなった物の言い方。

けいこ-ぼん【稽古本】謡曲・浄瑠璃・長唄などの稽古に用いるとじ本。詞章に曲譜を記入したもの。

けいこ-や【稽古屋】音曲などを教える家。また、その人。稽古所。「義太夫の―とおぼしき男」〈滑・浮世風呂・前〉

けい-さ【稽査】〔名〕スル 考えしらべること。「静かに二千年来の発達を―するに」〈雪嶺・偽悪醜日本人〉

げい-ざ【×猊座】《「猊」は狻猊さんげいのことで、獅子ししの意》仏のすわる座。転じて、高僧の座。獅子座。

けい-さい【×荊妻】自分の妻をへりくだっていう語。愚妻。「あれはね私の妻子ですんだ。―と豚児共ですよ」〈有島・或る女〉 補説 後漢の梁鴻りょうこうの妻孟光もうこうが荊いばらのかんざしを挿したという皇甫謐「列女伝」の故事から。類語 愚妻・山妻

けい-さい【掲載】〔名〕スル 新聞・雑誌などに、文章・写真などを載せること。「全文を―する」「―禁止」
類語 登載・所載・満載・連載・転載・訳載

けい-さい【継妻】後妻。のち添いの妻。

けい-ざい【刑罪】つみ。また、刑罰。

けい-ざい【径材】径さしの方向に用いる材。主に橋の横桁よこげたの上に縦に並べる小さい桁をいう。

けい-ざい【経済】〔名〕スル ❶㋐人間の生活に必要な財貨・サービスを生産・分配・消費する活動。また、それらを通じて形成される社会関係。㋑金銭のやりくり。「わが家の―は火の車だ」㋒費用や手間のかからないこと。倹約。「弁当を持っていくほうが―だ」❷《「経国済民」「経世済民」の略》国を治め民を救済すること。政治。「事業を為して天下を―するは、豈に政府に立のみに止らんや」〈織田訳・花柳春話〉
類語 （❶㋐）産業・流通・金融・財政・理財・エコノミー／（❶㋑）やりくり・収支・家計・内証・台所・勝手向き・手許てもと／（❶㋒）節約・倹約・節倹・節用・セーブ・エコノミー・切り詰める・引き締める・始末

経済は見えざる手によって動く 《アダム＝スミスの経済理論から》最小の労力で最大の欲望を満たそうとする人びとの欲求が、神の力によって社会に利益と調和をもたらす。

けい-ざい【軽罪】❶軽い罪。❷旧刑法で、重禁錮・軽禁錮または罰金を科された罪。➡違警罪 ➡重罪

げい-さい【芸才】❶技芸と才能。❷芸に関する才能。才芸。「幅広い―の持ち主」

げい-さい【迎歳】新年を迎えること。迎春。

けいざいあんてい-きゅうげんそく【経済安定九原則】ゲンソク 昭和23年（1948）、米国政府がGHQを通じて日本政府に指令した経済政策。均衡予算、物価・賃金の統制、為替統制など9項目からなり、単一為替レート設定とインフレ収束を実現し、日本の経済自立をねらったもの。

けいざいあんてい-ほんぶ【経済安定本部】第二次大戦後の経済の安定・復興のために、昭和21年（1946）設置された行政機関。同27年経済審議庁に改組、同30年経済企画庁と改称。俗称、安本あんぽん。

けいさい-えいせん【渓斎英泉】［1790～1848］江戸後期の浮世絵師。江戸の人。姓は池田、名は義信。遊女・芸妓げいぎに取材した濃艶・退廃的な美人大首絵おおくびえを得意とした。池田英泉。

けいざい-か【経済家】❶経済の事柄に通じている人。❷金銭の使い方のじょうずな人。節約家。

けいざい-かい【経済界】売買取引などの経済活動が盛んに行われる社会の分野。特に、実業家の社会。財界。

けいざいがいてき-きょうせい【経済外的強制】ケイザイグワイテキキヤウセイ 封建社会で、土地所有者である領主が農民から封建地代を徴収するために発動する直接的な強制力。領主裁判権と武力を背景に、身分的支配と土地への縛りつけを前提とする。

けいざいかいはつ-く【経済開発区】➤経済技術開発区

けいざい-がく【経済学】社会科学の一分野で、経済現象を研究する学問。理論経済学・経済史学・経済政策などの部門がある。

けいざい-かんねん【経済観念】クワンネン 物や金銭のもつ価値をよく知り、それらを有効に使おうとする考え。「全く―のない男」

けいざいきかく-ちょう【経済企画庁】ケイザイキクワクチヤウ 長期経済計画の策定、物価に関する基本的な政策の企画立案、各省間にわたる経済政策や事務の調整、内外の経済動向および国民所得などに関する調査・分析などを行った国の行政機関。昭和30年（1955）に経済審議庁を改組・改称したもので、総理府の外局の一つであったが、平成13年（2001）内閣府に統合された。EPA（Economic Planning Agency）。

けいざい-きき【経済危機】急速な景気後退や通貨価値の暴落など、特定の国や地域、または世界規模で起こる経済面での危機的な状況。かつての大恐慌やアジア通貨危機、リーマンショック以後の金融危機などが、その代表的事例。

けいざいぎじゅつ-かいはつく【経済技術開発区】中国で、対外経済活動の自主権を与えられた都市。1984年、経済特別区に準じて設置が開始された。2012年7月現在、146地区（辺境経済合作区を含む）が指定されている。経済開発区。経済開放都市。

けいざいきょうりょくかいはつ-きこう【経済協力開発機構】ケイザイキヤウリヨクカイハツキコウ ➤オー-イー-シー-ディー（OECD）

けいざいきんきゅうたいおう-よびひ【経済緊急対応予備費】ケイザイキンキフタイオウヨビヒ 経済状況の急変に備えるための予備費。平成20年（2008）のリーマンショック以降の不安定な経済・金融情勢への対応策として、麻生太郎内閣が設置。平成21年度（2009）予算で1兆円の枠が設けられ、そのうち8500億円が平成21年度補正予算の財源として取り崩された。

けいざい-けいさつ【経済警察】第二次大戦中、経済統制違反を取り締まるために設けられた特別の警察組織。

けいざい-げんそく【経済原則】最小の費用で最大の効果をあげるという原則。

けいざい-こうい【経済行為】カウヰ 生産や交換によって財貨を得て、利用または消費する行為。

けいざい-こうか【経済効果】カウクワ ある現象やブームなどが、国・地域の経済に及ぼす好影響の総体。全体的な好況を引き起こすわけではなく、特定の業種が一時的に潤う利益の合計。「阪神優勝の―」

けいざいこうほう-センター【経済広報センター】ケイザイクワウホウ 経済界と社会との相互理解を促進するために、国内外で広報・公聴活動を行う一般財団法人。昭和53年（1978）設立。

けいざい-ざい【経済財】経済価値を有する財またはサービス。⇔自由財。

けいざいざいせい-しもんかいぎ【経済財政諮問会議】ーシモンクワイギ 内閣府に置かれる重要政策に関する会議の一。内閣総理大臣の諮問に応じて経済全般の運営の基本方針、財政運営の基本、予算編成の基本方針、その他の経済財政政策に関する重要事項などを調査審議する。補説 自由民主党森喜朗内閣時代に発足し、小泉純一郎内閣時代に「骨太の方針」（経済財政改革の基本方針）を策定。公共事業費削減・郵政民営化・政府系金融機関改革など、いわゆる小泉構造改革を推進する司令塔として役割を果たした。

けいざいざいせいせいさく-たんとうだいじん【経済財政政策担当大臣】ータンタウダイジン 内閣府の特命担当大臣の一。平成13年（2001）までは経済企画庁長官がその任にあたった。同年からは内閣府にあって、経済政策・財政政策を担当。経済財政諮問会議の議員も務め、議長である内閣総理大臣が欠席の際には議長代理となる。

けいざいざいせい-はくしょ【経済財政白書】内閣府の発表する「年次経済財政報告」の通称。国民経済の1年間の動きを総合的に分析し、問題点や今後の指針などをまとめたもの。経済企画庁の経済白書を引き継ぎ、平成13年（2001）から毎年発表。

けいざいさんぎょう-けんきゅうじょ【経済産業研究所】ケイザイサンゲフケンキウジヨ 独立行政法人の一。内外の経済・産業事情、またそれらに関する政策を調査研究し、その成果を諸改革に役立てるのを目的とする機関。平成13年（2001）設立。

けいざいさんぎょう-しょう【経済産業省】ケイザイサンゲフシヤウ 国の行政機関の一。経済構造改革の推進、産業政策、通商政策、資源およびエネルギーの安定供給に関する事務を担当する。平成13年（2001）通商産業省を改組して発足。外局として資源エネルギー庁、特許庁、中小企業庁を置く。経産省。

けいざいさんぎょう-だいじん【経済産業大臣】ケイザイサンゲフ 国務大臣の一。経済産業省の長。経産相。

けいざい-さんだんたい【経済三団体】日本経済団体連合会（経団連）・日本商工会議所（日商）・経済同友会の3団体を指す。補説 経団連は大企業を中心とする団体で、政財界に大きな影響力を持ち、経団連会長は財界総理とも称される。日商は各地の商工会議所を会員とし、地域の商工業者の利益を代表する。経済同友会は企業経営者が個人として参加し、経済社会の諸問題について自由な立場で議論・提言を行う。

けいざい-し【経済史】経済の発展過程および経済現象とその他の社会現象との関連の沿革史。

けいざいしゃかい-りじかい【経済社会理事会】ケイザイシヤクワイリジクワイ《Economic and Social Council》国際連

け

合の主要機関の一。国連総会で選出された54理事の国の代表によって構成され、経済・社会・人権・文化などの国際的諸問題について調査・研究し、国連総会・加盟国・各種国際機関などに報告・勧告を行う。国連経済社会理事会。ECOSOCｴｺｿｯｸ。ESC。

けいざい-しゅぎ【経済主義】労働運動の目的を賃上げや労働条件の改善など経済的なものに限定しようとする立場。労働組合主義。

けいざい-しょくみんち【経済植民地】独立国としての主権は保っているが、経済活動は他国政府の経済援助、民間による資本提供に頼っている状態。

けいざい-じん【経済人】《ﾗﾃﾝ homo oeconomicus》もっぱら経済的合理性のみに基づいて行動する個人主義的な人間像。古典学派によって想定され、以後近代経済学でも通常、このような人間像を仮定して理論を展開する。

けいざいしんぎ-ちょう【経済審議庁】ｰﾁｬｳ 経済企画庁の旧称。➡経済安定本部

けいざい-じんるいがく【経済人類学】非市場社会の贈与交換・市場交換・再分配などの経済現象を研究する学問。

けいざい-すいいき【経済水域】ｰｽｲｲｷ ▶排他的経済水域

けいざい-せいさい【経済制裁】国際法に違反した国などに対し、経済的手段によって制裁を加えること。輸出入の制限または禁止、経済関係条約(通商条約など)の停止、対象国の在外資産の凍結、航空機や船舶の乗り入れ制限または禁止などの外交手段が講じられる。国連安全保障理事会の決定に基づいて行われる場合が多い。

けいざい-せいさく【経済政策】国家が一定の価値判断のもとに、経済現象に対して意図的に働きかける政策の総称。対象によって農業政策・工業政策・財政政策・金融政策などに区分され、目的によって完全雇用政策・分配政策・安定成長政策などに分類されることがある。

けいざいせいさく-ほけん【経済政策保険】特定産業の保護・育成などの国策に沿った保険商品。森林国営保険・輸出保険・中小企業信用保険などがある。

けいざい-せいちょう【経済成長】ｰｾｲﾁｬｳ 国民経済の量的規模の長期にわたる拡大のこと。一般に、実質国民総生産の増加率で表す。

けいざいせいちょう-りつ【経済成長率】ｹｲｻﾞｲｾｲﾁｬｳﾘﾂ 一定期間(四半期または1年間)に経済規模が拡大する割合。国民総生産または国民所得の実質値の伸び率で表す。➡実質経済成長率 ➡実質国民所得

けいざい-センサス【経済センサス】《センサス(census)は全数調査の意》経済構造統計を作成するために、総務省・経済産業省が共同で行う調査。5年ごとに実施される。全産業分野の経済活動の状況を同一時点で網羅的に把握するためのもので、「経済の国勢調査」ともいわれる。国内に存在する事業所や企業の捕捉を目的とする基礎調査と、売上や費用などの経理項目に重点をおく活動調査の二つがあり、個人経営の農林漁業や家事サービス業を除くすべての事業所・企業を対象に行われる。➡事業所母集団データベース (補説)第1回の基礎調査は平成21年(2009)7月1日に実施され、同23年6月に確報集計結果が公表された。活動調査は同24年2月1日に実施され、2013年1月末に速報、夏に確報が公表される。

けいざい-たんい【経済単位】ｰﾀﾝｲ ❶自らの意思によって経済行為を行う単位。企業・家計・政府の三つがある。経済主体。❷経済性・採算性を実現するために必要とされる、ある程度まとまった数量。

けいざいだんたい-れんごうかい【経済団体連合会】ｰﾚﾝｺﾞｳｸﾜｲ 日本経済団体連合会の前身団体。昭和21年(1946)、第二次世界大戦後の経済再建・復興を目的として、日本経済連盟会など主要な経済団体4団体が連合して発足。経済・外交・産業・財政・税制・国際金融・行政改革・環境問題など幅広い分野で提言を行い、政財界に大きな影響力を及ぼした。平成14年(2002)に日本経営者団体連盟(日経連)と統合。経団連。JFEO(Japan Federation of Economic Organizations)。

けいざい-ちりがく【経済地理学】経済現象と地理的自然環境との関連性や、経済活動、特に生産の配置または立地、地域の経済的特性などについて研究する学問。

けいざい-てき【経済的】〔形動〕❶経済・金銭に関係のあるさま。「―に楽になる」「―格差」❷費用や手間などがかからないさま。むだがなく安上がりなさま。「燃費がいい―な車」

けいざいてき-ごうりせい【経済的合理性】ｰｶﾞｳﾘｾｲ 経済的な価値基準に沿って論理的に判断した場合に、利益があると考えられる性質・状態。

けいざい-とうけい【経済統計】経済現象に関する統計。国民所得統計・物価統計・工業統計・貿易統計など。

けいざいとうごう-きょうてい【経済統合協定】ｹｲｻﾞｲﾄｳｶﾞﾌｹﾌﾃｲ 二つの国または地域の間で、関税などの貿易障壁を撤廃するだけでなく、産業や経済に関する規制・制度を共通化することによって、より統合された経済関係を構築する目的で締結する協定。経団連がEUと日本の間での締結を呼びかけている。EIA(Economic Integration Agreement)。(補説)関税・サービス貿易などの障壁を取り除く自由貿易協定(FTA)、さらに、投資や人の移動を自由化し、知的財産保護や経済協力など幅広い分野で協力する経済連携協定(EPA)に対し、経済統合協定(EIA)は、特許制度・政府調達の基準・環境規制など国内制度の統合にまで踏み込んで障壁の撤廃を図り、市場統合を目指す。

けいざい-とうせい【経済統制】国家が国家目的や国民福祉のために、民間の自由な経済活動に制限を加えること。資源・生産・分配・価格・金融など、あらゆる面からの統制がある。

けいざい-とうそう【経済闘争】ｰﾄｳｻｳ 労働者が経済生活の向上や労働条件の改善のために行う闘争。➡政治闘争

けいざい-どうゆうかい【経済同友会】ｰﾄﾞｳｲｳｸﾜｲ 昭和21年(1946)に結成された財界人の個人加入の団体。国民経済的立場から経済問題や社会制度などに関する提言を行う。経済三団体の一つ。JACE(Japan Association of Corporate Executives)。

けいざい-とくべつく【経済特別区】経済発展を促進するために、税制上の優遇や規制緩和などの特別な措置を受けている地域。経済特区。SEZ(special economic zone)。(補説)中国で、外国の資本と技術の導入を目的として設置されたのが最初。1979年に、広東省の深圳ｼﾝｾﾝ・珠海・汕頭ｽﾜﾄｳ、福建省のアモイの4地区が指定され、88年に海南㊂が追加された。日本では、沖縄県にある特別自由貿易地域・情報通信産業特別地区・金融業務特別地区や、全国各地の構造改革特区などがこれにあたる。

けいざい-とっく【経済特区】ｰﾄｯｸ ▶経済特別区

けいざい-はくしょ【経済白書】経済企画庁がまとめた「年次経済報告」の通称。昭和22年(1947)から毎年発表された。内閣府の発足により経済財政白書に移行。

けいざいひょう【経済表】ｹｲｻﾞｲﾍｳ《原題、ﾌﾗﾝｽ Tableau économique》重農学派の創始者ケネーの創案になる経済循環に関する図表。1758年刊。

けいざい-ふうさ【経済封鎖】ある国の貿易・国際金融その他対外的な経済交流を制限または遮断し、経済的に孤立化させること。

けいざいぶっかじょうせい-の-てんぼう【経済・物価情勢の展望】ｹｲｻﾞｲﾌﾞｯｶｼﾞﾔｳｾｲｰﾃﾝﾊﾞｳ ▶展望リポート

けいざい-ブロック【経済ブロック】いくつかの国が経済的な共通目的を達成するために、団結してつくる排他的経済圏。

けいざい-ほう【経済法】ｰﾊﾌ 資本主義の進展に伴い、市場経済の自律的な機能が果たせなくなってきたことに対応して、市民法原理を修正し、国家が市場経済秩序に直接介入する国家的規制の法の総称。

けいざい-めん【経済面】❶経済の方面。「―に明るい」❷生活のうちの金銭的な面。「―では恵まれない」❸新聞の、経済関係の記事が載っているページ。

けいざい-やくざ【経済やくざ】表面は通常の企業活動を行い、陰で経済犯罪に手を出し資金稼ぎをする、新しい型のやくざ。

けいざいようろく【経済要録】ｹｲｻﾞｲｴｳﾛｸ 江戸後期の経済書。15巻。佐藤信淵ﾉﾌﾞﾋﾛ著。文政10年(1827)成立。安政6年(1859)刊。総論・創業篇・開物篇・富国篇の4篇からなり、産業を興し、国を富ませて、人民を救済することを説いたもの。

けいさい-るい【茎菜類】主として茎を食用とする野菜。タケノコ・アスパラガス・ウドなど。

けいざいれんけい-きょうてい【経済連携協定】ｰｹﾌﾃｲ 関税の撤廃や貿易の自由化などを定めた自由貿易協定(FTA)をもとに、投資、看護師など人の移動の自由化、知的財産の保護や経済協力のあり方など広い分野での地域間協力に関する協定。EPA(economic partnership agreement)。➡経済統合協定(EIA) ➡ティー-ピー-ピー(TPP)

けいざいろく【経済録】江戸時代の経世書。10巻。太宰春台著。享保14年(1729)成立。政治・経済・地理・制度・法令・故実などを論じたもの。

けい-さく【計策】はかりごと。計略。策略。「向来回復の―を、種々に思案せしが」〈竜渓・経国美談〉

けい-さく【˟繫索】物をつなぎとめること。また、つなぎとめるための綱。

けい-さく【警策】❶馬を走らせるために打つむち。また、馬をむち打つこと。❷注意・自覚を呼びおこすこと。「母親の言ったのが、ぐっと―になって寝像ﾈｿﾞｳ頗るおとなしく」〈紅葉・二人女房〉❸文章中で、その文全体を引き立たせるような働きをする語句。きょうさく。❹▶きょうさく(警策)❶

けい-さつ【警察】❶社会公共の秩序と安全を維持するため、国家の統治権に基づき、国民に命令・強制する作用。行政警察。❷国民の生命・身体・財産の保護、犯罪の予防・捜査、被疑者の逮捕、交通の取り締まりおよび公安の維持を目的とする行政機能。また、その機関。❸「警察署」の略。

けいさつ-い【警察医】警察に所属する医師。

けいさつ-がっこう【警察学校】ｰｶﾞｯｶｳ 警察官に必要な教育・訓練を行う学校。警察大学校・管区警察学校・警視庁警察学校・道府県警察学校などがある。

けいさつ-かん【警察官】ｰｸﾜﾝ 警察の責務を遂行する国家公務員及び地方公務員。警視総監・警視監・警視長・警視正・警視・警部・警部補・巡査部長・巡査の9階級に分かれる。(類語)警官・お巡りさん・お巡り

けいさつかん-しょくむしっこうほう【警察官職務執行法】ｹｲｻﾂｸﾜﾝｼﾖｸﾑｼｯｶｳﾊﾌ 警察官の職務執行のために必要な手段を定めている法律。職務質問、保護、犯罪の予防および制止、立ち入り、武器の使用などについて規定。この法律の一部は、海上保安官・自衛官・麻薬取締官などの職務の執行に準用される。昭和23年(1948)施行。警職法。

けいさつ-けん【警察犬】警察が、犯罪の捜査、遭難者の捜索などに使う犬。日本ではシェパードを多く使う。

けいさつ-けん【警察権】警察機関が公共の秩序維持のため、国民に命令・強制してその自由を制限する公権力。

けいさつ-けんしゅ【警察犬種】警察犬として採用される犬の品種。日本ではシェパード(S犬)・エアデールテリア(A犬)・ドーベルマン(D犬)・コリー(C犬)・ボクサー(B犬)・ラブラドルレトリバー(L犬)・ゴールデンレトリバー(G犬)の7犬種が日本警察犬協会によって警察犬種に指定されている。警察犬大種。警察犬指定犬種。(補説)上記の犬種の他に、ミニチュアシュナウザーやロングコートチワワ、柴犬が嘱託警察犬として登録されている。

けいさつ-こっか【警察国家】ｰｺｯｶ ❶警察権力をもっ

て国民生活のすみずみまで監視・統制する国家体制。❷17～18世紀に強権をもって国民経済の建設と国民の福祉をはかったヨーロッパの絶対君主政体の国家の称。➡法治国家 類語 法治国・法治国家

けいさつ-しょ【警察署】警察活動の単位となる機関。都道府県警察の下部機構で、都道府県を区域に分け、その各区域ごとに設置される。警察。類語 派出所・駐在所・交番

けいさつ-しょぶん【警察処分】警察権に基づいて行われる行政処分。交通遮断、立ち入り禁止など。

けいさつそうごうそうだん-でんわばんごう【警察総合相談電話番号】犯罪の未然防止など市民生活の安全を守るために、都道府県警察署が設置する、電話による相談窓口。全国共通の電話番号は「#9110」。悪質商法・DV・性犯罪・少年非行・薬物乱用・暴力団に関することなど、生活の安全にかかわる相談を受け付けている。

けいさつ-だいがっこう【警察大学校】警察庁付属の幹部警察官の養成機関。上級幹部として必要な教育・訓練のほか、警察に関する学術研究を行う。

けいさつ-ちょう【警察庁】警察行政を統轄する中央機関。警察庁長官を長とし、国家公安委員会の管理の下に置かれ、警察に関する全般的な事務を行う。昭和29年(1954)設置。付属機関として警察大学校・科学警察研究所・皇宮警察本部がある。

けいさつ-てちょう【警察手帳】警察官が職務上所持し、その身分を証明することのできる手帳。

けいさつ-ほう【警察法】❶警察行政の運営のために制定されている法規の総称。❷警察組織および警察作用について定めている基本法。昭和22年(1947)制定、同29年全面改正。

けいさつ-ほんぶ【警察本部】道警・府警・県警それぞれを統括・指揮する本部機関。東京都の警視庁本庁にあたる。

けいさつ-よびたい【警察予備隊】朝鮮戦争の始まった昭和25年(1950)日本の警察力の増強を目的に、ポツダム政令によって設けられた機関。同27年保安隊に改編、同29年自衛隊となる。

けい-さん【×卦算┊×圭算】《易の算木のような形をしているところから》文鎮。けさん。

けい-さん【計算】〔名〕スル ❶物の数量をはかり数えること。勘定。「一が合う」❷加減乗除など、数式に従って処理し数値を引き出すこと。演算。「損失額はざっと一しても一億円」❸結果や成り行きをある程度予測し、それを予定の一部に入れて考えること。「多少の失敗は一に入れてある」「一された演技」「一外」類語 (❶)勘定・算用・計数/(❷)運算・演算・加減乗除・算術・算出・算定・概算・試算・見積もり・指折り・逆算/(❸)予測・見込み・読み・勘定・目算・成算・胸算用・打算 (一する)算盤を弾く

けい-さん【×珪酸】❶珪酸ナトリウムが主体の水ガラスに塩酸を加えると生じる白色ゼラチン状の物質。さらに加熱脱水したものがシリカゲル。❷二酸化珪素の俗称。

けいさん【景三】▶横川景三

けい-さん【慶×讃】▶きょうさん(慶讃)

げい-さん【倪瓚】[1301～1374]中国、元末の画家・詩人。無錫(江蘇省)の人。字は元鎮。号、雲林など。元末四大家の一人。簡略な描法による閑寂の趣をたたえた山水画様式は蕭散体とよばれた。詩集に「清閟閣集」がある。

けいさん-えん【×珪酸塩】二酸化珪素と金属酸化物からなる塩。アルカリ塩以外は水に溶けず、一般に融点が高く、融解して冷却するとガラス状になることが多い。

けいさんえん-こうぶつ【×珪酸塩鉱物】珪酸塩の形で存在する鉱物。地殻を構成する大部分の造岩鉱物をなし、種類も多い。長石・雲母・角閃石・輝石・橄欖石などの類。

けいさん-かんむり【×卦算冠】漢字の冠の一。「亡」「交」「亭」などの「亠」の称。なべぶた。

けいさん-き【計算機┊計算器】計算を行うのに用いる機械。加減乗除から方程式の根の計算などまで行う。計算尺・アナログコンピューターなどのアナログ計算機と、そろばん・手動および電動計算機・コンピューターなどのデジタル計算機とがある。

けいさんき-せいぎょ【計算機制御】機器の操作をコンピューターによって自動的に行うこと。コンピューターコントロール。

けいさん-じゃく【計算尺】乗法・除法・開平・開立などの計算を簡単に行うことができる、物差し形の計算器具。固定された二つの台尺、その間を移動する滑尺、目盛りを合わせて値を求めるカーソルからなる。

けいさん-しょ【計算書】計算した結果を書き記した書類。特に、勘定書き。

けいさん-しょう【経産相】経済産業大臣のこと。

けいさん-しょう【経産省】経済産業省のこと。

けいざん-じょうきん【瑩山紹瑾】[1268～1325]鎌倉後期の曹洞宗の僧。越前の人。諡号、仏慈禅師・常済大師。永平寺の孤雲懐奘について得度、ついで徹通義介に師事し、その法を継いだ。能登に総持寺を開き、永平寺とともに曹洞宗の二大本山とした。著「伝光録」「瑩山和尚清規」など。

けいさん-ずく【計算▽尽く】〔名・形動〕損得を考えたり、結果を予測したりしたうえで行うこと。また、そのさま。「どう受け取られるか一な(の)行動」類語 勘定ずく・金銭ずく・そろばんずく

けいさん-ずひょう【計算図表】いくつかの変数の間に関数関係があるとき、それを図表に示し、既知の変数の値に対して未知の変数の値を求められるようにしたもの。ノモグラフ。

けいさん-だか・い【計算高い】〔形〕文けいさんだか・し〔ク〕金銭の計算に細かく、けちである。また、利害・損得に敏感である。勘定高い。「一・く万事に抜け目のない人」

けいさん-ナトリウム【×珪酸ナトリウム】ナトリウムの珪酸塩。ふつう、メタ珪酸ナトリウムNa_2SiO_3をさす。濃い水溶液は粘性のある液体で、水ガラスとよばれ、接着剤・石鹸配合剤などに用いる。珪酸ソーダ。

けいさん-ぷ【経産婦】すでに出産を経験している女性。

けい-し【兄姉】あにと、あね。類語 兄弟・兄弟・姉妹・兄妹・姉弟・弟妹

けい-し【刑死】〔名〕スル 処刑されて死ぬこと。類語 獄死・牢死

けい-し【刑×屍】処刑された者の死体。

けい-し【京師】《「京」は大、「師」は衆で、多くの人たちの集まる所の意》みやこ。帝都。「遠く一を離れていたので」〈鷗外・魚玄機〉

けい-し【▽家司】《「けし」の音変化》❶親王家・内親王家・摂関家および三位以上の家に置かれ、家政をつかさどった職。いえづかさ。❷鎌倉・室町幕府の政所などに置かれた職員。

けい-し【×屐子】《「けきし」の音変化。「屐」は履物の意》履物の一。今の下駄や足駄の類。「高き一をさへ履きたれば、ゆゆしう高し」〈枕・一二〉

けい-し【恵施】中国、戦国時代の思想家。名家学派の一人で、常識的な見解を自由な視点によって覆そうとする多くの命題を残した。荘子の論敵としても知られる。生没年未詳。

けい-し【恵賜】〔名〕スル 金品を目下の者に与えること。また、目上の人からいただいたもの。「学校を建て、郷人に一せり」〈中村訳・西国立志編〉

けい-し【×桂▽芝】マンネンタケの別名。

けい-し【×桂枝】❶トンキンニッケイ(カシア)などの幼若枝または樹皮を乾燥したもの。漢方で健胃・解熱・鎮痛・去痰薬などに用いる。❷月桂樹の枝。❸月に生えているという桂の枝。

けい-し【経史】経書と史書。

けい-し【経死】首をくくって死ぬこと。縊死。

けい-し【経始】〔名〕スル 測量をして工事に取りかかること。また、物事を始めること。「天御中主神天地を一し」〈新聞雑誌四〇〉

けい-し【経師】❶中国で漢代に、経書を教えた教師。❷ただ経書の字句だけを教授する教師。

けい-し【軽視】〔名〕スル 軽くみること。軽く考えて、その価値や影響力を認めないこと。「人命を一する風潮」⇔重視。

けい-し【継子】配偶者の子で、自分の実子でないもの。ままこ。類語 義子・養子・まま子・連れ子

けい-し【継嗣】相続人。あとつぎ。よつぎ。

けい-し【×罫紙】罫の引いてある紙。けがみ。

けい-し【×瓊枝】❶玉で飾った美しい枝。また、玉がなるという珍しい木。❷皇族の子孫のたとえ。

けい-し【×瓊姿】玉のように美しい姿。

けい-し【警視】警察官の階級の一。警視正の下、警部の上に位する。

けい-し【鶏子】❶にわとりの卵。「天地の始めを説て、渾沌たる事一の如しというてある」〈加藤祐一・文明開化〉❷にわとりのひな。ひよこ。

けい-じ【兄事】〔名〕スル 兄に対するように、敬意と親愛の気持ちをもって仕えること。「一する先輩」

けい-じ【刑事】❶刑法の適用を受け、それによって処理される事柄。「一責任を問われる」⇔民事。❷犯罪の捜査を主任務とする警察官の通称。私服で勤務することが多く、階級では巡査または巡査部長。類語 巡査・機動隊・SP・婦警・私服・でか

けい-じ【形似】❶形が似ていること。❷東洋画で、対象の形態を忠実に写すこと。➡写意

けい-じ【計時】〔名〕スル 競技などで所要時間を計ること。また、その時間。「正式に一された記録」類語 計る・測定・計測・実測

けい-じ【啓示】〔名〕スル ❶よくわかるようにあらわし示すこと。「大衆に無限の権力を一する時」〈中村訳・西国立志編〉❷人間の力では知ることのできない宗教的真理を、神が神自身または天使など超自然的存在を介して人間へ伝達すること。天啓。「神の一」

けい-じ【啓事】天子などにものを申し上げること。また、その文書。

けい-じ【掲示】〔名〕スル 人に伝えるべき事柄を、紙に書くなどしてかかげ示すこと。また、その文書など。「合格者の氏名を一する」類語 掲出・張り出す

けい-じ【経時】時間が経過すること。「一グラフ」「一データ」

けい-じ【敬事】〔名〕スル うやまい仕えること。謹んで仕えること。「其の見解に従い其神に一するの自在なるは」〈津田真道訳・泰西国法論〉

けい-じ【携持】〔名〕スル たずさえ持つこと。「時計を一する者僅に官吏二人のみ」〈新聞雑誌二四〉

けい-じ【慶事】結婚や出産などの喜びごと。祝いごと。「一がつづく」⇔弔事。類語 吉事・好事・おめでた・寿・吉

けい-じ【×繋辞】《copula》論理学で、命題の主辞と賓辞をつなぎ、両者の関係を言い表す言語的表現。「鯨は哺乳類である」の「である」の類。連語。連辞。

けい-じ【×鮭児┊×鮭司】北海道のオホーツク海で11月ごろに漁獲される若い鮭。ロシア生まれの個体が、日本生まれの魚群の回帰に紛れて南下し、まれに捕らえられる。脂が乗って美味。けんち。➡時知らず

げいし【鯨志】江戸中期の動物学書。1巻。梶取屋治右衛門(山瀬春政)著。宝暦8年(1758)成立。同10年刊。鯨の名義と用途などを、挿絵入りで古来からの伝聞と実地の観察の両面から論じたもの。

ゲイシール〖Geysir〗アイスランド南西部にある間欠泉。首都レイキャビクの東北東約80キロメートルに位置する。17世紀頃からその存在が知られ、間欠泉を意味する英単語ガイザー(geyser)の語源になった。1930年代に活動が収まったが、2000年の地震により再び噴出するようになった。付近には、より活発な噴出が見られるストロックル間欠泉がある。

けいじ-か【形×而下】《「易経」繋辞上から》❶形を備えたもの。物質的なもの。❷哲学で、感性を介した経験によって認識できるもの。時間・空間を基礎的形式とする現象的世界に形をとって存在するもの。⇔形而上。

けいじ-がく【刑事学】犯罪および刑罰を研究する学問。現在では犯罪学と刑事政策とに分かれる。

けい-しき【形式】❶物事が存在するときに表に現れている形。外形。⇔実質。❷物事を行うときの一定のやり方。事務上の手続き、儀礼的な交際などについていう。「―にのっとる」「―を踏む」❸形だけで実質の伴わないこと。おざなり。「―だけのあいさつ」「―にとらわれる」❹芸術作品で主題・思想を表すために、作品を構成する諸要素を配置・配合する一定の手法。❺哲学で、事物や事象の成立・発現のしかたやその構造、またそれらの関係などを抽象したもの。⇔内容。[補説]自動車・航空機などについては「型式」と書き、「かたしき」と読む慣習がある。

[用法]形式・様式――「文書の形式(様式)を統一する」などでは相通じて用いられる。◇「形式」は定まったやり方の意で、「形式にのっとって行う」などと用いる。また、形だけで内容を伴わないことを「形式に流れる」「形式的なあいさつ」などともいう。◇「様式」は同類のものに共通する、他の類とは違った流儀や型の意で、いくつかの「形式」を抽象化して得られた一般的な特徴をいう。「生活様式」「行動様式」「ゴシック様式の建築」などと用いる。

[類語]体裁・フォーム・年式・形(かた)・式・様式・型式(かたしき)

けいしき-げんご【形式言語】《formal language》自然言語を用いるには適していない記号論理学・コンピュータープログラミングなどのさまざまな面で活用するために、記号や式によって作られた人工言語。⇒自然言語

けいしき-こん【形式婚】婚姻の成立に宗教上の儀式または法律上の手続きという一定の形式を必要とする婚姻形態。⇒事実婚

けいしき-しゃかいがく【形式社会学】ーシャクワイガク ジンメルが提唱し、主としてドイツで発展した社会学上の立場。社会を形式と内容とに分け、形式のみを社会学の対象として、社会の相互関係や相互作用を重視する。

けいしき-しゅぎ【形式主義】❶内容よりも形式を重んずる考え方。❷カントのように、認識の普遍妥当性を認識形式に関して吟味する立場。道徳に関しては、その根拠を実践理性の純粋形式的法則とする。❸美学で、感覚的要素の意義を否定し、形式に美の原理を認める立場。

けいしき-しょうめい【型式証明】▶かたしきしょうめい(型式証明)

けいしき-ち【形式知】❶客観的で言語化できる知識。ハンガリーの哲学者マイケル=ポランニーが提唱した概念。⇒暗黙知❶ ❷ナレッジマネージメントにおいて、言語化・視覚化・数式化・マニュアル化された知識。経営学者、野中郁次郎の定義による。明示知。⇒暗黙知❷ [補説]❷について、野中は、人の経験や勘に基づく暗黙知と対になる概念だとして、失われつつある日本独特の企業風土の下、暗黙知を形式知にして共有化を進めることの重要性を指摘した。

けいしき-てき【形式的】〘形動〙❶形式に関するさま。「―にはこれでよい」❷形式だけを重んじ、内容を問題にしないさま。「―な答弁」⇔実質的。

けいしき-とうや【形式陶冶】ータウヤ 知識・技能を習得する能力そのものをはぐくもうとする教育。観察・注意・記憶・想像・分析などの各能力を高めることに重点を置く。⇒実質陶冶

けいしき-ば・る【形式張る】〘動ラ五(四)〙形式を重んじて、堅苦しい言動をとる。また、中身よりも見かけの形を重視する。「―・ったあいさつ」

けいしき-はん【形式犯】法の形式的規定に反する行為があれば犯罪となるもの。行政上の取締法規違反の罪にその例が多い。⇒実質犯

けいしき-ひ【形式秘】守秘義務によって保護される秘密の範囲に関する概念の一つ。権限を有する監督機関が秘密の取り扱いとすると指定した情報。指定秘。⇒実質秘

けいしき-び【形式美】芸術作品で、思想内容とは別に、形や形式的側面が訴える美。⇔内容美。

けいしき-ほう【形式法】ーハフ 民法・刑法などの実体法を運用する手続きを規定している法規。民事訴訟法・刑事訴訟法など。手続法。

けいしき-めいし【形式名詞】その語の表す実質的意義が薄く、常に連体修飾語を受けて使用される名詞。「病気中のところ」の「ところ」、「手紙を書くことが苦手だ」の「こと」、「失礼の段おわびします」の「段」など。不完全名詞。形式体言。

けいしき-ろん【形式論】形式を重視する議論。形式だけにとらわれた考え方。「君の主張はあまりにも―にすぎる」

けいしき-ろんりがく【形式論理学】正しい思考の構造および過程を、思考の内容を捨象してもっぱらその形式・法則の面から取り扱う学問。一般に、アリストテレスに始まり中世を通じて演繹(えんえき)的論理学の体系としてまとめられた伝統的論理学をさすが、現代では記号論理学をもさす。

けいじ-けいさつ【刑事警察】国民の生命・身体・財産などを保護し、犯罪の捜査や被疑者の逮捕などを行う警察。また、その活動。

げいしこう【鯨史稿】ゲイシカウ 江戸後期の動物学書。6巻。大槻平泉(清準)著。文化・文政年間(1804～1830)ごろ成立。鯨の名義・種類や、捕鯨業の実情などを論じたもの。図解も多く、記述は具体的である。

けいじ-さいばん【刑事裁判】犯罪者に刑罰を適用する裁判。刑事事件の裁判。⇒民事裁判

けいじ-じけん【刑事事件】刑法の適用によって処罰される事件。⇒民事事件

けい-し-し-しゅう【経史子集】ーシフ 中国の古典的書籍の4部の分類。経部(経書)・史部(史書)・子部(諸子)・集部(詩文などの文学書)からなる。漢籍の分類法として用いられる。

けいじ-しせつ【刑事施設】自由刑(懲役・禁錮・拘留)の受刑者、刑事訴訟法の規定により逮捕留置・勾留される被疑者・被告人、死刑確定者などを収容する施設。刑務所・少年刑務所・拘置所の総称。[補説]旧監獄法では「監獄」と呼称されていたが、同法の改廃に伴い「刑事施設」に改められた。

けいじしせつじゅけいしゃしょぐう-ほう【刑事施設・受刑者処遇法】ーハフ ▶刑事収容施設法

けいじしせつ-ほう【刑事施設法】ーハフ ▶刑事収容施設法

けいじ-しゅうきょう【啓示宗教】ーシュウケウ ユダヤ教・キリスト教・イスラム教など、啓示に基づく宗教。啓蒙主義の時代には自然宗教に対して、特にキリスト教をさしてよばれた。

けいじしゅうようしせつ-ほう【刑事収容施設法】ケイジシウヨウシセツハフ《「刑事収容施設及び被収容者等の処遇に関する法律」の通称》刑事収容施設(刑務所・拘置所などの刑事施設、および留置施設)の管理運営と被収容者・被留置者の処遇について規定した法律。旧監獄法を抜本的に改正し、平成18年(2006)から施行された。刑事施設法。刑事施設・受刑者処遇法。刑事被収容者処遇法。[補説]監獄法の受刑者の処遇に関する規定を改正する法律として、平成17年(2005)に「刑事施設及び受刑者の処遇等に関する法律」の名称で制定され、翌年施行された。同19年の改正により、未決拘禁者・死刑確定者の処遇に関する規定も同法に統合され、現名称に変更。これに伴い監獄法は廃止された。

けいじ-じゅんさ【刑事巡査】▶刑事❷

けいじ-じょう【形×而上】ージャウ《「易経」繫辞上から》❶形をもっていないもの。❷哲学で、時間・空間の形式を制約とする感性を介した経験によっては認識できないもの。超自然的、理念的なもの。⇔形而下。

けいじじょう-かいが【形×而上絵画】ケイジジャウクワイグワ 1917年、イタリアのキリコらが中心となって興した絵画運動。幻想的な風景や静物を通して、形而上的な世界を表現、シュールレアリスムの絵画に影響を与えた。

けいじじょう-がく【形×而上学】ケイジジャウー《metaphysics 自然学のあとの(ギリシャ ta meta ta physika)書の意。後世、ロードスのアンドロニコスがアリストテレスの著作編集に際して採った配列に由来》❶アリストテレスでは、あらゆる存在者を存在者たらしめている根拠を探究する学問。すなわち第一哲学または神学。❷現象的世界を超越した本体的なものや絶対的な存在者を、思弁的思惟や知的直観によって考究しようとする学問。主要な対象は魂・世界・神など。[類語]哲学

けいじ-しょぶん【刑事処分】犯罪に対して刑罰を科する処分。

けいじ-せいさく【刑事政策】犯罪の原因を探究し、その対策をたてるための国家の政策。

けいじ-せきにん【刑事責任】犯罪を理由として刑罰を受けなければならない法律上の責任。⇒民事責任

けいじせきにん-ねんれい【刑事責任年齢】「責任年齢」に同じ。

けいし-せんだん【×瓊枝×梅×檀】《「秋林伐山」五から》徳の備わった人。また、すぐれた詩文のたとえ。

けいし-そうかん【警視総監】警視庁の長官。東京都公安委員会の管理の下に警視庁の事務を統括する。国家公安委員会が都公安委員会の同意を得、内閣総理大臣の承認を得て任免する。

けいじ-そしょう【刑事訴訟】犯罪を認定して刑罰を科するための訴訟手続き。刑訴。⇒民事訴訟

けいじ-そしょうほう【刑事訴訟法】ーソショウハフ 刑事訴訟の手続きを定めている法律。昭和23年(1948)に従来のものを全面改正、翌年施行。[補説]平成16年(2004)の改正で、一定の事件について、起訴前の被疑者にも国選弁護人を付けることができるようになった(被疑者国選弁護人制度)。同22年の改正では、殺人罪などの公訴時効が廃止・延長された。

けいし-だ・つ【▽家司立つ】〘動タ四〙《「だつ」は接尾語》いかにも家司らしく振る舞う。「はかばかしき―・つ人なども見えず」〈源・野分〉

けいし-ちょう【警視庁】ーチャウ 東京都を管轄区域として、管内の警察行政をつかさどる官庁。東京都公安委員会が管理し、警視総監を長とする。明治7年(1874)設置され、昭和29年(1954)現行の体制となる。

けい-しつ【形質】生物のもつ形態や生理・機能上の特徴。遺伝によって表現型として次の世代に現れる性質。

けい-しつ【×珪質】岩石や鉱物などが、二酸化珪素を多く含有する性質。「―岩」

けい-しつ【継室】後妻。のちぞい。

けい-しつ【×閨室】❶寝室。ねや。閨房。❷妻。内室。

けい-しつ【憩室】胃・腸・心臓・気管などの臓器の壁面が拡張し、小さなこぶ状の部屋ができたもの。「大腸―」

けい-じつ【▽頃日】近ごろ。このごろ。「我―辞典の助により辛くも訳し得たる西洋近代の詩」〈荷風訳・珊瑚集〉[類語]このところ・この節・近ごろ・昨今・当今・当節・最近・近時・近年・近来・頃来(けいらい)・時下・今節

けいしつ-がん【×珪質岩】二酸化珪素に富む岩石。微小の石英粒子の多い岩石。

けいしつ-さいぼう【形質細胞】ーサイバウ 脾臓(ひぞう)・リンパ節・骨髄・結合組織に分布するリンパ球に似た細胞。楕円形で、抗原の刺激により抗体を生産する。プラスマ細胞。

けいしつ-てんかん【形質転換】ーテンクワン ある系統の細菌から抽出したDNAを、他の系統の細菌の培養液中に加えて取り込ませると、取り込んだ細菌の遺伝形質が供与菌のほうの形質に変化する現象。

けいしつ-どうにゅう【形質導入】ーダウニフ ある系統の細菌の遺伝形質の一部がバクテリオファージによって他の系統の菌に運び込まれる現象。

けいしつ-はつげん【形質発現】生物で、DNAの遺伝情報が細胞の形質や機能として現れてくること。

けいしつ-ゆ【軽質油】ガソリン・灯油・ナフサなどが得られる、比重が小さく粘りけの少ない原油。⇒重質油

けいじ-てき【経時的】〘形動〙経過する時間順であるさま。時間の経過とともに変化などが進むさま。「実験による―変化を記録する」

けいじ-てつづき【刑事手続(き)】犯罪の捜査・起

訴・審判および裁判の執行に関して、刑事訴訟法とその関係法令に定められている手続き。

けいじでん【繋辞伝】「易経」の一篇。十翼の一。著者・成立年未詳。周易の卦(け)の解説書で、孔子の著と伝えられるが疑わしい。

けい-じどうしゃ【軽自動車】長さ3.4メートル以下、幅1.48メートル以下、高さ2.0メートル以下、総排気量660cc以下の自動車。軽トラック・軽乗用車・オートバイ・スクーターなど。

けいじ-とくべつほう【刑事特別法】日米安全保障条約に基づく行政協定に伴う法律の一。在日米軍施設・基地への侵入や機密探知・収集などについての罰則のほか、施設・基地内での逮捕・捜索などの手続きを規定している。昭和27年(1952)施行。

けいじ-ばつ【刑事罰】反道義的、反社会的な犯罪に対して科せられる制裁としての刑罰。

けいじ-はん【刑事犯】その行為が、法の規定がなくてもそれ自体で反社会的・反道義的であるような犯罪。殺人・放火など。自然犯。

けいじ-ばん【掲示板】❶掲示する文書を張り出すための板。❷《「電子掲示板システム」の略》インターネット上に提供されている、さまざまな話題について自由に意見を書きこめるページや仕組み。BBS。

けいじばん-スパム【掲示板スパム】《bulletin board system spam》▶BBSスパム

けいじ-ひこくにん【刑事被告人】犯罪の嫌疑を理由として検察官から起訴されたのち、その裁判の確定するまでの者。被告人。

けいじひしゅうようしゃしょぐう-ほう【刑事被収容者処遇法】▶刑事収容施設法

けいじ-ぶ【刑事部】裁判所で刑事事件を担当する部。⇨民事部

けいじ-ほう【刑事法】刑事に関する法令の総称。刑法・刑事訴訟法・少年法・刑事収容施設法など。⇨民事法

けいじ-ほしょう【刑事補償】無罪の裁判を受けた者、または免訴・公訴棄却の裁判を受け、もし免訴・公訴棄却の事由がなかったならば無罪の裁判を受けたであろうという十分な理由のある者に対し、その抑留・拘禁、刑の執行または拘置について国が行う補償。

けいじほしょう-ほう【刑事補償法】刑事補償の要件・手続きについて規定している法律。昭和25年(1950)施行。

けい-しゃ【×珪砂】主に石英粒からなる砂。花崗岩(かこうがん)などの風化で生じる。珪石を粉砕した人工珪砂もある。ガラスの原料、鋳物砂、研磨材に使用。石英砂。

けい-しゃ【▽頃者】このごろ。近ごろ。頃日。「―一男を挙ぐ天南と名づく」〈上司・ごりがん〉

けい-しゃ【軽車】軽快に走る車。「陸地を往くには―或は楼輿を以てし」〈村田文夫・西洋聞見録〉

けい-しゃ【傾斜】〔名〕(スル) ❶傾いて斜めになること。また、その度合い。かたむき。「船が右舷に―する」❷気持ちや考え方がある方向に偏っていくこと。「自然主義への―を深める」❸地層の層理面と水平面とのなす角度。測定にクリノメーターを用いる。
(類語)傾き・勾配

けい-しゃ【傾×瀉】〔名〕(スル) ❶傾けてそそぐこと。❷化学で、溶液中から沈殿物を分離するため、容器を傾けて上澄み液だけを流し出す操作。

けい-しゃ【鶏舎】にわとりを飼う小屋。とりごや。

げい-しゃ【芸者】❶歌舞・音曲を行って酒宴の席に興を添えることを職業とする女性。芸妓(げいぎ)。❷遊芸に秀でている者。「あの者は隠れもなき音曲の―に御座候」〈浮・桜陰比事・二〉❸芸能を職業とする者。役者。「末座にある―に膳をすえず」〈咄・醒睡笑・七〉❹遊里などで、酒宴に興を添える男。男芸者。太鼓持ち。幇間(ほうかん)。「たいこもちは―と云ふ」〈洒・辰巳之園〉
(類語)芸妓・芸子・綺麗(きれい)どころ・左褄(ひだりづま)

げい-しゃ【迎車】タクシーが客を迎えに行くこと。また、そのときの表示。空車ではないことを明示する。⇨実車 ⇨空車

けいじゃく-じ【鶏雀寺】古代インドのマガダ国にあった寺。アショカ王がパータリプトラ付近に創建。当時の仏教の中心。鶏園寺。鶏頭末寺。鶏寺。

けいしゃ-けい【傾斜計】❶地表面の傾斜の変化を測定する計器。❷航空機に取り付けてある計器の一つで、飛行中の傾斜度を示すもの。

けいしゃ-しけん【傾斜試験】船の重心の上下位置を測定する試験。甲板上の重量物を横方向に移動したときの傾斜から算出する。

けいしゃ-せいさん【傾斜生産】第二次大戦後の経済危機を乗り切るために、鉄鋼・石炭・肥料などの基幹産業へ重点的に資金・資材・労働力を投入した経済政策。次いで一般生産財・消費財にその効果を及ぼそうとしたもの。

けいしゃ-はいぶん【傾斜配分】〔名〕(スル) 配当金や予算などを均等に配分するのではなく、実績や現状などから判断して、それぞれに割り当てられる量を決めること。

けいしゃやちん-せいど【傾斜家賃制度】賃貸住宅で、入居当初の家賃を低く抑え、その後、一定期間にわたって毎年高くしていく家賃制度。

けいしゃ-りゅう【傾斜流】海水の流れの一種。風や気圧の変化、河川の流入などにより海面に傾斜ができると、海中の圧力分布と平衡を保つために生じる。

けい-しゃりょう【軽車両】原動機をもたない車両。道路交通法では自転車・リヤカー・馬車などを指す。

ケイジャン-りょうり【ケイジャン料理】《ケイジャンはCajun》米国南部ルイジアナ州の料理。タバスコやチリなど辛いスパイスのきいているのが特徴。(補説)ケイジャンは、米国のルイジアナ・メーン両州に住む、カナダ南東部の旧フランス植民地のアカディアから移住してきたフランス人のこと。

けい-しゅ【景趣】おもむき。ありさま。風趣。
(類語)風致・風趣・景色・風景・風光・風色(ふうしょく)・景(けい)・景観・景色(けいしょく)・眺望・眺め・見晴らし・パノラマ

けい-しゅ【稽首】❶頭を地に着くまで下げてする礼。❷手紙の末尾に添えて、敬意を表す語。頓首(とんしゅ)。「再拝―」

けい-しゅ【警手】❶踏切などで、事故防止に当たる鉄道職員。❷旧制度の皇宮警手の略称。

けい-じゅ【×桂樹】❶「桂(けい)❶」に同じ。「―の緑葉を以て、其頭上に冠せしは」〈竜渓・経国美談〉❷「桂(かつら)❷」に同じ。

けい-じゅ【継受】〔名〕(スル) 受け継ぐこと。引き継ぐこと。継承。

げい-しゅ【×黥首】罪人の額に入れ墨をする刑罰。

けい-しゅう【×桂秋】《「桂」は木犀(もくせい)のことで、その花が咲くころという意から》秋の異称。

けい-しゅう【荊州】㊀中国古代の九州の一。現在の湖北・湖南両省および、広東・四川・貴州各省の一部、広西チワン族自治区の一部を含む地域。㊁湖北省中南部、揚子江北岸の都市。春秋時代、楚(そ)の都で、郢(えい)といった。江陵の旧称。

けい-しゅう【軽舟】軽くて速い小舟。

けい-しゅう【×閨秀】学問・芸術に優れた女性。才能豊かな婦人。「―の誉れ高い」「―画家」(類語)女流

けいしゅう【慶州】㊀韓国南東部の都市。かつての新羅(しらぎ)の首都で、古墳・瞻星台(せんせいだい)・仏国寺などの史跡が多い。キョンジュ。㊁中国、遼の第6代聖宗を葬った永慶陵(慶陵)を守るために置かれた州。現在の内モンゴル自治区、巴林(バリン)左翼旗の北西部にあたる。

けい-しゅう【×繋囚】捕らえて、牢獄につなぐこと。また、牢獄につながれた人。

けい-じゅう【軽重】❶「けいちょう(軽重)」に同じ。「其九人の中に一愛憎と云うことは真実一寸ともない」〈福沢・福翁自伝〉❷音声の高低。抑揚。日本古来の韻学では、清音で始まる音を「軽」、濁音で始まる音を「重」とし、前者は高く始まり、後者は低く始まるとしている。きょうじゅう。

げい-しゅう【芸州】安芸(あき)の異称。

けい-しゅく【慶祝】〔名〕(スル) 喜び祝うこと。
(類語)恭賀・謹賀・奉賀・奉祝・慶賀・喜ぶ

けいじゅ-しゅとく【継受取得】▶承継取得

けい-しゅつ【掲出】〔名〕(スル) 人の目に触れるように、書き出して示すこと。「合格者名を―する」
(類語)掲示・張り出す・掲げる・示す・見せる・呈示・提示・開示・明示・表示

けい-じゅつ【経術】「経学」に同じ。

けい-じゅつ【継述】〔名〕(スル) 先人のあとを継いで述べること。「維新の大規模を―して」〈蘆花・黒潮〉

げい-じゅつ【芸術】❶特定の材料・様式などによって美を追求・表現しようとする人間の活動。および、その所産。絵画・彫刻・建築などの空間芸術、音楽・文学などの時間芸術、演劇・映画・舞踊・オペラなどの総合芸術など。「―の秋」「―品」❷学芸と技術。

芸術のための芸術 《(フランス) l'art pour l'art》芸術それ自体に絶対的価値を置く芸術至上主義の主張。

芸術は第二の人生である 《阿部次郎「三太郎の日記」から》芸術は人生そのものを描くものとして、創作者のもう一つの生き方の表現である。

芸術は長く人生は短し 《(ラテン) Ars longa, vita brevis. 古代ギリシャの医者ヒポクラテスが「医術を学ぶには長い月日を必要とするが、人生は短いので怠らず励むべきだ」と言った言葉から》芸術作品は作者の死後も後世に残るが、芸術家の生命は短い。

げいじゅつ-いん【芸術院】「日本芸術院」の略。

げいじゅついん-しょう【芸術院賞】すぐれた業績を残した芸術家に対して、日本芸術院が毎年贈る賞。昭和16年(1941)帝国芸術院賞として創設、同22年に改称。

げいじゅつ-か【芸術家】芸術作品の創作活動を行う人。「―気取り」

げいじゅつ-がく【芸術学】芸術一般に関し、理論的考察を行う学問。特に、芸術活動を実証的、科学的に研究する学問。19世紀後半から20世紀初頭にかけ確立、発展した。

げいじゅつ-ざ【芸術座】㊀大正2年(1913)島村抱月・松井須磨子を中心に東京で結成した新劇の劇団。抱月・須磨子の急死により、同8年解散。同13年水谷竹紫が水谷八重子らと再興したが、昭和10年(1935)竹紫の死により自然解消。㊁昭和32年(1957)東京日比谷に開場した東宝経営の劇場。東宝現代劇の公演で知られる。

げいじゅつ-さい【芸術祭】文化庁の主催で毎年秋に行われる芸術の祭典。昭和21年(1946)に発足。演劇・音楽・舞踊・演芸などの各分野で行われる。(季 秋)

げいじゅつ-しじょうしゅぎ【芸術至上主義】芸術は他のものの手段として存在するのではなく、それ自身が目的であり、価値であるとする立場。「芸術のための芸術」を理念とする。

げいじゅつ-しんりがく【芸術心理学】心理学の理論と方法とによって、芸術を研究・解明しようとする学問分野。創作と鑑賞の二つの面が対象となり、美術・文芸・音楽などの部門別にも細分されている。

げいじゅつ-せんしょう【芸術選奨】芸術各分野での前年度中のすぐれた業績に対して、文部科学大臣が毎年贈る賞。昭和26年(1951)芸能選奨として創設、同31年に改称。

げいじゅつ-てき【芸術的】〔形動〕芸術にかかわるさま。また、芸術としての性質をもつさま。「―な才能」

げいじゅつ-は【芸術派】芸術至上主義に立つ一派。

げいじゅつ-ひろば【芸術広場】《Ploshchad' Iskusstv》ロシア連邦北西部の都市サンクトペテルブルグにある広場。19世紀にイタリアの建築家カルル=ロッシにより、ミハイロフ宮殿(現ロシア美術館)とともに設計された。中央に同国の詩人・小説家プーシキンの銅像が立つ。周囲にはロシア美術館のほか、ムソルグスキー記念オペラバレエ劇場、サンクトペテルブルグフィルハ

ーモニーの大ホールなどがある。
げいじゅつ-ひん【芸術品】芸術的な価値のある作品。
けいじゅ-ほう【継受法】他国の法制度に基づいて自国で制定した法。子法。⇔固有法。
けい-しゅん【慶春】新春を喜んで祝うこと。年賀状などのあいさつに用いられる語。
けい-じゅん【警巡】異変を警戒しながら見回ること。「義仲注進の交名に任せ、殊に一せしめ」〈盛衰記・三二〉
げい-しゅん【迎春】新春を迎えること。新年を迎えること。年頭のあいさつの言葉として、年賀状などに用いられる。(季 新年)
げいしゅん-か【迎春花】オウバイ(黄梅)の漢名。(季 春)
けい-じゅんようかん【軽巡洋艦】小型の巡洋艦。基準排水量1万トン以下、主砲の口径15.2センチ(6インチ)以下のものをいう。軽巡。
けい-しょ【経書】中国古代の聖賢の教えを述べた書物。儒教の経典。四書・五経・十三経の類。経籍。
けい-しょう【刑賞】刑罰と恩賞。
けい-しょう【形勝】❶風景がすぐれていること。また、その土地。景勝。「一の地」❷敵を防ぐのに都合のよい地勢・地形。要害。「砲隊が一の地を占めて陣地を布いている」〈漱石・吾輩は猫である〉
(類語)景勝・絶勝・奇勝・名勝・景色・美景・佳景・勝景・絶景・奇観・山紫水明・風物・近景・遠景
けい-しょう【形象】❶表に現れているかたち。姿。形態。❷感覚でとらえたものや心に浮かぶ観念などを具象化すること。イメージ。
けい-しょう【×勁松】風や霜にあっても弱らない強い松。忠義な臣下にたとえる。
けい-しょう【×奎章】《「奎」は文章をつかさどる星座の名》天子自らが書いた文書。また、転じて、文章。
けい-しょう【×卿相】「公卿」に同じ。「昔より一の位に昇る者の頸、大路を渡さるる事先例なし」〈平家・一〇〉
けい-しょう【×桂×漿|×珪×璋】彫漆の一。地は黄漆、表面は黒漆で彫り目に赤い筋が1本または2本あるもの。
けい-しょう【啓▽請】法会で、読経に先だってその趣旨を申し述べ、仏・菩薩を招くこと。
けい-しょう【嵆紹】[?〜304]中国、晋の人。嵆康の子。恵帝の侍中。河間王の顒らの反乱(八王の乱)のとき、帝を守って闘い、血を帝の衣に染めて戦死。帝は「嵆侍中の血なり。洗い去ること勿れ」(「晋書」嵆紹伝)と言ったという。
けい-しょう【敬承】〔名〕スル 謹んでうけたまわること。拝承。「其内には成程尤と一するもあり」〈神田孝平・明六雑誌三四〉
けい-しょう【敬称】❶人名や官職名などの下につけて、または単独に用いて、その人に対する敬意を表す語。「様」「先生」「閣下」など。❷相手または相手方の事物について、敬意を表す言い方。「あなた」を「貴兄」、「相手の原稿」を「玉稿」という類。(類語)尊称
けい-しょう【景勝】景色のすぐれていること。また、その土地。形勝。「一地」
(類語)形勝・絶勝・奇勝・名勝・景色・美景・佳景・勝景・絶景・奇観・山紫水明・風物・近景・遠景
けい-しょう【景象】❶景色。景色のおもむき。❷物事のありさま。現象。「その一比するにものなし」〈総生寛・西洋道中膝栗毛〉
けい-しょう【軽少】〔名・形動〕❶数量・程度・価値などがわずかであること。また、そのさま。「一な被害ですむ」❷簡単なこと。重大でないこと。また、そのさま。簡略。「あの坊さんの御経があまり一だった様で御座いますね」〈漱石・吾輩は猫である〉(派生)けいしょうさ〔名〕
けい-しょう【軽症】症状が軽いこと。⇔重症。
(類語)軽傷・薄手・無傷・かすり傷・浅手
けい-しょう【軽×捷】〔名・形動〕身軽ですばやいこと。また、そのさま。「一な動き」
けい-しょう【軽傷】軽いけが。⇔重傷。
(類語)浅手・薄手・無傷・かすり傷・軽症・怪我
けい-しょう【軽×鬆】〔名・形動〕《「鬆」は、ゆるい、粗いの意》軽くて質が粗く、さらさらしていること。また、そのさま。けいそう。「一な土を空に捲いた」〈長塚・土〉
けい-しょう【継承】〔名〕スル 前代の人の身分・仕事・財産などを受け継ぐこと。承継。「伝統芸能を一する」(類語)相続・相承・承継・踏襲
けい-しょう【警鐘】❶火災・洪水などの、警戒を促すために鳴らす鐘。「一を打ち鳴らす」❷危険を予告し、警戒を促すもの。警告。「現代社会への一」
けい-しょう【鶏唱】にわとりが早暁に時を告げること。鶏鳴。「一に茅店の月を抹過し」〈太平記・四〉
けい-じょう【刑場】死刑を執行する場所。
刑場の露と消・える　死刑に処せられて死ぬ。
けい-じょう【形状】人・物の形やありさま。「複雑な一」(類語)形態・形・格好・形・外形・姿
けい-じょう【京城】王宮のある所。みやこ。
けいじょう【京城】ソウルの旧称。日本統治時代に用いられた。
けい-じょう【契状】契約の証文。約束状。〈色葉字類抄〉
けい-じょう【計上】〔名〕スル 費用などを全体の計算の中に組み入れること。「予算に一する」
(類語)算入・加算
けい-じょう【啓上】「言うこと」の意の謙譲語。申し上げること。手紙に用いる。「一筆一」
(類語)拝啓・拝復・前略・謹啓・冠省
けい-じょう【経常】常に一定の状態で変わらないこと。平常。(類語)永久・永遠・とわ・永世・常しえ・常しなえ・恒久・悠久・悠遠・長久・不変・常磐・永劫・永代・久遠・無限・無窮・不朽・万代不易・万世不易・万古不易・千古不易
けい-じょう【敬譲】相手をうやまい、自分がへりくだること。「一の精神」(類語)卑下・へりくだる・謙譲・謙遜
けい-じょう【景情|景状】世の中や自然のありさま。情景。
けい-じょう【警×杖】警察官や機動隊などが使用する硬質の棒。警棒よりも長めで、犯人逮捕や護身などに使用する。
けい-じょう【警乗】〔名〕スル 警察官などが、列車などに乗り込んで警戒すること。「列車に一する」
げい-しょう【×霓×裳】《「霓」は虹のこと》❶虹のように美しい裳。❷「霓裳羽衣❷」の略。
けいしょう-いん【桂昌院】[1627〜1705]徳川5代将軍綱吉の母。京都の人。名は宗子。お玉の方。3代将軍家光の側室となり、家光の死後、大奥に勢力をふるった。仏教に帰依し、綱吉に生類憐みの令を出させたといわれる。護国寺を建立。
げいしょう-うい【×霓×裳羽衣】❶虹のように美しい裳と羽衣。天人や仙女などの着る衣。❷唐の玄宗が、夢の中で見た天上の月宮殿での天人の舞楽にならって作ったと伝えられる楽曲。霓裳羽衣の曲。
けいしょう-うんかく【×卿相雲客】公卿と殿上人。昇殿を許された官人。「一門の一の家々二十余ケ所」〈平家・七〉
けいしょう-かく【奎章閣】朝鮮、李朝時代に歴代諸王の御製・真影などを保管するために創設された府。後にソウル大学などの管理を経て、現在は国立の図書館・研究所としてソウルに所在する。
げいしょう-ぎ【芸×娼×妓】芸妓と娼妓。芸者や遊女。
けいじょうきおく-ごうきん【形状記憶合金】成形後、一定の温度変化で別の形状になり、温度が元に戻ると元の形状に戻る性質をもつ合金。チタン-ニッケル合金、銅-亜鉛-アルミニウム合金など。温度センサーなどに使用。
けいじょうきおく-こうぶんし【形状記憶高分子】▶形状記憶樹脂
けいじょうきおく-じゅし【形状記憶樹脂】成形後、一定の温度で変形しても、加熱すると元の形に戻る性質をもつ樹脂。ポリウレタンなど。形状記憶高分子。形状記憶ポリマー。
けいじょうきおく-ポリマー【形状記憶ポリマー】▶形状記憶樹脂
けいじょう-げん【形状言】国文法でいう形容詞の古い言い方。ありかたことば。東条義門の用語。
けいじょう-ご【敬譲語】尊敬語と謙譲語とを合わせていう語。また、「敬語」とほぼ同義にも用いる。
けいしょう-しゃ【継承者】受け継ぐ人。後継者。「伝統芸能の一」「著作権の一」
けいじょう-しゅうし【経常収支】国際収支のうち、経常取引によって生じる受け払いの関係を示す勘定の収支。貿易収支・貿易外収支・移転収支からなる。
けいしょう-しんごう【形象信号】船舶信号の一。円錐形・球形・鼓形の三つの形象で交信するもの。遠距離信号。
けいじょう-そんえき【経常損益】企業の一事業年度における経常的な経営活動から生じる利益または損失。当期の営業損益に、利息・割引料などの営業外収益及び営業外費用を加減して計算する。
けいじょう-だんせい【形状弾性】物体の体積変化を伴わない変形に従って現れる弾性。ずれ弾性があり、個体の弾性には必ず含まれる。➡体積弾性
けいじょう-ていこくだいがく【京城帝国大学】日本統治時代の朝鮮の京城にあった官立大学。朝鮮総督府の監督のもとに、大正13年(1924)設立。昭和20年(1945)日本の敗戦により廃止。ソウル大学校として新発足。
けいしょう-ど【軽×鬆土】❶さらさらした火山灰の土。❷腐植質の土。けいそうど。
けいじょう-とりひき【経常取引】資本取引以外の国際間取引。商品の輸出入代金・運賃・保険料・利子・配当金・贈与金・賠償金などの受け払いが含まれる。
けいしょう-なんどう【慶尚南道】▶キョンサンナムド
けいしょう-はにわ【形象×埴輪】家・人物・動物・盾などをかたどった埴輪の総称。
けいじょう-ひ【経常費】毎年きまって支出される経費。⇔臨時費。
けいしょう-ほくどう【慶尚北道】▶キョンサンブクド
けい-じょうみゃく【×頸静脈】頸部にある太い静脈。脳および頭部の深層や筋肉などからの血液を集める。
けいしょう-もじ【形象文字】▶象形文字
けいじょう-りえき【経常利益】企業の通常の経営活動により、毎期経常的・反復的に生じる利益。損益計算書では、営業利益に営業外収益を加え、営業外費用を差し引いて表示する。けいつね。
けい-しょき【啓書記】祥啓の別称。
けい-しょく【景色】風景。けしき。「自分の国の一やら、習慣やら」〈漱石・永日小品〉(類語)景色・風景・風光・風色・景・景観・景趣・眺望・眺め・見晴らし
けい-しょく【軽食】軽い簡単な食事。「一をとる」
けい-しょく【慶色】喜び祝うようす。
けい-しょく【×頸飾】❶くびかざり。❷「大勲位菊花章頸飾」の略。
けいしょく-せい【傾触性】物体の接触によって起こる植物の傾性。モウセンゴケなどの捕虫葉の腺毛にみられ、先端に他の物が触れると、葉の中心部に向かって屈曲する。
けいしょく-ほう【警職法】「警察官職務執行法」の略。
けい-じょし【係助詞】▶かかりじょし
けい-しん【京津】㊀京都と摂津国。㊁京都と大津。
けい-しん【茎針】植物の茎が変形してできた、とげのようなもの。梅・サイカチ・ザクロにみられる。
けい-しん【×桂心】❶ニッケイの樹皮の外皮を除いたもの。薬用とする。「一といふ薬はこの国にも候ひ

ければ」〈今昔・二四・一〇〉❷唐菓子からがしの一。餅で宝冠の形に作り、上にニッケイの粉末をつけたもの。

けい-しん【×荊×榛】イバラとハシバミ。また、それらが茂る雑木林のこと。「細径は―の間に通ぜり」〈鴎外訳・即興詩人〉

けい-しん【敬信】〔名〕スル 尊敬し、信頼すること。うやまい、信じること。「―の念」「君主を―する」

けい-しん【敬神】神をうやまうこと。「―崇仏」
類語 宗教・信仰・信心・崇拝・尊信・渇仰かつごう・帰依きえ・信教・入信・狂信

けい-しん【軽信】〔名〕スル 軽々しく信じ込むこと。「他人の言葉を―する」

けい-しん【軽震】地震の強さの旧階級。戸や障子がわずかに動く程度とされ、震度2にあたった。➡震度

けい-しん【傾心】▶メタセンター

けい-じん【刑人】刑罰を受ける人。

けい-じん【京人】都に住む人。みやこびと。

けい-じん【啓陣】ヂン 平安時代、皇后・皇太子の行啓などの際に、衛府の武官が警衛に当たること。また、その官人。

けい-じん【鶏人】平安時代、宮中で、時刻を知らせた役人。にわとりびと。

けい-しんし【継親子】子の父または母が再婚した場合の子と後妻または後夫との関係。民法旧規定は法定の親子関係としたが、現行民法上は姻族一親等の関係にとどまる。

けいしん-せい【傾震性】震動が刺激となって起こる傾性。オジギソウ・ハエジゴクの葉などにみられる。震動傾性。

けいしんのう-えききょう【慶親王奕劻】ケイシンワウエキキヤウ［1836～1916］中国、清朝の皇族・政治家。乾隆帝の曽孫。義和団事件で李鴻章りこうしょうとともに全権として講和条約を締結。1911年、新内閣制度の初代総理大臣に就任、辛亥しんがい革命のため6か月で辞職。

けい・す【詣す】〔動サ変〕寺や神社にもうでる。参詣する。「宇佐宮うさのみやに―・して」〈盛衰記・一八〉

けい-ず【系図】ヅ ❶先祖から子孫に至る一族の系統を書き記した表。系譜。家譜。家系図。❷由来。来歴。「古典派音楽の―をたどる」

けい-すい【渓水┊×谿水】谷川の水。谷川。

けい-すい【経水】❶月経。❷経絡を流れる気血。

けい-すい【軽水】軽水素と酸素とからなる水。普通の水のこと。重水に対していう。

けい-すいそ【軽水素】水素の同位体で、質量数1の水素。➡重水素

けいずい-そんしょう【×頸髄損傷】ソンシヤウ ▶高位脊髄損傷

けいすい-ろ【軽水炉】軽水(普通の水)を冷却材および減速材に使う動力用の原子炉。沸騰水型(BWR)と加圧水型(PWR)とがある。燃料には濃縮ウランが使われる。LWR(light water reactor)。

けい-すう【径数】▶媒介変数

けい-すう【係数】❶物理学で、種々の物理量間の法則を表す関係式に現れる比例定数。粘性率・膨張率など。❷数学で、単項式のある文字に着目したときの他の部分。例えば $2ax^2$ で x^2 に着目したときの $2a$ をいう。

けい-すう【計数】❶数をかぞえること。また、計算して得られる数値。「―に明るい」「―管理」❷ ▶基数 ❸
類語 勘定・計算・算用・算定・算出・指折り・概算・逆算・打算・カウント

けいすうがた-けいさんき【計数型計算機】▶デジタル計算機

けいすうがた-じどうけいさんき【計数型自動計算機】与えられたプログラムに従い、数字による表現を用いて一連の演算を自動的に行う計算機。

けいすうがた-でんしけいさんき【計数型電子計算機】計数型自動計算機で、IC・LSIなどの電子部品によって構成されているもの。一般には単に電子計算機あるいはコンピューターとよばれる。デジタルコンピューター。デジタル電子計算機。

けいすう-かへい【計数貨幣】クワヘイ 一定の純分と分量とを有し、一定の形状に鋳造した表面に一定の価格が表示された貨幣。数を計算するだけで、すぐに全価格を知りうるもの。➡称量貨幣

けいすう-かん【計数管】クワン 放射線の粒子や電磁波を検出するための装置。ガイガー-ミュラー計数管・シンチレーション計数管など。

けいすう-き【計数器】❶▶数取り器 ❷児童に数の基本観念を与えるために用いられる教具。くしに数十個の玉を貫いたものなど。

けいず-かい【系図買い】ケイヅがひ ❶いやしい金持ちが、その家柄をよく見せようとして、貧乏な貴族などの系図を買い取ること。また、その人。❷相手の人柄よりも、家柄を重視して縁組などをすること。また、その人。❸「窩主買けいずかい」に同じ。

けいず-かい【×窩主買い】がひ 盗品と知りながら売買すること。また、その商人。故買こばい。系図買い。

けいず-だて【系図立て】ヅ 何かにつけて自分の系図を自慢すること。また、その人。「其の時々の身の程しらぬ無用の本多が―」〈浄・会稽山〉

けい・する【刑する】〔動サ変〕図けい・す〔サ変〕刑罰を与える。処刑する。特に、死刑にする。「譬えば人の―・せられて頭を梟木に懸らるるや」〈逍遥・小説神髄〉

けい・する【啓する】〔動サ変〕図けい・す〔サ変〕❶三后(太皇太后・皇太后・皇后)や東宮に申し上げる。言上ごんじょうする。➡奏する ❷申し上げる。言上する。「進退に迷うて案内を―・する所なり」〈平家・七〉

けい・する【敬する】〔動サ変〕図けい・す〔サ変〕うやまう。尊敬する。「何事も自分より上手うわてと―・して居ったおとよに対し」〈左千夫・春の潮〉 類語 尊敬・敬う・尊ぶ・崇あがめる・仰ぐ・畏敬・崇拝・敬愛・慕う・敬慕・敬仰・景仰・崇敬・私淑・傾倒・心酔・心服・敬服

敬して遠ざける 《「論語」雍也から》❶尊敬の気持ちから、なれなれしくしない。❷尊敬するように見せかけて、内心は疎うとんじる。敬遠する。

けい・する【慶する】〔動サ変〕図けい・す〔サ変〕めでたい事柄に対してよろこびの気持ちを表す。喜ぶ。祝う。「人類のため―・すべき大発見」
類語 めでたい・喜ぶ・寿ことほぐ・慶賀する・慶祝する

けい-せい【刑政】❶刑罰と政治。❷「刑事政策」の略。

けい-せい【形成】〔名〕スル 一つのまとまったものに作り上げること。形づくること。「人格を―する」

けい-せい【形声】漢字の六書りくしょの一。音声を表す文字と意味を表す文字を組み合わせて、新しい意味を表す漢字を作る方法。「銅」「江」「草」の類。諧声かいせい。象声しょうせい。

けい-せい【形勢】変化する物事の、その時その時の状態や勢力の関係。「―が逆転する」「―不利」
類語 様子・状態・状況・情勢・有様・動静・様相・気配・模様・態様・具合ぐあい・概況・容体・調子

けい-せい【渓声┊×谿声】谷川の音。渓流の音。「爾来じらい―のなお耳にあるを覚ゆ」〈会津・山中高歌〉

けい-せい【経世】世を治めること。類語 政治・政まつりごと・行政・施政・政策・国政・国事・政事・政道・万機ばんき・経国・経綸けいりん・治国・治世・統治・治政・為政いせい

けい-せい【景星】めでたいことの前兆として出るといわれる星。瑞星ずいせい。

けい-せい【傾性】植物が外界からの刺激を受けると、その刺激源の方向に関係なく、一定の方向に屈曲する性質。刺激源の種類によって傾光性・傾触性・傾熱性などがある。➡屈性

けい-せい【傾▽城┊契情】《「漢書」外戚伝の「北方に佳人有り。…一顧すれば人の城を傾け、再顧すれば人の国を傾く」から。その美しさに夢中になって城を傾ける意》❶絶世の美女。傾国。❷遊女。近世では特に太夫・天神など上級の遊女をさす。補説「契情」は当て字。

傾城に誠まことなし 遊女が客に誠意をもって接するはずがない。遊女の言うことを信頼できない。

けい-せい【警世】世間の人に警告を発すること。「―の書」

けい-せい【警醒】〔名〕スル ❶警告を発して人の迷いをさますこと。「世人を―する」❷眠りをさますこと。「大いに現時の惰眠を―する」〈堺利彦・よろづ文学〉

けいせいあさまがたけ【傾城浅間嶽】歌舞伎狂言。時代物。三番続き。中村七三郎作と伝える。元禄11年(1698)京都早雲座初演。元禄上方歌舞伎の趣向・見せ場を集大成した代表作で、浅間物の祖。

けいせいあわのなると【傾城阿波の鳴門】ケイセイあはのなると ㊀歌舞伎狂言。時代物。三番続き。近松門左衛門作。元禄8年(1695)京都早雲座初演。和泉国斑鳩いかるが家のお家騒動を描く。㊁浄瑠璃。時代物。10段。近松半二らの合作。明和5年(1768)大坂竹本座初演。お弓とその子お鶴の愁嘆を描く8段目「順礼歌の段」が有名で、歌舞伎では舞台をどんどろ大師前に改めて上演される。

けいせいいろじゃみせん【傾城色三味線】浮世草子。5巻。江島其磧えじまきせき作。元禄14年(1701)八文字屋刊。遊里と遊女を描いた24話を収める。

けいせいうたじゃみせん【傾城歌三味線】浮世草子。5巻。八文字屋自笑・江島其磧えじまきせき合作。享保17年(1732)刊。遊女小女郎と玉屋新兵衛の恋物語。小女郎は身請けされるが、最後に尼となる。

けいせい-か【経世家】❶世を治める、優れた手腕の持ち主。政治家。❷江戸時代、経世の論を説いた知識人。

けいせい-かい【経世会】クワイ 自由民主党にあった派閥。竹下派、小渕派。昭和62年(1987)に竹下登・金丸信らが田中派の大多数のメンバーを率いて独立して結成。党内最大派閥として影響力を発揮したが、平成5年(1993)に小沢一郎らが離脱して縮小。同8年に平成研究会に改称した。

けいせい-かい【傾▽城買い】がひ ❶遊里で遊女を買って遊ぶこと。女郎買い。❷歌舞伎で、遊女を買って遊ぶようすを扱った場面。また、その演出。島原狂言で形式が確立し、元禄上方歌舞伎の特徴となった。傾城事。

けいせいかいしじゅうはって【傾城買四十八手】ケイセイかひしじふはつて 洒落本。1冊。山東京伝作・画。寛政2年(1790)刊。客と遊女の恋の手管を会話体で描いた。

けいせいかいとらのまき【契情買虎之巻】ケイセイかひとらのまき 洒落本。1冊。田螺金魚たにしきんぎょ作。安永7年(1778)刊。遊女瀬川と客五郷との悲恋を描く。人情本の祖とされる。

けいせいかいふたすじみち【傾城買二筋道】ケイセイかひふたすぢみち 洒落本。1冊。梅暮里谷峨うめぼりこくが作。寛政10年(1798)刊。うぬぼれ者の好男子と誠実な醜男との、遊女に対する二つの態度を対照的に描き、人情本への移行の過程をも示している。

けいせいきんたんき【傾城禁短気】浮世草子。6巻。江島其磧えじまきせき作。正徳元年(1711)八文字屋刊。1巻4話からなる色道論。

けいせい-ぐるい【傾▽城狂ひ】ぐるひ〔名〕スル ❶美女の色香に迷うこと。「大酒を飲んで―をするぞ」〈史記抄・高祖本紀・八〉❷遊女遊びに夢中になること。「人間一生のうちに一たびは―に取り乱さぬといふ事ひとりなし」〈浮・織留・三〉

けいせい-げか【形成外科】グワクワ 身体の奇形や変形を手術によって治療する医学の一分野。障害の治療、事故により変形した顔面の整形、やけどの跡の皮膚移植などを行う。

けいせい-けん【形成権】権利者の一方的な意思表示で一定の法律関係を生じさせる私権。取消権・解除権・建物買取請求権など。

けいせい-こうい【形成行為】カウヰ 権利、権利能力または包括的な法律関係を設定・変更・消滅させる行為。行政庁が行う公務員の任命、公法人の設立など。

けいせい-さいみん【経世済民】世を治め、人民を救うこと。経国済民。

けいせいしゅじゅつひようたんぽ-とくやく【形成手術費用担保特約】自動車保険における特約の一つ。人身傷害保険・搭乗者傷害保険の対象事故によるけがの治療後に傷痕が残り、形成外科手術を受けた場合に保険金が支払われるもの。

け

けいせい-そう【形成層】双子葉植物と裸子植物の茎や根にある分裂組織。分裂増殖を続けて内側に木部、外側に篩部(しぶ)を形成し、木本(もくほん)植物では年輪ができる。

けいせい-そしょう【形成訴訟】既存の法律関係の変更、または新たな権利関係の発生を判決によって求める訴訟。形成の訴え。

けいせい-たい【形成体】脊椎動物の初期の発生段階で形態形成の中心となる胚域。周囲の胚域に働きかけて、特定の器官の形成を誘導する作用をもつ。オルガナイザー。

けいせいたいてん【経世大典】中国の類書。894巻。元の文宗の勅命により、奎章閣(けいしょうかく)学士院編。1329～31年成立。元代の典故や制度に関する公文書を10編に分けて収録したもの。明代に散逸し、一部が「永楽大典」に引用されて残存。

けいせい-づか【傾▽城▽柄】(「傾城柄を握る」などの形で)遊女遊びに通暁していること。「此の男も―を握ったなれのはてぢゃ」〈佐・仏の原〉

けいせい-でんてつ【京成電鉄】東京都・千葉県に路線をもつ電鉄会社。また、その鉄道。上野・成田空港間を結ぶ本線のほか千葉線、押上線などがある。明治42年(1909)創立。

けいせい-はんけつ【形成判決】形成訴訟で、その訴えを認容し、主文で法律関係の変動を宣言する判決。

けいせいはんごんこう【傾城反魂香】ケイセイハンゴンカウ 浄瑠璃。時代物。三段。近松門左衛門作。宝永5年(1708)大坂竹本座初演。名古屋山三(さんざ)に狩野派や土佐派の絵師らをからませた御家物。「吃又(どもまた)」のくだりが有名。

けいせいひさく【経世秘策】江戸中期の経世書。2巻。補遺・後編。本多利明著。寛政年間(1789～1801)成立。開国交易・属島開発による富国政策を論じた。

けいせいほとけのはら【傾城仏の原】歌舞伎狂言。時代物。三番続き。近松門左衛門作。元禄12年(1699)京都都(みやこ)万太夫座初演。坂田藤十郎の俏(やつ)し事を主眼とする御家物の代表作。

けいせい-まち【傾▽城町】遊里。遊郭。いろまち。「―を通れば、やがて衣の袖をひかれ」〈咄・きのふはけふ・下〉

けいせい-まひ【×痙性麻×痺】筋肉が硬直し手足の運動ができない状態。脳卒中のあとなどに現れる。弛緩性麻痺の反対の状態。

けいせい-みょうが【傾▽城冥加】ミャウガ ❶遊女としてのつとめに励むことで受けられる神仏の加護。「女郎の身では十分にあまるお客、粗末になされたら―に尽きさせられう」〈浮・遊女容気〉❷遊女の誓いの言葉。どんなことがあっても。「―聞く気でごんす」〈浄・寿の門松〉

けいせい-もの【傾▽城物】❶歌舞伎の脚本で、名題のあたまに「傾城」「けいせい」などの語を用いたもの。上方狂言に多い。❷歌舞伎舞踊の一系統。傾城を題材にしたもの。

けいせい-りょく【形成力】形成判決が確定したときに、既存の法律関係の変動を生じさせる効力。訴訟の当事者だけでなく、一般に第三者にも及ぶ。

けい-せき【形跡|形×迹】物事が行われたあと。何かがあったあと。「たき火をした―がある」
類語 跡・痕跡・跡形

けい-せき【×珪石】ガラス・陶磁器・セメント・煉瓦(れんが)などの原料となる珪酸質の岩石。白珪石・軟珪石・炉材珪石など。

けい-せき【経籍】「経書(けいしょ)」に同じ。

けい-せき【景石】「捨て石❷」に同じ。

けい-せき【景×迹】►きょうじゃく(景迹)

けいせきせんこ【経籍籑詁】中国の字書。106巻。清の阮元(げんげん)編。1798年成立。「佩文韻府(はいぶんいんぷ)」などにならい、漢字を韻別に分けて集録し、文字の原義や派生義を示している。

けいせき-れんが【×珪石×煉瓦】レングワ 珪石を主成分とする、酸性耐火煉瓦。製鋼用の平炉などの築造材料として用いる。

けい-せつ【×勁節】❶竹などの節(ふし)が強いこと。❷強くて屈しない節操。強い気質。「夫れ―愛すべし、貞心憐れぶべし」〈菅家文草・五〉

けい-せつ【経説】❶経書(けいしょ)の中に説かれている説。❷経書の意義などを解説した書物。

けい-せつ【蛍雪】苦労して勉学に励むこと。苦学。蛍の光窓の雪。蛍窓(けいそう)。補説 晋の車胤(しゃいん)が蛍を集めてその光で書物を読み、孫康が雪の明かりで書物を読んだという「晋書」車胤伝・孫康伝の故事から。

けい-せつ【×磬折】立ったまま腰を「へ」の字形に深く折り曲げてする礼。磬屈。けいせち。「―という風に腰を屈(かが)めて…礼拝していた」〈二葉亭・浮雲〉

けい-ぜつ【鶏舌】「鶏舌香」の略。けいぜち。「一纏(ひとまとい)に風力に因りて散ず」〈菅家文草・一〉

げい-せつ【迎接】〔名〕(スル)出迎えて応対すること。

けいぜつ-こう【鶏舌香】カウ《形が鶏の舌に似ているところから》薫香(くんこう)の名。丁字(ちょうじ)の類。

けいせつ-の-こう【蛍雪の功】苦労して勉学に励んだその成果。「―なってみごと合格する」

けい-せん【係船|×繋船】〔名〕(スル)❶船をつなぎとめること。また、その船。「湾内に―する」❷海運業が不況のとき、運航による損失を免れるため、船会社が所有船の使用を中止し、港につなぎとめておくこと。また、その船。

けい-せん【渓泉|×谿泉】谷間にわき出る泉。

けい-せん【経線】地球表面に設けた、両極を通り緯線と直角に交わる仮想の大円。子午線。⇔緯線。

けい-せん【軽×賤】〔名・形動〕人を軽んじ、ばかにすること。身分などが軽くいやしいこと。また、そのさま。きょうせん。「人ヲ―ニ扱ウ」〈日葡〉

けい-せん【傾×城】《「けいせい(傾城)」の音変化》遊女。「―買うて、人の銀(かね)を盗み」〈浄・冥途の飛脚〉

けい-せん【×罫線】❶►罫(けい)❶ ❷►チャート(chart)❹

けい-せん【×頸腺】頸部のリンパ節。

けい-ぜん【×炯然|×烱然】〔ト・タル〕〔文〕〔形動タリ〕光り輝くさま。明るいさま。「―たる一星の火」〈鴎外・舞姫〉

けい-ぜん【×煢然|×惸然】〔ト・タル〕〔文〕〔形動タリ〕孤独なさま。たよりないさま。「一人―として生きるに耐えざる淋しき魂が」〈倉田・愛と認識との出発〉

けいせん-か【×桂仙花】クワ オキナグサの別名。

けいせん-かん【係船環|×繋船環】クワン 船舶を係留するため、桟橋や埠頭(ふとう)などに設けた、ワイヤーやロープを結びつけるための環。

けいせん-ぎ【経線儀】►クロノメーター

けいせん-きょ【係船×渠】船をつなぎとめて旅客の昇降や貨物の上げ下ろしを便利にするドック。干満の差の激しい港湾などに設ける。係船ドック。

けいせん-さ【傾船差】船体の傾斜のために羅針儀に生じる指示方位の誤差。

けいせんじょがくえん-だいがく【恵泉女学園大学】ケイセンヂョガクヱン 東京都多摩市にある私立大学。昭和63年(1988)の開設。平成13年(2001)に大学院を設置した。

けいせん-せき【×珪線石】アルミニウムの珪酸塩からなる鉱物。紅柱石・藍晶石(らんしょうせき)と多形の関係にある、褐色・淡緑色・白色の細い柱状結晶。斜方晶系。変成岩中に産出。

けいせん-ちゅう【係船柱|×繋船柱】船舶をワイヤーやロープで係留するために、桟橋や埠頭(ふとう)などに設けた杭・柱。双係柱。ビット。ボラード。

けいせん-ひょう【×罫線表】ヘウ ►チャート(chart)❹

けいせん-ふひょう【係船浮標】フヘウ 船舶を係留するために港湾内に設けられた浮標。

けいせん-ほけん【係船保険】係留中の船舶の事故による損害を塡補する保険。所轄の官庁に正式な係船手続きをした船舶が対象。

けい-そ【刑訴】「刑事訴訟」の略。⇒民訴

けい-そ【×珪素|×硅素】炭素族元素の一。地殻中では酸素の次に多く、天然に遊離状態では産出しないが、酸化物または珪酸塩として岩石や土の主成分となっている。工業的には珪砂(けいしゃ)を電気炉内で炭素で還元して製する。製法により無定形の褐色粉末、あるいは暗青黒色結晶になる。半導体素子・珪素樹脂原料・合金添加元素などに用いる。元素記号Si 原子番号14。原子量28.09。シリコン。

けい-そ【×鼷×鼠】ハツカネズミの別名。

けい-そう【形相】サウ ❶外から見た姿や形。ぎょうそう。❷《(ギリシャ) eidos》アリストテレス哲学では、事物の可能態としての質料(しつりょう)を限定して現実的なものたらしめる本質的な形質。エイドス。⇔質料。

けい-そう【係争|×繋争】サウ〔名〕(スル)訴訟で、当事者間で争うこと。「目下―中の事件」

けい-そう【×勁草】サウ 風雪に耐える強い草。また、思想・節操の堅固なたとえ。「疾風に―を知る」

けい-そう【計装】サウ 生産工場で、管理を合理的に行うため、各工程の測定・調節用計器を1か所に集めて一つのパネル上に設備すること。

けい-そう【×珪藻】サウ「珪藻類」に同じ。

けい-そう【啓奏】天子に意見を申し上げること。

けい-そう【蛍窓】サウ ❶「蛍雪(けいせつ)」に同じ。❷書斎の窓。鶏窓。

けい-そう【敬相】サウ 動詞の表す動作の意味に加えられる敬譲の意を表す形式。「なさる」「たまわる」などを敬相の動詞、「る」「らる」「す」「さす」「しむ」(以上、文語)、「れる」「られる」「せる」「させる」(以上、口語)などを敬相の助動詞という。

けい-そう【軽装】サウ〔名〕(スル)❶行動しやすいように服装や装備を簡単にすること。身軽な服装。「―で山に登る」❷簡単に包装すること。「其の母は貨物を―して、之を携え」〈竜渓・経国美談〉

けい-そう【軽×鬆】〔名・形動〕►けいしょう(軽鬆)

けい-そう【軽×躁】サウ〔名・形動〕落ち着きがなく騒がしいこと。思慮が浅く軽はずみなこと。また、そのさま。「―な性格」

けい-そう【継走】ある距離を何人かの走者が順番に引き継いで走ること。リレー競走。

けい-そう【鶏窓】サウ《宋の処宗が書斎の窓に飼っていた鶏が人語を解し、処宗と談論してその学識を助けたという「幽明録」の故事から》書斎の窓。また、書斎。

けい-ぞう【形像】ザウ ►ぎょうぞう(形像)

けい-ぞう【恵贈】〔名〕(スル)人から物を贈られることを、贈り主を敬っていう語。恵与。恵投。「ご―にあずかる」類語 贈与・寄贈・寄付・贈答・与える・遣(や)る・贈る

けいそう-いん【形相因】ケイサウ アリストテレスの説いた四原因の一。事物をまさにその事物たらしめるもの。⇒質料因 ⇒動力因 ⇒目的因

けいそう-せん【慶早戦】ケイサウ ►早慶戦

けいそう-ど【×珪藻土】ケイサウ 珪藻の遺体が海底や湖沼の底などに沈殿してできた堆積物(たいせきぶつ)。主成分は二酸化珪素。純粋なものは白色、ふつうは淡黄色で、多孔質。断熱材・保温材・吸着剤・研磨剤・濾過(ろか)剤やダイナマイト製造などにも使用。

けいそう-ど【軽×鬆土】►けいしょうど(軽鬆土)

けいそう-なんでい【×珪藻軟泥】ケイサウ 珪藻の遺体を主成分とし、細泥・鉱物・有孔虫遺体なども含む海洋堆積物(たいせきぶつ)。淡黄色または灰色。寒帯地方の水深1000～4000メートル付近に多い。

けいそう-ぶつ【係争物】ケイサウ 訴訟における争いの目的物。

けいそう-るい【×珪藻類】ケイサウ 黄色植物の一群の総称。水中に単細胞あるいは群体で分布。褐色または黄褐色で、珪酸質の2枚の硬い殻をもつ。種類は多い。

けい-そく【計測】〔名〕(スル)器械を使って、数・量・重さ・長さなどをはかること。「重量を―する」類語 計る・測定・計量・秤量(ひょうりょう)・称量(しょうりょう)・実測・計時・目測

けい-ぞく【係属|×繋属】〔名〕(スル)❶ある事が他の事に関係していること。「凡(およ)そ人の行為は、後事相(あい)―する長久の鏈(くさり)の端首とならざるものなし」〈中村訳・西国立志編〉❷訴訟法上の用語で、訴訟が特定の裁判所で取り扱い中であること。

けい-ぞく【経俗】❶一定して変わらない風俗。❷世渡りをすること。「一の才」

けい-ぞく【継続】〔名〕スル ❶前から行っていることをそのまま続けること。また、そのまま続くこと。「討議を一する」❷以前からのことを受け継ぐこと。継承。「オヤノショウギョウヲ一スル」〈和英語林集成〉(類語)連続・永続・続く・打ち続く・引き続く・持続・存続・長続き

けいぞく-かい【継続会】株主総会の社員総会が議事を中止し、後日これを続行することを決議した場合、その後日に開催される総会。

けいぞくこうかとうちゃく-ほうしき【継続降下到着方式】►シー-ディー-エー(CDA)

けいぞくこよう-せいど【継続雇用制度】事業者が雇用している高年齢者を、希望に応じて定年後も引き続いて雇用する制度。定年到達後も退職の形をとらず継続して雇用する「勤務延長制度」と、退職後再び雇用する「再雇用制度」がある。(補説)平成16年(2004)の高年齢者雇用安定法改正により、企業は高年齢者の安定した雇用を確保するため、同18年度から、定年の引き上げ・継続雇用制度の導入・定年制の廃止のいずれかを実施することが義務付けられている。

けいぞく-しんぎ【継続審議】会期中に議決するに至らなかった案件を、次の会期で引き続いて審議すること。

けいそく-せん【鶏足山】《梵 Kukkuṭapādagiriの訳》古代インドのマガダ国の山。伽耶城の南東にあり、釈迦の弟子迦葉が入寂したと伝えられる鶏足洞がある。ククタパダ山。狼跡山。尊足山。

けいぞく-ちえきけん【継続地役権】権利の内容が継続して実現されている地役権。水道管による引水の地役権など。

けいぞく-とうはん【継続登×攀】►コンティニュアス-クライミング

けいぞく-はん【継続犯】法益侵害が続いているために継続する犯行が一罪と評価される犯罪。監禁罪など。⇒状態犯 ⇒即時犯

けいぞく-ひ【継続費】数年度にわたって支出する国または地方公共団体の経費。完成に数年を要する事業について、初年度に経費の総額および年割額を定め、一括して議会の議決を経るもの。

けいぞく-ほいくしつ【継続保育室】►ジー-シー-ユー(GCU)

けいそ-こう【×珪素鋼】鉄と珪素の合金。炭素を0.02パーセント以下と少なくし、珪素を1〜4パーセント含んだものをいう。変圧器などの鉄心に用いる。

けいそさいじき【荊楚歳時記】中国、六朝時代の荊楚(現在の湖北・湖南省)地方の年中行事や風俗を記録したもの。梁の宗懍の撰。6世紀半ばごろ成立。全1巻。

けいそ-じゅし【×珪素樹脂】►シリコーン樹脂

けい-そつ【軽卒】身軽な服装の兵士。また、身分の低い兵士。

けい-そつ【軽率】〔名・形動〕物事を深く考えずに軽々しく行うこと。また、そのさま。かるはずみ。「一な判断」⇔慎重。(派生)けいそつさ〔名〕
(類語)軽軽しい・軽軽・軽挙・浅はか・浅薄

けいそ-てつ【×珪素鉄】珪素の含有量が10〜20パーセントの、鉄と珪素との合金。耐酸合金。

けい-そん【恵存】《「けいぞん」とも》お手元に保存していただければ幸いの意で、自分の著書などを贈るときに、相手の名のわきや下に書き添える語。

けい-そん【×鮭×鱒】サケとマス。「一類」「一漁」

けい-たい【形体】物事のかたち、ありさま。人間のからだつきについてもいう。「神道稍々一を為す者あり」〈田口・日本開化小史〉

けい-たい【形態】❶生物や機構などの組織体を外から見たかたちやありさま。形体。「政治一」❷►ゲシュタルト (類語)形状・形・格好・形・外形

けい-たい【敬体】文末に丁寧語「です」「ます」「でございます」などを用いた口語の文体。です・ます体。⇔常体。

けい-たい【敬待】〔名〕スル うやまい、もてなすこと。「衆人多くは之を一するを以て」〈織田訳・花柳春話〉

けい-たい【景体】ありさま。なりふり。すがた。「容貌花美にして、一優美なり」〈盛衰記・三三〉

けい-たい【傾×頽】建物・組織などがかたむきくずれること。

けい-たい【携帯】〔名〕スル ❶身につけたり、手に持ったりすること。「非常食を一する」❷《「ケータイ」と書くことが多い》「携帯電話」の略。(類語)携行・持参・必携

けい-たい【継体】天皇の位を継ぐこと。けいてい。「十三代成務まで一正道のままにて」〈愚管抄・三〉

けい-だい【境内】❶境界の内側。区域内。❷特に、神社・寺院の敷地内。
(類語)寺内・山内・寺中・神域・神苑

けい-だい【×瓊台】りっぱな御殿。玉のうてな。

けいたいあんてい-かこう【形態安定加工】繊維を樹脂加工したり、縫製後にホルムアルデヒドなどのガスで処理するなどして、型崩れのしにくい衣料品を加工すること。また、そうした形状記憶繊維を用いた衣料品のこと。洗濯後、しわや型崩れが少なく、もともとの折り目は消えないため、アイロンをかけずに着用できる。

けいたい-オーディオプレーヤー【携帯オーディオプレーヤー】《portable audio player》►デジタルオーディオプレーヤー

けいたい-おんいんろん【形態音韻論】主として構造言語学で、同一形態素の異形態間における音素の相違の研究。例えば、英語の複数形態素[s]がcocks, boys, housesにおいて/s/,/z/,/iz/という形態となって現れる類。形態音素論。

けいたい-おんがくプレーヤー【携帯音楽プレーヤー】《portable music player》►デジタルオーディオプレーヤー

けいたい-がく【形態学】❶生物学の一分科で、生物の体制や構造を研究する学問。対象や目的により、組織学・細胞学・解剖学・発生学・分類学などに分けられる。❷鉱物の結晶の幾何学的性質を研究する結晶学の一分野。

けいたいかんい-トイレ【携帯簡易トイレ】►携帯トイレ

けいたい-けいせい【形態形成】生物の発生において、種特有の形態をとるに至るまで、いろいろな形態を作り出していく過程。細胞が構成されたのちの、各組織・器官の形や大きさ、相互の配列関係などが定まってくる過程。形態生成。

けいたい-こうりょう【携帯口糧】兵士の携帯に便利なように作られた食糧。

けいたい-じ【経帯時】経度が15度ごとの子午線を基準として定めた標準時。世界時とは整数時間の差がある。

けいだい-しゃ【境内社】ある神社の境内に鎮座して、その管理に属する摂社・末社。

けいたい-しょうせつ【携帯小説】携帯電話で読む形をとる、電子書籍化された小説。執筆も携帯電話のテキスト作成機能を利用して行われる。

けいたい-じょうほうたんまつ【携帯情報端末】►ピー-ディー-エー(PDA)

けいたい-しょくりょう【携帯食糧】登山・旅行などに持って行くために、運搬に便利で、保存のきく食糧。

けいたい-しんりがく【形態心理学】►ゲシュタルト心理学

けいたい-そ【形態素】《フランス morphème》言語学で、意味をもった最小の音形。ヤマ(山)のように形態素一つで単語が構成される場合もあれば、ヤマカゼ(山風)のように複数の形態素が単語を構成する場合もある。⇒意義素

けいたいそ-かいせき【形態素解析】《morphological analysis》コンピューターの自然言語処理の一。与えられた文章を、辞書データなどを用いて単語の単位に区切り、品詞を判別する処理。仮名漢字変換や機械翻訳、音声認識で使用する。

けいたい-てんのう【継体天皇】[?〜531?]記紀で、第26代天皇。名は男大迹。武烈天皇没後嗣子がなく、大伴金村・物部麁鹿火らに越前から迎えられて河内で即位したと伝えられる。

けいたい-でんりゅう【携帯電流】►運搬電流

けいたい-でんわ【携帯電話】無線を用いて長距離通信のできる小型の移動電話。通話以外に、電子メールの送受信、インターネット接続、デジタルカメラ内蔵、ワンセグ内蔵など種々の機能を持つ。ケータイ。

けいたいでんわ-いそんしょう【携帯電話依存症】携帯電話が手元にないと落ち着かない状態。通話・メール・ゲーム・デジタルカメラ・音楽・ワンセグ・SNSなどのサービスを頻繁に利用し、日常生活に支障を来す場合もある。⇒インターネット依存症 ⇒プロセス依存

けいたいでんわ-ウイルス【携帯電話ウイルス】携帯電話を介して感染するコンピューターウイルスの総称。

けいたいでんわばんごう-ポータビリティー【携帯電話番号ポータビリティー】►番号ポータビリティー

けいたい-トイレ【携帯トイレ】持ち運びができるトイレ。介護や災害時、アウトドア、自動車内など排泄物を保持することができない場合に使用する、小型の装置・容器。携帯簡易トイレ。

けいたい-ねんりょう【携帯燃料】登山などで、持ち運べるようにしてある燃料。

けいたい-ノート【携帯ノート】《mobile note PC》►モバイルコンピューター

けい-たいふ【×卿大夫】卿と大夫。高級の官人。また、執政者。

けい-たいふ-し【×卿大夫士】中国周代の、天子の直轄地における臣下の三つの身分。また、諸侯の臣は大夫と士の二つであったが、上大夫は特に卿と称された。

けいたい-フルブラウザー【携帯フルブラウザー】►フルブラウザー

けいたい-べん【携帯弁】《「ケータイ弁」とも書く》事務所を置かず、携帯電話で仕事を受ける弁護士。⇒いそ弁 ⇒軒弁 ⇒宅弁

けいたい-ミュージックプレーヤー【携帯ミュージックプレーヤー】《portable music player》►デジタルオーディオプレーヤー

けいたい-ろん【形態論】言語学の一部門。活用・曲用などにみられる語形変化や語の構成について論究するもの。語形論。

けい-たく【恵沢】《「けいだく」とも》恩恵。めぐみ。恩沢。「文明の一に浴する」

けい-たく【警×柝】注意をうながすために打つ拍子木。「夜深けて、暗灯影薄く、只一の声遥かに、時刻を報ずるを聞くのみ」〈竜渓・経国美談〉

けい-たつ【啓達】〔名〕スル 文書をもって申し上げること。また、手紙を出すこと。

ケイタリング〖catering〗►ケータリング

けいたん【契丹】►キタイ

けい-たん【鶏旦】❶にわとりの鳴く朝。夜明けのこと。❷元旦。(季 新年)

けい-だん【軽断】〔名〕スル よく考えないで、軽々しく判断すること。「学理の実際に叶わずと一する者の若きは」〈雪嶺・偽悪醜日本人〉

けい-だん【軽暖】〔名・形動〕❶少しあたたかいこと。また、そのさま。微温。「一の空気の中には草木の香みちみちて」〈鴎外訳・即興詩人〉❷衣服が軽くてあたたかいこと。また、そのような上等な衣服。「衣は一を欲し」〈福沢・文明論之概略〉

げい-だん【芸談】芸道の秘訣や苦心についての話。

けいだん-れん【経団連】「日本経済団体連合会」の略称。(補説)平成14年(2002)に日本経営者団体連盟(日経連)と統合する前の経済団体連合会も「経団連」の略称を用いた。統合後、同23年5月までは「日本経団連」と略称した。

けいだんれん-せいぶつたようせいせんげん

[慶長の大地震] **慶長年間に発生した主な地震**

和暦	西暦	名称	被災地域	規模	被害
慶長元年閏7月9日	1596年9月1日	**慶長豊後地震**	豊後	M7.0	大津波が来襲し別府湾沿岸で家屋がほとんど流失。死者708人。
慶長元年閏7月13日	1596年9月5日	**慶長伏見地震**	畿内	M7.5	伏見城天守閣が大破。石垣が崩れ500余人圧死。堺で死者600余人。
慶長9年12月16日	1605年2月3日	**慶長地震**	東海・南海・西海諸道	M7.9	津波が犬吠埼から九州まで太平洋岸に来襲。死者多数。
慶長16年8月21日	1611年9月27日	**慶長会津地震**	会津	M6.9	若松城下などで寺社・家屋が倒壊し死者3700余人。
慶長16年10月28日	1611年12月2日	**慶長三陸地震**	三陸沿岸・北海道東岸	M8.1	沿岸で家屋が多数流出。伊達領内で死者1783人。北海道東部でも溺死者多数。

【経団連生物多様性宣言】 経団連が、企業の立場から生物多様性保全の問題に取り組む決意と行動指針を示した宣言。平成21年(2009)3月「日本経団連生物多様性宣言」として発表。「自然の恵みに感謝し、自然循環と事業活動との調和を志す」「生物多様性の危機に対してグローバルな視点を持ち行動する」など七つの原則からなり、15の行動指針が付されている。

けい-ち【景致】自然のありさまやおもむき。風趣。

けい-ちつ【啓×蟄】二十四節気の一。冬ごもりの虫が地中からはい出るころ。太陽暦で3月6日ごろ。(季 春)「一を啣へて雀飛びにけり/茅舎」

けいちゅう【契沖】[1640～1701]江戸前期の国学者・歌人。摂津の人。俗姓、下川。高野山で修行して阿闍梨位を得る。晩年は大坂高津の円珠庵に隠棲。下河辺長流の業を継いで「万葉代匠記」を完成、国学発展の基礎を築いた。他に「古今余材抄」「勢語臆断」「和字正濫鈔」「漫吟集」など。

けい-ちゅう【敬忠】主君をうやまい、忠義を尽くすこと。

けい-ちゅう【傾注】〔名〕スル 精神や力を一つの事に集中すること。「全精力を一する」

(類語)専念・専心・没頭・没入・打ち込む・明け暮れる

けい-ちゅう【×閨中】ねやのうち。寝室の中。

けい-ちょう【京兆】㊀❶「京兆の尹❶」に同じ。❷左京職・右京職の唐名。㊁現在の中国陝西省西安市付近一帯の称。

けい-ちょう【計帳】律令制で、調・庸を賦課するため国ごとに毎年作成した帳簿。戸主に戸口の氏名・年齢・性別、課・不課の別などを申告させ、国司がまとめて国内の人口・調口数・調庸などを算出した。

けい-ちょう【敬弔】死者を謹んでとむらうこと。

けい-ちょう【敬重】〔名〕スル うやまい重んずること。尊重。「一すべき人物」

けい-ちょう【敬聴】〔名〕スル 謹んできくこと。「お話を一させていただく」

けい-ちょう【軽×佻】〔名・形動〕《「佻」も、かるいの意》落ち着きがなく、言動が軽はずみなこと。また、そのさま。軽薄。「成程江戸っ子の一な風を、よく、あらわしてる」〈漱石・坊っちゃん〉

(類語)軽薄・浅はか・浮薄・単純

けい-ちょう【軽重】❶重量の軽いことと重いこと。また、その度合い。重さ。目方。けいじゅう。「品物の一を問わず料金は同一」❷価値や程度の小さいことと大きいこと。また、その度合い。けいじゅう。「人の命に一はない」❸軽んずることと重んずること。また、その度合い。けいじゅう。「一の差をつける」「鼎の一を問う」

けい-ちょう【傾聴】〔名〕スル 耳を傾けて、熱心に聞くこと。「一に値する意見」「一すべきお話」

(類語)謹聴・静聴・拝聴・清聴・陪聴・聞く

けい-ちょう【慶弔】結婚・出産などの喜ぶべきことと、死などの悲しむべきこと。お祝い事と不幸。

(類語)吉凶・禍福

けい-ちょう【慶兆】めでたいことの前ぶれ。吉兆。〈運歩色葉集〉

けいちょう【慶長】後陽成天皇・後水尾天皇の時の年号。1596年10月27日～1615年7月13日。きょうちょう。

けいちょう-いちぶばんきん【慶長一分判金】江戸幕府発行の金貨。慶長6～元文3年(1601～1738)通用。慶長一分金。慶長一分判。

けいちょう-おおばんきん【慶長大判金】江戸幕府発行の金貨。表面に「拾両」と書いてあるが、1枚が慶長小判の8両2分にあたる。主に賞賜に用いられた。

けいちょう-かつじ【慶長活字】慶長年間に製作された木製の活字。慶長勅版本などの印刷に使用した。

けいちょう-がん【×珪長岩】斑晶がないか、きわめて少ない、石英・カリ長石の集合体からなる酸性の火成岩。

けいちょう-きん【慶長金】慶長6年(1601)から江戸幕府が発行した慶長大判金・慶長小判金・慶長一分判金の総称。

けいちょう-ぎん【慶長銀】慶長6年(1601)から江戸幕府が発行した慶長丁銀および慶長豆板銀の総称。

けいちょう-けんおうしせつ【慶長遣欧使節】慶長18年(1613)仙台藩主伊達政宗が家臣の支倉常長をローマ教皇庁に派遣した使節。日本を出発し、メキシコを経てイスパニアに至り国王フェリペ3世に謁見、さらにローマに至り教皇パウロ5世に拝謁した。支倉は元和6年(1620)に帰国。

けいちょう-こばんきん【慶長小判金】江戸幕府発行の金貨。慶長6～元文3年(1601～1738)通用。慶長小判。

けいちょう-ちょくはんぼん【慶長勅版本】慶長年間、後陽成天皇の勅命によって印刷・刊行された木製活字本。日本書紀神代巻・四書・古文孝経・職原鈔などがある。慶長勅版。

けいちょう-の-いん【京兆の×尹】❶中国、漢代、長安以東の12県を治めた長官の官名。京兆。❷左京大夫・右京大夫の唐名。

けいちょう-の-えき【慶長の役】豊臣秀吉が文禄の役で明と和議をしたのち、明使のもたらした表文をめぐって再び慶長2年(1597)正月に朝鮮に出兵した戦役。翌年秀吉の死後に撤兵した。➡文禄の役

けいちょう-の-おおじしん【慶長の大地震】❶慶長9年12月(1605年2月)に発生した大規模な地震。犬吠埼から九州にかけての太平洋岸で津波が発生し、多数の死者を出した。東海・南海・東南海連動型地震と考えられる。地震の規模はマグニチュード7.9。慶長地震。➡連動地震 ❷慶長元年(1596)閏7月、近畿地方を襲った大地震。京都と伏見の間は特に被害が大きく、伏見城の天守閣や石垣、方広寺の大仏などが崩れ、余震は翌年4月まで続いた。慶長伏見地震。(補説)慶長年間には各地で大規模な地震が頻発した。➡表

けいちょう-ばいよう【茎頂培養】植物の茎の先端の生長点を取って培養すること。研究のほか、ランの栽培にも応用される。メリクロン。

けいちょう-ばん【慶長版】慶長年間に木製活字で印刷・出版された書籍の総称。慶長活字本。

けいちょう-ふはく【軽×佻浮薄】〔名・形動〕気分が浮ついていて、行動が軽々しいこと。また、そのさま。「一な連中」

けいちょう-もよう【慶長模様】慶長年間の小袖にみられる模様の様式。刺繍・印金・絞りなどで種々の模様を全面に置いた豪華なもの。

ゲイツ〖William Henry Gates Ⅲ〗[1955～]米国の実業家。通称、ビル＝ゲイツ。1975年、ポール＝アレンと共にマイクロソフト社を創立。パソコン用オペレーティングシステムのウインドウズを開発し、世界的な名声を得る。その後も次々とパソコン用ソフトを開発、同社の地位を不動のものとした。

けい-つい【×頸椎】哺乳類の脊柱のうち、頸部の7個の椎骨。第一頸椎は環状、第二頸椎は歯状突起をもち、人があぐらをかいて座ったような形をしている。火葬場で骨揚げの際、俗にお舎利様とよぶのはこの第二頸椎。

けい-ついほう【軽追放】江戸幕府の刑罰の一。はじめ武士・庶民とも居住国・犯罪国のほか、江戸10里四方・京・大坂・東海道道筋・日光道中へ入ることを禁じられたが、のち、百姓・町人は居住国・犯罪国・江戸10里四方に限られた。また、田畑・家屋敷なども没収された。➡重追放 ➡中追放

げい-づくし【芸尽(く)し】身につけた芸のあるかぎりを演じること。いろいろの芸を演じること。

けい-つね【経常】経常利益のこと。

けい-てい【兄弟】兄と弟。きょうだい。

(類語)兄弟・姉妹・兄妹・姉弟・弟妹・兄姉・同胞・はらから・連枝

兄弟牆に鬩ぐ 《「詩経」小雅・常棣から》兄弟、または仲間どうしが内輪でけんかをする。

兄弟は左右の手なり 《「魏志」王脩伝から》兄弟は、左右の手のように互いに助けあわねばならない。きょうだいは左右の手。

けい-てい【径庭┊×逕庭】《「径」「逕」は小道、「庭」は広場の意》二つのものの間にある隔たり。懸隔。「先天的に踰ゆべからざる巨大な一があるらしかった」〈谷崎・神童〉(類語)距離・懸隔・隔たり・開き

けい-てい【継体】►けいたい(継体)

けい-てき【×勁敵】強敵。「今の一は隠然として西洋諸国に在て存せり」〈福沢・学問のすゝめ〉

けい-てき【警笛】警戒や注意を促すために鳴らす笛。また、その音。多く列車・自動車などの乗り物に付いているものをいう。

けい-てん【刑典】刑罰に関する法律。また、それを記した書物。

けい-てん【恵展】《どうぞお開きください、の意》封書のあて名の脇付に用いる語。

けい-てん【経典】❶聖人・賢人の教えを記した書。「論語」「易経」など。経書。❷►きょうてん(経典)

けい-でん【経伝】経書とその解釈書。

けいてん-あいじん【敬天愛人】天をうやまい、人を愛すること。座右の銘とされることが多い。

けい-でんき【軽電機】電気機械・器具のうち、主に家庭用のもの。⇔重電機。

けいでん-き【継電器】一つの回路の電流を断続させたり向きを変えたりして、他の回路のスイッチの開閉を自動的に行う装置。リレー。

けいてんしゃくもん【経典釈文】中国の文字研究書。30巻。唐の陸徳明編。経書と老子・荘子に使われている文字の訓詁と反切を取り上げ、多くの学者の解釈や諸本での異同を記したもの。唐代の漢字音や経書解釈を知る貴重な資料。

け-いと【毛糸】羊などの動物の毛を紡いで作った糸。編物・毛織物などに用いる。(季 冬)

(類語)糸・綿糸・絹糸

けい-と【刑徒】刑に服している者。罪人。

けい-と【計図】〔名〕スル 計画すること。もくろみ。くわだて。「永遠の福利を、一せられん事を、企望す」〈竜渓・経国美談〉

けい-ど【経度】地球上の位置を表す座標の一。ある地点を通る子午線(経線)と本初子午線(英国旧グリニッジ天文台を通る子午線)との間の角度。本初子午線を基準とし、東へ東経180度まで、西へ西経180度まで区分される。⇔緯度。

けい-ど【軽度】〔名・形動〕程度が軽いこと。また、そのさま。「一な(の)被害」⇔重度。

けい-ど【傾度】かたむきの程度。

ケイド〖CAID〗《computer-aided industrial design》コンピューター支援工業デザイン。コンピュータ

ーを利用して行う工業デザイン。また、それに必要なシステムの総称。

けい-とう【系統】❶一定の順序を追って続いている、統一のあるつながり。「同じ―の言語」❷血統。血筋。「父方の―」❸同じ方面や種類に属していること。「青―の色」❹個々のものを順序立てて並べ、全体がひとつながりのものとして機能するようにまとめたもの。システム。「電気―の故障」「バスの運転―」❺働きに応じて分けた身体の器官の集まり。❻進化の面からみた生物間のつながり。類縁関係。❼遺伝学上、共通の祖先をもつ個体群。微生物の場合は菌種ともいう。類語系列・脈絡・係属・シリーズ

けい-とう【×挂灯】《「挂」は掛ける意》灯火を掲げること。

けい-とう【恵投】〘名〙スル 人から物を贈られることを、贈り主を敬っていう語。恵贈。恵与。

けい-とう【恵棟】[1697～1758]中国、清の学者。呉(江蘇省)の人。字あざなは定宇。号、松崖。父祖を継いで、漢学を研究し、漢代の易学を復興させた。著「周易述」「易漢学」「九経古義きゅうけいこぎ」など。

けい-とう【傾倒】〘名〙スル ❶かたむき倒れること。また、かたむけ倒すこと。「其の館舎が火焔の中に、―するを見て」〈竜渓・経国美談〉❷ある物事に深く心を引かれ、夢中になること。また、ある人を心から尊敬し、慕うこと。「漱石に―している」類語心酔・尊敬・敬う・尊ぶ・崇あがめる・仰ぐ・敬する・畏敬・崇拝・敬愛・慕う・敬慕・敬仰・景仰・崇敬・私淑・心服・敬服

けい-とう【継投】〘名〙スル 野球で、別の投手が引き継いで投げること。リリーフ。「―策」

けい-とう【継統】系統をうけつぐこと。特に、皇位をうけつぐこと。「一君主の制に亦其弊あり」〈津田真道訳・泰西国法論〉

けい-とう【鶏頭】ヒユ科の一年草。花の柄の上部は著しく広がって鶏のとさか状になり、その両面に赤・紅・黄・白色などの小花が密集して咲く。アジアの熱帯地域の原産で、観賞用に古くから栽培され、園芸品種も多い。韓藍からあい。鶏冠花けいかんか。鶏頭花けいとうげ。〔季秋〕「―の十四五本もありぬべし/子規」

けい-どう 江戸時代、町奉行が行った私娼窟ししょうくつやばくち場への不意の手入れ。臨検。けいど。「―の言ひ訳日済ひなし聞き飽きる」〈柳多留・七〉補説「警動」「怪動」とも書く。

けい-どう【傾動】〘名〙スル ❶他の働きかけによって考えがぐらつくこと。また、他に働きかけて動かすこと。「公衆に演説し、以て輿論よろんを―する」〈東海散士・佳人之奇遇〉❷断層運動によって地塊の片側が大きく隆起したため、地表が傾く運動。

げい-とう【芸当】ゲイタウ ❶人前で演じてみせる、特別な訓練や能力を要する芸。❷普通ではできそうにない行為。「余人には真似のできない―」類語曲芸・アクロバット・軽業・離れ業・曲技・サーカス

げい-どう【芸道】ゲイダウ 芸能の道。芸を修業する道。類語芸・芸能・演技・演芸・一芸・遊芸

けいとう-じゅ【系統樹】生物を相互の類縁関係をもとに配列し、枝分かれした樹木のような形で示したもの。

けいとう-だ・てる【系統立てる】〘動タ下一〙図けいとうだ・つ〘タ下二〙いくつかの事柄や現象を一定の原理と法則に従って整理する。「―・てて話す」

けいどう-ちかい【傾動地塊】ケイドウチクワイ 地塊の一方が断層に沿ってずり上がって急な断層崖を生じ、他方は緩やかな長い斜面となる地塊。日本では鈴鹿山脈などにみられる。

けいとう-てき【系統的】〘形動〙順序立って組み立てられているさま。「―な指導」

けいとう-はっせい【系統発生】生物の種が進化してきた過程。ドイツの動物学者ヘッケルの造語で、個体発生における変化は系統発生を繰り返したものであると主張した。⇒個体発生

けいとう-ふひょう【×挂灯浮標】ケイトウフヘウ 航路標識の一。頂部にアセチレンガスまたは陸からの送電による点灯装置のついた浮標。

けいとう-ぶんるいがく【系統分類学】生物進化の観点から生物間の類縁関係を調べ、系統的に分類、体系づける学問。

けい-どうみゃく【×頸動脈】頸部にある太い動脈。顔面・脳などに血液を送る。

けいどうみゃく-きょうさくしょう【×頸動脈狭×窄症】ケフサクシヤウ 頸動脈の分岐部に動脈硬化が発生して血管の中が狭くなり、脳血流量の減少や脳梗塞の原因となる疾患。脳血流量が減少すると立ちくらみやめまいなど、脳梗塞を起こすと意識障害・言語障害・片麻痺・知覚傷害・視覚障害などの症状が現れる。補説軽度の場合には自覚症状がないこともある。狭窄の程度が強い場合は、頸動脈内膜剝離術や頸動脈ステント留置術により血管を広げ、脳梗塞を予防する。頸動脈狭窄症は欧米人に多いとされてきたが、食生活の変化により日本でも増えている。

けいとう-りゅうひょう【×挂灯立標】ケイトウリフヘウ 航路標識の一。頂部に石油・アセチレンガスなどによる点灯装置をもった立標りつぴょう。海中の岩礁上に築造する。

けい-どく【×惸独・×煢独】《「惸」は兄弟のないこと、「独」は子のないひとりみの意》身寄りもない独り者。孤独の身。

けいとくちん-よう【景徳鎮窯】ケイトクチンエウ 中国江西省景徳鎮にある中国最大の陶窯。唐代に昌南鎮窯として始まり、北宋の景徳年間(1004～1007)に景徳鎮窯と改称。青磁・白磁や影青インチンを産した。また、元代には染め付け、明代には赤絵の焼成が盛んになった。

けいどく-でん【×惸独田】古代、身寄りのない者を救済するために設けた不輸租田。

けいとくでんとうろく【景徳伝灯録】宋代の仏教書。30巻。道原著。1004年成立。禅宗の伝灯(正法を伝える意味)の法系を明らかにしたもので、過去七仏から始め、インド・中国歴代の諸師1701人の伝記と系譜を述べた書。中国禅宗史研究の根本資料。伝灯録。

けいど-けねん【軽度懸念】レッドリストで、生物の種を絶滅の危険性の高さによって分類したカテゴリー項目の一つ。絶滅・野生絶滅・絶滅危惧(ⅠA類・ⅠB類・Ⅱ類)・準絶滅危惧のいずれにも該当しない種のこと。分布が広いものや個体数の多い種が含まれる。LC(Least Concern)。

げい-どころ【芸所】伝統的に芸事が盛んな所。また、その水準の高い土地。

けいど-にんちしょうがい【軽度認知障害】ケイドニンチシヤウガイ 正常な老化と認知症との中間段階。認知症に進む可能性がある。確かなテスト方法はまだないが、記憶力の低下、体で覚えたことができなくなる、計画が立てられないなどの変化があるという。MCI(mild cognitive impairment)。

けいど-ふう【傾度風】気圧傾度による力、地球自転による転向力、等圧線が曲率をもつための遠心力がつりあって吹く風。等圧線に沿って定常的に吹き、北半球では低気圧の場合は左回り、高気圧の場合は右回りになる。

げい-なし【芸無し】芸がないこと。また、芸のない人。無芸。「―の大食い」

げいなし-ざる【芸無し猿】芸のない者をあざけっていう語。「那奴あいつも能よく能くの―に出来て居るんだ」〈紅葉・金色夜叉〉

けいなん【荊南】中国、五代十国の一。907年、後梁こうりょうの臣高季興が湖北に建国。首都は江陵(荊州)。963年宋に滅ぼされた。南平。

けい-にく【鶏肉】にわとりの肉。かしわ。

げい-にく【鯨肉】くじらの肉。

けいニッケル-こう【×珪ニッケル鉱】ケイニッケルクワウ ニッケルとマグネシウムを含む珪酸塩鉱物。淡緑色の土状または顆粒状で、蛇紋岩中に産出。ニッケルの鉱石。

げい-にん【芸人】❶俳優・落語家など、演芸を職業とする人。「大道―」❷芸のうまい人や多芸の人。「営業部の部員は―ぞろいだ」類語役者・俳優・タレント

けい-ねん【経年】幾年もたつこと。「―変化」

けい-ねん【▽頃年】ここ数年。近年。

げい-ねん【迎年】新しい年を迎えること。迎春。

けいねん-へんか【経年変化】ケイネンヘンクワ〘名〙スル ❶年月が経つうちに製品の品質・性能が変化すること。特に、摩耗・腐食などで性能が劣化すること。また、時間の経過とともに住居が損耗すること。❷年を経ることで測定値などに現れる変化。「大気中の二酸化濃度の―を発表する」

けいねん-れっか【経年劣化】ケイネンレツクワ〘名〙スル 年月が経つうちに製品の品質・性能が低下すること。「ビデオテープの映像がかなり―していた」

げい-のう【芸能】❶映画・演劇・落語・歌謡・音楽・舞踊など、主に大衆演芸向けの娯楽の総称。「古典―」「―人」❷学問・芸術・技能などについてのすぐれた能力。「社会上の地位は何できまると云えば…第三には―で極る場合もある」〈漱石・野分〉❸教養として身につけなければならない学問・芸術などの技芸。礼・楽・射・御・書・数の六芸りくげいのほか、詩歌・書画・蹴鞠しゅうきくなど。❹生花・茶の湯・歌舞音曲などの芸事。類語芸・演芸・演技・芸道・一芸・遊芸

げいのう-じん【芸能人】「芸能❶」を職業としている人の総称。

げい-の-むし【芸の虫】芸道に熱心な人。

けい-は【慶派】平安末期から江戸時代に至る仏師の一派。鎌倉時代に康慶・運慶・湛慶たんけい・快慶など、慶のつく名の仏師が輩出したことからの名称。七条仏所を形成し、造仏界の主流をなした。

けい-ば【競馬】❶それぞれの馬に騎手が乗って所定の距離を一緒に走らせ、速さをきそわせるもの。現在は、勝ち馬・着順などを当てる賭けの対象として行われ、競馬法によって認可された団体が勝ち馬投票券(馬券)を発売し、的中者に配当金が支払われる。❷「競くらべ馬」に同じ。「御祈には百番の芝田楽、百番の一つ物、―、流鏑馬やぶさめ」〈平家・一〉❸「競馬香」の略。

げい-は【鯨波・×鯢波】❶大波。巨濤きょとう。❷大ぜいの人が一斉にあげる声。鬨ときの声。

ケイパー〖caper〗►ケーパー

ゲイ-バー〖gay bar〗ゲイボーイが接待する酒場。

けい-はい【×珪肺】塵肺じんぱいの一。珪酸の粉塵を吸入し、それが肺に沈着するために呼吸機能が衰えてくる病気。金属鉱山、陶磁器製造業、ガラス工場などに働く人に多くみられる職業病。よろけ。

けい-はい【敬拝】〘名〙スル うやまい、おがむこと。

けい-はい【軽輩】地位・身分の低い者。

けい-はい【傾敗・傾廃】建物がかたむき荒れはてること。また、国が衰え滅びること。「国の―遠きにあらず」〈太平記・四〉

けい-ばい【競売】法律で「競売きょうばい」のこと。

けいばいとうぼうがい-ざい【競売等妨害罪】ケイバイトウバウガイザイ 偽計または威力により、公の競売や入札の公正を妨害する罪。また、談合によって落札者・落札価格などを決める罪。刑法第96条の3が禁じ、2年以下の懲役または250万円以下の罰金に処せられる。

けいばい-ばい【競売買】►きょうばいばい(競売買)

けいばい-ほう【競売法】ケイバイハフ 民法または商法の規定により、動産や不動産の競売をする場合に、その手続きを規定した法律。明治31年(1898)制定。昭和54年(1979)民事執行法に吸収されて廃止。

けい-はく【啓白】►けいびゃく(啓白)

けい-はく【敬白】《うやまい謹んで申し上げるの意》手紙や願文がんもんなどの末尾に用いる語。「謹啓」と対応する。敬具。「亭主―」補説古くは「けいびゃく」といった。類語謹言・拝具・かしこ・頓首・不一・不二ふじ

けい-はく【軽薄】〘名・形動〙❶言葉や態度が軽々しくて、思慮の深さや誠実さが感じられないこと。また、そのさま。「流行にとびつく―な男」「―な口調」❷人の機嫌をとること。また、その言葉。おせじ。ついしょう。「なにも、姉御の前だからとて―を云うではありませぬが」〈露伴・五重塔〉❸物が軽くて、うすいこと。また、そのさま。「金石は重厚なり、羽毛は―なるが故に」〈暦象新書・中〉派生けいはくさ〘名〙類語浅はか・浮薄・単純・軽佻けいちょう

けい-ばく【×繫縛】〘名〙スル ❶つなぎしばること。ま

た、そのもの。ほだし。「―を解く」❷精神的に束縛すること。「規則に―される」(類語)縛・緊縛

けい-ばくげきき【軽爆撃機】小型の爆撃機。機体の重量も軽く、搭載する爆弾の量も少ない。軽爆。

けいはく-ざけ【軽薄酒】交際のためお義理に酌み交わす酒。「おもしろからぬ―に気が尽きはて」〈浄・扇八景〉

けいはく-じ【軽薄児】軽薄な人。あさはかで誠意のない人。「なんで今になって直々のことをお前の口などから聞こうとするものか。―め」〈漱石・行人〉

けい-はく-たん-しょう【軽薄短小】ケイハクタンセウ　機械製品・電気製品などが、軽量化・薄型化・小型化したことを表す語。文化的な面にもいう。

けいば-ぐみ【競馬組】中古、賀茂の祭などの競馬に出仕した組の人。「―。昔は上ざまにももてなされし事の、今はこの氏人のみに残りて」〈七十一番職人歌合〉

けいはく-らし・い【軽薄らしい】〔形〕図けいはくら・し〔シク〕《近世語》❶手軽で粗末である。「せんじ茶を少しづつ紙に包みて―・しき事」〈浮・胸算用・四〉❷こびへつらっている感じである。追従ついしょうがましい。「よくもないものまでめったに誉めるは…いやもう―・しうて気の毒」〈洒・野路の胆言〉

けいば-こう【競馬香】ケイバカウ　組香くみこうの一。賀茂神社の競くらべ馬の式になぞらえて、赤黒二組に分かれ、香をかぎ当てたほうが馬に乗った人形を一目盛りずつ進ませ、早く決勝点に入ったほうを勝ちとする。

けい-はつ【啓発】〔名〕スル《「論語」述而の「憤せざれば啓せず、悱ひせざれば発せず」から》人が気づかずにいるところを教え示して、より高い認識・理解に導くこと。「彼の意見には―された」「自己―」
(類語)啓蒙けいもう・教える・蒙を啓ひらく

けい-ばつ【刑罰】❶犯罪者に対して、国家が科する制裁。「―を科する」❷罪に対するとがめ。仕置き。「―として何か返報をしてやらなくっては義理がわるい」〈漱石・坊っちゃん〉❸制裁を加えること。特に、死刑にすること。「其の罪を―せられずは、天下の静謐何れの時をか期ごし候べき」〈太平記・二六〉
(類語)刑・罰・実刑・執行猶予・私刑・リンチ

けい-ばつ【軽罰】軽い刑罰。軽科。

けい-ばつ【閨閥】妻の親類を中心に結ばれている勢力。

けい-ばつ【警抜】〔名・形動〕着想などが、ぬきんでてすぐれていること。また、そのさま。「―な表現」

けいばつ-けん【刑罰権】犯罪人に対して刑罰を科する国家の権能。

けいばつ-せいじ【閨閥政治】ケイバツセイヂ　婚姻関係で結ばれた集団によって行われる政治。

けいば-ほう【競馬法】ケイバハフ　日本中央競馬会が行う中央競馬および地方公共団体が行う地方競馬（公営競馬）について、開催、勝ち馬投票券の発売、払戻金の交付などを規定している法律。昭和23年（1948）施行。

けい-はん【京阪】京都と大阪。上方かみがた。

けい-はん【畦畔】耕地間の境。あぜ。くろ。

けい-はんざい【軽犯罪】公衆道徳に違反する程度の軽い犯罪。軽犯罪法に定められている。

けいはんざい-ほう【軽犯罪法】ケイハンザイハフ　拘留または科料にあたる比較的軽微な犯罪について規定している法律。昭和23年（1948）施行。

けいはんしき-アクセント【京阪式アクセント】日本語のアクセントの一種。同一音節数の語がいくつかの型のアクセントで発音されるもの。日本語のアクセントの中で、最も多くの型の区別をする。例えば2音節名詞の場合、「鳥・橋・松・春」がそれぞれ異なる4種の型となる。京阪地方を中心に、近畿から四国地方や、北陸地方の一部、佐渡島などの広い地域でみられる。

けい-はん-しん【京阪神】京都と大阪と神戸。「―地帯」

けいはん-でんきてつどう【京阪電気鉄道】ケイハンデンキテツダウ　大阪府・京都府・滋賀県に路線をもつ電鉄会社。また、その鉄道。大阪の淀屋橋よどやばしから京都三条に達する本線を中心として営業。明治39年（1906）創立。

けい-ひ【桂皮】トンキンニッケイ（カシア）などの樹皮を乾燥したもの。甘辛く、芳香がある。漢方で、発汗・解熱・鎮痛薬として用いる。肉桂。

けい-ひ【荊扉】いばらの生えた門のとびら。また、貧しい住まい。

けい-ひ【経費】❶一定している平常の費用。また、物事を行うのに必要な費用。「必要―」「物価高で―がかさむ」❷国または地方公共団体などの活動のために必要な財政支出。❸製造原価のうち、材料費・労務費を除いたすべての費用。
(用法)経費・費用――何かに要する金銭の意では「経費（費用）がかさむ」「経費（費用）を出し合う」のように相通じて用いられる。◇「経費」は、継続的に、一定の枠の中で必要とされる金銭の意が強く、「営業の経費を節約する」「年間経費」のように用いる。◇「費用」は何かをするために必要とする金銭の意で、「改築にかなりの費用がかかる」「旅行の費用を積み立てる」などと用いる。
(類語)費用・コスト・実費・雑費・掛かり・費ついえ・入いり・入いり目・入いり用・入用にゅうよう・入費にゅうひ・出費・用度

けい-び【軽微】〔名・形動〕被害・損害などの程度がわずかであること。また、そのさま。多く、予想・推定より軽い場合に用いる。「―な損害で済んだ」

けい-び【警備】〔名〕スル　変事に備えて警戒し、防備すること。「厳重な―」「国境を―する」(類語)防備・警護

げい-び【芸備】芸州と備州。

けいひ-かんせん【経皮感染】病原体を保有する動物や昆虫にかまれる、寄生虫が皮膚から侵入する、傷口から病原体が入る、病原体が付着した注射針を使用することなどにより皮膚から感染すること。

けい-びき【罫引き】❶罫を引くこと。また、罫の引いてあるもの。けびき。❷罫を引く用具。

げいび-けい【猊鼻渓】岩手県南部、北上川の支流砂鉄川が刻んでできた渓谷。高さ100メートルを超す断崖絶壁が2キロメートルにわたり連なる。名前の由来は猊しし の鼻に似た奇岩が見られることから。

けい-ひこうき【軽飛行機】ケイヒカウキ　単発または双発のピストンエンジンをもつ小型軽量プロペラ機の総称。遊覧・宣伝広告・取材などに用いられる。

けいひ-さん【桂皮酸】カルボン酸の一種。カシア油や蘇合香そごうこうの主成分で、無色針状結晶。香料・医薬などに使われる。肉桂酸。

けいひ-すい【桂皮水】桂皮油を蒸留水に加えたもの。桂皮油を水蒸気蒸留で採取するときにも得られる。苦味剤・香料などに用いる。

げいび-せん【芸備線】広島から備後庄原びんごしょうばらを経て伯備線備中神代びっちゅうこうじろに至るJR線。昭和11年（1936）全通。全長159.1キロ。

けい-ひち【警蹕】「けいひつ（警蹕）」に同じ。「―など、『おし』といふ声聞こゆるも」〈枕・二三〉

けい-ひつ【警蹕】天皇や貴人の通行などのときに、声を立てて人々をかしこまらせ、先払いをすること。また、その声。「おお」「しし」「おし」「おしおし」などと言った。みさきばらい。みさきおい。けいひち。「前駆ぜん御随身みずいじん御車に副そひ、―にして儀式たやすからざりしに」〈保元・下〉

けいひてきかんどうみゃく-インターベンション【経皮的冠動脈インターベンション】ケイヒテキクワンドウミャク―　►ピー-シー-アイ（PCI）

けいひてきかんどうみゃく-けいせいじゅつ【経皮的冠動脈形成術】ケイヒテキクワンドウミャク―　►ピー-ティー-シー-エー（PTCA）

けいび-ほしょう【警備保障】ケイビホシャウ　官庁や企業などから火災・盗難の警備の委託を受け、事故が発生した場合には損害を賠償する仕組み。

けい-びゃく【啓白】〔名〕スル　❶敬って申し上げること。特に、神仏に願いを申し述べること。法会や修法ずほうのおり、趣意や願意を仏に申し上げること。表白ひょうびゃく。けいはく。❷経文の一部分だけを読むこと。

啓白の鐘かね　啓白の時に鳴らす鐘。「高座にのぼり、―うちならす時」〈平家・七〉

けい-びゃく【敬白】►けいはく（敬白）

けいひ-ゆ【桂皮油】セイロンニッケイ（シナモン）などの樹皮や葉を蒸留して得られる黄色の香油。菓子・石鹸せっけんの香料、医薬などに使用。肉桂油。

けい-ひょう【軽剽】ケイヘウ〔名・形動〕かるがるしくて落ち着きのないこと。また、そのさま。「その子の英霊俊邁にして浮躁―なるを見て」〈中村訳・西国立志編〉

けい-ひょう【警標】ケイヘウ　警戒や注意が必要であることを記した標札や標識。

けいひょう-ほう【景表法】ケイヘウハフ　►景品表示法

けいび-らん【鶏尾蘭】ユリ科の多年草。葉は幅広の線形で、重なり合って一方向に反り返るので、雄鶏の尾を思わせる。8月ごろに多くの小花をつける。

けいひ-ろうじんホーム【軽費老人ホーム】ケイヒラウジン―　老人福祉法に基づく老人福祉施設の一。無料または低額の料金負担で入居できる老人ホーム。原則として60歳以上で介護の必要はないが、家庭や住宅の事情や身体機能低下などのため自宅で暮らせない人を対象に、食事などの生活に必要なサービスを提供する。(補説)食事を提供するA型、自炊が原則のB型、車椅子での生活が可能で必要に応じて介護保険サービスを利用できるケアハウスの3種類がある。

けい-ひん【京浜】東京と横浜。また、その周辺。

けい-ひん【景品】❶商品に添えて客に贈るおまけの品物。「―付き大売り出し」❷催しなどで、主催者側が参加者に贈る品物。「福引きの―」❸パチンコや射的などの遊技で、得点者に与える品物。
(類語)賞品・褒美・賞金・報奨

けい-びん【慧敏】〔名・形動〕利口で反応がすばやいこと。また、そのさま。「相手のこころの角度を―に感じとった慎吾は」〈野上・迷路〉(類語)賢い・鋭い・利口・鋭敏・機敏・俊敏・明敏・敏・聡さとい・目聡い・賢しい・過敏・敏感・炯眼けいがん・利発・聡明・怜悧れいり・穎悟えいご・英明・英邁えいまい・賢明・犀利さいり・シャープ

げい-ひん【迎賓】客をもてなすこと。特に国賓などをもてなすこと。(類語)歓迎・奉迎・迎える

げいひん-かん【迎賓館】ゲイヒンクワン　■外国からの賓客を歓迎し、もてなすための建物。■明治期洋風建築の代表作の一。東京元赤坂にある。旧赤坂離宮。明治42年（1909）フランスの宮殿様式を模した建物が完成、昭和49年（1974）の改修後、外国の賓客の接待・宿泊のための建物となる。国宝。(補説)■は、明治以降の文化財では初めて国宝に指定された。

けいひんきゅうこう-でんてつ【京浜急行電鉄】ケイヒンキフカウ―　東京都・神奈川県に路線をもつ電鉄会社。また、その鉄道。東京の泉岳寺から横浜を経て浦賀に至る本線を中心として営業。関東最古の電気鉄道。

けいひん-こうかんじょ【景品交換所】―カウクワンジョ　パチンコ店などで出玉と交換した特定の景品を換金するための店。多く、パチンコ店に隣接して設けられる。

けいひん-こうぎょうちたい【京浜工業地帯】―コウゲフチタイ　東京・川崎・横浜を中核として関東地方南部に広がる工業地帯。日本四大工業地帯の第一。金属・機械・化学工業が中心。

けいひん-とうほくせん【京浜東北線】東北本線大宮から東海道本線大船に至るJR線の電車路線区間の通称。東北本線・東海道本線・根岸線の3線にわたり運行される。名称は京浜地方と東北本線を結ぶところから。全長81.2キロ。

けいひんひょうじ-ほう【景品表示法】ケイヒンヘウジハフ　「不当景品類及び不当表示防止法」の略称。昭和37年（1962）施行。消費者の商品選択の判断を狂わせる、行き過ぎた景品の提供や、誇大な、また虚偽の表示宣伝を禁止する法律。不当表示については、商品・サービスを実際よりも優良にみせかける優良誤認表示、販売価格などの取引条件を実際よりも安く感じさせるなど、有利にみせかける有利誤認表示などを禁じている。以前は公正取引委員会が運用していたが、平成21年（2009）9月に消費者庁に移管され、同法に違反した事業者に対する「排除命令」は「措置命令」に名称が変更された。景表法。

けい-ふ【系譜】❶先祖から子孫に至る一族代々の

つながり。師弟関係などのつながり。また、それを書き表した図や記録。系図。❷同じような要素・性質を受け継いでいる事物のつながり。

けい-ふ【軽浮】〔名・形動〕気持ちがうわついて落ち着きがないこと。軽佻浮薄なこと。また、そのさま。「貴女の作を浅薄だの一だのと失敬だワ」〈魯庵・社会百面相〉

けい-ふ【継夫】のち添いの夫。

けい-ふ【継父】母の夫で、自分と血のつながっていない父。ままちち。(類語)義父・養父・まま父・舅・岳父・父

けい-ぶ【刑部】❶刑部省の唐名。❷中国の六部の一。司法に関することをつかさどった。

けい-ぶ【恵×撫】〔名〕スル めぐみ、いたわること。

けい-ぶ【軽侮】〔名〕スル 軽んじあなどること。人を見下してばかにすること。「一の念」「必ず相敵して互に一せざるを得ずと雖ども」〈福沢・文明論之概略〉(類語)軽蔑・侮蔑・蔑視

けい-ぶ【×頸部】❶頭と胴体とをつないでいる部分。くび。❷首のように細くなってつながっている部分。「半島の一」(類語)首・首っ玉・小首

けい-ぶ【警部】警察官の階級の一。警視の下、警部補の上に位する。

げい-ふ【鯨布】英布の異称。

けい-ふう【×勁風】強く吹く風。強風。「一吹きすさび、砂塵飛ぶ」

けい-ふう【恵風】❶万物を成長させる、めぐみの風。春風。❷陰暦2月の異称。❸君主の恩恵が広く行きわたるのを風にたとえた語。

けい-ふう【軽風】❶そよかぜ。微風。❷風速毎秒1.6〜3.3メートルで、風力階級2の風。

げい-ふう【芸風】俳優などの、独特の演技のしかた・持ち味。「師匠の一を受け継ぐ」

けい-ふく【×圭復】《南容が白圭の詩を何度も繰り返して読んだという「論語」先進の故事から》人から来た手紙を繰り返して読むこと。

けい-ふく【敬服】〔名〕スル 感心して尊敬の念を抱くこと。「一の外はない」「彼の研究心には一する」(類語)感服・心服・私淑・賛仰・推服・恭順・尊敬・敬う・尊ぶ・崇める・仰ぐ・敬する・畏敬・崇拝・敬愛・慕う・敬慕・敬仰・景仰・崇敬・傾倒・心酔

けい-ふく【敬復】《謹んで返事をするの意》返信の冒頭に用いる語。拝復。

けい-ふく【景福】非常な幸福。

けい-ふく【傾覆】〔名〕スル ひっくりかえること。また、ひっくりかえすこと。転覆。転倒。「一片の論文で政府及び或る勢力を一し」〈魯庵・社会百面相〉

けい-ふく【慶福】めでたいこと。幸い。

けい-ぶつ【景物】❶四季折々の趣のある事物。自然の風物。連歌・俳諧では、特に、花・ほととぎす・月・雪などをいう。「初夏の一」❷その場に興を添えるもの。珍しい芸や衣装・料理など。「音もせで走るいろいろの馬車…半天に浮び出でたる凱旋塔の神女の像、この許多の一」〈鷗外・舞姫〉❸景品。「余興の福引の一でも貰って」〈魯庵・社会百面相〉❹連歌・俳諧で、点取りのときの賞品。

けいぶつ-し【景物詩】四季折々の風物を詠み込んだ詩。風物詩。

けい-ふぼ【継父母】ままちちと、ままはは。

けいぶ-ほ【警部補】警察官の階級の一。警部の下、巡査部長の上に位する。

けい-ふん【軽粉】古く中国から伝えられた薬品で、駆梅薬やおしろいの原料にした白色の粉末。塩化水銀(Ⅰ)(甘汞)が主成分で、水に溶けにくく毒性が弱い。水銀粉。伊勢おしろい。

けい-ふん【鶏×糞】にわとりのふん。窒素・燐酸が多く含まれ、乾かして肥料とする。

けい-ぶん【×奎文】《「奎」は星座の名で、文運をつかさどる星》文物。文学。文教。「一にわかに興る」

げい-ぶん【芸文】学問と芸術・文学。また、芸術と文学。文芸。

げいぶん【芸文】明治35年(1902)森鷗外・上田敏らを中心に創刊された文芸雑誌。第2号で廃刊。

けい-へい【×勁兵】鋭い武器。また、強い兵士。

けい-へい【啓閉】❶開くことと閉じること。開閉。❷啓すなわち立春・立夏と、閉すなわち立秋・立冬。

けいへい-き【経閉期】月経閉止期。

けい-へき【刑×辟】❶罪。また、刑罰。「国事に徴功あれば、国憲を犯すも、一を蒙らずと、想定するか」〈竜渓・経国美談〉❷刑法。

けい-べつ【軽蔑】〔名〕スル いやしいもの、劣ったものなどとみなして、ばかにすること。さげすむこと。「一に値する振る舞い」「いかにも一した笑い方」(類語)侮蔑・軽侮・蔑視

けい-べん【軽便】㊀〔名・形動〕扱い方が手軽で、便利なこと。また、そのさま。簡易。「一な道具」(派生)けいべんさ〔名〕㊁〔名〕「軽便鉄道」の略。(類語)便利・重宝・有用・有益・簡便・好都合・至便

けいべん-きしゃ【軽便汽車】軽便鉄道で利用された小型の汽車。

けいべん-てつどう【軽便鉄道】線路の幅が狭く、機関車・車両も小型の小規模の鉄道。軽便。「夜の一の、小さな黄いろの電灯のならんだ車室に」〈賢治・銀河鉄道の夜〉

けい-ほ【警保】危険を予防し、秩序を保つこと。

けい-ぼ【敬慕】〔名〕スル うやまいしたうこと。「一の情」「師を一する」(類語)尊敬・敬う・尊ぶ・崇める・仰ぐ・敬する・畏敬・崇拝・敬愛・慕う・敬仰・景仰・崇敬・私淑・傾倒・心酔・心服・敬服

けい-ぼ【景慕】仰ぎしたうこと。「肥人を一するものは肥人に及ばず」〈小林雄七郎・薩長土肥〉

けい-ぼ【傾慕】〔名〕スル 深く心を寄せてしたうこと。「人心を服せしかば、一する者甚だ多くなりて」〈箕作阮甫訳・玉石志林〉

けい-ぼ【継母】父の妻で、自分と血のつながっていない母。ままはは。(類語)義母・養母・まま母・姑・母

けい-ほう【刑法】❶犯罪人を罰するおきて。❷犯罪になる行為と刑罰の種類・程度を定めている法律。刑法典。明治41年(1908)施行。広義には、特別刑法を含む。

けい-ほう【軽砲】口径105ミリ以下の比較的小型の大砲。⇔重砲。

けい-ほう【警報】災害・危険が迫ったことを伝えて、注意・準備を人々に促すこと。また、その知らせ。「洪水一が出る」「一が解除される」

けい-ぼう【形貌】すがた。かおかたち。容姿。

けい-ぼう【計謀】はかりごとをめぐらすこと。また、はかりごと。計略。「一を用いて人を陥れる」

けい-ぼう【×閨房】❶寝室。ねや。ねま。特に、夫婦の寝室。「一の語らい」❷女性の居間。

けい-ぼう【警防】災害・危険などを、警戒して防ぐこと。

けい-ぼう【警棒】警察官が携行する硬質の棒。犯人逮捕や護身などに使用する。➡警杖

けい-ぼう【競望】我がちに争い望むこと。「一条摂政と朝成卿とともに参議を一の時」〈古事談・二〉

けいほう-き【警報器】危険や異常の発生を、ベルや発光装置で知らせる機器。

けいぼう-だん【警防団】第二次大戦中、地域の消防や防空などのために組織された団体。昭和14年(1939)設立、同22年廃止。

けいほう-はん【刑法犯】刑法、および暴力行為等処罰法・爆発物取締罰則・組織犯罪処罰法などの法律に規定される、殺人・強盗・放火・強姦・暴行・傷害・窃盗・詐欺などの犯罪。➡特別法犯 (補説)刑法犯から自動車運転過失致死傷罪や交通事故に係る業務上過失致死傷罪などを除いたものを一般刑法犯という。

けいほう-もん【敬法門】平安京大内裏八省院二十五門の一。西面し、章善門の南にある。

ゲイ-ボーイ《和 gay＋boy》好んで女性の容姿や言葉遣いをまねて振る舞う男性。

けいほ-き【計歩器】歩数を測る計器。歩数計。

けいほ-きょく【警保局】旧内務省の一局。警察行政を統轄し、特に高等警察・特別高等警察に関することを取り扱った。

けい-ぼく【×繋牧】家畜を綱でつないで、行動を一定範囲に制限する放牧。

けい-ま【×桂馬】❶将棋の駒の一。1間隔てた斜め前方の左右に飛び進める。成ると金将と同じ働きをする。桂。❷囲碁で、自分の石から1間または2間隔てて斜めに石を打つこと。また、その手。1間のときを小桂馬、2間のときを大桂馬という。

桂馬の高上がり《将棋で、桂馬が進みすぎると歩に取られるところから》考えないままに飛び出すと、弱いはずのものにもしてやられることのたとえ。また、不相応の高い地位につくことのたとえ。

けい-まい【兄妹】あにと、いもうと。(類語)兄弟・兄弟・姉妹・姉弟・弟妹・兄姉

けいまふり《アイヌ語「ケマ(足)」「フレ(赤い)」から》チドリ目ウミスズメ科の海鳥。全長37センチ。夏羽は全身黒色で目のまわりが白く、脚が赤い。冬羽は下面が白色。オホーツク海沿岸から北日本に分布。

ケイマン-ゴルフ〘cayman golf〙ルールは普通のゴルフと同じだが、ボールの飛距離が半分程度なので狭い用地でもプレーできるゴルフ。1986年、英領西インド諸島のグランド-ケイマン島で初めて行われた。

ケイマン-しょとう【ケイマン諸島】《Cayman》カリブ海北西部キューバ沖にある諸島。英国の王領植民地。スペイン領だったが1670年より英領。タックス-ヘイブンとして多くの海外金融機関が名義のみの関連会社を置く。人口5万(2010)。カイマン諸島。

けい-みょう【軽妙】〔名・形動〕文章・話・技などが、軽快でうまみがあること。気が利いていておもしろいこと。また、そのさま。「一な筆致」(派生)けいみょうさ〔名〕(類語)軽やか・軽快

けいみょう-しゃだつ【軽妙×洒脱】〔名・形動〕会話や文章などが、軽やかで洗練されていること。また、そのさま。「一な話術」「一な文体」

けい-みん【傾眠】意識がなくなっていく第一段階で、うとうとしていて睡眠に陥りやすい状態。

けい-む【警務】警察上の事務。また、警備についての事務。

けいむ-かん【刑務官】刑務所などの刑事施設に勤務する法務事務官・技官・教官の総称。狭義では、看守長・看守などの法務事務官をいう。

けいむ-さぎょう【刑務作業】刑事施設で受刑者などが行う労働。懲役受刑者、労役場留置者の義務となるほか、請願した禁錮・拘留受刑者も対象となる。勤労意欲の養成、職業的技能の習得などを目的とし、木工・洋裁・印刷などの作業がある。

けいむ-しょ【刑務所】自由刑に処せられた者を収容する施設。刑事施設の一種。➡拘置所 ➡留置場 (類語)監獄・牢獄・牢・牢屋・留置場・拘置所

けいむ-たい【警務隊】自衛隊内の秩序維持に専従する部隊。陸上・海上・航空の三隊に分かれ防衛大臣に直属。隊員は特別司法警察職員として捜査権を持ち、自衛隊員による犯罪や自衛隊の所有する施設や物に対する犯罪などについて捜査する。

けい-めい【刑名】❶刑罰の名称。死刑・懲役・禁錮・拘留・罰金・科料など。❷「刑名学」の略。

けい-めい【啓明】明けの明星。金星。

けい-めい【経▽営】《「けいえい(経営)」の音変化》❶「けいえい(経営)❹」に同じ。「幼き人一して出でたれば、車ながら立ちてある」〈かげろふ・中〉❷「けいえい(経営)❺」に同じ。「大殿も一し給ひて、大臣日々に渡り給ひつつ」〈源・夕顔〉

けい-めい【鶏鳴】❶にわとりが鳴くこと。また、その鳴き声。「一暁を告げる」❷一番どりの鳴くころ。夜明け。明け方。

げい-めい【芸名】芸能人が職業上もちいる本名以外の名。(類語)筆名・ペンネーム・雅号・四股名

けいめい-がく【刑名学】「刑」すなわち行動の形(実質)と「名」すなわち行動の評価の一致を厳しく求めた一種の法律学。中国の戦国時代、商鞅・韓非らが治国の肝要として唱えた。

けいめい-くとう【鶏鳴×狗盗】《斉の孟嘗君が

んが秦に幽閉されたとき、食客のこそどろや、にわとりの鳴きまねのうまい者に助けられて脱出したという「史記」孟嘗君伝の故事から》にわとりの鳴きまねをして人を欺いたり、犬のようにして物を盗んだりする卑しい者。

けいめい-さんどう【形名参同】中国、戦国時代の法家思想家が唱えた政術。君主は臣下の議論とその実績とが一致しているかどうかをよく調べて、その功績を判断すべきであると説く。

げい-めん【×黥面】顔に入れ墨をすること。また、入れ墨をした顔。

けい-もう【啓×蒙】〔名〕スル《「啓」はひらく、「蒙」はくらいの意》人々に正しい知識を与え、合理的な考え方をするように教え導くこと。「大衆を一する」「一書」（類語）啓発・教える・蒙を啓く

けいもう-しそう【啓×蒙思想】ヨーロッパで17世紀末に起こり、18世紀に全盛になった革新的思想。合理的・批判的精神に基づき、中世以来のキリスト教会によって代表される伝統的権威や旧来の思想を徹底的に批判し、理性の啓発によって人間生活の進歩・改善を図ろうとした。イギリスではロック・ヒューム、フランスではモンテスキュー・ボルテール・ディドロ、ドイツではレッシングなどに代表され、フランス革命の原動力の一つになった。

けいもう-せんせいくんしゅ【啓×蒙専制君主】18世紀のヨーロッパ諸国で、啓蒙思想の影響を受けて、行政組織や軍隊などの改善、教育・産業の奨励などに努めた開明的な絶対専制君主。プロイセンのフリードリヒ大王など。

けい-もん【×荊門】いばらで作った門。また、みすぼらしい家。「南に寂々たる一あり」〈謡・老松〉

けい-もん【×閨門】❶寝室の入り口。寝室。❷夫婦の間柄。家庭内の事情。「大官であのくらい一のおさまっていた家は少なかろう」〈鴎外・ヰタ・セクスアリス〉

げいもんるいじゅう【芸文類聚】中国の類書。100巻。唐の高祖の勅命で、欧陽詢らが撰。624年成立。天・歳時・地・山などの46部に物事を分類し、それぞれに関連する詩文を配したもの。日本にも早くから伝わり、影響を与えた。

けい-やく【契約】〔名〕スル❶二人以上の当事者の意思表示の合致によって成立する法律行為。売買・交換・贈与・貸借・雇用・請負・委任・寄託など。「一を結ぶ」「三年間の貸借を一する」➡単独行為 ➡合同行為 ❷約束を取り交わすこと。また、その約束。「日来の一をたがへず、まゐりたるこそ神妙なれ」〈平家・二〉❸ユダヤ教・キリスト教に特徴的な思想で、救いの恩恵に関して神と人間との間で交わされた約束。モーセを仲介者としてイスラエル民族に与えられたものを旧約、キリストの十字架上の犠牲を通じてなされたものを新約という。（類語）約束・誓約・協約・誓う・確約・宣誓・公約・盟約・血盟・特約・起請

けいやく-おや【契約親】親の年まわりがよくないことや子供のからだが弱いことなどの悪条件を断ち切るまじないとして立てる仮親。替え親。

けいやく-しゃいん【契約社員】企業と直接に雇用期間を契約して就業する社員。高度の技能・技術を持つ労働者に多く、期間や労働条件は企業との契約による。期間社員。有期間社員。期間従業員。（補説）法律上の概念ではなく、アルバイトとの違いは明確ではない。

けいやくしゃ-モデル【契約者モデル】マスメディア事業における収益形態の一。特に、インターネットや携帯電話を通じたコンテンツ配信において、契約者への課金による収益形態を指す。➡広告モデル

けいやく-しょ【契約書】契約の成立を証明する書類。「土地売買の一」

けいやく-せつ【契約説】►社会契約説

けいやくないよう-かくにんしょ【契約内容確認書】保険契約に際し、契約内容が加入者の希望に沿っているかなどを確認するための書類。保険代理店が正しく契約内容を説明したかなども含め、契約者自身が確認して署名をする。契約内容チェックシート。

けいやくないよう-チェックシート【契約内容チェックシート】►契約内容確認書

けい-ゆ【経由】〔名〕スル❶目的地へ行く途中、ある地点を通ること。けいゆう。「京都一で奈良へ行く」❷物事が中間の機関を経ること。けいゆう。「部長を一して提案する」

けい-ゆ【軽油】❶原油を蒸留したとき、灯油と重油の間、セ氏約250～400度の範囲で留出する油。石油発動機やディーゼル機関の燃料などに用いる。ガス油。❷コールタールの蒸留で、セ氏約80～180度の範囲で留出する油。ベンゼン・トルエン・ピリジンなどを含む。タール軽油。

げい-ゆ【鯨油】ヒゲクジラ類から採取した油。悪臭を防ぐため水素を添加して硬化油とする。

けい-ゆう【経由】〔名〕スル►けいゆ(経由)

けい-ゆう【経遊】いろいろな場所をめぐり歩くこと。巡遊。周遊。

けいゆう-かい【経友会】東京大学経済学部卒業生の同窓会。他大学の経済学部などの同窓会にもこう称するものがある。

けいゆひきとり-ぜい【軽油引取税】主にディーゼルエンジン車の燃料となる軽油に課せられる地方税。揮発油税によるガソリン車への税負担との均衡を図るため、昭和31年(1956)に創設された。税収は道路特定財源として都道府県及び指定市の道路に関する費用にあてられていたが、法改正により平成21年度(2009)から一般財源化された。➡道路整備事業財政特別措置法

けい-よ【刑余】❶以前に刑罰を受けたこと。また、その人。「一の身」❷宦官。（類語）前科

けい-よ【恵与】〔名〕スル❶金品を人から与えられることを、その相手を敬っていう語。恵贈。恵投。「一にあずかる」❷金品をめぐみ与えること。「路傍に難渋者を見て之を助け之に銭を一するは」〈福沢・福翁百話〉（類語）与える・呉れる・遣る・下さる・授ける・恵む・施す・あげる・賜る・供する・供与・提供・授与

けい-よう【形容】〔名〕スル❶物事の姿・性質・ありさまなどを言い表すこと。また、他のものにたとえて表現すること。「言葉では一できない美しさ」❷物事のかたち・ありさま。形状。「巌や山や幽邃なる森林や、其の色彩一」〈独歩・小春〉❸人のすがたかたち。容姿。容貌。「其顔色一の、衰えたると共に」〈竜渓・経国美談〉（類語）(❶)たとえ・比喩・擬人・象徴・比況・縮図・たとえば

けい-よう【京葉】東京と千葉。また、その地方。

けい-よう【掲揚】〔名〕スル　旗などを高い所にかかげること。「国旗を一する」

けいよう-く【形容句】形容詞と同じように、体言を修飾限定する機能をもった句。形容詞的修飾語ともいう。「清く澄んだ水」の「清く澄んだ」の類。

けいよう-こうぎょうちたい【京葉工業地帯】東京湾北東岸の臨海工業地帯。東京の東部から船橋・千葉を経て木更津方面に至る。重化学工業が中心。

けいよう-し【形容詞】❶国語の品詞の一。活用のある自立語で、文中において単独で述語になることができ、言い切りの形が口語では「い」、文語では「し」で終わるものをいう。「高い・高し」「うれしい・うれし」の類。事物の性質や状態などを表す語で、動詞・形容動詞とともに用言に属する。口語の形容詞は活用のしかたが「(かろ)・く(かっ)・い・い・けれ・○」の一種であるが、文語の形容詞にはク活用・シク活用がある。❷広く、物事の性質や状態を表す言葉。品詞論の「形容詞」に限らない。「保守的というのが彼らに冠せられる一だ」

けいよう-しょくぶつ【茎葉植物】維管束の分化がみられ、茎と葉をもつ植物。種子植物、シダ植物とコケ植物の蘚類などを含む。➡葉状植物

けいよう-せん【京葉線】東京から新木場を経て外房線蘇我に至るJR線。西船橋～市川塩浜間、西船橋～南船橋間を含む。平成2年(1990)全通。全長54.3キロ。

けいよう-たい【茎葉体】植物の体制の一形で、茎と葉がはっきり区別できるもの。➡葉状体

けいよう-どうし【形容動詞】国語の品詞の一。活用のある自立語で、文中で単独で述語になることができ、言い切りの形が、口語では「だ」、文語では「なり」「たり」で終わるもの。「静かだ」「静かなり」「堂々たり」の類。形容詞と同じく事物の性質や状態などを表す語であるが、活用のしかたが形容詞と異なる。口語の形容動詞は活用のしかたが基本的には一つで、「だろ・だっ(で・に)・だ・な・なら・○」と活用する(若干の変種がある)が、文語の形容動詞にはナリ活用・タリ活用の2種類がある。なお、活用語尾が「から・かり・かり・かる・かれ・かれ」と語形変化するものをカリ活用として、形容動詞の一活用とみる説もあるが、現在の学校文法では形容詞の補助活用として扱う。

けいよう-むじゅん【形容矛盾】《ラテ contradictio in adjecto》論理学で、ある語をその語のもつ性質に矛盾する語で形容すること。「三角な円形」とか「ゴム製の鉄板」などがその例。

けい-よく【啓沃】《心中を啓いて、他人の心に沃ぎ入れる意》心に思うことを隠さずに主君に申し上げること。「五百の一も与って力があったであろう」〈鴎外・渋江抽斎〉

げいよ-じしん【芸予地震】瀬戸内海の安芸灘を震源地とする地震。❶明治38年(1905)6月2日に発生したマグニチュード7.2の地震。瀬戸内海を挟んだ広島県南部と愛媛県北部で被害が大きく、建造物倒壊のほか鉄道・水道・堤防などの被害が多く出た。❷平成13年(2001)3月24日に発生したマグニチュード6.7の地震。広島県の河内町・大崎町・熊野町で震度6弱を観測。3月26日には震度5強の余震が発生した。呉市の傾斜地などが甚大な被害にあった。

げいよ-しょとう【芸予諸島】瀬戸内海中央部の諸島。広島(安芸)・愛媛(伊予)両県にまたがり、大島・大三島・生口島・因島などがある。

けい-ら【軽羅】紗・絽などの薄い絹織物。また、それで作った単。うすもの。（季 夏）

けい-ら【警×邏】〔名〕スル《「邏」は見回る意》警戒して見回ること。また、その人。「機動隊が一する」

けい-らい【×頃来】このごろ。ちかごろ。頃日。（類語）此の頃・このところ・この節・近ごろ・昨今・当今・当節・最近・近時・近年・近来・時下・今節

ゲイラ-カイト〘Gayla-Kite〙ビニール製の洋凧の商標名。

けい-らく【京×洛】《もと、中国古代の都であった洛陽の異称》みやこ。特に、京都をさしていう。

けい-らく【経絡】❶《「経」は縦の流れ、「絡」は横の流れの意》漢方で、つぼの筋道。気血の循環系で、12の臓腑に対応する12の正経と8の奇経があり、これに沿って経穴(つぼ)が配置されている。❷物事の筋道。脈絡。

けい-らく【競落】〔名〕スル　法律で「競落」のこと。

ケイラス〘KRAS〙►ケーラス

けい-らん【鶏卵】にわとりのたまご。

ゲイランゲル〘Geiranger〙►ガイランゲル

ゲイランゲルフィヨルド〘Geirangerfjord〙►ガイランゲルフィヨルド

けいらん-そうめん【鶏卵×素麺】糖蜜の中に卵黄をそうめん状に細く流し入れて固めた菓子。博多の銘菓。

けい-り【計理】「会計」に同じ。

けい-り【経理】〔名〕スル❶会計・給与に関する事務。また、それを処理すること。「一に明るい」❷治めととのえること。「天下を一することなど一向に相談もならぬ物になったでござる」〈西周・百一新論〉（類語）会計・計理・出納・簿記・帳付け

けい-り【警吏】警察官吏。警察官。

けい-りく【刑×戮】〔名〕スル　刑罰に処すること。死刑に処すること。「不忠不義の名を負わしめて之を一す」〈東海散士・佳人之奇遇〉

けいり-し【計理士】昭和2年(1927)施行の計理士

法に基づいて、会計に関する検査・鑑定・証明・計算などをすることを業とした者。計理士法は同23年に廃止。➡公認会計士

けい-りつ【刑律】刑罰に関するきまり。

けい-りゃく【計略】目的が達せられるように前もって考えておく手段。また、相手をだまそうとするたくらみ。はかりごと。策略。「相手の—にひっかかる」「—をめぐらす」(類語)策略・作戦・謀略・陰謀・はかりごと・企み・画策・策動・術策・権謀・謀計・奸策・詭計・深謀・遠謀・深慮・悪だくみ・わな・機略

けい-りゃく【経略】〔名〕スル 国家を統治すること。また、四方を攻め取り、天下を支配・統治すること。

けいりゃく-し【経略使】中国、唐・宋代の官職名。辺境に配属された軍事関係の長官で、唐では節度使が兼任した。宋では常時配置はしなかった。

けい-りゅう【係留┊×繋留】〔名〕スル 船・気球などをつなぎとめておくこと。「港に—された船」

けい-りゅう【渓流┊×谿流】谷川の流れ。谷川。(類語)谷川・小川・細流・せせらぎ

けい-りゅう【稽留】とどまること。とどこおること。滞留。

けいりゅう-ききゅう【係留気球】ロープでつなぎとめて、任意の高さの空中に浮遊させる気球。観察・信号・広告などに用いる。

けいりゅう-きらい【係留機雷】海底に投下された係留機に鋼索でつないで、敵艦船の航路などの海面近くに係留しておく機雷。

けいりゅうざん-よう【鶏竜山窯】朝鮮半島の忠清南道公州の鶏竜山付近にあった窯。最盛期は李朝初期。刷毛目など、多彩な陶磁器を産した。

けい-りゅうし【軽粒子】▻レプトン

けいりゅう-ねつ【稽留熱】1日の体温の高低の差が1度以内の高熱が持続する熱型。日本脳炎・結核性髄膜炎・肺炎などでみられる。

けいりゅう-ばく【渓流×瀑】水の落ち方から見た滝の分類の一。傾斜のある岩の上を滑るように流れ落ちる滝。なめ滝。

ゲイ-リュサック〘Joseph Louis Gay-Lussac〙[1778〜1850]フランスの物理学者・化学者。「気体熱膨張に関する法則」「気体容積に関する法則」を確立。硫酸製法の改良でゲイ゠リュサックの塔とよばれる装置を考案。また沃素・シアンの発見、有機化合物の合成・分析など、功績が多い。ゲーリュサック。

ゲイリュサック-の-ほうそく【ゲイリュサックの法則】❶(第一法則)気体の熱膨張は温度に正比例し、その膨張係数(1/273)は気体の種類に関係なく一定であるというもの。発見者の名からシャルルの法則ともいうが、ゲイ゠リュサックがすべての気体に一般化した。ゲーリュサックの法則。❷(第二法則)▻気体反応の法則

けい-りょ【計慮】〔名〕スル 考えをめぐらすこと。

けい-りょう【計料】〔名〕スル はかりかぞえること。見積もること。

けい-りょう【計量】〔名〕スル 重量や分量をはかること。「選手の体重を—する」(類語)計る・測定・計測・秤量・秤量・実測・計時・目測

けい-りょう【軽量】〔名・形動〕重量や程度の軽いこと。また、そのさま。「—な(の)力士」「一種の滑稽と—な憐愍の情」〈啄木・雲は天才である〉

けい-りょう【慶陵】中国、内モンゴル自治区ワールインマンハ山にある、遼代の帝王陵。聖宗の永慶陵、興宗の永興陵、道宗の永福陵の三陵がある。

けいりょう-かたこう【軽量形鋼】帯鋼を冷間加工してつくった肉薄の形鋼。重量が軽いわりに強く、加工性にすぐれる。

けいりょう-カップ【計量カップ】食品・調味料などを計る目盛りつきのカップ。メジャーカップ。

けいりょう-き【計量器】計量に用いる器具。はかり・計量カップ・升など。

けいりょうきどう-こうつう【軽量軌道交通】▻ライトレールトランジット

けいりょうきほう-コンクリート【軽量気泡コンクリート】▻エー-エル-シー(ALC)

けいりょう-きゅう【軽量級】(同類の中で重さが最も軽いこと)ボクシング・レスリング・柔道など体重別で試合を行う格闘技で、最も軽い体重の競技者の階層。➡重量級(補説)

けいりょう-けいざいがく【計量経済学】数量的経済法則を検出するために、経済理論・数学・統計学の成果を総合的に適用する経済学の一分野。エコノメトリックス。

けいりょう-コンクリート【軽量コンクリート】普通のコンクリートに比べて重量の軽いコンクリートの総称。屋根スラブ・間仕切り壁・床塡料に用いる。

けいりょう-し【計量士】計量法によって、計量事務及び作業を行う資格を有すると認められている者。

けいりょう-スプーン【計量スプーン】食品・調味料を計るのに用いる匙。15ミリリットル入り(大匙)、5ミリリットル入り(小匙)、2.5ミリリットル入りの3種類が組になっている。メジャースプーン。

けいりょうてっこつ-こうぞう【軽量鉄骨構造】建築で、軽量形鋼を用いた鉄骨構造。住宅などに用いる。

けいりょう-ほう【計量法】適正な計量の実施を確保するために、計量の基準を定めた法律。計量単位、計量器に関する事業、計量器の検定・検査などを規定。昭和26年(1951)施行。平成4年(1992)国際単位系(SI)に統一のために改正。翌年施行。

けい-りん【×桂林】❶カツラの林。また、美しい林。❷文人の仲間。

桂林の一枝 《晋の郤詵が進士に合格したとき、「桂林の一枝を得たにすぎない」と帝に言ったという「晋書」郤詵伝の故事から》わずかな出世。

けいりん【桂林】中国広西チワン族自治区の観光都市。珠江支流に臨む水陸交通の要地で、石灰岩地域特有の奇峰が多い。コイリン。

けい-りん【経×綸】〔名〕スル 国家の秩序をととのえ治めること。また、その方策。「—の才に富む」(類語)政治・政・行政・施政・政策・国政・政事・政道・万機・経世・経国・治国・治世・統治・治政・為政

けいりん【鶏林】《新羅の脱解王が、城の西方の始林に白鶏の鳴くのを聞き、始林を鶏林と改めたという「三国史記」の故事から》新羅の異称。転じて、朝鮮の異称。

けい-りん【競輪】❶職業選手によって行われる自転車競走。自転車競技法によって都道府県及び総務大臣に指定された市町村が開催し、車券を売って財政収入を得、またその着順的中者に払戻金を交付する。❷(「ケイリン」と書く)自転車競技の一種。動力付き自転車の先導によってトラック内を集団で走り、先導が外れた後の最後の一周で着順を競う。2000年のシドニーオリンピックから正式種目に採用。

げい-りん【芸林】文学者、芸術家の仲間。芸苑。

けい-りんこうたい【蛍×燐光体】蛍光または燐光を発する物質の総称。

けい-るい【係累┊×繋累】〔名〕スル ❶つなぎしばること。❷心身を拘束するわずらわしい事柄。「—を断つ」❸面倒を見なければならない親・妻子など。「—が多い」(類語)(❸)家族・一家・家内・家人・家の人・肉親・親子・親兄弟・妻子・骨肉・血肉・身内・身寄り・家累・家眷・一家眷属・妻子眷属・一族・ファミリー・家庭

ゲイレ〘Geyre〙トルコ西部にある村。近郊に古代ローマ時代の遺跡アフロディシアスがある。

けい-れい【敬礼】〔名〕スル ❶敬意を表して、礼・挙手などをすること。また、その礼。「国旗に—する」❷うやまうこと。尊敬。
(類語)一礼・答礼・握手・御辞儀・礼・一揖・会釈・黙礼・最敬礼・叩頭・叩首・低頭・拝礼・目礼

けい-れき【経歴】〔名〕スル ❶今まで経験してきた仕事・身分・地位・学業などの事柄。履歴。「—を偽る」❷実際に見聞きしたり体験したりすること。経験。「凡そ前日来—した事を問われる儘に、はっきり答えた」〈鷗外・最後の一句〉❸年月を経ること。年月の過ぎ去ること。「百余歳の星霜を—す」❹ある地域内をめぐり歩くこと。「山河を—し又南費府に至る」〈東海散士・佳人之奇遇〉
(類語)履歴・前歴・略歴・過去・学歴・職歴・キャリア

けい-れつ【系列】❶系統立って並んでいる一連の物事。また、その配列。「歴史小説の—に属する作品」❷生産・販売・資本などによる企業間の結合関係。特に、継続的な取引関係を確保するための企業間の結びつき。「大企業の—に組み込まれる」
(類語)系統・脈絡・係属・シリーズ

けい-れつ【×勁烈】〔名・形動〕つよくはげしいこと。また、そのさま。「其皮肉がいかにも—なので」〈花袋・生〉

けいれつ-ゆうし【系列融資】銀行が自行と結びつきの強い企業に対して重点的に行う融資。第二次大戦後の企業集団形成の要因となった。

けい-れん【係恋】深く思いをかけて恋い慕うこと。「—忘る能わざるの情を陳し」〈東海散士・佳人之奇遇〉

けい-れん【×痙×攣】〔名〕スル 全身的または部分的に筋肉が収縮し、不随意運動を起こすこと。持続的にみられる強直性のもの、間欠的にみられる間代性のものなどがあり、脳疾患・髄膜炎・中毒・ホルモンの異常などが原因。「唇を—させる」

けい-れん【×頸×聯】漢詩で、律詩の第5・第6の2句。後聯。

けいれんせい-はっせいしょうがい【×痙×攣性発声障害】声帯の筋肉が意志と無関係に収縮することによって、声が途切れる、ふるえる、かすれるなどの症状が起こる難治性の病気。ジストニアの一種。SD(spasmodic dysphonia)。

け-いろ【毛色】❶人の頭髪、鳥や獣の毛などの色。❷事物の種類や性質。「—の変わった人間」
(類語)毛並み・毛足

けい-ろ【経路┊径路┊×逕路】❶通って行く道。通る道順。道すじ。「逃走—」❷物事がたどってきた筋道。過程。「地域変遷の—」❸(径路)ほそみち。こみち。「一方は本道なるも、路程遠く、一方は—なるも、甚だ近し」〈竜渓・経国美談〉(類語)通り道・道筋・通い路

けい-ろう【敬老】老人をうやまうこと。「—の精神」

げい-ろう【鯨×蝋】マッコウクジラやツチクジラの頭部から採取した油を冷却・圧搾して作った蝋。石鹸や化粧品などの原料となる。くじらろう。脳油。

けいろう-かい【敬老会】老人をうやまい、慰安する会。

けいろう-こ【鶏×婁鼓】雅楽用の楽器。中国から伝来したもので、直径・長さともに約18センチの小形の太鼓。舞楽「一曲」で、左方の舞人が首から下げて右手のばちで打つ。

けい-ろうどう【軽労働】体力をあまり使わない、比較的軽い労働。

けいろう-の-ひ【敬老の日】国民の祝日の一。9月の第3月曜日。もとは9月15日。老人をうやまい長寿を祝う。「老人の日」を昭和41年(1966)から祝日として改称・制定したもの。(季 秋)「絵皿一枚—の雲が往き/斌雄」

けい-ろく【鶏×肋】❶《「後漢書」楊修伝による。鶏のあばら骨には食べるほどの肉はないが、捨てるには惜しいところから》たいして役に立たないが、捨てるには惜しいもの。❷《「晋書」劉伶伝から》身体が弱く小さいことのたとえ。

けいわがくえん-だいがく【敬和学園大学】新潟県新発田市にある私立大学。平成3年(1991)の開設。人文学部の単科大学。

けい-わく【×熒惑】▻けいこく(熒惑)

けいわん-しょうこうぐん【×頸腕症候群】▻頸肩腕症候群

げ-いん【外印】太政官の印。「太政官印」と刻し、少納言が管理して、六位以下の位記および太政官の文案などに用いた。官印。➡内印

げ-いん【外院】❶中心部の外側の建物・区画。❷伊勢神宮の斎宮寮に勤務する職員の詰め所。❸仏語。兜率天の、内院の外側。

ゲイン〘gain〙❶利益。収益。利得。「キャピタル—」

❷制御系の電圧・電流・電力の入力に対する出力の比。単位はデシベル。❸アメリカンフットボールの攻撃側が距離を獲得すること。(類語)利益・益・儲け・利・収益・利潤・得・利得・利沢・黒字・得分・実益・益金・利金・純利・純益・差益・利鞘・マージン・プロフィット

ケインジアン〖Keynesian〗ケインズの経済政策理論に基づき、景気停滞期に国の財政支出を増加させて経済活動の活発化をはかる考え方。また、その考え方に立つ経済学者。➡ケインズ

ケインズ〖John Maynard Keynes〗[1883〜1946]英国の経済学者。有効需要論・乗数理論・流動性選好説を柱とする主著「雇傭・利子および貨幣の一般理論」により、失業と不況の原因を明らかにして完全雇用達成の理論を提示し、のちにケインズ革命とよばれる近代経済学の変革をもたらした。この理論を基礎として、自由放任主義の経済にかわって政府による経済への積極的介入を主張、修正資本主義の理論を展開して今日の経済政策に大きな影響を及ぼした。著書はほかに「平和の経済的帰結」「貨幣改革論」「貨幣論」など。

ケインズ-がくは【ケインズ学派】ケインズの経済理論を受け継ぎ、発展させた経済学の一学派。➡ケインジアン

ゲイン-とう【ゲイン塔】➡アンテナゲイン塔

ゲイン-ライン〖gain line〗ラグビーで、スクラム・モール・ラックの中央を通って、ゴールラインに平行すると想定される線。また、ラインアウトで、ボールを投げ入れる地点からゴールラインに平行に伸びた線のこと。この線を越えてはじめて、ボールを前進させ、地域を獲得(ゲイン)したことになる。

け-う【仮有】仏語。この世に存在するものは、すべて因と縁の和合によって生じたもので、仮のものでしかないということ。対実有。

け-う【▽希有｜×稀有】〔名・形動〕❶めったにないこと。とても珍しいこと。また、そのさま。まれ。「―な(の)出来事」❷不思議なこと。また、そのさま。「ここに―なは『いるまん』の『しめおん』じゃ」〈芥川・奉教人の死〉❸とんでもないこと。けしからぬこと。「―のわざする男かなと、ののしるときに」〈宇治拾遺・二〉❹(「希有の命」の形で)危うく死を免れること。「平氏の大将維盛、通盛、―の命生きて加賀国へ引き退く」〈平家・七〉(類語)珍しい・貴重・珍重・得難い・貴い・稀・高貴・大切・重要・異色・異彩・珍貴・珍稀

希有にして　かろうじて。ようやく。「―助かりたるさまにて」〈徒然・八九〉

けう-げんそ【▽希有元素】➡希元素

け-う・す【▽消▽失す】〔動サ下二〕消えうせる。「たちまちに心―・せぬ若かりし肌も皺みぬ」〈万・一七四〇〉

け-うと・い【気疎い】〔形〕因けうと・し〔ク〕《近世初期からは「きょうとい」とも発音した》❶見たり聞いたりするのがいとわしい。「やがて―・い雨の暗くたそがれて行く夕方を」〈三重吉・桑の実〉❷人けがなく不気味である。また、さびしく恐ろしい。「電信柱だけが、―・い唸りを立てていた」〈有島・カインの末裔〉❸興ざめである。「外の方を見ていながら、―・いような返事をした」〈秋声・足迹〉❹すばらしい。すてきだ。「―・いは―・いは。いや、こりゃ話せるわいやい」〈伎・韓人漢文〉❺不思議だ。妙だ。「世界の経巻、夜の八つ時分には、世界中が唯一軸の御経となる、―・いものぢゃ」〈松翁道話・五〉(派生)けうとげ〔形動〕けうとさ〔名〕

け-うら【毛裏】衣服の裏に毛皮がついていること。また、その衣服。裏毛。

けう-ら【▽清ら】〔形動ナリ〕《「きよら」の音変化か》けがれなく美しいさま。きょうら。「かの都の人は、いと―に、老いをせずなむ」〈竹取〉

ケー〖K｜k〗❶英語のアルファベットの第11字。❷〈K〉《King》チェス・トランプで、キングの記号。❸〈K〉《Kalium》カリウムの元素記号。❹〈k・K〉《kilo》数の単位、キロの記号。㋐〈k〉国際単位系(SI)で、単位の上に付けて1000(10^3)倍を表す接頭語。㋑〈K〉コンピューターの関連で、単位の上に付けて1024(2^{10})倍を表す接頭語。通常大文字を用いる。❺〈K〉《Kelvin》絶対温度の記号。❻〈K〉《karat》金の純度の単位、カラットの記号。❼〈K〉《karat》宝石の質量の単位。1カラットは200ミリグラム。❽〈k・K〉《kitchen》キッチンを表す記号。間取り図などで用いる。「3D―」❾〈k・K〉《strike-outから》野球で、三振を表す記号。SOとも。❿〈K.〉《オーストリアの音楽研究家、Ludwig von Köchelの頭文字から》ケッヘル番号を表す記号。K.V.とも。⓫〈K〉《blackから》CMYKの黒を表す記号。⓬〈K〉《Konstruktions Punktから》スキージャンプ台のK点を表す記号。

げ-え【外▽衛】❶➡外衛府❷律令時代の六衛府のうち、左右衛門府・左右兵衛府のこと。対内衛。

ゲー〖G｜g〗音楽で音名の一。ト音。ジー。

ケー-アイ-エー〖KIA〗《killed in action》戦死。

ケー-アイ-エス-ティー〖KIST〗《Korean Institute of Science and Technology》韓国科学技術研究所。1966年設立。81年から89年までは韓国科学技術院に統合されていた。韓国のソウル所在。

ケー-イー〖KE〗《knowledge engineering》➡知識工学

ケー-イー-ケー〖KEK〗➡高エネルギー加速器研究機構

ケー-イー-ダブリュー〖KEW〗《kinetic energy weapon》運動エネルギー利用兵器。エネルギー指向型兵器(DEW)に対して、従来型兵器をいう。

ケー-エコノミー【Kエコノミー】《knowledge economy》➡知識型経済

ケーエス-こう【KS鋼】➡KS磁石鋼

ケー-エス-シー〖KSC〗《Kennedy Space Center》ケネディ宇宙センター。

ケーエス-じしゃくこう【KS磁石鋼】強い磁性をもつ特殊鋼。大正5年(1916)、本多光太郎・高木弘らが製作。研究費を出した住友吉左衛門の頭文字を取って命名。KS鋼。

ケー-エッチ-ブイ〖KHV〗《koi herpesvirus》➡鯉ヘルペスウイルス

ケー-エヌ-ティー〖KNT〗《Kobe New Transit》神戸新交通株式会社。三宮駅とポートアイランド・神戸空港間を結ぶポートアイランド線(ポートライナー)、住吉駅と六甲アイランドを結ぶ六甲アイランド線(六甲ライナー)の2路線を経営。

ケー-エフ-ダブリュー〖KfW〗《Kreditanstalt für Wiederaufbau》復興金融公庫。ドイツの国営金融機関。第二次世界大戦後の1948年設立。東西ドイツ統合後には主に旧東ドイツ地域の産業経済の復興のために出融資を行い、その後は開発途上国援助と海外投資を重視するなど、時代に即した機動的融資を実施。本部はフランクフルト。

ケー-エム〖KM〗《Knowledge Management》➡ナレッジマネージメント

ゲー-エム-ベー-ハー〖GmbH〗《Gesellschaft mit beschränkter Haftung》ドイツ語で、有限責任会社。

ケー-オー〖KO〗〔名〕《knock out》「ノックアウト」に同じ。「先発投手が二回で―される」「―勝ち」

ケー-オー-ティー-アール-エー〖KOTRA〗《Korea Trade-Investment Promotion Corporation》大韓貿易投資振興公社。韓国産業製品の外国への紹介・輸出促進を行う政府公社。1962年設立。本社はソウル。

ケーオン〖Kaon〗➡K中間子

ケーキ〖cake〗小麦粉に砂糖・卵・油脂類・牛乳・香料などを混ぜて焼いた洋菓子。また、それをベースにして生クリームや果物を加えて作った菓子。

ケーキ-サーバー〖cake server〗切ったケーキを取り分けるのに用いる平らなスプーン状の器具。

ケー-ケー〖KK〗《株式と会社の頭文字から》株式会社の略号。(類語)株式会社・有限会社

ケー-ケー-ケー〖KKK〗➡クー-クラックス-クラン

ケーザル➡カエサル

ケージ〖cage〗❶鳥獣を閉じ込めておくもの。檻。かご。❷エレベーターで、人や荷物をのせて昇降する箱状の室。❸野球で、移動式の防護金網。「バッティングー」❹バスケットボール・アイスホッケーなどのゴール。

ケージ〖John Cage〗[1912〜1992]米国の作曲家。シェーンベルクらに師事。仕掛けのあるピアノ、騒音、あるいは易などの東洋思想を取り入れた偶然的・不確定的音楽は、現代の音楽界に大きな影響を与えた。代表作「4分33秒」。

ゲージ〖gauge〗❶長さ・重量などの物理量を測定する器具の総称。❷鉄道軌条の内側の幅。軌間。❸編み物で、一定寸法中の編み目の数。❹電磁気学で、電磁ポテンシャルの価のとり方。電磁場を記述する方程式の中では、電磁ポテンシャルに関する任意関数として示される。ゲージ関数。

ゲージ-あつ【ゲージ圧】大気圧を零とした圧力計に表示される圧力。大気圧との差により表す圧力。真空を零とする絶対圧に対していう。ゲージ圧力。

ケー-シー〖KC〗《kangaroo care》➡カンガルーケア

ケー-シー-アイ-エー〖KCIA〗《Korean Central Intelligence Agency》韓国中央情報部。大統領直属の韓国の情報機関。1961年創設。81年国家安全企画部(ANSP)に改組。99年に廃止され、新たな情報機関として国家情報院(NIS)が新設された。

ケー-シー-エヌ-エー〖KCNA〗《Korean Central News Agency》朝鮮中央通信社。北朝鮮(朝鮮民主主義人民共和国)の国営通信社。

ゲージーノ〖gaugino〗素粒子物理学の超対称性理論から導かれる未知の超対称性粒子。素粒子間の相互作用を媒介するゲージ粒子の超対称性パートナーの総称。フォティーノ、ウィーノ、ジーノ、グルイーノ、グラビティーノがある。

ケー-ジー-ビー〖KGB〗《Komitet Gosudarstvennoy Bezopasnosti》➡カー-ゲー-ベー(KGB)

ゲージ-ガラス《和 gauge＋glas》内部の液面の高さを外部に示す目盛りつきのガラス管。ゲージグラス。

ケージ-しいく【ケージ飼育】鶏の飼育法の一。ケージに鶏を入れて積み重ね、給餌・給水・集卵などはすべて自動化する。➡バタリー ➡平飼い

ゲージ-ふへんせい【ゲージ不変性】基本となる方程式の形式がゲージ変換に対して不変であること。電磁気学ではベクトルポテンシャルとスカラポテンシャルとのゲージ変換に対する電場・磁場の方程式の不変性、場の量子論では演算子のゲージ変換に対する素粒子の理論の不変性が成立する。

ゲージ-へんかん【ゲージ変換】電磁気学では、電磁ポテンシャルの値のとり方を変えること。量子電磁力学では場の演算子を別の演算子に変換すること。いずれも電磁場の値は変化しない。

ゲージ-ボソン〖gauge boson〗➡ゲージ粒子

ゲージ-りゅうし【ゲージ粒子】ゲージ理論で、素粒子間の相互作用を媒介するスピン1のボース粒子の総称。電磁相互作用における光子、弱い相互作用におけるウイークボソン、強い相互作用におけるグルオンなど。ゲージボソン。

ゲージ-りろん【ゲージ理論】素粒子の相互作用をゲージ不変性に基づいて統一的に記述しようとする理論。量子電磁力学の素粒子の基礎理論となっており、素粒子間に働く力を媒介するゲージ場と、これに対応するゲージ粒子の存在が導かれる。量子電磁力学の一般相対性理論もゲージ理論である。

ケーシング〖casing〗❶包装材料。外箱・袋・筒など。❷ハム・ソーセージの肉を包み込む、薄い膜状の袋。❸油井・ガス井戸などの鉄管。鉄パイプ。

ケース〖case〗❶容器。入れ物。「タバコの―」「スーツ―」❷個々の事例。場合。「特殊な―」❸文法用語で、格のこと。(類語)場合・場面・事例・例・実例・類例・一例・具体例・ためし

ケース〖CASE〗《computer-aided software engineering》コンピューター支援ソフトウエア工学。コンピューターを利用して、ソフトウエアの設計や開発を効率よく行うことを目的とする。

ケース-スタディー〘case study〙ある具体的な事例について、それを詳しく調べ、分析・研究して、その背後にある原理や法則性などを究明し、一般的な法則・理論を発見しようとする方法。事例研究法。

ケース-バイ-ケース〘case-by-case〙原則にとらわれず、一件ごとの事情に応じて問題を処理すること。「一で対応する」

ケース-メソッド〘case method〙事例研究。事例方式。たとえば判例研究。

ケースワーカー〘caseworker〙ケースワーク活動に従事する社会福祉の専門家。CW。

ケースワーク〘casework〙社会事業の一方法で、精神的・肉体的・社会的な生活上の問題をかかえる個人や家族に個別的に接し、問題を解決できるように援助すること。ソーシャルケースワーク。

ケーセグ〘Kőszeg〙►クーセグ

ゲーセン「ゲームセンター」の略。

ケーソン〘caisson〙►潜函(せんかん)

ケーソン-こうほう【ケーソン工法】►潜函工法(せんかんこうほう)

ケーソン-びょう【ケーソン病】►潜函(せんかん)病

ケー-ダブリュー〘KW〙「キーワード(keyword)」の略。

ケータリング〘catering〙ピザなどの料理を家庭に配達すること。また、パーティーやイベントなどに出張し、客の要望に応じて料理を提供するほか、会場の設営・演出なども引き受けるサービス。

ケー-ちゅうかんし【K中間子】核力を仲介する素粒子。中間子の一。1947年に宇宙線から発見。電荷は正・負・中性の3種あり、スピンは零。崩壊してμ粒子とニュートリノ、またはπ中間子になる。64年、中性のK中間子の崩壊においてCP対称性の破れが観測され、80年に同業績により米国のクローニン、フィッチがノーベル物理学賞を受賞。ケーオン。

ケー-ツー〘K2〙《カラコルム山脈測量番号2号の意》カシミール北部、カラコルム山脈にある、世界第二の高峰。標高8611メートル。1954年、イタリア隊が初登頂。ゴッドウィン-オースチン。チョゴリ。

ゲーテ〘Johann Wolfgang von Goethe〙[1749〜1832]ドイツの詩人・小説家・劇作家。小説「若きウェルテルの悩み」などにより、シュトゥルム-ウント-ドラング(疾風怒濤(しっぷうどとう))運動の代表的存在となる。シラーとの交友の中でドイツ古典主義を確立。自然科学の研究にも業績をあげた。戯曲「ファウスト」、小説「ウィルヘルム-マイスター」、叙事詩「ヘルマンとドロテーア」、詩集「西東詩集」、自伝「詩と真実」など。

ケー-ディー〘KD〙《knockdown》部品や半製品で輸出し、組み立ては現地で行う方式。ノックダウン方式。

ケー-ディー-アイ〘KDI〙《Korea Development Institute》韓国開発研究院。金融、労働市場問題など経済政策全般に及ぶ研究を行っている非営利機関。1971年設立。

ケー-ディー-ディー〘KDD〙《Kokusai Denshin Denwa》►国際電信電話株式会社

ゲーデル〘Kurt Gödel〙[1906〜1978]米国の数学者・論理学者。オーストリアに生まれるが、ナチスに追われ渡米。記号論理学・数理哲学・集合論などに多大な業績を残した。特に、不完全性定理の証明は数学界に大きな影響を及ぼした。

ケー-てん【K点】《ドイ Konstruktions Punktから。「建築基準点」の意》スキーのジャンプ競技で、そのジャンプ台の建築基準点のこと。着地斜面の傾斜曲率が変わる地点で、そこを基準として飛距離を計算する。〔補説〕以前は、これ以上飛んでは危険だとされる極限点をK点といったが、現在は「ジュリーディスタンス」と呼ばれ、K点よりも遠くに設定されている。

ゲート〘gate〙❶門。出入り口。❷水門。「ダムの一」❸競馬場で、スタート時に馬を入れていっせいに発馬できるようにした仕切り。❹電界効果トランジスタ(FET)の電極のうち、電流通路のコンダクタンスを制御する電極。❺入力信号を切断したり接続したりする電子回路。コンピューターなどでは、アンドやオアなどの論理演算を行う回路。論理ゲート。➡論理回路〔類語〕門(もん)・門(かど)・正門・表門・裏門・アーチ

ゲート-アレイ〘gate array〙300〜2万個のトランジスタ基本回路を行列状に規則的かつ固定して配置したチップ。この種のチップで、行列状基本回路の配線のレイアウトを別途設計することにより、異なった機能を果たす各種ロジックLSIを容易に設計・製作することが可能になる。

ゲート-イン〔名〕スル《和 gate＋in》❶競馬で、出走馬がスタート用のゲートに入ること。❷ゲートボールで、ボールがゲートを通過すること。❸飛行機に乗るため、搭乗口を通ること。

ゲートウエー〘gateway〙❶入り口。玄関。門のある通路。❷異なるコンピューターネットワーク間を接続するコンピューターや装置、ソフトウエアの総称。プロトコルや通信媒体が異なるネットワーク間において、相互に認識可能な通信データに変換する役割をもつ。

ゲートキーパー〘gatekeeper〙《門番の意》❶新聞・放送などで、ニュースや記事の取捨選択をする担当者。❷商品の購入について決定権をもつ人。

ゲートターンオフ-サイリスター〘gate turn off thyristor〙通常の4層接合サイリスターで、ゲートに負信号を加えることにより、オン状態より、オフ状態への切り替えを可能にしたもの。➡サイリスター

ゲート-ボール《和 gate＋ball》五人一組で2チームに分かれ、各自が木球またはプラスチック球をT字型のスティックで打って三つのゲートを順次くぐらせ、コート中央のゴールポールに当てる競技。昭和22年(1947)に日本で考案された。

ゲートル〘フランス guêtre〙革・ズック・ラシャなどで作った洋風の脚絆(きゃはん)。筒状のものや、帯状の巻き脚絆などがある。

ケーナ〘スペイン quena〙南米、アンデス地方で使われてきた縦笛。アシの茎で作られ、長さ30〜50センチ。

ケーニヒ〘Friedrich König〙[1774〜1833]ドイツの印刷技術者。渡英し、最初の円圧型印刷機を製作。帰国後、高速輪転印刷機の発明に成功した。

ケーニヒスアレー〘Königsallee〙►ケーニヒ通り

ケーニヒスベルク〘Königsberg〙カリーニングラードのドイツ領時代の名。

ケーニヒスベルク-だいせいどう【ケーニヒスベルク大聖堂】《Königsberger Dom》►カリーニングラード大聖堂

ケーニヒ-どおり【ケーニヒ通り】《Königsallee》ドイツ中西部、デュッセルドルフの中心部を旧市街の堀に沿って南北を結ぶ通り。西側にオフィスビル、東側に高級ブランド店やレストランが並び、デュッセルドルフきっての目抜き通りとして知られる。ケーニヒスアレー。ケーという愛称でも呼ばれる。

ケーパー〘caper〙フウチョウソウ科の低木。つぼみは苦みと香気があり、酢漬けにしてソースの香辛料や魚料理のつけ合わせに用いる。ケッパー。

ケーパビリティー〘capability〙能力。才能。また、可能性。将来性。人としての器の大きさ。

ケー-ビー-エス〘KBS〙《Korean Broadcasting System》►韓国放送公社

ケー-ビー-エス〘KBS〙《Kyoto Broadcasting System》京都放送の略称。昭和26年(1951)開局。テレビ・ラジオ兼営でテレビ局としては独立局だが、ラジオはNRNに加盟している。KBS京都。

ケー-ビー-オー〘KBO〙《Kuiper belt objects》►カイパーベルト天体

ケービング〘caving〙スポーツとして、洞窟(どうくつ)や鍾乳洞(しょうにゅうどう)などを探検すること。洞窟探検。

ケープ〘cape〙袖のない肩掛けマント。日本では特に背や上腕だけをおおう短めのものをさす。〔類語〕外套(がいとう)・コート・オーバー・マント・ガウン・被布・合羽

ケープ〘Cape〙南アフリカ共和国南西部にあった州。州都ケープタウン。独立前はイギリス領。南西部に喜望峰がある。1994年に西ケープ州など4州に分割された。

げ-えふ【外▽衛府】►がいえふ(外衛府)

ケー-ブイ〘KV〙《ドイ Köchelverzeichnis》ケッヘル番号。

ケーフェリー-じょう【ケーフェリー城】《Caerphilly Castle》英国ウェールズの都市カーディフの北郊、ケーフェリーにある城。13世紀、領主ギルバート＝ド＝クレアが建造。ピューリタン革命のイングランド内戦における議会派の攻撃により、傾いてしまった塔があることで知られる。ケアフェリー城。カーフィリー城。

ケープ-カナベラル〘Cape Canaveral〙米国フロリダ半島東岸の岬。NASA(アメリカ航空宇宙局)の人工衛星・宇宙船の打ち上げ基地がある。1963年に第35代大統領ケネディを記念して基地の名をケープ-ケネディと改名したが、1973年旧名に戻した。

ケープ-く【ケープ区】植物区系の一。南アフリカのケープタウンを中心とする地域で、アロエ・エリカ・マツバギクなど固有のものが多い。2004年「ケープ植物区保護地域群」として世界遺産(自然遺産)に登録。

ケープ-コッド〘Cape Cod〙►コッド岬

ケープコッド-こくていかいひんこうえん【ケープコッド国定海浜公園】《Cape Cod National Seashore》►コッド岬国定海浜公園

ケープ-しょくみんち【ケープ植民地】アフリカ南端にあった植民地。1652年にオランダが植民地とし、1814年にはイギリスが領有。1910年に南アフリカ連邦結成により、その一州となる。

ケープ-タウン〘Cape Town〙南アフリカ共和国の南西部の港湾都市。国会の所在地。西ケープ州の州都。喜望峰の北方にあり東インド航路の要地として発展。人口、都市圏350万(2007)。

ケーブブレトン-とう【ケーブブレトン島】《Cape Breton Island》カナダ南東部、ノバスコシア州北東端の島。中心都市はシドニー。スコットランドやアイルランドからの移民が多い。島の北部にケーブブレトンハイランズ国立公園がある。

ケープ-ペンギン〘Cape penguin〙ペンギン目ペンギン科の鳥。アフリカ南端付近の小島に集団で繁殖。全長約70センチ、体重は約3キロ。

ケーブル〘cable〙❶針金や麻をより合わせて作った、太くて強い綱。❷絶縁物で覆った電線を束ね、さらに外装して1本にしたもの。電信・電話線などに用いる。電纜(でんらん)。「地下一」❸「ケーブルカー」の略。

ゲーブル〘Clark Gable〙[1901〜1960]米国の映画俳優。陽気で図太いヤンキー気質の主人公を演じて「ハリウッドのキング」と呼ばれた。代表出演作「或る夜の出来事」「風と共に去りぬ」など。

ケーブル-カー〘cable car〙❶山の急斜面に設けた軌道上を、ケーブルを取り付けた車両が上下するもの。鋼索鉄道。索状鉄道。ケーブル。❷もと、ロープウエーのこと。空中ケーブル。

ケーブル-テキスト〘cable text〙CATV(有線テレビ)を通じて提供される文字図形による番組。ニュースや天気予報に利用される。

ケーブル-テレビ《cable televisionから》►シー-エー-ティー-ブイ(CATV)

ケーブル-ニット〘cable knit〙フィッシャーマンセーターなどにみられる縄目模様のニットのこと。

ケーブル-ネットワーク〘cable network〙同軸ケーブルや光ファイバーなどで、加入者とケーブルセンターとを結んだ通信網のこと。

ケーブル-ふせつせん【ケーブル敷設船】国際電話用ケーブルの敷設や修理をする船。船首にローラーや巻き上げ機など特殊な設備をもつ。

ケーブル-モデム〘cable modem〙ケーブルテレビ(CATV)の同軸ケーブルなどを使って、インターネットの高速データ転送を可能にするモデム。

ゲー-ペー-ウー〘GPU〙《ロシア Gosudarstvennoe politicheskoe upravlenie》ソ連の国家政治保安部の略称。反革命運動の取り締まりを任務とした秘密警察。1922年に設置され、34年に内務人民委員部に吸収された。

ケーベル〘Raphael Koeber〙[1848〜1923]ドイツの哲学者・音楽家。ロシアの生まれ。モスクワで音

け

楽、ハイデルベルクで哲学を学ぶ。1893年(明治26)来日、東大・東京音楽学校で21年間、哲学・文学・音楽などを教授。横浜で死去。

ゲーマー《和 game＋er》❶新種のテレビゲーム・コンピューターゲームを解明、分析してゲーム雑誌に載せる人。❷テレビゲーム・コンピューターゲームなどの遊び手。

ゲーム〖game〗❶遊びごと。遊戯。「—コーナー」❷競技。試合。勝負。「白熱した—」❸テニスで、セットを構成する1試合。「先に二—とったほうが勝ち」❹「ゲームセット」の略。(類語)(❶)遊戯・遊び・戯ざれ・気晴らし・慰み事・娯楽・遊技・プレー・レジャー・レクリエーション/(❷)試合・マッチ・予選・メーンイベント・公式戦

ゲーム-オーバー《和 game＋over》試合終了。また、コンピューターゲームなどの終了。

ゲーム-さ【ゲーム差】プロ野球で、二つのチーム間の順位格差の目安としての数値。

ゲーム-セット〖game and set〗球技の試合で、勝負がつくこと。試合終了。ゲーム。

ゲーム-センター《和 game＋center》ゲーム機械を並べた遊技場。

ゲーム-ソフト《和 game＋soft》コンピューターゲームのプログラム。(補説)英語ではsoftware game

ゲーム-チェンジャー〖game changer〗途中で交代して試合の流れを一気に変えてしまう選手。転じて、世論の動向を大きく変える人物や出来事。

ゲーム-デザイナー〖game designer〗ゲームデザインを職業とする人。

ゲーム-デザイン〖game design〗アーケードゲーム・テレビゲームなど、主にディスプレー上で動作する商業用のゲームについて、その構成・方式・仕組みなどを考案・設計すること。

ゲーム-の-りろん【ゲームの理論】経済競争・戦争など、利害の対立する状態にある複数の主体の間の行動を、室内ゲームの競技者の行動から一般化した理論。利益または勝敗は戦略の関数となる。

ゲーム-パーク〖game park〗❶アフリカの広大な禁猟区。自然動物保護公園。❷ゲームだけを集めた遊園地。(補説)❷は日本語での用法。

ゲーム-フィッシング〖game fishing〗糸の太さなど、釣り道具の規格を定め、指定された魚の釣れた重量で記録を競うもの。トローリングやフライフィッシングなどで行われる。

ゲーム-プログラマー〖game programmer〗設計どおりにコンピューターゲームのプログラムを作成する技術者。

ゲームボーイ〖GAMEBOY〗任天堂が開発した携帯型ゲーム機の商標名。平成元年(1989)発売。同13年に後継機種としてゲームボーイアドバンスが登場するまで、より小型化したゲームボーイポケット、バックライトを装備したゲームボーイライト、カラー表示を行うゲームボーイカラーなどの関連製品が開発された。

ゲームボーイアドバンス〖GAMEBOY ADVANCE〗任天堂が開発した携帯型ゲーム機の商標名。ゲームボーイの後継機として平成13年(2001)より発売。ゲームソフトの下位互換性をもつ。

ゲーム-ポート〖game port〗パソコンにジョイスティックなどのゲーム用のコントロール機器を接続するためのコネクターや端子。

ゲーム-ミュージック《和 game＋music》コンピューターゲームのバックに流れる音楽。ゲームの映像に合わせて雰囲気を盛り上げるための音楽。

ゲーム-メーカー〖game maker〗チーム戦を行うスポーツで、チームの中心となり、試合(特に攻撃の)展開を決める選手のこと。サッカーのミッドフィールダー、アメリカンフットボールのクオーターバック、ラグビーのスタンドオフ、バスケットボールのポイントガードなど。守備の要となる野球のキャッチャーのこともいう。リンクマン。司令塔。

ゲーム-メーク《和 game＋make》サッカーで、チームの中心となって試合運びを予測し、ゲームを組み立てること。

ケー-ユー〖KU〗《Organization of Kansai Unity》▶関西広域機構

ケーラー〖Wolfgang Köhler〗[1887〜1967]ドイツの心理学者。ゲシュタルト心理学派の創始者の一人。その理論の基礎となる類人猿実験で知られる。著「類人猿の知能試験」「ゲシュタルト心理学」など。

ケーラス〖KRAS〗《「ケイラス」とも》細胞の増殖に関与する遺伝子の一つ。EGFR(上皮成長因子受容体)が出す細胞増殖のシグナルを受け取り核に伝達する。変異したKRAS遺伝子は、EGFRからのシグナルがなくても、常に細胞増殖のシグナルを出し続ける。膵臓癌すいぞうがん・肺癌はいがん・直腸癌ちょくちょうがんなどでKRAS遺伝子の変異が多くみられる。正式名称はv-Ki-ras2 Kirsten rat sarcoma viral oncogene homolog(カーステンラット肉腫ウイルス癌遺伝子ホモログ)。(補説)患者のKRAS遺伝子に異常がある場合、EGFRからのシグナル伝達を阻害するセツキシマブなどの薬剤を投与しても、下流のKRAS遺伝子から細胞増殖のシグナルが出続け、腫瘍細胞の増殖を抑制できないため、効果は期待できない。

ケーラスいでんし-けんさ【KRAS遺伝子検査】癌細胞がんさいぼうのKRAS遺伝子の変異の有無を調べる検査。変異がある場合、セツキシマブなどの抗EGFR抗体薬を投与しても効果は期待できない。

ゲーリー〖Gary〗米国インディアナ州の都市。ミシガン湖南岸にあり、世界有数の鉄鋼業都市。

ゲーリケ〖Otto von Guericke〗[1602〜1686]ドイツの政治家・物理学者。真空ポンプを発明。真空実験の「マグデブルクの半球」で有名。自由市マグデブルクの市長を務めた。

ゲー-リュサック〖Joseph Louis Gay-Lussac〗▶ゲイリュサック

ゲーリング〖Hermann Wilhelm Göring〗[1893〜1946]ドイツの軍人・政治家。ナチスの指導者。ヒトラー政権下で空相・プロイセン首相を兼任。ゲシュタポを組織、空軍の再建と軍備拡大を推進した。第二次大戦後、戦争犯罪人として死刑を宣告されたが、処刑直前に自殺。

ゲーリンクス〖Arnold Geulincx〗[1624〜1669]オランダの哲学者。デカルト哲学を批判的に継承、機会原因論を説く。著「倫理学」など。

ケール〖kale〗アブラナ科の一・二年草。キャベツ・ブロッコリーなどの原種で、結球しない。生ジュース用。

ゲール-ご【ゲール語】インド-ヨーロッパ語族のケルト語派に属する言語。アイルランド-ゲール語、スコットランド-ゲール語などがある。➡アイルランド語

ケー-ワン〖K-1〗《Kは、空手・キックボクシング・カンフー・拳法などの頭文字から》グローブをはめた選手が、拳や足などを使って相手を攻撃し、勝敗を争う格技。競技者の体重により、六つの階級に分かれている。商標名。

け-えん【化縁】仏語。仏が衆生を教化きょうけする因縁。人々を仏道に教え導くきっかけ。

ケーン〖ラオ khen〗ラオスの笙しょうの一種。管長は1メートル前後から2メートル以上のものもある。管は筏いかだ形に2列に並んでおり、その中間に風箱がある。同類の楽器としてタイ・カンボジアのケン、カレン族(ミャンマー)のキェンなどがある。

げ-えん【外縁】仏語。内側の直接的原因を外から助ける間接的な原因。縁。

ゲーンズボロ〖Thomas Gainsborough〗[1727〜1788]英国の画家。ロイヤルアカデミーの創設に参与。肖像画・風景画にすぐれた。

ケーンリンガーじょう-あと【ケーンリンガー城跡】《Ruine Kuenringerburg》オーストリア北東部、バッハウ渓谷東部に位置する都市、デュルンシュタインにある中世の城跡。十字軍遠征の帰途に捕らえられた英国のリチャード1世が幽閉されたことで知られる。2000年に世界遺産(文化遺産)に登録された「バッハウ渓谷の文化的景観」に属する。

け-おさめ【褻納め】ふだん着と晴れ着。「一の装束あまたくだり調へて渡しけり」〈今昔・二六・一七〉

け-おさ・れる【気圧される】〔動ラ下一〕図けお・さ・る〔ラ下二〕相手の勢いに押される。精神的に圧倒される。「相手のけんまくに—・れる」(類語)圧倒・飲まれる

ゲオズ〖GEODSS〗《ground-based electro-optical deep space surveillance》地上設置型電子光学式深宇宙探査。電子光学式望遠鏡を使って、人工衛星の用途、搭載物、活動中か否かなどを目視識別する米空軍の早期警戒システム。

ケオス-とう【ケオス島】《Keōs》ケア島の古代名。

け-おそろ・し【気恐ろし】〔形シク〕なんとなく恐ろしい。薄気味悪い。「狐などやうのものの人おびやかさむとて、—・しう思はするならむ」〈源・夕顔〉

け-おと・す【蹴落(と)す】〔動サ五(四)〕❶足でけって落とす。「崖から小石を—・す」❷自分がのしあがるために、すでにその地位にある者や競争相手をおしのけてのぞく。「同僚を—・して出世する」

け-おと・る【気劣る】〔動ラ四〕どことなく劣る。「人聞きも—・りたる心地して」〈源・東屋〉

け-おり【毛織(り)】❶毛糸で織ること。また、その織物。❷木綿をけば立たせて織ること。また、その織物。

け-おりもの【毛織物】羊・ラクダなど動物の毛で作った糸で織った織物。梳毛そもう織物と紡毛織物とに大別される。ラシャ・セル・フランネルなど。

ゲオルギウス〖Georgius〗[270?〜303?]イングランドの守護聖人。古代ローマ帝国の軍人だったがキリスト教に帰依し、ディオクレチアヌス帝の迫害を受けて殉教した。聖ゲオルギウス。セント＝ジョージ。

ゲオルゲ〖Stefan George〗[1868〜1933]ドイツの詩人。高踏的詩誌「芸術草紙」を主宰、芸術至上主義を唱えた。詩集「魂の一年」「生の絨毯じゅうたん」など。

け-か【▽悔過】❶仏語。罪や過ちを悔い改めること。特に、罪過を懺悔さんげし、罪報を免れるために仏前で行う儀式。❷あやまること。謝罪。「—はしたりともしたりとも、目を見せむ」〈梁塵秘抄・二〉

け-が【仮我】仏語。人間は五蘊ごうんの因縁が仮に和合したもので、実体としての我があるわけではないが、仮に我があるとしたもの。

けが【▽怪我】〔名〕スル《「怪我」は当て字で、動詞「けがる」の語幹からかという》❶あやまってからだに傷を負うこと。また、その傷。負傷。❷思わぬ過ち。過失。損失。「慣れないことに手を出して—をする」❸思いがけない事態。不測の結果。「—と申しながら、面目もござない」〈咄・きのふはけふ・上〉

(類語)(❶)負傷・創傷そうしょう・損傷・外傷・傷痍しょうい・傷手いたで・手傷・生傷・古傷・向こう傷・傷病・かすり傷きず・微傷・軽傷・薄手・浅手・無傷・軽症・重傷

怪我の功名　過失と思われたこと、なにげなしにやった事が、意外によい結果になること。

げ-か【外科】手術的な方法によって病気やけがなどを治療する医学の分野。脳外科・心臓外科・小児外科などに分かれる。⇔内科。

けが-あやまち【▽怪我過ち】思いがけない過ち。偶然の過失。そそう。「心もとなや、我が夫つまに一の知らせの夢と」〈浄・薩摩歌〉

け-がい【化外】王化の及ばない所。国家の統治の及ばない地方。⇔化内。

げ-かい【下界】❶仏語。天上界に対して、この世。人間界。❷高所から見た低い地帯。「頂上に立ち—を見下ろす」(類語)この世・うつし世・現世・地上・人界・娑婆しゃば・此岸しがん・苦界・肉界・人間界・世界

げか-い【外科医】外科を専門とする医師。

げ-かい【外海】仏語。須弥山しゅみせんを巡る九山八海のうち、外側の第八山と第九山(鉄囲山)との間にある塩水の海。

げ-かい【外階】▶外位げい

け-がえ【毛替】江戸時代、畑に植えるべき作物を田に植えること。

け-かえし【蹴返し】❶相撲のきまり手の一。相手のくるぶしのあたりを内側から外へけりながら手を引くか、はたき込んで倒す技。❷歩くとき、着物の裾が

返ること。また、返ったときに見える裏。

け-かえ・す【蹴返す】(ケカヘス)〔動サ五(四)〕❶けって、もとの位置へもどす。「ボールを相手に―・す」❷けられた仕返しにける。けり返す。❸けってひっくり返す。「山の芋を煮た鍋を―・して」〈大岡・野火〉❹歩くときなどに、着物の裾をはねかえす。「変裏(かわりうら)の裾をハラハラ―・して行く」〈風葉・恋ざめ〉

けが-がち【▽怪我勝ち】思いもかけず勝利を得ること。

け-かき【毛×掻き】〔名〕(スル)《「けがき」とも》❶織物の仕上げの工程の一。無数の小さなかぎ針をつけた棒や刷毛(はけ)などで、織物の表面をかいて、けば立てること。また、それに使う道具。❷製革工程の一。鈍刀で革の表面をこすって、細かい毛を取り除くこと。

け-がき【毛牡=蠣】イタボガキ科の二枚貝。岩礁に群生。左殻全面で付着し、右殻には管状のとげが密生する。灰紫色。中にカクレガニのクロピンノがすんでいることがある。太平洋側では房総半島から南、日本海側では北海道南部から南に分布。

け-がき【毛描(き)|毛書(き)】〔名〕(スル)❶日本画で、人物の毛髪や鳥獣などの毛を細い線で描くこと。また、その部分。❷(毛書き)仮面の毛髪や眉(まゆ)などを筆で描くこと。また、その部分。

け-がき【×罫書(き)|×罫描(き)】〔名〕(スル) 工作物をつくるとき、部材寸法やリベット穴の位置などを、罫書き針などを使って書き入れること。型取り。

げ-がき【夏書(き)】〔名〕(スル) 仏語。夏安居(げあんご)の期間中、経文を書写すること。また、書写した経文。《季 夏》「なつかしき―の墨の匂ひかな/蕪村」

げがき-おさめ【夏書(き)納め】(ヲサメ) 仏語。夏解(げげ)の日に、安居(あんご)中に書写した経文を寺に納めること。《季 秋》

けがき-ふで【毛描(き)筆】毛描き用の穂先の細い筆。

げ-がく【外学】仏語。仏教以外の学問。⇔内学。

けが・し【汚し|×穢し】〔形シク〕けがらわしい。きたならしい。「年経(ふ)れば―・しきみぞに落ちぶれて濡れしほどけぬいとほしの身や」〈夫木・三六〉

けが・す【汚す|×穢す】〔動サ五(四)〕❶大切なもの、清らかなものをよごす。「美しい心を―・す行為」「聖地を―・す」❷恥ずべき行為などをして名誉・誇りを傷つける。「名を―・す」❸能力、身の程を越えた地位につくという謙遜の気持ちから、ある地位や席につく。「末席を―・す」「会長職を―・す」❹暴力で、女性をはずかしめる。「身を―・される」❺手をつける。食べる。味わう。「いま二巻きは―・さで置きてさぶらふ」〈宇治拾遺・二〉可能けがせる〔サ下一〕

け-かつ【▽飢渇】食べ物や飲み物が欠乏すること。きかつ。けかち。「二年が間世の中―してあさましき事侍りき」〈方丈記〉

けが-な【▽怪我な】〔連語〕(下に打消しの語を伴って用いる)間違っても。全然。けがにも。「―にっこりともせず」〈浄・女夫池〉

け-がに【毛×蟹】クリガニ科の海産のカニ。甲は丸みを帯びた四角形。甲長約10センチ。橙(だいだい)色の体全体に長い剛毛が生えている。北海道以北に分布。肉は美味で食用。おおくりがに。

けが-にも【▽怪我にも】〔連語〕「怪我(けが)な」に同じ。「那麼(あんな)御気性だから、―仰有(おっしゃ)りはしないけれども」〈鏡花・湯島詣〉

けが-にん【▽怪我人】けがをした人。負傷者。類語患者・病人・クランケ・新患・半病人

け-かび【毛×黴】藻菌類ケカビ科のカビの総称。パン・餅(もち)、草食動物の糞(ふん)などに生じる。菌糸は白く、毛状でつやがある。《季 夏》

けが-まけ【▽怪我負け】負けるはずがない者が何のはずみで負けること。

け-がみ【×罫紙】►けいし(罫紙)

けがらい【汚らひ|×穢らひ】(ケガラヒ)けがれ。特に、人の死によるけがれ。「すずろなる―に籠りて」〈源・手習〉

けがら・う【汚らふ|×穢らふ】(ケガラフ)〔動ハ四〕《動詞「けがる」の未然形＋反復継続の助動詞「ふ」から》❶人の死や葬儀に立ち会うなどして、身にけがれを受ける。「―・ひたる人とて立ちながら追ひ返しつ」〈源・手習〉❷喪に服する。「故宮の御方につけつつ、さるべき殿ばら―・ひ給へり」〈栄花・峰の月〉❸死ぬ。「ある大徳(だいとこ)の袈裟(けさ)ひきかけたりしままに、やがて―・ひにしかば」〈かげろふ・上〉

けがらわし・い【汚らわしい|×穢らわしい】(ケガラハシイ)〔形〕文けがらは・し〔シク〕けがれている。きたならしい。自分まで汚れそうで不快な感じがする。「―・い金」「そんな話は耳にするのも―・い」派生**けがわらしげ**〔形動〕**けがらわしさ**〔名〕

けが・る【汚る|×穢る】〔動ラ下二〕「けがれる」の文語形。

けがれ【汚れ|×穢れ】❶けがれること。清潔さ、純粋さなどを失うこと。また、失われていること。「―を知らない子供たち」❷不名誉であること。名折れ。「家名の―」❸死・出産・月経などの際に生じるとされる不浄。この間は、神前に出たり人に会ったりするのをつつしむ習慣もあった。類語汚(よご)れ・汚点・汚染

けが・れる【汚れる|×穢れる】〔動ラ下一〕文けが・る〔ラ下二〕❶清らかさ、純粋さ、神聖さなどが損なわれて、よごれた状態になる。よごれる。「耳が―・れる」「神殿が―・れる」❷名誉や誇りに傷がつく。「履歴が―・れる」❸女性が貞操を失う。❹死・出産・月経などにかかわって忌むべき状態になる。➡汚(よご)れる 用法

け-がわ【毛皮|毛革】(ガハ)❶毛がついたままの獣の皮。「―のコート」《季 冬》❷漢字の構成部分の一。「皰(ほう)」「皺(しゅう)」などの「皮」の称。皮(ひ)の皮(かわ)。類語(❶)皮革・皮・レザー・革

げ-かん【下官】(クヮン)❶下級の官職。下級の官吏。❷役人が、自分のことをへりくだっていう語。卑官。「―退出」〈小右記・寛仁元年八月廿七日〉

げ-かん【下巻】(クヮン)書物の巻数を二つまたは三つに分けてある場合の最後の巻。

げ-かん【下×疳】性交によってできる伝染性の潰瘍(かいよう)。陰部に生じることが多いが、口唇や指などにもできる。病原菌によって軟性下疳、硬性下疳、混合下疳の3種がある。疳瘡(かんそう)。

げ-かん【下×澣|下×浣】(クヮン)►かかん(下澣)

げ-かん【外官】(グヮン)律令制で、地方官の総称。国司・郡司など。⇔内官。

げ-かん【解官】(クヮン)官職を解任すること。免官。「その咎(とが)によりて判官を―せられ」〈保元・上〉

げかんしゅう【下官集】(ゲクヮンシフ)鎌倉初期の歌学書。1巻。藤原定家著とされる。成立年代未詳。仮名で草子や歌を書くときの法式を記し、定家仮名遣いについて述べたもの。

げかん-の-じもく【外官の除目】(グヮンヂモク)►県召(あがためし)の除目

け-ぎ【化儀】仏語。仏が衆生を教化し導く方法。

け-ぎ【×褻着】平生着る着物。普段着。けごろも。

げ-き【下機】「下根(げこん)」に同じ。

げ-き【外記】❶律令制で、太政官(だいじょうかん)に属し、少納言の下にあって、内記(ないき)の草した詔勅の訂正、上奏文の起草、先例の勘考、儀式の執行などをつかさどった官職。大外記と少外記があった。➡内記 ❷「外記局」の略。❸「外記節(げきぶし)」の略。

げき【×屐】木製のはきもの。下駄。

げき【×戟】古代中国の武器。戈(か)と矛(ほこ)を組み合わせたもの。➡漢「げき(戟)」

げき【隙】❶物と物との間のすきま。間隙。❷仲たがいをすること。不和。「―を生ずる」❸つけ入る機会。すき。「軍国多事の―に乗じて此事をなす」〈木下尚江・火の柱〉➡漢「げき(隙)」

げき【劇】脚本中の役を動作とせりふで演じながら筋書きに従って場面を進行させていくもの。演劇。芝居。ドラマ。「人形―」➡漢「げき(劇)」類語演劇・芝居・ドラマ・猿芝居

げき【×檄】❶古代中国で、召集または説諭の文書。木札を用いたという。めしぶみ。さとしぶみ。❷自分の考えや主張を述べて大衆に行動を促す文書。檄文。ふれぶみ。➡漢「げき(檄)」補説誤用が定着して、励ますこと、また、励ましの言葉や文書の意味でも用いる。

漢字項目　げき

【▽逆】►ぎゃく

人**戟**　音ゲキ(慣)　訓ほこ‖①ほこの一種。刃が股(また)になっているもの。「剣戟・兵戟・矛戟(ぼうげき)」②ちくちくと刺す。「刺戟」補説「戟」は俗字。

隙　音ゲキ(慣)　訓すき、ひま‖①物のすきま。「間隙・空隙」②あいた時間。「寸隙」補説「隙」は俗字。

劇　学6　音ゲキ(慣)　訓はげしい‖①物の働きや程度がはげしい。「劇症・劇毒・劇薬」②仕事がめまぐるしい。忙しい。「劇職/繁劇」③芝居。「劇場・劇団・劇的/演劇・歌劇・活劇・観劇・喜劇・惨劇・史劇・新劇・悲劇」

撃〔擊〕　音ゲキ(慣)　訓うつ‖①強くうち当てる。「撃柝(げきたく)/射撃・衝撃・打撃・鼓腹撃壌」②武力を加える。攻める。「撃退/迎撃・攻撃・襲撃・出撃・進撃・突撃・排撃・反撃」③感覚に触れる。「目撃」

激　学6　音ゲキ(慣)　訓はげしい‖①勢いが強い。はげしい。「激化・激減・激情・激戦・激痛・激動・激突・激流・激烈/過激・急激」②強く勢い立たせる。感情を突き動かす。「激越・激昂(げきこう)・激励/感激・憤激」③(「戟(げき)」の代用字)ちくちくと刺す。「刺激」

×**檄**　音ゲキ(慣)‖召集や通告のための文書。ふれぶみ。「檄文/羽檄・飛檄」

檄を飛(と)ば・す　自分の主張や考えを広く人々に知らせる。また、それによって人々に決起を促したりする。補説誤用が定着して「がんばれと励ます」「激励する文書を送る」という意味でも用いられる。文化庁が発表した平成19年度「国語に関する世論調査」では、本来の意味である「**自分の主張や考えを、広く人々に知らせて同意を求めること**」で使う人が19.3パーセント、間違った意味「**元気のない者に刺激を与えて活気づけること**」で使う人が72.9パーセントという逆転した結果が出ている。

げき【×鷁】❶中国で、想像上の水鳥。白い大形の鳥で、風によく耐えて大空を飛ぶといわれ、船首にその形を置いて飾りとした。❷「鷁首(げきしゅ)」に同じ。

げき【×闃】〔ト・タル〕文〔形動タリ〕静まりかえったさま。ひっそりとして人けのないさま。「あたりは―として物音絶えたり」〈鴎外訳・即興詩人〉類語静か・密(ひそ)やか・しめやか・静寂・静粛・静閑・閑静・閑散・閑寂・清閑・しじま・森閑・深深(しんしん)・森森(しんしん)・沈沈(ちんちん)・寂(せき)・寂(じゃく)・寂然(せきぜん)・寂然(じゃくねん)・寂寂(せきせき)・寂寂(じゃくじゃく)・闃然(げきぜん)・粛然

げ-ぎ【外儀】仏語。外面に現れた威儀や立ち居振る舞い。

げき-い【隙意】互いの心にへだたりがあること。不和であること。

げき-えいが【劇映画】(グワ)物語性をもち、俳優が演じるフィクションの映画。➡記録映画

げき-えつ【激越】(ヱツ)〔名・形動〕(スル) 感情が激しく高ぶること。感情が高ぶって言動が荒々しくなること。また、そのさま。「―な口調で演説する」「情に―して理義を忘るる為に」〈魯庵・「破垣」発売停止に就き当路者及江湖に告ぐ〉派生げきえつさ〔名〕類語激しい・凄(すさ)まじい・強烈・猛烈・激烈・熾烈(しれつ)・苛烈(かれつ)・激甚・急激・峻烈(しゅんれつ)・矯激(きょうげき)・ドラスチック・ファナティック

げき-か【劇化】(クヮ)〔名〕(スル) 事件や小説などを劇にすること。「人気作品を―する」類語脚色

げき-か【激化】(クヮ)〔名〕(スル) 以前よりもはげしくなること。げっか。「業界での競争が―する」類語進む・高ずる・進行・昂進(こうしん)・悪化・退歩・退化・後戻り・冷える

げき-が【劇画】(グヮ)❶漫画の一形式。ストーリーをもった漫画のうち、描線が動的で、画面の遠近のとり方や背景の描き方などが写実的なもの。筋立てのおもしろさ・現実性を主眼とする。補説漫画家の辰巳ヨシヒロが、自らの作品を「劇画」と名づけたのが始まり。❷紙芝居。類語漫画・コミック

げき-かい【劇界】演劇関係者の社会。演劇界。

げき-から【激辛】❶食品の味が非常に辛いこと。「一カレー」❷評価が厳しいこと。「一のコメント」❸将棋や囲碁で、㋐局面がおおかた決まっている段階で指す(打つ)、緩みのない厳しい手。「一の一手」㋑逼迫して迫力のある局面のたとえ。「一の終盤戦」「一の接近戦」

げき-きょく【外記局】外記の勤務した役所。内裏の建春門外にあった。外記。外記庁。

げき-く【隙▽駒】「駒隙」に同じ。

げき-けい【×戟形】植物の葉の形で、矛形の旧称。

げき-けい【撃茎】►げっけい(撃茎)

げき-けつ【隙穴】すきま。あな。

げきけつ-の-しん【隙穴の臣】敵に内通する家来。

げき-けん【撃剣】►げっけん(撃剣)

げき-げん【激減】〔名〕スル　数や量などが急にひどく減ること。「生産量が一する」⇔激増。

げき-ご【激語】〔名〕スル　興奮してはげしい口調で言うこと。また、その言葉。「論争で思わず一する」

げき-こう【隙孔】「隙穴」に同じ。

げき-こう【激×昂｜激高】〔名〕スル　感情がひどく高ぶること。ひどく怒ること。げっこう。「一して机を叩く」(類語)興奮・逆上・上気・激怒・憤怒・憤怒・熱狂・熱中・高揚・感奮・激発・エキサイト・フィーバー　(一する)高ぶる・のぼせる・激する・かっとなる・いきり立つ・逸り立つ・わくわくする・ぞくぞくする・どきどきする

げき-さい【撃砕｜撃×摧】〔名〕スル　物をうち砕くこと。敵を徹底的に負かすこと。「敵を一気に一する」

げき-さく【劇作】〔名〕スル　演劇の脚本をつくること。また、その脚本。(類語)作文・詩作・作詞・作歌・句作

げきさく-か【劇作家】演劇の脚本や戯曲を書くことを職業とする人。

げき-さつ【撃殺】〔名〕スル　撃ち殺すこと。また、切り殺すこと。「曳出して会釈もなげに一し」〈条野有人・近世紀聞〉

げきざる【外記猿】歌舞伎舞踊。長唄。本名題「外記節猿」。4世杵屋三郎助作曲。文政7年(1824)初演。猿回しが屋敷に呼ばれ、めでたい芸を見せる。

げき-さん【激賛】〔名〕スル　非常に褒めること。激賞。「大家に一された作品」

げき-し【×屐子】►けいし(屐子)

げき-し【×屐歯】下駄の歯。「往還を行く人の一戛然として金石の響をなすを」〈蘆花・自然と人生〉

げき-し【隙×駟】《4頭立ての馬車が走るのを壁のすきまから見ると、あっというまに通り過ぎる意から》月日の過ぎ去ることが早いこと。隙駒。

げき-し【劇詩】叙事詩・叙情詩とともに詩の三大部門の一。戯曲形式で書かれた詩。詩劇と同義に用いられることもある。

げき-しゃ【激写】〔名〕スル　俗に、センセーショナルな瞬間の写真を撮ること。決定的瞬間をカメラに収めること。

げき-じゃく【×闃寂】〔ト・タル〕文〔形動タリ〕►げきせき(闃寂)

げき-しゅ【×鷁首】❶鷁の頭。❷鷁の頭の形の飾りを船首につけた船。げきす。➡竜頭鷁首

げき-しゅう【激臭｜劇臭】非常に刺激の強いにおい。「鼻をつく一」(類語)異臭・臭気・悪臭・腐臭

げき-しょ【激暑｜劇暑】はげしい暑さ。酷暑。(類語)猛暑・酷暑・極暑・厳暑・炎暑・大暑・暑熱・暑気・暑さ・炎熱・酷熱・温気・向暑・残暑

げき-しょう【劇症｜激症】病気の進行が急激で予後不良である症状。

げき-しょう【激賞】〔名〕スル　大いに褒めること。「一を浴びる」「批評家が一する作品」(類語)絶賛・べた褒め・喝采・賞嘆・賛嘆・嘆称・称賛・礼賛・賛美・称揚・詠嘆・感嘆・三嘆・感服

げき-しょう【×鬩×牆】内輪もめ。兄弟げんか。➡兄弟牆に鬩ぐ

げき-じょう【劇場】演劇・映画・舞踊などを観客に見せるための建物。「円形一」「国立一」(類語)シアター・小屋・芝居小屋・定小屋

げき-じょう【撃壌】❶大地を踏んで拍子をとり、歌をうたうこと。太平の世を楽しむようすをたとえていう。「鼓腹一」❷中国の遊戯。沓の形に似せた木を地面に置き、離れた所から同じ形の木を投げ当てる。下駄打ち。

げき-じょう【撃×攘】〔名〕スル　敵をうち払うこと。撃退。

げき-じょう【激情】はげしくわき起こる感情。「一時の一に駆られる」(類語)情熱・熱情・狂熱

げきじょうか【撃壌歌】《「十八史略」などにみえる故事から》中国伝説時代の五帝の一人、尭の時、老人が太平を謳歌して、大地を足で踏み鳴らして歌ったという歌。その詞は「十八史略」に「日出而作、日入而息、鑿井而飲、耕田而食、帝力何有於我哉(日出でて作し、日入りて息う、井を鑿ちて飲み、田を耕して食らう、帝力何ぞ我においてあらんや)」とある。

げきじょうがた-せいじ【劇場型政治】単純明快なキャッチフレーズを打ち出し、マスメディアを通じて広く大衆に支持を訴える、ポピュリズム的政治手法。敵対勢力を悪役に見立て、自分は庶民の味方として戦いを挑むといった構図を作り上げ、国民の関心を引きつける。

げきじょうがた-はんざい【劇場型犯罪】犯行声明などを発表し、人々の注目を集めることを目的の一つとする犯罪。また、テレビや新聞などのマスメディアに大々的に取り上げられることによって、人々の注目が集まった犯罪。

げきしょう-かんえん【劇症肝炎】もっとも重い急性肝炎。肝細胞の障害が急激かつ広範に起こり、肝不全となって昏睡に陥り、死亡することが多い。

げきじょう-ひろば【劇場広場】《Teatral'naya Ploshchad'》ロシア連邦の首都モスクワの中心部、クレムリンの北側に位置する広場。名称はボリショイ劇場、ボリショイ新劇場、マールイ劇場、ロシア青年劇場などが集まっていることに由来する。

げき-しょく【激職｜劇職】非常にはげしく、忙しい職務。「一に就く」

げき-しん【撃針】銃の撃発装置の一部品。引き金のばねの力で発火装置の雷管に衝撃を与えるもの。

げき-しん【激震｜劇震】❶地震の強さの旧階級。木造家屋の30パーセント以上が倒壊し、山崩れ・地割れ・断層が生じる、最も激しいものとされ、震度7にあたった。➡震度　❷(比喩的に)衝撃。「政界に一が走る」

げき-じん【激甚｜劇甚】〔名・形動〕非常にはげしいこと。はなはだしいこと。また、そのさま。「一な被害状況」「一災害」(派生)げきじんさ〔名〕(類語)激しい・凄まじい・強烈・猛烈・激烈・熾烈・苛烈・急激・峻烈・激越・ドラスチック

げきじん-さいがい【激甚災害】大規模な地震や台風など著しい被害を及ぼした災害で、被災者や被災地域に助成や財政援助を特に必要とするもの。激甚災害法に基づいて政令で指定される。地域を特定せず災害そのものを指定する「激甚災害指定基準による指定(本激)」と、市町村単位での指定を行う「局地激甚災害指定基準による指定(局激)」の2種があり、内閣府に置かれる中央防災会議が指定・適用措置の決定を行う。激甚災害に指定されると、国は災害復旧事業の補助金を上積みして、被災地の早期復旧を支援する。(補説)激甚災害に指定された主な災害に、平成7年(1995)の阪神・淡路大震災、同16年の新潟県中越地震、同23年の東日本大震災などがある。

げきじんさいがい-ほう【激甚災害法】《「激甚災害に対処するための特別の財政援助等に関する法律」の通称》大規模な地震や台風など、著しい被害を及ぼした災害に適用される法律。国が被災者や被災地域に特別の助成や財政援助・復興支援を行うことを定める。昭和37年(1962)施行。激甚法。

げきじん-ほう【激甚法】►激甚災害法

げき-す【×鷁▽首】►げきしゅ(鷁首)

げき-すい【激水】はげしい水の流れ。激流。

げき-する【激する】〔動サ変〕文げき・す〔サ変〕❶はげしくなる。荒々しくなる。「戦いが一・する」❷怒りなどで興奮する。いきりたつ。「一・した口調で発言する」❸はげしくぶつかる。「岩に一・する奔流」❹励ます。激励する。「友を一・する」(類語)興奮・激昂・逆上・のぼせる・上気・熱狂・熱中・高揚・感奮・激発・エキサイト・フィーバー・高ぶる・かっとなる・いきり立つ・逸り立つ・わくわくする・ぞくぞくする・どきどきする

げき-する【×檄する】〔動サ変〕文げき・す〔サ変〕檄文を発する。檄を飛ばす。「天下に一・する」

げき-せい【激成】〔名〕スル　刺激して事を引き起こすこと。また、いっそう激しくすること。「非常な反感と、従ってそれを一するような立場に」〈葉山・海に生くる人々〉

げき-せい【激声｜劇声】❶はげしい声。興奮して発する声。❷はげしく、大きな音。「数千の砲を発すれば一山野に響渡りて」〈染崎延房・近世紀聞〉

げき-せき【×闃寂】〔ト・タル〕文〔形動タリ〕ひっそりと静まり、さびしいさま。げきじゃく。「深夜一として、四望人なく」〈漱石・吾輩は猫である〉

げき-せつ【激切】〔名・形動〕非常にはげしく厳しいこと。また、そのさま。「彼の一なる態度容姿の漸く減少なすにいたれば」〈逍遥・小説神髄〉

げき-ぜつ【×鴃舌】《鴃のさえずりの意》外国人の話す、意味のわからない言葉をいやしめていう語。

げき-せん【激戦｜劇戦】〔名〕スル　はげしく戦うこと。はげしい戦い。「一地」「選挙の一区」(類語)熱戦・死闘・激闘・血戦

げき-ぜん【×闃然】〔ト・タル〕文〔形動タリ〕ひっそりと静まりかえっているさま。「羅馬の市にて一たる午時の街を行く人は」〈鷗外訳・即興詩人〉(類語)静か・密やか・しめやか・静寂・静粛・静閑・閑静・閑散・閑寂・清閑・しじま・森閑・深深・森森・沈沈・寂・寂・寂然・寂然・寂寂・寂寂・閴・粛然

げき-ぞう【激増】〔名〕スル　数量がはげしい勢いでふえること。「都市人口が一する」⇔激減。

げき-たい【撃退】〔名〕スル　攻めてきた敵などを、逆に攻撃して追い払うこと。「敵の大軍を一する」(類語)駆逐・掃討・追放・駆除・放逐・パージ

げき-たく【撃×柝】拍子木を打ち鳴らすこと。また、打ち鳴らす人。「夜番の一の音がきこえ出すと」〈梶井・冬の日〉

げきたく-ばいばい【撃×柝売買】証券取引所で、昭和57年(1982)まで株式の特定銘柄の始め値と終わり値の決定に用いていた値段決定方法。複数の売り手と買い手とを相手に係員が適当と思う値段を唱えて仮の商いを進め、売買量が一致したときに拍子木を打って商いを成立させるもの。

げき-たん【激×湍】勢いのはげしい早瀬。「荒川の一、巌に吠えて」〈木下尚江・火の柱〉

げき-だん【劇団】演劇の上演・研究を目的として組織された団体。

げき-だん【劇談】演劇に関する話。

げき-だん【劇壇】演劇に関係のある人々の社会。演劇界。劇界。「一の大立て者」

げき-だん【激談｜劇談】はげしい、言葉のやりとり。はげしい談判。「今宵は慷慨一を禁じ、ただ風流愉快のことを舒べ」〈和田定節・春雨文庫〉

げき-ちゅう【劇中】上演されている劇のなか。「一の人物」

げきちゅう-か【劇中歌】►挿入歌

げきちゅう-げき【劇中劇】劇中で演じられる本筋とは別の劇の場面。

げき-ちん【撃沈】〔名〕スル　艦船を攻撃して沈めること。「敵艦を一する」

げき-つい【撃墜】〔名〕スル　航空機などを撃ち落とすこと。「敵機を一する」

げき-つう【劇通】演劇や演劇界の事情などに詳しいこと。また、その人。芝居通。

げき-つう【激痛｜劇痛】はげしい痛み。「腹部に一が走る」「一に襲われる」(類語)鈍痛・疼痛・痛痒

げき-てき【劇的】〔形動〕劇を見ているように緊張や感動をおぼえるさま。ドラマチック。「—な生涯」
げき-てつ【撃鉄】小銃の撃発装置の一。弾丸の発射薬を発火させるために雷管を強打する部分。うちがね。「—を起こす」
げき-と【▽逆×睹】►ぎゃくと(逆睹)
げき-ど【激怒】〔名〕スル はげしく怒ること。また、その怒り。「裏切り行為に—する」
(類語)激昂げっこう・憤怒ふんぬ・憤怒ふんど・怒り・腹立ち・憤り・怒気・瞋恚しんい・憤懣ふんまん・鬱憤うっぷん・義憤・痛憤・悲憤・憤激・憤慨ふんがい・立腹・癇癪かんしゃく・逆鱗げきりん
げき-とう【激×盪】タウ〔名〕スル はげしくゆれること。また、はげしく動かすこと。「豁急に激折して、水之が為に鼓怒し、咆哮し、噴薄—して、奔馬の乱れ競うが如し」〈紅葉・金色夜叉〉
げき-とう【激闘】〔名〕スル はげしくたたかうこと。また、そのたたかい。「幾日にもわたる—」
(類語)熱戦・死闘・激戦・血戦
げき-どう【激動】〔名〕スル はげしくゆれうごくこと。特に、状況・情勢などがめまぐるしく変化すること。「—する世界情勢」(類語)震動・振動・動揺・震撼しんかん
げき-どく【劇毒】作用のはげしい、非常に強い毒。猛毒。
げき-とつ【激突】〔名〕スル はげしい勢いで突き当たること。「優勝候補同士の—」「車が壁に—する」
げき-の-ちょう【外記庁】ギチャウ►外記局
げき-の-まつりごとはじめ【外記の政始】平安時代、年始・改元や廃朝のあとなどに、公卿が外記局に参集して、まつりごとを行う儀式。
げき-は【撃破】〔名〕スル 攻撃して敵をうちやぶること。うち負かすこと。「各個—する」
(類語)粉砕・破砕・打倒・討つ・打ち倒す・打ち破る・薙なぎ倒す・打ち負かす・打ち取る・打ち果たす・やっつける・倒す
げき-はく【激白】〔名〕スル 隠していること、人の知らないことなどを、あからさまに打ち明けること。「秘めた恋を—する」「会社の裏事情を—」
げき-はつ【撃発】弾丸を発射するために、引き金を引いて発射薬に点火すること。「—装置」
げき-はつ【激発】〔名〕スル ❶はげしい勢いで起こること。事件などが勃発すること。「暴動が—する」❷はげしく奮い立つこと。「怒りが—する」❸火薬などが、はげしく爆発すること。(類語)多発・頻発・群発・爆発・興奮・熱狂・熱中・高揚・感奮・激昂げっこう・逆上・上気・エキサイト・フィーバー(—する)高ぶる・のぼせる・激する・かっとなる・いきり立つ・逸はやり立つ
げきはつぶつはれつ-ざい【激発物破裂罪】火薬やボイラーなどを破裂させ、建物などを破壊する罪。刑法第117条が禁じ、破壊した建物の種類や所有権、中に人がいたかどうかなどによって刑が異なる。
げき-ばん【劇伴】テレビドラマの放送などで、ある場面の背景に流される音楽。
げき-ひょう【劇評】ヒャウ 演劇の批評。「—家」
げき-ぶし【外記節】江戸の古浄瑠璃の一。薩摩外記さつまげきが貞享(1684～1688)のころ創始。豪放な語り口で、人形浄瑠璃や歌舞伎の荒事あらごとなどに使われたが、まもなく滅び、今は長唄の数曲にその影響を残す。外記。
げき-ぶつ【劇物】劇薬と同程度の毒性をもつ、医薬品以外の物質。厚生労働大臣が指定し、取り扱いは毒物および劇物取締法で規定される。メタノール・二硫化炭素・発煙硫酸など。
げき-ふん【激憤】〔名〕スル はげしくいきどおること。憤激。「私は—して伊藤の変節を腹の底から憎んだ」〈嘉村・途上〉
げき-ぶん【×檄文】檄を書いた文章。
げき-ぶんがく【劇文学】戯曲の形式によって書かれた文学。
げき-へん【激変|劇変】〔名〕スル はげしく変わること。急激に変化すること。「事態が—する」
(類語)一変・一転・急転・急変・豹変ひょうへん
げきへん-せい【激変星】急激に増光し、その後緩やかに減光する変光星の総称。近接連星系を成す白色矮星にもう一方の恒星からガスが流れ込み、表面または降着円盤で爆発を起こす新星のほか、恒星の進化の最終段階で起る超新星がある。激変変光星。CV(cataclysmic variable)。
げきへん-へんこうせい【激変変光星】ヘンクワウセイ►激変星
げき-む【激務|劇務】非常に忙しいつとめ。「—に倒れる」(類語)煩務・要務・特務・急務・雑務
げき-めつ【撃滅】〔名〕スル うちほろぼすこと。攻撃して全滅させること。「敵軍の主力部隊を—する」
げき-やく【劇薬】毒薬に次いで薬理作用のはげしい薬物。厚生労働大臣が指定し、薬事法に規定される。
げき-やす【激安】〔名・形動〕値段が通常に比べて著しく安いこと。「—ツアー」
げ-ぎょ【▽懸魚】屋根の破風はふの中央および左右に下げて、棟木や桁けたの先端を隠す装飾板。三花蕪さんかかぶら・梅鉢・猪いの目などがある。けんぎょ。
け-きょう【化教】ケウ 律宗で、機に応じて衆生を教化きょうけすること。また、その教え。定じょう・慧えの二学をいう。➡制教
け-ぎょう【▽加行】ギャウ ❶正規の修行に入る前の準備的な行ぎょう。❷密教で、受戒・灌頂かんじょう・伝授などを受ける前に行う修行。
げ-きょう【外教】ゲウ 仏教で、儒教・道教など、仏教以外の教え。⇔内教。
げ-きょう【夏経】キャウ 夏安居げあんごの際にする読経。また、その際に書写した経文。(季 夏)
げ-ぎょう【下行】ギャウ 米などを下賜すること。また、その物。「人夫五六百人に兵粮を持たせて諸軍勢に—し」〈太平記・一七〉
げ-ぎょう【夏行】ギャウ「夏安居げあんご」に同じ。(季 夏)
げ-ぎょう【▽現形|▽顕形】ギャウ《「げんぎょう」の撥音の無表記》神仏などが、人前に姿をあらわすこと。「おほん神—し給ひて」〈伊勢・一一七〉
げ-ぎょう【解行】ギャウ ❶仏教の教理の理解と実践的な修行。❷信仰と、その上に立った実践的な修行。
け-ぎよ-し【気清し】〔形ク〕清らかでさっぱりした感じである。「—・う申し出でられぬは、いかなるぞ」〈枕・二三〉
け-ぎらい【毛嫌い】ギラヒ〔名〕スル《鳥獣が、相手の毛並みによって好き嫌いをするところから》これという理由もなく、感情的に嫌うこと。わけもなく嫌うこと。「演歌を—する」(類語)嫌い・食わず嫌い
げき-らん【▽逆乱】為政者などにそむいて乱を起こすこと。反乱。謀反。ぎゃくらん。「保元の—に御方みかたに参りて」〈盛衰記・三八〉
け-ぎり【毛切り】❶茶の湯釜で、胴と底との境目にある細い1本の筋目。❷魚のうろこを落とさないで、そのまま胴切りにすること。特に、鯉こいにいう。「鯉の—のかばやきの」〈浮・乙女織〉
げき-りゅう【激流】リウ 勢いのはげしい流れ。はげしく変化する物事のたとえにもいう。「—を下る」「時代の—にもまれる」(類語)急流・奔流・濁流・懸河
げき-りょ【▽逆旅】《「逆」は迎えるの意》❶旅客を迎える所。宿屋。旅館。ぎゃくりょ。❷旅をすること。旅。「—にして友なき哀れには、なにとなく心細き空に思ひしられて」〈海道記〉
げき-りょく【撃力】衝突や打撃などによって瞬間的に物体に作用する大きな力。
げき-りん【▽逆×鱗】《竜のあごの下にある逆さに生えたうろこに人が触れると、竜が怒ってその人を殺すという「韓非子」説難の故事から》天子の怒り。転じて、目上の人の怒り。
(類語)怒り・腹立ち・憤り・怒気・瞋恚しんい・憤怒ふんぬ・憤怒ふんど・憤懣ふんまん・鬱憤うっぷん・義憤・痛憤・悲憤・憤激・憤慨ふんがい・激怒・立腹・癇癪かんしゃく
逆鱗に触・れる 天子の怒りに触れる。また、目上の人を激しくおこらせる。(補説)「天子や目上の人を怒らせる」意であるから、自分や目下の人について使うのは誤り。
げき-るい【▽逆類】謀反を起こした人々。ぎゃくるい。「星旗電戟せいきでんげきの威、—勝つに乗るに似たり」〈盛衰記・三〇〉
け-ぎれ【毛切れ】❶毛がすり切れること。❷毛でこすられて皮膚に傷のつくこと。また、その傷。❸鎧よろいの威おどしの糸がすり切れること。「—のしたる鎧よろい着せ」〈幸若・屋島軍〉
げき-れい【激励】〔名〕スル はげまして、奮い立たせること。「選手団を—する」「叱咤—」(類語)叱咤しった・鼓舞・鼓吹・力付ける・励ます・引き立てる
げき-れつ【激烈|劇烈】〔名・形動〕きわめてはげしいこと。また、そのさま。「—を極める争い」「—な口調」(派生)げきれつさ〔名〕
(類語)強烈・猛烈・鮮烈・凄烈せいれつ・凄絶・壮烈・壮絶・熾烈しれつ・苛烈かれつ・峻烈しゅんれつ・悲壮・激しい・凄すさまじい・激甚・急激・激越・矯激きょうげき・ドラスチック・ファナティック
げき-ろう【▽逆浪】ラウ さかまく波。世の中が乱れていることのたとえにもいう。ぎゃくろう。「この宮ぞ、誠に四海の—をも静められて」〈太平記・三四〉
げき-ろう【激浪】ラウ 荒々しくはげしい波。物事の勢いがはげしいことのたとえにもいう。あらなみ。
(類語)大波・高波・荒波・波濤はとう・怒濤
げき-ろん【激論|劇論】〔名〕スル はげしく論争すること。はげしい議論。「新法案をめぐって—する」
け-ぎわ【毛際】ギハ 毛の生えぎわ。
け-く►しく
け-く【▽希▽求】願い求めること。ききゅう。「仰ぎて見れば、法性の空晴れねど、—の霞さす」〈栄花・鳥の舞〉
げ-くう【外宮】伊勢神宮の豊受大神宮とようけだいじんぐうのこと。⇔内宮ないくう。
げ-ぐう【下宮】一つの神社にいくつかの神社が含まれているとき、最も低い場所にある社。下社しもしゃ。しものみや。➡上宮 ➡中宮
げくう-しんとう【外▽宮神道】シンタウ►伊勢神道いせしんとう
げ-ぐくり【下▽括り】指貫さしぬきの裾に通したひもで足首の辺りをくくること。したぐくり。⇔上括うわくくり。
けく-げん【▽希▽求言】国文法でいう命令形の古い言い方。東条義門ぎもんの用語。
け-ぐつ【毛×沓】騎馬・狩猟用の毛皮製のくつ。鹿・猪いのししなどの毛皮で作った。
けく-で【▽結句で】〔副〕《「けっく(結句)で」の音変化》かえって。むしろ。「悲しむこともなんにもない。—浮き世が面白い」〈浄・淀鯉〉
け-ぐるま【毛車】「糸毛の車」に同じ。「わが—に乗りて帰りにけり」〈愚管抄・六〉
ケクレ〖Friedrich August Kekulé von Stradonitz〗[1829～1896]ドイツの化学者。原子価論を発表。また、ベンゼンの環状構造式を解明するなど、有機化学の飛躍的発達を促した。
げ-げ【下下】❶身分の低い者。しもじも。〈日葡〉❷非常に劣っていること。下の下。「—の下の客と言はれん花の宿/越人」〈曠野〉❸しもじもの者の履物。わら草履。「馬にも乗らず、—をはき」〈平家・九〉
げ-げ【解夏】「夏解げげ」に同じ。(季 秋)「雲晴れて—の鶯きこえけり/碧梧桐」
けけ-し〔形シク〕よそよそしい。とりすました態度である。「あたり近くだによせず、いと—・しうもてなしたれば」〈源・少女〉
げけ-しゅじょう【下化衆生】シュジャウ 仏語。菩薩ぼさつが、上には菩提ぼだいを求めると同時に、下に向かっては衆生を教化きょうけ・救済くさいすること。⇔上求菩提じょうぐぼだい。
げ-けつ【下血】〔名〕スル 種々の疾患により消化管内に出た血液が肛門から出ること。
げけ-みょうあん【下化冥▽闇】ミャウアン《衆生の迷いを闇にたとえた語》「下化衆生げけしゅじょう」に同じ。
けけれ【▽心】「こころ」の音変化。東国方言。「甲斐が嶺ねをさやにも見しが—なく横ほり伏せる小夜さやの中山」〈古今・東歌〉
け-げん【化現】神仏が人々を救うために姿を変えてこの世に現れること。「観音の—」
け-げん【▽怪×訝】〔名・形動〕不思議で納得がいかないこと。また、そのさま。「—な顔をする」「—そうにじろじろ見る」(類語)不審・いぶかしい・怪しい・いぶか

しむ・いぶかる・怪しむ

け-こ【▽花▽籠｜華×筥】法要のとき、散華さんげに用いる花を盛る器。竹を編んで作ったもののほか、透かし彫りを施した金属製のものなどがある。はなざら。はなかご。

け-こ【×笥▽籠｜×笥子】飯などを盛る器。笥け。「手づから飯匙いひがひ取りて、—のうつは物に盛りけるを見て」〈伊勢・二三〉

け-ご【毛×仔｜毛子】孵化ふかしたばかりの稚魚。特に、コイ・キンギョなどの養殖魚についていう。

け-ご【毛▽蚕】卵からかえったばかりの、黒色で長毛に覆われている蚕。蟻蚕ぎさん。(季 春)

け-ご【家子】妻子・召使いなど、その家の者。いえのこ。「これを給ひて—に給はせむ」〈竹取〉

げ-こ【下戸】❶酒の飲めない人。酒が嫌いな人。⇔上戸じょうご。❷律令制で、戸を大戸・上戸・中戸・下戸に分けたうちの最下級。徴発に応じて出す壮丁が三人以下の戸。

下戸と化け物は無し　この世に化け物がいないように、本当に酒の飲めない人はいない。

下戸の肴さかな荒らし　下戸は酒を飲まない代わりに、料理を食い荒らすということ。

下戸の建てたる倉も無し　酒に金を使わないからといって、財産家になったという話も聞かない。ほどほどに酒を飲んで楽しんだほうがよい。

げ-ご【解悟】仏語。迷いから解き放たれて、真実の道理を悟ること。悟りを開くこと。

け-こう【華香｜▽花香】ケカウ「香華こうげ」に同じ。

げ-こう【下向】ゲカウ〔名〕スル ❶高い所から低い所へおりていくこと。❷都から地方へ行くこと。「先代一週忌の法会のために—して」〈鴎外・阿部一族〉❸「還向げこう」に同じ。

げ-こう【下校】ゲカウ〔名〕スル　学校を出て帰途につくこと。「台風が来るので早く—させる」⇔登校。

げ-こう【外考】ゲカウ　律令制で、外位げいの人についての勤務評定。内位より昇進も遅かった。➡内考

げ-こう【▽還向】ゲカウ　神仏に参詣して帰ること。下向。「えその日のうちに—仕まつらざりしかば」〈大鏡・道長下〉

げ-こうし【下格子】ゲカウシ　格子をおろすこと。「月の明き夜は、—もせで、ながめさせ給ひけるに」〈大鏡・兼家〉

げ-こく【下刻】昔、1刻(2時間)を3分した、その最後の時間。➡上刻　➡中刻

げ-こく【下国】〔名〕スル ❶律令制で、国を大・上・中・下の四等級に分けたうちの最下級の国。和泉いずみ・伊賀・志摩・伊豆・飛騨・隠岐おき・淡路・壱岐いき・対馬つしまの9か国。❷昔、都から国元へくだること。国司が任国へ赴くこと。

げ-ごく【下獄】〔名〕スル　牢に入って刑に服すること。

げ-こく-じょう【下×剋上｜下克上】ゲコクジャウ　下の者が上の者に打ち勝って権力を手中にすること。南北朝時代から戦国時代、農民が領主に反抗して一揆として蜂起し、また、家臣が主家を滅ぼして守護大名や戦国大名になっていった乱世の社会風潮をいう。

け-ごと【×褻事】日常のこと。ふだんのこと。

け-ごぼう【毛▽牛×蒡】ケゴバウ　ゴボウで、食用とする主根に多数の細根を生じたもの。けごんぼ。

け-こみ【蹴込み】❶階段の踏み板と踏み板との間の垂直部分。❷蹴込み床どこの床板の下の垂直部分。❸歌舞伎の大道具で、屋台や階段の前面あるいは側面の垂直な部分の張り物。❹人力車の腰掛けの前の部分で、客が足を置く所。

けこみ-いし【蹴込み石】家の土台下の猫石と猫石との間をふさぐために、あとから差し込む石。打ち込み石。➡猫石

けこみ-どこ【蹴込み床】床の間の形式の一。床框とこがまちを省き、床板と畳寄せの間に蹴込み板をはめ込んだもの。

けご-みる【▽警固見る】〔動マ上一〕前もって相手のようすを探る。偵察する。「乞食法師一人源氏の陣屋に来て経を読みて物を乞ひけるを、—みる者にこそあんめれとて」〈延慶本平家・三本〉

け-こ-む【蹴込む】〔動マ五(四)〕❶けって中へ入れる。「ボールをゴールへ—む」❷商売で損をする。くいこむ。「もう一割も—んでゐやせうぜ」〈滑・大千世界楽屋探・初〉

げ-ごもり【夏籠もり】「夏安居げあんご」に同じ。(季 夏)

け-ころ【蹴転】「蹴転ばし」に同じ。「身じまひを—でんどへ向いてする」〈柳多留・一二〉

け-ころばし【蹴転ばし】江戸時代、天明(1781〜1789)の末まで、江戸の下谷や浅草にいた私娼ししょう。けころ。

け-ごろも【毛衣｜×裘】❶毛皮で作った防寒用衣服。かわごろも。(季 冬)「—を脱げば真肌のあらはなり/虚子」❷鳥の羽毛で作った衣服。羽衣うい。

け-ごろも【×褻衣】ふだん着。けぎぬ。「この衣きぬの色白妙になりぬともしづ心ある—にせよ」〈和泉式部集・上〉

けごろも-を【×褻衣を】〔枕〕着古したふだん着を、洗うために解く意から、「解き」と同音の「時」にかかる。「—時かたまけて出でましし」〈万・一九一〉

ケコワ-とう【ケコワ島】タウ《Kekova》トルコ南西部、地中海に浮かぶ無人島。本土の港町カシュの沖合に位置する。古代リキア王国時代の海中遺跡があることで知られる。

け-ごん【華厳】❶《仏になる修行を華にたとえ、その華で仏の位を飾る意》仏語。多くの修行・功徳くどくを積んで徳果が円満にそなわり、仏になること。❷「華厳経」の略。❸「華厳宗」の略。

げ-こん【下根】《「根」は本来の性質の意》仏語。教えを受ける性質・能力が生まれつき劣っていること。仏道を修行する力の乏しいこと。また、その者。下機げき。下機根。➡上根　➡中根

けごん-え【華厳会】ヱ　華厳経を講読・讃嘆さんたんする法会。3月14日に東大寺で行われる。

けごんえんぎ【華厳縁起】鎌倉前期の絵巻。6巻。新羅しらぎの華厳宗の開祖元暁がんぎょう・義湘ぎしょう両大師の伝記を描いたもの。華厳宗祖師絵伝。

けごん-きょう【華厳経】キャウ　大乗経典。華厳宗の根本聖典。漢訳には東晋の仏駄跋陀羅ぶっだばっだら訳の60巻本、唐の実叉難陀じっしゃなんだ訳の80巻本、唐の般若はんにゃ訳の40巻本の3種がある。釈迦が成道じょうどうした悟りの内容を表明した経典とされ、全世界を毘盧遮那仏びるしゃなぶつの顕現とし、法界縁起・無尽縁起を説く。大方広仏華厳経。

けごん-じ【華厳寺】㊀岐阜県揖斐いび郡揖斐川町にある天台宗の寺。山号は谷汲山。開創年代は延暦17年(798)、開山は豊然ほうねんと伝える。西国三十三所第33番札所。㊁中国山西省大同にある寺。遼りょう代の創建で、上華厳寺と下華厳寺とに分かれて立つ。上下ともに金代に修復されたが、建築は契丹きったん族の遺風を伝える。㊂韓国全羅南道求礼郡馬山面の智異山中にある新羅統一時代創建の寺。李朝時代に再興。石造舎利塔は新羅時代のもの。ファオムサ。

けごん-じ【華厳時】天台宗で説く五時ごじの第一。釈迦が成道じょうどう後、ただちに華厳経を説いたとする最初の21日間。

けごん-しゅう【華厳宗】華厳経をよりどころとする仏教の宗派。中国唐代に賢首げんじゅ大師法蔵が大成し、日本には、唐僧道璿どうせんによって天平8年(736)伝えられたという。東大寺が造営されてのち広められた。南都六宗の一。けごん。

けごん-の-たき【華厳滝】栃木県日光市にある滝。中禅寺湖から流れ出る大尻おおじり川によってつくられ、落下して大谷だいや川となる。高さ約97メートル、幅約7メートル。

け-さ【化作】「化現けげん」に同じ。「阿弥陀仏の鸚鵡鳥と—して」〈今昔・四・三六〉

けさ【今-朝】今日の朝。この朝。こんちょう。「—から熱がある」「—大雨が降った」

けさ【×袈×裟】《梵 kaṣāya の音写。赤褐色の意で、染衣ぜんえ・壊色えじきなどと訳す》❶インドで制定された僧侶の衣服。青・黄・赤・白・黒の正色を避けて濁色の布を用いたところからの名。縫い合わせた布の数により、五条、七条、九〜二五条の3種がある。中国・日本と伝えられる間に仏教の標幟ひょうじとしての法衣にかわり、衣の上に左肩から右脇下にかけてまとう長方形の布となり、華美で装飾的なものとなった。宗派によって種々のものがある。功徳衣くどくえ。福田衣。無垢衣むくえ。❷「袈裟懸け」の略。「—に切る」
(類語)法衣ほうえ・僧衣・墨染め衣・衣

け-ざ【華座】仏・菩薩ぼさつのすわる、蓮華れんげをかたどった座。蓮華座。

げ-さ〔接尾〕形容詞・形容動詞などの語幹に付いて名詞をつくり、いかにも…らしいさま、見るからに…そうなようす、などの意を表す。「あさましううつくし—添ひ給へり」〈源・桐壺〉

げ-ざ【下座】〔名〕スル ❶貴人に対して行う礼。座をおりて平伏すること。「門番が忽ち本門の側に—した」〈鴎外・渋江抽斎〉❷しもての座席。しもざ。⇔上座。❸歌舞伎劇場で、囃子はやし方のいる席。また、囃子方。古くは舞台上手の奥にあったが、近世末期から下手に移った。外座げざ。❹法臘ほうろうで、出家してから夏行げぎょうを9回するまでの僧侶の称。❺僧侶が説教などを終えて、高座から下りること。
(類語)下座しもざ・末席・末座・下しも・下手

げ-さい【解斎】斎戒を解き、平常に復すること。物忌みを終えること。直会なおらい。

げ-ざい【下在｜下財｜外在】❶鉱山の坑夫。「金山かなやまの—なら何とする」〈伎・韓人漢文〉❷下賤な仕事。また、それにたずさわる人。「この年月かかる—を仕り」〈幸若・烏帽子折〉

げ-ざい【下剤】排便を促すために用いる薬。下し薬。通じ薬。「—を掛ける」

げさい-でん【解斎殿】直会殿なおらいどのの異称。

け-ざいろく【毛才六】人をののしっていう語。青二才。「や、ちょこざいな—」〈浄・油地獄〉

げざ-うた【下座唄】歌舞伎で囃子方のうたう唄。俳優の出入りや立ち回りの際の唄、場面の雰囲気を表す唄などがある。

げざ-おんがく【下座音楽】歌舞伎の効果音楽。唄・合方あいかた・鳴り物に大別され、三味線・笛・太鼓などを用い、舞台下手の黒御簾くろみすの中で演奏する。幕の開閉、人物の出入り、せりふその他の舞台演技の効果を上げるためのもの。陰囃子かげばやし。

けさ-がけ【×袈×裟懸(け)】❶袈裟をかけること。転じて、衣類などを一方の肩から他方の脇の下へ斜めにかけること。❷刀で、相手を肩から斜めに切りおろすこと。袈裟切り。

けさ-がた【今-朝方】今日の朝のころ。今朝ほど。

けさ-がため【×袈×裟固め】柔道で、あおむけに倒した相手の脇腹にのしかかり、その首と片腕を制して押さえ込む技。

げ-ざかな【下魚｜下×肴】下等なさかな。また、値段の安いさかな。

けさ-ぎり【×袈×裟切り｜×袈×裟斬り】「袈裟懸けさがけ❷」に同じ。

げ-さく【下作】〔名・形動〕❶出来の悪い作品。⇔上作。❷品が悪いこと。また、そのさま。下品。「—な話」

げ-さく【下策】へたな策略。拙劣な手段。⇔上策。

げ-さく【外▽戚】▶げしゃく(外戚)

げ-さく【▽戯作】《「けさく」とも》❶戯れに詩文を作ること。また、その作品。❷江戸後期の通俗小説類の総称。洒落本・滑稽本・黄表紙・合巻ごうかん・読本よみほん・人情本など。伝統的で格式の高い和漢の文学に対していう。(補説)❷については、宝暦・明和(1751〜1772)ごろは漢音で「キサク」「ギサク」と読まれていたが、しだいに呉音の「ケサク」「ゲサク」も用いられるようになり、文化・文政(1804〜1830)ごろには呉音の読みが一般化したとされる。

げさくざんまい【戯作三昧】芥川竜之介の小説。大正6年(1917)発表。戯作の執筆にふける曲亭馬琴ばきんを主人公として、作者自身の芸術至上主義の境地を示す歴史小説。

げさく-しゃ【▽戯作者】戯作を業とする人。特に、江戸後期の通俗作家。

げさく-にん【下作人】中世後期、名主・作人の下に

属し、実際に耕作した荘園農民。

け-ざけ【▽食酒】食事のとき酒を飲むこと。また、その酒。「昔より—を呑むものは貧乏の花盛りといふことあり」〈浮・胸算用・五〉

けざ-けざ〔副〕《「けさけさ」とも》際だって、はっきりしているさま。はっきり。くっきり。「にぶ色の袿(うちき)に—と見えたる、絵にかきたるやうにめでたければ」〈浜松・四〉

けさ-ごぜん【袈裟御前】平安末期の女性。北面の武士源渡(みなもとのわたる)の妻。遠藤盛遠(えんどうもりとお)から恋慕され、夫の生命を救うため、自らその身代わりとなって盛遠に殺された。盛遠は恥じて出家し、文覚(もんがく)と称した。

け-ざし【毛刺(し)】刺繡(ししゅう)で、縒(よ)り糸を用いて動物の毛のように密に刺し縫いすること。

けさ-ずきん【×袈×裟頭巾】(ヅキン) 中世、法師武者が戦場で兜(かぶと)の上にかぶった頭巾。

げざ-だい【下座台】江戸時代、城門・番所に設けられた下座見の席。

けさ-だすき【×袈×裟×襷】梵鐘(ぼんしょう)の表面にある縦横の帯。袈裟形。

けさだすき-もん【×袈×裟×襷文】銅鐸(どうたく)の文様の一。斜め格子文の縦帯と横帯を直交させて鐸身を2列二段ないし三段に区切ったもの。

けさ-の-あき【今-朝の秋】秋めいた感じになった朝。立秋の日の朝をいう。(季 秋)「一千里の馬を相しけり/碧梧桐」

けさ-の-はる【今-朝の春】元旦を祝っていう語。また、立春の日の朝。(季 新年)

けさ-ぶくろ【×袈×裟袋】禅僧が行脚(あんぎゃ)のときに袈裟などを入れて携帯する袋。

げざ-ぶれ【下座触れ】江戸時代、貴人の通行のとき、先駆けなどが下座すべきことを触れ歩くこと。

けさ-ほど【今-朝程】「今朝方(けさがた)」に同じ。

げざ-み【下座見】江戸城の諸門・番所の下座台にいて、三家・三卿・老中・側用人(そばようにん)・若年寄などの登城・下城・通行の際、下座についての注意を与えた職。

け-ざや【毛×鞘】尻鞘(しりざや)の異称。

け-ざやか〔形動〕図〔ナリ〕際立っているさま。はっきりとしているさま。「女竹(めだけ)の茂みが、白壁にそうてほとんど黒く—に浮きあがっている」〈野上・秀吉と利休〉

け-ざや・ぐ〔動ガ四〕きっぱりとふるまう。はっきりさせる。「受け張りてとり放ち—・ぎ給ふべきことにもあらねば」〈源・藤袴〉

けされた-ねんきん【消された年金】旧社会保険庁によって不適切に管理された年金記録のうち、社会保険事務所の職員によって意図的に改ざんされた厚生年金記録のこと。平成19年(2007)に発覚した年金記録問題で明らかになった。オンライン化されている記録のうち、標準報酬月額が改ざんされた可能性の高い記録だけで6万9000件あるとされ、このうち年金受給者の記録約2万件については戸別訪問により確認作業・訂正が行われた。しかし、オンライン化されていない記録や加入期間が改ざんされたケースを合わせると約140万件に達すると推計され、記録の確認・回復作業が進められている。➡宙に浮いた年金 ➡消えた年金

け-さん【×卦算】▶けいさん(卦算)

げ-さん【下散¦下算】錯(よろい)の草摺(くさずり)の異称。

げ-ざん【下山】〔名〕(スル)《「げさん」とも》❶山を下りること。「全員が無事—する」⇔登山。❷寺で一定期間修行したのち、俗世間に出てゆくこと。

げ-ざん【▽見参】「げんざん」の撥音の無表記。「弁少将なども、—ばかりにてまかづるを」〈源・梅枝〉

げざん-の-いた【▽見参の板】▶げんざんのいた

け-し【×芥子¦罌=粟】❶ケシ科の越年草。高さ約1.5メートル。葉は白みを帯び、縁にぎざぎざがあり、基部は茎を包む。初夏、下を向いていたつぼみが上向き、大形の紅・紫・白色や絞りの4弁花を開く。種子は小さくて黒色、料理に用いる。白花の未熟の実からは阿片(あへん)の原料をとるが、日本では栽培などが厳しく制限されている。仲間にはヒナゲシ・オニゲシなどがある。(季 花=夏)「—ひらく髪の先まで寂しきとき/多佳子」❷カラシナの種子。香辛料として利用。また仏寺で護摩(ごま)をたくときに用いる。かいし。

け-し【家司】▶けいし(家司)

け・し【▽怪し¦▽異し】〔形シク〕❶あるべき状態と異なっている。非難すべきである。「はろはろに思ほゆるかも然れども—・しき心を我(あ)が思はなくに」〈万・三五八八〉❷納得がいかない。変だ。「こなたざまならでは、方も(=方角モ塞ガラナイラシイ)、など—・しくて」〈かげろふ・中〉➡けしかる ➡けしゅう

け・し〔接尾〕《形容詞ク型活用》体言に付いて、…の性質をおびる、…のようすである、などの意を表す。「露—・し」「明(あか)—・し」「のど—・し」

け-じ【仮時】仏教の経文などで、「ある日」「ある時」といった仮定の日時のこと。三摩耶(さんまや)。

げ-し【下司】身分の低い役人。特に、中世、荘園の現地で実務を行った荘官のこと。京都にいる荘官の上司に対していう。げす。

げ-し【外史】禅宗で、書記のこと。

げ-し【夏至】二十四節気の一。6月21日ごろ。太陽の中心が夏至点を通過する時。北半球では昼が最も長く、夜が最も短い日。(季 夏)「白衣著て禰宜(ねぎ)にもなるや—の杣(そま)/蛇笏」⇔冬至(とうじ)。

げ-し【解司】式部省のこと。律令制で、官の解免をつかさどったところからいう。

げ-じ【下地】(ヂ)❶菩薩(ぼさつ)の十地(じゅうじ)のうち、下等の地位。❷地上の世界。下界。「—の人、何をか行きて供養する事を得ん」〈今昔・三・三四〉❸下級の地位。低い身分。「—の者なりけれども、心ざま事に触れて尋常なりける」〈沙石集・七〉

げ-じ【下知】(ヂ)〔名〕(スル)《「げち」とも》❶上から下へ指図すること。命令。「—ヲ受ケル」〈和英語林集成〉「四国の者共に、軍(いくさ)ようせよと—せよかし」〈平家・一一〉❷「下知状(げじじょう)」の略。「鎌倉殿御—を添へて遣はさる」〈義経記・八〉

げじ【蚰=蜒】ゲジ目の節足動物。体長約3センチであるが、15対のきわめて長い歩脚をもつので大きく見える。家屋内の害虫を捕食する益虫。げじげじ。(季 夏)(補説)歴史的仮名遣いは「げぢ」とする説もある。

けし-あえ【×芥子▽和え】(アヘ) ケシの種子をいってすり砕き、調味したものであえた料理。

けし-あざみ【×芥子×薊】ノゲシの別名。

けし-あぶら【×芥子油】ケシの種子からとる微黄色の芳香油。食用や絵の具・石鹸(せっけん)の材料。けしゆ。

けし-いん【消印】❶消したしるしに押す印。❷郵便切手を使用した証拠に押す日付入りのスタンプ。

(類語)捨て印・契印・割り印・合い印・検印・証印・朱印

けし-か・く【×嗾く】〔動カ下二〕「けしかける」の文語形。

けし-か・ける【×嗾ける】〔動カ下一〕図けしか・く〔カ下二〕《「けしけし」と声をかけるの意》❶勢いづけて相手を攻撃させる。「犬を—・ける」❷相手をおだてあげて自分の思うとおりのことをさせる。そそのかす。「幹事をやれと—・ける」(類語)たきつける・あおる

けし-がね【×芥子金】江戸時代、二朱または一朱の小粒の貨幣の俗称。芥子銀。

けし-がら【×芥子殻】❶ケシの実の外側の皮。❷武具の指物の一。ケシの実に葉を添えた形の作り物を竿(さお)の先に取り付けたもの。

けしから-ず【▽怪しからず】〔連語〕《形容詞「け(怪)し」の未然形＋打消しの助動詞「ず」》❶特に何ということもない。たいしたことがない。「世の中のかくはかなければ、—ぬ童(わらは)の行く先思ひやられて」〈宇津保・春日詣〉❷はなはだ不都合である。あるまじきことだ。「何か—ず侍らむ。道理なき事にも侍らばこそあらめ」〈落窪・三〉❸常識を外れている。普通ではない。「—ぬ泰親が今の泣きやうや」〈平家・三〉❹異様である。あやしげだ。「木霊(こだま)など云ふ、—ぬかたちもあらはるるものなり」〈徒然・二三五〉❺並大抵でない。はなはだしい。「—ぬお寒さでございます」〈滑・浮世風呂・二〉(補説)形容詞「けし」ですでに、普通でない、よくないの意味があり、それを「ず」で否定した形が、かえってもとの意味を強めることになったもの。

けし-ガラス【消しガラス】すりガラスの旧称。

けしから-ぬ【▽怪しからぬ】〔連語〕▶けしからん

けしから-ん【▽怪しからん】〔連語〕《形容詞「け(怪)し」の未然形に打消しの助動詞「ぬ」の付いた「けしからぬ」の音変化》道理にはずれていて、はなはだよくない。不届きだ。「うそをつくとは—ん」

(類語)悪い・いけない・もってのほか・言語道断

けしか・る【▽怪しかる】《形容詞「け(怪)し」の連体形》❶えたいの知れない。異様な。「内にはいつしか—者など住みつきて」〈増鏡・むら時雨〉❷変わっていておもしろい。「これも—わざかなとて、御衣(ぞ)脱ぎて被(かづ)けさせ給ふ」〈増鏡・おどろの下〉

け-しき【化色】仏語。仏・菩薩(ぼさつ)が神通力でさまざまに変化してあらわれる姿のこと。

け-しき【気色】❶物事のようす。自然界のありさま。「寺の内(なか)の—は違ったものだと思ったよ」〈藤村・破戒〉❷何かをしようとする、また、何かが起ころうとする、きざし。けはい。「居座って、帰る—も見えない」❸表情や態度に現れた心のようす。顔色。「物思う—」「—をうかがう」❹それとなく示される内意。意向。「春宮(とうぐう)よりも御—あるを」〈源・桐壺〉❺わずかに感じられるようす。ほんの少し。「—にても漏り聞かせ給ふことあらば」〈源・若菜下〉❻上位者の受け。おぼえ。「御—よきぬし侍りけり」〈著聞集・一六〉

気色悪(あ)し　機嫌が悪い。「大将の事につきてこそ、たびたび—・しうくるしけれ」〈宇津保・楼上上〉

気色あ・り　❶一風変わっていて趣がある。「式部が所にぞ、—・ることはあらむ」〈源・帚木〉❷普通でない。あやしげである。「これは盗人の家なり、あるじの女、—・る事をしてなむありける」〈更級〉

気色覚(おぼ)・ゆ　❶趣があると感じる。「言葉のほかに、あはれに—・ゆるはなし」〈徒然・一四〉❷気味悪く感じる。いやな気がする。「かく人がちなるにだに、—・ゆ」〈大鏡・道長上〉

気色賜(たま)・る　相手の意向を伺う。意中をうけたまわる。「摂政殿、御—・りて、まづこの女御、后に据ゑ奉らむの騒ぎを」〈栄花・さまざまの喜び〉

け-しき【景色】《「気色(けしき)」と同語源》❶観賞の対象としての自然界の眺め。風景。「—がよい」「雪—」❷陶磁器、特に茶陶の見所の一。釉(うわぐすり)なだれ・窯変・斑文(はんもん)など、不測の変化の部分をいう。➡金継ぎ

(類語)(❶)風景・風光・風色(ふうしょく)・風物・景(け)・景観・景色(けいしょく)・景趣・眺望・眺め・見晴らし・パノラマ（すぐれた景色）美景・佳景・勝景・絶景・奇観・奇勝・絶勝・形勝・景勝・山紫水明（いろいろな景色）山色(さんしょく)・水色(すいしょく)・白砂青松(はくしゃせいしょう)・野色(やしょく)・野景・柳暗花明(りゅうあんかめい)・春景・煙景・秋景・雪景・夕景(せっけい)・夕景(ゆうけい)・暮景・晩景・夜景

げ-じき【下直】(ヂキ)〔名・形動〕❶価値のないこと。また、そのさま。「新造っ子をそう—につかっては冥利がわるい」〈万太郎・末枯〉❷値段の安いこと。また、そのさま。「唐船かずかず入りて、糸、綿—になりて」〈浮・永代蔵・六〉➡高直(こうじき)

けしき-だ・つ【気色立つ】〔動タ五(四)〕❶物音や話し声がして活気づく。「むこうで人々の—・つのが聞こえた」〈志賀・和解〉❷それらしいようすが現れる。きざしが見える。「初時雨いつしかと—・つに」〈源・賢木〉❸気持ちが態度に現れる。「心恥づかしうおぼさるれば、—・ち給ふ事なし」〈源・明石〉❹気どる。もったいぶる。「—・ち笑ふほどもさすがにをかし」〈大鏡・序〉

けしき-づ・く【気色付く】〔動カ四〕❶そのような気配が感じられる。きざしが現れる。「風などは吹くも、—・きてこそあれ」〈源・須磨〉❷一風変わっている。「いとおほどかに女しきものから、—・きてぞおはするや」〈源・野分〉

けしき-ど・る【気色取る】〔動ラ四〕❶ようすを見てとる。感づく。察する。「程経にければ、この女ども—・りて」〈平中・二八〉❷機嫌をとる。「追従し—・りつつ従ふほどは」〈源・少女〉

げじき-にち【下食日】暦注の一。天狗星(てんぐせい)の精が下界に下って食を求めるという日。凶日とする。歳下食。

けしき-ばかり【気色▽許り】〔連語〕しるしばかり。

ほんの形だけ。「琵琶をうち置きて、ただ一弾きかけて」〈源・若菜下〉

けしき-ば・む【気色ばむ】〔動マ五(四)〕❶怒ったようすを表情に現す。むっとして顔色を変える。「一・んで席を立つ」❷それらしいようすが現れる。㋐花が咲きそうになる。「梅の花のわづかに一・みはじめて」〈源・幻〉㋑出産のきざしが現れる。「この子生まるべくなりぬ。一・みて悩めば」〈宇津保・俊蔭〉❸意中をほのめかす。「時々一・める事はあれど、知りて知らず顔なるにはあらむは」〈宇津保・嵯峨院〉❹意味ありげな態度を見せる。「この童、隠れの方に一・みけるけはひを御覧じつけて」〈和泉式部日記〉

げじ-ぎれ【下知切れ】ゲヂ 俳諧の発句で、切れ字に命令形を用いる表現形式。「昔聞け秩父殿さへ角力すまひ取り/芭蕉」の類。

げ-じく【牙軸】ゲヂ 巻物・掛け物などの軸で、象牙で作ったもの。

げじ・く〔動カ四〕使い果たす。浪費する。「博奕ばくうったり芸好きして、金銀のみか寝道具まで一・いて」〈浄・傾城三度笠〉

けし-ぐくり【×芥子▽括り】❶袖口を細く縫うこと。江戸時代、侠客などの間で粋な仕立てとされた。❷袋物や巾着きんちゃくなどの周囲につける、ひらひらしたへり。❸歌舞伎の衣装で、袖・襟・裾などに縫い添えた5色のひらひらしたへり。

けし-くち【消し口】《「けしぐち」とも》火事で、消火に取りかかる場所。

消し口を取・る　ある消防組が、他に先んじて消し口をつくり、組の名を記した纏まといを立てる。

げじ-げじ【蚰=蜒】❶ゲジの俗称。㊂夏「一や風雨の夜の白襖/草城」❷人から忌み嫌われる者のたとえ。補説 歴史的仮名遣いは「げぢげぢ」とする説もある。

げじげじ-しだ【蚰=蜒羊=歯】オシダ科の多年生のシダ。関東以西の林縁や石垣などに生える。葉は長さ30〜60センチで、羽状に分裂した羽片が中軸に互生するようすがゲジゲジを思わせるのでこの名がある。

げじげじ-まゆ【蚰=蜒眉】濃くて太い眉。

けし-こみ【消し込み】釣りで、浮きが水中に急に引き込まれ没すること。

けし-ゴム【消しゴム】紙に鉛筆などで書いた字や絵を、こすって消すのに用いるもの。ゴム・プラスチックなどでできている。ゴム消し。

けし-さ・る【消し去る】〔動ラ五(四)〕消してすっかりなくならせる。「汚名を一・ることはできない」

げじ-じょう【下知状】ゲヂジャウ 下に対して命令を伝える文書。特に、中世、将軍の命を奉じて家臣が発給した文書の一。裁判の判決や、所領の譲与・安堵あんどなどに用いられた。

けし-ず【×芥子酢】ケシの種子を焙ほうじてすりつぶし、三杯酢などをまぜて作った加減酢。

けし-ずみ【消し炭】❶まきや炭の火を途中で消して作った軟質の炭。火つきがよいので火種に用いる。㊂冬「一に薄雪かかる垣根かな/石波」❷引き手茶屋の若い衆。いつでもすぐ起きるところからの称という。「廊下を通る一をあらあらしく呼込んで」〈魯文・西洋道中膝栗毛〉

けしずみ-いろ【消し炭色】少し紫色を帯びた濃いねずみ色。

げし-せん【夏至線】北回帰線のこと。

けし-だま【×芥子玉】芥子粒のような細かい玉を散らした模様。浴衣や手ぬぐいなどの染め模様にする。けしあられ。

けし-つぶ【×芥子粒】ケシの種子。きわめて小さいもののたとえ。

けし-つぼ【消し×壺】「火消し壺」に同じ。

けし-て【▽決して】〔副〕「けっして❶」に同じ。

げし-てん【夏至点】黄道上で、黄経90度の点。太陽がここにある時が夏至。

けし-と・ぶ【消し飛ぶ】〔動バ五(四)〕❶勢いよく飛んで見えなくなる。ふっとぶ。「爆風であたりのものが一・ぶ」❷けつまずく。「悪源太の馬、逆木さかもぎに一・んで倒れければ」〈平治・中〉

けし-と・む【消し▽飛む】〔動マ四〕「けしとぶ」の音変化。「手綱にすがって引きければ、馬は一・み跳ねあがり」〈浄・松風村雨〉「石段のなかば、わざと一・みぬるを」〈浮・御前義経記・一〉

けし-と・める【消し止める】〔動マ下一〕文けしと・む〔マ下二〕❶燃えひろがるのを防ぎ止める。「建物の一部を焼いただけで一・めた」❷うわさなどが広まるのを防ぐ。「デマを一・める」類語 消す・消火する・鎮火する・吹き消す・揉もみ消す

けしな-ぐさ【×芥子菜草】ノゲシの別名。

げし-な・る【▽御▽寝成る】〔動ラ五(四)〕「ぎょしんなる」の音変化。「お父とっさんは一・ってですか」〈一葉・別れ霜〉

げし-にん【解死人│下▽手人】「げしゅにん(下手人)」の音変化。「累代の家人に囲まれて一乞はれ出す例やある」〈太平記・二七〉

けし-にんぎょう【×芥子人形】ニンギャウ きわめて小さい木彫りの衣装人形。女児の玩具やひな祭りの飾りとして江戸時代に流行した。豆人形。

けし-ぬい【×芥子×繍い】ヌヒ 日本刺繍ししゅうの一。織り糸を1本ずつ一定の間隔にすくって布の表面に小さな点をつくる刺し方。縫い紋に多く用いる。

けし-ね【×褻▽稲│▽食▽稲】農家の自家食用の穀物。けせね。きすね。

けし-びな【×芥子×雛】きわめて小さな雛人形。豆雛。

けし-ふん【消し粉】金銀の箔はくを膠にかわなどと混ぜて乾燥し、もんで粉末にしたもの。蒔絵まきえに用いる。

けしふん-まきえ【消し粉×蒔絵】マキヱ 薄い絵漆で描いた上に消し粉を蒔きつけて乾燥させた、最も安価な蒔絵。消し粉蒔立まきたて。

けし-ぼうず【×芥子坊主】バウズ ❶外皮のままの、球形のケシの果実。㊂夏「首ふって花と踊るや一/八束」❷子供の頭髪で、頭頂だけ毛を残し、まわりを全部そったもの。❶に似ているところからいう。

けし-ぼん【×芥子本】江戸時代に版行された、小説や童話などの小形の本。5、6枚から12、3枚綴とじを一部とした。豆本。

けし-まく【消し幕】歌舞伎で、死んだ役の人物を舞台から退場させるとき、見物人に見えないように後見こうけんがかざす黒または赤の布。

けし-むらさき【▽滅紫】くすんだ紫色。めっし。

けじめ けぢめ ❶物と物との相違。区別。「やっと人間の顔色の一がつくほどの光が」〈徳永・太陽のない街〉❷道徳や規範によって行動・態度に示す区別。節度ある態度。「公私の一をつける」「親子の間にも一が必要だ」❸連続する物事などの境目。区切れ。「季節の一」❹へだて。くぎり。しきり。「こなたかなた御几帳ばかりを一にて」〈源・若菜下〉
類語 別・区分・区別・差別・分かち・分ける

けじめを食・う　他人より低い待遇を受ける。卑しめられる。ばかにされる。「汝等うぬらに一・ふ様な、そんな二才ぢゃあねえぞ」〈伎・三人吉三〉

げ-しゃ【下車】〔名〕スル 電車や自動車から降りること。また、電車から降りて駅の改札を出ること。降車。「東京駅で一する」「途中一」⇔乗車。
類語 降車・下船

けし-やき【×芥子焼(き)】❶密教で、カラシナの種子を用いて護摩ごまをたくこと。❷江戸時代の菓子の一。紅梅焼きのような方形のせんべいの面に芥子粒をつけたもの。

け-しゃく【▽掛×錫│×挂×錫】修行僧が行脚あんぎゃの途中で他の寺にとどまること。かしゃく。

げ-しゃく【外×戚】母方の親類。がいせき。げさく。「内戚にも一にも、女といふもののなむ乏しく侍る」〈宇津保・内侍督〉⇔内戚。

げ-しゃく【解釈】経典などの文章を説き明かし、その内容をわからせること。

げしゃく-ばら【外▽戚腹│外借腹】本妻以外の女の腹から生まれること。また、その生まれた子。めかけばら。妾腹しょうふく。「一の姫君、銀杏の前」〈浄・反魂香〉

け-しゅ【化主】❶《教化きょうけの主の意》仏のこと。転じて、高徳の僧。❷真言宗新義派で、管長または寺の住職の敬称。❸市街を回り、人々に施物を請い、法を説いて結縁けちえんする禅僧。街坊がいぼう化主。街坊。

けし-ゆ【×芥子油】▶けしあぶら(芥子油)

げ-しゅ【下種】仏語。信仰の種を人々にうえつけること。仏法にはじめて結縁けちえんする段階をいう。

げ-じゅ【下寿】▶かじゅ(下寿)

げ-じゅ【×偈×頌】「偈げ」に同じ。

けしゅう【▽怪しう│▽異しう】ケシウ〔副〕《形容詞「け(怪)し」の連用形「けしく」のウ音便形から》❶程度のはなはだしいさま。非常に。「一つつましきことなれど」〈かげろふ・下〉❷(あとに打消しの語を伴って用いる)たいして。それほど。「一心置くべきことも覚えぬを、何によりてかからむ」〈伊勢・二一〉

怪しうはあら・ず　❶容姿や気だてがそれほど悪くない。たいして劣っていない。「一・ず、かたち心ばせなど侍るなり」〈源・若紫〉❷芸などがつたなくない。「一・ずなりゆくは、このわたりにておのづから物にあはするなりけり」〈源・紅梅〉❸容態が悪くない。「ここには、一・ず見え給ふを」〈源・若菜下〉❹差し支えはない。「彼搦からめよと、一・じ、と云ひて、皆ながら走り懸りて」〈今昔・二三・一六〉

げ-しゅう【夏衆】夏安居げあんごに参加している僧衆。

げしゅう ゲシウ〔副〕《「怪けしう」から》どうしても。何が何でも。「一会はせまいなれば、ここで腹を切らうか」〈浄・反魂香〉

げ-しゅく【下宿】〔名〕スル ❶ある期間、あらかじめ契約を結んで部屋を借り、部屋代・食費などを払って居住すること。また、その家。「大学の近くに一する」❷宿泊費の安い下等な旅館。安宿。したやど。
類語 寄宿・寄留

げしゅく-や【下宿屋】下宿❶を営む家。

け-じゅす【毛×繻子】縦糸に綿糸、横糸に毛糸を用いて織った綾織物。滑らかでつやがある。

ゲシュタポ〖ドイ Gestapo〗《ドイ Geheime Staatspolizeiの略》1933年、反ナチス運動の取り締まりを目的として創設された。ナチス-ドイツの国家秘密警察。親衛隊の統轄下に置かれた。

ゲシュタルト〖ドイ Gestalt〗《形態・姿などの意》知覚現象や認識活動を説明する概念で、部分の総和としてとらえられない合体構造に備わっている、特有の全体的構造をいう。形態。

ゲシュタルト-しんりがく【ゲシュタルト心理学】精神活動を心的要素の結合として説明する立場に対し、全体としての特徴、つまりゲシュタルトを直接的に認識するという事実を強調する心理学。ウェルトハイマー・ケーラー・コフカ・レビンらを主唱者として、ドイツに起こった。形態心理学。

ゲシュタルト-ほうかい【ゲシュタルト崩壊】ホウクワイ 全体性が失われ、各部分に切り離された状態で認識されるようになる現象。補説 文字の認識などでも見られる。例えば、一つの漢字を注視しているとパーツごとにばらけて見え始め、ひとかたまりの文字として認識することが難しくなったり、よく知っているはずの文字の形に疑問をもち始めたりするなど。

ゲシュタルト-りょうほう【ゲシュタルト療法】レウハフ《ドイ Gestalttherapie》神経症・心身症などの治療法の一つ。患者に対し、現状・現実をはっきりと認識させ、それらから逃避することなく創造的に適応するように導き、援助するもの。

げ-じゅつ【外術│下術】外道げどうの術。魔法。幻術。「今は昔、京に一と云ふ事を好みて役とする下衆げす法師ありけり」〈今昔・二〇・九〉

げしゅ-にん【下手人】《「下手」は物事に手をくだす意》❶直接手を下して人を殺した者。殺人犯。げしにん。「一を捕らえる」❷江戸時代、庶民に適用された斬首刑。死刑のうちでは軽いもので、財産の没収などは伴わない。げしにん。❸事件の張本人。げしにん。「仲正が所行然しかるべからずとて、一など召し出されんずるにて」〈著聞集・一六〉

げ-じゅん【下旬】月の21日から末日までの間。月の終わりのころ。下澣げかん・げかん。⇒上旬 ⇒中旬

げ-しょ【下書】したがき。案文。草稿。

げ-しょ【外書】仏教から見た仏教外の書物。外典(げてん)。

げ-じょ【下女】ヂョ ❶雑事に召し使う女。女中。下婢(かひ)。⇔下男。❷身分の低い女。「内より怪しげなる—一人出で合ひ」〈太平記・五〉 [類語]下働き・下男・召し使い・小間使(こまづか)い・御手伝いさん・メード

け-しょう【化生】―シヤウ〔名〕スル ❶仏語。四生(ししょう)の一。母胎や卵などからでなくて、忽然(こつぜん)として生まれるもの。天界や地獄、中有の衆生の類。❷仏・菩薩(ぼさつ)が人々を救うために、人間の姿を借りてこの世に現れること。化身。❸化けること。化け物。妖怪。「—の身」

け-しょう【化粧｜仮粧】―シヤウ〔名〕スル ❶紅(べに)やおしろいなどを使って、顔を美しく見えるようにすること。つくり。けそう。「念入りに—する」❷物の表面を美しく飾ること。「壁を白いペンキで—する」「雪—」❸うわべだけのこと。虚飾。「差いた刀は、—か、伊達(だて)か」〈浄・碁盤太平記〉 [類語](❶)作り・お作り・美容・粉黛(ふんたい)・脂粉・メーキャップ・メーク・薄化粧・厚化粧・寝化粧・若作り・拵(こしら)え/(❷)装飾・デコレーション

け-しょう【懸▽想】―シヤウ ▶けそう(懸想)

け-しょう【▽顕証】〔名・形動ナリ〕「けんしょう」の撥音の無表記。「勢ひ殊(こと)に住み満ち給へれば、—に人しげくもあるべし」〈源・玉鬘〉

け-じょう【化城】―ジヤウ 仏が神通力で造った城。

け-じょう【毛上】―ジヤウ 地盤上の天産物を地盤と区別していう語。山林・原野の樹木・草、田畑の作物など。

け-じょう【▽勧賞】―ジヤウ「けんじょう」の撥音の無表記。「このたびの—には伊予国一箇国を申し預け奉る」〈幸若・腰越〉

げ-しょう【下生】―シヤウ ❶仏語。極楽に往生するもののうち、上品(じょうぼん)・中品(ちゅうぼん)・下品(げぼん)と分けた、それぞれの最下位。九品(くほん)の、上品下生・中品下生・下品下生の総称。➡上生 ➡中生 ❷神仏がこの世に現れること。「閻浮提(えんぶだい)に—しなんと思しける時に」〈今昔・一・一〉

げ-しょう【下姓】―シヤウ 素姓の卑しいもの。生まれた身分・家柄の低いこと。「優婆塞(うばそく)を見るに、—の人にこそあるめれ」〈今昔・四・一五〉

げ-しょう【下症｜下性】―シヤウ 大小便のしまり。また、そのしまりのないこと。「—が悪い」「—を治す」

げ-じょう【下乗】〔名〕スル ❶乗り物から降りること。特に、貴人の前で、車馬から降りること。「全員が—して出迎える」❷社寺の境内などに車馬を乗り入れることを禁止すること。また、その札。下馬。

げ-じょう【下城】―ジヤウ〔名〕スル ❶城から退出すること。退城。⇔登城。❷城を敵に渡すこと。〈日葡〉

げ-じょう【解状】―ジヤウ ❶「解(げ)」に同じ。❷鎌倉・室町時代、原告が裁判所へ差し出した訴状。❸身分の下の者から上の者に奉る文書。「この首御辺におまするぞ。勲功—に預かられよ」〈浄・盛衰記〉❹罪人召し捕りの文書。逮捕状。「京のお役所からここの代官所へ—が着いて」〈浄・大経師〉

けしょう-いくさ【化粧▽軍】ケシヤウ― 形ばかりの見せかけの戦い。「—にてある間、かくるは易けれども」〈幸若・屋島軍〉

けしょう-いた【化粧板】ケシヤウ― ❶表面をかんなで削ってきれいにした板。❷「けしょうのいた」に同じ。

けしょう-がけ【化粧掛(け)】ケシヤウ― 陶磁器で、仕上がりを美しく見せるため、素地(きじ)にきめの細かい白土(はくど)をかけること。

けしょう-かなぐ【化粧金具】ケシヤウ― 建築物や家具などに、装飾や補強のために取り付ける金具。けしょうがね。

けしょう-がみ【化粧紙】ケシヤウ― ❶「力紙(ちからがみ)❸」に同じ。❷おしろいを落とすのに用いる紙。おしろい紙。

けしょう-がわ【化粧革】ケシヤウがは ❶美しい絵や模様の描いてある革。❷靴のかかとの底部につける厚革。

けしょう-くずれ【化粧崩れ】ケシヤウくづれ 化粧が汗や脂のために、はげ落ちてしまうこと。

けしょう-ごえ【化粧声】ケシヤウごゑ 歌舞伎で、荒事(あらごと)の主役の動きに合わせて舞台上の端役たちが唱和する掛け声。

けしょう-こまい【化粧木舞】ケシヤウこまひ 軒下にあらわれている木舞。

けしょう-じお【化粧塩】ケシヤウじほ 魚の焼き上がりを美しくするために、焼く直前に振りかけたり、尾やひれにまぶしたりする塩。

けしょう-した【化粧下】ケシヤウ―「白粉下(おしろいした)」に同じ。

けしょう-しつ【化粧室】ケシヤウ― ❶化粧や身づくろいをするための部屋。❷洗面所。便所。
[類語]便所・手洗い・洗面所・トイレット・WC・不浄・憚(はばか)り・雪隠(せっちん)・手水(ちょうず)・厠(かわや)

けしょう-すい【化粧水】ケシヤウ― 皮膚に栄養を与え、滑らかにするために用いる液状の化粧品。

けしょう-せっけん【化粧石×鹸】ケシヤウセキケン 顔やからだを洗うのに用いる刺激の少ない上質の石鹸。

けしょう-だい【化粧台】ケシヤウ― ❶化粧道具をのせておく台。❷部屋の装飾として置く台。

けしょう-だち【化粧立ち】ケシヤウ― ❶相撲で、力士が仕切り直しをするとき、清めの塩を取りに立つこと。❷相撲の立ち合いで、立つ気がないのに立ち上がるふりをすること。

けしょう-だち【化粧裁ち】ケシヤウ― 書物の製本のとき、小口(こぐち)と天地をきれいに断裁すること。仕上げ裁ち。

けしょう-だな【化粧棚】ケシヤウ― 床の間や書院などのわき上部に設ける飾り棚。棚板を4枚用いる。

けしょう-だるき【化粧垂木】ケシヤウ― 軒下や室内に見えている装飾的な垂木。➡野垂木(のだるき)

けしょう-だんす【化粧×箪×笥】ケシヤウ― 衣装用の箪笥に鏡台を組み合わせたもの。

けしょう-でん【化粧田】ケシヤウ― 中世および近世初期、上級武士の家で娘が嫁ぐとき、化粧料として持参した田地。江戸時代には農民の娘が嫁ぐ場合にもあった。けしょうだ。けわいだ。

けしょう-なおし【化粧直し】ケシヤウなほし ❶くずれた化粧を直すこと。❷建物などの外観をきれいに直すこと。

けしょう-なわ【化粧縄】ケシヤウなは 酒樽などの、装飾のためにかけた縄。

けしょう-の-いた【化粧の板】ケシヤウ― 鎧(よろい)の札(さね)と金具廻(かなぐまわり)をとじつけた上を飾る、染め革で包んだ細い横板。けしょういた。

けしょう-の-もの【化生の者】ケシヤウ― ばけもの。へんげ。妖怪。「—なりとも、其数には洩れぬなるべし」〈鷗外訳・即興詩人〉

けしょう-ばこ【化粧箱】ケシヤウ― ❶化粧道具を入れる箱。❷進物品などを入れるために、装飾を施した箱。「—入りの缶詰セット」

けしょうばり-ごうはん【化粧張り合板】ケシヤウばりガフハン チーク・ローズウッドなど高級木材で作った薄い板を表面に意匠的に張り合わせた合板。

けしょう-ひん【化粧品】ケシヤウ― 化粧に用いる品。ファンデーション・口紅・マスカラ・アイシャドーなどのメーキャップ化粧品、肌を整えるための基礎化粧品などがある。

けしょう-まく【化粧幕】ケシヤウ― ❶小紋を染めた幕。歌舞伎などで用いる。雑幕(ぞうまく)。❷歌舞伎で、一人の俳優が次の扮装(ふんそう)に時間がかかるときなどに、つなぎに設ける一場面。

けしょう-まわし【化粧回し】ケシヤウまはし 相撲で、十両以上の力士が土俵入りのときなどに用いるまわし。前面に前垂れようのものがあり、それに金糸・銀糸の刺繡(ししゅう)などを施す。多くは緞子(どんす)で仕立てる。どんす。

けしょう-みず【化粧水】ケシヤウみづ ❶化粧の際、洗顔に用いる水。❷「力水(ちからみず)」に同じ。

けしょう-もとゆい【化粧元結】ケシヤウもとゆひ「入れ元結」に同じ。

けしょう-やなぎ【化粧柳】ケシヤウ― ヤナギ科の落葉高木。高さ約15メートル。幼樹の枝や葉は白蠟(はくろう)に覆われて白く、化粧したように見える。北海道の十勝・日高および長野県上高地、シベリア東部、朝鮮半島北部に分布。

けしょう-やねうら【化粧屋根裏】ケシヤウ― 天井を張らず、梁(はり)・垂木など屋根裏が見える構造。

けじょう-ゆ【化城喩】ケジヤウ― 法華七喩の一。法華経化城喩品に説く。苦しい悪路を行く隊商の指導者が、途中で幻の城を現して部下たちに希望を抱かせさらに目的地への旅を続けさせるというたとえ。小乗の悟りは大乗の悟りへ導く方便であることを表す。

けしょう-りょう【化粧料】ケシヤウレウ ❶化粧の費用。化粧代。また、婦人のこづかい銭。❷中世、女子にその生存の間だけに限定して譲渡された財産。➡一期分(いちごぶん) ❸江戸時代、嫁入りの持参金。❹舞台化粧の顔料。❺化粧品。

けしょう-わざ【化粧業】ケシヤウ― 体裁を繕うだけの真実性のない行為。「腹を切らうと申すとも、よも切らせはなされまい。すればいらぬ—」〈浄・薩摩歌〉

げ-しょく【下職】下等な職業。「世は—に生まれあはすこそ、かなしけれ」〈浮・諸艶大鑑・七〉

けじょ-ぬま【化女沼】ケヂヨ― 宮城県北部にある沼。自然湖で、面積0.78平方キロメートル。オオハクチョウ・ヒシクイなどの飛来地。オジロワシ・オオワシなどの猛禽(もうきん)類なども生息しているため、平成20年(2008)、国指定の鳥獣保護区となり、続いてラムサール条約にも登録された。

け-じらみ【毛×虱】ヒトジラミ科のシラミ。体長約1.5ミリ。黄灰色で、カニに似た形をしていて、人の陰部やわきの下の毛に寄生。吸血された部位は激しいかゆみにおそわれる。つぶじらみ。かにじらみ。

け-しん【化身】〔名〕スル ❶仏語。世の人を救うために人の姿となって姿を現した仏。応身(おうじん)。❷神仏などが姿を変えてこの世に現れること。また、そのもの。「神の—」「悪魔の—」❸抽象的で無形の観念などが、形をとって現れたもの。「美の—」❹歌舞伎で、化け物などのこと。また、それに扮(ふん)するときの隈取(くまどり)。 [類語]権化・化生(けしょう)・化現・権現(ごんげん)・分身

け-しん【▽灰身】「灰身滅智(めっち)」の略。

げ-しん【下心】したごころ。内心。心がけ。「—を悟って間夫ある事を察し」〈浮・禁短気・一〉

げ-しん【解信】仏語。仏の教えを学んで理解したのちに信仰すること。

げ-じん【外陣】―ヂン 神社・仏寺の内陣の外側で、一般の人々が礼拝する所。がいじん。⇔内陣。

げ-じん【外×塵】―ヂン 仏語。眼・耳など六根の対象となる外的なもの。色(しき)・声(しょう)・香(こう)・味・触(そく)・法の六塵。

けしん-ごと【化身事】歌舞伎で、神仏がこの世に現れて、奇跡や神通力を示す演技・演出。

げじんみっきょう【解深密経】ゲジンミツキヤウ 大乗経典。5巻。法相(ほっそう)宗の根本聖典。梵語原本は現存しないが、漢訳とチベット訳があり、唐の玄奘(げんじょう)訳が用いられる。唯識(ゆいしき)の深義を述べたもの。

けしん-めっち【▽灰身滅×智】《身を灰にし、智を滅する意》仏語。煩悩(ぼんのう)を断ち、身も心も無にして執着を捨てること。上座部仏教の理想とする境地。灰断(けだん)。灰滅(けめつ)。

け・す【化す】〔動サ変〕❶姿や形が変わる。変化する。ばける。化(か)する。「則ち—・して神となる」〈著聞集・一〉❷仏の教えを説く。教化(きょうけ)する。「法を説きて人を—・し給ふに」〈今昔・一七・三七〉

け・す【消す】〔動サ五(四)〕❶燃えている火をなくならせる。「たき火を—・す」「ろうそくを吹いて—・す」❷電気機器のスイッチを切ったり、ガス栓をひねったりして、その働きを止める。「電灯を—・す」「ガスを—・す」❸㋐ぬぐったり塗ったりして、今まで見えていたものを見えなくする。「黒板の字を—・す」「壁の落書きを—・す」㋑姿を見えなくする。行方をくらます。「忽然(こつぜん)と姿を—・す」❹㋐今まであったものを取り去ってなくす。存在や形跡をなくす。「証拠を—・す」「痛みを—・す薬」㋑吸収するようにして、音やにおいなどをなくす。「話し声が騒音に—・される」「魚の臭みを生姜(しょうが)で—・す」❺否定する。うちけす。「何か手懸りは有りそうなものだねと、お京の言うを—・して」〈一葉・わかれ道〉❻空いた時間を費やす。時間をつぶす。月日を過ごす。「それ迄は何処(どこ)かに時間を—・さなければならぬ」〈森田草平・煤煙〉❼殺す。「裏切者は—・せ」❽歌舞伎の用語。㋐下座音楽をしだいに弱めていって止める。㋑黒子などが舞台で不必要になった

ものを片付ける。❾非難する。けなす。「その話は古いぞ古いぞと—・されければ」〈咄・露がはなし・一〉❿（「肝(きも)をけす」の形で）非常にびっくりする。肝をつぶす。「沖に釣する舟をば敵(かたき)の舟かと肝を—・し」〈平家・灌頂〉(可能)けせる (類語)(❶)消し止める・消火する・鎮火する・吹き消す・揉(も)み消す/(❸㋐)抹消する・抹殺する・塗抹する/(❹)消去する・消却する・消除する・消散する・払拭(ふっしょく)する・ぬぐい去る

け・す【▽着す】〔動サ四〕《「き(着)る」の未然形に尊敬の助動詞「す」がついたものの音変化》「着る」の尊敬語。お召しになる。「わが背子が—・せる衣の針目落ちずこもりにけらし我(あ)が心さへ」〈万・五一四〉

げ-す【下▽種｜下▽衆｜下▽司】〔名・形動〕❶心根の卑しいこと。下劣なこと。また、そのようなさまやその人。「—な根性は持つな」❷身分の低い者。「未学を軽んぜず—をも侮らず」〈露伴・五重塔〉❸「げし（下司）」に同じ。(類語)下劣・低俗・俗悪・卑俗・野卑・通俗・俗・俗っぽい・くだらない

下種と鷹(たか)とに餌(え)を飼え　鷹をえさで手なずけるように、下賤の者には金品を与えるのがよい。

下種の後知恵(あとぢえ)　愚かな者は、必要なときは知恵も出ないで、事が過ぎたあとに名案が浮かぶこと。

下種の一寸のろまの三寸　戸を閉めるのに、下種は1寸ほど空きが残り、のろまは3寸ほど空きが残る。戸の閉め方で人の品性がわかるということ。

下種の勘繰(かんぐ)り　品性の下劣な者は、とかく気をまわして邪推するものだ。

下種の逆恨(さかうら)み　卑しい者は、好意で忠告してくれたことでも、悪口と受け取り、かえって恨むこと。

下種の謗(そし)り食い　下賤の者は、まずい、まずいとけなしながらもたくさん食べてしまう。

下種の知恵は後(あと)から　「下種の後知恵」に同じ。

下種は槌(つち)で使え　下賤の者を使うには、道理を説くより、びしびし働かせるのがいい。

下種も三食(さんじき)上臈(じょうろう)も三食　《下賤の者も高貴の人も食事は1日3回の意から》物事によっては上下貴賤の区別はないことのたとえ。

げ・す【▽偈す】〔動サ変〕偈(げ)を唱える。「ここに玄翁といへる僧あり。かの石に向って—・す」〈和泉流狂・釣狐〉

げ・す【解す】㊀〔動サ五(四)〕《「げ(解)す」(サ変)の五段化》㊁❶に同じ。「真意を—・しかねる」「なんとも—・しがたい話だ」(可能)げせる ㊁〔動サ変〕❶納得する。理解する。「書(ふみ)をよみても—・するあたわず」〈逍遥・当世書生気質〉❷毒物の効力を失わせる。「毒を—・す」〈文明本節用集〉❸ばらばらにする。ときほぐす。「足に刀山(たうざん)踏む時は、剣樹ともに—・すとかや」〈謡・歌占〉❹職をとく。解任する。「勅勘を蒙(かうむ)り神職を—・せられて」〈太平記・一五〉❺下級官庁から上級官庁へ、解(げ)を提出する。「常陸(ひたち)の国の司、—・す」〈常陸風土記〉

げす〔助動〕［げせ｜げし｜げす｜げす｜○｜○］❶（助詞「で」に付いて）…です。…でございます。「沖づりには竿は用いません。糸だけでげす」〈漱石・坊っちゃん〉❷…ました。「地(ぢ)まりとられてげすから、其処(そこ)えらに転(ころ)がり落ちてはをりやせんか」〈滑・七偏人・四〉(補説)「げす」には、「げえす」「げんず」という形も見られ、「ございます」の転などといわれる。江戸末期の江戸の商人・職人、明治初期の東京の職人や通人などの間で用いられた。

げ-すい【下水】❶住宅の台所・風呂場や、工場などから流れ出る汚れた水。(対)上水。❷下水を流す溝。下水道。下水管。(類語)汚水・廃水・濁水

げすい-かん【下水管】(クワン)下水を流すために地下に埋設した管。

げすい-しょり【下水処理】下水を人工的に浄化すること。また、その操作。

げすい-しょりじょう【下水処理場】(ヂャウ)下水を人工的に浄化し、河川や海などに放流するための施設。沈殿物の除去、微生物による有機物の分解、化学薬品による消毒などを行う。終末処理場。

ケズィック〖Keswick〗⇨ケズウィック

げすい-どう【下水道】(ダウ)下水や雨水を流す排水用水路。

げすいどう-ほう【下水道法】(ゲスイダウハフ)下水道を整備し、都市の健全な発達・公衆衛生の向上・公共用水域の水質保全を図ることを目的として制定された法律。昭和34年(1959)4月施行。

ケズウィック〖Keswick〗英国イングランド北西部、カンブリア州の町。湖水地方北部の観光拠点。グレタ川に沿い、付近にダーウェント湖や先史時代の環状列石カッスルリッジストーンサークルがある。ケズィック。

げす-おとこ【下▽種男】(をとこ)身分の低い男。下男。げすおのこ。「宵より寒がりわななき居りける—」〈枕・二五〉

げす-おのこ【下▽種▽男子】(をのこ)「下種男(げすおとこ)」に同じ。「宵より寒がりわななき居りつる—など」〈能因本枕・二二〉

げす-おんな【下▽種女】(をんな)身分の低い女。「—のなり悪しきが子負ひたる」〈枕・一二二〉

け-ずきん【毛頭巾】(ヅキン)毛皮で作った頭巾。古風な老人のかぶりもの。「手製(てせい)の猿の皮の—を被(かぶ)った」〈鏡花・眉かくしの霊〉

げすげす・し【下▽種下▽種し】〔形シク〕ひどく下品である。見るからに卑しい。「いとむくつけく—・しき女とおぼして」〈源・東屋〉

け-すさま・じ【気▽凄まじ】〔形シク〕興ざめである。おもしろみがない。「こと人のやうに、歌うたひ興じなどもせず、—・じ」〈枕・四九〉

け-すじ【毛筋】(ずぢ)❶1本1本の髪の毛。毛。❷髪をくしけずった跡の筋目。「—を立てる」❸きわめて小さい物事のたとえ。「—ほどの迷いもない」❹「毛筋立て」の略。

けすじ-たて【毛筋立て】(けすぢ)髪の毛筋を正すための、柄の細長い櫛(くし)。毛筋棒。筋立て。

けすじ-ぼう【毛筋棒】(けすぢ)「毛筋立て」に同じ。

ケスタ〖(スペイン)cuesta〗《坂の意》硬・軟の岩石層が交互に重なり合って緩やかに傾斜している地域にみられる非対称の丘陵。軟層は浸食されるが硬層は一連の丘となって残る。パリ盆地周辺のものは有名。

ゲスト〖guest〗❶客。来客。「—ルーム」❷特別の出演者。「—出演」
(類語)客・賓客・来賓・主賓・国賓・公賓・社賓・貴賓

ケストナー〖Erich Kästner〗［1899〜1974］ドイツの詩人・小説家。「エミールと探偵たち」などの児童文学で有名になったが、ナチスに迫害された。ほかに小説「ファビアン」など。

ゲストハウス〖guesthouse〗大学などで、来客が宿泊するための建物。

ケストヘイ〖Keszthely〗ハンガリー西部の町。バラトン湖西岸に位置する。古代ローマ時代より交易の拠点として栄え、郊外のバルクム遺跡には当時の教会や住居跡が見られる。18世紀半ばに建てられたフェシュテティッチ宮殿のほか、ヨーロッパ初の農業大学の歴史を紹介するゲオルギコンマヨル博物館、バラトン湖周辺の自然や歴史に関するバラトン博物館がある。作曲家ゴルドマルク=カーロイの生地。

ケストラー〖Arthur Koestler〗［1905〜1983］英国の小説家・ジャーナリスト。ハンガリーの生まれ。スペイン抑留時代の経験をもとにした「スペインの遺言」、ソ連の全体主義を批判した「真昼の暗黒」ほか、多くの政治小説を書いた。また「機械の中の幽霊」では構造を表す単位ホロンを提唱。

ゲスト-リレーションズ〖guest relations〗ホテルなどで、宿泊客の種々の相談・依頼などに応対する人。コンシェルジュ。

ゲスト-ワーカー〖guest worker〗（外国人の）出稼ぎ労働者。

ゲスナー〖Konrad Gesner〗［1516〜1565］スイスの博物学者。医業のかたわら各地から資料を収集、博物学の集大成である「植物大鑑」「動物誌」、書誌学の基礎を築いたとされる「世界文献目録」を著した。

け-ずね【毛×脛｜毛×臑】毛深いすね。

げす-ば・る【下▽種張る】〔動ラ五(四)〕卑しい振る舞いをする。卑しい根性を出す。「何だか貪慾(どんよく)な—・った老婆のように」〈三重吉・小鳥の巣〉

ゲスフー-テスト〖guess-who test〗互いに熟知している集団の成員に「最も親切な人は誰か」など、行動・態度・能力などに関する質問を行って、その報告の結果をもとに人物の評価をする検査。

けすらい【▽擬ひ】(けすらひ)《動詞「けすらう」の連用形から》それと感じられるようす。そぶり。趣向。「いみじう歌の品(しな)も出で来、ふるまへる—ともなるなり」〈無名抄〉

けすら・う【▽擬ふ】(けすらふ)〔動ハ四〕《「けずらう」とも》化粧する。装う。「男女のつくろひ—・ひたる顔の色」〈雑談集・四〉

けずり【削り】(けづり)削ること。また、削ったもの。「荒—」「柱の—も滑らかになる」〈田口・日本開化小史〉

けずり-かけ【削り掛け】(けづり)ヤナギやニワトコなど色の白い木の肌を薄く細長く削り垂らしたもの。紙が普及する以前は御幣(ごへい)として用いられた。削り花。(季 新年)「正月も影はやさびし—/蓼太」

けずりかけ-の-しんじ【削り掛けの神事】(けづりかけ)京都祇園(ぎおん)の八坂神社で、大晦日(おおみそか)から元旦にかけて行われる神事。神木からつくった6本の削り掛けを焼き、煙の方向で豊凶を占う。参詣人はその火を火縄に移して持ち帰り、雑煮を煮る。⇨朮祭(おけらまつり)

けずり-ぎわ【削り際】(けづりぎは)犬追物(いぬおうもの)をする馬場の囲い。

けずり-ぐし【×梳り×櫛】(けづり)櫛で髪をとかすこと。また、その櫛。「その夜は—せさせ、湯殿などせさせ給ふほどに」〈宇津保・蔵開中〉

けずり-くず【削り×屑】(けづりくづ)物を削ってできた屑。

けずり-ばな【削り花】(けづり)❶丸木を薄く削って花の形にしたもの。平安時代には、12月の御仏名(おぶつみょう)などに用いた。❷「削り掛け」に同じ。

けずり-ひ【削り氷】(けづり)氷を削ったもの。「—に甘葛(あまづら)入れて、新しき金鋺(かなまり)に入れたる」〈枕・四二〉

けずり-ぶし【削り節】(けづり)かつお節やさば節などを薄く削ったもの。⇨おかか (補説)JAS(日本農林規格)では、カツオ・サバ・マグロなどの荒節・枯節を削ったもののほか、イワシ・アジなどの煮干しを削ったもの、また、その二つを混合したものも「削り節」と定義する。カツオのみを使った削り節には「かつお削りぶし」「かつおかれぶし削りぶし」の2種がある。

けずり-ぼうふう【削り防風】(けづりバウフウ)細く裂いたハマボウフウの葉。刺身のつまなどに用いる。

けず・る【削る】(けづる)㊀〔動ラ五(四)〕❶刃物で物の表面を薄く切り取る。そぐ。「鉛筆を—・る」❷一部分を取り除いて全体の量を減らす。削減する。「予算を—・る」「人員を—・る」❸全体からその部分を取り除く。削除する。「文章を—・って短くする」「名簿から名前を—・る」❹《大工仲間の語から。「板をけずる」の略という》酒を飲む。「甚五郎左がきいて—・るなり」〈柳多留・五五〉(可能)けずれる ㊁〔動ラ下二〕「けずれる」の文語形。(類語)そぐ・刪(けず)る・彫る・剪(き)る

(…句)命を削る・鎬(しのぎ)を削る・茅茨(ぼうし)剪(き)らず采椽(さいてん)削らず・骨身を削る・身を削る

けず・る【×梳る】(けづる)〔動ラ五(四)〕《「削る」と同語源》くしで髪をとかす。くしけずる。「髪ノ毛ヲ—・ル」〈和英語林集成〉

けず・れる【削れる】(けづれる)〔動ラ下一〕(文)けづ・る〔ラ下二〕削られて小さくなる。「岩が波で—・れる」

げ-せつ【下拙】㊀〔名〕卑しいこと。〈日葡〉㊁〔代〕一人称の人代名詞。男子が自分をへりくだっていう語。拙者。「—も初の出府ゆゑ」〈洒・辰巳之園〉

げ-せつ【下説】世間の人々の言うこと。巷説(こうせつ)。下世話(げせわ)。「この頃、何となく—について、心よからざる事にてましまさんと存ずる所に」〈曽我・一〉

ケ-セラ-セラ〔形動〕《アメリカ映画ヒッチコック監督の「知りすぎていた男」の主題歌から》なるようになるさ、の意。昭和32年(1957)ごろの流行語。(補説)スペイン語では、Lo que será, será、英語では、Whatever will be, will be となる。スペイン語で、Que será (,será)? は、「どうなるであろうか」の意の疑問文。後の「será」(動詞)は省略可。

げ・せる【解せる】〔動サ下一〕《「げ(解)す」の可能動

詞》納得できる。理解できる。多く、打消しの語を伴って用いる。「いっこうに―・せない話だ」
(類語)解する・理解する・納得する・分かる
ゲゼル〖Arnold Lucius Gesell〗［1880～1961］米国の児童心理学者。幼児の行動を詳細に観察して発達過程を標準化し、発達診断テストを考案した。
ゲゼルシャフト〖ドイツ Gesellschaft〗ドイツの社会学者、テンニエスが設定した社会類型の一。人間がある特定の目的や利害を達成するため作為的に形成した集団。都市や国家、会社や組合など。利益社会。⇔ゲマインシャフト。
げ-せわ【下世話】世間で人々がよく口にする言葉や話。「―に年貢の納め時という」
け-せん【▽花扇】「はなおうぎ」に同じ。
げ-せん【下船】〔名〕(スル)乗った船から降りること。「寄港地で―する」⇔乗船。(類語)下車・降車
げ-せん【下×賤】〔名・形動〕いやしいこと。身分が低いこと。また、そのさま。卑賤。「―な(の)身」
(類語)卑しい・卑賤・微賤
げ-せん【牙×籤】象牙製の小さい札。書名を記して書物の帙の外に下げて目印とするもの。がせん。
けせん-がわ【気仙川】岩手県南東部の川。気仙郡住田町と陸前高田市を流れ広田湾で太平洋に注ぐ。長さ43キロ。渓流のため淡水魚の宝庫。
けせんぬま【気仙沼】宮城県北東部、三陸海岸に面する市。三陸沖や遠洋で漁を行う漁船の基地。気仙沼湾内ではカキなどの養殖が盛ん。平成18年(2006)3月、唐桑町と合併。同21年に本吉町を編入。人口7.3万(2010)。
けせんぬま-し【気仙沼市】▶気仙沼
けせんぬま-わん【気仙沼湾】宮城県北東部、三陸海岸にある湾。湾口にある大島が東湾・西湾に二分し、湾奥に気仙沼市がある。湾内ではカキ・ノリなどの養殖が盛ん。陸中海岸国立公園の一部。海域公園に指定されている。鼎が浦。
げ-そ《「下足」の略》❶靴・下駄・草履など、履物のこと。「―を履く」❷すし屋などで、イカの足のこと。
け-そう【化▽粧・仮▽粧】「けしょう(化粧)」に同じ。「御身の―いといたくして」〈竹取〉
け-そう【仮相】かりのすがた。〈日葡〉
け-そう【懸想】〔名〕(スル)《「けんそう」の撥音の無表記》思いをかけること。恋い慕うこと。けしょう。「ひそかに―している」
け-そう【▽顕▽証】〔名・形動ナリ〕《「そう」は「しょう」の直音表記》「けんしょう(顕証)」に同じ。「あなたはいと―なれば、この奥にやをらすべりとどまりてゐたり」〈紫式部日記〉
げ-そう【下僧】身分の低い僧。修行を積んでいない僧。「二人の従僧、十人の―」〈平家・六〉
げ-そう【外相】言語・動作など外面に表れたもの。また、美醜など外見上の姿。うわべ。外面。「一仮徳を以て是を見るべからず」〈正法眼蔵随聞記・一〉
けぞう-かい【華蔵界】「蓮華蔵世界」の略。
けそう・ず【化▽粧ず】〔動サ変〕けしょうする。身づくろいをする。「我も我もと装束き―・じたるを見るにつけても」〈源・葵〉
けそう・ず【懸想ず】〔動サ変〕思いをかける。恋い慕う。「年頃―・じ給へる人の太秦に日頃籠り給へるに」〈狭衣・一〉
けぞう-せかい【華蔵世界】「蓮華蔵世界」の略。
けそう-だ・つ【懸想立つ】〔動タ四〕恋い慕う気持ちが外に表れる。色めく。「なほざりのすさびにても、―・ちたることはいとまばゆく」〈源・総角〉
けそう-ば・む【懸想ばむ】〔動マ四〕「懸想立つ」に同じ。「―・みなまめかしもまばゆし」〈源・夕霧〉
けそう-びと【懸想人】異性に思いをかけている人。恋をしている人。「我等をば―の数にも入れざなるこそからけれ」〈宇津保・嵯峨院〉
けそう・ぶ【懸想ぶ】〔動バ上二〕❶恋い慕う気持ちを態度に表す。なまめいた態度をとる。けそうだつ。「はじめよりー・びても聞こえ給はざりしに」〈源・夕霧〉❷なまめかしい雰囲気になる。「灯こそいと―・びたる心地すれ」〈源・玉鬘〉
けそう-ぶみ【懸想文】❶懸想の気持ちをつづった手紙。恋文。艶書。❷江戸時代、正月に、京都などで懸想文売りが売り歩いたお札。恋文に似せて縁起を祝う文が書いてある。これを買うと良縁が得られるとされた。
けそうぶみ-うり【懸想文売り】懸想文❷を売り歩いたこと。また、その人。赤い着物に赤い袴で、立烏帽子をつけ、白い覆面をしていた。《季 新年》
け-そく【華足・▽花足】❶机や台などの脚の先端を、外側に巻き返して蕨手としたもの。また、その脚のついたもの。❷仏に供える、餅・菓子の類。もと、供え物を盛る器のこと。❸足付きの膳の一。白木のままのもの。
げ-そく【下足】❶脱いだ履物。❷「下足番」の略。
けぞく-けちえん【化俗▽結縁】世俗の人を化導して仏法に縁を結ばせること。
げそく-ばん【下足番】脱いだ履物の番をすること。また、その人。
けそ-けそ〔副〕恥じるようすもなく平然としたさま。「そうして翌朝は―と癒って駆け出したのであった」〈長塚・土〉
け-ぞめ【毛染(め)】毛を染めること。また、その薬。
けそり〔副〕❶物音や人気がなく静かなさま。ひっそり。「宅は水のひいた様に―として来た」〈秋声・新世帯〉❷あとかたもなく消えてしまうさま。すっかり。「病気も―と忘れる」〈長塚・土〉
げそり〔副〕急に減少するさま。また、急にやせ衰えるさま。げっそり。「それから―と衰えて床に就いた」〈虚子・俳諧師〉
けぞり-くえもん【毛剃九右衛門】浄瑠璃「博多小女郎波枕」に登場する人物。海賊で、小町屋惣七のために遊女小女郎をあがない、のち捕らえられて追放される。
け-そん【家損】家の損害。家の恥。「かやうの事こそ、人のため、おのづから―なるわざに侍りけれ」〈源・常夏〉
ケソン【開城】朝鮮民主主義人民共和国南部の工業都市。古くは京畿道の一部だった。高麗朝の首都が置かれ、史跡が多い。かいじょう。
ケソン-シティ〖Quezon City〗フィリピンの前首都。マニラの北東に隣接し、大マニラ首都圏の一部を構成する。初代大統領マヌエル=ケソンの名にちなむ。人口、行政区217万(2000)。
け-た【化他】❶仏語。他人を教化すること。❷浄瑠璃を語り、長唄をうたったりした門付け。「夜もろくろく、―には―はなたち」〈浮・芝居気質・一〉
けた【▽方】〔名・形動ナリ〕《「けだ」とも》四角な形。方形。また、かどばったさま。「―なる形に作りたる円柱の廊」〈鴎外訳・即興詩人〉
けた【桁】❶家などで、柱の上に横に渡して垂木を受ける材。梁と打ち違いになる。❷橋で、柱脚上の長手方向にあって橋板を支える水平材。はしげた。❸そろばんの珠を縦に貫く串のような棒。❹位取り記数法によって数を表したときの、並んでいる数の位置。位。「―を間違える」
桁が違・う　格段の差がある。「同じ広いといってもこの家の広さは―・う」
桁がはず・れる　普通の尺度では計れない。標準をはるかに超えている。「―・れた大人物」
げ-た【下▽駄】❶木をくりぬき、歯を作りつけにし、台部に三つの穴をあけて鼻緒をすげた履物。歯はふつう2本で、別の材を差し込むものもある。❷活字印刷の校正刷りで、必要な活字がないときに活字を裏返して入れる伏せ字。下駄の歯のような形「〓」をしている。伏せ字。
(…語)東下駄・駒下駄・差し下駄・薩摩下駄・高下駄・田下駄・堂島下駄・庭下駄・塗り下駄・のめり下駄・引き摺り下駄・日和下駄・雪下駄・露地下駄
(類語)足駄・ぽっくり・草履・草鞋・雪駄
下駄と焼き味噌　《板につけて焼いた味噌の形は、下駄に似ているが、実際は違うところから》形は似ていても、内容はまったく違っていることのたとえ。
下駄も仏も同じ木のきれ　尊卑の別はあるが、もとは同じであることのたとえ。
下駄を預・ける　相手に物事の処理の方法や責任などを一任する。「あとの処理は君に―・けるよ」
下駄を履か・せる　❶価格を高くいつわる。また、数量・点数などを水増しして、実際よりも多く見せる。「点数に―・せて及第させる」❷囲碁で、相手の石に直接あたりをかけずに、一路か二路離して打ち、出口をふさぐ。❸印刷で、下駄❷を使用する。
下駄を履くまで　最後の最後まで。物事が終わるまで。「勝ち負けは―わからない」
けた-あふれ【桁×溢れ】▶オーバーフロー
けた-あみ【桁網】引き網の一。鉄や木の枠につめを付けたものを袋網の口に付け、船で引いて海底の砂泥を掘り起こし、貝やエビ・シャコなどを捕る。
け-たい【仮▽諦】仏語。天台宗で説く三諦の一。すべてのものは実体がなく、因縁によって仮に生じて存在しているということ。
け-たい【×卦体】㊀〔名〕易の算木に現れた卦の形。占いの結果。転じて、縁起。㊁〔形動〕図〔ナリ〕❶《「きたい(希体)」の音変化とも》奇妙なさま。不思議であるさま。けったい。「―なことの続くのは、何か変事のある知らせと」〈逍遥・桐一葉〉❷《「卦体が悪い」の略》縁起でもないさま。いやな感じがするさま。いまいましいさま。けったい。「エエ、―な。俺たった独り振り残しをるな」〈伎・韓人漢文〉
卦体が悪・い　縁起が悪い。いまいましい。腹立たしい。「けたいの悪い、ねじねじした厭な壮佼だ」〈鏡花・高野聖〉
け-たい【×懈怠】❶《近世ごろまでは「けだい」》なまけること。おこたること。怠惰。「―の心が生じる」❷仏語。善行を修めるのに積極的でない心の状態。精進に対していう。
(類語)横着・怠慢・怠惰・無精・懶惰
げ-だい【外題】❶書物・掛け軸などの表紙に記してある書名・題名。⇒内題　❷上方で、歌舞伎や浄瑠璃の題名のこと。江戸では、名題という。芸題。❸古文書で、申文・解状などの上申文書の端や奥などに、上位者が申請内容に対する裁決・認証の旨を記したもの。(類語)題・題名・題目・題号・標題・表題・内題・名題・作品名・仮題・原題・書名・書目・編目・演題・画題・タイトル
げだい-あんど【外題安×堵】中世、幕府が所領譲与を安堵した旨を申請者の提出した文書の余白部分に記したこと。また、その文書。外題安堵状。
げだい-がくもん【外題学問】書名にだけ通じていて内容を知らないこと。うわべだけの学問。
げだい-かざり【外題飾り】茶席の床に、外題のある軸物を巻いたまま飾っておくこと。軸飾り。
げだい-かんばん【外題看板】▶一枚看板❹
けたい-くそ【×卦体×糞】《「卦体㊁」を強めていう語》いまいましいこと。けたくそ。けったくそ。「いっそ―で売らずに帰りて」〈胆大小心録〉
げた-いん【下▽駄印】印材の中間をへこませて、下駄の歯のように2字の間を離して作った印。下駄判。
げた-うち【下▽駄打ち】▶撃壌❷
けた-えん【桁縁】縁側のふち。縁側。
け-たお・す【蹴倒す】〔動サ五(四)〕❶足でけって倒す。「椅子を―・す」❷負債を返さないで済ませる。ふみたおす。「借金を―・す」
け-だか・い【気高い】〔形〕図けだか・し〔ク〕《古くは「けたかし」》❶すぐれて上品に見える。気品がある。「―・い雰囲気」「―・い心」❷身分が高い。高貴である。「生き給ひての御宿世は、いと―・くおはせし人」〈源・蜻蛉〉(派生)けだかさ〔名〕(類語)上品・高尚・典雅
けた-かくし【桁隠し】屋根の妻側の桁を隠す、降り懸魚のこと。
げた-がけ【下▽駄掛(け)】「下駄履き」に同じ。「―で出掛ける」

けた-がまえ【桁構え】ガマヘ 橋の桁などの構造。
げ-だく【解諾】►インフォームドコンセント
け-たぐり【蹴手繰り】相撲のきまり手の一。相手と当たる瞬間に体たいを開き、内から外に相手の足を払うと同時に、肩をはたくか手を手繰って倒す技。
けた-けた〔副〕甲高い声で軽薄にとめどなく笑うさま。「おかしそうに―(と)笑う」
げた-げた〔副〕大声で下品にとめどなく笑うさま。「大口を開けて―(と)笑う」
け-だし【蹴出し】和装で、女性が腰巻の上に重ねてつける布。裾よけ。
けだし【▽蓋し】〔副〕❶物事を確信をもって推定する意を表す。まさしく。たしかに。思うに。「―その通りであろう」❷(あとに推量の意味を表す語を伴って)もしかすると。あるいは。「百もも足らず八十隅坂やそくまさかに手向けせば過ぎにし人に―逢はむかも」〈万・四二七〉❸(あとに仮定の意味を表す語を伴って)万が一。もしも。ひょっとして。「わが背子し―まからば白妙の袖を振らさね見つつしのはむ」〈万・三七二五〉❹おおよそ。大略。多く、漢文訓読文や和漢混淆文などに用いる。「よって勧進修行の趣、―もって斯かくの如し」〈平家・五〉
けだし-く【▽蓋しく】〔副〕(あとに推量の意味を表す語を伴って)おそらく。ひょっとして。「吾妹子わぎもこが形見の合歓木ねぶは花のみに咲きて―実にならじかも」〈万・一四六三〉
けだしく-も【▽蓋しくも】〔副〕《副詞「けだしく」＋係助詞「も」から》❶(あとに推量または疑問の意味を表す語を伴って)おそらく。ひょっとしたら。「なぞ鹿のわび鳴きすなる―秋野の萩や繁く散るらむ」〈万・二一五四〉❷(あとに仮定の意味を表す語を伴って)もしも。「よひよひにわが立ち待つに―君来まさずは苦しかるべし」〈万・二九二九〉
けた-じんじゃ【気多神社】石川県羽咋はくい市にある神社。旧国幣大社。祭神は大己貴命おおなむちのみこと。気多大神宮。能登国一の宮。
け-だ・す【蹴出す】〔動サ五(四)〕❶けって出す。「友禅の大きな模様の長襦袢をパッパと―・して」〈魯庵・社会百面相〉❷費用を節約して、予算から余りを出す。「三百代言に払うだけの金を、貴様で―・しゃアがったんだ」〈里見弴・今年竹〉
けたたまし・い〔形〕文けたたま・し〔シク〕❶突然、人を驚かすような高い音や声がするさま。「―・いサイレンの音」「―・い叫び声」❷仰々しい。大げさである。「―・しい提灯金棒、ちんからりが面白いか」〈浄・関八州繋馬〉❸慌ただしく、騒がしい。「お暇いとま申すと立ち出づる、余りといへば―・し」〈浄・寿の門松〉派生 **けたたましげ**〔形動〕**けたたましさ**〔名〕類語 うるさい・やかましい・騒騒しい・かまびすしい・かしましい
げ-だち【夏断ち】夏安居げあんごの間、在家の者も酒・肉などを飲食しないこと。夏精進げしょうじん。季夏「―して仏の痩を思ひけり／碧梧桐」
けた-ちがい【桁違い】チガヒ〔名・形動〕❶そろばんの桁を違えること。数の位取りを間違えること。❷価値や規模などが、他と比較にならないこと。また、そのさま。桁はずれ。「あの横綱は―な(の)強さだ」
類語 桁外れ・度外れ・並み外れ・極度・異常・非常・法外・大変・大層・格段・箆棒べらぼう・途方もない・途轍とてつもない・著しい・甚だしい・すごい・ものすごい・計り知れない・恐ろしい・ひどい・えらい・この上ない・筆舌ひつぜつに尽くしがたい・言語に絶する・並並ならぬ
げ-だつ【解脱】〔名〕スル《梵 vimukti, vimokṣaなどの訳。縛るものを離れて自由になる意》悩みや迷いなど煩悩ぼんのうの束縛から解き放たれて、自由の境地に到達すること。悟ること。涅槃ねはん。「―の境地」「煩悩を―する」
げだつ【解脱】歌舞伎十八番の一。本名題「鐘入解脱衣かねいりげだつのきぬ」。景清物の一つで、宝暦10年(1760)江戸市村座で金井三笑作「曽我万年柱」の二番目狂言として上演したもの。
げだつ-しょうにん【解脱上人】シャウニン 法相宗の僧、貞慶じょうけいの異称。

げだつ-どうそう【解脱×幢相】ドウサウ《解脱を求める人のはたじるしであるところから》袈裟けさのこと。「―の法衣」
げだつ-の-ころも【解脱の衣】袈裟けさのこと。
け-た・てる【蹴立てる】〔動タ下一〕文けた・つ〔タ下二〕❶けったり、勢いよく進んだりしてあとに土ぼこりや波を立たせる。「土煙を―・てて走り回る」❷盛んにける。けって追い立てる。「敵に―・てられて敗走した」❸憤然として、荒々しく振る舞い、その場を立つ。「席を―・てて退場する」
け-だに【毛×蜱】赤色で体表に細かい毛を密生するダニの総称。体長1〜3ミリ。幼虫時代は昆虫・鳥・ネズミなどに寄生するが、成虫は地表で自由生活をする。タカラダニ科・ナミケダニ科・ツツガムシ科などを含み、広義にはハダニ・ツメダニなども含む。
げた-ばき【下▽駄履(き)】❶下駄を履いていること。下駄掛け。「―で散歩に出る」❷フロートを備えている水上飛行機の俗称。
げたばき-じゅうたく【下▽駄履(き)住宅】ヂュウタク 1階を商店・駐車場・事務所などに使い、2階から上を住宅にした建物。
げた-ばこ【下▽駄箱】❶玄関などに置いて、履物を入れておく箱。❷上方落語で、噺家はなしかが用いる見台けんだいのこと。❶に似ているところからいう。
けた-ばし【桁橋】荷重を桁で受け、それを橋台・橋脚で支える構造の橋。こうきょう。
けた-はずれ【桁外れ】ハヅレ〔名・形動〕価値や規模などが、他からかけ離れていること。また、そのさま。けたちがい。「―な(の)要求」
類語 桁違い・度外れ・並み外れ・極度・異常・非常・法外・大変・大層・格段・箆棒べらぼう・途方もない・途轍とてつもない・著しい・甚だしい・すごい・ものすごい・計り知れない・恐ろしい・ひどい・えらい・この上ない・筆舌ひつぜつに尽くしがたい・言語に絶する・並並ならぬ
げた-ばん【下▽駄判】「下駄印げたいん」に同じ。
け-だま【毛玉】❶編物の毛糸などの一部が小さく寄り集まって、玉のようになったもの。❷猫などの胃腸にたまった毛がかたまって球状になったもの。毛づくろいなどで毛をのみ込むことによりできる。「―を吐く」
ケタミン〖Ketamine〗全身麻酔薬の一。1962年、米国の製薬会社パーク-デービスが開発。日本では、昭和45年(1970)から人用の医薬品として販売。動物用としても使用される。商品名ケタラール。大脳皮質や視床の活動を抑制し鎮痛作用を示す一方、大脳辺縁系を活性化し向精神作用を示す、解離性麻酔薬の一種。全身麻酔・吸入麻酔の導入に使用。麻薬及び向精神薬取締法で麻薬に指定されている。
け-だもの【▽獣】《毛の物の意》❶全身に毛が生え、4足で歩く哺乳動物。けもの。❷人間としての情味のない人をののしり卑しんでいう語。
類語 獣けもの・獣じゅう・獣類・野獣・百獣・鳥獣・禽獣きんじゅう・動物・畜類・畜生・アニマル・ビースト
けた-ゆき【桁行】建物の桁の長さ。すなわち、一棟ひとむねの家の長さ。➡梁行はりゆき
ケタラール〖Ketalar〗解離性麻酔薬「ケタミン」の商品名。
け-だる・い【気▽怠い】〔形〕文けだる・し〔ク〕なんとなくだるい。「からだが―・い」派生 **けだるげ**〔形動〕**けだるさ**〔名〕類語 だるい・かったるい
げ-だん【下段】❶いくつかに区切ったものの下の部分。下のほうの段。➡上段 ➡中段 ❷剣道・槍術そうじゅつで、刀または槍の切っ先を低く下げた構え方。「―の構え」➡上段 ➡中段
げだん-の-ま【下段の間】書院造りで、上段の間に続く部屋。主君に対面する家来が伺候した所。
けち〔名・形動〕❶(「吝嗇」とも書く)むやみに金品を惜しむこと。また、そういう人や、そのさま。吝嗇りんしょく。「何事につけても―な男だ」❷粗末なこと。価値がないこと。また、そのさま。貧弱。「―な賞品をもらった」❸気持ちや考えが卑しいこと。心が狭いこと。また、そのさま。「―な振る舞いをするな」「―な料簡」「―な根性」❹縁起の悪いこと。不吉なこと。また、難癖なんくせ。❺景気が悪いこと。また、そのさま。不景気。「あんまり―な此の時節」〈浄・矢口渡〉派生 **けちさ**〔名〕
類語(❶)吝嗇りんしょく・しみったれ・しわい・渋い・しょっぱい・細かい・みみっちい (けちな人)けちん坊・しわん坊・握り屋・締まり屋・吝嗇漢りんしょくかん・守銭奴しゅせんど・倹約家・始末屋／(❷)ちゃち・ちっぽけ・安手やすで・安っぽい・つまらない・くだらない・取るに足りない／(❸)みみっちい・いじましい・せせこましい・狡辛こすからい・さもしい・卑しい・せこい・陋劣ろうれつ・低劣・卑怯ひきょう・姑息こそく・狭量・小量・けつの穴が小さい
けちが付・く　縁起の悪いことが起こる。また、よくないことが起こったために物事がうまくいかなくなる。「スタートから―・いた」
けちを付・ける　❶縁起が悪いと感じるようなことを、言ったりしたりする。「せっかくの門出に―・ける」❷欠点を見つけて悪く言う。難癖をつける。「あれこれ―・けて縁談を断る」
けち【▽結】❶賭弓のりゆみで勝負を決めること。また、その試合。「右の大殿の弓の―に、上達部、親王達多く集へ給ひて」〈源・花宴〉❷囲碁の終盤戦で、まだ決まらない目を詰めること。また、その目。駄目。闕けち。「碁打ちはてて、―さすわたり、心疾とげに見えて」〈源・空蝉〉➡結けち ➡漢「けつ(結)」
けち【×闕】「闕官けっかん❶」に同じ。「―の侍らざらむには、いかでかは」〈宇津保・蔵開中〉
げ-ち【下知】〔名〕スル ►げじ(下知)
けち-えん【▽血縁】「けつえん(血縁)」に同じ。「なまめかしきうちしも、―に思はむぞ、あやしき心なるや」〈堤・虫めづる姫君〉
けち-えん【▽結縁】❶仏語。㋐仏・菩薩ぼさつが世の人を救うために手をさしのべて縁を結ぶこと。けつえん。㋑世の人が仏法と縁を結ぶこと。仏法に触れることによって未来の成仏・得道の可能性を得ること。けつえん。❷関係ができること。特に親類になること。けつえん。「御両家の―の為にこそ御加勢もいたしつれ」〈蘆花・不如帰〉
けち-えん【▽掲×焉】〔形動ナリ〕著しいさま。目立つさま。けつえん。「人の様体、色合ひなどさへ―に顕れたるを見渡すに」〈紫式部日記〉
けちえん-かんじょう【▽結縁×灌頂】クワンヂャウ 仏縁を結ばせるために、灌頂壇で諸尊の上に花を投げさせ、当たった仏をその人の有縁の仏として、その仏の印と真言を授けること。
けちえん-ぎょう【▽結縁経】ギャウ 仏縁を結ぶために経文、多くは法華経を書写して供養すること。
けちえん-はっこう【▽結縁八講】仏縁を結ぶために世俗の人が僧を招いて行う法華八講ほっけはっこう。
け-ちが・える【蹴違える】チガヘル〔動ア下一〕文けちが・ふ〔ハ下二〕❶けりまちがえる。「―・えてパスが渡らない」❷けって筋を違える。「頤おとがい―・へられ、どうと転まろんでころころ」〈浄・油地獄〉
け-ぢか・し【気近し】〔形ク〕❶近い。身近である。「―・く臥せ給へるを」〈源・紅梅〉❷親しい。親しみやすい。「ただ、宮のさまぞ、―・うをかしげなる」〈枕・二七八〉
ケチカン〖Ketchikan〗米国アラスカ州南東部の町。アレクサンダー諸島のレビラジギードー島南西部に位置し、不凍港をもつ。19世紀末のゴールドラッシュ期に創設。サケ漁が盛ん。
けち-がん【▽結願】ケチグワン 日数を決めて行った法会や願立てなどの予定日数が満ちること。満願。また、その最終日。けつがん。
けち-くさ・い【けち臭い】〔形〕文けちくさ・し〔ク〕❶いかにもけちである。しみったれだ。「少しの出費を惜しんで義理まで欠くとは―・いやつだ」❷心が狭く、こせこせしている。「考えが―・い」❸物が粗末でねうちがない。みすぼらしい。「―・い家」派生 **けちくささ**〔名〕類語 しわい・せこい・みみっちい・けちけち
けち-けち〔副〕スル❶わずかな金や物をも出し惜しむさま。「―(と)金をためる」❷細かいことを口やかましく言うさま。「男は外を歩くのが商売だ。そんなに―言ふなえ」〈伎・浮名横櫛〉
ケチケメート〖Kecskemét〗ハンガリー中部の都

市。ドナウ川、ティサ川の間に位置する。農業、食品加工業が盛ん。14世紀、ハンガリー王ラヨシュ1世の時代に交易の拠点として栄えた。19世紀末から20世紀初頭にかけて建造されたアールヌーボー様式の市庁舎と、「装飾宮殿」と称されるケチケメートギャラリーは、それぞれ建築家レヒネル＝エデン、マールクシュ＝ゲーザの設計による。アプリコットの蒸留酒パーリンカが有名。作曲家コダーイ＝ゾルタン、劇作家カトナ＝ヨージェフの生地。

けち-つ・く〔動カ四〕けちなまねをする。意地汚くまつわりつく。「地者(ぢもの)に―・く奴(やつ)は根性のあつかましいものだから」〈滑・浮世床・二〉

けち-ぶと・い【けち太い】〔形〕《近世語》ずうずうしい。ずぶとい。「―・い二才野郎ぢゃな」〈伎・幼稚子敵討〉

けち-みゃく【▽血脈】❶「けつみゃく(血脈)❷」に同じ。「―ガ絶エル」〈和英語林集成〉❷師から弟子へと代々、仏法を正しく伝えること。また、その仏法相承(そうじょう)の系譜。法統。法脈。けつみゃく。❸在家(ざいけ)の受戒者に仏法相承の証拠として与える系譜。けつみゃく。

けちみゃく-そうじょう【▽血脈相承】―サウジョウ 祖先から子孫へと血統が伝わるのと同じように、仏教の諸宗でその教義・法統を師僧から弟子に伝えること。

けちみゃく-ぶくろ【▽血脈袋】「けちみゃく❷」を入れておく袋。

ケチャ〘インドネシア kecak〙インドネシアのバリ島の民俗芸能。円陣を組んだ男性の身振りを伴う合唱に合わせて、ラーマーヤナなどを題材とする舞踊劇を行う。猿をまねた激しい叫び声と複雑なリズムが特徴。

け-ちゃく【家嫡】本家の家督を継ぐべき人。本家の嫡子。「徳大寺殿は一の大納言にて、花族栄耀、才学雄長、―にてましましけるが」〈平家・一〉

げ-ちゃく【下着】都から地方に向かい、目的の地に着くこと。「家の子若党を引きつれ、那須野の原に―して」〈虎明狂・釣狐〉

ケチャップ〘ketchup〙野菜を煮て裏ごしにかけ、調味料・香辛料を加えた洋食用のソース。特に、トマトケチャップをさすことが多い。

ケチュア-ぞく【ケチュア族】《Quechua》南米、エクアドルからペルー・ボリビアにかけてのアンデス山地に居住する民族。ケチュア語を話す。

げ-ちゅう【夏中】夏安居(げあんご)の期間。

け-ちょう【▽怪鳥｜化鳥】―テウ 怪しい鳥。不気味な鳥。かいちょう。「是は―か変化(へんげ)か」〈盛衰記・一六〉

げ-ちょう【牙彫】―テウ 動物の牙(きば)、特に象牙を用いた細工物。奈良時代からみられ、江戸末期に根付け細工として盛行。明治時代には彫刻的な作品も作られた。げぼり。

けちょう-ふう【化鳥風】ケテウ― 宝永(1704～1711)ごろ、貞門末流の立羽不角(たちばふかく)らを中心に興った俳諧の流派。榎本其角(えのもときかく)の洒落風(しゃれふう)をさらに進めた卑俗な俳風で、邪道に走るものとして称せられた。

けちょん-けちょん〔形動〕徹底的にやりこめるさま。さんざん。こてんこてん。「―にやっつける」

け-ちらか・す【蹴散らかす】〔動サ五(四)〕「蹴散らす」に同じ。「放水でデモ隊を―・す」

け-ちら・す【蹴散らす】〔動サ五(四)〕❶けって乱し散らす。けちらかす。「子供が落ち葉の山を―・す」❷追い払ってちりぢりにする。追い散らす。けちらかす。「立ちふさがる敵を―・す」

(類語)追い出す・追い立てる・追い払う・追っ払う・たたき出す・はじき出す・追い落とす・打ち払う

けち-りん（下に打消しの語を伴って用いる）非常にわずかなこと。ほんの少し。「おれが済みすましを付けたから―も間違(まちげえ)はねえ」〈滑・浮世風呂・四〉

けち・る〔動ラ五〕《「けち」の動詞化》出しおしむ。けちけちする。「チップを―・る」

けちん-ぼう【けちん坊】―バウ〔名・形動〕けちな人。また、けちなさま。しみったれ。しわんぼう。けちんぼ。「こんな―な人とは思わなかった」

(類語)けち・吝嗇(りんしょく)・しみったれ・しわい・渋い・しょっぱい・細かい・みみっちい（けちな人）しわん坊・握り屋・締まり屋・吝嗇漢(りんしょくかん)・守銭奴(しゅせんど)・倹約家・始末屋

漢字項目 けち

【▽血｜▽結】▶けつ

漢字項目 けつ

欠〔缺〕 (学)4　(音)**ケツ**(漢)　ケン(漢)　(訓)**かける、かく**‖㊀〈ケツ〉①物の一部がえぐれてかける。「欠唇(けっしん)・欠損」②足りない。あく。「欠員・欠陥・欠如・欠点・欠乏/残欠・不可欠」③欠けている所。「補欠・完全無欠」④その場に出て来ない。「欠勤・欠場・欠席/出欠・病欠」⑤(「歇(けつ)」の代用字)休む。やむ。「間欠」㊁〈ケン〉あくび。「欠伸(けんしん)」(補説)「欠」は本来㊁の意味。「缺」は㊀の意味で、もと別字。(難読)欠伸(あくび)

穴 (学)6　(音)**ケツ**(漢)　(訓)**あな**‖㊀〈ケツ〉①あな。「穴居/虎穴(こけつ)・洞穴・風穴・墓穴・偕老同穴(かいろうどうけつ)」②中国医学で、人体のつぼ。「灸穴(きゅうけつ)・経穴」㊁〈あな〉「大穴・毛穴・節穴」(名付)これ

血 (学)3　(音)**ケツ**(漢)　ケチ(呉)　(訓)**ち**‖㊀〈ケツ〉①ち。「血圧・血液・血管/献血・止血・出血・心血・鮮血・吐血・貧血・輸血・流血・冷血」②血のつながり。「血族・血統・血脈/混血・純血」③強い情熱。「血気/熱血」④血を流すように激しいこと。「血戦・血涙・血路」㊁〈ち(ぢ)〉「血潮・血筋・血眼/鼻血」(難読)血脈(けちみゃく)・血腥(ちなまぐさ)い

決 (学)3　(音)**ケツ**(漢)　ケチ(呉)　(訓)**きめる、きまる**‖①えぐられて切れる。「決河・決壊・決裂」②きっぱりとどちらかにきめる。きまる。「決意・決議・決算・決心・決戦・決断・決着・決定/解決・自決・先決・対決・判決・未決・論決」③可否をきめること。「可決・採決・否決・票決」④思い切って。きっぱりと。「決然」⑤(「蹶(けつ)」と通用)急にはね起きるさま。「決起」⑥(「訣(けつ)」と通用)わかれる。「決別」(補説)「决」は俗字。(名付)さだ

人**頁** (音)ケツ(漢)　(訓)ページ‖堆積岩の一種。「頁岩」(補説)「頁」と「葉」が中国語で同音のため、「葉」(書物の二ページ)と同じく用い、日本では「ページ」と読む。

人**訣** (音)ケツ(漢)　(訓)わかれる‖①きっぱりと別れを告げる。「訣別/永訣」②簡潔に言い切った秘伝の文句。奥義。「口訣(くけつ)・秘訣・要訣」

結 (学)4　(音)**ケツ**(漢)　ケチ(呉)　(訓)**むすぶ、ゆう、ゆわえる**‖①ひもなどでむすぶ。むすびつける。「結髪/直結・連結」②組み立てる。構造物・組織体を造る。「結構・結社・結成・結党」③ばらばらのものを一つにまとめる。まとまる。「結合/集結・妥結・団結」④固める。固まる。「結石・結節・結氷・結露/凝結・凍結」⑤しめくくる。終わりになる。「結果・結局・結末/完結・帰結・終結」⑥ふさがる。「鬱結(うっけつ)・秘結」(名付)かた・ひとし・ゆい (難読)網結(あみすき)・結願(けちがん)・結城(ゆうき)

傑 (音)**ケツ**(漢)‖①ひときわ優れる。「傑作・傑出」②ひときわ優れた人。「傑物/英傑・怪傑・豪傑・俊傑・女傑」(名付)すぐる・たかし・たけし・まさる

潔 (学)5　(音)**ケツ**(漢)　(訓)**いさぎよい**、きよい‖①汚れがなく清らか。清らかにする。「潔斎・潔癖/清潔・不潔」②余計なものがなく、すっきりしている。「簡潔」③心や行いがけじめ正しい。「潔白/高潔・純潔・貞潔・廉潔」(名付)きよ・きよし・ゆき・よし

×**闕** (音)ケツ(漢)　(訓)かける‖①宮城の門。また、宮城。「闕掖(けつえき)・闕下/宮闕・禁闕・城闕」②(「欠」と通用)不足する。かける。「闕字・闕如・闕文・闕本/残闕」③あやまち。「闕失」(難読)闕腋(けってき)

×**蹶** (音)ケツ(漢)　(訓)つまずく‖①つまずく。たおれる。「顛蹶(てんけつ)」②はね起きる。「蹶起・蹶然」

漢字項目 げつ

月 (学)1　(音)**ゲツ**(漢)　**ガツ**(グヮツ)(慣)　(訓)**つき**‖㊀〈ゲツ〉①天体の一。つき。「月光・月食・月齢/観月・残月・新月・半月・風月・満月・名月」②時間の単位。一年を一二分した期間。「月間・月給・月経/隔月・今月・歳月・日月・先月・年月・来月・臨月」㊁〈ガツ〉①㊀の①に同じ。「月天子」②㊀の②に同じ。「月日(がっぴ)/五月・正月」㊂〈つき(づき)〉「月影・月見・月夜/夕月・三日月」(難読)神無月(かんなづき)・如月(きさらぎ)・海月(くらげ)・月代(さかやき)・文月(ふづき)・水無月(みなづき)・睦月(むつき)・望月(もちづき)

けつ【欠｜×缺】❶欠けていること。足りないこと。「説明の―を補う」「ガス―」❷欠席。「――名」➔漢「けつ(欠)」

けつ【穴｜▽尻】❶《「あな」の意から》尻(しり)。「―の青い若造」❷最後。びり。「―から五番目」❸鍼術(しんじゅつ)で、人体に鍼(はり)を打つべき箇所。➔漢「けつ(穴)」

(類語)最後・尻(しり)・殿(しんがり)・どん尻(じり)・最後尾・末尾・末

穴の穴(あな)が小さ・い　けちである。また、気が小さくて、度量が狭い。けつの穴が狭い。

穴を捲(ま)く・る　《ならず者が着物の裾(すそ)をまくって、その場に座り込むところから》追い詰められて、逆におどすような態度をとる。居直る。尻を捲る。

穴を割・る　❶全部ぶちまける。暴露する。尻を割る。「学生時代の悪友が―・る」❷隠していた悪事が見つかる。ばれる。「一連の盗みが―・る」

けつ【決】❶とりきめ。定め。決定。「会長が―を下す」❷可否を決めること。議決。「―を採る」➔漢「けつ(決)」

(類語)決定・決まり・本決まり・確定・画定・議決・決議・論決・評決・議定・取り決め・断(だん)・裁決・裁定・決断

けつ【×玦】古代、男子の装飾品。環状で、一部分が欠けている玉の佩(お)び物。

けつ【桀】古代中国、夏(か)王朝の最後の王。名は履癸(りき)。残虐で酒色を好み、暴政を行い、殷(いん)の紂(ちゅう)王とともに悪王の代表とされる。殷の湯王に討伐された。

けつ【結】❶むすび。終わり。❷漢詩で末の句。結句。「起承転―」❸《迷いの世界にしばりつける心の働きであるところから》仏語。煩悩(ぼんのう)のこと。➔漢「けつ(結)」

けつ【×羯】中国、匈奴の一種族で、五胡の一。名は山西省の羯に居住したことによるという。4世紀初め、族長の石勒(せきろく)が五胡十六国の一つ、後趙(こうちょう)を建国。

けつ【×闕】❶中国で、宮門の両脇に設けた物見やぐらの台。石闕(せっけつ)。❷宮城。宮城の門。➔漢「けつ(闕)」❸「欠(けつ)❶」に同じ。「大納言の―あるに依りて、此を望むとて」〈今昔・二四・二五〉

け・つ【▽消つ】〔動タ四〕❶㋐火を消す。「世はただ火を―・ちたるやうに」〈源・匂宮〉㋑なくす。消滅させる。「世を保ち給ふべき御宿世(すくせ)は―・たれぬものにこそ」〈源・少女〉❷蔑視する。ないがしろにする。けなす。「つひにこの人をえ―・たずなりなむ事と、心病みおぼしけれど」〈源・澪標〉❸心の平静さをなくさせる。「肝魂を―・ちて思ひける程に」〈平家・一一〉❹圧倒する。「いかばかりならむ人か、宮をば―・ち奉らむ」〈源・東屋〉(補説)平安時代、和歌や和文に多く用いられた。

げつ【月】七曜の一。また、「月曜」の略。➔漢「げつ(月)」

げつ【×刖】古代中国の五刑の一。足を切断する刑。あしきり。

ケツァール〘quetzal〙キヌバネドリ科の鳥。全長は雌が約35センチ、雄は上尾筒に長い飾り羽があるため約1メートルになる。雄は頭から上面が緑、腹が赤色で金属光沢がある。古代マヤやアステカインディアンでは「大気の神」とされた。グアテマラの国鳥。

けつ-あつ【血圧】血液が動脈血管内を流れている

ときに示す圧力。ふつう上腕部で測る。心臓が収縮して血液を送り出したときの最大血圧(収縮期血圧)と、弛緩したときの最小血圧(拡張期血圧)とで示す。

けつあつ-けい【血圧計】血圧を測る装置。ふつう用いられる水銀圧力計は、マンシェットとよぶゴム袋を入れた帯、圧力計、空気を送るゴム球からなる。

けつあつこうしん-しょう【血圧×亢進症】高血圧症のこと。➡高血圧

ケツァルテナンゴ〖Quetzaltenango〗グアテマラ南西部にある、同国第2の都市。ケツァルテナンゴ県の県都。19世紀にコーヒーの集散地として発展。当時のコロニアルスタイルの建造物が数多く残る。

けつ-い【欠位┊×闕位】その地位につくべき人が欠けていること。また、欠員となっている地位。

けつ-い【欠遺┊×闕遺】〔名〕スル 欠け落ちていること。不十分なこと。「謬誤を改正し、その一を増補し、以てその完璧を為す」〈服部誠一・東京新繁昌記〉

けつ-い【決意】〔名〕スル 自分の意志をはっきりと決めること。また、その意志。決心。「一の程を語る」「固く一する」➡決心 用法

類語 決心・覚悟・ふんぎり・決断・英断・即断・速断・勇断・独断・専断・明断・判断

けつ-いん【欠員┊×闕員】定員に満たないこと。また、その数。「一が出る」「一を補充する」

けつ-いん【血×胤】血をひいた子孫。血筋。血族。

けつ-いん【結印】仏や菩薩の徳を表すために、手指でさまざまな形を作ること。印を結ぶこと。

げつ-うん【月×暈】月の周囲に現れる輪状の光暈。月の光が細かい氷の結晶からできている雲に反射・屈折して起こる。つきのかさ。

げつ-えい【月影】月の光。つきかげ。

けつ-えき【血液】動物の血管系内を循環している体液。有形成分の血球・血小板と液体成分の血漿からなる。体内各部への酸素や栄養の補給、二酸化炭素や老廃物の除去、抗体による防衛反応、体温の維持などの働きをする。血。

類語 血・鮮血・生き血・人血・冷血・温血

けつ-えき【×闕×掖】《「闕」「掖」はともに宮城の門の意》宮中。御所。禁掖。

けつ-えき【×闕×腋】►けってき(闕腋)

けつえき-がた【血液型】赤血球中の凝集原と血漿中の凝集素が作用して血液凝集反応が起こるか否かによって、あるいは赤血球の抗原の種類によって分類される血液の型。前者にはABO式、後者にはRh式、MN式などがある。

けつえきがた-ふてきごう【血液型不適合】輸血の際の供血者と受血者、あるいは妊娠の際の母体と胎児の血液型が、障害を起こすような相互関係にあること。

けつえき-きせいちゅう【血液寄生虫】生体の血液中に寄生する寄生虫。マラリア病原虫・糸状虫(フィラリア)・日本住血吸虫など。

けつえき-ぎょうこ【血液凝固】血管外に出た血液がかたまる現象。これにより止血作用が発揮される。

けつえきぎょうこ-いんし【血液凝固因子】血液が凝固するときに必要な因子。12種が知られ、これらが順に働いて血液がかたまる。凝固因子。

けつえき-ぎょうしゅうはんのう【血液凝集反応】血液型が異なると、赤血球が集合してかたまりをつくる現象。

けつえき-ぎんこう【血液銀行】血液センターの旧称。

けつえき-けんさ【血液検査】血液を採ってその成分や、病原菌、免疫反応などを調べること。

けつえき-しきそ【血液色素】►血色素

けつえき-じゅんかん【血液循環】血液が血管を通り一定の方向に巡り流れること。心臓の収縮が原動力となり、全身を循環する。大循環(体循環)と小循環(肺循環)とに分けられる。

けつえき-せいざい【血液製剤】輸血用や治療用に、人間の血液から製する薬剤。全血・血液成分・血漿分画の各製剤に分けられる。

けつえき-センター【血液センター】輸血用の血液を供血者・献血者より採取して検査・保存管理し、必要に応じて医師・医療機関に供給する施設。日本赤十字社が昭和27年(1952)に創設。

けつえき-ぞう【血液像】血液中の赤血球・白血球・血小板などの数・形・大きさ・組織学的所見などのこと。また、白血球の百分比を調べることにもいう。

けつえき-とうせき【血液透析】腎臓の機能不全によって有害な老廃物が腎臓で除去できなくなった場合などに、人工透析を行って血液を浄化する治療法。

けつえき-どく【血液毒】血液中の赤血球破壊など血液の障害を起こさせる毒。水銀・燐・鉛・ベンゼンや、マムシ・ハブの毒など。

けつえき-びょう【血液病】血球・血漿・血液凝固因子・造血機能などに異常がある病気の総称。

けつ-えん【血縁】血のつながりのある間柄。血すじ。また、血のつながっている親族。血族。けちえん。「一をたどる」➡地縁 類語 血族・血続き

けつ-えん【▽掲×焉】►けちえん(掲焉)

けつ-えん【結縁】►けちえん(結縁)

けつえん-かんけい【血縁関係】親子・兄弟姉妹などの血のつながりを基礎としてつくられた社会的関係。養子などの擬制的関係を含むこともある。血族関係。

けつえん-しゅうだん【血縁集団】血縁関係に基づいて成立している社会集団。家族・氏族などがその代表。広義には姻族をも含めることもある。血縁団体。➡地縁集団

げつ-おう【月央】月のなかば。取引などで用いる語。「一には株価も持ちなおす」

けっ-か【欠課】〔名〕スル 受講者がその時間の授業または講義に欠席すること。

けっ-か【決河】大雨などのため、堤防が切れて河水があふれること。

決河の勢い　河川の水があふれ堤防を切るような猛烈な勢い。勢いのはなはだ強いことのたとえ。

けっ-か【結果】〔名〕スル ❶ある原因や行為から生じた、結末や状態。また、そのような状態が生じること。「よい一をもたらす」「不幸な一を招く」「意外な一が出る」「一した肺尖カタルや神経衰弱がいけないのではない」〈梶井・檸檬〉⇔原因。❷優れた成果。優れた業績や記録。「一を出してこそ一流選手といえる」❸副詞的に用いて、ある事態の生じるもととなる結末状態を表す。「猛勉強をした一、合格した」❹植物が実を結ぶこと。結実。「例年より一する時期が遅い」

類語 (❶)結末・帰結・帰趨・帰着・帰する・首尾・成り行き・仕儀 (よい結果)成果/(❸)末・あげく・果て

けっ-か【結×跏】「結跏趺坐」の略。

けっ-か【×闕下】《宮闕の下もとの意》天子の御前。

げっ-か【月下】月の光の下。月光のさしている所。

げっ-か【月華┊月花】❶月の光。月光。❷月と花。〈日葡〉

げっ-か【激化】〔名〕スル ►げきか(激化)

けっかい　猿の一種、ロリスの俗称。江戸時代、見世物にされた。

けっ-かい【血塊】血液のかたまり。また、体内に血液のかたまりができる病気。

けっ-かい【決壊┊決潰】〔名〕スル 堤防などが切れて崩れること。「ダムが一する」

けっ-かい【結界】❶仏語。㋐教団内の僧が戒律を犯さないように一定の区域を制限すること。また、その区域。外からの出入りを制限する摂僧界、衣を脱いでも過ちとならない摂衣界、食物の貯蔵が許される摂食界がある。㋑密教で、修法によって一定の地域に外道・悪魔が入るのを防ぐこと。㋒仏道修行の障害となるものの入ることを禁じること。また、その場所。㋓寺院で内陣と外陣の間、または外陣中に僧と俗の席を区別するために設けた木の柵。❷茶道具の一。竹や木でつくり、道具畳と客畳の境に仕切りとして置くもの。❸商家で、帳場の囲いとして立てる格子。帳場格子。

げっ-かい【月界】月の世界。月世界。

げっか-おう【月下翁】「月下老人」に同じ。

けっか-オーライ【結果オーライ】よい結果が出たのだから、それで十分だということ。「ぼてぼてながら一のサヨナラヒット」

けっ-かく【欠画┊×闕画】漢字の字画を省くこと。特に中国で、天子や貴人の名と同一の漢字を用いるとき、はばかってその字画を省くこと。清の康熙帝の諱、玄燁の玄を「玄」と書く類。欠け字。

けっ-かく【欠格】必要な資格に欠けていること。「一者」⇔適格。

けっ-かく【結核】❶結核菌の感染によって起こる慢性の感染症。感染症予防法の2類感染症の一。侵された部位により肺結核・腸結核・脊椎カリエスなどがある。特に肺結核をいうことが多い。結核症。❷堆積物や堆積岩中に生じた塊で周囲より硬いもの。

げつ-がく【月額】1か月あたりの金額。

けっかく-きん【結核菌】結核の病原菌。細長い桿菌で、1882年にコッホが発見。

げっかく-さ【月角差】月の黄経に現れる周期的な摂動の一。振幅は0.03度、周期は1朔望月(29.530589日)。

けっかくよぼう-かい【結核予防会】結核を中心とする疾病の予防・調査研究、および教育啓発・事業助成などを行う公益財団法人。昭和14年(1939)設立。肺癌・ぜんそく・COPDなどの呼吸器疾患対策、生活習慣病対策にも取り組む。JATA(Japan Anti-Tuberculosis Association)。

けっかくよぼう-ほう【結核予防法】結核の予防および結核患者に対する適正な医療の措置について定めた法律。大正8年(1919)制定、昭和26年(1951)全面改正。平成19年(2007)感染症予防法に統合。

げっか-こう【月下香】ヒガンバナ科の多年草。花は純白色で甘い香りがある。メキシコの原産で、切り花用に栽培される。チューベローズ。

けっか-し【結果枝】花芽がついて開花・結実する果樹の枝。

けっか-せつ【結果説】倫理学で、行為の動機にではなく、行為の結果に道徳的価値を認める立場。功利主義・快楽主義など。結果倫理。➡動機説

けっか-てき【結果的】〔形動〕結果に関係のあるさま。結果からみた状態やようす。「運動したことが一にはよかった」

けっかてき-かじゅうはん【結果的加重犯】ある故意犯から思いがけない重い結果の発生した場合、その結果を考慮して法定刑の重い別の罪が設けられているもの。傷害致死罪や延焼罪など。

げっか-てん【月下点】地球上で月を天頂に見る地点。

げっかのいちぐん【月下の一群】堀口大学の訳詩集。大正14年(1925)刊。ボードレール・マラルメなどのフランス近代詩340編を収める。

けっか-はん【結果犯】►実質犯

げっか-びじん【月下美人】サボテン科の多年草。クジャクサボテンの仲間で、茎は平たく、葉状。夏の夜、白色で香りのある大花を開き、数時間でしぼむ。メキシコの原産。《季 夏》「一は一夜の雌蕊雄蕊かな/楸邨」

げっか-ひょうじん【月下氷人】《「月下老人」と「氷人」との合成語》男女の縁を取り持つ人。仲人。

けっか-ふざ【結×跏×趺×坐】《「跏」は足の裏、「趺」は足の甲の意》坐法の一。両足の甲をそれぞれ反対のもも上にのせて押さえる形の座り方。先に右足を曲げて左足をのせる降魔坐と、その逆の吉祥坐の2種がある。仏の坐法で、禅定修行の者が行う。蓮華坐。

げっか-もん【月華門】平安京内裏内郭の門の一。紫宸殿南庭の西側にあり、日華門と対する。

けつか・る〔動ラ五(四)〕❶「居る」「ある」などのぞんざいな言い方。人の動作を卑しめていう。いやがる。「おいらが仲間におのれがやうな奴が一・るが、唐人組の名折れぢゃ」〈伎・韓人漢文〉❷(補助動詞)動詞の

連用形に接続助詞「て」を添えた形に付いて、上の動詞の示す動作を卑しめていう。…ていやがる。「かかあ奴(め)。平気で寝て―・る」〈鴎外・雁〉

げっか-ろうじん【月下老人】《唐の韋固(いこ)が月夜に会った老人から将来の妻を予言されたという「続幽怪録」の故事から》男女の仲を取り持つ人。仲人(なこうど)。月下翁。月下氷人。月老。

けっか-ろん【結果論】 原因・動機などを考えず、物事の結果だけをみて行う議論。「―にすぎない」

けっ-かん【欠巻】 ひとそろいとなる書物などで、ある巻が欠けていること。また、その巻。

けっ-かん【欠陥】 欠けて足りないこと。不備な点。「論理上の―を衝(つ)く」「―商品」

類語 欠点・難点・短所・傷・粗(あら)・穴(あな)・難・癖(くせ)・遜色

けっ-かん【血汗】 血の汗。きびしい労働などにいう。「―ヲ流シテ得タル金」〈和英語林集成〉

けっ-かん【血管】 体内各部に血液を送る管。動脈・静脈・毛細血管に分けられる。類語 血筋・青筋

けっ-かん【結巻】 経典や書物の最終の巻。

けっ-かん【×闕官｜欠官】 ❶現任者の欠けている官職。❷官職を解くこと。免官。解官(げかん)。「為朝が鎮西の狼藉によって―せられ」〈保元・中〉

けつ-がん【×頁岩】 シルトや粘土の堆積岩(たいせきがん)で、板状に薄くはがれる性質のもの。泥板岩。シェール。

けつ-がん【結願】 ▶けちがん(結願)

げっ-かん【月刊】 定期的に毎月1回刊行すること。また、その刊行物。「―誌」

げっ-かん【月間】 1か月の間。また、ある行事が行われる1か月間。「―の売り上げ」「交通安全―」

けっかんかくちょうせい-にくがしゅ【血管拡張性肉芽腫】《医学では肉芽腫は「にくげしゅ」という》毛細血管の増殖によって生じる良性の腫瘍。直径数ミリから1センチの赤く柔らかなしこりで、触れると出血しやすい。小さな傷が原因となって発症し、顔面・手指などに好発する。妊娠時に発生することもある。化膿性肉芽腫。

けっかん-けい【血管系】 脊椎動物で、心臓から拍出される血液が循環する通路となる管系。リンパ管系と合わせて循環系を構成する。無脊椎動物では血液・リンパの区別がなく、循環系と同義。動物の種類により開放血管系と閉鎖血管系とがある。

けっかん-しゃ【欠陥車】 構造・性能などに欠陥のある自動車。

けっかん-しゅ【血管腫】 血管組織からできる良性腫瘍。普通は毛細血管の集合したもの。赤あざ。

けっかんない-ちりょう【血管内治療】 カテーテル・バルーン・ステントなどの器具を血管内に挿入して行う治療。抗癌剤(こうがんざい)を局所に注入する、血栓を溶解させる、狭窄(きょうさく)・閉塞した血管を拡張させて血流を改善する、血管を塞栓して止血する、などさまざまな治療法がある。経皮的冠動脈形成術(PTCA)など。カテーテル治療ともいう。

けっかんないひ-ぞうしょくいんし【血管内皮増殖因子】 ▶ブイ-イー-ジー-エフ(VEGF)

けっかん-ねんれい【血管年齢】 弾力を目安に、血管の状態を年齢で表したもの。脳卒中・心臓病にかかる可能性や老化の度合いなどを知る尺度となる。血管の硬化は加齢に伴って起こるが、これ以外に食生活の偏りや運動不足が原因で血管内にコレステロールがたまり、血流が悪くなることでも起こる。➡動脈硬化症

けつがん-ゆ【×頁岩油】 オイルシェール(油頁岩)をセ氏350～550度で乾留して得られる、重油に似た油。

けっ-き【血気】 ❶血液と気力。生命を維持発展させる力。活力。❷向こう見ずで盛んな意気。客気。血の気(け)。「青年の―に任せる」

類語 元気・活気・生気・精気・神気・鋭気・壮気・覇気・威勢・活力・精力・気力

血気盛(さか)ん 活力にあふれるさま。「―な青年」

血気に逸(はや)・る 一時の意気に任せて向こう見ずに事をする。「―・った行動」

けっ-き【決起｜×蹶起】〔名〕スル ある目的のために、決意を固めて行動を起こすこと。「圧政に国民が―する」「―集会」類語 発起・旗揚げ

けっ-き【×譎×詭】 ❶いつわりあざむくこと。譎詐(けっさ)。❷変わること。また、奇異なこと。

けつ-ぎ【決議】〔名〕スル 会議である事柄を決定すること。また、その決定した内容。「企業の誘致を―する」

類語 議決・議定・採決・票決・表決・論決・評決・可決・取り決め・断(だん)・断案・決(けつ)・裁決・裁定

けつぎ-あん【決議案】 決議にかける議案。

げっき-か【月季花】 コウシンバラの別名。

けっき-ざかり【血気盛り】 若くて活力があふれていること。また、その年ごろ。類語 若い・若盛り・少壮

けっき-の-ゆう【血気の勇】 一時の意気に任せて、先のことを考えない勇気。向こう見ずの一時的な勇気。「―にはやる」

けっ-きゅう【血球】 血液の成分の一。血漿(けっしょう)中に浮遊している有形成分。赤血球・白血球(顆粒球・単球・リンパ球)・血小板がある。血液細胞。

けっ-きゅう【結球】〔名〕スル 植物の葉が重なり合って球のようになること。ハクサイ・キャベツなどの葉菜類にみられる。

げっ-きゅう【月宮】「月宮殿㊀」に同じ。

げっ-きゅう【月球】 月のこと。球体であるところからいう。

げっ-きゅう【月給】 月ごとにきまって支払われる給料。月俸。サラリー。「―日」

類語 年俸・週給・日給・時給

けっきゅうが-さいぼう【血球芽細胞】 ▶造血幹細胞

げっきゅう-ぎ【月球儀】 月の表面のようすを球面に表した模型。

けっきゅう-ぎょうしゅうはんのう【血球凝集反応】 凝集原と凝集素とが反応して、赤血球が凝集塊をつくること。血液型の異なる血液の混入、細菌・ウイルスなどの毒素によって起こる。

げっきゅう-でん【月宮殿】 ㊀須弥山(しゅみせん)の中腹をめぐる月にあるという月天子(がってんし)の宮殿。月光殿(がっこうでん)。がっくうでん。がっくう。季 秋 ㊁謡曲「鶴亀」の喜多流における名称。

げっきゅう-とり【月給取り】 月給によって生活する人。サラリーマン。

げっきゅう-どろぼう【月給泥棒】 あまり仕事をしないで給料は普通にもらっている人を軽蔑していう語。

けっ-きょ【穴居】〔名〕スル ほらあなに住むこと。また、その住居。旧石器時代以来の原始的な居住形式。

けっ-きょ【×拮▽据】 ▶きっきょ(拮据)

けっ-きょう【結経】 ❶中心となる教えを述べた本経に対し、その結びとなる要旨を述べた経典。法華経に対する観普賢経(かんふげんぎょう)など。⇔開経。❷経文の意味をまとめて整理すること。

けっ-きょく【結局】 ㊀〔名〕❶囲碁で、1局を打ちおえること。終局。❷いろいろの経過を経て落ち着いた最後。結末。「話は随分長かったが、要するに覚束(おぼつか)ない―に陥ったのである」〈左千夫・春の潮〉㊁〔副〕いろいろなことがあったうえで、最後に落ち着くさまを表す。最終的には。つまるところ。結句。「あれこれやってみたが、―だめだった」「二人は―元のさやにおさまった」類語 ㊁結句・遂(つい)に・畢竟(ひっきょう)・とどの詰まり・詰まるところ・帰するところ・詮(せん)ずるところ・要するに・どの道・いずれ・所詮(しょせん)・どうせ・つまり・矢張り・いずれにしても

けっ-きん【欠勤】〔名〕スル 勤めを休むこと。出勤すべき日に出勤しないこと。「風邪で―する」「無断―」「―届」類語 欠席・病欠・欠場・出欠

げっ-きん【月琴】 弦楽器の一つで、阮咸(げんかん)を変形したもの。中国で宋代以後用いられた。円形の胴に短い棹(さお)がつき、通常4弦で、義甲で弾く。日本では明清楽(みんしんがく)などに使用する。

けっ-く【結句】 ㊀〔名〕詩歌の終わりの句。特に、漢詩の絶句の第4句。㊁〔副〕❶とどのつまり。あげくのはて。結局。「わたし自身で道をつけてやる方が―女の為だと考え」〈荷風・あぢさゐ〉❷かえって。むしろ。反対に。「いつも此同胞(きょうだい)を借りて重宝するを、此方(こなた)は―有難い事におもうて」〈紅葉・二人女房〉 アクセント ㊀はケック、㊁はケック。

類語 結局・遂(つい)に・畢竟(ひっきょう)・とどの詰まり・詰まるところ・帰するところ・詮(せん)ずるところ・要するに・どの道・いずれ・所詮(しょせん)・どうせ・つまり・矢張り・いずれにしても

ケック〖KEK〗「高エネルギー加速器研究機構」の通称。

ケック-ビー〖KEKB〗 高エネルギー加速器研究機構(KEK)にある電子陽電子衝突型加速器「Bファクトリー」の通称。

ケック-ぼうえんきょう【ケック望遠鏡】 米国のカリフォルニア天文学研究協会が運用している2基の大型光学赤外線望遠鏡。光を集める鏡の有効口径はともに約10メートル。ケック財団の資金提供を受けて建設、1993年に完成。ハワイ島のマウナケア山山頂付近、すばる望遠鏡の隣に設置されている。

け-づくろい【毛繕い】 けものが、舌やつめなどを使って毛並みを整えること。➡グルーミング

けつ-げ【結夏】 夏安居(げあんご)を始めること。また、始める日。陰暦4月16日。季 夏

けつ-げ【結解】 ❶仏語。煩悩(ぼんのう)に縛られて自由でないことと、悟りを得て煩悩を脱すること。❷《「けっけ」とも》しめくくりの勘定。決算。〈日葡〉

け-づけ【毛付け】 ❶馬の毛色。❷昔、諸国の牧場から馬を献上するとき、毛色を書き留めたこと。また、その文書やそれをする役目。❸昔、戦場で、それぞれが主な敵を求め、その鎧(よろい)の威毛(おどしげ)などに注目して、討ち取る目標としたこと。❹田畑に稲・麦などの作付けをすること。❺その年の年貢高を定めるために、作物の出来ぐあいを認定すること。

げっ-けい【月計】 月々の会計。毎月の収支合計。

げっ-けい【月×卿】《宮中を天に、天子を日に、公卿(くぎょう)を月になぞらえたもの》公卿。月客(げっかく)。「―光を争ひ」〈海道記〉

げっ-けい【月×桂】 ❶中国の伝説で、月に生えているという木。かつら。❷月。また、月の光。❸「月桂樹」の略。

げっ-けい【月経】 思春期以後の女性で、卵巣周期に伴う性ホルモンの変化により子宮粘膜が周期的に変化し、受精卵の着床がないと、平均28日ごとに内膜が剝離(はくり)して出血すること。数日間持続する。月のもの。生理。経水。メンス。

げっ-けい【撃茎】 銃砲の撃発装置の一部品。ばねや撃鉄の力によって、その先端で薬莢底(やっきょうてい)を打ち、雷管を発火させるもの。

げっけい-うんかく【月×卿雲客】 公卿(くぎょう)と殿上人(てんじょうびと)。「―一人も随(したが)はず」〈平家・一〉

げっけい-かん【月×桂冠】 葉のついた月桂樹の枝を輪にして冠としたもの。古代ギリシャで、競技の優勝者などに名誉のしるしとして与えた。転じて、最も名誉ある地位、また、そのしるし。

類語 冠(かんむり)・栄冠・王冠・宝冠

げっけい-き【月経期】 月経周期の黄体期に受精卵が着床しなかった場合、子宮内膜が剝離し、排出される時期。黄体が萎縮し、黄体ホルモンの分泌が低下することにより、子宮内膜の機能層が剝離して、血液とともに子宮口から排出される。

げっけいこんなん-しょう【月経困難症】 月経痛が病的にひどいもの。子宮収縮が強いなどの機能性のものと、子宮や卵巣に病気があるために起こる器質性のものとがある。

げっけい-じゅ【月×桂樹】 クスノキ科の常緑高木。全体に芳香がある。多数の枝が分かれ、長楕円形の葉を密生。雌雄異株で、春、黄色の小花が密集して咲く。葉から香料をとり、干した葉は香辛料とする。南ヨーロッパの原産で、日本には明治末期に渡来し、各地で栽培されるが雌木は少ない。ローレル。

げっけい-しゅうき【月経周期】 月経が始まってから次の月経の前日まで。通常は28日間。卵巣の状態によって、卵胞期・排卵期・黄体期に、子宮の状

態によって、月経期・増殖期・分泌期に分けられる。増殖期は卵巣の卵胞期にあたる時期で、エストロゲンの作用により子宮内膜が増殖し厚くなる。分泌期は卵巣の黄体期にあたる時期で、プロゲステロンやエストロゲンの作用により子宮内膜がさらに厚みを増し、粘液を分泌して受精卵の着床に備える。基礎体温は卵胞期に低温、黄体期に高温となる。

げっけいぜん-きんちょうしょう【月経前緊張症】《premenstrual tension》▶ピー-エム-エス(PMS)

げっけいぜん-しょうこうぐん【月経前症候群】《premenstrual syndrome》▶ピー-エム-エス(PMS)

げっけいぜんふかいきぶん-しょうがい【月経前不快気分障害】▶ピー-エム-ディー-ディー(PMDD)

げっけいぜんふきげんせい-しょうがい【月経前不機嫌性障害】▶ピー-エム-ディー-ディー(PMDD)

げっけい-つう【月経痛】月経に伴って起こる下腹部などの痛み。生理痛。

げっけい-へいしき【月経閉止期】女性が50歳前後になって性ホルモンの分泌が変わり、月経がみられなくなる時期。閉経期。経閉期。

けっけい-もじ【×楔形文字】▶くさびがたもじ

けつ-げき【穴隙】あな。すきま。

穴隙を鑽・る　《「孟子」滕文公下から。垣などに穴をあけてこっそりのぞく意》男女がひそかに情を通じる。「一・りて密会する男女」〈逍遥・小説神髄〉

けつ-けつ【×孑×孑】㊀〔名〕ボウフラの別名。㊁〔形動タリ〕❶一人ぬきんでたさま。❷孤立するさま。❸小さいさま。こせこせしているさま。

けつ-けつ【決決】〔形動タリ〕水があふれ出るさま。水が流れるさま。「一たる渓泉」〈謡・葛城天狗〉

げつ-げつ-か-すい-もく-きん-きん【月月火水木金金】日曜・土曜がない意で、休日を返上した旧海軍のはげしい訓練をいった言葉。

け-つ・ける【蹴付ける】〔動カ下一〕図けつ・く〔カ下二〕強くける。けりつける。「一・けてお出額を打毀いた義じゃないさ」〈紅葉・多情多恨〉

げっ-けん【撃剣】刀剣・木刀・竹刀で相手をうち、自分を守る武術。剣術。げきけん。

けつ-ご【結語】文章や話などの結びの言葉。

(類語)末筆・末文・頭語・脇付け

けつ-ご【×歇後】ある語句の後半を省略して、前半でその語句全体の意味をもたせること。「論語」為政の「友于兄弟」に基づいて、「友于」だけで兄弟が仲よくする意に用いる類。

けっ-こう【欠航】〔名〕スル 事故や悪天候などのため、定期的に発着している船・飛行機が運航をやめること。「荒天のため一する」

けっ-こう【欠講】〔名〕スル 予定されていた講義がとりやめになること。また、とりやめること。

けっ-こう【血行】血液が体内を循環すること。血のめぐり。「一をよくする」

けっ-こう【決行】〔名〕スル 思い切って実行すること。「悪天をついて登頂を一する」「スト一中」

(類語)敢行・断行・強行・実行・躬行・励行・履行・施行・執行・遂行

けっ-こう【結構】㊀〔名〕スル ❶全体の構造や組み立てを考えること。また、その構造や組み立て。構成。「布置一」「法則を設けて物語を一するは」〈逍遥・小説神髄〉❷もくろみ。計画。「基房亡ぼすべき一にて候ふなり」〈平家・三〉❸したく。用意。「お斎を下されうずると有る程に、畏ったと云ひて参れば、中々一を取り調へて」〈虎明狂・宗論〉㊁〔形動〕図〔ナリ〕❶すぐれていて欠点がないさま。「一な眺め」「一なお点前」「一な御身分」❷それでよいさま。満足なさま。「お値段はいくらでも一です」「サインで一です」❸それ以上必要としないさま。「もう一です」❹気だてがよいさま。「一つ汲んで下されと、下々にも一に詞遣ひて」〈浮・禁短気・二〉㊂〔副〕完全ではないが、それなりに十分であるさま。「子供でも一役に立つ」「一おもしろい」⇨㊁はケッコー、㊀㊂はケッコー。

(類語)㊁(❶)良い・よろしい・好ましい・素晴らしい・申し分ない・立派・見事・上乗・何より/㊂なかなか・かなり・存外・案外・思いの外・割に・割合・割り方・比較的

結構毛だらけ猫灰だらけ　たいへん結構だ、の意をふざけていう言葉。

結構は阿房の唐名　人がよすぎるのは、ばかと同じことだということ。

結構を尽く・す　ぜいたくを尽くす。「五十年忌の法事をいとなみ、旦那寺を招待し、一・す」〈黄・見徳一炊夢〉

けっ-こう【結講】講会の最終日。

けっ-こう【×頡×頏】〔名〕スル ❶鳥が飛び上がったり、舞い下りたりすること。❷勢力が同じくらいで優劣が決まらないこと。拮抗。「其実力に至りては之に一すべき程の大名極めて多し」〈田口・日本開化小史〉

けつ-ごう【欠号】雑誌などの定期刊行物で、ある号が欠けていること。また、その号。

けつ-ごう【結合】〔名〕スル 二つ以上のものが結びついて一つになること。また、結び合わせて一つにすること。「原子が一して分子になる」

(類語)複合・融合・合成

げっ-こう【月光】月の光。つきかげ。

(類語)月明かり・月影・月明

げっ-こう【月江】鎌倉後期の宴曲の作詞・作曲者。明空に次ぐ作者・撰集者とされるが、同一人物とする説もある。生没年未詳。

げっ-こう【月▽虹】月の光によって生じる虹。光が弱いので白く見える。

げっ-こう【激×昂｜激高】〔名〕スル ▶げきこう(激昂)

けつごう-エネルギー【結合エネルギー】分子や原子核など2個以上の粒子が互いに結びついているとき、結合を切ってばらばらにするために必要なエネルギー。

けつごう-おん【結合音】振動数の異なる2音が同時に響くときに派生的に生じる音。周波数は各純音の周波数の整数倍の和または差になる。

けっこう-しゃ【結構者】「結構人」に同じ。「よしよし、今は是まで。一も事による」〈浄・国性爺〉

けっこう-しょく【血紅色】血のようなあかい色。

けっこう-じん【結構人】❶好人物。お人よし。「根は一で娘を犠牲にしようという悪気はないが」〈魯庵・破垣〉❷馬鹿正直な人。

けつごう-すい【結合水】自由水に対し、水和など結合状態にある水。生体組織をつくるたんぱく質や炭水化物、土壌の腐植質、粘土、結晶などの構成分子と結びついている水。

けっこう-ずくめ【結構▽尽くめ】〔名・形動〕すべて申し分のないこと。よいことばかりであること。また、そのさま。「一なお話」

けつごう-そしき【結合組織】動物体の組織間を満たして、それらを結合・支持する組織。細胞間質(間充質)をもち、靭帯など繊維成分に富む組織のほか、軟骨・骨・血液・リンパなども含めていう。結締組織。結合織。

げっこうソナタ【月光ソナタ】ベートーベン作曲のピアノソナタ第14番の通称。1801年ころ完成。第1楽章の幻想的な曲想からこの名がついた。月光の曲。ムーンライト-ソナタ。

けつごう-たい【結合体】二つ以上のものが結びついて一つになったもの。

けっこう-だて【結構立て】好人物らしく振る舞うこと。「ええ、言ひ甲斐なし。一も事による」〈浄・蝉丸〉

けつごう-テスト【結合テスト】《join test》ソフトウエアテストの一。単体テストが完了した部分をいくつか組み合わせ、データの受け渡しや個々の部分の連携がうまく行われているかをテストすること。⇨ビッグバンテスト

けつごう-でんしつい【結合電子対】▶共有電子対

けつごう-はん【結合犯】それぞれ独立して犯罪となる数個の行為を結合して、法律上一つの犯罪としたもの。暴行または脅迫と盗取とが結合した強盗罪など。

けっこう-ふりょう【血行不良】血行がよくないこと。血液が体の各部に十分に行き渡らない状態。肩こりや腰痛、手足の冷えなどの一因となる。

けつごう-ほうそく【結合法則】数の加法・乗法で、演算の結合方法を変えることができる法則。加法では $a+(b+c)=(a+b)+c$ が、乗法では $a\cdot(b\cdot c)=(a\cdot b)\cdot c$ が成り立つ。

けつごう-るい【結合類】結合綱の節足動物の総称。ムカデ類と昆虫類の両方に似た微小動物。体長1センチたらずで白色。触角、12対の歩脚がある。コムカデ類。

けっ-こく【欠刻】切れこみ。きざみ。特に、葉の縁にある切れ込み。

けっ-こく【×闕国】国司または領主が欠けている国。「勧賞には一を給ふべき由」〈平家・一〉

ケッコネン〖Urho Kaleva Kekkonen〗[1900〜1986]フィンランドの政治家。第8代大統領。在任1956〜1981。ソ連との友好を推進する一方、中立政策をとって冷戦下の東西間緊張緩和に貢献した。1975年のヨーロッパ安全保障会議では、ヘルシンキ宣言をまとめ上げた。

けっ-こん【血痕】血のついた跡。

けっ-こん【結婚】〔名〕スル 男女が夫婦になること。「お見合いで一する」「一式」「一生活」⇨婚姻

(類語)婚姻・縁組み・嫁入り・輿入れ・嫁取り・婿入り・婿取り・成婚・おめでた・ゴールイン(一する)結ばれる・嫁ぐ・妻帯する・身を固める・所帯を持つ(結婚式)婚礼・婚儀・祝言・華燭の典・ウエディング

けっこん-かつどう【結婚活動】▶婚活

けっこん-きねんしき【結婚記念式】結婚後、何周年目かに結婚生活を祝って行う記念式。

▷ **結婚記念式の呼称**
1周年:紙婚式　2周年:綿婚式または藁婚式
3周年:革婚式または草婚式　4周年:書籍婚式または花婚式　5周年:木婚式　7周年:銅婚式　10周年:錫婚式またはアルミ婚式　15周年:水晶婚式
20周年:磁器婚式　25周年:銀婚式　30周年:真珠婚式　35周年:珊瑚婚式　40周年:ルビー婚式　45周年:サファイア婚式　50周年:金婚式
55周年:エメラルド婚式　60周年または75周年:ダイヤモンド婚式

けっこん-きねんび【結婚記念日】結婚したことを記念する日。⇨結婚記念式

けっこん-こうしんきょく【結婚行進曲】婚礼の場で演奏される行進曲。メンデルスゾーンの劇音楽「真夏の夜の夢」に含まれる曲が有名。ウエディングマーチ。

けっこん-さぎ【結婚詐欺】結婚を約束して相手を信用させ、金品などをだましとること。

けっこん-しき【結婚式】「婚礼」に同じ。「神前一」

けっこん-てきれいき【結婚適齢期】結婚するのにふさわしいとされる年ごろ。適齢期。

けっこん-ねんれい【結婚年齢】❶「婚姻適齢」に同じ。❷結婚したときの年齢。

けっこん-ゆびわ【結婚指輪】結婚のしるしとして新郎新婦が取り交わす指輪。左の薬指にはめることが多い。マリッジリング。ウエディングリング。(補説)欧米では古くからあるが、日本で普及したのは、生活の欧米化が進んだ20世紀半ばごろから。

けっ-さ【×譎詐】いつわりあざむくこと。譎詭。「一百端の心術の人」〈藤村・夜明け前〉

けっ-さい【決済】〔名〕スル 代金や証券・商品、または売買差金の受け渡しによって、売買取引を終了すること。(類語)清算・決算・精算・採算・勘定・会計

けっ-さい【決裁】〔名〕スル 権限を持っている上位者が、部下の提出した案の可否を決めること。「一を仰ぐ」「書類を一する」(類語)裁断・裁量

けっ-さい【潔斎】〔名〕スル 法会・写経・神事などの前に、酒肉の飲食その他の行為を慎み、沐浴などして心身を清めること。物忌み。「一して祭事に臨む」 類語 斎戒・精進・禊・垢離・清め

けっさい-つうか【決済通貨】国際間の取引決済に用いる通貨。多くは、米ドルのような国際的に信用度の高い通貨が使用される。

けっさいよう-よきん【決済用預金】預け入れた金融機関が経営破綻しても、全額保護される無利子の預金。当座預金や無利息型の普通預金など。 補説 金融機関が破綻した場合、預金保険制度により一人あたり1000万円までとその利息は保護される(ペイオフ)が、決済に備えて1000万円を超える預金をしていた企業等の預金者は債務を履行できなくなるおそれがあることから、信用秩序の維持を図るため、平成14年(2002)の預金保険法改正により、一定の要件を満たす決済用預金は全額保護されることになった。

けっ-さく【結索】〔名〕スル ロープを他の物に結び付けたり、ロープとロープを結び合わせたりすること。

けっ-さく【傑作】〔名・形動〕❶作品が非常にすぐれたできばえであること。また、その作品。「数々の一を残す」❷言動などが突飛でひどくこっけいなこと。また、そのさま。「それは一な話だ」 類語 (❶)名作・佳作・佳編・秀作・労作・力作・大作/(❷)おかしい

げっ-さく【月×朔】月の初めの日。ついたち。

けっ-さつ【結×紮】〔名〕スル 糸などで結ぶこと。特に、止血などのために血管などを縛って結ぶこと。

けっ-さん【決算】〔名〕スル ❶金銭の勘定を締めくくること。収入と支出の総計算。❷企業会計で、一会計期間の経営成績と期末の財政状態とを明らかにするために行う手続き。❸国または地方公共団体が、出納の完結した一会計年度の歳入・歳出について、予算と実績とを対比して作成する確定的計算。 類語 清算・決済・精算・採算・勘定・会計・支払い

げっ-さん【月産】1か月の生産高。「一二万台」

けっさん-き【決算期】企業が決算を行う会計期末の時期。

けっさん-び【決算日】決算を行う日。特に、企業が決算を行う会計期末の日。

けっさん-ほうこく【決算報告】企業が、決算によって明らかになったその会計期間の経営成績、期末の財政状態などを、株主や債権者などに報告すること。また、その報告書。

けっ-し【決死】死をも覚悟して物事を行うこと。「一の覚悟」「一の面持ち」

けっ-し【傑士】際立ってすぐれた人物。傑物。 類語 傑物・傑人・人傑・英傑・俊傑・怪傑・女傑・偉人・大人物・逸材・大物・大器・巨星・巨人・英雄・老雄・群雄・奸雄・両雄・雄・風雲児・ヒーロー

けっ-し【×楔子】❶くさび。かすがい。❷物事の最も重要なところ。❸ ▶コッター

けつ-じ【欠字|×闕字】❶文章・語句の中で、あるはずの字が落ちていること。また、その文字。欠け字。❷文章を書くとき、天皇または高貴の人に敬意を表すため、その名前の上に1字か2字分の空白を置くこと。欠如。 ⇒擡頭 ⇒平出

けつ-じ【×訣辞】別れに際して述べる言葉。

げっし【月氏】中国の戦国時代から漢代にかけて、中央アジアで活躍した遊牧民族。民族系統は不詳。前3世紀ごろモンゴル高原の西半から西域、甘粛西部にまで勢力をのばしたが、前2世紀ごろ匈奴に追われ、主力はイリ地方へ、さらに烏孫に圧迫されてアム川北方へ移動し、大夏を征服して大月氏国を建てた。黄河上流域に残ったものは小月氏という。

げつ-じ【月次】❶毎月。月例。つきなみ。「一報告」❷《「次」は宿りの意》月の、天空における位置。

けっ-しきそ【血色素】血液中にある、酸素の運搬に関与する色素たんぱく。脊椎動物では赤血球中にあるヘモグロビンをさす。血液色素。

けっしきそ-にょう【血色素尿】血色素のまじった尿。赤血球が大量に破壊されて遊離した血色素が排出されたもので、赤褐色ないし暗褐色を呈する。

けっし-たい【決死隊】決死の覚悟で特殊な任務に当たる部隊。

けっ-しつ【欠失|×闕失】〔名〕スル ❶欠けてなくなること。❷あやまり。おちど。「固より容貌の疎脱、言語の一を咎めずして」〈中村訳・西国立志編〉❸生物で、染色体やDNAの一部が切断されて消失すること。突然変異の原因となる。

けっ-じつ【結実】〔名〕スル ❶植物が実を結ぶこと。「一期」❷努力した結果として、成果が得られること。「長年の努力が一した」 類語 成果・結果・収穫・実り

けっ-して【決して】〔副〕❶(あとに打消し・禁止の語を伴って)どんなことがあっても。絶対に。断じて。けして。「御恩は一忘れません」「そんなことはもう一するな」「彼は一大きいほうではない」❷必ず。きっと。「一智をやむすめに追ひ廻されて口惜しい日を送るであらう」〈鳩翁道話・三〉 類語 断じて・ゆめゆめ・金輪際

けっ-しゃ【結社】特定多数の人が、共通の目的を達成するために合意によって組織する継続的な団体。また、そういう団体を作ること。「政治一」「秘密一」 類語 組織・団体・法人・組合・連盟・協会・ユニオン・ソサエティー・アソシエーション

げっ-しゃ【月謝】指導を受ける謝礼として月ごとに支払う金。特に、授業料。

けっしゃ-の-じゆう【結社の自由】多数の人が共通の目的をもって継続的な団体を組織する自由。憲法の保障する基本的人権の一。⇒集会の自由

けっ-しゅ【血腫】内出血によって組織内に血液がたまり、こぶのようにはれあがったもの。皮下血腫、脳硬膜下血腫などがある。

けっしゅいどう-じゅつ【血腫移動術】網膜の下に血液がたまる黄斑下血腫の治療法の一。眼内にガスを注入して血腫を移動させる。

けっ-しゅう【結集】〔名〕スル ばらばらになっているものを集めて一つにすること。また、一つにまとまり集まること。「総力を一する」

けつ-じゅう【結集】釈迦の入滅後、教団の代表者が集まって仏説を集成し編集したこと。4回行われたとされる。けちじゅう。

げっ-しゅう【月収】毎月の収入。また、1か月に得た収入の総額。 類語 収入・所得・実収・現収・年収・定収・実入り・入り・稼ぎ・インカム

けっ-しゅつ【傑出】〔名〕スル 多くのものの中でずばぬけてすぐれていること。「一した作品」 類語 秀逸・出色・屈指・抜群

げっしゅつたい-しょく【月出帯食|月出帯×蝕】月の出における月帯食。月食で月が欠けたまま地平線から昇ってくること。⇔月没帯食。

けっ-しょ【欠所|×闕所】❶欠けているところ。「其の詭説の一を猛撃せられて」〈竜渓・経国美談〉❷(闕所)中世、没収されたり、領主が他に移ったりして、知行人のいない土地。闕所地。❸(闕所)中世、所領・諸職を没収すること。❹(闕所)江戸時代の刑罰の一。死罪・遠島・追放などの付加刑で、田畑・家屋敷・家財などを没収すること。

けっ-しょ【血書】〔名〕スル 強い決意や誠意を示すために自分の血で文字を書くこと。また、書いたもの。

けつ-じょ【欠如|×闕如】〔名〕スル ❶必要な物事が欠けていること。「判断力の一」「道徳心が一している」❷「欠字❷」に同じ。 類語 欠落・欠乏・欠漏・脱落・遺漏・脱漏

けっ-しょう【血×漿】血液で、血球を除いた液体成分。水分のほかたんぱく質・無機塩類・糖分・脂肪・窒素化合物などからなり、また、老廃物・ホルモン・抗体なども含む。細胞の浸透圧や水素イオンを一定に保つ働きをする。

けっ-しょう【決勝】最後の勝負を決めること。競技などで、優勝者を決めること。また、その試合。「一戦」 類語 勝負・勝ち負け・勝敗・雌雄・輸贏・ファイナル

けっ-しょう【結晶】〔名〕スル ❶原子・分子・イオンなどが規則正しく立体的に配列されている固体物質。日常的には単結晶をさすが、多結晶をさすこともある。「雪の一」❷ある事柄が積み重なり、他のある形をとって現れること。「愛の一」「日々の努力が一する」

けつ-じょう【欠場】〔名〕スル 出場するはずの場所に出ないこと。「けがで競技会を一する」⇔出場。 類語 棄権・退場・欠席・欠勤・病欠・出欠

けつ-じょう【決定】㊀〔名〕スル あることが定まって動かないこと。また、信じて疑わないこと。「一心」「一旦生きんと一したる上は」〈露伴・いさなとり〉㊁〔副〕疑いなく。きっと。必ず。「御方が一打ち負け候ひぬと覚え候ふなれば」〈太平記・一六〉

けつ-じょう【結縄】古く、文字のなかった時代に、縄の結び方で意思を通じ合い、記憶の便としたこと。中国・エジプト・中南米・ハワイなどで用いられた。沖縄で近代まで用いられていた藁算もその一つ。

けつ-じょう【×楔状】頭部が大きく、末端が平たくとがっている形。くさびがた。

けつ-じょう【潔浄】〔名・形動〕清らかでけがれのないこと。また、そのさま。「之を奉祀するに…単純一の祭祀を行うのみ」〈東海散士・佳人之奇遇〉

げっしょう【月性】[1817〜1858]江戸末期の浄土真宗の僧。周防妙円寺の住職。字は知円。号は清狂。諸国を巡り、志士と交遊、尊王攘夷・海防論を唱えた。「男子志を立てて郷関を出ず」の詩は有名。

げっ-しょう【月商】月々の商い高。1か月間の商取引の総額。

げっしょう【月照】[1813〜1858]江戸末期の法相宗の僧。京都清水寺成就院の住職。大坂の人。号、無隠庵。尊攘派として国事に奔走。安政の大獄に際し西郷隆盛らと薩摩に逃れたが、藩の保護を断られ、錦江湾に投身。

けつじょう-おうじょう【決定往生】仏語。必ず極楽に往生すること。

けっしょう-かがく【結晶化学】結晶を構成する原子の配列と、化学的性質との関連を研究する化学の一部門。

けっしょうか-ガラス【結晶化ガラス】▶ガラスセラミックス

けっしょう-がく【結晶学】結晶の形態・構造、および物理的・化学的性質を研究する学問。

けっしょうか-ど【結晶化度】▶結晶度

けっしょう-けい【結晶系】結晶を結晶軸の数・長さ・角度などによって分類したもの。等軸(立方)・六方・三方(菱面体)・斜方・正方・単斜・三斜の七晶系があり、三方を六方に含めて六晶系とすることもある。晶系。

けつじょう-ごう【決定業】「定業❶」に同じ。

けっしょう-こうがく【結晶光学】結晶内の光の伝わり方を研究する、光学の一部門。複屈折・偏光・旋光性などを主な研究対象とする。

けっしょう-こうし【結晶格子】結晶を作っている原子・分子・イオンなどの立体的な規則正しい配列構造。

けっしょう-こうぞう【結晶構造】結晶内の原子・分子・イオンなどの配列状態。構造解析には、X線・電子線・中性子線などの回折が用いられる。

けつじょう-こつ【×楔状骨】❶足根骨の一部。先は中足骨に、かかとのほうは舟状骨に連なる3個の骨。❷蝶形骨の旧称。

けっしょう-じく【結晶軸】結晶面の方位や対称性を示すため、結晶内に想定した三次元または四次元の座標軸。

けっしょう-しつ【結晶質】結晶の状態にあること。また、そのような物質。結晶格子からなり、はっきりした融点をもつのが特徴。⇔非晶質。

けつじょう-しん【決定信】仏語。疑い迷うことのない信心。

けっしょう-すい【結晶水】結晶の中に一定の割合で結合している水。結晶内の一定の位置に固定されていて、結晶格子を安定化させる。

けっしょうせい-こうぶんし【結晶性高分子】秩序だった分子配列をもつ高分子化合物の総

称。ポリエチレン、ポリエステル、ポリプロピレン、セルロースなどがある。融点を示し、部分的な結晶構造をもつものが多く、一般的に硬くて剛性が高い。結晶性ポリマー。⇔非結晶性高分子。

けっしょうせい-ポリマー【結晶性ポリマー】ケッシャウセイ ►結晶性高分子

けっしょう-せん【決勝線】競走路の決勝点に引いた横線。ゴールライン。

けっしょう-ぞく【結晶族】ケッシャウ ►晶族

けっしょう-てん【決勝点】❶競走などで、勝敗を決めるコースの到達点。ゴール。❷競技の勝利を決める得点。「―を挙げる」

けっしょう-ど【結晶度】ケッシャウ ❶火成岩中の結晶とガラスの割合。結晶作用の完全・不完全の程度を表し、ガラス質・半晶質・完晶質に区分。❷結晶部分と非結晶部分からなる高分子化合物における、結晶部分が全体に占める重量比。一般的に結晶度が高いと融点が上がり、硬さと剛性が増し、もろくなる。

けっ-しょうばん【血小板】ケッセウ 血液の成分の一。血液を凝固させ止血作用がある。直径2〜3マイクロメートルの細胞小片。

けっしょうぶんか-さよう【結晶分化作用】ケッシャウブンクワ マグマの結晶作用に伴って、玄武岩質マグマから鉱物が晶出すると残りのマグマの化学組成が変わっていろいろの組成のマグマができること。

けっしょう-へんがん【結晶片岩】ケッシャウ 変成岩の一。広域変成作用を受けて鉱物が一定方向に並び、片理とよばれる薄く板状に割れやすい構造を示す岩石。

けっしょう-めん【結晶面】ケッシャウ 結晶の表面をなす平面。

けつじょう-もじ【結縄文字】►縄文字なわもじ

けつじょう-もじ【×楔状文字】ケツジャウ ►楔形くさびがた文字

けっしょう-りゅう【結晶粒】ケッシャウリフ 多結晶を構成する個々の単結晶。また、結晶粒どうしの境界を粒界という。

けっしょう-りゅうかい【結晶粒界】ケッシャウリフカイ ►粒界

けっ-しょく【欠食】〔名〕スル 食事をとらないこと。

けっ-しょく【血色】❶顔の色つや。顔色。「―のいい顔」❷血の色。血のように赤い色。

けっ-しょく【血食】いけにえの動物を供えて先祖の霊を祭ること。子孫が続いて先祖の祭りを絶やさないこと。

げっ-しょく【月色】月の色。月の光。月光。

げっ-しょく【月食・月×蝕】月が地球の本影の中に入って、月面の一部または全部が暗くなる現象。月の一部が本影に入るのを部分食、全部が入るのを皆既食という。⇒皆既月食

けっしょく-じどう【欠食児童】家庭の貧困や食糧不足などのため、満足に食事がとれない児童。

けっしょもの-ぶぎょう【×闕所物奉行】ケッショモノブギャウ 江戸幕府の職名。大目付に属し、闕所の刑に処せられた者の財産の売却処分をつかさどった。

けっ-しる【結しる】〔動サ上一〕《「けっ(結)する」(サ変)の上一段化》「結する❶」に同じ。「がうぎに―しるな」〈滑・八笑人・五〉

げっし-るい【×齧歯類】齧歯目の哺乳類の総称。鑿のみ形をした一対の門歯は絶えず伸びつづけるので、常に物をかじってすり減らす。犬歯はない。哺乳類では最も種類が多く、リス・ネズミ・ヤマアラシの3亜目に大別され、約1600種が知られる。ニュージーランドと南極大陸を除く世界各地に分布。

けっ-しん【欠唇】►口唇裂こうしんれつ

けっ-しん【決心】〔名〕スル 心を決めること。考えを決めること。「やっと―がつく」「―した以上は必ずやる」

用法 決心・決意――「すべてを忘れて再出発することを決心(決意)した」「社長はA社との合併を決心(決意)した」のように、心(気持ち)を定めるの意では相通じて用いられる。◇「決心」は考えを決めるというところに重点があり、「決意」は意志を固めるというところに重点がある。したがって「なかなか決心がつかない」場合に「決意」を用いることを普通はしない。◇「今年中に結婚する決心をした」「優勝を目指してがんばる決意です」の場合、「決意」と「決心」は交換できないこともないが、それぞれを置き換えることによって、表現される内容に原文と微妙な違いを生じる。

類語 決意・覚悟・ふんぎり・決断・英断・即断・速断・勇断・独断・専断・明断・判断

けっ-しん【結審】〔名〕スル 一つの裁判におけるすべての審理を終了すること。

けつ-じん【傑人】飛び抜けてすぐれた人。傑士。

類語 傑物・傑士・人傑・英傑・俊傑・怪傑・女傑・偉人・大人物・逸材・大物・大器・巨星・巨人・英雄・老雄・群雄・奸雄かんゆう・両雄・雄・風雲児・ヒーロー

けつ-じん【×竭尽】〔名〕スル 尽きること。使いきること。

げっ-しん【月震】月で起こる地震。1969年にアポロ11号が月面に設置した地震計で初めて観測され、その後のアポロ計画で設置された地震計または重力測定装置により、77年まで観測が続けられた。大部分は深さ800〜1000キロを震源とするマグニチュード3程度の深発月震である。そのほか深さ300キロを震源とする浅発月震、隕石衝突による振動、昼夜の温度差により岩石が破壊されることで生じる熱月震などが観測されている。⇒日震 ⇒星震 ⇒宇宙震

ゲッシング-ゲーム〖guessing game〗《guess は、根拠なしに推測する、の意》相手の意図を推し量ること。腹の探り合いをすること。

けっ-すい【決水】堤防や水門などを破壊して水を流し出すこと。堤防や水門などが決壊して水が氾濫はんらんすること。また、その水。

けつ-ずい【血髄】血液と骨髄。からだの重要な部分。「―を屠ほふり身体を拋なげうっても」〈盛衰記・一一〉

げっ-すい【月水】月経のこと。

けっ・する【決する】〔動サ変〕文けっ・す〔サ変〕❶はっきりときまる。また、きめる。「勝敗が―・する」「雌雄を―・する」「意を―・する」❷堤防が切れて水が流れ出る。また、堤防を破って水を流し出す。「此手紙は私の半生の思量が隄を―・して溢流したのである」〈鴎外・羽鳥千尋〉 **類語** 決める・定める・定まる・固まる・まとまる・決定する・確定する・決着がつく

けっ・する【結する】〔動サ変〕文けっ・す〔サ変〕❶便秘する。「はァお通じでがすか。二三日前から―・して居りす」〈真山・南小泉村〉❷結論する。「上人―・して曰く」〈盛衰記・三九〉

けっ-せい【血清】血液が凝固する際に血餅けっぺいから分離してできる、透明な淡黄色の液体。血漿けっしょうからフィブリノゲンを除いたもの。免疫抗体やグロブリンなどを含む。

けっ-せい【結成】〔名〕スル 会や団体などの組織を作ること。「劇団を―する」 **類語** 結団・結党・立党・結社

けつ-ぜい【血税】❶血を搾られるような苦労をして納める税金。負担の重い税金。❷兵役の義務。明治5年(1872)太政官告諭の「西人之を称して血税という。その生血を以て国に報ずるの謂なり」による。

類語 重税・酷税・苛税・悪税

けっせい-アルブミン【血清アルブミン】血清たんぱく質の一。血漿けっしょう総たんぱく質の約6割を占め、栄養・代謝物質の運搬、浸透圧の維持などの働きをする。

けつぜい-いっき【血税一×揆】明治6年(1873)から翌年にかけて起こった徴兵反対一揆。新たな義務が課されることや政府の政策への反対から、西日本を中心に農民・士族が起こしたもの。

けっせい-かんえん【血清肝炎】輸血や注射器によって感染するウイルス性肝炎。B型・C型・D型肝炎がこれにあたる。輸血後肝炎。⇒流行性肝炎

けっせい-こうたいけんさ【血清抗体検査】ケッセイカウタイ 血清に含まれる抗体の量を測定し、細菌・ウイルス感染の有無を確認する検査。発病初期と回復期の血清を比較し、抗体価が4倍以上に上昇していれば陽性と判定する方法(ペア血清検査)と、単一の血清を調べて、感染初期に産生されるIgM抗体価が陽性の場合は最近の感染、感染から約2週間後に上昇し回復後も持続するIgG抗体価が陽性の場合は過去の感染と判断する方法がある。約0.5ミリリットルの血清でインフルエンザ・麻疹・風疹・トキソプラズマなどの感染の有無や、現在の免疫力の程度などがわかる。

けっせい-しょ【結政所】►かたなしどころ

けっせい-びょう【血清病】ケッセイビャウ ジフテリア・破傷風などの治療の際に、動物の抗毒素血清を注射したときに起こるアレルギー性疾患。軽いものでは発疹ほっしん・発熱・浮腫ふしゅなどが現れ、重いものではショック症状を起こす。

けっせい-りょうほう【血清療法】ケッセイレウハフ 免疫血清を注射して感染症を治療する方法。

げっ-せかい【月世界】月の世界。月界。

けっ-せき【欠席・×闕席】〔名〕スル 出席すべき会合などに出ないこと。また、生徒や学生が学校を休むこと。「同窓会に―する」「授業を―する」⇔出席。

類語 欠勤・病欠・欠場・出欠

けっ-せき【血石】濃緑色の玉髄ぎょくずいで、酸化鉄による赤色の斑点のあるもの。飾り石とする。ブラッドストーン。ヘリオトロープ。血玉髄。血玉石。血星石。

けっ-せき【結石】体内で分泌物の成分などが固まって石状となったもの。生じる部位によって胆石・腎結石・尿管結石・膀胱結石などがある。

げっ-せき【月夕】月の明るい夜。特に、陰暦8月15日の夜のこと。

けっせき-さいばん【欠席裁判】❶被告人が欠席したままでする裁判。刑事訴訟で特定の場合に例外として行われる。❷「欠席判決」に同じ。❸当人のいない席上で、その人に関することを決めてしまうこと。「―で会長をおしつけられた」

けっせき-はんけつ【欠席判決】旧民事訴訟法で、当事者の一方が口頭弁論期日に欠席した場合に、出席当事者の主張だけに基づいてなされる欠席者に不利な判決。欠席裁判。

けっ-せつ【結節】〔名〕スル ❶結び合わせること。❷結ばれて節ふしとなること。また、そのもの。❸皮膚にできる発疹ほっしんのうち、丘疹きゅうしんよりも大きく腫瘤しゅりゅうよりも小さいもの。❹解剖学で、盛り上がった肥厚部。

けっせつ-てん【結節点】つなぎ合わされた部分。つなぎめ。むすびめ。

ゲッセマネ〖Gethsemane〗パレスチナ地方の古都エルサレム東部のオリーブ山西麓の園。新約聖書の福音書によると、イエスが処刑前夜の最後の晩餐の後に祈りをささげ、ユダの裏切りによって捕らえられた場所とされる。万国民の教会、マグダラのマリア教会に隣接する。ゲッセマネの園。

けっ-せん【血栓】血管内で生じた血のかたまり。⇒血栓症

けっ-せん【血戦】血みどろになって激しく戦うこと。また、そのような戦い。 **類語** 激戦・熱戦・死闘・激闘

けっ-せん【決戦】〔名〕スル 最終的な勝敗を決するために戦うこと。また、その戦い。「―をいどむ」

類語 交戦・対戦・実戦・応戦・抗戦・大戦・一戦・夜戦・白兵戦・前哨ぜんしょう戦・勝負

けっ-せん【決選】選挙で、上位得票者からさらにある者を選びだすこと。

けつ-ぜん【×孑然】〔ト・タル〕文〔形動タリ〕孤独なさま。孤立しているさま。「魯庵子―として孤灯と相対す」〈魯庵・社会百面相〉

けつ-ぜん【決然】〔ト・タル〕文〔形動タリ〕きっぱりと決心したさま。思い切ったさま。「―たる語調」

類語 敢然・凜然りんぜん・凜凜りんりん・凜乎りんこ・颯爽さっそう

けつ-ぜん【×蹶然】〔ト・タル〕文〔形動タリ〕勢いよく立ち上がるさま。跳ね起きるさま。また、勢いよく行動を起こすさま。「―として席を立つ」

げっせん【月僊】[1741〜1809]江戸中期の画僧。尾張の人。名は玄瑞。京都知恩院に住み、円山応挙や与謝蕪村の影響を受け、山水・人物画にすぐれた。晩年、私財を投じて伊勢山田に寂照寺を再興。

げつ-ぜん【月前】月の光がさしている所。

月前の星 他の勢力に圧倒されて、影が薄くなっているもののたとえ。

けっせん-しょう【血栓症】ケッセンシャウ 血管内に生じた血栓

が血液の流れを阻害することによって組織や臓器に障害が引き起こされること。

けっせんせいけっしょうばんげんしょうせい-しはんびょう【血栓性血小板減少性紫斑病】全身の細動脈や毛細血管に微小な血栓が詰まることで、血小板減少症・溶血性貧血・腎機能障害・発熱・精神神経症状が現れる、重篤な全身性疾患。特定疾患(難病)の一つ。TTP(Thrombotic thrombocytopenic purpura)。

けっせん-とうひょう【決選投票】選挙で、1回の投票で当選者が決まらない場合、上位得票者2名についてもう一度行う投票。

けっ-そう【血相】顔のようす。顔色。顔つき。「—を変えて飛び出す」類語 顔・顔付き・顔立ち・容貌・面構え・面差し・面立ち・面影・面相・人相・容色・相好・形相・剣幕・面魂・表情

けっ-そう【傑僧】学識や修行に特にすぐれた僧。

けっ-そう【×纈草】カノコソウの別名。

げっ-そう【月奏】律令制で、毎月1日に、前月に官人の勤務した日数を調べて天皇に奏聞すること。また、その儀式。がっそう。

げっ-そう【月相】月齢によって月の表面の輝く部分が変化するありさま。月の位相。

けっそう-こん【×纈草根】►吉草根

げつぞう-どう【月像×幢】►がつぞうどう

けっ-そく【結束】〔名〕スル ❶ひもや縄などで結んで束にすること。「角材を一〇本ずつ—する」❷志を同じくする者が団結すること。「仲間の—が固い」「みんなで—して事に当たる」❸衣服や甲冑を身に着けること。身じたくすること。「夜半に—して、…剣が峰の天頂迄登って」〈漱石・それから〉

けつ-ぞく【血族】血のつながった人々。血縁。法律上は、養親子のように、これと同様に扱われる者(法定血族)を含めていう。
類語 血縁・血続き・血筋・血脈・血統・血・家・家門・一門・一族・家系・家筋・氏・筋目・毛並み

けつぞく-けっこん【血族結婚】血族関係にある者どうしの結婚。普通には四親等になるいとこを含む近縁者間の結婚をいう。子供に劣性の遺伝形質が発現する確率が高いとされる。血族婚。➡近親婚

げっそり〔副〕スル ❶顔・からだなどが急にやせ衰えるさま。「ほおが—(と)こける」❷一度に気力を失うさま。がっかりするさま。「試合に負けて—する」

けっ-そん【欠損】〔名〕スル ❶物の一部が欠けてなくなること。「器物が—する」❷決算上の損失。赤字。「大きな—を出す」類語 損・損失・損害・損亡・実損・差損・赤字・持ち出し・採算割れ・不利益

けっそん-かてい【欠損家庭】未成年者のいる家庭のうち、両親または片親が死別・離別などのために欠けている家庭。欠損家族。

けっ-たい【結滞】〔名〕スル 心臓の拍動につれて送り出される血液のリズムが乱れること。脈の打ち方が不規則になること。

けっ-たい〔形動〕《「けたい(卦体)」の促音添加》奇妙なさま。おかしなさま。主に関西地方で用いる。「—なかっこう」「—な話」
類語 不思議・変・怪異・妙・奇妙・奇怪・奇異・怪奇・不可思議・面妖・奇天烈・摩訶不思議・不可解・不審・異・謎・怪・奇・幻怪・神秘・霊妙・霊異・玄妙・あやかし・ミステリー・ミステリアス

げったい-しょく【月帯食】►がったいしょく

ゲッタウエー〖getaway〗逃亡。脱走。

けっ-たく【結託】〔名〕スル 互いに心を通じて事を行うこと。示し合わせてぐるになること。「業者と—して私腹をこやす」類語 馴れ合い・ぐる・八百長・共犯

けった-くそ【×卦▽体×糞】いまいましいこと。けたくそ。「—が悪い」

けったる・い〔形〕《「かったるい」の音変化》くたびれてだるい。「—・くなった様に庖丁と肉刺を投げ出して」〈魯庵・くれの廿八日〉

けっ-たん【血×痰】血のまじっている痰。

けつ-だん【決断】〔名〕スル ❶意志をはっきりと決定すること。「—を迫られる」「転職を—する」❷正邪善悪を判断・裁決すること。「直に訴へを聞こし召し明らめ、理非を—せられしかば」〈太平記・一〉
類語 決定・決心・決意・断・判断・断定・英断・即断・速断・勇断・独断・専断・明断

けつ-だん【結団】〔名〕スル 団体を結成すること。「—式」⇔解団。類語 結成・結党・立党・結社

げっ-たん【月旦】❶月の初めの日。ついたち。❷「月旦評」の略。「人物—」

けつだん-しょ【決断所】►雑訴決断所

げったん-ひょう【月旦評】《後漢の許劭が、毎月の1日に郷里の人物の批評をしたという、「後漢書」許劭伝の故事から》人物について論評すること。品定め。

けつだん-りょく【決断力】自分自身の判断・責任で決断する能力。「—のある人」

けっ-ちゃく【決着┊結着】〔名〕スル 物事のきまりがついて終わりになること。「—をつける」「—を見る」「交渉が—する」類語 解決・落着・落ち着く・決まる・済む

けっ-ちゅう【桀紂】古代中国の、夏の桀王と殷の紂王。ともに暴虐な君主。転じて、暴君のこと。

けっ-ちょう【結腸】大腸のうち、盲腸と直腸の間の主要部分。上行・横行・下行・S状結腸の四つに分けられる。

げっ-ちょうせき【月長石】長石の一。乳白色、半透明で、カットされた曲面から青色の閃光を放つもの。宝石として利用。ムーンストーン。

けっ-ちん【血沈】「赤血球沈降速度」の略。

ゲッ-ツー〖get two〗►ダブルプレー

けっ-てい【決定】〔名〕スル ❶物事をはっきりと決めること。物事がはっきりと決まること。また、その内容。「会議の日取りを—する」「—権」❷裁判所が行う判決以外の裁判。口頭弁論を経ない点で判決と異なり、個々の裁判官がなす命令と区別される。「公訴棄却の—」
類語 (❶)決まり・本決まり・確定・画定 (評議による決定)議決・決議・論決・評決・議定・取り決め (ある事柄について下す決定)断・断案・決・裁決・裁定

けっ-てい【結締】しっかりと結びつけること。

けっ-てい【×闕廷】朝廷。宮中。

けってい-けいこう【決定傾向】心理学で、課題が設けられたとき、目標に向かって無意識に一定の行動をとろうとする傾向。

けってい-こう【決定稿】それ以上あらためる必要のない原稿。完成した原稿。⇔未定稿。

けってい-そしき【結締組織】►結合組織

けってい-てき【決定的】〔形動〕物事がほとんど決まってしまって、動かしがたいさま。「勝利は—だ」

けっていてき-しゅんかん【決定的瞬間】重大な物事が起こる、その瞬間。「—をカメラに収める」

けってい-ばん【決定版】❶書物・出版物で、それ以上の修正や増補を必要としない最終的なもの。「漱石全集の—」❷同一種類のもののうちで、品質・機能などの最もすぐれているもの。「辞書アプリの—」

けってい-ろん【決定論】哲学で、一切の事象、特に自由と考えられている人間の意志やそれに基づく行為は、何らかの原因によってあらかじめ全面的に決定されているとする説。必然論。デターミニズム。➡偶然論

ゲッティンゲン〖Göttingen〗ドイツ中央部の大学都市。1737年に創立のゲッティンゲン大学がある。

けっ-てき【×闕×腋】《「けつえき」の連声》❶衣服の両わきの下を縫いつけないで、開けたままにしておくこと。また、そのもの。⇔縫腋。❷「闕腋の袍」の略。

けってき-の-ほう【×闕×腋の×袍】両わきの袖付けの下を縫い合わせないで開け広げたままの袍。襴がなく、動きやすくしたもの。武官や幼年の束帯に用いた。縫腋の袍に対していう。わきあけ。襖。闕腋。

けっ-てん【欠典┊×闕典】規則・規定などが不完全なこと。また、そのもの。「其—を許せば枚挙に遑あらず」〈福沢・学問のすゝめ〉

けっ-てん【欠点】❶不十分なところ。足りないところ。短所。あら。「—を補う」「—をつく」❷学校の成績で、必要な点数に足りないこと。落第点。
用法 欠点・弱点——「燃料を食うのが、この車の欠点(弱点)だ」「相手の欠点(弱点)をつく」「欠点(弱点)を補う」など、相通じて使われることが多い。◆「欠点」は難ずるべきところ、改めるべきところという意味合いが強く、「弱点」は十分でない弱い部分という意味合いで用いられる。「他人に対する思いやりに欠けるのが彼の欠点だ」を「弱点」で置き換えることには無理がある。「彼の弱点をつかむ」を「欠点」に置き換えることはできない。◆類似の語に「短所」がある。「短所」は、「気が短く怒りっぽいのが彼の短所だ」のように「欠点」と相通じて用いられるが、性格的なことについて用いられることが多い。
類語 弱点・難点・短所・あら・ぼろ・あな・デメリット

ゲット《「ブランケット」の略》毛布。(季 冬)「中央に白い—が敷いてあって」〈花袋・妻〉

ゲット〖get〗〔名〕スル ❶手に入れること。❷アイスホッケー・バスケットボールなどで、得点すること。

けっ-とう【血統】祖先から続いている血のつながり。血すじ。「一族の—が絶える」
類語 家系・家筋・血筋・血脈・血・筋目・毛並み・家門・一門・一族・血族・氏

けっ-とう【血糖】血液中に含まれている糖類。ふつう、ぶどう糖をいう。

けっ-とう【決答】〔名〕スル はっきりと答えること。また、その答え。確答。「此後二十日を期して—せよ」〈福沢・福翁自伝〉

けっ-とう【決闘】〔名〕スル ❶個人間での名誉の侵害や遺恨などから起こった争いを解決するため、取り決めた方法で闘い、勝負をつけること。果たし合い。❷勝敗を決める戦い。「今ぞ正邪両党の巨魁が死生の—なり」〈竜渓・経国美談〉類語 果たし合い・一騎討ち・真剣勝負・取っ組み合い・掴み合い・組み討ち

けっ-とう【結党】〔名〕スル ❶徒党を組むこと。党派をつくること。❷政党を結成すること。
類語 立党・結成・結団・結社

げっ-とう【月桃】ショウガ科の多年草。高さ約3メートル。初夏、芳香のある白色の花が咲く。小笠原・沖縄および南方諸島の山野に生え、観賞用に栽培もされる。生葉は包装に、茎は乾燥してマット・漁網などの繊維に利用される。種子は民間薬として健胃剤に使用。おおくまたけらん。

けっとう-ざい【決闘罪】決闘を行ったり、これに関与したりすることで成立する罪。明治22年(1889)の「決闘罪ニ関スル件」という法律により罰せられる。

けっとう-しゅぎ【血統主義】出生による国籍の取得に関して、子の生まれた場所がどこの国であろうとも、父または母の国籍を与えるという考え方。日本の国籍法はこの主義を採用。➡出生地主義

けっとう-しょ【血統書】飼育動物の血統を証明する文書。

けっとう-じょう【決闘状】決闘❶を申し込む書状。果たし状。

けっとう-ち【血糖値】血糖の量。通常は血液1デシリットル中60〜80ミリグラムのほぼ一定に保たれているが、糖尿病では異常に高くなる。

ゲットー〖イタリア ghetto〗❶中世から近代にかけて、ヨーロッパの諸都市に設けられた、ユダヤ人の強制居住区域。20世紀までにほとんど消滅。ナチス-ドイツがユダヤ人絶滅のために設けた強制収容所もこの名で呼ばれた。❷米国の都市で、少数民族の居住している区域。

げっ-とく【月徳】暦注の一。万事に吉とされる日。月徳日。

ゲット-セット〖get set〗陸上競技で、スターターが「オン-ユア-マーク(位置について)」のあとにかける「用意」というスタート前の号令。

けっとば・す【蹴っ飛ばす】〔動サ五〕「けとばす」の俗な言い方。「思い切り—・してやった」

け-づな【毛綱】毛髪をより合わせて作った綱。
げつ-ない【月内】その月のうち。
けつ-にく【血肉】❶血と肉。また、生身のからだ。❷血縁のごく近いもの。肉親。骨肉。
(類語)家族・一家・家内・家人・家の人・肉親・親子・親兄弟・妻子・骨肉・身内・身寄り・係累・家累・家眷・一家眷属・妻子眷属・一族・ファミリー
けつ-にょう【血尿】赤血球が混じって出る尿。腎臓・膀胱など尿路の疾患の際にみられる。
けつね【×狐】(主に関西で)きつね。「—うどん」
ケッパー〖caper〗▶ケーパー
けっ-ぱい「けっかい(結界)」の音変化。「七里—」
けっ-ぱい【欠配】〘名〙スル 配給されるべき物や、支払われるはずの給与が出ないこと。「給料を—する」
けっ-ぱく【潔白】〘名・形動〙❶心や行いがきれいなこと。後ろ暗いところがないこと。また、そのさま。「身の—を証明する」「—な人」「清廉—」❷清潔でよごれのないこと。真っ白なこと。また、そのさま。「一顆の—にして、一顆は青し〈読・弓張月・続〉」(派生)けっぱくさ〘名〙(類語)清廉・清純・純潔・高潔・廉直・廉潔・貞潔・綺麗・清い・清らか・清潔・清浄・清浄・清澄・清冽・清麗・無垢
げっ-ぱく【月迫】月末に差し迫ったこと。また、そのころ。月末。多く12月にいう。「—になり銭を持ち来り〈咄・醒睡笑・八〉」
けっ-ぱつ【結髪】〘名〙スル ❶髪を結うこと。また、結った髪。❷元服すること。
けつ-ばん【欠番】続き番号の中である番号が抜けていること。また、その番号。「永久—」
けつ-ばん【結番】順番を定めて交代で出仕し、宿直などの勤務に当たること。けちばん。「三塔に—して…仏に花参らせし者どもなり〈平家・二〉」
けっ-ぱん【血判】〘名〙スル 起請文・誓詞などに背かないことを示すため、指先を切って血を出し、自分の署名の下に押すこと。また、その押したしるし。
(類語)血書・血盟
けっ-ぱん【血斑】皮膚・粘膜の組織中に出血することによって起こる、紅色から黒紫色の斑点。
げっ-ぱん【月販】「月賦販売」の略。「—商品」
けつ-び【結尾】終わり。結末。結び。(類語)終わり・おしまい・終了・終結・終焉・終末・果てし・幕切れ・閉幕・幕・打ち止め・ちょん・完・了・ジエンド・終い・最後・結末・結び・締め括り・末尾・掉尾・掉尾・終局・終幕・大詰め・土壇場・どん詰まり・末・ラスト・エンディング・フィニッシュ・フィナーレ
けっ-ぴ【血肥】獣類の血を肥料としたもの。
けっ-ぴょう【結氷】〘名〙スル 氷が張ること。また、張った氷。「湾内が—する」(季冬)
(類語)凍結・氷結・凍る・凍りつく・凍てつく
げっ-ぴょう【月表】月ごとにまとめた表。「販売成績を—で示す」
げっ-ぴょう【月評】月ごとに、出来事や発表された作品などについてする批評。「演劇—」
けつ-びん【欠便】定期便の船舶や飛行機が運航を中止すること。「台風で—になる」
けっ-ぴん【欠品】〘名〙スル 客の注文した品がその場にないこと。品物がその店になく注文に応じられないこと。➡品切れ
げっぷ《その音を表す語から》胃の中のガスが口から出てくるもの。噯気。おくび。飽食する意、また物事に飽き飽きする意のたとえにも用いる。「—が出るほど聞かされた話」
げっ-ぷ【月賦】❶代金などの全額を一時に払わないで、月々に割り当てて分割払いにすること。月賦払い。また、その月々の支払い金。「—で返済する」❷「月賦販売」の略。❸月々に割り当てること。〈日葡〉
(類語)割賦・分割払い・月払い・年賦
けつ-ぶつ【傑物】秀でた人物。傑出した人物。
(類語)傑士・傑人・人傑・英傑・俊傑・怪傑・女傑・偉人・大人物・逸材・大物・大器・巨星・巨人・英雄・老雄・群雄・奸雄・両雄・雄・風雲児・ヒーロー
げっぷ-ばらい【月賦払い】代金を月賦で支払うこと。
げっぷ-はんばい【月賦販売】月賦払いの契約で商品を売ること。
けつ-ぶん【欠文┆×闕文】一部分抜け落ちたところのある文章。また、その抜けた部分の句や文。
けつ-ぶん【結文】文章の結び。また、その文。
けっ-ぷん【血粉】家畜の血を乾燥させた粉末。窒素を多く含み、肥料や飼料として使用する。乾血。
けっ-ぺい【血餅】血液が凝固するときにできる暗赤色のかたまり。血漿中のフィブリノゲンが線維状のフィブリンに変わり、血球と絡み合って沈殿したもの。
げっ-ぺい【月餅】中国菓子の一。小麦粉の皮の中に、あん、またはナッツや種実、蜜漬けの干し果実などを入れ、丸く平たい形にして焼いたもの。中国では仲秋節に作り、四角形や六角形のものなどもある。
けっ-ぺき【潔癖】〘名・形動〙❶不潔なものを極度に嫌う性質。また、そのさま。「—で、何度も手を洗う」❷不正なことを極度に嫌う性質。また、そのさま。「金銭に関して—な人」(派生)けっぺきさ〘名〙
けつ-べつ【決別┆×訣別】〘名〙スル いとまごいをして別れること。また、きっぱりと別れること。「故郷に—する」「同志と—する」
(類語)別れ・別離・離別・一別・生き別れ・泣き別れ・生別・離れる・離反・離背・絶縁・おさらば・袂を分かつ
げつ-べつ【月×鼈】月とすっぽん。二つのものの優劣の差がはなはだしいことのたとえ。雲泥。「一雲泥、天地の相違〈鏡花・高野聖〉」
ゲッベルス〖Joseph Paul Goebbels〗[1897～1945]ドイツの政治家。ナチス政権の宣伝相として言論弾圧・文化統制・国家総動員を指導した。ベルリン陥落の際に自殺。
ケッヘル-ばんごう【ケッヘル番号】19世紀オーストリアの音楽研究家ケッヘル(Ludwig von Köchel)が、モーツァルトの作品を年代順に整理してつけた作品番号。略号はK.またはK.V.
けつ-べん【血便】血液の混じった大便。消化管内の出血によるもので、出血の部位と量により、鮮血色から黒色を呈する。
ケッペン〖Wladimir Peter Köppen〗[1846～1940]ドイツの気候学者。ロシア生まれ。植物分布と気候との関係を研究し、世界の気候帯区分を提唱した。
ケッペン-の-きこうぶんるい【ケッペンの気候分類】ケッペンが1918年に考案した世界の気候分類法。植物分布に注目し、熱帯気候・温帯気候・亜寒帯気候・寒帯気候・乾燥気候に区分した。
けつ-ぼう【欠乏┆×闕乏】〘名〙スル 乏しいこと。不足すること。「資金が—する」「ビタミン—症」
(類語)不足・枯渇・払底
けつ-ぼう【欠望┆×觖望】不満に思うこと。「富者といえども常に—を抱くなるべし〈田口・日本開化小史〉」
げっ-ぽう【月俸】毎月支給される俸給。月給。
げっ-ぽう【月報】❶毎月定期的に出される報告や印刷物。❷新刊の全集などに添えられる小冊子。
けつ-ぼく【欠▽乏┆×闕▽乏】「けつぼう(欠乏)」に同じ。「兵糧ガーシタ〈日葡〉」
げつぼつたい-しょく【月没帯食┆月没帯×蝕】月の入りにおける月帯食。月食で月が欠けたまま地平線に沈んでいくこと。➡月出帯食。
けつ-ぼん【欠盆】経穴の一。鎖骨の上のくぼみの中央にあるつぼ。
けっ-ぽん【欠本┆×闕本】そろいの本の一部が欠けていること。また、その本。欠巻。➡完本 ➡零本
けつ-まく【結膜】まぶたの裏と眼球の表面を覆っている無色透明の粘膜。
けつまく-えん【結膜炎】結膜の炎症の総称。細菌やウイルスの感染、アレルギーによって起こる。症状は結膜の充血、目やに・涙の増加、濾胞・偽膜の形成など。
けつまくか-しゅっけつ【結膜下出血】結膜の毛細血管が破れて内出血した状態。白目の部分が赤くなる。外傷や急性結膜炎、くしゃみや咳などが原因で起こる。動脈硬化・高血圧・糖尿病・貧血・白血病などの全身疾患に伴って起こる場合もある。出血は数週間で自然に吸収される。球結膜下出血。
けつまくしかん-しょう【結膜×弛緩症】加齢に伴って結膜がたるむ眼の疾患。弛緩した結膜が下瞼に沿ってひだをつくるため、異物感を生じる。たるんだ結膜のひだに涙がたまって涙目になったり、角膜に涙が十分に行き渡らなくなってドライアイの原因となることがある。
けつまく-のう【結膜×嚢】結膜のこと。まぶたの裏から眼球の表面にかけて嚢状(ふくろ状)になっていることから。
け-つまず-く【蹴×躓く】〘動カ五(四)〙❶足先を物にぶつけてよろける。「敷居に—く」❷中途で失敗する。やりそこなう。しくじる。「資金繰りが肝心なところで—いた」
けつ-まつ【結末】最後の締めくくり。最後に到達した結果。「連載小説に—をつける」「悲惨な—」
(類語)終章・終局・終焉・大詰め・終末・終わり・結果・おしまい・終了・終結・果てし・幕切れ・閉幕・幕・打ち止め・ちょん・完・了・ジエンド・終い・最後・最終・結び・締め括り・結尾・末尾・掉尾・掉尾・終幕・土壇場・どん詰まり・末・ラスト・エンディング・フィニッシュ・フィナーレ・エピローグ
げつ-まつ【月末】月の終わり。つきずえ。
けつ-みゃく【血脈】❶血管。❷血のつながり。血すじ。血統。けちみゃく。「源氏の—を伝える一族」❸▶けちみゃく(血脈)❷❸(類語)家系・家筋・血筋・血統・血・筋目・毛並み・家門・一門・一族・血族・氏
け-づめ【蹴爪┆▽距】❶鶏・キジなどの雄の足の後ろ側にある角質の突起。攻撃や防御に用いる。距爪。❷牛・鹿などの足の後方にある、地に着かない小さな足指。
けつ-めい【血盟】血判を押したり、血をすすり合ったりして、固く誓い合うこと。
(類語)約束・盟約・誓約・契約・確約・起請
けつ-めい【決明】エビスグサの漢名。
けつ-めい【結盟】〘名〙スル 誓いを結ぶこと。同盟を結ぶこと。
げつ-めい【月明】月の明るいこと。明るい月の光り。月明かり。(季秋)(類語)月光・月明かり・月影
けつめい-し【決明子】エビスグサの種子。漢方で、緩下剤、消炎・利尿薬などに用いる。また、はぶ茶として飲用する。
けつめい-だん【血盟団】井上日召の指導によって結成された右翼団体。国家革新を目ざし、一人一殺主義を掲げた。昭和7年(1932)、井上準之助・団琢磨を暗殺した。
げつ-めん【月面】月の表面。「—着陸」
げつめん-しゃ【月面車】月面で探索活動を行うための車両。
げつめん-ず【月面図】月の表面の地図。
げつ-や【月夜】つきよ。
けつ-やく【結約】〘名〙スル 約束を結ぶこと。また、約束。「—が有ったっていうから〈花袋・野の花〉」
(類語)約束・取り決め・申し合わせ・契り・誓い・固め・指切り・約・約定・契約・協約・盟約・誓約・確約・公約・口約・内約・黙約・黙契・起請
けつゆう-びょう【血友病】血液凝固に関与する因子が欠乏していて、わずかな傷にもすぐ出血し、出血が容易に止まらない病気。遺伝性で主に男性に現れ、女性を通じて劣性の伴性遺伝をする。
げつ-よ【月余】ひと月以上。1か月余り。
げつ-よう【月曜】週の第2日。日曜の次の日。月曜日。
げつよう-び【月曜日】「月曜」に同じ。
げつよう-びょう【月曜病】土・日曜日と休んだあとの月曜日に、働く気力が起きないこと。またその状態。
げつ-らい【月来】数か月以来。数か月このかた。
けつら-う〘動ハ四〙《「けづらう」とも》❶ようすや態度を取り繕う。気取る。「我然るべき者と云はれうとてみな—・うたぞ〈蒙求抄・四〉」❷化粧する。めかす。

「良しろしろと━・ひて」〈浮・旅日記〉

けつ-らく【欠落】〔名〕スル 一部分が欠け落ちること。「金銭感覚が━している」「記憶の━部分」
類語 脱落・欠如・欠漏・遺漏・脱漏

げつ-り【月利】1か月を単位とした利率・利息。
類語 金利・利・利子・利息・年利・日歩・単利・複利

げつり-がく【月理学】天文学の一分野で、月の表面の状態を研究する学問。

けつ-りゃく【欠略┊×闕略】減らしたり省いたりすること。省略。

けつ-りゅう【血流】血管内の血液の流れ。

けつ-りょう【結了】〔名〕スル 事がすべて終わること。終結。終了。「自分のなすべき凡ての仕事が既に━して」〈漱石・こゝろ〉
類語 終了・完了・完結・終結・終決・終止・終息・閉幕・終わる・済む・片付く・上がる・引ける・跳ねる・幕になる・幕を閉じる・ちょんになる・けりが付く・方が付く

けつ-りょう【×泬×寥】〔ト・タル〕文〔形動タリ〕雲がなく、からりと晴れわたっているさま。「━たる春夜の真中に」〈漱石・草枕〉

げつ-りん【月輪】《形が円く、輪のようであるところから》月の異称。がちりん。

けつ-るい【血涙】激しい怒りや悲しみのために流す涙。血のなみだ。「━を絞る」

けつ-れい【欠礼┊×闕礼】〔名〕スル 礼儀を欠くこと。あいさつをしないこと。失礼。「喪中につき年賀━いたします」

げつ-れい【月令】年間の政事や儀式を、月ごとに区別し、順序立てて記したもの。がつりょう。

げつ-れい【月例】毎月定期的に行われること。「━の集会」「━テスト」

げつ-れい【月齢】❶朔(新月)の時を零として数えた日数。1朔望月(約29.5日)を周期として、月の満ち欠けの度合いを示す。満月はほぼ月齢15。❷生まれてから1年未満の乳児が育った月数。

げつれい-けいざいほうこく【月例経済報告】景気に関する政府の公式見解を示す報告書。内閣府が景気動向指数に基づいて月次で取りまとめ、経済財政政策担当大臣が関係閣僚会議に提出し、了承を経て公表される。冒頭の基調判断の部分で経済全般を総括的に評価し、個人消費・設備投資・住宅建設・公共投資・輸出・輸入・貿易・サービス収支・企業収益・雇用などの個別要素の動向についても言及する。基調判断部分では「弱含んでいる」「改善に足踏みがみられる」「持ち直しの動きがみられる」など独特の表現が用いられ、前月からの変化に注目が集まる。

げつれい-ほうしゅう【月例報酬】法人の役員に対して月ごとに支払われる給料。補説 使用人については、ふつう「月給」を使う。

ゲッレールト-おんせん【ゲッレールト温泉】《Gellért gyógyfürdő》ハンガリーの首都ブダペストにある温泉。ゲッレールトの丘の南東に位置する。1910年代に建てられたアールヌーボー様式のホテルに併設。10か所以上の源泉から湯を引いており、泉質は弱アルカリ性。ゲレルト温泉。

ゲッレールト-の-おか【ゲッレールトの丘】《Gellért-hegy》ハンガリーの首都ブダペストの中央部にある丘。ブダ城がある王宮の丘の南側に位置する。名称は11世紀初半ば、異教徒によってドナウ川に投げ落とされたイタリア人伝道師ゲッレールト(ゲレルト)にちなむ。ゲレルトの丘。

けつ-れつ【決裂】〔名〕スル 会談や交渉などで意見が一致せず物別れになること。「労使の交渉が━する」
類語 物別れ・喧嘩別れ

けつ-れん【結×聯】▶尾聯

けつ-ろ【血路】❶《傷ついたけものが血を滴らせながら逃げる道の意から》敵の囲みを破って逃げる道。❷困難な状態から抜け出すための方法や手段。活路。「起死回生の━を求める」類語 活路・突破口

けつ-ろ【結露】〔名〕スル 窓ガラス・壁など冷えた物体の表面に、空気中の水蒸気が凝縮し水滴となって付着する現象。「コンクリート壁が━する」

けつ-ろう【欠漏┊×闕漏】必要な事物が欠け落ちていること。もれ。おち。「━を補う」

げつ-ろう【月老】「月下老人」の略。

けつ-ろん【結論】〔名〕スル ❶考えたり論じたりして最終的な判断をまとめること。また、その内容。「調査の━を出す」❷論理学で、推論において前提から導き出された判断。終結。断案。⇔前提。
類語 結断・判断・断案

ゲティスバーグ〖Gettysburg〗米国ペンシルベニア州南部の町。南北戦争の激戦地で、国立墓地や戦跡記念公園がある。リンカーンが「人民の、人民による、人民のための政治」の演説をした地。

ゲディミナス-じょう【ゲディミナス城】《Gedimino pilis》リトアニアの首都ビリニュスの旧市街にあった城。14世紀に大公ゲディミナスがトラカイから同地に遷都した際に建設が始まったとされる。先に、丘の上に「上の城」が築かれ、16世紀頃までに「下の城」が完成した。19世紀に帝政ロシアにより大部分が破壊され、現在、ゲディミナス塔(ゲディミノ塔)と呼ばれる監視塔の一つが残っている。ゲディミノ城。

ゲディミナス-とう【ゲディミナス塔】《Gedimino bokšte》▶ゲディミナス城

ゲディミナス-どおり【ゲディミナス通り】《Gedimino prospektas》リトアニアの首都ビリニュスの旧市街にある目抜き通りの一つ。カテドゥロス広場から国会議事堂までを東西に貫く。旧ソ連時代はスターリン通りと呼ばれていた。リトアニア国立劇場、リトアニア中央銀行、国立図書館などに面し、初期バロック様式の家並みが残っている。ゲディミノ通り。

ゲディミノ-とう【ゲディミノ塔】《Gedimino bokšte》▶ゲディミナス城

ゲディミノ-どおり【ゲディミノ通り】《Gedimino prospektas》▶ゲディミナス通り

げて-もの【下手物】❶並の品。粗雑で安物の工芸品。⇔上手物。❷普通とは違って、風変わりなもの。「━食い」「━趣味」

ゲデレー〖Gödöllő〗▶グドゥルー

ゲデレー-きゅうでん【ゲデレー宮殿】《Gödöllői Királyi Kastély》▶グドゥルー宮殿

け-てん【化転】《「けでん」とも》仏語。衆生を教化して悪を善に転じさせること。

け-でん【▽怪×顛】びっくり仰天すること。「此男、━して逃げんとするを」〈咄・きのふはけふ・上〉

げ-てん【下天】❶天上界の中で最も劣っている天。⇔上天。❷人間の世界。「人間五十年━の内をくらぶれば夢まぼろしのごとくなり」〈幸若・敦盛〉

げ-てん【外典】《古くは「げでん」》仏語。仏教以外の書籍。外書。⇔内典。

げ-でん【下田】地味がやせていて収穫の上がらない田地。⇔上田。

け-ど【化度】〔名〕スル《「教化済度」の略》仏語。人々を教え導いて迷いから救うこと。「一切衆生を━し給ふ」〈今昔・一七・一五〉

ケド〖KEDO〗《Korean Peninsula Energy Development Organization》朝鮮半島エネルギー開発機構。北朝鮮(朝鮮民主主義人民共和国)の原子力発電を軍事転用がしにくい軽水炉へと転換させ、その間の代替エネルギー供給を行うために、1995年に米・韓・日を中心に設立された国際組織。その後、北朝鮮の核兵器開発疑惑が浮上したことにより、2006年にプロジェクトは終了。ケドー。

けど〔接〕接続詞「けれども」に同じ。「行くよ。━、ちょっと待ってね」

けど ㊀〔接助〕接続助詞「けれども」に同じ。「悪い━やめるよ」㊁〔終助〕終助詞「けれども」に同じ。「わたしです━」

け-とう【毛唐】「毛唐人」の略。

け-どう【化導】仏語。衆生を教化して善に導くこと。かどう。

げ-どう【外道】❶仏語。仏教の信者からみて、仏教以外の教え。また、それを信じる者。⇔内道。❷道理に背く考え。また、その考えをもつ者。邪道。❸災いをなすもの。悪魔。また、邪悪な相をした仮面。「━の面」❹心のひねくれた人、邪悪な人をののしっていう語。「もっともっと恥かしい、堕落した、━のやり口よ」〈葉山・海に生くる人々〉❺釣りで、目的と違った魚が釣れたとき、その魚のこと。
類語 異教・邪教・邪宗・邪法

げとう-おんせん【夏油温泉】岩手県南西部、和賀郡和賀町にある温泉。泉質は塩化物泉・硫黄泉。特別天然記念物の石灰華ドームがある。

けとう-じん【毛唐人】外国人を卑しめていう語。古くは中国人を、のちには欧米人をいった。

けどう-りしょう【化導利生】仏語。衆生を教え導き、利益を与えること。

ケドー〖KEDO〗《Korean Peninsula Energy Development Organization》▶ケド(KEDO)

け-どお・い【気遠い】〔形〕文けどほ・し〔ク〕❶遠く隔たっているさま。遠く離れている。「祇園祭の稽古囃子が流を渡って━・く聞えて来る」〈風葉・青春〉❷人けがなくてものさびしい。「いとど狐の住みかになりて、うとましう━・き木立に」〈源・蓬生〉❸よそよそしい。親しみにくい。「男子にはうち解くまじきものなりと父大臣もきこえ給ひて、━・くなりたるを」〈源・少女〉❹なじみが薄い。「白樫といふものは、まいて深山木のなかにもいと━・くて」〈枕・四〇〉

ケトール〖ketol〗分子構造中にアルコールのヒドロキシ基(−OH)とケトンのカルボニル基(＞C=O)の両方をもつ化合物の総称。アルコールとケトンの両方の性質を示すことが多い。ヒドロキシケトン。ケトアルコール。オキシケトン。

げ-どく【解毒】〔名〕スル 体内に入った毒の作用を除くこと。「━作用」類語 毒消し・消毒・殺菌

げどく-ざい【解毒剤】解毒の目的で用いられる薬剤。毒物を吸着するもの、化学的に結合して無毒化するもの、薬理学的に拮抗するものなどがある。毒消し。解毒薬。

げどく-やく【解毒薬】「解毒剤」に同じ。

け-とば【▽言葉】「ことば」の上代東国方言。「父母が頭かきなで幸くあれて言ひし━ぜ忘れかねつる」〈万・四三四六〉

け-とばし【蹴飛ばし】馬肉の俗称。(季 冬)

け-とば・す【蹴飛ばす】〔動サ五(四)〕❶蹴って飛ばす。また、足先で強く蹴る。「ボールを━・す」「馬に━・される」「塀を━・す」❷要求・勧誘などを、とりあわないで拒否する。「要求を━・す」
類語 蹴る・蹴上げる・蹴り上げる・キックする

けども〔接〕接続詞「けれども」に同じ。「━、何か御心配でもおありなさらなくて」〈木下尚江・火の柱〉

けども ㊀〔接助〕接続助詞「けれども」に同じ。「授業に出てはいる━、つい居眠りしてしまうんだ」㊁〔終助〕終助詞「けれども」に同じ。「今、手がふさがってるんだ━」

けどら・れる【気取られる】〔連語〕《動詞「けど(気取)る」＋受身の助動詞「れる」》「気取る❶」に同じ。「思惑を━・れる」

ケトル〖kettle〗湯沸かし。やかん。

け-ど・る【気取る】〔動ラ五(四)〕《古く「けとる」とも》❶(多く「けどられる」の形で用いる)その場の雰囲気や相手のようすなどから、事情を感じ取る。感づく。「二人の関係を━・られないように振る舞う」❷魂を奪う。正気でない状態にする。「ものも言はず、息もし侍らず。何か物に━・られにける人にこそ」〈源・手習〉

ケトレ〖Lambert Adolphe Jacques Quételet〗[1796〜1874]ベルギーの統計学者・天文学者。社会現象に自然科学の計量方法を適用、近代統計学の祖となった。著「人類およびその精神の発展について」など。

けとん【気屯】ロシア連邦の町スミルヌイフの、日本領時代の名称。

ケトン〖ドイ Keton〗カルボニル基と2個の炭化水素基とが結合した化合物の総称。一般式R−CO−R′ 一般に芳香を有し、付加・縮合を起こしやすい。

け-どんす【毛×緞子】梳毛糸を用いた緞子風の織物。カーテンやテーブル掛けなどに用いる。
け-な【▽異な・▽殊な】〔連体〕《形容動詞「け(異)なり」の連体形「けなる」の音変化から。「けなもの」「けなひと」の形で多く用いる》❶けなげである。殊勝である。「そちは一者ぢゃ」〈浄・丹波与作〉❷おとなしい。「かはいらしく一者なり。いはば町方の腰元のやうなり」〈満散利久佐〉
げな〔助動〕《接尾語「げ」に断定の助動詞「なり」の付いた「げなり」の音変化》活用語の終止形・連体形、形容詞の語幹に付く。❶様態を推量する意を表す。…らしい。…(の)ようだ。「これは早、隅田川の渡りにてありげに候」〈謡・隅田川〉❷伝聞の意を表す。…だそうだ。…ということだ。「今禿では小伝といひますげな」〈伎・壬生大念仏〉〔補説〕室町後期から用いられ、近世上方語ではもっぱら❷の用法に限られ、現在でも一部方言に行われている。
け-ない【化内】王化に服したところ。律令国家の統治の範囲内。⇔化外。
けなが-いたち【毛長×鼬】イタチ科の哺乳類。西アジアからヨーロッパにかけて分布。家畜化されたものはフェレットとよばれ、ネズミ退治に利用される。ポールキャット。においねこ。
け-なが・し【▽日長し】〔形ク〕多くの日数が経過しているさま。久しい。「君が行き一・くなりぬ山たづね迎へか行かむ待ちにか待たむ」〈万・八五〉
けなが-ねずみ【毛長×鼠】ネズミ科の哺乳類。体長26センチ、尾長34センチほどで、背中には長い剛毛がある。尾の先3分の1くらいが白いのでオジロネズミともいう。奄美大島・徳之島・沖縄本島にだけすむ。天然記念物。
けな-げ【▽健気】〔形動〕〔文〕〔ナリ〕《「けなりげ」の音変化。普通とは異なって格別であるさまの意から》❶殊勝なさま。心がけがよく、しっかりしているさま。特に、年少者や力の弱い者が困難なことに立ち向かっていくさま。「一家を支えた一な少年」「一に振る舞う」❷勇ましく気丈なさま。「武士の女房たる者は、一なる心を一つ持ちてこそ」〈太平記・一〇〉❸健康であるさま。「ああ、一な老者かな」〈蒙求抄・一〉〔派生〕けなげさ〔名〕〔類語〕殊勝・神妙・奇特
けなげ-だて【▽健気立て】けなげなふりをすること。勇ましさや殊勝さをよそおうこと。「一をいふも、ただ畳の上の広言なり」〈仮・伊曽保・下〉
げなげな-ばなし【げなげな話】《文末に伝聞の意を表す「げな」を用いるところから》昔話のこと。
けなし-やま【毛無山】山梨県南部・静岡県北部の県境にある山。天子山地の最高峰で、標高1964メートル。山腹に武田信玄が採掘した中山金山の遺跡がある。南麓に朝霧高原が広がり、富士山の眺望がよい。
けな・す【×貶す】〔動サ五(四)〕ことさらに悪い点を取り上げて非難する。くさす。「他人の作品を一・す」「口で一・して心で褒める」〔可能〕けなせる〔類語〕腐す・扱き下ろす・謗る・けちを付ける
ケナフ〖kenaf〗アオイ科の一年草。高さ3〜5メートルに達し、葉は掌状で長い柄がある。花は淡黄白色。インド・アフリカの原産。茎から黄麻に似た繊維がとれ、綱・魚網・袋などの材料にする。洋麻。
け-なみ【毛並(み)】❶動物の毛の生えそろっているぐあい。「一の美しい馬」❷種類。質。また、俗に、血筋・家柄。「一がいい」〔類語〕毛色・毛足／家柄・家系・家筋・氏・血筋・血脈・血統・血・筋目
け-なら・ぶ【▽日並ぶ】〔動バ下二〕日数を重ねる。いく日も費やす。「馬ないたく打ちてな行きそ一・べて見てもわが行く志賀にあらなくに」〈万・二六三〉
け-なり【▽異なり】〔形動ナリ〕▶け(異)
けなり-い【▽異なりい】〔形〕《形容動詞「け(異)なり」の形容詞化。中世・近世語》そうありたく思うさま。うらやましい。「みなみなの鞠の音を聞けば、一・い程に」〈虎明狂・鞠座頭〉
けなり-が・る【▽異なりがる】〔動ラ四〕《形容詞「けなりい」の語幹に接尾語「がる」の付いたもの》うらやましく思う。「芸子に目をつかはせ、下なる見物に一・らせける」〈浮・胸算用・三〉
ケナン〖George Frost Kennan〗[1904〜2005]米国の外交官・国際政治学者。駐ソ連大使・プリンストン高等研究所教授。ソ連専門家として対ソ封じ込め政策を提唱したが、のちに米国の冷戦政策を批判してベトナム戦争に反対した。米ソ核戦力半減・核兵器先制不使用を論じたことでも知られる。著「アメリカ外交50年」「ソビエト革命とアメリカ」など
げ-なん【下男】❶雇われて雑用をする男。下僕。⇔下女。❷江戸幕府の職名。女中方出入りの用部屋に勤め、雑用をした。
〔類語〕下働き・下女・召し使い・僕・奴隷
け-に【化尼】仏・菩薩などが尼の姿になってこの世に現れたもの。「化人の女忽ちに来りて、一に、糸すでに調ほりやと問ふ」〈著聞集・二〉
け-に【▽異に】〔形動〕▶け(異)
げ-に【▽実に】〔副〕《「げん(現)に」の音変化という》❶ある事柄に対する自分の評価・判断を肯定して、さらに強調する気持ちを表す。本当に。実に。全く。「一恋こそはまことのいのちである」〈倉田・愛と認識との出発〉❷他人の評価・判断に接して、納得し、賛同する気持ちを表す。なるほど。いかにも。「ひまなき御前渡りに、人の御心をつくし給ふも一ことわりと見えたり」〈源・桐壺〉
ケニア〖Kenya〗㊀アフリカ大陸東部の共和国。首都ナイロビ。コーヒー・茶・サイザル麻を産する。多くの国立公園と動物保護区がある。英国の保護領から1963年独立。人口4005万(2010)。ケニヤ。㊁ケニア中央部、赤道直下にある火山。標高5199メートルで、アフリカ大陸第2の高峰。氷河がある。ケニヤ。
ケニアさん-こくりつこうえん【ケニア山国立公園】《Kenya》ケニアの国立公園。ケニア山の標高3350メートル以上の地域を対象とする。1997年、周囲の森林保護区とともに「ケニア山国立公園/自然林」の名で世界遺産(自然遺産)に登録された。➡ケニア㊁
ケニア-バッグ《和 Kenya＋bag》麻縄を編んで半球状にし、縄ひもで肩にかけるタイプのバッグ。エスニックファッションのアイテムの一つ。
け-にく・し【気憎し】〔形ク〕❶なんとなく憎らしい。「寄りて傍に伏すに、女、一・くも驚かず」〈宇治拾遺・九〉❷そっけない。愛想がない。「然やは一・く仰せ言を映えなうもてなすべき」〈枕・二三〉❸気詰まりであるさま。けむたい。「兄の家なども一・きはさぞあらむ」〈枕・一七九〉
げにげに・し【▽実に▽実にし】〔形シク〕❶その事柄が、時や所にふさわしいさま。肯定し、納得できるさま。「和歌の会の有様、一・しく優に覚えし事は」〈無名抄〉❷もっともらしい。まことしやかである。「一・しく所々うちおぼめき、よく知らぬよしして」〈徒然・七三〉❸実直なさま。「一・しくよき人かなとぞ覚ゆる」〈徒然・三七〉
けにご-し【×牽▽牛子】アサガオの別名。けんごし。「うちつ一(＝「うちつけ」ト「けにごし」「げに濃し」ヲ掛ケル)とや花の色を見むおく白露のそむるばかりを」〈古今・物名〉
げに-は【▽実には】〔副〕本当は。実は。「吾妻人こそは我がかたなれど、一心の色なく」〈徒然・一四一〉
げに-も【▽実にも】〔副〕いかにも。なるほど。やはり。「文をあけて見給へば、一女房の文とおぼしくて」〈平家・一一〉
ケニヤ〖Kenya〗▶ケニア
げに-や【▽実にや】〔副〕ほんとにまあ。「一、天下の鬼心の人も、え憎み奉らじ」〈落窪・三〉
ケニヤッタ〖Jomo Kenyatta〗[1894〜1978]ケニアの政治家。キクユ族出身。独立運動を指導し、1963年、共和国初代大統領に就任。のち終身大統領。
け-にん【化人】❶仏・菩薩が衆生を救うために仮に人の姿になったもの。化身。❷鬼神・畜生などが人に化けたもの。化け物。〈日葡〉
け-にん【家人】❶律令制での賤民の一。私有民であるが奴婢よりは身分が上で、家族と生活することが許された。❷平安時代、貴族や武士の棟梁に隷属した侍。❸「御家人」に同じ。❹家来。また、奉公人。〈日葡〉
げ-にん【下人】❶身分の低い者。「広く此の人間世界を見渡すに…貴人もあり、一もありて」〈福沢・学問のすゝめ〉❷平安時代以後、荘官や地頭などに隷属して雑役に従事した者。売買・質入れ・譲渡の対象となった。雑人。❸江戸時代、年季奉公人のこと。
げ-にん【外任】外官に任じること。また、外官のこと。
げにん-の-そう【外任の奏】平安時代、元日・白馬などの節会に列席させる外官の名簿を奏上すること。
けぬ【毛野】▶けの(毛野)
けぬき【毛抜】歌舞伎十八番の一。安田蛙文ほかの合作。寛保2年(1742)大坂佐渡島座で初演の「雷神不動北山桜」の3幕目が独立したもの。小野家の錦の前の髪が逆立つ奇病を、粂寺弾正は毛抜きがひとりでに立つのを見て磁石の仕掛けと見破り、お家騒動を収める。
け-ぬき【毛抜き・×鑷】毛・とげなどをはさんで抜き取る金属製の道具。U字形で、先端がぴったり合わさるように内側に曲げてある。
けぬき-あわせ【毛抜き合(わ)せ】❶毛抜きの先のように、二つのものをぴったりと合わせること。❷裁縫で、2枚の布を縫い合わせ、両方の布に縫い目から同分量のきせをかけて仕立てること。また、そのもの。❸多色印刷で違った色を刷り合わせるとき、ある色と他の色とをぴったりと隣接させること。また、その技術。
けぬき-おや【毛抜き親】平安時代、女児が成人の式をむかえたとき、そのまゆを抜いてやる人。
けぬき-ずし【毛抜き×鮨】握り鮨を隈笹の葉で巻いて押したもの。笹巻き鮨。〔季 夏〕
ゲネ「ゲネプロ」の略。
ケネー〖François Quesnay〗[1694〜1774]フランスの経済学者。百科全書派の一人。重農主義を唱え、経済活動の自由放任を主張。著「経済表」など。
げ-ねつ【解熱】〔名〕スル 異常に高くなった体温を下げること。
げねつ-ざい【解熱剤】解熱に用いる薬剤。アスピリン・フェナセチンなど。解熱薬。熱さまし。
げねつ-やく【解熱薬】「解熱剤」に同じ。
ケネディ〖John Fitzgerald Kennedy〗[1917〜1963]米国の政治家。第35代大統領。在任1961〜1963。民主党。内政面ではニューフロンティア政策を推進して社会福祉の充実、人種差別の廃止などを目指した。対外的には、キューバ危機を乗り越え、ソ連のフルシチョフ首相と会談するなど協調外交を展開。宇宙開発にも積極的で、アポロ計画を積極的に推進した。1963年、テキサス州ダラスで暗殺された。JFK。➡ジョンソン(L. B.)
ケネディ-うちゅうセンター【ケネディ宇宙センター】米国、フロリダ州東岸のカナベラル岬にある宇宙ロケット発射基地。
ケネディ-パーク〖Kennedy Park〗▶エアスクエア
ケネバンクポート〖Kennebunkport〗米国メーン州南部の町。第41代大統領ジョージ=ブッシュの別荘があり、観光・保養地として知られる。
ゲネプロ《ドイ Generalprobeから》演劇・オペラ・バレエなどで、初日公演の前に本番どおりに行う総げいこ。ゲネ。➡通し稽古
ゲネラルパウゼ〖ドイ Generalpause〗音楽で、管弦楽曲などに用いる総休止。G.P.
ゲネラル-バス〖ドイ Generalbass〗▶通奏低音
け-ねん【懸念】〔名〕スル ❶気にかかって不安に思うこと。「安全性に一を抱く」「先行きを一する」❷仏語。一つのことに心を集中させること。❸執着すること。執念。「かやうの者までも皇居に一をなしけるにや」〈盛衰記・一〉〔類語〕恐れ・憂慮・取り越し苦労・危惧・杞憂・悲観・心配・不安・危懼・疑懼・胸騒ぎ・気がかり・心がかり・不安心・心細い・心許ない・覚束無い・怖い・危なっかしい・おぼつかない

けの【毛野】上野こうずけ・下野しもつけ両国の古称。はじめ、毛野を上毛野かみつけの・下毛野しもつけのの2国に分け、霊亀元年(715)国名を2字と定めてから上野・下野と記すようになった。けぬ。

け-の-あらもの【毛の×麁物|毛の荒物】毛がかたい、大きな獣。「火遠理命ほをりのみことは山佐知毘古やまさちびことして、一、毛の柔物にこものを取り給ひき」〈記・上〉

け-の・ける【蹴▽退ける】〔動カ下一〕図けの・く〔カ下二〕蹴って追い払う。「傍に寄って行く私を両足を上げて無暗に一・けた」〈近松秋江・疑惑〉

け-のこ・る【▽消残る】〔動ラ四〕消えないで残る。「この雪の一・る時にいざ行かな山橘やまたちばなの実の照るも見む」〈万・四二二六〉

け-の-ころも【×褻の衣】平常着る衣服。ふだん着。けごろも。「一にて、平笠など打着て、法服をば袋に入れて持たせて」〈今昔・二六・二二〉

ゲノッセンシャフト〖ドイツ Genossenschaft〗成員の自由意志に基づく契約によって形成される団体。職人組合や協同組合など。協同体。組合。

ケノトロン〖kenotron〗►二極管にきょくかん

け-の-にこもの【毛の▽柔物|毛の▽和物】毛がやわらかな、小さい獣。「又山に觸ふれ給ひしかば、すなはち毛の麁物あらもの、一、亦口より出づ」〈神代紀・上〉

け-のぼ・る【気上る】〔動ラ四〕のぼせる。上気する。「一・りて苦しき病あれば」〈読・雨月・蛇性の婬〉

ゲノム〖ドイツ Genom〗現代主流となっている分子生物学的解釈によれば、ある生物種を規定する遺伝情報全体のこと。遺伝情報はすべて遺伝子を構成するDNA(デオキシリボ核酸)またはRNA(リボ核酸)の塩基配列で記述される。従来の遺伝学においては、その生物種が生きていくために必要不可欠な遺伝子が収められた染色体の一組を指し、生物種によって固有の染色体の基本数がある。ふつう二倍体の生物の一個体の体細胞は二組のゲノムをもち、三倍体、四倍体のような倍数体ではそれぞれ、三組、四組のゲノムをもつ。

ゲノム-そうやく【ゲノム創薬】ーサウヤク 解読されたヒトのゲノム情報を活用し、効果があり副作用の少ない医薬品を効率よく作り出すこと。

ゲノム-ばいか【ゲノム倍加】生物のゲノムが倍に増える現象。生物の進化の過程で重要な役割を果たすもの考えられている。➡倍数性

ゲノム-ぶんせき【ゲノム分析】生物のゲノム構成を明らかにすること。類縁関係や進化の過程などを知る手がかりになる。

け-ば【毛羽|×毳】❶紙や布などの表面がこすれたりしてできる、細かい毛のようなもの。また、畳の表面などのささくれ。けばけば。「一が立つ」❷蚕が繭を作るとき、足がかりとして最初に張る糸。❸地図で山の形や傾斜を示すのに用いる、最大傾斜の方向に描いたくさび形の短い線。

げ-ば【下馬】〔名〕スル ❶下等な馬。❷馬から下りること。「騎手が一する」❸貴人の前や社寺などで、敬意を表すため馬を下りること。下乗。❹「下馬先」の略。

ゲバ「ゲバルト」の略。「内うち一」「一棒」

け-はい【気配】《古くは「けわい」。「けはい」は、当て字「気配」に引かれた読み》❶はっきりとは見えないが、漠然と感じられるようす。「秋の一」「好転の一がみえる」➡けわい ❷取引で、市場の景気や相場の状態。きはい。(類語)(❶)空気・状態・雰囲気・気分・感じ・様子・佇たたずまい・気色・におい・ムード・アトモスフィア/(❷)景気・景況・市況・商況・商状・売れ行き

げ-はい【下輩】❶身分の卑しい者。❷目下の者。❸仏語。三輩の一。悟りを求める心を起こすが、ただ阿弥陀仏を念じるだけの者。

けはい-ね【気配値】証券取引市場で、売り方・買い方の希望する値段。店頭取引で債券売買の参考値段とする。けはいち。

けはえ-ぐすり【毛生え薬】毛を生えさせる薬。

け-ばく【×繋縛】❶仏語。心が煩悩ぼんのうや外界の事物にしばられて、迷いの状態にあること。❷「けいばく(繋縛)」に同じ。「言葉に花を咲かせんと思ふ心に一せられて、句長なかになるなり」〈申楽談儀〉

げ-はく【下白】下等の白米。下白米。

けば-けば【×毳×毳】「毛羽けば❶」に同じ。

けば-けば〔副〕スル どぎつく、はでなさま。「一と飾りたてる」「一した服装」

けばけば-し・い〔形〕図けばけば・し〔シク〕品がなくはでなさま。特に、色彩などがどぎつくて、はでなさま。「一・く化粧した顔」(派生)けばけばしさ〔名〕
(類語)どぎつい・毒毒しい・あくどい

げ-ばこ【×餉箱】托鉢たくはつの僧が首に掛ける、施米せまいなどを入れる箱。

げば-さき【下馬先】❶社寺・城門などの前で、下馬札が立ててある場所。下馬。❷槍持ちの供が❶で主人に対して行う作法。頭を少しかがめ、手先を上げて手を振り、腰をひねり、足どりをそろえて歩くもの。

げば-しょうぐん【下馬将軍】ーシヤウグン 江戸前期の幕府大老酒井忠清の異称。江戸城大手門の下馬札の前に屋敷があった。

けば-だ・つ【毛羽立つ|×毳立つ】〔動タ五(四)〕紙や布などの表面がこすれて、細かい毛が数多く立つ。「表紙のあちこちが一・っている」

げ-ばな【夏花】夏安居げあんごの間、仏前に供える花。(季 夏)「病ある身のひそかにも一かな/蝶衣」

け-はなし【蹴放し】❶門・戸口の扉の下にあって内外を仕切る、溝のない敷居。❷衣類などの、歩行のとき足のつま先に当たる部分。

げば-ひょう【下馬評】ーヒヤウ《下馬先で主人を待っている間、供の者がしあう批評の意》第三者が興味本位にするうわさ・批評。「一に上る」(類語)噂うわさ・評判・風聞・風説・風評・風声ふうせい・風の便り・世評・取り沙汰ざた・巷説こうせつ・浮説・流説・流言・飛語・ゴシップ

げば-ふだ【下馬札】それより奥は乗馬のままでの通行を禁止することを示した立て札。「下馬」「下乗」などと記す。下馬牌げばはい。

ゲバ-ぼう【ゲバ棒】《「ゲバ」は「ゲバルト」の略》学生運動で、デモや闘争の際に武器として使用される角材。昭和42年(1967)ごろから用いられた語。

けば-やき【×毳焼(き)|毛羽焼(き)】糸や織物の仕上げの工程で、表面を滑らかにするため、けばを焼き取ること。毛焼き。

ゲバラ〖Ernesto Che Guevara〗[1928〜1967]ラテンアメリカの革命家。アルゼンチン生まれ。キューバ革命に参加し、カストロ政権の要職を歴任。その後ボリビアの革命運動に加わり、政府軍に殺された。チェ＝ゲバラとも呼ばれ、チェ(Che)は愛称。

け-はらい【毛払い】ーハラヒ 衣服のちりなどを払うために使うブラシ。木製の台に獣毛を植えつけたもの。

け-ばり【毛針|毛×鉤】釣り針の一。鳥の羽などを針に巻いてえさに見せかけた擬餌針ぎじばり。蚊針。

ゲバルト〖ドイツ Gewalt〗《力・暴力の意》主に学生運動で、暴力的手段をもってする闘争。ゲバ。
(類語)暴力・武力・実力・武闘・闘争・抗争・暗闘・争闘・乱闘・立ち回り・大立ち回り

ゲハルト-しゅうどういん【ゲハルト修道院】ーシウダウヰン《Geghard》アルメニア中西部を流れるアザート川上流にある修道院。ゲハルトは「槍」の意で、キリストが十字架にかけられた時に使われたとされる聖槍が、この地で発見されたことに由来する。創建は4世紀とされるが、現在の建物は13世紀の再建。礼拝堂・僧房・食堂などは岩をうがって造られている。周囲のアザート渓谷の自然美も含めて、2000年に世界遺産(文化遺産)に登録された。

け-はれ【×褻晴れ】褻のときと晴れのとき。日常と、儀式ばった特別のとき。「ことにうち解けぬべき折節ぞ、一なくひきつくろはまほしき」〈徒然・一九一〉

げ-はん【下阪】〔名〕スル 東京から大阪に行くこと。「社用で一する」

げ-はん【下版】〔名〕スル 印刷で、校了になった組み版を、次の工程である製版・印刷などに移すこと。

げ-び【下卑】《動詞「げびる」の連用形から。「卑」は当て字》下品で卑しいこと。意地汚いこと。「吉原客は深川は一なりと笑ふ」〈洒・辰巳之園〉

けびい-し【▽検非違使】ケビヰシ ❶平安初期に設置された令外りょうげの官の一。初め京都の犯罪・風俗の取り締まりなど警察業務を担当。のち訴訟・裁判をも扱い、強大な権力を持った。平安後期には諸国にも置かれたが、武士が勢力を持つようになって衰退した。けんびいし。❷諸国に置かれた検非違使の事務を扱う所。検非違使所。

けびいし-ちょう【▽検非違使庁】ケビヰシチヤウ 検非違使が執務を行う役所。衛門府えもんふ内に置かれた。使しの庁。靫負ゆげいの庁。

けびいし-どころ【▽検非違使所】ケビヰシー ►検非違使❷

けびいし-の-べっとう【▽検非違使別当】ケビヰシーベッタウ 検非違使庁の長官。中納言あるいは参議である衛門督えもんのかみ・兵衛督ひょうえのかみなどが兼任。

け-びき【毛引き】❶《「けひき」とも》鎧よろいのおどし方の一。間隔を置いた素懸すがけに対して、一面におどしていくもの。❷あとで本物でないと主張するために、証書などに実印を押すとき、印と紙との間に毛筋を1本挟んで押すこと。

け-びき【×罫引き】木材面に線を引いたり、薄板を割ったりするための木工具。定規板に差した角棒の一端に刃を取り付けたもの。

けびき-がみ【×罫引き紙】罫けいを引いた紙。罫紙けいし。

けひ-じんぐう【気比神宮】福井県敦賀つるが市にある神社。旧官幣大社。祭神は、伊奢沙別命いざさわけのみこと(気比大神)ほか六神。天保2年(1831)建造の大鳥居は重要文化財。越前国一の宮。

げび-すけ【下卑助】意地汚い下品な者をあざけっていう語。下卑蔵げびぞう。「さっても下卑たる一かな」〈浄・虎が磨〉

けひ-の-まつばら【気比の松原】福井県敦賀つるが市、敦賀湾岸の松原。白砂青松の景勝地。

け-びょう【仮病】ービャウ 病気でないのに病気のふりをすること。「一を使う」
(類語)詐病・仮装・擬装・扮装ふんそう・変装・やつす

け-びょう【▽花▽瓶|華▽瓶】ービャウ 仏前に花を供えるのに用いる仏具。銅製で無紋のものが多い。かひん。

け-びらい【気▽振い】ーブリ 気配。ようす。また、そぶり。けぶり。「文の面おもてを見れば其様さんー一は露程もなく」〈二葉亭・浮雲〉

げ・びる【下卑る】〔動バ上一〕《「下げ」に接尾語「びる」の付いたもの。「卑」は当て字》言動が下品になる。下劣に見える。「一・びた話」

ケビン〖cabin〗►キャビン

け-ピン【毛ピン】髪やヘアネットを留める、U字形の細いピン。ヘアピン。

げ-ひん【下品】〔名・形動〕❶品格・品性が劣ること。卑しいこと。また、そのさま。「一な人」「一な言葉遣い」⇔上品。❷品質の劣った物。⇔上品。(派生)げひんさ〔名〕(類語)浅ましい・さもしい

けぶ【▽煙|×烟】《「けぶり」の略》けむり。けむ。

ケファリニア-とう【ケファリニア島】ータウ《Kephallēnia》ケファロニア島の古代名。

ケファリン〖ドイツ Kephalin〗脳や血漿けっしょう中に多量に含まれる燐脂質の一種。血液の凝固作用、細胞の形成と機能に関係すると考えられている。セファリン。

ケファロニア-とう【ケファロニア島】ータウ《Kefalonia》ギリシャ西部、イオニア海にある島。古代名ケファリニア島。イオニア諸島中、最も大きい。中心都市はアルゴストリ。古くから海上交易の要所として知られ、ミケーネ文明の墳墓遺跡が残っている。紀元前2世紀に古代ローマに征服され、中世を通じて東ローマ帝国、オスマン帝国、ベネチア共和国の支配を受け、18世紀末から19世紀にかけてフランス領、英国領を経てギリシャ領となった。オリーブ、ワインの生産が盛ん。最高峰エノス山(標高1628メートル)にはヨーロッパ有数のモミの森林が広がる。

けぶ・い【▽煙い|×烟い】〔形〕図けぶ・し〔ク〕「けむい」に同じ。「生木がいぶって一・い」(派生)けぶがる〔動ラ五〕けぶさ〔名〕

ケフィア〖kefir〗ロシアや北欧などで作られる発酵乳の一種。ケフィール。

ケフィール〘kefir〙▶ケフィア

ゲフィオン-の-いずみ【ゲフィオンの泉】《Gefionspringvandet》デンマークの首都、コペンハーゲンの中心部、カステレット要塞の公園にある噴水。シェラン島の由来にまつわる北欧神話の女神、ゲフィオンの説話に基づく。

ゲフィチニブ〘Gefitinib〙抗癌剤の一。分子標的治療薬の一種で、非小細胞肺癌の治療薬として使用される。商品名イレッサ。平成14年(2002)、英国の製薬会社アストラゼネカが、世界に先駆け日本で発売。細胞の増殖を促進する上皮成長因子受容体チロシンキナーゼの働きを阻害することによって、癌細胞の増殖を抑える。急性肺障害・間質性肺炎などの重い副作用を引き起こす場合がある。

ケフェウス〘Kēpheus〙ギリシャ神話のエチオピア王。カシオペイアの夫で、アンドロメダの父。

ケフェウスがた-へんこうせい【ケフェウス型変光星】短周期変光星の一。光度が急速に増加し緩やかに減少するもの。周期1〜50日で、変光範囲は一等級内外。変光は恒星自身の脈動による。ケフェウス座δ星が代表例。セファイド。➡変光星

ケフェウス-ざ【ケフェウス座】北天の星座の一。カシオペヤ座と竜座の間にあり、10月中旬の午後8時ごろ南中する。名称はギリシャ神話のケフェウスにちなむ。学名 Cepheus

け-ぶか・い【毛深い】〔形〕文けぶか・し〔ク〕体毛が密に生えている。毛が濃い。「―・い腕」
類語 毛むくじゃら・多毛

けふきぐさ【毛吹草】江戸前期の俳書。7巻5冊。松江重頼著。正保2年(1645)刊。貞門俳諧の作法を論じ、発句・付句の作例のほか、季語・俚諺・諸国名物などを収録。

けぶた・い【▽煙たい｜×烟たい】〔形〕文けぶた・し〔ク〕「けむたい」に同じ。「たき火が―・い」派生 けぶたがる〔動ラ五〕けぶたげ〔形動〕けぶたさ〔名〕

け-ぶつ【化仏】仏語。衆生を済度するため、機に応じて如来が出現させる仮の仏形。また、菩薩などがその本地仏を表示するため、頭上に表す仏形。観音の頭上の阿弥陀像などがある。

け-ぶとん【毛布団】❶羽毛を中に入れた布団。羽根布団。❷毛皮の敷物。

げ-ぶみ【外文】▶げぶん(外文)

げ-ぶみ【解文】「解」に同じ。

ケプラー〘Johannes Kepler〙[1571〜1630]ドイツの天文学者。ティコ=ブラーエの学を継ぎ、火星の公転軌道を決定。また「ケプラーの法則」を確立、天体表「ルドルフ表」を編集し、近代天文学の先駆者となった。主著「宇宙の神秘」「世界の和声」。

ケプラー〘Kepler〙NASA(アメリカ航空宇宙局)の宇宙望遠鏡。太陽系外にある地球型惑星の探査を目的として、2009年に打ち上げられた。

ケプラーしき-ぼうえんきょう【ケプラー式望遠鏡】対物・接眼レンズとも凸レンズを使った望遠鏡。倒立像になるが倍率が高く、ガリレイ式に比べて視野が広いので天体望遠鏡として広く使われる。

ケプラー-の-ほうそく【ケプラーの法則】ケプラーが発見した、惑星の運動に関する三つの法則。第一法則は、惑星の軌道は楕円でその焦点の一つに太陽がある。第二法則は、惑星と太陽を結ぶ動径は等時間に等面積を描く。第三法則は、惑星の太陽からの平均距離の3乗と公転周期の2乗の比は一定である。

ケプラー-ようそ【ケプラー要素】▶軌道要素

け-ぶらい【気振らひ】「気振り」に同じ。「身どもが本名―でも知らされぬ大事の所」〈浄・伊賀越〉

け-ぶり【気振り】それらしいようす。気配。そぶり。「細君が主の好奇を喜ばない―が、お庄には見えすくように思えて来た」〈秋声・足迹〉

けぶり【▽煙｜×烟】《「けむり」の古形》❶「けむり❶」に同じ。「汽車はしきりに―を吐きつつある」〈漱石・虞美人草〉❷「けむり❷」に同じ。「霜いと白うおける朝、遣水より―の立つこそをかしけれ」〈徒然・一九〉❸ぼんやりとかすんで❶のように見えるもの。草木の芽が出るときのようすなどにいう。「春日野にまだもえやらぬ若草の―みじかき荻の焼原」〈新勅撰・雑一〉❹心中の苦しみ。悩み。「かがり火にたちそふ恋の―こそ世には絶えせぬ炎なりけれ」〈源・篝火〉
煙となる ❶焼けてなくなる。「時の間のけぶりともなりなん」〈徒然・一〇〉❷火葬にされる。「同じ―・らせ給ふもいみじう悲し」〈栄花・ゆふしで〉

けぶり-くらべ【▽煙▽競べ】《「思ひ」の「ひ」を「火」に掛けて、そこから立つ煙をくらべる意》思いの深さをくらべること。「たちそひて消えやしなまし憂きことを思ひ乱るる―に」〈源・柏木〉

けぶり-の-なみ【▽煙の波】遠く煙のようにかすんで見える波。「海漫々として、雲の波―深く」〈平家・二〉

けぶ・る【▽煙る｜×烟る】〔動ラ五(四)〕《「けむる」の古形》❶「けむる❶」に同じ。「御飯を焚て居て、余り―・りましたから」〈鉄腸・雪中梅〉❷「けむる❷」に同じ。「裏町は―・るように白い砂けむりをあげて」〈宇野浩二・晴れたり君よ〉❸「けむる❸」に同じ。「いつしかと気色だつ霞の、木の芽もうち―・り」〈源・初音〉❹ほんのりと美しく見える。「面付きいとらうたげにて眉のわたりうち―・り」〈源・若紫〉❺火葬にされる。「向ひ居てみるにも悲し―・りにし人を桶火の灰によそへて」〈和泉式部続集〉類語 煙る・燻ぶる・燻る・燻す・煤ける

ケプロン〘Horace Capron〙[1804〜1885]米国の農政家。1871年(明治4)日本政府の招きで開拓使顧問として来日。札幌市建設、農学校設立などを献策した。

げ-ぶん【外文】外印を押した文書。げぶみ。➡内文

け-べい【化米】禅寺で米が欠乏したとき、信徒に布施として米を募ること。けまい。

ゲベール-じゅう【ゲベール銃】《geweerは小銃の意》歩兵銃の一種。天保2年(1831)高島秋帆が輸入・紹介。のち国産化もされた。

ケベック〘Québec〙㊀カナダ東部の州。州都ケベック。中心都市はモントリオール。住民の8割はフランス系。㊁カナダ、ケベック州の州都。セントローレンス川に臨む。17世紀にフランス人が開拓した植民地ニューフランスの首都。

ケベック-とう【ケベック党】《Parti Québécois》カナダ、ケベック州の地域政党。1968年に民族独立運動(RIN)が分裂して成立。以降、州議会でたびたび与党となる。連邦議会で活動するケベック連合とほぼ一体の組織。

ケベック-れんごう【ケベック連合】《Bloc Québécois》カナダの政党。連邦議会でケベック州の独立や自治権拡大を主張する。同州州議会で活動するケベック党とほぼ一体の組織。1991年結党。ブロック-ケベコワ。ケベック-ブロック。

ゲベル-バルカル〘Gebel Barkal〙スーダン北部、首都ハルツームの北約400キロメートルにある砂岩の山。紀元前1450年ごろ、エジプトの王、トトメス3世がこの地を征服、領土の南限とし、都市ナパタを建設。神殿・宮殿・墓所などの遺構が残る。2003年「ゲベル・バルカルとナパタ地域の遺跡群」の名で世界遺産(文化遺産)に登録された。

げ-へん【下編｜下×篇】書物などを、上・下または上・中・下に分けたときの最後の一編。

げ-べん【外弁｜外×辨】即位や朝賀などの節会の際、承明門の外で諸事を指揮した公卿。➡内弁

け-ほう【化法】仏語。仏が衆生を教化するために説いた教法。天台宗で説く八教のうち、化儀の四教に対する四教。

け-ほう【仮法】仏語。因縁の和合によって仮に存在する、実体のないもの。↔実法。

け-ほう【家抱】江戸時代、本百姓に隷属している百姓の呼称の一。地方により名子・譜代・被官などと称した。

げ-ほう【外法】❶仏語。仏法以外の教法。仏教以外の思想や宗教。外道。↔内法。❷人の髑髏を用いて行う妖術。外術。❸「外法頭」の略。

げほう-あたま【外法頭】❶外法❷に用いる髑髏。❷上部が大きく下部の小さな頭。❸《その頭の形から》福禄寿の異称。

け-ぼうき【毛×箒】❶鳥の羽などを束ねて作ったほうき。羽箒。❷整髪用のブラシ。ヘアブラシ。〈和英語林集成〉

け-ぼうし【毛帽子】❶毛皮または毛織の防寒用の帽子。(季 冬)❷飾りに毛を植えつけた帽子。

け-ぼうず【毛坊主】俗人で、葬儀のときなどに僧の代わりを務めた者。主に一向宗に属し、世襲的に半僧半俗の生活を送っていた。

げほう-ぼとけ【外法仏】市子・口寄せが用いる偶像。

け-ほがい【毛▽祝】▶毛祭り

げ-ぼく【下僕】召使いの男。下男。しもべ。

げ-ほくめん【下北面】北面の武士のうち、六位の者。かほくめん。➡上北面

け-ぼさつ【化×菩×薩】衆生を救うために、菩薩が仮の姿でこの世に現れたもの。

け-ほど【毛程】〔連語〕(あとに打消しの語を伴って)ほんのわずか。「―も疑わない」「―の良心もない人」

け-ぼり【毛彫(り)】金属・象牙などに鏨を用いて模様や文字を細い線で彫ること。また、その彫り物。彫金の中で最も基本的な技法で、古くから行われた。東大寺大仏の台座蓮弁などが有名。

げ-ぼり【牙彫(り)】「げちょう(牙彫)」に同じ。

けぼり-たがね【毛彫り×鏨】毛彫り用の先の細い鏨。

げ-ぼん【下▽品】❶仏語。極楽浄土に生まれる人を、能力・資質の差によって上・中・下に3分した、その最下位。➡九品 ❷下等。「―の恋の句に一面滑稽味を帯びているのがある」〈寅彦・俳諧の本質的概論〉

げぼん-げしょう【下▽品下生】仏語。下品を上生・中生・下生の三つに分けた、その最下位。

け-まい【化米】▶けべい(化米)

ゲマインシャフト〘Gemeinschaft〙ドイツの社会学者、テンニエスが設定した社会類型の一。人間が地縁・血縁・精神的連帯などによって自然発生的に形成した集団。家族や村落など。共同社会。↔ゲゼルシャフト。

け-まき【毛巻】江戸後期から明治にかけての女性の髪形の一。丸髷の一種で、髪を巻きつけて元結を隠すもの。未亡人や葬儀参列の女性が結った。

けま-く《過去推量の助動詞「けむ」のク語法》…(し)ただろうこと。…(し)たということ。「朝去らず行きけむ人の思ひつつ通ひ―は」〈万・四二三〉

け-まつり【毛祭(り)】猟師が獲物を捕ったあとで行う山の神の祭り。毛祝。

け-まり【蹴×鞠】❶けって遊ぶのに用いる鹿革製のまり。❷古代以来、貴族の間で行われた屋外遊戯。数人が革沓を履き、鹿革製の鞠を落とさないように、足の甲でけって受け渡しする。ふつう、鞠壺または懸かりと称する、四隅に桜・柳・楓・松を植えた庭で行われた。鎌倉時代ごろから体系化されて、飛鳥井・難波の両流派が栄えた。しゅうきく。

ケマル-アタチュルク〘Mustafa Kemal Atatürk〙[1881〜1938]トルコの政治家・軍人。共和国初代大統領。第一次大戦後、連合国への領土割譲を認めたセーブル条約に抗して、祖国解放運動を組織、1923年スルターン制を廃止して共和国を樹立。トルコの近代化を推進し、議会からアタチュルク(父なるトルコ人)の称号を贈られた。ケマル=パシャ。

ケマル-パシャ〘Kemal Pasha〙▶ケマル=アタチュルク

け-まわし【蹴回し｜蹴×廻し】着物・袴・スカート・コートなどの裾回り全体の寸法をいう。

け-まん【華×鬘｜▽花×鬘】仏前を荘厳するために仏殿の内陣や欄間などにかける仏具。金銅・牛革製の円または楕円形のものに、唐草や蓮華を透かし彫りにして、下縁に総状の金物や鈴を垂らすもの。

け-まん【×懈慢】❶怠けること。なおざりにして努めないこと。怠慢。❷「懈慢界」の略。

けまん-がい【×懈慢界】仏語。極楽往生の願いを自力で達成しようとする者が生まれる世界。快楽が多く、極楽浄土に生まれようとする本来の目的を見失うという。

けまん-そう【華×鬘草】(サウ) ケシ科の多年草。高さ約60センチ。葉は大きく、羽状複葉。晩春、淡紅色の心臓形の花を総状に垂らして咲く。中国の原産で、古くから観賞用に栽培される。ふじぼたん。たいつりそう。(季 春)「一咲きゐたらずや岨路(そばぢ)の雪/秋桜子」

けまん-むすび【華×鬘結び】ひもの結び方の一。上と左右に輪をつくり、ひもの両端を垂らす、装飾用の結び方。同心結び。

け-み【▽検見｜毛見】❶中世・近世の徴税法の一。米の収穫前に、幕府または領主が役人を派遣して稲のできを調べ、その年の年貢高を決めること。けんみ。➡定免(ぢやうめん) ❷実際に見て調べること。「月たちては、大嘗会の一やとしさわぎ」〈かげろふ・上〉

ケミカル〖chemical〗多く複合語の形で用い、化学的、化学的に合成した、の意を表す。「一シューズ」「一パルプ」

ケミカル-エンジニアリング〖chemical engineering〗化学工学。

ケミカル-シューズ〖chemical shoes〗合成皮革で作られた靴。

ケミカル-タンカー〖chemical tanker〗硫酸・苛性(かせい)ソーダなどの化学製品を運ぶタンカー。

ケミカル-ヒートポンプ〖chemical heat pump〗低温で分解できる化学物質が、再結合するときに出す反応熱を外部に取り出し、化学物質は再循環使用する仕組みのポンプ。

ケミカル-ピーリング〖chemical peeling〗►ピーリング

ケミカル-レーザー〖chemical laser〗►化学レーザー

ケミカル-レース〖chemical lace〗絹などの地布に機械で綿糸や毛糸の刺繍(ししう)を施し、薬品で地布を溶かして透かし模様にしたレース。

ケミスト〖chemist〗化学者。

ケミストリー〖chemistry〗化学。

けみ・する【▽閲する】〔動サ変〕因けみ・す〔サ変〕❶調べる。見て確かめる。あらためる。「対日関係の文献を一・する」「店々の窓に曝せる仮粧の衣類を一・しつ」〈鷗外訳・即興詩人〉❷年月を過ごす。経る。「郷里を出て二〇年の歳月を一・した」

(類語)検する・調べる・閲(えつ)する・改める・検査する・点検する・検分する・吟味する・実検する・臨検する・検閲する・査閲する・監査する・チェックする

ケミトロニクス〖chemitronics〗化学と電子工学が融合した境界領域の工学技術。

ゲミュート〖(ドイツ) Gemüt〗心情。情意。

け-みょう【仮名】(ミヤウ) ❶仮につけた名。かめい。⇔実名(じつみやう)。❷元服のときに烏帽子親(えぼしおや)につけてもらう呼び名。通称。俗称。「其の一実名分明ならず」〈平家・一一〉❸仏語。実体のないものに、仮に名づけること。また、仮に名づけられたもの。

けみょう-しゅう【仮名宗】(ケミヤウ) すべてのものは実体のない仮のものにすぎない、と説く仏教の宗旨・宗派。成実(じやうじつ)宗など。

げ-みょうぶ【外命婦】(ミヤウブ) 律令制で、夫が五位以上の官人である婦人の称。➡内命婦(ないみやうぶ)

ケミルミネセンス〖chemiluminescence〗►化学発光

げ-みん【下民】しもじもの者。かみん。

けむ【▽煙｜×烟】けむり。けぶ。

煙に巻・く 大げさなことや相手の知らないようなことばかりを言い立てて、相手を圧倒したり、ごまかしたりする。「巧みな弁舌で人を一・く」(補説)この意味で「けむりにまく」と読むのは誤り。

けむ〔助動〕[(けま)｜○｜けむ(けん)｜けむ(けん)｜けめ｜○]《過去の助動詞「き」の未然形の古形「け」+推量の助動詞「む」から》活用語の連用形に付く。❶過去の事実についての推量を表す。…ただろう。…だったろう。「この国に跡を垂るべき宿世こそありけめ」〈更級〉❷過去に起こった事実の原因や理由について推量する意を表す。…たのだろう。…だったのだろう。「時々の花は咲けども何すれそ母とふ花の咲き出来(でこ)ずけむ」〈万・四三二三〉「み園生(そのふ)の百木(ももき)の梅の散る花し天に飛び上がり雪と降りけむ」〈万・三九〇六〉❸多く下に体言を伴って、過去の事実を他から伝え聞いたこととして表す。…たとかいう。「顕基の中納言の言ひけん配所の月、罪なくて見んこと、さもおぼえぬべし」〈徒然・五〉(補説)過去の助動詞の終止形「き」に推量の助動詞の古形「あむ」が付いた「きあむ」の音変化ともいう。主として中世以後は「けん」とも表記。なお、未然形の「けま」は上代に「けまく」の形で用いられた。

けむ・い【煙い｜×烟い】〔形〕因けむ・し〔ク〕煙のため息苦しく感じたり、目が痛かったりするさま。けむたい。けぶい。「タバコが一・い」(派生)けむがる〔動ラ五〕けむさ〔名〕

けむく-じゃら【毛むくじゃら】〔名・形動〕毛深いこと。また、毛深くて気味が悪く感じられるさま。「一な(の)腕」(補説)歴史的仮名遣いは通常「けむくぢゃら」とするが、未詳。(類語)毛深い・多毛

け-むし【毛虫】❶チョウやガの幼虫で、体に毛の多いものの俗称。(季 夏)「みじか夜や一の上に露の玉/蕪村」❷嫌われ者のたとえ。

けむし-まゆ【毛虫眉】太く濃い、毛虫のようなまゆ。げじげじまゆ。

けむた・い【煙たい｜×烟たい】〔形〕因けむた・し〔ク〕❶煙のために息苦しい。また、目を開けていられない。けむい。けぶたい。けむったい。「一・くて涙が出る」❷窮屈に感じられ、親しみが持てないさま。けぶたい。けむったい。「一・い相手」(派生)けむたがる〔動ラ五〕けむたげ〔形動〕けむたさ〔名〕

けむ-だし【▽煙出し｜×烟出し】❶煙を外に出すために設けた窓。けむりだし。❷煙突。けむりだし。「製造場の一が幾本も立っている」〈荷風・すみだ川〉

け-むつか・し【気難し】〔形シク〕薄気味悪い。なんとなく恐ろしい。「これは鬼の妻(め)にして、常に来りてかく様に懐抱して返るなりけりと思ふにも極て一・し」〈今昔・三一・一四〉

けむった・い【煙ったい｜×烟ったい】〔形〕「けむたい」に同じ。「タバコの煙が一・い」

けむり【煙｜×烟】《「けぶり」の音変化》❶物が燃えるときに立ちのぼるもの。有機物が不完全燃焼するときに出る気体で、固体の微粒子が浮遊している状態をいうが、液体の微粒子が含まれている場合もある。「一がたちこめる」❷霞(かすみ)・水蒸気など、❶のように空中にたちこめるもの。「湯の一がただよう町」❸かまどから立ちのぼるもの。炊煙。また、暮らし。生計。「細いながら一絶えせず安らかに日は送れど」〈露伴・風流仏〉

(下接語)黒煙・潮煙・砂煙・血煙・朝夕(あさゆふ)の煙・土煙・野辺の煙・火煙・水煙・夕煙・雪煙・湯煙

煙にな・る 焼けて跡形もなくなる。すっかりなくなる。「火事で一・る」➡煙(けぶり)となる

煙を立・てる 《炊煙を立てる意》生計を立てる。「兄弟の力を頼りに細々と一・てる有様」〈藤村・家〉

けむり-がえし【煙返し】(ガヘシ) ❶土蔵の戸口の内側下部にある石。けむがえし。❷煙がよどむような形に作った香炉。

けむり-かんちき【煙感知器】煙を感知して出火を知らせる器具。

けむり-ずいしょう【煙水晶】(ズイシヤウ) 褐色ないし黄褐色の水晶。

けむり-だし【煙出し】「けむだし」に同じ。

けむ・る【煙る｜×烟る】〔動ラ五(四)〕《「けぶる」の音変化》❶煙が盛んに出たり、辺り一面に広がったりする。「たき火が一・る」❷雨・霧・霞(かすみ)などで辺りがぼんやりする。「雨に一・る町」❸新芽や若草が萌(も)え出てかすんだように見える。「両岸は緑野低く春草一・り」〈独歩・わかれ〉

(類語)けぶる・燻(くす)ぶる・燻(いぶ)る・燻す・煤(すす)ける

ケメロボ〖Kemerovo〗ロシア連邦中部、ケメロボ州の都市。同州の州都。トミ川と支流イスキチム川の合流点に位置し、河港を有す。シベリア鉄道の支線が通る。クズバス炭田の主要な鉱工業都市の一つで、化学工業・機械工業が盛ん。

げ-めん【下免】江戸時代、年貢の賦課率が低いこと。⇔高免(たかめん)。

げ-めん【外面】❶外側。表面。がいめん。❷表面にあらわれた顔つき。うわべ。外見。

外面似菩薩(じぼさつ)内心如夜叉(によやしや) 顔は菩薩のように優しいが、心は夜叉のように険悪で恐ろしいの意。女性が仏道の修行の妨げになることをいった言葉。外面如菩薩(によぼさつ)内面如夜叉。

け-もの【獣】《毛物の意》獣類。けだもの。

(類語)けだもの・獣(じゆう)・獣類・野獣・百獣・鳥獣・禽獣(きんじゆう)・動物・畜類・畜生・アニマル・ビースト

けもの-へん【獣偏】漢字の偏の一。「猫」「狩」などの「犭」の称。

けもの-みち【獣道】獣の通り道。野生の動物が通ることによって自然にできる山中の道。

け-もも【毛桃】桃の一品種。日本在来のもので、果実は小さくて堅く、毛深い。観賞用。

け-もん【仮門】仏語。真実の道に入らせるための方便として仮に設けられた教え。浄土真宗で、念仏以外の自力の諸善をいう。⇔真門。

げ-もん【解文】「解(げ)」に同じ。

けもん-りょう【▽花文×綾】花の文様のある綾(あや)。

げ-や【下屋】母屋(おもや)に差しかけて造った小屋根。また、その下の部分。差しかけ。

げ-や【下野】〔名〕(スル) 官職を辞めて民間に下ること。与党が政権を失い野党となること。「西郷隆盛は政争に敗れて一した」「選挙で過半数を失い一する」

(類語)引退・退陣・退職・退任・退役・退官・辞職・辞任・勇退・リタイア

け-やき【毛焼(き)】❶鳥の羽毛をむしったあと、肌に残った毛を火で焼くこと。❷「毳(けば)焼き」に同じ。

けやき【×欅｜×槻】ニレ科の落葉高木。山野にみられ、高さは約30メートルにまで達し、よく枝分かれする。葉は卵形で先がとがり、縁にぎざぎざがある。春、淡黄色の小花を新しい枝につける。材は良質で、建築・家具などに使用。つきのき。つきげやき。

け-やく【化益】仏語。教化(けうけ)して善に導き、利益(りやく)を与えること。

けや-け・し〔形ク〕❶普通と著しく異なるさま。異様である。「大臣(おとど)、いと一・うも仕うまつるかな、とうち乱れ給ひて」〈源・藤裏葉〉❷異様で不快に感じられるさま。「后宮(きさいのみや)も、いといみじく一・く、つらしと思し」〈夜の寝覚・四〉❸他にぬきんでて優れているさま。〈日葡〉❹非常にはっきりしているさま。「人の言ふほどのこと、一・く否びがたくて、万(よろづ)え言ひ放たず」〈徒然・一四一〉

け-やす・し【▽消▽易し】〔形ク〕消えやすい。「朝露の一・き我が身」〈万・八八五〉

けや-の-おおと【芥屋大門】(けやのおほと) 福岡県糸島市、糸島半島の北西にある海食洞。玄界(げんかい)灘の荒波による浸食作用でできた。高さ約8メートル、幅2～10メートル、奥行き90メートルの柱状節理の洞穴は大門とよばれ、玄海国定公園を代表する名勝・奇岩として知られている。国の天然記念物に指定されている。

け-やぶ・る【蹴破る】〔動ラ五(四)〕❶蹴って破る。「ふすまを一・る」❷蹴散らす。「敵を一・る」

けやむら-ろくすけ【毛谷村六助】安土桃山時代の剣客。豊前(ぶぜん)毛谷村の人。師の吉岡一味斎の娘を助けて父のあだを討たせ、のち小倉の立花家に仕えたという。浄瑠璃「彦山権現誓助剣(ひこさんごんげんちかひのすけだち)」その他に脚色されて登場する。生没年未詳。

け-やり【毛×槍｜毛×鑓】先端に鳥毛の飾りをつけた槍。大名行列の先頭などで振り歩くもの。

けやり-むし【毛×槍虫】ケヤリ科の環形動物。体は細長く、泥に覆われた膜質の管を作り、磯の岩などに着生して生活する。潮が満ちると体の前端にあるえらを冠状に開く。本州中部以南に分布。

げ-ゆ【解由】❶奈良・平安時代、官人が任期満了のときに交代の事務引き継ぎをすること。❷「解由状」に同じ。

げ-ゆう【外▽用】仏語。本体から外へ現れる働き。仏・菩薩などが、衆生の機に応じて現す働き。

げゆ-じょう【解由状】ゲユジャウ 解由の完了を証する文書。新任者から前任者に渡され、前任者はこれを上司に提出して任務を終了した。国司のそれは特に重視された。

げ-よう【下用】《「けよう」とも》❶下層の者が食用にする、よく搗いていない米。〈日葡〉❷毎日使うこと。また、そのもの。常用。「―には、高直にても古米徳なり」〈浮・立身大福帳〉

げよう-びつ【下用×櫃】米びつ。「―には虚空蔵菩薩、米がないとせがまれ」〈浄・盛衰記〉

けら【啄=木=鳥】キツツキの別名。

けら【×鉧】日本古来のたたら吹き製法によって砂鉄からつくられる、海綿状の粗鋼。

けら【螻=蛄】直翅目ケラ科の昆虫。体長約3センチ。頭部と前胸は頑丈で、前足はモグラに似てくまで状。地中に穴を掘ってすみ、昆虫などを捕食するほか植物の根なども食う。後ろ翅が長く、夜飛んで灯火にも集まる。雄は春秋に土中でジーと鳴き、俗に「ミミズが鳴く」といわれる。おけら。(季 夏)

螻蛄の水渡り　まねをしてもやり遂げられないことのたとえ。

螻蛄腹立つれば鶫喜ぶ　《鶫を捕らえるのに螻蛄をえさにするところから》一方が怒れば他方が喜ぶ。両者の利害が相反することのたとえ。

ゲラ《galleyから》❶組み上げた活字の版を入れる木製の浅い箱。❷「ゲラ刷り」の略。

ケラー〖Gottfried Keller〗[1819～1890]スイスのドイツ系小説家。19世紀ドイツ写実主義文学の代表者。小説「緑のハインリヒ」、短編集「ゼルトビラの人々」など。

ケラー〖Helen Adams Keller〗[1880～1968]米国の教育家・社会福祉事業家。2歳のときに盲聾唖となるが、三重苦を克服して大学を卒業。世界各地を歴訪、身体障害者の教育・福祉に尽くした。著「私の生涯」など。ヘレン＝ケラー。

け-らい【家来】❶主君や主家に仕える者。家臣。従者。❷親・尊族を敬い礼を尽くすこと。転じて、他人に礼を尽くすこと。「文籍にも―といふことあるべくや」〈源・藤裏葉〉❸朝廷の公事や故実を習うために摂家などに出入りする者。(補説)古くは「家礼」「家頼」などと書き、「家来」は中世以降の表記。

(類語)臣・臣下・家臣

けら-く《過去の助動詞「けり」のク語法》…であったこと。…であったことには。「神代より言ひ継ぎ―」〈万・四一〇六〉

け-らく【▽快楽】❶仏語。煩悩から解放されて得られる安楽。また、浄土の安楽。❷「かいらく(快楽)」に同じ。「残忍の外―なし」〈露伴・五重塔〉

げ-らく【下×洛】❶比叡山などから京都にくだってくること。「勅宣三度に及びければ、力無く―し給ひけるに」〈太平記・一二〉❷都から地方へくだること。上洛に対していう。〈日葡〉

げ-らく【下落】〔名〕スル 物価や相場、また、物事の価値などがさがること。「株価が―する」

(類語)低落・値崩れ・急落・暴落・下降・降下・沈下・低下・下がる・落ちる・落ち込む・沈む

けらく-てん【化楽天】仏語。六欲天の第五。この天に生まれた者は自ら妙楽の境地をつくり出して楽しみ、八千歳の寿命を保つといわれる。化天。化自楽天。楽変化天。化自在天。

けら-くび【螻=蛄首】❶槍の穂と柄とが接する部分。しおくび。❷日本建築の継ぎ手・仕口で、差し込み部分の先を大きくし、途中をくびらせて抜けないようにしたもの。❸茶の湯で用いる柄杓の、柄と合(水や湯を入れる部分)の合わせ目。三つ角。

けら-げい【螻=蛄芸】「螻蛄才」に同じ。

けら-けら〔副〕かん高い声を出して笑うさま。「人をあざけるように―(と)笑う」(類語)げらげら

げら-げら〔副〕しまりなく、大声で笑うさま。「人目をはばからず―(と)笑う」(類語)けらけら

けら-ざい【螻=蛄才】《螻蛄には飛ぶ、登る、潜る、掘る、走るの五つの能力があるが、どれ一つとして卓越したものがないところから》多芸多才でありながら、どれも中途半端であること。また、そのような役に立たない才能。螻蛄芸。

け-らし〔連語〕《過去の助動詞「けり」の連体形に推量の助動詞「らし」の付いた「けるらし」の音変化》❶確実な根拠に基づいて、過去の動作・状態を推量する意を表す。「我妹子は常世の国に住み―らし昔見しより変若ましにけり」〈万・六五〇〉❷近世文語で「けり」をやわらげていう用法。「心もとなき導師の力なり―らし」〈笈の小文〉(補説)一説に、「けり」が形容詞的に活用したものともいう。

ゲラ-ずり【ゲラ刷(り)】ゲラに入れた活字の版で校正用に刷ったもの。校正刷り。ゲラ。「―に赤字を入れる」

ゲラダ-ひひ【ゲラダ×狒×狒】《gelada baboon》オナガザル科の哺乳類。雄は体長約70センチで雌はそれよりやや小さく、全身褐色の毛で覆われ、胸に無毛の赤い部分がある。雄の肩にはマント状の長毛が生える。エチオピアに分布。

ケラチン〖ドイツ Keratin〗硫黄を含んだたんぱく質。毛髪・つめ・角・羽毛などの主成分。

けら-つつき【啄=木=鳥】キツツキの別名。

ゲラティ-しゅうどういん【ゲラティ修道院】シウダウヰン《Gelati》グルジア西部の古都クタイシ郊外にある修道院。12世紀初頭にダビド4世が創建。内部には多数のイコンや中世の写本が残る。1994年、バグラティ大聖堂とともに「バグラティ大聖堂とゲラティ修道院」として世界遺産(文化遺産)に登録。ゲラチ修道院。

けら-ば【螻=蛄羽】切妻屋根の、妻側の端部。

けらば-がわら【螻=蛄羽瓦】ガハラ 瓦の一種で、屋根のけらばに用いるもの。袖瓦。

けらま-しょとう【慶良間諸島】タウ 沖縄本島西方の諸島。渡嘉敷島・座間味島などからなる。山地にすむケラマジカは天然記念物。沿岸は珊瑚礁が発達しており、平成17年(2005)ラムサール条約に登録された。慶良間列島。

ケラミコス〖Kerameikos〗《「ケラメイコス」とも》ギリシャの首都アテネの一地区。古代ギリシャ時代に多くの陶工が居住した場所として知られ、セラミックの語源となった。紀元前12世紀から紀元前1世紀頃までの古代墓地があり、幾何学様式の陶器などが多数発掘された。

ケラメイコス〖Kerameikos〗►ケラミコス

ケララ〖Kerala〗インド南西端の州。州都トリバンドラム。古くからのインド洋交易の要地。

けられ《「ケラレ」とも書く》写真を撮影する際、カメラのフードが合っていなかったり、複数のフィルターを重ねて使ったりすることで、撮影画像の周辺部などが隠されてしまうこと。また、広角レンズでの撮影などの際に、内蔵ストロボの光がレンズの鏡胴に当たって光の届かない部分ができること。

ゲランド〖Guérande〗フランス西部、ロアール-アトランチック県、大西洋岸に面する町。塩の産地として有名。城壁に囲まれた旧市街は中世の面影を残す歴史的建造物が多い。

けり《和歌・俳句などに助動詞「けり」で終わるものの多いところから》物事の終わり。結末。決着。

(類語)幕切れ・終わり・最後・おしまい・終了・終結・終焉・終末・果てし・閉幕・幕・打ち止め・ちょん・完・了・ジエンド・終い・最終・結末・結び・締め括り・結尾・末尾・掉尾・掉尾・終局・終幕・大詰め・土壇場・どん詰まり・末・ラスト・エンディング・フィニッシュ・フィナーレ

けりが付・く　物事の結末がつく。決着する。「喧嘩両成敗ということで―・いた」

けりを付・ける　結末をつける。決着をつける。「論争に―・ける」

けり【×鳧・▽計里】チドリ科の鳥。全長約36センチ。頭から背は灰褐色、腹部は白く、胸に黒色の線がある。本州北部と近畿地方の草原や田畑で繁殖。ケリリ、キリリイと鳴く。(季 夏)「―の子の浅田にわたる夕かな／暁台」

けり【蹴り】蹴ること。足を物に強くぶつけること。キック。「―を入れる」

け・り【▽来り】〔動ラ変〕《動詞「く(来)」の連用形に「あり」の付いた「きあり」の音変化》来ている。「玉梓の使の―・れば嬉しみと」〈万・三九五七〉

け・り【▽着り・▽著り・▽服り】〔動ラ変〕《動詞「き(着)る」の連用形に「あり」の付いた「きあり」の音変化》着ている。「我が旅は久しくあらしこの吾が―・る妹が衣の垢つく見れば」〈万・三六六七〉

けり〔助動〕[(けら)|○|けり|ける|けれ|○]《動詞「く(来)」の連用形に動詞「あり」の付いた「きあり」の音変化から》動詞・助動詞の連用形に付く。❶過去に起こった事柄が、現在にまで継続してきていることを表す。…てきた。「昔より言ひ**ける**ことの韓国の辛くもここに別れするかも」〈万・三六九五〉❷過去に起こった事柄を他から伝え聞いたこととして回想的に表す。…たということだ。…たそうだ。「坊の傍らに大きなる榎の木のあり**けれ**ば、人、榎の木の僧正とぞ言ひ**ける**」〈徒然・四五〉❸初めてその事実に気がついたことを詠嘆的に表す。…たのだなあ。…たなあ。「ふるさととなりにし奈良の都にも色はかはらず花は咲き**けり**」〈古今・春下〉❹眼前の事実を述べる。…た。…ている。「夜すでに明け**けれ**ば、なぎさに赤旗少々ひらめいたり」〈平家・一一〉➡き(助動)(補説)過去の助動詞「き」に動詞「あり」の付いた「きあり」からとも。過去の助動詞「き」が直接経験をいうのに対し、「けり」は伝聞的過去をいうのが特徴。❹は中世以後の用法。未然形の「けら」は、上代に「けらず」「けらく」の形で用いられた。完了の助動詞「つ」に「けり」の付いた「てけり」においては、院政期ごろから「てんげり」の形でも用いられた。

げ-り【下痢】〔名〕スル 大便が液状もしくはそれに近い状態で排泄されること。腹下し。

(類語)腹下り・腹下し・瀉下・瀉痢

げ-り【外吏】国司・受領などの地方官。外官。

げり〔助動〕助動詞「けり」に同じ。「鮭を二つ引き抜きて、懐へ引き入れてん**げり**」〈宇治拾遺・一・一五〉(補説)完了の助動詞「つ」の連用形に過去の助動詞「けり」が付いた「てけり」が、院政期のころから撥音が添加され「てんげり」となったもの。軍記物や説話集などに用いられた。

けり-あ・げる【蹴り上げる】〔動ガ下一〕文けりあ・ぐ〔ガ下二〕❶蹴って上にあげる。けあげる。「ボールを高く―・げる」❷ものを下方から蹴る。けあげる。「腹を―・げる」(類語)蹴る・蹴飛ばす・蹴上げる・足蹴にする・キックする

ケリー〖Grace Kelly〗[1928～1982]米国の映画女優。知的で格調の高い演技と美貌で人気を博した。1956年にモナコ国王と結婚。自動車事故で死亡。「喝采」「泥棒成金」「上流社会」などに出演。

ケリー-しゅうゆうろ【ケリー周遊路】シウイウロ《Ring of Kerry》アイルランド南西部、アイベラ半島を一周する周遊路。一周は約180キロ。キラーニーを起点として、反時計回りにキログリン、カハーシビーン、ポートマギー、ウオータービル、デリナーン、スニーム、ケンメアなどの町がある。雄大な自然景観を楽しめる同国有数の観光ルートとして知られる。リングオブケリー。

ケリー-バッグ〖Kelly bag〗裾の広がった台形型の手さげバッグのこと。元来はフランスのエルメス社の製品で、モナコの王妃となったグレース＝ケリーが愛用したことからこの名がある。➡エルメス

ケリズ-かこうこ【ケリズ火口湖】クワコウコ《Kerið》アイスランド南西部にある火口湖。直径約200メートル、湖面から火口外縁までの高さは約55メートル。約3000年前の噴火でできたとされる。

げり-どめ【下痢止(め)】下痢をとめること。また、その薬。

ケリニア〖Keryneia〗キプロス北部の町キレニアのギリシャ語名。

けり-ぼり【蹴り彫(り)】彫金の技法の一。鏨の刃先の一方を浮かせて蹴るようにして彫り、楔形を

点線状に連ねて文様を表すもの。
ゲリマンダー〘gerrymander〙特定の政党・候補者に有利なように選挙区を改変すること。1812年、米国マサチューセッツ州知事E＝ゲリーが自党に有利なように区画した選挙区の形が、サラマンダー(伝説上のトカゲ)に似ていたことから作られた語。
げ-りゃく【下略】〔名〕スル あとに続く文章や語句を省くこと。かりゃく。➡上略 ➡中略
け-りょう【仮▽令】ケリヤウ《たとえば、たといの意の漢語「仮令」を音読みにした語》㊀〔副〕❶たとえば。「一郭公などは、山野を尋ね歩きて聞く心を詠む」〈無名抄〉❷たとい。かりに。「一仏といふは…と知りたりとも」〈正法眼蔵随聞記・二〉❸およそ。「一案じ候ふに、内裏に参り集まる兵ども、その数候ふといふとも」〈保元・中〉❹(多くあとに「ばこそ」を伴って)たまたま。さいわい。「一わしがここに居たればこそ」〈伎・韓人漢文〉㊁〔名・形動ナリ〕かりそめのこと。いいかげんなこと。また、そのさま。「商ひは一にして、明け暮れ男自慢」〈浄・盛衰記〉
ゲリラ〘スペイン guerrilla〙小部隊による奇襲などで敵を混乱させる戦法。また、その部隊や戦闘員。「一戦」
ゲリラ-ごうう【ゲリラ豪雨】ガウ 短時間に狭い地域に大量に降る雨を、奇襲を行うゲリラにたとえた語。ゲリラ雨。補説 気象庁では、その地域にとって災害の発生につながるような、まれにしか観測しない雨量であることを知らせるために「記録的短時間大雨情報」を発表している。
け・る【蹴る】〔動ラ五(四)〕❶足で勢いよく突く。また、足にはずみをつけるようにして突いて飛ばす。「馬に一・られる」「ボールを一・る」❷足で地面などを強く押す。「床を一・って高くジャンプする」「水を一・って泳ぐ」❸(「席をける」の形で)怒って荒々しくその場を立ち去る。「裁定を不満とし、席を一・って退場する」❹要求・提案などを受け入れないで、きっぱり断る。はねつける。拒絶する。「組合の要求を一・る」「与えられた役を一・る」補説 下一段の「ける」が江戸時代後半から四段に活用するようになったもの。しかし、現代語でも「け散らす」「け飛ばす」などの複合語には下一段活用が残存しており、命令形も「けれ」のほか「けろ」も用いられる。可能 ける
類語 (❶)蹴飛ばす・蹴上げる・蹴り上げる・足蹴にする・キックする/(❹)はねつける・つっぱねる・一蹴する・峻拒する・拒絶する・断る・拒否する
ける【蹴る】〔動カ下一〕五(四)段活用「け(蹴)る」に同じ。「その男が尻鼻、血落ゆばかり必ずけ給へ」〈宇治拾遺・二〉補説 本来は、ワ行下二段の「くう」か。またはクヮ行下一段の「くゑる」とする考えもある。最初は語形が「ける」「くゑる」「くゆ」「こゆ」のようにいろいろで揺れていたが、しだいにカ行下一段活用として活用形が整備されてくる。
ゲル《「ゲルト」の略。戦前の学生語》金銭。かね。
ゲル〘ドイツ Gel〙コロイド溶液が固まって、半固体ないし固体の状態になったもの。ゲルが分散媒を含んだまま固化したものをゼリーといい、狭い意味ではゲルはゼリーのこと。豆腐・こんにゃく・ゆで卵など。➡ゾル ➡ジェル
ゲル〘モンゴル ger〙モンゴルなどの遊牧民が用いる饅頭形をした組み立て式の家屋。骨組みを木で作り、その上をフェルトで覆う。中国語では「パオ」という。
け-るい【毛類】毛皮・毛織物の総称。「一は猩々緋の百間続き」〈浮・永代蔵・六〉
ケルース〘Queluz〙ポルトガル西部の町。リスボンの北西13キロに位置する。18世紀に王家の夏の離宮として建造されたケルース宮殿があることで知られる。
ケルース-きゅうでん【ケルース宮殿】《Palácio de Queluz》ポルトガル西部の町ケルースにある宮殿。18世紀にポルトガル王ペドロ3世と女王マリア1世の夏の離宮として建造。ベルサイユ宮殿を思わせるロココ調の建物で、フランス式庭園とイタリア式庭園がある。
ケルカリア〘ラテン cercaria〙吸虫類の発育過程の一時期の名称。第1中間宿主の貝の体内で発生、一般におたまじゃくし形で口と腹とに吸盤をもつ。水中に泳ぎ出して第2中間宿主の魚類・甲殻類の体内に入り、尾を失って被嚢すると メタケルカリアとよばれる。セルカリア。有尾幼虫。尾虫。
ケルキラ〘Kerkira〙ギリシャ西部、イオニア諸島のケルキラ島にある都市。イタリア語名および英語名コルフ、ラテン語名コルキュラ。アルバニア、イタリアに近く海上貿易の拠点となり、特に14世紀末からベネチア共和国に統治されたため、迷路のような旧市街にはベネチア風の多くの建物や新旧二つの要塞(ネオフルリオ、パレオフルリオ)が残る。16世紀末に建てられたアギオススピリドナス教会は、島の守護聖人に捧げられたもの。2007年に「ケルキラ(コルフ)旧市街」として世界遺産(文化遺産)に登録された。
ケルキラ-とう【ケルキラ島】タウ《Kerkira》ギリシャ西部、イオニア海にある島。イオニア諸島の北部、ケルキラ海峡を隔ててアルバニアと対する。イタリア語名および英語名コルフ島、ラテン語名コルキュラ島。中心都市は東岸のケルキラ。古代ローマ時代より、東方への海上交易の拠点として栄えた。14世紀末から18世紀末までベネチア共和国に長く支配されたため、その影響が強く残っている。
ケルクアン〘Kerkuane〙チュニジア北東部、ボン岬半島にある古代カルタゴの都市遺跡。第一次ポエニ戦争(前264～前241)でローマ軍によって破壊されたが、被害は少なく、200基以上の墓など貴重な遺構が残る。1985年「ケルクアンの古代カルタゴの町とその墓地遺跡」の名で世界遺産(文化遺産)に登録。
ケルシー〘kelsey〙スモモの一品種。果実は大形で丸く先がとがる。果皮は緑色で、果肉は黄色。甘酸っぱく、肉質は緻密。
ケルシェンシュタイナー〘Georg Kerschensteiner〙[1854～1932]ドイツの教育行政家・教育学者。労作教育を中心としたミュンヘン-プランを作成。
ケルゼン〘Hans Kelsen〙[1881～1973]オーストリアの法学者。純粋法学を主唱。20世紀の法学に大きな影響を与えた。著「一般国家学」「純粋法学」など。
ゲルツェン〘Aleksandr Ivanovich Gertsen〙[1812～1870]ロシアの思想家・作家。革命運動で逮捕・流刑ののち亡命。農村共同体を基礎とする社会主義を構想した。著「過去と思索」「誰の罪か」など。
ケルト〘Celt〙インド-ヨーロッパ語系のヨーロッパ先住民族。前5世紀ごろからヨーロッパ中・西部で栄えたが、前1世紀までにローマの支配下に入った。現在はフランスのブルターニュ地方、アイルランド、英国のウェールズやスコットランドなどに残る。
ゲルト〘ドイツ Geld〙金銭。かね。ゲル。
ケルト-ごは【ケルト語派】インド-ヨーロッパ語族の一語派。アイルランド語やウェールズ語などがこれに属する。
ゲルトナー-きん【ゲルトナー菌】《Gärtner's bacillus》サルモネラ菌の一種で、食中毒の原因菌の一つ。腸炎菌。
ケルナベ〘Kernavė〙中世のリトアニア大公国における最初の首都。現在の首都ビリニュスの北西約35キロメートル、ネリス川沿いに位置する。旧石器時代の住居跡や墓地遺跡、中世の都市遺跡があり、2004年に「ケルナベの考古遺跡(ケルナベ文化保護区)」の名称で世界遺産(文化遺産)に登録された。遺跡のそばに考古学歴史博物館、1920年に建造されたネオゴシック様式のケルナベ聖堂がある。
ゲルニカ〘Guernica〙㊀スペイン、バスク地方の小都市。スペイン内戦中の1937年、ドイツ空軍の爆撃を受け多くの死傷者を出した。㊁㊀の爆撃の悲劇を象徴的に描いたピカソの作品。縦約3.5メートル、横約7.8メートル。無彩色で、雄牛や馬、泣き叫ぶ女性などが描かれている。
ゲルバー-きょう【ゲルバー橋】ケウ 桁とヒンジ(継ぎ目)とからなる構造の橋。連続桁の長所をもち、支点の不同沈下の影響が少ない。東京の両国橋などはこの形式。ドイツのゲルバー(J.G.Gerber)が創案。
ケルビム〘ラテン Cherubim〙キリスト教・ユダヤ教で、知識をつかさどる天使。九天使の第二位にあたる。
ケルビン〘kelvin〙国際単位系(SI)の基本単位で、温度の単位。物質を構成する原子・分子の熱による振動がすべて静止する温度を零度、水の三重点を273.16度と定義し、目盛間隔をセ氏温度と同じにとったもの。セ氏温度に273.15度を加えた値で表される。英国の物理学者ケルビンの名にちなむ。記号、K　熱力学温度。絶対温度。ケルビン温度。
ケルビン〘Kelvin〙[1824～1907]英国の物理学者。本名、ウィリアム＝トムソン(William Thomson)。熱力学・分子運動論の研究、海底電線の実用化、羅針盤・電気器具の改良などに貢献。絶対温度(ケルビン)を提案。著「物理学概論」など。
ゲル-ピン《ゲルは「ゲルト」の略。ピンは「ピンチ」の略とも「貧」のなまりともいう》学生仲間の言葉で、金がないこと。文なし。
ケルビン-おんど【ケルビン温度】ヲンド ► ケルビン(単位)
ケルビングローブ-こうえん【ケルビングローブ公園】コウヱン《Kelvingrove Park》英国スコットランドの都市グラスゴーの市街西部にある公園。19世紀に造園家ジョゼフ＝パックストンの設計で造られ、万国博覧会などが催された。公園内にはスコットランドを代表するケルビングローブ美術館・博物館がある。
ケルプ〘kelp〙❶大形の褐藻類。❷コンブなどの海藻を低温で焼いた灰。ヨードなどの原料。海藻灰。
ゲルフ〘Guelph〙中世末期のイタリアで、ローマ教皇を支持してギベリン(神聖ローマ皇帝派)と争った党派。教皇党。
ゲルファント〘Izrail' Moiseevich Gel'fand〙[1913～2009]ロシアの数学者。関数解析の先駆者として業績を残したほか、超関数、表現論、確率論などの分野で幅広く活躍。素粒子物理学や量子力学などの物理学にも貢献した。米国ラトガーズ大学客員教授。日本学士院客員。
ケルベロス〘Kerberos〙㊀ギリシャ神話で、冥府の入口の番犬。三つの頭と蛇の尾、さらに胴体には何匹もの蛇の頭をもつとされる。ヘラクレスが12の功業の最後の仕事としてこれを素手で捕らえて地上に連れ出したが、のちにふたたび冥府へ戻した。㊁コンピューターネットワークにおいて、共通鍵暗号を用いてユーザー認証する技術の一。ユーザーは暗号鍵を管理する鍵配布サーバーにアクセスして認証を得る。
ケルベロス-にんしょう【ケルベロス認証】► ケルベロス
ゲルマニア〘ラテン Germania〙㊀古代ヨーロッパの地名。東はウィスワ川、西はライン川、南はドナウ川、北はバルト海に囲まれた地域をさし、ゲルマン民族が居住した。㊁古代ローマの歴史家タキトゥスの著作。全46章。後100年ごろ完成。ゲルマン民族の風俗・習慣などを記述したもので、古ゲルマン研究の最重要史料。
ゲルマニウム〘ドイツ Germanium〙炭素族元素の一。金属と非金属の中間に位置する。単体は青みがかった灰白色のもろい結晶。典型的な半導体で、トランジスター・ダイオードなどに用いられる。元素記号Ge　原子番号32。原子量72.61。
ゲルマニウム-せいりゅうき【ゲルマニウム整流器】セイリウキ ゲルマニウムのダイオードを利用した整流器。低電圧の整流に用いる。
ゲルマン〘ドイツ Germane〙ゲルマン民族。
ゲルマン-ごは【ゲルマン語派】インド-ヨーロッパ語族の一語派。東・北・西に分類されることが多く、東ゲルマン語はゴート語に代表されるが消滅、北ゲルマン語にはデンマーク語・スウェーデン語・ノルウェー語・アイスランド語、西ゲルマン語には英語・ドイツ語・オランダ語などがある。
ゲルマン-ほう【ゲルマン法】ハフ ゲルマン民族の古法。ローマ法と並んでイギリス・ドイツ・フランスなどの諸国法の基礎となった。
ゲルマン-みんぞく【ゲルマン民族】インド-ヨーロ

ッパ諸族に属する民族。原住地はバルト海沿岸地方。前8世紀ごろから南下して中部ヨーロッパに定住。4世紀後半、大移動によってローマ帝国領内に侵入、ヨーロッパ全域を席捲し、現在の西ヨーロッパ諸民族の祖先となった。

ケルラー-とう【ケルラー島】《Isle of Kerrera》▶ケレラ島

ゲルリッツ〖Görlitz〗ドイツ東部、ザクセン州の都市。ポーランドとの国境を流れるナイセ川に面する。1949年から90年まで旧東ドイツに属した。第二次大戦後のドイツとポーランドの国境として適用されたオーデル-ナイセ線により、旧市はナイセ川で二分され、東岸はポーランドに帰属し、ズゴルゼレツと呼ばれる。中世には塩や麻などの交易で栄えた。哲学者のヤコブ=ベーメの出身地としても知られる。

ケルン〖cairn〗山頂や登山路に、道標や記念として石を円錐形に積み上げたもの。〔季 夏〕

ケルン〖ドイツ Kern〗中心の部分。核。中核。

ケルン〖Köln〗ドイツ西部、ライン川に臨む都市。ローマの植民地として建設され、8世紀以降、大司教座の所在地として栄えた。代表的ゴシック建築のケルン大聖堂があり、オーデコロンの生産でも有名。フランス語名、コローニュ。人口、行政区101万(2010)。

ケルン-だいせいどう【ケルン大聖堂】《Kölner Dom》ドイツ西部の都市、ケルンにあるゴシック様式の大聖堂。正式名称はザンクト-ペーター-ウント-マリア大聖堂。1248年に起工、1322年に献堂。その後も度重なる増改築がなされ、全てが完成したのは1880年。高さは157メートル。米国のワシントン記念塔が完成する前は世界一高い建造物だった。東方三博士の聖遺物を収めた黄金の箱、シュテファン=ロホナーが描いた祭壇画のほか、ステンドグラスには、バイエルン王ルートウィヒ1世が奉納したバイエルン窓や、1990年代に現代美術作家のゲアハルト=リヒターが制作したモザイク風のものがある。1996年、世界遺産(文化遺産)に登録された。

ケルントナー-どおり【ケルントナー通り】《Kärntner Straße》オーストリアの首都、ウィーンの旧市街中心部にある通り。ウィーン国立歌劇場からシュテファン大聖堂までは歩行者天国になっている。ウィーンきっての目抜き通りの一つとして知られる。

けれ〔接助〕係助詞「こそ」を受けた助動詞「う」「まい」に付き、逆接の意を表す。「あれは心中者ぢゃと言はるる女郎をこそ、一生添うてござって面白うもござらうー、これはわが身へ難題を仰せかけらるると思ふ故に」〈浮・禁短気・一〉〔補説〕近世上方語。「こそ多けれ」「こそよけれ」などのように、「こそ」を受けるク活用形容詞已然形活用語尾は「けれ」であるが、係助詞「こそ」㊀❷の用法をこの「けれ」がもつという理解が生じて、用いられるようになったと言われる。

ゲレイン〖オランダ grein〗▶グレーン

ケレーニイ〖Karl Kerényi〗[1897〜1973]ハンガリー生まれの神話学者。ユングの影響を受け、ギリシャ神話の新解釈を行った。著「神話学入門」(ユングとの共著)、「迷宮と神話」「ギリシアの神話」など。

ケレオソート〖オランダ creosoot〗▶クレオソート

ゲレザ〖guereza〗オナガザル科のコロブスの別名。

ケレス〖ラテン Ceres〗㊀ローマ神話の豊穣の女神。ギリシャ神話のデメテルと同一視された。セレス。㊁準惑星の一つ。1801年、イタリアのピアッチが火星と木星の公転軌道の間で発見。当初は惑星と思われたが、近くで同様に小さな天体が次々と発見されたため、それらとともに小惑星に分類され、その第1号とされた。2006年、国際天文学連合が設けた新区分の「準惑星」に分類し直された。直径は約1000キロで、周囲の小惑星より格段に大きい。セレス。

げ-れつ【下劣】〔名・形動〕下品で卑しいこと。道義的に下等であること。また、そのさま。「品性ー」「ーなやり方」〔派生〕げれつさ〔名〕〔類語〕低俗・俗悪・卑俗・野卑・通俗・俗・俗っぽい・くだらない・げす

ケレド〖ラテン credo〗《キリシタン用語》クレド。

けれど〔接〕接続詞「けれども」に同じ。「僕だってそうしたい。ーできない」

けれど㊀〔接助〕接続助詞「けれども」に同じ。「いい本だー、ちょっとむずかしい」㊁〔終助〕終助詞「けれども」に同じ。「もっと若い人だといいんだー」

けれども〔接〕《接続助詞「けれども」から》前に述べた事柄と相反する内容を導く語。だが。しかし。「彼は頑固だ。ー、話はわかる人間だ」
〔類語〕だが・ところが・しかし・が・けれど・それでも・でも・しかしながら・然るに

けれども㊀〔接助〕活用語の終止形に付く。❶確定の逆接条件を表し、内容の矛盾する事柄を対比的に結びつける意を表す。「言うことはりっぱだー、することはなってない」「年はとっているー、実に活動的だ」❷ある事実を前置きとして述べ、本題に結びつける意を表す。「経験から言うんだー、時間には厳しいほうがいい」「これおもしろい本だー、君読まないか」❸二つの事柄を単に結びつける意を表す。「野球番組も好きだー、音楽番組も好きだ」「時間もないー、金もない」㊁〔終助〕活用語の終止形に付く。❶言い切りを避け、婉曲に表現する気持ちを表す。「あすなら行けるんですー」「父は今日出かけているんですー」❷不安に思ったり、なかばあきらめたりしながらも、事柄の実現などを願う気持ちを表す。「このままお天気が続くといいんですー」〔補説〕「けれども」は中世末、形容詞活用の已然形語尾に接続助詞「ども」が付いてできたもの。近世前期になり、くだけた感じを伴う「けれど」「けど」が生じ、後期には、「けども」が成立した。

ケレラ-とう【ケレラ島】《Isle of Kerrera》英国スコットランド西部、インナーヘブリディーズ諸島の島。スコットランド本土の町オーバンに至近。17世紀に建てられたギレン城がある。13世紀に同島を含むヘブリディーズ諸島をノルウェーから奪還することを目指していたスコットランド王アレクサンダー2世が志半ばにしてこの地で没した。ケアララ島。ケルラー島。

ゲレルト-おんせん【ゲレルト温泉】《Gellért gyógyfürdő》▶ゲッレールト温泉

ゲレルト-の-おか【ゲレルトの丘】《Gellért-hegy》▶ゲッレールトの丘

け-れん【外連】❶歌舞伎や人形浄瑠璃で、見た目本位の奇抜さをねらった演出。また、その演目。早替わり・宙乗り・仕掛け物など。❷ごまかし。はったり。「言うことにーがない」

ケレン《ドイツ Kernstütze から》鋳造に際し、鋳型の中子を支える副え木を補強する金具。

ケレンスキー〖Aleksandr Fyodorovich Kerenskiy〗[1881〜1970]ロシアの政治家。1917年の二月革命後、臨時政府に入閣。のち首相となり、戦争続行政策をとるが、十月革命で失脚、米国に亡命。

ゲレンデ〖ドイツ Gelände〗《土地・山野の意》❶スキーの練習場。スキー場。〔季 冬〕❷ロッククライミングの練習場。

ゲレンデ-シュプルング〖ドイツ Geländesprung〗スキーで、障害物や段差を飛び越えること。

ゲレンデ-スキー《和 Gelände(ドイツ)+ski》リフトなどを備え、整備された斜面を持つスキー場で滑降を楽しむスキー。⇒山スキー

けれん-み【外連味】はったりを利かせたりごまかしたりするようなところ。「ーたっぷりの芝居」「ーのない文章」

げろ〔名〕スル❶嘔吐すること。また、嘔吐物。へど。「ーを吐く」❷隠語で、罪状を自白すること。「洗いざらいーする」〔類語〕嘔吐・反吐・吐瀉

げろ【下呂】岐阜県中部にある市。平成16年(2004)に萩原町、小坂町、下呂町、金山町、馬瀬村が合併して成立。観光業が盛ん。

ケロイド〖ドイツ Keloid〗やけど・外傷などで修復のための膠原線維の生成が過剰に起こり、周辺より盛り上がった状態。蟹足腫。

げ-ろう【下郎】《「下臈」の転じた語》人に召し使われている身分の低い男。男をののしっていう場合にも用いる。「ー呼ばわりする」

げ-ろう【下臈】❶修行年数の浅い僧。⇔上臈。❷官位・身分の低い者。⇔上臈。「同じ程、それより下臈の更衣たちは、まして安からず」〈源・桐壺〉❸下人。しもべ。下郎。「あやしきーなれども、聖人の戒めにかなへり」〈徒然・一〇九〉

げ-ろう【夏臘｜夏臈】▶法臘

ケロウナ〖Kelowna〗カナダ、ブリティッシュコロンビア州南部、果樹産業が盛んなオカナガン地方の中心都市。オカナガン湖東岸に面し、近隣のリゾート地やオカナガンワインルートへの観光拠点になっている。

げろう-にょうぼう【下臈女房】下級の女官。⇒下臈

げろ-おんせん【下呂温泉】岐阜県下呂市にある温泉。泉質は単純温泉。江戸時代、林羅山が有馬・草津とともに日本三名泉と称した。

けろ-けつ【繫驢橛】《驢馬を繫ぐくいの意》禅宗で、字句に執着してこれに束縛されること。

けろ-けろ〔副〕❶「けろり❶」に同じ。「お糸は、けれども存外ーとしたものだった」〈里見弴・今年竹〉❷「けろり❷」に同じ。「午後にはーと癒って」〈魯庵・社会百面相〉❸「きょろきょろ」に同じ。「ーとあたりを見廻した時には」〈漱石・吾輩は猫である〉

ケロゲン〖kerogen〗オイルシェールなどに含まれる酸素・窒素・硫黄を含有し、原油に似た性質をもつ、複雑な有機化合物。油母。

げろ-し【下呂市】▶下呂

ケロシン〖kerosene〗揮発温度の低い灯油。

ケロッグ〖Frank Billings Kellogg〗[1856〜1937]米国の政治家。クーリッジ政府の国務長官。1928年、フランスの外相ブリアンとともに不戦条約(ケロッグ-ブリアン条約)を成立させた。1929年、ノーベル平和賞受賞。

ケロッグブリアン-じょうやく【ケロッグブリアン条約】▶不戦条約

けろっ-と〔副〕スル何事もなかったように平然としているさま。けろりと。「怒鳴られてもーしている」「ー忘れる」

けろり〔副〕❶何事もなかったように平然としているさま。「ミスをした当人がーとしている」❷跡形もなく消えてなくなるさま。すっかり。「痛みがーととれる」「ーと約束を忘れる」
〔類語〕あっけらかん・平気・平静・冷静・事も無げ・平ちゃら・平気の平左・無頓着・大丈夫・悠然・泰然・自若・平然・冷然・恬然・しれっと・しゃあしゃあ・ぬけぬけ・のめのめ・おめおめ・事ともせず・何のその・何処吹く風・屁の河童・痛くも痒くもない

け-ろん【戯論】仏語。無益な言論。無意味な論。

け-わい《「気這ひ」の意。「気配」の字を当てて現代では「けはい」という》❶漠然と感じられる物事のようす。雰囲気。特に、音・声・においなどによって感じられる物事のようす。また、その音やにおいなど。「秋のーの立つままに」〈紫式部日記〉❷立ち居振る舞い・動作などから受ける印象。また、その人のようすから察せられる人柄や品位。「人のーも、けざやかに気高く」〈源・帚木〉❸死んだり離れ離れになったりしても感じられる、その人の面影・名残。「過ぎにし親の御ーとまれる古里ながら」〈源・帚木〉⇒気配

け-わい【化粧｜仮粧】《前項の「けわい」から》けしょう。おつくり。「ことに女はーと言うて、我が顔に白粉といふ物を塗り」〈虎清狂・鏡男〉

けわい-ざか【化粧坂】高貴な姫君や有名な遊女が、そこで化粧をしたという伝説の残る坂。また、その伝説。◆地名別項。

けわいざか【化粧坂】鎌倉市北西部にある坂。葛原からくる急坂で、鎌倉七口の一。

けわ・う【化粧う｜仮粧う】〔動ワ五(ハ四)〕《「けわい」の動詞化》化粧する。「目立たぬほどに薄りとーっている」〈二葉亭・平凡〉

けわし・い【険しい｜嶮しい】〔形〕〔文〕けは・し〔シク〕❶傾斜が急で、登るのに困難であるさま。「ーい山道」❷困難や危険な事態が予想されるさま。「再建への道はーい」❸怒りや緊張のため、言葉や表情などがとげとげしいさま。「ーい声」「ーい目つき」❹自然現象などが、荒々しく激しいさま。「磯にをる波の

—・しく見ゆるかな沖になごろや高く行くらん」〈山家集・中〉 ❺危険である。危うい。「我—・しき事に出会ひしは四十三度。一度も手を負はざりしに」〈浮・諸国ばなし・三〉 ❻あわただしい。せわしい。忙しい。「取り上げ婆呼んで来てやる—・しき時も、茶漬飯を食はずにはゆかぬものなり」〈浮・胸算用・四〉 〔派生〕**けわしげ**〔形動〕**けわしさ**〔名〕 〔類語〕(❶)険阻・険難・険峻けんしゅん・峻険しゅんけん・急峻きゅうしゅん/(❷)厳しい・苦しい・多難・困難/(❸)厳しい・きつい・鋭い・とげとげしい・険阻・険悪

けわた‐がも【毛綿×鴨】カモ科の鳥。全長約56センチ。雄はくちばしと額が橙だいだい色、頭が薄い青、ほおが緑、胸が黄色、背と腹が黒い。雌は全体に茶色。太平洋・大西洋北部に分布。広くは、北極圏を中心に分布する4種の総称で、良質の羽毛がとれる。

けん 料理の付け合わせ。刺身のつまなど。

けん【件】㊀〔名〕事柄。特に、問題になる、ある特定の事柄。「例の—は承知しました」㊁〔接尾〕助数詞。事柄・事件などを数えるのに用いる。「問題は三—ある」➡漢「けん(件)」 〔類語〕問題・案件・懸案・課題・題目・本題・論題・論点・争点・テーマ・プロブレム

けん【×妍】優美なこと。美しいこと。「—を競う」

けん【見】❶物事の見方・考え方。見解。「皮相の—」「学博く—高し」〈露件・露団々〉 ❷見るだけで買わないこと。ひやかし。素見すけん。「遊女の—して帰るなど」〈浮・娘気質・一〉 ➡漢「けん(見)」

けん【券】❶入場券・乗車券・食券など、特定の資格や条件などを表示した紙片。切符。チケット。「映画の—」「パーティー—」 ❷荘園・田地・邸宅などの所有を証明する手形。割り符。「家の—奉り給へり」〈宇津保・蔵開下〉 ➡漢「けん(券)」 〔類語〕札・カード

けん【県】❶都・道・府とともに、市町村を包括する広域の地方公共団体。議決機関として議会、執行機関として知事・教育委員会・公安委員会などを置き、条例の制定、地方税の賦課・徴収などの権能をもつ。現在、43県。❷明治初年、藩に対して、朝廷の直轄地の称。❸中国の地方行政区画の一。周代に郡と並んで設置されたが、秦代に郡県制の実施により郡の下に置かれ、以後、州・府・道・省などに属した。現在は省の下に位置する。➡漢「けん(県)」
〔類語〕都・道・府・郡

けん【倹】むだやぜいたくをしないこと。「一身一家の生計を密にして外面の辺幅を張らざるものを—と云う」〈福沢・福翁百話〉 ➡漢「けん(倹)」

けん【兼】かけもちすること。かねること。「首相—外相」「食堂—居間」➡漢「けん(兼)」

けん【剣】❶両刃もろはの刀。また、広く両刃・片刃の区別なく大刀たちをいう。つるぎ。太刀たち。❷小銃の先につける短い刀。銃剣。❸剣を使う術。剣術。「—を学ぶ」❹ハチやサソリの尾にある針。また、昆虫の雌の産卵管。❺紋所の名。剣をかたどったもの。三つ剣・六つ剣など。➡漢「けん(剣)」 〔類語〕刀・剣つるぎ・刀剣・太刀・大刀たち・大刀だいとう・名刀・宝刀・軍刀・牛刀・日本刀・青竜刀・サーベル・銃剣・手裏剣・真剣

剣は一人いちにんの敵てき学ぶに足らず 《「史記」項羽本紀から》剣術は一人を相手にする技術にすぎないから学ぶ価値はない。天下を望む者は万人を相手とする兵法をこそ学ぶべきである。

剣を売り牛を買う 《「漢書」循吏伝から》兵事に携わることをやめて、農業に精を出す。

剣を落として舟を刻む 《乗っている舟から剣を落とした人が、慌てて舟べりに印をつけてその下の川底を捜したという、「呂氏春秋」察今の故事から》古い物事にこだわって、状況の変化に応じることができないことのたとえ。舟に刻みて剣を求む。

けん【拳】❶手を握り固めたもの。こぶし。握りこぶし。❷二人以上が、手や指でいろいろの形を作って勝敗を争う遊戯。江戸時代、中国から長崎に伝えられたもの。本拳・虫拳・狐拳きつねけん(藤八拳とうはちけん)・じゃんけんなどがある。「—を打つ」➡漢「けん(拳)」

けん【▽乾】易の八卦はっけの一。☰で表す。陽の卦で、天や男にかたどり、方位では、戌いぬと亥いとの間、北西に配する。⇔坤こん。➡漢「かん(乾)」

乾を旋めぐらし坤こんを転ず 《韓愈「潮州謝上表」から》天地をひっくり返す。転じて、局面を一新する。

けん【険｜×嶮】〔名・形動〕❶山などのけわしいこと。また、その場所。難所。「箱根の山は天下の—」〈鳥居忱・箱根八里〉 ❷困難が多いこと。「—を冒し危きを凌ぎ」〈中村訳・西国立志編〉 ❸(「権」「慳」とも書く)顔つき・目つき・物言いなどに表れるきつい感じ。また、とげとげしさのあるさま。「—のある顔」「其の嫉妬しっと執着の、—な不思議の形相が」〈鏡花・歌行灯〉 ➡漢「けん(険・嶮)」 〔類語〕天険・険難・険所・険要・要害

けん【圏】❶周囲をかこった形。輪。「主筆席の周囲に三、四人が—を作っていた」〈魯庵・社会百面相〉 ❷(接尾語的に用いて)一定の範囲。「合格—」「アジア—」➡漢「けん(圏)」

けん【堅】❶かたくてしっかりしていること。❷よろいかぶと。甲冑かっちゅう。➡漢「けん(堅)」

堅を被こうむり鋭えいを執とる 《「戦国策」楚策から》よろいかぶとを身に着け、武器を手に取る。武装する。

けん【間】㊀〔名〕長さの単位。1間はふつう6尺(約1.82メートル)の長さ。田や土地を測る場合は6尺5寸(約1.97メートル)、室内の畳の寸法では6尺3寸(約1.91メートル)をそれぞれ1間とすることもある。㊁〔接尾〕助数詞。❶碁盤・将棋盤などの目数を数えるのに用いる。「三—とび」「二—びらき」❷建物の正面の柱と柱との間、また、ひろく四方を柱で囲まれた空間を数えるのに用いる。「三十三—堂」「百八十一の廻廊を造られける」〈平家・三〉 ➡漢「かん(間)」

けん【×腱】筋肉の両端にあって、骨に筋肉を付着させる線維性のひも状の組織。アキレス腱など。➡漢「けん(腱)」

けん【権】㊀〔名〕❶他を支配する力。権力。「兵馬の—を握る」❷物事を行う資格。また、他に対して物事を主張・要求する資格。権利。「参政—」「サーブ—」「嬢様の聟君を択ぶ—は俺にあるんだ」〈魯庵・社会百面相〉 ❸臨機応変の処置。一時的な手段。「これを行ふに経けいあり。—あり」〈折たく柴の記・下〉 ㊁〔名・形動〕❶▶険けん❸ ❷おごり高ぶるさま。高慢。権高けんだか。「たださへも—な娘に金をつけ」〈柳多留・一〇〉 ➡漢「けん(権)」

権に借かる 権威としてたのむ。権力をかさにきる。「大勢おおぜいの子持ちを—・って、内の事は一葉いちようも構はねえ」〈滑・浮世風呂・二〉

けん【賢】〔名・形動ナリ〕❶かしこいこと。学徳のすぐれていること。また、そういう人や、そのさま。「至りて愚かなる人は、たまたま—なる人を見て、これを憎む」〈徒然・八五〉 ❷濁酒。清酒を「聖」というのに対する。➡漢「けん(賢)」

けん【×壎｜×塤】古代中国の吹奏楽器。土を焼いて作った卵形や壺形の中空のもので、5〜8の指孔があり、上方の吹口を吹いて奏する。オカリナと同類。

けん【鍵】ピアノ・オルガン・タイプライターなどの、指先で押したりたたいたりする部分。キー。➡漢「けん(鍵)」

けん【顕】❶あきらかであること。また、あらわれること。「—にして晦、肯定にして否定」〈芥川・侏儒の言葉〉 ❷「顕教けんぎょう」の略。➡漢「けん(顕)」

けん【験】▶げん(験)

けん〔助動〕▶けむ〔助動〕

けん【軒】〔接尾〕❶助数詞。家屋の数をかぞえるのに用いる。「三—」「数千—」❷雅号・屋号などの末尾に用いる語。「桃中—」「精養—」➡漢「けん(軒)」

げん【元】❶数学で、㋐方程式の未知数の数。「二—方程式」㋑集合をつくっている一つ一つのもの。要素。❷《Yuan》中国の通貨単位。1元は10角。人民元。記号￥　ユアン。➡漢「げん(元)」

げん【元】中国の王朝の一。モンゴル帝国第5代の皇帝フビライが1271年に建国。首都は大都(北京)。のち南宋を滅ぼして中国を統一。高麗こうらい・安南・タイ・ビルマなどをも従えて、大帝国を築いたが、1368年、明の太祖朱元璋しゅげんしょうに滅ぼされた。

げん【玄】❶赤または黄を含む黒色。❷老荘思想で説く哲理。空間・時間を超越し、天地万象の根源となるもの。❸微妙で奥深いこと。深遠なおもむき。「—を談じ理を折ひらく」〈太平記・一〉 ❹《玄のつく名が多いとろから》江戸時代の遊里で、医者のこと。また、医者を装ったところから、僧侶の客をいう。玄様。「浅草あたりの—、色里にうかれゆきけるに」〈浮・常々草〉 ➡漢「げん(玄)」

げん【言】❶ものを言うこと。言った言葉。「本人の—を信じる」❷▶パロール ➡漢「げん(言)」
〔類語〕言葉・言辞・辞・言語・言の葉・語

言近くして意い遠し 表現はやさしいが、意味は深長である。言近くして指し遠し。

言を構・える つくりごとを言う。「—・えて約束を実行しない」〔補説〕「言葉を構える」とするのは誤り。

言を左右さゆうにする あれこれ言い逃れて、はっきりしたことを言わない。「—・して確答を避ける」〔補説〕「言葉を左右にする」とするのは誤り。

言を食は・む 《「書経」湯誓の「朕言を食はまず」から》前言をひるがえす。約束に背く。うそをつく。食言する。「僕が社員に対して—・むようになるから」〈鴎外・キタ・セクスアリス〉

言を俟まった・ない 改めて言うまでもない。もちろんである。「事実そうであることは—・ない」〔補説〕「言葉を俟たない」とするのは誤り。

げん【弦】❶弓づる。❷(「絃」とも書く)楽器に張り、はじいたりこすったりして音を出す糸。また、それを張った楽器。琴・三味線・バイオリンなどの弦楽器。❸弓を張った形の月。半円形の月。弓張り月。弦月。❹枡ますの上縁につけた四角形の鉄のさん。❺数学で、円周または曲線上の二点を結ぶ線分。また、直角三角形の斜辺。➡漢「げん(弦)」

げん【原】(連体詞的に用いる)もとの。もともとの。「—判決」「—著者」➡漢「げん(原)」

げん【現】❶(連体詞的に用いて)現在の。今の。「—政府」「—段階」「—チャンピオン」❷「現世げんせ」の略。「過—未」「あまねく—には千幸万福に楽しみて」〈盛衰記・三九〉 ❸▶現に ➡漢「げん(現)」

げん【×絃】「弦げん❷」に同じ。➡漢「げん(弦)」

げん【舷】船の両側面。ふなべり。ふなばた。➡漢「げん(舷)」 〔類語〕船ばた・船べり・船側・舷側

げん【減】❶減ること。減らすこと。「前月比一〇パーセントの—」⇔増ぞう。❷律令制の刑法で、罪を軽くすること。減刑すること。➡漢「げん(減)」
〔類語〕減損・減耗げんもう・消耗・損耗

げん【▽監】❶奈良時代、離宮の置かれた、畿内の特別行政区。芳野監・和泉監の二監があった。❷大宰府の第三等官。

げん【験】❶仏道修行を積んだしるし。特に修験者の行う加持祈祷かじきとうのききめ。❷ある事を行ったことによるききめ。効果。「こんな姑息手段で断えず額を冷やして見たが、一向はかばかしい—もないので」〈漱石・門〉 ❸縁起。前兆。「—が悪い」「—をかつぐ」➡漢「けん(験)」 〔類語〕霊験・効験・効果・効き目・徴しるし・成果・効こう・実効・効能・効力・効用・甲斐かい・作用

験を担かつ・ぐ 《「縁起を担ぐ」から転じた語か》ある物事に対して、よい前兆であるとか悪い前兆であるとかを気にする。「—・いで大安の日に引っ越す」

げん【×甗】古代中国で用いられた蒸し器。鬲れきの上に甑そうを結合したもの。土器・青銅器ともにある。

ゲン〔ドイ Gen〕遺伝子。

げん【厳｜×儼】㊀〔ト・タル〕文〔形動タリ〕❶態度や処置などがきびしいさま。「—として慎しむべきだ」「—たる態度で臨む」❷おかしがたく、おごそかなさま。「今も—として存在する」「—たる事実」㊁〔形動ナリ〕㊀に同じ。「然るに封鎖—にして此の目的を達し得ざる時は」〈独歩・愛弟通信〉 ➡厳げんに ➡漢「げん(厳)」

けん‐あい【兼愛】自他・親疎の区別なく、平等に人を愛すること。中国古代の思想家、墨子ぼくしが唱えた。

けん‐あい【×眷愛】〔名〕スル 情けをかけること。かわいがること。「査爾斯チャールス第九の—を得たるに由りて」〈中村訳・西国立志編〉

けん‐あい【険×隘｜×嶮×隘】〔名・形動ナリ〕けわしく狭いこと。また、そのような場所や、そのさま。「—なる

渓谷の間に進入するは〈竜渓・経国美談〉

けん-あく【険悪】〔名・形動〕❶表情や性質がとげとげしくなること。また、そのさま。「一な顔つき」❷状況などが悪化して油断ができないこと。また、そのさま。「一な空模様」「両国の関係が一になる」〘派生〙けんあくさ〔名〕〘類語〙不穏・物騒・剣呑けんのん・危険・危難・危機・危殆きたい・危地・虎口ここう・ピンチ・険しい・危ない

げん-あく【元悪】悪人のかしら。元凶。

けん-あつ【検圧】〔名〕スル 圧力を検査すること。

げん-あつ【減圧】〔名〕スル 圧力を下げること。また、圧力が下がること。⇔加圧。

けんあつ-き【検圧器】❶液体や気体の圧力を測る器具。圧力計。❷電圧を調べる計器。

げんあつ-しょう【減圧症】 航空機や宇宙船・潜函せんかん中などの高圧の環境から常圧に戻る時間が早すぎると、血中の窒素が気泡となり血流が障害されて起こる症状。➡潜函病

げんあつ-じょうりゅう【減圧蒸留】 大気圧よりも低い圧力のもとで行う蒸留。沸点が低くなるので比較的低温で蒸留ができる。真空蒸留。

げんあつ-ふっとう【減圧沸騰】密閉した容器に液体を入れ、大気圧よりも低い圧力のもとで沸騰させること。一般に、沸点が下がるため低温で沸騰する。

げんあつ-べん【減圧弁】高圧の蒸気を一定の圧力まで減じて使用するときに用いる弁。

けんあん【建安】中国、後漢の献帝の代の年号。196〜220年。

けん-あん【健安】〔名・形動〕健康で平穏なこと。また、そのさま。「御一の由、大慶に存じます」

けん-あん【検案】〔名〕スル ❶形跡や状況などを調べ考えること。❷医師の診察を受けずに死亡した者の死体について、死亡事実を医学的に確認すること。

けん-あん【懸案】前から問題になっていながら、まだ解決されていない事柄。「一事項」「年来の一」
〘類語〙問題・原案・たたき台・代案・対案・試案・腹案・案・法案・案件・件けん・一件・課題・題目・本題・論題・論点・争点・テーマ・プロブレム

げん-あん【原案】もとになる案。特に、会議などに提出された、最初の案。「一を一部修正する」
〘類語〙案・たたき台・代案・対案・試案・腹案・懸案

けんあん-しちし【建安七子】中国、建安年間を代表する七人の文人。孔融・陳琳ちんりん・王粲おうさん・徐幹・阮瑀げんう・応瑒おうとう・劉楨りゅうていをいう。

けんあん-しょ【検案書】医師の診察を受けずに死んだ者について、死亡を確認して医師が出す証明書。

けんあん-たい【建安体】中国、建安年間に興った詩風。魏の曹操・曹丕そうひ・曹植父子や建安七子らが中心。五言詩が定着し、格調高く、後代の範となった。

けん-い【健胃】 胃を丈夫にすること。また、丈夫な胃。

けん-い【険×夷|×嶮×夷】けわしいことと、平らなこと。険阻と坦平。険易。

けん-い【険易】❶「険夷けんい」に同じ。❷むずかしいことと、やさしいこと。

けん-い【権威】 ❶他の者を服従させる威力。「行政の一が失墜する」「親の一を示す」❷ある分野において優れたものとして信頼されていること。その分野で、知識や技術が抜きんでて優れていると一般に認められていること。また、その人。オーソリティー。「一ある賞を受賞する」「心臓外科の一」
〘類語〙(❶)威厳・威信・威名いめい・威望・名望・威光・威風・威力・権力・勢威・力ちから/(❷)第一人者・泰斗たいと・大家たいか・巨匠・耆宿きしゅく・大御所おおごしょ・オーソリティー

けん-い【顕位】 高い位。人目に立つ地位。

げん-い【言意】ことばの意味。「此一の無礼を憤り」〈織田訳・花柳春話〉

げん-い【原意】もとの意味。本来の意味。「一を損なわない程度に表現を改める」

げん-い【厳威】〔名・形動〕おごそかで威光があること。また、そのさま。

けん-いき【圏域】 限られた一定の範囲。作用などの及ぶ範囲。

けんい-ざい【健胃剤】 胃の運動や胃液の分泌を促進させる薬剤。食欲不振・消化不良に用い、ゲンチアナ・センブリなど苦味のあるもの、桂皮など芳香のあるもの、胃酸を補う酸剤がある。健胃薬。

けん-いし【剣石】建築で、要石かなめいしのこと。

けんい-しゅぎ【権威主義】 権威を絶対的なものとして重視する考え方。権威をたてにとって思考・行動したり、権威に対して盲目的に服従したりする態度。

けんい-すじ【権威筋】 ある分野や事柄に精通している人や機関。報道などで、情報源を公表しないとき、情報の信頼度が高いことを示すのに用いる。

けん-いち【見一】珠算の二けた以上の割り算。除数と被除数を見て、答えがどう出るか見当をつけるもの。用いる九九の初段の先頭が「見一無頭作九の一」であるところから出た名称。

けんいてき-せいかく【権威的性格】 権威には対しては服従し、弱者に対しては力を誇示するという特徴をもつ性格類型。

けんい-どうとく【権威道徳】 権威の命令に基づく他律的道徳。

けんい-やく【健胃薬】 「健胃剤」に同じ。

けん-いん【見印】《「見留印みとめいん」の「留」を略して音読したもの》認め印。

けん-いん【×牽引】❶〔名〕スル 大きな力で引っ張ること。引き寄せること。牽曳けんえい。「故障車をレッカー車で一する」「一力」❷「牽引自動車」の略。「一免許」
〘類語〙引っ張る・引く・曳航えいこうする

けん-いん【検印】❶検査済みのしるしに押す印。「書類に一を押す」❷書物の奥付に、著者が発行の承認および発行部数の検査のために押す印。
〘類語〙捨て印・契印・割り印・合い印・合い判・消印・烙印らくいん・朱印・証印・連印・連判・調印

けん-いん【×玁×狁|×獫×狁】古代中国、北方にあって勢力を振るっていた異民族。

げん-いん【原因】〔名〕スル ある物事や、ある状態・変化を引き起こすもとになること。また、その事柄。「失敗の一をつきとめる」「不注意に一する事故」「一不明の病気」⇔結果。〘類語〙もと・種たね・起こり・きっかけ・因いん・因由・素因・真因・要因・一因・導因・誘因・近因・遠因・理由・事由じゆう・訳わけ・せい（一する）起因する・因よる・基づく・発する・根差す

げん-いん【現員】 現在の人員。現在員。

げん-いん【減員】〔名〕スル 人員を減らすこと。また、人員が減ること。「機械化で生産部門を一する」⇔増員。

げんいん-かくりつ【原因確率】❶疾病が放射線に起因すると考えられる確率。米国国立衛生研究所(NIH)が1985年に策定。その後改訂されたリスク評価指標とともに被爆補償に使用されている。PC(probability of causation)。❷被爆者の疾病が原爆の放射線に起因すると考えられる確率。性別・被爆時年齢・推定被曝線量によって、疾病ごとに算出される。平成13年(2001)に日本の原爆症認定審査に導入されたが、残留放射能や放射性降下物などが考慮されないため、被爆の実態が反映されていないとの指摘もあり、見直しが検討されている。PC(probability of causation)。

げんいん-きん【原因菌】食中毒や感染症などを引き起こすもととなる細菌。食中毒における、サルモネラ菌・腸炎ビブリオ菌・病原性大腸菌など。

けんいん-じどうしゃ【×牽引自動車】他の車両を牽引運搬する、道路交通法上の特殊自動車の一。トラクターやレッカー車など。

けんいん-しゃ【×牽引車】❶荷物を積載した車両を牽引する機関車。また、牽引自動車。❷集団の先頭に立って行動する人。リーダー。「日本チームの一となって活躍する」

げんいん-せい【原因性】▶因果性いんがせい

けんいん-りょうほう【×牽引療法】 頸椎けいつい・腰椎の病気や骨折などの際に、局所の安静・整復などのために牽引を行う治療法。

げんいん-りょうほう【原因療法】 疾患の原因を取り除く治療方法。対症療法に対していう。⇔対症療法。

げん-う【厳羽】中国、南宋の文人。邵武しょうぶ(福建省)の人。字あざなは儀卿ぎけい、号は滄浪そうろう。その著「滄浪詩話」は宋の詩話のうち唯一の体系的詩論書で、禅によって詩を論じ、特に盛唐詩を尊んだ。明・清および日本の詩人にも影響を及ぼした。生没年未詳。

けん-うん【▽巻雲|絹雲】十種雲形の一。纖維状に散らばった白い雲。ふつう5〜13キロの高さに現れる氷晶の集まり。略号はCi。筋雲すじぐも。➡雲級

げん-うん【×眩×暈】《「けんうん」とも》めまい。

げんえ【玄慧|玄恵】 [?〜1350]南北朝時代の天台宗の僧。京都の人。字あざなは健叟。別号、独清軒。禅宗・宋学にも通じ、後醍醐天皇の侍読をつとめた。のち、足利尊氏に用いられ、建武式目制定に参画。「太平記」の作者ともいわれる。げんね。

けん-えい【▽巻×纓】冠の纓を内に巻いて、黒塗りの挟木はさみぎで留めておくもの。武官が用いた。かんえい。まきえい。

けんえい【建永】鎌倉初期、土御門つちみかど天皇の時の年号。1206年4月27日〜1207年10月25日。

けん-えい【県営】県が経営または設置・管理すること。また、その事業や設備など。「一住宅」

けん-えい【兼営】〔名〕スル 本業の他に、もう一つの事業を兼ね営むこと。「不動産業と出版社を一する」

けん-えい【×牽×曳】引っ張ること。牽引。「一機」

けん-えい【献詠】〔名〕スル 宮中や神社などに、自作の詩歌をたてまつること。また、その詩歌。

けん-えい【顕栄】〔名・形動〕位が高くて世に時めくこと。立身出世すること。「富貴一」

げんえい【元永】平安後期、鳥羽天皇の時の年号。1118年4月3日〜1120年4月10日。

げん-えい【幻影】❶感覚の錯誤によって、実際には存在しないのに、存在するかのように見えるもの。まぼろし。「一におびえる」❷まるで現実に存在しているかのように、心の中に描き出されるもの。遠い過去の情景や、願望から作り出される将来の像など。「成功の一を追い求める」〘類語〙幻視・幻覚・幻想・幻

げんえい-し【幻影肢】四肢の一部を切断したのに、まだ存在しているかのように感じられる現象。幻覚肢。幻肢。

けん-えき【検疫】〔名〕スル 国内に常在しない感染症の病原体が持ち込まれるのを防ぐために、港や飛行場などで、旅客・貨物などを検査し、必要に応じて隔離・消毒その他の措置を行うこと。「植物一」「一官」

けん-えき【権益】権利と利益。特に、ある国が他国内に持つ権利とそれに伴う利益。「在外一」
〘類語〙権利・資格・権限・権能・特権・特典

げん-えき【原液】加工したり薄めたりしない前の、濃い液体。

げん-えき【現役】❶旧日本陸海軍の常備兵役の一。所属部隊に入り、軍務に従っていること。また、その将校や兵士。➡予備役 ➡後備役 ❷現在ある地位・職などに就いて活動していること。また、その人。「一の選手」「一を退く」❸在学中に上の学校などを受験する者。また、その試験に合格した者。特に、大学受験についていう。浪人に対する語。

げん-えき【減益】利益が減ること。⇔増益。

けんえき-かん【検疫官】 港湾や空港の検疫所で検疫を行う厚生労働省の技官。検疫感染症に関する情報の収集・提供、感染患者の隔離収容、感染が疑われる物件の消毒、港湾区域の衛生管理、海外渡航者の健康相談などの業務も行う。

けんえき-かんせんしょう【検疫感染症】 検疫法に規定されている、日本に常在しない感染症で、検疫所による検疫の対象となるもの。検疫法で定める感染症は、感染症予防法に規定された一類感染症(エボラ出血熱、クリミア・コンゴ出血熱、痘瘡とうそう、南米出血熱、ペスト、マールブルグ病、ラッサ熱)およびインフルエンザ(H5N1型)、デング熱、マラリアの10種。検疫伝染病。国際検疫感染症。

【▽欠】►けつ

【▽巻・▽乾・間・▽監・▽簡】►かん

犬 学1 音**ケン**呉漢 訓**いぬ** ‖ ㊀〈ケン〉①イヌ。「犬猿・犬歯/愛犬・闘犬・番犬・名犬・猛犬・野犬・猟犬・老犬」②つまらぬもののたとえ。「犬馬・犬羊」㊁〈いぬ〉「犬侍/小犬・狛犬(こまいぬ)・柴犬(しばいぬ)・山犬・野良犬(のらいぬ)」

件 学5 音**ケン**漢 訓くだり、くだん ‖ 事柄。「件数・件名/案件・雑件・事件・条件・物件・与件・用件・要件」名付かず・なか・わか

見 学1 音**ケン**呉漢 ゲン呉 訓**みる、みえる、みせる**、まみえる、あらわれる ‖ ㊀〈ケン〉①みる。みえる。「見学・見物・見聞/一見・所見・書見・拝見」②人に会う。「見参/引見・謁見・会見・接見」③あらわれる。「露見」④見かた。考え。「見解・見地/意見・私見・識見・政見・浅見・卓見・定見・偏見・予見」㊁〈み〉「見所/味見・形見・姿見・花見・夢見」名付あき・あきら・ちか・み 難読左見右見(とみこうみ)・見蕩(みと)れる・傍見(わきみ)

券 学5 音**ケン**漢 ‖ 金銭などの代わりに約束の印とする紙片。「金券・沽券(こけん)・証券・食券・馬券・旅券・乗車券」

肩 音**ケン**呉漢 訓**かた** ‖ ㊀〈ケン〉かた。「肩章/双肩・比肩」㊁〈かた〉「肩車・肩身/路肩」難読肩巾(ひれ)

建 学4 音**ケン**漢 **コン**呉 訓**たてる、たつ** ‖ ㊀〈ケン〉①建物などをその場所にしっかりと定める。設置する。たてる。「建学・建国・建設・建造・建築/再建・創建・封建」②作りあげる。成す。「建功・建策」③意見をさし出す。「建議・建言・建白」④「建築」の略。「土建」㊁〈コン〉寺などをたてる。「建立(こんりゅう)/再建(さいこん)」㊂〈たて〉「建具・建物」名付たけ・たけし・たける・たつる・たて

研〔研〕 学3 音**ケン**慣 ゲン呉漢 訓**とぐ**、みがく ‖ ①とぐ。みがく。「研磨」②物事の本質をきわめる。「研究・研鑽(けんさん)・研修」③「研究会」「研究所」の略。「教研・原研」④(「硯(けん)」と通用)すずり。「研北」名付あき・きよ 難読薬研(やげん)

県〔縣〕 学3 音**ケン**漢 訓あがた ‖ ①都・道・府と並ぶ地方公共団体。「県警・県庁・県民・県立/近県・府県・廃藩置県」②中国で、もと郡の下に置いた行政区の単位。「知県・郡県制」名付さと・とう・むら 難読県主(あがたぬし)・県召(あがためし)

倹〔儉〕 音**ケン**漢 訓つつましい ‖ 引き締める。無駄を省く。つつましい。「倹素・倹約/勤倹・節倹」

兼 音**ケン**呉漢 訓**かねる**、かねて ‖ ①二つ以上のものをあわせる。かねる。「兼業・兼職・兼任・兼用」②前もって。「兼題」名付かず・かた・かぬ・かね・とも

剣〔劍〕 音**ケン**呉漢 訓**つるぎ** ‖ ㊀〈ケン〉①両刃の刀。つるぎ。「剣術・剣舞/懐剣・撃剣・銃剣・真剣・短剣・刀剣・木剣・名剣・利剣」②剣を用いる武術。「剣客・剣士・剣道」㊁〈つるぎ〉「剣羽・剣太刀」補説「劒」「劔」は異体字。名付あきら・つとむ・はや 難読剣呑(けんのん)・剣橋(ケンブリッジ)

拳 音**ケン**漢 ゲン呉 訓**こぶし** ‖ ㊀〈ケン〉①握りこぶし。「拳銃/空拳・鉄拳」②素手で行う武術や体操。「拳闘・拳法/太極拳」③丸くかがんで慎むさま。「拳拳服膺(けんけんふくよう)」㊁〈ゲン〉握りこぶし。「拳固・拳骨」名付かたし・つとむ 難読両拳(じゃんけん)

×**虔** 音ケン漢 訓つつしむ ‖ つつしみ深くする。「虔恭/敬虔」

軒 音**ケン**漢 訓**のき** ‖ ㊀〈ケン〉①轅(ながえ)が高くあがった車。「軒輊(けんち)」②家の屋根の張り出した部分。のき。ひさし。「軒灯」③家屋。「軒数」④高くあがる。「軒昂(けんこう)」㊁〈のき〉「軒先・軒端(のきば)」

健 学4 音**ケン**漢 訓**すこやか** ‖ ①体が丈夫で、しっかりしている。元気がよい。「健康・健在・健勝・健全/穏健・頑健・強健・剛健・壮健・保健・勇健」②丈夫にする。「健胃剤」③よく。はなはだ。したたか。「健啖(けんたん)・健闘・健筆・健忘」名付かつ・きよ・きよし・たけ・たけし・たける・たつ・たて・たる・つよ・つよし・とし・まさる・やす 難読健気(けなげ)・健児(こんでい)

人**倦** 音ケン呉漢 訓うむ、うんずる、あぐむ ‖ あきてぐったりする。うむ。「倦厭(けんえん)・倦怠・倦労/疲倦」補説人名用漢字表(戸籍法)の字体は「倦」。

人**牽** 音ケン呉漢 訓ひく ‖ 引っ張る。引きつける。「牽引・牽強・牽制」難読牽牛子(けにごし)

×**眷** 音ケン呉漢 訓かえりみる ‖ ①振り返って見る。目をかける。「眷顧・眷恋」②身うち。「眷属」

険〔險〕 学5 音**ケン**呉漢 訓**けわしい**、さがし ‖ ①地形が切り立ってけわしい。けわしい所。「険阻・険要・険路/峻険(しゅんけん)・天険」②危ない。危ないこと。「危険・探険・保険・冒険」③とげとげしい。「険悪・険相/陰険」補説①は「嶮(けん)」と通用する。名付たか・のり

人**喧** 音ケン漢 訓かまびすしい、やかましい ‖ 口々にしゃべり立ててやかましい。かまびすしい。「喧嘩(けんか)・喧然・喧噪(けんそう)・喧伝・喧喧囂囂(けんけんごうごう)」

圏〔圈〕 音**ケン**漢 ‖ ①限られた区域。「圏外・圏内/水圏・首都圏・大気圏・北極圏」②丸。輪。「圏点」

堅 音**ケン**呉漢 訓**かたい** ‖ ①引き締まってかたい。「堅固・堅甲・堅牢(けんろう)」②しっかりしている。「堅持・堅実・堅守・堅忍/中堅」名付かき・かた・かたし・すえ・たか・つよし・み 難読堅魚(かつお)

人**捲** 音ケン漢 訓まく、まくる ‖ まきとる。まきつける。「捲土重来/席捲」補説人名用漢字表(戸籍法)の字体は「捲」。「巻(けん)」と通用する。

検〔檢〕 学5 音**ケン**呉漢 訓しらべる ‖ ①取り調べる。「検閲・検査・検察・検死・検出・検証・検診・検定・検討/実検・点検・剖検」②とりしまる。「検束」③検査。「車検・受検」④「検察庁」の略。「送検・地検」難読検非違使(けびいし)・検見(けみ)

人**硯** 音ケン慣 訓すずり ‖ すずり。「硯材・硯池・硯滴/筆硯」

人**絢** 音ケン呉漢 訓あや ‖ 色糸をめぐらした模様。また、きらびやかで美しい。「絢爛(けんらん)」

嫌 音**ケン**漢 **ゲン**呉 訓**きらう、いや** ‖ ㊀〈ケン〉①きらう。いやがる。「嫌煙・嫌厭(けんえん)・嫌悪(けんお)・嫌忌」②疑わしいと思う。「嫌疑」㊁〈ゲン〉きらう。疑う。「機嫌」㊂〈いや〉「嫌嫌・嫌気(いやけ・いやき)・嫌味」

献〔獻〕 音**ケン**漢 **コン**呉 訓たてまつる、ささげる ‖ ㊀〈ケン〉①上位者や神仏に物をさしあげる。「献金・献血・献上・献呈・献本/貢献・奉献」②客に酒をすすめる。「献酬・献杯」③物知り。賢人。「文献」㊁〈コン〉①杯のやりとりの度数。「九献(くこん)・三献」②料理の取り合わせ。「献立(こんだて)」名付すすむ・たけ

絹 学6 音**ケン**呉漢 訓**きぬ** ‖ ㊀〈ケン〉きぬ。「絹糸・絹布/正絹・人絹・素絹・本絹」㊁〈きぬ(ぎぬ)〉「絹糸・絹地・絹織物/薄絹・生絹(きぎぬ)」難読生絹(すずし)・紅絹(もみ)

×**腱** 音ケン漢 ‖ 筋肉を骨に結びつけている組織。すじ。「腱鞘炎(けんしょうえん)」

遣 音**ケン**呉漢 訓**つかう、つかわす**、やる、よこす、しむ ‖ ①一部を割いて差し向ける。使いをやる。「遣唐使/差遣・先遣・派遣・分遣」②追いやる。憂さを晴らす。「遣懐/消遣」難読鬼遣(おにやらい)

×**慳** 音ケン呉 訓おしむ ‖ ①けちけちする。「慳貪(けんどん)・慳吝(けんりん)」②いじわるな。むごい。「邪慳」

権〔權〕 学6 音**ケン**漢 **ゴン**呉 訓はかり、はかる、はかりごと ‖ ㊀〈ケン〉①はかり。はかりのおもり。「権衡」②事の成否をはかり考える。「権謀」③他を従わせる力や勢い。「権威・権限・権勢・権柄・権力/強権・執権・実権・主権・政権・覇権」④物事にあずかる資格。「権益・権利/越権・棄権・債権・職権・親権・人権・特権・民権・利権・選挙権」⑤力をもって便法とすること。「権道」㊁〈ゴン〉仮の。臨時の。「権化・権現・権妻」名付のり・よし

×**嶮** 音ケン呉漢 訓けわしい ‖ 山が切り立ってけわしい。けわしい所。「嶮岨(けんそ)・嶮難・嶮路/峻嶮(しゅんけん)」補説「険」と通用する。

憲 学6 音**ケン**漢 訓のり ‖ ①基本となるおきて。「憲章・憲法/家憲・国憲」②憲法。「違憲・改憲・護憲・合憲・制憲・立憲」③取り締まる。役人。「憲兵/官憲」名付あきら・かず・さだ・ただし・ただす・とし

×**諠** 音ケン漢 訓かまびすしい、わすれる ‖ やかましく騒ぎたてる。「諠譁(けんか)・諠譟(けんそう)・諠伝」

賢 音**ケン**漢 訓**かしこい**、さかしい ‖ ①才知・人格がすぐれている。かしこい人。「賢愚・賢才・賢者・賢人・賢哲・賢母・賢明/諸賢・聖賢・先賢」②相手への敬意を表す語。「賢兄・賢察・賢台・賢弟・賢慮」名付かた・かつ・さか・さかし・さと・さとし・さとる・すぐる・たか・ただ・ただし・とし・のり・まさ・まさる・ます・やす・よし・より

謙 音**ケン**呉漢 訓へりくだる ‖ 控え目にして人にゆずる。「謙虚・謙称・謙譲・謙遜(けんそん)/恭謙」名付あき・かた・かね・しず・のり・ゆずる・よし

鍵 音**ケン**漢 訓**かぎ** ‖ ①かぎ。「関鍵」②オルガン・ピアノなどのキー。「鍵盤/黒鍵・電鍵・白鍵」③手引き。かなめ。「秘鍵」

繭 音**ケン**呉漢 訓**まゆ** ‖ ㊀〈ケン〉カイコなどのまゆ。「繭糸/蚕繭・生繭」㊁〈まゆ〉「繭玉/初繭・山繭」

顕〔顯〕 音**ケン**呉漢 訓あきらか、あらわ、あらわれる、あらわす ‖ ①はっきり目立つ。あきらか。「顕現・顕在・顕示・顕著/隠顕」②隠れたものを明らかにする。あらわす。「顕彰・顕微鏡/露顕」③地位・身分が高い。「顕官・顕職・顕要/貴顕」④「顕教」の略。「顕密」名付あき・あきら・たか・てる

験〔驗〕 学4 音**ケン**慣 **ゲン**呉漢 訓ためす、しるし ‖ ㊀〈ケン〉①証拠によって確かめる。ためす。「験算/経験・試験・実験・体験・被験者」②試験。「受験」③しるし。ききめ。「効験」㊁〈ゲン〉仏道におけるしるし。「霊験・修験道(しゅげんどう)」名付とし

×**鹸** 音ケン慣 ‖ ①あく。「石鹸」②石鹸のこと。「鹸化」

懸 音**ケン**漢 **ケ**慣 訓**かける、かかる** ‖ ㊀〈ケン〉①物にひっかける。ぶらさがる。空中にかかる。「懸河・懸崖(けんがい)・懸垂・懸腕直筆」②かかげ示す。「懸賞」③託する。あずける。「懸命」④決着していない。「懸案」⑤かけ離れる。「懸隔・懸絶」㊁〈ケ〉心にかける。「懸想・懸念」難読懸樋(かけひ)・鈴懸(すずかけ)・篠懸(すずかけ)

×**譴** 音ケン呉漢 ‖ 責めとがめる。「譴責/天譴」

漢字項目　げん

【▽研・▽拳・嫌・験】▶けん
【▽患】▶かん
【眼】▶がん

元　学2　音ゲン漢　ガン(グヮン)呉　訓もと、はじめ‖㊀〈ゲン〉①物事のもと。根本。「元気・元素/還元・根元・復元」②はじめ。「元始」③頭部。「元服/黎元」④第一の人。かしら。「元首・元帥・元老」⑤大きい。「元勲」⑥年号。「元号/改元・紀元」⑦中国の王朝の名。「元寇」㊁〈ガン〉①もと。「元金・元利」②はじめ。「元日・元祖・元年・元来」㊂〈もと〉「元手・元値/家元・地元・根元・身元」名付あさ・ちか・つかさ・なが・はじむ・はる・まさ・ゆき・よし　難読筒元

幻　音ゲン呉　訓まぼろし‖①まぼろし。「幻影・幻覚・幻視・幻想・幻聴・幻滅/夢幻」②まどわす。目くらまし。「幻術・幻惑/変幻」

玄　音ゲン呉　訓くろ、くろい‖①赤または黄を帯びた黒色。「玄黄・玄米」②奥深くて暗い。「玄関・玄室・玄妙/幽玄」③奥深い道理。「玄学」④はるかに遠い。「玄孫」名付しず・しずか・つね・とお・とら・のり・はじめ・はる・はるか・ひかる・ひろ・ふか・ふかし　難読玄鳥・玄孫

言　学2　音ゲン漢　ゴン呉　訓いう、こと‖㊀〈ゲン〉①いう。「言明・言論/極言・公言・助言・代言・断言・直言・不言・付言・放言・明言」②ことば。「言語・言行/格言・甘言・虚言・狂言・金言・苦言・至言・序言・食言・寸言・前言・体言・発言・評言・方言・名言・用言・流言」㊁〈ゴン〉①いう。「言上/過言・他言」②ことば。「言語道断/真言・雑言・伝言・無言・遺言」㊂〈こと(ごと)〉「言霊・言葉/片言・寝言」名付あき・あや・とき・とし・とも・のぶ・のり・ゆき　難読譫言・囈言・言伝・戯言・虚言

弦　音ゲン呉　訓つる‖㊀〈ゲン〉①弓のつる。「鳴弦」②(「絃」と通用)弦楽器の糸。糸を張った楽器。「弦歌・弦楽/管弦・三弦・調弦」③半月。また、半月の両端を結んだ直線。「下弦・初弦・上弦」④直角三角形の斜辺。「正弦・余弦」㊁〈つる(づる)〉「弦音/弓弦」名付いと・お・ふさ

人**彦**　音ゲン呉漢　訓ひこ‖容姿や才に秀でた男子。「俊彦・諸彦」名付お・さと・ひろ・やす・よし

限　学5　音ゲン呉　訓かぎる、きり‖①範囲を定める。かぎる。「限定/局限・制限」②区切り。かぎり。「限界・限度/期限・権限・刻限・際限・上限・年限・無限」

原　学2　音ゲン漢　訓はら、もと‖㊀〈ゲン〉①はら。「原野/高原・湿原・草原・氷原・平原」②(「源」と通用)みなもと。水源。「原泉」③物事のもと。起こり。始め。「原案・原因・原稿・原作・原子・原始・原色・原則・原油・原理・原料/起原・語原・根原・病原」④「原子」「原子力」の略。「原潜・原爆・原発」㊁〈はら(ばら)〉「海原・野原・松原・高天原」名付おか・はじめ

×**眩**　音ゲン呉　訓くらむ、くらます、まぶしい、まばゆい‖目がくらむ。目をくらます。「眩暈・眩人・眩耀・眩惑」難読眩暈・目眩・瞑眩

現　学5　音ゲン呉　訓あらわれる、あらわす、うつつ、うつし‖㊀〈ゲン〉①見えなかったものが見えてくる。あらわれる。あらわす。「現象/具現・再現・実現・出現・体現・表現」②今。まのあたり。実際の。「現行・現在・現実・現状・現世・現代・現地・現物」㊁〈うつつ〉「夢現」名付あり・み　難読現津神・現人神・現身・現世

人**絃**　音ゲン呉　訓いと‖楽器に張る糸。糸を張った楽器。「管絃・三絃・断絃」補説「弦」と通用する。

舷　音ゲン呉　訓ふなばた‖ふなべり。ふなばた。「舷窓・舷側/右舷・左舷」

×**衒**　音ゲン呉　訓てらう‖見せびらかす。ひけらかす。てらう。「衒学・衒気」難読女衒

減　学5　音ゲン慣　訓へる、へらす‖①へる。へらす。「減給・減産・減少・減税・減退・減配/軽減・激減・削減・節減・漸減・増減・半減」②引き算。「減法/加減乗除」名付き・つぎ　難読減上・減張

源　学6　音ゲン漢　訓みなもと‖①水流の発する所。「源泉・源流/水源地・抜本塞源」②物事の出てくるもと。「淵源・起源・語源・光源・根源・財源・資源・字源・震源・電源・病源・本源」③四姓の一。源氏。「源平藤橘」名付はじめ・もと・よし

人**諺**　音ゲン呉漢　訓ことわざ‖①ことわざ。「古諺・俗諺・俚諺」②通俗語。「諺解」難読諺文　補説人名用漢字表(戸籍法)の字体は「諺」。

厳〔嚴〕　学6　音ゲン漢　ゴン呉　訓おごそか、きびしい、いかめしい、いつくし‖㊀〈ゲン〉①おごそか。いかめしい。「厳粛・厳然/威厳・謹厳・森厳・尊厳」②容赦がない。きびしい。「厳格・厳禁・厳守・厳重・厳正・厳密・厳命/戒厳・峻厳・冷厳」③激しい。ひどい。「厳寒・厳冬」④自分の、または他人の父に対する敬称。「厳君・厳父/家厳」㊁〈ゴン〉おごそか。「荘厳」名付いかし・いず・いつ・いつき・いわ・かね・たか・つよ・ひろ・よし

けんえき-でんせんびょう【検疫伝染病】ケンエキデンセンビャウ
▶検疫感染症

けんえき-ほう【検疫法】ハフ　船舶・航空機を介して国内に常在しない感染症の病原体が国内に侵入するのを防ぐための法律。昭和26年(1951)施行。検疫感染症や、対象となる船舶・航空機の検疫官による検査、隔離や消毒などの防疫措置について定める。

けん-えつ【検閲】〔名〕スル　❶調べあらためること。「二十句の佳什を得るために千句以上を一せざるべからず」〈子規・墨汁一滴〉❷公権力が書籍・新聞・雑誌・映画・放送や信書などの表現内容を強制的に調べること。日本国憲法では禁止されている。❸精神分析の用語。無意識の層の中にある非道徳的で危険な願望を、超自我が抑圧・変形すること。類語検査・点検・検定・検する・閲する・閲する・改める・検分・吟味・実検・臨検・査閲・監査・チェック・調べる

けん-えん【犬猿】ヱン　犬と猿。仲の悪いもののたとえ。「一の仲」

犬猿も啻ならず　犬と猿の間よりも、もっと仲が悪い。

けん-えん【▽倦▽厭】〔名〕スル　あきていやになること。「読む人妄誕に一して」〈逍遥・小説神髄〉

けん-えん【嫌煙】他人の吸うタバコの煙から受ける害を嫌うこと。

けん-えん【嫌▽厭】〔名〕スル　きらっていやがること。嫌悪。「一の情」「蛇蝎のごとく一する」

けんえん【蘐園】ケンヱン　荻生徂徠の別号。また、その塾の名。

けん-えん【▽慊▽焉】〔ト・タル〕文〔形動タリ〕《「慊」には満足と不満足との二様の意がある》❶あきたらず思うさま。不満足なさま。「心中、一たるものがある」❷(多く下に打消しの語を伴って用いる)満足に思うさま。「一とせぬ面持ち」

げん-えん【玄猿】ヱン《顔が黒いところから》テナガザルの別名。

げん-えん【減塩】〔名〕スル　食料品中の塩分を、従来の基準よりも少なくすること。また、摂取する塩分を制限すること。「一醤油」

げんえん【諺苑】ゲンエン　江戸時代の国語辞書。7巻。太田全斎著。寛政9年(1797)成立。俗語・俗諺を集めていろはの各音に配し、語釈・出典などを示す。「俚言集覧」はこれを増補改編したもの。

けんえん-がくは【▽蘐園学派】ケンヱン　荻生徂徠の唱えた古文辞学派。➡古文辞学

けんえん-き【検塩器】水中の塩分の含有量を検査する器具。

けんえん-けん【嫌煙権】公共の場所などでのタバコの煙を拒否する権利。

げんえん-しょく【減塩食】高血圧や浮腫を伴う疾患の際に用いられる、食塩の使用を制限する食餌療法。

げんえん-るい【原猿類】ゲンヱン　哺乳綱霊長目の一群で、原始的なサル類の総称。一般に小形で大脳の発達程度は低く、樹上で生活する。ツパイ・メガネザル・キツネザル・ロリスの類が含まれる。アジア・アフリカに分布。擬猴類。

けん-お【嫌悪】ヲ〔名〕スル　憎みきらうこと。強い不快感を持つこと。「不正を一する」「一感」「自己一」類語憎悪・厭悪・憎む・嫌う・忌み嫌う・嫌がる・厭う

けん-おう【遣欧】欧州に派遣すること。「一使節」

げんおう【元応】鎌倉後期、後醍醐天皇の時の年号。1319年4月28日〜1321年2月23日。

げん-おう【玄奥】アウ〔名・形動〕奥深くて、はかり知れないこと。また、そのさま。「芸術の一な趣」

けん-おん【検温】ヲン〔名〕スル　体温を計ること。「定時に一する」「一器」

げん-おん【原音】❶外国語・外来語の原語の音。「一に忠実な表記」❷再生音に対し、録音の素材となった、もとの音。

けん-か【県下】その県の行政のもとにある地域。県内。「一を視察する」「一の学校数」

けん-か【県花】クワ　各都道府県で、郷土を代表するものとして選び定められた花。山形県のベニバナ、愛知県のカキツバタ、三重県のハナショウブ、岡山県のモモ、沖縄県のデイゴなど。➡表

けん-か【×喧×嘩|×諠×譁】クワ《㊀が原義》㊀〔名〕スル　言い合ったり殴り合ったりしてあらそうこと。いさかい。「一をふっかける」「一するなら外でしろ」「ロー」㊁〔名・形動〕騒がしいこと。また、そのさま。「旅客人民共に群がり其一なること製鉄場にあるが如く」〈井上勤訳・月世界旅行〉
類語(㊀)諍い・争い・言い合い・口論・衝突・鞘当て・いがみ合い・角突き合い・内輪揉め・訌争・揉め事・悶着・いざこざ・ごたごた・出入り・トラブル(暴力を伴うけんか)取っ組み合い・つかみ合い・殴り合い・組み討ち・立ち回り・大立ち回り

喧嘩過ぎての棒千切り　けんかが終わってから棒切れを持ち出すこと。時機に遅れて効果のないことのたとえ。争い果てての千切り木。

喧嘩にかぶる笠はなし　けんかはいつしかけられるかわからないので、防ぎようがない。

喧嘩のそば杖　けんかをそばで見ていて、打ち合う杖に当たること。関係のない人がけんかのとばっちりを受けること。

喧嘩は降り物　けんかは、雨や雪のように、いつどんなはずみで起こるかわからない。

喧嘩を売・る　❶他人にけんかを仕掛ける。❷仕掛けられたけんかを、他人に負わせて逃げる。

喧嘩を買・う　❶仕掛けられたけんかの相手をする。「売られた一・う」❷他人のけんかに関係してそれを引き受ける。

けん-か【堅果】クワ　果皮が木質か革質で堅い果実。クリ・カシ・ナラなど。殻斗果。

けん-か【献花】クワ〔名〕スル　神前または霊前に花を供えること。また、その花。「死者の霊に一する」
類語供花・香花・香華

けん-か【権家】権勢のある家。権門。勢家。

けん-か【×鹸化】クワ　エステルが加水分解されて酸とアルコールになる化学反応。もと、油脂(エステル)をアルカリで加水分解して石鹸を作る操作をさした。「一作用」

［県花］［県鳥］［県木］県花・県鳥・県木一覧

	県花	県鳥	県木
北海道	ハマナス	タンチョウ	エゾマツ
青森	リンゴ	ハクチョウ	ヒバ
岩手	キリ	キジ	ナンブアカマツ
宮城	ミヤギノハギ	ガン	ケヤキ
秋田	フキノトウ	ヤマドリ	アキタスギ
山形	ベニバナ	オシドリ	サクランボ
福島	ネモトシャクナゲ	キビタキ	ケヤキ
茨城	バラ	ヒバリ	ウメ
栃木	ヤシオツツジ	オオルリ	トチノキ
群馬	レンゲツツジ	ヤマドリ	クロマツ
埼玉	サクラソウ	シラコバト	ケヤキ
千葉	ナノハナ	ホオジロ	マキ
東京	ソメイヨシノ	ユリカモメ	イチョウ
神奈川	ヤマユリ	カモメ	イチョウ
新潟	チューリップ	トキ	ユキツバキ
富山	チューリップ	ライチョウ	タテヤマスギ
石川	クロユリ	イヌワシ	アテ(ヒノキアスナロ)
福井	スイセン	ツグミ	マツ
山梨	フジザクラ	ウグイス	カエデ
長野	リンドウ	ライチョウ	シラカバ
岐阜	レンゲソウ	ライチョウ	イチイ
静岡	ツツジ	サンコウチョウ	モクセイ
愛知	カキツバタ	コノハズク	ハナノキ
三重	ハナショウブ	シロチドリ	神宮スギ
滋賀	シャクナゲ	カイツブリ	モミジ
京都	シダレザクラ	オオミズナギドリ	北山スギ
大阪	サクラソウ・ウメ	モズ	イチョウ
兵庫	ノジギク	コウノトリ	クスノキ
奈良	ナラノヤエザクラ	コマドリ	スギ
和歌山	ウメ	メジロ	ウバメガシ
鳥取	二十世紀ナシ	オシドリ	ダイセンキャラボク
島根	ボタン	ハクチョウ	クロマツ
岡山	モモ	キジ	アカマツ
広島	モミジ	アビ	モミジ
山口	ナツミカン	ナベヅル	アカマツ
徳島	スダチ	シラサギ	ヤマモモ
香川	オリーブ	ホトトギス	オリーブ
愛媛	ミカン	コマドリ	マツ
高知	ヤマモモ	ヤイロチョウ	ヤナセスギ
福岡	ウメ	ウグイス	ツツジ
佐賀	クスノハナ	カササギ	クスノキ
長崎	ウンゼンツツジ	オシドリ	ツバキ・ヒノキ
熊本	リンドウ	ヒバリ	クスノキ
大分	ブンゴウメ	メジロ	ブンゴウメ
宮崎	ハマユウ	コシジロヤマドリ	フェニックス・ヤマザクラ・オビスギ
鹿児島	ミヤマキリシマ	ルリカケス	カイコウズ・クスノキ
沖縄	デイゴ	ノグチゲラ	リュウキュウマツ

けん-か【懸下】つり下げること。ぶら下がること。「天井―式手術顕微鏡」

けん-か【懸果】－クヮ 果実の一。心皮が成熟後に中心から離れ、反転して垂れるもの。セリ科植物にみられる。懸瘦果。

けん-か【懸架】〔名〕スル ❶渓谷や道路などをまたいで構造物をかけ渡すこと。また、掛け渡して支えること。❷馬車、自動車の車軸の両端に車輪を取り付けること。車軸懸架と独立懸架の二方式がある。

けん-が【犬牙】❶犬のきば。❷犬のきばのように、互いに食い違ったり入り組んだりしていること。「―錯綜(さくそう)」

けん-が【懸河】勢いよく流れる川。傾斜の急な早瀬の川。「―の勢い」［類語］急流・奔流・激流・濁流

懸河の弁　水を上から流すように、とどこおりなく弁舌を振るうこと。「滔々(とうとう)たる―」

げんか【元嘉】中国、南北朝の宋の文帝時代の年号。424〜453年。

げん-か【元歌｜原歌】替え歌または引用の部分に対して、そもそもの出典である歌。もとうた。

げん-か【言下】言葉の終わるか終わらないかに、すぐ。言いおわった直後。「―に否定する」

げん-か【弦歌｜×絃歌】三味線を弾き鳴らし、歌をうたうこと。遊興のようすをいう。「―の巷(ちまた)」

げん-か【原価｜元価】❶利益を含めていない仕入れ値段。もとの値段。もとね。「―を割って売る」❷(原価)商品の製造・販売などに要した財貨・用役の消費を、単位当たりに計算した価。コスト。「―を抑える」［類語］元値・卸値

げん-か【現下】現在。今。目下。「―の情勢」［類語］只今(ただいま)・現時点・現時・目下・刻下・即今(そっこん)・時下

げん-か【現化】－クヮ ▶げんげ(現化)

げん-か【現価】❶現在の価格。その時の相場。時価。❷将来に発生する価値を利子率で割り引いて算出した現在の価値。現在価値。割引価値。

げん-か【現果】－クヮ 仏語。過去または現世の業因(ごういん)により、人が現世で受ける報い。

げん-か【減価】〔名〕スル ❶定価から割り引くこと。また、その値段。値下げ。値引き。「―販売」❷価額をへらすこと。

げん-か【厳科】－クヮ きびしい処罰。「―に処する」

げん-が【原画】－グヮ 複製したり印刷したりする、もとになる絵。「挿し絵の―」

けん-かい【見解】物事に対する考え方や価値判断。「―の相違」「―を明らかにする」

［類語］意見・所見・考え・主張・説・論・所説・所論・持説・持論・私見・私意・私考・所思・見方・オピニオン

けん-かい【県会】－クヮイ ❶「県議会」の旧称。昭和22年(1947)地方自治法の制定により県議会と改められた。❷「県議会」の略。

けん-かい【×狷介】〔名・形動〕頑固で自分の信じるところを固く守り、他人に心を開こうとしないこと。また、そのさま。片意地。「―な人」「―不羈(ふき)」［派生］けんかいさ〔名〕

けん-かい【×硯海】硯(すずり)の墨汁をためておく部分。硯池。墨池。すずりのうみ。

けん-かい【顕×晦】－クヮイ〔名〕スル 現れることと隠れること。世に出ることと世を逃れること。「玉石―し、草木栄枯して以(も)って景を成す」〈吉岡徳明・開化本論〉

けん-がい【県外】－グヮイ 県の行政区域外。⇔県内。

けん-がい【険害】〔名・形動ナリ〕心が邪悪で、人を害すること。また、そのさま。「詐妄―なる教法を主張し」〈森有礼・明六雑誌六〉

けん-がい【圏外】－グヮイ ❶ある条件の枠の外。「優勝の―に去る」⇔圏内。❷携帯電話やPHSで、電波の届く範囲外であること。また、電波が届かなくて電話・メールの利用や、インターネットへの接続ができない状態であること。

［類語］埒外(らちがい)・枠外・域外・外・外方・外部・外界・外側

けん-がい【遣外】－グヮイ 外国へ派遣すること。

けん-がい【権外】－グヮイ 権限の範囲外。⇔権内。

けん-がい【懸崖】❶切り立ったがけ。きりぎし。❷盆栽で、茎や枝が根より低く、鉢の外に垂れ下がるように作ったもの。「―作りの菊」［類語］崖・断崖・絶壁

げん-かい【幻怪】－クヮイ〔名・形動〕怪しいこと。不思議なこと。また、そのさま。「夜空に―な光が走る」［類語］不思議・不可思議・不可解・不審・奇妙・面妖(めんよう)・妙(みょう)・変(へん)・異(い)・謎(なぞ)・怪(かい)・奇(き)・奇異・奇怪・怪奇・怪異・神秘・霊妙・霊異・玄妙・あやかし・ミステリー・ミステリアス・奇天烈(きてれつ)・摩訶不思議(まかふしぎ)・けったい・おかしい

げんかい【玄海】佐賀県北西部、玄界灘に面する地名。海岸部は玄海国定公園に指定されている。

げんかい【言海】国語辞書。大槻文彦著。明治19年(1886)成立。同22〜24年刊。3万9千語を収め、発音・品詞・語源・語釈・出典を示し、語を五十音順に配列。最初の近代的国語辞書。➡大言海

げん-かい【限界】物事の、これ以上あるいはこれより外には出られないというぎりぎりの範囲、境。限り。「広葉樹分布の北の―」「能力の―を知る」「体力の―に挑戦する」［類語］限度・極限・リミット

［用法］**限界・限度**――「疲労が限界(限度)に達している」「限界(限度)を超える」などでは、相通じて用いられる。◆「限界」は、それ以上進めなくなるところという意が強く、「限度」は、あらかじめそこまでと限られたところという意が強い。◆「体力(能力)の限界を感じた」は「限度」に置き換えられないし、「有給休暇は二週間を限度とする」は「限界」に置き換えられない。◆類似の語に「極限」がある。「極限」はぎりぎりのところという意が強く、「能力の極限に挑む」などのほか、「極限状態」のような熟語も生む。

げん-かい【×諺解】書物などの、俗語や口語を用いたわかりやすい解釈。「徒然草―」

げん-かい【厳戒】〔名〕スル 厳重に警戒すること。「群衆の暴走を―する」「―体制」［類語］警戒・戒厳

げん-かい【▽顕界】この世。現世。⇔幽界。

げん-がい【言外】－グヮイ 言葉に出さない部分。「―の意味」「―ににおわす」

げん-がい【限外】－グヮイ 制限範囲の外。限度以上。

げんかい-おうりょく【限界応力】物体が外力を受けて破壊されずに耐え得る最大限度の応力。

けんかい-ぎいん【県会議員】ケンクヮイギヰン 県議会議員の通称。

げんかい-ゲージ【限界ゲージ】機械部品の寸法が許容される寸法公差の範囲内にあるかどうかを検査するためのゲージ。最大許容寸法のゲージ(通りゲージ)と、最小許容寸法のゲージ(止まりゲージ)とからなる。リミットゲージ。狭範(きょうはん)。

げんがい-けんびきょう【限外顕微鏡】ゲングワイケンビキヤウ 普通の顕微鏡では見分けられない微粒子に、特殊な照明装置による光を当て、その散乱光によって存在や運動状態を知る顕微鏡。暗視野顕微鏡。

げんかい-こうよう【限界効用】－カウヨウ ある財の消費量を増加させていくとき、一単位増えることによって得られる主観的な満足度。最終効用。

げんかいこうようていげん-の-ほうそく【限界効用逓減の法則】ゲンカイカウヨウテイゲンノハフソク ある財の消費量の増加に伴って、限界効用はしだいに減少するという法則。効用逓減の法則。

げんかい-こくていこうえん【玄海国定公園】－コクテイコウヱン 福岡・長崎・佐賀県にまたがる玄界灘沿岸の国定公園。芥屋大門(けやのおおと)、七ツ釜、虹の松原、志賀島(しかのしま)など景勝地や史跡に富む。

けんかい-ここう【×狷介孤高】－コカウ 狷介で、ひとり超然としていること。「―の士」

げんかいさくげん-ひよう【限界削減費用】温室効果ガスの排出量を追加的に1トン削減するために必要な費用。地球温暖化対策の目標値の設定などで用いられる指標の一。MAC(marginal abatement cost)。［補説］日本は、高度な省エネ技術により、既に大幅な排出量削減を実現しているため、今後さらに排出量を削減するには相対的に高いコストが必要となる。このように、より高いエネルギー効率を達成している国ほど限界削減費用は高くなるが、排出量取引によって限界削減費用の平準化が図れるとされる。

げんかい-じちたい【限界自治体】65歳以上の高齢者が人口の50パーセントを超え、税収入の低下と高齢者医療、高齢者福祉の負担増で財政の維持が困難になった自治体。➡限界集落 ［補説］社会学者の大野晃(当時高知大学教授)が平成3年(1991)に提唱。

げんかい-じま【玄界島】福岡県西部、博多湾口にある島。福岡市西区に属し、音無瀬戸(おとなしのせと)をはさんで糸島半島に対する。面積約1.2平方キロメートル、周囲約4キロメートル、最高点218メートル。島内は急斜面が多く、段々畑による農業を行っている。近海は好漁場で、住民は漁業を主とする。

げんかい-しゅうらく【限界集落】－シフラク 過疎などによって、65歳以上の高齢者の割合が50パーセントを超えるようになった集落。家を継ぐ若者が流出して、

冠婚葬祭や農作業における互助など、社会的な共同作業が困難になった共同体。➡限界団地

げんかい-じょうきょう【限界状況】❶ヤスパースの実存哲学における重要概念。人間存在としての実存が避けることのできない死・苦悩・争い・罪などに直面している状況。極限状況。❷従来の環境への適応手段が、全く役立たなくなった状況。環境の変化が大きすぎて、社会的に慣習化された適応手段による処理が、不可能になったとき起こる。

げんかい-しょうひせいこう【限界消費性向】所得の増加分に対する消費の増加分の割合。

げんかい-せいさんひ【限界生産費】▶限界費用

げんかい-だんち【限界団地】住民の約半数以上を高齢者が占める住宅団地。高度成長期に都市近郊に建設された団地に入居した世帯から子世代が独立し、親世代のみが残ったため高齢化が進んだ。建物の老朽化、空室の増加、商店街の空洞化、独居老人の増加、自治会活動の停滞などの問題が生じている。➡限界集落

げんかい-ちょう【玄海町】▶玄海

げんかい-ちょちくせいこう【限界貯蓄性向】所得が増加したとき、その増加分のうちで貯蓄の増加に回される部分の割合。

げんかい-なだ【玄界灘｜玄海灘】九州北西部の海域。西は対馬海峡、東は響灘に連なる。冬季は風波が荒い。

げんがい-はっこう【限外発行】中央銀行の銀行券発行額に一定の限度が設けられている場合、その限度を超えて発行すること。制限外発行。

げんかい-ひよう【限界費用】生産量の増加分一単位あたりの総費用の増加分。限界生産費。マージナルコスト。

けんかい-めん【圏界面】対流圏と成層圏の境界面。高さは赤道付近で約18キロ、極地方で約8キロ。

げんがい-ろか【限外×濾過】濾紙などでは濾過できない、コロイド粒子のような微細な粒子を濾過する方法の一。従来、素焼き板やコロジオン膜・セロハン膜のような半透膜が使われたが、近年は様々な粒の大きさに対応した多孔性の高分子膜が利用される。粒の大きさが1ナノメートル〜1マイクロメートルのものを濾過する。➡精密濾過 ➡超濾過

けんかいろん【顕戒論】平安初期の仏教書。3巻。最澄著。弘仁11年(820)成立。南都諸宗の論難を論駁し、天台円戒の特色を明らかにして、天台宗成立の根拠となった書。

けんか-か【×鹸化価】油脂や蝋の1グラムを鹸化するために必要な水酸化カリウムのミリグラム数。普通の動植物油は190程度であるが、分子量の小さいバター脂やヤシ油などは高い値をとり、菜種油などの分子量の高いものや高級アルコールなどでは低い値をとる。脂肪中の脂肪酸の性質を推定する目安となる。

けんか-かい【×喧×嘩買い】好んでけんかの相手になること。特に、他人のけんかを引き受けること。江戸時代には男だてとされた。「大門際に—と出るもありけり」〈一葉・たけくらべ〉

げんか-かんり【原価管理】利益管理の一環として、原価引き下げの目標を明らかにするとともにその実施のための原価計画を設定し、この計画の実現を原価統制などによって図る一切の管理活動。コスト-マネージメント。

けん-かく【剣客】剣道にすぐれた人。けんきゃく。類語 剣士・剣豪

けん-かく【堅確】〔名・形動〕しっかりしていて動じないこと。また、そのさま。確固。「—な決意」

けん-かく【検×覈】〔名〕スル《「覈」はしらべる意》厳しく調べること。「世の心性の理を剖析せる—する者」〈逍遥・美とは何ぞや〉

けん-かく【懸隔】《古くは「けんがく」とも》■〔名〕スル 二つの物事がかけ離れていること。非常に差があること。「世代間の社会意識が—している」■〔副〕程度のはなはだしいさま。ことのほか。「是は—心やすい」〈浄・日本武尊〉類語 隔たり・開き・距離・径庭

けん-がく【見学】〔名〕スル ❶実際のありさまを見て知識を広めること。「裁判所を—する」「社会—」❷体調などの都合で、体育実技などを実際に行わないで、見て学ぶこと。「風邪のため水泳を—する」
類語 見物・観覧・参観・拝観・来観・見る

けん-がく【建学】❶学問の一派を興すこと。❷学校を創設すること。「—の精神」

けん-がく【研学】〔名〕スル 学問を研究すること。「体操—とは、まるで相反する性質の者に候えば」〈逍遥・当世書生気質〉
類語 勉強・学習・勉学・研鑽・勤学・研修・修学・修業・修業・修練・習練・稽古・学問・学ぶ

けん-がく【兼学】〔名〕スル 二つ以上の学問や宗教などを兼ね学ぶこと。「八宗—の高僧」

げん-かく【幻覚】実際に感覚的刺激や対象がないのに、あるように知覚すること。幻視・幻聴など。
類語 幻像・幻想・妄想・空想・仮想・想見・想像・夢想・ファンタジー・イマジネーション・イリュージョン

げん-かく【厳格】〔名・形動〕規律や道徳にきびしく、不正や怠慢を許さないこと。また、そのさま。「—な教育」「—に規定する」派生 げんかくさ〔名〕
類語 厳重・厳正・厳酷・冷厳・峻厳・峻烈・苛酷・酷・厳しい・きつい・容赦ない・仮借ない

げん-がく【玄学】奥深い学問。特に、老荘などの道家の思弁的学問や仏教哲学をいう。

げん-がく【弦楽｜×絃楽】弦楽器による音楽。

げん-がく【×衒学】《pedantry》学問や知識をひけらかすこと。ペダントリー。

げん-がく【減額】〔名〕スル 数量や金額を減らすこと。「予算を—する」「—処分」⇔増額。

げんがく-ごじゅうそう【弦楽五重奏】五つの弦楽器による重奏。通常、バイオリン2・ビオラ2・チェロ1からなる。

げんかく-ざい【幻覚剤】脳神経に作用して幻視や幻聴などを引き起こす薬物。メスカリン、LSDなど。

げんがく-しじゅうそう【弦楽四重奏】バイオリン2・ビオラ1・チェロ1からなる四重奏。SQ(string quartet)。

げんかく-せいぶつ【原核生物】核膜がなく、DNA分子がほとんど裸のまま細胞のほぼ中心部にあり、構造的には細胞質から区別できない生物。細菌・藍藻など。バクテリア。➡真核生物

げんがく-てき【×衒学的】〔形動〕学問・知識をひけらかすさま。ペダンチック。「—な論文」

げんかく-はん【幻覚犯】法律上罪にならない行為を、罪になると信じて行うもの。広義の不能犯の一種。

げんか-けいさん【原価計算】一定の製品や用役についての原価を分類・測定・集計・分析して報告する手続き。

けんか-ごし【×喧×嘩腰】すぐにもけんかを仕掛けそうに、くってかかる態度。「—で掛け合う」

けんか-し【×喧×嘩師】好んでけんかをする者。けんかを商売のようにしている無頼漢。「—ひけとる分隠し」〈浮・五人女・三〉

げんか-しょうきゃく【減価償却】使用または時の経過などによって生じる有形固定資産の価値の減少分を見積もり耐用年数に割り当て、費用として配分する会計上の手続き。

けんか-しょくぶつ【顕花植物】花を咲かせ、実を結び、種子によって繁殖する高等植物。裸子植物と被子植物を含む。種子植物。⇔隠花植物。

けん-がしら【間頭】江戸時代、検地に用いた長さ約4メートルのさお。田畑の四隅に立てた。細見竹。

けんが-そうせい【犬牙相制】《「史記」孝文本紀から》隣りあう2国の領土を犬のきばのように入り組ませて、相互に牽制させること。

けんか-だい【献花台】❶キリスト教、また、無宗教の葬式で死者に手向ける花を供える台。❷事故、事件で死者の出た現場に置かれ、その死を悼む人々が花や供物を供える台。

げんか-たい【元×嘉体】中国で、元嘉期に興った詩風。謝霊運・顔延之・鮑照らが代表的詩人。華麗な文体で山水の美を詠じた。

けんか-だこ【×喧×嘩×凧】空に揚げた凧の揚げ糸を相手の凧の糸に絡ませ、切り合う遊び。切られた方が負け。糸にガラスの粉を塗りつけたりする。長崎のハタ、浜松の大凧合戦などが有名。

けん-かたばみ【剣酢=漿=草】紋所の名。酢漿草の3枚の葉の間に剣先を配したもの。

げん-かつぎ【験担ぎ】ちょっとした物事に対して、よい前兆だとか悪い前兆であるとかを気にすること。験を担ぐこと。「—で豚カツを食べる」

げん-がっき【弦楽器｜×絃楽器】張られた弦の震動によって音を出す楽器の総称。震動を増幅するための共鳴胴をもち、奏法により、撥弦楽器・擦弦楽器・打弦楽器の3種に分類する。

けんか-ばや・い【×喧×嘩早い】〔形〕文けんかばや・し〔ク〕ささいなきっかけですぐけんかを始めるさま。けんかっぱやい。「短気で—・い男」

げん-かぶ【現株】▶実株

げんか-ほう【原価法】財務諸表に記載する資産の評価基準の一つ。資産を取得原価で評価する。取得原価の評価方法としては、個別法・先入先出法・平均原価法などがある。➡低価法 ➡簿価会計 補説 以前は、有価証券や棚卸資産の評価基準として原価法と低価法の選択適用が認められていたが、有価証券については、平成12年度の税制改正により、子会社・関連会社の株式についてのみ原価法が適用されることになった。また、棚卸資産については、会計基準の改正により、同20年度から低価法に一本化されている。

けんか-まつり【×喧×嘩祭(り)】氏子や参詣人が争い合うことを特色とする祭り。お札を取り合うもの、押し合いをしてその年の豊凶を占うもの、悪口を言い合うものなどがある。岐阜県関市の鞍知白山神社の祭礼、大分県の宇佐八幡宮の夏越祭などが有名。

けん-が-みね【剣が峰】❶火山の噴火口の周縁。特に、富士山頂についていう。❷相撲で、土俵の円周を作る俵の上面。「—で残す」❸それ以上少しの余裕もない、ぎりぎりの状態。物事の成否の決まる瀬戸際。「—に立たされる」
類語 絶体絶命・九死・危機一髪

けんか-よつ【×喧×嘩四つ】相撲で、両方の力士の得意な差し手が異なること。⇔相四つ。

けんか-りょうせいばい【×喧×嘩両成敗】けんかや争いをした者を、理非を問わないで双方とも処罰すること。戦国時代の分国法にみられ、江戸時代にも慣習法として残っていた。

げんか-れき【元×嘉暦】中国で、元嘉20年(443)に何承天によって作られた太陰太陽暦。日本に伝えられた最古の暦とされ、持統天皇の代に採用されたという。

けんか-わかれ【×喧×嘩別れ】けんかして、仲直りをしないまま別れること。

けん-かん【建艦】〔名〕スル 軍艦を建造すること。

けん-かん【兼官】〔名〕スル 本来の官職のほかに他の官職を兼務すること。また、その官職。兼摂の官。懸官。権官。

けん-かん【険×艱｜×嶮×艱】山などがけわしくて、登るのに困難なこと。

けん-かん【堅艦】堅固な軍艦。「幾多の運送船、幾十の—、湾内の各所にかかり」〈独歩・愛弟通信〉

けん-かん【権官】❶権勢のある官職。また、その官職にある人。❷「兼官」に同じ。

けん-かん【顕官】❶地位の高い官職。また、その官職にある人。❷律令制の下級官職のうちで重要とされた官。外記・史・式部丞・民部丞・左右衛門尉など。

けん-がん【検眼】〔名〕スル 視力を検査すること。

けん-がん【献眼】〔名〕スル 死後、眼球をアイバンクに寄付して、その角膜を移植に使ってもらうこと。

げん-かん【玄関】《❷が原義》❶建物・住居の主

要な出入り口。「正面—」❷禅宗で、玄妙な道に入る関門。転じて、禅寺の方丈への入り口。❸寺の書院の入り口や公家の車寄せ、また、武家の入り口の式台のある所。❹江戸時代、名主宅のこと。玄関を構えることを許されたのでいう。

(類語)(❶)表口・門口・戸口・門戸・車寄せ・ポーチ・エントランス・勝手口

玄関を張・る　玄関の構えだけをりっぱにする。転じて、外観を飾る。みえを張る。

げん-かん【玄×鑒】❶先のことを見通す心の働き。❷神仏が、人の行動を照らし見ていること。「海内の吉凶その—に依らずと云ふ事なし」〈太平記・一八〉

げん-かん【×阮×咸】㊀中国、魏晋時代の文人。陳留(河南省)の人。字は仲容。阮籍の兄の子に当たる。音楽に通じ琵琶をよくした。竹林の七賢の一人。生没年未詳。㊁《㊀が愛用したところから》中国の弦楽器の一。円形または八角形の胴に長い棹をつけ、4弦または5弦を張り、棹上に十数個の柱を立てたもの。日本でも明清楽に用いる。

げん-かん【弦管｜×絃管】《古くは「けんかん」とも》「管弦」に同じ。

げん-かん【現官】現在ついている官職。

げん-かん【減感】写真現像で、感光材料を減感剤で処理して感光膜の感度を低下させること。

げん-かん【厳寒】非常にきびしい寒さ。極寒。(季 冬)「—や夜の間を萎えし草の花/久女」

(類語)寒さ・寒気・寒気・寒波・寒冷・酷寒・極寒

げん-がん【厳顔】いかめしい顔。おごそかな顔。君主などの顔にいう。「—に近づかん事、又何れの日ぞや」〈保元・下〉

けんがん-きょう【検眼鏡】❶瞳孔を通して光を入れ、眼底を見る器具。❷眼鏡の度を合わせるのに用いる器具。検眼器。

げんかん-ぐち【玄関口】❶玄関の入り際あたり。❷ある場所への入り口。特に、国や都市への入り口となる鉄道の駅や空港、港などのこと。

げんかん-さき【玄関先】玄関の前。玄関のあたり。

げんかんさ-りょうほう【減感作療法】アレルギー性疾患の治療法の一。原因となる物質のアレルゲンをごく微量ずつ与えて身体を慣らし、過敏反応が起こらないようにするもの。

げんかん-し【玄関子】▶玄関番

けんかん-の-じもく【兼官の除目】臨時の除目の一。大臣を任じる節会ののち、公卿の本官としての大臣・大中納言・参議以外の兼務すべき官を任じること。

げんかん-ばらい【玄関払い】来客を、面会しないで追い返すこと。「—を食う」

げんかん-ばん【玄関番】玄関にいて来客の取り次ぎをすること。また、その人。玄関子。

けん-き【軒騎】車に乗ることと馬に乗ること。また、その車馬。「—群集して」〈平家・一〉

けん-き【嫌忌】〔名〕スル《「けんぎ」とも》いみきらうこと。ひどくいやがること。「潔癖な音楽家から軽視されあるいは—されるのも」〈寅彦・蓄音機〉

けん-き【権貴】権力を持ち、とうとい身分であること。また、その人。「—栄達の士は人を人と思わざるに於て」〈漱石・吾輩は猫である〉

けん-き【顕貴】〔名・形動〕高い地位にあること。また、その人。貴顕。「凡そ修徳の教道は、最も—なる人に適用すべく」〈中村訳・西国立志編〉

けん-ぎ【建議】〔名〕スル❶意見を申し立てること。また、その意見。「—書」❷明治憲法下で、両議院が政府に対して意見や希望を申し述べること。

(類語)献策・献言・進言・上申・具申・答申

けん-ぎ【県議】「県議会議員」の略。

けん-ぎ【嫌疑】疑わしいこと。特に、犯罪の事実があるのではないかという疑い。「—がかかる」

(類語)容疑・疑惑・猜疑・懐疑

けん-ぎ【権宜】その場に応じての処置。臨機のはからい。「併し一時の—として西洋人に相談して見ちゃあ奈何だ」〈魯庵・社会百面相〉

げん-き【元気】〔名・形動〕❶心身の活動の源となる力。「—が出る」「—横溢」❷体の調子がよく、健康であること。また、そのさま。「—な子供」「お—ですか」❸天地の間にあって、万物生成の根本となる精気。

(派生)げんきさ〔名〕(類語)(❶)活気・生気・精気・神気・鋭気・壮気・覇気・威勢・景気・活力・精力・気力・血気／(❷)健康・丈夫・達者・息災・健勝・頑健・健やか・壮健・健全・強壮・強健・無事 (元気のいいよう す)活発・溌剌・生生・生き生き・ぴちぴち

げんき【元亀】戦国時代、正親町天皇の時の年号。1570年4月23日～1573年7月28日。

げん-き【原基】個体の発生段階で、その形態や機能が器官としてまだ分化していない状態の細胞群。

げん-き【原器】❶同一種類の物の標準となる器。❷度量衡の基準となる器具。メートル原器・キログラム原器など。➡国際原器

げん-き【×衒気】自分の才能・学識などを見せびらかし、自慢したがる気持ち。「若さに伴う—と感傷とを」〈倉田・愛と認識との出発〉

げん-き【減気｜験気】病勢が衰えて、快方に向かうこと。「師の病すこぶる—ありて」〈今昔・一九・二四〉

げん-き【源琦】[1747～1797]江戸中期の画家。姓は源、通姓は駒井。円山応挙の門下で、長沢蘆雪とともに二哲と称される。唐美人画・花鳥画にすぐれた。

げん-ぎ【玄義】❶奥深くて微妙な意味。幽玄な教義。❷キリスト教で、啓示によってのみ示される信仰の奥義。

げん-ぎ【言議】議論すること。言論。「浅薄な—も多かったろうが」〈風葉・青春〉

げん-ぎ【原義】その言葉が本来もっていた意味。もとの意味。原意。「言葉の—をただす」「—未詳」

けん-ぎかい【県議会】県の住民によって公選された県議会議員で組織され、県の自治に関する事項についての意思決定をする議決機関。

けんぎかい-ぎいん【県議会議員】県議会を構成する議員。県の住民から選挙され、任期は4年。県会議員。県議。

けんきせい-さいきん【嫌気性細菌】酸素の存在する環境では生活が困難または不可能な細菌。乳酸菌・破傷風菌など。➡好気性細菌

けんぎ-せん【県議選】《「県議」は「県議会議員」の略》県議会議員を選出するための選挙。

げんき-づ・く【元気付く】〔動カ五(四)〕衰えていたからだの調子がよくなる。また、気力が回復する。「声援を受けて—・く」

げんき-づ・ける【元気付ける】〔動カ下一〕慰めたり励ましたりして気力をふるい立たせる。

けんぎ-なし【嫌疑無し】〔連語〕検察官が事件を不起訴とする場合の理由の一つ。法務省訓令の「事件事務規定」に定められた不起訴の裁定の一つ。被疑事実について、被疑者がその行為者でないことが明白なとき、または犯罪の成否を認定すべき証拠のないことが明白なときに適用される。➡不起訴

けんぎ-ふじゅうぶん【嫌疑不十分】検察官が事件を不起訴とする場合の理由の一つ。法務省訓令の「事件事務規定」に定められた不起訴の裁定の一つ。被疑事実について、犯罪の成立を認定すべき証拠が不十分なときに適用される。➡不起訴

げんき-もん【玄輝門】平安京内裏内郭十二門の一。北面中央の門で、外郭の朔平門と相対する。

けん-きゃく【剣客】▶けんかく(剣客)

けん-きゃく【健脚】〔名・形動〕足の力が強く、よく歩けること。また、そのさまや、その足。「—を誇る」「—な(の)老人」(派生)けんきゃくさ〔名〕

(類語)鉄脚・快足・駿足

げん-きゃく【減却】〔名〕スル 減ること。また、減らすこと。「今までの春の温もりが幾分か—したような感じがあった」〈芥川・或日の大石内蔵助〉

けんきゅう【建久】鎌倉初期、後鳥羽天皇・土御門天皇の時の年号。1190年4月11日～1199年4月27日。

けん-きゅう【研究】〔名〕スル 物事を詳しく調べたり、深く考えたりして、事実や真理などを明らかにすること。また、その内容。「中世史を—する」「対策を—する」「—者」「—発表」(類語)考究・探究・討究・講究・調査・分析・論究・攻究・究理・研鑽・学問・スタディ・リサーチ (—する)究める・調べる

けん-ぎゅう【×牽牛】「牽牛星」の略。

げんきゅう【元久】鎌倉初期、土御門天皇の時の年号。1204年2月20日～1206年4月27日。

げん-きゅう【言及】〔名〕スル いいおよぶこと。話がある事柄までふれること。「あえて古い事件に—する」

(類語)論及・指摘・触れる

げん-きゅう【原級｜元級】❶進級する以前の等級。また、もとの学年。「—留置」❷欧米語で、形容詞・副詞の比較を表す比較級・最上級に対する、もとの形。➡比較級 ➡最上級

げん-きゅう【減給】〔名〕スル 給料を減らすこと。特に、制裁や懲戒処分として、一定期間、給料を減らすこと。「経営不振で—される」「—処分」⇔増給。

けんきゅう-い【研究医】大学や研究機関などで基礎医学や臨床医学の研究に従事する医師。臨床医と違って、患者に対して直接、診察・治療などの医療行為は行わない。

けんぎゅう-か【×牽牛花】アサガオの別名。(季 秋)

けんきゅう-かい【研究会】㊀あることを研究する目的で設けられた会。㊁明治24年(1891)堀田正養・大原重朝・岡部長職・正親町実正ら華族議員を中心として結成された貴族院内の最有力会派。明治・大正期の政界の一大勢力となった。

けんきゅう-じゅぎょう【研究授業】授業の質の向上、新しい教育方法の効果測定などを目的に、教師間に公開される授業。

けんぎゅう-せい【×牽牛星】鷲座のα星アルタイルの漢名。古来、天の川を隔てて対する織女星とともに七夕伝説で有名。晩夏に中天やや南寄りに輝く。彦星。犬飼い星。男星。(季 秋)

けん-きょ【検挙】〔名〕スル 検察官・司法警察職員などが認知した犯罪行為について被疑者を取り調べること。容疑者を関係官署に引致する場合をさすこともある。「収賄容疑で—する」(類語)逮捕・捕まえる・捕る・捕らえる・挙げる・召し捕る・引っ捕らえる・取り押さえる・生け捕る・搦め取る・引っ括る・捕まえる・捕縛する・検束する・捕獲する・拿捕する・ぱくる・しょっぴく

けん-きょ【謙虚】〔名・形動〕控え目で、つつましいこと。へりくだって、すなおに相手の意見などを受け入れること。また、そのさま。「—な態度」「—に反省する」

(派生)けんきょさ〔名〕(類語)謙譲・謙遜・恭謙・敬虔

けん-ぎょ【懸魚】▶げぎょ(懸魚)

げん-きょ【原拠】ある事柄の成り立つもとになるよりどころ。「学説の—をただす」

(類語)根拠・典拠・拠り所・証拠・理由・証・あかし・しるし・証左・証憑・徴憑・徴証・明証・確証・実証・傍証・裏付け・ねた

げん-ぎょ【言×語】「げんご(言語)」に同じ。「旦暮の説法読誦の声は市人の—よりも多からしむ」〈浄・出世景清〉

けん-きょう【×祆教】ゾロアスター教の中国での称。5世紀ごろペルシアから伝わり、唐代には長安を中心に栄えたが、9世紀、武宗による仏教弾圧の際に禁止された。拝火教。

けん-きょう【県境】▶けんざかい(県境)

けん-きょう【×牽強】〔名〕スル 道理に合わないことを無理にこじつけること。「彼の『源語』をさえ—して勧懲主意なるものなりなど」〈逍遥・小説神髄〉

けん-きょう【堅強】〔名・形動〕かたくてつよいこと。かたくてじょうぶなこと。「其—なる事之に倍すと云う」〈村田文夫・西洋聞見録〉

けん-きょう【検鏡】〔名〕スル 顕微鏡で検査すること。

けん-きょう【謙恭】〘名・形動〙へりくだって、礼儀正しく接すること。また、そのさま。「一な態度」

けん-ぎょう【建業】❶事業の基礎を作ること。❷「検校❹」に同じ。❸琵琶の異称。

けんぎょう【建業】南京の古称。三国時代の呉の首都。

けん-ぎょう【兼業】〘名〙スル 本業のほかに他の事業・仕事を兼ね行うこと。また、その事業・仕事。「会社勤めと塾の教師を一する」
〘類語〙兼職・兼任・兼務・掛け持ち・二足の草鞋

けん-ぎょう【検▽校｜×撿×挍】❶物事を調べただすこと。また、その職。❷社寺で、事務を監督する職。また、一寺の上位者で衆僧を監督する者。❸荘園の役人の一。平安・鎌倉時代に置かれた。❹室町時代以降、盲人に与えられた最高の官名。専用の頭巾・衣服・杖などの所持が許された。建業。

けん-ぎょう【顕教】仏語。言語や文字で明らかに説いて示した教え。密教以外の仏教のこと。また、真言宗では釈迦の説いた教えをいい、天台密教では一乗に対して三乗の教えをいう。顕宗。⇔密教。

げん-きょう【元凶｜元×兇】悪党の中心人物。悪者のかしら。転じて、諸悪の根源。「汚職事件の一」

げん-きょう【現況】現在の状況。現状。「一を報告する」〘類語〙近況・近状・模様

げん-ぎょう【現形｜▽顕形】形をあらわすこと。また、その形。げぎょう。「敵一イタイタ」〈日葡〉

げん-ぎょう【現業】❶現場の業務。事務や営業などでなく、工場や作業場で行う労務。❷現業官庁。また、現業官庁の職員。

げんぎょう-かんちょう【現業官庁】公共事業や現業などの事業役務を行う官庁。気象庁・水産庁・海上保安庁・林野庁、かつての郵政省・印刷局・造幣局など。現業庁。⇔政策官庁。

けんきょうじん【鉗狂人】江戸後期の国学書。1巻。本居宣長著。天明5年(1785)成立。文政4年(1821)刊。藤貞幹の著「衝口発」に反論したもの。

げんぎょう-ちょう【現業庁】▶現業官庁

けんぎょう-のうか【兼業農家】世帯員のうち一人以上が農業以外の仕事に従事して収入を得ている農家。農業を主とするものを第一種兼業農家、農業を従とするものを第二種兼業農家という。➡専業農家

けんきょう-ふかい【×牽強付会】〘名〙スル 道理に合わないことを、自分に都合のよいように無理にこじつけること。「一の説」〘類語〙こじつけ・理屈・屁理屈・小理屈・詭弁・空理・空論・講釈・御託

げん-きょく【元曲】中国、元代に盛行した演劇。歌劇形式で、歌詞には口語が豊富に使用され、人情の機微をついた作品が多い。「西廂記」「漢宮秋」など。元雑劇。北曲。

げん-きょく【限局】〘名〙スル 内容や意味などを狭く限ること。局限。「議題を当面の問題に一する」

げん-きょく【原曲】編曲などの変更を加える前の、もとの曲。

げんきょく-ざい【減極剤】電池や電解槽での反応に際して起こる分極を減らすための物質。分極は主として電極に生じる水素によって起こるので酸化剤が用いられる。乾電池の二酸化マンガン、空気電池の酸素など。

げんきょく-したいか【元曲四大家】元曲の四人の代表的作家、関漢卿・鄭光祖・白樸・馬致遠の総称。関鄭白馬と略称する。

げんきょく-せい【限局性】炎症や腫瘍などの病的変化が、狭い範囲内に限られていること。「一外耳道炎」

げんぎょししゅろん【言語四種論】江戸時代の語学書。1巻。鈴木朖著。文政7年(1824)刊。国語の品詞を体ノ詞、形状ノ詞、作用ノ詞、テニヲハの4種とすべきことを論じたもの。

けん-きん【兼勤】〘名〙スル 本来の役目以外に他の役目をも兼ね勤めること。「一人で色々な化物を一しなくてはならぬ」〈漱石・草枕〉

けん-きん【▽乾金】「乾字金」の略。

けん-きん【献×芹】❶《「列子」楊朱から。つまらない野草のセリを差し上げる意》物を贈ることをへりくだっていう語。「この賄ひ一少しとどめられよかし」〈愚管抄・七〉❷君主に忠義を尽くすこと。また、それをへりくだっていう語。

けん-きん【献金】〘名〙スル ある目的に役立ててもらうように、金銭を献上すること。また、その金銭。「仏塔建立のために一する」「政治一」

げん-きん【元金】❶もときん。がんきん。「一年の貢税をもって一の幾許を返し」〈露伴・二宮尊徳翁〉❷「元禄金」の略。

げん-きん【現金】㊀〘名〙❶手持ちのかね。その場で受け渡しをすることのできる金銭。また、金銭をその場で受け渡しすること。キャッシュ。「一で支払う」「一の持ち合わせがない」❷通用の貨幣。小切手・手形・為替などに対していう。キャッシュ。通貨。「一に換える」❸簿記上、通貨およびいつでも通貨に換えられる小切手・送金為替手形など。❹まとまった額の金銭。げんなま。「一が渡る」「一を積まれる」㊁〘形動〙目先の利害損得によってすぐ態度や主張を変えるさま。「一なやつだ」〘派生〙げんきんさ〘名〙
〘類語〙キャッシュ・現生・有り金

現金掛け値なし ❶掛け売りをしないで、正札どおりに現金取引で商品を売ること。元禄(1688〜1704)ごろ、江戸の呉服店三井越後屋が始めたという商法。❷うそいつわりのないこと。正真正銘。

げん-きん【厳禁】〘名〙スル きびしく禁じること。厳重に禁止すること。「駐車を一する」「火気一」
〘類語〙禁止・禁・禁制・禁断・禁令・禁遏・禁圧・無用・法度・差し止め・駄目・禁忌・禁ずる・取り締まる・制する

げん-ぎん【現銀】手持ちのかね。現金。近世、通貨として銀貨を主に使った上方でいう。「万づ一売りに、掛け値なしと相定め」〈浮・永代蔵・一〉

げんきん-あきない【現金商い】現金で商品の売買をすること。⇔掛け商い。

げんきん-うり【現金売り】現金と引き換えで商品を売ること。

げんきん-がい【現金買い】現金と引き換えで商品を買うこと。

げんきん-かきとめ【現金書留】書留の一種。郵便局で販売されている所定の封筒に現金を入れて郵送する。

げんきん-かんじょう【現金勘定】簿記で、日々収支する現金を処理して、手元の現金有高を示す勘定科目。

げんきん-じどうしはらいき【現金自動支払機】▶キャッシュ-ディスペンサー

げんきん-すいとうちょう【現金出納帳】現金の収入・支出の明細を記録し、残高を明らかにするための帳簿。金銭出納帳。

げんきん-つうか【現金通貨】中央銀行が発行する銀行券と政府が発行する補助貨幣の総称。マネーストック統計では銀行券発行高と貨幣流通高の合計。要求払預金とともに経済取引の決済に使用される。流通貨幣。

げんきん-とりひき【現金取引】商品の受け渡しと同時に、その代金の授受を行う取引。⇔掛け取引。

げんきん-わりびき【現金割引】掛け売り商品の代金を買い手が期日以前に現金で支払うとき、売り手がその代金を値引きすること。

けん-ぐ【賢愚】かしこいことと、おろかなこと。賢者と愚者。「精進の前には一なし」

げん-く【言句】短い言葉。文句。ごんく。

げん-く【原句】引用されたり翻訳されたりする以前の原典の句。また、添削・推敲する前の俳句。

げんくう【源空】法然の諱。

げん-くらべ【験▽競べ】僧・修験者が左右に分かれて、修行して得た法力をきそい合うこと。「七月十五日安居の終はる夜一を行ひけるに」〈著聞集・二〉

げんくろう-ぎつね【源九郎狐】❶伝説で、大和にいたといわれるいたずら狐。播磨の刑部狐の兄弟とされる。❷浄瑠璃「義経千本桜」に登場する狐。親狐の皮で作られた初音の鼓を慕って、持ち主静御前のもとへ佐藤忠信に化身して出る。

げんくろう-よしつね【源九郎義経】源義経の通称。

けん-くん【賢君】賢明な君主。明君。

けん-ぐん【建軍】軍隊を編制すること。

けん-ぐん【懸軍】後方や本国から遠く離れて、敵陣深く入り込むこと。また、その軍隊。「英軍は則ち一万里、深く敵地に入り」〈東海散士・佳人之奇遇〉

げん-くん【元勲】国家に尽くした大きな功績。また、その功績のある人。特に、明治維新に大功のあった西郷隆盛・木戸孝允・大久保利通、明治政府の中枢となった伊藤博文・山県有朋らをいう。➡元老

げん-くん【厳君】他人の父を敬っていう語。父君。
〘類語〙父御・御親父・尊父・厳父・父君・令尊

けんくん-じんじゃ【建勲神社】京都市北区にある神社。祭神は織田信長で、その子信忠を配祀。明治3年(1870)明治天皇が東京の織田邸内に創建。同13年現在地へ遷宮。たけいさおじんじゃ。

けん-げ【見解】ものの見方や考え方。また、真理を見きわめる力。洞察力。「世俗の一には堕ちぬ心の明鏡に照らして彼れ此れ共に愛し」〈露伴・五重塔〉

げん-け【幻化】仏語。幻と化。幻はまぼろし、化は仏・菩薩の神通力による変化。実体のない事物、また、すべての事物には実体のないことのたとえ。

げん-け【源家】源氏㊀の一族。

げん-げ【現化】神仏が姿を変えてこの世に現れること。げんか。

げんげ【紫＝雲＝英｜翹＝揺】レンゲソウの別名。《季 春》「とぶ鮒を一の中に押へけり／秋桜子」

けん-けい【券契】地券・手形・割符などの総称。券。証文。

けんけい【建渓】㊀中国福建省建甌県にある地名。茶の名産地。㊁建渓でとれる茶。建茗。

けん-けい【県警】県の警察。また、県の警察本部。

けん-けい【賢兄】㊀〘名〙賢い兄。また、他人の兄を敬っていう語。「一愚弟」㊁〘代〙二人称の人代名詞。手紙などで、男性が同輩を敬って呼ぶのに用いる語。貴兄。大兄。〘類語〙令兄・尊兄

げん-けい【元型】《archetype》ユングの用語。集合的無意識の領域にあって、神話・伝説・夢などに、時代や地域を超えて繰り返し類似する像・象徴などを表出する心的構造。祖型。

げんけい【元慶】▶がんぎょう(元慶)

げん-けい【原形】もとのかたち。変化する前のかたち。「一に復する」「一を保つ」〘類語〙原型

げん-けい【原型】❶もとの型。もとになる構造・構成をもつもの。「平城京の一は長安である」❷鋳物や彫刻作品などのもとになる型。土や石膏などで作る。「粘土で一を作る」❸洋裁で、服を作るときに基本となる平面製図のもとの型。❹動植物の、現存する諸種の類から抽象して、それらの根源とされる型。「ウマの一」❺心理学で、現象の背後にあって、その現象を発生させる根源的なもの。〘類語〙原形

げん-けい【現形】現在のかたち・ありさま。

げん-けい【現計】❶現在高の計算。❷ある時点における金銭・物品の、それまでの収支計算。

げん-けい【減刑】〘名〙スル ❶刑罰を軽くすること。❷恩赦の一。刑の言い渡しを受けた者に対して、政令で罪または刑の種類を定めて刑を軽くし、または特定の者に対して刑や刑の執行を軽くすること。
〘類語〙恩赦・特赦・大赦

げん-けい【減軽】〘名〙スル ❶重さや負担を減らして軽くすること。軽減。❷裁判所が刑を言い渡すときに刑を軽くすること。「酌量一」

げん-けい【厳刑】きびしい刑罰。⇔寛刑。

けんけい-クラブ【県警クラブ】県警に置かれた記者クラブ。

げんけい-しつ【原形質】細胞の生きている部分を

構成し、生命活動の基礎となっている物質。核と細胞質からなり、細胞膜に包まれ、全体としてコロイド状を呈する。

げんけいしつ-うんどう【原形質運動】植物細胞・原生動物細胞の原形質流動や、変形菌の変形体の運動などの、細胞内の運動の総称。鞭毛(べんもう)運動や繊毛運動も含む。

げんけいしつ-ぶんり【原形質分離】植物細胞を浸透圧の高い溶液中に入れると、細胞内の水分が外部に滲出(しんしゅつ)するため原形質が収縮し、細胞壁から分離する現象。

げんけいしつ-まく【原形質膜】▶細胞膜

げんけいしつ-りゅうどう【原形質流動】(ーリウドウ) 細胞の内部が流動する現象。液胞の発達した植物細胞に多く、ムラサキツユクサの雄しべの毛の細胞、シャジクモの節間細胞などにみられる。

けん-げき【剣×戟】❶つるぎとほこ。刀などの武器のこと。「—を振るう」❷刀剣による戦い。

けん-げき【剣劇】刀で切り合う場面を見せ場とする演劇や映画。ちゃんばら劇。「女(おんな)—」

けん-けつ【▽欠×缺】ある要件が欠けていること。民事法規で用いられる語。「意思の—」

けん-けつ【献血】〔名〕スル 健康な人が、輸血を必要とする不特定多数の患者のために、自分の血液を無料で提供すること。「定期的に—する」

げん-げつ【幻月】月の両側に1個ずつ、別に月があるように見えるもの。空中の氷晶により光が屈折してできる暈(かさ)の一種。(季 秋)

げん-げつ【玄月】陰暦9月の異称。(季 秋)

げんげつ【玄月】[1965〜]小説家。大阪の生まれ。本名、玄峰豪(ヒョンボンホ)。在日韓国人二世。大阪にある在日韓国・朝鮮人集落の変容を描いた「蔭の棲みか」で芥川賞受賞。他に「悪い噂」「おしゃべりな犬」など。

げん-げつ【弦月】上弦または下弦の月。弓張り月。(季 秋)

げん-げつ【限月】先物(さきもの)取引の受け渡し期限。

けん-けん ❶片足でぴょんぴょん跳ぶこと。片足跳び。❷相撲の、掛け投げの俗称。

けん-けん【件件】あの件、この件。あのこと、このこと。条々。「上記の—については」

けん-けん【×娟×娟】〔形動タリ〕❶美しいさま。清らかなさま。❷遠くかすかなさま。

けん-けん【拳拳】〔形動タリ〕❶捧げ持つさま。固く握って離さないさま。❷つつしむさま。

けん-けん【×蹇×蹇┊×謇×謇】〔形動タリ〕❶忠義を尽くすさま。❷悩み苦しむさま。

けん-けん【×涓×涓】〔ト・タル〕文〔形動タリ〕水が細く流れるさま。「—として清水が湧き流れる」

涓涓塞(ふさ)がざれば終(つい)に江河(こうが)となる　《「孔子家語(こうしけご)」観周から》細い流れもせき止めなければ、やがては黄河や揚子江のような大河となる。

けん-けん【×眷×眷┊×睠×睠】〔ト・タル〕文〔形動タリ〕しきりに心がひかれるさま。ひたすら恋い慕うさま。「—として慕える念をば」〈逍遥・小説神髄〉

けん-けん【×喧×喧】〔ト・タル〕文〔形動タリ〕やかましいさま。がやがやして騒がしいさま。「池蛙(ちあ)—として」〈織田訳・花柳春話〉

けん-けん〔副〕キジ・キツネなどの鳴き声を表す語。

けん-けん〔副〕スル ものの言い方や態度がとげとげしいさま。つんけん。「—(と)した言い方」

けん-げん【建言】〔名〕スル 政府・上役などに対して意見を申し立てること。また、その意見。「合理化案を—する」(類語)建白・申し立てる・物申す

けんげん【乾元】鎌倉後期、後二条天皇の時の年号。1302年11月21日〜1303年8月5日。

けん-げん【献言】〔名〕スル 主君や目上の人に意見を申し上げること。また、その意見。
(類語)建議・献策・進言・上申・具申・答申

けん-げん【権限】❶国家や公共団体が、法令の規定に基づいて職権を行うことのできる範囲。❷代理人や法人の機関が、法律または契約に基づいてなしうる権能の範囲。❸個人がその立場でもつ権利・権力の範囲。「君にはその—はない」「—を越える」
(類語)職権・権能・権利・資格・権益・特権・特典

けん-げん【権原】民法上、ある行為をすることを正当とする法律上の原因。権利の原因。

けん-げん【顕現】〔名〕スル はっきりと姿を現すこと。はっきりとした形で現れること。
(類語)現れる・出現・現出・登場・現前

げん-けん【原研】▶日本原子力研究所

げん-けん【原憲】中国、春秋時代の魯の人。孔子の門人。字(あざな)は子思。清貧に甘んじ、同門の子貢がぜいたくな身なりで訪れてきたとき、それをたしなめたという故事が「荘子」譲王などにみえる。

原憲の貧　道にそむかぬ生活を楽しみ、貧乏を苦にしないこと。清貧。

げん-けん【厳×譴】きびしくとがめること。厳重な譴責(けんせき)。「極めて逆鱗に触れ—を相蒙(あいこうむ)るべきは」〈染崎延房・近世紀聞〉

げん-げん【元元】❶根本。根元。❷人民。万民。「数千年来、—玆(ここ)に殖す、乃ち名(な)づけて日本の人という歟(か)」〈雪嶺・真善美日本人〉

げん-げん【玄玄】〔名・形動タリ〕奥深いこと。はなはだ深遠なこと。また、そのさま。「妙の一字は不可得不可思議の間に出でて、—のうちにあるなり」〈ひとりね・上〉

げん-げん【言言】一つ一つの言葉。一語一語。

言言肺腑(はいふ)を衝(つ)・く　一語一語に誠意がこもっていて、聞く人を深く感動させる。「—・くばかりの謝辞をいただく」

言言火を吐(は)・く　言葉の一つ一つに激しい勢いがある。「—・く弁舌」

げん-げん【阮元】[1764〜1849]中国、清の学者・政治家。儀徴(江蘇省)の人。字(あざな)は伯元。号、芸台(うんだい)。戴震(たいしん)の学を継承、多くの人材を集め、考証学の振興に努めた。編著「経籍籑詁(けいせきせんこ)」「皇清経解」など。

げん-げん【舷舷】ふなばたとふなばた。

舷舷相摩(ま)・す　ふなばたが互いに擦れ合う。船と船とが接近して激しく戦うようすを表す言葉。

けんけん-がくがく【×喧×喧×諤×諤】〔ト・タル〕文〔形動タリ〕《「けんけんごうごう(喧喧囂囂)」と「かんかんがくがく(侃侃諤諤)」とが混同されてできた語》大勢の人がくちぐちに意見を言って騒がしいさま。「—たる株主総会の会場」
(類語)囂囂(ごうごう)・喧喧囂囂・侃侃(かんかん)諤諤

げんげん-くく【言言句句】一つ一つの言葉。一語一語。「—、肺腑より出で」〈独歩・日の出〉

けんけん-ごうごう【×喧×喧×囂×囂】(ーガウガウ)〔ト・タル〕文〔形動タリ〕大勢の人がやかましく騒ぎたてるさま。「議論が紛糾して—たる場内」
(類語)囂囂・喧喧諤諤(がくがく)・侃侃(かんかん)諤諤・騒然・喧騒・うるさい・やかましい・騒騒しい・騒がしい・かまびすしい・かしましい・にぎやか・口うるさい・口やかましい・小やかましい・けたたましい

喧喧囂囂牛(ぎゅう)もうもう　喧喧囂囂の「ごうごう」と音の響きの似た「もうもう」を続けて、人々がやかましく騒いでいるのを冷やかしていう語。

げんげん-こうてい【玄元皇帝】(ークワウテイ) 老子の尊号。唐の玄宗が天宝年間(742〜755)に追贈。

げんげんしゅう【元元集】(グヱングヱンシフ) 南北朝時代の神道書。全8巻。北畠親房著。延元2年=建武4年(1337)ごろ成立。日本の神道の起源を調査し、和漢の古典から資料を引用、分類して自説を加えたもの。

げんげんしゅう【玄々集】(グヱングヱンシフ) 平安中期の私撰和歌集。1巻。能因(のういん)撰。永承年間(1046〜1053)の初めごろに成立。一条天皇から後朱雀(ごすざく)天皇までの間の秀歌160余首を作者別に収める。

けんけん-ぱ　「けんぱ」に同じ。

けんけん-ひきゅう【×蹇×蹇×匪×躬】《「易経」蹇卦の「王臣蹇蹇、躬(み)の故に匪(あら)ず」から》君主に忠誠を尽くすこと。

けんけん-ふくよう【拳拳服×膺】〔名〕スル《「礼記」中庸から。「服膺」は胸につけて離さない意》心に銘記し、常に忘れないでいること。「父親のその遺言を—し」〈梅崎・砂時計〉

けんけんろく【蹇蹇録】外交記録。陸奥宗光著。明治28年(1895)成立。昭和4年(1929)刊。朝鮮半島南部で起こった甲午(こうご)農民戦争から日清戦争・下関条約・三国干渉に至るまでを、外相であった著者の立場から記述したもの。

けん-こ【×眷顧】〔名〕スル 特別に目をかけること。ひいき。「—をこうむる」「これを飾り、これを愛し、これを—し」〈福沢・文明論之概略〉

けん-ご【堅固】㊀〔名・形動〕❶かたくて、こわれにくいこと。転じて、意志がかたく、しっかりしていること。また、そのさま。「—なつくり」「—な決心」❷守りがしっかりしていて、攻められても容易には破られないこと。また、そのさま。「—な要塞」❸健康で丈夫なこと。また、そのさま。「—なからだ」㊁〔副〕❶まったく。まるで。「いまだ—片秀(かたほ)なるより上手の中に交りて」〈徒然・一五〇〉❷必ず。きっと。「君に—使はれ参らせ候ふまじき物をや」〈義経記・六〉(類語)頑丈・堅牢(けんろう)・頑強・強固・屈強・強健・確固・丈夫・堅い・しっかり・揺るぎない・牢固(ろうこ)・磐石(ばんじゃく)・金城鉄壁(きんじょうてっぺき)

けん-ご【謙語】謙遜(けんそん)の言葉。謙譲語。

げん-こ【▽拳固】❶にぎりこぶし。げんこつ。❷《近世、馬子・雲助などが用いた俗語》5・50・500などの金額を表す。片手。(類語)拳・握りこぶし・拳骨・鉄拳

げん-こ【×儼×乎】〔ト・タル〕文〔形動タリ〕おごそかなさま。いかめしいさま。「あくる朝贈った手紙は、—たる師としての態度であった」〈花袋・蒲団〉

げん-ご【言語】音声や文字によって、人の意志・思想・感情などの情報を表現・伝達する、または受け入れ、理解するための約束・規則。また、その記号の体系。音声を媒介とするものを音声言語(話し言葉)、文字を媒介とするものを文字言語(書き言葉)、コンピューターなど機械を媒介とするものを機械言語・アセンブリ言語などという。ことば。ごんご。げんぎょ。
(類語)言葉・言辞・辞・言・言の葉・語

言語に絶・する　言葉で言い表すことができない状況・程度である。言語を絶する。「—・する光景」

げん-ご【原語】もとの語。翻訳した言葉に対して、そのもとになった外国の言葉。「詩を—で味わう」

げん-ご【源語】「源氏物語」の略称。

げん-ご【×諺語】❶俗語。❷ことわざ。
(類語)ことわざ・俚諺(りげん)・俗諺・古諺

けんこう【建康】(ケンカウ) 中国、南京(ナンキン)の古称。東晋および南朝の首都。

けんこう【兼好】(ケンカウ)[1283ころ〜1352ころ]鎌倉後期から南北朝時代の歌人・随筆家。本名、卜部兼好(うらべかねよし)。吉田兼好は後世の俗称。後二条天皇に仕えて左兵衛佐(さひょうえのすけ)に至ったが、のち出家。和歌・文章にすぐれ、頓阿(とんあ)・浄弁・慶運とともに二条派の和歌四天王とよばれた。家集「兼好法師集」、随筆「徒然草」など。

けん-こう【兼行】(ーカウ)〔名〕スル《昼夜を兼ねて行く意》❶大急ぎで仕事を進めること。「昼夜—して工事を進める」❷同時に二つ以上の仕事を行うこと。

けん-こう【剣光】(ークワウ) つるぎのひかり。「月に閃(ひらめ)く—を見るより早く」〈竜渓・経国美談〉

けん-こう【▽乾綱】(ーカウ) ❶天の法則。❷君主の大権。国家政治の要綱。

けん-こう【健康】(ーカウ)〔名・形動〕❶異状があるかないかという面からみた、からだの状態。「—がすぐれない」「—優良児」❷からだに悪いところがなく、丈夫なこと。また、そのさま。「—を保つ」「—な肉体」❸精神の働きやものの考え方が正常なこと。また、そのさま。健全。「—な考え方」「—な笑い」(派生)けんこうさ〔名〕
(類語)(❶)体調・具合(ぐあい)・塩梅(あんばい)/(❷)無病息災・無事・健勝・清勝 (形動用法で)健(すこ)やか・壮健・健全・丈夫(じょうぶ)・達者・元気・まめ・つつがない・矍鑠(かくしゃく)

けん-こう【堅甲】(ーカフ) ❶かたくて丈夫な鎧(よろい)。「—利兵」❷かたい甲殻(こうかく)。

けん-こう【堅硬】(ーカウ)〔名・形動〕かたいこと。しっかりしていること。また、そのさま。「夫れ流動物の凝結して—の物に化するや」〈中村訳・西国立志編〉

(類語)堅い・強ごわい・硬質・生硬・硬直・かちかち・がちがち・かちんかちん・こちこち・ハード

けん-こう【検校】ケンカウ 調査し考え合わせること。➡けんぎょう(検校)

けん-こう【×鉗口┆×箝口】►かんこう(箝口)

けん-こう【権衡】ケンカウ ❶はかりのおもりとさお。はかり。❷つりあい。均衡。「一を保つ」「からだの一が整っていて」〈鷗外・ヰタ・セクスアリス〉

けん-こう【軒×昂】ケンカウ【ト・タル】図【形動タリ】意気が高く上がるさま。奮い立つさま。「意気一」「男らしい額には一とした意気を示して」〈藤村・春〉

(類語)盛ん・旺盛・衝天

けん-ごう【剣豪】ケンガウ 剣道・剣術の達人。

(類語)剣士・剣客

けん-ごう【軒号】ケンガウ 住居や茶室、また文人や芸人などの雅号で、下に「軒」のつくもの。「藤涼軒」「貝原益軒」「桃中軒」など。

けん-ごう【健剛】ケンガウ【名・形動】身心が強く、容易に屈しないこと。また、そのさま。「就中ぢゆう一にして敵となさば、大事をも生ぜんとするの」〈永峰秀樹訳・代議政体〉

けん-ごう【×喧×囂】ケンガウ【名・形動】スル ❶がやがやとやかましいこと。また、そのさま。喧喧囂囂。「毎日必ず一な発音が人の鼓膜を騒がしつつある」〈長塚・土〉❷がやがやとやかましくすること。「魚市に一せる小民」〈透谷・頑執妄排の弊〉

げんこう【元弘】鎌倉末期、後醍醐天皇の時の年号。1331年8月9日～1334年1月29日。

げん-こう【元后】❶君主。天子。❷天子の正妻。皇后。

げんこう【元亨】ゲンカウ 鎌倉末期、後醍醐天皇の時の年号。1321年2月23日～1324年12月9日。

げん-こう【元寇】文永11年(1274)と弘安4年(1281)に、元のフビライの軍が日本に攻めてきた事変。蒙古来もうこらい。蒙古襲来。➡文永の役 ➡弘安の役

げん-こう【玄黄】ゲンクワウ 天の色を表す黒と、地の色を表す黄。天と地。

げん-こう【言行】ゲンカウ 言葉と行い。口で言うことと実際に行うこと。「一が一致しない」

(類語)言動・行動・行おこない・振る舞い・行為・挙きょ・活動・動き・所行しょぎょう・行状ぎょうじょう・行跡ぎょうせき・沙汰

げん-こう【原口】動物の発生初期に、嚢胚のうはいのくぼみの部分(原腸)が外界に通じて開口した部位。成体になったとき、これが口になるものを先口動物、肛門になるものを後口動物という。

げん-こう【原鉱】ゲンクワウ 採掘したままの鉱石。粗鉱。

げん-こう【原稿】ゲンカウ ❶印刷・公表するもののもとになる文章・書画・写真など。特に、その目的で文章を書いたもの。「一を執筆する」「一の締め切り」「写真一」❷演説・講演などの草案。「一を棒読みする」

(類語)下書き・草案・草稿・文案・稿・歌稿・画稿・下図

げん-こう【現行】ゲンカウ 現在行われていること。「一の制度」「内容は一どおりで変更はない」

げん-こう【減光】ゲンクワウ【名】スル 光の強さを減らすこと。また、照明を暗くすること。

げん-こう【減×劫】ゲンコフ 仏語。住劫において、人間の寿命が、無量歳または8万歳から、年々または百年に1歳ずつ減じて、10歳になるまでの過程。⇔増劫。

げん-こう【減耗】ゲンカウ【名】スル《慣用読みで「げんもう」とも》減ること。また、減らすこと。

げん-ごう【元号】ゲンガウ「年号」に同じ。「一が改まる」

げん-ごう【減号】ゲンガウ 引き算を示す記号。マイナスの記号、「－」のこと。

げんこう-いっち【言行一致】ゲンカウ 口で言うことと行動とに矛盾がないこと。主張しているとおりに行動すること。

けんこううんどう-しどうし【健康運動指導士】ケンカウウンドウシダウシ 生活習慣病を予防し、健康を維持・増進するため、個人の体力に合った運動計画を立て、指導する資格。公益財団法人「健康・体力づくり事業財団」が認定する。取得するには講習会を受講、または養成校を卒業して財団の認定試験を受ける。

けんこうかがく-だいがく【健康科学大学】ケンカウクワガク 山梨県南都留みなみつる郡富士河口湖町にある私立大学。平成15年(2003)に開設された。健康科学部の単科大学。

けんこう-かんさつ【健康観察】ケンカウクワンサツ ❶主に小・中学校で学級担任が日常的に児童・生徒の心身の健康状態を把握すること。体調不良や心の問題を早期に発見・対応するのがねらい。❷新型インフルエンザなど感染症の拡大を防止するための水際対策の一。感染症発生国からの入国者や濃厚接触者につき、一定期間、健康状態を把握・追跡すること。

けんこう-こつ【肩甲骨┆肩×胛骨】ケンカフ 左右の肩にあって、腕の骨と胴をつなぐ逆三角形の大きな骨。肩骨。かいがらぼね。

けんこう-サンダル【健康サンダル】ケンカウ 足裏に当たる面にたくさんの小さな突起があるサンダル。

けん-こうし【検光子】ケンクワウ 偏光の有無や偏光面の方向を検出するための素子。偏光子と同じく、偏光板や偏光プリズムなどを用いる。

げんこうしゃくしょ【元亨釈書】ゲンカウシヤクシヨ 鎌倉後期の仏教書。30巻。目録1巻。虎関師錬こかんしれん著。元亨2年(1322)成立。仏教渡来から700年間の高僧四百余名の伝記と史実を漢文体で記したもの。

けんこう-じゅみょう【健康寿命】ケンカウジユミヤウ 平均寿命のうち、健康で活動的に暮らせる期間。WHO(世界保健機関)が提唱した指標で、平均寿命から、衰弱・病気・痴呆などによる介護期間を差し引いたもの。

けんこうじょうたい-しつもんひょう【健康状態質問票】ケンカウジヤウタイシツモンヘウ 日本への入国者の健康状態を調査する質問票。航空機内などで渡され、記入する。検疫手続きを簡略化するための調査で、厚生労働省・検疫所が管轄する。質問に答えなかったり、虚偽の申告をしたりすると、検疫法の規定により懲役または罰金に処されることがある。

けんこう-しょくひん【健康食品】ケンカウ 健康増進に役立つとされる食品。

けんこう-しんさ【健康診査】ケンカウ 母子保健法・高齢者の医療の確保に関する法律(旧称、老人保健法)による保健事業の一つ。自治体や保健所が、地域住民の健康や乳幼児の発育状況などを調査し、疾病の予防や障害の早期発見、および保健指導に役立てるために行う検査。基本健康診査、総合健康診査、乳幼児健康診査などがある。健診。➡特定健康診査・特定保健指導

けんこう-しんだん【健康診断】ケンカウ 疾病の有無、体格・身体の栄養・発育の状況などを医師が診断すること。健診。

けんこうぞうしん-ほう【健康増進法】ケンカウゾウシンハフ 生活習慣に関する正しい知識の普及に努め、国民の健康の増進を図る法律。受動喫煙の防止なども盛り込まれている。平成15年(2003)5月施行。

けんこう-てき【健康的】ケンカウ【形動】健康そうに見えるさま。健康のためになるさま。「規則正しい一な生活」

げんこう-の-へん【元弘の変】元弘元年(1331)、後醍醐天皇が企てた鎌倉幕府討伐の計画。未然に露見し、天皇は笠置かさぎ寺や有王山中に逃れたが、翌年捕らえられ、隠岐おきに流された。幕府滅亡の直接の動因となった。

げんこう-はん【現行犯】ゲンカウ 現に行っているか、または現に行い終わった犯罪。また、その犯人。逮捕状なしに逮捕できる。「不法侵入の一」

けんこう-び【健康美】ケンカウ 健康な肉体の美しさ。「一にあふれる」

げんこう-ふいっち【言行不一致】ゲンカウ 口で言うことと行動とに矛盾があること。主張と行動が食い違うこと。

げんこう-フィルター【減光フィルター】ゲンクワウ《neutral density filter》►NDフィルター

けんこう-ほう【健康法】ケンカウハフ 健康を保つための方法。病気にならないために、日ごろから心がけている習慣・食事管理・運動など。

げんこう-ほう【現行法】ゲンカウハフ 現在行われていて効力のある法律。現行法規。

げんごう-ほう【元号法】ゲンガウハフ 元号に関する法律。元号は政令で定め、皇位の継承があった場合に限り改めることを規定している。昭和54年(1979)制定。

けんこう-ぼうえい【剣光帽影】ケンクワウ 剣の光に帽子の影。軍隊の整列したさまをいう語。

けんこう-ほけん【健康保険】ケンカウ 雇用労働者およびその被扶養者の疾病・負傷・死亡・分娩ぶんべんなどに対し、その損害・医療の保障、保険給付を行うための公的な保険。健康保険法に基づくもので、全国健康保険協会管掌健康保険(協会けんぽ、旧政府管掌健康保険)と組合管掌健康保険(組合健保)とがある。健保。➡国民健康保険

けんこうほけん-くみあい【健康保険組合】ケンカウホケンくみあひ 健康保険法に基づき、健康保険を営むため、事業主とその事業所に使用されている被保険者によって組織される団体。企業が単独で設立する場合は700人、同業種の複数の企業が共同で設立する場合は3000人以上の被保険者が必要。全国に1435の健保組織があり、約3000万人(被保険者の家族を含む)が加入している(平成24年7月現在)。健保組合。

けんこうほけんくみあい-れんごうかい【健康保険組合連合会】ケンカウホケンくみあひレンガフクワイ 健康保険組合の連合組織。健康保険法に基づく公法人。昭和18年(1943)設立。持続可能な医療保険制度の確立を目指し、医療制度改革・医療費適正化に向けた活動や、健保組合の運営支援、組合間の共同事業の推進などに取り組む。健保連。

けんこうほけん-ほう【健康保険法】ケンカウホケンハフ 事業所の雇用労働者およびその被扶養者を対象とする健康保険について定めた法律。大正11年(1922)制定、昭和2年(1927)から全面実施。➡国民健康保険法

けんこうほじょ-しょくひん【健康補助食品】ケンカウホジヨ ►サプリメント❷

げん-こうもん【元好問】ゲンカウモン［1190～1257］中国、金末・元初の詩人。太原(山西省)の人。字あざなは裕之。号、遺山。金代最高の詩人とされ、当時の詩を集めた「中州集」を編集。詩文集「元遺山先生集」。

げんこう-ようし【原稿用紙】ゲンカウ 原稿を書くための用紙。ふつう枡ます目が印刷されており、200字詰め・400字詰めなどがある。

けんこう-ランド【健康ランド】ケンカウ 大浴場やサウナなどの入浴施設を中心に、休憩室やゲームセンター・レストランなどを備えた大型娯楽施設。

げん-こう-り-てい【元×亨利貞】ゲンカウ 易経で乾けんの卦けを説明する語。「元」を万物の始、善の長、「亨」を万物の長、「利」を万物の生育、「貞」を万物の成就と解し、天の四徳として春夏秋冬、仁礼義智に配する。

げんこう-りょう【原稿料】ゲンカウレウ 出版物などの原稿執筆に対する報酬。稿料。

げんこう-ろく【言行録】ゲンカウ ある人物の言行を記録したもの。

げんご-がく【言語学】人類の言語の構造・変遷・系統・分布・相互関係などを研究する科学。その領域は広く、音韻論・音声学・意味論・文法論・語彙論・文字論・言語心理学・言語地理学・言語社会学・比較言語学・構造言語学・一般言語学などの分野に及ぶ。旧称、博言学。

げんご-かつどう【言語活動】ゲンゴクワツドウ ❶音声や文字を使って表現し、またそれを受け止めて理解する行動一般。言語を話したり聞いたり、書いたり読んだりする人間の活動。➡言語 ❷►ランガージュ

げんご-きごう【言語記号】ゲンゴキガウ 言語を構成する記号。社会的に決められた音と意味との二面からなる。ただし、この二面の関係は、本質的に恣意しい的であること、時間の流れの中ではじめて実現することなど、言語以外の記号とは異なる特質をもっている。

げんご-きょういく【言語教育】ゲンゴケウイク 適切な言語能力と言語技術を養うための教育。学校では、国語科や外国語科のなかで計画的・意図的に行われる。

けん-こく【建国】【名】スル 新たに国を興し建てること。

けん-こく【圏谷】►カール(Kar)

けん-こく【懸谷】支流が滝または急流になって本流に注ぐ部分。本流の浸食が支流に比べて大きく、川底が支流より低い場合にみられる。

けん-ごく【兼国】本来の官職のほかに、国司の官を兼任すること。

げん-こく【原告】民事訴訟・行政事件訴訟において、裁判所に訴えを提起したほうの当事者の第一審における呼び名。⇔被告。

げん-こく【現石】江戸時代、田地の実収である草高のうち、領主が年貢として徴収できる石高。

げん-こく【減石】〔名〕スル 酒の生産量を減らすこと。⇔増石。

げん-こく【厳酷¦厳刻】〔名・形動〕思いやりに欠け、非常にきびしいこと。むごいこと。また、そのさま。「―な刑罰を加える」「何だか基督は―にすぎる人のように思われた」〈長与・青銅の基督〉

類語 厳格・厳重・厳正・冷厳・峻厳・峻烈・苛酷・酷・厳しい・きつい・容赦ない・仮借ない

けんこくきねん-の-ひ【建国記念の日】国民の祝日の一。2月11日。昭和41年(1966)、建国をしのび、国を愛する心を養うという趣旨で制定され、翌年から実施。もとの紀元節にあたる。建国記念日。

げんこく-てきかく【原告適格】一定の権利関係について、原告として訴訟を適法に追行し判決を受けることのできる資格。特に行政事件訴訟で問題となる。

けんご-し【牽牛子】アサガオ。また、アサガオの種子を乾燥したもの。漢方で下剤などに用いる。

げんご-しゃかいがく【言語社会学】▶社会言語学

げんご-しゅうだん【言語集団】同一の言語を使用する集団。

げんご-しょうがい【言語障害】言葉を話したり理解したりすることが正確にできないこと。伝達障害の失語症と構音障害がある。

げんご-しんりがく【言語心理学】言語行動を人間の心理との関連において研究する学問分野。言語活動、言語の学習と発達などを対象とする。➡心理言語学

げんご-せいかつ【言語生活】言語の面からとらえた人間の生活。また、人間の生活の中で、話す・聞く・書く・読むの言語にかかわる側面。

げんご-せいさく【言語政策】ある目的に沿って政府が行う、言語についての改革・整理・統合・普及などの諸政策。

げんご-ちず【言語地図】言語または方言の地理的分布を地図上に表したもの。➡方言地図

げんご-ちゅうすう【言語中枢】大脳皮質にある言語活動をつかさどる中枢。言葉を話したり書いたりする運動性言語中枢、言葉を聞き取って理解したり字を読んだりする感覚性言語中枢などがある。

げんごちょうかく-し【言語聴覚士】音声障害・失語症などの言語・聴覚障害のある人の検査・指導・訓練などを担当する専門職。国家試験に合格し、厚生労働大臣の免許を受けなければならない。

げんご-ちりがく【言語地理学】言語の地理的分布を研究して比較検討し、その地域における言語の歴史を再構成する言語学の一部門。言語地図を作成し、地理的社会的諸条件の中でのその言語現象の歴史を調べる。言語史研究の上で文献資料による研究を補うところが大きい。方言地理学。

げんご-ちりょうし【言語治療士】言語障害についての治療や訓練を行い、社会復帰を助ける人。言語療法士。スピーチ-セラピスト。ST。

けん-こつ【肩骨】▶肩甲骨

けん-こつ【顴骨】▶頬骨

げん-こつ【拳骨】にぎりこぶし。げんこ。「―でなぐる」「―を食らわす」類語 拳・握りこぶし・鉄拳・拳固

げんご-びがく【言語美学】文体論の一。文学作品の文体がもつ美的効果を作者の個性との関連において解明しようとする学問。

げんご-プロセッサー【言語プロセッサー】コンピューターで、特定の言語で書かれた情報を機械語に変換するプログラム。アセンブラ・コンパイラなど。

げんご-ぶんせき【言語分析】分析哲学の方法の一。日常言語学派による日常言語の用法分析や論理実証主義による言語の論理分析などがある。

げんご-や【言語野】大脳皮質の、言語中枢のある領域。言語領。

げんごろう【源五郎¦竜蝨】甲虫目ゲンゴロウ科の昆虫。体長約40ミリ。体は扁平、黒色で側縁に黄褐色のすじがある。後脚は長く、長毛が生えたオール状。池沼にすみ、成虫・幼虫ともに他の昆虫やカエル・魚などを捕食。（季 夏）「代搔けばおどけよろこび―/風生」

げんごろう-ぶな【源五郎鮒】フナの一亜種。全長約40センチ。体高が高く、側扁し、体色は銀白色。琵琶湖水系の特産種であったが、移植されて各地に広がった。カワチブナあるいはヘラブナはこの飼養品種。おうみぶな。（季 夏）

けん-こん【乾坤】❶易の卦の乾と坤。❷天と地。天地。「奔騰狂転せる風は…、―を震撼し、樹石を動盪しぬ」〈露伴・運命〉❸陰陽。❹いぬい(北西)の方角とひつじさる(南西)の方角。❺2巻で一組となっている書物の、上巻と下巻。

類語 天地・天地・天壌・玄黄

げん-こん【現今】いま。現在。「―の社会風潮」

類語 現代・当代・今様・今・当今・当節・今日日・今日・当世・今の世・モダン・コンテンポラリー

けんこん-いってき【乾坤一擲】運命をかけて大勝負をすること。「―の大企画」

けん-さ【検査】〔名〕スル ある基準をもとに、異状の有無、適不適などを調べること。「所持品を―する」「適性―」類語 点検・吟味・検閲・検分・臨検・巡検・検定・監査・検診・診察・診断・見立て・チェック（―する）検する・調べる・あらためる

けん-さ【権詐】権謀と詐術。人を欺くはかりごと。

けん-さ【賢佐】賢明な補佐。良佐。「況んや聖明の君、―武備の才を求むる時」〈太平記・一二〉

げん-ざ【験者】《「ざ」は「じゃ」の直音表記》修験道の行者。秘法を用いて加持・祈祷を行い、病気の治癒、除災などの霊験を現す者。修験者。げんじゃ。

けん-さい【賢才】すぐれた才知。また、すぐれた才知を持つ人。「―を発揮する」

けん-さい【賢妻】かしこい妻。「―の誉れが高い」

けん-ざい【建材】建築に用いる資材。「新―」

けん-ざい【健在】〔名・形動〕❶元気で無事に暮らしていること。また、そのさま。「祖母は―です」❷それまでと変わりなく、十分に能力を発揮していること。また、そのさま。「ベテランの―ぶりを示す」

けん-ざい【硯材】硯を作るのに使う石材。

けん-ざい【顕在】〔名〕スル はっきりと形にあらわれて存在すること。「問題点が―化する」⇔潜在。

げん-さい【幻妻¦衒妻】❶広く女をいう語。特に、美人をいうこともあり、また、女をののしってもいう。「酒も―も向う持ちで、腹の痛まん散財や」〈上司・太政官〉❷自分や他人の妻を卑しめたり、親しみを込めたりしていう語。「さだめしおどれが―は、昼は袖乞ひして生米がな食らふさかひ」〈滑・膝栗毛・六〉

げん-さい【減殺】〔名〕スル《慣用読みで「げんさつ」とも》少なくすること。減らすこと。また、減ること。「勢力を―する」「興味が―される」

げん-さい【減債】〔名〕スル 負債を償却して少なくしていくこと。

げん-ざい【原罪】《original sin》キリスト教で、人類が最初に犯した罪。アダムとイブが禁断の木の実を口にし、神の命令に背いた罪。アダムの子孫である人類はこの罪を負うとされる。宿罪。

げん-ざい【現在】〔名〕スル ❶過去と未来の間。過去から未来へと移り行く、今。また、近い過去や未来を含む、今。副詞的にも用いる。「数千年の時を経て―に至る」「―のところ見通しは立っていない」「―、出張中です」❷(時間を表す語の下に付き、接尾語的に用いて)変化する物事の状態をある時点で区切って示すときの、その時点。「八月末日―の応募者数」❸現に存在すること。目の前にあること。「―する最重要課題」❹(「現在の」の形で血縁関係などを表す語を修飾して)正真正銘の。まぎれもない。「いはんや彼らは―の孫なり。しかも嫡孫なり」〈曽我・三〉❺(副詞的に用いて)明白な事実であるさま。また、近い将来そのことが実現するのが確実であるさま。「そなたは―奥様になることぢゃ」〈浮・棠大門屋敷〉❻仏語。三世の一。今、生をうけているこの世。現世。❼文法の時制の一。今の時点での動作・状態など表すときに用いる形。現在形。類語 (❶)今・只今・目下・刻下・現下・現時点・現時・今日・方今・当今・現今・きょう日・当世・時下/(❸)存在・実在・実存・現存・厳存・存立・既存・存する・在る・居る

げんざい-いん【現在員】現在その場所にいる人数。また、現在在籍している人数。

げんざい-かんりょう【現在完了】英文法などの時制の一。動作や状態が今終わったこと。また、動作や状態が過去から現在まで続いていることを表す動詞句の形。

げんさい-ききん【減債基金】公債・社債の発行者が円滑に償還を実施するために積み立てる資金。償還基金。

げんざい-しょう【現在生】▶現世

げんざい-せ【現在世】▶現世

げんざい-だか【現在高】現時点における数量や金額。「金の―」「在庫品の―を調べる」

げんざい-ち【現在地】人が現在いる地点。また、物が現在ある場所。

げんざい-のう【現在能】能で、主人公(シテ)を実在する人物として登場させるもの。広義には、現実の人間界の事件を主題としたもの。➡夢幻能

げん-さいばん【原裁判】▶原審

げんざい-ぶんし【現在分詞】英語などの分詞の一。動詞の性質をもった形容詞の働きをする。また、助動詞と結びついて進行形をつくる。

げんざい-ほう【現在法】修辞法の一。過去や未来のことなどを、現在を表す動詞で表現する方法。現写法。

げんざい-もの【現在物】能の分類の一。歴史上の男性が存命中の姿で、直面でシテとして登場するもの。男舞をまうか、切組を見せる。現在男物。

げん-ざいりょう【原材料】製品のもとになる材料。原料と材料。

けん-ざお【間竿¦間棹】❶検地の際、測量に用いたさお。豊臣氏は6尺3寸、江戸幕府は6尺1分のものを用いた。検地竿。❷大工が間数を測るのに用いる、目盛りのあるさお。❸▶尺杖

けん-ざかい【県境】県と県との境界。通常、都と県、府と県、道と県との境も県境という。けんきょう。

けんさ-かん【検査官】ある事柄の検査をすることを職務とする公務員。

けん-さき【剣先】❶刀剣の先の、とがった部分。きっさき。❷とがったものの先端。「三角地の―」❸長着の衽の細くとがった先端のこと。身頃と襟と衽の交わる部分。❹破軍星のこと。北斗七星を剣に見立てたとき、先端にあるのでいう。❺「剣先船」の略。

けん-ざき【剣崎】「つるぎさき(剣崎)」に同じ。

けんさき-いか【剣先烏賊】ジンドウイカ科のイカ。外套長約30センチ。ヤリイカに似るが、腕が太く、長い。本州以南の近海に多い。するめとして一等品。あかいか。ごとういか。

けんさき-えぼし【剣先烏帽子】頂が山形にとがり、剣の先に似ている形の烏帽子。ふつう黒色で、金色や朱の丸を描いたものなどもある。能・歌舞伎などの三番叟に用いる。

けんさ-ぎし【検査技師】衛生検査技師・臨床検査技師などの略称。

けんさき-するめ【剣先鯣】ケンサキイカでつくった、するめ。肉が厚く、上等品。

けんさき-たがね【剣先鏨】先端が鋭くとがって

剣先状になっている鏨。彫金で、毛彫りに用いる。
げんさき-とりひき【現先取引】一定期間後に一定の価格で、買い戻しまたは売り戻しをする条件をつけた国債・金融債などの取引。
けんさ-きひ【検査忌避】❶検査をきらって受けないこと。❷銀行が金融庁の立ち入り検査を受ける際、資料の隠蔽や虚偽資料の作成などで妨害すること。銀行法で禁じられている。
けんさき-ぶね【剣先船】船首が剣先のようにとがっている船。ふつう長さ約13メートル。江戸時代、奈良・大坂付近の浅い川で荷物運送に従っていた。けんさき。
けん-さく【建策】〔名〕スル ❶計画を立てること。❷「献策」に同じ。「あるいは堂上の公卿に—しあるいは長州人士を説き」〈藤村・夜明け前〉
けん-さく【研削】〔名〕スル 物の表面を砥石といしなどでけずって滑らかにすること。「—して仕上げる」
けん-さく【検索】〔名〕スル 調べて探しだすこと。特に、文献・カード・ファイル・データベース・インターネットなどの中から必要な情報を探すこと。「—の便を図る」「索引で関係事項を—する」
類語 模索・詮索・物色・手探り・探る
けん-さく【献策】〔名〕スル 上位の者や公の機関に対して計画・案などを申し述べること。「地域開発について知事に—する」
類語 建議・献言・進言・上申・具申・答申
けん-さく【×羂索】《「羂」はわなの意で、もと、鳥獣をとらえるわなのこと》5色の糸をより合わせ、一端に環、他端に独鈷杵とっこしょの半形をつけた縄状のもの。衆生救済の象徴とされ、不動明王・千手観音・不空羂索観音などがこれを持つ。
げん-さく【原作】翻訳・改作・脚色などをする前の、もとの作品。「—に忠実に映画化する」
類語 原著・オリジナル・書き下ろし
げん-さく【減作】作物の収穫高が減ること。
げん-さく【減削】〔名〕スル 「削減さくげん」に同じ。「其封領は依然として旧に依れり…豊臣氏は大に之を—する能わず」〈田口・日本開化小史〉
けんさく-エンジン【検索エンジン】《search engine》▶サーチエンジン
けんさくエンジン-さいてきか【検索エンジン最適化】ケンサクエンジンサイテキカ ▶エス-イー-オー(SEO)
けんさくエンジン-スパム【検索エンジンスパム】▶サーチエンジンスパム
けんさくエンジン-たいさく【検索エンジン対策】▶エス-イー-オー(SEO)
けんさくエンジン-ポジショニング【検索エンジンポジショニング】▶エス-イー-オー(SEO)
けんさく-サイト【検索サイト】《search site》▶サーチエンジン
けんさく-ツールバー【検索ツールバー】《search toolbar》ブラウザーのツールバーにサーチエンジンの入力ウインドーを組み込んだもの。検索サイトを開く手間を省くことができる。大手検索サイトの多くがツールバー用のプログラムを無償配布している。
げんさく-どうぶつ【原索動物】動物界の一門。一時期あるいは終生脊索せきさくをもち、脊椎せきついはもたない動物。脊椎動物に近縁とされる。尾索類のホヤ、頭索類のナメクジウオなどに分けられ、すべて海産。
けんさく-の-こうべんけん【検索の抗弁権】ケンサクノコウベンケン 保証人の持つ抗弁権の一。債権者が保証人に債務の履行を求めた場合、保証人がまず主たる債務者の財産について執行せよと主張できる権利。民法第453条で規定する。➡連帯保証人
けんさく-ばん【研削盤】砥石車といしぐるまを高速で回転させ、工作物の表面を精密に研磨仕上げする工作機械。グラインダー。研磨機。研磨盤。
けんさくれんどうがた-こうこく【検索連動型広告】ケンサクレンドウガタコウコク インターネットを利用した広告の一。サーチエンジンに入力された検索キーワードに関連する広告を表示する。キーワードターゲティング広告。キーワード連動型広告。キーワード連動広告。リスティング広告。
けんさく-ロボット【検索ロボット】《search robot》▶サーチボット
けん-ざけ【拳酒】拳の勝負をして負けた者が酒を飲む遊び。また、その酒。「音曲、地口、見立て、一等に座敷をくつろげ」〈洒・魂胆惣勘定〉
けん-さつ【検札】〔名〕スル 列車内などで、係員が乗客の乗車券を改め調べること。「車内を—して歩く」
けん-さつ【検察】〔名〕スル ❶取り調べて事情を明らかにすること。「吉野以下をして急に之これを—せしむ」〈独歩・愛弟通信〉❷犯罪を捜査し、犯人および証拠を発見して公訴を提起すること。
けん-さつ【賢察】〔名〕スル 相手を敬って、その人が推察することをいう語。お察し。「御—下さい」
げん-さつ【減殺】「げんさい(減殺)」の慣用読み。
けんさつ-かん【検察官】ケンサツクワン 犯罪を捜査し、公訴を行い、裁判所に法の正当な適用を請求し、裁判の執行を監督するほか、公益の代表者として法が定める一定の権限を行使する国家公務員。検事総長・次長検事・検事長・検事・副検事の5種に分かれる。
けんさつかん【検察官】ケンサツクワン 《原題、ロシ Revizor》ゴーゴリの戯曲。5幕。1836年初演。巡察の検察官とまちがえられた主人公を中心に、役人の不正が暴かれる喜劇。当時の社会悪を批判した作品。
けんさつかん-そうち【検察官送致】ケンサツクワンソウチ ❶警察が犯罪容疑者や調書・証拠物件などを検察庁へ送ること。送検。❷▶逆送❷
けんさつかん-めんぜんちょうしょ【検察官面前調書】ケンサツクワンメンゼンテウシヨ 検察官が記す調書。検面調書。➡司法警察員面前調書
けんさつ-しんさかい【検察審査会】ケンサツシンサクワイ 公訴権の実行について、民意を反映させてその適正を図るため、地方裁判所と主な地方裁判所支部の所在地に設けられている機関。有権者の中からくじで選ばれた11人の検察審査員で構成され、検察官がした不起訴処分の当否を審査する。➡起訴相当 ➡不起訴不当 ➡不起訴相当 ➡起訴議決
けんさつ-ちょう【検察庁】ケンサツチヤウ 法務省の所管に属し、検察官の行う事務を統括する官署。最高検察庁・高等検察庁・地方検察庁・区検察庁があり、それぞれ最高裁判所・高等裁判所・地方裁判所および家庭裁判所・簡易裁判所に対応している。
けんさつちょう-ほう【検察庁法】ケンサツチヤウハフ 検察庁の組織構造・検察官の任務・検事総長に対する法務大臣の指揮権等について定めた法律。昭和22年(1947)施行。
げん-さま【玄様】江戸の吉原で、僧の客をさしていった語。医者に「玄」のつく名が多く、遊郭への出入りを禁じられていた僧は医者に変装して行った。
けんさ-やく【検査役】❶検査をする役。また、その人。❷会社の設立手続き、現物出資または業務・財産の状況の調査を職務とする株式会社の臨時の機関。裁判所または株主総会などによって選任される。❸相撲で、土俵上の勝負を検査する役。勝負審判。現在では、審判委員という。
けん-さん【建×盞】中国福建省にあった建窯で、宋・元代に作られた天目茶碗てんもくぢゃわん。曜変ようへん天目・油滴ゆてき天目などが有名。また、天目茶碗の総称。
けん-さん【研×鑽】〔名〕スル 学問などを深く究めること。「日夜—を積む」「自ら—して習得する」
類語 考究・探究・討究・講究・論究・攻究・究理・勉強・学問・スタディ (—する)究める
けん-ざん【見参】〔名〕スル ▶げんざん(見参)
けん-ざん【剣山】生け花で、花や枝の根もとを固定する道具。金属の台に、太い針を上向きに植え並べたもの。
けんざん【乾山】㊀▶尾形乾山おがたけんざん ㊁「乾山焼」の略。
けん-ざん【険山|×嶮山】けわしい山。
けん-ざん【検算|験算】〔名〕スル 計算の結果が正しいかどうかを確かめる計算。試し算。「答を—する」
けん-ざん【献残】大名が受けた献上物で不用のもの、使いきれないで残っているもの。
げん-さん【原蚕】一代雑種の普通蚕種をつくるために飼われる蚕。種繭用の蚕。
げん-さん【原産】最初に産出したこと。また、したもの。「ヒマラヤ—の品種」類語 産出・特産・産する
げん-さん【減産】〔名〕スル 生産量が減ること。また、生産量を減らすこと。「米を—する」↔増産。
げんざん【元山】▶ウォンサン
げん-ざん【▽見参】〔名〕スル《「けんざん」とも》❶参上して目上の人に対面すること。げざん。げんぞう。「婿が岳父しゅうとに—するという風に」〈鴎外・雁〉❷目上の人が目下の者に会ってやること。げざん。げんぞう。「我御前などがあまりにいふことなれば、—して帰さん」〈平家・一〉❸節会せちえや宴会などに出席すること。また、出席者が記名して、その主人の前に差し出すこと。げざん。げんぞう。「陣に付きて宣命、—を見給ひける間」〈著聞集・三〉
類語 謁見・お目見え・目通り・拝謁・内謁・朝見
見参に入い・る ㊀(「入る」が四段活用の場合)貴人に対面する。お目にかかる。「法皇の—・らばや」〈平家・四〉㊁(「入る」が下二段活用の場合)貴人に対面させる。お目にかける。「頸をば判官の—・れんとて取りてゆく」〈平家・一一〉
げん-ざん【減算】〔名〕スル 引き算。減法。↔加算。
げんさん-ち【原産地】❶最初に産出した土地。特に、動植物のもともとの産地。❷原料や製品の生産地または製造地。類語 産地・本場・主産地
げんさんち-しょうめいしょ【原産地証明書】輸入貨物の原産地を証明する文書。主に輸出国の商業会議所などが発行するもので、業者は税関に提出して一般の固定税率よりも低い協定税率の適用を受けられる。
げんさんち-とうせいめいしょう【原産地統制名称】▶アー-オー-セー(AOC)
げんざん-の-いた【見参の板】清涼殿の孫庇まごびさしの南端にあった床板。1枚だけ釘づけにしないでおいたので、そこを踏めば音がし、見参した者の出入りがわかった。鳴板なるいた。げざんのいた。
げんざんみ-よりまさ【源三位頼政】ゲンザンミ 源頼政みなもとのよりまさの異称。
けんざん-や【献残屋】江戸時代、献残の払い下げを受け、それを商品にして行う商売。また、その商売を行う者。
けんざん-やき【▽乾山焼】元禄(1688～1704)のころ、尾形乾山が京都の鳴滝なるたきで焼きはじめた楽焼き風の陶器。琳派りんぱの画風を意匠化した、雅味のある絵付けが特色。
けん-し【犬歯】切歯(門歯)と臼歯きゅうしの間の歯。上下一対、左右に計4本ある。糸切り歯。肉食獣では発達して牙きばとなる。
けん-し【県史】県の歴史。「—を編纂へんさんする」
けん-し【県紙】地方紙の分類の一つ。単一の府県で販売されている日刊紙のうち、その府県で最も発行部数が多いもの。➡第二県紙
けん-し【剣士】剣術にすぐれた人。剣客。
類語 剣客・剣豪
けん-し【堅紙】堅くて表面が平滑な紙。多くは筆記用紙であるが、クラフト紙に縮合系合成樹脂を含浸させた電気絶縁用紙もあり、トランク・メガホンなどにも使われる。
けん-し【検死|検×屍】〔名〕スル 変死者などの死体を医師が調べること。解剖しないで、外側や表面から病死か変死かなどを検査することをいう。➡検視
けん-し【検使】❶中世、事実を見届けるために派遣される使者。実検使。❷江戸時代、殺傷・変死の現場に出向いて調べること。また、その役人。
けん-し【検視】〔名〕スル ❶事実を明らかにするために、事件の現場などをくわしく調査すること。「犯行現場を—する」❷検察官などが、変死者または変死の疑いのある死体について、その死亡が犯罪によるものかどうかを調べること。
けん-し【献詞】「献辞」に同じ。

けん‐し【絹糸】❶きぬいと。「人造—」❷生糸を精練して撚糸にしたもの。(類語)糸・綿糸・毛糸
けん‐し【賢士】かしこい人。すぐれた人。
けん‐し【繭糸】繭と糸。または、繭からとった糸。
けんじ【建治】鎌倉中期、後宇多天皇の時の年号。1275年4月25日～1278年2月29日。
けん‐じ【剣璽】❶天子の象徴としての剣と印章。転じて、帝位。❷三種の神器のうち、草薙剣と八尺瓊曲玉。また、三種の神器の総称。
けん‐じ【健児】❶血気盛んな男子。勇ましい若者。「全国の—が技を競う」❷ ▶こんでい(健児)
けん‐じ【堅持】〔名〕スル 自分の考えや態度などをかたく守って、他に譲らないこと。「自己の主張を—する」「方針を—する」
(類語)固持・固守・墨守・堅守・死守・守る
けん‐じ【検字】漢字の辞書で、部首・音訓がわからなくても探せるように、漢字を総画数の順序に並べた索引。
けん‐じ【検事】❶検察官の職階の一。検事長の下、副検事の上に位する。❷検察官の旧称。
けん‐じ【献辞】著者や発行者が、本を人に贈るときに書く言葉。著者が恩人・助言者などへの感謝・敬意を表すために書く言葉。献詞。「—を載せる」
けん‐じ【謙辞】相手に敬意を表すために、へりくだっていう言葉。
けん‐じ【顕示】〔名〕スル わかるように、はっきりと示すこと。「軍事力を—する」「自己—欲」(類語)誇示・示威
げん‐し【元×巳】陰暦3月3日の異称。上巳。(季 春)
げんし【元史】中国の二十四史の一。元の歴史を記したもの。明の宋濂らの撰。1370年成立。本紀47巻、志58巻、表8巻、列伝97巻の全210巻。文字や記述に乱れがあり、1919年に柯劭忞が「新元史」を撰。
げん‐し【元始】物事のはじめ。おこり。「—女性は太陽であった」〈平塚・青鞜・創刊の辞〉
げん‐し【幻視】幻覚の一。実際にはないものが、あるように見えること。(類語)幻影・幻像・幻
げん‐し【玄旨】物事の奥深い内容。深遠な道理。
げん‐し【言詞】ことば。言辞。言語。
げん‐し【原子】❶物質の基本的構成単位で、化学元素としての特性を失わない、最小の微粒子。原子核とそれを取り巻く1個または複数個の電子からなり、大きさは約1億分の1センチ。❷「原子核」「原子力」「原子爆弾」などをさす語。
げん‐し【原糸】織物を織る場合、または、撚糸を作る場合に、もとになる糸。
げん‐し【原始】❶物事のはじめ。おこり。元始。「—の地球」❷初期の段階であること。組織・構造などが単純で、未分化・未発達なこと。「—キリスト教」❸自然のままで、人為の加えられていないこと。「—の森林」(類語)自然・天然・天工・造化・天造
げん‐し【原姿】文献などの、もとのすがた。
げん‐し【原紙】❶謄写版などの原版に用いる、蝋引きの薄い紙。「—を切る」❷コウゾの皮を原料にしてすいた、堅くて厚い紙。蚕卵紙に用いる。
げん‐し【原詩】原作の詩。翻訳や改作などの、もとになる詩。
げん‐し【原資】❶資金源。もとで。❷財政投融資にあてられる資金。
げん‐し【減資】〔名〕スル 株式会社が資本金をへらすこと。⇔増資。
げん‐し【厳旨】❶きびしい命令。また、その趣旨。❷相手を敬って、その手紙の趣旨をいう語。
げんじ【元治】江戸末期、孝明天皇の時の年号。1864年2月20日～1865年4月7日。
げん‐じ【言辞】ことば。ことばづかい。言詞。「無責任な—を弄する」
(類語)言葉・言語・辞・言・言の葉・語
げん‐じ【現時】現在の時点。また、今の時代。「—の国際情勢」(類語)今・現在・只今・現時点・現下・目下・刻下・即今・時下
げん‐じ【源氏】㊀源の姓を持つ氏族の称。➡源氏 ㊁「源氏物語」の略。㊂「光源氏」の略。
げんし‐いっしんかん【原始一神観】未開民族にも至高神信仰や一神教が存在し、それが宗教の原初形態であるとする宗教学説。
げんじ‐いと【源氏糸】紅白の糸をより合わせた細いひも。源平糸。
げんじ‐うち【源氏打ち】組みひもの打ち方の名。白地に色糸を矢筈に打ち組んだもの。甲冑の緒所などに用いた。
げんじ‐え【源氏絵】❶源氏物語を題材として描いた絵の総称。絵巻・屏風絵など種々のものがある。❷平安時代の風俗を物語風に描いた絵の俗称。
げんし‐エネルギー【原子エネルギー】▶核エネルギー
げんし‐か【原子価】ある原子または原子団が他の原子何個と結合しうるかを示す数。通常、水素を標準として、水素原子1個と結合する原子の原子価を1、2個と結合するものを2とし、水素と結合しないものは水素と結合する原子から間接的に決定する。
げんし‐かく【原子核】原子の中心をなすもの。陽子と中性子からなり、原子番号と同じ数の正電荷をもっている。原子の質量の大部分を占める。核。
げんしかく‐エネルギー【原子核エネルギー】▶核エネルギー
げんしかく‐かがく【原子核化学】▶核化学
げんしかく‐かんぱん【原子核乾板】素粒子・原子核などの荷電粒子が通過したときの飛跡を現像して見ることができる特殊な写真乾板。
げんしかく‐こうがく【原子核工学】核物理学を基礎として、原子力エネルギーの利用に重点を置いた工学の一分野。安全性や経済性を踏まえた原子炉の設計をはじめ、原子核や放射線の性質を調べるための加速器による実験などが含まれる。核工学。
げんしかく‐じんこうへんかん【原子核人工変換】原子核に加速器などで作られた粒子を当てて、他の原子核に変えること。
げんしかくそりゅうし‐じっけんしせつ【原子核素粒子実験施設】▶ハドロン実験施設
げんしかく‐ねんりょう【原子核燃料】▶核燃料
げんしかく‐はんのう【原子核反応】▶核反応
げんしかく‐ぶつりがく【原子核物理学】原子核の特性・内部構造・核反応などを研究する物理学。核物理学。
げんしかく‐ぶんれつ【原子核分裂】▶核分裂
げんしかく‐ほうかい【原子核崩壊】放射性元素の原子核が、自然に放射線を出して別の原子核に変わること。放射性崩壊。
げんしかく‐ゆうごう【原子核融合】▶核融合
げんしか‐でんし【原子価電子】▶価電子
けんし‐かん【検視官】変死またはその疑いのある死体について犯罪性の有無を判断する検視を行う警察官のこと。日本での検視は、刑事訴訟法により検察官が行うことになっているが、司法警察員に代行させることができ、一般に司法警察員が行う。検視官は、そうした検視を行う警察官の通称。コロナー。
げんし‐かんすう【原始関数】関数$F(x)$の導関数が$f(x)$であるときの、$F(x)$のこと。$f(x)$の不定積分。
げんしかんりょく‐けんびきょう【原子間力顕微鏡】走査型プローブ顕微鏡の一。鋭くとがった探針(プローブ)を試料表面に近づけたり接触させたりして、それらの原子間にはたらく力を利用し、原子レベルで試料表面の立体構造を観察する顕微鏡。走査型トンネル顕微鏡と異なり、絶縁性の試料でも観察できる。1985年、走査型トンネル顕微鏡を発明したドイツのG＝ビーニッヒにより開発された。AFM。
けん‐しき【見識】❶物事を深く見通し、本質をとらえる、すぐれた判断力。ある物事に対する確かな考えや意見。識見。「—を備えた人物」❷気位。みえ。「彼女はいやに—が高い」
(類語)識見・知見・一見識・一家言・教養
げんし‐きごう【原子記号】▶元素記号
けんしき‐ば・る【見識張る】〔動ラ五(四)〕いかにも見識があるように振る舞う。また、気位の高い態度をとる。見識ぶる。「—・って口をはさむ」
けんしき‐ぶ・る【見識ぶる】〔動ラ五(四)〕「見識張る」に同じ。「—・った言い方」
げんし‐きみょうだん【玄旨帰命壇】中世の天台宗で行われた秘法。摩多羅神を本尊として、秘密裏に師から弟子に奥義を口伝するもの。のち真言宗の一派立川流の影響を受け、愛欲貪財の邪教と化し、江戸中期に禁圧された。
げんし‐きょうさんせい【原始共産制】階級分化の行われる以前の原始社会に存在したと推定される社会体制。血縁関係を基礎に土地や生産手段を共有し、共同で生産・分配・消費を行うもの。
げんし‐きょうどうたい【原始共同体】原始社会における血縁・地縁を中心にした単純な共同体。
けんじ‐きょく【検事局】明治憲法下の裁判所構成法のもとで検事の配置されていた官署。各裁判所に付置されていた。
けんじ‐きん【▽乾字金】《「乾」の字の極印があるところから》江戸幕府が、宝永7年(1710)から鋳造した小判金・一分判金の総称。良質であったが重量は半減。乾金。
げんじ‐きん【元字金】▶元禄金
げんし‐ぎんが【原始銀河】形成の初期段階にある銀河。ビッグバン後の宇宙の初期において、ガスなどの密度の高い領域が自己重力で収縮し、星形成が始まったばかりの銀河を指す。大量の大質量星が短期間に誕生し、非常に明るく輝いていると考えられている。観測面からは、ビッグバンからおよそ数億年以内に形成された非常に遠方の原始銀河が見つかっている。
げんし‐ぐも【原子雲】核兵器が空中爆発したときに生じるきのこ形の雲。きのこ雲。
げんじ‐ぐも【源氏雲】州浜形に金箔を押したり、刺繍したりして描いた雲形の文様。源氏絵によくみられるところからいう。
げんじくよう【源氏供養】謡曲。三番目物。石山寺参詣の安居院の法印に、里女が源氏物語の供養を頼み、紫式部の霊が感謝の舞をまう。
げんじ‐ぐるま【源氏車】❶御所車。牛車。❷紋所の名。御所車の車輪を図案化したもの。衣装や調度の文様などに用いる。
げんじ‐けいた【源氏鶏太】[1912～1985]小説家。富山の生まれ。本名、田中富雄。サラリーマン体験を生かしたユーモアにあふれる作品で人気を集める。「英語屋さん」およびその他の作品で直木賞受賞。他に「三等重役」「定年退職」「口紅と鏡」など。
けんし‐こ【剣歯虎】ネコ科の哺乳類。8000年くらい前に絶滅し、北米の最新世の地層から化石で発見された。ライオンくらいの大きさの肉食獣で、上あごの犬歯が短剣状に発達している。スミロドン。サーベルタイガー。
げんじ‐こう【源氏香】組み香の一。5種の香をそれぞれ5包ずつ計25包作り、任意に5包を取り出してたき、香の異同をかぎ分け、5本の縦線に横線を組み合わせた図で示すもの。図は52種あり、源氏物語54帖のうち、桐壺と夢浮橋を除く各帖の名が付けられる。後水尾天皇の時代に考案されたという。
けんし‐こうたく【絹糸光沢】絹糸がもつ光沢。また、繊維状の鉱物にみられる、絹糸のような光沢。
げんじ‐こくめい【源氏国名】連歌で、各句に源氏物語の巻名と日本の諸国の国名とを交互に詠み込んで百韻とするもの。
げんし‐さい【元始祭】1月3日に宮中三殿で行われる天皇の親祭。皇位の元始を祝うもので、第二次大戦までは国の大祭とされた。
げんし‐さんぎょう【原始産業】❶原始時代に行われた産業。狩猟・漁業や、初期の牧畜・農業な

ど。❷天然資源の発掘・獲得を目的とする産業。農業・漁業・鉱業など。

げんし-じ【原子時】セシウム原子を使った原子時計で定義される時刻。AT(atomic time)。➡国際原子時 ➡天文時

げんし-じだい【原史時代】考古学上の時代区分の一。先史時代から歴史時代に入る過渡の時期で、文献資料に乏しい時代。日本では古墳時代がこれに相当する。弥生時代を含める説もある。

げんし-じだい【原始時代】文明が開けず、人間が原始的な生活を営んでいた時代。有史以前をさしていう場合が多い。

げんししつりょう-たんい【原子質量単位】(ゲンシシツリヤウタンヰ)原子や分子の質量を表す単位。質量数12の炭素の12分の1、すなわち近似的に$1.6605389 \times 10^{-27}$キログラムを1原子質量単位とする。記号u, amu, AMU

げんし-しゃかい【原始社会】(—シヤクワイ)❶原始時代の社会。❷近代・現代における未開民族の社会。➡未開社会

げんじしゃく【源氏釈】源氏物語の最古の注釈書。1巻。藤原伊行(ふじわらのこれゆき)著。平安末期ごろ成立。源氏物語の本文中に、故事・出典などを書き入れたもの。藤原定家の「奥入(おくいり)」のもととなった。源氏物語釈。

げんし-しゅうきょう【原始宗教】(—シユウケウ)原始・未開社会で行われる宗教。特定の開祖がなく、儀礼が公共的に行われ、法・政治・経済・道徳・慣習などと密接にかかわる。アニミズム・マナイズム・トーテミズムなどの形態をとる。未開宗教。

げんし-しゅとく【原始取得】ある権利を、他人から引き継がないで、新しく取得すること。先占取得・遺失物拾得・時効取得など。➡承継取得

げんし-じん【原始人】原始時代の人間。また、未開・未発達の段階にある人類。

げんし-しんせい【原始心性】《primitive mentality》文明社会の一般成人とは質の異なる、未開人のもつ精神的特性。因果律を無視したり、心理現象と外界の現象を混同したりする考え方とされるが、比較文化研究が進んだ今日ではあまり用いられない。

げんしすいそ-ようせつほう【原子水素溶接法】(—スイソヨウセツハフ)2本の電極間にアーク放電を起こし、その中に水素を吹き込んで行う溶接法。特殊鋼・ステンレス鋼などの溶接に用いる。

げんし-スペクトル【原子スペクトル】原子状態にある気体を高温に熱したときに、原子が放出または吸収するスペクトル。多くは線スペクトル。

けんじ-せい【検事正】検察官の職階の一。地方検察庁の長として庁務を掌理し、その庁および管内の区検察庁の職員を指揮・監督する。

げんし-せい【原始星】希薄な星間ガスが固まってできたと考えられる、恒星形成の初期の天体。

げんしせい-えんばん【原始星円盤】(—ヱンバン)原始星の周りに集まったガスや塵(ちり)による円盤。回転や磁場の作用によって薄い円盤状になり、円盤と垂直な方向(原始星の回転軸の両極方向)に双極分子流と呼ばれる激しい質量放出を起こす。

げんしせい-ジェット【原始星ジェット】原始星から放出される細く絞られた高速のプラズマ流。ガスや塵(ちり)が原始星に集まって円盤状になり、円盤と垂直方向(原始星の回転軸の両極方向)に吹き出す。磁場とプラズマの相互作用によって加速されると考えられている。速度は毎秒数百キロ程度で密度は低い。原始星から離れるに従い、周囲の物質を引きずり低温、高密度な双極分子流となる。この二次的に形成された双極分子流を原始星ジェットと呼ぶこともある。

げんし-せつ【原子説】物質を連続的なものとみる説に対して、不連続的なものとみなし、物質は最小の単位である原子からできているとする説。19世紀初頭、英国のJ=ドルトンが科学的な原子説を提唱、その後原子の存在が実証されて、現在の物理・化学の基礎理論となった。アトミズム。➡原子論

けんし-せん【絹糸腺】チョウ・ガなどの幼虫がもつ分泌腺(ぶんぴつせん)。分泌物が空気に触れると絹糸になり、繭の材料となる。カイコガによく発達する。きぬいとせん。

げんし-せん【原子線】中性原子からなる粒子線。原子や原子核の性質や構造に関する研究に利用される。電子にスピンがあることを示したシュテルン・ゲルラッハの実験は銀の原子線を用いて行われた。原子ビーム。

けんじ-そうちょう【検事総長】(—ソウチヤウ)検察官の職階の一。最高検察庁の長として庁務を掌理し、すべての検察庁の職員を指揮・監督する。

げんし-たい【原糸体】コケ植物・シダ植物の胞子が発芽してできる、緑色の糸状の配偶体。シダ植物では前葉体に発達する。

げんし-たいき【原始大気】地球進化のごく初期の大気。現在の大気組成とは大幅に異なり、水蒸気や二酸化炭素に富み、酸素はなかったとされる。

げんし-たいせき【原子体積】▶原子容

げんしたいようけい-えんばん【原始太陽系円盤】(ゲンシタイヤウケイエンバン)太陽系天体誕生の前段階にあったとされる太陽周囲の濃いガスと塵(ちり)からなる円盤。原始星円盤の名残であり、円盤の中では直径10キロメートル程度の微惑星が形成され、衝突や合体を繰り返して原始惑星や惑星に進化したと考えられている。現在の小惑星帯よりも内側では岩石や金属などの比率が高い地球型惑星が作られ、外側では質量が大きくガスの比率が高い木星型惑星ができ、外縁部には微惑星などが太陽系外縁天体としてそのまま残ったとされる。また、他の恒星の惑星系の場合は原始惑星系円盤と呼ばれる。原始太陽系星雲。

げんしたいようけい-せいうん【原始太陽系星雲】(ゲンシタイヤウケイ—)▶原始太陽系円盤

げんし-だん【原子団】化合物の分子内で、一つの化学単位を作っている原子の集団。

けんじ-ちょう【検事長】(—チヤウ)検察官の職階の一。高等検察庁の長として庁務を掌理し、その庁および管内の地方検察庁・区検察庁の職員を指揮・監督する。

けん-しつ【剣室】剣の鞘(さや)。「姓氏を一に象鉗したるを見しが」〈竜渓・経国美談〉

けん-じつ【兼日】《「兼ねての日」を音読みにした語》❶きまった期日より前の日。また、それ以前の時。「一ヨリ申スコトデゴザル」〈日葡〉❷《「兼日題」の略》歌会・句会などで、あらかじめ出しておく題。また、その題で作っておく歌や句。兼題。⇔当座。

けん-じつ【堅実】〘名・形動〙手堅く確実なこと。確かであぶなげのないこと。また、そのさま。「一な手段」「一に生活する」派生けんじつさ〘名〙
類語着実・地道・堅気・確か・確実・確固たる・確然たる・確(かっ)たる・確とした・しっかりした

けん-じつ【権実】▶ごんじつ(権実)

げん-しつ【玄室】古墳時代の横穴式石室などの棺を納める部屋。普通は一室。

げん-しつ【言質】▶げんち(言質)

げん-しつ【原質】❶本来の性質。❷そのものを組成する根本の物質・要素。「糖一」

げん-じつ【幻日】太陽の両側に1個ずつ見える太陽のような像。雲の氷晶が光を屈折させてできる暈(かさ)の一種で、太陽が高くなるにつれて太陽の本像から離れていく。➡幻月

げん-じつ【現実】いま目の前に事実として現れている事柄や状態。「夢と一」「一を直視する」「一に起きてしまった事故」⇔理想。類語実際・実地・実情・実態・実相・現状・事実・実在・実(まこと)・現(うつつ)・本当

げんし-つう【幻肢痛】すでに切断された手や足がまだあるように思われ、痛みを感じる状態。

げんじつ-かい【現実界】事実として存在する世界。現実の世界。

げんじつ-かん【現実感】実際に体験する感じ。目の当たりにする感じ。「一が薄い」

げんじつ-げんそく【現実原則】精神分析の用語。現実生活に適応するために、快楽だけを追い求める本能的欲求を、一時的または永久にあきらめる自我の働き。⇔快楽原則。

げんじつ-しゅぎ【現実主義】現実を最重視する態度。理想を追うことなく、現実の事態に即して事を処理しようとする立場。リアリズム。

げんじつ-せい【現実性】❶現実に存在しているものの本質・あり方。「一を追究した作品」❷物事の実際に起こりうる可能性。「一に乏しい計画」「抱き続けてきた夢が一を帯びてきた」

げんじつ-てき【現実的】〘形動〙❶現実のものであるさま。現実に即しているさま。「路上駐車などの一な問題の解決策を練る」「一に処理する」❷実利のみを追求するさま。「計算高い一な人」

げんじつ-ばいばい【現実売買】売買方法の一。売買契約の成立と同時に物が買い主に引き渡され、代金が売り主に支払われるもの。現金売買。

げんじつ-ばなれ【現実離れ】〘名〙スル❶現実に即していないこと。「一した理想論」❷世俗的な価値観や感覚からかけはなれていること。「山奥で一した生活を送る」

げんじつ-み【現実味】現実であるという感じ。事実としてある感じ。「計画が一を帯びてきた」

げんし-てき【原始的】〘形動〙おおもとに近いさま。まだ初期の段階で、十分に進化・発達をしていないさま。また、素朴で単純なさま。「一な形態」「一な方法」

げんしてき-ちくせき【原始的蓄積】▶本源的蓄積

げんしてき-はんのう【原始的反応】(—ハンオウ)心理学で、ある事態に当面したときに示す、理性的でない情動的行動。意識的でない反応。

げん-じてん【現時点】現在の時点。今(いま)現在。「一でははっきりしたことは言えない」類語今・只今(ただいま)・現在・現時・現下・目下・刻下・時下・即今(そっこん)

げんし-てんそん【元始天尊】道教における最高神。道教では多くの神々が信仰されるが、それら神々の頂点に位置する。

けんじ-とぎょ【剣璽渡御】譲位のとき、剣璽を先帝から新帝に承継する儀式。

げんし-どけい【原子時-計】原子の特定の二つのエネルギー準位間の遷移によって放射されるマイクロ波の振動数が一定であることを利用した時計。多くセシウム原子や水素原子を用いる。

げんじ-な【源氏名】源氏物語54帖の題名にちなんでつけられた、宮中の女官や武家の奥女中などの呼び名。近世以降は遊女や芸者につけられ、現代では、バーのホステスなどの呼び名にもいう。初めは源氏物語の巻名に基づいていたが、やがて、それに関係のない名称についてもいうようになった。

げんし-ねつ【原子熱】原子量と比熱の積。1グラム原子の物質の温度を1度上げる熱量。

げんしねんりょう-サイクル【原子燃料サイクル】(ゲンシネンレウ—)▶核燃料サイクル

けんじ-の-あん【剣璽の案】草薙剣(くさなぎのつるぎ)と八尺瓊曲玉(やさかにのまがたま)とを安置した棚。清涼殿の夜御殿(よるのおとど)に備えてあった。

げんじ-の-うじがみ【源氏の氏神】(—うぢがみ)清和源氏が氏神として信仰した八幡宮。京都の石清水八幡宮が中心で、一般的に八幡神を守護神とした。

げんじ-の-きみ【源氏の君】源氏物語の主人公の名。光源氏(ひかるげんじ)。

げんじ-の-ま【源氏の間】滋賀県大津市の石山寺にあって、紫式部が源氏物語を執筆したと伝えられる部屋。

げんじ-の-みや【源氏の宮】狭衣(さごろも)物語の登場人物。先帝の皇女。いとこの狭衣大将や春宮(とうぐう)(後一条院)に愛されるが、神託によって斎院となる。

げんし-ばくだん【原子爆弾】核分裂性物質の核分裂連鎖反応により、瞬間的に狭い空間で大量のエネルギーを放出する爆弾。昭和20年(1945)8月、ウラン235を用いたものが広島に、プルトニウム239を用いたものが長崎に、それぞれ初めて投下された。原爆。

げんじ-はちりょうのよろい【源氏八領の鎧】(—ハチリヤウのよろひ)清和源氏の宗家に代々伝えられたという8種の鎧。薄金(うすがね)・源太産衣(げんたがうぶぎぬ)・沢瀉(おもだか)・楯無(たてなし)・膝丸(ひざまる)

・八竜・月数・日数の総称。保元物語・平治物語に記述があるが、現存しない。

げんし‐ばんごう【原子番号】原子核中の陽子の数、すなわち原子核の正電荷の数によって示される、元素の種類を表す番号。電気的に中性の原子では核外電子の数に等しい。元素の化学的性質は核外電子の数によって決まるので、原子番号はその元素の化学的性質を表す。

げんし‐ビーム【原子ビーム】▶原子線

げんし‐びょう【原子病】原子の核分裂による放射能を受けることによって起こる病気。➡放射線障害

げんじ‐ぶし【源氏節】明治時代に流行した邦楽の一。幕末ごろ、岡本美根太夫が説経祭文に新内節を取り入れて創始。操り人形や女芝居を加えて興行し、名古屋を中心に人気を博した。説経源氏節。

げんし‐ぶっきょう【原始仏教】釈迦の在世時代から直弟子たちの時代までの仏教。各部派に分裂する以前の、初期の仏教。

げんし‐ぶつりがく【原子物理学】物質の性質を原子の性質から究明する物性物理学、原子核を対象とする原子核物理学、素粒子を対象とする素粒子物理学の総称。

げんじ‐べい【源氏塀】数寄屋などに使う塀の一。焼杉などを柱として、腰長押と地長押との間は簓子板や羽目板とし、腰長押と笠木との間にたすきを設ける。

げんし‐へいき【原子兵器】原子爆弾・水素爆弾など、核分裂反応を利用した兵器。核兵器。

げんし‐ほう【原子砲】核弾頭をつけた砲弾を発射できる大砲。

げんじ‐ほう【限時法】有効期間の定められている法令。時限立法。⇔恒久法。➡臨時法

けんし‐ぼうせき【絹糸紡績】くず繭・くず生糸などを原料として糸をつくること。絹紡。

げんじ‐ぼし【源氏星】《青白く見えるところから》「リゲル」の和名。➡平家星

げんじ‐ぼたる【源氏蛍】ホタル科の昆虫。体長約1.5センチで日本産最大。体は黒く、胸部は赤橙色で黒い十字紋がある。腹端に発光器をもち、夜強く光る。幼虫は清流にすみカワニナなどを食う。本州・四国・九州に分布。おおぼたる。〔季 夏〕

げんじ‐まき【源氏巻(き)】棹物菓子の一。小口切りにしたときに紅白の渦巻き模様が出るようになっているもの。

げんじ‐まど【源氏窓】▶火灯窓

げんじ‐まめ【源氏豆】いった大豆に砂糖を衣がけして、紅白2色にした豆菓子。源平豆。蓬莱豆。

げんし‐もけい【原子模型】原子の構造や性質が視覚的にわかるようにした模型。J=J=トムソン・長岡半太郎・ラザフォード・ボーア・ゾンマーフェルトなどが種々のものを考案した。

げんじものがたり【源氏物語】平安中期の物語。54帖。紫式部作。長保3年(1001)以後の起筆とされるが、成立年未詳。巻名は、桐壺・帚木・空蝉・夕顔・若紫・末摘花・紅葉賀・花宴・葵・賢木・花散里・須磨・明石・澪標・蓬生・関屋・絵合・松風・薄雲・朝顔・少女・玉鬘・初音・胡蝶・蛍・常夏・篝火・野分・行幸・藤袴・真木柱・梅枝・藤裏葉・若菜上・若菜下・柏木・横笛・鈴虫・夕霧・御法・幻・匂宮・紅梅・竹河・橋姫・椎本・総角・早蕨・宿木・東屋・浮舟・蜻蛉・手習・夢浮橋。幻の次に雲隠があったとされるが、巻名のみで本文は伝わっていない。主人公光源氏の愛の遍歴と栄華を描き、やがて過去の罪の報いを知り苦悩の生涯を終える、幻までの前半と、匂宮・紅梅・竹河をつなぎとして、橋姫以下の、罪の子薫大将を主人公にした暗い愛の世界を描いた宇治十帖とよばれる後半から成る。仏教的宿世観を基底に、平安貴族の憂愁が描かれて、後世の文芸に与えた影響も多大。源語。紫文。源氏。げんじのものがたり。

げんじものがたりえまき【源氏物語絵巻】源氏物語の諸場面を絵画化した絵巻物。物語成立以降、各時代を通じて作られ、現存するものも多い。特に12世紀前半の作で藤原隆能筆とされるもの(徳川黎明会・五島美術館分蔵)は有名。典型的な作り絵技法によって濃密に描かれ、引目鉤鼻・吹き抜き屋台などの手法にすぐれる。

げんじものがたりおくいり【源氏物語奥入】▶奥入

げんじものがたりたまのおぐし【源氏物語玉の小櫛】源氏物語の注釈書。9巻。本居宣長著。寛政8年(1796)成立、同11年刊。源氏物語の本質を「もののあわれ」とし、旧説の誤りを補正、作者・成立・語句などに新解釈を示したもの。

げんじものがたりひょうしゃく【源氏物語評釈】源氏物語の注釈書。14巻13冊。萩原広道著。安政元年〜文久元年(1854〜61)刊。第8巻「花宴」までで中絶。旧説に検討を加え、独自の解釈を施したもの。

けん‐しゃ【県社】旧制度の神社の社格の一。官・国幣社より下、郷社より上で、県から奉幣した神社。

けん‐しゃ【検車】〔名〕スル 車両の検査をすること。

けん‐しゃ【顕者】世間で名前の知られている人。また、富貴な人。

けん‐しゃ【懸車】❶《退官のときに帝から贈られた車を、記念のため高く懸けて子孫に伝えたという「漢書」薛広徳伝の故事から》退官すること。❷《「白虎通」致仕から》中国で定められた退官の年齢。70歳のこと。「大臣大将にのぼりて―の齢まで仕うまつらる」〈神皇正統記・村上〉❸《「淮南子」天文訓から》車を入れる時刻、すなわち、たそがれ時。

けん‐じゃ【見者】《「けんしゃ」とも》見る人。見物人。

けん‐じゃ【賢者】《「けんしゃ」とも》❶道理に通じたかしこい人。賢人。⇔愚者。❷仏語。善を行い悪を離れてはいるが、まだ真理を悟るにいたらず、凡夫の段階にとどまっている者。聖者の下の段階。
〔類語〕賢人・識者

賢者ひだるし伊達寒し 《賢者は清貧のために食べ物にも事欠き、伊達者は見えを張って薄着をするので寒い思いをするという意から》世間並みでない行いをする人はつらい目にあうの意。

げん‐しゃ【減車】〔名〕スル 車両の数を減らすこと。または、車両の運行回数を減らすこと。⇔増車。

げん‐じゃ【験者】▶げんざ(験者)

けん‐しゃく【献酌】〔名〕スル 杯を差して人にすすめ、酒を酌み交わすこと。

けん‐しゃく【顕爵】高く尊い爵位。栄爵。

けん‐じゃく【剣尺】物差しの一。曲尺の一尺2寸(約36センチ)を八等分したもの。刀剣・仏像などを測るのに用いた。

けん‐じゃく【検尺・×撿尺】材木の長さと末口の直径とを測り、体積を計算し記帳すること。山元・木場などで行われる。検知。

けん‐じゃく【間尺】「間縄」に同じ。

げん‐しゃく【現尺】原物そのままの寸法。原寸。

けんじゃ‐の‐いし【賢者の石】あらゆる物を金に変えたり、病気を治したりする力をもつと信じられた物質。中世ヨーロッパで錬金術師たちが探し求めた。

げんしゃ‐ほう【現写法】▶現在法

けん‐しゅ【犬種】イヌの品種。シェパード・ポメラニアン・秋田犬・柴犬など。

けん‐しゅ【券種】日銀券・商品券・クーポン券など、券とよばれるものの種類。

けん‐しゅ【堅守】〔名〕スル 城・陣などを敵からかたく守ること。固守。「孤塁を―する」
〔類語〕固守・固持・墨守・堅持・死守・守る

けん‐しゅ【賢主】賢く道理に明るい君主。賢君。

けん‐しゅ【賢酒】濁り酒のこと。➡賢人

けん‐しゅ【×黔首】《「黔」は黒い色。古代中国で、一般民衆は何もかぶらず、黒い髪のままでいたところから》人民。庶民。「賢王、聖主の普き御恵を黎元―までに及ぼし給ふこと」〈十訓抄・一〉

けん‐じゅ【剣樹】❶枝・葉・花・実などがすべて剣でできているという地獄の樹木。❷「剣樹地獄」の略。

けん‐じゅ【献寿】祝いの品などをさしあげること。

けんじゅ【賢首】《「げんじゅ」とも》中国華厳宗の第三祖、法蔵の大師号。

けん‐じゅ【賢衆】仏道を修得した人々。高僧たち。「無量無数の―来りて」〈栄花・鶴の林〉

げん‐しゅ【元首】❶国の首長。❷国際法上、外部に対して一国を代表する資格をもつ国家機関。君主国では君主、共和国では大統領など。〔類語〕君主・大統領

げん‐しゅ【玄趣】物事の奥深いおもむき。

げん‐しゅ【原酒】❶加水増量する前の、熟成したままの日本酒。❷熟成のために、一定期間樽に入れて貯蔵したウイスキーの原液。

げん‐しゅ【原種】❶栽培用の種子をとるためにまく種子。❷動植物の品種を改良して飼育・栽培する際のもととなる種類。また、祖先型の種類。

げん‐しゅ【減酒】〔名〕スル 飲酒する量を減らすこと。酒量を少なくすること。「健康のため―する」

げん‐しゅ【厳守】〔名〕スル 命令や約束などを、きびしく守ること。「規則を―する」「時間―」〔類語〕遵守・遵法

けん‐しゅう【研修】〔名〕スル 職務上必要とされる知識や技能を高めるために、ある期間特別に勉強や実習をすること。また、そのために行われる講習。「入社後―を受ける」「海外―」
〔類語〕勉強・学習・勉学・研鑽・勤学・研学・修学・修業・修業・修練・習練・稽古・学業・復習・学問・学ぶ

けん‐しゅう【兼修】〔名〕スル 二つ以上のものを同時に並行して学ぶこと。兼学。

けん‐しゅう【検収】〔名〕スル 納入品が発注どおりか検査して受け取ること。品物の種類や数量、破損の有無、機器の動作確認などを行って品物を引き取ること。また、コンピューターのシステム開発を外注したときに、納品されたシステムを検証すること。「―書」

けん‐しゅう【献酬】〔名〕スル 杯をやりとりすること。酒を飲み交わすこと。「空の盃でよくああ飽きずに―が出来ると」〈漱石・こゝろ〉

けん‐しゅう【顕宗】《「けんじゅう」とも》顕教の宗旨。⇔密宗。

けん‐じゅう【犬×戎】古代中国の西戎の一。殷・周・春秋の時代に陝西省方面で勢力を振るったが、秦に圧迫されて衰えた。犬夷。昆夷。

けん‐じゅう【拳銃】片手で操作できる小型の銃。ピストル。短銃。

けん‐じゅう【×傔従】そば仕えの家来。近侍。

げん‐しゅう【現収】現在の収入。
〔類語〕収入・所得・入金・収益・実入り・入り・稼ぎ・実収・月収・年収・歳入・定収・インカム

げん‐しゅう【減収】〔名〕スル 収入や収穫量が減ること。「天候不順のため―になる」⇔増収。

げん‐じゅう【現住】〔名〕スル ❶現にそこに住んでいること。また、その住居。「区域内に―する総人口」「―建造物」❷仏語。現在、この世にあること。❸寺院の、現在の住職。〔類語〕在住・永住・先住・常住・定住・安住・居住・転住・移住・住む

げん‐じゅう【▽還住】もとの場所にかえって住むこと。かんじゅう。「南都は敵人強ければ、―せんこと難治にて」〈盛衰記・四六〉

げん‐じゅう【厳重】〔名・形動〕❶いいかげんにせず、きびしい態度で物事に対処するさま。「戸締まりを―にする」「―な監視」「―に抗議する」❷おごそかなさま。いかめしいさま。また、霊験あらたかなさま。「其の荘厳、微妙にして―なること限りなし」〈今昔・一・三一〉〔派生〕げんじゅうさ〔名〕
〔類語〕厳格・厳正・厳しい・きつい・厳酷・冷厳・峻厳・峻烈・苛酷・酷・容赦ない・仮借ない・険しい・鋭い・激しい

げんじゅう‐あん【幻住庵】滋賀県大津市にあった草庵。芭蕉門下の俳人菅沼曲水の伯父幻住老人が建てた。

げんじゅうあんのき【幻住庵記】江戸中期の俳文。松尾芭蕉作。元禄3年(1690)4月から7月

まで、幻住庵に滞在したときの生活や感想を記したもの。同4年刊「猿蓑(さるみの)」に所収。
けんしゅう-い【研修医】ケンシュウイ 医学部を卒業後、国家試験に合格して医師免許を取得し、一定の病院で実地の臨床研修を受けている医師。➡医師臨床研修制度
けんしゅうぎのうじっしゅう-せいど【研修・技能実習制度】ケンシュウギノウジッシュウセイド 日本の産業上の技能・技術・知識を開発途上国へ移転するために、海外の青壮年労働者を研修生・技能実習生として一定期間、受け入れる制度。平成5年(1993)創設。期間は最長3年間。研修生・技能実習生が実質的に低賃金労働者として扱われているなどの問題が生じたため、同22年に制度が改正され、法的保護、在留資格の整備などの措置が講じられた。外国人研修・技能実習制度。
げんじゅうけんぞうぶつしんがい-ざい【現住建造物浸害罪】ゲンジュウケンゾウブツシンガイザイ ►現住建造物等浸害罪
げんじゅうけんぞうぶつとうしんがい-ざい【現住建造物等浸害罪】ゲンジュウケンゾウブツトウシンガイザイ 人が住んでいる住居や、人がいる建物・列車・鉱坑などを水浸しにする罪。刑法第119条が禁じ、死刑または無期、もしくは3年以上の懲役に処せられる。現住建造物浸害罪。溢水罪。
げんじゅうけんぞうぶつとうほうか-ざい【現住建造物等放火罪】ゲンジュウケンゾウブツトウホウカザイ 人が住んでいる住居や、人がいる建物・列車・船・鉱坑などに放火する罪。刑法第108条が禁じ、死刑または無期、もしくは5年以上の懲役に処せられる。現住建造物放火罪。
げんじゅうけんぞうぶつほうか-ざい【現住建造物放火罪】ゲンジュウケンゾウブツホウカザイ ►現住建造物等放火罪
げんじゅう-しょ【現住所】ゲンジュウショ 現在住んでいる場所。類語 住所・居所(きょしょ)・住居(じゅうきょ)・居住地・現住地・居所(いどころ)・住(す)まい・所番地(ところばんち)・番地・所書き・アドレス
けんしゅう-じょしん【建州女真】ケンシュウジョシン 明代に、中国北東部に住んだ女真の一支族。清朝の祖ヌルハチが出て後金(清)を建設。
けんしゅう-せい【研修生】ケンシュウセイ 入国管理法における外国人の在留資格の一。企業や農家などで生産活動に従事しながら技術・技能・知識を身につける。日本で学んだ技術を本国で活用するために研修することが目的であるため、就労は認められない。在留期間は最長1年。一定水準の技術を身につけ、在留状況が良好であれば、さらに最長2年間、技能実習生として在留できる。➡外国人研修・技能実習制度
けんしゅう-テスト【検収テスト】ケンシュウ ►受け入れテスト
げんじゅう-みん【原住民】ゲンジュウミン その土地にもとから住んでいる人々。征服者や移住者に対していう。先住民。
けんじゅ-がくは【犬儒学派】►キニク学派
けん-しゅく【▽巻縮】〔名〕スル ❶毛髪や毛糸が縮れていること。❷繊維のもつ波状・螺旋(らせん)状の縮れ。
げん-しゅく【減縮】〔名〕スル 減らし縮めること。また、減って縮まること。「理事会の決定権を一する」
げん-しゅく【厳粛】〔形動〕図〔ナリ〕❶おごそかで、心が引き締まるさま。「一な儀式」❷まじめで、きびしいさま。真剣なさま。「選挙の結果を一に受けとめる」❸重大で動かしがたいさま。「死は一な事実だ」派生 げんしゅくさ〔名〕類語 厳か・粛粛・厳然
げんしゅく-しゅぎ【厳粛主義】原理・原則・法則をきわめて厳格に尊重し、守る立場。感情・欲望を抑え、理性の義務命令に従って禁欲的生活を実践することを道徳の基とする立場。カント哲学、ストア学派の倫理説が代表的。厳格主義。リゴリズム。
けんじゅごぜんにっき【健寿御前日記】►たまきわる
けんじゅ-じごく【剣樹地獄】ケンジュ ►剣林処(けんりんしょ)
げんしゅ-せい【元首政】古代ローマで、オクタビアヌスによって確立された帝政初期の政体。共和制の伝統を尊重した帝政で、皇帝はプリンケプス(第一の市民、元首)として統治した。3世紀ごろまで続き、専制君主政に移行。元首政治。プリンキパトス。
けん-しゅつ【検出】〔名〕スル 微量の成分などを検査して見つけ出すこと。「毒物が一される」
類語 分析・解剖
けん-じゅつ【剣術】剣で戦う武術。剣法。➡剣道
類語 剣道・剣法
げん-しゅつ【幻出】〔名〕スル まぼろしのように現れること。また、ぼんやりと出現させること。「こはわが…驚怖の一する所なるか」〈鷗外訳・即興詩人〉
げん-しゅつ【現出】〔名〕スル 実際にあらわれ出ること。また、実際にあらわし出すこと。出現。類語 現れる・出現・現れ・輩出・実現・発祥・再現・発現・表現
げん-じゅつ【幻術】❶人の目をくらます、怪しく不思議な術。妖術。魔術。❷手品。奇術。
類語 魔法・魔術・妖術・呪術・まじない
げん-じゅつ【験術】不思議な霊験を現す術。「呪法を修習し、奇異の一を証し得たり」〈霊異記・上〉
けんじゅつ-つかい【剣術使い】ケンジュツツカイ 剣術の達人。剣術者。
けんしゅ-やく【嫌酒薬】アルコールの中間代謝産物のアセトアルデヒドを分解する酵素の働きを阻害する薬。これを服用後に飲酒すると、強い不快感が起こるので、アルコール依存症の治療に用いる。
けん-しゅん【険×峻｜×嶮×峻】〔名・形動〕高くけわしいこと。また、そのさま。峻険。険阻。「山は一にして見上ぐるまでに高く」〈独歩・馬上の友〉
類語 険阻・峻険・急峻・険しい
けん-しゅん【賢俊】かしこくて、すぐれていること。また、その人。
げん-しゅん【厳×峻】〔名・形動〕おごそかできびしいこと。また、そのさま。峻厳。「言語は明晰で宣告は一だ」〈露伴・付焼刃〉
けんしゅん-もん【建春門】平安京内裏外郭十二門の一。東面中央で、内郭の宣陽門に対する。左衛門の陣。外記門(げきもん)。
けんしゅん-もんいん【建春門院】ケンシュンモンイン［1142〜1176］後白河天皇の女御。平時信の娘で、名は滋子(しげこ)。平清盛の妻、時子の妹。高倉天皇を産んだことにより、平氏一門の繁栄の基となった。
けんしゅんもんいんちゅうなごんにっき【建春門院中納言日記】ケンシュンモンインチュウナゴンニッキ ►たまきわる
けん-しょ【券書】契約の書き付け。証文。券状。
けん-しょ【険所｜×嶮所】険しい場所。危険な所。
けん-しょ【賢所】「かしこどころ」に同じ。
けん-じょ【見所】《「けんしょ」とも》❶見物席。観客席。また、見物人。主に能楽でいう。❷芸の上で悟りえたところ。芸のみどころ。「目利きの見出だす一にあるべし」〈花鏡〉❸見地。立場。「親句、疎句の一をはなれ侍るべしとなり」〈ささめごと〉
けん-じょ【見▽証】「けんぞ(見証)」に同じ。「越前房といふ僧きたりて一すとて」〈著聞集・一六〉
けん-じょ【▽巻×舒】〔名〕スル ❶巻くことをのばすこと。縮むことをのび広がること。伸縮。「われは大雲の一するを望みつつ」〈藤村・雲〉❷退くことと進み出ること。進退。「一一己(いっこ)に非ず」〈性霊集・一〉
けん-じょ【建除】ケンジョ ►十二直(じゅうにちょく)
けん-じょ【賢女】ケンジョ 賢い女。利口な女。
げん-しょ【原初】物事のいちばん初め。「一形態」
類語 始め・最初・第一・一次・嚆矢(こうし)・手始め・事始め・まず・優先・一番・真っ先・初発・先頭・いの一番・トップ
げん-しょ【原書】❶翻訳書・書写本などに対して、そのもとになっている書物。原本。❷外国の文字で書かれている書物。特に欧米の書物。洋書。
類語 原本・原典・底本・テキスト
げん-しょ【厳暑】きびしい暑さ。酷暑。
類語 猛暑・暑気・酷暑・極暑・激暑・暑さ・炎暑・大暑・暑熱・炎熱・酷熱・温気(うんき)・向暑・残暑
けん-しょう【見性】ケンショウ〔名〕スル 仏語。自己に本来備わっている本性を見究めること。禅宗の用語。「私が三年前夢中になって坐って一した所なのです」〈森田草平・煤煙〉
けん-しょう【見証】「けんぞ(見証)」に同じ。「双六(すぐろく)を打ち合ひけり…傍らに一する者ども」〈今昔・一六・三七〉
けん-しょう【肩章】ケンショウ 制服・礼服などの肩につけて官職・階級などを示すしるし。かたじるし。
けん-しょう【肩×牆】ケンショウ 戦場で、敵弾から砲手・砲車を守るために築く土の囲い。
けん-しょう【兼掌】ケンショウ〔名〕スル 二つ以上の職務を兼ね行うこと。兼務。「製造・販売の二部門を一する」
けん-しょう【剣匠】ケンショウ 刀鍛冶(かたなかじ)。刀匠。
けん-しょう【健勝】〔名・形動〕健康で元気なこと。また、そのさま。すこやか。多く手紙文で、「ご健勝」の形で用いる。「ご一のことと存じます」類語 元気・健康・丈夫・無病息災・無事・清勝・壮健・健全・達者・まめ・つつがない・息災・強壮・強健・頑健・矍鑠(かくしゃく)
けん-しょう【検証】〔名〕スル ❶実際に物事に当たって調べ、仮説などを証明すること。「理論の正しさを一する」❷裁判官や捜査機関が、直接現場の状況や人・物を観察して証拠調べをすること。「現場一」「実地一」類語 論証・実証・例証・証言・証明・挙証・立証・証(あか)し・裏付け・裏書き・裏打ち・証(しょう)する・裏付ける・明かす・証拠立てる
けん-しょう【×腱×鞘】ケンショウ 腱を包んでいる鞘(さや)状の結合組織。中に潤滑液があって腱の滑りをよくしている。
けん-しょう【憲章】ケンショウ ❶重要で根本的なことを定めた取り決め。特に、基本的な方針や施策などをうたった宣言書や協約。「国連一」「児童一」❷憲法の規則、典章。類語 憲法・綱紀
けん-しょう【×縑×緗】ケンショウ 書物の表装に使う薄い絹。また、書物・書籍。
けん-しょう【賢相】ケンショウ 賢明な大臣。賢宰。
けん-しょう【賢将】ケンショウ かしこく、すぐれた将軍。
けん-しょう【謙称】相手に対してへりくだった言い方。謙遜した言い回し。「小生」「豚児」など。また、謙譲語と同義にも用いる。
けん-しょう【顕正】ケンショウ 仏語。正しい仏の道理をあらわし示すこと。「破邪一」
けんしょう【顕昭】ケンショウ［1130ころ〜1210ころ］平安末・鎌倉初期の歌人・歌学者。藤原顕輔(ふじわらのあきすけ)の養子。義兄清輔とともに六条家歌学を大成。著「袖中抄(しゅうちゅうしょう)」「古今集註」など。
けん-しょう【顕証】〔名・形動ナリ〕《「けんそう」とも》あらわで、人目につくこと。また、そのさま。「有り明けの月いみじく明かかりければ、一にこそありけれ、いかがすべからむ、と」〈大鏡・花山院〉
けん-しょう【顕彰】ケンショウ〔名〕スル 隠れた善行や功績などを広く知らせること。広く世間に知らせて表彰すること。「長年の功労を一する」「一記念碑」類語 表彰
けん-しょう【懸章】ケンショウ もと、陸軍の副官・週番士官などが右肩から斜めに掛けた帯状の記章。
けん-しょう【懸賞】ケンショウ ❶すぐれた作品、クイズの正解者、また、捜し物を見つけ出した人などに与えるという条件で、賞金や賞品をかけること。また、その賞金・賞品。「一がつく」「一に当たる」「一小説」❷相撲で、企業などが、主に幕内力士の取組にかける賞金。平成3年(1991)より、1本が6万円。「大相撲夏場所千秋楽に132本の一がかけられる」
けん-じょう【券状】ケンジョウ 契約の書き付け。証文。手形。券書。
けんじょう【絃上｜玄象】ケンジョウ《「げんじょう」とも》謡曲。五番目物。唐へ渡ろうとした琵琶の名人藤原師長(ふじわらのもろなが)の前に、村上天皇と梨壺女御(なしつぼのにょうご)の霊が現れて名演奏を聞かせ、名器獅子丸(ししまる)を与える。
けん-じょう【×傔×仗】ケンジョウ 律令制で、辺境にある官人に朝廷から給付された護衛の武官。総管・節度使・按察使(あぜち)・鎮守府将軍・大宰帥(だざいのそち)・大宰大弐、陸奥や出羽の国司などに給付された。
けん-じょう【×喧×擾】ケンジョウ やかましく騒ぐこと。騒がしいこと。騒擾。「心頭には一の煩慮なく心外には些の一なし」〈独歩・無窮〉
けん-じょう【堅城】ケンジョウ 守りの強固な城。「一鉄壁」
類語 金城
けん-じょう【▽勧賞】ケンジョウ《「けんしょう」「かんじょう」

「けじょう」とも》功労を賞して官位や物品・土地などを授けること。「後陣の勢の続かざらんに、先駆けたらん者は、一あるまじき由」〈平家・九〉

けん-じょう【献上】〔名〕スル ❶主君や貴人に物を差し上げること。奉ること。「特産の品を一する」❷点数をとられること。「失策で二点を一した」❸「献上博多」の略。[類語]進呈・贈呈・進上・謹呈・謹上

献上の鴨《江戸時代、将軍に献上する鴨の足を白い紙で包んだところから》着物に似合わず、足袋や履物をりっぱにしている者を、ののしっていう語。

けん-じょう【賢▽聖】 ❶「けんせい(賢聖)❶」に同じ。「一の遺徳」❷《「げんじょう」とも》仏語。㋐聖者と賢者。菩薩と、その位に至る前の仏道修行の人。㋑仏道の修行を積んだ聖者。

けん-じょう【謙譲】〔名・形動〕へりくだりゆずること。自分を低めることにより相手を高めること。また、控えめであるさま。謙遜。「一の美徳」「日ごろ一な性質で、名聞を好まない景蔵のような友人ですら」〈藤村・夜明け前〉[類語]卑下・へりくだる・謙遜・敬譲

げん-しょう【元宵】 陰暦正月15日の夜。元夕。(季 新年)

げん-しょう【言笑】 うちとけて笑いながら話をすること。談笑。「其の容貌は恰も眠れるが如く一殊に少し」〈竜渓・経国美談〉

げん-しょう【弦×誦・×絃×誦】 琴を弾き詩を吟じること。琴を弾き書物を読むこと。転じて、学芸や教養を積むこと。「一洋々の地」〈鷗外・大塩平八郎〉

げん-しょう【現生】「げんせ(現世)」に同じ。

げん-しょう【現症】 現在ある病気の症状。

げん-しょう【現象】 ❶人間が知覚することのできるすべての物事。自然界や人間界に形をとって現れるもの。「不思議な一が起こる」「一時的な一」「自然一」❷哲学で、㋐本体・本質が外的に発現したもの。㋑カント哲学で、主観によって感性的に受容された内容が、時間・空間およびカテゴリーなどの主観にそなわる認識形式によって、総合的に統一されたもの。その背後にある物自体は不可知とされる。㋒フッサールの現象学で、意識に現前し、直接的に自らを現している事実。本体などの背後根拠との相関は想定しない。[類語]事象・表面

げん-しょう【舷×牆・舷×墻】 甲板の両舷側に設けた鋼板のさく。人の転落や波浪を防ぐもの。

げん-しょう【減少】〔名〕スル 減って少なくなること。また、減らして少なくすること。「漁獲量が一する」「体重を一する」⇔増加。[類語]減る・減ずる・減らす・約める

げん-しょう【減省】〔名〕スル へらし、はぶくこと。げんせい。「勉めて太平因循の雑費を一し力を同うし」〈染崎延房・近世紀聞〉

げんし-よう【原子容】 各元素について、原子1モルの単体の固体が占める容積。原子量を密度で除した値に等しい。原子体積。➡モル体積 ➡分子容

げんじょう【玄上・玄象】《「げんしょう」とも》平安時代の皇室御物の琵琶の名器。藤原貞敏が唐から持ち帰ったもので、比類のない宝器として尊重され、逸話に富む。

げんじょう【玄奘】［602～664］中国、唐代の僧。法相宗の開祖。陳留(河南省)の人。仏教の真義を究めるため、627年(または629年)長安を出発、西域を経てインドに入り、那爛陀寺の戒賢らに学び、インド各地の仏跡を訪ね、645年帰国。以後、原典から「大般若経」「瑜伽師地論」「倶舎論」などを翻訳、訳業は千巻に及ぶ。原典に忠実なその訳はそれまでの旧訳に対して新訳といわれる。旅行記「大唐西域記」は当時の諸地方を知る上で重要な資料。玄奘三蔵。三蔵法師。[補説]後年、明代の長編小説「西遊記」の登場人物のモデルとなった。

げん-じょう【原状】 初めにあった状態。もとのままの形態。「一に復する」

げん-じょう【現成・▽見成】 仏語。眼前に隠れることなく、ありのまま現れていること。自然にできあがっていること。禅宗で用いる。

げん-じょう【現状】 現在の状態、ありさま。「一を打破する」「一に甘んじる」「一分析」「一維持」[類語]現実・実際・実地・実情・実態・実相・事実・実在・実際・現う・本当

げん-じょう【現場】「げんば(現場)❶」に同じ。「今夜こそ一を見届けたぞ」〈啄木・葬列〉

げん-じょう【▽還昇】►かんじょう(還昇)

げん-じょう【厳▽重】〔名・形動ナリ〕《「げんちょう」とも》「げんじゅう(厳重)」に同じ。「神感のおこるを一にして、掲焉も莫大なり」〈曽我・四〉

けんしょう-えん【×腱×鞘炎】 腱と腱鞘との摩擦などで起こる炎症。指の使いすぎによるものが多く、患部に痛みと腫れがある。

げんしょう-かい【現象界】 人間の感覚によって知覚できる世界。経験の世界。

げんじょう-かいふく【原状回復】 ある事情によってもたらされた現在の状態を、本来の状態に戻すこと。例えば、契約を解除した場合、契約締結以前の状態に回復させること。

げんしょう-がく【現象学】 ❶ヘーゲルの精神現象学。最も単純な感覚的確信から最高の絶対知へ至るまでの精神の弁証法的発展の叙述。❷フッサールによって創唱された哲学。純粋意識の本質を記述し、その志向的体験をノエシス・ノエマ的な相関関係において究明する。

けんじょう-がし【献上菓子】 ❶主君や貴人など身分の高い人に差し上げる菓子。❷室町時代、白砂糖を用いて作った上等な菓子。白砂糖の使用は身分の高い者だけに限られていたため、一般の雑菓子に対していう。

げんしょう-かんすう【減少関数】 関数 $y=f(x)$ の定義域内で、x が増加するとき常に y の値が減少する関数。➡増加関数

けんしょう-きん【懸賞金】 懸賞として与えられる金銭。クイズや数学などの難問の正解者、スポーツなどの勝者、優れた作品を生み出した作家、また、探し物の発見者や犯人の逮捕に役立つ情報の提供者などに与えられる金銭。

けんじょう-ご【謙譲語】 敬語の一。話し手が、自分または自分の側にあると判断されるものに関して、へりくだった表現をすることにより、相対的に相手や話中の人に対して敬意を表すもの。特別の語を用いる場合(「わたくし」「うかがう」「いただく」など)、接辞を付加する場合(「てまえども」など)、補助動詞などの敬語的成分を添える場合(「お…する」など)がある。謙遜語。[補説]「敬語の指針」(平成19年2月文化審議会答申)では、謙譲語を謙譲語Ⅰと謙譲語Ⅱに分ける。なお、謙譲語に属する各語について、本辞典ではⅠとⅡに分けず、従来通りの3分類法によっている。[類語]尊敬語・丁寧語・尊大語

けんじょうご-いち【謙譲語Ⅰ】 敬語の一。話し手が、自分側から相手側または第三者に向かう行為・物事について、その向かう先の人物を高めて述べるもの。特別な語を用いる場合(「伺う」「申し上げる」「お目に掛ける」「差し上げる」など)、接辞を付加する場合(「てまえども」「(相手への)お手紙」など)、補助動詞などの敬語的成分を添える場合(「お…する」「ご…する」)がある。➡謙譲語Ⅱ

げんじょう-こうあん【現成公案】 禅宗で、自然のままに完成されている公案。常に一切の上に仏法が現れていること。

げんしょう-こうい【玄×裳×縞衣】《蘇軾「後赤壁賦」の「翅如車輪の如く、玄裳縞衣、戛然と長鳴す」から》黒い袴と白い上着。転じて鶴のこと。

けんしょう-こうこく【懸賞広告】 ある行為を指定し、それを行った者に報酬を与える旨を知らせる広告。

けんじょうご-に【謙譲語Ⅱ】 敬語の一。話し手が、自分側の行為・物事について、相手に対して丁重に述べるもの。特別な語を用いる場合(「参る」「申す」「いたす」「おる」など)、接辞を付加する場合(「拙著」「小社」など)がある。丁重語。➡謙譲語Ⅰ

[補説]「小中学生が参加いたします」「雨が降って参りました」のように第三者や事物について使うこともできる。

げんしょう-しつ【顕晶質】 火成岩の粒度を表す語で、その構成鉱物が粗粒で肉眼で見分けられる程度に大きい場合に用いる。

けんじょう-しゃ【健常者】 心身に病気や障害のない者。障害者に対していう。

けんしょう-じょうぶつ【見性成仏】 見性によって悟りを得ること。見性悟道。

げんしょう-せき【玄昌石】►雄勝石

げんしょう-せつ【元宵節】 中国・台湾の祭日。春節(旧正月)から数えて15日目で、最初の満月の日にあたる。灯籠を飾り、「元宵団子」と呼ばれる餡の入った団子を食べる習慣がある。上元節。灯籠節。➡元宵

げんしょう-てんのう【元正天皇】［680～748］第44代天皇。女帝。在位715～724。名は氷高。父は天武天皇の子の草壁皇子、母は元明天皇。三世一身の法の発布などの事績がある。

けんじょう-の-そうじ【賢聖障子】《「げんじょうのそうじ」とも》紫宸殿の、母屋と北庇との間の襖障子。東西各4間。中国の三代から唐代までの聖人・賢人32人の姿が描かれている。

けんじょう-はかた【献上▽博多】《藩主黒田侯が江戸幕府に献上したところから》博多織の帯地の上等なもの。中央に独鈷形の文様が織り出してある。

げんじょうはんだん-しすう【現状判断指数】►現状判断DI

げんじょうはんだん-ディーアイ【現状判断DI】《DIはディフュージョンインデックス(diffusion index)の略》景気の現状に関する街角の実感を反映した指標。3か月前と比較してその時点での景気良し悪しを評価するもので、内閣府が景気ウオッチャー調査に基づいて発表する。現状判断指数。➡先行き判断DI

げんじょうふざい-しょうめい【現場不在証明】►アリバイ

けんしょう-ぶつ【検証物】 検証❷の対象となるもの。人の身体・容貌、文書の紙質・墨色など。

けんじょう-もの【献上物】 献上する品物。特に江戸時代、将軍が朝廷に、また、諸侯が将軍へ献上した品物。献物。献上品。

げんじょうらく【還城楽】 雅楽の舞曲。唐楽。太食調で、古楽。舞は一人による走舞。怪奇な面をつけ、桴を持ち、作り物の蛇を捕らえて勇壮に舞う。一説に、西域の人が好物の蛇を見つけて喜ぶさまを写したものという。番舞は抜頭など。見蛇楽。還京楽。

げんしょう-ろん【現象論】 ❶㋐我々が認識できるものは現象だけで、本体そのものは認識できないという説。㋑我々の認識できる現象そのものが実在で、そのほかに本体は存在しないとする説。現象主義。❷事物の表面的な現れだけをみて行う議論。

けん-しょく【兼職】〔名〕スル 本職以外に他の職務を兼ねること。また、その職務。[類語]兼業・兼任・兼務・掛け持ち・二足の草鞋

けん-しょく【顕色】 無色のものを発色させること。繊維を下漬けしてから顕色剤を反応させて色素を生成させたり、クロマトグラフィーで展開させた物質に試薬を作用させたりして発色させることなど。

けん-しょく【顕職】 地位の高い官職。要職。「高位一に至る」

けん-じょく【見▽濁】 仏語。五濁の一。よこしまな思想や見解がはびこること。

げん-しょく【言色】 言葉と顔色。「外面を飾り、一を好くするを務めとするは」〈中村訳・西国立志編〉

げん-しょく【原色】 ❶まぜ合わせて種々の色を作るもとになる色。一般には赤・青・黄の3色。光の場合は、赤・緑・青の3色。❷まじりけのない、純度の高い色。強く派手な色。「一のドレス」❸絵画の複製や印刷などで、原物・原画のもとのままの色。[類語]三原色

げん-しょく【現職】 現在、ある職務に就いているこ

と。また、その職業や職務。「―の警官」
(類語)無職・定職・職業・職・仕事・生業(せいぎょう)・業(ぎょう)・なりわい・商売・渡世・家業・稼業・ビジネス

げんしょく【減色】《decrease color》コンピューターで、画像データに使われている色数を減らすこと。画像のファイルサイズを小さくする場合などに行う。元画像の色や明るさの階調が滑らかな場合、モアレや縞、亀甲模様を生じることがある。

げん-しょく【減食】〔名〕スル ❶食事の量や回数を減らすこと。「―して体重を落とす」❷かつて刑務所などで、規則に違反した受刑者に科した懲罰の一つで、7日以内の間、食糧の分量を減らすこと。旧監獄法で規定されていたもので、現在は行われていない。

げんしょく-きょういく【現職教育】ーケウイク ある職務・職業に就いている者が、新しい知識を身につけ、技術を向上させるために受ける教育。教員研修・企業内教育など。

けんしょく-ざい【顕色剤】染色に用いるアミンやフェノール類の溶液。下漬け剤とともに用い、発色を促し染色を堅牢にする。現色剤。

げんしょく-ばん【原色版】黄・シアン・マゼンタの三原色インキ、またはこれに墨を加えて、原画と同じ色彩を出す網目凸版印刷。また、その印刷物。3枚または4枚の版を作り、3回または4回刷り重ねる。細密な色彩効果が得られ、美術複製に適する。

けんじょ-だて【賢女立て】ケンヂヨー 賢女らしく振る舞うこと。賢女ぶること。「万般(よろ)―が忌々しと」〈露伴・いさなとり〉

げんじょ-ぶし【玄如節】福島県会津地方の民謡。祭礼の夜籠もりの際の掛け合いから始まったもの。民謡「会津磐梯山(あいづばんだいさん)」の歌詞に転用されている。

げんし-りょう【原子量】ーリヤウ 質量数12の炭素同位体^{12}Cの質量を12とし、そこから相対的に他の原子の質量を表した値。相対原子質量。

げんし-りょく【原子力】原子核の変換や核反応に伴って放出される多量のエネルギー。ふつう、ウランやプルトニウムの核分裂、放射性物質の崩壊、重水素・トリチウムなどの核融合により放出される核エネルギーをいう。

げんしりょく-あんぜんいいんかい【原子力安全委員会】ーアンゼンヰキンクワイ 日本の原子力安全規制に関する政策の決定、安全規制基準・指針類の策定などを行う内閣府の付属機関。昭和53年(1978)原子力委員会から分離して設置。NSC(Nuclear Safety Commission)。(補説)原子力の規制と利用の分離を図るため、平成24年(2012)9月に環境省の外局として原子力安全庁が設置されるのに伴い、原子力安全委員会の機能は同庁に統合される。原子力安全庁には、専門家による助言・諮問機関として原子力安全審議会が新設される。

げんしりょくあんぜんぎじゅつ-センター【原子力安全技術センター】放射性同位元素を使用する事業所の検査等の放射線障害防止法に基づく業務、SPEEDI(緊急時迅速放射能影響予測ネットワークシステム)の運用を中心とした原子力防災支援活動および調査、原子力施設や放射性物質の使用等における安全確保に関する調査などを行う、文部科学省および国土交通省所管の財団法人。昭和55年(1980)に放射線安全技術センターとして設立され、同61年に現名称に改称。NUSTEC(Nuclear Safety Technology Center)。

げんしりょくあんぜんきばん-きこう【原子力安全基盤機構】原子力発電所や核燃料サイクル施設などの原子力施設の安全確保に関する専門的・基盤的な業務を、原子力安全・保安院と連携して行う経済産業省所管の独立行政法人。平成15年(2003)発足。JNES(Japan Nuclear Energy Safety Organization)。

げんしりょくあんぜん-じょうやく【原子力安全条約】ーデウヤク ▶国際原子力安全条約

げんしりょくあんぜんほあん-いん【原子力安全・保安院】ーヰン 原子力発電所などの原子力施設や電力・都市ガス・高圧ガス・液化石油ガス・火薬類、鉱山などの施設および産業活動の保安・安全規制を所管する、資源エネルギー庁の特別機関。必要に応じて施設への立入検査・報告要請・改善命令などを行う。平成13年(2001)の中央省庁再編に伴い、それまで複数の省庁に分散していた原子力安全および産業保安部門を包括する機関として新設された。地方機関として産業保安監督部・原子力保安検査官事務所が各地に置かれている。原子力関連施設に対する安全規制業務は、原子力安全基盤機構と連携して行っている。NISA(Nuclear and Industrial Safety Agency)。(補説)平成24年(2012)9月に環境省の外局として原子力安全庁が設置されるのに伴い、廃止される。

げんしりょく-いいんかい【原子力委員会】ーヰヰンクワイ ❶国連にあった機関の一。原子力の管理、原子兵器の廃止などを目的として、1946年設置。1952年に軍縮委員会に吸収された。❷世界の主要国にある機関で、原子力の研究・開発・平和利用などについて、企画・審議・決定する委員会。日本では昭和31年(1956)総理府の付属機関として設置。同53年改組されて、安全問題を担当する原子力安全委員会を分離した。現在は内閣府に属す。

げんしりょくかいはつりよう-ちょうきけいかく【原子力開発利用長期計画】ーチヤウキケイクワク ▶原子力長期計画

げんしりょくきせい-いいんかい【原子力規制委員会】ーヰヰンクワイ ㊀▶エヌ-アール-シー(NRC) ㊁平成24年(2012)9月に発足する日本の新しい原子力規制組織。独立性の高い外局として環境省に設置される。委員長と委員4人で構成され、事務局として原子力規制庁が新設される。これまでの原子力安全・保安院(経済産業省)、原子力安全委員会(内閣府)は廃止される。

げんしりょく-きほんほう【原子力基本法】ーキホンハフ 日本の原子力平和利用に関する基本方針を定めた法律。昭和31年(1956)施行。

げんしりょくきょうきゅうこく-グループ【原子力供給国グループ】ゲンシリヨクキヨウキフコクー 核燃料、原子力関連技術や機材の輸出を管理・規制するための国際的な組織。1974年、核不拡散条約(NPT)に加盟していないインドが行った核実験をきっかけに、1978年に正式発足。参加国が守るべきガイドライン(法的な拘束力はない)を定め、それに基づいて輸出管理を行う。米ロ英仏中など46か国が加盟(2012年7月現在)。インド・パキスタン・イスラエル・北朝鮮は参加していない。NSG(Nuclear Suppliers Group)。
(補説)2008年9月の総会で、核不拡散条約未加盟国であるインドを例外扱いとする「インドとの民生用原子力協力に関する声明」が採択された。

げんしりょく-きょうてい【原子力協定】ーケフテイ 核物質や原子力関連資機材・技術が軍事目的に利用されることを防ぐために設けられた法的枠組み。日本は、米国・英国・フランス・カナダ・オーストラリア・中国・ロシア・カザフスタンとそれぞれ二国間協定を締結。欧州原子力共同体(EURATOM)との間でも締結している。

げんしりょく-こうがく【原子力工学】核分裂・核融合の利用に関する工学。原子炉・原子爆弾・プラズマなどの研究がある。

げんしりょくさいがいたいさく-とくべつそちほう【原子力災害対策特別措置法】ートクベツソチハフ 平成11年(1999)に茨城県東海村で発生した臨界事故を受け、原子力災害の防止に関する事業者の責務や災害発生時の通報義務、および首相を長とする原子力災害対策本部の設置などについて定めた法律。同12年施行。

げんしりょくざいさん-ほけん【原子力財産保険】原子力設備にかける保険。原子力事故のほか、火災・爆発・落雷や航空機の墜落など一般災害によって、原子力発電所などの施設や設備に生じた損害を塡補するもの。

げんしりょく-さんげんそく【原子力三原則】原子力の研究・開発・利用は、民主的な運営の下に、自主的にこれを行うものとし、その成果は公開されるべしとする、民主・自主・公開の三原則。原子力基本法に規定されている。

げんしりょく-せん【原子力船】原子力を動力に利用して推進する船。

げんしりょく-せんすいかん【原子力潜水艦】原子力を推進機関に利用した潜水艦。1954年に進水した米国のノーチラス号が最初。原潜。

げんしりょくそんがいばいしょうせきにん-ほけん【原子力損害賠償責任保険】ゲンシリヨクソンガイバイシヤウセキニンー 原子力施設での事故や、核物質の輸送中の事故などで発生した損害賠償責任を塡補する保険。「原子力損害の賠償に関する法律」により原子力事業者に加入が義務づけられている。

げんしりょくそんがいばいしょうふんそうかいけつ-センター【原子力損害賠償紛争解決センター】ゲンシリヨクソンガイバイシヤウフンサウカイケツー 原子力事故で被害を受けた人が原子力事業者に対して損害賠償を請求する際に、円滑・迅速・公正に紛争を解決することを目的として設置された公的な紛争解決機関(ADR)。平成23年(2011)3月に発生した東京電力福島原子力発電所事故を受けて、原子力損害賠償法に基づいて、原子力損害賠償紛争審査会のもとに設置。同年9月から業務開始。原発(事故)ADR。

げんしりょく-ちょうきけいかく【原子力長期計画】ーチヤウキケイクワク《「原子力の研究、開発及び利用に関する長期計画」の通称》日本の原子力利用について、平和利用の堅持、安全の確保を第一とする研究・開発・利用を進めるための基本方針を定めたもの。内閣府の原子力委員会が作成する。昭和31年(1956)に始まり、平成12年(2000)までほぼ5年ごとに改定されていたが、同17年に原子力政策大綱が策定され、10年程度の期間を目安とした計画に移行した。原子力開発利用長期計画。

げんしりょく-でんち【原子力電池】半減期の長い放射性同位体が出す放射線のエネルギーを電気エネルギーに変える仕組みの電池。α崩壊を起こすプルトニウム238やポロニウム210が用いられる。寿命が長いため宇宙探査機の電源として搭載されるほか、1960年代に心臓ペースメーカーで利用された。ラジオアイソトープ電池。アイソトープ電池。RI電池。放射線電池。

げんしりょくのあんぜんにかんする-じょうやく【原子力の安全に関する条約】ゲンシリヨクのアンゼンにクワンするデウヤク ▶国際原子力安全条約

げんしりょく-はつでん【原子力発電】原子炉で発生した熱エネルギーで蒸気をつくり、タービン発電機を運転して発電する方法。

げんしりょく-はつでんしょ【原子力発電所】原子力発電の方式による発電所。原発。➔表

げんしりょくほけん-プール【原子力保険プール】原子力保険についての複数の損害保険会社による引き受け共同体。原子力事故では保険金支払い額が巨額になるため、1960年に国内損害保険20社によって日本原子力保険プールが結成された。原子力保険はすべて日本原子力保険プールを通じて契約される。

げんしりょく-ロケット【原子力ロケット】原子力エンジンを装備したロケット。

げんし-りん【原始林】▶原生林

けん・じる【献じる】〔動ザ上一〕「けん(献)ずる」(サ変)の上一段化。「仏前に花を―・じる」

げん・じる【現じる】〔動ザ上一〕「げん(現)ずる」(サ変)の上一段化。「幻影が―・じる」

げん・じる【減じる】〔動ザ上一〕「げん(減)ずる」(サ変)の上一段化。「苦痛を―・じる」

げんし-ろ【原子炉】ウラン・トリウム・プルトニウムなどの核分裂性物質を燃料とし、核分裂の連鎖反応を適度に制御しながら定常的に進行させ、そのエネルギーを利用できるようにした装置。発電や船舶用の

[原子力発電所] 日本の原子力発電所 （平成24年8月現在）

名称	電気事業者	立地場所	運転開始年
泊発電所	北海道電力	北海道古宇郡泊村	平成元年(1989)
東通原子力発電所	東北電力	青森県下北郡東通村	平成17年(2005)
女川原子力発電所	東北電力	宮城県牡鹿郡女川町・石巻市	昭和59年(1984)
福島第一原子力発電所(5・6号機)	東京電力	福島県双葉郡双葉町	昭和53年(1978)
福島第二原子力発電所	東京電力	福島県双葉郡富岡町・楢葉町	昭和57年(1982)
東海第二発電所	日本原子力発電	茨城県那珂郡東海村	昭和53年(1978)
柏崎刈羽原子力発電所	東京電力	新潟県柏崎市・刈羽郡刈羽村	昭和60年(1985)
志賀原子力発電所	北陸電力	石川県羽咋郡志賀町	平成 5年(1993)
美浜発電所	関西電力	福井県三方郡美浜町	昭和45年(1970)
大飯発電所	関西電力	福井県大飯郡おおい町	昭和54年(1979)
高浜発電所	関西電力	福井県大飯郡高浜町	昭和49年(1974)
敦賀発電所	日本原子力発電	福井県敦賀市	昭和45年(1970)
浜岡原子力発電所(3～5号機)	中部電力	静岡県御前崎市	昭和62年(1987)
島根原子力発電所	中国電力	島根県松江市	昭和49年(1974)
伊方発電所	四国電力	愛媛県西宇和郡伊方町	昭和52年(1977)
玄海原子力発電所	九州電力	佐賀県東松浦郡玄海町	昭和50年(1975)
川内原子力発電所	九州電力	鹿児島県薩摩川内市	昭和59年(1984)

動力炉のほか、研究用・医療用など多くの用途がある。リアクター。

げんしろ-あつりょくようき【原子炉圧力容器】原子力発電所の炉心を格納する、カプセルのような形をした鋼鉄製の容器。高温・高圧に耐え、放射性物質を封じ込める構造になっていて、冷却装置などとともに原子炉格納容器に収納されている。原子炉容器。圧力容器。

げんしろう【源四郎¦玄四老】ゲンシラウ 盗むこと。また、金銭をごまかすこと。もと、人形浄瑠璃社会の隠語。「おまいさんがたの、―してぢゃ菓子（くゎし）ぢゃてて」〈滑・膝栗毛・八〉

げんしろ-えいせい【原子炉衛星】ヱイセイ 小型の原子炉を動力装置として積んでいる人工衛星。

げんしろ-かくのうようき【原子炉格納容器】カクナフヤウキ 原子炉の主要設備を格納する鋼鉄またはコンクリート製の施設。密閉性・耐圧性が高く、原子炉圧力容器のほか、加圧器・循環ポンプ・冷却装置などを収容する。万一、原子炉で事故が起きた場合に、放射性物質の漏洩を抑える役割を果たすもので、コンクリート造の原子炉建屋に収められている。五重の壁の第四の壁にあたる。格納容器。

げんしろく【言志録】江戸後期の倫理書。1巻。佐藤一斎著。文政7年（1824）刊。修身・求道を説いた随想246章を収めたもの。

げんしろ-ようき【原子炉容器】▶原子炉圧力容器

げんし-ろん【原子論】世界は空虚な空間と無数の不可分な原子からなり、同種原子の離合集散に応じて感覚的物質が形成されるとする、古代ギリシャに始まる哲学説。19世紀になって、元素はそれぞれ一定の性質および質量をもつ原子からなり、化合物は原子が結合した分子からなるという説をJ＝ドルトンが実証、現代原子概念の基礎をつくった。アトミズム。➡原子説

げんし-わくせい【原始惑星】原始惑星系円盤の中で形成される惑星の前段階にあたる天体。直径10キロメートル程度の微惑星が衝突や合体を繰り返し、月程度の大きさになったものを指す。この原始惑星を核としてさらに周囲の微惑星が集まり、惑星へと成長すると考えられている。

げんしわくせいけい-えんばん【原始惑星系円盤】ヱンバン 恒星誕生の前段階にあたる牡牛座T型星の周囲にある濃いガスと塵（ちり）からなる円盤。原始星円盤の名残であり、円盤の中では直径10キロメートル程度の微惑星が形成され、衝突や合体を繰り返して原始惑星や惑星に進化すると考えられている。また、太陽系の場合は原始太陽系円盤と呼ばれる。原始惑星系星雲。

けん-しん【▽欠伸】あくびをし、のびをすること。

けん-しん【見神】霊感によって神の本体を感知すること。神霊の働きを感知すること。

けん-しん【見真】仏語。智慧（ちえ）によって真理を見きわめること。

けん-しん【健診】「健康診断」「健康診査」の略。「定期―」

けん-しん【堅信¦堅振】《confirmation》カトリック教会で、洗礼を受けた者が、さらに信仰を強め、霊の恵みを得るために、按手（あんしゅ）と聖香油を受ける儀式。堅信の秘跡。

けん-しん【検真】民事訴訟で、証拠物である文書の真否について疑いがある場合に確かめるための証拠調べ。筆跡・印影の対照などの方法を用いる。

けん-しん【検針】〔名〕スル 水道・ガス・電気などの使用料を知るために、計量器の目盛りを調べること。

けん-しん【検診】〔名〕スル 病気にかかっているかどうかを調べるために診察・検査など行うこと。「定期的に―する」「集団―」「歯科―」
(類語)診察・診断・見立て・受診・検査

けん-しん【献身】〔名〕スル ❶他人やある物事のために、わが身を犠牲にして尽くすこと。「国家の発展に―する」❷キリスト教で、神のために、生涯をささげること。(類語)寄与・貢献・尽力・挺身

けん-しん【献進】〔名〕スル 差し上げること。献上。

けん-しん【権臣】権勢・権力をもった臣下。

けん-しん【賢臣】賢明で有能な臣下。「良将―」

けん-しん【懸針】筆法の一。縦の画の下端を筆をはらって針の先のように細くとがらすもの。➡垂露

けん-じん【県人】❶その県に住所のある人。❷その県出身の人。

けん-じん【堅陣】ヂン 守りがかたくて、破ることがむずかしい陣営。「―を陥れる」

けん-じん【賢人】❶聖人に次いで徳のある人。また、かしこい人。賢者。❷濁り酒のこと。清酒を聖人にたとえるのに対していう。賢酒。(類語)賢者・識者

けん-じん【堅×靭】〔形動〕〔文〕〔ナリ〕かたくて、弾力のあるさま。強くてしなやかなさま。「―な鋼索」

げん-しん【元稹】《「げんじん」とも》［779～831］中国、中唐の詩人。洛陽（河南省）の人。字（あざな）は微之（びし）。白居易の親友で、元白と並称される。その平易な詩風は元和（げんな）体とよばれた。小説に「鶯鶯伝（おうおうでん）（会真記）」がある。

げん-しん【原審】現在審理中の裁判の一つ前の段階の裁判。控訴審では第一審、上告審では控訴審の裁判。原裁判。

げん-しん【現身】❶現在生をうけているからだ。現在の身。うつしみ。❷「現身仏」に同じ。

げんしん【源信】［942～1017］平安中期の天台宗の僧。俗姓、卜部（うらべ）氏。比叡山の良源に師事。横川（よかわ）恵心院に住んで著述に専念、「往生要集」を著してのちの浄土教成立の基礎を築いた。また、和讃（わさん）などの確立にも貢献。恵心僧都。横川僧都。

げん-しん【厳親】厳格な父親。厳父。

げん-じん【玄▽参】ゴマノハグサの漢名。

げん-じん【原人】猿人に次ぐ化石人類。ジャワ原人（ピテカントロプス）や北京原人など。更新世前期から中期にかけて生息。脳容積は猿人と新人の中間で、直立歩行し、簡単な石器を使用した。ホモ-エレクトゥス（直立人）。➡猿人 ➡旧人❷ ➡新人❷

げん-じん【減尽】〔名〕スル ❶減ってまったくなくなること。滅尽。❷刑罰を免除すること。

けんじん-かい【県人会】クワイ 他の都道府県や他国に住む同県人どうしが組織している会。

けんしん-だいし【見真大師】親鸞（しんらん）の諡号（しごう）。

けんしん-てき【献身的】〔形動〕自分のことを顧みず、心身ともにささげるほど他のために尽くすさま。「―な看病」「平和運動に―に取り組む」

ケンジントン-アンド-チェルシー【Kensington and Chelsea】英国の首都ロンドン中心部の一地区。大ロンドンの区の一。ロンドン自然史博物館、ビクトリアアンドアルバート美術館、インペリアルカレッジなど、博物館や大学が多い。

ケンジントン-ガーデンズ【Kensington Gardens】英国の首都ロンドンにある公園。ハイドパークの西側に隣接する。公園内にはケンジントン宮殿、ビクトリア女王が夫アルバート公の死を悼んで建てたアルバート記念碑、ピーター＝パンの像がある。

ケンジントン-きゅうでん【ケンジントン宮殿】《Kensington》英国の首都ロンドン、ケンジントンガーデンズにある英国王室の宮殿。17世紀にノッチンガム伯が建造した館に起源する。ロンドン都心部のスモッグを嫌った国王ウィリアム3世がこの館を買い取り、建築家クリストファー＝レンが改築。ジョージ1世の時代に現在の姿になった。かつてチャールズ皇太子、故ダイアナ妃が居住した。キングズギャラリーでは王室所蔵の絵画、服飾コレクションを展示。

げんしん-ぶつ【現身仏】仏・菩薩（ぼさつ）が衆生を救うためにこの世に現れるもの。応身仏（おうじんぶつ）。現身。

けんしん-りゅう【謙信流】リウ ▶越後流（えちごりゅう）

けんしん-れい【堅信礼】プロテスタント諸教会で、幼児洗礼を受けた者が、自己の信仰告白をして教会の正会員となる儀式。信仰告白式。

けんしん-ろん【見神論】神と人間とが一体となれば、霊感によって神を見ることができるという説。綱島梁川（つなしまりょうせん）が、その著「病間録」で主張したもの。

けん・す【兼す】〔動サ変〕《「けんず」とも》兼ねる。兼任する。「右衛門督を―・して、検非違使の別当になり給ふ」〈平家・二〉

げん-ず【原図】ヅ 模写・複製のもとになった図。また、修正する前の図。

げん・ず【験ず】〔動サ変〕神仏などが霊験を現す。「此の国に―・じ給ふ神の御（おは）するが」〈今昔・二六・八〉

けん-すい【建水】茶道具の一。点茶の際、茶碗をすすいだ湯水を捨てる広口の容器。水こぼし。

けん-すい【×硯水】❶硯（すずり）の水。❷▶間水（けんずい）

けん-すい【懸垂】〔名〕スル ❶まっすぐに垂れ下がること。また、垂れ下げること。「―幕」❷鉄棒・吊り輪などに両手でぶら下がり、腕を屈伸させてからだを上げ下げする運動。❸「懸垂下降」の略。「岩壁を―で下りる」

けん-ずい【間水¦×硯水¦建水】❶1日2食であった時代に、朝食と夕食との間にとる間食。「昼食を―といふ」〈本朝文選・南都賦〉❷三食以外に飲食する餅や酒など。間食。「三時の食物の外に…酒餅の類を与ふるを―といふ」〈閑田耕筆〉❸酒の異称。玄水。

げん-すい【元帥】❶諸将の統率者。全軍の総大将。❷軍人の階級の最高位。大将の上に位する。❸日本で、もと元帥府に列せられた陸海軍大将の称号。

げん-すい【玄水】「間水（けんずい）❸」に同じ。「打銚子に―たぶたぶと入れて来れり」〈雑談集・三〉

げん-すい【原水】天然の水。

げん-すい【減水】〔名〕スル 水の量が減ること。「日照り続きで川が―する」⇔増水。

げん-すい【減衰】〔名〕スル しだいに減っていくこと。

げんすい【源水】大道で居合抜きや曲独楽（きょくごま）などをして人を集め、歯磨き粉や歯の薬を売った人。江戸中期、江戸浅草に住む松井源水がはじめたという。

けんすい-かこう【懸垂下降】カカウ 登山用語。ロープを使って、岩壁や氷壁を下ること。アプザイレン。

げんすい-き【減衰器】電気信号の強さを、ひずみを与えずに減少させる装置。減衰量を調整できるものと一定のものとがある。アッテネーター。

げんすい-きょう【原水協】ケフ 原水爆禁止日本協

議会の略称。昭和30年(1955)、原水爆禁止署名運動全国協議会と原水爆禁止世界大会日本準備会とが合流して発足。同40年の分裂後は日本共産党を中心に運営。

げんすい-きん【原水禁】原水爆禁止日本国民会議の略称。昭和40年(1965)、原水協から脱退した社会党・総評などが結成した団体。

げんすい-ごま【源水独=楽】《松井源水が曲独楽に用いたところからいう》心棒の長い博多独楽。

けんずい-し【遣×隋使】大和朝廷が隋に派遣した使節。推古天皇15年(607)と翌16年に小野妹子(おののいもこ)を派遣。同22年に犬上御田鍬(いぬがみのみたすき)を派遣。

けんすいしき-てつどう【懸垂式鉄道】(テツダウ) モノレールで、空中に架設したレールから車体をつり下げて運転する方式の鉄道。➡跨座(こざ)式鉄道

げんすい-しんどう【減衰振動】外力の作用を受けて、時間の経過とともに振幅が減少していく振動。

けんすい-せん【懸垂線】密度の一様な綱を、同じ高さの二点間に緩く渡したとき、この綱のつくる曲線。懸垂曲線。カテナリー。

げんすい-ばく【原水爆】原子爆弾と水素爆弾。また、核爆弾の総称。

げんすいばく-きんしうんどう【原水爆禁止運動】第二次大戦後に起こった、原水爆の製造・実験・使用の禁止と廃棄を求める平和運動。特に、昭和29年(1954)の第五福竜丸事件を契機に原水爆禁止署名運動が全国的に広まり、翌年8月には広島で第1回原水爆禁止世界大会が開かれ、定例化した。その後、運動方針をめぐって組織が分裂。

げんすい-ふ【元帥府】明治31年(1898)に創設された天皇の軍事上の最高顧問機関。陸海軍大将のうち特に功労のあった者で構成された。

けん-すう【件数】事件や事柄の数。「事故の―」

けん-すう【軒数】家の数。戸数。

けん-すう【間数】間(けん)を単位として測る長さ。

けん-すう【権数】「権謀術数(けんぼうじゅっすう)」の略。

げん-すう【現数】現在ある数量。

げん-すう【減数】〔名〕(スル) ❶数が減ること。また、数を減らすこと。❷引き算で、引くほうの数。5−3=2の3をいう。

げんすう-ぶんれつ【減数分裂】精子や卵などの生殖細胞ができるときに起きる細胞の分裂。核分裂が2回続き、第1分裂で相同染色体に対合が起こり、分離して染色体数が半減する。第2分裂は普通の核分裂で、結果としてもとの半数の染色体をもった4個の細胞ができる。還元分裂。

けん-ずく【権▽尽く】(ヅク)〔名・形動ナリ〕「権柄尽(けんぺいず)く」に同じ。「この道ばかりは―に押せど押されぬ茨の枝」〈浄・艶狩剣本地〉

けん-ずもう【拳相-撲|拳角=力】(ズマフ) 相撲に擬して、小さな土俵を設けて、行司を置き、東西に分かれて拳をたたかわせる遊戯。江戸中期に流行し、明治期まで行われた。

けん・する【検する】〔動サ変〕図けん・す〔サ変〕調べる。検査する。「吾れ内部を開き―・するに実に火薬あるなし」〈独歩・愛弟通信〉

〔類語〕調べる・閲(けみ)する・閲(えつ)する・改める・検査する・点検する・検分する・吟味する・実検する・臨検する・検閲する・査閲する・監査する・チェックする

けん・する【験する】〔動サ変〕図けん・す〔サ変〕調べる。ためす。試験する。「病骨は真に雨を―・するの方となる」〈荷風・雨瀟瀟〉〔類語〕試験・実験・試行・テスト・エクスペリメント・試みる・試(ため)す

けん・ずる【献ずる】〔動サ変〕図けん・ず〔サ変〕❶目上の人に物を捧げる。たてまつる。また、神仏に品物を供える。「仏前に花を―・ずる」❷杯をさす。献杯する。「酒杯を―・ずる」〔類語〕供える・捧げる・奉る・差し上げる・貢ぐ・奉ずる・奉奠(ほうてん)

げん・する【×眩する】〔動サ変〕図げん・す〔サ変〕目がくらむ。また、目をくらます。「眼―・し魂迷い」〈織田訳・花柳春話〉「眼を―・するような光の強さ」〈寅彦・田園雑感〉

げん・ずる【現ずる】〔動サ変〕図げん・ず〔サ変〕なかったもの、見えなかったものが姿・形をもってあらわれる。また、姿・形をあらわす。「人間が人間の本性を―・じた時は」〈西田・善の研究〉

〔類語〕現れる・出現する・現出する・登場する・現前する・顕現する・生ずる

げん・ずる【減ずる】〔動サ変〕図げん・ず〔サ変〕❶数量・程度などが、もとよりも少なくなる。へる。「ダムの水量が―・ずる」「価値が―・ずる」❷数量・程度などをもとよりも少なくする。へらす。「死一等を―・ずる」❸引き算をする。〔類語〕減少・減らす・約(つづ)める

げん-すん【原寸】実物と同じ寸法。「―大の写真」

げん-せ【現世】《古く、仏教では「げんぜ」》現在の世。この世。仏教では三世の一。現在生(げんざいしょう)。現在世。げんせい。「―の快楽を追う」➡前世 ➡来世

〔類語〕この世・うつし世・地上・人界・下界・娑婆・此岸・苦界・肉界・人生・世界・人間界

現世安穏(あんのん)後生(ごしょう)善処(ぜんしょ) 《「法華経」薬草喩品から》法華経を信じる人は、現世では安穏に生活でき、後生ではよい世界に生まれるということ。

けん-せい【研精】こまかに調べること。精密な研究。「必ず実物に拠りて、以て―す」〈蘭学階梯〉

けん-せい【県政】県の行政。県の政治。

けん-せい【県勢】県の政治・経済・文化・人口などの総合的な情勢。

けん-せい【剣聖】剣術にすぐれ、奥義を極めた人。

けん-せい【×牽制】〔名〕(スル) ❶相手の注意を自分の方に引きつけて自由に行動できないようにすること。「隣国を―する談話」「一塁走者を―する」❷作戦上、敵を自分の望む方にひきとめたり引きつけたりすること。「敵の援兵を―する」

〔類語〕管制・抑制・規制・統制・抑止・留め立て

けん-せい【権勢】権力を握っていて威勢のいいこと。「―を振るう」「―をほしいままにする」「―欲」

〔類語〕勢力・威力・権力・実権・威勢・勢い

けん-せい【憲政】憲法に基づいて行われる政治。近代的議会制度による政治。立憲政治。

けん-せい【賢聖】❶賢人と聖人。聖賢。けんじょう。❷濁り酒と清酒。➡賢人❷

けん-せい【顕性】両親の形質の一方が子にあらわれること。優性。⇔潜性。

けん-ぜい【県税】県が賦課・徴収する地方税。

げんせい【元政】[1623〜1668]江戸前期の日蓮宗の僧。京都の人。俗姓、石井氏。諱(いみな)は日政。京都深草に住み、熊沢蕃山・石川丈山らと交遊。法華経研究と詩文にすぐれた。著「本朝法華伝」「草山集」など。

げん-せい【幻世】まぼろしのように、はかない人の世。人世。

げん-せい【×芫青】ツチハンミョウ科の昆虫で、特に薬用にされる中国産のキオビゲンセイやヨーロッパ産のミドリゲンセイのこと。成虫は毒性の強いカンタリジンを含み、漢方では利尿剤、また、できもののうみ出しに使う発泡剤の原料とされる。

げん-せい【原生】生物がもとのままの状態で、進化も変化もしないこと。

げん-せい【現世】❶►げんせ(現世) ❷完新世(かんしんせい)のこと。地質時代としては現代なのでいう。

げん-せい【現制】現在行われている制度。

げん-せい【現姓】結婚などにより姓が変わった人の、現在の姓。⇔旧姓。

げん-せい【現勢】現在の勢力・情勢。「世界の―」

げん-せい【減省】►げんしょう(減省)

げん-せい【厳正】〔名・形動〕規準を厳格に守って公正に行うこと。また、そのさま。「―な裁判」「―に判定する」〔派生〕げんせいさ〔名〕

〔類語〕厳重・厳格・厳しい・きつい・厳酷・冷厳・峻厳(しゅんげん)・峻烈(しゅんれつ)・苛酷(かこく)・酷(こく)・容赦(ようしゃ)ない・仮借(かしゃく)ない・険しい・鋭い・激しい

げん-ぜい【減税】〔名〕(スル) 税金の額を減らすこと。「―して負担を軽くする」⇔増税。

げんせい-あん【元政庵】京都市伏見区深草にある日蓮宗の瑞光寺の異称。元政の創始した法華道場で、もと藤原基経が建立した極楽寺の跡という。山号は深草山。

けんせい-いでん【顕性遺伝】(ヰデン)►優性遺伝

げんせい-いでん【限性遺伝】(ヰデン) 生物のある形質が、雌雄いずれか一方の性にのみ現れる遺伝。

けんせい-かい【憲政会】(クワイ) 大正5年(1916)、加藤高明を総裁として立憲同志会・中正会・公友倶楽部の三派合同により結成された政党。第二次護憲運動の中核となった。昭和2年(1927)政友本党と合流し、立憲民政党と改称。

けんせい-かんせん【顕性感染】細菌やウイルスなどの病原体の感染を受け、感染症状が現れた状態。➡不顕性感染

けんせい-きゅう【×牽制球】(キウ) 野球で、走者の盗塁を防いだり、塁を離れた走者をアウトにしたりするために、投手あるいは捕手がその塁を守る野手に投げるボール。

けんせい-し【憲政史】憲法の制定と、それに基づいて行われる政治の沿革史。日本では大日本帝国憲法の施行以降をさす。「―上初の出来事」

けんぜい-し【検税使】律令制で、諸国の正税と正税帳とを照合点検するために、中央政府から派遣された臨時の官。

げんせい-じんるい【現生人類】現在地球上に広く分布する人類と、生物学上同種の化石人類をさす名称。新人のこと。

げんせい-だい【原生代】地質時代の区分の一。先カンブリア時代の後半。地層は変成や褶曲(しゅうきょく)の程度が弱く、時には化石も発見される。

げんせい-ちゅうりつ【厳正中立】〔名・形動〕どちらへも偏らないで、きびしく中立の立場を守ること。

けんせい-とう【憲政党】(タウ) 明治31年(1898)、大隈重信を総裁、板垣退助を内相とし、自由党・進歩党の合同により結成された政党。日本最初の政党内閣(隈板(わいはん)内閣)を組織したが、同年、憲政党と憲政本党に分裂。

げんせい-どうぶつ【原生動物】動物界の一門。体は1個の細胞からなり、分裂・出芽などによって増殖する。鞭毛虫類(ミドリムシ)・肉質類(アメーバ)・胞子虫類(マラリア病原虫)・繊毛虫類(ゾウリムシ)に分けられる。原虫。

けんせい-の-じょうどう【憲政の常道】(ヂヤウダウ) 二大政党の党首が交互に首相となることを立憲政治の当然のあり方とする考え方。第一次護憲運動のとき、超然内閣に反対して主張された。

けんせい-ほんとう【憲政本党】(タウ) 明治31年(1898)、憲政党の分裂により、旧進歩党系によって結成された政党。同43年、改組して立憲国民党となる。

けんせい-ようご【憲政擁護】官僚政治または閥族政治に反対して、立憲政治を擁護すること。➡護憲運動

げんせい-りん【原生林】昔から現在まで、一度も人手が加えられたことのない、自然のままの森林。原始林。

けん-せき【×譴責】〔名〕(スル) ❶しかり責めること。不正や過失などを厳しくとがめること。「不注意によるミスを―する」❷懲戒処分のうち最も軽いもの。職務上の義務違反について警告し、将来を戒めること。現在、法令上では戒告という。「―処分」

〔類語〕叱る・怒(いか)る・叱咤(しった)・叱責・叱りつける・一喝・大喝・お目玉・大目玉

げん-せき【元夕】陰暦の正月15日の夜。元宵(げんしょう)。〔季 新年〕

げん-せき【玄石】磁石(じしゃく)のこと。

げん-せき【言責】❶自分の述べた言葉に対する責任。「―をとって辞任する」❷物事について、そのよしあしを論ずべき責任。〔類語〕責任・責務・義務・任務・本務・使命・職責・重責・責め・務め・文責

げん-せき【阮籍】[210〜263]中国、三国時代の魏の思想家・文人。陳留(河南省)の人。字(あざな)は嗣宗。竹林の七賢の一人。酒を好み、礼法を無視し、白眼・青眼の故事で有名。老荘の学を好み、「達荘論」「大人先生伝」を著した。

げん-せき【原石】❶原料となる鉱石。原鉱。❷加工の施されていない宝石。「ダイヤモンドの—」

げん-せき【原籍】❶戸籍を変更する以前の、もとの籍。❷本籍。(類語)戸籍・籍・本籍・国籍

げん-せき【厳責】〔名〕スル きびしく責めること。きびしくとがめること。厳譴(げんけん)。「憐むべき母と子を—したりし尽瘁(じんすい)を」〈鏡花・夜行巡査〉

けんせき-うん【▽巻積雲┊絹積雲】十種雲形の一。白い小さな雲塊が集まっているもの。氷晶の集まりで、ふつう5〜13キロの高さに現れる。略号はCc。鱗雲(うろこぐも)。鯖雲(さばぐも)。鰯雲(いわしぐも)。斑雲(まだらぐも)。➡雲級

げんせき-ど【原積土】岩石の風化物がもとの岩石の上に堆積(たいせき)して生じた土壌。残積土(ざんせきど)。⇔運積土。

けんせき-はくば【堅石白馬】▶堅白同異(けんぱくどうい)

げんせ-しゅぎ【現世主義】❶前世や来世を考えず、現世の生活を重んじる立場。❷現世での名声や利益を追う一種の快楽主義。

けん-せつ【建設】〔名〕スル ❶建物・施設・道路などを、新たに造ること。「ダムを—する」❷新しい機構や組織を作り上げること。「平和な社会を—する」
(類語)建てる・建築・建造・築造・造営・建立・新築・普請・営造・作事(さくじ)・造作(ぞうさく)・改築・増築・移築

けん-せつ【倹節】〔名・形動ナリ〕むだな出費をつつしむこと。また、そのさま。倹約。節倹。「—ならず、心安からず、聡明ならず」〈中村訳・西国立志編〉

けん-せつ【兼摂】〔名〕スル 本務以外の仕事を兼ねつかさどること。兼任。「首相が外相を—する」

けん-ぜつ【懸絶】〔名〕スル 著しい隔たりがあること。「両者の実力は見るからに—している」

げん-せつ【言説】意見を言ったり物事を説明したりすること。また、その言葉。ごんせつ。「無用の—を弄(ろう)する」

げん-せつ【原説】もとの説。最初の説。

げん-せっき【原石器】ーセキキ 人類が道具として最初に使用したといわれる石器。第三紀層から発見されたが、人工の石器ではなく自然石とされている。

けんせつ-ぎょう【建設業】ーゲフ 土木・建設に関する工事をする営業。

けんせつぎょう-ほう【建設業法】ケンセツゲフハフ 建設業者の資質向上、施工の適正化、発注者の保護を目的とした法律。建設業者に、所定の書類を添えて経営事項審査を受けることを義務づけている。賄賂の収受などに対する罰則規定もある。昭和24年(1949)施行。

けんせつ-こうさい【建設公債】▶建設国債

けんせつこうじ-ほけん【建設工事保険】工事期間中の火災・台風・盗難などによる建造物や工事用仮設物などに生じた損害を塡補する保険。工事の発注者や受注者を被保険者とする。

けんせつ-こくさい【建設国債】国が公共事業費や出資金・貸付金の財源にあてるために発行する国債。財政法第四条を根拠にしているところから「四条国債」ともいう。建設公債。➡赤字国債

けんせつしざいリサイクル-ほう【建設資材リサイクル法】ーハフ ▶建設リサイクル法

けんせつ-しょう【建設相】ーシヤウ 建設大臣のこと。

けんせつ-しょう【建設省】ーシヤウ 河川・道路・上下水道などの公共事業、住宅・土地政策、都市計画、建設産業の指導・監督などに関する行政事務を担当した国の行政機関。昭和23年(1948)建設院を昇格させて設置。平成13年(2001)運輸省、国土庁、北海道開発庁と統合され、国土交通省となった。

けんせつ-だいじん【建設大臣】建設省の長。建設相。

けんせつ-てき【建設的】〔形動〕現状をよりよくしていこうと積極的な態度でのぞむさま。「—な提案」「—に考える」

けんせつリサイクル-ほう【建設リサイクル法】ーハフ《「建設工事に係る資材の再資源化等に関する法律」の通称》特定の建設資材のリサイクル(再生利用)や、廃棄物の減量化及び適正な処理などについて定めた法律。平成12年(2000)成立。建設資材リサイクル法。➡循環型社会形成推進基本法

けんせつ-りそく【建設利息】鉄道・水力発電など建設に長期間を要する事業で、会社の成立後、2年以上営業内容全部の開業ができないと認められる場合、開業前の一定期間、例外的に株主に配当される利息。工事利息。

げんせ-りやく【現世利益】現在この世で受ける神仏の恵み。現益。

けん-せん【剣×尖】刀剣の先端。切っ先。剣先。

けん-せん【健羨】非常にうらやましく思うこと。「世の人の尊重の的、—の府となる昔いわゆるお役人様」〈二葉亭・浮雲〉

けん-せん【×捲線】コイル。

けん-せん【献×饌】神前に物を供えること。⇔撤饌(てっせん)。

けん-ぜん【健全】〔名・形動〕❶身心が正常に働き、健康であること。また、そのさま。「—な発達をとげる」❷考え方や行動が偏らず調和がとれていること。また、そのさま。「—な社会教育」❸物事が正常に機能して、しっかりした状態にあること。また、そのさま。「—な財政」(派生)けんぜんさ〔名〕
(類語)元気・健康・丈夫・無病息災・無事・健勝・清勝・健(すこ)やか・壮健・達者・まめ・つつがない・息災・強壮・強健・頑健・矍鑠(かくしゃく)

健全なる精神は健全なる身体に宿る　《ユウェナリスの「風刺詩集」から》身体が健康であれば、おのずから精神も健全である。(補説)詩の一部が訳されて広まった言葉。本来は「大欲を抱かず、健康な身体に健全な精神が宿るように望むべきだ」の意。

けん-ぜん【×喧然】〔ト・タル〕図〔形動タリ〕やかましいさま。そうぞうしいさま。「—たる陋巷(ろうこう)」

けん-ぜん【顕然】㊀〔ト・タル〕図〔形動タリ〕はっきりと現れるさま。明らかなさま。「原因は—としている」㊁〔形動ナリ〕㊀に同じ。「されども左府の書状—なり」〈古活字本保元・上〉(類語)はっきり・くっきり・ありあり・まざまざ・確(しか)と・明らか・際(きわ)やか・定か・さやか・鮮やか・明瞭(めいりょう)・鮮明・分明・顕著・歴然・歴歴・瞭然(りょうぜん)・亮然(りょうぜん)・判然・画然(かくぜん)・截然(せつぜん)

げん-せん【言泉】言葉が泉のように絶えずわき出ること。言葉の豊富なこと。

げんせん【言泉】国語辞書。落合直文編「ことばの泉」を、芳賀矢一が増補、改訂したもの。大正10年〜昭和4年(1921〜29)刊。百科語彙を多く収める。

げん-せん【言詮】言葉で説明すること。また、その言葉。「醍醐の妙味を嘗めて—の外に冷暖を自知するが如し」〈漱石・吾輩は猫である〉

げん-せん【弦線┊×絃線】▶ガット(gut)

げん-せん【原潜】「原子力潜水艦」の略。

げん-せん【源泉┊原泉】❶水がわき出るもと。みなもと。❷物事が発生してくるもと。「活力の—」「知識の—」(類語)始め・始まり・起こり・元(もと)・発端(ほったん)・端緒・濫觴(らんしょう)・嚆矢(こうし)・権輿(けんよ)・起源・根源・源・源流・本元・物種・温床

げん-せん【厳選】〔名〕スル 厳重に選択すること。きびしい基準で選び出すこと。「原料を—する」(類語)精選

げん-ぜん【現前】〔名〕スル 目の前にあること。目の前に現れること。「新しい社会が—しつつある」
(類語)目の前・眼前・面前・現れる

げん-ぜん【現然】〔形動タリ〕明らかに見えるさま。「常に余が想像には—たり」〈透谷・楚囚之詩〉

げん-ぜん【×泫然】〔ト・タル〕図〔形動タリ〕涙がはらはらとこぼれるさま。さめざめと泣くさま。「二人相持して—として泣きしが」〈露伴・運命〉

げん-ぜん【厳然┊×儼然】〔ト・タル〕図〔形動タリ〕いかめしくおごそかなさま。動かしがたい威厳のあるさま。「—たる事実」「—とした態度をとる」
(類語)おごそか・厳粛・粛粛

げんせん-かぜい【源泉課税】ークワゼイ 一定の所得・収益に対する租税を、その収入の発生する場所で個々に課税する方法。

けんぜん-ぎんこう【健全銀行】ーギンカウ ▶健全行

けんぜん-こう【健全行】ーカウ 自己資本比率が、国内営業銀行で4パーセント以上、国際営業銀行で8パーセント以上である銀行。健全銀行。

けん-せんじ【兼宣旨】平安時代以後、大臣・大将の任官の際、あらかじめ任命の日時を伝える宣旨。兼ね宣旨。

げんせん-ちょうしゅう【源泉徴収】ーチヨウシウ 利子所得・配当所得・給与所得・退職所得・原稿料その他の報酬の支払いの際に、支払者が所定の所得税を天引き徴収し、国に納付する制度。

けん-そ【倹素】〔名・形動〕むだな出費をせず質素なこと。また、そのさま。「—な暮らし」

けん-そ【険阻┊×嶮×岨】〔名・形動〕❶地勢のけわしいさま。また、その所。険峻(けんしゅん)。「—な山地」❷顔つきなどのけわしいこと。また、そのさま。「彼の細君は—な顔を彼にむけて」〈宇野浩二・苦の世界〉
(類語)峻険・険峻・急峻・険しい

けん-そ【×縑素】白い縑(かとり)。書画をかくのに用いる。

けん-ぞ【見▽証】《「けんしょう」または「けんじょ」の変化か》傍らで見ること。特に、囲碁・蹴鞠(けまり)・双六(すごろく)などに立ち合い、勝負の判定をすること。「かの御碁の—せし夕暮のことも言ひ出でて」〈源・竹河〉

げん-そ【元素】❶万物の根源をなす、それ以上分割できない要素。ギリシャ哲学の四元素(地・水・空気・火)、仏典の四大(地・水・火・風)など。❷原子番号の等しい原子だけからなる物質。現在は水素をはじめ118種とされる。他分野で用いる元素と区別して、化学元素ともいう。(補説)自然界に存在するのは原子番号92のウランまで。93番以上の元素は超ウラン元素、104番以上の元素は超アクチノイド元素と呼ばれ、加速器を使って人工的に合成される。113番元素は日本の理化学研究所が発見した。113番以上の元素のうち114番と116番は2012年にIUPAC(国際純正・応用化学連合)がそれぞれ「フレロビウム(F1)」「リバモリウム(Lv)」と命名。113・115・117・118番の各元素は正式名称が決まっていない。

げん-そ【減租】〔名〕スル 税額を減らすこと。減税。

けん-そう【剣相】ーサウ 刀剣の地肌・焼き刃・光沢などのようす。

けん-そう【険相】ーサウ〔名・形動〕険悪な人相。怒りをあらわにしたけわしい顔つき。また、そのさま。「まなじりのつりあがった—な面がまえ」

けん-そう【×喧×噪┊×喧騒┊×諠×譟】ーサウ〔名・形動〕物音や人声のうるさく騒がしいこと。また、そのさま。「都会の—を離れる」「—な(の)市街」
(類語)騒ぎ・狂騒・躁狂(そうきょう)・うるさい・やかましい・騒騒しい・騒がしい・かまびすしい・かしましい・にぎやか・口うるさい・口やかましい・小やかましい・騒然・喧喧囂囂(けんけんごうごう)・けたたましい

けん-そう【検僧】江戸時代、葬式のとき、死者の髪剃(こうぞ)りをするため立ち合った僧。その死体に異状を認めたときは葬式を差し止めることができた。

けん-そう【献奏】〔名〕スル 神仏の前で楽曲を演奏し奉納すること。「神楽を—する」(補説)「故人の好きであった曲を献奏する」のように、亡くなった人の冥福を祈って霊前で楽曲を演奏することをもいう。

けん-そう【憲宗】[1208〜1259]モンゴル帝国第4代皇帝。在位1251〜1259。名は蒙哥(モンケ)。フビライの兄。カラコルムに都し、内政を整え、弟らに雲南・チベット・ペルシアを攻めさせ、1257年、自ら南宋攻略に参加、陣中で病死。メンゲ=ハン。

けん-そう【顕▽証】〔名・形動ナリ〕《「そう」は「しょう」の直音表記》「けんしょう(顕証)」に同じ。「道—ならぬ先にと、夜深う出でしかば」〈更級〉

けん-ぞう【建造】ーザウ〔名〕スル 建物・船舶など大規模な物を造ること。「タンカーを—する」
(類語)建てる・建設・建築・築造・造営・建立・新築・普請・営造・作事(さくじ)・造作(ぞうさく)・改築・増築・移築

けん-ぞう【×萱草】ーザウ ▶かんぞう(萱草)

げん-そう【幻相】ーサウ 仏語。幻のように実体がなく、はかないありさま。世間の無常の姿。

げん-そう【幻想】ーサウ〔名〕スル 現実にはないことをあるかのように心に思い描くこと。また、そのような想念。「—を抱く」「戦争のない未来を—する」

類語 想像・推測・臆測・仮想・想見・空想・夢想・連想・妄想・幻覚・架空・イマジネーション・ファンタジー・イリュージョン

げん-そう【玄宗】[685～762]中国、唐の第6代皇帝。在位712～756。姓は李、名は隆基。諡号は明皇帝。「開元の治」とよばれる太平の世を築いたが、晩年は楊貴妃に溺れて安史の乱を招いた。

げん-そう【現送】〔名〕スル 現金や現物を輸送すること。

げん-そう【舷窓】 船体の側面に作られた、採光・通風用の小窓。

げん-そう【▽還相】 仏語。往生して仏になったのち、再びこの世にかえって利他教化の働きをすること。また、そのためにかえる姿。⇔往相。

げん-ぞう【幻像】 実際にはないのに、あるかのように見える像。幻影。

げん-ぞう【▽見▽参】「げんざん(見参)」に同じ。「それもお目が参ったならば、御一であらうず」〈虎寛狂・今参〉

げん-ぞう【原像】 数学で、写像されるもとの像のこと。写像 $f: x \to y$ の x をいう。

げん-ぞう【現像】〔名〕スル ❶撮影したフィルム・乾板などを薬品で処理して、映像をあらわし出すこと。デジタルカメラの場合、撮影・記録したRAW形式の未加工のデータを、専用のソフトウエアを使って処理することを指す。❷ある事柄が、ある形をとってあらわれること。また、その形。「是れも亦圧制政府の一である」〈鉄腸・花間鶯〉

けんそう-うん【▽巻層雲｜絹層雲】 十種雲形の一。薄いベール状の白い雲。氷晶の集まりで、ふつう5～13キロの高さに現れる。太陽や月にかかると暈を生じることが多い。略号はCs。薄雲。➡雲級

げんぞう-えき【現像液】 フィルムなどの現像に用いる水溶液。ハイドロキノン・メトール・フェニドンなどの現像主薬、酸化を防ぐ保恒剤、現像促進剤、現像抑制剤などからなる混合溶液。

げんそう-えこう【▽還相回向】 仏語。極楽浄土に往生した人が、再びこの世に生まれかえって、人々を教化して救うこと。⇔往相回向。

けんそう-か【懸痩果】 ➤懸果

げんそう-きょく【幻想曲】 形式にとらわれず、作者が自由に楽想を展開させて作る曲。ファンタジー。

げんそうこうきょうきょく【幻想交響曲】《原題、フランス Symphonie fantastique》ベルリオーズ作曲の交響曲。全5楽章。1830年パリで初演。失恋した青年芸術家の阿片による幻想を描写したもので、標題音楽の代表作。

げんそう-てき【幻想的】〔形動〕現実から離れて、まぼろしの世界を夢見ているようなさま。ファンタスティック。「一な調べ」

けんぞう-てんのう【顕宗天皇】 記紀で、第23代の天皇。名は弘計。履中天皇の孫。父市辺皇子が雄略天皇に殺されたとき、兄の億計王(のちの仁賢天皇)とともに身を隠したが、嗣子のない清寧天皇に迎えられ、天皇の没後、即位したという。

けんぞう-ぶつ【建造物】 建造した物。家屋・倉庫・橋・船舶など。類語 建物・建築物・ビルディング

けんぞうぶつそんかい-ざい【建造物損壊罪】 ➤建造物等損壊及び同致死傷罪

けんぞうぶつそんかいちししょう-ざい【建造物損壊致死傷罪】 ➤建造物等損壊及び同致死傷罪

けんぞうぶつとういがいほうか-ざい【建造物等以外放火罪】 現住建造物等放火罪・非現住建造物等放火罪が定める以外の物に放火し、公共の危険を生じさせる罪。刑法第110条が禁じ、1年以上10年以下の懲役に処せられる。放火した物が自分の所有物の場合は、1年以下の懲役または10万円以下の罰金に処せられる。

けんぞうぶつとうそんかいおよびどうちししょう-ざい【建造物等損壊及び同致死傷罪】 他人が所有する建造物や船舶を壊す罪。刑法第260条が禁じ、5年以下の懲役に処せられる。また、これによって人を死傷させた場合は、通常の傷害罪などより重い刑が科せられる。建造物等損壊罪。建造物損壊罪。建造物損壊致死傷罪。

けんぞうぶつとうそんかい-ざい【建造物等損壊罪】 ➤建造物等損壊及び同致死傷罪

げんそう-ぶんがく【幻想文学】 超自然的な事象を題材とする文学の総称。

げんそ-きごう【元素記号】 元素の種類を示すほか、その元素の原子1個あるいは1グラム原子を表す記号。元素名の頭文字か、頭文字に1字添えて表す。水素はH塩素はClなど。原子記号。

けん-そく【検束】〔名〕スル ❶行動を制限して自由にさせないこと。厳しく抑制すること。「自ら一する行事に依頼すべし」〈中村訳・西国立志編〉❷警察権によって個人の身体の自由を拘束し、警察署など一定の場所に引致し、一時留置すること。旧行政執行法に規定されていた。

類語 捕まえる・捕る・捕らえる・引っ捕らえる・取り押さえる・生け捕る・召し捕る・搦め取る・引っ括る・捕まえる・捕獲する・拿捕する・捕縛する・逮捕する・検挙する・挙げる・ぱくる・しょっぴく・留置・勾留・拘置・抑留・拘禁

けん-そく【賢息】 かしこい息子。また、他人を敬って、その息子をいう語。令息。

けん-ぞく【県属】 旧制で、県の事務を取り扱う役人のこと。

けん-ぞく【×眷属｜×眷族】 ❶血筋のつながっている者。一族の者。身内の者。親族。❷従者。家来。配下の者。「四五百人の所従一に囲繞せられて」〈平家・三〉

げん-そく【原則】 多くの場合に共通に適用される基本的なきまり・法則。「一を立てる」「一から外れる」「一として部外者の立ち入りを禁止する」

類語 鉄則・不文律

げん-そく【舷側】 船体の側面。ふなばた。ふなべり。

げん-そく【減速】〔名〕スル 速度を落とすこと。また、速度が落ちること。⇔加速。類語 スピードダウン・失速

げん-ぞく【▽還俗】〔名〕スル 一度出家した者がもとの俗人に戻ること。法師がえり。

げんそく-き【減速機】 ➤減速装置

げんそく-ざい【減速材】 原子炉で、核分裂によって発生する高速中性子を減速して、連鎖反応を引き起こしやすい熱中性子にする物質。軽水・重水・黒鉛など。モデレーター。

けんぞく-しん【×眷属神】 大きな神格に付随する多数の小神格。摂社。末社。

げんそく-そうち【減速装置】 ある回転軸の回転数を減少させて、他の回転軸へ伝える装置。回転数に反比例してトルクが上がるため、モーターの回転を車輪やプロペラに伝える際などに用いられる。減速機。⇔増速装置。

げんそく-ほう【原則法】 一定の事項につき、原則的に適用される法規。原則規定。⇔例外法。

げんそく-わたし【舷側渡し】 ➤エフ-エー-エス(FAS)

げんそ-こうぶつ【元素鉱物】 一種類の元素からなる鉱物。ダイヤモンド・自然銅など。

げんそ-しゅうきひょう【元素周期表】 ➤周期表

げんそ-しゅうきりつ【元素周期律】 ➤周期律

げん-そば【玄蕎＝麦】 殻のついたままのソバの実。また、それを天日に干したもの。

げんそ-ぶんせき【元素分析】 有機化合物を作っている元素、炭素・水素・窒素などの種類や割合を調べるために行う化学分析。

けん-そん【謙遜】〔名・形動〕スル へりくだること。控え目な態度をとること。また、そのさま。「一して何も語らない」「(小サナ花ハ)きわめて一な、有るか無きかのものである」〈寅彦・病室の花〉

類語 卑下・へりくだる・謙譲・敬譲

げん-そん【玄孫】 曾孫の子。孫の孫。やしゃご。

げん-そん【現存】〔名〕スル《「げんぞん」とも》現在、実際にあること。現実に存在していること。「一する最古の文献」類語 存在・所在・既存・実在・実存・現在・厳存・存立・存する・在る・居る

げん-そん【減損】〔名〕スル 物や財産などが減ること。また、減らすこと。「利益率が一する」類語 消耗・損耗

げん-そん【厳存】〔名〕スル 厳然として存在すること。確実に存在すること。「天地の前に自分が一して居ると云う観念は」〈漱石・虞美人草〉

類語 存在・実在・実存・現存・現在・存立・所在・既存・存する・在る・居る

げんそん-ウラン【減損ウラン】 ➤劣化ウラン

げんそん-かいけい【減損会計】 ➤減損処理

けんそん-ご【謙遜語】 ➤謙譲語

げん-そんざい【現存在】《ドイツ Dasein》ハイデッガーの実存哲学の用語。自己を現にそこ(da)にあるものとして自覚する存在。人間的実存のこと。

げんそん-しょり【減損処理】 主に固定資産に関する会計処理の一つ。資産の市場価格の低下や、資産から生み出される収益の低下があり、資産に対して行った投資の回収が見込めなくなった場合に、その分を損失として計上し、その資産の帳簿価額を切り下げること。日本の上場企業は、平成17年(2005)4月以降の会計年度で、減損処理の実施が義務付けられた。減損会計。

けん-だ【拳打】〔名〕スル こぶしで打つこと。「一の傷は痊えやすし」〈中村訳・西国立志編〉

けん-だ【×倦惰】 飽きてなまけること。嫌になってだらけること。

げんた【源太】 文楽人形の首の一。「ひらかな盛衰記」の梶原源太からついた名称で、時代物・世話物を問わず、20歳前後の二枚目役に用いる。

けん-たい【肩帯】 前足を支える骨格。上肢帯。

けん-たい【兼帯】〔名〕スル ❶一つで二つ以上の用を兼ねること。兼用。「朝昼一の食事」❷一人で二つ以上の職務を兼ね帯びること。兼任。兼務。「二役ヲ一スル」〈和英語林集成〉

けん-たい【剣帯】 ❶剣と革帯。❷文武官などが帯剣の際に用いた帯。

けん-たい【×倦怠】〔名〕スル ❶物事に飽きて嫌になること。飽き飽きすること。❷心身が疲れてだるいこと。「一感」類語 飽きる・倦む・食傷・飽き飽き・うんざり・退屈・鼻に付く・げんなり・懲り懲り・辟易・閉口・まっぴら・疲労・疲れ・くたびれ・疲弊・疲憊・困憊・困弊・過労・所労

けん-たい【検体】 医学で、検査の材料。血液・髄液・尿や組織の一部など。

けん-たい【献体】〔名〕スル 死後自分の遺体を解剖学の実習のために提供すること。

けん-たい【献替】〔名〕スル 主君を補佐し、善を勧めて悪をいさめること。けんてい。「一を聴き或は其許諾を請う」〈津田真道訳・泰西国法論〉

けん-たい【謙退】〔名・形動〕へりくだって控え目にすること。また、そのさま。「若瓜徳固より一なる人なれば」〈中村訳・西国立志編〉

けん-だい【見台】《書見する台の意》書物をのせて読むのに用いる台。謡曲・浄瑠璃・長唄などの譜面をのせるのにも用いる。

けん-だい【兼題】《兼日の題の意から》歌会・句会などで、題をあらかじめ出しておいて作るもの。また、その題。⇔席題。

けん-だい【献題】 著者または発行者が他人に本を献呈するとき、書き記す言葉。献詞。献辞。

けん-だい【賢台】〔代〕二人称の人代名詞。手紙などで、同等またはそれ以上の相手に対し敬意を込めて用いる語。貴台。

げん-たい【原隊】 軍隊で、もと所属していた部隊。「一に復帰する」

げん-たい【原態】 もとの状態。原状。

げん-たい【減退】〔名〕スル 減って少なくなること。特に、体力・意欲などが衰えること。「食欲が一する」⇔増進。類語 後退・下り坂・下火・退潮・尻すぼまり・廃頽・落ち目・左前・不振

げん-だい【原題】 改めたり翻訳したりした題に対し

て、もとの題。(類語)題・題名・題目・題号・標題・表題・外題(げだい)・内題・名題(なだい)・作品名・書名・書目・編目・演題・画題・タイトル・仮題

げん-だい【現代】❶現在の時代。今の世。当世。「—社会」❷歴史上の時代区分の一。ふつう、日本史では第二次大戦後の時代、世界史では第一次大戦後の時代をさす。(類語)(❶)当世・当代・近代・今日(こんにち)・現今・同時代・今の世(よ)・今様・モダン・コンテンポラリー・今・時代・当今・当節・今日日(きょうび)

げんだい-か【現代華】(ゲク) 伝統的な様式を重んじる生け花に対し、個人の創造性に主眼を置く生け花。

げんだい-かなづかい【現代仮名遣い】(ヅカヒ) 現在、一般に用いられている仮名遣い。昭和21年(1946)11月16日付けの内閣告示によって急速に普及し、同61年7月1日付けで改定されたが、内容的に大きな変化はなかった。主として現代語の発音に基づいて書き方を定めているが、助詞「は」「へ」「を」をもとのまま用いるなど、一部に歴史的仮名遣いによる書き方を残している。新仮名遣い。➡歴史的仮名遣い (類語)仮名遣い・歴史的仮名遣い・旧仮名遣い・新仮名遣い

げんたい-き【×倦怠期】飽きて嫌になる時期。特に夫婦の間柄についていう。

げんだい-げき【現代劇】演劇・映画などで、現代に題材をとったもの。⇔時代劇。

げん-たいけん【原体験】その人の思想が固まる前の経験で、以後の思想形成に大きな影響を与えたもの。

げんだい-ご【現代語】❶現代、用いられている言語。❷日本語では、明治以降現に用いられている言語。または、第二次大戦後の言語。特に、東京語を中心とする共通語をいう。

げんだい-し【現代詩】20世紀初めごろから書かれた詩。日本では特に、第二次大戦以後に書かれた詩をいう。

げんだい-てき【現代的】〘形動〙今の時代のものとしての新しさがあるさま。現代生活にふさわしいさま。現代風。当世風。モダン。「—な建築」
(類語)新しい・斬新・新奇・先端的・モダン・アップツーデート・真新しい・最新・目新しい

げんだい-ばん【現代版】古典文学の主人公や昔の著名な事件などを、現代風に再現したといえるようなもの。「—光源氏」

げんだい-ぶん【現代文】現代語で書かれた文章。広義には明治以後に書かれた文章。

ケンタウルス-ざ【ケンタウルス座】南天の星座の一。6月上旬の午後8時ごろ南中、日本では南の地平線上に一部が見える。ω(オメガ)星団は4等星。α(アルファ)星はマイナス0.1等で明るく、恒星の中で最も地球に近い距離の4.4光年にある星。名称はギリシャ神話のケンタウロスにちなむ。学名(ラテン)Centaurus

ケンタウロス〖Kentauros〗ギリシャ神話の怪物の一族。上半身は人間の姿で、下半身は馬の胴体と四肢をもつ。センタウル。ケンタウルス。

ケンタウロス-ぞく【ケンタウロス族】小惑星の分類の一つ。木星と海王星の間を公転する小惑星を指す。多くの小惑星が含まれる小惑星帯とは異なる軌道をもつため、特異小惑星に分類される。木星の重力による摂動を受けやすく、軌道が不安定なものが多い。主な小惑星はキロン。

けん-だか【権高‖見高】〘名・形動〙気位が高く傲慢(ごうまん)なこと。相手を見下して高飛車な態度をとるさま。「—な振舞い」「—に指図する」

げん-だか【現高】帳簿・預金通帳などで、現在ある金額や数量。現在高。

けんだく-えき【懸濁液】液体中に顕微鏡で見える程度の粒子が分散しているもの。粘土を含んだ濁水、金のコロイド溶液など。

けん-たつ【顕達】〘名〙(スル) 立身出世すること。栄達。「—の後といえども卑賤の時に異なることなし」〈中村訳・西国立志編〉

げん-たつ【厳達】〘名〙(スル) きびしく言い渡すこと。また、厳重に通達すること。「新規則が—される」

ケンタッキー〖Kentucky〗米国中東部の州。州都フランクフォート。州の中南部にはカルスト地形が多く、マンモスケーブ国立公園がある。➡表「アメリカ合衆国」

けんだつば【乾闥婆】《梵 Gandharvaの音写。食香・尋香・香神などと訳す》仏法護持の八部衆の一。帝釈天(たいしゃくてん)に仕え、香だけを食し、伎楽を奏する神。法華経では観音三十三身の一つに数える。

けんだつば-じょう【乾闥婆城】(ジャウ) 乾闥婆神が幻術によって空中につくり出してみせた城。幻のように実体のないもののたとえ。蜃気楼(しんきろう)。

けん-だま【剣玉‖拳玉】木製の玩具。長さ15センチくらいの剣状の柄に糸を結びつけ、糸の一方に穴のあいた球をつけたもの。振り上げた球を皿で受けたり、柄の先端にはめたりして遊ぶ。江戸中期に中国から渡来、座敷遊びにとり入れられたが、大正ころ皿が三つの十字形になってから、日月(にちげつ)ボールの名で子供の玩具として流行した。

けんだら【乾陀羅】《梵 Gandhāraの音写》➤ガンダーラ

けんだら-じゅ【▽乾×陀羅樹】ワサビノキ科の落葉低木。インドの原産。香木で、乾陀羅香・安息香などの香料の原料にする。また、煮汁は僧侶の衣を茶褐色に染めるのに用いる。乾陀樹。乾陀羅。乾陀。

ケンダル〖Kendal〗英国イングランド北西部の町。ケント川に沿う。中世より羊毛産業と中心地として、また市場町として栄え、中世の面影を色濃く残している。湖水地方南部の観光拠点であり、同地方の歴史や文化に関する博物館や美術館が多い。

けん-たん【検×痰】〘名〙(スル) 痰を検査して病原菌などの有無を調べること。

けん-たん【健×啖】〘名・形動〙好き嫌いなくよく食べること。食欲が旺盛なこと。また、そのさま。「驚くほど—な人」「年を感じさせぬ—ぶり」
(類語)大食い・大食・牛飲馬食

けん-だん【検断】❶中世、侍所・六波羅探題・守護・地頭などが刑事上の事件を審理し、判決する手続き。❷「検断職(けんだんしき)❶」の略。❸大庄屋(おおじょうや)のこと。

げん-たん【減反‖減▽段】〘名〙(スル) 作付け面積を減らすこと。「昨年の半分に—する」「—政策」⇔増反。

げん-たん【厳探】〘名〙(スル) 警察などが、厳重にさがすこと。「目下犯人—中の由なれども」〈芥川・首が落ちた話〉

げん-だん【玄談】❶奥深い話。深遠な話。特に老荘の道についていう。❷仏典を講義するに先立って、題号や撰者、大意などを説明すること。開題。

げん-だん【言談】話すこと。ものがたること。言説。談話。

げん-だん【厳談】〘名〙(スル) きびしい態度でかけあうこと。「曠(ぬか)らず—せよと代理を命ぜられて」〈紅葉・金色夜叉〉

げん-たんい【原単位】(ータンヰ) 鉱工業製品の一定量を生産するのに必要な、原材料・労働力・動力などの標準的な分量。

けんたん-か【健×啖家】食欲の旺盛な人。大食漢。

げん-だんかい【現段階】現在の段階。「—では成否を予測できない」

けんだん-さた【検断沙汰】中世の裁判制度で、謀反・強盗・殺害・放火・刈田狼藉(ろうぜき)など、刑事事件を扱うこと。また、その裁定に基づく処置。

けんだん-しき【検断▽職】❶中世、検断のことを扱う権限をもっていた役職。❷室町末期の幕府の職名。侍所の管轄下で、京都市内および周辺の検断に関する雑務を取り扱った。

けん-ち【見地】〘名〙(スル) ❶物事を考えたり論じたりする場合の、よりどころとなる立場。観点。「教育的な—に立つ」❷土地を実際に見て調べること。

けん-ち【軒×輊】〘名〙(スル)《「軒」は車の前が高い、「輊」は車の前が低い意》上がり下がり。高低。転じて、優劣・軽重・大小などの差があること。「個人的欲求と社会的欲求とが—するという考えは」〈有島・惜みなく愛は奪ふ〉

けん-ち【堅緻】〘名・形動ナリ〙堅固で緻密なこと。また、そのさま。「火石は其質—にして其形方正なる者なり」〈西周・明六雑誌四〉

けん-ち【検地】近世、年貢の徴収と農民支配を目的に、幕藩領主が行った土地の測量調査。検地帳に田畑の面積・等級・石高・名請人などを記載し、領主支配の基礎とした。豊臣秀吉の太閤検地以後、全国的規模で行われた。竿入れ。縄打ち。

けん-ち【検知‖見知】〘名〙(スル) ❶機器などを使って検査し、故障などを知ること。「ガス漏れを—する」「—器」❷(見知)実際に目で見て知ること。目で見て心に悟ること。「端より尾に至るまで備(つぶさ)に之を—するを得るも」〈フェノロサ・美術真説〉❸実地に調べること。「洞院の御所にたてられたる文庫共を、出納知兼をもって—せらる」〈保元・下〉❹敵の下級武士の首を検査すること。首実検。「首七十三取って鋒(きっさき)に貫いて…六波羅へ馳せ参る。…両六波羅は敷皮に坐して、是を—す」〈太平記・八〉❺➤検尺(けんじゃく)

けん-ち【×硯池】「硯海(けんかい)」に同じ。

けんち【×犍稚】《梵 ghaṇṭāの音写。鐸・鈴・鐘などと訳す》仏教寺院で、時刻を知らせ、また集会の合図として打ち鳴らす器具。

けん-ち【賢知‖賢×智】賢くて知恵のあること。「—の人は自ら謙虚して」〈中村訳・西国立志編〉

げん-ち【玄地】はるか遠くの土地。奥深い地。「名を—に遁(のが)れ、跡を白雲に暗くする人」〈盛衰記・七〉

げん-ち【言▽質】《「ち」は人質や抵当の意》のちの証拠となる言葉。ことばじち。「交渉相手の—を取る」「不用意に—を与える」(補説)「げんしち」「げんしつ」は誤読から生じた慣用読み。

げん-ち【現地】❶ある事が実際に行われている、また行われる場所・土地。現場。「—におもむく」「—採用」❷現在、自分が住んでいる土地。「—に永住する」(類語)現場・実地・土地・地(ち)・地方・当地・御当地・当所・地元・地(じ)・地域・区域・地区・地帯・界隈(かいわい)

ゲンチアナ〖(ラテン)Gentiana〗リンドウ科リンドウ属の植物の総称。根および根茎から健胃剤を製する。

けんち-いし【間知石】大小二つの面(つら)をもった四角錐状の石材。石垣などに、広いほうの面を外側に連ねて用いる。

ゲンチェア-ぼち【ゲンチェア墓地】《Cimitirul Ghencea》ルーマニアの首都ブカレストの中心部にある墓地。敷地内は一般市民と軍人の墓地に分かれている。1989年のルーマニア革命で処刑されたチャウシェスクと夫人エレナの墓があることで知られる。

けん-ちく【建築】〘名〙(スル) 家屋などの建物を、土台からつくり上げること。また、その建物やその技術・技法。「注文—」「木造—」「耐震—」(類語)建設・建造・築造・営造・造営・建立(こんりゅう)・普請(ふしん)・作事(さくじ)・造作(ぞうさく)・新築・改築・増築・移築 (—する)建てる

げん-ちく【減築】〘名〙(スル) 建物を改築する際に、床面積を減らすこと。⇔増築。(補説)子供が独立した後の夫婦が部屋数を少なくして使いやすくしたり、住宅の総重量を減らして耐震性を高めたりする目的で行われる。

けんちく-か【建築家】建物の設計や工事の監理などを職業とする人。

けんちく-がく【建築学】建築について研究する学問。

けんちく-かくにん【建築確認】建築基準法に基づき、建物を新築・増築するとき、建築主は必要な図面などを添えて自治体に点検を申請し、安全基準に適合の確認を取ること。平成11年(1999)から民間検査機関も認められるようになった。同19年の法改正で、新たに構造計算適合性判定機関の審査が加わり、より厳格化された。

けんちく-きじゅんほう【建築基準法】(ーキジュンハフ) 建築物の敷地・構造・設備・用途に関する一般的な最低基準、都市計画区域内における建蔽(けんぺい)率・容積率・高度制限などの最低基準を定める法律。昭和25年(1950)分割施行。➡建築確認 ➡構造計算書

けんちく-きょうてい【建築協定】(ーケフ) 建築基準法などの一般的制限以外に、市町村が条例で決める一定区域内で、関係権利者の全員の合意のもとに、建築の敷地・構造・意匠などについて取り決める協定。

けんちく-し【建築士】建築士法による免許を得て、

建築物の設計、工事監理などを行う技術者。国土交通大臣の免許による一級建築士、都道府県知事の免許による二級建築士、および木造建築士がある。

けんちくし-ほう【建築士法】建築物の設計、工事監理に当たる技術者の資格を定め、業務の適正化、建築物の質の向上を目的とする法律。一級建築士、二級建築士、木造建築士に分け、それぞれの設計、工事監理のできる建築物の規模を定める。法規違反に対する罰則もある。昭和25年(1950)施行。

けんちく-しゅじ【建築主事】建築基準法に基づいて、特殊建築物などの建築計画の確認、建築物に関する臨検などを行う市町村または都道府県の職員。

けんちくねん-わりびき【建築年割引】地震保険の契約に際し、対象建物の建築が昭和56年(1981)6月1日以降である場合に適用される保険料の割引。(補説)契約開始日が平成13年(2001)10月1日以降のもの。割引率は10パーセント。

けんちく-ぶつ【建築物】家屋や倉庫など、建築した物。たてもの。建築基準法では、土地に定着する工作物のうち、屋根および柱もしくは壁を有するものとする。(類語)建物・建造物・ビルディング

けんちく-めんせき【建築面積】建築物の外壁または柱の中心線で囲まれた内側の部分の水平投影面積。俗に建蔽けんぺいという。

けんち-ざお【検地×竿】▶間竿けんざお❶

けん-ちじ【県知事】県の首長。県を統轄し、代表する最高責任者。

けんち-ちょう【検地帳】検地の結果を書き記した土地台帳。縄帳。水帳みずちょう。

げんち-ほうじん【現地法人】企業が海外に進出する際、現地の法律に基づいて設立される法人。現地の会社に資本参加する場合にもいう。

げんち-ほご【現地保護】他国で内乱などが発生して、そこに住む居留民が危険に陥ったとき、母国政府が責任をもってその土地で保護すること。

けん-ちゃ【献茶】〔名〕スル 神仏に茶を献ずること。また、その茶。貴人に茶をたてることにもいう。

けん-ちゅう【検注】鎌倉・室町時代、荘園領主や国司が、所領の年貢徴収の基準を定めるために、検注使を遣わして田畑の面積や作物の出来ぐあいなどを調査させたこと。

けん-ちゅう【絹×紬|繭×紬】柞蚕糸さくさんしで織った薄地の平織物。淡褐色を帯びて節がある。布団・洋傘・衣服などに用いる。けんちゅうつむぎ。

げんちゅう【元中】南北朝時代、南朝の後亀山天皇の時の年号。1384年4月28日〜1392年閏10月5日。

げん-ちゅう【原虫】原生動物の異称。寄生虫学などでいう。「マラリアー」

げん-ちゅう【原注|原×註】初めからその文章についている注。「一に従って解釈する」

けんちゅう-し【検注使】荘園制で、検注のために領主が派遣した者。

げんちゅうしゅうい【源註拾遺】源氏物語の注釈書。8巻。契沖著。元禄9年(1696)成立。天保5年(1834)刊。「湖月抄」など従来の注を訂正し、自説を述べたもの。

けんちゅう-ちょう【検注帳】検注の結果を記した帳簿。荘園領主が年貢徴収の基礎とした土地台帳。馬上帳。実検帳。取帳。丸帳。

けん-ちょ【顕著】〔形動〕図〔ナリ〕際立って目につくさま。だれの目にも明らかなほどはっきりあらわれているさま。「一な業績」「徴候が一に現れる」

(類語)はっきり・くっきり・ありあり・まざまざ・確しかと・明らか・際きわやか・定か・さやか・鮮やか・明瞭めいりょう・鮮明・分明・顕然・歴然・歴歴・瞭然りょうぜん・亮然りょうぜん・判然・画然かくぜん・截然せつぜん・目立つ・引き立つ・際立つ・水際立つ・著しい・めぼしい・光る

げん-ちょ【玄×猪】❶「亥いの子の祝いわい」に同じ。(季 冬)「柑橘かんきつに霜静かなる一かな/蝶衣」❷イノシシの頭に似た形の花器。池坊流の生花せいかに多く用いる。

げん-ちょ【原著】注釈を付したり、翻訳・改作したりしたものに対して、そのもとになった著作。原作。

(類語)原作・オリジナル・書き下ろし

けん-ちょう【見丁】御修法みしほのとき、花香・乳木にゅうもくを取り出す僧の役名。

けんちょう【建長】鎌倉中期、後深草天皇の時の年号。1249年3月18日〜1256年10月5日。

けん-ちょう【県庁】県知事を長とし、県の行政事務を取り扱う役所。「一所在地」

けん-ちょう【県鳥】各都道府県で、郷土を代表するものとして選定されている鳥。東京都のユリカモメ、富山県のライチョウ、新潟県のトキなど。➡表「県花・県鳥・県木」

けん-ちょう【堅調】〔名・形動〕❶堅実な調子であること。また、そのさま。「売上げが一な足どりで伸びる」❷相場が徐々に上昇する傾向にあること。また、そのさま。「一な繊維株」⇔軟調。

けん-ちょう【×褰帳】即位式や朝賀の際、高御座たかみくらの御帳みちょうをかかげひらくこと。また、その役の女官。とばりあげ。

げん-ちょう【幻聴】幻覚の一。実際には音がしていないのに、聞いたように感じること。「幻視一」(類語)そら耳

げん-ちょう【玄鳥】ツバメの別名。

げん-ちょう【阮朝】ベトナム最後の王朝。1802年、阮福映が国内を統一して創始。国号を越南えつなんとし、順化じゅんかに都した。19世紀中ごろからフランスの侵略を受け、1883年にはその保護国となり、1945年、バオ=ダイ帝の退位により消滅。グエン朝。

げん-ちょう【原腸】動物の発生において、胞胚ほうはいの陥入によってできるくぼみの部分、およびその内壁。消化管の原基で、のちに腸管や肝臓などの器官に分化する。

けんちょう-ぎ【検潮儀】潮の干満による海面の高低を記録する機械。潮位計。検潮器。水位計。

けんちょう-じ【建長寺】神奈川県鎌倉市山ノ内にある臨済宗建長寺派の本山。山号は巨福山こふくさん。開創は建長5年(1253)、開基は北条時頼、開山は蘭渓道隆らんけいどうりゅう。鎌倉五山の第一位。国宝の梵鐘・道隆画像など多数の文化財を所蔵。

けんちょうじ-ぶね【建長寺船】火災で焼失した建長寺の再建費用を得るため、鎌倉幕府の公認により正中2年(1325)元に渡航した貿易船。

けんちょう-しゃ【健聴者】聴覚に障害のない人。

げんちょう-はい【原腸×胚】▶嚢胚のうはい

げんちょうひし【元朝秘史】中国の歴史書。12巻。編者未詳。1240年ごろウイグル文字で書かれたといわれ、原本は残っていないが、漢訳および漢字での音写本がある。元のチンギス=ハンとオゴタイの実録で、説話や伝承もまじる。那珂通世なかみちよの「成吉思汗実録ジンギスカンじつろく」はその日本語訳。元秘史。

げん-ちょしゃ【原著者】翻訳・脚色をした人に対して、もとの文章や書物を書いた人。原作者。

けんちょな-ふへんてきかち【顕著な普遍的価値】▶オー-ユー-ブイ(OUV)

ゲンチリック-こうえん【ゲンチリック公園】《Gençlik Parkı トルコ語で「若者の公園」の意》トルコの首都アンカラの市街中心部にある公園。アンカラ駅の前に広がる緑豊かな公園であり、市民の憩いの場になっている。オペラハウスが隣接する。

けん-ちん【▽巻▽繊】《「ちん(繊)」は唐音》椎茸しいたけ・ごぼう・にんじんなどをせん切りにして味付けをし、湯葉で巻いて油で揚げたもの。現在は、つぶした豆腐を野菜とともに油で炒め、醤油・酒などで調味したものをいう。元来は禅僧が中国から伝えた普茶ふちゃ料理。

けんちん-じる【▽巻▽繊汁】つぶした豆腐とせん切りにした野菜を油で炒め、澄まし汁仕立てにしたもの。(季 冬)

けんちん-むし【▽巻▽繊蒸(し)】つぶした豆腐とせん切りにした野菜を油で炒め、背開きにした小鯛こだいの腹に詰めて、せいろで蒸した料理。

けん-つい【×鉗×鎚】《「鉗」は金ばさみ、「鎚」は金づちの意》禅家で、師僧が弟子を厳格に鍛え、教え導くことをたとえていう語。

けんつう 毛髪の少ないこと。また、その人。「この客人、一にて、みな付け髪なれば」〈滑・膝栗毛・二〉

げん-つき【原付(き)】❶原動機がついていること。❷「原動機付き自転車」の略。

けんつき-でっぽう【剣付(き)鉄砲】先端に剣をつけて用いる小銃。銃槍じゅうそう。銃剣。

げんつき-とくやく【原付特約】自動車保険における特約の一つ。被保険者やその家族が排気量125cc以下のバイクで事故を起こした場合、加入している自動車保険(対人賠償保険・対物賠償保険・自損事故保険など)の補償を受けられるもの。原動機付自転車に関する賠償損害担保特約。ファミリーバイク特約。

けん-つく【剣突】荒々しく邪険にしかりつけること。また、その言葉。「先輩社員から一を食う」

剣突を食わ・せる 荒々しくしかりつける。とげとげしく拒否する。「さっき僕に一・せた芸者はねえさん株と見えて」〈鴎外・ヰタ-セクスアリス〉

けん-づもり【間積もり】土地の間数を見積もること。土地の面積を測ること。「これを以て考へば、一、知行高、刹那せつなに相済み申すべし」〈浄・反魂香〉

けん-てい【検定】〔名〕スル ❶一定の基準に基づいて検査し、合格・不合格、等級などを決めること。「語学力を一する」「含有物質を一する」「一済み」❷「検定試験」の略。「英語一」

(類語)検査・点検・吟味・検閲・検分・臨検・巡検・監査

けん-てい【献呈】〔名〕スル 物を差し上げること。

けん-てい【賢弟】㊀〔名〕❶かしこい弟。「一愚兄」❷他人の弟を敬っていう語。㊁〔代〕二人称の人代名詞。男性が手紙などで、年下の男性に対し用いる敬称。

けん-てい【懸×蹄】偶蹄類ぐうているの地面に触れない小さな2個のひづめ。

げん-てい【限定】〔名〕スル ❶物事の範囲や数量を限ること。「参加資格を一する」「二〇〇部一」❷思考の対象の性質・範囲などを狭めて明確に定めること。

(類語)指定・特定・指名・名指し・条件・箇条・条項・制約

げん-てい【舷×梯】船べりに取り付けて、乗船・下船に用いるはしご。ふなばしご。タラップ。

げんてい-エー【限定A】《「A」はaccidentの頭文字》▶車両危険限定担保特約

けんてい-きょうかしょ【検定教科書】文部科学省の検定に合格した教科書。

けんてい-こうざつ【検定交雑】ある個体の遺伝子型を調べるために、劣性ホモの個体と戻し交雑を行うこと。検定交配。

けんてい-しけん【検定試験】特定の資格を与えることの適否を検定するために行われる試験。自動車整備士技能検定規則による試験など。

げんてい-しゅっぱん【限定出版】初めから部数を限って出版すること。また、そのもの。

げんてい-しょうにん【限定承認】相続人が相続によって得る財産の限度内で被相続人の債務や遺贈の義務を負担することを留保して、相続を承認すること。限定相続。➡単純承認

げんてい-せきにんのうりょく【限定責任能力】刑事責任能力が十全ではないとして、その者の犯した罪に対する刑が減軽されること。刑法上、心神耗弱こうじゃく者がこれにあたる。

げんてい-せんそう【限定戦争】戦争目的や攻撃目標・戦闘手段などが一定範囲に限定されている戦争。制限戦争。局地戦争。

げんてい-そうぞく【限定相続】▶限定承認

げんてい-ちょう【▽見丁帳】律令制で、毎年その年の課役を負担する正丁せいていを記入した帳簿。

げんてい-のうりょく【限定能力】民事法において、制限されている人の行為能力。未成年者・成年被後見人などの行為能力がこれにあたる。

げんていのうりょく-しゃ【限定能力者】民事法において、行為能力を制限された人。未成年者・成年被後見人・被保佐人など。

げんてい-ばん【限定版】部数を限定して出版する

こと。また、その出版物。
けん-てき【×涓滴】❶水のしずく。したたり。❷わずかなこと。少しばかり。「—の功を奏する」
涓滴岩を穿(うが)つ　わずかな水のしずくも、絶えず落ちていれば岩に穴をあける。努力を続ければ、困難なことでもなしとげられるというたとえ。
けん-てき【×硯滴】❶硯(すずり)に垂らす、水のしずく。硯の水。❷硯の水入れ。みずさし。(類語)水滴
けん-てつ【賢哲】〔名・形動〕❶賢人と哲人。「—の道を学ぶ」❷かしこくて、物事の道理に通じていること。また、そういう人や、そのさま。「如何に—の人物と雖ども」〈馬場辰猪・条約改正論〉
げん-てつ【原×綴】翻訳された外国語の、もとの綴り。
けん-てん【圏点】注意すべき所を示すために、文章中の文字のわきに付ける小さな点。「・」「。」「、」など。傍点。
けん-でん【×喧伝】〔名〕(スル)盛んに言いはやして世間に広く知らせること。「世に広く—された事件」(類語)鳴り物入り・吹聴(ふいちょう)
けん-でん【検田】田の面積や品等を検査すること。検注。「田に立ちて—する間に」〈今昔・一七・五〉
けん-でん【×硯田|研田】文士などが生活のために物を書くのに用いる硯(すずり)を、農民が耕作する田にたとえていう語。「筆耕—」
げん-てん【玄天】北方の天。また、天および天にある太陽・月・星。
げん-てん【原典】引用や翻訳などのよりどころになる、もとの文献。「—を引用する」(類語)底本・原本・原書・テキスト
げん-てん【原点】❶長さを測定する場合に基準となる点。❷物事を考えるときの出発点。「—に帰って考えなおす」「戦後思想の—」❸《origin》数学で、座標の基準になる点。平面・空間では座標軸の交点、数直線上では0点。❹マージャンで、勝ち負けをはかる基準となる点数。(類語)基点
げん-てん【減点】〔名〕(スル)誤りや違反などがある場合に、点数を減らすこと。また、その減らす点数。
げんてん-かいき【原点回帰】(クワイキ)自分が原点であると思った場所に帰ること。初心に戻ること。
けんでん-き【検電器】微小な電圧や電流の有無などを調べる高感度の装置。検流計・磁束計・電位計・箔(はく)検電器など。
けんでん-し【検田使】律令制で、荘園などの田地の検田をするために国司が派遣した役人。
げんてん-しゅぎ【減点主義】組織における人事などの評価方法の一つ。ミスや問題があれば満点から減算していく。⇔加点主義。
げんてん-ひはん【原典批判】▶本文(ほんもん)批評
げんでん-ほう【限田法】(ハフ)中国で制定された土地所有の制限に関する法令。前漢の董仲舒(とうちゅうじょ)が豪族による大土地所有の制限と小農民の保護のために提案し、前7年、哀帝によって公布された。のちに宋の仁宗も田租などの脱税防止のため採用したが、共に実効はなく終わった。限田策。限田。
ケント〖Kent〗㊀英国イングランド南東部の州。州都メードストン。牧羊が盛ん。㊁「ケント紙」の略。
けん-ど【×譴怒】怒って責めること。しかりつけること。譴責。
げん-と【玄×兎】月の異称。
ゲント〖Ghent〗ヘントの英語名。
げん-ど【限度】そこまでと限られている程度。認めうる範囲の、ぎりぎりのところ。かぎり。「我慢にも—がある」「—を超える」「融資—額」➡限界(用法)(類語)限界・極限・リミット
げん-ど【原土】もとのままの土。特に、土壌試験のために採集したままの土のことをいう。
けん-とう【見当】(タウ)❶大体の方向・方角。「駅はこの—です」❷はっきりしていない事柄について大体の予想をすること。見込み。「犯人の—はついている」「—をつける」❸版画や印刷で、刷る紙の位置を決めるための目印。その形からトンボともいう。❹(接尾語的に用いて)数量を表す語に付いて、その程度の数量であることを表す。…ぐらい。「五〇人—」(類語)読み・見通し・見込み・見極め
けん-とう【剣頭】❶剣の先端。剣尖(けんせん)。切っ先。❷《両刃の剣の切っ先を連想させるところから》鏃(やじり)など、先端を三角にとがらせた形状。
けん-とう【拳闘】ボクシングのこと。「—家」
けん-とう【軒灯】軒先につけるあかり。
けん-とう【健投】〔名〕(スル)野球で、投手が攻撃に屈しないで一生懸命投げること。
けん-とう【健闘】〔名〕(スル)困難に屈せず、がんばって闘うこと。不利な条件があるのによく努力すること。「—をたたえる」「強敵に伍して—する」(類語)敢闘・善戦
けん-とう【×喧×鬧|×諠×鬧】(タウ)〔名・形動〕さわがしいこと。また、そのさま。「—の(な)巷(ちまた)」
けん-とう【圏×套】(タウ)❶鳥や獣を捕らえるわな。また、策をめぐらすこと。❷縄張りのうち。勢力圏内。「学術の事は、務めて俗流を支配する官等位階の—を脱せしむるに如かず」〈雪嶺・偽悪醜日本人〉
けん-とう【検討】(タウ)〔名〕(スル)よく調べ考えること。種々の面から調べて、良いか悪いかを考えること。「—を重ねる」「—の余地がある」「問題点を—する」(類語)吟味・調べる・検する・閲(けみ)する・閲(えっ)する・改める・検査・点検・検分・実検・臨検・検閲・査閲・監査・チェック
けん-とう【献灯】〔名〕(スル)神社や寺に灯明を奉納すること。また、その灯明。「八幡様に—する」
けん-とう【賢答】(タフ)賢明な返答。りっぱな答え。「愚問—」
けん-どう【見道】(ダウ)仏道修行を三段階に分けた最初の段階。初めて聖者の仲間に入り、根本真理である四諦(したい)を明らかに理解する位。見諦道。見諦。
けん-どう【県道】(ダウ)県が敷設し、管理する道路。
けん-どう【剣道】(ダウ)日本の武道の一。面・籠手(こて)・胴・垂(たれ)などの防具を着装し、決められた相手の部位を竹刀で打ったり突いたりして勝敗を争う競技。(類語)剣術・剣法
けん-どう【▽乾道】(ダウ)❶天の道。易経にいう至健・至剛の徳。❷男性の行うべき道。また、君主の道。➡坤道(こんどう)
けん-どう【×萱堂】(ダウ)母を敬っていう語。母上。古く、中国の家で主婦の部屋を北堂と称し、その庭に萱草(かんぞう)を植えたところからいう。「御—不幸之砌(みぎり)」〈鷗外訳・即興詩人〉
けん-どう【権道】(ダウ)手段・方法は道に外れているが、結果からみて正道にかなっていること。また、目的を達成するためにとる便宜的な手段・方法。「天下の人心を維持せんがためには、知て故さらに束縛するの—なかる可らず」〈福沢・学問のすゝめ〉
げん-とう【幻灯】フィルムに写した像などを1枚ずつ強い光で照らし、前方に置いた凸レンズで拡大し、映写幕へ映して見せるもの。ドイツ人キルヒャの発明。映画以前の時代に流行。学校教材・宣伝などにも用いられる。スライド。(類語)映画・シネマ・キネマ・活動・活動写真・銀幕・スライド・ムービー・フィルム・スクリーン・サイレント映画・無声映画・トーキー・アニメーション
げん-とう【玄冬】《「けんとう」とも》冬の異称。「—素雪」(季冬)
げん-とう【原頭】野原のほとり。また、野原。「一稍(やや)く、枯黄の色を脱して」〈竜渓・経国美談〉
げん-とう【現当】(タウ)仏語。現世と来世。この世とあの世。現未。げとう。
げん-とう【舷灯】夜間、航行中の船舶が進行方向を他船に知らせるため、両舷に掲げる色灯。右舷に緑灯、左舷に紅灯をつける。
げん-とう【舷頭】ふなばた。ふなべり。
げん-とう【減等】〔名〕(スル)等級を下げること。「会の同意を以て厳刑を—するの法律ありければ」〈竜渓・経国美談〉
げん-とう【厳冬】冬の、寒さが最もきびしいころ。また、寒さのきびしい冬。「—の候」「—期」(季冬)
げん-どう【玄同】《「老子」56章から》彼我(ひが)の別なく深遠な境地で無為自然の道と一体になること。
げん-どう【言動】人前で言ったり、したりすること。言葉と行い。言行。「軽はずみな—を慎む」(類語)言行・行動・行(おこな)い・振る舞い・行為・挙(きょ)・活動・動き・所行(しょぎょう)・行状(ぎょうじょう)・行跡(ぎょうせき)・沙汰
げん-どう【原動】運動や活動を起こすもとになるもの。
げんとう-き【幻灯機】幻灯を映写する装置。スライド映写機。
げんどう-き【原動機】自然界に存在するエネルギーを、機械的エネルギーに変換する機器の総称。使用するエネルギーの形態により、熱機関・水力機関・風力機関・原子力機関などに分けられる。
げんどうきつき-じてんしゃ【原動機付(き)自転車】エンジンの排気量50cc以下の小型のオートバイ。原付き。
けんとう-けい【検糖計】(ケンタウ)砂糖液の糖の濃度を測定する計器。通常は蔗糖の旋光度を利用した偏光計が用いられる。砂糖計。サッカリメーター。
けんとう-し【遣唐使】(ケンタウ)古代、日本から唐に派遣された使節。舒明天皇2年(630)、犬上御田鍬(いぬかみのみたすき)の派遣を最初とし、十数回派遣された。中国の制度・文物の輸入が主な目的で、数百名が数隻の船で渡航。政治・学問・宗教などに多くの貢献をしたが、寛平6年(894)に菅原道真の建議で中止。入唐使(にっとうし)。
けんとう-しき【見当識】(ケンタウ)自己の時間的、空間的、社会的位置を正しく認識する機能。指南力。
けんどう-しき【献堂式】(ケンダウ)キリスト教で、新築の会堂を神にささげる儀式。
けんとう-せん【遣唐船】(ケンタウ)遣唐使の乗った船。7世紀には2、3隻、8〜9世紀には、ふつう4隻で船団を編成したので、四つの船ともいった。
けんとう-ちがい【見当違い】(ケンタウちがひ)〔名・形動〕❶推測や判断を誤ること。また、そのさま。「—もはなはだしい」「—な(の)返事をする」❷方向を誤ること。また、そのさま。「—な(の)方角」
げんどうほうげん【玄同放言】(ゲンドウハウゲン)江戸後期の随筆。3巻6冊。曲亭馬琴著。琴嶺・渡辺崋山画。文政元〜3年(1818〜20)刊。天然・人事・動植物について、和漢の書から引用し、考証を加えたもの。
げんどう-りょく【原動力】❶熱・水力・風力など、機械に運動を起こさせる力。❷物事の活動のもととなる力。「経済発展の—」「優勝の—」(類語)エネルギー・活力・体力・精力・パワー・精・動力・馬力
けん-とく【見得】❶仏語。自らの智慧(ちえ)を働かせて真理を悟ること。❷会得すること。理解すること。「この二つを継ぐものを—すれば」〈都鄙問答・三〉
けん-とく【見徳】❶江戸時代にあった富くじの一。❷富くじの当たりはずれを占うこと。また、前触れ。前兆。縁起。「手代どもまでに言ひ付け、—の悪い夢をいくらも買ひ」〈黄・金生木〉❸▶賢徳(けんとく)❷
けんとく【建徳】南北朝時代、南朝の長慶天皇の時の年号。1370年7月24日〜1372年4月。
けん-とく【倹徳】質素・倹約の徳。
けん-とく【▽乾徳】❶天子の徳。➡坤徳(こんとく)❷天皇の徳。➡坤徳❸進んでやまない、りっぱな精神。
けん-とく【賢徳】❶賢明で、徳のあること。「—を慕う」❷(「見徳」とも書く)狂言面の一。犬・牛・馬・蛸(たこ)などの役に使う面。
けん-とく【謙徳】人にへりくだって高ぶらない徳。
げん-とく【元徳】たくさんの徳の中で最も根本となるもの。プラトンは知恵・勇気・節制・正義の四徳をあげ、中世キリスト教の支配した時代には信仰・希望・愛の神学的三徳をいった。主徳。
げんとく【元徳】鎌倉末期、後醍醐天皇の時の年号。1329年8月29日〜1331年8月9日。
げん-とく【玄徳】㊀深遠な徳。また、天地の玄妙の理。㊁中国の三国時代、蜀の劉備の字(あざな)。
げん-とく【験得|験徳】《「けんとく」とも》加持祈祷(かじきとう)などによって霊験を得ること。また、その霊験。「千手陀羅尼の—かぶり給ふ人なり」〈大鏡・良相〉
けんとく-こう【謙徳公】藤原伊尹(ふじわらのこれただ)の諡号(しごう)。
けんとく-さん【乾徳山】山梨県山梨市の北部にある

山。標高2031メートル。頂上からの眺望がよい。中腹に大平牧場があり、裾野は草原状になっている。山麓の甲州市に、武田信玄の菩提寺である乾徳山恵林寺がある。秩父多摩甲斐国立公園に属する。

げんと-ぐん【玄菟郡】前漢の武帝が前108年朝鮮に設置した四郡の一。4世紀初め高句麗に併合された。

ケント-し【ケント紙】純白で緻密な上質紙。綿ぼろ・化学パルプなどで作られ、製図・絵画・印刷などに用いる。英国のケント州で初めて製造された。

げんと-して【厳として】〘連語〙▶厳

けんど-ちょうらい【×捲土重来】《杜牧「題烏江亭」の「巻土重来未だ知る可からず」から》物事に一度失敗した者が、非常な勢いで盛り返すこと。けんどじゅうらい。「一を期する」

けん-とづか【間斗▽束】和様建築で、斗栱と斗栱の間にあって、上に斗をのせる束。

げん-ととく【源都督】源経信の通称。大宰権帥(唐名が都督)に任ぜられたのでいう。

ケンドルー〘John Cowdery Kendrew〙[1917〜1997]英国の化学者・生物学者。結晶たんぱく質のX線解析により、たんぱく質の分子構造を明らかにした。1962年、ペルツとともにノーベル化学賞受賞。ケンドリュー。

けん-どん【絹×緞】絹紬の一種で、地が密で厚地のもの。服地・こうもり傘の地などに用いる。

けん-どん【×慳貪|倹×飩】㊀〘名・形動〙❶物惜しみすること。けちで欲深いこと。また、そのさま。「吝嗇で、一で、恥知らずで」〈芥川・地獄変〉❷思いやりのないこと。じゃけんなこと。また、そのさま。「一な口を聞く」「一に物を言う」㊁〘名〙(多く「倹飩」と書く)❶江戸時代、盛り切りで売るうどん・そば・飯・酒など。❷「倹飩箱」の略。[類語]欲張り・欲深・貪欲・がめつい・胴欲・強欲・あこぎ

けんどん-うどん【倹×飩×饂×飩】江戸時代、1杯ずつ盛り切りにして売ったうどん。

けんどん-そば【倹×飩蕎=麦】江戸時代、1杯ずつ盛り切りにして売ったそばきり。

けんどん-ばこ【倹×飩箱】倹飩うどんやそばなど、1杯盛りの食品を入れて運ぶ箱。上下または左右に溝を切って、ふたのはめ外しができる。けんどん。

けんどん-や【倹×飩屋】1杯盛り切りの飲食物を商う店。また、その商人。「裏屋、背戸屋、一三界、かけ取りに歩くやうな勤めするのも」〈浄・生玉心中〉

げんな【元和】《「げんわ」の連声》江戸初期、後水尾天皇の時の年号。1615年7月13日〜1624年2月30日。

けん-ない【県内】県の管轄区域内。⇔県外。

けん-ない【圏内】範囲の内。「暴風雨の一にはいる」「合格一にある」⇔圏外。[類語]埒内・枠内・限り

けん-ない【権内】権利または権限・権力の及ぶ範囲内。⇔権外。

げんない【源内】▶平賀源内

けんないき【建内記】室町中期の公卿、万里小路時房(1394〜1457)の日記。応永21〜康正元年(1414〜55)の部分が現存。欠落も多いが、土一揆など当時の社会の状況を知る重要史料。建聖院内府記。

げんない-ぐし【源内×櫛】平賀源内が作りはじめたという櫛。材質は伽羅で、背に銀の飾りがある。

げんない-やき【源内焼】志度焼の別称。平賀源内の創始とされる。

げんな-えんぶ【元和×偃武】《「偃武」は武力を用いない意》元和元年(1615)の大坂夏の陣以後、世の中が太平になったこと。

げん-なおし【験直し】「縁起直し」に同じ。

げん-なく【見惑】「けんわく」の連声。

げんな-だいじゅんきょう【元和大殉教】元和8年(1622)長崎立山におけるキリシタン迫害事件。宣教師や信者ら55名が斬首・火刑に処された。

げん-なま【現生】現金をいう俗語。「一を握る」
[類語]現金・キャッシュ・有り金

げんなり〘副〙スル ❶疲れて気力のなくなったさま。「暑い日ばかり続くと一(と)する」❷飽きたり嫌になったりして何かを続ける気力がなくなったさま。「今日もカレーかと一(と)した顔をする」❸がっかりするさま。「こちゃ一となるほど、八めはいきって、馬をとったとしがみつく」〈浄・丹波与作〉
[類語]うんざり・飽き飽き・懲り懲り・飽きる・倦む・倦怠・食傷・退屈・辟易・閉口・まっぴら・鼻に付く

けん-なわ【間縄】❶種まき・植え付けなどのときに、間隔を整えるために用いる縄。一間ごとに印を付けたもの。❷1間ごとに印を付けた測量用の縄。検縄。

けん-なん【剣難】刃物で殺傷される災難。
[類語]火難・女難・盗難

けん-なん【険難|×嶮難】〘名・形動〙❶道などが非常にけわしく、通過するのに困難なこと。また、そのさま。「一な箇所」「一の道」❷苦しみ悩むこと。また、そのさま。苦難。「一をしのぐ」
[類語]険しい・険阻・険峻・峻険・急峻・急

げん-に【現に】〘副〙ある事が想像や理屈ではなく、事実であるさま。現実に。実際に。「そういう風習は一行われている」「一この目で見た」

げん-に【厳に】〘副〙きびしく。厳重に。きつく。「一いましめる」

けんにょ【顕如】[1543〜1592]安土桃山時代の浄土真宗の僧。本願寺第11世。諱は光佐。元亀元年〜天正8年(1570〜80)の間、織田信長と戦い、正親町天皇の仲裁で和議を結び、石山本願寺を退く。のち、豊臣秀吉から京都堀川の地を寄進された。

けん-にょ【懸▽念】《「けんね(懸念)」の音変化》気がかり。心配。「はったとにらむ顔つきは、一もなげにしらじらし」〈浄・曽根崎〉

懸念もな・い ❶思いがけない。意外である。「負けることは一・いこと」〈浄・太功記〉❷そ知らぬふりをしている。平気なさまでいる。「入り乱れて、もみにもみしが、女は一・い顔」〈浮・三所世帯・中〉

けん-にょう【検尿】〘名〙スル 病気の有無や病状などを知るために、尿を検査すること。

げん-にょう【原尿】腎臓の糸球体中の血液から、糸球体嚢に濾過された液。尿素のほか、ぶどう糖・アミノ酸・ナトリウムなども含まれているが、尿細管を通るときに必要なものが再吸収されて尿となる。糸球体濾液。

けんにん【建仁】鎌倉初期、土御門天皇の時の年号。1201年2月13日〜1204年2月20日。

けん-にん【兼任】〘名〙スル 一人で二つ以上の職務を兼ねること。兼務。「首相が外相を一する」⇔専任。
[類語]兼職・兼業・兼務・掛け持ち・二足の草鞋

けん-にん【堅忍】〘名〙スル つらいことによく耐え忍ぶこと。我慢強くこらえること。「一し、励精し、以て人生の嶮山を越えしむるは」〈透谷・泣かん乎笑はん乎〉

けん-にん【検認】❶検査してから認定すること。❷家庭裁判所が、遺言書の存在および内容を確認するために調査する手続き。

げんにん【元仁】鎌倉前期、後堀河天皇の時の年号。1224年11月20日〜1225年4月20日。

げん-にん【現任|×見任】現在、ある役や職に任ぜられていること。また、その人。「一の重役」「一者」

げん-にん【現認】〘名〙スル 実際にその事実や事情の生じた現場にいて知っていること。「事故を一する」

げん-にん【▽還任|元任】一度解任された人が、再びもとの官職に任ぜられること。再任。かんにん。

けんにん-じ【建仁寺】㊀京都市東山区にある臨済宗建仁寺派の大本山。山号は東山。開創は建仁2年(1202)、開基は源頼家、開山は栄西。京都五山の第三位。初め天台・真言・禅の兼学。方丈や塔頭の襖絵には海北友松の作が多い。俵屋宗達筆の風神雷神図屛風は国宝、勅使門・方丈・竹林七賢図などは重文。㊁「建仁寺垣」の略。

けんにんじ-がき【建▽仁寺垣】竹垣の一。四つ割竹を垂直に皮を外側にしてすきまなく並べ、竹の押し縁を水平に取り付け、しゅろ縄で結んだもの。建仁寺で初めて用いた形式という。けんねんじがき。

けんにん-じきゅう【堅忍持久】〘名〙スル つらさや苦しさに耐え、我慢強くもちこたえること。

けんにんじ-りゅう【建▽仁寺流】中国風の系統を引いた建築流派。鎌倉時代、栄西が中国に工匠飛騨守を伴って渡り、洛陽郊外の白馬寺の構造を学ばせ、帰国後、その様式によって建仁寺を建立したことによる。

けんにん-ふばつ【堅忍不抜】つらいことも耐え忍んで、どんな困難にも心を動かさないこと。「一の態度」

けん-ね【懸▽念】《「けんねん(懸念)」の音変化》「けんにょ(懸念)」に同じ。

げんね【玄慧】▶げんえ(玄慧)

けん-ねじ【拳▽念じ】江戸時代のばくちの一。互いに握りこぶしを突き出して、握っている物や銭の数を言い当てて勝負するもの。

ケンネル〘kennel〙犬小屋。犬舎。

げん-ねん【原燃】▶日本原燃

けんねん-じ【建仁寺】「けんにんじ(建仁寺)」の音変化。

げん-ねんど【現年度】現在の会計年度、また営業年度や事業年度。

けん-のう【検納】検査して納入すること。

けん-のう【献納】〘名〙スル 神仏・国家・公共団体などに、金品を差し上げること。奉納。献上。
[類語]奉納・寄進・奉献

けん-のう【権能】❶法律上、ある事柄について権利を主張し、行使できる能力。公の機関の権限についていうことが多い。「大臣の一が大自在とも思わんから強て成ろうとも思わない」〈魯庵・社会百面相〉❷ある物事をすることのできる資格。「善ならざるものはかりそめにも幸福にあずかる一なしとするカント的厳格主義」〈長与・竹沢先生と云ふ人〉
[類語]権利・資格・権限・権益・特権・特典

けん-のう【賢能】かしこくて才能があること。また、その人。「自己の一功力に由て、…至高の地位に至る者の」〈中村訳・西国立志編〉

げんのう【玄応】中国、唐初の僧。長安の大慈恩寺に入り、玄奘のもとで経典の翻訳に従事。音韻学に通じ、「一切経音義」(玄応音義)25巻などを著した。生没年未詳。

げんのう【玄能】頭の両端にとがった部分のない金槌。石を割ったり、のみをたたいたりするのに用い、石工用と大工用がある。[補説]玄翁和尚が殺生石を砕いたという伝説に由来する。「玄能」は当て字。「玄翁」とも書く。

げんのう-しんしょう【玄翁心昭】[1329〜1400]南北朝時代の曹洞宗の僧。越後の人。総持寺の峨山韶碩の法を継ぐ。諸国に布教中、下野那須野の殺生石を打ち砕いたことで知られる。源翁心昭。

げんのじ-せん【元の字銭】江戸時代、大坂で鋳造された寛永通宝一文銭の一種。元文5年(1740)に鋳造を許されたので、裏面上部に「元」の字を鋳出した。元銭。

げん-の-しょうこ【現の証拠】フウロソウ科の多年草。山野に自生。葉は手のひら状に裂ける。夏、白色や紅紫色の5弁花をつけ、実は熟すと五つに裂ける。地上部を煎じて下痢止めなどに用いる。名は、効き目がすぐに現れることに由来。みこしぐさ。(季 夏)「殉難碑一の花は欠く/青畝」

けん-のみ「剣突」に同じ。「鼻声になって居る女房に一を食って、慌てて遁込む」〈鏡花・婦系図〉

けん-のん【剣×呑|険▽難】〘形動〙図〘ナリ〙《「けんなん(剣難)」の音変化という》危険な感じがするさま。また、不安を覚えるさま。「金は欲しいだろうが、そんな一な思い迄して借りる必要もあるまいからね」〈漱石・道草〉[派生]けんのんがる〘動ラ五〙けんのんさ〘名〙
[類語]危険・危難・危機・危殆・危地・虎口・ピンチ・物騒・危ない

けんのん-しょう【剣×呑性】何事にも不安を感じたり危険に思ったりする性質。臆病。「知ってのとおりの一ゆえ」〈里見弴・美事な醜聞〉

けん‐ば【犬馬】犬と馬。また、人に使われる者や身分の低い者をたとえたり、自分をへりくだっていったりする語。

犬馬の心　《『史記』三王世家から》臣下が君主に忠節を尽くし、その恩に報いようと思う心。

犬馬の年　《曹植「黄初六年令」から。犬や馬のようにむだに年をとる意》自分の年齢をへりくだっていう語。犬馬の齢(よわい)。

犬馬の養い　《『論語』為政から》犬や馬にえさを与えるのと同じように、父母を養うのに、ただ衣食を与えるだけで敬意が伴わないこと。

犬馬の労　主君や他人のために力を尽くして働くことをへりくだっていう語。「—をいとわない」

けん‐ぱ　子供の遊びの一。地面に円や升目を連ねて描き、片足飛びと両足着地とを繰り返すもの。けんけんぱ。

けん‐ぱ【検波】〔名〕(スル) ❶電波の有無を検知すること。❷受信した変調波から信号波を取り出すこと。復調。

げん‐ば【玄×蕃】《「玄」は法師、「蕃」は外蕃の意》❶玄蕃寮のこと。また、そこに所属する役人。❷「玄蕃桶(げんばおけ)」の略。❸「玄蕃石」の略。

げん‐ば【現場】❶事件や事故が実際に起こった場所。また、現にそれが起こっている場所。げんじょう。「事故の—を目撃する」❷実際に作業が行われている場所。また、企業などで、管理部門に対する実務部門をいう。「工事—」「—の意見を採用する」

[類語]現地・実地

けん‐ばい【犬×吠】犬がほえること。また、その声。「絶えて鶏鳴—を聞かず」〈織田訳・花柳春話〉

けん‐ばい【剣▽舞】岩手・宮城両県に分布する民俗芸能。念仏踊りの一種で、鬼剣舞・念仏剣舞・鎧(よろい)剣舞・雛子(ひなこ)剣舞などがある。笛・太鼓・鉦(かね)などの囃子(はやし)で、激しく跳躍しながら踊るものが多い。

けん‐ばい【検梅｜検×黴】梅毒の検査をすること。

けん‐ぱい【×倦×憊】〔名〕(スル) 物事にあきて疲れること。「西山塾の空気は決して僕等を昏睡に導かず、卑屈に陥れず、—させず」〈蘆花・思出の記〉

けん‐ぱい【▽勧杯｜▽勧×盃】相手に杯を差し出して酒を勧めること。かんぱい。「中納言対面して、—の後、これも女の装束かづけらる」〈増鏡・さしぐし〉

けん‐ぱい【献杯｜献×盃】〔名〕(スル) 相手に杯を差し出して敬意を表すこと。こんぱい。「主賓に—する」

[補説]「故人をしのんで献杯します」のように、亡くなった人を悼んで杯を捧げることをもいう。

げん‐ぱい【減配】〔名〕(スル) 配当・配給などの額や量を減らすこと。「業績不振のため—される」⇔増配。

けんばい‐き【券売機】乗車券・食券などを販売する機械。「自動—」

げんば‐いし【玄×蕃石】敷石や蓋石(ふたいし)に用いる長方形の板石。

けん‐バイト【剣バイト】金属を切削する旋盤用の刃物(バイト)で、先端が剣のようにとがっているもの。

げんば‐おけ【玄×蕃×桶】江戸時代、火災のときなどに、水を入れて運ぶ大きな桶。

げんば‐かんとく【現場監督】建築や土木工事などの現場で、作業を指揮・監督すること。また、その人。

けん‐ぱく【▽巻×柏】イワヒバの別名。

けん‐ぱく【建白】〔名〕(スル) ❶政府や上役などに自分の意見を申し立てること。❷「建白書」の略。

[類語]申し立てる・建言・物申す

けん‐ぱく【絹×帛】絹の布。絹織物。

げん‐ばく【玄麦】精白していない麦。

げん‐ばく【原麦】麦の加工製品の、原料となる麦。

げん‐ばく【原爆】「原子爆弾」の略。

けんぱく‐しょ【建白書】建白の趣旨を書き記した書面。

げんばく‐しょう【原爆症】原子爆弾・水素爆弾の爆発などで発生する爆風・熱線・放射線などによる人体の障害。火傷などの外傷のほか、全身的な機能低下や発育不全、造血器障害・悪性腫瘍などの障害がある。

げんばくしょう‐にんてい【原爆症認定】被爆者健康手帳をもつ原子爆弾の被爆者が発病した場合、その疾病が放射線に起因するものか、また治療が必要であるかを国が判断すること。原爆症と認定されると、月額約13万7000円の医療特別手当が支給される。審査は厚生労働大臣の諮問機関である疾病・障害認定審査会が行い、厚生労働大臣が認定する。[補説]原爆症認定者は被爆者健康手帳所持者の1パーセント未満にとどまっていたが、原爆症認定を求める一連の集団訴訟に敗訴し続けた国は、平成20年(2008)に認定基準を緩和した。

げんばく‐しりょうかん【原爆資料館】❶「広島平和記念資料館」の通称。❷「長崎原爆資料館」の略。

けんぱく‐どうい【堅白同異】《公孫竜「堅白論」から》中国、戦国時代に、公孫竜の説いた詭弁(きべん)的命題。堅くて白い石があるとき、「堅さ」と「白さ」とは、別個の認識であるが、存在としては一つのものである、という考え方の違いを論じるもの。

げんばく‐ドーム【原爆ドーム】広島市の中心部、中区の太田川河畔にある、旧産業奨励館の焼け跡。昭和20年(1945)8月6日、米軍による世界初の原子爆弾投下を受けたときの残骸で、当時のままに保存されている。平成7年(1995)世界遺産(文化遺産)に登録された。

げんば‐けんしょう【現場検証】犯罪の発生した現場で行う検証。広義には実地検証をさす。

げんば‐ざっかん【現場雑観】新聞などで、現場を取材した記者の雑観をまとめた記事。

げんばじょせい‐ざい【現場助勢罪】傷害罪・傷害致死罪の犯罪が行われている現場で、けしかけたりはやし立てたりする罪。刑法第206条が禁じ、1年以下の懲役または10万円以下の罰金か科料に処せられる。

けん‐ばつ【×譴罰】あやまちを責めて、罰すること。「何等の道理ありとも拿捕追究鹵囚—を受ることなきを云う」〈西周訳・万国公法〉

けん‐ぱつ【圏発】漢字の四隅につける四声を示すための半円形のしるし。左下を平声(ひょうしょう)、左上を上声(じょうしょう)、右上を去声(きょしょう)、右下を入声(にっしょう)とする。点発(てんぱつ)。

げん‐ばつ【厳罰】きびしく罰すること。また、その罰。「—に処する」「—を科す」

げん‐ぱつ【原発】❶「原子力発電所」の略。❷最初に発症すること。医学で「続発」に対していう。「癌(がん)が—巣から転移する」

げんぱつせい‐かんがん【原発性肝×癌】肝臓から発生する癌。原発性肝癌の約90パーセントは肝細胞癌で、胆管細胞癌が約5パーセントを占める。他に、肝細胞芽腫・未分化癌・胆管嚢胞腺癌などがある。➡転移性肝癌

げんぱつせい‐はいこうけつあつしょう【原発性肺高血圧症】心臓から肺に血液を送る肺動脈の血圧が高くなることで、心臓と肺の機能に障害を引き起こす病気。原因は不明。比較的若い人に多くみられ、早期に治療しないと数年以内に死亡することが多い。厚生労働省の特定疾患治療研究事業対象疾患(通称、難病指定)に指定されている。

げんぱつせい‐むげっけい【原発性無月経】►無月経

げんぱつせい‐めんえきふぜんしょうこうぐん【原発性免疫不全症候群】免疫グロブリンの産生能力やリンパ球の機能が生まれつき弱いために起こる先天性の免疫不全症候群。

げんば‐の‐かみ【玄×蕃▽頭】玄蕃寮の長官。

げんば‐ばいばい【現場売買】商品が現存する場所、または生産されている場所で行われる売買。

げんばふざい‐しょうめい【現場不在証明】►アリバイ

げんば‐りょう【玄×蕃寮】律令制で、治部省に属し、寺院・僧尼の名籍や外国使節の接待などをつかさどる役所。げんばのつかさ。

けん‐ばん【検番｜見番】❶その土地の料理屋・芸者屋・待合(まちあい)の業者が集まってつくる三業組合の事務所の俗称。また、近世、遊里で、芸者を登録させ、客席に出る芸者の取り次ぎや玉代(ぎょくだい)の計算などの事務を扱った所。❷「検番芸者」の略。

けん‐ばん【鍵盤】ピアノ・タイプライターなどで、キーの並んでいる部分。キーボード。

[類語]キーボード

げん‐ばん【原盤】❶レコードの元になる、音波を溝として刻み込んだ金属製の円盤。❷古いレコードの複製を作る場合の、元になる盤。レコードに限らず、映画フィルム、ビデオテープ、CD、DVDなどの音声・動画データで、複製を作る際に元となるオリジナルデータのこと。また、それを収録したメディアのこと。マスター。➡マスタリング

げん‐ぱん【元版】中国の元代に刊行された書物。宋版の復刻本が多い。

げん‐ぱん【原板】写真で、焼き付け・引き伸ばしなどに使う現像した乾板やフィルム。ネガ。

げん‐ぱん【原版】❶最初に組み上げる版。活字印刷で、鉛版や紙型のもとになる組み版をいう。❷複製・翻刻などの、もとになる版。

けんばん‐がっき【鍵盤楽器】鍵盤を押して奏する楽器の総称。ピアノ・オルガン・チェンバロなど。

けんばん‐げいしゃ【検番芸者】江戸時代、吉原で、検番に所属する芸者。主に、技芸のじょうずな者が選ばれた。

げん‐はんけつ【原判決】原審の判決。➡原審

けん‐はんしゃ【×腱反射】腱をたたくと、腱紡錘(けんぼうすい)や筋紡錘が興奮して刺激を脊髄に送り、反射的に収縮が起こる反応。膝蓋(しつがい)腱反射・アキレス腱反射などがあり、脊髄神経の病気の場合は異常がみられる。

げんぱん‐ずり【原版刷(り)】印刷部数の少ないとき、組み版のままで印刷すること。また、その印刷物。

けんばん‐せん【×瞼板腺】►マイボーム腺

けんばん‐ハーモニカ【鍵盤ハーモニカ】ハーモニカと同種のリード楽器。鍵盤を備え、吹き口から息を吹き込んで奏する。

けん‐び【兼備】〔名〕(スル) 二つ以上の長所やとりえなどをあわせもつこと。かねそなえていること。「知と勇とを—する」「才色—」[類語]常備・完備・予備

けん‐ぴ【犬皮】犬の皮。安物の三味線の胴に張った。「皮の性(しょう)が悪いから、—の三味線になってな」〈滑・浮世床・二〉

けん‐ぴ【建碑】〔名〕(スル) 石碑をたてること。

けん‐ぴ【県費】県の費用。「—で出張する」

けん‐ぴ【拳×匪】義和団(ぎわだん)の異称。拳法を修得することを名目としていたところからいう。

けん‐ぴ【権扉】仏が仮に姿を現すとされる、権現堂の扉(とびら)。ごんぴ。「八幡大菩薩は…三身の金容を顕(あら)し、三所の—を押し開き給へり」〈平家・七〉

けん‐ぴ【賢否】賢いことと賢くないこと。賢愚。

けん‐ぴ【顕否】世の中に出て認められることと、落ちぶれること。出世と零落。栄枯。

げん‐ぴ【元妃】天子・君主の正妻。皇后。正妃。

げん‐ぴ【原皮】なめしなどの加工をしてない皮。

げん‐ぴ【原肥】►基肥(もとごえ)

げん‐ぴ【厳秘】絶対に外部に漏らしてはならない秘密。極秘。「この件は—に付する」[類語]秘密・内密・内証(ないしょう)・内内(ないない)・隠密(おんみつ)・極秘(ごくひ)・丸秘(まるひ)・機密・枢密(すうみつ)・天機・機事・密事・秘事・暗部・隠し事・秘め事・密(ひそ)か事・内証(ないしょう)事・秘中の秘・秘(ひそ)か・密(ひそ)か

けんびい‐し【検非違使】►けびいし(検非違使)

けん‐びき【×痃▽癖】「けんぺき(痃癖)」の音変化。「このごろ—痛きに」〈浄・出世景清〉

げん‐びき【現引】信用取引や先物取引で、買い方が転売しないで現物を引き取ること。

けんび‐きょう【顕微鏡】微小な対象を拡大して観察する装置。光学顕微鏡では、対物レンズによって物体の倒立拡大実像を作り、それをさらに接眼レンズで拡大する。➡電子顕微鏡

けんびきょう‐ざ【顕微鏡座】南天の小星座。山羊(やぎ)座の南にあり、9月下旬の午後8時ごろ南中する。学名(ラテン) Microscopium

げんび‐けい【厳美渓】岩手県南部、一関市西の磐井(いわい)川上流にある渓谷。川が刻んだ渓谷が約2キロ

メートル続く。川の浸食作用で巨岩・奇岩・甌穴おうけつが見られ、国の名勝・天然記念物に指定されている。

けん-びし【剣×菱】❶紋所の名。菱形の四隅を剣先の形にとがらせたもの。❷兵庫県、伊丹いたみに産する酒の銘柄。江戸時代には将軍の御膳酒にもなった。剣菱の紋所を商標とする。

けんび-し【検非▽違使】《「けびいし」の音変化。浄瑠璃「用明天王職人鑑」の検非違使勝舟に用いられてからの名称》文楽人形の首かしらの一。30歳前後の眉目秀麗な男性を表し、主役級の役に用いる。

けんび-じゅせい【顕微授精】顕微鏡を使って精子と卵子を受精させる方法。不妊治療として用いられ、広い意味での体外受精に含まれる。卵細胞に直接精子を注入するため、精子の運動率や形態に異常がある場合にも受精が可能となる。顕微授精は不妊治療の最終段階に位置づけられており、乏精子症や精子無力症などの精子に問題がある場合にはとくに有効とされる。(補説)顕微授精の操作は胚培養士が行う。ICSIイクシー法(卵細胞質内精子注入法)、PZD法(透明帯開孔法)、SUZI法(囲卵腔内精子注入法)などの方法があるが、現在はICSI法が主流。卵は卵胞の発育状況をみながら採卵し、精液は洗浄・濃縮したうえで、顕微鏡下で細いガラス管に精子1個を吸引し、1個の卵子の細胞質内に注入する。通常は、採取済みの正常な卵子すべてについて顕微授精を行い、胚培養室で培養する。胚が発育しているかどうかは24～72時間でわかる。正常に発育した受精卵は、通常の体外受精と同じように子宮内に戻す。顕微授精によって誕生した子どもは、世界で数万人に上るとされる。

けんび-しょ【検非所】「検非違使けびいし❷」に同じ。

けん-ぴつ【健筆】❶文章・詩歌などを、巧みにどんどん書くこと。「一を振るう」❷文字をじょうずに書くこと。達筆。

げん-ぴつ【減筆】絵画、特に水墨画の描法の一。筆数を極度に省略し、そのものの本質を表現しようとするもの。南宋の梁楷りょうかいの作などが有名。

けん-びょう【×硯×屏】ケンビヤウ 硯すずりのそばに立てて、ちりやほこりなどを防ぐ小さな衝立ついたて。

けん-ぴょう【堅氷】厚く、かたい氷。

(類語)氷・氷塊・氷片・氷柱ひょうちゅう・氷柱つらら・氷層・薄氷はくひょう・薄ら氷ひ・流氷・氷雪・氷霜ひょうそう・アイス・薄氷うすごおり・初氷

けん-ぴょう【懸氷】つらら。氷柱。

げん-ぴょう【原票】ゲンペウ 手形・小切手・証書などの、控えとして手元に残しておく伝票。

けんび-るい【剣尾類】節足動物の一群。カブトガニの類。

げんび-るい【原尾類】昆虫、カマアシムシの旧称。

けん-ぴん【▽巻▽餅】《「ぴん(餅)」は唐音》餅菓子もちがしの一。小麦粉・白砂糖・クルミ・黒ごまなどをこね合わせて薄く伸ばして焼き、丸く巻いて小口切りにしたもの。けんぴ。けんぴやき。

けん-ぴん【検品】〔名〕スル 品物・製品を検査すること。「出荷前に一する」

げん-びん【減便】〔名〕スル 船・航空機などの定期便の運航回数を減らすこと。(対)増便。

げん-ぴん【原品】複製や模造品のもとになる品物。

げん-ぴん【現品】実際の品物。今、実際にある品物。現物。「一と引き換えに代金を払う」「一限り」

げんぴん-やき【元×贇焼】明からの帰化人陳元贇ちんげんぴんが寛永(1624～1644)のころに名古屋で焼いた陶器。瀬戸産の陶土を用いた素地きじに呉須ごすで書画をかき、これに白青色の透明な釉ゆうやくを施したもの。

けん-ぶ【剣舞】剣を持ち、詩吟に合わせてまう舞まい。

けん-ぷ【▽乾符】天皇であることのしるし。神器のこと。「一を握とりて六合りくごうを摠すべ、天統を得て八荒を包かね給ひき」〈記・序〉

けん-ぷ【絹布】絹糸で織った布。絹織物。

けん-ぷ【賢婦】かしこい婦人。賢婦人。

けん-ぷ【×鐲符】律令制で、課役免除を認めた太政官符。有位者・官人・僧侶など課役を免除される扱いの者が、初めてその身分を得たときに与えられる。

ケンプ〘Wilhelm Kempff〙[1895～1991]ドイツのピアノ奏者。ベートーベンをはじめ、ドイツ古典派・ロマン派の正統的解釈で知られる。

げん-ぶ【玄武】四神しじんの一。天の北方の守護神で、カメの甲に蛇が巻きついた形に表す。げんむ。

げん-ぷ【原譜】編曲などをする前の、もとの楽譜。

げん-ぷ【厳父】❶きびしい父。厳格な父。❷他人の父を敬っていう語。

(類語)父御ちちご・御親父ごしんぷ・尊父・父君ふくん・厳君・令尊・父

けん-ぷう【見風】能楽で、観客の目にうつる演技者の風姿・風情。演技の出来栄え。

けん-ぷう【検封】〔名〕スル ❶検査をして封印すること。また、封印を検査すること。❷中世、犯罪人などの財産を差し押さえ、住居を封鎖すること。

げん-ぷう【厳封】〔名〕スル 厳重に封をすること。

げん-ふうけい【原風景】原体験におけるイメージで、風景のかたちをとっているもの。

ゲン-プール〘gene pool〙メンデル集団を構成する全個体のもつ遺伝子全体。遺伝子給源。

げんぶ-がん【玄武岩】火山岩の一。暗灰色または黒色の緻密ちみつな岩石で、斑晶は斜長石・橄欖かんらん石・輝石など。柱状節理をもつものが多い。最も多量に存在する火山岩。名は兵庫県の玄武洞に由来。

げんぶがんしつ-マグマ【玄武岩質マグマ】玄武岩の組成をもつマグマ。すべての火成岩の本源マグマと考えられ、地下100～200キロ付近で、岩石の部分溶融によって生じる。

げんぶ-き【玄武旗】四神旗しじんきの一。玄武を描いた旗。げんむき。

げん-ふく【厳復】[1853～1921]中国、清末の啓蒙思想家。侯官(福建省)の人。字あざなは又陵ゆうりょう、のち幾道きどう。英国に留学後、西洋思想を翻訳・紹介し、清末の知識人に大きな影響を与えたが、辛亥しんがい革命後は保守化して袁世凱えんせいがいの帝政運動にも加担。翻訳に「天演論」(ハクスリー「進化と倫理」)、「原富」(スミス「国富論」)など。イエン=フー。

げん-ぷく【元服】〔名〕スル《「げんぶく」とも》❶奈良時代以降、男子が成人になったことを示す儀式。ふつう、11～16歳の間に行われ、髪を結い、服を改め、堂上家以上は冠、地下じげでは冠の代わりに烏帽子えぼしを着用した。中世以降は混同されて烏帽子を用いても加冠といい、近世には烏帽子も省略されて月代さかやきをそるだけで済ませた。また、これを機に幼名を廃して実名を名のった。加冠。❷江戸時代、結婚した女性が歯を黒く染め、丸まげを結い、眉をそったこと。

げん-ふくえい【阮福映】[1762～1820]ベトナム、阮朝げんちょうの初代皇帝。在位1806～1820。廟号びょうごうは世祖。年号により嘉隆帝とよばれる。フランス人義勇兵の援助を得て西山朝を滅ぼし、1802年にベトナム全土を統一。国号を越南えつなんとし、順化ユエに都した。グエン=フク=アイン。

げんぷく-おとり【元服劣り】元服して髪を結い上げると、以前に比べて容姿が劣って見えること。あげおとり。「御一の、ことのほかにせさせ給ひにしをや」〈大鏡・兼家〉

げんぷく-おや【元服親】▶烏帽子親えぼしおや

げんぷく-な【元服名】▶烏帽子名えぼしな

げんぷく-ぶぎょう【元服奉行】ブギャウ 鎌倉・室町時代、将軍の元服に関することをつかさどった職。また、その人。

けん-ぷじん【賢夫人】しっかりした、賢い夫人。

けん-ぶつ【見仏】仏語。仏の姿や光、あるいは浄土のさまを目のあたりに見ること。

けん-ぶつ【見物】〔名〕スル ❶催し物や名所旧跡などを見て楽しむこと。「芝居を一する」「高みの一」❷見物人。「一が多い」❸見る価値のあるおもしろいもの。みもの。(類語)見学・観覧・参観・拝観・来観・見る

げん-ぶつ【元物】法律でいう果実(収益物)を生み出すもとになるもの。牛乳を産出する乳牛、地代を生む土地など。

げん-ぶつ【原物】写真に写されたものなどに対して、もとのもの。「一のほうがきれいな色だ」

げん-ぶつ【現物】❶現にある品物。実際の品物。「一を見てから買う」❷金銭に対して、品物。物品。「ボーナスは一で支給する」❸取引の対象となる実際の商品。株券・綿糸・砂糖・ゴムなど。(対)先物さきもの ❹「現物取引」の略。(類語)現品

げんぶつ-かぶしき【現物株式】信用取引でなく、通常取引で売買される株式。株券電子化以前は実際の株券として入手することができた。現物株。

げんぶつ-かわせ【現物為-替】カハセ ▶直物為替じきものがわせ

げんぶつ-きゅうふ【現物給付】キフ 社会保障給付の一。医療保険における療養給付、社会福祉の各種対人サービスなど、金銭以外の方法で提供されるもの。

げんぶつ-きゅうよ【現物給与】キフ 給与の一部または全部を通貨以外の物品で支給すること。

げんぶつ-けいざい【現物経済】▶自然経済

けんぶつ-ざえもん【見物左▽衛門】ザエモン 見物人を人名らしくいった語。田舎から出てきた見物客や吉原のひやかし客などにいう。「一をあてに土手の茶屋」〈柳多留・二一〉

けんぶつ-しゅう【見物衆】見物する人々。

げんぶつ-しゅっし【現物出資】株式会社の設立、新株発行または資本増加に際して、動産・不動産・債権など金銭以外の財産をもって出資すること。

げんぶつ-とりひき【現物取引】▶実物取引じつぶつとりひき

げんぶつ-めいがら【現物銘柄】信用取引で、証券金融会社の貸借取引の対象とならない銘柄。事実上信用取引ができない。現金銘柄。

けんぶつ-もんぽう【見仏聞法】ボフ 仏語。目のあたりに仏の姿を見、耳に仏の教えを聞くこと。

げんぶ-どう【玄武洞】兵庫県豊岡市にある洞窟。六角や八角をした玄武岩の柱状節理がみられる。天然記念物。

ケンブリッジ〘Cambridge〙㊀英国イングランド中部にある大学都市。ケンブリッジ大学がある。㊁米国マサチューセッツ州北東部にある大学都市。ハーバード大学・マサチューセッツ工科大学・ラドクリフ大学などがある。(補説)㊀は「剣橋」とも書く。

ケンブリッジ-がくは【ケンブリッジ学派】マーシャルを創始者とし、ピグー・ロバートソン・ケインズら英国のケンブリッジ大学を中心とする経済学派。古典派の伝統に立ち、理論と実践とを結びつけて考える特徴をもつ。

ケンブリッジ-だいがく【ケンブリッジ大学】《Cambridge University》英国のケンブリッジ市にある私立大学。起源は12～13世紀ごろとされる。宗教改革運動の拠点となり、18世紀からは数学・自然科学の研究の中心となった。多くの学寮(カレッジ)からなり、オックスフォード大学と並び称される。

けん-ぶん【見聞】〔名〕スル 実際に見たり聞いたりすること。また、それによって得た経験・知識。けんもん。「一を広める」「実地に一する」

(類語)経験・体験・洗礼・苦汁・苦杯・見聞き・耳目

けん-ぶん【検分｜見分】〔名〕スル ❶実際に立ち会って検査すること。調べ見届けること。「立地条件を一する」❷見かけ。みてくれ。外見。「一よりないは金銀なり」〈浮・二十不孝・二〉

(類語)調べる・検する・閲けみする・閲えっする・改める・検査・点検・吟味・実検・臨検・検閲・査閲・監査・チェック

げんぶん【元文】江戸中期、桜町天皇の時の年号。幕府では8代将軍徳川吉宗の時代。1736年4月28日～1741年2月27日。

げん-ぶん【言文】話し言葉と書き言葉。

げん-ぶん【原文】翻訳・校訂・改作・加筆などをする前の、もとの文章。「一に忠実に翻訳する」

げん-ぶん【×諺文】▶オンモン(諺文)

げんぶん-いっち【言文一致】話し言葉に近い形で文章を書くこと。

げんぶんいっち-うんどう【言文一致運動】言文一致により、思想・感情を自由・的確に表現するための文体革新運動。明治初期に起こり、二葉亭四迷・山田美妙・尾崎紅葉らが各自の作品に試みてからし

だいに普及し、現在の口語文に至る。

げんぶん-きんぎん【元文金銀】江戸幕府が元文元年(1736)から発行した金貨と銀貨。裏面に「文」の字の極印があり、文字金銀ともいう。古文字金銀。真文字金銀。

けんぶん-ろく【見聞録】見聞した事柄の記録。見聞記。「東方—」

けん-べい【遣米】人を米国に派遣すること。「—使節」

けん-ぺい【兼併】〔名〕スル 他国の土地などを自国の所有として併合すること。「勢力強大なるものが小国を—するは当然の道理で」〈魯庵・社会百面相〉

けん-ぺい【▽乾餅】かわかした餅。乾燥させたのし餅。「はや—をとり散らし、掻餅霰餅をきざみゐしが」〈浮・伝来記・一〉

けん-ぺい【権柄】〔名・形動〕❶政治上の実権。他を支配する権力。権勢。「—を執る」「—をふるう」❷権勢をもって人をおさえつけること。権力を笠に着て横柄に振る舞うこと。また、そのさま。「可恐しく—な、家の系図を鼻にかけて」〈鏡花・眉かくしの霊〉

権柄晴れて　天下晴れて。おおっぴらに。「二人が事を旦那へ訴訟、一念比丘さする」〈浄・宵庚申〉

けん-ぺい【憲兵】陸軍で、軍事警察をつかさどる兵。また、その兵科。日本では明治14年(1881)に創設され、陸軍大臣の管轄に属した。のち、しだいに権限を拡大し、一般民衆の思想取り締まりを主要任務とするようになった。第二次大戦後に解体。

げん-ぺい【源平】㊀源氏と平氏。「—の合戦」㊁❶敵味方の二組に分かれること。敵と味方。「—試合」❷《源氏は白旗、平氏は赤旗を用いたところから》白と赤。紅白。「—縞」「—餅」

げんぺい-こう【源平香】江戸時代の組み香の一。盤上に旗を立てて紅白二組に分かれ、香をきき当てることを争うもの。

げんぺい-じだい【源平時代】源氏と平氏が武士の二大勢力として覇を争った時代。11世紀末から源頼朝が武家政権を確立する12世紀末までの約100年間をいう。

げんぺいじょうすいき【源平盛衰記】鎌倉中期から後期の軍記物語。48巻。作者・成立年代ともに未詳。平家物語の異本の一つとみられる。源氏関係の記事、仏教説話、中国故事などが増補されている。盛衰記。げんぺいせいすいき。

けんぺい-ずく【権柄▽尽く】〔名・形動〕権力に任せて、強引に事を行うこと。また、そのさま。権尽く。「—な態度」

げん-ぺい-とう-きつ【源平藤橘】奈良時代以来、名家として一門が繁栄した歴史のある源氏・平氏・藤原氏・橘氏の四氏の称。

げんぺいぬのびきのたき【源平布引滝】浄瑠璃。時代物。五段。並木千柳(宗輔)・三好松洛の合作。寛延2年(1749)大坂竹本座初演。源平の合戦に取材し、三段目切りの「実盛物語」が有名。

けんぺい-まなこ【権柄眼】権勢に任せて、人をおさえつけるような目つき。横柄な目つき。「御膝元に人を見下す—」〈浄・忠臣蔵〉

げんぺい-もも【源平桃】桃の一品種。紅白の重弁花がまじって咲く。さきわけもも。日月桃。《季 春》

けんぺい-りつ【建蔽率】敷地面積に対する建築面積の割合。敷地内に建てられる、建造物の最大限の面積をパーセントで表し、建築基準法により、地区別に定められている。補説「建坪率」とも当てて書く。

けん-ぺき【×痃×癖｜肩癖】《「けんべき」とも》❶首から肩にかけて筋肉がひきつって痛むこと。肩凝り。けんびき。❷《肩凝りを治すところから》按摩の術。けんびき。「親子ぢゃとて遠慮はない。艾も—も大づかみにやってくれ」〈浄・歌祭文〉

けん-べつ【県別】各県ごと。「—の人口動態」

けん-べつ【軒別】1軒ごと。家ごと。戸別。

けん-べつ【×甄別】〔名〕スル はっきりと見分けること。「微妙な濃淡とか調子とか云う者を—することが出来るのに反して」〈漱石・文学評論〉

ケンペル〖Engelbert Kämpfer〗[1651～1716] ドイツの医学者。1690年、オランダ東インド会社の医師として来日、2年間滞在。日本の歴史・政治・社会・宗教・地理・動植物などを「日本誌」「江戸参府紀行」などに著述。

けん-べん【軒×冕】❶古代中国で、大夫以上の人の乗る車と、かぶる冠。❷高位高官。また、その人。

けん-べん【検便】〔名〕スル 腸の出血や寄生虫・病原菌の有無などを調べるため、大便を検査すること。

けん-ぺん【権変】その場に応じて適切な手段をとること。臨機応変。「—に長ける」

けん-ぼ【賢母】賢明な母親。賢い母。「良妻—」類語 慈母・聖母

けん-ぽ【×畎▽畝】❶田のあぜと畑のうね。❷田園。いなか。「—の間より登庸し来りて」〈鴎外訳・即興詩人〉

けん-ぽ【兼補】〔名〕スル 本来の職務のほかに他の職務に補任されること。

けん-ぽ【健歩】達者に歩くこと。健脚。「毎日力を極めて速かに行き…その—に驚かしめしとなり」〈中村訳・西国立志編〉

けん-ぽ【健保】「健康保険」の略。「—制度」

げん-ぼ【原簿】❶もとの帳簿。写しに対していう。「戸籍の—」❷簿記の元帳。❸法律上、一定の権利関係が記載されている帳簿。特許原簿など。

げん-ぽ【玄×圃】中国の伝説で、崑崙山の上にあるという仙人の住む所。

けん-ぼう【健忘】❶よく物忘れすること。忘れっぽいこと。「最近—の気味がある」❷一定期間内の記憶の一部または全体が想起できない状態。新しい見聞を次々と忘れる前進性健忘と、ある時点から前の記憶を失う逆行性健忘とがある。

けん-ぼう【健棒】野球で、打撃力が強いこと。「—を振るう」

けん-ぼう【絹紡】「絹糸紡績」の略。

けん-ぼう【権謀】臨機応変のはかりごと。「—をめぐらす」類語 陰謀・策略・計略・作戦・謀略・はかりごと・企み・画策・策動・術策・謀計・奸策・詭計・深謀・遠謀・深慮・悪だくみ・わな・機略

けんぼう【憲法】《「けんぽう」とも》㊀▶吉岡憲法　㊁「憲法染」の略。

けんぽう【建保】鎌倉初期、順徳天皇の時の年号。1213年12月6日～1219年4月12日。けんぽ。

けん-ぽう【剣法】刀剣で戦う武術。剣術。類語 剣道・剣術

けん-ぽう【剣×鋒】剣の切っ先。剣先。

けん-ぽう【拳法】こぶしによる突きや打ち、あるいは足による蹴りを主とした格闘術。中国で古代から発達し、日本には江戸時代初め陳元贇によって伝えられた。「少林寺—」

けん-ぽう【憲法】《近世まで「けんぼう」》㊀〔名〕❶基本となるきまり。おきて。❷国家の統治権・統治作用に関する根本原則を定める基礎法。他の法律や命令で変更することのできない国の最高法規。近代諸国では多く成文法の形をとる。➡日本国憲法　➡大日本帝国憲法　㊁〔名・形動ナリ〕正しいこと。公正であること。また、そのさま。「主人ガーナレバ国ガヨウ治リ」〈天草版金句集〉類語 憲章・綱紀

げんぼう【玄昉】[?～746]奈良前期の法相宗の僧。大和の人。俗姓、阿刀氏。霊亀2年(716)入唐し、天平7年(735)帰国。橘諸兄のもとで吉備真備とともに権勢を振るい、藤原広嗣の乱を招いた。のち失脚し、筑紫の観世音寺に左遷され、当地で没。

げん-ぽう【幻法】魔法。妖術。幻術。

げん-ぽう【現俸】現在支給されている俸給。

げん-ぽう【現報】仏語。三報の一。現世でつくった業因の報いを現世で受けること。

げん-ぽう【減法】ある数や式から他の数や式を引いて差を求める計算法。引き算。⇔加法。

げん-ぽう【減俸】〔名〕スル 俸給の額を減らすこと。減給。「業績不振のため—される」⇔増俸。

げん-ぽう【厳法】厳格な法律。きびしい掟。

けんぽう-いはん【憲法違反】法律・命令および国務に関する行為などが、憲法の規定に違反すること。違憲。

けんぽう-いろ【憲法色】憲法染の染め色。赤みを帯びた濃い茶色。

けんぽう-かいせい【憲法改正】成文憲法を改正すること。憲法の規定する手続きに従って、憲法の一部に修正・削除・追加などの変更を加えること。日本では、国会各議院の総議員の3分の2以上の賛成を得て発議され、国民投票でその過半数による承認を得なければならない。

けんぽう-がく【憲法学】憲法の解釈や適用および憲法上の諸現象を研究する学問。➡国法学

けんぽう-きねんび【憲法記念日】国民の祝日の一。5月3日。日本国憲法の施行を記念する日。《季 春》

げんぽう-ぎん【元宝銀】馬蹄銀の異称。

げんぽう-こんしょく【減法混色】色の三原色である青緑・赤紫・黄を、それぞれの量を調節して混ぜ合わせること。青緑と黄を同量混合すると緑になるなど、さまざまな色合いの顔料を作ることができる。

けんぽう-さい【憲法裁】▶憲法裁判所

けんぽう-さいばんしょ【憲法裁判所】憲法の解釈に関する疑義について、合憲・違憲の判断をする特別の裁判所。ドイツ・オーストリア・イタリアなどに設置されている。憲法裁。

けんぽう-し【絹紡糸】くず繭などを精練して紡績した糸。紡績絹糸。

けんぽう-じゅうしちじょう【憲法十七条】推古天皇12年(604)聖徳太子が制定したと伝えられる日本最初の成文法。和の精神、君臣の道徳を説き、官吏・貴族の守るべき道徳的訓戒を十七か条に記したもの。

けんぼう-じゅっすう【権謀術数】人を欺くためのはかりごと。種々の計略。権数。「—にたける」

けんぼう-しょう【健忘症】❶脳の損傷など病的な原因による健忘。❷よく物忘れする性質。

けんぽう-しんさかい【憲法審査会】日本国憲法および関連する基本法制について総合的に調査し、憲法改正の発議や国民投票に関する法律案の審査などを行う機関。国民投票法の成立を受けて、衆参両院に設置することが国会法で定められ、平成23年(2011)10月に第1回の会議が開催された。

けん-ぼうすい【×腱紡×錘】腱の内部にある受容器。腱の緊張状態を反射的に中枢神経に送るはたらきをする。

けんぽう-ぞめ【憲法染】黒茶色の地に小紋を染め出したもの。慶長(1596～1615)のころ、吉岡憲法の考案という。吉岡染。

けんぽう-ちょうさかい【憲法調査会】日本国憲法について広範かつ総合的に調査するため、衆議院・参議院それぞれに設けられた機関。委員は衆議院50名、参議院45名。平成12年(2000)設置。補説 昭和32年(1957)から同40年まで、内閣に憲法調査会が置かれたことがある。

けんぽう-ちりめん【絹紡▽縮×緬】絹紡糸で織った縮緬。

けんぽう-りゅう【憲法流】▶吉岡流

けん-ぼく【県木】各都道府県で、郷土を代表するものとして選定された木。栃木県のトチノキ、茨城県のウメ、広島県のモミジなど。➡表「県花・県鳥・県木」

けん-ぽく【×硯北｜研北】手紙の脇付けの一。机を南向きに据えると、人は硯の北側にいることになるところからいう。机下。類語 侍史・机下・台下・足下・座右・膝下・玉案下・御許・御前・拝

げん-ぼく【原木】原料・材料となる木。加工をする前の、もとの木。「—のまま輸入する」

けんぼく-し【検牧使】平安時代、国有の牧場の巡検のために派遣された馬寮の役人。御牧使。

けんぽ-くみあい【健保組合】「健康保険組合」の略称。

けんぽ-なし【▽玄×圃×梨】クロウメモドキ科の落葉高木。山野に自生。葉は広卵形で先がとがる。夏に淡

緑色の小花を多数つけ、球形の果実がなる。秋に果実の柄が肥大し、甘く食用となる。(季 秋)「柴焚くや柴の中なる―/冬葉」
けんぽ-れん【健保連】「健康保険組合連合会」の略称。
けん-ぽん【献本】〔名〕スル 書籍を進呈すること。また、その書籍。「図書館に―する」
けん-ぽん【絹本】絹地きぬじに描いた書画。また、それに使う絹地。⇒紙本しほん
げん-ぽん【元本】►がんぽん(元本)
げん-ぽん【原本】❶翻刻・翻訳・抄録などする前の、もとの本。「―との異同を調べる」❷一定の内容を表示するため、確定的なものとして作成された文書。謄本・抄本などのもとになる文書。「公正証書―」❸物事の根本。おおもと。「―にさかのぼる」
(類語)底本・原典・原書・テキスト
けんぽん-ほっけしゅう【顕本法華宗】日蓮宗の一派。日什にちじゅうを開祖とし、京都の妙満寺を総本山とする。もと勝劣派に属した。妙満寺派。什門派。
けん-ま【肩摩】道などが混雑して、肩と肩とがすれ合うこと。
けん-ま【研磨┊研摩】〔名〕スル ❶物の表面を滑らかにするために、とぎみがくこと。「レンズを―する」❷知識・技術などをより高度なものにするために努力すること。「心身を―する」
げん-ま【減摩】〔名〕スル ❶すりへること。「車軸が―する」❷摩擦をへらすこと。
げん-まい【玄米】もみ殻を取り除いただけの、精白していない米。貯蔵性がよく、ビタミンB_1に富む。くろごめ。(類語)米・白米・新米・古米・古古米
げん-まい【現米┊▽見米】❶現に手元にある米。また、年貢の一部が米以外の物品で代納される場合の、実際の米。❷扶持ふちとして与える米。扶持米。
げんまい-しょく【玄米食】主食に玄米をくうこと。「健康のため―にする」
げんまい-ちゃ【玄米茶】蒸した玄米を煎いって緑茶に混ぜた、こうばしい香りのする茶。
げんまい-パン【玄米パン】小麦粉に玄米粉を混ぜて作ったパン。
けんま-き【研磨機】►研削盤けんさくばん
けん-まく【剣幕┊見幕┊権幕】怒って興奮しているようす。いきり立った、荒々しい態度や顔つき。「すごい―でどなり込む」「激しい―を見せる」(補説)もと「けんあく(険悪)」の連声れんじょうともいうが未詳。(類語)顔・顔付き・顔立ち・容貌・面構え・面差し・面立ち・面影・人相・面相・容色・相好・血相・形相・面魂・表情
げんま-ごうきん【減摩合金】ゲンマガフキン 機械の軸受け部分に用いる合金。ホワイトメタル・バビットメタルなど。軸受け合金。耐摩合金。
けんま-こくげき【肩摩×轂撃】《「戦国策」斉策から。「轂撃」は車の轂こしきと轂とがぶつかり合う意》人や車の往来が激しいこと。混雑していること。「往来の繁雑、―」〈魯文・西洋道中膝栗毛〉
けんま-ざい【研磨材】金属その他を、とぎみがくために使用する高硬度物質の総称。金剛砂・石英粉末・ガラス粉末・カーボランダムなど。
げんま-ざい【減摩材】機械の接触部分の摩擦をへらし、過熱したりすりへったりするのを防ぐ物質。機械油・グリース・黒鉛粉など。
けんま-ばん【研磨盤】►研削盤けんさくばん
げんま-ゆ【減摩油】減摩材として用いる機械油の類。潤滑油。
げん-まん【拳万】〔名〕スル 約束を破らないしるしとして、相手と小指を絡み合わせること。また、その時に唱える誓いの言葉。約束を破ったらげんこで1万回打たれる意という。関東地方の児童語。ゆびきり。「ゆびきり―」「必ず会うって―しよう」(類語)指切り・約束
けん-み【検見】❶物事を実際に検査すること。また、その役。❷中世、事件の監察のためなどに派遣された臨時の職。❸「けみ(検見)❷」に同じ。❹犬追物いぬおうもので、射手の射方、馬の扱い方、矢の当たり外れなどを検査した役。❺敵のようすなどを探ること。また、その人。物見ものみ。斥候。「京勢も一の勢も一つになり」〈浄・吉野忠信〉
げん-み【現未】現在と未来。現世と来世。「兄上の―をたすけ、子孫も繁昌致すべし」〈浄・賀古教信〉
けん-みじんこ【剣▽微×塵子】ケンミヂンコ 甲殻綱の一群の総称。体長1～3ミリの動物プランクトンで、淡水にも海水にも生息する。種類・個体数ともに多く、魚類などのえさとして重要。
けん-みつ【顕密】顕教と密教。
げん-みつ【厳密】〔形動〕文〔ナリ〕誤りや手落ちのないように、細かいところまできびしく目を行き届かせていて、すきがないさま。「―な検査を受ける」「―に言えば多少異なる」(派生)げんみつさ〔名〕
(類語)綿密・精密・緻密・密・細密・詳密
けん-みゃく【見脈】❶(「検脈」とも書く)脈をみて診断すること。「検温―」「―にして病を指す」〈滑・浮世風呂・前〉❷外見から推察すること。「旅を歩くが商売といったら、たいてい―でも知れさうなことだ」〈滑・続膝栗毛・四〉❸「剣幕けんまく」に同じ。「生肝でも抜きさうな―だから」〈滑・七偏人・二〉
げん-みょう【玄妙】ゲンメウ〔名・形動〕道理や技芸などが、奥深く微妙なこと。趣が深くすぐれていること。また、そのさま。「―な教理」「―な思想」(派生)げんみょうさ〔名〕
(類語)不思議・不可思議・不可解・不審・奇妙・面妖めんよう・妙ちき・変ちき・異い・謎なぞ・怪かい・奇き・奇異・奇怪・幻怪・怪奇・怪異・神秘・霊妙・霊異・あやかし・ミステリー・ミステリアス・奇天烈・摩訶まか不思議・けったい・おかしい
けん-みん【県民】県の住民。「神奈川―」
けんみん-し【遣▽明使】室町幕府が明に派遣した使節。応永8年(1401)足利義満あしかがよしみつが派遣したのが始まりで、使節は明国から送付してきた勘合を携行し、貿易にも当たった。⇒勘合貿易
けんみん-せん【遣▽明船】►勘合船かんごうせん
けんむ【建武】南北朝時代、南朝の後醍醐天皇の時の年号。1334年1月29日～1336年2月29日。北朝では光明天皇のときの年号。1334年1月29日～1338年8月28日。
けん-む【兼務】〔名〕スル 本務のほかに他の職務を兼ねること。また、その職務。兼任。「総理大臣が外務大臣を―する」
(類語)兼職・兼業・兼任・掛け持ち・二足の草鞋わらじ
げん-む【幻夢】夢まぼろし。また、はかないことのたとえ。夢幻。
げん-む【現務】現に取り扱っている事務。
けんむいらいついか【建武以来追加】室町幕府の法令集。室町幕府は御成敗式目を基本法としたが、建武式目ののち、必要に応じて法令を追加した。
けんむ-しきもく【建武式目】延元元年=建武3年(1336)、足利尊氏あしかがたかうじが示した室町幕府の政治要綱。17か条からなる。中原是円・真恵らに諮問して政治方針をまとめさせたもの。
けんむねんかんき【建武年間記】室町初期の記録書。1巻。著者・成立年未詳。建武政府が発布した法令や、建武政権下の世相を風刺した「二条河原の落書」などを収める。建武記。
けんむねんじゅうぎょうじ【建武年中行事】ケンムネンヂュウギャウジ 南北朝時代の有職故実書。3巻。後醍醐天皇撰。建武元年(1334)成立。朝廷における年中行事を記した書。秘記。御抄。
けんむ-の-ちゅうこう【建武の中興】元弘3年=正慶2年(1333)、後醍醐天皇が鎌倉幕府を倒して京都に還幸し、天皇親政を復活したこと。翌年建武と改元して公家一統の政治を図ったが、足利尊氏あしかがたかうじの離反にあい、2年半で崩壊、天皇は吉野に移って南北朝時代となる。建武の新政。
ケンメア〖Kenmare〗アイルランド南西部、ケリー州の町。ケンメア湾に臨み、シーン川の河口に位置する。17世紀英国の経済学者ウィリアム＝ペティの計画に基づいて建設された。ケリー周遊路やベアラ半島への観光拠点として知られる。
けん-めい【件名】❶ある一定の観点から分類した一つ一つの項目の名。「一索引」❷図書館で、本の内容から引けるように分類した項目の名。「一目録」
けん-めい【建×茗】中国福建省の建渓けんけいで産出される茶。
けん-めい【賢明】〔名・形動〕かしこくて、物事の判断が適切であること。また、そのさま。「―な処置」「早く報告したほうが―だ」(派生)けんめいさ〔名〕(類語)聡明・知的・明哲・一を聞いて十を知る・目から鼻へ抜ける・賢い・利口・鋭敏・機敏・俊敏・明敏・敏・鋭い・聡さとい・目聡い・賢さかしい・過敏・敏感・炯眼けいがん・利発・怜悧れいり・慧敏けいびん・穎悟えいご・英明・英邁えいまい・犀利さいり・シャープ
けん-めい【懸命】〔形動〕文〔ナリ〕力のかぎり努めるさま。全力をつくすさま。精一杯。「―な努力」「―にこらえる」「一生―」(派生)けんめいさ〔名〕(類語)命懸け・必死・死に物狂い・捨て身・大わらわ・躍起
懸命の地　主家から与えられた、生活の基盤とする領地。一所懸命の領地。「―をぞ安堵あんどせられける」〈太平記・一一〉
げん-めい【言明】〔名〕スル ❶言葉に出して、はっきりと言いきること。明言。「―を避ける」「当初の方針で進めることを―した」❷「立言りつげん❷」に同じ。
(類語)断言・確言・明言・言い切る・喝破・道破
げん-めい【原名】翻訳したり変更したりする前の、もとの名。
げん-めい【×眩×瞑】めまい。瞑眩。
げん-めい【厳命】〔名〕スル きびしく命じること。また、きびしい命令。「口外しないように―する」
(類語)至上命令・命令・言い付け・命めい・令れい・指令・下命・指示・指図さしず・号令・発令・沙汰さた・主命・君命・上意・達し・威令・厳令
げん-めい【厳明】〔名・形動〕厳正で公明なこと。また、そのさま。「賞罰―なるが故に」〈染崎延房・近世紀聞〉
げんめい-がっき【弦鳴楽器】ゲンメイガク 弦の振動によって音を発する楽器の総称。構造によりリラ属・ハープ属・リュート属・チター属に、また、奏法により撥弦楽器・擦弦楽器・打弦楽器に分類される。弦楽器。
げんめい-てんのう【元明天皇】ゲンメイテンワウ［661～721］第43代天皇。在位707～715。天智天皇の第4皇女。名は阿閇あへ。草壁皇子の妃。文武・元正両天皇の母。文武天皇の夭折ようせつ後に即位。平城京遷都、古事記・風土記の編纂へんさん、和同開珎わどうかいちんの鋳造などを行った。
げん-めつ【幻滅】〔名〕スル 期待やあこがれで空想し美化していたことが現実とは異なることを知り、がっかりすること。「―を感じる」「都会生活に―する」
(類語)がっかり・失望・落胆・絶望・失意
幻滅の悲哀　理想としていたことが幻にすぎなかったと悟ったあとに感じる悲しみ。
げん-めつ【▽還滅】仏語。煩悩ぼんのうを滅して涅槃ねはんに還かえること。迷いの世界から悟りの世界に入ること。
けん-めん【券面】証券の、金額を記した面。「一額」
けん-めん【×硯面】すずりの、墨をする面。
けん-めん【×蠲免】奈良・平安時代、課役の一部あるいは全部を免除すること。官位・職務などによる常例のものと、災害・慶事などの際に行われる臨時のものとがあった。
げん-めん【原免】原動機付き自転車の運転免許。
げん-めん【原綿】綿織物の原料にする綿花。
げん-めん【減免】〔名〕スル 租税や刑罰などを、軽くしたり免除したりすること。「恩赦で刑が―される」
けんめん-がく【券面額】►額面金額
けんめん-ちょうしょ【検面調書】ケンメンテウショ ►検察官面前調書
げん-もう【原毛】毛織物の原料にする羊毛など。
げん-もう【減耗】〔名〕スル「げんこう(減耗)」の慣用読み。
けん-もつ【献物】神仏などに奉る品物。献上品。
けん-もつ【▽監物】律令制で、中務なかつかさ省に属し、大蔵おおくら・内蔵くらなどの出納を監督し、諸庫の鍵を管理していた職。おろしもののつかさ。けんもち。
けんもつ-ちょう【献物帳】ケンモツチャウ 奈良時代、寺社へ奉納する品物に添えた目録およびその趣意書。
けん-も-ほろろ〔形動〕文〔ナリ〕《「けん」「ほろろ」はともに雉きじの鳴き声。あるいは「ほろ」は「母衣打ほろうち」か

らか。また、「けん」は「けんどん(慳貪)」「けんつく(剣突)」の「けん」と掛ける》人の頼み事や相談事などを無愛想に拒絶するさま。取りつくしまもないさま。「一な答え」「一に断られる」➡母衣打ち
(類語)そっけない・すげない・つれない・よそよそしい・にべない・冷たい

けん-もん【見聞】〔名〕スル 「けんぶん(見聞)」に同じ。「人間の同情に乏しい実行も大分一したが」〈漱石・吾輩は猫である〉

けん-もん【県門】賀茂真淵の門人の総称。真淵が県居と号したところからの名。

けん-もん【検問】〔名〕スル ❶調べ問うこと。問いただすこと。「生徒の学力を一す」〈村田文夫・西洋聞見録〉❷違反や疑わしいことがないかどうか問いただして調べること。特に、警察が通行中の自動車などに対して行う検査。「一にひっかかる」「県内の幹線道路で一する」(類語)非常線

けん-もん【権門】❶官位が高く権力・勢力のある家。また、その家の人。「一に媚びる」「一勢家」❷権力のある人への賄賂。「主人さへ屋敷勤め故、多くは役人衆への一に厭と言はれぬ仲間の付き合ひ」〈伎・三人吉三〉

げん-もん【玄門】玄妙な真理に入る門。仏門。

げん-もん【舷門】船舶の上甲板の横、舷側にあって、舷梯をかけて昇降する出入り口。

けん-もん-かく-ち【見聞覚知】仏語。六識の働き。見ること(眼識)・聞くこと(耳識)・覚ること(鼻識・舌識・身識)・知ること(意識)。

けんもん-かご【権門×駕▽籠】江戸時代、大名の家臣が主君の用事で他家へ行くとき乗った引き戸駕籠。主君から貸し与えられたもの。

けんもん-しゃ【顕紋×紗】紗の地に平織りで文様をあらわした紋紗。狩衣・水干・直垂などの生地に用いる。けんもんさ。けもんさ。

けんもん-じょ【検問所】警察による緊急配備などで、通行人やその所持品などの検問のために、臨時に交通の要所に設けられる施設。

けんもん-の-さんさいじょ【県門の三才女】賀茂真淵門下の、すぐれた三人の女性。進藤茂子(筑波子)・油谷倭文子・鵜殿余野子。

けんもん-の-してんのう【県門の四天王】賀茂真淵門下のすぐれた四人の称。村田春海・加藤千蔭・楫取魚彦・加藤美樹。

けんや【乾也】►三浦乾也

げん-や【原野】雑草や低木の生えている荒れ地や草原。未開拓で人の手の入っていない野原。
(類語)荒野・荒原・荒れ野・枯れ野

けん-やく【倹約】〔名・形動〕スル むだを省いて出費をできるだけ少なくすること。また、そうするさま。「小遣いを一する」「平生小人には吝嗇と云われる程の、一な生活をしていて」〈鷗外・高瀬舟〉(類語)節約・セーブ・エコノミー・切り詰める・引き締める・始末・経済

けん-やく【兼約】かねてから約束しておくこと。また、その約束。前約。「かさねての参会を一すべし」〈色道大鏡・二〉

げん-やく【現益】仏語。現世で受ける利益。

けんやく-か【倹約家】倹約につとめる人。しまりや。(類語)けち・吝嗇・しみったれ・しわい・渋い・しょっぱい・細かい・みみっちい (けちな人)けちん坊・しわん坊・握り屋・締まり屋・吝嗇漢・守銭奴・始末屋

けんやく-れい【倹約令】江戸時代、幕府や大名が公布した倹約強制の法令。財政の緊縮をはじめ、日常生活における分相応の節約を命じたもの。

げんや-しょうほう【原野商法】ほとんど価値のない土地を、新幹線が通るなどと言葉巧みにだまして高値で売りつける悪徳商法。(補説)昭和40年代後半からか。北海道の山奥の原野を売りつけたことからの名という。

げんやだな【玄冶店】㊀江戸の地名。日本橋北の横町。幕府医師の岡本玄冶の屋敷跡で、芝居関係の者が多く住んでいた。㊁歌舞伎狂言「与話情浮名横櫛」4幕目の源氏店妾宅の場の俗称。

けんや-やき【▽乾×也焼】明治初期、三浦乾也が東京向島で焼きはじめた陶器。尾形乾山の作風に倣ったもので、茶陶が多い。

げん-ゆ【原由】物事が起きるもとになったところ。原因。げんゆう。「一を尋ねれば」

げん-ゆ【原油】油井から採掘されたままの精製していない石油。通常は黒色の悪臭ある液体。

けん-ゆう【県有】県が所有すること。「一林」

けん-ゆう【兼有】〔名〕スル 二つ以上のものをあわせもつこと。「雌雄の性質を一する」

げん-ゆう【原由】►げんゆ(原由)

げん-ゆう【現有】〔名〕スル 現在持っていること。「船舶十数隻を一する会社」「一勢力」

けんゆう-しゃ【硯友社】明治18年(1885)、尾崎紅葉・山田美妙・石橋思案らが結成した文学結社。機関紙「我楽多文庫」を発行。巌谷小波・広津柳浪・川上眉山・泉鏡花・小栗風葉らが前後して加わり、明治20年代の文壇の主流となった。

げんゆう-そうきゅう【玄侑宗久】[1956〜]小説家・僧侶。福島の生まれ。本名、橋本宗久。コピーライターなどさまざまな職業を経て27歳で出家。かたわら小説を執筆。修行ののち故郷の臨済宗妙心寺派福聚寺の副住職となる。「中陰の花」で芥川賞受賞。

けん-よ【肩×輿】肩で担ぐ乗り物の総称。輿や駕籠などをいう。「一の中に、沓を入れたり」〈折たく柴の記・中〉

けん-よ【権×輿】❶《「権」は秤のおもり、「輿」は車の底の部分の意で、どちらも最初に作る部分であるところから》物事の始まり。事の起こり。発端。「国家の一を穿鑿する」〈逍遥・小説神髄〉❷《「けねん(懸念)」の音変化「けんにょ」を「けんよ」の連声と誤解してできた語》気がかり。心配。(類語)始め・始まり・起こり・元・発端・端緒・濫觴・嚆矢・起源・根源・源・源流・本元・物種・温床・源泉

権輿もな・い 何も心配しないで、けろりとしているさま。気にしない。「おせさ、よいさ、と唄へど一・い顔して居る」〈浮・一代男・四〉

けん-よ【顕誉】〔名〕スル 表彰すること。

けん-よう【見様】和歌で、対象をありのままに淡々と詠むこと。また、その歌。

けん-よう【建窯】中国福建省建陽県にあった陶窯。宋・元代にすぐれた天目茶碗を産出し、建盞とよばれた。

けん-よう【兼用】〔名〕スル ❶一つのものを二つ以上の用途に使うこと。「晴雨一の傘」❷一つのものを二人以上で一緒に使うこと。共用。「自転車を兄と一する」(類語)両用・併用

けん-よう【×眷養】目をかけて養うこと。また、その者。「御辺は未だ私の一にて、公方の御恩をも蒙らねば」〈太平記・一〇〉

けん-よう【険要】〔名・形動〕地勢がけわしくて、敵を防ぐのに都合のよいこと。また、そのような所や、そのさま。「一の(な)地に城を築く」

けん-よう【顕要】〔名・形動〕地位が高くて重要なこと。また、そのさま。「一な(の)職につく」

けん-よう【顕揚】〔名〕スル 世間に威光や評判などを広め高めること。「ここが洛北の名勝地であることを一したい」〈谷崎・乳野物語〉

げん-よう【幻妖】〔名・形動〕❶正体のわからない化け物。妖怪。「一のなせるわざ」❷人をまどわすこと。また、そのさま。「一な音色」

げん-よう【言容】❶言葉遣いと顔つき。❷言葉つき。話しぶり。

げん-よう【×炫×耀】〔名〕スル 光りかがやくこと。また、かがやかせること。「富貴を衒い、他人の目を一するを務めとせり」〈中村訳・西国立志編〉

げん-よう【×眩×耀】〔名〕スル まばゆいばかりに光りかがやくこと。まぶしくて目がくらむこと。また、目をくらますこと。「人の目を一する」

げん-よう【×衒×耀】〔名〕スル 名誉・名声を得ようとして、盛んに自らを誇示すること。「大世界に誇号し、一し、横行闊歩せんは」〈雪嶺・真善美日本人〉

げんよう-しゃ【玄洋社】明治14年(1881)、頭山満らが中心となり結成した超国家主義団体。対外強硬策を主張した。昭和21年(1946)解散。

けんよう-しゅ【兼用種】二つ以上の利用価値をもつ家禽・家畜の品種。鶏では卵肉兼用のプリマスロック、牛では乳肉兼用のブラウンスイスなど。

けんよう-すい【懸×壅垂】►口蓋垂

けんよう-どうぶつ【×牽用動物】耕作用具や車などを引かせるための動物。牛・馬・犬などの類。

けん-よく【謙抑】〔名〕スル へりくだって控えめにすること。

げんらい-えこくど【▽還来×穢国土】仏語。極楽浄土に往生した人が、衆生を救い、ともに往生するために、この世にまた戻ってくること。

けん-らん【検卵】〔名〕スル 孵化中の鶏などの卵を透視して、無精卵など不良なものは取り除くこと。

けん-らん【賢覧】相手が見ることを敬っていう語。高覧。「内容見本を一に呈します」

けん-らん【×絢×爛】㊀〔形動〕〔文〕〔ナリ〕❶華やかで美しいさま。きらびやかなさま。「豪華一」❷詩歌や文章の表現が、豊富な語彙や凝った言い回しなどで美的に飾られていて、華麗な印象を与えるさま。「口を衝いて出る言葉々々がどれもこれも一な色彩に包まれていた」〈有島・或る女〉㊁〔ト・タル〕〔文〕〔形動タリ〕❶㊀❶に同じ。「一たる衣装」❷㊀❷に同じ。「一たる文体」(派生)けんらんさ〔名〕(類語)華やか・きらびやか・華麗・華美・はで・はでやか・華華しい・美美しい

げん-らん【玄覧】物事を深く見きわめること。また、天子が見ることを敬っていう語。

けん-り【権利】❶ある物事を自分の意志によって自由に行ったり、他人に要求したりすることのできる資格・能力。「邪魔する一は誰にもない」「当然の一」「一を主張する」⇔義務。❷一定の利益を自分のために主張し、また、これを享受することができる法律上の能力。私権と公権とに分かれる。「店の一を譲る」⇔義務。➡ライツ(rights) ❸権勢と利益。
(類語)(❶)資格・権限・権能・権益・特権・特典/(❷)私権・公権・人権

げん-り【玄理】奥深い道理。「人の見識品行は一を談じて高尚なる可きに非ず」〈福沢・学問のすゝめ〉

げん-り【原理】❶事物・事象が依拠する根本法則。基本法則。「てこの一」「民主主義の一」❷哲学で、他のものを規定するが、それ自身は他に依存しない根本的、根源的なもの。
(類語)論理・理・理・道理・事理・条理・理屈・筋・筋道・道筋・辻褄・理路・論法・推理・純理・理法・ロジック・理論・セオリー・プリンシプル・公理・定理

げんり-うんどう【原理運動】1954年、キリストの再臨と称する韓国の文鮮明が起こした世界基督教統一神霊教会(統一教会)の布教活動。1960年代に日本にも伝わった。

けんり-おち【権利落ち】所定の期日(割り当て日)が過ぎて、旧株に割り当てられる新株や別会社の株式などの取得権利がなくなること。➡権利付き

けんり-かぶ【権利株】会社の成立前または新株発行の効力発生前における株式引受人の地位。または株式の引受けによる権利。

げん-りき【験力】功徳のしるしが現れること。「法華の一の新たなることかくの如し」〈今昔・四・四〇〉

けんり-きん【権利金】借地契約・借家契約の際に、慣行として、賃借人の側から地主・家主に支払われる賃料・敷金以外の金銭。契約が終了しても返還されない。

げんり-げんそく【原理原則】原理も原則も、基本的な決まり・規則の意。重ねることでその意味を強調した言葉。「一に従う」「天下り禁止の一に反する」

けんりこうし-かかく【権利行使価格】新株予約権付社債やオプション取引で、事前に取り決められた価格のこと。その価格で保有者の所有する、通貨・債券・株式などを売買できる。行使価格。権利行使価額。

けんりこうし-び【権利行使日】オプション取引などで、付加されている売買の権利が行使される日。

けんり-しち【権利質】債権・株式・地上権・知的財産権など、所有権以外の譲渡可能な財産権を目的とする質権。

げんり-しゅぎ【原理主義】❶キリスト教で、聖書の無謬性を信じ、キリストの処女降誕・贖罪・復活・奇跡などを歴史的事実として認識する信仰上の立場。進化論や聖書の批判的解釈を容認する近代主義に対抗する運動として、1900年代初期に米国のプロテスタント諸派内で生じた。根本主義。ファンダメンタリズム。❷一般に、基本的な理念や原理原則を厳格に守ろうとする立場。市場原理主義など。❸《❶から転じて》聖典や教義を忠実に解釈し実践しようとする思想や運動。イスラム原理主義など。

げんりしゅぎ-しゃ【原理主義者】❶原理主義の立場をとる人。❷原理原則だけを唱え、頑なで融通の利かない者を揶揄していう語。

けんり-しょう【権利証】登記完了の証明書である登記済証の俗称。不動産の登記が完了したときに、登記所が登記原因証書または申請書副本に登記済みその他の一定の事項を記載し、登記権利者に還付する書面。

けんり-しょうてん【権利章典】《Bill of Rights》1689年12月、英国王ウィリアム3世とメアリー2世が発布した「臣民の権利および自由を宣言し、王位継承を定める法律」の通称。議会の提出した権利宣言を成文化したもので、英国の立憲政治の基礎となった。

けんり-せいがん【権利請願】《Petition of Right》1628年、英国議会が国王チャールズ1世に提出し、承認させた文書。議会の同意のない課税や不法逮捕に反対したもの。マグナカルタ・権利章典と並んで、英国憲政上の三大法典の一つ。

けんり-せんげん【権利宣言】《Declaration of Rights》1689年、名誉革命直後の英国議会が起草し、ウィリアム3世とメアリー2世の両人に共同即位の条件として提出した文書。国民の権利と自由、王権に対する議会の優位などを宣言したもの。➡権利章典

けん-りつ【建立】〘名〙スル 築き上げること。打ち立てること。こんりゅう。「国家を―する」

けん-りつ【県立】県が設立し維持すること。また、そのもの。「―高校」

げん-りつ【厳律】きびしいおきて。「謀叛を以て之を処刑するの―あり」〈竜渓・経国美談〉

けんり-つき【権利付(き)】増資新株や別会社の株式の引受権が付いていること。広義には配当金請求権が付いていることも含む。➡権利落ち

けんりつ-ひろしまだいがく【県立広島大学】広島市南区にある公立大学法人。平成17年(2005)広島女子大学・広島県立大学・広島県立保健福祉大学が統合して発足した。同19年、公立大学法人となる。

けんり-のうりょく【権利能力】権利および義務の主体となることができる法律上の資格。自然人は出生により、法人は設立行為の完了によってこれを取得する。義務能力。

けんりのうりょくなき-しゃだん【権利能力無き社団】社団としての実体を備えているが、法律上の権利や義務の主体とならない団体。法人格を取得する要件を満たしながら、あえて権利能力なき社団として活動する団体もある。財団の場合は権利能力なき財団という。人格なき社団。〘補説〙最高裁の判例では、団体としての組織を備え、多数決の原則が行われ、構成員が変更しても団体が存続し、代表者・総会の運営・財産の管理方法が確定している、といった要件を満たしている場合に、権利能力なき社団と認めるとしている。法人格を持たず、権利能力なき社団にも該当しない団体(親睦会など)を任意団体と呼んで区別する場合がある。

けんり-もんだい【権利問題】《ラテ quid juris》カント哲学の用語。認識が成り立つ事実を問題にするのではなく、認識が客観的に妥当しうることの根拠を問うことをいう。法律用語からの転用。➡事実問題

けんりゃく【建暦】鎌倉初期、順徳天皇の時の年号。1211年3月9日～1213年12月6日。

けん-りゃく【権略】その場に応じた策略。権謀。「政治家の一で、対手に由ては心にない事を口にする例は若干もある」〈魯庵・社会百面相〉

げんりゃく【元暦】平安末期、後鳥羽天皇の時の年号。1184年4月16日～1185年8月14日。

けん-りゅう【剣竜】鳥盤目に属する恐竜の一群。背中に直立した三角形の2列の骨の板(剣盤)をもち、尾にはとげをもつ。独特の四足歩行を行う。草食性。ステゴサウルス。

げん-りゅう【源流】❶ある川のもととなる水の流れ。水源。「ナイル川の―」❷物事の起こり。始まり。起源。「文明の―をたどる」〘類語〙(❶)源・水源/(❷)始まり・始め・起源・根源・源・本元・物種・温床・濫觴・源泉・起こり・元・発端・端緒・嚆矢

けんりゅう-けい【検流計】微小な電流や電圧・電気量を測定する計器。直流用と交流用がある。ガルバノメーター。

けんりゅう-てい【乾隆帝】[1711～1799]中国、清の第6代皇帝。名は弘暦。廟号は高宗。雍正帝の第4子。在位1735～1795。康熙帝・雍正帝に続く清朝の最盛期。外征を行い、西域を国土化したほか、チベットにまで帝国の版図を広げた。また、学術を奨励し、「明史」「四庫全書」など多くの欽定書を編纂させた。

けん-りょ【賢慮】❶賢明な考え。すぐれた考え。❷他人の思慮を敬っていう語。お考え。
〘類語〙考え・貴慮・尊慮・御意・貴意・尊意・思し召し

けん-りょう【見料】❶何かを見るための料金。芝居見物をするときなどに払う料金。見物料。❷人相・手相などを見てもらったときに払う料金。

けん-りょう【賢良】〘名・形動〙❶賢くて善良なこと。また、そういう人や、そのさま。「聖明の君と一の士と柔順なる民と」〈福沢・学問のすゝめ〉❷昔、中国で行われた官吏登用試験の科目名。

げん-りょう【原料】ある物品を作るもとになる材料。「石油を―とする洗剤」〘類語〙材料・素材・材・料・資材・マテリアル・マチエール

げん-りょう【現量】〘名〙スル インドの認識論で、直接知覚すること。目・耳・鼻・舌・身の感覚器官と外界の事物との接触から生じるとされる。

げん-りょう【減量】〘名〙スル 目方や分量が減ること。また、減らすこと。特に、体重を減らすこと。「試合のために―する」㊟増量。

げんりょうげんさんち-ひょうじ【原料原産地表示】加工食品の原料に使われた農畜水産物の原産地に関する表示。JAS法の品質表示基準に定められている。乾燥きのこ類・緑茶・もち・こんにゃく・塩干魚介類・合挽肉など20食品群、および個別に品質表示基準が定められている4品目(農産物漬物・野菜冷凍食品・かつお削りぶし・うなぎ蒲焼き)が対象。〘補説〙例えば、外国産の原料を国内で加工した食品について、産地表示で加工地を強調することで、消費者に加工地があたかも原料の原産地であるかのように誤解させるものがあるため、特定の品目について、加工地と原料原産地を明確に区別できる表示が義務付けられるようになった。

げんりょう-たん【原料炭】製鉄用のコークス、石炭ガス(=都市ガスの一種)などを製造する際に原料となる石炭。➡一般炭

げんりょう-とう【原料糖】精製糖の原料になる粗糖。原糖。

けん-りょく【権力】他人を強制し服従させる力。特に国家や政府などがもつ、国民に対する強制力。「―を振るう」「―者」
〘類語〙勢力・威力・権勢・実権・威勢・勢い・権威・威厳・威信・威名・威望・名望・威光・威風・勢威・力

げん-りょく【減力】写真現像で、ネガの画像の濃度を薬液処理によって低下させること。㊟補力。

けんりょく-かんけい【権力関係】権力の行使による、支配と服従との関係。特に、行政主体である国や公共団体に、私人に対する法的優越性が認められる関係。

けんりょく-とうそう【権力闘争】政治権力の争奪をめぐって、個人・団体・政党・階級などの間で行われる闘争。

けんりょく-ぶんりつ【権力分立】権力を分散してその乱用を防止しようとする考え方。三権分立はその代表例。

けんりょくへ-の-いし【権力への意志】《ドイ Wille zur Macht》ニーチェ哲学の中心概念の一。他を征服・支配し、自己生存の維持と拡大を図ろうとする生の根本衝動。存在の実相とされる。権力意志。

けん-りん【倹吝|慳吝】〘名・形動ナリ〙欲が深くて、けちであること。また、そのさま。「一の弁」〈中村訳・西国立志編〉

けん-りん【乾臨】《天が下にのぞむ意》天子の行う裁決・処置。「一定めて叡感を残され候はんか」〈太平記・二八〉

けんりん-かく【乾臨閣】㊀平安京大内裏の豊楽殿の旧称。㊁平安京大内裏の神泉苑正殿の名称。

けんりん-しょ【剣林処】正法念経に説く、叫喚地獄にある十六小地獄の一。木の葉が剣になっている林の中で、全身を切りさいなまれる。剣樹地獄。

けん-るい【堅塁】❶守りが堅くて、容易に攻め落とせない陣地。「―を抜く」❷なかなか打ち破ることのできない物事。「資本主義の―」

けん-れい【妍麗|娟麗】〘名・形動ナリ〙あでやかで美しいこと。また、そのさま。「その布色の美沢なる、花葉の文の一なる」〈中村訳・西国立志編〉

けん-れい【県令】❶昔の中国で、県の長官。❷明治4年(1871)廃藩置県によって県に置かれた長官の呼び名。同19年に知事と改称。❸旧制で、県知事の発した命令。

げん-れい【厳令】〘名〙スル きびしく命令すること。また、その命令。厳命。「とりでの死守を―する」
〘類語〙命令・言い付け・命・令・指令・下命・指示・指図・号令・発令・沙汰・主命・君命・上意・達し・威令

げん-れい【厳厲】〘名・形動ナリ〙きびしく、はげしいこと。また、そのさま。「厳寒と酷暑との候稍一なるのみ」〈村田文夫・西洋聞見録〉

けんれい-もん【建礼門】平安京内裏外郭十二門の一。南面中央にあって、内郭の承明門に対する。門前で白馬の節会などが行われた。

けんれい-もんいん【建礼門院】[1155～1213]高倉天皇の中宮。安徳天皇の母。平清盛の次女で、名は徳子。寿永4年(1185)壇ノ浦の戦いに敗れて安徳天皇とともに入水したが、助けられて京都にかえり、尼となって大原寂光院で余生を送った。

けんれいもんいん-うきょうのだいぶ【建礼門院右京大夫】[1157ころ～1233ころ]平安末期・鎌倉初期の女流歌人。藤原伊行の娘。建礼門院に仕え、平資盛に愛された。のち後鳥羽院に再出仕。家集に「建礼門院右京大夫集」がある。

けんれいもんいんうきょうのだいぶしゅう【建礼門院右京大夫集】鎌倉初期の私家集。2巻。建礼門院右京大夫の自撰。貞永元年(1232)ころ成立。亡き愛人平資盛への追憶を主題とする歌約360首を日記的に収めたもの。

げん-れつ【厳烈】〘名・形動〙きびしく激しいこと。また、そのさま。「一な処罰」「好みて此の―を行うに非ざるを許し」〈田口・日本開化小史〉

けん-れん【県連】県を単位として結成されている種々の団体の連合組織。

けん-れん【牽連】〘名〙スル 連なり続くこと。また、ある関係でつながっていること。「嗹国商社の東洋電信線―して当節長崎港まで達せしよし」〈新聞雑誌三〉

けん-れん【眷恋】㊀〘名〙スル 恋い焦がれること。「貴君に―していますよ」〈二葉亭訳・片恋〉㊁〘ト・タル〙〘文〙〘形動タリ〙思い切れないさま。「否応に決めようと思えば扱又―として棄つるに忍びざる処もある」〈紅

葉・二人女房》〔類語〕恋・恋愛・愛恋(あいれん)・愛・恋情(れんじょう)・恋慕(れんぼ)・思慕(しぼ)・色恋(いろこい)・慕情(ぼじょう)・ラブ・アムール・ロマンス

けんれん-はん【×牽連犯】犯罪の手段または結果である行為が、別個の罪名に触れていて実質的には数罪にあたるが、刑を科すうえでは一罪として扱うもの。住居に侵入して窃盗をした場合など。

けん-ろ【×涓露】露ほどの水。ほんの少しの水。「巨海(こかい)の―を納(い)るるに喩(たと)ふ」〈和漢朗詠・下〉

けん-ろ【険路┊×嶮路】けわしい道。「―を進む」〔類語〕崖道・岨道(そばみち)・隘路(あいろ)

けん-ろ【賢路】賢者が進む道。賢者の昇進する道。

賢路を塞(ふさ)・ぐ《潘岳「河陽県作」から》無能な者が官職にとどまって、賢者の仕官や昇進を妨げる。

けん-ろ【顕露】〔名〕(スル)はっきりあらわれること。露顕。「その―すると、隠蔵するとを論ぜず」〈中村訳・西国立志編〉

げん-ろ【言路】君主・上役などに対して意見を述べる方法・手段。「―を塞ぎ業作を妨るの事は」〈福沢・学問のすゝめ〉

けん-ろう【×倦労】(―ラウ)〔名〕(スル)物事にあきて疲れること。疲れていやになること。「毫も人をして―せしめず」〈村田文夫・西洋聞見録〉

けん-ろう【堅×牢】(―ラウ)㊀〔名・形動〕物がしっかりと、壊れにくくできていること。また、そのさま。「―なつくり」「―無比」〔派生〕けんろうさ〔名〕㊁〔名〕「堅牢地神」の略。〔類語〕頑丈・堅固・頑強・強固・屈強・強健・確固・しっかり・丈夫

けん-ろう【×嶮浪】(―ラウ)勢いのはげしい大波。

けん-ろう【賢郎】(―ラウ)他人を敬って、その息子をいう語。賢息。令息。

げん-ろう【元老】(―ラウ)❶官位・年齢が高く、声望のある功臣。❷ある分野で長い間その仕事に携わり、功労のあった人。「経済界の―」❸明治後期から昭和前期にかけて、憲法規定外の存在ではあったが、政務の決定や後継首相の決定などにあずかって力のあった老臣。黒田清隆・伊藤博文・西園寺公望ら。〔類語〕幹部・首脳・要人・重鎮

げんろう-いん【元老院】(ゲンラウヰン)❶古代ローマの立法・諮問機関。共和政期には政治の運営の中心機関となったが、帝政期には権限が縮小された。❷明治8年(1875)左院の後身として設置された立法機関。同23年帝国議会の開設により廃止。

げんろういん-ぎかん【元老院議官】(ゲンラウヰンギクワン)議長とともに元老院❷を組織した議員。華族・官吏・学者などから勅任された。

げんろういん-ひろば【元老院広場】(ゲンラウヰン―)《Senatskaya Ploshchad'》▶デカブリスト広場

けんろう-き【検漏器】電気回路の漏電を調べたり、漏電の際に警報を発したりする装置。

けんろう-じしん【堅×牢地神】(ケンラウヂシン)大地をつかさどる神。万物を支えて堅牢であるところからいう。地天(ちてん)。「喚(をめ)き叫ぶ声梵天までも聞え、―も驚くらんとぞ覚えける」〈平家・一〉

げんろく【元禄】㊀江戸中期、東山天皇の時の年号。1688年9月30日～1704年3月13日。㊁❶「元禄袖」の略。❷「元禄模様」の略。

けんろく-えん【兼六園】(―ヱン)石川県金沢市にある池泉回遊式庭園。加賀藩主前田侯の庭として延宝年間(1673～1681)ころ造られ、文政年間(1818～1830)に補修。宏大(こうだい)・幽邃(ゆうすい)・人力・蒼古(そうこ)・水泉・眺望の六勝を兼ね備えることから名づけられた。岡山の後楽園、水戸の偕楽園(かいらくえん)とともに日本三名園の一。

げんろく-かぶき【元×禄歌舞伎】元禄期を中心とした約50年間の歌舞伎。科白劇(せりふげき)・世話狂言が成立し、上方では和事芸、江戸では荒事芸が発達。

げんろく-きん【元×禄金】元禄8年(1695)に江戸幕府が改鋳した金貨。元禄大判金・元禄小判金・元禄一分金・元禄二朱金の総称。「元」の字の極印があるので元字金ともいう。

げんろく-ぎん【元×禄銀】元禄8年(1695)に江戸幕府が改鋳した銀貨。元禄丁銀・元禄豆板銀の総称。「元」の字の極印があるので元字銀ともいう。

げんろく-げた【元×禄下▽駄】楕円形で、ばら緒をすげた男物の日和(ひより)下駄。通人が用いた。

げんろく-こそで【元×禄小袖】元禄時代を中心に流行した、絞りと刺繡(ししゅう)で模様を表した丸袖の小袖。また、それを模して明治末期に流行したもの。花見小袖。

げんろく-じしん【元禄地震】(―ヂシン)元禄16年(1703)11月、関東地方南部を襲った大地震。江戸・小田原の被害が大きく、倒壊家屋2万余戸、死者五千余人を数えた。

げんろく-じだい【元禄時代】江戸中期、5代将軍徳川綱吉の時代。文治政治が展開し、町人の勢力が台頭して社会は活気を呈し、上方を中心に独特の文化が生まれた。

げんろく-そで【元×禄袖】着物の袖型の名称。元禄小袖の丸袖を取り入れ、袖丈が短くてたもとの丸みの大きい袖。また、その袖のついた、女物の普段着や子供用の着物など。

げんろく-だい【元×禄×鯛】(―だひ)チョウチョウウオ科の海水魚。全長約15センチ。体は左右に平たく、ほぼ円形で吻(ふん)が突き出る。体側に幅広い褐色の横帯が2本あり、背びれの後部に大きな黒点がある。南日本から熱帯にかけて岩礁・珊瑚(さんご)礁にすむ。

げんろくちゅうしんぐら【元禄忠臣蔵】真山青果の戯曲。10編。昭和9～16年(1934～1941)発表。赤穂義士を題材にした連作史劇。➡忠臣蔵

げんろくはなみおどり【元禄花見踊】(ゲンロクはなみをどり)歌舞伎舞踊。長唄。本名題「元禄風花見踊」。竹柴瓢助(たけしばひょうすけ)作詞、3世杵屋正次郎(きねやしょうじろう)作曲。明治11年(1878)東京新富座初演。元禄時代の上野の山の花見を題材に、遊女・武士・若衆・奴(やっこ)などが集まってにぎやかに踊るもの。花見踊。

げんろく-ぶんがく【元×禄文学】元禄年間を中心として、主に上方で発達した町人文学。小説・俳諧・演劇などの分野で多様に展開し、近世文学の一頂点を示した。➡上方文学

げんろく-へび【元×禄蛇】ジムグリの別名。腹面に市松模様があるところからの名。

げんろく-みえ【元×禄見得】歌舞伎で、初世市川団十郎が創始した荒事の大見得。左足を踏み出し、左手で刀を握り、右手を後ろへ張る。「暫(しばらく)」「矢の根」などにみられる。

げんろく-もよう【元×禄模様】(―モヤウ)元禄時代に流行した、大柄ではでな小袖模様。

げん-ろん【言論】口で言ったり文章にしたりして思想や見解を発表し、論じること。また、その論。「―で対抗する」「口もあれば筆もあるから颯々と―して」〈福沢・福翁自伝〉〔類語〕演説・弁論

げん-ろん【原論】ある事柄の根本になる理論。理論体系のもとになる理論。また、それを述べているもの。「教育学―」

げんろん-とうせい【言論統制】公権力が検閲制度などの手段を用いて、言論・表現を制限すること。

げんろん-の-じゆう【言論の自由】(―イウ)個人が言論によって思想や意見を発表する自由。日本国憲法で保障されている。

げんわ【元和】▶げんな(元和)

げん-わ【原話】ある作品のもととなった説話。

けん-わく【見惑】《連声(れんじょう)で「けんなく」とも》仏語。仏教の真理について迷いを覚えること。

げん-わく【幻惑】〔名〕(スル)人の目先をまどわすこと。「手品師のしぐさに―される」〔類語〕眩惑

げん-わく【×眩惑】〔名〕(スル)目がくらんで正しい判断ができなくなること。また、目をくらまして、まどわすこと。「照明灯の光に―されて落球する」〔類語〕幻惑

げん-わく【減枠】〔名〕(スル)割り当ての枠・制限数量を減らすこと。「漁獲割り当て量を―する」

けん-わん【懸腕】書道の運筆法の一。ひじを脇から離し、腕を宙に浮かせるようにして字を書くこと。大きな字を書くのに適する。➡枕腕(ちんわん)　➡提腕

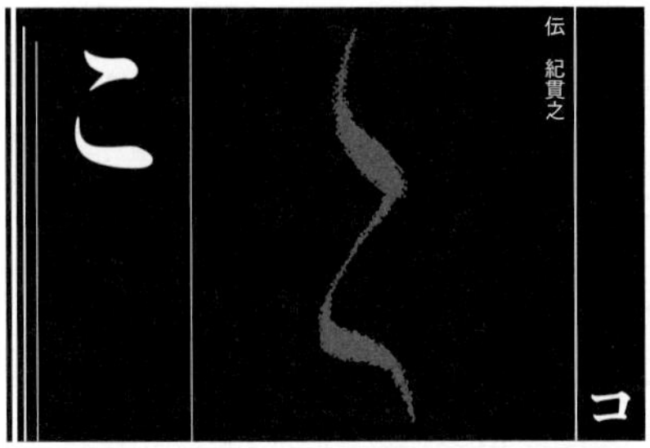

こ　❶五十音図カ行の第5音。軟口蓋の無声破裂子音[k]と母音[o]とからなる音節。[ko]　❷平仮名「こ」は「己」の草体。片仮名「コ」は「己」の初2画。

こ【子┊▽児】㊀〔名〕❶親から生まれたもの。こども。⇔親。㋐両親の間に生まれた者。「かわいい―には旅をさせよ」➡息子　➡娘　㋑親が、実子と同様に養い育てる者。養子や継子など。㋒動物の生まれて間もないもの。また、鳥や魚などの卵や、卵からかえったばかりのもの。「―犬」「鱈(たら)―」❷まだ大人になっていない者。幼い者。こども。「近所の男の―」❸(「娘」とも書く)若い女性。むすめ。「妓」とあてて遊女・芸者などをいうときもある。「若い―の集まる店」❹植物の幹や根から生え出たもの。「芋の―」「竹の―」⇔親。❺主だったものに対して、従属する関係にあるもの。「―会社」「―分」⇔親。❻トランプや花札などで、親以外の立場になる者。⇔親。❼元金から生じた利益。利子。「元も―もなくす」❽「子株(こかぶ)❷」の略。㊁〔接尾〕❶名詞や動詞の連用形に付いて、その仕事をする人や物の意を表す。「舟―」「売り―」「振り―」❷特に、女性のする動作や仕事に付いて、それをする人が若い女性であることを表す。「踊り―」「お針―」❸女性の名前に付いて、それが女性であることを表す。「花―」「雪―」❹人を表す語に付いて、親愛の意を添える。「背―」「娘―」❺その場所や時代に生まれた人の意を表す。「江戸っ―」「明治っ―」〔補説〕㊁❸は、古くは身分のある女性の名に付けられた。また、上代には、身分のある男性の名に付けても用いられた。「小野妹―」「蘇我馬―」

〔…句〕生んだ子より抱いた子・負うた子より抱いた子・親が親なら子も子・子供は風の子・父(ちち)父たれば子も子たり・盗人(ぬすびと)を捕らえてみれば我が子なり

〔類語〕(㊀❶㋐㋑)子供・子種・子宝・子女・二世・児女・子弟・愛児・子息・息男(そくなん)・息女・息子(むすこ)・娘・倅(せがれ)・お子さま・令息・令嬢・お坊っちゃん・お嬢さん・お嬢さま/(㊀❷)子供・児童・小児・小人・童(わらわ)・童(わらべ)・学童・童子(どうじ)・幼子(おさなご)・幼童・ちびっこ・わっぱ・こわっぱ・小僧・餓鬼(がき)・少年

子は鎹(かすがい)　子供への愛情から夫婦の仲がなごやかになり、縁がつなぎ保たれることのたとえ。

子は三界(さんがい)の首枷(くびかせ)　親は子を思う心に引かれて、終生自由を束縛されることのたとえ。

子養わんと欲すれど親待たず　《「韓詩外伝」九から》子が成長して親に孝養を尽くそうと思うころには親はすでにこの世にない。風樹の嘆。

子故(ゆえ)の闇(やみ)　親が子を思うあまりに、思慮・分別がつかなくなることのたとえ。

子を棄(す)つる藪(やぶ)はあれど身を棄つる藪はなし　困窮して子を捨てることはあっても、自分の身を捨て去ることはできない。

子を見ること親に如(し)かず　親は、自分の子の性質や能力をいちばんよく知っている。子を知ること父に如かず。

子を持って知る親の恩　自分が子供を養育してみて、初めて親のありがたさが身にしみてわかる。

こ【戸】㊀〔名〕❶と。とびら。また、家屋の出入り口。とぐち。❷家。一家。「―を構える」❸律令制で、行政上、社会組織の単位とされた家。普通は2、3の小家族を含む20～30人の大家族が多い。㊁〔接尾〕助数詞。家の数を数えるのに用いる。「戸数五〇〇―」➡漢「こ(戸)」

こ【木】《「き(木)」の音変化》樹木。多く複合語の形で用いられる。「一陰」「一漏れ日」「一の葉」

こ【孤】〘名・形動ナリ〙一人だけでいること。独りぼっちで助けのないこと。また、そのさま。「徳一ならず、必ず隣あり」➡漢「こ(孤)」

こ【弧】❶弦を張ったときの、弓のように曲がった形。「一を描く」❷円周または曲線の一部分。弧ABは記号ABで表される。➡漢「こ(弧)」類語曲線

こ【海=鼠】ナマコの古名。「故(かれ)、今に一の口裂くるなり」〈記・上〉

こ【ˣ胡】古代中国で、北方・西方の異民族の称。漢代には匈奴(きょうど)をさした。➡五胡 ➡漢「こ(胡)」

こ【個・▽箇】㊀〘名〙(個)一つの物。一人の人。「一を重んじる」㊁〘接尾〙助数詞。物の数を数えるのに用いる。「リンゴ三一」➡か(箇) ➡漢「こ(個)」補説「ケ」とも書く。類語個人・一己・一個人・一つ一つ・個別・逐一・項・いちいち

こ【▽格】❶障子の桟や格(ごう)天井などの骨組みのように、縦横に組んだもの。❷階段やはしごなどの、足を掛けて上り下りするための横木。❸碁盤・将棋盤の縦横に引いてある線。

こ【粉】固体が砕けて細かくなったもの。こな。「火の一」「身を一にして働く」類語粉(こな)・粉末

粉にな・る からだを酷使して、疲れ切る。「浮世の用にせめられて、一・りさうだわな」〈洒・二筋道〉

粉を吹・く 白い粉状のものが表面に吹き出たように付着する。「干し柿が一・く」

こ【▽蚕】かいこ。「春一(ご)」「たらちねの母が飼ふ一の繭隠(まよごも)り」〈万・二九九一〉

こ【ˣ袴】はかま。また、ももひきやズボンなど下半身にはくもの。

こ【ˣ壺】水・酒などを入れる器。つぼ。➡漢「こ(壺)」

こ【ˣ觚】中国古代、儀式に用いられた大型の酒器。細い筒形の胴に朝顔状に開いた口縁と足とがつく。

こ【ˣ鈷】仏具の一。修法(ずほう)などのとき、煩悩(ぼんのう)を打ち砕き、悪魔を払う意味で手に持つ。➡金剛杵(こんごうしょ)

こ【ˣ鉤】《「こう(鉤)」の音変化》巻き上げた御簾(みす)を掛けておくかぎ形の金具。「御簾の帽額(もこう)、総角(あげまき)などにあげたる一のきはやかなるも」〈枕・二〇一〉

こ【鼓】打楽器で、胴に革を張って打ち鳴らすもの。太鼓。つづみ。➡漢「こ(鼓)」

こ【▽籠】❶竹を編んで作ったいれもの。かご。「一もよみ一持ち」〈万・一〉❷「伏せ籠(ご)」に同じ。「なえたる衣(きぬ)どもの厚肥えたる、大いなる一にうちかけて」〈源・帚木〉

こ【▽是・ˣ此】〘代〙近称の指示代名詞。これ。ここ。❶眼前の、または話題の事物をさし示す。この。「沖つ鳥胸(むな)見る時羽たたぎも一も相応(ふさ)はず」〈記・上・歌謡〉❷話し手に近い場所をさし示す。ここ。「ほととぎす一よ鳴き渡れ灯火(ともしび)を月夜(つくよ)になそへその影も見む」〈万・四〇五四〉➡この ➡こは

此(こ)はそも 《「こは」を強めた言い方》これは一体。これはまた。「一何としたことだ」

こ【来】動詞「く(来)」の命令形。平安時代までは「よ」をつけない形で用いられた。「この寮(つかさ)に詣(まう)で一」〈竹取〉➡来(く)る

こ【小】〘接頭〙❶名詞に付いて、小さい、細かい、などの意を表す。「一馬」「一石」❷名詞に付いて、わずかな、少しの、などの意を表す。「一雨」「一降り」❸数量を表す名詞や数詞に付いて、わずかに及ばないが、その数量に近いことを表す。ほぼ。だいたい。約。「一一時間」「一半時(はんとき)」❹動詞・形容詞・形容動詞などに付いて、すこし、なんとなく、などの意を表す。「一ざっぱりしたなり」「一高い」「一ぎれい」❺名詞や用言などに付いて、軽んじたり、ややばかにしたりするような意を表す。「一せがれ」「一利口」「一ざかしい」

こ【故】〘接頭〙❶姓名・官職名などに付いて、その人がすでに死亡したことを表す。「一山田一郎氏」❷官位や地位を表す語に付いて、それがもとのものであることを表す。前の。「一中宮の大夫」➡漢「こ(故)」

こ【濃】〘接頭〙名詞に付いて、そのものの色や密度などが濃いという意を表す。「一酒」「一染め」

こ〘接尾〙❶名詞または動詞の連用形に付く。「こ」の上に促音が加わることもある。㋐…のこと、…することの意を表す。「あい一」「慣れっ一」㋑二人以上で同じ動作を互いにすることを表す。「かわりばん一」「取りかえっ一」㋒二人以上で同じ動作を競い合う意を表す。「駆けっ一」「にらめっ一」❷擬声語・擬態語などに付いて、そのような状態である意を表す。「ぺしゃん一」「どんぶり一」❸名詞に付く。㋐小さいの意を表したり、親愛の情を示したりする。「にゃん一」「べこっ一」㋑話し言葉や俗な言い方として用いられる。「はじっ一」「餡(あん)一」

こ【▽処】〘語素〙名詞・代名詞の下に付いて、場所の意を表す。「こ一」「そ一」「いず一」

ご 「こ」の濁音。軟口蓋の有声破裂子音[g]と母音[o]とからなる音節。[go]ただし、現代共通語においては、一般に語頭以外では鼻音の頭音をもつ[ŋo]となる(これを鼻濁音の「ご」ともいう)。

ご 枯れ落ちた松葉。「一を焼(た)いて手拭ひあぶる寒さかな」〈笈日記〉

ご【五】❶数の名。4の次、6の前の数。いつつ。いつ。「四の一の言う」❷5番目。第5。補説金銭証書などで間違いを防ぐために、「伍」を用いることがある。➡漢「ご(五)」類語一・二・三・四・六・七・八・九・十(じゅう)・百・千・万・億・兆・ゼロ・零・一つ・二つ・三つ・四つ・五つ・六つ・七つ・八つ・九つ・十(とお)

ご【午】❶十二支の第七。うま。❷うまの刻。正午。「三井寺や日は一にせまる若楓(わかかえで)」〈蕪村句集〉➡漢「ご(午)」

ご【ˣ伍】❶《もと、五戸または五人を一組みとした単位のこと》仲間。組み。「他人と一を為すべし」〈福沢・福翁百話〉❷金銭証書などに、五の代わりに用いる字。➡漢「ご(伍)」

ご【呉】中国の国名。㊀春秋時代の列国の一。揚子江下流地方を領有。都は呉(蘇州)。前6世紀ごろから強大となり楚を脅かしたが、前473年、夫差(ふさ)の時、越王勾践(こうせん)に滅ぼされた。㊁三国の一。222年、孫権が江南に建国。都は建業(南京(ナンキン))。280年、西晋に滅ぼされた。㊂五代十国の一。902年、楊行密(ようこうみつ)が淮南(わいなん)・江東地方に建国。都は揚州。937年、南唐に滅ぼされた。㊃中国江蘇省の異称。➡漢「ご(呉)」

ご【豆=汁・豆=油】水に浸した大豆をひきつぶして乳状にしたもの。豆腐などの原料。まめあぶら。

ご【後】ある事件よりものちの日、または、時。あと。「その一」「数分一」➡漢「ご(後)」類語後(あと)・のち・事後・その後(ご)・以後・爾後(じご)・以降・今後・先(さき)・後後(あとあと)・後後(のちのち)・先先・直後

ご【御】㊀〘名〙❶《「御前(ごぜ)」の略か》貴婦人に付ける敬称。格助詞「の」を介して、呼び名に付ける。「伊勢の一もかくこそありけめと」〈源・総角〉❷(「御達(ごたち)」の形で)婦人や上級の女房の敬称。「故后(きさき)の宮の一達、市に出でたる日に」〈大和・一〇三〉㊁〘接頭〙主として漢語の名詞に付く。まれに和語に付いても用いられる。❶他人の行為や持ち物などを表す語に付いて、その人に対する尊敬の意を表す。「一覧」「一殿」「一出勤」「一馳走」「一両親」❷他人に対する行為を表す語に付いて、その行為の及ぶ相手に対する敬意を表す。「一先導申し上げる」「一あいさつにうかがう」「一案内いたします」❸ものの名に付いて、丁寧の意を表す。「一飯」「一膳」㊂〘接尾〙人を表す語に付いて、軽い敬意を表す。「親一」「殿一」➡御(お)用法 ➡漢「ぎょ(御)」

ご【期】❶とき。おり。期限。「この一に及んで」❷際限。限度。「申すべきことは一もなく侍るを」〈大鏡・道長下〉❸死ぬとき。最期。臨終。「きのふより心も弱り身も苦しみて、さらに一を待つばかりなり」〈謡・土蜘蛛〉➡漢「き(期)」

ご【碁・ˣ棊・▽棋】相対する二人が、縦横各19本の線によって仕切られた361の目のある盤の上に、黒・白の石を交互に置き、広く地(じ)を占めたほうを勝ちとする遊戯。囲碁。「一を打つ」「一石」補説中国の春秋時代から行われ、現在のような盤になったのは唐代とされる。日本へは朝鮮を経て伝わり、奈良時代には碁師がいた。なお、「将棋を指す」「(囲)碁を打つ」と言い、「将棋を打つ」「(囲)碁を指す」とは言わない。➡漢「ご(碁)」

碁に凝(こ)ると親の死に目に会わぬ 碁は、親の死に目にも会えないほど、夢中になりやすい。

碁に負けたら将棋に勝て あることで失敗しても、くよくよせず、他のことで取り返せ。

ご【語】❶単語。「むずかしい一の意味を調べる」❷口に出して言う言葉。「一を続ける」「一を遮る」❸ことわざ。成句。特に、軸物に書いたもの。賛や詩に対していう。➡漢「ご(語)」
類語言語・言葉・言辞・辞・言・言の葉

語を交(か)わ・える 言葉をやりとりする。話し合う。

コア〖core〗❶物の中心部。中核。❷地球の核。❸鋳物の中空部分をつくるための鋳型。中子(なかご)。❹物の芯に鉄を入れたもの。鉄心。❺コアシステムの建築物で、共用施設をまとめた部分。❻地層をドリルなどでくり抜いて採取した、堆積土のサンプル。過去に発生した地震・津波、気候変動などを研究する。❼➤磁心(じしん) 類語中心・中核・中枢・核

コア〖CORE〗《Congress of Racial Equality》人種平等会議。人種・信教・性別・年齢・障害の有無、性的指向、宗教または民族的背景にかかわらず、すべての人々に平等をもたらすことを目的とする。1942年結成。本部はニューヨーク。

ゴア〖Albert Arnold Gore, Jr〗[1948～]米国の政治家。クリントン㊀政権で2期に渡り副大統領を務める。2000年の大統領選挙には民主党から立候補したが、共和党のブッシュ㊁に敗れた。情報スーパーハイウエー構想を提案し、インターネットの普及に貢献。また、地球温暖化などの環境問題にも積極的に取り組んでいる。環境問題への啓蒙活動が評価され、2007年にノーベル平和賞を受賞。アル=ゴア。

ゴア〖Goa〗㊀インド西岸の中央政府直轄地区。16世紀以来、ポルトガルの植民地となり、アジア進出の根拠地として栄えた。1961年、インドが接収。㊁江戸時代、オランダ人によって日本にもたらされたインド産の織物。ゴア織。補説「臥亜」とも書く。

ゴアー〖gore〗洋裁で、スカートのすそなどに入れて、形をつけたり、幅を広くしたりする、細長い三角形の布。襠(まち)。「一スカート」

ご-あいきょう【御愛ˣ嬌】(ごアイキョウ)・【御愛▽敬】(ごアイキャウ)「愛嬌❹」に同じ。「とんだ一だ」

ご-あいさつ【御挨拶】「挨拶(あいさつ)❹」に同じ。「何の用かとは、とんだ一だね」

コア-イシュー〖core issue〗主要な課題。重要な問題点。

コア-インフレーション〖core inflation〗変動の激しい食料・エネルギーを除いた物価上昇。

こ-あおい【小ˣ葵】(こあふひ)❶ゼニアオイの別名。❷ゼニアオイの花と葉に似た絵柄を組み合わせた文様。有職(ゆうそく)文様の一つで、天皇や親王の直衣(のうし)・下襲(したがさね)・半臂(はんぴ)・袙(あこめ)などに用いた。

こ-あかげら【小赤啄=木=鳥】キツツキ科の鳥。全長約15センチ。全体が黒と白のまだらで、雄の頭頂は赤い。日本では北海道に分布。

こ-あがり【小上(が)り】小料理屋などで、土間の続きに簡単な仕切りをつくって設けた小さな座敷。

コア-カリキュラム〖core curriculum〗児童・生徒の生活問題解決のための単元学習を中心課程とし、それを支える基礎的な知識・技術などを学習する課程とで編成される教育課程。

コアキシャル-スピーカー〖coaxial speaker〗一つのフレームに複数個のユニットを取り付けたマルチウエースピーカー。同軸型スピーカー。

こ-あきない【小商い】(こあきなひ)わずかな資金で行う商売。「一で身を立てる」⇔大商い。類語商業・商売・売り買い・商(あきな)い・営業・売買・取引・商事・ビジネス

こ-あきんど【小▽商▽人】わずかな資金で商売をする人。小商いをする人。

ご-あく【五悪】仏語。教えに背く五つの悪事。殺生(せっしょう)・偸盗(ちゅうとう)・邪淫(じゃいん)・妄語(もうご)・飲酒(おんじゅ)。➡五戒(ごかい)

ご-あくしゅ【五悪趣】仏語。衆生(しゅじょう)が善悪の行為

漢字項目 こ

【▽火 ▽箇】►か
【去 ▽巨 ▽居 拠 ×炬 虚】►きょ

己 学6 音コ呉 キ漢 訓**おのれ**、つちのと‖㊀〈コ〉おのれ。自分。「一己・自己・利己」㊁〈キ〉おのれ。「克己・知己」名付おと・な・み

戸 学2 音コ漢 訓**と**、へ‖㊀〈コ〉①と。とびら。「戸外/門戸」②家。「戸主・戸数・戸籍・戸別訪問」③酒を飲む量。「下戸げこ・上戸じょうご」㊁〈と(ど)〉「戸口・戸棚・戸袋/雨戸・網戸・井戸」名付いえ・かど・ひろ・もり 難読破落戸ごろつき・鳴戸なると・八戸はちのへ

人**乎** 音コ漢 オ(ヲ)呉 訓か、や、かな‖ようすを表す語に付ける助字。「確乎・儼乎げんこ・純乎・断乎・炳乎へいこ・茫乎ぼうこ・凜乎りんこ・牢乎ろうこ」補説「固」を代用字とすることがある。難読嗟乎ああ・乎古止点をことてん

古 学2 音コ漢 訓**ふるい、ふるす**、いにしえ‖㊀〈コ〉①ふるい。ふるびている。「古書・古色・古木/最古・新古」②いにしえ。むかし。「古人・古代・古典・古風・古来/往古・懐古・尚古・太古・復古」㊁〈ふる(ぶる)〉「古株・古巣/中古」名付たか・ひさ・ふる 難読反古ほご

呼 学6 音コ漢 訓**よぶ**‖①声をかける。よぶ。「呼応/指呼・疾呼・大呼・点呼・連呼」②大声を出す。さけぶ。「呼号/歓呼」③名づける。「呼称/称呼」④息を吐く。「呼気・呼吸」名付おと・こえ 難読嗚呼ああ

固 学4 音コ漢 訓**かためる、かたまる、かたい**、もとより‖①がっちりかたまって動かない。かたい。かたまる。「固形・固体・固定/強固・凝固・堅固けんご」②あくまでも。かたく。「固辞・固守」③融通がきかない。かたくな。「固執・固陋ころう/頑固」④もとから。「固有」⑤(「錮こ」の代用字)かたく閉じこめる。「禁固」⑥(「乎こ」の代用字)ようすを表す語のあとに付ける。「確固・断固」名付かた・み・もと 難読固唾かたず

×**姑** 音コ漢 訓しゅうとめ、しゅうと、しばらく‖①夫の母。しゅうとめ。「姑舅こきゅう/舅姑きゅうこ」②しばらく。一時的。「姑息」難読姑娘クーニャン・慈姑くわい

×**怙** 音コ漢 訓たのむ‖たよりにする。たよる。たのみ。「怙恃こじ/依怙えこ・依怙地」

×**狐** 音コ漢 訓きつね‖キツネ。「狐疑・狐狸こり/白狐びゃっこ」難読狐狗狸こっくり・狐臭わきが

股 音コ漢 訓**また**、もも‖①もも。また。「股間/四股」②重要な臣下。「股肱ここう」難読蟹股がにまた・股座またぐら

虎 音コ漢 訓**とら**‖㊀〈コ〉トラ。「虎穴・虎口/騎虎・白虎びゃっこ・猛虎・竜虎」㊁〈とら〉「虎斑とらふ」名付たけ 難読虎杖いたどり・御虎子おまる・虎列剌コレラ・虎落もがり・猟虎らっこ

孤 音コ漢 訓みなしご‖①両親と死に別れた子。「孤児/鰥寡孤独かんかこどく」②ひとりぼっち。単独。「孤影・孤高・孤舟・孤城・孤島・孤独・孤立」名付かず・とも

弧 音コ漢 訓ゆみ‖①ゆみ。「桑弧」②弓なりに湾曲した線。「弧状/円弧・括弧・琉球弧りゅうきゅうこ」

故 学5 音コ漢 訓**ゆえ**、ふるい、もと、ことさら‖①昔の。以前の事柄。「故事・故実/温故・世故・典故」②古くからのなじみ。もとの。「故旧・故郷・故国・故主」③(「古」と通用)古びている。使い古し。「故紙/反故ほご」④死亡する。「故人/物故」⑤さしさわりのある出来事。「故障/事故・多故」⑥ことさらに。わざと。「故意・故殺・故買」名付ひさ・ふる 難読何故なぜ

枯 音コ漢 訓**かれる、からす**‖①草木がかれる。ひからびる。「枯槁ここう・枯骨・枯死・枯草」②(「涸」の代用字)水がかれて無くなる。「枯渇」③おちぶれる。衰える。「栄枯」④俗っぽさがとれる。「枯淡」

人**胡** 音コ漢 ゴ呉 ウ唐 訓えびす‖㊀〈コ・ゴ〉①中国で、北方または西方の異民族。えびす。「胡人・胡地・胡馬/五胡」②外国産の。「胡椒こしょう・胡麻ごま」③(「蝴こ」と通用)「胡蝶」は昆虫の名。チョウ。㊁〈ウ〉いいかげんな。「胡散うさん・胡乱うろん」難読胡坐あぐら・胡瓜きゅうり・胡頽子ぐみ・胡桃くるみ・胡蝶花しゃが・胡簶やなぐい

個 学5 音**コ**慣 カ漢‖①一つの物や、一人の人。「個個・個室・個人・個数・個性・個別/各個・別個」②(「箇」と通用)指し示す語。この。これ。「個中/好個・真個」補説もとは「箇か」の異体字。

庫 学3 音**コ**漢 **ク**呉 訓くら‖㊀〈コ〉物をしまっておく建物。くら。「金庫・国庫・在庫・車庫・書庫・倉庫・文庫・宝庫」㊁〈ク〉寺の台所。「庫裏くり」

×**涸** 音コ漢 訓かれる、からす‖水がかれる。ひあがる。「涸渇・涸轍こてつ」

×**壺** 音コ漢 訓つぼ‖㊀〈コ〉液体を入れる胴のふくれた容器。つぼ。「壺中/酒壺・投壺・銅壺」㊁〈つぼ〉「骨壺こつつぼ・酒壺・墨壺・滝壺」補説「壷」は異体字。

湖 学3 音コ漢 訓**みずうみ**‖①みずうみ。「湖岸・湖沼・湖上・湖水・湖畔/鹹湖かんこ・江湖・大湖」②中国の洞庭湖。「湖南・湖北」名付ひろし

雇 音コ漢 訓**やとう**‖やとう。「雇員・雇用/解雇」

誇 音コ慣 訓**ほこる**‖大げさに言う。自慢する。ほこる。「誇示・誇称・誇大・誇張」

×**賈** 音コ漢 カ漢 訓あきんど、あきない‖商品を売り買いする。また、商人。「賈船/商賈・良賈」

人**跨** 音コ慣 訓またぐ、またがる、また‖①またぐ。またがる。「跨線橋」②また。「跨下」

鼓 音コ漢 訓**つづみ**‖㊀〈コ〉①打楽器の一。つづみ。たいこ。「鼓笛/羯鼓かっこ・軍鼓・鐘鼓・太鼓」②つづみを打つ。たたく。「鼓吹・鼓動・鼓腹・鼓膜」③奮い立たせる。励ます。「鼓舞」㊁〈つづみ〉「大鼓・小鼓・舌鼓・腹鼓」補説「皷」「鼔」は異体字。難読大鼓おおかわ

人**糊** 音コ漢 訓のり‖①のり。「糊着」②かゆを食べる。生活する。「糊口」③うわべをなする。ごまかす。ぼんやりする。「糊塗/含糊・模糊」

錮 音コ漢‖ふさぐ。とじこめる。「禁錮」

×**瞽** 音コ漢‖目の見えない人。「瞽者」難読瞽女ごぜ

顧 音コ漢 訓**かえりみる**、かえって‖①振り返って見る。「顧眄こべん・顧望/一顧・後顧・四顧・指顧・右顧左眄うこさべん」②思いめぐらす。「顧命・顧問・顧慮/回顧・三顧」③目をかける。「顧客/愛顧・恩顧・眷顧けんこ」名付み 難読顧客とくい

×**蠱** 音コ漢‖①まじないに使う虫。人を害する呪いや毒薬。「蠱毒/巫蠱ふこ」②惑わす。乱す。「蠱惑」

漢字項目 ご

【▽牛】►ぎゅう
【▽后】►こう
【×胡】►こ
【御】►ぎょ
【期】►き

五 学1 音ゴ呉漢 訓**いつ、いつつ**‖㊀〈ゴ〉①数の名。いつつ。「五穀・五色・五臓・五輪」②五番目。「五更」㊁〈いつ〉「五日」名付い・いず・かず・ゆき 難読五百いお・五十鈴いすず・五十いそ・いそじ・五加うこぎ・五月蠅うるさい・五月さつき・五月雨さみだれ・七五三縄しめなわ・五倍子ふし

互 音ゴ呉 訓**たがい**‖たがいに。「互換・互助・互譲・互選/交互・相互」

午 学2 音ゴ呉漢 訓うま‖①十二支の七番目。うま。「丙午」②昼の一二時。「午後・午餐ごさん・午睡・午前/正午」③真南。「亭午・子午線」④陰暦五月。「端午」⑤交差する。「旁午ぼうご」名付ま

人**伍** 音ゴ呉漢‖①五人を一組とした単位。仲間。隊列。「伍長/陣伍・隊伍・落伍・列伍」②数の名。いつつ。「五」の大字。「金伍万円也」名付あつむ・いつ・くみ・たすく・ひとし

呉 音ゴ呉漢 訓くれ、くれる‖①古代中国の国名。今の江蘇省・浙江せっこう省一帯。「呉越・呉音」②中国のこと。「呉服」名付くに

人**吾** 音ゴ漢 訓われ、わが‖㊀〈ゴ〉われ。自分。自分の。「吾兄・吾人」㊁〈わが〉「吾輩」難読吾妻あずま・槖吾つわぶき・吾妹わぎも・吾木香われもこう

後 学2 音**ゴ**慣 **コウ**漢 訓**のち、うしろ、あと、おくれる**、しりえ、しり‖㊀〈ゴ〉①空間的にあとの方。うしろ。「後光/銃後・人後・背後」②時間的にあとの方。のち。「後刻・後日・後手ごて/以後・午後・今後・最後・死後・事後・食後・戦後・老後」③しり。「鶏口牛後」④おくれる。「後家」㊁〈コウ〉①うしろ。「後援・後宮・後続・後退・後部・後頭部」②のち。あと。「後悔・後期・後継・後難・後任・後年・後輩・後半・後遺症」③おくれる。「後進国」㊂〈のち〉「後後・後程」㊃〈あと〉「後味・後後・後厄」名付しつ・ちか・のり・もち 難読明後日あさって・後妻うわなり・後朝きぬぎぬ・後込しりごみ

娯 音ゴ呉漢 訓たのしむ、たのしみ‖たのしむ。たのしみ。「娯楽/歓娯」

悟 音ゴ呉漢 訓**さとる**‖①はっと思い当たる。真理に目覚める。さとる。さとり。「悟性・悟道/改悟・悔悟・開悟・覚悟・大悟・頓悟とんご」②理解がはやい。さとい。「穎悟えいご」名付さと・さとし・のり

人**梧** 音ゴ呉漢 訓あおぎり‖木の名。アオギリ。「梧下・梧桐ごとう」難読梧桐あおぎり

人**瑚** 音ゴ呉 コ漢‖赤色の玉。さんご。「珊瑚さんご」

碁 音ゴ慣 キ漢‖四角い盤上で行うゲームの一。「碁会・碁盤/囲碁・持碁」補説もと「棊」の異体字。難読碁笥ごけ

語 学2 音ゴ呉 ギョ漢 訓**かたる、かたらう**、ことば‖①かたる。話す。「豪語・私語・耳語・笑語・独語・妄語・大言壮語」②ことば。「語彙ごい・語学・語法/隠語・英語・漢語・季語・敬語・結語・言語げんご・ごんご・古語・口語・国語・死語・熟語・述語・成語・祖語・造語・俗語・単語・標語・類語」③物語。「源語・勢語」名付かた・こと・つぐ 難読私語ささめ

誤 学6 音ゴ呉漢 訓**あやまる**‖あやまる。あやまり。「誤解・誤差・誤字・誤謬ごびゅう・誤報/過誤・錯誤・正誤」

護 学5 音ゴ呉 訓まもる、まもり‖かばい守る。まもり。「護衛・護送/愛護・援護・加護・看護・警護・庇護ひご・弁護・保護・防護・擁護」名付さね・もり 難読護謨ゴム

の報いとして死後赴く五つの世界。天上・人間・餓鬼・畜生・地獄。五趣。五悪道。

ご-あくどう【五悪道】ゴアクダウ ►五悪趣ごあくしゅ

こ-あくま【小悪魔】❶小さく力の弱い悪魔。しょうあくま。❷男性の心を翻弄ほんろうする、魅力的な若い女性。

こ-あげ【小揚げ】❶船荷を河岸へ運び上げること。また、その仕事をする人。❷客を乗せて遊里へ往復した駕籠かご。❸小形の油揚げ。

コアコア-しすう【コアコア指数】総務省統計局が毎月発表している消費者物価指数のうち、「総合」指数、「生鮮食品を除く総合」指数(コア指数)に対し、米国等で重視される指標に準じて発表している「食料(酒類を除く)及びエネルギーを除く総合」のこと。米国型コア指数ともいう。これとは別に内閣府が月例経済報告に用いるため独自に算出する「生鮮食品、

石油製品及びその他特殊要因を除く総合」もコアコア指数と呼ばれる。どちらのコアコア指数も、天候や市況の影響で価格の変動が大きい品目が除かれているため、総合指数よりもインフレ・デフレ基調を判断しやすい。

コア-コンピタンス〖core competence〗《核となる能力(competence)の意》自社の得意な競争分野。あるいはその分野に自社資源を集中する経営手法。

こ-あざ【小字】町村などの字あざをさらに細分した行政上の単位。小名こな。⇨大字おおあざ

ご-あさって【五明=後=日】(関西以西の地方で)あさっての翌々日。やのあさって。

こ-あし【小足】❶小さい足。❷小刻みに歩くこと。きざみあし。「—二歩ム」〈日葡〉

こ-あじ【小味】こあぢ〔名・形動〕❶こまやかで趣のある味わい。また、そのようなさま。「—をきかす」「—なことを言う」❷取引用語で、相場が動きはじめて売買におもしろみが出てくること。

こ-あじさい【小紫=陽=花】こあぢさゐ ユキノシタ科の落葉低木。山地に生え、高さ約1.5メートル。初夏、淡青色の小花が密生する。しばあじさい。

こ-あじさし【小×鰺刺】こあぢさし カモメ科の鳥。全長28センチくらいの小形のもの。日本では夏鳥として、海岸・河岸で繁殖する。

コア-しすう【コア指数】総務省統計局が毎月発表する消費者物価指数のうち、広範な品目を扱う「総合」指数に対し、「生鮮食品を除く総合」指数のこと。「食料(酒類を除く)及びエネルギーを除く総合」指数は「米国型コア指数」または「コアコア指数」と呼ばれることもある。コア指数は天候や市況の影響で価格が変動しやすい品目が除かれているため、総合指数よりもインフレ・デフレ基調を判断しやすい。

コア-システム〖core system〗建築構造の方式の一。機械室・階段・エレベーターなどの共用施設を中央部にまとめ、居住区域を周囲に配置する方式。

コア-しほん【コア資本】金融機関の経営の安定度を測る指標の一つ。自社普通株式の発行で調達した資本金と、内部留保の合計であり、返済の必要がない資本を指す。新たなBIS規制(バーゼルⅢ)に盛り込まれ、2012年以降段階的に導入される見込み。従来は、資本を「中核的な資本」や「補完的な資本」などに分類していたが、最も安定度が高い資本を新たにコア資本とし、一定基準を上回るよう国際金融機関に求める。

コアしほん-ひりつ【コア資本比率】金融機関の経営の安定度を測る指標の一つ。新しいBIS規制(バーゼルⅢ)で導入される見込み。分子に金融機関のコア資本額を置き、分母に金融機関が保有するリスク資産の種類(社債・融資など)に応じて一定の掛け目を適用したリスク資産総額を置いて算出。比率が高いほど、リスク資産に対して十分な安定的資本を確保していることを示す。

ゴア-スカート〖gored skirt〗何枚かの三角布をはぎ合わせてできているスカートのこと。襠まちの開き加減でさまざまなシルエットが生まれる。

コアセルベート〖coacervate〗親水性コロイド溶液中の粒子が集合して、濃厚なコロイドゾルとなり、小液滴として他の部分から分離したもの。他の物質を付着させたり取り込んだりする性質をもつため、生化学者オパーリンはこれを地球上での生命発生の初期段階と考えた。

コア-タイム〖core time〗フレックスタイム制勤務における、出勤義務のある時間帯。この時間帯には全社員が就労している。

こ-あたり【小当(た)り】試しにちょっと探ってみること。「—に当たってみる」

ゴア-テックス〖GORE-TEX〗防水加工の一種。水滴は通さず、蒸気を外に通過させる特殊な、テフロン樹脂製の薄い被膜。商標名。

こ-あどの【小▽安殿】《「こあんどの」の撥音の無表記》「こやすみどの」に同じ。「—の行幸とて、ののしりあひたり」〈讃岐典侍日記・下〉

コア-ネットワーク〖core network〗▶バックボーン

コア-バンク〖core bank〗❶預金の全額を国債など安全資産で運用する銀行。預金金利が低くなるかわりに、倒産の可能性が低いので小口金融に向いているといわれる。❷取引の中核になる銀行。メインバンクよりも関係は薄い。

コアビタシオン〖フランス cohabitation〗《同棲の意》保革共存。フランスで、大統領が、異なる党派に属する首相を指名し、ともに政権運営にあたること。初回は1986年、ミッテラン大統領(社会党)がシラク(共和国連合)を首相指名。以降、シラクが大統領時にジョスパン(社会党)を指名するなど。

こ-あま・い【小甘い】〔形〕図こあま・し〔ク〕相場で、高値が続いたあと、少し下がり気味になるさま。

こ-あみがさ【小編み×笠】江戸初期、槍持ち・風車売りなどがかぶった、まんじゅう形で腰高の編み笠。

こ-あめ【小雨】「こさめ」に同じ。

コア-メモリー〖core memory〗▶磁心じしん記憶装置

こ-あゆ【小×鮎】❶海で育って2、3月ごろ川へさかのぼってくるアユの幼魚。若鮎。鮎の子。《季 春》「笹陰を空頼みなる—哉／一茶」❷アユの小形のもの。琵琶びわ湖・精進しょうじ湖など、海と遮断された所でみられ、成長しても10センチくらいにしか育たない。

コアラ〖koala〗有袋目コアラ科の哺乳類。体長60～85センチ、体は暗灰色で、顔は子グマに似る。夜行性で木の上にすみ、ユーカリの葉だけを食べる。子は数か月間母親の腹部にある育児嚢のうで育つ。オーストラリア東部に分布。こもりぐま。ふくろぐま。

コアラーズ〖Coaraze〗フランス南東部の都市ニースの近郊にある村。中世に異教徒からの攻撃を防ぐために、急峻な岩山や丘の上に城壁をめぐらして築いた「鷲わしの巣村」の一で、当時の家並みがよく残っている。ジャン=コクトーをはじめとする芸術家による日時計が村のいたるところにあることで知られる。

こ-あらせいとう ストックの矮性わいせい品種。

コアリション〖coalition〗連合。政界の提携、連立。

ござ・る〔動ラ四〕《「ござる」の音変化》❶「ある」の意の丁寧語。ございます。「生まれてこのかた、湯風呂を仕まつったことも—・らぬ」〈虎明狂・粟田口〉❷(補助動詞)補助動詞「ある」の意の丁寧語。「友達に損かける忠兵衛では—・らぬ」〈浄・冥途の飛脚〉

こ-あるき【小歩き】❶小股こまたで歩くこと。❷頼まれた雑用をする者。走り使い。「おのれは元宿無し団七というて粋方すいかた仲間の—」〈浄・浪花鑑〉

コアレス-ペーパー《和 coreless＋paper》芯しんのないトイレットペーパー。芯にあたる所から紙を巻き出しているので、普通のものと比べると長さは倍近い。普通のホルダーでも使えるように、細い棒がついている。

こ-あんこく【胡安国】[1074～1138]中国、宋代の学者。崇安すうあん(福建省)の人。字あざなは康侯。「春秋」を二十余年研究、高宗の命により「春秋胡氏伝」30巻を編纂。

ごあん・す〔動サ特活〕《「ござんす」の音変化》❶「来る」の意の尊敬語。いらっしゃる。「前は再々—・して、何が怖うて逃げさんす」〈浄・二枚絵草紙〉❷(補助動詞)補助動詞「ある」の意の丁寧語。ございます。「なんの気随で—・しょ」〈浄・反魂香〉〔補説〕活用は「ござります」に同じ。

コアントロー〖フランス Cointreau〗《「コワントロー」とも》オレンジの皮や葉などで風味をつけたキュラソー。カクテルやデザートに用いる。創製者の名にちなむ。

こ-い【古意】❶古い意味。❷昔をしのぶ心。

こ-い【虎威】ヰ 虎とらが他の獣類を恐れさせる威力。強大な武力・権力などをいう。「—を張る」

こ-い【故意】❶わざとすること。また、その気持ち。「—に取り違える」❷私法上、自分の行為から一定の結果が生じることを認容しながら行為に出る心情。刑法上は、罪となる事実を認識し、かつ結果の発生を意図または認容している場合をいう。⇔過失。
〔類語〕わざと・殊更

こい【恋】こひ ❶特定の異性に強くひかれること。また、切ないまでに深く思いを寄せること。恋愛。「—に落ちる」「—に破れる」❷土地・植物・季節などに思いを寄せること。「明日香川川淀さらず立つ霧の思ひ過ぐべき—にあらなくに」〈万・三二五〉
〔類語〕(❶)恋愛・愛恋あいれん・愛・恋情れんじょう・恋慕れんぼ・思慕しぼ・眷恋けんれん・色恋いろこい・慕情ぼじょう・ラブ・アムール・ロマンス

恋に上下の差別無し 恋愛感情には身分による上下の区別はない。恋に上下の隔へだて無し。

恋の鞘さや当て 《遊里で一人の遊女をめぐって二人の武士が鞘当てをする歌舞伎の題材から》恋がたきどうしが争うこと。また、その争い。

恋は曲者くせもの 恋は分別を失わせ、思いもよらないことをさせるものだ。

恋は思案の外ほか 恋は常識や理性では割り切れないものだ。恋は心の外。

恋は盲目もうもく 《Love is blind》恋におちると、理性や常識を失ってしまうということ。

恋は闇やみ 恋は人の理性を失わせるということのたとえ。また、恋の逢瀬おうせには暗闇が好都合の意にも用いる。「—といふ事を知らずや」〈浮・一代男・一〉

こい【×尰】こひ ひざから下のはれる病気。今の脚気かっけのようなもの。こいあし。〈和名抄〉

こい【請い｜乞い】こひ ❶願い求めること。頼むこと。頼み。「—に応じて引き受ける」「雨あま—」❷してほしいと望むこと。所望しょもうすること。「隣より常夏の花を—におこせたりければ」〈古今・夏・詞書〉
〔類語〕求め・リクエスト

こい【×鯉】こひ コイ目コイ科の淡水魚。全長約60センチ。体は長い筒形で背から腹へかけての幅が広く、長短二対の口ひげがある。野生種は、背部が蒼褐色、側面から腹部が黄褐色で光沢がある。平野部の河川・湖沼にすむ。食用・観賞用に広く飼養され、ドイツゴイ・ニシキゴイ・ヒゴイなど多くの品種がある。

こ・い【濃い】〔形〕図こ・し〔ク〕❶色合いが強い。「墨が—・い」「—・い藍あい染め」⇔薄い／淡い。❷においや味などが強い。「塩味が—・い」「百合の—・い香り」⇔薄い／淡い。❸液体の中に溶けている物質の割合が高い。「—・くいれたコーヒー」⇔薄い。❹密度が高い。充実している。また、ぎっしりと並んだり詰まったりしている。「霧が—・い」「内容が—・い」「眉が—・い」「魚影が—・い」⇔薄い。❺度合いが強い。「化粧が—・い」「並木が—・い影を落とす」⇔薄い。❻可能性などの程度が高い。「敗色が—・い」「犯人である疑いが—・い」⇔薄い。❼関係が密接である。「血のつながりが—・い」❽《若者言葉から》容貌、性格などに際だった特徴がある。また、一つのことにのめり込んでいる。「目鼻立ちの—・い顔」「芸人の中でも特に—・い連中が集まる」〔派生〕こさ〔名〕
〔類語〕(❶❷)深い・濃こまやか・濃密・濃厚

こ・い〔接尾〕《形容詞型活用図こ・し(ク活)。形容詞「濃い」の接尾語化》(「っこい」の形になることも多い)❶名詞に付いて、それが多く含まれている、それが濃いという意を表す。「油っ—・い」❷性質・状態を表す語に付いて、それがはなはだしい意を表す。「ねばっ—・い」「しつ—・い」「しつっ—・い」「まるっ—・い」

ご-い【五位】ヰ ❶位階の5番目。律令制では正五位と従五位とがある。昇殿を許される者の最下位で、袍ほうの色は淡い緋ひ。五位に叙せられることを叙爵じょしゃくという。❷仏語。㋐一切の存在、事象を五つに分けたもの。色法・心法・心所法・心不相応法・無為法。㋑修道上の位を五段に分けたもの。大乗では、資糧位・加行位・通達位・修習位・究竟くきょう位。小乗では、資糧位・加行位・見道位・修道位・無学位。❸「五位鷺ごいさぎ」の略。

ご-い【呉偉】ヰ [1459～1508]中国、明代の画家。江夏(湖北省)の人。字あざなは次翁。号は小仙。

ご-い【語彙】ヰ《「彙」は集める意》❶ある言語、ある地域・分野、ある人、ある作品など、それぞれで使われる単語の総体。「—の豊富な人」「学習基本—」❷ある範囲の単語を集録し、配列した書物。「近松—」
〔類語〕ボキャブラリー

ご-い【語意】言葉の意味。語義。〔類語〕意味・意義・意い・義ぎ・概念・謂いい・こころ・字義・文意・含意・含み・

意味合い・旨・ニュアンス・語感・本義・広義・狭義

こい-あい【乞合】能や長唄の打楽器の手法の一。大鼓と太鼓で奏するもので、太鼓が「ツクツ・ツクツ・ツク天・ツク天」と打ち、大鼓は最後の「天」に合わせて「チョン」と打つ。

ゴイアス〖Goiás〗ブラジル中部にある州。トウモロコシ・大豆・小麦・綿花などの栽培が盛んな農業州。ブラジリア連邦直轄区をほとんど囲繞する。州都はゴイアニア。

こい-あま・る【恋ひ余る】〔動ラ四〕恋心が抑えきれないで外に表れる。「隠沼の下ゆ—・り白波のいちしろく出でぬ人の知るべく」〈万・三〇二三〉

こい-う・ける【請い受ける┊乞い受ける】〔動カ下一〕図こひう・く〔カ下二〕頼み込んで、ゆずり受ける。「珍しい切手を—・ける」「命ばかりはさりとも—・け給はんずらん」〈平家・二〉

こい-うた【恋歌】恋心を歌った詩歌。こいか。

こ-いえ【小家】小さな家。粗末な家。「暑さを避け、山近き一—を借りて」〈独歩・女難〉

こいえ-がち【小家勝ち】〔名・形動〕小さな家がたくさん建て込んでいるさま。「堀の幅の狭くなるにつれて次第に貧気な—になって」〈荷風・濹東綺譚〉

こいえ-ぎんみ【小家吟味】江戸時代、名主が借家人・店借人の生活状態を戸別に調べること。不審者の取り締まりなどを理由とした。「—を恐れ、一人は男分に世間を立て」〈浮・一代男・二〉

こいおしえ-どり【恋教へ鳥】《伊弉諾尊・伊弉冉尊の二神がこの鳥の動作を見て夫婦の道を知ったという神話から》セキレイの古名。「あの鶺鴒を…庭たたき、—ともいふぞとよ」〈浄・振袖始〉

こい-か【恋歌】「こいうた」に同じ。

こい-かぜ【恋風】恋心のせつなさを、風が身に染みるのにたとえていう語。「冬の夜の—ぞっと身に染て」〈魯文・高橋阿伝夜叉譚〉

こい-がたき【恋敵】恋の競争相手。自分が恋する人に、同様に恋している人。

こいかわ-はるまち【恋川春町】［1744～1789］江戸中期の黄表紙作者・狂歌師。駿河小島藩士。本名、倉橋格。狂号、酒上不埒。筆名恋川春町は、藩邸があった小石川春日町のもじり。「金々先生栄花夢」で黄表紙を誕生させ、寛政の改革の風刺作「鸚鵡返文武二道」で筆禍を招き、自殺したといわれる。

こ-いき【小意気┊小粋】〔名・形動〕❶どことなく粋なこと。洗練されていること。また、そのさま。「—な身なり」❷(「小意気過ぎる」の形で)こましゃくれているさま。小生意気。「—過ぎたる小坊主め」〈浄・八百屋お七〉(派生)こいきさ〔名〕(類語)お洒落・粋

ご-いぎょう【呉偉業】［1609～1671］中国、明末・清初の詩人。字は駿公。号、梅村。明・清朝に仕え、清の国子監祭酒。清朝の代表的詩人で、長編の古詩にすぐれた。また、画家としても有名。

こ-いきん【顧維鈞】［1888～1985］中華民国の外交官。字は少川。嘉定(江蘇省)の人。1945年のサンフランシスコ会議の全権代表、駐米大使、国際司法裁判所判事などを歴任。クー＝ウエイチュン。

こい-ぐさ【恋草】恋の思いが激しく燃え上がるようすを、草の生い茂るのにたとえていう語。「—を力車に七車積みて恋ふらくわが心から」〈万・六九四〉

こい-くち【濃(い)口】❶醤油などの味や色が濃いこと。また、そのもの。⇔薄口。❷「濃い口醤油」の略。

こい-ぐち【×鯉口】《断面が鯉の開いた口に似ているところから》❶刀の鞘の口。❷和服で水仕事などをするとき、着物が汚れるのを防ぐために上に着る、袖口の小さい筒袖の上っ張り。

鯉口を切・る　すぐに刀が抜けるように、刃を少し引き出しておく。鯉口をくつろげる。「刀を引き寄せ、—・って見せた」〈藤村・夜明け前〉

こいくち-しょうゆ【濃(い)口×醤油】色の濃い、普通の醤油のこと。薄口醤油に対していう。

こい-げしょう【濃い化粧】紅やおしろいを濃く塗った化粧。厚化粧。

こいけ-まりこ【小池真理子】［1952～　］小説家。東京の生まれ。人間の内面や日常にひそむ恐怖を描き出す心理サスペンス、ミステリー、恋愛小説で人気を集める。「恋」で直木賞受賞。他に「あなたから逃れられない」「妻の女友達」「虹の彼方」、エッセー集「知的悪女のすすめ」など。夫の藤田宜永も直木賞作家。

ごいけん-ばん【御意見番】豊かな経験と知識とを持ち、偉い人に対しても遠慮なく意見を述べ、忠告する人。

こい-こい　花札の遊びの一。二人で行う。役のできた側が勝負を打ち切らないで、さらに大きい役をめざすときには「来い」と言って勝負を続ける。

ごいこう【語意考】江戸中期の語学書。1巻。賀茂真淵著。寛政元年(1789)刊。真淵の古語に関する考え方を述べたもの。五十音図に基づいて動詞の活用を説き、語義については実証的に説明した。

こい-こが・れる【恋い焦がれる】〔動ラ下一〕図こひこが・る〔ラ下二〕恋しさのあまり、ひどく思い悩む。「夜も眠れないほど—・れる」

こい-こく【×鯉▽濃】《「鯉の濃漿」の意》鯉を筒切りにして、味噌汁で時間をかけて煮込んだ料理。

こい-ごころ【恋心】恋しいと思う心。「淡い—を抱く」「—が芽生える」

こい-ごろも【恋衣】❶心から離れない恋を、身につける衣にたとえていう語。「—着奈良の山に鳴く鳥の間なく時なしあが恋ふらくは」〈万・三〇八八〉❷恋をしている人の着ている衣。「妹待つと山の雫に立ちぬれてそぼちにけらしわが—」〈風雅・恋二〉

こ-いさかい【小×諍ひ】ちょっとしたけんか。「思ふ仲の—、雨降りて地固まる」〈吉原すずめ・上〉

ごい-さぎ【五位×鷺】サギ科の鳥。全長58センチくらい。頭と背が緑黒色、翼は灰色、顔から腹は白く、頭に2本の飾り羽がある。幼鳥を星五位、成鳥を背黒五位ともよぶ。夜行性で、水辺で魚・カエルなどを捕食。(補説)名は、醍醐天皇の命によって捕らえようとすると素直に従ったので、五位を授けられたという故事に由来。

こい-ざめ【恋▽醒め】恋の熱が薄らぐこと。「—には、えおぼされじと見るはいかが」〈夜の寝覚・四〉

こい-さん《「こいとさん」の略》末のお嬢さん。関西地方で、使用人が主人の末娘をよぶときに使う。

コイサン〖Khoisan〗南部アフリカに住むコイ族とサン族の総称。

コイサン-ごぞく【コイサン語族】アフリカ南西部のアンゴラ・ナミビア、南部のボツワナなどで話されているクン語・マサルア語・ナマ語・ナロン語などの諸語と、東部のタンザニアで話されているサンダウェ語・ハツァ語とからなる。これら諸言語では吸着音を正規の言語音声として用いている。

こ-いし【小石┊×礫】小さい石。
(類語)石・石ころ・石くれ・礫・砂利・つぶて・石礫・礫石・石塊・転石・砕石・ごろた

こ-いじ【小意地】ちょっとした意地。「—を張る」「—が悪い」

こい-じ【恋路】恋心を通わすことを道にたとえていう語。恋の道。「人の—のじゃまをする」

ご-いし【御×倚子】朝廷の儀式のとき、束帯姿の天皇が着座した、いす。普通は紫宸殿と清涼殿の殿上の間とに置かれた。

ご-いし【碁石】碁を打つのに使う、平たく丸い小石。白黒の2種があり、白が180個、黒が181個で一組。上等のものは、黒は那智黒、白はチョウセンハマグリやシャコガイの殻で作る。

こいし・い【恋しい】〔形〕図こひ・し〔シク〕離れている人や場所、また事物などに強く心を引かれるさま。「—・い人」「こたつの—・い季節」(派生)**こいしがる**〔動ラ五〕**こいしげ**〔形動〕**こいしさ**〔名〕
(類語)懐かしい・慕わしい・ゆかしい

ごいし-かいがん【碁石海岸】岩手県南東部、陸中海岸の南部にある海岸。大船渡湾に突出した末崎半島の南東にある、海食による断崖で知られる。国の名勝・天然記念物に指定されている。地名の由来は黒い碁石状の小礫からなることによる。

こいじ-が-はま【恋路ヶ浜】愛知県南部、渥美半島先端にある砂浜。伊良湖岬灯台から太平洋に面して弓なりに続く日出の石門まで、約1.2キロメートルの白い砂浜。三河湾国定公園に属する。名の由来は、高貴な男女の恋伝説から。

こいしかわ【小石川】東京都文京区の地名。もと東京市の区名。

こいしかわ-しょくぶつえん【小石川植物園】文京区白山にある、東京大学理学部付属の植物園。もと、徳川幕府の薬園。

こいしかわ-ようじょうしょ【小石川養生所】享保7年(1722)8代将軍徳川吉宗の命により、江戸小石川薬園内に設立された、貧窮民のための療養施設。

ごいし-しじみ【碁石小＝灰＝蝶】シジミチョウ科の昆虫。翅の表面は黒褐色、裏面は白地に黒色の斑紋が散在する。笹につくアブラムシの分泌する甘い汁を吸う。

こい-した・う【恋い慕う】〔動ワ五(ハ四)〕ひたすら恋しく思う。「郷里の母を—・う」

こい-じに【恋い死に】〔名〕スル　恋い焦がれて死ぬこと。焦がれ死に。「可惜武士の—せん命を思えば」〈樗牛・滝口入道〉

こい-し・ぬ【恋ひ死ぬ】〔動ナ変〕恋しさのあまりに死ぬ。「—・なば誰が名は立たじ世の中の常なきものといひはなすとも」〈古今・恋二〉

こいじ-の-やみ【恋路の闇】「恋の闇」に同じ。「—の一寸先見えぬ所をそばから見て」〈浄・反魂香〉

ごいし-はまぐり【碁石×蛤】チョウセンハマグリの別名。

ごいし-まめ【碁石豆】ガンクイマメの別名。

こい-しり【恋知り】色恋の道に通じていること。また、その人。「—の初さまとて、町一番のぼっとり者」〈浄・曽根崎〉

こいしり-どり【恋知り鳥】「恋教え鳥」に同じ。「—の教へ、男女のいたづら、やむことなし」〈浮・五人女・三〉

こいずみ-かいかく【小泉改革】小泉純一郎政権が掲げた新自由主義的な政治方針。また、それによる社会の変化。(補説)小泉は1990年代以降の景気低迷長期化の原因を、官僚機構の肥大化と民間への過剰な規制に求め、それらの解消をとなえた。具体的には郵政民営化、道路関係四公団の民営化、地方財政を見直す三位一体改革などを推進。平成17年(2005)の総選挙ではこれが支持を集めて自民党は圧勝したが、格差社会を現出させたとして、後の同党や民主党の政権は改革のスピードを緩める政策をとった。

こいずみ-じゅんいちろう【小泉純一郎】［1942～　］政治家。神奈川の生まれ。昭和47年(1972)父・純也の地盤を継いで衆議院議員に当選。厚相・郵政相などを歴任。平成13年(2001)自民党総裁選に3度目の挑戦で勝利し首相に就任。靖国神社を公式参拝し、翌年には日本の首相として初の北朝鮮訪問で首脳会談を実現。内政では郵政事業民営化が持論で、同17年、与党議員の造反で民営化法案が参議院で否決されると衆議院を解散、9月総選挙で歴史的大勝。10月に同法案を再提出し成立させた。➡安倍晋三

こいずみ-しんぞう【小泉信三】［1888～1966］経済学者・教育家。東京の生まれ。慶応義塾の教授・塾長。マルキシズム批判の理論家として活躍。第二次大戦後、皇太子の教育参与。文化勲章受章。著「リカアドオ研究」「マルクス死後五十年」「海軍主計中尉小泉信吉」など。

こいずみ-ちかし【古泉千樫】［1886～1927］歌人。千葉の生まれ。本名、幾太郎。伊藤左千夫に師事し、「アララギ」同人として活躍。のち「日光」に参加。歌集「川のほとり」「青牛集」など。

こいずみ-まこと【小泉丹】［1882～1952］動物学者。京都の生まれ。寄生虫学を専攻し、特に回虫

について研究。著「蛔虫の研究」「進化学序講」など。

こいずみ-やくも【小泉八雲】［1850～1904］英文学者・作家。ギリシャに生まれる。本名、ラフカディオ＝ハーン(Lafcadio Hearn)。明治23年(1890)来日。小泉節子と結婚、のち、日本に帰化。松江中学校・東大などで英語・英文学を教えるかたわら日本文化を研究、海外に紹介した。著「知られざる日本の面影」「心」「怪談」など。

こい・する【恋する】〔動サ変〕文こひ・す〔サ変〕恋をする。慕う。「命短し、―・せよ乙女」

(類語)愛する・惚れる・好く・見初める・焦がれる・思う・慕う・愛慕する・思慕する・恋慕する

こい-せん【×鯉×筌】コイを捕らえるための筌。割り竹を円筒形に編み、側面に入り口を設けたもの。コイが一度入ると出られなくなる。こいうけ。

こ-いそぎ【小急ぎ】少し急いでいること。「ツツと―に行き過ぐる廿一二の芸妓」〈木下尚江・火の柱〉

コイ-ぞく【コイ族】《khoi》アフリカ南西部のナミビアに居住する遊牧民族。言語上ではコイサン語族に属する。俗称、ホッテントット。➡サン族

こいそ-くにあき【小磯国昭】［1880～1950］軍人・政治家。陸軍大将。栃木の生まれ。拓務相・朝鮮総督を経て昭和19年(1944)首相。第二次大戦後、極東国際軍事裁判で、A級戦犯として終身禁錮刑になり、服役中に病死。

こい-そ・める【恋い初める】〔動マ下一〕文こひそ・む〔マ下二〕恋心を抱きはじめる。「薄紅の秋の実に人―・めしはじめなり」〈藤村・初恋〉

こいそ-りょうへい【小磯良平】［1903～1988］洋画家。神戸の生まれ。藤島武二に師事。フランスへ留学後、新制作派協会の結成に参加。卓抜した描写と近代的感覚で、女性像に独自の画境を展開した。文化勲章受章。

こ-いた【小板】❶小さな板。板切れ。❷茶室で炉が向こう切りのとき、炉と壁との間に入れる板。❸茶道で、風炉の下に敷く板。

こ-いたじき【小板敷(き)】清涼殿の南面の小庭から殿上の間にのぼる所にある板敷き。蔵人・職事らが伺候する所。

コイタス〖coitus〗性交。コイトス。

こ-いただき【小▽戴】❶糁粉餅を丸く平たくして、中央部に小豆あんを少量のせたもの。いただきもち。❷幼児の食い初めの祝いなどに作る、小さな重ね餅。また、そのなかの、最小のもの。

こ-いち【小一】劇場で、舞台のすぐ下の平土間の最前列の見物席。かぶりつき。あまおち。

こい-ぢから【恋力】恋の苦労。「この頃の我が―給はずは京兆に出でて訴へむ」〈万・三八五九〉

ごいちご-じけん【五・一五事件】昭和7年(1932)5月15日、海軍青年将校・陸軍士官学校生徒らが首相官邸などを襲撃し、犬養毅首相を射殺した事件。軍部はこれを利用して政党内閣に終止符を打ち、軍部独裁政治への一歩を進めた。

こ-いちじかん【小一時間】《「こ」は接頭語》ほぼ一時間。約一時間。一時間弱。「―散歩する」「豪雨が―ほどでやむ」

ごいちじょう-てんのう【後一条天皇】［1008～1036］第68代天皇。在位1016～1036。一条天皇の第2皇子。名は敦成。母は藤原道長の娘の彰子。9歳で即位し、道長が摂政となった。

こいちじょう-どの【小一条殿】京都の二条の北、東洞院の西、室町の東、近衛の南にあった殿舎。清和天皇の生誕所といわれる。

こい-ちゃ【濃(い)茶】❶抹茶の一。直射日光が当たらないようにした古木の若芽から作ったもの。➡薄茶 ❷「濃茶点前」の略。❸茶色の濃いもの。

こ-いちやくそう【小一薬草】イチヤクソウ科の多年草。本州中部以北の高山帯の針葉樹林下に自生。高さ約10センチ。葉は卵形。夏、釣鐘状の緑白色の花を総状につける。

こいちゃ-ぢゃわん【濃茶茶×碗】濃い茶をたてるのに用いる大形の茶碗。

こいちゃ-てまえ【濃茶▽点前】茶道で、濃い茶をたてる作法。普通は、列席する人数の分量を同時に一碗にたて、それを飲み回す。➡薄茶点前

こ-いちようらん【小一葉×蘭】ラン科の多年草。本州中部以北の高山帯の針葉樹林下に生え、高さ10～20センチ。葉は広卵形で、1枚だけ根元から出る。夏、淡黄色の花を数個つける。

こ-いつ【×此▽奴】〔代〕《「こやつ」の音変化》❶三人称の人代名詞。話題になっている人を軽んじ、ののしったり親しみをこめたりしていう。「だって―が先にやったんだもん」❷近称の指示代名詞。「これ」のぞんざいな言い方。「―はひどい、食えやしない」❸(感動詞的に用いて)憎しみの気持ちを込めて、相手に呼びかける語。「―、やりやがったな」(類語)こやつ・この方

こい-づか【恋塚】恋のために死んだ人を葬った塚。特に、京都の鳥羽にある袈裟御前の墓。

こい-つかみ【×鯉×掴み】歌舞伎狂言の一系統。水を使い、鯉魚の精と役者が水中で格闘する演技を主題とするもの。夏芝居として江戸で盛行。

ご-いっしょ【御一緒】「一緒❹」に同じ。「駅まで―いたします」

ご-いっしん【御一新】明治維新の古い言い方。

こい-づま【恋妻】恋しく思う女性、または妻。「我が―を見むよしもがも」〈万・二三七一〉

こいで-しょうご【小出正吾】［1897～1990］児童文学作家。静岡の生まれ。明治学院大学教授、三島市教育委員長などを歴任。キリスト者としてのヒューマニズムに基づく作品を発表、英米の児童文学の訳書も多い。童話集「白い雀」「ジンタの音」、絵本「のろまなローラー」など。

こいで-つばら【小出粲】［1833～1908］歌人。江戸の生まれ。号、如雲・梔園。宮内省に勤め、御歌所寄人となる。歌集「くちなしの花」など。

こいで-ならしげ【小出楢重】［1887～1931］洋画家。大阪の生まれ。裸婦を多く描き、要約されたボリュームの処理と油絵の粘りと輝きを生かしたマチエールで独自の画境を開いた。

こいと-げんたろう【小絲源太郎】［1887～1978］洋画家。東京の生まれ。文展・帝展・日展で活躍。光風会会員。風景画で知られる。文化勲章受章。

こいと-さしち【小糸佐七】江戸本町2丁目の糸屋の娘小糸と、その店の手代佐七との情話を脚色した、浄瑠璃・歌舞伎作品の通称。浄瑠璃「糸桜本町育」、歌舞伎狂言「心謎解色糸」など。

こい-なか【恋仲】互いに恋い慕っている間柄。

(類語)関係・好い仲・相思相愛

こい-にょうぼう【恋女房】恋しあって結婚した妻。結婚後も深く愛している妻。こいづま。(類語)愛妻

こいにょうぼうそめわけたづな【恋女房染分手綱】浄瑠璃。時代物。13段。吉田冠子・三好松洛合作。宝暦元年(1751)大坂竹本座初演。近松門左衛門の「丹波与作待夜の小室節」の改作。10段目の「重の井子別れ」が有名。

こ-いぬ【小犬｜子犬｜×仔犬】小さい犬。また、犬の子。いぬころ。

こいぬ-ざ【小犬座】北天の小星座。3月中旬の午後8時ごろ南中する。α星(光度0.4等のプロキオン)とβ星(2.9等)が並んで見える。学名 Canis Minor

コイネー〖ギリシャ koinē〗《共通の、の意》紀元前4世紀後半、アッティカ方言にイオニア方言の要素が加わって形成された古代ギリシャ語。アレクサンドロスの遠征を契機に東方世界に広がり、広大な地域で話された。1世紀後半に記された新約聖書に用いられ、現代ギリシャ語の祖となる。

こい-ねが・う【乞い願う｜▽希う｜×冀う｜庶＝幾う】〔動ワ五(ハ四)〕強く願う。切望する。やや古風な、また改まった言い方。「一層の御理解を―・う次第です」(類語)願う・求める・望む・欲する・念ずる・念願する・願望する・希求する・希望する・庶幾する・切望する・切願する・熱望する・熱願する・思う

こいねがわく-は【乞い願わくは｜▽希わくは｜×冀わくは｜庶＝幾わくは】〔副〕《「こひねがふ」のク語法に係助詞「は」の付いた語》ある事を強く希望する気持ちを表す。切に望むことは。なにとぞ。どうか。「一御加護を給わらんことを」

こい-ねこ【恋猫】さかりのついた猫。(季 春)「―の恋する猫で押し通す／耕衣」

こい-ねず【濃い×鼠】濃いねずみ色。

こい-の-うた【恋の歌】❶「恋歌」に同じ。❷古今集以後の歌集の部立ての一。恋愛の歌を集めた部分。また、その部分の歌。

こい-の-おもに【恋の重荷】恋のせつなさや苦しさに心を労することをたとえていう語。「―といふことがあるほどに」〈虎清狂・文荷〉

こいのおもに【恋重荷】謡曲。四番目物。世阿弥作。女御が自分を恋する庭守の老人に、重荷を持って歩いたら姿を見せようと伝えるが、老人は果たせずに死に、亡霊となって現れる。古曲「綾の太鼓」の改作。

こい-の-く【恋の句】連歌・連句で、恋を詠み込んだ句。特に付句についていい、連句の中で変化をつける働きをする句。

ごい-の-くろうど【五位の▽蔵▽人】蔵人所の次官。蔵人頭の次に位する者。五位の殿上人の中から、家柄がよく、能力のすぐれた者を選んで任じた。定員は三人。宮中の事務をつかさどった。

こい-の-けぶり【恋の▽煙】恋いこがれる心を、煙が立ちのぼるようすにたとえていう語。「かがり火に立ちそふ―こそ世には絶えせぬ炎なりけれ」〈源・篝火〉

こい-の-せきもり【恋の関守】恋を妨げる者のたとえ。「誰がうきゆゑぞ―」〈苑玖波集・恋上〉

こい-の-たきのぼり【×鯉の滝登り】❶鯉が滝をのぼること。また、勢いのよいことのたとえ。❷《黄河の上流にある滝、竜門を登ることのできた鯉は竜になるという「後漢書」党錮伝の故事から》立身出世することのたとえ。

こい-の-つま【恋の▽端】恋のきっかけ。「今は何につけてか心をも乱らまし。似げなき―なりや」〈源・真木柱〉

こい-のぼり【×鯉×幟】布または紙で、鯉の形に作ったのぼり。端午の節句に戸外に立てる。鯉の滝のぼりにちなんだもの。鯉の吹き流し。五月幟。(季 夏)「煙あげて塩屋は低し―／久女」

こい-の・む【乞ひ▽祈む】〔動マ四〕神仏に願い祈る。祈願する。「天地の神祇を―・み」〈万・四四三〉

こい-の-やっこ【恋の▽奴】恋に支配されている身を、人に使われる奴にたとえていう語。恋のとりこ。恋の奴隷。「徒らに、―になり果てて」〈謡・恋重荷〉

こい-の-やつこ【恋の▽奴】《思いのままにならない恋を擬人化して》恋というやつ。恋のやつめ。「家にある櫃に鏁さし蔵めてし―がつかみかかりて」〈万・三八一六〉

こい-の-やま【恋の山】恋にまどう心を、踏みこんで惑う山路にたとえた語。「一繁き小笹の露分けていりそむるよりぬるる袖かな」〈新勅撰・恋一〉

恋の山には孔子の倒れ　恋のためには、聖人君子でさえ過ちを犯すことがあるということ。

こい-の-やまい【恋の病】「恋煩い」に同じ。

こい-の-やまじ【恋の山路】「恋の山」に同じ。「―にまよふころかな」〈浜松・一〉

こい-の-やみ【恋の闇】恋のために理性を失っている状態をたとえていう語。恋の闇路。

こい-ばな【恋ばな】《「恋話」の略》俗に、恋愛に関する話題のこと。「友人と―で盛り上がる」

こい-はん【故意犯】故意を要件とする犯罪。殺人罪・窃盗罪など。➡過失犯

こい-びと【恋人】恋しく思う相手。普通、相思相愛の間柄にいう。「―にあう」「―ができる」

(用法)恋人・愛人――「恋人」は恋しいと思っている異性で、多く相思相愛の間柄についていうが、片思いの場合にも使うことがある。「スクリーンの恋人」◆「愛人」は、かつては「恋人」の漢語的表現として同義に用いたが、現在では多く配偶者以外の恋愛関係にある異性をいい、一般に肉体関係があることを意味す

る。「情婦」「情夫」の婉曲的な言葉として使われる傾向もある。
(類語)愛人・情人・いろ
こい-ふ・す【×臥い伏す】〔動サ四〕《「こい」は「こ(臥)ゆ」の連用形》倒れ伏す。また、もだえ伏す。「うち靡き床に―・し」〈万・三九六二〉
こい-ぶみ【恋文】こひ 恋しく思う気持ちを書いた手紙。ラブレター。(類語)艶書えんしょ・艶文えんぶん・付け文
こい-ぶるい【恋ひ震ひ】こひぶるひ 恋情の高ぶりを抑えかねて、身震いすること。「見なれぬ揚屋の大騒ぎ、―してみすぼらし」〈浄・寿の門松〉
こい-ヘルペスウイルス【×鯉ヘルペスウイルス】こひ ヘルペスウイルスの一種。マゴイとニシキゴイのみに感染する。死亡率が非常に高いが、他の魚や人間には感染しない。鯉ヘルペス。KHV。
こ-いほう【古医方】こいはう 漢方医学で、後漢時代の医学を行う一派。「傷寒論」「金匱きんき要略」などに示された処方を行う。日本では江戸前期から行われ、後藤艮山こんざん・山脇東洋らがいる。古方家。➡後世方ごせいほう
こいまき-なしじ【濃い×蒔梨=子地】こひ 金銀粉を濃くまいた梨子地。
こ-いまり【古×伊▽万里】初期の伊万里焼。寛永(1624〜1644)中ごろから元禄(1688〜1704)前後にかけてのもの。
こい-むこ【乞ひ婿】こひ 婿に来てほしいと望むこと。また、特に望んで迎えた婿。「人のほめ草なびき、歴々の―にも願ひしに」〈浮・永代蔵・四〉
こい-むすび【恋結び】こひ 恋人とのつながりが絶えてしまわないように、神に祈ってひもなどを結ぶまじない。「白栲しろたへのわが紐の緒の絶えぬ間に―せむ逢はむ日までに」〈万・二八五四〉
こいむすめむかしはちじょう【恋娘昔八丈】こひむすめむかしはちぢやう ㊀浄瑠璃。世話物。五段。松貫四・吉田角丸合作。安永4年(1775)江戸外記座初演。材木商白子屋の娘お熊が婿を殺害した罪で鈴ヶ森で処刑された事件を、お家騒動にからめて城木屋の娘お駒と髪結い才三郎との情話として脚色したもの。お駒才三。㊁新内節。三段。㊀の「城木屋」と「鈴ヶ森」の段を、初世鶴賀若狭掾つるがわかさのじょうが移曲したもの。
こい-め【乞ひ目】こひ 双六すごろくなどで、出てほしいと願う賽さいの目。「双六の盤をこしらへ、二六、五三ぐさと―をうつ内にも」〈浮・一代男・四〉
こい-め【濃いめ】〔名・形動〕普通よりも少し濃くすること。「―の化粧」「―に味つけをする」
こ-いも【小芋｜子芋】サトイモの親芋のまわりについてできる小さい芋。芋の子。(季 秋)「三日月の頃より肥ゆる―哉/子規」
こい-も・う【恋ひ▽思ふ】こひもふ〔動ハ四〕恋しく思う。恋い慕う。「玉葛たまかづら花のみ咲きて成らざるは誰が恋ならめ我あは―・ふを」〈万・一〇二〉
こいや-さんぷう【鯉屋杉風】こひや ►杉山杉風すぎやまさんぷう
こい-やま【×鯉山】こひ 京都の祇園祭ぎおんまつりに出る、鯉の滝のぼりのさまを飾りつけた山鉾やまぼこ。
こい-やまい【恋病】こひやまひ「恋煩こいわずらい」に同じ。
こい-や・む【恋ひ▽止む】こひ〔動マ四〕恋の気持ちがなくなる。「ぬばたまの夢いめにはもとな相見れど直ただにあらねば―・まずけり」〈万・三九八〇〉
ご-いり【後入り】茶事で、客が初座のあと、中立ちを経て、後座の茶席につくこと。改めて手水ちょうずを使い、床を拝見する。あといり。のちいり。➡初入り
コイル〖coil〗❶針金などをぐるぐる巻いたもの。❷電気の導線をらせん状に巻いたもの。線輪。
こ-いる【恋いる】こひ〔動ア上一〕図こ・ふ〔ハ上二〕►こう(恋う)
コイル-スプリング〖coil spring〗弦巻きばね。自動車ではエンジンのバルブスプリングやサスペンションによく用いられる。
コイル-ばね【コイル発=条】►蔓巻発条つるまきばね
こいわい-のうじょう【小岩井農場】こいはゐのうぢやう 岩手県中西部、岩手山南麓の大農場。明治24年(1891)開設。開設者の小野義真・岩崎弥之助・井上勝らにちなんだ名称。
こ-いわしくじら【小×鰯鯨】こいわしくぢら ナガスクジラ科の哺乳類。ヒゲクジラ類では小さいほうで、全長約8メートル。背側が黒く、腹側が白い。広く世界の海洋に分布する。ミンククジラ。
こい-わずらい【恋煩い｜恋患い】こひわづらひ〔名〕スル 恋するあまりの悩みや気のふさぎ。恋のやまい。
こいわすれ-がい【恋忘れ貝】こひわすれがひ《その貝を拾えば恋の苦しさを忘れさせるというところから》ワスレガイの別名。「わが背子せこに恋ふれば苦し暇いとまあらば拾ひて行かむ―」〈万・九六四〉
こいわすれ-ぐさ【恋忘れ草】こひわすれ《恋の切なさ、苦しさを忘れさせる草の意》萱草かんぞうの別名。「わが宿は甍いらかしだ草生ひたれど―見るにいまだ生ひず」〈万・二四七五〉
こい-わた・る【恋ひ渡る】こひ〔動ラ四〕長い年月のあいだ、恋い慕いつづける。「うつせみの人目を繁み石橋の間近き君に―・るかも」〈万・五九七〉
こい-わ・ぶ【恋ひ×侘ぶ】こひ〔動バ上二〕恋しさのあまり思い悩む。「―・びてなく音にまがふ浦波は思ふかたより風や吹くらむ」〈源・須磨〉
こ-いん【古韻】こゐん 中国、周・漢時代ごろの漢字の韻。
こ-いん【故院】こゐん 亡くなった上皇・法皇。「―の御子達は、昔の御有様をおぼし出づるに」〈源・賢木〉
こ-いん【雇員】こゐん 官庁などで、正式の職員としてではなく、雇われて事務などを手伝う者。
コイン〖coin〗硬貨。
ご-いん【五音】ごゐん・【五韻】ごゐん ❶(五音)「五声ごせい❶」に同じ。❷五十音図の各行の五つの音。ごおん。❸中国音韻学で、喉音こうおん・顎音がくおん・舌音ぜつおん・歯音しおん・唇音しんおんの総称。❹声の調子。こわね。「遠慮なしに膝もとへつつと来いと言ふ―」〈浄・碁盤太平記〉
　五音の占い　声の調子で吉凶を占うこと。「―を聞きて万の事を見通しぞかし」〈浮・諸艶大鑑・三〉
ご-いん【後院】ごゐん 天皇が在位中に譲位後の御所としてあらかじめ定めた御殿。譲位後は仙洞せんとうという。平安初期、嵯峨さが天皇の時に始まる。
ご-いん【誤飲】〔名〕スル 異物を誤って飲み込むこと。食してはいけないものを知らずに飲んでしまうこと。「―事故」「別の患者用の薬を―する」
ごいん-かん【五員環】ごゐんくわん 化合物中、結合する5原子が環状になっている構造。
コイン-シャワー《和 coin＋shower》硬貨を入れて手軽に利用できる、貸しシャワー。脱衣場とシャワーがセットになっている。
ごいん-そうつう【五音相通】ごゐんさうつう 昔の音韻学の用語。悉曇しったん学の影響を受け、国語の音韻変化を説明するために、五十音図の同じ行の音は互いに通用するという考え。「スメラギ」と「スメロギ」、「イヲ」と「ウヲ」の類。現在ではそれぞれの変化の由来が明らかになったものが多く、この考え方は行われない。同音相通。
コイン-トス〖coin toss〗硬貨などを投げ上げて、落ちたそれの裏表で物事を決めること。トス。(補説)サッカーやアメリカンフットボールなどの試合で、先攻と後攻を決める手段として利用されている。
コイン-パーキング《和 coin＋parking》駐車時間に応じて、料金機に硬貨を投入する方式の有料駐車場。
コインバトール〖Coimbatore〗インド南部の工業都市。綿工業が盛ん。人口、行政区93万、都市圏146万(2001)。
コインブラ〖Coimbra〗ポルトガル中西部の都市。12〜13世紀には同国の首都。1290年創立のコインブラ大学がある。
コインブラ-きゅうだいせいどう【コインブラ旧大聖堂】きうだいせいだう《Sé Velha de Coimbra》ポルトガル中西部の都市コインブラにある大聖堂。12世紀、ポルトガル王アフォンソ1世により建造。当時は要塞を兼ねていた。以降、増改築が繰り返されたが、基礎となるロマネスク様式の部分は建造当時のまま残されている。18世紀に司教座が新大聖堂に移管された。
コインブラ-しんだいせいどう【コインブラ新大聖堂】しんだいせいだう《Sé Nova de Coimbra》ポルトガル中西部の都市コインブラにあるバロック様式の大聖堂。16世紀末にイエズス会により建造。完成まで1世紀を費やした。祭壇背後の壁の装飾は、17世紀末に活躍した彫刻家ジェロニモ=ルイスの代表作として知られる。18世紀に司教座が旧大聖堂から移管された。
コインブラス-れいはいどう【コインブラス礼拝堂】れいはいだう《Capela dos Coimbras》ポルトガル北部の都市ブラガにあるマヌエル様式の礼拝堂。16世紀にブラガ大司教ディオゴ=デ=ソウサによりコインブラス家の付属の礼拝堂として建造。
コイン-ランドリー《coin-operated laundryから》硬貨を入れると自動的に作動する洗濯機や乾燥機が置いてあり、洗濯がセルフサービスでできる店。
ごいん-れんじょう【五音連声】ごゐんれんじやう 和歌・連歌などで、五・七・五の各句の移り目に同母音を継いで音調を整える技法。「空になき日影の山や雨のうち」の「き・ひ」「や・あ」などの類。
コイン-ローファー〖coin loafer〗甲の部分をU字形に切り替えた形のスリップオンタイプの靴。甲の部分にお金を忘れたときのために銅貨をはさみ込んだことからこの名がある。ペニーローファー。
コイン-ロッカー《coin-operated lockerから》硬貨を入れると鍵がかけられる、手荷物保管用の貸しロッカー。
こう【工】道具を使って物を作ること。また、それを業とする人。「仕上げ―」➡漢「こう(工)」
こう【×亢】かう 二十八宿の一。東方の第二宿。乙女座中の東部の四星をさす。あみぼし。亢宿。➡漢「こう(亢)」
こう【公】㊀〔名〕❶国家や社会の全体に関係する事柄。おおやけ。「一身を―に奉ずる」⇔私し。❷華族制度で、五等爵の最上位。公爵。㊁〔代〕二人称人代名詞。あなた。貴公。「―のおむかひに出たのぢゃ」〈洒・遊子方言〉㊂〔接尾〕❶地位の高い人の姓名に付いて、敬意を表す。「伊藤博文―」❷人名の略称などに付いて、親愛の情、または軽い軽蔑の意を表す。「熊―」「八―」➡漢「こう(公)」
こう【×爻】かう 易の卦けを組み立てる横の画。―を陽、--を陰とする。
こう【功】❶すぐれた働き。りっぱな仕事。てがら。「―を立てる」「内助の―」❷経験や努力の積み重ねで出てくる効果。ききめ。功用。「蛍雪けいせつの―を積む」❸金鵄きんし勲章の等級。一級から七級まであった。➡漢「こう(功)」(類語)功績・功労・手柄・殊勲
　功入い・る　経験を積む。修練を重ねる。「いみじう―・りたる声の、少し枯れたるして」〈狭衣・二〉
　功成なり名な遂と・げる　りっぱな仕事を成し遂げ、あわせて世間的な名声を得る。「―・げて帰郷する」
　功を奏・する　《功績を天子に奏上する意から》効果を現す。成功する。奏功する。「説得が―・した」(補説)「効を奏する」と書くのは誤り。
こう【巧】かう たくみなこと。上手なこと。「―を弄ろうして拙を成す」⇔拙。➡漢「こう(巧)」
こう【甲】かう ❶よろい。かぶと。❷カメやカニの体を覆う硬い殻状のもの。こうら。「亀の―より年の劫」❸手や足のおもての面。手首から先の上側の部分(手の甲)と、足首から先の、地面に接しない部分(足の甲)。❹十干の第一。きのえ。❺成績などの第一位。「殊勲―の働き」「―種合格」❻複数の物や人を区別するときに、その名の代わりとして用いる語。「旧制高校の文科―類」➡漢「こう(甲)」
　甲が舎利しゃりにな・る　よろいのような堅いものがこなごなに砕け、火葬後の骨のようになる意から、めったにありえないことのたとえ。
　甲に着る　他人の威光を借りたり、自分の地位を利用したりしていばることのたとえ。笠に着る。「主人を―・着て、酒機嫌の刃物三昧」〈浄・浪花鑑〉
こう【交】かう ❶つきあうこと。まじわり。「親しく―を結ぶ」「水魚の―」❷年月や季節などの変わり目のころ。「春夏の―」➡漢「こう(交)」
こう【▽守｜長=官】かう《「かみ」の音変化》律令制で、四等官のうちの最高位。「―の君」「―の殿との」
こう【江】かう ❶大きい河。特に、中国の揚子江。❷琵

琶湖。「十四日に―を渡りて坂本に参りしかば」〈神皇正統記・後醍醐〉→漢「こう(江)」

こう【考】(カウ) ❶かんがえること。かんがえ。「―をめぐらす」❷(接尾語的に用いて)ある問題についての自分の考察を述べ記したもの。「国字―」❸死んだ父。亡父。先考。→漢「こう(考)」

こう【行】(カウ) ㊀〔名〕❶どこかへ行くこと。旅。「―をともにする」「千里の―も一歩より起こる」❷人のすること。おこない。ふるまい。行動。❸楽府(がふ)の一体。もとは楽曲の意。唐代以降は、長編の叙事詩的なものが多い。「琵琶―」❹中国の隋・唐時代、営業を許された同種の商店が集中している区域。❺中国で、唐・宋以後発達した業種別の商人組合。西洋のギルドに類似。㊁〔接尾〕旅に行くことの意を表す。「単独―」「逃避―」→漢「こう(行)」

こう【×劫】(コフ) ❶《梵 kalpaの音写「劫波」の略。「ごう」とも》仏語。きわめて長い時間。古代インドにおける時間の単位のうち、最長のもの。❷囲碁で、一目を双方で交互に取りうる場合、一方で取られたあと、すぐ他方で取り返すことのできない約束で一目を争うこと。→漢「ごう(劫)」

劫を経(へ)る　長い年月を経る。年功を積む。

こう【坑】(カウ) 地中に掘った穴。鉱山の穴をさす場合もある。「排水―」「竪(たて)―」→漢「こう(坑)」

こう【孝】(カウ) 親を大切にすること。孝行すること。「両親に―を尽くす」→漢「こう(孝)」

孝は百行(ひゃっこう)の本(もと)　《「白虎通」攷黜から》孝行は、すべての善行の基本である。孝は百行の基(もと)。

こう【更】(カウ)《夜警の者が更代(こうたい)する意から》一夜を五等分した時間の単位。初更から五更まである。→漢「こう(更)」

更闌(た)・く　夜がふける。「―・けて抜き足をして、後ろ口から薄暗い庭へ出て」〈鷗外・阿部一族〉

こう【効】(カウ) ききめ。効能。「薬石―なくこの世を去る」→漢「こう(効)」類語 効果・効き目・徴(しるし)・成果・実効・効験・効能・効力・効用・甲斐(かい)・霊験・験・作用

こう【▽国▽府】(コフ)「こくふ」の音変化。「道の口、武生の―に我はありと親に申したべ」〈催馬楽・道の口〉

こう【幸】(カウ) さいわい。幸福。「―か不幸か誰もいない」→漢「こう(幸)」

幸か不幸(ふこう)か　そのことが結果としてよいことか悪いことか断定できないが。「―現場にいなかった」

こう【×庚】(カウ) 十干の第七。かのえ。→漢「こう(庚)」

こう【侯】 ❶大名・小名。諸侯。「法に坐(ざ)して―を失い現在の地位に堕(おと)されて」〈中島敦・李陵〉❷五等爵の第二位。侯爵。→漢「こう(侯)」

こう【紅】 くれない。くれない色。べに色。「其顔色青(あお)ざめを含み眼辺に―を帯ぶ」〈織田訳・花柳春話〉→漢「こう(紅)」

こう【郊】(カウ) 都市の周辺部。町外れ。郊外。「方(まさ)に是れ陽春、…翠色已に―に満つ」〈織田訳・花柳春話〉→漢「こう(郊)」

こう【香】(カウ) ❶種々の香料を練り合わせたもの。練り香。また、香木。たきもの。「―をたく」❷「香道」の略。❸「香合わせ」の略。❹「香色(こういろ)」の略。❺織り色の名。縦糸は赤、横糸は黄、または縦糸・横糸ともに香色の織物。老人が着用。❻襲(かさね)の色目の名。表は香色、裏は紅。❼味噌(みそ)をいう女房詞。❽薬味のこと。→漢「こう(香)」

香を聞(き)・く　香をたいて、そのにおいをかぐ。

香を闘(たたか)わ・す　複数の人が、それぞれに持ちよった香をたいて、その優劣を争う。

こう【候】《古く、中国で、1年360日を72等分した各5日間の称から》季候。時候。「残暑の―」「秋冷の―」→漢「こう(候)」類語 時候・砌(みぎり)・季節・時季・時節・四季・四時(しじ)・春夏秋冬・折節(おりふし)・シーズン

こう【校】(カウ) ㊀〔名〕❶学校。「わが―」❷書物の文字の誤りを調べ正すこと。校正。「―を重ねる」㊁〔接尾〕助数詞。校正の回数を数えるのに用いる。「初―」「再―」「三―」→漢「こう(校)」

こう【貢】 みつぎもの。→漢「こう(貢)」

こう【硬】(カウ) かたいこと。「―と軟とを織りまぜた絶妙のピッチング」→漢「こう(硬)」

こう【項】(カウ) ❶あるまとまりをもつ事柄をさらに細かく分類したものの、一つ一つ。また、それを記述した文章。項目。法律の箇条書きにおける条(じょう)の下位分類や、辞書の一つ一つの見出しとその解説文などにいう。「別の―で詳述する」「憲法第九条第二―」❷予算や決算などで、款(かん)の下位に分けられる部分。項をさらに目(もく)・節(せつ)などに分ける。❸数学の用語。㋐多項式を構成する各単項式。㋑数列や級数をつくっている各数。㋒比を構成する各量。❹首の後ろの部分。くびすじ。「其―を扼して」〈田口・日本開化小史〉→漢「こう(項)」類語 一つ一つ・個別・逐一・いちいち・個

こう【綱】(カウ) 生物分類学上の基本階級の一。門の下、目の上に位置する。脊椎動物門では哺乳綱・鳥綱・爬虫綱・両生綱・硬骨魚綱・軟骨魚綱などに分けられる。→漢「こう(綱)」

こう【稿】(カウ) 詩や文章などの下書き。原稿。「―を起こす」「―を脱する」→漢「こう(稿)」類語 原稿・下書き・草案・草稿・文案・歌稿・下図・画稿

稿を起(お)こ・す　原稿を書き始める。起稿する。

稿を脱(だっ)・す　原稿を書き上げる。脱稿する。

こう【鋼】(カウ) 焼き鍛えて強くした鉄。炭素を0.04～2パーセント程度含む鉄。銑鉄から、平炉・転炉・アーク炉などによって脱炭して作る。炭素鋼。炭素のほかにニッケル・クロムなどを含むものは特殊鋼という。スチール。はがね。鋼鉄。→漢「こう(鋼)」

こう【×薨】 律令制で、皇族または三位以上の貴族の死去をいう語。→漢「こう(薨)」

こう【講】 ㊀(カウ) 講じること。講義。「化学の―を聞き」〈中村訳・西国立志編〉㊁(コウ) ❶経典の講義をする会。法華八講など。また、仏教の信者が集まり、仏の徳を賛美する法会(ほうえ)。❷神社・仏閣への参詣や寄進などをする信者の団体。伊勢講・富士講の類。❸貯蓄や金の融通のために組織した相互扶助の団体。無尽講・頼母子講(たのもしこう)の類。→漢「こう(講)」類語 頼もし・無尽

こう【×鵠】(コウ) ハクチョウの古名。〈和名抄〉

こ・う【恋う】(こふ) ㊀〔動ワ五(ハ四)〕特定の異性に心ひかれて、その人を思い慕う。また、特別な人物や場所などを強く慕う。恋する。「亡き妻を―・う」「故郷を―・う」「昔を―・う」㊁〔動ハ上二〕《本来は、時間的、空間的、心理的に離れてしまった対象に思いが残り、それに心ひかれて嘆き悲しむ意。上代は助詞「に」をうけて、「…に恋う」の形で用いられた》❶㊀に同じ。「我が背子に―・ふれば苦し暇(いとま)あらば拾(ひり)ひて行かむ恋忘れ貝」〈万・九六四〉❷季節や植物などを賞美する。めでる。「撫子(なでしこ)がその花にもが朝な朝(さ)な手に取り持ちて―・ひぬ日なけむ」〈万・四〇八〉補説 古くは上二段であるが、中世末期ごろから「千々のあはれは妻こふ鹿の音」〈松の葉・三〉のように四段に活用する例が見られる。また、現代でも「この祖母を恋いる事を忘れて」〈三重吉・小鳥の巣〉のように上一段に活用する例がまれに見られる。類語 慕う・偲(しの)ぶ・思う

こ・う【請う・乞う】(こふ)〔動ワ五(ハ四)〕❶他人に、物を与えてくれるよう求める。また、何かをしてくれるよう願う。「食物を―・う」「救援を―・う」「許しを―・う」❷神仏に祈り求める。「天地(あめつち)の神を―・ひつつ我(あれ)待たむ」〈万・三六八二〉類語 頼む・願う・求める・仰ぐ・依頼する・要請する・懇請する・懇願する・請託する

こう【×恍】(クヮウ)〔ト・タル〕〔文〕〔形動タリ〕うっとりとするさま。また、ぼんやりするさま。「―として夢中夢に入るの感あるのみ」〈福沢・福翁百話〉

こう【×皎】(カウ)〔ト・タル〕〔文〕〔形動タリ〕月の光が白く見えるさま。また、白くて清らかなさま。「―とした月の廓の細い通りを見透かした」〈鏡花・歌行灯〉

こう【×斯う】(カウ)〔副〕《「か(斯)く」の音変化》❶話し手の行動、または、聞き手よりも話し手に近い関係にある事物の状況をさす。このように。こんなふうに。「―書くのは誤りです」「―なったからには、覚悟しなければなるまい」❷話し手が、いま述べたばかりの、または、すぐあとに述べる事柄をさす。「…と、―父は口癖のように言っています」「父の遺書には―書いてありました。『葬式無用』と」❸(感動詞的に用いて)言葉に詰まったときなどに用いる。「何か―、気が晴れ晴れすることはないか」❹人を導くなど、他人の動作を促すときに用いる。このように。こちらへ。「まづ―お通りやれ」〈虎清狂・猿座頭〉
類語 かかる・こんな・こういう・このよう・かよう・かく

こう【好】(カウ)〔接頭〕名詞に付いて、よい、このましい、りっぱな、などの意を表す。「―人物」「―条件」「―成績」→漢「こう(好)」

こう【抗】(カウ)〔接頭〕さからう、ふせぐの意を表す。「―癌剤(がんざい)」「―ヒスタミン」→漢「こう(抗)」

こう【口】〔接尾〕助数詞。❶人数を数えるのに用いる。「伴僧二〇―」❷刀剣、その他の器具を数えるのに用いる。「剣一千―」→漢「こう(口)」

こう【喉】〔接尾〕助数詞。魚を数えるのに用いる。尾(び)。「一―の魚」→漢「こう(喉)」

ごう【号】(ガウ) ㊀〔名〕❶学者・文人・画家などが本名のほかに用いる名。雅号。❷雑誌など定期刊行物の、それぞれの一冊をいう。「今度の―が楽しみだ」❸絵画(洋画)のカンバスの大きさの単位。❹和文活字とその込め物の大きさの単位。初号は42ポイント。号の数が多くなるほど小さくなる。→号数活字 ㊁〔接尾〕❶数詞に付いて、順序を示すのに用いる。「一―」「三―車」「五―室」❷乗り物や動物などの名前に付いて、それが名称であることを示す。「こだま―」「タイタニック―」❸新聞・雑誌など定期刊行物で、発行の順・月・季節や種別などに付いて、どのような種類のものであるかを示す。助数詞として用いることもある。「第二―」「一月―」「秋季―」「臨時増刊―」→漢「ごう(号)」

ごう【合】(ガフ) ㊀〔名〕❶尺貫法の容量の単位。1合は1升の10分の1で、約0.18リットル。❷尺貫法の地積の単位。1合は1坪の10分の1で、約0.33平方メートル。❸頂上までの登山の道のりなどの10分の1。ふもとから一合目・二合目と数える。「富士山の五―目」❹天文学で、太陽と惑星とが地球から見て同じ方向にくること。内惑星では、太陽の内側にある場合を内合、太陽の外側にある場合を外合という。内合が起こらない外惑星では、外合を合という。→衝 ❺ ▶総合❷㋑ ㊁〔接尾〕助数詞。物事の度数や個数を数えるのに用いる。❶試合や合戦の回数を数える。「剣術の試合一、二―」「相戦うこと三―」❷ふたのある容器を数える。「長櫃(ながびつ)一―」「椀三―」→漢「ごう(合)」

ごう【江】(ガウ) ▶崇源院(すうげんいん)

ごう【×劫】(ゴフ) ▶こう(劫)

ごう【剛・豪】(ガウ)〔名・形動〕《古くは「こう」》力が強いこと。勇ましいこと。また、そのさま。「柔よく―を制す」「―の者」「賊中の―なる者でございましょうな」〈芥川・戯作三昧〉→漢「ごう(剛・豪)」

ごう【×毫】(ガウ)《細い毛の意》❶目方または長さの単位。1毫は1厘(りん)の10分の1。毛(もう)。❷きわめてわずかなこと。→毫(ごう)も →漢「ごう(毫)」

ごう【郷】(ガウ) ❶いなか。さと。❷律令制における地方行政区画の最下位の単位「里(り)」を奈良時代に改めた称。初め、国・郡・郷の順であったが、のち、下に村が設けられ、数村を合わせたものをよぶようになった。→郷里制 →漢「きょう(郷)」類語 田舎・在・在所・在郷・在地・在方・鄙(ひな)・地方・ローカル

郷に入(い)っては郷に従え　その土地に住むにはそこの風俗・習慣に従うのが処世の術である。補説「郷に入(い)りては」の音便化であるから、「はいっては」とは読まない。また、「郷に行っては郷に従え」とは書かない。

ごう【業】(ゴフ)《梵 karmanの訳》❶仏語。人間の身・口・意によって行われる善悪の行為。❷前世の善悪の行為によって現世で受ける報い。「―が深い」「―をさらす」「―を滅する」❸理性によって制御できない心の働き。→漢「ぎょう(業)」

業が煮(に)・える　物事が思うように運ばないで、いらいらする。「―・えてならん」〈白鳥・牛部屋の臭ひ〉

業を曝(さら)・す　前世の悪業によって、現世で恥をさらす。

業を煮(に)や・す　事が思うように運ばず、腹を立てる。「無意味な発言が続き―・して席を立つ」

ごう【×壕・×濠】(ガウ) ❶土を掘ってつくった穴やみぞ。

【仰】▶ぎょう
【▽合】▶ごう
【▽告】▶こく
【後】▶ご
【格┊▽較】▶かく
【耗】▶もう

口 [学]1 [音]**コウ**(漢) **ク**(呉) [訓]**くち** ‖ ㊀〈コウ〉①体の器官の一。くち。「口角・口腔(こうこう)/経口・虎口(ここう)・糊口(ここう)・閉口」②口で言う。口ぶり。ことば。「口外・口語・口実・口述・口吻(こうふん)/悪口・衆口・利口」③人数。「戸口・人口」④穴。出入り口。「火口・河口・銃口」㊁〈ク〉口。口で言う。ことば。「口説・口調・口伝/異口同音」㊂〈くち(ぐち)〉「口絵・口数・口癖/糸口・裏口・大口・小口・手口・出口・戸口・窓口・無口」[名付]あき・ひろ [難読]口説(くど)く・口惜(くや)しい・猪口(ちょこ)・(ちょく)

工 [学]2 [音]**コウ**(漢) **ク**(呉) [訓]たくみ ‖ ㊀〈コウ〉①物を作り出す仕事。巧みなわざ。「工員・工学・工業・工芸・工作・工事・工場・工程/加工・施工(しこう)・(せこう)・人工・着工」②物を作る人。職人。「工匠/画工・女工・職工・名工」③「工学」「工業」の略。「工科/商工・理工」㊁〈ク〉①巧みなわざ。「工夫(くふう)・工面/細工」②職人。「石工(いしく)・大工」[名付]ただ・つとむ・のり [難読]工合(ぐあい)・木工(もく)

×**亢** [音]コウ(カウ)(呉)(漢) [訓]たかぶる ‖ 頭を上げて、すっくと立つ。おごりたかぶる。「亢進・亢然」

公 [学]2 [音]**コウ**(漢) ク(呉) [訓]**おおやけ**、きみ ‖ ①国や官にかかわること。おおやけ。「公営・公私・公式・公認・公務・公立/奉公・官公庁」②世間一般。「公演・公開・公害・公共・公衆・公然・公表・公論」③かたよらない。「公算・公正・公平」④通じて用いられること。共通。一般。「公理・公約数」⑤君主。また、貴人。大臣。「公子/王公・三公・乃公(だいこう)」⑥人を敬って呼ぶ語。「菅公(かんこう)・君公・尊公・尼公・老公・主人公」[名付]あきら・いさお・さと・たか・ただ・ただし・とおる・とも・なお・ひと・ひろ・まさ・ゆき [難読]公孫樹(いちょう)・公達(きんだち)・公卿(くぎょう)・公家(くげ)・公方(くぼう)・公司(コンス)・公魚(わかさぎ)

勾 [音]**コウ**(漢) [訓]まがる、とらえる ‖ ①かぎ形に曲がる。斜めに傾く。「勾配・勾欄」②とらえる。「勾引・勾留」[難読]勾玉(まがたま)

孔 [音]**コウ**(漢) ク(呉) [訓]あな ‖ ①あな。「眼孔・気孔・穿孔(せんこう)・瞳孔(どうこう)・鼻孔」②孔子のこと。「孔孟(こうもう)・孔門」[名付]うし・ただ・みち・よし [難読]孔雀(くじゃく)・針孔(みぞ)・(めど)

功 [学]4 [音]**コウ**(漢) **ク**(呉) [訓]いさお、いさおし ‖ ㊀〈コウ〉①立派な仕事。手柄。「功罪・功績・功名・功利・功労/勲功・成功・戦功・年功」②ききめ。「奏功」③工夫。技術。「気功」㊁〈ク〉①ききめ。ごりやく。「功徳(くどく)・功力(くりき)」②工夫。手段。「功夫(くふう)」[名付]あう・あつ・いさ・かた・かつ・こと・つとむ・なり・なる・のり

×**叩** [音]コウ(漢) [訓]たたく、はたく ‖ ①たたく。はたく。「打叩」②地面に打ち当てる。「叩音・叩頭」[難読]叩頭虫(こめつきむし)

巧 [音]**コウ**(カウ)(漢) [訓]**たくみ**、たくむ、うまい ‖ ①技術。テクニック。「機巧・技巧」②てわざがうまい。たくみ。「巧言・巧者・巧拙・巧知・巧遅・巧妙/精巧・老巧」[名付]たえ・よし [難読]乞巧奠(きっこうでん)・(きこうでん)

広〔廣〕 [学]2 [音]**コウ**(クヮウ)(呉)(漢) [訓]**ひろい、ひろまる、ひろめる、ひろがる、ひろげる** ‖ ㊀〈コウ〉①面積・範囲が大きい。ひろい。「広域・広角・広軌・広大・広範」②ひろげる。ひろく。「広言・広告・広報/長広舌」③東西の幅。ひろさ。「広袤(こうぼう)」㊁〈ひろ(びろ)〉「広場/末広・幅広」[名付]お・とお・ひろ・ひろし・みつ [難読]広東(カントン)

人**弘** [音]コウ(漢) グ(呉) [訓]ひろい、ひろめる ‖ ㊀〈コウ〉①スケール・度量が大きい。「弘毅(こうき)」②ひろめる。「弘報」㊁〈グ〉仏法が広く大きい。ひろめる。「弘通(ぐずう)・弘誓(ぐぜい)・弘法(ぐほう)」[名付]お・ひろ・ひろし・ひろむ・みつ [難読]弘徽殿(こきでん)

甲 [音]**コウ**(カフ)(呉)(漢) **カン**(慣) [訓]きのえ、よろい、かぶと ‖ ㊀〈コウ〉①十干の第一。きのえ。「甲子/華甲」②順位で第一位。「甲乙・甲種」③表面を覆う堅いもの。こうら・よろいなど。「甲殻・甲板(こうはん)・甲羅/亀甲(きっこう)・装甲」④(「胛」の代用字)かいがらぼね。「肩甲骨」⑤甲斐(かい)国。「甲州・甲信越」㊁〈カン〉①表面を覆う物。「甲板(かんぱん)」②高い音声。「甲高」㊂〈かぶと〉「甲虫」[名付]か・かつ・き・まさる [難読]甲比丹(カピタン)

人**亘〔亙〕** [音]コウ(呉)(漢) セン(呉)(漢) [訓]わたる ‖ 端から端まで及ぶ。わたる。「亘古(こうこ)」[補説]「亘(せん)」と「亙(こう)」は本来別字。「亘」は「めぐる」意、「亙」は「わたる」意であるが、しばしば混用される。「亘」「亙」ともに人名用漢字。[名付]のぶ・とおる

交 [学]2 [音]**コウ**(カウ)(漢) [訓]**まじわる、まじえる、まじる、まざる、まぜる、かう、かわす** ‖ ①二つ以上のものがまじわる。「交差・交通・交流」②入れかわる。かわるがわる。入れかえる。「交換・交互・交代・交番」③つきあう。つきあい。まじわり。「交際・交渉・交遊/外交・旧交・国交・社交・親交・絶交・断交」④男女が性的な関係を持つ。「交合/情交・性交」⑤「交渉」の略。「団交」⑥手渡す。「交付/手交」⑦(「淆」の代用字)入りまじる。「混交」[名付]かた・とも・みち・よしみ [難読]交喙(いすか)・斜交(はすか)い・悲喜交交(ひきこもごも)・交譲葉(ゆずりは)

光 [学]2 [音]**コウ**(クヮウ)(呉)(漢) [訓]**ひかる、ひかり** ‖ ㊀〈コウ〉①ひかる。ひかり。「光輝・光線・光明/眼光・月光・後光・採光・閃光(せんこう)・電光・日光・発光・夜光」②けしき。「光景/観光・風光」③月日。時間。「光陰/消光」④ほまれ。名誉。「光栄/栄光」⑤相手の行為に尊敬を示す語。「光来・光臨」⑥尽きる。すっかり無くなる。「三光政策」㊁〈ひかり(びかり)〉「稲光・七光」[名付]あき・あきら・あり・かぬ・かね・さかえ・てる・ひこ・ひろ・ひろし・みつ・みつる [難読]竹光(たけみつ)

向 [学]3 [音]**コウ**(カウ)(漢) キョウ(キャウ)(漢) [訓]**むく、むける、むかう、むこう**、さきに ‖ ㊀〈コウ〉①ある方にむかう。「向寒・向上・向日性/傾向・出向・転向・動向」②心がめざす。おもむき。「向学/意向・志向・趣向」③つき従う。「向背」④むき。「風向・方向」㊁〈キョウ〉(「嚮(きょう)」と通用)さきに。「向来」[名付]ひさ・むか・むけ [難読]一向(ひたすら)・日向(ひなた)・(ひゅうが)・向日葵(ひまわり)

后 [学]6 [音]**コウ**(漢) ゴ(呉) [訓]きさき ‖ ㊀〈コウ〉①君主。「后王」②きさき。「后妃/皇后(こうごう)・三后・母后・立后・皇太后(こうたいごう)」㊁〈ゴ〉うしろ。のち。「午后(ごご)」[補説]㊁は「後」と通用する。

好 [学]4 [音]**コウ**(カウ)(呉)(漢) [訓]**このむ、すく**、よい、よしみ ‖ ①愛する。このむ。「好悪(こうお)・好色/愛好」②美しい。「好男子」③すぐれている。りっぱな。「好手・好投」④よい。このましい。「好運・好機・好況・好調・好適・好転・好評・好人物・好都合/絶好・良好」⑤よしみ。「好誼(こうぎ)/修好・友好」⑥このみ。趣味。「好尚/嗜好(しこう)・同好」[名付]すみ・たか・よし

×**攷** [音]コウ(カウ)(呉)(漢) [訓]かんがえる ‖ 物事をつきつめて考える。「攷究/論攷」

江 [音]**コウ**(カウ)(漢) ゴウ(ガウ)(慣) [訓]**え**、かわ ‖ ㊀〈コウ〉①かわ。「江湖・江山/大江」②揚子江。「江河・江南」③近江(おうみ)国。「江州(ごうしゅう)」④江戸の漢語風の呼び名。「江都・武江」㊁〈え〉「入江(いりえ)」[名付]きみ・ただ [難読]近江(おうみ)・遠江(とおとうみ)

考 [学]2 [音]**コウ**(カウ)(呉)(漢) [訓]**かんがえる** ‖ ①かんがえる。かんがえ。「考案・考慮/一考・勘考・愚考・再考・思考・熟考・黙考」②調べる。調べる事柄。「考査・考試・考証/参考・選考・備考」③長生き。年寄り。「寿考」④死んだ父。「考妣(こうひ)/先考」[名付]たか・ただ・ちか・とし・なか・なり・なる・のり・やす・よし

行 [学]2 [音]**コウ**(カウ)(漢) **ギョウ**(ギャウ)(呉) **アン**(唐) [訓]**いく、ゆく、おこなう** ‖ ㊀〈コウ〉①ゆく。ゆかせる。「行軍・行進/移行・運行・逆行・血行・徐行・進行・随行・直行・飛行・平行・夜行・連行」②旅。「紀行・壮行・旅行」③おこなう。おこない。「行為・行使・行動/敢行・挙行・凶行・決行・現行・施行・実行・遂行・善行・素行・犯行・非行・品行・励行」④書物を世に出す。「印行・刊行・発行」⑤店。「銀行・洋行」⑥「銀行」の略。「行員」⑦漢詩の一体。「琵琶行(びわこう)」㊁〈ギョウ〉①ゆく。「行幸・行商/遊行(ゆぎょう)」②おこなう。おこない。「行事・行政/興行・知行・奉行(ぶぎょう)・乱行」③仏教の勤め・修練。「行者/苦行・勤行(ごんぎょう)・修行(しゅぎょう)・難行」④人や文字の並び。「行間・行列/改行」⑤世界を成り立たせる要素。「五行・諸行」⑥漢字の書体の一。「行書」㊂〈アン〉ゆく。旅をする。持ち歩く。「行火(あんか)・行脚(あんぎゃ)・行宮(あんぐう)・行灯(あんどん)」[名付]あきら・たか・つら・のり・ひら・みち・もち・やす・ゆき [難読]充行(あてがい)・宛行(あてがい)・行潦(にわたずみ)・流行(はやり)・三行半(みくだりはん)・行縢(むかばき)

人**亨** [音]コウ(カウ)(漢) キョウ(キャウ)(呉) [訓]とおる ‖ 支障なく通じる。「亨通/元亨利貞」[名付]あき・あきら・すすむ・ちか・とし・なお・なが・なり・みち・ゆき

坑 [音]**コウ**(カウ)(漢) [訓]あな ‖ ①地に掘った穴。「坑道・坑夫/金坑・斜坑・炭坑・銅坑・入坑・廃坑」②穴埋めにする。「坑儒」

孝 [学]6 [音]**コウ**(カウ)(漢) キョウ(ケウ)(呉) ‖ ①親によく仕えること。「孝行・孝子・孝心・孝悌(こうてい)・孝養/至孝・忠孝・不孝」②孝行者。「二十四孝」[名付]あつ・あつし・たか・たかし・なり・のり・みち・もと・ゆき・よし

人**宏** [音]コウ(クヮウ)(漢) [訓]ひろい、ひろげる ‖ ①規模や度量が大きい。ひろい。「宏壮・宏大/寛宏」②ひろげる。「恢宏(かいこう)」[名付]あつ・ひろ・ひろし

抗 [音]**コウ**(カウ)(呉)(漢) ‖ 張り合う。手向かう。さからう。「抗議・抗戦・抗争/拮抗(きっこう)・対抗・抵抗・反抗」

攻 [音]**コウ**(漢) [訓]**せめる**、おさめる ‖ ①せめる。「攻撃・攻守・攻勢/侵攻・進攻・先攻・速攻・反攻・猛攻・遠交近攻・難攻不落」②おさめる。深くきわめる。「攻究/専攻」③みがく。「攻玉」[名付]おさむ・よし

更 [音]**コウ**(カウ)(漢) [訓]**さら、ふける、ふかす**、かえる、かわる ‖ ㊀〈コウ〉①新しいものと入れかわる。入れかえる。「更改・更新・更迭/変更」②夜を五つに分けた時刻。「三更・初更」③ふける。「深更」④(「甦(そ)」の代用字)よみがえる。「更生」㊁〈さら〉「更地/今更」[名付]とお・とく・のぶ [難読]更衣(ころもがえ)・更紗(サラサ)

×**肛** [音]コウ(カウ)(漢) ‖ しりの穴。「肛門/脱肛」

効〔效〕 [学]5 [音]**コウ**(カウ)(漢) [訓]**きく** ‖ ①力を発揮した結果。ききめ。「効果・効率・効力/時効・失効・実効・奏効・発効・無効・薬効・有効」②(「倣(こう)」と通用)ならう。まねる。「効顰(こうひん)(=ひそみにならう)」[名付]いたる・かず・かた・すすむ・なり・のり

▽**岡** 【音】コウ(カウ)(呉)(漢) 【訓】**おか**‖小高いところ。おか。「岡陵（こうりょう）」

▽**岬** 【音】コウ(カフ)(漢) 【訓】**みさき**‖みさき。「岬角（こうかく）」

幸 (学)3 【音】**コウ**(カウ)(漢) 【訓】**さいわい、さち、しあわせ**、みゆき‖①運がよい。さいわい。「幸運・幸甚・幸福/多幸・薄幸・不幸」②(「倖」の代用字)思いがけない幸い。「射幸心」③かわいがる。気に入られる。「幸臣/寵幸（ちょうこう）」④天子・天皇の外出。みゆき。「行幸・御幸・巡幸・臨幸」【名付】さい・さき・たか・たつ・とみ・とも・ひで・むら・ゆき・よし 【難読】幸先（さいさき）・御幸（みゆき）

人**庚** 【音】コウ(カウ)(漢) 【訓】かのえ‖①十干の第七。かのえ。「庚申」②年齢。「同庚」【難読】長庚（ゆうつづ）

拘 【音】**コウ**(慣) 【訓】とらえる、かかわる‖①つかまえて自由を奪う。とらえる。「拘禁・拘束・拘置・拘留」②かかわる。こだわる。「拘泥」③まっすぐ伸びない。「拘縮・拘攣（こうれん）」【補説】「抅」は俗字。【難読】不拘（かかわらず）

人**昂** 【音】コウ(カウ)(慣) 【訓】あがる‖①高くなる。上昇する。「昂進・昂騰」②感情がたかぶる。「昂然・昂奮・昂揚/激昂・軒昂」【補説】「昻」は俗字。【名付】あき・あきら・たか・たかし・のぼる

肯 【音】**コウ**(呉)(漢) 【訓】がえんずる、うけがう‖①うなずいて承知する。「肯定/首肯」②骨についた肉。「肯綮（こうけい）」【名付】さき・むね

人**肴** 【音】コウ(カウ)(漢) 【訓】さかな‖煮炊きした魚肉。副食物。「佳肴・酒肴・珍肴」

侯 【音】**コウ**(漢)‖①封建時代の領主。大名。「王侯・君侯・諸侯・土侯・藩侯・列侯」②弓の的。「侯鵠（こうこく）」【名付】きぬ・きみ・とき・よし

厚 (学)5 【音】**コウ**(漢) 【訓】**あつい**‖㊀〈コウ〉①ぶあつい。「厚薄/肥厚」②ゆたか。ゆたかにする。「厚生/重厚・濃厚」③心づかいがねんごろ。てあつい。「厚意・厚遇・厚情/温厚・深厚・仁厚・敦厚（とんこう）」④あつかましい。「厚顔」㊁〈あつ〉「厚紙・厚着・厚化粧/肉厚」【名付】あつ・あつし・ひろ・ひろし 【難読】厚朴（ほお）

×**哄** 【音】コウ(漢)‖大声でどっと笑う。「哄笑・哄然」

×**垢** 【音】コウ(漢) ク(呉) 【訓】あか‖㊀〈コウ〉あか。よごれ。「垢衣・垢面/歯垢・塵垢（じんこう）」㊁〈ク〉㊀に同じ。「無垢（むく）」㊂〈あか〉「手垢・耳垢」【難読】垢離（こり）・頭垢（ふけ）

人**巷** 【音】コウ(カウ)(漢) 【訓】ちまた‖町や村の小道。町中。「巷間・巷説/陋巷（ろうこう）」【補説】人名用漢字表(戸籍法)の字体は「巷」。

恒〔恆〕 【音】**コウ**(漢) ゴウ(呉) 【訓】つね‖㊀〈コウ〉いつも変わらない。つね。「恒久・恒常・恒例」㊁〈ゴウ〉ガンジス川。「恒河（ごうが）・恒沙（ごうじゃ）」【名付】ちか・のぶ・ひさ・ひさし・ひとし

人**恰** 【音】コウ(カフ)(漢) 【訓】あたかも‖ちょうど。あたかも。「恰好（かっこう）」【補説】「恰好（かっこう）」「恰幅（かっぷく）」の「恰」の末尾促音は、「コウ(カフ)」の入声（にっしょう）pの変化したもの。

洪 【音】**コウ**(漢)‖①おおみず。「洪水・洪積層」②広く大きい。「洪恩・洪業・洪大・洪図」③ハンガリー。「日洪」【難読】洪牙利（ハンガリー）

人**洸** 【音】コウ(クヮウ)(呉)(漢)‖水がわいて四方に広がるさま。「洸洋」【名付】たけし・ひろ・ひろし・ふかし

×**狡** 【音】コウ(カウ)(漢) 【訓】ずるい、こすい‖悪賢い。ずるい。「狡獪（こうかい）・狡猾（こうかつ）・狡兎（こうと）」

皇 (学)6 【音】**コウ**(クヮウ)(漢) **オウ**(ワウ)(呉) 【訓】きみ、すめらぎ、すべらぎ‖㊀〈コウ〉①天の偉大な神。造物主。「皇天」②天子。王。君主。「皇帝/教皇」③天皇。「皇居・皇后・皇室・皇族・皇太子/上皇」④日本のこと。「皇紀・皇国」⑤(「惶（こう）」と通用)あわただしい。「倉皇」㊁〈オウ〉天皇。「皇子/天皇（てんのう）・人皇（にんのう）・法皇」【難読】皇孫（すめみま）・天皇（すめらみこと）・皇子（みこ）・皇女（みこ）

紅 (学)6 【音】**コウ**(漢) **ク**(慣) グ(呉) 【訓】**べに、くれない**、あか‖㊀〈コウ〉①鮮やかな赤色。くれない。「紅顔・紅茶・紅潮・紅白・紅葉/暗紅・鮮紅・淡紅」②べに。「紅粉」③女性。女性の。「紅涙・紅一点」④(「工」と通用)仕事。特に、女の仕事。「女紅」㊁〈ク〉くれない。「真紅」㊂〈くれない〉「薄紅・唐紅」㊃〈べに〉「口紅・頰紅（ほおべに）」【名付】いろ・くれ・もみ 【難読】紅蓮（ぐれん）・百日紅（さるすべり）・紅型（びんがた）・紅絹（もみ）・紅裏（もみうら）

×**苟** 【音】コウ(漢) 【訓】いやしくも、まことに‖かりそめに。一時的。「苟安（こうあん）・苟且（こうしょ）」【難読】苟且（かりそめ）

荒 【音】**コウ**(クヮウ)(呉)(漢) 【訓】**あらい、あれる、あらす**、すさむ‖㊀〈コウ〉①土地があれはてる。「荒地・荒廃・荒野・荒涼」②作物が実らないこと。不作。ききん。「荒年/救荒・凶荒・備荒」③あらっぽい。あらあらしい。「荒天」④すさむ。「荒淫（こういん）」⑤でたらめ。「荒誕・荒唐」⑥国のはて。「八荒」㊁〈あら〉「荒海・荒波/手荒」【名付】あら・ら 【難読】荒布（あらめ）・荒磯（ありそ）

▽**虹** 【音】コウ(漢) 【訓】**にじ**‖①にじ。「虹霓（こうげい）/白虹」②にじのような。「虹彩」

郊 【音】**コウ**(カウ)(漢)‖①都市の周辺の地域。「郊外/遠郊・近郊・西郊」②天地の祭り。「郊祀（こうし）」【名付】おか・さと・ひろ

香 【音】**コウ**(カウ)(呉) **キョウ**(キャウ)(漢) 【訓】**か、かおり、かおる**、かんばしい、かぐわしい‖㊀〈コウ〉①よいにおいがする。かおり。「香気・香水・香草・香味/薫香・芳香・余香」②よいにおいのするたきもの。「香華（こうげ）・香炉/焼香・線香・聞香・抹香」㊁〈キョウ〉将棋の駒の一。「香車」㊂〈か(が)〉「色香・木香（きが）」【名付】たか・よし 【難読】香魚（あゆ）・茴香（ういきょう）・香港（ホンコン）・黄瑞香（みつまた）・香具師（やし）・吾木香（われもこう）

候 (学)4 【音】**コウ**(漢) 【訓】**そうろう**、さぶらう‖㊀〈コウ〉①ようすをうかがう。「伺候・斥候」②待つ。「候補」③物事の表面に現れるようす。きざし。「症候・兆候・徴候」④気象の状況。「気候・測候・天候」⑤時節。季節。「候鳥/時候」㊁〈そうろう〉「候文/居候」【名付】そろ・とき・みよ・よし

人**倖** 【音】コウ(カウ)(漢) 【訓】さいわい‖思いがけない幸い。こぼれざいわい。「僥倖（ぎょうこう）・射倖心」【補説】「幸」を代用字とすることがある。

人**晃** 【音】コウ(クヮウ)(漢)‖明らか。光る。照り輝く。「晃晃」【補説】「晄」は異体字。人名用漢字。【名付】あき・あきら・きら・てる・ひかる・みつ

校 (学)1 【音】**コウ**(カウ)(漢) キョウ(ケウ)(呉)‖㊀〈コウ〉①知識を教え、学ぶ所。まなびや。「校舎・校長・校庭/学校・休校・下校・転校・登校・分校・母校・放校」②二つを見比べて正す。「校閲・校正/勘校・対校」③指揮官。「将校」㊁〈キョウ〉引き合わせて正す。「校合（きょうごう）/検校（けんぎょう）」【名付】とし・なり 【難読】校倉（あぜくら）

▽**桁** 【音】コウ(カウ)(漢) 【訓】**けた**‖㊀〈けた〉①柱や橋脚などの上にかけわたす横木。「軒桁・橋桁・帆桁」②そろばんの玉をつらぬく棒。転じて、数の位。くらいどり。㊁〈コウ〉衣装掛け。「衣桁」

人**浩** 【音】コウ(カウ)(漢) 【訓】ひろい、おおきい‖①広々としている。「浩瀚（こうかん）・浩浩・浩然・浩蕩（こうとう）」②大きい。大いに。「浩歌・浩笑・浩嘆」【名付】いさむ・おおい・きよし・はる・ひろ・ひろし・ゆたか

人**紘** 【音】コウ(クヮウ)(漢)‖宇宙を支える綱。大地のはて。「八紘一宇」【補説】原義は、冠の結びひも。【名付】ひろ・ひろし

耕 (学)5 【音】**コウ**(カウ)(漢) 【訓】**たがやす**‖①たがやす。「耕耘（こううん）・耕作・耕地/休耕・深耕・農耕」②働いて生活の資を得る。「舌耕・筆耕」【名付】おさむ・つとむ・やす

航 (学)4 【音】**コウ**(カウ)(漢)‖①船で水上をわたる。「航海/曳航（えいこう）・寄航・欠航・就航・出航・渡航・難航・密航」②飛行機で空を行く。「航空」【名付】わたる

貢 【音】**コウ**(漢) **ク**(呉) 【訓】**みつぐ**‖㊀〈コウ〉①政府に物を献じる。みつぎもの。「朝貢・入貢・来貢」②力をささげる。「貢献」③人材を推薦する。「貢挙」㊁〈ク〉みつぎもの。「年貢（ねんぐ）」【名付】すすむ・つぐ・みつぎ

降 (学)6 【音】**コウ**(カウ)(漢) ゴウ(ガウ)(呉) 【訓】**おりる、おろす、ふる**、くだす、くだる‖㊀〈コウ〉①高い所からおりる。くだる。「降下・降壇/下降・滑降・昇降・乗降・沈降」②空からふる。「降雨・降雪」③位などをさげる。「降格・降給」④負けて従う。「降参・降伏/投降」⑤その時からあと。「以降」㊁〈ゴウ〉仏教で、悪魔を負かして従える。「降伏（ごうぶく）・降魔」【難読】天降（あも）る

高 (学)2 【音】**コウ**(カウ)(呉)(漢) 【訓】**たかい、たか、たかまる、たかめる**‖㊀〈コウ〉①位置がたかい。たかさ。「高層・高低/座高・標高」②等級・程度・価値などがたかい。「高圧・高価・高級・高速・高度・高等」③年かさが大きい。時を経ている。「高祖・高年・高齢」④けだかい。すぐれている。「高潔・高尚・高邁（こうまい）/孤高・崇高」⑤えらそうにする。「高慢・高姿勢」⑥(「昂（こう）」の代用字)高く上がる。感情がたかぶる。「高進・高騰・高揚」⑦相手への敬意を表す語。「高見・高評・高覧」⑧「高等」「高等学校」の略。「高校・高裁/一高・特高」㊁〈たか(だか)〉「高台・高値/権高・声高（こわだか）・石高（こくだか）・残高・割高」【名付】あきら・うえ・かぎり・すけ・たけ・ほど 【難読】高加索（コーカサス）・高粱（コーリャン）・高麗（こま）・高嶺（たかね）

×**崗** 【音】コウ(カウ)(呉)(漢) 【訓】おか‖おか。「花崗岩（かこうがん）」

康 (学)4 【音】**コウ**(カウ)(呉)(漢) 【訓】やすい、やすらか‖①体がじょうぶ。すこやか。「健康」②やすらか。無事。「安康・小康」③大通り。「康衢（こうく）」【名付】しず・しずか・みち・やす・やすし・よし

控 【音】**コウ**(漢) 【訓】**ひかえる**‖①引きとめる。おさえる。「控制」②差し引く。「控除」③告げ訴える。「控訴」

×**寇** 【音】コウ(漢) 【訓】あた、あだ、あだする‖①外から侵入して害を加える賊。「外寇・元寇・倭寇（わこう）」②外から攻めこむ。あだする。「侵寇・入寇・来寇」

梗 【音】**コウ**(カウ)(漢) キョウ(キャウ)(呉)‖①しんの堅い枝。「花梗」②つかえてふさがる。「梗塞（こうそく）」③骨組み。「梗概」【難読】桔梗（ききょう）

人**皐** 【音】コウ(カウ)(呉)(漢)‖①さわ。岸辺。「九皐」②陰暦の五月。さつき。「皐月（こうげつ）」【名付】すすむ・たか 【補説】「皋」は異体字。【難読】皐月（さつき）

黄〔黃〕 (学)2 【音】**コウ**(クヮウ)(漢) **オウ**(ワウ)(呉) 【訓】**き、こ**‖㊀〈コウ〉①き。きいろ。「黄塵（こうじん）・黄道・黄白/玄黄」②黄色になる。きばむ。「黄落」㊁〈オウ〉き。きいろ。「黄金（おうごん）・黄疸（おうだん）・黄土・黄変米・黄緑色/硫黄（いおう）・卵黄」㊂〈き(ぎ)〉「黄身・黄緑/浅黄」㊃〈こ〉「黄金」【名付】かつみ 【難読】黄檗宗（おうばくしゅう）・黄粉（きなこ）・黄蘗（きはだ）・黄昏（たそがれ）・黄楊（つげ）・黄櫨（はじ）・黄櫨（はぜのき）・黄瑞香（みつまた）・黄泉（よみ）

喉 【音】**コウ**(漢) 【訓】**のど**‖のど。のどぶえ。「喉舌・喉頭/咽喉（いんこう）」

慌 【音】**コウ**(クヮウ)(呉)(漢) 【訓】**あわてる、あわただしい**‖①あわてる。あわただしい。「慌忙」②ぼんやりする。「慌惚（こうこつ）」③おそれる。「恐慌」

×**惶** 【音】コウ(クヮウ)(漢) 【訓】おそれる‖①おそれる。「惶懼（こうく）・惶惑/恐惶」②あわただしい。「蒼惶（そうこう）」

漢字項目　こう－3

港 学3　音**コウ**(カウ)呉漢　訓**みなと** ‖ ㊀〈コウ〉①みなと。「港湾/開港・寄港・漁港・出港・良港」②飛行場。「空港」㊁〈みなと〉「港町」[難読]桑港(サンフランシスコ)・香港(ホンコン)

人**皓** 音コウ(カウ)漢　訓しろい ‖ 白く汚れなく輝いている。白い。「皓月・皓皓・皓歯」[名付]あき・あきら・つぐ・てる・ひかる・ひろ・ひろし

硬 音**コウ**(カウ)慣　訓**かたい** ‖ ①石のようにかたい。「硬貨・硬球・硬質・硬度」②こわばっている。かたくな。「硬直・硬派/強硬・生硬」[名付]かた

絞 音**コウ**(カウ)漢　訓**しぼる、しめる、しまる** ‖ ひもでしめつける。首をしめる。「絞罪・絞殺・絞首」

人**腔** 音コウ(カウ)呉漢　クウ慣 ‖ 体内で空になっている所。「胸腔・口腔・体腔・鼻腔・腹腔・満腔」[補説]医学では「口腔」「鼻腔」の場合に「クウ」と読む。

項 音**コウ**(カウ)漢　訓うなじ、うな ‖ ①首筋。うなじ。「項背」②小分けした一つ一つ。事柄。「項目/事項・条項・前項・別項・要項」③数式を組み立てる要素。「移項・多項式」[名付]うじ [難読]項垂(うな)れる

溝 音**コウ**漢　訓**みぞ**、どぶ ‖ ①掘った水路。「溝渠(こうきょ)/側溝・排水溝」②細長いくぼみ。「海溝・索溝」

人**滉** 音コウ(クヮウ)漢　訓ひろい ‖ 水が広く深いさま。「滉瀁(こうよう)」[名付]ひろ・ひろし

鉱〔鑛〕 学5　音**コウ**(クヮウ)呉漢　訓あらがね ‖ ①精錬してない金属。有用物質を含む岩石。「鉱業・鉱山・鉱石・鉱物・鉱脈/原鉱・採鉱・探鉱・鉄鉱」②鉱山。「鉱夫/炭鉱・廃鉱」[補説]「礦」は通用字。[名付]かね

×**敲** 音コウ(カウ)漢　訓たたく ‖ 指先やこぶしで軽くたたく。ノックする。「推敲」

構 学5　音**コウ**漢　訓**かまえる、かまう** ‖ ①組み立てる。かまえる。「構成・構想・構造・構築/仮構・虚構」②組み立て。「機構・結構」③かこい。「構外・構内/遺構」

綱 音**コウ**(カウ)呉漢　訓**つな** ‖ ㊀〈コウ〉①太いつな。「綱維」②物事を統括する大筋。「綱紀・綱領/政綱・大綱・要綱」③生物学で、大きな区分け。「哺乳綱」㊁〈つな(づな)〉「命綱・手綱(たづな)・横綱」

人**膏** 音コウ(カウ)呉漢　訓あぶら ‖ ①動物のあぶら。「膏血・膏油」②うまい食物。「膏粱(こうりょう)」③心臓の下の部分。「膏肓(こうこう)」④半練り状の薬。「膏薬/軟膏・絆創膏(ばんそうこう)」⑤うるおす。めぐむ。「膏雨・膏沢(こうたく)」⑥地味が肥える。「膏沃(こうよく)」

酵 音**コウ**(カウ)漢 ‖ 酒をかもす。また、酒のもと。「酵素・酵母/発酵」

人**閤** 音コウ(カフ)漢　訓くぐりど ‖ ①婦人の寝室。「閨閤(けいこう)」②宮殿。御殿。「閤下/太閤」

稿 音**コウ**(カウ)呉漢　訓わら ‖ 文章の下書き。「稿料/遺稿・起稿・寄稿・玉稿・原稿・拙稿・草稿・脱稿・投稿」[補説]「稾」は異体字。

×**膠** 音コウ(カウ)漢　訓にかわ ‖ ①にかわ。ゼラチン。「膠化・膠質・膠原病」②ねばりつく。「膠着」

興 学5　音**コウ**呉　**キョウ**漢　訓**おこる、おこす** ‖ ㊀〈コウ〉①勢いが盛んになる。おこる。おこす。「興起・興行・興業・興亡・興隆/再興・振興・新興・復興・勃興(ぼっこう)」②(「昂」または「亢」の代用字)感情がたかぶる。「興奮」㊁〈キョウ〉起こりたつ感情。おもしろみ。「興趣・興味/一興・感興・座興・即興・不興・遊興・余興」[名付]おき・き・さかん・さき・とも・ふか・ふさ

衡 音**コウ**(カウ)漢　訓はかり、はかる ‖ ①はかり。はかりのさお。「権衡・度量衡」②目方をはかる。また、適否をはかる。「衡量/銓衡(せんこう)」③平らにつりあいがとれる。「均衡・平衡」④横。「連衡」[名付]ちか・ひで・ひとし・ひら・ひろ・まもる

鋼 学6　音**コウ**(カウ)呉漢　訓**はがね** ‖ 硬く鍛えた鉄。はがね。「鋼材・鋼鉄/精鋼・鋳鋼・鉄鋼・軟鋼」[名付]かた

×**糠** 音コウ(カウ)呉漢　訓ぬか ‖ 米のぬか。「糠粃(こうひ)/糟糠(そうこう)」

×**薨** 音コウ呉漢 ‖ 人が死ぬ。特に、諸侯・皇族などの死。「薨去・薨御」

講 学5　音**コウ**(カウ)漢　**コウ**呉 ‖ ㊀(歴史的仮名遣いはカウ)①説き明かす。「講演・講義・講釈・講読・講評/進講・輪講」②講義。「休講・受講」③習う。学ぶ。「講習・講武」④(「媾(こう)」と通用)和解する。「講和」㊁(歴史的仮名遣いはコウ)①仏経を講じる法会。「講会(こうえ)」②宗教の信者の集まり。「伊勢講」③金融を目的とした団体。「無尽講」[名付]つぐ・のり・みち

購 音**コウ**漢　訓あがなう ‖ 買い求める。あがなう。「購読・購入・購買」

人**鴻** 音コウ漢　訓ひしくい、おおとり ‖ ①鳥の名。オオハクチョウ。「鴻鵠(こうこく)・鴻毛」②鳥の名。ヒシクイ。ガンの一種。「鴻雁(こうがん)」③大きい。「鴻恩・鴻基・鴻業・鴻儒」[名付]とき・ひろ・ひろし

×**曠** 音コウ(クヮウ)呉漢 ‖ ①広々として何もない。「曠野」②むなしい。むなしくする。「曠日・曠世」③心がひろい。「曠達」

「―を掘って敵襲に備える」❷城の周囲にめぐらした堀。➔漢「ごう(壕・濠)」
[類語]穴ぼこ・窪み・ホール・穴

こうあ【向阿】カウア [1265～1345]鎌倉末期・南北朝時代の浄土宗の僧。甲斐の人。号は是心。諱(いみな)は証賢。鎮西義一条流の祖礼阿(らいあ)に師事。著「三部仮名鈔」。

こう-あい【黄×埃】クワウ― 黄色い土ぼこり。黄塵(こうじん)。

こうあ-いん【興亜院】―ヰン《「興亜」はアジア諸国の勢いを盛んにすること》第一次近衛内閣の対中国政策の一環として昭和13年(1938)に発足した内閣直属機関。同17年、大東亜省設置により廃止。

ごう-あく【強悪】ガウ―〔名・形動〕性質や行いが非常に悪いこと。また、そのさま。「―な人物」「―非道」

こう-あつ【光圧】クワウ― 光や電磁波などが、それを吸収したり反射したりする物体に与える圧力。

こう-あつ【降圧】カウ― 血圧を下げること。

こう-あつ【高圧】カウ― ❶高い圧力。強い圧力。「―の酸素」⇔低圧。❷高い電圧。電気設備基準では、送電電圧の規格の一つとして、直流で750ボルトを超え7000ボルト以下、交流で600ボルトを超え7000ボルト以下の電圧。⇔低圧。❸権力で押さえつけること。「―手段」

こうあつ-かんちょう【高圧×浣腸】カウアツクワンチヤウ 浣腸液を、約1メートルの高さの水圧で肛門から直腸内に送り込む浣腸の方法。

こうあつ-ざい【降圧剤】カウアツ― 血圧を下げる薬。降圧薬。血圧降下剤。抗高血圧剤。

こうあつさんそ-りょうほう【高圧酸素療法】カウアツサンソレウハフ 高圧酸素タンクの中に患者を入れ、血液中に溶け込む酸素の量を増やす治療方法。一酸化炭素中毒・潜函病(せんかんびょう)・火傷(やけど)・心筋梗塞(しんきんこうそく)・脳卒中などの治療に用いる。

こうあつ-せん【高圧線】カウアツ― 高圧の電流を送る電線。高圧送電線・高圧配電線など。

こうあつ-たい【高圧帯】カウアツ― 帯状にひろがる、周囲より気圧の高い地域。ふつう、亜熱帯高圧帯として現れる。

こうあつ-てき【高圧的】カウアツ―〔形動〕権力に物を言わせて人を押さえつけようとするさま。高飛車。「―な態度」「―に出る」[類語]頭ごなし・高飛車・居丈高

こうあみ【幸阿弥】カウアミ [1410～1478]室町後期の蒔絵師(まきえし)。本名、土岐四郎左衛門道長。足利義政に仕え、入道して幸阿弥と称す。大和絵風の文様を駆使した細密な蒔絵を作った。[補説]子孫は代々幸阿弥を名乗り、江戸時代末まで将軍家の御用蒔絵師を務めた。

こうあみ-は【幸×阿▽弥派】カウアミ― 室町時代以来の御用蒔絵(まきえ)師の流派。初代土岐四郎左衛門道長は足利義政の近習となり、入道して幸阿弥を名のる。以後、子孫はそれを家名とし、19代まで続いた。

こう-あわせ【香合(わ)せ】カウあはせ ❶種々の香をたいてその香の名をかぎ当てたり、匂いの優劣を競ったりする遊戯。❷「薫物(たきもの)合わせ」に同じ。

こう-あん【公安】社会が安らかで秩序が保たれていること。公共の安寧。[類語]保安・治安

こう-あん【公案】❶官庁の文書。公文書。❷禅宗で、参禅者に考える対象や手がかりにさせるために示す、祖師の言葉・行動。❸工夫。「花はありて年寄りと見ゆるる―、詳しく習ふべし」〈花伝・二〉

こうあん【弘安】鎌倉中期、後宇多天皇・伏見天皇の時の年号。1278年2月29日～1288年4月28日。

こう-あん【考案】カウ―〔名〕スル 工夫して考え出すこと。「新しいデザインを―する」
[類語]案出・創案・発案・工夫・発明

こう-あん【×苟安】〔名〕スル 一時的な安楽をむさぼること。偸安(とうあん)。「僅(わずか)に長藩に諭して兵を退かしめ以て一時を―せり」〈田口・日本開化小史〉

こう-あん【香案】カウ― 香炉をのせる机。

こうあん【康安】カウアン 南北朝時代、北朝の後光厳天皇の時の年号。1361年3月29日～1362年9月23日。

こうあん-いいんかい【公安委員会】―ヰヰンクワイ ❶警察の運営を管理する合議制の行政機関。昭和22年(1947)警察の民主化と政治的中立を図る目的で設置され、同29年に現行警察法に引き継がれた。国家公安委員会と都道府県公安委員会とがある。❷フランス革命中の1793年4月、国民公会が設置した行政委員会。ロベスピエールが委員となってからは事実上の政府として恐怖政治を強行した。95年廃止。

こうあん-けいさつ【公安警察】警察組織のうち、公共の安全の維持を目的とする組織。警視庁公安部や各道府県警察の警備部公安課・外事課など。日本共産党・その他の左翼団体・右翼団体・宗教団体・外国の情報機関などを捜査対象とする。[補説]公安調査庁とは別組織。また、国家公安委員会・都道府県公安委員会は、公安警察を含む警察全体を統括する組織。

こう-あんこく【孔安国】中国、前漢の学者。曲阜(きょくふ)(山東省)の人。字(あざな)は子国。孔子12世の孫。武帝のとき、孔子旧宅の壁の中から出た「尚書」などを当時流行していたテキスト(今文)と対校し、古文尚書学を開いたといわれる。生没年未詳。

こうあん-じょうれい【公安条例】―デウレイ 地方公共団体が公共の秩序と安寧を保つために制定している条例。集会・集団行進・集団示威運動の取り締まりを目的とする。

こうあんしんさ-いいんかい【公安審査委員会】―ヰヰンクワイ 法務省の外局の一。公安調査庁長官からの請求を受けて、暴力主義的破壊活動を行った団体の規制に関する審査及び決定を行う。昭和27年(1952)、破壊活動防止法の施行に伴って設置。

こうあんちょうさ-ちょう【公安調査庁】コウアンテウサチヤウ 法務省の外局の一。暴力主義的破壊活動を行った団体の規制に関する調査および処分の請求などの行政事務を行う。昭和27年(1952)破壊活動防止法の施行に伴って設置。

こうあん-てんのう【孝安天皇】カウアンテンワウ 記紀で、第6代の天皇。孝昭天皇の第2皇子。名は日本足彦国押人(やまとたらしひこくにおしひと)。

こうあん-の-えき【弘安の役】弘安4年(1281)、蒙古軍が文永の役に続き再度博多に来襲した戦役。14万の大軍で迫ったが、日本軍の応戦と暴風のために壊滅。➔文永の役

こうあん-ほう【構案法】―ハフ ▶プロジェクト-メソッド

こうあん-れい【興安嶺】中国、東北地方の山脈。黒竜江上流から南西にのびる大興安嶺と、南東にのびる小興安嶺とに分かれる。シンアンリン。

こう-い【好意】カウ ❶その人にいだく親しみや好ましく思う気持ち。愛情の婉曲的な表現としても用いられる。「誰もが—をもつ人柄」「ひそかに—を寄せる」❷その人のためになりたいと思う気持ち。親切な気持ち。「—を無にする」「ご—に甘えてお借りします」

【類語】善意・厚意・老婆心・好感・親切

こう-い【行為】カウヰ ❶ある意思をもってするおこない。「親切な—」「慈善—」❷哲学で、目的観念を伴う動機があり、思慮・選択によって意識的に行われる行動。❸権利の得失・移転など法律上の効果を生じさせる原因となる意思活動。

【用法】行為・行動——「君の行為(行動)は許せない」「軽率な行為(行動)は慎むこと」のように、単に「おこない」の意では相通じて用いられる。◆「行為」は個を動作の主体とする事柄に用いることが多く、「親切な行為」「職務上の行為」「会社の行為」などという。この場合、「行動」に置き換えることはできない。◆また、「行為」を「慈善行為」「寄付行為」のように一般的・抽象的な意味でも使うのに対して、「行動」は身体を動かしての具体的動作を表し、「行動を起こす」「不審な行動をする人物」などのように用いる。◆類義語に「おこない」があり、「日ごろの行い」「よくない行い」のように評価の対象とする意味を込めて用いられる。

【類語】行い・行動・沙汰・振る舞い・挙動・活動・動き・所行・言動・言行・行状・行跡

こう-い【攻囲】〔名〕スル 敵の城や陣地などを取り巻いて攻めること。「—を解く」「敵陣を—する」

こう-い【更衣】カウ ❶衣服を着替えること。ころもがえ。「—室」❷平安時代、女御に次ぐ後宮の女官。天皇の衣替えをつかさどる役であったが、のち、寝所に奉仕するようになった。「女御—あまたさぶらひ給ひける中に」〈源・桐壺〉【類語】着替え・着替える・衣替え

こう-い【更位】カウヰ「重祚」に同じ。

こう-い【厚意】思いやりのある心。他人が自分に示してくれた気持ちについていう。厚情。「—にすがる」「—に感謝する」【類語】好意・善意・老婆心・好感・親切・厚志・厚情・懇切・懇篤・親身

こう-い【×垢衣】あかのついた衣服。

こう-い【皇位】クワウヰ 天皇の位。帝位。【類語】王位・帝位

こう-い【皇威】クワウヰ 天皇の威光。みいつ。

こう-い【校医】カウ「学校医」の略。

こう-い【校尉】カウヰ ❶律令制の軍団の将校。兵士200人を指揮した。❷中国の官名。漢代には宮城の防衛や西域鎮撫などに当たった武官。のち、武将の栄誉名となり、さらに将軍に次ぐ位の名となった。

こう-い【校異】カウ 古典などで、同一の作品に複数の異なった本文がある場合、文章の語句や文字の異同を比べ合わせること。また、その作業の結果。

こう-い【高位】カウヰ ❶高い地位。また、その人。「—高官」❷高い位置。【類語】上手・上手・上部・上方・高み・上位・優位・優越・上席

こう-い【黄緯】クワウヰ 黄道座標における緯度。黄道を零度として南北に90度まで測る。

こう-い【綱位】カウヰ 僧綱の位。古くは僧正・僧都・律師。のちに法印・法眼・法橋が加えられた。

こう-い【綱維】カウヰ ❶大づなでつなぐこと。また、大づな。転じて、物事のおおすじ。大綱。❷国家の法。❸寺で僧を監督し、事務をとりしきる僧の総称。三綱などをいう。

ごう-い【号衣】ガウ 武家で、使用人の仕着せとした家紋入りの丈の短い衣服。看板。

ごう-い【合囲】ガフヰ〔名〕スル 周りを取り囲むこと。包囲。「未だセーベ城を—するに至らざりし」〈竜渓・経国美談〉

ごう-い【合意】ガフ〔名〕スル 互いの意思が一致すること。法律上は、当事者の意思表示が合致すること。「—に達する」「離婚に—する」

【類語】コンセンサス・意気投合

こう-いう【×斯ういう】かう〔連体〕このような。こんな。こうした。「とかく人生とは—ものだ」

【類語】こんな・このよう・かかる・かよう・こう・かく

こう-いか【甲烏=賊】カフ ❶コウイカ科のイカ。長さ約15センチ。体内に、舟形で後端が針状にとがった甲とよぶ貝殻をもつ。日本近海に産し、食用。はりいか。まいか。すみいか。《季 春》❷石灰質の甲をもつイカ。モンゴウイカなども含めていう。

こうい-かぶ【高位株】カウヰ ▶値嵩株

こう-いき【広域】クワウヰキ 広い区域。広い範囲。「—捜査」

こういき-ぎょうせい【広域行政】クワウヰキギャウセイ 従来の都道府県や市町村の行政区域を越えて、より広い区域を単位とする地方行政。社会活動や経済活動の拡大に対応しようとするもの。

こういき-けいざい【広域経済】クワウヰキ 近接した国々などが結合してつくる経済。➡ブロック経済

こういき-しょうがいしゃしょくぎょうセンター【広域障害者職業センター】クワウヰキシャウガイシャショクゲフ 高齢・障害・求職者雇用支援機構が設置・運営する障害者職業センターの一。隣接する医療リハビリテーション施設や併設の障害者職業能力開発校と連携し、特別な支援を必要とする障害者を重点的に受け入れて、一貫した職業リハビリテーションを行う。【補説】国立職業リハビリテーションセンター(埼玉県所沢市)と国立吉備高原職業リハビリテーションセンター(岡山県加賀郡吉備中央町)に設置されている。

こういきつうか-フィルター【高域通過フィルター】カウヰキツウクワ ▶ハイパスフィルター

こういき-つうしんもう【広域通信網】クワウヰキツウシンマウ ▶ワン(WAN)

こうい-きはん【行為規範】カウヰ ❶人が社会生活において行うべき、または守るべきものとされる規範。裁判規範に対して用いられる語。❷昭和60年(1985)の国会法改正に伴い、衆議院・参議院でそれぞれ議決された倫理規則。政治倫理綱領に基づいて、国会議員のあり方を具体的に示したもので、5条からなる。行為規範に違反した場合、政治倫理審査会で政治的道義的責任の有無が審査され、勧告が行われる。

こういき-へんせいさよう【広域変成作用】クワウヰキ 造山運動に伴い、地下深所にもたらされた岩石が、高温・高圧のもとで再結晶し、片状構造をもつ変成岩に変わること。熱動力変成作用。

こういき-れんごう【広域連合】クワウヰキレンガフ 複数の都道府県、市町村、特別区が共同して構成する特別地方自治体。広範囲に及ぶ観光事業、産業振興、介護保険や、ごみ処理、消防などの業務を連合単位で運営・担当する。独自の長と議会を持ち、国または都道府県からの権限委譲の受け皿にもなる。長ならびに議員は直接または間接の選挙で選ばれる。平成7年(1995)に始まる。【補説】平成20年(2008)4月実施の後期高齢者医療制度は都道府県単位の広域連合が保険者となって運営される。

こうい-けいしょう【皇位継承】クワウヰ 皇位を承け継ぐこと。

こういけいしょう-じゅんい【皇位継承順位】クワウヰケイショウジュンヰ 天皇の位を継承する順位。皇室典範は「皇位は、皇統に属する男系の男子が、これを継承する」と定め、継承順位は、皇長子、皇長孫、その他の皇長子の子孫、皇次子およびその子孫、その他の皇子孫と続く。

こういけいずいそんしょう【高位×頸髄損傷】カウヰケイズイソンシャウ ▶高位脊髄損傷

こうい-しつ【更衣室】カウ 衣服を着替えるための部屋。

こうい-しょう【後遺症】シャウ ❶病気やけがが治ったあとなお残っている機能障害などの症状。脳卒中のあとの半身不随など。❷あとあとまで残る、事件や出来事の影響。「大地震の—」

こうい-ぜい【行為税】カウヰ 法律的または経済的行為に対して課せられる租税。登録免許税・印紙税など。➡人税 ➡物税

こうい-せきずいそんしょう【高位脊髄損傷】カウヰセキズイソンシャウ 頸髄・胸椎など脊髄の上方に損傷を受けた病態。損傷部位が頭部に近いほど障害が重くなる。第3頸椎より高位に損傷がある場合、横隔膜が麻痺し、自発呼吸ができず、人工呼吸器が必要となる。損傷が頸椎にある場合を頸髄損傷、胸椎にある場合を胸髄損傷ともいう。

こう-いた【甲板】カフ ❶机・棚などの上面の板。❷神社建築などで、鰹木を支えるために、棟に沿って渡してある長い厚板。

ごう-いた【▽格板】ガウ 格天井の格縁の間に張った板。

ごうい-ちきょう【合囲地境】ガフヰチキャウ 戒厳令による戒厳地境の一。敵の合囲や攻撃などがあった場合、戒厳する地域。

こういち-ほう【行為地法】カウヰチハフ 問題となる行為のなされる場所の法律。国際私法上、契約・婚姻の方式などの準拠法として認められる。

こう-いつ【後逸】〔名〕スル 野球などで、ボールを捕りそこなって後ろにそらすこと。「二塁手が—する」

こう-いつ【高逸】カウ〔名・形動〕高尚ですぐれていること。また、そのさま。

ごう-いつ【合一】ガフ〔名〕スル 二つ以上のものが合わさって一つになること。また、合わせて一つにすること。「知行—」「主もなく客もない、知識と其対象とが全く—して居る」〈西田・善の研究〉

【類語】合体・合同・合併・連合・同盟・連盟・併合・合流

こう-いっつい【好一対】カウ 二つの物や人がよく調和して似合っていること。「—の夫婦」

【類語】アベック・番い・カップル・コンビ・組み・夫婦

こう-いってん【紅一点】《王安石「詠柘榴」の「万緑叢中紅一点」から。一面の緑の中に一輪の紅色の花が咲いている意》❶多くのものの中で、ただ一つ異彩を放つもの。「殊に目に立つ—は金釦鈕の制服」〈魯庵・社会百面相〉❷多くの男性の中にただ一人いる女性。【類語】一人・独りぼっち・孤独・身ひとつ

こうい-てがた【好意手形】カウ 自己の信用を他人に利用させるため、振り出し・引き受け・裏書きなどをした融通手形。

こうい-てき【好意的】カウ〔形動〕相手の立場を尊重し、その人の益になるように考えるさま。「—な態度」「—に解釈する」

こうい-ど【高緯度】カウヰ 緯度が高いこと。南極や北極に近いこと。また、その地方。

こうい-どうじょう【好意同乗】カウ 運転者が好意・親切心で、また無償で他人を自動車に同乗させること。無償同乗。

こうい-のうりょく【行為能力】カウヰ 民法上、法律行為を単独ですることのできる能力。➡制限行為能力者

こうい-ばら【更衣腹】カウ 更衣から生まれた皇子や皇女。「—といはれ給ひしけぢめにこそはおはすめれ」〈源・薄雲〉

こうい-ほう【行為法】カウヰハフ 人の行為自体について定める法。特に商法(商行為法および海商法の一部)で取引自体に関するもの。運送契約・保険契約・商事売買に関する法など。➡組織法

こう-いろ【香色】カウ 香染めの色。黄色みを帯びた薄赤色。

こう-いん【工員】コウ 工場の現場で働く労働者。

【類語】職工・男工・女工

こう-いん【公印】公務で使用する印章。特に、官公署の印。➡私印

【類語】実印・認め印・私印・官印・国璽・印璽

こういん【広韻】クワウヰン 中国の韻書。「大宋重修広韻」のこと。北宋の陳彭年、丘雍などの奉勅撰。1008年完成。「切韻」「唐韻」の音系と反切を継承し、平声(上、下)、上声、去声、入声の全5巻から成る。2万6194字を収め、平・上・去・入の206韻に分かつ。古代の字音を知るうえできわめて重要なものとされる。

こう-いん【光陰】クワウ《「光」は日、「陰」は月の意》月日。年月。時間。「—を惜しむ」【類語】時間・歳月・年月・年月・月日・日月・星霜・風霜

光陰矢の如し　月日のたつのが早いたとえ。

こう-いん【好音】カウ ❶よい音色。美しい声。こうおん。❷よい便り。喜ばしい知らせ。こうおん。

こう-いん【行印】カウ 銀行の正式の印。

こう-いん【行員】カウヰン《「銀行員」の略》銀行の職員。
(類語)職員・局員・所員・署員・社員・店員
こう-いん【拘引┆勾引】〔名〕スル ❶人を捕らえて無理に連れていくこと。「重役や代議士の一されるのを痛快だ痛快だと評していたが」〈漱石・それから〉 ❷(勾引)裁判所が被告人・被疑者・証人などを強制的に一定の場所に引致し留め置く裁判およびその執行。
(類語)連行・しょっぴく・引っ張る・拉致
こう-いん【後×胤】子孫。後裔(こうえい)。
こう-いん【皇×胤】クワウー 天皇の血統。また、その血統をひく人。皇統。皇裔(こうえい)。
こう-いん【荒淫】クワウー〔名・形動〕過度に情欲にふけること。また、そのさま。「姉さんの旦那をして居ると云う一な外科医に」〈竜胆寺雄・アパアトの女たちと僕と〉
こう-いん【校印】カウー 学校で、発行する文書に押す公式の印。
こう-いん【貢院】ーヰン 中国で、科挙の試験をした場所。また、その建物。
こう-いん【鉱員】クワウヰン 鉱山で鉱石を掘る労働者。
ごう-いん【強引】ガウー〔名・形動〕抵抗や反対を押しきって無理に物事を行うこと。また、そのさま。「一なやり方」「一に事を進める」(派生)ごういんさ〔名〕
(類語)無理押し・ごり押し・横紙破り・無理・乱暴
ごう-いん【強淫】ガウー「強姦(ごうかん)」に同じ。「一どうようなこと」〈高畠藍泉・怪化百物語〉
ごう-いん【業因】ゴフー 仏語。未来に苦楽の果報を招く原因となる善悪の行為。⇔業果。
ごう-いん【豪飲】ガウー むやみに大酒を飲むこと。暴飲。「斗酒なお辞せずの一ぶり」
こういんぎぞうおよびふせいしよう-ざい【公印偽造及び不正使用罪】コウインギザウおよびフセイシヨウー ▶公印偽造及び不正使用等罪
こういんぎぞうおよびふせいしようとう-ざい【公印偽造及び不正使用等罪】コウインギザウおよびフセイシヨウトウー 行使の目的で、公共機関などの印章(公印)や署名を偽造する罪。また、正式な公印などを不正に使用したり、偽造した物を使ったりする罪。刑法第165条が禁じ、3か月以上5年以下の懲役に処せられる。公印偽造及び不正使用罪。公印偽造罪。公印不正使用等罪。公印不正使用罪。
こういんぎぞう-ざい【公印偽造罪】コウイギザウー ▶公印偽造及び不正使用等罪
こういん-じょう【勾引状】ーヂヤウ 裁判所が被告人などを勾引するために発する令状。
こう-いんすう【公因数】▶公約数
こうインスリンけつせい-ていけっとうしょう【高インスリン血性低血糖症】カウーケツセイテイケツタウシヤウ 膵臓(すいぞう)でインスリンが過剰に分泌され、低血糖症を引き起こす疾患。主に新生児・乳幼児に発症する。早期に適切な治療が行われないと、発育遅延をきたしたり、知能障害や運動障害が残るおそれがある。治療薬としてジアゾキシドがある。
こういんふせいしよう-ざい【公印不正使用罪】▶公印偽造及び不正使用等罪
こういんふせいしようとう-ざい【公印不正使用等罪】▶公印偽造及び不正使用等罪
こう-う【紅雨】❶春、花に降りそそぐ雨。❷赤い花の散るようすを雨にたとえていう語。
こう-う【降雨】カウー 雨が降ること。また、降る雨。
(類語)雨降り・ひと雨・雨脚
こう-う【項羽】カウー ㊀[前232〜前202]中国、秦末の武将。宿遷(江蘇省)の人。名は籍。叔父項梁とともに兵を挙げ、漢の高祖(劉邦)と協力して秦を倒し、楚王となった。のち、劉邦と天下を争うが、垓下(がいか)の戦いに敗れ、烏江(うこう)で自殺。㊁謡曲。五番目物。唐の烏江の野辺の草刈り男の前に、項羽の霊が現れ、回向を頼み、激戦の模様を語る。
こう-う【×膏雨】カウー 農作物をうるおし、生育を助ける雨。恵みの雨。甘雨。「旱魃(かんばつ)に枯れかかった稲の穂が一を得たように」〈漱石・行人〉
ごう-う【豪雨】ガウー 激しい勢いで大量に降る雨。雨量がきわだって多い雨にいう。「集中一」(類語)大雨
こううたいおう-ほうそう【降雨対応放送】カウウタイオウハウソウ 激しい雨により衛星放送の受信状況が悪化した際、画像と音声の品質を一時的に下げることによって受信障害を回避し、放送すること。
こう-ウマイヤちょう【後ウマイヤ朝】ーテウ スペインのイスラム王朝。➡ウマイヤ朝
こうう-りょう【降雨量】カウウリヤウ ▶雨量
こうう-りん【降雨林】カウウー ▶熱帯降雨林
こう-うん【光×暈】クワウー 輝いているものの周辺に見える、淡い光のかさ。特に、ハレーションのこと。
こう-うん【行雲】カウー 空を流れ行く雲。
こう-うん【幸運┆好運】カウー〔名・形動〕運がよいこと。めぐりあわせがよいさま。しあわせ。「一を祈る」「一の女神」「一な人」⇔非運/不運。
(類語)ラッキー・僥倖(ぎょうこう)・付き・幸せ
こう-うん【皇運】クワウー 天皇・皇室の運。「一隆昌」
こう-うん【香雲】カウー ❶立ちのぼって雲のように見える香の煙。❷桜の花などが一面に咲いているようすを雲に見立てていう語。
こう-うん【耕×耘】カウー《「耘」は草を刈る意》田畑を耕し、雑草を取り去ること。耕して作物を作ること。
こううん【耕雲】カウウン ▶花山院長親(かざんいんながちか)
こう-うん【高運】カウー〔名・形動ナリ〕きわめてよい運に恵まれていること。また、そのさま。幸運。「道の冥加(みやうが)なり。一なり」〈徒然・二三八〉
こう-うん【黄雲】クワウー ❶黄色の雲。黄金(こがね)色の雲。❷稲が実り、水田一面に黄色く見えるのを雲にたとえた語。❸《色が似ているところから》酒のこと。
こううん-き【耕×耘機┆耕運機】カウウンー 田畑の土をすき返しながら砕く農業機械。
こううん-じ【幸運児】カウウンー 運のよい人。しあわせ者。
こううん-じ【耕雲寺】カウウンー 新潟県村上市門前にある曹洞宗の寺。山号は霊樹山。応永元年(1394)傑堂能勝によって開創。勧請開山は梅山聞本。
こううん-りゅうすい【行雲流水】カウウンリウスイ 空を行く雲と流れる水。物事に執着せず、淡々として自然の成り行きに任せて行動することのたとえ。「一の生活」
こ-うえ【故上】ーうへ 死去した、貴族の婦人。「装束などは、乳母(めのと)、また一の御人どもなどしてせさす」〈枕・三一五〉
こう-え【香会】カウエ 香道の会。香合わせの会。
こう-え【香▽衣】カウー 薄赤に黄を帯びた香染めの僧衣。のちには青・黄などの僧衣にもいう。
こう-え【黄▽衣】クワウー ❶浅葱(あさぎ)色の袍(はう)。無位の人が着用する。❷僧の着る黄色い法衣。
こう-え【講会】ーエ 仏典などを講ずる法会。講。
こう-えい【公営】公の機関、特に地方公共団体が直接・間接に経営すること。「一事業」「一競馬」⇔私営。
こう-えい【光栄】クワウー〔名・形動〕スル ❶業績や行動を褒められたり、重要な役目を任されたりして、名誉に思うこと。また、そのさま。「一の至り」「身に過ぎて一なこと」❷栄えること。栄えさせること。「みな戦死して英国を一す」〈中村訳・西国立志編〉
(類語)栄光・栄誉・栄冠・名誉・誉れ・栄(は)え・光輝・栄名・声誉・名声・名聞・美名・盛名・令名
光栄ある孤立(こりつ)　19世紀に英国がとった、諸国との同盟を避け、もっぱら大英帝国建設に努力を集中するという外交政策をさす言葉。強大な工業力と海軍力が背景にあった。栄光ある孤立。
こう-えい【後栄】後日の繁栄。将来の栄華。「一を期(ご)する御謀(はかりごと)をめぐらさるべし」〈太平記・二八〉
こう-えい【後×裔】子孫。後胤(こういん)。「清和源氏の一」
(類語)子孫・末裔・孫子
こう-えい【後衛】ーエイ ❶テニス・バレーボールなどで、主にコートの後方で守備にあたる者。➡前衛❷ ➡中衛❶ ❷後方の護衛。特に軍隊で、退却の場合に後方を警戒する部隊。➡前衛❶
こう-えい【高詠】カウー ❶声高く歌うこと。❷格調の高いすぐれた詩歌。また、他人を敬って、その詩歌をいう語。「ご一を拝読する」
こうえい【康永】カウエイ 南北朝時代、北朝の光明天皇の時の年号。1342年4月27日〜1345年10月21日。
こう-えい【構営】家屋をかまえ、事業をいとなむこと。また、組織し経営すること。
こうえい-きぎょう【公営企業】ーキゲフ 地方公共団体が経営する企業。水道・鉄道・バスなど。
こうえいきぎょう-きんゆうこうこ【公営企業金融公庫】コウエイキゲフー 上下水道・交通・病院・公営住宅・生

漢字項目　ごう

【▽仰┆業】▶ぎょう
【強┆郷】▶きょう

号〔號〕 (学)3 (音)**ゴウ**(ガウ)(呉) (訓)さけぶ ‖ ①大声をあげる。「号泣・号令/呼号・怒号」②呼び名。「雅号・元号・国号・山号・称号・商号・尊号・俳号」③合図。しるし。「号砲/暗号・記号・信号・番号・符号・略号」④順序・等級を表す語。「号外・号数・号俸/創刊号」

合 (学)2 (音)**ゴウ**(ガフ)(呉) **ガッ**(慣) **カッ**(慣) コウ(カフ)(漢) (訓)**あう、あわす、あわせる** ‖ ㊀〈ゴウ〉①二つ以上のものがいっしょになる。あう。あわせる。「合計・合成・合同・合流/暗合・化合・競合・結合・集合・照合・整合・総合・都合・配合・融合・離合・和合」②規格・条件などに一致する。「合格・合憲・合理」③「合成」の略。「合繊」㊁〈ガッ・カッ〉あう。あわせる。「合作・合算・合宿・合唱・合戦(かっせん)・合致・合評・合併」(補説)「ガッ・カッ」の音は「ゴウ(ガフ)・コウ(カフ)」の入声(にっしょう)音の変化したもの。㊂〈あい〉「合図・合間/気合・具合・度合・場合・割合」(名付)かい・はる・よし (難読)合羽(カッパ)・工合(ぐあい)・合歓木(ねむのき)・保合(もちあい)・催合(もやい)・百合(ゆり)

人**劫** (音)ゴウ(ゴフ)(慣) コウ(コフ)(呉) キョウ(ケフ)(漢) ‖ ㊀〈ゴウ〉①おびやかす。おどす。「劫略」②きわめて長い時間。「劫火・劫初/永劫」㊁〈コウ〉①おびやかす。「劫奪」②長い時間。「億劫・塵劫(じんこう)」③囲碁で、石の取り方の一。「劫材」(難読)億劫(おっくう)

拷 (音)**ゴウ**(ガウ)(慣) ‖ 打ち据える。「拷問」

剛 (音)**ゴウ**(ガウ)(慣) コウ(カウ)(呉)(漢) ‖ ①強くて堅い。丈夫で堅いもの。「剛球・剛性・剛毛/金剛」②気性や意志が強い。「剛毅(ごうき)・剛健・剛胆・剛直/強剛・外柔内剛」(名付)かた・かたし・こわし・たか・たかし・たけ・たけし・つよ・つよし・ひさ・まさ・よし

×**毫** (音)ゴウ(ガウ)(呉) ‖ ①細い毛。「毫毛/白毫(びゃくごう)」②ごくわずかなもの。「毫末/一毫・寸毫」③小数の名。一厘の十分の一。「毫釐(ごうり)」④毛筆。「揮毫」

×**盒** (音)ゴウ(ガフ)(呉) ‖ ふたつきの容器。「香盒・飯盒」

傲 (音)**ゴウ**(ガウ)(呉)(漢) (訓)おごる、おごり ‖ おごりたかぶる。「傲岸・傲然・傲慢/倨傲(きょごう)・驕傲(きょうごう)」

豪 (音)**ゴウ**(ガウ)(呉) (訓)つよい ‖ ①すぐれて力強い。勢いが盛ん。「豪快・豪傑・豪族・豪放・豪勇」②能力・財力などがぬきん出た人。「強豪・剣豪・酒豪・土豪・富豪・文豪」③並み外れている。大いに。「豪雨・豪華・豪語・豪奢(ごうしゃ)・豪雪・豪遊」④オーストラリア。「豪州/日豪」(名付)かた・かつ・すぐる・たけ・たけし・つよ・つよし・とし・ひで (難読)豪物(えらぶつ)・豪猪(やまあらし)

人**壕** (音)ゴウ(ガウ)(呉) (訓)ほり ‖ 城のまわりの堀。敵を防ぐために掘った溝や穴。「塹壕(ざんごう)・防空壕」

×**濠** (音)ゴウ(ガウ)(呉) (訓)ほり ‖ ①城を取り囲む、水のある堀。「塹濠(ざんごう)」②オーストラリア。「濠州」(難読)濠太剌利(オーストラリア)

×**囂** (音)ゴウ(ガウ)(呉)(漢) (訓)かまびすしい ‖ 人の声が騒がしい。やかましい。「喧喧囂囂(けんけんごうごう)」

人**轟** (音)ゴウ(ガウ)(慣) (訓)とどろく ‖ 車・雷鳴・大砲などの大きな音の形容。また、それが響くこと。「轟音・轟轟・轟然・轟沈」

活道路整備など地方公共団体の事業に対して資金を長期・低利で融資することを目的とした政府金融機関。昭和32年(1957)に設立。平成20年(2008)10月に廃止。業務は同年8月に設立された地方公営企業等金融機構(現地方公共団体金融機構)に引き継がれた。

こうえいきぎょう-さい【公営企業債】地方債の一。上下水道・都市高速鉄道・公立病院など地方公営企業の事業資金を調達するために地方公共団体が発行する。

こうえい-ギャンブル【公営ギャンブル】自治体など公の機関が開催する賭け事。日本では公営競技と公営くじの二つがある。

こうえい-きょうぎ【公営競技】公営ギャンブルの一。自治体または特定の公営団体が開催し、投票券を販売する競技。日本では競輪、競馬、競艇、オートレースの四つがある。

こうえい-くじ【公営×籤】公営ギャンブルの一。自治体の発売する宝くじと、スポーツ振興くじ(toto)がある。

こうえい-じゅうたく【公営住宅】地方公共団体が国の補助を得て建設・管理し、住民に賃貸する住宅。

こう-えいだつ【孔穎達】▶くようだつ(孔穎達)

こうえい-でん【公営田】▶くえいでん(公営田)

こうえい-へい【紅衛兵】中国の文化大革命で、1966年に毛沢東の指導のもとに作られた青少年の組織。のち、極左主義と内部分裂で崩壊。

こうえい-ほけん【公営保険】国・地方公共団体・公的法人などが経営主体となっている保険。健康保険・年金保険・介護保険・労働保険など社会政策および社会福祉としての保険である社会保険と、農業保険・漁業保険・輸出保険など経済政策としての保険である産業保険がある。公保険。

こうえい-ぼち【公営墓地】地方自治体が管理・運営する墓地。➡民営墓地 ➡寺院墓地 (補説)宗教・宗派などの制約はないが、親族であることや遺骨が手元にあることなど、購入資格に制限を設けている所が多い。

こう-えき【公役】国家や公共団体から命じられた役務。兵役など。

こう-えき【公益】社会一般の利益。公共の利益。「—を優先する」⇔私益。(類語)国益・国利

こう-えき【広益】広く利益を与えること。

こう-えき【交易】〔名〕スル ❶互いに品物の交換や売買をすること。「外国と—する」❷互いに交換すること。「仮に今東西の風俗習慣を—して」〈福沢・学問のすゝめ〉(類語)取引・貿易・輸出入・通商・商業・互市・外国貿易・国際貿易・トレード

こうえき-いいん【公益委員】❶労働委員会を構成する委員のうち、公益を代表する委員。労働者委員と使用者委員の同意を得て厚生労働大臣または都道府県知事が任命する。❷一般に、各種の審議会において公益を代表する委員。

こうえき-じぎょう【公益事業】公衆の日常生活に必要不可欠な物またはサービスを提供する事業。運輸・郵便・電信電話・電気・ガス・水道などの事業。

こうえき-しちや【公益質屋】公益質屋法に基づき、市町村または社会福祉法人が経営した質屋。平成12年(2000)廃止。公設質屋。

こうえき-しほんしゅぎ【公益資本主義】株主資本主義と対比される経済・経営理念。企業を社会的存在ととらえ、株主の利益のみを優先するのではなく、顧客・取引先・地域社会などの利害関係者(ステークホルダー)全般への貢献を重視する考え方。ステークホルダー資本主義。

こうえき-しゃだんざいだんほうじん【公益社団・財団法人】一般社団法人と一般財団法人の総称。

こうえき-しゃだんほうじん【公益社団法人】一般社団法人のうち、公益法人認定法に基づいて、行政庁から公益性を認定された社団法人。公益を目的とする事業は非課税となるなど、税制上の優遇措置を受けることができる。

こうえき-じょうけん【交易条件】輸出品一単位と交換に入手できる輸入品の数量。輸出物価指数を輸入物価指数で割った数値で表す。商品交易条件。貿易条件。

こうえき-しんたく【公益信託】祭祀・宗教・慈善・学術・技芸など公益を目的として設定される信託。

こうえきつうほう-しゃ【公益通報者】企業・団体などによる組織ぐるみの不正を、その組織内部から告発した人。(補説)平成18年(2006)4月に公益通報者保護法が施行された。

こうえきつうほうしゃ-ほごせいど【公益通報者保護制度】企業など、組織ぐるみの不正を内部から告発した人を解雇や嫌がらせなどから守る制度。➡公益通報者保護法

こうえきつうほうしゃ-ほごほう【公益通報者保護法】団体、企業などの不正を内部から告発しやすい環境を整え、かつ告発者を解雇・降格などから保護するための法律。平成16年(2004)公布、同18年施行。

こうえき-ほうじん【公益法人】公益を目的とする事業を行う法人。不特定多数の人の利益を実現することを目的として、学術・技芸・慈善などの公益に関する事業を行う、公益社団法人および公益財団法人のことを指す。⇔営利法人。(補説)平成20年(2008)の公益法人制度改革以前は、公益に関する事業を行い、営利を目的とせず、主務官庁の許可を得て設立された社団法人と財団法人を公益法人と呼んだ。

こうえきほうじんとう-はけんほう【公益法人等派遣法】《「公益的法人等への一般職の地方公務員の派遣等に関する法律」の略称》公益的な業務を行う法人に対して、地方自治体が地方公務員を派遣し、人的支援を行う方法について規定した法律。平成12年(2000)施行。原則として自治体側が給与を負担しないことや、派遣終了後に元の職務に復帰することなどを定める。

こうえきほうじんにんてい-ほう【公益法人認定法】《「公益社団法人及び公益財団法人の認定等に関する法律」の通称》公益法人の認定・事業活動・監督などについて定めた法律。平成20年(2008)施行。➡一般社団・財団法人法

こうえつ【光悦】▶本阿弥光悦

こう-えつ【校閲】〔名〕スル 文書や原稿などの誤りや不備な点を調べ、検討し、訂正したり校正したりすること。「専門家の—を経る」「原稿を—する」(類語)訂正・修訂・改訂・勘校・校正・校合

こう-えつ【高閲】相手が文書に目を通したり調べたりするのを敬っていう語。「ご—賜りたく」

こう-エックスせん【硬X線】エネルギーが高く透過力の強いX線。エネルギーは約20〜100キロ電子ボルト。X線天文学の分野でよく利用される。硬いX線。

こうえつ-じ【光悦寺】京都市北区にある日蓮宗の寺。山号は大虚山。本阿弥光悦の没後、日慈を開山として、それまであった大虚庵を寺としたもの。茶室や光悦垣とよばれる垣根で知られる。境内に光悦の墓がある。

こうえつ-ぼん【光悦本】嵯峨本の異称。特にそのうち、光悦の自筆またはその書風を版下としたものをいう。

こうえつ-まきえ【光悦×蒔絵】本阿弥光悦の考案により作られた蒔絵の総称。古典に取材した主題を、金・銀・鉛・貝などを用いた斬新な意匠・構成で描き出す。

こうえつ-らくやき【光悦楽焼】本阿弥光悦が焼成した楽焼。主として茶陶で、元和(1615〜1624)以降の作とされる。

こうえつ-りゅう【光悦流】和様書道の一流派。本阿弥光悦を祖とする。

こうエネルギーかそくき-けんきゅうきこう【高エネルギー加速器研究機構】自然科学の各分野の研究を行う、大学共同利用機関法人。高エネルギー加速器を用いた、素粒子・原子核に関する研究などを行っている。KEK。ケイ-イ-ケイ。ケック。➡Bファクトリー

こうエネルギー-ぶつりがく【高エネルギー物理学】▶素粒子物理学

こうエネルギー-りんさんかごうぶつ【高エネルギー×燐酸化合物】生体内に存在する燐酸化合物のうち、加水分解されると多量のエネルギーを遊離するもの。ATP(アデノシン三燐酸)・クレアチン燐酸・アセチル燐酸など。

こう-えん【口炎】▶口内炎

こう-えん【口演】〔名〕スル ❶口で述べること。口述。❷講談師・浪曲師などが語り演じること。また、その演芸。「浪曲を—する」(類語)口頭・口述・口上

こう-えん【公宴】昔、宮中で行われた詩歌・管弦の会や宴。

こう-えん【公園】❶市街地などに設けられた公共施設としての庭園や遊園地。「児童—」❷国立公園など、自然保護その他を目的として定めた地域。(類語)遊園地・パーク

こう-えん【公演】〔名〕スル 演劇・演芸・舞踊・音楽などを、公開の場で演じること。「全国—」(類語)上演・実演

こう-えん【巧演】〔名〕スル じょうずに演奏や演技をすること。また、その演奏や演技。

こう-えん【広遠|×宏遠】〔名・形動〕物事の規模が大きく、広く、奥深いこと。考えなどが広く奥深いこと。また、そのさま。「—な真理」「気宇—」

こう-えん【光炎|光×焔】光と炎。輝く炎。(類語)炎・火・炎・火炎・紅炎・火柱・火先

こう-えん【好演】〔名〕スル みごとに演じること。また、すばらしい演技・演奏。「新人が—した」(類語)出演・主演・共演・助演・独演・競演・熱演・演ずる

こう-えん【後炎|後×焔】大砲を発射したあと、砲尾から噴出する火炎。砲弾発射後に、薬嚢の材料が薬室内に燃え残ることから発生するもの。

こう-えん【後援】〔名〕スル ❶仕事や計画などの後ろだてとなって、資金を提供したり便宜を図ったりして援助すること。「市が—するスポーツ大会」❷後方にひかえる援助の兵。(類語)援助・支援・応援・助成・バックアップ・フォロー・賛助

こう-えん【後園|後×苑】家のうしろにある庭園や畑。

こう-えん【後縁】❶のちの縁。のちのゆかり。❷航空機の翼断面の後端。

こう-えん【後燕】中国五胡十六国の一。384年、鮮卑族の慕容垂が建国。都は中山(河北省)。409年、北燕の馮跋に滅ぼされた。ごえん。

こう-えん【紅炎|紅×焔】❶くれないの炎。❷太陽の彩層からコロナの中に立ち上る炎状のガス。皆既日食のときは望遠鏡で、平時は分光望遠鏡で見ることができる。形や大きさはさまざまで、寿命は数分から数か月に及ぶものまである。プロミネンス。(類語)炎・火・炎・火炎・光炎・火柱・火先

こう-えん【香煙|香×烟】香をたく煙。また、線香の煙。「墓前に—が立ちのぼる」

こう-えん【高遠】〔名・形動〕❶高く遠いこと。また、そのさま。「総ての眺望が—、壮大で」〈独歩・鹿狩〉❷考えなどが広く深く、計り知ることのできないこと。また、そのさま。「—な理想をかかげる」

こう-えん【硬鉛】鉛合金の一。鉛は軟らかいので、アンチモンを1〜10パーセント加えて硬くしたもの。アンチモン鉛。

こう-えん【講×筵】講義の行われる場所。また、その講義。「世界的な学者の—に列した」

こう-えん【講演】〔名〕スル ❶(カウ)大ぜいの人に向かって、ある題目に従って話をすること。また、その話。「政治問題について—する」❷(コウ)経典を講じ仏法を説くこと。説法。(類語)講話・説教・説法・談義

こう-えん【×浩×焉】〔ト・タル〕図〔形動タリ〕にわかなさま。多く、人の死去のさまにいう。「—として逝く」「—たる死」

ごう-えん【強縁|剛縁】有力者や権力者と縁故のあること。また、それを利用してわがままな行いを

すること。「郎等、本の妻はありけれども、一を取ると思ひて、喜ぶこと限りなし」〈今昔・二六・五〉
こうえん-かい【後援会】政治家・芸能人・スポーツ団体など、特定の個人や団体の活動を資金面などで援助する組織。
こうえんき-きゅう【好塩基球】白血球の一。細胞内にある顆粒が塩基性色素に染まるもの。好塩基性白血球。好塩球。
こうえん-きん【好塩菌】ある濃度以上の食塩が存在する所でだけ発育・増殖する細菌。食中毒の原因となるものもある。
こうえんしょう-ざい【抗炎症剤】▶消炎剤
こう-えん-ちん【高円賃】「高齢者円滑入居賃貸住宅」の略。
こうえん-ばんじょう【光炎万丈】《韓愈「調張籍」から》光り輝く炎が高くたちのぼること。また、詩文などが勢いがあることのたとえ。
光炎万丈長し　《韓愈「調張籍」から》詩文や議論が雄大で勢いがあって、長く後世に伝わるたとえ。
こう-お【好悪】好むことと憎むこと。好き嫌い。「一が激しい」「一の念」[類語]好き嫌い・選り好み
こうおう【康応】南北朝時代、北朝の後小松天皇の時の年号。1389年2月9日～1390年3月26日。
こう-おう【黄×鶯】コウライウグイスの別名。
こうおう-そう【紅黄草】マリーゴールドの別名。
こう-おく【高屋】高く構えた家。また、他人を敬って、その家をいう語。
こう-おく【黄屋】《裏に黄色の絹を張ったところから》昔、中国で天子の乗る車をおおう、きぬがさ。転じて、天子・帝王を敬っていう語。
ごう-おく【剛臆】《古くは「こうおく」とも》剛勇と臆病。「大男の一は知らねども、よそより見けるには、あはれ大将かなとぞおぼえける」〈平治・上〉
こう-おつ【甲乙】《十干の甲と乙から》❶第一と第二。❷二つのものの間の優劣。「一をつけがたい」「一を争う出来ばえ」
甲乙付け難い　二つのものに差がなく、どちらが優れているかを決めるのが難しい。「一・い作品だ」
こうおつこんわ-しょうちゅう【甲乙混和焼酎】甲類焼酎に乙類焼酎を5パーセント以上混ぜたもの。比較的安価な甲類と、風味豊かな乙類の両者の利点をあわせもつ。甲乙ブレンド焼酎。
こうおつ-にん【甲乙人】年齢・身分などがいろいろな人。また、名前をあげるまでもない一般庶民。「居り合はせたる一ら是を見て」〈保元・下〉
こうおつブレンド-しょうちゅう【甲乙ブレンド焼酎】▶甲乙混和焼酎
こう-おや【講親】❶無尽講・頼母子講などを主催し、第1回の掛け金の贈与や貸し付けを受ける者。講元。❷伊勢講・稲荷講などの世話をする役。
こう-おん【口音】音声学の用語。呼気が鼻腔に抜けることなく、もっぱら口腔内で調音が行われるような音。口腔音。⇒鼻音
こう-おん【好音】▶こういん(好音)
こう-おん【厚恩】厚い恩。心のこもった深い恩。
[類語]大恩・高恩
こう-おん【恒温】温度が一定であること。定温。
[類語]常温・定温
こう-おん【皇恩】天皇の恩。
こう-おん【高音】❶高い調子の音。❷音楽で、高い音域。「スピーカーの一がひずむ」⇔低音。
こう-おん【高恩】人から受けた、大きな恩恵。
[類語]大恩・厚恩
こう-おん【高温】高い温度。「一殺菌」「一多湿」⇔低温。
こう-おん【喉音】❶国語学で、国語音のア・ヤ・ワの3行の音の総称。❷▶声門音 ❸中国音韻学で、五音または七音の一。喉頭で調音される音で、影母・暁母・匣母・喩母の総称。
こう-おん【構音】「調音」に同じ。
こう-おん【×鴻恩｜洪恩】大きな恩恵。大恩。「十有余年鞠育の一は」〈菊亭香水・世路日記〉
ごう-おん【号音】信号や合図の音。
ごう-おん【合音】❶室町時代の日本語で、オウ・コウ・ケウなどが長音化した場合の母音。[ɔː]で表す。⇔開音。❷▶結合音
ごう-おん【×轟音】とどろきわたる音。大きく鳴り響く音。「列車の一」[類語]爆音
こうおん-けい【高温計】高い温度を測定する温度計。高温物体に触れた金属の電気抵抗の変化を利用する抵抗温度計や、高温物体が発する光の輝度の違いを利用する光高温計などがある。
こうおん-しょうがい【高温障害】▶熱中症
こうおん-しょうがい【構音障害】発語に用いる口蓋・口唇・舌・のどなどの筋肉を支配する神経が麻痺しているため、語音を組み立てられない状態。
こうおん-そう【恒温槽】内部の温度を、外部の温度と関係なく、長時間一定に保つように制御された容器。
こうおん-ちょうでんどう【高温超伝導】通常の超伝導体が絶対温度約20度(セ氏マイナス約253度)以下で超伝導状態となるのに対し、これよりも高い温度で起こる超伝導。一般的には、液体窒素の沸点である絶対温度77度(セ氏マイナス196度)以上で起こるものをいう。1986年に銅酸化物で初めて発見された。
こうおん-ちょうでんどうたい【高温超伝導体】従来の金属系超伝導物質より高い温度で超伝導状態を現す金属酸化物。1986年以降、90K(絶対温度)のものが発見され、冷却剤に液体ヘリウムよりも安価な液体窒素を用いて実現できる。
こうおん-てん【光音天】《梵Ābhāsvara-devaの訳》色界第二禅天に属する天の一。ここにすむ天衆は音声を用いず、話すときは口から浄光を発して意を通じるという。密教では右手に蓮華を持ち、左手を腰におく姿に描かれる。極光浄天。光曜天。
こうおん-どうぶつ【恒温動物】体温調節能力があり、外気温に関係なく、ほぼ一定の体温を維持できる動物。哺乳類・鳥類がこれに属する。温血動物。定温動物。⇒変温動物
こうおんぶ-きごう【高音部記号】▶ト音記号
こう-か【工科】工学・工業に関する学問・学科。また、工科大学、大学の工学部の俗称。
こう-か【公家】朝廷。おおやけ。こうけ。「一に背きて私業に向かふ」〈続紀・聖武〉
こう-か【公暇】官吏・公吏に公に与えられる休暇。
こう-か【公課】国または地方公共団体によって課せられる租税以外の公の金銭負担。分担金・手数料・使用料など。⇒公租
こう-か【功科】職務上の功績・成績。
こう-か【功過】手柄とあやまち。功績と過失。功罪。「一相半ばする」
こう-か【功課】❶仕事などの出来ぐあい。また、その評価。❷習得すべき課目。学課。「一を一時に貪り取るときは」〈中村訳・西国立志編〉
こうか【弘化】江戸後期、仁孝天皇・孝明天皇の時の年号。1844年12月2日～1848年2月28日。
こう-か【甲科】科挙の制度で、試験問題の最も難しい科。宋代には進士の試験を称した。甲第。
こうか【甲賀】滋賀県南端、鈴鹿山脈西麓にある市。野洲川などの原流域で、琵琶湖の水源の一。信楽焼や水口細工など独自の工芸品が有名。平成16年(2004)水口町、土山町、甲賀町、甲南町、信楽町が合併して成立。人口9.3万(2010)。
こう-か【光華】美しく光ること。輝き。光彩。
こう-か【考課】❶公務員・会社員などの勤務成績を調査して優劣を定めること。「人事一」❷銀行・会社などの営業成績を調査・報告すること。❸律令制における官吏の勤務評定。
こう-か【×劫火】《「ごうか」とも》仏語。世界が破滅する壊劫の終末に起こり、世界を焼き尽くしてしまう大火。
こう-か【効果】❶ある働きかけによって現れる、望ましい結果。ききめ。しるし。「薬の一が現れる」「宣伝一」「一覿面」❷演劇・映画などで、その場面に情趣を加える技術および方法。雨音・風音・煙・雪など。エフェクト。「音響一」
[類語](❶)効き目・徴・成果・効・実効・効験・効能・効力・効用・甲斐・霊験・験・作用
こう-か【後架】❶禅寺で、僧堂の後ろに架け渡して設けた洗面所。ごか。❷《❶のかたわらにあったところから》便所。ごか。
こう-か【皇化】天皇の徳政による感化。
こう-か【皇家】天子の一族。皇室。
こう-か【紅花】❶赤い色の花。❷ベニバナの花を乾燥させたもの。漢方で、腹痛・月経不順・浄血などに用いる。
こう-か【紅×霞】くれない色のかすみ。夕焼けなどでくれない色に染まった雲。「今富士の巓にかかりし一は」〈蘆花・自然と人生〉
こう-か【香火】仏前で焼香をするための火。
こう-か【校歌】その学校を象徴するものとして制定された歌。建学の精神や理想とする校風などを表し、その学校の一員であるという自覚を高めるなどの目的で、式典のときなどに歌われる。
こう-か【耕稼】土地を耕して農作物を作ること。耕作。「一の法を教え」〈柳河春三編・万国新話〉
こう-か【降下】〔名〕スル ❶高い所から低い所へおりること。また、高かったものが低くなること。「パラシュートで一する」「気温が一する」❷命令などが、高い地位の人からくだること。「大命一」[類語]下がる・落ちる・落ち込む・沈む・下降・沈下・低下・低落・下落
こう-か【降嫁】〔名〕スル 皇女または王女が臣下にとつぐこと。「臣籍に一する」
こう-か【高価】〔名・形動〕値段が高いこと。価値が高いこと。また、そのさま。「一な品物」「一な犠牲を払う」⇔安価／廉価。[類語]高値・高い・高め・割高
こう-か【高架】線路・道路・橋などを、地上高く架け渡すこと。また、そのもの。「騒音対策で線路を一にする」[類語]架設・架線
こう-か【高×廈】高くそびえる大きな家。
こう-か【高歌】〔名〕スル 大声でうたうこと。高唱。「一放吟」「一して憚る勿れ」〈独歩・独歩吟〉
[類語]放歌・放吟・高吟
こう-か【黄禍】❶《yellow peril》黄色人種が勢力を強くし、白色人種に与えるという災禍。アジア人排斥・抑圧の理論としてしばしば持ち出されたが、日清戦争後ドイツ皇帝ウィルヘルム2世が、三国干渉を正当化するために主張した黄禍論が有名。❷列車の便所から捨てられる汚物の害をいった俗語。
こう-か【硬化】〔名〕スル ❶物がかたくなること。「動脈一」「一セメント」⇔軟化。❷意見・態度などが強硬になること。「組合の態度が一する」⇔軟化。❸取引で、相場が上がり気味になること。⇔軟化。
こう-か【硬貨】❶金属で鋳造した貨幣。紙幣と区別してよばれる。コイン。❷国際金融上、金または米ドルなどの外貨と交換可能な通貨。⇒軟貨
こう-か【構架】〔名〕スル 橋などを架け渡すこと。「此処に一したる、石橋あれども」〈竜渓・経国美談〉
こう-か【×閤下】貴人に対する敬称。閣下。「一の御事こそ、姫宮の御折にいみじかりしかど」〈栄花・衣の珠〉
こう-か【×膠化】〔名〕スル コロイド溶液(ゾル)が固体状物質(ゲル)になる現象。ゲル化。
[類語]固まる・凝固する・凝結する・固結する・固化する・こごる・凝る・強張る・固める
こう-か【×鴻化｜洪化】天子の広大な教化・恵み。「凶徒を誅し、一に浴せん」〈平家・七〉
こう-が【公×衙】役所。官公庁。
こうが【広雅】中国の字書。10巻。魏の張揖編。「爾雅」にならって19項目に分類し、漢代の学者の注釈などを増補したもの。のち、隋の曹憲が音釈を加え、「博雅」と改題した。
こうが【甲賀】▶こうか(甲賀)
こう-が【光画】写真の陽画。また、写真。[類語]印画・焼き付け・焼き増し・陽画・陰画・フォトグラフ

こう-が【光×駕】他人を敬って、その人が訪ねて来ることをいう語。来駕。光臨。「御一を賜る」

こう-が【江河】中国の、揚子江と黄河のこと。

こう-が【江河】大きな川。

こう-が【×姮×娥】《西王母の仙薬を盗んで月へ逃げたという「淮南子(えなんじ)」覧冥訓に見える女の名から》月の異称。嫦娥(じょうが)。(季 秋)

こう-が【紅河】▶ホン川

こう-が【高×臥】〔名〕スル 俗世間を離れ、心を高く持って、山野などでひそかに暮らすこと。

こう-が【高雅】〔名・形動〕気高く優雅なこと。上品でみやびやかなこと。また、そのさま。「一な人格」「顔立ちの非常に一な美人を」〈葉山・海に生くる人々〉 (派生)こうがさ〔名〕

こう-が【黄河】《水が黄土を含んで黄濁しているのでいう》中国第2の大河。青海省中部のヤッラダッゼ山辺りに源を発し、甘粛省・内モンゴル自治区を経て陝西(せんせい)・山西省境を南下、東に転じて、山東省北部で渤海(ぼっかい)に注ぐ。長さ5460キロ。流域は古代文明発祥の地で、歴代王朝も多くここに拠った。ホワンホー。

ごう-か【号火】合図の火。のろし。

ごう-か【×劫火】▶こうか(劫火)

ごう-か【業火】❶悪業が身を滅ぼすことを火にたとえていう語。❷地獄の罪人を苦しめる猛火。激しい炎や大火のたとえにもいう。「一の責め苦」

ごう-か【業果】仏語。業による報い。業報。⇔業因。

ごう-か【豪家】財産の多い家。その地方で勢力のある家。「土地の一の出身」

ごう-か【豪華】〔名・形動〕ぜいたくで、はでなこと。また、そのさま。「一な舞台衣装」「絢爛(けんらん)一」(派生)ごうかさ〔名〕
(類語)豪勢・豪奢(ごうしゃ)・はで・華美・デラックス・ゴージャス

ごうが【恒河】《梵 Gaṅgā》ガンジス川。

ごう-が【×聱牙】〔名・形動〕文章の字句がむずかしくてわかりにくいこと。また、そのさま。「マルクスの一な文章を」〈河上肇・貧乏物語〉

こう-カード【好カード】スポーツなどで、おもしろい試合展開が予想される対戦。

こうか-あぶ【後架×虻】ミズアブ科の昆虫。体が細く黒色で、腹に白紋がある。便所やごみ箱付近に普通に見られ、幼虫は汚物を食する。便所蜂。(季 春)

こう-かい【工会】▶工人会(こうじんかい)

こう-かい【公会】❶公式の会議。議会。「一上に於て両院の官員より議を建て策を献するに」〈村田文夫・西洋聞見録〉❷一般に公開される会議。❸重大な国際間の問題を議決するための会議。「ウィーン一」

こう-かい【公海】国際法上、特定国家の主権に属さず、各国が自由に使用できる海域。⇔領海。
(類語)海・海洋・大洋・大海・海原・領海・大海原・青海原・内海(うちうみ)・内海(ないかい)・外海(そとうみ)・外海(がいかい)・わたつみ

こう-かい【公開】〔名〕スル 公衆に開放すること。特定の人に限定せず、広く一般の人々に入場・観覧・使用などを許すこと。「一の席で明言する」「御物(ぎょぶつ)を一する」「一般一」「一録音」(類語)発表・公表・披露・暴露

こう-かい【×叩解】紙の製造工程の一。パルプの繊維を機械的に切りほぐしたり押しつぶしたりする作業。柔軟性を与え、繊維どうしを絡みやすくさせる。

こう-かい【交会】❶「きょうかい(交会)❶」に同じ。「一遊宴の体、見聞(けんもん)耳目(じぼく)を驚かせり」〈太平記・一〉❷「きょうかい(交会)❷」に同じ。「一淫色(いんじき)等の事を談ず」〈正法眼蔵随聞記・二〉

こう-かい【更改】〔名〕スル ❶古いきまりやしきたりなどを新しいものに変えること。「新制度に一する」❷既存の債務を消滅させ、これに代わる新しい債務を成立させる契約。「契約を一する」
(類語)更新・書き換え・切り替え

こう-かい【後会】後日再び会うこと。再会。「一を約して別れる」

こう-かい【後悔】〔名〕スル 自分のしてしまったことを、あとになって失敗であったとくやむこと。「短い快楽に永い一」「今さら一しても始まらない」(類語)悔やむ・悔いる・悔悟・悔恨・悔い・懲りる・思い残す

後悔先に立たず してしまったことは、あとになってくやんでも取り返しがつかない。

こう-かい【×狡×獪】〔名・形動〕悪賢いこと。ずるく立ち回るさま。狡猾(こうかつ)。「一な政治家」

こう-かい【紅海】《Red Sea》アフリカ大陸とアラビア半島との間の細長い海。南はバベルマンデブ海峡でインド洋と、北はスエズ運河で地中海とつながる。塩分濃度は高い。海藻の繁殖によって海水の色が赤変することがあるのでこの名がある。

こう-かい【航海】〔名〕スル 船で海をわたること。「太平洋を一する」「処女一」(類語)通航・運航・航行・舟航・航空・進航・周航・就航・巡航・回航・直航

こう-かい【降灰】噴火によって地上に火山灰が降ること。また、その灰。こうはい。

こう-かい【降海】〔名〕スル 魚が川から海に下ること。「稚魚が一する」

こう-かい【黄海】中国と朝鮮半島との間の海。北は遼東半島から南は済州島と揚子江河口とを結ぶ線までをいい、水深は浅く、黄河の流入によって海水が黄濁している。ホワンハイ。

こう-かい【講会】無尽講などの講の集会。

こう-がい【口外】〔名〕スル 口に出して言うこと。秘密などを第三者に話すこと。「むやみに人の秘密を一してはならない」「一無用」
(類語)他言・公言・話す・語る・しゃべる・物言う・口を利く・伝える・告げる・言う・述べる・物語る・打ち明ける・明かす・説明する・述懐する・告白する・言い出す・発言する・口に出す・口にする・吐く・漏らす・口走る・抜かす・ほざく・うそぶく

こう-がい【口蓋】口の中の上側の壁。前方の約3分の2を硬口蓋、その後方を軟口蓋という。

こう-がい【公害】事業活動などの人為的な原因から、地域住民や公共一般がこうむる肉体的、精神的、物質的な被害や、自然環境の破壊。大気汚染・水質汚濁・土壌汚染・騒音・悪臭・振動・地盤沈下など。

こう-がい【坑外】坑道の外。⇔坑内。

こう-がい【後害】後日の害。将来ふりかかってくる災難。「一を恐れて口を閉ざす」

こう-がい【郊外】都市に隣接した地域。市街地周辺の田園地帯。(類語)近郊

こう-がい【校外】学校の外。「一活動」⇔校内。

こう-がい【×笄】《「かみかき(髪掻)」の音変化》❶髪をかき上げるのに使った、箸(はし)に似た細長い道具。銀・象牙などで作る。❷女性の髷(まげ)に横に挿して飾りとする道具。金・銀・水晶・瑪瑙(めのう)・鼈甲(べっこう)などで作る。❸刀の鞘(さや)の差表(さしおもて)にさしておく箆(へら)状のもの。髪をなでつけるのに用いる。❹「笄髷(こうがいわげ)」の略。

こう-がい【梗概】物語などのあらすじ。あらまし。大略。「戯曲の一を話す」(類語)要旨・大意・要約・摘要・レジュメ・ダイジェスト・論旨

こう-がい【港外】港の外。⇔港内。

こう-がい【鉱害】鉱業がもたらす害。地下採掘による有毒ガスの発生、鉱水の流出、地盤沈下、製錬過程での鉱煙や廃水の排出など。

こう-がい【×慷慨｜×忼慨】〔名・形動〕スル ❶世間の悪しき風潮や社会の不正などを、怒り嘆くこと。「社会の矛盾を一する」「悲憤一」❷意気が盛んなこと。また、そのさま。「岸本の心は一な口調を帯びた僧侶の説教の方へ行き」〈藤村・新生〉(類語)憤慨・慨嘆・嘆く

こう-がい【構外】建物などの囲いの外。また、ある施設が管轄する区域の外。「駅の一」⇔構内。

こう-がい【×蝗害】イナゴなどのために農作物が受ける災害。

ごう-かい【剛塊】▶クラトン

ごう-かい【豪快】〔形動〕〔文〕〔ナリ〕規模が大きくて力強く、気持ちのよいさま。「一なホームラン」「一に笑う」(派生)ごうかいさ〔名〕

ごう-がい【号外】新聞などで、重大な事件が突発したときなどに、臨時に発行するもの。「内閣総辞職の一が出る」

こうかい-おうじ【航海王子】ポルトガル王子ヘンリーの異称。

こうがい-おん【口蓋音】音声学で、舌と口蓋で調音される音。前舌面と硬口蓋で調音されるものを硬口蓋音、後舌面と軟口蓋で調音されるものを軟口蓋音という。

こうがい-か【口蓋化】音声学の用語。[i]のような前舌の母音あるいはこれに類する[j]に近接する音が同化されて、前舌面が硬口蓋に近づく現象。キ[ki]の舌の位置がカ[ka]よりも前であることや、歴史的にタ行のチが[ti]から[tʃi]に変化したのがその一例。

こうかい-がいしゃ【公開会社】会社法で、その発行する全部または一部の株式の内容として譲渡による当該株式の取得について株式会社の承認を要する旨の定款の定めを設けていない株式会社、と規定される会社のこと。非公開会社と違い、発行しているすべて、または一部の株式に会社による譲渡制限がなく、取締役会の設置が義務づけられている。

こうかい-かいつけ【公開買付】▶株式公開買付

こうかい-かぎあんごう【公開鍵暗号】暗号化と復号に、対になる二つの鍵を使う暗号方式。暗号化鍵と復号化鍵は数学的に関係づけられているが、片方からもう一方を導出することが極めて困難なため、暗号化鍵は公開してもかまわない。非対称鍵暗号。➡暗号鍵

こうかいかぎ-きばん【公開鍵基盤】▶ピー-ケー-アイ(PKI)

こうかい-がた【降海型】湖や河川で生まれ、海に下って成長する魚の生態型。サケ・マスなどに見られ、産卵の際は遡河(そか)する。

こうかい-かぶ【公開株】初めて証券取引所(金融商品取引所)に上場、または店頭市場に売り出された株式。

こう-かいぎ【公会議】ローマ-カトリック教会で、教会全体におよぶ教義・規律に関する事項を審議決定するための宗教会議。教皇が全世界の枢機卿・司教その他議決権有資格者を招いて司会する。

こうかいキーあんごうか-ほうしき【公開キー暗号化方式】《public key cryptosystem》▶公開鍵暗号

こうがい-きょういく【校外教育】図画の屋外写生、社会科・理科の実地調査など、校外で行う教育。校外授業。

こう-かいけい【公会計】政府・地方自治体・特殊法人など、公共部門の会計基準・会計技術をいう。

こうがいけんこうひがい-ほしょうほう【公害健康被害補償法】《「公害健康被害の補償等に関する法律」の通称》大気汚染または水質汚濁として指定された地域に一定期間在住または通勤して気管支喘息(ぜんそく)などにかかり、公害病患者と認定された人に医療費を支給し、失われた利益を補償することを定めた法律。昭和49年(1974)施行。公健法。

こうかい-こうざ【公開講座】大学などで、一般の人にも開放された講座。

こうがい-こつ【口蓋骨】口蓋後部と鼻腔後部の外側壁とをつくる、扁平(へんぺい)な左右一対の骨。

こうがい-ざい【公害罪】公害によって人の生命・健康に看過できない脅威を及ぼすものを内容とする罪。昭和46年(1971)施行の「人の健康に係る公害犯罪の処罰に関する法律」によって設けられ、故意犯と過失犯とに分かれる。

こうがい-さいばん【公害裁判】公害の被害者が、損害賠償や公害原因の除去を求めて起こす裁判。

こうかい-し【航海士】船舶職員の一。国家試験に合格し、海技免状を取得した者。甲板部乗組員の指揮監督や航海に関する職務を遂行する。

こうかい-しじょう【公開市場】特定の条件や資格などを必要とせず、だれでも自由に参加して取引できる市場。

こうかいしじょう-そうさ【公開市場操作】中央銀行が行う金融政策手段の一。中央銀行(日本では日本銀行)が市場の資金量、通貨の調整を図

るために、公開の市場で公債・手形などの有価証券の売買を行うこと。売りオペレーションと買いオペレーションがある。オープンマーケット-オペレーション。

こうがい-しどう【校外指導】カウグワイシダウ 児童や生徒の学校外での生活指導。遠足・社会見学・修学旅行なども含むが、主に日常生活を対象とする。

こうかい-しゅぎ【公開主義】❶物事を秘密にしないで公開して行う主義。❷「公開審理主義」の略。

こうかい-じゅつ【航海術】カウカイー 船舶の航行に関する技術。船の位置を確認し、針路・航程などを測知する技術。

こうかい-じょう【公開状】ージヤウ 世間一般の意見や批判などを求めるために、特定の個人や団体にあてた書状を新聞や雑誌などに公開掲載するもの。

こうかい-じょうれい【航海条例】カウカイデウレイ ►航海法

こうかいしんり-しゅぎ【公開審理主義】裁判の審理・判決を公開し、一般人の傍聴を認める主義。公開主義。

こうかい-ず【航海図】カウカイヅ 沿岸の航海に使用する海図。陸標・灯台・水深・岩礁・障害物や潮流の方向などが記入してある。縮尺は30万分の1以下。

こうがい-すい【口蓋垂】軟口蓋の後方中央から垂れ下がる円錐形の突起。懸壅垂(けんようすい)。のどちんこ。

こうがい-ぜきしょう【×笄石×菖】かうがいぜキシヤウ イグサ科の多年草。水田や湿地に生え、高さ約30センチ。茎は直立し、上方で分枝する。葉は扁平な線形で先がとがる。夏、淡緑色の小花をつける。

こうかい-そうさ【公開捜査】ーサウサ 警察が犯人の写真や事件の大略を公表して、情報収集に対する民間の協力を求めて行う捜査。

こう-かいぞうど【高解像度】カウカイザウド ►ハイレゾリューション

こうがいたいさく-きほんほう【公害対策基本法】ーキホンハフ 公害対策の基本となる事項や公害防止に関する責務などを定めた法律。昭和42年(1967)制定。平成5年(1993)環境基本法の施行に伴い廃止。

こうがい-でんしゃ【郊外電車】カウグワイー 市街地から郊外に通じる電車。また、郊外を走る電車。

こうかい-てんもんがく【航海天文学】カウカイー 航海中の船舶が、天体の観測によって、自己の位置や方位などを知るための応用天文学の一分野。

こうかい-とう【航海灯】カウカイー 船舶が夜間に航行するときに安全を守るために掲げる灯火。檣灯(しょうとう)・舷灯(げんとう)・船尾灯などがある。

こうかい-どう【公会堂】コウクワイダウ 公衆の会議・会合などのために設けられた建物。「日比谷ー」
(類語)会館・講堂・ホール・議事堂

こうがいとう-ちょうせいいいんかい【公害等調整委員会】ーテウセイヰキンクワイ 総務省の外局の一。公害紛争についての、あっせん・調停・仲裁・裁定、鉱業・採石業などと一般公益との調整などを主な任務とする。昭和47年(1972)、土地調整委員会と中央公害審査委員会とを統合して設置。

こうかい-とうひょう【公開投票】ートウヘウ 選挙の投票で、口述または記名を求め、投票がだれによってされたかを秘密にしない方法。⇔秘密投票。

こうかいど-おう【広開土王】クワウカイドワウ［374～412］高句麗(こうくり)第19代の王。在位391～412。諱(いみな)は談徳。南北に進出して朝鮮半島の大半を領有。百済(くだら)と結んで南部に進出した日本軍と戦い、撃退した。鴨緑江(おうりょくこう)の中流西岸(現在の中国吉林省集安市)に残る同王碑は日朝関係史の重要資料であるが、近年日本側による碑文の改竄(かいざん)が疑われている。好太王。

こうかい-なんどう【黄海南道】クワウカイナンダウ ►ファンヘナムド

こうかい-にっし【航海日誌】カウカイー 航海中の状況を所定の書式で記録する日誌。

こうかい-の-かいせん【黄海の海戦】クワウカイー ㊀日清戦争中の明治27年(1894)9月、日本連合艦隊が黄海で、清国北洋艦隊を破った戦い。㊁日露戦争中の明治37年(1904)8月、日本連合艦隊が黄海で、旅順港を脱出しようとしたロシア艦隊を破った戦い。

こうがい-ばいしょう【鉱害賠償】クワウガイバイシヤウ 鉱業活動によって他人に与えた損害に対する賠償。無過失責任が認められる。

こうがい-はん【口蓋帆】軟口蓋の後方部分。

こうかい-ばんぐみ【公開番組】放送局のスタジオや一般の劇場などを使い、視聴者に公開しながら制作する、テレビ・ラジオの放送番組。

こうかい-ヒアリング【公開ヒアリング】原子力発電所などの建設にあたって、事前に地元住民の意見を聞くために開かれる公聴会。

こうかい-ひょう【航海表】カウカイヘウ 航海中の船舶が、天体を観測して自己の位置を算出したり、羅針盤の誤差を測定したりするためなどに用いる数表。

こうがい-びょう【公害病】ービヤウ 公害が原因となって起こる病気。大気汚染や特殊な物質の環境汚染によるもので、慢性気管支炎・気管支喘息(ぜんそく)・肺気腫・水俣病(みなまたびょう)・イタイイタイ病・慢性砒素(ひそ)中毒など。

こうがい-びる【×笄×蛭】かうがいー 渦虫綱コウガイビル科の扁形動物。プラナリアの仲間。体は平たく細長いひも状で、前端が半月形に広がる。体長5～15センチのものが多いが、80センチに達するものもある。全体に黒色または黄色。陸上の湿った所にすみ、カタツムリやミミズなどを食べる。

こうがいふんそう-しょりほう【公害紛争処理法】コウガイフンサウシヨリハフ 公害にかかわる紛争について、斡旋・調停・仲裁および裁定の制度を設け、迅速かつ適正な解決を図ることを目的とする法律。昭和45年(1970)施行。

こうかい-ほう【航海法】カウカイハフ 1651年、英国が貿易から外国船を排除するために定めた法令。特にオランダ船を仲介貿易から締め出す目的をもっていたので、第一次・第二次の英蘭戦争の原因となった。1849年廃止。航海条例。

こうがいぼうし-かんりしゃ【公害防止管理者】コウガイバウシクワンリシヤ 特定工場における、汚染・騒音・振動などの公害防止に関する技術的事項を管理する者。資格取得には国家試験がある。

こうがいぼうし-じょうれい【公害防止条例】コウガイバウシデウレイ 地方公共団体が制定する公害防止のための条例。

こうかい-ほうそう【公開放送】ーハウソウ 公開番組の放送。

こうかい-ほくどう【黄海北道】クワウカイホクダウ ►ファンヘブクド

こうかい-ほけん【航海保険】カウカイー 一定の航海を保険期間として契約する海上保険。

こうかい-れき【航海暦】カウカイー 天文航法に必要な太陽・月・惑星・恒星の毎日の位置などを列記した表。

こうがい-れつ【口蓋裂】口蓋が縦に裂けている先天性異常。胎児期に左右の上顎突起(じょうがくとっき)が完全に融合しなかったもの。口腔と鼻腔がつながっているため、哺乳・発声などに障害がある。口蓋破裂。

こうがい-わげ【×笄×髷】かうがいー 婦人の髪の結い方の一。笄に髪を巻きつけた形の髷(まげ)。室町時代に宮中の女官たちが下げ髪をとめるためにしたところから、江戸時代に一般に行われるようになった。こうがいぐる。こうがいまげ。

こうが・う【▽考ふ┊▽勘ふ】かうがふ〔動ハ下二〕《「かんがふ」の音変化》❶思案する。前例や習慣などに照らし合わせて考える。「近うまたよき日なし、とー・へ申しけるうちに」〈源・行幸〉❷責めとがめる。また、勘当する。「少し心のどかに心を伸べてこそ、よろづの罪ー・へ申すべかりけれ」〈夜の寝覚・四〉

こうか-おん【効果音】カウクワー 演劇・映画・テレビなどで使用される、その場面の状況や登場人物の心理を表す音。➡効果❷

こうか-かく【功過格】コウクワー 道教で、日常的な行為をすべて功(善行)と過(悪行)に分け、その善悪の大きさをそれぞれ点数化して示した道徳実践のための指導書。

こう-かかく【高価格】カウー〔名・形動〕商品の値段が高いこと。また、そのさま。高価。「一帯モデルが売れる」⇔低価格。

こう-かがく【光化学】クワウクワガク 光を物質に照射したときや、物質が光を発するときなどの、物質の化学的性質と光との関係を研究する化学。ひかりかがく。

こうかがく-スモッグ【光化学スモッグ】クワウクワガクー 太陽からの紫外線などによる光化学反応で、大気中のオキシダントなどの濃度が高まって発生するスモッグ。多くは、自動車の排気ガスなどに含まれる炭化水素や窒素酸化物が反応して生じる。人体・動植物に有害。

こうかがく-はんのう【光化学反応】クワウクワガクハンオウ 光の作用によって起こる化学反応。物質に光が当たって、活性分子や遊離基を生じ、反応が進むことが多い。光分解・光合成・光重合などの反応がある。

こうかがく-ぶんかい【光化学分解】クワウクワガクー ►光分解(こうぶんかい)

こうか-き【効果器】カウクワー ►実行器

こう-かき【▽紺×掻き】《「こんかき」の音変化》染物屋。こんや。こうや。「是は年ごろ義朝の不便(ふびん)にして召しつかはれけるーの男(をのこ)」〈平家・一二〉

こうか-ぎょ【降河魚】カウカー 産卵のため河川を下って海に入る魚。ウナギなど。降流魚。⇔遡河魚(そかぎょ)。

こうか-きょう【高架橋】カウカケウ 道路などをまたぐようにして、地上高く架け渡した橋。

ごうか-きょうじゅ【合科教授】ガフクワケウジユ 教科別に行われる分科教授に対し、教科を統合して教授すること。各教科を相互に関連づけ、児童・生徒の全人的育成をめざす。主として低学年で実施。合科学習。

こう-かく【口角】上唇と下唇の接合部。口の両わき。
口角泡(あわ)を飛ば・す　興奮して口からつばきを飛ばす。激しく議論するさまにいう。

こう-かく【広角】クワウー ❶角度が大きいこと。また特に、写真のレンズの写す範囲が広いこと。❷「広角レンズ」の略。「景色をーで撮る」

こう-かく【甲殻】カフー 甲殻類の体表を覆う外皮。キチン質の層にカルシウムを含み、硬い。甲皮。甲。

こう-かく【交角】カウー 幾何学で、二直線の交わってできる角。ふつうは大小二つの小さいほうをいう。

こう-かく【光角】クワウー 物体の一点と両眼とを結ぶ直線がなす角。この角度が大きいほど物体は近くにあると判断される。

こう-かく【光覚】クワウー 光の刺激に対する感覚。一般に光の強弱(白黒)を認識する感覚をいうが、色覚を含める場合もある。光(ひかり)感覚。

こう-かく【考×覈】カウー〔名〕スル 考え調べること。「血の運行することをーし」〈中村訳・西国立志編〉

こう-かく【行客】カウー 道を行く人。旅人。「昨日は岐(ちまた)を過ぎ、今日は門にやすらふーの」〈太平記・一一〉

こう-かく【▽岬角】カフー みさき。さき。「船艦突如として山東ーを掠(かす)め」〈独歩・愛弟通信〉

こう-かく【×狎客】カフー ❶なじみの客。「僕の様なーになると苦沙弥は兎角粗略にしたがっていかん」〈漱石・吾輩は猫である〉❷たいこもち。幇間(ほうかん)。

こう-かく【後覚】❶「後学(こうがく)❶」に同じ。⇔先覚。❷《「こうがく」とも》「後学❷」に同じ。「おぬしたちのーになることだ」〈滑・浮世風呂・四〉

こう-かく【降格】カウー〔名〕スル 階級や地位などが下がること。また、下げること。格下げ。「平社員にーする」⇔昇格。

こう-かく【高角】カウー 地平面とのなす角度の大きいこと。仰角(ぎょうかく)が大きいこと。

こう-かく【高閣】カウー ❶高くてりっぱな建物。「一層楼」❷高い所に設けた棚。
高閣に束(つか)・ねる　《「晋書」庾翼伝から》書物などを高い棚の上に束ねてのせたままほうっておく。「久しくー・ねた書物を眺めやって」〈荷風・濹東綺譚〉

こう-かく【×磽×确┊×墝×埆】カウー《慣用読みで「ぎょうかく」とも》㊀〔名・形動〕小石などが多く、地味がやせた土地。また、そのようなさま。「固より痩土ーにして耕作に便ならざれば」〈新聞雑誌五一〉㊁〔ト・タル〕(文)〔形動タリ〕地味がやせていて、小石などが多いさま。「ーたる丘陵地帯を」〈中島敦・李陵〉

こう-がく【工学】基礎科学を工業生産に応用するための学問。機械工学・土木工学・電子工学などのほか、人間工学などその研究方法を援用した自然科学以外の分野のものにもいう。
こう-がく【光学】クヮウ ガク 光の現象・性質を研究する物理学の一分野。幾何光学・物理光学・分光学など。
こう-がく【向学】カウ ガク 学問に志すこと。勉学に励もうと思うこと。「一の念」
こう-がく【好学】カウ ガク 学問をこのむこと。「一の士」
こう-がく【好楽】カウ ガク 音楽をこのむこと。「一家」
こう-がく【後学】❶後進の学者。後覚(こうかく)。「一の徒」㊀先学。❷将来、自分のためになる知識や学問。「一のために教えていただきたい」〔類語〕後輩・後進
こう-がく【皇学】クヮウ ガク《皇国の学の意》「国学❶」に同じ。
こう-がく【高額】カウ ガク〔名・形動〕金額が大きいこと。また、そのさま。「一な買い物」㊀低額/小額。
〔類語〕巨額・多額
こう-がく【講学】カウ ガク 学問を研究すること。「深沈なる一に伴うに」〈逍遥・当世書生気質〉
こう-がく【×鴻学】学問に深く通じていること。また、その人。
ごう-かく【合格】ガフ カク〔名〕スル ❶特定の資格や条件に適合すること。「規格に一した製品」❷試験や検査などに及第すること。「入学試験に一する」
〔類語〕パス・及第・受かる
ごう-がく【郷学】ガウ ガク ❶村里の学校。「一にありて、学童となりし時に」〈中村訳・西国立志編〉❷江戸時代から明治の初年にかけて、藩士の教育や庶民の教育のために各地に設けられた学校。岡山藩の閑谷黌(しずたにこう)など。郷校。郷学所。
こうがく-いせいたい【光学異性体】クヮウ ガク 立体異性体の一。立体配置は同じであるが、右手と左手のような対称的な構造で、旋光性が互いに反対の異性体。
こうがくいりょうひ-せいど【高額医療費制度】カウガクイ レウヒ ▶高額療養費制度
こうがくいん-だいがく【工学院大学】コウガク ヰン 東京都新宿区に本部のある私立大学。明治20年(1887)設立の工手学校に始まり、工学院工業専門学校を経て、昭和24年(1949)新制大学として発足。
こうかく-えん【口角炎】▶口角糜爛(こうかくびらん)
こうかく-か【好角家】カウ カク 角力(すもう)の好きな人。
こうがく-かいぞうど【光学解像度】クヮウガク カイザウド《optical resolution》スキャナーなどの光学的な画像入力装置の性能指標の一。単位距離あたりの画像の読み取りに使われる画素数で表す。単位には、1インチあたりのドット(ピクセル)数を意味するdpi(dots per inch)あるいはppi(pixels per inch)が使われる。解像度。
こうがく-かっせい【光学活性】クヮウガク クヮツセイ 旋光性のあること。旋光性のある物質を光学活性体という。
こうがく-ガラス【光学ガラス】クヮウ ガク 光学器械のレンズやプリズムなどに用いられるガラス。一定の屈折率や分散能力をもった、均質で透明度の高いガラスが要求される。
こうがく-きかい【光学器械】クヮウ ガク 光の性質を応用した器械の総称。レンズ・プリズム・反射鏡などを組み合わせた、望遠鏡・顕微鏡・カメラなどの類。
こうがく-けい【光学系】クヮウ ガク 光線の性質を利用して物体の像をつくる器具の一まとまり。光を集中・発散・反射・屈折させるためのレンズ・反射鏡・プリズムなどの組み合わせ。
こうがく-けんびきょう【光学顕微鏡】クヮウガク ケンビキャウ 可視光線を利用した顕微鏡。ふつう透過顕微鏡をさすが、特殊なものに金属顕微鏡・偏光顕微鏡・限外顕微鏡・位相差顕微鏡などがある。マイクロスコープ。
➡電子顕微鏡
こうかく-さいぼう【厚角細胞】ーサイ ハウ 細胞壁の角(かど)の部分が肥厚した細胞。植物体の機械組織に多い。
こうがく-じ【向嶽寺】カウガク 山梨県甲州市にある臨済宗向嶽寺派の大本山。山号は塩山。開創は天授6年＝康暦2年(1380)、開基は武田信成、開山は抜隊得勝(ばっすいとくしょう)。向嶽庵と称したが、天文16年(1547)現寺号に改称。寺宝「達磨図」は国宝。向嶽元中禅寺。
こうがくしき-てぶれほせい【光学式手ぶれ補正】クヮウガク シキ デジタルカメラ・ビデオカメラなどで撮影する際の手ぶれを防ぐための機構の一。撮影者の手ぶれをセンサーで感知し、レンズに組み込んだ補正レンズや液体プリズムを動かすことで光軸を正しく補正する。レンズ交換式のデジタル一眼レフカメラの場合、各レンズに補正機構を搭載する必要があるが、ファインダー内の像が安定して撮影しやすく、フィルム用一眼レフカメラでも使用できる。レンズシフト式手ぶれ補正。➡イメージセンサーシフト式手ぶれ補正 ➡電子式手ぶれ補正
こうがくしき-ドライブ【光学式ドライブ】クヮウガク シキ《optical drive》▶光学ドライブ
こうがくしき-マークよみとりそうち【光学式マーク読(み)取り装置】クヮウガクシキ― よみとりサウチ ▶オー-エム-アール(OMR)
こうがくしき-マウス【光学式マウス】クヮウガク シキ《optical mouse》コンピューターの入力装置、マウスの一。底面に発光器と受光器があり、移動の方向や速度を光学的に検出する。オプティカルセンサーマウス。オプティカルマウス。光学センサーマウス。赤外線マウス。
こうがくしき-もじよみとりそうち【光学式文字読(み)取り装置】クヮウガクシキもじ よみとりサウチ ▶オー-シー-アール(OCR)
こうがく-しへい【高額紙幣】カウ ガク 額面金額の大きい紙幣。
こうがく-しん【向学心】カウガク 勉学に励もうとする志。「一に燃える」
こうがく-ズーム【光学ズーム】クヮウ ガク《optical zoom》カメラのレンズの相対的な位置を変化させ、焦点距離を変えることにより画像を拡大・縮小する機能。オプティカルズーム。➡デジタルズーム
こうかく-せっしゃ【広角接写】クヮウ カク ▶ワイドマクロ
こうがく-センサー-マウス【光学センサーマウス】クヮウ ガク ▶光学式マウス
こうかく-そしき【厚角組織】植物の機械組織の一。厚角細胞が集まったもので、茎や葉の表皮下などにあり、屈折に対する抵抗力を強める役割がある。
こう-かくづけ【高格付(け)】カウ 格付け❸が高いこと。安全性・信用力の高い債券であるということ。
こうがく-ディスク【光学ディスク】クヮウ ガク《optical disk》▶光ディスク
こうがく-ディスクドライブ【光学ディスクドライブ】クヮウ ガク ▶光学ドライブ
こうかく-てんのう【光格天皇】クヮウカク テンワウ［1771〜1840］第119代天皇。在位1779〜1817。閑院宮典仁(すけ ひと)親王の第6皇子。名は兼仁(ともひと)。後桃園天皇の養子となって即位。父典仁親王に太上天皇の尊号を贈ろうとして、老中松平定信に拒まれた(尊号事件)。
こうがく-ドライブ【光学ドライブ】クヮウ ガク《optical drive》光ディスクを記憶媒体として用いる記憶装置の総称。データの読み出しや書き込みにレーザー光を使う。CD-ROMドライブ、DVDドライブ、ブルーレイドライブなどを指し、パソコンに内蔵するものと、外部に接続して利用するものがある。光学式ドライブ。光学ディスクドライブ。オプティカルドライブ。
こう-がくねん【高学年】カウ 学校で、上級の学年。特に、小学校の五・六年生のこと。➡中学年 ➡低学年
こうがく-ピックアップ【光学ピックアップ】クヮウ ガク《optical pickup》▶光ピックアップ
こうかく-びらん【口角×糜×爛】口角がただれて、ひびわれ・かさぶたができる状態。からすの灸(きゅう)。口角炎。
こうがく-ファインダー【光学ファインダー】クヮウ ガク カメラのファインダーのうち、レンズやプリズムなどの光学器具を組み合わせたもの。デジタルカメラなどの電子ファインダー(EVF)に対していう語。光学式ファインダー。光学式ビューファインダー。オプティカルファインダー。オプティカルビューファインダー。OVF(optical view finder)。
こうがく-へいき【光学兵器】クヮウ ガク 軍事用の光学器械。潜望鏡・探照灯・照準具・暗視装置など。
こうかく-ほう【高角砲】カウカク ハウ 対空射撃用火砲の、旧日本海軍での呼称。旧陸軍では高射砲といった。
こうが-ぐみ【甲賀組】かふ が 江戸幕府の鉄砲百人組4隊のうち、甲賀者で組織した組。
こうがくりょうようひ-せいど【高額療養費制度】カウガクレウ ヤウヒ 医療費の自己負担額が高額になる場合、家計の負担を軽減するために、一定の金額(自己負担限度額)を超えた分が払い戻される制度。自己負担限度額は所得によって異なり、例えば月収53万円未満(国民健康保険加入者の場合は年間所得600万円以下)の一般課税世帯では、8万100円＋(総医療費－26万7000円)×0.01円と定められている(70歳未満の場合)。事前に保険者から限度額適用認定証の交付を受けることで、病院の窓口での支払いを自己負担限度額以内にとどめることもできる。高額医療費制度。
こうかく-るい【甲殻類】カフ カク 甲殻綱の節足動物の総称。エビ・カニ・ヤドカリ・アミ・ミジンコなど。主に水中にすみ、えらで呼吸。体は頭・胸・腹の3部に分かれ、胸部の付属肢は歩行・捕食または遊泳に、腹部の付属肢は遊泳または哺育(ほいく)に使われる。
こう-がくれき【高学歴】カウ 高度な学問を修得していること。ふつう大学以上の学校を卒業または修了していること。また、その人。〔補説〕近年は大学全入時代となり、一流大学を卒業していることを「高学歴」ということが多くなっている。
こうかく-レンズ【広角レンズ】クヮウ カク《wide lens, wide angle lens》標準レンズより焦点距離が短く、画角がふつう60度以上あるレンズ。広範囲の撮影ができる。ワイドレンズ。〔類語〕レンズ
こうかく-ろう【黄鶴楼】クヮウ カク 中国湖北省武昌県の西、漢陽門内の黄鶴山上に揚子江に臨んで建っていた高楼。李白の詩などで有名。
こうがく-ろくおん【光学録音】クヮウ ガク 映画フィルムなどで、音声の信号を光に変え、フィルム上に面積の大小や濃淡など通過光量の変化として記録する録音方式。コンパクトディスクの録音・再生方式にもいう。光(ひかり)録音。
こう-かけ【甲掛け┊甲懸け】カフ《「こうがけ」とも》手足の甲に掛けて日光やほこりを避ける布。特に、旅装具として用いた。
こうか-こうじ【航河工事】カウ カ 航行に適するように、河川に施す工事。堰(せき)を設けたり、水深を増したり、急流を防いだりすること。
こうか-ゴム【硬化ゴム】カウ クヮ ゴムに多量の硫黄を加えてつくった硬いゴム。硬質ゴム。➡エボナイト
こうか-さくどう【高架索道】カウカ サクダウ ▶ロープウエー
こうが-さぶろう【甲賀三郎】かふがサ ブラウ 諏訪(すわ)明神の本地として、また近江(おうみ)国水口(みなくち)の大岡寺の観音堂縁起として語り継がれた説話。また、その主人公。
こうか-さよう【鉱化作用】クヮウ クヮ マグマ中の高温の気体や液体と岩石とが反応して、各種の鉱物を形成し、鉱床などを形成する作用。
こう-かざんさよう【後火山作用】―クヮザン サヨウ 溶岩の噴出などの主な火山活動が終わったあとに行われる火山作用。温泉・硫気孔・炭酸孔などが生じる。
こうか-し【甲賀市】かふ が ▶甲賀
ごうが-しゃ【▽恒河▽沙】《ガンジス川の砂の意》❶数量が無数であることのたとえ。❷数の単位。10の52乗。一説に10の56乗。➡表「位(くらい)」
こうが-しゅ【×膠芽腫】カウ ガ 神経膠腫(グリオーマ)の一種。進行が速く、脳腫瘍の中で最も悪性度が高い。中高年に多く発症する。腫瘍の増大によって頭蓋内圧が亢進し、早朝に強い頭痛や吐き気が起こる。腫瘍の部位によって運動・言語・視力・記憶などに障害が現れる。手術で腫瘍を摘出した後も放射線照射・化学療法が必要となる。
こうが-しゅう【甲賀衆】かふ が ▶甲賀者(こうがもの)
こうかしゅんじゅう【耕稼春秋】カウカシ ユンジウ 江戸時代の農学書。7巻。加賀の人、土屋又三郎著。宝永4年(1707)成立。著者みずからの経験に基づいて、加賀地方の農業・農具について詳述したもの。
こうか-じょう【考課状】カウクヮ ジャウ ❶公務員や会社員などの勤務成績に関する報告書。❷会社や銀行など

で、事業年度ごとに提出する財産状態・営業内容などの報告書。

こうか-じょうやく【江華条約】▶日朝修好条規

こう-がしら【講頭】「講親」に同じ。

こうか-せき【抗火石】伊豆七島の新島に産する流紋岩の軽石状溶岩の石材名。軽くて加工が容易。建築材・耐火保温材に利用。

こう-かつ【口渇】口中やのどが激しくかわき、水分を欲しがる状態。多尿症や脱水症に多くともなうほか、薬の服用や加齢によってもみられる。

こう-かつ【広×闊┊×宏×闊】〔名・形動〕広々と開けていること。また、そのさま。「—な原野」
(類語)広い・広やか・広大・広壮・広漠・広広

こう-かつ【交割】❶禅寺で住持が交代するとき、寺の什物などを引き継ぐこと。❷執務者が交代するとき、事務の引き渡しをすること。❸「交割物」の略。

こう-かつ【×狡×猾】・【×狡×黠】〔名・形動〕ずるく悪賢いこと。また、そのさま。「—な手段」「—に立ち回る」(派生)こうかつさ〔名〕
(類語)腹黒い・悪賢い・ずる賢い・こざかしい

こうがっかん-だいがく【皇学館大学】三重県伊勢市に本部のある私立大学。明治15年(1882)創立の神宮皇学館を源流として、昭和37年(1962)に新制大学となった。

こうかつ-もの【交割物】寺の宝物。転じて、家宝。「私の—にいたさう」〈虎明狂・鍋八撥〉

こうか-てき【効果的】〔形動〕ききめが目に見えて現れるさま。「—な治療方法」

こうか-てつどう【高架鉄道】地上高く支えの台をつくり、その上に敷設した鉄道。高架線。

こうか-とう【江華島】朝鮮半島中西部、漢江河口にある島。仁川広域市の一部。カンファド。

こうかとう-じけん【江華島事件】明治8年(1875)、日本の軍艦雲揚号が江華島付近で挑発行為をし、江華島砲台と交戦した事件。これを機に日本は朝鮮に開国を強要し、翌年日朝修好条規(江華島条約)を結んだ。

こうか-の-ほうそく【効果の法則】心理学で、試行錯誤による学習の際、快状態をもたらす効果のある行動は生起しやすくなるという法則。米国のソーンダイクが提唱。

ごうか-ばん【豪華版】❶用紙・装丁などに凝った、ぜいたくな作りの出版物。❷平常よりもぜいたくでりっぱなこと。「—の食事」

こうか-ひょう【考課表】考課を記した報告書。

こうか-びょう【硬化病】昆虫に糸状菌が寄生し、体が硬化して死ぬ病気の総称。蚕の白殭病など。

こうか-ぶたい【降下部隊】落下傘などで地上に降下する部隊。落下傘部隊。

こう-かぶつ【好下物】《「下物」は酒のさかな》よい酒のさかな。佳肴。

こうが-ぶんめい【黄河文明】黄河の中・下流域を中心に発達した古代農耕文明。新石器時代晩期の彩陶をもつ仰韶文化、前2500年以降栄えた黒陶を特徴とする竜山文化を経て、夏・殷の青銅器文化へと受け継がれた。世界最古の文明の一。➡四大文明

こうが-もの【甲賀者】近江甲賀地方の郷士。忍びの術に長じ、一部は江戸幕府や諸大名に召し抱えられた。甲賀衆。甲賀組。

こうか-もん【皇嘉門】平安京大内裏外郭十二門の一。南面三門中の西端の門。雅楽寮御門。

こうか-もんいん【皇嘉門院】[1121～1181]崇徳天皇の中宮。名は聖子。父は関白藤原忠通。久安6年(1150)院号宣下。保元の乱後、出家した。

こうか-ゆ【硬化油】魚油・植物油などの不飽和脂肪酸を多く含む液状油に水素を添加し固体状の脂肪にしたもの。マーガリン・石鹸などの原料。

こうか-りょくよう【紅花緑葉】❶紅色の花と緑色の葉。❷彫漆技法の一。朱漆と緑漆を交互に塗り重ね、朱漆の層に花、緑漆の層に葉を彫り出したもの。

こう-かれい【抗加齢】▶アンチエイジング

ごう-がわ【江川】広島・島根両県を流れる中国地方第一の川。中国山地に源を発し、上流では可愛川ともよばれ、三次市で馬洗川・西城川と合流。江津市で日本海に注ぐ。長さ約194キロ。ごうのがわ。

こう-かん【公刊】〔名〕(スル)広く世間一般に向けて刊行すること。「調査記録が—される」
(類語)出版・発行・上梓・上木・版行・刊行・発刊・印行・発兌・刊

こう-かん【公館】❶公共の建物。❷官庁の建物。特に大使館・公使館・領事館の建物。「在外—」

こう-かん【交換】〔名〕(スル)❶取りかえること。また、互いにやり取りすること。「現金と—に品物を渡す」「意見を—する」❷電話の交換手、または交換台のこと。「—を通して電話をかける」❸民法上、当事者が互いに金銭以外の財産権を移転することを約する契約。(類語)(❶)互換・取り換え・付け替え・入れ替え・チェンジ・引き換え（—する）引き換える・交わす・取り交わす

こう-かん【交感】〔名〕(スル)互いに感じ合うこと。心が通じ合うこと。「霊との—」「いのちといのちの温かな—は」〈倉田・愛と認識との出発〉

こう-かん【交歓┊交×驩】〔名〕(スル)ともに打ち解けて楽しむこと。「試合後、両校の選手が—する」

こう-かん【光冠┊光環】太陽や月の周囲に見える光の輪。大気中の微細な氷の結晶や水滴などによる光の回折のために起こる現象で、内側が青く外側が赤色に見える。暈。

こう-かん【向寒】寒にむかうこと。しだいにさむくなること。「拝啓、—の砌」⇔向暑。

こう-かん【好感】よい感じ。好ましい印象。「—がもてる青年」「人に—を与える」(補説)「長期金利低下が好感されて株価が上がる」のように株式市場では以前からサ変動詞としての使い方があった。近ごろでは「もっとも好感される女優」のように、株式用語以外の場面でも使われ始めている。
(類語)善意・厚意・老婆心・好意・親切

こう-かん【好漢】好ましい男。気性のさっぱりしたよい男。快男子。「—自重すべし」
(類語)快男子・快男児・好男子

こう-かん【×巷間】まちのなか。また、世間。ちまた。「—で取りざたされるうわさ」
(類語)社会・世界・世間・世・世の中・民間・市井・江湖・天下・世俗・俗世・世上・人中・浮き世

こう-かん【後勘】❶後日に受けるとがめ。「—を恐れる」❷将来のことまでよく考えること。

こう-かん【後患】後日のうれい。あとになって起こるわずらわしい事柄。「—の根を断つ」

こう-かん【後漢】中国、五代の一国。947年、後晋の劉知遠(高祖)が建国。都は汴京(開封)。950年、後周に滅ぼされた。ごかん。

こう-かん【皇漢】皇国と漢土。日本と中国。

こう-かん【校勘】〔名〕(スル)古典などの複数の写本や刊本を比較検討して、本文の異同を明らかにしたり正したりすること。「諸本を—して定本を作る」

こう-かん【×浩×瀚】〔名・形動〕❶書物の多くあるさま。「—な蔵書」❷書物の巻数やページ数の多いさま。「仏教に関する—な著述」

こう-かん【降×鑒】〔名〕(スル)神霊が天上から下界の人間を見守ること。「我が皇祖の霊や天より—し」〈田口・日本開化小史〉

こう-かん【高官】地位の高い官職。また、その官職にある人。「政府の—」「高位—」

こう-かん【黄巻】《昔、中国で、紙に虫がつくのを防ぐため、黄蘗の葉で紙を黄色に染めたところから》書物のこと。

こう-かん【×槓×杆┊×槓×桿】❶「梃子❶」に同じ。❷銃の遊底を操作するための握り。❸一方の端を構造体に固定した梁や肱木。

こう-かん【鋼管】鋼鉄製の管。

こう-がん【向顔】面会。対面。「別当はしかしながら—せざるまでとて」〈曽我・四〉

こう-がん【厚顔】〔名・形動〕面の皮のあついこと。恥知らずでずうずうしいこと。また、そのさま。鉄面皮。「—な人」「—無恥」(派生)こうがんさ〔名〕
(類語)鉄面皮・面の皮が厚い

こう-がん【紅顔】年が若く血色のよい顔。「—の美少年」「朝には—ありて夕べには白骨となる」
(類語)美顔

こう-がん【×睾丸】男性の精子をつくる器官。精巣のこと。きんたま。

ごう-かん【合巻】江戸後期、文化年間(1804～1818)以後に流行した草双紙の一種。それ以前の黄表紙などが5丁1冊であったのを、数冊合わせて1冊とし、長いものは数十冊にも及ぶ。内容は教訓・怪談・敵討ち・情話・古典の翻案など多方面にわたり、子女のみならず大人の読み物としても歓迎された。作者に柳亭種彦・曲亭馬琴・山東京伝らがいる。合巻本。

ごう-かん【合歓】〔名〕(スル)❶ともに喜び楽しむこと。❷男女が共寝すること。同衾。❸「合歓木」の略。

ごう-かん【剛×悍┊豪×悍】〔名・形動〕強くて荒々しいこと。また、そのさま。「女の—なる者夫を奴隷視する」〈阪谷素・明六雑誌三二〉

ごう-かん【強×姦】〔名〕(スル)暴力・脅迫などによって、強制的に婦女を犯すこと。暴行。⇔和姦。
(類語)暴行・レイプ・輪姦・凌辱

ごう-かん【業感】仏語。善悪の行為が因となって、苦楽の報いを感受すること。

ごう-がん【傲岸】〔名・形動〕おごり高ぶって、いばっていること。また、そのさま。「—な態度をとる」「—不遜」(派生)ごうがんさ〔名〕
(類語)傲慢・不遜・倨傲・高慢・驕慢・暴慢・慢心

こうがんあつ-しょう【高眼圧症】眼球内の房水の生産・流出量を調整する機能に障害があり、眼圧が慢性的に高い状態。緑内障の危険因子の一つとされる。視野や視神経には障害がなく、眼圧が正常値(約10～20ミリ水銀柱)以上の場合、高眼圧症とされる。眼圧が高い場合(約30ミリ水銀柱以上)などは緑内障への進行が懸念されるため、予防処置として眼圧を下げる治療が行われる。

こうかん-いがく【皇漢医学】中国伝来の医学。古方学派・後世学派・古方後世折衷学派などがある。漢方。漢方医学。

ごうかん-えんぎ【業感縁起】仏語。一切の現象は、衆生の業因によって生じたものであるとする小乗仏教の世界観。

こうかん-がく【校勘学】同一の原典に由来する複数の異本を比較検討し、本文の異同を正す学問。特に、中国の清代に行われたものをいう。

こうかん-がくせい【交換学生】2国間の親善と文化の交流のために、相互に学生を派遣して学術研究をさせること。また、その学生。

こうかん-かち【交換価値】他の商品の一定量と交換できるようなある商品の価値。ある種類の使用価値をもつ商品と、他の種類の使用価値をもつ商品との交換比率として現れる。➡使用価値

こうかん-きゅう【広寒宮】月の世界にあるという宮殿。広寒府。月宮殿。

こうかん-きょうじゅ【交換教授】2国間または二つの大学などの間で、一定の期間教授を交換して講義を行うこと。また、その教授。

こうかん-こうぶん【交換公文】国家間で取り交わす公式の合意文書。広義の条約の一種で、当事国の代表が同一内容の公文を交換して成立する。多くは、ある条約の補完のためなどに用いる。

こうがん-ざい【抗×癌剤】▶制癌剤

ごうかん-ざい【強×姦罪】暴行または脅迫によって女性を姦淫する罪。13歳未満の女子の場合は本人の同意があっても成立する。刑法第177条が禁じ、3年以上の有期懲役に処せられる。親告罪の一。(補説)強姦と強制猥褻の区別は、性器どうしに

よる交接の有無による。また、強姦は加害者は必ず男性で被害者は必ず女性だが、強制猥褻は男女とも加害者・被害者になりうる。2009年に国連女子差別撤廃委員会(SEDAW)から強姦罪を親告罪から除外するよう勧告を受けたことなどから、政府は強姦罪の見直しについて検討を進めている。➲強制猥褻罪

こうがん-じ【高岩寺】カウガン 東京都豊島区巣鴨にある曹洞宗の寺。山号は万頂山。慶長元年(1596)扶嶽太助が江戸湯島に開創。明治24年(1891)現在地に移転。とげぬき地蔵の通称で知られる。

こうかん-しゅ【交換手】カウクワン「電話交換手」の略。

こうがんしょう【厚顔抄】コウガン 江戸前期の記紀歌謡の注釈書。3巻。契沖著。徳川光圀の命により、元禄4年(1691)成立。旧説を批判して実証的な態度で自説を述べている。

こうかん-じょうけん【交換条件】カウクワンデウケン 物事を引き受けたり承知したりする代わりとして出す条件。

こうかん-じり【交換尻】カウクワン 手形交換所で銀行などの加盟金融機関が手形交換を行った場合に生じる差額。この差額は加盟金融機関が日本銀行に有する当座勘定の振替で決済される。

こうがんじ-ろうそく【ᐯ仰願寺×蝋×燭】カウグワンジラフソク 仏前などにともす細く小さいろうそく。江戸時代、京橋の越前屋九右衛門が、浅草仰願寺の院主の依頼によって作りはじめたという。仰願寺。

こうかん-しんけい【交感神経】カウカン 副交感神経とともに、高等脊椎動物の自律神経系を構成する神経。脊柱の両側を走る幹から出て内臓や血管・消化器・汗腺などに分布。心臓の働きの促進、血管の収縮、胃腸の働きの抑制、瞳孔の散大などの作用がある。

こうかんしんけい-せつ【交感神経節】カウカンシンケイ 中枢の交感神経から出たニューロンが、末梢へ向かうニューロンと交代する所。脊柱の両側に二十数対あるほか、腹大動脈などにもある。

こうかんしんけい-でんたつぶっしつ【交感神経伝達物質】カウカンシンケイ 交感神経から分泌される神経伝達物質。ノルアドレナリンのこと。

こうかん-せきじく【黄巻赤軸】クワウクワンシャクヂク ▶おうがんしゃくじく(黄巻赤軸)

こうかん-せん【交換船】カウクワン 交戦国が互いに在留民や捕虜を交換するために派遣する船。

こうかん-だい【交換台】カウクワン 電話交換手がその業務をする所。また、事業所などで、電話の取り次ぎをする所。

こうかん-だか【交換高】カウクワン 手形交換所で交換された手形の金額または枚数。

ごうかんちし-ざい【強×姦致死罪】ガウカンチシ ▶強制猥褻等致死傷罪

ごうかんちしょう-ざい【強×姦致傷罪】ガウカンチシヤウ ▶強制猥褻等致死傷罪

こうかん-ど【好感度】カウカン よい、好ましいと感じる度合い。「コマーシャルの一調査」「企業の一が高まる」

こうかんど-フィルム【高感度フィルム】カウカン 写真用フィルムのうち、特に感度が高いもの。一般にISO感度が400以上のものを指す。

こうかん-ふ【広寒府】クワウカン ▶広寒宮こうかんきゅう

こうかんふかのう-せい【交換不可能性】カウクワンフカノウ ▶代替不可能性

こうかん-ぶんごう【交換分合】カウクワンブンガフ 土地の利用を増進するために、土地の交換・分割・合併をすること。

こうかん-ほうそく【交換法則】カウクワンハフソク 演算の順序を変えることができるという法則。加法では$a+b=b+a$、乗法では$a \cdot b=b \cdot a$が成り立つ。交換律。

ごうかん-ぼく【合歓木】ガフクワン ネムノキの別名。

こうがん-むち【厚顔無恥】〔名・形動〕ずうずうしくて恥知らずなこと。また、そのさま。無恥厚顔。

こうかん-やく【皇漢薬】クワウカン 漢方薬のこと。

こうかん-ゆけつ【交換輸血】カウクワン 血液を瀉血しゃけつしながら等量の輸血を行い、全血液を新しい血液と置き換えること。主に新生児の黄疸おうだんの治療として行われる。

こうかん-りつ【交換律】カウクワン ▶交換法則

こうかん-りゅうがく【交換留学】カウクワンリウガク 外国の学校との間で相互に生徒・学生を派遣し合い、一定の期間学ばせること。

こうかん-りょく【交換力】カウクワン 素粒子間で、粒子をやりとりする形で及ぼしあう力。素粒子の位置・スピン・荷電が交換される。

こう-き【口気】❶口から出る息。気息。❷ものの言い方。くちぶり。口吻こうふん。「相手の一を快く思わなかった」〈漱石・道草〉

こう-き【口器】昆虫などの動物の口部にある、えさを捕らえ、咀嚼そしゃくするための器官の総称。

こう-き【公器】おおやけのもの。公共のための機関。「新聞は社会の一である」

こう-き【広軌】クワウ 鉄道線路の軌間が標準軌間の1435ミリより広いもの。日本では1067ミリ軌間を狭軌というのに対し、それより広いものをさすことが多い。「一鉄道」➲狭軌

こう-き【×弘×毅】〔名・形動〕度量が広くて意志が強いこと。また、そのさま。

こう-き【光輝】クワウ ❶ひかりかがやくこと。かがやき。「一を放つ」❷名誉。ほまれ。「一ある伝統」

(類語)(❶)輝き・光彩・光明・光・明かり・灯・灯火・ともし火・煌きらめき・光線・光耀こうよう・光芒こうぼう・閃光せんこう・ライト/(❷)名誉・栄冠・栄光・栄誉・光栄・誉れ・栄はえ・栄名・声誉・名声・名聞・美名・盛名・令名

こう-き【好奇】カウ〔名・形動〕珍しいことや未知のことに対して強く興味をもつこと。また、そのさま。「一な目つき」

こう-き【好期】カウ ちょうどよい時期。よいころあい。「あゆ釣りの一」

こう-き【好機】カウ 物事をするのにちょうどよい機会。チャンス。「千載一遇の一を逃す」

(類語)機会・チャンス・時機・時節・頃合い・時とき・折おり・機・機運・潮時しおどき・時宜・機宜

好機逸いっすべからず よい機会にめぐりあったときには、それをとりのがしてはならない。

こう-き【後記】〔名〕スル ❶本文のあとに書き記すこと。また、そのもの。あとがき。「編集一」❷その文章よりあとの方に書くこと。「詳細は一したとおり」❸後世に残る記録。「名将の御前にて紛れもなく討ち死にして一に留めよや」〈太平記・三二〉

(類語)後書き・跋ばつ・跋文・末筆・奥書・後付け・奥付

こう-き【後喜】後日のよろこび。

こう-き【後期】一定の期間を二つまたは三つに分けたうちの、あとのほうの期間。「江戸一の文学」⇔前期。

こう-き【皇紀】クワウ 日本書紀の記述により、神武天皇即位の年(西暦紀元前660年にあたる)を元年とする紀元。現在一般には用いられない。

こう-き【皇基】クワウ 天皇が国家を統治する基礎。「深く一の安危を憂い」〈染崎延房・近世紀聞〉

こうき【紅旗】中国共産党中央委員会の機関誌。1958年創刊。中ソ論争・文化大革命などの際、常に路線闘争の先鋒となった。88年廃刊。

こう-き【香気】カウ よいかおり。「甘い一を放つ」

(類語)香・香り・芳香

こう-き【校紀】カウ 学校の風紀。「一が乱れる」

こう-き【校規】カウ 学校の規則。校則。

こう-き【校旗】カウ 学校のしるしとして定めた旗。

こう-き【降旗】カウ 降伏の意思を相手方に知らせる旗。普通は白旗。

こう-き【高貴】カウ ㊀〔名・形動〕❶身分・家柄などが高く貴いこと。また、そのさま。「一の出」「一な家柄」❷人柄などに、気品のあるさま。「一な精神の持ち主」❸値段が高くて貴重なこと。また、そのさま。「一な薬」㊁〔名〕「高貴織り」の略。

(類語)尊い・貴い・貴重・珍重・珍しい・得難い・稀まれ・稀有けう・大切・重要・異色・異彩・珍貴・珍稀

こうき【康熙】カウキ 中国、清の聖祖(康熙帝)時代の年号。1662～1722年。

こう-き【綱紀】カウ《「綱」は太いつな、「紀」は細いつなの意》国家を治める大法と細則。また、一般に規律。「一の乱れを正す」(類語)憲法・憲章

こう-き【興起】〔名〕スル ❶勢いが盛んになること。また、盛んにすること。「民権を一し」〈福沢・文明論之概略〉❷奮いたつこと。「人民をして観感一せしむることは」〈中村訳・西国立志編〉

こう-き【衡器】カウ 重量をはかる器具。はかり。

こう-き【×鴻基¦洪基】大きな事業の基礎。大業のもとい。「邦家の経綸、王化の一なり」〈記・序〉

こう-き【×灝気】カウ 広々として澄み渡った大気。「八面皆碧色なる一にして」〈鴎外訳・即興詩人〉

こう-ぎ【公儀】❶公的な事柄。おおやけごと。❷朝廷、また、幕府。お上かみ。「一の役人」「一隠密おんみつ」

こう-ぎ【公議】❶公衆の認める議論。世論。❷公平な議論。❸朝廷や幕府などで行われる評議。「出雲国へ流さるべしと、一すでに定まりにけり」〈太平記・一三〉

こう-ぎ【巧技】カウ 巧みな演技や技術。

(類語)妙技・美技・好技・神技・絶技

こう-ぎ【巧偽】カウ うまくだますこと。

こう-ぎ【広義】クワウ ひろい意味。ある言葉のもつ意味の範囲に広狭がある場合の、広のほうの意味。「一に解釈する」⇔狭義。(類語)意味・意義・意・意味合い・旨・ニュアンス・語感・本義・狭義・義ぎ・概念・謂いい・こころ・語意・語義・字義・文意・含意・含み

こう-ぎ【交×誼】カウ 友人としての親しいつきあい。よしみ。「一を結ぶ」(補説)目上の人に対して用いると失礼にあたる。

こう-ぎ【光儀】クワウ 他人を敬って、その来訪をいう語。光臨。光来。「さても只今の一、覚めての後の夢、夢の中の迷ひかとこそ覚えて候へ」〈太平記・三九〉

こう-ぎ【好技】カウ すぐれた演技や技術。

(類語)妙技・巧技・美技・神技・絶技

こう-ぎ【好×誼】カウ 心のこもったつきあい。よしみ。「日ごろの一に報いる」(補説)目上の人に対して用いると失礼にあたる。

こう-ぎ【抗議】カウ〔名〕スル 相手の発言・決定・行為などを不当として、反対の意見・要求を主張すること。「公共料金の値上げに一する」「一集会」

(類語)反論・反駁はんばく・抗論・甲論乙駁

こう-ぎ【厚×誼】情愛のこもった親しいつきあい。厚いよしみ。「御一を賜る」

こう-ぎ【×巷議】カウ ちまたの議論。世間の評判。

こう-ぎ【後魏】▶魏㊂

こう-ぎ【高義】カウ 高くすぐれた道義。高徳。「僕をして君の一を慕わしめよ」〈織田訳・花柳春話〉

こう-ぎ【高×誼】カウ 並々ならぬ深い思いやり。目上の人から受ける好意をいう。「御一に与あずかる」

こう-ぎ【高議】カウ すぐれた議論。また、他人を敬って、その議論をもいう。高論。「一を拝聴する」

こう-ぎ【講義】カウ〔名〕スル ❶学問の方法や成果、また、研究対象などについて、その内容・性質などを説き聞かせること。また、その説明。「学生に国文学を一する」❷大学の授業。「一に出席する」「集中一」

(類語)授業・レクチャー・レッスン・ドリル・教える・教授・伝授・講ずる・指南・指導・教育・教習・仕込む・叩たたき込む・手ほどきする・コーチする・育てる・導く・仕付ける・訓育・薫育・教化・教学・文教・育英

ごう-き【号旗】ガウ 船舶などが用いる信号の旗。

ごう-き【合器】ガフ ふたつきの椀。また、修行僧などの持ち歩く椀をいう。御器ごき。

ごう-き【拷器】ガウ 拷問用の器具。「犯人を笞しもとにて打つ時は一によせて結ひつくるなり」〈徒然・二〇四〉

ごう-き【剛×毅¦豪×毅】ガウ〔名・形動〕意志が堅くて強く、くじけないこと。また、そのさま。「一な性格」(派生)ごうきさ〔名〕(類語)不屈・剛直・剛健

剛毅木訥ぼくとつ仁に近し 《「論語」子路から》剛毅で飾りけのない人は、道徳の理想である仁に近い。

ごう-き【豪気¦剛気】ガウ〔名・形動〕❶強く勇ましい気性。大胆で、細かいことにこだわらないこと。また、そのさま。「うわべだけ一を装う」「一な気風」❷「ごうぎ(豪儀)❶」に同じ。(派生)ごうきさ〔名〕

(類語)猛勇・武勇・豪勇・勇猛・ヒロイック

ごう-き【豪貴】ガウ 勢力があり、身分・家柄などが高貴であること。また、その人。

ごう-ぎ【合議】ガフ〔名〕スル 二人以上の者が集まって相談すること。「委員が集まって一する」
〔類語〕協議・会談・謀議・評議・審議・会議・相談・打ち合わせ・下相談・談合・示談・話し合い・商議・評定ひょうじょう・鳩首きゅうしゅ・凝議ぎょうぎ・内談

ごう-ぎ【×嗷議・×嗷儀】ガウ 多人数が、勢いを頼みにして無理を主張すること。「大名一揆の一ども、是よりちと止みにけり」〈太平記・三九〉

ごう-ぎ【豪儀・豪気・強気】ガウ〔形動〕〔文〕〔ナリ〕❶《「ごうき」とも》威勢のよいさま。すばらしくりっぱなさま。「遺産をすべて寄付するとは一なものだね」❷強情なさま。頑固。「吾が性の一なるを」〈蒙求抄・一〇〉❸程度のはなはだしいさま。「一に酔ったな」〈伎・五大力〉〔派生〕ごうぎさ〔名〕

こう-きあつ【高気圧】カウ 周囲よりも気圧の高い所。天気図上では、閉じた等圧線に囲まれた気圧の高い所。高気圧の域内では、風は、北半球で時計回りに、南半球で反時計回りに吹く。一般に天気がよい。寒冷高気圧と温暖高気圧とがある。⇒低気圧

こうき-いんしょうは【後期印象派】 セザンヌ・ゴッホ・ゴーギャンなど、印象主義の流れをくみながら、その絵画理論にとどまることなく、独自の画境を開いた画家たちの総称。

こうき-おり【高貴織(り)】カウキ 絹織物の一。縦糸に諸撚もろより、横糸に片撚りの練り染め糸を用いて飛び斜文の組織で織ったもの。多く男子用の着物地にする。

こう-きかい【好機会】カウキクワイ 物事を行うのによい機会。好機。「偶たま一が有って」〈二葉亭・浮雲〉

こうきかく-かんせんどうろ【高規格幹線道路】カウキカクカンセンダウロ 高規格道路の一種で、全国的な自動車高速交通網を形成する自動車専用道路のこと。高速自動車国道、本州四国連絡道路、一般国道の自動車専用道路などからなる。

こうきかく-ていぼう【高規格堤防】カウキカクテイバウ 「スーパー堤防」の正式名称。

こうきかくていぼう-せいびじぎょう【高規格堤防整備事業】カウキカクテイバウセイビジゲフ 「スーパー堤防事業」の正式名称。

こうきかく-どうろ【高規格道路】カウキカクダウロ 高規格幹線道路と地域高規格道路の総称。

ごうぎ-きかん【合議機関】ガフギキクワン 複数の構成員の意思を総合して決定を行う機関。国会や内閣、各種の行政委員会など。⇔単独機関。

こう-きぎょう【公企業】ゲフ 国・地方公共団体などが経営する企業。鉄道・電気・水道・ガスなど公共的性格が強い事業のほか、資源開発・住宅など経済・社会政策と関連する事業が含まれる。⇔私企業。
〔類語〕企業・私企業・大企業・中小企業

こうきけん-せっしょくしゃ【高危険接触者】カウキケン ▶濃厚接触者

こうきごうぎぞうおよびふせいしようとう-ざい【公記号偽造及び不正使用等罪】 官公庁などの紋章や、商品などに示す公的機関が定めた記号・マークを偽造・使用する罪。刑法第166条が禁じ、3年以下の懲役に処せられる。公記号偽造及び不正使用罪。公記号偽造罪。公記号不正使用等罪。公記号不正使用罪。

こうきごうぎぞう-ざい【公記号偽造罪】 ▶公記号偽造及び不正使用等罪

こうきごうふせいしよう-ざい【公記号不正使用罪】 ▶公記号偽造及び不正使用等罪

こうき-こうれいしゃ【後期高齢者】 高齢者のうち、75歳以上の人のこと。⇒後期高齢者医療制度

こうきこうれいしゃ-いりょうせいど【後期高齢者医療制度】 75歳以上(一定の障害がある場合は65歳以上)の高齢者を対象とした医療制度。「高齢者の医療の確保に関する法律」に基づく。平成20年(2008)4月から、従来の老人保健制度に代わって実施。都道府県単位に設けた後期高齢者医療広域連合が保険者となる。被用者保険・国民健康保険の被保険者資格がなくなり、原則として被保険者全員の年金から保険料が天引きされる。通称、長寿医療制度。⇒前期高齢者〔補説〕従来の老人保健制度は、健康保険(政府管掌健康保険と組合管掌健康保険)・国民健康保険などからの拠出金と公費で運営されていた。この制度では、サラリーマンなどが退職してから市町村が運営する国民健康保険に移ることで高齢者医療費負担が国民健康保険に偏るという問題があった。高齢化、医療の高度化等により医療費が増大するなか、新制度では、保健制度の維持と、医療費を管理する責任者や世代間の負担率を明確にすることなどを目的としている。新制度の財源負担割合は、保健医療費の患者負担分を除き、後期高齢者が支払う保険料から1割、現役世代から4割、公費から5割となった。制度開始当初は年金から保険料を天引きする特別徴収が原則だったが、批判が高まり、平成21年度(2009)からは口座振替による納付を選択できるようになった。⇒特定保険料

こうき-じ【高貴寺】カウキ 大阪府南河内郡河南町にある高野山真言宗の寺。山号は神下かうげ山・葛城かつらぎ山。7世紀末、役えんの行者の開創。初め香華寺と称し、9世紀に空海が寺名を改め中興したと伝える。戦乱により荒廃していたが、江戸時代に慈雲が復興。

こうきじてん【康熙字典】カウキ 中国清代の字書。12集42巻。康熙帝の勅命により、張玉書・陳廷敬らが編纂さん。1716年刊。「説文解字」「玉篇」「字彙」「正字通」など歴代の字書を集大成したもの。4万7000余の漢字を楷書かいしょの部首画数順に配列し、字音・字義・用例を示し、以後の字書の範となるとともに、漢和辞典における漢字配列の規準となった。

こうき-しゅくせい【綱紀粛正】カウキ〔名〕スル 国家の規律や秩序、また政治のあり方や政治家・役人の態度を正すこと。

こうぎ-しょ【公議所】明治新政府の立法機関。明治2年(1869)3月開設。各藩から選出された公議人により構成された。官制改革により7月から集議院と改称。同6年廃止。

こうぎ-しょ【講義所】カウギ ❶講義をする所。❷無教会主義のキリスト教徒が集まって聖書の研究会などを催す所。「時たま基督教一と看板かけたぼそぼそとした格子の内から」〈蘆花・思出の記〉

こうき-しん【好奇心】カウキ 珍しいことや未知のことなどに興味をもつ心。「一が強い」
〔類語〕興味・関心・求知心・探究心・色気いろけ

ごうぎ-せい【合議制】ガフギ ❶合議によって物事を決定する制度。❷行政機関の意思が複数の構成員の合議によって決定される制度。⇔独任制。❸裁判などで、複数の裁判官の合議体で審判する制度。⇔単独制。

ごうぎせい-かんちょう【合議制官庁】ガフギセイクワンチャウ 合議制による官庁。人事院・公正取引委員会・公安委員会などがこれにあたる。⇔単独制官庁。

こうきせい-さいきん【好気性細菌】カウキ 酸素のある所で正常に生育する細菌。枯草菌・結核菌・酢酸菌など。好気性菌。⇔嫌気性細菌。

ごうぎせい-さいばんしょ【合議制裁判所】ガフギセイ 複数の裁判官によって構成される合議制の裁判所。最高裁判所(大法廷15人・小法廷5人)・高等裁判所では常に、地方裁判所・家庭裁判所では場合によって合議制をとる。下級裁判所での員数は3人を原則とする。合議裁判所。⇔単独制裁判所。

こうぎ-せいたいろん【公議政体論】幕末、後藤象二郎・坂本竜馬らによって提起された政権構想。諸藩・民間から俊才を登用して、全国的に政治の統合を図ろうとしたもの。

こうき-せっこく【高貴石×斛】カウキセキコク ラン科の多年草。高さ約60センチ。葉は披針形。1～3月ごろに紅紫色の花をつける。ヒマラヤの原産。デンドロビウム。

こうぎ-だて【公儀立て】わざわざ表ざたにすること。「身のためならぬ事を物好きなる一」〈浮・新可笑記〉

こうき-ちゅうとうきょういく【後期中等教育】 中等教育を前後2期に区分したとき、後期に属する教育。現在の日本では高等学校段階の教育。⇒前期中等教育

こうき-てい【康熙帝】カウキ［1654～1722］中国、清朝の第4代皇帝。在位1661～1722。廟号は聖祖。諱いみなは玄燁げんよう。三藩の乱を治め、台湾を領有し、ロシア・蒙古・チベットに兵を進め、国土を拡張。また、西洋学術を導入、学芸を振興して、清朝全盛期の基礎を固めた。

こうき-でん【弘徽殿】「こきでん」に同じ。

こうきでんりょく-こうか【光起電力効果】クワウキデンリヨクカウクワ 半導体のpn接合部や、整流作用をもつ金属と半導体との接触部に光を当てると電圧が発生する現象。光電効果の一種。

こうきでんりょく-セル【光起電力セル】クワウキデンリヨク ▶光電池こうでんち

こうぎ-にん【公議人】明治政府の立法機関である公議所の議員。各藩から一人ずつ選ばれた。

こうき-の-いわい【後喜の祝(い)】いはひ《結婚したあとのよろこびの意から》子どもが生まれたよろこび。

こう-きのう【高機能】カウ〔名・形動〕優れた機能があること。機械などに付いている機能が通常よりも優れていること。また、そのさま。「一なデジカメ」

こうきのうこんろ-わりびき【高機能×焜炉割引】カウキノウ ▶高機能住宅割引

こうきのう-じへいしょう【高機能自閉症】カウキノウジヘイシヤウ 広汎性発達障害の一。自閉症のうち知的障害を伴わないもので、通常IQが70以上の場合をさす。HA。

こうきのうじゅうたく-わりびき【高機能住宅割引】カウキノウヂユウタク 火災保険の割り引きの一つ。建物設備のすべての熱源が電気でまかなわれているオール電化住宅や、厨房設備にIH調理器などを使用し、ガス管などの設備がない住宅などに適用される。

こうぎ-の-みつやく【広義の密約】クワウギ 国家間の条約や協定などで秘密にされている部分。他国に重要な権利・自由を与えたり、自国が重要な義務・負担を引き受けるなど、公表されているものとは異なる重要な内容を持つ国家間の合意・了解で、必ずしも明確な文書の形で存在するものではなく、暗黙のうちになされているもの。平成21年(2009)11月から同22年3月にかけて密約問題を検証した外務省の有識者委員会が示した密約に関する定義の一つ。⇒狭義の密約

こうぎ-ぶり【公儀振り】人当たり。応対の態度。「一座の一よき人と人の誉むれば」〈浮・永代蔵・一〉

こう-きゃく【後脚】後ろあし。あとあし。⇔前脚。

こうきゃく-るい【口脚類】口脚目の甲殻類の総称。シャコ・ハナシャコなど。

こう-きゅう【公休】ウキ ❶休日・祝日以外に、勤労者が権利として認められている休み。❷同業者などが申し合わせて、一定の日に休むこと。また、その日。公休日。

こう-きゅう【孔丘】ウキ ▶こうし(孔子)

こう-きゅう【光球】クワウキウ 太陽や恒星の表面近くの層で、光を発する部分。太陽では白色円板状に見え、厚さ約400キロ。光球層。

こう-きゅう【好球】カウキウ 球技、特に野球で、打ったり受けたりしやすい球。「一を見のがす」「一必打」

こう-きゅう【好×逑】カウキウ よい連れ合い。よい配偶者。「君子の一となるべき資格」〈漱石・坊っちゃん〉

こう-きゅう【考究】カウキウ〔名〕スル 深く考え、その意味や本質を明らかにすること。「古代史を一する」〔類語〕研究・探究・討究・講究・調査・分析・論究・攻究・究理・追究・スタディ・リサーチ・究める・調べる

こう-きゅう【行宮】カウ 「あんぐう(行宮)」に同じ。

こう-きゅう【攻究】ウキ〔名〕スル 学問・技術などを、修め究めること。「東洋倫理学を一する」「凡およそ画術を一するの法は」〈フェノロサ・美術真説〉

こう-きゅう【後宮】❶皇后や妃などが住む宮中奥向きの宮殿。平安京内裏では、天皇の住む仁寿殿じじゅうでんの後方の承香しょうきょう・常寧・貞観じょうがん・麗景・宣耀せんよう・弘徽こき・登花の七殿と、昭陽・淑景しげい・飛香ひぎょう・凝華ぎょうか・襲芳しゅうほうの五舎の総称。奥御殿。❷皇后以下、後宮に住む婦人の称。妃・夫人・嬪ひん・中宮・女御など。

こう-きゅう【恒久】ある状態が永く変わらないこと。永久。「—の平和」〔類語〕永久・永遠・とわ・永世・常しえ・常しなえ・悠久・悠遠・長久・不変・常磐・永劫・永代・久遠・無限・無窮・不朽

こう-きゅう【皇宮】▶こうぐう(皇宮)

こう-きゅう【降級】〔名〕スル 等級・階級が下がること。また、下げること。「一階級—する」⇔昇級。

こう-きゅう【降給】〔名〕スル 罰として、給与を下げること。⇔昇給。➡減給

こう-きゅう【高級】〔名・形動〕階級や地位、程度や品質が高くすぐれていること。また、そのさま。「—な料理」「話が—すぎて理解できない」「—車」⇔低級。〔派生〕こうきゅうさ〔名〕〔類語〕一流・ハイクラス・ハイグレード・ハイブロー・高尚・高度・高等・上等・上級

こう-きゅう【高給】高い給料。⇔薄給。

こう-きゅう【硬球】硬式のテニス・卓球・野球などで用いるボール。軟球に比べて硬くて重い。テニスでは厚いゴムボールにフェルトを張ったもの、卓球ではつや消しセルロイド製、野球ではコルク芯に糸を巻いて革を張ったものなどがある。⇔軟球。

こう-きゅう【講究】〔名〕スル 物事を深く調べ、その意味や本質を説き明かすこと。「一問題として—されつつあることを知った」〈花袋・蒲団〉

こう-きゅう【購求】〔名〕スル 買い求めること。購入。「四方の士、争いてこれを—し」〈織田訳・花柳春話〉

こう-きゅう【×曠久】「曠日弥久」の略。

こう-ぎゅう【黄牛】▶おうぎゅう(黄牛)

ごう-きゅう【号泣】〔名〕スル 大声をあげて泣くこと。泣き叫ぶこと。「遺体にとりすがって—する」〔補説〕文化庁が発表した平成22年度「国語に関する世論調査」では、本来の意味である「**大声をあげて泣く**」で使う人が34.1パーセント、間違った意味「**激しく泣く**」で使う人が48.3パーセントという逆転した結果が出ている。〔類語〕泣く・涙する・涙ぐむ・噎ぶ・啜り上げる・噦り上げる・咳き上げる・哭する・落涙する・流涕する・涕泣する・歔欷する・嗚咽する・慟哭する・号哭する・めそめそする・涙に暮れる・涙に沈む・涙に噎ぶ・袖を絞る

ごう-きゅう【合級】学校で、二つ以上の学級を合併すること。また、その学級。

ごう-きゅう【剛球｜豪球】野球で、投手の投げる、速くて球質の重い球。「—投手」

ごう-きゅう【強弓】張りが強く、引くのに強い力を要する弓。また、それを引く人。きょうきゅう。つよゆみ。

こうきゅう-アルコール【高級アルコール】分子中の炭素原子数が多いアルコール。ふつう炭素数6以上の鎖式アルコールをいう。天然には、脂肪酸とのエステルが動植物の蝋の成分として存在。

こうきゅう-がいねん【高級概念】▶上位概念

こうきゅう-かんりょう【高級官僚】地位の高い国家公務員。事務次官・局長など。

こうきゅう-げんご【高級言語】人間が理解しやすい命令や構文規則を備えたプログラミング言語の総称。C言語やBASICを機械語やアセンブリー言語に対し、高級であるとする。高水準言語。

こう-きゅうし【後臼歯】▶大臼歯

こうきゅう-し【高級紙】詳細な情報や高度の論評に主眼をおく、社会的影響力の強い新聞。英国の「ガーディアン」「タイムズ」などが代表的。クオリティーペーパー。➡大衆紙

こうきゅう-しぼうさん【高級脂肪酸】分子中の炭素原子数が多い脂肪酸。これとグリセリンとのエステルが油脂。

こうきゅうじむ-レベル【高級事務レベル】外国との折衝など、事務レベルで行われる協議・会合のうち、高級官僚(局長クラス以上)など事務方の要職者が参加する場合をいう。

こうきゅうしゅうせい-こうぶんし【高吸収性高分子】▶吸水性高分子

こうきゅうしゅうせい-じゅし【高吸収性樹脂】▶吸水性高分子

こうきゅうしゅうせい-ポリマー【高吸収性ポリマー】▶吸水性高分子

こうきゅう-じゅうにし【後宮十二司】律令制で後宮に関する事務を執った12の役所。内侍司・蔵司・書司・兵司・闈司・薬司・殿司・掃司・膳司・水司・酒司・縫司。

こうきゅうすいせい-こうぶんし【高吸水性高分子】▶吸水性高分子

こうきゅうすいせい-じゅし【高吸水性樹脂】▶吸水性高分子

こうきゅうすいせい-ポリマー【高吸水性ポリマー】▶吸水性高分子

こうきゅう-せんいん【高級船員】海技免状を有する船舶職員および事務長・船医などの称。

こうきゅう-てき【恒久的】〔形動〕いつまでもその状態が続くさま。「—な政策」「—に存在する太陽」

こうきゅうてき-しせつ【恒久的施設】国内の外国法人への課税を国内と外国のどちらで行うべきかの基準となる概念。外国法人が国内に工場や事務所、代理人などの恒久的施設を有していれば、各国との租税条約や国内法に基づき、国内での課税分が増加する。一方で、倉庫など、単に物品を保管する場所等は恒久的施設に該当しないなど、線引きが難しく、裁判等でも争われる。PE(Permanent Establishment)。

こうきゅう-び【公休日】「公休」に同じ。

こうきゅう-ほう【恒久法】有効期間を限らないで制定された法令。⇔限時法。

こう-きょ【公許】官公庁が正式に許可を与えること。官許。「—を得る」〔類語〕許可・認可・許諾・承認・認許・允許・允可・容認・許容・聴許・裁許・免許・官許・許し・オーケー・ライセンス・裁可・特許・黙許

こう-きょ【広居】❶広々としたすまい。❷心を広く保つ意から、仁の道をたとえていう語。

こう-きょ【考拠】考えるためのよりどころ。考える手懸かり。「—を欠く」

こう-きょ【抗拒】〔名〕スル 抵抗して拒絶すること。反抗して妨害すること。「四方に散走し、敢て—する者なかりければ」〈竜渓・経国美談〉

こう-きょ【皇居】《古くは「こうぎょ」とも》天皇の住まい。御所。宮城。皇宮。
〔類語〕御所・宮城・皇宮・宮中・内裏・禁裏・禁中

こう-きょ【貢挙】❶古代中国の官吏登用の法。地方からすぐれた子弟を選抜・推薦させ、中央政府がこれを登用したこと。❷律令制で、官吏に適格な者を推薦すること。諸国の国学から国学生を貢する貢人と、大学から大学生を推挙する挙人とがあった。

こうきょ【康居】中国の漢・魏・晋代の史書に見えるトルコ系遊牧民。中央アジアのシル河下流域からキルギス平原を本拠地とした。

こう-きょ【×惶×遽】おそれ慌てること。

こう-きょ【溝×渠】❶給水や排水のため、土を掘ったみぞ。❷気持ち・心のへだたり。「深い—が夫婦の間には穿たれた」〈円地・女坂〉

こう-きょ【×薨去】〔名〕スル 皇族または三位以上の貴人の死去すること。薨逝。「少林城において御—なされ候」〈鷗外・興津弥五右衛門の遺書〉
〔類語〕崩御・卒去・お隠れ・逝去・永逝・長逝・永眠・他界・物故・大往生・急逝・夭折・夭逝

こう-ぎょ【交魚】祝儀のときなどに贈る、数種類の鮮魚をまぜたもの。

こう-ぎょ【香魚】アユの別名。〔季 夏〕

こう-ぎょ【×薨御】〔名〕スル 親王・女院・摂政・関白・大臣の死去すること。

ごう-きょ【傲×倨】〔名・形動〕「倨傲」に同じ。「負けん気な、—な足立だが」〈里見弴・今年竹〉

こう-きょう【口供】〔名〕スル ❶意見などを口頭で述べること。❷罪人の口から罪状を述べること。また、その筆記録。口書き。「町奉行の白洲で、表向きの—を聞いたり」〈鷗外・高瀬舟〉❸裁判官の問いに対して被告人・証人などが行う供述。「—書」

こう-きょう【口峡】咽頭の入り口部分で、軟口蓋の縁と舌根とで囲まれた狭い空間。

こう-きょう【公共】社会一般。おおやけ。また、社会全体あるいは国や公共団体がそれにかかわること。「—の建物」〔類語〕公・公式・公的・パブリック

こう-きょう【広狭】広いことと狭いこと。また、広さ。「語義の—を論じる」

こう-きょう【交響】〔名〕スル 互いに響き合うこと。

こう-きょう【好況】状況のよいこと。特に、景気のよいこと。景気循環の一局面で、拡張過程における繁栄期。雇用量・生産量などの拡大、物価水準・賃金水準・利子率などの上昇がみられる。⇔不況。
〔類語〕活況・好景気・盛況

こうきょう【孝経】中国の経書。1巻。中国古代の孝道について孔子と曽子が交わした問答を、曽子の門人が記述したものとされる。「古文孝経」と「今文孝経」の二つのテキストがある。

こう-きょう【紅教】チベット仏教の旧派。新教派の黄教に対して、従来からのニンマ(古)派などの保守的な諸宗派のこと。紅帽を着用していたことによる呼称。旧教紅帽派。紅帽派。

こう-きょう【紅鏡】《紅色に輝く鏡の意》太陽。

こう-きょう【荒凶】「凶荒」に同じ。

こう-きょう【耕境】耕作が経済的あるいは自然的に可能な限界。また、その土地。耕作限界。

こう-きょう【高教】他人を敬って、その教えをいう語。「御—を仰ぐ」

こう-きょう【黄教】チベット仏教の新派。15世紀初め、ツォンカパが宗風の改革をめざして創始したゲルク(徳行)派のこと。旧教派の紅帽に対して、黄帽を着用したことによる呼称。新教黄帽派。黄帽派。
➡ダライ＝ラマ

こう-きょう【溝橋】❶道路・運河などの下を横切る、トンネル状の地下水路。❷鉄道線路の下の排水用水路に架けた小さい橋。

こう-きょう【鋼橋】主に鋼材を使った橋。

こう-きょう【講経】経典の講義をすること。

こう-ぎょう【工業】自然の原料に人力や機械力を加え、商品価値のある生産物を製造する産業。重工業と軽工業とに分けられる。
〔類語〕手工業・軽工業・重工業

こう-ぎょう【功業】功績の著しい事業。また、功績。てがら。「—を立てる」

こう-ぎょう【鉱業｜×礦業】有用鉱物を探査・採掘し、それらを原料として加工・処理し、社会に供給する産業。

こう-ぎょう【興行】〔名〕スル ❶観客を集め、料金を取って演劇・音曲・映画・相撲・見世物などを催すこと。また、その催し物。「顔見世—」「地方を回って—する」❷儀式などを催すこと。「禅法の—天下にかまびそし」〈太平記・二四〉❸初めて興し立てること。創建。創立。「初めて伽藍たちばなの道成—の寺なれば」〈謡・道成寺〉❹連歌や俳諧などの会を催すこと。「四日、本坊において誹諧—」〈奥の細道〉
〔類語〕ショー・見せ物

こう-ぎょう【興業】新しく事業を興すこと。また、産業を盛んにすること。「殖産—」

こう-ぎょう【×鴻業｜洪業】大きな事業。「神祖以来の—を一朝に廃滅するは」〈藤村・夜明け前〉

ごう-きょう【号叫】〔名〕スル 大声で叫ぶこと。また、泣き叫ぶこと。

ごう-きょう【剛強】〔名・形動〕《古くは「こうきょう」》たけく強いこと。勇猛なこと。また、そのさま。「—無双の上に、徳川家には嫡々たる忠直卿に」〈菊池寛・忠直卿行状記〉

ごう-きょう【豪×侠】つよくて、男気のあること。「—の気を飾り」〈増山守正・西京繁昌記〉

こうぎょう-あんか【工業暗化】20世紀の初めごろから、工業都市の発展につれて、その付近にすむ蛾に暗色の変異個体が増加する現象。煤煙による生活環境の暗色化に適応して、保護色を選んだと考えられている。

こう-きょういく【公教育】公的性格をもつ教

育。国または地方公共団体およびその機関によって管理・運営される国公立学校の教育のほか、私立学校・各種学校の教育や社会教育も含まれる。

こうきょう-えん【口峡炎】軟口蓋・扁桃腺などに起こる急性の炎症。アンギーナ。

こうぎょう-か【工業化】❶一国の産業構造の中で、農業など第一次産業から、第二次産業、特に工業の占める比重が高まってくること。❷ある製品を工場で生産できるようにすること。

こう-きょうかい【公教会】ローマ-カトリック教会の異称。

こうぎょう-かがく【工業化学】化学工業の基礎となる理論および操作を研究する化学。狭義の応用化学。

こうきょう-がく【交響楽】❶交響曲・交響詩や交響組曲など、管弦楽団によって演奏される楽曲の総称。❷交響曲の古い言い方。

こうきょう-がくだん【交響楽団】交響楽を演奏するための、大編成の管弦楽団。シンフォニーオーケストラ。

こうぎょう-がっこう【工業学校】旧制の実業学校の一。工業に関する中等程度の教育を施した。

こうきょう-きぎょうたい【公共企業体】国や地方公共団体の出資により公共の利益のために経営される企業体。狭義には民営化以前の日本国有鉄道・日本専売公社・日本電信電話公社をさし、これらは三公社と称せられた。

こうきょうきぎょうたいとう-ろうどういいんかい【公共企業体等労働委員会】労働省の外局の一で、公共企業体等における労働問題の斡旋・調停・仲裁などを行った行政委員会。昭和31年(1956)公労法の改正に伴って設置。同63年中央労働委員会に統合された。公労委。

こうきょうきぎょうたいとう-ろうどうかんけいほう【公共企業体等労働関係法】国営企業労働関係法の旧称。昭和24年(1949)施行。公労法。

こうきょうきけん-ざい【公共危険罪】不特定多数の人の生命・身体・財産を危険にさらす罪。放火罪・溢水罪(現住建造物等浸害罪)・往来妨害罪(往来妨害及び同致死傷罪)など。

こうぎょうぎじゅつ-いん【工業技術院】鉱工業の科学技術に関する試験研究、計量標準の設定、日本工業規格(JIS)の制定などを行った行政機関。昭和23年(1948)工業技術庁の名称で商工省に設置、同27年改称。通商産業省の外局を経て、平成13年(2001)廃止。一部業務は独立行政法人「産業技術総合研究所」に吸収された。

こうきょう-きょく【交響曲】管弦楽のためのソナタの形式による楽曲。通常、四つの楽章からなり、調性・楽想のうえで全体の統一が図られる。ハイドン・モーツァルト・ベートーベンらにより確立された。シンフォニー。

こうぎょう-ぎんこう【興業銀行】「日本興業銀行」の略。

こうきょう-くみあい【公共組合】公共の利益を図る目的で、特定の行政事務を行う公法上の社団法人。健康保険組合など。

こうきょう-けいざいがく【公共経済学】市場機構では解決困難ないしは解決不可能な公共的経済問題、例えば、公共財の供給、環境汚染、都市・交通・医療問題などを研究対象とし、非市場的解決を主題とする経済学の新しい一分野。

こうきょう-げきじょう【公共劇場】国や地方自治体などが運営する劇場。

こうぎょうけつ-やく【抗凝血薬】▶抗凝固剤

こうぎょう-けん【鉱業権】一定の地域(鉱区)で、鉱物を採掘・取得する権利。土地の所有権とは別個の権利で、経済産業局長の許可を受け、登録して成立する。試掘権と採掘権とがある。

こうぎょう-けん【興行権】脚本・楽譜・映画などの上演・演奏・上映をする独占的な権利。著作権の中に含まれる。また、一般に営利を目的とした興行についての権利。

こうきょう-けんちく【公共建築】公共的な利用目的をもつ建築物。役所・学校・病院など。

こうぎょう-こう【工業港】工場の専用埠頭から貨物船に原材料や製品を直接積み降ろしできる設備をもつ港。

こうきょうこうじりこう-ほしょうほけん【公共工事履行保証保険】損害保険会社が国・県・市町村など公共工事の発注者に対し、工事の完成を保証する保険。工事を受注した建設会社が契約して保険料を支払う。建設会社の倒産などで工事が中断した場合、保険会社は他の建設会社を使って工事を完成させるか、保証金を発注者に支払う。

こうぎょう-こうとうがっこう【工業高等学校】工業科の課程だけを置く高等学校。工高。

こうぎょうこ-ざい【抗凝固剤】血液が凝固しないようにする薬剤。血栓症・心筋梗塞などの治療や輸血などの際に用いられる。ヘパリン・ワルファリンなど。抗凝血薬。抗凝固薬。

こうぎょうこ-やく【抗凝固薬】▶抗凝固剤

こうきょうサービスかいかく-ほう【公共サービス改革法】《「競争の導入による公共サービスの改革に関する法律」の通称》国や地方公共団体が行う公共サービスの質の向上・経費削減を図るため、民間委託の促進について定めた法律。平成18年(2006)制定。公共サービス改革の基本理念、官民競争入札・民間競争入札の手続き、民間業者による公共サービスの実施などについて規定している。市場化テスト法。➡市場化テスト

こうきょう-さい【公共債】国債・地方債・特別債の総称。➡民間債

こうきょう-ざい【公共財】各個人が共同で消費し、対価を支払わない人を排除できず、ある人の消費によって他の人の消費が妨げられない財・サービス。通常、国など公共部門によって提供される公園・一般道路・消防・警察など。

こうぎょう-ざいだん【鉱業財団】鉱業の採掘権者が抵当権の目的のために、鉱業権および土地・建物などの鉱業施設の全部または一部に設定した財団。

こうきょう-し【交響詩】標題音楽の一種。特定の文学的または絵画的内容を描写する楽曲で、ふつう1楽章形式のものをいう。リストにより創始された。

こうぎょう-し【興行師】興行❶を開催することを職業とする者。

こうきょう-じぎょう【公共事業】国または地方公共団体が公共の利益や福祉のために行う事業。学校・図書館・公園・病院の建設、道路・港湾・上下水道の整備、河川の改修などの事業。

類語 社会事業・公共投資

こうきょうじぎょうさいひょうか-せいど【公共事業再評価制度】公共事業の予算が承認されてから一定期間を経ても未着手または未完成となっている場合、各都道府県が公共事業の継続・休止・中止を判断する制度。地方整備局や都道府県が第三者委員会に諮問し、答申を受けて最終判断を行う。時間の経過にともない、社会状況や住民の要望が変化し、公共事業の意義が低下することがあるため、事業の必要性を再評価し、無駄な公共事業を削減する目的がある。時のアセスメント。➡事業再評価監視委員会

こうきょうじぎょうひょうかかんし-いいんかい【公共事業評価監視委員会】▶事業再評価監視委員会

こうぎょう-しけんじょ【工業試験所】旧工業技術院に属し、工業に関する試験・研究などを行った機関。

こうぎょう-しゅうにゅう【興行収入】▶興収

こうきょう-しょくぎょうあんていじょ【公共職業安定所】厚生労働省の地方支分部局の一。職業安定法に基づき、都道府県労働局長の指揮監督のもとに、職業紹介・職業指導・失業給付などに関する事務を無料で行う国の行政機関。職安。職業安定所。ハローワーク。

こうきょう-しょくぎょうくんれん【公共職業訓練】高齢・障害・求職者雇用支援機構や都道府県が行う、離職者向けの職業訓練。訓練内容はIT技能・製造関連技術・経理・介護など多岐にわたる。ハローワークを通じて申し込み、面接・筆記等の選考を経て受講する。受講料は教科書代などを除き原則無料。公的職業訓練。

こうきょう-しょくぎょうのうりょくかいはつしせつ【公共職業能力開発施設】国・都道府県・市町村が公共職業訓練や認定職業訓練を行うために設置する施設。職業能力開発促進法に基づいて設置されるもので、職業能力開発校・職業能力開発短期大学校・職業能力開発大学校・職業能力開発促進センター・障害者職業能力開発校の5種類がある。

こうぎょう-しょゆうけん【工業所有権】▶産業財産権

こうきょう-しん【公共心】公共のためを思う心。社会一般の利益を図ろうとする精神。「一を養う」

こうきょう-せい【公共性】広く社会一般の利害にかかわる性質。また、その度合い。「一の高い事業」

こうぎょう-センサス【工業センサス】▶工業統計調査

こうぎょう-せんもんがっこう【工業専門学校】工業に関する専門教育を行った旧制の学校。昭和19年(1944)に高等工業学校を改称したもの。

こうぎょうせんよう-ちいき【工業専用地域】都市計画法で定められた用途地域の一。工業の利便性を増進するために定められる地域。どのような工場でも建設できるが、住宅・店舗・学校・病院などは建設できない。

こうきょう-だんたい【公共団体】国の監督のもとに公共的な目的を遂行するための団体。地方公共団体・公共組合・営造物法人の3種がある。公法人。

こうぎょう-だんち【工業団地】一定の地域に工場を計画的に集中させたもの。

こうぎょう-ちいき【工業地域】都市計画法で定められた用途地域の一。主に工業活動を対象とする地域。どのような工場でも建設できるが、住宅・店舗・病院・学校などは建設できない。

こうぎょう-ちたい【工業地帯】多くの工場が集中し、域内生産額のうちで工業生産額の占める割合が特に高い地域。「京浜一」

こうぎょうちゅうし-ほけん【興行中止保険】スポーツ大会・音楽会・演劇・花火大会・パレード・祭りなどのイベントが、事故や悪天候などにより中止や変更を余儀なくされた場合、興行企業などが支出した費用や逸失利益などを塡補する保険。

こうぎょう-ていとう【鉱業抵当】鉱業財団について設定を認められる抵当権。➡財団抵当

こうぎょう-デザイナー【工業デザイナー】▶インダストリアルデザイナー

こうぎょう-デザイン【工業デザイン】▶インダストリアルデザイン

こうぎょうとうけい-ちょうさ【工業統計調査】製造業の事業所を対象に行われる全数調査。経済産業省が製造業全般の実態をつかむために毎年12月末現在で行うもので、事業所の従業者数・現金給与総額・原材料使用額・製造品在庫額および出荷額・付加価値額などを調査する。工業センサス。

こうきょう-とうし【公共投資】政府部門による投資。国の一般会計、地方公共団体の普通会計、特別会計のうちの非収益的事業にかかわる行政投資と、地方公営企業などや国・地方公共団体の収益的事業にかかわる産業投資とがある。狭義には前者のみをいうこともある。

こうきょう-の-ふくし【公共の福祉】社会全体に共通する幸福・利益。基本的人権と矛盾することがあり、その調和が問題とされる。

こうぎょう-ビザ【興行ビザ】演劇・演芸・歌謡・舞踊・演奏・スポーツなどの興行にかかわる芸能活動をする人に認められる入国許可。在留期間は1年まで。月20万円以上の報酬を受けることなど、いくつかの条件がある。

こうぎょう-ぶんせき【工業分析】化学工業・金属工業などで、原料・製品などを化学的に分析・検査すること。また、その分析法。

こうぎょう-ほう【鉱業法】鉱業に関し、鉱業権の発生から鉱害賠償までの基本的な制度を定めた法律。昭和25年(1950)制定。

こうきょう-ほうそう【公共放送】営利を目的とせず、公共的な事業体によって行われる放送。受信料を主な財源として経営される。日本のNHKや英国のBBCなど。➡民間放送

こうぎょう-ぼき【工業簿記】工業を営む企業に適用される簿記。購買・販売および財務に関する外部取引を対象とするほか、製造過程に関する内部取引をも記録・計算する。

こうぎょう-もの【興行物】入場料または観覧料を取って大衆に公開する催し物。

こうぎょう-やくひん【工業薬品】工業の製品製造の過程で多量に使われる薬品。

こうきょうよう-ざいさん【公共用財産】国が直接公共の用に供し、または供するものと決定した財産。国有財産のうちの行政財産に属し、道路・河川・海浜地・公園などをいう。

こうぎょう-ようすい【工業用水】工業の生産過程で使われる水。冷却・ボイラー・洗浄などに使用。

こうきょうよう-ぶつ【公共用物】公物のうち、道路・河川・港湾・公園などのように、直接一般公衆の共同使用に供されるもの。➡公用物

こうきょう-ようり【公教要理】問答形式で書かれたカトリックの教義書。カトリック要理。

こうぎょう-りっち【工業立地】工業生産を営むのに適している自然的、社会的、経済的条件を備えた場所を選定すること。また、その条件を備えた場所。

こうきょう-りょうきん【公共料金】政府または地方公共団体によって規制されている公益性の高いサービスの料金。鉄道・バス・タクシーなどの運賃、郵便・電気・ガス・水道・電話などの料金。

こう-きょく【好局】囲碁や将棋で、双方が十分に実力を発揮して戦った内容のよい対局。

こう-ぎょく【攻玉】《「攻」は、みがき加工する意》玉を磨くこと。また、知徳を磨くこと。

こう-ぎょく【紅玉】❶ルビーのこと。❷若く、肌がつやつやして血色のよいこと。また、美しい容貌のたとえ。「一の膚、平門第一の美男とて」〈樗牛・滝口入道〉❸リンゴの一品種。果皮は真紅色、果肉は薄黄色。酸味がやや強い。《季 秋》

こう-ぎょく【硬玉】輝石の一。緑・青または白色で半透明。単斜晶系。変成岩中に産し、美しい緑色のものは翡翠として宝石にされる。➡軟玉

こう-ぎょく【鋼玉】▶コランダム

こうぎょく-しゃ【攻玉舎｜攻玉社】近藤真琴が、文久3年(1863)に設立した蘭学の私塾を母体とし、明治2年(1869)東京築地に設立した学校。初め攻玉塾と称した。主として海軍や商船関係の予備教育を行った。現在の攻玉社学園の前身。

こうぎょく-てんのう【皇極天皇】[594〜661] 第35代天皇。女帝。在位642〜645。敏達天皇の孫の茅渟王の王女で、舒明天皇の皇后。天智・天武両天皇の母。舒明天皇の死後、即位。皇居は小墾田宮。のち、飛鳥板蓋宮に移した。大化元年(645)弟の孝徳天皇に譲位し、その没後、重祚して斉明天皇となった。

こうぎ-りゅうどうせい【広義流動性】日本銀行が集計・公表するマネーストック統計の指標の一。M3に金融債・銀行が発行する普通社債・金銭の信託、および投資信託・金融機関が発行するCP・国債・外債などを加えたもの。➡M1 ➡M2 (補説)日本銀行は郵政民営化や金融商品の多様化などによる環境の変化に対応するため、従来の「マネーサプライ統計」を見直し、集計対象や指標の定義を改定。平成20年(2008)6月から名称を「マネーストック統計」に変更した。マネーストック統計では、投資信託に私募投信・銀行発行普通社債が追加され、債券現先・現金担保付債券貸借が除外されている。

こうき-りんしょうけんしゅう【後期臨床研修】初期臨床研修を修了した医師を対象とする臨床研修。専門分野の医療技術・知識を修得する目的で行われる。後期臨床研修医はレジデント・シニアレジデント・専修医・専門研修医などと呼ばれる。➡レジデント

こうぎ-ろく【講義録】講義の内容を記録して発行する書物。

こう-ぎわ【髪際】《「かみぎは」の音変化》髪の生えぎわ。「一によりて二寸ばかり傷あり」〈宇治拾遺・一〉

こう-きん【口琴】弾力のある薄片の一端を固定し、もう一方の端の振動を口腔内に共鳴させる楽器。金属や竹などさまざまな素材で作られ、世界中に分布する。ムックリ、琵琶笛など。ジューズハープ。

こう-きん【公金】❶国または地方公共団体の所有に属する金銭。❷個人の所有でなく団体や会社などに属する、おおやけの性質をもつ金銭。「一横領」

こう-きん【甲金】▶甲州金

こう-きん【行金】銀行の保有する金銭。

こう-きん【抗菌】細菌の発生・生育・増殖などを抑制すること。

こう-きん【拘禁】〔名〕スル ❶人を捕らえて、一定の場所に閉じ込めておくこと。監禁。❷比較的長期間、刑務所や留置場などにとどめて身体の自由を拘束すること。➡抑留 (類語)留置・勾留・検束・抑留・拘置

こう-きん【後金】中国、清の建国時の国号。1616年、女真族の首長ヌルハチ(太祖)が建国。都は興京。1636年、2代太宗によって清と改称。

こう-きん【講金】講の掛け金。講で積み立てた金。

こう-ぎん【口吟】〔名〕スル 詩歌などを口ずさむこと。「独り歩み黙思一し」〈独歩・武蔵野〉

こう-ぎん【工銀】工事に従事した労働者に支払う賃金。工銭。工賃。

こう-ぎん【高吟】〔名〕スル ❶声を張り上げて詩歌をうたうこと。「佳句を一する」「放歌一」❷他人の作った詩歌を敬っていう語。玉詠。(類語)放吟・高歌

こう-ぎん【興銀】「日本興業銀行」の略。

ごう-きん【合金】ある金属に他の金属や非金属を溶かし合わせたもの。成分の数によって二元合金・三元合金とよび、基本となる金属によって鉄合金・銅合金・アルミニウム合金などとよぶ。真鍮(銅と亜鉛)・鋼(鉄と炭素)など。

ごう-きん【合×卺】《「卺」は瓢を縦に2分して作った杯。昔、中国で新郎新婦がそれで祝いの酒を酌んだところから》夫婦の縁を結ぶこと。婚礼。結婚。「目出度一の式を挙げしは」〈蘆花・不如帰〉

ごう-きん【合×衾】《夜具を同じくする意から》夫婦の契りを結ぶこと。結婚。合衾。

ごう-ぎん【剛吟｜強吟】▶つよぎん

ごうきん-こう【合金鋼】炭素以外の合金元素を加えた鋼。加えた元素によって、マンガン鋼・ニッケル鋼・クロム鋼などとよぶ。特殊鋼。

こうきん-ざい【抗菌剤】「抗菌薬」に同じ。

こうきん-じょう【拘禁場】懲役・禁錮・拘留に処せられた者、刑事被告人や死刑の言い渡しを受けた者などを拘禁する場所。

こうきん-スペクトル【抗菌スペクトル】抗生物質などの化学療法薬が、病原微生物のどんな種類にどのくらい有効かを図表にして示したもの。

こうきん-せい【抗菌性】抗生物質のもつ、細菌の発育や増殖を阻止する性質。

こうきんせい-ぶっしつ【抗菌性物質】▶抗生物質

ごうきん-てつ【合金鉄】一種類以上の合金元素を多量に含む鉄。鉄鋼の脱酸や脱硫、特殊鋼への合金元素の添加に用いられる。マンガン鉄・クロム鉄など。フェロアロイ。

こうきん-の-らん【紅巾の乱】中国、元末期の1351〜66年、異民族王朝の元を倒し、漢民族王朝を復活するきっかけとなった農民の反乱。白蓮教徒などの宗教的結社が中心勢力となり、紅色の頭巾を用いた。反乱鎮圧後の内乱状態の中で、紅巾軍の武将であった朱元璋が明朝を興した。

こうきん-の-らん【黄巾の乱】中国で後漢末期に、張角が首領となって起こした農民の反乱。184年、黄老の教えに基づく太平道を奉じ、全員が土の徳を示す黄色い布を付けて決起したが、張角の死で衰え、平定された。黄巾の賊。

こうきん-はんのう【拘禁反応】刑務所や強制収容所などで自由を拘束された状態が続いた場合にみられる精神障害の一。神経症・鬱状態・幻覚・妄想などの症状が現れる。

こうきん-やく【抗菌薬】細菌の発生や増殖などを抑える薬品。細菌性感染症の治療に使用される。抗菌剤。

こう-く【工区】長距離・広範囲にわたる工事のとき、施工単位として区切られた区域。

こう-く【校区】(西日本で)児童・生徒の通学区域。東日本でいう学区のこと。

こう-く【康×衢】《「康」は五方に通じる道、「衢」は四方に通じる道の意》道路が四方八方に通じている所。にぎやかなまちなか。

こう-く【×惶×懼】❶恐れかしこまること。恐れ入ること。恐懼。❷手紙などの末尾に、相手を敬って書き記す謙辞。恐惶。

こう-く【鉱区】鉱業権を得て、採掘などの活動をすることを許された区域。採掘鉱区・試掘鉱区・租鉱区がある。

こう-ぐ【工具】工作の道具。特に、機械工作に用いる刃物類など。

こう-ぐ【香具】❶「香道具」に同じ。❷香の材料。匂い袋や薫物に用いる麝香・白檀・沈香など。

こう-ぐ【校具】学校に備えつけてある諸用具。(類語)教材・教具

こう-ぐ【耕具】耕作用の道具。鋤・鍬など。(類語)農機具・農具

ごう-く【合区】〔名〕スル 別々になっていた区をまとめること。選挙区などを統合すること。

ごう-く【業苦】仏語。過去に行った悪業のために、現世で受ける苦しみ。

ごう-く【業×垢】仏語。❶悪業が心身をけがし苦を招くことを、垢にたとえた語。業塵。❷悪業と煩悩。

こう-くう【口×腔】「こうこう(口腔)」の慣用読み。医学でいう。

こう-くう【公空】国際法上、どの国の領有ともされていない空間。公海や無主地の上空をいう。

こう-くう【航空】航空機などに乗って空中を飛行すること。「民間一」(類語)運航・通航・航行・航海・舟航・進航・周航・就航・巡航・回航・直航

こう-くう【高空】空の高いところ。⇔低空。

こう-ぐう【后宮】❶皇后の御殿。❷皇后。

こう-ぐう【厚遇】〔名〕スル 手厚くもてなすこと。また、地位や給料などで十分な待遇をすること。優遇。「一を受ける」「訪問先で一された」⇔冷遇。

こう-ぐう【皇宮】天皇の宮殿。皇居。宮城。こうきゅう。

こうくう-いがく【航空医学】飛行に際して環境の変化などによる身体的、精神的影響や適応性、また、その対策などを研究する医学の分野。

こうくう-うちゅうきょく【航空宇宙局】▶ナサ(NASA)

こうくう-がん【口×腔×癌】口腔内に発生する悪性腫瘍。部位により、歯肉癌・舌癌・口底癌・頬粘膜癌・口唇癌などがある。

こうくう-かんせい【航空管制】「航空交通管制」の略。

こうくう-かんせいとう【航空管制塔】カウクウクワンセイタフ 飛行場の管制業務を行う施設を備えた塔。飛行機の離着陸や飛行場内の交通整備などの指示、気象情報の伝達などを行う。コントロールタワー。管制塔。

こうくう-き【航空機】カウクウー 人が乗って空中を航行する機器の総称。飛行船・気球・グライダー・飛行機・ヘリコプターなど。現在では主に飛行機をさす。
類語 飛行機・旅客機

こうくう-きかんし【航空機関士】カウクウキクワンシ 航空機に搭乗し、機体の管理、故障の発見、応急整備などを行う航空従事者。

こうくうきそうおんしょうがい-ぼうしちく【航空機騒音障害防止地区】カウクウキサウオンシヤウガイバウシチク 特定空港周辺航空機騒音対策特別措置法により規定される、都市計画法上の地域地区の一。航空機による騒音が著しい地域に定められ、学校・病院・住宅等は防音工事が義務付けられる。騒音が特に著しい地区は「航空機騒音障害防止特別地区」に定められ、学校・病院・住宅等の建設が原則として禁止される。

こうくうき-ねんりょう【航空機燃料】カウクウキネンレウ 航空機の燃料として使用される炭化水素油(炭化水素の混合物または単一の炭化水素)のこと。航空機燃料税法に基づいて課税対象となる。➡航空機燃料税

こうくうきねんりょう-ぜい【航空機燃料税】カウクウキネンレウー 国内線の航空機やヘリコプターなどの燃料に課される税金。昭和47年(1972)施行の航空機燃料税法に基づいて、航空会社など航空機の所有者・使用者が国に納める。国際線は対象外。

こうくう-けいき【航空計器】カウクウー 航空機の操縦室に備え付けてある計器類の総称。飛行用・発動機用・航法用その他がある。

こうぐう-けいさつ【皇宮警察】クワウグウー 皇居・御所・離宮・御用邸・陵墓などの警備、天皇・皇族の護衛などを行う警察組織。皇宮警察本部は警察庁の付属機関。

こうくう-げか【口×腔外科】―ゲクワ 顎骨・口舌の腫瘍などの疾患や外傷を扱う外科・歯科の診療科目。➡口腔内科

こうくう-けん【航空券】カウクウー 旅客が航空機に乗るための切符。国内・国際旅客運送約款に基づく会社発行の証券で、運賃のほかに氏名・年齢・連絡先などの記載事項が定められている。

こうくうけん-れんたいぜい【航空券連帯税】カウクウケンー 国際連帯税の一。国際線の航空券などに一定額を課税し、税収は国際医薬品購入ファシリティー(UNITAID)に拠出される。資金は、途上国でのエイズ・結核・マラリアの治療の普及・促進に使われる。

こうくう-こうつうかんせい【航空交通管制】カウクウカウツウクワンセイ 航空機の安全・確実かつ効率的な運航を達成するために管理・指導すること。航空管制塔から離着陸の許可や航路・高度の指示などを行う。航空管制。ATC。

こうくうこうつうかんせい-ぶ【航空交通管制部】カウクウカウツウクワンセイー 航空交通の管制を行うための国の機関。日本では東京・札幌・福岡・那覇に置かれている。

こうぐう-ごえいかん【皇宮護衛官】クワウグウゴヱイクワン 皇宮警察本部に所属する職員。皇宮警視監から皇宮巡査までの8階級に分かれ、皇宮警察の業務にあたる。

こうくう-し【航空士】カウクウー 航空機の飛行中、操縦士を補佐し、地図・計器などを用いての航路の確認、地上との連絡などの任に当たる飛行士。

こうくう-じえいたい【航空自衛隊】カウクウジヱイタイ 自衛隊の一。航空幕僚監部、航空総隊・飛行教育集団・航空救難隊などの部隊、各種学校などからなり、航空幕僚長の補佐を受けた防衛大臣の統括の下に防空を主な任務とする。昭和29年(1954)設置。空自。

こうくう-しゃしん【航空写真】カウクウー 飛行中の航空機から撮影した写真。地図製作のための測量、地形の調査、軍事目的などに利用される。空中写真。

こうくう-しょうがいとう【航空障害灯】カウクウシヤウガイトウ 航空機に対し、航行の障害となる高い建物などの存在を知らせるために設置する灯火。赤色の点滅灯または白色の閃光灯が用いられる。

こうくう-しょかん【航空書簡】カウクウー 外国あての、封筒と便箋を兼ねた航空郵便物。料金は世界各地均一。エアログラム。エアレター。

こうくう-しんりがく【航空心理学】カウクウー 一連の応用心理学の知識を利用し、航空機上の作業や環境条件が搭乗者の心身に及ぼす影響を研究する学問。

こうくう-ぜいかん【航空税関】カウクウゼイクワン 空港に設置される税関。

こうくうせい-ちゅうじえん【航空性中耳炎】カウクウセイー 航空機内で気圧が急激に変化した際に、耳管が閉じたままになり、鼓膜の内側と外側の圧力に差が生じることによって起こる中耳炎。降下時に起こることが多い。軽症の場合は数分から数時間で自然に、あるいは耳抜きをすることによって解消されるが、重症の場合は治療が必要となる。

こうくう-せいびし【航空整備士】カウクウー 発着する航空機の状態を把握し、必要な整備作業を実施して、出発態勢の確認を行う人。

こうくうせい-ふくびこうえん【航空性副鼻×腔炎】カウクウセイー 航空機の高度が急激に変化し、副鼻腔の内圧と機内の気圧に差が生じた際に生じる症状。降下時に起こることが多い。頭痛、頬や目の奥などに強い痛みを感じる。風邪やアレルギーなどで鼻が詰まっていると起こりやすい。

こうくう-そうたい【航空総隊】カウクウー 航空自衛隊の実戦航空部隊。

こうくう-たい【航空隊】カウクウー 航空部隊の編制単位となる部隊。

こうくうてつどうじこ-ちょうさいいんかい【航空・鉄道事故調査委員会】カウクウテツダウジコテウサヰヰンクワイ 航空事故・鉄道事故について、原因の調査・究明や、再発防止策の勧告・建議などを行っていた国土交通省の審議会。平成20年(2008)10月、海難審判庁の船舶事故の原因究明機能が統合されて、運輸安全委員会へと再編された。事故調。事故調委。

こうくう-とうか【航空灯火】カウクウトウクワ 航空機の航行や離着陸を援助するための、灯火を用いた保安施設。航空灯台・航空障害灯・飛行場灯火など。

こうくう-とうだい【航空灯台】カウクウー 航空機の夜間または計器飛行の援助のため、地上に設置される灯台。航空路灯台・地標航空灯台・危険航空灯台などがある。

こうくう-ないか【口×腔内科】―ナイクワ 口の中・顎・顔面などに生じるさまざまな疾患を薬物療法・理学療法・カウンセリングなどによって治療する、歯科の診療科目。➡口腔外科

こうくうないほうかい-じょう【口×腔内崩壊錠】コウクウナイホウクワイヂヤウ 唾液や少量の水で溶けるように作られた錠剤。ものをうまく飲み込めない嚥下障害がある人や幼小児、水分摂取を制限されている人も容易に服用できる。また、腹痛など突発的な症状が起こったときに水がなくても飲める薬として、市販薬にも応用されている。OD錠(oral dispersing tablet)。

こうくう-ねんりょう【航空燃料】カウクウネンレウ 航空機に用いる燃料。ピストンエンジン用の航空ガソリン、ジェットエンジン用のジェット燃料がある。

こうくう-ばくりょうかんぶ【航空幕僚監部】カウクウバクレウカンブ 防衛省に置かれ、防衛大臣に直属する機関の一。幕僚長の統率のもとに、航空自衛隊の、防衛・教育訓練・装備・人事などに関する計画の立案、部隊の管理・運営などを行う。➡幕僚監部

こうくう-はつどうき【航空発動機】カウクウー 航空機に使用する発動機。ピストンエンジン・ガスタービンエンジン・ジェットエンジン・ロケットエンジンなど。

こうくう-びょう【航空病】カウクウビヤウ 気圧調整設備のない航空機で高度上昇につれて酸素不足が主因で起こる症状。頭痛・めまい・吐きけ・だるさ・記憶力減退・呼吸困難など。

こうくう-びん【航空便】カウクウー ❶「航空郵便」の略。❷貨物などの航空機での輸送。

こうくう-ほあんしせつ【航空保安施設】カウクウー 航空機の安全な航行を援助するための施設。航空保安無線施設・航空灯火・昼間障害標識など。

こうくう-ほう【航空法】カウクウハフ 国際民間航空条約の規定に準拠して、航空機の航行の安全を図り、航空機による運送事業の秩序確立・発展を目的とする法律。昭和27年(1952)施行。

こうくう-ほうめんたい【航空方面隊】カウクウハウメンタイ 航空自衛隊の主要作戦部隊の一。航空総隊の指揮下に北部・中部・西部の3隊があり、それぞれ担当空域の防空を担当する。

こうくう-ぼかん【航空母艦】カウクウー 航空機を搭載し、それを発着させる飛行甲板や格納庫を備えた軍艦。第二次大戦から海軍の主力を占めるようになった。空母。

こうくう-ほけん【航空保険】カウクウー 航空機に関連して生じる損害の填補を目的とする保険の総称。機体保険・第三者賠償責任保険・乗客賠償責任保険などがある。

こうくう-ゆうびん【航空郵便】カウクウイウビン 外国に航空機を利用して送達する郵便。航空便。エアメール。

こうくう-ゆそう【航空輸送】カウクウー 航空機によって人・貨物・郵便物などを輸送すること。空中輸送。空輸。

こうぐ-うり【香具売り】カウグー 香具を売り歩く人。江戸時代には、男色を売る者もあった。「見るほど美しき風情なり。これなん―と申す」〈浮・一代男・二〉

こうくう-りきがく【航空力学】カウクウー 流体力学の応用分野。航行中の航空機を対象とし、翼や機体各部に働く大気の力および機体の運動などを研究する。

こうくう-ろ【航空路】カウクウー 航空機の航行に適するよう、地上の無線援助施設を結んだ、一定の幅をもつ空中の航路。エアウエー。

こうぐ-けんさくばん【工具研削盤】切削用の刃物を研削する工作機械。

こうぐ-こう【工具鋼】―カウ 刃物や各種工具に用いられる鋼の総称。炭素工具鋼・合金工具鋼・高速度鋼など。

こうぐ-し【香具師】カウグー ❶香具を作り、また、売る人。香具屋。❷「やし(香具師)」に同じ。

こうく-ぜい【鉱区税】クワウクー 鉱区の面積に応じて、都道府県が鉱業権者に課する地方税。

こう-ぐち【坑口】カウー 坑道の入り口。こうこう。

こう-くつ【後屈】〔名〕スル 後ろに曲げること。また、後ろの方に曲がっていること。「体を―する運動」「子宮―」⇔前屈。

ごう-ぐみ【▽格組(み)】ガウー 建築で、木を縦横に組んだもの。

こうぐみょうしゅう【広弘明集】クワウグミヤウシフ 中国の仏教書。30巻。唐の道宣編。664年成立。「弘明集」にならって、それにもれた六朝時代から唐初までの仏教関係の資料を集めたもの。仏教と道教との交渉を知るための資料として重要。

ごう-ぐら【郷倉|郷蔵】ガウー 江戸時代、郷村などで、年貢米を上納するまで貯蔵し、また凶作に備えて穀類を保存した共同倉庫。

こうくり【高句麗|高勾麗】カウクリ 古代朝鮮の三国の一。紀元前後にツングース系の扶余族の朱蒙が建国。朝鮮半島北部を中心に領土を広げ、4世紀末、広開土王のとき最も栄えた。427年以後平壌に都し、百済・新羅と抗争。668年、唐・新羅の連合軍に滅ぼされた。高麗。

こう-くん【功勲】「勲功」に同じ。

こう-くん【紅×裙】❶紅色の着物の裾。「―翻るその街路は」〈荷風・ふらんす物語〉❷美人。また、芸妓。「―傍ラニ侍シテ酒ヲ勧ム」〈和英語林集成〉

こう-くん【校訓】カウー 学校で、訓育上特に必要と思われる教えを成文化し、学校生活の指針とするもの。

こう-ぐん【行軍】カウー〔名〕スル 軍隊が隊列を組んで長距離を行進・移動すること。学生の軍事教練などにもいった。「豪雪の中をおして―する」「強―」

こう-ぐん【後軍】あとに控えている軍隊。後方の軍勢。後陣。⇔前軍。

こう-ぐん【皇軍】クワウー 天皇が統率する軍隊。もと、日本の陸海軍を称した。

こう-ぐん【紅軍】1927年から37年にかけての中国共産党軍の通称。南昌蜂起を機に結成され、毛沢東・朱徳らの指導の下に国民党軍に対抗し、長征を成功させた。日中戦争勃発後の国共合作により、国民革命軍第八路軍と新四軍に改編された。正式名称は中国工農紅軍。

ごう-ぐん【郷軍】ガウ「在郷軍人」の略。

こうぐん-しょうぎ【行軍将棋】カウグンシャウギ 将棋の一。軍隊の階級・兵種などに分けた駒を敵・味方に配し、早く敵の軍旗の駒を取ったほうを勝ちとする。軍人将棋。いくさ将棋。

こう-け【公家】▶こうか(公家)

こう-け【高家｜▽豪家】カウ ❶格式の高い家。由緒正しい家柄。また、権勢のある家柄。名門。摂関家や武家の名族をいう。❷後ろだてとする権勢。また、その権勢を借りていばること。「大将殿をぞ—にはと思ひ聞こゆらむ」〈源・葵〉❸頼みとするところ。口実。よりどころ。「ただ老いを—にて答らへ居る」〈宇治拾遺・九〉❹江戸幕府の職名。伊勢・日光への代参、勅使の接待、朝廷への使い、幕府の儀式・典礼関係などをつかさどった。足利氏以来の名家の吉良・武田・畠山・織田・六角家などが世襲。禄高は少なかったが、官位は大名に準じて高かった。補説「豪」の漢音も「こう」であることから「豪家」の漢字が当てられ、「ごうけ」と読まれることも多い。

こう-げ【香華｜香▽花】カウ《「こうけ」とも》仏前に供える香と花。華香けかう。こうばな。「—を手向ける」

こう-げ【高下】カウ〔名〕スル ❶高いことと低いこと。上下。「地位の—は問わない」❷まさっていることと劣っていること。まさりおとり。優劣。「品質の—で値が決まる」❸上がることと下がること。上がり下がり。「ドル相場が激しく—する」

ごう-け【合毛】ガフ ▶合毛付ごうけ

ごう-け【江家】ガウ 大江おほえ氏の家系。学者の家柄として菅家かん(菅原すがはら氏)と並び称せられた。

こう-けい【口径】円筒形の物体の口の差し渡し。銃砲の筒やレンズなどの内径。「32—の拳銃」

類語 直径・差し渡し

こう-けい【公×卿】❶古代中国の三公と九卿きうけい。❷▶くぎょう(公卿)

こうけい【公慶】[1648～1705]江戸前期の華厳宗の僧。丹後の人。東大寺大仏殿再建を図り、幕府から大仏勧進の許可を得て諸国を遊歴。宝永2年(1705)上棟式を行ったが、落慶を待たずに没した。

こう-けい【光景】クワウ ❶目前に広がる景色。眺め。「白銀にかがやく峰々の—」❷ある場面の具体的なありさま。情景。「惨憺さんたんたる—」❸日のひかり。

類語 情景・シーン

こう-けい【行径】カウ こみち。小径。

こう-けい【拘×繋】〔名〕スル とらえてつなぎとめておくこと。「加洛ガロの—せらるるを聞きて」〈中村訳・西国立志編〉

こう-けい【肯×綮】《「肯」は骨につく肉、「綮」は筋と肉とを結ぶところの意》物事の急所。かなめ。

肯綮に中あた・る 《「元史」王都中伝から》意見などが、ぴたりと要点をつく。「する事はいつも—・っていて間然すべきところがない」〈鷗外・阿部一族〉

こう-けい【×咬×痙】カウ 口を開こうとすると口の筋肉が痙攣けいれんして、歯を食いしばるような状態になる症状。破傷風の初期にみられ、ヒステリー・癲癇てんかんなどでも現れることがある。牙関緊急がかんきんきふ。

こう-けい【後掲】〔名〕スル 文章で、その箇所よりも後に書き記されること。また、その記述。後出。「詳細は—する」⇔前掲。

こう-けい【後景】絵や写真などで、中心になる題材の後方に見える景色。また、舞台装置の書き割り。背景。バック。⇔前景。

こう-けい【後継】❶前任者や師・先輩などから、事業・学問・地位などを引き継ぐこと。また、その人。あとつぎ。「—の内閣」「—者」❷あとに続くこと。特に、あとから続く軍隊。あとぞなえ。

こう-けい【×狡計】カウ 悪賢いはかりごと。悪計。

こう-けい【皇系】クワウ 天皇の血すじ。皇統。

こう-けい【皇継】クワウ 天皇の位を継ぐ者。皇嗣こうし。

こう-けい【紅×閨】婦人の寝室。「翠帳すいちやう—」

こう-けい【高啓】カウ [1336～1374]中国、元末・明初の詩人。蘇州(江蘇省)の人。字あざなは季迪きてき。号、青邱せいきう。江南の風物・農民生活を描いた叙景詩や、歴史・伝説に取材した幻想的な詩を残す。

こうけい【康慶】カウ 平安末期・鎌倉初期の仏師。運慶の父。快慶の師。慶派発展の基礎を築く。作品に興福寺南円堂の不空羂索観音ふくうけんさくくわんおん・四天王・法相六祖像、東大寺の伎楽面など。生没年未詳。

こう-けい【黄経】クワウ 黄道座標の経度。春分点を零度として東回りに360度まで測る。

こう-けい【絞刑】カウ 絞首刑。

こうけい【興京】中国遼寧省の地名。清朝の発祥地。清の太祖ヌルハチがホトアラに都し、その子太宗が興京と改称。

こうけい【鎬京】カウ 中国、西周の首都。現在の陝西せんせい省西安の付近にあった。

こう-げい【工芸】❶工作や製造に関する技術。「—学校」❷実用性と美的価値とを兼ね備えた工作物を作ること。また、その作品。一般に陶芸・漆芸・染織など小規模なものをいい、建築は含まない。「伝統—」類語 民芸

こう-げい【▽虹×霓｜▽虹×蜺】《竜の一種と考え、雄を虹、雌を霓・蜺としたところから》にじ。

ごう-けい【合計】ガフ〔名〕スル 二つ以上の数値を合わせまとめること。また、そのようにして出した数。「三教科の得点を—する」「—金額」

類語 総計・集計・トータル・締め・延べ・計

ごう-けい【豪渓】ガウ 岡山県南西部、高梁たかはし川支流の槙谷まきだに川上流にある渓谷。総社市と加賀郡吉備中央町にまたがる。長さ600メートル。花崗かこう岩の節理が発達、奇岩絶壁と渓谷美を誇る。国指定名勝。

こうげい-かん【工芸官】―クワン 紙幣・切手・収入印紙・国債などの原画を描き、印刷原版を彫刻する技術者。独立行政法人国立印刷局に所属する国家公務員。

こう-けいき【好景気】カウ 景気のよいこと。経済活動が活発で金まわりがよいこと。⇔不景気。

類語 好況・活況・盛況

こう-けいざい【公経済】国や地方公共団体などが営む経済。⇔私経済。

こうげい-さくもつ【工芸作物】収穫後、製造・加工など比較的多くの過程を経て利用される作物。綿・麻・茶・タバコ・アブラナなど。

こうけい-し【×弘慶子】江戸時代、安永(1772～1781)のころ、朝鮮人の服装をして薬や菓子を売った行商人。

こう-けいしつ【後形質】細胞内で原形質の生命活動の結果生じた物質の総称。細胞壁・細胞液のほか、でんぷん粒・イヌリンなどの貯蔵養分、炭酸カルシウムの結晶などがある。後生質。

こうけい-しゃ【後継者】事業や地位、財産などを受け継ぐ人。「会長の—と目される」

ごうけい-しゅっしょうりつ【合計出生率】ガフケイシュッシャウリツ ▶合計特殊出生率

こうけい-しょく【口径食】カメラなど光学系で、レンズに斜めに入射した光線の一部が鏡筒やレンズの縁で遮られ、視野周辺部の光量が減少する現象。

ごうけい-とくしゅしゅっしょうりつ【合計特殊出生率】ガフケイトクシュシュッシャウリツ 15歳から49歳の女性の、年齢別出生率を合計した指標。一人の女性が平均して一生の間に何人の子供を産むかを表す。合計出生率。TFR(total fertility rate)。補説 平成22年(2012)の日本の合計特殊出生率は1.39。これは、人口の維持に必要な人口置換率2.07を下回り、少子化が進行していることを表す(数値は国立社会保障・人口問題研究所)。

こうけい-ひ【口径比】カメラのレンズの、有効直径と焦点距離との比率。Fナンバーの逆数になり、大きくなるほど映像が明るくなる。

こうげい-ひん【工芸品】工芸によって制作された作品。漆器・陶磁器・染織品・木工品など。

こうけ-がま・し【高家がまし｜▽豪家がまし】カウケ〔形シク〕《「ごうけがまし」とも》権勢をかさに着るさま。権柄ずくである。「かこちかかりて—・しく申して、むつかしく侍るなり」〈山家集・下・詞書〉

こう-げき【口撃】〔名〕スル《「攻撃」のもじり》弁論で他者を批判・非難すること。口先で攻撃すること。「対立候補を口汚く—する」

こう-げき【攻撃】〔名〕スル ❶進んで敵を攻め撃つこと。「総勢を挙げて—する」「奇襲—」❷議論などで、相手を責めなじること。非難すること。「団交で—の的になる」「個人—」❸スポーツの試合などで、相手を攻めること。「九回裏の—」⇔守備。

類語 (❶)襲撃・急襲・強襲・突撃・進撃・進攻・侵攻・攻勢・狙らい撃ち・征伐せいばつ・総攻撃・攻略・直撃・迫撃・挟み撃ち・挟撃・出撃・追い撃ち・追撃・アタック(—する)襲おそう・襲いかかる・攻める・攻めかかる・攻め立てる・槍玉やりだまにあげる/(❷)非難・指弾・糾弾きゅうだん・弾劾だんがい・論難・弁難・風当たり・批判・責める・駁撃ばくげき(—する)責め立てる・槍玉やりだまにあげる

こうげき-き【攻撃機】敵の地上目標や艦船の攻撃を任務とする航空機。

こうげき-てき【攻撃的】〔形動〕❶相手を激しく責めるさま。他人に対して寛容さがないさま。「—な性格」❷スポーツで、積極的に相手を攻めるさま。「—ミッドフィールダー」⇔守備的。

こうげきてき-ミッドフィールダー【攻撃的ミッドフィールダー】▶オフェンシブハーフ

こうけ-きもいり【高家肝煎】カウケ 江戸幕府の高家のうち、三人で月番を務め、職務を主宰したもの。従四位下侍従に任じられ、正四位上少将にまでのぼった。

こうげき-りつ【孔隙率】岩石中のすきまの体積と岩石全体の体積との比。ふつう、パーセントで示す。間隙かんげき率。

こう-げさ【甲×袈×裟】カフ 袈裟の地が亀甲模様でそれを青・黄・紫などに染め、縁を黒色に染めた七条の袈裟。

ごうけしだい【江家次第】ガウケシダイ 平安後期の有職故実書。21巻。そのうち巻16・巻21は欠本。大江匡房おおえのまさふさ著。天永2年(1111)成立。関白藤原師通もろみちの依頼により、朝廷の儀式・礼法などを詳記したもの。江次第。

こう-げた【構桁】橋梁きょうりょうなどの主要部分を構成する水平材。トラス構造の桁。トラストガーダー。

こうけ-だ・つ【高家立つ｜▽豪家立つ】カウケ〔動タ下二〕《「ごうけだつ」とも》権門出身らしく振る舞う。「—・つるわが殿も中納言におはしますや」〈落窪・二〉

こう-けち【×纐×纈】カウ 奈良時代に盛行した絞り染めの名。布帛ふはくを糸でくくって浸染し、文様を染め出すもの。こうけつ。

こう-けつ【孔穴】《「孔」は打ち抜けたあな、「穴」は底のあるあなの意》あな。すきま。

こう-けつ【皇×闕】クワウ 皇居の門。転じて、皇居。

こう-けつ【高潔】カウ〔名・形動〕人柄がりっぱで、利欲のために心を動かさないこと。また、そのさま。「—の士」「—な人柄」派生 こうけつさ〔名〕

類語 潔白・清純・純潔・廉直・清廉・廉潔・貞潔

こう-けつ【×皎潔】カウ〔形動タリ〕白く清らかで汚れのないさま。きょうけつ。「大いなる鵠くぐの、一雪の如くなるが」〈鷗外訳・即興詩人〉「今日よりは—と遊ぶならん」〈庵の記・行往〉

こう-けつ【硬結】カウ〔名〕スル ❶かたくなること。かたくとざすこと。「我心のこれが為に—すべきか」〈鷗外訳・即興詩人〉❷柔らかい組織が病的に硬くなった状態。炎症や鬱血うっけつが長期に及んで結合組織が増殖し、硬化すること。

こう-けつ【×膏血】カウ《「宋史」王禹偁伝から》人の脂と血。苦心して得た収益のたとえ。「生活に揉まれ、人々の—に塗まみれ」〈小林秀雄・無常といふ事〉

膏血を絞・る 人の苦労して得た利益や財産を取りあげる。重税を取り立てることなどのたとえ。

こう-けつ【×壙穴】死体を埋める穴。墓穴。
こう-けつ【×纐×纈】▶こうけち(纐纈)
こう-げつ【江月】江上にかかる月。江上の月。
こう-げつ【×皓月】明るく照り輝く月。明月。
ごう-けつ【豪傑】❶才知・武勇に並み外れてすぐれていて、度胸のある人物。「天下の—」「—肌」❷ささいなことにこだわらない豪放な人物。また、一風変わった人物。(類語)強者・勇士・勇者・剛の者・侍(さむらい)
こう-けつあつ【高血圧】血圧が持続的に異常に高くなっている状態。一般に、最大血圧140ミリメートル水銀柱、最小血圧90ミリメートル水銀柱以上をいう。高血圧症。血圧亢進症。➡低血圧
こうけつあつ-しょう【高血圧症】▶高血圧
こうけっかく-ざい【抗結核剤】結核の化学療法として用いられる薬剤。ストレプトマイシン・パス・カナマイシンなど。抗結核薬。
ごう-けつけ【合毛付け】江戸時代、領主の検見(けみ)に先だって村方が作柄を内見(ないみ)し、もみの収量を見定めて役所へ報告すること。合毛(ごうけ)。合付け。
こう-けっせい【抗血清】動物の体内に病原菌や毒素などの抗原を注射し、血液中に抗体を作らせてから採取した血清。治療や免疫の実験に用いる。
こうげつ-そうがん【江月宗玩】[1574～1643]江戸初期の臨済宗の僧。茶人。号、欠伸子・懵袋子・赫々子など。津田宗及の子。大徳寺の住持。茶を父や小堀遠州に学び、詩文・書にも秀でた。
こう-けっとう【高血糖】血液中のぶどう糖の濃度(血糖値)が正常よりも増加している状態。一般に、1デシリットル中160ミリグラム以上になると尿中にぶどう糖が出る。➡糖尿病
ごうけつ-わらい【豪傑笑い】声高に威勢よく笑うこと。豪放な笑い。
こうけ-ば・る【高家張る┊▽豪家張る】〘動ラ四〙《「ごうけばる」とも》威圧的で横柄に振る舞う。えらぶる。「—・ったる罪人かな」〈虎明狂・八尾〉
ごうけ-ぶんこ【江家文庫】平安後期、大江匡房(おおえのまさふさ)が京都の二条高倉の自邸に家蔵の典籍類を収蔵した文庫。仁平3年(1153)焼失。千種(ちぐさ)文庫。
こう-けん【公権】公法上認められている権利。警察権・財政権・統制権などの国家的公権と、参政権・生活保護を受ける権利などの個人的公権とに分けられる。➡私権 (類語)権利・私権・人権
こう-けん【公験】▶くげん(公験)
こう-けん【効験】・【功験】《古くは「こうげん」とも》ききめ。効能。効果。「—あらたかな妙薬」「神仏の加護良薬の—で」〈鴎外・阿部一族〉
(類語)効果・効(き)き目・徴(しるし)・成果・効(こう)・実効・効能・効力・効用・甲斐(かい)・霊験・験(げん)・作用
こう-けん【後件】「もしsがpならば、QはRである」という形式をとる仮言的判断において、「QはRである」の部分をいう。⇔前件。
こう-けん【後見】〘名〙スル ❶年少の家長・主人などの後ろだてとなって補佐すること。また、その役目の人。後(うし)ろ見(み)。❷法律で、親権者のない未成年者や成年被後見人などを監護し、その財産の管理などを行う制度。後(うし)ろ見(み)。➡成年後見制度 ➡法定後見 ❸能・狂言・歌舞伎・舞踊などで、演技者の後方に控えて、装束の直し、小道具の受け渡し、その他演技の進行の介添えをする者。❹鎌倉幕府の執権や連署、また、室町幕府の関東管領をさしていう。後(うし)ろ見(み)。❺後日に出会うこと。再会すること。「我は一時の命なれば—を期し難し」〈海道記〉❻後になって書物などを他人が見ること。また、その人。「—の人、若し錯謬有らば之を削り」〈雑談集・一〇〉
こう-けん【後賢】後世の賢者。「—を待つ」
こう-けん【貢献】〘名〙スル ❶ある物事や社会のために役立つように尽力すること。「学界の発展に—する」「—度」❷貢ぎ物を奉ること。また、その品物。
(類語)寄与・献身・尽力・挺身
こう-けん【高見】❶すぐれた意見。卓見。「—卓識」❷他人を敬って、その意見をいう語。「御—を承りたい」(類語)意見・見解・主張・説・所説・所論・持説・持論・私見・私意・私考・所思・所見・考え・見方・オピニオン (尊敬)貴意 (謙譲)愚見・卑見・私見・管見
こう-けん【高検】「高等検察庁」の略。
こう-けん【康健】〘名・形動〙じょうぶであること。また、そのさま。健康。「身体を—にせんが為に」〈中村訳・西国立志編〉
こう-げん【公言】〘名〙スル 人前で隠しだてすることなく堂々と言うこと。「—してはばからない」
(類語)口外・他言・言明・明言・確言・断言
こう-げん【巧言】巧みに言い回した言葉。口先だけでうまく言うこと。「—に惑わされる」➡巧言令色
(類語)美辞・甘言・殺し文句
こう-げん【広言┊荒言】〘名〙スル 無責任に大きなことを言い散らすこと。また、その言葉。「—を吐く」「偉そうなことを—する」
(類語)誇張・誇称・大言壮語・豪語・壮語・大ぶろしき
こう-げん【広原┊×曠原】広々とした野原。
(類語)原・野・野原・平原・広野(ひろの)・広野(こうや)・荒野・高原
こう-げん【光源】光を出すもと。太陽や電球。
こう-げん【抗言】〘名〙スル 相手に逆らって言い張ること。また、その言葉。「主筆に—するだけの勇気も出ず」〈魯庵・社会百面相〉
こう-げん【抗原】生体内に入ると抗体をつくらせる原因となる物質。一度抗体ができると、次に侵入した同じ原因物質と特異的に反応する。異種のたんぱく質や多糖類・毒素・微生物などが抗原となりうる。
こう-げん【後言】❶当人のいないところで言う悪口。かげごと。かげぐち。「面従—」❷物事が終わったあとで、異議や不服などを言うこと。「これは何の—を言はせ申し候ふぞ」〈古活字本平治・下〉
こう-げん【荒原】❶荒れ果てた野原。荒野。❷植物群系の一。気候条件などが厳しく、特定の植物がまばらにしか生育できない所。乾荒原(砂漠)・寒地荒原(ツンドラなど)・海岸荒原(砂丘)などに分けられる。(類語)荒野(あれの)・荒野(こうや)・原野・枯れ野
こう-げん【高言】〘名〙スル 偉そうに大きなことを言うこと。また、その言葉。「—を吐く」
こう-げん【高原】山地にある、海抜高度の高い平原。起伏のゆるやかな台状の地形。
(類語)高地・原・野・野原・平原・広野(ひろの)・広野(こうや)・広原
こうげん【康元】鎌倉中期、後深草天皇の時の年号。1256年10月5日～1257年3月14日。
ごう-けん【合憲】憲法の趣旨にかなっていること。憲法の規定に違反していないこと。⇔違憲。
(類語)適法・合法
ごう-けん【剛健】〘名・形動〙男性的で、心身が強くたくましいこと。また、そのさま。「勤勉で—な気風」「質実—」(派生)ごうけんさ〘名〙
(類語)剛毅(ごうき)・不屈・剛直
ごう-けん【豪健】〘名・形動〙勢いが盛んで強いこと。また、そのさま。剛毅(ごうき)。「この老人の—な気象を認めずにはいられなかった」〈藤村・家〉
こうげん-いっとうりゅう【甲源一刀流】江戸後期の秩父(ちちぶ)の郷士逸見義年(へんみよしとし)を開祖とする一刀流の流派。その先祖新羅三郎義光の三男三郎義清が甲斐(かい)源氏の祖であったところからいう。
こうげん-がく【考現学】現代の社会現象を調査・研究し、世相や風俗を分析・解説しようとする学問。考古学をもじった造語。モデルノロジー。
こうけん-かんとくにん【後見監督人】後見人を監督し、後見人と被後見人との利益が相反する場合の被後見人の代表などの役目をする機関。親権者の遺言によって指定するか、必要に応じて家庭裁判所が選任する。
こうけん-けいやく【黄犬契約】▶おうけんけいやく(黄犬契約)
こうげんこうたい-はんのう【抗原抗体反応】抗原と、これに対応する抗体とが特異的に結合して起きる種々の現象。生体に有利な免疫反応、不利なアレルギーやアナフィラキシーなどがある。
こうけんこうてい-の-きょぎ【後件肯定の虚偽】仮言的三段論法において生じる虚偽の一。後件を肯定することによって前件をも肯定するところに生じる。例えば、「ある図形が正三角形ならばそれは二等辺三角形である」「その図形は二等辺三角形である」故に「それは正三角形である」という推論。二等辺三角形は正三角形以外にもあるからこの推論は誤りである。
こうけん-ざ【後見座】能舞台で、後見が控えている場所。後座(あとざ)の後方部の向かって左手の隅、後見柱の右わきにあたる。
こう-けんし【寇謙之】[365～448]中国、南北朝時代の北魏の道士。上谷(河北省)の人。字(あざな)は輔真(ほしん)。太武帝の支持を得て仏教を排斥し、道教を国教化した。
こうげん-じ【広厳寺】奈良県明日香村にある浄土真宗本願寺派の寺。➡向原寺(むくはらでら)
こうげん-じ【向原寺】▶むくはらでら
こうげん-しつ【×膠原質】▶コラーゲン
こうげん-しょく【光源色】太陽・白熱灯・蛍光灯などの光源の出す光の色。波長により青みがかったり、赤みがかったりする。➡物体色
こうげん-しょくぶつ【荒原植物】荒原に生育する植物。乾荒原の乾燥に強いサボテン、海岸荒原の塩分に強いハマヒルガオなど。
こうげんせい-げんぶがん【高原性玄武岩】▶台地玄武岩
こうげん-せつ【公現節】《Epiphany》カトリック教会の祭日の一。キリストの栄光が公に世に現れた三大事跡(降誕の際の東方の三博士による礼拝、受洗、カナにおける最初の奇跡)のうち、三博士の礼拝を記念して1月6日(またはその後の最初の日曜日)に祝う。御公現の祝日。
こうげん-せんい【×膠原線維┊×膠原繊維】結合組織を構成する線維の一種。コラーゲンからなり、腱・靭帯(じんたい)・骨などに多く含まれる。煮ると膠(にかわ)状になる。
こうげんていじ-さいぼう【抗原提示細胞】体内に侵入したウイルスなどの抗原を取り込んで、近くのリンパ節へ移動し、T細胞に抗原の情報を伝達する免疫細胞。樹状細胞・マクロファージ・B細胞など。APC(antigen presenting cell)。
こうけん-てんのう【孝謙天皇】[718～770]第46代天皇。女帝。在位749～758。聖武天皇の第2皇女。母は光明皇后。名は阿倍(あべ)。橘奈良麻呂(たちばなのならまろ)の乱後、淳仁天皇に譲位。上皇として僧道鏡を寵愛(ちょうあい)して天皇と対立。藤原仲麻呂の乱後、天皇を廃して重祚(ちょうそ)、称徳天皇となった。
こうげん-てんのう【孝元天皇】記紀で、第8代の天皇。孝霊天皇の皇子。名は大日本根子彦国牽(おおやまとねこひこくにくる)。皇居は大和国軽(かる)の境原宮(さかいはらのみや)。
こうげん-どう【江原道】▶カンウォンド
こうけん-にん【後見人】❶法律上、親権者のない未成年者や成年被後見人の財産管理や身上監護などを行う人。未成年者の場合は、最後に親権を行う者が遺言で指定し、指定がなければ家庭裁判所が選任する。➡成年後見人 ❷一般に、ある人の背後にいて、その補佐や世話をする人。
こうけん-ばしら【後見柱】能舞台で、橋懸かりから舞台に入るときに左側にある柱。シテ柱の奥で、後見座と狂言座との間にある。狂言柱。
こうげん-びょう【×膠原病】人体の結合組織中の膠原線維(こうげんせんい)に特殊な変性の認められる一群の病気の総称。リウマチ熱・慢性関節リウマチ・全身性エリテマトーデス・全身性硬化症・皮膚筋炎・多発性動脈炎など。自己免疫が原因と考えられている。1942年、米国の医師クレンペラーが命名。
こうけん-ほう【公健法】《「公害健康被害の補償等に関する法律」の通称》▶公害健康被害補償法
こうけん-やく【後見役】後見の役目。また、その役目をする人。
こうげん-やさい【高原野菜】高原地帯の気候を利用して栽培される、レタス・セロリ・キャベツなどの野菜。

こう-けんりょく【公権力】国または公共団体が支配権者として国民に対してもっている権力。また、その権力を行使する主体。

こうげん-れいしょく【巧言令色】カウゲン― 言葉を飾り、心にもなく顔つきを和らげて、人にこびへつらうこと。「―ならざるを愛し」〈織田純・花柳春話〉

巧言令色鮮(すくな)し仁(じん)　《「論語」学而から》巧みな言葉を用い、表情をとりつくろって人に気に入られようとする者には、仁の心が欠けている。

こう-こ【公庫】国の経済政策・社会政策を実現するために融資を行う全額政府出資の金融機関。国民生活金融公庫・中小企業金融公庫・農林漁業金融公庫などは平成20年(2008)の政府系金融機関改革によって株式会社日本政策金融公庫に統合された。また、住宅金融公庫は平成19年(2007)に住宅金融支援機構に改組された。

[類語]銀行・金庫・バンク

こう-こ【好古】カウ― 古い時代の事物を好むこと。「―の士」

こう-こ【好個】カウ―〔名・形動〕ちょうどよいこと。適当なこと。またそのさま。「時間つぶしに―な(の)読み物」[類語]格好・良い・頃合(ころあ)い・誂(あつら)え向き・打って付け・持って来い・ぴったり・好適

こう-こ【江湖】カウ―《「ごうこ」とも》❶川と湖。特に、中国の揚子江と洞庭湖。❷世の中。世間。一般社会。「広く―の喝采を博す」❸都から遠く離れた地。隠者の住む地。「猫を友にして日月を送る―の処士」〈漱石・吾輩は猫である〉

[類語]社会・世間・世(よ)・世の中・民間・巷間(こうかん)・市井(しせい)・天下・世俗・俗世・世界・世上・人中・浮き世

こう-こ【考古】カウ― 古い時代の遺跡や遺物から、当時の生活様式や文化の状態を研究すること。「―資料」

こう-こ【後顧】❶後ろを振り返って見ること。❷あとあとを気遣うこと。「―の老父母を以て…或は戦死し、或は大傷す」〈独歩・愛弟通信〉

こう-こ【香▽香】カウ―《「こうこう」の音変化》漬物。

こう-こ【×曠古】クワウ―《「曠」は、むなしくする意》今までに例のないこと。未曽有。前代未聞。空前。「―の大業」「―の戦争」〈花袋・田舎教師〉

こう-ご【口語】❶日常の談話などに用いられる言葉遣い。話し言葉。口頭語。音声言語。⇔文語。❷明治以降の話し言葉と、それをもとにした書き言葉とを合わせていう。⇔文語。[補説]明治以前の言葉についても、それぞれの時代の話し言葉ならびにそれをもとにした書き言葉を口語ということがある。

[類語]話し言葉・口頭語・俗語

こう-ご【交互】カウ―(多く「に」を伴って副詞的に用いる)代わるがわるすること。互い違いになること。「グループごとに―に働く」「男子と女子と―に並ぶ」[類語]代わる代わる・代わりばんこ・互いに・相互に・交代・入れ替わり・入れ替え・代替(だいたい)・交番・チェンジ・代わり番・互(かた)替わり・隔番・輪番・回り番

こう-ご【交語】カウ―〔名〕スル 言葉をかわすこと。話し合うこと。「―すべき朋友なきもの」〈田口・日本開化小史〉

こう-ご【向後‖×嚮後】カウ― これからのち。今後。きょうこう。「何でもみんな言って下さい。私の―の心得にもなる事ですから」〈漱石・明暗〉

[類語]向こう・今後・以後・向後(きょうこう)・爾後(じご)・この先・これから・今から・その後・以降・以来・爾来・あと

こう-ご【行×伍】カウ― 兵士が隊を組んで整列したその一列。隊伍。

こう-ご【×庚午】カウ― 干支(えと)の一。かのえうま。

こう-ご【×巷語】カウ― 世間のうわさ。巷説。

こう-ご【香×壺】カウ― 香を入れておくつぼ。「御櫛の箱、うちみだりの箱、―の箱ども」〈源・絵合〉

ごう-こ【▽江湖】ガウ― ❶►こうこ(江湖) ❷《馬祖が揚子江の西に、石頭が洞庭湖の南に住し、参禅の徒がその間を往復した故事に基づく》㋐「江湖僧」の略。㋑「江湖会」の略。

ごう-こ【郷戸】ガウ― 律令制の行政区画で、郷を構成する戸。50戸を1里(郷)とし、班田収授や租・庸・調などの賦課はこの区画を単位とした。➡郷里制

ごう-ご【合期】ガフ― ❶間に合うこと。「長久の焼亡に、少納言経信出だし奉らんと欲す。火盛んにして―せず」〈禁秘抄・上〉❷思うようになること。「あまりに苦しく―ならず」〈義経記・八〉

ごう-ご【傲語】ガウ―〔名〕スル 人を見下したような、自信たっぷりな言い方をすること。また、その言葉。「芭蕉のみずから『俳諧の益は俗語を正すなり』と―したのも当然のこと」〈芥川・芭蕉雑記〉

ごう-ご【豪語】ガウ―〔名〕スル いかにも自信ありげに大きなことを言うこと。また、その言葉。「うちの店は日本一うまいと―する」

[類語]誇張・誇称・大言壮語・壮語・広言・大ぶろしき

こうご-いし【神▽籠石】かうご― 広い範囲を、切り石を築いた石垣で区画した山城の古代遺跡。北部九州地方に多い。朝鮮半島の古代山城の遺跡に似る。

こう-こう【口×腔】―カウ 口からのどまでの空洞部分。口の中。[補説]医学では慣用的に「こうくう」という。

こう-こう【工高】―カウ「工業高等学校」の略。

こう-こう【公行】―カウ〔名〕スル ❶悪事などが盛んに行われること。「賄賂―し」〈津田真道訳・泰西国法論〉❷公然と振る舞うこと。横行。「盗賊―して」〈福沢・福翁百話〉❸書物などを刊行すること。「活字版を用いて書を―する」〈柳河春三編・万国新話〉

こう-こう【公侯】❶大名。諸侯。❷公爵と侯爵。

こう-こう【功効】―カウ ❶てがら。功績。❷ききめ。

こう-こう【甲香】カフカウ►貝香(かいこう)

こう-こう【交×媾】カウ―〔名〕スル 男女、または雌雄がまじわること。性交。交合。

こう-こう【坑口】カウ―「こうぐち(坑口)」に同じ。

こう-こう【孝行】カウカウ〔名・形動〕スル ❶子として親を大切にすること。また、そのさま。親孝行。「―な息子」「親が元気なうちに―する」❷親に対するのと同じように、人を大切に扱うこと。「奥さん―」

[類語]親孝行・孝養・孝(こう)

孝行のしたい時分に親はなし　親の気持ちがわかるような年になって孝行がしたいと思っても、もう親はいない。親の生きているうちに孝行しておけばよかったと後悔することが多いということ。

こう-こう【後考】―カウ 未解決の問題などを、あとで考えること。また、後代の人の考え。「―を俟(ま)つ」

こう-こう【後攻】〔名〕スル 野球など攻撃と防御とを交互に行うスポーツの試合で、攻撃の順番があとであること。また、そのチーム。あとぜめ。⇔先攻。

こう-こう【後項】―カウ ❶同一文書の、あとの方にある条項・項目。「―で詳述する」⇔前項。❷数学で、比 $a:b$ における b のこと。⇔前項。[類語]別項・前項

こう-こう【皇考】クワウカウ 在位中の天皇が亡くなった先代の天皇を言う語。

こう-こう【香香】カウカウ 漬物。香の物。こうこ。

こう-こう【航行】カウカウ〔名〕スル 船舶や航空機が航路を行くこと。「太平洋を―する船」[類語]通航・運航・航海・舟航・航空・進航・周航・就航・巡航・回航・直航

こう-こう【降紅】カウ― 煎茶点前(てまえ)に用いる火箸(ひばし)。

こう-こう【高工】カウ― 旧制の高等工業学校の略。

こう-こう【高校】カウカウ「高等学校」の略。「普通―」

こう-こう【高崗】カウカウ［1905～1954］中国の政治家。陝西(せんせい)省の人。東北地方を基盤として活動し、1949年人民共和国国家副主席、52年国家計画委員会主席。のち、毛沢東から「反党連盟」結成の嫌疑をかけられ失脚し、翌年自殺した。カオ＝カン。

こう-こう【黄口】クワウ―《ひなのくちばしが黄色いところから》年が若く経験が浅いこと。また、その人。

こう-こう【黄興】クワウ―［1874～1916］中国の革命家。善化(湖南省)の人。孫文と協調、中国革命同盟会を結成し、倒清運動を指導。辛亥(しんがい)革命後、南京臨時政府の陸軍総長。袁世凱(えんせいがい)討伐の第二革命に失敗して米国に亡命。ホアン＝シン。

こう-こう【港口】カウ― 港の出入り口。

こう-こう【硬×膏】カウカウ 常温では固形で、加温軟化して皮膚に粘着させて用いる外用剤。硬膏薬。硬膏剤。⇔軟膏。

こう-こう【硬鋼】カウカウ 炭素の含有量が0.6～1.5パーセントの鋼。軸・レール・工具などに使用。高炭素鋼。

こう-こう【鉱坑】クワウカウ 鉱山や炭鉱で、調査・採掘のために掘った穴。

こう-こう【×膏×肓】カウクワウ《「膏」は心臓の下部、「肓」は隔膜の上部》❶からだの奥深いところ。ここに病気が入ると治らないという。❷漢方の経穴(けいけつ)の一。背中の第4胸椎下から、大人で約6センチの所。[補説]「こうもう」は誤読。

膏肓に入(い)・る　►病(やまい)膏肓に入る

こう-こう【×鴻荒】―クワウ《「鴻」は大きい、「荒」は遠い、の意》大昔。太古。「大古―の世はいずれも載籍(さいせき)なく」〈青木輔清訳・万国奇談〉

こう-こう【×鴻溝】大きなみぞ。転じて、大きな隔たり。「利害の―がある」〈漱石・吾輩は猫である〉

こう-こう【行行】カウカウ〔形動タリ〕しだいに進んでいくさま。また、どこまでも歩いていくさま。「―として重ねて―たり」〈海道記・序〉

こう-こう【×杲×杲】カウカウ〔ト・タル〕図〔形動タリ〕日光の明るいさま。「朝日は―として」〈蘆花・自然と人生〉

こう-こう【×浩×浩】カウカウ〔ト・タル〕図〔形動タリ〕❶水がみなぎり広がっているさま。「大海哮(たけ)り、―又―たり」〈蘆花・自然と人生〉❷果てしなく広々としているさま。「―として静かな天」

こう-こう【×耿×耿】カウカウ〔ト・タル〕図〔形動タリ〕❶光が明るく輝くさま。「洋灯(ランプ)が―と輝いて居る」〈独歩・忘れえぬ人々〉❷気にかかることがあって、心が安らかでないさま。「転(うた)た―と神(しん)すみ…眠りも得やらず」〈逍遥・内地雑居未来之夢〉[類語]明るい・明明(あかあか)・うらうら・燦燦(さんさん)・燦然(さんぜん)・皓皓(こうこう)・煌煌(こうこう)

こう-こう【×皓×皓‖×皎×皎】カウカウ〔ト・タル〕図〔形動タリ〕❶白く光り輝くさま。清らかなさま。「障子に映る―たる月影に」〈木下尚江・良人の自白〉❷何もなく広々としているさま。「余る所は―冽々たる空霊の気だけになる」〈漱石・吾輩は猫である〉

[類語]燦(さん)・燦然・燦燦(さんさん)・赫赫(かくかく)・燦爛(さんらん)・玲瓏(れいろう)・煌煌(こうこう)・炯炯(けいけい)・明るい・明明(あかあか)・うらうら・耿耿(こうこう)

こう-こう【×煌×煌‖×晃×晃】クワウクワウ〔ト・タル〕図〔形動タリ〕きらきらと輝くさま。明るく照るさま。「―たる星の輝き」「電球が―と輝く」

[類語]燦(さん)・燦然・燦燦(さんさん)・赫赫(かくかく)・燦爛(さんらん)・玲瓏(れいろう)・皓皓(こうこう)・炯炯(けいけい)・明るい・明明(あかあか)・うらうら・耿耿(こうこう)

こう-こう【×鏗×鏗】カウカウ〔ト・タル〕図〔形動タリ〕《「鏗」は金石の打ち合う音の意》鐘の音などが鳴りわたるさま。「浅草寺の明(あ)け六つの鐘が、―と鳴り渡って居る」〈菊池寛・蘭学事始〉

こう-こう〔副〕❶キツネの鳴き声を表す語。こんこん。「狐々と呼びければ、―と鳴きて」〈今昔・二七・四〇〉❷鶏の鳴き声を表す語。「鶏の蹴合ふまねをせい。…―こう、こきゃあ、―」〈虎寛狂・二人大名〉

こう-こう【×斯う×斯う】かうかう《「かくかく」の音変化》㊀〔副〕ある事柄を概括的に指し示すのに用いる。これこれ。かようかよう。「―こういうわけで来られなかった」「―しかじかの事情」㊁〔感〕呼びかけの語。これこれ。「―、おめえ夕べは大酒屋か」〈滑・浮世風呂・二〉

こう-ごう【口号】―ガウ〔名〕スル 詩歌などを口ずさむこと。また、即興の詩。「雨を冒して舵楼に上り、小詩を―す」〈東海散士・佳人之奇遇〉

こう-ごう【交合】カウガフ〔名〕スル 性交。交接。媾合。

[類語]性交・情交・セックス・交接・交尾

こう-ごう【×咬合】カウガフ 上の歯と下の歯とのかみ合わせ。「不正―」

こう-ごう【皇后】クワウ― 天皇・皇帝の正妻。きさき。

こう-ごう【×苟合】―ガフ 他人に気に入られようとすること。迎合。「女に対する男の覬覦(きゆ)、女の―などという葉子の敵を」〈有島・或る女〉

こう-ごう【香合‖香×盒】カウガフ 香を入れる小さな容器。漆器・木地・蒔絵(まきえ)・陶磁器などがある。香箱。

こう-ごう【校合】カウガフ〔名〕スル►きょうごう(校合)

こう-ごう【×媾合】―ガフ〔名〕スル「交合」に同じ。

こう-ごう【×曠×劫】クワウゴフ 仏語。きわめて長い年月。「この一日を―多生にもすぐれたるとするなり」〈正法眼蔵・行持上〉

ごう-こう【×毫光】仏の眉間の白毫から四方に出る細い光。仏の智慧にたとえられる。

ごう-ごう【×嗷×嗷】㊀〘形動ナリ〙叫び声などが騒がしいさま。口やかましく非難するさま。「—なる体にて、あまっさへ朝家を恨むべしなんどきこしめすは、何事ぞ」〈平家・三〉㊁〘形動タリ〙㊀に同じ。「路次—として闘戦し」〈古活字本保元・上〉

ごう-ごう【×囂×囂】〘ト・タル〙図〘形動タリ〙《「囂」は、やかましい、の意》口々にうるさく言いたてるさま。「—たる非難の声が上がる」「喧喧—」
〘類語〙喧喧囂囂・喧囂・侃侃諤諤

ごう-ごう【×轟×轟】〘ト・タル〙図〘形動タリ〙大きな音がとどろき響くさま。「—たる車輪の響き」

こうこう-えいせい【航行衛星】電波を発して、航行中の船舶や航空機にその位置を教える働きをもつ人工衛星。航海衛星。

ごうこう-おん【合口音】もと中国の音韻学の用語。口をすぼめて発する音。オ列長音のうち、古く「オウ・コウ・エウ・ケウ」と書かれた類。「アウ・カウ・アフ・カフ」と書かれたものに対する。中世以後、「オー」と長音化した。合音。⇔開口音

こう-こうがい【硬口蓋】口蓋の前方の3分の2を占める部分。粘膜に覆われ、深部に上顎骨・口蓋骨がある。⇒軟口蓋

こうこうがい-おん【硬口蓋音】音声学で、前舌面と硬口蓋との間で調音される音。[c][ɟ][ɲ]など。顎音。上顎音。

こうごう-き【皇后旗】皇后の外出のとき、掲げた旗。紅色の地に金色の菊花を表したもの。

こう-こうぎょう【鉱工業】鉱業と工業をまとめた言い方。

こうこうぎょう-しすう【鉱工業指数】国内の鉱業・製造工業の動向を総合的に示す指数。経済産業省が月次で作成・公表する。生産指数(付加価値額ウエート)・生産指数(生産額ウエート)・生産者出荷指数・生産者製品在庫指数・生産者製品在庫率指数・稼働率指数・生産能力指数・製造工業生産予測指数の8種類の指数で構成される。業種・品目別のデータも示され、時系列に沿った推移が確認できる。

こうこうぎょう-せいさんしすう【鉱工業生産指数】❶《Indices of Industrial Production》日本の鉱工業指数の一。約500品目の鉱工業製品について、1か月間の生産量を、直近の基準年(西暦末尾が0か5の年)のそれを100として指数化したもの。付加価値額ウエートと生産額ウエートがあるが、前者がより重視される。生産指数。❷《Industrial Produce Index》米国のFRBが毎月発表する、鉱業・製造業や電気・ガスなど公共部門の生産量を指数化した数値。同国の生産活動や設備投資の状況が示されるので、株式や為替の相場への影響が大きい。

こうこうぎょう-せいさんしゃしゅっかしすう【鉱工業生産者出荷指数】鉱工業指数で公表される指数の一。工場から出荷された鉱工業製品の数量について、基準年を100として指数化したもの。製品に対する需要の動向が業種別・品目別に把握できる。鉱工業出荷指数。

こうこうぎょう-せいさんしゃせいひんざいこしすう【鉱工業生産者製品在庫指数】鉱工業指数で公表される指数の一。鉱工業の生産活動によって産出され、出荷されずに残っている在庫の数量について、基準年を100として指数化したもの。在庫の増減が業種別・品目別に示される。鉱工業在庫指数。

こうこうぎょう-せいさんしゃせいひんざいこりつしすう【鉱工業生産者製品在庫率指数】鉱工業指数で公表される指数の一。鉱工業製品の在庫量を出荷量で割り、基準年を100として指数化したもの。在庫と出荷の比率の推移が業種別・品目別に示される。鉱工業在庫率指数。

こうこう-くいき【航行区域】船舶が法令によって航行を認められる区域。平水区域・沿海区域・近海区域・遠洋区域に分かれ、船舶の大小・構造・設備に応じて定められる。航海区域。

こうごう-ぐう【皇后宮】❶皇后の住む宮殿。秋の宮。❷「皇后」に同じ。「一歌合はせさせ給ふ」〈栄花・根合〉

こうごうぐう-しき【皇后宮▽職】皇后宮に関する事務をつかさどった役所。律令制では中務省に、明治の官制では宮内省に属した。こうごうぐうしょく。

こうこう-さ【光行差】光の来る方向と平行でない方向に運動している観測者から見た恒星の方向が、真の方向からずれて見える現象。地球の公転運動によるものでは、角度を秒で表すと最大20.5秒ずれる。

こうこう-ざい【硬×膏剤】►硬膏

こうこう-じ【黄口児】年が若く、経験や知識などが足りない者。青二才。

こうごう-し・い【神神しい】〘形〙図こうがう・し〘シク〙《「かみがみし」の音変化》気高くておごそかである。神聖で尊い。「富士の—・い姿」〘派生〙こうごうしさ〘名〙〘類語〙神聖・聖

こうこう-しょうごん【香光▽荘厳】念仏三昧をたたえた言葉。香に染まると香気が漂うように、仏を念じて仏の智慧や功徳に包まれること。

こうこう-せい【向光性】植物の茎などの、光の刺激の強いほうへ曲がっていく性質。屈光性。⇔背光性。

こう-ごうせい【光合成】光のエネルギーを使って行う炭酸同化。明反応と暗反応の過程からなり、緑色植物では、ふつう水と二酸化炭素から炭水化物を合成し、その際酸素を放出する。ひかりごうせい。

こうごうせい-さいきん【光合成細菌】光合成を行う細菌。紅色硫黄細菌・緑色硫黄細菌などがあり、二酸化炭素と硫化水素などを利用するので酸素は発生しない。

こうこう-ぜん【公公然】〘ト・タル〙図〘形動タリ〙「公然」を強めていう語。「不正が—と行われている」

ごう-こうぞう【剛構造】建築物の柱・梁を剛(接合部の角度が変わらないよう)に接合し、耐震壁を設け、床板も変形しないように構成する耐震構造。現在では低層・中層の建築物に適用。⇒柔構造

こうこうそつぎょうていどにんてい-しけん【高校卒業程度認定試験】《「高等学校卒業程度認定試験」の略称》高等学校卒業者と同等以上の学力があることを認定するための試験。合格者は大学・短期大学・専門学校の受験資格が得られるほか、各種資格試験や就職などでも、高等学校卒業者と同等の学力があるとみなされる。大学入学資格検定に替わり、平成17年度(2005)より実施。高卒認定。高認。

こうこう-てん【降交点】天球の交点のうち、天体が黄道の北から南に通過する点。⇔昇交点。

こうこう-てんのう【光孝天皇】[830～887]第58代天皇。在位、884～887。仁明天皇の第3皇子。名は時康。太政大臣藤原基経の支持によって即位。小松の帝。

こうこう-ど【高高度】地上から7、8000メートルから1万メートル前後までの高さ。「—飛行」

こうこう-どうぶつ【後口動物】►新口動物

こう-こう-はく-し-だん【公侯伯子男】公爵・侯爵・伯爵・子爵・男爵のこと。五等爵。

こうこう-ひょうじゅんほう【高校標準法】《「公立高等学校の適正配置及び教職員定数の標準等に関する法律」の通称》公立高等学校の配置・規模や学級編制・教職員定数の標準について規定した法律。昭和36年(1961)成立。高等学校標準法。

こう-こうぼう【黄公望】[1269～1354]中国、元代の文人画家。常熟(江蘇省)の人。字は子久。号、一峯・大痴。董源・巨然の画法をもとに独自の山水画様式を確立した。元末四大家の一人。著「写山水訣」など。

こうこうむしょうか-ほう【高校無償化法】《「公立高等学校に係る授業料の不徴収及び高等学校等就学支援金の支給に関する法律」の通称》公立高等学校の授業料を無償化し、国立・私立高等学校等の生徒の授業料に充てる高等学校就学支援金を創設することを定めた法律。家庭における教育費負担の軽減が目的。平成22年(2010)3月成立。

こうこう-や【好好×爺】気のいいおじいさん。善意にあふれた老人。「—然とした風貌」

こうこう-やきゅう【高校野球】高等学校の対校野球試合。特に、毎年甲子園球場で行われる春の選抜大会(選抜高等学校野球大会)と夏の選手権大会(全国高等学校野球選手権大会)。

こうこうやきゅうとくたいせい-せいど【高校野球特待生制度】野球の技能に優れた高校生を対象に、授業料免除や奨学金の支給などの特典を与える制度。日本学生野球憲章で禁止されている。〘補説〙平成19年(2007)に存在が表面化して議論を呼んだ。日本高等学校野球連盟は当面の暫定措置として、条件付きでこれを容認する方針を示した。

こうこう-やく【硬×膏薬】►硬膏

こうこうりつ-きゅうとうき【高効率給湯器】エネルギーの消費効率に優れた給湯器。従来の瞬間型ガス給湯機に比べて設備費は高いが、二酸化炭素排出削減量やランニングコストの面で優れている。潜熱回収型・ガスエンジン型・CO_2冷媒ヒートポンプ型などがある。⇒エコキュート ⇒エネファーム
〘補説〙家庭からの二酸化炭素排出量の約30パーセントを給湯が占めていることから、国や自治体は一般家庭や事業者を対象に、高効率給湯器の普及促進を目的とする補助金制度を設けている。

ごうこ-え【▽江湖会】禅宗で、修学参禅の僧を集めて夏安居を行うこと。江湖。

こうご-か【口語歌】口語による短歌。伝統的な和歌の制約から離れ、言文一致運動の試みとして明治中期から始まり、石川啄木らによって実践された。

こうこ-がく【考古学】遺跡や遺物によって、古い時代の人類の生活・文化を研究する学問。

こうこがふ【考古画譜】明治年間に刊行された古画作品目録。黒川春村の遺稿を黒川真頼らが増補・改訂したもの。絵画史研究の貴重な資料。

こ-うごき【小動き】株式・債権・為替などの相場で、値段の上下の幅が小さいこと。また、一部の銘柄の値段だけが変動し、全体的には安定していること。

こう-こく【公告】〘名〙スル 国または公共団体が、ある事項を広く一般に知らせること。官報・新聞への掲載や掲示など文書によるものをいう。〘類語〙告示・公示・宣告・発布・公布・布告・告知・宣布・触れ・広告

こう-こく【公国】ヨーロッパで公の称号を持つ君主が統治する小国。モナコやルクセンブルクなど。

こう-こく【広告】〘名〙スル ❶広く世間一般に告げ知らせること。❷商業上の目的で、商品やサービス、事業などの情報を積極的に世間に広く宣伝すること。また、そのための文書や放送など。「—を載せる」「新製品を—する」「募集—」
〘類語〙(❶)広報・公告・布告・告示・公示・宣告・発布・公布・告知・宣布・触れ/(❷)宣伝・PR・アドバタイジング・コマーシャル・CM・プロパガンダ・触れ込み・アナウンス・周知・コピー

こう-こく【抗告】〘名〙スル 上訴の一。下級裁判所の決定または命令に対して、上級裁判所に不服を申し立てること。
〘類語〙訴訟・起訴・上訴・控訴・上告・提訴・反訴・訴え

こう-こく【侯国】ヨーロッパで侯の称号を持った君主が統治する小国。

こう-こく【皇国】天皇の統治する国。日本の称として用いられた。すめらみくに。

こう-こく【康国】中国、南北朝および隋・唐時代の、サマルカンド地方の呼称。のちにはソグディアナ地方をもさした。

こう-こく【興国】❶国の勢いを盛んにすること。❷新しい国家を建てること。建国。

こうこく【興国】南北朝時代、南朝の後村上天皇の時の年号。1340年4月28日～1346年12月8日。

こう-こく【×鴻×鵠】《「鴻」はおおとり、「鵠」はくぐいで、ともに大きな鳥》大人物のたとえ。

鴻鵠の志(こころざし)　《『史記』陳渉世家から》大人物の志。壮大な考えのたとえ。大鴻の志。➡燕雀(えんじゃく)安(いずく)んぞ鴻鵠の志を知らんや

ごう-こく【号×哭】ガウ〔名〕スル 大声をあげて泣き叫ぶこと。号泣。「愛児の死に―する」

類語 泣く・涙する・涙ぐむ・噎(むせ)ぶ・啜(すす)り上げる・噦(しゃく)り上げる・咳(せ)き上げる・哭(こく)する・落涙する・流涕(りゅうてい)する・涕泣(ていきゅう)する・歔欷(きょき)する・嗚咽(おえつ)する・慟哭(どうこく)する・号泣する・めそめそする・涙に暮れる・涙に沈む・涙に噎ぶ・袖(そで)を絞る・むずかる・べそをかく

ごう-こく【合刻】ガフ〔名〕スル 2冊以上の異なった本を1冊にまとめて刊行すること。また、刊行したもの。合刻本(がっこくぼん)。

こうこく-きかん【抗告期間】カウコク 抗告裁判所に抗告を提起しうる期間。

こうこく-さいばんしょ【抗告裁判所】カウコク 抗告を審理する上級裁判所。簡易裁判所の決定・命令については管轄地方裁判所、地方裁判所の決定・命令については管轄高等裁判所。

こうこく-じ【興国寺】和歌山県日高郡由良町にある臨済宗の寺。山号は鷲峰山。安貞元年(1227)開創の西方寺を起源とする。正嘉2年(1258)真言宗から禅宗に改宗。開山は無本覚心。慶長年間(1596〜1615)和歌山藩主浅野幸長により中興。

こうこく-しかん【皇国史観】クワウコクシクワン 日本の歴史を、万世一系の天皇を中心とする国体の発展・展開ととらえる歴史観。日中戦争・第二次大戦期に支配的となった。

こうこく-しん【抗告審】カウコク 抗告裁判所が抗告の当否を審理すること。また、その審理。

こうこく-そしょう【抗告訴訟】カウコク 行政庁の公権力の行使に関する不服を扱う訴訟。行政事件訴訟の典型的なもので、行政庁の処分または裁決の取り消しの訴えなど。

こうこく-だいりぎょう【広告代理業】クワウコクダイリゲフ 広告主と新聞・雑誌・放送などの媒体との中間にあって業務を代行する営業。広告主に対しては市場調査、広告企画立案、広告制作、媒体選定、広告作業の実施などを代行し、媒体に対しては広告スペース・時間などの販売を代行する。

こうこく-とう【広告塔】クワウコクタフ ❶企業や団体の宣伝のために目立つ所に設置された構造物。「ビル屋上の―」❷企業や団体の宣伝の役割を担う有名人。「党の―として活躍する」「動く―」類語 顔

こうこく-ぬし【広告主】クワウコク 広告の依頼者。広告の出資者。スポンサー。

こうこく-ばいたい【広告媒体】クワウコク 広告を伝達する手段の総称。新聞・雑誌・テレビ・ラジオ・ポスター・ちらしなど。

こうこく-ぶん【広告文】クワウコク 宣伝・広告のための文章。

こうこく-モデル【広告モデル】クワウコク マスメディア事業における収益形態の一。新聞、雑誌、テレビ、ラジオ、インターネットなどで、広告を掲載したり放送したりすることにより、広告主から収益を得る仕組み。特に、インターネットや携帯電話を通じたコンテンツ配信に伴う広告による収益形態を指す。➡契約者モデル

こう-こくりゅう【黄谷柳】クワウコクリウ［1908〜1977］中国の作家。広東省恵陽県の人。日本の香港占領に対し、抗日宣伝活動に参加、のち新聞記者となり、朝鮮戦争に従軍して「戦友の愛」を著す。代表作に「蝦球(シアチウ)伝」。ホワン=クーリウ。

こうご-けい【口語形】口語文の中で用いられる語形。主として活用語にいう。例えば、動詞の「ある」「する」、形容詞の「速い」「美しい」、形容動詞の「静かだ」「賑(にぎ)やかだ」など。⇔文語形。

こうご-けいさん【交互計算】カウゴ 平常取引をする場合に、債権・債務の発生ごとに決済せず、一定期間内の取引から生じる債権・債務の総額について相殺をし、その残額を支払うことを定めた契約。期間は当事者間で任意に定められるが、特約がなければ6か月。

こう-こ-げん【×鉤股弦｜勾股弦】和算で、直角三角形の直角を挟む短い辺(鉤)と長い辺(股)と直角に対する辺(弦)のこと。また、直角三角形。

こうこげん-の-ていり【×鉤股弦の定理】三平方の定理(ピタゴラスの定理)のこと。

こうご-さよう【交互作用】カウゴ ▶相互作用❶

こうごさよう-せつ【交互作用説】カウゴサヨウ ▶相制(そうせい)説

こう-こじ【高▽巾子】カウ 巾子を高くして白い挿頭(かざし)の綿で包んだ冠。踏歌(とうか)の際、六位の蔵人(くろうど)らの舞人がかぶった。「―の世離れたるさま」〈源・初音〉

こうご-し【口語詩】口語体の詩。山田美妙等の試作に始まり、明治末期の川路柳虹(かわじりゅうこう)らの口語自由詩を経て、大正期に確立。

こうご-じゆうし【口語自由詩】コウゴジイウシ 口語で作られる、詩形の自由な詩。明治40年(1907)川路柳虹の「塵溜(はきだめ)」が最初の実作。大正期、白樺(しらかば)派・民衆詩派の詩人や、高村光太郎・萩原朔太郎(はぎわらさくたろう)らにより、近代詩として成熟・完成した。

こうご-じんもん【交互尋問】カウゴ 証人尋問において、取り調べを請求した当事者が尋問(主尋問)し、次に相手方の当事者が尋問(反対尋問)するというように、両当事者が交互に尋問する証拠調べの方式。

ごうこ-そう【▽江湖僧】ガウコ 禅宗で、修学参禅を行う僧。学問僧。江湖。

こうご-たい【口語体】❶ある時代の、話し言葉の形式。話し言葉体。❷現代の、話し言葉に基づく文章の形式。口語文の文体。常体(「だ体」「である体」など)と敬体(「です・ます体」「でございます体」「であります体」など)とがある。⇔文語体。

こう-こつ【硬骨】カウ 一〔名〕脊椎動物の硬骨魚類以上にみられる骨格を形成している組織。普通の骨。炭酸カルシウム・燐酸(りんさん)カルシウムを大量に含み、硬い。⇔軟骨。二〔名・形動〕(「鯁骨」とも書く)意志が強く、自己の信念を曲げないこと。また、そのさま。「―の士」「―な変人だから」〈魯庵・社会百面相〉

類語 強硬・頑固・頑固一徹

こう-こつ【×恍×惚】クワウ〔ト・タル〕図〔形動タリ〕❶物事に心を奪われてうっとりするさま。「―として聴き入る」「―の境地」❷意識がはっきりしないさま。「将軍はすでに疲れ切っていた…精神も次第に―となるほどだった」〈藤村・夜明け前〉❸老人の、病的に頭がぼんやりしているさま。有吉佐和子著「恍惚の人」(昭和47年)により流行した。

類語 (❶)うっとり・酔う・酔い痴(し)れる・浸(ひた)る・陶酔する

ごう-こつ【傲骨】ガウ《唐の李白は腰にかたくつよい骨があるので身を屈することができないと世人が評したという「鼠璞」傲骨の故事から》誇りを高くもって、人に屈しないこと。「天に畏れず、人に憚(はばか)らざる不敵の―」〈紅葉・金色夜叉〉

こうこつ-かん【硬骨漢】カウコツ 意志が強く、権力に屈せず、容易に自分の主義・主張を曲げない男。

こうこつ-ぎょるい【硬骨魚類】カウコツ 魚類のうち、円口類と軟骨魚類を除く一群。魚類の大部分を占める。骨格は主に硬骨からなり、体表はうろこで覆われ、浮き袋をもつ。口は前端に開き、えらあなは一対。卵生が多く、一部が卵胎生。海水・淡水を問わず広く分布。

こうこつ-ぶん【甲骨文】カフコツ《「文」は文字の意》占いの記録のためにカメの甲や獣類の骨に刻まれた中国最古の文字。多く殷墟(いんきょ)から出土。図像的要素の強い原始文字で、漢字の原形となる。甲骨文字。殷墟文字。

こうこつ-もじ【甲骨文字】カフコツ「甲骨文」に同じ。

こうご-ねんじゃく【庚午年籍】カウゴ 天智天皇9年(670)庚午(かのえうま)の年に作られた、全国的規模のものとしては最古の戸籍。戸籍は30年保存を原則としたが、この台帳は永久保存扱いにされた。現存しない。

こうご-のうみんせんそう【甲午農民戦争】カフゴノウミンセンサウ 1894年、朝鮮李朝末に起こった東学(とうがく)の信徒を中心とした農民の反乱。鎮圧のため李朝政府は清国に派兵を要請、日本も出兵して乱は鎮圧されたが、日清戦争を誘発する結果を招いた。東学党の乱。

こうご-の-うれい【後顧の憂い】―うれひ あとに残る気遣い。あとあとの心配。「―のないよう保険に入る」

こうご-ぶん【口語文】❶ある時代の話し言葉をもとにして書かれた文。❷現代の話し言葉をもとにして書かれた文。特に明治中期の言文一致運動によって確立した、口語体の文章。⇔文語文。

こうご-ぶんぽう【口語文法】―ブンパフ 現代の話し言葉、およびそれによる書き言葉で表現する場合の、言葉遣いの決まり。学校教育の場では、現代共通語をもとにした口語文の文法をさしていうことが多い。また、書き言葉の文法に対して、話し言葉の文法をいうこともある。口語法。⇔文語文法。

こうご-ほう【口語法】―ハフ ▶口語文法

こうご-やく【口語訳】〔名〕スル 文語文や漢文の文体を口語体に直すこと。また、その文。口訳。「平家物語の―」

こうコレステロールけつ-しょう【高コレステロール血症】カウ―ケツシャウ 血液中の総コレステロール値が高くなる脂質異常症。体内でのコレステロール合成・代謝異常、コレステロールを多く含む食品の摂り過ぎなどが原因とされる。遺伝的要因が強いものと生活習慣など環境要因の強いものがある。現在は、総コレステロール値よりも狭心症や心筋梗塞などの虚血性心疾患との相関性が高いLDLコレステロール値が脂質異常症の診断基準として重視されている。

こう-こん【後昆】《「後」も「昆」も、のち、の意》のちの世の人。後人。また、子孫。後裔(こうえい)。「―に遺(のこ)したるこそ嬉しけれ」〈鴎外訳・即興詩人〉

こう-こん【後根】▶脊髄後根(せきずいこうこん)

こう-こん【黄×昏】クワウ ❶日の暮れかかること。夕暮れ。たそがれ。「到着せしは―の頃なりしが」〈福田英子・妾の半生涯〉❷戌(いぬ)の刻。〈下学集〉

ごう-コン【合コン】ガフ《「合同コンパ」の略》男女それぞれのグループが、合同で行うコンパ。➡コンパ

こうこん-き【耕墾器】カウコン 土地の開墾や耕作などに用いる農具。すき・くわなどの類。

こうごん-じ【広厳寺】クワウゴン 神戸市中央区にある臨済宗南禅寺派の寺。山号は医王山。後醍醐天皇の勅願によって創建と伝え、開山は明極楚俊(みんきそしゅん)。延元元年(1336)楠木正成一族と郎党の自刃した所という。楠寺。

こうごん-てんのう【光厳天皇】クワウゴンテンワウ［1313〜1364］北朝第1代天皇。在位1331〜1333。後伏見天皇の第1皇子。名は量仁(かずひと)。鎌倉幕府の支持によって後醍醐天皇の皇太子に立ち、即位。建武の中興で退位後、院政を執った。日記「光厳院宸記」がある。

こう-さ【公差】❶等差数列において、隣り合う二項間の差。❷度量衡器の一定の標準と、その実物との差で、法律が有効と認める範囲。❸機械加工の工作物の、許容される誤差の最大寸法と最小寸法との差。許し代(しろ)。

こう-さ【巧詐】カウ 巧みにあざむくこと。

巧詐は拙誠に如(し)かず　《『韓非子』説林上から》巧みにいつわりごまかすのは、つたなくても誠意があるのには及ばない。

こう-さ【交差｜交×叉】カウ〔名〕スル ❶2本以上の線状のものが、ある一点で交わること。また、互い違いになること。「道路が縦横に―している」「立体―」⇔平行。❷生殖細胞の減数分裂の際、相同染色体の間でその一部が交換する現象。交換部分の対立遺伝子がヘテロ(異型)の場合、遺伝子の組み替えがみられる。乗り換え。類語 クロス・交わる・筋交い・打ち違い・十文字・襷(たすき)掛け

こう-さ【光差】クワウ 天体から出た光が地球に達するまでの時間。太陽の光差は499.004782秒で、天文学の基本定数の一。

こう-さ【考査】カウ〔名〕スル ❶いろいろ考えて調べること。「人物―」❷学校で、生徒の学業成績を調べるための試験。「英語の学力を―する」「期末―」❸「日銀考査」の略。類語 (❷)試験・テスト・試問・受験・考試・

入試・オーディション

こう-さ【黄砂｜黄沙】クヮウ ❶黄色い砂。❷中国北西部で、黄色の砂塵が強風に舞い上げられて空を覆い、風に運ばれながら徐々に降下する現象。3〜5月に多く、日本に及ぶこともある。《季 春》「一降る台湾メール沖を行く/禅寺洞」❸砂漠。❹黄土。

こう-さ【▽較差】カウ 「かくさ(較差)」に同じ。

こう-ざ【口座】❶「勘定口座」の略。❷「預金口座」の略。「一を開く」「一番号」❸「振替口座」の略。

こう-ざ【後座】〔名〕スル 銃砲を発射するとき、火薬ガスの圧力が、弾丸を腔内から発射させると同時に、銃砲そのものを後方へ押しやること。

こう-ざ【高座】カウ ❶寄席などで、芸人が芸を演じるための一段高い所。劇場の舞台に相当する。「一をつとめる」「一にのぼる」❷天皇や将軍が、謁見などのときにすわる座席。❸主賓・年長者などのために設けた高い位置の座席。上座。❹寺院で、僧が説法などをするときにすわる一段高い席。

こう-ざ【講座】❶(カウ) ㋐大学院や大学に置かれる研究・教育のための組織。教授・准教授・助教・講師・助手などの人的構成からなる。「仏文学の一を設ける」㋑大学で行われる講義をまねた形式の講習会や放送番組。「市民一」「ラジオ一」㋒大学の講義形式をとって編集した出版物。❷(コウ) 寺院などで、講師のすわる席。

ごう-ざ【合座】ガフ ▶合祀

こう-さい【公債】国または地方公共団体が歳出の財源を得るため、また一時的な資金不足を補うために、国民などから借り入れる金銭の債務。また、その債券。債務者が国の場合を国債、地方公共団体の場合を地方債という。

こう-さい【交際】カウ〔名〕スル 人と人とが互いに付き合うこと。まじわり。「一を結ぶ」「グループで一する」「男女一」(類語)付き合い・交わり・人付き合い・社交・交友・交遊・交誼・親交・行き来・旧交・国交

(用法)交際・つきあい――「友人との交際(付き合い)」「交際(付き合い)が広い」のように、他人と関係を持つという意では相通じて用いられる。◇「付き合い」は、「家族も同然の付き合い」のように私的に親密な関係から、「付き合いで飲みに行く」「あの会社とは付き合いがない」のように、義理や業務上の関係にまで広く使われる。◇「交際」は、義理や世間体の関係ではなく、表立った付き合いの意で用いて、「交際費」のような複合語をつくる。◇類義語「まじわり」は多く文章語として用いる。

こう-さい【光彩】クヮウ ❶きらきらと輝く美しい光。❷才能やすぐれた面が際立って目立つこと。「新人の作品が一きわ一を放っている」(類語)輝き・光輝・光・煌めき・光線・光耀・光芒

こう-さい【後妻】「ごさい」に同じ。

こう-さい【▽虹彩】眼球の血管膜の前端部で、角膜の後方にある環状の膜。色素に富み、その沈着状態によって、茶色や青色の眼になる。中央の瞳孔で開閉を行って光の量を調節する。

こう-さい【校債】カウ 学校を運営するための経費をまかなうために発行する債権。学校債。

こう-さい【高才】カウ《「こうざい」とも》すぐれた才能。また、その持ち主。「一に対して加様の事を申せば」〈太平記・二二〉

こう-さい【高裁】カウ「高等裁判所」の略。

こう-さい【鉱×滓】クヮウ《「こうし(鉱滓)」の慣用読み》金属の製錬のときに、原料鉱石中から分離され、炉中の溶融金属の上に浮かぶかす。主に非金属の珪酸塩の酸化物からなる。スラグ。のろ。

こう-ざい【口才】〔名・形動〕《古くは「こうさい」とも》弁舌の才能。転じて、口先のうまいこと、弁舌の巧みなこと。また、そのさま。「そなたのやうな一なわろは」〈当世下手談義・二〉

こう-ざい【公罪】律令制で、公務上犯した罪。⇒私罪

こう-ざい【功罪】功績と罪過。よい点と悪い点。

功罪相償う 功績はあるが、罪過があるのでそれが消されてしまう。また、罪過はあるが、功績があるので大目に見られる。

功罪相半ばする 功績と罪過が半々で、よいとも悪いともいえない。

こう-ざい【×杭材】カウ 杭に用いる材料。木材・鉄材・コンクリートなど。

こう-ざい【高材】カウ「こうさい(高才)」に同じ。

こう-ざい【硬材】カウ 木材工芸などで、ケヤキ・カツラ・カシなどの広葉樹の材。⇔軟材。

こう-ざい【絞罪】カウ 罪人の首を絞めて殺す刑。絞首刑。また、それにあたる犯罪。

こう-ざい【構材】家屋などの建造物の骨組みをなしている個々の材。小屋組み部材。

こう-ざい【×膠剤】カウ ゼラチンに薬剤を配合したもの。

こう-ざい【鋼材】カウ 建築・機械などの材料としてそのまま利用できるように加工された鋼鉄。

ごう-さい【×嚙砕】ガウ かみ砕くこと。「一機」

ごう-ざい【合剤】ガフ 一種または二種以上の薬剤を水に溶解、または混和した薬剤。

こうさい-えん【▽虹彩炎】虹彩の炎症。目がかすんだり、白目が充血して痛んだり、涙が多く出たり、光をまぶしく感じたりする症状がみられる。

こうさい-か【交際家】カウサイ 人付き合いがじょうずで、交際範囲の広い人。社交家。

こうさい-かりかえ【公債借(り)換え】新条件の公債を発行して、既発行の公債の償還に充てること。⇒借換公債

こうさい-じ【広済寺】クヮウサイ 兵庫県尼崎市にある日蓮宗の寺。天徳3年(959)多田満仲の創建と伝える。正徳4年(1714)日昌が復興。近松門左衛門の墓がある。

こうざい-しっそく【高材疾足】カウザイ《「史記」淮陰侯伝から》才知があり、すぐれた働きをする人。

こうさい-しょうしょ【公債証書】国または地方公共団体が公債の債権者に対して発行・交付する証券。

こうさい-たい【紅菜×薹】▶ホンツァイタイ

こうさい-にんしょう【▽虹彩認証】《iris authentication》バイオメトリックス認証の一。瞳孔の周囲にある虹彩のしわのパターンをもとに本人確認を行う。虹彩のパターンは、1〜2歳頃からほとんど変化がないことを利用したもの。アイリス認証。

こうさい-ひ【交際費】カウサイ ❶世間的な付き合いに必要な費用。❷官庁・会社などで、職務上の交際に必要とする費用。

ごうさい-ふう【強細風】ガウサイ 能で、世阿弥が九段階に分けたうちの第七位(下三位の第一)の芸格。強い中にも細かさをもった芸境。⇒九位

こうさい-りくり【光彩陸離】クヮウサイ〔ト・タル〕図〔形動タリ〕❶光が入り乱れて、美しくきらめくさま。「此女の帯は…一たる矢鱈に奇麗なもの」〈漱石・趣味の遺伝〉❷物事が他を圧してすばらしいさま。「一たる作品」

こうざい-りょう【好材料】カウザイレウ ❶ちょうど都合のよい材料。「週刊誌の一になる」❷相場が上がるような要因。強材料。買い材料。⇔悪材料。

こうさい-るい【後×鰓類】腹足綱後鰓亜綱の軟体動物の総称。えらは心臓の後方に位置する。雌雄同体。アメフラシ・ウミウシなど。

こうさ-がいねん【交差概念｜交×叉概念】カウサ 論理学で、外延の一部が相互に重なり合っている二つ以上の概念。例えば、「学者と教育家」「家畜とペット」など。交錯概念。

こう-さがん【硬砂岩】カウ 暗灰色・暗青灰色の硬い砂岩。砂粒は角ばった岩石片や長石・有色鉱物など。グレーワッケ。

こう-さく【工作】〔名〕スル ❶簡単な器物を作ること。また、それを学ぶ学科。「図画一」❷土木・建築・製造などの工事や作業。❸ある目的を達するために、前もって他に働きかけたり、計画をめぐらしたりして下準備すること。「陰にまわって一する」「和平一」

(類語)(❶)細工・手工/(❷)工事・工務・施工・普請

こう-さく【交錯】カウ〔名〕スル いくつかのものが入りまじること。「夢と現実が一する」

(類語)錯綜・錯雑・混交

こう-さく【耕作】カウ〔名〕スル 田畑を耕して穀物・野菜などを栽培すること。(類語)農耕・農作・農芸

こう-さく【高作】カウ すぐれた作品。また、相手を敬ってその作品をいう語。

こう-さく【▽視▽告×朔｜▽告×朔】カウ《「視」は慣例として読まない》古代、毎月朔日に、天皇が大極殿で各役所から奏上する官吏の勤務・出勤日を記した公文書を閲覧する儀式。延喜年間(901〜923)のころから正月・4月・7月・10月の月初めだけになり、やがて行われなくなった。こくさく。ついたちもうし。

こう-さく【鋼索】カウ 鋼製の針金を何本もより合わせて作った綱。ワイヤロープ。

こう-ざく【▽警策】カウ〔形動ナリ〕《「こう」は「きょう」の直音表記》「きょうさく(警策)」に同じ。「いと一なる名をとりて」〈源・須磨〉

こうさく-いん【工作員】ヰン 諜報活動など、隠密裏の活動をする人。

こうさく-がい【工作買い】ガヒ 相場を人為的に高くするために、意識的に行う買い注文。増資のさいなどに行われることが多い。

こうさく-きかい【工作機械】切削・研削などにより、金属その他の材料を有用な形に加工する機械。旋盤・ボール盤・フライス盤など。

こうさく-きょういく【工作教育】ケウイク 物をつくることを通して、児童・生徒の創造・表現・理解・鑑賞などの能力や美的情操を養う教育。紙細工・粘土細工・木工・金工・製図などを含む。

こうさく-ゲージ【工作ゲージ】加工品の工作のときに用いる限界ゲージ。

こうさく-けん【耕作権】カウサク 農民が土地を耕作する権利。ふつう、小作権と同義に用いられる。

こうさく-げんかい【耕作限界】カウサク ▶耕境

こうさく-じん【工作人】▶ホモファベル

こうさく-せん【工作船】艦船をドックに入れないで海上に浮上させたまま修理したり装備したりすることができるように、工作機械を備えつけた特殊船。

こうさく-てつどう【鋼索鉄道】カウサクテツダウ ケーブルカーのこと。

こうさく-ぶつ【工作物】❶材料を加工して作り上げたもの。❷法律で、建物・塀・電柱・トンネルなど、地上または地中に設置されたもの。

こうさくほうき-ち【耕作放棄地】カウサクハウキ 高齢化、過疎化による人手不足で、過去1年間耕作されたことがなく、今後数年の間に再び耕作する意思のない農地。遊休農地。

こうざ-せい【講座制】カウ 大学などで、学科目制に対して、各講座を研究・教育の基本単位とする制度。

こう-さつ【考察】カウ〔名〕スル 物事を明らかにするために、よく調べて考えをめぐらすこと。「深い一を加える」「日本人の社会意識について一する」

(類語)考究・勘考・探究・論究・研究

こう-さつ【高札】カウ ❶主に江戸時代、法度・禁令、犯罪人の罪状などを記し、一般に告示するために町辻や広場などに高く掲げた板の札。明治6年(1873)廃止。たかふだ。❷相手を敬ってその手紙をいう語。

こう-さつ【高察】カウ すぐれた推察。相手を敬ってその推察をいう語。賢察。「御一を願います」

こう-さつ【黄冊】クヮウ ▶賦役黄冊

こう-さつ【絞殺】カウ〔名〕スル 首を絞めて殺すこと。「一死体」(類語)扼殺・絞首・絞め殺す・縊る

こう-ざつ【交雑】カウ〔名〕スル ❶いりまじること。❷遺伝的に異なる系統・品種などの間で交配を行うこと。「品種改良のために一する」

ごう-さつ【合冊】ガフ ▶がっさつ(合冊)

ごう-さつ【強殺】ガウ「強盗殺人」の略。「一事件」

こうざつ-いくしゅほう【交雑育種法】カウザツイクシュハフ 交雑を人為的に行って新しい品種を育成する方法。動物・植物とも広く行われる。交雑法。

こうさつ-ば【高札場】カウサツ 高札❶を掲げた場所。

こうさ-てん【交差点｜交×叉点】カウサ 2本以上の道

路などが交わる所。[類語]十字路・四つ辻・四つ角・三叉路さんさろ・丁字路・追分おいわけ・曲がり角

こうざ-は【講座派】カウザ 昭和7年(1932)から翌年にかけて、野呂栄太郎の企画・指導のもとに刊行された「日本資本主義発達史講座」に執筆し、日本資本主義の半封建的性格を強調して労農派と論争を展開したマルクス主義理論家の集団。⇒日本資本主義論争

こうざ-ふりかえ【口座振替】コウザフリカヘ 金融機関で預金者の依頼により、支払い指定日に電気・ガス・水道・電話などの料金や税金などを預金者の口座から自動的に引き落として徴収者の口座に振り込み、支払いを済ませる金融機関のサービス。自動振替。

こうざ-ほう【後座砲】ゴザハウ 発射すると、その反動で砲身だけが後方に退き、自動的にもとの位置に戻るように作られている砲。反動砲。

こうさ-ほうい【交差方位|交×叉方位】カウサハウヰ 沿岸を航行する船が、陸の二つ以上の目標物の方位をコンパスで測定し、その交点を海図上に求めて船の位置を知る方法。

こう-ざま【格▽狭間|香▽狭間】カウ 壇の羽目や台・露盤などの側面に彫り込んだ刳形くりかたの装飾。牙象げしょう。眼象げんじょう。

こう-ざま【×斯う様】かう〔形動ナリ〕《「かくさま」の音変化》このようなさま。「源中納言は、―に好ましうは焚たき匂はさで」〈源・紅梅〉[補説]「とざま」と対で用いられることが多い。

ごう-ざむらい【郷侍】ガウざむらひ ⇒郷士ごうし

ごう-さらし【業×曝し|業×晒し】ゴフ〔名・形動〕《「ごうざらし」とも》❶前世の悪業の報いとしてこの世で恥をさらすこと。また、そういう人や、そのさま。恥さらし。「―な男」❷人をののしっていう語。「この―め」

こう-さん【公算】ある事の起こる確実性の度合い。実現する見込み。「成功の―が大きい」
[類語]確率・可能性・蓋然性がいぜんせい・見込み

こう-さん【恒産】❶一定の資産。❷安定した職業。
[類語]資産・財産・私財・財・家財・身代・富・産・資財・財貨・貨財・私産・家産・身上しんしょう

恒産なきものは恒心なし 《「孟子」梁恵王上から》定まった財産や職業がなければ、定まった正しい心を持つことができない。物質面での安定がないと、精神面で不安定になる。

こう-さん【降参】カウ〔名〕スル ❶戦いに負けて服従すること。「力尽きて―する」❷手に負えずに投げ出すこと。まいること。「君のしつこさには―だ」
[類語](❶)降伏・投降・恐れ入る・負ける・ギブアップする・兜かぶとを脱ぐ・シャッポを脱ぐ・一本取られる・敗れる・敗北する・敗退する・完敗する・惨敗する・大敗する・惜敗する・やられる・土がつく・一敗地にまみれる・屈する・伏ふくする・屈服する・くじける・膝ひざを屈する/(❷)閉口・辟易へきえき・参る

こう-さん【鉱産】クワウ 鉱業上の生産。また、その生産物。

こう-さん【講×讃】仏教で、経文の意味・内容を講義し、その功徳をたたえること。

こう-ざん【後産】⇒あとざん

こう-ざん【恒山】中国、山西省北部の山。標高2017メートル。五岳のうちの北岳。15世紀末までは河北省の恒山を北岳にあてた。ホン-シャン。

こう-ざん【高山】カウ 高い山。[類語]高峰・山岳・山

こう-ざん【鉱山】クワウ 地中から鉱物を採掘する場所や事業所。金山・銅山・鉄山など。やま。
[類語]炭鉱・金山・銀山・銅山

こう-ざん【衡山】カウ 中国、湖南省中部の山。標高1266メートル。五岳中の南岳。寿岳。ホン-シャン。

こうざん-がく【鉱山学】クワウザン 鉱山に関する学問の総称。鉱山地学・鉱床学・採鉱学・選鉱学・鉱山衛生など。

こうさんか-ざい【抗酸化剤】カウサンクワ ⇒酸化防止剤

こうざん-きこう【高山気候】カウザン 高山に特徴的な気候。気温は高さが増すにつれて下がり、霧が多くなり、雪線以上では万年雪や氷河がある。

こうさん-きゅう【好酸球】カウサンキウ 白血球の一。細胞内にある顆粒かりゅうが酸性色素に赤く染まるもの。アレルギー性疾患や寄生虫症などの際には増加する。好酸性白血球。

こうさんきゅうせい-ずいまくのうえん【好酸球性髄膜脳炎】カウサンキウセイズイマクナウエン 髄液中に白血球の一種である好酸球が著しく増加して起こる髄膜炎を伴う脳炎。線虫症(広東住血線虫症・旋毛虫症、アニサキス症)、吸虫症(肺吸虫症・日本住血吸虫症)、条虫症、などの寄生虫疾患が疑われる。

こうさん-きん【抗酸菌】カウサン 酸に対して抵抗力のある細菌。表面に脂質・蝋ろう質をもつため、フェノールフクシンで染色後に酸性アルコールなどで脱色しても、反応を示さない。結核菌・癩菌らいきんなど。

こう-さんこく【黄山谷】クワウ ⇒黄庭堅こうていけん

こうざん-こく【高山国】カウザン 近世に日本人の用いた、台湾の呼称。

こうざん-じ【功山寺】山口県下関市にある曹洞宗の寺。山号は金山。開創年代は嘉暦2年(1327)、開山は虚庵玄寂。毛利氏の菩提寺。

こうざん-じ【高山寺】カウザン 京都市右京区にある単立法人の寺。もと真言宗御室派の別格本山。山号は栂尾とがのお山。古く度賀尾寺といい、建永元年(1206)明恵みょうえが再興して現寺号に改めた。寺宝の鳥獣戯画巻・明恵上人像は国宝。他に多数の古典籍類を所蔵。平成6年(1994)「古都京都の文化財」の一つとして世界遺産(文化遺産)に登録された。

こうざん-しょくぶつ【高山植物】カウザン 主に高山帯に生育する植物。小形の多年生草木や小低木が多く、地下部が発達し、花は鮮やかな色彩をもつ。生長期間が短いので花が一斉に咲き、お花畑ができる。コケモモ・チングルマ・イワオウギなど。

ごう-ざんぜ【降三世】ガウ 「降三世明王」の略。

こうさん-ぜい【鉱産税】クワウサン 鉱物の採掘事業に対し、鉱物の価格を課税標準として、作業場の所在地の市町村が鉱業者に課する地方税。

ごうざんぜ-ほう【▽降三世法】ガウザンゼホフ 密教で、降三世明王を本尊とし、悪人を降伏ごうぶくさせるために行う修法。

ごうざんぜ-みょうおう【降三世明王】ガウザンゼミヤウワウ《梵Trailokyavijaya Vajrhūmkaraの訳》五大明王の一。東方に位し、3世にわたる三毒を降伏ごうぶくさせるところからこの名がある。像は普通三眼で、四面八臂はっぴ、怒りの表情をし、火炎を背に負い、足下に大自在天と烏摩妃うまひを踏みつける姿に表す。降三世。勝三世明王。

こうざん-ぞく【高山族】カウザン 台湾先住民族の総称。古代にインドネシア方面から渡来したとされ、9部族に分かれる。日本統治時代には高砂たかさご族と呼ばれた。

こうざん-たい【高山帯】カウザン 植物の垂直分布帯の一。森林限界より上、雪線より下の地帯。植生により地衣帯・草本帯・低木帯に分けられる。日本では、中部地方の標高2500メートル以上の山地をさす。

こうざん-ちょう【高山×蝶】カウザンテフ 高山帯に分布するチョウ。日本ではアサヒヒョウモン・ウスバキチョウ・タカネヒカゲのほか、それより低い所でもみられるミヤマモンキチョウ・クモマベニヒカゲなども含めていう。

こうざん-びょう【高山病】カウザンビヤウ 比較的短時間のうちに高山へ登ったときに起こる症状。気圧の低下や酸素の欠乏などが原因となる。息切れ・めまい・動悸どうき・頭痛・吐き気・耳鳴り・難聴など。山岳病。

こうさん-ぶつ【鉱産物】クワウサン 鉱山から産出される物。鉱産。

こうざんほあん-ほう【鉱山保安法】クワウザンホアンハフ 鉱山労働者に対する危害を防止するとともに、鉱害を防止し、鉱物資源の合理的開発を目的とする法律。昭和24年(1949)施行。

こうさん-ろん【公算論】⇒確率論

こう-し【口試】「口頭試問」の略。

こ-うし【小牛|子牛|×仔牛|×犢】《古くは「こうじ」とも》小さい牛。また、牛の子。

こう-し【公子】貴族の子弟。公達きんだち。

こう-し【公司】⇒コンス

こう-し【公私】おおやけとわたくし。公的な事と私的な事。「―のけじめ」「―にわたる」「―混同」

こう-し【公使】国家を代表して外国に駐在し、外交事務を取り扱う職務。また、その人。大使に次ぐものとされ、普通は特命全権公使をいう。ほかに弁理公使・代理公使がある。

こう-し【公試】国家が行う試験。国家試験。

こう-し【孔子】[前552〜前479]中国、春秋時代の学者・思想家。魯ろの陬邑すうゆう(山東省曲阜きょくふ)に生まれる。名は丘きゅう。字あざなは仲尼ちゅうじ。諡おくりなは文宣王。早くから才徳をもって知られ、壮年になって魯に仕えたが、のち官を辞して諸国を遍歴し、十数年間諸侯に仁の道を説いて回った。晩年再び魯に帰ってからは弟子の教育に専心。後世、儒教の祖として尊敬され、日本の文化にも古くから大きな影響を与えた。弟子の編纂へんさんになる言行録「論語」がある。くじ。

こう-し【甲子】カフ 干支えとの1番目。きのえね。かっし。

こう-し【交子】カウ 中国で、宋の真宗のころ、主として四川地方で用いられた紙幣。初め私的取引に使われたが、のち仁宗のころに官営となった。

こうし【交趾|交阯】カウ 中国、前漢の武帝が南越を平定して設置した郡の名。現在のベトナム北部トンキン・ハノイ地方にあたる。のち、中国でのベトナムの呼称となった。コーチ。

こう-し【光子】クワウ 電磁波として知られる光を、量子論の立場からとらえた場合の粒子で、質量零、スピン整数の素粒子。記号γ　フォトン。光量子。

こうし【合志】カフシ 熊本県中北部にある市。熊本市に隣接しベッドタウン化が進む。北部地域は穀倉地帯をなす。平成18年(2006)2月に合志町・西合志にしごうし町が合併して成立。人口5.5万(2010)。

こう-し【好士】カウ ❶すぐれた人。りっぱな人物。「一人の―より三人の愚者」〈毛吹草・二〉❷風流を解する人。詩歌の道に通じている人。「万葉の様を存ぜざらん―は、無下のことぞ覚え侍る」〈毎月抄〉

こう-し【考思】カウ〔名〕スル 考えること。思考。「数月の間、これを―し」〈中村訳・西国立志編〉

こう-し【考試】カウ 学力・能力・資格などを調べて及落・採否を判定すること。試験。[類語]試験・考査・試問・入試・受験・テスト・オーディション

こう-し【行使】カウ〔名〕スル 権利・権力、また非常手段を実際に使うこと。「拒否権を―する」「武力―」
[類語]発動・使用・駆使・適用・活用

こう-し【孝子】カウ ❶親によく仕える子。親孝行な子。「―説話」❷父母をまつる墓碑銘などを書くとき、子が自分の名の上につける語。

こう-し【孝志】カウ 孝行を尽くす心。孝心。

こう-し【更始】カウ〔名〕スル 古いものを改めて、新しく始めること。また、新しく始まること。「学制も亦―せずんばあらず」〈新聞雑誌二一〉

こう-し【厚志】深い思いやりの気持ち。心のこもった親切。「御―ありがたく存じます」
[類語]厚情・親切・情け・厚意・懇切・懇篤こんとく・親身

こう-し【後肢】❶動物の4本の足のうち、後方の一対。あと足。後ろ足。❷昆虫の胸脚のうち、後方の一対のもの。後脚。

こう-し【後×翅】昆虫の二対の翅はねのうち、後方の一対。うしろばね。

こう-し【後嗣】あとつぎ。よつぎ。子孫。

こう-し【皇子】クワウ 天皇・天子の子。特に、その男子。おうじ。みこ。⇔皇女。

こう-し【皇師】クワウ 天皇のひきいる軍隊。皇軍。

こう-し【皇嗣】クワウ 天皇・天子のよつぎ。皇位継承の第一順位にある者。皇太子。

こう-し【紅脂】べにと脂粉。

こう-し【紅紫】くれないとむらさき。転じて、種々の美しい色。「柱は花鳥を刻みなして、―の色彩を極きわめたるさま」〈眉山・宝の山〉

こう-し【郊×祀】カウ 古代中国で、天子が郊外で行った天地をまつる大礼。冬至には国都の南郊で天をまつり、夏至げしには北郊で地をまつった。郊祭。郊礼。

郊社。

こう-し【香資】カウ「香典こうでん」に同じ。

こう-し【格子】カウ ❶細い角材や竹などを、碁盤の目のように組み合わせて作った建具。戸・窓などに用いる。❷寝殿造りの建具である蔀しとみのこと。❸「格子戸」の略。❹「格子縞じま」の略。❺ ►グリッド ❻「結晶格子」の略。❼「回折かいせつ格子」の略。❽「格子女郎」の略。また、格子女郎のいた所。

こう-し【校史】カウ その学校の歴史。また、それをまとめた書物。

こう-し【貢士】❶中国で、地方からすぐれた子弟を中央政府に選抜・推薦すること。また、その者。明代以降は、科挙の会試に合格してまだ殿試を経ない者をいった。❷慶応4年(1868)諸藩から選ばれて藩論を代表し、議事所に出仕して議事に参与した人。

こう-し【貢使】みつぎものを持って訪れる使節。

こう-し【高士】カウ ❶志が高くりっぱな人格を備えた人物。人格高潔な人。「一世に容いれられず」❷世俗を離れて生活している高潔な人物。隠君子。

(類語)君子・人士・大人たいじん・大人うし・士人

こう-し【高師】カウ「高等師範学校」の略。

こう-し【×皓歯】カウ 白くきれいな歯。多く「明眸めいぼう皓歯」の形で、美人の形容に用いる。

こう-し【鉱×滓】クワウ ►こうさい(鉱滓)

こう-し【構思】考えを組み立てること。また、組み立てた考え。構想。

こう-し【×嚆矢】カウ ❶《「嚆」は叫び呼ぶ意》かぶら矢。❷《昔、中国で戦いを始めるとき、敵陣に向かって❶を射たところから》物事のはじまり。最初。「二葉亭の『浮雲』をもって日本近代小説の一とする」

(類語)始め・始まり・起こり・最初・第一・初発・濫觴らんしょう・権輿けんよ・起源・源

こう-し【講師】カウ《古く、寺で説経をする僧をいった「講師こうじ」から出た語》❶講演や講義をする人。「研修会の一として招かれる」❷大学・高等専門学校で、教授・准教授に準じる職務に従事する者。専任で常勤の者と、非常勤の者とがある。❸小・中・高校で、非常勤で教諭の職務を助ける者。❹専門学校・予備校・塾などで、講座を受け持つ人。(類語)先生・教師・教官・教授・助教・チューター・インストラクター

こう-じ【口耳】口と耳。

口耳四寸しすんの学　《「荀子」勧学から。口と耳との間である学問の意》聞いたことをそのまま人に伝えるだけの、身につかない学問。受け売りの学問。

口耳の学　「口耳四寸の学」に同じ。

こうじ【▽小路】こうぢ《「こみち」の音変化》幅の狭い道。町なかの狭い通り。⇔大路おおじ。

(類語)小道・細道・小径・路地

こう-じ【工事】〔名〕スル　土木・建築などの実際の作業。「道路を一する」「一現場」

(類語)普請・施工・工務・工作・土建・土木・建設・建築

こう-じ【公示】〔名〕スル　おおやけの機関が、一般の人に広く知らせるために発表すること。「投票日を一する」(補説)選挙の期日を知らせる場合、天皇が国事行為として行う衆議院議員総選挙および参議院議員通常選挙では「公示」とされる。選挙管理委員会が行う地方選挙では「告示」が使われる。(類語)告示・公告・宣告・発布・公布・布告・告知・宣布・触れ

こう-じ【公事】❶政府・官庁などのおおやけの仕事。公務。⇔私事。❷公共に関する事柄。⇔私事。

こうじ【弘治】コウヂ 室町後期、後奈良天皇・正親町おおぎまち天皇の時の年号。1555年10月23日～1558年2月28日。

こう-じ【向自】カウ ►フュールジッヒ

こう-じ【好字】カウ よい意味をもった文字。人名・地名などにこのんで用いられる。

こう-じ【好事】カウ ❶よいこと。喜ばしいこと。❷よい行い。❸ ►こうず(好事)

(類語)吉事・慶事・おめでた・寿・吉

好事魔多し　《「琵琶記」幾言諫父から》よいことにはじゃまが入りやすい。(補説)「好事、魔、多し」と区切る。

好事も無きに如しかず　《「厳棲幽事」から》たとえよいことでも、それがあれば煩わしいので、むしろ何事もないほうがよい。

好事門もんを出いでず　《「北夢瑣言」から》よい行いは、なかなか世間に伝わらない。(補説)「悪事千里を行く」と対で使われることが多い。

こう-じ【好餌】カウ ❶よいえさ。人を誘惑するのに都合のよい手段や材料。香餌こうじ。「一に釣られる」❷欲望の犠牲などになりやすいもの。格好のえじき。「批評家の一となる」

(類語)えじき・いけにえ・犠牲・犠牲者

こう-じ【×垢×膩】ジ あかやあぶらなどのよごれ。「領えりや肘ひじはいつも一に汚れている」〈鴎外・魚玄機〉

こう-じ【後事】あとの事。将来の事。また、特に、死んだあとの事。「親友に一を託す」

こう-じ【×柑子】カウ《「かんじ」の音変化》❶ミカン科の小高木。果実は濃い黄色で、酸味が強い。日本で古くから栽培され、現在は山陰地方から北陸地方にみられる。こうじみかん。(季 実=秋 花=夏)「仏壇の一を落す鼠かな/子規」❷「柑子色」の略。

こう-じ【香餌】カウ 味やにおいのよいえさ。多く、人を誘い寄せるようなうまい話などにいう。好餌。

香餌の下もとに必かならず死魚しぎょあり　《「三略」から》よい匂いの餌の下には必ず死んだ魚がかかっているように、利益の影には必ず危険がある。利益に誘われて身を滅ぼすことのたとえ。

こう-じ【高次】カウ〔名・形動〕❶次元の高いこと。程度や水準の高いこと。また、そのさま。「人間におけるよりもさらに一なキリストの愛」⇔低次。❷数学で、次数が高いこと。ふつう、三次以上をいう。

こう-じ【▽勘事】カウ《「かんじ」の音変化》❶とがめて遠ざけること。また、不興を買って、遠ざけられること。「年月の一なりとも、今日の参りには許されなむ」〈かげろふ・中〉❷拷問。「はりつけて、七十度の一を経ければ」〈宇治拾遺・二〉

こうじ【康治】カウヂ 平安後期、近衛天皇の時の年号。1142年4月28日～1144年2月23日。

こう-じ【硬磁】カウ 純粘土の素地に長石質の釉うわぐすりを施して焼いた磁器。透明度が少ないが、色白、堅牢けんろうで、洋食器などに用いる。硬質磁器。

こうじ【×麹|×糀】かうぢ《「醸立かむだち」の略「かむち」の音変化》米・麦・大豆などを蒸し、室の中にねかせてコウジカビを繁殖させたもの。酒・醤油・みりんなどの醸造に用いる。(補説)「糀」は国字。

こう-じ【講師】❶(カウ) 宮中の歌会、歌合うたあわせ、漢詩の会などで、詩歌を詠み上げる役。❷(コウ) ㋐平安時代、諸国の国分寺に置かれた上座の僧官。僧尼をつかさどり、経論を講説した。㋑維摩会ゆいまえなどの勅会において講経の任に当たる僧。㋒法会のときなどに、高座に上がって経文を講義する僧。

ごう-し【合子|×盒子】ガフ《身とふたとが合う物の意》ふた付きの小さい容器。香合・化粧品入れなどに用いた。合器ごうき。ごうす。

ごう-し【合×祀】ガフ〔名〕スル　2柱以上の神を一つの神社にまつること。また、ある神社にまつった神を、他の神社に移して一緒にまつること。合祭。合座。

ごう-し【合資】ガフ〔名〕スル　何人かが資本を出し合うこと。

ごう-し【郷士】ガウ 江戸時代、武士の身分のまま農業に従事した者。また、武士の待遇を受けていた農民。平時は農業、戦時には軍事に従った。郷侍ごうざむらい。

ごう-じ【合字】ガフ ❶ふつう2字の漢字や仮名などで書き表す語を1字で表記する文字。古文書や漢文訓読文などに使われた。「杢(木工)」「麿(麻呂)」「ゟ(こと)」「ヰ(トキ)」など。❷ラテン文字などで、二つ以上の字を一つに組み合わせたもの。「æ」「Æ」「ﬃ」など。

こうし-あたま【孔子頭】江戸時代、儒学者がした総髪などの髪形。こうしがしら。

こうじ-いろ【×柑子色】カウジ 赤みがかった黄色。だいだい色。

こうし-いわい【格子祝ひ】カウシいはひ 近世、大坂の遊里で、客のつかない遊女たちが、客がつくまじないとして近辺を散歩すること。「あんまり余所が賑にぎやかさに、一に出ました」〈浄・重井筒〉

こうし-えん【甲子園】カフシエン 兵庫県西宮市の地名。高校野球が行われる甲子園球場の所在地。地名は、野球場が完成した大正13年(1924)が甲子きのえねの年であったことによる。

こうしえん-きゅうじょう【甲子園球場】カフシエンキウヂヤウ 兵庫県西宮にしのみや市甲子園にある野球場。大正13年(1924)完成。グラウンド面積は約1万3000平方メートル。プロ野球チーム阪神タイガースの本拠地。毎年春と夏に、高校野球大会が行われる。阪神甲子園球場。

こうしえん-だいがく【甲子園大学】カフシエン 兵庫県宝塚市にある私立大学。昭和42年(1967)開学。

ごうし-がいしゃ【合資会社】ガフシグワイシヤ 無限責任社員と有限責任社員とからなる会社。持分会社の一。

こうし-かかく【行使価格】カウシ ►権利行使価格

こうじ-がくれ【▽小路隠れ】こうぢ ❶少しの間身を隠すこと。「夕暮、夜の間にぞ、一せらるなるや」〈宇津保・国譲下〉❷かくれんぼ。「稚子ちごどもの一」〈根無草・後〉

こうじ-かび【×麹×黴】かうぢ コウジカビ科の一群の子嚢しのう菌。餅もちやパンに生え、菌糸は枝分かれし、その先に放射状に胞子をつける。多くの酵素を含み、でんぷん・たんぱく質などを分解するので、酒・醤油の醸造などに利用。麹菌こうじきん・きくきん。学名Aspergillus

こうし-かん【公使館】コウシクワン 公使がその駐在地で事務を取り扱う所。国際法上、不可侵権・治外法権が認められる。

こう-しき【公式】❶おおやけに定められた形式。また、公的な手続きを踏んで物事を行うこと。「一の行事」「一の見解」「一に訪問する」「非一」❷数や式の間に成り立つ関係を、数学上の記号を用いて表示した式。「一に当てはめて計算する」

(類語)公的・公的・正式・表向き

こう-しき【香敷】カウ ►銀葉ぎんよう❷

こう-しき【硬式】カウ 野球・テニス・卓球などで、硬球を使用する方式。⇔軟式。

こう-しき【講式】❶仏・菩薩ぼさつや高僧などの徳をたたえる法会の儀式。和文の声明しょうみょうが行われる。❷法会の儀式の次第を定めた書物。式文と賛嘆とからなるもので、永観の往生講式、高弁の四座講式など、平安中期以後の名僧の手になるものが多い。

こう-じき【高直】カウヂキ〔名・形動〕❶値段が高いこと。また、そのさま。高価。「一な品物」❷貴重で得がたいこと。また、そのさま。「王様の御綸旨りんじより一な物握った」〈浄・反魂香〉➡下直げじき

ごう-しき【合式】ガフ 法式にかなうこと。法則どおりであること。「其全権たる証を一の儀に於て示授したることを記す」〈西周訳・万国公法〉

ごうし-き【合糸機】ガフシ 紡績機械の一。単糸を何本かより合わせて弾力のある糸を製する機械。

こうしき-サイト【公式サイト】企業や官公庁・学校などの当事者が、その組織や商品紹介などのためにに開設した、インターネット上のサイト。➡非公式サイト

こうしき-しゅぎ【公式主義】既存の形式や原理・原則などにこだわって、現実に即応した判断や処置をしようとしないこと。また、そのようなやり方。「一者」

こうしき-せん【公式戦】公式の試合。特にプロ野球などで、正式に決められた日程に従って行われる試合。(類語)ゲーム・マッチ・予選・メーンイベント・試合

こうしき-てき【公式的】〔形動〕❶形どおりであるさま。おおやけに行うさま。「一な行事」❷形式や規則にとらわれて状況などに即した対応をしないさま。融通がきかないさま。「一な批判」

こうしき-ひこうせん【硬式飛行船】カウシキヒカウセン 軽金属および木材で強固な船体をつくり、薄いガス袋を内部に収めた飛行船。

こうじ-ぎり【▽小路切り】こうぢ 小路を横切ってまっすぐ行くこと。また、その場所。「一に、前後左右の敵を防ぎかねて」〈太平記・一七〉

こうしき-れい【公式令】明治憲法下で、各種法令や条約の公布の方式を定めていた勅令。明治40年(1907)制定、昭和22年(1947)廃止。

こうしき-ろん【公式論】既存の形式や原理にとらわれた理論や主張。公式主義の議論。

こうじ-きん【×麹菌】カウヂ ▶麹黴こうじかび

こう-じく【光軸】クワウヂク ❶レンズ・球面鏡などの、中心と焦点とを通る直線。❷光学的異方性をもつ結晶内を光が通るとき、光が複屈折を起こさない方向。光軸が一つの一軸性結晶と、二つある二軸性結晶とがある。

こうし-くさ・し【孔子臭し】〔形ク〕しかつめらしい。道学者ぶっている。「鴨の長明が―・き身の取り置きも」〈浮・一代男・一〉

こうじ-くりげ【×柑子×栗毛】カウジ 馬の毛色の名。ややだいだい色を帯びた栗毛。柑子赤毛。

こうし-ぐわ【格子×鍬】カウシぐは 土を掘り起こす部分に透かし穴のある鍬。粘土などを耕すのに使用。

こうしけご【孔子家語】孔子の言行や、孔子と門人との問答などを集録した書。10巻。原本は27巻あったらしいが、散逸。現存のものは魏の王粛の偽作とされる。日本にも平安時代から伝わる。

こうし-けっかん【格子欠陥】カウシ 結晶格子内における配列の乱れ。格子点が一部欠けていたり、格子間の隙間に不純物原子が入り込んだりしたもの。

こうじ-けっしゃ【公事結社】慈善事業など、政治に関係のない公共の利益を目的とする結社。旧治安警察法の用語。

こうしけつ-しょう【高脂血症】カウシケツシヤウ 血液中の脂質値が異常に高い症状。総コレステロール、中性脂肪、LHDコレステロール（悪玉）の値が基準値より高く、HDLコレステロール（善玉）の値が基準値より低いなど、脂質の値に異常がある状態の総称。日本動脈硬化学会が平成19年（2007）に発表した指針により、前記の診断基準から総コレステロール値がはずされ、さらにHDLコレステロール値が低い状態を「高脂血症」とよぶのは適切でないということから、名称も「脂質異常症」に変更された。

こうじ-げんご【高次言語】カウジ ▶メタ言語

こうし-こ【格子子】カウシ 格子を組み立てる縦横の部材。

ごうし-さい【合×祀祭】ガフシ ❶合祀のときに行われる祭典。❷靖国神社で、戦死者・殉難者の霊を一緒にまつるときに行われる臨時の大祭。

こうじ-さいこく【公示催告】裁判所が一定の期間を定め、不特定または不分明な利害関係人に対して権利の届け出をさせるための催告。官報・公報、裁判所の掲示板などに公告し、届け出がなければ権利を失わせる。➡除権判決

ごうし-ざん【合資算】ガフシ 共同出資により経営する事業から生じた利益の配当額や損失の分担額の計算法。単合資算（出資高による算出法）と複合資算（出資高と出資期間の両者による算出法）とがある。

こうし-し【合志市】カフシ ▶合志

こうし-じま【格子×縞】カウシ 格子状に縦横の線を表した模様。また、その織物。チェック。

ごう-じじゅう【江侍従】ガウ 平安中期の女流歌人。父は大江匡衡まさひら、母は赤染衛門。藤原道長に仕えた女房。歌は後拾遺集以下に収載。生没年未詳。

こうし-しょう【光視症】クワウシシヤウ 暗いところで顔を振ったりすると、視野の隅がきらっと光る症状。網膜と硝子体とが癒着して網膜が引っ張られたときに起こる。高齢者に多い。

こうし-じょう【小牛▽尉】▶小尉こじょう

ごうし-しょう【合指症】ガフシシヤウ 手や足の隣り合う指がくっついていること。手術で治る。

こうしじょう-ノイズ【格子状ノイズ】カウシジヤウ ▶ブロックノイズ

こうし-じょろう【格子女郎】カウシヂヨラウ 江戸時代、遊女の階級の一。吉原では、大夫たゆうの次、局つぼねの上の位。また、その位の遊女。遊女屋の表通りに面した格子の中に控えていた。格子。

こうし-しんどう【格子振動】カウシ 結晶格子の格子点を中心とした原子・イオン・原子団などの微小な振動。

ごう-しずこ【郷静子】ガウしづこ［1929〜 ］小説家。神奈川の生まれ。本名、山口三千子。第二次大戦後、結核療養生活を送るかたわら日本文学学校に通い、野間宏の影響を受ける。戦争体験を綴った「れくいえむ」で芥川賞受賞。他に「小さな海と空」「夕空晴れて」など。

こうし-せい【高姿勢】カウ 相手に対して威圧的な態度をとること。高圧的な態度。「弱みにつけこんで―に出る」⇔低姿勢。

こうじ-そうたつ【公示送達】民事訴訟法で、送達しなければならない書類をいつでも交付する旨を、一定期間、裁判所の掲示板に掲示することによって送達の効果を生じさせる方法。当事者の住所所が不明のとき、または外国で嘱託送達のできない場合などに認められる。

こうし-そうにく【行×尸走肉】カウ《「拾遺記」後漢から。歩くしかばねと走る肉の意》無学・無能で存在価値のない者をあざけっていう語。

こうし-たい【黄氏体】クワウ 中国の花鳥画の一様式。黄筌こうせんに始まるもので、鉤勒填彩こうろくてんさいを特色とする精細華麗な画風。富貴体。➡徐氏体じょしたい

ごうしだい【江次第】ガウ ▶江家次第ごうけしだい

こうじ-ちか【公示地価】国土交通省が毎年調査し発表する、土地取引や土地税制評価の基準となる価格。調査時点は1月1日。標準地を選び、建物を除いて土地のみで評価する。土地公示価格。➡基準地価 ➡路線価 ➡地価LOOKレポート

こうじ-ちゅう【工事中】❶土木・建築など、現在何かの工事をしていること。また、その表示。「水道の―」❷インターネットで、ホームページなどを作っている最中であること。不都合があって作り直している最中であること。また、その表示。

こう-しつ【公室】❶だれもが自由に利用できる部屋。❷諸侯の家。君主の家。

こう-しつ【後室】❶家の後ろにある部屋。後房。❷身分の高い人の未亡人。

こう-しつ【皇室】クワウ 天皇およびその一族。天皇と皇族。類語 皇族・王室・帝室・王族

こう-しつ【高湿】カウ〔名・形動〕湿度が高いこと。また、そのさま。「―な気候」「―地帯」

類語 多湿・湿潤・低湿・陰湿

こう-しつ【硬質】カウ 質がかたいこと。また、かたい性質。「―のゴム」「―の文体」⇔軟質。

類語 かたい・生硬・強い・硬直・堅硬・かちかち・がちがち・かちんかちん・こちこち・ハード

こう-しつ【×膠漆】カウ にかわとうるし。きわめて親しく離れがたい関係のたとえ。「―の交わり」

こう-しつ【×膠質】カウ コロイドのこと。⇔晶質。

こう-じつ【口実】❶言い逃れや言いがかりの材料。また、その言葉。「病気を―に欠席する」「―を与える」「―をさがす」❷日ごろよく口にする言葉。言いぐさ。「朝暮の―として誦しける」〈今昔・一五・四三〉

類語 名目・名分・隠れみの・藉口しゃこう

こう-じつ【好日】カウ よい日。好ましい日。晴れて気持ちのよい日や平穏な日。「日々是こ―」

類語 吉日・佳日・寧日

こう-じつ【行実】カウ ▶ぎょうじつ（行実）

こう-じつ【×狎×昵】カフ なれ親しむこと。なれなれしくすること。「―の境を越えて」〈荷風・濹東綺譚〉

こう-じつ【×曠日】クワウ《「曠」はむなしい、また、むなしくするの意》何もしないで、むなしく日を過ごすこと。

こうしつ-かいぎ【皇室会議】クワウシツクワイギ 皇室に関する重要事項を審議する機関。内閣総理大臣を議長とし、皇族二人・衆参両院正副議長・宮内庁長官・最高裁判所長官および同裁判官一人の計10人で構成し、皇位継承の順位、摂政の設置、立后、皇族男子の婚姻などについて審議する。

こうしつ-かがく【×膠質化学】カウシツクワガク ▶コロイド化学

こうしつ-ガラス【硬質ガラス】カウシツ 材質が硬く、軟化温度の高いガラス。カリガラス・硼珪酸ほうけいさんガラスなど。理化学用ガラス器具・耐熱ガラス食器などに使用。

こうし-づくり【格子造(り)】カウシ 家の表に格子を設けること。また、そのつくりの家。

こうじ-づけ【×麹漬(け)】カウヂ 魚や野菜を塩漬けの後、米麹に漬けたもの。

こうしつけいざい-かいぎ【皇室経済会議】クワウシツケイザイクワイギ 皇室の経済に関する事項を審議するため、皇室経済法によって設けられた機関。

こうしつけいざい-ほう【皇室経済法】クワウシツケイザイハフ 皇室の財産の授受、皇室費・皇室経済会議などについて定める法律。昭和22年（1947）施行。

こうしつ-ゴム【硬質ゴム】カウシツ ▶硬化ゴム

こうしつ-ごりょう【皇室御料】クワウシツゴレウ 皇室所有の土地・財産。禁裏御料。

こうしつ-コルチコイド【鉱質コルチコイド】クワウシツ 副腎皮質ホルモンの一。アンドロステロンが代表的。腎臓でのナトリウムイオンの再吸収を促す。ミネラルコルチコイド。電解質コルチコイド。

こうしつ-ざいさん【皇室財産】クワウシツ 皇室の所有する財産。明治憲法下では林野・土地・建物・有価証券などからなっていたが、日本国憲法下では純粋の私産以外はすべて国有となった。

こうしつ-じき【硬質磁器】カウシツ ▶硬磁こうじ

こうじつ-じきゅう【×曠日持久】クワウジツヂキウ《「戦国策」趙策から》むなしく日々を過ごして物事を長引かせること。曠日弥久こうじつびきゅう。曠久。「此儘に―せば、鎮台益々土兵を募り」〈竜渓・浮城物語〉

こうじつ-せい【向日性】カウジツ 植物の茎などが太陽光線の強い方へ向かって屈曲する性質。向光性。屈日性。⇔背日性。

こうしつ-てんぱん【皇室典範】クワウシツ 皇位継承・皇族・摂政・皇室会議など、皇室に関する事項を規定する法律。昭和22年（1947）制定。明治22年（1889）に制定された旧皇室典範は明治憲法と並ぶ最高法典であったが、現行皇室典範は通常の法律の一。

こうしつ-とうき【硬質陶器】カウシツタウキ 1200〜1300度の高温で焼いた陶器。陶器と磁器との中間的な品質をもち、透明性はない。長石質陶器。

こうしつ-ひ【皇室費】クワウシツ 予算に計上し、国会の承認を得て決定する皇室の費用。内廷費・宮廷費・皇族費の3種がある。

こうじつ-びきゅう【×曠日▽弥久】クワウジツビキウ《「戦国策」燕策から》「曠日持久」に同じ。

こうしつ-もよう【後室模様】―モヤウ《後室❷の着物にふさわしい地味な模様の意》模様を白上がりにして、上絵を墨で描いたもの。

こうしつよう-ざいさん【皇室用財産】クワウシツヨウ 国が皇室の用に供する国有財産。

こう-して【×斯うして】かう ■〔副〕このように。このようにして。「筆は―使う」■〔接〕前の事柄を受けて、その結果を述べるときに用いる。このようにして。かくして。「―戦後の日本は復興した」

こうし-ていすう【格子定数】カウシ ❶結晶格子の大きさと形を決める定数。格子の三つの稜の長さと、それらがつくる三つの角をいう。❷回折格子で、隣り合う二つのスリットの中心から中心までの距離。

こうし-てん【格子点】カウシ 結晶格子の中に位置する原子・イオン・原子団などのつりあう位置。各格子の交点。

こうし-ど【格子戸】カウシ 格子を組んで作った戸。

こうじ-な【▽小路名】こうぢ ❶書状の宛名に官名や姓名などを書かないで、その人の住む所の名を書いて敬意を表すこと。一条に住む人にあてて「一条殿」とするなど。❷宮中・院の女房に京の小路の名をつけて呼んだもの。春日かすが・高倉など。

こうじ-のうきのうしょうがい【高次脳機能障害】カウジナウキノウシヤウガイ 脳の損傷により生じる認知機能の障害。事故による頭部外傷や脳血管障害などの脳の疾病、感染症や薬物・アルコールによる中毒など、さまざまな原因によって脳が損傷を受け、言語・思考・記憶・行為などの認知機能に生じる障害。障害の程度や症状の出現頻度は経過時間や環境・状況によって差がある。注意障害・記憶障害・遂行機能障害・社会的行動障害など。身体麻痺を伴わない失語・失行・失認などの障害は、気分障害などの精神疾患と誤認される場合もある。補説 脳損傷による認知障害

者に対する社会生活支援を推進するため、平成13年度(2001)から厚生労働省による高次脳機能障害支援モデル事業が開始され、高次脳機能障害の診断基準が明確に示された。

こうじ‐ばな【×麹花】かうぢ ❶蒸した穀類や豆類にコウジカビが繁殖して胞子がつき、薄い黄色になったもの。こうじのはな。❷ハハコグサの別名。

こうし‐ばん【格子番】カウシ 鎌倉幕府の職名。営中に宿直し、格子の開閉をつかさどる役。格子上下(あげおろし)役。

こうし‐びょう【孔子×廟】ベウ 孔子の霊をまつるみたまや。孔子の死の翌年に中国山東省曲阜の旧宅に造られたものが初め。日本でも、奈良・平安時代には大学・国学に造られ、江戸時代には江戸湯島など各地に造られた。聖堂。聖廟。孔廟。

こうし‐ぶんこうき【格子分光器】カウシブンクワウキ 回折格子を用いて光のスペクトルを得る装置。

こうじ‐ほうていしき【高次方程式】カウジハウテイシキ 未知数の次数の高い方程式。ふつう、三次以上の方程式をいう。

こう‐じま【幸島】カウ 宮崎県南部、串間市の石波海岸沖合にある小島。ニホンザルが生息、芋洗い行動などがみられ、生態研究が行われている。猿島。

こうじまち【麹町】かうぢまち 東京都千代田区の地名。もと東京市の区名で、現在の千代田区の西半部を占めた。江戸時代は武家屋敷の地。

こうじまち‐の‐いど【×麹町の井戸】かうぢまちのゐど《麹町は高台のため井戸がみな深いところから》非常に深いこと、底が知れないことのたとえ。「欲の深い事は―よ」〈浄・矢口渡〉

こうし‐まど【格子窓】カウシ 格子を取り付けた窓。

こうじ‐むろ【×麹室】かうぢ 麹をねかす室。コウジカビを繁殖させるための温室。

こう‐しゃ【公社】❶国の全額出資によって設立される特殊法人。日本国有鉄道・日本電信電話公社・日本専売公社があったが、民営化された。平成15年(2003)には日本郵政公社が創設されたが同19年に民営化された。❷地方公共団体によって設立され、公共事業を行う特殊法人。地方公社。❸「公益社団法人」の略。〔類語〕公団

こう‐しゃ【公舎】公務員用の住宅。官舎。
〔類語〕官邸・公邸・官舎

こう‐しゃ【巧者】カウ・【功者】コウ〔名・形動〕手慣れていてたくみなこと。また、そういう人や、そのさま。「―な手口」「試合―」〔類語〕巧み・上手・巧手・達者・堪能・得手(えて)・手足(てだ)れ・名手

こう‐しゃ【向斜】カウ 褶曲(しゅうきょく)した地層の谷にあたる部分。↔背斜。

こう‐しゃ【厚謝】〔名〕スル 厚く礼を言うこと。深謝。

こう‐しゃ【後車】あとに続く車。
後車の戒め 「前車の覆(くつがえ)るは後車の戒め」に同じ。

こう‐しゃ【後者】❶二つ挙げたうちのあとのもの。↔前者。❷あとに続く者。後世の人。

こう‐しゃ【郊社】カウ 「郊祀(こうし)」に同じ。

こう‐しゃ【校舎】カウ 学校の建物。
〔類語〕学舎・学び舎(や)・教室・学校

こう‐しゃ【降車】カウ〔名〕スル 電車や自動車などから降りること。下車。「大阪駅で―する」↔乗車。
〔類語〕下車・下船

こうしゃ【高車】カウシャ 中国、南北朝時代のトルコ系北方遊牧民族。485年ごろ、中国北西部ジュンガリア盆地に建国、546年、突厥(とっけつ)に滅ぼされた。

こう‐しゃ【高射】カウ 高空の目標物に向かって射撃すること。

こう‐しゃ【講社】同じ神仏を信仰している人々で結成している団体。講。

ごう‐しゃ【号車】ガウ 列車などで、番号のついている、1台1台の客車・車両。「一番号を確認して乗る」

ごう‐しゃ【郷社】ガウ もと、神社の社格の一。府県社の下、村社の上に位置した。

ごう‐しゃ【豪×奢】ガウ〔名・形動〕非常にぜいたくで、はでなこと。また、そのさま。「―な暮らし」
〔類語〕豪勢・豪華・はで・華美・デラックス・ゴージャス・贅(ぜい)・贅沢・奢侈(しゃし)・華奢(かしゃ)・驕奢(きょうしゃ)・驕侈(きょうし)・奢(おご)り

ごう‐しゃ【×壕舎】ガウ 敵の襲撃に備えて地中につくった部屋。また、防空壕。

ごう‐じゃ【▽恒▽沙】《「ごうしゃ」とも》「恒河沙(ごうがしゃ)」の略。

こう‐しゃく【公爵】もと五等爵の第一位。➡爵

こう‐しゃく【孔釈】孔子と釈尊。

こう‐しゃく【侯爵】もと五等爵の第二位。伯爵の上。公爵の下。➡爵

こう‐しゃく【講釈】カウ〔名〕スル ❶書物の内容や語句の意味などを説明すること。「論語を―する」❷物事の道理や心得などを説いて聞かせること。また、その説明。「先輩気どりで―する」❸江戸時代、客を集めて軍記物を読み聞かせたもの。明治以後の講談のもと。❹「講釈師」の略。〔類語〕(❶❷)釈義・解釈・評釈・解義・義解(ぎげ)・読解・釈する・説き明かす・説示・説教・理屈・屁(へ)理屈・小(こ)理屈・御託(ごたく)

こう‐じゃく【黄×雀】クワウ スズメ、またはアオジのこと。

こうしゃく‐し【講釈師】カウシャク 軍談や講談の講釈を職業とする人。講談師。軍談師。太平記読み。「一見てきたような嘘をつき」

こうしゃ‐ぐち【降車口】カウシャ 駅や乗り物などで、降りる人専用の出口。↔乗車口。

こうしゃく‐ば【講釈場】カウシャク 「講釈❸」専門の常設の小屋。釈場。

こうじゃく‐ふう【黄×雀風】クワウジャク 陰暦5月に吹く東南の風。この風の吹くころ海魚が変じて黄雀になるという中国の言い伝えによる。〔季 夏〕「鶴去って―の吹く日かな/碧梧桐」

こうしゃ‐こく【向斜谷】カウシャ 地層の向斜部にできた谷。

こうしゃ‐さい【公社債】❶公債と社債の総称。❷公社の発行する債券。

こうしゃさい‐とうししんたく【公社債投資信託】運用対象が国債や社債などに限定されていて、株式を投資対象としない投資信託。短期の国内公社債で運用する場合は短期公社債投資信託、中長期の国内公社債で運用する場合は長期公社債投資信託という。これに対して株式に投資するものを株式投資信託という。

こうしゃ‐ほう【高射砲】カウシャハウ 侵入する敵機を迎撃するのに用いる火砲。旧日本陸軍での呼称で、海軍では高角砲といった。

こう‐しゅ【工手】土木建設や電気・機械などの工事をする人。

こう‐しゅ【公主】天子の娘。皇女。中国で、古代、天子が息女を諸侯に嫁がせるとき、その婚礼を三公に取り仕切らせたところからいう。

こう‐しゅ【×叩首】〔名〕スル 「叩頭(こうとう)」に同じ。

こう‐しゅ【巧手】カウ 技芸などの、技のたくみなこと。また、その人。巧者。「舞の―」

こう‐しゅ【甲種】カフ ❶甲・乙・丙などと分類したときの第1位。第一種。❷「甲種合格」の略。

こう‐しゅ【交手】カウ 「拱手(きょうしゅ)❶」に同じ。

こう‐しゅ【好手】カウ ❶みごとな技。また、その技を持つ人。❷囲碁・将棋で、うまい手。また一般に、うまい方法。「起死回生の―」

こう‐しゅ【好守】カウ〔名〕スル 野球・サッカーなどで、うまくまもること。みごとな守備。好守備。「なかなかの―を見せる」↔拙守。

こう‐しゅ【攻守】せめることとまもること。攻撃と守備。「―ともにすぐれたチーム」〔類語〕攻防
攻守所を変・える 攻め手と守り手の立場が逆になる。「―・えて猛反撃がはじまる」

こう‐しゅ【後主】あとの主君。また、後継の主君。

こう‐しゅ【×拱手】〔名〕スル 「きょうしゅ」の慣用読み。

こう‐しゅ【校主】カウ 学校の経営責任者。「―の精神に出たりとぞ聞えし」〈逍遥・内地雑居未来之夢〉

こう‐しゅ【耕種】カウ 土地をたがやして、種や苗を植えること。

こう‐しゅ【黄酒】クワウ ►おうしゅ(黄酒)

こう‐しゅ【絞首】カウ〔名〕スル 首をしめて殺すこと。

こう‐しゅ【講衆】❶講の仲間の人々。❷講会(こうえ)に出席して説教を聞く人々。

こう‐じゅ【口▽入】〔名〕スル ❶「くにゅう(口入)❶」に同じ。「今は何事も―に及ばず」〈盛衰記・一八〉❷「くにゅう(口入)❷」に同じ。「俊寛は随分入道が―をもって人となったる者ぞかし」〈平家・三〉

こう‐じゅ【口受】〔名〕スル その人の口から直接に教えを受けること。くじゅ。

こう‐じゅ【口授】〔名〕スル 口で言って直接に教えを授けること。くじゅ。「秘伝を―する」

こう‐じゅ【坑儒】カウ 中国で、秦の始皇帝が儒者を生き埋めにしたこと。➡焚書坑儒(ふんしょこうじゅ)

こう‐じゅ【紅樹】❶紅葉した樹木。もみじ。紅葉。〔季 秋〕❷赤い花の咲いている樹木。❸オヒルギなど、ヒルギ科の常緑樹。マングローブの構成種。

こう‐じゅ【高寿】カウ 長生き。高齢。長寿。

こう‐じゅ【講授】カウ〔名〕スル 講義し教授すること。

こう‐じゅ【×鴻儒】儒教の大学者。転じて、学問の深い人。大儒。

ごう‐しゅ【強取】ガウ〔名〕スル 暴行を加えたり脅迫したりして奪い取ること。強奪。「金品を―する」

ごう‐しゅ【強酒|豪酒】ガウ〔名・形動〕酒に強いこと。また、その人や、そのさま。大酒。「どんなに飲んでも顔色もかえない程の―な倉地が」〈有島・或る女〉

こう‐しゅう【口臭】シウ 口から出るいやなにおい。

こう‐しゅう【公衆】❶社会一般の人々。❷社会学で、伝統や文化を共有し、共通の識見をもち、公共的なものに関心をもつ不特定多数の人々。➡群集 ➡大衆 〔類語〕一般・大衆・世間・世人(せじん)・世俗・万人(ばんにん)・民衆・民(たみ)・庶民・平民・常民・人民・市民・勤労者・生活者・一般人・市井(しせい)人・俗衆・群衆・マス

こうしゅう【広州】クワウシウ 中国広東(カントン)省の省都。珠江デルタの北端に位置する商工業・港湾都市。古来、華南最大の貿易港として栄え、アヘン戦争以後は革命運動の中心地となった。人口、行政区852万(2000)。コアンチョウ。

こうしゅう【甲州】カフシウ ㊀山梨県北東部にある市。大菩薩峠をかかえる山岳地帯から南西に甲府盆地が広がる。ブドウ・ワインの生産が盛ん。平成17年(2005)11月、塩山(えんざん)市・勝沼町・大和(やまと)村が合併して成立。人口3.4万(2010)。㊁甲斐(かい)国の異称。

こうしゅう【光州】クワウシウ ►クワンジュ

こう‐しゅう【拘囚】シウ 捕らえること。また、捕らえられた人。囚人。

こうしゅう【杭州】カウシウ 中国浙江(せっこう)省の省都。銭塘(せんとう)江の河口にあり、茶・絹の集散地。南宋の都、臨安の地。郊外に景勝地の西湖がある。人口、行政区245万(2000)。ハンチョウ。

こう‐しゅう【後周】シウ ㊀中国、五代最後の王朝。951年、郭威(かくい)が後漢(こうかん)を滅ぼして建国。都は汴京(べんけい)(開封)。960年、宋の趙匡胤(ちょうきょういん)に滅ぼされた。周。ごしゅう。㊁北周の別称。

こう‐しゅう【後集】シフ 前に出した詩歌集や文集などに対して、それに漏れたものやその後の作品などをあとから選び足したもの。「菅家―」↔前集。

こう‐しゅう【×寇×讐】シウ 敵。かたき。「烈士は扼腕空しく―の手に委し」〈東海散士・佳人之奇遇〉

こう‐しゅう【興収】シウ《「興行収入」の略》入場料に有料入場者数を掛けた金額。特に映画界で使う。
➡配収

こう‐しゅう【講習】カウシフ〔名〕スル 集まって、学問・技芸などを学習すること。また、その指導をすること。「ドイツ語の―を受ける」〔類語〕研修・教習・伝習

こう‐じゅう【講中】ヂュウ ❶講を作って神仏にもうでたり、祭りに参加したりする信仰者の集まり。❷頼母子講(たのもしこう)・無尽講などの仲間。

ごう‐しゅう【江州】ガウシウ 近江(おうみ)国の異称。

ごう‐しゅう【豪州|濠州|濠洲】ガウシウ オーストラリア。

ごう‐じゅう【剛柔】ガウジウ かたいこととやわらかいこと。強いこととやさしいこと。

こうしゅう‐インデン【甲州インデン】カフシウ《「甲州印伝」とも書く》►インデン

こうしゅう-えいせい【公衆衛生】地域社会の人々の健康の保持・増進をはかり、疾病を予防するため、公私の保健機関や諸組織によって行われる衛生活動。母子保健・学校保健・老人保健・環境衛生・生活習慣病対策・感染症予防など。

ごうしゅう-おんど【江州音頭】滋賀県の東近江市を中心に近県で歌われる盆踊り歌。幕末の頃、盆踊りの口説き節に祭文を応用して作られたという。

こうしゅう-かい【講習会】学問・技芸などを学び習うための集まり。

こうしゅう-かいせん【公衆回線】《public network》NTTなどの電気通信事業者が、不特定多数の利用者の通信のために提供している通信回線。一般電話回線やISDNなど。公衆通信回線。公衆網。➡専用線

こうしゅう-かいどう【甲州街道】江戸時代の五街道の一。江戸の日本橋から内藤新宿(新宿の古称)を経て甲府に至り、さらに下諏訪で中山道と合する。現在の国道20号にあたる。甲州道中。

こうしゅう-ぎぬ【×杭州絹】中国浙江省、杭州地方で産する緞子・羅などの絹織物の総称。

こうしゅう-きん【甲州金】甲斐国で鋳造され、甲斐一国に限って通用した金貨。戦国時代、武田氏が鋳造し、江戸末期まで流通した。甲金。

こう-じゅうごうたい【高重合体】高度な重合によって巨大分子となった化合物。ハイポリマー。

こうしゅう-し【甲州市】▶甲州㊁

こう-じゅうじ【紅十字】中国の赤十字社。紅十字会。

こうしゅう-じけん【光州事件】1980年5月、大韓民国光州市で戒厳令解除を求めて始まった大規模な学生・市民の反政府・民主化要求行動を、戒厳軍が武力で鎮圧し、多数の死傷者を出した事件。

こうしゅう-じょ【講習所】学問・技芸などを講習する所。

こうじゅうじんたい-こっかしょう【後縦×靭帯骨化症】椎骨を連結している靭帯が骨化する病気。進行すると脊柱管が狭くなり、神経が圧迫され、知覚障害や運動障害などの神経障害を引き起こす。特定疾患の一つ。首筋や肩甲骨周辺のしびれ・痛みが指先・上肢・下肢に広がり、手指の細かい作業や歩行が困難になる。原因は不明。治療法は、頸椎を固定する保存的治療、消炎鎮痛剤・筋弛緩剤などによる薬物療法などがあり、症状が重い場合は手術治療が必要となる。OPLL(ossification of the posterior longitudinal ligament)。

こうしゅう-せい【光周性】生物が日照時間の変化に対して反応する性質。植物では花芽の形成や開花にみられ、この反応の違いにより、長日植物・短日植物などに区別される。動物では、特に鳥・昆虫などの生殖や発育に関与する。ひかりしゅうせい。

こう-しゅうぜん【洪秀全】[1814〜1864]中国清末、太平天国の最高指導者。花県(広東省)の人。自らをエホバの子であるとして、上帝会を組織。1851年、挙兵して自ら天王と称し、国名を太平天国とした。南京を攻略して都としたが、内紛を起こして清軍に敗れ、南京陥落直前に病死。

こうしゅう-そうしん【公衆送信】▶公衆送信権

こうしゅうそうしん-けん【公衆送信権】著作者が、公衆に受信されることを目的として著作物を送信する権利を専有すること。平成10年(1998)1月に改正された著作権法第23条に規定される。公衆送信には、放送(テレビ、ラジオ放送)、有線放送(音楽有線放送、ケーブルテレビ)、自動公衆送信(パソコン通信、インターネットなどの双方向性送信)などがある。自動公衆送信の場合は、著作者に送信可能化権も認めている。

こうしゅう-タバコ【甲州タバコ】甲斐国産のタバコ。竜王。

こうしゅう-つうしんかいせん【公衆通信回線】《public network》▶公衆回線

こうしゅう-でんわ【公衆電話】街頭や店頭などに、一般の人々が利用できるように設けた有料電話。

こうしゅう-トイレ【公衆トイレ】「公衆便所」に同じ。

こうしゅう-どう【講習堂】松永尺五が寛永14年(1637)に開設した家塾。京都堀川二条にあった。

こうしゅう-どうとく【公衆道徳】社会生活を営む一人一人が守るべき社会的規範。

こう-しゅうは【高周波】周波数が比較的高いこと。また、そのような波動や振動。ふつうは可聴周波数の20〜2万ヘルツより高い周波数をいう。電波法では、3〜30メガヘルツの電波。⇔低周波。

こうしゅうは-かねつ【高周波加熱】高周波の電磁場を与えて加熱すること。高周波の電磁場による発熱現象を利用するもの。鋼材の表面焼き入れ、食品の加熱・殺菌などに使用。

こうしゅうは-ぞうふく【高周波増幅】ラジオ・テレビなどで、電波により同調回路に誘起された高周波の電気振動を増幅し、十分な受信感度を得ること。

こうしゅう-はっと【甲州法度】戦国時代、武田信玄が制定した分国法。正しくは、甲州法度之次第。領国内の秩序維持のため、地頭の職権などを規定。信玄家法。

こうしゅうは-でんきろ【高周波電気炉】高周波加熱を利用して地金を加熱・溶解する電気炉。一般に高温度を必要とするときに用いられる。高周波誘導電気炉。高周波炉。

こうしゅうはひょうめんは-フィルター【高周波表面波フィルター】高周波用の弾性表面波フィルター。素子の小型化が可能で量産化も容易なため、携帯電話に広く利用される。

こうしゅうは-ミシン【高周波ミシン】高周波加熱を利用して、プラスチック材料を溶融・接着する機械。

こうしゅう-ぶどう【甲州×葡×萄】❶山梨県の甲府市・甲州市を中心とする地方で産出するブドウの総称。❷ブドウの一品種。甲府盆地の特産。果実は明るい紫褐色で、甘味が強い。12世紀ごろ、中国から移入したといわれ、日本で最も古くから栽培。(季 秋)

こうしゅう-べんじょ【公衆便所】路傍や公園などに設けられた便所。公衆トイレ。

ごうしゅう-まい【▽江州米】近江地方から産出する米。近江米。

こうしゅう-ます【甲州×枡】江戸時代、甲斐国で使用された枡。容積は京枡の約3倍。武田氏以来の枡という。

こうしゅう-もう【公衆網】《public network》▶公衆回線

こうしゅう-よくじょう【公衆浴場】一般の人が自由に入浴できる、低料金または無料の浴場。銭湯。

こうしゅう-りゅう【甲州流】小幡勘兵衛景憲が創始した兵法の一流派。江戸初期に始まり、武田信玄・山本勘助らの流儀を受け継いだといわれる。信玄流。武田流。

こうしゅう-わん【広州湾】中国広東省南西部、雷州半島東岸にある湾。1899年から1945年までフランスの租借地。

こうしゅう-わん【杭州湾】中国浙江省東岸の湾。銭塘江が流入し、海嘯が発生する。

こうしゅう-わん【膠州湾】中国、山東半島南岸の湾。1898年ドイツが租借し、湾口の青島を東洋艦隊の根拠地とした。第一次大戦中、日本が占領、1922年中国に返還。チアオチョウワン。

こう-しゅく【拘縮】❶1回だけの刺激によって生じる筋肉の持続的な収縮。痙縮。❷関節に原因がなくて、関節が動かなくなる状態。

こう-じゅく【紅熟】〔名〕スル 木の実などが熟して赤くなること。「柿が—する」

こう-じゅく【黄熟】〔名〕スル ▶おうじゅく(黄熟)

こうしゅ-けい【絞首刑】罪人の首を絞めて殺す刑罰。(補説)現行刑法上の死刑執行方法。

こうしゅ-ごうかく【甲種合格】もと徴兵検査で、第一級の合格順位。

こうしゅ-ざい【抗酒剤】アルコール依存症などで飲酒を控える必要がある人に対して、断酒を目的として処方される薬剤。アルコール分解酵素の働きを阻害する作用があり、服用すると少量の飲酒でも動悸・吐き気・頭痛等の不快感を覚える。抗酒薬。抗酒癖剤。

こうじゅ-さん【香×薷散】ナギナタコウジュの茎・葉を干して作った暑気払いや解毒などの粉薬。(季 夏)「—犬がねぶって雲の峰/其角」

こうしゅ-だい【絞首台】絞首刑を執行する際に死刑囚をのせる台。

こう-しゅつ【後出】文章で、それより後に示してあること。また、そのもの。後掲。「—の表を見よ」⇔前出。

こう-じゅつ【口述】〔名〕スル 口頭で述べること。「事件について—する」(類語)口頭・口演・口上

こう-じゅつ【公述】〔名〕スル 公聴会などで意見を述べたり、文書で意見を発表したりすること。「代理人により—する」

こう-じゅつ【後述】〔名〕スル あとで述べること。「詳細は—する」⇔前述。

こうじゅつ-しけん【口述試験】口頭で問題を出し、口頭で答えさせる試験。口頭試問。

こうじゅつ-にん【公述人】公聴会で、利害関係者または学識経験者として意見を述べる人。

こうじゅつ-ひっき【口述筆記】〔名〕スル 他の人が述べることを、その場で書き記すこと。また、そのもの。「原稿を—する」

こうしゅ-どうめい【攻守同盟】二国以上の国が共同して、第三国に対する攻撃や防御のために結ぶ軍事同盟。

こうしゅへき-ざい【抗酒癖剤】▶抗酒剤

こうしゅ-ほうしき【耕種方式】栽培作物の、種類・配置・作付順序などの組み合わせ方。三圃式・穀草式・輪栽式などがある。

こうじゅ-ほうしょう【紅×綬褒章】自分自身の危難を顧みず人命を救助した者に授与される褒章。綬(リボン)は紅色。明治15年(1882)制定。

こうしゅ-やく【抗酒薬】▶抗酒剤

こうじゅ-りん【紅樹林】▶マングローブ

こう-しゅん【高×峻】〔名・形動〕高くてけわしいこと。また、そのさま。「—な山岳地帯」

こう-じゅん【公準】❶科学的または実践的理論にとって、基本的前提として必要とされる命題。公理と同じく証明不可能ではあるが、公理のような自明性はない。要請。❷数学で、ユークリッドの「幾何学原本」に表された公理のうちの幾何学公理。「線分は延長することができる」など。

こう-じゅん【交×詢】《「詢」はまことの意》互いに誠意を尽くして交際を親密にすること。

こう-じゅん【孝順】〔名・形動〕親に孝行を尽くし、その意に逆らわないこと。父母によくしたがうこと。また、そのさま。「—な心」

こう-じゅん【降順】《descending order》❶数を大から小へ数えた順序。逆順。❷コンピューターで、あるデータを並べ替える際、値が大きい順に並べること。文字列の場合、文字コードが大きい順となる。逆の順番に並べることを昇順、並べ替えをソートという。

こう-じゅんけん【黄遵憲】[1848〜1905]中国、清末の詩人・外交官。広東省嘉応州の人。字は公度。初代駐日公使の書記として来日、日本の政治家・文人と交わり、日本研究を行う。また、詩文に優れ、文字改革や新詩運動を推進した。変法自強運動に参加したが、戊戌の政変で失脚。著「日本国志」「日本雑事詩」「人境廬詩草」など。

こうじゅん-こうごう【香淳皇后】[1903〜2000]昭和天皇の皇后。東京の生まれ。名は良子。久邇宮邦彦王の第1王女。大正13年(1924)、皇太子裕仁と結婚。昭和天皇即位により皇后。平成元年(1998)皇太后。

こうじゅん-しゃ【交詢社】日本最初の社交クラブ。明治13年(1880)福沢諭吉が設立。慶応義塾関係の実業家を主要会員として現在に至っている。

こう‐しょ【口書】「口書き❸」に同じ。

こう‐しょ【公署】公共団体の諸機関。市役所や町村役場、また、その他の公機関をいう。

こう‐しょ【向暑】カウ 暑い時候に向かうこと。「拝啓、―の砌みぎり」⇔向寒。類語 猛暑・暑気・酷暑・極暑・激暑・厳暑・炎暑・大暑・暑熱・炎熱・酷熱

こう‐しょ【×苟▽且】〔名・形動〕その場かぎりの間に合わせであること。かりそめなこと。また、そのさま。「毎日ただ一時の間と雖いえども、無益の事に費さず、また―に過ごさずして」〈中村訳・西国立志編〉

こう‐しょ【校書】カウ ❶「校合きょうごう」に同じ。きょうしょ。❷《唐の元稹げんしんが蜀に使者として行ったとき、接待に出た妓女薛濤せつとうの文才を認め、校書郎に任じたという「唐才子伝」の故事から》芸者のこと。

こう‐しょ【高所】カウ ❶高い場所。「―から地形を俯瞰ふかんする」❷高い立場。高い見地。「―から大局を見通す」「大所―」

こう‐しょ【高書】カウ 他人を敬って、その手紙や著書などをいう語。「御―拝見いたしました」

こう‐しょ【講書】カウ〔名〕スル 書物の内容を講義すること。

こう‐しょ【購書】書籍を買い求めること。また、その書籍。

こう‐しょ【×鴻緒】❶帝王が国を治める事業。❷帝王の系統。

こう‐じょ【工女】ヂョ 雇われて工場や作業場で働く女性。女工。

こう‐じょ【公助】公的機関が援助すること。特に、個人や地域社会では解決できない問題について、国や自治体が支援を行うこと。

こう‐じょ【公序】社会一般の人々が守るべき秩序。公共の秩序。「―良俗」

こう‐じょ【孝女】カウヂョ 親孝行な娘。「―白菊」

こう‐じょ【後序】著作者が、著書の末尾に書き添える文章。奥書おくがき。跋ばつ。

こう‐じょ【皇女】クワウヂョ 天皇の娘。内親王。⇔皇子。

こう‐じょ【耕×鋤】カウ〔名〕スル 土を掘り起こしてたがやすこと。農事を行うこと。

こう‐じょ【高女】カウヂョ「高等女学校」の略。

こう‐じょ【控除｜×扣除】ヂョ〔名〕スル 金銭・数量などを差し引くこと。「医療費が―される」「扶養―」
類語 引く・マイナス・除く・割り引く・差し引く・差っ引く

ごう‐しょ【×劫初】ゴフ《古くは「こうしょ」とも》仏語。この世の初め。⇔劫末。

こう‐しょう【口承】〔名〕スル 口から口へと語り伝えること。「民間に―されてきた説話」類語 口伝え・伝承

こう‐しょう【口証】口頭で証明すること。また、その証言。「証書を用ひず、受合人と云ひて一の人あるなり」〈守貞漫稿・七〉

こう‐しょう【口×誦】〔名〕スル 口ずさむこと。詩歌・文章などを声に出して読むこと。

こう‐しょう【工匠】シャウ ❶細工・工作を職業とする人。❷細工・工作品の意匠。

こう‐しょう【工商】シャウ 工業と商業。また、職人と商人。商工。

こう‐しょう【工×廠】シャウ 旧陸海軍に所属し、兵器・弾薬などの軍需品を製造・修理した工場。「砲兵―」
類語 造兵廠・工場・プラント

こう‐しょう【公相】シャウ 三公と宰相さいしょう。天子を補佐する重職のこと。

こう‐しょう【公称】〔名〕スル ❶一般に発表されていること。表向きにいわれていること。「一部数六〇万部の雑誌」「会員三万人と―する」❷おおやけの名称。

こう‐しょう【公×娼】シャウ おおやけに営業を認められた売春婦。昭和21年(1946)廃止。⇔私娼。

こう‐しょう【公証】❶公式の証拠。❷行政上、特定の事実または法律関係の存在をおおやけに証明すること。不動産の登記、選挙人名簿への登録など。

こう‐しょう【公傷】シャウ ❶公務中に受けた負傷。⇔私傷。❷相撲で、取り組み中に負った傷。

こう‐しょう【巧笑】カウセウ あいきょうのある笑い。また、あいそ笑い。作り笑顔。「倩せんたる―にわが命を託するものは必ず人を殺す」〈漱石・虞美人草〉

こう‐しょう【交渉】カウセフ〔名〕スル ❶特定の問題について相手と話し合うこと。掛け合うこと。「労働条件について―する」❷交際や接触によって生じる関係。かかわり合い。関係。「悪い仲間との―を絶つ」「異性と―をもつ」「没―」
類語(❶)談判・折衝・渉外・外交・駆け引き・取引・掛け合う/(❷)接触・コンタクト・関係・相関・関与・係かかわり合う・繋つながり・結び付き・掛かり合い・引っ掛かり

こう‐しょう【交×鈔】カウセウ 中国の金・元・明代に使用された紙幣の総称。宋代の交子こうしから発達したもので、明代のものは特に宝鈔ほうしょうという。

こう‐しょう【好尚】カウシャウ このみ。嗜好しこう。また、はやり。流行。「時代の―に合わせる」「包みても包みがたきは人の―なるらん」〈鷗外・舞姫〉
類語 好み・嗜好しこう・愛好・同好・時好・流行・はやり・時流・風潮・トレンド・モード・ファッション・ブーム

こう‐しょう【考証】カウ〔名〕スル 古い文献や物品などを調べ、それを証拠として昔の物事を説明したり解釈したりすること。「時代―」

こう‐しょう【行省】カウシャウ《「行中書省」の略》中国元代の地方行政機関。河南・陝西せんせい・四川・甘粛・遼陽・江浙こうせつ・江西・湖広・雲南・嶺北の10区域に設置され、その地方の財政・民政・軍政を統轄した。現在の省の名称の起源とされる。

こう‐しょう【行障】カウシャウ 天皇・神祇の臨幸や霊柩れいきゅうの葬送などのとき、その前後左右を隠すために用いた白布の幕。歩障ほしょう。歩帳。こうぞう。

こう‐しょう【行賞】カウシャウ 功績に対して賞を与えること。「論功―」「一時思う旨があると言って辞退したので」〈鷗外・興津弥五右衛門の遺書〉

こう‐しょう【厚相】シャウ 厚生大臣のこと。

こう‐しょう【×咬傷】カウシャウ かみ傷。かまれた傷。

こう‐しょう【×哄笑】セウ〔名〕スル 大口をあけて笑うこと。どっと大声で笑うこと。「腹をゆすって―する」「満場の―を博し」〈蘆花・思出の記〉
類語 笑い・大笑い・高笑い・爆笑・呵呵かか大笑・抱腹絶倒・噴飯・吹き出す・笑い崩れる・笑い転こける・笑い転げる・腹の皮を捩よじる・腹の皮を縒よる・腹を抱える・御中おなかを抱える・頤おとがいを解く

こう‐しょう【後章】シャウ あとの章。

こう‐しょう【後証】後日の証拠。のちのちの証拠。「―のため皆ここにあらはす」〈色道大鏡・一一〉

こう‐しょう【洪昇】[1645～1704]中国、清初の劇作家。銭塘せんとう(浙江せっこう省)の人。字あざなは昉思ぼうし。号、稗畦はいけい。唐の玄宗と楊貴妃ようきひの物語に取材した「長生殿」は、清代戯曲の代表作。

こう‐しょう【香粧】カウシャウ 香料と化粧品。「―学科」「―事業部」

こう‐しょう【香×蕉】カウセウ バナナの漢名。

こう‐しょう【校章】カウシャウ 学校の記章。

こう‐しょう【降将】カウシャウ 敵に投降した将軍。「一も―なきを見よ」〈小林雄七郎・薩長土肥〉

こう‐しょう【高小】カウセウ「高等小学校」の略。

こう‐しょう【高声】カウシャウ《「こうじょう」とも》高い声。大声。こわだか。「―に十念唱へつつ、頸くびをのべてぞ切らせられける」〈平家・一一〉

こう‐しょう【高承】カウ 他人を敬って、その人が承知することをいう語。手紙に使う。「かねてからの依頼の件、御―を得たく」

こうしょう【高昌】カウシャウ 5世紀から7世紀にかけて、中国新疆しんきょうウイグル自治区トルファン地方に栄えた、漢族の植民国家。640年、唐に滅ぼされた。

こう‐しょう【高尚】カウシャウ〔名・形動〕学問・技芸・言行などの程度が高く上品なこと。けだかくてりっぱなこと。また、そのさま。「―な趣味」「話題が―すぎる」⇔低俗。派生 こうしょうさ〔名〕
類語 上品・気高い・典雅・ハイブロー・高級

こう‐しょう【高商】カウシャウ「高等商業学校」の略。

こう‐しょう【高唱】カウシャウ〔名〕スル ❶大きな声で歌うこと。声高らかに唱えること。「万歳を―する」❷声を大きくして主張すること。

こう‐しょう【高×翔】カウシャウ〔名〕スル 空高く飛ぶこと。「その翼に乗って―するに」〈石川淳・普賢〉
類語 飛ぶ・翔かける・天翔あまかける・飛翔ひしょうする・飛行する・滑翔かっしょうする・舞う・飛来する・滑空する

こうしょう【康正】カウシャウ 室町中期、後花園天皇の時の年号。1455年7月25日～1457年9月28日。

こうしょう【康尚】カウシャウ 平安中期の仏師。定朝じょうちょうの父。子の定朝をはじめとする多くの弟子を抱えて仏所を形成、摂関家の造寺発願に際して造仏に従事し、仏師職の祖といわれる。今日、確証ある遺作は伝存しないが、東福寺同聚院の不動明王坐像はその作に擬せられる。生没年未詳。

こう‐しょう【黄鐘】クワウ ❶中国音楽の十二律の一。音律の基本となる音。日本の十二律の壱越いちこつにあたる。❷陰暦11月の異称。

こう‐しょう【鉱床】クワウシャウ 地殻の中で、有用鉱物(金属・非金属)や石油・天然ガスなどの流体が凝集した集合体で、採掘して採算のとれるもの。

こう‐しょう【綱掌】カウシャウ 僧職の一。法会の儀式をつかさどる僧の役名。

こう‐しょう【講×頌】カウ 宮中の歌会などで、発声はっせいが行う初句の朗吟に続いて、2句目以下を発声と同音で合唱する役。

こう‐しょう【講×誦】カウ 詩文を講じ、また声をあげて読むこと。「儒家の絃歌―の声を」〈中島敦・弟子〉

こう‐しょう【×翺×翔】カウシャウ〔名〕スル ❶鳥が空高く飛ぶこと。「籠より出だして―せしむるが如く」〈鷗外訳・即興詩人〉❷思いのままに振る舞うこと。「嗚呼時不祥にして鴟梟しきょう―、讒誅ざんちゅう志を得」〈東海散士・佳人之奇遇〉

こう‐じょう【口上｜口状】ジャウ ❶口頭で申し述べること。また、その内容。「あいさつの―を聞く」「逃げ―」❷口のきき方。ものいい。❸歌舞伎などの興行物で、出演者または劇場の代表者が、観客に対して舞台から述べるあいさつ。初舞台・襲名披露・追善興行などのときに行われる。類語 口頭・口演・口述

こう‐じょう【工場】ヂャウ 一定の機械・器具を設備し、継続的に物品の製造や加工などを行う所。また、その建物。こうば。類語 工場こうば・工廠こうしょう・プラント

こう‐じょう【公×帖】デフ 中世、禅宗官寺の五山・十刹じっさつ・諸山の住持を任命する幕府の辞令。公文くもん。

こう‐じょう【甲状】カフジャウ かぶとのような形。

こう‐じょう【交情】カウジャウ ❶交際している相手に対する親しみの情。友人としての親しみ。交誼こうぎ。「―を深める」❷男女が情をかわすこと。情交。

こう‐じょう【交譲】カウジャウ 互いにゆずり合うこと。互譲。「―はもとより愛の発表である」〈阿部次郎・三太郎の日記〉

こう‐じょう【向上】カウジャウ〔名〕スル ❶よりよい方向、すぐれた状態に向かうこと。進歩。「学力が―する」「生活レベルの―」⇔低下。❷最上。最高。「武田の弓矢―なり」〈甲陽軍鑑・三六〉❸仏語。絶対平等の境地。また、それに向かって進むこと。類語 進歩・進化・増進・上昇・好転・良化・伸びる・進む

向上の一路いちろ 禅宗で説く、言語・思考の及ばない最上の境地。

こう‐じょう【好情】カウジャウ よい感情。好意。

こう‐じょう【江上】カウジャウ《古くは「こうしょう」。もと、揚子江のほとりの意》大きな川の上、またはほとり。「―の破屋に蜘くもの古巣をはらひて」〈奥の細道〉

こう‐じょう【考状】カウジャウ 律令制で、官吏の勤務成績を記した上申書。

こう‐じょう【攻城】ジャウ 敵城を攻めること。城攻め。「一野戦英雄雲の如く」〈菊池寛・三浦右衛門の最後〉

こう‐じょう【▽定▽考】カウヂャウ《「定考」と書いて「こうじょう」と転倒して読むのが慣例。「上皇」と音の通じるのを避けるためという》平安時代、朝廷で毎年8月11日に、六位以下の官吏の勤務成績によって加階昇任を定めたこと。また、その儀式。

こう‐じょう【厚情】ジャウ 厚いなさけ。心からの深い思いやりの気持ち。「御―を賜り感謝にたえません」
類語 厚志・厚意・親切・情け (尊敬)芳情・芳志

こう‐じょう【恒常】ジャウ〔名・形動〕一定していて変わ

らないこと。また、そのさま。「温度を一に保つ」「一的」「一心」

こう-じょう【皇上】現在の天皇。今上。

こう-じょう【皇城】天皇の御所。宮城。皇居。

こう-じょう【荒城】荒れ果てた城。「鳴呼一の夜半の月」〈晩翠・荒城の月〉 [類語]古城・名城

こう-じょう【高上】〔名・形動〕❶高い位。高位。❷品格や程度の高いこと。また、そのさま。「意味も自から一になりて」〈福沢・学問のすゝめ〉

こう-じょう【絞縄】絞首刑に用いられる縄。死刑囚の頸部に掛け、縊死させる。

こう-じょう【ˣ鉤状】鉤のように曲がった形。

こう-じょう【綱常】《「綱」は三綱、「常」は五常》人の踏み行うべき道。

こう-じょう【ˣ膠状】にかわのような、粘りけのある状態。

こう-じょう【鋼条】▶ワイヤロープ

ごう-しょう【号鐘】❶合図に鳴らす鐘。「一が鳴り響くと共に、先ず学生が列を正して」〈木下尚江・良人の自白〉❷船に装置して時報を知らせたり霧中の衝突防止などのために鳴らす鐘。

ごう-しょう【合焦】〔名〕スル ▶がっしょう(合焦)

ごう-しょう【強将┊剛将】強い大将。

ごう-しょう【業障】▶ごっしょう(業障)

ごう-しょう【豪商】大資本を持ち、規模の大きな商売を手広く営む商人。大商人。
[類語]政商・御用達

ごう-じょう【強情┊剛情】〔名・形動〕意地を張って、なかなか自分の考えを変えないこと。また、そのさま。「一を張る」「一な性格」 [派生]**ごうじょうさ**〔名〕
[用法]**強情・頑固**――「強情(頑固)な性格」「強情(頑固)なやつ」のように性格・態度を表現する語としては相通じて用いられる。◆「強情」は「自分の非を認めずにあくまでも強情を張っている」「強情に口をつぐんでいる子」など、人の言葉を聞き入れないさまを表す意で広く使われる。◆「頑固」は「頑固おやじ」「頑固に伝統を守る」など自分の考えを積極的に通すという意で多く用いられるが、「頑固な水虫」など人間以外のしつこいものにも使う。◆類似の語に「意固地」「かたくな」がある。「意固地」は、「意固地になって反対する」など意地を強く張る場合に、「かたくな」は、心を閉ざしたような頑固さを表す場合に用いられる。
[類語]頑な・いこじ・意地っ張り・片意地・業突く張り

こうじょう-あきんど【口上ᐁ商ᐁ人】江戸時代、盛り場の路傍で、巧みな弁舌で人を集め、品物を売る商人。

こうじょう-いい【口上言い】興行場などで、口上❸を述べる人。口上人。

こうじょう-いいんかい【工場委員会】産業別・職種別組合の発達した国で、経営者との交渉にあたるため、企業や工場の全従業員によってつくられる企業内組織。第一次大戦後、イギリス・ドイツなど西欧で発達した。

こうじょう-えいせい【工場衛生】工場で働く者の保健や病気の予防などを目的として行う衛生。

こう-しょうがい【公生涯】公共のことに関係した、公人としての生涯の側面。↔私生涯。

こう-しょうがい【高障害】陸上競技の男子種目の一。110メートルの距離の間に、高さ1.067メートルのハードルを10個置き、それを順に飛び越えながら走る。110メートルハードル競走。ハイハードル。➡低障害

こうじょう-がき【口上書(き)】❶口頭で述べることの趣旨や次第を文章にしたもの。口上。❷江戸時代、裁判などに関する口頭の供述を筆録したもの。特に武士・僧侶・神官などの場合に限っていった。➡口書

こうしょう-がく【考証学】中国の明末におこり清代に盛行した学問。四書・五経などの古典の解釈を、古書・古文書などから証拠を引き、実証的に行うもの。顧炎武・黄宗羲らに始まり、日本では、江戸時代の狩谷棭斎・伊沢蘭軒・渋江抽斎らが影響を受けた。

こうしょう-がく【鉱床学】地質学の一部門。鉱床の形態・構成鉱物・成因などを研究する。

こうしょう-かん【高勝ˣ鐶】笠標の鐶の俗称。

こうじょう-かん【興譲館】江戸時代、米沢藩の藩校。元禄10年(1697)に創設されたが衰微。安永5年(1776)に藩主上杉治憲(鷹山)が再興・整備し、校名を定めた。

こうじょう-かんばん【口上看板】歌舞伎などで、座元の口上を記した看板。上演狂言の由来説明や、俳優の出勤・欠勤などの事情説明などに用いた。

こう-しょうき【孔祥熙】[1881～1967]中国の政治家・実業家。山西省の人。辛亥革命に参加し、のち国民政府の産業・金融行政関連の要職ならびに行政院長を歴任。コン＝シアンシー。

こう-じょうけん【好条件】ある目的にかなう都合のよい条件。有利な条件。「一を提示する」

こうじょう-げんしょう【恒常現象】暗い所でも白紙が白く見えたり、離れた所に立つ人物があまり小さく見えなかったりするなど、観察条件が変わっても、物の性質が変わらないように知覚される現象。

こうしょうごう-じけん【高陞号事件】日清戦争中の明治27年(1894)、英国旗を掲げて清国兵を輸送中の高陞号を、日本海軍が撃沈した事件。

こうじょう-ざいだん【工場財団】抵当権の目的とするために、工場に属する土地・建物・機械・器具、その他の設備または権利の全部もしくは一部をもって組成した財団。

こうしょう-ざん【高ᐁ盛山】・【高勝山】兜の鉢形の一。鉢を深く、わきをつぶして頂の部分を高くし、頂辺の穴を小さくしたもの。

こうしょう-じ【興正寺】京都市下京区にある浄土真宗の寺。山号は円頓山。文明年間(1469～1487)経豪が蓮如に帰依し、山科で開創、本願寺に所属。明治9年(1876)独立し、興正派の本山となった。

こうしょう-じ【興聖寺】宇治市宇治山田にある曹洞宗の寺。山号は仏徳山。天福元年(1233)道元が深草の極楽寺跡に創建。その後廃絶していたが、慶安2年(1649)淀城主永井尚政が復興。

ごうしょう-じ【毫摂寺】福井県越前市にある浄土真宗の寺。出雲路派の本山。山号は出雲路山。天福元年(1233)親鸞が京都出雲路に創建。本願寺第3世覚如の門弟乗専が再興。慶長年間(1596～1615)現在地に移転。毫摂は覚如の別号。

こうしょう-しほん【公称資本】昭和25年(1950)の商法改正前の規定により、会社が定款に記載し、登記した資本金額。

こうじょう-しょ【口上書】外交文書の一。相手国に対してある意向を伝えるため、口頭で述べる代わりに文書にして渡すもの。

こう-しょうじん【孔尚任】[1648～1718]中国、清初の劇作家・詩人。曲阜(山東省)の人。字は聘之。号、東塘ほか。孔子の64代目の子孫。戯曲「桃花扇」は清代戯曲の代表作。詩集「湖海集」など。

こうじょう-しん【向上心】現在の状態に満足せず、よりすぐれたもの、より高いものを目ざして努力する心。「一に欠ける」 [類語]意欲・欲・野心・志

こうじょう-せい【恒常性】生物の生理状態などが一定するように調節される性質。➡ホメオスターシス

こうじょうせい-しゅこうぎょう【工場制手工業】▶マニュファクチュア

こうじょう-せん【甲状腺】喉頭の下方、気管の前方にある蝶形の内分泌腺。甲状腺ホルモンを分泌して物質代謝を促し、身体の成熟を促進する。

こうじょうせんきのうこうしん-しょう【甲状腺機能ˣ亢進症】甲状腺の機能が異常に亢進した状態。血中の甲状腺ホルモンが過剰となり、それによる症状が現れる。バセドー病はその代表。甲状腺ホルモン過剰症。

こうじょうせんきのうていか-しょう【甲状腺機能低下症】甲状腺の機能が低下した状態。血中の甲状腺ホルモンが減少し、それによる症状が現れる。乳幼児期のクレチン病、大人では粘液水腫となる。甲状腺ホルモン過少症。

こうじょうせん-しげきホルモン【甲状腺刺激ホルモン】脳下垂体の前葉から分泌されるホルモン。甲状腺ホルモンの生成・分泌を促す。TSH(thyroid-stimulating hormone)。

こうじょうせん-しゅ【甲状腺腫】甲状腺にはれが生じている状態。

こうじょうせん-ホルモン【甲状腺ホルモン】甲状腺で生成・分泌されるホルモン。沃素を多く含む。甲状腺から分泌されるホルモンには物質代謝を促す作用をするチロキシン・トリヨードチロニンや、血液中のカルシウム濃度を低下させるカルシトニンがある。

こうしょう-だんたい【交渉団体】議院で、議案の発議や各種の交渉に参加できる資格を認められた団体。院内交渉団体。

こうじょう-ちゃばん【口上茶番】身振りを入れず、座ったまま、せりふだけで演じるこっけいな茶番。

こうじょう-ていとう【工場抵当】工場の所有者が、その工場に属する土地・建物・機械・器具などに抵当権を設定すること。また、その抵当権。

こうしょう-てんのう【孝昭天皇】記紀で、第5代の天皇。懿徳天皇の皇子。名は観松彦香殖稲。都を大和の葛城郡掖上に移し、池心宮と称した。

こうじょう-なんこつ【甲状軟骨】喉頭にある最大の軟骨。喉頭全体を鎧状に保護している。頸部前面中央の隆起したところはのどぼとけと呼ばれ、男子では特に発達が顕著である。

こうしょう-にん【公証人】当事者や関係人の嘱託により、民事に関する公正証書を作成し、また私署証書や定款に認証を与える権限を持つ公務員。法務大臣によって任命され、法務局または地方法務局に所属する。

こうじょう-にん【口上人】「口上言い」に同じ。

こうしょうにん-やくば【公証人役場】公証人がその事務を取り扱う所。法務局または地方法務局の管轄区域内に設ける。公証役場。

こうじょうのつき【荒城の月】土井晩翠作詞、滝廉太郎作曲の歌曲。明治34年(1901)に発表。歌詞は仙台の青葉城趾などから、曲は大分県竹田の岡城趾から想を得たといわれる。

こうじょう-はいすい【工場廃水】工場から河川などの公共水域に排出される水。水質汚濁の原因となるため、法的に規制される。

こうしょう-ひん【香粧品】香料や化粧品の総称。

こうしょう-ふう【広精風】能の芸格の分類の一。世阿弥が九段階に分けたうちの第五位(中三位の第二)。広く精やかな芸の花を咲かせる種のめばえる、能芸の基本をなす芸境。➡九位

こうじょう-ぶれ【口上触れ】歌舞伎で、頭取がこれから口上が始まることを触れること。また、浄瑠璃の所作事を演じる前に、舞台でその役割や演奏者名を読み上げること。浄瑠璃触れ。

こうしょう-ぶんがく【口承文学】文字に書き記されることなく、人々の口から口へと語り継がれてきた文学。民族叙事詩・民話・伝説など。伝承文学。口承文芸。

こうじょう-へいさ【工場閉鎖】❶操業をやめて工場を閉ざすこと。❷▶ロックアウト

こうじょう-ほう【工場法】工場労働者の保護を目的とした法律。日本では明治44年(1911)制定、大正5年(1916)施行。12歳未満の者の就労禁止、12時間労働制などが規定された。昭和22年(1947)労働基準法の制定により廃止。

こうじょう-ほう【攻城砲】要塞や堅固な陣地の攻撃に用いる大口径の火砲。

こうしょう-ぼさつ【興正菩薩】叡尊の諡号。

こうじょう-ろうどうしゃ【工場労働者】コウヂヤウ ラウドウシヤ　工場で生産に従事する労働者。

こうしょ-きょうふしょう【高所恐怖症】カウシヨキヨウフシヤウ　恐怖症の一。高い所にあがるとめまいや恐怖感を覚え、自分が飛び降りたり、墜落したりするような錯覚を生じる症状。

こう-しょく【公職】公務員・議員など、公的性格をもつ職の総称。「―に就く」(類語)官職・官途

こう-しょく【孔食｜孔×蝕】金属材料の表面に生じる局所的な腐食。ステンレス鋼やアルミニウムなどに見られる。

こう-しょく【交織】カウ　綿糸と絹糸、絹糸と毛糸などをまぜて織ること。混織。まぜおり。

こう-しょく【后×稷】㊀中国古代の官名で、農事をつかさどる長官。㊁中国、周王朝の始祖とされる伝説上の人物。姓は姫き、名は棄き。母親の姜原きようげんが巨人の足跡を踏み、妊娠して生まれたといわれる。農耕を好み、舜しゆんのとき㊀となったという。

こう-しょく【好色】カウ〔名・形動〕❶色事の好きなこと。また、そのさま。色好み。「―な顔つき」❷美しい容色。また、美人。「李夫人は―の、花のよそほひ衰へて」〈謡・花筐〉❸色好みの女。また、遊女。「虎と云へる―の住みける所となん」〈廻国雑記〉(派生)こうしょくさ〔名〕(類語)色好み・すけべえ・好き者・漁色家

こう-しょく【行色】カウ　旅立とうとすること。また、そのようす・気配。

行色を壮さかんにする　旅立ちに際して、送別の宴を開いたり詩文を贈ったりして激励する。

こうしょく【更埴】カウシヨク　長野県北部にあった市。昭和34年(1959)市制施行前の更級さらしな・埴科はにしな両郡の名から1字とり市名とした。平成15年(2003)戸倉とぐら町、上山田町と合併して千曲ちくま市となる。➡千曲

こう-しょく【後蜀】㊀中国、五代十国の一。934年、孟知祥もうちしようが四川に建国。首都は成都。965年、宋に滅ぼされた。蜀。ごしょく。㊁中国五胡ごこ十六国の一。成漢の別称。

こう-しょく【紅色】❶くれない色。べに色。「暗―」❷顔色の美しいこと。「類なき貴妃の―」〈謡・皇帝〉(類語)赤・真っ赤・赤色せきしよく・紅くれない・紅こう・真紅しんく・鮮紅せんこう・緋ひ・緋色・朱しゆ・朱赤しゆあか・丹に・茜あかね色・薔薇ばら色・小豆あずき色・臙脂えんじ・暗紅あんこう・唐紅からくれない・レッド・スカーレット・バーミリオン・マゼンタ・ローズ・ワインレッド

こう-しょく【耕植｜耕殖】カウ　土地をたがやして農作物を作ること。

こう-しょく【耕織】カウ　田畑をたがやすことと機を織ること。耕作と機織り。

こう-しょく【降職】カウ〔名〕スル　役職や地位を下げること。降格。降任。「不祥事を起こして―される」

こう-しょく【黄色】クワウ　きいろ。おうしょく。

こう-しょく【×曠職】クワウ《「曠」は、むなしい、また、むなしくする意》❶職務をおろそかにすること。務めを怠ること。❷官職を欠けたままにして後任者を置かないこと。

こう-じょく【×劫▽濁】コフヂヨク　仏語。五濁ごじよくの一。時世の堕落。飢饉ききん・疫病・争乱などの社会悪が起こることをいう。

こう-じょく【香▽卓】カウ《「こうしょく」とも》香炉を床とこの間に飾り、空薫そらだききする場合にのせる台。

こうしょくいちだいおとこ【好色一代男】カウシヨクイチダイをとこ　浮世草子。8巻。井原西鶴作。天和2年(1682)刊。主人公世之介の1代54年にわたる好色生活を、年ごとに54章に分けて描く。

こうしょくいちだいおんな【好色一代女】カウシヨクイチダイをんな　浮世草子。6巻。井原西鶴作。貞享3年(1686)刊。生活苦と性欲のために身をもちくずす女の生涯を、24章に分けて描く。

こうしょく-か【好色家】カウシヨク　色事の好きな人。すきもの。

こうしょく-かん【好色漢】カウシヨク　色事の好きな男。

こうしょくごにんおんな【好色五人女】カウシヨクゴニンをんな　浮世草子。5巻。井原西鶴作。貞享3年(1686)刊。当時有名だった事件を素材に、お夏清十郎・樽屋おせん・おさん茂右衛門・八百屋お七吉三郎・おまん源五兵衛の五組の男女の愛欲生活を描く。

こうしょく-し【更埴市】カウシヨク　▶更埴

こうしょく-じんしゅ【黄色人種】クワウシヨク　▶おうしょくじんしゅ(黄色人種)

こうしょく-しんぶん【黄色新聞】クワウシヨク　▶イエローペーパー

こうしょく-せんきょほう【公職選挙法】―センキヨハフ　衆議院議員・参議院議員、地方公共団体の議会の議員および長の選挙に関する法律。昭和25年(1950)施行。

こうしょく-そう【紅色藻】―サウ　紅藻類。

こうしょく-ついほう【公職追放】―ツイハウ　重要な公職から特定の者を排除する処置。昭和21年(1946)1月に出されたGHQの覚書に基づき、軍国主義者・国家主義者を国会議員・報道機関・団体役職員などの公職から追放し、政治的活動も禁じた。同27年のサンフランシスコ講和条約の発効に伴い、自然消滅。➡教職追放

こうしょく-ぼん【好色本】カウシヨク　元禄期(1688～1704)を中心に流行した浮世草子の一。遊里などにおける好色生活を主題としたもの。作者に井原西鶴・西沢一風・江島其磧えじまきせきら。好色物。

こうしょく-もの【好色物】カウシヨク　▶好色本

こう-しょし【皇庶子】クワウ　庶子である皇子。

こうじょしらぎくのうた【孝女白菊の歌】カウヂヨしらぎくのうた　落合直文の長編叙事詩。明治21年(1888)発表。井上哲次郎の漢詩の翻案で、新体詩の先駆的作品。

こう-しょっき【紅×蜀×葵】―シヨクキ　モミジアオイの別名。(季 夏)「汝が為に鋏むや庭の―／虚子」

ごうじょっ-ぱり【強▽情っ張り】ガウジヤウ〔名・形動〕《「ごうじょうはり」の音変化》自分の考えを強く主張して他人の意見を聞き入れないこと。また、そういう人や、そのさま。意地っ張り。「―な性格」

こうしょ-てい【光緒帝】クワウシヨ［1871～1908］中国、清朝第11代皇帝。在位1875～1908。名は載湉さいてん。廟号びようごうは徳宗。西太后に擁立されて4歳で即位。実権は、長く西太后に握られた。日清戦争後の1898年、康有為らを登用して変法自強じきよう策による革新政治を断行しようとしたが、戊戌ぼじゆつの政変に敗れ、幽閉されて病没。こうちょてい。

こうしょ-でん【校書殿】カウシヨ　▶きょうしょでん(校書殿)

こうしょ-トレーニング【高所トレーニング】カウシヨ　スポーツで、酸素の希薄な2000～3000メートルの高所で行うトレーニング。全身の持久性の養成に役立つとされる。

こうしょ-はじめ【講書始】カウシヨ　宮中の新年行事の一。天皇・皇后が、国書・漢書・洋書の3分野について学者の講義を聞くもの。現在では皇太子以下の皇族や首相・最高裁判所長官らも出席し、人文科学・社会科学・自然科学の中から3科目が選ばれて講義が行われる。御講書始。(季 新年)

ごうじょひ-の-り【合除比の理】ガフヂヨヒ　比例式に関する定理の一。$a:b=c:d$が成り立つとき、$(a+b):(a-b)=(c+d):(c-d)$も成り立つこと。

こうじょ-りょうぞく【公序良俗】―リヤウゾク　おおやけの秩序と善良な風俗。公序良俗に反する事項を目的とする法律行為は無効とされる。

こう・じる【▽困じる】〔動ザ上一〕「こう(困)ずる」(サ変)の上一段化。「借金の返済に―・じる」

こう・じる【高じる｜×嵩じる｜×昂じる】カウじる〔動ザ上一〕「こう(高)ずる」(サ変)の上一段化。「無理がたたって病が―・じる」

こう・じる【講じる】カウじる〔動ザ上一〕「こう(講)ずる」(サ変)の上一段化。「適切な処置を―・じる」

こう-じるし【口印】接吻せつぷん。江戸後期の流行語。「手つけの―までやらかして」〈滑・膝栗毛・初〉

こうし-ロケット【光子ロケット】クワウシ　光子の束の噴射による反動で推進するロケット。理論上は光の速度に近い速さで飛べるが、実現していない。

こう-しん【口唇】くちびる。「―炎」(類語)唇・リップ

こう-しん【×亢進｜×昂進｜高進】カウ〔名〕スル❶気持ちや病勢などが、高ぶり進むこと。「心悸しんき―」「佐々の病勢は次第に―した」〈宮本・伸子〉❷物事の度合いが高まること。「インフレが―する」(類語)増進・進む・高こうずる・進行・激化・悪化

こう-しん【功臣】国や主君に功績のあった臣下。

こう-しん【甲申】カフ　干支えとの一。きのえさる。

こう-しん【交信】カウ〔名〕スル　通信し合うこと。「管制塔との―が途絶える」「手旗信号で―する」

こう-しん【行神】カウ　中国で、道を守る神。

こう-しん【行進】カウ〔名〕スル　多くの人が隊列を組んで進むこと。「足並みそろえて―する」「デモ―」

こう-しん【孝心】カウ　親孝行をしようとする心。

こう-しん【抗心】カウ　反抗しようとする心。また、張り合おうとする心。反抗心。

こう-しん【更新】カウ〔名〕スル❶新しく改めること。また、改まること。「世界記録を―する」❷ある契約の期間が満了したとき、その契約をさらに継続させること。「賃貸契約を―する」(類語)更改・書き換え・切り替え

こう-しん【×庚申】カウ❶干支えとの57番目。かのえさる。❷「庚申待こうしんまち」の略。

こう-しん【後身】❶生まれ変わった身。また、境遇や性格などが変わった、あとの身。⇔前身。❷組織や団体などが、もとの形から変わって現在の姿になったもの。「旧制中学の―である高校」⇔前身。

こう-しん【後晋】中国、五代の一。936年、後唐の重臣石敬瑭せきけいとうが後唐を滅ぼして建国。都は汴京べんけい(開封)。946年、遼りようしに滅ぼされた。ごしん。

こう-しん【後秦】中国五胡ごこ十六国の一。384年、羌きよう族の姚萇ようちようが前秦に代わって建国。都は長安。417年、東晋の劉裕りゆうゆうに滅ぼされた。ごしん。

こう-しん【後進】〔名〕スル❶学問・技芸など、先人のたどった道をあとから進むこと。また、その人。後輩。「―を指導する」⇔先進。❷車や船などが後ろへ動くこと。後退。「車を―させる」⇔前進。(類語)(❶)後輩・後学・後生こうせい／(❷)後退・逆行・逆走・あと戻り・バック

後進に道を譲・る　引退してその地位・役割などを後輩に譲る。

こう-しん【恒心】常に定まっていて変わらない正しい心。ぐらつかない心。「国に定法なく、民に―なし」〈竜渓・経国美談〉➡恒産なきものは恒心なし

こう-しん【皇親】クワウ　天皇の親族。皇族。

こう-しん【紅唇】赤いくちびる。べにをつけたくちびる。また、美人のくちびる。朱唇。

こう-しん【航進】カウ〔名〕スル　艦船が進むこと。航路を進むこと。「旗艦再び針路を北に向けて第一遊撃隊の跡を―し」〈独歩・愛弟通信〉

こう-しん【貢進】〔名〕スル　みつぎものを奉ること。進献。貢献。「使節を送って―する」

こう-しん【降神】カウ　祈祷きとうやまじないによって神を招き寄せること。かみおろし。

こう-じん【工人】❶工作を職業とする人。職人。❷中国で、労働者のこと。「高重は東洋紡績の―係りで」〈横光・上海〉

こう-じん【公人】公職にある人。公務員・議員など。また、社会的な立場にある場合の個人。「―として恥ずべき行為」⇔私人。

こう-じん【功人】てがら・功績のある人。功労者。

こう-じん【行人】カウ❶道を行く人。通行人。また、旅人。❷使者。「公私―」〈延喜式・兵部省〉

こうじん【行人】カウジン　夏目漱石の小説。大正元～2年(1912～13)発表。互いに理解しえない夫婦生活を通し、知識人の自我意識と孤独を描く。

こう-じん【幸甚】カウ〔名・形動〕(多く手紙文で用いて)この上もない幸せ。大変ありがたいこと。また、そのさま。「―の至り」「―に存じます」(類語)幸い・有り難い・かたじけない・うれしい・恐縮

こう-じん【×巷×塵】カウ　世俗の汚れ。俗塵。

こう-じん【後人】のちの人。後世の人。⇔先人／前人。

こう-じん【後陣】―ヂン　後方にある陣地。また、後方に備えた軍勢。あとぞなえ。ごじん。⇔先陣／前陣。(類語)後備え・先陣・先備え

こう-じん【後腎】個体発生の途上、前腎・中腎に次いで、その後方に現れる排出器官。哺乳類・鳥類・爬虫(はちゅう)類では成体の腎臓となる。

こう-じん【後˟塵】ヂン 人や車馬の走り過ぎたあとに立つ土ぼこり。

後塵を拝・する ❶地位・権勢のある人をうらやましく思う。❷すぐれた人物につき従う。❸他人に先んじられる。人の下風に立つ。「小生必ずしも…大人の―・するとは限らず」〈百閒・百鬼園随筆〉

こう-じん【紅˟塵】ヂン ❶赤茶けて見える土ぼこり。市街地に立つ土ぼこりなどにもいう。「―三千丈の都会」〈独歩・牛肉と馬鈴薯〉❷俗人の住む世の中。また、俗世の煩わしさ。俗塵。「―深く重(かさな)りて厭(いと)う可(べ)き者多し」〈透谷・当世文学の潮模様〉

こう-じん【荒神】クワウ ❶「三宝荒神」の略。❷民間で、かまどの神。また、防火・農業の神。

こう-じん【候人】▶こうにん(候人)

こう-じん【耕人】カウ 田畑をたがやす人。農夫。(季 春)

こう-じん【貢人】律令制で、官吏に採用されるように推挙された諸国の国学生。➡貢挙

こう-じん【降人】カウ ▶こうにん(降人)

こう-じん【高人】カウ ▶こうにん(高人)

こう-じん【黄˟塵】クワウヂン ❶空が黄色く見えるほどの激しい土ぼこり。(季 春)「―の野面の隅に雪の富士/秋桜子」❷世の中の俗事。世間の煩わしさ。俗塵。「―にまみれる」

こう-じん【˟鮫人】カウ 中国で、南海にすむという、人魚に似た想像上の生き物。常に機(はた)を織り、しばしば泣き、その涙が落ちて玉になるという。

ごう-じん【拷˟訊】ガウ「拷問(ごうもん)」に同じ。

こうしん-え【˟庚申会】カウシンヱ「庚申待(こうしんまち)」に同じ。

こう-しん-えつ【甲信越】カフ― 甲斐(かい)・信濃(しなの)・越後(えちご)の3国を併せた呼び名。

こうじん-かい【工人会】コウ― 中国で、労働組合のこと。工会。

こうしん-かそくど【向心加速度】カウシン ▶法線加速度

こうしん-き【口唇期】精神分析用語。小児性欲の発達の第一段階。乳首などを吸う行為によって、その刺激で口唇に快感を得ている、生後18か月ぐらいまでの時期。

こうしん-きょく【行進曲】カウシン 行進に合わせて奏される曲。また、行進のためにつくられた楽曲。マーチ。

こうじん-ぐ【荒神供】クワウジン 三宝荒神を供養する法会。

こう-しんくう【高真空】カウ 日本のJIS(日本工業規格)で定められた真空の区分の一。真空度が10^{-5}〜0.1パスカルを指す。大気圧で示すと、上空約90〜250キロメートルの圧力範囲に相当する。➡低真空 ➡中真空 ➡超高真空

こうしん-こう【˟庚申講】カウシン 庚申待(こうしんまち)を行う集団で構成した講。経済上の互助や親睦(しんぼく)を目的とするものもある。

こうしん-こう【降真香】カウシンカウ 中国・タイなどで産する香木から作る香料。

こうしん-こく【後進国】開発途上国の旧称。

こうしん-ざん【庚申山】カウシン 栃木県日光市にある山。標高1892メートル。奇岩・怪石に富む。コウシンソウの自生地。山頂に庚申神社がある。

こうしん-しき【恒真式】▶トートロジー

こうしん-じへん【甲申事変】カフシン 1884年(甲申(きのえさる)の年)朝鮮のソウルで、日本の援助を得て開化派(独立党)が起こしたクーデター。清国軍の介入で失敗した。甲申の政変。➡天津(てんしん)条約

こうしん-じゅつ【降神術】カウシン 祈祷などで神を招き寄せ、乗り移った人の口からお告げを述べさせる術。かみおろしの術。

こうしん-じょ【興信所】個人や法人の信用・財産などを内密に調べ、依頼者に報告する民間の機関。

こうしん-しょうめん【˟庚申青面】カウシンシヤウメン 庚申待(こうしんまち)に祭る神。➡青面金剛(しょうめんこんごう)

こうしん-せい【更新世】カウシン 地質時代の区分の一。新生代第四紀の大部分で、170万年前から1万年前まで。氷期と間氷期を繰り返した氷河時代で、人類の歴史では旧石器時代にあたる。最新世。洪積世。

こうしん-せいかく【口唇性格】精神分析用語。成長したのちも、発達が口唇期に固着していることによって生じる性格類型。受動的・依存的な性格傾向を示す。

こうしん-せいじ【皇親政治】クワウシンセイヂ 天皇・皇族中心の政治形態。天武・持統朝から奈良前期にかけて行われた。

こうしん-せつ【降神説】カウシン 死者の霊魂が実際に存在し、霊媒などに乗り移ってその存在を知らせるという考え方。いたこの口寄せなどが有名。心霊論。

こうしん-そう【˟庚申草】カウシンサウ タヌキモ科の多年生の食虫植物。日本特産。高い山の岩壁に生える。ムシトリスミレに似るが、全体に小さく、葉に粘液があって虫を捕らえる。夏、約8センチの茎を出し、淡紫色の花を開く。栃木県日光市の庚申山で発見。特別天然記念物。

こうしん-だいこん【紅心大根┊紅芯大根】ダイコンの一品種。根は球形で上部が緑色を帯び、内部は鮮やかな紅色をしている。中国の原産。

こうじん-だな【荒神棚】クワウジン 荒神を祭る棚。多く台所のかまどの上などに設ける。

こうしん-づか【˟庚申塚】カウシン 村境などに、青面金剛(しょうめんこんごう)を祭ってある塚。多く、三猿(さんえん)を石に彫ったものなどを一緒に立てる。

こうしん-どう【˟庚申堂】カウシンダウ 庚申待(こうしんまち)の祭神の青面金剛(しょうめんこんごう)を祭ってある堂。

こうしん-の-げんそく【公信の原則】実際には存在しない権利が外形的には存在するようにみえる場合、その外形を信頼して取引した者を保護する原則。動産の即時取得や有価証券などについて適用されるが、不動産には原則として認められない。

こうじん-ばしら【荒神柱】クワウジン かまどや炉の近くにある柱。荒神を祭る。おかま柱。力柱(ちからばしら)。

こうしん-ばら【˟庚申薔˟薇】カウシン バラ科の常緑低木。主に5月ごろ紅紫色の花を開くが、四季を通じて咲く。名は、ほぼ隔月に庚申の日が来るように、たびたび花が咲くという意から。中国の原産で、庭園に植えられる。長春花。(季 春)

こうじん-ばらい【荒神˟祓】クワウジンばらへ「竈祓(かまばらい)」に同じ。(季 冬)

こう-しんぱん【公審判】▶最後の審判

こうじん-ばんじょう【黄˟塵万丈】クワウヂンバンヂヤウ〔形動〕図〔ナリ〕黄色の土ぼこりが風に乗って空高く立ち上るさま。「―にかすむ大地」

こうしん-ふう【恒信風】▶貿易風(ぼうえきふう)

こう-じんぶつ【好人物】カウ 気だてのよい人。善人。お人よし。

こうしん-まち【˟庚申待】カウシン 庚申(かのえさる)の日、仏家では青面金剛(しょうめんこんごう)または帝釈天(たいしゃくてん)、神道では猿田彦の神を祭り、徹夜する行事。この夜眠ると、三尸(さんし)が体内から抜け出て天帝にその人の悪事を告げるといい、また、その虫が人の命を短くするともいわれる。村人や縁者が集まり、江戸時代以来しだいに社交的なものとなった。庚申会(こうしんえ)。(季 新年)

こうしん-りょう【更新料】カウシンレウ 借家・借地などの契約更新の際に、借り主から貸し主に支払われる金銭。借家・借間の場合は家賃の1か月分から2か月分を支払うこともある。関東地方に多い慣習。➡敷金 ➡礼金

こうしん-りょう【香辛料】カウシンレウ 飲食物に香気や辛味を添えて風味を増す種子・果実・葉・根・木皮・花など。コショウ・ベイリーフ・セージ・シナモン・チョウジなど。スパイス。〔類語〕スパイス・薬味

こうしん-りょく【向心力】カウシン 円運動をしている物体が受ける慣性力の一。円の中心に向かって働き、運動の速度が一定のときは物体の質量に比例し、円の半径に反比例する。求心力。㊀遠心力。

こうしん-れつ【口唇裂】先天的に口唇が縦に裂けている異常。欠唇。兎唇(としん)。

こうしんろく【考信録】カウシンロク 中国の古代の史実や伝説を、文献批判の方法で考証した書。36巻。清の崔述(さいじゅつ)撰。1824年刊。

こうしん-ろく【興信録】個人や会社などの信用程度を明らかにするため、その財産や営業状況などを調査し記録した書物。

こう・す【幸す】カウ〔動サ変〕天皇・法皇・上皇が外出する。行幸する。「一人聖体、…諸州に―・し」〈高野本平家・一〇〉

こう-ず【公図】ヅ 登記所または市町村役場に備えてある土地の図面。

こう-ず【好事】カウ 珍しい変わった物事を好むこと。また、風流を好むこと。物好き。こうじ。「余裕ある人に共通な―を道楽にしている」〈漱石・門〉

こう-ず【港図】カウヅ 港内用の海図。船舶の出入りや停泊に必要な海域のようすを記したもの。港泊図。

こう-ず【構図】ヅ ❶絵画・写真などで仕上がりの効果を配慮した画面の構成。コンポジション。「―がいい写真」「斬新な―」❷構成された図形。❸物事を全体的にとらえたときのすがた・かたち。「未来都市の―を語る」「汚職事件の―」

こう・ず【候ず】〔動サ変〕《「こうす」とも》貴人のそば近く仕える。伺候する。「詣すべき輩(ともがら)にいたるまで目をすまして―・じける」〈保元・上〉

こう・ず【˟勘ず】カウ〔動サ変〕厳しく取り調べる。また、拷問にかける。「官(つかさ)みなとどめて、いみじう―・ぜさせ給へば」〈増鏡・秋のみ山〉

ごう-す【合子】ガフ ▶ごうし(合子)

こう-すい【公水】公共の目的に利用される水。公法によって規制される湖沼や河川の水。㊀私水。

こう-すい【交˟綏】カウ〔名〕スル 両軍が互いに退くこと。「遂に両邦―し」〈東海散士・佳人之奇遇〉

こう-すい【江水】カウ 大河の水。特に中国で、揚子江の水。

こう-すい【幸水】カウ 日本ナシの一品種。病害に強いナシとして作り出されたもので、新水・豊水とともに三水とよばれる。

こう-すい【香水】カウ ❶《「こうずい」とも》香りのよい水。❷化粧品の一。種々の香料をアルコール類に溶かした液体。からだや衣類などにつける。(季 夏)「―の香のそこはかとなき嘆き/万太郎」

こう-すい【降水】カウ 大気中の水蒸気が雨や雪などになって地上に落下する現象。また、その雨や雪。

こう-すい【硬水】カウ カルシウムやマグネシウムなどを比較的多量に含んでいる水。ふつう、硬度20度以上をいい、石鹸水(せっけんすい)を加えても泡立たず、洗濯に適さない。煮沸によって軟水になるものを一時硬水、ならないものを永久硬水という。㊀軟水。

こう-すい【鉱水】クワウ ❶鉱物質を多く含んでいる水。鉱泉の水。❷鉱山の坑内や製鉱所などから出る、重金属イオンなど有害な物質を含んだ水。

こう-ずい【洪水】❶大雨や雪解け水などによって、河川の水量が著しく増加すること。また、その水が堤防から氾濫(はんらん)し、流出すること。(季 秋)❷物があふれるほどたくさんあること。「情報の―」「車の―」
〔類語〕氾濫・大水・出水・鉄砲水

こう-ずい【香水】カウ 仏具・道場・身体などを清めるために注ぎかける、諸種の香をまぜた水。また、仏前に供える水。閼伽(あか)。

こう-すいい【高水位】カウスイヰ 河川の出水時の高い水位。また、長期間にわたる観測水位の平均よりも高い水位。

こうすいかくりつ-よほう【降水確率予報】カウスイカクリツ ある地域で、ある時間内に1ミリ以上の雨または雪の降る可能性の確率を、0から100パーセントまで、10パーセント刻みで表した予報。

こうすい-がみ【香水紙】カウスイ「紙香水(かみこうすい)」に同じ。

こうすい-こうじ【高水工事】カウスイ 河川の改修で、主に氾濫(はんらん)防止のために、最高水位を計算して行う工事。堤防工事や放水路の整備など。➡低水工事

こうすい-じつ【降水日】カウスイ 1日の降水量が、合計で0.1ミリ以上あった日。こうすいび。

こうすいじゅん-げんご【高水準言語】カウスイジュン ▶高級言語

こうずい-しんわ【洪水神話】大昔、洪水によって人類や生物のほとんどが滅亡し、現在の世界はその後新しく作られたとする神話。世界各地にあり、ノアの方舟はこぶね物語などもその一例。洪水伝説。

こうすい-りょう【降水量】カウスイリャウ 雨・雪・雹ひょう・霰あられなど、地表に降ったものが、蒸発したり流出したりせずにたまった水の深さ。雪などはそれを溶かした水の深さ。単位はミリメートルで表す。

こう-すう【口数】❶人口の数。人数。❷項目・品物・申し込みなどの数。くちすう。

こう-すう【恒数】❶きまった数。❷数学などで、定数のこと。

ごう-すう【号数】ガウ 順番や大きさなどを表す番号の数。

ごうすう-かつじ【号数活字】ガウスウクワツジ 号数によって大きさを規定した印刷用の和文活字。初号、1号から最小の8号まで9種ある。現在はあまり用いられない。

こう-すうこく【高嵩谷】カウ［1730～1804］江戸後期の町絵師。江戸の人。名は一雄。別号、屠竜翁とりゅうおうなど。英一蝶はなぶさいっちょう門下の佐脇嵩之さわきすうしに学び、武者絵に新境地を開いた。浅草寺の「源三位頼政鵺ぬえ退治図」扁額などの作品がある。

こうず-か【好事家】カウズ 物好きな人。また、風流を好む人。

こう-すくい【香×匙】カウすくひ 香をすくうためのさじ。きょうじ。

こうずけ【上野】かうづけ《「かみつけの(上毛野)」の略「かみつけ」の音変化》旧国名の一。東山道の一国。現在の群馬県にあたる。上州。

こうずけ-さんぴ【上野三碑】かうづけ 群馬県にある奈良時代の碑、山ノ上碑・金井沢碑・多胡碑をいう。

こう・する【抗する】カウ〔動サ変〕文かう・す〔サ変〕逆らう。張り合う。抵抗する。「圧力に―・する」「―・しがたい魅力」(類語)戦う・立ち向かう・あらがう・抵抗する・格闘する・逆らう・盾突く・反抗する・歯向かう・手向かう・蟷螂とうろうの斧おの・窮鼠きゅうそ猫を噛かむ

こう・する【校する】カウ〔動サ変〕文かう・す〔サ変〕《比べて考える意》校合きょうごうする。「諸本を―・して定本を作る」

こう・する【航する】カウ〔動サ変〕文かう・す〔サ変〕船や飛行機で行く。航行する。「海外に―・するを禁ず」〈織田訳・花柳春話〉

こう・する【貢する】〔動サ変〕文こう・す〔サ変〕❶貢ぎ物を差し上げる。❷人材を推挙する。貢挙する。「諸国より―・するを貢人という」〈榊原芳野編・文芸類纂〉

こう・する【×寇する】〔動サ変〕文こう・す〔サ変〕侵入して荒らす。侵略する。「蒙古もうこの西海に―・するや」〈服部誠一・東京新繁昌記〉

こう・する【稿する】カウ〔動サ変〕文かう・す〔サ変〕下書きを書く。原稿を書く。「草案を―・する」

こう・ずる【▽困ずる】〔動サ変〕文こう・ず〔サ変〕❶こまる。困惑する。こうじる。「ほとほと教誡の方法てだてに―・じつ」〈逍遥・小説神髄〉❷ひどく疲れる。困憊こんぱいする。「―・じてうちねぶれば」〈枕・七〉

(類語)困る・弱る・参る・窮きゅうする・苦しむ・困り果てる・困りきる・困りぬく・てこずる・困却する・往生おうじょうする・難儀する・難渋なんじゅうする・閉口する・困惑する・当惑する・途方に暮れる・手を焼く

こう・ずる【高ずる／×嵩ずる／×昂ずる】カウ〔動サ変〕文かう・ず〔サ変〕程度がひどくなる。つのる。こうじる。「持病が―・ずる」「芝居好きが―・じて役者になる」

(類語)進む・進行する・昂進こうしんする・激化する・悪化する

こう・ずる【×薨ずる】〔動サ変〕文こう・ず〔サ変〕皇族や三位以上の人が死ぬ。薨去こうきょする。「家定いえさだは…、―・ずる時三十五歳であった」〈鴎外・渋江抽斎〉

(類語)崩ずる・卒する・寂する・卒去・薨去こうきょ・お隠れ

こう・ずる【講ずる】カウ〔動サ変〕文かう・ず〔サ変〕❶講義をする。「近代経済学を―・ずる」❷問題を解決するために、考えをめぐらして適当な方法をとる。「策を―・ずる」「最善の処置を―・ずる」❸相手と和解する。「和を―・ずる」❹詩や歌の会で、作品を詠み上げる。披講する。「文など―・ずるにも」〈源・花宴〉

(類語)教える・教授する・伝授する・講義する・指南する・指導する・教育する・教習・仕込む・叩たたき込む・手ほどきする・コーチする

ごう・する【号する】ガウ〔動サ変〕文がう・す〔サ変〕《古くは「こうす」》❶自ら言い広める。表向きにもっともらしく言う。「世界最大規模と―・する」❷名づける。称する。「平成と―・する」❸本名のほかに別名をつける。号として呼ぶ。「森林太郎、―・して鴎外」

こう-ぜ【公是】世間一般に正しいと認められている事柄。「人心の―に背き天下の耳目を障塞するもの」〈中村正直・明六雑誌一一〉

こう-ぜ【校是】カウ その学校の教育上の根本精神。

こう-せい【公正】〔名・形動〕公平で偏っていないこと。また、そのさま。「―を期す」「―な取引」「―な判断」➡公平(用法)(派生)こうせいさ〔名〕

(類語)公明・公平・平等・公平無私・フェア・正しい

こう-せい【孔聖】孔子の尊称。

こうせい【広西】クワウセイ 中国南西部のチワン(壮)族自治区。区都は南寧。南はベトナムと接する。チワン族のほか各少数民族が居住。もと広西省。人口4660万(2005)。桂。粤西えっせい。コアンシーチワン族自治区。

こう-せい【向性】カウ ❶内向性か外向性かという人間の性格の傾向。❷ウイルスが増殖に可能な特定の細胞を選ぶこと。インフルエンザウイルスが気道の上皮細胞を選んで増殖するなど。❸固着生活をする生物が、刺激により一定方向に曲がる性質。植物では屈性ともいう。

こう-せい【好晴】カウ 気持ちよく晴れ渡ること。また、その天気。快晴。「終日の―と思われた空に、いつか怪しい黒雲が起り」〈里見弴・安城家の兄弟〉

こうせい【江西】カウセイ ㊀中国南東部、揚子江中流の南側にある省。省都は南昌なんしょう。米・綿花・茶などの産地。タングステン・石炭などの産出も多い。チアンシー。㊁近江おうみ国(滋賀県)の西部。

こう-せい【江青】カウ［1914～1991］中国の政治家。本名は李進。山東省の人。1930年代に上海の新劇界で女優として活躍。のち中国共産党に入り、39年に延安で毛沢東と結婚。66年から文化大革命を推進したが、毛沢東死後の76年、クーデターを企図した「四人組」の一人として逮捕され失脚。91年、自殺。チアン＝チン。

こう-せい【坑井】カウ 鉱山の坑内に設けられた、小規模な立て坑。

こう-せい【攻勢】敵に対し積極的に攻撃をしかけること。また、その態勢。「敵軍に―をかける」「―に転じる」(対)守勢。(類語)攻撃・攻め・進撃・進攻・優勢・余勢・アタック

こう-せい【更正】カウ〔名〕スル 改めて正しくすること。まちがいを直すこと。「登記事項の誤りを―する」

こう-せい【更生】カウ〔名〕スル ❶生き返ること。よみがえること。蘇生そせい。「荒れ果てた休耕田を―させる」❷精神的、社会的に、また物質的に立ち直ること。好ましくない生活態度が改まること。「自力で―する」「彼女の為めに適所を供さば、単に心身の―を僥倖し得るのみならず」〈有島・星座〉❸不用品に手を加えてもう一度使えるようにすること。「廃品の―」「一紙」

(補説)「甦生」とも書くが、「こうせい」は「そせい(甦生)」の慣用読み。(類語)蘇生・復活・再生・起死回生・回復・生まれ変わる・蘇よみがえる・立ち直る

こう-せい【厚生】人々の生活を健康で豊かなものにすること。「福利―」「―施設」

こう-せい【後世】❶自分たちの生きている時代のあとに来る時代。のちの世。「―に名を残す」❷のちの世の人。子孫。「―に伝えたい文化遺産」

(類語)末代・後代

こう-せい【後生】❶あとから生まれてくる人。後世の人。「古人もそうだったし、―もそうでしょう」〈芥川・戯作三昧〉❷あとから学ぶ人。後輩。後進。

後生畏おそる可べし　《「論語」子罕から》後進の者は努力しだいでどれほどの力量を身につけるかわからないので、おそれなければならない。

こう-せい【恒性】一定して変わらない性質。

こう-せい【恒星】太陽と同様、自ら熱と光を出し、天球上の相互の位置をほとんど変えない星。➡惑星

こう-せい【校正】カウ〔名〕スル ❶文字・文章を比べ合わせ、誤りを正すこと。校合きょうごう。❷印刷物の仮刷りと原稿を照合し、誤植や体裁の誤りを正すこと。「ゲラ刷りを―する」❸測定器が示す値と真の値の関係を求め、目盛の補正などを行うこと。国家標準で定められた標準器や、あらかじめ物理的量や化学的な純度などがわかっている標準試料を用いて校正する。較正。検定。キャリブレーション。(類語)校閲・勘校・校合きょうごう・照合・校訂・修訂・訂正・改訂

こう-せい【降生】カウ〔名〕スル《「ごうせい」とも》神仏が人間となってこの世に生まれること。降誕。「人界に―して」〈逍遥・美とは何ぞや〉

こう-せい【高声】カウ〔名・形動〕高く大きな声。こうしょう。「眼を開いて歩けと―に罵ののしられ」〈露伴・いさなとり〉

こう-せい【控制】〔名〕スル 押さえとどめること。引きとどめて、自由に行動させないこと。牽制けんせい。「一党の客気かっきを―し」〈芥川・或日の大石内蔵助〉

こう-せい【硬性】カウ かたい性質。物の性質のかたいもの。(対)軟性。

こう-せい【▽較正】カウ 電波法に基づいて行われる校正のこと。

こう-せい【構成】〔名〕スル ❶いくつかの要素を一つのまとまりのあるものに組み立てること。また、組み立てたもの。「国会は衆議院と参議院とで―されている」「家族―」❷文芸・音楽・造形芸術などで、表現上の諸要素を独自の手法で組み立てて作品にすること。「番組を―する」(類語)構造・組成・組み立て・編成・組織・造り・骨組み・仕組み・成り立ち・機構・機序・機制・体制・体系・結構・コンストラクション・システム

こう-せい【鋼製】カウ 鋼鉄でつくること。また、つくったもの。鋼鉄製。「―の建材」

こう-せい【×薨逝】「薨去こうきょ」に同じ。「筑紫にて正まさしく―し給ひぬと聞こえし菅丞相」〈太平記・一二〉

こう-せい【×鴻声】雁がんの鳴く声。名声の高いことのたとえにいう。

こう-せい【×曠世】クワウ 世にまれなこと。希世。希代。「―の名士」〈東海散士・佳人之奇遇〉

こうぜい【行成】カウ ▶藤原行成ふじわらのゆきなり

ごう-せい【合成】ガフ〔名〕スル ❶二つ以上のものが結びついて一つになること。また、二つ以上のものを合わせて一つにすること。「音声を―する」❷2種以上の元素から化合物を作ること。また、簡単な化合物から複雑な化合物を作ること。❸二つ以上のベクトルを加えて一つのベクトルを得ること。

(類語)複合・融合・結合

ごう-せい【剛性】ガウ 圧縮・ずれ・ねじれなどの外力に対する、物体の変形しにくい性質。

ごう-せい【強勢】ガウ《古くは「こうせい」とも》㊀〔名・形動〕❶盛んなこと。景気がよいこと。また、そのさま。豪勢。「遊びはあまり―な構かまえよりか小ぢんまりした方が心持がいい」〈荷風・腕くらべ〉❷程度がはなはだしいこと。また、そのさま。豪勢。「―に痛え剃刀かみそりだ」〈滑・膝栗毛・五〉❸勢いが強いこと。「なかなか―者で、つきのけはねのけ、ただいま是これへ参りまする」〈伎・毛抜〉㊁〔副〕ひじょうに。たいへん。「―骨が折れやすが」〈魯文・安愚楽鍋〉

ごう-せい【豪勢】ガウ〔名・形動〕並み外れてぜいたくなこと。景気がよく、派手なこと。また、そのさま。「―に金を使う」(派生)ごうせいさ〔名〕(類語)豪華・豪奢ごうしゃ・豪儀・はで・華美・デラックス・ゴージャス・贅ぜい・贅沢・奢侈しゃし・華奢かしゃ・驕奢きょうしゃ・驕侈きょうし・奢おごり

こうせい-いでんがく【後成遺伝学】コウセイヰデンガク ▶エピジェネティクス

こうせい-がいしゃ【更生会社】カウセイグワイシャ 会社更生法によって、会社の事業維持・再建の手続きに入った株

式会社。

こうせい‐がくは【江西学派】《近江(おうみ)国の西部、高島郡小川村(現滋賀県高島市安曇川(あどがわ)町上小川)に中江藤樹の私塾があったことからいう》藤樹学派(とうじゅがくは)の別称。

ごうせい‐ガス【合成ガス】水素と一酸化炭素とからなる工業用ガス。石油系炭化水素やコークスから作られ、メタノール合成や各種化学製品原料に用いる。

こうぜい‐がみ【行成紙】藤原行成(ふじわらのゆきなり)の筆の歌書の料紙に似せてつくった紙。薄い鳥の子紙を薄黄色・萌葱(もえぎ)などに染め、雲母(きら)で細紋を型置きしたもの。江戸時代に流行し、詩歌の料紙、本の表紙などに使われた。

こうせい‐かんざいにん【更生管財人】会社更生手続きの開始時に裁判所によって選任され、会社の事業経営および財産の管理、更生計画の立案などを行う者。

こうせい‐きごう【校正記号】校正上の指示を簡略に表すための記号。校正刷りに赤色で書き込む。

こう‐せいきゅう【高青邱】▶高啓(こうけい)

ごうせい‐きんぞく【合成金属】金属ではないのに、金属のような伝導性を示す人工合成物質。有機化合物での超伝導や、低次元化合物での方向性のある伝導性など、注目される性質が多い。

こうせい‐けいかく【更生計画】会社更生手続きにおいて作成される会社更生のための計画。

こうせい‐けいざいがく【厚生経済学】社会の経済的厚生を分析の対象とし、経済政策の理論的基礎を明らかにしようとする経済学の一分野。創始者はピグーで、主著「厚生経済学」の題名に由来する。

こうせい‐げかん【硬性下疳】梅毒の第1期に、主に陰部に豆粒ほどの硬いしこりができ、つぶれて生じる潰瘍(かいよう)。痛みはない。

こうせい‐げつ【恒星月】恒星に対して月が天球上を1周する時間。平均公転周期で、27.321662日。

こうせい‐けってい【更正決定】❶民事訴訟法で、判決に違算・書き損じなどの誤りがある場合、裁判所が申し立てまたは職権により、それを訂正・補充する決定。❷申告納税制度で、納税義務者の申告に誤りがある場合に税務署長が訂正を加えること(更正)と、申告がなされなかった場合に税務署長が調査によって税額などを確定すること(決定)。

こうせい‐けんさ【向性検査】人間の性格が、内向性か外向性かを調べる検査。

こうせい‐けんぽう【硬性憲法】通常の法律よりも慎重な改正手続きによらなければ改正できない憲法。近代国家の成文憲法は多くこの型をとる。➡軟性憲法

ごうせい‐ご【合成語】▶複合語

こうせい‐こうしょう【後生鉱床】母岩よりあとからできた鉱床。

ごうせい‐こうぶんし【合成高分子】人工的に合成した高分子化合物。

ごうせい‐ゴム【合成ゴム】天然ゴムに類似した性質をもつ合成高分子化合物。耐油・耐熱・耐候性などが天然ゴムよりすぐれる。スチレンブタジエンゴム(SBR)・ニトリルゴム・クロロプレンゴムなど。人造ゴム。

こう‐せいさい【高精細】〔名・形動〕きわめて細かいところまで精密であること。また、そのさま。「一な映像」「一なイラスト」

こうせい‐ざい【抗生剤】▶抗生物質

こうせい‐さいけん【更生債権】会社更生法上、更生手続き開始前の原因に基づいて発生した財産上の請求権。更生計画に従って処理される。

こうせいさい‐テレビ【高精細テレビ】▶エッチ‐ディー‐ティーブイ(HDTV)

こうせいさいど‐テレビジョン【高精細度テレビジョン】▶エッチ‐ディー‐ティーブイ(HDTV)

こうせい‐じ【恒星時】1恒星日を24時間として表した時刻。ある地点の恒星時は春分点の時角で表す。

こうせい‐しさ【恒星視差】ある恒星から地球の軌道の長半径を見たときの角度。年周視差に等しく、天体の距離に反比例する。

こうせい‐しせつ【更生施設】生活保護法による保護施設の一。身体上または精神上の理由により養護および生活指導を必要とする者を収容して、生活扶助を行うことを目的とするもの。

こうせい‐じつ【恒星日】春分点が、ある地点で南中してから再び南中するまでの時間。春分点に対する地球の自転周期で、23時56分4.091秒。

こうせい‐しは【江西詩派】中国、北宋末期から南宋にかけて栄えた詩人の一派。江西出身の黄庭堅(こうていけん)を祖とする。杜甫(とほ)の詩風を尊び、典故を取り入れ、精巧緻密(ちみつ)で、時に難解な詩を作った。

ごうせい‐しゃしん【合成写真】❶何枚かのネガフィルムや印画、デジタルカメラで撮影した画像データなどを組み合わせて作った写真。フォト‐モンタージュ。フォト‐コラージュ。❷また特に、犯罪の容疑者の顔を合成したモンタージュ写真のこと。

ごうせい‐しゅ【合成酒】アルコールにぶどう糖・琥珀酸(こはくさん)・グルタミン酸ナトリウム・香料などを加えて、清酒に似た風味をもつようにつくった酒。合成清酒。(類語)醸造酒・蒸留酒・混成酒

こうせい‐しゅぎ【構成主義】1910年代にソ連で始まった芸術運動。金属・ガラスなどの工業材料の使用や幾何学的形態の組み合わせによる抽象的構成を目ざす。造形美術全般に及び、ソ連および欧米でそれぞれ独自の展開を遂げた。

ごうせい‐じゅし【合成樹脂】合成高分子化合物のうち、繊維およびゴムを除いたものの総称。最初に作られたときに天然樹脂に似ていたので合成樹脂とよばれたが、樹脂ではない。プラスチックと呼ばれるものの大部分はこれで、熱に対する性質から、ポリ塩化ビニル・ポリエチレンなどの熱可塑性樹脂と、フェノール樹脂・メラミン樹脂などの熱硬化性樹脂とに大別される。人造樹脂。

こうせい‐しょう【江西省】▶江西㊀

こうせい‐しょう【厚生省】社会福祉・社会保障および公衆衛生の向上・増進を図ることを任務とし、国民の保健・薬事、麻薬などの取り締まり、社会事業、災害救助、児童母性の福祉増進、社会保険・国民年金などの行政事務を担当した国の行政機関。平成13年(2001)労働省と統合されて厚生労働省に改組。

こうせい‐しょうしょ【公正証書】❶公務員がその権限内において適法に作成した証書。❷公証人が法令に従って法律行為その他私権に関する事実について作成した証書。法律上完全な証拠力をもち、また契約などの不履行の場合、これに基づいて強制執行をすることもできる。

こうせいしょうしょ‐いごん【公正証書遺言】民法で規定されている普通方式の遺言の一。遺言者に代わって公証人が作成する遺言書。遺言者が二人以上の証人の立ち会いのもとで口述した遺言内容を公証人が筆記し、各自が署名押印する。原本は公証役場に保管され、遺言者は正本・謄本を受け取る。公証人が作成するので遺言書が無効になるおそれはなく、家庭裁判所の検認を受ける必要もない。➡自筆証書遺言 ➡秘密証書遺言

こうせいしょうしょげんぽんふじつきさいとう‐ざい【公正証書原本不実記載等罪】公務員に虚偽の申告をして、登記簿・戸籍簿などの公正証書の原本や電磁的記録に、事実でない記載・記録をさせる罪。刑法第157条が禁じる。5年以下の懲役または50万円以下の罰金に処せられる。また、免許証やパスポートなどに事実でない記載をさせた場合は、1年以下の懲役または20万円以下の罰金に処せられる。

こうせいじょう‐てんたい【恒星状天体】▶クエーサー

こうせいしんびょう‐やく【抗精神病薬】統合失調症の幻覚・妄想の抑制、躁病の興奮の鎮静などに用いられる、向精神薬の一種。錯乱や極度の不安・鬱状態の改善にも使用される。主にドーパミンによる神経伝達を抑制することにより、意識水準を低下させずに情動を鎮静させる。メジャートランキライザー・強力精神安定剤とも呼ばれる。

こうせいしんぺん【厚生新編】江戸後期の百科事典。70巻(2巻を欠く)。フランスのショメルの「日用百科事典」のオランダ語訳本から、実用的な項目を選択して、幕府天文方の蕃書和解御用(馬場貞由・大槻玄沢・宇田川玄真ら)で翻訳。文化8～弘化3年(1811～1846)にかけて訳出され、蘭学の発達普及に大いに貢献した。昭和12年(1937)刊。

こうせいしん‐やく【向精神薬】中枢神経系に作用し、精神の状態・機能に影響を与える薬物の総称。抗精神病薬・抗鬱(こううつ)薬・抗躁(こうそう)薬・中枢神経刺激薬・睡眠導入剤・鎮静催眠薬などがある。

こうせい‐しんりがく【構成心理学】複雑な意識現象の構造を、種々の要素の結合によって説明しようとする心理学。ミル・ブントらが主張。

こうせい‐ず【恒星図】▶星図

ごうせい‐す【合成酢】合成酢酸を水で薄め、甘味料などで調味した酢。また、醸造酢に合成酢酸を加えたもの。

ごうせい‐すう【合成数】▶非素数

こうせい‐ずり【校正刷(り)】校正をするために刷った印刷物。ゲラ刷り。ゲラ。

こう‐せいせき【好成績】成績がよいこと。りっぱな出来栄え。よい結果。「一を収める」

こうせい‐せつ【後成説】形態・形質は卵から発生していく過程でしだいに分化して形成されるという考え。18世紀にドイツのC=F=ウォルフが実証、19世紀にK=E=ベヤーが比較発生学の立場から支持した。エピジェネシス。➡後成遺伝学 ➡前成説

ごうせい‐せんい【合成繊維】合成高分子化合物から紡糸した繊維。石油を出発原料としているものが多い。ナイロン・ビニロン・ポリエステルなど。➡天然繊維

ごうせい‐せんざい【合成洗剤】化学合成された表面活性剤を主体とする、石鹸(せっけん)以外の洗浄剤。高級アルコール硫酸エステル系と直鎖アルキルベンゼンスルホン酸塩系とに大別される。

ごうせい‐せんりょう【合成染料】化学的に合成した染料。芳香族化合物を原料とする。人造染料。➡天然染料

こうせい‐だいじん【厚生大臣】厚生省の長。厚相。

こうせいチワンぞく‐じちく【広西チワン族自治区】▶広西

ごうせい‐ていこう【合成抵抗】電気回路において、複数の抵抗を等価な一つの抵抗に置き換えた場合の抵抗。直列接続の場合は、各抵抗の和に等しく、並列接続の場合は、各抵抗の逆数の和が合成抵抗の逆数に等しい。

こうせい‐てん【恒星天】古代ギリシャの天文学者が考えた地球中心の宇宙体系で、恒星が固着しているとされた最も外側の天球。

こうせい‐てんもんがく【恒星天文学】恒星の物理的性質・分布・運動などを研究し、恒星の進化や銀河系の構造を究明する天文学の一分野。

こうせい‐とうき【更正登記】登記に記載漏れや誤りのある場合に、それを訂正する登記。

こうせい‐どうぶつ【後生動物】原生動物以外のすべての動物の総称。海綿動物・腔腸(こうちょう)動物から脊椎動物にわたる。

こう‐せいとく【高斉徳】渤海(ぼっかい)国の遣日使節。神亀4年(727)最初の使節として来日、入京し、翌年、信書などを持って帰国。生没年未詳。

こうせいとりひき‐いいんかい【公正取引委員会】内閣府の外局の一。独占禁止法の運用のために設けられた行政委員会。委員長および四人の委員で構成され、行政的権限のほかに、違反行為に対する審判など準司法的権能をも有する。昭和22年(1947)設置。公取委。FTC(Fair Trade Commission)。

こうせい-ねん【恒星年】ある恒星に対して地球が太陽の周りを1周する時間。太陽が天球上を完全に1周する時間。365.256360日で、太陽年より約20分長い。

こうせい-ねんきん【厚生年金】厚生年金保険法に基づき、定められた事業所の従業員に老齢年金・障害年金・遺族年金などを給付する政府管掌の社会保険制度。昭和61年(1986)の年金制度改正により、国民年金の基礎年金に上乗せして給付される(給付の際には、それぞれ老齢厚生年金・障害厚生年金・遺族厚生年金という)。一般に、保険料は事業主および被保険者がそれぞれ半額を負担。厚生年金保険。➡退職共済年金 ➡公的年金

こうせいねんきん-ききん【厚生年金基金】企業年金の一。企業が法人格を持った基金を設立して老齢厚生年金の一部(報酬比例部分から過去の報酬の再評価・物価スライド部分を除く部分)の運用・給付を代行し、さらに独自の上積み給付を行うもの。厚生年金に納付することを免除された保険料と独自のプラスアルファ部分の保険料とを原資として資産運用することが認められている。給付する年金の計算方式が老齢厚生年金と同じものを代行型、これとは別の方式で実態に即して加算給付のあるものを加算型という。公的年金を補完するものとして、昭和41年(1966)実施。企業の退職金・年金制度と厚生年金制度との間を調整するという機能があるところから、調整年金ともいう。➡企業年金連合会 ➡確定給付型企業年金 (補説)1990年代半ばにバブルが崩壊して資金の運用利回りが悪化し、解散したり代行運用部分を国に返上する厚生年金基金が現れた。➡代行返上

こうせいねんきんききん-ほけん【厚生年金基金保険】►厚生年金基金

こうせいねんきん-びょういん【厚生年金病院】厚生年金の被保険者・受給者等の福祉増進を目的として設置された医療施設。厚生年金加入者でなくても受診できる。主に昭和20年代に、障害年金受給者等のために整形外科・リハビリ科などを中心に整備された。全国に10施設あり、登別・東京・湯河原・大阪・玉造(島根)・九州(福岡)・湯布院の7施設は厚生年金事業振興団が運営。東北(宮城)・星ヶ丘(大阪)および厚生年金高知リハビリテーション病院の3施設は全国社会保険協会連合会が運営する。平成20年(2008)10月、社会保険庁から年金・健康保険福祉施設整理機構(RFO)に移管された。➡社会保険病院 (補説)平成16年(2004)に、多額の公的年金保険料が年金給付以外に流用されていた問題が表面化したことなどから、厚生年金病院も整理の対象となり、RFOに現物出資された。病院運営はRFOの委託を受けて引き続き厚生年金事業振興団・全国社会保険協会連合会が行っている。

こうせいねんきん-ほけん【厚生年金保険】►厚生年金

こうせいねんきんほけん-ほう【厚生年金保険法】民間企業で働く人が対象となる厚生年金について定めた法律。厚生年金の被保険者、給付される年金の種類、給付期間、金額等に関して規定する。昭和29年(1954)施行。

こう-せいのう【高性能】〘名・形動〙機械の処理能力が高いこと。通常のものより、高い性能が付加されていること。また、そのさま。「一コンピューター」

ごう-せいのすけ【郷誠之助】[1865〜1942]実業家。岐阜の生まれ。東京株式取引所理事長・日本商工会議所会頭などを歴任。

ごうせい-ひかく【合成皮革】合成樹脂を使った皮革代替品。擬革。人造皮革。

こうせい-ひょう【恒星表】►星表

こうせい-ふう【恒星風】恒星から放出されるプラズマの流れ。恒星表面のガスの圧力や光球の放射圧が重力より強い場合に放出される。太陽風も恒星風の一種。星風。

ごうせい-ぶつ【合成物】各構成部分が固有の性質を保ちながら、結合して一つの形態になっている物。法律上、1個の物として扱われる。家屋・宝石入り指輪など。

こうせい-ぶっしつ【抗生物質】カビや放線菌などの微生物によって作られ、他の微生物や生細胞の発育を阻害する有機物質。1941年、ペニシリンの治療効果が確認されて以来、数多くのものが発見され、医薬品などに用いられている。ストレプトマイシン・カナマイシン・テトラサイクリン・エリスロマイシンなど。抗菌性物質。抗生剤。

こうせい-ほう【後世方】►ごせいほう(後世方)

こうせい-ほご【更生保護】犯罪を犯した者や非行のある少年が、実社会の中で健全に更生できるように支援し、再犯の予防を図るための活動。地方更生保護委員会や保護観察所など国の機関が地域の保護司(更生保護ボランティア)や関係機関・団体と連携しながら推進する。刑務所・少年院を仮釈放・仮退院する者の帰住先の環境調整、保護観察、生活・就職・医療等の支援から、地域社会の啓蒙まで幅広い活動が行われている。(補説)更生保護法に基づいて、法務大臣の認可を受けた事業者が運営する更生保護施設では、対象者に更生の意欲があるにもかかわらず衣食住や就職などの面で自立・更生を妨げられるような状況がある場合、一定期間保護し、社会復帰を支援し、再犯の防止に努めている。また、労働意欲の向上、自立資金の確保、社会復帰への足がかり、地域社会への感謝・貢献などを目的として社会奉仕活動を行う施設もある。

こうせいほご-ほう【更生保護法】刑務所・少年院を仮釈放・仮退院した者や、執行猶予で保護観察に付された者に対する更生支援および指導・監督の方法など、再犯防止のための更生保護制度について定めた法律。以前の「犯罪者予防更生法」と「執行猶予者保護観察法」を統合した新法として平成20年(2008)6月施行。仮釈放者や保護観察対象者による重大な再犯が相次いだため、保護観察官の指導・監督権限が強化され、保護観察対象者に義務付けられる遵守事項が追加・明文化されている。

こうぜい-ぼん【行成本】行成紙を表紙にした絵本。江戸中期、享保(1716〜1736)のころ流行。

ごうせい-ゆうききんぞく【合成有機金属】金属を含まないが、金属に似た導電性を示す有機分子化合物。電荷移動錯体を形成し、電子の運動が特定の方向に制限される異方性を示すものが多い。金属的有機物。有機合成金属。

こうぜい-よう【行成様】三蹟の一人、藤原行成の書風。世尊寺様。

こうせい-ようけん【構成要件】刑罰法規に定められた個々の犯罪類型。

ごうせい-りつ【剛性率】物体の弾性率の一。物体のずれ・ねじれに対する抵抗の大きさを表す定数。ずれ弾性係数。ずれ弾性率。横弾性係数。横弾性率。剪断弾性率。

こうせい-りゅう【幸清流】能の小鼓方の流派の一。幸流2世五郎次郎正能の次男久次郎友能と、その子清次郎了能がたてた。清次郎流。

こうせい-りよう【公正利用】►フェアユース

ごうせい-りょく【合成力】►合力

こうせいろうどう-しょう【厚生労働省】国の行政機関の一。社会福祉、社会保障、公衆衛生および労働者の働く環境の整備、職業の確保などに関する任務を担当する。平成13年(2001)厚生省と労働省を統合して発足。外局として中央労働委員会を置く。厚労省。(補説)同省の外局だった社会保険庁は平成21年(2009)12月に廃止。同庁が運営していた政府管掌健康保険事業は全国健康保険協会に、公的年金事業は日本年金機構に移行した。

こうせいろうどう-だいじん【厚生労働大臣】国務大臣の一。厚生労働省の長。厚労相。

こう-せき【口跡】言葉遣い。話しぶり。特に、歌舞伎俳優のせりふの言い方。また、その声色。

こう-せき【孔席】孔子の座席。

孔席暖まらず墨突黔まず《班固「答賓戯」から》孔子の座席は暖まる暇がなく、墨子の家の煙突は黒くなることがない。孔子と墨子は天下を遊説して回り、家に落ち着くことがなかったということ。

こう-せき【功績】あることを成し遂げた手柄。すぐれた働きや成果。「一をたたえる」「一を残す」
(類語)功労・功・手柄・殊勲

こう-せき【光跡】光の通った跡が残像としてつながって見える筋。「星の一」

こう-せき【行跡｜行×迹】「ぎょうせき(行跡)」に同じ。「貴ぶ処は祖師の一なり」〈太平記・二四〉

こう-せき【皇籍】皇族としての籍。➡臣籍

こう-せき【航跡】船が通り過ぎたあとの水面に残る波や泡の筋。

こう-せき【高適】[702ごろ〜765]中国、盛唐の詩人。渤海(山東省)の人。字は達夫。辺境の風物を歌った詩にすぐれた作が多い。こうてき。

こう-せき【鉱石】採掘して採算のとれる有用鉱物。また、その集合体。➡脈石 (類語)鉱物

こう-せき【講席】❶講義が行われる場所。講義の席。❷詩歌を披露する席。

こう-せきうん【高積雲】十種雲形の一。白色または灰色をした丸みのある雲塊が規則的に並び、ふつう2〜7キロの高さに現れる雲。主に水滴からなる。略号はAc。鱗雲。鯖雲。羊雲。叢雲。➡雲級 (類語)雲

こうせき-おとし【鉱石落(と)し】採掘した鉱石を運搬する車に積むため、坑道を通して落とす装置。

こうせき-けんぱき【鉱石検波器】天然の鉱石と金属針との接触面の整流作用を利用した検波器。

こうせき-こう【黄石公】中国、秦末の隠者。前漢の張良に兵書を授けたという老人。

こうせき-こうぶつ【鉱石鉱物】鉱石の中で、採掘・選鉱・精錬の対象になる鉱物。

こうせきしき-じゅしんき【鉱石式受信機】鉱石検波器を用いた簡単な受信機。ラジオ放送の初期に用いられた。

こうせき-せい【洪積世】►更新世

こうせき-そう【洪積層】更新世に堆積した地層。更新統。洪水による堆積物の意で、ヨーロッパの氷河性堆積物に当たる。

こうせき-だいち【洪積台地】更新世の堆積物からなる台地。三角州・扇状地・海岸平野などが隆起したもの。武蔵野台地・三方原など。

こうせき-ほう【鉱石法】平炉による製鋼法の一。銑鉄を屑鉄より多く用い、酸化剤として大量の鉄鉱石を混入する方法。

こうせき-ラジオ【鉱石ラジオ】鉱石検波器と同調回路だけからなる簡単なラジオ。増幅回路がないのでイヤホーンで聞く。鉱石式受信機。

こうせき-りだつ【皇籍離脱】皇族がその身分を離れて一般国民となること。皇族の女性(内親王)が一般の国民である男性と結婚して、皇族の身分を離れること。一般の戸籍を作り、一般国民の権利を持つ。賜姓降下。旧憲法下では臣籍降下(臣籍降嫁)といった。

こう-せつ【公設】国家や公共団体が主体となって設けること。⇔私設。

こう-せつ【巧拙】たくみなことと、つたないこと。じょうずとへた。「作品の一を問わない」

こう-せつ【交接】〘名〙スル ❶人と接すること。交際。つきあい。❷性交。交合。
(類語)性交・情交・セックス・房事・交合・まぐわい・交尾

こう-せつ【×巷説】ちまたのうわさ。世間の評判。世の中の風説。「一によれば」「街談一」(類語)噂・風聞・風説・風評・風声・風の便り・評判・世評・取り沙汰・下馬評・浮説・流説・流言・飛語・ゴシップ

こう-せつ【後節】❶文章や音楽などの区切りのあとの部分。後段。⇔前節。❷日数や期間を二つに区切ったあとのほう。後期。⇔前節。

こう-せつ【紅雪】►赤雪

こう-せつ【降雪】雪が降ること。また、降り積もっ

た雪。「1メートルの—」「—量」(類語)積雪

こう-せつ【高節】カウ 気高い節操。堅い信念。「誰か其の—を欽慕(きんぼ)せざらんや」〈鉄腸・雪中梅〉

こう-せつ【高説】カウ すぐれた意見。また、他人を敬って、その説をいう語。「御—を承る」(類語)卓見・卓説

こう-せつ【講説】カウ〔名〕スル《「こうぜつ」とも》講義して説明すること。また、その説。特に仏典などについていう。こうぜち。「その郷里の小寺に於て神教を—し」〈中村訳・西国立志編〉

こう-ぜつ【口舌】❶口と舌。❷口先だけの言葉。物言い。くぜつ。「人生の目的は—ではない実行にある」〈漱石・吾輩は猫である〉

口舌の争い　《「史記」留侯世家から》言い争い。口げんか。口論。

口舌の徒(と)　言葉は達者であるが実行力の伴わない人を軽蔑していう言葉。

口舌の雄(ゆう)　弁舌にはすぐれているが実行力の伴わない人を皮肉っていう言葉。

こう-ぜつ【喉舌】❶のどと舌。また、言葉。❷君主の言葉を取り次ぎ、伝えること。また、その官。

ごう-せつ【合接】ガフ ▶論理積

ごう-せつ【豪雪】ガウ 異常に多い降雪。大雪。「—地帯」(季 冬)(類語)大雪・どか雪・吹雪

こうせつ-いちば【公設市場】生活必需品を公正な価格で需要者に供給する、公設の市場。

こう-せっけん【硬石×鹸】カウセキケン ▶ソーダ石鹸

こう-せっこう【硬石×膏】カウセキカウ 硫酸カルシウムの無水物からなる鉱物。斜方晶系に属し、ふつう、無色または白色。塊状・粒状・板状で産する。

ごう-せつごう【剛接合】ガウセツガフ 構造物の部材と部材との接合形式の一。鉄筋コンクリート構造の柱と梁(はり)との接合のように、両材の交わる角度が荷重などによって変わらないもの。

こうせつ-しちや【公設質屋】▶公益質屋

ごうせっ-とう【強窃盗】ガウセツタウ 強盗と窃盗。

こうぜつ-の-かん【喉舌の官】—クワン ❶中国で、宰相の異称。❷日本で、大納言の異称。

こうせつ-ひしょ【公設秘書】国会議員が国費で雇える秘書。国会法の規定で、公設第一秘書、公設第二秘書、政策担当秘書の3人まで認められている。

こうぜつ-ぼいん【後舌母音】母音の中で、オのように奥舌面が軟口蓋に向かって持ち上がるもの。後母音。奥舌(おくじた)母音。うしろじたぼいん。

こうせつれっとう-じょうちゅう【広節裂頭条虫】クワウセツレツトウデウチユウ 裂頭条虫の一種。体長2〜10メートル、体幅2センチくらい。虫卵は水中で孵化(ふか)し、第1中間宿主のケンミジンコ、第2中間宿主のマス類を経て、終宿主の人間や犬・猫・キツネなどの腸に寄生。虫卵が糞便(ふんべん)とともに排出される。

こう-せん【口銭】❶売買の仲介をした場合の手数料。コミッション。「二割の—を取る」❷「くちせん❷」に同じ。

こう-せん【工専】旧制の「工業専門学校」の略。

こう-せん【工船】水産加工設備をもつ船。漁獲物を船内で缶詰・魚油などに加工する。「蟹(かに)—」

こう-せん【工銭】仕事の手間賃。工賃。

こう-せん【公船】❶官庁・公署などの管理に属し、公用に供される船舶。練習船・測量船・巡視船など。❷国際法上、国家の公権を行使する船舶。軍事用、警察用、税関用の船舶など。⇔私船。

こう-せん【公×賤】▶官賤(かんせん)

こう-せん【公選】〔名〕スル 知事や議員など国・地方公共団体の公職につく者を、一般有権者の投票によって選挙すること。民選。「市議を—する」

(類語)選挙・選出・民選・互選・改選・投票・直接選挙・間接選挙・地方選挙・総選挙・官選

こうせん【勾践】[?〜前465]中国、春秋時代の越の王。会稽山(かいけいざん)の戦いで呉王夫差(ふさ)に敗れたが、復讐を誓い、忠臣范蠡(はんれい)と備えること20年、ついに呉を滅ぼした。➡会稽(かいけい)の恥 ➡臥薪嘗胆(がしんしょうたん)

こう-せん【功銭】❶奈良・平安時代、雇夫(こふ)に報酬として支払われた銭貨。雇銭。❷鎌倉時代以後、幕府の家人(けにん)などが任官したとき、官に上納する金銭。

こう-せん【広宣】クワウ 仏法を広く述べ伝えること。

こう-せん【交戦】カウ〔名〕スル 戦いをまじえること。互いに戦うこと。「敵国と—する」「—状態」

(類語)対戦・決戦・応戦・抗戦・戦闘・一戦・白兵戦・前哨戦・実戦・戦う・渡り合う・切り結ぶ・一戦を交える・砲火を交える・兵刃(へいじん)を交える・干戈(かんか)を交える

こう-せん【交線】カウ 二つの面の交わりの線。

こう-せん【光線】クワウ 光のエネルギーが流れる道筋を示す線。また一般に、光。「太陽—」(類語)光・明かり・灯・灯火・ともし火・輝き・煌(きら)めき・光明(こうみょう)・光輝(こうき)・光耀(こうよう)・光彩・光芒(こうぼう)・閃光(せんこう)・ライト

こう-せん【好戦】カウ 戦争や戦闘が好きであること。すぐ武力に訴えること。「—的な民族」

こう-せん【抗戦】カウ〔名〕スル 抵抗して戦うこと。「徹底—する構え」(類語)交戦・対戦・決戦・応戦・戦闘・一戦・夜戦・白兵戦・前哨戦・実戦

こう-せん【攻戦】攻め戦うこと。また、その戦い。

こう-せん【後先】あととさき。前後。「大名を得たるもの、—相続(あいつ)ぐ」〈中村訳・西国立志編〉

こう-せん【洪繊】大きいものと小さいもの。大きいことと小さいこと。大小。「濃淡の陰、—の線(すじ)を見出しかねる」〈漱石・草枕〉

こう-せん【香煎】カウ ❶麦焦がしの別名。❷焦がしに紫蘇(しそ)と山椒(さんしょう)の実、陳皮などの粉末を加えたもの。湯を注いで飲む。❸茶会の待合や祝儀の席でお茶代わりにする、紫蘇や山椒の実、陳皮の粉末、もち米で作る小さいあられなどのこと。単独または混ぜて、湯を注いで出す。

こう-せん【香×饌】カウ「施物(せもつ)」に同じ。

こう-せん【高専】カウ ❶「高等専門学校」の略。❷旧制の「高等学校」と「専門学校」とを併せた称。

こう-せん【黄泉】クワウ《「地下の泉」の意》地下にあり、死者の行くとされる所。あの世。よみじ。冥土(めいど)。(類語)彼の世・後の世・後世・後生(ごしょう)・来世・冥土・冥府・冥界・幽冥・幽界・黄泉(よみ)・霊界

こう-せん【黄筌】クワウ [?〜965]中国五代、蜀(しょく)の画家。成都(四川省)の人。字(あざな)は要叔。花鳥画を得意とし、黄氏体を創始。

こう-せん【×腔線｜×腔×綫】カウ 発射弾に回転運動を与えるために、銃身・砲身の内面にらせん状につけた溝。ライフル。

こう-せん【鉱泉】クワウ 地中から湧出する水で、固形物質やガス状物質などを一定以上含むか、湧出時の水温が一定以上のもの。広義には温泉と冷泉との総称であるが、狭義には冷泉をさす。(類語)出で湯・温泉・冷泉・間欠泉・秘湯

こう-せん【鋼船】カウ 船体の構造の主要部分を鋼鉄で造った船。鋼鉄船。

こう-せん【鋼線】カウ 鋼鉄のはりがね。

こう-せん【講銭】頼母子講(たのもしこう)などの積立金や分担金。

こう-ぜん【紅×髯】《「髯」は、ほおひげの意》❶赤いひげ。❷西洋人。紅毛。❸エビの異称。

こう-ぜん【公然】㊀〔ト・タル〕区〔形動タリ〕❶世間一般に知れ渡っているさま。また、他人に隠さずおおっぴらにするさま。「—と酒を飲む」「—たる事実」❷不特定または多数の人が知ることのできる状態にあるさま。法律上でいう。㊁〔副〕隠しだてをせずに、おおっぴらに行動するさま。「陪審に及ばずとて、—この案を決して」〈中村訳・西国立志編〉

(類語)公・表向き・おおっぴら・オープン・筒抜け

こう-ぜん【×昂然】カウ〔ト・タル〕区〔形動タリ〕意気の盛んなさま。自信に満ちて誇らしげなさま。「—と胸を張る」「—たる口ぶり」

こう-ぜん【×哄然】〔ト・タル〕区〔形動タリ〕大声で笑うさま。「『あはッはッはッ!』と…—として笑った」〈魯庵・社会百面相〉

こう-ぜん【×恍然】クワウ〔ト・タル〕区〔形動タリ〕心を奪われてうっとりするさま。「吾を忘れて—と机によりかかりし折しも」〈露伴・露団々〉

こう-ぜん【×浩然】カウ〔ト・タル〕区〔形動タリ〕《「浩」は水が豊かなさま》心などが広くゆったりとしているさま。「—として天を仰ぐ」

こう-ぜん【×皓然｜×皎然】カウ〔ト・タル〕区〔形動タリ〕明るく輝くさま。白く光るさま。「唯(と)見れば—たる銀の地に、黄金の雲を散らして」〈鏡花・歌行灯〉

こう-ぜん【×溘然】カフ〔ト・タル〕区〔形動タリ〕にわかなさま。突然であるさま。人の死などにいう。「—として属紘(しょくこう)に就いた」〈芥川・枯野抄〉

こう-ぜん【×曠然】クワウ〔ト・タル〕区〔形動タリ〕広広としているさま。「—として倚託(いたく)なき有様」〈漱石・草枕〉

こう-ぜん【×鏗然】カウ〔ト・タル〕区〔形動タリ〕金属・石・楽器などがかん高い音を出すさま。「置時計が…忽ち—と鳴って」〈谷崎・少年〉

ごう-せん【合繊】ガフ「合成繊維」の略。

ごう-ぜん【傲然｜×慠然】ガウ〔ト・タル〕区〔形動タリ〕おごり高ぶって尊大に振る舞うさま。「—と構える」「—たる態度で人を見下す」(類語)横柄・尊大

ごう-ぜん【豪然】ガウ〔ト・タル〕区〔形動タリ〕力強いさま。また、尊大なさま。「一語も発せず—と唯冷やかに眼を定(す)えて」〈露伴・いさなとり〉

ごう-ぜん【×囂然】ガウ〔ト・タル〕区〔形動タリ〕人の声などがやかましいさま。「人々の雑談する声—たる中を」〈荷風・ふらんす物語〉

ごう-ぜん【×轟然】ガウ〔ト・タル〕区〔形動タリ〕大きな音がとどろき響くさま。「—たる大音響」「貨物列車が—と真近を通ったのだ」〈康成・雪国〉

こうせん-かくかしょう【光線角化症】クワウセンカククワシヤウ ▶日光角化症

こうせん-かびんしょう【光線過敏症】クワウセンクワビンシヤウ ふつうでは異常を起こさない日光の照射量で皮膚が赤くはれたりかゆくなったりする症状。薬の服用によるアレルギー性のものと、薬・化粧品などを外用しているために起こるものとがある。

こう-せんきょ【×閘船×渠】カフ 常に一定の水位が保てるように、閘門(こうもん)を設けた船渠(ドック)。

こうせん-くいき【交戦区域】カウセンクヰキ 交戦国が戦闘行為を行うことのできる区域。一般に、交戦国の領域、公海、およびそれらの上空をさす。

こうせん-けん【交戦権】カウセ 国家が戦争を行う権利。また、戦争の際に、交戦国として国際法で認められている諸権利。

こうせん-こく【交戦国】カウセ ❶戦争を行っている国。戦争当事国。❷戦いをまじえている相手の国。敵国。

こうぜんごこくろん【興禅護国論】鎌倉時代の仏教書。3巻。栄西(えいさい)著。建久9年(1198)成立。旧仏教側からの非難に対し、禅宗は異端ではなく国家の繁栄のために必要であると説いたもの。

こうせんさいせい-ほうしき【光線再生方式】クワウセンサイセイハウシキ ▶インテグラルイメージング方式

こう-せんし【高仙芝】カウ [?〜755]中国、唐の武将。高句麗(こうくり)出身。玄宗に仕え、小勃律(しょうぼつりつ)(チベット西辺)を討って四鎮節度使となったが、751年イスラム軍と戦って大敗。安史の乱に際して讒言(ざんげん)によって処刑された。

こうせん-しゃ【交戦者】カウセ ❶交戦国。❷交戦国の兵力。また、その兵力を構成する個々の人。戦闘員と非戦闘員を含む。

こうせん-じゅう【光線銃】クワウセン 弾丸の代わりに赤外線などの光線を発射する銃。ビームガン。

こうせん-そく【光線束】クワウセン 幾何光学における光線の集まり。光束。

こうせん-だんたい【交戦団体】カウセ 国際法上の交戦者としての資格を認められた政治的反乱団体。

こう-せん-ちん【高専賃】カウ「高齢者専用賃貸住宅」の略。

こうせん-とう【交×閃灯】カウセ 回転して、異なった色の光を交互に出す灯火。

こうぜん-の-き【×浩然の気】カウゼ《「孟子」公孫丑上から》❶天地にみなぎっている、万物の生命力や活力の源となる気。❷物事にとらわれない、おおらかな心持ち。「—を養う」

こうせん-の-きゃく【黄泉の客】クワウセン 黄泉へ旅立った人。死んだ人。(類語)死ぬ

こうぜん-の-ひみつ【公然の秘密】秘密であることになっているが、広く世間に知れ渡っていること。

こうせん-ほうき【交戦法規】カウセンハフキ 戦時国際法上、交戦国相互の関係を規律する法規の総称。

こうせんりきがく-りょうほう【光線力学療法】クワウセンリキガクレウハフ 光感受性薬剤を静脈注射し、患部に集中したところで弱いレーザー光を照射する療法。前癌ぜんがん病変や早期の食道癌・胃癌・子宮頸癌・加齢黄斑変性などに適用。光感受性薬剤としてフォトフリン・レザフィリン・ビスダインなどを使用する。PDT(photo-dynamic therapy)。➡レーザー療法

こうせん-りょうほう【光線療法】クワウセンレウハフ 可視光線・紫外線・赤外線を利用して行う治療法。

こうぜん-わいせつざい【公然×猥×褻罪】不特定または多くの人の面前で猥褻な行為をする罪。刑法第174条が禁じ、6か月以下の懲役もしくは30万円以下の罰金または拘留もしくは科料に処せられる。

こう-そ【公租】国または地方公共団体によって課せられる租税。国税・地方税の総称。➡公課

こう-そ【公訴】〔名〕スル 刑事事件について、検察官が裁判所に起訴状を提出して裁判を求めること。➡起訴

こうそ【江蘇】カウ 中国東部の省。省都は南京。黄海に面し、揚子江下流の大沖積平野地帯にある。運河・クリークなど水路網が発達。米・小麦・茶・綿花などを産し、化学・機械・紡績工業も盛ん。チアンスー。

こう-そ【後素】《「論語」八佾の「絵事は素を後にす」から。「素」は、白色の絵の具の意》絵画の異称。

こう-そ【皇祖】クワウ 天子の始祖。日本では、天照大神あまてらすおおみかみや神武天皇など、天皇の先祖。

こう-そ【皇×祚】クワウ 天皇の位。皇位。

こう-そ【貢租】年貢。租税。

こう-そ【高祖】カウ ❶祖父母の祖父母。❷遠い先祖。❸中国で、王朝を始めた天子の称。漢の劉邦りゅうほう、唐の李淵りえんなど。❹一宗一派を開いた高僧。

こう-そ【控訴】〔名〕スル 上訴の一。第一審判決に不服のある場合に上級裁判所に再審査を求めること。(類語)訴訟・起訴・上訴・抗告・上告・提訴・反訴・訴え

こう-そ【酵素】カウ 細胞内で作られ、生体内のほとんどの化学反応の触媒の働きをする、たんぱく質を主体とする高分子化合物。特定の反応だけに働く特異性があり、酸化還元酵素・転移酵素・加水分解酵素・脱離酵素・異性化酵素・合成酵素に大別される。酒・味噌・醤油しょうゆなどの醸造、食品製造・医薬品などに用いる。エンザイム。エンチーム。

こうぞ【×楮】かうぞ《「紙麻かみそ」の音変化》クワ科の落葉低木。山野に自生する。葉は卵形で先がとがり、二〜五つに裂けるものもある。春、枝の下部の葉の付け根に雄花を、上部の葉の付け根に雌花をつける。実は赤く熟し、食べられる。樹皮から繊維をとって和紙の原料にする。たく。かぞ。(季 花=春)「浅山や一花咲き人あらず／紅葉」

ごう-そ【強訴┊×嗷訴】ガウ ❶平安中期以後、僧兵・神人じにんらが仏神の権威を誇示し、集団で朝廷・幕府に対して訴えや要求をすること。❷江戸時代、農民が領主に対して年貢減免などを要求すること。

ごう-そ【郷▽麻】ガウ カヤツリグサ科の多年草。田やあぜなどの湿地に生える。高さ30〜50センチ。葉は線形。茎の頂に1個の雄花の穂をつけ、その下方に数個の雌花の穂をつける。

こうそ-いん【控訴院】ヰン 明治憲法下で、大審院の下級、地方裁判所の上級にあった裁判所。現在の高等裁判所にあたる。

こう-そう【口奏】口頭で申し上げること。

こう-そう【公葬】サウ 公の機関・団体が施主となり、公の費用で葬儀を行うこと。また、その葬儀。

こう-そう【広壮┊×宏壮】クワウサウ〔名・形動〕建物などが、広大で、りっぱなこと。また、そのさま。「一な邸宅」(派生)こうそうさ〔名〕
(類語)広い・広やか・広大・豪壮・広闊こうかつ・広漠・広広

こう-そう【好走】カウ〔名〕スル ❶競技などで、機会をとらえて、うまく走ること。「一して二塁を奪う」❷競走で、よく走って上位の着順となること。「ダービーで3着に一する」

こう-そう【行装】カウサウ 旅の支度。旅装。「外国使臣一行の異様な一を見ようとして」〈藤村・夜明け前〉

こう-そう【抗争】カウサウ〔名〕スル 互いに張り合い、争うこと。「派閥をめぐって各派が一する」「内部一」
(類語)喧嘩けんか・戦う・諍いさかい・争い・紛争・闘争・争闘・立ち回り・大立ち回り・暗闘・共闘・ゲバルト

こう-そう【厚葬】サウ 手厚く葬ること。

こう-そう【×咬創】カウサウ かみ傷。かまれた傷。

こう-そう【後奏】独唱・独奏などが終わったあとに演奏される伴奏部分。⇔前奏。

こう-そう【後送】〔名〕スル ❶あとから送ること。「資料は一する」❷後方へ送ること。特に、戦場で、前線から後方へ送ること。「負傷兵を一する」

こう-そう【後装】サウ 銃身・砲身の後ろの部分から弾薬を装塡そうてんすること。現在の銃砲は全部後装式。元込め。⇔前装。

こう-そう【皇宗】クワウ 天皇家の代々の先祖。第2代綏靖すいぜい天皇以降の歴代の天皇をさす。「皇祖一」

こう-そう【紅藻】サウ ▶紅藻植物

こう-そう【香草】カウサウ よい香りのする草。

こう-そう【×倥×偬】慌ただしいこと。忙しいこと。「一の際に分陰ぶんいんを偸ぬすんで記しつけたものと見えて」〈漱石・趣味の遺伝〉(類語)多忙・繁忙・繁多・繁劇・多事多端・多用・繁用・忽忙そうぼう・忽忽そうそう・東奔西走・てんてこ舞い・忙しい・せわしい・せわしない・気ぜわしい・慌ただしい・席の暖まる暇いとまもない

こう-そう【校葬】カウサウ 学校が営む葬儀。学校葬。

こう-そう【航走】カウ〔名〕スル 船で水上を走ること。航行。「洋上を一する」

こう-そう【航送】カウ〔名〕スル 船舶や航空機で物品を輸送すること。

こう-そう【×訌争】サウ 内部の者が互いに争うこと。うちわもめ。内紛。(類語)喧嘩・諍いさかい・争い・紛争・闘争・争闘・抗争・暗闘・ゲバルト・内ゲバ

こう-そう【降霜】カウサウ 霜が降りること。また、降りた霜。

こう-そう【高宗】カウ ㊀[628〜683]中国、唐の第3代皇帝。在位649〜683。諱いみなは治。太宗の第9子。高句麗こうくりの平定、西域への進出など、版図を広げたが、晩年は則天武后に実権を握られた。㊁[1107〜1187]中国、南宋の初代皇帝。在位1127〜1162。字あざなは徳基。諱いみなは構。徽宗きそうの第9子。金の侵入軍と戦ったが、徽宗と兄欽宗が捕らえられると、逃れて南京で即位。のち臨安に移り、金と屈辱的な和平を結んだ。㊂中国、清の第6代皇帝。➡乾隆帝けんりゅうてい

こう-そう【高相】カウサウ 高貴な相。また、その人。「汝なんやんごとなき一の夢見てけり」〈宇治拾遺・一〉

こう-そう【高僧】カウ ❶仏法に通じた徳の高い僧。❷位の高い僧。(類語)名僧・聖・聖人・生き仏

こう-そう【高層】カウ ❶空の高い所。「一気流」❷いく層も高く重なっていること。また、階を重ねた高い建物。「一ビル」(類語)上層

こう-そう【高燥】カウサウ〔名・形動〕土地が高く湿気が少ないこと。また、そのさま。「一な土地」⇔低湿。

こう-そう【黄巣】クワウサウ [?〜884]中国、唐とう末の農民反乱、黄巣の乱の指導者。山東省曹州の人。科挙に落第して、塩の闇商人となる。のち仲間とともに決起し長安を占領したが、唐軍に大敗し自殺。

こう-そう【鉱層】クワウ 地層中や、地層間に存在する層状の鉱床。海底や湖底に沈殿・堆積たいせきして生ずる。世界の主要な鉄鉱床はこの型に属する。成層鉱床。

こう-そう【構想】サウ〔名〕スル これからしようとする物事について、その内容・規模・実現方法などを考えて、骨組みをまとめること。また、その考え。「小説の一を練る」「壮大な一」「新都市の建設を一する」
(類語)計画・プラン・青写真・筋書・手の内・プロジェクト・考え・もくろみ・企くわだて・はかりごと・一計・企図・企画・案・立案・設計・予定

こう-そう【高爽】カウサウ ㊀〔ト・タル〕図〔形動タリ〕土地が高い所にあり、周囲が開けていて気持ちのよいさま。「一たる高原」㊁〔名・形動〕志が高くて、いさぎよいこと。また、そのさま。高潔。「一の士」

こう-そう【×鏗×鏘】カウサウ〔ト・タル〕図〔形動タリ〕鐘や石、また、琴などの楽器が鳴り響くさま。「一として琵琶を弾ず」

こう-ぞう【行蔵】カウザウ 進んで世に出て手腕を振るうことと、隠れて世に出ないこと。出処と進退。「一世に於いて軽し」〈太平記・一二〉

こう-ぞう【香象】カウザウ ❶密教の灌頂かんじょうの際に用いる象の形をした香炉。象炉。❷香気を発する発情期の象。強大な力をもつとされる。「一の浪を踏んで大海を渡らん勢ひの如く」〈太平記・一四〉

こう-ぞう【構造】ザウ ❶一つのものを作り上げている部分部分の材料の組み合わせ方。また、そのようにして組み合わせてできたもの。仕組み。「家の一」「体の一」「文章の一」「一上の欠陥」❷物事を成り立たせている各要素の機能的な関連。また、そのようにして成り立っているものの全体。「汚職の一が明らかになる」「経済の二重一」「社会一」「精神一」❸ある集合で、演算または二点の遠近関係の規定などの数学的性質が与えられるとき、この集合の要素間の関係。数学的構造。
(類語)(❶)造り・組み立て・骨組み・仕組み・成り立ち・構成・編成・組成・組織・機構・機序・機制・体制・体系・結構・コンストラクション・システム・メカニズム

ごう-そう【合装】ガフサウ 書物などを一つに合わせてとじること。合綴がってつ。

ごう-そう【豪壮】ガウサウ〔形動〕図〔ナリ〕物事の規模が大きくりっぱなさま。「一な構えの邸宅」(派生)ごうそうさ〔名〕(類語)雄大・壮大・大規模・巨大・広壮

ごう-そう【豪爽】ガウサウ〔形動〕図〔ナリ〕豪快で、気持ちよく感じられるさま。「一不屈」「性一にして、胆略あり」〈竜渓・経国美談〉

こうぞう-いせいたい【構造異性体】コウザウ 分子式は同じだが、構造式が互いに違う異性体。

こうぞう-いでんし【構造遺伝子】コウザウヰデンシ たんぱく質の構造を決定する遺伝子。オペロン中の遺伝子群を構成している。

こうそう-うん【高層雲】カウソウ 十種雲形の一。灰色がかった厚い雲で、ほとんど全天を覆う。2キロ以上の上空に現れる。略号はAs。朧雲おぼろぐも。➡雲級

こうぞう-うんどう【構造運動】コウザウ 褶曲しゅうきょく・断層など、地層・岩石の変形や破壊を引き起こす地殻運動の総称。造構造運動。

こうそう-かい【紅槍会】コウサウクワイ《赤いふさのついた槍やりを武器にしたところから》中国で、辛亥しんがい革命以降、軍閥の圧迫などに対して華北の農村などで組織された、保守的、排他的な武装自衛団体。

こうぞう-かいかく【構造改革】コウザウ ❶独占資本主義体制を議会主義の枠内で段階的に変革することによって、根本的な社会改革を実現しようとする考え方。第二次世界大戦後にイタリア共産党のトリアッティが提起した政治理論。➡構造改革論 ❷社会が直面している問題を改善するために、政治・社会制度や産業構造などの抜本的な改革を推し進めること。日本では、小泉純一郎政権(平成13年4月〜平成18年9月)が「構造改革なくして景気回復なし」「聖域なき構造改革」などのスローガンを掲げて断行した郵政民営化・三位一体改革・医療制度改革などの一連の新自由主義的な施策を指すことが多い。

こうぞう-かいかくろん【構造改革論】コウザウ 資本主義が高度に発達した国において、社会主義に移行するための政治理論の一。労働者階級が国家権力を掌握する以前の段階でも大衆運動と議会主義により、独占資本の経済構造を部分的、段階的に変革しながら社会主義の実現を目ざそうとする考え。1956年、イタリア共産党のトリアッティにより提起された。

こうぞう-かがく【構造化学】コウザウクワガク 物質の物理的、化学的性質と構造との関連を研究する物理化学の一部門。分光学的測定をはじめとして磁気的・電気的・熱的な測定、さらにはX線・電子線・中性子線な

どによる構造解析などの手段が用いられる。

こうぞうか-プログラミング【構造化プログラミング】►ストラクチャードプログラミング

こう-そうぎ【黄宗羲】[1610～1695]中国、明末・清初の思想家・歴史学者。余姚(浙江省)の人。字は太沖。号、南雷。梨洲先生とよばれた。「明儒学案」を著して実証主義的な清朝史学の礎を築き、「明夷待訪録」では為政者を批判、進歩的な政治主張を展開した。

こうそうきしょう-かんそく【高層気象観測】高層の、気圧・気温・湿度・風などの観測。気球にラジオゾンデをつり下げて飛ばし、観測する。

こうそう-きしょうだい【高層気象台】高層気象の観測、観測機器の試験・改良などを担当する、気象庁の付属機関。茨城県つくば市にある。

こうそう-きょく【後奏曲】教会で、礼拝後会衆が退場する際に演奏されるオルガンなどの曲。後奏。

こうぞう-けいさん【構造計算】建物を設計する際に、安全性を客観的な数値で計算すること。➡構造計算書

こうぞうけいさん-しょ【構造計算書】一級建築士が設計する建物について、固定荷重(建物の自重)、積載荷重、外力によって生じる応力、地震・台風・積雪などの荷重に耐えるのに必要な鉄筋・鉄骨の量などを基準に従って計算した書類。建物の建築確認申請の際に添付する義務がある。

こうぞうけいさんてきごうせいはんてい-きかん【構造計算適合性判定機関】建築確認を厳格化するため、平成18年(2006)改正(翌年施行)の建築基準法に基づいて新設された第三者機関。高度な構造計算が必要となる一定規模以上の建物について、その構造計算が適正に行われたものであるかどうかを判定する機関で、都道府県知事が指定する。指定構造計算適合性判定機関。

こうぞう-げんごがく【構造言語学】言語を記号の体系としてとらえ、その構造を明らかにしようとする言語学。

こうそう-けんちく【高層建築】いくつもの階を重ねた建造物。現在の日本では、通例、高さ31メートル以上のものをいう。

こうぞう-こく【構造谷】断層や褶曲によって生じた谷。

こうぞう-じ【高蔵寺】宮城県角田市にある真言宗智山派の寺。山号は高倉山。開創は弘仁10年(819)、開山は空海と伝えられる。阿弥陀堂は重文。

こうぞう-しき【構造式】分子内での原子の結合状態を図示した化学式。水のH-O-H、酸素のO=Oなど。

こうぞう-じしん【構造地震】急激な断層運動によって生じる地震。多くの地震はこれに属する。断層地震。

こうそう-しつげん【高層湿原】低温・過湿で塩類の乏しい貧栄養の所にできる湿原。ミズゴケが多く、泥炭化が進んで盛り上がった所ができる。高山や高緯度地方に多い。尾瀬ヶ原・八島ヶ原など。➡低層湿原

こうそうじゅうきょ-ゆうどうちく【高層住居誘導地区】都市計画法で定められた地域地区の一つ。人口の空洞化が進んだ大都市地域に高層住宅を建設することにより、住宅と非住宅建築物の配分を適正化し、良好な都市環境を形成する目的で定められる地区。

こうぞう-しゅぎ【構造主義】《フランス structuralisme》人間の社会的、文化的諸事象を可能ならしめている基底的な構造を研究しようとする立場。ソシュール以降の言語学理論を背景に、レビ=ストロースの人類学でこの方法が用いられて以来、哲学や精神分析など、主として人文・社会科学の領域で展開されている。

こうそう-しょくぶつ【紅藻植物】藻類の一群。葉緑素(クロロフィル)のほか、紅藻素(フィコエリトリン)・藍藻素(フィコシアニン)をもち、紅色や紫色を呈する。体はひも状や葉状。大部分が海産で、アサクサノリ・テングサ・オゴノリ・イギスなどがある。淡水産にはカワモズクがある。紅藻類。

こうぞう-すい【構造水】結晶中に、水としてではなく、水酸化物イオンなどとして含まれているが、加熱すると水として失われるもの。

こうぞう-せん【構造線】地質構造上、2地区に区分できるような大規模な断層。中央構造線など。

こうそう-そ【紅藻素】►フィコエリトリン

こう-そうそん【皇曽孫】天皇のひまご。

こうぞう-ちしつがく【構造地質学】地層や岩体の配列状態や相互関係、変形や地殻の運動、その原動力などを調べる地質学の一分野。

こうぞうてき-しつぎょう【構造的失業】経済構造やその変化に起因する慢性的な失業。摩擦的失業と合わせてミスマッチ失業という。

こうそう-でん【高僧伝】㊀高徳の僧の伝記を集録したもの。中国では梁の慧皎の「梁高僧伝」が現存最古で、唐の道宣の「続高僧伝」、宋の賛寧の「宋高僧伝」、明の如惺の「大明高僧伝」と合わせて四朝高僧伝という。日本には「本朝高僧伝」などがある。㊁「梁高僧伝」のこと。

こうそう-てんきず【高層天気図】高層の大気の状態を示す天気図。現在は等圧面天気図が主体で、特定の等圧面の高度・気温・露点・風向・風速などが記入されている。

こうそう-の-らん【黄巣の乱】875～884年、中国の唐末期に起きた農民の反乱。王仙芝の起こした反乱に呼応して、山東の黄巣も蜂起・合流。四川以外の全土を巻き込んだ。王仙芝の死後、黄巣は880年長安に入って国号を大斉とし皇帝の位に就いたが、唐軍の反撃を受けて泰山付近で敗死。この乱は唐朝滅亡の契機となった。

こうそうはちまん-じんじゃ【甲宗八幡神社】北九州市門司区にある神社。祭神は応神天皇・神功皇后ほか三神。神体は、神功皇后が三韓出兵のときに着けた甲という。貞観2年(860)の創建と伝えられる。

こうぞう-ふきょう【構造不況】不況の原因が景気循環によるものではなく、産業構造・需要構造・経済環境などの構造変動にあるとされる不況。

こうぞう-へいや【構造平野】古い地質時代に堆積した水平層からなる平坦な低地。北アメリカ大陸の内陸低地など。

こうぞう-りきがく【構造力学】機械・建造物などを構成する各部材に生ずる応力や変形を計算し、適切な材質や形状・寸法の決定法を研究する学問。

こうそう-りょく【構想力】❶物事を体系的に考え、まとめあげる能力。❷►想像力❷

こうそう-るい【紅藻類】►紅藻植物

こうぞ-がみ【×楮紙】コウゾの靭皮の繊維を原料として漉いた紙。最も代表的な和紙で、檀紙・奉書・杉原紙など種類も多く、書物・障子・傘などさまざまに用いられる。穀紙。

こうそ-きかん【控訴期間】控訴をなしうる期間。民事訴訟では判決の送達の日から、刑事訴訟では判決告知の日から、それぞれ14日以内。

こうそ-ききゃく【公訴棄却】刑事訴訟で、形式的、手続き的な訴訟条件が備わっていないために、公訴を無効として排斥する裁判。

こうそ-ききゃく【控訴棄却】控訴による不服申し立てに理由がないとして、原判決を維持すること。

こう-そく【光束】❶単位面積を単位時間内に通過する光のエネルギーを、標準的観測者の目に感ずる明るさによって測った量。単位はルーメン。❷►光線束

こう-そく【光速】「光速度」の略。

こう-そく【拘束】〔名〕(スル)《「拘」はとらえる、「束」はしばる意》❶思想・行動などの自由を制限すること。「時間に—される」❷犯人や被告などの行動・自由を制限すること。「身柄を—する」[類語](❶)束縛・支配・規制・制約・掣肘/(❷)検束・拘留・拘引・拘禁・軟禁

こう-そく【校則】学校の規則。児童・生徒・学生が守るべき規則。

こう-そく【高足】❶門人や弟子の中で、特に優秀な者。高弟。「—の弟子」❷蹴鞠で、足を高く上げて鞠をける動作。「鞠は—よきぞとて、思ふさまに蹴上ぐれば」〈仮・竹斎・上〉❸「たかあし(高足)❹」に同じ。❹「たかあし(高足)❺」に同じ。

こう-そく【高速】❶速度の速いこと。高速度。「—運転」⇔低速。❷「高速道路」の略。「東名—」

こう-そく【梗塞】〔名〕(スル)❶ふさがって通じないこと。「知識—して益愚なる者多し」〈岡部啓五郎・開化評林〉❷動脈がふさがれて、その先の組織に壊死を生じた状態。心筋梗塞など。

こう-そく【港則】港内における船舶交通の安全と港内の整頓のために決められた規則。

こう-ぞく【公族】明治43年(1910)の韓国併合後、前韓国の李王家に与えられた皇族に準ずる称号。第二次大戦後に廃止。

こう-ぞく【後続】〔名〕(スル)あとに続くこと。また、そのもの。「—を断つ」「—する電車」

こう-ぞく【皇族】天皇の一族。天皇を除く、皇后・太皇太后・皇太后・親王・親王妃・内親王・王・王妃・女王の総称。[類語]皇室・王室・帝室・王族

こう-ぞく【航続】航空機や船舶が新たに燃料を補給することなしに航行を続けること。

ごう-ぞく【強賊】強大な勢力をもつ賊徒。きょうぞく。「—の巣窟なりける洞窟」〈逍遥・小説神髄〉

ごう-ぞく【豪族】その地方に土着している住民の中で、大きな財産や勢力を持つ一族。

こうぞく-かいぎ【皇族会議】皇族に関する重要事項を審議・決定した旧皇室典範の機関。天皇と成年の皇族男子で構成された。第二次大戦後、皇室会議と改組・改称。

こうそくがた-しんきんしょう【拘束型心筋症】心筋症の一つ。心室の拡張や肥大はなく、心筋の収縮力も正常であるのに、心室の筋肉が硬くなり、拡張不全になる。進行すると心不全・不整脈・塞栓症などが起こる。原因が不明な特発性拘束型心筋症と、アミロイドーシスやサルコイドーシスなど他の疾患に伴って発症する二次性拘束型心筋症がある。特定疾患(難病)の一つ。RCM(restrictive cardiomyopathy)。

こうそく-きかん【高速機関】高速度で回転する内燃機関。自動車・航空機・船舶のエンジンなど。

こうぞく-きょり【航続距離】船舶や航空機が、搭載した1回の燃料によって航行を続けることのできる距離。航行速度・風向・重量、また航空機の場合は飛行高度などにより同じ量の燃料であっても距離は変わる。

こうそく-きりゅう【高速気流】速さが音速に近い気体の流れ。航空機などへの抵抗が急激に増す。

こうそく-じ【光則寺】神奈川県鎌倉市長谷にある日蓮宗の寺。山号は行持山。日蓮の竜ノ口法難ののち、北条時頼の家臣宿屋光則が帰依して自邸を寺として寄進したもの。開山は日朗。

こうそく-じ【光触寺】神奈川県鎌倉市十二所にある時宗の寺。山号は岩蔵山。一遍の開山と伝える。運慶作の本尊、頬焼阿弥陀がある。

こうそく-じかん【拘束時間】拘束される時間。特に、休憩時間を含めた労働時間。➡実働時間

こうそく-しゃせん【高速車線】片側に2車線以上ある道路で、車線によって異なる最高速度の制限が行われている場合、高いほうの最高速度を指定されている車線。

こうそく-シャッター【高速シャッター】カメラのシャッタースピードが特に高速なこと。動きの早い被写体を、ぶれないように撮影することに向く。➡低速シャッター

こうそく-ぞうしょくろ【高速増殖炉】高速の中性子を利用し、発電しながら消費した量以上の燃料を生み出すことができる原子炉。ウランとプルトニウムを混合したMOX燃料を使用し、冷却材としてナトリウムや鉛ビスマス合金などの液体金属を用いる。

日本・ロシア・フランス・中国・インドなどで研究開発が続けられているが、実用化には至っていない。日本には実験炉の「常陽」(休止中)、原型炉の「もんじゅ」(性能試験中)がある。FBR(fast breeder reactor)。➡高速炉

こうそく-ちゅうせいし【高速中性子】核分裂で放出されたまま、何ら減速を受けていない中性子。速度は光速の約20分の1、エネルギーは0.1〜1メガ電子ボルト程度。高速中性子で核分裂の連鎖反応を起こさせるようにした原子炉を高速炉という。速中性子。

こうそく-ちゅうせいしろ【高速中性子炉】►高速炉

こうそく-でんとうせんつうしん【高速電灯線通信】►電力線通信

こうそく-でんりょくせんつうしん【高速電力線通信】►電力線通信

こう-そくど【光速度】光が伝わる速度。真空中では、毎秒299792458メートル。物理定数の一つで、記号*c*で表す。光速。

こう-そくど【高速度】速度が非常にはやいこと。また、その速度。高速。

こうそく-どうろ【高速道路】自動車が高速度で走るための専用道路。ハイウエー。高速。
〔類語〕ハイウエー・ドライブウエー・スカイライン・バイパス

こうそくどうろ-がいしゃ【高速道路会社】►高速道路株式会社

こうそくどうろがいしゃ-ほう【高速道路会社法】►高速道路株式会社法

こうそくどうろ-かぶしきがいしゃ【高速道路株式会社】《「高速道路会社」とも》平成17年(2005)の道路関係4公団民営化に伴い発足した株式会社。東日本高速道路株式会社・中日本高速道路株式会社・西日本高速道路株式会社(旧日本道路公団)、首都高速道路株式会社(旧首都高速道路公団)、阪神高速道路株式会社(旧阪神高速道路公団)、本州四国連絡高速道路株式会社(旧本州四国連絡橋公団)の6社。公団が所有していた道路施設・債務は日本高速道路保有・債務返済機構が保有。各高速道路株式会社は機構から借り受けた高速道路の管理・運営、新規路線の建設、サービスエリアなどの施設の管理運営等の事業を行う。

こうそくどうろかぶしきがいしゃ-ほう【高速道路株式会社法】高速道路会社6社の事業について定めた法律。道路関係4公団民営化関係4法の一つ。各社の事業範囲、政府による株式の保有、国土交通大臣による監督などを規定。平成17年(2005)施行。高速道路会社法。道路会社法。

こうそくどうろ-きこう【高速道路機構】「日本高速道路保有・債務返済機構」の略称。

こうそくど-こう【高速度鋼】タングステン・コバルト・クロム・バナジウム・モリブデンなどを加えた切削用の工具鋼。旧来の工具鋼より高速度で切削できる。ハイスピードスチール。ハイス。

こうそくど-さつえい【高速度撮影】フィルムのこま送りを普通より速くして撮影する技法。これを標準速度で映写すると、スローモーションで再現できる。高速度の現象を観察・観測する場合にも用いる。

こうそくど-しゃしん【高速度写真】高速で運動あるいは変化する対象を、1000分の1秒以下のきわめて短時間の露光によって撮影する写真。光源にストロボなどの瞬間発光を使う。

こうそくどふへん-の-げんり【光速度不変の原理】互いに等速度運動をするすべての観測者からみて、光源の運動によらず真空中の光速度は常に一定の値をとるという原理。1905年にアインシュタインが特殊相対性理論の基本原理として導入した。

こうそく-バス【高速バス】高速道路を利用して遠方の都市間などを結ぶ、長距離路線バス。

こうぞく-ひ【皇族費】皇室費の一。皇族としての品位保持の資に充てるために国庫から毎年支出される費用のほか、皇族が初めて独立の生計を営むとき、または皇族の身分を離れるさいに支出される一時金がある。

こうそく-ピーエルシー【高速PLC】《high-speed power line communication》►電力線通信

こうぞく-ふ【皇族譜】皇統譜の一。皇族の身分に関する主要事項を登録する簿冊。親王・親王妃・内親王・王・王妃・女王の、名・父母・生年月日・命名年月日などを記す。

こうそく-りょく【拘束力】ある一定の行為を制限する効力。「法的な一をもたない規約」

こうそく-ろ【高速炉】核分裂反応で生じる高速中性子を、減速させずに連鎖反応を起こさせるようにした原子炉。高速中性子炉。

こうそ-けん【公訴権】公訴を提起し裁判を求める検察官の権能。

こう-そこう【皇祖考】天子・天皇の亡くなった祖父を敬っていう語。⇔皇祖妣。

こうそ-こうそう【皇祖皇宗】天皇の始祖と当代に至るまでの歴代の天皇。➡皇祖 ➡皇宗

こうそ-ざい【酵素剤】酵素を用いた医薬品。消化をよくするジアスターゼやパンクレアチン、血栓を溶解するウロキナーゼ、炎症を緩和するリゾチームなど。

こうそ-さいばんしょ【控訴裁判所】控訴事件を審理する裁判所。第一審裁判所の直接の上級裁判所をいう。

こうそ-じこう【公訴時効】犯罪行為が終わってから一定の期間が経過すると公訴権が消滅し、起訴はできなくなること。➡時効

こうそ-じじつ【公訴事実】起訴状に訴因の形で記載される犯罪事実。

こうそ-しょう【江蘇省】►江蘇

こうそ-しん【控訴審】第一審判決に対する控訴を審理する第二審の裁判所。控訴裁判所。また、その審理。第二審。

こう-そつ【甲卒】鎧をつけた兵卒。甲兵。

こう-そつ【降卒】降参した兵卒。

こう-そつ【高卒】《「高等学校卒業」の略》高等学校を卒業していること。また、その人。

こうそつ-にんてい【高卒認定】「高校卒業程度認定試験」の略。

こう-そひ【皇祖×妣】天子・天皇の亡くなった祖母を敬っていう語。⇔皇祖考。

こう-そふ【高祖父】祖父母の祖父。

ごうそ-ふう【強×麁風】能で、世阿弥が九段階に分けたうちの第八位(下三位の第二)の芸格。強く荒々しい芸風。➡九位

こう-そぼ【高祖母】祖父母の祖母。

こう-ぞめ【香染(め)】丁子を濃く煎じた汁で染めたもの。黄色味を帯びた薄茶色。➡丁子染め

こうそ-もうそう【好訴妄想】常に自分の権利が侵害されていると信じ、その回復のために裁判に訴えて争おうとする妄想。

こう-ぞり【▽髪×剃り】《「かみそり」の音変化》❶剃刀。「一脇にはさみて持たり」〈落窪・二〉❷仏門に入る式で、戒師が、出家する人に戒をさずけて髪をそり落とすこと。また、髪をそって仏門に入ること。「わざとならず、言ひ消たせ給へるは、げに一も捨てつべき様なり」〈狭衣・三〉

こうぞり-な【▽髪×剃菜】キク科の越年草。山野に生える。高さ60〜90センチ。葉はへら形で束生し、中心から茎を直立する。全体に褐色の硬い毛があり、触るとざらつく。初夏から秋、黄色い花を開く。名は、硬い毛をかみそりにたとえたもの。毛蓮菜。

こう-そん【公孫】❶王侯の孫。❷貴族の子孫。

こう-そん【江村】川や入り江のほとりの村。「一八月碧鱸まさに肥えたり」〈蘆花・自然と人生〉

こう-そん【孝孫】孝行な孫。

こう-そん【皇孫】❶天皇の孫。また、天皇の子孫。皇胤。❷天照大神の孫、瓊瓊杵尊。

こう-そん【荒村】荒廃した村落。

こう-そん【荒損】荒れ果てていたむこと。荒れて、そこなわれること。

ごう-そん【郷村】❶村里。きょうそん。❷中世から近世にかけての村落共同体。室町時代、農民の自治団結体としての惣として成長。その後、近世封建体制のもとで、領主は農民支配の便宜のための行政単位として設定した。

こうそん-じゅ【公孫樹】《孫の代に実がなる樹の意》イチョウの別名。

こうそん-でん【荒損田】律令制で、荒田と損田のこと。

こうそん-りゅう【公孫竜】中国、戦国時代の趙の思想家。字は子秉。白馬非馬論・堅白同異論などの詭弁的議論で知られ、批判も受けたが、概念の差異を分析し、意味論的論理学を発達させた功績は大きい。「公孫竜子」6編が残存。生没年未詳。

こ-うた【小唄】❶「小歌❸」に同じ。❷三味線音楽の一種。端唄から変化した、三味線のつま弾きを伴奏とする短い歌曲。江戸末期に発生し、現代に及ぶ。江戸小唄。早間小唄。❸明治末期から昭和にかけて、主にレコードで用いられた流行歌謡の分類。俗曲・小唄❷・民謡などの調べを持つもののほか、新作も多く、内容は多様。

こ-うた【小歌】❶平安時代、公的な儀式歌謡の大歌に対し、民間で流行した歌謡。また、五節の舞の伴奏歌曲である男声の大歌に対し、その前の行事で女官がうたう小歌曲をいう。❷室町時代、民間に行われた手拍子や一節切を伴奏とする短い歌謡。❸江戸時代、地歌などの芸術的歌曲に対し、❷の流れを引く、巷間で流行した短い歌謡の総称。❹能・狂言の中で、室町時代の俗謡を取り入れた部分。

こう-だ【巧打】〔名〕スル 野球などで、打ちにくいボールをじょうずに打つこと。

こう-だ【好打】〔名〕スル 野球などで、好機にうまく打つこと。「好守一の一塁手」

ごう-だ【豪打】野球で、豪快な打撃をすること。

こうだ-あや【幸田文】[1904〜1990]小説家・随筆家。東京の生まれ。露伴の次女。随筆「終焉」、小説「流れる」など。

こ-うたい【小謡】謡曲中の短い一節を、謡うために特に抜き出したもの。祝賀・送別・追善・宴席の余興など、場に応じたものを謡う。

こう-たい【交代｜交替】〔名〕スル《古くは「こうだい」》役割や位置などを互いに入れかえること。また、互いに入れかわること。「一で休暇をとる」「当番を一する」「選手一」〔類語〕入れ替わり・入れ替え・更迭・代替・交番・代謝・チェンジ（交替で行うこと)代わり番・互替わり・交互・隔番・輪番・回り番

こう-たい【光体】光る物体。

こう-たい【抗体】生体内に抗原が侵入したとき、それに対応して生成され、その抗原に対してのみ反応するたんぱく質。実際に抗体として働くのは免疫グロブリン。免疫体。

こう-たい【更代】改め代えること。また、入れ代わること。

こう-たい【後退】〔名〕スル ❶後ろへさがること。「車を一させる」⇔前進。❷勢いが衰えたり程度が低くなったりすること。「景気が一する」「病気が一する」〔類語〕(❶)後ずさり・下がる・逆行・あと戻り・逆戻り・後進・バック・リバース・後ろ向き/(❷)退歩・退行・減退・下り坂・下火・退潮・尻すぼまり・落ち目・左前・不振

こう-たい【荒怠】なげやりで、なすべきことを怠ること。「一暴恣の心状」〈中島敦・弟子〉

こう-だい【広大｜×宏大】〔名・形動〕広く大きいこと。また、そのさま。「一な家屋敷」「頭の勢力の一なるに驚くにつれて」〈漱石・坑夫〉⇔狭小。〔派生〕**こうだいさ**〔名〕〔類語〕無辺・無辺際・果てし無い・広い・広やか・広壮・広闊・広漠・広広

こう-だい【×弘大】〔名・形動〕ひろく大きいこと。また、そのさま。広大。「それは一な御説教で」〈藤村・夜明け前〉

こう-だい【交題】季題をとりまぜて俳句を詠むこと。また、その季題。混題。乱題。

こう-だい【好題】よい題目。また、適切な問題。

こう-だい【行台】❶中国、魏・晋から唐初までの役所名の一。尚書省の役人が臨時に地方へ出張して事務を執った所。❷《「行御史台」の略》中国、元代の地方行政監察機関。❸高官が地方へ出張したときの駐在所。❹行軍のときの、総司令官の居所。

こう-だい【後代】のちの時代。のちの世。後世。「名を一に残す」(類語)後世・末代・次代・将来・未来

こう-だい【香台】❶香炉をのせる台。❷仏殿の異称。

こう-だい【×浩大】〔名・形動〕ひろく大きいこと。また、そのさま。「その農圃全書の巻帙一にして」〈中村訳・西国立志編〉

こう-だい【高大】〔名・形動〕高くて大きいこと。ぬきんでてすぐれていること。また、そのさま。「一な理想」「心事一にして」〈福沢・学問のすゝめ〉

こう-だい【高台】㊀〔名〕❶高く組まれた建造物。❷高くて見晴らしのよい台地。たかだい。❸茶碗・皿などの底にある基台。㊁〔代〕二人称の人代名詞。手紙などで、相手を敬っていう語。貴台。

こう-だい【×鴻大｜洪大】〔名・形動〕きわめて大きいこと。また、そのさま。「商館の一なるに驚き」〈福沢・学問のすゝめ〉

ごう-たい【合体】▶がったい(合体)❸

ごう-たい【剛体】外力が加わっても形や大きさの変わらない、力学上の仮想的な物体。

こうたいいき-アイエスディーエヌ【広帯域ISDN】▶ビー-アイ-エス-ディー-エヌ(B-ISDN)

こうたい-いやく【抗体医薬】抗体(免疫グロブリン)が病原体や異物などの抗原を認識するしくみを利用した薬剤。癌などの病気の原因物質の一部を投与することで、特定の抗体を増やして治療効果を狙う。抗癌剤のように正常な細胞まで破壊することがなく、副作用が少ないとされる。破傷風菌に感染したウサギから取り出した血清を破傷風患者に注射したのが始まり。現在は遺伝子工学や細胞融合の技術を用いてマウスなどにヒトの抗体を作らせることができるが、コスト・生産規模などの点で課題も多い。

こうだい-いん【高台院】[1549～1624]豊臣秀吉の正妻。尾張の人。杉原定利の次女。名は、ねね。北政所とよばれ、准三后、従一位になり、秀吉死後、尼となって高台院と称した。

こうたい-おう【好太王】▶広開土王

ごうたい-かいてん【剛体回転】角速度が動径によらず一定である回転。物体の回転を考える際、各部分の相対的な位置関係が変わらず、剛体と見なせる場合をいう。一方、角速度が動径により異なる場合は差動回転という。

こうたい-かく【後退角】航空機の主翼を、胴体に対して直角より後方へ傾けて取り付けた場合の、翼の角度。

こうたい-けんさ【抗体検査】細菌・ウイルスなどの病原体に対する抗体の有無や量を調べる検査。少量の血液から麻疹・水疱瘡・百日咳・HIVなどさまざまな感染症の抗体価を調べることができる。麻疹や百日咳などの場合、抗体価が低いと感染リスクが高まるため、予防接種によって抗体価を上げる必要がある。また、過去の感染の有無、現在の免疫力の程度などもわかる。たとえばHIVの抗体が陽性であればHIVに感染していると判定される。

こうだい-けんてい【後代検定】農作物の草丈・収量や家畜の体重など、量的な遺伝的性質が後代にも現れるかどうか、次代を育成して検査する方法。

こう-たいごう【皇太后】前天皇の皇后。また、前天皇の皇后で、現天皇の生母。皇太后宮。おおきさき。

こうたいごう-ぐう【皇太后宮】❶皇太后の宮殿。❷「皇太后」に同じ。

こうたいごうぐう-しき【皇太后宮▽職】皇太后宮に関する事務をつかさどった役所。律令制では中務省、明治の官制では宮内省に属した。

こうたい-こうしょう【交代鉱床】交代作用で生じた鉱床。接触交代鉱床・熱水鉱床などがある。

こうたい-さよう【交代作用】岩石中に浸透してきたガスや熱水溶液により、既存の岩石の成分と移動してきた物質とが置換され、新しい鉱物ができる作用。➡熱水鉱床

こうたい-し【交替使】律令制下、地方官の交替にあたって、前任者が任地で死亡したりして新任者と事務引き継ぎができない場合、新任者の申請によって交替事務を処理するために派遣された臨時の役人。検交替使。

こう-たいし【皇太子】皇位継承の第一順位にある皇子。東宮。春宮。(類語)東宮・太子

こうたい-じ【皓台寺】長崎市寺町にある曹洞宗の寺。山号は海雲山。開創は慶長13年(1608)、開山は亀翁良鶴。もと洪泰寺と称したが、寛永19年(1642)現寺号に改称。

こうだい-じ【高台寺】京都市東山区にある臨済宗建仁寺派の寺。もと曹洞宗。山号は鷲峰山。慶長10年(1605)、豊臣秀吉の菩提を弔うため、高台院の志に基づき徳川家康が創建。

こうたい-しき【交代式】有理式において、その中の任意の二つの変数を交換すると、式の符号だけが変わった式となるもの。

こうたい-しき【交替式】律令制下、官吏交替の際の諸規則などを集成した法令集。延暦交替式・貞観交替式・延喜交替式の3種がある。

こうたいし-ひ【皇太子妃】皇太子の配偶者の称。

こうだいじ-まきえ【高台寺×蒔絵】高台寺の霊屋内部や同寺所蔵の秀吉夫妻愛用の調度品に施された蒔絵、および同系統のもの。桃山時代の蒔絵を代表する様式で、秋草・菊桐文様を多く用いる。

こうたい-しょく【後退色】寒色系の色や明度の低い色で、その他の色と対比させると遠くにあるように見える色。濃い緑、濃い茶など。⇔進出色。

こう-たいじん【皇大神】日本の最高の神をいう称号。ふつう、伊勢神宮の天照大神をいう。すめおおみかみ。すめらおおみかみ。

こうたい-しんきょう【交替神教】▶単一神教

こう-たいじんぐう【皇大神宮】三重県伊勢市、五十鈴川の川上にある伊勢神宮の内宮。祭神は天照大神。神体は八咫鏡。天照皇大神宮。伊須受宮。内宮。➡伊勢神宮

こうたいじんぐうぎしきちょう【皇太神宮儀式帳】皇大神宮の行事・儀式など23か条を記した文書。延暦23年(804)宮司大中臣真継・禰宜荒木田公成・大内人磯部小紲らが神祇官に提出したもの。「止由気宮儀式帳」と併せて「伊勢大神宮儀式帳」「延暦儀式帳」ともいう。

こう-たいそん【皇太孫】皇位を継ぐことになっている天皇の孫。

こう-たいてい【皇太弟】皇位を継ぐことになっている天皇の弟。現行制度にはない。

こうたいてき-ろんしょう【後退的論証】論理学で、結論からその前提となる理由をさかのぼり、一般的な真理へ到達することによって、その結論が真であることを論証する方法。背進的論証。逆進的論証。分析的論証。➡前進的論証

こう-たいひ【皇太妃】天皇の生母で、前天皇の妃であった人。

こう-たいふじん【皇太夫人】天皇の生母で、前天皇の夫人であった人。すめみおや。

こうだい-むへん【広大無辺】〔名・形動〕果てしなく広くて大きいこと。また、そのさま。「一な(の)宇宙空間」「一(の)恩恵」

こうたい-よく【後退翼】後退角を与えられた翼。音速に近い速さで飛ぶとき、抗力をなるべく小さくするためのもの。

こうたい-よりあい【交代寄合】江戸幕府の職名。寄合のうちで、老中の下に属し、譜代大名並みの待遇をうけ、参勤交代の義務を負ったもの。

ごうたい-りきがく【剛体力学】剛体に力が働いたときの運動状態を研究する力学の一分野。

こう-だえんけい【広×楕円形】円形に近い楕円形。長径と短径の差が小さい。広長円形。

こうた-おどり【小歌踊(り)】民俗芸能の一。中世から近世初期に流行した小歌に合わせて踊る風流踊り。新潟県柏崎市の綾子舞、東京都西多摩郡奥多摩町の鹿島踊りなどが有名。

こうだ-おん【後打音】ある音符のあと、またはトリルの末尾で短く奏される装飾音。

こう-だか【甲高】〔名・形動〕❶手や足の甲が高いこと。また、そのさま。「幅広で一な足」❷足袋や靴で、足の甲にあたる部分が特に高いもの。

こう-たく【光沢】❶光の反射による、物の表面の輝き。つや。「磨いて一を出す」❷仏語。仏の光明のめぐみ。(類語)つや・色つや

こう-たく【皇沢】天皇の恩沢。皇恩。

こう-たく【×膏沢】❶恵み。潤い。恩沢。❷地味の肥えた潤いのある土地。

こう-だく【肯諾】〔名〕スル 承諾すること。「各国若し之を一せざるあらば」〈小野梓・条約改正論〉

こう-だく【黄濁】〔名〕スル 黄色くにごること。

こうたく-き【光沢機】紙や織物などの表面を滑らかにして光沢を出す機械。カレンダー。

こうたく-し【光沢紙】《glossy paper》表面に光沢をつけた洋紙。インクジェットプリンターの高品位印刷にコート紙とともに用いられる。➡半光沢紙 ➡アート紙 ➡マット紙

こう-たくみん【江沢民】[1926～]中国の政治家。江蘇省出身。1946年中国共産党に入党。86年上海市長として同市の開放政策を推進。89年の天安門事件後、鄧小平の抜擢によって党総書記、中央軍事委員会主席に就任。93年国家主席となる。2005年に引退した。チアン＝ツォーミン。

こう-たけ【▽革×茸｜▽皮×茸｜×茅×蕈】イボタケ科のキノコ。日本特産。広葉樹林下に生え、傘は褐色、深い漏斗状で、表面に粗い鱗片、裏面に針状の突起がある。柄は太く下部まで中空。乾燥すると芳香があり、精進料理などに使われる。かわたけ。すすたけ。ししたけ。

こう-だしゃ【好打者】野球で打撃のうまい人。

こ-うたせあみ【小打た瀬網】打た瀬網の小さいもの。内湾などで、エビやカレイなどを捕るのに用いる。

こう-だたみ【香畳】香具を包む畳紙。

こう-たつ【口達】〔名〕スル《「こうだつ」とも》口頭で伝達すること。言い渡すこと。また、その言葉。(類語)伝達・通知・連絡・通告・通達・下達・令達・伝える・知らせる・告げる・言い送る・申し送る・達する

こう-たつ【公達】政府や官庁からの通達。

こう-たつ【×曠達】〔名・形動〕心が広く物事にこだわらないこと。また、そのさま。豁達。「一言を以て評すれば剛毅一と云うべし」〈露伴・露団々〉

ごう-だつ【×劫奪】〔名〕スル おびやかして無理に奪うこと。きょうだつ。「人ありて之を一す」〈杉亨二・明六雑誌一六〉

こう-だつ【攻奪】〔名〕スル 攻めて奪い取ること。「欧人此新世界を覚見して一せし後」〈津田真道訳・泰西国法論〉

ごう-だつ【強奪】〔名〕スル 暴力や脅迫などで、強引に奪い取ること。きょうだつ。「現金を一する」(類語)略奪・奪略・略取・奪取・争奪

こうたつ-きょり【光達距離】灯台の光が届く最大距離。海面上5メートルの高さから、晴天暗夜に肉眼で光を認めることができる最長の距離。

こう-だて【甲立て】・【▽紙立て】《「かみたて(紙立て)」の変化した語という》正式の供応のとき、折敷など食膳の盛り物の周囲に、種々の形に折って立てる紙。饗立て。

こう-だて【×劫立て】〔名〕スル 囲碁で、劫を取り返すために、相手が応じなければならないような場所に一手打つこと。また、その場所。

ごうだ-てんのう【後宇多天皇】[1267～1324]

第91代天皇。在位、1274〜1287。亀山天皇の第2皇子。名は世仁よひと。大覚寺統の天皇で、譲位後に持明院統からの天皇が続いたので幕府に抗議し、子の後二条天皇の即位を実現。学を好み、内外の典籍を学び、仏道に帰依した。日記に「後宇多天皇宸記」。

こうだ-のぶ【幸田延】カウダ[1870〜1946]音楽教育家・ピアノ奏者。東京の生まれ。露伴の妹。ウィーンに留学。明治・大正期の音楽界の中心的人物。

こうた-びくに【小歌▽比▽丘尼】小歌をうたって勧進して歩く比丘尼。陰では売春を業とした。勧進比丘尼。「それは一とて、尼にする由承り」〈浄・百日曽我〉

ゴウタマ【梵 Gautama】▶ゴータマ

こうだ-やき【高田焼】カウダ▶八代やつしろ焼

こうだ-ろはん【幸田露伴】カウダ[1867〜1947]小説家・随筆家・考証家。東京の生まれ。本名、成行しげゆき。別号、蝸牛庵かぎゅうあんなど。明治22年(1889)「露団々」「風流仏」で名声を確立。尾崎紅葉と並ぶ作家となった。のち考証・史伝・随筆に新境地を開いた。第1回文化勲章受章。小説「五重塔」「風流微塵蔵」「運命」「連環記」、評釈「芭蕉七部集」など。

こう-たん【口端】口先くちさき。口先の言葉。口の端は。

こう-たん【後端】うしろのはし。⇔前端。

こう-たん【荒誕】クワウ〔名・形動〕《「誕」は、うそ、いつわりの意》おおげさで、全くでたらめであること。また、そのさま。「古代ブームに乗った一な万葉論」

こう-たん【×浩嘆｜×浩×歎】カウ〔名〕スル ひどくなげくこと。「長々と一の独白を述べた」〈芥川・将軍〉

こう-たん【降誕】カウ〔名〕スル 聖人・偉人・帝王などがこの世に生まれること。「キリストの一」➡降誕えん

類語 誕生・生誕・出生

こう-たん【硬炭】カウ ❶岩など不燃成分の混じった、品質の悪い石炭。ぼた。❷硬質の石炭。特に、無煙炭。⇔軟炭。

こう-だん【公団】公共的事業を推進するために、政府の全額出資または政府と地方公共団体との共同出資などによって設立された特殊法人。類語 公社

こう-だん【×巷談】カウ 世間のうわさ話。巷説。「一俗説にまどわされるな」

こう-だん【後段】あとの段。文章や芝居などのあとの部分・区切り。「一で詳述する」⇔前段。

こう-だん【降段】カウ〔名〕スル 段位が下がること。⇔昇段。

こう-だん【降壇】カウ〔名〕スル 壇上から降りること。「演説後拍手に送られて一する」⇔登壇。

こう-だん【高段】カウ 武道・囲碁・将棋などで、段位が高いこと。ふつう五段以上をいう。「一者」

こう-だん【高談】カウ〔名〕スル ❶無遠慮に大声で話すこと。また、その話。❷他人を敬って、その談話をいう語。「御一拝聴いたしました」

こう-だん【講談】カウ 寄席よせ演芸の一。軍記・武勇伝・かたき討ち・侠客伝などを、おもしろく調子をつけて読んで聞かせる話芸。江戸時代には講釈とよばれ、太平記読みに始まるという。

こう-だん【講壇】カウ 講義・講演・説教などをする壇。補説「講壇学者」「講壇哲学」のように、他の語に冠して、理論的ではあるが実際的でない意で皮肉めかして用いる。

ごう-たん【▽降誕】ガウ 仏語。仏・菩薩ぼさつ、特に、釈迦しゃかがこの世に生まれること。

ごう-たん【×毫端】ガウ ❶毛の先端。また、きわめて微細なもののたとえ。❷筆のさき。「一に泥を含んで双手に筆を運めぐらし難き心地」〈漱石・虞美人草〉

ごう-たん【豪胆｜剛胆】ガウ〔名・形動〕度胸がすわっていて、ものに動じないこと。肝が太いこと。また、そのさま。「一な振る舞い」派生 ごうたんさ〔名〕

類語 大胆・不敵・豪放・放胆・勇敢・太い・勇気・度胸

ごう-だん【強談】ガウ〔名〕スル 強い態度や調子で談判すること。強談判。類語 迫る・要求・強請きょうせい・強迫・催促・催告・責せ付く・責め立てる・求める

ごうたん-え【▽降誕会】ガウタン ❶4月8日の釈迦の誕生を祝う法会。花祭り。灌仏会かんぶつえ。〈季 春〉❷仏教の諸宗派で、その宗祖の誕生を記念して行う法会。

こうたん-さい【降誕祭】カウタン ❶聖人や偉人などの誕生日を祝う祭典。❷キリストの誕生を祝う祭典。クリスマス。〈季 冬〉「雪道や一の窓明り／久女」

こう-だんし【好男子】カウ ❶好感のもてる男子。好漢。快男子。❷顔だちの美しい男。美男子。

類語 (❶)快男子・快男児・好漢

こうだん-し【講談師】カウダン 講談の口演を職業とする人。講釈師。

こうだん-しゃかいしゅぎ【講壇社会主義】カウダンシャクワイ 資本主義制度を変革せず、社会政策や立法によって穏健に社会改革を行おうとする理論。19世紀後半、ドイツでワグナーらが大学の講壇から微温的な社会主義的実践・理論を説いたことに対して、当時のマルクス主義者が皮肉った言葉。

こうだん-じゅうたく【公団住宅】ヂュウタク 都市基盤整備公団(現都市再生機構)が建設し、分譲または賃貸する住宅の旧称。

ごうだんしょう【江談抄】ガウダンセウ 平安後期の説話集。6巻。大江匡房おおえのまさふさの談話を藤原実兼ふじわらのさねかねが筆録したと伝えられる。長治・嘉承年間(1104〜1108)ごろの成立か。公事・摂関家事などの有職故実・故事・説話などを収める。水言抄。江談。

こうたん-せい【抗▽堪性】カウタン 航空基地やレーダーサイトなどの軍事施設が、敵の攻撃に耐えてその機能を維持する能力。

こう-だんせい【光弾性】クワウ 外力を受けてひずんだ弾性体に光を照射すると複屈折を起こす性質。その干渉縞から、弾性体内のひずみの分布を知ることができる。

こう-だんせい【高弾性】カウ ある温度範囲において、弾性限界が大きいこと。ゴムなどの高分子物質に多くみられる。

こうたんそ-こう【高炭素鋼】カウタンソカウ▶硬鋼こうこう

こう-たんぱくしつ【硬×蛋白質】カウ 水や塩類の水溶液に溶けにくく、酸・アルカリや酵素などでも分解されにくいたんぱく質。動物の骨などに含まれるコラーゲン、爪などにあるケラチン、絹のフィブロインの類。

こうだん-ぼん【講談本】カウダン 講談の物語を本にまとめたもの。また、講談の口演を速記して本にしたもの。講釈本。

こう-ち【工緻】〔名・形動〕細部までたくみにできていること。また、そのさま。巧緻。「一精妙」

こう-ち【公地】公有の土地。官有地。⇔私地。

こう-ち【公知】世間一般に広く知られていること。周知。「一の事柄」

こう-ち【巧知｜巧×智】カウ たくみな才知。すぐれた知恵。「そのよくはたらく一に改めて感心しないわけにはいかなかった」〈野間・真空地帯〉

こう-ち【巧遅】カウ 出来ばえはすぐれているが、仕上がりまでの時間がかかること。⇔拙速。

巧遅は拙速せっそく**に如**しかず 《「文章軌範」有字集小序から》仕事の出来がよくて遅いよりは、出来はわるくとも速いほうがよい。

こう-ち【巧緻】カウ〔名・形動〕精巧で緻密なこと。たくみで、細部にわたってよくできていること。また、そのさま。「一を極めた作品」「一な文章」派生 こうちさ〔名〕

こうち【交趾】カウ▶こうし(交趾)

こう-ち【拘置】〔名〕スル ❶人を捕らえて一定の場所に留め置くこと。❷刑の言渡しを受けた者を刑事施設に収容し身柄を拘禁すること。❸被疑者・被告人を刑事施設に拘禁する「勾留」の俗称。

類語 拘禁・留置・勾留・検束・抑留

こうち【▽河▽内】かふち《「かわうち」の音変化》川の流域に開けた平地。「高知らす吉野の宮はたたなづく青垣ごもり川なみの清き一ぞ」〈万・九二三〉

こう-ち【後置】うしろに置くこと。

こう-ち【×狡知｜×狡×智】カウ ずる賢い知恵。悪知恵。奸知かんち。「一にたける」類語 奸知・悪知恵

こう-ち【荒地】クワウ 荒れ果てた土地。あれち。

こう-ち【校地】カウ 学校の敷地。

こう-ち【耕地】カウ 農作物を耕作するための土地。「一面積」類語 農地・田畑たはた・農場・農園・田畑でんぱた

こう-ち【高地】カウ 標高の高い土地。また、周囲より高い土地。「一栽培」「ギアナー」⇔低地。

類語 高原・台地・高台・丘・丘陵

こうち【高知】カウ ㊀四国地方南部の県。太平洋に面する。土佐の全域を占める。人口76.5万(2010)。㊁高知県中央部の市。県庁所在地。もと山内氏の城下町。高知平野の中央部、鏡川の三角州に発達。浦戸湾に臨む。平成20年(2008)春野町を編入。人口34.3万(2010)。

こう-ち【高致】カウ 高尚な趣。至高の境地。

ご-うち【碁打ち】❶碁を打つこと。❷碁のじょうずな人。また、碁を打つのを職業とする人。棋士きし。

碁打ち鳥飼い馬鹿ばか**の中**うち 熱中して時間をむだにする、碁打ちと鳥飼いをあざけっていう言葉。

碁打ちに時なし 碁打ちは勝負に夢中になって、時間を忘れがちである。

こうち-いかだいがく【高知医科大学】カウチイクワダイガク 高知県南国市にあった国立大学。昭和51年(1976)設置。平成15年(2003)高知大学と統合し、高知大学医学部となる。➡高知大学

こうち-かい【宏池会】クワウチクワイ 自由民主党の派閥の一。昭和32年(1957)に吉田派だった池田勇人が、ライバルの佐藤栄作と袂を分かって旗揚げ。当初は官僚出身者が多かった。以降、平成12年(2000)から8年間の分裂期があったが再統合した。補説 **宏池会の系譜**：(吉田派から)→池田派→前尾派→大平派→鈴木派→宮沢派→加藤派→(堀内派が分裂)→小里派→谷垣派→(堀内派を継いだ古賀派に合流・再統合)

こ-うちがり【小内刈(り)】柔道の足技の一。相手の踏み出しているほうの足のかかとのあたりに足先を内側からかけ、手前に強く払って倒す技。

こうち-かん【拘置監】旧監獄法で規定されていた監獄の種類の一つで、刑事被告人や死刑の言い渡しを受けた者を拘禁する場所。拘置所がこれにあたる。補説 他に、懲役監・禁錮監・拘留場が規定されていた。

こ-うちぎ【小×袿】《古くは「こうちき」》平安時代以降用いられた高位の宮廷女性の上着。準正装として重袿かさねうちぎの上に着る。普通の袿よりも身丈が短い。

こう-ちく【構築】〔名〕スル 組み立てて築くこと。「城を一する」「理論を一する」

こうち-くうこう【高知空港】カウチクウカウ 高知県南国市にある空港。国管理空港の一。昭和35年(1960)開港。昭和19年(1944)につくられた旧日本海軍高知航空隊基地を前身とする。愛称、高知竜馬空港。➡拠点空港

こうち-けん【高知県】カウチ▶高知㊀

こうち-けんりつだいがく【高知県立大学】カウチ 高知市にある県立大学。昭和19年(1944)設立の高知県立女子医学専門学校と、同22年設立の高知県立女子専門学校を母体に、同24年に高知女子大学として発足。平成23年(2011)、男女共学となり校名を現名称に変更、公立大学法人となる。

こうち-こうかだいがく【高知工科大学】カウチコウクワダイガク 高知県香美市にある公立大学。平成9年(1997)に公設民営方式で開学。平成21年(2009)公立大学法人となる。

こうち-こうみん【公地公民】土地と人民はすべて国家の所有とし、私有を認めないこと。大化の改新の際に打ち出され、以後律令制の原則となった。

こうち-し【後置詞】《postposition》名詞などのあとに添えて、その語の他の語に対する文法的関係を示す語。日本語では助詞がこれにあたる。後詞。➡前置詞

こうち-し【高知市】カウチ▶高知㊁

こうち-しょ【拘置所】未決拘禁者や死刑確定者を収容する施設。刑事施設の一種。➡刑務所 ➡留置施設

類語 監獄・牢獄・牢・牢屋・留置場・刑務所・豚箱

こうち-じょう【高知城】カウチジャウ 高知市にある城。関ヶ原の戦い後、土佐藩主山内一豊が築城し、慶長8年

(1603)本丸完成。その後焼失し、延享4年(1747)以降再建。
こうち-じょしだいがく【高知女子大学】カウチヂョシダイガク 高知県立大学の旧名称。
こうち-せい【向地性】カウ 植物の根が、下方に向かって伸びる性質。正の屈地性。⇔背地性。
こうち-せいり【耕地整理】カウ 農業上の土地の利用増進を目的とし、交換・分合・区画変更・灌漑かんがいなどによって耕地の整理を行うこと。
こうち-だいがく【高知大学】カウ 高知市に本部のある国立大学法人。高知高等学校・高知師範学校・高知青年師範学校を統合し、昭和24年(1949)新制大学として発足。平成15年(2003)高知医科大学を統合し医学部とする。同16年国立大学法人となる。
こうち-へいや【高知平野】カウ 高知県中央部、土佐湾岸にほぼ東西に細長く発達した平野の総称。物部ものべ川下流域の香長かちょう平野、鏡川・国分川下流域の狭義の高知平野、仁淀によど川下流域の広岡平野・高岡平野からなる。鏡川三角州に高知市があり、市東部の介良けらは水稲二期作の発祥地といわれる。土佐平野。
こう-ちゃ【紅茶】茶の若葉を摘み取り、低温で長く発酵させ、乾燥させたもの。また、それを熱湯で煎せんじた飲み物。液体は澄んだ紅褐色。中国産のものが17世紀に、インド産のものが19世紀にヨーロッパに紹介され、流行した。［補説］英語では、葉の色からblack teaという。
こう-ちゃ【貢茶】《一を聞いて二を知ったという孔子の弟子、子貢の名にちなむという》茶の湯で、茶の味を当てる一種の遊び。三種の茶を一服ずつ試飲してからそのうちの一種を除き、次に別の一種を加えて再び一服ずつ飲んで最初の三種のうちの二種を当てるもの。十服茶じっぷくちゃ。回茶かいちゃ。
こう-ちゃく【降着】カウ〔名〕スル ❶航空機が地上または水上に降りること。❷競馬で、レース中に他の馬の進路を妨害するなどした馬について、ペナルティーとして実際の入線順位より下の着順とすること。
こう-ちゃく【×膠着】カウ〔名〕スル ❶粘りつくこと。しっかりくっついて離れないこと。「今朝見た通りの餅が、今朝見た通りの色で椀の底に一して居る」〈漱石・吾輩は猫である〉❷ある状態が固定して、ほとんど動きがなくなること。「試合が一状態に入る」
ごう-ちゃく【合着】ガフ〔名〕スル ❶くっついて一つになること。❷►がっちゃく(合着)
こうちゃく-えんばん【降着円盤】カウチャクヱンバン ブラックホール、中性子星、白色矮星などの高密度天体の周りに形成される円盤。周囲のガスや塵、連星の一方から供給されるガスなどが中心天体の重力に引き寄せられるが、一般的に角運動量をもつために直接落下することができず、中心天体の周囲に差動回転する円盤を形成する。また、円盤は粘性による摩擦で高温になり、可視光、紫外線、X線などの電磁波を放射すると考えられている。アクリーションディスク。
こうちゃく-ご【×膠着語】カウチャク 言語の類型的分類の一。実質的な意味をもつ独立の単語に文法的な意味を示す形態素が結び付き、文法的機能が果たされる言語。フィンランド語・トルコ語・朝鮮語・日本語など。粘着語。漆着語。付着語。➡孤立語 ➡屈折語 ➡抱合語
こうちゃく-そうち【降着装置】カウチャクサウチ 航空機の離着陸や着水、地上走行に必要な装置。車輪・フロート・緩衝装置など。
こうちやま【河内山】かうちやま 歌舞伎狂言「天衣紛上野初花くもにまごううえののはつはな」の通称。
こうちやま-そうしゅん【河内山宗春】かうちやま［1781〜1823］江戸後期の幕府の茶坊主。奥坊主組頭の河内山宗久の子という。遊侠の仲間に入り、松江侯・水戸侯をゆすり、捕らえられて牢死。2世松林伯円の講談「天保六花撰」のほか、河竹黙阿弥の歌舞伎狂言「天衣紛上野初花」に河内山宗俊として登場。
こう-ちゅう【口中】❶くちのなか。「一に含む」❷接吻せっぷん。「好色の家にては一をたしなむこと最上の業なり」〈色道大鏡・二〉
口中の雌黄しおう 《「晋書」王衍伝から。「雌黄」は、昔中国で黄紙の誤字を塗り消すのに用いた顔料》自分の言説の誤りを訂正すること。
口中の虱しらみ 《「韓非子」内儲説上から。口の中の虱はたやすくかみつぶされるところから》きわめて危険であることのたとえ。
こう-ちゅう【甲虫】カフ 甲虫目(鞘翅しょうし目とも)の昆虫の総称。革質化した堅い前翅ぜんしが背面を覆い、これを上翅または鞘翅という。飛ぶときは、その下の膜質の後ろ翅を使う。完全変態。世界で約30万種、日本では約8000種が知られる。肉食のハンミョウ・オサムシ・ゲンゴロウ、雑食のコガネムシ・ホタル・カミキリムシ・ハムシ・テントウムシなど。
こう-ちゅう【行×厨】カウ 弁当。「車中にて一を食らう」〈柳北・航西日乗〉
こう-ちゅう【校注｜校×註】カウ 古典などの文章を校訂し、注釈を加えること。また、その注釈。
こう-ちゅう【×鉤虫】線虫綱鉤虫科の袋形動物の総称。体長0.5〜3センチで、体は細長く鉤かぎ状に湾曲、口にはキチン質の突起がある。人や家畜の小腸に寄生。幼虫は土中で成育し、皮膚または口から宿主の体内に侵入する。ズビニ鉤虫・イヌ鉤虫など。
こう-ちゅう【×膠柱】カウ 規則などにとらわれて融通のきかないこと。➡琴柱ことじに膠にかわす
こう-ちゅう【×蝗虫】クワウ イナゴの別名。
こう-ちゅう【講中】►こうじゅう(講中)
こうちゅう-かい【興中会】コウチュウクワイ 1894年、ハワイに渡った孫文が、広東カントン出身の華僑を中心に結成した最初の革命的秘密政治結社。清朝の打倒、中華の回復、合衆政府の創立を目的とし、しばしば武装蜂起を試みた。1905年、華興会・光復会と大同団結し、中国革命同盟会へと発展した。
こうちゅう-きゅう【好中球】カウチュウキウ 白血球の一。細胞内にある顆粒かりゅうが中性色素に染まるもの。食作用を発揮し、大食細胞(マクロファージ)に対して小食細胞(ミクロファージ)ともいう。好中性白血球。
こうちゅう-せき【紅柱石】アルミニウムの珪酸塩けいさんえん鉱物。ふつう、淡紅色の柱状結晶。斜方晶系。ホルンフェルスなどに含まれる。珪線石・藍晶石らんしょうせきとは多形の関係にある。
こうちゅう-やく【口中薬】口内疾患の治療、または口内衛生のために用いる薬。
こう-ちょ【好著】カウ 好ましく感じられる著書。
こう-ちょ【皇×儲】クワウ 天皇のよつぎ。皇嗣。
こう-ちょ【高著】カウ 他人を敬って、その著書をいう語。「御一拝読いたしました」
こう-ちょ【▽較著】カウ〔名・形動〕いちじるしいこと。はっきりしていること。また、そのさま。顕著。「其その優劣の一なるもの」〈雪嶺・偽悪醜日本人〉
こう-ちょう【公庁】コウチャウ 県・市などの役所。「一に訴えんとせり」〈中村訳・西国立志編〉
こう-ちょう【公聴】コウチャウ 広く一般の意見・提案を求めること。「広報一室」
こう-ちょう【広聴】クワウチャウ〔名〕スル 行政機関などが、広く一般の人の意見や要望などを聞くこと。
こうちょう【弘長】コウチャウ 鎌倉中期、亀山天皇の時の年号。1261年2月20日〜1264年2月28日。
こう-ちょう【好調】カウテウ〔名・形動〕物事の調子・ぐあいなどがよいこと。物事が思いどおりにうまくいくこと。また、そのさま。「一の波に乗る」「一な出足」［派生］こうちょうさ〔名〕［類語］順調・快調・スムーズ
こう-ちょう【更張】カウチャウ〔名〕スル ゆるんだ琴の糸などを張りなおすこと。転じて、ゆるんでいた物事を引き締めて、盛んにすること。「風俗を正し、紀綱を一せんと欲する者」〈岡部啓五郎・開化評林〉
こう-ちょう【後×凋｜後彫】コウテウ 《「論語」子罕の「歳寒くして、然る後松柏の凋しぼむに後おくるるを知る」から》苦難に耐えて最後まで固く節操を守ること。「一の心」
こう-ちょう【後朝】コウテウ ❶その翌朝。あくる朝。ごちょう。「一、蔵人くろうど左衛門権佐さえもんのごんのすけ定長、太政入道の宿所に参じて」〈盛衰記・一三〉❷男女が共寝した翌朝。きぬぎぬ。ごちょう。「一の心を詠める」〈金葉・恋上〉
こう-ちょう【後趙】コウテウ 中国、五胡ごこ十六国の一。319年、羯けつ族の石勒せきろくが建国。都は鄴ぎょう。351年、冉閔ぜんびんに滅ぼされた。ごちょう。
こう-ちょう【皇朝】クワウテウ 皇国の朝廷。日本の朝廷。また、日本。本朝。
こう-ちょう【紅潮】コウテウ〔名〕スル ❶顔に血が上って赤みを帯びること。「ほおを一させる」❷夕日や朝日に映えて、また赤潮などで、赤く見える海の波。
［類語］赤らむ・赤らめる
こう-ちょう【候鳥】コウテウ 渡り鳥など、季節によって生息地を変える鳥。ふつう冬鳥をいう。［季 秋］
こう-ちょう【校長】カウチャウ 小・中・高等学校などで、校務を統括し、所属職員を監督する最高責任者。
こう-ちょう【貢調】コウテウ みつぎものを奉ること。
こう-ちょう【高張】カウチャウ ある溶液の浸透圧が、他の溶液に比べて大きいこと。⇔低張。
こう-ちょう【高潮】カウテウ〔名〕スル ❶潮が満ちて、海面が最も高くなった状態。満潮。⇔低潮。❷物事の勢いや調子が極度にたかまること。また、そのたかまりの頂点。絶頂。「選挙戦が一に達する」「気運が一する」「最一」［補説］「たかしお」と読めば別語。
こう-ちょう【高調】カウテウ〔名〕スル ❶音の調子の高いこと。高い調子。「漸く一に吟するを得たり」〈織田訳・花柳春話〉❷調子や気分がたかまること。「士気が一する」❸強く主張すること。強調。「音楽的の美しさを一している」〈寅彦・浮世絵の曲線〉
こう-ちょう【高聴】カウチャウ 他人を敬って、その人がきくことをいう語。清聴。
こう-ちょう【黄鳥】クワウテウ コウライウグイスの別名。
こう-ちょう【硬調】カウテウ ❶かたい調子であること。⇔軟調。❷写真の原板・印画で、明暗の対照が強く、かたい感じであること。⇔軟調。❸取引市場で、買い人気が強く、値段の上昇する形勢にあること。
こう-ちょう【×腔腸】カウチャウ クラゲ・サンゴ・イソギンチャクなどの、口に続く袋状の所。胃腸の働きと循環器の働きをする。
こう-ちょう【×絳帳】カウチャウ ❶赤い色のとばり。❷《後漢の馬融が赤いとばりを垂れ、その前に弟子をおいて教えたという「後漢書」馬融伝の中の故事から》師の席。学者の居室。
ごう-ちょう【郷長】ガウチャウ 律令制で、一郷を管理する長。郷里制施行前の里長にあたる。郷司。さとおさ。
ごう-ちょう【郷帳】ガウチャウ 江戸時代の、幕府または諸藩の徴租台帳。地方じかた三帳の一。本途物成ほんとものなり・小物成こものなり・高掛物たかがかりもの、その他定納の運上・冥加みょうがなどにつき、一村ごとの貢納額を記した帳簿。成箇なりか郷帳。取箇とりか郷帳。
こうちょう-えき【高張液】カウチャウ 細胞内液よりも浸透圧の高い溶液。細胞内から水が溶液中へ移動する場合の、その溶液。
こうちょう-かい【公聴会】コウチャウクワイ 国または地方公共団体などの機関が、一般に影響するところの大きい重要な事項を決定する際に、利害関係者・学識経験者などから意見を聴く会。また、その制度。
こうちょう-かんかく【高潮間隔】カウテウ 月が観測点の子午線を通過後、満潮になるまでの時間。潮候差。
こう-ちょうし【皇長子】クワウチャウ 天皇の第1皇子。
こうちょう-し【貢調使】コウテウ 奈良・平安時代の四度しどの使つかいの一。諸国から毎年献納する調・庸・雑物などの品目や数量を記した調帳を、現物とともに朝廷に運納する使い。調使。調庸使。調進使。
こうちょう-じゅうにせん【皇朝十二銭】クワウテウジフニセン 奈良・平安時代に日本で鋳造した12種類の銭貨の総称。和同開珎わどうかいちん(708)・万年通宝(760)・神功開宝(765)・隆平永宝(796)・富寿神宝(818)・承和昌宝(835)・長年大宝(848)・饒益神宝(859)・貞観じょうがん永宝(870)・寛平大宝(890)・延喜通宝(907)・乾元大宝(958)で、いずれも小形円板状、中央に正方形の穴がある。本朝十二銭。
こうちょうしりゃく【皇朝史略】クワウテウシリャク 江戸時代の

歴史書。12巻。青山延于(あおやまのぶゆき)著。文政5年(1822)成立。同9年刊。神武天皇から後小松天皇までを漢文の編年体により、記したもの。

こうちょう-ぜつ【広長舌】クワウチヤウ— ❶「長広舌(ちょうこうぜつ)」に同じ。❷仏の三十二相の一。仏の舌が広く長いこと。嘘偽りのない相とされる。大舌相。

こうちょう-せん【高潮線】カウテウ— 高潮時の海岸線。

こうちょう-どうぶつ【×腔腸動物】カウチヤウ— 動物界の一門。ほとんどが海産。体は外胚葉(がいはいよう)と内胚葉の2層からなり、体内には大きな腔腸をもつ。口の周囲に触手があり、刺胞(しほう)をもつものが多い。着生生活をするポリプ型と浮遊生活をするクラゲ型とがあり、両型を世代交代するものと、どちらか一型だけのものとがある。ヒドロ虫類・ハチクラゲ類・花虫類に分けられる。刺胞動物。

こうちょう-は【高調波】カウテウ— 音波を構成する正弦波群のうち、基本となる周波数をもつ正弦波(基本波)以外の正弦波。基本波の整数倍の周波数をもつ波。

こうちょう-りょく【抗張力】カウチヤウ— ▶引っ張り強さ

こうちょうりょく-こう【高張力鋼】カウチヤウリヨクカウ 抗張力(引っ張り強さ)が高い鋼板。薄く丈夫なため、鉄道車両やガスタンクなどに利用。高張力鋼板。(補説)英語のhigh tensile strength steelから、ハイテンともいう。

こうちょうりょく-こうばん【高張力鋼板】カウチヤウリヨクカウバン ▶高張力鋼

こう-ちょく【硬直】カウ—〔名・形動〕スル ❶かたくぴんと張っていること。こわばっていること。また、そのさま。「一した考え方」「芒の一な葉が空を刺そうとして立つ」〈長塚・土〉❷筋肉が持続的に収縮し、かたくなること。また、その状態。「首筋が一する」「死後一」❸正直で誠実なこと。また、そのさま。「その男が一な士であるように思われて」〈菊池寛・忠直卿行状記〉(類語)堅い・強(こわ)い・硬質・堅硬・生硬・かちかち・がちがち・かちんかちん・こちこち・ハード

こう-ちょく【×鯁直】カウ— 不正を許さず、人に屈しないこと。「一慷慨(こうがい)にして、避くるところ無し」〈露伴・運命〉

ごう-ちょく【強直】ガウ—〔名〕スル ▶きょうちょく(強直)❶

ごう-ちょく【剛直】ガウ—〔名・形動〕気性が強く、信念を曲げないこと。また、そのさま。「昔気質の一な人柄」(派生)ごうちょくさ〔名〕(類語)不屈・剛毅・剛健

こうちょく-か【硬直化】カウチヨククワ〔名〕スル ❶筋肉が収縮し固まって動かない状態になること。血管などの柔軟性がなくなること。❷ゆとりがなく、変化に柔軟な対応のできない状態であること。「財政の一」「組織の一を招く」「権威化し、一した高等教育」

こうちょ-てい【光緒帝】クワウチヨ— ▶こうしょてい(光緒帝)

こうちりょうま-くうこう【高知竜馬空港】カウチリヨウマクウカウ 高知空港の愛称。

こう-ちん【工賃】物を製作・加工する労力に対する手間賃。工料。

ごう-ちん【×轟沈】ガウ—〔名〕スル 艦船が、砲撃や爆撃などを受けて瞬時に沈没すること。また、沈没させること。「敵艦を一する」

こうづ【国府津】コフ— 神奈川県小田原市東部の地名。東海道本線が通じ、御殿場線を分岐する。古くは相模国府の外港。

ごうつ【江津】ガウ— 島根県中部の市。日本海に面し、江川(ごうのかわ)河口港として発達した。製紙工場がある。石見(いわみ)陶器・石州瓦(せきしゅうがわら)の産地。人口2.6万(2010)。

こう-つう【交通】カウ—〔名〕スル ❶人・乗り物などが行き来すること。通行。「一のさまたげになる」「一止め」❷運輸機関・通信機関により、人・物資などの輸送・移動をすること。「一の要衝」「一の便がよい」「海上一」❸人と人とのつきあい。意思の伝達。
(類語)(❶)通行・往来・往還・行き交い・行き来・走行・運行/(❷)運輸・輸送・通運・陸運・海運・水運・空輸

こうつう-あんぜん【交通安全】カウツウ— 交通事故の防止に努め、安全を図ること。特に、自動車やオートバイ、自転車などによる事故を防ぐこと。「一週間」

こうつう-いじ【交通遺児】カウツウヰジ 交通事故で片親または両親を亡くした子供。

こうつう-いはん【交通違反】カウツウヰハン 道路交通法などの交通関係法規に違反すること。

こうつう-か【交通禍】カウツウクワ 交通事故による災難。

こうつう-きかん【交通機関】カウツウキクワン 運輸・通信に関する機関の総称。鉄道・航空機・船舶・自動車および道路・橋梁などと、電信・電話・郵便などの施設。多く、運輸施設をいう。

こうつう-きせい【交通規制】カウツウ— 都道府県公安委員会が道路の交通に制限を加えること。

こうつう-きっぷ【交通切符】カウツウ— 道路交通法違反事件の迅速な処理のために設けられた書面。交通違反のうち同法の「反則行為」に該当しないより重度の違反行為に対して交付される。三者即日処理方式と呼ばれる略式手続きに必要な書類となる。昭和38年(1963)実施。赤切符。(補説)「三者」とは、警察・検察・裁判所をいう。道路交通法の「反則行為」に該当する比較的軽微な交通違反に対しては、交通反則切符(青切符)が交付される。

こうつう-ぎんこう【交通銀行】カウツウギンカウ 中国、清末の1908年、北京に設立された銀行。交通部所管の資金の経理を目的としたが、中央銀行・中国銀行とともに、その発行銀行券は法定貨幣として通用した。1928年本店を上海(シャンハイ)に移転。

こうつう-けいさつ【交通警察】カウツウ— 交通による危険を防止し、その安全・円滑を図るための警察。陸上交通警察・水上交通警察・航空警察などがある。

こうつうさいがいほしょう-とくやく【交通災害保障特約】カウツウサイガイホシヤウ— 自動車保険における特約の一つ。被保険者が交通事故によって死亡または身体に障害を受けた場合に保険金が支払われるもの。また、事故により入院した場合は入院日数に応じて保険金が支払われる。

こうつう-さいばんしょ【交通裁判所】カウツウ— 交通切符の三者即日処理を行う簡易裁判所の通称。同じ庁舎内に警察・検察・裁判の施設と職員が配置されている。

こうつうじけん-そっけつさいばんてつづき【交通事件即決裁判手続(き)】カウツウジケンソクケツサイバンてつづき 道路交通法違反に関する刑事事件について、検察官の請求により、簡易裁判所が公判前に即決裁判で一定の処分ができる制度。現在は、三者即日処理方式による略式手続きで処理され、交通事件即決裁判は行われていない。

こうつう-じこ【交通事故】カウツウ— 交通機関に関する事故。鉄道・自動車・航空機・船舶などの事故と、それによる人・物件などの災害。主に自動車による事故や災害をいう。

こうつう-じごく【交通地獄】カウツウヂゴク ❶交通量が異常に多く、何かのはずみで簡単に事故が発生しそうな状態をたとえていう語。❷交通渋滞や通勤・通学時間帯の電車のひどい混雑などをたとえていう語。

こうつうじこ-しょうがいほけん【交通事故傷害保険】カウツウジコシヤウガイホケン 交通事故や建物・乗り物火災などによるけがの治療費などを補償する保険。

こうつうじこ-しょうめいしょ【交通事故証明書】カウツウ— 交通事故の発生を証明する文書。日時・場所・当事者の氏名や住所・車種・車両番号・自賠責保険の契約保険会社名・証明番号・事故の類型などが記載され、自賠責保険や任意保険の保険金請求などで必要となる。事故証明書。(補説)交通事故証明書は事故発生の事実についての証明であって、事故原因・損害の程度・過失の有無などを証明するものではない。

こうつう-しゃだん【交通遮断】カウツウ— 一定区域の通路の交通を遮断すること。

こうつう-じゅうたい【交通渋滞】カウツウジフタイ 道路が混雑して車の流れがわるくなること。

こうつう-じゅんさ【交通巡査】カウツウ— 交通整理をする巡査。

こうつうしょうがい-そうごほけん【交通傷害相互保険】カウツウシヤウガイサウゴホケン 被保険者が交通事故または建物の火災によって死亡または傷害を被った場合に保険金が支払われる積立型損害保険。被保険者を一人にしたり家族全員にしたりすることができる。保険期間が満期になると一定額の満期返戻金がある。

こうつう-ぜい【交通税】カウツウ— ▶流通税(りゅうつうぜい)

こうつう-せいり【交通整理】カウツウ— ❶事故を防止し交通を円滑にするために、人や車などを整理・誘導すること。❷(比喩的に)複雑に入り組んだ事柄を整理して分かりやすくすること。「膨大な証拠と反証の一をする」

こうつう-せんそう【交通戦争】カウツウセンサウ 交通事故による死者が増加し続け、社会問題となっている状態をたとえていう語。

こうつう-なん【交通難】カウツウ— ❶交通手段が乏しくて難儀をすること。❷交通機関が混雑して、通行が自由にならないこと。

こうつう-はくぶつかん【交通博物館】カウツウハクブツクワン 東京都千代田区神田須田町にあった、交通関係の博物館。鉄道・道路・海運・航空などの参考品を公開していた。大正10年(1921)公開の鉄道博物館㊁が前身で、昭和23年(1948)改組改称。収蔵品が増え、手狭になったことから平成18年(2006)5月に閉館。同19年10月、展示品などが継承され、さいたま市に鉄道博物館㊁が開館した。

こうつうバリアフリー-ほう【交通バリアフリー法】カウツウ—ハフ《「高齢者、身体障害者等の公共交通機関を利用した移動の円滑化の促進に関する法律」の通称》高齢者・身体障害者が公共交通機関を利用して移動する際の利便性・安全性を向上させるために、駅などの施設や車両および周辺の道路・広場などのバリアフリー化を一体的に推進することを定めた法律。平成12年(2000)施行。平成18年(2006)、同法とハートビル法を統合したバリアフリー新法が施行された。

こうつうはんそく-きっぷ【交通反則切符】カウツウハンソク— 比較的軽微な交通違反行為をした運転者等に交付される書類。30キロ未満(高速道路は40キロ未満)の速度超過・信号無視・駐停車違反など、道路交通法で「反則行為」として規定された違反行為が対象。違反者は、所定の期日までに反則金を納付すれば、公訴を提起されない。青切符。➡交通反則通告制度
(補説)道路交通法の反則行為に該当しない、より重度の違反行為の場合は、交通切符(赤切符)が交付され、刑事処分が科される。

こうつうはんそくきん-せいど【交通反則金制度】カウツウハンソクキン— ▶交通反則通告制度

こうつうはんそく-つうこくせいど【交通反則通告制度】カウツウハンソク— 比較的軽い交通違反について違反者に一定の反則金を納めさせることで、刑事訴追をしないことにする制度。反則金は罰金や科料のような刑罰ではなく、前科にならない。交通反則金制度。

こうつう-ひ【交通費】カウツウ— ある場所へ行くために乗る鉄道・バス・航空機などの費用。足代(あしだい)。
(類語)足代・車代・運賃

こうつう-まひ【交通麻×痺】カウツウ— 悪天候や事故・混雑などのため、交通の機能が停止状態になること。

こうつう-もう【交通網】カウツウマウ 各種の交通機関が発達して、網の目のように縦横に通じていること。「一の発達」

こうつう-ろ【交通路】カウツウ— 交通のための道。道路・水路・航空路・通信施設などにもいう。

こう-づか【▽髪▽束】かう《「かみづか」の音変化》髻(もとどり)の先。「みづから一をつかみ」〈太平記・三三〉

ごう-つくばり【業突く張り】ゴフ—・【強突く張り】ガウ—〔名・形動〕非常に欲張りで強情なこと。また、そのさま。「一な(の)家主」「あの一の事だから」〈漱石・道草〉
(類語)かたくな・強情・意地っ張り・片意地・いこじ

こう-つごう【好都合】カウツガフ〔名・形動〕条件などにかなっていて、都合がよいこと。また、そのさま。「一に物事が運ぶ」「一な申し出」⇔不都合。
(類語)恰好(かっこう)・打って付け・あつらえ向き・ぴったり・好適・最適・至便・便利・有り難い・渡りに船

ごうつ-し【江津市】ガウ ►江津

こうづ-しま【神津島】カウ 東京都大島支庁に属する火山島。伊豆七島の一。海水浴や磯釣りの観光地。面積18.6平方キロメートル。

こうづ-しゅくすけ【神津俶祐】カウ［1880～1955］地質学者。長野の生まれ。東北大教授。岩石学を専攻し、多くの造岩鉱物を研究。月長石のX線による研究は有名。

こう-づつみ【香包み】カウ 香を包む紙。また、香を紙で包んだもの。

こうっ-と【×斯うっと】かう〔感〕《「こうと」の促音添加》すぐに判断しかねて考えるときに発する語。ええと。「郵便ですか。—。来ていました」〈漱石・それから〉

こうづ-の-みや【高津宮】カウ 大阪市中央区にある神社。主祭神は仁徳天皇。他に仲哀天皇などを配祀。

こうづ-はるしげ【高津春繁】カウ［1908～1973］言語学者。兵庫の生まれ。東大教授。古典文献学・印欧比較言語学を専攻。著「アルカディア方言の研究」「印欧語比較文法」など。

こう-づる【×鸛鶴】コウノトリの別名。

こう-て【×斯うて】かう〔副〕《「かくて」の音変化》このような状態で。こうして。「さりとも、—疎かには、よもなりはてさせ給はじ」〈源・宿木〉

こう-てい【工程】仕事や作業を進めていく順序・段階。また、その進みぐあい。「製造—」

こう-てい【公廷】「公判廷」の略。

こう-てい【公定】〔名〕スル 政府や公共団体などが公式に定めること。また、その定め。「—された金利」

こう-てい【公邸】公的機関が特定の高級公務員のために設けた公務用の邸宅。類語 官邸・官舎・公舎

こう-てい【功程】仕事の量。作業の程度。「凡（およ）そ人、特に労苦の—に由りて、非常の業を成就することなり」〈中村訳・西国立志編〉

こう-てい【考定】カウ〔名〕スル はっきりしない点を考えて明らかにすること。また、その考え。「其（その）順序を考え、其脈絡を正し、以て其教の全体を—したる者なり」〈西村茂樹・日本道徳論〉

こう-てい【考訂】カウ〔名〕スル 考えて正しくなおすこと。「物品の優劣、工芸の精粗を、比較—する」〈魯文・西洋道中膝栗毛〉

こう-てい【行程】カウ ❶目的地へ行くまでの距離。道のり。「歩いて約一時間の—」❷（比喩的に）ある目標に達するまでの過程。里程。道程。「—表（＝ロードマップ）」❸旅行などの日程。❹ピストンなどの往復する距離。ストローク。
類語 道のり・道・道程・旅程・距離

こう-てい【孝貞】カウ 親に孝行で貞操の堅いこと。

こう-てい【孝×悌｜孝弟】カウ 父母に孝行で、兄によくしたがうこと。「—は仁を為すの本」

こう-てい【抗抵】カウ〔名〕スル 「抵抗（ていこう）」に同じ。「仮令（たと）い之に向て—せざるも」〈福沢・文明論之概略〉

こう-てい【更訂】カウ〔名〕スル 文章の内容や表現などを、改めただすこと。改訂。「旧版を—する」

こう-てい【肯定】〔名〕スル ❶そのとおりであると認めること。また、積極的に意義を認めること。「現世を—する」⇔否定。❷論理学で、ある命題の主語と述語の関係が成立すること。また、その関係を承認すること。⇔否定。類語 是認・承認・同意・容認・認容・許す・承諾・承服・うべなう・うけがう・認める

こう-てい【後庭】❶家のうしろにある庭。⇔前庭。❷「後宮（こうきゅう）」に同じ。

こう-てい【皇弟】クワウ 天子・天皇の弟。

こう-てい【皇帝】クワウ《「皇」は美しく大であること、「帝」は徳が天に合するの意》❶天子または国王の尊称。秦の始皇帝が初めて称した。❷君主国で、君主の称号。類語 君主・王・国王・帝王・大王・王様・キング・エンペラー・ツァー

こうてい【皇帝】クワウテイ ㊀ベートーベン作曲のピアノ協奏曲第5番の通称。1809年作。曲の雄大さからつけられた。㊁謡曲。五番目物。金春（こんぱる）以外の各流。観世小次郎作。唐の玄宗皇帝が楊貴妃の病を憂えると、鍾馗（しょうき）の霊が現れ、病鬼を切り捨てる。

こう-てい【校定】カウ〔名〕スル 古典などの、異同や誤りのある本文について、他の伝本・資料と比較したり語学的に検討したりして、本来あるべき形を特定すること。「万葉集を—する」

こう-てい【校訂】カウ〔名〕スル 書物の本文を、異本と照合したり語学的に検討したりして、よりよい形に訂正すること。「厳密に—した本文を底本に用いる」

こう-てい【校庭】カウ 学校の運動場や庭。

こう-てい【航程】カウ 航空機や船舶で行く道のり。航行距離。「プロペラ機で三時間の—」

こう-てい【高低】カウ〔名〕スル ❶高いことと低いこと。たかひく。「音域の—」❷価値・程度などが高くなったり低くなったりすること。あがりさがり。「株価が—する」

こう-てい【高弟】カウ 弟子の中でも特にすぐれた者。高足。「孔子門下の一〇人の—」類語 教え子・弟子・門弟・門人・門下・門下生・愛弟子・生徒

こう-てい【黄帝】クワウ 中国古代の伝説上の帝王。名は軒轅（けんえん）。神農氏のとき、暴虐な蚩尤（しゆう）と戦って勝ち、推されて帝となった。衣服・貨幣・暦・医薬・音律などを定めたという。五帝の一人。

こう-てい【×鉸×釘】カウ リベットのこと。

こう-でい【拘泥】〔名〕スル こだわること。必要以上に気にすること。「勝ち負けに—する」
類語 こだわる・かかずらう・かまける

こう-でい【×膠泥】カウ モルタルのこと。

ごう-てい【豪邸】ガウ 大きくてりっぱな邸宅。大邸宅。「郊外の—」類語 邸宅・屋敷・館

こうてい-アクセント【高低アクセント】カウテイ ►高さアクセント

こうてい-えき【口×蹄疫】ウイルス性伝染病の一つ。豚・牛・水牛・羊・山羊・鹿・猪・ラクダ・トナカイなど偶蹄類の動物およびハリネズミ・ゾウなどが感染し、口腔の粘膜やひづめの間の皮膚などに水疱を生じる。国際獣疫事務局（OIE）のリスト疾病に指定され、国際的に厳しく監視される。日本では、家畜伝染病予防法の監視伝染病（家畜伝染病）に指定されている。補説 成獣での致死率は低いが、感染率・発病率は高く、家畜の場合、運動障害・栄養失調により生産性が低下する。感染が拡大すると甚大な経済的損失を招くおそれがあるため、患畜は速やかに殺処分される。また、発生場所から一定範囲内の家畜の搬出は厳しく制限され、疑似患畜を含めて全頭殺処分し、埋却される。ウイルスが付着した飼料・人・車両も感染経路となるため、消毒や交通制限が行われる。

こうていえきたいさく-とくべつそちほう【口×蹄疫対策特別措置法】口蹄疫発生時の対策についての法律。蔓延（まんえん）防止措置、費用負担、生産者の経営・生活の再建支援などについて定める。国や自治体は止むを得ない場合、患畜・疑似患畜以外の家畜についても殺処分を代執行することができる。口蹄疫特措法。補説 平成22年（2010）宮崎県で発生した口蹄疫に対処するために制定された。

こうていえき-とくそほう【口×蹄疫特措法】「口蹄疫対策特別措置法」の略称。

こうていえんぶきょく【皇帝円舞曲】《原題、ドイ Kaiserwalzer》ヨハン＝シュトラウス2世作曲の円舞曲。1888年作。オーストリア皇帝フランツ＝ヨーゼフ1世在位40周年を記念して作曲。

こうてい-かかく【公定価格】政府が定めた商品やサービスの最高・最低・標準価格。戦時・戦後その他特殊な情勢のもとで、物価を厳重に統制する必要があるときに行われることが多い。

こうてい-かく【高低角】カウテイ 視点を通る水平面を基準として上下に測った角度。上は仰角、下は俯角（ふかく）という。鉛直角。

こうてい-かんり【工程管理】一定の品質・数量の製品を生産するため、労働力・原料・設備などを管轄し、常に能率的な状態を維持できるように統制すること。

こう-ていけん【黄庭堅】クワウ［1045～1105］中国、北宋の詩人・書家。分寧（江西省）の人。字（あざな）は魯直（ろちょく）。号、山谷道人。師の蘇軾（そしょく）とともに蘇黄と並称される。江西詩派の祖。書は行書・草書にすぐれた。

こうてい-そうば【公定相場】取引所が開設している市場において、売買取引によって成立した相場。

こうてい-そくりょう【高低測量】►水準測量

こうていだいけい【黄帝内経】中国の古典医学書。戦国時代から秦・漢にかけて、医学文献を集大成したものとされる。現存本は「素問（そもん）」「霊枢（れいすう）」に分けられ、黄帝と岐伯（ぎはく）・雷公（らいこう）らとの問答形式で、生理・病理・診断法・治療法を述べたもの。こうていないきょう。

こうてい-てき【肯定的】〔形動〕そのとおりであると同意するさま。積極的に認めるさま。「原案に—な意見が多い」⇔否定的。

こうていてき-がいねん【肯定的概念】論理学で、ある性質が存在していることを示す概念。例えば、知識・幸福など。肯定概念。積極的概念。⇔否定的概念。

こうてい-はんだん【肯定判断】論理学で、主語と述語の関係をそのまま肯定する判断。「SはPである」という形式をとる。⇔否定判断。

こうてい-ひょう【行程表】►ロードマップ❷

こうてい-ぶあい【公定歩合】中央銀行（日本では日本銀行）が市中の金融機関に対して貸し出しを行う際に適用する基準金利。これの変更は資金調達コストの変動を生み、企業・個人の経済活動に影響を及ぼす。日銀は平成18年（2006）8月からこの名称を廃止し、「基準割引率および基準貸付利率」と呼ぶとした。補説 かつては日銀が操作する政策金利として重要であったが、民間銀行の金利自由化に伴い形骸化し、日本の政策金利は公定歩合から無担保コールレート翌日物の誘導目標金利（O/N Call Rate Target）に移行した。⇒コールレート

こうてい-ペンギン【皇帝ペンギン】►エンペラーペンギン

こう-てき【好適】カウ〔名・形動〕目的にかなっていて、ちょうどよいこと。ふさわしいこと。また、そのさま。「贈り物として—な品」類語 恰好（かっこう）・打って付け・あつらえ向き・ぴったり・最適・絶好・頃合い・手頃・適当・ふさわしい・適う・適する

こう-てき【抗敵】カウ〔名〕スル 敵対すること。「私欲の感情に—すること能（あた）わず」〈中村訳・西国立志編〉

こう-てき【高適】カウ ►こうせき（高適）

こう-てき【公的】〔形動〕おおやけであるさま。公共のことにかかわっているさま。「—な立場で発言する」⇔私的。類語 公・公共・公式

ごう-てき【号笛】ガウ 合図のために吹く笛。

ごう-てき【強的｜豪的】ガウ〔形動〕❶程度のはなはだしいさま。「いまいましい。—に降るわ降るわ」〈滑・膝栗毛・三〉❷豪勢なさま。すばらしいさま。「屋台骨は—だが」〈滑・続膝栗毛・三〉

こうてき-こうい【公的行為】天皇が象徴としての地位に基づいて公的な地位で行う、国事行為以外の行為。外国賓客の接遇・外国訪問、国会開会式でのお言葉、新年一般参賀へのお出まし、植樹祭・国民体育大会へのご臨席など。⇒象徴天皇制

こうてき-しえん【公的支援】国や政府、都道府県などの公的機関が企業や個人に対して行う支援。一般会計・特別会計などの財政資金を投入して行う経済的援助が主であるが、雇用相談、経営相談、育児・介護相談など精神的・人的支援も含まれる。

こうてき-しきん【公的資金】国や地方自治体が、政策の一環として、民間の金融機関や企業などに投入する財政資金のこと。

こう-てきしゅ【好敵手】カウ 実力に過不足のない、ちょうどよい競争相手。ライバル。「長年の—」
類語 相手・敵（てき）・敵（かたき）・ライバル・仇敵・難敵・宿敵

こうてき-しょくぎょうくんれん【公的職業訓練】►公共職業訓練

こうてき-ねんきん【公的年金】国その他の公的機関が社会保障制度の一環として行う年金制度の総称。厚生年金・国民年金・共済年金など。老齢・障害・死亡により年金が給付される。⇒私的年金

補説 公的年金は一人一年金が原則で、老齢年金(または退職年金)・障害年金・遺族年金のいずれかだけを受給する。

こうてき-ふじょ【公的扶助】生活困窮者に対し、国または地方公共団体が最低限度の生活を保障するために経済的援助を行う制度。

こうてき-べんごせいど【公的弁護制度】起訴前の被疑者にも、国が費用を出して弁護士を付ける制度。

こう-てつ【甲鉄】カフ ❶「甲鉄板」の略。❷「甲鉄艦」の略。

こう-てつ【更迭】カウ〔名〕スル ある地位・役目にある人を他の人と代えること。「大臣を―する」類語 交代・入れ替え・挿げ替え・チェンジ・罷免・解任・解職

こう-てつ【鋼鉄】カウ ❶ ►こう(鋼) ❷きわめてかたいことのたとえ。「―の意志」

こうてつ-かん【甲鉄艦】カフテツ― 鋼鉄板で装甲された軍艦。

こうてつ-ばん【甲鉄板】カフテツ― 軍艦・戦車・砲台などで、弾丸の防備に用いられる鋼鉄の板。

こう-てん【公転】〔名〕スル 天体が他の天体の周囲を周期的にまわること。「惑星が太陽のまわりを―する」⇔自転

こう-てん【交点】カウ ❶数学で、二つの線の交わる点。また、線と面の交わる点。❷天球上で、惑星・彗星・月などの軌道が黄道と交わる点。天体が黄道を南から北へ通過する点を昇交点、北から南へ通過する点を降交点という。

こう-てん【光点】クワウ テレビやレーダーなどの受信画像をブラウン管面に表示する場合、画素に相当する走査線ビーム。輝点。

こう-てん【向点】カウ 天文学で、一つの天体、特に太陽の運動方向と天球との交わる点。

こう-てん【好天】カウ よく晴れて、何かをするのに都合のよい天気。「―に恵まれる」⇔悪天。類語 晴れ・日本晴れ・快晴・晴天・上天気・青空・炎天

こう-てん【好転】カウ〔名〕スル 状況がよい方へ向かうこと。「時局が―する」⇔悪化。
類語 良化・向上・上り調子・上向き・持ち直す

こう-てん【昊天】カウ ❶夏の空。❷広い空。大空。「俄かに一常闇となって」〈謡・河水〉

こう-てん【後天】《「易経」乾卦の「天に先だって天違わず、天に後れて天時を奉ず」から》生まれてからのちに身につけること。人が生後に学習・経験などの結果として得るもの。⇔先天。

こう-てん【後転】器械・マット運動で、後方に回転する運動。後方回転。⇔前転。

こう-てん【皇天】クワウ ❶天をつかさどる神。上帝。天帝。「宛ながら一殊に吾一人を択んで」〈蘆花・不如帰〉❷天皇。皇室。「猶―を戴く者少なく候ふ間」〈太平記・三七〉

こう-てん【皇典】クワウ《皇国の典籍の意》日本の古典。国書。

こう-てん【荒天】クワウ 風雨の激しい、荒れた天気。悪天候。「―をついて船出する」
類語 悪天・雨天・風雨・風雪・暴風雨

こう-てん【高点】カウ ❶高い点数。多い得点や得票。「学業はいつも―だった」〈芥川・大導寺信輔の半生〉❷山の頂上などの、高い地点。

こう-でん【公田】《「くでん」とも》❶律令制で、国家に所有権があると考えられた田地。❷律令制で、❶から口分田・位田・職田などを分けたあとの残った田地。農民に賃租させて国家が収益をあげた。乗田。⇔私田。❸荘園などで、土地台帳に登録され、租税を納めている田地。❹中国、周代に行われたとされる土地制度、井田法で、正方形の土地を縦横3列ずつに井の字形に区切った場合、その中央にある公有の田。その周囲の私田を耕す八家の者が交替でこれを耕して、その収穫を租税とした。

こう-でん【公電】官庁で出す公務の電報。

こう-でん【功田】律令制で、国家に功労のあった者に与えられた田。輸租田で、功労の程度によっての四段階があり、大功は永世、上功は3世、中功は2世、下功は子に、それぞれ伝えられた。くでん。

こう-でん【荒田】クワウ 荒廃した田地。

こう-でん【香典｜香×奠】カウ 死者の霊前に供えて、香や花の代わりとする金品。香料。「―を供える」

こう-でん【校田】カウ 奈良・平安時代、諸国の田地の面積・品等などを調査すること。班田に先立って行われた。

こう-でん【耕田】カウ 耕作を行う田地。

こう-でん【講田】平安後期から室町時代にかけて、寺社の経典の講義や、祖師の賛仰の講会などの費用にあてるために設けられた田。

こう-でん【×曠田】クワウ 広々として何もない田地。

こうでん-いんきょく【光電陰極】クワウデン― 光電管や撮像管などで、光が当たると光電効果により電子を放出する陰極。

こうでん-がえし【香典返し】カウデンがへし 香典を受けた返礼として品物を贈ること。また、その品物。

こうでん-かん【光電管】クワウデンクワン 光の明暗を電流の強弱に変える電子管。二極管で、陰極が光をうけて光電子を放出し、陽極がこれを集めて、正電圧を加えると光電流を得る。

こう-てんき【好天気】カウ 「好天」に同じ。「然るに或る―の朝」〈若松訳・小公子〉

こうてん-けいしつ【後天形質】►獲得形質

こうてん-げつ【交点月】カウテン― 月が昇交点または降交点を通過してから再び通過するまでの時間。恒星月より短く、27.212221日。

こうでん-こうか【光電効果】クワウデンカウクワ 物質に光を当てたとき、その表面から電子が飛び出したり、内部に自由電子を生じたりして、電子が移動したり電流が流れたりする現象。

こうてん-こうきゅうしょ【皇典講究所】クワウテンカウキウショ 明治15年(1882)東京に開設された皇典研究と神職養成を目的とした機関。同23年国学院を設立。昭和21年(1946)解体後は国学院大学と神社本庁に引き継がれた。

こうてん-こうど【皇天后土】クワウテン― 天を治める神と、地を支配する神。天神地祇。

こうてん-し【×告天子】カウテン― ❶スズメ目ヒバリ科の鳥。全長18センチくらい。背面は茶褐色で、くびの下の両側に黒斑がある。モンゴル・中国北部に生息。鳴き声がよいので中国では鳴き合わせに使われ、百音鳥(パイレン)ともよばれる。❷ヒバリの別名。

こう-でんし【光電子】クワウ― 光電効果によって、物質から放出されたり自由になったりした電子。

こうでんし-しゅうせきかいろ【光電子集積回路】クワウデンシシフセキクワイロ 光信号を処理する素子と半導体素子を一体化した集積回路。光通信などに用いられる。光集積回路とほぼ同義だが、光電子集積回路は光信号を電気信号に変換して処理を行うという点で区別される。光電子IC。OEIC(optoelectronic integrated circuit)。

こうでんし-ぞうばいかん【光電子増倍管】クワウデンシゾウバイクワン 光の照射によって陰極から生じた光電子を加速し、中間電極に衝突させて二次電子を発生させ、衝突を繰り返すことによって電子を増倍する光電管。フォトマルチプライヤー。フォトマル。PMT。

こうでんし-ほうしゅつ【光電子放出】クワウデンシハウシユツ 物質に光を当てたとき、励起された物質内の電子が外部に放出される現象。光電効果の一であり、光伝導(内部光電効果)に対していう。また外部に放出された電子を光電子と呼ぶ。外部光電効果。

こうてん-しゅうき【公転周期】―シウキ 天体が他の天体の周囲を一周するのに要する時間。

ごう-てんじょう【×格天井】ガウテンジヤウ 木を格子に組んで、それに板を張った天井。

こうてん-せい【後天性】生まれたあとで身についたものであること。また、そのような性質・傾向。⇔先天性。

こうてんせい-めんえき【後天性免疫】感染症やワクチン接種、抗血清の注射などにより、生後に免疫状態を得たもの。⇔先天性免疫。

こうてんせい-めんえきふぜんしょうこうぐん【後天性免疫不全症候群】―メンエキフゼンシヤウコウグン 白血病・悪性リンパ腫・再生不良性貧血・エイズウイルス感染症などのために、免疫機構が損なわれた状態。続発性免疫不全症候群。

こうてん-せつ【後天説】❶人の性質・習慣・技能などを、生後の経験によって得られるものと見なす説。⇔先天説。❷哲学で、認識論上、生得的要素を認めず、すべてを経験に依拠して説明する立場(ロック、ヒュームなど)。後天主義。⇔先天説。

こう-でんち【光電池】クワウ― セレンや亜酸化銅などの半導体と金属との接触面や、シリコンなどのpn接合に光を照射し、光起電力効果により電気エネルギーを得る電池の総称。照度計や露出計に利用されるほか、太陽電池も含まれる。光起電力セル。PVセル。ひかりでんち。

こうてん-てき【後天的】〔形動〕❶生まれてからのちに身にそなわるさま。「―な性質」⇔先天的。❷ ►アポステリオリ

こう-でんどう【光伝導｜光電導】クワウデンダウ 絶縁体や半導体に光を当てると、自由電子が増加して伝導率が増す現象。光の強弱で電流の大きさを変えることができ、電子写真・撮像管・露出計などに利用。内部光電効果。

こうでんどう-セル【光伝導セル】クワウデンダウ― 光を当てると電気抵抗が変化する光伝導現象を利用し、光の強弱を電流の強弱に変換する素子。硫化カドミウムがよく使われる。光導電セル。フォトセル。

こう-でんりゅう【光電流】クワウデンリウ 光電効果で生じた光電子の運動による電流。ひかりでんりゅう。

こう-と【江都】カウ 江戸の異称。

こう-と【×宏図】クワウ― 大きな計画。広大な方針。

こう-と【後図】のちのちのためのはかりごと。将来のための計画。

こう-と【×狡×兎】カウ― ずる賢いうさぎ。また、すばしこいうさぎ。

狡兎死して走狗烹らる 《「史記」越王勾践世家から》うさぎが死ぬと、猟犬も不要になり煮て食われる。敵国が滅びたあとは、軍事に尽くした功臣も不要とされて殺されることのたとえ。

こう-と【皇図】クワウ― ❶天子の計画。❷天子の領土。

こう-と【皇都】クワウ― 天皇の住む都。帝都。

こう-と【×鴻図｜洪図】大きな計画。遠大なはかりごと。「―を固むるは諸卿の業」〈河上肇・貧乏物語〉

こう-と【×斯うと】かう〔感〕考えがまとまらず迷っているときに発する語。ええと。こうっと。「お前くらいな年紀で、と、一十六七だな」〈鏡花・葛飾砂子〉

こう-ど【公度】律令制で、国家の承認のもとに得度して僧尼となること。

こう-ど【光度】クワウ― ❶一定の方向から見た、光源の明るさの度合いを表す量。単位立体角当たりの光束の値で表す。単位はカンデラ。❷恒星の全表面から毎秒放射する光のエネルギー。絶対等級で表す。また、地表で観測した星の見かけの明るさをいい、等級で表す。

こう-ど【后土】土地の神。また、土地。「皇天―」

こう-ど【皇土】クワウ― 天皇の統治する国土。皇国。

こう-ど【紅土】►ラテライト

こう-ど【荒土】クワウ― 荒れた土地。不毛の地。

こう-ど【耕土】カウ 「作土」に同じ。

こう-ど【高度】カウ ■〔名〕❶高さの度合い。海水面からの高さ。「一万メートルの―で飛ぶ」❷天体が地平線からどれだけ上に見えるかを示す角度。■〔名・形動〕程度の高いこと。また、そのさま。「―な(の)経済成長」「―に機械化された文明」類語 高次・高等・上級・高級・ハイレベル・ハイグレード

こう-ど【黄土】クワウ― ❶ ►おうど(黄土)❶ ❷死後の世界。あの世。黄泉。「無限の遺恨を―に齎らし て」〈魯庵・社会百面相〉

こう-ど【硬度】カウ ❶物体の硬さの程度。金属などは、鋼球を一定の圧力で押しつけてできるくぼみの

大小で表す。鉱物の場合は、互いにひっかき合わせて調べる。➡モースの硬度計 ❷水のカルシウムイオン・マグネシウムイオンを含有する程度。酸化カルシウムに換算して、水1立方メートル中に10グラム含むときを1度とする。硬度20以上を硬水、10以下を軟水という。❸X線の物体を透化する度合い。

こう-ど【×膏土】カウ 地味の肥えた土地。沃土。

こうどいりょうひょうか-せいど【高度医療評価制度】カウドイレウヒヤウカ 薬事法の承認等を得ていない医薬品・医療機器を使用する先進的な医療技術を、一定の要件のもとで、保険診療と併用できるようにした制度。平成20年(2008)導入。承認申請に必要な科学的データ収集の迅速化が目的。患者にとっては、高度医療に関わる自由診療分だけ自己負担となり、通常の治療と共通する部分(診察・検査・投薬・入院料など)は公的医療保険が適用される。➡混合診療

こう-とう【口答】 口で答えること。⇔筆答。

こう-とう【口頭】 文書でなく、直接、口で述べること。「一で説明する」(類語)口述・口演・口上

こう-とう【公党】 主義主張や政策を発表して、おおやけに認められている政党。⇔私党。

こう-とう【公道】〔名・形動ナリ〕手堅く、地味なこと。また、そのさま。堅実。質素。「姉には一な形をさせて」〈滑・浮世風呂・四〉

こう-とう【公稲】 古代、官府に納める稲。

こう-とう【勾当】 ❶役所の事務を、専門に担当して処理すること。また、その人。「清麻呂を遣はしてその事を一せしめ」〈続紀・延暦〉 ❷律令制で、大蔵省の率分所・長殿や記録所などの職員。❸摂関家の侍所で、別当の下にあって事務を執った者。❹真言宗・天台宗などで、寺の事務を執る役僧。❺盲人の官名の一。検校・別当の下位、座頭の上位。❻「勾当内侍」の略。

こう-とう【功稲】 奈良・平安時代、雇用された者に報酬として支払われた稲。

こう-とう【×叩頭】〔名〕スル《頭で地面をたたく意から》頭を地につけておじぎをすること。叩首。「一してわびる」(類語)叩首・低頭・拝礼・お辞儀・礼・一礼

こう-とう【光頭】クワウ はげあたま。禿頭。

こう-とう【好投】カウ〔名〕スル 野球で、投手がみごとな投球をすること。「救援投手が一してピンチを免れた」

こうとう【江東】カウ ㊀東京都東部の区名。隅田川の東岸にある。昭和22年(1947)深川・城東両区が合併。人口46.1万(2010)。㊁東京の隅田川東岸一帯の通称。㊂中国の揚子江の下流の南岸一帯の称。江左。

こう-とう【後唐】 中国、五代の一国。923年、唐の節度使李存勗が後梁を滅ぼして建国。都は洛陽。936年、後晋の石敬瑭に滅ぼされた。

こう-とう【後頭】「後頭部」に同じ。

こう-とう【洪×濤】 大きな波。洪波。

こう-とう【皇統】クワウ 天皇の血筋。

こう-とう【紅灯】 ❶赤い灯火。また、赤い紙を張った丸い小さな提灯。❷色町のともし火。歓楽街の華やかな明かり。

紅灯の巷 花柳界。いろまち。また、歓楽街。

こう-とう【荒唐】クワウタウ〔名・形動〕《「荒」も「唐」も大きく、広い意》言うことに根拠がなく、とりとめのないこと。また、そのさま。「斯かる一無責任なる言議は等閑に附しがたければ」〈魯庵・社会百面相〉

こう-とう【香頭・×鴨頭】カウ 吸い物に入れるユズの皮などの薬味。こうと。(補説)「鴨頭」は「鴨」を「カフ」と誤読した当て字。

こう-とう【降等】カウ〔名〕スル 旧日本陸海軍の懲罰の一で、階級を1階級下げること。「以前上等兵であって一等兵に一された木谷は」〈野間・真空地帯〉

こう-とう【高等】カウ〔名・形動〕❶程度・等級・品位などが高いこと。また、そのさま。高級。「一な技術」「一な教育」❷同種のものの中で、進化の度合いが高いこと。また、そのさま。「一な動物」⇔下等。(類語)高度・高級・上級・ハイグレード・ハイクラス・ハイレベル

こう-とう【高踏】カウタウ 俗な気持ちを捨て、気高く身を処すること。「一の遺風あるを慕うて」〈織田訳・花柳春話〉

こう-とう【高騰・×昂騰】カウ〔名〕スル 物価などがひどく上がること。騰貴。「地価が一する」
(類語)騰貴・値上がり・値上げ・急騰・暴騰

こう-とう【×寇盗】 乱暴を働いたり盗み取ったりすること。また、その人。

こう-とう【喉頭】 呼吸器の一部。上方は咽頭、下方は気管に連なる部分。軟骨に囲まれており、声帯がある。(類語)喉・咽頭・咽喉・喉元・喉首

こう-とう【港頭】カウ 港の出入口のあたり。

こう-とう【×浩×蕩】カウタウ〔ト・タル〕図〔形動タリ〕広々として大きなさま。「大空は風濁りなし果てもなく一として歎きに暮れぬ」〈前田夕暮・収穫〉

こう-どう【公道】 ❶《古くは「こうとう」とも》正しい道。おおやけの道理。「天下の一を行う」❷公衆の通行の用に供するために設けられている道路。国道・都道府県道・市町村道など。⇔私道。
(類語)(❶)道徳・倫理・道義・徳義・人倫・人道・世道・公徳・正義・規範・大義・仁義・徳・道・モラル・モラリティー/(❷)国道・私道

こう-どう【行動】カウ〔名〕スル ❶あることを目的として、実際に何かをすること。行い。「具体的な一を起こす」「一を共にする」「自分で考えて一する」「一力」❷心理学で、外部から観察可能な人間や動物の反応をいう。➡行為(用法)
(類語)(❶)行い・振る舞い・行為・挙・活動・動き・所行・言動・言行・行状・行跡・沙汰・運動・奔走・活躍・実行・実践・躬行・励行・履行・実施・決行・敢行・断行・遂行・行う・動く・動き回る

こう-どう【行道】カウダウ 道を行くこと。また、通り道。特に、天体の運行についていう。

こう-どう【坑道】カウダウ 地下につくられた道。特に、鉱山・炭山などの坑内の通路。
(類語)地下道・トンネル・隧道・切り羽

こう-どう【孝道】カウダウ よく父母に仕える道。孝行の道。「故に一の義を釈いて」〈芥川・枯野抄〉

こう-どう【恒道】 人としてつねに踏み行うべき道。常道。

こう-どう【×狡童】カウ 悪賢い子供。

こう-どう【皇道】クワウダウ 帝王の政道。天皇が行う政治の道。

こう-どう【革堂】カウダウ 京都市中京区にある天台宗の寺、行願寺の通称。山号は霊麀山。西国三十三所第19番札所。寛弘元年(1004)、革聖と呼ばれた行円が一条に創建。宝永5年(1708)現在地に移転。行円が革衣を着ていたので革堂という。

こう-どう【香道】カウダウ 香木をたいて、香りを賞翫する芸道。香合わせ・薫物合わせなどがある。香。

こう-どう【高堂】カウダウ ❶高く構えた堂塔。りっぱな家屋。❷手紙などで、相手を敬ってその家または家人をいう語。尊家。(類語)家・うち・家屋・屋舎・住宅・住家・住居・家宅・私宅・居宅・自宅・居・宅・住まい(尊敬)お宅・尊宅・尊堂・貴宅

こう-どう【黄道】クワウダウ 惑星から見て、天球上を恒星が1年かかって1周する大円の軌路。黄道面は惑星の公転軌道面と同じ。おうどう。

こう-どう【黄銅】クワウ「真鍮」に同じ。

こう-どう【講堂】 ❶(カウ)学校・官庁・会社などで、儀式を行ったり講演や講義などを行ったりする建物または広間。❷(コウ)寺院の建物の一。経典の講義や説教をする堂。ふつう金堂の後ろに建てられる。
(類語)会館・公会堂・ホール・議事堂

ごう-とう【×劫盗】ゴフタウ おどして盗むこと。また、その者。強盗。「一村の人民一の為に襲われ」〈神田孝平・明六雑誌二二〉

ごう-とう【強盗】ガウタウ《古くは「ごうどう」とも》暴力や脅迫などの手段で他人の金品を奪うこと。また、その者。「一を働く」(類語)強奪・奪取・略奪・奪略・泥棒・盗人・盗賊・追い剥ぎ・賊・強力犯・ギャング

ごう-とう【豪×宕】ガウタウ〔名・形動〕気持ちが大きく、細かいことにこだわらず、思うままに振る舞うこと。また、そのさま。豪放。「一な斬であるである」〈漱石・満韓ところどころ〉

ごう-とう【×鼇頭】ガウ ❶書物の本文の上の空欄。また、そこに書きつけた注記。頭注。「一に注する」❷《中国で、科挙の首席合格者が天子に目通りをするとき、そのきざはしの前に大うみがめの彫刻があったところから》官吏登用試験に首席で及第した者。

ごう-どう【合同】ガフ〔名〕スル ❶独立している二つ以上のものが一つになること。また、一つに合わせること。「二社が一して計画した事業」「日中一登山隊」❷数学で、二つの図形が重ね合わせることのできる関係にあること。図形Aと図形Bが互いに合同であるとき、記号≡を用いてA≡Bと書き表す。(類語)合併・合体・連合・同盟・連盟・合一・併合・合流・共同・協同・連携・提携・連名・共催・催合い・タイアップ

こうどう-いん【高桐院】カウトウヰン 京都市北区にある臨済宗の寺。大徳寺の塔頭の一。慶長6年(1601)ごろ、細川忠興が創建。玉甫紹琮が開祖。細川忠興、出雲阿国の墓がある。

こうとう-えん【喉頭炎】 喉頭の炎症。しわがれ声・のどの痛み・異物感・せきなどの症状がある。喉頭カタル。

こうとう-おん【喉頭音】▶声門音

こうとう-か【高等科】カウトウクワ ❶初等科・中等科に対し、さらに程度の高い課程。❷旧制の尋常高等小学校で、高等小学校に相当する教育を行った課程。❸旧制の7年制高等学校の後期3年間の課程。❹旧制の国民学校の、初等科に続く2年間の課程。

こうとう-がい【喉頭蓋】 喉頭の入り口を覆う、ふた状のもの。舌根のすぐ後ろにある高まりで、飲食物が食道へ行くように喉頭をふさぐ。会厭。

ごうどう-がいしゃ【合同会社】ガフドウクワイシヤ 平成18年(2006)5月施行の会社法によって新たに設けられた会社の形態で、持分会社の一。社員全員が出資額を限度とした有限責任を負う。日本版LLC。➡合資会社 ➡合名会社 ➡有限責任事業組合

こうとうがい-なんこつ【喉頭蓋軟骨】 喉頭蓋の中にある軟骨。

こうとう-かいなんしんぱんちょう【高等海難審判庁】カウトウカイナンシンパンチヤウ 海難審判の第二審を担当した、海難審判庁の中央機関。その裁決に不服のある者は東京高等裁判所に出訴できた。平成20年(2008)10月の海難審判所設置に伴い廃止された。

こうどう-かがく【行動科学】カウドウクワガク 人間の行動を実証的に研究し、その法則性を明らかにしようとする科学の領域。心理学・社会学・人類学・精神医学などが含まれ、総合化・学際化などを特徴とする。

こうとう-カタル【喉頭カタル】▶喉頭炎

こうとう-がっこう【高等学校】カウトウガクカウ ❶中学校卒業者に高等普通教育および専門教育を施すことを目的とする学校。修業年限は3年。ただし、定時制・通信制の課程では4年以上。高校。❷旧制で、中学校の4年修了、またはそれと同等以上の学力があると認められた男子に高等普通教育を施した学校。修業年限は3年。旧制高校。

こうとうがっこう-ひょうじゅんほう【高等学校標準法】カウトウガクカウヘウジユンハフ ▶高校標準法

こうとう-かん【高等官】カウトウクワン 旧制度で、官吏の等級の一。判任官の上に位置する。親任官のほか九等に分け、親任官および一・二等を勅任官、三等以下を奏任官とした。

こうとう-がん【喉頭×癌】 喉頭にできる悪性腫瘍。声門にできることが多く、しわがれ声・嚥下痛・喘鳴などの症状が現れる。

こうどう-かん【弘道館】コウダウクワン 水戸藩の藩校。天保12年(1841)藩主徳川斉昭が創設。尊王攘夷思想を鼓吹した。同名の藩校が彦根藩・佐賀藩などにもあった。

こうどう-かん【講道館】カウダウクワン 明治15年(1882)に嘉納治五郎が創設した柔道の研究・指導機関。また、その道場。東京都文京区春日にある。

こうどう-きちにち【黄道吉日】クワウダウ 陰陽道で、何をするにも吉とされる日。おうどうきちにち。

こうとう-きょう【喉頭鏡】コウトウキャウ 喉頭内部を診察する医療器具の一。金属の柄の先に、小さな鏡を取り付けたもの。

こうとう-きょういく【高等教育】カウトウケウイク 学校教育の最高段階の教育。日本では、大学・大学院・短期大学・高等専門学校などの教育。

こうとう-く【江東区】カウトウ ▶江東㊁

こう-どうぐ【香道具】カウダウ 聞き香で用いる道具。香炉・香盆などのほかに、七つ道具と称して香箸・火箸・香匙・銀葉挟・鶯・羽箒・灰押さえがある。香具。

こうとう-けいさつ【高等警察】カウトウ 国家体制または政権の維持を目的とする警察。反体制的活動や危険思想を取り締まる。政治警察。➡特別高等警察

こうどう-けいしゃ【黄道傾斜】クワウダウ 天球上の赤道面と黄道面のなす角。約23度26分。

こうとう-けっかく【喉頭結核】肺の結核病巣から結核菌が喉頭に運ばれて起こる二次性の結核。声がしわがれ、物をのみ込むときに痛みがあり、せき・たんが増えるなどの症状を呈する。

こうとう-けっせつ【喉頭結節】喉頭の甲状軟骨の上端にある突起。男子では特に隆起がいちじるしい。喉頭隆起。のどぼとけ。

こうとう-けんさつちょう【高等検察庁】カウトウケンサツチヤウ 高等裁判所に対応して置かれる検察庁。検事長を長とする。高検。

こうとう-ご【口頭語】▶口語

こうどう-こう【黄道光】クワウダウクワウ 晴れた日の日没後の西の空に、また日の出前の東の空に、黄道に沿って見える淡い光の帯。惑星の軌道面付近にある微粒子が太陽光を反射して起こる現象。

ごうどう-こうい【合同行為】ガフドウカウヰ 二人以上の各当事者が共同の目的のために表示した意思の合致により、法律上有効な一つの意思として成立する法律行為。通常、社団法人の設立行為・総会決議などをいう。➡契約 ➡単独行為 ➡双方行為

ごうとうごうかんおよびどうちし-ざい【強盗強×姦及び同致死罪】ガウタウガウカンおよびドウチシザイ 強盗が女性を強姦する罪。刑法第241条が禁じ、無期または7年以上の懲役に処せられる。また、これによって女性を死亡させたときは、死刑または無期懲役に処せられる。強盗強姦罪。強盗強姦致死罪。〘補説〙本罪は、強盗行為が先で強姦が後だったときに成立する。逆の場合は強姦罪と強盗罪の併合罪となる。

ごうとうごうかん-ざい【強盗強×姦罪】ガウタウガウカンザイ ▶強盗強姦及び同致死罪

ごうとうごうかんちし-ざい【強盗強×姦致死罪】ガウタウガウカンチシザイ ▶強盗強姦及び同致死罪

こうとう-こうぎょうがっこう【高等工業学校】カウトウコウゲフガクカウ 旧制の実業専門学校の一。工業に関する専門的な学術や技術の教育を行った。高工。

こうとう-こつ【後頭骨】頭蓋の後部および底部をなす骨。下部に大孔があって脊柱が通り、底部は逆凸状で頸椎の上に載る。

ごうとう-ざい【強盗罪】ガウタウ 暴行や脅迫によって他人の財物を奪い取ったり、自己または第三者に不法な財産上の利益を得させたりする罪。刑法第236条が禁じ、5年以上の有期懲役に処せられる。

こうとう-さいばんしょ【高等裁判所】カウトウ 下級裁判所の中で最上位の裁判所。東京・大阪・名古屋・広島・福岡・仙台・札幌・高松の8か所にある。高裁。

ごうとう-さつじん【強盗殺人】ガウタウ 強盗が人を殺すこと。強殺。➡強盗致死傷罪

こうどう-ざひょう【黄道座標】クワウダウザヘウ 黄道と春分点を基準として、天球上にある天体の位置を示す座標系。黄経と黄緯で示す。

こうとう-しき【恒等式】式の中の文字にどんな数値を代入しても成り立つ等式。

ごうどう-しき【合同式】ガフドウ 整数aとbの差が整数mで割り切れるとき、この二つの整数はmを法として合同であるといい、その関係を表す式。$a \equiv b \pmod{m}$と表す。

こうとう-しけん【高等試験】カウトウ ▶高等文官試験

こうどう-ししん【行動指針】カウドウ どのように考え、どのように行動するかの基本となる方針。

こうとう-しはんがっこう【高等師範学校】カウトウシハンガクカウ 旧制で、中学校・高等女学校・師範学校の男子教員を養成した国立学校。高師。

こうとう-しもん【口頭試問】試験官の質問に対し、口頭で答えさせる試験。口述試験。

こうどう-じゅうにきゅう【黄道十二宮】クワウダウジフニキユウ 黄道帯を、春分点を起点として30度ずつ12等分してつけた名称。白羊・金牛・双子・巨蟹・獅子・処女・天秤・天蠍・人馬・磨羯・宝瓶・双魚の十二宮。太陽は1年間これらの宮を順に移動するので、古代オリエントから占星術に使われた。現在は歳差により春分点が双魚宮に移ったので、十二宮はほぼ一つずつ前にずれている。➡黄道十二星座

こうどう-じゅうにせいざ【黄道十二星座】クワウダウジフニセイザ 黄道帯にある12の星座。おひつじ座・おうし座・ふたご座・かに座・しし座・おとめ座・てんびん座・さそり座・いて座・やぎ座・みずがめ座・うお座の12星座。黄道十二宮がつくられた際には春分点がおひつじ座にあったが、現在は歳差によりうお座にある。

こうとう-しゅぎ【口頭主義】訴訟の審理において、当事者および裁判所の訴訟行為、特に弁論と証拠調べを口頭でしなければならないとする主義。➡書面審理主義

こうどう-しゅぎ【行動主義】カウドウ ❶科学的心理学は外部から観察し観測できる行動だけを研究対象とすべきだ、という主張。1913年、米国のワトソンによって唱えられ、従来の主観的な内観主義を排して心理学を科学化する働きをした。❷ニヒリズムを否定し、行動的ヒューマニズムを重んじる文芸上の主義。アンドレ＝マルローなどの紹介に際して日本で生まれた用語で、昭和9年（1934）から10年代の初めにかけて、阿部知二・小松清・舟橋聖一らが雑誌「行動」を中心に主張した。

こうとう-しょうがっこう【高等小学校】カウトウセウガクカウ 旧制で、尋常小学校を卒業した者に対し、さらに程度の高い初等教育を行った学校。2年間を修業年限とするが、義務教育ではない。高等科。

こうとう-しょうぎょうがっこう【高等商業学校】カウトウシヤウゲフガクカウ 旧制の実業専門学校の一。商業に関する専門的な学術や技術の教育を行った。高商。

こうとう-しょうせんがっこう【高等商船学校】カウトウシヤウセンガクカウ 旧制の実業専門学校の一。商船の航海・機関に関する専門的な学術や技術の教育を行った。

こうとう-じょがっこう【高等女学校】カウトウヂヨガクカウ 旧制の女子の中等教育機関。男子の中学校に対応するもので、修業年限は4～5年。本科の上に専攻科・高等科の設置も認められた。高女。

こうどう-しょく【行動食】カウドウ 登山や旅行などで、行動中の栄養補給のために食べる携帯食料。チョコレートやおにぎりなど。レーション。

こうとう-しょくぶつ【高等植物】カウトウ 体制の発達した植物のこと。一般に、根・茎・葉に分化し、維管束をもつ種子植物とシダ植物をさす。⇔下等植物。

こうとう-すいさんがっこう【高等水産学校】カウトウスイサンガクカウ 旧制の実業専門学校の一。水産に関する専門的な学術や技術の教育を行った。

こうとう-すうがく【高等数学】カウトウ ❶高度な内容を扱う数学。❷初等数学の程度以上の数学。一般に、微分・積分・解析幾何・抽象代数・関数論などをさす。

ごうとう-ずきん【強盗頭巾】ガウタウヅキン ▶がんどうずきん(強盗頭巾)

こうとう-ぜん【口頭禅】❶禅の本義を会得することもなく、口先だけで説く禅。❷言うばかりで実行の伴わないこと。

こうとう-せんもんがっこう【高等専門学校】カウトウセンモンガクカウ 中学校卒業者またはそれと同等以上の学力を有する者に対し、専門の学芸を教授し、職業に必要な能力を育成することを目的とする学校。工業または商船に関する学科を置き、修業年限は5年または5年6か月。高専。

こうどうターゲティング-こうこく【行動ターゲティング広告】カウドウ―クワウコク《behavior targeting advertising》インターネットを利用した広告の一。ウェブサイトの閲覧履歴やサーチエンジンを使って検索したキーワードに基づき、個人の趣向に合った広告を配信する。BT広告。

こうどう-たい【黄道帯】クワウダウ 黄道を挟んで南北各8度ずつ、幅16度の帯。太陽、月、主な惑星はこの中を動く。黄道十二宮に相当する黄道十二星座があり、動物名の星座が多いため、獣帯とも呼ばれた。

ごうとうちししょう-ざい【強盗致死傷罪】ガウタウチシシヤウザイ 強盗が人を負傷・死亡させる罪。刑法第240条が禁じ、負傷の場合は無期または6年以上の懲役に、死亡の場合は死刑または無期懲役に処せられる。

こうとう-ちゅう【×鉤頭虫】鉤頭虫綱の袋形動物の総称。体は細長く扁平で、体長数ミリ～数センチ。頭の先端に多くの鉤の並ぶ吻があり、これで動物の腸壁に寄生。豚やネズミに寄生するものが、まれに人体内に入り込む。中間宿主は節足動物。

こうとう-ちゅうがっこう【高等中学校】カウトウチユウガクカウ 旧制帝国大学の予備教育機関。明治19年（1886）に設立され、尋常中学校卒業の男子に高等普通教育を教授した。修業年限は2年。同27年廃止され、旧制高等学校へ移行。

ごうどう-ちょうしゃ【合同庁舎】ガフドウチヤウシヤ 複数の省庁が集まっている施設。

こうとう-てき【高踏的】カウタフ〔形動〕❶世俗を離れて気高く身を保っているさま。「一な文学」❷独りよがりにお高くとまっているさま。

こうどうでん-セル【光導電セル】クワウダウデン ▶光伝導セル

こう-どうでんたい【光導電体】クワウダウデンタイ ▶フォトレジスター

こうとう-どうぶつ【高等動物】カウトウ 複雑な体制をもち、進化の程度の高いと思われる動物のこと。⇔下等動物。

こうどう-とくち【幸堂得知】カウダウ［1843～1913］劇評家・小説家。江戸の生まれ。本名、鈴木利平。別号、劇神仙。銀行員を経て新聞社に入社し、劇評を発表。根岸派の文人としても知られる。小説「大通世界」。

こうとう-のうりんがっこう【高等農林学校】カウトウノウリンガクカウ 旧制の実業専門学校の一。農業および林業に関する専門的な学術や技術の教育を行った。

こうとう-の-ないし【勾当内▽侍】コウタウ ❶掌侍の四人のうちの第一位の者。天皇への奏請の取り次ぎ、勅旨の伝達をつかさどる。長橋の局。長橋殿。❷「太平記」に登場する美女。後醍醐天皇に仕えて勾当内侍となり、のち、新田義貞の妻となった。義貞の戦死後、琵琶湖に投身したとも、出家したとも伝えられる。

こうとう-は【高踏派】カウタフ《フランス Parnassiens》19世紀後半のフランスの詩人の一派。ロマン派の主情的な詩風に対し、実証主義の影響下に、客観的・絵画的な詩格と形式上の技巧を重んじた。ルコント＝ド＝リール・ゴーチエ・ベルレーヌなど。日本には上田敏の訳詩集「海潮音」によって紹介された。パルナシアン。

こうどう-は【皇道派】クワウダウ 旧日本陸軍内部の一派閥。荒木貞夫・真崎甚三郎を中心に、昭和7年（1932）ごろから勢力をもった。クーデターによる国家改造を計画したが、統制派と対立、二・二六事件の失敗により衰退した。

こうどう-はんけい【行動半径】カウドウ ❶軍艦や軍用航空機などが、燃料補給なしで帰還しうる最大行程。航続距離からその任務に費やされる部分を除いたものの2分の1。❷行動する範囲。

こうとう-ひこう【高等飛行】カウトウヒカウ 高等な飛行技術による飛行。急降下・横転・宙返り・きりもみ・木の葉返しなど。

こうどうびじゅつ-きょうかい【行動美術協会】カウドウビジユツケフクワイ 洋画・彫刻の美術団体。昭和20年（1945）

創立。前年解散の二科会再興に際し、向井潤吉ら主張を異にする旧会員が結成。
こうとう-ふ【皇統譜】クヮウトウ 天皇および皇族の身分や系譜を登録する帳簿。大統譜と皇族譜とがある。
こうとう-ぶ【後頭部】頭の後ろの部分。後頭。
こうとう-ふつうきょういく【高等普通教育】カウトウフツウケウイク 中等普通教育の基礎の上に行われる程度の高い普通教育。現在の高等学校、旧制の中学校・高等女学校および高等学校の普通教育をさす。
こうとう-ぶんかん【高等文官】カウトウブンクヮン 旧制の、高等官である文官。
こうとうぶんかん-しけん【高等文官試験】カウトウブンクヮン 旧制で、高等文官の資格を得るための国家試験。高等試験。高文。
こうとう-べんむかん【高等弁務官】カウトウベンムクヮン 保護国・従属国・植民地・被占領国などに派遣され、特別な外交事務を処理する常任使節。外交官に準ずる待遇を受ける。また、国連難民高等弁務官など、一定の権限を付与された国際機関の代表者の名称。
こうとう-べんろん【口頭弁論】民事訴訟で、裁判官の面前で口頭で行われる当事者または代理人の弁論。広義では、証拠調べ、裁判の言い渡しなどをも含めた訴訟手続き全体をさすこともある。
こうとう-ほういん【高等法院】カウトウハフヰン 14世紀以降整備され、フランス革命で廃止された、フランス王国の最高司法機関。パリのほか諸地方に置かれた。最高法院。
こうとう-むけい【荒唐無稽】クヮウタウ〔名・形動〕言動に根拠がなく、現実味のないこと。また、そのさま。「一な小説」
こうどう-めん【黄道面】クヮウダウ 宇宙空間で、惑星を黄道で輪切りにした円を含む面。恒星に対する公転軌道面。➡赤道面
こうとう-ゆうみん【高等遊民】カウトウイウミン 世俗的な労苦を嫌い、定職につかないで自由気ままに暮らしている人。明治末期から昭和初期の語。
こうとう-よう【後頭葉】エフ 大脳半球の後部。視覚の中枢がある。
ごうとうよび-ざい【強盗予備罪】ガウタウ 強盗をする目的で、凶器の入手や情報収集などの準備をする罪。刑法第237条が禁じ、2年以下の懲役に処せられる。(補説)強盗の準備のみを行い、実際の強盗行為に及ばなかった場合に成立する。強盗行為に着手したものの、金品などを奪えずに終わった場合は強盗未遂罪、金品を奪えば強盗罪となる。
こうどう-りょうほう【行動療法】カウドウレウハフ 神経症・心身症などの不適応行動は、誤った学習や条件付けによるとして、学習理論に基づいて適応行動に変えていこうとする心理学的な療法。
こうど-き【×攪土器】カウ 土地をすき起こし、耕土をやわらかにするのに用いる農具。かくどき。
こう-とく【公徳】社会生活をするうえで守るべき道徳。公衆道徳。(類語)道徳・倫理・道義・徳義・人倫・人道・世道・公道・正義・規範・大義・仁義・徳・道・モラル・モラリティー
こう-とく【功徳】功績と徳行。(補説)「くどく」と読めば別語。
こう-とく【厚徳】徳のあついこと。りっぱな人格。
こう-とく【高徳】カウ 徳がすぐれて高いこと。また、徳のすぐれて高い人。「一の僧」「一を慕う」
こう-とく【溝×渎】みぞ。どぶ。
溝渎に経る 《「論語」憲問から》みずから首を締め、みぞに落ちて死ぬ。つまらない死に方のたとえ。
こう-どく【鉱毒】クヮウ 鉱物の採掘・製錬などのときに生ずる廃棄物・坑内水・煤煙が原因となって、人畜や農作物に与える害毒。
こう-どく【講読】カウ〔名〕スル 書物・文章を読み、その内容について講義すること。「万葉集を一する」
こう-どく【購読】〔名〕スル 書籍・新聞・雑誌などを買って読むこと。「文芸雑誌を一している」「定期一」
こうとく-いん【高徳院】カウトクヰン 神奈川県鎌倉市長谷にある浄土宗の寺。山号は大異山。寺号は清浄泉寺。「鎌倉の大仏」と通称される本尊の金銅大仏は建長4年(1252)鋳造に着手されたもので国宝。➡鎌倉の大仏
ごうとく-じ【豪徳寺】ガウトク 東京都世田谷区にある曹洞宗の寺。山号は大谿山。開創年代は文明年間(1469〜1487)、開基は吉良忠政。もと弘徳寺と称し臨済宗。江戸時代に井伊直孝の菩提所となり、その法名から豪徳寺と改称。
こうとく-しゅうすい【幸徳秋水】カウトクシウスイ［1871〜1911］社会主義者。高知の生まれ。名は伝次郎。中江兆民の門下。明治34年(1901)社会民主党を結成、即日禁止される。日露戦争に反対し、堺利彦と「平民新聞」を創刊。のち、渡米。帰国後アナーキズムを主張。大逆事件で検挙、主犯として死刑になった。著「廿世紀之怪物帝国主義」「社会主義神髄」など。
こうとく-しん【公徳心】公徳を重んじて守ろうとする精神。「一の欠如」
こうとく-せん【高徳線】カウトク 四国東部、高松・徳島間のJR線。昭和10年(1935)全通。同63年高徳本線より現在の名称に改名。全長74.8キロ。
こう-どくそ【抗毒素】カウ 細菌毒素や蛇毒を中和して無毒化する抗体。また、それを主成分とする血清製剤。ジフテリア・破傷風・ボツリヌス中毒・毒蛇咬傷などに対する血清療法に用いられる。
こうとく-てんのう【孝徳天皇】カウトクテンワウ［597〜654］第36代天皇。在位、645〜654。敏達天皇の曽孫。名は軽。姉の皇極天皇の譲位により即位。都を難波長柄豊碕宮に移し、大化の改新を行った。
こうとく-ぬま【光徳沼】クヮウトク 栃木県日光市、戦場ヶ原の北にある沼。周囲300メートル未満の小さな湧水池。湖面標高は約1420メートル。沼はズミの低木に囲まれ、シラカバ・ミズナラなどの群落もある。
こうど-けい【光度計】クヮウ 光度を測定する器械。ふつう、標準光源の光度と比較して求める。
こうど-けい【高度計】カウ 高度を測定する器具・器械。航空計器・登山用具などとして用いられ、大気圧の変化を利用するものや、地上に向けて発した電波が反射して戻るまでの時間を利用するものがある。
こうど-けい【硬度計】カウ 物質の硬さ(硬度)を測定する装置。試験材料に物体を押し込み、そのくぼみを調べる硬さ試験を応用した装置が工業分野で広く使われる。鉱物の硬さにはモースの硬度計が有名。
こうど-けいざいせいちょう【高度経済成長】カウドケイザイセイチャウ ➤高度成長
こうど-じょうほうつうしんシステム【高度情報通信システム】カウドジャウホウ ➤アイ-エヌ-エス(INS)
こうどじょうほうつうしんネットワークしゃかいけいせい-きほんほう【高度情報通信ネットワーク社会形成基本法】 高度情報通信ネットワーク社会の形成に関する基本理念、施策の基本方針、国・地方公共団体の責務について定めた法律。平成13年(2001)施行。国民が格差なく情報通信技術を容易に利用できる社会を実現することにより、経済構造改革の推進、産業国際競争力の強化、ゆとり・豊かさを実感できる国民生活の実現を図る。通称、IT基本法。
こうど-せいちょう【高度成長】カウドセイチャウ 急激な経済成長。特に、昭和30年代から第一次石油危機が起こった昭和48年にかけての日本経済をいう。高度経済成長。「一政策」
こうど-せんしんいりょう【高度先進医療】カウドセンシンイレウ まだ保険診療の適用されない先端医療を用いた療養のこと。昭和59年(1984)に導入された特定療養費制度によって、患者は先進医療費を全額負担し、それに併用して必要な通常の診察・検査・投薬・入院費などは保険給付の対象となった。平成18年(2006)健康保険法の一部改正で改編され、先進医療に統合された。
こうど-ちく【高度地区】カウ 都市計画法で定められた地域地区の一つ。市街地の環境の維持や土地利用の増進を図るため、建築物の高さの最高限度または最低限度が定められている。
こうど-どうろこうつうシステム【高度道路交通システム】カウドダウロカウツウ ➤アイ-ティー-エス(ITS)
こうど-びょう【高度病】カウドビャウ 高度が高くなり、低圧・低温・酸素欠乏などによって起きる病的状態。高山病・航空病など。
こうとり-い【公取委】ヰ 「公正取引委員会」の略。
こうどりよう-ちく【高度利用地区】カウドリヨウ 都市計画法で定められた地域地区の一つ。市街地の都市機能を更新するため、建築物の容積率の最高・最低限度、建坪率の最高限度、建築面積の最低限度、壁面の位置の制限などが規定される地区。
ごうな【寄=居=虫】ガウ ヤドカリの別名。(季 春)
こう-ない【口内】口の中。口腔の中。
こう-ない【坑内】カウ 炭坑や鉱坑の内部。⇔坑外。
こう-ない【校内】カウ 学校の構内。学校組織の内部。「一弁論大会」⇔校外。(類語)学内・キャンパス
こう-ない【港内】カウ 港の中。港の内部。⇔港外。
こう-ない【構内】建物や敷地の中。「駅の一」「大学の一」⇔構外。
こうない-えん【口内炎】口腔の粘膜や舌、歯肉などの炎症。口炎。
こうない-おん【喉内音】悉曇学で、三内音の一。喉で調音される音。[kgŋ]の類。➡唇内音 ➡舌内音
こうない-かさい【坑内火災】カウナイクヮサイ 炭鉱・鉱山などの坑内で起こる火災。石炭などの自然発火、ガス・炭塵の爆発、機械設備・電気設備・灯火などの欠陥が原因。
こうない-こうかんき【構内交換機】カウクヮンキ ➤ピー-ビー-エックス(PBX)
こうない-つうしんもう【構内通信網】ツウシンマウ ➤ラン(LAN)
こうない-ネットワーク【構内ネットワーク】➤ラン(LAN)
こうない-ぼうすいダム【坑内防水ダム】カウナイバウスイ 坑内の湧水や出水、地表から流入する雨水などを排除する目的で、坑道内に設けるダム。
こうない-ぼうりょく【校内暴力】カウナイ 学校生活における児童・生徒の非行。対教師暴力・校内器物破壊・生徒間暴力に分けられる。
こう-なぎ【×巫×覡】かう「かんなぎ」の音変化。
こうな-ご【▽小▽女子】イカナゴの別名。(季 春)
こうナトリウムけつ-しょう【高ナトリウム血症】カウ…シャウ 血液中のナトリウム濃度が正常値を超えて上昇した状態。下痢・嘔吐・発熱等による脱水、水分の摂取不足、利尿薬の服用、尿崩症などで起こる。血漿浸透圧が上昇し、悪化すると痙攣・昏睡・脳機能不全などを起こすことがある。
こうナトリウムけつしょう-だっすい【高ナトリウム血症脱水】カウ…ケツシャウ 高ナトリウム血症を伴う脱水。下痢・発汗・多尿・水分摂取不足などによって体内の水分がナトリウムよりも多く失われた状態。血液中のナトリウム濃度が高くなり、血漿浸透圧が上昇する。悪化すると、錯乱・痙攣・昏睡・脳機能不全などを起こすことがある。
こう-なん【江南】カウ ■一《「江」は河の意》河の南。■二《「江」は揚子江の意》中国で、揚子江下流の南の地方。■三愛知県北西部の市。木曽川の南岸にある。化学繊維・園芸農業が盛ん。人口10.0万(2010)。■四新潟市の区名。旧亀田町域・旧横越町域を含む。
江南の橘江北の枳となる 《「韓詩外伝」一〇など諸書に見える中国のことわざから》江南のタチバナを江北に移し植えればカラタチとなる。人は住む所によって性質が変化することのたとえ。
こう-なん【後難】❶あとに起こる災難。後日の災い。「一を恐れて被害届を出さない」❷あとになって受けるそしり。後世の非難。「妥ここにて一軍ひいくもせざらんは、一遁れがたくして」〈太平記・一九〉
こうなん【香南】カウ 高知県東部にある市。温暖な気候を利用した野菜栽培や白子などの漁業が盛ん。平成18年(2006)3月に赤岡町・香我美町・野

市町・夜須町・吉川村が合併して成立。人口3.4万(2010)。
こうなん【港南】横浜市南部の区名。昭和44年(1969)南区の南部が分離して成立。
こう-なん【硬軟】かたいこととやわらかいこと。「―自在な論調」
こうなん-く【江南区】▶江南㊁㊂
こうなん-く【港南区】▶港南
こうなん-し【江南市】▶江南㊁㊀
こうなん-し【香南市】▶香南
こうなん-じょしだいがく【甲南女子大学】神戸市にある私立大学。大正9年(1920)創立の甲南高等女学校を源流とし、昭和39年(1964)開学。
こうなん-だいがく【甲南大学】神戸市東灘区にある私立大学。大正7年(1918)設立の甲南中学校に始まり、甲南高等学校を経て、昭和26年(1951)新制大学として発足。
こう-にち【抗日】日本の行為に対し、反対し抵抗すること。
こうにち-うんどう【抗日運動】日本の帝国主義的侵略に対する中国人民の抵抗運動。日露戦争後の日本の進出拡大に対する排日運動が、満州事変を機に抗日運動に転化し、1937年には抗日民族統一戦線が結成された。
こうにほんぶんてん【広日本文典】文法書。1冊。大槻文彦著。明治30年(1897)刊。文字編・単語編・文章編からなり、近代の国語文法の基礎となった。「言海」の巻頭の「語法指南」を改訂増補して単行本にしたもの。ほかに別記がある。
こう-にゅう【購入】〘名〙スル 買うこと。買い入れること。「日用品を―する」「共同―」
類語 購買・買う・購う・買い取る・買い上げる・買い入れる・買い込む・買い受ける・買い切る・買い戻す・買い漁る・買い叩く・仕入れる・買収
こう-にん【工人】▶こうじん(工人)
こう-にん【公人】▶くにん(公人)
こう-にん【公認】〘名〙スル おおやけに認めること。国家・団体・政党などが正式に認めること。「党が―した候補者」「―記録」 類語 承認・許可・認許・許諾・許可・認容・容認・是認・同意・御免・オーケー
こうにん【弘仁】平安初期、嵯峨天皇・淳和天皇の時の年号。810年9月19日～824年1月5日。
こう-にん【更任】改めて任じること。また、その人。「理事改選左の通り―」〈虚子・俳諧師〉
こう-にん【後任】前の人に代わって任務に就くこと。また、その人。「―をさがす」⇔先任/前任。類語 後釜
こう-にん【候人】❶中世、蔵人所の職員。殿上に伺候し、御膳や宿直の任に当たった。こうじん。❷門跡や諸大寺に仕えた妻帯・僧形の衆。素絹・白袴をつけ、帯刀した。侍法師。
こう-にん【降人】降参した人。こうじん。「樋口次郎は―なりしが、しきりに首の供せんと申しければ」〈平家・九〉
こう-にん【降任】〘名〙スル 地位を下げて下級の任務に就けること。降職。⇔昇任。
こう-にん【高人】身分の高い人。こうじん。「貴人、―、よろづの芸者は格別、常の町人、金銀の有徳ゆゑ世上に名を知らるること」〈浮・永代蔵・六〉
こう-にん【高認】「高校卒業程度認定試験」の略。
ごう-にん【業人】前世の悪業の報いとして苦難を受ける人。また、悪業を行う人。人をののしってもいう。「お前さんはえらい―だ」〈森田草平・煤煙〉
こうにん-かいけいし【公認会計士】昭和23年(1948)の公認会計士法に基づき、貸借対照表・損益計算書その他の財務に関する書類の監査または証明を業とする者。
こうにんきゃくしき【弘仁格式】大宝元～弘仁10年(701～819)の格と式を集めたもの。格10巻、式40巻。初め藤原内麻呂ら、のち、藤原冬嗣らが編纂。弘仁11年(820)成立。完本は現存せず、諸書に逸文が残る。格の目録抄である「弘仁格抄」1巻も伝存。
こうにんじょうがん-じだい【弘仁貞観時代】主として美術史上の時代区分で、平安前期の約100年間。密教美術を中心に展開。唐文化の影響を受けながらも、日本独自の様式を形成した。
こうにん-てんのう【光仁天皇】[709～781]第49代天皇。在位、770～781。天智天皇の孫。志貴皇子の第6王子。名は白壁。称徳天皇没後、藤原永手・藤原百川らに擁立されて即位。道鏡を下野薬師寺別当に左遷し、皇后・皇太子を反逆の罪で廃するなど、政治的に多難であった。
こうにん-ないぶかんさにん【公認内部監査人】企業の内部監査業務に関する知識・能力を証明する、国際的な資格の一つ。取得するには、認定試験に合格した上で実務経験等の要件を満たす必要がある。CIA(certified internal auditor)。
こうねい【江寧】中国晋代に、現在の江蘇省江寧県の西南に置かれた県。隋代に南京に移され、宋・明以降は府となった。
こう-ねい【康寧】〘名・形動〙やすらかなこと。平穏無事であること。また、そのさま。安寧。「安楽―の福」〈中村訳・西国立志編〉
こう-ねつ【口熱】口の中の発熱。虫歯や歯槽膿漏などの炎症によって起こる熱。
こう-ねつ【光熱】光と熱。あかりと燃料。
こう-ねつ【高熱】非常に高い温度。また、異常に高い体温。「―にうなされる」「―を発する」
こう-ねつ【黄熱】▶おうねつ(黄熱)
こうねつ-ひ【光熱費】調理・暖房・照明などについやす費用。電気代およびガス・灯油などの燃料費の総称。
こう-ねん【光年】太陽系以外の天体の距離を表す単位。光が真空中を1太陽年の間に進む距離。1光年は約9兆4600億キロ。➡天文単位
こう-ねん【行年】これまで生きてきた年数。➡行年
こう-ねん【後年】ある時点から何年か経ったのち。また、ゆくすえ。将来。「―は化学者として名をなした」
類語 他年・後日・いつか・その後
こう-ねん【荒年】作物の収穫がきわめて悪い年。不作の年。凶年。
こう-ねん【高年】年をとっていること。年齢の高いこと。高年齢。「―初産婦」「―層」 類語 高齢・年配・老齢・老年・熟年・実年・中年・中高年・シニア
こうねん-ういざん【高年初産】▶高年齢出産
こうねん-き【更年期】女性の、成熟期から老年期へと移行する時期。平均47歳ごろから始まる閉経期を中心とする前後数年間をいう。
こうねんき-しょうがい【更年期障害】更年期の女性に、卵巣機能の低下によってホルモンのバランスがくずれるために現れる種々の症状。冷え・のぼせ・めまい・動悸・頭痛・腰痛・肩凝り・不眠・食欲不振など。メノポーズ。
こうねん-ほう【高年法】「高年齢者雇用安定法」の略称。
こう-ねんれい【高年齢】❶「高年」に同じ。「―者の雇用」❷集団をある年齢層で区切った際に、その中で年長であること。「―出産」
こうねんれい-きゅうしょくしゃきゅうふ【高年齢求職者給付】雇用保険法に規定される求職者給付の一つ。雇用保険の被保険者が65歳以上の場合、65歳未満を対象とする基本手当の代わりに一時金として支給される。金額は、最大でも基本手当日額の50日分と基本手当より少ないが、同時期に年金を併せて受給することが可能。
こうねんれい-こようけいぞくきゅうふ【高年齢雇用継続給付】雇用保険法に規定される雇用継続給付の一つ。60歳到達時との比較で、賃金が75パーセント未満に減少した60歳～64歳の被保険者に支給される。継続就労と再就職の違いにより、高年齢雇用継続基本給付金と高年齢再就職給付金が、それぞれ支給される。
こうねんれいしゃこようあんてい-ほう【高年齢者雇用安定法】《「高年齢者等の雇用の安定等に関する法律」の略称》高年齢者の雇用安定、定年退職者などの就業機会の確保・雇用促進などに関して規定した法律。昭和46年(1971)制定。高年法。補説 平成16年(2004)6月、少子高齢化の進行に対応するため改正法が成立。事業主に対して、(1)定年の定めの廃止、(2)継続雇用制度の導入、(3)定年年齢の段階的引き上げのいずれかの実施を義務付けた「高年齢者の安定雇用の確保」、および「高年齢者等の再就職の促進」「定年退職者等の臨時的・短期的就業機会の確保」などの規定が主な改正点となっている。
こうねんれい-しゅっさん【高年齢出産】妊娠の適齢期より高い年齢での出産。特に、35歳以上の初産の女性を高年初産婦とよび、加齢とともに妊娠中毒症・染色体異常児妊娠・難産などの頻度が高くなるため、指標の一つにされる。高年初産。高齢出産。高齢初産。
こうの-あつし【河野安通志】[1884～1946]野球選手・監督。石川の生まれ。早大の投手として活躍したのち、押川清らとともに日本初のプロ野球チーム、日本運動協会を創設するなどプロ野球の発展に尽力。名古屋軍(現中日)・イーグルスの総監督を務めた。
こうのいけ【鴻池】江戸時代、大坂の豪商の家の名。山中鹿之助の次男新六を祖とする。摂津鴻池村で酒造業を始め、のち大坂に進出して海運業・大名貸しを行い、両替業も兼ねた。
こうのいけ-ぜんえもん【鴻池善右衛門】鴻池家当主の世襲名。鴻池家の祖である新六の子より始まる。3代善右衛門は酒造・海運を廃して両替商専門となり、家業をさらに発展させた。また、河内に鴻池新田を開発。
こうの-いちろう【河野一郎】[1898～1965]政治家。神奈川の生まれ。新聞記者を経て政友会の代議士となり、第二次大戦後、自由党結成に参加。農林・建設・国務の各大臣を歴任し、日ソ国交回復にも尽力。自由民主党の党人派実力者。
こう-のう【行×嚢】郵袋の旧称。「郵便集配人がズックの―をかついで」〈花袋・田舎教師〉
こう-のう【効能】・【功能】よい結果をもたらすはたらき。ききめ。「胃腸病に―のある温泉」
類語 効き目・効果・効用・効力・実効・効験・霊験・効・験・甲斐・徴・成果・作用
こう-のう【後納】〘名〙スル 代金・料金などを利用後におさめること。後払い。「料金―郵便」⇔前納。
こう-のう【後脳】脊椎動物の脳の一部で、中脳と延髄に挟まれ、小脳と橋とを合わせた部分。発生上、前脳・中脳・菱脳に分かれたうち、菱脳の前半部で、のち小脳と橋とに分化する。➡脳
こう-のう【香×嚢】❶金属製の球で、中に香を入れ、ひもに鉤をつけて室内・牛車などにつるすもの。こうぶくろ。❷香を入れる袋。金襴で作り、懐に入れた。においぶくろ。こうぶくろ。
こう-のう【貢納】みつぎものをおさめること。
こう-のう【降納】〘名〙スル 掲揚されている国旗などを降ろしておさめること。「大会旗を―する」
こう-のう【×膠×嚢】薬のカプセルのこと。
ごう-のう【豪農】多くの土地・財産を持ち、その地方で勢力のある農家。
こうのう-がき【効能書(き)】薬などの効能を記したもの。転じて、宣伝などのために、その物の値打ちや長所を記したもの。能書き。「―を並べる」
こうのうしゅく-ウラン【高濃縮ウラン】濃縮ウランのうち、ウラン235の濃度を20パーセント以上に高めたもの。核兵器などの軍事利用には、70～90パーセントの高濃度のものが使われる。HEU(highenriched uranium)。
ごうのうら【郷の浦】長崎県壱岐市の地名。壱岐島の南西部にある。
ごう-の-かぜ【業の風】「業風」に同じ。「かの地獄の―なりとも、かばかりにこそはとぞおぼゆる」〈方丈記〉

ごう-の-がわ【江の川】▶江川

こう-の-きみ【長=官君】《「かみのきみ」の音変化》国守・左右衛門督・左右兵衛督・左右馬頭などを敬っていう語。こうのとの。かんのきみ。「まことは、この一の、御文女房に奉り給ふ」〈源・浮舟〉

こうのす【鴻巣】埼玉県北東部の市。中山道の宿場町として発達。雛人形・五月人形づくりの伝統があり、花卉栽培が盛ん。平成17年(2005)10月、吹上町・川里町を編入。人口12.0万(2010)。

こう-の-ず【香の図】❶源氏香の図。5本の線をもとに、組み香の違いを示したもの。❷床の落とし懸けや上段の框を柱に取り付ける際の横木の切り口の形。凹形をしている。❸❶をかたどった紋所。また、それを文様化したもの。

こうのす-し【鴻巣市】▶鴻巣

こうのす-にんぎょう【×鴻巣人形】鴻巣市産の人形。天正年間(1573〜1592)ごろから農家の副業として作られた。雛人形が中心で、初期は土人形、のち、練り物の京人形風となった。

こうのす-びな【×鴻巣×雛】鴻巣市産の雛人形。頭と手足を型抜きし、綿縮珍などで胴を包み、黒塗りの台の上に立てたもの。

こうのせ-きょう【高の瀬峡】徳島県南部、剣山の南麓にある渓谷。那賀郡那賀町の那賀川源流にあり、絶壁・奇岩の連なる典型的なV字型峡谷。清流と紅葉で有名。剣山国定公園に属する。

こうのだい【国府台】千葉県市川市北西部の地名。下総台地西端の高台で、江戸川に面する文教・住宅地。古代、下総国府が置かれた。鴻ノ台。

こうの-たえこ【河野多恵子】[1926〜]小説家。大阪の生まれ。本姓、市川。「蟹」で芥川賞受賞。他に「みいら採り猟奇譚」「後日の話」「半所有者」など。評論に「谷崎文学と肯定の欲望」がある。芸術院会員。平成14年(2002)文化功労者。

こうの-てんせい【河野典生】[1935〜2012]小説家。高知の生まれ。本名、典生。ミステリー・ハードボイルド・SFファンタジー・ジャズ小説など、幅広く活躍。「殺意という名の家畜」で日本推理作家協会賞受賞。他に「街の博物誌」「アガサ・クリスティ殺人事件」など。

こうの-とがま【河野敏鎌】[1844〜1895]政治家。土佐藩出身。尊王攘夷派として活躍。明治15年(1882)立憲改進党を結成し副総理となったが、のち脱党。農商務・司法・内務・文部の各大臣を歴任。

こう-の-との【長=官殿】《「かみのとの」の音変化》「長官君」に同じ。「誰も同じ心に一にも申し給へ」〈宇治拾遺・七〉

こうのとり　国際宇宙ステーション(ISS)に物資を運ぶ、日本の無人軌道間補給機HTVの愛称。

こう-の-とり【×鸛】❶コウノトリ科の鳥。全長約1.1メートル。全身白色で、風切り羽とくちばしが黒い。松などの樹上に巣を作り、姿がタンチョウに似るため「松上の鶴」として誤って描かれた。東アジアに分布。日本では特別天然記念物に指定されたが絶滅した。中国から冬鳥としてまれに渡来。こうづる。❷コウノトリ目コウノトリ科の鳥の総称。大形で、脚・くび・くちばしが長い。鳴く器官が退化し、くちばしでカタカタッと音を出す。17種がアフリカやアジア南部を中心に分布。

こうの-は【河野派】㊀自由民主党にあった派閥の一。春秋会の通称。昭和31年(1956)に河野一郎らが結成。のちの中曽根派につながる。㊁自由民主党にあった派閥の一。大勇会の通称。平成11年(1999)に河野一郎の子、洋平が宏池会から独立して旗揚げした。河野グループ。➡麻生派

こうの-ばいれい【幸野楳嶺】[1844〜1895]日本画家。京都の生まれ。初号、梅嶺。円山派・四条派に学び、明治の京都画壇の中心的存在となった。

ごう-の-はかり【業の×秤】地獄で、生前の悪業の軽重をはかるという秤。

こうの-ひろなか【河野広中】[1849〜1923]政治家。三春藩出身。自由民権運動を指導、福島事件で投獄された。のち衆議院議長・農商務相を歴任。

こうのまい-こうざん【鴻之舞鉱山】北海道北東部、紋別市にあった金銀鉱山。昭和48年(1973)閉山。

こうの-みちあり【河野通有】鎌倉後期の武将。伊予の人。弘安の役に伊予水軍を率いて軍功をあげ、肥前・肥後などに恩賞の地を得た。生没年未詳。

こう-の-みや【国府宮】尾張大国霊神社の異称。

こう-の-もの【香の物】野菜を塩・ぬか・味噌・酒かすなどに漬けたもの。漬物。おこうこ。
(類語)漬物・お新香・お香香

ごう-の-もの【剛の者】《古くは「こうのもの」》❶武勇にすぐれた者。つよくて勇敢な者。つわもの。❷ある方面に特に強い者。その道の達人。また、したたか者。つわもの。「色事にかけては一だ」

こうの-もろなお【高師直】㊀[?〜1351]南北朝時代の武将。武蔵守。法名、道常。足利尊氏の執事として南朝軍と戦い、大功をあげた。のち、尊氏の弟直義と対立、直義を追って一時実権を掌握したが、まもなく殺された。㊁浄瑠璃「仮名手本忠臣蔵」の登場人物。吉良上野介に擬する。

こう-は【光波】光の波動。波動としての光。

こう-は【硬派】❶自分たちの意見や主義を強く主張し押し通そうとする一派。強硬派。「一の意見に押される」⇔軟派。❷女性と交際したり服装に気をつかったりすることを軟弱とみなして反発し、ことさらに腕力や男らしさを強調する態度。また、そのような青年や、一派。「一で鳴らす」⇔軟派。❸新聞・雑誌などで、文芸や芸能関係の記事に対して、政治・経済・社会関係の記事。また、その記者。さらに、広く放送・出版などで、かたくまじめな内容や姿勢にいう。「一の雑誌」「一の出版社」⇔軟派。

こう-ば【工場】▶こうじょう(工場)

こう-ば【耕馬】田畑の耕作に使う馬。(季 春)

こう-ば【貢馬】みつぎものとして馬を献上すること。また、その馬。

こう-はい【交配】〔名〕スル 生物の雌雄を人為的に受精または受粉させること。雌雄が同品種の場合を同系交配、異品種の場合を異系交配(交雑)という。「新品種をつくるために一する」
(類語)種付け・交雑・掛け合わせる

こう-はい【光背】仏身から発する光明をかたどった、仏像の背後にある飾り。頭部のものを頭光、身体部のものを身光といい、中国・日本ではこの二重円光式を主体とする。さらにその周縁に火焔を付し、全体を蓮弁形にすることが多く、これらを併せて挙身光という。御光。後光。

こう-はい【向拝】社殿や仏堂で、屋根を正面の階段上に張り出した部分。参拝者の礼拝する所。階隠し。御拝。

こう-はい【向背】❶従うこととそむくこと。「一常ならず」❷物事の成り行き。動静。「事の一を見守る」

こう-はい【好配】❶よい配偶者。❷株式や馬券などの配当がよいこと。好配当。

こう-はい【後拝】▶ごはい(後拝)

こう-はい【後背】うしろ。背後。
(類語)後ろ・背・後ろ・後方・しりえ・背中・背後・背面・後面・背部・後部・バック

こう-はい【後輩】《あとに生まれた人の意》❶年齢・地位・経験や学問・技芸などで、自分より下の人。後進。⇔先輩。❷同じ学校・職場などで、あとから入ってきた人。⇔先輩。(類語)後学・後進

こう-はい【荒廃】〔名〕スル ❶建物や土地などが荒れはてること。「戦争で国土が一する」❷荒れすさむこと。「人心の一した社会」

こう-はい【降灰】「こうかい(降灰)」に同じ。

こう-はい【高配】他人を敬って、その心配りをいう語。「御一を賜りありがとう存じます」

こう-はい【興敗】興隆と衰退。興亡。「家の由来と其の一の趣とを探索せば」〈福沢・文明論之概略〉

こう-はい【興廃】盛んになることと、すたれること。「皇国の一この一戦にあり」
(類語)興亡・浮沈・盛衰・はやりすたり・消長・存亡

こう-ばい【公売】〔名〕スル 法律の規定に基づき、公の機関によって強制的に行われる売買。国税徴収法上の滞納処分における財産換価処分や民事執行法による競売など。
(類語)専売・密売・量販・多売・直販・直売・即売

こう-ばい【勾配】❶水平面に対する傾きの度合い。傾斜。また、斜面。「一の急な坂道」「一を登る」❷数学で、直線の方向を示す数。直線がx軸の正の方向となす角の正接で表される。傾き。方向係数。❸物理学で、速度・圧力など物理量の大きさが位置によって変化するときの変化率。ベクトル量で表される。勾配ベクトル。グラジエント。(類語)傾き・傾斜・斜度

勾配がぬる・い　❶判断力がにぶい。❷屋根の傾斜の度合いが緩やかである。〈日葡〉

勾配が早・い　❶判断がすばやい。「大陸仕込でも根は江戸っ子、一・く」〈万太郎・樹蔭〉❷屋根の傾斜の度合いが急である。〈日葡〉

こう-ばい【紅梅】㊀❶梅の一品種。濃い桃色の花が咲く。(季 春)「一の落花燃ゆらむ馬の糞/蕪村」❷濃い桃色。紅梅色。❸襲の色目の名。表は紅色、裏は紫または蘇芳色。春に用いる。❹織り色の名。紫色の縦糸と紅色の横糸とで織ったもの。㊁源氏物語第43巻の巻名。薫大将、24歳。柏木の弟、按察大納言の子女たちの身の上と、薫と匂宮とのかかわりを描く。

こう-ばい【黄梅】黄色く熟した梅の実。(補説)「おうばい」と読めば別語。

こう-ばい【購買】〔名〕スル 買うこと。買い入れること。「現金で一する」「一意欲」
(類語)購入・買う・購う・買い取る・買い上げる・買い入れる・買い込む・買い受ける・買い切る・買い戻す・買い漁る・買い叩く・仕入れる・買収

こうばい-いよく【購買意欲】消費者が、何かを買おうとする気持ち。マスメディアによる宣伝や口コミを通じて高まることが多く、マーケティングに大きな影響を与える。

こうばい-いろ【紅梅色】「紅梅㊀❷」に同じ。

こうばい-おり【勾配織(り)|紅梅織(り)】縦糸か横糸、または縦横ともに太さの異なった2種以上の糸を用いて、表面に高低があるようにした平織りの織物。(補説)「高配織り」とも書く。

こうばい-かいき【勾配海気】太い糸を織り込んで、縞や格子状の盛り上がった線をあらわした絹織物。(補説)「紅梅甲斐絹」「高配甲斐絹」とも書く。

こうばい-がさね【紅梅▽襲】「紅梅㊀❸」に同じ。

こうはい-かぶ【後配株】利益または利息の配当もしくは残余財産の分配について、普通株より劣位にある株式。劣後株。⇔優先株。

こうはい-きん【広背筋】背中の下部および腰部と上腕骨とを結合している大きな筋肉。腕を後方に引きつける作用をする。闊背筋。

こうばい-くみあい【購買組合】第二次大戦前の産業組合の一。生産活動または日常生活に必要な物資を大量に購入し、組合員に安く売却した。

こうはい-しっち【後背湿地】自然堤防の背後にある低湿地。洪水時にあふれた水が、自然堤防に妨げられて流路に戻れないために、沼や湿地となる。

こうはい-しゅ【交配種】交配によってできた新しい品種。

こうはい-しゅっし【後配出資】協同組織金融機関に対する出資形態の一つ。普通出資よりも配当率が低く、調達した資本は自己資本に算入することが認められているため、配当負担を抑えながら資本の充実を図ることができる。株式会社の普通株に相当する。➡優先出資 (補説)保有証券化商品の価格下落により平成21年(2009)3月期決算で大幅な赤字を計上した農林中央金庫は、自己資本比率を維持するため、下部組織の信用農業協同組合連合会に後配出資・永久劣後ローンによる増資を要請した。

こうばい-しょぶん【公売処分】官公署が国税徴収法に基づき、税金滞納者の財産を差し押さえ、強

制執行によって公売に付し、その売却代金の中から滞納金を徴収する処分。
こうばい-すう【公倍数】いくつかの整数または整式に共通な倍数。➡倍数
こうはい-ち【後背地】《ドイツ Hinterland》港湾や都市などの経済圏に含まれる背後の地域。本来は、港の背後にあって出入貨物の需給と密接な関係をもつ地域をいう。
こうばい-におい【紅梅匂】襲の色目の名。濃い紅梅を下に、順に薄くなるよう紅梅を重ねるもの。
こうばい-の-あめ【黄梅の雨】梅の実が黄色く熟するころに降る雨。梅雨。つゆ。
こうばい-ひょう【勾配標】鉄道線路の勾配の程度を示す標識。水平距離1000メートルに対する高低差を数値で示し、勾配の変わる地点の線路のそばに立てる。
こうばい-ぶ【購買部】学校などで、購買組合の制度にならって、学用品などを安く販売する所。
こうばい-もち【紅梅餅】小口切りにした切り口が梅の花の形をした紅色の餅菓子。
こうばい-やき【紅梅焼(き)】小麦粉に砂糖をまぜ、こねて伸ばしたものを梅花などの型に抜き、鉄板で焼いたせんべい。
こうばい-りょく【購買力】❶商品やサービスを買うことのできる資力。「一の低下」❷一単位の通貨の、財やサービスを購入することのできる能力。貨幣価値。
こうばいりょくへいか-せつ【購買力平価説】スウェーデンの経済学者G=カッセルによって唱えられた外国為替理論。2国間の為替相場は、両国の通貨がそれぞれの国内でもっている購買力の比率によって決まるとする説。
こう-はく【侯伯】❶侯爵と伯爵。❷封建社会での君主。諸侯。
こう-はく【厚薄】あついこととうすいこと。物事の程度・度合いなどにいう。「愛情の一」
こう-はく【紅白】❶紅色と白色。赤と白。「一の幕」❷《源氏は白旗を、平家は赤旗を用いたところから》対抗試合などでの、伝統的な二組の組分け。赤組と白組。「一クラスを一に分ける」
こう-はく【黄白】❶黄色と白色。おうびゃく。❷金と銀。転じて、金銭。「徒らに一万能主義を信奉するの弊」〈漱石・野分〉
こう-はく【広博】〔名・形動〕《古くは「こうばく」とも》学識が広いこと。また、そのさま。該博。
(類語)該博・博学・博識・博覧・博覧強記
こう-ばく【公幕】朝廷と幕府。朝幕。
こう-ばく【広漠|宏漠】〔ト・タル〕図〔形動タリ〕広々としてはてしないさま。「一とした大平原」(類語)広い・広やか・広大・広壮・広闊・広広・茫漠・茫洋
こう-ばく【荒漠】〔ト・タル〕図〔形動タリ〕荒れはてて寂しいさま。「一たる原野」〈透谷・秋窓雑記〉
こうはく-じあい【紅白試合】赤組と白組の二組に分かれて行う試合。源平試合。紅白戦。
こうはく-ず【港泊図】➡港図
こう-ばこ【香箱】香を入れる箱。香合。
香箱を作る《香箱の形に似ているところから》猫が背を丸くしてうずくまる。人が背を丸くしてすわっているさまにもいう。「三毛猫が一匹静かに一・っていた」〈芥川・お富の貞操〉
こう-ばし【香箸】香をたくとき、香を挟むのに用いる箸。きょうじ。
こうばし-い【香ばしい|芳ばしい】〔形〕図かうば・し〔シク〕《「かぐわしい」の音変化》❶よい香りがする。多く、食物を煎ったり焼いたりしたときの、好ましい香りにいう。「一・いほうじ茶の香り」❷見た目や印象などがすばらしい。りっぱである。「薄色の衣のいみじうー・しきをとらせたりければ」〈宇治拾遺・一二〉❸望ましく思う。心が引かれる。「姿、みめありさま、ー・しくなつかしきこと限りなし」〈宇治拾遺・六〉(派生)こうばしさ〔名〕(類語)芳しい・かぐわしい・匂う・薫る・薫ずる・匂わす・馥郁・芬芬
こう-はつ【好発】〔名〕スル 発生する度合いが高いこと。「発疹の一する部位」
こう-はつ【後発】〔名〕スル ❶あとから遅れて出発すること。「一した部員が到着する」⇔先発。❷あとから開発すること。「一のメーカー」⇔先発。
こう-はつ【黄髪】❶老人の髪の毛。白髪がさらに黄色味をおびた髪。「種々たる一の頭を懶げに傾けながら」〈芥川・道祖問答〉❷老人。
こう-ばつ【功伐|功閥】てがらを立てること。いさお。功績。
こう-ばつ【攻伐】〔名〕スル 攻め討つこと。討伐。
ごう-はつ【毫髪】❶細い毛。毫毛。❷ごくわずかなこと。ほんの少し。「一の間あらしむること勿れ」〈中村訳・西国立志編〉
こうはつ-いやくひん【後発医薬品】➡ジェネリック❸
こうはつ-かいはつとじょうこく【後発開発途上国】➡エル-ディー-シー(LDC)
こうはつ-ねんれい【好発年齢】ある特定の病気にかかりやすい年齢。「リウマチ熱は5歳から15歳が一である」
こうはつ-はくないしょう【後発白内障】白内障の手術後に、眼内レンズを入れるために残した水晶体の袋が濁ることで起こる白内障。白内障の手術では、水晶体を完全に取り除くと眼内レンズを固定する場所がなくなってしまうため、水晶体の内部のみ取り出し、袋を残す必要がある。後発白内障は、特殊なレーザーを用いて濁った袋の中心部を焼くことで治療でき、再発の心配はないとされる。
こうはつ-やく【後発薬】➡ジェネリック❸
こう-ばな【香花|香華】仏前に供える香と花。こうげ。
こうば-ぶぎょう【貢馬奉行】室町幕府の職名。毎年正月5日、諸国からの貢馬を将軍から朝廷へ献納するのに先立ち、将軍が内覧を行う儀式の総指揮を執った。
コウパボーグル〖Kópavogur〗アイスランド南西部にある同国第2の都市。首都レイキャビクの南に位置する衛星都市として発展した。
ごう-はら【業腹】〔名・形動〕非常に腹が立つこと。しゃくにさわること。また、そのさま。「あんなやつに負けるとは一だ」「一な仕打ちを受ける」
こう-ばり【勾張り】・【甲張り】❶家などが傾いたり倒れたりするのを防ぐためにあてがう材木。つっかい棒。❷掘った穴の土留めの板が倒れないようにあてがう材木。❸かばいだて。あと押し。「あんまり母があいだてない、一が強うていよいよ心が直らぬ」〈浄・油地獄〉
勾張り強くして家を倒す 家が倒れないようにあてがった材木が強すぎて、逆に家を押し倒す。助けとなるものが強すぎて、かえって悪い結果を招くたとえ。
こう-はん【公判】刑事裁判で、公開の法廷において裁判官が、検察官・被告人・弁護人などの立ち会いのうえ、被告人の有罪か無罪かを審理する手続き。(類語)裁判・訴訟・審判・審理
こう-はん【孔版】謄写版・スクリーン印刷など、細かい孔のある版の裏側からインクをにじみ出させて印刷する方法。孔版印刷。
こう-はん【広播】《「こうは(広播)」の慣用読み》広く播くこと。
こう-はん【甲板】船の上部にあって、鉄板または木板を張りつめた広く平らな床。デッキ。かんぱん。(類語)甲板・デッキ
こう-はん【江畔】大河のほとり。
こう-はん【後半】前後二つに分けた、あとのほうの半分。⇔前半。
こう-はん【洪範|鴻範】❶手本となるような大法。模範。❷(洪範)「書経」の周書の編名。天下を治める大法を伝説上の夏の禹王の名に託して述べたもの。戦国時代に儒教の立場からまとめられた政治哲学の書と考えられている。
こう-はん【紅斑】炎症性の充血によって皮膚にできる、淡紅色の発疹。
こう-はん【降版】《かつては輪転機用の刷版を印刷所に降ろしていたところから》新聞の完成した紙面データを印刷部門に送ること。内容の修正ができなくなるところから締切の意味でも使う。「一時間」
こう-はん【攪拌】〔名〕スル ➡かくはん(攪拌)
こう-はん【広範|広汎】〔形動〕図〔ナリ〕広く行きわたるさま。力や勢いの及ぶ範囲が広いさま。「一な知識」「一にわたる活動」(派生)こうはんさ〔名〕(類語)広範囲・広い・広広・広やか・該博
こう-ばん【交番】〔名〕スル ❶交替で番に当たること。また、役割・位置などが入れ替わること。「世代一」❷警察署の下部機構で、町の要所に設けられた警察官の詰め所。平成6年(1994)の警察法改正で派出所の正式名称となる。交番所。ポリスボックス。PB。❸電流などが、大きさと方向を、周期的に規則正しく変えること。「一現象」「一磁界」
(類語)(1)交代・入れ替わり・入れ替え・更迭・代替・代謝・チェンジ/(2)派出所・駐在所・警察署
こう-ばん【香盤】❶「香炉」に同じ。❷演劇で、出演する俳優の名と配役とを出し物の各場面ごとに書いた表。❸劇場の観客席の座席表。図板。
こう-ばん【降板】〔名〕スル ❶野球で、投手が交替させられてマウンドを降りること。⇔登板。❷担当していた役割を辞めること。「病気のために人気番組の司会を一する」「一した女優の代役が決まる」⇔登板。
こう-ばん【皓礬】硫酸亜鉛の七水和物のこと。
こう-ばん【絞盤】➡キャプスタン
こう-はん【鋼板】《「こうはん」とも》圧延機にかけて板状に引き延ばした鋼鉄。厚さ3ミリ以上を厚板、3ミリ未満を薄板という。
ごう-はん【合判】公文書に判を押すこと。連判すること。また、その判。加判。
ごう-はん【合板】《「ごうばん」とも》薄い板を3枚またはそれ以上の奇数枚、木目が直交するように重ねて接着剤で張り合わせたもの。ベニヤ板。プライウッド。
ごう-はん【強飯】山盛りの飯を食うことを強制する儀式。日光輪王寺で、正月・4月の祭礼、12月の餅練りなどに、参詣の大名などに山伏が強要した強飯式(現在は4月2日)が有名。日光責め。
こう-はんい【広範囲】〔名・形動〕範囲がひろいこと。また、そのさま。広範。「一な被害区域」
(類語)広い・広範・広博・該博
こうばん-おうりょく【交番応力】部材の内部で、大きさが等しく向きが反対の応力が、交互に作用するときの応力。
こう-はんき【後半期】1期または1年を2分した、あとのほうの半期。⇔前半期。
こうはん-きじつ【公判期日】公判の手続きを行う期日。裁判長が指定する。
こうはん-きゅうちゅう【洪範九疇】「書経」の洪範編に述べられた政治道徳の九原則。五行・五事・八政・五紀・皇極・三徳・稽疑・庶徴・五福の九つ。
こうはん-しつ【甲板室】船舶の上甲板に設けた船室。船長室・操舵室・船楼など。
こうばん-しょ【交番所】➡交番❷
こう-はんせい【後半生】人生の半ばを過ぎたのち。⇔前半生。
こうはん-せいきゅう【公判請求】検察官が裁判所に対して通常の公開の法廷での裁判を請求すること。一定の軽微な犯罪の場合は、検察官が被疑者の同意を得て略式命令請求をする。この場合、公判は開かれず書面審理で罰金や科料が科される。
こうはんせい-はったつしょうがい【広汎性発達障害】《pervasive developmental disorders》知的障害を伴う自閉症・高機能自閉症・アスペルガー症候群・レット症候群・小児期崩壊性障害などを包括した発達障害の総称。対人的な反応に障害があり場面に即した適切な行動が取れない、言語・コミュニケーション障害がある、想像力障害があり興味・活動が限定的で強いこだわりがある、反復的な行動(常同行動)を取る、などの特徴をもつ。PDD。

こうはんせい-ろうそう【紅斑性×狼×瘡】▶エリテマトーデス

こうはん-せん【後半戦】競技や試合、また選挙戦などの後半の部分。⇔前半戦。

こうはんぜん-せいりてつづき【公判前整理手続(き)】刑事裁判の充実・迅速化を図るために導入された方式。第1回公判前に裁判官・検察官・弁護人が非公開で協議し、事件の争点や採用する証拠・証人などを整理し、審理計画を立てる。公判は集中して行われ、短期間で結審する。(補説)改正刑事訴訟法により平成17年(2005)11月より実施。同21年から施行の裁判員制度に対応するための方策。報道などでは「こうはんまえ～」と呼ばれることがある。

こうはん-ちょう【甲板長】船の操縦、船体の保守、積み荷の管理などに従事する船員の職長。水夫長。ボースン。

こうはん-ちょうしょ【公判調書】公判期日における審理に関する重要事項を記載した調書。裁判所書記官が作成する。

こうはん-づみ【甲板積み】船倉に積み込めない貨物を甲板上に積むこと。また、その積み荷。

こうはん-てい【公判廷】公判が行われる法廷。裁判官・裁判所書記官が列席し、検察官ならびに原則として被告人・弁護人が出席の上で開かれる。公廷。

こうばん-でんりゅう【交番電流】▶交流電流

こうはん-とうそう【公判闘争】公判廷での言動を介して、自己や所属団体の主張や要求を裁判を通じて大衆に訴える闘争戦術。法廷闘争。

こうはん-りょかく【甲板旅客】低額の運賃で甲板に寝起きして渡航する船客。かんぱんりょかく。

こうはん-わたし【甲板渡し】▶エフ-オー-ビー(FOB)

こう-ひ【口碑】《石碑のようにながく後世にのこる意》古くからの言い伝え。伝説。「―に残る悲話」
(類語)伝説・伝承・言い伝え・伝え話・昔話・口承文学・民話・説話・叙事詩・物語

こう-ひ【工費】工事の費用。「―がかさむ」「総―」

こう-ひ【公比】等比数列で、ある項とその前の項との比。

こう-ひ【公妃】「公」の称号をもつ人のきさき。

こう-ひ【公費】国または公共団体の費用。「―でまかなう」「―のむだづかい」⇔私費。(類語)官費・国費・歳費・税金・血税

こう-ひ【×叩扉】人を訪問すること。

こう-ひ【甲皮】▶甲殻

こう-ひ【光比】天体の明るさが一等級異なる場合の光度の比。一等星は二等星の約2.5118倍明るい。

こう-ひ【光被】光が広く行きわたること。また、君徳などが広く世の中に行きわたること。「開明の辺陬に、一日も早く―せんことを論ぜられたり」〈岡部啓五郎・開化評林〉

こう-ひ【后妃】《「后」は第一位のきさき、「妃」はその次位》天子・天皇の妻。きさき。

こう-ひ【考×妣】《「考」は亡父、「妣」は亡母の意》亡き父母。

こう-ひ【皇妃】「皇后」に同じ。

こう-ひ【皇×妣】崩御した皇太后。

こう-ひ【高×庇】他人を敬って、その人から受けた厚意・援助・庇護などをいう語。おかげ。「御―を賜る」

こう-ひ【高批】「高評」に同じ。「御―を仰ぐ」

こう-ひ【高卑】❶高いことと低いこと。高低。❷尊いことといやしいこと。貴賤。

こう-び【交尾】〔名〕スル 体内受精をする動物が、生殖のために交わること。互いの生殖口を密着させ、雄の精子を雌の体内に送り込む。交接。
(類語)交接・交合・性交・セックス・生殖

こう-び【後尾】列などのうしろの方。「―につく」

こう-び【後備】❶後方の守備。また、後方に待機する部隊。後詰め。あとぞなえ。「―を固める」❷「後備役」の略。

ごう-ひ【合否】合格と不合格。また、合格か不合格かということ。「―の判定」

ごうひ【合肥】中国安徽省の省都。古来、水陸交通の要地。製鉄・機械・化学などの工業が盛ん。ホーフェイ。人口、行政区166万(2000)。

こうび-えき【後備役】旧陸海軍で、予備役を終了した者が服した兵役。

こうび-えんるい【広鼻猿類】左右の鼻孔が広く離れている猿類の総称。南アメリカに分布。尾を枝に巻きつけることのできるものが多い。オマキザル・ホエザル・クモザルなど。新世界猿。

こうび-き【交尾期】動物が発情し、交尾する時期。発情期。生殖期。

こうひじゅう-リポたんぱくしつ【高比重リポ×蛋白質】▶エッチ-ディー-エル(HDL)

こうひ-しょう【紅皮症】広範囲の皮膚が赤くなり、表層の角質がふけのようにはがれ落ちる一群の皮膚病。かゆみが強く、重症になると脱毛やつめの変形などもみられる。剝脱性皮膚炎。

こうヒスタミン-ざい【抗ヒスタミン剤】ヒスタミンの作用を抑制し、あるいはその分解を促す薬。体内にヒスタミンが大量に生じるために起こると考えられる、じんましん・鼻炎・喘息などのアレルギー症状の治療に用いられる。抗ヒスタミン薬。

こうヒスタミン-やく【抗ヒスタミン薬】▶抗ヒスタミン剤

こう-ひつ【行筆】筆で文字を書くこと。

こう-ひつ【硬筆】毛筆に対し、ペン・鉛筆などの先のかたい筆記具をいう。「―習字」

こう-ひつ【鋼筆】製図で、墨入れに用いる道具。烏口。

ごう-ひつ【合筆】▶がっぴつ(合筆)

ごうひ-の-り【合比の理】比例式に関する定理の一。$a:b=c:d$が成り立つとき、$(a+b):b=(c+d):d$も成り立つこと。

ごう-ひめ【江姫】徳川秀忠の妻、崇源院の敬称。➡崇源院

こう-ひょう【公表】〔名〕スル 広く世間に発表すること。「―をはばかる」「選挙結果を―する」
(類語)発表・公開・披露・暴露

こう-ひょう【公評】公平な批評。また、世間一般の意見。「衆員の―に附す」〈神田孝平・明六雑誌三七〉

こう-ひょう【好評】〔名・形動〕評判のよいこと。また、そのさま。「世間の―を博する」「―な番組」⇔悪評/不評。(派生)こうひょうさ〔名〕
(類語)高評・定評・折り紙付き・極め付き

こう-ひょう【降×雹】ひょうが降ること。

こう-ひょう【高評】❶評判が高いこと。❷他人を敬って、その批評をいう語。高批。「御―を仰ぐ」
(類語)好評・定評・折り紙付き・極め付き

こう-ひょう【講評】〔名〕スル 指導的な立場から、理由などを述べながら批評を加えること。また、その批評。「応募作品について―する」
(類語)批評・論評・批判・評価・評・評論

こう-びょう【孔×廟】▶孔子廟

ごう-びょう【業病】前世の悪業の報いでかかるとされた、治りにくい病気。難病。(類語)死病・悪疾

こう-ひょうき【後氷期】更新世の最後の氷期以後の時代。約1万年前から現在まで。

こうひょう-けん【公表権】著作者人格権の一。未公表の著作物を公表するかどうかを決定する権利。著作権法第18条に規定される。

こう-びょうげんせい【高病原性】ウイルスなどの病原体に感染症を引き起こす性質があり、その程度が高いこと。

こうびょうげんせい-とりインフルエンザ【高病原性鳥インフルエンザ】鳥インフルエンザのうち、鳥に対する病原性の特に強い種類。主に鳥から鳥へと感染し、急性で致死率が高く、渡り鳥によって世界規模で拡大することがある。死鳥や病鳥(体液・排泄物を含む)との直接的かつ密接な接触で人に感染することがあるが、鶏卵や鶏肉を食べて感染することは報告されていない。また、人から人への感染は極めてまれとされているが、感染者の看病など濃厚で密接な接触で発生したと推定される事例がある。家畜伝染病予防法の監視伝染病(家畜伝染病)の一。感染症予防法の四類感染症の一。人どうしで感染し汎世界的流行(パンデミック)をおこす新型インフルエンザへの変異が懸念される高病原性鳥インフルエンザ(H5N1型)は指定感染症(感染症予防法)、検疫感染症(検疫法)に指定。➡インフルエンザウイルス

こう-びょうぶ【香×屏風】香道で、かおりを聞くときに用いる屏風。かおりが風で散乱しないように、周囲に立てるもの。

こうひょう-り【好評裏｜好評×裡】(「好評裏に」「好評裏の」の形で)好評な状態で。好評なうちに。「―に閉幕する」

こう-ひん【公賓】政府が、正式の客として待遇する外国人。国賓より下で、外国の王族・閣僚・特使およびこれに準じる人に適用される制度。
(類語)賓客・来賓・主賓・国賓・貴賓・社賓・ゲスト・客

こう-びん【幸便】❶都合よく便りのついでのあること。よいついで。「―に託する」❷手紙を人に託すとき、書き出しやあて名のわきに書く言葉。

こう-びん【後便】あとの手紙。次の便り。後信。「委細―にてお知らせいたします」⇔前便。

こうひんい-テレビ【高品位テレビ】▶ハイビジョン

こう-ふ【工夫】土木などの工事に従事する労働者。

こう-ふ【公布】〔名〕スル ❶一般に広く知らせること。弘布。「訳者は原書を訳して世に―し」〈福沢・文明論之概略〉❷成立した法令・条約などの内容を広く一般国民に知らせるために公示すること。ふつう、官報に掲載される。「改正憲法を―する」(類語)告示・公示・公告・宣告・発布・布告・告知・宣布・触れ

こう-ふ【功布】❶奈良・平安時代、雇用された者に報酬として支払われた布。❷葬式の行列の先頭に立てる白旗。

こう-ふ【功▽封】律令制で、親王の一品以下、臣下の五位以上の国家に功労のあった者に与えられた封戸。大功・上功・中功・下功の四等からなり、子孫への相続の差があった。

こう-ふ【×弘布】〔名〕スル「公布❶」に同じ。

こうふ【甲府】山梨県中央部の市。県庁所在地。戦国時代に武田信玄の城下町として発達、また甲州街道最大の宿場町として栄え、のち江戸幕府の直轄領となった。昭和初期までは養蚕・製糸で知られた。ワイン・水晶細工などを産する。平成18年(2006)3月、中道町・上九一色村北部を編入。人口19.9万(2010)。

こう-ふ【交付】〔名〕スル 役所や機関などが、一定の手続きをふんだ人に金銭を供与したり書類などを発行したりすること。「証明書を―する」
(類語)給付・支給・追給・発行

こう-ふ【坑夫】炭坑や鉱山で採掘作業に従事する労働者。

こう-ふ【耕夫】田畑をたがやす男。

こう-ふ【鉱夫】鉱山で採掘に従事する労働者。

こう-ぶ【工部】❶中国で六部の一。営繕・土木事業などをつかさどった官庁。隋唐代に設置され、清末に廃止。❷宮内省の唐名。

こう-ぶ【公武】公家と武家。また、朝廷と幕府。

こう-ぶ【後部】うしろの部分。また、うしろの方。「―座席」⇔前部。(類語)後ろ・後面・後方・直後・しりえ・背後

こうぶ【洪武】㊀中国、明の太祖(洪武帝)時代の年号。1368年～1398年。㊁「洪武銭」の略。

こう-ぶ【荒×蕪】〔名〕スル 土地が荒れて、雑草の茂るがままになっていること。「―地」「―せる丘陵の間」〈鷗外訳・即興詩人〉(類語)不毛

こう-ぶ【講武】武道を習うこと。武芸を鍛えること。

ごう-ふ【豪富】非常に大きな富を持つこと。また、その人。大金持ち。富豪。

こうふあん-やく【抗不安薬】不安・緊張などの症状を緩和する目的で使用される、向精神薬の一種。鬱病や神経症などの精神疾患、心身症のほか、

さまざまな内科・外科疾患に伴う不安を和らげるために幅広く使用される。日本では主にベンゾジアゼピン系の薬剤が使用されている。ジアゼパムなど。脳内でGABAの作用の働きを高めることにより神経伝達を抑制する。抗精神病薬に比べて作用が穏やかで、マイナートランキライザーとも呼ばれる。

こう-ふう【光風】クヮウ 晴れあがった春の日にさわやかに吹く風。また、雨あがりに、草木の間を吹き渡る風。

こう-ふう【好風】カウ ❶よい景色。「松島は扶桑第一の—にして」〈奥の細道〉❷快い風。

こう-ふう【恒風】つねに同じ方向に吹く風。貿易風・偏西風・極風など。

こう-ふう【皇風】クヮウ 天皇の仁政。天子の徳。

こう-ふう【校風】カウ その学校の、独特の気風。
[類語]学風・スクールカラー

こう-ふう【高風】カウ すぐれた人格。りっぱな人柄。また、他人を敬って、その人格・人柄をいう語。「師の—を慕う」

ごう-ふう【業風】ゴフ 地獄で吹くという大暴風。地獄に堕おちた衆生しゅじょうの悪業に感じて吹くとされる。

こうふう-かい【光風会】クヮウフウクヮイ 洋画・工芸の美術団体。白馬会解散後、中沢弘光らが、明治45年(1912)に結成。

こうふう-せいげつ【光風×霽月】クヮウフウ《「宋史」周敦頤伝から》さわやかな風とさえわたった月。黄庭堅こうていけんが周敦頤しゅうとんいの人柄をほめた言葉で、性質がさっぱりとしていて、わだかまりがないこと。

こうぶ-がったい【公武合体】江戸末期、朝廷と幕府とが一致して外敵の難を処理し、同時に幕府の体制の立て直しを図ろうとした構想。大老井伊直弼なおすけの死後、老中安藤信正らが主張、和宮かずのみや降嫁が実現したが、のち、戊辰ぼしん戦争で討幕派に圧倒された。

こうぶ-きょう【工部×卿】ーキャウ 工部省の長官。

こうぶ-きょく【工部局】中国の上海・天津などの租界(外国人居留地)にあった自治行政機関。1854年に成立し、初め土木建設事業に当たったが、のち行政権・警察権をつかさどる機関となった。租界の返還に際して廃止。

こうふ-きん【交付金】カウ 国や公共団体が、法令に基づき他の団体に交付する財政援助資金。

こうふ-きんばん【甲府勤番】カフ 江戸幕府の職名。老中の下に属し、幕府直轄の甲府城警固に当たった。多く小普請組から任じられ、のちには江戸から左遷された者が命じられた。

こうふきんばん-しはい【甲府勤番支配】カフフキ 江戸幕府の職名。甲府に在住し、甲府勤番の職務を統轄し、府中の一切の政務をつかさどった。

こう-ふく【口腹】❶口と腹。転じて、のみくい。飲食。また、食欲。「—を満たす」「—の欲」❷口先と腹の中。言うことと思っていること。

こう-ふく【幸福】カウ〔名・形動〕満ち足りていること。不平や不満がなく、たのしいこと。また、そのさま。しあわせ。「—を祈る」「—な人生」「—に暮らす」[派生]こうふくさ〔名〕[類語]幸さいわい・幸さち・福・果報・冥利みょうり・多幸・多祥たしょう・万福ばんぷく・至福・浄福・清福・ハッピー

こう-ふく【校服】カウ その学校の制服。

こう-ふく【降伏|降服】カウ〔名〕スル 戦いに負けたことを認めて、相手に従うこと。降参。「無条件—」[補説]「ごうぶく」と読めば別語。[類語]降参・投降・恐れ入る・負ける・ギブアップ・兜かぶとを脱ぐ・シャッポを脱ぐ・一本取られる・敗れる・敗北・敗退・完敗・惨敗・大敗・惜敗・やられる・土がつく・一敗地にまみれる・屈する・伏ふくする・屈服・くじける・膝ひざを屈する

こう-ふく【興復】〔名〕スル 衰えたものを回復して、再び盛んにすること。再興。復興。

ごう-ふく【剛×愎】ガウ〔名・形動〕頑固で人に従わないこと。意地っ張りで気が強いこと。また、そのさま。「負けじ魂の強い—な彼に」〈野上・迷路〉

ごう-ふく【剛腹】ガウ〔名・形動〕度量が大きく、こせこせしないこと。大胆でものおじしないこと。また、そのさま。ふとっぱら。「—な男」

ごう-ぶく【▽降伏】ガウ〔名〕スル 神仏の力や法力によって悪魔や敵を防ぎおさえること。調伏ちょうぶく。「怨霊おんりょうを—する」[補説]「こうふく」と読めば別語。

こうふく-かい【光復会】クヮウフククヮイ 中国清朝末期に、蔡元培さいげんばい・章炳麟しょうへいりんらが、清朝打倒を目ざして組織した革命結社。1905年、興中会・華興会と大同団結し、中国革命同盟会へと発展したが、のち分裂、孫文らと対立した。

こうふく-じ【興福寺】奈良市登大路町にある法相ほっそう宗の大本山。藤原氏の氏寺。南都七大寺の一。開創は7世紀中ごろ、藤原鎌足の死後、妻の鏡王女かがみのおおきみが山城に建てた山階やましな寺に始まると伝えられ、8世紀初め藤原不比等が現在地に移し、現寺号に改めた。平安時代には、大荘園領主として、また多数の僧兵を擁して権勢を誇った。国宝の五重の塔・北円堂・東金堂などのほかに多数の文化財を所蔵する。平成10年(1998)「古都奈良の文化財」の一つとして世界遺産(文化遺産)に登録された。

こうふく-しゅぎ【幸福主義】カウフク 人生の目的、行為の基準を幸福におき、精神の持続的な喜びを重んじる立場。幸福説。

こうふく-せつ【光復節】クヮウフク 大韓民国の祝日。日本による植民地支配からの解放を祝う。8月15日。朝鮮民主主義人民共和国では解放記念日。

こうふくついきゅう-けん【幸福追求権】カウフクツイキウ 個人が幸福を追求する権利。憲法は、公共の福祉に反しない限り、最大の尊重を必要とする権利であるとしている。

こうふく-てん【降伏点】カウフク 物体に力を加えていったとき、物体の変形が急激に増加し、もとに戻らなくなるときの力の大きさ。

ごうぶく-ほう【▽降伏法】ガウブクホフ 密教の5種護摩の一。五大明王を本尊として、悪魔・外道げどう・怨敵おんてきなどを鎮めるために行う修法。調伏法ちょうぶくほう。

こう-ぶくろ【香袋|香×嚢】カウ ▶香嚢こうのう

こうふ-こうさい【交付公債】カウ 国が負担する特定の債務について、現金による弁済に代えて交付する公債。第二次大戦後の農地改革で旧地主に交付された農地証券、軍人・軍属の遺族に交付された遺族国債など。

こうふ-し【甲府市】カフ ▶甲府

こう-ぶし【香付子】カウ ハマスゲの塊根。漢方で、月経不順・神経症などに薬用する。(季 夏)

こうぶ-しょ【講武所】カウ 安政元年(1854)江戸幕府が旗本や御家人に、剣術・槍術そうじゅつ・砲術などを講習させるために設けた武道場。初め築地鉄砲洲てっぽうずに設けられ、のちに神田小川町に移る。慶応2年(1866)陸軍所の設置に伴って廃止。

こうふ-じょう【甲府城】カフフジャウ 甲府市にあった城。天正11年(1583)、徳川家康が築城を開始。途中浅野長政らが引き継ぎ、慶長5年(1600)完成。舞鶴城。

こうぶ-しょう【工部省】ーシャウ 明治3年(1870)工業・土木・鉱山・造船・鉄道などの殖産興業を推進するために設置された中央官庁。同18年廃止。

こうふ-ぜい【交付税】カウ ▶地方交付税

こうぶ-せん【洪武銭】中国の洪武年間に作られた銅銭。日本へも室町末期に移入され、永楽銭などとともに広く通貨として使用された。洪武通宝。

こうぶ-だいがっこう【工部大学校】ーダイガクカウ 工部省直轄の工学教育機関。明治4年(1871)に設立された工学寮を、同10年改称したもの。同19年東京帝国大学に合併し、帝国大学工科大学となる。

ごう-ぶち【▽格縁】ガウ 格天井ごうてんじょうの格間ごうまを仕切る木材。

こう-ぶつ【公物】国・地方公共団体などが直接におおやけの用に供する有体物。道路・公園・河川・港湾のように直接公衆の利用する公共用物と、官公署の建物や国立・公立学校の建物のように国や公共団体自身が使用する公用物とがある。⇒私物

こう-ぶつ【功物】中世、幕府の家人けにんが仕官するとき、官に応じて朝廷に納入した物品。

こう-ぶつ【好物】カウ すきな飲食物。また一般に、すきな物や事柄。「酒が大の—だ」

こう-ぶつ【貢物】▶こうもつ(貢物)

こう-ぶつ【鉱物】クヮウ 地殻中に存在する無生物で、均質な固体物質。一定の物理的・化学的性質をもち、大部分は結晶質の無機物。[類語]鉱石

こうぶつ-がく【鉱物学】クヮウ 鉱物の性質・形態・内部構造・成因などを研究する学問。

こうぶつ-けんびきょう【鉱物顕微鏡】クヮウブツケンビキャウ 偏光顕微鏡のこと。鉱物の観察に用いられるのでいう。

こうぶつしつ-ひりょう【鉱物質肥料】クヮウブツシツヒレウ 無機物を主成分とする肥料。チリ硝石・過燐酸かりんさん石灰など。鉱肥。

こうぶつせい-しきそ【鉱物性色素】クヮウブツ 鉱物を成分とする色素。鉛白・亜鉛華・群青ぐんじょう・鉛丹など。鉱物性顔料。無機顔料。

こうぶつ-せんい【鉱物繊維】クヮウブツセンヰ 天然資源から得られる鉱物質の繊維。石綿・岩綿・グラスウールなど。

こうぶつ-せんりょう【鉱物染料】クヮウブツセンレウ 天然あるいは人工の無機化合物からなる染料。岩緑青いわろくしょう・鉛白・クロムイエローなど。

こうぶ-てい【光武帝】クヮウ ▶りゅうしゅう(劉秀)

こうぶ-てい【洪武帝】▶しゅげんしょう(朱元璋)

こうふ-ぼんち【甲府盆地】カフ 山梨県中央部、甲府市を中心とする盆地。ブドウ・桃の産地。

こうふ-もくろみしょ【交付目▽論見書】カウ 有価証券を購入する際に、あらかじめ投資家に交付される目論見書。通常、目論見書といえばこちらを指すことが多い。⇒請求目論見書

こうプラスミン-ざい【抗プラスミン剤】カウ《antiplasmins》血液中で血餅けっぺいを溶かす働きをするプラスミンに拮抗する薬剤。出血性の病気や手術の出血を抑えるのに使用。

こうぶり【▽冠】かうぶり《「かがふり」の音変化》❶束帯や衣冠の装束のとき、頭にかぶるもの。⇒冠かんむり ❷男子が成年に達して、初めて冠をつけること。また、その儀式。元服。初冠ういこうぶり。❸《古くは冠の色で位を表したところから》位。位階。「官つかさ—も、わが子を見奉らでは、何かはせむ」〈竹取〉❹《多く「得」「賜ふ」が付いた形で用いられる》従五位下に叙せられること。叙爵。「蔵人より今年—得たるなりけり」〈源・若紫〉❺「年爵ねんしゃく」に同じ。「御賜たまはりの年官つかさ—」〈源・少女〉

冠を掛か・く 《「挂冠けいかん」を訓読みにした言葉》官職を辞する。「年ふかき身の—・けむ」〈源・若菜下〉

こうぶ・る【▽被る|×蒙る】かうぶる〔動ラ四〕《「かがふる」の音変化》「こうむる」に同じ。

こう-ふん【口×吻】口先くちさき。口もと。転じて、物の言い方。話し方。口ぶり。「不服そうな—」[類語]言いざま・口つき

口吻を洩も・らす それと想像できるようなもの言いをする。「芸者になりたいような—・す女」〈実篤・世間知らず〉

こう-ふん【公憤】社会の悪に対して、自分の利害をこえて感じる憤り。「—を覚える」⇔私憤。

こう-ふん【紅粉】べにとおしろい。脂粉。化粧。

こう-ふん【荒墳】クヮウ あれはてた墓。

こう-ふん【香粉】カウ ❶においのよい粉。花粉などをいう。❷おしろい。また、粉末状の香料。

こう-ふん【黄×吻】クヮウ 「黄口こうこう」に同じ。

こう-ふん【興奮】コウ・【×昂奮|×亢奮】カウ〔名〕スル ❶感情が高ぶること。「—を静める」「—して口数が多くなる」「—状態」❷生体またはその器官・組織が、内外の刺激に反応して、休止状態から急速に活動状態になること。特に、神経細胞や筋線維が活動電位を生じること。❸気分が病的に高揚した状態。カフェイン・アルコールの急性中毒や躁病そうびょうの患者などに認められる。[類語](❶)熱狂・熱中・高揚・感奮・激発・激昂げきこう・逆上・上気・エキサイト・フィーバー (—する)高ぶる・のぼせる・激する・かっとなる・いきり立つ・逸はやり立つ・わくわくする・ぞくぞくする・どきどきする

こう-ぶん【公文】政府や官庁などが職権として作成・発行する文書。公文書。

こう-ぶん【行文】カウ 文章のつづりぐあい。文章の書き進め方。「—に気をつかう」「—流麗」

こう-ぶん【▽告文】カウ ▶こうもん(告文)

こう-ぶん【後聞】あとで聞くこと。あとで世間の人が聞き知ること。後日のうわさ。「―によれば」

こう-ぶん【高文】カウ ブン「高等文官試験」の略。

こう-ぶん【高聞】カウ ブン 他人を敬って、その人が聞くことをいう語。「―に達する」

こう-ぶん【構文】文の構造。文章の組み立て。「複雑な―」

ごう-ぶん【合文】ガフ ブン 山田孝雄の文法論で、文を構造上から分類したものの一。複文の一つで、上の句が接続助詞を伴って条件となり下の句が帰結となる文。「水清ければ、魚すまず」の類。

こうぶん-いん【弘文院】ヰン 平安前期の和気氏の教育施設。延暦年間(782～806)に、大学に学ぶ一族の子弟を勉学・寄宿させるために設立。

こうぶん-かい【光分解】クワウ 光によって起こる分解反応。染料が色あせることや、写真材料の感光作用がその例。ひかりぶんかい。光化学分解。

こうぶんかいせい-プラスチック【光分解性プラスチック】クワウブンカイセイ 紫外線などの光によって分解されるプラスチック。ポリエチレンなどの主鎖にカルボニル基のような特定の官能基を導入すると、光分解が生じる。

こう-ぶんがく【硬文学】カウ 表現・内容などの面で、硬い感じを読者に与える文学。哲学書・漢詩文・法語など。⇒軟文学

こうぶん-かん【弘文館】クワン 江戸初期の林家の家塾。寛永7年(1630)林羅山が江戸上野忍岡に創立。元禄3年(1690)5代将軍綱吉が湯島に移し、のち、昌平坂学問所となった。

こうぶんこ【広文庫】クワウ 百科事典。20冊。物集高見編。大正5～7年(1916～18)刊行。和漢書・仏典などから抜き出した5万余項を、五十音順に配列したもの。「古事類苑」を補足する内容をもつ。

こうふん-ざい【興奮剤】中枢神経系の働きを盛んにする薬物。カンフル・カフェイン・アルコールなど。

こう-ぶんし【高分子】カウ 分子量の非常に大きな分子。ふつう、分子量1万以上のものをいう。

こうぶんし-かがく【高分子化学】カウブンシクワガク 高分子化合物の構造や性質、その合成・生成・分解などを研究する化学の一部門。

こうぶんし-かごうぶつ【高分子化合物】カウブンシクワガフブツ 高分子の化合物の総称。天然には、でんぷん・セルロース・たんぱく質、人工的には、ポリ塩化ビニル・ポリエチレン・ナイロンなどがある。

こうぶんし-きゅうしゅうたい【高分子吸収体】カウブンシキフシウタイ ►吸水性高分子

こうぶんし-きゅうすいたい【高分子吸水体】カウブンシキフスイタイ ►吸水性高分子

こう-ぶんしょ【公文書】国や地方公共団体の機関または公務員が、その職務上作成する文書。⇔私文書。

こうぶんしょかん-ほう【公文書館法】コウブンショクワンハフ 国や地方公共団体は歴史資料として重要な公文書等の保存・利用に関して適切な措置を講ずる責務を有するとし、公文書館の設置目的・あり方についての基本理念を規定した法律。昭和62年(1987)制定。⇒国立公文書館法

こうぶんしょぎぞう-ざい【公文書偽造罪】コウブンショギザウ ►公文書偽造等罪

こうぶんしょぎぞうとう-ざい【公文書偽造等罪】コウブンショギザウトウ 公共機関や公務員の印章や署名を使用して、公文書・図画などを偽造・変造する罪。また、偽造した印章・署名で公文書などを偽造する罪。刑法第155条が禁じ、1年以上10年以下の懲役に処せられる。また、印章・署名のない公文書などの偽造・変造の場合は、3年以下の懲役または20万円以下の罰金に処せられる。公文書偽造罪。

こうぶん-てい【好文亭】カウブン 茨城県水戸市の偕楽園にあるあずまや。天保年間(1830～1844)藩主徳川斉昭が創建。現在の建物は第二次大戦後に復元。

こうぶん-てい【孝文帝】カウブン［467～499］中国、北魏の第6代皇帝。在位471～499。姓は拓跋、のち、元。名は宏。三長制と均田制を実行。平城(山西省)から洛陽へ遷都すると同時に風習・言語を中国風に改め、南朝にならって官制を整備した。

こうぶん-てんのう【弘文天皇】テンワウ［648～672］第39代天皇。在位、671～672。天智天皇の第1皇子。名は大友・伊賀。天智天皇没後、壬申の乱で大海人皇子(天武天皇)と戦って敗死。即位の確証はないが、明治3年(1870)在位を認められ、弘文天皇と追諡。懐風藻に漢詩2首が残る。

こう-ぶんぼ【公分母】二つ以上の分数を通分したときの分母。

こうぶん-ぼく【好文木】カウブン《晋の武帝が学問に親しむと花が開き、怠ると開かなかったという故事から》梅の別名。(季 春)

こうぶん-ろん【構文論】►統語論

こうべ【神戸】かうべ 兵庫県南東部の市。県庁所在地。指定都市。大阪湾に臨む。古代、大輪田泊として知られ、のち、平清盛が改修して兵庫津とよばれた。慶応3年(1867)の開港後、国際港として急速に発展。阪神工業地帯の一中心。平成7年(1995)阪神・淡路大震災の被害を受けた。名称は生田神社の神戸に由来。人口154.5万(2010)。

こうべ【▽首・▽頭】かうべ《「髪辺」または「上部」の音変化か》くびから上の部分。あたま。かしら。「―を垂れる」「正直の―に神宿る」(類語)頭・頭・頭部・つむり・かぶり・おつむ・ヘッド・雁首

首を回らす 振り返って見る。振り向く。転じて、過去を振り返る。「昔日の出来事に―・す」

こう-へい【工兵】旧日本陸軍で、築城・架橋・鉄道敷設・爆破・測量などの技術的な任務に従事する兵。また、その兵科。

こう-へい【公平】〔名・形動〕すべてのものを同じように扱うこと。判断や処理などが、かたよっていないこと。また、そのさま。「―を期する」「―な判定」(派生)こうへいさ〔名〕

(用法)公平・公正――「商売の利益を公平(公正)に分配する」「評価の公平(公正)を心がける」のように、平等に扱うの意では相通じて用いられる。◇「公平」は「おやつのお菓子を公平に分ける」「公平無私」など、物事を偏らないようにすることに重点があるのに対し、「公正」は「公正な商取引を目指す」のように、不正・ごまかしがないことを主にいう。◇「受験のチャンスは公平に与えられる」では「公平」が適切であり、「行政は常に公正でなくてはならない」では「公正」が適切である。◇類似の語「公明」は「公明選挙」など、多く公的な立場について用いられる。

(類語)平等・公正・公平無私

こう-へい【甲兵】カフ ❶武器。「軍馬を蓄え―を蓄え」〈田口・日本開化小史〉❷武装した兵士。

こう-へい【降兵】カウ 降伏した兵士。

こうへい【康平】カウ 平安中期、後冷泉天皇の時の年号。1058年8月29日～1065年8月2日。

こう-へい【衡平】カウ つりあいがとれていること。平衡。(類語)平均・均衡・バランス・均整・兼ね合い

こうへい-いいんかい【公平委員会】ヰヰンクワイ ❶人事院の付属機関の一。国家公務員の不利益処分や懲戒処分に対する不服申し立てなどを審理する。❷人事委員会を置かない地方公共団体が、条例によって設置する人事機関。

こうへい-ほう【衡平法】カウヘイハフ ►エクイティー❶

こうへい-むし【公平無私】〔名・形動〕公平で、私的な感情や利益を交えないこと。また、そのさま。「―な(の)態度で臨む」(類語)公正・公平・平等

こうべかいせいじょしがくいん-だいがく【神戸海星女子学院大学】かうべカイセイヂヨシガクヰン 神戸市にある私立大学。昭和40年(1965)に開学した。

こうべがくいん-だいがく【神戸学院大学】かうべガクヰン 神戸市にある私立大学。昭和41年(1966)に開学した。

こう-へき【荒×僻】クワウ 遠い片いなか。辺境。

こう-べき【降×冪】カウ 多項式で、ある文字について、次数の大きい項から順に並べること。ax^2+bx+cなど。⇔昇冪。

こうへき-さいぼう【厚壁細胞】サイバウ ►厚膜細胞

こうべ-げいじゅつこうかだいがく【神戸芸術工科大学】かうべゲイジユツコウクワダイガク 神戸市にある私立大学。平成元年(1989)に開学した。

こうべ-こくさいだいがく【神戸国際大学】かうべ 神戸市にある私立大学。昭和43年(1968)に八代学院大学として開学。平成4年(1992)に現校名に改称した。

こうべ-し【神戸市】かうべ ►神戸

こうべし-がいこくごだいがく【神戸市外国語大学】かうべシグワイコクゴダイガク 神戸市西区にある市立大学。昭和21年(1946)設立の神戸市立外事専門学校を母体に、同24年新制大学として発足。平成19年(2007)公立大学法人となる。

こうべし-かんごだいがく【神戸市看護大学】かうべし 神戸市にある公立大学。平成8年(1996)に開学した。看護学部の単科大学。平成12年(2000)に大学院を設置した。

こうべ-じけん【神戸事件】かうべ 慶応4年(1868)1月、神戸居留地で岡山藩兵と外国兵とが衝突・発砲した事件。外国軍の神戸占領に対し、明治政府は発砲藩士を自刃させて解決した。

こうべしゅくがわがくいん-だいがく【神戸夙川学院大学】かうべシユクがはガクヰン 神戸市にある私立大学。昭和23年(1948)創立の夙川学院を母体として、平成19年(2007)に大学を開設した。観光文化学部の単科大学。

こうべしょういんじょしがくいん-だいがく【神戸松蔭女子学院大学】かうべシヨウインヂヨシガクヰン 神戸市にある私立大学。明治25年(1892)創立の松蔭女学校を母体に、昭和41年(1966)に松蔭女子学院大学として開設。平成7年(1995)に、現校名に改称した。

こうべ-しょうかだいがく【神戸商科大学】かうべシヤウクワダイガク 神戸市西区にあった県立大学。昭和4年(1929)設立の兵庫県立神戸高等商業学校に始まり、昭和23年(1948)新制大学として発足した。平成16年(2004)、兵庫県立大学の設置に伴い、姫路工業大学・兵庫県立看護大学と統合された。同22年閉学。

こうべ-しょうせんだいがく【神戸商船大学】かうべシヤウセンダイガク 神戸市東灘区にあった国立大学。大正6年(1917)設立の川崎商船学校に始まり、昭和27年(1952)新制大学として発足。平成15年(2003)神戸大学と統合し、神戸大学海事科学部となる。⇒神戸大学

こうべじょうほう-だいがくいんだいがく【神戸情報大学院大学】かうべジヤウホウダイガクヰンダイガク 神戸市にある私立大学院大学。平成17年(2005)に設置された。

こうべじょがくいん-だいがく【神戸女学院大学】かうべヂヨガクヰン 兵庫県西宮市にある私立大学。明治8年(1875)の米国伝道会宣教師による私塾に始まり、同27年神戸女学院と改称、その後、専門部・大学部を設置。昭和23年(1948)新制大学として発足。

こうべ-じょしだいがく【神戸女子大学】かうべヂヨシダイガク 神戸市にある私立大学。昭和41年(1966)の開設。

こうべ-しんわじょしだいがく【神戸親和女子大学】かうべシンワヂヨシダイガク 神戸市にある私立大学。昭和41年(1966)開設。

こうべ-だいがく【神戸大学】かうべ 神戸市灘区に本部のある国立大学法人。神戸経済大学を中心に、姫路高等学校・兵庫師範学校・兵庫青年師範学校・神戸工業専門学校を合併して、昭和24年(1949)新制大学に移行。のち、神戸医科大学・兵庫農科大学を統合。平成15年(2003)神戸商船大学を統合し海事科学部とする。同16年国立大学法人となる。

こう-べつ【皇別】クワウ「新撰姓氏録」にみられる氏族の分類の一。皇族を祖先とする氏族。橘氏・源氏・平氏などの類。⇒諸蕃 ⇒神別

こうべ-でんてつ【神戸電鉄】かうべ 神戸市の北および北西郊に路線をもつ電気鉄道会社。また、その鉄道。有馬線・三田線・粟生線などがある。

こうべ-ときわだいがく【神戸常盤大学】かうべときはダイガク 神戸市にある私立大学。明治41年(1908)創立の私立家政女学校を源流として、平成20年(2008)に大

学を開設。保健科学部の単科大学。

こうべ-ファッションぞうけいだいがく【神戸ファッション造形大学】兵庫県明石市にある私立大学。昭和12年(1937)創立の神戸ドレスメーカー女学院を前身として、平成17年(2005)に開設された。ファッション造形学部の単科大学。

こうべ-ポートタワー【神戸ポートタワー】神戸市中央区にある展望塔。鋼管パイプを組み合わせて作られており、全体が細長い鼓の形をしている。昭和38年(1963)建設。高さ108メートル。

こうべ-もぐら【神戸土竜】モグラの一種。大形で、本州の中部以西、四国・九州などに分布。

こうべ-やっかだいがく【神戸薬科大学】神戸市東灘区にある私立大学。昭和7年(1932)設立の神戸女子薬科専門学校に始まり、同24年新制大学の神戸女子薬科大学として発足。平成6年(1994)、現校名に改称。

こうべやまて-だいがく【神戸山手大学】神戸市にある私立大学。平成11年(1999)の開設。

こうべ-ルミナリエ【神戸ルミナリエ】《ルミナリエはイタリア語で電飾の意》阪神・淡路大震災の犠牲者への鎮魂と都市復興の祈りをこめ、神戸市で毎年12月に行われる祭典。広場や道路などがイルミネーションで飾られる。第1回は震災の起こった平成7年(1995)の12月。

こう-へん【口辺】口のまわり。口のあたり。

こう-へん【公辺】❶おおやけ。公儀。❷おもてむき。おもてざた。

こう-へん【後編｜後篇】書物・映画などで、2編または3編に分かれたものの最後の編。➡前編 ➡中編

こう-へん【硬変】〔名〕スル 本来は柔らかいものが、何かの異変で硬くなること。「肝一」

こう-べん【口弁｜口辯】口先のうまいこと。また、達者なもの言い。

こう-べん【抗弁｜抗辯】〔名〕スル ❶相手の主張に対して、自己の立場を堅持して反論すること。「激しく一する」❷民事訴訟で、被告が相手方の申し立てや主張を排斥するために、別個の事項を主張すること。❸債務者が、相手方の請求権の行使を拒否し、その延期を要求すること。(類語)言い返す・口答え

こうべん【高弁｜高辨】明恵の諱。

ごう-べん【合弁｜合辦】外国資本と国内資本が提携して共同で事業を経営すること。

ごう-べん【合弁｜合瓣】花弁が合着していること。⇔離弁。

ごうべん-か【合弁花】花弁が一部または全部つながっている花。管状花・舌状花・鐘形花・唇形花などが含まれる。⇔離弁花。

ごうべん-がいしゃ【合弁会社】外国資本と国内資本との共同出資によって設立され、共同で経営される会社。

ごうべんか-るい【合弁花類】双子葉植物の一群で、合弁花をもつ植物の総称。ツツジ・キキョウ・ウリなどの類。⇔離弁花類。

こうべん-けん【抗弁権】相手方の請求権の行使を、ある条件の成就するまで一時的に拒否することのできる権利。同時履行の抗弁権、催告の抗弁権、検索の抗弁権など。

こうへん-さいぼう【孔辺細胞】植物の気孔の周囲にある表皮細胞。気孔の開閉の調節を行う。保護細胞。

こう-ほ【好捕】〔名〕スル 野球などで、とれそうにないような打球を野手がうまく捕球すること。ナイスキャッチ。

こう-ほ【行歩】〔名〕スル あるくこと。歩行。「愚人は暗黒の中に一す」〈中村訳・西国立志編〉

こう-ほ【候補】ある地位や資格などを得るのにふさわしいと、他から認められている人。また、ある選択の対象としてあげられている人や物。「一に上る」「優勝一」(類語)補欠・代理

こうほ【黄埔】中国広州市南東、珠江の三角州にある港。黄埔条約が結ばれた地。孫文の設立した国民党軍官学校があった。ホワンプー。

こう-ぼ【公募】〔名〕スル ❶広く一般から募集すること。「広告作品を一する」「社員の一」❷広く不特定多数の投資家を対象に、新株または公社債を募集すること。⇔私募。(類語)募集・急募・募る・求人・リクルート

こう-ぼ【公簿】官公署が法令の規定に基づいて作成し、常に備えておく帳簿。

こう-ぼ【宏謨】・【洪謨】広大な計画。宏図。

こう-ぼ【皇謨】天皇が国家を統治する計画。

こう-ぼ【酵母】子嚢菌類の球形または楕円形の単細胞の菌。ふつう、出芽によって増殖し、アルコール発酵を行うので、酒の醸造やパン製造に利用される。酒酵母・ビール酵母・ぶどう酒酵母・パン酵母など、多くの種類があり、それぞれ別種の固有の菌で醸造または発酵される。イースト。酵母菌。

こう-ほう【工法】工事の方法。
(類語)技術・製法・テクノロジー

こう-ほう【公法】公的な関係を規律する法の総称。権力関係や公益に関する法をいう。憲法・行政法・刑法・訴訟法・国際法など。⇔私法。
(類語)法律・国法

こう-ほう【公報】❶官庁が一般国民に発表する公式の報告。❷地方公共団体が官報に準じて発行する文書。「選挙一」❸ある官庁が他の官庁に対して発行する報告文書。

こう-ほう【孔方】❶方形のあな。四角いあな。❷「孔方兄」の略。「御壱人前拾文の一」〈滑・浮世風呂・前〉

こう-ほう【広報】・【弘報】官公庁・企業・各種団体などが、施策や業務内容などを広く一般の人に知らせること。また、その知らせ。「一活動」
(類語)広告・公告・布告・告示・公示・宣告・発布・公布・告知・宣布・触れ

こう-ほう【攻法】攻める方法。攻撃法。

こう-ほう【後方】❶うしろのほう。⇔前方。❷軍隊で、作戦を支援する補給・輸送・整備などの機能の総称。兵站。➡正面装備
(類語)後・後ろ・しりえ・背後・後部・後面・直後

こう-ほう【後報】あとからの知らせ。

こうほう【紅幇】►ホンパン

こう-ほう【航法】❶船舶または航空機が、所定の二地点間を、所定の時間内に正確かつ安全に航行するための技術・方法。地文航法・天文航法・電波航法などがある。❷船舶が他船との衝突を避けるため、または危険な海域や狭い水路での安全航行のために、操縦・航路などを定めた方法。

こう-ほう【貢法】中国古代、夏の税法。農民一人に田地50畝を与え、その10分の1の収穫を貢(税)として納めさせた。

こう-ほう【高峰】高くそびえている峰。ある一群の中でひときわすぐれているものの意にも用いる。「カラコルムの一」「学界の一」(類語)高嶺・峻嶺・奇峰

こうほう【康保】平安中期、村上天皇・冷泉天皇の時の年号。964年7月10日〜968年8月13日。

こう-ほう【黄袍】►おうほう(黄袍)

こう-ぼう【工房】画家・彫刻家・工芸家などの仕事場。アトリエ。(類語)画室・アトリエ

こう-ぼう【公妨】「公務執行妨害罪」を略した俗な言い方。

こう-ぼう【広袤】《「広」は東西の、「袤」は南北の長さの意》幅と長さ。広さ。面積。「一の大なる場所を貴ぶの癖なきに非ず」〈子規・墨汁一滴〉

こうぼう【弘法】「弘法大師」の略。

弘法にも筆の誤り　弘法大師のような書の名人でも、書き損じることがある。その道に長じた人でも時には失敗をすることがあるというたとえ。猿も木から落ちる。

弘法筆を択ばず　弘法大師は筆のよしあしを問題にしない。真に一芸に長じた人は、どんな道具を使ってもりっぱな仕事をするたとえ。

こう-ぼう【光芒】尾を引くように見える光のすじ。ひとすじの光。「一を放つ」「一一閃」
(類語)光・明かり・灯・灯火・ともし火・輝き・煌めき・光線・光明・光輝・光耀・光彩・閃光・ライト

こう-ぼう【光房】写真の撮影場。写真館。

こう-ぼう【好防】うまくふせぐこと。

こう-ぼう【好望】前途が有望であること。よい見込みがあること。「二十世紀より後は…一の世なり」〈雪嶺・真善美日本人〉

こう-ぼう【攻防】せめることとふせぐこと。攻撃と防御。「激しい一を繰り返す」「一戦」(類語)攻守

こう-ぼう【後房】家の奥にあるへや。特に、婦人のへや。

こう-ぼう【紅帽】❶赤い色の帽子。あかぼう。❷赤色の筋の入った旧近衛師団の制帽。

こう-ぼう【荒亡】《「孟子」梁恵王下から》酒色などの楽しみにおぼれて、すさんだ生活をすること。「公然花柳界に一して」〈逍遥・当世書生気質〉

こう-ぼう【香房】本願寺で、奉仕の役僧が詰めている所。香部屋。

こう-ぼう【香茅】イネ科の多年草。草地に生え、高さ20〜40センチ。初夏、淡褐緑色の穂を円錐状につける。全体にかすかな香気がある。

こう-ぼう【興亡】おこることとほろびること。興廃。「帝国の一」(類語)興廃・はやりすたり

興亡恒なし　国や民族などが興り栄えたかと思うと滅びてしまい、長くは続かないことをいう。

ごう-ほう【号俸】公務員の職階に応じて定められた給与。何級職何号と区分される。

ごう-ほう【号砲】合図のために撃つ銃砲。また、その音。「一一発、いっせいにスタートする」

ごう-ほう【合抱】両手を広げてかかえるほどの大きさ。ひとかかえ。大木の大きさなどにいう。

ごう-ほう【合法】〔名・形動〕法規にかなっていること。また、そのさま。適法。「一な活動」⇔不法。
(類語)適法・合憲

ごう-ほう【業報】前世や過去におこなった善悪の行為による報い。業果。(類語)応報・祟り・悪報・果報

ごう-ほう【豪放】〔名・形動〕度量が大きく、大胆で、細かいことにこだわらないこと。また、そのさま。「一な性格」「一磊落」(派生)ごうほうさ〔名〕
(類語)大胆・不敵・豪胆・放胆・磊落

こうほう-いっち【後方一致】文字列を検索する手法の一つ。末尾が検索語に一致する文字列を探すこと。また、任意の二つの文字列を比較する際、文字列の最後の部分が一致すること。「あいうえお」と「ああああえお」の場合、最後の二文字「えお」が後方一致となる。後方一致検索。➡前方一致

こうほう-きんむ【後方勤務】❶第一線の現場から離れた勤務。❷軍隊で、戦闘部隊を後方から支援する勤務。

こうぼう-しば【弘法芝】カヤツリグサ科の多年草。海岸の砂地に生え、高さ6〜20センチ。夏、茎の上部に雄花を、下部に雌花を穂状につける。

こうぼう-しみず【弘法清水】弘法大師が諸国を巡ったとき、杖を突き立てた所にわき出たという井戸や泉。また、その説話。弘法水。

ごうほう-しゅぎ【合法主義】現行の法規に反しない手段を用いて社会の変革を実現しようとする立場。

こう-ほうじん【公法人】特定の行政目的を遂行するために設立された法人。公庫・公共組合など。広義には国・地方公共団体も含む。➡私法人

ごうほう-せい【合法性】行為などが法規に適合していること。適法性。「一を問われる」

ごうほうそく-せい【合法則性】自然・社会などの諸事象が、一定の法則にかなっていること。

こうぼう-だいし【弘法大師】空海の諡号。

ごうほう-てき【合法的】〔形動〕法規にかなっているさま。「一な手段」

ごうほうてき-しはい【合法的支配】マックス＝ウェーバーにより類型化された、社会の支配形態の一。法規化された秩序、またはそれによる命令権の合法性に対する信念が、被治者の支配者に対する服従を正当化しているとするもの。官僚制的支配が

その典型。依法的支配。
こうぼう-は【紅帽派】►紅教
こうぼう-は【黄帽派】►黄教
こうほう-ひん【孔方▽兄】《「ひん(兄)」は唐音。魯褒「銭神論」の「親愛すること兄の如く、字して孔方と曰ふ」から》銭の異称。孔方。
こうぼう-むぎ【×弘法麦】カヤツリグサ科の多年草。海岸の砂地に生え、高さ10～20センチ。雌雄異株。晩春、大形の花穂をつける。ふでくさ。
ごうほう-らいらく【豪放×磊落】〔名・形動〕《「豪放」も「磊落」もほぼ同じ意味》度量が広く大胆で、小事にこだわらないこと。また、そのさま。「一な性格」
こうぼ-きん【酵母菌】「酵母」に同じ。
こう-ほく【江北】河の北。特に、中国、揚子江下流の北の地方。
こうほく【港北】横浜市北部の区名。昭和14年(1939)区制。平成6年(1994)緑区の一部と合わせ都筑区を分区。
こう-ぼく【公僕】広く公衆に奉仕する者。公務員のこと。「国民の一」(類語)公務員・役人・官吏・官員・吏員・国家公務員・地方公務員・武官・文官・事務官
こう-ぼく【孔墨】孔子と墨子。
こう-ぼく【坑木】鉱山などで、坑道の土砂や岩盤を支えるために使用する支柱用の木材。
こう-ぼく【厚朴】ホオノキの樹皮。漢方で、腹痛・下痢・嘔吐などに薬用する。
こう-ぼく【香木】よいかおりのある木。特に、香道で、薫物に用いるかおりのよい木。沈香・白檀など。
こう-ぼく【耕牧】農耕と牧畜。
こう-ぼく【高木】丈の高い木。樹木の便宜的な分類では、ふつう、高さが約2メートル以上になる木で、幹が太く、直立し、枝を張って他の植物を覆うものをいう。喬木。⇔低木。(類語)喬木
高木は風に折らる 高い木ほど風当たりが強く折れやすい。地位や名声の高い人ほど他からねたまれて身を滅ぼしやすいことのたとえ。
こう-ぼく【×槁木】枯れ木。
こうほく-く【港北区】►港北
こうぼく-げんかい【高木限界】高木の生育が不可能となる限界線。高山や高緯度地方にみられる。樹木限界。喬木限界。
こうぼく-しかい【×槁木死灰】《「荘子」斉物論から》肉体は枯れた木のようであり、心は冷たい灰のようであること。心身に生気・活力・意欲などのないことのたとえ。
こうぼく-そう【高木層】森林の最上層の林冠を構成する部分。草本層・低木層に対していう。
こうぼく-たい【高木帯】植物の垂直分布帯の一。高木が主となって生育している区域。本州中部地方では標高約2500メートル以下にみられる。喬木帯。
こう-ほけん【公保険】►公営保険
こうほ-こう【黄浦江】中国、揚子江の支流。江蘇省南東部を流れ、上海を通って呉淞で揚子江に注ぐ。長さ約160キロ。ホアンプーチアン。
こうほ-しゃ【候補者】候補に挙げられた人。選択の対象となる人。
こうほ-じょうやく【黄埔条約】1844年、広州の黄埔で結ばれた清国とフランスとの修好通商条約。アヘン戦争で敗北した清国が、イギリスとの南京条約に続いて結んだ条約。
こうほ-せい【候補生】一定の課程を修了し、特定の官職・地位につく資格のある人。「幹部一」
こうぼ-ぞうし【公募増資】上場企業が新株を発行し、50名以上の一般投資家に向け売り出すこと。価格は時価よりも多少割安に設定される。➡私募増資
こうぼ-ちほうさい【公募地方債】►市場公募地方債
こう-ほね【▽河骨|▽川骨】スイレン科の多年草。小川や池沼に生え、葉は長さ約30センチの長楕円形で、基部は矢じり形。夏、花柄を水上に出し、黄色の花びら状の萼をもつ花を1個つける。かわほね。(季 夏)「橋の下闇し一の花ともる/青邨」
こうほ-ひつ【皇甫謐】[215～282]中国、西晋の学者。安定・朝那(甘粛省)の人。字は士安。号、玄晏先生。その学は百家に通じ、「帝王世紀」「高士伝」「列女伝」などを著した。また「甲乙経」を著し晋以前の鍼灸学の集大成を行った。
こう-ほん【広本】同一作品の伝本の中で、他のものより内容の多いもの。⇔略本。
こう-ほん【校本】古典などの諸種の異本を校合し、その本文の異同を示した本。「万葉集の一」
こう-ほん【×絖本】絖にかかれた書画。また、それに用いる絖。
こう-ほん【稿本】❶下書き。草稿。❷写本など、手書きの本。➡刊本 ➡版本 (類語)刊本・版本・写本
こう-ぼん【香盆】香炉などをのせる盆。
こ-うま【小馬|子馬|×仔馬】小さい馬。また、子供の馬。馬の子供。(季 春)「親馬は梳らるる一跳び/素十」
小馬の朝駆け 初めに力を入れすぎて早く疲れてしまうことのたとえ。小馬の朝いさみ。
こう-ま【黄麻】►おうま(黄麻)
ごう-ま【▽格間】格天井の、格縁に囲まれた一区画。
ごう-ま【▽降魔】悪魔を降伏すること。
ごう-ま【業魔】仏語。悪業が正道を妨げ、智慧を失わせることを、悪魔にたとえていう語。
こう-まい【貢米】年貢として納める米。
こう-まい【高×邁】〔名・形動〕志などがたかく、衆にぬきんでていること。また、そのさま。「一な精神」「一な理想に燃える」(派生)こうまいさ〔名〕(類語)崇高
ごう-まい【合米】江戸時代、年貢米を上納する際、運搬途中で減量する分を埋め合わせるために、あらかじめ見積もって付加した米。1俵につき1升前後を加えた。込米。あわせまい。
ごう-まい【豪×邁|剛×邁】〔名・形動〕気性が強く人よりすぐれていること。また、そのさま。「軍人諸氏の一なる意風を察するに」〈独歩・愛弟通信〉
こう-まいり【講参り】講中をつくって寺社にお参りすること。「出女の面しろじろと見せて、一の通し馬を引き込み」〈浮・一代女・六〉
こう-まく【厚膜】厚みのある膜。あつまく。「一組織」⇔薄膜。
こう-まく【硬膜】三重になっている脳脊髄膜の、最も外側の膜。
こうまくがい-くう【硬膜外×腔】脊髄を覆う硬膜とその外側を囲む脊柱管の間にある空間。
こうまくがいくう-ないしきょう【硬膜外×腔内視鏡】►硬膜外内視鏡
こうまくがい-けっしゅ【硬膜外血腫】頭蓋骨と硬膜の間で出血が起こり、血液が貯留した状態。頭蓋骨の骨折を伴う場合が多い。受傷直後に発症する急性硬膜外血腫が多いが、数週間から数か月後に症状が現れる慢性硬膜外血腫などもある。(補説)硬膜とクモ膜の間で出血し血腫が生じた状態を硬膜下血腫という。
こうまくがい-ないしきょう【硬膜外内視鏡】脊髄の外側にある硬膜外腔に挿入する、直径1ミリ以下の細い内視鏡。難治性の慢性腰下肢痛の診察・治療などに用いられる。エピドラスコピー。硬膜外腔内視鏡。
こうまくがいないしきょう-しゅじゅつ【硬膜外内視鏡手術】硬膜外腔に内視鏡を挿入し、神経周辺の癒着組織を剝離、洗浄することにより疼痛や痺れを緩和する治療法。神経ブロックなどの治療法が効かない慢性の腰痛、難治性の腰部椎間板ヘルニア、腰部脊柱管狭窄症などに対して行われる。エピドラスコピー。
こうまくがい-ブロック【硬膜外ブロック】硬膜外腔に局所麻酔薬を注入して交感神経や知覚神経を一時的に抑制して、血行障害を改善したり疼痛を緩和する治療法。神経ブロック療法の一つ。
こうまくがい-ますい【硬膜外麻酔】脊髄神経を麻痺させるために、硬膜外腔に局所麻酔薬を注入すること。全身麻酔の補助、手術後の疼痛の抑制、ペインクリニックなどに用いられる。
こうまくか-けっしゅ【硬膜下血腫】硬膜と脳の間で出血が起こり、硬膜とくも膜の間に血液が貯留した状態。主に重度の頭部外傷後、短時間に症状が現れる急性硬膜下血腫、軽い頭部打撲後、数週間から数か月後に症状が現れる慢性硬膜下出血などがある。外傷がない場合でも、脳動脈瘤の破裂などで急性硬膜下血腫、動脈硬化や加齢による脳萎縮などで慢性硬膜下血腫が起こることがある。(補説)頭蓋骨と硬膜の間で出血し血腫が生じた状態を硬膜外血腫という。
こうまく-さいぼう【厚膜細胞】細胞壁が木質化して厚くなった細胞。原形質が消失して死細胞になっていることが多い。ナシの果肉などにみられる石細胞はその例。厚壁細胞。
こうまく-そしき【厚膜組織】植物の機械組織の一。厚膜細胞が集まったもの。厚壁組織。
こう-まくら【香枕】中で香をたくようになっている枕。表面に蒔絵を施してある。伽羅枕。
こうま-ざ【小馬座】北天の小星座。ペガスス座の西にあり10月上旬の午後8時ごろ南中する。駒座。学名 Equuleus ➡ペガスス座
こうま-し【黄麻紙】►おうまし(黄麻紙)
こう-まつ【口×沫】激しい調子でものを言うとき、口角から飛ばすあわ。
ごう-まつ【×劫末】《「こうまつ」とも》仏語。この世界の終わり。⇔劫初。
ごう-まつ【×毫末】《毛の先の意》ごくわずかなこと。下に打消しの語を伴って用いられる。「彼の文章には一の誤りもない」
ごうま-の-いん【▽降魔の印】仏教で、悪魔を降伏させるための印。左手をひざの上に置き、右手を垂らして地を指すもの。指地印。触地印。降魔印。
ごうま-の-そう【▽降魔の相】❶八相の一。釈迦が悟りを開こうとしたとき、妨害した欲界第六天を降伏させたときの姿。がまの相。❷不動明王などが悪魔を降伏させるときの怒りの形相。がまの相。
ごうま-の-りけん【▽降魔の利剣】不動明王が手に持つ、悪魔を降伏するという鋭い剣。
こう-まん【高慢】〔名・形動〕自分の才能・容貌などが人よりすぐれていると思い上がって、人を見下すこと。また、そのさま。「一の鼻を折る」「一な人気俳優」(派生)こうまんさ〔名〕
(類語)傲慢・不遜・倨傲・傲岸・驕慢・暴慢・慢心
ごう-まん【傲慢】〔名・形動〕おごりたかぶって人を見くだすこと。また、そのさま。「一な態度」「一無礼」(派生)ごうまんさ〔名〕
(類語)高慢・不遜・倨傲・傲岸・驕慢・暴慢・慢心
こうマンガン-こう【硬マンガン鉱】二酸化マンガンを主成分とする鉱物。鉄黒色、不透明で塊状。マンガンの重要な鉱石。
こうまんじ-きょう【紅卍教】中国の宗教結社道院の通称。中華民国初期、山東の洪解空が儒・仏・道・キリスト・イスラムの五教同源を説き道院を設立、全中国に教勢を拡張。1922年には紅卍字会を設立、貧民救済・施薬施療などの社会事業を行い、一時は日本の大本教とも提携した。
こうまん-ちき【高慢ちき】〔名・形動〕《「ちき」は接尾語》いかにも高慢で、憎らしいこと。また、そのさま。また、高慢な人をののしっていう語。「あの一め」「一な娘」
こうみ【小海】長野県東部の町。千曲川上流域を占め、松原湖がある。高冷地農業・畜産を行う。
こう-み【好味】よい味。また、味のよい食物。
こう-み【厚味】〔名・形動〕味がこってりしていて、おいしいこと。また、そのさま。転じて、ごちそう。
こう-み【香味】飲食物のかおりと味。「ぶどう酒の一を試す」「一野菜」
こうみせん【小海線】JR中央本線の小淵沢から小海を経て、しなの鉄道の小諸に至るJR線。昭

和10年(1935)全通。日本の鉄道の最高地点(標高1375メートル)である八ヶ岳東麓を走り、野辺山のべやま駅はJRで最も標高の高い駅として知られる。全長78.9キロ。

こうみつど-はちょうぶんかつたじゅう【高密度波長分割多重】▶ディー-ダブリュー-ディー-エム(DWDM)

こうみつど-リポたんぱくしつ【高密度リポ×蛋白質】▶エッチ-ディー-エル(HDL)

こうみ-まち【小海町】▶小海

こう-みゃく【鉱脈】岩石の割れ目を有用鉱物が満たしてできた板状の鉱床。多くはマグマから出た熱水溶液が鉱物を沈殿させてできる。

こうみ-やさい【香味野菜】味を引き立てるために、料理に添えたり調理で加えたりする野菜。ショウガ、ニンニク、ミョウガなど。➡ブーケガルニ

こう-みょう【功名】手柄を立てて、名をあげること。また、その手柄。「けがの―」「―を争う」

こう-みょう【巧妙】〔名・形動〕非常に巧みであること。また、そのさま。「―な手口」「―に立ち回る」(派生)こうみょうさ〔名〕(類語)賢い・上手・巧み・うまい・絶妙・老巧・達者・器用

こう-みょう【光明】《「こうめい」とも》❶あかるい光。光輝。❷あかるい見通し。希望。「前途に―を見いだす」❸仏語。仏・菩薩ぼさつの心身から発する光。慈悲や智慧ちえを象徴する。(類語)(❶)輝き・光輝・光彩・光・明かり・灯・灯火・ともし火・煌きらめき・光線・光耀こうよう・光芒こうぼう・閃光せんこう・ライト/(❷)希望・望み・期待・曙光しょこう・ホープ

こう-みょう【高名】〔名・形動〕❶「こうめい(高名)❶」に同じ。❷手柄を立てること。特に、戦場での手柄。武功。功名。「この人一期の―とおぼえし事は」〈平家・四〉

高名の中に不覚あり　得意になっているときに、かえって失敗のもとになる誤りを犯しやすい。

こうみょう-く【光明供】密教で、光明真言を念誦ねんじゅする法会。多く死者の成仏などを祈って修される。光明真言法。

こうみょう-こうごう【光明皇后】[701〜760]聖武天皇の皇后。名は安宿媛あすかべひめ、また光明子とも。父は藤原不比等ふじわらのふひと、母は橘三千代たちばなのみちよ。孝謙天皇の母。臣下の娘で皇后になった最初の例。仏教を尊び、悲田院・施薬院を設置して福祉事業を行った。自筆と伝えられる「楽毅論」が正倉院に伝存。

こうみょう-し【光明子】光明皇后の名。

こうみょう-じ【光明寺】㊀「粟生あおう光明寺」の略称。㊁神奈川県鎌倉市材木座にある浄土宗の寺。山号は天照山。仁治元年(1240)北条経時が佐介谷さすけがやつに創建した蓮華寺を、のち現在地に移して改称したもの。開山は良忠。関東十八檀林の一。所蔵の当麻たいま曼荼羅縁起は国宝。

こうみょう-しん【功名心】功名を強く求める心。「―にはやる」

こうみょう-しんごん【光明真言】密教で用いる真言の一。これを唱えると、一切の罪障が除かれ、福徳が得られるという。

こうみょう-たん【光明丹】鉛丹えんたんの別名。

こうみょう-ちょう【高名帳】合戦で手柄を立てた者の名を書き留めた帳簿。

こうみょう-てんのう【光明天皇】[1321〜1380]北朝第2代天皇。在位、1336〜1348。後伏見天皇の皇子。名は豊仁ゆたひと。足利尊氏あしかがたかうじが幕府創立とともに擁立。崇光天皇に譲位後は院政を行った。

こうみょう-へんじょう【光明遍照】仏語。阿弥陀仏の救いの光があまねく全世界に及んでいるということ。

こうみ-りょう【香味料】飲食物に香味を添えるために加えるもの。シソ・ネギ・ユズ・ゴマ・サンショウなど。薬味。

こう-みん【公民】❶国政や地方公共団体の公務に参加する権利と義務を持つ者。市民。❷公務員と民間。「給与の―格差」❸律令制で、口分田くぶんでんを受け、戸籍に登録され、租税を納める人民。良民。(類語)国民・万民ばんみん・四民・臣民・同胞・国人くにびと・国民くにたみ・民たみ・民草たみくさ・億兆おくちょう・蒼生そうせい・蒼氓そうぼう・赤子

こう-みん【皇民】皇国の民。

こう-みん【高眠】〔名〕スル ❶枕を高くして眠ること。安心して眠ること。安眠。❷世俗を離れて隠れ住むこと。

こうみん-かん【公民館】社会教育法に基づき、住民の教養を高め、文化の向上を図るために市町村が設置する社会教育施設。

こうみん-きょういく【公民教育】市民社会の構成員として必要な知識・態度を養うための教育。市民教育。

こうみん-けん【公民権】公民としての権利。選挙権・被選挙権を通じて政治に参加する地位・資格など。参政権。

こうみんけん-うんどう【公民権運動】米国の黒人が、人種差別の撤廃と、憲法で保障された諸権利の適用を求めて展開した運動。キング牧師が活躍。1954年に最高裁で、公立学校の人種分離教育への違憲判決が下されたのを機に高まりを見せ、1964年から翌年にかけて公民権諸法が制定された。

こう-む【工務】❶土木や建築に関する仕事。「―店」❷工場などに関する事務。(類語)工事・工作

こう-む【公務】おおやけのつとめ。国または公共団体の事務。公務員の職務。「―の執行を妨害する」(類語)国務・政務・法務・税務・軍務・商務・庶務・財務・外務・労務・教務・学務・社務・会務・宗務

こう-む【行務】❶事務を行うこと。❷銀行の事務。

こう-む【校務】教職員が行う学校の事務。

こう-む【港務】港湾の管理・運営や施設の維持などに関する行政事務。「―課」

こうむ-いん【公務員】国または地方公共団体の公務を担当する者。国家公務員と地方公務員、また特別職と一般職とに分けられる。(類語)役人・官吏・官員・吏員・公僕・武官・文官・事務官

こうむいんかいかく-ほう【公務員改革法】「国家公務員制度改革基本法」の略称。

こうむいんしょっけんらんよう-ざい【公務員職権濫用罪】公務員が職権を濫用して、人に義務のないことを行わせたり、権利の行使を妨害したりする罪。刑法第193条が禁じ、2年以下の懲役または禁錮に処せられる。

こうむしっこうぼうがい-ざい【公務執行妨害罪】公務員の職務の執行を暴行や脅迫で妨害する罪。刑法第95条第1項が禁じ、3年以下の懲役もしくは禁錮または50万円以下の罰金に処せられる。公妨。

こうむ-しょ【公務所】公務員が職務を行うため、国または公共団体が設けている場所。刑法上の用語。

ごう-むね【▽乞胸】江戸時代、江戸市中で辻講釈・綾取り・万歳などの雑芸をして金銭を乞うた者。

こうむ-ねんど【行務年度】事務を行う都合上、便宜的に定めた一定の期間。会計年度など、多くは1年間を1年度とする。

こうむら-は【高村派】自由民主党の派閥の一。番町政策研究所の平成13年(2001)以降の通称。同9年(1997)に河本派を高村正彦が継承。しばらく「旧河本派」と称したが同13年から高村派となった。

こうむ・る【被る┊×蒙る】〔動ラ五(四)〕《「こうぶる」の音変化》❶他人から、行為や恩恵などを受ける。いただく。「格別の恩顧を―・る」❷災いなどを身に受ける。「被害を―・る」❸頭からかぶる。「罪人をして、熊皮を―・らしめ」〈竜渓・経国美談〉(類語)浴びる・掛かる

こ-うめ【小梅】❶スノキの別名。❷梅の一変種。果実は小さく直径1センチほどで、塩漬けにして食用とする。(季 花=春┊実=夏)

ごう-め【合目】▶合ごう㊀❸

こう-めい【公命】おおやけの命令。お上のおふれ。

こう-めい【公明】〔名・形動〕公平で、不正や隠しだてがないこと。また、そのさま。「―な態度」(派生)こうめいさ〔名〕

こうめい【孔明】諸葛亮しょかつりょうの字あざな。

こう-めい【功名】「こうみょう(功名)」に同じ。「―四方に赫かがやくものも」〈鉄腸・花間鶯〉

こう-めい【光明】▶こうみょう(光明)

こう-めい【抗命】〔名〕スル 命令に背いて、従わないこと。「上官に―する」

こう-めい【校名】学校の名前。

こう-めい【校命】学校の命令。

こう-めい【高名】〔名・形動〕❶高い評価を受け、広く一般の人々に名前を知られていること。また、そのさま。こうみょう。「―な作家」❷相手を敬って、その名をいう語。「御―はかねがね承っております」➡有名(用法)
(類語)(❶)有名・知名・著名・名高い・名うて・名代・名前・評判/(❷)芳名・尊名・貴名

こう-めい【高明】〔名・形動〕❶地位が高く勢力があること。富貴なこと。また、そのさま。❷学識に優れていること。また、そのさま。「―の諸君子」〈中村正直・明六雑誌三〇〉

高明の家鬼きその室を瞰うかがう　《揚雄「解嘲」から》鬼神は人の満ち足りているのを憎み、高貴の家をうかがって害を加えようとする。

こう-めい【講明】〔名〕スル 研究して物事の意義や本質をあきらかにすること。「外国との交際を―しないでは協かなわない」〈藤村・夜明け前〉

ごう-めい【合名】責任を共同で負うために名を書き連ねること。連名。

ごうめい-がいしゃ【合名会社】二人以上の無限責任社員だけからなる会社。社員全員が会社債務について会社債権者に対し、直接に連帯・無限の責任を負う反面、原則として会社の業務執行権および代表権を持っている。持分会社の一。

こうめい-せいだい【公明正大】〔名・形動〕公平で、良心に恥じるところがなく正しいこと。また、そのさま。

こうめい-せんきょ【公明選挙】違反などのない公明正大な選挙。

こうめい-てんのう【孝明天皇】[1831〜1866]第121代天皇。在位、1846〜1866。仁孝天皇の第4皇子。名は統仁おさひと。攘夷じょういを主張したが公武合体策をとり、皇妹和宮かずのみやの将軍徳川家茂とくがわいえもちへの降嫁を行い、倒幕派を退けた。

こうめい-とう【公明党】創価学会を母体とする政党。公明政治連盟を発展的に改組して昭和39年(1964)に結成。平成6年(1994)解党し、地方組織などを除いて新進党に合流。同10年(1998)新進党の解散に伴い、系列の議員らで再結成。

こうめい-とう【孔明灯】▶天灯

こう-めん【×垢面】あかじみてよごれた顔。「蓬頭ほうとう―」

こう-めん【後面】うしろの面。うしろがわ。後方。(類語)後・後ろ・後方・しりえ・背後・後部・直後

こう-めん【高免】相手を敬って、その人が許すことをいう語。お許し。御容赦。

ごう-も【×毫も】〔副〕《「毫」は細い毛の意》少しも。ちっとも。あとに打消しの語を伴って用いる。「―疑わない」(類語)全然・全く・一向・さっぱり・まるきり・まるで・からきし・皆目・一切・まるっきり・何ら・とんと・いささかも・微塵みじんも・毛頭・露・更更

こう-もう【孔孟】孔子と孟子。

孔孟の教え　孔子と孟子が説いた教え。儒教。

こう-もう【紅毛】❶赤い髪の毛。あかげ。❷「紅毛人」に同じ。

こう-もう【×膏×肓】「こうこう(膏肓)」の誤読。

こう-もう【×鴻毛】鴻おおとりの羽毛。非常に軽いもののたとえ。「命を―より軽いとみる風潮」

ごう-もう【剛毛】かたい毛。こわい毛。また、環形動物や昆虫の太くて短いキチン質の毛状突起。

ごう-もう【剛猛┊豪猛】〔名・形動〕強くたけだけしいこと。また、そのさま。「―な勇士」

ごう-もう【×毫毛】細い毛。転じて、ごくわずかであること。ほんの少し。毫髪。「―もたがわぬ」

こうもう-じん【紅毛人】江戸時代、オランダ人をよん

だ語。ポルトガル人・スペイン人を南蛮人とよんだのに対していう。また、広く西洋人のこと。

こうもう-せん【紅毛船】江戸時代、オランダ船の俗称。スペイン・ポルトガルの南蛮船と区別していう。のち、広く外国船のこと。

こうもう-へきがん【紅毛×碧眼】赤い髪の毛と青い目。西洋人のこと。「―の異国の人」

こう-もく【項目】カウ ❶物事を、ある基準で区分けしたときの一つ一つ。「資料を―別に整理する」❷辞典・事典などの見出し語。❸項と目。国や地方公共団体における歳入・歳出予算の区分に用いる用語。項に区分して、さらに目に区分される。

(類語)事項・費目・くだり・儀

こう-もく【綱目】カウ《「綱」は網の大綱、「目」は網の目の意》物事の大要と細部。物事を分類・整理するときの大きな区分けと小さな区分け。

ごう-もくてき【合目的】ガフ〔形動〕ある物事が、一定の目的にかなっているさま。「はなはだ―なこの一つの所行を」〈寅彦・時事雑感〉

ごうもくてき-せい【合目的性】ガフモクテキ ある事物が一定の目的にかなった仕方で存在していること。

ごうもくてき-てき【合目的的】ガフモクテキ〔形動〕ある物事が一定の目的にかなっているさま。「―な運動方針」

こうもく-てん【広目天】クワウモク《梵 Virūpākṣaの訳。音写は毘留羅叉・毘婁博叉》四天王の一。十六善神の一。西方にあって仏法を守護する。悪人を罰して仏心を起こさせることをつかさどる。像はふつう、甲冑(かっちゅう)をつけ、筆と巻物を持つ姿に表される。西方天。

こう-もつ【公物】▶くもつ(公物)

こう-もつ【貢物】献上する品物。みつぎもの。こうぶつ。

こう-もと【香元】カウ 香会(こうえ)の主催者。

こう-もと【講元】神仏参詣の講中(こうじゅう)で、その中心となって世話をする役。

こうもと-は【河本派】かうもと 自由民主党の派閥の一。新政策研究会・番町政策研究所の昭和55年(1980)から平成9年(1997)における通称。河本敏夫が三木派を継承して会長を務めた。首相として海部俊樹を輩出。➡高村(こうむら)派

こうもり【蝙=蝠】かうもり《「かわほり」の音変化》❶翼手目の哺乳類の総称。前あしおよびその指が著しく発達し、これらと胴・後あし・尾との間にうすい飛膜が張って翼を形成する。視覚は鈍いが、声帯から超音波を発して、その反響を聞きながら障害物との距離をはかり、鳥のように飛び回る。夜行性。昼間は、後あしにある5本の指の鋭いかぎ状の爪で、木や岩などにぶら下がる。名は、蚊をよく捕食するところから、蚊屠(かほふり)と呼ばれたのが語源。アブラコウモリ・キクガシラコウモリやオオコウモリなど約950種が世界に分布。かくいどり。かわほり。(季 夏)「―やひるも灯ともす楽屋口/荷風」❷《鳥かけものか区別しにくいところから》態度のはっきりしない者。状況次第で有利な側についたりする者をののしっていう語。❸「こうもり傘」の略。

蝙蝠も鳥のうち　コウモリも飛ぶからには鳥の類である。つまらない者が、賢者の中に交じっていることのたとえ。また、取るに足りないものでも、仲間の一部であることのたとえ。

こうもり-が【蝙=蝠×蛾】かうもり ❶コウモリガ科の昆虫。翅(はね)は褐色で、前翅には淡色の帯と黄褐色の三角形の紋がある。夏の夕方、活発に飛ぶ。幼虫はクサギ・キリなどの樹幹に食い入る。(季 夏)❷鱗翅(りんし)目コウモリガ科の昆虫の総称。原始的な大形のガで、口は退化し、食物はとらない。

こうもり-がさ【蝙=蝠傘】かうもり《広げた形がコウモリの翼の形に似ているところから》金属製の骨に布などを張った傘。洋傘。こうもり。(類語)傘・洋傘・唐傘・番傘・蛇の目傘・雨傘・日傘・パラソル

こうもり-かずら【蝙=蝠▽葛】かうもりかづら ツヅラフジ科の蔓性(つるせい)の落葉多年草。山地に自生。葉は三角から七角の盾(たて)形で、コウモリの翼を広げた形に似る。雌雄異株。夏、淡黄色の小花をつける。

こうもり-そう【蝙=蝠草】かうもりさう キク科の多年草。高さ60〜90センチ。葉は三角状ほこ形で、三つに裂け、翼を広げたコウモリを思わせる。9、10月ごろ、淡紫色の小さな頭状花を多数つける。

こうもり-ばおり【蝙=蝠羽織】かうもり《袖を広げた形がコウモリに似ているところから》身丈よりも袖丈の長い羽織。江戸時代、武士や町人が用いたもの。かわほりばおり。

こうもり-ばんてん【蝙=蝠半×纏】かうもり 丈のきわめて短い半纏。江戸時代、文政・天保(1818〜1844)のころから、旅商人などが用いた。多くは木綿製。

こう-もん【孔門】孔子の門下。

こう-もん【▽告文】カウ ❶神に対して申し上げること・願いごとなどを書き記した文書。つげぶみ。こうぶん。❷自分の言動に虚偽のないことを、神仏に誓ったり、相手に表明したりするために書く文書。起請文(きしょうもん)。こうぶん。

こう-もん【×肛門】カウ 消化管の終わりにある、大便の出口。直腸の末端が皮膚に開口する所。しりの穴。

こう-もん【後門】うしろの門。裏門。「前門の虎(とら)、―の狼(おおかみ)」

こう-もん【校門】カウ 学校の門。

こう-もん【黄門】クワウ ❶中納言の唐名。唐の黄門侍郎の職掌に似ているのでいう。❷《中納言であったところから》徳川光圀(とくがわみつくに)の通称。水戸黄門。

こう-もん【×閘門】カフ ❶運河・放水路などで、水量を調節するための堰(せき)。❷運河・河川などの、水面に高低差のある場所で、水面を昇降させて船を行き来させるための装置。閘室とよぶ前後を扉で仕切った水面に船を入れ、扉の開閉によって水位を昇降させてのち、一方を開いて船を進める。

こう-もん【×閤門】カフ 内裏(だいり)の内郭の門。承明・長楽・永安・玄輝・安喜・徽安(きあん)・宣陽・嘉陽・延政・陰明・武徳・遊義の12門。

こう-もん【衡門】カウ 2本の柱に横木をかけ渡しただけのそまつな門。転じて、貧しい者または隠者の住居をいう。冠木門(かぶきもん)。

こうもん【鴻門】中国陝西(せんせい)省臨潼県東部の地名。

ごう-もん【拷問】ガウ〔名〕スル さまざまな肉体的苦痛を与え、自白を強制すること。現行憲法では禁止されている。「―にかける」「―して白状させる」

こうもん-かつやくきん【×肛門括約筋】カウモンクワツヤクキン 排便などに際して、肛門を広げたり縮めたりする筋。平滑筋の内肛門括約筋と、横紋筋の外肛門括約筋とからなる。

こうもん-き【×肛門期】カウモン 精神分析用語。口唇期に続く、小児性欲発達の第2の段階。排泄時の肛門刺激で快感を得ている、生後18か月から4歳ぐらいまでの時期。

こうもんしき-うんが【×閘門式運河】カフモンシキ 閘門を設けてその操作によって水位を調整し、船舶の通過を図るようにした運河。パナマ運河など。水門式運河。

こうもんしゅうい-えん【×肛門周囲炎】カウモンシウヰ 肛門および直腸周囲の炎症。化膿(かのう)菌の侵入によって起こり、痛み・はれ・発熱がみられる。肛囲炎。直腸周囲炎。

こうもん-せいかく【×肛門性格】カウモン 精神分析用語。成長したのちも、発達が肛門期に固着している性格類型。規則的・倹約・潔癖・強情などの性格を示す。アナル的性格。

こうもん-の-かい【×鴻門の会】―クワイ 中国、秦末の前206年、漢の劉邦(りゅうほう)と楚の項羽(こうう)とが鴻門で行った会見。項羽の臣の范増(はんぞう)が劉邦を殺害しようとしたが、劉邦は張良・樊噲(はんかい)らの計で逃れた。

こうもん-の-じってつ【孔門の十哲】孔子の門人で特に優れた10人。徳行に優れた顔回・閔子騫(びんしけん)・冉伯牛(ぜんはくぎゅう)・仲弓、言語に優れた宰予・子貢、政事に優れた子有・子路、文学に優れた子游・子夏。「論語」先進編に基づく。孔門十哲。

こうもん-れっそう【×肛門裂創】カウモンレツサウ ▶切れ痔(ぢ)

こう-や【広野|×曠野】クワウ 広々とした野。ひろの。(類語)原・野・野原・平原・広野(ひろの)・広原・高原・原っぱ

こう-や【甲夜】カフ 五夜(ごや)の一。およそ今の午後7時または8時から2時間をいう。戌(いぬ)の刻。初更(しょこう)。

こうや【空也】▶くうや(空也)

こう-や【荒野】クワウ ❶あれはてた野原。あれの。あらの。❷開発されていない土地。平安末から中世にかけて開墾・開発が奨励され、その開発地の、租税・雑役は免除された。(類語)荒野(あれの)・荒原・原野・枯れ野

こう-や【郊野】カウ 郊外の野原。

こうや【高野】カウ 和歌山県の高野山のこと。また、そこにある金剛峰寺(こんごうぶじ)や真言宗・弘法大師などをさす。

高野六十那智八十　高野山や那智山では男色が盛んで、60歳や80歳の老年になっても男色の相手をさせられる者があるという意。一説に、高野紙は1帖が60枚、那智紙は1帖が80枚であるところから出たとも。

こう-や【×厠】かう《「かはや」の音変化》便所。

こう-や【▽紺屋】《「こんや」の音変化》染め物を業とする者。また、その家。もと、藍で布を紺色に染める者をさした。染色を行う家は、古くは、紺屋・紅屋・茶屋のように、得意とする専門の染め色で独立していた。こんかき。こうかき。

紺屋の明後日　紺屋の仕事は天候に左右され仕上がりが遅れがちで、催促されるといつも「あさって」と言い抜けるばかりで、当てにならないこと。約束の期日が当てにならないことのたとえ。

紺屋の地震　申し訳ないの意をしゃれていう語。地震で藍瓶(あいがめ)が揺れて中の藍が澄まない意を「相済まない」に掛けたもの。

紺屋の白袴　紺屋が、自分の袴は染めないで、いつも白袴をはいていること。他人のことに忙しくて、自分自身のことには手が回らないことのたとえ。こうやのしらばかま。

こうや-がさ【高野×笠】カウヤ 高野聖(こうやひじり)などがかぶった大きな檜笠(ひのきがさ)。

こうや-がみ【▽紙屋紙】かうや「かみやがみ」の音変化。「―の草子」〈源・玉鬘〉

こうや-がみ【高野紙】カウヤ 高野山付近から産出する紙。高野版・障子・傘などに用いられた。

こうや-ぎれ【高野切】カウヤ《もと高野山の所蔵であったところから》古筆切(こひつぎれ)の一。現存最古の古今集の写本の断簡で、紀貫之筆の伝承がある。

こう-やく【口約】〔名〕スル 文書によらず、口頭で約束すること。また、その約束。くちやくそく。「―を交わす」「再会を―する」(類語)取り決め・申し合わせ・契り・誓い・固め・指切り・約(やく)・約定・契約・協約・協定・結約・盟約・誓約・確約・保証・公約・内約・黙約・黙契・宣誓・特約・起請・アグリーメント・アポイントメント

こう-やく【口訳】〔名〕スル「口語訳」に同じ。

こう-やく【公役】江戸時代、大坂で町人に課した役銀。町奉行所および町会所などの費用に充てた。

こう-やく【公約】〔名〕スル 公開の場で、また公衆に対して約束すること。特に、選挙のときに政党や立候補者などが、公衆に対して政策などの実行を約束すること。また、その約束。「減税を―する」(類語)誓約・契約・誓う・確約・宣誓・盟約・血盟・特約・起請

こう-やく【×膏薬】カウ ❶あぶら・ろうで薬を練り合わせた外用剤。皮膚に塗ったり、紙片または布片に塗ったものを患部にはりつけたりして用いる。軟膏と硬膏があり、ふつう硬膏をいう。❷漢方薬の濃い煎液に砂糖などを加え、あめ状にした内服薬。

こう-やく【衡×軛】カウ 兵法で、陣立ての一。前線を魚鱗か鶴翼にし、第2陣以下を左右に縦に配した陣形。➡八陣(はちじん)

ごう-やく【合薬】ガフ ❶いくつかの薬剤を調合すること。また、その薬。あわせぐすり。❷火薬。

ごう-やく【業厄】ゴフ 仏語。悪業(あくごう)の報いとして受ける災難。

こう-やくすう【公約数】二つ以上の整数または整式に共通な約数。公因数。「最大―」

こうやく-だい【×膏薬代】カウヤク《膏薬を買う代金の意から》傷つけた相手に支払う治療費。

こうやぐち【高野口】カウヤ 和歌山県橋本市の地名。旧町名。紀ノ川に臨み、高野山参詣の登山口として

栄えた。平成18年(2006)3月、橋本市と合併。

こうやくねり【膏薬煉】狂言。各流。鎌倉と上方の膏薬練り(薬屋)が膏薬の効能比べをするが、勝負がつかず、双方の鼻の頭に薬をつけて吸い比べをして上方が勝つ。

こうやく-ばり【×膏薬張り】❶ふすまや障子などの、破損した部分だけを、小さい紙を膏薬のようにはって一時しのぎに繕うこと。また、その繕ったところ。「煤けた障子の一を続けながら」〈藤村・嵐〉❷その場しのぎの処置。

こうや-こけしのぶ【高野×苔忍】コケシノブ科の常緑、多年生のシダ。樹幹や岩上に生える。葉は多数に分かれ、各裂片に1本の葉脈をもつ。名は、発見された高野山にちなむ。

こうや-さい【後夜祭】学園祭などで、最終日の夜に行われる、しめくくりの行事。⇔前夜祭。

こうや-さん【高野山】㊀和歌山県北東部の山地。標高1000メートル内外の山に囲まれた準平原。真言宗の総本山金剛峰寺と門前町の高野町がある。平成16年(2004)「紀伊山地の霊場と参詣道」の一部として世界遺産(文化遺産)に登録された。㊁金剛峰寺の山号。

こうや-さんかた【高野三方】平安時代以来、分かれた高野山の僧徒の三派の称。学侶方・行人方・聖方となっていたが、明治以降は廃止、統合された。

こうやさん-だいがく【高野山大学】和歌山県伊都郡高野町にある私立大学。明治19年(1886)設立の真言宗古義大学林を母体に、大正15年(1926)旧制大学となり、昭和24年(1949)新制大学に移行。

こう-やちょう【公冶長】中国、春秋時代の人。字は子長。孔子の門人で女婿。鳥の言葉を解したという。生没年未詳。

ごう-やど【郷宿】江戸時代、村の世話役や農民が公用で城下町または陣屋などへ行った際の定宿。

こうや-どうふ【高野豆腐】《もと、高野山の宿坊でつくったところから》「凍り豆腐」に同じ。(季冬)

こうや-の-たまがわ【高野の玉川】高野山にある川。六玉川の一つで、奥院の大師廟の近くを流れる。

こうや-の-まんねんごけ【高野の万年×蘚】コウヤノマンネンゴケ科の蘚類。横にはう地下茎から直立茎を出し、その先に枝を羽状に出す。高野山では乾燥させたものをお守りにする。

こうや-のり【▽紺屋×糊】紺屋で文様を染め出すとき、白抜きにする部分に塗る糊。こんやのり。

こうや-ばん【高野版】高野山で開板された仏典の総称。狭義には、鎌倉以降に真言宗一門で一定の板型で開板されたものをさす。

こうや-ひじり【高野▽聖】❶地方伝道のために、高野山から派遣された回国の僧。学侶方・行人方に対して、聖方のこと。のちには、高野山の下級の僧。また、その服装をした乞食僧。❷タガメの別名。(季夏)◆書名別項。

こうやひじり【高野聖】泉鏡花の小説。明治33年(1900)発表。飛騨の山中を舞台に、高野の旅僧と魔性の美女との出会いを、夢幻的に描く。

こうや-ぼうき【高野×箒】キク科の落葉低木。関東以西の山野に自生。高さ60〜90センチ。幹は細くよく分枝し、枝には一年枝と二年枝とがある。秋、一年枝の先に白い花を開く。高野山で、この枝を使ってほうきを作るのでこの名がある。たまぼうき。

こうや-まいり【高野参り】❶高野山の金剛峰寺に参詣すること。また、その人。❷《「こうや(厠)」を掛けて、また、高野山に行って「髪を落とす」と「紙を落とす」を掛けて》便所に行くこと。

こうや-まき【高野×槙】コウヤマキ科の常緑高木。日本特産。山地に自生。葉は束生し、厚く長い針状で両面に浅い溝がある。雌雄同株。3月ごろ、枝の先に黄褐色で群生する雄花と、単生する雌花がつく。材は建築や家具に用いる。庭園にも植えられるが、高野山に多く産するのでこの名がある。

こうやま-せいじろう【神山征二郎】[1941〜　]映画監督。岐阜の生まれ。新藤兼人の「近代映画協会」に参加、「鯉のいる村」で監督デビュー。代表作は「看護婦のオヤジがんばる」「ふるさと」のほか、五木寛之のエッセーをもとにした「大河の一滴」など。

こうやものぐるい【高野物狂】謡曲。四番目物。金春以外の各流。高師四郎が、出奔した主君の遺子春満丸を尋ね歩いたすえ、狂乱して高野山にたどり着き、春満丸に再会する。

こうや-やく【▽紺屋役】江戸時代、紺屋に課された冥加金。藍瓶の個数に応じて課されたので藍瓶役ともいう。こんややく。

こうやりゅうじん-こくていこうえん【高野竜神国定公園】奈良・和歌山の県境、高野山からその南方の竜神温泉にかけての地域を占める国定公園。高野山周辺にコウヤマキ自然林がある。

こう-やれん【高野連】日本高等学校野球連盟の略称。

こうや-わらび【高野×蕨】メシダ科の多年生のシダ。原野や水辺の湿った所に生える。夏、胞子葉が出て、穂のように胞子嚢をつける。

こう-ゆ【香油】頭髪につけたり体に塗ったりする、においのよいあぶら。

こう-ゆ【高諭】他人を敬って、その説諭をいう語。「御一を拝聴する」

こう-ゆ【鉱油】石油など、鉱物質のあぶら。

こう-ゆ【×膏油】❶《「膏」は粘性の強いあぶら、「油」は液体状のあぶらの意》あぶら。研磨用・灯火用などに使用する。❷膏薬。〈日葡〉

こう-ゆ【×膏×腴】〔名・形動〕地味が肥えていること。また、そういう土地や、そのさま。膏沃。

こう-ゆう【公有】〔名〕スル 国または公共団体が所有していること。⇔私有。(類語)国有・民有・私有・官有

こう-ゆう【孔融】[153〜208]中国、後漢の学者。魯(山東省)の人。字は文挙。孔子20世の孫。献帝に仕え、学問を興隆させたが、曹操に憎まれ、処刑された。「建安七子」の一人。著「孔北海集」。

こう-ゆう【交友】友人として交際すること。また、その友人。「あの人とも一がある」「一関係」(類語)付き合い・交わり・人付き合い・社交・行き来・旧交・国交

こう-ゆう【交遊】〔名〕スル 人と親しく交際すること。「家族ぐるみで一する」「不純異性一」

こう-ゆう【後憂】のちの心配。後日のうれい。

こう-ゆう【校友】❶同じ学校に学ぶ友。また、同窓の友。❷学校側からみた、その学校の卒業生。(類語)(❶)学友/(❷)OB・OG

ごう-ゆう【合有】共同所有の一形態。各共同所有者はそれぞれの持ち分を有するが、共同目的のために拘束を受け、持ち分の処分や分割の請求には一定の制限がある。組合財産など。➡共有 ➡総有

ごう-ゆう【豪勇｜剛勇｜強勇】〔名・形動〕強くいさましいこと。勇気があってものおじしないさま。また、その人。「名だたる一の士」「一無双」

(類語)猛勇・武勇・豪気・勇猛・ヒロイック・勇ましい・雄雄しい・凛凛しい・勇壮・勇敢・忠勇・果敢・精悍・壮ん・壮烈・英雄的(「一と」「一たる」の形で)敢然・決然・凛然・凛凛・凛乎・颯爽

ごう-ゆう【豪遊】〔名〕スル 惜しげもなく金を使って、はでに遊ぶこと。また、その遊び。「芸者をあげて一する」(類語)遊び・遊興・遊蕩・遊楽・道楽・放蕩・清遊

ごう-ゆう【豪雄】〔名・形動〕なみはずれて強いこと。また、そのさまや、そういう人。「流石の一も心のみ、矢たけに逸れども」〈竜渓・経国美談〉

ごう-ゆう【×遨遊】〔名〕スル 盛んに遊ぶこと。

こう-ゆうい【康有為】[1858〜1927]中国、清末の思想家・政治家。南海(広東省)の人。号は長素。光緒帝の信任を受け変法自強策を唱えたが、西太后らの反撃で失脚し、日本に亡命。孫文らの革命派と対立した。著「大同書」など。カン＝ユーウェイ。

こうゆう-かい【校友会】❶その学校の教職員・在校生が組織する会。また、その会合。❷その学校の卒業生を中心に組織される会。また、その会合。

こうゆう-ざいさん【公有財産】❶国または公共団体が所有する財産。❷地方自治法上、地方公共団体の所有する不動産や、地上権・地役権などの権利、有価証券などの財産。

こうゆう-すいめん【公有水面】河・海・湖・沼その他の公共の用に供する水流・水面で、国が所有するもの。

こうゆうすいめんうめたて-ほう【公有水面埋立法】国が所有し公共に用いられる河川・海・湖・沼などの公有水面の埋め立て・干拓に関する法律。大正11年(1922)施行。埋め立てを行うには都道府県知事の免許が必要であることや、漁業権者などへの補償、埋め立て後の土地の所有権取得などを規定している。

こうゆう-ち【公有地】地方公共団体の所有地。

こう-ゆう-ちん【高優賃】「高齢者向け優良賃貸住宅」の略。

こうゆう-りん【公有林】地方公共団体が所有する森林。

こう-よ【皇×輿】天皇の乗る輿。

こう-よう【公用】❶おおやけの用事。国や公共団体、または勤務する会社などの用務。公務。「一で出張する」⇔私用。❷国や公共団体が使用すること。「一に供する」⇔私用。

こう-よう【功用】役に立つこと。働き。ききめ。「源内、これを見て、その一を問ひ帰り」〈蘭学事始〉

こう-よう【広葉】幅の広い葉。広葉樹の葉。

こう-よう【光×耀】光り輝くこと。また、そのもの。「火が燃えしきるときにぱッと立つところの一に似たようなものが」〈阿部知二・冬の宿〉

(類語)光・明かり・灯・灯火・ともし火・輝き・煌めき・光線・光明・光輝・光彩・光芒・閃光・ライト

こう-よう【孝養】〔名〕スル 子が親を大切に養うこと。きょうよう。「一を尽くす」

こう-よう【効用】❶使いみち。用途。「うその一」❷ききめ。効能。「薬の一」❸経済学で、消費者が財やサービスを消費することによって得る主観的な満足の度合い。(類語)効き目・効果・効能・効力・実効・効験・霊験・効・験・甲斐・徴・成果・用

こう-よう【後葉】❶後代。後世。また、子孫。「平氏の一」❷脳下垂体の後部。

こう-よう【紅葉】〔名〕スル 秋になって葉が紅色に変わること。また、その葉。葉緑素がなくなり、アントシアンなどの色素が蓄積して起こる。黄葉を含めていうこともある。もみじ。「全山みごとに一する」(季秋)「一の色きはまりて風を絶つ／宋淵」(類語)黄葉・紅葉

こう-よう【航洋】船で海を渡ること。航海。

こう-よう【高揚｜×昂揚】〔名〕スル 精神や気分などが高まること。また、高めること。「士気が一する」「自主独立の精神を一する」

(類語)興奮・熱狂・熱中・感奮・激発・激昂・逆上・上気・エキサイト・フィーバー(一する)高ぶる・のぼせる・激する・かっとなる・いきり立つ・逸り立つ・わくわくする・ぞくぞくする・どきどきする

こう-よう【黄葉】〔名〕スル 秋になって葉が黄色く変わること。また、その葉。葉緑素を失い、カロテノイドが目立つようになって黄変する。「イチョウ並木が一する」(季秋)(類語)紅葉・紅葉

こう-よう【綱要】基本となる主要なところ。骨子。多く書名に用いられる。「物理学一」

こう-よう【×斯う様】〔形動ナリ〕《「かくよう」の音変化》このよう。かよう。「一におどろかし聞こゆる類多かめれど」〈源・賢木〉

こう-よう【×洸洋｜×滉洋】〔ト・タル〕㊎〔形動タリ〕水が深くて広いさま。また、学説・議論などが深く広いさま。「一たる蒼海の有様」〈漱石・草枕〉

こうよう-えいぞうぶつ【公用営造物】国または公共団体が自ら使用する営造物。官公署・試験所・刑務所など。

こうようかち-せつ【効用価値説】財の価値は、人々が主観的に判断する効用によって決まるとする学説。オーストリア学派によって提唱された。主

観価値説。➡労働価値説

こうようぐんかん【甲陽軍鑑】江戸初期の軍学書。20巻。武田信玄の臣、高坂昌信の著述というが、小幡景憲(おばたかげのり)編纂説が有力。信玄を中心とし、甲州武士の事績・心構え・理想を述べたもの。

こうよう-ご【公用語】ある国や地域で、おおやけの場での使用が定められている言語。また、国際機構や国際機関で、おおやけの場での使用が定められている言語。一つの言語とは限らない。

こうよう-ざいさん【公用財産】国有財産の一。行政財産に属し、国において国の事務・事業または職員の住居の用に供し、または供すると決定したもの。官庁の庁舎など。

こうよう-ざん【広葉▽杉】スギ科の常緑高木。葉は硬く鎌のような形で、小枝に密に並ぶ。4月ごろ、雄花と雌花とをつける。中国原産で、日本には江戸時代に渡来。オランダもみ。琉球杉(りゅうきゅうすぎ)。広東杉(カントンすぎ)。

こうよう-じゅ【広葉樹】被子植物のうちの双子葉類の樹木。幅が広く平たく、表裏のある葉をつける。サクラ・クヌギなど。闊葉樹(かつようじゅ)。⇔針葉樹。

こうよう-じゅ【硬葉樹】常緑で、小形で厚く硬い葉をもつ木。コルクガシ・オリーブ・ユーカリなど。

こうよう-しゅうよう【公用収用】▶公用徴収

こうようじゅ-りん【広葉樹林】大部分を広葉樹が占める森林。温帯から熱帯にかけて分布。日本では、ブナ・ミズナラ・カエデなどが主体の落葉広葉樹林と、シイ・カシ・タブノキ・クスノキなどが主体の常緑広葉樹林がみられる。

こうようじゅ-りん【硬葉樹林】植物群系の一。硬葉樹を中心とするもの。夏は乾燥し、冬に降水量の多い地中海沿岸などに発達。

こうよう-せいげん【公用制限】国や公共団体が特定の公益事業の需要を満たすために、特定の財産権に加える公法上の制限。

こうよう-ちょうしゅう【公用徴収】国や公共団体が特定の公益事業の用に供するために、特定の財産権を強制的に取得すること。公用収用。

こうよう-にん【公用人】❶江戸時代、大名・小名の家で、幕府に関する用務を取り扱った役。❷明治初年、各藩で、それ以前の留守居役にあたる職務を執り行った役。

こうよう-ふたん【公用負担】国や公共団体が特定の公益事業の目的に供するために、強制的に国民に課する経済的負担。

こうよう-ぶつ【公用物】公物のうち、官公署の建物や国立・公立学校の建物など、直接に国または公共団体の使用に供されるもの。➡公共用物

こうよう-ぶん【公用文】国や公共団体が出す文書や法令などに用いる文章。

こうようぶんしょとう-きざい【公用文書等毀棄罪】公的機関が使用のために保管している文書や電磁的記録を破壊する罪。刑法第258条が禁じ、3か月以上7年以下の懲役に処せられる。

こうよう-もん【高陽門】平安京大内裏豊楽院(ぶらくいん)の門の一。東廊中門。東掖(とうえき)門。

こう-よく【×膏沃】〔名・形動〕「膏腴(こうゆ)」に同じ。

ごう-よく【強欲｜強×慾】〔名・形動〕非常に欲が深いこと。また、そのさま。「一な高利貸し」「一非道」〔派生〕ごうよくさ〔名〕〔類語〕欲張り・欲深・貪欲・がめつい・胴欲・慳貪(けんどん)・あこぎ

こうよく-ひこうき【高翼飛行機】主翼が胴体の中心線よりも上に取り付けられている単葉飛行機。高翼機。

ごう-よしひろ【郷義弘】鎌倉末期の刀工。越中の人。義広とも記す。通称、右馬允。正宗十哲の一。吉光・正宗と並び、三作と称される。生没年未詳。

こう-よしみつ【幸祥光】[1892～1977]能楽師。小鼓方幸流16世宗家。東京の生まれ。明治から昭和にかけて不世出の名人とうたわれた。

こうよぜんらんず【皇輿全覧図】中国全土の最初の科学的実測地図。清の康熙(こうき)帝の勅命により、フランス人のイエズス会士レジスらを中心に作製され、1717年に完成。

こう-ら【甲羅】❶《「ら」は接尾語》カメ・カニなどの背中の部分を覆う硬い殻。甲。❷人の背中。❸《「功」「劫」にかけて》年の功。長い経験。

甲羅が生・える　長年の経験から要領よくなったり、ずるくなったりする。「一えた古参社員」

甲羅を◦経る　年功を積む。熟練する。また、世間ずれしてずうずうしくなる。劫臈(こうろう)を経る。

甲羅を干・す　甲羅干しをする。

こう-ら【香×螺】ナガニシの別名。〔季 夏〕

こう-ら【公▽等】〔代〕二人称複数の人代名詞。あなたがた。諸君。「一日本の大学生と」〈漱石・三四郎〉

こう-らい【光来】・【高来】他人を敬って、その来訪をいう語。おいで。光臨。「御一を仰ぐ」〔類語〕光臨・来駕(らいが)・枉駕(おうが)・来車・来臨

こう-らい【後来】❶こののち。行く末。将来。「手を取って一を語ることも出来ず」〈左千夫・野菊の墓〉❷遅れて来ること。また、その人。「呼び入れて、一とて酒すすめて」〈沙石集・九〉

こうらい【高麗】■㊀朝鮮の王朝の一。936年、王建が朝鮮半島全土を統一して建国。都は開城。仏教文化が栄えたが、13世紀には元に服属。1392年、李成桂(りせいけい)に滅ぼされた。こま。㊁高句麗(こうくり)。また、広く朝鮮の異称。■「高麗縁(こうらいべり)」の略。

こうらい-うぐいす【高▽麗×鶯】スズメ目コウライウグイス科の鳥。全長26センチくらい。全体に黄色で、尾や翼の先、目から後頭部にかけて黒い。中国・朝鮮半島・東シベリアに分布。日本では迷鳥。鳴き声がよい。ウグイスとは別種。黄鶯(こうおう)。黄鳥(こうちょう)。朝鮮鶯。

こうらい-がき【高▽麗垣】袖垣(そでがき)の一。竹や葭(よし)などをあらい菱格子(ひしごうし)に組んだもので、多く手水鉢(ちょうずばち)の後ろに設ける。

こうらい-がらす【高▽麗×烏】カササギの別名。〔季 秋〕

こうらい-きじ【高▽麗×雉】キジ目キジ科の鳥。全長約80センチ。全体に褐色で、くびに白い輪がある。朝鮮半島原産で、日本では北海道と対馬(つしま)に生息。

こうらい-し【高麗史】史書。139巻。高麗朝の歴史を紀伝体で記したもので、李朝世宗の勅命により鄭麟趾(ていりんし)らが撰。1451年成立。世家(本紀)46巻・志39巻・列伝50巻・年表2巻・目録2巻から成る。

こうらい-しば【高▽麗芝】イネ科の多年草。シバに似る。本州以南から中国・東南アジアにかけて産し、芝生用。いとしば。

こうらい-じょく【高▽麗▽卓】茶の湯で用いる棚物の一。書院の床の中央に置き、香炉・香合・花瓶などを置いて飾る。高麗台子(だいす)を半分にしたもので、高さ1尺5寸(約45.5センチ)、棚は1尺2寸(約36.4センチ)四方。

こうらい-せいじ【高▽麗青磁】朝鮮、高麗時代の青磁。素地(きじ)に彫った文様に赤土・白土などを嵌入(かんにゅう)して製する象眼青磁は、その代表。

こうらい-せんべい【高▽麗煎餅】小麦粉と砂糖をこね合わせ、薄くのばして型で抜き焼いた菓子。江戸時代に大坂で売り出された。

こうらい-だいす【高▽麗台子】茶の湯で用いる棚物の一。4本柱の黒塗りのもの。高さ1尺5寸(約45.5センチ)、長さ2尺4寸(約72.7センチ)、幅1尺2寸(約36.4センチ)。

こうらい-ぢゃわん【高▽麗茶×碗】朝鮮から渡来して、桃山時代以降、茶人に抹茶茶碗として珍重された陶磁器の総称。主として李朝初期から中期にかけて焼かれたもので、井戸茶碗・三島手(みしまで)などがある。

こうらい-にんじん【高▽麗人▽参】▶朝鮮人参

こうらい-ばし【高▽麗端｜高▽麗▽縁】「こうらいべり」に同じ。「一の、筵(むしろ)青うこまやかに厚きが」〈枕・二七七〉

こうらい-ばん【高▽麗版】高麗王朝時代に出版された書籍の総称。仏教関係の典籍が多く現存する。高麗本。

こうらい-べり【高▽麗×縁｜高▽麗▽端】畳の縁(へり)の一種。白地の綾に雲形や菊花などの紋を黒く織り出したもの。紋に大小があり、親王・大臣などは大紋、公卿は小紋を用いた。のちには、白麻布に黒の小紋を染めたものをもいう。高麗。こうらいばし。

こうらい-もん【高▽麗門】本柱2本と控え柱2本とからなる門。本柱上に切妻屋根、控え柱上にも別に屋根がかかる。主として城郭の門に用いられた。

こうらい-や【高麗屋】歌舞伎俳優の松本幸四郎、およびその一門の屋号。

こうらい-やき【高▽麗焼】朝鮮で作られた陶磁器の総称。朝鮮を俗に高麗と称したところからの名。➡高麗茶碗

ごうら-おんせん【強羅温泉】神奈川県南西部、箱根町にある温泉。泉質は主に塩化物泉・含鉄泉・硫黄泉。

こう-らく【行楽】山野などに行って遊び楽しむこと。遊山(ゆさん)。「一に出かける」「一客」〔類語〕観光・探勝

こう-らく【攻落】〔名〕スル 攻め落とすこと。「敵城を一する」

こう-らく【後楽】《范仲淹(はんちゅうえん)「岳陽楼記」の「天下の楽しみに後(おく)れて楽しむ」から》世間の人々の楽しみを先にし、自分はあとで楽しむこと。「先憂一」

こう-らく【恋ふらく】《「こ(恋)ふ」のク語法》恋をすること。恋い慕うこと。「かくしあらば何か植ゑけむ山吹の止む時もなく一思へば」〈万・一九〇七〉

こう-らく【黄落】〔名〕スル 木の葉や果実が黄色に色づいて落ちること。「一期」〔季 秋〕「一の夜目にもしるき一樹かな／古郷」

こうらく-えん【後楽園】㊀東京都文京区にある池泉回遊式庭園。寛永6年(1629)水戸藩主徳川頼房が起工したが、焼失。その子、光圀(みつくに)が明朝の臣朱舜水(しゅしゅんすい)の意見を取り入れて寛文9年(1669)ころに完成。現在その一部が残り、付近にドーム球場・遊園地などがある。小石川後楽園。㊁岡山市にある池泉回遊式庭園。藩主池田綱政により、元禄13年(1700)ころに完成。金沢の兼六園、水戸の偕楽園(かいらくえん)とともに日本三名園の一。

こうらくえん-やき【後楽園焼】❶水戸徳川家の御庭焼き。宝暦年間(1751～1764)に後楽園㊀で創始。初めは楽焼き、のち交趾(こうち)写しを焼いた。❷岡山藩の御庭焼き。正徳年間(1711～1716)に後楽園㊁で創始。俗に色絵備前などとよばれる。

こうらく-シーズン【行楽シーズン】行楽にふさわしい季節。行楽でにぎわう時期。

こうらくじ-は【康楽寺派】鎌倉末期から室町時代の絵仏師の一流派。信濃国康楽寺の浄賀(じょうが)を祖とし、浄土真宗関係の仏画などを多く制作。

こうらく-ち【行楽地】野外施設や観光名所などがあって行楽に適した土地。

こうら-さん【高良山】福岡県久留米市にある山。中腹に高良大社、西斜面に神籠石(こうごいし)がある。

こうら-たいしゃ【高良大社】福岡県久留米市にある神社。旧国幣大社。主祭神は高良玉垂命(こうらたまたれのみこと)。八幡大神・住吉大神を配祀。筑後国一の宮。

こうら-ぼし【甲羅干し】腹ばいになって背中を日光に当てること。日光浴。

こうら-むし【甲羅蒸(し)】カニの甲羅に、ほぐしたカニの身や野菜・卵黄などを調味して詰め、蒸したもの。〔季 冬〕

こう-らん【勾欄】「高欄(こうらん)❶」に同じ。

こう-らん【紅×蘭】紅色の花が咲くラン類。

こう-らん【高覧】相手を敬って、その人が見ることをいう語。「御一に供する」

こう-らん【高欄】❶宮殿・神殿などのまわりや、橋・廊下などの両側につけた欄干(らんかん)。擬宝珠(ぎぼし)高欄・跳(はね)高欄などがある。勾欄(こうらん)。❷いすのひじ掛け。「御倚子(ごいし)にうちかけられて、一折れにけり」〈岩瀬本大鏡・宇多〉❸牛車(ぎっしゃ)の前後の、口の下のほうに張り渡した低い仕切りの板。軾(とこじき)。

こう-らん【×攪乱】〔名〕スル「かくらん(攪乱)」に同じ。「ただ地方を一するために、乱暴狼藉を働いたと見られては」〈藤村・夜明け前〉

こう-らんけい【広卵形】幅のひろい卵形。葉や

花弁などの形を表すのに用いる語。
こうらん‐けい【香嵐渓】カウラン 愛知県豊田市足助(あすけ)町にある渓谷。矢作(やはぎ)川支流の巴(ともえ)川と足助川の合流点手前にある約1キロメートルの渓流。背後に飯盛山がそびえ、その山麓に香積(こうじゃく)寺がある。紅葉の名所。愛知高原国定公園の一部。名は、香積寺の「香」と京都嵐山の「嵐」の2文字から。
こ‐うり【小売(り)】〔名〕スル 消費者に対して、直接商品を販売すること。「一価格」「一店」〔類語〕卸・卸売り・仲買
こう‐り【公吏】明治憲法下の地方公共団体の職員。現在の地方公務員。
こう‐り【公利】公共の利益。公益。⇔私利。
こう‐り【公理】❶一般に通用する道理。❷数学で、論証がなくても自明の真理として承認され、他の命題の前提となる根本命題。❸自明であると否とを問わず、ある理論の前提となる仮定。
〔類語〕論理・理(り)・理屈(りくつ)・道理・事理・条理・純理・理法・ロジック・理論・セオリー・原理・プリンシプル・定理
こう‐り【功利】❶功名と利得。功績と利益。また、功績や利益を上げること。❷幸福と利益。
こう‐り【行×李｜×梱】カウ ❶竹や柳で編んだ箱形の物入れ。旅行の際に荷物を運搬するのに用いたが、今日では衣類の保管などに使用。「柳一」❷旅行に持っていく荷物。旅のしたく。また、旅。❸軍隊で、戦闘や宿営に必要な資材などを運ぶ部隊。旧日本陸軍には、大行李と、小行李とがあった。
こう‐り【高利】カウ ❶高い利息。また、高い利率。「一の金を借りる」⇔低利。❷大きな利益を得ること。また、その利益。巨利。「一を博する」
こう‐り【黄×鸝】クワウ コウライウグイスの別名。
ごう‐り【合理】ガフ 道理にかなっていること。論理的に正当であること。〔類語〕合理的・理詰め
ごう‐り【×毫×釐｜×毫×厘】ガウ ごくわずかなこと。ほんの少し。ごうりん。「それは縦令(たとい)一の距離であっても」〈有島・宣言〉
毫釐の差は千里の謬(あやまり)《「礼記」経解から》少しの違いがついには大きな違いを生じるということ。わずかな違いが大きな誤りをもたらすこと。
ごうり‐か【合理化】ガフリクワ〔名〕スル ❶道理にかなうようにすること。また、もっともらしく理由づけをすること。「自説を強引に一する」❷能率を上げるためにむだを省くこと。特に、企業などで、省力化・組織化によって能率を上げ、生産性を高めようとすること。「経営を一する」❸心理学で、たとえば言い訳のように、理由づけをして行為を正当化すること。
ごうりか‐カルテル【合理化カルテル】ガフリクワ 同一業種の各企業が合理化のために協定を結ぶ連合形態。日本ではかつて、独占禁止法の規定によって企業の合理化のために特に必要がある場合に、公正取引委員会の認可を受けて結ぶことができたが、平成11年(1999)廃止された。
こうり‐がし【高利貸し】カウ‐《「こうりかし」とも》高い利息を取って金銭を貸すこと。また、それを職業とする人。
ごう‐りき【合力】ガフ〔名〕スル ❶力を貸すこと。助力すること。「かくばかり見えすいた徒労に一するものは、一人もなかった」〈菊池寛・恩讐の彼方に〉❷金銭や物品を与えて助けること。「一銭二銭の一を願っていましたが」〈有島・片輪者〉
ごう‐りき【強力｜剛力】ガウ〔名・形動〕❶力が強いこと。また、そういう人や、そのさま。「一無双」❷登山者の荷物を背負い道案内をする人。「富士山の一」❸修験者に従って荷物を運ぶ下男。「いかにこれなる一、留(とど)まれとこそ」〈謡・安宅〉〔類語〕赤帽・ポーター
ごう‐りき【業力】ゴフ 仏語。果報を生じる業因の力。善業には善果を、悪業には悪果を生じる力。
こう‐りきし【高力士】カウ［684～762］中国、唐代の宦官(かんがん)。玄宗の側近として権勢を振るったが、安史の乱で失脚。
ごうりき‐はん【強力犯】ガウリキ 暴行・脅迫を手段とする犯罪。殺人罪・傷害罪・強盗罪など。実力犯。➡知能犯

こうり‐ぐん【公理群】➡公理系
こうり‐けい【公理系】一つの理論体系の出発点となっている公理の集まり。それぞれの公理は互いに独立し、かつ矛盾のないことが必要。公理群。
こうり‐しゅぎ【公理主義】すべての理論は、公理的方法によって構成されなければならないという主張。ドイツの数学者ヒルベルトによって提唱された。
こうり‐しゅぎ【功利主義】❶功利を第一とする考え方。❷幸福を人生や社会の最大目的とする倫理・政治学説。「最大多数の最大幸福」を原理とする。英国のベンサムやミルによって唱えられた。功利説。
ごうり‐しゅぎ【合理主義】ガフ ❶物事の処理を理性的に割り切って考え、合理的に生活しようとする態度。❷哲学で、感覚を介した経験に由来する認識に信をおかず、生得的・明証的な原理から導き出された理性的認識だけを真の認識とする立場。経験論に対比される。デカルト・スピノザ・ライプニッツ・ウォルフなどが代表的。合理論。理性論。唯理論。
こうり‐しょう【小売商】‐シャウ 流通経路の末端にあって、最終消費者を対象にして商品を小口に販売する業者。百貨店・スーパーマーケット・一般小売商など。
ごうり‐せい【合理性】ガフ ❶道理にかなった性質。論理の法則にかなった性質。❷むだなく能率的に行われるような物事の性質。「一に欠ける役割分担」
ごうり‐せい【郷里制】ガウ 律令制下の地方行政組織。大化の改新で国・郡・里を設け、50戸を1里として里長一人を置いたが、霊亀元年(715)里を郷とし、郷をさらに細分して2、3の里を設けて郷長・里正を置き、国・郡・郷・里の四段階にした。天平12年(740)里を廃止、郷制となった。➡国郡里制
こう‐りつ【工率】➡仕事率(しごとりつ)
こう‐りつ【公立】都道府県・市区町村などの地方公共団体が設立し維持すること。また、その施設。国立・私立と区別していう。私立に対して国立を含めていうこともある。〔類語〕国立・官立
こう‐りつ【効率】カウ ❶機械などの、仕事量と消費されたエネルギーとの比率。「一のよい機械」「熱一」❷使った労力に対する、得られた成果の割合。「一のよい投資」〔類語〕能率
こう‐りつ【高率】カウ 比率が高いこと。また、高い比率。「一の課税」⇔低率。
こうりつ‐がっこう【公立学校】‐ガクカウ 地方公共団体が設立・維持する学校。公立校。
こうりつがっこう‐せんたくせい【公立学校選択制】コウリツガクカウ‐ ➡学校選択制
こうりつ‐だいがく【公立大学】地方公共団体が設置する大学。地方独立行政法人法などに基づいて、公立大学法人が設置・運営する。全国に82校ある(平成24年7月現在)。➡国立大学
こうりつだいがく‐ほうじん【公立大学法人】‐ハフジン 公立大学・高等専門学校の設置・運営を行う地方独立行政法人。国立大学の国立大学法人化と併せて導入された法人制度で、それまで地方公共団体が運営していた公立大学に法人格を付与し、大学の独立性・効率性を高める狙いがある。➡国立大学法人
こうりつ‐てき【効率的】カウリツ‐〔形動〕効率がよいさま。むだがないさま。「一な財産の運用」
こうりつ‐はこだてみらいだいがく【公立はこだて未来大学】北海道函館市にある公立大学。函館市・北斗(ほくと)市などで構成する函館圏公立大学広域連合によって、平成12年(2000)に設立された。同20年(2008)公立大学法人となる。
こうり‐てき【功利的】〔形動〕物事を行うときに、効果や利益のみを重視するさま。「一な考えに傾く」
ごうり‐てき【合理的】ガフ‐〔形動〕❶道理や論理にかなっているさま。「一な自然界の法則」❷むだなく能率的であるさま。「一な処置」〔類語〕理詰め・合理
こうりてき‐ほうほう【公理的方法】‐ハウハフ ある科学領域について、定められた公理系だけを基礎にして、演繹(えんえき)的に理論を構成していく方法。公理論。
こうり‐てん【小売店】小売りをする店。消費者に直接品物を売る店。「大型一」

こうりにょう‐ホルモン【抗利尿ホルモン】カウリネウ‐ 脳下垂体後葉から分泌されるホルモン。腎臓の尿細管に作用して水分の再吸収を促進する。不足すると尿量が増加し尿崩症(にょうほうしょう)となる。ADH(antidiuretic hormone)。バソプレシン。
こう‐りゃく【広略】クワウ‐ 延言(えんげん)と略言(りゃくげん)。
こう‐りゃく【攻略】〔名〕スル ❶攻撃して奪い取ること。攻め落とすこと。「敵陣を一する」❷巧みに攻撃して相手を打ち負かすこと。説得して、相手の意思を変えさせることなどにもいう。「エースを一する」「押しの一手で一する」〔類語〕攻撃・襲撃・急襲・強襲・突撃・進撃・進攻・侵攻・攻勢・狙(ねら)い撃ち・征伐(せいばつ)・総攻撃・直撃・追撃・挟み撃ち・挟撃・出撃・追い撃ち・追撃・アタック・襲(おそ)う・攻める・攻め立てる
こう‐りゃく【後略】文章のあとの部分を省くこと。➡前略 ➡中略〔類語〕前略・中略
こうりゃく【康暦】カウリャク 南北朝時代、北朝の後円融天皇の時の年号。1379年3月22日～1381年2月24日。
こう‐りゃく【×寇×掠】〔名〕スル 他国に攻め入って、財貨などを奪い取ること。
ごう‐りゃく【×劫×掠｜×劫略】ゴフ〔名〕スル《古くは「こうりゃく」とも》おどして奪い取ること。「労働者を搾取し一することは」〈葉山・海に生くる人々〉
こう‐りゅう【×亢竜】カウ ➡こうりょう(亢竜)
こう‐りゅう【公流】‐リウ 公衆が自由に使用できる流水。
こう‐りゅう【勾留】‐リウ〔名〕スル 裁判所または裁判官が、被疑者・被告人の逃亡または罪証の隠滅を防止するため、これを拘禁する強制処分。未決勾留。
〔類語〕留置・拘置・検束・抑留・拘禁
こう‐りゅう【交流】カウリウ〔名〕スル ❶互いに行き来すること。特に、異なる地域・組織・系統の人々が行き来すること。また、その間でさまざまな物事のやりとりが行われること。「東西の文化が一する」「経済一」❷「交流電流」の略。⇔直流。
こう‐りゅう【江流】カウリウ 大きな川の流れ。中国では、特に揚子江の流れをいう。
こう‐りゅう【幸流】カウリウ 能の小鼓方の流派の一。永禄(1558～1570)のころ、幸四郎次郎忠能を流祖として起こったもの。子の名を取って幸五郎次郎流ともいう。
こう‐りゅう【拘留】‐リウ〔名〕スル ❶人を捕らえてとどめておくこと。「民間人を不当に一する」❷自由刑の一。1日以上30日未満の間、刑事施設に拘禁する刑罰。➡勾留〔類語〕懲役・禁錮
こう‐りゅう【後流】‐リウ 流体中を物体が運動するとき、その物体の後方にまわりこむようにできる流れ。航跡など。伴流。
こう‐りゅう【×蛟竜】カウ ➡こうりょう(蛟竜)
こう‐りゅう【興隆】〔名〕スル 勢いが盛んになること。「民族の一を促す」「庶民文化が一する」〔類語〕発展・発達・伸展・伸張・成長・隆盛・躍進・飛躍・展開・進展・拡大・進歩・進化・進む・伸びる・広がる
ごう‐りゅう【合流】ガフリウ〔名〕スル ❶二つ以上の川の流れが合わさって一つになること。「河口近くで一する」❷別々に行動していた人・集団・党派などが一つになること。「本隊に一する」
〔類語〕合体・合同・合併・連合・同盟・連盟・合一・併合
こうりゅう‐ぎょ【降流魚】カウリウ‐「降河魚(こうかぎょ)」に同じ。⇔昇流魚(しょうりゅうぎょ)
こうりゅう‐じ【広隆寺】クワウリュウ‐ 京都市右京区太秦(うずまさ)にある真言宗御室(おむろ)派の寺。山号は蜂岡山。推古天皇11年(603)秦河勝(はたのかわかつ)が聖徳太子の命を奉じて創建したと伝える。国宝の弥勒菩薩半跏像をはじめ多数の文化財を所蔵する。太秦寺。太秦太子堂。秦公寺(はたのきみでら)。蜂岡寺(はちおかでら)。川勝寺。葛野寺(かどのでら)。
こうりゅう‐じあい【交流試合】カウリウ‐ 普段は交流のない、異なる組織や国、地域に属する選手やチームとの試合。また、タイトルをかけないで両者の交流のために行う試合。交流戦。
こうりゅう‐じょう【勾留状】コウリウジャウ 被告人・被疑者を勾留するために裁判所または裁判官が発する令状。
こうりゅう‐じょう【拘留場】コウリウヂャウ 旧監獄法で規定さ

れていた監獄の種類の一つで、拘留の刑に処せられた者を拘禁する場所。刑務所や警察の留置施設がこれにあたる。補説他に、懲役監・禁錮監・拘置監が規定されていた。監獄法の改廃に伴い、法律上の名称は「刑事施設」に改められた。

こうりゅう-しょうじ【交流消磁】消磁の一種。交流電流などによって生じる磁場により磁性体の磁化を消し去ること。磁性体にかける磁場の振幅を漸近的に零に近づけることで消磁する。

ごうりゅう-てん【合流点】二つ以上の川の流れなどが合流する地点。

こうりゅう-でんどうき【交流電動機】交流電流によって動力を発生させる電動機。交流モーター。

こうりゅう-でんりゅう【交流電流】一定の周期で大きさと向きが交互に変化する電流。AC。⇔直流電流。

こうりゅう-はつでんき【交流発電機】交流起電力を発生する発電機。オルターネーター。

こうりゅうりゆう-の-かいじ【勾留理由の開示】勾留中の被告人・被疑者、その弁護人・配偶者などの利害関係人の請求に基づいて、裁判所が公開の法廷で勾留の理由を告げ、関係者の意見を聞く手続き。

こう-りょ【考慮】〔名〕スル 物事を、いろいろの要素を含めてよく考えること。「一に入れる」「一の余地がない」「相手の事情を一する」類語勘案・考察・勘定

こう-りょ【行旅】旅をすること。また、その人。「一の情」「むかし一を脅(おびや)かししこの城の遠祖(とおつおや)も」〈鴎外・文づかひ〉類語旅行・旅・遠出・客旅・羇旅・旅路・道中・旅歩き・トラベル・ツアー・トリップ・周遊

こう-りょ【高慮】他人を敬って、その人が考慮することをいう語。高配。「御一をいただく」

こうりょ【闔閭|闔廬】[?～前496]中国、春秋時代の呉の王。名は光。越王勾践と戦って傷つき、子の夫差に復讐を託して死去。

こう-りょう【口糧】❶兵士一人分の食糧。「携帯一」❷生活に必要な食糧や費用。

こう-りょう【工料】「工賃」に同じ。

こう-りょう【亢竜】天高く昇りつめた竜。富貴栄華を極めた者をたとえていう。こうりゅう。

亢竜悔いあり《「易経」乾卦から》天に昇りつめた竜は、あとは下るだけになるので悔いがある。栄達を極めた者は、必ず衰えるというたとえ。

こう-りょう【公領】朝廷・国衙・幕府などの領地。江戸時代には、天領にもいった。⇔私領。

こう-りょう【広量|宏量】〔名・形動〕❶度量が大きいこと。心のひろいこと。また、そのさま。「一な人物」⇔狭量。❷「荒涼□❷」に同じ。「一の御使かな」〈今昔・二六・一七〉❸「荒涼□❸」に同じ。「一して行くまじきなりけり」〈今昔・二七・八〉類語太っ腹・雅量・大量・広い・寛闊・寛大・寛容・寛弘

こう-りょう【光量】一定の面を一定時間内に通過する光のエネルギーの総量。

こうりょう【向陵】旧制第一高等学校の別名。東京都文京区向丘にあったところからいう。

こうりょう【江陵】㊀大韓民国北東部、日本海に面する都市。新羅以降の遺跡が多い。カンヌン。㊁中国湖北省中南部の都市。古くから軍事・交通の要衝として発展した。チアンリン。

こう-りょう【考量】〔名〕スル 物事をあれこれ考え合わせて判断すること。「利害を慎重に一する」

こう-りょう【後梁】㊀中国、五代最初の王朝。907年、唐の節度使朱全忠が唐を滅ぼして建国。都は汴京(開封)、のち洛陽。923年、後唐の李存勗に滅ぼされた。㊁南朝の梁の異称。

こう-りょう【後涼】中国、五胡十六国の一。386年、氐族の呂光が前秦から独立して建国。都は姑臧。403年、後秦の姚興に滅ぼされた。ごりょう。

こう-りょう【皇陵】天皇の墳墓。みささぎ。

こう-りょう【荒涼】□〔名・形動〕❶荒れ果ててものさびしいこと。また、そのさま。「三千代は自分の一な胸の中を」〈漱石・それから〉❷漠然として要領を得ないこと。また、そのさま。「題の本意もなくすこぶる一なる方もあり」〈無名抄〉❸軽はずみに物事を行うこと。うっかりすること。また、そのさま。「一に物を難ずまじきなり」〈無名抄〉❹物の言い方が尊大であること。また、そのさま。「一の申し様かな」〈平家・九〉□〔ト・タル〕図〔形動タリ〕風景などが、荒れ果ててものさびしいさま。また、生活や気持ちなどが荒れすさんでいるさま。「一としたツンドラの平原」「一たる心境」類語殺風景・寂しい・寂寥・寂寞・索莫・落莫・蕭然・蕭蕭・蕭条・蕭殺・寥寥・寂然・寂然

こう-りょう【虹梁・高梁】社寺建築における梁の一種で、虹のようにやや弓なりに曲がっているもの。

こう-りょう【香料】❶食品や化粧品などに芳香をつける材料とするもの。❷「香典」に同じ。

こう-りょう【校了】〔名〕スル 校正がすっかり終わること。「一した校正刷り」「一日」

こう-りょう【高梁】▶コーリャン

こう-りょう【黄梁】オオアワの別名。

黄梁一炊の夢 ▶邯鄲の枕

こう-りょう【蛟竜】❶中国古代の、想像上の動物。水中にすみ、雲や雨に乗じて天に昇り竜になるといわれる。みずち。こうりゅう。❷時運にめぐり会えず、実力を発揮できないでいる英雄や豪傑のたとえ。こうりゅう。

蛟竜雲雨を得《「呉志」周瑜伝から》英雄や豪傑が、時運にめぐり会って才能を発揮する。

こう-りょう【綱領】❶物事の最も大切なところ。要点。眼目。❷政党や労働組合などの団体の政策・方針などの基本を示したもの。

こう-りょう【稿料】原稿料。

こう-りょう【衡量】〔名〕スル ❶はかりにかけて重さをはかること。量をはかること。称量。❷あれこれ勘案すること。考え合わせること。「容疑者のプライバシーと人格権とを比較一する」

こう-りょう【荒寥】〔ト・タル〕図〔形動タリ〕「荒涼□」に同じ。「一とした原野」

こうりょう-き【黄竜旗】中国の清朝の国旗。黄色の地に竜を描いた旗。

こう-りょうし【光量子】▶光子

こうりょうし-かいろ【光量子回路】量子力学の原理を応用した回路の一。情報量の最小単位ビットを0か1かで表現する従来の方法に対し、量子力学的に重ね合わせの状態にある光子を用いた量子ビットを制御する。量子コンピューターの実用化に役立つ基礎技術として期待される。

こうりょうし-かせつ【光量子仮説】1905年にアインシュタインが提唱した光を粒子とする仮説。アインシュタインは光のエネルギーEをプランク定数h、振動数νを用いてE=hνと表し、光電効果により金属表面から飛び出してくる電子のエネルギーを正しく説明した。光量子説。光量子論。

こうりょうし-せつ【光量子説】▶光量子仮説

こうりょうし-ろん【光量子論】▶光量子仮説

こうりょう-たいへいづか【虹梁大瓶束】虹梁の中央上に大瓶束を立て、その上の斗栱で棟木を支える妻飾りの形式。

こうりょう-でん【後涼殿】▶こうろうでん(後涼殿)

こうりょう-ど【高陵土】▶カオリン

こうりょう-ばな【虹梁鼻】虹梁のように上方に反っている鼻。反り鼻。「鼻がまた大きなは一で候ふもの」〈虎明狂・今参〉

こう-りょく【光力】光の強さや明るさ。

こう-りょく【合力】《「ごうりょく」とも》「ごうりき(合力)」に同じ。

こう-りょく【抗力】❶物体が他の物体に接触して力を及ぼすとき、その力に対する反作用として他の物体が及ぼし返す力。❷航空機など、流体中を運動する物体が、運動を妨げる方向で、流体から受ける力。

こう-りょく【効力】効果を及ぼすことのできる能力。「一を発揮する」「一を失う」類語効果・作用・効き目・徴し・成果・効う・実効・効験・効能・効用・甲斐・霊験・験

ごう-りょく【合力】〔名〕スル ❶力学で、物体に二つ以上の力が作用するとき、それらの力と効果が等しい一つの力。合成力。⇔分力。❷▶ごうりき(合力)

こうりょく-きてい【効力規定】ある行為から法的効力の発生する要件を定めている規定で、その規定に違反した行為が無効となるもの。⇒訓示規定

こうりょく-きん【合力金】❶施し与える金。援助の金。❷江戸城大奥に仕える女中に与える給金。ごうりききん。

こうりょ-しぼうにん【行旅死亡人】旅の途中で身元がわからないまま死んだ人。行き倒れ。

こうりょ-びょうしゃ【行旅病者】「行路病者」に同じ。

こうり-ろん【公理論】▶公理的方法

ごうり-ろん【合理論】▶合理主義❷

こうりん【光琳】▶尾形光琳

こう-りん【光輪】❶キリスト教美術で、キリスト・聖母・天使などの聖性・栄光の象徴として頭のまわりに描かれる輪。輪光。ニンブス。❷仏・菩薩のからだから発する円満の光。衆生の煩悩を砕く智慧の光。

こう-りん【光臨】他人を敬って、その来訪をいう語。「御一を仰ぐ」類語光来・来駕・枉駕・来車・来臨

こう-りん【後輪】車のうしろの車輪。⇔前輪。

こう-りん【降臨】〔名〕スル《古くは「ごうりん」とも》❶天上に住むとされる神仏が地上に来臨すること。「天孫一」❷他人を敬って、その出席をいう語。

ごう-りん【毫釐】「ごうり(毫釐)」に同じ。「至正公平一も誤りなきに」〈染崎延房・近世紀聞〉

こうりん-か【紅輪花】キク科の多年草。山地にみられ、高さ約50センチ。葉はさじ形。夏から秋、茎の先に、濃い橙色の頭状花を数個つける。

こうりん-ぎく【光琳菊】尾形光琳が創始した、装飾的な菊の図柄。

こうりん-きん【口輪筋】口を取り巻く筋肉。口を開閉させる働きをする。

こうりんししつこうたい-しょうこうぐん【抗燐脂質抗体症候群】自己免疫疾患の一。細胞膜のリン脂質に反応する自己抗体が血液中に生じることにより、血液が凝固しやすくなり、血栓症・習慣流産・血小板減少症などを発症する。特定疾患(難病)の一。全身性エリテマトーデスと合併して発症することが多い。APS(antiphospholipid antibody syndrome; antiphospholipid syndrome)。

こうりん-なみ【光琳波】尾形光琳が創始した、装飾的な波の図柄。

こうりん-は【光琳派】▶琳派

こうりん-ふう【光琳風】光琳派のような画風。

こうりん-まきえ【光琳蒔絵】尾形光琳が始めた蒔絵。光悦蒔絵を模しつつ、斬新で華やかな意匠美を特色とする。

こうりん-みず【光琳水】光琳派独特の、装飾的な流水の図柄。

こうりん-もよう【光琳模様】光琳独特の意匠構成による模様。光琳菊・光琳水など。

こう・る【梱る】〔動ラ五(四)〕《「こうり(行李)」の動詞化か》縄をかけて荷づくりする。「ワタヲー・ル」〈和英語林集成(再版)〉

こう-るい【柑類】柑橘類のこと。

こう-るい【紅涙】❶血の涙。悲嘆にくれて流す涙をいう。❷女性の涙をたとえていう。「一を絞る」

こうるい-しょうちゅう【甲類焼酎】焼酎の種別の一。連続式蒸留機で蒸留した高純度のアルコールに水を加え、度数を調節したもの。そのまま飲むほか、無色透明でくせがないため酎ハイや梅酒などに向く。焼酎甲類。ホワイトリカー。⇒乙類焼酎

こ-うるさ・い【小煩い】〔形〕図こうるさ・し〔ク〕何かにつけうるさい。いちいち口出ししたりつきまとったりして、わずらわしい。「一・く小言を言う」類語面倒臭い・ややこしい・やかましい・くだくだしい・うっとうしい・気詰まり・煩雑・煩瑣・しち面倒・しち面倒臭い・厄介

こう-れい【交霊】カウ 生きている者と死者の霊魂とが交信し合うこと。「一現象」

こう-れい【×伉×儷】カウ《「伉」も「儷」も、つれあいの意》夫婦。また、夫婦の仲。「子爵と明子とが一を完まっうせんは」〈芥川・開化の殺人〉

こう-れい【好例】カウ 適切な例。適例。「夫唱婦随の一」「一を示す」類語 適例・見本

こう-れい【恒例】《古くは「ごうれい」とも》いつもきまって行われること。多く、儀式や行事にいう。また、その儀式や行事。「新春一の歌会」「一によって一言御挨拶申し上げます」類語 通例・定例・慣例・慣行

こう-れい【皇霊】クワウ 歴代の天皇の霊。

こう-れい【高×嶺】カウ 高いみね。たかね。

こう-れい【高齢】カウ ❶年老いていること。老年であること。老齢。❷集団をある年齢層で区切った際に、その中で年長であること。「一出産」
類語 老年・老齢・高年・年配

ごう-れい【号令】ガウ〔名〕スル ❶多くの人にあるきまった行動をとらせるため、大声で命令したり指図したりすること。また、その命令・指図。「一を掛ける」「生徒に一する」❷支配者が、命令を下して人々を従わせること。また、その命令。「天下に一する」類語 命令・言い付け・命め・令達・指令・下命・指示・指図さし・発令・沙汰さた・主命・君命・上意・達し・威令・厳令・厳命

ごう-れい【剛戻】ガウ 強情で心がねじけていること。剛愎ごうふく。

剛戻自みずから用もちう《「史記」秦始皇本紀から》強情で他人の意見に耳を傾けず、もっぱら自分の思うとおりに事を行う。

こうれい-ういざん【高齢初産】カウレイウヒザン「高年齢出産」に同じ。

こうれいうんてんしゃ-ひょうしき【高齢運転者標識】カウレイウンテンシャヘウシキ 70歳以上の自動車の運転者が、車体の前後に付けるマーク。水滴形を黒で縁取りして中央に白線を引き、その左側をオレンジ色、右側を黄色に塗ったもの。若葉マークに対してその色合いから紅葉もみじマークともいう。高齢者マーク。➡初心運転者標識 ➡身体障害者標識 ➡聴覚障害者標識
補説 道路交通法に基づく標識で、高齢者の自動車事故の増加に伴い、平成9年(1997)に導入。導入当初は75歳以上を対象とした努力義務だったが、同14年に対象年齢が70歳以上に変更。同20年6月から75歳以上の運転者には標示義務が課せられるも、同21年4月に努力義務に戻り、罰則もなくなった。同23年2月から新デザインのマーク(四つ葉マーク)が施行されたが、従前のマークも並用されている。

こうれいか-しゃかい【高齢化社会】カウレイクワシャクワイ 総人口に占める老年人口の比率が高まりつつある社会。日本では65歳以上の人口比率が7パーセントに達した昭和45年(1970)から始まったとされる。老人福祉などの対策が課題となる。老齢化社会。

こうれいか-りつ【高齢化率】カウレイクワリツ 総人口、または、ある地域の人口に、65歳以上の高齢者人口が占める割合。

こうれい-きん【好冷菌】カウレイ 普通の細菌の増えにくい低温でも繁殖する細菌。

こうれい-さい【皇霊祭】クワウレイ 旧制の国祭の一。毎年、春分・秋分の日に天皇みずから皇霊を祭る大祭。現在は天皇の私事として行われる。《季 春》➡春季皇霊祭 ➡秋季皇霊祭

こうれい-しゃ【高齢者】カウレイ 年老いた人。年齢が高い人。厳密な基準はなく、高齢運転者標識では70歳以上を対象とし、後期高齢者医療制度では65歳以上75歳未満を前期高齢者、75歳以上を後期高齢者という。また、WHO(世界保健機関)では65歳以上を高齢者とする。

こうれいしゃ-いりょう【高齢者医療】カウレイシャイレウ「後期高齢者医療制度」の略。

こうれいしゃ-えんかつにゅうきょ-ちんたいじゅうたく【高齢者円滑入居賃貸住宅】カウレイシャヱンクワツニフキヨチンタイヂユウタク 高齢者の入居を拒まない賃貸住宅。平成13年(2001)施行の高齢者居住法に基づいて、対象住宅の登録・閲覧制度が開始された。同23年の高齢者居住法改正により、高齢者専用賃貸住宅(高専賃)・高齢者向け優良賃貸住宅(高優賃)とともにサービス付き高齢者向け住宅に一本化された。高円賃。

こうれいしゃぎゃくたい-ぼうしほう【高齢者虐待防止法】カウレイシャギャクタイバウシハフ《「高齢者虐待の防止、高齢者の養護者に対する支援等に関する法律」の通称》家庭や養介護施設等での高齢者に対する虐待の防止を目的とする法律。平成18年(2006)施行。身体的・心理的・性的な虐待だけでなく、介護・世話の放棄、財産の不当な処分も虐待にあたる。通報の義務、養護者の負担軽減、国・地方自治体の責務等についても規定している。

こうれいしゃきょじゅうあんていかくほ-ほう【高齢者居住安定確保法】カウレイシャキョヂユウアンテイカクホハフ《「高齢者の居住の安定確保に関する法律」の通称》▶高齢者居住法

こうれいしゃきょじゅうあんてい-ほう【高齢者居住安定法】カウレイシャキョヂユウアンテイハフ《「高齢者の居住の安定確保に関する法律」の通称》▶高齢者居住法

こうれいしゃきょじゅう-ほう【高齢者居住法】カウレイシャキョヂユウハフ《「高齢者の居住の安定確保に関する法律」の通称》高齢者向けの良質な住宅の供給を促進し、高齢者が安心して生活できる居住環境を実現するための法律。高齢者向けの住宅を供給する事業者の認定、賃貸住宅の基準の設定、融資や税法上の優遇、終身建物賃貸借制度の実施などを定める。平成13年(2001)施行。高齢者住まい法。高齢者居住安定確保法。高齢者居住安定法。補説 平成23年(2011)に改正され、バリアフリー構造などを有し、介護・医療と連携して高齢者支援サービスを提供するサービス付き高齢者向け住宅の登録制度が創設された。

こうれいしゃすまい-ほう【高齢者住(ま)い法】カウレイシャすまひハフ《「高齢者の居住の安定確保に関する法律」の通称》▶高齢者居住法

こうれいしゃせんよう-ちんたいじゅうたく【高齢者専用賃貸住宅】カウレイシャセンヨウチンタイヂユウタク 高齢者の入居を拒まない高齢者円滑入居賃貸住宅のうち、専ら高齢者を対象とする住宅。「介護を受けながら住み続けられる住まい」の普及を目指して、国土交通省が高齢者居住法に基づいて平成17年(2005)12月に制度化。同23年の法改正により、高齢者円滑入居賃貸住宅(高円賃)・高齢者向け優良賃貸住宅(高優賃)とともにサービス付き高齢者向け住宅に一本化された。高専賃。

こうれいしゃ-デイサービス【高齢者デイサービス】カウレイシャー 要介護・要支援認定を受けた高齢者が昼間の一定時間、デイサービスセンターなどの施設で、食事・入浴・排泄などの介助や日常生活上の世話、機能訓練などを受ける、日帰りの通所介護サービス。老人デイサービス。

こうれいしゃのいりょうのかくほにかんする-ほうりつ【高齢者の医療の確保に関する法律】カウレイシャのイレウのカクホにクワンするハフリツ 高齢者の適切な医療の確保を図るため、医療費適正化推進計画、保険者による健康診査、前期高齢者に係る保険者間の費用負担の調整、後期高齢者医療制度の創設などについて定めた法律。昭和58年(1983)に施行された老人保健法の趣旨を踏襲しつつ発展させることを目的として、平成18年(2006)の医療制度改革のなかで全面的な改正が行われ、同20年改正法の施行により法律名も現在名に改称された。この法律により75歳以上(一定の障害のある人は65歳以上)の人を被保険者とする後期高齢者医療制度が新設された。

こうれいしゃ-マーク【高齢者マーク】カウレイシャー ▶高齢運転者標識

こうれいしゃむけ-ゆうりょうちんたいじゅうたく【高齢者向け優良賃貸住宅】カウレイシャむけイウリヤウチンタイヂユウタク 高齢者の安全・安心に配慮した賃貸住宅。60歳以上の単身・夫婦世帯を入居対象とし、バリアフリーや緊急時対応サービスなどに対応。原則として一戸あたりの床面積は25平方メートル以上、各戸に台所・水洗便所・収納・洗面設備・浴室を備える。認定基準を満たす賃貸住宅を建設する場合、高齢者居住法に基づいて、費用の補助や税制の優遇を受けることができる。高優賃。➡特定優良賃貸住宅 補説 平成19年(2007)に、居住の安定に配慮を要する世帯への施策の一つである地域優良賃貸住宅制度の高齢者型に再編。同23年の高齢者居住法改正により、高齢者円滑入居賃貸住宅(高円賃)・高齢者専用賃貸住宅(高専賃)とともにサービス付き高齢者向け住宅に一本化された。

こうれい-しゅっさん【高齢出産】カウレイ 「高年齢出産」に同じ。

こうれいしょうがいきゅうしょくしゃこようしえん-きこう【高齢・障害・求職者雇用支援機構】カウレイシヤウガイキウシヨクシヤコヨウシエンキコウ 高齢者・障害者の雇用支援、求職者の職業能力開発などの業務を行う、厚生労働省所管の独立行政法人。平成15年(2003)、高齢・障害者雇用支援機構として設立。同23年10月、解散した雇用・能力開発機構から職業能力開発業務などを引き継ぎ名称変更。高齢者を雇用する事業主に対する給付金の支給、雇用に関する相談・援助、高齢期の職業生活設計に必要な助言・指導、障害者職業センター・障害者職業能力開発校など障害者の職業的自立を促進する施設の設置・運営、障害者雇用納付金に関する業務、職業能力開発総合大学校・職業能力開発大学校・職業能力開発促進センター等の運営などを行う。JEED(Japan Organization for Employment of the Elderly, Persons with Disabilities and Job Seekers)。

こうれいしょうがいしゃ-こようしえん-きこう【高齢・障害者雇用支援機構】カウレイシヤウガイシヤコヨウシエンキコウ 高齢者と障害者の雇用を支援する業務を一体的に実施する独立行政法人として、平成15年(2003)、日本障害者雇用促進協会・国・財団法人高年齢者雇用開発協会の業務を統合して設立。同23年10月、雇用・能力開発機構から職業能力開発業務を引き継ぎ、高齢・障害・求職者雇用支援機構に改称。JEED(Japan Organization for Employment of the Elderly and Persons with Disabilities)。

こうれい-ち【高冷地】カウレイ 低緯度地帯でありながら標高が高く、寒冷な土地。

こうれいち-のうぎょう【高冷地農業】カウレイチノウゲフ 標高の高い所で、冷涼な気候を利用して行う農業。

こうれい-でん【皇霊殿】クワウレイ 宮中三殿の一。賢所かしこどころの西にあり、皇霊を祭る。

こうれい-てんのう【孝霊天皇】カウレイテンワウ 記紀で、第7代の天皇。孝安天皇の皇子。名は大日本根子彦太瓊おおやまとねこひこふとに。皇居は大和廬戸宮いおどのみや。

こう-れつ【功烈】すぐれた功績。

こう-れつ【後列】うしろの列。⇔前列。

こうレベル-ほうしゃせいはいきぶつ【高レベル放射性廃棄物】カウーハウシヤセイハイキブツ 原子力発電で使用済みになった核燃料を再処理してウランやプルトニウムを取り出した後に残る高い放射能を持つ廃液。

こう-れん【孝廉】カウ〔名・形動〕❶孝行で欲が少なく、正直なこと。また、そのさま。「一を察すれば濁る泥の如く」〈東海散士・佳人之奇遇〉❷㋐中国漢代に、朝廷が各郡に推挙させた人物の徳目の一。また、その徴士の名称。㋑郷試合格者である、挙人の称。

こう-れん【拘×攣】〔名〕スル 「痙攣けいれん」に同じ。「厳しく一する唇」〈二葉亭訳・あひびき〉

こう-れん【後×聯】▶頸聯けいれん

こうれん-せき【紅×簾石】カルシウム・マンガン・鉄・アルミニウムを含む珪酸塩けいさんえん鉱物。桃色の柱状結晶。単斜晶系。珪質の結晶片岩に含まれる。

こうれんせき-へんがん【紅×簾石片岩】主に石英からなり、紅簾石を含むので紅色を呈する結晶片岩。埼玉県長瀞ながとろなど、三波川さんばがわ変片帯に産出。紅簾片岩。

こうれん-たい【香×奩体】カウレン《「香奩」は化粧道具を収める箱》漢詩で、女性の姿態や男女の恋愛感情などを写した艶麗な詩体。唐の韓偓かんあくの詩集「香奩

集」に代表される。

こう-ろ【公路】❶公有の道路。公道。❷中国で、幹線道路・自動車道路のこと。

こう-ろ【行路】カウ ❶道を行くこと。また、旅行をすること。❷行く道。道すじ。「一の変更を余儀なくされる」❸生きていく道すじ。世渡りの道。世路。「人生一」類語 生計・活計・糊口・口過ぎ・身過ぎ・世過ぎ

こう-ろ【紅炉】火が盛んに燃えているいろり。

紅炉上一点の雪　《『続近思録』から》紅炉の上に置いた雪がたちまちとけてしまうように、私欲や迷いなどがすっかりとけてしまうこと。

こう-ろ【香炉】カウ 香をたくための器。元来は仏具。香道や床の間の置物飾りなどにも用いられる。形はさまざまで、陶磁器や金属製のものなどがある。香盤。

こう-ろ【航路】カウ 船舶や航空機が通行する一定の経路。また、それらが進む方向。進路。「一を南にとる」「定期一」類語 水路・海路・海路・船路

こう-ろ【高炉】カウ 製鉄用の溶鉱炉。高さのある円筒形の炉で、上部から原料鉱石とコークス・石灰石を入れて溶錬し、下方にたまった銑鉄を取り出す。

こう-ろ【黄×櫨】クワウ ❶ハゼノキの別名。❷「黄櫨染」の略。

こう-ろ【×鴻×臚】❶中国の官職名。外国からの来賓の応接を担当した職。❷「鴻臚館」の略。❸「鴻臚寺」の略。

こう-ろう【功労】ラウ 大きな功績と、そのための努力。「長年の一に報いる」「会社再建の一者」類語 功績・功・手柄・殊勲

こう-ろう【×劫×臈｜×劫×臘】コフラフ 長い年月。また、年功。

劫臈を経る　❶年功を積んで巧みになる。❷▶甲羅を経る

こう-ろう【紅楼】朱塗りのたかどの。美人のいる富家や妓楼などをさしていう。

こう-ろう【郊労】カウラウ 郊外にまで出迎えて客を歓迎すること。

こう-ろう【高朗】カウラウ〔名・形動〕気高く、明朗なこと。また、そのさま。「玄白も、良沢の一な熱烈な気持に接して居ると」〈菊池寛・蘭学事始〉

こう-ろう【高楼】カウ 高く造った建物。たかどの。

こう-ろう【黄老】クワウラウ ㊀黄帝と老子。㊁「黄老の学」の略。

こう-ろう【硬×鑞】カウラフ 高融点の鑞付け用合金の総称。銀鑞・金鑞・銅鑞・黄銅鑞などがある。⇔軟鑞

こう-ろうい【公労委】ラウヰ 「公共企業体等労働委員会」の略。

こう-ろうか【抗老化】カウラウクワ ▶アンチエイジング

こうろう-かぶ【功労株】コウラウ 株式会社の設立・発展などに功績のあった者に対して発行される株式。

こうろう-し【郊労使】カウラウ 古代、外国使節などが入京する際、出迎えてねぎらうために郊外に派遣された役人。

こうろう-しょう【厚労相】コウラウシヤウ 厚生労働大臣のこと。

こうろう-しょう【厚労省】コウラウシヤウ 厚生労働省のこと。

こうろう-でん【後涼殿】コウリヤウ 平安京内裏十七殿の一。清涼殿の西隣にあり、女御などの住む別殿。こうりょうでん。ごりょうでん。

こうろう-の-がく【黄老の学】クワウラウ 黄帝と老子を祖とする道家の学問の総称。「老子」の思想に基づき、無為を尊ぶ前漢初期の政治思想をさす。

こう-ろう-ほう【公労法】ラウハフ 「公共企業体等労働関係法」の略。

こうろうむ【紅楼夢】中国の口語体長編小説。120回。前80回は曹雪芹の作、後40回は高鶚の補作という。清代初期の成立。原題は「石頭記」。貴公子賈宝玉と従妹林黛玉との悲恋を中心に、当時の生活を描いたもの。金陵十二釵。

こうろ-かん【×鴻×臚館】ロクワン 奈良・平安時代の外国使節接待のための施設。難波・太宰府・京都などに置かれた。

こう-ろく【厚×禄】手あつい俸禄。高禄。

こう-ろく【高×禄】カウ 高額の俸禄。多額の禄高。「一を食む」

こう-ろく【×鉤×勒｜勾×勒】中国画で、対象の形態を輪郭線でくくること。また、「鉤勒塡彩」のこと。

こうろく-けい【光×禄×卿】クワウロク 《中国の光禄寺の長官に相当するところから》❶大膳大夫の唐名。❷宮内卿の唐名。

こうろく-じ【光×禄寺】クワウロク 《「寺」は役所の意》❶中国で北斉・唐以後、膳羞・祭祀・朝会などのことをつかさどった役所。❷大膳職の唐名。

こうろく-てんさい【×鉤×勒塡彩】中国画の技法の一。対象を輪郭線で縁取り、その内側を彩色するもの。特に、花鳥画における黄氏体の典型的な手法で、徐氏体の没骨とともに、二大技法とされる。

こうろ-けい【×鴻×臚×卿】❶中国で、鴻臚寺の長官。❷玄蕃頭の唐名。

こうろ-じ【×鴻×臚寺】❶中国で、北斉以後、外国使節の接待および朝貢などをつかさどった役所。❷玄蕃寮の唐名。

こうろ-じだい【紅露時代】尾崎紅葉と幸田露伴とが主導的立場にあった明治20年代の近代文学史上の一時期。

こうろ-スラグ【高炉スラグ】カウ 高炉での銑鉄製錬のときに、鉄鉱石から分離される不純物。鉱滓。

こうろ-ぜん【黄×櫨染】クワウ 染め色の名。黄色みがかった茶色。黄櫨の樹皮と蘇芳の心材の煎汁に、灰汁・酢などを混ぜて染めたもの。嵯峨天皇以来、天皇の袍に用いられる。

こうろ-なん【行路難】カウ 道を行くのに難儀すること。転じて、世渡りの困難なこと。

こうろ-ひょうしき【航路標識】カウロヘウ 船舶が安全に航行するために設けられた標識。光波標識・音波標識・電波標識などがある。

こうろ-びょうしゃ【行路病者】カウロビヤウ 飢えや疲れのため、旅の途中で倒れた引き取り手のない人。行き倒れ。

こうろ-ほう【香炉峰】カウ 中国江西省北端にある廬山の一峰。形が香炉に似る。白居易の「香炉峰の雪は簾をかかげてみる」の詩句は有名。

こう-ろん【口論】〔名〕スル 言い争いをすること。口げんか。「一が絶えない」「ささいなことで一する」類語 口争い・言い争い・言い合い・喧嘩・内紛・内輪もめ・内輪喧嘩・諍い・いがみあい・角突き合い・揉め事・悶着・いざこざ・ごたごた・トラブル

こう-ろん【公論】❶世間一般の人々の意見。世論。「万機一に決すべし」❷公平で偏らない議論。正論。「経済の一に酔て仁恵の私徳を忘るる勿れ」〈福沢・学問のすゝめ〉

こう-ろん【抗論】カウ〔名〕スル 対抗して自分の意見を述べること。抗弁。反論。「むきになって一する」類語 反論・反駁・抗議・甲論乙駁

こう-ろん【高論】カウ ❶すぐれた議論。りっぱな意見。「一卓説」❷他人を敬って、その意見や議論をいう語。「御一を承る」類語 名論・卓論・正論

こう-ろん【硬論】カウ 強硬な意見・議論。

こう-ろん【講論】カウ 物事の道理を説き明かし論じること。講義や議論。「都会の学校に入て読書一の様子を見れば」〈福沢・学問のすゝめ〉

こうろん-おつばく【甲論乙×駁】カフロン〔名〕スル 甲が論じると乙がそれに反対するというように、たがいにあれこれと論じ合うばかりで、議論の決着がつかないこと。類語 反論・反駁・抗議・抗論

こうわ【弘和】南北朝時代、南朝の長慶天皇・後亀山天皇の時の年号。1381年2月10日～1384年4月28日。

こう-わ【高話】カウ 他人を敬って、その話をいう語。「御一を拝聴する」

こうわ【康和】カウ 平安後期、堀河天皇の時の年号。1099年8月28日～1104年2月10日。

こう-わ【講和】カウ・【×媾和】コウ〔名〕スル 交戦国が、互いに協定を結んで戦争をやめ、平和を回復すること。「一を結ぶ」類語 和平・和戦・平和

こう-わ【講話】カウ〔名〕スル ある題目について、大勢の人にわかりやすく講義をすること。また、その話。「憲法について一する」類語 説教・説法・談義・講演

こうわか【幸若】カウ 「幸若舞」の略。

こうわ-かいぎ【講和会議】カウクワイギ 講和条約を協議・締結するため、当事国の代表が集まって行う会議。

こうわか-まい【幸若舞】カウわかまひ 室町時代に流行した、曲舞系統の簡単な舞を伴う語り物。南北朝時代の武将桃井直常の孫、幸若丸直詮が始めたと伝える。題材は軍記物が多く、戦国武将が愛好した。現在は福岡県みやま市瀬高町大江に残存。舞。舞々。

こうわ-きん【×汞和金】▶アマルガム❶

こう-わく【×惶惑】クワウ〔名〕スル おそれ、うろたえること。

こうわ-じょうやく【講和条約】カウワデウヤク 交戦国の間で結ばれる講和のための条約。戦争の終結と平和の回復を宣言し、講和の条件として領土の割譲や賠償金などを定める。平和条約。

こうわ-ほう【口話法】ハフ 聴覚障害者に対して音声言語に基づいて言語を教える方法。補聴器を活用する聴能、話し手の口の動きや表情を読み取る読話、正常な発音器官を訓練しての発話の要素がある。

こう-わん【港湾】カウ 自然の地形または人工構造物により、外海と隔てられた水域。船舶の発着や停泊、貨客の積み降ろしなどの設備がある。みなと。類語 港・商港・漁港・軍港・波止場・船着き場・船泊まり・築港・海港・河港・津・ハーバー・ポート

ごう-わん【豪腕｜剛腕】ガウ ❶腕っぷしの強いこと。特に野球で、速球を得意とする投手などにいう。❷自分の考えを強引に押し通す力。「問題解決に一を振るう」

こ-うん【孤雲】他に離れて空に浮かぶひとひらの雲。片雲。「一野鶴を見て別天地に逍遥するは」〈透谷・山庵雑記〉

ご-うん【五運】五行の運行。

ご-うん【五雲】❶仙人や天女が遊ぶ所にかかるという5色の雲。❷「五雲の車」の略。

ご-うん【五×蘊】《「蘊」は、梵 skandhaの訳。五つの積集の意》仏語。存在を構成する五つの要素。すなわち、物質的、身体的なものとしての色蘊、感覚作用としての受蘊、表象作用としての想蘊、意志・欲求などの心作用としての行蘊、対象を識別する作用としての識蘊。五陰。

こうん-えじょう【孤雲懐奘】―エジヤウ［1198～1280］鎌倉中期の曹洞宗の僧。京都の人。比叡山の僧であったが、のち、道元に師事し、永平寺第2世となった。著「正法眼蔵随聞記」など。

ごうん-の-くるま【五雲の車】もと、中国で、5色の雲を描いた車。貴人の乗用とした。また、天子の車。「一に召され、左右のおもと人に手を引かれ」〈太平記・三七〉

こえ【声】こゑ ❶人や動物が発声器官を使って出す音。のどから口を通って出る音。「女性の一」「猫の鳴く一」❷言葉の発し方。語調。アクセント。「一が荒くなる」「なまりのある一」「やさしい一」❸虫が、羽や足をこすり合わせて出す音。「スズムシの一」❹物がぶつかったり、すれたり、落ちたりするときに振動して発する音。「鐘の一」「風の一」❺神仏などが人に告げる言葉。「神の一」「天の一」❻人々の考え・意見。また、風評やうわさ。「読者の一」「政府を非難する一が高まる」「外資系企業参入の一」❼（多く「…のこえを聞く」の形で用いる）年月や季節の、それとわかる感じ。けはい。「五〇の一を聞く」「一二月の一を聞く」❽音声学で、声帯の振動を伴った呼気。有声音。❾古く、訓に対して、漢字の音。「ひとたびは訓に、ひとたびは一に読ませ給ひて」〈宇津保・蔵開中〉

下接語 秋の声・陰の声・鬨の声・一声（ごえ）歌声・産声・裏声・売り声・潤み声・大声・おろおろ声・掛け声・風声・金切り声・雷声・嗄れ声・甲声・寒声・癇声・甲張り声・くぐもり声・曇り声・化粧声・声声・小声・籠り声・叫び声・指し声・寂声・塩辛声・地声・忍び声・湿り声・嗄れ声・白声・尻声・嗄れ声・制し声・高声・訛声・作り声・胴間声・尖り声・どす声・どら声・泣き声・鳴き声・涙声・猫撫で声・寝惚け声・馬鹿声・初声・鼻声・話し声・人声・含み声・震え声・や声・矢声・呼び声・読み声・笑い声・割り声・

破われ声
〔類語〕音声・発声・美声・悪声・金切り声・だみ声・どら声・胴間声・鼻声・裏声・小声・猫撫で声

声あ・り　いい声をしている。「舞人、―・り、容貌かたちあるもの選びたり」〈宇津保・吹上上〉

声が掛か・る　❶呼びかけられる。❷勧誘や招待を受ける。「ゴルフコンペの―・る」❸目上の人や上司に認められ、特別の計らいを受ける。「社長から―・る」➡声掛かり ❹客席から舞台の俳優や歌手に声援がとぶ。「大向こうから―・る」

声が嗄か・れる　のどを痛めて声がかすれる。「カラオケの歌いすぎで―・れる」

声なき声　一般の人々の表立たない意見。➡サイレントマジョリティー

声の限り　ありったけの大声で。声を限りに。「―叫び続ける」

声の下　言葉が終わるか終わらないうち。言うやいなやのうち。言下。「禁煙と言った―からタバコに火をつける」〔補説〕この句の場合「下」を「もと」とは読まない。

声を上・げる　❶大声を出す。また、今までより、大きな声を出す。「―・げて強調する」❷意思表示をする。「反対の―・げる」❸閉口する。音ねを上げる。「―・げさせてこませやい」〈滑・膝栗毛・八〉

声を落と・す　声を急に低くして小声で言う。声を殺す。「その話題になると皆―・した」

声を限りに　「声の限り」に同じ。「―助けを呼ぶ」

声を掛・ける　❶呼びかける。話しかける。「外国人に―・けられる」❷誘う。「飲みに行くときには、私にも―・けてください」❸掛け声をかける。声援を送る。「キャッチャーが野手全員に―・ける」
〔類語〕呼ぶ・呼ばわる・疾呼する・呼び掛ける

声を嗄から・す　声をかすれさせる。かすれ声になるほど大きな声を出す。繰り返し強調して言う。「―・して応援する」「―・して反対してきた」

声を聞・く　▶声❼

声を殺・す　あたりに聞こえないように声をおさえて小さくする。声をひそめる。「―・して泣く」

声を忍ば・せる　人に気付かれないように声を押さえる。「ひそひそと―・せて言う」「―・せて泣く」

声を揃そろ・える　❶いっしょに声を出す。「―・えて歌う」❷ある事について、同じことを言う。「―・えて反対する」

声を大だいに・する　強く主張する。「このことだけは―・して言いたい」

声を尖とがら・す　とげとげしい声でものを言う。けわしい口調になる。「ミスの多い仕事に―・す」

声を呑の・む　極度の感動・驚き・緊張などのために声が出なくなる。また、言いかけて途中でやめる。「あまりの美しさに―・む」「うわさの当人が急に現れたのであわてて―・む」

声を励ま・す　一段と声を高くして言う。激しい調子で言う。「―・して声援を送る」

声を張はり上あ・げる　できうる限りの大きな声を出す。「壇上の候補者が一段と―・げた」

声を潜ひそ・める　他人に聞こえないように声を小さくする。「―・めて良からぬ相談をする」

声を帆ほに上・ぐ　声を高く上げる。「秋風に―・げてくる舟はあまのと渡る雁にぞありける」〈古今・秋上〉

こえ【肥】こやし。肥料。また、肥料として利用する糞尿ふんにょう。下肥しもごえ。「畑に―をやる」〔類語〕肥料・肥やし

ごえ【越え】〔語素〕地名または地形を表す語の下に付いて、そこを越える意を表す。「箱根―」「山―」

こ-えい【孤影】独りぼっちでもの寂しそうに見える姿。「―悄然しょうぜんとして去る」

ご-えい【御影】神仏・聖者・貴人などの画像・写真や影像。また、他人を敬って、その肖像などをいう語。みえい。「―を飾る」

ご-えい【護衛】ゴヱイ〔名〕スル　身辺に付き添って守ること。また、その役。「首相を―する」「―兵」〔類語〕警護・警衛・守る・庇かばう・保護・擁護・庇護ひご・守護・防護・ガード

ご-えいか【御詠歌】巡礼や浄土宗の信者などが仏の徳などをたたえて唱える歌。短歌や和讃に節をつけたもので、一般に鈴や鉦かねに合わせて詠吟される。平安巡礼歌じゅんれいうた。

こえ-おけ【肥×桶】ヲケ　糞尿ふんにょうを入れて運ぶ桶。こえたご。

こえ-がかり【声掛(か)り】コヱ（多く「お声掛かり」の形で）身分や地位の高い人から特別な処遇や命令を受けること。「社長のお―で若手が登用された」

こえ-がら【声柄】コヱ　声の質・ようす。声つき。

こえ-がわり【声変(わ)り】コヱガハリ〔名〕スル　声が変わること。第二次性徴の一つで、思春期のころ、声帯が変化して音声や声域が変わること。男子では声域が約1オクターブ低くなる。

こ-えき【古駅┊故駅】昔の街道筋にあった宿場。ふるくからの宿駅。「―蕭々たる面影を残す小田原の街を過ぎて」〈荷風・地獄の花〉

こ-えき【虎疫】《「虎」は「コレラ」の当て字「虎列剌」の頭字》コレラのこと。

こ-えき【雇役】❶雇って使うこと。また、雇われて使われること。❷律令制で、諸国から成年男子を徴用し、一定の食料・賃金を支給して造都・造宮などの諸事業に使役したもの。

こえ-ぎれ【肥切れ】作物の成熟期に、肥料が欠乏し生育状態が悪くなること。

こえ-ぐるま【肥車】「肥取り車」に同じ。

こえ-ごえ【声声】コヱゴヱ　多くの人の声。各人の声。それぞれの声。「―に反対を唱える」

こえ-じまん【声自慢】コヱ　自分の声や歌声がよいことを自慢すること。また、その人。

こ-えだ【小枝】小さい枝。さえだ。「梅の―」

こえ-だい【肥代】❶肥料を買い入れる代金。こやしだい。❷糞尿ふんにょうのくみ取り料。

こえ-たご【肥担＝桶】「肥桶こえおけ」に同じ。

肥担桶の紐ひもと通し　《肥桶のひもを通す穴は大きくて、二つあるところから》低くて、上を向いた鼻をあざけっていう語。

こえ-だめ【肥×溜め】肥料にする糞尿ふんにょうを腐らすためにためておく所。こやしだめ。肥壺こえつぼ。
〔類語〕ごみ溜め・掃き溜め・溜め

こ-えつ【×胡越】コヱツ　古代中国の、北方の胡の国と南方の越の国。互いに遠く離れていること、また、疎遠であることをたとえていう語。

ご-えつ【呉越】ゴヱツ　■㊀中国で、春秋時代にあった呉と越の2国。また、その国の人。㊁中国、五代十国の一。907年、唐の節度使銭鏐せんりゅうが浙江せっこう・江蘇地方に建国。都は杭州こうしゅう。978年、宋にくだった。■《呉と越とが長く敵対していたところから》仲が極めて悪いこと。

こえ-つき【声付き】コヱ　声のようす。声のぐあい。声柄。「―が母親にそっくりだ」〔類語〕声色・声音・声調

ごえつしゅんじゅう【呉越春秋】ゴヱツシュンジウ　中国の史書。6巻本と10巻本とがある。後漢の趙曄ちょうよう撰。春秋時代の呉・越両国の興亡を記したもの。

こえ-つち【肥土】❶地味が肥えている土。沃土よくど。❷肥料を混ぜた土。

ごえつ-どうしゅう【呉越同舟】ゴヱツドウシウ《「孫子」九地から》仲の悪い者どうしが同じ所に居合わせたり、行動を共にしたりすること。

こえ-つぼ【肥×壺】❶便所の糞尿ふんにょうを受ける壺。❷「肥溜こえだめ」に同じ。

こ-えど【小江戸】古い町並みや武家屋敷など、江戸時代の面影を残す町。埼玉県の川越市、滋賀県の彦根市など。➡小京都

こえ-とり【肥取り】便所の肥壺こえつぼから糞尿ふんにょうをくみ取ること。また、その人。「―には今迄いつも父が行った」〈島木健作・続生活の探求〉

こえとり-ぐるま【肥取り車】肥壺❶からくみ取った糞尿ふんにょうを運ぶ車。こえぐるま。

こえ-の-はかせ【▽音博士】コヱ ▶おんはかせ(音博士)

こえ-びしゃく【肥▽柄×杓】糞尿ふんにょうをくみ取るのに使う柄えの長いひしゃく。

ご-えふ【五▽衛府】ゴヱフ　律令制で、衛門府、左・右衛士府、左・右兵衛府のこと。

こえ-ぶね【肥船】肥桶こえおけを積んで運ぶ船。こやしぶね。

こえ-まつ【肥松】幹や枝が太く、松やにの多い松。たいまつなどに用いる。あぶらまつ。

ごえもん-ぶろ【五▽右▽衛門風呂】ゴヱモン《石川五右衛門が、釜ゆでの刑に処せられたという俗説から》かまどの上に鉄釜を据え、下から火をたいて直接に沸かす風呂。全体を鋳鉄でつくったものと、湯桶ゆおけの下に鉄釜を取りつけたものとがあり、入浴のときは、浮いている底板を踏み沈めて入る。かまぶろ。

こえ-よし【声良】コヱ　鶏の一品種。秋田県の原産。大形で体形はシャモに似、色は白笹しろざさと5色とがある。東天紅・唐丸とともに日本三長鳴き鶏どりの一。

こえ-らか【肥えらか】〔形動ナリ〕肥え太っているさま。「―に、高く、太く、色白く」〈とはずがたり・二〉

こ-えり【小襟】被布ひふや道行などにつける幅の狭い襟。

こ・える【肥える】〔動ア下一〕〔文〕こ・ゆ〔ヤ下二〕❶人や動物のからだによく肉がついて、太る。からだつきがふっくらとする。「丸々と―・えた子犬」「―・えて脂ののった秋鯖」〔対〕やせる。❷地味が豊かになる。「―・えた土地」〔対〕やせる。❸経験を重ねて、物事のよい悪いなどを感じ分ける力が豊かになる。「口が―・えている」「目が―・える」❹資産などが増えて大きくなる。「特需景気で―・えた企業」〔類語〕太る

こ・える【越える┊超える】〔動ア下一〕〔文〕こ・ゆ〔ヤ下二〕❶(越える)物の上・間・境界などを通り過ぎて、向こうへ行く。「打球がフェンスを―・える」「山を―・え、また谷を―・える」「海を―・えてきた便り」「国境を―・える」❷(越える)区切りとなるある日時が過ぎる。時を経過する。「―・えて翌年の春を迎える」「齢よわい八〇を―・える」❸ある基準・数量を上回る。超過する。「四万人を―・える観衆」「危険水位を―・える」❹地位・段階などで、順序をとばして先になる。飛びこす。「先輩を―・えて重役になる」❺他のものよりすぐれる。ぬきんでる。「力量が衆を―・えている」❻ある考えや主義にとらわれず先に進む。また、ある基準・範囲の外まで出る。超越する。「互いに立場を―・えて手を結ぶ」「想像を―・える」「常識を―・える」❼規則やきまりに外れる。「矩のりを―・えず」〔類語〕(❶)越す・過ぎる・渡る・通り越す・またぐ・越境する・踏み越える・超す・追い越す・追い抜く・行き過ぎる／(❸)越す・上回る・食はみ出す・超過する・突破する・オーバーする・超越する・過剰／(❺)抜く・凌しのぐ・凌駕りょうがする

こえ-わざ【声技】コヱ　声を使って演じるもの。歌謡や語り物など。「―の悲しきことは、我が身崩かくれぬる後、留まる事の無きなり」〈梁塵秘抄口伝・一〇〉

こ-えん【小縁】幅のせまい縁側。「―に立ち出で遠見して居られし所に」〈浄・念仏往生記〉

こ-えん【古園】コヱン　古い庭園。時代を経た庭園。

こ-えん【故園】コヱン　生まれ故郷。ふるさと。「執て表面を見れば―の書なり」〈織田訳・花柳春話〉

こ-えん【故縁】古い縁故。旧縁。「―につながる」

ご-えん【後宴】❶神祭の翌日、潔斎けっさいを解いたあとで催される酒宴。❷大きな宴のあと、場所や日を改めたりして、さらに催される宴。「人々のこなたに集ひ給へるついでに、いかで物の音ね試みてしがな。私の―あるべし」〈源・初音〉❸江戸時代、町家や遊里などで、節句・祭礼・花見などの翌日。

ご-えん【後燕】▶こうえん(後燕)

ご-えん【御縁】「縁❷・❸」の丁寧語。

ご-えん【誤×嚥】〔名〕スル　飲食物や唾液が誤って気管に入ってしまうこと。また、異物を間違って飲んでしまうこと。

ごえんせい-はいえん【誤×嚥性肺炎】▶嚥下性肺炎えんげせいはいえん

コエンドロ〔ポルトガル coentro〕セリ科の一年草。東ヨーロッパの原産。高さ30～60センチ。葉は羽状に細かく裂け、互生する。夏、小花が多数集まってつく。実を香料や薬用に、若葉を食用にする。胡荽こすい。胡菜こさい。香菜しゃんつぁい。コリアンダー。パクチー。

こ-えんぶ【顧炎武】[1613～1682]中国、明末・清初の思想家・学者。崑山こんざん(江蘇省)の人。字あざなは寧人。号、亭林。その学問は経世を目的とし、歴史・地

理・制度史・経学・音韻訓詁くんこなど多方面にわたり、清朝考証学の祖とされる。著「日知録」「天下郡国利病書」「音学五書」など。
ごえんゆう-てんのう【後円融天皇】ゴエンユウテンノウ［1358～1393］北朝第5代天皇。在位、1371～1382。後光厳天皇の第2皇子。名は緒仁おひと。法名、光浄。室町幕府第3代将軍足利義満に擁立されて即位。譲位後、院政を行った。和歌に長じ、新後拾遺集を勅撰。
ゴー〖go〗行くこと。進むこと。進行。「開発計画の実施に—のサインが出る」
ゴー-アラウンド〖go-around〗着陸復行。航空機が着陸進入時に、何らかの理由で安全な着陸ができないとパイロットが判断して、着陸をやり直すために再び上昇すること。
こおい-むし【子負虫】こおひ 半翅はんし目コオイムシ科の昆虫。田・池沼などにすみ、体は扁平へんぺいで楕円形、暗黄褐色で、タガメに似るが、より小形。初夏に雌は雄の背に多数の卵を産みつけ、雄はそれが孵化ふかするまでの約12日間背につけたままでいる。(季 夏)
ゴーイング-コンサーン〖going concern〗《継続企業の意》企業が永遠に継続していくという仮定。会計などこの仮定が成立していることを前提に論理が構築されている制度が多い。
ゴーイング-マイ-ウエー〖going my way〗《アメリカ映画「我が道を往く」の原題から》他人はどうあれ、自分なりの生き方や流儀を貫くこと。
こ-おう【呼応】〔名〕スル ❶一方が呼びかけ、または話しかけ、相手がそれに答えること。互いに呼びかわすこと。受け答え。「一頭の犬の遠吠えに—して多くの犬が吠える」❷互いに気脈を通じて物事を行うこと。示し合わせること。「陸と空から—して遭難者の救出に当たる」❸文中で、ある語とあとに来る語とが特定の関係を示すこと。いわゆる係り結びのほか、否定・仮定・疑問の呼応など。(類語)以心伝心
ご-おう【五黄】ゴワウ 九星の一。星では土星、方角では中央。この星にあたる生まれの人は性質が寛容で、運勢が強いとされる。「—の寅とら」
ご-おう【▽牛王】ゴワウ「牛王宝印」の略。
ご-おう【▽牛黄】ゴワウ 牛の胆囊たんのうに生じる黄褐色の結石。漢方で、狭心症・胃炎・腎盂炎じんうえんなどに薬用。
ごおう-うり【▽牛王売り】ゴワウ 牛王宝印を売り歩くこと。また、その人。主に、比丘尼びくになどが売り歩いた。
こおう-こんらい【古往今来】コワウ〔副〕昔から今に至るまで。古今。古来。
ごおう-じんじゃ【護王神社】ゴワウ 京都市上京区にある神社。主祭神は和気清麻呂・和気広虫で、藤原百川・藤原永手を配祀。子育ての神として信仰される。護王大明神。
ごおう-の-とら【五黄の×寅】ゴワウ 九星では五黄、十二支では寅にあたる年。俗に、この年の生まれの人は非常に気が強いとされる。
ごおう-ほういん【▽牛王宝印】ゴワウ 神社・寺から出す刷り物の守り札で、「牛王宝印」「牛玉宝印」などと書いてあるもの。災難よけに身につけ、また門口にはる。中世以降は、裏に起請文きしょうもんを書く用紙として広く使用された。熊野・手向山たむけやま八幡宮・八坂神社・高野山・東大寺・法隆寺などで出したが、紀州の熊野神社で出すものは特に有名。
こ-おうみ【古近=江】こあふみ 三味線製作者の石村近江家の作になる三味線のうち、特に古いもの。ふつう5世までの作品をさし、名器として珍重される。
コーエン〖Hermann Cohen〗［1842～1918］ドイツの哲学者。新カント学派のうちのマールブルク学派の創始者。徹底した論理主義によってカントを解釈し、独自の観念論体系を構築。著「純粋認識の論理学」「純粋意志の倫理学」「純粋感情の美学」など。
こおお-ぎみ【小大君】こおほ ▶こだいのきみ(小大君)
ゴー-カート〖go-cart〗遊園地などにある、遊戯用の小型自動車。競技用のものもある。商標名。
コーカサス〖Caucasus〗カフカスの英語名。(補説)「高加索」とも書く。
コーカサス-さんみゃく【コーカサス山脈】《Caucasus Mountains》カフカス山脈の英語名。
コーカサス-しょご【コーカサス諸語】コーカサス地方に分布する諸言語のうち、インド-ヨーロッパ語族・チュルク語族など他の系統に属さないものの総称。グルジア語など約40の言語を含む。
コーカサス-じんしゅ【コーカサス人種】▶コーカソイド
コーカシア〖Caucasia〗カフカスの英語名。
コーカソイド〖Caucasoid〗形態的特徴による三大人種区分の一。明色の皮膚、波状の毛髪をもつものが多く、鼻は幅狭く高い。北欧人種・アルプス人種・地中海人種・インド-アフガン人種など。白色人種ともいわれる。類コーカサス人種。➡ニグロイド ➡モンゴロイド
ゴーガン〖Gauguin〗▶ゴーギャン
コーカンド〖Kokand〗ウズベキスタン東部の都市。18～19世紀のコーカンドハン国の首都。綿工業などが盛ん。
コーカンド-ハンこく【コーカンドハン国】《Kokand Khan》18世紀初め、中央アジアのシル川上流域に建てられたウズベク族の国。都はコーカンド。1876年、ロシアに併合された。
ゴーキー〖Arshile Gorky〗［1904～1948］米国の画家。アルメニア生まれで米国に移住。シュールレアリスムの影響を受けて特異な抽象画を描き、米国における抽象絵画の先駆者となった。
ゴーギャン〖Paul Gauguin〗［1848～1903］フランスの画家。大胆な装飾的構図・色彩を特色とし、晩年はタヒチ島に渡り、現地の人々を描いた。著「ノア-ノア」など。ゴーガン。➡後期印象派
コーキング〖caulking〗〔名〕スル 防水などのため、継ぎ目やすきまを埋めること。
コーキング-ざい【コーキング材】《「コーキング剤」とも書く》構造物の継ぎ目・すきまに注入して、水漏れ・空気漏れを防ぐ粘着性の充填じゅうてん剤。
コーク〖Coke〗コカ-コーラのこと。商標名。「—ハイ」(補説)「コーラ飲料」などと言い換える。
コーク〖Cork〗アイルランド南部の都市。ダブリンに次ぐ同国第2の都市。リー川の河口に面する。ゲール語で「湿地」を意味し、18世紀半ばより干拓と水路整備が行われ、英国との交易の拠点として発展。酒造業、自動車工業、製鉄業が盛ん。セントアン教会、セントフィンバー大聖堂などの歴史的建造物がある。
コークス〖ドイ Koks〗石炭を高温乾留して得られる、多孔質で硬い炭素質の固体。火つきは悪いが無煙燃焼し、火力は強い。製鉄その他の鋳物やカーバイド製造の原料、燃料などに用いる。骸炭がいたん。
コークスクリュー〖corkscrew〗❶コルク栓せん抜き。螺旋らせん状の針金をコルク栓にねじ込んで引き開ける。❷螺旋状のジェットコースター。商標名。
ゴーグル〖goggles〗オートバイに乗るときやスキー・登山などに使用する風防・紫外線防止用めがね。
ゴー-ゴー〖go-go〗ロックやソウルミュージックに合わせて踊る、動きの激しいダンス。1965年ごろ米国に始まり、世界的に流行。
ゴーゴー-きっさ【ゴーゴー喫茶】昭和40年(1965)ごろにあった、ゴーゴーを踊れるようにした喫茶店。
ゴーゴリ〖Nikolay Vasil'evich Gogol'〗［1809～1852］ロシアの小説家・劇作家。ロシア写実主義文学の創始者の一人。社会の退廃と人間の卑俗さを、鋭い風刺のうちに悲哀をこめて描いた。小説「外套」「鼻」「死せる魂」、戯曲「検察官」など。
ゴー-サイン《和 go＋sign》計画や企画などを実行せよ、という指示。「—を出す」
ゴーザ-たき【ゴーザ滝】《Goðafoss》▶ゴーザフォス
ゴーサット〖GOSAT〗《Greenhouse Gases Observing Satellite》▶いぶき
コーザ-ノストラ〖イタ Cosa Nostra〗マフィアの別称。
ゴーザフォス〖Goðafoss〗アイスランド北部にある滝。アイスランド語で「神の滝」を意味し、西暦1000年頃キリスト教が国教となったため、古来信仰された神々の偶像をこの滝に投げ捨てたことに由来する。落差12メートル、幅30メートルで、同国屈指の名瀑布ばくとして知られる。ゴーザ滝。
こお-し【▽恋ほし】こほ〔形シク〕《「こひ(恋)し」の古形》「恋しい」に同じ。「梅の花今盛りなり百鳥ももとりの声の—・しき春来たるらし」〈万・八三四〉
ゴージ〖gouge〗丸鑿まるのみ。特に木版画で、版木の中央部へ溝型に彫っていくのに用いる。
コーシー〖Augustin Louis Cauchy〗［1789～1857］フランスの数学者。多面体・弾性波・応力の理論を確立し、特に微積分の基礎および微分方程式の分野で貢献。著「解析学講義」「微積分法」など。
コージェネ「コージェネレーション」の略。
コージェネレーション〖cogeneration〗▶コジェネレーション
コージェネレーション-システム〖cogeneration system〗▶コジェネレーションシステム
ゴーシェ-びょう【ゴーシェ病】ビャウ《Gaucher's disease》小児慢性特定疾患の一。酵素の先天性欠損によりマクロファージ(大食細胞)にグルコセレブロシドが蓄積する難病。肝脾腫・リンパ腫症・骨変化を生ずる。
コージコード〖Kozhikode〗インド南西部の港湾都市。1498年にバスコ=ダ=ガマが到着した所。コジコーデ。旧称、カリカット。
ゴージャス〖gorgeous〗〔形動〕華やかで、ぜいたくなさま。豪華。「—な室内装飾」
(類語)豪華・豪勢・豪奢・はで・華美・デラックス
ゴー-ショー〖go-show〗予約なしに航空便に搭乗しに行くこと。また、空港などでキャンセル待ちをする客。➡ノーショー
コーション〖caution〗注意。警告。
コーション-しっかく【コーション失格】レスリングで、5分間の競技中に消極性に対する警告を3回受けて負けになること。
コース〖course〗❶進んで行く道筋。進路。針路。水路。「台風の—が東にそれる」❷運動競技で、定められた通路・進路。陸上競技の競走路、水泳の競泳路、ゴルフの競技路など。❸野球で、投手の投球の通る道筋。「低めの—をつく」❹行動の方針・方向。「堅実な—」❺人生の経歴。過程。「出世—を歩む」❻教育・研修・訓練などの課程。教科。「ドイツ語—」「初級者—」❼西洋料理で、順に出される一品。「フル—」(類語)(❷)走路/(❻)課程・学課
コーズ〖cause〗❶原因。理由。動機。❷目的のための大義。信条。(類語)(❶)原因・理由・根拠・動機・わけ/(❷)大義・理想・目的・目標
ゴーズ〖gauze〗薄く透けて見える綿や絹などの平織物。または絽ろ・紗しゃなどの、からみ織り。ゴース。
ゴーズ〖GOES〗《Geostationary Operational Environmental Satellite》米国の静止実用気象衛星。
コース-アウト〔名〕スル《和 course＋out》各種のレースで誤ってコースを外れること。「—して失格となる」
コースウエア〖courseware〗コンピューターを利用する学習用教材。eラーニングの一。教科書や問題集などの一連のカリキュラムを自習形式で学べるよう、順序立った構成になっていて、練習問題の自動採点機能などがある。
コーズウエー-かいがん【コーズウエー海岸】《Causeway Coast》英国、北アイルランド北端の海岸。約8キロにわたって玄武岩の柱状節理が並ぶジャイアンツコーズウエーがある。主な町と村はポートラッシュ、ブッシュミルズ、バラントイ。コーズウエーコースト。
コーズウエー-コースト〖Causeway Coast〗▶コーズウエー海岸
コース-オブ-スタディー〖course of study〗学習指導要領。
コース-グレーン〖coarse grain〗《粗い種子の意》トウモロコシ・ソルガム・オオムギ・ライムギ・キビその他の雑穀類の総称。
コースター〖coaster〗❶滑走用のそり。❷遊園地などで、急な起伏のあるレールの上を走る乗り物。「ジェット—」❸洋酒びんなどをのせる盆。❹タンブラーやコップなどの下に敷くもの。コップ敷き。❺「コースター

ブレーキ」の略。
コースター-ブレーキ〘coaster brake〙自転車の後輪の車軸に取り付け、ペダルを逆に回して作用させるブレーキ。
ゴー-スターン〔感〕《Go asternから》船を後ろへ進めるときのかけ声。⇔ゴーヘー。
コースト〘coast〙海岸。「ウエスト―」
ゴースト〘ghost〙❶テレビの多重像・乱像。電波が建物などにあたって反射することにより、本来の画像のほかに映る影のような像。また、パソコンのディスプレーなどではケーブル内で映像信号の高周波成分が反射することによって同様の現象が生じる。ゴーストイメージ。❷写真撮影で、極端に明るい被写体を写したときに、正規の像以外にできる像。強い光が入射したとき、レンズ面で多重反射を繰り返し、フィルム面やデジタルカメラでの画像データに放射状・リング状・円形などの像を形成する現象。❸幽霊。
ゴースト-イメージ〘ghost image〙▶ゴースト❶
コースト-ガード〘coast guard〙沿岸警備隊。また、その隊員。主に、海難救助・密貿易の取り締まりなどに当たる。
ゴースト-キャンセラー〘ghost canceler〙▶ゴーストリデューサー
ゴースト-タウン〘ghost town〙住民が他の土地へ移ってしまって無人化した町。
ゴースト-ダンス〘ghost dance〙19世紀後半、白人に抑圧された北アメリカに住む先住民の間に起こった千年王国論的な宗教運動。踊ることによって、楽土が現出すると信じられた。
ゴー-ストップ《和 go＋stop》交通信号機。信号。補説 英語ではtraffic signal。
ゴースト-ライター〘ghost writer〙単行本などで、著者として名のあがっている本人に代わって陰で文章を書く人。代作者。
ゴースト-リデューサー〘ghost reducer〙テレビの多重像・乱像(ゴースト)を除去する装置。建物などに当たって反射したテレビの電波の成分を検出し、それをもとに相殺する成分の信号を生成する。ゴーストキャンセラー。
コース-ビーコン〘course beacon〙指向性電波を一定方向に発射し、船舶の出入港針路を誘導する無線標識局。
コース-ライン〘course line〙陸上競技の競走路や水泳プールで、各選手の進路を示すために引く線。
コースレット〘corselet〙女性用の下着。胴全体を整えるためのもので、ブラジャーとコルセットあるいはガードルが一緒になっている。オールインワン。
コース-ロープ〘course rope〙水泳で、各泳者の進路を示し、泳ぎで生じる波を消すために、水面上に張る浮き綱。
コーダ〘イタリア coda〙楽曲・楽章の終わりに終結部として付される部分。
ゴータ〘Gotha〙ドイツ中部の都市。古くから地図製作の地として知られる。1875年、ドイツ社会主義労働党が結成されゴータ綱領が採択された地。
ゴーダ〘Gouda〙オランダ、ゾイトホラント州東部の都市。世界的に有名なゴーダチーズの産地として知られる。15世紀頃から続く、パイプやキャンドルの工房が残っている。ホウダ。
コーダー〘coder〙コンピューターで、コーディングをする人。
コーダー-じょう【コーダー城】(ジャウ)《Cawdor Castle》英国スコットランド北部の都市インバネスの郊外にある城。現存する最も古い部分は14世紀に造られた塔と考えられる。17世紀に現在見られる姿になった。庭園の美しさと豪華な調度品、そしてシェークスピアの悲劇「マクベス」の舞台となった城として知られる。
ゴーダ-チーズ〘Gouda cheese〙オランダのゴーダ地方原産のナチュラルチーズ。淡黄色で脂肪量が多く、主にプロセスチーズの原料にする。
ゴータマ〘梵 Gautama〙釈迦(しゃか)の姓。⇨瞿曇(くどん)
コーチ〘coach〙〔名〕(スル)❶運動競技の技術などについて指導・助言すること。また、その人。「ピッチングを―する」「バッティング―」❷乗り合いバス。鉄道の普通客車。旅客機のエコノミー客室。類語 教える・教育・訓育・薫育・教化・教学・文教・育英・指南・教授・教習・手ほどき・育てる・導く・仕付ける・仕込む
コーチ〘Kochi〙インド南西部の港湾都市。1502年バスコ＝ダ＝ガマが交易拠点として建設。コチ。コーチン。
コーチ【交趾】㊀ベトナム北部、ソンコイ川流域のトンキン・ハノイ地方の古称。こうし。㊁「交趾焼」の略。
ゴーチエ〘Théophile Gautier〙[1811〜1872]フランスの詩人・小説家。ロマン派の文人として活躍、のち「芸術のための芸術」を唱え、高踏派の先駆者となった。詩集「七宝螺鈿集(しっぽうらでんしゅう)」、小説「モーパン嬢」など。ゴーティエ。
コーチ-シナ【交趾支那】《Cochin-China》ベトナム南部、メコン川下流地方のこと。ヨーロッパによる旧称。
コーチゾン〘cortisone〙▶コルチゾン
コーチャー〘coacher〙❶コーチする人。❷野球で、走者や打者に指示を与える人。「―ズボックス」
コーチ-やき【交趾焼】明代後期に中国南部で作られた三彩陶器。純粋の三彩と、文様を粘土の細い線で縁どり、その内外に釉(うわぐすり)を充填(じゅうてん)したものとがある。茶人の間で特にその香合が珍重された。交趾から舶載されたことからの名称。
コーチン〘cochin〙鶏の一品種。中国の原産。肉用種で、羽色は黄褐色のものが多い。名は、欧州に輸入された際、コーチシナ産と誤って伝えられたことに由来。
コーチン〘Cochin〙▶コーチ(インド)
コーチング〘coaching〙❶運動・勉強・技術などの指導をすること。❷自分で考えて行動する能力をコーチと呼ばれる相談役との対話の中から引き出す自己改善技術。1990年代に米国で社員育成技法として始まる。
コーチング-ステッチ〘couching stitch〙刺繍の一。布面に置いた太い糸や束にした数本の糸を別の細い糸で同一間隔にとめつける刺し方。色糸刺繍・リボン刺繍・アップリケなどに用いる。
コーツ【刻子】《中国語》マージャンで、同じ牌(パイ)3個の組み合わせ。⇨順子(シュンツ) ⇨対子(トイツ)
コーディーリア〘Cordelia〙▶コーディリア
コーディネーション〘coordination〙▶コーディネート❷
コーディネーター〘coordinator〙❶いろいろな要素を統合したり調整したりして、一つにまとめ上げる係。また、そういう職業。「会議の―」「ファッション―」❷放送番組全体の進行を図る係。類語 主任・デスク・プロデューサー・コミッショナー
コーディネート〘coordinate〙〔名〕(スル)❶各部を調整し、全体をまとめること。「国際会議を―する」❷服装・インテリアなどで、色柄・素材・形などが調和するように組み合わせること。コーディネーション。「じょうずに―した装い」類語 おめかし・身繕い・お洒落・身じまい・身拵え・盛装・ドレスアップ・着こなし
コーディネート-スーツ〘coordinated suit〙ジャケットとスラックスを別々の素材・色・柄で作り、それをコーディネートしたスーツ。
ゴーディマー〘Nadine Gordimer〙[1923〜]南アフリカ共和国の白人女性作家。一貫してアパルトヘイトの不条理を批判。1991年、ノーベル文学賞受賞。作「ブルジョワ世界の終わりに」「保護管理人」「戦士の抱擁」など。
コーディリア〘Cordelia〙天王星の第6衛星。1986年にボイジャー2号の接近によって発見された。名の由来はシェークスピアの「リア王」の三女。天王星に最も近い軌道を公転する。非球形で平均直径は約40キロ。平均表面温度はセ氏マイナス209度以下。コーディーリア。コーデリア。
コーティング〘coating〙〔名〕(スル)物体の表面に薄膜を付着させておおうこと。レンズの表面反射を防ぐため、表面を弗化(ふっか)マグネシウムなどの薄膜でおおったり、合成樹脂などの被膜で布・紙の表面を防水・耐熱加工したりすることなど。
コーディング〘coding〙❶コンピューターで、プログラミング言語によってソースコードを作ること。❷データ処理を自動化するために、データの項目にコードをつけること。
コーディング-シート〘coding sheet〙コンピューターのプログラムを書くために用いる一定の書式の用紙。
コーテーション〘quotation〙▶クオーテーション
コーデック〘codec〙《coder(符号器)とdecoder(復号器)、または、compression(圧縮)とdecompression(伸張)の複合語》音声や映像のデータを変換したり、一定の規則に基づいて符号化する装置や機能のこと。
コーテッド-し【コーテッド紙】《coated paper》「コート紙」に同じ。
コーテッド-ペーパー〘coated paper〙「コート紙」に同じ。
コーテッド-レンズ〘coated lens〙表面に反射防止用の被膜加工を施したレンズ。
コーデュロイ〘corduroy〙表面にけば立った縦畝(たてうね)のある丈夫な綿織物。上着やズボンなどに用いる。コール天。
コーデリア〘Cordelia〙▶コーディリア
コート〘coat〙❶防寒・雨よけなどのため、外出の時に普通の衣服の上に着るもの。オーバーコート・レーンコート・吾妻(あずま)コートなど。(季 冬)「アイロンをあてて着なせり古―/久女」❷上着の類。「ブレザー―」類語 外套・オーバー・マント・ケープ・ガウン・被布(ひふ)・合羽(カッパ)
コート〘court〙❶テニス・バスケットボール・バレーボールなどの競技場。❷建物・塀などで囲まれた場所。中庭。❸一区画。「フード―(＝ショッピングセンターなどで、複数の飲食店を集め、共有のテーブル席を設けた区画)」類語 競技場・グラウンド・コロシアム・スタジアム・球場・トラック・フィールド・運動場
コード〘chord〙❶「和音❷」に同じ。❷▶翼弦
コード〘code〙❶規定。規則。特に、新聞社・放送局内部で設けた、準拠すべき倫理規定。「プレス―」「放送―」❷略号。符号。電信符号。暗号。「―ブック」❸情報を表現するための記号や符号の体系。特に、コンピューターのデータ・命令などを符号で表現したもの。「漢字のJIS―」類語 決まり・定め・規程・条規・定則・規約・約束・規準・規矩準縄(きくじゅんじょう)・規律・ルール・本則・総則・通則・細則・付則・概則・おきて
コード〘cord〙細い銅線を束にし、ゴム・糸・ビニールなどで覆って絶縁した電線。屋内配線や電気器具の接続などに用いる。
ゴート〘goat〙山羊(やぎ)。
ゴート〘Goth〙▶ゴート族
コート-カバーリング〘court covering〙テニスで、ボールを打ったあと、返球の方向やその強弱を予測してすばやく守備位置につくこと。
こ-おとこ【小男】(ヲトコ)❶からだの小さい男性。⇔大男。❷年の若い男子。少年。「―に侍りける時、初めて昇殿申させ侍りけるを」〈千載・雑中・詞書〉
ゴート-ご【ゴート語】《Gothic》インド-ヨーロッパ語族のゲルマン語派に属する言語。4世紀半ばに西ゴート人の司教ウルフィラがギリシャ語から翻訳した聖書を主な文献とする。ゲルマン語の古い姿を伝えているが今日では消滅した。
コート-し【コート紙】《coated paper》表面にアート紙よりも少量の鉱物性白色顔料を塗った洋紙。雑誌の表紙や口絵、インクジェットプリンターの高品位印刷などに用いる。⇨光沢紙 ⇨半光沢紙 ⇨マット紙
コード-シェア〘code share〙ある航空会社の運航便に複数の航空会社が自社の便名(コード)を付けて運航すること。共同運航。路線提携。
コート-ジボワール〘Côte d'Ivoire〙《フランス語で象牙海岸の意》アフリカ大陸西部、ギニア湾に面する共和国。首都ヤムスクロ。最大の都市はアビジャン。コーヒー・ココアを産する。1893年フランスの植民地となり、1960年に独立。名は、かつてこの地域の沿岸から象牙が多く搬出されたことに由来する。人口2106万(2010)。コート-ジボアール。

ゴートスキン〘goatskin〙山羊皮。山羊のなめし革。
ゴート-ぞく【ゴート族】ゲルマン系の一部族。黒海北岸からドナウ川下流北岸に居住していたが、のち東ゴートと西ゴートとに分かれた。➡西ゴート族 ➡東ゴート族
コード-タイ〘cord tie〙細いひも状のネクタイのこと。蝶結びにして用いる。ウエスタンタイ。
コート-ダジュール〘Côte d'Azur〙《紺碧(こんぺき)海岸の意》地中海リビエラ海岸のフランス側の称。保養地。ニース、カンヌなどがある。➡リビエラ
コートテール〘coattail〙❶上着の裾(すそ)。❷選挙で、自陣の他候補を引っ張って当選させる候補者の人気や力。
コートテール-げんしょう【コートテール現象】(ゲンショウ)米国の国政選挙で、大統領の人気(コートテール)にすがって与党が圧勝すること。
コート-ドレス〘coat dress〙コートのように前あきになっていて、ボタンで留める形のドレスのこと。
コード-ネーム〘chord name〙軽音楽で使う和音の記号。Cm, C_7など。
コード-ネーム〘code name〙►開発コード
コートハウス〘courthouse〙❶裁判所。❷庭を建物の中心に置き、部屋はそれを囲むようにL字型やU字型に配置した住宅。
コードバン〘cordovan〙馬の背および臀部(でんぶ)の皮から作る光沢のある上質のなめし革。靴やベルトなどに用いる。もとスペインのコルドバ産の山羊皮をさした。
コード-ブルー〘code blue〙救急救命センターなどで、患者の容態が急変して心肺停止などの緊急事態が発生したことを知らせることば。➡スタット-コール
ゴートホープ〘Godthåb〙デンマーク領グリーンランドの首都ヌークの旧称。
コード-ボール〘cord ball〙テニスで、打球がネットの上端に触れて相手側のコートに入ること。➡ネットイン
コード-めい【コード名】《code name》►開発コード
コードラント〘quadrant〙「四分儀(しぶんぎ)」に同じ。➡象限儀
こ-おどり【小躍り┊雀=躍】(こをどり)〔名〕(スル) とびあがらんほどに喜ぶこと。じゃくやく。「―して喜ぶ」
(類語)喜ぶ・躍り上がる・躍る・飛び上がる・跳ね上がる・飛び跳ねる・舞い上がる・飛ぶ
コードレーン〘cordlane〙平織地に細い畝(うね)を表した織物。男子用の夏服地などに用いられる。
コードレス〘cordless〙コード(電線)のないこと。ワイヤレス。
コードレス-キーボード〘cordless keyboard〙►ワイヤレスキーボード
コードレス-でんわ【コードレス電話】《cordless telephone》►コードレスホン
コードレス-ホン〘cordless phone〙接続装置との間にコードがなく、ある範囲内を自由に持ち運んで通話できる電話機。コードレス電話。
コードレス-マウス〘cordless mouse〙►ワイヤレスマウス
コートレット〘(フランス) côtelette〙《「コトレット」とも》子牛・羊・豚などの骨つき背肉のこと。一般には、部位や骨の有無にこだわらず、切り身にパン粉をつけてバター焼きにしたものをいう。➡カツレツ
ゴードン〘Charles George Gordon〙[1833〜1885]英国の軍人。中国名、戈登。1863年、李鴻章(りこうしょう)の要請で常勝軍を率い、太平天国の乱の鎮定に活躍。のち、スーダン反乱軍討伐中に戦死。ゴルドン。
コーナー〘corner〙❶リングやグラウンド、また、部屋・流し台などの隅・角。「―に追いつめる」「部屋の―に置く」❷道路・競走路などの曲がり角。「第四―を回る」❸野球で、ストライクゾーンの隅。「―をつく投球」❹売り場・催し物会場などに設けた一区画。「スポーツ用品の―」「模擬店―」❺放送番組や新聞の紙面などで、その一部分に特設された一区画。「リクエスト―」❻写真をアルバムにはるとき、四隅を留めるもの。
(類語)角・曲がり角・町角・辻・隅・際・隅っこ・端っこ
コーナー-キック〘corner kick〙サッカーで、守備側がゴールラインからボールを外に出したとき、攻撃側がボールを守備側の隅のコーナーエリアに置いて蹴り入れること。CK。
コーナー-キューブ〘corner cube〙光や電波などを入射方向によらず、もとの方向へ反射する器具。立方体の一隅を含む三平面の内側を反射面とし、入射した光や電波は3回反射を繰り返してもとの方向へ射出される。光の反射には鏡またはプリズム、電波には金属板が用いられる。キューブコーナー。
コーナーストーン〘cornerstone〙❶隅石。礎石。転じて、重要な拠点・地域などのたとえ。❷基礎。第一歩。
コーナー-フラッグ〘corner flag〙サッカーのピッチの四隅に立つ、コーナーフラッグポストに付けられた旗。
コーナーフラッグ-ポスト〘corner flag post〙サッカーのピッチで、タッチラインとゴールラインが交わる四つの角に立てられた棒。
コーナー-ブルック〘Corner Brook〙カナダ東端、ニューファンドランド-ラブラドル州、ニューファンドランド島西岸にある都市。ベイオブアイランズ湾に注ぐハンバー川の河口に位置する。パルプ・製紙業が盛ん。
コーナー-ワーク〘corner work〙❶野球で、投手が内角・外角すれすれに投げ分ける制球技術。「巧みな―」❷トラック競技・スケートなどで、コーナーを巧みに曲がって走る技術。
コーナリング〘cornering〙自動車・スケートなどで、コーナーを曲がること。また、その技術。
コーニス〘cornice〙古代ギリシャ・ローマ建築のオーダーでエンタブラチュアの最上部の水平材。軒蛇腹(のきじゃばら)。
こおに-たびらこ【小鬼田平子】タビラコの別名。
コーニッシュ〘Cornish〙イギリス産とアジア産のゲーム種を交配して成立した肉用鶏の品種。発育が早く、ブロイラーの生産に用いる。
こ-おにゆり【小鬼百=合】オニユリの一品種。小形のもの。(季 夏)
コーパイ「コーパイロット」の略。
コーパイロット〘copilot〙►コパイロット
コーパス〘corpus〙語彙索引など、言語研究のための資料。特に、コンピューターを利用してデータベース化された大規模な言語資料。
コーパル〘copal〙ワニスなどの原料にする、天然樹脂の総称。本来は東アフリカ産の樹脂の化石または半化石のこと。コパル。
コーヒー〘coffee┊(オランダ) koffie〙【珈琲】コーヒーノキの種子を煎(い)って粉にしたもの。また、それを熱湯で漉(こ)したり煮出したりした褐色の飲み物。産地によって苦味・酸味・香りが異なる。
コーヒー-ショップ〘coffee shop〙❶ホテルなどにある喫茶軽食店。❷コーヒー店。
コーヒー-ちゃ【コーヒー茶】コーヒーのような、黒みがかった濃い茶色。コーヒー色。
コーヒー-の-き【コーヒーの木】アカネ科の常緑樹。高さ約8メートル。葉は長卵形。葉の付け根に香りのある白い花をつけ、果実は紅紫色に熟し、中にふつう2個の種子がある。中部アフリカの原産で、熱帯地方で栽培される。
コーヒー-ひき【コーヒー×挽き】►コーヒーミル
コーヒー-ブレイク〘coffee break〙仕事や会議の途中などでとる、短い休憩時間。コーヒーブレーク。
コーヒーポット〘coffeepot〙コーヒーを直接、または漉(こ)し袋に入れて沸かす壺形の容器。
コーヒー-まめ【コーヒー豆】コーヒーノキの種子。コーヒーの原料となる。
コーヒー-ミル〘coffee mill〙コーヒー豆を挽(ひ)いて粉にするための器具。コーヒー挽き。
コーヒー-ムース〘coffee mousse〙コーヒー・卵黄・バター・砂糖をペースト状にし、泡立てた卵白を加えて冷やし、固めた冷菓。
コーヒー-メーカー〘coffee maker〙電熱式のコーヒー沸かし器。
コーヒー-わかし【コーヒー沸(か)し】コーヒーを煮出すために用いる器具。パーコレーター・サイフォンなどのこと。
コーブ〘Cobh〙アイルランド南部、コーク州の港町。大西洋航路の重要な中継港の一つであり、19世紀半ばのジャガイモ飢饉(ききん)の際には、北米へ向かうアイルランド移民のうち、250万人を送り出した。また1912年に遭難した豪華客船タイタニック号の最終寄港地だったことで知られる。1849年のビクトリア女王の訪問を記念し、クイーンズタウンと改名したが、英国からの独立後に元の名称に戻った。
コープ〘co-op〙《cooperativeの略》生活協同組合。生協。
コープ〘Edward Drinker Cope〙[1840〜1897]米国の古生物学者。動物の化石を収集し、進化に関する諸法則を発見した。著「生物進化の要因」など。
ゴーファー〘goffer〙装飾のために洋服についているしわやひだのこと。また、それらをつけることもいう。
コープ-じゅうたく【コープ住宅】(ヂユウタク)►コーポラティブハウス
コープ-スカート〘cope skirt〙《copeは、聖職者が儀式に着るマント形の外衣》スペイン風のスカートの一種。ペチコートなどでマント形に形を整えたもの。
コーフボール〘korfball〙《korfは元来オランダ語で、かごの意》1チーム男女各4人ずつの2チームが高さ3.5メートルの棒上にあるかごにボールを入れ合うスポーツ。オランダで考案された。ルールはバスケットボールとほぼ同じであるが、ドリブルをしてはいけない、守備側の選手が片腕の長さの範囲内にいたら攻撃側はシュートできないなどの違いがある。
ゴープラム〘(梵) gopuram〙ヒンドゥー教建築の寺院の門。ピラミッド形の高層のものが多く、石、またはれんが造りで、外面に彫刻がほどこされている。
コープランド〘Aaron Copland〙[1900〜1990]米国の作曲家。ジャズやアメリカ民謡などの要素を取り入れた明快な作風が特徴。作品に「ビリー・ザ・キッド」「アパラチアの春」など。
ゴーフル〘(フランス) gaufre〙薄く焼いたせんべい状のもの2枚の間にクリームなどを挟んだ洋菓子。
コープレイ〘kouprey〙《「クープレイ」とも》ウシ科の哺乳類。野生のウシ類の一種。インドシナとタイ国境に分布。頭胴長2〜2.2メートル、体重700〜900キロ。絶滅の危険がある。
ゴー-ヘー〔感〕《Go aheadから》船を前進させるときのかけ声。(対)ゴースターン。
コーベット〘corvette〙►コルベット
コーペラチーブ〘(ロシア) kooperativ〙《「コーペラチブ」とも》協同組合。ロシアでの私企業の一形態。旧ソ連末期に、国家企業に対する私企業の一形態として現れた。
コーポ「コーポラス」の略。
コーポクラシー〘corpocracy〙企業官僚主義。大企業経営陣の非効率的経営を批判的に表現する語。
コーポラス《(和) corporate＋house または cooperative houseの略からか》鉄筋コンクリート造りの集合住宅。コーポ。
(類語)長屋・アパート・マンション・ハイツ・レジデンス
コーポラティズム〘corporatism〙政策決定に企業や労組などの団体を参加させるシステム。
コーポラティブ-ハウス〘cooperative house〙住宅を建築する際、住み手が集まって協同組合方式で建てる集合住宅。
コーポリマー〘copolymer〙2種以上の単量体の結合により得られる高分子物質。合成繊維・合成樹脂などに用いられる。共重合体。
コーポレーション〘corporation〙❶法人。社団法人。❷株式会社。(類語)会社・企業・社(やしろ)・商会・カンパニー・貴社・御社・小社・弊社
コーポレート-アイデンティティー〘corporate identity〙►シー-アイ(CI)
コーポレート-アドバタイジング〘corporate advertising〙「インスティテューショナルアドバタイジング」に同じ。
コーポレート-イメージ〘corporate image〙企業イメージ。消費者・取引先・社員などがある企業に対

して抱くイメージ。

コーポレート-ガバナンス〖corporate governance〗企業ぐるみの違法行為を監視したり、少数に権限が集中する弊害をなくしたりして、企業を健全に運営すること。また、その仕組み。企業統治。

コーポレート-カラー〖corporate color〗企業特有のシンボルカラー。コーポレートアイデンティティーの一要素。企業理念特有のイメージを表現するために、特有の色を設定し、一定の原則にのっとって有効に活用していくこと。➡シーアイ(CI)

コーポレート-シチズンシップ〖corporate citizenship〗企業の社会的貢献。企業市民活動。企業市民として社会に貢献するため、基金を設定して財団を作り、そこを通して市民の社会活動を支援することなどがその例。

コーポレート-ベンチャー〖corporate venture〗大企業内で行われている新規事業開発のこと。

コーポレート-ライセンス〖corporate license〗►サイトライセンス

コーマ〖coma〗昏睡状態。

コーマ-し【コーマ糸】《combed yarn》細番手の高級綿糸のこと。美しい光沢があり丈夫である。

コーマック-れいはいどう【コーマック礼拝堂】《Cormac's Chapel》アイルランド中南部、ティペラリー州の町キャッシェルにある礼拝堂。高さ90メートルの石灰岩の丘の上に残る教会遺跡、ロックオブキャッシェルの建築物の一。12世紀前半に建造。同国最初のロマネスク様式の教会建築とされる。

コーミング〖combing〗櫛で髪をとかすこと。くしけずること。

コーム〖comb〗櫛。

コーモックス-バレー〖Comox Valley〗カナダ、ブリティッシュコロンビア州、バンクーバー島の東海岸中央部にある三つの町、コートニー、コーモックス、カンバーランドを含む地域名。ワシントン山やコーモックス氷河を望む風光明媚な場所として知られる。

こ-おもて【小面】能面の一。あどけなさを残した、かれんな若い女の面。女面の代表的なもので、「井筒」「熊野」など三番目物に多く用いる。

ごおや《多く「ゴーヤ」と書く》►にがうり

ごおやあ《多く「ゴーヤー」と書く》沖縄で、蔓茘枝(にがうり)のこと。

コーラ〖cola〗❶コーラノキの種子に含まれる成分を主原料とした炭酸清涼飲料。(季夏) ❷コーラノキの別名。コラ。

コーラ〖COLA〗《cost-of-living adjustment》生計費調整。賃金決定の際に、物価上昇に伴う生活費の上昇分を予想しており込むこと。賃金の物価スライド制。

コーラー〖caller〗❶スクエアダンスで、次の動作の指示を出す人。❷ブラインドサッカーで、相手のゴール裏に立ち、オフェンスの選手にゴールまでの距離や角度を伝え、シュートを導く人。

コーライト〖Coalite〗石炭を低温乾留して製する半成コークス。無煙で火力が強い。商標名。

コーラス〖chorus〗❶合唱。または、合唱曲。合唱団。「男声―」❷►コーラス波

コーラス-ガール〖chorus girl〗ショーやレビューなどで、主役をもり立て大勢で歌ったり踊ったりする女性。

コーラス-は【コーラス波】自然界に存在する超低周波の電磁波の一。太陽風の高エネルギー電子と地磁気の磁力線の相互作用(サイクロトロン運動)によって生じ、約1秒の間に1キロヘルツから5キロヘルツ程度まで周波数が上昇する。無線機を通して聞くと小鳥のさえずりに似た音がする。第一次大戦中、敵の無線傍受をしている通信兵が夜明けとともにこの音を耳にしたことから、ドーンコーラス(夜明けの合唱)とも呼ばれる。

コーラス-ライン〖chorus line〗ミュージカルの舞台を横切る1本の白線。前縁から3メートルの所にあり、主役級以外の出演者はこれより前に出られない。

コーラ-の-き【コーラの木】アオギリ科の常緑高木。葉は卵形で先がとがる。花は黄色。果実は淡紅色で、種子をコーラ飲料の原料や薬用にする。熱帯アフリカの原産。

コーラル〖coral〗珊瑚。珊瑚色。「―リーフ」

コーラル-シー〖coral sea〗珊瑚の海。

コーラル-フィッシュ〖coral fish〗珊瑚礁にすむ魚。スズメダイ・チョウチョウウオ・クマノミなど。

コーラル-リーフ〖coral reef〗珊瑚礁。

コーラン〖Koran┊Qur'ān〗《読誦されるものの意》イスラム教の聖典。ムハンマド(マホメット)が天使ガブリエルを通して受けたとされるアッラーの啓示を集録したもの。アラビア語で書かれ、信徒の信条・倫理的規範・法的規範などを特異な散文詩体で述べる。114章からなり、ムハンマド没後に結集された。クルアーン。

コーランか然らずんば剣か 唯一神アッラーに絶対服従を説いたムハンマドの言葉。

コーラングレ〖cor anglais〗►イングリッシュホルン

こおり【氷┊凍り】❶水が固体状態になったもの。1気圧のもとではセ氏0度以下で固体化する。比重0.917。(季冬)「歯豁に筆の―を噛む夜哉/蕪村」❷冷たいものや鋭いもののたとえ。「―の刃」「―のような心」❸「氷水」の略。「―いちご」❹「氷襲」の略。(類語)(❶)氷塊・氷片・氷柱・氷柱・氷層・堅氷・薄氷・薄ら氷・流氷・氷雪・氷霜・アイス・薄氷・初氷

氷と炭 二つのものの性質が、まったく相反していることのたとえ。また、両者の仲が非常に悪いことのたとえ。水と油。

氷に座・す 水の上にはった氷の上に座ると、体温で氷が溶けて下に落ちる。きわめて危険な状態にいることのたとえ。

氷に鏤・む 《「塩鉄論」殊路から》とけやすい氷に彫刻する。骨を折ってもかいのないこと、また、質の悪いものを飾っても無駄であることのたとえ。

氷は水より出でて水よりも寒し 《「荀子」勧学から》弟子が師よりも勝ることのたとえ。青は藍より出でて藍より青し。

氷を歩・む 薄い氷の上を歩く。非常に危険であることのたとえ。氷を踏む。

こおり【郡】律令制で、国の下に位置する地方行政区画。里・郷・村を包括するもの。➡郡

こおり-あずき【氷小豆】小豆あんに削り氷をかけた食べ物。金時。(季夏)

こおり-あられ【氷霰】雪霰が芯となり、外側に氷の層ができた、透明または半透明の固い粒。直径5ミリ未満のものをいう。➡雪霰

こおり-うめ【氷梅】染め模様の名。氷の割れ目を全体に描き、ところどころに梅の花を散らしたもの。

こおり-がけ【氷掛(け)】コンペイトーの製法。菓子種に氷蜜をかけ、熱した銅板の上を転がして蜜を乾燥させ、全面に小さな角をつくる。

こおり-がさね【氷襲】❶襲の色目の名。表はつやのある白、裏は白無地。冬に用いる。❷白い鳥の子紙を2枚重ねたもの。手紙や歌を書くのに用いた。

こおり-がし【氷菓子】牛乳・果汁・卵・砂糖水などを凍結させた菓子。アイスキャンデー・シャーベットなど。(季夏)

ゴーリキー〖Gor'kiy〗ロシア連邦の都市ニジニーノブゴロドの旧称。

ゴーリキー〖Maksim Gor'kiy〗[1868〜1936]ソ連の小説家・劇作家。本名、アレクセイ=マクシーモビチ=ペーシコフ(Aleksey Maksimovich Peshkov)。極貧生活のうちに革命運動に加わり、社会主義リアリズムを創始、プロレタリア文学に大きく貢献した。小説「チェルカッシ」「母」、戯曲「どん底」など。

ゴーリキー-こうえん【ゴーリキー公園】《Tsentral'nïy park kul'turï i otdïkha im. Gor'kogo》ロシア連邦の首都モスクワの市街南部にある公園。環状道路の南側、モスクワ川東岸に位置する。正式名称は、マクシムゴーリキー記念文化と休息の中央公園。1928年に造られ、同国の作家ゴーリキーの名を冠する。園内には庭園や池のほか、遊園地がある。

ゴーリキー-どおり【ゴーリキー通り】《Ulitsa Gor'kogo》モスクワのトベルスカヤ通りの旧称。

こおり-ぎり【氷霧】微細な氷の結晶が大気中に浮遊して、1キロ以上離れた物がぼやけて見える現象。ひょうむ。

こおり-こんにゃく【凍り蒟蒻┊氷蒟蒻】こんにゃくを寒気にさらして凍らせ、乾燥したもの。精進料理などに用いる。こごりこんにゃく。しみこんにゃく。(季冬)

こおり-ざとう【氷砂糖】純度の高い砂糖を溶かし、ゆっくり水分を蒸発させて大きな結晶にしたもの。果実酒・料理などに用いるほか、そのまま菓子としても食する。

こおり-じるこ【氷汁粉】汁粉の上に削り氷をかけたもの。(季夏)

こおり-すい【氷水】削り氷に蜜・シロップなどをかけたもの。かきごおり。こおりみず。

ゴーリスト〖gaulliste〗「偉大なフランスの栄光」を追求したドゴール大統領の路線(ゴーリスム)の信奉者。

こおり-すべり【氷滑り】氷上を滑る遊び。アイススケートの類。(季冬)

ゴーリスム〖gaullisme〗フランスのドゴールの政治思想、また、それに基づく政治体制。愛国主義的傾向が強く、フランスの威信の強調、米ソ二大国に対抗する独自の外交政策などを特徴とする。

こおり-そば【凍り蕎麦┊氷蕎麦】ゆでたそば切りを寒気にさらして凍らせ、乾燥させたもの。熱湯で戻して食する。

こおり-だい【氷代】❶氷の代金。❷暮れに支給する餅代に対して、夏場に支給する少額の金銭。また、夏場に政党や党内の派閥が所属議員に配る活動資金。➡餅代

こおり-つ・く【凍り付く】〔動カ五(四)〕❶凍って、他の物にくっつく。「バケツが地面に―・く」❷硬く凍る。凍結する。いてつく。「かちかちに―・いた道」❸緊張や恐怖でからだが固くこわばる。「恐怖で身も―・く」(類語)凍る・凍てつく・凍結・氷結・結氷・冷凍・こごる・しばれる・凍みる・凍てる

こおり-づめ【氷詰(め)】魚や肉などの腐敗を防いだり、鮮度を保たせたりするために、その容器の中に氷を詰めること。「―にして輸送する」

こおり-どうふ【凍り豆腐┊氷豆腐】豆腐を凍らせてから乾燥させた食品。本来は冬の寒気を利用して作るが、今では冷凍機・乾燥機を利用して作るものも多い。高野豆腐。こごり豆腐。しみ豆腐。(季冬)

こおり-ねつりょうけい【氷熱量計】高温物体を氷の中に入れ、解けた氷の量を測定することによってその物体が失った熱量を測定する熱量計。

こおり-の-じごく【氷の地獄】►八寒地獄

こおり-の-ついたち【氷の朔=日】陰暦6月1日。昔、宮中で、冬にできた氷を氷室から取り出して群臣に賜る儀式がこの日行われた。民間では、正月の餅を凍み餅にしておいて、この日に炒って食した。氷室の朔日。(季夏)

こおり-の-つかさ【郡司】「ぐんじ(郡司)」に同じ。

こおり-の-みやけ【郡家】郡司が政務を執る所。ぐんけ。ぐうけ。

こおり-の-みやつこ【郡造】郡司の長官。大領。

こおり-の-やいば【氷の刃】氷のように研ぎ澄まされた鋭い刀や剣の刃。こおりのつるぎ。「抜けば玉散る―」

こおり-ぶぎょう【郡奉行】江戸時代、各藩に置かれて地方の行政に当たった職名。農民の管理や徴税・訴訟などを扱った。郡代。

こおり-ぶくろ【氷袋┊氷嚢】►ひょうのう(氷嚢)

こおり-まくら【氷枕】熱のあるときなどに、氷や冷水を入れて頭部を冷やすゴム製の枕。

こおり-みず【氷水】❶飲み水に氷を入れて冷たくしたもの。❷「こおりすい」に同じ。(季夏)「日焼

顔見合ひてうましー/秋桜子」

こおり-みつ【氷蜜】氷砂糖を細かくしたものを鶏卵の白身で溶いて煮詰めたもの。

こおり-もち【凍り餅｜氷餅】寒中にさらして凍らせた餅。信州・東北地方で作る。しみ餅。こおりのもち。(季 冬)

こおり-や【氷屋】❶氷を製造・販売する店。また、その人。❷夏に、氷水などの飲料を売る店。また、その人。氷店。

こおりやま【郡山】福島県中部の商工業都市。奥州街道の宿場町として発達し、交通の要地。同県の経済の中心。人口33.9万(2010)。

こおりやま-し【郡山市】►郡山

こおりやま-じょう【郡山城】奈良県大和郡山市にあった城。筒井順慶が天正8年(1580)より築城。同11年天守閣建造。犬伏城。

こおりやま-じょしだいがく【郡山女子大学】福島県郡山市にある私立大学。昭和22年(1947)創設の郡山女子専門学院を前身とし、昭和41年(1966)に開設。家政学部の単科女子大学。

こおりやま-ぼんち【郡山盆地】福島県中部、阿武隈川中流の盆地。明治15年(1882)猪苗代湖の水を引く安積疎水の開通によって農・工業が発展。

コーリャン【高粱】《中国語》イネ科の一年草。中国東北部などで多く栽培されるモロコシの一種。実を食用・醸造用とする。こうりょう。(季 秋)

コーリャン-しゅ【高粱酒】コーリャンを原料としてつくる、無色透明の蒸留酒。こうりょうしゅ。

コール〖call〗〔名〕スル ❶呼ぶこと。呼びかけること。また、芸能人・政治家などに対するファンや支持者のかけ声・誘いかけ。「出馬ー」❷電話などで、相手を呼び出すこと。電話をかけること。また、通話の単位。「モーニングー」❸トランプのポーカーで、相手の賭けに応じること。また、ブリッジで、パスなどを宣言すること。「ーを掛ける」❹「コールマネー」または「コールローン」の略。❺「コール-オプション」の略。

コール〖coal〗石炭。

コール〖Helmut Kohl〗[1930〜]ドイツの政治家。1973年キリスト教民主同盟(CDU)党首となり、1982年西ドイツ首相、1990年、統一ドイツ初代首相に就任。➡シュレーダー

こお-る【凍る｜氷る】〔動ラ五(四)〕❶液体、特に水が低温のため凝結して固体の状態になる。「池が一面にー・る」(季 冬) ❷外気などがひどく冷たく感じられる。「冬の朝のー・った空気」❸寒さや恐ろしさのために、からだがこわばり自由に動かなくなる。「恐怖で血もー・るオカルト映画」❹コンピューターが機能も作動もせず、キーボードやマウスからの入力を受け付けなくなること。ハングアップ。フリーズ。

(類語)(❶❷)氷結する・結氷する・凍結する・凍てる・凍てつく・凝る・凍みる・しばれる・凍りつく・冷凍する

ゴール〖Gaul｜フランス Gaule〗►ガリア

ゴール〖goal〗〔名〕スル ❶競技の決勝線。決勝点。「ー直前のデッドヒート」「ーに達する」❷ラグビー・サッカー・ホッケーなどで、ボールを入れると得点になる枠。また、そこにボールを入れて得点すること。「ペナルティーー」❸努力などの目標点。最終目的。「入学というーを目ざしてがんばる」

ゴール-イン〔名〕スル《和 goal＋in》❶競走などで、決勝線に到達すること。「一着でーする」(補説)英語で「ゴールインする」はreach the goalなど。❷バスケットボール・サッカー・ホッケーなどで、ボールを相手のゴールに入れて得点すること。ゴール。❸目的・目標に達すること。特に、結婚すること。「めでたくーして夫婦になる」(類語)結婚・婚姻・成婚・おめでた・婚約・内縁・縁組み・嫁入り・輿入れ・嫁取り・婿入り・婿取り

ゴールウエー〖Galway〗アイルランド西部の港湾都市。コナート地方の中心都市で、ゴールウエー湾の北岸、コリブ川の河口に位置する。中世以来、フランスやスペインとの交易で栄えた。17世紀半ばのクロムウェル侵攻により衰退したが、産業革命期および20世紀後半に経済的に発展した。セントニコラス教会、リンチ城などの歴史的建造物のほか、1965年建立のゴールウエー大聖堂がある。

ゴールウエー-だいせいどう【ゴールウエー大聖堂】《Galway Cathedral》アイルランド西部、ゴールウエー州の港湾都市ゴールウエーにあるローマカトリック教会の大聖堂。1958年から1965年にかけて刑務所跡に建造された。ルネサンス様式の外観で、高さ44メートルの円蓋(ドーム)をもつ。アイルランド独立運動の指導者パトリック＝ピアースと、名誉市民に選ばれたジョン＝F＝ケネディのモザイク壁画がある。

ゴール-エリア〖goal area〗サッカーなどで、ゴール直前の区域。ゴールキーパーが特別の保護を受ける。

コール-オプション〖call option〗ある一定の期日、期間の後に、通貨・株式・商品などを、前もって定めた価格で一定量買う権利。(対)プット-オプション。➡オプション取引

コール-ガール〖call girl〗電話での呼び出しに応じて客をとる売春婦。

コール-カッター〖coal cutter〗石炭の採掘に用いる大型採炭機。多く、超硬合金を取り付けたビット(削岩用の刃)を配したチェーンを作動して石炭層を切削する方式のものをさす。

ゴールキーパー〖goalkeeper〗サッカーやホッケーなどで、ゴールを守る役割の競技者。キーパー。GK。

ゴール-キック〖goal kick〗サッカーで、攻撃側プレーヤーに触れたボールがゴールライン外に出たとき、守備側が、ゴールエリア内より直接ペナルティーエリアの外へ蹴ること。GK。

ゴール-ゲッター〖goal getter〗サッカーなどで、得点能力の特にすぐれた競技者。ポイントゲッター。

コール-コーヒー《和 cold＋coffeeから》アイスコーヒーの関西地方での呼び名。冷コーとも。

コール-サイン〖call sign〗無線局・放送局の電波呼び出し符号。アルファベットを組み合わせて作られる。NHK東京第一放送の「JOAK」など。

コール-しきん【コール資金】銀行その他の金融機関相互間で貸借される、ごく短期の資金。

コール-しじょう【コール市場】コール資金の取引が行われる市場。貸し手・借り手の金融機関と、その媒介をする短資業者とによって構成され、コールレートが決まる。コールマーケット。

コールスロー〖coleslaw〗キャベツをせん切りにしてドレッシングであえたサラダ。

ゴールズワージー〖John Galsworthy〗[1867〜1933]英国の小説家・劇作家。自由主義的改良主義の立場から、当時の英国社会の物質主義を批判。1932年ノーベル文学賞受賞。小説「フォーサイト家物語」、戯曲「銀の箱」など。

コール-センター〖call center〗電話による顧客対応の窓口業務を専門的に行う部署。顧客サポート、苦情対応、通信販売などの業務がある。コンタクトセンター。

コールダーホールがた-げんしろ【コールダーホール型原子炉】《Calder-Hall》英国イングランド北部の町、コールダーホールに建設された原子炉を原型とする原子炉。天然ウラン燃料・黒鉛減速材・炭酸ガス冷却材を使う型のもの。この改良型が日本の東海1号炉。

コール-タール〖coal tar〗石炭の高温乾留で得られる黒色の油状液体。ベンゼン・トルエン・アントラセン・石炭酸・クレゾールなどを含む。木材の防腐塗料、染料・火薬・溶剤などの原料にする。石炭タール。

コールタール-せんりょう【コールタール染料】コールタールを蒸留して得られるベンゼン・ナフタリン・アントラセンなどを原料として合成する染料。合成染料の大部分を占める。

ゴール-ちょう【ゴール朝】《Ghōr》アフガニスタン中部のゴール地方を中心に、インド北部を支配したイスラム王朝。12世紀半ばにガズニー朝を滅ぼして成立。13世紀初め滅亡。グール朝。

ゴール-ディファレンス〖goal difference〗サッカーで、得失点差。リーグ戦などで勝ち点が同じ場合にこの差で順位が決まる。

ゴールディング〖William Golding〗[1911〜1993]英国の小説家。人間の原罪をテーマにした作品を多く発表。1983年ノーベル文学賞受賞。作「蠅の王」「後継者たち」「通過儀礼」など。

コール-てん【コール天】《corded velveteen(畝織りのビロードの意)からか。「天」は「天鵞絨」の略》「コーデュロイ」に同じ。

ゴールデン〖golden〗多く複合語の形で用い、金色の、黄金のように価値のある、などの意を表す。

ゴールデン-アワー《和 golden＋hour》ラジオ・テレビ放送で、最も聴取率・視聴率の高い時間帯。ふつう、夜の7時ごろから9時ごろまでをいう。ゴールデンタイム。(補説)英語ではprime time。

ゴールデン-イーグル〖golden eagle〗イヌワシ。

ゴールデン-イーグルス〖Golden Eagles〗►東北楽天ゴールデンイーグルス

ゴールデン-ウイーク《和 golden＋week》4月末から5月初めにかけての、一年中でいちばん休日の多い週。元来は映画興行界の用語。黄金週間。(季 春)

ゴールデン-ウエディング〖golden wedding〗「金婚式」に同じ。

ゴールデン-エージ〖golden age〗「黄金時代」に同じ。

ゴールデングラブ-しょう【ゴールデングラブ賞】プロ野球で、毎年リーグごとに守備のベストナインに選ばれた選手に与えられる賞。米国メジャーリーグのゴールドグラブアワード(Gold Glove Award)をまねて1972年に設けられたダイヤモンドグラブ賞を、1980年に改称。

ゴールデン-グローブ〖Golden Glove〗アマチュアボクシングの全日本選手権。東日本・西日本の各クラス代表が対戦して優勝を争う。

ゴールデン-クロス〖golden cross〗株価の短期の移動平均線が、中・長期移動平均線を下から上に交差して抜くこと。この現象が現れると株価は上昇局面を迎えたとされる。➡デッド-クロス

ゴールデン-ゲート〖Golden Gate〗►金門海峡

ゴールデンゲート-きょう【ゴールデンゲート橋】《Golden Gate Bridge》►金門橋

ゴールデンゲート-ブリッジ〖Golden Gate Bridge〗►金門橋

ゴールデン-ゴール〖golden goal〗サッカーの試合で、延長戦の最初のゴール。得点したチームがその試合の勝者となる。国際試合では2004年に廃止。日本ではVゴールと呼ばれ、Jリーグでは2003年に廃止された。

ゴールデン-サンズ〖Golden Sands〗ブルガリア北東部の都市バルナの北に位置する町、ズラトニピヤサツィの通称。黒海沿いに約4キロメートルにわたって白い砂浜が広がり、海岸保養地として有名。

ゴールデン-シェア〖golden share〗海外からの会社買収を防止するため、政府が保有している拒否権付き株式。黄金株。

ゴールデン-スラム〖golden slam〗テニスで、グランドスラムを達成した選手が、その年のオリンピックで金メダルを獲得すること。

ゴールデン-タイム《和 golden＋time》テレビ・ラジオの視聴率・聴取率が最も高い時間帯。通例、午後7時から9時ごろ。(補説)英語ではprime time。

ゴールデン-デリシャス〖Golden Delicious〗デリシャス系のリンゴの一品種。果皮は黄色。果肉は淡黄色で、甘味が強く芳香がある。

ゴールデン-トライアングル〖Golden Triangle〗►黄金の三角地帯

ゴールデン-バット〖Golden Bat〗日本の両切りタバコの銘柄の一。明治39年(1906)発売開始。包装は金色のコウモリの意匠。バット。

ゴールデン-パラシュート〖golden parachute〗企業が買収される際、その企業の経営者が巨額の

退職金を受け取り経営権を引き渡すこと。企業が乗っ取られても、経営者は退職金というパラシュートを用いて無事脱出できる、という意から。

ゴールデン-マウンテン《Zolotie gory》▶アルタイのゴールデンマウンテン

ゴールデン-マスター〖golden master〗製品化の最終段階にあるソフトウエアのこと。アルファ版やベータ版を通じてテストや修正を繰り返し、原盤(商用版のオリジナルデータ)として最初に作成されたものを指す。これを複製することで製品となる。ゴールドマスター。

ゴールデン-ライオンタマリン〖golden lion tamarin〗キヌザル科の小形のサル、ライオンタマリンの一亜種。全身が金色の毛で覆われている。➡ライオンタマリン

ゴールデンラズベリー-しょう【ゴールデンラズベリー賞】ᵃˢ▶ラジー賞

ゴールデン-レトリバー〖golden retriever〗英国原産の猟犬。毛は長く、金茶色かクリーム色。優秀な回収犬(ハンターの撃ち落とした獲物を回収する犬)であるが、性質が良く、盲導犬や麻薬探知犬としても活躍する。雄では体高約57センチ。

コールド〖cold〗❶「コールドクリーム」の略。❷「コールドパーマ」「コールドウエーブ」の略。❸多く複合語の形で用い、寒い、冷たい、冷えた、などの意を表す。「―パック」⇔ホット。

ゴールド〖gold〗金ᵏⁱⁿ。黄金。また、金色。

コールド-ウエーブ〖cold wave〗▶コールドパーマ

コールドウェル〖Erskine Caldwell〗[1903～1987]米国の小説家。南部の貧農の姿をユーモアを交えて描いた。作「タバコ-ロード」「神の小さな土地」など。

コールド-ウオー〖cold war〗冷たい戦争。冷戦。⇔ホットウオー。

コールド-カラー〖cold color〗寒色。青系統の、冷たい感じを与える色。

ゴールド-カラー〖gold-collar〗知識・情報産業の仕事に従事する人たちの呼称。ホワイトカラー・ブルーカラーに対していう。

ゴールドグラブ-しょう【ゴールドグラブ賞】《Rawlings Gold Glove Award》米国メジャーリーグで、守備の優れた選手に与えられる賞。毎年両リーグでそれぞれ、各ポジションにつき一人ずつ選ばれる。

コールド-クリーム〖cold cream〗洗顔やマッサージなどに用いる油性クリーム。肌に冷たく感じるので、この名がある。

コールド-ケース〖cold case〗未解決犯罪。未解決事件。特に、迷宮入りした凶悪犯罪のこと。

コールド-ゲーム〖called game〗野球の試合で、5回以上の攻守を終えたあと、降雨・日没や得点に大差がついた場合に、主審がその回までの得点で勝敗を決めて終了を宣言する試合。

ゴールドシュミット-ほう【ゴールドシュミット法】▶テルミット法

コールド-スタート〖cold start〗▶コールドブート

コールド-スタンバイ〖cold standby〗コンピューターやネットワークシステムの障害対策の手法の一。同じ構成のシステムを2セット以上用意し、主システムを作動させ、予備システムは作動させずに待機状態とする。主システムに障害が生じた場合、予備システムが処理を受け継ぐが、ホットスタンバイに比べ、若干復旧に時間がかかる。コールドスペア。

コールドストリップ-ミル〖cold strip mill〗冷間圧延機。鋼などの板材を加熱しないで圧延する機械。

コールド-スペア〖cold spare〗▶コールドスタンバイ

ゴールドスミス〖Oliver Goldsmith〗[1728～1774]英国の詩人・小説家・劇作家。アイルランドの生まれ。小説「ウェークフィールドの牧師」のほか、詩「寒村行」、戯曲「お人よし」などがある。

コールド-ダークマター〖cold dark matter〗▶冷たい暗黒物質

コールド-タイプ〖cold type〗印刷で、写真植字機やコンピューターを用いる製版方式。➡ホットタイプ

コールド-チェーン〖cold chain〗生鮮食料品を冷凍・冷蔵・低温の状態で生産者から消費者まで一貫して流通させる仕組み。低温流通体系。

ゴールド-ディスク〖gold disk〗CD(レコード)の売り上げが一定の基準枚数に達すると、アーチストやプロデューサー、その他関係者に贈呈される賞。各国のレコード協会などによって認定される。

コールドドラフト-げんしょう【コールドドラフト現象】《cold draftは、すきま風の意》冬季、暖かい室内の空気が冷たい窓ガラスに触れて冷やされ、床面に下降する現象。暖房器具を窓のそばに置く、扇風機などで室内の空気をかき回すなどの対策で防げる。

コールド-パーマ《和 cold＋permanent waveの略》熱を使わずに、薬液だけを用いて常温でかけるパーマネントウエーブ。コールドウエーブ。

コール-ド-バレエ〖ᶠʳᵃⁿᶜᵉ corps de ballet〗バレエの群舞。また、「その他大勢」の役の踊り手たち。

コールド-ピース〖cold peace〗冷ややかな平和。コールドウォー(冷戦)に対していう語。東西冷戦終結後の国際関係を反映した言葉。

コールド-ビーフ〖cold beef〗ローストビーフの冷製。

ゴールドフィッシュ〖goldfish〗金魚。

コールド-ブート〖cold boot〗コンピューターの電源が切れていて、主記憶装置などのハードウエアが初期化された状態から起動すること。コールドスタート。コールドリセット。コールドリブート。⇔ウオームブート。

ゴールド-プラン《和 gold＋plan》「高齢者保健福祉推進十か年戦略」の通称。厚生省・大蔵省・自治省の三省合意によって平成元年(1989)12月に策定された。在宅福祉・施設福祉などの事業について十か年の目標とその水準を示したものであるが、高齢化のスピードの速さにかんがみ、新たに目標を設定し直した「新ゴールドプラン」が平成6年(1994)12月に策定された。さらに、その後の5か年計画として「ゴールドプラン21」が策定されている。

コールド-プルーム〖cold plume〗《「plume」は、もくもく上がる煙の意》地球の内部、地殻と核の間のマントル内部に発生する下降流。移動は億年単位という。➡プルームテクトニクス ➡ホットプルーム

ゴールド-マスター〖gold master〗▶ゴールデンマスター

コールド-ミート〖cold meat〗ローストした牛・豚・鶏の肉を冷やしたもの。薄切りにして食する。冷肉。コールミート。

ゴールド-メダリスト〖gold medalist〗オリンピック大会などで、金メダルを獲得した人。

ゴールド-めんきょ【ゴールド免許】運転免許証の有効期間を示す欄が金色であるもの。有効期間満了日の前5年間、無事故・無違反の優良運転者に与えられる。ゴールド免許証。➡グリーン免許 ➡ブルー免許

ゴールドめんきょ-わりびき【ゴールド免許割引】自動車保険の契約に際し、保険契約締結の時点(開始日)で契約者がゴールド免許を所持している場合に適用される保険料の割り引き。

ゴールド-ラッシュ〖gold rush〗❶新しく発見された金鉱に人々が殺到すること。1849年に米国カリフォルニアで起こった。❷国際金融市場で、金に対する買いが殺到すること。

コールド-リセット〖cold reset〗▶コールドブート

コールド-リブート〖cold reboot〗▶コールドブート

ゴール-ネット〖goal net〗サッカー・バスケットボールなどの、ゴールに付けられた網。

コールバック〖callback〗日本発信の国際電話を相手国で受け、いったん切った後に、自動的に日本にかけ直すサービス。日本からより米国発の方が料金が低いため、このサービスを使うと安い電話代で通話できる。

コール-ピック〖coal pick〗石炭を掘り崩すのに用いる、小型の手持ち採炭機。圧縮空気によって石炭を割り砕くもの。

ゴールボール〖goalball〗視覚障害者対象の球技。バレーボールのコートと同じ大きさのコートの両端にゴールを置き、1チーム3名ずつで鈴の入ったボールを転がし、ゴールに入れると得点になる。競技者は視力の程度にかかわらず、全く光の入らないゴーグルを着用する。1980年からパラリンピックの正式種目。

ゴール-ポスト〖goal post〗サッカー・ラグビー・ホッケーなどの、ゴールを形作る2本の柱で、クロスバーを支えるもの。

コール-マーケット〖call market〗▶コール市場

ゴール-マウス〖goal mouth〗(サッカーなどの)ゴールの枠。また、ゴールのこと。

コール-マネー〖call money〗借り手からみたコール資金。

コールマン-ひげ【コールマン×髭】《米国の映画俳優ロナルド=コールマン(Ronald Coleman)の口髭から》口の上にだけ短く生やした髭。

コール-ミート〖cold meat〗▶コールドミート

コールユーブンゲン〖ᵈᵉᵘᵗˢᶜʰ Chorübungen〗《合唱練習曲の意》声楽の教則本。3巻。ドイツの音楽家フランツ=ビュルナー著。1876年刊。音程・リズム・読譜・発音など、初歩的な訓練に用いる。

ゴール-ライン〖goal line〗❶サッカーやラグビーなどで、長方形の競技場の短いほうの2辺にある線。中央にゴールが置かれる。➡タッチライン ❷トラック競技の決勝線。

コールラビ〖kohlrabi〗キャベツの原種ケールの一変種。茎が肥大して丸くなり、その側面と先に小形の葉をつける。食用。球茎甘藍ᵏᵃⁿʳᵃⁿ。カブキャベツ。

コールリッジ〖Samuel Taylor Coleridge〗[1772～1834]英国の詩人・批評家。ワーズワースとともに「叙情民謡集」を著し英国ロマン主義の先駆となった。夢幻的な作風で知られる。詩「老水夫の歌」、評論「文学的自伝」など。

コール-レート〖call rate〗コール資金の貸借に適用される金利。特に、無担保で借り翌日返す場合の金利を「無担保コールレート(オーバーナイト物)」といい、日銀が政策金利として目標を決め、一定の水準に誘導する。

コール-ローン〖call loan〗貸し手からみたコール資金。

こおれえぐす《多く「コーレーグス」と書く》沖縄で、シマトウガラシのこと。また、その熟した実を泡盛に漬け込んだ調味料。

コーレン-マルクト〖Koren Markt〗ベルギー北西部の都市ヘントにある広場。旧市街中心部にあり、レイエ川に面する。周辺に15～17世紀のギルドハウスをはじめとする歴史的建造物が数多くある。

コーレンレイ〖Korenlei〗《穀物河岸の意》ベルギー北西部、東フランドル州の都市ヘントの中心部を流れるレイエ川西岸の地区。ギルドハウスをはじめ、歴史的建造物が並ぶ。対岸はグラスレイ。

こおろぎ【蟋=蟀】❶直翅ᶜʰᵒᵏᵘˢʰⁱ目コオロギ科の昆虫の総称。草の間や石の下などにすみ、体色は褐色。体はやや平たく、頭部は大きく、触角が長い。雄は前翅ᵐᵃᵉᵇᵃⁿᵉに発音器をもちこすり合わせて鳴く。オカメコオロギ・エンマコオロギ・ツヅレサセコオロギなど。古くは「きりぎりす」といった。(季 秋)「一や路銀にかへる小短冊/犀星」❷古く、秋に鳴く虫の総称。「夕月夜ᵘᵘᶻᵘᵏᵘʸᵒ心もしのに白露の置くこの庭に一鳴くも」〈万・一五五二〉

こ-おろし【子▽堕し】❶薬などを用いて、出産前の胎児をおろすこと。堕胎。❷❶を業とする者。「この女、もとは夫婦池の、こさんとて、一なりしが」〈浮・五人女・二〉

こ-おん【古音】呉音が伝わる以前に日本に伝来していた漢字音。「意」を「お」、「止」を「と」と読むなど、古い万葉仮名の中などにみられ、中国の周・漢・魏などの時代の音の残存したものと考えられる。

コーン〖cone〗❶ソフトアイスクリームなどを盛る円錐形のウエハース。アイスクリームコーン。❷スピーカーの円錐形の振動板。多く紙製。

コーン〖corn〗トウモロコシ。「一味」

ご-おん【五音】❶▶ごいん(五音) ❷世阿弥が謡ᵘᵗᵃを曲趣により五つに分類したもの。祝言・幽曲・恋慕・哀傷・闌曲ʳᵃⁿᵍʸᵒᵏᵘ。また、それを記した書。

ご-おん【五▽陰】《梵 skandhaの旧訳》「五蘊ᵘⁿ」に同

じ。

ご-おん【呉音】古く日本に入った漢字音の一。もと、和音とよばれていたが、平安中期以後、呉音ともよばれるようになった。北方系の漢音に対して南方系であるといわれる。仏教関係の語などに多く用いられる。

ご-おん【御恩】❶他人を敬って、その人から受ける恩をいう語。「—をこうむる」❷封建社会で、主君が臣下に対して与える恩恵。具体的には所領や種々の職(しき)を給与される。⇒奉公(ほうこう)

ご-おん【語音】言語の音声。音韻。

コーンウォール〖Cornwall〗英国イングランド南西部の地域。美しい景観と穏やかな気候から、保養地として有名。かつては鉱業が盛んで、主に銅と錫(すず)が採掘され、特に18〜19世紀には英国産業革命の一翼を担った。鉱山技術の革新をもたらしたビームエンジンやエンジンハウスを用いた採掘方式は、この地で始められ、その後世界に普及したといわれている。これらの鉱山跡や鉱業に関する施設からなる景観は、2006年に「コーンウォールとウェストデボンの鉱山景観」として世界遺産(文化遺産)に登録された。

コーン-ウォン〖タイ khóng wong〗《「コンウォン」とも》タイの旋律打楽器。16〜18個の壺形ゴングを環状の木枠にひもでつるして並べ、奏者は枠の中に座って、厚い水牛の革で作られた円盤が先についた2本の桴(ばち)で演奏する。

ごおん-おんかい【五音音階】五つの音からなる音階。日本の伝統音楽をはじめ、各国の民謡にも広くみられる。代表的な形は、ドレミソラの5音からなるもの。

コーン-クラッシャー〖cone crusher〗砕石機の一種。おもに3〜100ミリの砕石製造用。

コーン-クラッチ〖cone clutch〗円錐摩擦(えんすいまさつ)クラッチ。

コーン-グリッツ〖corn grits〗トウモロコシをひき割りにしたもの。コーンミールよりも粒が粗いものをいう。

コーン-グルテン〖corn glutem〗トウモロコシの搾りかす。トウモロコシグルテン。

ごおんじょう-く【五▽陰盛苦】(ゴオンジャウ—)仏語。八苦の一。五陰から生じる心身の苦悩。

コーン-しょとう【コーン諸島】(—ショタウ)《Corn Islands》中央アメリカ、ニカラグア本土から東方約70キロメートルに位置するカリブ海の島。正式名称はイスラス-デル-マイズ(マイズ諸島)。ビッグコーン島とリトルコーン島からなる。米国の租借地だったが1971年にニカラグアへ返還。周囲をサンゴ礁で囲まれ、リゾート地として知られる。

コーン-シロップ〖corn syrup〗トウモロコシのでんぷんからつくられる液糖。甘味料や、菓子のつや出し・とろみ付けなどに使う。

ごおん-ず【五音図】(—ヅ)五十音図の古称。

コーン-スープ〖corn soup〗トウモロコシのスープ。

コーンスターチ〖cornstarch〗トウモロコシのでんぷん。食品や洗濯のりなどに用いる。

コーン-スピーカー《cone type speakerから》パルプや化学繊維などで作られた円錐形の振動板で音を出す形式のスピーカー。

コーン-ドッグ〖corn dog〗「アメリカンドッグ」の英語名。

こ-おんな【小女】(—をんな)❶小柄な女性。からだの小さい女性。⇔大女。❷年若い女性。少女。❸旅館などで下働きをする若い女性。

コーンバーグ〖Arthur Kornberg〗[1918〜2007]米国の生化学者。DNA(デオキシリボ核酸)の人工的合成に成功、1959年、S=オチョアとともにノーベル生理学医学賞受賞。2006年、息子のロジャー=コーンバーグも真核生物における転写の研究によってノーベル化学賞を受賞。

コーン-パイプ《和 corn＋pipe》雁首(がんくび)をトウモロコシの芯(しん)で作ったパイプ。補説 英語ではcorncob pipe。

コーン-ビーフ〖corned beef〗▶コンビーフ

コーンフレークス〖cornflakes〗トウモロコシのひき割りを蒸気で加熱し調味して、ローラーで薄くつぶして乾燥させたもの。牛乳・砂糖をかけて食べるほか、菓子・料理にも使われる。

コーン-ブレッド〖corn bread〗トウモロコシ粉に卵、牛乳、ベーキングパウダーなどを加えて焼いたパン。

コーンミール〖cornmeal〗トウモロコシを粗びきにした粉。かゆ・パン・菓子などに用いる。

コーンロウ-スタイル〖cornrow style〗ヘアスタイルの一。髪を少しずつ分けとり、細かく三つ編みを施し、毛先にビーズなどを飾りつけるスタイル。黒人ミュージシャンなどに多くみられる。

コーンワル-はんとう【コーンワル半島】(—ハンタウ)《Cornwall》英国、イングランド南西部の半島。コーンウォール半島。

こ-か【古家】古い家。古びた家。

こ-か【古歌】古いうた。昔の人の作った和歌。

こ-か【×估価|×沽価】値段。売り値。

こ-か【固化】(—クワ)〘名〙(スル) ❶かたくなること。物質が、気体または液体の状態から固体の状態に変化すること。「溶液が—する」❷表情・態度などがかたくなること。こわばること。類語 固まる・凝固する・凝結する・固結する・膠化(こうか)する・こごる・凝(こ)る・固める

こ-か【故家】古くから続いてきた家。旧家。

こ-か【×炬火】(—クワ)たいまつの火。また、かがり火。きょか。

こ-か【×胡×笳】㊀中国古代北方民族の胡人が吹いたという、葦(あし)の葉で作った笛。㊁琴の曲名。㊀の調べを琴の曲としたもの。胡の国に長く捕らわれていた後漢の蔡琰(さいえん)の作という。

こ-か【×胡歌】中国古代北方民族の胡人の歌。えびすの歌。

こ-か【×胯下|×跨下】またの下。またぐら。

こ-か【×瓠×瓜】(—クワ)ヒョウタンの別名。

こ-か【×瓠果】(—クワ)瓜(うり)状果の旧称。

こ-か【×糊化】(—クワ)〘名〙(スル) 澱粉(でんぷん)が熱湯を加えられるなどによって糊(のり)状になること。

コカ〖coca〗コカ科の低木。高さ2〜3メートル。葉は長円形。雌雄異株。初夏、黄緑色の小花をつける。葉からコカインをとり、麻酔薬にする。ボリビア・ペルーの原産で、熱帯地方で栽培される。コカの木。補説「古柯」「古加」とも書く。

こが【古河】茨城県西端の市。室町時代、古河公方(くぼう)が根拠とした地。江戸時代は小笠原・土井氏らの城下町、日光街道の宿場町。現在は電気機器・機械などの工業が発達。平成17年(2005)9月に総和町・三和町と合併。人口14.3万(2010)。

こ-が【古画】(—グワ)古い絵。昔の人が描いた絵画。

こが【古賀】福岡県北部の市。玄界灘に臨み、福岡市の北部工業地区の一部を形成。宅地化が進む。人口5.8万(2010)。

こ-が【古雅】〘名・形動〙古風で優雅なこと。また、そのさま。「—な趣のある茶碗」

こ-が【虎牙】❶トラのきば。❷将軍や武官の異称。近衛府(このえふ)や征夷大将軍にいう。「将軍職—に列なる」〈本朝文粋・九〉

こ-が【個我】他と区別された個人としての自我。類語 自我・エゴ

ご-か【五加】ウコギのこと。

ご-か【五果|五菓】(—クワ)5種類の果実。桃・李(すもも)・杏(あんず)・棗(なつめ)・栗。

ご-か【午下】昼過ぎ。昼下がり。午後。「—の永きを苦しむ山鳩の声」〈荷風・ふらんす物語〉

ご-か【×梧下】《梧桐造りの机の下に置く意》手紙の脇付(わきづけ)に用いて敬意を表す語。梧右。机下。

こ-かい【古怪】(—クワイ)〘名・形動〙奇異なこと。ふしぎなこと。また、そのさま。「大勢の奴隷に担がれた—な輦台(れんだい)」〈三島・仮面の告白〉

こ-かい【▽巨海】大海。きょかい。「—の外に十の洲(しま)あり」〈読・弓張月・続〉

こ-かい【孤介】偏屈で、世人と調和しないこと。狷介(けんかい)。

こ-かい【湖海】❶みずうみとうみ。また、みずうみ。❷世間。民間。江湖。

こ-がい【子飼い】(—がひ)❶鳥獣を子のときから飼い育てること。「—の熊」❷商家や職人の家で、子供のときから奉公人や弟子として養育すること。また、その育てられた人。「—の番頭」❸初歩の段階から大切に育てること。また、その人。「—の選手」類語 飼う・飼育

こ-がい【小貝】(—がひ)❶小さい貝。❷貝偏(かいへん)のこと。「頁(おおがい)」に対していう。

こ-がい【小買い】(—がひ)〘名〙(スル) 少しずつ買うこと。当座に必要な分だけを買うこと。「何時何程と際限もなき飯米を始終—して」〈神田孝平・明六雑誌三七〉

こ-がい【戸外】(—グワイ)家の外。屋外。「—で昼寝する」類語 場外・野外・屋外・野天・露天・外・表(おもて)・室外・窓外(そうがい)・アウトドア

こ-がい【▽蚕飼い】(—がひ)蚕(かいこ)を飼うこと。また、その人。養蚕。(季 春)「高嶺星(たかねぼし)—の村は寝しづまり/秋桜子」

ご-かい【五戒】仏教で、在家の信者が守るべき五つの戒め。不殺生(ふせっしょう)・不偸盗(ふちゅうとう)・不邪淫・不妄語(ふもうご)・不飲酒(ふおんじゅ)の五つ。

ご-かい【五悔】(—クワイ)真言宗の懺悔(さんげ)の礼法。金剛界法を修するときに唱え、帰命(きみょう)・懺悔・随喜・勧請(かんじょう)・回向(えこう)の五段からなる。⇒五悔(ごげ)

ごかい【沙▽蚕】多毛綱ゴカイ科の環形動物。体はひも状で、体長5〜12センチ。70〜130個の各環節の両側に剛毛の生えたいぼ足がある。河口や内湾の泥底にすみ、釣りのえさにする。ゴカイ科にはイトメ・ジャムシなども含まれる。

ご-かい【碁会】(—クワイ)集まって碁を打ち合う会。

ご-かい【誤解】〘名〙(スル) ある事実について、まちがった理解や解釈をすること。相手の言葉などの意味を取り違えること。思い違い。「—を招く」「—を解く」「人から—されるような行動」類語 思い違い・勘違い・心得違い・曲解・混同・本末転倒・取り違える

こかい-がわ【小貝川】(こかひがは)栃木県東部・茨城県南部を流れる川。栃木県那須烏山市の山地に源を発し、南流して茨城県に入り取手市と北相馬郡利根町の境で利根川に合流する。長さ114キロ。かつて上流は養蚕地帯。古くは「子飼川」「養蚕川」と書いた。

ごかいさん【御開山】宗派・寺院の開祖を敬っていう語。特に、浄土真宗の開祖親鸞(しんらん)の称。

こ-がいし【顧愷之】[345ころ〜405ころ]中国、東晋の文人画家。無錫(むしゃく)(江蘇省)の人。字(あざな)は長康。人物画にすぐれた。「女史箴(じょししん)図」「洛神賦図」などの模写が伝わるほか、画論集に「論画」などがある。

こ-がいしゃ【子会社】(—グワイシャ)資本参加や役員派遣などによって、他の会社から直接に支配を受けている会社。⇔親会社。補説 以前は商法で、親会社が議決権の過半数を有する状態と定められていたが、現在の会社法では、実質的な支配が認められれば、議決権が50パーセント以下であっても子会社と判定される。

ごかい-しょ【碁会所】(ゴクワイ—)囲碁の道具を備えておき、席料を取って碁を打たせ、また教える所。

こが-いっさく【古賀逸策】[1899〜1982]電気通信工学者。佐賀の生まれ。東京工大・東大教授。無線送信機に広く用いられた水晶振動子を発明。文化勲章受章。

ご-かいどう【五街道】(—カイダウ)江戸時代、江戸を起点とした五つの主要な街道。東海道・中山道(なかせんどう)・日光街道・奥州街道・甲州街道。

こ-がいな【小▽腕】(—がひな)❶小さい腕。また、か弱い腕。こうで。❷腕の、ひじより先の部分。「小癪(こしゃく)なと—取って引き出だす」〈浄・鑓の権三〉

こかい-の-し【湖海の士】《「魏志」陳登伝から》民間にあって豪気のある人物。

ごかい-まつ【五▽蓋松】紋所の名。松の枝葉を5層重ねた図柄のもの。

コカイン〖cocaine〗コカの葉からとるアルカロイド。無色の結晶。局所麻酔薬として使用。連用すると中毒を起こすので、麻薬に指定されている。

こ-がお【小顔】(—がほ)(女性の)顔の小さいこと。美人の条件とされる。補説 平成9年(1997)前後からの流行。顔(頭部)の小さい方がスタイルがよく見えるからという。比較の問題で基準値などはない。

こ-がき【小書(き)】〔名〕スル ❶文書の中に注などを小さな文字で書き入れること。また、その書き入れ。❷能の特殊演出のとき、番組の曲名の左わきに小さくその演出を表す名称をつけ加えること。また、その特殊演出。〘類語〙注・割り書き・割り注・脚注

こ-かく【古格】古くからの格式。古来の方法。

こ-かく【呼格】《vocative case》インド-ヨーロッパ語にある格の一。呼びかけに用いる形。ギリシャ文法・ラテン文法に由来する用語で、多くの場合、主格と同形をとる。

こ-かく【×狐×貉】キツネとムジナ。また、その皮で作った衣服。「一ノ裘ハ軽ウシテ甚ダ寒ヲ防グ」〈日葡〉

こ-かく【孤客】一人で旅をしている人。「遠く万里の一となり」〈芥川・開化の殺人〉

こ-かく【×胡角】胡人が吹いたつのぶえ。

こ-かく【鼓角】つづみと、つのぶえ。昔、陣中で合図などに用いた。

こ-かく【顧客】▶こきゃく(顧客)

こ-がく【古学】❶江戸時代におこった儒学の一派。朱子学・陽明学などの解釈を批判し、「論語」「孟子」などの経書の本文を直接に研究してその真意を解明しようとするもの。山鹿素行・伊藤仁斎・荻生徂徠などが代表的な人。復古学。❷▶国学❶

こ-がく【古楽】❶古い時代の音楽。❷雅楽で、唐楽の楽曲分類の一。ふつう、秦・漢・六朝までの中国楽や西域・インド楽およびそれを模倣した日本の作品をいうが、分類としてはあいまい。壱鼓を使うのが特徴であるが、現在は羯鼓で代用。⇔新楽。

こ-がく【×胡楽】中国古代北方民族の胡の国で行われた音楽。漢代以後に中国に伝わり、南北朝・隋・唐の時代に流行。

こ-がく【鼓楽】つづみを打ち、楽を奏すること。また、その音楽。

ご-かく【五角】「五角形」の略。

ご-かく【互角｜×牛角】〔名・形動〕《牛の角が左右ともに長短・大小の差がないところから》双方の力量が同じ程度で、優劣の差がないこと。また、そのさま。五分五分。「一の勝負」「一にわたりあう」

〘類語〙伯仲・五分五分・おっつかっつ・拮抗・どっこいどっこい・とんとん・等しい・同じ・同一・等価・同等・均等・等し並み・一律・一様・イコール・五分

ご-かく【碁客】碁を打つ人。碁打ち。

ご-かく【語格】言葉遣いのきまり。語法。

ご-がく【五岳】中国で古来崇拝された五つの霊山。前漢時代、五行思想の影響により生じた泰山(東岳・山東省)・華山(西岳・陝西省)・衡山(南岳・湖南省)・恒山(北岳・山西省)・嵩山(中岳・河南省)をいう。

ご-がく【五楽】中国古代の5種類の音楽。春は琴・瑟、夏は笙・竽、晩夏は鼓、秋は鐘、冬は磬を用いるものをいう。

ご-がく【呉楽】▶伎楽❶

ご-がく【語学】❶言語を対象とする学問。言語学。❷外国語の学習。また、その学科。外国語を使う能力についてもいう。「一に堪能だ」

ごがく-がっこう【語学学校】語学留学先で外国語を学ぶための学校。

ごかく-けい【五角形】五つの線分に囲まれた多角形。五辺形。ごかっけい。

ごがくじざい【語学自在】国文法書。2巻。権田直助著。明治18年(1885)成立。同27年刊。文法研究史、体言・用言・助辞の大略、言葉遣いの法則などを記したもの。

こがくしょうでん【古学小伝】江戸末期の国学書。3巻。清宮秀堅著。安政4年(1857)成立、明治19年(1886)刊。契沖・賀茂真淵・本居宣長ら75人の国学者の伝記を集成したもの。

ごがくしんしょ【語学新書】文法書。初刊本2冊。鶴峰戊申著。天保4年(1833)刊。国語を9品・9格に分類し、オランダ文典に則って編集した、最初の国文典。

ごかく-すい【五角×錐】底面が五角形の角錐。

こがく-せんせい【古学先生】伊藤仁斎の諡号。

ごかく-ちゅう【五角柱】底面が五角形の角柱。

ごかく-プリズム【五角プリズム】▶ペンタプリズム

こが-くぼう【古河×公方】鎌倉公方足利成氏とその子孫の称。享徳3年(1454)関東管領上杉憲忠を殺した成氏が、翌年幕府軍に追われ、以後5代にわたり下総古河を根拠とした。天正11年(1583)滅亡。⇒鎌倉府

ご-がくもんじょ【御学問所】天皇または皇太子が勉学をする所。

ごがく-りゅうがく【語学留学】外国語を習得するための留学。

こ-がく・る【木隠る】〔動ラ下二〕木の陰に隠れる。「あしひきの山下水の一・れてたぎつ心を塞きぞかねつる」〈古今・恋一〉

こ-がくれ【木隠れ】重なりあった木の枝葉の陰に隠れてはっきりと見えないこと。「一に海が見える」

こ-がく・れる【小隠れる】〔動ラ下一〕図こがく・る〔ラ下二〕ちょっと物陰に隠れる。「一・れた料理屋で一応逢ってから」〈近松秋江・黒髪〉

こ-かげ【小陰｜小×蔭】ちょっとした物陰。

こ-かげ【木陰｜木×蔭｜×樹×蔭】樹木の下の、日の光や雨の当たらない所。「一でひと休みする」

〘類語〙葉陰・樹陰・緑陰

木陰に臥す者は枝を手折らず《「韓詩外伝」二から》恩人に対しては害を加えないのが人情であることのたとえ。

コカ-コーラ〘Coca-Cola〙米国で作られたコーラ❶の商標名。〘補説〙「コーラ飲料」などと言い換える。

こ-かさがけ【小×笠懸】笠懸の一。遠笠懸に比べて的や射程距離などの小規模なもの。⇒笠懸

こかし《動詞「こかす」の連用形から》人のためにしているように見せかけること。また、人をおだててだますこと。おためごかし。「いかなる粋もいやとは言はぬ一なり」〈浮・一代女・一〉

こ-かじ【小鍛冶】㊀京都の刀工、三条小鍛冶宗近の通称。また、宗近およびその流れをくむ人たちが作った刀の称。⇒宗近 ㊁謡曲。五番目物。小鍛冶宗近が御剣奉納の勅を受け、稲荷明神の助けを借りて宝剣小狐丸を打ち上げる。㊂㊁を歌舞伎舞踊化したものの通称。長唄が多い。

こが-し【古河市】▶古河

こが-し【古賀市】▶古賀

こがし【焦がし】米や大麦などをいって粉にひいたもの。香煎。〘季 夏〙

ごかし〔接尾〕《動詞「こかす」の連用形「こかし」の語頭が濁音化したもの》体言に付いて、口実を設けて自分の利を図る意を表す。「おため一」「親切一」

ご-かじ【五鍛冶】京都に在住した五人の刀工。丹波守吉道・近江守源久道・近江守一竿子忠綱・伊賀守来金道・信濃守源信吉。

コカ-しゅ【コカ酒】コカの葉を赤ぶどう酒に浸してつくった薬用酒。興奮剤・鎮痛剤などに用いる。

ごかしょう【五個荘】滋賀県東近江市の地名。近江商人の出身地として知られる。

ごかじょう-の-ごせいもん【五箇条の御誓文】慶応4年(1868)3月14日、明治天皇が宣布した明治新政府の基本政策。「広く会議を興し、万機公論に決すべし」「上下心を一にして、盛に経綸を行ふべし」「官武一途庶民に至る迄、各其志を遂げ、人心をして倦まざらしめん事を要す」「旧来の陋習を破り、天地の公道に基くべし」「智識を世界に求め、大に皇基を振起すべし」の5か条。

ごかしょ-しょうにん【五箇所商人】江戸時代、生糸貿易を独占した京都・堺・長崎・江戸・大坂の5か所の商人。⇒糸割符

こ-がしら【小頭】大頭の下に属し、小集団をまとめる長。「火消しの一」

ごかしわばら-てんのう【後柏原天皇】[1464〜1526]第104代天皇。在位、1500〜1526。後土御門天皇の第1皇子。名は勝仁。戦国時代で財政が乏しく、践祚後22年目にようやく即位の大礼を挙行。朝廷典礼の復興に努めた。歌集「柏玉集」、日記「後柏原天皇宸記」がある。

こか・す【▽転かす｜▽倒かす】㊀〔動サ五(四)〕❶ころばす。ころっところがす。たおす。「植木鉢を一・す」❷他の場所へ移す。また、どこかに隠す。「窃みてはやく一・す折、小者に見られて」〈読・八犬伝・五〉❸ごまかす。だます。また、くすねる。「野暮を一・して丸裸にする方便あまたなれば」〈浮・元禄大平記〉㊁〔接尾〕《動詞四段型活用》動詞の連用形に付いて、その意を強める。すっかり…する。さんざんに…する。「田畠さらりと売り一・し」〈浮・沖津白波〉〘類語〙倒す・ひっくり返す・覆す・転がす・転ばす・裏返す

こが・す【焦がす】〔動サ五(四)〕❶火に当てて焼いたり熱を加えたりして物の表面を黒くする。焦げた状態にする。「ごはんを一・す」❷心を悩ます。苦悩する。「身を一・す」「胸を一・す」❸薫物の煙でくすぶらせてにおいをつける。「白き扇の、いたう一・したるを」〈源・夕顔〉〘類語〙焦げる・焦げ付く

こが-せいり【古賀精里】[1750〜1817]江戸後期の儒学者。肥前の人。名は樸。字は淳風。陽明学・朱子学を学び、藩校を経て昌平坂学問所教授となる。柴野栗山・尾藤二洲とともに、寛政の三博士と称された。著「四書集釈」「近思録集説」など。

ごかせ-がわ【五ヶ瀬川】宮崎県北部を流れる五ヶ瀬川水系の本流。西臼杵郡五ヶ瀬町の九州山地の向坂山(標高1684メートル)東斜面に源を発して北流し、途中東に向きを変えて延岡市で日向灘に注ぐ。長さ106キロ。上流部は一部に熊本県阿蘇地方を含み、蘇陽峡や高千穂峡(宮崎県)などの深い峡谷を形成している。延岡市流域一帯の鮎梁は秋の風物詩として知られる。

ご-かせん【五歌仙】㊀▶梨壺の五人 ㊁上東門院彰子に仕えた五人の女流歌人。赤染衛門・和泉式部・紫式部・馬内侍・伊勢大輔。

こ-かた【子方】❶親方に従属して、その支配・保護・指導を受けるもの。子分。⇔親方。❷能で、少年の演じる役。また、その少年。子供の役をそのまま演じる場合と、大人の役を演じる場合とがある。

こ-がた【小形】〔名・形動〕形の小さいこと。また、そのものや、そのさま。「一な(の)鳥」⇔大形。

〘類語〙小作り・小兵・小粒・矮小・小柄・小ぶり

こ-がた【小型】〔名・形動〕同類のものの中で型が小さいこと。また、そのものや、そのさま。「辞書は一な(の)ほうが扱いやすい」「一カメラ」⇔大型。

ご-がたき【碁敵】碁の好敵手。

こがた-じどうしゃ【小型自動車】道路運送車両法の規定により、全長4.7メートル、全幅1.7メートル、全高2.0メートル以下で、原動機の総排気量2.0リットル以下の四輪以上の自動車、および軽自動車以外の二、三輪自動車。小型バス・小型乗用車・三輪トラック・大型オートバイなどがこれにあたる。小型車。

こがた-しゃ【小型車】「小型自動車」のこと。〘補説〙乗用自動車の区分では、普通自動車で乗車定員11人以上29人以下のもの、および小型自動車で乗車定員11人以上のものをいう。

こがた-じょうようじどうしゃ【小型乗用自動車】▶小型乗用車

こがた-じょうようしゃ【小型乗用車】人の輸送に使われる小型自動車。ナンバープレートの分類番号が5または7で始まる自動車。小型乗用自動車。5ナンバー車。〘補説〙自動車の大きさが全長4.7メートル、全幅1.7メートル、全高2.0メートル以下で、ガソリン車の場合は総排気量が2000cc以内。1項目でもこの基準を上回ると普通乗用車に分類される。

こがたせんぱく-そうじゅうし【小型船舶操縦士】船舶職員及び小型船舶操縦者法に基づく、モータボート・水上オートバイ・ホバークラフトなどの小型船舶を操縦するために必要な資格の一種。複数の等級があり、船の大きさ、航行区域、取得年齢が定められている。有資格者には海技免状が交付される。⇒海技士

こ-がたな【小刀】❶小形の刃物。ナイフ。「一で鉛筆

を削る」❷刀の鞘に差し添える小さな刀。小柄。【類語】ナイフ・剃刀

こがたな-ざいく【小刀細工】❶小刀❶を用いて細工をすること。また、その細工物。❷こせこせした策略。「―を弄する」

こがたな-びつ【小刀×櫃】刀の鞘の差裏の穴。小柄の刀を差し入れる。

こがたな-め【小刀目】小刀で彫りつけた刻み目。

こ-かたびら【小帷=子】❶素襖の下に着る、小形に仕立てた帷子。❷鎧の下に着る、半袖でひざまでの丈の単。

こがた-ほげい【小型捕鯨】国際捕鯨委員会(IWC)の規制対象外であるツチクジラ・ゴンドウクジラなどの小型鯨類を捕獲する漁業。日本では太地(和歌山)・網走(北海道)・鮎川(宮城)・和田(千葉)の4地域で行われている。【補説】ミンククジラも小型鯨類として日本では捕鯨の対象だったが、昭和63年(1988)にIWCが大型鯨類に分類して以降、調査捕鯨以外は行われていない。

こ-かつ【枯渇┆×涸渇】〔名〕スル ❶水がかれること。かわいて水分がなくなること。「泉が―する」❷物が尽きてなくなること。「資源が―する」「創造力が―する」【類語】(❶)乾く・乾燥・干上がる・かれる・干からびる/(❷)不足・欠乏

ご-がつ【五月】ゴグワツ 一年の5番目の月。さつき。【季 夏】「えにしだの黄にむせびたる―かな/万太郎」

ごがつ-あき【五月秋】ゴグワツ 陰暦5月の、田植で忙しい季節。

ごがつ-かくめい【五月革命】ゴグワツ 1968年5月、フランスのパリを中心に発生した反体制運動。学生運動が労働運動と結びつき、ゼネストに発展し社会危機となったが、ドゴール大統領による議会解散・総選挙により収拾された。

ごがつ-かや【五月蚊-帳】ゴグワツ 5月になってはじめて蚊帳をつるのを忌んでいう語。つりぞめは4月のうちにするものという。

こ-がっき【古楽器】コガクキ 古い時代の楽器。日本では雅楽に使われるものを中心として正倉院所蔵の楽器類を指し、ヨーロッパではルネサンス・バロック期に使われた楽器類を指すことが多い。

ごかっ-けい【五角形】ゴカク ►ごかくけい(五角形)

ごがつ-さい【五月祭】ゴグワツ ❶ヨーロッパで5月1日に行われる春祭り。❷「メーデー」に同じ。【季 春】

ごがつ-ささげ【五月豇=豆】ゴグワツ インゲンマメの別名。

こ-かつじばん【古活字版】コクワツジ 文禄年間(1592～1596)から慶安年間(1648～1652)ごろにかけて、木活字または銅活字で印刷・刊行された書物の総称。古活字本。

こ-かつじぼん【古活字本】コクワツジ ►古活字版

こかつ-すいせいかく【枯渇×彗星核】►彗星小惑星遷移天体

ごがつ-にんぎょう【五月人形】ゴグワツニンギヤウ 5月5日の端午の節句に、男の子の成長を祝って飾る武者人形。【季 夏】

ごがつ-のぼり【五月×幟】ゴグワツ 5月5日の端午の節句に、男の子の成長を祝って立てるのぼり。江戸初期から行われ、初め武者絵などを描いたが、後に鯉の滝登りの絵柄が流行、今日の鯉のぼりになった。さつきのぼり。

ごがつ-びょう【五月病】ゴグワツビヤウ 新年度の4月に入学・入社した新人に、5月ごろになると現れる精神の不安定状態をいう語。

こが-とうあん【古賀侗庵】［1788～1847］江戸後期の儒学者。肥前の人。精里の三男。名は煜。諸子百家に通じ、父とともに昌平坂学問所の教授を務めた。著「海防臆測」「劉子」など。

こ-がね【小金】❶いくらかのまとまった金銭。ちょっとした財産。「―をためる」❷少額の金銭。小銭。【類語】小銭・ばら銭

こ-がね【黄金┆▽金】《「くがね」の音変化》❶きん。おうごん。❷大判・小判などの金貨。❸「黄金色」の略。

黄金と侍は朽ちても朽ちぬ　金が長く輝きを失わないように、武士の名誉も永久に朽ちない。

黄金の釜を掘り出したよう　《中国の二十四孝の一人郭巨が母を養うため、口減らしに自分の子を埋めようとして、黄金の釜を掘り当てたという故事から》思いがけない幸運に出会うことのたとえ。

黄金花咲・く　黄金の花が咲く。黄金の出ることを、花が咲くのにたとえていう。「佐渡の国にこそ金の花栄きたる所はありしか」〈今昔・二六・一五〉

こがねい【小金井】こがね 東京都中部の市。武蔵野台地に位置する住宅・学園都市。人口11.9万(2010)。

こがねい-きみこ【小金井喜美子】こがねゐ［1870～1956］翻訳家・小説家。島根の生まれ。本名、キミ。森鷗外の妹で、小金井良精の妻。レールモントフの「浴泉記」の翻訳で知られる。著「森鷗外の系族」「鷗外の思ひ出」など。

こがねい-こじろう【小金井小次郎】こがねゐこじらう［1818～1881］江戸末期・明治初期の侠客。武蔵小金井の名主の子。本姓は関。講談・浪曲・芝居に多く脚色されている。

こがねい-し【小金井市】こがね ►小金井

こがねい-よしきよ【小金井良精】こがねゐ［1858～1944］解剖学者・人類学者。新潟の生まれ。東大教授。日本の石器時代人やアイヌ人の骨格を研究、また近代解剖学の分野を開拓した。

こがね-いろ【黄金色】黄金のもつ、輝く黄色。山吹色。こんじき。きんいろ。「―に波打つ稲穂」【類語】金色

こがね-かん【黄金×羹】鬱金の粉をまぜて黄金色にしたようかん。

こがね-ぐも【黄金蜘=蛛】コガネグモ科のクモ。体長は雌2～3センチ、雄約5ミリ。雌の腹部には黒地に3本の黄色帯があり、脚は黒色で一部が灰白色。人家近くに円い網を張る。鹿児島県や高知県ではこのクモを戦わせる行事がある。地方によってジョロウグモとも呼ぶ。

こがね-ざき【黄金崎】静岡県伊豆半島西岸、賀茂郡西伊豆町にある海岸。太平洋の波浪による海食崖。岩峰・海食洞などのある景勝地。県の天然記念物に指定されている。名の由来は、風化によって黄褐色に変化した安山岩が夕日を受けて輝くことから。御茶屋ヶ崎。

こがね-ざね【黄金▽札】黄金色の鎧の札。

こがね-しだ【黄金羊=歯】リョウメンシダの別名。

こがね-たけ【黄金×茸】ハラタケ科のキノコ。秋に草地に群生。高さ10～15センチで黄金色をしている。食用。

こがね-づくり【黄金作り】金でつくること。また、金めっきや金銅などで装飾すること。また、そのもの。

こがねづくり-の-たち【黄金作りの太-刀】太刀の金具を金銅づくりにしたもの。

こがね-の-きし【黄金の岸】極楽浄土にあるという七宝の池の岸。また、一切の煩悩から解脱した涅槃の境地。「暁到りて、浪の声―によするほど」〈新古今・釈教・詞書〉

こがね-の-ことば【黄金の言葉】「金言❷」に同じ。「法の教へは朽ちもせぬ、―重くせば」〈謡・実盛〉

こがね-の-なみ【黄金の波】黄金色に輝く波。金波。また、黄色く実った稲穂が風に揺れるようすを波に見立てていう。

こがね-の-もじ【黄金の文字】金泥で書いた文字。金文字。「―の御経、帝の御手づから書かせ給ひて」〈今鏡・一〉

こがね-の-やま【黄金の山】❶金を産出する山。金山。❷山のように積んだ黄金や金貨。

こがね-ばな【黄金花】シソ科の多年草。中国などに分布。夏に青紫色の唇形の花が総状に咲く。根は円錐形で内部は黄色く漢方で黄芩といい、薬用。

こがね-むし【黄金虫┆金=亀=子】❶甲虫目コガネムシ科の昆虫。体長約2センチ。体は広卵形で、背面は強い光沢のある濃緑色または紫紅色。夏に出現し、広葉樹の葉を食する。【季 夏】「落ちしまま翅はみ出せる―/正雄」❷甲虫目コガネムシ科の昆虫の総称。体は頑丈で背面は丸く高まり、金属光沢をもつものが多い。幼虫は土中にすみ、地虫とよばれる。植物の葉を食うコガネムシ・カブトムシ・ドウガネブイブイなどと、動物の糞を食うダイコクコガネ・タマオシコガネなどとに大別される。

こがね-めぬき【黄金目▽貫】❶黄金製の刀の目貫。❷《花の形が刀の目貫に似ているところから》寒菊の別名。

こがね-もち【小金持(ち)】衣食住に不自由なく、好きなことをして楽しめる程度の収入・資産を持っている人。

こがねやま-じんじゃ【黄金山神社】㊀宮城県石巻市鮎川浜にある神社。祭神は金山毘古神・金山毘売神。㊁宮城県遠田郡涌谷町にある神社。祭神は天照大神・金山彦神・迦具土神・猿田彦神。宝亀元年(770)創建と伝える。

ごかねん-けいかく【五箇年計画】ゴカネン 5年間で達成することを目標とする事業計画。特に、ソ連が1928年から始めた国民経済発展計画が有名。

ごか-の-あもう【呉下の×阿×蒙】《「阿」は親しみを表す語。呉の魯粛が呂蒙に会って談議し、呂蒙のことを武略に長じただけの人物と思っていたが、今は学問も上達し、呉にいた頃の阿蒙ではないと言ったという、「呉志」呂蒙伝注の故事から》昔のままで進歩のない人物。呉下の旧阿蒙。

ごかのしょう【五家荘】ゴカノシヤウ 熊本県中東部、八代市の地名。球磨川の支流、川辺川源流にある葉木・仁田尾・樅木・椎原・久連子の旧5村をいう。平家の落人伝説の地。五箇荘。

ごか-の-しらべ【五箇の調べ】琴の5種類の弾き方。また、その調子。掻手・片垂・水宇瓶・蒼海波・雁鳴の五つ。筑紫箏ごじでもいう。

ごか-の-ほう【五家の法】ゴカ 近接する5戸を一組とし、その組の連帯責任において治安維持などの取り締まりに任じさせたもの。中国の周代の制度にならい、日本では律令制で五保の制が敷かれたが、江戸時代の五人組制度もこの系統を引くもの。

こが-は【古賀派】自由民主党の派閥の一。宏池会の平成18年(2006)以降の通称。堀内派を古賀誠が継承。同20年に分裂中のもう一つの宏池会(谷垣派)と再統合した。

こが-はるえ【古賀春江】［1895～1933］洋画家。福岡の生まれ。キュビスムから出発、クレーふうの詩的幻想画を経て、晩年はシュールレアリスムの傾向を強めた。

ごか-ひ【五加皮】ウコギの根皮を干した漢方薬。強壮剤にするほか、薬用酒の五加皮酒をつくる。

こがひんろく【古画品録】コグワヒンロク 中国南斉の画家、謝赫が著した画家品評の書。1巻。現存する中国最古の画論として知られ、序に挙げられた絵画の規範、六法は有名。➡六法

こ-かぶ【子株】❶植物の親株から分かれてできた株。㊤親株。❷株式会社が増資で新たに発行した株式。新株。㊤親株。

こ-かぶ【小×蕪】カブの一品種。葉の数は少なく、根も小さいもの。こかぶら。【季 冬】

こ-がふ【古▽楽府】六朝以前に作られた古い楽府。唐代の新楽府に対していう。

こ-かべ【小壁】鴨居と天井との間の壁。

ごか-ぼう【五家宝┆五荷棒】蒸したもち米をのして細かくきざみ、乾燥させて砂糖と水飴とで固めて棒状にし、きな粉を水飴で練ったものを巻いた菓子。享保年間(1716～1736)上州五箇村の人が始めたといわれ、現在は埼玉県熊谷の名産。

こ-がまえ【小構え】コガマヘ〔名・形動ナリ〕規模が小さいこと。小規模。「―に商買も、もなりさうなほど」〈浮・禁短気・六〉

こが-まさお【古賀政男】［1904～1978］作曲家。福岡の生まれ。歌謡曲を多数作曲。その旋律は古賀メロディーと称される。作品「酒は涙か溜息か」「影を慕いて」など。没後、国民栄誉賞受賞。

こ-がみ【小紙】紙切れ。また、鼻紙用の下等な紙。「返しとおぼしくて―に書きつけ」〈仮・御伽婢子・一二〉

ごかめやま-てんのう【後亀山天皇】[?～1424]第99代天皇。在位、1383～1392。南朝最後の天皇。後村上天皇の皇子。名は熙成。足利義満の呼び掛けに応じ、神器を北朝の後小松天皇に伝えて譲位、南北朝合一を実現した。
こ-がも【小×鴨】カモ科の鳥。全長約38センチ、日本のカモ類では最小。雄は背が灰色がかった色で、頭は茶色、目の後方が緑色。雌は全体に淡褐色。冬鳥として各地の池沼に渡来するが、北日本では繁殖するものもある。たかぶがも。(季冬)
ご-かもん【御家門】▶家門❸
ごかやま【五箇山】富山県南砺市の南東部、庄川上流の地域。合掌造りの民家がある。平家の落人伝説の地。平成7年(1995)「白川郷・五箇山の合掌造り集落」の名で世界遺産(文化遺産)に登録された。➡白川郷
こ-がら【子柄】子供の顔だち・態度。芸妓の容姿などにもいう。「一の好いのを内に置くと、いやおうなしに連れて行ってしまいなさる」〈鷗外・雁〉
こ-がら【小辛】七味唐辛子の、辛味の少ないもの。
こ-がら【小柄】〔名・形動〕❶体格が普通より小さいこと。また、そのさま。「一な女性」⇔大柄。❷模様や縞柄が細かいこと。また、そのさま。⇔大柄。
(類語)小作り・小兵・小粒・矮小・小形・小ぶり
こ-がら【小×雀】シジュウカラ科の鳥。全長13センチくらい。背は灰褐色、腹とほおは白く、頭・のどが黒い。日本では九州以北の山地にすむ。(季夏)「朝凪や一のとまるみをつくし/蓼太」
こ-がらし【木枯らし|×凩】❶《木を吹き枯らすものの意》秋の末から冬の初めにかけて吹く強く冷たい風。(季冬)「海に出て一帰るところなし/誓子」❷すりこぎをいう近世女性語。(補説)「凩」は国字。
(類語)北風・寒風・空っ風
こがらし-いちごう【木枯らし一号】晩秋から初冬、気圧配置が冬型になって初めて吹いた木枯らしをいう。
こがらし-ちゃ【木枯らし茶】染め色の名。枯れ葉のような茶色。橙色を帯びた焦げ茶色。
こ-がらす【小×烏】㊀小さなカラス。㊁平家重代の名刀の名。小烏丸。現在は宮内庁蔵。
こがらす-づくり【小×烏造(り)】日本刀の造り込みの一様式。切っ先の部分だけが両刃のもので、この形式の名刀小烏にちなむ呼称。平安時代に流行した。
こ-からつ【古唐津】唐津焼のうち、慶長(1596～1615)から元和(1615～1624)ごろに焼かれたもの。絵唐津・斑唐津・奥高麗など種類が多く、茶道で珍重される。
こ-からびつ【小唐×櫃】手箱として用いる小さい唐櫃。「近き御厨子、一などやうの物をも、さりげなくて探し給へど」〈源・宿木〉
こがら-め【小×雀め】コガラの古名。「並びゐて友を離れぬ一の塒に頼む椎の下枝」〈山家集・下〉
こ-かりぎぬ【小狩▽衣】▶半尻
コカリナ【kocarina】《「木のオカリナ」の意》ハンガリーの民族楽器をもとに日本で作られた、オカリナに似た木製の楽器。登録商標。
こが・る【焦がる】〔動ラ下二〕「こがれる」の文語形。
こがれ【焦がれ】思い焦がれること。「蚊やり火は煙のみこそたちあされ下の一は我ぞわびしき」〈相模集〉
こがれ-こう【焦がれ香】❶染め色や織り色の名。薄紅に黄色を加えた、濃い香色。❷襲の色目の名。表は濃い香色、裏は紅色。
こがれ-じに【焦がれ死に】〔名〕スル ❶恋い慕うあまり病気になって死ぬこと。「一しそうなほど思い詰める」❷焼け死ぬこと。「皆火にいる夏の虫の如くにて、一にこそ死ににけれ」〈太平記・二五〉
こが・れる【焦がれる】〔動ラ下一〕図こが・る〔ラ下二〕❶いちずに、激しく恋い慕う。切ないまでに思いを寄せる。「長年一・れた相手と結婚する」「故郷に一・れる」❷そうなりたいと強く望む。「女優に一・れる」❸動詞の連用形に付いて、望むことが早く実現しないかと居ても立ってもいられないほどである意を表す。「思い一・れる」「恋い一・れる」「待ち一・れる」❹焼けて焦げる。「焼け通りて、うとましげに一・れたる匂ひなども」〈源・真木柱〉❺香を強くたきしめる。「取る手もくゆるばかりに一・れたる紅葉重ねの薄様に」〈太平記・一五〉❻日光にさらされて変色する。また、日に焼けたように赤くなる。「滝の上の御船の山のもみぢ葉は一・るるほどになりにけるかな」〈玉葉・秋下〉(類語)愛する・惚れる・好く・見初める・思う・慕う・恋する・愛慕する・思慕する・恋慕する
こかわ【粉河】和歌山県北部、紀ノ川中流域にある地名。粉河寺の門前町。紀州みかんの産地。
こ-がわせ【小為-替】❶旧制の郵便為替の一。為替振出請求書を必要とせず、為替金と為替料とを郵便局の窓口に出せば小為替証書が交付された。昭和26年(1951)廃止。❷「定額小為替」の略。
こかわ-でら【粉河寺】和歌山県紀の川市にある粉河観音宗の寺。もと天台宗。山号は風猛山。西国三十三所第3番札所。開創は宝亀元年(770)大伴孔子古と伝える。現在の諸堂宇の多くは享保年間(1716～1736)の再建。所蔵の粉河寺縁起は国宝。
こかわ-どの【小川殿】足利義政の邸宅。京都一条北方の小川の西にあった。小川御所。
こ-かわらひわ【小河-原×鶸】カワラヒワの一亜種。スズメ大で、平地や低山にすむ。
こ-がわり【子変(わ)り】子供が成長するに従って、その顔かたちが変化すること。
こ-かん【股間|×胯間】またの間。またぐら。
こ-かん【枯×旱】ひでりで植物が枯れること。
こ-がん【孤×雁】群れを離れて1羽だけでいる雁。
こ-がん【×胡×雁】ガンのこと。北方の異国から渡ってくるところからいう。
こ-がん【個眼】節足動物の複眼を構成する個々の目。断面が六角形または五角形の棒状で、密に並び、トンボでは1万～2万8000個ある。一つの個眼には対象の一部分の像ができ、複眼全体でまとまった像となる。小眼。
こ-がん【湖岸】みずうみのきし。(類語)河岸・川岸
ご-かん【五官】人間が外界の事物を感じる五つの感覚器官。目・耳・鼻・舌・皮膚。
ご-かん【五感】視・聴・嗅・味・触の五つの感覚。これらの感覚によって外界の状態を認識する。「一を研ぎすませる」(類語)味覚・視覚・触覚・聴覚・嗅覚・感覚・知覚・官能・体感・肉感・感触・感じ
ご-かん【互換】〔名〕スル 互いに取りかえること。また、取りかえのきくこと。(類語)交換・取り換え・付け替え・入れ替え・チェンジ・引き換え
ご-かん【×冱寒】凍り閉ざされるほどの寒さ。
ご-かん【後漢】㊀中国古代の王朝。25年、前漢景帝の6世の孫、劉秀(光武帝)が新を滅ぼして、漢を再興。都は洛陽。220年、献帝のとき魏に滅ぼされた。東漢。㊁▶こうかん(後漢)
ご-かん【御感】❶「ぎょかん(御感)」に同じ。「上皇一の余りに内の昇殿を許さる」〈平家・一〉❷中世、戦功を賞して主君などが与える賞状。御感の御書。
ご-かん【語間】語と語のあいだ。「一をあける」
ご-かん【語幹】❶国文法で、用言の活用語尾を取り除いた変化しない部分。「書く」の「か」、「早い」の「はや」の類。⇔語尾。❷インド-ヨーロッパ語で、人称語尾・格語尾・活用語尾を除いた語の基となる部分で、接尾辞をも含む。母音交替によって文法的機能の差が指示される。
ご-かん【語感】❶言葉のもつ微妙な感じ。言葉から受ける主観的な印象。「京都弁のおっとりした一」❷言葉に対する感覚。「鋭敏な一の持ち主」(類語)意味・意義・意・意味合い・旨・ニュアンス・本義・広義・狭義・謂い・こころ・語意・語義・字義・文意・含意・含み
ご-がん【御願】❶阿弥陀仏の衆生救済の誓願。❷貴人の祈願・立願を敬意をこめていう語。御祈願。御立願。「一ありて加茂に詣で給ひけるを」〈宇津保・俊蔭〉❸「御願寺」の略。
ご-がん【護岸】水害を防ぐため、河岸・海岸を堤防などで保護・補強すること。また、その施設。
ごかん-エムピーユー【互換MPU】▶互換CPU
ごかん-き【互換機】《compatible machine》他社のコンピューターと機能的な互換性をもつコンピューター。代表的なものとして、1984年に米国IBM社が発売したパソコン、「PC/AT」と互換性をもつPC/AT互換機がある。
こかん-し【▽拒×捍使】平安時代、正税官物の納入を拒む者から強制的に徴収するために派遣された官人。検非違使が任命された。きょかんし。
ごがん-じ【御願寺】天皇・皇后・親王などの発願によって建てられた寺。勅願寺。
ごかん-シーピーユー【互換CPU】《compatible CPU》既存のCPUと互換性をもち、同じソフトウエアが実行可能なCPUのこと。互換プロセッサー。
こ-かんじゃ【小冠者】元服したばかりの若者。「年ごろ十七八かと覚え候ふ一」〈義経記・二〉
ごかんじょ【後漢書】中国の二十四史の一。後漢の歴史を記した書。全120巻。本紀10巻、列伝80巻は南朝宋の范曄の撰。志30巻は晋の司馬彪の「続漢書」の志が充用されている。
こかん-しれん【虎関師錬】[1278～1346]鎌倉末期から南北朝時代の臨済宗の僧。京都の人。東山湛照・一山一寧らに師事、東山の法を継いだ。儒学・密教を学び、東福寺・南禅寺などに歴住、東福寺に海蔵院を開創。五山文学の先駆者。著「元亨釈書」など。
ごかん-せい【互換性】❶他のもの、特に他の機械部品と交換できること。「一のあるレンズ」❷《compatibility》コンピューターの異なる機種間で、ハードウエアやソフトウエアを修正なしに使用できること。異なるアプリケーションソフトでファイルなどを共通して利用できることも意味する。(補説)先発製品と後発製品が互換性をもつ場合、先発製品で後発製品のデータが扱えることを下位互換、後発製品で先発製品のデータが扱えることを上位互換ということもある。
こがん-せき【虎眼石】▶虎目石
こ-かんせつ【股関節】大腿骨と骨盤とを連結する関節。髀臼関節。
こかんせつ-だっきゅう【股関節脱臼】股関節に起こる脱臼。多いのは、先天性股関節脱臼。
ごかん-の-ひ【五巻の日】法華経の第5巻を講読する日。法華八講では3日目、三十講では13日目にあたり、悪人成仏、女人成仏を説く提婆品が講説されるので、特別な供養が行われる。
ごかん-プロセッサー【互換プロセッサー】▶互換CPU
こかん-へいべえ【小かん平兵衛】浄瑠璃「心中刃は氷の朔日」の通称。また、その二人の主人公の名。
こ-かんぼん【古刊本】刊本の古いもの。特に、慶長・元和(1596～1624)以前の刊本。また、中国の宋・元版以前の刊本をいう。古版本。
こ-かんみん【胡漢民】[1879～1936]中国の政治家。番禺(広東省)の人。中国革命同盟会の創立に参加、孫文と行動をともにした。のち、南京国民政府の立法院長になったが、蔣介石と対立。反蔣運動中に急死。フー=ハンミン。
こかんや-ぜんう【呼韓邪単于】[?～前31ころ]匈奴の単于。兄の郅支単于と争い、東匈奴を率いて漢にくだった。匈奴との戦いに苦しんでいた漢はこれを受け入れ、妃として王昭君を与えた。
こ-き【子機】親子電話で、親機に付属する無線受話器。親機から離れた場所でも通話ができる。
こ-き【古希|古×稀】《杜甫「曲江詩」の「人生七十古来稀」から》数え年70歳のこと。また、その祝い。
(類語)志学・破瓜・弱冠・而立・不惑・知命・耳順・華甲・還暦・致仕・喜寿・傘寿・米寿・卒寿・白寿・厄年
こ-き【古記】昔のことを記した古い記録。旧記。
こ-き【古器】古い時代の器物。古器物。「一書画を

貴ぶの風俗」〈福沢・文明論之概略〉
こ-き【呼気】鼻や口から吐く息。⇔吸気。
こ-き【▽国忌】「こっき(国忌)」に同じ。
こ-き【▽黒器】「こっき(黒器)」に同じ。
こき〔接頭〕《動詞「こ(扱)く」の連用形から》動詞に付いて、その動作を容赦なく行う、はなはだしく行う、などの意を添える。「―つかう」「―おろす」
こ-ぎ【古義】古い意味。また、昔の解釈。
こ-ぎ【古儀】古い時代の儀式。旧儀。
こ-ぎ【×狐疑】〔名〕スル《狐きつは疑い深い性質であるというところから》相手のことを疑うこと。「こせこせとした其の態度と、―して居るような其容貌とは」〈長塚・土〉 類語 疑問・疑い・疑義・疑惑・疑念・疑心・不審・懐疑・猜疑・疑団・疑点・半信半疑
こ-ぎ【×胡鬼】「胡鬼の子❶」に同じ。「羽根を抜いて取らせうぞ、―にせよや」〈虎明狂・鶉舞〉
こ-ぎ【虚偽】「きょぎ(虚偽)」に同じ。「今までの―、本心にかへって、仏の道に入れ」〈浮・一代女・六〉
ご-き【五気】❶五臓から出る5種の気。心気・肝気・脾気ひき・肺気・腎気。❷木火土金水の五行ごぎょうの気。また、中央と東西南北の五方の気。❸天地の5種の気。寒・暑・燥・湿・風。❹5種の感情。喜・怒・欲・懼く・憂。
ご-き【五紀】❶歳時を秩序づける五つのもの。歳・月・日・星辰せいしん・暦数のこと。❷《12年を1紀というところから》60年。
ご-き【五器】❶「五具足ごぐそく」に同じ。❷ ►御器ごき
ご-き【五畿】昔、京都の周囲にあった山城・大和・河内かわち・和泉いずみ・摂津の5か国の称。五畿内。畿内。➡五畿七道
ご-き【呉起】[?〜前381]中国、戦国時代の兵法家・武将。衛の人。魏ぎの文侯に仕え、のち、楚その悼王とうおうの宰相となり、楚国の強兵につとめた。その著といわれる「呉子」は「孫子」と並ぶ代表的兵法書。
ご-き【呉器】高麗こうらい茶碗の一。碗形は深く、高台は裾開きで高い。禅寺で使う御器に似るところから名づけられた。補説「御器」「五器」とも書く。
ご-き【御忌】「ぎょき(御忌)」に同じ。
ご-き【御記】「ぎょき(御記)」に同じ。
ご-き【御器】《「ごうき(合器)」の音変化》❶ふたつきの食器。特に、わんのこと。「―なくてかはらけにてあるぞ見慣らはぬ心地する」〈讃岐典侍日記・下〉❷修行僧などが食物を乞うために持つ椀。
御器を提・げる　《椀を持って門に立ち、食を乞う意から》こじきになる。「―・げる瑞相ずいそうかと叱って」〈浄・寿の門松〉
ご-き【碁器】碁石を入れるうつわ。碁笥ごけ。
ご-き【語気】話すときの言葉の調子や勢い。語勢。「荒々しい―」「―鋭く言い放つ」
類語 口調・語調・語り口・論調・歯切れ・呂律ろれつ
ご-き【語基】《base》語の構成上の基幹的な要素で、屈折語尾や派生語を形成するすべての接辞を取り除いたあとに残る部分。
ご-き【誤記】〔名〕スル　あやまって書くこと。書きあやまり。「―を訂正する」「あて名を―する」
ご-ぎ【五義】《「国語」周語中から》人の守るべき五つの正しい道。父は義、母は慈、兄は友、弟は恭、子は孝であること。五教。
ご-ぎ【五儀】❶公・侯・伯・子・男の五等の爵位。❷聖人・賢人・君子・士人・庸人の五等の人品。
ご-ぎ【語義】言葉の意味。語意。「―を明らかにする」「―未詳」類語 意味・意義・意い・義ぎ・概念・謂いい・こころ・語意・字義・文意・含意・含み・意味合い・旨・ニュアンス・語感・本義・広義・狭義
こぎ-あみ【×漕ぎ網】船を漕ぎ進めながら、底網などを引いて魚介を捕獲する小規模な引き網。
こぎ-あり・く【×漕ぎ▽歩く】〔動カ四〕あちらこちらと、舟を漕いで回る。「いみじう小さきに乗りて―・く」〈枕・三〇六〉
こぎ-い・ず【×漕ぎ▽出づ】づ〔動ダ下二〕舟で漕ぎ出る。「熟田津にきたつに舟乗りせむと月待てば潮もかなひぬ今は―・でな」〈万・八〉
こぎ-いた【×胡鬼板】羽子板。こぎた。〈季 新年〉
コキール《フランスcoquilleの英語読み》ホタテガイの殻、あるいは貝殻形の皿に、ホワイトソースであえた魚介類などを盛って天火で焼いた料理。コキーユ。
こき-い・る【▽扱き入る】〔動ラ下二〕しごいて取って入れる。むしって入れる。こきる。「もみぢ葉は袖に―・れてもて出でなむ秋は限りと見む人のため」〈古今・秋下〉
こき-いろ【濃き色】染め色や織り色の名。濃い紫色。また、濃い紅色。「―の二衣ふたつぎぬ、単衣ひとへがさね着て」〈著聞集・一一〉
こぎ-・える【▽凍える】〔動ア下一〕「こごえる」の音変化。「踏石の上なる引下駄を枕に―・えて、いつとなく夢を結びぬ」〈浮・一代男・七〉
こき-おと・す【▽扱き落(と)す】〔動サ五(四)〕くっついている物をしごいて落とす。「籾もみを―・す」
こき-おろ・す【▽扱き下ろす】〔動サ五(四)〕❶しごいて落とす。こき落とす。「煙筒からは風に―・された煙の中にまじって火花が飛び散っていた」〈有島・カインの末裔〉❷欠点などを殊更に指摘して、ひどくけなす。「上役を―・して溜飲りゅういんを下げる」
類語 貶けなす・腐くさす・謗そしる・けちを付ける
こ-きおん【呼気音】音声学で、吐く息によって発せられる音。普通の言語音はこれにあたる。⇔吸気音。
こぎ-かえ・る【×漕ぎ帰る】かへる〔動ラ四〕舟を漕いでもとの所にもどる。「沖つ波辺波な越しそ君が舟―・り来て津に泊はつるまで」〈万・四二四六〉
こぎ-がく【古義学】江戸時代、伊藤仁斎によって唱えられた儒学の一派。朱子学や陽明学の注釈に飽き足らず、直接「論語」や「孟子」の原典に当たって古義を明らかにし、仁を理想とする実践道義を説いた。仁斎学。堀川学。
こぎ-かく・る【×漕ぎ隠る】〔動ラ四〕漕ぎ進む舟が物陰に入って見えなくなる。「四極山しはつやまうち越え見れば笠縫かさぬひの島―・る棚なし小舟」〈万・二七二〉
ごき-かぶり【御器×噛｜蜚=蠊】ゴキブリの別名。〈季 夏〉
こ-ぎく【小菊】❶観賞用に栽培される花の小さい菊。〈季 秋〉❷薄手で小判の和紙。懐紙としてのほか、茶の湯の釜敷かましきや鼻紙などに利用される。
ご-きげん【御機嫌】〔名・形動〕❶他人を敬って、その機嫌をいう語。「―を伺う」❷非常に機嫌のよいさま。上機嫌。「朝から―な顔で来る」❸好みに合って、気分よく感じられるさま。「―な映画」
類語 嬉しい・機嫌・喜ばしい・楽しい・欣快きんかい・愉快・嬉嬉きき・欣欣きんきん・欣然きんぜん・満悦
御機嫌よう　《「よう」は形容詞「よい」の連用形「よく」のウ音便》人と別れるときなどに、相手の健康を祈る気持ちをこめていうあいさつの言葉。
類語 さようなら・バイバイ・失敬・失礼
ごきげん-うかがい【御機嫌伺(い)】うかがひ「機嫌伺(い)」に同じ。「―に参上する」
ごきげん-とり【御機嫌取り】►機嫌取り
こ-きざみ【小刻み】〔名・形動〕❶小さく刻むこと。また、そのさま。「大根を―に切る」❷ごく短い間隔で動作をくりかえし行うこと。また、そのさま。「―に体が震える」「―な歩き方」❸物事を少しずつ行うこと。また、そのさま。「代金を―に支払う」
コキシ【王】《古代朝鮮語の「こんきし」の撥音の無表記》王おう。コニキシ。「百済くだらの―」〈武烈紀〉
こき-し〔副〕《「こき」は「こきだ」の「こき」と同語源、「し」は「けだし」などの「し」と同じ副詞語尾》数量の多いさま。たくさん。「立ちそばの実の無けくを―ひゑね」〈記・中・歌謡〉
こき-し・く【▽扱き敷く】〔動カ四〕しごき落として敷き並べる。「秋風の吹き―・ける花の庭清き月夜に見れど飽かぬかも」〈万・四四五三〉
ごき-しちどう【五畿七道】ダウ　律令制で定められた地方行政区画。五畿(山城・大和・河内かわち・和泉いずみ・摂津)と七道(東海道・東山道・北陸道・山陰道・山陽道・南海道・西海道)。また、日本全国の意。
こぎ-しゅんじゅん【×狐疑×逡巡】〔名〕スル　疑いためらってぐずぐずすること。「―してチャンスを逃がす」
こぎ-しんごんしゅう【古義真言宗】新義真言宗に対して、高野山を中心に伝わった大日如来の本地身説をとる真言宗諸派の総称。古義派。
こぎ-ず【×漕ぎ▽出】づ〔動ダ下二〕「こぎいず」の音変化。「大舟に真楫まかじしじ貫き海原を―・でて渡る月人をとこ」〈万・三六一一〉
こぎ-そ・く【×漕ぎ▽退く】〔動カ下二〕舟を漕いで押しのける。「いつしかといぶせかりつる難波潟なにはがた葦―・けて御船来にけり」〈土佐〉
こき-だ〔副〕数量の多いさま。たくさん。「いちさかき実の多けくを―ひゑね」〈記・中・歌謡〉
こきだ-く〔副〕程度のはなはだしいさま。ひどく。「三笠山野辺行く道は―もしげく荒れたるか久にあらなくに」〈万・二三二〉
こき-だけ【▽扱き竹】►扱き箸ばし
こぎ-だ・す【×漕ぎ出す】〔動サ五(四)〕❶舟を漕いで出る。「大海原へ―・す」❷漕ぎ始める。
こ-ぎたな・い【小汚い】〔形〕文こぎたな・し〔ク〕どことなくきたない。うすよごれている。転じて、卑劣である。薄汚い。「―・いかっこう」「―・いやり方」⇔小綺麗こぎれい。派生 こぎたなさ〔名〕類語 汚い・むさくるしい・汚らしい・尾籠びろう
こぎ-た・む【×漕ぎ▽回む】〔動マ上二〕舟を漕いでまわる。「いづくにか舟泊はてすらむ安礼あれの崎―・み行きし棚なし小舟」〈万・五八〉
こぎ-たもとお・る【×漕ぎ徘=徊る】たもとほる〔動ラ四〕あちこちと舟を漕いでまわる。「をふの崎―・りひねもすに見とも飽くべき浦にあらなくに」〈万・四〇三七〉
こき-た・る【▽扱き垂る】〔動ラ下二〕しごき落として垂らす。また、しごき落としたように垂れる。「明けぬとて帰る道には―・れて雨も涙も降りそぼちつつ」〈古今・恋三〉
こき-ちら・す【▽扱き散らす】〔動サ四〕しごき落として散らす。「花紅葉を―・したると見ゆる上の衣きぬの」〈源・澪標〉
こき-つか・う【▽扱き使う】つかふ〔動ワ五(ハ四)〕人を、手心を加えずに激しく使う。「従業員を―・う」
こぎ-つ・く【×漕ぎ着く】■〔動カ五(四)〕舟を漕いで目的の場所に到着する。「やっとの思いで岸まで―・く」■〔動カ下二〕「こぎつける」の文語形。
こぎ-つ・ける【×漕ぎ着ける】〔動カ下一〕文こぎつ・く〔カ下二〕❶舟を漕いで目的の場所に到着させる。「島に―・ける」❷努力してやっと目標にまで到達させる、また、到達する。「ようやく完成まで―・けた」
こ-ぎって【小切手】銀行に当座預金をしている者が、支払人である銀行にあてて、一定の金額の支払いを委託する一覧払いの有価証券。現金に代わる支払い手段として利用される。
こぎって-ちょう【小切手帳】チャウ　小切手用紙をつづり合わせた帳面。
こ-ぎつね【小×狐｜子×狐】小さいキツネ。また、キツネの子。
こぎつね-ざ【小×狐座】北天の小星座。白鳥座の南にあり、9月下旬の午後8時ごろ南中する。学名ラテ Vulpecula
こぎつね-まる【小狐丸】三条小鍛冶宗近が、一条天皇の命で作ったとされる、伝説上の名刀。伏見稲荷の神霊が助力し「小狐」の銘を打ったという。小狐の太刀。
こぎつねれいざ【小狐礼三】歌舞伎狂言「小春穏沖津白浪こはるなぎおきつしらなみ」の通称。
こぎ-づり【×漕ぎ釣(り)】舟をゆっくりと漕ぎ進めながら釣りをすること。また、その釣り方。
ごき-づる【御器×蔓｜▽合器×蔓】ウリ科の蔓性つるせいの一年草。暖地の水辺に生え、茎は長さ約2メートルになり、巻きひげで他に絡みつく。葉は三角形で先が長くとがる。秋、黄色い小花を多数開く。実は緑色の卵形で、熟すと上半分がふたのように取れて種子が出る。合子草。よめのわん。
こぎ-て【×漕ぎ手】舟を漕ぐ人。
こき-でん【弘徽殿】■平安京内裏十七殿の一。清涼殿の北にあり、皇后・中宮・女御などの住居。こうきでん。■■に住む皇后・中宮・女御などの女性の称。
こ-ぎてん【小機転｜小気転】《「こきてん」とも》ちょ

っとした機転。目先の機転。「容貌も醜からず―も利きそうな女」〈露伴・いさなとり〉

こきでん-の-にょうご【弘徽殿の女御】源氏物語の登場人物。㊀桐壺帝の女御。朱雀院の母。帝に愛された桐壺の更衣をねたみ、その子の光源氏につらく当たる。弘徽殿の大后。㊁頭中将の娘。柏木の妹。冷泉帝の女御となったが、秋好中宮に先に立后された。

こぎ-どう【古義堂】寛文2年(1662)伊藤仁斎が京都堀川の私宅に開いた学塾。堀川塾。堀川学校。

コギト-エルゴ-スム〘ラテ cogito, ergo sum〙「我思う、ゆえに我あり」と訳される。すべての仮構的権威を排したあとで、絶対に疑いえない確実な真理として、考える我という主体の存在を提起したもの。デカルトの言葉。

ご-きない【五畿内】►五畿

こぎ-ぬ・ける【×漕ぎ抜ける】〔動カ下一〕図こぎぬ・く〔カ下二〕❶舟を漕いで障害物などの間を通り抜ける。「岩礁を避けて巧みに―・ける」❷困難な状態などを切り抜ける。「歳末商戦を―・ける」

こぎ-の-こ【×胡鬼の子】❶羽根突きに用いる羽根。羽子。(季 新年) ❷ツクバネの別名。また、その実。(季 秋)

ごき-の-み【御器の実】《椀の中に入れるものの意》めし。また、生活の種。「草履、雪駄、傘、木履は、つかみ奉公する者の―だが知らないか」〈浄・加増曽我〉

こぎ-は【古義派】古義真言宗の異称。

こきば-く〔副〕程度のはなはだしいさま。「そきだくもおぎろなきかも―もゆたけきかも」〈万・四三六〇〉

こき-ばし【▽扱き箸】竹を二つに割って下端をくくり、割れた部分に稲穂を挟んで引っぱり、もみを落とす用具。稲扱箸。扱き竹。

こ-きび【小気▽味】「こきみ」の音変化。「―が好い」

こ-きぶつ【古器物】古い時代の器物。古器。

ごきぶり【蜚=蠊】《「ごきかぶり(御器噛)」の音変化》ゴキブリ目の昆虫の総称。茶褐色や黒褐色の体色のものが多く、油を塗ったようなつやがある。体は扁平で、前胸が大きい。口は、かむ型。翅に原始的な特徴がある。卵は、がま口状の鞘を作ってその中に産みつける。人家に侵入するものにチャバネゴキブリ・クロゴキブリ・ワモンゴキブリ・ヤマトゴキブリなどがある。あぶらむし。(季 夏)

ごきぶり-ていしゅ【蜚=蠊亭主】やたらと台所に入りこみたがる夫を揶揄していう語。また、夜中に台所でこっそり食べ物をさがす夫のこと。

こき-ま・ぜる【▽扱き混ぜる】〔動ザ下一〕図こきま・ず〔ザ下二〕2種類以上のものを混ぜ合わせる。「うそとまことを―・ぜて話す」

こ-きみ【小気味】(多く「小気味が好い」「小気味が悪い」などの形で)「気味」を強めていう語。

小気味が好・い　「小気味好い」に同じ。「―・い勝ちっぷり」

小気味が悪・い　「小気味悪い」に同じ。

こ-ぎみ【小君|子君】平安時代、貴族の年少者に対する愛称。「―召したれば、参る、とて」〈源・帚木〉

こ-ぎみ【故君】死んだ貴人を敬っていう語。「一の御為に…多宝の塔造らせ給ひて」〈宇津保・忠こそ〉

こきみ-よ・い【小気味▽好い】〔形〕図こきみよ・し〔ク〕行動ややり方などが鮮やかで気持ちがよい。「―・くストライクがきまる」「競争相手を―・くやっつける」(派生)こきみよげ〔形動〕こきみよさ〔名〕

こぎ-みる【×漕ぎ▽回る】〔動マ上一〕舟を漕いでまわる。こぎめぐる。「島伝ひ敏馬の崎を―・みれば大和恋しく鶴さはに鳴く」〈万・三八九〉

こきみ-わる・い【小気味悪い】〔形〕図こきみわる・し〔ク〕薄気味悪い。「―・い猫なで声」

こぎ-もど・す【×漕ぎ戻す】〔動サ五(四)〕舟を漕いでもとの所に戻す。「船を―・す」

こき-もとゆい【▽扱き元結】こよりを長くよって水に浸し糸車でさらによりを強めたもの。しごきもとゆい。

こ-きゃく【×沽却】売り払うこと。売却。

こ-きゃく【顧客】ひいきにしてくれる客。得意客。こかく。「―を獲得する」「―名簿」(類語)得意・常客・常連・馴染み・上得意・常得意・上客・客・花客・クライアント・乗客・旅客・観客・観衆・聴衆・お客様・一見

ご-ぎゃく【五逆】❶仏語。5種の最も重い罪。一般には、父を殺すこと、母を殺すこと、阿羅漢を殺すこと、僧の和合を破ること、仏身を傷つけることをいい、一つでも犯せば無間地獄に落ちると説かれる。五無間業。五逆罪。❷主君・父・母・祖父・祖母を殺す罪。

こきゃく-こうないきき【顧客構内機器】►シー-ピー-イー(CPE)

こきゃく-こうないせつび【顧客構内設備】►シー-ピー-イー(CPE)

ごぎゃく-ざい【五逆罪】「五逆」に同じ。

こきゃく-たくないきき【顧客宅内機器】►シー-ピー-イー(CPE)

こ-ギャル《ギャルは、gal》女子高校生や若い女性をさす呼称。特に、髪を茶色に染め、制服のスカートの丈を短くし、ルーズソックスを履くなどのスタイルをとるものをいう場合が多い。

コキュ〘フラ cocu〙妻を寝取られた男。コキュー。

こ-きゅう【呼吸】〔名〕スル ❶息を吸ったり吐いたりすること。「―を整える」「荒々しく―する」❷共に動作をするときの互いの調子。息。「二人の―が合う」「阿吽の―」❸物事をうまく行う微妙な調子。こつ、また、ころあい。「―を覚える」「―をのみこむ」「―をはかる」❹短い時間。間。「ひと―おいて再び話しはじめる」❺生物が生命維持に必要なエネルギーを得るために、酸素を取り入れて養分を分解し、その際に生じた二酸化炭素を排出する現象。体外とガス交換を行う外呼吸と、それにより運ばれた酸素による細胞内での内呼吸とがあり、一般には外呼吸をさす。また、酸素を必要としない無気呼吸もある。(類語)(❶)気息・息衝き・息遣い・息差し・息吹・息の根・寝息/(❷❸)気合い・加減・按排・要領・タイミング

呼吸を合わ・す　《相手と自分の息を合わせることから》調子を合わせる。

呼吸を呑み込・む　物事を行うための、微妙なこつを会得している。「―・んでいるから大丈夫だ」

こ-きゅう【×狐×裘】キツネのわきの下の白毛皮で作った皮衣。古来珍重された。(季 冬)

こ-きゅう【故旧】古くからの知り合い。昔なじみ。旧知。(類語)旧友・幼馴染み・故人・旧識

こ-きゅう【故宮】❶昔の宮殿。古い宮殿。❷紫禁城のこと。➡故宮博物院

こ-きゅう【枯朽】枯れてくさること。〈日葡〉

こ-きゅう【×胡弓|鼓弓】❶日本の弦楽器。三味線を小さくしたような形の擦弦楽器で、3弦と4弦との2種がある。独奏曲もあるが、箏や三味線と合奏することが多い。❷東洋の弦楽器で、弓で奏する、❶と似た構造のもの。胡琴・提琴・奚琴など。

ご-きゅう【御給】平安時代、朝廷から院・宮・親王・公卿などに給付される年官・年爵などのこと。

ご-ぎゅう【呉牛】《中国、呉の地方に多くいたところから》スイギュウの別名。

呉牛月に喘ぐ　《「世説新語」言語から》呉牛は暑さをいやがるあまり、月を見ても太陽と見誤って喘ぐ。取り越し苦労をするたとえ。

こきゅう-うんどう【呼吸運動】動物が外呼吸を営むための運動。ヒトの肺呼吸では肋間筋による胸郭の運動と横隔膜の収縮・弛緩による運動とが行われる。

こきゅう-おん【呼吸音】呼吸をするときに発する音。気管支音と肺胞音とがある。

こきゅう-き【呼吸器】動物が外呼吸を営むための器官。高等脊椎動物の肺、魚類のえら、昆虫の気管など。呼吸器官。

こきゅう-きかん【呼吸器官】►呼吸器

こきゅうき-けい【呼吸器系】呼吸を営む各器官の集まり。肺と、それに連絡する鼻腔・咽頭・喉頭・気管・気管支など。

こきゅうき-しょうじょう【呼吸器症状】咳・痰・胸痛・呼吸困難・喘鳴・チアノーゼなどの症状。感冒・インフルエンザ・百日咳・肺炎・喘息などさまざまな疾患によって引き起こされる。

こきゅうき-びょう【呼吸器病】呼吸器系の病気。気管支炎・肺結核など。

こきゅう-きん【呼吸筋】呼吸運動をするための筋肉。動物の種類によって異なり、ヒトでは外肋間筋・肋軟骨間筋・内肋間筋・肋骨挙筋・横隔膜など。

こきゅう-こうそ【呼吸酵素】内呼吸の化学変化を触媒する酵素。脱水素酵素・脱炭酸酵素・酸化酵素など。

こきゅう-こん【呼吸根】植物の根で、空中に出て呼吸をしているもの。酸素の乏しい泥中や水中に生育する植物にみられ、通気組織などの構造をもつ。ミズキンバイやマングローブなどに発達する。

こきゅう-こんなん【呼吸困難】呼吸運動や肺におけるガス交換に障害を起こし、息が苦しくなる症状。

こきゅう-さ【呼吸鎖】細胞呼吸に関係するチトクロムなどの酵素が鎖状に並んでいるもの。ミトコンドリアの内膜などに存在し、解糖過程やクレブス回路などで生じた水素電子がここで次々に受け渡され、最終的に酸素に伝えられて水となる。

こきゅう-しきそ【呼吸色素】生体内に含まれ、呼吸に際し分子状の酸素と結合して、組織の細胞に酸素を運搬する色素。脊椎動物の赤血球中のヘモグロビン、甲殻類や軟体動物に含まれるヘモシアニンなど。

こきゅう-じゅ【呼吸樹】ナマコ類の呼吸器官。樹枝状の管で、直腸につながり、肛門から出入りする海水でガス交換を行う。水肺。

こきゅう-しょう【呼吸商】呼吸の際に消費した酸素の量と、排出した二酸化炭素の量との比。糖質で1.0、たんぱく質で0.8、脂質で0.7。呼吸率。RQ。

こきゅう-ちゅうすう【呼吸中枢】呼吸運動を支配する神経の中枢。哺乳類では延髄にあり、脳からの命令や血液中の二酸化炭素濃度の影響を受けて活動し、呼吸筋に運動の命令を送る。

こきゅう-ねつ【呼吸熱】呼吸によって生じた熱。動物の体温上昇、維持などの作用をする。

こきゅう-はくぶついん【故宮博物院】中国北京にある博物館。明・清時代の紫禁城(故宮)の建物に、数十万点の古書・美術工芸品・考古出土品などを収蔵している。1925年設立。49年に所蔵品の一部は台湾へ移送され、台北にも同名の博物館が設立された。

こきゅうわすれうべき【故旧忘れ得べき】高見順の小説。昭和11年(1936)刊。大正末期から昭和初期に左翼運動に献身した学生たちが、10年後に虚無と退廃に落ち込む姿を描く。

こ-きょ【故×墟】古い城や都のあと。廃墟。

こ-きょう【古鏡】古い鏡。昔の鏡。特に、古代の金属製の鏡。

こ-きょう【故京|古京】古い都。もと、都のあった所。旧都。「飛鳥の―を旅する」

こ-きょう【故郷|古郷】生まれ育った土地。ふるさと。郷里。「―へ帰る」「第二の―」「生まれ―」(類語)郷里・ふるさと・郷土・国・田舎・在所・国もと・郷党・郷国・郷関・家郷・故山・生地・生国

故郷へ錦を飾・る　故郷を離れていた者が、立身出世して晴れがましく故郷へ帰る。

故郷忘じ難し　故郷はいつまでも懐かしく、忘れがたいものである。

こ-ぎよう【小器用】〔形動〕図〔ナリ〕《「こきよう」とも》❶なんでも一応はじょうずにできるさま。小手先がきくさま。「―な文章を書く」❷少しばかり目先がきくさま。「―に立ち回る」(類語)器用・手まめ・不器用・ぶきっちょ

ご-きょう【五教】❶儒教でいう、人の守るべき五つの教え。君臣の義、父子の親、夫婦の別、長幼の序、朋友の信の五つとする説(孟子)と、父は義、母は慈、兄は友、弟は恭、子は孝の五つとする説(春秋左氏伝)とがある。五倫。五典。五常。❷釈迦1代の教説を、五つに分類したもの。諸説があるが、華厳宗でいう小乗教・大乗始教・大乗終教・頓教・円教の五つが最も著名。➡五時教

ご-きょう【五経】儒教の経典として最も尊重される五つの経書。「易経」「詩経」「書経」「礼記」「春秋」。➡四書

ご-きょう【五境】仏語。眼・耳・鼻・舌・身の五官の対象である色・声・香・味・触の五つのこと。

ご-ぎょう【五行】❶中国古代の世界観で、万物を構成し、天地の間に運行すると考えられた木・火・土・金・水の五つの元素。天では木星・火星・土星・金星・水星として運行し、地では木・火・土・金・水として現れ、人も五行から構成されているという。❷仏語。菩薩が修行する五つの行法。涅槃経では、聖行・梵行・天行・嬰児行・病行。起信論では、布施・持戒・忍辱・精進・止観。

ご-ぎょう【御形】ハハコグサの別名「おぎょう(御形)」の俗称。(補説)春の七草の一つとして用いるときの称。(季 新年)

ごぎょう-えき【五行易】易占の一。漢代の京房らが案出したもので、易の六十四卦の各爻に五行説を配して吉凶を占った。

ごきょうごく-りゅう【後京極流】鎌倉初期、後京極摂政藤原良経に始まる書道の一派。法性寺流の流れをくみ、重厚な和様を示した。

ごきょう-じっしゅう【五教十宗】華厳宗の法蔵が、釈迦1代の教法を年代順や教義の深浅によって五教説と十宗説に判別した教相判釈。

ごきょうせいぎ【五経正義】五経の注釈書。180巻。孔穎達・顔師古らが唐の太宗の命により編定。653年成立。魏の王弼、漢の孔安国・鄭玄、晋の杜預ら、諸家の経書解釈を折衷・総合し、正統な標準解釈として、科挙の用に供した。

ごぎょう-せつ【五行説】中国古代の学説で、自然も人間・社会も、木・火・土・金・水の五つの元素の一定の循環法則に従って変化するという説。木・火・土・金・水の各元素が順々に次の元素を生み出してゆくとする五行相生説と、木・土・水・火・金の各元素がそれぞれ次の元素にうち克ってゆくとする五行相克説とがある。

ごきょう-はかせ【五経博士】前136年、中国漢の武帝が董仲舒の建言により、五経を教授し、文教をつかさどるために制定した学官。

ごぎょう-ぼん【五行本】義太夫節の詞章を書いた版本の一種。省略なしに全段を書いた丸本に対して、一部分だけ抜き出したもの。太夫が見やすいように、大きい字で1ページに五行の割で書いてあるところからいう。稽古本。

ごぎょう-ろくしん【五行六信】►六信五行

ごきょう-ろん【護教論】❶自分の宗教や信仰を批判や攻撃から守り、その真実性を明確にしようとする理論。❷キリスト教神学の一部門。異教徒からの非難・攻撃に対し、キリスト教の真理を弁護・弁証する論。弁証論。

こ-きょく【古曲】❶新曲に対して古い曲。古い時代につくられた曲。古代の楽曲。❷箏曲で、八橋検校が貞享年間(1684～1688)までに制定した表組・裏組の曲と「雲井弄斎」のこと。❸三味線音曲のうち、一中節・河東節・宮薗節(薗八節)・荻江節の四流をいう。

ごきょく-しんくうかん【五極真空管】陰極・制御格子・遮蔽格子・抑制格子・陽極の五つの電極をもつ真空管。抑制格子によって二次電子放出を防止する。電圧増幅・電力増幅などに用いる。

こぎ-よ・せる【×漕ぎ寄せる】〔動サ下一〕図こぎよ・す〔サ下二〕舟を漕いで、ある物や場所の近くに寄せる。「小舟を岸に―・せる」

こきり〔接尾〕数詞に付いて、物事がそれだけで終わって、あとが続かない意を表す。…かぎり。こっきり。「一回―」

こ-ぎり【小切り】❶物を小さく切ること。また、そのように切ったもの。❷少しずつ値切ること。多く「値切り小切り」の形で用いる。

こ-きりこ【小切子│筑子】日本の民俗楽器。長さ20～30センチの竹棒を両手に1本ずつ持って打ち鳴らす。古くは放下僧が用いたもので、現在は各地の民俗芸能に残る。

こきりこ-おどり【小切子踊(り)】小切子を持って、打ち鳴らしながら踊る踊り。富山県五箇山地方、新潟県柏崎市女谷などに残る。

こきりこ-ぶし【小切子節】富山県五箇山地方の民謡。こきりこ踊りで小切子・笛・太鼓などではやしながら歌われる。

こぎり-め【小切り目】〔名・形動ナリ〕技などが細かいこと。器用なこと。また、そのさま。「一に仕立つる男ならば、髪短かるべし」〈色道大鏡・二〉

こき-・る【▽扱きる】〔動ラ下二〕《「こきいる」の音変化》しごき取って入れる。「池水に影さへ見えて咲きにほふあしびの花を袖に―・れな」〈万・四五一二〉

こ-ぎ・る【小切る】〔動ラ五(四)〕❶小さく区切る。「彼の体を心配して…お豊が酒を―・るのも」〈里見弴・多情仏心〉❷値切る。「値段はもっと―・ることが出来るし」〈武田・銀座八丁〉

こ-ぎれ【小切れ│小▽布】❶布地の小さい切れ端。「―をはぎ合わせる」❷歌舞伎で、役者の衣装に付属する布製の小物。手ぬぐい・足袋・鉢巻きなど。紙・タバコなどの消耗品を含むこともある。小切れ物。

こ-ぎれ【古切│古▽裂】近世以前に中国などから渡来した金襴・緞子などの織物。茶道の名物の袋や和装の小物に用いられて珍重された。

こ-ぎれい【小×綺麗】〔形動〕図〔ナリ〕ほどよく整っていて清潔であるさま。「―な身なり」「部屋を―にする」⇔小汚い。(派生)こぎれいさ〔名〕

ごき-れき【五紀暦】762年、中国唐の郭献之らが勅によって作成した太陰太陽暦。五紀❶を記したもの。日本では天安元年(857)から貞観3年(861)まで用いられた。

こぎれ-もの【小切れ物】►小切れ❷

こ-きろく【古記録】特定の相手なしに書かれた、比較的古い時代の史料となる記録。特に、公私の日記類。➡古文書

こ-きん【古今】㊀❶昔と今。ここん。❷「古今雛」の略。㊁「古今和歌集」の略。

こ-きん【孤×衾】ひとり寝の夜具。また、ひとり寝のこと。

こ-きん【×胡琴】❶琵琶の古称。❷中国の弦楽器で、胡弓の類の総称。形状や材質などにより、二胡・四胡・京胡・板胡・椰胡・椀琴・提琴などがある。日本の清楽では二胡・四胡・提琴を用いる。

こ-ぎん【庫銀】《庫平という秤で重さを量ったところから》中国で清代に流通した銀貨。紋銀。

ご-きん【五金】金・銀・銅・鉄・錫の五つの金属。

こきん-おおばん【古金大判】甲斐で天正年間(1573～1592)以前に鋳造されたといわれる大判。

こ-きんぎん【古金銀】江戸中期以降、また明治時代に、その時点以前に通用した金貨・銀貨の総称。

こきん-ぐみ【古今組】箏曲で、幕末に名古屋の2世吉沢検校が、古今集の和歌数首を組み合わせて作曲した「千鳥の曲」「春の曲」「夏の曲」「秋の曲」「冬の曲」の5曲の総称。三味線から離れた純箏曲を意図したもので、古今調子という雅俗折衷の調弦を用いる。

こぎん-さし【小巾刺し】津軽地方の伝統的な刺し子。紺の麻布に白の木綿糸で菱形などの幾何学模様を刺したもの。

こきんしゅう【古今集】「古今和歌集」の略。

こきんしゅうとおかがみ【古今集遠鏡】古今集の注釈書。6巻。本居宣長著。寛政5年(1793)までに成立。同9年刊。当時の口語文で書かれている。

こきん-ちょう【古今調】古今集にみられる特徴的な歌のよみぶりや歌の調子。理知的、観念的な内容で、優美・繊細なよみぶりが目立つ。七五調・三句切れを主とし、掛け詞・縁語などを多用する。

こきん-ちょう【×胡錦鳥】スズメ目カエデチョウ科の鳥。全長14センチくらい。背は緑色、胸は紫色、腹は黄色。顔は赤色のほか、黒色・黄色のものもある。オーストラリアの原産で、飼い鳥にされる。

こきん-でんじゅ【古今伝授】中世、古今集の難解な語句の解釈などを、秘伝として師から弟子に伝授したこと。東常縁から宗祇に伝えられたのが始まりで、以後、堺・奈良・二条の各伝授に分かれた。三木・三鳥などの秘事が有名。

こ-きんとう【胡錦涛】［1942～　］中国の政治家。安徽省出身。清華大学卒業。1964年中国共産党入党。92年政治局常務委員、98年国家副主席、2002年党総書記に就任。03年国家主席に選出され、05年3月国家中央軍事委員会主席に就任、党・国家・軍の三権を掌握。フー＝チンタオ。

こきん-びな【古今×雛】安永(1772～1781)のころ、江戸の人形師原舟月が創始した雛人形。古代雛に当世ふうの新意匠を加えたもので、目に玉眼を用いたのが特徴。

こきん-ぶし【古今節】江戸時代の流行歌。元禄(1688～1704)のころ、上方の歌舞伎役者古今新左衛門が歌舞伎狂言の中で歌いはじめたもの。「落葉集」などに歌詞が伝わる。

こきんよざいしょう【古今余材抄】古今集の注釈書。10巻。契沖著。元禄5年(1692)成立。

こ-きんらん【古金×襴】近世初期に中国から渡来したといわれる金襴。古渡り金襴。

こきんろくじょう【古今六帖】「古今和歌六帖」の略。

こきんわかしゅう【古今和歌集】最初の勅撰和歌集。八代集の第一。20巻。延喜5年(905)の醍醐天皇の命により、紀貫之・紀友則・凡河内躬恒・壬生忠岑が撰し、同13年ころ成立。六歌仙・撰者らの歌約1100首を収め、仮名序・真名序が添えられている。歌風は、雄健でおおらかな万葉集に比べ、優美・繊細で理知的。古今集。

ごぎんわがしゅう【吾吟我集】江戸前期の狂歌集。10巻。石田未得著。慶安2年(1649)成立。古今和歌集をもじり、部立てもそれに倣う。

こきんわかしゅううちぎき【古今和歌集打聴】古今集の注釈書。20巻。賀茂真淵講述、門人の野村ともひ子筆記、上田秋成修訂。寛政元年(1789)刊。

こきんわかしゅうせいぎ【古今和歌集正義】古今集の注釈書。23巻。香川景樹著。天保3年(1832)成立。同6年から刊行、明治28年(1895)に全部刊。

こきんわかろくじょう【古今和歌六帖】平安中期の類題和歌集。6巻。編者・成立年ともに未詳。万葉集・古今集・後撰集などの歌約4500首を、歳時・天象・地儀・人事・動植物など25項、516題に分類したもの。六帖。古今六帖。

こきん-わた【古今綿】江戸時代、延宝(1673～1681)から宝永(1704～1711)のころに流行した綿帽子の一。前額からほおにかけ、あごのところまで包む。頬包み。古今帽子。

こく《形容詞「こ(濃)し」の連用形「こく」の名詞化か。また、漢語「酷」からか》❶濃厚なうまみ。「一のある酒」❷内容に深い趣があること。「話に―がない」(類語)風味

こ-く【古句】昔からのことわざや格言など。古人の詩文の一節。また、古い俳句。

こく【石│×斛】❶尺貫法で、体積の単位。主に穀物を量るのに用いる。1石は10斗で、180.39リットル。斛。❷和船の積載量の単位。1石は10立方尺。❸木材の容積量の単位。1石は10立方尺で、約0.278立方メートル。❹大名・武家の知行高を表す語。玄米で量り、1石の内容は❶に同じ。➡漢「せき(石)」

こく【刻】❶きざむこと。彫りつけること。❷(「剋」とも書く)漏刻の漏壺内の箭に刻んである目盛り。旧暦の時間および時刻の単位。㋐一昼夜を48等分した一。一時の4分の1。㋑一昼夜を100等分した一。1日を一二時とし、日の長短によって差はあるが、平均して一時は8刻3分の1にあたる。春分・秋分は昼夜各50刻、冬至は昼40刻で夜60刻、夏至はその逆となる。㋒一昼夜を12等分した一。午前零時を子の刻とし、以下順次丑の刻、寅の刻のように十二支に配する。時ともいう。1刻をさらに四つに

分け、丑三つなどといい、また、1刻を上・中・下に3分し、寅の上刻、寅の下刻などの言い方をする。→漢「こく(刻)」

こく【穀】人がその種子などを食用にする農作物。米・麦・豆など。→漢「こく(穀)」

こく【×轂】車のこしき。車轂。「一相撃ちては砕けぬべきをも覚えざるは」〈紅葉・金色夜叉〉→漢「こく(轂)」

こく【×鵠】❶白鳥の別名。❷弓の的の中央にある黒い星。ほし。→漢「こく(鵠)」

鵠を刻して鶩に類す　《「後漢書」馬援伝から》白鳥を刻もうとしてできそこなっても、なお、家鴨に似たものにはなる。謹直の人を学べば、それに及ばなくても、善良な人になれることのたとえ。

こ・く【▽扱く】〔動カ五(四)〕❶細長い本体に付いている物を手や物の間に挟んで引っぱり、こすり落とす。しごく。「稲を一・く」❷間にたるみをなくするためにこすようにして手前に引く。「両手に穿めたミット入の黒の長手袋を一・きあげる」〈風葉・青春〉❸「扱ぐ」に同じ。

こ・く【▽放く】〔動カ五(四)〕❶からだの外に放出する。ひる。「屁を一・く」❷人がものを言うのを卑しみ、また乱暴にいう語。ほざく。ぬかす。「うそを一・くな」❸何かをする意の俗な言い方。「ああ、びっくら一・いた」

こ・く【▽転く・▽倒く】〔動カ下二〕「こ(転)ける」の文語形。

こ・く【▽痩く】〔動カ下二〕「こ(痩)ける」の文語形。

こく【酷】〔形動〕〔文〕〔ナリ〕度を越して厳しいさま。思いやりがなくむごいさま。「一な処分」「彼にとってその評言は一だ」→漢「こく(酷)」〔類語〕残酷・残虐・残忍・苛酷・暴虐・厳しい・厳格・厳重・厳酷・厳正・冷厳・峻厳・峻烈・険しい・鋭い

こ・ぐ【▽扱ぐ】〔動ガ五(四)〕《「こ(扱)く」の語尾が濁音化したものか》草木を根のついたままそっくり引き抜く。根こぎにする。「雑草を一・ぐ」

こ・ぐ【焦ぐ】〔動ガ下二〕「こ(焦)げる」の文語形。

こ・ぐ【×漕ぐ】〔動ガ五(四)〕❶櫓や櫂を使って水をかき、舟を進める。「ボートを一・ぐ」❷足や腰を曲げたり伸ばしたりして、乗り物を進めたり振り動かしたりする。「自転車を一・ぐ」「ブランコを一・ぐ」❸深い雪ややぶの中などをかき分け、道を開くようにして進む。「新雪を一・いで頂上を目ざす」❹(「舟をこぐ」の形で、❶の動作に見立てて)座ったままからだを前後左右に揺らして居眠りをする。「電車の座席で舟を一・ぐ」〔可能〕こげる〔ガ下一〕

ご・く【五苦】仏語。❶人生における五つの苦しみ。㋐生・老・病・死の四苦に、愛別離苦または犯罪人束縛送獄の苦を加えたもの。㋑生老病死苦・愛別離苦・怨憎会苦・求不得苦・五陰盛苦。❷迷いの世界である五悪趣で受ける苦。諸天苦・人道苦・畜生苦・餓鬼苦・地獄苦。

ごく【▽曲】「曲の物」に同じ。

ご・く【後句】あとに続く句。「一ニツマル」〈日葡〉

ご・く【御供】▶ごくう(御供)

ごく【極】㊀〔名・形動〕❶いちばん上等であること。また、そのものやそのさま。最良。極上。「甘露煮にするにはこの位が一だアな」〈花袋・田舎教師〉❷(多く「の」を伴って)程度がはなはだしいこと。「この和尚様と大の仲よしで、…一の懇意であったから」〈蘆花・思出の記〉❸ひき茶の銘柄「極揃」の略。精選された極上の宇治茶のこと。㊁〔副〕普通の程度をはるかに越えているさま。きわめて。非常に。「一親しい間柄」→漢「きょく(極)」〔類語〕たいへん・とても・非常に・はなはだ・大いに・きわめて・すこぶる・大層・至って・至極・いとも・実に・まことに・いたく・ひどく・恐ろしく・すごく・ものすごく・滅法

ご・く【語句】語や句。また、言葉。
〔類語〕フレーズ・句・章句・字句・一字一句・熟語

ごく【獄】❶囚人を収容しておく所。ろうや。牢獄。「一につながれる」❷裁判、または、判決。裁き。「善く法典を諳んじて、一を断ずる法律家」〈鴎外・舞姫〉→漢「ごく(獄)」

獄に下・る　▶下る❹

こくあ【国阿】［1314〜1405］室町前期の僧。時宗国阿派の祖。播磨の人。出家して随心、のち真空と称し、託阿に師事して名を国阿と改めた。諸国を遊行し、京都双林寺・霊山寺を再興。

こく・あく【酷悪】〔名・形動〕むごく非道なこと。また、そのさま。

ごく・あく【極悪】〔名・形動〕この上なく悪いこと。また、そのさま。「一な犯罪」「一非道」〔派生〕ごくあくさ〔名〕〔類語〕最低・最悪

ごくあく・にん【極悪人】この上なく悪い人。

こく・あん【国安】国家の安泰。「一の為めに大切なる事なり」〈福沢・福翁百話〉

こく・あん【黒▽闇・黒暗】❶くらやみ。暗黒。また、仏教で、迷いの闇。「三塗の一ひらくなり」〈三帖和讃〉❷「黒闇天」の略。❸「黒闇地獄」の略。

ごく・あん【獄案】裁判の調書。「英国に於ては吟味方誓詞の上…一を定む」〈鈴木唯一訳・英政如何〉

こくあん・あん【黒暗暗・黒▽闇▽闇】㊀〔名〕墨を流したようにまっくろなこと。まっくらなこと。「天下を悪魔の巣窟と見て、一の中に彷徨し」〈一葉・うもれ木〉㊁〔ト・タル〕〔文〕〔形動タリ〕まっくろなさま。また、まっくらなさま。「一たる其中にキャッと魂消する声は」〈露伴・いさなとり〉

こくあん・じごく【黒▽闇地獄】阿鼻地獄に属する地獄の一。灯明や、父母・長上の物を盗んだ罪人が、その報いを受ける。黒闇。

こくあん・てん【黒闇天】容貌醜悪で、人に災難を与えるという女神。吉祥天の妹で、密教では閻魔王の妃とする。黒闇天女。黒闇女。黒夜神。

こくあん・てんにょ【黒闇天女】▶黒闇天

こく・い【刻意】深く気を配ること。心を砕くこと。苦心すること。「却って長閑な春の感じを一に添えつつある」〈漱石・草枕〉

こく・い【国威】国の威力。その国が対外的に持つ威力。「一を発揚する」〔類語〕国力

こく・い【黒衣】黒色の衣服。特に、仏教の僧の着る墨染めの衣。また、牧師や修道女のまとう僧衣。こくえ。

こ・ぐい【小食い】少ししか食べないこと。少食。また、少しずつ食べること。

ごく・い【極位】最上の位。また、人臣の最高位の従一位。きょくい。「一極官」

ごく・い【極意】学問や技芸などで、核心となる大切な事柄。奥義。「一を授かる」「一を会得する」
〔類語〕奥義・神髄・秘伝

ごく・い【獄衣】服役中の囚人が着る衣服。囚人服。

こくいこう【国意考】江戸後期の国学書。1巻。賀茂真淵著。文化3年(1806)刊。儒教・仏教などの外来思想を批判し、古代の風俗や歌道の価値を認め、日本固有の精神への復帰を説いたもの。

こく・いっこく【刻一刻】〔副〕しだいに時間が経過するさま。しだいしだいに。刻々。「運命の時が一(と)迫る」「夕焼けの色が一(と)変化していく」

こくい・の・さいしょう【黒衣の宰相】僧職にありながら政治に参与し、大きな勢力を持つ者。こくえのさいしょう。

こく・いん【刻印】〔名〕スル ❶印を彫ること。また、その印。❷刻みつけること。「幼児期に一された心象」❸「極印❷」に同じ。

こく・いん【国印】令制の規定により、国司が公文書に用いた印。2寸(約6センチ)四方の大きさとした。

こく・いん【黒印】墨、あるいは黒色の印肉を用いて押した印影。また、それを押した文書。室町・江戸時代にかけて、武家の公文書に用いられた。おすみつき。

ごく・いん【極印】❶江戸時代、金・銀貨や器物などの品質の保証、偽造の防止などのために打つ印。❷動かしがたい証拠・証明。刻印。

極印を押・す　そうだときめつける。烙印を押す。極印を打つ。「ひきょう者の一・される」

こくいん・じょう【黒印状】黒印を押してある文書。朱印より略式とされた。江戸時代には朱印は将軍に限られ、諸大名は黒印を用いた。

こくいん・ち【黒印地】江戸時代、大名が寺社などに黒印状を発行して、その領地であることを認めた土地。

漢字項目　こく

【石】▶せき

克　音コク(呉)(漢)　訓かつ、よく‖①がんばって打ちかつ。「克己・克服/相克・超克・下克上」②よく…する。十分に。「克明」〔補説〕①は「剋」と通用する。〔名付〕いそし・かつみ・すぐる・まさる・まり・よし〔難読〕戎克

告　学4　音コク(呉)(漢)　訓つげる‖①つげる。知らせる。「告知・告白・告別/警告・広告・申告・宣告・忠告・通告・布告・報告・密告・予告」②訴える。「告訴・告発/原告・抗告・被告」〔名付〕つぐ〔難読〕告天子・告文

谷　学2　音コク(呉)(漢)　訓たに、や、やつ、きわまる‖㊀〈コク〉山間のくぼ地。たに。「谷風/峡谷・空谷・渓谷・幽谷」㊁〈たに〉「谷川・谷底・谷間」㊂〈や・やつ〉たに。低地。「谷地・谷田」〔名付〕ひろ〔難読〕蟆谷

刻　学6　音コク(呉)(漢)　訓きざむ‖①刃物で切れ目を入れる。きざむ。「刻印/印刻・陰刻・彫刻・篆刻」②版木に彫る。書物を刊行する。「板刻・復刻・翻刻」③身をきざむようである。きびしい。「刻苦・刻薄/深刻」④水時計のきざみ目。「漏刻」⑤時間。「刻限・刻刻/時刻・先刻・即刻・遅刻・定刻・夕刻」⑥昔の時間の単位。「下刻・上刻」〔名付〕とき

国〔國〕　学2　音コク(呉)(漢)　訓くに‖㊀〈コク〉①くに。「国家・国際・国産・国政・国民・国立/王国・外国・帰国・挙国・建国・諸国・全国・祖国・他国・大国・万国・亡国」②わが国の。日本の。「国史・国文・国訳」③昔の行政区画の一。「国司・国府」④ふるさと。「郷国」⑤「国際」「国有」などの略。「国鉄・国連」㊁〈くに(ぐに)〉「国表・国柄/北国・島国・雪国」〔補説〕「圀」は異体字。〔名付〕とき〔難読〕国栖・国造・外国

×**剋**　音コク(呉)(漢)　訓かつ‖①(「克」と通用)耐え抜いて打ちかつ。「相剋」②(「刻」と通用)きびしい。むごい。「剋薄」〔補説〕「尅」は俗字。

×**哭**　音コク(呉)(漢)　訓なく‖大声で泣く。「鬼哭・号哭・痛哭・慟哭」

黒〔黑〕　学2　音コク(呉)(漢)　訓くろ、くろい‖㊀〈コク〉①くろ。くろい。「黒雲・黒点・黒板/漆黒」②暗い。「暗黒」③悪いこと。有罪。「黒白」㊁〈くろ(ぐろ)〉「黒星・黒幕/白黒・腹黒」〔難読〕黒衣・黒子

穀〔穀〕　学6　音コク(呉)(漢)‖米・麦・粟など、常食とする作物。「穀物・穀類/五穀・雑穀・新穀・脱穀・百穀・米穀」〔名付〕よし・より〔難読〕穀潰し

酷　音コク(呉)(漢)　訓ひどい、むごい‖①容赦がなく、きびしい。むごい。「酷刑・酷使・酷薄・酷吏/苛酷・過酷・厳酷・残酷・冷酷」②程度がひどい。はなはだ。「酷寒・酷似・酷暑・酷熱」〔名付〕あつ

×**轂**　音コク(呉)(漢)　訓こしき‖車輪の軸を受ける部分。こしき。「轂下・轂撃/輦轂」

×**鵠**　音コク(漢)　訓くぐい、まと‖①鳥の名。ハクチョウ。「鴻鵠」②弓の的。的の中心。「正鵠」

漢字項目　ごく

【極】▶きょく

獄　音ゴク(呉)　訓ひとや‖①罪人を閉じこめておく所。ろうや。「獄舎・獄吏/監獄・下獄・出獄・脱獄・典獄・投獄・牢獄」②裁判。訴訟。「疑獄・大獄」③罪人が死後に行く世界。「地獄・煉獄」〔難読〕囚獄

ごくいん・づき【極印付き】極印が押してあること。また、そのもの。転じて、きわめて確かであるもの。保証付き。きわめつき。「一の悪人」

ごくいん・もと【極印元】江戸時代、江戸十組問屋仲間が江戸・大坂間の廻船の航海安全のために設置した役職。船足に極印を打ち、船道具の検査など

を行った。

こ-くう【虚空】㊀〘名〙❶何もない空間。大空。「―に消える」「―にのぼる」❷仏語。何も妨げるものがなく、すべてのものの存在する場所としての空間。㊁〘名・形動ナリ〙❶事実にもとづかないこと。また、そのさま。架空。「―仮設の人物」〈逍遥・小説神髄〉❷とりとめがないこと。また、そのさま。漠然。「―なることを申す者かな」〈幸若・夜討曽我〉❸思慮分別がないさま。むやみ。やたら。「―におやぢが煮え返る」〈浮・禁短気・三〉〔類語〕空・天空・大空・天・天穹・穹窿・蒼穹・太虚・上天・天球・青空・天井・宙・空・空中・中空・中天・上空

虚空を掴む 何かをつかもうとしても何もなく、手を上にあげて指をかたくにぎりしめる。ひどく苦しみもがくようすをいう。「―・んで倒れる」

こく-う【黒雨】空を暗くするばかりに降る大雨。

こく-う【穀雨】《穀物を育てる雨の意》二十四節気の一。4月20日ごろ。(季 春)「伊勢の海の魚介豊かにして―/かな女」

ご-くう【御▽供】《「ごく」の音変化》神仏への供え物。くもつ。「人身―」

こくう-かい【虚空界】仏語。虚空のように、一切を包括し擁する、色も形もない本源的な真如の世界。

こくう-ぞう【虚空蔵】「虚空蔵菩薩」の略。

こくうぞう-ぼさつ【虚空蔵菩薩】《梵 Ākāśagarbhaの訳》虚空が無限に一切のものを蔵するように、その智慧と功徳が広大無辺である菩薩。胎蔵界曼荼羅の虚空蔵院の主尊で、蓮華座に座し、五智宝冠を頂き、右手に智慧の宝剣、左手に福徳の如意宝珠を持つ姿に表す。虚空蔵。

コクーニング〘cocooning〙上昇志向に支えられて競争にあけくれていたヤッピー世代の人々が、そうしたライフスタイルへの反省、株の暴落などによる反動から、家庭や私生活へと回帰した現象を、蚕が繭(コクーン)の中にこもるさまにたとえたもの。

ごくう-りょう【御▽供料】神仏に供える金銭や物品。おそなえもの。

こくうれいぼ【虚空鈴慕】尺八曲の一。普化僧寄竹の作曲と伝える。普化尺八の古伝三曲の一つで、初世黒沢琴古が享保13年(1728)長崎の正寿軒で伝授されたものという。

こく-うん【国運】その国の運命。また、その国の勢い。国歩。「―を賭として戦う」「―の隆盛」

こく-うん【黒雲】「くろくも(黒雲)」に同じ。

コクーン〘cocoon〙繭。繭型のもの。

コクーン-スカート〘cocoon skirt〙《cocoonは繭の意》腰回りにふくらみをもたせたスカート。全体が、繭のように丸みをおびたシルエットになる。

こく-え【黒▽衣】「こくい(黒衣)」に同じ。

こく-えい【国営】国家が事業を経営すること。また、その事業。官営。「―放送」〔類語〕官営

こく-えい【黒影】黒いかげ。また、遠方や暗い中にあって黒く見えるもの。「怪しい人影の行手に当って又他の―が現れた」〈宮本・貧しき人々の群〉

こくえいきぎょう-ろうどうかんけいほう【国営企業労働関係法】国営企業の職員の労働条件に関する苦情または紛争の平和的解決を目ざし、団体交渉の慣行と手続きを確立することで、国営企業の正常な運営を確保する法律。昭和61年(1986)公共企業体等労働関係法を改正して成立。平成11年(1999)「国営企業及び特定独立行政法人の労働関係に関する法律」に、同14年「特定独立行政法人等の労働関係に関する法律」に改題。国労法。

こくえい-のうじょう【国営農場】国が経営する農場。一般には、ソ連のソフホーズをさすことが多い。

こく-えき【国益】国家の利益。「―を守る」〔類語〕国利・公益

こくえ-ごめん【黒▽衣御免】室町時代、幕府が、出家した武士に墨染めの衣の着用を許可したこと。

こくえ-の-さいしょう【黒▽衣の宰相】「こくいのさいしょう(黒衣の宰相)」に同じ。

こく-えん【国遠】❶故郷を捨てて、遠く他国に逃げ出すこと。出奔。「―して知れぬ人もあり」〈浮・永代蔵・三〉❷刑罰で、遠方に追放されること。島流し。遠島。「死罪をゆるし、近国お払ひなさるるなり。有がたく存じ、早々―仕れ」〈浮・沖津白波〉

こく-えん【黒煙|黒×烟】黒い煙。くろけむり。〔類語〕紫煙・白煙

こく-えん【黒鉛】▶石墨

こく-おう【国王】一国の君主。王と称される、国家の元首。〔類語〕王・帝王・皇帝・キング・大王・王様

こく-おん【国音】❶その国やその地方における固有の発音。くになまり。❷漢字の音に対しての、日本での読み方。和訓。

こく-おん【国恩】国から受ける恩。「―を報ずべき時節であると言って」〈藤村・夜明け前〉

こく-か【穀果】▶穎果

こく-が【国画】日本画。

こく-が【国×衙】❶律令制で、国司が政務を執った役所。国府。❷「国衙領」の略。

こく-が【穀×蛾】ヒロズコガ科の昆虫。小形のガで、全体に淡褐色。前翅には黒褐色の紋が散在する。幼虫は黄褐色で、貯蔵穀物を食害する害虫。

ごく-か【極果】▶ごっか(極果)

こく-がい【国外】一国の領土の外。「―追放」↔国内。

こくがいいそうゆうかい-ざい【国外移送誘拐罪】▶所在国外移送目的略取及び誘拐罪

こくがいいそうりゃくしゅ-ざい【国外移送略取罪】▶所在国外移送目的略取及び誘拐罪

こくが-かい【国画会】美術団体。昭和3年(1928)国画創作協会解散に際して、第二部(洋画・工芸・彫刻)の梅原竜三郎・富本憲吉らによって発足。のち、版画部・写真部を設置。

こく-がく【国学】❶江戸中期に興った、文献学的方法による古事記・日本書紀・万葉集などの古典研究の学問。儒教・仏教渡来以前の日本固有の文化を究明しようとしたもの。漢学に対していう。契沖を先駆とし、荷田春満・賀茂真淵・本居宣長・平田篤胤によって確立。古学。皇学。❷律令制下の地方教育機関。国ごとに設け、郡司の子弟に儒学などを教授した。❸中国の夏・殷・周の制度で、国都に設けた学校。隋以後は国子監という。

こくがくいん-だいがく【国学院大学】東京都渋谷区に本部のある私立大学。明治15年(1882)創立の皇典講究所によって同23年に設立された国学院を起源とする。大正9年(1920)旧制大学となり、昭和23年(1948)新制大学に移行。

こくがく-しゃ【国学者】江戸時代、国学を研究した学者。和学者。

こくがく-の-したいじん【国学の四大人】江戸時代の国学の四大家。荷田春満・賀茂真淵・本居宣長・平田篤胤をいう。

こくがそうさく-きょうかい【国画創作協会】美術団体。大正7年(1918)日本画の土田麦僊・村上華岳らが結成。同14年第二部(洋画)を新設、のち工芸・彫刻を加える。昭和3年(1928)解散。➡国画会

こくが-りょう【国×衙領】平安後期以後、国衙の支配下にあった土地。国領。国衙。

こく-かん【国患】▶こっかん(国患)

こく-かん【酷寒】▶こっかん(酷寒)

こく-がん【黒×雁】カモ科の鳥。全長約61センチ。頭から胸が黒く、背は黒褐色でのどに白斑がある。北半球北部で繁殖し、冬に北日本の海岸に渡来する。天然記念物。(季 秋)

ごく-かん【極寒】▶ごっかん(極寒)

こく-ぎ【国技】その国を代表する特有の武芸・競技・技芸。また、競技人口の多いスポーツをその国の国技とすることもある。日本では一般に相撲が国技とされる。アメリカでは、野球、アメリカンフットボール、バスケットボール、アイスホッケーなどを国技とする。

こく-ぎ【国儀】国家の儀式。

こく-ぎ【国議】国家の重要な会議。国の最高機関での議論。「四十九万の人は最初より―に与ざるを得ざる訳なり」〈福沢・文明論之概略〉

こくぎ-かん【国技館】東京都墨田区横網にある日本相撲協会の常設館。明治42年(1909)両国に設立され、昭和29年(1954)蔵前に移転。同60年現在地に新設。

こく-ぎゃく【酷虐】残酷にあつかい苦しめること。

こく-ぐう【酷遇】〘名〙スル 人に対して、むごい扱いをすること。きわめてひどい待遇。

こく-くじら【克鯨】クジラ目コククジラ科の哺乳類。中形のヒゲクジラで、全長12～15メートル。全身灰色で、背びれがなく、背中の後方にこぶ状の隆起が並ぶ。北太平洋に分布。こくじら。

こく-ぐら【穀倉】穀物を蓄えておく倉。こくそう。

こく-ぐん【国軍】国家の軍隊。自分の国の軍隊。

こく-ぐん【国郡】国と郡。

こくぐん-ぼくじょう【国郡×卜定】大嘗祭のとき、新穀を奉る悠紀・主基の国郡を亀卜により占って決定すること。平安時代以来、悠紀国は近江、主基国は丹波あるいは備中とする例となったが、郡は卜定した。

こくぐんり-せい【国郡里制】律令制下の地方行政組織。全国を国・郡・里の三段階の行政区画に編成し、国には国司、郡には郡司、里には里長を置いた。2里以上20里以下を郡とし、里は画一的に50戸を1里とした。➡郷里制

こく-げ【国解】律令制で、諸国の国司が太政官または所管の官庁に提出した公文書。

こく-げき【国劇】その国特有の伝統的な演劇。日本の能楽や歌舞伎、中国の京劇など。

こく-げき【×轂撃】《車の轂と轂とがぶつかり合う意》車馬の通行がきわめて多いこと。人が多く、こみあうこと。「肩摩―の光景」〈花袋・蒲団〉

こく-げつ【黒月】古代インドの暦法で、満月後の16日から月末までの称。こくがつ。「白月―のかはり行くを見て」〈平家・三〉↔白月。

ごく-げつ【極月】12月の異称。しわす。ごくづき。(季 冬)

こく-げん【刻限】❶定められた時刻。定刻。「約束の―に遅れる」❷とき。時刻。「まだ―の早いうちに出発する」〔類語〕時間・時分・時点・頃合い・頃おい

こくげん-づけ【刻限付け】至急の文書などに、その取り扱いの刻限を記入すること。刻付け。

こく-ご【国語】❶一国の主体をなす民族が、共有し、広く使用している言語。その国の公用語・共通語。❷日本の言語。日本語。❸「国語科」の略。「―の先生」❹外来語・漢語に対して、日本固有の言葉。和語。大和言葉。〔類語〕母語・母国語・邦語

こくご【国語】中国の歴史書。21巻。左丘明の著といわれるが未詳。春秋時代を中心とする周・魯・斉・晋・鄭・楚・呉・越の各国別の記録。「春秋左氏伝」と並び称された。春秋外伝。

こく-こう【国交】▶こっこう(国交)

こく-ごう【国号】国の称号。国名。

こく-ごう【黒業】仏語。悪い行為。悪い果報を受ける、悪い行い。↔白業。

こくご-か【国語科】学校の教科の一。国語の理解・表現などの学習を目的とする。

こくご-がく【国語学】日本語を研究対象とする学問。日本語の音韻・文法・語彙・文字・文体・方言などについて歴史的・地理的に、また、個別的・体系的に研究する。

こくご-かなづかい【国語仮名遣い】和語を仮名で書くときの表記法。漢語に関する字音仮名遣いと区別していう。

こくご-きょういく【国語教育】日常生活に必要な国語を正しく理解し、表現する能力を養うことを目的とする教育。

こく-こく〘副〙❶居眠りのために上体が前後に揺れ動くさま。こくりこくり。こっくりこっくり。「爺さんは相変らず―居睡りを続けて居るので」〈風葉・青春〉❷物が軽く触れ合う音などを表す語。「白い飯を堅く詰め込んだのを、―と箸でおこして」〈上司・太政官〉❸液体を

[国際映画祭] 最高賞に特別な名称のある映画祭

映画祭	開催国	開催月	最高賞
カイロ国際映画祭	エジプト	11～12月	ゴールデンピラミッド
カンヌ国際映画祭	フランス	5月	パルムドール
ストックホルム国際映画祭	スウェーデン	11月	ブロンズホース
トロント国際映画祭	カナダ	9月	観客賞
ベネチア国際映画祭	イタリア	8～9月	金獅子賞
ベルリン国際映画祭	ドイツ	2月	金熊賞
ロカルノ国際映画祭	スイス	8月	金豹賞

一気に飲むさまや、液体が瓶からつがれるときの音などを表す語。

こく-こく【刻刻】〔副〕▶こっこく(刻刻)

ごく-ごく〔副〕飲み物を勢いよく飲み込む音を表す語。ごくりごくり。「冷たい水を―(と)飲む」

ごく-ごく【極極】〔副〕「ごく」を重ねて強めた言い方。非常に。きわめて。「―ないしょの話」

こくご-じてん【国語辞典】日本語の単語や句を集め、一定の順序で並べて、それぞれの表記・語義・用法・用例・語源などを日本語で説明した書物。

こくご-しんぎかい【国語審議会】ーシンギクワイ 文部大臣の諮問に応じて、国語の改善、国語教育の振興、ローマ字に関する事項などを調査・審議し、また、国語政策について必要と認められる事項を政府に建議した機関。委員は各界の学識経験者の中から選ばれ、文部大臣が任命。昭和9年(1934)設置、同24年改組、平成13年(2001)廃止。➡文化審議会

こくごちょうさ-いいんかい【国語調査委員会】コクゴテウサヰヰンクワイ 明治35年(1902)国語に関する調査を行うために設けられた文部大臣直属の機関。「送仮名法」「口語法」「疑問仮名遣」などを編纂。大正2年(1913)廃止。

こくごのため【国語のため】国語学書。2巻。上田万年(うえだかずとし)著。上巻は明治28年(1895)、下巻は同36年刊。国語の音韻史、国語政策、国語教育などに関する論文27編を収録。

こくご-もんだい【国語問題】❶ある国民の使用言語の種類・方言差・使用文字などに何らかの改善に値する点があると考えられる場合の問題。言語問題。❷日本において、漢字の制限・節減、その字体、音訓の整理、仮名遣い、送り仮名、ローマ字使用などが問題となる場合のその問題。国語国字問題。

こく-さい【告祭】国家の大事に際し、神に事情を告げて臨時に行う祭祀(さいし)。

こく-さい【国宰】「国司」に同じ。

こく-さい【国祭】❶国家が定めた祝祭日。日本では、もと、四方拝・元始祭・紀元節・神武天皇祭・春季皇霊祭・秋季皇霊祭・明治節・天長節・神嘗祭(かんなめさい)・新嘗祭(にいなめさい)など。❷昔、京都の賀茂神社などで、国司が参向して行った祭祀(さいし)。

こく-さい【国債】国が発行する債券。法律に基づいて発行され、普通国債と財政投融資特別会計国債(財投債)に大別される。発行目的別では歳入債・繰延債・融通債に、償還期限によって短期国債・中期国債・長期国債・超長期国債に、利払い方法によって利付国債・割引国債に分類される。短期国債は割引国債、それ以外は利付国債として発行されている。発行方式では、入札によって機関投資家などに販売される市中発行方式、個人を主な対象とする発行方式(個人向け国債と新窓販国債)、公的部門発行(日本銀行が借換債を引き受ける日銀乗換など)に大別される。(補説)国債の価格と利回り(金利)は、価格下落なら金利上昇、価格上昇なら金利下落という関係にあり、通常、景気が後退する場面ではリスクの少ない国債が買われるため、国債の価格上昇、金利下落となることが多い。国債が大量に発行されると、国債価格の下落、長期金利の上昇を招き、企業の借入金利や住宅ローン金利の上昇につながる場合がある。

こく-さい【国際】複数の国家に関係していること。世界的であること。多く他の語の上に付けて用いる。(補説)国際法の漢訳「万国公法」の中で使用された「各国交際」という語をもとに造語された和製漢語。本来diplomatic intercourse(=国家間の交際)の訳語であったが、明治30年代からinternationalの訳語として用いられるようになった。(類語)付き合い・交わり・人付き合い・社交・交友・行き来・旧交・国交・交際

こく-ざい【国財】国家の所有する財産。国資。国帑(こくど)。

こくさいアンデルセン-しょう【国際アンデルセン賞】ーシヤウ 文学賞の一。1956年創設。2年に一度、国際児童図書評議会(IBBY)から、優れた児童文学の作家・画家を対象に贈られる。

こくさいいじゅう-きかん【国際移住機関】コクサイイヂユウキクワン ▶アイ-オー-エム(IOM)

こくさい-いしょくがっかい【国際移植学会】ーイシヨクガククワイ 臓器移植の基礎研究・臨床の発展、継続教育・学術情報の提供、倫理綱領の策定などを行う国際的な学術団体。世界65か国に3000名以上の会員を擁する。本部はカナダのモントリオール。(補説)平成20年(2008)、国際移植学会を中心として開催されたイスタンブールサミットにおいて、臓器売買・移植ツーリズムの禁止、自国での臓器移植の推進、生体ドナーの保護を骨子とする「臓器取引と移植ツーリズムに関するイスタンブール宣言」が採択された。

こくさい-いそんど【国債依存度】国の一般会計歳入予算に占める国債発行額の割合。

こくさい-いねけんきゅうじょ【国際稲研究所】ーいねケンキウジョ ▶アイ-アール-アール-アイ(IRRI)

こくさいいやくひんこうにゅう-ファシリティー【国際医薬品購入ファシリティー】コクサイイヤクヒンコウニフー《International Drug Purchase Facility》▶ユニットエイド(UNITAID)

こくさい-いりょうふくしだいがく【国際医療福祉大学】ーイレウフクシダイガク 栃木県大田原市にある私立大学。平成7年(1995)に開学した。

こくさい-うちゅうステーション【国際宇宙ステーション】ーウチウー《International Space Station》日本・カナダ・米国・欧州諸国・ロシアが協力して地上400キロに建設中の有人宇宙基地。90分で地球を一周する。幅約108メートル、長さ約73メートル、高さ約45メートル、重さ約420トン。宇宙という特殊な環境で研究・実験・観測を行う。日本の実験棟「きぼう」は2008年から船内実験、翌09年から船外実験・観測を開始している。ISS。(補説)モジュールには「きぼう」のほか、実験棟「デスティニー」「コロンバス」、居住区「ズベズダ」、それらをつなぐ接続部「ユニティ」「ハーモニー」などがある。2009年7月、宇宙飛行士の若田光一が、日本人初の長期滞在(133日)を終えて帰還した。

こくさい-うんが【国際運河】領有国と外国との条約により、すべての国の船舶が自由に航行できる運河。スエズ運河とパナマ運河の二つがある。

こくさい-えいがさい【国際映画祭】ーエイグワサイ 世界の映画を集めて上映する催し。賞が設定され、入賞を競うものもある。ベルリン・カンヌ・ベネチアの三大映画祭のほか、カイロ・モスクワ・東京などの各地で行われる。➡表

こくさい-エネルギーきかん【国際エネルギー機関】ーキクワン ▶アイ-イー-エー(IEA)

こくさい-エネルギースタープログラム【国際エネルギースタープログラム】米国環境保護庁(EPA)と日本の経済産業省が推進する、パソコンやプリンター、ファクシミリなどの省エネルギー化制度。日米のほかEU(欧州連合)・カナダ・オーストラリア・ニュージーランド・台湾などで実施されている。エナジースター。エネルギースター。

こくさい-オリンピックいいんかい【国際オリンピック委員会】ーヰヰンクワイ《International Olympic Committee》オリンピック大会の開催とオリンピック運動の推進を目的とする団体。1894年設立。本部はスイスのローザンヌ。IOC。

こくさい-おんせいきごう【国際音声記号】ーオンセイキガウ《International Phonetic Alphabet》あらゆる言語音を表記することができるよう、国際音声学協会が定めた音声記号。1888年に制定され、その後数次の改訂がなされた。ローマ字を中心に、ギリシャ文字や補助記号などを用いる。国際音声字母。万国音標文字。IPA。

こくさい-おんどめもり【国際温度目盛(り)】ーヲンドめもり 1989年の国際度量衡学会が採用し、90年1月1日から実施の温度目盛り。0.65ケルビン以上の実用温度について正確に温度定点と定点以外の温度を決める公式を定めたもの。定点として金点・銀点などがあるが、水の沸点は定点とされない。

こくさい-か【国際化】ークワ〔名〕スル ❶国際的な規模に広がること。また、国際的視野をもち、その観点に立って行動すること。「犯罪の舞台が―する」❷コンピューターのソフトウエアを、さまざまな言語環境や地域で利用できるようにすること。➡ローカライズ

こくさい-かいぎ【国際会議】ークワイギ 国際的な問題について討議・決定するため、多数の国の代表者によって開かれる会議。

こくさい-かいきょう【国際海峡】ーカイケフ 二つの公海または排他的経済水域を結び、国際航行に使用される海峡。すべての船舶と航空機の通過通航権が認められる。マラッカ海峡や津軽海峡・宗谷海峡など。

こくさい-かいけいきじゅん【国際会計基準】ークワイケイキジュン《International Accounting Standards》▶アイ-エー-エス(IAS)

こくさい-かいけいきじゅんいいんかい【国際会計基準委員会】ークワイケイキジュンヰヰンクワイ《International Accounting Standards Committee》▶アイ-エー-エス-シー(IASC)

こくさい-かいけいきじゅんしんぎかい【国際会計基準審議会】ークワイケイキジュンシンギクワイ《International Accounting Standards Board》▶アイ-エー-エス-ビー(IASB)

こくさい-かいじきかん【国際海事機関】ーカイジキクワン ▶アイ-エム-オー(IMO)

こくさい-かいじきょく【国際海事局】▶アイ-エム-ビー(IMB)

こくさい-かいはつきょうかい【国際開発協会】ーカイハツケフクワイ ▶アイ-ディー-エー(IDA)

こくさいかいはつ-きょく【国際開発局】▶ユー-エス-エー-アイ-ディー(USAID)

こくさい-かいようほうさいばんしょ【国際海洋法裁判所】ーカイヤウハフサイバンショ 国連海洋法条約に基づいて設置された司法裁判機関。国連海洋法条約の解釈や適用に関する紛争・申し立てを司法的に解決する機関であり、同条約によって付託された海洋関連事件を扱う。1996年、ドイツのハンブルクに設立。全21名の独立裁判官(任期9年)は同条約の締結国会合で3年に一度行われる選挙で7名ずつ改選される。日本人の裁判官も選出されている。ITLOS(International Tribunal for the Law of the Sea)。(補説)日本に関連した事件では、日本のみなみまぐろ調査漁獲に関してオーストラリア・ニュージーランドが同条約違反を訴え、同裁判所に付託した平成11年(1999)の「みなみまぐろ事件」、カムチャツカ半島沖のロシア海域でロシア当局に拿捕(だほ)された日本船の早期解放を求めて同19年に日本が同裁判所に付託した「第88豊進丸事件(船体・乗組員)」、および「第53富丸事件(船体)」などがある。

こくさい-かかく【国際価格】国際市場で成立する価格。取引規模が大きく、その価格が世界市場を支配するような価格。

こくさい-がくしゅうとうたつどちょうさ【国際学習到達度調査】ーガクシフタウタツドテウサ ▶ピサ(PISA)

こくさい-かぜい【国際課税】ークワゼイ 事業取引や配当の受け払いなどが、複数国間で行われる場合の課税。国内法人が世界で稼いだ利益のすべてに課税すると、利益が生み出された国とで二重課税になる場合があるため、外国と個別に租税条約を締結したり、国内で外国税額控除制度を設けるなどして対応する。移転価格の問題等、課税基準の明確性や手続きの複雑さなどに課題がある。➡移転価格税制

こくさい-かせん【国際河川】数か国の領域を貫流し、または国境となっている河川で、条約によってすべての国に航行の自由が認められているもの。ドナウ川・ライン川など。

こくさい-がっこう【国際学校】「インターナショナルスクール」に同じ。

こくさいか-ドメインめい【国際化ドメイン名】《internationalized domain name》▶アイ-ディー-エヌ(IDN)

こくさい-カルテル【国際カルテル】国際的な規模のカルテル。2国以上の巨大企業が、世界市場の分割、価格の設定、生産数量の制限などの協定を結ぶもの。

こくさい-がんけんきゅうきかん【国際癌研究機関】▶アイ-エー-アール-シー(IARC)

こくさいかんこうしんこう-きこう【国際観光振興機構】外国人旅行者の訪日促進に必要な業務を行うことにより、国際観光の振興を図ることを目的とする独立行政法人。昭和39年(1964)特殊法人国際観光振興会として発足。平成15年(2003)その事業を引継ぎ独立行政法人として新たに発足。日本政府観光局。JNTO(Japan National Tourism Organization)。

こくさい-かんしせいど【国際監視制度】核爆発を探知するための国際的監視制度。地震波・微気圧振動・水中音波・放射性核種の4種について24時間体制で観測する監視観測所を世界中に337か所設置する。日本には上川朝日(北海道)・高崎(群馬県)・東海(茨城県)など10か所に設置される。

こくさい-かんしゅうほう【国際慣習法】国際慣習に基づく法で、大多数の国家間で法的拘束力を有するもの。

こくさい-きねんぶつついせきかいぎ【国際記念物遺跡会議】▶イコモス(ICOMOS)

こくさい-ぎのうきょうぎたいかい【国際技能競技大会】溶接・美容・パン製造などの青年技能者が技能を競う国際大会。2年ごとに開催される。国際職業訓練機構(WSI; World Skills International)が運営。第1回大会は1950年にスペインのマドリードで開催。技能五輪国際大会。技能オリンピック。WSC(World Skills Competition)。

こくさい-きょうさんとう【国際共産党】第三インターナショナルの異称。

こくさい-きょうそう【国際競争】国際市場における国家間・企業間の競争。経済のグローバル化により、国家間の参入障壁が低くなり、世界が大きな一つの市場と化した側面があるため、事業機会が増える一方で、外国企業と競合する場面も増加した。競争を勝ち抜くには、技術革新、安価で良質な労働力の確保、ブランド力の強化、国家政策による後押しなどが求められる。

こくさいきょうよう-だいがく【国際教養大学】秋田市にある公立大学。平成16年(2004)に公立大学法人として開学した。授業の多くが英語で行われる。また、1年間の海外留学を義務付けている。

こくさいきょうりょく-きこう【国際協力機構】▶ジャイカ(JICA)

こくさいきょうりょく-ぎんこう【国際協力銀行】日本企業による輸出入・海外事業展開・外国企業の買収に必要な資金の融資などの業務を行う、政府系金融機関の一。JBIC(Japan Bank for International Cooperation)。補説 平成11年(1999)に日本輸出入銀行と海外経済協力基金の事業を継承して設立。平成20年(2008)、政府系金融機関改革に伴い、株式会社日本政策金融公庫の国際金融部門となる。平成24年(2012)4月、日本政策金融公庫から分離し、株式会社国際協力銀行(新JBIC)となった。

こくさいきょうりょく-じぎょうだん【国際協力事業団】▶ジャイカ(JICA)

こくさい-きょくねん【国際極年】極地方の地磁気・極光・気象などの地球物理的現象を、国際間で協力して観測した年。第1回は1882〜83年、第2回は1932〜33年。➡国際地球観測年

こくさい-きょてんこうわん【国際拠点港湾】国際海上貨物輸送網の拠点となる港湾として政令で定める、国際戦略港湾以外の港湾。補説 かつては特定重要港湾と呼ばれた。苫小牧港・仙台塩釜港・新潟港・名古屋港・北九州港など18港が指定されている。

こくさい-キリストきょうだいがく【国際基督教大学】《International Christian University》東京都三鷹市にある私立大学。昭和28年(1953)設置。ICU。

こくさい-キログラムげんき【国際キログラム原器】▶キログラム原器

こくさい-きんきゅうえんじょたい【国際緊急援助隊】海外で大規模災害が発生した際に政府が派遣する、警察・消防・海上保安庁などからなる救助チーム、医師と看護師などによる医療チーム、災害復興などの専門家チーム、自衛隊部隊などの援助隊のこと。外務省やJICA(国際協力機構)が窓口となり、被災国からの要請に応じて派遣する。JDR(Japan disaster relief team)。補説 昭和62年(1987)に施行された「国際緊急援助隊の派遣に関する法律」(通称JDR法)を根拠とする活動。平成4年(1992)PKO協力法の成立に伴い一部が改正され、特に大規模な災害には自衛隊の派遣が可能となる。また、PKO協力法とJDR法の対応範囲が整理され、紛争に起因する災害にはPKOで対応し、それ以外の自然災害などには国際緊急援助隊が対応することとなる。

こくさい-きんこう【国際均衡】一国の国際収支が均衡している状態にあること。➡国内均衡

こくさいきんゆうあんていせい-ほうこくしょ【国際金融安定性報告書】国際通貨基金(IMF)が国際金融市場の安定性について現状分析を行い、今後の予測や対応策などを示す文書。年2回発行。世界の金融システムや各加盟国の金融政策を対象とするIMFのサーベイランスの結果としてまとめられる。GFSR(Global Financial Stability Report)。

こくさいきんゆう-かいぎ【国際金融会議】❶通貨・金融分野の諸問題について話し合う国際会議。中央銀行総裁会議、IMF年次総会、IMFC、G7(先進7か国財務相・中央銀行総裁会議)など。❷各国中央銀行の首脳や大手金融機関の幹部などが集まる国際会議。金融・経済問題に関する意見交換、要人による講演などが行われる。全米銀行協会の主導で1950年代に創設された。IMC(International Monetary Conference)。国際通貨会議。

こくさいきんゆう-きょうかい【国際金融協会】▶アイ-アイ-エフ(IIF)

こくさい-きんゆうこうしゃ【国際金融公社】▶アイ-エフ-シー(IFC)

こくさいきんゆう-ファシリティー【国際金融ファシリティー】国連のミレニアム開発目標を達成するための革新的資金メカニズムの一。ODA援助国政府の保証付き債券を発行し、開発資金を前倒しで調達する。2003年に英国が提案。最初の取り組みとして、2006年に予防接種のための国際金融ファシリティー(IFFIm)が設立された。IFF(International Finance Facility)。

こくさい-くうこう【国際空港】国際間の航空輸送に用いる航空機の発着が可能で、税関・検疫・出入国管理の施設を有する空港。

こくさい-クーリエサービス【国際クーリエサービス】外国あての荷物を短時間で届けるサービス。

こくさい-ぐんじさいばん【国際軍事裁判】主要な戦争犯罪人を裁くための国際的な軍事裁判。特に、第二次大戦後に行われた極東国際軍事裁判とニュルンベルク裁判をいう。

こくさい-けいさつぐん【国際警察軍】❶海賊行為・奴隷売買・ハイジャックなどの国際法上の犯罪を防止するために諸国家が協力して組織する警察軍。❷国連憲章に基づき、国際社会の利益を侵害する行為を防止し、国際間の治安を維持するために諸国家が共同で編成する軍隊。国際連合軍。

こくさい-けいじけいさつきこう【国際刑事警察機構】《International Criminal Police Organization》加盟国相互の協力により、国際的な刑事犯罪の防止や解決に役立てる目的で結成された国際機関。1923年に国際刑事警察委員会として設立され、1956年に改組、現在の名称となる。1989年、事務総局をパリからリヨンに移転。インターポール。ICPO。

こくさい-けいじさいばんしょ【国際刑事裁判所】ジェノサイド(集団殺害犯罪)、人道に対する犯罪、戦争犯罪、侵略犯罪を犯した個人を訴追・処罰するための常設の国際裁判所。1998年に採択、2002年に発効した「国際刑事裁判所に関するローマ規程」に基づき、2003年オランダのハーグに設立された。ICC。補説 日本は平成19年(2007)に加盟。米国や中国は未加盟。ハーグに本部を置く国際司法機関としては「国際司法裁判所(ICJ)」もあるが、こちらは国際連合の主要機関の一つで、国際紛争を取り扱う。

こくさい-ゲームフィッシュきょうかい【国際ゲームフィッシュ協会】▶アイ-ジー-エフ-エー(IGFA)

こくさい-けっこん【国際結婚】国籍の違う男女が結婚すること。外国人と夫婦になること。

こくさい-けっさいぎんこう【国際決済銀行】1930年、スイスのバーゼルに設立された、主要国の共同出資による国際銀行。設立当初は第一次大戦後のドイツの賠償を円滑に処理することを主な目的とした。現在は出資国の中央銀行間の協力を促進し、金融政策・国際通貨問題などに関する討議・決定を行っている。日本からは日銀総裁、理事などが参加。BIS(Bank for International Settlements)。➡BIS規制

こくさい-けんえきかんせんしょう【国際検疫感染症】▶検疫感染症

こくさい-げんき【国際原器】国際的な計測・計量の基準となる器具。国際メートル原器と国際キログラム原器があり、BIPM(国際度量衡局)に保管されている。補説 国際メートル原器は棒状で1メートルを定義したが、現在は定義が変更されたため使われていない。国際キログラム原器は円柱体で1キログラムを定義する。

こくさい-げんしじ【国際原子時】セシウム原子時計で定義される1秒(原子秒)を単位とし、世界時の1958年(昭和33)1月1日零時を原子時零時として始動した時刻。BIPM(国際度量衡局)が管理しており、世界各地にある原子時計の示す時刻を総合して決定される。TAI(Temps Atomique International)。➡協定世界時

こくさいけんしゅうきょうりょく-きこう【国際研修協力機構】法務・外務・厚生労働・経済産業・国土交通の5省共管により平成3年(1991)に設立された公益財団法人。外国人研修・技能実習制度の適正で円滑な推進に寄与することを目的とする。JITCO(Japan International Training Cooperation Organization)。

こくさい-げんしりょう【国際原子量】国際原子量委員会が、1931年以降隔年に発表している原子量の値。

こくさい-げんしりょくあんぜん-じょうやく【国際原子力安全条約】原子力発電所の安全性の確保・向上を目指す国際条約。チェルノブイリ原発事故などを受けて1996年発効。75か国が参加し、日本など65か国が署名している(2012年7月現在)。締約国は自国の原発の安全性を保つために、法律・行政上の措置を講じるとともに、同条約に基づいて設置される検討会合に報告し、他の締約国の評価を受ける義務がある。原子力安全条約。原子力の安全に関する条約。CNS(Convention on Nuclear Safety)。

こくさい-げんしりょくきかん【国際原子力機関】《International Atomic Energy Agency》

国際連合の機関の一。原子力の平和利用の促進と軍事利用の防止を目的とする。1957年設立。本部はウィーン。核の番人と呼ばれる。IAEA。

こくさい-げんしりょくじしょうひょうかしゃくど【国際原子力事象評価尺度】ーゲンシリヨクジシヤウヒヤウカシヤクド 原子力発電所などで発生した事故・異常による影響の程度を表す指標。国際原子力機関(IAEA)と経済協力開発機構原子力機関(OECD-NEA)が策定したもので、施設外に放出される放射性物質の量や施設内の汚染、原子炉・安全設備の損傷の度合いなどによって、レベル0〜7の8段階で示される。INES(International Nuclear Event Scale)。〔補説〕チェルノブイリ原発事故はレベル7、スリーマイル島原発事故はレベル5と評価された。平成23年(2011)3月11日に起きた東北地方太平洋沖地震に伴う福島第一原発事故は、発生当初、暫定的にレベル4と評価されたが、約1か月後にレベル7に引き上げられた。

こくさいげんしりょく-パートナーシップ【国際原子力パートナーシップ】核燃料の製造や使用済み核燃料の再処理を原子力先進国が独占的に行い、原子力利用国(後発国)に原子力発電用の核燃料を安定的に供給する枠組み。2006年に米国大統領ジョージ゠ブッシュが提唱。原子力発電の利用を促進し、核兵器に転用可能な高濃縮ウランやプルトニウム等の拡散を防止するねらいがある。GNEP(Global Nuclear Energy Partnership)。〔補説〕米国は同パートナーシップの中核事業として使用済み核燃料の商業再処理施設および高速炉の建設を予定していたが、技術・資金面で実現が困難な見通しとなり、2009年にオバマ政権下で計画を断念した。

こくさい-けんじんかいぎ【国際賢人会議】ーケンジンクワイギ《「核不拡散・核軍縮に関する国際委員会」の通称》日豪が共同で主導する、核兵器廃絶に向けた国際的な取り組み。平成20年(2008)創設。世界各国から首脳、外務・国防閣僚、原子力機関代表、学者などが委員として参加。中長期的な視点から核兵器のない世界を実現するための行動計画を取りまとめ、核拡散防止条約再検討会議に提出する。ICNND(International Commission on Nuclear Non-proliferation and Disarmament)。

こくさい-ご【国際語】❶世界の各民族・各国の間で、広く共通に使われている言語。外交語としてのフランス語、商業語としての英語などの類。❷言語を異にする民族・国家間相互の意思伝達を容易にするなどの目的のために人為的に考え出された言語。エスペラントなどの類。国際補助語。世界語。〔類語〕共通語・標準語

こくさいこうくううんそう-きょうかい【国際航空運送協会】コクサイカウクウウンソウケフクワイ《International Air Transport Association》国際路線をもつ世界の航空会社の団体。安全確実で経済的な航空輸送を目的とし、ICAO(国際民間航空機関)への協力、国際航空運賃の設定などを行う。1945年設立。IATA[イアタ]。

こくさい-こうくうじょうやく【国際航空条約】ーカウクウデウヤク ▶国際民間航空条約

こくさい-こうくうれんごう【国際航空連合】ーカウクウレンガフ 世界の航空会社が形成する業務提携グループ。同一グループ内で、マイレージサービスの相互利用や、座席の一部を他社が販売する共同運航(コードシェア)便の運航などを行い、コスト削減・利便性向上などの効果を見込む。ワンワールド・スターアライアンス・スカイチームの3グループがある(2012年7月現在)。

こくさい-こうとうけんきゅうきょういくきこう【国際高等研究教育機構】ーカウトウケンキウケウイクキコウ 東北大学が発足させた高等研究教育機関。従来の研究科の枠にとらわれない最先端の融合分野の研究教育を行い、世界に通用する研究者の育成を目指す。平成18年(2006)4月設置の国際高等研究教育院と同19年4月設置の国際高等融合領域研究所よりなる。

こくさい-こうほう【国際公法】ーコウハフ ▶国際法

こくさい-こうむいん【国際公務員】ーコウムヰン 国際連合およびその専門機関など、国際機関の事務局を構成する職員。国籍にかかわらず国際的な任務を果たし、その中立性が保障されている。外交官に準じる特権・免除をもつ。

こくさいこうりゅう-ききん【国際交流基金】コクサイカウリウキキン《Japan Foundation》外務省所管の独立行政法人の一。国際的な芸術・学術・文化・スポーツなどの人物交流、相互理解の推進を目的とする。昭和47年(1972)に外務省所管の特殊法人として設立。平成15年(2003)独立行政法人へ移行。

こくさい-こどもとしょかん【国際子ども図書館】ーコどもトシヨクワン 東京、上野公園にある児童書専門の国立図書館。国立国会図書館の支部図書館。建物は明治39年(1906)完成の旧帝国図書館で、その後、上野図書館として使われていたものを改修し、平成12年(2000)に開館。

こくさい-さいせいかのうエネルギーきかん【国際再生可能エネルギー機関】ーサイセイカノウーキクワン ▶アイ-アール-イー-エヌ-エー(IRENA)

こくさい-さいばんしょ【国際裁判所】国際紛争を解決するために国家間に設けられた裁判所。国際司法裁判所・常設仲裁裁判所など。

こくさい-ざいむほうこくきじゅん【国際財務報告基準】《International Financial Reporting Standards》▶アイ-エフ-アール-エス(IFRS)

こくさい-サッカーれんめい【国際サッカー連盟】▶フィファ(FIFA)

こくさい-さんぎょうべつしょききょく【国際産業別書記局】ーサンゲフベツシヨキキヨク《International Trade Secretariats》19世紀以降、欧州を中心に結成された、職業別・産業別の国際労働組合組織の総称。国際産業別組織。ITS。

ごく-さいしき【極彩色】❶種々の鮮やかな色を用いた濃密な彩り。また、派手でけばけばしい色彩。❷派手な服装や厚化粧。「何時[いつ]よりは一のただ京人形を見るように思われて」〈一葉・たけくらべ〉

こくさいしじょうとくべつさんかしゃ-せいど【国債市場特別参加者制度】コクサイシヂヤウトクベツサンカシヤセイド 財務省が、指定した銀行や証券会社のみと国債などの直接取引を行う制度。米国などのプライマリーディーラー制度を模して平成6年(2004)に導入。指定された金融機関は、国債の安定消化のため一定の引き受け義務を負う一方、国債市場特別参加者会合での情報取得や意見開示などができる。〔補説〕国内の都市銀行や証券会社のほか、外資系金融機関など計25社が指定されている(平成24年7月現在)。

こくさい-しぜんほごれんごう【国際自然保護連合】ーシゼンホゴレンガフ ▶アイ-ユー-シー-エヌ(IUCN)

こくさい-しっちじょうやく【国際湿地条約】ーシツチデウヤク ▶ラムサール条約

こくさい-じどうとしょひょうぎかい【国際児童図書評議会】ージドウトシヨヒヤウギクワイ ▶アイ-ビー-ビー-ワイ(IBBY)

こくさい-しほう【国際私法】ーシハフ 国際結婚や貿易取引のような複数の国とかかわりのある渉外的私法関係を規律する統一法がない場合に、それに適用できる準拠法を指定する法。外国判決の承認・執行や裁判管轄権の問題も扱う。

こくさい-しほうさいばんしょ【国際司法裁判所】ーシハフサイバンシヨ《International Court of Justice》国際連合の主要な司法機関。総会および安全保障理事会で選出される15名の裁判官で構成される。国際連盟の常設国際司法裁判所の後身で、国際間の法的紛争を裁判するほか、法律問題について勧告的意見を与える。所在地はオランダのハーグ。ICJ。〔補説〕ハーグに本部を置く国際司法機関として「国際刑事裁判所(ICC)」があるが、こちらはジェノサイドといわれる集団殺害犯罪などを犯した個人を裁く機関。

こくさい-ジャーナリストきこう【国際ジャーナリスト機構】《International Organization of Journalists》ジャーナリストの国際的な団結と友好とを目的とする組織。1946年設立。本部はプラハ。IOJ。

こくさい-ジャーナリストれんめい【国際ジャーナリスト連盟】《International Federation of Journalists》ジャーナリストの国際組織。1952年国際ジャーナリスト機構から脱退した西欧自由諸国のジャーナリストによって設立。本部はブリュッセル。IFJ。

こくさい-じゅうえきじむきょく【国際獣疫事務局】ージウエキジムキヨク 家畜の伝染性疾病の伝播を防ぐための情報交換、研究協力を目的とする国際機関。1924年設立。本部はパリ。178の国と地域が加盟(2012年7月現在)。日本は1930年に加盟。毎年の総会で決定する家畜の安全基準が世界貿易機関の国際基準になる。世界動物保健機関。OIE(Office International des Épizooties)。

こくさい-しゅうし【国際収支】ーシウシ 一国が一定期間に行った外国との経済取引を集計した勘定。➡国際収支マニュアル

こくさいしゅうし-とうけい【国際収支統計】コクサイシウシトウケイ 一定の期間に、ある経済圏(国や地域)がそれ以外の経済圏との間で行った経済取引(フロー)を体系的に記録した統計表。IMFの国際収支マニュアルに基づいて加盟各国が作成・報告し、IMFから年報(Balance of Payments Statistics Yearbook)が公表される。➡国際投資ポジション

こくさいしゅうし-マニュアル【国際収支マニュアル】コクサイシウシー《Balance of Payments Manual》国際通貨基金(IMF)が定めた、国際収支統計の作成に関する国際基準。加盟国は、マニュアルの規定に従って統計を作成し、定期的にIMFに報告する。1948年に第1版が作成され、経済・金融情勢の変化とともに改訂が行われている。2010年に確定した第6版からは、対外資産負債残高(国際投資ポジション)統計と併せた「国際収支・国際投資ポジションマニュアル」(Balance of Payments and International Investment Position Manual)として公表されている。IMFマニュアル。

こくさい-じゆうろうどうくみあいれんめい【国際自由労働組合連盟】ージイウラウドウくみあひレンメイ ▶アイ-シー-エフ-ティー-ユー(ICFTU)

こくさい-じゆうろうれん【国際自由労連】ージイウラウレン ▶アイ-シー-エフ-ティー-ユー(ICFTU)

こくさい-しゅぎ【国際主義】❶独立した各主権国家の存在を前提に、相互の協調に基づいて世界の平和と共栄を実現しようとする立場。インターナショナリズム。❷世界各国の労働者階級が、国際的な連帯・団結を強めようとする立場。インターナショナリズム。➡プロレタリア国際主義

こくさい-じゅんせいおうようかがくれんごう【国際純正・応用化学連合】ージユンセイオウヨウクワガクレンガフ ▶アイ-ユー-ピー-エー-シー(IUPAC)

こくさい-じゅんせいおうようぶつりがくれんごう【国際純正・応用物理学連合】ージユンセイオウヨウブツリガクレンガフ ▶アイ-ユー-ピー-エー-ピー(IUPAP)

こくさい-しょうぎょうかいぎしょ【国際商業会議所】ーシヤウゲフクワイギシヨ《International Chamber of Commerce》各国の民間実業家で組織する国際経済団体。国際貿易の紛争の解決、円滑化などを図るのが目的。1920年設立。本部はパリ。ICC。

こくさい-しょうけん【国債証券】国債に対する権利を表示するために発行される証券。無記名が原則。

こくさい-しょうひしゃきこう【国際消費者機構】ーセウヒシヤキコウ《Consumers International》消費者団体の国際組織。1960年、米国・英国・オランダ・ベルギー・オーストラリアの5か国の消費者団体を理事として設立。商品テスト情報の交換、共同テストなどの推進を目的とする。1995年にInternational Organization of Consumers Unions(IOCU)から改称。本部はロンドン。CI。

こくさい-しょうひんきょうてい【国際商品協定】ーシヤウヒンケフテイ 主要一次産品の国際的な需給調整と価格安定を目的に輸出国と輸入国が締結する協定。

こくさい-しょうひんしじょう【国際商品市場】ーシヤウヒンシヂヤウ 国際的に大きな需要・供給があり、広く取引される小麦・砂糖・綿花・羊毛などの市場。

こくさい-しょうほう【国際商法】ーシヤウハフ 商事に関係する国際私法。

［国際単位系］SI接頭語（SI単位の10の倍量・分量を表す接頭辞）

SI接頭語		記号	乗数
ヨタ	(yotta)	Y	10^{24}
ゼタ	(zetta)	Z	10^{21}
エクサ	(exa)	E	10^{18}
ペタ	(peta)	P	10^{15}
テラ	(tera)	T	10^{12}
ギガ	(giga)	G	10^{9}
メガ	(mega)	M	10^{6}
キロ	(kilo)	k	10^{3}
ヘクト	(hecto)	h	10^{2}
デカ	(deca)	da	10^{1}
デシ	(déci)	d	10^{-1}
センチ	(centi)	c	10^{-2}
ミリ	(milli)	m	10^{-3}
マイクロ	(micro)	μ	10^{-6}
ナノ	(nano／nanno)	n	10^{-9}
ピコ	(pico)	p	10^{-12}
フェムト	(femto)	f	10^{-15}
アト	(atto)	a	10^{-18}
ゼプト	(zepto)	z	10^{-21}
ヨクト	(yocto)	y	10^{-24}

こくさい-しょうめいいいんかい【国際照明委員会】►シー-アイ-イー(CIE)

こくさい-じょうやく【国際条約】国家間、または国家と国際機関との間で結ばれた文書による合意。国家間の条約。

こくさい-じょうり【国際場×裡】世界各国の人々が多く集まる所。国際的な交流の場所。

こくさい-しょく【国際色】いろいろな国の人種や風俗が入りまじってかもし出される雰囲気。「一豊かな都市」

こくさい-じん【国際人】国際的に活躍している人。世界的に有名な人。また、世界に通用する人。

こくさい-じんけんエーきやく【国際人権A規約】►社会権規約

こくさい-じんけんきやく【国際人権規約】基本的人権を国際的に保護するための条約。1966年の国連総会で採択。世界人権宣言を補強するもので、締結国に対して法的拘束力をもつ。社会権規約(経済的、社会的及び文化的権利に関する国際規約)、自由権規約(市民的、政治的権利に関する国際規約)、および自由権規約に関する二つの選択議定書からなる。(補説)社会権規約を国際人権A規約、自由権規約を国際人権B規約とも呼ぶ。B規約の第1選択議定書は人権侵害について個人が自由権規約委員会に直接救済を申し立てることができる個人通報制度について、第2選択議定書は死刑制度廃止について規定したもの。日本や米国などは自国の司法権の独立に影響が及ぶ可能性があるなどの理由から、これらの選択議定書は批准していない。

こくさい-じんけんしょうてん【国際人権章典】国連総会で採択された世界人権宣言と国際人権規約(社会権規約・自由権規約)の総称。社会権規約は「経済的、社会的及び文化的権利に関する国際規約」、自由権規約は「市民的及び政治的権利に関する国際規約」を指し、法的拘束力がある。

こくさい-じんけんビーきやく【国際人権B規約】►自由権規約

こくさい-じんけんほう【国際人権法】人権に関する国際法の一分野。世界人権宣言と国際人権規約からなる国際人権章典を中心とし、子どもの権利条約・女性差別撤廃条約・人種差別撤廃条約・拷問等禁止条約などの人権条約、およびそれらを実施するための制度から成り立つ。

こくさい-しんごうき【国際信号旗】船と船、船と陸上の間の信号に用いる旗。アルファベット文字旗26、数字旗10、代表旗3、回答旗1の計40の旗からなり、これを組み合わせて通信を行う。

こくさい-じんどうほう【国際人道法】戦争・武力紛争下においても人道が守られることを目的として、負傷兵・病兵・捕虜・武器を持たない一般市民などへの配慮と対応を規定した、ジュネーブ条約などの国際法の総称。国際赤十字や赤新月運動などの法的根拠とされる。

こくさい-すいえいれんめい【国際水泳連盟】►エフ-アイ-エヌ-エー(FINA)

こくさい-すいれん【国際水連】「国際水泳連盟」の略。

こくさい-すうがくオリンピック【国際数学オリンピック】►アイ-エム-オー(IMO)

こくさい-すうがくしゃかいぎ【国際数学者会議】►アイ-シー-エム(ICM)

こくさい-すうがくれんごう【国際数学連合】►アイ-エム-ユー(IMU)

こくさい-スピードゆうびん【国際スピード郵便】►イー-エム-エス(EMS)

こくさいせいり-ききん【国債整理基金】国債の償還等を安定的に行うために設置された基金。毎年度、国債残高の一定割合を一般財源から繰り入れ、償還財源として積み立てる。

こくさいせいりききん-とくべつかいけい【国債整理基金特別会計】国債の償還や利払いを一般会計と区別して行うために設置された特別会計。国全体の債務の状況を明確にするとともに、一般会計から資金を繰り入れ、公債の償還を安定的に行う役割を担う。➡国債整理基金

こくさい-せきゆしほん【国際石油資本】►メジャー❺

こくさい-せん【国際線】二つ以上の国の間を結ぶ航空路線。

こくさいせんりゃく-けんきゅうじょ【国際戦略研究所】►アイ-アイ-エス-エス(IISS)

こくさい-せんりゃくこうわん【国際戦略港湾】長距離の国際海上コンテナ運送を行う国際海上貨物輸送網の拠点として、また国内海上貨物輸送網との結節点として高い機能を備えた港湾で、国際競争力の強化を重点的に図る必要がある港湾として政令で定めるもの。東京港・川崎港・横浜港・神戸港・大阪港の5港が指定されている。➡国際拠点港湾

こくさい-だいがく【国際大学】新潟県南魚沼市にある私立大学院大学。昭和57年(1982)の開設。日本の大学院大学のなかでは最も歴史が古い。

こくさい-たいがんれんごう【国際対がん連合｜国際対×癌連合】癌の研究・診断・治療・予防に関する知識の向上を目的として設立された民間組織。1993年結成。本部はスイスのジュネーブ。105か国から医療・教育・研究機関やNPOなど335組織が参加。癌の予防・患者支援など対癌運動を推進する。UICC(ラテ Unio Internationalis Contra Cancrum)。(補説)英語名は、International Union Against Cancer

こくさい-たいしゃく【国際貸借】国際間の貸借関係のこと。一定時点における一国の対外債権・債務の残高。

こくさい-ダイヤルつうわ【国際ダイヤル通話】国際間の電話網を通じて、国際電話のオペレーターを通さずに国内の電話で相手国の加入者をダイヤルで直接呼び出して通話すること。

こくさい-たんい【国際単位】《international unit》❶ビタミン・ホルモンなどの効力の測定を国際的に統一して示すときに用いられる単位。IU。❷実用に便利な単位を実験的に定め、これが国際的に認められた単位。国際実用温度目盛りなど。

こくさい-たんいけい【国際単位系】各種の単位系に分かれたメートル法の単位を整理し、基本単位・補助単位・組み立て単位、およびこれらの倍数・分数の単位を一つにまとめた単位系。1960年の国際度量衡総会で採択。メートル(長さ)・キログラム(質量)・秒(時間)・アンペア(電流)・ケルビン(温度)・カンデラ(光度)・モル(物質量)の七つを基本単位にとり、ラジアン(平面角)・ステラジアン(立体角)を補助単位とする。日本では平成4年(1992)以降、3〜7年の猶予期間を経て順次施行。SI(Système International d'Unités)。➡表

こくさいちあん-しえんぶたい【国際治安支援部隊】2001年12月に国連の安全保障理事会で採択された決議1386号に基づいて、アフガニスタンの治安維持・非合法武装集団の解体などを支援するために設立された軍隊。現在はNATO(北大西洋条約機構)が指揮する。ISAF(International Security Assistance Force)。

こくさい-ちえき【国際地役】他国の利益のために、条約によって自国領域の一部に課せられる特定の負担。他国軍隊の通行・駐留など。

こくさい-ちきゅうかんそくねん【国際地球観測年】《International Geophysical Year》気象・地磁気・極光と夜光・電離層・太陽活動・宇宙線・経緯度などの地球物理現象について、国際協力により全地球的観測が行われた年。国際極年から発展したもので、1957〜58年に実施。IGY。

こくさい-ちくけんれんめい【国際畜犬連盟】畜犬団体の国際組織。優れた健康・体力・能力を備えた純血種の犬の飼育・推進およびそのための情報交換を目的とし、343種の純血犬が登録されている。1911年にドイツ・フランスなど5か国で設立。86の国と地域が加盟(2012年7月現在)している。本部はベルギーのトゥアン。FCI(Fédération Cynologique Internationale)。

こくさい-ちゅうさいさいばんしょ【国際仲裁裁判所】国際的な仲裁裁判のための裁判所。国際司法裁判所以外の国際裁判所はこれに属する。常設仲裁裁判所など。

こくさい-ちょうてい【国際調停】第三者が紛争当事国間の主張の調和を図り、紛争を平和的に解決させようとする手続き。特に、国際調停委員会による調停をいう。

こくさい-つうか【国際通貨】国際間の取引の決済に広く用いられる通貨。米ドル・英ポンドなど。➡基軸通貨

こくさいつうか-かいぎ【国際通貨会議】❶1867〜1892年にかけてパリなどで4回開催された国際会議。欧州の主要国と米国が参加し金本位制の採用などについて協議した。❷►国際金融会議❷

こくさい-つうかききん【国際通貨基金】►アイ-エム-エフ(IMF)

こくさいつうかきんゆう-いいんかい【国際通貨金融委員会】►アイ-エム-エフ-シー(IMFC)

こくさい-てがた【国際手形】2国以上の間で流通する手形。日本で振り出し、英国で支払われる手形など。➡外国為替手形

こくさい-てき【国際的】〘形動〙その物事が多くの国と関係があったり、世界的な規模であったりするさま。「一な視野」

こくさい-デジタルパブリッシングフォーラム【国際デジタルパブリッシングフォーラム】《International Digital Publishing Forum》►アイ-ディー-ピー-エフ(IDPF)

こくさい-でんきつうしんれんごう【国際電気通信連合】►アイ-ティー-ユー(ITU)

こくさい-でんきひょうじゅんかいぎ【国際電気標準会議】►アイ-イー-シー(IEC)

こくさい-でんししゅっぱんフォーラム【国際電子出版フォーラム】《International Digital Publishing Forum》►アイ-ディー-ピー-エフ(IDPF)

こくさいでんしんでんわ-かぶしきがいしゃ【国際電信電話株式会社】第二次大戦後、国際通信の民営化に伴って昭和28年(1953)に設立された特殊会社。国際電報・国際電話や国際電信電話回線の専用賃貸などの業務を行った。平成10年(1998)ケイディディ株式会社となる。同12年、第二電電(DDI)・日本移動通信(IDO)と合併しKDDIとなる。KDD。

こくさい-でんせんびょう【国際伝染病】昭和52年(1977)に厚生省(現厚生労働省)が定義した、ラッサ熱・マールブルグ病・エボラ出血熱の3疾患。

現在これらの疾患は、感染症予防法の一類感染症、検疫法の検疫感染症に指定されている。

こくさい-てんもんがくれんごう【国際天文学連合】各国の天文学者間の情報交換や共同研究などを目的とした組織。本部はパリ。1919年に設立。複数の分科会・委員会を持ち、それぞれで銀河や恒星・惑星などに関する細分化されたテーマについて話し合われる。3年に一度、総会が開かれる。2006年には惑星の定義が採択され、冥王星を惑星の枠から外して新たに設けた「準惑星」に分類した。IAU(International Astronomical Union)。

こくさい-でんわ【国際電話】国と国との間に通じる有線または無線電話。1927年、ロンドン・ニューヨーク間に初めて通じた。

こくさいとうし-ポジション【国際投資ポジション】《International Investment Position》年末などの特定日における、ある経済圏(国や地域)の対外金融資産・負債の残高(ストック)を表す統計表。フローは国際収支統計の資本勘定(財務勘定)に示される。対外資産負債残高。IIP。➡国際収支マニュアル

こくさい-とし【国際都市】世界各国の人々の居留・往来などが多い都市。国際的な大都会。

こくさい-とっきょ【国際特許】ある発明の特許を複数の国に申請することをいう。審査は各国別に行われる。(補説)全世界で通用する特許というものではない。

こくさい-どりょうこういいんかい【国際度量衡委員会】1875年締結のメートル条約によって設置された、国際的な理事機関。度量衡の国際原器の保管、度量衡に関する研究・事業などの監督を任務とする。➡BIPM

こくさい-どりょうこうきょく【国際度量衡局】▶ビー-アイ-ピー-エム(BIPM)

こくさい-ねつかくゆうごうじっけんろ【国際熱核融合実験炉】▶イーター(ITER)

こくさい-ねん【国際年】国連総会で、共通テーマを定め、1年間を通じて各国がその問題についての啓蒙や対策を促進するための活動。1957年の「国際地球観測年」に始まる。

こくさい-のうぎょうかいはつききん【国際農業開発基金】▶イファド(IFAD)

こくさい-はくらんかい【国際博覧会】世界各国が文化と産業の成果を展示する国際的規模の博覧会。1851年ロンドンで開催されたのが最初。日本の初参加は1867年のパリ万国博で、幕府と薩摩藩が出品。国際博覧会条約による一般博・特別博の区分があったが、1988年に改定され登録博・認定博の区分となる。一般博・登録博のほうが大規模で、1970年に大阪で2005年に愛知で開催。万国博覧会。

こくさい-はんざい【国際犯罪】❶海賊行為・人身売買・麻薬取引など、諸国家が共同して鎮圧しようとする犯罪。❷犯人や犯罪行為が複数の国にまたがっている犯罪。❸侵略戦争その他の武力行為など国際社会に対する犯罪。

こくさい-ひ【国債費】国債の発行後にかかるすべての費用。利払いや償還費用、事務取扱費の合計。

こくさい-ひょうじゅん【国際標準】各国毎にまちまちである、製品の構造、性能や技術の規格を世界で統一した標準。国際標準化機構(ISO)などで各国が同意したデジュール(法的)スタンダードと市場競争の中で決着したデファクト(事実上の)スタンダードとがある。インターナショナルスタンダード。

こくさいひょうじゅんか-きこう【国際標準化機構】▶イソ(ISO)

こくさい-ひょうじゅんとしょばんごう【国際標準図書番号】▶アイ-エス-ビー-エヌ(ISBN)

こくさい-ふじんデー【国際婦人デー】婦人の政治的解放をめざす国際的な連帯行動の日。毎年3月8日。1910年の国際社会主義婦人会議で、ドイツのクララ=ツェトキンが提唱。日本では1923年(大正12)から行われている。婦人の日。

こくさい-ふじんねん【国際婦人年】国際年の一。1975年がそれに当てられ、婦人の地位を高め、男女差別撤廃をめざす運動が行われた。

こくさい-ぶたい【国際舞台】世界的な規模で活躍して人々の注目を集める場所や機会。国内だけでなく、何か国にもわたる活動の場。「―に躍り出る」「―で活躍する」「―での豊富な経験を生かす」

こくさい-ぶっきょうがくだいがくいんだいがく【国際仏教学大学院大学】東京都文京区にある私立大学院大学。平成8年(1996)に開設された。

こくさい-ふっこうかいはつぎんこう【国際復興開発銀行】▶アイ-ビー-アール-ディー(IBRD)

こくさい-ぶどうだいがく【国際武道大学】千葉県勝浦市にある私立大学。昭和59年(1984)に開学した。体育学部の単科大学。

こくさい-ぶん【告祭文】祭祀のときに、神前で読み上げる文。祭文。

こくさい-ぶんぎょう【国際分業】国と国との間の分業。先進国と開発途上国の間における工業製品と一次産品との垂直的国際分業と、先進国間における工業製品の水平的国際分業に分けられる。

こくさい-ふんそう【国際紛争】国家間に生じる紛争。

こくさいへいわきょうりょく-ほう【国際平和協力法】▶PKO協力法

こくさい-ペンクラブ【国際ペンクラブ】《International Association of Poets, Playwrights, Essayists, Editors and Novelists》文筆従事者の友好を通じて国際間の理解を深め、表現の自由を守ろうとする文化団体。1921年創立。本部はロンドン。PEN。

こくさい-ほう【国際法】国家間の合意に基づいて、国家間の関係を規律する法。条約と国際慣習法からなり、平時国際法と戦時国際法とに分けられる。国際公法。➡国内法

こくさい-ぼうえき【国際貿易】商品やサービスの国際的な取引。(類語)貿易・通商・交易・取引・互市・輸出入・外国貿易・トレード

こくさいぼうえき-けんしょう【国際貿易憲章】自由貿易に基づく世界経済の発展を目的とした国際協定。1948年、キューバのハバナで開かれた国連貿易雇用会議で採択・調印されたが、大多数の国が批准せず、未発効となった。内容の一部はGATTに引き継がれた。ハバナ憲章。

こくさい-ぼうさいせんりゃく【国際防災戦略】▶アイ-エス-ディー-アール(ISDR)

こくさい-ほうしゃせんぼうごいいんかい【国際放射線防護委員会】▶アイ-シー-アール-ピー(ICRP)

こくさい-ほうそう【国際放送】外国で受信されることを目的とする放送。日本では、昭和10年(1935)NHKによって開始された。海外放送。

こくさい-ほげいいいんかい【国際捕鯨委員会】国際捕鯨取締条約に基づいて設置された国際機関。捕鯨頭数の割り当て、漁期・漁場を設定する。1949年より毎年開催。日本は第3回(1951年)から参加。事務局は英国のケンブリッジ。1982年、商業捕鯨の全面禁止を決定した。IWC(International Whaling Commission)。

こくさい-ほげいとりしまりじょうやく【国際捕鯨取締条約】クジラ資源の保護を図り、捕鯨業の適正化のために、1946年にワシントンで調印された条約。国際捕鯨委員会の設置、取り締まりに関する事項の決定を主な内容とする。日本は1951年(昭和26)に加入。国際捕鯨条約。

こくさい-ほけんきそく【国際保健規則】感染症などによる国際的な健康危機に対応するために世界保健機関(WHO)が定めた規則。「国際交通に与える影響を最小限に抑えつつ、疾病の国際的伝播を最大限防止すること」を目的とする。1951年に国際衛生規則(ISR)として制定され、1969年に現在の名称に改められた。交通・流通の国際化に伴い、発生地での初期対応の遅れが世界的な被害拡大につながる危険性を増していることなどから、2005年に大幅に改正。対象をそれまでの黄熱・コレラ・ペストの3疾患から「原因を問わず、国際的に公衆衛生上の脅威となりうる、あらゆる健康被害事象」に拡大。自然に発生した感染症だけでなく、テロや不慮の事故で漏出した化学物質・放射性物質による疾病の集団発生なども対象となる。IHR(International health regulations)。

こくさい-ほごちょう【国際保護鳥】国際鳥類保護会議で、絶滅のおそれがあり、保護するように指定された鳥。アホウドリ・トキなど。

こくさい-ほごどうぶつ【国際保護動物】IUCN(国際自然保護連合)が、国際的に保護活動を強化する必要があるとしてレッドデータブックに記載した、絶滅の危機にある野生動物のこと。

こくさい-まやくとうせいいいんかい【国際麻薬統制委員会】▶アイ-エヌ-シー-ビー(INCB)

こくさい-みほんいち【国際見本市】各国の輸出向け商品の見本を展示し、宣伝や商談を行う催し。

こくさい-みんかんこうくうきかん【国際民間航空機関】▶イカオ(ICAO)

こくさい-みんかんこうくうじょうやく【国際民間航空条約】国際民間航空の規律を中心とする諸国家間の航空交通に関する条約。1919年のパリ国際条約に代わり、1944年シカゴで署名された。日本は1953年(昭和28)に加盟。シカゴ条約。国際航空条約。

こくさい-メートルげんき【国際メートル原器】▶メートル原器

こくさい-めん【国際面】新聞で、海外の記事が載っているページ。

こくさい-やきゅうれんめい【国際野球連盟】▶アイ-ビー-エー-エフ(IBAF)

こくさい-ゆうびん【国際郵便】外国あてに差し出す、また外国から到着する郵便。通常郵便・小包郵便・国際スピード郵便(EMS)に大別される。発送方法は航空便・エコノミー航空(SAL)便・船便の三つがある。外国郵便。

こくさい-ゆうびんかわせ【国際郵便為替】外国との間で交換される郵便為替。

こくさいよこメルカトル-ずほう【国際横メルカトル図法】▶ユニバーサル横メルカトル図法

こくさい-よぼうせっしゅしょうめいしょ【国際予防接種証明書】▶イエローカード❶

こくさい-ラグビーボード【国際ラグビーボード】▶アイ-アール-ビー(IRB)

こくさい-りゅうどうせい【国際流動性】輸入額ないしは為替支払額と、金・外貨・SDRなどの対外支払準備保有額との比率。一般には一国または世界全体の対外支払準備そのものをさす。

こくさい-れんごう【国際連合】《United Nations》第二次大戦後、国際平和と安全の維持、国際協力の達成のために設立された国際機構。国際連盟の欠点を補正し強化・発展させた組織で、国連憲章に基づき、1945年10月24日発足。本部はニューヨーク。総会・安全保障理事会・経済社会理事会・信託統治理事会・国際司法裁判所・事務局の六つの主要機関からなり、15の専門機関をもつ。日本は1956年(昭和31)に加盟。国連。ユノー。UN。(補説)国連の専門機関には、FAO(国連食糧農業機関)、ICAO(国際民間航空機関)、IFAD(国際農業開発基金)、ILO(国際労働機関)、IMF(国際通貨基金)、IMO(国際海事機関)、ITU(国際電気通信連合)、UNESCO(国連教育科学文化機関)、UNIDO(国連工業開発機関)、UPU(万国郵便連合)、WHO(世界保健機関)、WIPO(世界知的所有権機関)、WMO(世界気象機関)、世界銀行グループがある。

こくさいれんごう-あんぜんほしょうりじかい【国際連合安全保障理事会】▶安全保障理事会

こくさいれんごうあんぜんほしょうりじかい-け

つぎ【国際連合安全保障理事会決議】►安保理決議

こくさいれんごう-き【国際連合旗】►国連旗

こくさいれんごう-きょうかい【国際連合協会】►ユー-エヌ-エー(UNA)

こくさいれんごう-グローバルコンパクト【国際連合グローバルコンパクト】►国連グローバルコンパクト

こくさいれんごう-ぐん【国際連合軍】►国連軍

こくさいれんごう-けいざいしゃかいりじかい【国際連合経済社会理事会】►経済社会理事会

こくさいれんごう-けつぎ【国際連合決議】►国連決議

こくさいれんごう-けんしょう【国際連合憲章】►国連憲章

こくさいれんごう-じむきょく【国際連合事務局】►国連事務局

こくさいれんごう-じむそうちょう【国際連合事務総長】►国連事務総長

こくさいれんごう-じんけんりじかい【国際連合人権理事会】►ユー-エヌ-エッチ-アール-シー(UNHRC)

こくさいれんごう-しんたくとうちりじかい【国際連合信託統治理事会】►信託統治理事会

こくさいれんごう-そうかい【国際連合総会】►国連総会

こくさいれんごう-そうかいけつぎ【国際連合総会決議】►総会決議

こくさいれんごう-だいがく【国際連合大学】►国連大学

こくさいれんごう-へいわいじかつどう【国際連合平和維持活動】《United Nations Peacekeeping Operations》►ピー-ケー-オー(PKO)

こくさいれんごうへいわいじかつどう-きょうりょくほう【国際連合平和維持活動協力法】►PKO協力法

こくさいれんごう-へいわいじぐん【国際連合平和維持軍】《United Nations Peacekeeping Force》►ピー-ケー-エフ(PKF)

こくさいれんたい-ぜい【国際連帯税】国境を越える経済活動に課税し、地球規模の問題に取り組む資金に充てる、国際的な課税制度。革新的資金メカニズムの一。2005年のダボス会議で仏大統領シラクが提案。例えば、国際線の航空券に課税し、税収を国際的な医薬品購入機関であるUNITAIDに拠出する。この航空券連帯税は、フランス・チリ・コートジボワール・ニジェール・韓国などで導入されている。

こくさい-れんめい【国際連盟】《League of Nations》第一次大戦後、国際間の協力によって国際平和を維持するため、米国大統領ウィルソンの提唱によって1920年に設立された国際機関。本部をスイスのジュネーブに置いた。米国は当初から不参加、日本・ドイツ・イタリアの脱退、さらにソ連も除名されるなどして有名無実となり、1946年解散。

こくさい-ろうどうかいぎ【国際労働会議】《International Labor Conference》もと、国際連盟の規定に基づいて設置された国際労働機関の総会。毎年1回、加盟国の労働問題などについて評議する。国際労働総会。ILC。

こくさい-ろうどうきかん【国際労働機関】►アイ-エル-オー(ILO)

こくさいろうどうきかん-けんしょう【国際労働機関憲章】国際労働機関に関する基本的規約。国際労働憲章に代わり、1946年の国際労働機関総会で採択され、1948年発効。各国の労働立法に大きな影響を与えた。

こくさい-ろうどうくみあいれんごう【国際労働組合連合】►ダブリュー-シー-エル(WCL)

こくさい-ろうどうくみあいれんめい【国際労働組合連盟】《International Federation of Trade Unions》1913年に設立された国際的な労働組合組織。第二インターナショナルを支持し、プロフィンテルンと対立。45年、世界労連(WFTU)結成とともに解散。アムステルダム-インターナショナル。IFTU。

こくさい-ろうどうけんしょう【国際労働憲章】ベルサイユ条約の第13編にあたる国際労働規約。ILOの設置を定め、1日8時間の労働、週休制、児童労働の禁止、男女の同一労働同一賃金などの労働に関する一般原則を定める。1946年、国際労働機関憲章に引き継がれた。労働憲章。

こくさい-ろうどうしゃきょうかい【国際労働者協会】►第一インターナショナル

こくさい-ろうれん【国際労連】►ダブリュー-シー-エル(WCL)

こくさい-ロータリー【国際ロータリー】►アール-アイ(RI)

こくさい-ローミング【国際ローミング】►ローミング

こ-くさぎ【小臭木】ミカン科の落葉低木。山野に自生。葉はにおいがし、倒卵形でつやがある。雌雄異株。春、黄緑色の雄花・雌花が咲き、実は熟すと裂けて種子をはじき出す。

こく-さく【告×朔｜▽視告×朔】❶►こうさく(視告朔) ❷古代中国で、諸侯が天子から受けた新しい年の暦を祖先の廟に納め、毎月1日に羊を供えて廟に告げ、その月の暦を国内に施行したこと。

こく-さく【国策】国家の政策。

こくさく-えいが【国策映画】国の政策を宣伝するために作られた映画。

こくさく-がいしゃ【国策会社】主に満州事変後、第二次世界大戦終了までに、国策を推進するため、政府の援助・指導によって設立された半官半民の会社。

こくさく-そうさ【国策捜査】政府の意思や方針によって行われる刑事事件の捜査。

こくさく-の-きよう【告×朔の×餼羊】《魯の国で、告朔の意義が廃れて羊を供える儀礼の形式だけが残っていたので、子貢が形式だけのいけにえはやめるべきだと言ったとき、孔子が、告朔の儀式が全く滅びることを惜しんで反対したという「論語」八佾の故事から》古くからの習慣や年中行事は、害がなければ保存すべきだということのたとえ。また、実質がなくなり、形式ばかりが残っていることのたとえ。

コクサッキー-ウイルス〖Coxsackie virus〗米国のニューヨーク州コクサッキーで最初に分離された球状のウイルス。主に子供が感染し、風邪の症状にはじまり、髄膜炎や筋炎を起こす。

ごく-さり【五句去り】連歌・連句で、前出の句に用いられた語や事物などを次に用いるときは、5句以上隔てなければならないという決まり。

こく-さん【国産】❶自国で生産・産出すること。また、その産物。「一車」「一のウイスキー」❷その国の産物。「一多きは国の富じゃ」〈魯文・安愚楽鍋〉

こくさん-かいしょ【国産会所】江戸中期以降、諸藩が領内の特産物生産を奨励し、領外販売を行うために設けた機関。産物会所。

こく-さんし【国蚕糸】国内産の蚕の繭からとる糸。特に、農林水産省指定の蚕の品種のもの。

こく-し【告子】中国、戦国時代の思想家。一説に、名は不害。孟子と論争し、孟子の性善説に対し、人間の本性は善とも悪とも判別できず、導き方で善悪が定まるとした。生没年未詳。

こく-し【国士】❶国家のために身命をなげうって尽くす人物。憂国の士。❷その国で特にすぐれた人物。

こく-し【国子】❶昔、中国で、公卿・大夫の子弟。❷「国子監」の略。

こく-し【国司】❶律令制で、中央から派遣され、諸国の政務をつかさどった地方官。その役所を国衙といい、守・介・掾・目の四等官のほか、その下に史生などの職員がある。くにのつかさ。国宰。❷特に、国司の長官をいう。

こく-し【国史】❶一国の歴史。❷日本の歴史。日本史。

こく-し【国使】国家の命令により、代表として外国に派遣される者。

こく-し【国師】❶奈良時代の僧の職名。大宝令により、諸国に置かれ、僧尼の監督、経典の講義、国家の祈祷などに当たった。のちに講師と改称。❷天皇に仏法を説き伝える法師。❸禅宗をはじめ律宗・浄土宗の高僧に、朝廷から贈られた称号。「夢窓一」

こく-し【国詩】日本の詩歌。特に和歌。「互に又一国文の好にかわった」〈胆大小心録〉

こく-し【国試】「国家試験」の略。特に、医師国家試験・歯科医師国家試験・看護師国家試験など、医学に関連する分野で用いられる。

こく-し【国資】国家の所有する資産。国財。

こく-し【黒子】ほくろ。

こく-し【穀紙】楮紙の古名。〈和名抄〉

こく-し【酷使】〔名〕スル 手加減をしないで厳しく使うこと。こき使うこと。「自らの肉体を一する」
類語 行使・駆使・使役・人使い

こく-じ【告示】〔名〕スル 国家や地方公共団体などが、ある事項を公式に広く一般に知らせること。また、そのもの。一般に、官報または公報の掲載によって行われる。「内閣一」「選挙日程を一する」➡公示 補説
類語 公示・公告・宣告・発布・公布・布告・告知・宣布・触れ・広告

こく-じ【告辞】あらたまって告げ知らせる言葉。「卒業式の一」

こく-じ【刻字】〔名〕スル 文字をきざみつけること。また、その文字。

こく-じ【国字】❶その国の言語を表記するものとして通用もしくは正式に認可されている文字。❷漢字に対して仮名をいう。❸漢字の字体にならって日本で作られた文字。ふつう訓だけで音読みがない。「峠」「辻」「躾」の類。類語 漢字・真名・本字・親字・俗字

こく-じ【国事】国家に直接関係する事柄。特に、政治にかかわる事柄。「一に携わる」「一に奔走する」
類語 政治・政・行政・施政・政策・国政・政事・政道・万機・経世・経国・経綸・治国・治世・統治・治政・為政

こく-じ【国璽】国家の表象として用いる印。日本のものは、明治4年(1871)に制定された約9センチ四方の金印で、「大日本国璽」と刻してある。現在は勲記だけに用いる。類語 官印・実印・認め印・私印・公印・印璽

こく-じ【酷似】〔名〕スル 非常によく似ていること。そっくりなこと。「写真で見た人物に一している」類語 類似・共通・相似・近似・似たり寄ったり・類縁・髣髴・似る・瓜二つ・そっくり・生き写し・そのまま・似通う

ごく-し【獄司】牢獄の役人。牢役人。

ごく-し【獄死】〔名〕スル 牢獄の中で死ぬこと。牢死。「服役中に一する」類語 牢死・刑死

こくじ-かい【国字解】漢籍をわかりやすく国語で解釈すること。また、その書物。

こくし-がく【国子学】中国、晋の武帝が貴族の子弟や英才のために設立した教育機関。隋代に教育行政も兼ねてつかさどり、国子監と改称した。国学。

こくし-かん【国子監】❶中国で隋以後、貴族の子弟や世間の秀才を教育した国家経営の学校。また、その学校を管理した教育行政官庁。晋代の国子学にあたる。❷大学寮の唐名。

こくしかん-だいがく【国士舘大学】東京都世田谷区に本部のある私立大学。大正6年(1917)創設の私塾、国士舘を母体として昭和33年(1958)に設立。体育学部があり、スポーツ界に多くの人材を輩出する。

こくし-きそほう【黒色素胞】動物の色素細胞で、細胞質内にメラニン顆粒を多数含んでいるもの。魚類・両生類・爬虫類などの真皮にあり、体色変化に関係。メラノフォアともいい、鳥類・哺乳類のものをメラノサイトとよんで区別することがある。

こくし-ごう【国師号】国師の称号。

こくじ-こうい【国事行為】日本国憲法の定めるところにより、天皇が内閣の助言と承認によって行う

国事に関する形式的・儀礼的な行為。法律などの公布、国会の召集、衆議院の解散、国務大臣の任免の認証、栄典の授与など。➡公的行為

こくし-さいしゅ【国子祭酒】《「祭酒」は、神に酒を供える長老の意》❶国子監の長官。❷大学頭の唐名。

コクシジウム-しょう【コクシジウム症】《coccidiosis》胞子虫綱に属する原虫の一群であるコクシジウム(coccidium)によって、牛・馬・犬・猫などの家畜に下痢や栄養障害をひき起こす伝染病。

こくじ-しょうしょ【国璽尚書】《Lord Privy Seal》英国で、国璽を保管する大臣。

こくしたいけい【国史大系】六国史以下の基本的な歴史文献を集めて校訂した叢書。旧版は田口卯吉編で、正編17冊・続編15冊。明治30〜37年(1897〜1904)刊。新版は黒板勝美編で、66冊。昭和4〜39年(1929〜64)刊。

こく-しつ【×梏×桎】「桎梏」に同じ。

こく-しつ【黒漆】❶黒色のうるし。また、それを塗ったもの。❷まっ黒で、つやがあること。漆黒。「―の髪」

こく-しつ【黒質】大脳基底核を構成する神経核の一。緻密部と網様部がある。緻密部は線条体にドーパミンを送り興奮を抑制する。網様部は淡蒼球内節と同様に、線条体や淡蒼球外節から抑制性の入力、および視床下核から興奮性の入力を受け、視床へ抑制性の出力を行う。

こくしつ-の-たち【黒漆の太刀】柄・鞘から金具に至るまで、すべて黒漆塗りにした太刀。武家や寺院の僧兵たちに多く用いられた。

こくじ-はん【国事犯】国の政治上の秩序を侵害する犯罪。内乱罪や政治的騒乱罪などがこれにあたる。政治犯。

こくし-びょう【黒死病】《死体が、皮下出血で黒いあざだらけになるところから》ペストのこと。

こくし-むそう【国士無双】❶国士の中で並ぶ者もない人物。天下第一の人物。❷マージャンの役満貫の一。一と九の数牌と字牌を各1個ずつ計13牌をそろえ、そのうち一種類だけが2個になるようにそろえたもの。十三么九。

こくじ-もんだい【国字問題】一国内の文字またはその字体などをどのように定めるかの問題。特に、日本の常用文字をどのように定めるかの問題。漢字廃止論・漢字制限論・常用漢字論・字体改革論・ローマ字専用論・仮名専用論など、国語問題を文字の上から取り上げたもの。

こく-しゃ【国社】❶「国幣社」の略。❷「国つ社」を音読みにした語。

ごく-しゃ【獄舎】罪人を閉じ込めておく所。また、その建物。牢獄。「―につながれる」

こくしゃ-でん【国写田】平安時代、職写田に準じて諸国に設けられた不輸租田。調物を納めず、計帳の申告がない戸の田を没収して公用に充てた。

こく-しゅ【国手】❶《国を医する名手の意》名医。また、医師を敬っていう語。❷囲碁の名人。

こく-しゅ【国主】❶一国の君主。国王。天子。❷「国主大名」の略。

こく-しゅ【国守】❶国司の長官。くにのかみ。❷「国主大名」に同じ。

こく-じゅ【国樹】その国を代表するものとされている樹木。日本の桜、カナダのサトウカエデなど。

こく-しゅう【刻舟】《舟から剣を落とした人が、舟が動くことを考えずに舟端に目印を刻みつけて水中の剣を捜したという「呂氏春秋」察今の故事から》時勢の移り変わりに気が付かないことのたとえ。

こく-しゅう【国×讐】国のかたきであるもの。

ごく-しゅう【獄囚】牢獄に入れられている人。囚人。

ごく-じゅう【極重】きわめて重いこと。

ごくじゅう-あくにん【極重悪人】この上もない悪人。極悪人。「上人は遁に、此の―をも捨てなかった」〈菊池寛・恩讐の彼方に〉

こく-しゅく【穀×菽】穀類と豆類。

こくしゅ-だいみょう【国主大名】江戸時代、一国以上を領有する大名。くにもち。国守。

こく-しょ【国初】国が成立したはじめ。

こく-しょ【国書】❶元首がその国の名をもって発する外交文書。❷漢籍・仏典・洋書などに対して、日本で著述された書物。和書。

こく-しょ【酷暑】ひどく暑いこと。真夏の厳しい暑さ。「一身を焼くばかり」(季 夏)⇔酷寒。
(類語)猛暑・暑気・暑さ・極暑・激暑・厳暑・炎暑・大暑・暑熱・炎熱・酷熱・温気・向暑・残暑

ごく-しょ【極暑】きわめて暑いこと。夏の暑さの盛り。(季 夏)「蓋あけし如く―の来りけり/立子」⇔極寒。
(類語)猛暑・暑気・酷暑・暑さ・激暑・厳暑・炎暑・大暑・暑熱・炎熱・酷熱・温気・向暑・残暑

ごく-しょ【獄所】囚人をとじ込めておく所。牢屋。牢獄。

こく-しょう【国章】その国の象徴となる徽章・紋章。日本では、法的には制定されていないが、菊花紋などがこれに準じた扱いを受ける。

こく-しょう【国掌】平安時代、国司の下で、記録・雑務を担当した下級役人。

こく-しょう【濃×漿】魚や野菜などを煮込んだ濃い味噌汁。鯉こくなど。

こく-じょう【国情┊国状】国の政治・経済・文化などの状況。「―を視察する」「―不安」

ごく-しょう【極小】〔名・形動〕きわめて小さいこと。また、そのさま。きょくしょう。「―未熟児」

ごく-しょう【極▽聖】《至高の境地に達した聖者の意》仏陀のこと。

ごく-じょう【極上】〔名・形動〕きわめて上等なこと。また、そのさまやもの。「―のワイン」(類語)最上・特上

ごく-じょう【獄定】入獄と決定すること。「神輿射奉りし武士六人―せらる」〈平家・一〉

こくしょう-がん【黒障眼】➤黒内障

こくしょう-じ【国清寺】静岡県伊豆の国市にある臨済宗円覚寺派の寺。山号は天長山。初め奈古屋寺と称し律宗。14世紀中ごろ、上杉憲顕が無礙妙謙を開山として臨済宗に改める。

こくじょう-じ【国上寺】新潟県燕市にある真言宗豊山派の寺。山号は雲高山。8世紀初頭の創建と伝える。もと弥彦神社の別当寺であった。境内に良寛が住んだ五合庵がある。

こくじょう-じごく【黒縄地獄】八大地獄の第二。殺生と偸盗を犯した者が落ちる所。熱鉄の縄で縛られ、熱鉄の斧で切り裂かれるという。

ごくしょう-みじゅくじ【極小未熟児】➤極低出生体重児

こくしょかいだい【国書解題】解題書。佐村八郎編。明治30〜33年(1897〜1900)刊。古代から慶応3年(1867)までの日本の書物約2万5000部を、五十音順に配列して解説したもの。

こく-しょく【国色】❶その国で一番の容色。絶世の美女。「お春は固より天然の―なるが」〈鉄腸・花間鶯〉❷牡丹の別名。

こく-しょく【黒色】黒い色。(類語)黒・漆黒・真っ黒

こく-しょく【穀食】穀物を常食とすること。

こく-じょく【国辱】国のはじ。国の面目にかかわる恥辱。国恥。「一的行為」

こくしょく-かやく【黒色火薬】硝石を約75パーセント、硫黄を約10パーセント、木炭を約15パーセント混合した火薬。爆発力が弱く煙が多いので、現在では花火に用いる。

こくしょく-じんしゅ【黒色人種】皮膚の色で分類した人類区分の一つで、黄褐色・黒色の皮膚をもつ人の総称。➡ニグロイド

こくしょく-ど【黒色土】➤チェルノーゼム

こくしょく-わいせい【黒色×矮星】太陽と同程度の質量を持つ恒星の、最終的な形態。核融合を終えて白色矮星となった恒星が、きわめて長い時間をかけて余熱や光を失ったもので、光学的な方法などでは観測できない。現在の宇宙には、この状態にまで至った天体はないとされる。

こくしりゃく【国史略】江戸後期の歴史書。5巻。巌垣松苗著。文政9年(1826)刊。神代から天正16年(1588)後陽成天皇の聚楽第行幸に至るまでを、漢文による編年体で述べたもの。

こく-しん【告身】➤位記

こく-じん【国人】❶一国の人民。その国の人。国民。❷国衙領の住民のうち、特に有力名主層の称。中世では幕府の支配に抗して地方で小規模な領主制を形成した地頭・荘官・有力名主の総称。郡ないし一国規模で行動し、状況に応じて守護の被官となったり、守護排斥運動の中心ともなった。国衆との実質的な違いはは っきりしない。

こく-じん【黒人】黒色人種に属する人。

ごく-しん【極信】〔名・形動ナリ〕❶きわめて信心深いこと。また、そのさま。「殊に提婆品をば―に読まれけり」〈盛衰記・四三〉❷まじめでつつしみ深いこと。控えめで素直なこと。また、そのさま。「歌は―に読まば、道は違ふまじきなり」〈正徹物語〉

こくじん-いっき【国人一×揆】中世、国人・国衆らの地域的な連合組織。特定の目的のために結束し、内部規律を保つために一揆契状を作成した。その目的は多様で、国一揆との関係についても諸説がある。

こくじん-れいか【黒人霊歌】アフリカ系アメリカ人の宗教歌。「旧約聖書」にちなんだ歌詞が多く、奴隷制に縛られた生活を反映。シンコペーションの多いリズムや五音音階などが特徴。ブラックスピリチュアルズ。

こ-くず【木×屑】木の切りくず。きくず。

こく-すい【国粋】その国の国民性または国土の特徴となる長所や美点。

ごく-ずい【極髄】❶物の中心となる部分。物事の主要部分。❷この上なくはなはだしいこと。至極。ごく。「一の馬鹿大門でどなた様」〈柳多留・一二九〉

こくすい-しゅぎ【国粋主義】自国の歴史・政治・文化などが他国よりもすぐれているとして、それを守り発展させようとする主張・立場。

こくすい-ねつ【黒水熱】マラリア患者に起こる急性の赤血球崩壊症。高熱・頭痛・嘔吐・下痢・黄疸を起こし、黒褐色の尿が出る。

ごくすい-の-えん【▽曲水の宴】➤きょくすいのえん(曲水の宴)

こくすう-せん【石数船】大きさを石数で言い表した船。五百石船・千石船など。大きさをトン数で表示する西洋型船に対して、旧来の和船をいったもの。

こ-ぐすり【粉薬】「こなぐすり」に同じ。「薬局で、一の儘含嗽剤を受取って」〈漱石・門〉

ごく-ずり【極×摺り】六分板・四分板などの両縁をのこぎりびきにした上等の板。

こく・する【克する┊×剋する】〔動サ変〕文こく・す〔サ変〕❶五行の運行で、相克する。また、二つのものが対立して互いに争う。「両性の相―・するような家庭は」〈藤村・新生〉❷負かす。しのぐ。「良人を―・する腕前にかけては」〈獅子文六・自由学校〉

こく・する【刻する】〔動サ変〕文こく・す〔サ変〕❶刃物などで石や木に彫りつける。きざみつける。「石碑に名を―・する」❷区切りをつける。区切る。きざむ。「分秒を―・する音」〈織田訳・花柳春話〉❸本を書き記す。また、出版する。「倭名鈔箋註が印刷局に於て―・せられ」〈鴎外・渋江抽斎〉

こく・する【×哭する】〔動サ変〕文こく・す〔サ変〕大声を上げて泣く。慟哭する。「異郷に去って、激しい自分の運命を―・したいと思う」〈藤村・新生〉
(類語)泣く・涙する・嗟く・啜り上げる・噦り上げる・咳き上げる・落涙する・流涕する・涕泣する・歔欷する・嗚咽する・号泣する・号哭する・涙に暮れる・涙に沈む・涙に噎ぶ・袖を絞る

こく-ぜ【国是】国民が認めた、一国の政治の基本的な方針。「中立と平和をもって―とする」

こく-せい【国姓】中国で、時の帝王の姓。漢の劉、唐の李など。

こく-せい【国政】国の政治。立法・司法・行政のすべてを含む。日本国憲法上、天皇は国政に関する権

能を持たない。「一に参与する」(類語)内政・政治・政・行政・施政・政策・国事・政事・政道・万機・経世・経国・経綸・治国・治世・統治・治政・為政
こく-せい【国勢】国の勢い。国の人口・産業・資源などの総合的な状態。
こく-せい【×哭声】泣き叫ぶ声。「遥に啾々たる婦人の一あり」〈竜渓・経国美談〉
こく-ぜい【国税】国が賦課・徴収する租税。所得税・法人税・相続税などの直接税と、酒税などの間接税とがある。➡地方税
こく-ぜい【酷税】苛酷な税。重い租税。重税。(類語)重税・血税・苛税
ごく-せい【極製】きわめて上等な作り方。また、その製品。
こくぜい-きょく【国税局】国税庁の地方支分部局。税務行政の地方拠点として、税務署の指導・監督、大規模法人等の税務調査、査察、税理士試験の事務などを行う。
こくせい-じ【国清寺】中国浙江省の天台山にある寺。天台宗の総本山。隋の天台大師智顗の遺言で建てた天台山寺を改名。日本の最澄が学び、また寒山・拾得が住したことで知られる。
こくせい-せんきょ【国政選挙】国政に関連する選挙。国会議員を選出する選挙。日本における衆議院議員総選挙と参議院議員通常選挙の総称。➡地方選挙
こくぜいたいのう-しょぶん【国税滞納処分】国税が納期限までに完納されない場合、国税債権の強制的実現を図るために行う行政処分。滞納者の財産を差し押さえ、これを公売に付して未納税金額・延滞金・督促手数料に充当する。
こくぜい-ちょう【国税庁】財務省の外局。内国税の賦課・徴収、酒類の製造・販売の免許ならびに監督等を主な業務とする。
こくせい-ちょうさ【国勢調査】国が行政の基礎資料を得るために、人口およびそれに関連する諸種の事項について、全国一斉に行う調査。日本では、10年ごとに行われるが、その間5年ごとに簡易調査が行われる。第1回の調査は大正9年(1920)に実施。センサス。
こくせい-ちょうさけん【国政調査権】国会が有する立法権および行政監督の権限を有効に行使するため、国会が自ら国政に関して調査を行う権能。衆参両議院はそれぞれ、証人の出頭・証言および記録の提出を要求することができる。
こくぜい-ちょうしゅうほう【国税徴収法】国税の徴収に関する基本法。国税滞納処分の手続き、および国税債権と他の債権との調整などを定め、地方税の徴収についても準用される。昭和35年(1960)施行。
こくぜい-つうそくほう【国税通則法】国税に関する基本的事項および共通的事項について定めている法律。昭和37年(1962)施行。
こくぜいでんししんこくのうぜい-システム【国税電子申告・納税システム】➡イータックス(e-Tax)
こく-せき【刻石】石に文字・絵などをきざみつけること。また、その石。
こく-せき【国籍】❶国家の所属員としての資格。「一を取得する」「二重一」❷航空機・船舶などが一定の国に所属する資格。「一不明の潜水艦」(類語)戸籍・籍・本籍・原籍
こくせき-さいばんかん【国籍裁判官】国際司法裁判所に付託された紛争を処理する法廷に臨時に出席することを認められる、紛争当事国の国籍を有する裁判官。
こくせき-じ【黒石寺】岩手県奥州市水沢区黒石町にある天台宗の寺。山号は妙見山。天平元年(729)行基の開創と伝える。江戸時代は仙台藩主伊達氏の祈願所。くろいしでら。
こくせき-の-かいふく【国籍の回復】➡再帰化
こくせき-の-ていしょく【国籍の抵触】一人の人が同時に2か国以上の国籍を持ったり、どこの国籍をも持たなかったりすること。前者を国籍の積極的抵触または重国籍、後者を国籍の消極的抵触または無国籍という。国籍の衝突。
こくせき-ほう【国籍法】日本の国籍の取得および喪失に関して規定している法律。明治32年(1899)公布、昭和25年(1950)全面改正。
こくせき-りだつ【国籍離脱】自己の意思により国籍を離れること。
こく-ぜに【石銭】「こくせん(石銭)」に同じ。
こく-せん【石銭】江戸時代、浦賀・大坂・長崎などで、入港する廻船に課す税。積み荷の数量にかかわらず、その船の石数に応じて徴収した。こくぜに。
こく-せん【国宣】国司や知行国主がその所領内に公布する文書。「いかでか一をば背き申さん」〈今昔・一六・一八〉
こく-せん【国選】国家がえらぶこと。官選。
こく-セン【国セン】「国民生活センター」の略称。
こくせん-べんごにん【国選弁護人】逮捕・勾留中の被疑者や刑事被告人が貧困などの理由で弁護人を選任できない場合に、被告人の請求または職権により裁判所が選任する弁護人。もと、官選弁護人といった。➡私選弁護人 ➡被疑者国選弁護制度
こくせん-や【国姓爺】㊀➡ていせいこう(鄭成功) ㊁(「国性爺」と書く)浄瑠璃「国性爺合戦」の主人公。明朝再興のために戦った鄭成功がモデル。和藤内。
こくせんやかっせん【国性爺合戦】浄瑠璃。時代物。五段。近松門左衛門作。正徳5年(1715)大坂竹本座初演。鄭成功の英雄譚に材をとったもので、日本・中国を舞台にした構想雄大な作品。
こ-くそ【木×屎|刻×苧】木の粉や繊維くずなどを漆にまぜたもの。漆塗りの素地の合わせ目・損傷部などを埋めるために用い、また乾漆像などの細部の肉付けにも用いる。
こく-そ【告訴】[名](スル) 犯罪の被害者、およびそれに準じる者などが、捜査機関に犯罪事実を申告し、犯人の訴追を求めること。「名誉毀損で一する」➡告発 (類語)告発・訴える・申し立てる・提訴・訴訟・上訴・控訴・抗告・上告・反訴
こく-そ【国訴】江戸時代、農民の合法的な訴願闘争。主に畿内において、闘争の参加者が郡・国もしくはこれを越えた規模にまで拡大したものをいう。化政期(1804〜1830)以降、幕末にかけて頻発した。くにそ。
こく-そ【国礎】国の基礎。国家の土台。国基。
こ-くそ【▽蚕×糞】《「こぐそ」とも》カイコのふん。
こく-そう【国喪】国民全体が服する喪。
こく-そう【国葬】国家に功労のあった人の死去に際し、国家の儀式として国費で行う葬儀。
こく-そう【穀倉】❶穀物を蓄えておくくら。こくぐら。❷穀物を多く産出する地域。
こく-ぞう【国造】➡くにのみやつこ(国造)
こく-ぞう【穀象】「穀象虫」の略。(季 夏)「一のゐる米すこし踏み通る/誓子」
ごく-そう【獄窓】牢獄の窓。また、牢獄の中。獄中。
こくそう-いん【穀倉院】平安時代、京都にあった朝廷の穀物倉庫。畿内諸国の調銭や、無主の位田・職田・没官田などの米穀を納めておいて、年間の供応の食料、貧民救済、学問料に充てた。
こく-そう-けん【国総研】「国土技術政策総合研究所」の略称。
こくそう-しき【穀草式】農地をいくつかに区画し、穀物栽培と牧草作りとを数年ごとに交替で行う作付け方式。中世ヨーロッパで行われた。
こくそう-ちたい【穀倉地帯】穀物が多量に産出される地方。
こくぞう-でん【国造田】奈良・平安時代、国造に支給された田地。
こくぞう-むし【穀象虫】甲虫目オサゾウムシ科の昆虫。体長約3ミリ。成虫は黒褐色または赤褐色でつやがあり、頭部に象の鼻のように突き出た吻がある。卵は穀粒内に産みつけられ、幼虫はこれを食って育つ。世界各地に分布。こめくいむし。こめむし。(季 夏)
こく-そく【×觳×觫】[ト・タル][文][形動タリ]びくびくするさま。死を恐れるさま。「一たる畜類の歩みなどを見ては」〈露伴・連環記〉
こく-ぞく【国俗】国の風俗・習慣。国風。
こく-ぞく【国賊】国の利益を害する者。国家に害を与える者。
こ-ぐそく【小具足】❶鎧の付属具の称。籠手・臑当・脇楯など。❷鎧下の装束に❶だけを着用して、鎧をつけない姿。小具足出装。
ごく-そく【獄則】監獄内の規則。
ご-ぐそく【五具足】仏前に供える、華瓶一対、ろうそく立て一対、香炉一基の五つの仏具。五器。
こくそ-じょう【告訴状】告訴人から提出される告訴の書面。
ごく-そつ【獄卒】❶牢獄で、囚人を取り締まる下級役人。獄丁。❷地獄で死者を責めるという悪鬼。❸義理や人情を解さない人をののしっていう語。「やい、天罰知らぬ一め」〈浄・布引滝〉
こくそ-にん【告訴人】告訴する人。告訴する権利を有する者としては、被害者以外に、被害者の法定代理人・親族などがある。
こく-たい【国体】❶国家の状態。くにがら。❷国のあり方。国家の根本体制。「一を護持する」❸主権の所在によって区別される国家の形態。君主制・共和制など。❹「国民体育大会」の略。
こく-たい【国対】「国会対策委員会」の略。
こく-たい【黒体】すべての波長の放射を完全に吸収する仮想の物体。白金黒などがこれに近い。熱放射のエネルギー測定の基準体としてキルヒホッフが導入。
こく-だい【石代】「石代納」に同じ。
こく-だい【国内】➡こくない(国内)
ごく-だい【極大】[名・形動]きわめて大きいこと。また、そのさま。きょくだい。
こくたい-じ【国泰寺】㊀富山県高岡市にある臨済宗国泰寺派の本山。山号は摩頂山。嘉暦2年(1327)後醍醐天皇から勅額を受けて慈雲妙意が開山。天文15年(1546)現在地に移転。㊁北海道釧路総合振興局厚岸郡厚岸町にある臨済宗南禅寺派の寺。山号は景雲山。開創は享和2年(1802)、開山は文翁知政。北方の鎮撫を目的に創建。蝦夷三官寺の一。
こくたい-せいじ【国対政治】議場での公式の論議によるのではなく、与野党の国会対策委員会(国対)の関係者を中心とした密室での話し合いによって国会が運営されるような政治形態をいう。
こく-だいのう【石代納】江戸時代、年貢を米で納める代わりに貨幣で納めること。石代。
こくたいのほんぎ【国体の本義】昭和12年(1937)文部省が天皇中心の国体護持の立場から編集・発行した国民教化用の出版物。
こくたい-ふくしゃ【黒体×輻射】➡黒体放射
こくたい-ほうしゃ【黒体放射】一定の温度に保たれ熱平衡状態にある黒体が発する放射。十分に厚く外部からの放射を通さない壁で囲まれた空洞にごく小さな穴を開け、その内部から放出される熱放射を空洞放射といい、黒体放射とみなすことができる。黒体輻射。
こくたいめいちょう-もんだい【国体明徴問題】昭和10年(1935)国会議員や軍部・右翼が美濃部達吉の天皇機関説を国体に反するとして攻撃した事件。政府は美濃部の著書3冊を発禁にし、国体明徴声明を出した。
こく-だか【石高】❶収穫した米穀の数量。❷太閤検地以降、土地生産高を米の量に換算して表示したもの。石盛を基準に確定され、村高や大名・武士の知行高も石高で表示された。
こく-だち【穀断ち】[名](スル) 修行または立願成就のため、ある期間、穀類を食べないで生活すること。
こく-たつ【告達】[名](スル) 役所から民間へ、また、上位者から下位者へ告げ知らせること。また、その内

容。「監督官庁から—する」
こくだつじりゃく【黒韃事略】中国の雑書。1巻。宋の彭大雅・徐霆の撰。1237年成立。モンゴル帝国創成期の事情・制度・風俗などを記す。
こ-くたに【古九谷】江戸時代、明暦(1655〜1658)から元禄(1688〜1704)にかけて加賀国九谷で焼かれたとされる磁器。➡九谷焼
ご-くだら【後百済】新羅末期、892年に甄萱が建てた国。都は完山(全州)。936年、高麗の王建に滅ぼされた。ごひゃくさい。
こく-たん【黒炭】▶瀝青炭
こく-たん【黒×檀】❶カキノキ科の常緑高木。葉は楕円形。雄花は短い柄に群生し、雌花は葉の付け根に単生する。東南アジアの原産で、材は黒色で堅く光沢があり、家具などに珍重される。烏木。烏文木。❷❶の木材の色。赤みがかった黒色。
ごくたんしゅうき-じしんどう【極短周期地震動】周期が0.5秒以下の地震動。屋内の家具や物などが共振しやすく、人が強い揺れを感じる。➡短周期地震動
こくたんじゅう-しつ【黒胆汁質】ヒポクラテスの体液説によって分類した四気質類型の一。心配性で陰気な気質。憂鬱質。
こく-ち【告知】〔名〕スル ❶告げ知らせること。通知すること。「癌を—する」「—広告」❷当事者の一方の意思表示によって、賃貸借・雇用・委任などの継続的契約を終了させ、将来に向かって効力を消滅させること。解約の申し入れ。➡解除 (類語)告示・公示・公告・宣告・発布・公布・布告・宣布・触れ・案内・連絡・知らせ・通告・通達・通牒・報・インフォメーション
こく-ち【国恥】国が受けたはずかしめ。また、国のはじ。国辱。
こ-ぐち【小口】❶切った所。切断面。切り口。❷書物の、背の部分を除いた三方の辺。上辺の天、下辺の地、背の反対側の前小口のこと。また、特に前小口をいう。❸事の始まり。端緒。いとぐち。「話の—」❹扱う金額・数量の少ないこと。「—の預金」⇔大口。❺「虎口」に同じ。❻「小口袴」の略。
(類語)切れ目・分け目・裂け目・切れ口・割れ目・継ぎ目・節目・ひび割れ・ひび・亀裂・ミシン目
小口を利・く　利口ぶったことを言う。多少弁舌の才がある。「この商売屋の亭主とみえて、少し小口でも利かうといふ男」〈滑・膝栗毛・六〉
こ-ぐち【木口】木材を横に切ったその切断面。また、木材の端。きぐち。
こ-ぐち【虎口】❶城郭や陣営などの最も要所にある出入り口。小口。「一人も助けてやらじものをと、—に立ってぞ待ちかけたる」〈謡・烏帽子折〉❷合戦などで、最も重要な局面。また、極めて危険な戦い。〈日葡〉
こぐち-あつかい【小口扱い】貨物輸送で、専用の車両を必要としない程度の少量の荷物の運送。
こぐち-あり【木口×蟻】一方の木材の端を蟻差しとして、他方の木材に固定する仕口。主に土台の隅に用いる。
こぐち-がき【小口書(き)】和装本の上または下の小口に、書名・巻数などを書きつけること。また、その書いたもの。
こくち-きねんび【国恥記念日】外国から恥辱を受けたとしてこれを記念する日。特に中国で、1915年の日本の対華二十一箇条要求を承認した5月9日。
こくち-ぎむ【告知義務】保険契約者または被保険者が保険契約の締結の際、保険者に重要な事実を告げなければならない義務。また、不実の事を告げてはいけない義務。
こぐち-ぎり【小口切り】物の端を少し切ること。また、長い物を端から順々に切っていくこと。「大根を—にする」
こぐち-づみ【小口積み】煉瓦や切り石などを積むとき、切り口が見えるように積むこと。
こぐち-ばかま【小口×袴】裾にくくりひものついた袴。天皇が蹴鞠のときなどに着用した。
こぐち-ぼり【木口彫(り)】木口を版面とした版木に彫刻すること。また、その木版。➡板目彫り
こぐち-もくはん【木口木版】木口に彫刻した凹版。また、その印刷物。版木としてツゲなどを使う。濃淡や諧調が表現できる。西洋木版。➡板目木版
ごく-ちゅう【獄中】牢獄のなか。獄内。
ごくちゅうき【獄中記】《原題、ラテン De Profundis 深淵よりの意》オスカー＝ワイルドの獄中手記。1905年刊。男色事件のため投獄された著者が悲哀の美しさ、キリスト受難の意味などを述べたもの。
こく-ちょ【国×儲】❶君主・諸侯の跡継ぎ。❷奈良・平安時代、臨時の用に備えて、正税の中から割いて諸国に蓄えておいた官稲。
こく-ちょう【告×牒】▶度牒
こく-ちょう【刻彫】《「こくぎょう」とも》ほりきざむこと。彫刻。〈日葡〉
こく-ちょう【国鳥】国を代表するものとして選ばれた鳥。日本ではキジ。
こく-ちょう【黒鳥】カモ科の鳥。全長約1.2メートル。体形はハクチョウに似るが、全身黒色で、くちばしは紅色。オーストラリアの原産。(季 冬)
こくちょう【黒潮】徳冨蘆花の小説。明治36年(1903)刊。藩閥政治に反抗する旧幕臣を主人公に、当時の上流社会の腐敗と堕落とを描く。未完。
ごく-ちょうたんぱ【極超短波】▶きょくちょうたんぱ(極超短波)
ごく-づき【極月】「ごくげつ(極月)」に同じ。
こく-づけ【刻付け】時刻を指定すること。刻限付け。「都に—の早飛脚を立て」〈浮・伝来記・一〉
ごくっ-と〔副〕液体や、錠剤などの小さな固形物を一気に飲み込むさま。ごくりと。「—生つばを飲む」
こく-つぶ【穀粒】穀物の粒。
ごく-つぶし【×穀潰し】定職もなくぶらぶら遊び暮らす者。無為徒食の者をののしっていう語。五穀潰し。
ごく-づめ【極詰(め)】宇治産の最上の抹茶。濃茶に用いる。極上。
こく-てい【国定】国家が制定すること。
ごく-てい【獄丁】「獄卒❶」に同じ。
こくてい-きょうかしょ【国定教科書】国の機関(文部省)が著作した教科書。明治36年(1903)小学校教科書国定制度が確立、昭和18年(1943)中等学校・師範学校も国定制となったが、同22年(1947)検定制に移行。➡教科書検定制度
こくてい-こうえん【国定公園】国立公園に準じる景勝地として環境大臣が指定し、所在の都道府県が管理する公園。
ごくていしゅっせいたいじゅう-じ【極低出生体重児】出生時の体重が1500グラム未満の低出生体重児。極小未熟児。VLBWI(very low birth weight infant)。
コクテール〖cocktail〗▶カクテル
こく-てつ【国鉄】「国有鉄道」また、特に「日本国有鉄道」の略。
こくてつ-せいさんじぎょうだん【国鉄清算事業団】「日本国有鉄道清算事業団」の略称。
こく-てん【国典】❶国家の法典。国法。❷国家の儀式。❸日本の典籍。国書。
こく-てん【黒点】太陽の光球面に出現する黒い斑点。周囲より1000〜1500度ほど低温のため黒く見え、中央の暗部とその周囲の半暗部とからなる。直径数百〜十数万キロ。数は約11年の周期で増減する。太陽黒点。(類語)点
こく-でん【国電】日本国有鉄道の電車。大都市周辺の近距離電車をいった。
こくてん-し【告天子】ヒバリの別名。(季 春)
こく-と【国都】その国のみやこ。首府。首都。
こく-ど【国土】❶一国の統治権の及ぶ範囲の土地。領土。「—を防衛する」❷その国の土地。大地。「—の開発」❸ふるさと。郷土。❹仏語。すべての生命あるものが住む所。(類語)邦土
こく-ど【国×帑】《「帑」は、かねぐらの意》国家の財産。国財。「一常に不足勝ちなる時なれば」〈竜渓・経国美談〉
こく-ど【黒土】▶チェルノーゼム
こく-ど【黒奴】❶黒人の奴隷。〈和英語林集成〉❷黒色人種を卑しめていう語。
こく-とう【谷頭】谷の最上流部。多く急斜面となる。「一部」「一浸食」
こく-とう【黒陶】中国新石器時代、竜山文化期に盛行した黒色土器。ろくろで成形し、表面を研磨して光沢を出したもの。
こく-とう【黒糖】サトウキビを絞った汁を煮つめたままの、糖蜜を含んだ砂糖。黒砂糖。
こく-とう【黒頭】❶髪の毛の黒い頭。❷年の若い人。
こく-どう【国道】全国的な幹線道路網を構成する道路。政令によって指定され、国が管理する。一般国道と高速自動車国道とがある。(類語)公道・私道
ごく-どう【極道｜獄道】〔名・形動〕❶悪事を行ったり、酒色や道楽にふけったりすること。身持ちが悪く、素行のおさまらないこと。また、そういう人や、そのさま。「一な亭主」「一の限りを尽くす」❷素行の悪い人をののしっていう語。(類語)暴行・愚行・非行・乱行・醜行・暴力・狼藉・蛮行・愚挙
こくとう-こう【黒頭公】❶昔、中国で年若くして三公、すなわち太保・太傅・太師の位に上る人。❷《頭が黒いところから》筆のこと。
こくとう-しょうちゅう【黒糖焼酎】黒砂糖と米麹で作った蒸留酒。アルコール度は25度が普通。鹿児島県奄美群島の特産。
こくとう-しんしょく【谷頭浸食｜谷頭侵食】▶頭部浸食
ごくどう-もの【極道者】極道な者。また、そのような者をののしっていう語。「この一め」
コクトー〖Jean Cocteau〗[1889〜1963]フランスの作家。詩・小説・演劇・映画・絵画など、多様な分野で活躍。前衛的作風により、独自の美を追求した。詩「ポエジー」、小説「恐るべき子供たち」、映画「美女と野獣」「オルフェ」など。
こくどかいはつ-かんせんじどうしゃどう【国土開発幹線自動車道】高速道路(高規格幹線道路)のうち、産業の立地振興・生活領域の拡大・全国的な高速道路網形成のため、国土を縦貫・横断する自動車専用道路。国土開発幹線自動車道建設法に基づいて建設される。総延長1万1520キロメートル。国幹道。
こくどかいはつかんせんじどうしゃどう-けんせつかいぎ【国土開発幹線自動車道建設会議】高速道路の建設すべき路線・建設主体・道路規格・工事費・整備方法を審議する国土交通省の諮問機関。衆議院議員・参議院議員・財界人・学識経験者で構成される。国幹会議。
こくど-かいふくせんそう【国土回復戦争】▶レコンキスタ
こくどぎじゅつせいさく-そうごうけんきゅうじょ【国土技術政策総合研究所】住宅・社会資本分野に関する国土交通省の研究機関。大学・研究機関・独立行政法人と連携し、同省の政策に関連する調査・試験・研究開発等を行う。研究成果は河川・道路・下水道・住宅・都市等の政策や事業の実施に反映される。平成13年(2001)設立。茨城県つくば市と神奈川県横須賀市に研究所がある。国総研。NILIM(National Institute for Land and Infrastructure Management)。
こくど-きほんず【国土基本図】2500分の1および5000分の1の大縮尺の地図で、地物や地形が詳しく描かれているもの。
こくど-けいかく【国土計画】国土を総合的に利用・開発するために立てられる計画。資源の開発、産業・交通などの立地、人口の配分、国土の保全などが基本となる。
こくどけいせい-けいかく【国土形成計画】昭和25年(1950)施行、平成17年(2005)改正・改称の国土形成計画法に基づき国が作成する、国土づくりの方向性を示す計画。新しい国土像として、多様な広域ブロックが自立的に発展する国土の構築を

図る。➡全国総合開発計画

こくどけいせいけいかく-ほう【国土形成計画法】国土の自然的条件を考慮して、経済・社会・文化等に関する施策の総合的見地から国土の利用、整備及び保全を推進するために制定された法律。昭和25年(1950)施行の国土総合開発法を平成17年(2005)改正・改称したもの。➡国土形成計画

こくどこうつう-しょう【国土交通省】国の行政機関の一。国土の利用、開発および保全、社会資本の整備、交通政策の推進などに関する事務を担当する。平成13年(2001)建設省、運輸省、国土庁、北海道開発庁を統合して発足。外局として、気象庁、海上保安庁、観光庁、運輸安全委員会を置く。国交省。

こくどこうつう-だいじん【国土交通大臣】国務大臣の一。国土交通省の長。国交相。

こくど-じく【国土軸】気候・風土・経済・文化などに共通性のある地域を連ねた広域圏。第5次全国総合開発計画では、北東・日本海・西日本・太平洋新に分ける。

こくどそうごうかいはつ-ほう【国土総合開発法】自然条件を考慮して、経済・社会・文化などに関する施策の総合的見地から、国土の総合的な利用・開発・保全を図るために制定された法律。昭和25年(1950)施行。平成17年(2005)改正・改称され国土形成計画法となった。➡全国総合開発計画

こくど-ちょう【国土庁】国土に関する総合的・基本的な計画、政策の企画立案、関係行政庁間の調整などに関する事務を行った国の行政機関。昭和49年(1974)総理府の外局として設立、平成13年(2001)建設省、運輸省、北海道開発庁とともに国土交通省に統合された。

こくどちり-いん【国土地理院】国土交通省の付属機関。日本国内の測量、基本地図の作成などを行う。明治10年(1877)内務省地理局として設立、のち陸軍参謀本部陸地測量部、第二次大戦後は地理調査所となり、昭和35年(1960)現名に改称。

こくど-ほう【国土法】「国土利用計画法」の略称。

こくどりようけいかく-ほう【国土利用計画法】限られた資源である国土を、総合的かつ長期的視点に立って有効利用することを目的とした法律。生活環境と自然環境の調和を図りつつ国土の発展を目指す国土利用計画のほか、土地取引に関する規制についても定める。昭和49年(1974)施行。国土法。

こく-ない【国内】一国の領土内。国の中。「一需要」⇔国外。

ごく-ない【極内】〔名・形動〕きわめて内密であること。また、そのさま。極秘。「事件を一に処理する」

ごく-ない【獄内】牢獄の中。監獄の中。獄中。

こくない-かんぜい【国内関税】封建時代、一国の領土内における経済地域間を移動する貨物に課した関税。➡国境関税

こくない-きんこう【国内均衡】国内における経済諸量がつりあいのとれた状態にあること。インフレーションを伴わない完全雇用の状態にあること。➡国際均衡

こくないこうくう-しょうがいほけん【国内航空傷害保険】日本国内において、被保険者が乗客として航空機に搭乗中の事故により、死亡または傷害を被ったことによる損害を塡補する保険。

こくない-こうろ【国内航路】自国内の港だけを結ぶ航路。

こくない-しじょう【国内市場】自国の産業が生産した商品の販路としての自国内の市場。

こくないじゅよう-デフレーター【国内需要デフレーター】物価動向を表す指標の一。GDPデフレーターが国内総生産(GDP)全体に関して名目値を実質値で割って算出するのに対し、国内需要デフレーターは国内需要に限定して同様の計算を行う。日本では内閣府がGDP等とともに公表する。内需デフレーター。

こくない-じゅんせいさん【国内純生産】国内総生産から固定資本減耗を差し引いたもの。NDP(net domestic product)。

こく-ないしょう【黒内障】高度の視力障害がありながら、外見上や眼底に病変が認められない目の病気の総称。白内障に対していう。尿毒症やヒステリーによるものなどがある。黒そこひ。黒障眼。

こくない-せん【国内線】国内の航空路線。

こくない-そうししゅつ【国内総支出】民間消費、民間投資、政府支出、純輸出(輸出から輸入を引いた額)の総額。GDE(gross domestic expenditure)。

こくない-そうせいさん【国内総生産】一定期間に国内で生産された財貨・サービスの価値額の合計。国民総生産から海外での純所得を差し引いたもの。国内の経済活動の指標として用いる。GDP(gross domestic product)。➡名目国内総生産 ➡実質国内総生産 (補説)国民経済計算では、平成16年(2004)の確報から、国内総支出を「国内総生産(支出側)」と呼ぶようになったのに伴い、生産面から捉えた国内総生産については「国内総生産(生産側)」という用語が用いられている。

こくない-たいし【国内大使】国内事務を担当する、外務省の官職の一。担当国に駐在して相手国との折衝にあたる一般の大使と異なり、国内において、国際会議や外交案件ごとの担当を持ち、駐日外国公館や外国人らとの折衝を行う。また、関西や沖縄など、特定の地域での外交交渉を担当する。国内駐在大使。

こくない-つうけ【国内通▽計】《「こくないつうげ」とも》国中に知れわたっていること。国内通。「かくすかくすと私語きけれども、一の事なれば」〈盛衰記・一三〉

こくない-ほう【国内法】ある国の国内においてだけ効力をもっている法。国家法。➡国際法

こくないりょこう-しょうがいほけん【国内旅行傷害保険】日本国内で、飛行機・列車などに搭乗中の事故、宿泊中の火災・爆発などによる事故により傷害を被った場合の損害を塡補する保険。

こくないりょこう-そうごうほけん【国内旅行総合保険】国内旅行傷害保険に加えて、損害賠償責任を負ったとき、携行品に損害が生じたとき、救援を頼んだときなどの費用を塡補する保険。

こく-なおし【石直し】検地によって、従来の石高を改め、土地の品等に応じた石高に直すこと。

こく-なん【国難】国の災難。国の危難。

こく-にく【黒肉】黒色の印肉。くろにく。

ごく-に-たた・ず【ごくに立たず】〔連語〕《「ごく」は語義未詳》何の役にも立たない。「聞いてゐればぐどぐどと何をごくにもたたぬこと」〈浄・鑓の権三〉

こく-にん【国人】►こくじん(国人)

こく-ぬすと【穀盗▽人｜穀▽盗】❶甲虫目コクヌスト科の昆虫。体長約8ミリ。体は楕円形で平たく、濃褐色から赤褐色。世界共通種で、主に米穀の害虫。❷コクヌスト科の昆虫の総称。体は卵形から長形で多少平たい。多くは樹皮下にいる。肉食・植物食。

ごく-ぬすびと【▽穀盗人】江戸時代、なんの役にも立たずに、俸禄だけをもらって過ごしている者をののしっていう語。ろくぬすびと。ごくつぶし。

ごく-ねち【極▽熱】「ごくねつ(極熱)」に同じ。「一の頃は、誰も誰もをさをさ内へも参り給はず」〈宇津保・沖つ白浪〉

こく-ねつ【酷熱】非常に厳しい暑さ。「一の砂漠」(類語)猛暑・暑気・酷暑・極暑・激暑・厳暑・炎暑・大暑・暑熱・炎熱・暑さ・温気・向暑・残暑

ごく-ねつ【極熱】きわめてあついこと。また、はなはだしい暑さ。「一の太陽」

ごくねつ-じごく【極熱地獄】大焦熱地獄のこと。

こくねつ-びょう【黒熱病】►カラ-アザール

ごく-の-おび【▽玉の帯】束帯のとき、袍を腰のあたりで束ねるために用いる革製の帯。銙とよぶ玉の飾りが縫いつけてある。上達部以上の者がつけた。ごくたい。

ごく-の-もの【▽曲の物】雅楽で、器楽曲のこと。曲て。「一など上手にいとよく弾き給ふ」〈源・竹河〉

こくはい-ぶくろ【克灰袋】鹿児島県の桜島周辺で一定量以上の降灰がみられた際に、自治体から一般家庭に配布されるポリ袋。集めた灰を詰めて指定の場所に出すと、無料で回収される。

こく-はく【告白】〔名〕スル ❶秘密にしていたことや心の中で思っていたことを、ありのまま打ち明けること。また、その言葉。「罪を一する」❷キリスト教で、自己の信仰を公に表明すること。また、自己の罪を神の前で打ち明け、罪の許しを求めること。
(類語)自白・自供・白状・打ち明ける・懺悔・話す・語る・しゃべる・物言う・口を利く・伝える・告げる・言う・述べる・物語る・明かす・説明する・述懐する・口外する・他言する・言い出す・発言する・口に出す・口にする・吐く・漏らす・口走る・抜かす・ほざく・うそぶく

こく-はく【黒白】►こくびゃく(黒白)

こく-はく【酷薄｜刻薄】〔名・形動〕残酷で薄情なこと。また、そのさま。「一な高利貸し」(派生)こくはくさ〔名〕(類語)冷たい・冷ややか・冷淡・薄情・不人情・非人情・無情・非情・冷酷・冷血・クール・無慈悲・心無い・血も涙も無い

こくば-く【幾=許く】〔副〕「ここばく」に同じ。「一の上手どもにまされり」〈宇津保・吹上下〉

こくはくろく【告白録】《原題、ラテ Confessiones》アウグスティヌスの著書。13巻。4世紀末〜5世紀初めごろの作。回心に至るまでの半生を、神への告白という形式で回顧。神への賛美が全編を貫く。

こく-はつ【告発】〔名〕スル ❶悪事や不正を明らかにして、世間に知らせること。「内部一」❷犯罪とは直接関係のない者が、捜査機関に犯罪事実を申告し、犯人の訴追を求めること。「一状」➡告訴
(類語)告訴・訴える・申し立てる・提訴・訴訟・上訴・控訴・抗告・上告・反訴

こく-はつ【黒髪】黒い髪の毛。くろかみ。

こく-はん【黒斑】黒い斑点。

こく-はん【黒飯】ナンテンの葉で黒く染めた飯。禅宗で、4月8日の釈迦の降誕会に供える。

こく-ばん【黒板】チョークで文字や図が書けるように黒または緑の塗料を塗った板。

こくはん-びょう【黒斑病】野菜や果樹の葉・茎・根などにカビの一種が寄生し、黒色を帯びた斑点ができて広がる病害。

こく-ひ【国費】国が支出する経費。「一留学」
(類語)公費・官費

こ-くび【小首｜小×頸】《「こ」は接頭語》首。あたま。首のちょっとした動作をいうのに用いる。
(類語)首・頸部・首っ玉

小首をかし・げる 首をちょっと傾けて考えをめぐらす。また、不審に思ったり不思議に思ったりして首をちょっと傾ける。小首を傾ける。

小首を傾・ける 「小首をかしげる」に同じ。

ごく-ひ【極秘】絶対に秘密であること。外部には絶対に漏らしてはならないこと。「一の文書」(類語)秘密・内密・内証・内内・隠密・厳秘・丸秘・機密・枢密・天機・機事・密事・秘事・暗部・隠し事・秘め事・密か事・内証事・秘中の秘・秘か・密か

ごく-び【極微】〔名・形動〕❶非常に小さいこと。また、そのさま。きょくび。❷その道のきわめて微妙な点。また、その道の奥義。

こくひ-しょう【黒皮症】顔面などの皮膚が色素沈着のために黒ずんで、褐色や紫灰色などを呈する症状。化粧品などに含まれる化学物質や、過敏な体質などが原因とされる。女子に多く、女子顔面黒皮症ともいう。

ごくびしょう-じしん【極微小地震】マグニチュード1未満の地震。人間には感じられない。➡マグニチュード

コクピット〖cockpit〗►コックピット

こく-びゃく【黒白】❶黒い色と白い色。黒いものと白いもの。❷善と悪。正と邪。是と非。くろしろ。「一をつける」「一をわきまえる」

黒白の差 二つの物事が、非常に隔たっていること。天地の差。雲泥の差。
黒白を争・う 物事の正邪・善悪・是非をはっきりさせる。「法廷で―・う」
黒白をつ・ける 物事の正邪・善悪・是非をはっきりさせる。「公の場で―・ける」
黒白を弁ぜず 物事の正邪・善悪・是非の区別ができない。

こく-ひょう【黒表】 要注意人物・危険人物の住所・氏名などを記した帳簿。ブラックリスト。

こく-ひょう【酷評】〔名〕スル 手厳しく批評すること。また、その批評。「自信作を―される」

こく-ひん【国賓】 外国の元首・首相など、公式の資格で来訪し、国家の賓客として国の費用で接待される外国人。➡公賓
類語 賓客・来賓・主賓・貴賓・公賓・社賓・ゲスト・客

ごく-ひん【極品】 きわめて上等な品物。極上品。「一の顕微鏡にて英の一インチを三十万分の一までは見ることを得」〈西周・百学連環〉

ごく-ひん【極貧】〔名・形動〕きわめて貧乏であること。また、そのさま。赤貧。「―にあえぐ」「―な暮らしぶり」類語 貧乏・貧困・貧窮・貧苦・窮乏・困窮・困乏・困苦・生活苦・貧・赤貧・清貧・じり貧・貧寒・素寒貧・不如意・文無し

こく-ふ【国父】 国民から父のように敬愛される指導者。

こく-ふ【国府】 ㊀《「こくぶ」とも》律令制で、国ごとに置かれた地方行政府。国衙。また、その所在地。府中。㊁「国民政府」の略。

こく-ふ【国符】 律令制で、国司が郡司に下した公文書。

こく-ふ【国富】 ❶国家の財産。国家の経済力。❷一国内の全有形資産に、対外純資産を加えた総額。

こくぶ【国分|国府】 ㊀(国分)鹿児島県中部、鹿児島湾北岸にあった市。大隅国の国分寺跡がある。平成17年(2005)11月、周辺6町と合併して霧島市となった。➡霧島㊀㊂ ㊁「国分タバコ」の略。

こく-ふう【谷風】 ❶春先、東方から吹いて万物を生長させるという風。東風。穀風。❷谷を吹く風。また、谷底から吹き上げる風。たにかぜ。

こく-ふう【国風】 ❶その国や地方独特の風俗や習慣。くにぶり。❷詩経の部立ての一。民謡の部分の総称。❸その国の風俗をうたった詩歌・俗謡。❹和歌。くにぶり。類語 国ぶり

こく-ふう【黒風】 砂塵を巻き上げ、空を暗くするようなつむじ風。

こくふう-はくう【黒風白雨】《「白雨」はにわか雨のこと》激しい風が吹き荒れ、強い雨が降ること。

こくふう-ぶんか【国風文化】 平安中期から後期にかけて栄えた、温雅な日本ふうの貴族文化。仮名文学・寝殿造り・大和絵・仏像彫刻など諸分野でその特色がみられる。

こく-ふく【克服】〔名〕スル 努力して困難にうちかつこと。「病を―する」類語 克己・超克

こく-ふく【克復】〔名〕スル 困難な事態を乗り越えて、もとの状態にもどすこと。「平和を―する」

こくぶ-し【国分市】 ▶国分㊀

こくぶ-じ【国分寺】 ▶こくぶんじ(国分寺)

こくぶ-タバコ【国分タバコ|国府タバコ】 鹿児島県国分地方に産する上質のタバコ。元禄(1688〜1704)ごろから賞用された。

ごく-ぶと【極太】 ❶きわめて太いこと。また、そのもの。「―のペン先」❷毛糸で、原糸6本撚りの最も太いもの。極太毛糸。

こぐふね-の【×漕ぐ舟の】〔連語〕和歌で、漕ぐ舟の縁から、「浮く」「乗る」「帆」「音立つ」「寄す」などの語を導く序詞の一部となる。「思ふこと跡なき波に―浮き沈みても恋ひ渡るかな」〈新千載・恋二〉

こくふ-ファンド【国富ファンド】 ▶政府系投資ファンド

こくふろん【国富論】《原題、An Inquiry into the Nature and Causes of the Wealth of Nations》経済学書。アダム=スミス著。1776年刊。資本主義社会を初めて体系的にとらえ、労働価値説に基づき、自由放任主義の経済を説く。諸国民の富。

こく-ふん【穀粉】 穀物をひいて粉にしたもの。

こく-ぶん【告文】 ▶こうもん(告文)

こく-ぶん【国文】 ❶日本語で書かれた文章。❷「国文学」「国文学科」の略。「―を専攻する」
類語 (❶)和文・邦文

こく-ぶんがく【国文学】 日本の文学。また、それを研究する学問。国文。「―科」

こくぶん-じ【国分寺】 天平13年(741)聖武天皇の勅願により、国分尼寺とともに国ごとに建立された官寺。正式には金光明四天王護国之寺という。国内の僧尼の監督に当たり、また朝廷の特別の保護があった。奈良の東大寺を総国分寺とする。こくぶじ。

こくぶんじ【国分寺】 東京都中部の市。住宅地として発展。武蔵国の国分寺跡がある。市街地には湧水と清流が残っている。人口12.1万(2010)。

こくぶんじ-し【国分寺市】 ▶国分寺

こくぶん-にじ【国分尼寺】 天平13年(741)聖武天皇の勅願により、国分寺とともに国ごとに建立された尼寺。奈良の法華寺を総国分尼寺とする。正式には法華滅罪之寺という。

こく-ぶんぽう【国文法】 国語の文法。日本語の文法。

こく-へい【国柄|国×秉】 国家を統治する権力。政権。国権。

こく-へい【国幣】 律令時代、国司が特定の神社に奉る幣帛。

こくへい-しゃ【国幣社】 官幣社に次ぐ社格の神社。古くは国司から幣帛を奉り、明治以降は祈年祭・新嘗祭には皇室から、例祭には国庫から幣帛が奉られた。大社・中社・小社の別があり、主に国土経営に功績のあった神を祭る。昭和21年(1946)廃止。➡官幣社

こくへい-たいしゃ【国幣大社】 旧社格の一。国幣社のうちで最も格式が高いもの。熊野大社などが該当した。

こく-べつ【告別】〔名〕スル 別れを告げること。いとまごい。「―の辞」「急逝した友に―する」

こくべつ-しき【告別式】 ❶死者の霊に対し、親族や知人が最後の別れを告げる儀式。❷転任・退官・退職などをする人に、別れを告げる儀式。

こく-べり【穀減り】 穀類の貯蔵中に、また、ついたあとで、その量が減ること。

こく-へん【黒変】〔名〕スル 色が黒く変わること。「病害で麦の穂が―する」

こく-ほ【国歩】 国の歩み。国の前途。国の運命。「―艱難を極める」

こく-ほ【国保】「国民健康保険」の略。

こく-ぼ【国母】 ▶こくも(国母)

こく-ほう【国宝】 ❶国の宝。❷重要文化財のうち、特に文化史的・学術的価値の高いものとして文部科学大臣が指定した建造物・美術工芸品・古文書など。

こく-ほう【国法】 ❶国家の法。❷国家の構成や公法的活動について規定している法令。憲法・行政法など。類語 法律・公法

こく-ぼう【国防】 外敵の侵略に対する、国家の軍事力による防衛。

こくぼう-かいぎ【国防会議】 国防の基本方針、防衛計画、防衛出動の可否などを審議するために、昭和31年(1956)内閣に置かれた機関。総理大臣を議長とし、副総理、外務・大蔵各大臣、防衛庁・経済企画庁各長官で構成。同61年、安全保障会議の設置にともない廃止。

こくほう-がく【国法学】 ❶国家の性質・形態・組織・作用などを法学的に研究する学問。❷憲法学汎論・比較憲法学をさす。

こくほう-ぎんこう【国法銀行】《national bank》米国の商業銀行の種類の一。1863年の国法銀行法により、連邦政府の認可を受けた銀行。

こくぼう-しょう【国防省】 陸海空三軍を統轄し、国家の防衛を担当する中央省庁。日本では防衛省がこれに相当する。

こくぼうじょうほう-きょく【国防情報局】 ▶ディー-アイ-エー(DIA)

こくぼう-しょく【国防色】 カーキ色。旧日本陸軍の軍服の色だったところからいう。

こくぼう-そうしょう【国防総省】 米国の中央官庁の一。陸海空三軍を統轄する最高軍事行政機関。長官には文官をあてる。1947年、国家安全保障法により国家軍事省として設置、1949年の法改正で現組織となる。Department of Defenseの略からDODあるいはDD。また、建物の形が五角形であることからペンタゴンともいう。補説 2001年の同時多発テロ事件により建物の一部が崩壊・炎上した。

こくぼう-ふじんかい【国防婦人会】 昭和7年(1932)大阪で結成された婦人団体。出征兵士の送迎など、戦争協力団体として活動。同17年愛国婦人会と合併して大日本婦人会となった。正式名称は大日本国防婦人会。

こくほ-くみあい【国保組合】「国民健康保険組合」の略称。

ごく-ぼそ【極細】 ❶きわめて細いこと。また、そのもの。「―のペン先」❷毛糸で、原糸2本撚りの最も細いもの。極細毛糸。

こく-ぼたん【黒×牡丹】 ❶花が紫黒色の牡丹。くろぼたん。❷《「通俗篇」草木などに見える劉訓の故事から》牛の別名。

こくほ-れん【国保連】「国民健康保険団体連合会」の略称。

こくほ-れんごうかい【国保連合会】「国民健康保険団体連合会」の略称。

こく-ほん【刻本】「版本」に同じ。

こく-ほん【国本】 国の基礎。国のもとい。「―を危うくする」

こくほん-しゃ【国本社】 大正13年(1924)平沼騏一郎が中心となって設立した右翼思想団体。昭和11年(1936)解散。

こ-ぐま【小熊|子熊】 小さなクマ。また、クマの子。

こ-ぐま【▽黒熊】 中国産のヤクの黒い尾。旗・槍・兜などの飾りとする。➡赤熊 ➡白熊

こく-まい【黒米】「くろごめ」に同じ。

こぐま-ざ【小熊座】 天の北極近くにある星座。小さなひしゃく形をつくり、α星は光度2.0等の北極星。一年じゅう見えるが、7月中旬の午後8時ごろ南中する。学名 Ursa Minor

こ-ぐみ【小組(み)】 ❶小さく組むこと。また、小さく組んだもの。❷新聞で、記事ごとに組んだ組み版。

ごく-み【極▽微】《梵 paramāṇuの訳》仏語。物質を最も微細なところまで分割した最小の実体。

こぐみ-ごうてんじょう【小組み▽格天井】 格天井の格間に、さらに小さい格子組みを入れたもの。平安時代以後の建築に用いられた。組み天井。

こく-みん【国民】 国家を構成し、その国の国籍を有する者。国政に参与する地位では公民または市民ともよばれる。類語 人民・公民・市民・万民・四民・臣民・同胞・国人・国民・民・民草・億兆・蒼生・蒼氓・赤子

こくみん-いりょうひ【国民医療費】 一年間に病気や負傷の治療で医療機関に支払われた費用の総額。健康診断、予防接種、正常な妊娠・出産の費用は含まない。

こくみんうんどう-れんごう【国民運動連合】 フランスの保守政党。2002年にシラク政権の与党として共和国連合、フランス民主連合などが合併して結党。2007年、総裁のサルコジを候補とした大統領選挙に勝利した。人民運動連合。民衆運動連合。UMP(Union pour un Mouvement Populaire)。

こくみん-えいよしょう【国民栄誉賞】 広く国民に敬愛され、社会に明るい希望を与えることに顕著な業績があった者または団体の栄誉を称えるため、内閣総理大臣が授与する賞。昭和52年(1977)に創設され、第1回受賞者はプロ野球選手の王貞治。➡表 P.1282

こくみん-おんせん【国民温泉】《「国民保養

［国民栄誉賞］国民栄誉賞受賞者一覧

受賞年	名前	職業
昭和52年(1977)	王貞治	プロ野球選手
昭和53年(1978)	古賀政男	作曲家
昭和59年(1984)	長谷川一夫	映画俳優
昭和59年(1984)	植村直己	登山家・探検家
昭和59年(1984)	山下泰裕	柔道選手
昭和62年(1987)	衣笠祥雄	プロ野球選手
平成 元年(1989)	美空ひばり	歌手
平成 元年(1989)	千代の富士貢	力士
平成 4年(1992)	藤山一郎	歌手
平成 4年(1992)	長谷川町子	漫画家
平成 5年(1993)	服部良一	作曲家
平成 8年(1996)	渥美清	映画俳優
平成10年(1998)	吉田正	作曲家
平成10年(1998)	黒沢明	映画監督
平成12年(2000)	高橋尚子	マラソン選手
平成20年(2008)	遠藤実	作曲家
平成21年(2009)	森光子	女優
平成21年(2009)	森繁久弥	俳優
平成23年(2011)	FIFA女子ワールドカップドイツ2011 日本女子代表チーム（なでしこジャパン）	サッカーチーム

温泉地」の略》温泉の公共的な利用を促進するために、環境大臣が指定した温泉地。国民保養温泉。正式名称は環境省指定保養温泉地。

こくみん‐か【国民科】旧制国民学校の教科の一。修身・国語・国史・地理を統合したもの。

こくみんかいぎ‐は【国民会議派】インドの政党。1885年、インド国民会議を母体に結成。1920年代以降、ガンジー・ネルーらの指導のもとに独立運動の中心勢力となり、1947年の独立以降、1977年の総選挙でジャナタ党に敗れるまで政権を独占した。インド国民会議派。

こくみん‐かいへい【国民皆兵】国民のすべてが兵役に服する義務を負うこと。また、その制度。

こくみん‐かいほけん【国民皆保険】原則としてすべての国民が公的医療保険に加入する制度。医療費の負担を軽減することにより、国民に医療を受ける機会を平等に保障することが目的。

こくみん‐がくは【国民楽派】19世紀から20世紀にかけ、ヨーロッパ各国で興った、民族主義に根ざす音楽流派。ロシアのグリンカ、チェコのスメタナ、ノルウェーのグリーグ、スペインのアルベニスらがその代表。

こくみん‐かくめい【国民革命】1925年から28年にかけて、蔣介石の国民革命軍が北伐によって北方軍閥を破り、中国を統一した革命。共産党との同盟に基づいて始めたが、のちに分裂した。

こくみん‐がっこう【国民学校】昭和16年(1941)公布の国民学校令により従来の小学校を改めて成立した、皇国民の基礎的練成を目的とする初等教育機関。同22年まで存続。

こくみん‐かよう【国民歌謡】ラジオによる健全な歌の普及運動で、大阪中央放送局の奥屋熊郎の提案により、昭和11年(1936)から同16年まで全国に放送された歌。「椰子の実」「春の唄」など。

こくみん‐かんかく【国民感覚】一般の国民としての感じ方。政治家について、政治の専門家としての考え方ではなく、国民の一人としての考え方をいう。また、政治家の感覚に対して、庶民的な生活・金銭感覚のこともいう。「一のない大臣」「総理の発言に一とのずれを感じる」

こくみん‐かんじょう【国民感情】❶国家や政治家などに対して、一般庶民がいだく気持ち。「一を無視した政策」❷元首などが発表する公式声明とは別に、その国の人民が他国に対していだく気持ち。「隣国への一が好転する」

こくみん‐ぎかい【国民議会】フランス革命初期の1789年6月、三部会から第三身分議員が分離して組織した議会。7月には憲法制定国民議会と改称。

こくみん‐きゅうかむら【国民休暇村】国立公園や国定公園内の景勝地に、国民が安い費用で保養できるように整備された、宿泊設備をもつレクリエーション施設。平成13年(2001)に「休暇村」と改称した。環境大臣が監督する一般財団法人休暇村協会などが運営。

こくみん‐きょういく【国民教育】❶国家が、その維持・発展のために、国民に対して必要な資質・能力の育成を目ざして行う教育。近代国家の成立に伴って生まれた概念。❷国民としての立場から、その自覚を高めるための教育。

こくみん‐きょうかい【国民協会】明治25年(1892)西郷従道・品川弥二郎を会頭に結成された政党。藩閥政治擁護を任とした。同32年解散し、帝国党として再出発。

こくみん‐きょうぎかい【国民協議会】▶国民公会

こくみん‐きんゆうこうこ【国民金融公庫】銀行その他の金融機関から融資を受けにくい小企業や個人に対し、必要な小口の事業資金などを融通する業務を行う政府金融機関。庶民金庫および恩給金庫の業務を継承して昭和24年(1949)に設立。平成11年(1999)環境衛生金融公庫と統合し、国民生活金融公庫に改組された。

こくみん‐ぐん【国民軍】❶国民兵によって編制された軍隊。❷1789年フランス革命勃発とともに、貴族の武力反動から革命を守るために各地で組織された市民による自衛軍。

こくみん‐けいざい【国民経済】国家を単位として、同一の貨幣制度・金融制度・社会制度および経済政策のもとに営まれている経済活動の総体。

こくみん‐けんこうほけん【国民健康保険】健康保険の適用を受けない自営業者・非正規雇用者・無職者などを対象とし、その傷病・出産・死亡などに関して必要な保険給付を行うことを目的とする公的医療保険。国民健康保険法に基づいて運営され、医師・弁護士・土木建築業者・理美容師など地域の同業者が設立する国民健康保険組合が行うもの(組合国保)と、国民健康保険組合や職域保険に加入していない個人を対象として市町村・特別区が行うもの(市町村国保)がある。国保。

こくみんけんこうほけん‐くみあい【国民健康保険組合】国民健康保険法に基づいて、国民健康保険を運営するために、同種の事業・業務の従事者を組合員として組織される団体。医師・弁護士・理美容師・土木建築業など職種別に設立され、組合が定める地域内に居住する事業者とその従業員が加入する。設立には都道府県知事の認可が必要。国保組合。

こくみんけんこうほけんだんたい‐れんごうかい【国民健康保険団体連合会】国民健康保険の保険者である市町村や国民健康保険組合が共同して国民健康保険事業を健全に運営するために設置された組織。国民健康保険法により設置された公法人。公費負担医療や診療報酬などの審査・支払業務、保険者事務の共同処理、健康づくり推進などの保健事業、保健施設事業の振興、広報宣伝活動などが主な業務。介護給付費のレセプト審査は同連合会に設置された介護給付費審査委員会が行う。また、介護保険サービスの向上のため、介護保険事業者への指導・助言、および介護サービスに関する苦情処理なども行っている。国保連合会。国保連。

こくみんけんこうほけん‐ほう【国民健康保険法】被用者保険に加入していない自営業者・無職者などを主な対象とし、市町村・特別区と国民健康保険組合がそれぞれ行う国民健康保険について定めた法律。昭和33年(1958)制定。➡健康保険法

こくみん‐こうかい【国民公会】フランス革命期、立法議会のあとをうけて開かれた議会。1792年、普通選挙によって成立。共和制を宣言。ルイ16世処刑後は山岳派独裁による恐怖政治、テルミドールの反動を経て、95年、総裁政府を設立して解散した。国民協議会。

こくみん‐こっか【国民国家】❶▶民族国家❷国民を主体としてつくられた国家。市民社会を基盤としてつくられた国家。

こくみん‐しゃ【国民車】一般の国民が買いやすいような価格の、実用的な小型自動車。

こくみん‐しゅぎ【国民主義】国民の人権や自由を尊重しつつ、民主的に国家を形成・発展させようとする思想・運動。ナショナリズム。

こくみん‐しゅくしゃ【国民宿舎】自然公園等の優れた自然環境の中で、だれもが気軽に快適に利用できるように設置された宿泊休養施設。主に地方自治体が運営する公営の宿泊施設と、財団法人国立公園協会が指定した民営の宿泊施設がある。公営国民宿舎については昭和31年(1956)に厚生省(同46年以降環境庁)により制度化されて以来、厚生年金保険積立金還元融資ならびに国民年金特別融資を受けて建設・運営されてきたが、平成12年度(2000)末にこの融資制度は廃止された。

こくみん‐しゅけん【国民主権】▶主権在民

こくみん‐じゅんせいさん【国民純生産】《net national product》国民総生産から固定資本の減耗分を差し引いたもの。NNP。

こくみん‐しょく【国民食】その国に特有の、広く親しまれている食材や料理。日本では、寿司・海苔・そば・カレーライス・ラーメンなど。

こくみん‐しょとく【国民所得】国民純生産から間接税を控除し補助金を加えたもの。生産・分配・支出の三つの側面のいずれでとらえるかによって、それぞれ生産国民所得・分配国民所得・支出国民所得とよばれるが、理論的にはすべて等価。

こくみんしょとくとうけい‐そくほう【国民所得統計速報】▶キュー‐イー(QE)

こくみん‐しんさ【国民審査】最高裁判所裁判官の適・不適を国民が審査すること。また、その制度。各裁判官任命後の最初の衆議院議員総選挙の際に行われ、さらに、10年経過したのちの衆議院議員総選挙の際に同様な審査を行う。有効投票の過半数が罷免を可とした場合、その裁判官は罷免される。裁判官国民審査。

こくみん‐しんとう【国民新党】平成17年(2005)小泉純一郎政権の郵政民営化に反対し、自由民主党を離党した国会議員らが結成した保守政党。旧来の自民党的な利益調整・再分配を重視する。

こくみんしんぶん【国民新聞】明治23年(1890)徳富蘇峰が創刊した日刊新聞。平民主義の立場から、しだいに国家主義に転じた。昭和17年(1942)「都新聞」と合併し、「東京新聞」となった。

こくみん‐せい【国民性】ある国民に共通してみられる気質や性格。

こくみんせいかつ‐きんゆうこうこ【国民生活金融公庫】国民生活の向上や経済の健全な発展に寄与するという目的から、一般の金融機関から融資を受けることが難しい小企業や個人に必要な資金を供給する業務を行った政府金融機関。平成11年(1999)10月に国民金融公庫と環境衛生金融公庫が統合して発足。同20年10月に株式会社日本政策金融公庫に統合。

こくみんせいかつ‐しんぎかい【国民生活審議会】内閣府に設置されている首相の諮問機関。国民生活の安定や向上のための基本的な政策、消費者の利益の擁護や増進のための基本的な政策などを審議する。昭和36年(1961)国民生活審議会令に基づき経済企画庁に設置。平成13年(2001)の改組に伴い、内閣府に移管。国民生活審。

こくみん‐せいかつセンター【国民生活センター】消費者相談のほか、消費者情報の収集・提供、商品テスト、調査研究などを行う独立行政法人。昭和45年(1970)特殊法人として設立、平成15年(2003)独立法人へ移行。国セン。

こくみんせいかつ‐はくしょ【国民生活白書】内閣府が昭和31年度(1956)から平成20年度(2008)にかけて毎年作成した報告書(公表は昭和38年度から)。消費者行動、生活の満足度、地域交流、出生率と子育て、高齢者の生活など、国民の生活に関するさまざまなテーマを取り上げてまとめたもの。

(補説)平成21年の消費者庁発足に伴い、同白書を作成した内閣府国民生活局が廃止され、以降発行されていない。
こくみん-せいしん【国民精神】❶その国民が共通して持っている固有の気質・精神。❷国民は自己を犠牲にして国家のために尽くすべきとする精神。
こくみんせいしんそうどういん-うんどう【国民精神総動員運動】日中戦争開始後、第一次近衛内閣が戦争協力体制をつくるために起こした運動。挙国一致・尽忠報国などのスローガンを掲げて、戦時下の国民教化の運動を推進した。
こくみん-せいとう【国民政党】特定の階層でなく、国民全体の利益を代表することを標榜している政党。⇒階級政党
こくみん-せいふ【国民政府】1925年、中国国民党の指導下に広東に成立した政府。1928年、北伐を終えた蒋介石が実権を握り、共産党を弾圧して独裁制を敷いた。日中戦争中は国共合作により抗日戦を戦ったが、戦後共産党との内戦に敗れ、1949年、台湾へ逃れた。国府。中華民国国民政府。
こくみん-せんせん【国民戦線】《フラ Front national》㊀1935年、フランスで人民戦線に対して組織されたファシスト諸団体の共同戦線。国家戦線。㊁極右活動家ルペンが中心となって1972年に結成したフランスの政党。移民排斥などを主張。国会や欧州議会に議員を輩出している。FN。
こくみん-そうししゅつ【国民総支出】国民総生産を支出面からとらえたもの。一定期間の民間最終消費支出、政府最終消費支出、国内総固定資本形成、在庫品増加、経常海外余剰の合計。GNE(gross national expenditure)。
こくみん-そうしょとく【国民総所得】経済統計項目の一。国内総生産(GDP)に、海外からの所得を加えたもの。GNI(gross national income)。(補説)経済指標として、平成12年(2000)ごろからGNPに代わって多く使われるようになった。
こくみん-そうせいさん【国民総生産】一定期間に国民経済が生産した財貨・サービスを市場価格で評価した価値額から、その生産に要した原材料など中間生産物の価値額を差し引いた総額。GNP(gross national product)。(補説)経済指標としては、平成12年(2000)ごろから国民総所得(GNI)の方が、より使われるようになっている。
こくみん-たいいくたいかい【国民体育大会】国民の間にスポーツを普及させ、また、国民の体力の向上や体育の振興などを目的として、毎年各都道府県から選出された選手によって行われる総合競技大会。種目によって、夏季・秋季・冬季に分けて行われる。昭和21年(1946)第1回大会開催。国体。(季 秋)
こくみんちょうよう-れい【国民徴用令】国家総動員法により、昭和14年(1939)に公布された勅令。軍需を中心とした重要産業における労働力確保を目的としたもの。同20年廃止。
こくみん-てき【国民的】〔形動〕国民全体に関係するさま。「一な英雄」
こくみん-とう【国民党】㊀「立憲国民党」の略称。㊁「中国国民党」の略称。
こくみん-どうとく【国民道徳】❶ある国民に固有の道徳。❷国民として守らなければならない道徳。
こくみん-とうひょう【国民投票】❶議員その他の公務員の選挙以外の国政上重要な事項について国民が行う投票。日本国憲法改正の手続きでは必要とされている。❷▶レファレンダム
こくみんとうひょう-ほう【国民投票法】《「日本国憲法の改正手続に関する法律」の通称》憲法改正について国民の賛否を問う投票の手続きを定める法律。成年被後見人を除く満18歳以上の日本国民が投票権を持つ。平成19年(2007)5月成立。同22年5月18日施行。(補説)公職選挙法の選挙権年齢や民法の成人年齢を20歳から18歳に引き下げるなど、関連法が改正されるまでは、国民投票権年齢も20歳以上となる。
こくみん-どうめい【国民同盟】《イタ Alleanza Nazionale》イタリアの保守政党。1946年にイタリア社会運動の党名で、ムッソリーニの支持者らが結成。ネオ-ファシズム路線を批判されつつも南部を中心に支持を集めた。1995年に穏健保守に転換し党名も変更。2008年、政党連合「自由の人民」に参加。
こくみん-ねんきん【国民年金】すべての国民を対象とし、その老齢・障害・死亡に関して給付を行う年金制度。昭和34年(1959)制定の国民年金法により創設、厚生年金などの適用を受けない者を対象としたが、同61年から基礎年金を柱とする新制度となった。給付には、老齢基礎年金・障害基礎年金・遺族基礎年金のほか、付加年金・寡婦年金および死亡一時金がある。
こくみんねんきん-ききん【国民年金基金】厚生年金や共済年金受給者との年金格差を解消し、国民年金を補完する制度として国民年金法に基づき、平成3年(1991)に発足した公的年金制度。国民年金の第1号被保険者(自営業者や学生・無職・アルバイトなど、厚生年金や共済年金に加入していない人)が任意で加入できるもので、老齢基礎年金に上乗せして給付される。都道府県単位で設立される地域型国民年金基金と、医師・税理士など25の職種別に一つ、全国単位で設立される職域型国民年金基金とがある。個人型確定拠出年金と同様、各基金を会員とする国民年金基金連合会が掛け金の運用・事務処理を行う。
こくみんねんきんききん-れんごうかい【国民年金基金連合会】国民年金法に基づき、平成3年(1991)に厚生大臣(現厚生労働大臣)の認可を受けて設立された法人。国民年金基金の中途脱退者(転居や転職により加入員資格を60歳前に喪失し、加入員期間が15年未満の人)などへの年金や遺族一時金の支給を共同して行う。また、将来にわたって安定した給付を確保するため、掛け金をまとめて運用し、これらに関わる事務を効率的に処理するという事業を担う。同14年からは、個人型確定拠出年金の実施主体として、個人型年金規約の作成、加入者の資格の確認、掛け金の収納などの業務も行っている。平成24年(2012)現在、設立されているすべての基金が、連合会の会員となっている。
こくみんねんきん-ほう【国民年金法】国民年金制度について定めた法律。老齢、障害または死亡によって国民生活の安定がそこなわれることを国民の共同連帯によって防止し、健全な国民生活の維持及び向上に寄与することを目的とする。昭和34年(1959)成立。国民健康保険制度と併せて国民皆保険・国民皆年金が実現した。
こくみん-の-しゅくじつ【国民の祝日】国民一般の公的な祝い日。昭和23年(1948)7月制定の「国民の祝日に関する法律」および同法律のその後の改正によって定められた休日。元日(1月1日)、成人の日(1月の第2月曜日)、建国記念の日(2月11日)、春分の日(3月21日ごろ)、昭和の日(4月29日)、憲法記念日(5月3日)、みどりの日(5月4日)、こどもの日(5月5日)、海の日(7月の第3月曜日)、敬老の日(9月の第3月曜日)、秋分の日(9月23日ごろ)、体育の日(10月の第2月曜日)、文化の日(11月3日)、勤労感謝の日(11月23日)、天皇誕生日(12月23日)。
こくみんのせいかつが-だいいち【国民の生活が第一】平成24年(2012)野田佳彦政権が進める消費税増税に反対し、小沢一郎らが民主党㊃を離党して結成した政党。
こくみんのとも【国民之友】総合雑誌。明治20年(1887)徳富蘇峰が創刊。民友社発行。平民主義を掲げ、進歩的な社会評論を主にしたが、のち国家主義に転じ、同31年廃刊。
こくみん-の-やかた【国民の館】《Casa Poporului》ルーマニアの首都ブカレストにある巨大な宮殿の通称。正式名称は議会宮殿(議事堂宮殿)。1980年代、チャウシェスクにより建造された。3000以上の部屋数を誇り、豪華な装飾を施したホールや、幅18メートル、長さ150メートルに及ぶ回廊がある。現在は政党の事務所や国際会議場として使用。
こくみん-はつあん【国民発案】▶イニシアチブ❸
こくみん-ふく【国民服】国民が常用すべきものとして昭和15年(1940)に制定され、第二次大戦中、広く男子が着用した軍服に似た衣服。
こくみん-ふたんりつ【国民負担率】租税負担額を国民所得で割った租税負担率と、社会保障負担額を国民所得で割った社会保障負担率の合計。⇒潜在的国民負担率
こくみん-ぶんがく【国民文学】一国の国民の諸特性をよく表現した、その国特有の文学。また、その国で広く国民に愛読されている文学。
こくみん-へい【国民兵】国民兵役に編入された国民。
こくみん-へいえき【国民兵役】旧兵役の一種。常備兵役と補充兵役とを終えた男子が服する第1国民兵役と、常備兵役・後備兵役・補充兵役および第1国民兵役に属さない、満17歳以上45歳以下の男子が服する第2国民兵役とがあった。
こくみんほご-けいかく【国民保護計画】外国から武力攻撃を受けた場合の国民の避難、救援、必要な物資の備蓄などについて各自治体が作る計画。国民保護法に基づく。
こくみんほご-ししん【国民保護指針】《「国民の保護に関する基本指針」の略称》日本が外国からの武力攻撃を受けたとき、住民を避難させ、救援し、生命財産を保護するための基本方針。具体的な計画は指定行政機関、地方公共団体、指定公共機関が作成する。国民保護法に基づく。
こくみんほご-ほう【国民保護法】《「武力攻撃事態等における国民の保護のための措置に関する法律」の通称》日本が外国から武力攻撃を受けたときの政府による警報の発令、住民の避難誘導・救援などの手順を定めた法律。平成16年(2004)成立。
こく-む【国務】❶国家の政務。日本国憲法では国政のうち、立法・司法を除き、内閣の権能に属する事務の総称。❷国衙の政務。また、それを行う人。
(類語)公務・政務・法務・税務・軍務・商務・庶務・財務・外務・労務・教務・学務・社務・会務・宗務
こくむ-いん【国務院】中華人民共和国の最高行政機関。総理・副総理・各部部長・各委員会主任・秘書長らによって構成され、諸外国の内閣に相当する。1954年の新憲法によって設置。中央人民政府。
こくむ-しょう【国務相】国務大臣、特に無任所大臣の称。
こくむ-しょう【国務省】米国の中央行政官庁の一。外交関係の事務を担当する。他の国の外務省にあたる。
こくむ-だいじん【国務大臣】広義では、内閣を構成する内閣総理大臣とその他の大臣。狭義では、内閣総理大臣によって任命され、国務をつかさどる大臣。各省庁の大臣と無任所大臣とがある。
こくむ-ちょうかん【国務長官】米国の国務省の長官。閣僚の首席。
こく-めい【克明】〔名・形動〕❶細かいところまで念を入れて手落ちのないこと。また、そのさま。丹念。「一な記録」❷まじめで正直なこと。また、そのさま。実直。「姉は世間でいう義理を一に守り過ぎる女であった」〈漱石・道草〉(派生)こくめいさ〔名〕
(類語)丁寧・念入り・入念・丹念・周到・詳しい・細かい・詳細・詳密・精細・明細・つまびらか・事細か・子細に・具に・逐一・細大漏らさず
こく-めい【刻銘】金属器や石碑などにきざまれた製作者の名や年月日などの文字。
こく-めい【国名】国の名称。
こく-めい【国命】❶国家の命令。朝命。❷国家の政治。「新に鎌倉に政府を開くも、北条が陪臣にて一を執るも」〈福沢・文明論之概略〉
こくめん-の-しょう【国免▽荘】平安中期、国司の許可によって不輸の特権を得た荘園。
こく-も【国▽母】❶天子の母。皇太后。こくぼ。❷

《国民の母の意から》皇后。こくぼ。

こく-もち【石持｜黒餅】❶紋所の名。黒い円形で中に文様のないもの。もと矢口の祭りの黒餅をかたどったものといわれる。❷定紋をつけるべき所を白抜きにして染め、あとでその中に紋を描き込むことができるようにしたもの。また、その衣服。

こく-もつ【穀物】人間がその種子などを常食とする農作物。米・麦・粟・稗・豆・黍の類。穀類。
(類語)穀類・五穀・雑穀・米穀

こくもつ-げんかい【穀物限界】気候や地理的条件などにより、穀物を生産し得る限界。

こくもつ-す【穀物酢】穀物や穀物でんぷんを原料とした酢。醸造酢1リットルにつき原料穀物を40グラム以上使用したもの。米酢など。

こくもつ-ひいく【穀物肥育】肉牛の出荷前に大豆・トウモロコシなどの穀物を与えて育てること。脂がのり、柔らかくなる。グレインフェッド。➡牧草肥育

こくもつ-ほう【穀物法】穀物生産者を保護するために穀物の輸出入を制限した英国の法律。特に1815年制定、1846年廃止のものをいう。穀物条例。

こく-もり【石盛】太閤検地以降、検地によって耕地や屋敷を上・中・下・下々の四等級に分け、それぞれの等級に応じて公定された反当たりの標準収穫量。石高の算出や年貢賦課の基準ともなった。斗代。

ごく-もり【獄守】牢獄の番人。「存ずる旨あって、―に乞うて」〈平家・五〉

ごく-もん【獄門】❶獄屋の門。牢屋の門。❷斬罪に処せられた罪人の首を獄屋の門にさらすこと。江戸時代には刑罰の一つとなり、刑場などにさらした。さらし首。梟首。
獄門に懸・ける　さらし首にする。

ごくもん-くび【獄門首】獄門に処せられた者の首。さらし首。

ごくもん-だい【獄門台】獄門首をさらす台。

こく-や【穀屋】❶穀物の売買をする店。また、その人。「次男は縁家の―へ養子に行き」〈芥川・庭〉❷穀物を収納したり保管したりする建物。

ごく-や【獄屋】罪人を入れておく建物。牢獄。

こく-やく【国役】「くにやく」に同じ。

こく-やく【国訳】〔名〕スル 外国語の文章、特に漢文を日本語に訳すこと。また、訳したもの。和訳。邦訳。「大蔵経を―する」

ごく-やす【極安】〔名・形動〕値段が非常に安いこと。また、そのさま。「―な(の)品」

こく-ゆ【告諭】〔名〕スル 言い聞かせること。また、その言葉。「社員に―する」

こく-ゆう【国有】国家が所有すること。
(類語)公有・民有・私有・官有

こくゆう-ざいさん【国有財産】国が所有するすべての財産。特に、国有財産法の適用を受ける不動産、これに準じる動産および権利など。

こくゆう-ち【国有地】国の所有となっている土地。

こくゆう-てつどう【国有鉄道】㊀国家が所有し経営する鉄道。㊁「日本国有鉄道」の略。

こくゆう-りん【国有林】国家が所有する森林。農林水産省管理の国有林は国有林野法、国立大学法人の演習林は国有財産法の適用を受ける。

こく-よう【国用】国家の費用。国費。

こくよう-せき【黒曜石】火山岩の一。主に黒色でガラス光沢があり、化学組成は流紋岩質。割れ目は貝殻状を示し、破片が鋭いので石器の材料に使われた。日本では北海道十勝・長野県和田峠・島根県隠岐島後などに産する。黒曜岩。

こくら【小倉】㊀北九州市の小倉北区・小倉南区の総称。もと小笠原氏の城下町。明治33年(1900)市制、昭和38年(1963)北九州市の設置により区制、同49年2区に分かれる。㊁「小倉織」の略。

こくら〔接尾〕《古くは「こぐら」「ごくら」とも》動詞の連用形、まれに名詞などに付いて、競争する意を表す。くらべ。くら。「走り―」「飛び―」

こく-らい【黒×癩】ハンセン病の一型の古称。皮膚が斑紋状に赤褐色ないし灰褐色を呈する。

こ-ぐら・い【小暗い】〔形〕文こぐら・し〔ク〕どことなく暗い。薄暗い。おぐらい。「―・い路地」
(類語)薄暗い・暗い・ほの暗い・小暗がり・手暗がり

こ-ぐら・い【木暗い】〔形〕文こぐら・し〔ク〕木が茂って、その下が暗い。「―・い山中の道」

こくら-おり【小倉織】もと九州の小倉地方で産出した綿織物。厚手でじょうぶなところから帯地・袴地のほか、作業服や学生服などに多く用いられた。現在は岡山で産する。小倉縞。

こ-ぐらがり【小暗がり】薄暗いこと。また、その所。
(類語)薄暗い・暗い・ほの暗い・小暗い・手暗がり

こ-ぐらがり【木暗がり】木が茂って、その下が暗くなっていること。また、その所。

こぐらか・る〔動ラ五(四)〕❶糸などがからまって解けなくなる。もつれる。こんがらかる。「桃か桜か―・った様な枝風のが」〈小杉天外・魔風恋風〉❷物事が複雑に入り組む。紛糾する。こんがらかる。「最う談が紊れて、―・って、解らなくなった」〈二葉亭訳・夢かたり〉

こくらきた【小倉北】北九州市の区名。市役所所在地。商工業地区。

こくらきた-く【小倉北区】▶小倉北

ごく-らく【極楽】❶《梵 Sukhāvatīの訳》仏語。阿弥陀仏の浄土。西方十万億土のかなたにあり、広大無辺にして諸事が円満具足し、苦患のない、この上なく安楽な世界。浄土教の理想とする仏の国で、念仏を唱えれば、阿弥陀仏の本願力によってこの浄土に往生するという。西方浄土。極楽安養浄土。極楽界。極楽浄土。❷安楽でなんの心配もない状態や境遇。また、そういう場所。「この世の―を味わう」⇔地獄。
(類語)楽園・パラダイス・天国・楽天地・楽土・浄土
極楽願うより地獄作るな　極楽往生を願うよりも、まず地獄に落ちるような悪業をしないように心がけるべきである。

ごくらく-あんようじょうど【極楽安養浄土】「極楽❶」に同じ。

ごくらく-いん【極楽院】㊀奈良市にある元興寺の極楽坊の旧称。➡元興寺㊁㊁▶空也堂

ごくらく-おうじょう【極楽往生】〔名〕スル ❶極楽に生まれ変わること。❷安らかに死ぬこと。「―を遂げる」

ごくらく-おとし【極楽落(と)し】ネズミ取りの一種。金網のかごで作り、中にえさを入れておいて、ネズミが入るとふたが閉じて捕らえる仕掛けのもの。ねずみ落とし。極楽。

ごくらく-かい【極楽界】「極楽❶」に同じ。

ごくらく-じ【極楽寺】神奈川県鎌倉市極楽寺町にある真言律宗の寺。山号は霊鷲山。開創、正元元年(1259)、開基は北条重時、開山は忍性。江戸時代に荒廃したが、多数の古文書・寺宝を所蔵する。

ごくらくじ-ざか【極楽寺坂】神奈川県鎌倉市長谷から極楽寺に通じる坂道。鎌倉七口の一つで、新田義貞の鎌倉攻めのときの古戦場。極楽寺の切り通し。

ごくらく-じょうど【極楽浄土】「極楽❶」に同じ。

ごくらく-せかい【極楽世界】「極楽❶」に同じ。

ごくらく-ちょう【極楽鳥】フウチョウの別名。

ごくらくちょう-か【極楽鳥花】バショウ科の多年草。高さ約1メートル。葉は根生。花茎の先に鳥のくちばし状の仏炎苞をつけ、苞内に、橙黄色の萼と紫青色の花びらをもつ花を数個つける。南アフリカの原産で、切り花用などに栽培される。ストレリチア。

ごくらく-とんぼ【極楽蜻=蛉】楽天的でのんきそうな者をあざけったりからかったりしていう語。

ごくらく-なわ【極楽縄】東北・北陸地方の一部で、死者を座棺に納めるとき、首と両ひざとをつなぐなわ。不浄縄。

ごくらく-の-うてな【極楽の▽台】極楽にあるという蓮華の台。

ごくらく-の-とうもん【極楽の東門】極楽の東側にあり、人間世界に向かって開いているという門。

ごくらく-の-むかえ【極楽の迎え】極楽往生を願う人の臨終に、阿弥陀仏や観音・勢至などの菩薩が迎えに来ること。来迎。

ごくらく-まんだら【極楽×曼×荼羅】極楽のようすを描いた図絵。浄土曼荼羅。浄土変相図。

こくら-じま【小倉×縞】▶小倉織

こくら-じょう【小倉城】福岡県北九州市小倉北区にあった城。細川忠興が慶長7年(1602)より築城。寛永9年(1632)以後小笠原氏の居城となる。第二次大戦後天守閣を復興。勝野城。勝山城。

こくらみなみ【小倉南】北九州市の区名。住宅地。

こくらみなみ-く【小倉南区】▶小倉南

こく-らん【国乱】国内で反乱などが起こって秩序が乱れること。内乱。「爾後様々の―を経て」〈福沢・文明論之概略〉

こく-り【国利】国家の利益。国益。(類語)国益・公益

こくり【高句麗】㊀「こうくり(高句麗)」の音変化。㊁恐ろしいもののたとえ。元寇のとき、高句麗の兵士が侵害をしたことから出た語で、多くは「むくり」「もくり」などとともに用いる。
高句麗もくり遁げる　《「もくり」は蒙古のこと》元寇のときの高句麗と蒙古の軍隊のように、あわてふためいて逃げていく。

こく-り【酷吏】❶人民を苦しめる無慈悲な官吏。❷《杜牧「早秋詩」の「大熱酷吏を去りく」から》厳しい暑さ。酷暑。

こくり〔副〕居眠りしたりうなずいたりして、首を前に軽く傾けるさま。こっくり。「――(と)舟をこぐ」「―とうなずく」

ごく-り【獄吏】囚人を取り扱う、監獄の役人。

ごく-り【獄裏｜獄×裡】監獄の中。獄内。獄中。

ごくり〔副〕液体などをひと息に飲み込むときの音を表す語。「なまつばを―(と)飲み込む」

こく-りつ【国立】国家が設立し、維持・管理すること。
(類語)官立・公立

こくりつ-いでんがくけんきゅうじょ【国立遺伝学研究所】遺伝学の基礎とその応用に関する総合的研究を行う、大学共同利用機関法人。昭和24年(1949)文部省所轄研究所として設置。同59年大学共同利用機関に改組。所在地は静岡県三島市。遺伝研。NIG(National Institute of Genetics)。

こくりつ-いやくひんしょくひんえいせいけんきゅうじょ【国立医薬品食品衛生研究所】厚生労働省の付属機関。国民の保健衛生に寄与することを目的とし、医薬品・食品などの生活関連物質について試験、研究を行う。国立衛生試験所を平成9年(1997)に改称したもの。東京都世田谷区にある。

こくりつ-いんさつきょく【国立印刷局】▶印刷局

こくりつ-えいせいけんきゅうじょ【国立衛生研究所】▶エヌ-アイ-エッチ(NIH)

こくりつ-えいせいしけんじょ【国立衛生試験所】㊀国立医薬品食品衛生研究所の前身。㊁▶エヌ-アイ-エッチ(NIH)

こくりつ-かがくはくぶつかん【国立科学博物館】自然史・理工学・科学技術などに関する資料の収集・展示や研究・啓蒙活動などを行う機関。明治10年(1877)文部省の教育博物館として設置、平成13年(2001)より独立行政法人。本館が東京都上野公園内にあるほか、自然教育園・筑波実験植物園などの施設をもつ。科博。

こくりつ-かがくはくぶつかんふぞくしぜんきょういくえん【国立科学博物館付属自然教育園】「自然教育園」の正式名称。

こくりつがっこう-せっちほう【国立学校設置法】国が設置し、文部科学大臣が管理する学校の設置・管理について定めた法律。昭和24年(1949)施行、平成15年(2003)廃止。

こくりつ-かんきょうけんきゅうじょ【国立環境研究所】環境問題の多様化・広域化・国際化に対応することを主眼とした研究機関。昭和49年(1974)開設の国立公害研究所を平成2年(1990)に改組したもの。環境省の所管であったが、同13年独立行政法人になった。

こくりつ-がんけんきゅうセンター【国立がん研究センター】癌などの悪性腫瘍に関する専門的な医療の向上を図るために、調査・研究・技術開発および関連する医療の提供、技術者の研修などを行う組織。昭和37年(1962)国立がんセンターとして設立。平成22年(2010)独立行政法人に移行。東京都中央区築地に中央病院、研究所、がん予防・検診研究センター、がん対策情報センター、千葉県柏市に東病院がある。

こくりつ-かんごだいがっこう【国立看護大学校】東京都清瀬市にある厚生労働省所管の大学校。平成13年(2001)に開設された。

こくりつ-かんせんしょうけんきゅうじょ【国立感染症研究所】感染症を制圧するための総合的な研究や予防医学・保健医療行政の基盤となる科学的研究を行う組織。厚生労働省の付属研究機関。感染症検査システムの運営、感染症発生時における全国の情報集約・提供や疫学調査、ワクチンなど生物学的製剤の国家検定・検査業務を行う。また、世界保健機関(WHO)の協力センターとして病原体の分離同定や菌株の分与・保存など、国際的な研究協力機関としての役割も担う。平成9年(1997)、国立予防衛生研究所から名称変更。感染研。

こくりつ-がんセンター【国立がんセンター】国立がん研究センターの前身。

こくりつ-きょういくけんきゅうじょ【国立教育研究所】「国立教育政策研究所」の前身。昭和24年(1949)設置。

こくりつ-きょういくせいさくけんきゅうじょ【国立教育政策研究所】教育についての実際的・基礎的な研究調査を行う文部科学省の付属機関。第二次大戦中の教学錬成所の後身として戦後設置された教育研修所を母体に、昭和24年(1949)に国立教育研究所として設置。平成13年(2001)文部科学省の発足に合わせて現名称となった。

こくりつ-きょうぎじょう【国立競技場】東京都新宿区明治神宮外苑にある陸上競技場。昭和39年(1964)に開催された第18回オリンピック東京大会の中心会場となった。観客約7万5000人収容。

こくりつ-きょくちけんきゅうじょ【国立極地研究所】南極・北極に関する観測・科学研究を総合的に行う日本の国立研究所。昭和48年(1973)創設。平成16年(2004)、大学共同利用機関法人情報・システム研究機構の発足に伴い、同機構を構成する4研究所の一つとなる。大学等の研究者と共同し、地球科学・環境科学・太陽地球系科学・宇宙惑星科学・生物科学などを含む学際的な研究を推進する。

こくりつ-ぎんこう【国立銀行】明治5年(1872)制定の国立銀行条例に基づき、政府発行の不換紙幣の整理と殖産興業資金の供給を目的に設立された銀行。銀行券の発行権を有し、全国的に153行に達したが、同15年の日本銀行設立に伴い、同32年までに普通銀行に転じた。

こくりつ-きんだいびじゅつかん【国立近代美術館】近代日本の美術品を収集・展示する国立の美術館。東京と京都にある。➡東京国立近代美術館 ➡京都国立近代美術館

こくりつ-クレムリンきゅうでん【国立クレムリン宮殿】《Gosudarstvennyy Kremlevskiy Dvorets》ロシア連邦の首都モスクワの中心部、クレムリンにある建物。旧称クレムリン大会宮殿。1961年に完成したクレムリン唯一の現代建築であり、収容人数6000人。旧ソ連時代は共産党大会などに使われた。現在は国際会議のほか、オペラやバレエの劇場として利用される。1990年にクレムリンが世界遺産(文化遺産)に登録された際、この宮殿だけが選ばれなかった。

こくりつ-げきじょう【国立劇場】㊀国が財政的な援助を与えて設立し、その国の演劇文化の保存・継承・振興のために運営する劇場。コメディー-フランセーズ・スカラ座など。㊁東京都千代田区にある劇場。日本の伝統芸能の公開のほか、調査研究・資料収集・後継者養成などを目的に、国立劇場法によって昭和41年(1966)設立。

こくりつ-こうえん【国立公園】その国の代表的な景勝地で、国が設定し、保護・管理する公園。日本では、国を代表するに足りる傑出した自然の風景地を環境大臣が指定する。(補説)平成24年(2012)に霧島屋久国立公園が霧島錦江湾国立公園と屋久島国立公園に分割・再編され、現在30地区が指定されている。➡表

こくりつ-こうがいけんきゅうじょ【国立公害研究所】国立環境研究所の前身。

こくりつ-こうぶんしょかん【国立公文書館】国の行政に関する公文書を収集保管し、一般に公開することを目的とする内閣府所管の施設。既設の内閣文庫を吸収して昭和46年(1971)設置。平成13年(2001)独立行政法人に移行。東京都千代田区にある。

こくりつこうぶんしょかん-ほう【国立公文書館法】独立行政法人国立公文書館の名称・目的・業務の範囲、および国の歴史資料として重要な公文書の保存等について、公文書館法の精神に基づいて定めた法律。平成11年(1999)制定。

こくりつ-こくごけんきゅうじょ【国立国語研究所】国民の言語生活や外国人への日本語教育についての調査・研究機関。昭和23年(1948)設立。平成13年(2001)独立行政法人に移行。同21年独立行政法人を解散し、大学共同利用機関法人人間文化研究機構に移管。東京都立川市にある。国研。

こくりつ-こくさいびじゅつかん【国立国際美術館】大阪市北区にある国立美術館。現代美術を中心に収集する。昭和52年(1977)、大阪府吹田市の万国博美術館を改装して開設、平成16年(2004)現在地に移転。

こくりつ-こくぶんがくけんきゅうしりょうかん【国立国文学研究資料館】文部科学省所管の研究機関の一。国文学に関する文献、その他の資料の調査・収集・研究を行い、また、利用に供する。昭和47年(1972)設立。

こくりつ-こっかいとしょかん【国立国会図書館】昭和23年(1948)国立国会図書館法に基づいて設置された図書館。国会に付属し、図書その他の資料を収集して国会議員の職務の遂行に役立たせるとともに、行政・司法の各部門および一般国民に対して図書館奉仕を行うことを目的とする。国内で刊行される図書はすべて収められる。本館は東京都千代田区にある。

こくりつ-しぜんきょういくえん【国立自然教育園】▶自然教育園

こくりつ-じょうほうがくけんきゅうじょ【国立情報学研究所】東京都千代田区にある大学共同利用機関法人。情報学研究と大学院教育に取り組む一方、他の研究機関を含めた情報共有インフラである最先端学術情報基盤(CSI)の構築・運営などを行う。情報・システム研究機構を構成する4研究所の一。昭和51年(1976)に東京大学情報図書館学研究センターとして発足。同大学文献情報センター、学術情報センター(NACSIS；National Center for Science Information Systems)への改組を経て、平成12年(2000)に現名称となる。NII(National Institute of Informatics)。

こくりつ-しんびじゅつかん【国立新美術館】東京都港区にある国立美術館。独自の収集作品をもたず、展覧会の開催や教育普及事業などを中心に行う。平成19年(2007)開館。

こくりつ-せいようびじゅつかん【国立西洋美術館】東京都台東区上野公園にある国立美術館。松方コレクションを主体とし、昭和34年(1959)に開館。近代ヨーロッパの絵画・彫刻を中心に所蔵。本館はル゠コルビュジェの設計。

こくりつ-だいがく【国立大学】国が設置した大学。国立学校設置法・同法施行規則、その他の規程によって設置・運営されたが、平成15年(2003)国立大学法人法の施行により同法人が設置・運営をする。全国に86校ある(平成24年7月現在)。➡公立大学

［国立公園］日本の国立公園一覧

利尻礼文サロベツ国立公園	中部山岳国立公園
知床国立公園	白山国立公園
阿寒国立公園	南アルプス国立公園
釧路湿原国立公園	伊勢志摩国立公園
大雪山国立公園	吉野熊野国立公園
支笏洞爺国立公園	山陰海岸国立公園
十和田八幡平国立公園	瀬戸内海国立公園
陸中海岸国立公園	大山隠岐国立公園
磐梯朝日国立公園	足摺宇和海国立公園
日光国立公園	西海国立公園
尾瀬国立公園	雲仙天草国立公園
上信越高原国立公園	阿蘇くじゅう国立公園
秩父多摩甲斐国立公園	霧島錦江湾国立公園
小笠原国立公園	屋久島国立公園
富士箱根伊豆国立公園	西表石垣国立公園

こくりつだいがく-ほうじん【国立大学法人】国立大学を設置することを目的として、国立大学法人法の定めに基づいて設立される法人。例えば、東京大学は国立大学法人東京大学が設置・運営する。大学改革の一環として導入された制度で、それまで文部科学省の内部組織だった国立大学にそれぞれ独立した法人格を付与し、各大学が自主的・自律的な運営を行えるようにした。➡公立大学法人

こくりつだいがくほうじん-ひょうかいいんかい【国立大学法人評価委員会】国立大学法人・大学共同利用機関法人について、教育・研究の内容や運営目標の達成度を評価するために、国立大学法人法に基づいて文部科学省に設置された審議会。平成15年(2003)設置。

こくりつだいがくほうじん-ほう【国立大学法人法】高等教育や学術研究の水準向上と均衡ある発展を図るため、国立大学法人および大学共同利用機関法人の組織・運営について定めた法律。平成15年(2003)成立。

こくりつ-てんもんだい【国立天文台】東京都三鷹市にある国立の天文台。明治11年(1878)東京大学理学部観象台として発足、同21年港区麻布に移転して東京天文台と改称。大正13年(1924)現在地に移転。昭和63年(1988)緯度観測所、名古屋大学空電研究所の一部が合併し、文部省直轄の大学共同利用機関として現名に改称。日本標準時の決定、暦の編集、天体の観測・研究を行う。付属施設として乗鞍コロナ観測所・岡山天体物理観測所・野辺山宇宙電波観測所などがある。

こくりつ-はくぶつかん【国立博物館】㊀東京国立博物館の旧称。昭和22年(1947)東京帝室博物館から国立博物館に改称され、さらに同27年、現名称の東京国立博物館となった。㊁平成13年(2001)東京国立博物館・京都国立博物館・奈良国立博物館の3館を統合して設立された独立行政法人。同19年には文化財研究所とともに国立文化財機構に統合された。

こくりつ-びじゅつかん【国立美術館】国立の美術館を運営・管理する独立行政法人。平成13年(2001)発足。国立西洋美術館・東京国立近代美術館・京都国立近代美術館・国立国際美術館・国立新美術館を運営している。

こくりつ-びょういんきこう【国立病院機構】厚生労働省所管の独立行政法人。病院・医療センター・看護学校などを運営し、医療の提供および調査・研究、医療技術者の育成を行う。平成16年(2004)に全国の国立病院と国立療養所を統合して発足。

こくりつびょういんきこう-さいがいいりょうセンター【国立病院機構災害医療センター】広域災害が発生した際に救援救護や情報の収集・伝達を行う医療機関。災害医療の基幹施設で、全国の災害拠点病院の中核として行政との連携を図る。平常時には多発外傷・熱傷・クラッシュ症候群の治療など、高度な救急医療や、災害医療を中心とする臨床研究、災害・救急医療に関する研修な

どを行う。所在地は東京都立川市。平成7年(1995)に国立王子病院と国立立川病院を統合して国立病院東京災害医療センターとして発足。同16年から独立行政法人国立病院機構が運営し、現名称に変更。

こくりつ-ひょうじゅんぎじゅつけんきゅうじょ【国立標準技術研究所】コクリツヒョウジュンギジュツケンキュウジョ ▶ニスト(NIST)

こくりつ-ぶんかきゅうでん【国立文化宮殿】コクリツブンカキュウデン《Natsionalen Dvorets na Kulturata》ブルガリアの首都ソフィアの中心部、ユージェン公園内にある複合施設。共産党支配下の1981年に、建国1300年を記念して建造。劇場・映画館・会議場・テレビスタジオ・レストランなどを併設。NDK。エンデカ。

こくりつ-ぶんかざいきこう【国立文化財機構】コクリツブンカザイキコウ 文化庁所管の独立行政法人。文化財の保存・研究、国立博物館の運営などを行う。平成19年(2007)に国立博物館と文化財研究所が統合して発足。(補説)東京国立博物館・京都国立博物館・奈良国立博物館・九州国立博物館・東京文化財研究所・奈良文化財研究所の六つを運営する。

こくりつ-ぶんかざいけんきゅうじょ【国立文化財研究所】コクリツブンカザイケンキュウジョ 文化財の調査・研究などを行った文化庁の付属機関の一。昭和27年(1952)発足。平成13年(2001)独立行政法人文化財研究所に移行。同19年に国立博物館と統合し国立文化財機構となる。⇒東京国立文化財研究所 ⇒奈良国立文化財研究所

こくりつ-みんぞくがくはくぶつかん【国立民族学博物館】コクリツミンゾクガクハクブツカン 大阪府吹田市にある、民族学・文化人類学分野に関する博物館。大学共同利用機関の一つとして設置され、研究・教育のほか、世界各地の民族資料の収集・展示を行う。昭和52年(1977)開館。愛称、みんぱく(民博)。

こくりつ-れきしみんぞくはくぶつかん【国立歴史民俗博物館】コクリツレキシミンゾクハクブツカン 千葉県佐倉市にある、歴史・考古学・民俗学分野に関する博物館。大学共同利用機関の一つとして設置され、研究と資料の収集、保管・展示を行う。昭和58年(1983)開館。歴博。

こくり-みんぷく【国利民福】国家の利益と国民の幸福。

こく-りゅう【穀粒】コクリュウ 米や麦など穀物の粒。

こくりゅう-かい【黒竜会】コクリュウカイ 明治34年(1901)内田良平を中心に結成された国家主義団体。大アジア主義をかざし、大陸進出を主張した。昭和21年(1946)解散。

こくりゅう-こう【黒竜江】コクリュウコウ (一)▶アムール川(二)中国東北地区北端の省。省都ハルビン。農業が盛んで、他に木材・毛皮や地下資源を産出する。ヘイロンチアン。

こくりゅうこう-しょう【黒竜江省】コクリュウコウショウ ▶黒竜江(二)

こく-りょう【国領】コクリョウ「国衙領こくがりょう」に同じ。

こくりょう-し【告陵使】国家的な大礼・事変などに際し、山陵に奉告・奉幣する勅使。山陵使。こうりょうし。

こくりょうでん【穀梁伝】コクリョウデン ▶春秋穀梁伝しゅんじゅうこくりょうでん

こく-りょく【国力】国の勢力。国の経済力や軍事力などを総合した力。「一増強」(類語)国威

こく・る 一〔動ラ四〕強くこする。「木で鼻を一・ったやうな西隣/一茶」〈迹祭〉 二〔接尾〕《動詞五(四)段活用》動詞の連用形に付いて、その動作のはげしいさまを表したり、その動作を強調したりする。「黙り一・る」「叱り一・る」

こく・る【告る】〔動ラ五〕《若者言葉》(愛を)告白する。「彼女に一・ってふられた」(補説)「告白る」とも書く。

こく-るい【穀類】穀物のたぐい。穀物類。
(類語)穀物・五穀・雑穀・米穀

こ-ぐるま【小車】❶小さい車。おぐるま。❷「輦車てぐるま」に同じ。

こ-ぐれ【木▽暗｜木暮れ】木陰の暗い所。木暗がり。「照射ともすと鹿にもあはぬもの故に一の下に夜をあかしつる」〈堀河百首〉

こく-れい【穀霊】穀物に宿るとされる精霊。日本でいう稲魂いなだまはその一例。コーンスピリット。

こく-れつ【酷烈】〔名・形動〕容赦がなく、はげしいこと。また、そのさま。「一な批評を浴びせる」

こぐれ-りたろう【木暮理太郎】コグレリタロウ[1873〜1944]登山家。群馬の生まれ。東京市史の編纂に携わるかたわら、登山の普及に貢献。著「山の憶い出」など。

こく-れん【国連】「国際連合」の略。

こく-れん【黒×鰱】コイ科の淡水魚。体は紡錘形で側扁し、目は下方にある。体色は暗緑色。白鰱はくれんとともに鰱魚れんぎょと称される。⇒鰱魚

こくれん-アフリカけいざいいいんかい【国連アフリカ経済委員会】コクレンアフリカケイザイイインカイ ▶イー-シー-エー(ECA)

こくれん-あんぜんほしょうりじかい【国連安全保障理事会】コクレンアンゼンホショウリジカイ ▶安全保障理事会

こくれん-うちゅうくうかんじむしょ【国連宇宙空間事務所】コクレンウチュウクウカンジムショ ▶ユー-エヌ-オー-オー-エス-エー(UNOOSA)

こくれん-うちゅうくうかんへいわりよういいんかい【国連宇宙空間平和利用委員会】コクレンウチュウクウカンヘイワリヨウイインカイ ▶シー-オー-ピー-ユー-オー-エス(COPUOS)

こくれん-うちゅうへいわりようかいぎ【国連宇宙平和利用会議】コクレンウチュウヘイワリヨウカイギ ▶ユニスペース(UNISPACE)

こくれん-おうしゅうけいざいいいんかい【国連欧州経済委員会】コクレンオウシュウケイザイイインカイ ▶イー-シー-イー(ECE)

こくれん-オブザーバー【国連オブザーバー】国際連合の総会において、発言権をもつが議決権をもたない国や組織。バチカン・PLO(パレスチナ解放機構)・赤十字国際委員会などのほか、各国のNGOが参加している。⇒オブザーバー

こくれん-かいはつけいかく【国連開発計画】コクレンカイハツケイカク ▶ユー-エヌ-ディー-ピー(UNDP)

こくれん-かいようほう【国連海洋法】コクレンカイヨウホウ ▶海洋法

こくれん-かいようほうじょうやく【国連海洋法条約】コクレンカイヨウホウジョウヤク《「海洋法に関する国際連合条約」の通称》海洋に関する権利・義務などを包括的に規定した多国間条約。国際関係の歴史の中で発展してきた海洋に関する慣習法を法典化したもの。全17部320条の本文と9つの付属文書からなり、「海の憲法」とも言われる。UNCLOS(United Nations Convention on the Law of the Sea)。⇒海洋法 (補説)領海・公海・大陸棚をはじめ、国際航行に使用される海峡・群島水域・排他的経済水域などに関する規定、深海底およびその資源を国際的に管理する国際海底機構(ISA)や同条約に係る紛争などを扱う国際海洋法裁判所(ITLOS)の設置など、海洋秩序の安定的確立に向けた内容が規定されている。1994年に発効。日本は平成8年(1996)6月に批准し、同年7月20日に発効した。

こくれん-かがくぎじゅつかいはつかいぎ【国連科学技術開発会議】コクレンカガクギジュツカイハツカイギ ▶ユー-エヌ-シー-エス-ティー-ディー(UNCSTD)

こくれん-かつどう【国連活動】コクレンカツドウ 国際連合におけるさまざまな活動。国連憲章に基づき、世界平和の維持、人権の尊重、貧困の解消などを目的とした活動を行う。特に、PKO(国連平和維持活動)を指すことが多い。

こくれん-かんきょうかいはつかいぎ【国連環境開発会議】コクレンカンキョウカイハツカイギ ▶地球サミット

こくれん-かんきょうけいかく【国連環境計画】コクレンカンキョウケイカク ▶ユネップ(UNEP)

こくれんかんきょうけいかく-きんゆうイニシアチブ【国連環境計画・金融イニシアチブ】コクレンカンキョウケイカクキンユウイニシアチブ ▶ユネップ-エフアイ(UNEP FI)

こくれん-かんきょうとくべついいんかい【国連環境特別委員会】コクレンカンキョウトクベツイインカイ ▶ダブリュー-シー-イー-ディー(WCED)

こくれん-カンボジアざんていとうちきこう【国連カンボジア暫定統治機構】▶アンタック(UNTAC)

こくれん-き【国連旗】国際連合の旗。北極を中心とした世界地図をオリーブの枝葉で囲んだ図柄で、青地に白抜きで表される。国際連合旗。

こくれん-きこうへんどうサミット【国連気候変動サミット】2009年9月22日にニューヨークの国連本部で開催された気候変動問題に関する国際会議。主要経済国を含む90か国以上から首脳が参加し、同年12月にデンマークのコペンハーゲンで開催される気候変動枠組条約締約国会議(COP15)に向けて交渉を促進させる必要性を確認した。気候変動サミット。気候変動首脳会合。気候変動ハイレベル会合。(補説)日本は、2020年までに温室効果ガスを1990年比で25パーセント削減することを表明。

こくれん-きょういくかがくぶんかきかん【国連教育科学文化機関】コクレンキョウイクカガクブンカキカン ▶ユネスコ(UNESCO)

こくれん-きょうかい【国連協会】コクレンキョウカイ ▶ユー-エヌ-エー(UNA)

こくれん-ぎょうせいちょうせいいいんかい【国連行政調整委員会】コクレンギョウセイチョウセイイインカイ ▶エー-シー-シー(ACC)

こくれん-グローバルコンパクト【国連グローバルコンパクト】《The United Nations Global Compact》国連が企業に実践を呼びかける、10項目の普遍的原則。1999年のダボス会議で国連事務総長アナンが人権・労働・環境に関する九つの原則を提唱。2004年に不正・腐敗の防止に関する原則が追加された。企業は、国際的に認められた規範を遵守しながら事業活動を展開することによって、社会的責任を果たし、社会の持続的発展に貢献できる。130か国以上から8700以上の企業・団体が参加している(2012年7月現在)。GC(Global Compact)。国際連合グローバルコンパクト。(補説)人権の保護、人権侵害の防止、組合結成や団体交渉権の承認、強制労働・児童労働・職業上の差別の撤廃、環境問題の予防、環境への責任ある取り組み、環境技術の開発・普及、強要や贈収賄などの不正・腐敗の防止を呼びかけている。

こくれん-ぐん【国連軍】国際連合が国際間の平和と安全を維持するために組織する軍隊。安全保障理事会と国連加盟国との間の協定により編成され、国連の指揮に服する。国際連合軍。UNF(United Nations Forces)。(補説)1945年の国連創設以来、今日まで正規の国連軍が組織されたことはない。近年世界の紛争地域に派遣されているPKF(国連平和維持軍)は、国連軍とは性格が異なる。

こくれん-ぐんしゅくいいんかい【国連軍縮委員会】コクレングンシュクイインカイ ▶ユー-エヌ-ディー-シー(UNDC)

こくれん-ぐんしゅくかいぎ【国連軍縮会議】コクレングンシュクカイギ 世界各国の政府高官や軍縮問題の専門家が集まり、国際平和や安全保障など毎回のテーマに沿って個人の立場で討議を行う会議。政府代表で構成される軍縮会議とは異なる。1988年の第3回国連軍縮特別総会(SSD)で日本の首相竹下登が提唱。翌89年に京都で第1回会議が開催され、以降毎年日本の各都市で開催されている。

こくれん-ぐんしゅくとくべつそうかい【国連軍縮特別総会】コクレングンシュクトクベツソウカイ ▶エス-エス-ディー(SSD)

こくれん-くんれんちょうさけんきゅうじょ【国連訓練調査研究所】コクレンクンレンチョウサケンキュウジョ ▶ユニタール(UNITAR)

こくれん-けいざいしゃかいりじかい【国連経済社会理事会】コクレンケイザイシャカイリジカイ ▶経済社会理事会

こくれん-けつぎ【国連決議】国際連合が行う決議。安全保障理事会による安保理決議と、国連総会による総会決議がある。国際連合決議。

こくれん-けんしょう【国連憲章】コクレンケンショウ《Charter of the United Nations》国際連合の目的・原則・組織・機能など基本的な事項を定めた条約。1945年6月のサンフランシスコ会議で採択、同年10月24日発効。前文と19章111条からなる。国際連合憲章。UNC。

こくれん-こうぎょうかいはつきかん【国連工業開発機関】コクレンコウギョウカイハツキカン ▶ユニド(UNIDO)

こくれん-ごうどうエイズけいかく【国連合同エ

イズ計画】ーガフドウーケイクワク ▶ユーエヌ-エイズ(UNAIDS)

こくれん-こうほうセンター【国連広報センター】ークワウホウー ▶ユー-エヌ-アイ-シー(UNIC)

こくれん-こくさいほういいんかい【国連国際法委員会】ーコクサイハフヰヰンクワイ ▶アイ-エル-シー(ILC)

こくれん-こくさいぼうさいせんりゃくじむきょく【国連国際防災戦略事務局】ーコクサイバウサイセンリヤクジムキヨク ▶ユー-エヌ-アイ-エス-ディー-アールUN/ISDR

こくれん-さいがいきゅうさいちょうせいかんじむしょ【国連災害救済調整官事務所】ーサイガイキウサイテウセイクワンジムシヨ ▶アンドロ(UNDRO)

こくれん-さばくかぼうしかいぎ【国連砂漠化防止会議】ーサバククワバウシクワイギ ▶ユー-エヌ-シー-ディー(UNCD)

こくれん-じどうききん【国連児童基金】▶ユニセフ(UNICEF)

こくれん-じむきょく【国連事務局】国際連合の主要機関の一。国連事務総長を長とし、国際連合の運営に関する一切の事務を行う機関。職員は国際公務員として、国籍によらない中立性が保障される。本部はニューヨーク。国際連合事務局。

こくれん-じむそうちょう【国連事務総長】ージムソウチヤウ 国際連合の主席行政官。事務局の長としてすべての業務を統轄するとともに、主要機関から委任された任務を行う。安全保障理事会の勧告により、総会が任命し、任期は5年が慣例。国際連合事務総長。

こくれん-しょくりょうのうぎょうきかん【国連食糧農業機関】ーシヨクリヤウノウゲフキクワン ▶エフ-エー-オー(FAO)

こくれん-じょせいかいはつききん【国連女性開発基金】ーヂヨセイカイハツキキン ▶ユニフェム(UNIFEM)

こくれん-じんけんりじかい【国連人権理事会】ージンケンリジクワイ ▶ユー-エヌ-エッチ-アール-シー(UNHRC)

こくれん-じんこうききん【国連人口基金】▶ユー-エヌ-エフ-ピー-エー(UNFPA)

こくれん-しんたくとうちりじかい【国連信託統治理事会】ーシンタクトウチリジクワイ ▶信託統治理事会

こくれん-じんどうもんだいきょく【国連人道問題局】ージンダウモンダイキヨク ▶ディー-エッチ-エー(DHA)

こくれん-じんどうもんだいちょうせいぶ【国連人道問題調整部】ージンダウモンダイテウセイブ ▶オー-シー-エッチ-エー(OCHA)

こくれん-そうかい【国連総会】ーソウクワイ《United Nations General Assembly》国際連合の主要機関の一つで、安全保障理事会と並ぶ最高機関。全加盟国によって構成され、国連憲章の範囲内にあるすべての問題や事項について討議し勧告することができるが、安全保障理事会と異なり、決定事項に拘束力はない。毎年1回、9月に定期総会を開くほか、特別総会や緊急特別総会が開かれることもある。議案採決では、各国が1票の投票権を持つ。議長は、世界の五つの地域による持ち回りで選出される。国際連合総会。UNGA。

こくれん-だいがく【国連大学】《United Nations University》1973年国連総会での国連大学憲章採択に基づき、東京に本部を置いて1975年から活動を開始した国際的研究機関。人類の生存・発展・福祉などの重要問題の地球的規模での研究を目的とする。本部と世界各国における研究教育施設とで構成。国際連合大学。UNU。

こくれん-たいきせいど【国連待機制度】国連平和維持活動(PKO)に提供可能な要員の種類や数を国連加盟国が事前に登録する制度。各国へのPKO派遣要請を迅速・円滑に行うことが目的。1994年発足。日本は2009年7月に参加。UNSASアンサス(United Nations Standby Arrangements System)。

こくれん-ちきゅういきものかいぎ【国連地球生きもの会議】ーチキウいきものクワイギ 平成22年(2010)に名古屋市で開催された生物多様性条約第10回締約国会議(COP10)の通称。遺伝資源の利用と公正な利益配分について定めた名古屋議定書や、生物多様性保全の世界目標である愛知ターゲットを決議した。➡生物多様性条約締約国会議 ➡COP

こくれん-とくべつききん【国連特別基金】▶ユー-エヌ-エス-エフ(UNSF)

こくれん-なんみんこうとうべんむかんじむしょ【国連難民高等弁務官事務所】ーナンミンカウトウベンムクワンジムシヨ ▶ユー-エヌ-エッチ-シー-アール(UNHCR)

こくれん-なんみんじょうやく【国連難民条約】ーナンミンデウヤク ▶難民条約

こくれん-にんげんきょじゅうかいぎ【国連人間居住会議】ーニンゲンキヨヂユウクワイギ ▶ハビタット❶

こくれん-にんげんきょじゅうけいかく【国連人間居住計画】ーニンゲンキヨヂユウケイクワク ▶ハビタット❷

こくれん-ハビタット【国連ハビタット】▶ハビタット❷

こくれん-パレスチナなんみんきゅうさいじぎょうきかん【国連パレスチナ難民救済事業機関】ーナンミンキウサイジゲフキクワン ▶ユー-エヌ-アール-ダブリュー-エー(UNRWA)

こくれん-ふじんかいはつききん【国連婦人開発基金】▶ユニフェム(UNIFEM)

こくれん-ぶんたんきん【国連分担金】国際連合の運営のために、加盟各国が負担する経費。2年ごとの総会で分担比率が決められる。

こくれん-へいりょくひきはなしかんしぐん【国連兵力引(き)離し監視軍】▶アンドフ(UNDOF)

こくれん-へいわいじかつどう【国連平和維持活動】ーヘイワヰヂクワツドウ《United Nations Peacekeeping Operations》▶ピー-ケー-オー(PKO)

こくれんへいわいじかつどう-きょうりょくほう【国連平和維持活動協力法】コクレンヘイワヰヂクワツドウケフリヨクハフ ▶PKO協力法

こくれんへいわいじかつどう-しょうがいほけん【国連平和維持活動傷害保険】コクレンヘイワヰヂクワツドウシヤウガイホケン PKO協力法(国際連合平和維持活動等に対する協力に関する法律)に定める国際平和協力隊員(PKO隊員)などを被保険者として、海外の派遣先での傷害・死亡・後遺障害・傷害治療・疾病死亡・疾病治療などの費用および救援者費用などを塡補する保険。PKO保険。

こくれん-へいわいじぐん【国連平和維持軍】ーヘイワヰヂグン《United Nations Peacekeeping Force》▶ピー-ケー-エフ(PKF)

こくれん-ぼうえきかいはつかいぎ【国連貿易開発会議】ーボウエキカイハツクワイギ ▶アンクタッド(UNCTAD)

こくれん-ぼうえきかいはつりじかい【国連貿易開発理事会】ーボウエキカイハツリジクワイ ▶ティー-ディー-ビー(TDB)

こくれん-ボランティアけいかく【国連ボランティア計画】ーケイクワク ▶ユー-エヌ-ブイ(UNV)

こくれん-ミレニアムかいはつもくひょう【国連ミレニアム開発目標】ーカイハツモクヘウ ▶ミレニアム開発目標

こくれん-やくぶつとうせいけいかく【国連薬物統制計画】ーヤクブツトウセイケイクワク ▶ユー-エヌ-ディー-シー-ピー(UNDCP)

こくれん-やくぶつはんざいじむしょ【国連薬物犯罪事務所】▶ユー-エヌ-オー-ディー-シー(UNODC)

こくれん-やくぶつらんようとうせいききん【国連薬物乱用統制基金】▶ユー-エヌ-エフ-ディー-エー-シー(UNFDAC)

こくれん-ヨーロッパけいざいいいんかい【国連ヨーロッパ経済委員会】ーケイザイヰヰンクワイ ▶イー-シー-イー(ECE)

こく-ろう【刻漏】水時計。漏刻。

こく-ろう【国老】ーラウ ❶江戸時代、大名の領地にあって留守をあずかる国くに家老。❷国に功労のあった老臣。元老。❸昔、中国で、辞職ののちも卿大夫けいたいふの待遇を受けた者の称。

ご-くろう【御苦労】ークラウ〘名・形動〙❶他を敬って、その人の「苦労」をいう語。お骨折り。ごやっかい。「―をおかけします」❷他人に仕事を依頼したときなどに、その苦労をねぎらっていう語。同輩以下の者に対して用いる。「遅くまで―だったね」❸苦労の成果がなくむだにみえることを、あざけりの気持ちを含んでいう語。「この暑いのに―なことだ」

ごく-ろう【極×臈】ーラフ ▶きょくろう(極臈)

ごくろう-さま【御苦労様】ゴクラウー 御苦労❷を丁寧に言う言葉。➡お疲れ様(補説)

こく-ろん【国論】国民一般の論・意見。世論。「―を二分する」

こくわ こくは サルナシの別名。

こ-くわ【木×鍬】ーくは 全体を木で作った鍬。

こ-くん【古訓】❶古い時代に付けられた漢字・漢文の訓。❷古人の教訓。

こ-くん【故君】先代の君主。亡くなった主君。

こ-ぐん【孤軍】援軍がなく、孤立した少人数の軍勢。

ご-くん【五×葷】「五辛ごしん」に同じ。

ご-ぐん【語群】❶言語学で、ある語派に属する言語群。ゲルマン語派の北ゲルマン語群・北海ゲルマン語群など。❷いくつかの語を集めたもの。

こくんこじき【古訓古事記】長瀬真幸が、師の本居宣長の「古事記伝」に従って、古事記の本文に訓を加えた書。3巻。享和3年(1803)刊。新刻古事記。

こぐん-ふんとう【孤軍奮闘】〘名〙スル 援軍もなく孤立した中でよく戦うこと。また、だれの援助も受けずに一人で努力すること。

こ-け【×苔・×蘚・×蘿】《「木こ毛け」の意という》蘚せん類・苔たい類などのコケ植物や、地衣類・シダ類、種子植物のごく小形のものなどの総称。湿地や岩石・樹木などに生え、葉状または丈の低い草状をしている。

こ-け【虚仮】㊀〘名〙❶思慮の浅いこと。愚かなこと。また、その人。「―の一念」❷仏語。真実でないこと。外面と内心とが一致しないこと。㊁〘接頭〙名詞などに付く。❶見せかけだけで中身のない意を表す。「―おどし」「―おどかし」❷むやみやたらにすることや、そのような状態であることをけなしていうのに用いる。「―いそぎ」「―惜しみ」

虚仮に◦する 踏みつけにする。ばかにする。「人を―◦する」

虚仮の後思案あとじあん 愚かな者は、必要なときに知恵が出ず、事が過ぎてから考えが浮かぶものであるということ。下種げすのあと知恵。

虚仮の一心いっしん 愚かな者がただその事だけに心を傾けてやりとげようとすること。

虚仮も一心いっしん 愚かな者でも物事を一心にすれば、りっぱなことができるということ。

こけ【×鱗】「こけら(鱗)」に同じ。

こげ【焦げ】❶焼けて黒くなること。また、そのものや、その部分。❷焦げ飯。おこげ。❸陶磁器で、釉うわぐすりが焼けて黒または黒褐色になった部分。

ご-け【五家】❶中国における禅宗の五つの宗派。臨済・曹洞そうとう・潙仰いぎょう・雲門・法眼ほうげん。五派。❷真宗の五つの本山。西本願寺・東本願寺・仏光寺・錦織きんしょく寺・専修せんじゅ寺をいう。五派。❸▶五摂家ごせっけ

ご-け【後家】❶夫に死別し、再婚しないで暮らしている女性。寡婦。未亡人。やもめ。❷二つで一組になっている道具などの、片方がなくなって残っているほう。

後家の頑張がんばり**り** 寡婦が、一家の生活を支えるためになりふりかまわず奮闘すること。力不足だが精一杯やっていることのたとえにも使う。後家の踏ん張り。「彼の仕事は―というものさ」

後家を立・てる 再婚せず後家のままで世を送る。「―・てて家を守る」

ご-け【碁×笥】碁石を入れる丸い容器。

ご-げ【五▽悔】天台宗で、罪過を消滅するために行う五つの行。懺悔さんげ・勧請かんじょう・随喜・回向えこう・発願ほつがん。

ご-げ【五×礙】「五障ごしょう」に同じ。

こ-けい【古形】古い形。古い形式。「―を保つ」

こ-けい【固形】かたくて、一定の形と体積をもっているもの。「―スープ」(類語)塊

こけい【虎渓】中国江西省の廬山ろざんにある川。

こ-けい【孤×閨】ひとり寝の部屋。転じて、夫の長い留守の間、妻がひとりで暮らすこと。

孤閨を守・る 夫の長い不在、または死別により、妻がひとりで家を守る。

ご-けい【五刑】❶古代中国で行われた五つの刑罰。墨(いれずみ)・劓(はなきり)・剕(あしきり)・宮(男子は去勢、女子は幽閉)・大辟(くびきり)をさす。❷日本の律で規定された五つの刑。笞ち・杖じょう・徒ず・流る・死をさす。五罪。

ご-けい【五経】▶ごきょう(五経)

ご-けい【互恵】互いに特別の便宜や利益を与え合うこと。「平等―」

ご-けい【御×禊】❶天皇の即位後、大嘗会だいじょうえの前月に賀茂川の河原などで行うみそぎの儀式。江戸時代は御所内で行われた。❷斎宮・斎院などが祭りの前や卜定ぼくじょうのあとに、賀茂川で行うみそぎ。

ご-けい【御慶】▶ぎょけい(御慶)

ご-けい【語形】❶語の外形。音韻の連続体としてとらえた語の形。❷単語が文法的な働きに応じて変化するそれぞれの形。

こけい-アルコール【固形アルコール】▶固形燃料

ごけい-かんぜい【互恵関税】クヮンゼイ 特定の二国間貿易において、相互に関税率を引き下げ、第三国に対するよりも低率にする関税。

こけい-さんしょう【虎渓三笑】コケイサンセウ 晋の慧遠えおん法師は、廬山ろざんに隠棲して二度と虎渓の石橋を越えまいと誓ったが、訪ねてきた陶淵明とうえんめい・陸修静を送って行きながら話に夢中になって不覚にも石橋を渡ってしまい、三人で大笑いして別れたという、「廬山記」の故事。東洋画の画題。三笑。

ご-けいし【呉敬梓】[1701～1754]中国、清しん初の文学者。安徽あんき省全椒ぜんしょうの人。字あざなは敏軒びんけん、号は文木ぶんぼく。著作「儒林外史じゅりんがいし」は風刺小説の源流とされ、「紅楼夢こうろうむ」とともに清朝小説の双璧と称される。他に「文木山房集」「詩説」など。

ごけい-じょうやく【互恵条約】ゴケイデウヤク 特定の二国間で、第三国に対するよりも通商上有利な条件を相互に与え合うことを取り決めた条約。

こけい-しょく【固形食】牛乳・おもゆなどの流動食に対して、噛かんで食べる通常の食物。

こけい-ねんりょう【固形燃料】コケイネンレウ 石鹸せっけん類あるいは酢酸セルロースにアルコールを含ませてゲル状にし、缶詰にした携帯用燃料。固形アルコール。

こけい-ぶつ【固形物】固形の物。

ごけい-へんか【語形変化】ヘンクヮ ❶文法的機能の変化や他の語との接続関係によって、語の形が変化すること。例えば、「赤い」に助詞「ば」が接続するとき「赤けれ」となる場合など。❷時代の経過とともに音韻変化によって語の音形が変化すること。

こけい-らん【小×蕙×蘭｜小恵×蘭】ラン科の多年草。本州中部以北の深山の樹下に生え、高さ30～40センチ。卵球形の根茎から線形の2枚の葉と1本の花茎を出し、夏、その上部に褐色を帯びた黄色い花を総状につける。ささえびね。

ごけ-いり【後家入り】❶未亡人のところに婿入りすること。❷後妻として入ること。また、その人。❸ひとそろいの道具の不足分を他から持ってきて補うこと。「―にても用に足らばさて有べし」〈松屋筆記〉

こけ-いろ【×苔色】❶染め色の名。濃い萌葱もえぎ色。❷襲かさねの色目の名。表裏ともに濃い萌葱色のもの。

ごけい-ろん【語形論】▶形態論

こけ-おどかし【虚仮▽威かし】〔名・形動〕「虚仮威こけおどし」に同じ。「仕掛けばかり大きい―な奇術」

こけ-おどし【虚仮▽威し】〔名・形動〕愚か者を感心させる程度のあさはかな手段。また、見せかけはりっぱだが、中身のないこと。また、そのさま。「―の文句を並べる」類語 脅し・威喝・恫喝どうかつ・威嚇

こげ-くさ・い【焦げ臭い】〔形〕文こげくさ・し〔ク〕物が焦げたようなにおいがする。「鍋が―・い」

こけ-こけ【虚仮虚仮】〔副〕ばかばかしいさま。いかにも間の抜けたさま。「まんざら遊ぶも―として居るし」〈滑・浮世風呂・四〉

こげ-こげ【焦げ焦げ】〔形動〕ひどく焦げたさま。「―な(の)飯」「火にかけすぎて―になる」

こけ-ごろも【×苔衣】「苔こけの衣ころも」に同じ。

ごけ-ざや【後家×鞘】刀身に合わない、間に合わせの鞘。また、刀身をなくした鞘。

こけ-ざる【こけ猿】猿をののしっていう語。老いぼれた猿、うす汚れた猿、やせこけた猿などの意。「美しい黒髪をこのやうに剃り下げて、手足は山の―ぢゃ」〈浄・丹波与作〉

こ-けし【小×芥子】東北地方の郷土玩具。また、その様式をまねたもの。ろくろびきの木製人形で、丸い頭と円筒形の胴からなり、手足はなく、簡単な彩色で主に女児の姿をかたどる。土地によって胴の形や描彩、顔の面相などに特色がある。木ぼこ。木でこ。こけし人形。こけしぼうこ。

ごけ-しちしゅう【五家七宗】禅宗の五家に、臨済宗の分派である楊岐ようぎ派・黄竜派を加えたもの。

こけ-しのぶ【×苔忍】コケシノブ科の常緑、多年生のシダ。深山の湿った岩石や樹幹に着生。茎は糸状。葉は羽状に細かく裂ける。コケシノブ科には、コウヤコケシノブ・ホソバコケシノブなども含まれる。

ごけ-しまだ【後家島田】江戸時代、後家となった中流以下の女性が結った島田髷まげ。元結の上に白いしごき紙を結んだもの。主に京坂で行われた。後家髷ごけまげ。

こけ-しみず【×苔清水】コケシミヅ 苔の間を伝わり流れる清らかな水。季 夏

こけ-しょくぶつ【×苔植物】植物界の一群。スギゴケなどの蘚せん類、ゼニゴケなどの苔たい類、ツノゴケ類の三つに大別される。世界に約2万5000種、日本に約2000種が知られる。ゼニゴケのように葉状体のものと、スギゴケのように葉と茎の分化のみられるものとがある。高さ5ミリくらいのものが大部分で、特別な通導組織はなく、世代交代をし、胞子体は配偶体に付着して生活をする。蘚苔植物。

ごけ-だおし【後家倒し】ゴケダフシ ❶《後家の賃仕事である稲こきを取り上げる意から》千把扱せんばこきの異称。❷《後家をたらしこむ意》色男。ごけなかせ。

こげ-ちゃ【焦げ茶】「焦げ茶色」に同じ。

こげちゃ-いろ【焦げ茶色】黒みを帯びた茶色。濃い茶色。類語 茶色・褐色・ブラウン

ごけ-ぢゃわん【後家茶×碗】対になっている茶碗の、一方が失われて一つだけになったもの。

こ-けつ【固結】〔名〕スル 固まること。また、固く結びつけること。「臣下の勇武を―して」〈田口・日本開化小史〉類語 固まる・凝固する・凝結する・固化する・膠化こうかする・こごる・凝しこる・強張る・固める

こ-けつ【虎穴】虎とらのすんでいる洞穴。きわめて危険な場所のたとえ。

虎穴に入いらずんば虎子こじを得ず 《「後漢書」班超伝から》危険を冒さなければ、大きな成功は得られないことのたとえ。

こ-けつ【枯×竭｜×涸×竭】〔名〕スル 乾いてひからびること。水分がなくなり乾燥すること。

こ-げつ【孤月】ものさびしく見える月。「一東嶺を離れて鮮光万里を照らす」〈菊亭香水・世路日記〉

こ-げつ【湖月】湖に映った月。また、湖上の月。

こ-げつ【×辜月】陰暦11月の異称。

こげ-つき【焦げ付き】❶焦げつくこと。また、そのもの。「鍋の底に―ができる」❷貸した金銭が回収不能となること。また、その金銭。❸「焦げ付き相場」の略。

こげつき-そうば【焦げ付き相場】―サウバ 固定して変動しない相場。釘付くぎづけ相場。

こげ-つ・く【焦げ付く】〔動カ五(四)〕❶焦げて鍋や網などにつく。「煮物が―・く」❷貸した金銭が回収不能となる。「貸出金が―・く」❸相場が固定して変動しなくなる。類語 (❶)焦げる・焦がす/(❷)踏み倒す

こ-けつごう【顧頡剛】コケツガウ [1893～1981]中国の歴史学者。蘇州(江蘇省)の人。論文集「古史弁」を編集して、中国古代史学に大きな影響を与えた。その自序が自叙伝として有名。クー＝チエカン。

こげつしょう【湖月抄】コゲツセウ 源氏物語の注釈書。60巻。北村季吟きたむらきぎん著。延宝元年(1673)成立。源氏物語の古注を集成したもの。

コケット〘フランス coquette〙〔名・形動〕男好きのするなまめかしい女性。色っぽい女。また、そのさま。「―なしぐさ」「ドイツ士官が若い―と腕を組んで」〈寅彦・旅日記から〉

コケットリー〘フランス coquetterie〙女性が見せる、なまめかしい物腰。媚こび。媚態びたい。類語 色っぽい・あだっぽい・あだ・なまめかしい・コケティッシュ

コケティッシュ〘coquettish〙〔形動〕女性の、なまめかしいさま。「―な魅力」類語 色っぽい・あだっぽい・あだ・なまめかしい・コケットリー

こけ-でら【苔寺】西芳寺さいほうじの通称。苔庭で有名。

ごけ-なわ【後家縄】―なは 太平洋側の漁村で、マグロ漁の延縄はえなわのこと。船がしばしば遭難し、多くの未亡人が出たところからという。

こけ-にわ【×苔庭】―には 苔が一面に生えた庭。

ご-けにん【御家人】❶鎌倉時代、将軍直属の武士。将軍に忠誠義務を尽くす代償に、所領安堵・新恩給与などの保護を受けた。❷江戸時代、将軍直属の家臣のうち、御目見おめみえ以下の者。⇒旗本

ごけにん-かぶ【御家人株】江戸時代、御家人が生活困窮によって農民・町人などに売り渡した家格。表向きは養子縁組の形をとった。

ごけにん-やく【御家人役】鎌倉幕府の御家人が幕府に対して義務として負った役。戦時の軍役、京都・鎌倉の大番役、異国警護番役など。

こけ-の-いおり【×苔の×庵】―いほり 苔の生えた古いいおり。転じて、僧・隠者などの住む粗末な住まい。こけのいお。「まれに来て聞くだに悲し山がつの―の庭の松風」〈金槐集・下〉

こけ-の-ころも【×苔の衣】❶地を覆う苔を衣にたとえていう語。こけごろも。「白露の朝あした夕べにおく山の―は風もさはらず」〈新古今・雑中〉❷僧・隠者などの着る粗末な衣服。こけごろも。こけのたもと。こけのきぬ。「男に侍りし山伏の―をぬぎ」〈宇津保・国譲下〉

こけのころも【苔の衣】鎌倉時代の擬古物語。4巻。作者未詳。文永8年(1271)以前の成立。人生の無常を主題に、父子3代の恋愛と悲運を描く。

こけ-の-した【×苔の下】《苔の生えた地面の下の意から》墓の下。草葉の陰。「埋づもれぬかばねを何に尋ねけむ―には身こそなりけれ」〈更級〉

こけ-の-したみず【×苔の下水】―したみづ 苔の下を通って流れる水。「岩間とぢし氷も今朝は解け初そめて―道求むらむ」〈新古今・春上〉

こけ-の-たもと【×苔の×袂】僧・隠者などの着る衣。こけのそで。「美麗を好みて宝をつひやし、これを捨てて―にやつれ」〈徒然・一七二〉

こけ-の-とぼそ【×苔の▽枢】僧・隠者などの住む、粗末な家の戸。「独り行く袖より置くか奥山の―の路の夕露」〈金槐集・上〉

こけ-の-はな【×苔の花】スギゴケなどのコケ植物の雄株おかぶにできる雄器おうきの集まり。花に見立てていう。季 夏「水打てば沈むが如し―/虚子」

ごけ-ぶた【後家蓋】器物が壊れたり、本体がなくなったりして、あとに残ったふた。また、代用のふたや、間に合わせのふた。

ごけ-ぶん【後家分】❶武家などの妻で、後家となった者の受ける応分の保証。「今も―を得て、乏とぼしからであんなるぞ」〈古活字本平治・下〉❷後家のような境遇。「奥に入らせ給はず、生き別れの―にならせ給ふ」〈浮・一代女・三〉

こ-けみ【小▽検見】江戸時代、大検見おおけみの前に代官の手代が行った検見。しょうけんみ。

こけ-むし【×苔虫】コケムシ綱の触手動物の総称。微小な個体が集まってコケ状・樹枝状・塊状の群体をなし、岩石・海藻などに着生する。海水中にすむものが多い。

こけ-むしろ【×苔×筵】㊀〔名〕❶苔が一面に生えているさまを、むしろに見立てていう語。こけのむしろ。「み吉野の青根が峰みねの―誰か織りけむ経緯たてぬきなしに」〈万・一一二〇〉❷山中のわび住まいの、粗末な敷物。また、その寝所。こけのむしろ。「山より山に身を隠し、…移れば変はる―」〈浄・国性爺〉㊁〔枕〕苔のむしろが青いところから「青」にかかる。「―青根が峰は名のみして唯白雲のよそめなりけり」〈千五百番歌合〉

こけ-む・す【苔生す】〔動サ五(四)〕苔が生える。また、年月を経て古びる。「―・した石畳」

こげ-め【焦げ目】物が焦げて黒いあとがつくこと。また、その跡。「肉に―をつける」

こげ-めし【焦げ飯】❶炊きそこなって黒く焦げた飯。❷釜の底に焦げついた飯。こげ。おこげ。

こけ-もも【苔桃】ツツジ科の常緑小低木。高山に生え、高さ約10センチ。茎の下部は地をはい、葉は長楕円形で密につく。初夏、紅色がかった釣鐘形の花をつける。実は熟すと赤くなり、生食のほか塩漬けや果実酒をつくるのに用いる。(季 花=夏｜実=秋)

こけら【柿｜木屑】❶材木を削るときに出る細片。けずりくず。こっぱ。❷「柿板」の略。

こけ-ら【苔ら】苔のこと。

こけら【鱗】魚・蛇などの、うろこ。こけ。

こ-げら【小啄木鳥】キツツキ科の鳥。全長約15センチで日本では最小のキツツキ。背や翼には黒地に白斑の横縞がある。東アジアに分布。日本では留鳥。(季 春)

こけら-いた【柿板】杉・檜・槙などを薄くはいだ板。屋根を葺くのに用いる。木羽板。こけら。

こけら-おとし【柿落(と)し】新築または改築した劇場の初興行。また、開場行事。(補説)本来は劇場の初興行をいう語だが、運動施設などの開場行事に使われることもある。

こけら-ずし【柿鮨】魚肉やシイタケなどを薄く切って飯の上に並べ、押して四角に切ったすし。(季 夏)

こけら-ぶき【柿葺き】柿板で屋根を葺くこと。また、その屋根。柿板葺き。木羽板葺き。小田原葺き。

こけ-りんどう【苔竜胆】リンドウ科の越年草。草地に自生。高さ3～8センチほどで、葉は広卵形。春、淡紫色の小花を上向きにつける。(季 春)

こ・ける【転ける｜倒ける】〔動カ下一〕図こ・く〔カ下二〕❶たおれる。ころぶ。「石につまずいて―・ける」❷映画や芝居などの興行が当たらないままで終わる。❸ころげ落ちる。すべり落ちる。「ひとりでに羽織の―・ける品のよさ」〈柳多留・八〉❹心がある人に傾く。ほれる。また、芸妓などが男性に身を許す。「なんぼわたしがやうな芸子でも、さう安うは―・けぬわえ」〈洒・箱枕〉(類語)倒れる・ひっくり返る・覆る・転がる・転げる・転ぶ・転倒する・横転する・転覆する・倒壊する・卒倒する・昏倒する・潰れる

　倒けつ転びつ　たおれたりころがったり。あわてふためいて走るようすをいう。「―逃げ去る」

こ・ける【痩ける】〔動カ下一〕図こ・く〔カ下二〕肉が落ちてやせ細る。「ほおが―・ける」

(類語)やせる・細る・やせ細る・やせこける・やせさらばえる・窶れる・憔悴する・肉が落ちる・ほっそりする・スリムになる・スマートになる

こ・ける〔接尾〕《動詞下一段型活用》動詞の連用形に付いて、その動作がはなはだしく続くことを表す。「笑い―・ける」「眠り―・ける」

こ・げる【焦げる】〔動ガ下一〕図こ・ぐ〔ガ下二〕火や熱で焼けて、黒や濃い茶色になる。「タバコの火で畳が―・げる」「魚が―・げる」(類語)焦げ付く・焦がす

こけ-るい【苔類】▶苔植物

ごけ-わげ【後家髷】▶後家島田

こ-けん【古検】太閤検地のこと。慶長・元和(1596～1624)以降の検地を新検というのに対する語。享保11年(1726)新検地条目が制定されてからは、それ以前の検地をすべて古検、以降のを新検と称した。

こ-けん【古賢】昔の賢人。「―の格言に学ぶ」

こ-けん【沽券｜估券】《「沽」は売る意》❶土地・山林・家屋などの売り渡しの証文。沽却状。沽券状。❷人の値うち。体面。品位。❸売値。「そんなら惣地代で―はいくら」〈滑・膝栗毛・二〉

(類語)(❷)名誉・名・名聞・面目・面子・一分・声価・信用・信望・信・信頼・信任・人望・定評・評判・暖簾・覚え・名望・声望・徳望・人気・魅力・受け

　沽券に関わ・る　品位や体面にさしつかえる。「あいつに頭を下げるなんて―・る」

こ-けん【孤剣】ひとふりの剣。また、1本の剣だけで、他の武器を持たないこと。

こ-げん【古言】❶古代の人が用いた言語。古い言葉。❷昔の人の言った言葉。古くからの名言。

こ-げん【古諺】古くから伝わっていることわざ。(類語)ことわざ・諺語・俚諺・俗諺

こ-げん【固関】平安時代、天皇の譲位・崩御、または国内動乱などの大事件の際、諸国の関所を警固させたこと。特に、逢坂(初めは越前愛発)・鈴鹿・不破の三関を固めること。こかん。⇔開関

ご-けん【五見】仏語。仏教で批判される五つの誤った見解。実体的自我があるとする我見と一切のものが我に属するとする我所見とを合わせた有身見、自我は断絶するあるいは死後も常住であるとの一方の極端に偏る辺執見、因果の道理を否定する邪見、自らの見解だけを最高とし他の見解を誤りとする見取見、誤った戒律や誓いを守ることで解脱が得られるとする戒禁取見(戒取見)の五つ。

ご-けん【誤見】誤った見方。まちがった見解。

ご-けん【護憲】現行の憲法を守ること。また、立憲政治を守ること。

ご-げん【五弦｜五絃】❶弦楽器の5本の弦。❷「五弦琴」または「五弦琵琶」の略。

ご-げん【五眼】仏語。真理を認識する能力を、眼になぞらえて5種に整理したもの。肉眼・天眼・慧眼・法眼・仏眼。

ご-げん【御見】《「御見参」の略。「ごけん」とも》お目にかかること。御面会。江戸時代、主に遊女が用いた語。「忙しき―に枕も取らず」〈浮・万金丹・五〉

ご-げん【御監】❶馬寮を総裁した職。左右各一人で、近衛大将が兼任した。うまのつかさ。❷親王家の家司の上官。

ご-げん【語源｜語原】個々の単語の本来の形や意味。また、個々の単語の成立の由来や起源。(類語)字源

ごけん-うんどう【護憲運動】大正期、当時の藩閥・官僚政府を打倒して政党内閣をつくろうとした政治運動。大正元年(1912)長州閥で陸軍の長老桂太郎が組閣したため、政党・新聞記者などが中心となって起こした第一次護憲運動と、同13年貴族院中心の清浦内閣に反対し、普通選挙の断行、貴族院の改革を訴えて護憲三派が中心となって起こした第二次護憲運動とがある。憲政擁護運動。

ごげん-がく【語源学】言語学の一部門。語源を史的言語学や比較言語学の方法により追究する学問。

ごげん-きん【五弦琴】中国古代の弦楽器。弦を5本張った琴。今は伝わらない。

ごけん-けんぽう【五権憲法】中国の孫文が提唱した政府組織の原則。行政・立法・司法の三権に、中国古来の考試・監察の二権を加えたもの。

ごけん-ざん【五剣山】香川県北部の山。標高375メートル。屋島の東にある半島の中央に位置し、五つの岩峰が屹立していたのでいう。四国霊場の第85番の八栗寺がある。八栗山。

ごけん-さんぱ【護憲三派】大正13年(1924)第二次護憲運動を推進した憲政会・立憲政友会・革新倶楽部の三つの政党。

ごげんしゅう【五元集】江戸中期の俳諧集。4冊。榎本其角自選、小栗旨原編。延享4年(1747)刊。其角自選の千余句の発句集「五元集」、句合わせ「をのが音鶏合」、旨原編の「五元集拾遺」からなる。

こ-けんせい【顧憲成】[1550～1612]中国、明の政治家・学者。無錫(江蘇省)の人。字は叔時。神宗に仕えたが、免官され帰郷。弟の允成・高攀竜らとともに東林書院を復興、彼らを中心に在野の学者、不平官吏が集まって政治批評を行い、東林党と称された。

こげんてい【古言梯】語学書。1巻。楫取魚彦著。明和元年(1764)成立。契沖の仮名遣い書「和字正濫鈔」の不備を補い、その根拠を古典から抜き出して整理し、補足説明したもの。

ご-けんてい【五賢帝】ローマ帝国の最盛期に在位した五人の優れた皇帝。ネルワ・トラヤヌス・ハドリアヌス・アントニヌス＝ピウス・マルクス＝アウレリウス＝アントニヌスの五人。

ごげん-びわ【五弦琵琶】❶奈良時代から平安初期に中国から伝来した5弦5柱の琵琶。雅楽に用いられたが、平安中期に廃絶。❷広く5弦の琵琶。現在、筑前琵琶・錦琵琶などがある。

ごげん-もじ【御見文字】「御見」をいう女性語。おめもじ。「―の時、申し参らせ候ふべく候」〈仮・薄雪〉

ここ【九】ここのつ。数を「一・二・三…」と数えるときに用いる。ここの。

こ-こ【戸戸】一戸の家ごと。戸ごと。家々。各戸。

こ-こ【呱呱】赤ん坊の泣く声。特に、生まれてすぐの泣き声。

　呱呱の声をあ・げる　❶赤ん坊が生まれる。誕生する。「東京で―・げた」❷新しく物事がはじまる。発足する。「創刊誌が続々と―・げる」

こ-こ【個個｜箇箇】いくつかあるうちの一つ一つ。おのおの。それぞれ。「―の契約」「―に責任をもつ」(類語)それぞれ・各各・別別

ココ〖coco〗ココヤシの別名。また、その実。

こ-こ【此処｜此所｜此｜是｜爰｜茲】〔代〕近称の指示代名詞。❶話し手が現にいる場所をさす。「私の生家は―からそう遠くはない」❷話し手や周囲の人が現に置かれている状況や程度、または局面をさす。「事―に至ってはもう手の打ちようがない」「―まで言っても、まだ分かってくれないのか」❸現在を中心としてその前後を含めた期間をさす。㋐今まで。「―一、二年というもの、病気ばかりしていた」㋑これから。「―数年で街もすっかり変わるだろう」❹㋐話し手が、自分をへりくだっていう。この身。わたくし。「―にも心にもあらでかく罷るに」〈竹取〉㋑話し手の近くにいる人を、軽い敬意を込めていう。こちらの人。あなた。「―に御消息やありし。さも見えざりしを」〈源・紅梅〉(類語)ここら・ここいら

　此処一番　ここで勝たなければなにもならない、という勝負どころ。最高にがんばるべきところ。「―という時に実力を出す」

　此処ぞ　勝負や仕事の流れの中で、その展開に重要な影響を与える節目となる箇所。「―という時に強さを見せる」

　此処で会ったが百年目　ここで出会ったのが運の尽きだと思え。長年捜していた相手にめぐりあったときなどにいう言葉。

　此処の所　❶この箇所。この点。「―をしっかり練習しなさい」❷ここしばらく。このところ。「―よい天気が続く」

　此処ばかりに日は照らぬ　ここにだけ太陽は照るわけでない。世間どこへ行っても生活の道はあるというたとえ。他へ移るときなどに捨てぜりふのように用いる。

　此処は一つ　❶何かを始めたり、試みたりすることを思い立つ気持ちを表す。ここはちょっと。ここはためしに。「―ようすを見よう」❷依頼するときに用いる。ここはどうぞ。「―大目に見てください」

　此処までお出で甘酒進じょ　《「進じょ」は、「進ぜん→進ぜう→進じょ」と音変化したもの》❶よちよち歩きの幼児をじょうずに歩かせるために、少し離れた所から呼びかける言葉。❷近づけないと知って、ここまで来てみろと相手をからかう言葉。

　此処を最後　ここが死に場所だと思って死力を尽くすこと。「―と攻め戦ふ」〈平家・八〉

　此処を先途と　ここが勝敗・成否を決する大事な場合だと思って、いっしょうけんめいになるようす。「―攻撃に死力を尽くす」(補説)この句での「先途」は、重要な場面の意。「出発点」の意はない。

　此処を踏んだら彼所が上が・る　互いに関連しあい、影響しあうことのたとえ。また、一方がうまくいけば、他方がだめで、両方そろってうまくいかないことのたとえ。

こ-ご【古語】❶古い時代の言葉。昔使われて、今では一般には使われなくなった言葉。古言。「―辞典」❷古人の言った言葉。ことわざ、故事などを含めて

いう。古言。「―に伝へし雁金がねの翼の文を目の前に、今見ることの不思議さよ」〈浄・用明天王〉

こ-ご【▽供御】《「くご」の音変化》食事。「釈迦様の開帳の、相伴やらお―やら」〈浄・女腹切〉

こ-ご【故×吾】もとの自分。昔のままの自分。「文三の今我は―でない、しかしお政の―も今我でない」〈二葉亭・浮雲〉

ご-こ【五古】「五言古詩」の略。

ご-こ【五×胡】中国で、西晋末から華北に侵入し、独立した五つの民族。モンゴル系とされる匈奴・羯・鮮卑と、チベット系の氐・羌の五族をいう。

ご-こ【五×鈷｜五股】▶五鈷杵

ご-ご【午後｜午▽后】《「午」はうまの刻で、正午をいう》❶正午から夜の12時までの時間。「一六時」⇔午前。❷正午から日没までの時間。ひるすぎ。「一のひととき」⇔午前。〔類語〕昼過ぎ・昼下がり・アフタヌーン

ご-ご【御後】❶神・天子・神殿・宮殿などを敬って、その後ろをいう。❷紫宸殿の賢聖の障子の北側の広廂のこと。❸神社に参拝するとき、神殿を回って背後から祭神を拝すること。

ご-ご【語語】一つ一つの言葉。一言一言。一語一語。「―に力を込めて説得する」

ココア〖cocoa〗カカオ豆から脂肪を一部取り除き、粉末にしたもの。また、これにミルク・砂糖などを加えて煮溶かした飲み物。

ココア〖Cocoa〗米国アップル社のオペレーティングシステム、Mac OS Xが実装するオブジェクト指向のプログラミング環境。

ココア-バター〖cocoa butter〗▶カカオ脂

ココア-ビーチ〖Cocoa Beach〗米国フロリダ州東部の観光・保養地。サーフィンが盛ん。学生に人気がある。ココビーチ。

ごご-いち【午後一】昼休みが終わって、午後の業務の始まった直後をいう。「―でお電話します」➡朝一

ここ-いら【×此▽処いら】〔代〕「ここら」に同じ。「―に置き忘れた」「酒は―でやめとこう」

こ-こう【戸口】戸数と人口。

こ-こう【股×肱】《「股」はもも、「肱」はひじ。「股肱」で手足の意》主君の手足となって働く、最も頼りになる家来や部下。腹心。「―の臣」

こ-こう【虎口】《恐ろしい虎の口の意》非常に危険な所、また、危険な状態のたとえ。危機。虎穴。「―を脱する」〔類語〕危険・危難・危機・危殆・危地・ピンチ・物騒・剣呑・危ない

虎口の讒言 人を陥れるための告げ口。

虎口の難 非常に危険な難儀。「ようやくにして―を脱する」

虎口を逃れて竜穴に入る 一難を逃れて、また他の難儀にあう。次々に災難にあうたとえ。

こ-こう【孤高】〔名・形動〕俗世間から離れて、ひとり自分の志を守ること。また、そのさま。「―を持する」「―な(の)人」

こ-こう【弧光】弧状の光。アーク放電による光。

こ-こう【枯×槁】〔名〕スル《「槁」も、かれる意》❶草木が枯れること。「草木の―せしが如く」〈鉄腸・雪中梅〉❷やせ衰えること。やつれること。「―憔悴する」

こ-こう【湖港】湖岸にある港。琵琶湖の大津、米国ミシガン湖岸のシカゴやミルウォーキーなど。

こ-こう【×糊口｜×餬口】《粥を口にする意》ほそぼそと暮らしを立てること。生計。よすぎ。くちすぎ。「―の道を閉ざされる」「一家の―のために働かなければならないような」〈三重吉・小鳥の巣〉

〔類語〕生計・口・口過ぎ・口過ごし・口しのぎ・生活・活計・身過ぎ・世過ぎ・行路

糊口を凌ぐ やっと暮らしを立てていく。貧しい暮らしをする。「内職をして―・ぐ」

ごう【小督】㊀中納言藤原成範の娘。高倉天皇に愛されたため、建礼門院の父平清盛によって追放された。小督の局。生没年未詳。㊁謡曲。四番目物。金春禅竹作。高倉院の命を受けた源仲国が、名月の夜に嵯峨野が法輪寺辺で、琴の音に導かれて小督の局を捜しあてる。㊂箏曲。山田検校作曲。横田岱翁の作詞という。平家物語に題材をとる。山田流四つ物の一。

ご-ごう【古豪】競技などで、経験が豊富で力のある人や集団。古強者。「―と新鋭の対決」

こ-ごう【呼号】〔名〕スル❶大声で叫ぶこと。「街頭で候補者の名前を―する」❷威勢を示すために大げさに言いたてること。「参加者五万人と―する」

ご-こう【五光】花札の出来役の一。松・桜・薄(坊主)・雨・桐の20点札を5枚とも集めた役。

ご-こう【五更】❶一夜を初更(甲夜)・二更(乙夜)・三更(丙夜)・四更(丁夜)・五更(戊夜)に五等分した称。❷五更の第五。およそ現在の午前3時から午前5時、または午前4時から午前6時ころにあたる。寅の刻。戊夜。

ご-こう【五香】❶密教で、修法のときなどに用いる5種の香。内容は場合により異なり、栴檀香・沈香・丁子香・鬱金香・竜脳香などが主。❷仏語。最高の悟りを開いた人が見ることのできる五つの功徳を香にたとえた語。❸江戸時代、王子権現で出した小児用の薬。胎毒を下すとされた。

ご-こう【五港】幕末から明治時代にかけて、対外貿易の門戸として開かれた五つの港。横浜・神戸・長崎・新潟・函館の称。

ご-こう【五綱】仏語。日蓮宗の教判。教(経典の教え)・機(教えを受ける人の素質)・時・国・序(教えの順序)の五つ。五綱の教判。五知判。五義。

ご-こう【呉広】[?～前208]中国、秦末の農民反乱の指導者。陽夏(河南省)の人。字は叔。陳勝とともに反乱を起こしたが、秦軍に大敗、部下に殺された。

ご-こう【後光】❶仏・菩薩のからだから発するという光。また、仏像の後ろに表した金色の光。光背。背光。「―が差す」❷(「御光」とも書く)高山や水田で、霧が出ているとき、光源や陰影のまわりに円形に見える光。ブロッケン現象は有名。

ご-こう【御幸】上皇・法皇・女院の外出を敬っていう語。みゆき。「一院もいそぎ六波羅へ―なる」〈平家・一〉➡行啓 ➡行幸

こ-こうきん【古甲金】甲州金のうち、元禄(1688～1704)以前に鋳造されたもの。以後のものを新甲金という。

ごこう-ごみん【五公五民】江戸時代の租税徴収の割合をいう語。収穫の半分を年貢として納め、残りの半分を農民のものとすること。

ごこうごん-てんのう【後光厳天皇】[1338～1374]北朝第4代天皇。在位1352～1371。光厳天皇の第2皇子。名は弥仁。南北朝の和議が破れ、後村上天皇の吉野還幸に伴い、足利尊氏・足利義詮らに擁立されて即位。南朝軍の攻勢に、しばしば美濃や近江に逃れた。

こ-ごうし【小格子】❶細い角材を、間を透かして縦横に細かく組んだもの。⇔大格子。❷江戸吉原の最も格式の低い遊女屋。または、そこの遊女。⇔大格子。❸細かい格子縞の模様。細かい弁慶縞。⇔大格子。

こ-ごうし【▽紅格子】紅の地に格子縞を織り出した練貫の織物。身分の高い女房が着用した。くれないごうし。

ごこう-しゆい【五×劫思×惟】阿弥陀仏が四十八願をたてる以前に、その誓いについて五劫もの長い間考え続けたこと。

こ-こうじょう【小▽定▽考｜小考定】平安時代、定考の翌日に、大弁以下が集まって、史生・官掌・使部などの官職を定める行事。➡定考

ここう-スペクトル【弧光スペクトル】▶アークスペクトル

ご-こうせい【語構成】一つの単語がさらに意味を持った要素に分けられる場合の、その要素の結びつき方。

ここう-たんぽ【古公亶父】中国、周の文王の祖父。初め豳にあったが、岐山のふもとに移り、周を建てたといわれる。太王と諡号。生没年未詳。

ここう-ちょうさ【戸口調査】戸数と人口を調べること。また、戸別にたずねて家族状態等を調べること。

ここう-とう【弧光灯】▶アーク灯

ごごう-にち【五合日】暦注の一。寅の日と卯の日で、特に婚姻・会合によい吉日とされる。

ごごう-ぶさい【五合無菜】近世、扶持米が1日5合で、副食物も買えないような薄給の身分。「―の下部ども」〈浄・聖徳太子〉

ごこうみょう-てんのう【後光明天皇】[1633～1654]第110代天皇。在位1643～1654。後水尾天皇の皇子。名は紹仁。儒学を好み、典礼格式を重んじた。漢詩集「鳳啼集」がある。

こ-こうもく【子項目】「子見出し」に同じ。

ご-こうもん【御▽告文】祭事で、天皇が皇祖皇宗の霊に告げる文。ごこくぶん。おつげぶみ。

こ-ごえ【小声】小さい声。低い調子の声。「―でささやく」⇔大声。〔類語〕声・音声・発声・美声・悪声・金切り声・だみ声・どら声・胴間声・鼻声・裏声・猫撫で声

こごえ-じに【凍え死に】〔名〕スル 寒さのために、からだが冷えて死ぬこと。凍死。〔季 冬〕

こごえ-し・ぬ【凍え死ぬ】〔動ナ五〕図〔ナ四・ナ変〕からだが冷えきって死ぬ。凍死する。「寒さで―・ぬ」〔季 冬〕

こごえ-つ・く【凍え付く】〔動カ五(四)〕こおってくっつく。こおりつく。「波しぶきが甲板に―・く」

こごえ-は・てる【凍え果てる】〔動タ下一〕図こごえは・つ〔タ下二〕すっかり凍えてしまう。凍えきってしまう。「―・てた手足を暖める」

こご・える【凍える】〔動ア下一〕図こご・ゆ〔ヤ下二〕寒さのために、からだが冷えきって固くなり、自由がきかなくなる。「手足が―・える」「からだのしんまで―・える寒さ」〔季 冬〕〔類語〕冷える・かじかむ

ここ-かしこ【×此▽処▽彼▽処】〔代〕指示代名詞。こちらやあちら。あちこち。ほうぼう。「毎日、―を遊び歩く」〔類語〕あちらこちら・そこかしこ・あちこち・おちこち

こ-こく【故国】❶自分の生まれた国。祖国。母国。「―の土を踏む」❷自分の生まれた土地。ふるさと。故郷。「―の母をしのぶ」❸《「古国」とも書く》歴史の古い国。昔からあった国。➡母国〔用法〕

〔類語〕母国・祖国・自国

こ-こく【×胡国】❶古代、中国北方の異民族の国。夷狄の国。❷野蛮な国。

ご-こく【五穀】❶5種類の穀物。ふつう、米・麦・粟・黍・豆をいう。❷穀物の総称。「―が豊熟する」〔補説〕❶は、麻などを数えることもあって一定しない。〔類語〕穀物・穀類・雑穀・米穀

ご-こく【後刻】しばらく時間のたったのち。のちほど。「詳しい話は―改めて」⇔先刻。〔類語〕後程

ご-こく【護国】国の平安を守ること。「―の神」

ごこく-いん【護国院】▶紀三井寺

ごこく-きょう【護国×卿】ピューリタン革命によって成立したイギリス共和制時代の最高官職。1653年設置、クロムウェルが就任。60年王政復古により廃止。

ごこく-じ【護国寺】東京都文京区大塚にある真言宗豊山派の別格本山。山号は神齢山、院号は悉地院。開創年代は天和元年(1681)、開基は桂昌院、開山は亮賢。18世紀初め神田の護持院焼失後護持院と称したが、明治になり旧寺号に復した。

ごこく-じんじゃ【護国神社】国家に殉難した人々の霊を祭る神社。明治維新以降、各地に創建された招魂社を昭和14年(1939)に改称したもの。

ごこく-つぶし【五穀潰し】「穀潰し」に同じ。「―の娑婆ふさげ」〈浄・烏帽子折〉

ごこく-の-かみ【五穀の神】五穀をつかさどる神。稚産霊命・倉稲魂命・保食神をさす。

ごこく-ほうじょう【五穀豊×穣】穀物が豊かに実ること。

ごこく-まい【五穀米】米に麦や粟、豆などを混ぜたもの。ビタミン類やミネラル・食物繊維などが豊富で健康によいとされる。混合の種類はさまざまで厳密な規定はないが、米・麦・粟・豆に稗か黍を混ぜたものをいうことが多い。

こ-ごころ【子心】よく物のわからない年ごろの、子供の心。子供心。

ご-ご-さん【五五三】日本料理の膳立ての法式の一。七五三(しちごさん)のうち、七の膳を略して五の膳としたもの。本膳に飯を入れて5種、二の膳に5種、三の膳に3種の料理を出すもの。

ここ・し【子子し】〔形シク〕子供っぽい。子供っぽく、おっとりしている。「今宵少輔(せうふ)のめのと色許さる。―・しきさまうちしたり」〈紫式部日記〉

こ-ごし【小腰】❶腰。腰部。また、腰のちょっとしたしぐさをいう。❷女房装束の裳(も)の大腰の左右に取り付け、前に回して結ぶ細いひも。(類語)腰・腰部

小腰を屈(かが)・める　腰をちょっとかがめる。「―・めてくぐり戸から出る」「―・めてあいさつする」

こ-ごし【小×輿】輿の一。台の四辺に朱塗りの高欄を巡らしただけで屋形のないもの。従者がかさを台上の人にかざす。

こご・し【▽凝し】〔形シク〕岩がごつごつしていて険しいさま。「神さぶる岩根―・しきみ吉野の水分山(みくまりやま)を見れば悲しも」〈万・一一三〇〉

ココ-シャネル〖Coco Chanel〗フランスの服飾デザイナー、ガブリエル=シャネルの通称。➡シャネル

こごしゅうい【古語拾遺】(コゴシフヰ) 平安時代の家伝。1巻。斎部広成(いんべのひろなり)撰。大同2年(807)成立。中臣(なかとみ)氏に押された斎部氏が、その勢力挽回(ばんかい)を図って、同氏の事跡を漢文で記し、平城(へいぜい)天皇に献じたもの。上代史研究の貴重な資料。

ごこ-じゅうろっこく【五胡十六国】(ゴコジフロクコク) 中国で、4世紀初頭から5世紀初めにかけて、五胡と漢民族が華北に建てた16の国。また、その時代。

ココシュカ〖Oskar Kokoschka〗[1886～1980]オーストリアの画家。表現主義の代表的画家で、人物の内的描出を特色とする肖像画・風景を多く描いた。劇作家としても活躍。

こ-ごしょ【小御所】❶京都御所内の建物の一。紫宸殿(ししんでん)の東北にある。㋐室町時代、将軍参内のとき、休息したり装束を改めたりするために設けられた所。㋑江戸時代、天皇が幕府の使者、所司代、諸侯などを謁見した所。❷鎌倉・室町時代、将軍の後嗣の住居。また、その後嗣。➡大御所

ごこ-しょ【五×鈷×杵】金剛杵(こんごうしょ)の一。金剛杵の両端が五つに分かれているもの。五鈷金剛杵。五鈷。

こ-ごしょう【小小姓|▽児小姓】(コゴシャウ) 貴人のそば近く仕えて雑用をする、元服前の小姓。⇔大小姓。

ご-こしょう【御己証】仏教の宗祖がその宗義について独自に悟った道。御自証。

こごしょ-かいぎ【小御所会議】(コゴショクワイギ) 慶応3年12月9日(1868年1月3日)京都御所内の小御所で開かれた御前会議。大政奉還後の徳川氏処分を討議し、徳川慶喜(よしのぶ)に辞官納地を命ずることを決定した。

ここ-じん【個個人】一人一人。各人それぞれ。「―の意志を尊重する」

ココス-しょとう【ココス諸島】(シヨタウ)《Cocos》インド洋、スマトラ島の南西1000キロメートルにある珊瑚環礁の諸島。オーストラリア領。長く無人島だったが、19世紀にスコットランド人ジョン=クルーニーズ=ロスが入植し、以来その子孫がココヤシ農場を開いて個人領有しどの国にも属さなかったが、1978年オーストラリアが買収して領有。人口596人(2010)。キーリング諸島。

ココス-とう【ココス島】(タウ)《Isla del Coco》▶ココ島

ここ-だ【幾=許】〔副〕❶数量の多いさまを表す。たくさん。多く。「誰が園の梅の花そもひさかたの清き月夜(つくよ)に―散り来る」〈万・二三二五〉❷程度のはなはだしいさまを表す。こんなにもはなはだしく。たいそう。「荒磯(ありそ)越す波をかしこみ淡路島見ずや過ぎなむ―近きを」〈万・一一八〇〉

こごた【小牛田】宮城県遠田郡の旧町名。仙台平野中央部に位置し、交通の要地。平成18年(2006)1月、南郷町と合併して美里町となる。

ごこ-たいふ【五羖大夫】百里奚(ひゃくりけい)の異称。

ここだ-く【幾=許く】〔副〕「ここだ」に同じ。「相見ぬは幾久さにもあらなくに―あれは恋ひつつもあるか」〈万・六六六〉

ごご-たちあい【午後立会】(ゴゴたちあひ) ▶後場(ごば)

ここ-ち【心地】❶外界からの刺激に対して起こる心の状態。心持ち。気持ち。気分。「―よさそうに眠る」「生きた―もしない」➡気持ち(用法)❷物事に対する心の持ち方。考え。思慮。心構え。「まだいと若き―に」〈源・空蝉〉❸気分が悪くなること。病気。「―などのむつかしき頃、まことまことしき思ひ人の言ひなぐさめたる」〈枕・二六五〉❹(「心地する」の形で)…のようなありさま、…の感じである、という意を表す。ようす。けはい。風情。「人柄のたをやぎたるに、強き心をしひて加へたれば、なよ竹の―して、さすがに折るべくもあらず」〈源・帚木〉(補説)❶の場合、複合語の下の部分を構成するときは「履きごこち」「夢見ごこち」のように「…ごこち」となる。

(…語)(ごこち)居心地・風邪(かぜ)心地・着心地・座り心地・旅心地・寝心地・乗り心地・人心地・夢心地・夢見心地・酔い心地 (類語)気持ち・心持ち・気分

心地損な・う　健康をそこねる。病気になる。「―・ひてわづらひける時に」〈古今・春下・詞書〉

心地違(たが)・う　❶いつもと違って気分がすぐれない。病気になる。「―・ひ頭(かしら)痛けれども」〈今昔・一六・三二〉❷いつものような落ち着きをなくす。慌てふためく。「心地も違ひて、いかなる事ぞ、誰がのたまふぞ、と言へば」〈落窪・二〉

心地無・し　考えがあさはかである。思慮分別がない。「あないみじや。いかにしつる事どもぞ。常にかく―・き事どもをすること」〈宇津保・国譲上〉

心地行・く　気分がさっぱりとする。気持ちが晴れ晴れする。「鳥のさへづるほど、―・き、めでたき朝ぼらけなり」〈源・絵合〉

ここち-よ・い【心地▽好い】〔形〕文ここちよ・し〔ク〕気持ちがよい。気分がさわやかである。快い。「―・い朝の空気」(類語)爽快・壮快・快適・楽・カンファタブル

こ-こつ【枯骨】死人の朽ち果てた骨。

ココット〖(フランス) cocotte〗調理器具の一。耐熱性で深みのある、円形あるいは楕円形の小型の器。また、この中で調理した料理はそのまま供することが多いことから、これを用いた料理もいう。

こ-ごと【小言】❶不平。文句。苦情。「―を並べる」❷細かいことをいちいち取り立ててしかること。また、その言葉。「―を食う」(類語)苦言

こ-ごと【戸▽毎】家ごと。1軒ごと。「電気灯のまだ―に点(とも)されない頃だったので」〈漱石・道草〉

ココ-とう【ココ島】(タウ)《Isla del Coco》コスタリカの本土から南西550キロにある東太平洋上の島。同国の国立公園。島固有の動植物が多く生息する熱帯雨林に覆われている。周辺海域はダイビングスポット。1997年に「ココ島国立公園」の名で世界遺産(自然遺産)に登録された。ココス島。イスラ-デ-ココ。

こごとこうべえ【小言幸兵衛】(コゴトカウベヱ) 落語。世話好きだが口やかましい麻布古川の家主、田中幸兵衛のある一日の話。転じて、口やかましい人をいう。

ここ-な【×此▽処な】《「ここ(此処)なる」から》㊀〔連体〕❶人や物を表す語の上に付いて、それがすぐ手近にあることを示す。ここにいる。ここにある。この。「―殿様へ売ったほどに、そなたへやることはならぬ」〈虎明狂・雁盗人〉❷人や物を表す語の上に付いて、それをののしっていう意を強める。「―時致の腰抜けめ」〈伎・助六〉㊁〔感〕事の意外さに驚きあきれたときにいう語。これはなんとしたことだ。これはまあ。「―、びっくりとしたが、わごりょは合点がゆかぬ」〈虎明狂・千切木〉

ココナツ〖coconut〗ココヤシの実。ココナッツ。

ココナッツ〖coconut〗▶ココナツ

ココナツ-ハット〖coconut hat〗リゾート感覚の帽子の総称。クロッシュ・キャノチエ・キャプリンなどがある。

ココナツ-ミルク〖coconut milk〗ココナツの核の内側にある白い胚乳をしぼったミルク状の白い液汁。多くは調味料として使う。

ここ-なる【×此▽処なる】〔連語〕《代名詞「ここ」＋断定の助動詞「なり」の連体形》❶ここにある。身近にある。手もとの。「―物取り侍らむ」〈枕・三〉❷ここにいる。ここに住んでいる。この家の。「―男ども中門おしひらきて」〈かげろふ・中〉

ここ-に【×此▽処に|▽是に|×爰に|×茲に】㊀〔副〕ある時点・場所をさす。この時にあたり。この所で。「これを―貫する」「本日、―百周年記念式典を催すにあたりまして」㊁〔接〕❶新しい話題に転換するときに用いる。さて。そこで。「―火遠理命(ほをりのみこと)、其の初めのことを思ほして」〈記・上〉❷先行する事柄に基づいての当然の帰結であることを示す。それゆえ。それで。「八百万の神ともに咲(わら)ひき。―天照大御神、怪しと以為(おも)ほして」〈記・上〉

ここに-おいて【×此▽処に×於て】《漢文訓読からの語》❶この時にあたって。「―決意を新たにした」❷以上のようなわけで。このゆえに。「―あきらめざるをえなかった」

ここに-して【×此▽処にして】〔連語〕《「し」は、ある状態にある意を表すサ変動詞「す」の連用形》ここにいて。ここにあって。「広橋(ひろはし)を馬越しがねて心のみ妹(いも)がりやりて吾(わ)は―」〈万・三五三八〉

ここぬ-か【▽九日】「ここのか」に同じ。「三十日(みそか)あまり―になりぬ」〈土佐〉

ここぬか-の-えん【▽九日の宴】「菊の宴」に同じ。

ここの【九】❶く。きゅう。ここのつ。数をかぞえるときの語。この。「なな、や、―、とお」❷く。きゅう。ここのつ。多く、名詞の上に付けて用いる。「―月」「はしきやし翁(おきな)の歌におほほしき―の児らや感(かま)けて居(を)らむ」〈万・三七九四〉

ここの-え【九重】(ヘ)❶物が九つ、または、いくつも重なっていること。また、その重なり。「―に霞隔てば」〈源・真木柱〉❷《昔、中国の王城は門を九重につくったところから》宮中。禁中。「みづからは―の内に生ひ出で侍りて」〈源・少女〉❸宮中のある所。帝都。「鄙(ひな)の都路隔て来て、―の春に急がん」〈謡・田村〉

ココノール-こ【ココノール湖】《Khökh nuur》青海湖(せいかいこ)㊁のモンゴル語名。

ここの-か【九日】❶日の数の九つ。9日間。❷月の第9の日。❸陰暦9月9日。重陽(ちょうよう)の節句。「―の御節供に持て来たり」〈宇津保・楼上下〉

ここの-かさね【九重ね】《「九重(きゅうちょう)」を訓読みにした語》宮中。ここのえ。「―の中にては嵐の風も聞かざりき」〈古今・雑体〉

ここのか-の-せく【九日の▽節句】陰暦9月9日の節句。重陽(ちょうよう)の節句。

ここの-しな【九品】《「九品(くほん)」を訓読みにした語》「くほん(九品)」に同じ。「―の上に昇り給ひぬる嬉しさも覚えず」〈浜松・四〉

ここの-そ-じ【九▽十|九▽十路】(ヂ)《「そ」は十の意。「じ」は接尾語》きゅうじゅう。くじゅう。また、90歳。「―あまり悲しき別れかなながき齢(よはひ)と何たのみけん」〈続後撰・雑下〉

ここの-つ【九つ】❶数の名。八の次、十(とお)の前の自然数。く。きゅう。9個。また、9歳。❷昔の時刻の呼び名。九つ時。子(ね)の刻(午前零時)また、午(うま)の刻(午後零時)のこと。(類語)一・二・三・四・五・六・七・八・九・十(じゅう)・百・千・万・億・兆・ゼロ・零・一つ・二つ・三つ・四つ・五つ・六つ・七つ・八つ・十(とお)

ここのつ-どき【九つ時】「九つ❷」に同じ。

ここ-ば【幾=許】〔副〕《「ここだ」の音変化》数量・程度がはなはだしい意を表す。たくさん。たいそう。はなはだしく。「足柄(あしがら)のあきなの山に引こ舟のしり引かしもよ―児がたに」〈万・三四三一〉

ここば-く【幾=許く】〔副〕「ここば」に同じ。「ちかげも―もとめさせ侍るに」〈宇津保・忠こそ〉

ごご-はちはち【五五八八】月初めの3・4・5の3日間の、昼の五つ時(午前8時ごろ)・夜の五つ時(午後8時ごろ)・夜の八つ時(午前2時ごろ)・昼の八つ時(午後2時ごろ)の4刻。陰陽道(おんようどう)の説で、この時刻に人が死ぬという。「胸はわけなき―、知死期(ちしご)近づくばかりなり」〈浄・宵庚申〉

ご-ごひゃくさい【五五百歳】釈迦(しゃか)入滅後の2500年を、仏法の盛衰によって五時期に分けたもの。500年を1期として解脱(げだつ)堅固・禅定(ぜんじょう)堅固・多聞堅固・造寺堅固・闘諍(とうじょう)堅固の五つに分ける。五五百年。

ご-ごひゃくさい【後五百歳】五五百歳のうち、最後の500年、闘諍とうじょう堅固のこと。末法の世で、仏法が衰え、邪見がはびこるという。後五百年。

ご-ごひゃくねん【五五百年】「五五百歳」に同じ。

ご-ごひゃくねん【後五百年】「後五百歳」に同じ。

ここ-べつべつ【個個別別】一つ一つ、また、一人一人が別であること。「受け取り方も—である」「—に食事をとる」

こ-ごま【小駒】将棋で、金将・銀将・桂馬けい・香車きょう・歩ふのこと。➡大駒

こ-こまい【古古米】収穫年度を2年経過した米。〈季 秋〉〔類語〕米・玄米・白米・新米・古米

ごこまつ-てんのう【後小松天皇】てんのう［1377〜1433］第100代天皇。在位1382〜1412。北朝の後円融天皇の皇子。名は幹仁もとひと。元中9=明徳3年(1392)南北朝の合一がなって南朝の後亀山天皇から神器を継承。称光天皇に譲位後、院政を執った。

ここま・る【▽屈まる】〔動ラ五(四)〕からだを折りたたむようにして、低い姿勢をとる。かがまる。「—・ってたき火にあたる」

ここみ クサソテツの別名。特に若芽をいう。

ここみ【▽屈み】こごむこと。かがむこと。「前—」

ココム〖COCOM〗《Coordinating Committee for Export to Communist Area》対共産圏輸出統制委員会。共産圏諸国に対する戦略物資や技術の輸出を禁止または制限することを目的とする協定機関。1949年、米国の主唱で発足。アイスランドを除く北大西洋条約機構(NATO)加盟諸国と日本が参加。本部はパリ。94年解体。

ここ・む【▽屈む】㊀〔動マ五(四)〕❶足や腰を曲げて姿勢を低くする。かがむ。しゃがむ。「—・んで靴紐を結ぶ」❷背をまるく曲げたかっこうになる。猫背のようなからだつきになる。「其日は風が強く吹いた。勝は苦しそうに、前の方に—・んで馳けた」〈漱石・こゝろ〉㊁〔動マ下二〕「こごめる」の文語形。
〔類語〕かがむ・しゃがむ・かがめる・こごめる

ここ-め 化け物。妖怪。鬼。また、醜女しこめ。「誠にや君が塚屋を毀こぼつなる世にはまされる—ありけり」〈今鏡・五〉

こ-ごめ【小米┊粉米】砕けて粉のようになった米。くだけごめ。くだけまい。

こごめ-うつぎ【小米▽空木】バラ科の落葉低木。山地に生え、よく分枝し、葉は卵形で先がとがり、縁にぎざぎざがある。初夏、白い小花を総状に群生する。

こごめ-かやつり【小米蚊-帳×吊】カヤツリグサ科の一年草。畑地や原野の湿った所に生え、高さ20〜40センチ。全体はカヤツリグサに似ているが、花穂かすいはやや細く、淡黄色。ますくさ。

こごめ-ぐさ【小米草】ゴマノハグサ科の一年草。山地の草原に生え、高さ10〜20センチ。葉は卵形。夏、白い小花をつける。いぶきこごめぐさ。

こごめ-ざくら【小米桜】ユキヤナギの別名。シジミバナをいうこともある。〈季 春〉

こごめ-ばな【小米花】❶シジミバナの別名。❷ユキヤナギの別名。〈季 春〉

こごめ-びな【小米×雛】三重県山田地方で作られた、高さ1.5センチくらいの紙雛。3月3日の飾り、また、女児の遊びに使われた。

こごめ-やなぎ【小米柳】ユキヤナギの別名。

こごめ-ゆき【小米雪】小米の粒のように細かく、さらさらと降る雪。粉雪。

ここ・める【▽屈める】〔動マ下一〕〔文〕こご・む〔マ下二〕からだを折り曲げる。こごむようにする。かがめる。「身を—・めて洞穴に入る」
〔類語〕かがむ・こごむ・しゃがむ・かがめる

ここ-もと【×此▽処▽許┊×爰▽許】〔代〕近称の指示代名詞。❶話し手の身近な所をいう。このあたり。ここ。「波ただ—に立ち来る心地して」〈源・須磨〉❷話し手自身の方をいう。自分の方。当方。「—にただ一言聞こえさすべきことなむ侍るを」〈源・総角〉

ここ-もと【×茲▽許】〔接〕(前の文章の)時期、場所などを受けていう。ここに。このところ。商用文に多く使われる。「—ご依頼の件について善処お願い申し上げます」「—出張先にて受領致しました」

こ-ごもり【子籠もり】❶胎内に子を宿していること。懐妊。❷「子籠もり鮭ざけ」の略。

こごもり-ざけ【子籠もり×鮭】塩漬けにしたサケの腹の中に、塩漬けにしたサケの卵を入れたもの。いれこざけ。

ココ-やし【ココ×椰子】《coconut palm》ヤシ科の常緑高木。熱帯の海浜などに多い。幹の先に、線形の小葉からなる大形の羽状複葉を多数つける。雄花と雌花とが多数つき、実は大きな楕円形で、中に種子と液状の胚乳はいにゅうがある。胚乳を飲料やコプラなどに、葉を敷物などに用いる。ココ。

こご・ゆ【凍ゆ】〔動ヤ下二〕「こごえる」の文語形。

ここ-ら【×此▽処ら】〔代〕近称の指示代名詞。❶話し手に近い場所を漠然とさしていう。この辺。このあたり。ここいら。「—ではあまり見かけない人だ」「たしか—に置いたはずだ」❷時間・程度を漠然とさしていう。この程度。これくらい。ここいら。「今日は—で切り上げよう」「—で長打がほしい」〔類語〕ここ・ここいら

ここ-ら【幾▽許】〔副〕❶数量の多いさま。たくさん。多く。「—のおほやけ人に見せて恥を見せむ」〈竹取〉❷程度のはなはだしいさま。たいへん。非常に。「立ち寄れば梅の花笠匂ふのもなほわび人は—濡れけり」〈宇津保・春日詣〉

こごら・す【▽凝らす】〔動サ五(四)〕固まらせる。凝固させる。「豆腐を—・す」

こごり【▽心】「こころ」の上代東国方言という。「群玉のくるにくぎ鎖さし固めとし妹いもが—は動あよくなめかも」〈万・四三九〇〉〔補説〕例歌の原文「去去里」の「里」は「ろ」の乙類の仮名にも用いるので、「こころ」の誤読とする説がある。

こごり【▽凝り】❶凍って固まること。こごること。また、そのもの。「霧が巨きな—になって太陽面を流れている」〈賢治・圃道〉❷煮魚のゼラチン質が煮汁とともに冷えてゼリー状に固まったもの。煮こごり。

こごり-どうふ【▽凝り豆腐】「凍り豆腐」に同じ。

こごり-ぶな【▽凝り×鮒】寒い時期に、煮ておいてこごらせたふな。〈季 冬〉

こご・る【▽凝る】〔動ラ五(四)〕❶液体状のものが、冷えたり凍ったりして凝固する。「魚の煮汁が—・る」「食うものはなくなった。水筒の水は—・ってしまった」〈黒島・渦巻ける烏の群〉❷手足がかじかんで、自由がきかなくなる。「兵つはもの手—・って弓を引くにかなはず」〈太平記・四〉〔類語〕固まる・凍る・凍りつく・凍結・氷結・結氷・冷凍・凍いてつく・しばれる・凍みる・凍てる・凝固する・凝結する・固結する・固化する・膠化こうかする・凝こる・強張る・固める

ごこ-れい【五×鈷鈴】金剛鈴こんごうれいの一。五鈷杵ごこしょの一方に鈴がついたもの。

こころ【こゝろ】夏目漱石の小説。大正3年(1914)発表。罪悪感や孤独感、人間憎悪の念がついには自己否定に至るという、個人主義思想の極致を描く。

こころ【心】❶人間の理性・知識・感情・意志などの働きのもとになるもの。また、働きそのものをひっくるめていう。精神。心情。「—の豊かな人」「—に浮かぶ思い」「—と—の触れ合い」「—を痛める」「—の晴れる時もない」㋐偽りや飾りのない本当の気持ち。本心。「—が顔に現れる」「—から感謝する」「—にもないほめ言葉」「口と—の違う人」㋑身についた感じ方や考え方の傾向。性分。性根。「生まれついての—は変わらない」「ねじけた—」「—を入れ替える」㋒物事について考え、判断する働き。考え。思慮。分別。「—を決めたら迷わず進む」「会社再建に—を砕く」㋓他人の状況を察していたわる気持ち。思いやり。情け。人情味。「—のこもった贈り物」「—をこめて編んだセーター」㋔あることをしようとする気持ち。意志。「やるしかないと—を決める」「行こうという—が起こらない」㋕物事に対する関心や興味。「遊びに—を奪われる」㋖自分と異なるものを認め受け入れる余裕。度量。「広い—の持ち主」「—の狭い人」㋗物事の美しさやおもしろさのわかる感覚。風流心。「詩の—にふれる」「美を求める—」㋘覚えていること。記憶。「—に深く刻まれた痛み」「—に残る名演技」㋙気をつけること。注意。留意。「—が行き届く」「隅々にまで—を配る」❷㋐物事の本質をなす意味。また、芸術上の理念。「演技の—を会得する」「能の—は幽玄にある」㋑なぞ解きなどで、その理由。わけ。「田舎の便りとかけて豆腐ととく。—はまめ(豆)で稼いでいる」❸全く異なる他の物事に見立てること。つもり。「まだ蓬莱ほうらいは飾らねども、まづ正月の—」〈浄・阿波の鳴門〉❹おもしろくない思い。また、分け隔てする気持ち。「かく親しき御仲らひにて、—あるやうならむも便なくて」〈源・若菜上〉〔類語〕精神・内面・ハート・良心・意味・気・神経・胸・意義・意い・義ぎ・概念・謂いい・語意・語義・字義・文意・含意・含み・意味合い・旨・ニュアンス・語感・本義・広義・狭義

〔一句〕気は心・口は口心は心・犬馬の心・旅は情け人は心・二千里の外がい故人の心・人は見目みめよりただ心

心温ま・る あたたかい人情を感じてなごやかな心になる。「—・る情景」

心合わざれば肝胆かんたんも楚越そえつの如ごとし 《「荘子」徳充符の「其の異なるものより之を視れば肝胆も楚越なり」から》気が合わないと、近親の間柄の者どうしでも、疎遠な他人のようである。

心入い・る ㊀(「入る」が四段活用の場合)深く心にとまる。心が引かれる。「つねならぬ山の桜に—・りて池の蓮を言ひな放ちそ」〈後拾遺・雑五〉㊁(「入る」が下二段活用の場合)熱中する。打ち込む。心を入れる。「遊びに—・れたる君達」〈源・椎本〉

心浮・く ❶心がうわついて思慮に欠ける。「—・きたるにつき、さては、宮仕へなどする人は…末の世わろきものなり」〈宇津保・祭の使〉❷陽気になる。心がうきうきする。「—・きたる顔し、円座を尻につけ立ちて踊れり」〈咄・醒睡笑・一〉

心失う・す 驚いて気が遠くなる。「心も失せて、我にもあらでつい居ゐられぬ」〈宇治拾遺・二〉

心内にあれば色いろ外にあらわる 心の中で思っていることは、自然と顔色や動作などに現れる。思い内にあれば色外に現あらわる。

心置・く ❶執着する。あとまで心を残す。「いまはのきはまでいみじう—・き」〈夜の寝覚・四〉❷打ち解けないで、心に隔てを置く。「つゆ—・かれ奉ることなく、塵ばかり隔てなくてならひたるに」〈源・蜻蛉〉❸心遣いする。遠慮する。「まことのよるべと頼みきこえむには必ず—・かれぬべし」〈源・葵〉❹注意する。用心する。「はかなきことにも—・きて見とがめつべきに」〈夜の寝覚・一〉

心後おく・る ❶思慮が足りない。気がきかない。「かくまで—・れ、思ひやりなき事し出で給ふべしとは」〈狭衣・三〉❷心がひるむ。気おくれする。「あやしく—・れても進み出でつる涙かな」〈源・梅枝〉

心重・し ❶思慮深い。人柄が落ち着いている。「すぐれてをかしう、—・く」〈紫式部日記〉❷俳諧で、おもむきが軽快でない。「ふかくおもひしづみ、かへって—・く詞ことばしぶり」〈去来抄・先師評〉

心及・ぶ 考えが行き届く。気がつく。「かの院、何事も—・び給はぬことはをさをさ無きうちにも」〈源・若菜下〉

心折お・れる 気持ちや考えがそちらに向かう。また、気持ちが弱る。心が折れる。「妹の説得に父も—・れたようだ」「相次ぐ困難に—・れる」

心が動・く ❶心が引きつけられる。関心をもつ。その気になる。「旅行に誘われて、少し—・いた」❷気持ちが動揺する。心が乱れる。「草の葉にかかれる露の身なればや心動くに涙落つらむ」〈大和・一二三〉

心が躍・る 喜びや楽しい期待のために、心がわくわくする。「包みを開ける瞬間、期待に—・る」

心が折お・れる ►心折れる

心が通・う 互いに十分に理解し合っていて、心が通じ合う。「—・ったつきあい」

心掛か・く ❶心にとめる。念頭におく。「常に心をかけて、しるきさまなる文などやあると…探し給へど」〈源・宿木〉❷異性に思いをかける。恋する。「—・けたるすき者ありけり」〈源・末摘花〉

心が籠(こ)も・る 思いが十分に含まれる。気持ちがいっぱいに満ちている。「—・った贈り物」

心が騒・ぐ 気持ちが落ち着かない。また、胸騒ぎがする。「出先で何かあったのではないかと—・ぐ」

心が沈・む 暗い気持ちに落ち込む。

心が解・ける 心がやわらぐ。気持ちがほぐれる。「彼の—・けるまでそっとしておこう」

心が弾・む 喜びや楽しい期待のために、心がうきうきする。「夏休みの期待に—・む」

心が晴・れる 心配や疑念が消えて明るい気持ちになる。「試験のことを思うと—・れない」

心が引か。れる 好意を寄せる。思いを寄せる。「人柄のよさに—。れる」

心が乱(みだ)・れる あれこれと思いわずらい、心の平静が失われる。「思わぬ失敗に—・れる」

心利・く 機転がきく。よく気がきく。「是等は皆一騎当千の兵にて、—・き夜討ちに馴れたる者共なりとは云ひながら」〈太平記・二八〉

心昏(く)・る 心を取り乱して、分別がなくなる。「絶え入り給ひぬとて、人参りたれば、さらに何事も思し分かれず、御心もくれて渡り給ふ」〈源・若菜下〉

心ここに有らず 《「礼記」大学から》心が他のことにとらわれて、当面のことに心を集中できない。「—といった体(てい)で落ち着かない」

心時雨(しぐ)・る もの悲しくて、心が湿りがちになる。「神無月なほ定めなき雲よりも—・るる夕暮れの空」〈夫木・一六〉

心知・る 事情・気心・情趣などを理解する。「ひそかに—・れる人と言へりける歌」〈土佐〉

心澄・む 雑念が消えて、澄んだ心になる。「身につもる言葉の罪も洗はれて—・みぬる三重(みかさね)の滝」〈山家集・下〉

心急(せ)・く 気がせいて、いらいらする。心がいらだつ。「一刻も早くと—・かれる」

心染(そ)・む 深く心にとまる。気に入る。「さこそげに君なげくらめ—・めし山の紅葉を人に折られて」〈右京大夫集〉

心空(そら)なり 心が自分のからだから離れてしまったようだ。うわの空である。「たもとほり行箕(ゆきみ)の里に妹を置きて—土は踏めども」〈万・二五四一〉

心立・つ 心が奮いたつ。「心ねたうもてないたる、なかなか—・つやうにもあり」〈源・胡蝶〉

心付・く ㊀(「付く」が四段活用の場合) ❶愛情や関心が生じる。執心する。「御娘たちの住まひ給ふらむ御ありさま思ひやりつつ、—・く人もあるべし」〈源・椎本〉 ❷物心がつく。分別がつく。「—・きなば、僧になして」〈太平記・九〉 ❸気がつく。「ある人々は—・きたるもあるべし」〈堤・虫めづる姫君〉 ㊁(「付く」が下二段活用の場合) ❶愛情や関心を持つ。思いを寄せる。「うつせみの常なき見れば世の中に—・けずて思ふ日そ多き」〈万・四一六二〉 ❷気をつける。注意する。「若き人に見ならはせて、—・けんためなり」〈徒然・一八四〉

心尽(つ)・く 気力が尽きる。気ばかりもむ。「かやうに待ち聞えつつあらむも、心のみ尽きぬべきこと」〈源・葵〉

心解・く ❶心のわだかまりが解ける。きげんがなおる。「なほ—・けぬ御気色にて」〈源・浮舟〉 ❷緊張が解ける。くつろぐ。「酒盛りなんどして、—・けたるほどなりけるに」〈増鏡・三神山〉

心留(と)ま・る ❶ある物に強く心が引かれる。気に入る。「山水に—・り侍りぬれど」〈源・若紫〉 ❷あきらめきれなくなる。未練が残る。「—・ることなくて、極楽にも心清く参り侍るべき」〈栄花・鶴の林〉

心和(な)・ぐ 心がやわらぐ。心が慰む。「家島は雲居に見えぬ我(あ)が思(も)へる—・ぐやと」〈万・三六二七〉

心に余・る 自分の考えではどうにも処理できない。思案に余る。「—・る問題をかかえる」

心に入(い)・る ㊀(「入る」が四段活用の場合) ❶心に深くしみる。「何故(なにゆゑ)か思はずあらむ紐(ひも)の緒の—・りて恋しきものを」〈万・二九七七〉 ❷気に入る。心にかなう。「なのめならず—・りて思ひいらるるもはかなし」〈源・総角〉 ❸納得する。よくわかる。「西へ行く月をやよそに思ふらん—・らぬ人のためには」〈山家集・中〉 ㊁(「入る」が下二段活用の場合) ❶深く心に留める。熱中する。「学問に—・れて、遊びの道にも入りたち給へる時に」〈宇津保・藤原の君〉 ❷関心を持つ。親身になる。「算を—・れて教へけるに」〈今昔・二四・二二〉

心に鬼を作・る ❶恐怖のあまり無用な想像をする。「—・りて、左右なく近づかず」〈古活字本保元・下〉 ❷やましいことがあって悩む。「隠れみのうき名を隠すかたもなし—・る身なれど」〈新撰六帖・五〉

心に掛か・る ❶ある事柄が心から離れないでいる。気に掛かる。「留守中は子供のことが常に—・っている」 ❷人の厚意にすがる。「ただかばかりの御—・りてなむ多くの人々年を経ける」〈源・初音〉

心に垣(かき)をせよ 油断をしないで用心せよ。用心を怠ることのないようにといういましめ。

心に掛・ける ❶心にとどめる。念頭におく。「いつも—・けていただき感謝しています」 ❷目をかける。懸想(けそう)する。「天武の—・けさせ給へば、清み原にめされて」〈胆大小心録〉 ❸心にまかせる。思いのままにする。「はばかり給ふ事なくて、…ただ御—・けてもてなし給ふべくぞ」〈源・若菜上〉

心に笠(かさ)着て暮らせ 《笠をかぶると上が見えないところから》高望みしないで分相応に暮らせ。

心に適(かな)・う ❶気に入る。満足に思う。「お—・うように努力します」 ❷思いどおりになる。心のままになる。「命だに—・ふものならば何か別れの悲しからまし」〈古今・離別〉

心に刻(きざ)・む 深く心に留めて忘れない。肝(きも)に銘じる。「師の言葉を—・む」

心に染(そ)・む ㊀(「染む」が五(四)段活用の場合)気に入る。心にかなう。「—・まない結婚をすすめられる」 ㊁(「染む」が下二段活用の場合)深く心を寄せる。傾倒する。「皆人の—・むる桜花いくしほ年に色まさるらむ」〈千載・春上〉

心に付・く ㊀(「付く」が四段活用の場合)気に入る。心にかなう。「かたちはしもいと—・きて、つらき人の慰めにも見るわざしてむやと思ふ」〈源・少女〉 ㊁(「付く」が下二段活用の場合)心を寄せる。関心をもつ。「この受領どものおもしろき家造り好むが、この宮の木立を—・けて」〈源・蓬生〉

心に留・める 心にしっかり覚えておく。「恩師の言葉を—・める」

心に残(のこ)・る 感動や印象などが、のちのちまで忘れられない。「—・る名場面の数々」

心に任・せる ❶自分の思う通りに行う。勝手気ままにふるまう。「—・せてどこへでも行く」 ❷自分の思い通りになる。「—・せたることのやうに、いと易きことにありなん、と答ふれば」〈宇治拾遺・一五〉 ❸相手の考えにまかせる。「さらばただ—・せよ。われは詠めともいはじ」〈枕・九九〉

心にもあら。ず ❶自分の本心ではない。「ここにも—。でかくまかるに」〈竹取〉 ❷気がついていない。思わず知らず。「いたう困(こう)じ給ひにければ、—。ずうちまどろみ給ふ」〈源・明石〉

心にもな・い ❶本心ではない。不本意である。「—・いお世辞」「つい、—・く言い過ぎた」 ❷身に覚えのない。思いもよらない。「—・いことで責められる」「—・き事にうたがはれぬ」〈浮・織留・三〉

心は二(ふた)つ身(み)は一(ひと)つ あれもこれもと望むのだが、自分のからだは一つしかなく、思うにまかせない。

心は矢竹 《「矢竹」は「弥猛」の当て字》心がますます激しく勇み立つこと。「—にはやれども、もう叶はぬ」〈浄・千本桜〉

心開(ひら)・く 心が晴れ晴れする。「ひさかたの月夜(つくよ)を清み梅の花—・けて我(あ)が思へる君」〈万・一六六一〉

心広(ひろ)く体(たい)胖(ゆたか)なり 《「大学」から》心にやましいことがなければ、それにつれて身体もまたのびやかである。

心隔(へだ)・つ 心が打ち解けない。「人の—・つべくも物し給はぬ人ざまなれば」〈源・胡蝶〉

心惑・う とまどう。当惑する。「泣きて伏せれば、—・ひぬ」〈竹取〉

心咽(む)・す 悲しみで胸がいっぱいになる。「我妹子(わぎもこ)が植ゑし梅の木見るごとに—・せつつ涙し流る」〈万・四五三〉

心も心なら。ず 心が落ち着かず、気が気でない。「内の人々は、まして—。ずあわたたしく」〈増鏡・北野の雪〉

心焼・く ㊀(「焼く」が四段活用の場合)胸を焦がす。心を悲しみもだえさせる。「冬ごもり春の大野を焼く人は焼き足らねかも我(あ)が—・く」〈万・一三三六〉 ㊁(「焼く」が下二段活用の場合)思い焦がれる。「人に逢はむつきのなきには思ひおきて胸走り火に—・けをり」〈古今・雑体〉

心病・む ❶思い悩む。苦にする。「人知れぬわが通ひ路の…と詠めりければ、いといたう—・みけり」〈伊勢・五〉 ❷怒る。恨む。〈名義抄〉

心より ❶自分の心がもとで。「秋はただ—おく夕露を袖のほかとも思ひけるかな」〈新古今・秋上〉 ❷心の底から。心から。「—お礼申し上げます」

心別(わ)・く ㊀(「別く」が四段活用の場合)心の中で、複数のものごとを区別して扱う。また、愛情を他にも及ぼす。「げに川風も—・かぬさまに吹き通ふ物の音ども」〈源・椎本〉 ㊁(「別く」が下二段活用の場合)㊀に同じ。「ただ今は式部卿宮の御娘より外(ほか)に—・け給ふ方もなかなり」〈源・蓬生〉

心を合わ・せる 大ぜいが心を一つにして協力する。「—・せて仕事に取り組む」

心を致・す 心を尽くす。真心を込める。「政治家として—・すべきことの第一は誠実である」

心を痛・める 心をなやます。心を悲しませる。「息子の勉強嫌いに—・める」

心を一(いつ)に。する 多くの人が心を合わせる。「全員の—。して試合にのぞむ」

心を入れ替・える 今までの態度や考え方がまちがいであったことに気づいて改める。改心する。「—・えて一から出直す」

心を動か・す ❶感動する。心を打たれる。「熱演に—・される」 ❷興味をさそわれる。「近ごろは株式に—・している」 ❸気持ちが落ち着かなくなる。心を乱す。「絵にかける女(をうな)を見て、いたづらに—・すがごとし」〈古今・仮名序〉

心を打・つ 強く感動させる。「聴衆の—・つ講演」

心を奪・う おもしろさや、すばらしさなどで、人の心をすっかり引きつける。「名画に—・われる」

心を置・く ❶気を遣う。遠慮する。「—・くことなくお話しください」 ❷打ち解けないで、心に隔てを置く。「—・かれ、うるさき者に思はれてぞありけるほどに」〈今昔・二五・四〉

心を起こ・す ❶心を励ます。発奮する。「いといみじく心苦しければ、—・して祈り聞こゆ」〈源・若菜下〉 ❷求道の心を起こす。発心(ほっしん)する。「—・して、やがて頭(かしら)おろして」〈今鏡・九〉

心を躍ら・せる 喜びや楽しい期待などのために心をわくわくさせる。「—・せて入学式に臨む」

心を鬼に。する かわいそうだと思いながら、厳しい態度をとる。「子供の将来のために—。してしかる」

心を傾・ける ❶心を集中させる。心を注ぐ。「地域の発展に—・ける」 ❷心を寄せる。「熱心な説得に—・ける」

心を通わ・す 互いに心が通じ合う。気脈を通じる。心を通わせる。「—・す学生時代からの友人」

心を交わ・す 互いに心を通わせる。思い合う。「かねてから—・していた仲」

心を砕・く いろいろと気を遣う。心配する。「育児に—・く」

心を配・る 気をつける。配慮する。気をくばる。「失礼がないように—・る」

心を汲(く)・む 他人の心の中を思いやる。気持ちを察する。「—・んで静かに見守る」

心を籠(こ)・める 思いやりの気持ちで心の中をいっぱいにする。真心をこめる。「—・めて応援する」

心を使・う 気を配る。心配する。心遣いをする。「来客への応対に—・う」

心を掴(つか)・む 人の気持を引きつける。「有権者の

—・む演説」
心を尽く・す 心の底から思ってする。できる限りのことをする。「—・した看病」
心を留(と)・める ❶気をつける。注意する。「道端の花にふと—・める」❷愛着をもつ。気に入る。「松はゆたかに竹すなほなるやうにと—・め、手をしめて教ゆるは恋の手習ひ」〈浮・御前義経記・一〉
心を捉(とら)・える 人の気持ちを自分の方へ引きつける。「生徒の—・えた授業」
心を取・る 人の気持ちにとりいる。機嫌をとる。「大和撫子(やまとなでしこ)をばさしおきて、まづ塵(ちり)をだに、など親の—・る」〈源・帚木〉
心を引・く ❶人が興味を起こすようにする。気を引く。「若者の—・くイベント」❷気持ちを試そうとする。「なにげない話で相手の—・いてみる」
心を開(ひら)・く ❶本心を明らかにする。心の奥底をうちあける。「—・いて語り尽くす」❷親しい気持ちになる。うちとける。「あたたかい言葉に—・く」
心を用・いる いろいろ注意する。配慮する。「来客のもてなしに—・いる」
心を以(も)って心に伝・う 「以心伝心(いしんでんしん)」を訓読みにした言葉。
心を遣(や)・る ❶心の憂さを晴らす。気晴らしをする。「花盛り、紅葉盛りなどにものし給ひて、心やり給ふ所あり」〈宇津保・春日詣〉❷得意になる。思うままに事をする。「わが心得たる事ばかりを己(おの)がじし—・りて」〈源・帚木〉❸心をその方にやる。思いをはせる。「旅の空を思ひおこせて詠まれたるにこそはと、—・りて」〈十六夜日記〉
心を許・す 気を許す。また、うちとける。「彼に—・したのがまちがいだった」「互いに—・した間柄」
心を寄・せる ❶思いをかける。好意をいだく。「級友の一人にひそかに—・せる」❷関心をもつ。熱中する。傾倒する。「音楽に—・せる」
こころ-あがり【心上がり】 思い上がること。気位が高いこと。傲慢(ごうまん)。高慢。「沢瀉(おもだか)は、名のをかしきなり。—したらむと思ふに」〈枕・六六〉
こころ-あさ・し【心浅し】〔形ク〕❶思慮が浅い。考えが足りない。「いさめ聞こえしかば、—・しと思ひ給へりし」〈源・柏木〉❷情が薄い。熱心でない。「かう参り来ることも難くなりにたるを、—・きにや誰も誰も見なし給ふらむ」〈源・手習〉
こころ-あ・し【心▽悪し】〔形シク〕❶気だてが悪い。意地が悪い。「容貌(かたち)憎さげに、—・しき人」〈枕・一四一〉❷気持ちがよくない。気分が悪い。「いささか—・しなど言へば」〈春曙抄本枕・二九一〉
こころ-あたり【心当(た)り】 心に思い当たること。また、見当をつけた場所。「就職口なら—がある」「—を探してみる」(類語)目星
こころ-あて【心当て】 ❶心に頼みとすること。また、そのもの。心だのみ。「国の援助を—にする」❷心の中で推し量ること。当て推量。「二度と通りかかるかどうかも解らないような、用のない裏町だけに、—のつけようもなかった」〈里見弴・多情仏心〉
(類語)当て推量・当てずっぽう・憶測・邪推・勘ぐる
こころ-あやまり【心誤り】 ❶思い違い。考え違い。心得違い。「—やしたりけむ、親王(みこ)たちのつかひ給ひける人をあひ言へりけり」〈伊勢・一〇三〉❷正常な心を失うこと。乱心。「時々—して、人に疎まれぬべきことなむうちまじり給ひける」〈源・真木柱〉❸気分のすぐれないこと。「—して煩はしく覚ゆれば」〈源・総角〉
こころ-あ・り【心有り】〔連語〕❶思いやりがある。「三輪山をしかも隠すか雲だにも—・らなも隠さふべしや」〈万・一八〉❷思慮分別がある。道理をわきまえている。「汝は鳥の王なり。我は獣の王なり。互ひに—・るべし」〈今昔・五・一四〉❸情趣・風流を解する。「むべ山風をなど言ひたるも—・らむと見ゆるに」〈枕・二〇〇〉❹風情がある。風流である。「雨うち降りたるつとめてなどは、世になう—・るさまにをかし」〈枕・三七〉❺恨み・たくらみ・浮気心などの下心がある。「わがぬしを酔(ゑ)はし奉るも—・りや」〈宇津保・俊蔭〉❻歌学の用語。歌に詩心が深く込められている。有心(うしん)である。「させる句にてはなけれども—・りて細きには、一座も面白く付けよきなり」〈連理秘抄〉➡有心❷
こころ-ある【心有る】〔連体〕❶思慮・分別がある。道理をわきまえている。「—人々の顰蹙(ひんしゅく)を買う」⇔心無い。❷物事の情趣を解することができる。「—人の集まり」⇔心無い。
こころ-あわたた・し【心▽慌し】〔形シク〕心が落ち着かないでそわそわするさま。気ぜわしい。また、不安である。「夜べは夜更けぬと人々急がれしかば—・しくてなむ」〈宇津保・蔵開下〉
こころ-いき【心意気】 ❶気だて。心ばえ。特に、さっぱりした気性。「あの鼠小僧と云う野郎は、第一—が嬉しいや」〈芥川・鼠小僧次郎吉〉❷物事に積極的に取り組もうとする気構え。意気込み。気概。「—を示す」❸気どること。つもりになること。「艶二郎は役者、女郎などの—にて」〈黄・艶気樺焼〉❹真実な気持ち。こころね。「面(つら)で恋はしねえ。—でするといふのス」〈滑・浮世床・二〉
こころ-いきおい【心勢ひ】(いきほひ) 気迫。気力。「まだ—なかりければ、とどむる勢ひなし」〈伊勢・四〇〉
こころ-いっぱい【心一杯】〔副〕思う存分。精いっぱい。気の済むまで。「に」を伴って用いることもある。「お祭りなれば—面白い事をして」〈一葉・たけくらべ〉「—に勉強の出来る身の上となったから」〈二葉亭・浮雲〉
こころ-いられ【心▽苛れ】 心がいらだつこと。「夫(そ)れだけでは面白う無うて—のするに」〈一葉・われから〉「苦しげなるもの。…—したる人」〈枕・一五七〉
こころ-いれ【心入れ】 ❶あれこれと気を遣うこと。心遣い。配慮。「馴染の客だけにする…—だった」〈万太郎・続末枯〉❷心の奥底。考え。「貴嬢(あなた)の御—をも承り、飛立つ程うれしくは思いましたが」〈露伴・露団々〉❸深く執心すること。執着。「—奈落までも通じて」〈浮・永代蔵・三〉
こころ-いわい【心祝(い)】(いはひ) 形式ばらない、気持ちだけの祝い。「—に一本つける」(類語)内祝い
こころ-う・し【心憂し】〔形ク〕❶つらく苦しい。情けない。「かくおぼされぬると思ふに身も—・くて」〈和泉式部日記〉❷不愉快だ。おもしろくない。「恥ぢがましく—・き事のみありて」〈徒然・一七五〉
こころ-うつく・し【心美し】〔形シク〕❶心根がかわいらしい。いとしい。「いと若やかに—・しう、らうたき心」〈源・夕霧〉❷同情心がある。心温かい。「左衛門督の、いと—・しうおぼしのたまひつるも」〈夜の寝覚・二〉
こころ-うつり【心移り】 関心が他に移ること。心変わり。気移り。「新しいモデルに—がする」
こころ-うれし・い【心×嬉しい】〔形〕文こころうれ・し〔シク〕うれしい気分である。「—・くずかずかと出て来ました」〈円朝・真景累ヶ淵〉
こころ-え【心得】 ❶理解していること。また、理解してとりはからうこと。「—のある処置」❷常に心がけていなければならないこと。心構え。「日ごろの—がよくない」❸技芸を身につけていること。たしなみ。「茶の湯の—がある」❹ある事をするにあたって注意し、守るべき事柄。「接客の—」「冬山登山の—」❺下級の者が上級の役職を代理または補佐するときの職名。「課長—」(類語)素養・嗜(たしな)み・常識・教養・知識・蘊蓄(うんちく)・学識・造詣・学問・該博・学殖・碩学・篤学・博学・博識・博覧強記・有識・物知り・生き字引・博覧
こころえ-がお【心得顔】(がほ)〔名・形動〕よく知っているというような顔つき、そぶり。「—に振る舞う」
こころえ-ちがい【心得違い】(ちがひ) ❶思い違い。誤解。「早のみこみで—をしていた」❷道理や人の道に外れた考え方や行い。まちがった考え。「—を戒める」「謝れば済むと思ったら、とんだ—だ」(類語)(❶)勘違い・曲解・混同・本末転倒・取り違える
こころ-・える【心得る】〔動ア下一〕文こころ・う〔ア下二〕❶物事の事情や意味するところをよく理解する。のみこむ。わきまえる。「扱いを—・えている」❷事情をよく理解したうえで引き受ける。承知する。「—・えました。おまかせください」❸たしなみがある。会得している。「茶道も少しは—・えている」❹気をつける。用心する。「ころび落ちぬやう—・えて炭を積むべきなり」〈徒然・二一三〉(類語)承知・認める・承認する・同意する・肯定する・うべなう・うけがう・是認する・容認する・認容する・許容する・許可する・認許する・認可する・公認する・許す・受け入れる・聞き入れる・聞き届ける・承諾する・受諾する・受け付ける・応じる・承る・承服する・黙認する・自認する・約諾する・快諾する・内諾する・甘受する・オーケーする・受容する
こころ-おき【心置き】 心づかい。遠慮。気がね。「一緒に飲んでいるものが利害関係のないのも彼には—がなかった」〈有島・カインの末裔〉
(類語)憚(はばか)り・控え目・斟酌(しんしゃく)・忌憚(きたん)・謹慎・内輪・憚る・控える・差し控える・慎む・断る
こころ-おきて【心×掟】 ❶心の持ちよう。心構え。また、ものの考え方。「幼かるべき程よりは、—大人大人しく目やすく」〈源・竹河〉❷心に思い定めておいたこと。「御裳着のことおぼし急ぐ御—、世の常ならず」〈源・梅枝〉
こころおき-なく【心置き無く】〔副〕遠慮気がねなく。心残りなく。安心して。「—話し合う」「—出発できる」
こころ-おくれ【心後れ】 ❶気がひるむこと。気後れ。「すこし—がしたが、努めて気を励まして」〈近松秋江・疑惑〉❷気がきかないこと。愚かであること。「—にして出で仕へ、無智にして大才に交はり」〈徒然・一三四〉
こころ-おごり【心×驕り】 うぬぼれること。思い上がり。慢心。「わが身かばかりにてなどか思ふことかなはざらむ、とのみ—をするに」〈源・若菜上〉
こころ-おさな・し【心幼し】(をさなし)〔形ク〕心が幼稚である。思慮に欠ける。「—・く竜を殺さむと思ひけり」〈竹取〉
こころ-おそ・し【心▽鈍し】〔形ク〕❶熱心でない。いいかげんである。「はやも鳴けいはたの森の時鳥(ほととぎす)—・くは手向けせざりつ」〈夫木・八〉❷《「こころおぞし」とも》心の働きがにぶい。気がきかない。「さやうのことにも—・く物し給ふ」〈源・蓬生〉
こころ-おとり【心劣り】〔名〕(スル) ❶予想していたよりも劣っていること。期待外れ。「—する出来ばえ」⇔心勝(こころまさ)り。❷気が引けること。気おくれ。「いとほしく—し給ふらむとおぼゆ」〈源・若菜上〉
こころ-おぼえ【心覚え】 ❶心の中に覚えていること。「そのことについては全く—がない」❷忘れないための控えやしるし。メモ。「—に赤丸をつける」
こころ-おもむけ【心▽趣け】 心の向き。意向。「かやうなる御—のありがたくおはしませば、御祈りともなりて」〈大鏡・師輔〉
こころ-がかり【心掛(か)り｜心懸(か)り】〔名・形動〕気にかかること。また、そのさま。気がかり。心配。「—な母の病状」(類語)不安・懸念・危惧(きぐ)・危懼(きぐ)・疑懼(ぎぐ)・恐れ・胸騒ぎ・不安心・心細い・心許(こころもと)ない・憂い・怖い・危なっかしい・おぼつかない
こころ-がけ【心掛け｜心懸け】 ❶ふだんの心の持ち方。「—がよくない」「ふだんの—しだいである」❷たしなみ。心得。「有っても一向—のございません僕なんざ、…つい気がつかないで了います」〈鏡花・婦系図〉
(用法)心がけ・心がまえ――「日ごろの心がけ(心構え)がものをいう」「そんな心がけ(心構え)では、行く末が思いやられる」など、心の持ち方の意では相通じて用いられる。◆「心がけ」は日常の心のあり方を指すことが多く、「こつこつ貯金するとは、いい心がけだ」「日ごろの心がけが悪い」などという。◆「心構え」は、ある事柄に対して心の準備をすることで、「老後の心構えをしておく」「親としての心構えを聞く」と用いる。◆類似の語に「気構え」がある。「リハーサルと本番とでは気構えが違う」「子供を育てながら働く気構えでいる」のように、はっきりとした意志や決意をともなった心の準備状態をいう。
(類語)心構え・気構え・腹積もり・心積もり・用心・注意・警戒・戒心・配慮・用意・留意・気配り・気遣い
こころ-が・ける【心掛ける｜心懸ける】〔動カ下一〕文こころが・く〔カ下二〕いつも心にとめておくようにする。気をつける。心にかける。「貯蓄を—・ける」「安全第一を—・ける」
こころ-かしこ・し【心賢し】〔形ク〕利口であるさま。賢明である。気がきく。「—・き関守侍りと聞こゆ」〈枕・

一三六〉

こころ-がまえ【心構え】物事に対処する心の準備。覚悟。「いざという時の—」➡心掛け 用法

類語 心がけ・気構え・腹積もり・心積もり

こころ-から【心から】㊀〔副〕本当の気持ちで言動がなされるさま。心の底から。心底から。心より。「—恋い慕う」「—喜ぶ」㊁〔連語〕他からの強制ではなく、自分の意志で。自分から求めて。「現世、後生、—徒らになしたる者なり」〈今昔・二六・五〉

こころ-がら【心柄】❶心の持ち方。気だて。性格。「—がしのばれる」「ねえさんの—でふいにしちゃったんだわ」〈康成・雪国〉❷《「心から」の変化》自分の心が原因でそうなること。自業自得。「斬り殺されるのも—」〈円朝・怪談牡丹灯籠〉 類語 気・性格・気性・気象・気立て・気前・心ばえ・心根・性質・性向・性情・気質・質・性・性分・人柄・心性・品性・資性・資質・個性・人格・キャラクター・パーソナリティー・情

こころ-かる・し【心軽し】〔形ク〕軽薄である。心が移りやすい。こころかろし。「出でて去なば—・しと言ひやせむ世のありさまを人は知らねば」〈伊勢・二一〉

こころ-かろ・し【心軽し】〔形ク〕「こころかるし」に同じ。「—・くもなど覚し物せむに、いとあしく侍りなむ」〈源・宿木〉

こころ-がわり【心変(わ)り】〔名〕スル ❶心が他に移ること。変心。「男の—したのを責める」❷心が正常の状態でなくなること。乱心。「心ひとつに覚し嘆くに、いとど御—もまさりゆく」〈源・葵〉

類語 変心・気が変わる・裏切り・背信・寝返り

こころ-きき【心利き】《「こころぎき」とも》気がきいていること。また、その人。「きゃつは—ぢゃ」〈虎明狂・今参〉

こころ-きたな・し【心汚し】〔形ク〕卑劣である。心が卑しい。「いづれをも無徳ならず定め給ふを、—・き判者なめりと、聞こえ給ふ」〈源・梅枝〉

こころ-ぎも【心肝┊心▽胆】❶心の中。「いとど—もつぶれぬ」〈源・浮舟〉❷思慮。考え。才覚。「—なく、相思ひ奉らざりしものを強ひて使ひ給ひて」〈落窪・二〉

こころ-きよ・し【心清し】〔形ク〕さっぱりして心残りがない。邪念がない。いさぎよい。「妙荘厳王も、—・き三昧どもを勧め給ひて」〈狭衣・四〉

こころ-ぎれ【心切れ】連歌・俳諧で、句中に切れ字が用いられていなくても、意味の上から句切れになること。また、その句。

こころ-ぐ・し【心ぐし】〔形ク〕心が晴れずうっとうしい。せつなく苦しい。「—・く思ほゆるかも春霞たなびく時に言の通へば」〈万・七八九〉

こころ-ぐせ【心癖】生まれながらの性癖。「今さらに人の—もこそと思しながら」〈源・真木柱〉

こころ-くばり【心配り】あれこれと気をつかうこと。心づかい。配慮。「温かい—」 類語 気配り・心遣い・気遣い・心掛け・顧慮・細心・気兼ね・屈託・心配・注意

こころ-ぐま【心×隈】心にわだかまりがあること。「保子は信吾の—に気づかなくて」〈康成・山の音〉

こころ-ぐみ【心組(み)】かねてからの心の用意。心積もり。心構え。「君達がお礼をする—があるなら一人前五六百円」〈魯庵・社会百面相〉

類語 意図・積もり・思惑・心積もり・考え

こころ-くらべ【心▽競べ】意地の張り合い。「—に負けむこそ人悪けれ」〈源・明石〉

こころ-ぐるし・い【心苦しい】〔形〕文こころぐる・し〔シク〕❶心に痛みを感じるさま。つらく切ない。「彼の苦労を思うと私も—・い」❷申し訳なく思うさま。気がとがめる。「こんなに親切にしていただいては—・い」❸他を気遣うさま。気の毒だ。また、気がかりである。心配だ。「いみじうあはれに—・しう、見捨てがたきことなどを」〈枕・一二四〉 類語 済まない・申し訳ない

こころ-げそう【心化▽粧】相手によく思われようと改まった気持ちになること。「この御方に渡らせ給ふ折は、—せさせ給ひけり」〈栄花・初花〉

こころ-ごころ【心心】〔名・形動ナリ〕❶人それぞれの心。「それは人の—にこそさぶらはめ」〈夜の寝覚・一〉❷人それぞれに考えが異なること。また、そのさま。思い思い。「あるは薄色の下襲、すそごの袴、—にせられたり」〈宇津保・国譲下〉

こころ-こと【心異┊心殊】〔形動ナリ〕❶心が変化するさま。「衣着せつる人は、—になるなりといふ」〈竹取〉❷趣が格別であるさま。印象が並々でないさま。「琴の御琴取りに遣はして—なる調べをほのかにかき鳴らし給へる」〈源・明石〉

こころ-ごわ・し【心▽強し】〔形ク〕強情である。気が強い。「かたじけなき御志を、みずしらず—・きさまにもてなすべき」〈和泉式部日記〉

こころ-ざし【志】❶㋐ある方向を目ざす気持ち。心に思い決めた目的や目標。「—を遂げる」「事、—と異なる」「—を同じくする」「青雲の—を抱く」㋑心の持ち方。信念。志操。「—を高く保つ」❷相手のためを思う気持ち。厚意。「—を無にする」「お—はありがたいが、辞退します」❸㋐謝意や好意などを表すために贈る金品。「ほんの—ですが、御笑納ください」㋑香典返しや法事の引き出物、僧への布施の包みの表に書く語。➡寸志 ❹心を集中すること。注意。「—はいたしけれど、…上の衣の肩を張り破りてけり」〈伊勢・四一〉❺相手を慕う気持ち。愛情。「一夜のほど、朝の間も恋しくおぼつかなく、いとどしき御—のまさるを」〈源・若菜上〉❻死者の追善供養。「未来の因果を悲しみて、多くの—を尽くして」〈曽我・二〉

類語 抱負・大志・礼

志合えば胡越も昆弟たり 《「漢書」鄒陽伝から。志が合えば、北方の胡の者と南方の越の者とでも兄弟同様になれる意》志が一致すれば、他人どうしでも兄弟のように親しくなれる。

志は髪の筋 わずかな物でも真心がこもっているなら、それをくみ取れということ。

志は木の葉に包め 真心がこもっているなら、贈り物は木の葉に包むようなわずかなものでもよいということ。

志を◦得る 目ざしていた職業や地位などに就く。「—◦得ないままでは、故郷には帰れない」

志を立・てる ある事を成し遂げようという気持ちをしっかりもつ。「政治家になろうと—・てる」

こころ-ざ・す【志す】〔動サ五(四)〕❶ある事をしようと思い定める。心の中に立てた目的・目標に向かって進もうと決心する。「学問に—・す」「建築家を—・す」「或いは山崎を—・して逃ぐるもあり」〈太平記・一五〉❷好意・謝意などの気持ちを表すために金品を贈る。「越の国へまかりけるに、ぬさ—・すとて」〈後撰・離別・詞書〉❸追善供養をする。「今日は—・す日に当たりて候ふほどに」〈謡・定家〉

こころ-さびし・い【心寂しい┊心×淋しい】〔形〕文こころさび・し〔シク〕なんとはなしにさびしく思う。こころさみしい。「お勢が帰塾した当座両三日は、…何となく—・かったが」〈二葉亭・浮雲〉

類語 寂しい・さみしい・物寂しい・心寂しい・侘しい

こころ-ざま【心様】心のあり方。気だて。性質。「情合の深い、—の美しい女になることだろう」〈里見弴・多情仏心〉

こころ-ざむ・い【心寒い】〔形〕文こころざむ・し〔ク〕恐れや驚きのために、ぞっと身の縮む思いがするさま。「桃子を亡くした—・い草八の身に」〈井上友一郎・受胎〉

こころ-さわぎ【心騒ぎ】心が落ち着かないこと。むなさわぎ。「見るからに—のいとどまされば、言少なにて」〈源・浮舟〉

こころ-ざわり【心障り】気に障ること。気がかり。「前後に—なくて胸安からん」〈一葉・やみ夜〉

こころ-さんよう【心算用】心の中で見積もりを立てること。胸算用。「毎日—して、諸事に付きて利を得ることの少なき世なれば」〈浮・胸算用・五〉

こ-ごろし【子殺し】自分の子供を殺すこと。また、その人。

こころ-しずか【心静か】〔形動〕文〔ナリ〕心が穏やかで落ち着いているさま。平静であるさま。「—に余生を送る」「—な日々」

こころ-じたく【心支度】心の準備。心構え。心組み。「その—をする必要があった」〈藤村・夜明け前〉

こころ-して【心して】〔副〕注意して物事をするさま。「事故を起こさないよう、—運転しなさい」

こころ-じょうぶ【心丈夫】〔形動〕文〔ナリ〕頼りになる物や人があって安心できるさま。心強いさま。「君が手伝いに来てくれれば—だ」 類語 気丈夫

こころ-しらい【心しらひ】あれこれと心を配ること。心遣い。配慮。「—の用意すぎて、いとさかしらなり」〈落窪・一〉

こころ-しら・う【心しらふ】〔動ハ四〕❶よく知っている。精通している。「兵のことに—・へるは」〈継体紀〉❷心遣いをする。「よろづ細かに、あはれに—・ひ参らせ給ふも」〈栄花・玉の飾り〉

こころ-しり【心知り】〔名・形動ナリ〕❶互いに心を知り合うこと。懇意であること。また、その人や、そのさま。知己。「花薄招くたよりかひもなし—なる人し見えねば」〈和泉式部集・下〉❷よく事情を知っていること。また、その人や、そのさま。わけ知り。「—の人二人ばかり、心を惑はす」〈源・賢木〉

こころ-ず-から【心づから】〔副〕自然にそうなるさま。ひとりでに。自発的に。「年毎に雲路まどはぬ雁がねは—や秋を知るらむ」〈後撰・秋下〉

こころ-すご・し【心▽凄し】〔形ク〕人けがなくもの寂しい。いかにも気味が悪く恐ろしい。「いと里離れ—・くて、海人の家だにまれに」〈源・須磨〉

こころ-すず・し【心涼し】〔形シク〕❶さっぱりとして気持ちがよいさま。「山河の岩うつ音を聞くなへに—・しきひぐらしの声」〈拾玉集・二〉❷いさぎよいさま。未練のないさま。「—・しく義兵をおこし、一戦をはげみ申すべし」〈浄・用明天王〉

こころ-する【心する】〔動サ変〕文こころ・す〔サ変〕❶十分に気を配って注意する。「過ちのないように—・する」➡心して ❷その気持ちになる。心積もりする。「仲頼、行正、今日を—・しける琴を調べあはせて、二なく遊ぶ時に」〈宇津保・俊蔭〉

こころ-ぜいもん【心誓文】心の中で立てる誓文。心中の誓い。「大事の敵を討つまでは無念も恥も堪えうと、—立てたれども」〈浄・薩摩歌〉

こころ-ぜき【心▽急き】〔名・形動〕心がせくこと。気ぜわしいこと。また、そのさま。「恐れながら、—にござりますれば、これよりすぐさま、退出の儀御免下されましょう」〈逍遥・沓手鳥孤城落月〉

こころ-せば・し【心狭し】〔形ク〕度量が狭い。心が小さい。思慮が浅い。「女郎花咲ける大野を防ぎつつ—・くや注連を結ふらむ」〈源・総角〉

こころ-ぜわし・い【心▽忙しい】〔形〕文こころぜは・し〔シク〕気がせいて落ち着かないさま。気ぜわしい。「年の暮れは何かと—・い」

こころ-ぞえ【心添え】親身になって注意すること。忠告。「お—を深謝します」 類語 注意・忠言・忠告・勧告・警告・諫言・諫死・意見・戒め(—する)戒める・諫める・窘める・咎める・諭す

こころ-たがい【心▽違ひ】平常とは違っている心。狂気。心たがえ。「—とはいひながら、なほめづらしう見知らぬ人の御有様なりや」〈源・真木柱〉

こころ-だか・し【心高し】〔形ク〕《「こころたかし」とも》❶志が高い。また、人柄が高潔である。気高い。「世の中を—・くも厭ふかな富士の煙を身の思ひにて」〈新古今・雑中〉❷気位が高い。高慢である。「身のほども知らず、—・くおごり」〈無名抄〉❸目のつけどころがよい。「井手のしがらみと置かれたるは—・きに」〈千五百番歌合・一七・判詞〉

こころ-だくみ【心▽工┊心▽匠】心の中で計画をめぐらすこと。心積もり。「となむ造るべき、かうなむ建つべき、といふ御—いみじ」〈栄花・疑ひ〉

こころ-たしか【心確か】〔形動ナリ〕❶思慮分別に富んでいるさま。考えがしっかりしているさま。「仕うまつる人の中に、—なるをえらびて」〈竹取〉❷心持ちのしっかりしているさま。心丈夫。「さりながら—に思し召せ」〈浄・曽根崎〉

こころ-だ・つ【心立つ】〔動タ五(四)〕そうしようと心が動く。思い立つ。「最早ここを去らねばならぬと—・った」〈康成・雪国〉

こころ-だて【心立て】気だて。性質。心ばえ。「—

の優しい人」
こころ-だのみ【心頼み】❶ひそかに当てにして頼ること。また、その物や人。「―にして待つ」❷結婚の内約束のしるし。「本式の言ひ入れはお前から、是はまづそれまでの―」〈浄・鑓の権三〉
こころ-だま【心▽魂】❶たましい。心。精神。「入相の鐘袋に―を籠めて」〈浮・永代蔵・五〉❷心意気。度胸。きもったま。「大場に住める商人の―各別に広し」〈浮・胸算用・五〉❸霊魂。「我は木挽こびきの吉介が娘おはつが―なり」〈浮・一代男・四〉
こころ-だましい【心魂】だましひ ❶正常な心の働き。正気。「―惑まどひて、よろづのこと覚え給はず」〈宇津保・忠こそ〉❷思慮才覚。才能。「かたちとても人にも似ず、―もあるにもあらで」〈かげろふ・上〉
こころ-だより【心頼り】心の中で頼りに思っていること。また、その人。「まさかの時は―になりましょ」〈浄・博多小女郎〉
こころ-づかい【心遣い】づかひ ❶あれこれと気を配ること。心配り。配慮。「温かい―」❷祝儀。心付け。「目をかけて、―もせし人を」〈人・梅児誉美・四〉類語 気配り・気遣い・心掛け・顧慮・細心・気兼ね・屈託・心配
こころ-づき【心付き】〔名・形動ナリ〕気に入ること。心にかなうこと。また、そのさま。「―に見えん人に見合はば、それに引き移りなん」〈今昔・二八・一〉
こころづき-な・し【心付き無し】〔形ク〕意に満たない。気に食わない。「憎く、―・くおぼゆとも世の聞耳を忍びやかにもてなして」〈夜の寝覚・二〉
こころ-づ・く【心付く】㊀〔動カ五(四)〕❶気がつく。考えが回る。「今更のように―・いて見ると」〈藤村・旧主人〉❷失っていた意識を取り返す。正気づく。「はっと―・いて我に返れば」〈露伴・椀久物語〉㊁〔動カ下二〕「こころづける」の文語形。
こころ-づくし【心尽(く)し】❶真心を込めてすること。好意がこもっていること。「―の手料理」❷あれこれ考えて気をもむこと。「何にかく―なることを思ひそめけむ」〈源・明石〉類語 親切・好意・厚意・厚志・厚情・懇切・懇篤こんとく・親身・懇ねんごろ・手厚い・情け深い・温かい・優しい・温か・温厚・寛厚・寛仁かんじん・慈悲深い
こころ-づくろい【心繕ひ】づくろひ ことさら気を配ること。心配り。心構え。「―せられて御装束ひきつくろひて参られたりければ」〈愚管抄・四〉
こころ-づけ【心付け】❶気をつけること。注意。配慮。心添え。「夕飯には母親の―で一銚子付けて」〈紅葉・多情多恨〉❷世話になる人に感謝の気持ちを示すために与える金銭や品物。祝儀。チップ。「使用人に―を渡す」❸連歌・連句の付合つけあい手法の一。前句の心情表現・情趣をとらえ、その理由などを具体的に示して付ける方法。⇒詞ことば付け ⇒物付け
類語 チップ・祝儀・おひねり
こころ-づ・ける【心付ける】〔動カ下一〕文こころづ・く〔カ下二〕❶気をつける。注意を与える。「御父様の湯呑は?、と夫が―・けると」〈紅葉・多情多恨〉❷気を配って金品などを与える。「深切にも俥賃くるまちんまで―・けて」〈小杉天外・魔風恋風〉
こころ-づま【心妻¦心▽夫】心の中で思い決めている妻、または夫。意中の人。「あしひきの山下とよめ鳴く鹿の言こともしかも我わが―」〈万・一六一一〉
こころ-づもり【心積(も)り】心の中であらかじめ考えておくこと。心中の予定・計画。「昼までに帰る―だったが」「万一の場合の―はしている」
類語 予定・積もり・心組み・思惑・意図・考え
こころ-づよ・い【心強い】〔形〕文こころづよ・し〔ク〕❶頼りになるものがあって安心である。心丈夫だ。気強い。「君が味方になってくれれば何よりも―・い」⇔心細い。❷情にほだされない。つれない。「あなたは恋に冷淡です。余あんまり―・いと思います」〈荷風・地獄の花〉❸意志が堅固である。気丈だ。気強い。「上は、御息所の見ましかばとおぼし出づるに、堪へがたきを、―・く念じかへさせ給ふ」〈源・桐壺〉類語 気強い
こころ-と【心と】〔副〕自分の心から。自分の心の持ちようから。「―老いつき、やつして病み侍りにし」〈紫式部日記〉
こころ-ど【心▽利】《「ど」は形容詞「と(利)し」の語幹という》心に気力が満ちていること。しっかりした心。気合。「遠長く仕へむものと思へりし君しまさねば―もなし」〈万・四五七〉補説 一説に「ど」は所の意とする。万葉集では、あとに打消しの語を伴う。
こころ-とがめ【心×咎め】うしろめたく、気がひけること。「見まじきものを偸見ぬすみみたように空恐しく―がして」〈紅葉・多情多恨〉
こころ-ときめき【心ときめき】胸がどきどきすること。心が弾むこと。胸騒ぎすること。「―するもの、雀の子飼ひ。ちご遊びする所の前渡る」〈枕・二九〉
こころ-と・し【心▽疾し】〔形ク〕❶感覚や知能の働きが鋭くてすばやい。機敏である。「いとあさましくなむ侍ると申すに、君も―・く心得給ひて」〈堤・思はぬ方にとまりする少将〉❷気ぜわしい。気が早い。せっかちである。「一重なるが、まづ咲きて散りたるは―・く、をかし」〈徒然・一三九〉
こころ-とも-なく【心ともなく】〔連語〕意識しないで。思わず。「われは―その面を見しに、この女官はイイダ姫なりき」〈鷗外・文づかひ〉
こころ-な・い【心無い】〔形〕文こころな・し〔ク〕❶思慮がない。無分別である。「―・い観光客が残したごみ」⇔心ある。❷他人に対して思いやりがない。情がない。「病人にとっては―・い言葉だ」❸情趣を解しない。無風流である。「―・い人が花を折る」「―・き身にもあはれは知られけり鴫しぎ立つ沢の秋の夕暮れ」〈新古今・秋上〉⇔心ある。❹人間の心をもっていない。無情である。「―・き草木といへどあはれなり」〈古今・哀傷・詞書〉❺私意・私情をもたない。ふたごころがない。「―・くして奥州に御供して」〈義経記・二〉
類語 大人気ない・たわいない・無分別・冷たい・冷ややか・冷淡・薄情・不人情・非人情・無情・非情・冷酷・冷血・酷薄・クール・無慈悲・血も涙も無い
こころ-なが・し【心長し】〔形ク〕❶同じ気持ちを持続しているさま。気が長い。「猶なほ―・く物詣ものまうでではすべきなり」〈宇治拾遺・六〉❷心の落ち着いているさま。安心しているさま。「御とりなしを言うてくるるによって―・う養生をして」〈虎寛狂・武悪〉
こころ-ながら【心ながら】〔連語〕《「ながら」は接続助詞》❶自分の心でありながら。「おのが―、心にまかせぬ事なれば」〈宇津保・嵯峨院〉❷その心のままで。その心のとおり。「ありし世の―に恋ひ返し言はばやそれに今までの身を」〈玉葉集・恋五〉
こころ-なぐさ【心慰】気散じ。気晴らし。気慰み。「吾妹子わぎもこが―に遣らむため沖つ島なる白玉もがも」〈万・四一〇四〉
こころ-なぐさめ【心慰め】心を慰めること。また、そのもの。「つれづれなる―に、思ひ出でつるを」〈源・手習〉
こころ-なし【心×做し】(多く、副詞的に用いる。また、「こころなしか」の形でも用いる)心の中でそう思うこと。思いなし。気のせい。「―元気そうだ」「―か顔色がすぐれない」
こころ-なし【心無し】思慮分別のないこと。思いやりのないこと。また、その人。「例の―の、かかるわざをして」〈源・若紫〉
こころ-ならい【心習ひ】ならひ 心についた習慣。性癖。「変はらぬ―に、人の御心の内もたどり知らずながら」〈源・蓬生〉
こころ-なら◦ず【心ならず】〔連語〕❶自分の本心ではないのだが。不本意ながら。「―◦ず大役を引き受けるはめになった」❷思いどおりにならない。「はかなさを恨みもはてじ桜花うき世はたれも―◦ねば」〈千載・雑中〉❸気が気でない。「せがれがそのやうな目にあひはせぬかと―◦ず」〈伎・四谷怪談〉❹意識しない。われ知らず。「子の命をかなしみて、―◦ずに母走りむかひ」〈曽我・七〉
こころならず-も【心ならずも】〔連語〕「心ならず❶」に同じ。「懇願されて―参加することになった」
こころ-にく・い【心憎い】〔形〕文こころにく・し〔ク〕❶憎らしく思われるほど、言動などがすぐれているさま。「―・い演出」「―・いまで落ち着きはらう」❷はっきりしないものに心がそそられるさま。特に、上品な深みを感じ、心ひかれるさま。おくゆかしい。「―・い庭のたたずまい」❸憎らしく思うさま。こ癪しゃくにさわる。「此小僧を少々―・く思って居たから」〈漱石・吾輩は猫である〉❹対象がはっきりしないので、不安である。「定めて打手向けられ候はんずらん。―・うも候はず」〈平家・四〉❺不審を感じ、とがめたく思うさま。怪しい。「―・し。重き物を軽う見せたるは、隠し銀にきわまるところ」〈浮・胸算用・四〉
類語 (❶)傑出・秀逸・出色・抜群・屈指
こころ-ね【心根】心の奥底。本当の心。真情。本性。「―を推し量る」「―は優しい人だ」
類語 根性・性根・気心・気・性格・気性・気象・気立て・気前・心ばえ・心柄・情じょう
こころ-の-あき【心の秋】❶心に飽きがくること、人に飽きられることの「飽き」を「秋」に掛けていう。「しぐれつつもみづるよりも言の葉の―にあふぞわびしき」〈古今・恋五〉❷寂しく哀れに感じること。「いつまでのはかなき人の言の葉か―の風を待つらむ」〈後撰・恋五〉
こころ-の-いけ【心の池】心の中の深い思いを水をたたえた池にたとえていう語。「―の言ひがたき、修羅しゅらの苦患くげんの数々を」〈謡・実盛〉
こころ-の-いたり【心の至り】隅々まで心が行き届くこと。思慮深いこと。「―少なからむ絵師は描き及ぶまじ」〈源・明石〉
こころ-の-いとま【心の▽暇】❶心に屈託のない時。心の休まる時。心の余裕。「いとど御―なけれど」〈源・賢木〉❷口に出さないで、心でひそかにするいとまごい。「別当の御坊によそながら心のおいとま申せしが」〈浄・扇八景〉
こころ-の-いろ【心の色】❶心に深く思い込んでいるありさま。また、その心。「常盤ときはなる日陰の蔓かづら今日しこそ―に深く見えけれ」〈後撰・恋三〉❷心のやさしさ。人情味。「吾妻人あづまうどは、…げには―なく、情おくれ」〈徒然・一四一〉
こころ-の-うち【心の内】うそいつわりのない心。内心。本心。「―を打ち明ける」
こころ-の-うま【心の馬】《「心馬しんば」を訓読みにした語》心が激しく働き、抑えにくいことを勇み逸はやる馬にたとえていう語。「―を急がせ、岡崎の長橋わたりて」〈浮・一代男・二〉⇒意馬心猿いばしんえん
こころ-の-うら【心の▽占】心の中で未来を推察すること。推量。予想。「さかしき人の―どもにも、物問はせなどするにも」〈源・薄雲〉
こころ-の-おに【心の鬼】❶ふと心に思い当たる良心の呵責かしゃく。「かたはらいたく、―出で来て、言ひにくくなり侍りなむ」〈枕・一三五〉❷心の奥に潜んでいるよこしまな考え。邪心。煩悩ぼんのう。「我はかく思ふとも、さすがなる―そひ」〈浜松・五〉
心の鬼が身を責める 良心に責められる。
こころ-の-かて【心の糧】精神を豊かにするのに役立つもの。「―となる書物」
こころ-の-こおり【心の氷】こほり 不安や心配事などの解けがたい状態を氷にたとえていう語。心のしこり。「忠兵衛は世を忍ぶ―三百両」〈浄・冥途の飛脚〉
こころ-の-こま【心の駒】「心の馬」に同じ。「―は日に千度ちたび、恋しき方に走り井の」〈浄・蝉丸〉
こころ-のこり【心残り】〔名・形動〕あとに思いが残ってすっきり思い切れないこと。また、そのさま。未練。「―なのは幼い子供を残していくことだ」
類語 残念・遺憾・痛恨
こころ-の-さる【心の猿】《「心猿」を訓読みにした語》煩悩ぼんのうが激しく抑えがたいことを、落ち着きのない猿にたとえていう語。「―の悪戯にて縺紛もつれし恋の緒いとのむかしがたり」〈逍遥・当世書生気質〉⇒意馬心猿いばしんえん
こころ-の-すぎ【心の杉】まっすぐな心を杉にたとえていう語。また、変わらない心を常緑樹の杉にたとえていう語。「誰ぞこの三輪の檜原ひばらも知らなくに―の我を尋ぬる」〈新古今・恋一〉
こころ-の-すさび【心の▽遊び】心のおもむくままに物事をすること。気まぐれ。もの好き。「―にまかせて、かく好き業するは」〈源・葵〉

こころ‐の‐せき【心の関】❶思いが通じないで滞ることを関所にたとえていう語。「憂き人の―にうちも寝で夢路をさへぞ許さざりける」〈新千載・恋二〉❷心の中で念じてせき止めようとすることを関所にたとえていう語。「惜しめどもとまらで過ぎぬほととぎす―はかひなかりけり」〈月詣集・四〉

こころ‐の‐そこ【心の底】心の奥。また、うわべからはわからない本当の心。本心。「―から愛する」

こころ‐の‐そら【心の空】❶心を空にたとえていう語。心の中。「世をいとふ―の広ければ入る事もなき月も澄みなん」〈拾玉集・一〉❷うわのそらになって何も手につかないこと。「さして行く山の端もみなかきくもり―に消えし月かげ」〈新古今・恋四〉

こころ‐の‐たけ【心の丈】思うことのすべて。心の深さ。思っている愛情の深さ。「―を打ち明ける」

こころ‐の‐ちり【心の×塵】心のけがれ。心の迷い。煩悩。雑念。「ありがたき法にあふぎの風ならば―を払へとぞ思ふ」〈山家集・中〉

こころ‐の‐つき【心の月】《「心月」を訓読みにした語》悟りが開けた境地を月にたとえていう語。清く明らかで迷いのない心。「いかでわれ―をあらはして闇に惑へる人を照らさむ」〈詞花・雑下〉

こころ‐のどか【心長＝閑】〔形動〕〔文〕〔ナリ〕心静かにのんびりしているさま。「春の一日を―に過ごす」

こころ‐の‐とも【心の友】❶互いに心をわかり合う友。親友。❷心を慰めてくれるもの。「俳句を―とする」

こころ‐の‐なし【心の×做し】気のせい。思いなし。「―にやあらむ、いま少し重々しく」〈源・宿木〉

こころのなぞとけたいろいと【心謎解色糸】歌舞伎狂言。世話物。5幕。4世鶴屋南北・2世桜田治助らの合作。文化7年(1810)江戸市村座初演。小糸佐七物の一つで、先行の義太夫節「糸桜本町育」の書き替え。

こころ‐の‐はな【心の花】❶変わりやすい心を、花の散りやすいことにたとえた語。あだ心。「うつろふ人の―になれにし年月を思へば」〈徒然・二六〉❷美しい心を、花の美しさにたとえた語。「われも卑しき埋もれ木なれども、―のまだあれば」〈謡・卒都婆小町〉

こころのはな【心の花】短歌雑誌。佐佐木信綱が明治31年(1898)2月に創刊。明治37年(1904)からは短歌結社「竹柏会」の機関誌となり、今日に至る。

こころ‐の‐ひま【心の暇】「こころのいとま」に同じ。「秋の夜は月に―ぞなき出づるを待つと入るを惜しむと」〈詞花・秋〉

こころ‐の‐ほか【心の外】❶自分が望んでいるとおりにならないこと。不本意。「世を御―にまつりごちなし給ふ人々のあるに」〈源・須磨〉❷心にとめないこと。よそごと。「いまはただ―に聞くものを知らず顔なる荻のうは風」〈新古今・恋四〉

こころ‐の‐みず【心の水】心の清濁や深浅などを水にたとえていう語。「思ひやれ―の浅ければかきながすべき言の葉もなし」〈詞花・雑下〉

こころ‐の‐やいば【心の▽刃】❶人に危害を与えようとする心。「我を土足にかけまくも沈みし君を助けたる咎もなくて殺す―」〈浄・女護島〉❷思いを託した刃物。「この剃刀は私が磨く―」〈浄・寿の門松〉

こころ‐の‐やみ【心の闇】❶心の平静を失って、理非の分別がつかなくなること。「よもすがら月を見顔にもてなして―に迷ふころかな」〈山家集・中〉❷親が子を思う情に引かされて迷う心。「―晴れ間なく、嘆きわたり侍りしままに」〈源・松風〉

こころ‐ば【心葉】❶心ばえ。心。「人知れぬ我が―にあらねどもかきあつめても物をこそ思へ」〈和泉式部続集〉❷綾絹の四隅や中央に、銀・銅などで作った梅花や松の枝などの形をつけ、組紐で飾ったもの。香壺・文匣または贈り物などの上を覆うのに用いた。❸饗膳の四隅や贈り物などに、飾りとして添える造花。生花を用いることもある。❹大嘗会などの神事に奉仕する官人や釆女が、挿頭の花として頭につける、貝や金銀の金具の造花。

こころ‐ばえ【心▽延え】《「ばえ」は心の働きを外部に及ぼすことの意》❶心の状態。心の持ち方。気だて。「―の優しい人」❷思いやり。配慮。「そのほどの―はしも、ねんごろなるやうなりけり」〈かげろふ・上〉❸おもむき。味わい。風情。「水の―など、さる方にをかしくしなしたり」〈源・帚木〉❹趣意。趣向。「扇どもあまたさぶらふ中に、蓬莱作りたるをしも選りたる、―あるべし」〈紫式部日記〉〔類語〕気立て・気まえ・気・気性・気象・心根・心柄・情・性格

こころ‐ばかり【心▽許り】わずかに心の一部を表したものであること。贈り物をするときなどに謙遜していう語。副詞的にも用いる。「―の品」「お礼のしるしに、―粗餐を差し上げたいと存じます」

こころ‐ばしり【心走り】不安・心配・驚きなどで胸がどきどきすること。心騒ぎ。胸騒ぎ。「あやしく、―のするかな」〈源・浮舟〉

こころ‐はずか・し【心恥づかし】〔形シク〕❶他に対して気恥ずかしいさま。気が引ける。きまりが悪い。「御いらへ、いまめかしからず―・しき程に聞こえ給ふ」〈宇津保・楼上下〉❷こちらがきまり悪く思うほどに相手がすぐれているさま。りっぱだ。「おほかたのどやかに―・しう、よろづおぼし知りたる御有様なれば」〈栄花・岩蔭〉

こころ‐ばせ【心×馳せ】❶平素からの心の働き。気だて。性質。心ばえ。「常から楽しそうに見えるばかりか、―も至て正しいので」〈独歩・少年の悲哀〉❷心配り。「この娘、すぐれたる形ならねど、なつかしう貴はかに―あるさまなどぞげにやむごとなき人に劣るまじける」〈源・須磨〉❸深い考え。思慮分別。「―ある人だにも、物につまづき倒るることは常のことなり」〈宇治拾遺・一三〉❹日ごろの心がけ。心構え。「何の―ありげもなく、さうどき、誇りたりしよ」〈源・夕顔〉

こころ‐ば・む【心ばむ】〔動マ四〕❶気張る。気どる。「―・みたる方を少し添へたらば」〈源・夕顔〉❷気を遣う。心遣いをする。「昨日の返り事、あやしく―・み過ぐさるる」〈源・末摘花〉

こころ‐ばや【心早】〔形動ナリ〕すばやいさま。気がはやいさま。「―に下り立って、駕籠の衆大儀、と乗り換ゆる」〈浄・博多小女郎〉

こころ‐はや・し【心早し】〔形ク〕心の働きがはやいさま。機敏であるさま。「この人、幼稚なれども―・き人にて」〈太平記・一四〉

こころ‐はやり【心▽逸り】心が勇み立つこと。気がせくこと。いらだつこと。「―のままに、祐成いかにもなるならば」〈曽我・八〉

こころ‐ばらし【心晴(ら)し】憂さ晴らし。気晴らし。「そこで、―に、何気なく塔の奥へ行って見ると」〈芥川・運〉

こころ‐ひそか【心▽密か】〔形動〕〔文〕〔ナリ〕自分の心の中だけでそっと思っているさま。人知れず。「―な期待」「―に思いを寄せる」

こころ‐びょうし【心拍子】歌いながら、心の中で拍子をとること。また、その拍子。「私の―で謡ひまするによって」〈虎寛狂・二千石〉

こころ‐ぶか・し【心深し】〔形ク〕❶深く慎重に考えるさま。思慮深い。「いと―・くありがたき心ゆるびも侍らず」〈宇津保・蔵開下〉❷情が深い。人情がこまやかである。「ただ我になりてみるだに涙とどめがたく、―・く書きつくさせ給ひて」〈夜の寝覚・四〉❸物事の情趣のあるさま。風情がある。「夜を重ね結ぶ氷の下にさへ―・くも宿る月かな」〈千載・冬〉

こころ‐ぶと【心太】㊀〔名〕❶テングサの別名。❷ダイコンの別名。❸ところてん。「盂蘭盆の夜もすがら、―売ること然り」〈七十一番職人歌合〉㊁〔形動ナリ〕心がしっかりして動じないさま。大胆であるさま。「大蔵もとより―なれば」〈読・春雨・樊噲上〉

こころ‐ぼそ・い【心細い】〔形〕〔文〕こころぼそ・し〔ク〕❶頼るものがなく不安である。「一人だけで行くのは―・い」「たくわえが―・い」⇔心強い。❷何となく寂しく感じられる。ものさびしい。「松の梢吹く風の音―・くて」〈源・末摘花〉〔類語〕心もとない・危なっかしい・おぼつかない・不安・怖い・恐ろしい・おっかない・空恐ろしい・物恐ろしい・おどろおどろしい・気味悪い・不気味・恐れる・心配・懸念・危惧・危懼・疑懼・恐れ・胸騒ぎ・気がかり・心がかり・不安心・憂い

こころ‐まかせ【心任せ】思いのままにすること。好きなようにすること。気まま。「―の旅」〔類語〕自由・勝手・気まま・わがまま・好き・自分勝手・手前勝手・身勝手・得手勝手・好き勝手・気随・気任せ・ほしいまま・奔放

こころ‐まさり【心勝り】❶予想していたよりもすぐれていること。「―しぬべきことにも侍るなるかな」〈宇津保・内侍督〉⇔心劣り。❷容姿よりも心のすぐれていること。気丈夫。「継信は―の剛の人にて」〈浄・凱陣八島〉

こころ‐まち【心待ち】〔名〕スル心中で待ち望むこと。「―にしたデートの日」「合格の吉報を―する」

こころ‐まどい【心惑い】〔名〕スル　心が迷うこと。途方に暮れること。心迷い。「突然の災難に、ただ―するばかりだ」

こころ‐み【試み】❶ためしにやってみること。企て。「新しい―が実行に移される」❷雅楽の試演。試楽。「―の日かく尽くしつれば、紅葉の蔭やさうざうしくと思へど」〈源・紅葉賀〉❸試飲・試食をすること。「―をいたさう。酒がようできたとは申したれども、心もとなう御座る」〈虎明狂・河原太郎〉〔類語〕試行・試験・実験・テスト・エクスペリメント・試みる・試す

こころ‐みえ【心見え】〔名・形動ナリ〕胸中を人に見透かされること。わざと心を人に見せるようにすること。また、そのさま。「世の常に思ふ別れの旅ならば―なるたむけせましや」〈後拾遺・離別〉

こころみ‐こう【試(み)香】香道で、その日の主題に合わせた香木をそれぞれに分けて香炉で焚き、客が香りを確かめること。3種類程度を使う。ためしこう。→本香

こころ‐みじか・し【心短し】〔形ク〕❶気が短い。気ぜわしい。せっかちである。「春の花、いづれとなくみな開け出づる色ごとに目を驚かぬはなきを、―・くうち捨てて散りぬるが」〈源・藤裏葉〉❷飽きっぽい。移り気だ。「たのもしげなきもの。―・く、人忘れがちなる婿の、常に夜離れする」〈枕・一六四〉

こころ‐みだれ【心乱れ】心の平静を失うこと。思慮分別を失うこと。「わづらふとのみ聞きわたるは、かやうの―にこそありけれ」〈夜の寝覚・一〉

こころみ‐に【試みに】〔副〕はっきりしない事柄を確かめるために、やってみるさま。「―一口食べてみる」

こころ・みる【試みる】〔動マ上一〕〔文〕〔マ上一〕《心見る、の意》❶実際に効力・効果などをためすために行う。ためしにやってみる。「実験を―・みる」「抵抗を―・みる」❷試飲・試食をする。「此の飯と今の供養の飯と速やかに―・み合はすべし」〈今昔・四・二〉〔類語〕試す・実験・試験・試行・テスト・エクスペリメント
〔用法〕こころみる・ためす――「機械がうまく動くかどうかもう一度試みる(試す)」など、とにかくやってみるの意では相通じて用いられる。◆「試みる」は、どんな結果になるかわからないが、とにかくやってみるという意が強い。「被災地と連絡を取ろうと試みたが駄目だった」などと使う。◆「試す」は「耐久性を試す」「恋人の心を試す」など、対象とするものの性能・実態を知るためにやってみるの意が強い。

こころ・む【試む】〔動マ上二〕《「こころみる」の上二段化。平安末期から現れる》❶ためしてみる。「当家の浮沈をも―・むべしとこそ存じ候へ」〈古活字本平治・上〉❷試飲・試食をする。「国王に備はる物も、まづ我さきになめ―・む」〈仮・伊曽保・中〉

こころ‐むき【心向き】「心向け」に同じ。「鹿毛なる馬のならびなき逸物の、乗り走り、―、又あるべしとも覚えず」〈平家・四〉

こころ‐むけ【心向け】心の向け方。意向。また、気質。性質。心向き。「頼み聞こえ給ふ―など、らうたげに、若やかなり」〈源・胡蝶〉

こころ‐もうけ【心設け】あらかじめ心の準備をすること。心構え。心積もり。「これもさるべきにこそは、と思ひゆるして―し給へり」〈源・総角〉

こころ‐もち【心持(ち)】㊀〔名〕❶心の持ち方。心がけ。気だて。「―のよい、素直な娘」❷感じていることや思っていること。気持ち。気分。「子を持って、親の―がわかった」「一杯の酒で好い―になる」㊁〔副〕程度がごくわずかであるさま。ちょっと。ほんの少し。

「―あごを引いてください」㊎類語㊎ 🅐気持ち・心地・気分・気/🅑気持ち・少し・少ない

こころ-もちい【心用ゐ】ちもゐ 心の遣い方。心配り。「才ざえの際きはもまさり、―男々しく」〈源・藤裏葉〉

こころ-もと【心元】胸もと。心臓のあたり。「夫の刀を抜くままに、―にさしあて」〈平治・下〉

こころ-もとな・い【心▽許無い】〔形〕図こころもとな・し〔ク〕❶頼りなく不安で、心が落ち着かないさま。気がかりだ。「子供たちだけでは―・い」「古い木橋で―・い」❷待ち遠しくていらいらするさま。じれったい。「宵過ぐるまで待たるる月の―・きに」〈源・末摘花〉❸はっきりしない。ぼんやりしている。「花びらのはしに、をかしき匂ひこそ、―・うつきためれ」〈枕・三七〉

類語 心細い・危なっかしい・おぼつかない・不安・心配・懸念・危惧きぐ・危懼きく・疑懼ぎく・恐れ・胸騒ぎ・気がかり・心がかり・不安心・憂い・怖い

こころ-やさし・い【心優しい】〔形〕図こころやさ・し〔シク〕心立てが素直である。やさしく思いやりがある。「―・い兄」

こころ-やす・い【心安い】〔形〕図こころやす・し〔ク〕❶親しみやすく気がおけない。遠慮がない。気心がわかっている。「―・い間柄」❷気がかりなことがない。安心である。「お―・うお休みください」❸たやすい。簡単である。「―・く承知する」

類語 気安い・親しい・近しい・睦むつまじい・親密・懇意・昵懇じっこん・懇親・別懇・懇ねんごろ・親愛・和気藹藹わきあいあい・仲良し・仲が良い・気が置けない

こころやす-だて【心安立て】親しいのをいいことにして遠慮しないこと。「―からのいつもの毒舌だったが」〈中島敦・弟子〉

こころ-やすめ【心休め】心配や苦労などを忘れて、のんびりすること。気休め。

こころ-やまし・い【心×疚しい｜心▽疾しい】〔形〕図こころやま・し〔シク〕❶良心がとがめるさま。うしろめたい。「言われてみれば、十分に―・いものがあった」〈康成・雪国〉❷心が穏やかでない。いらだたしい。不愉快だ。「さうざうしく―・しと思ふ」〈源・帚木〉

こころ-やり【心▽遣り】ふさいだ気持ちを晴らすこと。憂さ晴らし。「発病後は…俳諧や将棋の本なぞをあけて、朝夕の―としている」〈藤村・夜明け前〉

こころやり-どころ【心▽遣り所】心を慰める所。気晴らしをする所。「いかならむ仏の国にかは、かやうの折ふしの―を求めむと見えたり」〈源・匂宮〉

こころ-ゆかし【心行かし】心が晴れるようにすること。気晴らし。心ゆかせ。「此油画を見るのが一個ひとつの―に思われて」〈紅葉・多情多恨〉

こころ-ゆか・し【心床し｜心▽懐し】〔形シク〕なんとなく心が引かれる。奥ゆかしい。「いかなる人やらん、―・し」〈浄・川中島〉

こころ-ゆき【心行き】❶心の向かい方。心の持ち方。❷満足して気が晴れること。「思ふ事なく―増して」〈狭衣・一〉❸俳諧で、貞門の物付けに対し、前句全体の意味によって付ける、談林派の作法。

こころ-ゆ・く【心行く】〔動カ五(四)〕思い残すことがないほど十分に満足する。気がすむ。現在では、多く「こころゆくばかり」「こころゆくまで」の形で用いられる。

類語 満足・満悦・充足・飽満・自足・自得・会心・充足感・充実感・自己満足・本望・満ち足りる・堪能たんのうする・満喫する・安住する・安んずる・甘んずる・十分

こころゆく-ばかり【心行く▽許り】〔副〕「心行く迄まで」に同じ。「休日を―楽しむ」

こころゆく-まで【心行く×迄】〔副〕十分満足するまで。思う存分。心ゆくばかり。「―本を読む」

こころ-ゆるび【心×弛び】❶気持ちが緩むこと。油断。「夜昼おはしますめれば、ある人々も―せず、苦しうのみわぶめるに」〈源・少女〉❷気持ちがくつろぐこと。気が安まること。「世に―なく憂しと思ひつるを」〈かげろふ・中〉

こころ-よ・い【快い】〔形〕図こころよ・し〔ク〕❶気持ちよく感じられる。さわやかだ。「―・い海風」「―・い音色」❷(連用修飾語として用いられ)感じがよい。好ましい。気さくである。「―・く承知する」❸病気のつらさがなくなる。気分がよくなる。「このところ熱も下がって、だいぶ―・い」❹(「心良い」と書く)気だて・人柄などがよい。人がよい。「おほかた―・き人の、まことにかどなからぬは」〈枕・二六九〉派生 こころよげ〔形動〕こころよさ〔名〕

類語 爽快・壮快・快適・心地よい・楽・カンファタブル

こころ-ようい【心用意】あらかじめ、ある物事に対する対応の仕方を考えておくこと。心の準備。心構え。「質問された場合の―をしておく」

こころ-よし【心良し】❶気だてのよいこと。また、その人。お人よし。「一体が―の吉三」〈露伴・いさなとり〉❷心よく思っている相手。恋人。「みめよしの―を持ってゐる程に」〈虎寛狂・鈍太郎〉

こころ-よせ【心寄せ】❶好意を示すこと。ひいきにすること。「わが御方に―ある人など」〈栄花・さまざまの喜び〉❷期待すること。頼りにすること。「宵のつれづれに、いざ、かいもちひせん、と言ひけるを、この児ちご―に聞きけり」〈宇治拾遺・一〉

こころ-よわ・い【心弱い】〔形〕図こころよわ・し〔ク〕気が弱い。意気地がない。「父に死なれてから母はすっかり―・くなった」

こころ-わる・い【心悪い】〔形〕図こころわる・し〔ク〕❶いやな感じがする。気味が悪い。「己おれを実父の仇と知らず奉公に来たかと思えば何とやら―・く思いましたが」〈円朝・怪談牡丹灯籠〉❷気だてが悪い。性質がよくない。「いと―・き仕わざかな…我を疑ふ心にこそ」〈発心集・二〉❸気持ちが悪い。気分が悪い。「二日酔ひで―・いといふは」〈松翁道話・四〉

こころ-わろ・し【心▽悪し】〔形ク〕「心悪い」に同じ。「かかる問拷を負ふも、―・き物におぼしめすやうのあればこそとて」〈著聞集・五〉

ここ-を-もって【▽是を▽以て｜×此▽処を▽以て】〔接〕《「ここをもちて」の音変化。漢文訓読語から》こういうわけで。それゆえに。「凡そ民間の事業、十に七八は官の関せざるものなし。―世の人心益々其の風になびき」〈福沢・学問のすゝめ〉

こ-こん【古今】❶昔と今。「―を問わない」❷昔から今日に至るまで。「―を通じて最高の傑作」❸昔から今に至るまで並ぶもののないこと。また、その人。「―の名筆」類語 今昔

ご-こん【五根】仏語。❶五つの感覚器官の働き。眼げん根・耳に根・鼻根・舌根・身根。❷悟りに至るための五つの作用。信根・勤(精進しょうじん)根・念根・定じょう根・慧え根。

ご-こん【語根】語の構成要素の一。単語の意味の基本となる部分で、それ以上分解不可能な最小の単位。「ほのか」「ほのめく」「ほのぼの」の「ほの」の類。

ご-ごん【五言】1句が5字からなる漢詩の句。また、その句からなる漢詩の詩体。五言詩。➡七言しちごん

ここんいきょくしゅう【古今夷曲集】ココンイキヨクシフ 狂歌集。10巻4冊。生白堂行風せいはくどうこうふう編。寛文6年(1666)刊。上代から江戸初期までの狂歌(夷曲)1060首を集めたもの。こきんいきょくしゅう。

ごごん-こし【五言古詩】漢詩体の一。五言の句からなる古体の詩。五古。➡古詩

ごごん-ぜっく【五言絶句】中国の唐代に完成した近体詩の一。五言の句が4句からなる漢詩。五絶。➡絶句

ここんちょもんじゅう【古今著聞集】ココンチヨモンジフ 鎌倉中期の説話集。20巻。橘成季たちばなのなりすえ編。建長6年(1254)成立。平安中期から鎌倉初期までの説話約700話を、神祇・釈教・政道など30編に分けて収める。

ここんてい【古今亭】落語家の芸名の一。

ここんてい-しんしょう【古今亭志ん生】ーシンシヤウ［1890〜1973］落語家。5世。東京の生まれ。本名、美濃部孝蔵。天衣無縫・八方破れといわれる芸風と生活で、昭和の落語を代表する存在になった。得意の演目は「火焔かえん太鼓」「文七元結ぶんしちもっとい」など。

ここんてい-しんちょう【古今亭志ん朝】ーシンテウ［1938〜2001］落語家。3世。東京の生まれ。本名、美濃部強次きょうじ。5世志ん生の次男。10世金原亭馬生の弟。入門から5年という異例のスピードで真打に昇進。明快、軽妙な語り口で人気を博した。得意の演目は「居残り佐平次」「愛宕山」「文七元結ぶんしちもっとい」「明烏あけがらす」など。

ここん-とうざい【古今東西】昔から今までと、東西四方のすべて。いつでも、どこでも。「―に類を見ない事件」

ここんとしょしゅうせい【古今図書集成】ココントシヨシフセイ 中国清代の百科事典。1万巻。陳夢雷らの編。のち、蔣廷錫しょうていしゃくらが増訂。1725年成立。現存する中国最大の類書。欽定きんてい古今図書集成。

ここん-どっぽ【古今独歩】ードクポ 昔から今に至るまで、匹敵するもののないこと。「―の弓馬の達人」〈浄・川中島〉

ごごん-はいりつ【五言排律】五言の句からなる排律。

ここんばかしゅう【故混馬鹿集】ココンバカシフ 江戸後期の狂歌集。20巻2冊。朱楽菅江あけらかんこう編。天明4年(1784)刊。体裁を古今和歌集にまねて、天明調狂歌の典型を示したもの。

ここんひゃくばか【古今百馬鹿】滑稽本。2巻3冊。式亭三馬作。文化11年(1814)刊。四人の間抜け者を描く。

ここん-みぞう【古今未曽有】過去に同じようなことがあったためしがないこと。

ここん-むそう【古今無双】ームサウ 昔から今までに並ぶものがないこと。「―の豪傑」

ここんようらんこう【古今要覧稿】ココンエウランカウ 江戸後期の類書。560巻。幕命により屋代弘賢が編集。文政4〜天保13年(1821〜42)成立。自然・社会・人文の諸事項を分類し、その起源・歴史などを古今の文献をあげて考証解説したもの。

ごごん-りつ【五言律】「五言律詩」の略。

ごごん-りっし【五言律詩】中国の唐代に完成した近体詩の一。五言の句が8句からなる漢詩。五律。五言律。➡律詩

ここんるいく【古今類句】江戸前期の和歌索引。10巻。山本春正編。寛文6年(1666)刊。二十一代集や諸物語に収録の歌を、第4句の頭字のいろは順に分類・配列したもの。

こさ【×胡沙】《息の意のアイヌ語から。「胡沙」は当て字》蝦夷えぞの人の吐く息。また、その息によって起こるという霧。「一吹かば曇りもぞするみちのくの蝦夷には見せじ秋の夜の月」〈夫木・一三〉

こざ　長崎県壱岐の小崎で、社寺の出費や村税などに当てる目的で、浦全体の家が共同で1日ないし数日間磯物採りなどの漁を行う習慣。

こ-ざ【孤座｜孤×坐】〔名〕スル 独りで座っていること。独座。「書斎に―している時にくらべると」〈荷風・濹東綺譚〉

こ-ざ【×胡座｜×胡×坐】〔名〕スル 両足を組んで座ること。また、その座り方。あぐら。「松川は―して横柄な態度であった」〈島木健作・生活の探求〉

コザ　沖縄県、沖縄島中部にあった市。第二次大戦後占領した米軍が、越来村ごえくそんの胡屋を呼び誤ったことから生じた。昭和31年(1956)市制、同49年美里村と合併して沖縄市と改称。➡沖縄㊂

ご-さ【誤差】❶真の値と測定値または近似値との差。「―のわずかな時計」❷食い違い。違い。「計画と実際との間に―が生じる」類語 違い・相違・異同・差異・小異・大差・同工異曲・大同小異・別・分かち

ご-ざ【後座】❶後ろの座席。❷説教・浄瑠璃・落語・講談などの興行で、あとのほうに出演すること。また、その人。真打ち。⇔前座。❸正式の茶事の後半部分。中立ちのあと、濃い茶・薄茶を点たてる、改まった席。➡初座 ❹茶会がひととおりすんだあと、別の座敷でさらに酒食の供応をすること。

ご-ざ【×茣×蓙｜×蓙】《「御座むしろ」の略。また、御座に敷くむしろの意からという》藺草いぐさの茎で編んだ敷物。うすべり。補説「蓙」は国字。類語 畳・筵むしろ・薦こも

ご-ざ【御座】❶座を敬っていう語。貴人の席。おまし。ぎょざ。❷貴人がおいでになること。「これに―のことはいかなる人も知り候はじ」〈太平記・一一〉❸「上げ畳だたみ」に同じ。「ことさらに―といふ畳のさまにて、高麗などいと清らなり」〈枕・二七七〉

御座を直・す　若衆が主君の身の回りの世話をす

る。また、主君の伽をする。「榊原小平太、是は家康—·したる者なり」〈甲陽軍鑑・一七〉

コサージ〖corsage〗❶女性が、胸・襟・肩などに留める小さい花束や花飾り。生花・造花などを使う。コサージュ。❷►コルサージュ❶

コサージュ〖corsage〗►コサージ

ござ·あ·る【御座有る】〔動ラ四〕❶「いる」の意の尊敬語。いらっしゃる。おいでになる。「それにゆるりと—·れ」〈虎清狂・泣尼〉❷「ある」の意の尊敬語。おありになる。「やがてお大名にならせらるる御瑞相が—·るほどに」〈虎清狂・鈍根草〉❸「行く」「来る」の意の尊敬語。いらっしゃる。おいでになる。「いざさらば、これへ—·れ」〈虎清狂・薬水〉❹（補助動詞）㋐「…である」「…ている」の意の尊敬語。…ていらっしゃる。…ておいでになる。「おたづねなさるるは誰で—·るぞ」〈虎清狂・薬水〉㋑「…である」の意の丁寧語。…でございます。「かやうに罷り出でたるは、洛中にすまひ仕る匂当えぞで—·る」〈虎清狂・猿座頭〉㋒「…ている」の意の丁寧語。…ております。「再々私方へ人をおこして—·るが」〈虎明狂・武悪〉補説「御座」にラ変動詞「あり」がついた「ござあり」の四段化で、中世後期以降の語。

こ-さい【小才】《「こざい」とも》その場に合わせて、うまく始末をつける能力。「—が利く」
類語小手先・機知・頓知・機転

こ-さい【▽巨細】〔名・形動〕❶大きなことと小さなこと。きょさい。「—となく報告する」❷細かく詳しいこと。また、そのさま。きょさい。「裏庭より勝手などを—に見て座に就きつ」〈鏡花・化銀杏〉類語細大

こ-さい【×胡菜】❶アブラナの別名。❷コエンドロの別名。

こ-さい【×瓠×犀】ひさごの種。美人の歯並びのよい白い歯をたとえていう語。

こさい【湖西】静岡県南西部、浜名湖西岸にある市。中心は鷲津と旧東海道宿場町の白須賀。自動車部品工業や電器・織物が盛ん。平成22年（2010）に新居町を編入。人口6.0万（2010）。

ご-さい【五彩】❶青・黄・赤・白・黒の五つの色。また、多種の色。五色。❷中国宋代（金代）を起源とし、元代に完成した上絵付け、およびその陶磁器。白磁または白釉陶に赤・青・黄・緑・紫などの釉で絵や文様を表したもの。日本では赤絵・錦手などという。硬彩。

ご-さい【五菜】❶5種の野菜。韮・薤・葱・山葵・藿。❷5種のおかず。「一汁—」

ご-さい【後妻】妻と死別または離婚した男が、そのあとで結婚した妻。後添い。こうさい。⇔先妻。
類語後添い・継妻

ご-さい【御宰】江戸時代、奥女中の供や買い物などの雑用をした下男。

ご-さい【御祭】夏の土用なかば過ぎに7日間くらい吹く北東風。陰暦6月16、17日の伊勢神宮の祭礼のあるころに吹くのでいう。御祭風。

ご-ざい【五罪】►五刑

ござい【御座い】❶㋐《「ございます」の略》「ある」の意の丁寧語。多く口上などで用いられた。「田舎者で—、冷え物で—」〈滑・浮世風呂・前〉㋑《「ございますか」の略》「あるか」の意の丁寧語。「菜漬け、奈良漬け、南蛮漬け、菜漬けはよう—」〈滑・浮世風呂・前〉❷《「ござる」の命令形「ござれ」の音変化》「来い」の意の尊敬語。いらっしゃい。「かかあどのちょっと—と間をさせ」〈柳多留・八〉補説近世江戸語。音変化して「ござえ」「ごせえ」ともなる。

ご-さいえ【御斎会】❶正月8日から7日間、大極殿（のちに清涼殿）に高僧を集め、金光明最勝王経を講義させ、国家の安泰と五穀の豊作を祈願した法会。結願の日には、御前で内論議が行われた。奈良時代に始まり、平安時代に盛行したが、室町時代に中絶した。御斎講。みさいえ。❷天皇が僧を集めて斎食を与える法会。「九月九日、奉為の—の夜」〈万・一六二・題詞〉

こ-さいかく【小才覚】《「こざいかく」とも》ちょっとした機転が利くこと。小利口。

こ-ざいく【小細工】❶こまごまと手先を使った細工。また、その細工物。❷その場かぎりの策略。つまらない計略。「—を弄する」

こさい-し【湖西市】►湖西

こ-ざいし【小才子】《「こさいし」とも》小才の利く者。ちょっとした才知のある者。

ございしょ-やま【御在所山】三重・滋賀両県境の山。鈴鹿山脈の最高峰。標高1212メートル。

ござい·す【御座いす】〔動サ特活〕《「ございやす」の音変化》❶「ある」「いる」の意の丁寧語。ございます。「芸者しゅにおかよといふは—·せん」〈洒・一目土堤〉❷（補助動詞）補助動詞「ある」の意の丁寧語。…でございます。「亭主はどっちへで—·す」〈洒・遊子方言〉補説江戸の遊里で多く使われた。

ごさい-てんのう【後西天皇】［1637～1685］第111代天皇。在位1654～1663。後水尾天皇の第7皇子。名は良仁。初め高松宮を継いだが、後光明天皇に皇嗣がなかったために即位。和歌にすぐれ、歌集「水日集」、日記「後西院御記」がある。

ご-さいば【御菜葉】《葉に食物を盛ったところから》❶アカメガシワの別名。❷イチビの別名。

こ-さいばり【小▽前張】神楽歌の前張の後半部分。前半の大前張より一段と民謡的、通俗的。今日知られるのは、薦枕・篠波など9曲。⇔大前張。

ご-さいふく【御祭服】天皇が神事のときに着用する生絹の白い袍。

ござい-ぶし【語斎節】江戸古浄瑠璃の一。明暦・万治（1655～1661）のころ、杉山丹後掾門下の岡島吉左衛門、のちに近江大掾語斎が創始。吉原で流行したという。近江節。

ござい·ま·す【御座います】〔動サ特活〕《「ござります」の音変化。近世江戸以来の語》❶「ある」の意の丁寧語。「あります」より丁寧な言い方。「おあつらえ向きのお品が—·す」「何も—·せんが、どうぞ召し上がれ」❷（補助動詞）補助動詞「ある」の意の丁寧語。「すでにお願いして—·す」「いかがお過ごしで—·しょうか」「ただ今ご紹介いただいた田中で—·す」「おめでとう—·す」「いっそ死にとう—·す」補説活用は「ございませ（ございましょ）・ございまし・ございます・ございます・ございますれ・○」。「ござります」より丁寧の度合いが低く、打ち解けたときに用いられ、さらに、なまって「ござえます」「ごぜえます」ともなる。また、「さようでござい」などの「ござい」は「ございます」のぞんざいな言い方。❷の「…でございます」の形は口語文体の敬体の一で、「です」体・「ます」体・「であります」体に対して「でございます」体とよばれることがある。

ごさいみん-あんじ【後催眠暗示】覚醒後にある行為をするように、催眠状態中に与える暗示。

ござい·や·す【御座いやす】〔動サ特活〕《「ござりやす」の音変化》❶「ある」「いる」の意の丁寧語。ございます。「ねっからお客は—·せん」〈洒・船頭深話〉❷（補助動詞）補助動詞「ある」の意の丁寧語。「朝さん、お久しう—·す」〈洒・曽我糠袋〉補説活用は「御座りやす」に同じ。

コサイン〖cosine〗三角比・三角関数の一。直角三角形で、一つの鋭角について、斜辺に対する底辺の比。また、これを一般角に拡張して得られる関数。記号cos　余弦。余弦関数。

コサイン-ごさ【コサイン誤差】被写体にピントを合わせた後、カメラの向きを変えて再フレーミングした時に生じるピントの誤差。比較的近距離で大口径レンズを開放絞りに近い状態で撮影する際などに顕著になる。

ゴサインタン-さん【ゴサインタン山】《Gosainthan》中国南西部、チベット自治区のネパールとの国境近くにある、ヒマラヤ山脈の高峰。標高8012メートル。1964年に中国登山隊が初登頂。チベット語名はシシャパンマ（希夏邦瑪）。

ござ-うち【×茣×蓙打ち】❶ござを編むこと。また、その職人。❷表面に畳表をつけること。また、それをつけたもの。特に、足の裏に当たる部分に畳表を張った下駄。表付き。

こさ·える【×拵える】〔動ア下一〕《「こしらえる」の音変化》「こしらえる」の俗な言い方。「家で—·えた柏餅を提げて」〈嘉村・途上〉

ごさ-かくさんほう【誤差拡散法】《error diffusion method》画像データの色の階調を滑らかに表現する手法の一。デジタルカメラ・イメージスキャナー・カラープリンターのほか、画像データのファイルサイズを抑える減色処理の際など、使用できる色の階調が限られている時に用いる。ランダムディザリング。

こさか-こうざん【小坂鉱山】秋田県北東部、鹿角郡小坂町にある銅鉱山。黒鉱鉱床で、もと、南部藩が経営。

こ-ざかし·い【小▽賢しい】〔形〕文こざか·し〔シク〕❶利口ぶっていて差し出がましい。生意気である。「—·い口をきくな」❷何かにつけて要領よく振る舞っている。悪賢くて抜け目がない。「—·く立ち回る」
派生こざかしげ〔形動〕こざかしさ〔名〕
類語（❶）生意気・利いた風・小生意気・ちょこ才・しゃらくさい／（❷）腹黒い・悪賢い・ずる賢い・狡猾・利口

ごさが-てんのう【後嵯峨天皇】［1220～1272］第88代天皇。在位1242～1246。土御門天皇の皇子。名は邦仁。四条天皇没後、鎌倉幕府執権北条泰時に擁立されて即位。譲位後は後深草・亀山両天皇の間、院政を執ったが、兄後深草より弟亀山を愛し、亀山の皇子を皇太子に立てたため、持明院・大覚寺両統対立のもととなった。

こ-ざかな【小魚｜小▽肴】小さい魚。また、雑魚。

こざ-がわ【古座川】和歌山県南部を流れる川。東牟婁郡古座川町北部の大塔山（標高1122メートル）に源を発して南流し、串本町古座で熊野灘に注ぐ。長さ56キロ。下流に約15キロメートルにわたり古座川峡があり、高さ100メートル、幅500メートルの一枚岩は国指定の天然記念物。

こ-さき【小▽前｜小前＝駆】殿上人が通行の際、先払いが警蹕の声を短く引くこと。「殿上人のは短ければ、大前駆—とつけて聞きさわぐ」〈枕・七八〉

こ-さぎ【小×鷺】サギ科の鳥。全長約60センチ。全身白色で、くちばしと脚が黒く、指は黄色い。日本では留鳥で、水田・河川・沼などにすむ。

こざき-ひろみち【小崎弘道】［1856～1938］宗教家・牧師。熊本の生まれ。各地に伝道後上京、霊南坂教会を開設。基督教青年会を創立し、機関誌「六合雑誌」を主宰。新島襄没後、同志社校長となる。

ごさ-きょくせん【誤差曲線】数学で、誤差の分布状態を表すと認められる曲線。正規曲線となる。

こ-さく【小作】小作料を支払って、地主から借りた田畑を耕作すること。また、その人。

こ-さく【古作】古い時代の製作品。古人の作。

こさく-けん【小作権】小作人が小作地を耕作する権利。物権の永小作権と、債権の賃借小作権とがある。⇒耕作権

こさく-そうぎ【小作争議】小作人と地主との間に、小作料・耕作権などについて起こる紛争。大正から昭和初期にかけて激増した。

こさく-ち【小作地】小作人が地主から借りて、耕作している農地。

こさくちょうてい-ほう【小作調停法】小作争議の調停を目的として、大正13年（1924）制定の法律。昭和26年（1951）民事調停法の成立により廃止。

こさく-にん【小作人】小作によって農業を営む人。

こさく-のう【小作農】小作によって営む農業。また、その農家や人。⇔自作農。

こさく-まい【小作米】小作人が小作料として地主に納める米。

こ-ざくら【小桜】❶桜の一品種。花が小さくて色が薄いもの。❷小さい桜の花形を散らした文様。

こざくら-おどし【小桜▽威】鎧の威の一。小桜❷の文様を染めた革でおどしたもの。

こざくら-がわ【小桜革】染め革の一。藍地に、白で小さな桜の花形を数多く染め出したものが多く、白地に藍で小文を染め抜いたものもある。

ごさくらまち-てんのう【後桜町天皇】［1740～1813］第117代天皇。女帝。在位1762～1770。桜町天皇の第2皇女。名は智子。和歌を好み、御製千数百首があり、他に日記41冊、「禁中年中の事」などを著した。

こさく-りょう【小作料】小作人が地主に支払う小作地の使用料。第二次大戦前は物納が一般的であったが、戦後は原則として金納となった。

こ-さけ【濃酒｜×醴酒】《「こざけ」とも》米・こうじに酒を加えて一夜で醸造する酒。今の甘酒の類。

ござ-ござ《「こざこざ」とも》㊀〔副〕スル 細かく入りまじっているさま。「たとい叢脞なる(一したる＝注)職務と雖も」〈中村訳・西国立志編〉㊁〔名〕こまごましたもの。「此の外に一が惣〆で三両いくらとあるだらう」〈滑・一盃綺言〉

ござござ-ぶね【ござござ船】《人がごちゃごちゃ入りまじって乗るところから》乗り合い船。「老いも若いも下人も主も、男女が一に」〈浄・今宮の心中〉

こ-ざさ【小×笹】葉の小さな丈の低い笹。おざさ。

こ-さじ【小×匙】❶茶さじなどの小形のさじ。❷調理用計量スプーンの一。ふつう、容量5ミリリットル。

コザ-し【コザ市】▶コザ

こ-さしい-ず【小差し▽出づ】〔動ダ下二〕利口ぶってしゃしゃり出る。差し出がましい口をきく。「二瀬、仲居も一・で」〈浄・重井筒〉

こ-ざしき【小座敷】❶小さい座敷。❷母屋に続けて外へ建て出した部屋。はなちいで。❸四畳半より狭い茶室。一畳半から四畳までをいう。

こざしき-てつどう【×跨座式鉄道】モノレールで、空中に架設した1本のレールに、車両が上からまたがった形で走行する鉄道。

ご-ざしょ【御座所】天皇など高貴な人の居室。おましどころ。御座の間。

ござ-そうろ-う【御座候ふ】〔動ハ四〕《「ござある」の「ある」を「候ふ」にしたもの》❶「ござある」の尊敬語・丁寧語。いらっしゃいます。ございます。「山居し給ふお僧の一・ふが」〈謡・芭蕉〉❷(補助動詞)補助動詞「ござある」の丁寧語。…でございます。「冥途までも御供申させ給ひたらんこそ、生々世々の忠孝にて一・はん」〈太平記・一〇〉

ご-さた【御沙汰】天皇・将軍などの最高権力者の指示・命令。また、その意思に基づいて行われる官府や裁判などの指示・命令。「弥五兵衛一族の者は門を閉じて上の一を待つことにして」〈鷗外・阿部一族〉

こ-さつ【古刹】由緒ある古い寺。古寺。
(類語)伽藍・寺・仏閣・寺院・仏家・梵刹・仏寺・仏刹・山門・古寺・巨刹・名刹

こ-さつ【故殺】〔名〕スル ❶故意に人を殺すこと。❷一時の激情によって殺意を生じ、人を殺すこと。旧刑法上の用語で、計画的な謀殺と区別して用いた。

ご-さつ【誤殺】〔名〕スル 故意でなく、誤って人を殺すこと。また、まちがえて目的以外の人を殺すこと。「猟銃の暴発で人を一する」

こ-さつき【小五-月】「小五月会」の略。

こさつき-え【小五-月会】近江坂本(滋賀県大津市)の日吉大社や奈良の春日大社で陰暦5月9日に行われた祭礼。小五月祭。

コサック〖Cossack〗タタールとスラブとの混血種族。15世紀以降、南ロシア・ポーランド・ウラル地方に住みついた。遊牧に従事し、騎馬に長じ、騎兵としてロシア正規兵となった。カザーク。カザック。コザック。

ござっそ【五雑俎｜五雑組】中国、明末の随筆。16巻。謝肇淛著。1619年成立。明代の政治・経済・文化・科学などを、天・地・人・事・物の5類に分けて考証したもの。

ござ-づつみ【×茣×蓙包み】❶ござで包むこと。また、その包んだもの。❷江戸時代、乗り物を許された大名以下の武士が通常用いた駕籠。御座包み。

こ-ざっぱり〔副〕スル 飾りけがなく、清潔で感じのよいさま。「一(と)した服装」「一(と)した部屋」

こ-さつま【古×薩摩】初期の薩摩焼。江戸初期、朝鮮半島からの渡来人によって、鹿児島の帖佐などの窯で焼かれたもの。

こ-ざつま【小薩摩】㊀江戸浄瑠璃の太夫、2世薩摩次郎右衛門のこと。その父、薩摩浄雲を大薩摩とよんだのに対していう。㊁「小薩摩節」の略。

こざつま-ぶし【小×薩摩節】江戸浄瑠璃の一派。小薩摩㊀の始めた浄瑠璃節。

こざと-へん【▽阜偏】漢字の偏の一。「防」「隊」などの「阝」の称。(補説)漢字の右側にある「阝」は「おおざと」という。

ござ-な-い【御座無い】〔形〕文ござな・し〔ク〕《「御座」＋形容詞「ない」から》❶「ない」の意の丁寧語。ありません。「いやいやさやうの事では一・い」〈虎清狂・薬水〉❷「いない」の意の尊敬語。いらっしゃらない。「内裏へ参じて見るに、主上は一・くて」〈太平記・二〉

ござ-なおし【御座直し】❶謁見のときに主君が自らの座を移して、相手に敬意を表すこと。「一の侍、御目見得の時、君の御座を直し給ふは臣下の面目也」〈松屋筆記〉❷《御寝所を整える女の意から》めかけ。「この奉公に出る女をめかけ、てかけとも、又は莚敷、一とも異名あり」〈浮・好色床談義・三〉

ござ-なれ〔連語〕《連語「ごさんなれ」の撥音の無表記》「ごさんなれ❶」に同じ。「さては吉き隙ご一」〈延慶本平家・六本〉

こ-ざね【小▽札｜小▽実】鎧の札の小さいもの。室町時代に作られた、従来より小形の札をいう。江戸時代以後は札の総称。

こざね-くさずり【小▽札草×摺】小札で作った近世の草摺。

ござ-の-ま【御座の間】❶貴人の着座する正面の間。❷貴人のふだんいる部屋。御座所。

こ-さび【小×皺】紙張りの烏帽子の、しわの小さいもの。

こ-さびし-い【小寂しい】〔形〕文こさび・し〔シク〕なんとなくさびしい。ものさびしい。「一・い日向の中に、万千子と二人で小さい影法師を並べて遊んでいた頃の事である」〈三重吉・小鳥の巣〉

ござ-ぶね【御座船】❶貴人の乗る船。また、将軍や大名などの乗る豪華な船。❷川遊びの屋形船。「芝居の果てより一をさし寄せ」〈浮・一代女・三〉

こ-さぶらい【小▽侍】「こざむらい」に同じ。「大進将監貞度といふ一、付け侍りける」〈著聞集・五〉

こさぶらい-どころ【小▽侍所】▶こざむらいどころ

ごさ-ぶんぷ【誤差分布】数学で、誤差の値とその度数の分布。同一大の正負の誤差(偶然的誤差)が同程度に生じるところから、誤差分布は正規分布となる。

こ-さむ-い【小寒い】〔形〕文こさむ・し〔ク〕少し寒い。うすら寒い。「一・くなって来たので浴衣を着かえようとすると」〈有島・或る女〉

ござ-むしろ【×茣×蓙×筵】「茣蓙」に同じ。

こ-ざむらい【小侍】❶年の若い武士。また、身分の低い武士。こさぶらい。「一の十二、三ばかりなるがあるを召し出でて」〈宇治拾遺・一〉❷「小侍所」の略。また、そこに属する武士。

こざむらい-どころ【小侍所】❶鎌倉幕府の職名。幕府に宿直し、将軍に随行して警護に当たる役。承久元年(1219)設置。長官(別当)には北条氏一族を任じた。❷室町幕府の職名。❶に倣って設けられたもの。長官は所司とよぶ。

こ-さめ【小雨】少し降る雨。小降りの雨。また、細かい雨。「一に煙る港」(対)大雨。
(類語)霧雨・小雨・糠雨・小糠雨

ござ-め【×茣×蓙目】ござの筋目。また、大判金などの表面に刻んだ、ござの筋目模様。

こさめびたき【小×鮫×鶲】ヒタキ科ヒタキ亜科の鳥。全長13センチくらい。地味な灰色をしている。日本では夏鳥で、低山の林で繁殖する。(季 夏)

ござ-めれ〔連語〕《「ごさめれ」とも》「ごさんめれ」の撥音の無表記。「深入りして討たれさせ給ひて候ふ一」〈平家・九〉

こ-ざら【小皿】小さい皿。てしお皿。

こざらし-あみ【小×晒し網】魚網の一。イワシを捕るのに用いる、長い帯状の刺し網。

ござらっしゃ-る【御座らっしゃる】〔動ラ五(四)〕《動詞「ござる」の未然形に助動詞「しゃる」が付いてできた語》❶「いる」「来る」「行く」の意の尊敬語。いらっしゃる。「四十以上の人は一人も一・らぬ」〈魯庵・社会百面相〉❷(補助動詞)補助動詞「いる」の意の尊敬語。…ていらっしゃる。「大事にかけて一・るお心懸けも天晴殊勝なり」〈鏡花・註文帳〉

ござり-ま-す【御座ります】〔動サ特活〕《「ござる」の連用形に助動詞「ます」が付いてできた語》❶「来る」「行く」「いる」の意の尊敬語。動作・存在の主を敬って用い、高い敬意を表す。いらっしゃいます。「申し、頼うだ人、一・するか」〈虎寛狂・粟田口〉❷「ある」の丁寧語。ございます。「都にないと申す事が御座らうか。都には一・せう」〈虎寛狂・末広がり〉❸(補助動詞)補助動詞「ある」「いる」の丁寧語の「ござる」を、さらに丁寧にいった語。「ことのほかおもしろう一・する」〈虎寛狂・秀句傘〉(補説)活用は「ござりませ(ござりましょ)・ござりまし・ござります(ござりまする)・ござります(ござりまする)・ござりますれ・○」。現代では「ございます」よりも古風な言い方。

ござり-もう-す【御座り申す】〔動サ四〕「ござる」をさらに丁寧にした語。ございます。「今宵は忍びの初で一・すよの」〈松の葉〉

ござり-や-す【御座りやす】〔動サ特活〕《動詞「ござる」に丁寧の助動詞「やす」が付いてできた語》❶「来る」「いる」の意の尊敬語。いらっしゃる。「与平様はどこにぞ。顔が見たい。一・せ」〈浄・寿の門松〉❷「ある」の意の丁寧語。ございます。「まへかたは松葉屋でも度々狂言が一・したねえ」〈洒・通言総籬〉❸(補助動詞)補助動詞「ある」の意の丁寧語。…でございます。「ゑんさんかえ、此間はお早々で一・した」〈洒・通言総籬〉(補説)活用は「ござりやせ(ござりやしょ)・ござりやし・ござりやす・(ござりやす)・(ござりやせ)・ござりやせ(ござりやし)」

ござりん-す【御座りんす】〔動サ特活〕《「ござります」の音変化》❶「ある」「いる」の意の尊敬語。いらっしゃる。「成程奥の間に、今よう休んで一・す」〈浄・金短冊〉❷「行く」「来る」の意の尊敬語。いらっしゃる。「曽根崎へ叶はぬ用とて一・した」〈浄・油地獄〉❸(補助動詞)補助動詞「ある」の意の丁寧語。…でございます。「半七が叔母で一・す」〈浄・女腹切〉(補説)江戸前期、上方の遊里語。活用は「御座ります」と同じと考えられるが、終止形・連体形に「ござりんする」の例は見当たらない。

こ-ざる【小猿｜子猿】❶小さな猿。また、猿の子。❷「小猿鉤」の略。

ござ-る【御座る】〔動ラ四〕《四段動詞「ござある」の連体形「ござある」の音変化》❶「いる」の意の尊敬語。いらっしゃる。おいでになる。「お奏者はどこもとに一・るぞ」〈虎明狂・餅酒〉❷「ある」の意の尊敬語。おありになる。「茗荷をこし召さぬほどに、御失念は一・るまい」〈虎清狂・鈍根草〉❸「行く」「来る」の意の尊敬語。いらっしゃる。おいでになる。「いや、誰ぞと存じたれば、やれやれようこそ一・ったれ」〈虎清狂・禁野〉❹「ある」の意の丁寧語。あります。ございます。「奏聞申サウズル事ガー・ル」〈天草本伊曽保・イソポが生涯〉❺正常な状態でなくなる。㋐恋をする。ほれる。「内儀は一・ったふりしてしなだれかかれば」〈浮・夫婦気質・下〉㋑食べ物が腐る。「この魚はちと一・った目もとだ」〈滑・膝栗毛・初〉㋒(「腹がござる」の形で)腹が減る。「なんと、腹が少し、一・ったぢゃあねえか」〈滑・膝栗毛・四〉❻(補助動詞)補助動詞「ある」「いる」の意の丁寧語。…でございます。…ております。「おざれ事で一・らう」〈虎清狂・鈍根草〉(補説)室町時代から江戸時代までは広く用いられたが、否定形には室町時代には「ござない」が、江戸時代では「ござらぬ」が使われた。また、江戸時代に入ると「まする」「ます」を伴う形がしだいに一般化し、現代では特殊な場合を除いて「ございます」の形が普通になった。

こざる-かぎ【小猿×鉤】いろりの自在鉤の高さを調節するための横木。中木。

こざるしちのすけ【小猿七之助】歌舞伎狂言「網模様灯籠菊桐」の通称。また、その主人公の名。

こ-さん【古参】《古くから参上している意から》ずっと以前からその職や地位に就いていること。また、その人。「一の職員」「一兵」⇔新参しんざん。
(類語)古顔・古株・古手・ベテラン

こ-ざん【孤山】一つだけぽつんと離れている山。

こ-ざん【故山】故郷の山。また、故郷。「一に骨を埋める」「一生の志もむなしく、一に芋でも作る気になったとのお別れだから」〈佐藤春夫・晶子曼陀羅〉
(類語)故郷・郷里・ふるさと・郷土・国・田舎・在所・国もと・郷党・郷国・郷関・家郷・生地・生国

ご-さん【五三】❶五と三。❷《「五十三匁」の略から》近世、京都島原の太夫たゆうの揚げ代。また、太夫のこと。「一の女郎の値段を五十三匁と定め、これを一と言ひ」〈浮・御前義経記・一〉

ご-さん【五山】《「ござん」とも》格式の高い、五つの大きな寺。❶インドの祇園精舎ぎおんしょうじゃ・竹林精舎・大林精舎・鹿園ろくおん精舎・那爛陀ならんだ寺の五精舎。❷中国の径山きんざん寺・広利寺・景徳寺・霊隠りんにん寺・浄慈じんず寺。❸日本で、中国の制をまねた禅寺の格式の一。時の政府が住持を任命し、足利義満あしかがよしみつの時に京都五山・鎌倉五山が定められた。➡京都五山 ➡鎌倉五山

ご-さん【午×餐】〔名〕スル 昼の食事をとること。昼食。「友人を招いて一する」「一会」
(類語)昼御飯・昼飯ちゅうはん・昼飯ひるめし・昼餉ひるげ・ランチ・昼

ごさん【御傘】江戸初期の俳諧式目書。10冊。松永貞徳著。慶安4年(1651)刊。俳諧用語をいろは順に整理し、指し合い・去り嫌い・句数くかずを説いたもの。俳諧御傘。おからかさ。ぎょさん。

ご-さん【誤算】〔名〕スル ❶計算をまちがえること。また、その計算。❷推測や予想に誤りがあること。見込み違い。読み違い。「相手の能力を一していた」

ごさん-かじょ【互散花序】ゴサンクワジョ ►蠍状さそりじょう花序

ごさんか-りん【五酸化×燐】ゴサンクワリン 燐が燃えたときに生じる白色の粉末。水に溶かすと燐酸になる。吸湿性が強く、乾燥剤・脱水剤に使われる。五酸化二燐。化学式P_2O_5

ご-さんきょう【御三×卿】ゴサンキャウ 徳川将軍家の一族で、田安・一橋・清水の三家をさす。田安は8代将軍吉宗の子で宗武、一橋は同じく宗尹むねただ、清水は9代将軍家重の子で重好に始まる。三卿。

こさん-きんごろう【小さん金五郎】コサンキンゴラウ 歌謡・浄瑠璃・歌舞伎の一系統で、元禄13年(1700)に没した大坂の歌舞伎役者金屋かなや金五郎と湯女ゆな小さんとの情話を主題としたもの。浄瑠璃「金屋金五郎浮名額かなやきんごろううきなのがく」など。

ご-さんけ【御三家】㊀徳川家康の第9子義直を祖とする尾州家、第10子頼宣よりのぶを祖とする紀州家、第11子頼房を祖とする水戸家のこと。㊁ある方面で有力、または有名な三人。「業界の一」「演歌の一」

ご-さんけい【呉三桂】[1612〜1678]中国、明末・清初の武将。遼東りょうとう(遼寧省)の人。字あざなは長白。明末に遼東総兵として山海関を守ったが、李自成りじせいが北京を陥れると清に降り、清の中国統一を助け、平西王に封ぜられて雲南に鎮守駐屯した。1673年、清に背いて三藩の乱を起こし、周王と称した。

ごさん-じっせつ【五山十刹】臨済宗で、五山と十刹。ござんじっさつ。

ごさんじゅう-じけん【五・三十事件】ゴサンジフジケン 1925年5月30日、上海シャンハイで起こった中国の反帝国主義運動。日本人経営の紡績工場のストライキ弾圧に抗議して労働者・学生のデモが起こり、これに英国人警官が発砲して多数の死傷者が出た。これをきっかけに反帝国主義運動が全国諸都市に波及した。

こ-さんしょう【粉山×椒】コサンセウ 完熟したサンショウの実を乾燥し、粉末にした香辛料。

ごさんじょう-てんのう【後三条天皇】ゴサンデウテンワウ [1034〜1073]第71代天皇。在位1068〜1072。後朱雀ごすざく天皇の第2皇子。名は尊仁たかひと。外戚に藤原摂関家がないため、天皇親政実現に努力。荘園整理令の発布、記録荘園券契所の設置、標準枡ますの制定など、新政策を推進した。

ござん-・す【御座んす】〔動サ特活〕《「ござります」の音変化》❶「来る」「行く」「いる」の意の尊敬語。いらっしゃる。「あれ梅川様の一・した。なう、よい所へ来てくだんした」〈浄・冥途の飛脚〉❷「ある」の意の丁寧語。ございます。「祝儀とて殿達からくださんすことも一・す」〈難波鉦・二〉❸(補助動詞)㋐補助動詞「いる」の意の尊敬語。…でいらっしゃる。「ここへ隠れて一・せ」〈浄・冥途の飛脚〉㋑補助動詞「ある」の意の丁寧語。…でございます。「羽織だけ替えて行かれたようで一・す」〈一葉・われから〉「否いやか応かが生き死にの大事の返事で一・する」〈浄・博多小女郎〉(補説)活用は「御座ります」に同じ。近世、遊女言葉から出て、一般女性間にも流行し、のちには男性も用いるようになった。

ござん-なれ〔連語〕《断定の助動詞「なり」の連用形「に」に、係助詞「こそ」、動詞「あり」の連体形、推定の助動詞「なり」の已然形「なれ」の付いた「にこそあるなれ」の音変化。近世中期以降「ござんなれ」とも》❶…であるらしいな。…であるようだな。「入道が仰せをば軽うしける一」〈平家・二〉❷(上に「こそ」を用いて)…なのだな。…だな。「彼奴きゃつこそかの丑うしの時詣まいり一」〈浄・蝉丸〉❸…があるな。…あるわい。「究竟くっきょうの物見櫓一と、かけ上る門の松」〈浄・盛衰記〉❹手ぐすねひいて待つようすにいう。よし来た。さあ来い。「すは祐康よ、一」〈伎・小袖曽我〉(補説)❷❸❹は近世中期以降、誤って「御座る」「御参」の変化形と受け取られたもの。

ごさん-にち【五三日】数日。「一は五体六根何事もせず」〈仮・伊曽保・中〉

ごさんねん-の-えき【後三年の役】永保3〜寛治元年(1083〜87)に奥羽で起きた戦い。前九年の役後、奥羽に力を伸ばした清原氏の内紛に陸奥守むつのかみとして赴任した源義家が介入し、藤原清衡ふじわらのきよひらを助けて清原家衡・武衡を滅ぼしたもの。清衡は奥羽の地盤を引き継ぎ、源氏は東国に基盤を築いた。

ごさん-の-きり【五三の×桐】紋所の名。3枚の桐の葉の上に、桐の花を左右に三つずつ、中央に五つ配したもの。

ござん-ばん【五山版】鎌倉末期から室町末期にかけて、京都五山などの禅僧によって刊行された、禅籍・語録・詩文集・経巻などの木版本。

ござん-ぶんがく【五山文学】鎌倉末期から江戸初期にかけて、京都五山・鎌倉五山の禅僧たちにより書かれた漢詩文・日記・語録の総称。中国の宋・元文化の影響のもとに栄え、虎関師錬こかんしれん・雪村友梅せっそんゆうばい・義堂周信ぎどうしゅうしん・絶海中津ぜっかいちゅうしんらが出た。

ござん-まい【御座んまい】〔連語〕《「ござるまい」の音変化》ありませんでしょう。「お為によく一」〈浄・会稽山〉

ござん-めれ〔連語〕《断定の助動詞「なり」の連用形「に」に、係助詞「こそ」、動詞「あり」の連体形「ある」、推量の助動詞「めり」の已然形「めれ」の付いた「にこそあるめれ」の音変化。近世中期以降「ござんめれ」とも》❶…であろう。…であるようだ。「曽我五郎がのりたる馬一」〈曽我・五〉❷…があるようだ。「此の山陰に忍び者こそ一」〈浄・布引滝〉➡ござんなれ

こ-し【古史】古い時代の歴史。古代史。

こ-し【古×址|故×址】❶昔あった建築物の土台石。❷昔、建築物や都のあった場所。古跡。旧址。
(類語)遺跡・遺址・旧跡・旧址・古跡・史跡・名跡

こ-し【古×祠】古くからあるほこら。

こ-し【古詩】❶古代の詩。❷漢詩で、唐代に完成した絶句・律詩などの近体詩に対し、それ以前の、韻を踏むだけで平仄ひょうそくや句数などに制限のない詩。また、唐代以降の詩で、この形式で作られたもの。

こ-し【虎子】❶虎の子。虎児こじ。❷便器。

虎子地に落ちて牛を食らうの気あり　虎の子は、生まれてすぐに牛を食うほどの、激しい気性をもっている。

こ-し【虎視】虎が獲物をねらうときのように、鋭い目つきで見まわすこと。転じて、じっと機会をうかがうこと。(類語)凝視・熟視・見る

こ-し【故紙|古紙】古い紙。不用の紙。反故ほご。

こ-し【枯死】〔名〕スル 草木が枯れてしまうこと。「街路樹が排気ガスで一してしまった」

こし【越|高志】►越こしの国

こし【腰】㊀〔名〕❶人体で、骨盤のある部分。脊椎が骨盤とつながっている部分で、上半身を屈曲・回転できるところ。腰部ようぶ。「一が曲がる」「一をおろす」❷裳もや袴はかまなどの❶にあたる部分。また、そのあたりに結ぶひも。❸物の❶に相当する部分。中ほどより少し下部。㋐壁や建具の下部。「一の高い障子」㋑器具の下部。また、器具を支える台や脚。㋒山の中腹より下の方。「山の一を巡る道」㋓兜かぶとの鉢の下部につける帯状の金具。㋔和歌の第3句。「一の折れた歌」❹餅もち・粉などの粘り・弾力。❺紙・布などのしなやかで破れにくい性質。❻(他の語の下に付き、「…ごし」と濁って)何かをする際の姿勢・構え。「けんか一」「及び一」㊁〔接尾〕助数詞。❶刀・袴など腰につけるものを数えるのに用いる。「刀ひと一」「袴ひと一」❷矢を盛った箙えびらを数えるのに用いる。「矢ひと一」(類語)腰部・小腰
(下接)足腰・襟腰・尻しっ腰・尻しり腰 (ごし)居合い腰・浮き腰・受け腰・後ろ腰・裏腰・海老えび腰・大腰・及び腰・ぎっくり腰・喧嘩けんか腰・小腰・高腰・中腰・強腰・釣り込み腰・逃げ腰・二枚腰・粘り腰・袴はかま腰・跳ね腰・払い腰・二重ふたえ腰・屁へっ放ぴり腰・細腰・本腰・前腰・丸腰・物腰・柳腰・弓腰・弱腰

腰があ・る　餅・うどん・そばなどの歯ざわりがしっかりしている。また、布・紙などの手ざわりがしなやかで丈夫である。「一・るスパゲッティー」

腰が重・い　なかなか行動を起こそうとしない。気軽に動かない。「一・い父が上京する気になった」

腰が折・れる　邪魔が入り、途中でやめになる。「刀の詮議で水責めの一・れた」〈伎・幼稚子敵討〉

腰が砕・ける　❶腰の力が抜けて姿勢が崩れる。「一・けて倒れる」❷事を成そうとする意気込みが途中で弱まり、あとが続かなくなる。「発足以来半年で早くも一・けてしまった」

腰が据わ・る　落ち着いて物事をし続ける。「職業を転々として一・らない」(補説)「腰が座る」と書くのは誤り。

腰が高・い　❶腰の位置が高い。腰を高く構える。「外国人力士は概して一・い」❷他人に対し、おごりたかぶっている。横柄である。「そう一・くては客商売には向かない」⇔腰が低い。

腰が強・い　❶気が強くて容易に屈しない。「一・い人だから少々のことではくじけない」❷粘りけが強い。また、弾力があって折れにくい。「一・い紙」

腰が抜・ける　❶腰の関節が外れたり、腰に力がなくなったりして立てなくなる。❷驚きや恐怖で立っていられなくなる。「びっくりして一・けた」

腰が低・い　❶腰を低く構える。❷他人に対して、へりくだっている。愛想がよい。「誰にでも一・い人」⇔腰が高い。

腰が弱・い　❶弱気である。「一・い交渉」❷粘りけがない。弾力性がなくもろい。「一・い餅」

腰に梓あずさの弓を張・る　老人の腰が弓のように曲がっていることのたとえ。「老武者は一・り」〈虎明狂・老武者〉

腰を上・げる　❶座っている人が立ち上がる。「出発の時刻と聞いて一・げる」❷行動するための態勢をとる。「綱紀粛正にやっと重い一・げる」

腰を入・れる　❶腰を安定させた姿勢をとる。「一・れて押す」❷しっかりした心構えで事に当たる。本腰になる。「一・れて環境保全に取り組む」

腰を浮か・す　立ち上がろうとして腰を上げる。中腰になる。「地震と気づいて、思わず一・した」

腰を落ち着・ける　❶「腰を据える❷」に同じ。「一・けて仕事にかかる」❷「腰を据える❸」に同じ。「彼は赴任地で一・けたらしい」

腰を折・る　❶腰を折り曲げる。腰をかがめる。「深々と一・る」❷話などを中途で妨げる。「話の一・らないでくれ」「けんかの一・る」

腰を下ろ・す　椅子いすや台、地面などの上にしりをおろす。座る。「茶屋の店先に一・す」

腰を屈かが・める　からだを前に曲げる。そうやって礼をする。「一・めて丁重にあいさつする」

腰を掛・ける　物の上にしりをおろす。こしかける。「ベンチに―・ける」
腰を据・える　❶腰を下げて構える。腰の重心を低くする。❷落ち着いて事に当たる。腰を落ち着ける。「―・えて研究に当たる」❸ある場所に落ち着く。腰を落ち着ける。「転勤先に―・える」
腰を突・く　❶腰を折って倒れ、しりを地につける。❷くじける。中途でやめる。「危機をもちこたえられず、ついに―・いた」
腰を抜か・す　❶腰の関節が外れたり、腰の力がなくなったりして立てなくなる。❷驚きや恐れのために立ち上がれなくなる。「恐ろしくて―・した」
腰を伸ば・す　❶曲がった腰をまっすぐに伸ばす。❷休息する。疲れをいやす。「木陰で―・す」
腰を割・る　相撲で、両足を開いてひざを曲げ腰を低くする。腰を落とす。「―・って構える」
こし【▽層】高い建物の階層の一つ一つ。しな。「朱雀門の上の―に」〈今昔・二四・一〉
こし【×輿】❶人を乗せる、屋形の下に2本の轅ながえをつけた乗り物。轅を肩に担ぐ輦輿れんよと、腰の辺りにささげ持つ手輿たごしに大別され、身分の上下によって、鳳輦ほうれん・葱花輦そうかれん・四方輿・網代輿あじろごし・板輿などの種類がある。❷みこし。神輿しんよ。❸2本の轅に棺桶を載せて担ぐ葬具。
こ-し【顧視】〔名〕スル　振り返って見ること。かえりみること。「(敵兵ハ)ただ左往右往して我が軍人を―せり」〈独歩・愛弟通信〉
こ-じ【小師】受戒してから10年未満で、まだ師を離れていない僧。
こ-じ【▽巾子】《「こんじ」の撥音の無表記》冠の頂上後部に高く突き出ている部分。髻もとどりを入れ、その根元に笄こうがいを挿して冠が落ちないようにする。元来は、これをつけてから幞頭ぼくとうをかぶったが、平安中期以後は冠の一部として作り付けになった。
こ-じ【▽火▽箸｜▽火▽筯｜▽火×匙】《「こ(火)」は唐音》香道具で、柄が象牙や桑の火ばし。また、禅家で単に火ばしをいう。
こ-じ【古字】現在は用いられていないが、昔、使われた文字や書体。
こ-じ【古寺】古い寺。ふるでら。「―名刹を訪ねる」(類語)伽藍がらん・寺・仏閣・寺院・仏家・梵刹ぼんさつ・仏寺・仏刹ぶっさつ・山門・古刹・巨刹・名刹
こ-じ【固持】ヂ〔名〕スル　意見や信念などをかたく守って変えないこと。固執。「自説を―して譲らない」(類語)固守・堅持・墨守・堅守・死守
こ-じ【固辞】〔名〕スル　かたく辞退すること。「役員の職を―する」(類語)辞退・謝絶・断り・願い下げ・御免・断る・拒む・否いなむ・辞する・謝する・拒絶する・拒否する・遠慮する・一蹴する・不承知・難色・拝辞する・蹴ける・退ける・撥はね付ける・突っ撥ねる・峻拒しゅんきょする
こ-じ【居士】❶学徳がありながら、官に仕えず民間にある人。処士しょし。❷在家の男子であって、仏教に帰依した者。❸成人男子の戒名・法名の下につける称。女性の大姉だいしに当たる。
こ-じ【×怙×恃】❶たのみとすること。頼り。❷《「詩経」小雅・蓼莪の「父無くんば何をか怙たのまん、母なくんば何をか恃たのまん」から》父母。両親。「総角あげまきの頃に早く―を喪うしない」〈二葉亭・浮雲〉
こ-じ【虎児】虎の子。虎子こし。転じて、非常に得がたいもののたとえ。「虎穴に入らずんば―を得ず」
こ-じ【孤児】❶両親のいない子。みなしご。孤子こし。「天涯の―」❷仲間のない人。「文壇の―」
こ-じ【故事｜古事】❶昔あった事柄。古い事。❷昔から伝わってきている、いわれのある事柄。古くからの由緒のあること。「―成句」(類語)謂いわれ・由緒・由来・来歴・縁起・歴史
こ-じ【誇示】〔名〕スル　誇らしげに示すこと。得意になって見せること。「権力を―する」(類語)顕示・示威
ご-し【五指】❶5本の指。親指・人さし指・中指・薬指・小指のこと。❷数の5。すぐれたものを選んで数えあげるときにいう。「―に入る名選手」
五指に余・る　きわだったものを数えあげると、五つ以上になる。「改良された点は―・る」
五指のこもごも弾はじくは捲手けんしゅの一挃いっちつに若しかず　《「淮南子えなんじ」兵略訓から。5本の指がばらばらに弾く力は握りこぶしの一撃に及ばない意》個々の力は一致団結した力に及ばないことのたとえ。
ご-し【五師】❶釈迦しゃかの入滅後、仏法を伝えた五人の師。迦葉かしょう・阿難・末田地までんち・商那和修しょうなわしゅ・優婆毱多うばきくたの五人。❷5種の僧。経師・律師・論師・法師・禅師。❸平安時代に、南都諸大寺や宮寺などで寺務を執った五人の役僧。
ご-し【互市】物品の売り買い。貿易。(類語)通商・交易・取引・輸出入・外国貿易・国際貿易・トレード
ご-し【呉子】㊀呉起ごきの尊称。㊁中国の兵法書。現存6編。呉起の著と伝えられるが未詳。「孫子」と並ぶ兵法書として知られる。
ご-し【碁子】碁石。または、碁石を入れる器。
ご-し【碁師】囲碁を教える人。囲碁の専門家。
ご-し【語詞】言葉。言詞。
ご-し【語誌｜語志｜語史】ある言葉の起源や意味・用法などについての変遷。また、それを書いたもの。
ご-し【×吾子】〔代〕二人称の人代名詞。親しみをこめて同僚を呼ぶ語。あなた。きみ。「―はもとより武門の人なり」〈鶉衣・贈或人書〉
ごし【越し】〔語素〕❶物を表す名詞の下に付いて、そのものを隔てて物事をする意を表す。「垣根―」「肩―」「眼鏡―」❷年月・時間の長さを表す語の下に付いて、その間ある状態が続いてきたことを表す。「三年―の病気」「宵―の金は持たぬ」
ご-じ【五事】❶「書経」にある、礼節を守るうえでの大切な五つの事柄。貌ぼう・言・視・聴・思のこと。❷「孫子」にある、兵法で重んじる五つの事柄。道・天・地・将・法。❸仏語。調節をしなければならない五つの大切な事柄。心・身・息・眠・食のこと。
ご-じ【五時】❶時刻の名称。❷暦の上でいう、季節の五つの変わり目。立春・立夏・大暑・立秋・立冬。❸「五時教」の略。
ご-じ【午時】真昼どき。うまの時。正午。
ご-じ【語次】言葉の続き。話のついで。「―往々此辺の問題に論及したること」〈福沢・福翁百話〉
ご-じ【誤字】誤った形の字。正しくない文字。主として漢字についていう。
ご-じ【護持】ヂ〔名〕スル　大切に守り保つこと。尊んで守護すること。「憲政を―する」(類語)守る・遵守じゅんしゅ・厳守・遵奉・堅持・固守・固持・墨守・堅守・死守・遵法
こしあか-つばめ【腰赤×燕】ツバメ科の鳥。全長19センチくらいで、腰が赤褐色。軒下などに徳利とっくり形の巣をつくる。日本では夏鳥で、西日本に多い。とっくりつばめ。
こし-あかり【腰明かり】「腰提灯こしぢょうちん」に同じ。「組の捕手とりての―武威輝かす高提灯」〈浄・盛衰記〉
こし-あき【腰明き】▶腰変わり
こしあき-とんぼ【腰明蜻＝蛉】トンボ科の昆虫。体は黒色で腹部の途中が白色。夏、各地にみられる。(季 秋)
こし-あげ【腰揚げ｜腰上げ】着物の着丈を調節するため、長い分を腰の位置で縫い上げすること。また、その部分。
こじ-あ・ける【×抉じ開ける】〔動カ下一〕文こじあ・く〔カ下二〕すきまに物を差し込んだりして無理にあける。「戸を―・ける」
こし-あて【腰当て】❶すわるときに腰の後ろに当て、姿勢を楽にしたり保温したりするもの。❷修験者・猟師などが腰につけた敷き皮。長方形の毛皮の上端にひもをつけ、後ろ腰に当てて前で結ぶ。引っ敷き。尻皮。❸近世、軍陣の際に、打ち刀を帯に差さないで太刀のように帯びるときに用いる、ひさご形の革。これに緒を通し打ち刀・脇差を差して、腰に下げる。❹箙えびらを腰につける帯。❺和船の中央にあって帆柱を支える最も大きな梁はり。船体の幅や深さの基準となる重要な場所とされる。
コジア-ひろば【コジア広場】《Plateia Kotzia》ギリシャの首都アテネの中心部にある広場。オモニア広場の南、アティナス通りに面する。周囲には市庁舎・中央市場・国立銀行などがある。コツィア広場。
こし-あぶら【×漉油｜金＝漆】ウコギ科の落葉高木。山地に自生。樹皮は灰色。葉は手のひら状の複葉で、小葉は縁にぎざぎざがある。夏、淡黄緑色の小花が集まってつき、秋に黒紫色の実を結ぶ。材は経木・箸はしなどにする。名は、樹脂をこして金漆きんしつ・ごんぜつとよぶ塗料を作ったのにちなむ。
こし-あん【×漉し×餡】煮た小豆などをすりつぶし、裏ごしして皮を除き、砂糖や塩を加えて作ったあん。⇒潰つぶし餡
こし-いし【腰石】建物の土台の根石の上部にある石積み。
こし-いた【腰板】❶壁・障子などの下部に張った板。❷男の袴はかまの後ろ腰に当てる板。現在では厚紙を共ぎれで包んで用いる。
こしいた-ばり【腰板張り】障子・壁・垣根などの下部に板を張ること。また、板を張ったもの。
こしいのり【腰祈】狂言。修行を終えたばかりの山伏が、祖父の曲がった腰を直そうと祈るが、伸びすぎたり曲がりすぎたりして祖父にしかられる。
こし-いれ【×輿入れ】〔名〕スル《昔、嫁入りのとき、嫁の乗った輿を婿むこの家に担ぎ入れたことから》とつぐこと。嫁入り。「秋の吉日に―する」(類語)嫁ぐ・嫁する・嫁入り・結婚・婚約・ゴールイン・内縁・婚姻こんいん・縁組み・嫁取り・婿入り・婿取り・成婚・おめでた
こじ-いん【孤児院】ヰン　身寄りのない児童を収容して養育する施設。昭和22年(1947)児童福祉法の制定によって養護施設と改称。
ごじ-いん【護持院】ゴヂヰン　東京都千代田区神田錦町にあった真言宗の寺。元禄元年(1688)徳川綱吉が湯島の知足院を移したのに始まる。開山は隆光。幕府の祈願所となったが、享保2年(1717)焼失。寺名を音羽の護国寺本坊に移した。⇒護国寺
ごじいんがはら-の-あだうち【護持院ヶ原の仇討】ゴヂヰンがはら―　弘化3年(1846)江戸神田護持院ヶ原で、幕臣井上伝兵衛・松山藩士熊倉伝之丞兄弟を殺害した本庄辰輔(茂平次)を、伝兵衛の剣術の弟子小松典膳と伝之丞の子伝十郎とが討ち果たした事件。
ごし-うんどう【五・四運動】1919年5月4日、北京ペキンで起こった反帝国主義運動。第一次大戦後のパリ講和会議で、山東半島の利権返還などの中国の要求が通らず、また、日本の対華二十一箇条要求に対する反発から、学生デモを契機として全国的規模に発展、中華民国政府はベルサイユ条約調印を拒否せざるをえなくなった。
こじ-え【居士▽衣】隠者や僧侶などが着る衣服。居士ごろも。
コジェネ　「コジェネレーション」の略。
コジェネレーション〖cogeneration〗《「コージェネレーション」とも》❶電気・熱・蒸気などを同時に発生させること。ガスタービンやディーゼルエンジンで発電する一方、その排熱を利用して給湯・空調などの熱需要をまかなうなど、エネルギーを効率的に運用すること。熱電供給。熱電併給。廃熱発電。❷「コジェネレーションシステム」の略。
コジェネレーション-システム〖cogeneration system〗《「コージェネレーションシステム」とも》ガスタービンやディーゼルエンジンで発電する一方、その排出ガスの排熱を利用して給湯・空調などの熱需要をまかなう、エネルギーの効率的運用システムのこと。熱電供給システム。コジェネレーション。
こ-しお【小潮】シホ　潮の干満の差が最も小さいこと。また、その日。上弦・下弦の月の頃に起こる。⇔大潮。
こし-おうぎ【腰扇】アフギ　扇を腰に差すこと。また、その扇。「迷ひを開く―」〈浄・油地獄〉
こしおう-じんじゃ【古四王神社】コシワウ―　秋田市寺内にある神社。祭神は武甕槌命たけみかづちのみこと・大彦命おおひこのみこと。古四王大権現。
こし-おけ【腰×桶】ヲケ　▶鬘桶かずらおけ
こし-おし【腰押し】❶険しい坂道を登るとき、人の後ろから腰を押して力を貸すこと。また、その人。「―

やかかる岩根の下もみぢ/其角」〈雑談集〉❷後ろにいてそそのかすこと。また、その人。しりおし。「伝兵衛とやら伝七とやらいふ浪人が—と」〈伎・韓人漢文〉❸後援すること。また、その人。「動かずかたぶかぬ源氏の御代の—は」〈浄・女護島〉

こし-おび【腰帯】❶女性の和服で、腰で着物をからげ結ぶ細いひも。こしひも。❷「帯」に同じ。❸「石帯(せきたい)」の異称。❹狩衣(かりぎぬ)の上に結ぶ幅の狭い帯。

こし-お・る【腰折る】(こしを・る)〔動ラ下二〕歌や文章がうまく作れないさまになる。「—・れたる歌合、物語、庚申(こうしん)をし」〈源・東屋〉

こし-おれ【腰折れ】(こしをれ)〔名〕(スル)❶老いて腰が曲がること。また、腰の折れ曲がった老人。❷景気や経済活動が、成長・回復・現状維持の状態から、はっきりとした悪化の局面に転じること。「通貨危機が原因で、景気が—した」❸「腰折れ歌」の略。❹「腰折れ文」の略。

こしおれ-うた【腰折れ歌】(こしをれ)和歌の第3句と第4句との接続がうまくない歌。へたな歌。また、自作の歌をへりくだっていう語。

こしおれ-ぶみ【腰折れ文】(こしをれ)へたな文章。また、自作の文章をへりくだっていう語。「わづかなる—作ることなど習ひ侍りしかば」〈源・帚木〉
(類語)拙文・駄文・悪文・乱文

こしおれ-やね【腰折れ屋根】(こしをれ)切妻屋根の勾配を途中から急にしたもの。駒形屋根。マンサード屋根。

こし-かき【×輿×舁き】輿を担ぐこと。また、その人。輿丁(よてい)。

こし-がき【腰垣】人の腰の高さくらいの、低い垣。

こし-かけ【腰掛(け)】❶腰を掛ける台。いす。❷本来の希望を達するまでの間、一時ある職や地位に身を置くこと。「郷里に帰るまでの—に勤める」❸江戸城内の番士の詰め所。❹江戸時代、評定所や奉行所で、訴訟人の控え所。❺茶室の外の露地に設けた休憩所。(類語)(❶)椅子・ベンチ・ソファー/(❷)副業・サイドワーク・サイドビジネス

こ-じかけ【小仕掛(け)】規模の小さい設備や装置。

こしかけ-あり【腰掛け×蟻】木材の継ぎ手の一種。材の上半分を蟻継ぎに、下半分を相欠(あいが)きにしたもの。

こしかけ-いし【腰掛(け)石】❶腰を掛けるのに適した石。また、腰を掛けるために置いてある石。❷著名な人が腰を掛けて休んだというい われのある石。

こしかけ-ぎん【腰掛(け)銀】将棋で、序盤の陣形の一。5筋の歩(ふ)を進めず、その上に銀将が出る形。

こしかけ-しごと【腰掛(け)仕事】一時の間に合わせに従事する、職業や仕事。

こしかけ-ぢゃや【腰掛(け)茶屋】「掛け茶屋」に同じ。

こしかけ-まつ【腰掛(け)松】❶腰掛けとするのに都合のよい枝ぶりの松。❷有名な人が腰掛けたという伝説の松。「金が崎には義貞の—」〈浄・反魂香〉

こし-か・ける【腰掛ける】〔動カ下一〕図こしか・く〔カ下二〕椅子(いす)・台などの上に腰を下ろす。腰をかける。「ベンチに—・ける」(類語)座る・座(ざ)する・掛ける・着座する・着席する・安座する・正座する・端座する・静座する・黙座する・腰を下ろす・着く・跪(ひざまず)く

こ-し-かた【来し方】〔連語〕《「こ」は動詞「く(来)」の未然形、「し」は過去の助動詞「き」の連体形》❶過ぎ去った時。過去。きしかた。「—は暗い苦悩(くのう)と悲痛(ひつう)とに満たされていた」〈万太郎・末枯〉❷通り過ぎてきた場所・方向。「—の山は霞(かす)み、はるかにて」〈源・須磨〉(補説)❶の意は、平安中期には「きしかた」を用いた。平安末期にはその区別がはっきりしなくなり、鎌倉時代に入ると❶❷両意に「こしかた」が使われるようになった。

こじ-がた【▽巾子形】《形が巾子に似るところから》敷居のない門の中央の地面に置き、閉めた戸を受けるための石。内側を低くし、外側を高くしてある。

こし-がたな【腰刀】腰にさす、鐔(つば)のない短い刀。鞘巻(さやまき)など。腰ざし。

こしかた-ゆくすえ【来し方行く末】(ゆくすゑ)〔連語〕❶過去と未来。「眠られぬ儘に—を思い回(めぐ)らせば回らすほど」〈二葉亭・浮雲〉❷通り過ぎてきた方向と、これから行く方向。「はるばる—通りは—野原なり」〈とはずがたり・四〉

こし-がみ【×漉し紙・×濾し紙】液体中の沈殿物をこすのに使う紙。ろし。

こじ-がみ【▽巾子紙】冠の纓(えい)を前方に折り曲げて、巾子に挟むのに用いる紙。長方形の檀紙(だんし)を2枚重ね、両面に金箔を押し、中央に切り込みがある。

こしがや【越谷】埼玉県南東部の市。奥州街道の宿場町として発達。宮内庁のカモの猟場がある。シラコバトの生息地。近年、水田地帯の住宅地化が進む。人口32.6万(2010)。

こしがや-ござん【越谷吾山】[1717〜1787]江戸中期の俳人。武蔵(むさし)の人。はじめ会田氏。曲亭馬琴(きょくていばきん)の俳諧の師。方言辞書「物類称呼」の著者として知られる。

こしがや-し【越谷市】▶越谷

こしがや-びな【越▽谷×雛】江戸時代、武蔵(むさし)国越谷から産出した素朴で雅味のある雛人形。

こ-しがらき【古▽信▽楽】信楽焼の古陶。鎌倉時代から室町時代にかけて焼かれた種壺・雑器をいう。

こし-ガラス【腰ガラス】障子の腰板の上部にガラスをはめたもの。また、そのガラス。

こし-からど【腰唐戸】上部をガラス障子にし、下部を唐戸のようにつくってある戸。➡唐戸

こし-から・む【腰絡む】〔動マ四〕衣服を腰の辺りにからめる。「表衣(うへのきぬ)を皆—・みて」〈今昔・二八・四〉

こしかわ-じる【越川汁】(こしかは)鰍(かじか)・竹の子・白瓜(しろうり)などを実とした味噌汁。夏に賞味される。

こしかわ-なます【越川×膾】(こしかは)鰍(かじか)を輪切りにして焼き、頭の部分を刻んで上に盛ってなますにしたもの。

こし-がわり【腰変(わ)り|腰替(わ)り】(がはり)小袖などの腰の部分を白く染め残すか、または別の色や模様にしたもの。こしあき。

こ-しき【古式】昔から伝わっているやり方。「—にのっとる」「式典を—ゆかしく執り行う」(補説)文化庁が発表した平成22年度「国語に関する世論調査」では、「古くからのやり方にのっとった様子で」を表現するとき、本来の言い方である「古式ゆかしく」を使う人が67.3パーセント、間違った言い方「古式豊かに」を使う人が15.2パーセントという結果が出ている。

こしき【×甑】昔、強飯(こわめし)などを蒸すのに使った器。底に湯気を通す数個の小さい穴を開けた鉢形の素焼きの土器で、湯釜の上にのせて使った。のちの、蒸籠(せいろう)にあたる。

甑に坐(ざ)するが如(ごと)し 《韓愈「鄭羣贈簟詩」から》甑に座って下から蒸されているようである。夏の暑さのはなはだしいさまのたとえ。

こしき【×轂】牛車(ぎっしゃ)などの車の輪の中央の太い部分で、放射状に差し込まれた輻(や)の集まっている所。その中心に車軸が通っている。

こ-じき【▽乞食】《「こつじき」の音変化》❶食物や金銭を人から恵んでもらって生活すること。また、その人。ものもらい。おこも。❷「こつじき❶」に同じ。「食ふべき物なし。雪消えたらばこそ、出でて—をもせめ」〈古本説話集・下〉

乞食が赤包み 《みすぼらしい乞食がはでな赤い包みを持つ意から》不似合いなことのたとえ。また、身分不相応な物を持つことのたとえ。

乞食が馬を貰(もら)う 身分不相応なものをもらって、始末に困るたとえ。乞食が馬を買ったよう。

乞食が米を零(こぼ)したよう ちょっとしたことに大騒ぎをすることのたとえ。また、困窮している者がいっそう窮することのたとえ。

乞食に氏(うじ)無し 人は、生まれながらにして乞食となるのではなく、その人自身の不始末から乞食になるのである。乞食に筋なし。

乞食に貧乏無し 乞食にまで落ちぶれると、もうそれ以上貧乏になることはない。

乞食にも門出(かどで) どんなにつまらない者たちでも、門出のときはそれ相応の式作法があることのたとえ。

乞食の朝謡(あさうたい) 乞食は暇なので、朝から謡をうたう意。乞食は普通の人よりかえって気楽な生活をしていることのたとえ。

乞食の系図話(けいずばなし) 乞食が落ちぶれる前の自分の家系についての自慢話をする意。言ってもかいのない愚痴を言うことのたとえ。

乞食の空(そら)笑い 乞食が物欲しさに心にもない笑顔を見せるように、目前の利益を得るために心にもないおせじを言うことを卑しんでいうたとえ。

乞食の断食(だんじき) やむをえずしたことを、自発的に行ったように、ことさら殊勝に見せかけようとすることのたとえ。

乞食の嫁入り 《「振袖(ふりそで)振らぬ」を「降りそで降らぬ」に掛けたしゃれ》雨が降りそうで降らないこと。天気のはっきりしないことのたとえ。

乞食も場所 何事をするにも場所選びは大切であることのたとえ。

乞食も袋祝(ふくろいわ)い 乞食でも初めて使う袋には祝いをするように、祝うべきときにはそれ相応の祝いをすべきであるというたとえ。

乞食も身祝(みいわ)い だれでも祝うべきときには、それ相応の祝いをすべきであるというたとえ。

乞食も三日(みっか)すれば忘れられぬ 乞食を3日すれば、その気楽さが忘れられなくなるものである。人を当てにする怠惰な気持ちはなかなか直らない、また、習慣は抜けにくく恐ろしいことのたとえ。

こじき【古事記】奈良時代の歴史書。3巻。天武天皇の勅命で稗田阿礼(ひえだのあれ)が誦習(しょうしゅう)した帝紀や先代旧辞を、元明天皇の命で太安万侶(おおのやすまろ)が記録し、和銅5年(712)に献進。日本最古の歴史書で、天皇支配を正当化しようとしたもの。上巻は神代、中巻は神武天皇から応神天皇まで、下巻は仁徳天皇から推古天皇までの記事を収め、神話・伝説・歌謡などを含む。

ご-しき【五色】❶5種の色。特に、青・黄・赤・白・黒をいう。また、種々の色。五彩。ごしょく。❷多種多様。いろいろ。「五体には—の汗が流るる」〈浄・日本武尊〉

五色主(ぬし)無し 《「淮南子(えなんじ)」精神訓から》恐怖のあまり、顔色がいろいろに変わって定まらない。

ご-しき【五識】仏語。目・耳・鼻・舌・身の五根によって生じる、色(しき)・声(しょう)・香・味・触(そく)の五つの知覚作用。

ごしき-あげ【五色揚(げ)】いろいろな種類の野菜を油で揚げたもの。精進揚げ。

ごしき-えび【五色海=老】イセエビ科の甲殻類。房総以南の岩礁の多い海にすむ。体長約30センチになり、頭胸甲のとげはイセエビより数が多くて長い。体色は暗紫褐色で、白や緑色の縞模様がある。食用。

こしき-おとし【×甑落(と)し】《「甑」と「腰気(こしけ)」とが同音であるところからという》天皇家や公家で、安産のまじないとして、御殿の棟から甑を庭に落とすこと。男子のときは南へ、女子のときは北へ落とすという。

ごしき-おんせん【五色温泉】(ヲンセン)㊀北海道蘭越(らんこし)町・ニセコ町にある温泉。ニセコ温泉郷に含まれる。泉質は硫黄泉・酸性泉。ニセコ五色温泉。㊁山形県南東部、米沢市にある温泉。吾妻(あづま)連峰北麓に位置する。泉質は炭酸水素塩泉。㊂群馬県伊勢崎市にある鉱泉。市街、粕川近くに一軒宿がある。泉質は単純鉄冷鉱泉。㊃長野県北東部、上高井郡高山村にある温泉。千曲川支流の松川の上流に位置する。泉質は硫黄泉。

ごしき-がわ【五色革】(がは)▶ハルシャ革

ごしき-ぎ【五色木】ニシキギの別名。

こじき-こんじょう【▽乞食根性】(コンジャウ)むやみに他人のものをもらいたがる卑しい性質。

ごしき-さざえ【五色栄=螺】コシダカサザエの別名。

こじき-しばい【▽乞食芝居】(しばゐ)❶近世、路上や人家の門前で、銭を乞うて演じた芝居。❷下等な芝居。

こしきじま-れっとう【甑島列島】(レツタウ)鹿児島県西部、東シナ海にある列島。上甑島・中甑島・下甑島および付近の小島からなる。

ごしきせいがい-いんこ【五色青海×鸚×哥】オウム科の鳥。全長28センチくらい。背と尾・翼が緑、くちばしと胸が赤、腹が紫、頭が青の派手な羽色をしている。オーストラリアに分布。

ごしき-そうめん【五色▽素麺】(サウメン)卵・ユズ・抹茶などを入れて5色に染め分けたそうめん。伊予の名産。

ごしき-だい【五色台】香川県中央北部にある、瀬戸内海の備讃(びさん)瀬戸に臨む台地。高松市・坂出(さかいで)市の境に位置し、南北約10キロメートル、東西約8キロメートル。ほぼ平坦な卓状地。最高峰は猪尻(いのしり)山(標高483メートル)。名の由来は白峰(しらみね)山・黒峰・赤峰台(または紅(こう)ノ峰)・青峰・黄ノ峰の山々があることから。瀬戸内海国立公園に属する。国分(こくぶ)台。

ごしき-ちゃづけ【五色茶漬(け)】江戸末期、5種類の菜と香の物とを添えて出した茶漬け飯。

こじきでん【古事記伝】古事記の注釈書。44巻。本居宣長著。寛政10年(1798)完成。文政5年(1822)全巻刊。最初の文献学的な古事記研究書。宣長の国学思想の基礎をなしている。

ごしき-どり【五色鳥】❶キツツキ目ゴシキドリ科の鳥。全長約20センチ。くちばしが太く、全体に緑色で、額・のどは黄、頭・顔は青、背の一部と目先は赤い羽色をしている。台湾に分布。❷ゴシキドリ科の鳥の総称。羽色が派手なものが多い。熱帯の森林にすむ。

ごしき-なます【五色×膾】大根・人参・椎茸・油揚げなどを彩りよく取り合わせ、三杯酢であえたもの。

ごしき-ぬま【五色沼】福島県中北部、磐梯山(ばんだいさん)北麓の磐梯高原にある小湖沼群。明治21年(1888)、磐梯山の爆発による泥流のくぼ地に地下水がたまってできた。毘沙門(びしゃもん)・赤・深泥(みどろ)・弁天・青・瑠璃(るり)・柳・弥六などの沼の総称。泥流中から溶けて流れ出る鉱物の違いによって、青・緑・エメラルドなど水面が多彩な色を示すことからこの名がついた。3.7キロメートルの散策路がある。磐梯朝日国立公園に属する。

ごしき-の-いと【五色の糸】青・黄・赤・白・黒の5種の色をした糸。念仏者が臨終のときに阿弥陀仏の像の手から自分の手に掛け渡した糸。この糸によって極楽浄土に導かれるとされた。

ごしき-の-さけ【五色の酒】カクテルの一。色彩・比重の異なる5種類のリキュールを一つのコップに入れ、色とりどりの層ができるようにしたもの。フランスで始まり、日本では明治末から昭和にかけて銀座で流行。

ごしき-の-せん【五色の×賤】律令制で、5種類の賤民。陵戸(りょうこ)・官戸(かんこ)・家人(けにん)・公奴婢(くぬひ)・私奴婢。このうち家人・私奴婢は私有民。五賤。

ごしき-の-みず【五色の水】(―ミヅ) 青・黄・赤・白・黒の5種の色をした水。灌仏会(かんぶつえ)に仏の頭上にそそぎかけるもの。

こじき-ぶくろ【▽乞食袋】❶托鉢僧や乞食が首に掛けて歩き、もらった物などを入れる布袋。頭陀袋(ずだぶくろ)。こつじきぶくろ。❷歌学・俳諧・芸道で、乞食が❶に一切のものを入れておくように自分の見聞を広くして、目的に従ってそれを用いよという教訓としていう語。

こしきぶ-の-ないし【小式部内侍】[?〜1025]平安中期の女流歌人。父は橘道貞、母は和泉式部。母とともに上東門院彰子に仕えた。26、7歳で死去。歌は後拾遺集・金葉集などに載る。

こじき-ぼうず【▽乞食坊主】(―バウズ) 僧をあざけっていう語。こつじきぼうず。

ごじ-きょう【五時教】(―ケウ) 釈迦(しゃか)が1代の50年間に説いた教法を5期に分類した称。中国天台宗の祖智顗(ちぎ)が説いたもので、華厳(けごん)時・鹿苑(ろくおん)時・方等(ほうどう)時・般若(はんにゃ)時・法華涅槃(ほっけねはん)時をいう。

こし-きり【腰切り】仕事着の一種。身丈が腰の辺りまでしかない短い着物。こしぴり。

こしきり-ばんてん【腰切り半×纏】腰の辺りまでしかない短い半纏。職人が仕事着などにする。

こし-ぎんちゃく【腰巾着】❶腰につける巾着。❷いつも、ある人の身辺を離れないで付き従っている人。現代では多く、目上の人に付き従い、御機嫌をとる者をあざける気持ちでいう。「部長の―」

こじ・く【▽乞▽食く】〔動カ四〕《「こじき(乞食)」の動詞化》乞食(こじき)をする。托鉢をする。「娘のかねが手を引き、道々―・いて」〈浮・沖津白波〉

こじ・く【×拗く】〔動カ下二〕「こじける」の文語形。

こし-くじき【腰▽挫き】▶鯖折(さばお)り

こし-くだけ【腰砕け】❶相撲で、相手が技を掛けていないのに、自分からバランスを失い、腰をつき、手を後ろにつくこと。❷物事が中途でだめになり、あとが続かなくなること。「計画が―に終わる」

こし-ぐるま【腰車】❶柔道の技の一。相手のからだを自分の腰にのせて浮かせ、投げ倒す技。❷刀などで、腰を輪切りにすること。腰を横から水平に切ること。「躍りかかりて―に斬りけるが」〈読・稲妻表紙・五〉❸(「輿車」とも書く)「輦車(れんしゃ)」に同じ。

こし-ぐるわ【腰▽郭】築城に際して、本丸と二の丸との間に高低があるとき、本丸の腰部に通路用の囲いを設けたもの。

こし-ぐろ【腰黒】腰の部分に網代(あじろ)を張らず、黒く塗った駕籠(かご)。

こし-け【腰気｜帯=下】「下(お)り物」に同じ。

こ-しげ・し【木▽繁し｜木茂し】〔形ク〕木が茂っているさま。枝葉が生い茂っている。「いと―・き中より、篝火(かがりび)どもの影の」〈源・薄雲〉

こじ・ける【×拗ける】〔動カ下一〕図こじ・く〔カ下二〕《近世語》「こじれる」に同じ。「つい夜は明けて床も白けてすごすごとのお帰り。かう―・けたを味にしまひし此の跡は」〈浮・禁短気・五〉

こしごえ【腰越】神奈川県鎌倉市南西端の地名。源義経(みなもとのよしつね)が腰越状を書いた地。鎌倉時代には、鎌倉の外の宿駅。

こしごえ-じょう【腰越状】(―ジヤウ) 文治元年(1185)平家討滅後、源義経が兄頼朝の命に反したという理由で鎌倉入りを許されず、無実を訴えて腰越から大江広元あてに、頼朝へのとりなしを依頼したという書状。

コジコーデ〘Kozhikode〙▶コージコード

こし-こく【越石】江戸時代、知行割りの際に一村の村高では不足が生じたとき、隣村の村高から補う不足分のこと。

ごし-ごし〔副〕物を強くこする音、また、そのさまを表す語。「力を入れて―(と)洗う」

こし-こばた【腰小旗】昔、戦陣で武士が腰にさして目印とした小旗。腰ざし。

こし-ごろも【腰衣】僧尼が腰につけた短い黒色の衣。ひだがあり、袴に似る。裙(くん)。

こじ-ごろも【居士衣】▶こじえ(居士衣)

こ-じさく【小自作】小作を主としながら、いくらかの自作も兼ねること。また、その人。

こし-さげ【腰下げ｜腰提げ】印籠(いんろう)・タバコ入れ・巾着(きんちゃく)などのように、腰にさげて携帯するもの。

こし-ざし【腰挿(し)｜腰差(し)】❶腰にさすこと。また、腰にさして持ち歩くもの。矢立ての類。❷褒美として賜る、巻いた絹。腰にさして退出するのでいう。こしづけ。わきざし。「白き細長一襲(ひとかさね)、―などまで次々に賜ふ」〈源・若菜上〉❸▶腰刀(こしがたな) ❹▶腰小旗(こしこばた)

こし-ざん【腰桟】唐戸(からど)の桟の、中ほどより少し下部にある横桟。帯桟。

こし-じ【越路】(―ヂ) 北陸道の古称。越の国へ行く道。「恐(かしこ)みと告(の)らずありしをみ―の手向(たむけ)に立ちて妹(いも)が名告りつ」〈万・三七三〇〉

こじし-ざ【小×獅子座】獅子座の北にある小星座。4月下旬の午後8時ごろ南中するが、明るい星はない。学名(ラテン) Leo Minor

ごじし-の-にょい【五×獅子の如意】表に三鈷杵(さんこしょ)、裏に5匹の獅子を彫った如意。東大寺東南院に所蔵され、興福寺の法会で講師が手に持った。

ご-じしゃ【五侍者】禅宗で、住持に従う五人の僧。焼香侍者・書状侍者・請客侍者・湯薬侍者・衣鉢侍者。

こじじゅう【小侍従】平安末期の女流歌人。石清水(いわしみず)八幡宮別当紀光清の娘。二条天皇、のち高倉天皇に仕えた。平家物語の月見の章に、藤原実定との和歌の贈答により「待宵(まつよい)の小侍従」とよばれた挿話がある。家集「小侍従集」。生没年未詳。

こじじゅうしゅう【小侍従集】(コジジュウシフ) 平安末期の私家集。1巻。小侍従の自撰。寿永元年(1182)成立。

ご-ししょ【伍子胥】[?〜前485]中国、春秋時代の楚(そ)の武人。名は員(うん)。父と兄が楚の平王に殺されたので、呉を助け、楚と戦い、あだを討った。のち、呉王夫差(ふさ)が越王勾践(こうせん)を破ったとき、その降伏を許そうとした夫差に反対して自殺。

ごし-じょう【互市場】(―ヂヤウ) 貿易の行われる場所。開港場。

こし-しょうじ【腰障子】(―シヤウジ) 高さ30センチほどの腰板のついた障子。(季 冬)

こし-じろ【腰白】腰の辺りを白く染め残した腰変わりの小袖。

こしじろ-きんぱら【腰白金腹】カエデチョウ科の鳥。全長12センチくらい。全体に黒褐色で腹と腰だけが白い。インドから中国南部・スマトラに分布。ジュウシマツの原種とされる。壇特(だんどく)。

こしじろ-やまどり【腰白山鳥】キジ科の鳥でヤマドリの亜種。九州南部に生息。雄は尾が長く、全体に濃い赤褐色で腰の部分が白い。

ごし-せつ【五糸節】《この日に、5色の糸で作った長命縷(ちょうめいる)をひじにかけるところから》5月5日の節句の異称。

こし-ぜに【腰銭】小出し用に巾着(きんちゃく)などに入れて持ち歩いた小銭。「あるいは煙管筒又は―、思ひ思ひの身ごしらへをかしく」〈浮・栄花一代男〉

こじ-そう【虎耳草】(―サウ) ユキノシタのこと。葉を民間薬として解熱・解毒・消炎に用いる。

ごじ-そう【護持僧｜御持僧】(ゴヂ―) 祈祷(きとう)を行う僧の職。清涼殿の二間(ふたま)に侍して、天皇の身体護持のために祈祷を行った僧。桓武天皇の代から始まり、東寺・延暦寺・園城寺の僧から選出された。夜居(よい)の僧。

こし-ぞり【腰反り】刀の反りの中心が、柄(つか)に近い方にあるもの。備前反り。➡先反り

こ-した【×袴下】旧陸軍用語で、ズボン下のこと。

こ-しだ【小羊=歯】ウラジロ科の常緑、多年生のシダ。山地に群生し、葉は長さ約1メートル、裏面が白く、羽状に裂けている。切り花の材料や養蚕に用い、葉柄はかご細工の材料。こへご。

こし-だい【×輿台】輿を地上に下ろすとき、轅(ながえ)を支える机のような台。輿立て。

こし-だか【越高】江戸時代、ある村において他村の農民が開発または入作した耕地の石高(こくだか)を他村の村高に組み入れること。

こし-だか【腰高】㊀〔名〕❶腰の高い塗り椀の称。高坏(たかつき)など。❷器物や建具などの腰の部分を普通よりも高く作ったもの。㊁〔名・形動〕❶人の腰の位置が高すぎて、構えが不安定なこと。また、そのさま。「―に仕切る」❷態度の横柄であること。また、そのさま。「―な話し振り」

こしだか-がんがら【腰高×雁空｜腰高岩×螺】ニシキウズガイ科の巻き貝。潮間帯の岩礁に多い。貝殻は円錐状で、殻高約3.5センチ、象牙色で黒点が散在する。食用。

こしだか-さざえ【腰高栄=螺】リュウテンサザエ科の巻き貝。殻高約3.5センチ。貝殻はサザエに似るが、小形でとげ状の突起がなく、色は緑褐色・赤褐色など変化に富む。房総以南の暖海沿岸に分布。食用。ごしきさざえ。いろさざえ。

こしだか-しょうじ【腰高障子】(―シヤウジ) 下部に約60センチの腰板を張った障子。室町時代の書院造りから起こった。

こしだか-まんじゅう【腰高×饅▽頭】(―マンヂユウ) 高くふっくらと作ったまんじゅう。

こし-たけ【腰丈】腰までの高さ。腰までの長さ。

こ-じたたる・い【小舌▽怠い】〔形〕《近世語》口のきき方や動作などが、甘ったれて不快である。「ええ、―・い丁稚(でっち)めぢゃな」〈浄・歌祭文〉

こし-だめ【腰×撓め】❶銃床を腰に当て、大まかなねらいで発砲すること。❷大ざっぱな見込みで事を行うこと。「―で予算を立てる」

こした-やみ【木下闇】「木(こ)の下闇」に同じ。(季 夏)「須磨寺や吹かぬ笛きく―／芭蕉」

こじだん【古事談】鎌倉時代の説話集。6巻。源顕兼(みなもとのあきかね)編。建暦2〜建保3年(1212〜15)の間に成立。奈良時代から鎌倉初期までの説話を集め、王道后宮・臣節・僧行・勇士・神社仏寺・亭宅諸道の6編に分類したもの。

こし-たんたん【虎視×眈×眈】〔ト・タル〕図〔形動タ

り】《『易経』頤卦から》虎が、鋭い目つきで獲物をねらっているさま。転じて、じっと機会をねらっているさま。「—とチャンスをうかがう」

ご-しち【五七】❶五と七。❷「五七日ごしちにち」の略。

ご-しちし【後七子】中国明代、嘉靖年間(1521〜1566)の七人の文人。李夢陽ら前七子に対していう。李攀竜・王世貞・謝榛しゃしん・宗臣・梁有誉・徐中行・呉国倫。文は秦漢、詩は盛唐を重んじた。こうしちし。

ごしち-ちょう【五七調】テウ 和歌・韻文・詩などで、5音句・7音句の順に繰り返す形式。また、それによって生じる韻律。短歌では第2句・第4句で切れるもの。万葉集に多い。➡七五調

ごしち-にち【五七日】人が死んでから35日目。また、その日に営む法要。五中陰。

ご-しちにち【後七日】正月8日から14日までの7日間。また、その間に宮中で行われる仏事。後七日の御修法みしほ。正月1日から7日まで神事を行う前七日ぜんしちにちに対していう。

ごしちにち-の-あざり【後七日の阿闍梨】後七日の御修法みしほの導師となった阿闍梨あじゃりの位の僧。東寺の長者が勤めた。

ごしちにち-の-みずほう【後七日の御修法】ミヅホフ《真言宗では御修法を「みしほ」とよみならわす》正月8日からの7日間、天皇の安穏・国家の繁栄・五穀の豊作などを祈って、宮中の真言院で、東寺の長者を導師として行われた真言の秘法。承和元年(834)空海が仁明天皇の勅命により中務省において行ったことに始まる。

ごしち-の-きり【五七の桐】紋所の名。3枚の桐の葉の上に、中央に七つ、左右に各五つの桐の花を配したもの。

コシチューシコ〖Tadeusz Andrzej Bonawentura Kościuszko〗[1746〜1817]ポーランドの軍人。アメリカに渡り、独立戦争に参加。帰国後、分割された祖国を嘆き、1794年、ロシアに対する武装蜂起を指導したが、敗れて捕らえられた。釈放後亡命し、スイスで死去。コシューシコ。

コシチューシコ-さん【コシチューシコ山】《Kopiec Kościuszki》ポーランド南部の都市クラクフの西郊にある山。標高333メートル。18世紀末の対ロシア・プロイセン蜂起の指導者タデウシュ＝コシチューシコの名を冠する。蜂起の際に造られた要塞跡がある。

こしちょう【古史徴】江戸後期の国学書。4巻。平田篤胤ひらたあつたね著。文政元〜2年(1818〜19)刊。古伝説・神代文字・記紀・新撰姓氏録などを論じたもの。

こし-ぢょうちん【腰提灯】ヂヤウチン 柄を長くして腰にさして提げる提灯。腰明かり。

こ-しつ【固執】〔名〕スル《「こしゅう(固執)」の慣用読み》あくまでも自分の意見を主張して譲らないこと。「自説に—する」
(類語)頓着・執着・執心・偏執・我執・囚われる

こ-しつ【個室】❶一人で使う部屋。個人用の部屋。❷多数の人が共同で使う便所の、扉付きで一人用に仕切った箇所。(類語)(❶)私室

こ-しつ【痼疾】容易に治らないで、長い間悩まされている病気。持病。「幼時からの—に悩む」

こ-しつ【鼓室】中耳の主体となる部分で、鼓膜の内側にある空間。耳小骨が収まっている。中耳腔。

こ-じつ【故実】《古くは「こしつ」とも》昔の儀式・法制・作法などの決まりや習わし。先例となる事例。「有職ゆうそく—」

ご-しつ【牛膝】イノコズチの漢名。

ご-じつ【後日】その日よりあとの日。ある出来事よりもあとの日。他日。「—伺います」「—になって真相を知る」(補説)古くは「ごにち」「こうじつ」ということが多かった。(類語)後年・他年・何時か

ご-じつ【期日】予定している日。期限となっている日。約束の日。きじつ。「—わづかに過ぎければ、法を犯す咎とがありとて」〈太平記・三九〉

こしつう【古史通】江戸中期の史論書。4巻。新井白石著。享保元年(1716)成立。旧事紀くじき・古事記・日本書紀などを比較検討して、神武天皇までの神代史を再構成しようとしたもの。

コシツェ〖Košice〗スロバキア東部の工業都市。首都ブラチスラバに次ぐ同国第2の規模をもつ。コシツェ盆地に位置し、ホルナート川に沿う。14世紀から15世紀にかけて、ハンガリー王国のもと、交易・金細工・織物業などで栄えた。1920年のトリアノン条約でチェコスロバキア領になり、1938年のウィーン裁定によりハンガリーに割譲されたが第二次大戦後に再びチェコスロバキア領となった。大戦末期にベネシュ大統領が臨時政府を建て、戦後の社会主義政権の指針となった「コシツェ綱領」を発表したことで知られる。同国最大の教会建築、聖アルジュベティ大聖堂がある。

こじつ-か【故実家】故実に詳しい人。また、故実を研究する人。

こ-じっかり【小確り】取引で、相場が徐々に上昇してきて堅調な状態。

こし-つき【腰付き】動作をするときの腰のかっこう。または、腰の辺りの感じ。「しっかりした—で歩く」「色っぽい—」

こし-つぎ【腰次│腰継】裾が短く、後ろが張りの強い大口の袴はかま。小袴の裾をひざの下でくくる際の下袴として用いる。

こじ-つ-く㊀〔動カ四〕何とか形が整うようになる。「少しは形も出来て、あらましは—・くやうになり」〈滑・八笑人〉㊁〔動カ下二〕「こじつける」の文語形。

ゴシック〖Gothic〗❶活字書体で、縦横の線が均等な太さのもの。ゴシック体。ゴチック。ゴチ。❷「ゴシック式」の略。❸文学作品や映画、ファッションなどで、幻想的・怪奇的・頽廃的たいはいてきな雰囲気をもつもの。「—小説」(類語)ロマネスク・バロック・ロココ

ゴシック-しき【ゴシック式】ヨーロッパ中世、ロマネスクに次ぐ美術様式。12世紀中ごろ北フランスに興り、各国に広まった。特に聖堂建築に代表され、リブ付きのボールトを有し、尖頭アーチや高くのびる尖塔など天上を志向する垂直効果を特色とする。パリのノートルダム大聖堂、ロンドンのウエストミンスター寺院などに代表される。

ゴシック-しょうせつ【ゴシック小説】セウセツ 18世紀後半から19世紀初頭にかけて英国で流行した一群の小説。ゴシック風の古城・寺院などを舞台に、超自然的な怪奇を描いた恐怖小説。

ゴシック-たい【ゴシック体】《Gothic type》➡ゴシック❶

ゴシックちく-だいじいん【ゴシック地区大寺院】ダイジヰン ➡バルセロナ大聖堂

ゴシック-ロリータ《和 Gothic＋Lolita》➡ゴスロリ

こし-づけ【腰付け】❶腰につけること。また、腰につけて持って歩くもの。❷「腰巾着こしぎんちゃく❷」に同じ。「御—の佐右衛門」〈浮・万金丹・二〉❸「腰差こしざし❷」に同じ。

こじ-つけ　こじつけること。また、その言葉。牽強付会けんきょうふかい。「彼の説明は—としか思えない」(類語)理屈・屁へ理屈・小こ理屈・詭弁きべん・空理・空論・講釈・御託ごたく

こじ-つ-ける〔動カ下一〕図こじつ・く〔カ下二〕関係のない物事を無理に理由をつけ関係づける。また、無理に理屈づける。「あとから—・けた理由」
(類語)かこつける

こじつそうしょ【故実叢書】有職ゆうそく故実の叢書。和装168冊・図版12帖。今泉定介編。明治32〜39年(1899〜1906)刊。「安斎随筆」「武家名目抄」など有職故実に関する図書29種を収録。後に、洋装本の増訂版、新訂増補版が刊行された。

ごじつ-だん【後日談】ある事件や物語などが一段落ついた、その後の話。後日譚。

こし-つづみ【腰鼓】呉鼓くれつづみ。ようこ。

こし-づな【腰綱】❶腰につける綱。高所作業の際に落下防止のためにつける綱など。❷「息綱いきづな」に同じ。

ゴシップ〖gossip〗個人的な事情についての、興味本位のうわさ話。「雑誌の—欄」(類語)噂・風聞・風説・風評・風声ふうせい・風の便り・評判・世評・取り沙汰ざた・下馬評・巷説こうせつ・浮説・流説・流言・飛語

こしっ-ぽね【腰っ骨】「腰骨こしぼね」に同じ。

ごじっぽ-ひゃっぽ【五十歩百歩】ゴジフポ ヒヤクポ《戦闘の際に50歩逃げた者が100歩逃げた者を臆病だと笑ったが、逃げたことには変わりはないという「孟子」梁恵王上の寓話から》少しの違いはあっても、本質的には同じであるということ。似たり寄ったり。「一〇分遅刻も一五分遅刻も—だ」

こし-づよ【腰強】〔名・形動〕❶腰に力があること。また、そのさま。「—な力士」❷物に粘りや弾力があること。また、そのさま。「—なうどん」❸粘り強いこと。また、そのさま。「—にがんばり続ける」

こじつ-よみ【故実読み】漢字で書いた語を古来の慣用に従って読む特別な読み方。「笏しゃく」を「しゃく」、「即位そくい」を「しょくい」、「掃部かもん」を「かもん」と読む類。名目みょうもく。名目読み。

こしでん【古史伝】江戸後期の史論書。37巻。平田篤胤ひらたあつたね著。文政8年(1825)成立。自著の神代史「古史成文」に注釈を加え、著者の神道思想を詳しく述べたもの。

こ-じとみ【小蔀】❶格子造りの小さな窓。❷清涼殿の石灰いしばいの壇の壁の上方にある、格子造りの小さい窓。ここから天皇が殿上てんじょうの間まを見た。

こし-とり【腰取】鎧よろいの威おどしの一。鎧よろいや袖の中間の板、胴と草摺くさずりとの中間部などを、他の部分と色を変えておどしたもの。腰取威。

こし-なげ【腰投げ】相撲のきまり手の一。相手のからだを自分の腰に乗せて、前に大きく落とすように投げる技。レスリングの投げ技にもいう。

こし-なげし【腰長押】壁などの中ほどや、窓の下にある長押。

こし-なわ【腰縄】ナハ ❶腰につけて携帯する縄。❷軽い罪の囚人を護送するときなどに、腰に縄をかけること。また、その縄。

こしなわ-つき【腰縄付き】コシナハ 罪人の腰に縄をかけてあること。また、その罪人。

こし-に【越荷】江戸時代に、廻船で下関を通って大坂に送られた日本海沿岸の物産。長州藩での言い方。

こしに-かた【越荷方】江戸時代に、長州藩の村田清風が下関に設置した藩営の商社。越荷を、大坂での相場が安いときには下関に留め置き、高値のときに売るなどして利益を得た。

こし-ぬき【腰貫】窓の下に用いられる貫。胴貫。

こし-ぬけ【腰抜け】❶腰の力が抜けて立てなくなること。また、その人。❷意気地がなく、臆病なこと。また、その人。「もうあきらめるなんて。—め」「—侍」
(類語)腑抜け・ふがいない・臆病

こしぬけ-やく【腰抜け役】臆病で無能な者でも勤まる、つまらない役目。また、暇な老人向きの役。「—の御留主、思ひもよらず」〈浄・艶狩剣本地〉

こ-しのぎ【小鎬】刀身の鎬の先端に近い部分。

こし-の-く【腰の句】和歌の第3句。上かみの句の終わりの5文字。

こし-の-くに【越の国】北陸道の古称。越。高志。越の道。

こし-の-しらね【越の白嶺】白山はくさんの古称。

こし-の-みち【越の道】北陸道の古称。越の国。

こし-の-もの【腰の物】❶腰にさす大小の刀。❷「腰物こしもの」に同じ。「人の身持ちは…—のこしらへ、手足にて、あらまし見ゆることぞ」〈浮・一代男・五〉

こし-の-ゆき【越の雪】干菓子の一。和三盆にみじん粉を合わせて作る。新潟県長岡市の名産。

こし-の-わたりじま【越の渡り島】北海道の古称。津軽説もある。

こ-しば【小柴】❶小さい柴。細い柴。「庭上には—を焚きて」〈鉄腸・花間鶯〉❷「小柴垣」の略。

こ-しばい【小芝居】ヰ 小規模の劇場。また、そこで行う興行。江戸時代には、官許の劇場以外の芝居をいった。宮地みやち芝居。緞帳どんちょう芝居。➡大芝居

こしば-がき【小柴垣】小柴でつくった、低い垣。

こし-ばき【腰穿き】〔名〕スル ズボンなどのウエストラインを、腰骨のあたりまで下げてはくこと。1990年代にヒップホップのファッションから広まったとされる。腰パン。

こし-ばせ【腰ばせ】腰のかっこう。腰つき。「葬染そめの大振袖、ぬき鮫さめの大小、この取りまはしの小細

なる―」〈浮・男色大鑑・三〉

ごじ-はっきょう【五時八教】 天台宗で、釈迦1代の説法に対する教相判釈。説法年時により5期に分けた五時と、教え導く方法の上から立てた化儀の四教、導かれる側の能力に応じた教えの内容の上から立てた化法の四教とからなる八教。化儀の四教は頓教・漸教・秘密教・不定教、化法の四教は三蔵教・通教・別教・円教をいう。

こしば-まさとし【小柴昌俊】［1926〜 ］物理学者。愛知の生まれ。素粒子観測装置カミオカンデを考案し、世界で初めてニュートリノの観測に成功した。平成9年(1997)文化勲章受章。同14年ノーベル物理学賞受賞。

こし-ばめ【腰羽目】 壁の下部に張った羽目板。

こし-ばり【腰張り】 壁・ふすま・障子などの下部に紙や布を張ること。また、その紙や布。

こし-パン【腰パン】《「パン」は「パンツ(ズボン)」の略》「腰穿き」に同じ。また、そのようにしてはいたパンツ。

こしひかり 稲の一品種。昭和31年(1956)福井県で作出。食味がすぐれ、北陸から関東以西で広く栽培される。水稲農林100号。越南17号。

こし-ひも【腰×紐】 女性が和服を着るとき、形を整え、着くずれないように腰に締める下締めのひも。

こし-びょうぶ【腰×屏風】 立っている人の腰の高さくらいの、丈の低い屏風。《季 冬》

こし-びょうろう【腰兵糧】 当座の用に、腰につけて携える食糧。「一の器物に引きちぎり」〈浄・鑓の権三〉

こし-ぶくろ【×漉し袋】 溶液や飲み水などをこすのに用いる袋。

こじ-ぶっきょう【居士仏教】 出家しないで、在家生活をしながら修行する人たちの間で行われる仏教。

こし-ぶとん【腰布団】 冷えないように腰にあてる小さな布団。ひものついた長方形のもの。《季 冬》

こし-ぶみ【腰文】 書状の包み紙の端を上から中ほどまで細く切って、ひものようにしたものを巻いて帯封とし、先を挟んで墨で封じ目をつけたもの。封じ目が包み紙の腰の辺りにあるのでいう。腰状。切り封。切り封じ。

ご-じぶん【御自分】〘代〙❶反射代名詞。会話の相手または第三者自身をさして、敬意を込めていう語。「お言葉ですが、―はどうなんですか」「社長が―で運転なさるそうです」❷二人称の人代名詞。江戸時代、武士階級の男女が用いた語。同等の者に対する親しみ、または、目上の者に対する尊敬を表す。「拙者が御預かり申す上は…―に難儀はかけませぬ」〈伎・幼稚子敵討〉

ごし-ぶんかかくめい【五・四文化革命】 中国で、1916〜1921年にかけて展開された文化運動。陳独秀・魯迅・胡適・郭沫若らを中心に、儒教的、封建的な旧制度や旧文化に反対し、科学と民主主義を標榜して、中国社会の近代化と近代思想・文化の普及をめざした。1919年の五・四運動の原動力となり、また、中国共産党結成の思想的基盤ともなった。新文化運動。五・四文化運動。➡文学革命

こし-べん【腰弁】「腰弁当」の略。

こし-べんとう【腰弁当】 ❶腰に弁当をさげること。また、その弁当。❷《江戸時代、勤番の下侍が腰に弁当をさげて出仕したところから》毎日弁当を持って出勤する人。下級官吏や安月給取りのこと。

こ-しほう【小四方】《「こじほう」とも》小形の四方。「白木の―」

こし-ぼそ【腰細】〘名・形動〙❶腰がほっそりとしていること。また、そのさま。美人の形容。「―な和服姿」❷「腰細蜂」の略。

こしぼそ-ばち【腰細蜂】 ジガバチの別名。

こし-ぼね【腰骨】 ❶腰の骨。❷忍耐強く、やりとおす気力。こしっぼね。「―の強い人」

こしほんじきょう【古史本辞経】 江戸後期の語学書。4巻4冊。平田篤胤著。天保10年(1839)成立。嘉永3年(1850)刊。国語の優れている理由や、五十音図の価値などを説く。

こ-じま【小島】 小さい島。おじま。

こじま【児島】 岡山県倉敷市の地名。児島半島南西部を占める。もと児島市で、昭和42年(1967)に合併。学生服・作業服・ジーンズの縫製業で知られる。

こじま-いけん【児島惟謙】［1837〜1908］明治時代の裁判官。愛媛の生まれ。大審院長。大津事件に際し、政府の介入に抗して司法権の独立を守った。のち、貴族院議員・衆議院議員。

こじま-うすい【小島烏水】［1873〜1948］登山家・随筆家。香川の生まれ。本名、久太。日本山岳会創立発起人で初代会長。山岳紀行に新生面を開いた。著「山の風流武者」「日本アルプス」など。

こし-まえだれ【腰前垂れ】 衣服の上から腰につける前垂れ。

こじま-かずお【古島一雄】［1865〜1952］政治家。兵庫の生まれ。新聞記者から政界に入り、犬養毅と行動をともにして、衆議院・貴族院議員を歴任。第二次大戦後、自由党総裁に推されたが、吉田茂を推挙し、その相談役を務めた。

こし-まき【腰巻(き)】 ❶女性が和装するとき、下着として腰から脚にかけて、じかに肌にまとう布。ゆもじ。おこし。❷中世以降、武家の女性や宮中の下仕えの女官が、夏に小袖の上につけて肩脱ぎとして腰から下に巻きつけた衣服。江戸時代、武家の上級の女性が類似のものを礼装として用いた。❸能楽の女装束の着方の一。また、その装束の名。着付けの上から縫箔の小袖を腰に巻くように着て、両袖は手を通さないで後ろに垂らすもの。「羽衣」などで用いる。❹兜の鉢と鉢との接続する部分。❺土蔵の外回りの下部の、特に土を厚く塗った部分。❻書籍やその箱の下部に巻き付けてある紙。帯。

こじま-きくお【児島喜久雄】［1887〜1950］美術史家。東京の生まれ。美術評論家としても活躍し、特にレオナルド＝ダ＝ビンチの研究に業績を残した。

こじま-こ【児島湖】 岡山県南部にある人工の淡水湖。面積11平方キロ。江戸時代から干拓が行われていた児島湾西部を、昭和34年(1959)堤防で締め切ってつくられた。干拓地の水不足解消と灌漑用水の供給が目的。笹ヶ瀬川・倉敷川が流入する。

こじま-こお【小島功】［1928〜 ］漫画家。東京の生まれ。本名、功。川端画学校などで日本画を学んだのち、独特なタッチのなまめかしい女性を描いて人気を集める。代表作「ヒゲとボイン」「仙人部落」「日本のかあちゃん」など。

こじま-ぜんざぶろう【児島善三郎】［1893〜1962］洋画家。福岡の生まれ。二科会会員を経て独立美術協会の結成に参加。フォービスムの手法と日本画の伝統美を融合した、装飾性に富む画風を確立。

こじま-たかのり【児島高徳】 南北朝時代の武将。備前の人。元弘の変で隠岐へ流される途中の後醍醐天皇の行在所に忍び込み、桜の幹に「天莫空勾践、時非無范蠡」と記して天皇を励ましたといわれるが、その事跡は太平記に述べられるのみで、実在が疑問視されている。

こし-まど【腰窓】 部屋や廊下などの床面に接して作られた小さい窓。

こじま-とらじろう【児島虎次郎】［1881〜1929］洋画家。岡山の生まれ。印象派的な画風を示す。大原孫三郎の依嘱により渡欧して美術品を収集し、大原美術館の基礎を作った。

こじま-のぶお【小島信夫】［1915〜2006］小説家。岐阜の生まれ。「第三の新人」の一人。「アメリカン・スクール」で芥川賞受賞。他に「抱擁家族」「別れる理由」「うるわしき日々」など。芸術院会員。文化功労者。

こじま-はんとう【児島半島】 岡山県南部、瀬戸内海に臨み児島湾を抱く半島。かつては吉備児島と呼ばれる大きな島だったのが、高梁川・旭川などの沖積作用で近世初期に陸続きになった。主に丘陵性の山からなり、東部の金甲山(標高403メートル)、南西部の国指定名勝の鷲羽山(標高113メートル)は瀬戸内海国立公園に含まれる。東半分部は玉野市、北東端は岡山市、南西部は倉敷市。西端に水島臨海工業地域の一部が位置する。

こじま-ほうし【小島法師】［?〜1374］南北朝時代の僧。洞院公定の日記の記事により、太平記の作者に擬せられる。山法師・禅僧・物語僧かといわれ、児島高徳と同一人物とみる説もある。

こじま-まんだら【子島曼荼羅】 奈良県高市郡高取町の子島寺にある両界曼荼羅の通称。紺綾地に金銀泥で描いたもの。平安時代、長保年間(999〜1004)ころの作で、高雄曼荼羅と並ぶ遺品として重要。

こし-まわり【腰回り】 腰の周囲。また、その長さ。ヒップ。

こじま-わん【児島湾】 岡山県南部の湾。江戸時代から干拓が行われ、西部は昭和34年(1959)堤防で締め切られて児島湖となった。

こしみず【小清水】 北海道東部、斜里郡の地名。オホーツク海に面する。西部の濤沸湖には原生花園がある。

こし-みず【×漉し水】 砂や布などでこして、不純物を取り除いた清浄な水。

こしみず-ちょう【小清水町】 ➡小清水

こし-みの【腰×蓑】 腰から下を覆う短いみの。

こし-め・す〘動サ四〙《「きこしめす」の略》召し上がる。「せめてお茶なりとも進ぜたいほどに、いかほども―・せ」〈虎明狂・犬山伏〉

こし-も【腰×裳】 上代の女性の衣服の一。腰の辺りを覆う短い裳。「一服きたる少女」〈記・中〉

こ-じもく【小除目】 春秋のほかに臨時に行われる小規模の除目。臨時の除目。

コジモ-デ-メディチ〘Cosimo de' Medici〙［1389〜1464］イタリア、フィレンツェの支配者。市民ながら巨富によって専制君主となる。一時追放されたが、帰国後再び市を支配。ルネサンスの文芸・美術・学問を奨励し、「国父」の称号を受けた。➡メディチ家

こし-もと【腰元】 ❶腰の辺り。腰つき。「―がふっくらする」❷身分の高い人のそばに仕えて雑用をする侍女。こしもとおんな。❸身の回り。自分のかたわら。〈日葡〉

こしもと-がね【腰元金】 腰刀の鞘が腰にあたる部分につけた胴金。

こしもと-ひさし【腰本寿】［1894〜1935］野球選手・監督。ハワイの生まれ。慶大の内野手として活躍後、大阪毎日新聞社に入社し、大毎球団の主将となる。大正15年(1926)母校の慶大監督に就任。黄金時代を築いた。

こしもと-ぼり【腰元彫(り)】 刀剣の付属品を彫刻すること。また、その彫ったもの、およびその職人や職人の用いる道具。

こし-もの【腰物】 刀剣・印籠など、腰に帯びる物。こしのもの。「形見とておきて―そのままに返すのみこそすさがなりけれ」〈曽我・五〉

こし-もよう【腰模様】 衣服の腰にあたる部分につけた模様。

こ-しゃ【古社】 古くからある神社。

ご-しゃ【五車】《「荘子」天下から》5台の車に満ちるほどの多くの書。蔵書の多いこと。五車の書。

ご-しゃ【五舎】 平安京内裏にあった、女御・更衣などの住む五つの殿舎。昭陽舎・淑景舎・飛香舎・凝華舎・襲芳舎のこと。

ご-しゃ【誤写】〘名〙スル 文章などを写しまちがえること。「原本を―する」

ご-しゃ【誤射】〘名〙スル まちがえて撃つこと。

ごしゃいんずい【五車韻瑞】 中国の韻書。160巻。明の凌稚隆撰。経・史・子・集・賦の5部に分けて、熟語とその出典とを明示したもの。「佩文韻府」のもとになったといわれる。

こ-しゃきょう【古写経】 古い時代に書写した経文。主に室町時代以前のものをいう。

こ-しゃく【小×癪】〘名・形動〙言動などが、どことなく憎らしく、腹立たしくなるような気持ちを与えること。また、そのさま。「―な言いぐさ」「―なまねをする」

小癪に障・る 生意気で腹が立つ。「―・るやつ」

こ-じゃく【孤弱】〘名・形動〙幼くて身寄りがないこと。また、そのさまや、その人。「彼らの―を憐れんで」〈中島敦・山月記〉

こ-じゃく【枯寂】〔名・形動〕淡々としてものしずかなこと。また、そのさま。「—な山居」

ご-しゃく【五尺】❶1尺の5倍。約151.5センチ。❷5尺の高さの屏風。❸荷船の舳先に最も近い船室。

ご-しゃく【五爵】公・侯・伯・子・男の五つの爵位。五等爵。➡爵

ご-しゃく【語釈】言葉の意味を説き明かすこと。語句の解釈。「—をつける」

ごしゃく-てぬぐい【五尺手拭い】昔用いた5尺の長さの手ぬぐい。

ごしゃく-の-からだ【五尺の体】「五尺の身」に同じ。

ごしゃく-の-どうじ【五尺の童子】12、3歳の子供。また、一般に子供のことをいう。五尺のわらべ。

ごしゃく-の-み【五尺の身】人間一人のからだ。からだ一つ。特に、男一人の意でいう。五尺の体。「—の置き所がない」

こしゃく-もの【小×癪者】小生意気な者。「ええ、—。軽い科を成敗とは」〈浄・丹波与作〉

ごしゃ-ごしゃ㊀〔副〕スル ❶物をかきまぜる音を表す語。「碁石を—(と)かきまぜる」❷多くの物が入り乱れて整理されていないさま。ごちゃごちゃ。「品物を—(と)並べる」「狭くて—(と)した部屋」㊁〔形動〕㊀❷に同じ。「—な本棚」「風で髪が—になる」 ㊀はゴシャゴシャ、㊁はゴシャゴシャ。

ごじゃ-ごじゃ㊀〔副〕スル ❶いろいろなものが入り乱れているさま。「何でも—(と)書き留める」❷ぶつぶつと不平や苦情を並べるさま。「—(と)言うな」㊁〔形動〕㊀に同じ。「—な部屋を整頓する」 ㊀はゴジャゴジャ、㊁はゴジャゴジャ。

こ-しゃじ【古社寺】古くからある、由緒のある神社や寺院。

こしゃじ-ほぞんほう【古社寺保存法】古社寺の建造物や宝物の保存に関する事項を定めた法律。明治30年(1897)公布。昭和4年(1929)国宝保存法の制定により廃止、同25年には文化財保護法がそれに代わって成立。

こし-やね【腰屋根｜越し屋根】通風・採光などのために、大棟の上に設けた小さい屋根。

ごしゃ-ひでお【五社英雄】[1929〜1992]映画監督。東京の生まれ。本名、英雄。テレビドラマ「三匹の侍」でディレクターとしての手腕が認められ、同作品を映画化、監督をつとめる。テレビ・映画ともに多くの時代劇を手がける。監督をつとめた映画は他に「鬼龍院花子の生涯」「吉原炎上」「肉体の門」など。

こ-しゃほん【古写本】古い時代に筆写した本。主として室町末期ころまでのものをいう。

コシャマイン-の-たたかい【コシャマインの戦い】康正3年(1457)、北海道渡島半島で、首長コシャマインに率いられたアイヌ諸部族が和人の圧迫に対して起こした戦い。和人によるアイヌ少年殺害を機に蜂起、多くの和人の館を占領したが、まもなく鎮圧され、以後、和人の支配が強化された。

こ-しゅ【戸主】❶一家の主人。家長。❷民法旧規定で、戸主権を持ち、家族を統率・扶養する義務を負った一家の首長。昭和22年(1947)家の制度とともに廃止。

こ-しゅ【古酒】❶長い間熟成させた酒。❷清酒で、当年に醸造した新酒に対して、前年の酒。また、3年以上貯蔵した日本酒。長期熟成酒。(季 秋)「菊作る労一を酌むいとまかな/東洋城」

こ-しゅ【固守】〔名〕スル あくまで守り通すこと。「政府の方は是までの政略を—し」〈鉄腸・花間鶯〉
(類語)固持・堅持・墨守・堅守・死守・守る

こ-しゅ【×沽酒】酒を売買すること。また、その酒。

こ-しゅ【虎×鬚】虎のひげ。また、それに似た、強く突っ張ったひげ。

こ-しゅ【故主｜古主】以前に仕えた主人。もとの主人。旧主。こしゅう。

こ-しゅ【×壺酒】つぼに入れた酒。

こ-しゅ【鼓手】つづみや太鼓を打つ人。

こし-ゆ【腰湯】たらいなどに入れた湯に腰から下だけつかること。座浴。「—を使う」

こ-じゅ【古樹】長い年月を経ている樹木。古木。

こ-じゅ【孤樹】ぽつんと1本だけ立っている樹木。

ご-しゅ【五衆】❶出家を5種に分けたもの。比丘・比丘尼・式叉摩那・沙弥・沙弥尼。❷ ▶五蘊

ご-しゅ【五種】❶五つの種類。❷5種類の穀物。五穀。普通は、米・麦・粟・豆・黍の5種。❸「五種競技」の略。

ご-しゅ【五趣】▶五悪趣

ご-しゅ【御酒】飲む人や下さる人を敬って、その酒をいう語。おさけ。みき。「—をいただく」

こし-ゆい【腰結い】❶和服・袴などのひもを腰部で結ぶこと。また、その結びの部分。❷袴着や裳着の儀式のとき、袴や裳の腰のひもを結ぶ衣紋奉仕の役。徳望のある人が選ばれた。

ご-しゅいん【御朱印】朱印、また朱印を押した公的文書の敬称。

ごしゅいん-せん【御朱印船】▶朱印船

ごしゅいん-ち【御朱印地】▶朱印地

こ-しゅう【呼集】〔名〕スル 分散している人々を呼び集めること。「隊員を—する」「非常—」

こ-しゅう【固執】〔名〕スル「こしつ(固執)」に同じ。「従来のやり方に—する」

こ-しゅう【孤舟】一つだけぽつんと浮かぶ舟。

こ-しゅう【孤愁】ひとりでもの思いにふけること。また、その思い。「—の思い」

こ-しゅう【故▽主｜古▽主】▶こしゅ(故主)

こ-しゅう【故習｜古習】昔から伝わっている習慣。古い習わし。

こ-じゅう【×扈従】〔名〕スル ▶こしょう(扈従)

ご-しゅう【五臭】❶五つのにおい。羶(羊肉のなまぐさいにおい)・腥(生の肉のなまぐさいにおい)・香(よいにおい)・焦(こげたにおい)・朽(くさったにおい)。❷五つの、においのある草木。薜荔・白芷・蘼蕪・椒・蓮。

ご-しゅう【後周】▶こうしゅう(後周)

ご-じゅう【五十】❶10の5倍の数。❷50歳。いそじ。「—の坂を越える」

五十にして天命を知る《「論語」為政から》50歳になってはじめて自分の人生についての天命・運命が何であったかがわかる。➡知命

ご-じゅう【五重】五つ重なっていること。

ご-じゅう【後住】後任の住職。こうじゅう。

ごしゅういしゅう【後拾遺集】「後拾遺和歌集」の略。

ごしゅういわかしゅう【後拾遺和歌集】平安後期の勅撰和歌集。八代集の第四。20巻。承保2年(1075)、白河天皇の命により藤原通俊が撰し、応徳3年(1086)成立。和泉式部らの歌約1200首を収録。後拾遺集。

ごじゅう-いん【五十韻】連歌・連句の形式の一。一巻が50句からなるもの。懐紙1枚目の表に8句、裏に14句、2枚目の表・裏に各14句を記す。

ごじゅう-うで【五十腕】「五十肩」に同じ。

ごじゅう-おん【五十音】日本語の47種の基本的な音節を、五十音図に配列したもの。ア行のイ・エがヤ行に、ウがワ行に重複して出るので50音となる。

ごじゅうおん-がな【五十音仮名】五十音図を書き表す仮名。もと片仮名で書いたところから片仮名をいう場合が多い。

ごじゅうおん-じゅん【五十音順】五十音図の仮名の順序に従って配列すること。また、その順序。あいうえお順。

ごじゅうおん-ず【五十音図】50音を、縦5字ずつ、横に10字ずつ配列した表。縦を行、横を段という。子音が同じものを同行に、母音が同じものを同段に配置。現代では、撥音の「ん」を末尾に示したり、濁音・半濁音・拗音の仮名を同様の行・段に配列して添えたりする。その起源は平安中期で、悉曇学の影響で成立したとも、漢字音の反切のために作られたものともいわれる。

ごじゅう-かた【五十肩】50歳前後の人によく起こる、肩や腕の凝りや痛み。五十腕。

ごじゅう-から【五十×雀】スズメ目ゴジュウカラ科の鳥。全長14センチくらい。背面は青灰色、下面は白色で、目を通る黒い線がある。尾は短い。木の幹を垂直に上下しながら虫や木の実を食べる。日本では留鳥で、全国の山地にすむ。(季 夏)

ご-しゅうぎ【御祝儀】美化語。「祝儀」を丁寧・上品にいう語。「お祭りに—を出す」「—相場」

こしゅう-きょう【湖州鏡】《「湖州」は中国浙江省の地名》中国、宋代の鏡。四角形・六花形などで文様はなく、背面に鋳造地の地名湖州が鋳出されている。平安中期に日本にも輸入された。

ごじゅうごねん-たいせい【五十五年体制】1955年(昭和30)左右両派に分裂していた日本社会党の統一と、自由党・民主党の保守合同によって成立した2政党による日本の政治体制のこと。のち、多党化の進行により崩壊。

ごじゅうさん-つぎ【五十三次】「東海道五十三次」の略。

コシューシコ〖Kościuszko〗▶コシチューシコ

ごじゅう-しょう【五重唱】五人の歌手による重唱。クインテット。

ごしゅうしょう-さま【御愁傷様】〔形動〕❶相手を気の毒に思うさま。身内を失った人に対するお悔やみの語。「このたびは—でございます」❷❶をもじって、気の毒に思う気持ちを、軽いからかいの意を含めていう語。「休日にも出勤とは—」

ご-しゅうしん【御執心】「執心❷」に同じ。「彼女に—のようだ」

ごしゅう-せい【互酬性】文化人類学の用語で、受けた贈り物などに対して、義務として非等価の贈与を行うこと。日本の「お返し」は、その例。

ごじゅう-そう【五重奏】五つの楽器による重奏。弦楽五重奏など。クインテット。

ごじゅう-そうでん【五重相伝】浄土宗鎮西派で、宗義の秘奥を相伝する儀式。法然の往生記、弁阿の末代念仏授手印、然阿良忠の領解末代念仏授手印鈔および決答授手印疑問鈔、玄忠曇鸞の凝思十念の五つを師が口授する。

ごじゅう-てんてん【五十展転】仏語。法華経を聞いて随喜した人が次々に他人に語り伝え、50人目になってもその功徳は変わらないということ。

こ-じゅうと【小×舅｜小×姑】夫や妻の兄弟姉妹。姉妹をさす場合、正しくは「小姑」という。

小姑一人は鬼千匹にむかう 嫁にとって、小姑一人は鬼千匹にもあたるほど恐ろしく、苦労の種であること。小姑は鬼千匹。

こ-じゅうとめ【小×姑】夫や妻の姉妹。こじゅうと。

ごじゅうに-い【五十二位】菩薩が仏果に至るまでの修行の段階を52に分けたもの。十信・十住・十行・十回向・十地および等覚・妙覚をいう。十信から十回向までは凡夫で、十地の初地以上から聖者の位に入り、等覚で仏と等しい境地となる。

ごじゅうにち-かずら【五十日×鬘】《「ごじゅうにちかつら」とも》歌舞伎で、浪人・病人・盗賊などの役に用いる鬘。月代ののびたもので、百日鬘よりは短いもの。

ごじゅうに-るい【五十二類】釈迦入滅のとき、集まって悲しんだという52種類の生き物。人間をはじめ鳥獣虫魚など。

こ-じゅうにんぐみ【小十人組】江戸幕府の常備軍事組織の一。若年寄に属し、戦時には将軍馬廻りの警固に当たり、平時には小十人番所に勤番し、将軍出行の際に先駆として供奉した。

ごじゅう-の-が【五十の賀】算賀の一。数え年50歳になった祝い。

ごじゅう-の-とう【五重の塔】地・水・火・風・空の五大にかたどって、5層に屋根を積み重ねた形につくった仏塔。◆書名別項。

ごじゅうのとう【五重塔】幸田露伴の小説。明治24〜25年(1891〜92)発表。五重塔建立に執念を燃やす大工のっそり十兵衛の、芸術にかける名人気質を描く。

ごじゅうばんうたあわせ【五十番歌合】ゴジフバンウタアハセ ㊀正治2年(1200)後鳥羽院の仙洞御所で行われた10題50番の歌合わせ。作者は後鳥羽院・通親・良経・隆信・定家・家隆・慈円・寂蓮らの10人。仙洞十人歌合。㊁鎌倉中期の歌合わせ。定家・家隆の歌を左右に番えた50番の撰歌合わせ。後鳥羽院が隠岐で編んだもの。定家家隆両卿撰歌合。

ごしゅ-きょうぎ【五種競技】ゴシュキャウギ 陸上競技の種目の一。一人で5種類の競技を行い、その総得点で勝敗を争う。男子は、走り幅跳び・槍投げ・円盤投げ・200メートル走・1500メートル走の5種目を1日で行う。第5・7・8回のオリンピック正式種目。女子は、100メートルハードル・砲丸投げ・走り高跳びを1日目に、走り幅跳び・200メートル走を2日目に行う。第18回から第22回までオリンピック正式種目。ペンタスロン。補説 古代ギリシャでは競走・走り幅跳び・円盤投げ・槍投げ・レスリングの5種。➡十種競技 ➡七種競技 ➡近代五種競技

こ-しゅく【固縮】身体の筋肉が持続的に強くこわばること。運動に関与する錐体外路の阻害により生じる筋緊張亢進症状の一つ。身体を伸展・屈曲しようとすると強度のつっぱり・こわばりなどの抵抗が生じ、あらゆる運動に対して筋肉が同一の持続的な抵抗を示す。一般に手首やひじなど四肢の関節にみられることが多く、受動運動に対する抵抗は極めて強い(鉛管様固縮)。脳血管障害などの脳疾患の後遺症やパーキンソン病の主症状として生じる。パーキンソン病では関節の伸縮に断続的な強い抵抗(歯車様固縮)が見られる。

こ-じゅけい【小×綬鶏】キジ科の鳥。全長27センチくらい。褐色で黒い斑紋があり、胸は青灰色。「ちょっと来い」と聞こえる高い声で鳴く。中国南部に分布し、日本では大正時代に銃猟の対象として放鳥、野生化した。《季 春》「一の妻恋ひ節のちょっと来い/欣一」

こしゅ-けん【戸主権】民法旧規定で、家族を支配・統率するために戸主に認められていた権利。家族の婚姻に対する同意権や居所指定権など。

ごしゅ-こう【五種香】ゴシュカウ ❶5種類の香を一つに合わせたもの。仏前に供えた。❷《五種香売りが首から箱をさげて売り歩く姿に似るところから》年始回りの供。「吉の野郎を一にして年玉物を持たせて出た」〈滑・浮世風呂・三〉

ごしゅ-せん【五×銖銭】中国の前漢、武帝の時代に鋳造された銅銭。重さ5銖(約3グラム)で、表面に「五銖」の文字がある。以後、隋時代まで用いられた。

ご-しゅでん【御守殿】❶江戸時代、三位以上の大名に嫁いだ、将軍の娘の敬称。また、その住居。❷❶に仕えた女中。御守殿女中。

ごしゅでん-もん【御守殿門】御守殿の住居の門。黒金具を用いた朱塗りの門で、左右には唐破風造りの番所がある。

ごしゅ-の-けずりもの【五種の削り物】ゴシュノケヅリモノ 礼式用の料理。青・黄・赤・白・黒の5色に見立て、乾物の魚介5種を削って器に盛ったもの。種類は一定しないが、普通は鮑・鰹・鯛・蛸・海鼠を用いる。

ごしゅ-ほうし【五種法師】ゴシュホフシ 「法華経」法師品に説く、修行者の五つのあり方。受持・読経・誦経・解説・書写。ごしゅほっし。

ご-しゅゆ【呉×茱×萸】ミカン科の落葉小高木。葉は7枚または9枚の小葉からなる羽状複葉。雌雄異株。初夏、緑白色の小花が集まって咲く。赤い実は漢方薬として頭痛・嘔吐に用いられる。中国の原産で、日本には享保年間(1716～1736)に渡来。《季 花=夏》

こ-じゅりん【小寿林】ホオジロ科の鳥。全長約15センチ。背が赤褐色で、雄は頭が黒い。東アジアに分布。日本では留鳥または漂鳥として、高原などで見られる。

ごしゅん【呉春】➡松村月渓

ご-じゅん【語順】文や句の中における語の配列の位置・順序。語序。

ご-しゅんけい【呉俊卿】➡呉昌碩

ごじゅん-せつ【五旬節】➡ペンテコステ

こ-しょ【古書】❶昔の書物。古い文書。❷古本。

ご-しょ【御所】❶天皇の御座所。禁中。内裏。また、天皇を敬っていう語。「京都一」「一も二位殿抱き参らせて」〈弁内侍日記〉❷上皇・三后・皇子の住居。また、それらの人を敬っていう語。「仙洞一」「東宮一」❸親王・将軍・大臣などの住居。また、それらの人を敬っていう語。「一(＝大塔宮)の落ちさせ給ふものなりと心得て」〈太平記・七〉類語 皇居・宮城・宮中・内裏

ご-しょ【御書】他人を敬って、その書状・筆跡などをいう語。類語 手紙・御状・懇書・貴書・貴翰・貴札・芳書・芳信・芳翰・芳墨・尊書・尊翰・台翰・朶雲

ご-じょ【互助】互いに助け合うこと。相互扶助。「一組合」類語 相身互い・内助

ご-じょ【語序】文や句を構成する語の配列される位置・順序。語順。

こ-じょいん【小書院】コジョヰン 母屋から張り出した部屋。小さな書院。小座敷。

こ-しょう【小姓┊小性】コシャウ ❶貴人のそば近くに仕えて、身の回りの雑用を務める役。また、寺院で、住職に仕える役。多くは少年で、男色の対象ともなった。❷武家の職名。江戸幕府では若年寄の配下で、将軍身辺の雑用を務めた。❸子供。少年。小冠者。「あれほどの、一一人を斬ればとて」〈謡・橋弁慶〉

こ-しょう【古称】古い名称。昔からの呼び名。古名。

こ-しょう【古鐘】長い年月を経た釣鐘。

こ-しょう【呼称】〔名〕スル 名をつけて呼ぶこと。また、その名。称呼。「公式に記念公園と一する」類語 名前・名・名称・呼び名・称・称呼・称号・称え・名目・名義・ネーム・ネーミング・名め・呼ぶ

こ-しょう【股掌】コシャウ ❶ももと手のひら。❷手足の働きをするもの。手足となって働く人。「一の臣」

股掌の上に玩・ぶ 《「国語」呉語から》自分の思いのままにする。なぐさみものにする。

こ-しょう【虎×嘯】コセウ〔名〕スル 虎がほえること。英雄・豪傑が世に出て活躍することのたとえ。「雄風の遥かに一して嶺松に抵る」〈菊亭香水・世路日記〉

こ-しょう【孤松】ただ1本生えている松。一本松。

こ-しょう【故障】コシャウ〔名〕スル ❶機械や身体などの機能が正常に働かなくなること。「電車が一する」「猛練習で一する選手が相次ぐ」❷物事の進行が損なわれるような事情。さしさわり。「一がないかぎり参加する」❸異議。苦情。「何かと一を言いたててわめく」〈有島・生れ出づる悩み〉類語 支障・万障・万難

故障を入・れる さしつかえがあると言い立てる。異議を申し入れる。「自治会の決定に一・れる」

こ-しょう【×胡床┊×胡×牀】コシャウ 中国北方の胡国から伝えられたという、一人用の腰掛け。戸外の行事の席や休息のために用いた。床几。あぐら。

こ-しょう【×胡×椒】コセウ コショウ科の蔓性の常緑低木。茎は木質化し、気根を出して他に絡みつく。葉は卵形で先がとがる。夏、葉と向かい合って黄緑色の小花が密生した穂を垂らす。実は球形で、乾燥させて香辛料に用いる。インド南部原産。ペッパー。

胡椒の丸呑み 胡椒の味は、かまずに丸呑みしただけではわからないところから、表面だけを見て、真の意味を理解しないことのたとえ。

こ-しょう【×扈従】〔名〕スル 貴人に付き従うこと。また、その人。こじゅう。「殿上人や上達部がなお相当に一していて」〈谷崎・少将滋幹の母〉

こ-しょう【×壺×觴】コシャウ 酒つぼとさかずき。

こ-しょう【湖沼】コセウ みずうみとぬま。陸地に囲まれたくぼ地にできる静止した水塊。湖沼学では、深くて沿岸植物の侵入しないものを湖、浅くて沈水植物の生育するものを沼という。類語 沢・沼沢・池・泥沼・潟

こ-しょう【誇称】〔名〕スル 自慢して大げさに言うこと。誇って言うこと。「世界一を一する大競技場」類語 誇張・大言壮語・豪語・壮語・広言・大ぶろしき

こ-じょう【小×尉】能面の一。気品のある老人面。室町初期の面打ち小牛清光の創作といわれ、脇能物の前ジテなどに用いる。小牛尉。

こ-じょう【古状】コジャウ 古い書状。古人の書状。

こ-じょう【古城】コジャウ 古い城。ふるじろ。類語 荒城・名城

こ-じょう【孤城】コジャウ ❶ただ一つぽつんと建っている城。❷敵に囲まれて、孤立している城。類語 孤塁

こ-じょう【弧状】コジャウ 弓なりに曲がっていること。弓状。

こ-じょう【枯条】コデウ かれた枝。

こ-じょう【湖上】コジャウ ❶湖の上。❷湖のほとり。

ご-しょう【五生】ゴシャウ ❶五たび生まれ変わること。❷仏語。菩薩の生まれ方を五つに分けたもの。飢餓や海中の苦を救う息苦生、衆生の類に従って生まれて救う随類生、すぐれた容姿や身分などに生まれる勝生、初地から十地に至り、それぞれの王となる増上生、輪廻の最後身となる最後生をいう。

ご-しょう【五性┊五姓】ゴシャウ 仏語。衆生が先天的に備える五つの本性。菩薩定性・独覚定性・声聞定性・三乗不定性・無性有情の5種。

ご-しょう【五障】ゴシャウ 仏語。❶女性のもつ5種の障害。女性は修行しても、梵天王・帝釈天・魔王・転輪聖王・仏にはなれないということ。五礙。五つの障り。❷修行の妨げとなる5種のもの。煩悩障・業障・生障・法障・所知障。❸五善根の障りとなる欺・怠・瞋・恨・怨の五つ。

ご-しょう【午×餉】ゴシャウ ひるめし。ひるげ。昼食。

ご-しょう【後生】ゴシャウ ❶仏語。㋐死後に生まれ変わること。また、死後の世。来世。あの世。➡今生 ➡前生 ㋑死後極楽に生まれること。来世の安楽。極楽往生。「一を願う」❷他に哀願するときに用いる語。お願い。「一だから助けてください」類語 彼の世・後の世・後世・来世・冥土・冥府・冥界・幽冥・幽界・黄泉・黄泉・霊界

後生は徳の余り 一生懸命に徳行を積めば、おのずから極楽往生の願いもかなえられるものであるということ。一説には、後生を願うための信心も、暮らし向きに余裕があってこそできるということ。

ご-しょう【誤称】誤ってとなえること。まちがった呼び方。

ごじょう【五条】ゴデウ ㊀平安京の条坊の一。また、東西に通じる大路の名。五条大路。㊁➤五条通り

ご-じょう【五乗】《「乗」は悟りの岸に運ぶ乗り物で、教えの意》5種の教法。人乗・天乗・声聞乗・縁覚乗・菩薩乗。宗派により名称が異なる。

ご-じょう【五常】ゴジャウ 儒教で、人が常に守るべきものとする五つの道。❶仁・義・礼・智・信の五つの道徳(漢書)。❷「五典」に同じ。❸「五倫」に同じ。

ご-じょう【五情】ゴジャウ ❶人間の五つの感情。喜・怒・哀・楽・欲、または喜・怒・哀・楽・怨。❷仏語。感覚を生じる、眼・耳・鼻・舌・身の五根のこと。また、それからおこる情感。

ごじょう【五條】ゴデウ 奈良県中西部の市。吉野川流域の木材集散地。幕末に天誅組の乱が起こった所。平成17年(2005)9月、西吉野村・大塔村を編入。人口3.4万(2010)。

ご-じょう【互譲】ゴジャウ 互いに譲り合うこと。「当事者の一により解決を図る」

ご-じょう【御状】ゴジャウ 他人を敬って、その手紙をいう語。お手紙。御書。「一拝受いたしました」類語 手紙・御書・懇書・貴書・貴翰・貴札・芳書・芳信・芳翰・芳墨・尊書・尊翰・台翰・朶雲

ご-じょう【御×諚┊御定】ゴヂャウ 貴人・主君の命令。おおせ。おことば。「一を賜る」➡諚

ごしょう-いっしょう【後生一生】ゴシャウイッシャウ 現世・来世を通じてただ1回だけのこと。一生に一度。多く、懇願するときに用いる。「一のお願い」

ごじょう-おおはし【五条大橋】ゴデウオホハシ 京都市の鴨川を五条通りが横切る所に架かる橋。平安京の五条(現在の松原通り)にあったが、のち豊臣秀吉が現在の場所に移した。牛若丸と弁慶の伝説で知られる。

ご-しょうおん【呉承恩】[1500ころ～1582ころ]中国、明末の小説家。山陽(江蘇省)の人。字は汝忠。号は射陽山人。官途に絶望して著述に専心。「西遊記」の作者とされる。

こじょう-かいどう【古城街道】コジャウカイダウ《Burgenstraße》ドイツ南西部の都市マンハイムから東に向かい、

チェコのプラハに至る道路の通称。全長約1000キロ。名称は、ネッカー川沿いにホーエンシュタウフェン家ゆかりの城をはじめ、古城が多いことに由来する。マンハイムから、ハイデルベルク、ローテンブルク、ニュルンベルク、バンベルク、バイロイトを通り、チェコのプラハまでを結ぶ。

こしょう-がく【湖沼学】湖沼の対象として、地学・物理学・化学・生物学などの各方面から総合的に研究する、陸水学の一分科。

ごしょう-かくべつ【五性各別】法相宗で、人の五性は決定的であって、それを変えることはできないと説くもの。特に、仏になれない者を立てる点で、可能性をもつとする天台宗と対立した。

こしょう-がた【湖沼型】湖水中の物質循環や生物生産の多少などによって湖沼を分類したもの。調和型の富栄養湖・中栄養湖・貧栄養湖、非調和型の腐植栄養湖・酸栄養湖・アルカリ栄養湖に分けられる。

こ-しょうがつ【小正月】陰暦の1月15日、またはその前後数日の称。小年。二番正月。若年。《季 新年》⇔大正月。

こしょうがつ-の-ほうもんしゃ【小正月の訪問者】小正月の夜に、家々を訪れて祝言を述べて回る年神に扮装した者。なまはげ・ほとほと・かせどりなど。

ご-しょうき【御正忌】㊀故人を敬って、その祥月命日をいう語。㊁浄土真宗の開祖親鸞の忌日に行う法会。忌日は陰暦11月28日。法会の日程は、大谷派の陽暦11月21日から28日、本願寺派の陽暦1月9日から16日の二つに大別される。報恩講。お七夜。お霜月。《季 冬》

ごしょう-ぎ【後生気】〔名・形動〕後生の安楽を願う心。来世の安楽の種になるような功徳をしたいと思う気持ち。後生心。また、その心持ちであるさま。「―を起こす」「―なところを頼んで、泊めてもらはしゃれ」〈浄・伊賀越〉

こしょう-ぐみ【小姓組】江戸幕府の職名。若年寄に属して、諸儀式に参与し、将軍の外出時の警護、市中の巡回などに当たった。番頭・組頭・組衆の三役からなり、50人を一組みとした。小姓組番。

ごじょうげん【五丈原】中国陝西省、秦嶺山脈の北麓地帯。234年に蜀の諸葛孔明が魏の司馬懿と対陣中、病死した所。

ごじょう-ざか【五条坂】京都市五条通りの東、清水寺へ上る所にある坂。

ごしょう-さんじゅう【五障三従】五障❶と3種の忍従。ともに女性の身が負うという宿命的なもの。ごしょうさんしょう。⇒三従

ごじょう-し【五條市】▶五條

こしょうしゃ-リスト【故障者リスト】米国のプロスポーツで、怪我や病気などにより試合への出場が困難となった選手を登録する名簿。このリストに入った選手は一定期間試合に出られなくなるが、その間、チームは代わりの選手を補充できる。メジャーリーグではDL(disabled list)という。

こしょう-ずきん【×胡×椒頭巾】男子用の袋頭巾の一。すり・盗賊などが用いたものという。

ご-しょうせい【呉昌征】[1916～1987]プロ野球選手。台湾の生まれ。旧名、呉波。のち日本に帰化、石井昌征と改名。昭和12年(1937)巨人に入団。阪神・毎日(現千葉ロッテ)にも在籍し、20年にわたり活躍。首位打者を二度獲得したほか、投手としてもノーヒット・ノーランを記録した。

ご-しょうせき【呉昌碩】[1844～1927]中国、清末近代の文人画家。安吉(浙江省)の人。名は俊卿。昌碩は字。号、缶廬・苦鉄など。花卉画・山水画を得意とし、また篆刻にすぐれた。詩集「缶廬集」など。ウー＝チャンシュオ。

ごしょう-ぜんしょ【後生善所】仏語。来世には極楽浄土に生まれるということ。

こしょう-だい【×胡×椒×鯛】イサキ科の海水魚。全長約60センチ。体形はタイに似て、淡灰色の地に蒼黒色の幅広い3本の帯が斜めに走り、背部から尾びれにかけて黒色の斑点が散在する。本州中部以南の沿岸に分布。

ごしょう-だいじ【後生大事】❶後生の安楽をいちずに願うこと。❷物事を大切にすること。「師の教えを―に守る」「空箱を―にしまっておく」

こしょう-だち【小姓立ち】小姓から取り立てられた者。小姓上がり。「源三位頼政の―猪の早太」〈浄・五枚羽子板〉

こしょう-とうどり【小姓頭取】江戸幕府の職名。若年寄の指揮のもとに、表小姓と奥小姓の指揮、取り締まりにあたった。

ごじょう-どおり【五条通り】京都市中央部を東西に通じる道路。東山区西大谷門前から天神川に至る。平安京では六条坊門大路の位置にあたり、豊臣秀吉が五条大橋をこの通りに移してからの称。平安京の五条大路は現在の松原通りにあたる。五条。

こ-しょうにん【小商人】商売の規模の小さい商人。現行商法では、資本額50万円未満で会社組織でないものをいう。こあきんど。

ごしょう-ねがい【後生願ひ】ひたすら来世の極楽往生を願うこと。また、その人。「この男、これよりその所に隠れなき―になりぬ」〈浮・懐硯・四〉

こしょう-の-き【×胡×椒の木】ジンチョウゲ科の常緑低木。関東以西の山地に自生。高さ約1メートル。葉は厚く柔らかい。春、白い小花が集まってつき、実は赤く熟し、コショウのように辛い。

ごじょう-の-きさき【五条の后】[809～871]仁明天皇の女御。藤原冬嗣の娘。文徳天皇の母。邸宅が五条東洞院にあったことによる。

ごしょう-の-くも【五障の雲】五障❶を月の光を覆う雲にたとえていう語。

ごじょう-の-けさ【五条の×袈×裟】三衣の一。五幅の布を縫い合わせて作った袈裟。インドでは作業の際などに用いたが、日本で形式化されて僧衣となった。五条の法衣。五条衣。五条。

ごじょう-の-さんみ【五条三位】藤原俊成の通称。正三位で、邸宅が五条京極にあったことによる。

こじょうのびじん【湖上の美人】《原題 The Lady of the Lake》スコットの物語詩。1810年刊。スコットランドのカトリン湖を舞台に、エレン姫をめぐる恋と武勇とを描いたもの。

ごしょう-ぼだい【後生×菩×提】仏語。来世に極楽に生まれて、悟りを開くこと。後世菩提。

こ-しょうほん【古抄本】「古写本」に同じ。

ごじょうらく【五常楽｜五聖楽】《「ごじょうらく」とも》雅楽。唐楽。平調で新楽の中曲。舞は四人舞。唐の太宗作で、仁・義・礼・智・信の五常を、宮・商・角・徴・羽の五声に配した曲という。礼義楽。

ごしょう-らく【後生楽】〔名・形動〕❶後生は安楽と思って安心すること。❷心配事も苦にしないで、のんきなこと。また、そのさまや、そのような人。ののしったり、しかったりするときにもいう。「あの地震を知らないとは―な人だ」

こじょう-らくじつ【孤城落日】《王維「送韋評事詩」から》孤立無援の城と、西に傾く落日。勢いが衰えて、ひどく心細く頼りないことのたとえ。

ごしょうら-じま【御所浦島】《「ごしょのうらじま」とも》熊本県天草諸島中の島。天草市に属する。面積12.4平方キロメートル、周囲25.7キロメートル。白亜紀の地層から大型の恐竜の化石が発見されたことで知られる。タイ・トラフグの養殖が盛ん。ミカンの栽培も見られる。島名の由来は昔、景行天皇の西国巡幸の際に行宮が置かれたという言い伝えによる。

こ-じょうるり【古浄瑠璃】浄瑠璃のうち、竹本義太夫が近松門左衛門と提携して義太夫節を完成する以前の各派の総称。京都の角太夫節・嘉太夫節、大坂の文弥節・播磨節、江戸の金平節・外記節・土佐節など。古流。

こじょう-れっとう【弧状列島】大陸と大洋との境に位置し、弧状に配列する列島。弧は大洋に向かって張り出し、外側に海溝や重力異常帯があり、地震帯・火山帯を伴う。アリューシャン列島・千島列島・日本列島・琉球列島など。島弧。

こ-じょうろう【小上×臈】大臣・納言・参議など公卿の娘で、女官となった者。大上臈の下、中臈の上の位。唐衣・表着の着用が許された。

ごじょ-かい【互助会】会員どうしの助け合いを目的につくられた組織。

ごしょ-がき【御所柿】カキの一品種。奈良県御所市の原産といわれる。実は扁平でやや方形をなしている。やまとがき。ひらがき。五所柿。

ごしょ-かずき【御所▽被】京都の御所に仕える女性が着けたかずき。また、御所染めのかずき。

ごしょ-がた【御所方】❶御所の味方。天皇方。宮方。「楠兵衛正成と云ふ者、―になって」〈太平記・三〉❷御所に関係のある人々。宮仕えの人々。ごしょざま。「年久しく―に宮仕ひせしが」〈浮・五人女・三〉

ごしょがわら【五所川原】青森県西部、津軽平野にある市。JR五能線と津軽鉄道の分岐点。平成17年(2005)3月に金木町、市浦村と合併。市浦地区は日本海に面する飛び地となっている。人口5.8万(2010)。

ごしょがわら-し【五所川原市】▶五所川原

ごしょ-かん【御所×羹】薄く輪切りにしたミカンを寒天に入れて作ったようかん。

ごしょ-ぎたい【御所鍛い】菊一文字❷の異称。

こ-しょく【小食】❶食べる量の少ないこと。しょうしょく。❷間食。

こ-しょく【古色】古めかしい色合い。古びた趣。

こ-しょく【個食】❶(「孤食」とも書く)家庭で、家族が団欒することなく一人で食事をすること。また、一人一人がばらばらの時間に食事をとること。⇒共食❷
❷一人分や、一食分に小分けされた食事のこと。「―用総菜パック」

こ-じょく【小職｜小▽童】㊀〔名〕《見習いの弟子の意》❶江戸時代、岡場所や町芸者のもとで見習い・雑用をした女児。❷子供をいやしめていう語。小わっぱ。「やい、若い者ども。ここな―めを知ったか」〈浄・孕常盤〉㊁〔形動ナリ〕ちっぽけなさま。僅少なさま。「―なる金銀に目を懸け」〈仮・浮世物語・一〉

ご-しょく【五色】▶ごしき(五色)

ご-しょく【後蜀】▶こうしょく(後蜀)

ご-しょく【誤植】印刷物で、文字・記号に誤りがあること。ミスプリント。

ご-じょく【五▽濁】仏語。この世が悪くなるときの五つの汚濁の相。天災・疫病・戦争などが起こる劫濁、誤った考え方がはびこる見濁、衆生の寿命が短くなる命濁、煩悩によって悪が蔓延する煩悩濁、衆生の資質や果報が低下劣悪となる衆生濁。五つの濁り。

ごじょく-あくせ【五▽濁悪世】仏語。五濁にまみれた悪い世の中。

ごしょく-き【五色旗】中華民国成立(1912)後、国民政府成立(1928)までの中華民国国旗。漢(赤)・満(黄)・蒙(藍)・回(白)・西蔵(黒)の五族共和を象徴。

ごじょく-ぞう【五▽濁増】仏語。時がたつにつれて五濁の度合いが高まること。

こしょく-そうぜん【古色×蒼然】〔ト・タル〕図〔形動タリ〕長い年月を経て、いかにも古びて見えるさま。「―たるたたずまい」「―とした山寺」

ごしょ-ぐるま【御所車】❶牛車の俗称。応仁の乱以後、禁中の大儀などだけに用いられるようになったところからいう。源氏車。❷紋所の名。牛車の車輪を図案化したもの。

ごしょ-こ【御所湖】岩手県中西部、岩手郡雫石町の南にある人造湖。雫石川をせき止めて造られ、御所ダムがある。レジャー・スポーツ施設などが多い。

ごしょ-ことば【御所▽詞】中世以後、宮廷に仕える女房の間で用いられた特殊な言葉。のち、幕府・大名の奥女中の間にも行われた。⇒女房詞

ごしょ-ざくら【御所桜】サクラの一品種。八重の大形の花が五輪ずつ群がって咲く。

ごしょざくらほりかわようち【御所桜堀川夜討】

浄瑠璃。時代物。五段。松田文耕堂・三好松洛合作。元文2年(1737)大坂竹本座初演。三段目の切り「弁慶上使」、四段目の中「藤弥太物語」などが今日でも上演される。

ごしょ-さま【御所▽方】「ごしょがた(御所方)❷」に同じ。「ある一のふるき女房」〈徒然・二三八〉

ごしょ-ざむらい【御所侍】宮中、院の御所、摂関家などに仕えた侍。ごしょさぶらい。

ごしょ-ぞめ【御所染(め)】寛永(1624〜1644)のころ、女院の御所の好みで始められたといわれる染め模様。白の地に、檜垣に菊や竜田川などの模様を入れた上品な散らし模様。

ごしょ-づくり【御所作(り)|御所造(り)】❶菊一文字の異称。❷御所風な家のつくり。

こしょ-てん【古書店】古書を売る店。古本屋。➡新書店

ごしょどき-もよう【御所解模様】小袖模様の一種。檜扇・御所車・几帳など、公家の生活に使われたものを模様の題材としたもの。

ごしょ-どころ【御書所】平安時代、宮中の書物を管理した役所。別当・預・開闔・覆勘などの職員を置いた。今の宮内庁書陵部にあたる。

ごしょ-にんぎょう【御所人形】江戸時代、享保(1716〜1736)のころ京都で創始された幼児の人形。胡粉塗りで肌を白く磨き出し、大きな頭部とふくよかなからだつきに気品がある。主として裸体で着せ替えができる。皇室や公卿が大名への返礼品に用いたのが名の起こりという。

ごしょのごろぞう【御所五郎蔵】歌舞伎狂言「曽我綉侠御所染」の後半部分の通称。皐月をめぐる五郎蔵と土右衛門の鞘当てと、それが引き起こす悲劇を描く。

ごしょ-はじめ【御書始(め)】►読書始め

ごしょ-はちまん【五所八×幡】九州で、五つの有名な八幡宮。筑前の大分宮、肥前の千栗宮、肥後の藤崎宮、薩摩の新田宮、大隅の正八幡の五社。現在では他にも同様のものがある。五大八幡宮。

ごしょ-ふう【御所風】❶御所の風習。御所のやりかた。優美で上品なようすにいう。「古今まれなる女、つとめ姿さって、御上家なる、一あり」〈浮・諸艶大鑑・一〉❷御所に仕える女官たちの結った髪形。下げ髪を巻き上げて笄でとめたもの。笄を抜くと簡単にもとの下げ髪に戻る。

ごしょ-ぶぎょう【御所奉行】鎌倉幕府・室町幕府の職名。将軍の寺社参詣や年中行事など御所の雑事を統轄した。

ごしょ-へいのすけ【五所平之助】[1902〜1981]映画監督。東京の生まれ。昭和6年(1931)日本最初の本格的トーキー作品「マダムと女房」を製作。また、文芸映画に優れた手腕をみせた。代表作「伊豆の踊子」「煙突の見える場所」など。

ごしょ-まる【御所丸】高麗茶碗の一。初め島津義弘が御用船の御所丸で持ち帰ったところからの名で、慶長(1596〜1615)のころ日本からの注文で作られたといわれる。特に黒い刷毛目文のものは茶人に珍重された。

ごしょ-らくがん【御所落×雁】富山県南砺市井波地区の名物の落雁。和三盆を使い、淡紅色と白色とがある。

こ-じょろう【小女郎】女の子。少女。「一が、又はたと襖を立て切った」〈漱石・草枕〉

こじょろう【小女郎】浄瑠璃「博多小女郎波枕」の登場人物。京の商人小町屋惣七の愛人で、博多柳町の遊女。

こし-よわ【腰弱】〔名・形動〕❶腰の力の弱いこと。また、その人。❷粘りけや弾力が少ないこと。また、そのさま。「一な餅」❸忍耐力や押し通す力が弱いこと。また、そのさまや、そのような人。「そんな一なことでは交渉できない」

ゴジラ 東宝映画の題名、およびその作品に登場する怪獣の名。ゴリラとクジラとの合成語という。作品は昭和29年(1954)に公開され、日本の怪獣映画の先駆けとなった。

こじ-らいれき【故事来歴】事柄について伝えられてきた歴史。その事の出所・経歴など。「寺の一を調べる」

こしら・う【×拵ふ】〔動ハ下二〕「こしらえる」の文語形。

こしらえ【×拵え】❶物の出来あがったようす。出来ぐあい。つくり。「草庵風の一の離れ」❷準備。用意。したく。「朝食の一」「船出の一」❸手を加えて飾ること。㋐化粧したり衣服を整えたりすること。身じたく。「地味な一で訪れる」㋑外見上の役作り。扮装。「町娘の一で登場する」㋒刀の柄・鞘に施す、細工や塗りなどの外装。刀装。❹はかり巡らすこと。計画。工夫。「竜女が仏に成ることは、文殊の一とこそ聞け」〈梁塵秘抄・二〉❺やり方。方法。「一日一日物の足らぬ一」〈浮・胸算用・二〉❻嫁入りじたく。「あの身代の敷銀は二百枚も過ぎもの、一なしに五貫目」〈浮・胸算用・二〉(補説)❷の意で、「こしらえ」が他の語の下に付いて複合語をつくるとき、一般に「ごしらえ」となる。「身ごしらえ」「足ごしらえ」「腹ごしらえ」など。
(類語)結構・化粧・作り・お作り・美容・粉黛・脂粉・メーキャップ・メーク・薄化粧・厚化粧・寝化粧・若作り

こしらえ-ごと【×拵え事】事実でもないことを、さも本当らしく作り出すこと。つくりごと。虚構。

こしらえ-しょうぶ【×拵え勝負】相撲で、力士が勝敗を互いに相談しての取り組み。八百長の勝負。

こしらえ-もの【×拵え物】❶本物にまねて作った物。つくりもの。模造品。❷嫁入り道具。「十五、六歳にて縁につける時の一の見事になる積もりぞかし」〈浮・万金丹・五〉

こしら・える【×拵える】〔動ア下一〕文こしら・ふ〔ハ下二〕❶ある材料を用いて、形の整ったものやある機能をもったものを作り上げる。また、結果として不本意なものを作ってしまう。「弁当を一・える」「藤棚を一・える」「こぶを一・える」❷手を加えて、美しく見せるようにする。化粧したり衣装を整えたりして飾る。「顔を一・える」「身なりを一・える」❸工夫を巡らし、ないことをあるかのように見せかける。「話を一・える」「うわべを一・える」❹手を尽くして、必要なものを整える。用意する。「頭金を一・える」❺友人・愛人などを作る。「女を一・える」❻なだめる。とりなす。「一・へ聞こゆるをも、つらしとのみおぼされたれば」〈源・夕霧〉❼計画する。「かねて一・へたることなれば、走りまはりて火をかけたり」〈義経記・八〉➡作る(用法)
(類語)作る・築く・仕立てる・形作る・作り出す・作り上げる・仕立て上げる・誂える

ごしらかわ-てんのう【後白河天皇】[1127〜1192]第77代天皇。在位1155〜1158。鳥羽天皇の第4皇子。名は雅仁。法名、行真。二条天皇に譲位後、5代三十余年にわたって院政を行い、王朝権力の復興・強化に専念した。源平の争いを中心とする政争・戦乱の陰の演出者とされる。また、造寺・社寺参詣を盛んに行った。梁塵秘抄を撰。

こじら・す【×拗らす】㊀〔動サ五(四)〕「拗らせる」に同じ。「話し合いを一・す」「風邪を一・して肺炎になる」㊁〔動サ下二〕「こじらせる」の文語形。

こじら・せる【×拗らせる】〔動サ下一〕文こじら・す〔サ下二〕❶物事をもつれさせ、処理を難しくする。めんどうにする。「問題を一・せる」❷病気を治しそこねて長引かせる。「風邪を一・せる」

こ-じり【湖尻】湖の水の流出口のある所。➡湖頭

こ-じり【×鐺|×璫】《「木後」の意》❶垂木の端。また、それにつけた金属の飾り。❷刀剣の鞘の末端の部分。また、そこにはめる飾り金物。

鐺が詰ま・る 《鐺が詰まると刀の抜き差しがならなくなるところから》借金の払いができず動きがとれなくなる。「当たる所が嘘八百、いかう一・ってきた」〈浄・冥途の飛脚〉

こじり-あて【×鐺当て】「鐺咎め」に同じ。

こじり-とがめ【×鐺×咎め】❶武士がすれ違うときに、双方の刀の鐺が触れ合うのを、無礼だとしてとがめること。鐺当て。鞘当て。❷ちょっとしたつまらないことでとがめだてすること。「見しりごしなる悪口、あるいは一、又は男だて」〈浮・一代男・五〉

こ・じる【×抉じる】〔動ザ上一〕文こ・ず〔ザ上二〕「抉る」(五段)に同じ。「再び火箸で戸の間を一・じた」〈近松秋江・疑惑〉(補説)現在では多く「こじあける」などの複合語として用いる。

こじ・る【×抉る】〔動ラ五〕《「こじる」(上一)の五段化》❶すきまなどに物をさし入れてねじる。「雨戸を一・って開ける」❷ひねくれた言い方をしたり、抗議したりする。「小母につけつけ一・られていたりするところが」〈三重吉・小鳥の巣〉(補説)近世末ごろから五段化した用例がみられるが、❷のような例は、上一段活用とも考えられる。

こじ・る【×拗る】〔動ラ下二〕「こじれる」の文語形。

ご-じる【▽豆汁|呉汁】❶水に浸して柔らかくした大豆をすりつぶしたものを入れた味噌汁。❷「ご(豆汁)」に同じ。

こじるいえん【古事類苑】百科事典。和装本1000巻。洋装本51冊。明治29〜大正3年(1896〜1914)刊。明治12年、西村茂樹の建議により文部省で編集を開始、皇典講究所・神宮司庁へと引き継がれ、35年を費やして完成。歴代の制度、文物、社会全般の事項を30部門に類別し、六国史以下慶応3年(1867)までの文献から引用した例証を収載。

こじれ【×拗れ】こじれること。「感情の一」

こじ・れる【×拗れる】〔動ラ下一〕文こじ・る〔ラ下二〕❶物事がもつれて、うまく進まなくなる。「交渉が一・れる」❷病気が治らなくて長引く。「風邪が一・れる」❸ねじける。「気持ちが一・れる」

こ-しろ【子代】大化の改新以前の皇室の私有民。天皇が皇子のために設置したものといわれるが、実体は未詳。➡名代

こ-じわ【小×皺】細かいしわ。「一が寄る」

こし-わざ【腰技】柔道の投げ技で、主に腰を働かせて投げ倒す技の総称。浮き腰・大腰・腰車・釣り込み腰・払い腰・釣り腰・はね腰・移り腰・後ろ腰の9種。

こ-しん【己心】仏語。自分の心。自己の心。

こ-しん【己身】仏語。自分のからだ。

こ-しん【孤身】頼るところのない、孤独の身。

こ-しん【故親】古くからの知り合い。故旧。

こ-しん【湖心】湖の中心。

こ-じん【古人】昔の人。また、昔のすぐれた人。「一の教えに学ぶ」⇔今人。(類語)先人・前人

古人の糟粕 《「荘子」天道から。「糟粕」は酒かすの意》聖人の残した言葉や文章。聖人の道は言葉で伝え尽くすことはできず、書物に残された聖人の言葉は酒かすのようなものであるということ。

こ-じん【故人】❶死んだ人。「一を弔う」「一となる」❷古くからの友人。昔の友達。旧友。「懐かしくなった一を訪うように」〈鴎外・妄想〉
(類語)(❶)死者・死人・死人/(❷)旧友・幼馴染み・昔馴染み・旧知・故旧・旧識

こ-じん【×胡人】古代、中国北方の未開地方の人。野蛮人。えびす。こひと。

こ-じん【個人】❶国家や社会、また、ある集団に対して、それを構成する個々の人。一個人。「一の意思を尊重する」❷所属する団体や地位などとは無関係な立場に立った人間としての一人。私人。「私一としての意見」(補説)「一個＋人」の「一個人」が「一＋個人」に誤解された語。(類語)個・一己・一個人

こ-じん【▽挙人】►きょじん(挙人)❶

こ-じん【×賈人】商業を営む人。商人。あきんど。

こ-じん【×瞽人】目の見えない人。盲人。

ご-しん【五辛】辛味や臭気の強い5種の野菜。仏家で、大蒜・韮・葱・辣韮・野蒜、道家では、韮・辣韮・大蒜・油菜・胡荽をさす。これを食べると情欲・憤怒を増進するとして禁じる。五葷。

ご-しん【後晋】►こうしん(後晋)

ご-しん【後秦】►こうしん(後秦)

ご-しん【誤信】〔名〕スル 誤って信じ込むこと。
(類語)盲信・妄信・過信・迷信

ご-しん【誤診】〔名〕スル 医師が診断を誤ること。また、その診断。「一して手当てが遅れる」

ご-しん【誤審】〔名〕スル 競技や裁判などで、審判・判定を誤ること。また、その審判。

ご-しん【護身】❶他から加えられる危険から身を守ること。「一術」❷「護身法」の略。

ご-じん【五×塵】仏語。煩悩を起こさせて人の心をちりのように汚すもの。色・声・香・味・触の五境のこと。

ご-じん【後陣】本隊の後方に備えた陣。あとぞなえ。こうじん。「前陣の大衆且く法勝寺に着いて一の勢を待ちける処へ」〈太平記・八〉

ご-じん【御仁】人を敬っていう語。おかた。現在では、ひやかしの気持ちを含んで用いることもある。「尊敬すべき一」「これは珍しい一が現れたな」

ご-じん【×吾人】〔代〕❶一人称の人代名詞。わたくし。「諸君、請う一をして…蟻の社会を観察するところあらしめよ」〈河上肇・貧乏物語〉❷一人称複数の人代名詞。われわれ。「世間若し愛情なくんば恐らくは一の幸福を加えん」〈織田訳・花柳春話〉

類語 我・余・我が輩・それがし・自分・私・私・僕・俺・わし・手前・不肖・小生・愚生・迂生

ご-しんえい【御真影】❶高貴な人の肖像画・写真を敬っていう語。❷天皇・皇后の公式の肖像写真。宮内省から各学校に貸与され、校長の責任で厳重に管理、儀式に使用された。昭和20年(1945)の終戦時までの用語。

ご-じんか【御神火】《「ごしんか」とも》火山を神聖なものと扱って、その噴火・噴煙をいう語。特に、伊豆大島の三原山のものをさしていう。

ご-しんき【御新規】「新規❷」に同じ。「一さん御案内」

こじん-きぎょう【個人企業】個人が単独で資金を出し、経営する企業。

こじん-きょうぎ【個人競技】個人の間で勝敗を争う競技。⇔団体競技。

こじん-きょうじゅ【個人教授】教師が一人を相手に授業すること。

こじん-ぎんこう【個人銀行】個人や、個人を中心とする数名の組合員の出資によって設立される銀行。日本の銀行法では認められない。

こじん-きんゆうしさん【個人金融資産】個人の所有する預金・株式・債券・保険などの資産。

こじん-けんきん【個人献金】政治献金のうち個人が行うもの。

こじん-さ【個人差】個人間にみられる、精神的、身体的な特性の違い。

こじん-さいせい【個人再生】債務を返済できなくなる前に、弁済計画を立てて裁判所に申し立てることによって債務を圧縮する、民事再生法に規定された手続き。個人事業主やサラリーマンなどの個人債務者を対象とする制度で、自己破産することなく債務を整理することができる。住宅ローンを除く債務の総額が5000万円以下で、将来にわたって継続的に収入を得る見込みがあることなどを条件に、債務額を5分の1(下限100万円)に圧縮することが認められる。個人民事再生。➡民事再生

ごしん-さん【御新さん】「御新造さん」を少しぞんざいにいった語。「一、宜敷う御在いますか」〈荷風・夢の女〉

こじん-じぎょうしゃ【個人事業者】►個人事業主

こじん-じぎょうしゅ【個人事業主】「こじんじぎょうぬし(個人事業主)」に同じ。

こじん-じぎょうぜい【個人事業税】事業税の一。個人の事業者に対して都道府県が課す税金。

こじん-じぎょうぬし【個人事業主】法人を設立せず個人で事業を営んでいる人。個人事業者。自営業者。自営業主。こじんじぎょうしゅ。

こじん-しちょうりつ【個人視聴率】世帯内で、だれがどれくらいテレビを見ていたかを示す割合。性別・年代別に調査することもある。➡世帯視聴率 ➡視聴率

こじん-しゅぎ【個人主義】❶《individualism》国家・社会の権威に対して個人の意義と価値を重視し、その権利と自由を尊重することを主張する立場や理論。➡全体主義 ❷「利己主義」に同じ。

ごしん-じゅつ【護身術】他人から危害を加えられた際に自分の身を守るためのわざ。積極的に相手に攻めかかるのではなく、相手が攻撃しにくい距離を保つ、つかまれた腕を振り払う、道具による攻撃を制するなど、受け身のわざが中心となる。護身法。

こじん-しょうひ【個人消費】個人(家計)が、物やサービスの購入に充てた金額の総計。個人による支出のうち、住宅への投資は別区分として扱われる。個人消費は、最終需要の中でも最も割合が高く、日本ではGDPの55パーセント前後を占めることから、その動向が景気に大きな影響を与える。

こじん-じょうほう【個人情報】国や地方自治体、事業者などが扱う各種の情報のうち、(生存する)個人の情報で、特定の個人を識別できる情報。氏名・生年月日・性別・住所・家族構成など。また、購入商品記録、病歴・通院記録など、個人の私生活が露わになるおそれのある情報。

こじんじょうほう-ほごほう【個人情報保護法】《「個人情報の保護に関する法律」の通称》個人情報の適切な取り扱いと保護について定めた法律。平成15年(2003)に成立、2年の準備期間を経て同17年に民間も含め全面施行。高度情報通信社会の進展に伴い個人情報の利用が著しく拡大したことを背景に、個人情報の有用性に配慮しながら、個人の権利利益を保護することを目的とする。氏名、住所、生年月日などの個人に関する情報を適正に扱い、個人の利益や権利を保護することを、国や地方自治体、事業者などに義務付けている。

こじん-しんりがく【個人心理学】❶集団心理学・社会心理学に対して、個人を研究対象とした心理学。❷アドラーの心理学。性欲を重視するフロイトに対して、劣等感や優越への意志を重要視したもので、社会心理学的傾向をもつ。

こじん-せい【個人性】「個性」に同じ。

ご-しんぞ【御新▽造】「ごしんぞう」の音変化。「長倉の一が意外だと思ったように」〈鴎外・安井夫人〉

ご-しんぞう【御新造】他人の妻の敬称。古くは、武家の妻、のち富裕な町家の妻の敬称。特に新妻や若女房に用いた。ごしんぞ。「吉どん。一さんがもう起きなさいって」〈藤村・桜の実の熟する時〉

ご-しんたい【御神体】神体を敬っていう語。

ご-じんたい【御仁体】身分の高い人、徳の備わった人を敬っていう語。ごじんてい。「さばかり一と見えたが、その古歌を御存じないか」〈虎清狂・禁野〉

こじん-タクシー【個人タクシー】個人として国土交通大臣の免許を受け、経営しているタクシー。昭和34年(1959)に東京で許可されたのが最初。

こじん-てがた【個人手形】振出人・支払人・引受人のすべてが、銀行以外の個人または会社である手形。

こじん-てき【個人的】〔形動〕個人を主体とするさま。個人に関するさま。公的でない立場や、他人と関わりない事柄についていう。プライベート。「一な意見」

こ-しんでん【小寝殿】寝殿造りで、東の対、西の対の代わりに建造する小規模の寝殿風の建物。

こ-しんとう【古神道】儒教・仏教など外来思想の流入以前に存在したとされる古代の神道。➡復古神道

ご-しんとう【五親等】親等の一。本人またはその配偶者から5世を隔てた人との親族関係。高祖父母の父母、いとこの子などとの関係がこれにあたる。

ご-しんとう【御神灯】《「ごじんとう」とも》❶神前に供えるあかり。みあかし。❷芸人の家や芸者屋などで、縁起をかついで戸口につるした提灯。

ごしん-とう【護身刀】身を守るために持つ刀。守り刀。

こじん-とうしか【個人投資家】会社の資産ではなく、個人の資産を、事業・不動産・証券などに投資をする人。機関投資家に対する語。

こじん-とりひき【個人取引】住宅ローン・外貨預金など個人対象の商品に重点を置く、銀行の営業。リテール取引。

こじん-ねんきん【個人年金】公的年金や企業年金とは別に、個人が生命保険会社・信託銀行などと任意に契約する、商品としての年金。個人年金保険。補説 貯蓄型と保険型に大別される。貯蓄型の個人年金は、預け入れた元本と利息を原資として、一定期間、年金として支払いを受けるもので、元本を据え置くタイプと取り崩すタイプがあり、主として銀行・信託銀行・証券会社などで取り扱っている。保険型の個人年金は、主として生命保険会社・損害保険会社・ゆうちょ銀行・JA・全労災などが取り扱い、定額年金保険と変額年金保険に大別される。

こしん-の-みだ【己心の▽弥×陀】阿弥陀仏は、極楽浄土にあるのではなく、自分自身の心にあるということ。唯心の弥陀。己身の弥陀。

こしん-の-みだ【己身の▽弥×陀】「己心の弥陀」に同じ。

こじんばいしょうせきにん-ほけん【個人賠償責任保険】偶然の事故により他人に損害を与えてしまい、損害賠償責任を負ったときにその賠償金を填補する保険。故意による他害や名誉毀損などによる損害賠償責任の場合は適用外。

ご-しんぷ【御親父】他人の父を敬っていう語。ご尊父。類語 父君・父君・父御・尊父・父

ごしん-ぷ【護身符】「護符」に同じ。

ごしん-ぶつ【護身仏】自分の身の守りとする仏。守り本尊。持仏。

こじん-プレー【個人プレー】団体競技で、他のメンバーとの連係を無視し、一人だけ目立つ行為をすること。運動以外の共同作業についても用いる。

こ-しんぶん【小新聞】❶明治前期に発行された小さな紙面の新聞。総ふり仮名の平易な文章で、世間で起こった事件や花柳界のうわさなどを載せ、一般大衆を読者対象とした。➡大新聞 ❷発行部数の少ない、勢力のない新聞。

ご-しんぺい【御親兵】明治4年(1871)天皇を護衛するために設置された軍隊。また、それに所属した兵。翌年、近衛の兵と改称。

ごしん-ほう【護身法】►護身術

ごしん-ぼう【護身法】《「ごしんぽう」とも》密教で、修法などに際し、まず行者が自分の心身をきよめて身を堅固に守護する法。ふつう、印を結び、陀羅尼を唱える。

こじん-ほしょう【個人保証】企業が金融機関から融資を受けるとき、経営者や家族・親族など個人が返済を保証すること。

こ-じんまり〔副〕スル ►こぢんまり

こじん-みんじさいせい【個人民事再生】►個人再生

こじんむけ-こくさい【個人向け国債】個人を対象として販売される国債。3年固定金利型(正式名称：個人向け利付国庫債券[固定3年])、5年固定金利型(正式名称：個人向け利付国庫債券[固定5年])、10年変動金利型(正式名称：個人向け利付国庫債券[変動10年])がある。財務省が行う募集・発行に応じ、証券会社・銀行などで、額面1万円から1万円単位で購入できる。固定3年は毎月、固定5年・変動10年は年4回発行される。➡新窓販国債 補説 原則として個人のみが保有でき、特定贈与信託の受託者である信託銀行や信託業務を営む金融機関も保有できる。

こじん-メドレー【個人メドレー】競泳種目の一。一人の泳者がバタフライ・背泳ぎ・平泳ぎ・自由形の順で各50メートルか100メートル泳いで最終順位を競う。

ごしん-もじ【御親文字｜御心文字】《「ごしん」で始まる語の後半を略して「文字」を添えたもの。近世女性語》❶(御親文字)「御親切」をいう。「勿体なや、一の御なさけ」〈逍遥・桐一葉〉❷(御心文字)「御心中」「御心配」などをいう。「姫君様の一は最前申しあげた通りで」〈伎・暫〉

ごしん-よう【護身用】身を守るためにいつも用意しておくもの。「一の銃」

こじん-りんり【個人倫理】❶道徳の原理が個人生活に適用された場合の倫理。➡社会倫理 ❷個人主義を基礎とする倫理学説。シュティルナー・ニーチェなどの倫理説がその代表。

こじんローン-しんようほけん【個人ローン信用保険】債務者が金銭消費貸借契約証書に基づく貸付契約もしくは当座貸越約定書に基づく当座貸越契約などの債務を履行しないとき、債権者（金融機関）が被る損害を塡補する保険。

こ-す【小×簾】《「おす（小簾）」の誤読から》すだれ。みす。「秋近くなるしるしにや玉すだれ—のま遠し風の涼しき」〈金槐集〉

こ-す【庫主】延暦寺で、仏具などを調えた、身分の低い僧職。

コス〖Kos〗ギリシャ東部、エーゲ海に浮かぶコス島の北東岸にある港町。同島の中心地。14世紀から16世紀にかけて聖ヨハネ騎士団が建造した城塞があるほか、古代ローマ時代の神殿、劇場、住宅跡が残る。

こ-す【▽居す】〘動サ変〙ある場所や地位などにいる。きょす。「執事の職に—・して天下を掌たなごころに握りしかば」〈太平記・三七〉

こ-す【越す｜超す】〘動サ五(四)〙❶（越す）ある物の上を通り過ぎて一方から他方へ行く。また、難所や障害となるものを通って、その先へ行く。「塀を—・す」「難関を—・す」「峠を—・す」❷数量・程度がある基準以上になる。「一万人を—・す応募者」「気温が三〇度を—・す」❸（越す）ある時期・期間を過ごす。「年を—・す」「還暦を—・す」❹（越す）追い抜く。「先を—・される」❺（「…にこしたことはない」のように打消しの表現を伴って）…するのがいちばんよい。「早いに—・したことはない」❻（越す）⑦別の所へ移って住む。引っ越す。「新居へ—・す」④（「おこし」の形で）「行く」「来る」の意の尊敬語。「どちらへお—・しですか」「またお—・しください」〔可能〕こせる

〔一句〕先を越す・先手せんてを越す・峠を越す・年を越す・一山ひとやま越す 〔類語〕（❶）越える・踏み越える・渡る・通り越す・またぐ・越境する／（❷）上回る・超える・過ぎる・追い越す・追い抜く・はみ出す・凌しのぐ・行き過ぎる・超過する・突破・超越・凌駕りょうが・過剰・オーバー

こ-す【▽遣す】〘動サ四〙つかわす。よこす。「亀屋へ養子に—・すからは」〈浄・冥途の飛脚〉

こ-す【×漉す｜×濾す】〘動サ五(四)〙かすや不純物を取り除くために、布・網・紙や砂などをくぐらせる。「水を—・す」「味噌を—・す」〔可能〕こせる

こす〘助動〙〔○｜こせ｜○｜○｜こそ｜○｜○〕《上代語》動詞の連用形に付く。他に対してあつらえ望む意を表す。…てほしい。「我ゆ後生まれむ人は我あがごとく恋する道に会ひこすなゆめ」〈万・二三七五〉〔補説〕語源については、「おこ（遣）す」の音変化、カ変動詞「こ（来）」にサ変動詞「す」が付いたとみるなど、諸説がある。

こ-ず【×抉ず】〘動サ上二〙「こ（抉）じる」の文語形。

ご-す【呉須】❶磁器の染め付けに用いる鉱物質の顔料。酸化コバルトを主成分として鉄・マンガン・ニッケルなどを含み、還元炎により藍青色ないし紫青色に発色する。天然に産した中国の地方名から生まれた日本名で、現在では合成呉須が広く用いられる。❷「呉須手ごすで」の略。

ご-す〘動サ特活〙《「ごっす」の音変化》「ある」の意の丁寧語。あります。多く補助動詞として用いる。「牛は至極高味で—・す」〈魯文・安愚楽鍋〉

ご-す【後す】〘動サ変〙後になる。「おなじ疵きずつけながらも—・して身のあたとなり」〈浮・男色十寸鏡〉

ご-ず【▽牛頭】ヅ 頭が牛、からだは人の形をした地獄の獄卒。

ごす-あおえ【呉須青絵】ゑ 呉須赤絵と同じ製法で、青を基調としたもの。青呉須。

ごす-あかえ【呉須赤絵】ゑ 呉須手ごすでの五彩磁器。赤を基調とした奔放な上絵付けがあるもの。赤呉須。

こ-すい【×胡×荽】コエンドロの別名。

こ-すい【湖水】みずうみ。また、みずうみの水。

こ-すい【鼓吹】〘名〙スル《鼓つづみを打ち、笛を吹く意から》❶元気づけ、励ますこと。鼓舞。「士気を—する」❷意見や思想を盛んに唱えて、広く賛成を得ようとすること。「民主主義を—する」

こす-・い【×狡い】〘形〙〔文〕こす・し〘ク〙❶人を欺いて自分に有利に立ち回るさま。悪賢い。狡猾こうかつである。ずるい。「—・いやり方」❷けちだ。「年のくれ互ひに—・き銭づかひ／野坡」〈炭俵〉〔派生〕こすさ〘名〙

〔類語〕ずるい・こすっからい・あくどい

ご-すい【五衰】仏語。天人の死に際して現れるという5種の衰えの相。経説により差異があり、涅槃経ねはんぎょうでは、衣装にあかがつく、頭上の花冠がしぼむ、からだが臭くなる、脇の下に汗が流れる、本来いるべき座にいることを楽しまないの五相。天人の五衰。

ご-すい【午睡】〘名〙スル 昼寝をすること。〔季 夏〕

〔類語〕昼寝

ご-ずい【五×瑞】❶五つのめでたいしるし。五つの瑞相。❷中国で、天子が公・侯・伯・子・男の五等の諸侯に賜った瑞玉。

コスイギン〖Aleksey Nikolaevich Kosïgin〗［1904〜1980］ソ連の政治家。蔵相・軽工業相・第一副首相などを経て、1964年首相に就任。ブレジネフ書記長とともに指導的地位を占め、経済改革や国際緊張の緩和に尽力した。

こすい-し【鼓吹司】➤くすいし（鼓吹司）

こ-ずいじん【小随身】近衛の中・少将および左・右衛門、左・右兵衛に仕える随身。

こすい-ちほう【湖水地方】ハウ《Lake District》英国イングランド北西部、カンブリア地方の中心部。標高1000メートル程度のカンブリア山地に多数の湖が点在する。美しい自然景観が広がる国立公園に指定され、同国屈指の観光地域になっている。18世紀以来、ウィリアム＝ワーズワース、サミュエル＝コールリッジら湖畔詩人をはじめ多くの文人に好まれた。ビアトリクス＝ポターの絵本「ピーターラビット」シリーズの舞台としても知られる。

ごすい-もじ【御推文字】《「御推量」などの略に「文字」を添えた語》「御推量」「御推察」をいう女性語。「皆々様一被下度くだされたく候そうろう」〈紅葉・二人女房〉

こ-すう【戸数】家の数。やかず。

こ-すう【個数｜▽箇数】物のかず。

ご-すう【語数】語のかず。単語数。

こすう-わり【戸数割(り)】独立の生計を営む者に賦課した地方税。昭和15年（1940）に廃止。

こ-ずえ【×梢｜×杪】ずゑ《木の末の意》木の幹や枝の先。木の先端。木末こぬれ。

こずえ-の-あき【×梢の秋】ずゑ《「こずえ」の「すえ」に「秋の末」を掛けていう語》陰暦9月の異称。

こずえ-の-なつ【×梢の夏】ずゑ 梢の葉が青々としげり、いかにも夏めくころ。梢のさまに感じられる夏。

こずえ-の-はる【×梢の春】ずゑ 梢に花が咲き、いかにも春めくころ。梢のさまに感じられる春。

こ-すおう【小素×襖】アウ 袖細そでぼその素襖。略式のもので、半袴はんばかまを用いる。

こす-から・い【×狡辛い】〘形〙〔文〕こすから・し〘ク〙「狡こすっ辛い」に同じ。「もとよりヤリクリをして、—・く世を送っているものだから」〈露伴・骨董〉

こ-すき【木×鋤｜×枚】❶全部が木でできたすき。❷雪かき用の木製のすき。

こ-すぎ【小杉】❶小さい杉の木。❷「小杉原」の略。「鼻紙に—入れしを見て勘当切り」〈浮・永代蔵・五〉

こすぎ-てんがい【小杉天外】テングワイ［1865〜1952］小説家。秋田の生まれ。本名、為蔵。斎藤緑雨に師事。ゾラの自然主義の影響を受けて「はつ姿」「はやり唄」を発表。他に通俗的小説「魔風恋風」などがある。

コスキノウ〖Koskinou〗ギリシャ東部、エーゲ海のロードス島にある村。ロードス市南郊に位置。色とりどりに塗られたドアがある伝統的な家屋が建ち並ぶことで知られる。暮らしや文化を紹介する博物館もある。

こ-すぎはら【小杉原】小さい判の杉原紙。江戸時代、鼻紙などに用いた。延べ紙。こすぎ。

こすぎ-ほうあん【小杉放庵】ハウアン［1881〜1964］画家。栃木の生まれ。本名、国太郎。初号、未醒みせい。再興日本美術院の洋画部を主宰、のち春陽会設立に参画。昭和に入って放庵と改号、気品のある水墨画を多く描いた。和歌・随筆でも活躍。

こすげ【小菅】東京都葛飾区西部の地名。荒川放水路の東岸に位置し、綾瀬川が合流する地点の近くにある。東京拘置所がある。

ごすこう-いん【後崇光院】ゴスクワウヰン［1372〜1456］崇光天皇の孫。伏見宮栄仁親王の王子。名は貞成さだふさ。法名、道欽。その日記「看聞日記」は、当時の政治・社会を伝える貴重な史料。

ごすざく-てんのう【後朱雀天皇】テンワウ［1009〜1045］第69代天皇。在位1036〜1045。一条天皇の第3皇子。名は敦良あつなが。法名、精進行。母は藤原道長の娘彰子。摂関政治の最盛期にあたり、彰子の弟藤原頼通が関白として威勢を振るった。

ごす-さま【御×所様】《「ごす」は「ごしょ」の音変化》摂家・大臣家などの子がその父を呼ぶ語。

ごず-さん【五頭山】ゴヅ 新潟県阿賀野市と東蒲原ひがしかんばら郡阿賀町にまたがる山。標高912メートル。大同4年（809）弘法大師によって開山された信仰の山。晴れた日には佐渡島まで眺望できる。山頂部に五つの峰が並ぶことからこの名が付いた。

こ-すずめ【小×雀｜子×雀】小さい雀。また、雀の子。〔季 春〕「—の眺められをり芝の上／虚子」

ごず-せんだん【▽牛頭×栴×檀】ゴヅ 南インドの牛頭山に産する栴檀から作った香料。麝香じゃこうのような芳香をもち、万病を除くという。牛頭香。

ごす-そめつけ【呉須染(め)付け】呉須手ごすでの染め付け。下絵はくすんだ藍色を呈する。

コスタ-ズメラルダ〖Costa Smeralda〗イタリア半島の西方、サルデーニャ島北東部の海岸。イタリア語でエメラルド海岸を意味する。オルビア、ポルトチェルボ、アルツァケーナなどの町があり、沖合に浮かぶマッダレーナ諸島も含む。海岸線の景観が有名で、高級リゾート地として知られる。

コスダック〖KOSDAQ〗《Korean Securities Dealers Automated Quotations》韓国の新興企業向け証券市場。1996年設立。

コスタ-デ-プラタ〖Costa de Prata〗ポルトガル西部の大西洋に沿う海岸線。ポルトガル語で銀色の海岸を意味する。リスボンからポルトまでを指し、海岸保養地が多い。

コスタ-デ-ラ-ルス〖Costa de la Luz〗スペイン南西部、アンダルシア州の大西洋に沿う海岸線。光の海岸を意味する。イベリア半島最南端、タリファ岬からポルトガル国境の港町アヤモンテまでを指す。主な都市はカディス。タリファ岬以東の地中海沿岸はコスタ-デル-ソルと呼ばれ、海浜保養地が多い。

コスタ-デル-ソル〖Costa del Sol〗スペイン南部、アンダルシア州の地中海に沿う海岸線。太陽の海岸を意味する。イベリア半島最南端のタリファ岬以東、マラガを経てアルメリア付近までを指す。ヨーロッパ屈指の海岸保養地として知られる。

コスタ-ド-ソル〖Costa do Sol〗ポルトガル、エストレマドゥーラ地方南西部、テジョ川右岸の大西洋に沿う海岸線。ポルトガル語で太陽海岸を意味する。エストリルやカスカイスなどの海岸保養地が多い。

コスタ-ドラダ〖Costa Daurada〗スペイン北東部、カタルーニャ州の地中海に沿う海岸線。黄金海岸を意味する。タラゴナを中心にバルセロナまでを指す。海浜保養地が多い。バルセロナ以北、フランス国境まではコスタブラバと呼ばれる。

コスタニエビツァ-しゅうどういん【コスタニエビツァ修道院】シウダウヰン《Frančiškanski samostan Kostanjevica》スロベニア西部の都市ノバゴリツァにあるフランシスコ派修道院。市街南部の丘の上に受胎告知教会とともに建つ。七月革命により亡命したブルボン王朝のフランス国王シャルル10世と王太子、孫などブルボン家の人々の墓地がある。

コスタビリ-きゅうでん【コスタビリ宮殿】《Palazzo Costabili》➤ルドビコイルモーロ宮殿

コスタ-ブラバ〖Costa Brava〗スペイン北東部、カタルーニャ州の地中海に沿う海岸線。野生海岸を意

味する。バルセロナの北東の町ブラネスからフランス国境までを指す。トッサ-デ-マル、リョレト-デ-マル、カダケスをはじめ、海浜保養地が多い。バルセロナ以南、タラゴナ付近まではコスタドラダと呼ばれる。

コスタ-ブランカ〖Costa Blanca〗スペイン東部、バレンシア州の地中海に沿う海岸線。白い海岸を意味する。バレンシア以南、アリカンテを経てムルシア付近までを指す。白い砂浜が続く温暖な気候の地が多く、海浜保養地として観光客に人気がある。

コスタ-リカ〖Costa Rica〗《スペイン語で豊かな海岸の意》中央アメリカの共和国。首都サンホセ。コーヒー・バナナを産する。スペインの植民地から1821年独立、48年完全独立。人口452万(2010)。

コスタリカ-ほうしき【コスタリカ方式】小選挙区比例代表並立制の選挙で、同じ政党の小選挙区と比例区の候補者が、選挙ごとに交代して立候補する方式。国会議員の同一選挙区での連続当選を禁じている中米のコスタリカ共和国の制度にちなんで名付けられた。

ゴスチーヌイ-ドボール〖Gostiniÿ dvor〗ロシア連邦北西部、レニングラード州の都市サンクトペテルブルグにある大型の商業アーケード街。ネフスキー通りの中央に位置する。18世紀に創設。中庭を囲む全長1キロメートルもの回廊に商店が並ぶ。

コスチューム〖costume〗❶ある時代・民族・地方などに特有の服装。髪形・付属品なども含めていう。❷仮装や舞台の衣装。❸上下そろいの婦人服。スーツ。

コスチューム-ジュエリー〖costume jewelry〗洋服や帽子などに合うように作られた、宝石のイミテーションを使ったアクセサリー。本来は舞台衣装などに合わせて、ガラスや石などに彩色した安物のアクセサリーのこと。

コスチューム-プレー〖costume play〗❶▶コスプレ ❷昔のある時代の衣装をつけて演じる演劇・映画。歴史劇。史劇。衣装劇。

こすっ-から・い【×狡っ辛い】〔形〕《「こすからい」の音変化》ずるく抜け目がない。悪賢い。また、ずるくて、けちけちしている。「いつも―・く振る舞う」(類語)ずるい・こすい・あくどい・けち・みみっちい・いじましい・せせこましい・さもしい・卑しい・せこい・陋劣・低劣・卑怯・姑息・狭量・小量・けつの穴が小さい

ごす-で【呉須手】中国の江西・福建・広東地方の民窯で明末から清初にかけて大量に焼かれた粗製の磁器。また、その様式。素地は厚ぼったく灰白色で、奔放な絵模様がある。呉須染め付け・呉須赤絵・呉須青絵などがあり、茶人・文人に愛好された。

コスティトゥツィオーネ-ばし【コスティトゥツィオーネ橋】《Ponte della Costituzione》イタリア北東部の都市ベネチアにある大運河(カナルグランデ)に架かる橋。ベネチアの陸の玄関口サンタルチア駅とローマ広場を結ぶ。スペイン出身の建築家サンティアゴ＝カラトラバの設計により、2008年に開通。カラトラバ橋。

コステエンキ-いせき【コステエンキ遺跡】《Kostenki》ロシア南西部、ドン川右岸の段丘にある後期旧石器時代の遺跡群。多層の文化層をもち、東ヨーロッパの後期旧石器文化の基準遺跡とされる。

コステシュティ〖Costeşti〗ルーマニア中西部、トランシルバニアアルプスのオラシュチエ山脈にある村。紀元前1世紀頃、ダキア人が古代ローマの侵入に備えてチェタツヤおよびブリダルに要塞を建造。チェタツヤにはダキア王国のブレビスタ王をはじめとする歴代の王たちの住居も置かれた。1999年にいずれの要塞跡も「オラシュチエ山脈のダキア人の要塞群」として世界遺産(文化遺産)に登録された。

ごず-てんのう【牛頭天王】もと、インドの祇園精舎の守護神。悪疫を防ぐ神として、日本では京都祇園の八坂神社などに祭られる。

コスト〖cost〗費用。特に、商品の生産に必要な費用。生産費。原価。「―を切り詰める」
(類語)費用・経費・実費・雑費・掛かり・費え・入り・入り目・入り用・入用・入費・出費・用度

コスト-アップ〔名〕スル《和 cost＋up》生産原価が上昇すること。「石油危機で―する」⇔コストダウン。

コスト-インフレーション〖cost inflation〗賃金・原材料費などの生産コストの上昇が、生産性上昇率を上回るために生じるインフレーション。コストプッシュインフレーション。コストインフレ。

コス-とう【コス島】《Kos》ギリシャ東部、エーゲ海に浮かぶ島。ドデカネス諸島に属し、トルコ本土とわずか約5キロメートルの位置にある。中心地はコス。同島北東部に医術の神アスクレピオスの遺跡がある。白い砂浜が広がる海岸保養地も多い。古代ギリシャの医師ヒポクラテスの生地。

コスト-ダウン〔名〕スル《和 cost＋down》生産原価を切り下げること。「円高の影響で―する」⇔コストアップ。

コスト-パー-サウザンド〖cost per thousand〗広告ターゲット1000人、もしくは1000世帯当たりの到達にかかる広告費用のこと。コストパーミル。CPT。

コスト-パフォーマンス〖cost performance〗❶支出した費用とそれによって得られたものとの割合。費用対効果。❷コンピューターの、費用に対する性能評価。費用対性能比率。

コスト-プッシュ〖cost-push〗賃金や原材料の値上げなどによる、生産コストの上昇をいう。「―インフレ」

コストベネフィット-ぶんせき【コストベネフィット分析】《cost benefit analysis》あるプロジェクトにかかる費用とそこから得られる便益を比較して、そのプロジェクトを評価する手法。

コストロマ〖Kostroma〗ロシア連邦西部、コストロマ州の州都。ボルガ川中流沿いに位置。「黄金の環」と呼ばれるモスクワ北東近郊の観光都市の一つ。12世紀半ばキエフ大公ユーリー＝ドルゴルーキーにより建設された。13世紀にコストロマ公国の中心地として栄え、14世紀にモスクワ公国イワン1世によって併合された。18世紀を中心にリンネルなどの繊維業が隆盛。ロマノフ朝ゆかりのイパチェフスキー修道院がある。

コスト-われ【コスト割れ】売り値が原価を下回ること。

コスパー〖COSPAR〗《Committee on Space Research》国際科学会議(ICSU)に属する下部機関で、宇宙空間と天体の科学研究を推進するために、1958年に発足した学術組織。本部はパリにある。国際宇宙空間研究委員会。コスパール。

ゴスバンク〖ロシア Gosbank〗旧ソ連の国立中央銀行。1921年設立、91年ロシア中央銀行に改組。

コスピークワ〖Cospicua〗地中海中央部の島国、マルタ共和国の首都バレッタの南東部にある町。マルタ島東部に位置し、グランド港を挟んでバレッタの対岸に位置する。マルタ騎士団が築いた城壁に囲まれる。旧称はボルムラ(バームラ)で、1565年のオスマン帝国軍大包囲戦での活躍を称え、「顕著な(活躍をした)都市」を意味する現称に改められた。港湾施設を中心に中央市場があり、無原罪の聖母教会が残る。

ゴスプラン〖ロシア Gosplan〗旧ソ連の国家計画委員会。1921年に創設され、経済諸計画の作成を任務とした機関。91年ソ連の崩壊とともに消滅。

コス-プレ《「コスチュームプレー」の略。和製英語だが、cosplay と書いて世界で通用する》漫画・アニメ・コンピューターゲームなどの登場人物の衣装・ヘアスタイルなどをそっくりそのまままねて変装・変身すること。

ゴスペル〖gospel〗❶キリストの説いた、人類の救いと神の国についての福音。❷(Gospel)新約聖書四福音書の総称。福音書。❸「ゴスペルソング」の略。

ゴスペル-ソング〖gospel song〗米国のキリスト教音楽。20世紀前半に、黒人霊歌にブルース・ジャズなどの要素が加わって生まれたもの。

こ-すみ【小隅｜小▽角】かたすみ。すみっこ。「見世の―へはったと投げつくる」〈浄・生玉心中〉

こすみ【×尖み】囲碁の手の一つで、こすむこと。

こずみ《動詞「こずむ」の連用形から》競馬で、馬の肩や腰が硬直し、歩行がぎこちないこと。

こ-ずみ【小炭】小さく切った木を焼いて作った炭。

こ-ずみ【粉炭】砕けて粉末になった炭。こなずみ。

こ-ずみ【濃墨】濃くすった墨。また、その色。⇔薄墨。

ご-ずみ【後炭】茶の湯で、三炭の一。茶事の際、濃い茶がすんで薄茶に移る前に、火を直すために行う炭手前。のちずみ。

コスミック〖cosmic〗〔形動〕《「コズミック」とも》宇宙の。宇宙的規模の。宇宙を思わせるように神秘的な。「―な音楽の響き」「―ダスト」

コズミック〖cosmic〗▶コスミック

コスミック-ダスト〖cosmic dust〗▶宇宙塵

コスミック-レイ〖cosmic rays〗▶宇宙線

こす・む【×尖む】〔動マ五(四)〕囲碁で、前に打った自分の石から一路斜めの点に石を打つ。

こず・む【▽偏む】〔動マ五(四)〕❶筋肉がかたくなる。凝る。「首筋が―・む」❷心が重くなる。気がめいる。「墓まいりって奴は…一人や二人だとわるく料簡が―・んでいけねえ」〈万太郎・春泥〉❸競馬で、肩の筋肉が硬直して、馬が釣り合いのとれない歩き方をする。「調教の失敗か、今日は―・んでいる」❹馬がつまずいて倒れかかる。〈日葡〉❺1か所にかたよって集まる。ぎっしり詰まる。「皆仰山な形ちゃに依って、一倍舟が―・む」〈伎・韓講釈〉

コスメ「コスメチック」の略。

ごず-めず【▽牛頭▽馬頭】頭が牛や馬で、からだは人の形をした地獄の獄卒。

コスメチック〖cosmetic〗❶化粧品・頭髪用化粧品の総称。「―ショップ」❷「チック」に同じ。

コスメチック-アドバイザー〖cosmetic adviser〗美顔、頭髪、皮膚、身体の化粧、美容、ケアなどのアドバイスをする専門家。

コスメッツ〖COSMETS〗《Computer System for Meteorological Services》気象資料総合処理システム。昭和63年(1988)に一新されたシステムで、全国・全世界の観測データを気象庁にオンラインで集め、それを総合・分析して予想天気図を作成する。

コスメトロジー〖cosmetology〗美容術。化粧品学。

コスメ-ポーチ《和 cosmetic＋pouch から》化粧品を入れる小さな袋状の入れ物。

コスメル〖Cozumel〗メキシコ東部、ユカタン半島の東部沖合約20キロメートルにある島。世界的なダイビングスポット。中心地はサンミゲル-デ-コスメル。

こ-ずもう【小相-撲】素人相撲。草相撲。「若い時は―の一番もひねったおれぢゃ」〈浄・歌念仏〉

コスモコール-ルック〖cosmocorps look〗フランスの服飾デザイナー、ピエール＝カルダンが1966年に発表したファッション。アルミ箔などの未来的な素材や、幾何学柄などが特徴。

コスモス㊀❶《ギリシャ kosmos》秩序整然とした統一体としての、宇宙。または、世界。❷秩序。調和。⇔カオス。❸《ラテン cosmos》キク科の一年草。高さ1.5〜2メートル。葉は細かく羽状に裂ける。秋、白色や紅色の花を開く。メキシコの原産で、観賞用。アキザクラ。オオハルシャギク。《季 秋》「―を離れし蝶に谿深し/秋桜子」㊁《ロシア Kosmos》旧ソ連ならびにロシア連邦の軍事用衛星の名。第1号は1962年3月に打ち上げられた。

コスモス-えいせい【コスモス衛星】▶コスモス㊁

コスモポリス〖cosmopolis〗国際都市。

コスモポリタニズム〖cosmopolitanism〗民族や国家を超越して、世界を一つの共同体とし、すべての人間が平等な立場でこれに所属するものであるという思想。古くは古代ギリシャから今日までみられる。世界主義。世界市民主義。世界公民主義。コスモポリティズム。

コスモポリタン〖cosmopolitan〗〔名・形動〕❶国籍・民族などにとらわれず、世界的視野と行動力とをもつ人。世界人。国際人。また、そのようなさま。「―な感覚」❷定住しないで、世界を放浪する人。❸コスモポリタニズムを信じる人。世界主義者。

コスモロジー〖cosmology〗▶宇宙論

ゴスラー〖Goslar〗ドイツ中北部、ニーダーザクセン州の都市。10世紀にハルツ山脈のランメルスベルク鉱山において採鉱(金・銀・銅・鉛)が始まり、神聖ローマ帝国の直轄領として発展。16世紀初頭に盛期を

迎えた。皇帝ハインリヒ3世が11世紀に建造した皇帝居城、木組み造りの民家が建ち並ぶ旧市街、ランメルスベルク鉱山一帯が「ランメルスベルク鉱山およびゴスラーの歴史都市」の名称で1992年に世界遺産(文化遺産)に登録された。

こすり【▽擦り|▽錯】❶こすること。❷やすり。また、木などを磨く用具で、木片にトクサの枯れ茎をはりつけたもの。〈新撰字鏡〉

こすり-つ・ける【▽擦り付ける】〔動カ下一〕文こすりつ・く〔カ下二〕❶こすってくっつける。「クリームを顔に—・ける」❷押しつけてこする。「マッチを—・けて火をつける」「犬がからだを—・けてくる」「額を畳に—・けて頼む」

こ・する【鼓する】〔動サ変〕文こ・す〔サ変〕❶楽器などを打ち鳴らす。また、かき鳴らす。「つづみを—・する」❷気力を奮いたたす。「勇を—・して立ち向かう」

こ・する【×糊する|×餬する】〔動サ変〕文こ・す〔サ変〕《かゆをすするする意から》(「口を糊する」の形で)かろうじて生活する。口すぎをする。糊口をしのぐ。糊のりする。「芸を售うって口を—・するのを恥辱とせぬと同時に」〈漱石・野分〉

こす・る【▽擦る】〔動ラ五(四)〕❶物を他の物に強く押し当てたままで動かす。また、そのように繰り返し続けて動かす。「目を—・る」「あかを—・る」「電柱に車体を—・る」❷遠回しにいやみや皮肉を言う。あてこする。「如何どんなに—・られても、左程にも感じなかったが」〈二葉亭・其面影〉 可能 こすれる

類語 さする・撫なでる・擦する・撫で下ろす・撫で上げる・逆撫で・愛撫あいぶ

ご・する【×伍する】〔動サ変〕文ご・す〔サ変〕他と同等の位置に並ぶ。肩を並べる。仲間に入る。「列強に—・する」「先輩に—・して活躍する」類語 並ぶ・敵かなう・敵する・比肩する・匹敵する・並立する・伯仲する

ご・する【期する】〔動サ変〕文ご・す〔サ変〕❶そうなるように期待する。きする。また、悪いことを予期する。覚悟する。「かねて—・したる女房は、…茶碗を奪取って飯を盛りつける」〈紅葉・二人女房〉❷そうしようと心に決める。決意する。きする。「かさねてねんごろに修せんことを—・す」〈徒然・九二〉

コス-レタス〖cos lettuce〗チシャの栽培品種。エーゲ海のコス島の原産。半結球状で、長楕円形の葉は軟らかく、苦みがある。サラダ用。タチヂシャ。

こす・れる【▽擦れる】〔動ラ下一〕物と物とがすれ合う。強くすれる。「かかとが—・れて痛む」

コスロー〖Khosrow〗▶ホスロー

コズロフ〖Kozlov〗ロシア連邦の都市ミチューリンスクの旧称。

コズロフ〖Pyotr Kuz'mich Kozlov〗[1863〜1935]ロシアの探検家。中央アジア各地を探検し、西夏の遺跡ハラホトなどの古墳・遺跡を発見。カズロフ。

ゴス-ロリ《「ゴシックアンドロリータ」の略。和製語》黒や真紅などを基調とするゴシック風のデザインに、レースやフリルなどのかわいらしい装飾を組み合わせた若い女性向けの服。ゴシックロリータ。補説「ゴシック」は幻想的・怪奇的な傾向のこと、「ロリータ」はナボコフの小説から。1990年代後半からの流行という。

ご-すん【五寸】❶1寸の5倍。約15.2センチ。❷「五寸局ごすんつぼね」の略。

ごすん-くぎ【五寸×釘】曲尺かねじゃくで5寸の長さの釘。また、長くて大きい釘のこと。

ごすん-つぼね【五寸▽局】❶江戸吉原で、揚げ代銀5匁を寸法に直してよぶ安い局女郎。❷江戸後期、品川の遊里で揚げ代銭500文の安女郎。

ごすん-もよう【五寸模様】〔-ヤウ〕女性の着物の、裾から5寸ほどの範囲に置かれた模様。また、その着物。

こせ【巨勢】奈良県御所ごせ市古瀬付近の古地名。古代の巨勢氏の本拠地と伝えられる。

ご-せ【後世】仏語。❶死後の世界。あの世。来世。後生ごしょう。のちのよ。「—を弔う」➡現世げんせ ➡前世ぜんせ ❷来世の安楽。「—を願う」類語 彼の世・後の世・冥土・冥府・冥界・幽冥・幽界・黄泉よみ・黄泉こうせん・霊界

後世を弔とむら・う 故人のあの世での安楽を願い、法要を行う。

ごせ【御所】奈良県西部の市。江戸初期には桑山氏の城下町。大和絣やまとがすりの伝統を継ぐ繊維工業、大和売薬を母体とする製薬業が盛ん。吉野葛くず・御所柿ごしょがきが特産。人口3.0万(2010)。

ご-ぜ【御▽前】《「ごぜん」の音変化》❶〔名〕貴人。または、貴人の座前。「えびすの—の腰掛けの石」〈虎明狂・石神〉❷〔代〕二人称の人代名詞。婦人に対して用いる尊敬語。「や、—、—、と言ひけれども音もせず」〈義経記・七〉❸〔接尾〕人を表す名詞に付いて、その人に対する尊敬の意を添える。「尼—」「母—」補説 ふつう、女性に対して用いるが、男性に対しても用いることがある。「やや副将御前、こよひはとくとく帰れ」〈平家・一一〉

ご-ぜ【瞽=女】《「盲御前めくらごぜ」の略》鼓を打ったり三味線を弾いたりなどして、歌をうたい、門付かどづけをする盲目の女芸人。民謡・俗謡のほか説経系の語り物を弾き語りする。

こ-せい【古制】古い時代の制度。古いしきたり。

類語 旧制・遺制

こ-せい【呼声】相手を呼ぶ声。よびごえ。

こ-せい【個性】個人または個体・個物に備わった、そのもの特有の性質。個人性。パーソナリティー。「—の尊重」「仕事に—を生かす」「—が強い打撃フォーム」類語 特質・特性・性格・性質・性向・性情・気質・質たち・性しょう・性分しょうぶん・気性きしょう・気立て・人柄・心柄こころがら・心根こころね・心性しんせい・品性・資性・資質・人格・キャラクター

こ-せい【×糊精】▶デキストリン

こ-ぜい【小勢】〔名・形動〕❶少ない人数。また、そのさま。「—な人数には広過ぎる古い家が」〈漱石・こゝろ〉⇔大勢おおぜい。❷少ない勢力。わずかな軍勢。「わづかに千人に足らぬ—にて」〈太平記・七〉

類語 少数・小人数・無勢・二三

こ-ぜい【▽挙税】▶きょぜい(挙税)

ご-せい【五声】❶中国・日本音楽で、音階を構成する宮きゅう・商・角・徴ち・羽うの五つの音。特に、雅楽・声明しょうみょうでの用語。五音ごいん・ごおん。➡七声 ❷五更の第5番目の時刻。戊夜ぼや。

ご-せい【五星】❶五つの星。❷中国で、古代から知られる五つの惑星。歳星(木星)・熒惑けいこく(火星)・鎮星(土星)・太白たいはく(金星)・辰星しんせい(水星)の称。

ご-せい【五牲】いけにえに用いる5種類の獣。麋おおじか・鹿・麞くじか・狼おおかみ・兎うさぎ。または、牛・豕いのこ・羊・犬・鶏。

ご-せい【五清】文人画の画題の一。松・竹・梅・蘭・石。あるいは、松・竹・蘭・芭蕉ばしょう・石。また、竹・梅・菊・芭蕉・石とも。

ご-せい【五聖】中国古代の五人の聖人。尭ぎょう・舜しゅん・禹う・湯とう・文王。

ご-せい【互生】〔名〕スル 植物の葉が、茎の一つの節に1枚ずつ方向を違えてつくこと。ヒマワリなどにみられる。

ご-せい【後世】▶ごせ(後世)

ご-せい【悟性】❶物事を判断・理解する思考力。知性。❷カント哲学で、理性・感性から区別され、感性的所与を総合的に統一して概念を構成し、対象を認識する能力。❸ヘーゲル哲学で、弁証法的な具体的思考の能力である理性に対し、有限的、限定的な規定に立ち留まっている抽象的な思考能力。

類語 英知・人知・衆知・全知・奇知・理知・理性・才知・知性・故知・知恵・知・インテリジェンス

ご-せい【碁聖】❶特に優れた囲碁の名人。➡棋聖きせい ❷囲碁の七大タイトルの一。昭和51年(1976)創設。碁聖戦の勝者がタイトルを手にする。

ご-せい【語勢】話したり書いたりするときの言葉の勢い。語気。語調。「—を荒らげる」

こせい-かい【古生界】古生代に形成された地層。古生層。

ごせい-がいねん【悟性概念】▶範疇はんちゅう

ごせい-こうき【五星紅旗】中華人民共和国の国旗。赤地の左上方に、1個の大星と、弧状にこれを囲む4個の小星とが黄色に染め抜いてある。1949年制定。

こせい-しんりがく【個性心理学】個人差を扱う心理学。

こせい-せん【湖西線】東海道本線山科やましなから北陸本線近江塩津に至るJR線。琵琶湖の西岸を走る。北陸地方と京阪神地域の短絡線として昭和49年(1974)開業。全長74.1キロ。

ごせい-せん【碁聖戦】囲碁の七大タイトル戦の一。昭和51年(1976)創設。タイトル保持者とトーナメント戦優勝者が五番勝負で決勝戦を行い、勝者が碁聖のタイトルを手にする。連続10期以上タイトルを獲得した棋士は現役で、連続5期または通算10期獲得した棋士は現役で60歳以上に達したときまたは引退時に、名誉碁聖を名乗ることができる。

こせい-そう【古生層】▶古生界

こせい-だい【古生代】地質時代を三大区分したうちの、最初の時代。5億7500万年前から2億4700万年前まで。古い順に、カンブリア紀・オルドビス紀・シルル紀・デボン紀・石炭紀・二畳紀の六紀に区分される。海生の無脊椎動物が栄え、後半には魚類・両生類も発展した。植物では藻類・シダ類が栄えた。

こせい-てき【個性的】〔形動〕人や物が、他と比較して異なる個性をもっているさま。独特であるさま。「—な人」「—なデザイン」

こせい-は【個性派】その人や物がもつ、独特の性質に重きをおく傾向。また、そのような人。「—俳優」

ごせいばい-しきもく【御成敗式目】鎌倉幕府の基本法典。貞永元年(1232)、執権北条泰時が評定衆に命じて編纂へんさんさせたもの。51か条からなる。源頼朝以来の慣習法・判例などを規範とし、行政・訴訟などに関して定めた武家最初の成文法。後世の武家法の基本となった。貞永式目。

こせい-ぶつ【古生物】地層中の化石から考えられる過去の生物。地質時代に生存していた生物。

こせいぶつ-がく【古生物学】古生物の化石や遺跡などの研究を通して、生物進化の様式・機構や環境条件との関係を明らかにすることを目的とする学問。

ごせい-ほう【後世方】〔-ハウ〕漢方医の一派。中国の金・元以後の医学に基づくもの。江戸初期に行われ、曲直瀬道三まなせどうさん・田代三喜らがいた。こうせいほう。ごせほう。➡古医方こいほう

ごぜえ・す〔動サ特活〕《「ごぜえやす」の音変化》❶「ある」「いる」の意の丁寧語。ございます。あります。「『ごしんぞさんはえ』『—・しねえ』」〈洒・娼註銚子戯語〉❷(補助動詞)補助動詞「ある」の意の丁寧語。…でございます。…であります。「おめえも又あんまりで—・す」〈洒・辰巳婦言〉補説 活用は「御座います」に同じ。江戸の遊里で多く使われた。

ごぜえ-ま・す〔動サ特活〕《「ございます」の音変化》❶「ある」の意の丁寧語。ございます。あります。「これには様子も—・せう」〈洒・船頭深話〉❷(補助動詞)補助動詞「ある」の意の丁寧語。…でございます。「これはお待ち遠で—・した」〈滑・浮世床・初〉補説 活用は「御座います」に同じ。

ごぜえ-や・す〔動サ特活〕《「ございやす」の音変化》❶「ある」「いる」の意の丁寧語。ございます。「いままで女郎とちょんきまりのことが—・しねえ」〈洒・公大無多言〉❷(補助動詞)補助動詞「ある」の意の丁寧語。…でございます。「そこ所ぢゃあ—・しねえ」〈滑・浮世床・二〉補説 活用は「御座りやす」に同じ。

こ-せがれ【小×倅】❶年の若い男子をののしっていう語。「生意気な—」❷自分の息子をへりくだっていう語。

コセカント〖cosecant〗三角比・三角関数の一。サインの逆比・逆数。記号cosec 余割。余割関数。

こ-せき【戸籍】❶各個人の家族的身分関係を明らかにするために記載される公文書。夫婦とその未婚の子で編成され、各人の氏名・生年月日、相互の続柄つづきがらなどを記載し、本籍地の市町村に置かれる。旧制では、家を単位とし、戸主および一家を構成する家族で編成された。❷律令制下、氏姓の確定あるいは課税のためなどの目的で作られた文書。戸主名、戸口数、課口・不課口の別、受田額などを記し、6年に一度作成された。律令制の衰退とともに廃絶。

類語 籍・本籍・原籍・国籍

こ-せき【古昔】むかし。いにしえ。往昔。「其建築—

の物に非ずと雖も」〈織田訳・花柳春話〉
(類語)昔・過去・往時・当時・いにしえ・往年・旧時・一昔・昔年・往日・昔日・昔時・往昔・往古・在りし日

こ-せき【古跡｜古×蹟】歴史的な建築物や事件などのあった場所。古址こし。遺跡。旧跡。
(類語)遺跡・遺址いし・旧跡・旧址・古址・史跡・名跡

こ-せき【胡適】▶こてき(胡適)

こ-ぜき【小関】敵の出入りを防ぐ小さい関所。「大関―ほりきって」〈平家・四〉

こぜき【小関】岐阜県不破郡関ヶ原町の地名。不破関ふわのせきに付属する関があった。関ヶ原の戦いで、石田三成の本陣が置かれた所。

ご-せき【五石】❶中国古代に、不老長生薬の原料として道士が用いた薬石の総称。丹砂・雄黄・雲母・石英・鍾乳など。❷きわめて強い弓。「―の弓の長さ七尺五寸ありて」〈読・弓張月・前〉

こせき-げんぽん【戸籍原本】戸籍に関する事務を管掌する市町村長が最初に作成した戸籍。

こせき-さんえい【小関三英】[1787～1839]江戸後期の蘭学者・医者。出羽の人。名は好義。江戸で医学・蘭学を学び、岸和田藩医・幕府天文台翻訳掛を務めた。尚歯会の一員となり、蛮社の獄に連座して自刃。

こせき-しょうほん【戸籍抄本】セウホン 戸籍の記載のうち、請求者の指定した部分だけを抜き写したもの。➡戸籍謄本

こせきとういつ-もじ【戸籍統一文字】法務省が、戸籍などの電子化を目的として平成16年(2004)にまとめたデータベース。また、それに登録されている文字。戸籍に使用される約56000字の漢字について、字形・部首・読み・JISコード・ユニコードなどの情報をもたせたもの。

こせき-とうほん【戸籍謄本】戸籍の記載の全部を写しとったもの。➡戸籍抄本

こせき-ひっとうしゃ【戸籍筆頭者】戸籍の最初に記載される者。原則として、婚姻の際に氏を改めなかった者が筆頭者となる。

こせき-ぼ【戸籍簿】同一市町村内の戸籍を、地番号および戸籍筆頭者の五十音の順につづった帳簿。正副2通があり、正本は市役所・町村役場に備え、副本は法務局に保存される。

こせき-ほう【戸籍法】ハフ 各人の身分関係を明らかにするための戸籍の作成・手続きなどを定める法律。第二次大戦後、民法改正による家の制度廃止に伴い、昭和22年(1947)従来のものを全面改正。

こせき-ゆうじ【古関裕而】[1909～1989]作曲家。福島の生まれ。歌謡曲・放送音楽などの作曲で活躍した。作品に「船頭可愛かわいや」「長崎の鐘」など。

こせき-り【戸籍吏】戸籍に関する事務を取り扱う吏員。旧制上の名称で、市区町村長をさす。

こせ-こせ〘副〙スル ❶場所が狭くて空間にゆとりのないさま。「―(と)した庭」❷細かなことにこだわって、ゆとりや落ち着きがないさま。「―(と)動き回る」「―(と)した人物」(類語)こせつく

こせ-ごと【こせ言】しゃれ。軽口。「あれは秀句、―と申して、各のお慰みに仰せらるることでござるが」〈虎明狂・秀句傘〉

ごぜざとう【瞽女座頭】▶清水きよみず座頭

こせ-じ【巨勢路】ーぢ 巨勢に通じる道。

ごせ-し【御所市】▶御所

ごせだ-ほうりゅう【五姓田芳柳】ーハウリウ [1827～1892]画家。江戸の人。本姓、浅田。浮世絵や狩野派を学ぶ一方、長崎で洋画に出会い、独学でそれらを折衷した画風を創出。横浜で肖像画・風俗画を多く描き、横浜画とよばれた。

ごせだ-よしまつ【五姓田義松】[1855～1915]洋画家。江戸の生まれ。初世五姓田芳柳の次男。横浜でワーグマンに学び、渡仏してボナに師事、パリのサロンに日本人として初入選する。帰国後、明治美術会の創立に参加。代表作に「操芝居」「清水の富士」など。

ご-せち【五節】❶奈良時代以後、大嘗祭だいじょうさい・新嘗祭にいなめさいに行われた五節の舞を中心とする宮中行事。例年陰暦11月、中の丑うしの日に帳台の試み、寅とらの日に殿上淵酔てんじょうのえんずい、その夜、御前ごぜんの試み、卯うの日に童御覧わらわごらん、辰たつの日に豊明とよのあかりの節会せちえの儀が行われた。のちには大嘗祭のときだけに行われた。ごせつ。(季 冬)❷「五節の舞」の略。❸「五節の舞姫」の略。(補説)五節の名は「春秋左氏伝」にみえる、遅・速・本・末・中という音律の五声(節)に基づくといわれる。

ご-せちえ【五節会】ーヱ 平安時代、宮中で催した五つの節会。元日・白馬あおうま・踏歌とうか・端午・豊明とよのあかりの称。

ごせち-どころ【五節所】五節の舞姫の控え所。ふつう、常寧殿じょうねいでんの四隅に定めた。五節の局つぼね。

ごせち-どの【五節殿】《五節の舞の試演が行われたところから》常寧殿じょうねいでんの異称。

ごせち-の-えんずい【五節の×淵酔】▶淵酔えんずい

ごせち-の-こころみ【五節の試み】❶▶帳台ちょうだいの試み ❷▶御前ごぜんの試み

ごせち-の-つぼね【五節の▽局】▶五節所ごせちどころ

ごせち-の-まい【五節の舞】ーまひ 五節第4日の辰たつの日の豊明の節会に行われる歌舞。大歌を伴奏に五節の舞姫が舞う。(季 冬)

ごせち-の-まいひめ【五節の舞姫】ーまひひめ 五節の舞をまう舞姫。公卿・国司の子女の中から、新嘗祭では四人、大嘗祭では五人の未婚の少女を召した。

ごせち-の-わらわ【五節の童=女】ーわらは 五節の舞姫に付き従う童女。舞姫一人に二人ずつ付く。

こ-せつ【古拙】〘名・形動〙古風で技巧的にはつたないが、素朴で捨てがたい味わいのあること。また、そのさま。「―な民芸品」(派生)こせつさ〘名〙

こ-せつ【古説】昔の人の説。旧説。

こ-ぜつ【孤絶】〘名〙スル 一つだけ離れて取り残されていること。世間とのつながりがなく孤立していること。「大陸から―した島」「都会から―した山村」

ご-せつ【五節】❶「五節句」の略。❷▶ごせち(五節)❶

ご-ぜつ【五絶】❶「五言絶句ごごんぜっく」の略。❷五つの死の原因。縊死いし・溺死できし・圧死・凍死・驚死。

ご-せっきょう【五説経】ーキャウ 説経節のうち、「苅萱かるかや」「三荘太夫」「俊徳丸」「小栗判官」「梵天国」の五つの曲目。また、「俊徳丸」以下を「愛護の若」「信太妻しのだづま」「梅若」と入れ替える場合もある。説経節の代表曲で、浄瑠璃・歌舞伎などへの影響が大きい。

こせ-つ・く〘動カ五(四)〙気持ちにゆとりがなく、こせこせする。「多忙に食い殺されはしまいかと思われる程―・いて居る」〈漱石・吾輩は猫である〉(類語)こせこせ

ご-せっく【五節句｜五節供】年間の五つの節句。人日じんじつ(正月7日)・上巳じょうし(3月3日)・端午たんご(5月5日)・七夕しちせき(7月7日)・重陽ちょうよう(9月9日)。

ご-せっけ【五摂家】鎌倉時代以後、摂政・関白に任じられる五つの家柄。藤原北家の流れで、近衛このえ・九条・二条・一条・鷹司たかつかさの五家。五門。

こせ-と【古瀬戸】❶瀬戸焼のうち、鎌倉・室町時代に焼かれたもの。釉うわぐすりは灰釉かいゆう・飴釉あめゆうを用いた。❷茶道で、鎌倉時代の初代藤四郎(加藤景正かげまさ)作と称する茶入れ・茶壺の類。

こ-ぜに【小銭】❶細かいお金。少額の金銭。「―入れ」❷高額ではないが、ちょっとまとまったお金。「こつこつと―をためる」(類語)小金・ばら銭

こせ-の【巨勢野】奈良県御所ごせ市古瀬付近の野。巨勢山こせやまの西麓せいろくにあたる。(歌枕)

こせ-の-かなおか【巨勢金岡】ーかなをか 平安初期の宮廷画家。巨勢派の始祖。唐絵からえを描く一方、和様の風景画・風俗画を制作。その画風は「新様」とよばれ、大和絵成立にかかわった最初の画家とされるが、作品は現存しない。生没年未詳。

こせ-は【▽巨▽勢派】巨勢金岡こせのかなおかに始まる画家の家系。代々宮廷の絵所の中心的位置を占め、大和絵の発展に重要な役割を果たした。鎌倉時代以降は奈良興福寺に赴き、絵仏師として室町時代まで活躍。

ご-ぜめ【後攻め】「後詰ごづめ」に同じ。

こせ-やま【巨勢山】奈良県西部、御所ごせ市古瀬付近にある山。(歌枕)「―のつらつら椿つらつらに見つつ偲しのはな巨勢の春野を」〈万・五四〉

こ-ぜりあい【小競(り)合い】ーぜりあひ ❶小部隊どうしの戦闘。小規模の戦闘。❷小さなもめごと。ごたごた。「遺産をめぐる―」❸取引市場で、相場に大した変動のないこと。小口売買の競り合い。
(類語)もめごと・トラブル・ごたごた・騒ぎ・悶着もんちゃく・摩擦・どさくさ・波乱・いざこざ・喧嘩けんか・問題

こ-ぜわし・い【小▽忙しい】ーぜはしい〘形〙(文)こぜは・し〘シク〙なんとなくせわしい。「―・く走り回る」(派生)こぜわしげ〘形動〙こぜわしさ〘名〙

こ-せん【古銭｜古泉】❶昔、通用したぜに。古いぜに。❷近世、寛永通宝以前の古い貨幣。また、中国から渡った開元通宝・永楽銭など。⇔新銭。

こ-せん【▽巨川】非常に大きな川。きょせん。

こ-せん【×姑洗】❶中国音楽の十二律の一。基音の黄鐘こうしょうより四律高い音。日本の十二律の下無しもむにあたる。❷陰暦3月の異称。

こ-せん【弧線】弓なりの線。弧状の線。「白球が―を描いて飛ぶ」

こ-せん【故戦】中世の私闘で、戦いをしかけること。また、その人。

こ-せん【×賈船】商売のために用いる船。商船。

こ-ぜん【虎×髯】❶虎のひげ。❷強こわく張ったほおひげ。とらひげ。

こ-ぜん【×胡×髯】《「胡」はあごの垂れさがった肉》あごひげ。

ごせん【五泉】新潟県中部の市。阿賀野川の谷口左岸にある。繊維工業が盛んで、五泉平ごせんひらのほか、現在はメリヤスの生産が多い。平成18年(2006)1月、村松町と合併。人口5.5万(2010)。

ご-せん【五線】楽譜を作成するのに用いる5本の横の平行線。

ご-せん【五×賤】「五色ごしきの賤」の略。

ご-せん【互選】〘名〙スル ❶関係者の中からある役に就く人を互いに選挙して選び出すこと。「自治会の役員を―する」❷短歌・俳句の会などで、参加者が互いに他人の作を選ぶこと。「三句ずつ―をする」
(類語)選挙・選出・公選・民選・改選・投票・直接選挙・間接選挙・地方選挙・総選挙・官選

ご-ぜん【五善】❶《後漢の学者馬融が「論語」八佾につけた注から》矢を射るときの五つのよい形。からだが和すること、容儀のあること、的に当たること、雅頌にかなうこと、武を興すこと。❷仏語。五戒をよく守ること。

ご-ぜん【午前】《「午」はうまの刻で、正午のこと》❶夜中の零時から正午までの間。⇔午後。❷夜が明けてから正午までの間。ひるまえ。⇔午後。

ご-ぜん【御前】㊀〘名〙❶貴人・主君などの座の前、または、面前。おまえ。おんまえ。みまえ。「陛下の―で演奏する」❷神仏や神社仏閣を敬っていう語。また、神主・住職を敬っていう語。「わしが死んでも―さんに相談して」〈康成・十六歳の日記〉❸貴人や高位の人の敬称。また、その妻の敬称。「―御寝なりて、御覧ぜず成りにき」〈今昔・二四・三〇〉❹《「御前駆ごぜんく」の略》「前駆」を敬っていう語。みさきおい。みさきばらい。「かの―、随身、車副ぞひ、舎人とねりなどまで禄賜はす」〈源・宿木〉❺近世、大名・旗本、またその妻の敬称。「ある大名の―死去の後」〈浮・一代女・一〉㊁〘代〙二人称の人代名詞。❶高位高官の男性を敬っていう。「―の御贔負ごひいきに甘えまして」〈木下尚江・火の柱〉❷婦人を敬っていう。「―たち、さはいたく笑ひ給ひて、わび給ふなよ」〈宇治拾遺・一四〉❸近世、大名・旗本、また、その妻を敬っていう。「―の御出でなさるる儀ではござりませぬ」〈伎・毛抜〉㊂〘接尾〙❶神の名に付いて、尊敬の意を表す。「竜王―」「西宮の恵比須―」❷人を表す名詞に付いて、尊敬の意を表す。「六代―」「父―」❸特に白拍子の名に付いて、敬称として用いる。「静―」「祇王―」

ご-ぜん【御膳】❶食膳・食事を丁寧にいう語。御飯。❷天皇や貴人の食事。「隆方陪膳つとめて候ひければ、―にもえ着かせおはしまさざりけり」〈著聞集・三〉❸(接頭語的に用いて)飲食物を表す語の上に付いて、最上等なものである意を添える。「―そば」

ごせんいきょくしゅう【後撰夷曲集】江戸前期の狂歌集。10巻4冊。生白堂行風編。寛文12年(1672)刊。古今夷曲集のあとを継いだもの。
こせん-か【古銭家】古銭を収集することを趣味とする人。
ごぜん-かいぎ【御前会議】明治憲法下で、国家の重大事に関して、天皇の出席のもとに、重臣・大臣などが行う最高会議。
ごぜん-がかり【御前掛(か)り】能・狂言などを神前や貴人の前で演じる際の特別な作法や演じ方。
こせん-がく【古銭学】古代から近代までの貨幣・メダルの形・意匠・銘文などを研究する学問。考古学・神話学・美術史学と密接に関連する。
ごぜん-かご【御膳籠】仕出し料理を入れて運んだ、方形の竹かご。てんびん棒の両端にかけて担ぐ。
ごせん-きふほう【五線記譜法】五線上に音符や各種記号などを記し、楽曲を目で見える形に表現する方法。17世紀ヨーロッパで完成され、現在、世界で最も広く使用されている。
こせん-きょう【×跨線橋】鉄道線路をまたぐような形で架けた橋。渡線橋。(類語)陸橋・歩道橋・ガード
ごぜん-さま【午前様】《「御前様」をもじっていう語》夜遅くまで酒を飲んだり遊んだりして、午前零時を過ぎて帰宅すること。また、その人。
ごぜん-さま【御前様】❶貴人の敬称。大名・高家や高位の人を敬っていう。代名詞としても用いられる。「―のお出まし」「―、万事は下拙めにお任せ下さりませう」〈伎・名歌徳〉❷貴人の妻の敬称。特に、大名・旗本などの妻を敬っていう。「上つ方の―へ、一夜づつ御慰みにあげける」〈浮・一代女・一〉
こせん-し【濃染紙】《「こぜんし」とも》濃く染めた紙。「いたうかすめたる―に」〈紫式部日記〉
こ-せんじ【小宣旨】太政官の弁官が在京の役所に下した、小事件の際の宣旨。⇔大宣旨
ごせん-し【五泉市】▶五泉
ごせん-し【五線紙】五線の引いてある楽譜用紙。
ごぜん-じあい【御前試合】武家時代、将軍や大名の面前で行った武術の試合。また、天皇の前で行う試合。天覧試合。
ごせんしゅう【後撰集】「後撰和歌集」の略。
こ-せんじょう【古戦場】昔、戦いのあった所。
ごぜん-じょうとう【御膳上等|御前上等】等級が最も上であること。最上等。「三河屋の二階に登りたまいて、一の料理を命じたまいつ」〈逍遥・諷誡京わらんべ〉
ごぜん-じるこ【御膳汁粉】こしあんで作った汁粉。➡田舎汁粉
こ-せんすい【枯▽山水】「枯山水」に同じ。
ごぜん-そば【御膳蕎=麦】特別上質の白いそば粉で作ったそば。
ごぜん-たちあい【午前立会】▶前場
ごぜん-たちばな【御前×橘】ミズキ科の常緑多年草。高山の林下に生え、高さ8～12センチ。茎の頂に、卵形の葉がふつう6枚輪生する。夏、白い4枚の苞をもつ多数の小花をつけ、実は丸く、赤く熟す。石川県白山の御前峰で発見された。
ごぜん-だな【御膳棚】❶台所などで、食品・食器をのせておく棚。❷床の間や書院などの脇に設けた棚。
ごぜん-ちょくし【御前勅使】古代、斎宮・斎院の御禊のとき、川原まで供奉した勅使。
ごぜん-の-こころみ【御前の試み】五節第2日の寅の日の夜、天皇が五節の舞姫の舞を清涼殿などでご覧になる儀式。五節の試み。五節の御前の試み。
こせん-の-さいしょう【▽巨川の済渉】《「書経」説命上の、王が臣下に、もし巨川を済るときがあったら、汝が舟のかじ取りをせよと言ったという故事から》大きな川を渡ること。臣下の補佐を得て王が政道を行うことのたとえ。
ごぜん-ばし【御膳箸】御飯を食べるのに使う箸。
ごぜん-ばん【御膳番】主君の食事のことをつかさどる役。「―は不調法なれど、わたしらに仰せ付けられませ」〈浄・源頼家源実朝鎌倉三代記〉

ごぜん-ひこう【御前披講】宮中御歌会のとき、天皇の前で和歌を詠み上げること。
ごせん-ひら【五泉平】新潟県五泉市で産する精好織りの絹地。男物の袴地にする。江戸時代に、仙台平の織法から工夫されたという。
ごせん-ふ【五線譜】五線の上に音符などで楽曲を書き表したもの。
ごぜん-ぶぎょう【御膳奉行】▶膳奉行❷
ごぜん-まい【御膳米】❶貴人が食する米。「これ公家様の―」〈浄・松風村雨〉❷江戸時代、年貢米のうち、領主の食事に特に供される米。
ごぜん-むし【御膳蒸(し)】冷えた飯を温める器。御飯蒸し。
こ-せんりゅう【古川柳】江戸時代、初世柄井川柳によって確立された川柳。明治後期に復興された新川柳に対していう。
ごせんわかしゅう【後撰和歌集】平安中期の勅撰和歌集。八代集の第二。20巻。天暦5年(951)、村上天皇の命により、大中臣能宣・清原元輔・源順・紀時文・坂上望城の梨壺の五人が撰し、同10年前後に成立か。紀貫之・伊勢らの歌1420余首を、四季・恋・雑など10部に分類して収録。歌物語的な傾向がみられる。後撰集。
こそ ㊀〔係助〕種々の語に付く。❶ある事柄を取り立てて強める意を表す。「今―実行にうつすべきだ」「もののあはれは秋―まされ」〈徒然・一九〉❷ある事柄を一応認めておいて、それに対立的、あるいは、否定的な事柄を続ける。「感謝―すれ、恨むことはあるまい」「賛成―するが、積極的ではない」「昔―外にも見しか我妹子が奥つきと思へば愛しき佐保山」〈万・四七四〉❸文末にあって、言いさして強める意を表す。「これはこれは、ようー」「『先日はありがとう』『いや、こちら―』」「深く信をいたしぬれば、かかる徳もありけるに―」〈徒然・六八〉➡こそあれ ➡てこそ ➡とこそ ➡ばこそ ➡もこそ (補説)古語では、文中にあって「係り」となり、文末の活用語尾を已然形で結ぶ。また、上代では連体形で結ぶこともある。係助詞「ぞ」「なむ」に比し、強調の度合いが強いといわれる。❷は、現代語では、多く「こそあれ」「こそすれ」「こそするが」などの形で用いられる。❸は、「こそ」に続く述語部分を省いたもので、古語では、「あれ」「あらめ」「言はめ」が省かれることが多い。㊁〔終助〕《上代語》用言の連用形に付く。願望を表す。…てほしい。…てくれ。「ぬばたまの夜霧に隠り遠くとも妹が伝へは早く告げ―」〈万・二〇〇八〉㊂〔接尾〕❶人名などに付けて、呼びかけに用いる。「聞き給ふや、西―といひければ」〈大和・一五八〉❷子供の名に付けて、親愛の意を添える。「忠―五になる年の三月に」〈宇津保・忠こそ〉
こ-ぞ ❶(「去年」とも書く)去年。昨年。(季 新年)「年の内に春は来にけりひととせを―とやいはむ今年とやいはむ」〈古今・春上〉❷今夜。一説に昨夜とも。「下泣きに我が泣く妻を―こそは安く肌触れ」〈記・下・歌謡〉(類語)昨年・前年・旧年・去年
去年今年 ❶新年にあたり、年去り年来る、時の流れに対する感慨を表した言葉。行く年来る年。(季 新年)❷去年と今年。「―はさはる事ありて怠りけるかしこまり」〈源・澪標〉
ご-そ【語素】単語を構成する、意味を持った最小の単位。複合語や派生語の構成要素で、接頭語・接尾語以外のもの。造語要素。造語成分。「さかや(酒屋)」の「さか」、「ほんばこ(本箱)」の「ばこ」などの類。
こ-そ-あ-ど 現代語の、代名詞・形容動詞・副詞・連体詞の中で、指し示す働きをもつ語をまとめた呼び方。「これ・それ・あれ・どれ」(代名詞)、「こんな・そんな・あんな・どんな」(形容動詞)、「こう・そう・ああ・どう」(副詞)、「この・その・あの・どの」(連体詞)などが、それぞれ、コ系(近称)・ソ系(中称)・ア系(遠称)・ド系(不定称)の指示系列に整理される事実をいう。
こそ-あれ〔連語〕《係助詞「こそ」＋動詞「あり」の已然形。逆接の意味で下に続く》❶…はあることはあるが。「図書室で―、ろくな本はない」❷「こそかくあれ」「こそ多くあれ」など、「こそ」と「あれ」との間の語を明示しない言い方で、下に続く。「今―我も昔は男山さかゆく時もありこしものを」〈古今・雑上〉❸上の言葉を強める。「花もやうやうけしきだつほど―折りしも雨風うち続きて」〈徒然・一九〉
こ-そう【固相】物質の固体状態にある相。➡相❹
こ-そう【枯草】❶枯れた草。枯れ草。❷藤原行成が創出したという16体の書法の一。
こ-そう【枯燥】〔名〕スル 枯れて水分がなくなること。また、生気が乏しくなること。「彼自身は見るから―して憐れげであった」〈長塚・土〉
こ-そう【鼓×譟|鼓騒】〔名〕スル ❶戦場で士気を高めるために、太鼓を鳴らし、ときの声をあげること。「燕王諸将を麾き、―して先登す」〈露伴・運命〉❷騒ぎたてること。
こ-ぞう【小僧】❶仏門に入って、まだ修行中の男の子。年少の僧。雛僧。「門前の―習わぬ経を読む」❷商店などで使われている年少の男の子。でっち。「紙問屋の―に行く」❸年少の男子を見下していう語。小僧っ子。こわっぱ。「はなたれ―」(類語)(❶)小坊主/(❷)徒弟・丁稚/(❸)子供・少年・子こ・小児・児童・学童・小人・童・童・童・童子・幼子・幼童・ちびっこ・わっぱ・こわっぱ・餓鬼
こぞう【姑臧】中国甘粛省武威県の地名。漢代に県が置かれ、五胡十六国時代には前涼・後涼・南涼・北涼の都となった。涼州。
こ-ぞう【故造】たくらんで事をつくり上げること。でっちあげ。捏造。「有心―」
ご-そう【五宗】高祖・曽祖・祖・子・孫の5代の血族。
ご-そう【五相】密教で、本尊の大日如来と同一となるために行者が修める五つの観行。通達菩提心・修菩提心・成金剛心・証金剛心・仏身円満。
ご-そう【五葬】5種類の葬法。土葬・火葬・水葬・野葬・林葬の称。
ご-そう【互層】岩質の異なる層が、交互に繰り返し重なっている地層。
ご-そう【誤想】〔名〕スル ❶思い違いをすること。「毎に勝つが如く―する事もあらんが」〈逍遥・文章新論〉❷法律上、ある事実について思い違いのために効力が認められないもの。「―防衛」「―結婚」
ご-そう【護送】〔名〕スル ❶付き添い、守りながら送り届けること。「現金輸送車を―する」❷刑務所や拘置所などの被収容者を、身柄を拘束したまま他の場所に送ること。押送。「犯人を裁判所に―する」
ご-そう【×吾曹】〔代〕一人称の人代名詞。われわれ。われら。吾人。
ご-ぞう【五蔵】5種の仏典。経蔵・律蔵・論蔵の三蔵に雑蔵・菩薩蔵、または般若蔵・陀羅尼蔵を加えたものなど。
ご-ぞう【五臓】❶漢方でいう、人体の五つの内臓。心臓・肝臓・肺臓・脾臓・腎臓。五内。❷からだ。また、からだじゅう。全身。
(類語)内臓・臓器・五臓六腑・臓腑・腸・臓物
こそう-きん【枯草菌】好気性細菌の一。大気・枯れ草・下水・土壌の中に存在する大形の桿菌。病原性はない。鞭毛をもち、炭水化物を分解して酸を作る。
ご-ぞうさ【御造作】《相手のすることを敬っていう》❶お手間。ごめんどう。「―をかける」❷ごちそう。おもてなし。「―にあずかる」
こ-そうじ【小▽障子】小形の衝立。こしょうじ。「簀の子の中の程に立てたる―の」〈源・帚木〉
ごそう-し【御葬司】奈良・平安時代、大葬の一切の事務をつかさどった臨時の官。
こ-ぞうしき【小雑色】身分の低い雑役の若者。「――人ばかりを相具したりけり」〈十訓抄・一〉
ごそう-じょうしん【五相成身】密教で、行者が五段階の観行を修して本尊と同一となること。
ご-そうしん【誤送信】〔名〕スル ❶送るつもりのない相手や送ってはいけない相手に電子メールなどを送信すること。❷誤った情報を送信すること。
ごそう-せんだん【護送船団】敵国の破壊活動や海賊の略奪行為などから、軍用・民間のタンカー・貨

物船・輸送船を守るために、武装した船舶や航空機などで護衛しながら航行する船団。護衛船団。➡護送船団方式

ごそうせんだん-ほうしき【護送船団方式】ハウシキ《護送船団は最も速度の遅い船舶に合わせて航行するところから》特定の産業において最も体力のない企業が落伍しないよう、監督官庁がその産業全体を管理・指導しながら収益・競争力を確保すること。特に、第二次大戦後、金融秩序の安定を図るために行われた金融行政を指していう。➡ビッグバン❸

こそう-ねつ【枯草熱】コサウ 花粉症やアレルギー性鼻炎のこと。牧草が枯れる初夏に起こるところからの名。

ごそうまんぴつ【梧窓漫筆】ゴサウ 江戸後期の随筆。3編6巻。太田錦城著。文化10年(1813)成立。儒教思想を基盤とし、諸事万般にわたる筆者の見解を述べたもの。

こ-ぞうりとり【小草履取り】ザウリ 江戸時代、男色の流行期に、武士が草履取りの名目で召し抱えた美少年。

ごぞう-ろっぷ【五臓六×腑】ゴザウ ❶五臓と六腑。五臓は心臓・肝臓・肺臓・脾ひ臓・腎じん臓。六腑は大腸・小腸・胃・胆・膀胱ぼうこう・三焦。❷体内。腹の中。心中。「—が煮え返る」「—にしみわたる」
(類語)内臓・臓器・臓腑・腸はらわた・臓物

こ-そく【呼息】口から息を吐き出すこと。

こ-そく【×姑息】〔名・形動〕《「姑」はしばらく、「息」は休むの意から》一時の間に合わせにすること。また、そのさま。一時のがれ。その場しのぎ。「—な手段をとる」「因循—」(補説)近年、「その場だけの間に合わせ」であることから、「ひきょうなさま、正々堂々と取り組まないさま」の意で用いられることがある。文化庁が発表した平成22年度「国語に関する世論調査」では、「姑息な手段」を、「一時しのぎ」の意味で使う人が15.0パーセント、「ひきょうな」の意味で使う人が70.9パーセントという結果が出ている。(派生)こそくさ〔名〕
(類語)その場逃れ・当座逃れ・当座しのぎ・糊塗こと・間に合わせ・仮・有り合わせ・けち・みみっちい・いじましい・せせこましい・狡辛こすからい・さもしい・卑しい・せこい・陋劣ろうれつ・低劣・狭量・小量・けつの穴が小さい

こそ・ぐ【×刮ぐ】㊀〔動ガ五(四)〕削りとる。こそげる。「餅のかびを—・ぐ」㊁〔動ガ下二〕「こそげる」の文語形。

こ-ぞく【古俗¦故俗】昔の風俗。古くからのしきたり。「—を今に伝える祭礼」

こ-ぞく【孤族】世間との接触もなく身内とのつながりも切れて、ただ一人で暮らす人をいう。(補説)平成22年(2010)12月末、朝日新聞の特集記事での造語。
(類語)一人暮らし・独り住まい・独居

ご-そく【五則】度量衡の準拠とする五つのもの。規ぶんまわし・矩じょうぎ・権はかり・衡さおばかり・縄すみなわ。

ご-ぞく【五族】中国の、漢・満州・蒙古(モンゴル)・西蔵(チベット)・回紇(ウイグル)の5民族。

ご-ぞく【語族】世界の諸言語のうち、系統を同じくすると考えられるものを一括していう称。インド-ヨーロッパ語族・セム語族など。➡語派

ごぞく-きょうわ【五族共和】中国で、辛亥しんがい革命当時、清朝を廃し、五族が協力して共和国を建設しようという標語。

ご-そくさい【御息災】〔名・形動〕❶相手を敬って、その息災をいう語。「—でお過ごしのことと存じ上げます」❷飾りけはないが、丈夫であること。また、そのさま。「何でもお値段が安くって、…—でさえあればいいしろものよ」〈万太郎・春泥〉

こそぐった・い【×擽ったい】〔形〕くすぐったい。こそばゆい。「何処どこか—・いという恰好で会釈をする」〈紅葉・二人女房〉

こそくてき-りょうほう【×姑息的療法】レウハフ「対症療法❶」に同じ。姑息療法。姑息的治療。(補説)「姑息」は、その場しのぎの意。

ごそく-もじ【御息文字】〔名・形動ナリ〕《近世語》御息災ごそくさいの女性語。「お煩ひも遊ばさず—の鎌倉入り」〈浄・源平躑躅〉

こそぐ・る【×擽る】〔動ラ五(四)〕「くすぐる」に同じ。「牡丹ぼたんのつぼみが—・るほどの蝶の羽風にさえほころびるように」〈中勘助・銀の匙〉

ご-そくろう【御足労】ラウ 相手を敬って、その人がわざわざ出向くことをいう語。「—をかける」

こそ・げる【×刮げる】〔動ガ下一〕文こそ・ぐ〔ガ下二〕❶物の表面を削る。付着物を削り落とす。「金具の錆さびを—・げる」❷髪やひげをそる。「夫婦は頭—・げて、諸国行脚の身となりぬ」〈浮・万金丹・一〉

こそ-こそ〔副〕スル ❶人目につかないように物事をするさま。こっそり。「—(と)出ていく」「陰で—するな」❷物が軽くすれ合ったりして、かすかに音のするさま。かさこそ。「手を—とすりて」〈宇治拾遺・一〇〉❸くすぐるさま。こちょこちょ。「ちとこそぐりませう。—、—」〈虎寛狂・子盗人〉

こそこそ三里　こそこそ話でも遠くまで伝わること。秘密は漏れやすいことのたとえ。

ご-そ-ごそ〔副〕スル 質のかたい、こわばったものなどが触れ合う音を表す語。また、そういう音を立てて、しきりに物事をするさま。「押し入れの中を—(と)かき回す」「のりが効きすぎて浴衣が—(と)する」

こそこそ-どろぼう【こそこそ泥棒】「こそ泥」に同じ。

こそこそ-ばなし【こそこそ話】他聞をはばかって小声でする話。ひそひそ話。

こそこそ-やど【こそこそ宿】男女が密会に使う宿。また、ひそかに売春婦などを置く宿。あいまい宿。「—のなさけ事」〈浄・五枚羽子板〉

ごそしちこく-の-らん【呉楚七国の乱】前154年、諸侯の領土を削減した前漢の景帝に対し、呉・楚を中心に趙ちょう・膠西こうせい・膠東・菑川しせん・済南の7王国が起こした反乱。3か月で鎮定され、諸王侯の力は弱まり、皇帝の中央集権的支配体制が確立した。

ゴゾ-だいせいどう【ゴゾ大聖堂】ダイセイダウ《Knisja Katidrali ta' Għawdex》地中海中央部の島国、マルタ共和国のゴゾ島の都市ビクトリアにあるバロック様式の大聖堂。大地震で倒壊後、17世紀末から18世紀初めにかけて、マルタの建築家ロレンツォ=ガッフォの設計により再建。内部にはイタリアの画家アントニオ=マヌエルが描いたトロンプルイユによる天井画がある。

こ-そだて【子育て】子供を育てること。育児。
(類語)育児・保育・養育・愛育・訓育・守り・育てる

こ-そだて【孤育て】《「子育て」のもじり》夫や親族の協力も得られず、近所との付き合いもなく孤立した中で母親が子供を育てている状態をいう。(補説)核家族化、少子化が進む中で生じた社会問題。

ごそ-つ・く〔動カ五(四)〕ごそごそと音がする。「ねずみがくずかごを—・かせている」

こぞっ-こ【小▽僧っ子】年若い男子をののしっていう語。青二才。こわっぱ。(類語)子供・青二才・豎子じゅし・洟はな垂らし・世間知らず・ひよこ・ねんね

こぞっ-て【▽挙って】〔副〕《「こぞりて」の音変化》一人も残らず。全員で。「村中が—祭りを楽しむ」
(類語)挙げて

ごそっ-と〔副〕一度にたくさん。ごっそり。「品物を—盗まれた」

こ-そで【小袖】❶現在の和服のもととなった、袖口の小さく縫いつまっている衣服。平安末期ごろは貴族が装束の下に着る白絹の下着であったが、鎌倉時代になると一般に袖に丸みをつけて数枚を重ね着しはじめ、しだいに上着の性格を帯びていき、江戸時代には階層・男女を問わず広く用いられた。女性の間では室町時代以降、小袖袴ばかま姿としての袴も除かれて着流しとなり、文様も華麗で、重ね小袖の上に羽織る打ち掛けの小袖なども生まれた。❷大宝の衣服令で定められた、礼服の大袖の下に着る筒袖・盤領まるえりの衣服。❸絹の綿入れ。➡布子ぬのこ

こそで-いか【小袖×凧】小袖を模して作った紙だこ。こそでだこ。

こそで-ぐるみ【小袖▽包み】絹織物の上等な衣服にくるまっていること。ぜいたくな生活をしていること。おかいこぐるみ。「あの老婆ばばもこの頃は—でね」〈人・花筐・三〉

こそでそが【小袖曽我】謡曲。四番目物。曽我兄弟が、工藤祐経すけつねを討つに際して母にいとまごいに行き、兄曽我祐成すけなりの取りなしで弟時致ときむねの勘当を許してもらう。

こそでそがあざみのいろぬい【小袖曽我薊色縫】こそでそがあざみのいろぬい 歌舞伎狂言。世話物。7幕。河竹黙阿弥作。安政6年(1859)江戸市村座初演。極楽寺の僧清心せいしんと遊女十六夜いざよいが心中に失敗し、やがて悪の道に踏み込む話。別名題「花街模様薊色縫さともようあざみのいろぬい」。通称「十六夜清心」。

こそで-だんす【小袖×箪×笥】小袖などの衣類を入れる、引き出しのたくさんついたたんす。

こそで-ぬぎ【小袖脱ぎ】祝儀として着ている小袖を脱いで人に与えること。身分ある者が能見物をした際に演者に与えた習慣。

こそで-はかま【小袖×袴】小袖を着た上に袴をつけた服装。鎌倉時代には略装であったが、江戸時代には小袖が上着となって正装とされた。

こそで-まく【小袖幕】花見などのとき、小袖を脱いで張り渡した綱にかけ、幕の代用としたもの。のちには、花見などで戸外に張る幕もいう。花見幕。

こそで-わた【小袖綿】綿入れの長着・羽織などに入れる綿。青梅綿。

ゴゾ-とう【ゴゾ島】タウ《Għawdex》地中海中央部の島国、マルタ共和国の島。同国ではマルタ島の次に大きく、面積は約67平方キロメートル。マルタ島の北西に位置し、最も近いところで約6キロメートル離れている。中心都市はビクトリア。1980年に「マルタの巨石神殿群」として世界遺産(文化遺産)に登録されたジュガンティーヤ神殿がある。

こ-そとがり【小外刈(り)】柔道で、相手を後ろ隅に崩し、重心を支える足のかかとの上部を、自分の足を鎌形にして外側から刈り倒す技。

こそ-どろ【こそ泥】人のすきをみて、こっそりと物を盗むどろぼう。また、わずかばかりの物を盗むどろぼう。こそこそどろぼう。「—をはたらく」
(類語)追い剥はぎ・泥棒・盗人・盗賊・強盗・賊・ギャング

こそば・い〔形〕文こそば・し〔ク〕「こそばゆい」に同じ。「今にお腹を這はふやうな、ああぞろぞろと—・い」〈浄・十二段〉

こそばゆ・い〔形〕文こそばゆ・し〔ク〕❶くすぐられたような、むずむずした感じである。くすぐったい。「背中が—・い」❷実力以上に評価されなどして、きまりがわるい。てれくさい。「そんなに褒められては—・い」
(派生)こそばゆげ〔形動〕こそばゆさ〔名〕
(類語)くすぐったい・うら恥ずかしい・気恥ずかしい・小恥ずかしい・きまり悪い・恥ずかしい・ばつが悪い・照れ臭い・面映おもはゆい・尻こそばゆい

こそべ-やき【古曽×部焼】摂津国古曽部(大阪府高槻市)で産した陶器。遠州七窯なながまの一つで、開窯は桃山末期から江戸初期。「古曽部」印を用い、三島手・絵唐津などの写しのほか特色ある赤絵を作った。

コソボ《Kosovo》バルカン半島中央部にある共和国。首都プリシュティナ。もとセルビア共和国の自治州であったが、2008年2月に独立を宣言。住民はアルバニア人が9割以上を占め、その他にセルビア人、トルコ人など。セルビア系住民はセルビアから行政サービスを受けており、独立に反対している。人口182万(2010年)。(補説)1999年のコソボ紛争以来、コソボ国際安全保障部隊が駐留。米国、大部分のEU(欧州連合)諸国が独立を承認。日本も平成20年(2008)3月に承認した。国連やEUへは未加盟。

こ-ぞめ【濃染(め)】色を濃く染めること。また、その染めた物。⇔薄染め。

こそ-め・く〔動カ四〕❶かさこそと音を立てる。「天井の組み入れの上に物の—・くを見上げたれば」〈今昔・二七・三一〉❷人に知られないようにこそこそと振る舞う。「一生—・き逃げまはりて」〈咄・百物語・下〉

ごそ-め・く〔動カ四〕がさごそと音を立てる。「破れ紙子の体ていなれば、—・きまはるかひぞ無き」〈仮・竹斎・下〉

こぞめ-づき【濃染月¦木染月】《木々が色濃く染まる月の意から》陰暦8月の異称。(季 秋)

こ-そめつけ【古染付】中国、明代末期に景徳鎮窯で焼かれた染め付け磁器。薄手で飄逸ひょういつな絵模様

の日常食器と、日本の茶人の注文による厚手で風韻のある作風のものとがある。
こそり〘副〙静かな所で立てるあまり際立たない音や、人に知れないように行動するときなどに立てるかすかな音を表す語。「静まりかえって―とも音がしない」
ごそり〘副〙動きの鈍いものが他のものにこすれて立てる、低い音を表す語。「暗闇で何かが―と動く」
こぞり-て【▽挙りて】〘副〙残らずすべて。だれもかれも。こぞって。「世―信ぜず」〈栄花・疑ひ〉
こぞ・る【▽挙る】〘動ラ五(四)〙❶残らず集める。「精鋭を―・る」❷ことごとく集まる。残らずそろう。「音に聞こゆる為朝を見んとて―・り給ふ」〈古活字本保元・上〉➡挙って
こそろ〘副〙静かに動くさま。こっそり。のっそり。「蛇は―と渡りて」〈宇治拾遺・六〉
こ-そん【孤村】ぽつんと離れて存在する村。
こ-そん【×胡孫｜×猢×猻】猿の別名。「―の枝に離れたる心地しつ」〈読・弓張月・後〉
ご-ぞんじ【御存じ】知っていらっしゃること。御承知。「―のとおり」「彼の住所を―の方は知らせてください」〖類語〗承知・存知・聞知・合点・了解・了知・自覚・認識・知る・理解・把握・解釈・分かる・分かり・のみ込み・聞き知る・心得る・弁える・悟る・ご案内・存ずる
ごぞんじ-より【御存じより】〘連語〙《「より」は格助詞》恋文などで、差出人の名を隠しておきたいときに名のかわりに記す語。
ご-そんぷ【御尊父】「尊父」に、さらに敬意を加えた語。〖補説〗敬意の重複について ➡尊父〖補説〗
コダーイ〖Kodály Zoltán〗[1882～1967]ハンガリーの作曲家・民族音楽学者・教育家。バルトークとともに、マジャール(ハンガリー)民謡の収集と研究に尽力。作品に「ハーリ＝ヤーノシュ」など。
ゴダード〖Robert Hutchings Goddard〗[1882～1945]米国のロケット工学者。クラーク大教授。固体燃料や液体燃料のロケットエンジン、自動操縦システム、超音速液体燃料ロケットなどを開発。世界で初めて液体燃料ロケットの打ち上げに成功した。
ゴダール〖Jean-Luc Godard〗[1930～　]フランスの映画監督。トリュフォーの原案による「勝手にしやがれ」で監督デビュー。ヌーベルバーグの旗手として注目を集める。その後も、実験精神に富んだ映画を数多く監督。作「軽蔑」「気狂いピエロ」「中国女」など。
こ-たい【古体】〘名・形動〙❶古い時代のものであること。古めかしいこと。また、そのさま。古風。昔風。「書の―」「御調度どもも、いと―に馴れたるが」〈源・蓬生〉❷漢詩で、唐以前に行われた詩体。古詩・楽府など。➡近体
こ-たい【固体】物質が示す三つの状態の一。一般的には、一定の形と体積とを保ち、外から加えられる力に抵抗する性質をもっている物体。➡液体 ➡気体〖類語〗液体・気体
こ-たい【固態】物質が固体の状態にあること。
こ-たい【故態｜古態】もとの姿。「―に復する」
こ-たい【個体】❶哲学で、それ以上質的に分割されない統一体で、分割されればそのものの固有性が失われてしまう存在。個物。❷生存に必要十分な機能と構造をもつ、独立した1個の生物体。➡群体
こ-たい【鼓隊】大太鼓・小太鼓などで編成され、行進用のリズムを演奏する音楽隊。
こ-だい【古代】㊀〘名〙❶古い時代。大昔。いにしえ。「―の物語」❷歴史の時代区分の一。原始時代と中世との間。日本史では、一般に奈良時代・平安時代をさすが、大和政権時代を含むこともある。世界史では、原始社会のあと、封建社会の成立までの時代をいう。㊁〘名・形動ナリ〙❶古めかしいこと。また、そのさま。古風。昔風。「―なる人ありて、なほ、とかしこまりて書かすれば」〈かげろふ・上〉❷年寄りじみていること。また、そのさま。「其の比ほひまでは人の心も―なりけるに」〈今昔・二九・一二〉
〖類語〗大昔・太古・上古・上代
こ-だい【誇大】〘名・形動〙スル ❶実際以上に大げさに言ったり考えたりすること。また、そのさま。「―な宣伝」「―に考える」❷誇ること。自慢すること。過信すること。「自分を―して取り返しのつかない死出の旅をしないでいてくれ」〈有島・生れ出づる悩み〉
〖類語〗大袈裟・オーバー・大層・事事しい
ご-たい【五体】❶身体の五つの部分。頭・首・胸・手・足。また、頭・両手・両足。漢方では、筋・血脈・肌肉・骨・皮。転じて、からだ全体。「―を震わせて泣く」❷書道で、五つの書体。篆・隷・真・行・草。また、古文・大篆・小篆・八分・隷書。
〖類語〗(❶)体・身・体・身体・肉体・体躯・図体・肢体・全身・満身・総身・総身・人身・人体・生体・ボディー・肉塊・ししむら・骨身／(❷)楷書・行書・草書・隷書・篆書・行草・三体・勘亭流
ご-たい【五帯】五つの気候帯。熱帯と、南北の温帯と寒帯。
ご-たい【御体】身体を敬っていう語。おからだ。
ご-だい【五大】仏語。万物をつくる五つの要素。地・水・火・風・空の五大種。
ご-だい【五内】「五臓」に同じ。
ご-だい【五代】中国で、唐と宋との間の907年から960年までに、中原で興亡した五王朝。後梁・後唐・後晋・後漢・後周の5国。五季。
こだいエジプト-ご【古代エジプト語】古代エジプト人の言語。ハム諸語の一。象形文字で書かれた前4000年紀からの資料をもち、古・中・新の3層を区別する。
こたい-エレクトロニクス【固体エレクトロニクス】半導体・集積回路など固体電子装置の利用に関する電子工学。
こたい-がいねん【個体概念】▶単独概念
ご-だいかんじ【五大官寺】平安時代の畿内五つの官寺。東大寺・興福寺・延暦寺・教王護国寺(東寺)・園城寺。
こだい-ぎれ【古代切｜古代▽裂】古代の織物の切れ端。正倉院に残るものから、宋・元・明渡来の名物切などまでをいう。表装・袋物などに用いた。
こたい-ぐん【個体群】一定の時間と空間内に生活する生物個体の集まり。同種のものについていうが、広義には異種の集まりにもいう。
こたいぐん-せいたいがく【個体群生態学】生物の個体群の動態を、個体間の相互作用と環境との関係から説明しようとする学問。
こだいけんきゅう【古代研究】折口信夫の著書。3巻。昭和4～5年(1929～30)刊。民俗学に基づいた文学の発生的研究や古代信仰・祭礼などの考察を体系化したもの。
こ-だいこ【小太鼓】❶小形の太鼓。❷▶サイドドラム
ご-だいこ【五大湖】米国とカナダとの国境に連なる五つの大湖。西からスペリオル・ミシガン・ヒューロン・エリー・オンタリオで、氷食作用により形成、運河によって連絡される。セントローレンスの水路の完成により大西洋と結ばれる。湖岸は大工業地帯。
こだい-こうこく【誇大広告】商品やサービスの内容・価格などが、実際のものより優良または有利であると消費者に誤認させるように表示した広告。
ご-だいこくうぞう【五大虚空蔵】「五大虚空蔵菩薩」の略。
ごだいこくうぞう-ぼさつ【五大虚空蔵菩薩】虚空蔵菩薩の徳を分けて五尊とし、五方に配したもの。中央に法界、東方に金剛、南方に宝光、西方に蓮華、北方に業用の各虚空蔵を配する。
ごだいご-てんのう【後醍醐天皇】[1288～1339]第96代天皇。在位1318～1339。後宇多天皇の第2皇子。名は尊治。天皇親政・人材登用など政治の改革に努め、鎌倉幕府打倒を図ったが、正中の変(1324)・元弘の変(1331)に失敗、隠岐に流された。のち、脱出して建武の中興に成功したが、足利尊氏の謀反により2年余で新政府は倒れ、後村上天皇に譲位、吉野で死去。編著に「建武年中行事」など。
こだい-サラサ【古代サラサ】室町末期から江戸時代にかけて南蛮から渡来したサラサ。それを模した布。
ごだい-さん【五台山】㊀中国山西省北東部の山。標高3058メートル。台状の五峰からなる。峨眉山・天台山とともに中国仏教の三大霊場の一。文殊菩薩の住む清涼山とされる。元代以降はチベット仏教の聖地。2009年、世界遺産(文化遺産)に登録された。ウータイシャン。㊁大韓民国北東部、太白山脈中の山。標高1563メートル。仏教の霊場で、月精寺がある。オデサン。㊂多武峰の別名。
こ-だいさんき【古第三紀】新生代第三紀の前半で、6500万年前から2400万年前まで。古いほうから暁新世・始新世・漸新世に分ける。哺乳類は大型化し、被子植物が繁茂した。貨幣石は、この時代の示準化石。
こたい-し【×胡×頽子】ナワシログミのこと。
ごだいし【五代史】㊀中国の二十四史の一。150巻。薛居正らが撰。974年成立。五代の歴史を記す。旧五代史。㊁中国の二十四史の一。75巻。宋の欧陽脩撰。後梁の太宗から後周の恭帝までの歴史を記す。新五代史。五代史記。
ごだい-じっこく【五代十国】五代と、中原以外で興亡した前蜀・後蜀・呉・南唐・呉越・閩・荊南・楚・南漢・北漢の10国をいう。また、その時代。
ご-だいしゅう【五大州｜五大×洲】地球上の五つの大陸。アジア・アフリカ・ヨーロッパ・アメリカ・オーストラリア。オーストラリアの代わりに、アメリカを南北に分けていうこともある。五大陸。➡六大州 ➡七大州
こたい-しゅぎ【個体主義】世界は個体からなり、それらだけが真実在であって、普遍的なものは第二義的、非本質的なものにすぎないとする立場。個体を個々人ととれば、個人主義を意味する。
ご-たいせつ【御大切】❶貴人に危険や災難が迫っていること。貴人が重態であること。「御病中の後室様…お風めしては、却って―でござります」〈伎・阿国御前化粧鏡〉❷キリシタン文学で、愛。「―の深く甚だしきほどを」〈どちりなきりしたん・六〉
ご-たいそう【御大層】〘名・形動〙他人のする大げさなことを、冷やかし、あざけっていう語。ぎょうさん。「―な理屈を並べる」
ごたいそう-らし・い【御大層らしい】〘形〙いかにももったいぶったようすである。「―・くりっぱな箱に詰めてある」
ご-だいそん【五大尊】㊀「五大明王」に同じ。㊁「五大尊の御修法」の略。
ごだいそん-の-みずほう【五大尊の▽御▽修法】「五壇の法」に同じ。
ごたい-づけ【五体付け】男の髪形の一。髪を一つに寄せてかき上げ、髻を高く結ぶもの。公家の烏帽子髪とし、江戸時代には侠客などの間に流行、時には遊女などもまねて結った。
こだい-ティラいせき【古代ティラ遺跡】《Archaia Thira》ギリシャ南東部、エーゲ海に浮かぶティラ島(サントリーニ島)の南東部にある都市遺跡。紀元前9世紀頃にスパルタから来たドリス人が築いた植民都市に起源する。ビザンチン帝国時代まで栄えたが、8世紀頃の火山噴火で火山灰に覆われ、廃墟になったと考えられている。
こたい-でんかいしつ【固体電解質】固体状態のまま、外部から電場をかけることで容易にイオンを移動させることができる物質のこと。酸化物を添加した安定化ジルコニアなどが知られ、燃料電池や酸素の検出器などに利用される。
ごだい-どう【五大堂】五大明王を安置する堂。五大尊堂。
ごたい-とうち【五体投地】仏教徒が行う最高の敬礼法。両ひざ・両ひじを地に着けて伏し、さらに合掌して頭を地につける。接足作礼。
ごだい-ともあつ【五代友厚】[1835～1885]実業家。薩摩の人。明治維新後、外交官から実業界に転じ、政商として活躍。大阪株式取引所・大阪商工会議所の創設、製鋼・貿易・銀行・鉄道会社の設立に尽力。
こたい-ねんりょう【固体燃料】薪・木炭・石炭・コークスなど、固体で用いられる燃料。

こたいねんりょう-ロケット【固体燃料ロケット】コタイネンリョウ ►固体ロケット

こだい-の-きみ【小大君】平安中期の女流歌人。三十六歌仙の一人。三条院女蔵人（にょくろうど）左近の別称がある。生没年未詳。家集「小大君集」。こおおぎみ。

ごたい-の-みうら【御体の▽御▽占】古代、毎年6月と12月の10日に神祇官（じんぎかん）で天皇の身体に特に注意する必要のある日を占い、上奏した儀式。

こたい-はっせい【個体発生】生物の個体が有性的には受精卵または単為生殖卵から、無性的には芽や胞子から、完熟した成体になるまでの過程。⇒系統発生

ご-たいふ【五大夫】《秦の始皇帝が泰山で雨宿りをした松の木に五大夫の位を授けたという「史記」にある故事から》松の別名。

こたい-ぶつりがく【固体物理学】物性物理学の一部門。固体の巨視的な性質を、原子論的な立場から研究する。量子力学・統計力学を基礎に、金属・非金属の結晶・非晶質・準結晶などを研究対象とする。超伝導・半導体・磁性・塑性に関する知見を元に、材料科学、物質科学における必須の研究分野となっている。

こだい-ぶんがく【古代文学】古代の文学。日本では、上代文学と中古文学の総称で、平安時代までの文学をいう。

ごたいへいきしろいしばなし【碁太平記白石噺】浄瑠璃。時代世話物。11段。紀上太郎（きのじょうたろう）・烏亭焉馬（うていえんば）・容楊黛（ようようたい）合作。安永9年（1780）江戸外記座初演。由井正雪の事件に、父を殺された姉妹のあだ討ち事件をからめて脚色したもの。

こたい-へんい【個体変異】同一種の生物の中で、遺伝子や染色体に関係なく、環境の影響によって生じた個体の形質の変異。環境変異。彷徨（ほうこう）変異。

こだい-まい【古代米】作物化される以前の、野生の特徴を残したイネの品種の総称。荒れ地で肥料なしでも育つが、収量が少なく生産性は低い。赤米や黒米などがあり、近年、健康食品として人気がある。

ごたい-まんぞく【五体満足】〔名・形動〕からだのどの部分にも欠け損じている部分がないこと。また、そのさま。

ご-だいみょうおう【五大明王】ゴダイミョウオウ 密教の明王のうち、不動・降三世（ごうざんぜ）・軍荼利（ぐんだり）・大威徳・金剛夜叉（こんごうやしゃ）の五明王。五力明王。五大尊。

こだい-むらさき【古代紫】薄赤みを帯びた紫色。

こだい-もうそう【誇大妄想】コダイモウソウ 自分の能力や境遇を過大に評価したり、想像したものを事実であるかのように思い込んだりすること。

こだい-もよう【古代模様】コダイモヨウ 古い感じの模様。古風な模様。

ご-たいよう【五大洋】ゴタイヨウ 世界の五つの大洋。太平洋・大西洋・インド洋・北極海・南極海。

こだいら【小平】こだいら 東京都中部の市。武蔵野台地にあり、学園・住宅都市として発展。人口18.7万（2010）。

こだいら-くにひこ【小平邦彦】こだいら［1915～1997］数学者。東京の生まれ。米国に留学滞在し、調和積分論の研究などで有名。文化勲章受章。

こだいら-し【小平市】こだいら ►小平

ご-だいりき【五大力】㊀㊀「五大力菩薩（ぼさつ）」の略。㊁地歌。作詞者未詳。白川検校作曲。㊂長唄。㊁を杵屋弥十郎が長唄に作曲。歌舞伎狂言「五大力恋緘（こいのふうじめ）」の中でめりやすとして使われた。㊃「五大力恋緘」の通称。㊁❶《五大力菩薩が道祖神の本地とされたところから、その力により手紙が無事に届くとされて》江戸時代、主に女性が、相手に無事届くようにと手紙の封じ目に記した文字。「五大力菩薩」とも記した。❷江戸時代、女性が魔よけや貞操の誓いとして、かんざし・キセル・三味線の裏皮などに彫ったり書いたりした文字。❸「五大力船」の略。

ごだいりきこいのふうじめ【五大力恋緘】ゴダイリキコイノフウジメ 歌舞伎狂言。世話物。3幕。並木五瓶（なみきごへい）作。寛政6年（1794）京都西の芝居初演。薩摩（さつま）の侍が大坂曽根崎の湯女（ゆな）ら五人を殺した事件を脚色したもので、縁切りから殺しに至る世話物の一典型を確立。通称「五大力」。

ごだいりき-せん【五大力船】積み荷用の内海航行の和船。百石ないし三百石程度の荷物を積むことができ、五大力の名があった。

ごだいりき-ぼさつ【五大力菩薩】㊀三宝と国土を守護する大力のある五人の菩薩。金剛吼（こんごうく）・竜王吼・無畏十力吼（むいじゅうりきく）・雷電吼・無量力吼の五菩薩。㊁「五大力㊁❶」に同じ。

ご-たいりく【五大陸】「五大州」に同じ。

こたい-レーザー【固体レーザー】誘導放出を起こす媒体として人工結晶やガラスなどの固体を用いるレーザー。通常、半導体レーザーは除外される。代表的なものとして、ルビーレーザーやヤグレーザーが知られる。

ご-たいろう【五大老】ゴタイロウ 豊臣政権下の最高の職名。秀吉が晩年、五奉行の上に置いた五人の大老。徳川家康・前田利家・毛利輝元・小早川隆景（こばやかわたかかげ）（死後は上杉景勝）・宇喜多秀家の五人。

こだい-ローマていこく【古代ローマ帝国】►ローマ帝国

こたい-ロケット【固体ロケット】化学ロケットの一種。固体の燃料と酸化剤を燃焼して高温・高圧のガスを発生させ、ノズルから超音速で噴き出すことで推力を得る。液体ロケットに比べ、構造が単純で安価に製造できるが、原理的に推力の調節が難しい。固体燃料ロケット。

こた・う【応ふ】こたふ〔動ハ下二〕「こた(応)える」の文語形。

こた・う【▽堪ふ】こたふ〔動ハ下二〕「こた(堪)える」の文語形。

こた・う【答ふ】こたふ〔動ハ下二〕「こた(答)える」の文語形。

こたえ【応え】こたへ ❶他からの作用・刺激に対する反応。ききめ。効果。「大衆に呼びかけても—がない」❷響き。反響。「段々腹に—のない咳（せき）が出る」〈漱石・野分〉「つれもなき人を恋ふとて山彦の—するまで嘆きつるかな」〈古今・恋一〉❸報い。応報。「われこの国の守（かみ）になりてこの—をせん」〈宇治拾遺・三〉❹あいさつ。ことわり。「一番にわしに—がありさうなもの」〈伎・隅田川続俤〉❺（他の語の下に付いて「…ごたえ」の形で）働きかけに対して返ってくる反応。「手—」「歯—」「聞き—」

こたえ【答(え)】こたへ《「応え」と同語源》❶呼びかけや問いに対して言葉で応じること。返事。返答。「呼んでも—がない」「口—（くちごたえ）」❷問題・設問などを解いて出される結果。解答。「—を出す」

(類語)応答・答える・返答・回答・解答・自答・反応

ごたえ【応え】ごたへ「こた(応)え❺」に同じ。「読み—のある小説」

こたえ-られ◦ない【▽堪えられない】こたへ〔連語〕この上なくすばらしく、この状態をずっと続けたい気持ちである。「肴（さかな）がふぐさしときては—◦ない」

こた・える【応える】こたへる〔動ア下一〕図こた・ふ〔ハ下二〕❶働きかけに対して、それに添うような反応を示す。応じる。報いる。「期待に—・える」「要求に—・える」「手を振って—・える」❷外からの刺激を身に強く感じる。「寒さが骨身に—・える」「父の死が—・えた」❸反響する。こだまを返す。「山びこが—・える」❹心にしみわたる。しみじみと感じる。「暁の嵐にたぐふ鐘の音を心の底に—・へてぞ聞く」〈千載・雑中〉❺あいさつする。断る。告げる。「銀（かね）は今日請け取る。ただし、仲間へ—・へうか」〈浄・冥途の飛脚〉

こた・える【▽堪える】こたへる〔動ア下一〕図こた・ふ〔ハ下二〕❶耐える。こらえる。がまんする。「—・えられない暑さが続く」「一呼吸（ひといき）でも—・えられるか何（ど）うだか」〈鏡花・歌行灯〉⇒堪（こた）えられない ❷（多く、動詞の連用形に付いて複合語をつくる）耐えつづける。保つ。「これだけあれば一年くらいは—・える」「最後まで踏み—・える」「もち—・える」

こた・える【答える】こたへる〔動ア下一〕図こた・ふ〔ハ下二〕《「応える」と同語源》❶相手からかけられた言葉に対して返事をする。「元気よく、はい、と—・える」❷質問や問題に対して解答を出す。「設問に—・えなさい」(類語)返答・回答・応答・解答・自答・答え・反応

こ-たか【小×鷹】❶小形のタカ。ハヤブサ・ハイタカ・ツミなど。❷「小鷹狩り」の略。

こ-だか・い【小高い】〔形〕図こだか・し〔ク〕❶ちょっと高い。「—・い丘の上」❷相場が上がり気味である。値上がりの勢いがまだ弱く、特別目を引くほどではない状態のときにいう。⇒小安い

こたか-がり【小×鷹狩(り)】小鷹を使って秋に行う鷹狩り。初鳥狩（はつとがり）。(季 秋)「あさむつの橋に揃ふや—／涼莵」⇒大鷹（おおたか）狩り

こ-だか・し【木高し】〔形ク〕木立が高い。梢（こずえ）が高い。「妹（いも）として二人作りしわが山斎（しま）は—・く繁くなりにけるかも」〈万・四五二〉

こたか-だんし【小高×檀紙】小判の檀紙。小高紙。

こ-だから【子宝】大切な宝である子供。かわいい子供。また一般に、子供。「—に恵まれる」

(類語)子供・子こ・子女（しじょ）・児女・子弟・愛児・子息・息男（そくなん）・息女・息子（むすこ）・娘・倅（せがれ）・子種・二世・お子さま・令息・令嬢・お坊っちゃん・お嬢さん・お嬢さま

こ-たく【故宅】もとの家。旧宅。また、古い家。「われ等はサルルストが—の前に立てり」〈鷗外訳・即興詩人〉

ご-たく【御託】《「御託宣」の略》自分勝手なことを、もったいぶってくどくど言うこと。偉そうに言いたてること。また、その言葉。「—を並べる」(類語)理屈・屁^理屈・小こ理屈・詭弁（きべん）・こじつけ・空理・空論・講釈

ごた-くさ❶種々の物事が入りまじって、雑然としていること。ごたごた。「お冬と云う叔母やお庄の結いつけの髪結が、—のなかへおずおず入って来た」〈秋声・足迹〉❷もめごと。ごたごた。「めんどうな—が生じて来た」〈長与・竹沢先生と云ふ人〉

こ-だくさん【子沢山】〔名・形動〕夫婦の間に子供がたくさんあること。また、そのさま。子福。「律義者の—」「—な家庭」

こ-だくさん【小沢山】〔形動ナリ〕多いことを卑しんでいう語。たくさんそう。「なんぢゃ、—に三貫目。三匁もおぢゃらぬ」〈浄・油地獄〉

ご-たくせん【御託宣】❶「託宣」を敬っていう語。神のお告げ。ありがたい仰せ。「権現様の—」❷人の下した判断や命令を、冷やかしの気持ちを込めていう語。「会長の—とあらば従わざるをえない」

こ-だくみ【木▽工｜木▽匠】木材で家屋の建築・修理などをする人。大工。工匠。「—の道は小なるにせよ其（そ）れに一心の誠を委ね」〈露伴・五重塔〉

こだくみ-の-つかさ【木▽工▽寮】►もくりょう(木工寮)

こたけ-やしろう【古武弥四郎】コタケヤシロウ［1879～1968］医学者。岡山の生まれ。ドイツに留学。大阪大教授。必須アミノ酸のトリプトファンの中間代謝を研究。日本の生化学の基礎を築いた。

ごた-ごた㊀〔副〕スル ❶雑然として秩序のないさま。ごちゃごちゃ。「美辞麗句を—(と)並べる」「室内が—(と)して落ち着かない」❷混乱や争いが起こっているさま。「会社の中が人事問題で—(と)している」㊁〔名・形動〕❶争い。もめごと。紛争。「隣家との間に—が絶えない」❷整理がつかず雑然としていること。また、そのさま。「引き出しの中の—を整理する」「みんな、—に席へ着いた」〈漱石・三四郎〉 アクセント㊀はゴタゴタ、㊁はゴタゴタ。(類語)内輪もめ・内紛・内輪喧嘩（げんか）・諍（いさか）い・言い合い・口論・いがみあい・角突き合い・もめ事・トラブル・いざこざ・騒ぎ・悶着（もんちゃく）・摩擦・どさくさ・波乱・小競り合い・喧嘩・問題

こ-だし【小出し】多くある中から少しずつ出すこと。また、そのもの。「預金を—に使う」

コダシル【CODASYL】《Conference on Data Systems Languages》1959年に米国国防総省の主催で、コンピューターの利用者や製造業者などの代表が集まって作った協議会。翌年、プログラミング言語のCOBOL（コボル）を発表。

こ-たち【子▽達】子供たち。関西では、「ども」に対する「たち」の敬意が残っていて、尊敬語・丁寧語として用いられる。「お—」

こ-だち【小太-刀】小さい太刀。また、それを用いて行う武術。(類語)脇差・小刀

こ-だち【小裁ち】新生児から3歳ごろまでの乳幼児

用和服の裁ち方。また、その和服。一つ身裁ち・三つ身裁ちの総称。➡大裁ち ➡中裁ち

こ-だち【木立】群がって立っている木。「夏—」
[類語]林・森・森林・密林・ジャングル・山林・雑木林

ご-たち【御▽達】《「ご」は婦人の敬称》❶身分ある女性たちを敬っていう語。ご婦人がた。「粥(かゆ)の木引き隠して、家の—、女房などのうかがふを」〈枕・三〉❷宮中・貴族の家に仕える上級の女房たちを敬っていう語。「—、東の廂(ひさし)にあまた寝たるべし」〈源・空蝉〉 [補説]複数でなく一人の場合もある。

こ-たつ【×炬×燵┊▽火×燵】熱源をやぐらでおおい、その上に布団を掛けて暖をとるもの。切りごたつ(掘りごたつ)・置きごたつ・電気ごたつなど。[季 冬]「下戸一人酒に逃げたる—哉/太祇」

ご-だつ【誤脱】文章中の字句の誤りや字句の抜けているところ。また、その字句。「—の目立つ原稿」

こたつ-がけ【×炬×燵掛(け)】こたつやぐらに掛ける布団、または布。

ごた-つき ❶ごたつくこと。混乱。「引っ越しの—の中の出来事」❷もめごと。紛糾。紛争。

ごた-つ・く〔動カ五(四)〕❶整理がつかず混乱する。混雑した状態になる。ごたごたする。「出入り口が—・く」「大掃除で—・いている」❷争い事が起きて、もめる。紛糾する。もつれる。「相続問題で—・く」
[類語]込む・込み合う・立て込む・ごった返す・犇(ひし)めく・犇(ひし)めき合う・混雑する・雑踏(ざっとう)する

コダック-フォトシーディー【コダックフォトCD】《Kodak Photo CD》▶フォトCD

こたつ-ぶとん【×炬×燵布団】こたつやぐらに掛ける布団。[季 冬]「寝ごころや—のさめぬ内/其角」

こたつ-べんけい【×炬×燵弁慶】「内弁慶(うちべんけい)」に同じ。「俗(よ)に云ふ—にて、とばかりにして術(すべ)もなし」〈読・八犬伝・九〉

こたつ-やぐら【×炬×燵×櫓】こたつの布団を掛ける四柱方形の木組みのやぐら。[季 冬]「南天よ—よ淋しさよ/一茶」

こ-だて【戸建て】「一戸建て」に同じ。

こ-だて【木盾┊小盾】盾の代用。仮の盾。また、間に合わせにかばい隠すもの。「衝(つ)と飛退いて椅子を—に」〈二葉亭・其面影〉
　木盾に取・る　❶間に合わせの盾にする。「すばやく道ばたの築土(ついじ)のこわれを—・って」〈芥川・偸盗〉❷自分の都合にいいように使う。口実にする。「軍部は統帥権を—・って我意を通した」

ご-だて【碁立て】囲碁で、対局の布石。

こ-だな【▽蚕棚】蚕を入れて飼うかごをのせておく棚。かいこだな。[季 春]

こたに-つよし【小谷剛】[1924〜1991]小説家。京都の生まれ。産婦人科医のかたわら、同人誌「作家」を編集、発行。「確証」で由起しげ子とともに戦後初の芥川賞受賞。他に「翼なき天使」「医師と女」など。

こ-たにわたり【小谷渡】チャセンシダ科の常緑、多年生のシダ。本州中部以北の山林に自生。葉は細長い単葉で長い柄をもち、長さ20〜50センチ。

こ-だね【子種┊子×胤】❶子となるもと。また、精子のこと。「—を宿す」「—がない」❷家系・血統を継ぐものとしての子。「—を授かる」
[類語]子供・子宝・二世・子(こ)・子女(しじょ)・児女・子弟・愛児・子息・息男(そくなん)・息女・息子(むすこ)・娘・倅(せがれ)

こ-たば【小束】小さくくくってたばねたもの。小さい束。⇔大束。

こ-たび【×此度】このたび。今度。こたみ。「—巨勢君、ここなる美術学校に、しばし足を駐めむとて」〈鷗外・うたかたの記〉

ご-たぶん【御多分】多数の者の意見や行動など。
　御多分に洩(も)れず　世間と同じように。例外ではなく。「—うちの会社も人手が足りない」[補説]「御他聞に漏れず」「御多聞に漏れず」と書くのは誤り。

ごたぶん-れん【御多分連】自分の意見を持たず、ただ多数の人の意見や行動に付き従う連中。

こだま　東海道・山陽新幹線で運行されている特別急行列車の愛称。昭和39年(1964)東海道新幹線の開業とともに運行を開始。「ひかり」などの乗り継ぎに用いられる緩行列車で、山陽新幹線開業後も途中区間を結ぶのみで東京・博多間直通などはない。

こ-だま【小玉】❶小さい玉。❷弥生時代から古墳時代にかけて、首飾り・腕飾りなどに用いた直径5、6ミリの丸い玉。多くガラス製。❸「小玉銀」の略。

こ-だま【木霊┊×谺┊木▽魂】〔名〕(スル)《近世初めまでは「こたま」》❶樹木に宿る精霊。木の精。「—が攫(さら)うぜ、昼間だって容赦はねえよ」〈鏡花・高野聖〉❷《❶がこたえるものと考えたところから》声や音が山や谷などに反響すること。また、その声や音。山びこ。「銃声が谷間に—する」❸歌舞伎下座音楽で、小鼓2丁を下座と上手舞台裏とに分かれ、響き合うように打つもの。深山幽谷などの趣を出す。
[類語](❶)精霊・山霊・魑魅(ちみ)・魍魎(もうりょう)/(❷)山彦(やまびこ)

こ-だま【▽蚕霊┊▽蚕玉】蚕の神。養蚕をつかさどる神。

こだま-あげ【▽蚕霊揚(げ)】長野県などで、その年の養蚕が終わったときにする祝い。棚上げ。蚕糞(こくそ)祝い。

こたま-がい【小玉貝】(ーがひ) マルスダレガイ科の二枚貝。外洋に面した浅海の砂底にすむ。貝殻はハマグリ形で、殻長約7センチ。殻表に放射帯やジグザグ模様がある。食用。

こだま-かがい【児玉花外】(ークワグワイ)[1874〜1943]詩人。京都の生まれ。本名、伝八。明治36年(1903)「社会主義詩集」を発表したが、発売禁止となった。社会主義的新体詩の先駆者。他に詩集「ゆく雲」「花外詩集」など。

こだま-ぎん【小玉銀】「豆板銀」の異称。

こだま-げんたろう【児玉源太郎】(ーゲンタラウ)[1852〜1906]軍人。陸軍大将。徳山藩出身。陸軍大学校校長として、ドイツの軍制・戦術の移植に努め、台湾総督・陸相・内相などを歴任、日露戦争時は満州軍総参謀長、のち参謀総長。

ごた-まぜ【ごた混ぜ】〔名・形動〕いろいろな物がごたごたと入り混じっていること。また、そのさま。ごちゃまぜ。「野菜や肉を—にする」

こだま-まつり【▽蚕霊祭(り)】蚕の神をまつる祭り。中部・東北地方などで、その年の養蚕の成功を祈って、2月初午(はつうま)の日に行われる。

こ-たみ【×此▽度】「こたび」の音変化。「—は、院の上みづから降りたち」〈増鏡・おどろの下〉

こだゆう-かのこ【小太▽夫鹿の子】(こダイフー) 元禄(1688〜1704)のころ、江戸で流行した鹿の子絞り。歌舞伎役者の伊藤小太夫が用いはじめた。江戸鹿の子。

こだ・る〔動ラ下二〕❶傾く。しなだれる。「蓮華の花よ咲いて—・れ撓(たわ)うだ」〈田植草紙〉❷勢いがゆるむ。ひるむ。弱る。「戦は—・れかかって、かなふべしとも見えざりけり」〈幸若・大織冠〉❸泣きしおれる。泣く。もと、人形浄瑠璃の社会の隠語という。「あのつらで—・れちゃあ、掃き溜めの地震、雪隠へ落っこちた雷、といふつらだらう」〈洒・辰巳婦言〉

こ-だ・る【木垂る】〔動ラ四〕木が育って枝が垂れる。「薪(たき)伐(こ)る鎌倉山の—・る木をまつと汝が言はば恋ひつつやあらむ」〈万・三四三三〉[補説]一説に「木足る」で、枝葉が繁茂する意とも。

こだわり(こだはり) ❶こだわること。拘泥(こうでい)。「なんの—もなくつきあう」❷(「こだわりをつける」の形で用いる)文句を言うこと。難癖。「宿所(うち)なら—を付けてやるんだけれども」〈二葉亭・浮雲〉[補説]❶は、近年「こだわりの逸品」のようにも用いる。➡こだわる[補説]

こだわ・る(こだはる)〔動ラ五(四)〕❶ちょっとしたことを必要以上に気にする。気持ちがとらわれる。拘泥(こうでい)する。「些細(ささい)なミスに—・る」「形式に—・る」❷つかえたりひっかかったりする。「それ程—・らずに、するすると私の咽喉を滑り越したものだろうか」〈漱石・硝子戸の中〉❸難癖をつける。けちをつける。「郡司師高—・って埒(らち)明けず」〈浄・娥歌かるた〉[補説]❶は、近年、「一流の材料にこだわって作った料理」のように、妥協しないでとことん追求するような、肯定的な意味でも用いられる。[類語]かかずらう・とらわれる・拘泥・執着

こ-たん【枯淡】〔名・形動〕❶人柄・性質などがあっさりしていて、しつこくないこと。世俗的な名利にとらわれないで、さっぱりしていること。また、そのさま。「—な(の)境地」❷書画・文章などに俗っぽさがぬけ、あっさりとした中に趣があること。また、そのさま。「—な画風」[派生]こたんさ〔名〕

コタン《アイヌ語》村。村落。

こ-だん【小段】❶段数の少ない、小さい階段。❷堤防や築地(ついじ)の斜面の中腹につくる小さな平段。

ご-だん【五壇】❶密教の修法(ずほう)で、五大明王をそれぞれ安置する五つの壇。❷「五壇の法」の略。

ご-だん【後段】❶文章・話などのあとの段。終わりの段。こうだん。⇔前段。❷江戸時代、供応の際に飯のあとでさらに飲食物を供すること。また、その飲食物。「—に寒曝(かんざらし)のひやし餅」〈浮・文反古・一〉

ご-だん【後談】のちの話。のちの物語。後日談。

ご-だん【誤断】〔名〕(スル) 誤った判断を下すこと。また、その判断。「状況を—する」

ごだんかい-きょうじゅほう【五段階教授法】(ーケウジユハフ) 教授・学習指導の展開法の一。予備・提示・比較・総括・応用の五段階。ヘルバルトが唱えた四段階を、同学派のチラー・ラインが教育現場の実状に合わせて改めたもの。

ごだん-かつよう【五段活用】(ークワツヨウ) 口語動詞の活用形式の一。語形が五十音図のア・イ・ウ・エ・オの五段の音で語形変化するもの(さらに、連用形には音便形を含む)。本来、四段活用と同じであるが、現代仮名遣いでは、その未然形に「う」の付いた、たとえば「書かう」を発音に従って「書こう」と表記するため、この「書こ」も未然形の一つと認めて五段活用とよぶことになった。なお、文語の四段・ラ変・ナ変の各活用、さらに、下一段活用の「蹴る」が口語では五段(四段)活用になる。

ごだんぎぬた【五段砧】箏曲(そうきょく)。生田流。天保年間(1830〜1844)光崎検校(みつざきけんぎょう)が作曲。箏だけによる雲井調子と平調子の高低二部合奏曲で、雲井は秋の気分を、平は砧を表す。

コタンジェント〘cotangent〙三角比・三角関数の一。タンジェントの逆比・逆数。記号cot　余接。余接関数。

ごたん-とう【五炭糖】(ータウ) ▶ペントース

こ-だんな【小旦那】その家の主人を大旦那とよぶのに対し、その子を敬ってよぶ語。若旦那。

ごだん-の-ほう【五壇の法】(ーホフ) 天皇や国家の祈りに際し、息災・増益・調伏のために五大明王を東・南・西・北・中央の五壇に祭って行う密教の修法。五壇の御修法(みずほう)。

ごだん-の-みずほう【五壇の▽御▽修法】(ーみズホフ)「五壇の法」に同じ。

こち【東=風】東の方から吹いてくる風。ひがしかぜ。[季 春]「—吹くや山一ぱいの雲の影/漱石」

こ-ち【故地┊古地】❶もと所有していた土地。❷昔からの縁故のある土地。「文豪の—を訪ねる」

こ-ち【故知┊故×智】昔の人の用いた知恵。先人の試みた策略。「—に倣う」[類語]英知・人知・衆知・全知・奇知・理知・知恵・知

こ-ち【×胡地】胡の国の土地。えびすの国。転じて、未開の土地。

こち【×鯒┊×鮲┊牛=尾=魚】カサゴ目コチ科の海水魚。全長約50センチ。体は扁平で、頭が大きい。体色は黄褐色で、暗色の小円点が散在する。性転換をし、初めは雄で、成長すると雌になる。本州中部以南の沿岸の砂泥底にすむ。マゴチ。[季 夏]「—釣るや濤声四方(よも)に日は滾(たぎ)る/蛇笏」➡メゴチ [補説]「鯒」「鮲」は国字。

こ-ち【×此▽方】〔代〕❶近称の指示代名詞。こっち。こちら。「—やと言へば、ついゐたり」〈源・若紫〉❷一人称の人代名詞。わたくし。わたくしども。「そちが知らずは、—も知らぬぞ」〈虎清狂・文荷〉

ご-ち【五地】5種類の土地。山林・川沢・丘陵・墳衍(ふんえん)(丘と平地)・原隰(げんしゅう)(高原と低い湿地)。五土。

ご-ち【五×智】仏語。大日如来に備わる5種の智慧。密教で、大日の智の総体の法界体性(ほっかいたいしょう)智と、大

円鏡智・平等性智・妙観察智・成所作智(じょうしょさち)の四智。また、浄土教では仏智・不思議智・不可称智・大乗広智・無等無倫最上勝智の5つを阿弥陀仏の智とする。
ゴチ《「ゴチック」の略》「ゴシック❶」に同じ。
ごち-あみ【五×智網】主に瀬戸内海地方で、タイを捕るために用いられる手繰り網。楕円形の網の両端につけた綱を引き、魚を網目にかけて捕る。
ごち-えんまん【五×智円満】(―ヱンマン) 仏語。大日以下の五仏を本尊として三密の観行を成就するとき、行者の身に五智が完全に備わること。
こち-かぜ【▽東風】「こち(東風)」に同じ。
こ-ぢから【小力】人並みより少しばかり強い力。ちょっとした力。「やせてるわりに―がある」
こ-ちく【×胡竹】竹の一種。横笛の材料とする。また、それで作った横笛。呉竹。
ご-ちく【五畜】5種類の代表的な家畜。鶏・羊・牛・馬・豚の称。
ご-ちく【呉竹】「胡竹(こちく)」に同じ。
こ-ちご【小稚児】小さい子供。「年十五、六ばかりなる―の、髪唐輪(からわ)に上げたるが」〈太平記・二〉
こち-こち㊀〔副〕❶かたい物をたたく音、また、かたい物とかたい物とが触れ合う音を表す語。「細い杖の先で合土(たたき)の上を―叩いて」〈漱石・虞美人草〉❷時計が時を刻む音を表す語。かちかち。「時計が―(と)秒を刻んでいた」㊁〔形動〕❶物が干からびたり凍ったりして、ひどくかたくなったさま。「―になった餅(もち)」❷緊張して心のゆとりをなくすさま。「面接官の前であがって―になる」❸頑固で融通のきかないさま。「趣味のない―な男」 アクセント㊀はコチコチ、㊁はコチコチ。
(類語)ごちごち・こちんこちん・かちかち・がちがち・かちんかちん・堅い・強い・硬質・堅硬・生硬・硬直
こち-ごち【×此▽方×此▽方】〔代〕不定称の指示代名詞。あちこち。あちらこちら。ほうぼう。「―の国のみ中ゆ出で立てる富士の高嶺は」〈万・三一九〉
ごち-ごち㊀〔副〕かたい物とかたい物とがぶつかり合う音を表す語。「―と潜戸(くぐど)を開け」〈露伴・夜の雪〉㊁〔形動〕❶物がひどくかたく固まっているさま。「―に凍った冷凍魚」❷ある考えで凝り固まっているさま。「出世欲で―な男」
こちごち-し【▽骨▽骨し】〔形シク〕❶不作法であるさま。ぶしつけであるさま。「旧(ふる)き物語にかかづらひて、夜を明かし果てむも、―・しかるべければ」〈源・橋姫〉❷無骨であるさま。無風流であるさま。「もとより―・しき人にて、かうやうのこと、さらに知らざりけり」〈土佐〉
ごち-ごぶつ【五×智五仏】仏語。大日如来が備え持つ五つの智慧が、そのまま五仏に配当されること。
こ-ちじき【古地磁気】岩石の残留磁気から求められる過去の地磁気の向きや強さ。測定することにより、磁極や大陸が移動したこと、地磁気の北極・南極が何回も反転したことなどがわかった。
こちじき-がく【古地磁気学】岩石の残留磁気をもとにして、地質時代を含めた過去の地磁気の状態を研究する学問。
コチジャン《朝鮮語》▶コチュジャン
こ-ちず【古地図】(―ヅ) 16、7世紀以前の、主として手書きによって作製された地図。
こち-ず【▽言▽出づ】(―ヅ)〔動ダ下二〕《「ことい(言出)づ」の音変化》口に出して言う。「足柄のみ坂恐(かしこ)み曇り夜の我(あ)が下延(したは)へを―・でつるかも」〈万・三三七一〉
ご-ちそう【御×馳走】〔名〕(スル)❶「馳走」を、それをする人や、する相手を敬っていう。また、「馳走」の丁寧語。心を込めてもてなすこと。特に、食事などをふるまうこと。また、そのもてなし。「―になる」「鮨(すし)を―する」「冬は火が何よりの―だ」❷ぜいたくな料理。豪華な食事。「生まれてはじめての―だ」(類語)料理・菜(さい)・おかず・膳(ぜん)・膳部・食膳・佳肴(かこう)・酒肴(しゅこう)・珍味・ディッシュ
ごちそう-さま【御×馳走様】〔感〕❶ごちそうになった礼に述べるあいさつの語。❷男女の仲のいいさまを、のろけなどを見せつけられたりしたときなどに言う、皮肉を込めたりからかったりするあいさつの語。
ごちそう-ぜめ【御×馳走攻め】次から次とおいしい飲食物を出してもてなすこと。「―にあう」
こちた-し【▽言▽痛し・▽事▽痛し】〔形ク〕《「こといたし」の音変化》❶人の口がうるさい。煩わしい。「人言(ひとごと)はまこと―・くなりぬともそこに障らむ我にあらなくに」〈万・二八八六〉❷ことごとしい。おおげさだ。「殿上人、四位、五位―・くうち連れ、御供にさぶらひて並みゐたり」〈枕・二七八〉❸たくさんである。量が多い。程度がはなはだしい。「髪うるはしくもとはいと―・くて」〈紫式部日記〉(補説)奈良時代では多く人のうわさについていう場合が多いが、平安時代になると、霜の置くさま、毛髪の多いさまなどにいう。
ゴチック〘(ドイツ) Gotik〙▶ゴシック
こち-と【×此▽方▽人】〔代〕《「こちひと」の音変化》一人称の人代名詞。わたしたち。わたし。「内にゐやんす内儀様―ばかりにうちまかせ」〈浄・重井筒〉
こちと-ら【×此▽方▽人▽等】〔代〕《代名詞「こちと」に複数を示す「ら」のついたもの、単数にも用いる》一人称の人代名詞。おれたち。おれ。「―の知ったことじゃない」「―はどうで着た限(き)り雀ときてゐるから」〈滑・浮世風呂・三〉(補説)現代では俗語的に用いる。
(類語)おれ・僕・わし・おいら・おら・あっし
こ-ちどり【小千鳥】チドリ科の鳥。全長16センチくらい。背は灰褐色、腹は白色、くびに黒い輪があり、目のまわりが黄色い。川や海岸でみられる。
こち-な-し【▽骨無し】〔形ク〕❶不作法である。無礼だ。「悩ましくなむ、と事無しび給ふを、しひて言ふも、いと―・し」〈源・手習〉❷無骨だ。無風流だ。「男なんどは―・うもぞおぼしめす」〈平家・一〇〉
コチニール〘cochineal〙▶カルミン
ごち-にょらい【五×智如来】仏語。密教の五智に配当される五人の如来。大日(法界体性智)・阿閦(あしゅく)(大円鏡智)・宝生(平等性智)・阿弥陀(妙観察智)・不空成就(成所作智)の五如来。五智の如来。
コチニン〘cotinine〙タバコの煙に含まれるニコチンが体内で分解されてできる物質。尿とともに排出される。非喫煙者でもタバコの煙を吸うとコチニンの濃度が上がるので、受動喫煙の量の測定の指標となる。
こち-の-ひと【×此▽方の人】〔代〕❶三人称の人代名詞。妻が夫をさしていう語。うちの人。「―が京からの帰りを待って」〈浄・宵庚申〉❷二人称の人代名詞。妻が夫に向かっていう語。あなた。「―、―と呼び起こしければ」〈浮・胸算用・三〉
ごち-の-ほうかん【五×智の宝冠】(―ホウクヮン) 大日如来などが頭にいただく宝冠。五智五仏を象徴する。
こ-ちゃ【古茶】新茶に対して古い茶のこと。(季 夏)「女夫仲いつしか淡し―いるる/たかし」
こ-ちゃ【粉茶】もみ砕いて細かくした茶。また、粉状になった茶。こなちゃ。
こちゃ〔連語〕《代名詞「こち」に係助詞「は」のついた「こちは」の音変化》わたしは。自分は。こちらは。「とても女子(をなご)に生まれるなら、―日本の女子になりたい」〈浄・国性爺〉
こちゃえ-ぶし【こちゃえ節】天保(1830～1844)のころに流行した俗謡。甲斐の盆踊り歌が江戸にはいったものという。各節の終わりに「コチャエ、コチャエ」の囃子詞(はやしことば)がつく。はねだ節。➡お江戸日本橋
こ-ちゃく【固着】〔名〕(スル)❶他のものにしっかりくっつくこと。「接着剤で棚板を壁に―させる」❷同じ所にとどまって、そのままの状態で定着すること。「先祖代々の土地に―する」❸精神分析用語。発達の過程で、リビドーが、過度の満足あるいは不満足などによって、口唇など特定の段階にとどまること。
こ-ちゃく【×糊着】〔名〕(スル)❶糊(のり)でつけること。また、糊でつけたようにぴったりとつくこと。「自分の目の表面に―したもの」〈寅彦・物理学と感覚〉❷ある物事にとらわれて離れられないこと。固執すること。「伝統に―する」
こちゃく-かんねん【固着観念】(―クヮンネン)▶固定観念
こちゃく-ざい【固着剤】染色で、可溶性の染料や媒染剤を不溶性に変えて繊維に固着させるための薬剤。炭酸ソーダ・アンチモン塩類など。
こちゃ-こちゃ〔副〕(スル) 細かい物が入りまじって、混雑しているさま。「いろいろなことを―(と)手帳に書く」「小さな店が―した横町」
ごちゃ-ごちゃ㊀〔副〕(スル) いろいろな物が秩序なく入りまじって、雑然としているさま。「注釈を―(と)書き込む」「―した話」㊁〔形動〕㊀に同じ。「なにもかも―に考えている」 アクセント㊀はゴチャゴチャ、㊁はゴチャゴチャ。
ごちゃ-つ・く〔動カ五(四)〕物がまとまりなく集まって雑然としている。ごちゃごちゃする。「家の中が―・いて足の踏み場もない」
ご-ちゃっこ【御着×袴】(―チャクコ) 天皇・皇太子・親王などの袴着(はかまぎ)の儀式。➡着袴の儀
コチャバンバ〘Cochabamba〙ボリビア中部の都市。コチャバンバ県の県都。同国の主要な農業地域であり、商工業の中心地でもある。植民地時代の建造物が多数残され、観光・保養地としても知られる。
ごちゃ-まぜ【ごちゃ混ぜ】〔名・形動〕いろいろな物が無秩序に入りまじっていること。また、そのさま。「野菜やら肉やらを―にして煮る」
こ-ちゅう【古注・古×註】❶古い時代に行われた注釈。特に日本では、国学成立以前の注釈。⇔新注。❷中国で、経書類に付された注釈のうち、漢代・唐代になされたもの。⇔新注。
こ-ちゅう【孤忠】心を同じくする人もなく、たった一人で尽くす忠義。「―を全うする」「―至孝」
こ-ちゅう【孤注】❶ばくちで、なけなしの金をはたいて、のるかそるかの勝負をすること。❷一か八(ばち)かの勝負。危険を冒すたとえ。「――擲(いってき)」
こ-ちゅう【個中・▽箇中】《「個」は、このという意味の指示語。この範囲内の意から》❶学芸や物事の奥深い道理。「惜むらくは―の趣味を解せずと来てるんだからネ」〈木下尚江・良人の自白〉❷《禅家で、此処(ここ)の意》仏教の根本精神や要諦のこと。
こ-ちゅう【個虫】群体を構成する生物の各個員。
こ-ちゅう【×壺中】❶つぼの中。❷臆病な者。小心者。
壺中の天地 《後漢の費長房が、市中に薬を売る老人が売り終わると壺の中に入るのを見て一緒に入れてもらったところ、りっぱな建物があり、美酒・佳肴(かこう)が並んでいたので、ともに飲んで出てきたという、「後漢書」方術伝の故事から》俗世間を離れた別世界。また、酒を飲んで俗世間を忘れる楽しみ。仙境。壺中の天。
こ-ちゅう【▽籠中】かごの中。ろうちゅう。「―の鳥」
ご-ちゅう【五虫】「孔子家語」執轡にみえる、5種類の動物。鱗虫(りんちゅう)(長は蛟竜(こうりょう))・羽虫(長は鳳凰(ほうおう))・毛虫(長は麒麟(きりん))・甲虫(長は神亀(しんき))・裸虫(長は聖人)。
ご-ちゅう【語中】❶語頭・語尾に対して、単語の中間の部分。❷話したり、書いたりした言葉の中。
ご-ちゅういん【五中陰】人が死んでからの35日間。五七日(ごしちにち)。
コチュジャン《朝鮮語》甘辛い味の唐辛子みそ。朝鮮料理の重要な調味料。もち米・米こうじ・唐辛子・塩を発酵させて作る。コチジャン。
こ-ちょう【戸長】(―チャウ) 明治前期、地方行政区画の区や町村の行政事務をつかさどった役人。明治5年(1872)の大区・小区制下では小区の長として置かれ、従来の庄屋・名主などから選ばれた。同22年町村制施行により廃止。今の町・村長にあたる。
こ-ちょう【古帳】(―チャウ) 古い帳面。古い記録。
こ-ちょう【古調】(―テウ) 昔の音調。歌などの古風な趣。
こ-ちょう【枯×凋】(―テウ)〔名〕(スル) 枯れしぼむこと。物事が衰えること。凋落。
こ-ちょう【枯腸】(―チャウ)❶飢えてひからびた腹。「人の生ける肉をくらい…逆境に暴(さら)されたりし―を癒やさん」〈紅葉・金色夜叉〉❷詩情の乏しいこと。
こ-ちょう【×胡×蝶・×蝴×蝶】(―テフ)❶昆虫チョウの別名。(季 春)「夕日影町半(なか)ばにとぶ―かな/其角」❷紋所の名。チョウの形を図案化したもの。
こちょう【胡蝶・蝴蝶】(コテフ)㊀源氏物語第24帖の巻の名。貴公子たちが求愛する玉鬘(たまかずら)に養父源氏までが懸想するさまを描く。㊁「胡蝶楽」の略。㊂謡曲。三番目物。観世・宝生・金剛流。旅僧が梅を見てい

ると、胡蝶の精が現れ、梅花にだけ縁のないことを嘆くが、法華経の功徳くどくの力で縁ができる。㊃長唄「鏡獅子」の舞踊に登場する役名。前段と後段の間のつなぎに二人で登場して舞い、また後段では獅子しとに絡む。㊄(蝴蝶)山田美妙の小説。明治22年(1889)発表。壇ノ浦を舞台に、平家方の女房蝴蝶と、源氏方の間諜かんちょうとの悲劇を描く。

こ-ちょう【誇張】コチャウ〔名〕スル 実際よりも大げさに表現すること。「主人公の特徴を―して描く」類語 誇大・誇称・潤色・脚色・デフォルメ・カリカチュア

こ-ちょう【鼓腸｜鼓×脹】コチャウ ❶腸内にガスが大量にたまって腹が膨れ上がった状態。腸閉塞や腹膜炎などでみられる。❷反芻はんすう動物、特に牛で、第1胃に食物の発酵によるガスがたまった病的な状態。

ご-ちょう【五調】ゴテウ「五調子」の略。

ご-ちょう【×伍長】ゴチャウ ❶五人を一組みとしたものの長。❷陸空軍の階級の一。下士官の最下位。軍曹の下、兵長の上。

ご-ちょう【後朝】ゴテウ「こうちょう(後朝)」に同じ。「除目ぢもくの―には」〈今昔・三一・二五〉

ご-ちょう【後趙】ゴテウ ►こうちょう(後趙)

ご-ちょう【語調】ゴテウ ❶話すときの言葉の調子。言葉つき。「―を和らげる」❷話すときの声の高さの変動。イントネーション。また、アクセント。
類語 口調・語気・語り口・論調・歯切れ・呂律ろれつ

こ-ちょうぎん【古丁銀】コチャウギン 慶長6年(1601)鋳造の慶長丁銀以前に鋳造された丁銀。

こちょう-こつ【×胡×蝶骨】コテフ「蝶形骨ちょうけいこつ」に同じ。

ご-ちょうし【五調子】ゴテウシ ❶中国古来の音楽で、宮・商・角・徴ち・羽の五つの音階。❷日本の雅楽で、壱越いちこつ調・平調ひょうじょう・双調・黄鐘おうしき調・盤渉ばんしき調の五つの調子。五調。

こちょう-すみれ【×胡×蝶×菫】コテフ サンシキスミレの別名。

こ-ちょうせん【古朝鮮】コテウセン 前108年、漢の武帝に征服される以前の朝鮮、およびその時代。檀君だんくん・箕子きし・衛氏えいしなどの王朝の支配下にあった。支配地域は大同江から北西の地域。

こちょう-そう【×胡×蝶装】コテフサウ《糊のり付けした面を開くと胡蝶が羽を広げたようになるところから》粘葉でっちょう装の異称。

こちょう-の-ゆめ【×胡×蝶の夢】コテフ《荘子が夢の中で胡蝶になり、自分が胡蝶か、胡蝶が自分か区別がつかなくなったという「荘子」斉物論の故事に基づく》自分と物との区別のつかない物我一体の境地、または現実と夢とが区別できないことのたとえ。

こ-ちょうはい【小朝拝】コテウハイ《略式の朝拝の意から。「こぢょうはい」とも》元日に公式の朝拝の儀式のあと、親王以下、六位蔵人くろうど以上の者が清涼殿の東庭に立ち並んで、天皇を拝賀する儀式。

ごちょう-ひも【五丁×紐】ゴチャウ 太くて長い羽織紐。先でちょっと結ぶ。「粋な小紋に斜子ななこの裏衿、南京の羽織、―」〈洒・駅舎三友〉

こちょう-ほう【誇張法】コチャウハフ 修辞法の一。事物を過度に大きくまたは小さく形容する表現法。「雲衝つくばかりの大男」「猫の額ほどの土地」などがその例。

ごちょう-まち【五丁町】ゴチャウ《江戸町1・2丁目、京町1・2丁目、角町すみちょうの5町からなっているところから》新吉原遊郭の呼び名。「今―に光を争ひ、全盛いはん方なし」〈風来六部集・里のをだ巻評〉

こちょう-むすび【×胡×蝶結び】コテフ ひもや水引の結び方の一。チョウが羽を広げたような形に結ぶもの。祝儀袋の飾りに用いる。

こちょう-やくば【戸長役場】コチャウ 戸長が事務を取り扱った所。

こちょうらく【胡蝶楽】コテフラク 雅楽。高麗楽こまがく。高麗壱越こまいちこつ調の小曲。舞は四人の童舞。延喜6年(906)に藤原忠房が作曲、敦実あつみ親王が作舞したと伝える。番舞つがいまいは迦陵頻かりょうびん。胡蝶の舞。胡蝶。

こちょう-らん【×胡×蝶×蘭】コテフ ラン科の常緑多年草。葉は長楕円形。白や淡紅色の花が咲く。フィリピン・台湾の原産で、温室などで観賞用に栽培。ファレノプシス。(季 夏)「導かれ来し一卓の―/夜半」

こちょ-こちょ〔副〕❶指先などで細かくまさぐるさま。「―(と)くすぐる」❷すばやく動きまわったり、耳もとで小さな声でしゃべったりするさま。「子供が何か―(と)耳打ちする」

ごちょ-ごちょ〔副〕不平・不満などをあれこれと言うさま。ごちゃごちゃ。「いつまでも―(と)言うな」

こち-ら【×此▽方】〔代〕❶近称の指示代名詞。㋐話し手に近い方向をさす。「―を向いてください」㋑話し手のいる、またはその方向にある場所をさす。「―に来てからもう三年になる」㋒話し手の近くにある物をさす。「―も御試着なさいますか」❷一人称の人代名詞。話し手自身、また話し手の側をさす。当方。「―はいつでも結構です」❸三人称の人代名詞。話し手のすぐそばにいる人をさす。同等以上の人に用いる。この人。「―が私の兄です」類語 こっち・そちら・そっち・あちら・あっち・かなた・向こう

こ-ちり【古地理】推定される地質時代の地理。水陸分布・地形・生物分布など。

こちり-がく【古地理学】地層と化石を用いて古地理を研究する、地学の一分野。

こちん〔副〕❶かたい物が軽く触れ合ったときの音、また、そのさまを表す語。「―と何かが窓ガラスに当たった」❷冷たく固まっているさま。また、かたく動きのないさま。「いつも必ず肚はらの底で―と小さく片づけられていた我執が」〈里見弴・多情仏心〉

こちんと来る　反射的に軽い敵意を覚えさせられる。癪しゃくにさわる。「あの言い方には―来る」

ご-ちん【呉鎮】[1280〜1354]中国、元代の画家。嘉興(浙江せっこう省)の人。字あざなは仲圭。号、梅(梅花)道人。元末四大家の一人。墨竹・山水にすぐれ、詩・書もよくした。

こちん-こちん〔形動〕❶物が乾いたり凍ったりして、かたいさま。「―に凍る」❷緊張して心に余裕がないさま。「面接試験で―になる」

こ-ぢんまり【小ぢんまり】〔副〕スル 小さいながら程よくまとまり、落ち着きのあるさま。「―(と)まとまる」「―(と)した家」補説「こじまり(小締まり)」の音変化とみて「こじんまり」とする説もある。

こっ〔接頭〕《接頭語「こ(小)」に促音が加わったもの》形容詞、ときに動詞に付いて、いささか、相当に、はなはだしく、などの意を添える。「―ぱずかしい」「―ぴどい」「―ぱずれる」

こ-つ【木▽屑】流れにたまった木のくず。こつみ。「鳴る瀬ろに―の寄すなすいとのきて愛かなしけ背ろに人さへ寄すも」〈万・三五四八〉

こつ【×忽】㊀〔名〕数の単位。1の10万分の1。➡表「位くらい」㊁〔ト・タル〕図〔形動タリ〕にわかであるさま。突然。「―として消え去る」➡漢「こつ(忽)」

こつ【×笏】►しゃく(笏)

こつ【骨】❶火葬にした死者のほね。「お―を拾う」❷物事をうまく処理する要領。呼吸。勘所。「―をつかむ」「運転の―をのみこむ」❸芸道などの急所。奥義。また、それを習得する能力。「天性その―なければども」〈徒然・一五〇〉➡漢「こつ(骨)」
類語 秘訣ひけつ・便法・奥の手・呼吸

こつ【×兀】〔ト・タル〕図〔形動タリ〕高くそびえているさま。「はるかに―とした岩山の懸崖が見え」〈寅彦・旅日記から〉

ご-つ㊀〔動タ下二〕《「こと(言・事)す」の音変化とも、「こと(言・事)」を活用させたものともいう》ものを言う。「帝みかどの御口づから―・て給へるなり」〈源・東屋〉㊁〔接尾〕《動詞四段型活用》名詞や動詞の連用形に付く。❶物事を行う意を表す。「まつり―・つ」「はかり―・つ」❷物を言う意を表す。「ひとり―・つ」「聞こえ―・つ」

こつ-あげ【骨揚げ｜骨上げ】〔名〕スル 火葬にした死者の骨を拾い上げること。こつひろい。

こつ-い〔形〕勘定高い。こまかい。しわい。「―・い客のくせに、揚げの日は半時も傍におかねば損のやうに吸ひついてゐたさうな」〈浄・生玉心中〉

ごつ-い〔形〕❶大きくて、かどばっている。いかにも頑丈そうである。ごつごつしている。「―・い岩肌」「―・いからだつき」❷態度や動作などがかたくてぎこちない。無骨だ。「―・い連中」❸度をこしていて、すごい。「―・いやり方」派生 ごつさ〔名〕
類語 いかつい・ごつごつ・でこぼこ

コツィア-ひろば【コツィア広場】《Plateia Kotzia》►コジア広場

こ-つうじ【小通事｜小通詞】江戸時代、長崎に置かれた通訳官である唐通事・オランダ通詞のうち、大通事を補佐する役職。

こつ-えん【×忽×焉】〔ト・タル〕図〔形動タリ〕突然あるる状態になるさま。にわかに。たちまち。忽然。「―として湧起こった」〈中島敦・名人伝〉

こつ-えんりょう【骨塩量】コツエンリャウ ►骨密度

こつ-おけ【骨×桶】コツをけ 火葬にした死者の骨を入れる桶。

こっ-か【刻下】コク ただいま。目下。「―の急務」
類語 今・現在・現時点・現下・目下・即今そっこん・時下

こっ-か【国花】コククワ その国を代表するものとして、国民から最も親しまれ重んじられる花。日本の菊・桜、イギリスのバラ、フランスのユリなど。

こっ-か【国家】コク ❶くに。❷一定の領土とそこに居住する人々からなり、統治組織をもつ政治的共同体。または、その組織・制度。主権・領土・人民がその3要素とされる。類語 国・邦家・社稷しゃしょく

こっ-か【国華】コククワ 国の名誉。国の誇り。

こっか【国華】コククワ 月刊美術雑誌。明治22年(1889)岡倉天心・高橋健三らが創刊。東洋美術、特に日本美術の作品紹介と研究論文を掲載。

こっ-か【国貨】コククワ ❶その国が制定して通用させている通貨。❷国産の物品。

こっ-か【国歌】コク ❶その国と国民を象徴するものとしての歌曲。国の式典や国際的な行事などで演奏される。「―斉唱」❷和歌。「―大観」

こっ-か【骨化】コツクワ 軟骨または線維性結合組織に石灰が沈着し、骨組織が生成すること。化骨。

こっ-か【黒花】コククワ 陶磁器の装飾法の一。黒色発色の鉄質の彩料で文様を表すもの。

こっ-か【×轂下】コク《輦轂れんこくの下もとの意から》天子のひざもと。宮城のある地。帝都。首都。輦下れんか。

こ-づか《「こうづか(髪束)」の音変化》もとどり。

こ-づか【小▽柄】刀の鞘さやの差裏さしうらに添える小刀の柄。また、その小刀。

ごっ-か【極果】ゴククワ 仏道の修行によって得た最高の悟り。究極・無上の悟り。大乗仏教の仏果、小乗仏教の阿羅漢果。

コッカー-スパニエル〖cocker spaniel〗犬の一品種。体高30〜40センチ。足は太くて短く、毛は絹糸状で、耳は大きく垂れている。原産地は英国で、ヤマシギ(cock)の狩猟に用いられた。愛玩用もある。

こっかあんぜんほしょう-かいぎ【国家安全保障会議】コクカアンゼンホシャウクワイギ ㊀国の安全保障政策について審議・立案・調整・意思決定などを行う機関。米国・英国・ロシア・韓国など各国にある。日本は安全保障会議がこれに相当する。㊁米国政府の最高国防会議。1947年、国家安全保障法により設置。外交政策と軍事政策とを統合し、高度の国防政策を立案・審議して大統領に勧告する機関。NSC(National Security Council)。

こっ-かい【告解】コク《confession》❶「告白❷」に同じ。❷「ゆるしの秘跡ひせき」の旧称。

こっ-かい【国会】コククワイ ❶日本国憲法の定める国の議会。国権の最高機関で、国の唯一の立法機関。衆議院と参議院の両議院で構成され、主権者である全国民を代表する議員で組織される。❷明治憲法下における帝国議会の俗称。
類語 議会・議院・両院・二院・衆議院・参議院

こっ-かい【国界】コク 国と国との境。国境。

こっ-かい【骨灰】コツクワイ 動物の骨を、脂肪やにかわ質を脱してから焼いて作った灰。燐酸りんさんカルシウムを含むので、燐酸の原料・燐酸肥料とする。こつばい。

こっ-かい【黒海】コク《Black Sea》地中海の付属海。

ヨーロッパおよびロシア南部・小アジアに囲まれる内陸海で、南西部のボスポラス海峡・ダーダネルス海峡を経て地中海に通じる。面積42万2000平方キロメートル。チェルノエ海。

こつ-がい【▽乞×丐】物乞いをすること。また、その人。こじき。乞丐人。「父母ぶもありしかども皆死にて相知れる人もなし。然されば寄り付く方なくて、かかる―をばするなり」〈今昔・二・二四〉

こつ-がい【骨骸】骨だけになった死骸。骸骨。

こ-づかい【小使い】コヅカヒ 用務員の旧称。

こ-づかい【小遣い】コヅカヒ「小遣い銭」の略。

こっかいかいせつ-せいがんうんどう【国会開設請願運動】コククワイカイセツセイグワンウンドウ 明治政府に対する国会開設要求運動。明治7年(1874)民撰議院設立建白書の提出に始まり、愛国社の再興から拡大し、同13年には国会開設請願書を政府に提出、最高潮に達した。同14年に政府は10年後の国会開設を約束した。

こづかい-かせぎ【小遣い稼ぎ】コヅカヒ― 小遣い銭を得るための仕事をすること。

こっかい-ぎいん【国会議員】コククワイ― 国民の投票によって選出され、国会を組織する議員。衆議院議員と参議院議員とがあり、議案・動議の発議・表決、内閣への質問などの権限を有する。

こっかいぎいん-ごじょねんきん【国会議員互助年金】コククワイギヰン― 在職期間10年以上の国会議員退職者に支給される年金。在職3年以上10年未満の場合は、掛け金の8割が戻る。平成18年(2006)廃止。議員年金。

こっかい-ぎじどう【国会議事堂】コククワイ― 国会が開催される建物。東京都千代田区永田町にある。昭和11年(1936)完成。

こっかい-きしょう【国会記章】コククワイキシヤウ 国会に出入りする衆参両院議員・議員秘書・政党職員・国会職員・報道関係者らが資格証明として付ける記章の総称。見学者は不要。議院記章。

こっかいきせい-どうめい【国会期成同盟】コククワイキセイ― 明治13年(1880)に結成された国会開設運動の全国的団体。愛国社から発展。片岡健吉・河野広中らを代表に、国会開設請願書を政府に提出するなど活発な運動を展開した。

こづかい-ぜに【小遣い銭】コヅカヒ―「こづかいせん」に同じ。「―などひそかに与えつ」〈逍遥・当世書生気質〉

こづかい-せん【小遣い銭】コヅカヒ― 生活費とは別にしたちょっとした買い物や娯楽など、日常の雑費に充てる金銭。ポケットマネー。「―にも事欠く」

こっかいたいさく-いいんかい【国会対策委員会】コククワイタイサクヰヰンクワイ 日本の政党内に置かれ、法案の内容や法案審議の進行について他党と連絡調整をする委員会。この各党委員会の交渉結果が、国会の正式な機関である議院運営委員会で討議され、そのまま通過するため、政府与党と野党との密室での裏取引の場という批判もある。国対。➡国対政治

こづかい-ちょう【小遣い帳】コヅカヒチヤウ 小遣い銭の収支を記しておく帳簿。

こっかいどうい-じんじ【国会同意人事】コククワイドウイ― 衆議院と参議院による同意採決が必要な人事。日本銀行政策委員会審議委員、人事院人事官、会計検査院検査官、公正取引委員会委員長・委員、国家公安委員会委員、原子力委員会委員、中央社会保険医療協議会委員、NHK経営委員会委員など30以上の機関が対象となる。政府予算案などの採決と違い、衆参いずれかで否決されると不同意となる。

こっかい-としょかん【国会図書館】コククワイトショクワン「国立国会図書館」の略。

こづかい-とり【小遣い取り】コヅカヒ― 小遣い銭またはその程度の金額を得るために働くこと。

こっかい-ほう【国会法】コククワイハフ 国会の組織・運営などに関して規定する法律。昭和22年(1947)施行。

こっかい-ほうこく【国会報告】コククワイ― ❶法律に基づいて行った行為や法律の運用結果に関し、国会で報告を行うこと。法律の適切な運用を担保するため、条文で義務付けられる場合がある。国会での事前・事後承認などより簡易な方法として採用される。❷国会議員が国会での活動や議論の動向などを主として地元選挙区の支持者・有権者に報告すること。

こっかうんゆあんぜん-いいんかい【国家運輸安全委員会】コクカウンユアンゼンヰヰンクワイ ➤エヌ-ティー-エス-ビー(NTSB)

こっか-がく【国家学】コクカ― 国家の諸問題を研究する学問。特に19世紀以降のドイツで発達した。英国・米国の政治学に近い。

こっか-かんり【国家管理】コクカクワンリ 国家またはその機関が企業などの経営・活動に介入し、管理を行うこと。

こつ-がき【骨描き】東洋画において、画面全体の構成や主要な形体などを定める基本的な線を描くこと。また、その描線。

こっか-きかん【国家機関】コクカキ― 国家の意思を決定・表示・執行するための諸種の機関。立法・司法・行政の事務・作用に関する機関。

こっか-きかんぎじゅつ【国家基幹技術】コクカ― 国の総合的な安全保障の向上や世界最高水準の研究機能の実現を図るために、国が主導して推進する大規模プロジェクト。内閣府の重要政策会議のひとつである総合科学技術会議が選定し、第3期科学技術基本計画(平成18〜22年度)に盛り込まれた。次世代スーパーコンピューター・X線自由電子レーザー・海洋地球観測探査システム・高速増殖炉・宇宙開発の5分野。

こっかぎょうせいそしき-ほう【国家行政組織法】コクカギヤウセイソシキハフ 実質的には、国の行政機関の設置・組織・権限に関する法の全体。形式的には、内閣の統轄下にある国の行政機関(府・省・委員会・庁)の組織の基準を定めた法律。昭和24年(1949)施行。

こっ-かく【骨格｜骨×骼】❶動物の体をささえ、内臓を保護している固い構造物。甲殻類などの外骨格と脊椎動物の内骨格とがある。ヒトは、200個余りの骨から成り立ち、関節結合・縫合・軟骨結合などによって構成される。「たくましい―」❷物事をかたちづくる中心のところ。骨組み。「建物の―」「都市計画の―ができあがる」(類語)(❶)骨組み・骨柄・形骸/(❷)骨組み・骨子・骨・枠組み・大枠・あらまし・大筋・大要・大綱・アウトライン・フレーム

こっかく-き【骨角器】獣類の骨・角・歯牙や魚骨・鳥骨などで作った道具。石器時代に多く用いられた。銛もり・簎やす・鏃やじり・針など。

こっかく-きん【骨格筋】主に骨格の可動部分に付いて、姿勢の保持や運動に働く筋肉。脊椎動物ではふつう紡錘形で、筋線維には横紋がある。原則として随意筋。

こっか-けいざい【国家経済】コクカ― 国家および公共団体の経済。

こっかけいざい-かいぎ【国家経済会議】コクカケイザイクワイギ《National Economic Council》米国の大統領府に設置された主要な行政組織の一。省庁間の政策を調整し、国内外の経済政策を立案し、大統領に助言する。国家安全保障会議(NSC)の経済版として、1993年にクリントン大統領が設置した。初代委員長はロバート＝ルービン。NEC。

こっか-けいさつ【国家警察】コクカ― 国が中央集権的に組織し、管理する警察。

こっかけいやく-せつ【国家契約説】コクカケイヤク― ➤社会契約説

こっか-けんりょく【国家権力】コクカ― 国家が保持または行使する権力。その権力の主体・担い手をさす場合もある。強制力の行使が合法的に認められているのが特徴。

こっか-こうあんいいんかい【国家公安委員会】コクカコウアンヰヰンクワイ 内閣府の外局の一。警察の行政管理、警察一般に関する事項などを所轄する中央警察管理機関。委員長と五人の委員で構成され、委員長には国務大臣をあてる。

こっか-こうむいん【国家公務員】コクカコウムヰン 国家の公務に従事する者。国務大臣・裁判官・自衛官などの特別職と、国家公務員法の適用を受けるその他の一般職とに分かれる。(類語)公務員・役人・官員・官吏・吏員・公僕・地方公務員・武官・文官・事務官

漢字項目　こつ

【▽乞】➤きつ
【滑】➤かつ

人 **忽** 音コツ(漢)　訓たちまち、ゆるがせ‖①たちまち。「忽焉こつえん・忽然」②おろそか。「忽略/軽忽・粗忽」

骨 (学)6　音コツ(漢)　訓ほね‖㊀〈コツ〉①ほね。「骨格・骨髄/筋骨・枯骨・人骨・接骨・頭骨・軟骨・白骨」②死者のほね。「遺骨・納骨」③からだ。「病骨・風骨・老骨」④人柄。品格。「気骨・侠骨きょうこつ・反骨・無骨・凡骨」⑤物の骨組み。「鉄骨・木骨・竜骨」⑥物事の要点。「骨子」⑦かんどころ。要領。「骨法」㊁〈ほね(ぼね)〉「骨身/背骨・顴骨ほおぼね」(難読)骨牌カルタ・河骨こうほね

人 **惚** 音コツ(漢)　訓ほれる‖心がぼうっとする。ぼんやりする。「恍惚こうこつ」(難読)自惚うぬぼれ・惚気のろけ

こっかこうむいんせいどかいかく-きほんほう【国家公務員制度改革基本法】コクカコウムヰンセイドカイカクキホンハフ 国家公務員制度改革の基本理念・方針を定めた法律。平成20年(2008)6月成立。政治主導を強化し、縦割り行政の弊害を排除することが目的。幹部人事を一元管理する内閣人事局の設置、上級試験合格者が幹部職員となるいわゆるキャリア制度の廃止などを骨子とする。公務員改革法。

こっかこうむいん-ほう【国家公務員法】コクカコウムヰンハフ 国家公務員に関する基本法。一般職の国家公務員に適用され、職階制を基礎とした任用・給与・分限・懲戒・服務などを規定し、人事行政機関として人事院の設置を定める。昭和23年(1948)施行。国公法。

こっかこうむいん-りんりきてい【国家公務員倫理規程】コクカコウムヰン― 平成12年(2000)施行の国家公務員倫理法に基づき、国家公務員と利害関係者との間で行われる、金銭・物品・不動産などの贈与・貸与、未公開株の譲渡、ゴルフ・旅行の供応接待などについて、禁止また制限を具体的に示したもの。

こっかこうむいん-りんりほう【国家公務員倫理法】コクカコウムヰンリンリハフ 国家公務員の職務にかかわる倫理の保持を図ることを目的とする法律。平成12年(2000)施行。国家公務員倫理規程の遵守、贈与・株取引などの報告・公開、国家公務員倫理審査会・倫理監査官の設置などについて定める。

こつが-さいぼう【骨芽細胞】―サイバウ 骨組織の表面に存在し、新しい骨をつくる働きをもつ細胞。古くなった骨を吸収する破骨細胞とともに、骨の代謝において重要な役割を果たしている。骨の基質となるコラーゲンなどのたんぱく質を分泌し、これにハイドロキシアパタイトが沈着して骨組織が形成される。破骨細胞と骨芽細胞のバランスが崩れると、骨粗鬆症こつそしょうしょうなどの疾患が引き起こされる。

こっか-しけん【国家試験】コクカ― ❶特定の資格を認定し、または一定の免許を与えるために国家の行う試験。国家公務員採用試験・司法試験や、医師・公認会計士・税理士・建築士などの試験。国試。❷旧制度の高等文官試験・普通文官試験の俗称。

こっか-しほんしゅぎ【国家資本主義】コクカ―《state capitalism》国家が経済活動を主導することによって推進される資本主義。共産主義から市場経済への移行期にある中国・ロシアや、国際競争力の強化を図るインド・ブラジルなどの新興国および中東産油国などで採用されている。ステートキャピタリズム。(補説)市場原理に基づいて企業が競争する西欧型の自由主義経済とは対照的な経済体制で、国営企業や政府系ファンド(SWF)を通じて政府の政治的意向が経済に大きく反映される。そのため、保護貿易が拡大し、市場メカニズムによる資源配分の効率が損なわれるおそれがあるとされる。

こっか-しゃかいしゅぎ【国家社会主義】コクカシヤクワイシュギ ❶国家の手によってなされる、上からの社会主義。

19世紀後半、ドイツのF=ラッサールらによって提唱された。❷全体主義のナチズムのこと。

こっかしゃかいしゅぎ-ドイツろうどうしゃとう【国家社会主義ドイツ労働者党】《ドイツ Nationalsozialistische Deutsche Arbeiterpartei》「ナチス」の正称。NSDAP。

こっか-しゅぎ【国家主義】国家を最高の価値あるもの、人間社会の最高の組織と見なし、個人より国家に絶対の優位を認める考え方。➡ナショナリズム

こっかしゅけん-せつ【国家主権説】主権は法人である国家に帰属するとする学説。19世紀後半のドイツで君主主権説に対して唱えられ、イェリネックによって大成された。

こっか-しんとう【国家神道】明治新政府が、神社神道と皇室神道を結びつけてつくり出した神道。宗教としての神道を国家本位の立場に立って利用したもので、神道を国民精神のよりどころとし、行政的措置によって保護・監督を国家が行い、国民に天皇崇拝と神社信仰を義務づけた。第二次大戦後、占領軍の神道指令によって解体。

こっか-せきにん【国家責任】国家の国際法上の義務違反に対して生じる責任。

こっかせんりゃく-しつ【国家戦略室】民主党㊃政権が、官邸主導の政策決定を実現するために内閣官房に設置した組織。内閣総理大臣の直属の組織として、経済運営や税財政などの基本方針を決定する。(補説)当初は内閣法を改正し、法的根拠を備えた国家戦略局として設置する予定だったが、法改正が行われず、平成21年(2009)に内閣総理大臣決定により国家戦略室として発足した。

こっかそうどういん-ほう【国家総動員法】日中戦争に際し、国家の総力を発揮させるために人的、物的資源を統制・運用する権限を政府に与えた法律。昭和13年(1938)制定、同20年廃止。

こっかそつい-しゅぎ【国家訴追主義】国家の機関、主として検察官が当事者として公訴を提起し、これを維持することができるとする主義。

こっかたいかん【国歌大観】和歌索引書。正続各2冊。松下大三郎・渡辺文雄編。正編は明治34〜36年(1901〜1903)刊。続編は大正14〜15年(1925〜1926)刊。正編は万葉集・二十一代集や物語・日記などの和歌を、続編は私家集の和歌を主として収録し、各句索引をつけたもの。

こっか-ちほうけいさつ【国家地方警察】人口5000人未満の町村において国が維持した警察。昭和22年(1947)旧警察法によって設置され、同29年の警察法改正により廃止。国警。➡自治体警察

こっ-かっしょく【黒褐色】黒みがかった茶色。

こづかっぱら【小塚原】現在の東京都荒川区南千住にあった江戸時代の刑場。獄門・はりつけなどの極刑が行われた。古塚原。骨ヶ原。

こっか-どうろこうつうあんぜんきょく【国家道路交通安全局】►エヌ-エッチ-ティー-エス-エー(NHTSA)

こっか-どくせんしほんしゅぎ【国家独占資本主義】独占資本がその支配体制の存続・強化を図るために、国家機関を最大限に利用する体制。独占資本主義の最新の発展段階をいう。

こっか-ねんれい【骨化年齢】►骨年齢

こっか-ばいしょう【国家賠償】公務員が公権力を行使する職務を行う際に、故意または過失によって違法に他人に損害を加えた場合、もしくは公の営造物の設置・管理の瑕疵によって他人が損害を生じた場合に、国または公共団体の行うべき損害賠償。昭和22年(1947)施行の国家賠償法に規定される。

こっかばいしょう-ほう【国家賠償法】国や公共団体の賠償責任について規定した法律。昭和22年(1947)制定。国や公共団体などの公権力を行使する公務員が職務を行う際に故意または過失により違法に他人に損害を与えたときや、道路・河川などの公の営造物の設置・管理の瑕疵により他人が損害を受けたときに、国や公共団体が負う賠償責任について定めている。また、原因となった公務員や営造物の管理責任者などに対して国や公共団体が有する求償権や、外国人に対する賠償責任についても規定している。行政不服審査法・行政事件訴訟法と合わせて救済三法という。

こっか-はさん【国家破産】国が債務の履行不可能になった状態。主に支払期日のきた国債の元金と利子の全部または一部を支払わないことにいう。

こっかはちろん【国歌八論】江戸中期の歌論書。1巻。荷田在満著。寛保2年(1742)成立。和歌の本質・歴史などについて述べ、近世歌壇に新風を吹き込んだ。

こっか-ひじょうじたい【国家非常事態】戦争・内乱・特別な災害などで、国家の存立にかかわるほどに社会の公安・秩序が乱れたり、またはそのおそれがある状態。旧警察法上の用語で、現行警察法では緊急事態と改称された。

こっか-ほう【国家法】国内法のこと。国際法や地方公共団体など国家以外の団体における法に対していう。

こっか-ほうじんせつ【国家法人説】国家を法的な主体としての法人と見なす学説。19世紀ドイツにおいて、ゲルバー・イェリネックらによって説かれた。日本でも天皇機関説の基礎となった。

こっか-ほしょう【国家補償】国家活動によって生じた個人の損失を国家が塡補すること。国の不法行為責任による賠償も含める。

こつ-がめ【骨▽瓶】火葬にした死者の遺骨を納めるかめ。こつつぼ。

こっか-ゆうきたいせつ【国家有機体説】国家を一種の有機体とみる学説。国家は独自に成長発展する生物のような存在とし、国民はそれを構成する細胞にすぎないとする。

こっか-よさん【国家予算】国の、一会計年度における歳入・歳出の見積もり。一般会計と特別会計に分けられる。

こつ-がら【骨柄】❶骨組み。からだつき。❷人柄。風采。「人品—いやしからぬ人物」

こっか-りせい【国家理性】国家の存在を至上のものとし、すべてのものが国家の維持・強化を図ることに従属するとした国家行動の基本法則・基準。ルネサンス期のイタリアの都市国家に生まれ、近代ヨーロッパに広まった。レーゾン-デタ。国是。

こっか-りょうめんせつ【国家両面説】国家は社会的側面と法律的側面をもつので、国家学はこの両側面をそれぞれ対象とする国家社会学と国法学とからなるとする説。ドイツのイェリネックが唱えた。

こっか-れんごう【国家連合】条約に基づいた諸国家の平等な結合関係。中央組織と構成各国は、それぞれ限定された範囲内で主権をもつ。1778〜87年のアメリカ合衆国、1815〜48年のスイス連邦、1815〜66年のドイツ連邦など。➡連合国家

こっ-かん【国患】国の安危・存亡にかかわる災難。国家の危難。国難。

こっ-かん【国漢】国文と漢文。国語と漢語。また、国文学と漢文学。

こっ-かん【骨幹】❶からだの骨組み。骨格。また、管状骨の骨端以外の主要部。❷物事の、かなめとなる部分。根幹。「本事業の—となる部分」

こっ-かん【酷寒】厳しい寒さ。ひどい寒さ。極寒。「—の地」(季冬)⇔酷暑。
(類語)寒さ・寒気・寒気・寒波・寒冷・極寒・厳寒

ごっ-かん【極官】❶最高の官位。きょっかん。❷その家柄でなりうる最高の官位。

ごっ-かん【極寒】きわめて寒いこと。酷寒。(季冬)⇔極暑。
(類語)寒さ・寒気・寒気・寒波・寒冷・酷寒・厳寒

こっかん-かいぎ【国幹会議】「国土開発幹線自動車道建設会議」の略称。

こっ-かん-どう【国幹道】「国土開発幹線自動車道」の略。

こっ-き【克己】〔名〕スル 自分の感情・欲望・邪念などにうちかつこと。「—して学問に励む」「—心」
(類語)克服・超克

こっ-き【国忌】皇祖・先帝・母后などの命日。政務を休み、仏事を行い、歌舞を慎んだ。こき。「二十九日、—なりければ御神楽が止められ」〈盛衰記・四四〉

こっ-き【国記】その国の歴史の記録。国紀。

こっき【国記】日本最初の国史書。聖徳太子が蘇我馬子と共編したといわれるが、焼失して現存しない。くにつふみ。

こっ-き【国基】国家を維持していく根本となるもの。国家の基礎。国のもとい。

こっ-き【国旗】国家の象徴として制定された旗。国籍のしるしとして船舶などに掲げ、また、祝祭日、外国へ敬意を表する場合などに掲揚する。➡表
(類語)万国旗・日の丸・日章旗

▷**国旗の名**
日章旗(日本)　太極旗(大韓民国)　五星紅旗(中華人民共和国)　青天白日満地紅旗(中華民国)　星条旗(アメリカ合衆国)　トリコロール(フランス)　ユニオンジャック(イギリス)　新月旗(トルコ)

こっ-き【骨気】❶骨組み。からだつき。「—も節くれ立ち」〈浄・千両幟〉❷気性。また、気性が激しく強気なこと。「—に競ふ野郎で御座ります」〈伎・初買曽我〉

こっ-き【骨器】鳥獣や魚の骨を材料とする道具。角器とあわせて骨角器とよぶことが多い。

こっ-き【黒旗】❶黒色の旗。❷無政府主義者の団体の掲げる旗。

こっ-き【黒器】❶黒塗りの、ふたのある椀。こき。❷黒色の茶器。黒楽焼きや烏盞など。こき。

こ-つき【子付き】旧株に割り当てられた増資新株(子株)の引受権がついていること。新株権利付き。

こづき-えび【小突き×蝦】ゆでて干し、軽くたたいて皮を取り去った小さいえび。

こっきこっか-ほう【国旗国歌法】《「国旗及び国歌に関する法律」の通称》日章旗を国旗、君が代を国歌と定めた法律。平成11年(1999)8月施行。

こづき-だ-す【小突き出す｜小▽衝き出す】〔動サ五(四)〕❶こづいて外へ追い出す。「雨の中へ—・される」❷言い出す。言い出す人をののしっていう。「覚悟して念仏でも—・せ」〈浄・亀山噺〉

こっき-ふくれい【克己復礼】《「論語」顔淵から》自制して礼儀を守るようにすること。

こっき-へい【黒旗兵】19世紀後半、太平天国の乱後、清朝に中国を追われた劉永福が越南王に招かれ、ベトナム北部で編成した農民軍。植民地化をめざすフランス軍に抵抗、清仏戦争でも活躍した。黒地に「義」の文字を朱書きした旗を用いたところからの名。黒旗軍。

こづき-まわ-す【小突き回す｜小▽衝き回す】〔動サ五(四)〕❶相手のからだをつついたり、上体をつかんで揺すったりする。「数人に囲まれて—・された」❷しつこくいじめる。意地悪くして苦しめる。「会議でなんだかんだと—・された」

こっ-きゅう【国×舅】天子・国王の外戚。「帝大いに怒れども、元勲—たるを以って誅する能わず」〈露伴・運命〉

こっ-きゅう【×哭泣】〔名〕スル ❶大声をあげて泣き叫ぶこと。号泣。「天を仰いで—する」❷葬儀の際、死を悲しんで泣き叫ぶこと。また、その儀礼。

こっ-きょう【国教】国家が保護し、広く国民に信奉させる宗教。

こっ-きょう【国境】隣接する国と国との境目。国家主権の及ぶ限界。河川・山脈などによる自然的なものと、協定などにより人為的に決定するものとがある。くにざかい。「—を固める」「芸術に—はない」

こっきょう-がっさく【国共合作】中国国民党と中国共産党が結んだ二度の協力関係。第一次は1924年から27年までで、国民革命の推進に貢献。第2回は37年の日中戦争の勃発から日本の敗戦後の46年まで続いた。

こっきょう-かんぜい【国境関税】国境を通過する外国からの貨物に課する租税。➡国内関税

こっきょうなき-いしだん【国境なき医師団】《フランス Médecins Sans Frontières》ボランティアの医師・看護師を中心に、天災、戦争、飢餓などが発生した場合、世界中のどこでもかけつけて被災者や難民の緊急医療活動にあたる団体。1971年フランスで創設。日本をはじめ世界19か国に支部があり、スイスに各支部の連絡調整機関としてMSFインターナショナルがある。99年ノーベル平和賞受賞。MSF。

こっきょうなき-きしゃだん【国境なき記者団】《フランス Reporters Sans Frontières》ジャーナリストによる国際NGO。言論・報道の自由の擁護を目的として1985年に設立。本部はパリ。弾圧・殺害されたジャーナリストの救出や家族への支援などを行う。2002年から報道の自由度ランキングを発表。11年度、日本は22位。RSF。RWB(Reporters without Borders)。

こっきり ㊀〔副〕かたい物が突き当たったり折れたりするときの音を表す語。また、そのさま。ぽっきり。「(飴ノ)青や赤の縞になったのを一噛み折って」〈中勘助・銀の匙〉㊁〔接尾〕数詞に付いて、物事がそれだけで終わって、あとが続かない意を表す。ちょうど…だけ。…かぎり。こきり。「一ぺん―」「一度―」

こつきり-しゅじゅつ【骨切(り)手術】▶骨切り術

こつきり-じゅつ【骨切(り)術】骨の変形、関節の異常などに対する整形外科的処置の一つ。骨を切って、骨の向きや形、関節のかみ合わせを調整する。骨切り手術。截骨術。

こっ-きん【国菌】日本を代表するものとして選ばれた菌。麹菌のこと。

こっ-きん【国禁】その国の法律によって禁止されていること。「―を犯す」「―の書」

こっ-く【刻苦】〔名〕スル 心身を苦しめて、励み努めること。「―して勉学に励む」「―精励」
類語 頑張る・骨折り・精励・精進・粉骨砕身

コック〘cock〙❶水道・ガスなどの管に取りつけ、流路の開閉や流量の調節に用いる簡単な弁。活栓。「ガスの―をひねる」❷ゴルフで、バックスイングの際、クラブを握る両手首を曲げて角度をつけること。❸陰茎。男根。ペニス。❹雄鶏。

コック〘オランダ kok〙料理人。調理人。類語 板前・シェフ

こ-づ・く【小突く｜小衝く】〔動カ五(四)〕❶相手のからだを指先などでちょっと突く。また、おさえて揺する。「ひじで―・く」❷いじめ苦しめる。「嫁を―・いてばかりいる」❸釣りで、えさを水底で小刻みに動かす。
類語 突く・つつく・つっつく・こづき回す・打つ・叩く・殴る・ぶつ

コッククロフト〘John Douglas Cockcroft〙[1897〜1967]英国の物理学者。直流高電圧を発生する装置を作り、リチウムを用いて原子核の人工的変換に初めて成功。1951年、E=T=S=ウォルトンとともにノーベル物理学賞受賞。

コックス〘Richard Cocks〙[?〜1624]英国の在日商館長。1613年東インド会社の商船で来日。平戸に商館を創立し、対日貿易拡大に努力したが、オランダ商館との競争に敗れて離日。帰国途中に死亡した。その日記は当時を知る貴重な史料。

コックス〘cox〙レース用ボートの舵手。かじ取り。コックスン。

コックピット〘cockpit〙《闘鶏を行う伏せかごの意。「コクピット」とも》❶飛行機や宇宙船の操縦室。❷ヨットやカヌーなどの操舵席や座席。❸スポーツカーやレーシングカーの運転席。

コックピット-クルー〘cockpit crew〙飛行機の運航乗員。機長・副操縦士ならびに航空機関士のこと。

コックピット-ボイスレコーダー〘cockpit voice recorder〙▶ボイスレコーダー

こっく-べんれい【刻苦勉励】〔名〕スル 大変な苦労をして、勉学などにつとめはげむこと。

こっくり 民間で行われる占いの一。3本の竹を三つまたに組んだ上に盆をのせ、3人が各自の右手の指で盆を押さえ、その1人が祈りごとをすると、自然に盆が動きだし、その動き方で吉凶を占う。こくり。こっくりさん。補説「狐狗狸」とも当てて書く。

こっくり ㊀〔副〕❶居眠りをして頭を前方に繰り返し傾けるさま。「―、―、船をこぎはじめる」❷頭をふって大きくうなずくさま。「―とうなずく」❸前触れもなく、元気な人が突然死ぬさま。ぽっくり。「あの丈夫な人が―いってしまった」㊁〔名〕スル ❶居眠りをすること。また、うなずくこと。「電車に揺られて―をはじめる」「何度も―しながら母親の注意を聞く」❷「こっくり往生」の略。「おふくろはただ―を願って居」〈柳多留・二〉
類語 うとうと・うつらうつら

こっくり〔副〕スル 色合い・味などに落ち着いた深みのあるさま。「―した紺色のスーツ」「―しただし汁」

こ-づくり【小作り】〔名・形動〕❶作りが小さいこと。「―なしゃれた家」⇔大作り。❷からだつき全体が小さいこと。小柄。「―な男」⇔大作り。
類語 小柄・小兵・小粒・小形・小ぶり・矮小

こ-づくり【木造り｜木作り】木で物をつくること。材木をひいて適宜の用材に仕立てること。また、その人。きどり。「わづかに、地蔵の―ばかりをし奉りて、彩色、瓔珞をばえせず」〈宇治拾遺・三〉

ごっくり〔副〕のどを鳴らして一気に液体を飲む音、また、そのさまを表す語。「唾を―(と)飲み込んだ」

こっくり-おうじょう【こっくり往生】病気で長わずらいすることもなく、苦しまずに急死すること。

こづくり-はじめ【木造り初め】「手斧始め」に同じ。

コックローチ〘cockroach〙ごきぶり。

こっ-くん【国君】一国の君主。国主。国王。

こっ-くん【国訓】❶漢字に、その意味を表す日本の言葉を当てて読むこと。また、その読み。訓。「水(スイ)」を「みず」、「侵(シン)」を「おかす」と読む類。❷漢字本来の意味と一致しない、日本独自の読み方。また、その読み。アユに本来はナマズの意味の「鮎」の字を当てる類。

こ-づけ【子付け】魚の刺身に、その卵をまぶした料理。子付け膾。

こ-づけ【小付け】❶大きい荷物の上に、さらにつける小さい荷物。「銭差、合羽、…下駄袋の類は本馬一駄乗りにかぎり貫目外の―とすることを許されていた」〈藤村・夜明け前〉❷重い負担のある上に、さらに負担を添えること。また、その負担。「此大姑の上に小姑という―のある重荷を背負わされる御方がある」〈紅葉・二人女房〉❸日本料理で、酒の肴として出す小鉢や小皿に盛った料理。つきだし。

こ-づけ【小漬(け)】簡単な食事。湯漬け飯。小漬け飯。

こっ-けい【国警】「国家地方警察」の略。

こっ-けい【滑稽】〔名・形動〕❶笑いの対象となる、おもしろいこと。おどけたこと。また、そのさま。「―なしぐさ」❷あまりにもばかばかしいこと。また、そのさま。「今さら強がっても―なだけだ」派生 こっけいさ〔名〕補説「滑」は「乱」、「稽」は「同」の意で、弁舌巧みに是非を言いくるめること。また、「稽」は酒器の名で、酒がとめどなく流れ出るように、弁舌のよどみない意ともいう。類語 面白い・おかしい・ひょうきん・コミカル

こっ-けい【酷刑】残酷な刑罰。むごい仕置き。

こっけい-が【滑稽画】見る人の笑いを起こさせる絵。戯画。

こっけい-せつ【国慶節】中華人民共和国の建国記念日。10月1日。1949年10月1日に、毛沢東主席が中華人民共和国の成立宣言を行ったことから。

こっけい-ぼん【滑稽本】江戸後期、文化・文政期(1804〜1830)を中心に行われた小説の一種。江戸の町人の日常生活に取材し、主として会話を通じて人物の言動の滑稽さを描写した。十返舎一九の「東海道中膝栗毛」、式亭三馬の「浮世風呂」「浮世床」など。中本。

こっけいわごうじん【滑稽和合人】滑稽本。4編13冊。初編から3編までは滝亭鯉丈、4編は為永春水作。文政6〜弘化元年(1823〜1844)刊。和次郎以下六人の主人公の、野放図な遊びぶりを描く。和合人。

こっ-けん【国研】「国立国語研究所」の略称。

こっ-けん【国権】国家の権力。国民を統治し支配する国の権力。「―の発動」
類語 主権・政権・覇権・主導権

こっ-けん【国憲】国の根本となる法規。憲法。

こっ-けん【黒圏】文中の主要字句の傍らにつける黒い丸じるし。くろまる。

こっ-けん【黒鍵】ピアノ・オルガンなど、鍵盤楽器の黒い鍵。⇔白鍵。

こっけん-とう【国権党】明治22年(1889)熊本県下で、佐々友房らを中心に国権拡張を運動目標として結成された政治団体。

こっけん-ろん【国権論】明治初期から中期にかけて、民権論に対し、国家の独立・維持を第一義とした思潮。不平等条約の改正という国民的課題をかかえる状況の中で広く支持され、やがて国家主義や対外膨張主義へと傾いていった。

こっ-こ【国庫】財政権の主体としての国家。

ごっこ〔接尾〕名詞に付いて、二人以上のものがその動作・行為をすることを表す。❶いっしょにある動作のまねをすること、特に子供の遊びについていう。「鬼―」「プロレス―」❷交代して同じような動作をすることにいう。ばんこ。「代はり―にする茶番だから」〈滑・八笑人・五〉

ごっこ-あそび【ごっこ遊び】言葉を使いはじめた幼児にみられる、大人の動作などを模倣した遊び。ままごとなど。

こっ-こう【国交】国と国との交際。国家間の外交。類語 外交・通交・国際・対外

こっ-こう【国光】❶国の栄光。国の威光。❷リンゴの一品種。果皮は紅黄色で、比較的酸味が少ない。晩生で収穫量が多く、貯蔵がきく。(季 秋)

こっこう-かいふく【国交回復】国と国との外交、または平和的友好関係を回復すること。

ごつごう-しゅぎ【御都合主義】定見を持たずその時、その場の都合や成り行きで、どのようにでも態度を変えること。オポチュニズム。類語 日和見・日和見主義・その場しのぎ・姑息・場当たり

こっこう-しょう【国交相】国土交通大臣のこと。

こっこう-しょう【国交省】国土交通省のこと。

こっこう-だんぜつ【国交断絶】国家間の平和的関係を、外交・通商・交通などあらゆる面で断絶すること。

こっこう-ほう【国公法】「国家公務員法」の略称。

こっこう-りつ【国公立】国立ならびに公立。「―の大学」

こっこ-きん【国庫金】国庫に属する現金の総称。歳入金・歳出金・預託金・保管金などを含み、日本銀行によって出納される。

こっ-こく【刻刻】㊀〔名〕時の流れのひと区切りひと区切り。「時々―を大切に生きる」㊁〔副〕時間を追って。時間がたつのにつれて。「―と近づく」「凶猛な勇気が、―に力を増して来た」〈芥川・偸盗〉

こっこ-さいけん【国庫債券】国債に対する権利を表示する証券。ふつう国債証券とよばれるが、特別の需要をみたすために発行する国債証券をさす場合がある。

こっこ-ししゅつきん【国庫支出金】国が使途を特定して地方公共団体に交付する資金の総称。国庫補助金・国庫負担金・国庫委託金などがある。

こっこ-じょうよきん【国庫剰余金】歳計剰余金から歳出繰り越しのための財源所要額を差し引いた残額。

こっこ-たんきしょうけん【国庫短期証券】日本政府が発行する短期の割引債。償還期間は2か月程度・3か月・6か月・1年の4種類。T-Bill(Treasury Discount Bills)。補説 もと、割引短期国債(TB)と政府短期証券(FB)とがあったが、平成21年(2009)2月から国庫短期証券(T-Bill)として統合。

こつ-こつ【×矻×矻｜×兀×兀】㊀〔ト・タル〕図〔形動タリ〕地道に働くさま。たゆまず努め励むさま。「―と勉強をする」㊁〔副〕㊀に同じ。「仕事を―こなす」「―励

む」(類語)あくせく・営営・せっせ・汲汲(きゅうきゅう)・孜孜(しし)

こつ-こつ〘副〙かたい物が触れ合うときの音、また、そのさまを表す語。「靴音が―(と)響く」

ごつ-ごつ〘副〙スル ❶表面がなめらかでなく、でこぼこしているさま。または、しなやかでなく、かたいさま。「―(と)した岩」「節くれだって―した手」❷容姿や性格が粗削りであるさま。「―した乱暴な男」「―した文体」❸せきをする音、また、そのさまを表す語。「―咳(せき)いて来る音す」〈浄・重井筒〉(類語)でこぼこ・ごつい

こ-つごもり【小晦＝日】大みそかの前日。陰暦では12月29日、陽暦では30日。(季 冬)「翌(あす)ありとおもふもはかなー/蝶夢」

こっこ-よゆうきん【国庫余裕金】コクコー 会計年度の途中で、収入と支出との時期のずれ、支出の節約、収入の自然増などによって、国庫に一時的に生じる余裕金。

こつ-ざ【×兀×坐】〘名〙スル じっとすわっていること。「終日―する我が読書の窓下に」〈鴎外・舞姫〉

こつ-ざい【骨材】セメントに混ぜて、コンクリートやモルタルを作る補充材料。砂・砂利・砕石など。

こつ-さいぼう【骨細胞】コツサイバウ 骨組織を形成する細胞。骨基質中に多数存在し、扁平な楕円形で、細い突起を出して互いに連結している。

こっさく-おうじょう【▽乞索▽圧状】コツサクアフジャウ 他人の所有物を無理に請い求め、譲渡書や契約書を書かせること。また、その文書。乞索状。きっさくじょう。

こつ-ざけ【骨酒】タイ・アマダイなどの焼き物の身を食べた後の骨を焼いて、熱燗(あつかん)の酒に浸したもの。

こっ-し【▽乞士】「比丘(びく)」に同じ。

こっ-し【骨子】全体を構成するうえでの重要な部分。要点。眼目。「提案の―」(類語)骨格・骨組み・骨・大枠・大筋・大要・大綱・アウトライン・フレーム

こっ-し【骨脂】牛や羊などの骨からとった脂肪。骨炭やにかわを製造する際の副産物として得られる。石鹸(せっけん)などの原料。

ごっ-し【×兀子】長方形の板の四辺に脚をつけた腰掛け。朝儀に列席する官人などが用いた。ごし。

こつ-じき【▽乞食】〘名〙スル ❶僧侶が修行のため、人家の門前に立って、食を請い求めること。また、その僧。托鉢(たくはつ)。分衛(ぶんえ)。「一行脚(あんぎゃ)」❷「こじき(乞食)❶」に同じ。

こつじき-ちょう【▽乞食調】テウ 雅楽の調子の一。太食(たいしき)調の枝(えだ)調子で、平調(ひょうじょう)(ホ音)を主音とする呂調音階のもの。器食(きじき)調。

こつじき-ぼうず【▽乞食坊主】バウズ ▶こじきぼうず(乞食坊主)

こっ-しつ【骨質】❶動物の骨のような物質。また、骨のような性質。❷骨組織の基質をつくる硬たんぱく質。コラーゲンと燐酸(りんさん)カルシウム・炭酸カルシウム・燐酸マグネシウムからできている。

こっ-しゃ【▽乞者】乞食(こじき)❶をする僧。「この―は三形(さんぎょう)の沙弥(しゃみ)なり」〈著聞集・五〉

こつ-しゅ【骨腫】骨芽細胞に由来する良性腫瘍。外観は骨に似た性状を示す。

コッシュート-の-いずみ【コッシュートの泉】イヅミ《Kossuth-forrás》ハンガリー西部、バラトン湖畔の町バラトンフレドにある鉱泉。独立運動を進めた革命指導者コッシュート＝ラオシュの名を冠する。19世紀創設の療養施設や水浴場があり、現在も数多くの療養客が訪れる。湖畔には、インドの詩人タゴールが同地で療養し、快癒を祝い植樹したという遊歩道がある。

こつ-しゅよう【骨腫瘍】ーシュヤウ 骨にできる腫瘍の総称。骨肉腫など。

こっ-しょ【×忽諸】《たちまちに滅び尽きる意》軽んじること。ないがしろにすること。「次に夜の事誠の御使いと存じ侍れば、いかでか忝(かたじけな)くも宣旨を―し奉るべき」〈盛衰記・一三〉

こつ-じょ【×忽如】〘ト・タル〙図〘形動タリ〙にわかなさま。たちまち。突然。忽然。「―としてその心の地盤は崩れ」〈嘉村・秋立つまで〉

ごっ-しょう【▽業障】ゴツシャウ 仏語。三障または四障の一。悪業(あくごう)によって生じた障害。ごうしょう。

こつ-シンチ【骨シンチ】《「骨シンチグラフィー」の略》シンチレーションカメラで撮影した骨の画像。癌の転移など、骨疾患の診断に使う。

ごっ-す〘動サ特活〙《「ござります」の音変化。近世江戸語》❶動詞「ある」の意を丁寧にいう男性語。ございます。「京町の猫通ひけり揚屋町、といふが―・す」〈滑・浮世風呂・四〉❷(補助動詞)補助動詞「ある」の意の丁寧語。…でございます。「大きにさうで―・す」〈伎・小袖曽我〉

こつ-ずい【骨髄】❶骨の内腔を満たしている柔らかい組織。赤血球・白血球・血小板をつくる造血器官で、赤い色を呈するが、年齢とともに脂肪が増加して黄色くなる。❷心の奥。心底。「無念―に徹(とお)る」❸最も重要な点。主眼。骨子。「それ小説は情態をうつすをもて其(その)―となすものなり」〈逍遥・小説神髄〉

骨髄に入(い)・る 「骨髄に徹する」に同じ。(補説)この句の場合、「入る」を「はいる」とは読まない。

骨髄に徹(てっ)・する 心の底までしみ込む。骨髄にとおる。骨髄に入る。「恨み―・する」

骨髄に徹(とお)・る 「骨髄に徹する」に同じ。

骨髄を砕・く 非常に苦心する。肝胆を砕く。「御身をせめて一両年世にあらせ奉らばやと―・き給ひしに」〈義経記・六〉

こつずいいけいせい-しょうこうぐん【骨髄異形成症候群】ーシャウコウー 造血幹細胞に異常が生じ、正常な血液細胞を十分に作ることができなくなる疾患の総称。血液細胞の癌(がん)の一つ。赤血球・白血球・血小板のいずれかまたはすべてに形態・機能の異常がみられ、貧血、出血しやすい、感染症にかかりやすいなどの症状が現れる。急性骨髄性白血病に移行することがある。不応性貧血。MDS(myelodysplastic syndromes)。

こつずい-いしょく【骨髄移植】白血病などの治療のために、HLA抗原などの組織適合性が一致する提供者(ドナー)から採取した骨髄を、静脈から患者に注入する治療法。

こつずい-えん【骨髄炎】骨髄に化膿(かのう)性の細菌が侵入して起こる疾患。小児に起こりやすく、大腿骨(だいたいこつ)・脛骨(けいこつ)に生じることが多い。高熱・激痛を伴い、侵された部位がはれる。

こつずい-かんさいぼう【骨髄幹細胞】ーカンサイバウ 骨髄に含まれる造血幹細胞のこと。➡造血幹細胞

こつずい-こうかしょう【骨髄硬化症】ーカウクワシヤウ ▶骨髄線維症

こつずいせい-プロトポルフィリンしょう【骨髄性プロトポルフィリン症】ーシヤウ ポルフィリン症の一種。小児期までに光線過敏症を発症することが多い。ヘム合成酵素フェロケラターゼの欠損により、ヘムの前駆体であるプロトポルフィリンが体内に蓄積されることにより発症する。肝障害、胆石を併発することがある。EPP(erythropoietic protoporphyria)。

こつずい-せんいしょう【骨髄線維症】ーセンヰシヤウ 造血幹細胞の異常による腫瘍性疾患。線維芽細胞がコラーゲンを過剰につくり、骨髄が広い範囲で線維化する。脾腫(ひしゅ)を伴う。骨髄硬化症。

こっせい-めいろ【骨性迷路】▶骨迷路(こつめいろ)

こっ-せつ【骨折】〘名〙スル 骨が折れること。また、骨にひびが入ったり、その一部または全部が折れたりすること。傷口が開いていない場合を閉鎖性骨折・単純骨折、傷口が開いている場合を開放性骨折・複雑骨折とよぶ。(類語)脱臼(だっきゅう)・捻挫(ねんざ)・挫(くじ)く

こっ-せつ【骨節】骨のつがい。関節。ほねぶし。

コッセル〖Albrecht Kossel〗[1853～1927]ドイツの生物学者。初め医学を学び、のちに細胞核の生化学的研究の先駆者となった。核酸の化学的組成、たんぱく質の構成などの研究で有名。1910年、ノーベル生理学医学賞受賞。

こつ-ぜん【×兀然】〘ト・タル〙図〘形動タリ〙❶高く突き出ているさま。「富士は―としてその巨(おお)いなる斑(まだら)の頂をあらわした」〈長与・竹沢先生と云ふ人〉❷じっと動かないさま。「独り―と腕を拱(こまぬ)いて思案に暮れた」〈木下尚江・良人の自白〉

こつ-ぜん【×忽然】■〘ト・タル〙図〘形動タリ〙物事の出現・消失が急なさま。忽如(こつじょ)。こつねん。「―として消えうせる」■〘副〙にわかに。突然。「―隣座敷の時計がチーンと鳴り始めた」〈漱石・夢十夜〉(類語)急・にわか・出し抜け・突然・急遽(きゅうきょ)・唐突・短兵急・不意・俄然(がぜん)・突如・いきなり・不意・ふと・矢庭に

こっ-そ【骨×疽】▶カリエス

こっ-そう【骨相】ーサウ ❶からだの骨組み。骨格。「ほお骨の突き出た―」❷骨格の外形に現れた相。頭部や顔の骨組みに現れた、その人の性質・運勢。

こっそう-がく【骨相学】コツサウー 心的能力は心の器官である大脳の一領域に存在すると考え、頭蓋の形状からその人の性格や心的特性を知ることができるとする説。オーストリアのガルが唱え、ドイツのシュプルツハイムが命名。性相学。フレノロジー。

こつ-そしき【骨組織】骨を構成する結合組織。燐酸(りんさん)カルシウムなどを含む硬い骨質と、その内部に点在する骨細胞とからなる。

こつそしょう-しょう【骨粗×鬆症】ーシヤウ 骨の構造が海綿状になり、もろく折れやすくなった状態。通常は老化現象の一。骨多孔症。➡骨密度

こっそり〘副〙人に知られないように、ひそかに物事をするさま。「裏口から―(と)忍び込む」(類語)こそこそ・ひそか・忍びやか・そっと・内内(うちうち)・内内(ないない)・内密・内緒

ごっそり〘副〙❶余すところなく全部。根こそぎ。残らず。「―(と)盗まれる」「土砂が―(と)崩れる」❷数量の多いさま。「株で―(と)もうける」
(類語)ごそっと・そっくり・すっかり

ごった〘形動〙いろいろなものが秩序なく入り混じるさま。ごっちゃ。ごたごた。「新旧―な資料」

コッター〖cotter〗平らなくさびの一種。往復運動をする軸と軸、回転する軸と筒などを固定するために用いるもの。力の方向に直角にあけた穴に打ち込む。楔子(けっし)。

こ-づた・う【木伝ふ】ーヅタフ〘動ハ四〙木から木へ枝伝いに飛び移る。「梅桜咲きたるに、うぐひす―・ひ鳴きたるを見せて」〈更級〉

ごった-がえ・す【ごった返す】ーガヘス〘動サ五(四)〙ひどく混雑する。整わず雑然としている。「帰省客で―・す」「引っ越しで家の中が―・している」
(類語)込む・込み合う・たて込む・ごたつく・犇(ひし)めく・犇めき合う・混雑する・雑踏(ざっとう)する

こつたこう-しょう【骨多孔症】ーシヤウ ▶骨粗鬆症(こつそしょうしょう)

ごった-に【ごった煮】いろいろな材料を混ぜ入れて煮ること。また、そのもの。ごたに。

ごった-ばこ【ごった箱】雑多なものをなんでも入れておく箱。がらくた箱。ごたばこ。

ごった-まぜ【ごった混ぜ】〘名・形動〙「ごた混ぜ」に同じ。

こっ-たん【骨炭】動物の骨を乾留して得る炭素質の粉。主成分は燐酸(りんさん)カルシウム。吸着性があるので脱色剤などに用いる。

こったん-しょう【骨端症】ーシヤウ 成長期にある骨端部が壊死(えし)を起こす病気の総称。手の月状骨のキーンベック病、大腿(だいたい)骨のペルテス病、脛骨(けいこつ)のオスグッド・シュラッテル病などがある。

ごったん-ふねい【兀庵普寧】[1197～1276]鎌倉中期に来日した中国南宋の臨済宗の僧。諡号(しごう)は宗覚禅師。無準師範(ぶじゅんしばん)に師事して印可を受け、来日後、北条時頼に招かれて建長寺第2世となった。文永2年(1265)帰国。

こっ-ち【×此▽方】《「こち」の音変化》■〘代〙❶近称の指示代名詞。聞き手よりも話し手の方に近い場所やそこにある物、または、その方向をさす。「―の水は甘いぞ」「―が大きい」「足音が―へ近づいてくる」❷一人称の人代名詞。話し手自身、または、その周辺にいる人々をさす。こちら。当方。「―が出向く」「―にも考えがある」■〘名〙ある事が起こった時から今まで。以来。このかた。「病気が治ってから―、健康には留意している」(補説)近世からみられ、「こちら」よりもくだけた感じの語。(類語)こちら・そちら・そっち・あちら・あっち・かなた・向こう

こ-づち【小×槌】❶小さな槌。「打ち出の―」❷紋所の名。打ち出の小槌を図案化したもの。

こっち-とら【×此▽方▽人▽等】〔代〕一人称の人代名詞。複数にも単数にも用いる。われわれ。われ。こちとら。「大事にしてもらわれれば、―も奥山へ行くけえど」〈鴎外・ヰタ-セクスアリス〉

こっち-の-もの【×此▽方の物】❶自分の思うままとなるもの。「接戦も、ここまでくればもう―だ」❷この世のもの。「此の頃は幽霊じみ、どうで―とは思はれぬ」〈洒・廓の桜〉

ごつちみかど-てんのう【後土御門天皇】(ーテンワウ) [1442～1500]第103代天皇。在位1464～1500。後花園天皇の第1皇子。名は成仁(ふさひと)。在位中に応仁の乱が起こった。歌集「紅塵灰集」がある。

こっ-ちゃ〔連語〕❶「ことじゃ」の音変化。「いや、大変な―」「こりゃえらい―」❷「ことでは」の音変化。「知ったーない」「そんな―困る」❸「ことやら」の音変化。「何の―わからん」

ごっちゃ〔形動〕いろんなものが、雑然と入りまじっているさま。ごった。「期待と不安とが―になった複雑な心境」

ごっちゃ-まぜ【ごっちゃ混ぜ】〔名・形動〕「ごちゃ混ぜ」に同じ。「かばんの中が―になる」

こっ-ちょう【骨張┊骨頂】(ーチヤウ)《「骨張(ほね)る」の音読で、「頂」は当て字という》❶程度がこれ以上ないこと。最高の段階。初め善悪いずれにも用いたが、現代は好ましくないことについていうのが普通。「愚の―」「やぼの―」「仏門においては、祝ひの―なるべけれ」〈おらが春〉❷意地を張ること。強く主張すること。「その余党等、以ての外に―し、数通の起請文を書きて」〈折たく柴の記・中〉❸強く言いたてる人。中心人物。張本人。「智積、覚明、仏光等の―の輩六人」〈盛衰記・四〉

こっちり〔副〕濃厚なさま。こってり。「女夫(めおと)の中の―の、出花を上がって下さんせ」〈浄・孕常盤〉

こ-づつ【小筒】❶小さな筒。特に、水や酒を入れる携帯用の竹筒。❷小型の銃。小銃。[対]大筒。

ごっつぁん〔感〕感謝の意を表すあいさつに用いる語。多く、相撲界で用いられる。「―です」

ごっつ・い〔形〕「ごつい」を強めた語。「―・い茶碗」

コッツウォールド-きゅうりょう【コッツウォールド丘陵】(ーキウリヨウ)《Cotswold Hills》▶コッツウォルズ

コッツウォルズ〖Cotswolds〗英国イングランド南西部の北東から南西方向に延びる丘陵地。グロスターシャー州をはじめ、ウィルトシャー、ウォーリックシャー、ウースターシャー、オックスフォードシャー、サマセット州を含む。標高は300～330メートル。美しい田園景観と伝統的な村落景観で知られ、数多くの観光客が訪れる。コッツウォールド丘陵。

コッツビュー〖Kotzebue〗米国アラスカ州北西部、北極圏にある町。イヌピアット-エスキモーの集落の中心地。先住民のくらしや文化を紹介するナナ北極博物館がある。コバックバレー国立公園への観光拠点になっている。

こつ-つぼ【骨×壺】火葬にした骨を納める壺。こつがめ。

こ-つづみ【小鼓】打楽器の一。鼓の小型のもの。能や長唄の囃子(はやし)などに用いる。右肩にのせ、左手で調べ緒を持って右手で打つ。小胴(こどう)。

こ-づつみ【小包】❶小さな包み。❷「小包郵便物」の略。[類語]貨物・荷物・荷・手荷物・小荷物・積み荷

こつづみ-かた【小鼓方】能楽の囃子方の一。小鼓を受け持つ。幸(こう)・幸清(こうせい)・大倉・観世の各流派がある。

こづつみ-ゆうびんぶつ【小包郵便物】(ーイウビンブツ) 従来は通常郵便物以外の、小形の物品を内容とする郵便物のことであったが、平成19年(2007)郵政民営化に伴う法改正により、郵便法の定める郵便物には該当しなくなり、荷物扱いとなった。ゆうパック・ゆうメール・ポスパケットなどがこれにあたる。国際郵便では、信書その他の物を内容とする郵便物をいう。

こっ-て〔連語〕《「ことで」の音変化》相手に対する同情の意を込めて驚きや感動を表す。「お気の毒な―」

こってい【特=牛】(こつてひ)《「ことい」が「こっとい」を経て音変化したもの》「ことい」に同じ。「ずいきの長(たけ)の余る―/孤屋」〈炭俵〉

こってい-うし【▽特牛】(こつてひ)「ことい」に同じ。「―の二匹連(づれ)」〈浄・振袖始〉

コッテージ〖cottage〗《「コテージ」とも》保養地などの、別荘風の小住宅。

コッテージ-チーズ〖cottage cheese〗▶カテージチーズ

こってり〔副〕(スル)❶味や色などが濃くて、しつこいさま。「―(と)した料理」「ポマードを―(と)つける」❷程度のはなはだしいさま。いやというほど。「父から―(と)油を絞られる」
[類語]濃厚・濃密・こてこて・たっぷり・みっちり・みっしり・十分・存分・思うさま・良く・篤(とく)と・万万(ばんばん)

ごってり〔副〕「こってり」を強めた語。「バターを―(と)塗る」

こつ-でんどう【骨伝導】(ーデンダウ) 音波が直接骨を伝わって内耳に達し、聴覚を起こすこと。振動体が頭に直接接触するときに生じる。

ゴッド〖God〗❶キリスト教で、創造主。神。天主。❷(god)一般に、神。神霊。神像。[類語]神・主・父・ロード

こっとい【特=牛】(こつとひ)《「ことい」の音変化》「ことい」に同じ。〈日葡〉

こっとい-ごやし【特=牛肥やし】(こつとひ) ウマゴヤシの別名。

こっとい-ぞうり【特=牛草履】(こつとひザウリ) 鼻緒の先を牛の角のように2本出したわら草履。角(つの)草履。

こっ-とう【骨×董】❶美術的な価値や希少価値のある古美術品や古道具類。骨董品。アンティーク。「書画―」❷古いだけで実際の役には立たなくなったもの。「―的存在」

こつ-どう【骨堂】(ーダウ) 火葬にした人の骨を納める堂。納骨堂。

こっとうしゅう【骨董集】(コツトウシフ) 江戸後期の随筆。3巻4冊。山東京伝著。文化10年(1813)成立、同14～15年刊。近世の風俗などについて、その起源・変遷を解説、図示したもの。

こっとう-ひん【骨×董品】❶「骨董❶」に同じ。❷「骨董❷」に同じ。「今どきああいう性分の人は―だね」

ゴットシェット〖Johann Christoph Gottsched〗[1700～1766]ドイツの評論家。啓蒙主義者として母国語・演劇などの改革に貢献。著「批判的作詩法の試み」。ゴットシェート。

こっ-とつ【×蓇×葖】袋果(たいか)の旧称。

ゴッド-ハンド〖God's hands〗《神の手の意》俗に、ある分野で、神業のような技術や、その持ち主をたとえていう語。「―を持つという整形外科医」

ゴッドファーザー〖godfather〗❶洗礼名の名付け親のうち、男のほう。男の後見人。❷アメリカの秘密組織マフィアのボス。「経済界の―的存在」

ゴットフリート-フォン-シュトラスブルク〖Gottfried von Straßburg〗[1170ころ～1210ころ]ドイツ中世の叙事詩人。未完の叙事詩「トリスタンとイゾルデ」はキリスト教倫理下における情熱的な愛の悲劇を描く。

こつど-ぶんすんほう【骨度分寸法】(ーブンスンハフ) 鍼灸で、経穴をきめる基準として、その人の身体各部の長さを計測し、その部位の寸法とすること。➡同身寸法

コッド-みさき【コッド岬】《Cape Cod》米国マサチューセッツ州南東部の半島。1620年、メーフラワー号の清教徒が上陸した所。現在はリゾート地として有名。ケープコッド。

コッドみさき-こくていかいひんこうえん【コッド岬国定海浜公園】(ーコクテイカイヒンコウヱン)《Cape Cod National Seashore》米国マサチューセッツ州南東部の半島、コッド岬先端部分にある国立公園。大西洋に面する東側の自然海浜が保護されている。ケープコッド国定海浜公園。

コットン〖cotton〗❶綿。綿花。❷木綿。綿織物。❸「コットン紙」の略。

コットン-し【コットン紙】洋紙の一種。手ざわりが柔らかく嵩(かさ)があり、書籍用紙などにする。初めは木綿繊維を用いたが、現在は化学パルプなどを原料とする。コットンペーパー。

コットン-ペーパー〖cotton paper〗▶コットン紙

コットン-ボウル〖Cotton Bowl〗米国のカレッジフットボールのボウルゲームの一つ。毎年1月上旬にテキサス州アーリントンで行われる。米国中部のビッグ12カンファレンスと南西部のサウスイースタンカンファレンスのチームが対戦する。テキサス州の特産品のコットン(綿)にちなむ名。➡ボウルゲーム [補説]ローズボウル、シュガーボウル、オレンジボウルとともに四大ボウルゲームの一つだったが、1998年シーズンからコットンボウルに代わってフィエスタボウルがこれに加わった。

コットン-ゆ【コットン油】綿実油(めんじつゆ)。

こつ-な・し【骨無し】〔形ク〕「こちなし」に同じ。「田舎男にて、―・き様の風情にて、舞を舞ひ給へとこそ申しつらめ」〈義経記・六〉

こつなんか-しょう【骨軟化症】(コツナンクワシヤウ) 骨の組織からカルシウムが減少して、骨がもろく軟らかくなり、骨格が変形する成人の病気。ビタミンDの欠乏による代謝異常が原因となるもので、妊婦などに起こりやすい。➡佝僂病(くるびょう)

こつ-にく【骨肉】❶骨と肉。肉体。❷直接に血のつながっているもの。親子・兄弟など。肉親。「―の情」「―の争い」[類語]家族・一家・家内・家人・家(うち)の人・肉親・親子・親兄弟・妻子・血肉(けつにく)・身内・身寄り・係累・家累・家眷(かけん)・一家眷属(いっかけんぞく)・妻子眷属(さいしけんぞく)・一族・ファミリー

骨肉相食(は)・む　肉親どうしが争い合う。骨肉相争う。「遺産をめぐっての―・む争い」[補説]他人同士が争う場合には、この句は使わない。

こつ-にくしゅ【骨肉腫】骨にできる悪性腫瘍(しゅよう)。大腿骨(だいたいこつ)下端、脛骨(けいこつ)・上腕骨などの上端に発生することが多く、痛み、赤くはれる。肺などに転移することもある。青少年期の発病が多い。

こつ-ねん【×忽然】〔ト・タル〕[文]〔形動タリ〕「こつぜん(忽然)」に同じ。「其の眼(まなこ)の光に五体―と縮みて」〈木下尚江・良人の自白〉

こつ-ねんれい【骨年齢】骨化成熟の程度を暦年齢と対照したもの。X線撮影によって推定し、小児の発育度、骨疾患の判定などに用いる。骨化年齢。

こ-づの【小角】牛などの角の内部にある骨。

こっ-ぱ【木っ端】❶用材を切り取ったあとに残る木のきれはし。木くず。❷取るに足りない、つまらないもの。多く、他の語と複合して用いる。「―武者」「―役人」[類語]木片・木切れ・板切れ・棒切れ・ウッドチップ

木っ端を拾(ひろ)うて材木(ざいもく)を流(なが)す　小事にこだわっていて大事に失敗することのたとえ。木っ端を集めて材木を流す。

コッハー〖Emil Theodor Kocher〗[1841～1917]スイスの外科医。新しい外科手術法・手術器具を多数考案し、特に甲状腺手術に大きな貢献をした。1909年、ノーベル生理学医学賞受賞。コッヘル。

こつ-ばい【骨灰】(ーバヒ)❶骨が焼けて灰状になったもの。❷▶こっかい(骨灰)

こっ-ぱい【骨灰┊▽粉灰】(ーバヒ)〔名・形動〕❶細かく打ち砕くこと。粉みじんになること。また、そのさま。「やわな謡(うたい)は断(ち)ぎれて飛ぶじゃよ。…唸(うな)る連中―じゃて」〈鏡花・歌行灯〉「身を―にして働いた」〈中勘助・鳥の物語〉❷さんざんな目にあうこと。また、そのさま。「荒尾君の作などは毎(いつ)でも―に軽蔑(けな)される」〈魯庵・社会百面相〉

こっ-ぱい【骨×牌】❶カルタ。❷獣骨で作ったマージャンの牌。

こっぱい-ぜい【骨×牌税】トランプ類税の旧称。

こつ-ばこ【骨箱】❶火葬にした骨を納める箱。❷《歯を入れる箱の意で》口のこと。「―に錠でもおろして置いたか」〈伎・初買曽我〉

骨箱を叩(たた)・く　大きな口をきく。よくしゃべる。骨箱を鳴らす。「今の若者どもが達入(たていれ)だの犬の糞だのと―・くが、おらが目から見ちゃあ蚤(のみ)の卵だとおもやれ」〈滑・浮世風呂・四〉

こっ‐ぱずかし‐い【小っ恥ずかしい】〔形〕図こっぱづか・し〔シク〕「こはずかしい」の音変化。「—・くて今さらあいさつしにくい」

こっぱ‐の‐ひ【木っ端の火】《木の削りくずはすぐ燃え尽きてしまうところから》たよりないこと、たわいないことのたとえ。

こっぱ‐みじん【木っ端▽微×塵】細かく粉々に砕け散ること。粉みじん。「ガラスが—に砕ける」

こつ‐ばん【骨盤】腰部にあり、左右の寛骨と仙骨・尾骨とで構成される骨。大骨盤と小骨盤とに分けられ、小骨盤には子宮・卵巣・直腸・前立腺などの臓器がある。形態は男女差が著しい。

コッパン《cotton pantsから》コットンのズボン。

こつばん‐い【骨盤位】胎児が下半身を下にした状態にあること。逆子(さかご)。

こつばんぞうき‐だつ【骨盤臓器脱】女性の骨盤内にある子宮・膀胱・尿道・小腸・直腸などの臓器が下垂し、膣壁内に突出する疾患の総称。臓器によって子宮脱・膀胱瘤・尿道瘤・小腸瘤・直腸瘤などという。重症になると膣外に脱出する。出産・加齢・肥満・便秘などが原因。臓器を支える骨盤底筋が傷ついたり緩むことで起こる。治療法は、体操による筋力強化、ペッサリーの装着、手術など。性器脱。

こっ‐ぴつ【骨筆】牛骨などをとがらせて先端につけた筆記具。カーボン紙の複写用。

こっ‐ぴど‐い【小っ▽酷い】〔形〕非常にひどい。手厳しい。「—・くしかられる」「—・い批評」

こつ‐ひろい【骨拾い】「骨揚(こつあ)げ」に同じ。

こっぴん‐せい【骨品制】古代朝鮮、新羅(しらぎ)の身分制度。出身氏族によって身分を五段階に分け、位階・官職・婚姻・衣服・住居に至るまでを規制した。

こ‐つぶ【小粒】〔名・形動〕❶粒の小さいこと。また、そのさま。「山椒(さんしょう)は—でもぴりりと辛い」「—な(の)雨」⇔大粒。❷からだつきの小さいこと。小柄。また、そのさま。「—ながらも力持ち」❸度量が小さく、平凡であること。また、そのさま。「—な新人ばかりで大物がいない」❹「小粒金」の略。❺江戸時代、関西で豆板銀(まめいたぎん)の俗称。小玉銀。
〔類語〕小柄・小作り・小兵・小形・小ぶり・矮小(わいしょう)

コップ〘cop〙警官。

コップ〘COP〙《Conference of the Parties》条約を批准した国が集まる会議。一般に条約ごとに設けられる、その条約の最高意思決定機関。COP5(第5回締約国会議)のように、末尾に会議の開催回数を付けて表す。気候変動枠組条約締約国会議や生物多様性条約締約国会議などがある。条約締約国会議。

コップ〘(オランダ) kop〙主にガラス製で円筒状の、飲み物に用いる容器。カップ。「紙—」〔補説〕「洋盃」とも書く。
〔類語〕タンブラー・グラス・ジョッキ
コップの中の嵐(あらし)《W=B=バーナードの劇の題名 Storm in a Teacupから》当事者には大事(だいじ)でも、他にあまり影響せずに終わってしまうもめごと。

コップ〘KOPF〙《(エスペラント) Federacio de Proletaj Kultur Organizoj Japanaj》日本プロレタリア文化連盟の略称。昭和6年(1931)ナップのあとを受け、プロレタリア文化運動の全領域を統一した合法的活動を目的に組織された文化団体。同9年、弾圧により解散。

こつぶ‐きん【小粒金】一分金(いちぶきん)の俗称。小形金。

コップ‐ざ【コップ座】南天の小星座。乙女座の南西にあり、5月上旬の午後8時ごろ南中する。学名(ラテン) Crater

コップ‐ざけ【コップ酒】コップに入れて飲ませる日本酒。また、コップで日本酒を飲むこと。

こつ‐ぶつ【骨仏】寺に納められた遺骨を集めて粉にし、セメントで固めて作った仏像。〔補説〕各地にあるが、大阪市天王寺区にある一心寺の阿弥陀像が有名。ほぼ10年ごとに造られる。最初の一体は明治20年(1887)に造立。

コップ‐テン〘COP10〙《the 10th Conference of the Parties》第10回締約国会議。特に、平成22年(2010)に名古屋市で開催された生物多様性条約第10回締約国会議(国連地球生きもの会議)のこと。⇒COP ⇒生物多様性条約締約国会議

コップ‐モップ〘COP/MOP┊COP-MOP〙《Conference of the Parties serving as the Meeting of the Parties》議定書の締約国会議を兼ねて開催される条約の締約国会議。気候変動枠組条約締約国会議と同時に開催された京都議定書締約国会合など。CMP。

こっ‐ぷん【骨粉】動物の骨を脱脂して乾燥し、砕いて粉にしたもの。窒素・燐酸(りんさん)に富み、飼料や肥料にする。⇒肉骨粉

コッペ‐パン《和製語。コッペは、切った意の(フランス) coupéからか》やや細長い小山形の白パン。コッペ。

コッヘム〘Cochem〙ドイツ西部、ラインラント‐プファルツ州の町。モーゼル川に沿い、モーゼルワインの産地として知られる。後期ゴシック様式のライヒスブルク城(コッヘム城)、旧市街の聖マルティン教会、市庁舎など、歴史的建造物が数多く残っている。

コッペリア〘Coppélia〙ドリーブ作曲のバレエ音楽。全3幕。1870年パリで初演。E=T=A=ホフマンの小説に基づく、自動人形コッペリアをめぐる恋物語。

コッヘル〘(ドイツ) Kocher〙登山・キャンプ用の、なべ・やかん・食器などをまとめた携帯式炊事用具。

こっ‐ぺん【骨片】❶骨のかけら。❷海綿動物・腔腸(こうちょう)動物・ヒザラガイ類などの体内にある針状や棒状の微小骨。一種の内骨格。針骨。

コッホ〘Robert Koch〙[1843〜1910]ドイツの細菌学者。細菌の固形培養法・純粋培養法を完成し、結核菌・コレラ菌などを発見、ツベルクリンを創製するなど細菌学・伝染病・免疫学の研究に貢献。1905年、ノーベル生理学医学賞受賞。

こ‐つぼ【子×壺】子宮の俗称。子袋。

こ‐つぼ【小×壺】❶茶入れのこと。葉茶壺を大壺と称したのに対していう。❷茶入れのうち、茄子(なす)・文琳(ぶんりん)など比較的小さいもの。

ゴッホ〘Vincent van Gogh〙[1853〜1890]オランダの画家。主にフランスで活躍。印象派と日本の浮世絵の影響を受け、強烈な色彩と大胆な筆触によって独自の画風を確立した。表現主義・フォービスムなどの先駆ともされる。作「ひまわり」「糸杉」「からすのいる麦畑」など。⇒後期印象派

こっ‐ぽう【骨法】❶骨組み。骨格。❷根本となる規定。また、基礎となる枠組み。「最新技術の—を将来する」❸芸道などの急所となる心得。こつ。「芸の—を会得する」❹礼儀や故実の作法。「礼儀—弁(わきま)へたる者一人(いちにん)もなし」〈平家・一〉❺「骨法用筆」の略。

ごっ‐ぽう【▽業報】▶ごうほう(業報)

ごっぽう‐にん【▽業報人】悪業の報いを受ける人。また、人をののしっていう語。「だれだと思ふ、—め」〈人・梅児誉美・初〉

こっぽう‐ようひつ【骨法用筆】中国画で、しっかりした描線で対象を確実に表すこと。⇒六法(りくほう)

コッホ‐じょう【コッホ城】《Castell Coch》英国ウェールズの都市カーディフの北郊にある小さな城。ウェールズ語で「赤い城」を意味する。カーディフ城と同じく第3代ビュート侯が建築家ウィリアム=バージェスの設計で中世の古城を別荘に改築した。キャッスルコッホ。キャステルコッホ。

こつ‐ぼとけ【骨仏】❶遺骨。また、死人。「正月二日の—とはなりぬ」〈浮・男色大鑑・七〉❷人をののしっていう語。「やあ、広言なる—」〈浄・妹背山〉

こっぽり‐げた【こっぽり下▽駄】《歩くときの音から》裏をくりぬいた女児用の塗り下駄。ぽっくり。こっぽり。

こ‐づま【小×褄】着物のつま。
小褄を取・る「褄(つま)を取る」に同じ。「小褄取りたる昔の癖の、尚残りたる故にやあるらん」〈逍遥・当世書生気質〉

こづま‐からげ【小×褄×紮げ┊小×褄×絡げ】婦人が着物の褄を帯の間に挟み、裾を引き上げて動きやすいようにすること。

こつ‐まく【骨膜】硬骨の表面を覆う結合組織の膜。外層は血管に富み、内層に造骨細胞があって、骨の保護・栄養・成長・再生をつかさどる。

こつまく‐えん【骨膜炎】骨膜に起こる炎症の総称。多くは化膿菌(かのうきん)によって起こる。

こつま‐もめん【▽勝間木綿】江戸時代、摂津国西成郡勝間村で産した木綿織物。絹のように光沢があり、反物は幅が広い。

こ‐つみ【木積み】木のくず。「堀江より朝潮満ちに寄る—貝にありせばつとにせましを」〈万・四三九六〉

こつ‐みつど【骨密度】骨の強度を表す指標の一。一定容積の骨に含まれるカルシウム・マグネシウムなどのミネラル成分の量。骨量。骨塩定量。骨塩量。BMD(bone mineral density)。〔補説〕骨密度がYAM(若年成人平均値)の70パーセント未満になると骨粗鬆症(こつそしょうしょう)と診断される。

こ‐づめ【小爪】❶つめの小さい切りくず。❷つめの生え際にある、半月形の白い部分。爪半月。
小爪を拾・う 言葉尻をとらえて非難する。

こ‐づめ【小詰】上方の歌舞伎・人形芝居で、端役。また、歌舞伎の下級役者。「曽我五郎となりて、二階の板敷き踏み破り、数十人の—を一度につかんで」〈浮・元禄大平記〉

ご‐づめ【後詰め】❶先陣の後方に待機している軍勢。予備軍。後手(ごて)。うしろづめ。❷敵の背後に回って攻めること。また、その軍勢。後攻(ごぜ)め。

こつ‐めいろ【骨迷路】内耳を構成する、複雑な形をした骨質の空洞。前庭・骨半規管・蝸牛殻(かぎゅうかく)からなり、内側にほぼ同形の膜迷路が納まる。骨性迷路。

こつ‐ゆ【骨油】牛骨などの油脂から脂肪を除いて製した液状油。石鹸(せっけん)・ろうそくなどの原料とする。ほねあぶら。

こつ‐ゆ【骨湯】煮魚や焼き魚の骨を熱湯に浸し、醤油(しょうゆ)や塩で味をつけて飲むもの。

こつ‐よう【骨瘍】▶カリエス

こ‐づら【小面】❶顔つきを卑しめていう語。多く、「こづらがにくい」「こづらにくい」の形で用いる。⇒小面憎い ❷煉瓦(れんが)・石材などの、六面体の面のうち最小の面。

こづら‐にく‐い【小面憎い】〔形〕図こづらにく・し〔ク〕顔を見るだけでもいやになるくらい憎らしい。小生意気で癪(しゃく)にさわる。「きいたふうな口をきく—・いやつ」

こつり〔副〕かたい物が当たってたてる音、また、そのさまを表す語。「小石が—と靴先に当たる」

ごつり〔副〕重い物が強く当たってたてる音、また、そのさまを表す語。「こつり」より強く大きい感じを表す。「—と鈍い音がする」

こつ‐りつ【×兀立】〔名〕スル❶とびぬけて高くそびえていること。「—する高楼」❷ぼんやりと立っていること。「女愕然として顔色忽ち変じ、—して動かざるは恰も石偶人の如し」〈織田訳・花柳春話〉

こつ‐りつ【骨立】〔名〕スル やせ衰えて、骨が高く現れること。骨ばること。「其(その)—せる面影に驚かされた」〈漱石・倫敦塔〉

こつ‐りゃく【×忽略】〔名〕スル おろそかにすること。ゆるがせにすること。なおざりにすること。「凡そ人第一義を—し」〈西周・明六雑誌三八〉

こつ‐りょう【骨量】▶骨密度

こ‐づる【小×蔓┊小×釣】小さな蔓草模様を織り出した金襴(きんらん)。初めは中国から輸入したが、のちには京都の西陣で織るようになった。「時代わたりの柿地の—」〈浮・永代蔵・三〉

こづる‐まこと【小鶴誠】[1922〜2003]プロ野球選手。福岡の生まれ。八幡(やはた)製鉄から、昭和17年(1942)名古屋軍(現中日)に入団。同24年大映スターズで首位打者を獲得、翌年には松竹ロビンスで51本塁打、161打点をあげ二冠王を獲得。米国メジャーリーグのスター選手ジョー=ディマジオになぞらえて「和製ディマジオ」の異名をとった。

こ‐づれ【子連れ】子を伴っていること。子供連れ。

コッレオーニ‐れいはいどう【コッレオーニ礼拝堂】《Cappella Colleonia》イタリア北部、ロンバルディア州の都市ベルガモの旧市街ベルガモアルタにある礼拝堂。ベネチアの傭兵隊長コッレオーニを

祭る。15世紀後半、ジョバンニ＝アントニオ＝アマデーオの設計により建造。ロンバルディア-ルネサンス様式の傑作とされる。ティエポロ作のフレスコ画が残る。

コッレ-ディ-バル-デルザ〖Colle di Val d'Elsa〗イタリア中部、トスカーナ州の都市シエナの近郊にある町。エルザ川沿いの高台に位置する。中世より毛織物業、製紙業で栄え、16世紀以降、現在まで続くクリスタルガラスの産地として有名。丘にある旧市街には、中世の面影を残す歴史的建造物が多い。

コッローディ〖Collodi〗イタリア中部、トスカーナ州の都市ルッカの近郊にある村。「ピノッキオの冒険」の作者として知られるカルロ＝コッローディの筆名は、母親の故郷であるこの村の名から採られた。ピノッキオの物語がテーマのピノッキオ公園や17世紀にガルゾーニ侯が造ったバロック様式の城館と庭園がある。

こつん〔副〕かたい物が当たってたてる音、また、そのさまを表す語。「木の実が窓に―と当たる」「いたずらがばれて―とやられる」

ごつん〔副〕重い物が強く当たってたてる音、また、そのさまを表す語。「こつん」より強く大きい感じを表す。「車が電柱に―とぶつかった」

こ-て【小手】ひじと手首との間の部分。また、手先。「―をおさえる」

小手が利・く ちょっとしたことに器用である。小手先が利く。「―・く重宝な役者」

小手を翳・す 広げた手を目の上に置く。遠方を見たり、光をさえぎる動作にいう。「―・して来し方をみる」

こて【鏝】❶壁土やセメントを塗る道具。多くは鉄製で、平たい板に握り柄をつけたもの。❷和裁で、熱して布地のしわをのばしたり、折り目をつけたりする鉄製の道具。焼きごて。❸頭髪にウエーブをつけるために熱して用いる、はさみ状の整髪具。ヘアアイロン。❹鋳掛けのはんだづけなどに使う、先のとがった金属の棒に柄をつけた道具。〈類語〉アイロン・火熨斗

こ-て【籠手｜小手】❶弓を射るとき、左のひじを保護するために掛ける革製の覆い。弓籠手。手纏。❷鎧の付属具で、肩先から腕を覆うもの。袋状の布地に鉄金具や鎖をとじつけてある。❸剣道で、指先からひじのあたりまでを覆う防具。❹剣道で、相手の手首のあたりを打つ技。「―を取る」
〈類語〉面・面ぽお・胴

ご-て【後手】❶他に先を越されること。また、相手に先に攻められて受け身の立場になること。「立ち上がりから―に回る」「することなすことがみんな―になる」⇔先手。❷囲碁・将棋の用語。㋐先手のあとで着手すること。また、その人。後手番。⇔先手。㋑自分の着手に対し、相手が受けてくれず、他の好所に先着されてしまうこと。⇔先手。❸「後詰め❶」に同じ。

ご-て【碁手】囲碁・双六などの勝負事にかける物品。碁手物。「大将殿より屯食五十具、―の銭、椀飯などは世の常のやうにて」〈源・宿木〉

コティ〖René Coty〗[1882〜1962]フランスの政治家。第4共和政最後の大統領。弁護士から政界に入り、下院議員・上院議員、第二次大戦後は下院議員・復興大臣を経て1954年第4共和政第2代大統領に就任。59年ドゴール将軍等の第5共和政の発足に伴い引退。➡ドゴール

こ-てい【小体】〔名・形動〕こぢんまりしていること。つつましいこと。質素なこと。また、そのさま。「母と二人の―な暮しであったが」〈秋声・縮図〉

こ-てい【古体】▶こたい(古体)

こ-てい【固定】〔名〕スル ❶一定の位置に止まって動かないこと。また、動かないようにすること。「支柱を―する」「ねじで―する」❷一定していて変化しないこと。「客が―する」「一給」❸生物の組織や細胞を顕微鏡で観察するとき、生きているときに近い状態で保つために、原形質をアルコール・ホルマリンなどで凝固させること。固定法。❹遺伝子がホモ(同型)の状態になり、子孫で形質が分離しなくなること。
〈類語〉固着・定着・定位・一定・安定・不動・不変

こ-てい【孤亭】一つだけ離れた所にあるあずまや。

こ-てい【湖底】みずうみの、そこ。「―に沈む」

こ-でい【健児】「こんでい(健児)」の音変化。「やれ―、やれ―、と候へば」〈盛衰記・三三〉

ご-てい【五帝】中国古代の五人の聖君。諸説があるが、「史記」では黄帝・顓頊・帝嚳・尭・舜。

ご-てい【五鼎】昔、中国で、大夫の祭りに、5つのかなえに牛・羊・豕(豚)・魚・麋(おおじか)の5種の肉を盛って、神前に供えたこと。

五鼎に食わずんば死して五鼎に烹られん 《「史記」主父偃伝から。「五鼎に食う」は出世する意》立身出世ができないのなら、いっそ思いのままに生き、大罪を犯して刑死しよう。

ご-てい【御亭】❶他人を敬って、その邸宅をいう語。❷「御亭主」の略。「許嫁の―が兵隊に取られたんだからなあ」〈二葉亭訳・片恋〉

コディアック〖Kodiak〗米国アラスカ州南部、コディアック島の町。同島の中心地。1763年、ロシア人が入植し、ロシア領アラスカの首都が置かれた。同国有数の水揚げ高を誇る漁港がある。

コディアック-ぐま【コディアック熊】《Kodiak bear》クマ科の哺乳類。アラスカのコディアック島・スーニパク島・アフォグナック島に分布。頭胴長3メートルに達する。コディアックヒグマ。

コディアック-とう【コディアック島】《Kodiak Island》米国アラスカ州南部、太平洋側の島。本土とはシェリコフ海峡で隔てられる。1763年、ロシア人が入植し、ロシア領アラスカの首都が置かれた。コディアック熊が生息する。島の中心地はコディアック。

こてい-えんぼく【固定円木】長い丸太を地上から離して水平に架け渡した遊具。その上を落ちないように歩く。

こていかかく-かいとり-せいど【固定価格買(い)取り制度】家庭などで発電して余った電力を電力会社が一定価格で買い取る制度。買取価格を高めに設定し、その費用を通常の電気料金に上乗せすることで、太陽光発電など新エネルギーへの移行をうながす。将来的に新エネルギーの導入費用が低下した際には、合わせて買取価格も下げるなど柔軟な制度運用が可能で、他の導入促進策と比較しても費用対効果が高いとされる。FIT(feed-in tariff)。

こてい-かぶ【固定株】株主が固定していてあまり売買されない株。➡浮動株

こてい-かわせそうばせい【固定為替相場制】外国為替相場の変動を全く認めないか、またはごくわずかの変動幅しか認めない制度。金本位制度下や旧IMF体制のもとでの為替相場制がその例。固定相場制。➡変動為替相場制

こてい-かんねん【固定観念】いつも頭から離れないで、その人の思考を拘束するような考え。固着観念。

こてい-きゅう【固定給】出来高・能率などに関係なく、一定額で支給される給料・賃金。

こてい-きんり【固定金利】住宅ローンなどの融資商品や、個人向け国債や定期預金などの資産運用商品で、返済あるいは満期・償還までの全期間を通じて一定の金利が適用されるもの。➡変動金利

こてい-し【固定子】電動機や発電機などで、回転子に対し、固定して動かない部分。ステーター。

こてい-しさん【固定資産】企業の所有する資産のうち、長期間にわたって使用または利用される資産。建物・機械・土地などの有形固定資産、営業権・特許権・商標権などの無形固定資産、投資有価証券・出資金・長期貸付金などの投資その他の資産の三つに区分される。➡流動資産 ➡固定負債

こていしさん-ぜい【固定資産税】固定資産、すなわち土地・家屋・償却資産に対して課される地方税。その資産所在の市町村が課す税であるが、特別区の区域内では東京都が課する。従来の地租・家屋税に代わるもので、昭和25年(1950)創設。

こていしさんぜい-ろせんか【固定資産税路線価】▶路線価

こていしさん-だいちょう【固定資産台帳】事業者が土地・建物・機械などの固定資産や繰延資産を管理するために作成する帳簿。固定資産の種類別に分類した上で、取得日・取得価額などの明細を記録し、減価償却が必要な資産に関しては償却額なども記載する。

こてい-しすう【固定指数】▶近交係数

こてい-しほん【固定資本】生産資本のうち、何回かの生産過程にわたって機能し、その価値を徐々に生産物に移転するもの。建物・機械・車両など。⇔流動資本。

ご-ていしゅ【御亭主】一家の主人を敬っていう語。ご主人。ごてい。

こてい-しょうすうてん【固定小数点】固定小数点数における、位置が固定された小数点。一般的には、小数点そのものより、その小数点を使った数や表現方法、またはコンピューターのプログラムなどの固定小数点型の呼称として用いられることが多い。「―で計算する」➡浮動小数点

こていしょうすうてん-えんざん【固定小数点演算】小数点の位置が固定された固定小数点数を用いて行う四則演算。コンピューターにおいては、扱う数の絶対値の範囲が限られている計算に用いられ、あたかも整数値のように扱うことで処理が容易になり、高速で計算できる。➡浮動小数点演算
〈補説〉例えば「1500 × 0.06」という乗算の場合、いったん「1500 × 6=9000」と整数化して計算したのち、小数点以下の桁数(2桁)から小数点の位置(左に2桁ずれる)を決めて「90」を得る。コンピューターでの実際の演算処理は二進法で行われる。

こていしょうすうてん-がた【固定小数点型】▶固定小数点数型

こていしょうすうてん-すう【固定小数点数】小数点の位置を固定して表現された数。コンピューターにおいては、あたかも整数値のように扱うことで処理が容易で高速になるが、絶対値が大きく異なる数同士の計算には向かない。➡浮動小数点数

こていしょうすうてんすう-がた【固定小数点数型】コンピューターのプログラムにおける、固定小数点演算を用いたデータ処理の方式。固定小数点型。➡浮動小数点数型

こてい-そうばせい【固定相場制】「固定為替相場制」の略。

こて-いた【鏝板】❶壁などをこてで塗るとき、その材料の泥や漆喰などを盛る小さい板。❷裁縫で、こてを使用するときに台にする板。こてだい。

こてい-ちょう【固定長】コンピューターで、レコード(数項目からなる一つの処理単位)の長さが一定である形式。処理が簡単で一般的。

こてい-ていこうき【固定抵抗器】固定した抵抗値をもつ電気抵抗器。金属巻線抵抗器・ソリッド抵抗器など。

こてい-ディスク【固定ディスク】▶ハードディスク

こてい-でんわ【固定電話】(携帯電話などの移動しながら通信できる無線電話に対し)設置場所が固定されている電話。有線電話。〈補説〉俗に、自宅に設置された固定電話を家電という。

こてい-ばね【固定羽根】蒸気タービンや水車などで、蒸気や水の通路を定める役割の、動かない羽根。

こていはば-フォント【固定幅フォント】《typewriter font》▶等幅フォント

こてい-ひ【固定費】一定の生産能力のもとで、操業度の変動にかかわりなく一定期間における総額が変化しない原価要素。減価償却費・賃借料・管理者給料・火災保険料など。不変費。➡変動費

こていピッチ-プロペラ【固定ピッチプロペラ】船舶のスクリュープロペラの一種。プロペラ翼のピッチ(1回転ごとに進む距離)が固定されているもの。➡可変ピッチプロペラ

こてい-ビットレート【固定ビットレート】《constant bit rate》音声や動画データの圧縮などに用いられる方式の一。転送データを一定のビットレートで圧縮すること。一定ビットレート。CBR。➡可変ビットレート

こてい-ひょう【固定票】ヘウ 選挙で、特定の政党や候補者を支持し、毎回その政党や候補者に投票するとみなされる票。⇔浮動票。

こてい-ひよう【固定費用】生産費のうち、生産量の変化に関係なく一定額を要する費用。地代・利子・減価償却費など。➡可変費用

こてい-ふさい【固定負債】企業の所有する負債のうち、貸借対照表日の翌日から起算して支払い期限が1年を超えるか、あるいは正常な営業循環過程にない負債。社債・長期借入金や退職給付引当金など。長期負債。➡流動負債 ➡固定資産

こてい-よく【固定翼】航空機の胴体に固定された、主として揚力を得るための翼。

こてい-りつきさい【固定利付債】►確定利付債

こてい-リンク【固定リンク】ウェブサイトの各コンテンツに一意的に付与されるURL。特に、ブログの個々の記事(エントリー)やオンラインショップが扱う個別の商品に割り当てられたURLを指す。日々内容や商品が追加・変更されるウェブサイトにおいて、個別の記事や商品に対してリンクをする場合に用いられる。パーマネントリンク。パーマリンク。

コデイン〖codeine〗阿片あへんに含まれるアルカロイドの一。モルヒネのメチル化合物。習慣性や副作用が少ないので、燐酸りんさんコデインとして、せき止め・鎮静薬などに用いる。

こて-え【×鏝絵】ヱ 漆喰しっくいを使って左官職人が鏝で壁に浮き彫りにした絵。江戸中期に始まり、伊豆松崎町の左官、入江長八が大成したという。各地に残る。

コテージ〖cottage〗►コッテージ

コテージ-チーズ〖cottage cheese〗►カテージチーズ

こて-がえし【小手返し】ガヘシ 合気柔術で、相手の手を捕らえ、逆に手首の関節をねじって倒す技。

ごて-がかり【五手掛】江戸幕府の刑事裁判の形式の一。寺社・町・勘定の三奉行と、大目付・目付の五者で審理したもの。高位の者の犯罪や国家の大事件を裁判するため、老中が命令して臨時に設置させた。

こ-てき【故敵│古敵】古くからの敵。「是は山門の—、時の侍所なれば、是を討留めよ」〈太平記・三二〉

こ-てき【×胡×狄】《「胡」「狄」はともに中国北方の異民族の意》野蛮人。えびす。夷狄いてき。「今は曠田くわうでんの畝に捨てられて—の一足となれり」〈平家・二〉

こ-てき【胡適】[1891〜1962]中国の文学者・思想家・教育行政家。績渓(安徽あんき省)の人。字あざなは適之てきし。米国に留学、デューイに学び、帰国後、北京大学教授。五・四運動のころから白話文学を提唱。第二次大戦中は駐米大使。中華人民共和国の成立で米国に亡命、のち台湾で没。著「中国哲学史大綱」「白話文学史」「胡適文存」など。こせき。フー＝シー。

こ-てき【鼓笛】太鼓と笛。

こてき-たい【鼓笛隊】太鼓と笛を中心に編成された行進用の音楽隊。

こて-こて〔副〕スル ❶度を越えて分量などの多いさま。また、濃厚なさま。「ポマードで—(と)した髪」「明るい餉台ちゃぶだいの上に—食物が並べられ」〈秋声・足迹〉 ❷不慣れな手つきで物事をするさま。「—取り出す行灯あんどう」〈浄・河原達引〉

ごて-ごて〔副〕スル ❶「こてこて❶」を強めていう語。「—した飾りつけ」「—(と)着飾る」❷雑然として収まりがつかないさま。入り組んで、もめるさま。ごたごた。「話が—してもの別れになる」❸ぐずぐず言うさま。「—(と)不平を並べる」「つまらないことを—言うな」

こて-さき【小手先】❶手の先の方。手先。❷ちょっとした機転。小才こさい。「—が利く」❸その場しのぎで、将来を見通した深い考えのないこと。「—の教育対策」(類語)機転・小才・小手回し・姑息こそく・好い加減

こてさし-が-はら【小手指ヶ原】埼玉県所沢市、狭山丘陵北側にある、新田義貞と北条高時が戦った古戦場。

ごて-さん【御▽亭▽様】遊里で、揚屋・茶屋や船宿などの主人をいう語。「なるほど、—の言はんす通り」〈伎・助六〉

こて-しらべ【小手調べ】物事を本格的に始める前にちょっと試してみること。小手試し。「これくらいはほんの—だ」

こて-そで【▽籠手袖│小手袖】❶当世具足の袖の一。籠手の、肩からひじにかけて取り付けた袖。毘沙門びしゃもん籠手。❷武具の籠手の袋のように、袖口を細く先すぼみに仕立てた袖。

こて-だめし【小手試し】「小手調べ」に同じ。

こ-てつ【古哲】《「哲」は道理に明るい人の意》昔のすぐれた思想家や賢人。いにしえの哲人。

こてつ【虎徹】[?〜1677]江戸前期の刀工。近江おうみの人。甲冑かっちゅう師であったが、江戸に出て作刀に専念。数珠じゅず刃とよばれる刃文の作風を代表し、切れ味は鋭く、新刀第一の名工といわれた。長曽禰興里ながそねおきさと入道虎徹。

こ-てつ【故×轍】❶先に通った車の轍わだち。❷前人の行った跡。昔ながらのやり方。前例。「—を踏む」

ごて-つ-く〔動カ五(四)〕❶秩序なく入り乱れている。ごてごてしている。「陳列棚が—く」「—いたネオン広告」❷いざこざが起こる。紛糾する。ごたつく。「交渉が—いて手間どる」❸くどくど不平や文句を言いたてる。「反対派が—く」

ご-てつじょう【呉鉄城】ヂャウ [1888〜1953]中国の政治家。中山ちゅうざん(広東カントン省)の人。孫文、次いで蒋介石しょうかいせきの側近として上海シャンハイ市長・行政院副院長などの要職を歴任。国民党右派の代表。ウー＝ティエチョン。

ごて-どく【ごて得】「ごね得」に同じ。

こて-なげ【小手投げ】相撲のきまり手、またレスリングの技の一。相手の差してくる手を、上手うわてから巻いて、腰を浅く入れて投げる技。

こて-の-おおい【▽籠手の覆い】オホヒ 鎧よろいの籠手の、手の甲を覆う部分。

こて-ぶくろ【▽籠手袋】鎧よろいの籠手の家地いえじ。上部が広がっている。こてのふくろ。

こ-てまねき【小手招き】〔名〕スル《「こでまねき」とも》手先を振って招くこと。「竜太郎を—して、お直から借りた五十銭を渡した」〈小杉天外・初すがた〉

こ-てまね-く【小手招く】〔動カ四〕《「こでまねく」とも》手先を振って来るように示す。「舟ばたまでおくりて互ひにみゆる内は—き」〈浮・一代男・三〉

こ-でまり【小手×毬】バラ科の落葉小低木。株立ちし、枝先が垂れ、葉は長楕円形で先がとがる。春、白い小花が密生してまり状に咲く。中国原産で、庭木にする。(季 春)「—の花に風いで来りけり/万太郎」

こ-てまわし【小手回し】マハシ 前もって準備しておくこと。また、その手回しがいいこと。とっさの機転がきくこと。「—よく処理する」

ご-てる〔動タ下一〕ぐずぐず不平や文句を言う。相手に無理なことを言う。「契約金で—てる」

こ-てん【古典】❶古い時代に書かれた書物。当代・現代からみて、古い時代に属する書物。「鴎外や漱石も若者にとっては—なのである」❷学問・芸術のある分野において、歴史的価値をもつとともに、後世の人の教養に資すると考えられるもの。多く、著述作品についていう。「国富論は経済学における—である」❸芸能の世界で、近代に興った流派に対し、古い伝統に根ざしたもの。「—舞踊」❹古くからの定め。古代の儀式や法式。(類語)古書・クラシック

こ-てん【古点】❶漢籍・仏典などに施された古い訓点。主として平安時代のもの。❷天暦5年(951)、源順みなもとのしたごう・清原元輔きよはらのもとすけらの梨壺なしつぼの五人が万葉集につけた訓点。➡次点 ➡新点

こ-てん【個展】《「個人展覧会」の略》ある個人の作品だけを集めて開く展覧会。

こ-でん【古伝】古くからの言い伝えや古い記録。

こ-でん【個電】《家族全員で使う家庭用の電化製品(＝家電)に対して》家庭の中で使う人が限定された電化製品のこと。個人の使用を目的に開発された電化製品。

ご-てん【五天】㊀東西南北と中央の天。大空。㊁「五天竺ごてんじく」の略。「抑そもそも相さうといっぱ洽浩かふかうとして—の雲洪ひろく」〈盛衰記・一五〉

ご-てん【五典】儒教で、人が守るべき五つの道。父は義、母は慈、兄は友、弟は恭、子は孝。五常。五教。

ご-てん【呉天】《呉の国が中央から遠く離れていたところからという》遠い異郷の地。「—に白髪の恨みを重ぬといへども」〈奥の細道〉

ご-てん【御殿】❶貴人の住宅を敬っていう語。また、構えのりっぱな邸宅。❷清涼殿せいりょうでんの別名。❸社殿。「八王子の—より鏑箭かぶらやの声いでて」〈平家・一〉 (類語)宮殿・宮廷・王宮・パレス

ご-てん【語典】❶辞書。辞典。❷文法書。文典。(類語)辞書・辞典・字引・字典・字書・辞彙じい・ディクショナリー・レキシコン・事典

ご-でん【誤伝】〔名〕スル まちがって伝えること。また、その内容。「通信社が戦局を—した」

ご-でん【誤電】内容のまちがっている電報。

ごてん-い【御殿医│御典医】江戸時代、幕府や大名に召しかかえられた医者。おさじ。御殿医者。

ごてんいちチャンネル-サラウンド【5.1チャンネルサラウンド】《5.1channel surround》映画館などで臨場感や立体感のある音響効果を再現するために開発されたサラウンドシステム。正面、左右前方、左右後方、および低音出力用のサブウーハースピーカーをあわせて、6個のスピーカーを配置する。

こてん-おんがく【古典音楽】❶民俗音楽や、ジャズ・ポピュラーなどの大衆音楽以外の、芸術的に正統とされる西洋音楽。クラシック音楽。❷►古典派音楽

こてん-がくは【古典学派】18世紀後半から19世紀初頭にかけて、アダム＝スミスやリカードを中心にして成立した英国の経済学派。自由主義思想を基礎にすえて、資本主義経済を自律性ある再生産の体系として把握。古典派経済学。正統学派。

こ-てんぐ【小天×狗】小さい天狗。武芸に秀でた若者のたとえ。「剣道界の—」

こてん-げいのう【古典芸能】日本で近世以前に創始され、現在も伝承・実演されている芸能。雅楽・能・狂言・歌舞伎・文楽・日本舞踊・邦楽・落語・講談など。ふつう、鑑賞を目的としたものをいい、民俗芸能などは含まない。

こてん-げき【古典劇】近代劇以前に完成をみせた演劇のこと。古代ギリシャ・ローマの悲劇・喜劇、およびその影響を受けて発達した17世紀のフランスのコルネイユ・ラシーヌ・モリエールの演劇などが代表。

こてん-ご【古典語】❶明治以前の古典に用いられている語で、現代では一般には用いられないか、または意義に変化のある語。古語。❷古く存在した言語で、現在の文化に至る影響をもつもの。特にヨーロッパで、その文化の基調をなすものとしてのギリシャ語・ラテン語をさす。

こてん-こだい【古典古代】古代ギリシャ・ローマ時代の総称。ヨーロッパ文化の基礎となった古典文化を生んだ時代として、他の古代社会と区別するために用いる。

こてん-こてん〔副〕徹底的にやっつけられるさま。また、やっつけるさま。さんざん。こてんぱん。「—に負かされる」

ご-てんじく【五天竺】ヂク 昔、天竺(インド)を東西南北と中央の五つに分けた称。五天。五竺。「法力の貴く勇猛なる事、…—に風聞しぬ」〈今昔・一・九〉

こてん-しゅぎ【古典主義】古代ギリシャ・ローマの作品を規範とし、理性・調和・形式美を追究する芸術思潮。文学では17、8世紀にフランスのラシーヌ・モリエール、ドイツのゲーテ・シラーらによって展開された。美術では、ルネサンス期や17世紀フランスの画家プーサンなど各時代にみられるが、ふつう18世紀後半から19世紀半ばにかけて興った新古典主義をさす。クラシシズム。➡新古典主義

ごでんしょう【御伝鈔】ゴデンセウ 鎌倉時代の仏教書。2巻または4巻。覚如かくにょ著。永仁3年(1295)成立。親鸞しんらんの行実を絵詞えことばで記した同人著の「親鸞伝絵」から、その文章を抄出したもの。

ごてん-じょちゅう【御殿女中】ゴテンヂョチュウ ❶江戸時代、宮中・将軍家・大名などの奥向きに仕えた女中。奥女中。❷陰険な策謀を巡らして人を陥れようとする女、底意地の悪い女のたとえ。「愛子の上に加えられる—風な圧迫とを」〈有島・或る女〉

こ-てんじん【小天神】江戸時代、上方の遊里で、遊女の階級の一。天神の下、囲(かこい)の上。

こてん-てき【古典的】〔形動〕❶古典とよばれるにふさわしい文化的な価値があるさま。「—な名著」❷古典を重んじ、伝統や形式を尊ぶさま。「—な図柄」

こてん-とうけいりきがく【古典統計力学】古典力学に基づいて原子や分子の運動を取り扱う統計力学。極低温・高密度の現象の場合、量子力学を用いる量子統計力学との違いが顕著になるが、高温(常温)・低圧(常圧)の場合は古典統計力学による近似が成り立つ。

ごてん-ば【御殿場】歌舞伎・人形浄瑠璃の時代物で、公卿や高貴な武士の邸宅を舞台とした場面。御殿の場。

ごてんば【御殿場】静岡県北東部の市。富士山南東麓にあり、登山口の一。自衛隊の東富士演習場がある。人口8.9万(2010)。

こてんは-おんがく【古典派音楽】18世紀後半から19世紀初頭にかけての西洋音楽の様式。バロックとロマン派との間に位置し、ソナタ形式にみられる整然とした形式美が特色。ハイドン・モーツァルト・ベートーベンらによって代表される。

こてんは-けいざいがく【古典派経済学】▶古典学派

ごてんば-し【御殿場市】▶御殿場

ごてんば-せん【御殿場線】東海道本線国府津(こうづ)から御殿場を経て沼津に至るJR線。明治22年(1889)東海道本線の一部として開業。昭和9年(1934)丹那(たんな)トンネルの完成により東海道本線は熱海経由に変更され、従来の路線は御殿場線と改称。全長60.2キロ。

こてん-バレエ【古典バレエ】モダンバレエなどに対して、ヨーロッパの伝統的なバレエ。また、その形式によるバレエ作品。「くるみ割り人形」「白鳥の湖」などに代表される。クラシックバレエ。

こてん-ぱん〔副〕「こてんこてん」に同じ。「—に相手をやっつける」

ごてん-ばん【御殿番】江戸幕府の職名。京都二条城や浜御殿など幕府の城・御殿を守衛する役。

こてん-ぶつりがく【古典物理学】巨視的な物理現象を扱う物理学。ニュートン力学、マクスウェルの電磁理論、およびこれらを特殊相対性理論によって修正した物理学。20世紀に入って出現した量子論、特に量子力学に対して、従来のものをいう。

こてん-ぶんがく【古典文学】❶規範的で恒久的な価値をもつと見なされる文学。❷一民族の伝統を形成する、過去のすぐれた文学。日本ではふつう近代文学に対して江戸時代までのものをいう。

こてん-らくご【古典落語】主に江戸時代に作られ、現代まで伝えられている落語。「時そば」「寿限無」「目黒のさんま」など。⇔新作落語。

こてん-りきがく【古典力学】量子力学が出現する以前の、ニュートン力学や相対論的力学のこと。

こてん-ろん【古典論】古典物理学により体系化される理論の総称。量子力学が出現する以前の、ニュートン力学、マクスウェルの電磁理論、相対論的力学などを指す。量子論に対していう。

こ-と【古都】❶古い都。昔の都。旧都。「—奈良」❷古都保存法および明日香村法に基づいて、わが国の往時の政治・文化の中心等として歴史上重要な地位を有する都市として指定された市町村。京都市・奈良市・鎌倉市・天理市・橿原(かしはら)市・桜井市・斑鳩(いかるが)町(奈良県生駒郡)・明日香村(奈良県高市郡)・逗子(ずし)市・大津市の10市町村が指定されている(平成24年7月現在)。

こ-と【古渡】「古渡(こわた)り」に同じ。

こと【言】《「事(こと)」と同語源》❶口に出して言うこと。言葉。現代では多く複合語として用いられる。「泣き—(ごと)」「わび—(ごと)」「片—」「一—多い」「旅といへば—にぞ易き少なくも妹に恋ひつつ術(すべ)なけなくに」〈万・三七四三〉❷㋐言葉で表現された事柄・内容。「たらちねの母の命(みこと)の—にあらば年の緒長く頼み過ぎむや」〈万・一七七四〉㋑うわさ。評判。「心には忘るる日なく思へども人の—こそ繁き君にあれ」〈万・六四七〉㋒詩歌。特に、和歌。「この歌は、常にせぬ人の—なり」〈土佐〉❸体系としての言語。「唐(もろこし)とこの国とは、—異なるものなれど」〈土佐〉

言通・う　言葉が通じる。思いが通じる。「まれにも—・ひ給ふべき御あたりをも、さらに馴れ給はず」〈源・蓬生〉

言加(くわ)・う　❶口添えする。助言する。「男(をのこ)は—・へさぶらふべきにもあらず」〈枕・二三〉❷唱和する。声を合わせる。「主のおとども—・へ給ふ」〈源・胡蝶〉

言絶(た)・ゆ　❶(ふつう「ことたえて」の形で副詞的に用いる)言語に絶する。「生ける代に我はいまだ見ず—・えてかくおもしろく縫へる袋は」〈万・七四六〉❷言葉を交わし合うことがなくなる。交際が絶える。「—・えて、二十余日(はつか)になりぬ」〈かげろふ・中〉

言告・ぐ　言葉を伝える。人を介して言い知らせる。「故郷(ふるさと)のならしの岡のほととぎす—・げやりしいかに告げきや」〈万・一五〇六〉

言成・す　口やかましくうわさする。言いはやす。「大和の宇陀の真赤土(まはに)のさ丹(に)つかばそこもか人の我(わ)を—・さむ」〈万・一三七六〉

言に出(い)・ず　言葉に出す。はっきりと口に出す。「—・でて言はばゆゆしみ朝顔のほには咲き出ぬ恋はするかも」〈万・二二七五〉

言も疎(おろ)か　言うまでもないが。言わずと知れたことだが。もちろん。「—や、清和天皇十代の御末、鎌倉殿の御弟、九郎大夫判官殿ぞかし」〈平家・一一〉

言悖(もと)りて出(い)ずればまた悖りて入(い)る　《「礼記」大学から》他人に向かって道理に反した言葉を言えば、他人から道理に反した言葉で報いられる。

こと【事】《「言(こと)」と同語源》㊀「もの」が一般に具象性をもつのに対して、思考・意識の対象となるものや、現象・行為・性質など抽象的なものをさす語。❶世の中に起こる、自然または人事の現象。事柄。出来事。「—の真相」「—の起こり」❷大変な事態。重大な出来事。「失敗したら—だ」「ここで—を起こしたら苦労が水の泡だ」❸仕事。用件。「—をなしとげる」❹物事の状態や経過。また、それを中心とした事情。いきさつ。「—を見守る」「—と次第によっては許さないでもない」❺㋐行事や儀式。「夜いたう更けてなむ、—果てける」〈源・花宴〉㋑生命。「いみじき—の閉ぢめを見つるに」〈源・幻〉㋒言外に了解されている、ある事柄。例のこと。「この僧、彼の女に合宿して、—ども企てけるが」〈著聞集・二〇〉㋓食事。特に、僧の夜食。「ある人、—をして贈りたりけるに」〈著聞集・一八〉㊁他の語句をうけて、その語句の表す行為や事態を体言化する形式名詞。❶行為。仕業。「つまらない—をしでかしたものだ」❷ある対象に関連する事柄。「映画の—は彼が詳しい」「後の—は君に一任する」❸心情や動作の向かっている対象。「君の—が好きだ」「家族の—を大切にする」❹言葉の内容や意味。「君の言う—はわからないでもない」❺文章の段落などの題目。「イソポが生涯の—」❻㋐(「…ということだ」「…とのことだ」などの形で)噂。伝聞。「彼も結婚したという—だ」㋑(「…ことがある」などの形で)場合。「ときどき郵便物が返ってくる—がある」㋒(「…ことがある」などの形で)経験。「アメリカなら行った—がある」㋓(「…ことはない」などの形で)必要。「そこまでしてやる—はない」㋔(「…だけのことはある」などの形で)価値。「専門家に任せただけの—はあって、見事な出来だ」「わざわざ出かけただけの—はあった」㋕(「…のことだ」などの形で)ある言葉の指し示す対象である意を表す。「九郎判官とは源義経の—だ」㋖(「…ことにする」「…こととする」などの形で)決定する意を表す。「やっぱり田舎に帰る—にするよ」㋗(「…ことにしている」などの形で)意図的な習慣にしている意を表す。「毎朝ジョギングする—にしている」㋘(「…ことになる」「…こととなる」などの形で)結果的にそうなる意を表す。「今度の会談で、国際情勢は新たな局面を迎える—になった」㋙(「…ことになっている」などの形で)既に規則や予定で、そう決まっている意を表す。「法律で弁償しなくてはならない—になっている」「来秋から留学する—になっている」㋚(「…ことだ」などの形で)話し手自身の判断に基づいた進言・忠告である意を表す。「入院を機に、ゆっくり休む—だ」「彼にはよく謝っておく—だな」㋛(「…をこととする」などの形で)その行為に没頭していること、それを当面の仕事としていることを表す。「晴耕雨読を—とする」「銭積もりて尽きざるときは、宴飲声色を—とせず」〈徒然・二一七〉❼それに関して言えば、の意を表す。「私—この度転居致しました」❽通称・雅号などと本名との間に用いて、両名称の指す人物が同一であることを表す。「楠公(なんこう)—楠木正成」❾活用語の連体形に付いて句を体言化し、そこに述べられた事柄をきわだたせる意を表す。「未来を予知する—ができる」「走る—は走るけれど、遅い」「間もなく帰る—と思います」❿形容詞・形容動詞の連体形に付いて、その状態を強調する意を表す。「長い—お世話になりました」「不思議な—にからだが宙に浮いた」⓫「の」を介して程度を示す副詞に付き、さらに強調する意を表す。「なおの—悪い」「いっその—やめたらどうだ」⓬(多く「…ごと」の形で用いる)㋐動詞の連用形、名詞、形容動詞の語幹に付いて、事柄としての行為や状態を表す。「考え—」「悩み—」「色—」「きれい—」㋑真似をする遊びであることを表す。「まま—」「鬼—(=鬼ごっこ)」⓭活用語の連用形に付いて、句を体言化する。「呉人が西施をくせ物と云ひ—は無益なり」〈中華若木詩抄〉➡こと〔終助〕[類語]事柄・物事・事物

[下接語]当て事・好(す)い事・一つ事・若(も)しもの事・我が事(ごと)遊び事・徒(あだ)事・他(ひと)事・荒(あら)事・案じ事・粋(いき)事・痛事・入れ事・色事・祝い事・憂い事・絵空事・大事・公(おおやけ)事・鬼事・隠し事・隠れ事・賭(か)け事・考え事・綺麗(きれい)事・稽古(けいこ)事・景事・芸事・拵(こしら)え事・酒(さか)事・杯事・定め事・戯(ざ)れ事・仕事・実(じつ)事・忍び事・修羅(しゅら)事・冗談事・勝負事・所作(しょさ)事・心配事・空事・徒(ただ)事・茶事・作り事・艶(つや)事・出来事・手事・内証(ないしょう)事・慰み事・何事・習い事・濡(ぬ)れ事・願い事・祈(ね)ぎ事・囃子(はやし)事・僻(ひが)事・人事・秘め事・節事・振り事・舞事・禍(まが)事・真似(まね)事・飯(まま)事・見事・密(みそか)事・無駄事・物事・揉(も)め事・約束事・俏(やつ)し事・由(よし)無し事・余所(よそ)事・和事・業(わざ)事・私事・笑い事

事合・う　うまく事が運ぶ。「もてかしづき聞こえ給ふさま、愚かならず、—・ひたる心地して」〈源・葵〉

事終わ・る　❶事が落着する。「そのたびの議定、—・らで」〈仮・伊曽保・下〉❷息が絶える。死ぬ。「念仏四、五遍唱へ、つひに—・って候」〈謡・隅田川〉

事適(かな)・う　物事が思いどおりになる。何不自由なく満足している。「いみじく徳あるが妻になりて、よろづ—・ひてぞありける」〈宇治拾遺・四〉

事がな笛吹かん　《事が起こったら笛を吹いてはやしたてようの意から》何か事件が起こればそれに乗じようと待ち構えていることをいう。「さなきだにも—と思ひける北面の下臈(げらう)共」〈盛衰記・一八〉

事が延びれば尾鰭(おひれ)が付く　物事は、長引くと余計なことが付け加わり、面倒になる。

事加・う　さらに大げさにする。「禄ども、品々につけて例あること、限りあれど、また—・へ、二なくせさせ給へり」〈源・行幸〉

事ここに至・る　ある状況に至って、どうにも変更しようのない事態になる。事ここに及ぶ。「—・ってはすべてを話すしかない」

事志(こころざし)と違(たが)・う　物事がうまくいかず、現実が意図したものや理想と食い違う。「—・って政治家になれなかった」

事去・る　事が過ぎ去る。過去のものになる。「時移り—・り、楽しび、悲しび行きかひて」〈徒然・二五〉

事しもあれ　事もあろうに。よりによって。「—、威儀の親王(おや)をさへせさせ給へりしよ」〈大鏡・師輔〉

事ぞともな・し　取り立てて言うほどのこともない。何ということもない。「秋の夜も名のみなりけり逢(あ)ふといへば―・く明けぬるものを」〈古今・恋三〉

事と次第によ・る　結果や対処の仕方が、事柄やなりゆきにかかわる。「―・っては今日は帰れない」

事ともせ◦ず　問題にもしない。何とも思わない。物ともしない。「土砂降りも―◦ず出かける」

事直・る　❶物事がもとどおりになる。回復する。「かく憎げなくさへ聞こえかはし給へば―・りて」〈源・若菜上〉 ❷任期が完了する。また、罪を許されて旧に復する。「知らぬ国にまかれりけるを―・りて京にのぼりて後」〈千載・雑中・詞書〉

事なきを◦得る　大事にならないで済む。「出発時間に間に合って―◦得た」

事成(な)・る　❶事が成就する。また、事が無事に済む。「相(あひ)とぶらひ―・りしかばかき結び」〈万・一七四〇〉 ❷その時になる。事が始まる。「ものも見で帰らむとし給へど…、―・りぬと言へば」〈源・葵〉

事に当た・る　❶物事を担当する。従事する。「式典には全社をあげて―・った」 ❷事件に遭遇する。「―・りて津の国の須磨といふ所にこもり侍りけるに」〈古今・雑下・詞書〉

事に触れて　何かのことに関連して。何かにつけて。折に触れて。「―その件をもち出す」

事に依(よ)・る　事にかかわる。場合次第である。「親切なのも―・る」

事に依(よ)ると　事と次第では。もしかすると。事によったら。「―病気かもしれない」

事も愚か　おろそか。いいかげん。なみたいてい。「秋の田に紅葉ちりける山里を―に思ひけるかな」〈千載・秋下〉

事もな・し　❶何事もない。無事である。「すべて世は―・し」〈上田敏訳・海潮音・春の朝〉「―・く生き来しものを老いなみにかかる恋にも我(あれ)はあへるかも」〈万・五五九〉 ❷無難で欠点がない。非の打ち所もなくすばらしい。「人にはぬけて、才(ざえ)なども―・く」〈源・若菜上〉 ❸これということもない。平凡である。「―・き女房のありけるが」〈著聞集・一六〉 ❹わけもない。容易である。たやすい。「あづま琴をこそは、―・く弾き侍りしかど」〈源・手習〉

事よろ・し　《「よろし」は、まあまあよい程度をいう》❶たいしたことはない。差し支えがない。「―・しき時こそ腰折れかかりたる事も思ひつづけけれ」〈更級〉 ❷かなりよい。相応である。「この殿の亭の前を―・しき女の通りける」〈十訓抄・七〉

事を起こ・す　❶事件を引き起こす。「―・して人を騒がす」 ❷重大なことを始める。「今が―・す時期だ」

事を欠・く　❶必要な物がなくて不自由する。不足する。「毎日食べる物にも―・いている」 ❷ほかに適当なことがあるはずなのに、よりによってこんなことをする、という非難の気持ちを込めていう言葉。「言うに―・いて嘘八百を並べる」

事を構・える　争い事を起こそうとする。事を荒立てる。「境界のことで隣家と―・える」

事を好・む　❶事件が起こるのを好む。変わったことが起こるのを待ち望む。「穏健で、―・まない」 ❷風流を好む。一風変わったことを好む。「妻(め)なむ若く事好みて」〈源・夕顔〉

事を分・ける　筋道を立てて詳しく説明する。条理を尽くす。「―・けて話せばわかってもらえる」

こと【異】㊀〔名〕❶別のもの。他のもの。「下の十巻を、明日にならば、―をぞ見給ひ合はするとて」〈枕・二三〉 ❷名詞の上に付いて複合語を作り、別の、他の、などの意を表す。「―どころ(異所)」「―ひと(異人)」㊁〔形動ナリ〕❶それぞれ別々なさま。まちまちなさま。「もろこしとこの国とは、言(こと)―なるものなれど」〈土佐〉➡異なる ❷普通と違っているさま。格別なさま。「この皇子(みこ)生まれ給ひて後は、いと心―に思ほしおきてたれば」〈源・桐壺〉➡殊(こと)に

異に◦する　❶別にする。ちがえる。「趣を―◦する」「考えを―◦する」 ❷際立って特別である。「幼時から才を―◦した秀才」

こと【琴┊×箏】❶箏(そう)のこと。箏が流行弦楽器となった江戸時代以後、特にいわれる。近年は「琴」の字を当てて、箏を表すことも多い。❷日本で、弦楽器の総称。「琴」の字を当てたが、のち「箏」の字も用いた。琴(きん)・箏(そう)・和琴(わごん)・百済琴(くだらごと)・新羅琴(しらぎごと)などのすべてをさす。

こ-と【×糊塗】〔名〕スル　一時しのぎにごまかすこと。その場を何とか取り繕うこと。「失態を―する」類語 その場逃れ・その場しのぎ・当座逃れ・当座しのぎ・一時逃れ・一時しのぎ・間に合わせ・有り合わせ・姑息(こそく)

こと〔副〕未然形に「ば」のついた仮定条件を表す句を導き、どうせ(…なら)、同じ(…なら)、の意を表す。「―放(さ)けば沖ゆ放けなむ湊より辺(へ)付かふ時に放くべきものか」〈万・一四〇二〉補説 助動詞「ごとし」は、この「こと」に形容詞を作る接尾語「し」のついた「ことし」が濁音化したもの。

こと〔終助〕《形式名詞「こと」から》活用語の連体形に付く。ただし、形容動詞・助動詞「だ」には終止形にも付く。❶感動を表す。「まあ、きれいに咲いた―」「大変な人出だ―」 ❷質問の意を表す。「お変わりありません―」「これでいい―」 ❸同意を求めたり、勧誘したりする意を表す。「皆さんもそうお思いにならない―」「そろそろいらっしゃいません―」 ❹(「ことよ」の形で)婉曲(えんきょく)な断定を表す。「気を遣わなくてもいい―よ」「学生らしくない―よ」 ❺命令・注意の意を表す。「明日までに用意する―」「大声を出さない―」補説 文を止めて感動を表す用法が終助詞化してできたもの。❺を除いては、主に女性の会話に用いられる。

こ-ど【弧度】角の単位。円の半径に等しい弧に対する中心角を1弧度とする。1弧度は約57.295度。ラジアン。

ご-と【五斗】❶醤油(しょうゆ)のかす。もろみ。❷「五斗米(ごとべい)」の略。

ごと【▽如】《比況の助動詞「ごとし」の語幹》❶…のように。「ごとし」の連用形にあたる。「渡る日の暮れぬるが―照る月の雲隠る―沖つ藻のなびきし妹(いも)は」〈万・二〇七〉 ❷…のようだ。「ごとし」の終止形にあたる。「逢(あ)ふことは玉の緒ばかり名の立つは吉野の川のたぎつ瀬の―」〈古今・恋三〉

ごと【事】「こと(事)㊁⓬」に同じ。「隠し―」「頼み―」

ごと〔接尾〕名詞に付いて、そのものも含めて、の意を表す。…とともに。…ぐるみ。「皮―食べる」「車―船に乗る」

ごと【▽毎】〔接尾〕(「ごとに」の形で用いられることが多い)名詞や動詞の連体形などに付いて、その事をするたびに、そのいずれもが、などの意を表す。…のたびに。どの…もみな。「年―に」「会う人―に」

ご-ど【後度┊後途】のち。後日。「―の天罰受けんより、とっく帰れ」〈浄・松風村雨〉

後度を突・く　後日のことを念を押す。確かめる。「その女房は何者、と―・かるる念の為」〈浄・反魂香〉

こと-あげ【言挙げ┊言揚げ】〔名〕スル　ことさら言葉に出して言いたてること。揚言。「葦原(あしはら)の瑞穂(みづほ)の国は神(かむ)ながら―せぬ国」〈万・三二五三〉

こと-あたらし・い【事新しい】〔形〕文 ことあたら・し〔シク〕❶今までのものと違って新しい。「―・い出品はない」 ❷ことさらに取り上げるさま。わざとらしい。「―・く説明するまでもない」

こと-あまつかみ【▽別天つ神】古事記で、天地開闢(かいびゃく)の初めに現れたとされる神。天つ神の中で別格とされる。天之御中主神(あまのみなかぬしのかみ)・高御産巣日神(たかみむすひのかみ)・神産巣日神(かみむすひのかみ)・宇摩志阿斯訶備比古遅神(うましあしかびひこじのかみ)・天之常立神(あまのとこたちのかみ)の五神。

こと-あやまり【言誤り】言葉のまちがい。言いあやまり。言いそこない。「小さき子どもなどの侍るが、―しつべきも、言ひ紛らはして」〈源・夕顔〉

こと-あやまり【事誤り】事の行き違い。事のまちがい。過失。「花の香をえならぬ袖に移しもて―と妹(いも)やとがめむ」〈源・梅枝〉

ことあり-がお【事有り顔】(がほ)〔名・形動〕何かわけのありそうな顔つき。また、そのさま。「―なひそひそ話」「―で集まっている」

ことあり-げ【事有り気】〔形動〕文〔ナリ〕いかにも特別な事情がありそうなさま。「―にメモを渡す」

こと-あれかし【事有れかし】〔連語〕《「かし」は強めの終助詞》何か事件などが起これぱいいと待ち望むようす。事が起こってくれよ。「―と待ち構える」

ことい【特=牛】(ことひ)「こというし」に同じ。「淡路の門(と)渡る―こそ、角を並べて渡るなれ」〈梁塵秘抄・二〉

ことい-うし【▽特牛】(ことひ)《古くは「こというじ」とも》頭が大きく、強健で、重荷を負うことのできる牡牛。ことい。こってい。こといのうし。「しぶしぶに馬鍬(まぐわ)引く小田の―打たれぬ先に歩めと思へど」〈草径集〉

こというし-の【▽特牛の】(ことひうしー)〔枕〕特牛が租米を屯倉(みやけ)に運ぶところから、地名の「みやけ(三宅)」にかかる。「―三宅の潟(かた)にさし向かふ」〈万・一七八〇〉

こと-い・ず【言▽出づ】(づ)〔動ダ下二〕❶言い出す。ことず。「おほなおほな―・づる事を物憂くはもてなすべきぞ」〈源・早蕨〉 ❷楽器の音を出す。「想夫恋(さうふれん)は、心とさしすぎて―・で給はむや」〈源・横笛〉

こと-いた【琴板】琴占(ことうら)に用いる檜(ひのき)の板。長さ約75センチ、幅約30センチ、厚さ約3センチ余りのもので、笏(しゃく)でたたいて神おろしを行う。➡琴占

こと-いと【琴糸】琴に張る糸。琴の緒。琴の弦。

ことい-の-うし【▽特牛】(ことひ)「こというし」に同じ。「―を二疋(ひき)までただ一月に見殺(ころ)し」〈浮・沖津白波〉

こと-いみ【言忌み】不吉な言葉の使用を避けること。「―もえしあへず、もの嘆かしげなるさまの」〈源・浮舟〉

こと-いみ【事忌み】不吉なことを忌み慎むこと。「世の人のする―などもせぬ所なればや、かうはあらむ」〈かげろふ・中〉

ごど-いり【五度入り】大形の酒杯のこと。杯の大きさを「度入り」で表し、三度入りを普通の杯としたことから、それより二回り大きいものをいう。大杯。

こ-とう【戸頭】律令制で、一戸の長のこと。戸主。

こ-とう【古刀】(ータウ)❶古い刀剣。❷特に、慶長年間(1596〜1615)以前に作られた刀剣の称。➡新刀

こ-とう【古塔】(ータフ)古い塔。昔の塔。

こ-とう【孤灯】一つだけともっている灯火。

こ-とう【孤島】(ータウ)陸地や他の島から一つだけ遠く離れている島。「絶海の―」類語 離島・離れ島・無人島

こ-とう【弧灯】アーク灯のこと。

こ-とう【×胡豆】エンドウの別名。

こ-とう【湖頭】湖のほとり。特に、湖に河川などの注ぎ込む所。

こ-どう【小胴】小鼓(こつづみ)のこと。

こ-どう【古道】(ーダウ)❶古い道路。旧道。❷古代の、あるいは古来の道義・学問・文化。

こ-どう【古銅】❶古代の銅。古代の銅器。「―の壺」❷古い銅銭。古銭。

こ-どう【×胡銅】《古くは「ことう」とも》青銅の一種。茶器などがこれで作られ、珍重された。

こ-どう【鼓動】〔名〕スル ❶心臓が血液を送り出すために規則的に収縮・拡大すること。また、その音。「心臓が激しく―する」❷気持ちや物などが震え動くこと。また、震わし動かすこと。「新思潮の―」
類語 拍動・動悸(どうき)・心悸・心拍・脈動・脈拍

ごとう【五島】(ゴタウ)㊀長崎県、五島列島南西部の市。福江(ふくえ)島、久賀(ひさか)島、奈留(なる)島などからなる。遣唐使の最後の寄港地、海外交易の拠点として栄えた。平成16年(2004)福江市、富江町、玉之浦(たまのうら)町、三井楽(みいらく)町、岐宿(きしく)町、奈留町が合併して成立。人口4.1万(2010)。㊁「五島列島」の略。

ご-とう【後唐】(ータウ)►こうとう(後唐)

ご-とう【×梧×桐】《「ごどう」とも》アオギリの別名。(季 夏)「水無月の枯葉相つぐ―かな/石鼎」

ご-とう【御灯】❶神仏・貴人などの前にともす灯火。みあかし。❷陰暦3月3日と9月3日に天皇が北辰(北極星)に灯火をささげる儀式。また、その灯火。みとう。「三月には三日の御節句、―、曲水の宴」〈太平記・二四〉

ご-とう【語頭】単語の初めの部分。「―にアクセントがある」⇔語尾・語末。

ご-とう【誤答】(ータフ)〔名〕スル　まちがって答えること。ま

た、まちがった答え。「一〇問中の三問を―する」
ご-どう【五道】仏語。人が善悪の因によって行く五つの世界。地獄・餓鬼・畜生・人間・天上。五悪趣。五趣。
ご-どう【悟道】仏語。仏道の真理を悟ること。悟りを開いて道理を会得すること。
ゴドウィン〖Godwin〗㊀(William ～)[1756～1836]英国の政治評論家。無政府主義と私有財産否定を主張した。著「政治的正義」など。㊁(Mary ～)[1759～1797]㊀の妻。旧姓ウルストンクラフト。女性解放運動の先駆者。著「女性の権利の擁護」など。
こ-どうき【古銅器】❶古代の銅器。❷特に、中国の殷代から漢代にかけて鋳造された青銅器。
ごとう-きいち【後藤紀一】[1915～1990]小説家・日本画家。山形の生まれ。京都で友禅の図案を学び、山形に工房を開く。日本画で日展入選。「少年の橋」で芥川賞受賞。他に「村の陽だまり」など。
こどう-きせき【古銅輝石】斜方輝石の一。ブロンズのような光沢を放つ。
こ-どうぐ【小道具】❶こまごまとした道具・器具類。❷演劇などで、舞台で使用するこまごました道具。⇔大道具。❸事を効果的に運ぶために利用する名目。だし。「子供を―に使って、同情を引く」❹刀剣の付属品。鐔・目貫など。❺女性が髪や身につける装飾品。櫛・笄など。❻「小道具方」の略。
こどうぐ-かた【小道具方】演劇などで、舞台に必要な小道具の製作・取り扱いをする人。小道具師。
ごとう-くじら【五島鯨】ゴンドウクジラの別名。
こどうぐ-づけ【小道具付け】演劇などで、出し物に必要な小道具を一場ごとに列記した書き付け。小道具付け帳。
こどうぐ-や【小道具屋】❶こまごました道具を売る店。また、その人。❷刀剣の付属品を売る店。また、その人。
こと-うけ【言▽承け】受け答え。返答。また、引き受けること。承知。「都の人は、―のみよくて実なし」〈徒然・一四一〉
言承け良しの異見聞かず　よい返事をするが、実際は他人の意見を聞き入れないという意。
ごとう-けいた【五島慶太】[1882～1959]実業家。長野の生まれ。旧姓は小林。東大卒。農商務省、鉄道院を経て東京近郊の私鉄の経営に転じ、東京急行電鉄を設立。東急グループを創始した。東条内閣では運輸通信大臣。
ごとうけ-ぼり【後藤家彫】後藤祐乗を祖とする後藤家の金工が彫った装剣金具。将軍家・諸大名の正式の拵えに用いられた。後藤物。家彫。後藤彫。
ご-どうげん【呉道玄】中国、唐代の画家。陽翟(河南省)の人。字は道子。玄宗皇帝の宮廷画家。人物・鬼神・山水・花鳥などにすぐれ、仏寺・道観の壁画を多く描いた。唐朝随一といわれたが、真筆は現存しない。生没年未詳。
ごとう-こんざん【後藤艮山】[1659～1733]江戸中期の医師。江戸の人。名は達。別号は養庵。父の郷里の京都に帰って開業。多くの門人を育て、古医方の祖とされる。当時の医師の常識を破り、僧形をせずに平服をつけた。
ごとう-し【五島市】►五島㊀
ご-どうし【呉道子】►呉道玄
ごとう-しざん【後藤芝山】[1721～1782]江戸中期の儒学者。讃岐の人。名は世鈞。高松藩主の侍講となり、藩校の講道館を設立。四書五経に施した訓点は、後藤点として知られる。著「元明史略」など。
ごとう-しゃく【五等爵】►五爵
ごとう-じゅあん【後藤寿庵】江戸時代の武将。本姓、岩淵。ジュアンは洗礼名。伊達政宗に仕え、キリシタンとして奥州で布教活動を行ったが、幕府の禁教政策のため追放。灌漑事業にも尽力し、胆沢川から水を引いた寿庵堰に名が残る。生没年未詳。
ご-とうしょ【御当所】「御当地」に同じ。
ごとう-しょうじろう【後藤象二郎】[1838～1897]政治家。土佐の人。公武合体・大政奉還運動に活躍。明治維新後は新政府に仕えたが、征韓論に敗れて下野。板垣退助らとともに愛国公党を組織し、民撰議院設立建白書の提出に参画。のち、大同団結運動を提唱した。逓信相・農商務相を歴任。
ごとうしょ-ずもう【御当所相撲】その力士の出身地で行われる場所相撲。
ごとう-しんぺい【後藤新平】[1857～1929]政治家。岩手の生まれ。満鉄初代総裁となり、植民地経営に活躍。逓信・内務・外務各大臣、東京市長などを歴任。また、関東大震災直後の東京の復興と、日ソ国交回復に尽力した。
ごとう-するめ【五島×鯣】長崎県五島地方から産出する上等のするめ。
ごとう-せいたろう【五島清太郎】[1867～1935]動物学者。山口の生まれ。東京帝大教授。クラゲ・ヒトデや寄生虫の研究で知られる。日本の寄生虫学の創始者の一人。大正2年(1913)学士院賞受賞。著「外部寄生性吸虫類の研究」「実験動物学」。
ごとう-せん【五当銭】1個で通用銭5文に相当した中国の銭貨。日本には天明4年(1784)発行の仙台通宝がある。
こと-うた【琴歌│×箏歌】❶琴に合わせてうたう歌。❷歌舞伎下座音楽の一。❶の感じを取り入れたもので、時代物の御殿の場の幕開きなどに用いる。普通は三味線を伴奏とする。
ご-とうち【御当地】❶他の土地の人が、敬意を表して訪問した土地をいう語。御当所。「―は初お目見得です」❷その土地特有の、また、その地域独特のという意を含んで使う語。他の語と複合して使うことが多い。「―ソング」「―検定」
(類語)地方・当地・当所・現地・地元・地じ・ローカル
ごとうち-ソング【御当地ソング】歌詞に、地名・方言・その土地独特の風物などを織り込んだ歌。
ごとうち-ナンバー【御当地ナンバー】国土交通省が管理する「新たな地域名表示ナンバー」の通称。自動車のナンバープレートに表示される地名について、登録台数が10万台を超えている、住民の要望があるなどの条件を満たした場合に、新しい地域名を導入する制度。平成18年(2006)より開始。(補説)従来の地名表示は運輸支局・自動車検査登録事務所の名称と決められていたが、地域振興などの観点からその規制を緩和したもの。
ごとう-ちゅうがい【後藤宙外】[1866～1938]小説家・評論家。秋田の生まれ。本名、寅之助。「新小説」を編集、反自然主義の立場に立つ。小説「ありのすさび」「闇のうつつ」、回想録「明治文壇回顧録」など。
ごとう-づる【後藤×蔓】ツルデマリの別名。
ごとう-てん【後藤点】漢文訓読法の一。江戸中期、高松藩の儒者後藤芝山のつけた四書五経の訓点。広く世に行われた。
ごとう-とうしろう【後藤藤四郎】短刀の名作。京都の刀工、粟田口藤四郎吉光の作。金座の後藤光次が所持したところからの名称で、現在は尾張の徳川家蔵。国宝。
ごどう-の-みょうかん【五道の冥官】地獄で、五道の衆生の善悪を裁くという冥界の役人。
ことう-ぶんじろう【小藤文次郎】[1856～1935]地質学者。島根の生まれ。東京帝大教授。ドイツに留学。日本岩石学・火山学・地震地質学・東亜地質学の分野で開拓者となった。
ごとう-ぼり【後藤彫】►後藤家彫
ごとう-またべえ【後藤又兵衛】[?～1615]安土桃山・江戸初期の武将。播磨の人。名は基次。黒田孝高・長政に仕え、豊臣秀吉の九州出兵、文禄の役・慶長の役、関ヶ原の戦いに功をあげたが、のち、長政に疎んぜられて黒田家を退去。諸国流浪ののち豊臣秀頼に招かれて大坂城に入り、大坂夏の陣で戦死。
ごとう-みつつぐ【後藤光次】[1571～1625]江戸初期の幕府金改め役。本姓は橋本。通称、庄三郎。彫金師後藤徳乗の弟子。徳川家康に仕え、金座を統轄し、金貨の製造や地金・金貨の鑑定などに当たった。
こ-どうみゃく【股動脈】ふとももの内側を走る大腿動脈。上部3分の1は比較的浅い所を走る。
ごとう-めいせい【後藤明生】[1932～1999]小説家。朝鮮の生まれ。本名、明正。出版社勤務のかたわら作品を発表。「内向の世代」の作家の一人。「首塚の上のアドバルーン」で芸術選奨受賞。他に「夢かたり」「吉野大夫」「壁の中」など。
ごとう-もの【後藤物】►後藤家彫
ことう-やき【湖東焼】琵琶湖東岸の滋賀県彦根市付近で焼成された陶磁器。井伊家の藩窯となったが、文久2年(1862)廃窯。広義には明治28年(1895)まで同地方で焼かれたものも含む。
ごとう-ゆうじょう【後藤祐乗】[1440～1512]室町後期の装剣金工家。美濃の人。名は正奥。通称、四郎兵衛。足利義政に仕え、入道して祐乗と号した。目貫・小柄・笄の三所物の意匠・技法に新機軸を打ち出し、後藤家彫(家彫)を創始。精巧で格調高い作風により、子孫代々将軍家の御用を勤めた。
ご-とうよ【誤投与】〘名〙スル 薬剤の種類や量を間違えて患者に与えること。
こと-うら【琴▽占】古代の占いの一。琴を弾いて神霊を迎え、神がかりした人の口から出る託宣によって吉凶を占った。後世は、琴の代わりに琴板を笏でたたいて占った。⇒琴板
こと-うるわ・し【言▽美はし】〘形シク〙言葉遣いがきちんとしていて、端正である。「若くかたちよき人の―・しきは忘れがたく」〈徒然・二三三〉
こと-うるわ・し【事▽美はし】〘形シク〙物事のようすがきちんとしていて、端正である。「狩衣に青袴きたるが、いと―・しく」〈宇治拾遺・一四〉
ごとう-れっとう【五島列島】長崎県西部、東シナ海上にある列島。福江島・久賀島・奈留島・若松島・中通島など約140の島からなり、リアス式海岸が発達。漁業が盛ん。
ことえり　米国アップル社のオペレーティングシステムに組み込まれている日本語入力システム。Mac OS、Mac OS Xに標準搭載されている。2003年に公開された「ことえり4」では、関西弁や話し言葉のほか、アイヌ語の入力が可能になった。
こと-えり【言▽選り】用語を選択すること。言葉選び。「文を書けど、おほどかに―をし」〈源・帚木〉
こと-おさめ【事納め】❶物事のしおさめ。❷「御事納め❶」に同じ。❸「御事納め❷」に同じ。(季 冬)「灯ともして下城の人や―/鳴雪」
こと-おとこ【異男】ほかの男。夫以外の情人である男。他し男。「別当が妻、―にかたらはれて、跡を晦うして失ぬ」〈宇治拾遺・三〉
ごとお-び【五十日】毎月の、五と十のつく日。納金などの日にあたり、道路が混みやすいとされる。
こと-おり【異折】別の時。ほかの機会。「いつか―は、さはしたりし」〈能因本枕・四六〉
ゴドーをまちながら【ゴドーを待ちながら】《原題、フランス En attendant Godot》サミュエル=ベケットの戯曲。2幕。1953年初演。現代演劇に大きな影響を与えた不条理演劇の代表作。
こと-おんな【異女】ほかの女。妻以外の情人である女。他し女。「―に思ひつきて、思ひ出でずなり侍りにけり」〈後拾遺・雑中・詞書〉
こと-かき【事欠き】❶ある物が不足したり欠如したりしていること。また、物がなくて不自由すること。「昔は天子も諸侯も師匠といふ者あり。今はなし。…これぞ―の第一なるべきか」〈仮・清水物語〉❷間に合わせ。「夜半油をきらして、女房の髪の油を―にさすなど」〈浮・永代蔵・四〉
こと-がき【事書(き)】❶文書で「一、…の事」という書式で書くこと。また、その書式で書いたもの。箇条書き。❷古文書学の用語。公文書の本文の前にあって、「…事」と主旨を要約して記載した部分。❸(「言書き」とも書く)和歌の初めに書く小序。詞書。「―

に私の家にてと書かれたれば」〈謡・定家〉

こと‐か・く【事欠く】㊀〔動カ五(四)〕❶物が不足する。なくて不自由する。「食べる物にも━・く始末」❷(「…にことかく」の形で用いて)他に適当なことがあるのに、よりによってわざわざそんなことをする。「言うに━・いて家族の悪口までしゃべるとは」➡事を欠く ㊁〔動カ下二〕㊀❶に同じ。「遁世者は、なきに━・けぬやうを計らひて過ぐる、最上のやうにてあるなり」〈徒然・九八〉

こと‐かけ【事欠け】❶「事欠き❶」に同じ。「いかに━なればとて、いつの程よりかく物毎をさもしくなしぬ」〈浮・一代男・一〉❷「事欠き❷」に同じ。「これらは美児人びじんのなき国の━、隠居の親仁の翫もてあそびのたぐひなるべし」〈浮・男色大鑑・一〉

こと‐かた【異方】別の所。別の方面。「しばし、━にやすらひて参り来む」〈源・葵〉

こと‐かたら・う【言語らふ】ことかたらふ〔動ハ四〕言葉を交わす。語り合う。「音にのみ聞けば悲しなほととぎす━・はむと思ふ心あり」〈かげろふ・上〉

こと‐が‐はま【琴ヶ浜】島根県中部、大田おおだ市西部にある砂浜。日本海沿岸の弓状になった約2キロメートルの白砂海岸。砂を踏んで歩くとキュッキュッと鳴る「鳴き砂」で有名。夏、海水浴場としてにぎわう。

こと‐がま・し【言×囂し】〔形シク〕言葉が多い。口やかましい。うるさい。「さがなく━・しきも、しばしは、なまむつかしう」〈源・夕霧〉

こと‐がま・し【事がまし】〔形シク〕仰々ぎょうぎょうしい。ことごとしい。大げさだ。「その体てい━・しく出で立ちたり」〈曽我・九〉

こと‐がみ【琴▽頭】琴の頭の方。⇔琴尾ことお。

こと‐がら【言柄】歌などの、言葉の品位や趣。「今の世の人の詠みぬべき━とは見えず」〈徒然・一四〉

こと‐がら【事柄】❶物事の内容・ようす。また、物事そのもの。「調べた━を発表する」「新企画に関する極秘の━」「重大な━」❷《「こつがら(骨柄)」の音変化という》人物のありさま。体格。品格。「つらだましひ、━、いづれも劣らず」〈平家・九〉［類語］事・物事・事物

こと‐かわ・る【事変(わ)る】ことかはる〔動ラ五(四)〕ようすが違う。趣が変わる。「以前とは━・ってカラフルな制服が多くなった」

こと‐き【異木】別の木。ほかの木。「桐の木の花…、━どもと等しう言ふべきにもあらず」〈枕・三七〉

ごとき【▽如き】《比況の助動詞「ごとし」の連体形》活用語の連体形、体言、助詞「の」「が」に付き、比喩ひゆ・例示を表す。…のような。「彼が言うごとき結果になる」「彼のごとき人物はこの世に二人とはいない」「眠るがごとき大往生」［補説］現代では文章語的表現、または改まった表現をする場合に用いられる。

こと‐ぎれ【事切れ】❶事が終わること。決着がつくこと。❷息が絶えること。死ぬこと。

ことぎれ‐の‐ごせいばい【事切の御成敗】鎌倉時代の裁判で、勝訴の訴人または論人(被告)に下知状を下付して結審としたこと。

ことぎれ‐もんじょ【事切文書】鎌倉時代、落着した裁判の一件書類。

こと‐き・れる【事切れる】〔動ラ下一〕［文］こときる〔ラ下二〕❶息が絶える。死ぬ。「救急車が来たときにはすでに━・れていた」❷事が終わる。落着する。「疾とくしてあはれ━・れよかし」〈平治・上〉［類語］絶え入る・絶え果てる・死ぬ・亡くなる・死する・没する・果てる・眠る・瞑する・逝く・斃たおれる・身罷まかる・先立つ・旅立つ

こ‐とく【古徳】昔の、徳をつんだ人。昔の聖ひじり。

こ‐どく【孤独】〔名・形動〕❶仲間や身寄りがなく、ひとりぼっちであること。思うことを語ったり、心を通い合わせたりする人が一人もなく寂しいこと。また、そのさま。「━な生活」「天涯━」❷みなしごと、年老いて子のない独り者。「窮民━の飢うえをたすくるにも非ず」〈太平記・三三〉［派生］こどくさ〔名〕
［類語］ひとりぼっち・ひとり・孤身・孤立・孤絶

ご‐とく【五徳】❶五つの徳目。温・良・恭・倹・譲(「論語」)、智・信・仁・勇・厳(「孫子」)など。❷金属や陶器で作った3本または4本脚のある輪。火鉢や炉の火の上にかぶせて立て、やかんや鉄瓶などをかける。❸紋所の名。❷の形を図案化したもの。

ごとく【▽如く】《比況の助動詞「ごとし」の連用形》活用語の連体形、体言、助詞「の」「が」に付き、比喩ひゆ・例示を表す。…のように。…のとおり。「彼の言うごとく市場はまもなく安定した」「脱兎のごとく逃げ帰った」「一〇年前のことが今さらのごとく思い出される」［補説］現代では文章語的表現、または改まった表現をする場合に用いられる。

ご‐とく【悟得】〔名〕スル 悟りを開いて真理を会得すること。「一新理を━するものあれば」〈村田文夫・西洋聞見録〉

ご‐どく【誤読】〔名〕スル 誤って読むこと。読み誤り。「変わった名前なのでしばしば━される」

こどく‐かん【孤独感】自分はひとりぼっちだという感覚。心の通じ合う人がなく寂しいという気持ち。「留学先で周囲にとけ込めずに━をいだく」

こと‐ぐさ【言▽種】❶いつも口にすること。口ぐせ。「山里に問ひ来る人の━はこの住まひこそ羨うらやましけれ」〈新古今・雑中〉❷話のたね。語りぐさ。話題。「このごろ、世の人の━に…と、ことにふれつつ言ひ散らすを」〈源・篝火〉

こどく‐し【孤独死】〔名〕スル だれにも気づかれずに一人きりで死ぬこと。独居者が疾病などで助けを求めることなく急死し、しばらくしてから見つかる場合などにいう。

ごとくだいじ‐さねさだ【後徳大寺実定】藤原実定の通称。

ごとく‐ち【後得×智】仏語。ものの本質の絶対平等を悟る根本智が得られたあとで、その平等に即して差別相があることを知る智。

ごとくなり【▽如くなり】〔助動〕［ごとくなら|ごとくなり・ごとくに(ごとくなり)|ごとくなる|ごとくなれ|ごとくなれ］《比況の助動詞「ごとし」の連用形「ごとく」＋断定の助動詞「なり」から》「如ごとし」(助動)に同じ。「尭ぎょうの子、尭のごとくならず」〈太平記・三一〉「海の上、昨日のごとくに風波見えず」〈土佐〉［補説］主として漢文訓読体の文章に多くみられる。

こと‐くに【異国】❶ほかの国。別の国。他国。異郷。「おのが国にはあらで、━に田を作りけるが」〈宇治拾遺・四〉❷外国。とつくに。「広く━の事を知らぬ女のためとなむ覚ゆる」〈源・常夏〉

こどく‐へき【孤独癖】ひとりでいたがる性癖。自ら孤独でいようとする傾向があること。

ことくらく【胡徳楽】雅楽。高麗楽こまがく。高麗壱越こまいちこつ調の小曲。舞楽は六人で演じる。酔ったしぐさで舞うこっけいな曲。

こと‐くらげ【琴水＝母】コトクラゲ科の腔腸こうちょう動物。遊泳せず、海底にすむ。体長12〜15センチ。体は竪琴たてごとに似て、両端から長い羽根状の触手を出す。体色は黄・灰・淡紅色で、濃紅色のいぼが多数ある。

ごとくん‐ば【▽如くんば】〔連語〕《比況の助動詞「ごとし」の連用形に係助詞「は」の付いた「ごとくは」の音変化》…のようであるならば。…ごとくならば。「中宮御悩の御こと、承り及ぶ━、ことさら成親卿が死霊など聞こえ候」〈平家・三〉

こ‐どけい【子時‐計】親時計と連動している時計。

ごと‐こうい【ごと行為】ごとかうゐ《「ごと」は仕事の略。賭博で「いかさま」の意》不正な手段でパチンコ、パチスロの玉やメダルを出すこと。

こと‐ごころ【異心】❶ほかの事を思うこと。別の考え。他意。「━なくて、夜を昼になしてなむ、急ぎまかで来し」〈宇津保・吹上上〉❷ほかの人を思う心。ふたごころ。あだしごころ。浮気心。「年ごろ━なくて過ぐし給へるなどを」〈源・藤裏葉〉

こと‐こと【異異】〔名・形動ナリ〕それぞれに異なること。また、そのさま。まちまち。別々。副詞的にも用いる。「人はみな御宿世といふもの━なれば」〈源・椎本〉「梅の香のふりおける雪にまがひせば誰か━わきて折らまし」〈古今・冬〉

こと‐こと〔副〕❶軽く物をたたいたとき、または軽い物が触れ合うときの音を表す語。「風で裏木戸が━(と)鳴る」❷あまり強くない火力で鍋の中の物が煮える音を表す語。「弱火で━(と)煮込む」

こと‐ごと【事事】このこと、あのこと。いろいろな事。「━なすことなくして、身は老いぬ」〈徒然・一八八〉

こと‐ごと【×悉｜▽尽】《「事事ことごと」の意から》あのことも、このこともすべて。あるもの全部。あるかぎり。副詞的にも用いる。「夜はも夜の━昼はも日の━」〈万・一五五〉「はたこらが夜昼といはず行く道を我は━宮道みやぢにぞする」〈万・一九三〉

こと‐ごと【異事】ほかの事。別の事。「━に言ひ紛らはして、おのおの別れぬ」〈源・若菜上〉

ごと‐ごと〔副〕❶重い物が触れ合うときの音を表す語。「ことこと❶」より強く大きい音をいう。「貨物車が━(と)走る」❷物が煮える音を表す語。「ことこと❷」よりいくぶん強めの火力で煮ることにいう。「鳥がらを━(と)煮て出しをとる」

ことごと‐く【×悉く｜▽尽く】〔副〕問題にしているもの全部。残らず。すべて。みな。「財産を━投げ打つ」「見るもの聞くもの━が珍しい」
［類語］皆・すべて・みんな・すっかり・とんと・あらゆる・何もかも・なべて・悉皆しっかい・残らず・余す所なく・漏れなく・逐一ちくいち・そっくり・洗い浚ざらい・一から十まで

悉く書を信ずれば則すなわち書無きに如しかず《「孟子」尽心下から》書物を読んでも、批判の目を持たずそのすべてを信ずるならば、かえって書物を読まないほうがよい。

ことごと‐し・い【事事しい】〔形〕［文］ことごと・し〔シク〕大げさである。ものものしい。仰々ぎょうぎょうしい。「━・くあいさつを述べる」「━・い警戒」［派生］ことごとしげ〔形動〕ことごとしさ〔名〕［類語］大袈裟おおげさ・大層・オーバー

ことごと‐に【事▽毎に】〔副〕物事があるたびに。事につけて。いつも。「━反対する」

こと‐ごのみ【事好み】風流を好むこと。物好き。好事こうず。「もの清げに住みなし、━したるほどよりは」〈源・東屋〉

こと‐こまか【事細か】〔形動〕［文］〔ナリ〕こまごまと詳しいさま。つまびらかなさま。詳細。ことこまやか。「━に説明する」［類語］詳しい・細かい・詳細・詳密・精細・明細・克明・つまびらか・子細・具つぶさに

こと‐こまか・い【事細かい】〔形〕注意などが、細部にまで及んでいる。詳細である。「━・く指示する」

こと‐こまやか【事細やか】〔形動〕［文］〔ナリ〕「ことこまか」に同じ。「━な検討を加える」

ご‐どころ【碁所】江戸時代、囲碁の最高権威者に与えられた称号。本因坊・林・井上・安井の四家から選ばれ、碁界を支配した。また、この四家をいう。

こと‐ざ【琴座】北天の星座の一。8月下旬の午後8時ごろ南中し、天頂近くに見える。天の川の西岸にあり、αアルファ星は光度0.0等のベガ(織女星)、βベータ星は周期12.9日の食変光星。環状星雲も含まれる。学名ラテ Lyra

こと‐ざえ【異▽才】他の才。ほかの芸能や学問。「琴をば更にもいはず、━もさるべき師ども召して」〈宇津保・俊蔭〉

こと‐さえく【言×喧く】ことさへく〔枕〕外国人が意味の通じない言葉をしゃべる意から、「韓から」「百済くだら」にかかる。ことさやぐ。「━辛からの崎なる」〈万・一三五〉「━百済の原ゆ」〈万・一九九〉

こと‐さきく【事▽幸く】〔副〕無事で。平安に。しあわせに。「━、ま幸さきくませと」〈万・三二五三〉［補説］一説に、「言こと幸く」で、言霊ことだまの力によって無事であるように、の意とも。

ことざくら‐まさかつ【琴桜傑将】［1940〜2007］力士。第53代横綱。鳥取県出身。本名、鎌谷紀雄。ぶちかましを得意とし「猛牛」の異名を取った。引退後、年寄白玉を経て佐渡ヶ嶽を襲名。➡北の富士勝昭(第52代横綱) ➡輪島大士(第54代横綱)

こと‐ざま【事様】❶事のありさま。事の次第。ようす。「ぬえ鳥も喚子鳥よぶこどりの━に通ひてきこゆ」〈徒然・二一〇〉❷心のありさま。心のもちよう。「大方は、家居にこそ━はおしはからるれ」〈徒然・一〇〉

こと‐ざま【異様】〔名・形動ナリ〕❶普通とは変わったありさま。ことよう。「かたちの━にて、うたてげに変

はりて侍らば〉〈源・賢木〉❷期待などに反しているか、または今までと違ったありさま。「ねむごろに言ひ契りける女の一になりにければ」〈伊勢・一一二〉❸他の方面。ほかの人。「さりとて、一の頼もしき方もなし」〈和泉式部日記〉

こと-ざまし【事▽醒まし】興がさめること。興ざめなもの。「花の匂ひもけおされて、なかなか一になむ」〈源・花宴〉

こと-さ・む【事▽醒む】〔動マ下二〕興ざめがする。「御鞠も一・めて入らせ給ひぬ」〈著聞集・八〉

こと-さやぐ【言×喧ぐ】〔枕〕《「ことさえく」の音変化》「から」にかかる。「一唐人なれば」〈謡・白楽天〉➡言喧く

こと-さら【殊更】㊀〔名・形動〕❶考えがあってわざとすること。また、そのさま。故意。「一な仕打ち」「一につらく当たる」❷格別なさま。「衆議判の時、よろしき由沙汰ありて、後にも一に感じ仰せ下されける由」〈徒然・一四〉㊁〔副〕❶わざわざ。「一行かなくても、ついでの時でよい」❷特に際立って。とりわけ。格別。「今年の冬は一寒い」〔類語〕わざと・ことに・あえて・故意

ことさら・ぶ【殊更ぶ】〔動バ上二〕わざとらしく見える。「さま一・び、心化粧したるなむ」〈源・葵〉

ことさら-め・く【殊更めく】〔動カ五(四)〕わざとらしく見える。わざとらしくなる。「あまりほめるのも、一・いてかえっておかしい」

こ-とし【今年】現在を含んでいる年。この年。こんねん。「去年一」〔季 新年〕「一から丸儲ぞよ娑婆遊び/一茶」〔類語〕本年・当年・今年

こと-し【琴師】❶琴を作る人。❷琴を弾くのを業とする人。❸雅楽寮で琴を教授する職員。

こと-じ【琴▽柱・×箏▽柱】❶和琴および箏で、胴の上に立てて弦を支え、その位置によって音の高低を調節するもの。和琴では二股状のカエデの枝を切って逆さにして用い、箏では紅木・象牙や合成樹脂製のものを用いる。柱。❷「琴柱棒」の略。❸紋所の名。❶をかたどったもの。

琴柱に膠す　《「史記」藺相如伝による。琴柱をにかわ付けにすると調子を変えることができないところから》物事にこだわって、融通がきかないことのたとえ。膠柱。

ごと-し【ごと師】《「ごと」は仕事の略。賭博で「いかさま」の意》不正な手段でパチンコ、パチスロの玉やメダルを出す者。➡ごと行為

ごとし【▽如し】〔助動〕［○|ごとく|ごとし|ごとき|○|○］活用語の連体形、体言、助詞「の」「が」に付く。❶比喩的に、同等・類似の意を表す。…と同じだ。…のとおりだ。…のようだ。「あをによし奈良の都は咲く花のにほふが**ごとく**今盛りなり」〈万・三二八〉「おごれる人も久しからず、ただ春の夜の夢の**ごとし**」〈平家・一〉❷例示を表す。たとえば…のようだ。…など。「和歌、管絃、往生要集**ごとき**の抄物を入れたり」〈方丈記〉❸不確実な断定を表す。…のようだ。…らしい。「松の緑こまやかに、枝葉汐風に吹きたわめて、屈曲おのづからためたるが**ごとし**」〈奥の細道〉➡ごとき〔補説〕「ごとし」は、中古では多く漢文訓読文に用いられるが、語幹にあたる「ごと」は上代・中古の和歌などに用いられた。❸は、中世以後の用法で、近代文語文にもみられる。

ことし-おい【今年生ひ】今年新しく生え出たもの。「一の松は七日になりにけり残りの程を思ひこそやれ」〈拾遺・賀〉

ことじ-かとう【琴▽柱火灯】琴柱に似た形の火灯窓。➡火灯

こと-しげ・し【事▽繁し】〔形ク〕❶する事が多くて忙しい。「一・き日なれば、えも立ち寄り給はず」〈夜の寝覚・三〉❷人の口がうるさい。「夏びきのてびきのいとをくりかへし一・くとも絶えむと思ふな」〈古今・恋四〉❸ものものしい。ぎょうさんである。「帝の御幸よりも一・からぬものから」〈今鏡・一〉

ことし-ごめ【今年米】今年の秋とれたばかりの米。新米。ことしまい。〔季 秋〕「熊野路や三日の粮の一/蕪村」

ことし-ざけ【今年酒】今年の秋とれた米でつくった酒。新酒。〔季 秋〕「よく飲まば価は取らじ一/太祇」

ことし-だけ【今年竹】今年生えた竹。若竹。〔季 夏〕「風ごとに葉を咲き出すや一/千代女」

ことじ-つのまた【琴▽柱角×叉】スギノリ科の紅藻。太平洋沿岸の潮間帯にみられる。規則的に二股状に分かれ、高さ約20センチ。食用。海葱。

ことじ-ぼう【琴▽柱棒】《頭部が琴柱を逆さにした形に似ているところから》刺股の異称。

こと-し-も【事しも】〔副〕《名詞「こと」＋副助詞「し」＋係助詞「も」から》ちょうど。あたかも。まるで。呼応の副詞のように、下に「如く」「ように」などの語をとることが多い。「聖人、一我が父母などの病まんを歎かむが如く歎き悲しみて云はく」〈今昔・一二・三五〉

こ-としより【小年寄】豊臣政権の中老の異称。➡大年寄

こと-しり【事知り】❶よく物事を知っていること。また、その人。❷男女間の関係や遊里の事情に通じていること。また、その人。わけしり。通人。「一に尋ねしに、あれは都にてわけある大尽、と聞くに」〈浮・一代女・五〉

こと-じり【琴▽尾・琴尻・琴▽後】琴の末の方。⇔琴頭。

ことしり-がお【事知り顔】よく物事を知っているような顔つき。物知り顔。

ことじりしゅう【琴後集】江戸後期の歌文集。15巻7冊。村田春海著。文化7年(1810)ころ刊。9巻まで歌集、残り6巻が文集。きんごしゅう。

こと-しろ【事代】神託を伝えること。また、その者。

ことしろぬし-の-かみ【事代主神】出雲神話の神。大国主命の子。国譲りに際し父に国土の献上を勧めた。壬申の乱のとき、高市県主許梅に神懸かりして託宣した話が、日本書紀にみえる。

こと・ず【言▽出】〔動ダ下二〕《「こといず」の音変化》言い出す。発言する。「一・でしは誰が言なるか」〈万・七七六〉

こと-ずくな【言少な】〔形動ナリ〕口数の少ないさま。ことばずくな。「一なるものから、さるべきふしの御答へなど、浅からず聞こゆ」〈源・明石〉

こと-ずくな【事少な】〔形動ナリ〕用事が少ないさま。問題点が少なく、簡単なさま。「一にもありしかば、人にものして」〈かげろふ・下〉

ことぜめ【琴責】➤阿古屋の琴責

こと-そ・ぐ【事▽殺ぐ】〔動ガ四〕むだを省いて簡略にする。簡素にする。質素にする。「ことさらよそひもなく一・ぎて」〈源・須磨〉

こと-だ・つ【言立つ】〔動タ下二〕❶口に出して言う。言葉に出して誓う。「祖の職と一・てて授け給へる」〈万・四四六五〉❷普通とは違ったことを言う。「一・てば、足もあがかにねたみ給ひき」〈記・下〉

こと-だ・つ【事立つ】〔動タ四〕いつもとは違ったことをする。改まったことをする。「正月なれば一・つ、とて大御酒たまひけり」〈伊勢・八五〉

こと-だて【言立て】口に出して言うこと。揚言。誓言。「人の祖の立つる一人の子は祖の名絶たず」〈万・四〇九四〉

こと-だま【言霊】古代日本で、言葉に宿っていると信じられていた不思議な力。発した言葉どおりの結果を現す力があるとされた。

ことだま-の-さきわうくに【言霊の▽幸ふ国】言葉の霊力が幸福をもたらす国。日本のこと。「一と語りつぎ言ひつがひけり」〈万・八九四〉

ことだまのしるべ【言霊指南】江戸末期の文法書。2編3冊。黒沢翁満著。嘉永5〜安政3年(1852〜1856)刊。活用・てにをは・係り結び・仮名遣いなどについて記す。

こと-た・りる【事足りる】〔動ラ上一〕《「ことたる」(四段)の上一段化》十分である。用が足りる。間に合う。「さしあたりこれだけあれば一・りる」〔類語〕済む・収まる・間に合う・足りる・十分

こと-た・る【事足る】〔動ラ四〕「事足りる」に同じ。「時世にうつろひて、おぼえ衰へぬれば、心は心として一・らず」〈源・帚木〉

こと-づかり【言付かり・▽託かり】ことづかること。また、ことづかったもの。「一の品」

ことづかり-もの【言付かり物】ことづかったもの。

こと-づか・る【言付かる・▽託かる】〔動ラ五(四)〕伝言したり、品物などを渡したりすることを、人から頼まれる。言いつかる。ことづけられる。「父への手紙を一・る」「帰社が遅くなると同僚から一・った」

ごと-つ・く〔動カ五(四)〕ごとごとと音がする。ごとごとと動く。「砂利道を一・きながら荷車が行く」

こと-づけ【言付け・▽託け】❶人に頼んで言葉を取り次いでもらうこと。また、その言葉。伝言。ことづて。「一を頼まれる」❷かこつけること。口実。「つきづきしき一ども作りいでて」〈源・真木柱〉

〔類語〕伝言・ことづて・メッセージ・言付ける

こと-づ・ける【言付ける・▽託ける】〔動カ下一〕図ことづ・く〔カ下二〕❶人に頼んで伝言や品物を取り次いでもらう。「明日来るように一・ける」「手紙を添えて新築祝いを一・ける」❷かこつける。口実にする。「なやましきに一・けて、夜深う出で給ひて一条の宮におはしぬ」〈狭衣・三〉

〔類語〕預ける・託する・委ねる・任せる・頼む

こと-づ・つ【言▽伝つ】〔動タ下二〕《「ことつつ」とも》ことづけをする。伝言する。「北へゆく雁のつばさに一・てよ雲のうは書きかき絶えずして」〈新古今・離別〉

こと-づて【言▽伝】《古くは「ことつて」》❶伝えたい言葉を他の人に取り次いでもらうこと。また、その言葉。伝言。ことづけ。「明日来るようにと一をする」❷間接に人から伝え聞くこと。また、伝え聞いた話。伝聞。「一にその話は聞いた」

〔類語〕伝言・ことづけ・メッセージ・言付ける

こと-づめ【琴爪・×箏爪】箏を弾くときに指にはめる爪形のもの。象牙・獣骨・竹などで作り、右手の親指・人さし指・中指にはめる。生田流では角爪、山田流では丸爪を用いる。ことづま。つめ。

こと-てん【事典】「じてん(事典)」に同じ。言葉の解釈を主とする「辞典」に対して、事物の説明をするものを「事典」と書くようになり、この二つを区別して呼ぶために生じた語。➡言葉典

こと-と【事▽跡】成し遂げた成果。業績。「君が一を負ひて行かむ」〈万・四二五一〉

こと-と【事と・殊と】〔副〕❶特に。とりわけ。格別。「寄りかかり給へるは、一なれなれしきにこそあめれ」〈源・野分〉❷まったく。すっかり。「一明うなりにければ、おどろきて」〈夜の寝覚・四〉

こととい【言問】東京都墨田区向島、隅田川東岸地域の旧称。伊勢物語の「名にし負はばいざ言問はむ都鳥わが思ふ人はありやなしやと」の歌に由来。

こと-とい【言問ひ】物を尋ねかけること。言葉を交わすこと。「今日だにも一せむと惜しみつつ悲しびませば」〈万・四四〇八〉

こととい-だんご【言問団子】東京都墨田区向島の言問橋付近で売っている名物の団子。江戸時代の終わりごろ創製された。小豆あん、白あんでくるんだもの、うぐいす色の求肥で味噌あんを包んだものの3種がある。

こととい-ばし【言問橋】東京の隅田川に架かっている橋の一。台東区浅草と墨田区向島とを結ぶ鉄橋で、昭和3年(1928)完成。全長239メートル。

こと-と・う【言問ふ・事問ふ】〔動ハ四〕❶物を言う。口をきく。「一・はぬ木すら春咲き秋づけばもみち散らくは常をなみこそ」〈万・四一六一〉❷言葉をかける。親しく言い交わす。「み空行く雲にもがもな今日行きて妹に一・ひ明日帰り来む」〈万・三五一〇〉❸問いかける。尋ねる。「いかでなほ網代の氷魚に一・はむ何によりてか我をとはぬと」〈大和・八九〉❹おとずれる。訪問する。「身に添ふ影よりほかに一・ふ人もなきを」〈狭衣・三〉

こと-とがめ【言×咎め】言葉に出してとがめだてをすること。「人の見て一せぬ夢にだにやまず見えこそあが恋やまむ」〈万・二九五八〉

こと-とき【異時】別の時。ほかの時。「一は知らず、今宵は詠め」〈枕・九九〉

こと-どころ【異所】❶ほかの所。別の場所。「ただ海の面を見渡したる程なむ、あやしく—に似ず、ゆほびかなる所に侍る」〈源・若紫〉❷異国。外国。「—のものなれど、鸚鵡(あうむ)いとあはれなり」〈枕・四一〉

こと-と・し【言▽疾し】〔形ク〕世間のうわさがやかましい。「—・くは中は淀(よど)ませ水無し川絶ゆといふことをありこすなゆめ」〈万・二七一二〉

こと-とて【事とて】〔連語〕《名詞「こと(事)」＋係助詞「とて」》❶理由を表す。…だから、それだけ。…だけあって。「年をとってからできた子供の—、かわいくてしかたがない」「念を入れた—、よい仕上がりだ」❷逆接の条件を表す。…こととはいえ。…だからとはいえ。「いくら初めての—大変失礼致しました」

こと-どもり【言×吃り】どもること。「すこし—する人の、いみじうつくろひ」〈枕・九〇〉

こと-どり【琴鳥】スズメ目コトドリ科の鳥。全体に灰褐色。全長は雄が約90センチ、雌が約50センチで、雄の尾羽は長く、内側の14枚はレース状、外側の2枚はS字状で竪琴に似る。近縁種に、尾がやや短いアルバートコトドリがあり、ともにオーストラリアに分布。

こと-なかれ【事×勿れ】〔連語〕《「なかれ」は「無し」の命令形》何事もなく無事に済むように。無事であれ。「道中—と祈る」

ことなかれ-しゅぎ【事×勿れ主義】いざこざがなく、平穏無事に済みさえすればよいとする消極的な態度や考え方。

ことな-ぐし【事無▽酒】病気・災厄などをはらうための酒。また、酒をたたえていう場合にも用いる。「—笑酒(ゑぐし)に我酔ひにけり」〈記・中・歌謡〉

こと-なし【事無し】〔名・形動〕❶何もすることがないこと。また、そのさま。「常夏の花をだに見ば—にすぐす月日も短かかりなむ」〈後撰・夏〉❷男女の間に特別のことが起こらないこと。また、そのさま。「—にて過ぐしつる年ごろも悔しう」〈源・須磨〉

こと-な・し【事無し】〔形ク〕❶何事もない。平穏無事だ。「手抱(たむだ)きて—・き御代と天地(あめつち)日月と共に万代(よろづよ)に」〈万・四二五四〉❷変わったことがなく退屈だ。大した用事もない。「公私(おほやけわたくし)に—・しや何業してかは暮らすべき」〈源・若菜上〉❸面倒なことがない。容易である。「わづらはしかりつる事は—・くて、やすかるべき事はいと心ぐるし」〈徒然・一八九〉

こと-な・し【殊無し】〔形ク〕この上ない。格別である。「さしもなき事の、—・くこの世にまさりたりと見ゆる事やありし」〈浜松・三〉

ことなし-がお【事成し顔】(―がほ) その事を成し遂げてみせるといった顔つき。「そらごとする人の、さすがに人の—にて大事請けたる」〈枕・一六四〉

ことなし-び【事無しび】何事もないそぶり。なんでもないふり。「—に書き給へるが、をかしく見えければ」〈源・総角〉

ことなし・ぶ【事無しぶ】〔動バ上二〕何事もないそぶりをする。知らないふりをする。「いみじく心もとなくのみおぼえ給へば、言すくなに—・びて」〈夜の寝覚・四〉

ことなら-ば〔連語〕《副詞「こと」＋断定の助動詞「なり」の未然形＋接続助詞「ば」。「ごとならば」とも》同じことならば。できることなら。「—咲かずやはあらぬ桜花見る我さへにしづ心なし」〈古今・春下〉

コトナリ〘Cotnari〙ルーマニア北東部の村。モルドバ地方における白ワインの産地として知られ、15世紀以来の歴史をもつ。

こと-な・る【異なる】〔動ラ五(四)〕《形容動詞「異なり」の動詞化》違いがある。別である。「兄弟でも性格は—・る」「習慣が—・る」➡違う(用法)

こと-に【殊に】〔副〕❶とりわけ。「花の中では、バラの花が—好きだ」➡特に(用法) ❷なお。その上。加えて。「—この頃は西山、東山の花盛りにてあると申して」〈虎清狂・猿座頭〉(類語)特に・別段・なかんずく・特別

こ-どねり【小舎＝人】❶平安時代、蔵人所(くろうどどころ)に属して殿上(てんじょう)の雑事に使われた者。殿上の童(わらわ)。❷中世、幕府の侍所(さむらいどころ)に属して、雑用をした者。❸「小舎人童(こどねりわらわ)」に同じ。「大将、上に使ひ給ふ童、御供に—にてありしを召して」〈宇津保・蔵開中〉

こどねり-どころ【小舎＝人所】宮中や公家・武家の屋敷などで、小舎人が詰めた部屋。

こどねり-わらわ【小舎＝人▽童】(―わらは) 近衛(このえ)の中将・少将が召し使った少年。また、公家・武家に仕えて雑用をつとめた少年。「—ちひさくて髪いとうるはしきが」〈枕・五四〉

こ-との【故殿】亡くなった貴人の男性。亡き殿。前(さき)の殿。「—のおはしまさましかば、と思ひ給へらるること多くこそ」〈源・竹河〉

こと-の-お【琴の緒】(―を) 琴に張る弦。琴の糸。

琴の緒絶(た)・ゆ 《中国の春秋時代、琴の名人伯牙(はくが)が、友人の鍾子期(しょうしき)が死んだとき、もはや自分の琴を理解する者がいないと言って琴の緒を絶ち、生涯琴を弾かなかったという「呂氏春秋」本味の故事から》親友・知己に死別するたとえ。琴の緒を断つ。「—・えにし後より」〈源・横笛〉

こと-の-きこえ【事の聞こえ】ある事についてのうわさ。評判。とりざた。「さて宮の内には—有るべければ」〈栄花・浦々の別〉

こと-の-くみ【琴の組¦×箏の組】箏(こと)の組歌。「—などは上代のままにて」〈鶉衣・音曲説〉

こと-の-こころ【事の心】❶事の意味や趣意。「神代には、歌の文字も定まらず素直にして、—分きがたかりけらし」〈古今・仮名序〉❷内情。事情。「この—知れる人、女房の中にもあらむかし」〈源・柏木〉

こと-の-さま【事の様】事のようす。状態。事情。「さまで心とどむべき—にもあらず」〈源・夕顔〉

ごど-の-しゅうぎ【五度の祝儀】(―シウギ) 江戸時代、上方の遊郭での祝儀日。正月初め・3月3日・5月5日・7月中旬・9月9日。

こと-の-たより【事の便り】❶物事のついで。「—に都を聞けば」〈方丈記〉❷何かにつけてのよりどころ。便宜。「—を賜はせてはぐくみ顧みさせ給ふほどに」〈栄花・疑ひ〉

こと-の-ついで【事の▽序で】何かの機会。何かの折。「—に聞いておこう」

こと-の-なぐさ【言の慰】口先だけのなぐさめ。気休めの言葉。「我(あれ)のみそ君には恋ふるわが背子(せこ)が恋ふと言ふことは—そ」〈万・六五六〉

こと-の-は【言の葉】❶ことば。言語。「まことかと聞きて見つれば—を飾れる玉の枝にぞありける」〈竹取〉❷歌。和歌。「やまとうたは、人の心をたねとして、よろづの—とぞなれりける」〈古今・仮名序〉

(類語)言葉・言辞・辞・言・言語・語

ことのは-ぐさ【言の葉▽種】❶言葉による表現。また、和歌。「よしあしを君し分かずは書きたむる—のかひやなからん」〈新続古今・雑中〉❷話のたね。言いぐさ。「なにをか今は憚(はばか)りの、—の庵(いほ)りの内を」〈謡・芭蕉〉

ことのは-の-みち【言の葉の道】和歌の道。和歌に関する学問。「みやびたる—の源にそむけるわざなる事を」〈琴後集〉

コトノフ-じょう【コトノフ城】(―ジヤウ)《Kotonož Hrad》チェコ南部、南ボヘミア地方の都市ターボルにある城。城壁に囲まれた旧市街の南西端に位置する。現在はフス派博物館になっている。

こと-の-へ【言の▽葉】「ことのは」の上代東国方言。言葉。人のうわさ。「うつせみの八十(やそ)—は繁くとも争ひかねて我(あ)を言(こと)なすな」〈万・三四五六〉

こと-の-ほか【殊の外】㊀〔副〕❶予想と、かなり違っているさま。思いのほか。案外。意外。「—よい記録が出た」❷程度が際立っているさま。格別。とりわけ。「今年は—寒い」㊁〔形動ナリ〕㊀に同じ。「—なる御もてなしなりけるには」〈源・夕霧〉

(類語)特別・特に・とりわけ・別段・なかんずく・殊に

こと-の-よし【事の由】理由。わけ。しさい。「—を陳じ申させ給ひて」〈平家・二〉

こと-は〔連語〕《副詞「こと」＋係助詞「は」。「ごとは」とも》「こと」を強めた言い方。同じことなら。「かき暗し—降らなむ春雨に濡れ衣(ぎぬ)着せて君を留めむ」〈古今・離別〉

こと-ば【言葉¦▽詞¦▽辞】❶人が声に出して言ったり文字に書いて表したりする、意味のある表現。言うこと。「友人の—を信じる」❷音声や文字によって人の感情・思想を伝える表現法。言語。「日本の—をローマ字で書く」❸文の構成要素をなす部分。単語。また、語句。「—が豊富だ」「一々の—を吟味して話す」❹言い方。口のきき方。口ぶり。言葉遣い。「荒い—」「—に注意しなさい」❺必ずしも事実でないこと。言葉のあや。「塵(ちり)を結んでと言うたは、—でござる」〈狂言記・箕被〉❻(詞)謡い物・語り物の中で、節をつけない非旋律的な箇所。❼(詞)物語・小説などの中で、会話の部分。❽(詞)歌集などで、散文で書かれた部分。(類語)言語・言辞・辞・言・言の葉・語

(…語)合い言葉・東(あずま)言葉・遊ばせ言葉・遊び言葉・天地(あめつち)の詞(ことば)・田舎言葉・忌み詞・入間詞(いるまことば)・入れ詞・歌詞(うたことば)・売り言葉・絵詞(えことば)・江戸言葉・沖言葉・買い言葉・替え詞・書き言葉・隠し言葉・掛け詞・翳(かざ)し詞・重ね言葉・京言葉・口言葉・国言葉・繰り言葉・郭(くるわ)言葉・御所詞・ざあます言葉・逆さ言葉・里言葉・為做(しな)せ言葉・正月言葉・序詞(じょことば)・女中詞・捨て言葉・制の詞・添え言葉・通り言葉・土地言葉・謎(なぞ)言葉・逃げ言葉・女房詞・挟み詞・花言葉・話し言葉・早口言葉・早言葉・囃子詞(はやしことば)・流行(はやり)言葉・武士詞・べいべい言葉・褒め言葉・枕詞(まくらことば)・御国詞(みくにことば)・武者詞・文字言葉・休め言葉・奴詞(やっこことば)・山言葉・大和言葉・吉原言葉・六方(ろっぽう)詞

言葉が過・ぎる　言うべきでないことまで言う。

言葉が尖(とが)・る　言葉の調子がとげとげしくなる。

言葉涼(すず)し　ものの言い方がいさぎよい。言い方がきっぱりしている。

言葉なお耳に在り　《「春秋左伝」文公七年から》以前聞いた言葉が、今でも鮮やかに耳に残っている。

言葉な・し　なんと言ってよいかわからない。言いわけの言葉に窮する。「我が怠り思ひ知られて—・き心地するに」〈徒然・三六〉

言葉に甘・える　相手の親切な申し出をそのまま受け入れる。多く、「お言葉に甘えて…」の形で用いる。「お—・えて先に帰らせていただきます」

言葉に余・る　言葉では言い尽くせない。言葉では表せない。「感謝の気持ちは—・るほどです」

言葉に花が咲・く　❶話が弾む。「ことばに花も咲きて声だかに笑うようにもなれば」〈一葉・花ごもり〉❷話が弾みすぎて、けんか同然になる。

言葉に花を咲か・す　❶「言葉に花が咲く❶」に同じ。❷言葉巧みに話す。言葉を飾る。「一々に—・せ理(ことわり)に玉を連ねて答へける」〈太平記・一七〉

言葉の先を折・る　口出しをして、人の話をさえぎる。「御用意よくば早お立ちと、申す言葉の先折って、輝国殿、何おっしゃる」〈浄・手習鑑〉

言葉の下(した)から　言い終わるか終わらないうち。言下に。「謝る—もう怒らせるようなことを言う」

言葉は国の手形　言葉のなまりは通行手形のように、その人の生まれ育った国を表す。

言葉は心の使い　心に思っていることは自然と言葉にあらわれるということ。「—と申せば、これらの人の胸のうち、つたなくさわがしくこそ覚え侍れ」〈ささめごと〉

言葉は立居(たちい)を表(あらわ)す　《「立居」は、日常の動作》話し方に、その人の人格・性行までもが表れる。

言葉は身の文(あや)　《「春秋左伝」僖公二四年から》言葉はその人の品位を表すということ。

言葉を返・す　❶返事をする。「—・す間もない」❷相手の言うことに従わず、口答えをする。「お—・すようですが」

言葉を掛・ける　かるく話しかける。また、それと意識して話しかける。「ねぎらいの—・ける」「—・けるタイミングを失う」

言葉を飾・る　巧みな言葉遣いをする。特に、巧みな言い回しで偽りを言う。

言葉を交わ・す　互いに話し合う。ちょっと話をする。「初めて彼女と—・した」

言葉を下(さ)・ぐ　へりくだった言葉遣いをする。言葉を低くする。「家来ともいはん武士(もののふ)に手をさげ—・

げ髪の」〈浄・関八州繋馬〉
言葉を番う　口約束する。口約する。契る。「—・うた、諍ふなと言ひ捨てて引き返す」〈浄・傾城酒呑童子〉
言葉を尽くす　ありったけの言葉を使って、さまざまに言う。「—・して説得に当たる」
言葉を濁す　はっきり言わないで、あいまいに言う。「—・して本心を明かさない」補説 文化庁が発表した平成17年度「国語に関する世論調査」では、本来の言い方である「言葉を濁す」を使う人が66.9パーセント、間違った言い方「口を濁す」を使う人が27.6パーセントという結果が出ている。
言葉を残す　❶のちのちのために言っておく。「斯道の先達が—・している」❷言うべきことを、全部言わないでおく。きっぱりと言いきらない。「—・さず洗いざらいぶちまける」
言葉を呑む　感動や驚きのために、また、相手の気持ちを察して、言おうとしたことが言えなくなる。「相手のあまりの変わりように—・む」
言葉を挟む　人の話の途中で口をきく。口出しをする。ことばをさしはさむ。「横から—・む」
言葉を卑くする　へりくだって物を言う。「—・してお願いにあがる」
ことば‐あそび【言葉遊び】言語の発音や意味を利用した遊び。早口言葉・なぞなぞ・尻取り・洒落・はさみ言葉・さかさ言葉など。
ことば‐あらそい【言葉争い】口げんか。口論。言い争い。
ごとば‐いん【後鳥羽院】▶後鳥羽天皇
ごとばいんごくでん【後鳥羽院御口伝】鎌倉前期の歌論書。1巻。後鳥羽天皇著。嘉禄(1225〜1227)ごろ成立か。初心者のための心得や一般的知識を述べ、源経信以下当代歌人を批評したもの。
ことば‐がえし【言葉返し】人の言葉に従わないで言い返すこと。口答え。「—はついしか為しませんかったけれど、物も言わず物を食べず」〈一葉・この子〉
ことば‐がき【▽詞書(き)|言葉書(き)】❶和歌や俳句の前書きとして、その作品の動機・主題・成立事情などを記したもの。万葉集のように、漢文で書かれたものは題詞という。❷絵巻物の絵に添えられた説明文。❸絵本などで、画中の人物の会話文。
ことば‐かず【言葉数】❶語数。「—の多い辞書」❷口かず。「—の少ない人」
ことば‐がたき【言葉敵】話し相手。互いにへらず口をたたき合う相手。「三好は忽ち総攻撃に会ったが、故意と—にはならず」〈里見弴・多情仏心〉
こと‐はかり【事計り】計画。段取り。はからい。「うたて異に心いぶせし—よくせわが背子逢へる時だに」〈万・二九四九〉
コトパクシ〖Cotopaxi〗エクアドル、アンデス山脈中にある世界最高の活火山。円錐形をしている。標高5911メートル。コトパヒ。
ことば‐じち【言葉質】人の言ったことを、のちの証拠として取っておくこと。また、その言葉。言質。「—を取る」
こと‐はじめ【事始め】❶物事に初めて手をつけること。手始め。着手。「蘭学—」❷「御事始め❶」に同じ。❸「御事始め❷」に同じ。(季 春)
類語 始め・最初・第一・一次・嚆矢・手始め・まず・一番・真っ先・先頭・いの一番・トップ
ことば‐じり【言葉尻|言葉▽後】❶言葉の終わりの部分。語尾。「—を濁す」❷他人の言いそこなった部分。失言の箇所。「—をとらえる」
言葉尻を捉える　相手のささいな言いそこないにつけ込んで、攻撃したり批判したりする。「—・えて反論する」
ことば‐ずくな【言葉少な】〔形動〕文〔ナリ〕控えめで、多くしゃべらないさま。寡言。「—に語る」
ことば‐たがえ【言葉▽違え】❶言いちがい。失言。❷約束の言葉にたがうこと。❸言い争い。口げんか。
ことば‐だたかい【言葉戦い】❶言い争うこと。言い合い。口論。「もう—は無益と」〈二葉亭・其面影〉❷戦場などで、まず、互いに言葉で相手をやりこめようとすること。「その後は互ひに—とまりにけり」〈平家・一一〉
ことば‐づかい【言葉遣い】物の言い方。言葉の使いぶり。「—が悪い」「丁寧な—」
ことば‐つき【言葉付き】話すときの、言葉の調子。物の言い方。「落ち着いた—」
ことば‐づけ【▽詞付け】連歌・連句の付合手法の一。前句の中の言葉・物に縁のあるものをもって次の句を付ける方法。➡心付け ➡物付け ➡寄合
ことば‐づめ【言葉詰め】返答ができないほどに問いつめること。「さあ御契約は何と何とと—」〈浄・関八州繋馬〉
ことば‐てん【言葉典|▽辞典】「辞典」に同じ。「事典」と区別して呼ぶのに用いる語。➡事典
ごとば‐てんのう【後鳥羽天皇】[1180〜1239]第82代天皇。在位1183〜1198。高倉天皇の第4皇子。名は尊成。祖父後白河法皇の院政下、神器継承なしに即位し、譲位後、土御門・順徳・仲恭3帝にわたって院政を執った。北条義時追討を謀って承久の乱を起こしたが失敗、隠岐に流された。諡号ははじめ顕徳院、のち後鳥羽院。蹴鞠・琵琶・笛などの芸能や和歌にもひいで、新古今集を勅撰。日記「後鳥羽院宸記」がある。
ことば‐とがめ【言葉×咎め】相手の言葉じりをとらえてとがめること。「よう—をする。好かねえよう」〈滑・浮世風呂・二〉
こと‐はな【異花】ほかの花。別の花。「菊もなほ咲き出でぬれば—はそれにあらじをにほひけるかな」〈古今六帖・六〉
ことば‐の‐あや【言葉の×綾】微妙な意味あいを表したり、事のついでに付け加えたりする、巧みな言葉の言い回し。「—でそう言ったまでだ」
ことばのいずみ【ことばの泉】国語辞典。和装5冊、洋装1冊。落合直文編。明治31年(1898)刊。巻首に語法摘要を記し、固有名詞・方言・新語も含み、約13万の語彙を五十音順に配列したもの。嗣子の直幸らが同41年(1908)に「大増訂日本大辞典ことばのいづみ補遺」1冊を刊行。
ことば‐の‐いずみ【言葉の泉】言葉が次から次へと限りなく出てくることを泉にたとえた語。「—も浅くなりにければ」〈栄花・駒競べの行幸〉◆書名別項。
ことば‐の‐うみ【言葉の海】言葉の数が多く、広大であることを海にたとえていう語。
ことばのおだまき【詞の緒環】江戸後期の国語学書。2巻。林国雄著。天保9年(1838)刊。本居宣長著「詞の玉緒」などの補正と、「てにをは」などの研究を収録し、初めて下一段活用を立てた。
ことばのかよいじ【詞通路】江戸後期の語学書。3巻。本居春庭著。文政11年(1828)成立。動詞の自他の区別、掛け詞、動詞の語尾の延言・約言、語句の係り受けなどを説明したもの。
ことば‐の‐さき【言葉の先】言い出し、または、言い続けようとする言葉の出はな。「相手の言わんとした—を取る」
ことば‐の‐すえ【言葉の末】口走ったちょっとした言葉。言葉じり。「常世が—、まことか偽りか知らんためなり」〈謡・鉢木〉
ことば‐の‐その【言葉の園】言葉の数が豊かなことを庭園の草木の多いのにたとえた語。詩苑。「—に遊び、筆の海を汲みても」〈新古今・仮名序〉
ことばのたまのお【詞の玉緒】江戸中期の語学書。7巻。本居宣長著。安永8年(1779)成立。「てにをは紐鏡」の解説書。
ことばのたまはし【詞玉橋】江戸後期の語学書。2巻。富樫広蔭著。文政9年(1826)成立。品詞を言・詞・辞の3種類に大別し、活用・係り結びを説明したもの。
ことば‐の‐つゆ【言葉の露】❶言葉の美しいこと、また、はかないことを露にたとえていう語。「—のたまづさの、心の花も色添ひて」〈謡・井筒〉❷重陽の節句に作られた詩歌を、菊の露にちなんで露にたとえた語。「九重のとのへも匂ふ菊のえに—も光そへつつ」〈拾遺愚草・中〉
ことば‐の‐はし【言葉の端】話の中のちょっとした言葉。言葉じり。「—から大体のようすは推察できる」
ことば‐の‐はな【言葉の花】❶美しい言葉。華やかに飾った言葉。「なほざりの—のあらましを待つとせし間に春も暮れぬる」〈風雅・雑上〉❷和歌。「家々のもてあそびものとして、—残れる木のもともかたく」〈新古今・仮名序〉
ことば‐の‐はやし【言葉の林】言葉の数が多いことを林にたとえた語。詞林。「—も老木になりて、花の思ひも忘れにけり」〈栄花・駒競べの行幸〉
ことば‐の‐はり【言葉の針】言葉の中にこめられた悪意や敵意。「仁者を貶する—」〈浄・浦島年代記〉
ことば‐の‐ひっぱなし【言葉の引っ放し】言葉のはしばし。「どこやら—、残る所が武士形気」〈浄・宵庚申〉
ことばのやちまた【詞八衢】江戸中期の語学書。2巻。本居春庭著。文化5年(1808)刊。動詞の活用の種類、活用形の整備、活用形と「てにをは」との接続を説明したもの。
ことば‐へん【言葉偏】▶言偏
ことば‐よせ【▽詞寄せ】連歌・俳諧で、詠作上必要な用語を集め、注釈を加えた作法書。
こと‐はら【異腹】父が同じで母が違う子供たちの関係。はらちがい。いふく。「—の兄人も京にて法師にてあり」〈かげろふ・下〉
こと‐はらから【異同=胞】❶父あるいは母を異にした兄弟姉妹。「母北の方、—たち、ただここになむ来かかる」〈落窪・四〉❷ほかの兄弟姉妹。「—どもよりは、かたちも清げなるを」〈源・夢浮橋〉
ことば‐ろん【言葉論】口げんか。口論。言葉争い。「夜前妻ぢゃ者と—をいたしたれば」〈狂言記・貰聟〉
こと‐ひき【琴引】シマイサキ科の海水魚。全長約25センチ。体は細長く、淡青色で、体側に3本の灰黒色の縦帯がある。浮き袋の伸縮によって音を出す。本州中部以南の沿岸魚。食用。やがたいさき。
こと‐ひき【琴弾き】琴を弾くこと。また、弾く人。
こ‐とびで【小飛出】能面の一。敏捷な神通力を見せる神体や鬼畜を表す。大飛出より小ぶりの肉色の面で、「小鍛冶」「殺生石」などの後ジテに使う。
こと‐ひと【異人】別の人。ほかの人。「和歌、あるじも客人も—も言ひあへりけり」〈土佐〉
ことひら【琴平】香川県西部、仲多度郡の地名。金刀比羅宮の鳥居前町として発達。
ことひら‐ぐう【金刀比羅宮】香川県仲多度郡琴平町にある神社。祭神は大物主神を主神とし、崇徳天皇を配祀。海上安全の守護神として信仰される。明治初頭までは神仏習合で、象頭山金毘羅大権現と称した。琴平神社。こんぴらさん。
ことひら‐ちょう【琴平町】▶琴平
ことひら‐やま【琴平山】香川県西部、琴平町にある山。標高521メートル。中腹に金刀比羅宮がある。象頭山。
こと‐ぶき【寿】❶祝いの言葉を言うこと。また、その言葉。ことほぎ。「婚姻の—を述べる」❷めでたいこと。いわい。よろこび。また、その儀式。「—を成す」❸命の長いこと。長生き。長命。長寿。「—を保つ」
類語 おめでた・吉事・慶事・好事・吉
ことぶき‐きょうげん【寿狂言】歌舞伎で、中村・市村・森田の江戸三座に創建当初から伝承された儀礼的狂言。その座の記念特別興行などに上演された。家狂言。
ことぶき‐ぐさ【寿草】フクジュソウの別名。
ことぶきくらべ【寿競】箏曲。山田流。2世山木検校太賀一作曲。浦島太郎の竜宮行きを題材に、長寿を祝ったもの。
ことぶき‐せんべい【寿煎餅】もち米を原料にした、紅白・大小の丸形せんべい。表に寿の一字が書いてある。石川県金沢市の銘菓。
ことぶき‐たいしゃ【寿退社】〔名〕スル 女性社員が結婚を理由に退職すること。

こと-ぶ・く【▽寿く】〔動カ五(四)〕《「ことほぐ」の音変化》喜びを言う。祝う。「安らけく治まる御代の太平を―・いてましたが」〈魯庵・社会百面相〉

こと-ふ・る【事▽旧る¦言▽旧る】〔動ラ上二〕古くさくなる。古めかしくなる。言い古される。「みな源氏物語、枕草子などにー・りにたれど」〈徒然・一九〉

こと-ぶれ【事触れ¦言触れ】❶物事を世間に広く告げ知らせること。また、そのもの。「春の―」❷「鹿島の事触れ」に同じ。(季 新年)

ごと-べい【五斗米】❶5斗の米。今の5升の米。❷《年に5斗の扶持米の意から》わずかな給料。

五斗米の為に腰を折る　《「晋書」陶潜伝から》わずかな俸禄のために、人の機嫌をとる。

ごとべい-どう【五斗米道】中国、後漢末に起こった初期道教の宗教結社。2世紀後半、張陵が老子から呪法を授かったと称して創始。自ら天師と称し、祈祷によって病気を治し、謝礼として米5斗を納めさせた。孫の張魯に至って教説が大成、組織が確立し、一大宗教王国を築いたが、魏の曹操の征伐を受けて弱体化した。天師道。

こど-ほう【弧度法】弧度を単位として角の大きさを測る方法。

こと-ほぎ【▽寿ぎ¦言▽祝ぎ】《上代は「ことほき」》ことほぐこと。言葉で祝うこと。祝賀。「新年の―」

こと-ほ・ぐ【▽寿ぐ¦言▽祝ぐ】〔動ガ五(四)〕《上代は「ことほく」》喜びや祝いの言葉を述べる。言葉で祝賀する。「古希を―・ぐ」

(類語)祝う・祝する・喜ぶ・慶する・賀する

ことほぞん-ほう【古都保存法】「古都における歴史的風土の保存に関する特別措置法」の略称。京都市・奈良市・鎌倉市その他政令で定める市町村が対象となる。昭和41年(1966)施行。

ことほど-さように【事程左様に】〔副〕《英語のso…thatの訳語という》前に述べたことを受けて、後で述べる事柄の程度を強調する語。それほど。それくらい。「一人間とは複雑な生き物だ」

こと-まつり【事祭(り)】関西・中国地方で行われる春の民間の祭り。3、4月ごろに行う。餅をついて各家でご馳走を食べ、軒に箸のすだれをつるしたりする。事追い祭り。十日坊。春事。(季 春)

ご-とまり【五泊】奈良時代から鎌倉中期、瀬戸内海を航行して難波に入る船が停泊した五つの港。檉生泊(たつの市)・韓泊(姫路市)・魚住泊(明石市)・大輪田泊(神戸市)・河尻(尼崎市)の五つ。ごはく。

こどまり-みさき【小泊岬】青森県津軽半島北西部、日本海に突出した岬。海岸一帯は断崖となり、景勝地。岬突端の尾崎神社に飛龍権現がまつられていることから別名「権現崎」ともいう。

ごと-みそ【五斗味×噌】鎌倉時代のころに用いられた味噌の一。材料を5斗用いるところからついた名。大豆2斗・糠2斗・塩1斗、あるいは大豆・糠・麹・酒粕・塩を各1斗ずつで造ったという。

こと-む・く【言向く】〔動カ下二〕背いた者を説得して自分に従わせる。平定する。「ちはやぶる神を―・けまつろはぬ人をも和し」〈万・四四六五〉

こ-ども【子供】《「ども」は接尾語で、本来は複数であるが、今では多く単数に用いる》❶年のいかない幼い者。児童。小児。わらべ。わらんべ。また、多くの子。子ら。「幼稚園の―」⇔大人。❷親がもうけた子。むすこやむすめ。「―の教育費」❸動物などの子、また、その幼いほう。「パンダの―が生まれた」❹行動などが幼く、思慮が足りない者。「からだは一人前だが、考えることは―だ」⇔大人。❺目下の若い人々に親しく呼びかける語。「いざ―早くやまとへ大伴の三津の浜松待ち恋ひぬらむ」〈万・六三〉❻江戸吉原で遊女が小間使いにした幼女。かぶろ。❼近世、男色を売った年少の歌舞伎役者。陰間。子供衆。❽江戸深川や京坂の遊里で、抱えの遊女をいった語。「―は揃うて居るなり、女共も能くいたします」〈洒・辰巳之園〉(類語)(❶)子・小児・児童・学童・小人・童・童女・童・童子・幼子・幼童・ちびっこ・わっぱ・こわっぱ・小僧・餓鬼・少年/(❷)子・子女・児女・子弟・愛児・子息・息男・息女・息子・娘・倅・子種・子宝・二世(相手、他人の子供の敬称)お子さま・令息・令嬢・お坊っちゃん・お嬢さん・お嬢さま/(❹)青二才・豎子・小僧っ子・洟垂らし・世間知らず・ひよこ・ねんね

子供隠された鬼子母神のよう　《仏が鬼子母神の末子を鉢の底に隠し、鬼子母神を泣き悲しませて、他人の子を食う悪行を戒めたという「雑宝蔵経」九の故事から》大切なものを失ってうろたえ騒ぐさまのたとえ。

子供騒げば雨が降る　子供が大ぜい戸外で騒ぐと、近いうちに雨が降るという俗説。

子供の喧嘩に親が出る　❶子供どうしのけんかに親が口出しをすることを非難する言葉。❷つまらぬことに他から干渉することのたとえ。

子供の使い　要領を得ない使いのたとえ。また、あまり役に立たない使いのたとえ。

子供の根問い　子供はとかく何にでも根掘り葉掘り問いただすということ。

子供は風の子　子供は活発で、寒風が吹いていても戸外を駆け回って遊ぶものだということ。

こども-あつかい【子供扱い】〔名〕スル❶大人を子供のように軽く見くびって扱うこと。子供あしらい。「いい年だというのに―する」❷子供の世話をすること。育児。「―がじょうずだ」

こと-も-あろうに【事も有ろうに】〔連語〕《名詞「こと」＋係助詞「も」＋動詞「あり」の未然形＋推量の助動詞「う」の連体形＋接続助詞「に」》とった行動が非常に好ましくないことを表す。ほかにも適当なやり方があるだろうに。よりによって。「―こんなときに来るなんて」「―あんな所で会うとは」

こどもうんてんきけんついかたんぽ-とくやく【子供運転危険追加担保特約】自動車保険における特約の一つ。被保険者またはその配偶者の子につき、運転者年齢条件特約とは別にその子だけに適用される年齢条件を設定できるというもの。子供年齢条件追加特約。子供追加特約。子供特約。

こども-かい【子供会】地域社会などを単位に組織される子供たちの集団、またはその活動の総称。校外での学習やレクリエーション・社会奉仕などを通して、子供たちの自主的、創造的成長を目的とする。

こども-がお【子供顔】子供のときの顔。また、子供らしい顔つき。おさながお。童顔。「おもかげに―が残る」

こども-ぎ【子供気】「子供心」に同じ。「まだ、―の粂爾さえかあいそうなと思えばこそ」〈逍遥・当世書生気質〉

こどもきょういく-ほうせんだいがく【こども教育宝仙大学】東京都中野区にある私立大学。平成21年(2009)開設。こども教育学部の単科大学。

こども-きょうげん【子供狂言】▶子供芝居

こども-ぎんこう【子供銀行】小・中学校で児童・生徒が銀行・郵便局などと連絡して自主的に運営していた貯蓄制度。子供銀行は平成13年(2001)4月、子供郵便局は同19年3月末に廃止された。

こども-ぐみ【子供組】年齢集団の一。7〜15歳ぐらいの者が、年中行事や祭礼の際に集まって組を作り、年長者の指揮のもとに一定の村仕事に従事する。

こども-ごころ【子供心】物事の深い意味や人情などを理解できない、子供の心。がんぜない、おさな心。「―にも悲しく感じられた」(類語)幼心・童心

こども-ざかり【子供盛り】子供がいちばんいたずらをする年ごろ。

こ-ともし【小▽灯し】手燭や小提灯などのような小さなあかり。ことぼし。

こども-しばい【子供芝居】❶子供が演じる芝居。❷少年だけで演じる歌舞伎芝居。からくりの竹田芝居が享保(1716〜1736)ころ創始。明治期にも一時行われた。ふつう、浄瑠璃に合わせて無言で演じる。首振り芝居。ちんこ芝居。子供狂言。

こども-じ・みる【子供染みる】〔動マ上一〕言うことや行いが子供っぽく見える。「―・みたしぐさ」

こども-しゅう【子供衆】❶子供たち。子供。また、他人の子供を尊敬した言い方。お子さん。お子さんたち。❷「子供❼」に同じ。❸江戸の岡場所で、その遊女をいう語。

こども-ずき【子供好き】❶子供を好むこと。また、その人。「無類の―」❷子供が好むこと。また、そのもの。「―のする人」

こども-だまし【子供×騙し】❶子供をだますこと。子供をなだめすかすこと。「―のおもちゃ」❷子供をだますような見え透いたごまかし。「そんな―の企画は通じない」

こどもついか-とくやく【子供追加特約】▶子供運転危険追加担保特約

こどもっ-ぽ・い【子供っぽい】〔形〕言動がまるで子供のようである。幼稚である。「言うことが―・い」⇔大人っぽい。(派生)こどもっぽさ〔名〕

(類語)子供らしい・いとけない・若い・青い・青臭い・乳臭い・幼い・未熟・幼稚・嘴が黄色い

こども-てあて【子ども手当】次代の社会を担う子どもや子育てを社会全体で支援していくという理念に基づいて、15歳以下の子どもの保護者に支給された手当。平成22年度(2010)から2年間、民主党政権下で、それまでの児童手当に代わって支給された。(補説)平成24年度(2012)は、民主・自民・公明の3党合意に基づいて児童手当として実施されるが、支給対象となる子どもの年齢や支給額(年齢や出生順位によって月額1万円〜1万5000円)は子ども手当と同じ。所得制限があるが、当面は制限を超える世帯にも5000円が支給される。

こどもてあて-ほう【子ども手当法】《「平成二十二年度等における子ども手当の支給に関する法律」の略称》子を養育する保護者への手当の支給を定めた法律。「次代の社会を担う子どもの健やかな育ちを支援する」ことが目的。平成22年度(2010)は、15歳以下の子一人につき月額1万3000円を支給。同年3月成立。(補説)平成23年度以降は、「子ども手当つなぎ法」「平成23年度子ども手当特措法」といった半年ごとの立法措置により支給が行われたが、同24年度は児童手当法を改正し、児童手当の名称に戻された。

こども-とくやく【子供特約】▶子供運転危険追加担保特約

こと-も-なげ【事も無げ】〔形動〕図〔ナリ〕事を事とも思わないさま。なんでもないかのように平然としているさま。「―にやってのける」

(類語)平気・平静・冷静・平ちゃら・平気の平左・無頓着・大丈夫・悠然・泰然・自若・平然・冷然・恬然・けろりと・しれっと・しゃあしゃあ・ぬけぬけ・のめのめ・おめおめ・事ともせず・何のその・何処吹く風・屁への河童・痛くも痒くもない

こどもねんれいじょうけんついか-とくやく【子供年齢条件追加特約】▶子供運転危険追加担保特約

こと-もの【異物¦異者】別の物。ほかの物。また、別の人。「あはれなる手など弾き給へるに、―の声どもは止めて」〈源・須磨〉

こどものけんり-じょうやく【子供の権利条約】1989年11月の国連総会で採択され、90年9月に発効した子供の人権を保護するための国際条約。59年に採択された「子供の権利宣言」を具体化したもの。子供の権利に関する条約。児童の権利条約。児童の権利に関する条約。CRC(Convention on the Rights of the Child)。

こどものじょうけい【子供の情景】《原題、(ドイ) Kinderszenen》シューマン作曲のピアノ曲。1838年作。13曲の小品からなり、特に第7番「トロイメライ」は有名。

こども-の-ひ【こどもの日】国民の祝日の一。5月5日。子供の人格を重んじ、子供の幸福をはかる日。端午の節句にあたる。(季 夏)「一室内台上に犬一声/草田男」

こども-ほけん【子供保険】子供が成人するまでに必要な資金を受け取れるようにした保険。進学期の学資金の積み立てに重点を置くものや、保護者死亡後の養育資金を保障するもの、子供の医療費を保障するものなど、さまざまな商品がある。

こども-や【子供屋】❶江戸時代、男色を売る歌舞伎若衆を置いていた家。陰間茶屋。子供茶屋。子供宿。「一の親方ども申し合はして日を定め」〈浮・禁短気・二〉❷主に江戸深川で、遊女を抱え置いた家。遊女の置屋。「一から茶屋へ、あの客へは出されぬ、なぞと言って」〈洒・古契三娼〉

こども-やど【子供宿】「子供屋❶」に同じ。「島原の揚屋、四条の一」〈浮・胸算用・三〉

こども-らし・い【子供らしい】〔形〕図こどもら・し〔シク〕❶いかにも子供のようである。かわいらしく、あどけない。また、子供にふさわしい。「一・い声」「一・い表情」「一・い服装」❷言動が子供っぽい。幼稚だ。「いい年をしているが、一・いところがある」派生こどもらしさ〔名〕類語子供っぽい・いとけない・若い・青い・青臭い・乳臭い・幼い・未熟・幼稚・嘴が黄色い

こどもわかものいくせいしえんすいしん-ほう【子ども・若者育成支援推進法】引きこもりやニートなど社会生活を円滑に営むうえで困難を抱える若者の社会参加を支援する施策について定めた法律。平成22年(2010)施行。内閣府に育成支援推進本部を設置し、支援をネットワーク化するなど、国・地方公共団体・児童相談所やNPOによる協力体制を整備する。

こと-や・む【言▽止む】〔動マ下二〕❶言うことができないようにする。黙らせる。「語問ひし磐根樹立、草の片葉をも一・めて」〈祝詞・六月晦大祓〉❷言うのをやめる。黙る。「ねぎかくる比叡の社のゆふだすき草の片葉も一・めて聞け」〈拾遺・神楽歌〉❸琴や琵琶などを弾くのをやめる。「みな一・め給ひては、いと本意なからむ」〈源・橋姫〉

こと-ゆえ【事故】よくないことが起こること。さしさわり。じこ。多く「ことゆえなし」の形で用いられる。「相構へて、一なく返し入れ奉れ」〈平家・九〉

こと-ゆ・く【事行く】〔動カ四〕物事がうまく運ぶ。折り合いがつく。納得がいく。「一・かぬ物ゆゑ、大納言をそしりあひたり」〈竹取〉

こと-よう【異用】別の用事。別の用途。「一に用ゐることなくて」〈徒然・六〇〉

こと-よう【異様】〔名・形動ナリ〕普通と違っていること。また、そのさま。風変わり。「風俗の一なるは」〈逍遥・当世書生気質〉「これがままに仕うまつらば、一にこそあべけれ」〈枕・一〇三〉

こと-ようか【事八日】2月8日と12月8日の行事の総称。正月を中心にして12月8日を御事始め、2月8日を御事納めとよぶところと、1年の農事を中心にして2月8日を御事始め、12月8日を御事納めとよぶところがある。

こと-よが・る【言▽好がる】〔動ラ四〕言葉巧みに言う。体裁のよいことを言う。「いとあはれに後ろめたくなむなど一・るを」〈源・蓬生〉

こと-よさ・す【言寄さす｜事寄さす】〔動サ四〕《「ことよす」の尊敬語》ご命令になる。お任せになる。「天の沼矛をたまひて一・し給ひき」〈記・上〉

こと-よ・し【言▽好し】〔形ク〕口先がうまい。言葉巧みである。「かく一・くいみじきに、女はましてすかされたるにやあらむ」〈源・東屋〉

ことよせ-づま【言寄せ妻】妻だとうわさされている女。「里人の一を荒垣のよそにや我が見む憎くあらなくに」〈万・二五六二〉

こと-よ・せる【言寄せる｜事寄せる】〔動サ下一〕図ことよ・す〔サ下二〕❶ほかの事に託して事をなす。かこつける。口実にする。「仕事に一・せては遊びに出かける」❷言葉で助力する。「天地の神一・せて春花の盛りもあらむと」〈万・四一〇六〉❸うわさを立てる。言い立てる。「さ檜隈檜隈川の瀬を速み君が手取らば一・せむかも」〈万・一一〇九〉❹ことづける。伝言する。「忍びあまり天の川瀬に一・せむせめては秋を忘れだにすな」〈新古今・恋二〉

こと-よ・る【事寄る】〔動ラ四〕ある方に傾く。一方にかたよる。「やむごとなくおぼしたるは限りありて、一方なめれば、それに一・りて」〈源・若菜上〉

ゴトランド-き【ゴトランド紀】《Gotland》▶シルル紀

ゴトランド-とう【ゴトランド島】《Gotland》スウェーデン南東部、バルト海上の島。古生代の地質からなり、大理石・石灰岩を産する。中心都市のビスビューはハンザ同盟都市として繁栄した。

こ-とり【子捕り】「子を捕ろ子捕ろ」に同じ。

こ-とり【小鳥】❶形の小さい鳥。ウグイス・スズメ・ヒバリなど。❷形の小さい飼い鳥。インコ・カナリア・ブンチョウなど。❸秋に渡ってきたり、また、山地から人里近く姿を現したりするモズ・ヒヨドリ・ムクドリなどの総称。（季 秋）「禅寺の苔をついばむ一かな／虚子」

ことり【部=領】《「事を執り」の意からという》❶一団の長。集団の統率者。特に、人・物などを宰領して輸送する者。その責任者。部領使。ぶりょう。「粟田細目臣を前の一とす」〈推古紀〉❷奈良・平安時代、春宮坊で、帯刀の長に次ぐ職。左右の衛門府が兼任。木鳥。籠取り。

ことり〔副〕かたい物どうしが触れたり、軽く当たったりしたときの音を表す語。「石鹸箱が一と鳴る」「二階では一とも音がしない」

ごとり〔副〕重い物が他の物に触れたり、当たったりしたときの音を表す語。「一と貨車が動き出す」

ことり-あみ【小鳥網】霞網など、小鳥を捕るのに用いる網。（季 秋）「川上や黄昏かかる一／召波」

ことり-あわせ【小鳥合(わ)せ】ウグイス・ヤマガラなどの小鳥を持ち寄って、鳴き声や羽色などの優劣を競う遊戯。

ことりそ【古鳥蘇】雅楽。高麗楽。高麗壱越調の大曲。舞は六人または四人舞。常装束に巻纓の冠をつけ、太刀をはき、笏を腰に差す。

ことり-づかい【部=領使】❶「部領❶」に同じ。❷防人の交替にあたり、東国の防人を筑紫まで引率する使い。防人部領使。「防人一遠江国の史生坂本朝臣人上」〈万・四三二七・左注〉❸相撲の節に参加する力士を各国から都に召し出すための使い。相撲部領使。相撲使。「相撲の一によせ、謹みて片紙を付く」〈万・八六四・題詞〉

こ-とりまわし【小取り回し】〔名・形動ナリ〕《「こどりまわし」とも》動作がてきぱきしていること。機転のきくこと。また、そのさま。「下女一にはたらきければ」〈浮・織留・六〉

ことり-やき【小鳥焼(き)】スズメなどの小鳥を背開きにし、たれをつけて焼いたもの。すずめ焼き。

コトリン-とう【コトリン島】《Kotlin》ロシア連邦北西部、フィンランド湾奥に浮かぶ島。サンクトペテルブルグの北西約30キロメートルに位置する。18世紀初頭、ピョートル1世が島の東側に要塞を築き、のちに軍港都市クロンシュタットとなった。

コトル〖Kotor〗モンテネグロ西部の都市。アドリア海東岸の入り組んだコトル湾の最奥部に位置し、背後に標高1749メートルのロブツェン山を擁する。紀元前より天然の良港で知られ、交易都市として栄えた。城壁に囲まれた旧市街には、聖トリフォン大聖堂をはじめ、ベネチア共和国時代の歴史的建造物が残る。1979年と2003年に「コトル地方の歴史的建造物と自然」の名称で世界遺産(文化遺産)に登録。

コトレット〖フランス côtelette〗▶コートレット

ことろ-ことろ【子捕ろ子捕ろ】「子を捕ろ子捕ろ」に同じ。

こと-わ・く【▽辞▽別く】〔動カ四〕特に言葉を改めて言う。他と区別して言う。「一・きて、伊勢にます天照大御神の大前に申さく」〈祝詞・祈年祭〉

こと-わけ【事訳】事の次第。わけ。事情。「その充分な一はのみこめないのだが」〈中勘助・銀の匙〉類語理由・事由・所由・根拠・訳・故・由・謂れ・所以・故由・訳合い・訳柄・事情・子細

こと-わざ【言▽事】言葉と出来事。「諸国に国史を置く。一を記して」〈履中紀〉

こと-わざ【事業】すること。しわざ。また、仕事。「はかなき一をも、しなし給ひしはや」〈源・朝顔〉

こと-わざ【異業】ほかのこと。別の行為。「時々は一し給へ。笛の音にも、古事は伝はるものなり」〈源・少女〉

こと-わざ【×諺】古くから言い伝えられてきた、教訓または風刺の意味を含んだ短い言葉。生活体験からきた社会常識を示すものが多い。「情けは人のためならず」「まかぬ種は生えぬ」の類。
類語諺語・俚諺・俗諺・古諺

こと-わり【断り〔断わり〕】❶了承を得るために事前に連絡をすること。また、その連絡。「なんの一もなく借用する」❷承知しないこと。相手の申し出に対し拒絶すること。辞退すること。「押し売りお一」❸わびを言うこと。また、その言葉。「遅れて来て一言の一もない」類語辞退・固辞・謝絶・願い下げ・御免・拒絶・拒否・遠慮・一蹴・不承知

こと-わり【▽理】《「断り」と同語源》㊀〔名〕❶物事の筋道。条理。道理。「彼の言葉は一にかなっている」「盛者必衰の一」❷わけ。理由。「いみじう一言はせなどしてゆるして」〈能因本枕・三一九〉㊁〔形動ナリ〕当然であるさま。もっともであるさま。「いかで都へとたより求めしも一なり」〈奥の細道〉類語理・道理・事理・条理・論理・理屈・筋・筋道・辻褄・理路・ロジック

理過・ぐ　あたりまえの道理や程度を越える。常識を越える。「なべて世の憂きはならひと思ひこし一・ぎて身を嘆くかな」〈新拾遺・雑中〉

理迫めて　❶道理を尽くして。「美しくもまた一上手に説いたことであったろう」〈露伴・連環記〉❷道理がきわまって。もっともなことで。「大声あげて嘆きしは一あはれなり」〈浄・生玉心中〉

理無・し　❶理由がない。筋道が立たない。「典薬が答らへ、一・きおほせなりや」〈落窪・二〉❷道理に合わない。道義をわきまえない。「一・きが恐しさに、やもめは逃げ出でて」〈読・春雨・樊噲下〉

ことわり-がき【断り書(き)】前に述べた事柄について、補充・修正・説明などを書き添えること。また、その文。但し書き。

ことわり-じょう【断り状】❶不承認を告げる手紙。❷あることの内容を説明する文書・手紙。❸予告の手紙。

こと-わ・る【断る〔断わる〕】〔動ラ五(四)〕《「理る」と同語源》❶あらかじめ知らせておいて了解を得る。許しを得る。「本題に入る前に一・っておく」「一・って早退する」❷相手の申し出などに応じられないことを告げる。拒絶する。辞退する。「誘いを一・る」「借金を一・られる」❸念のために言う。「周知の事実だから、ここに一・るまでもないことだが」❹契約や雇用などの関係をうち切る。「今月限りで取り引きを一・る」「定期購読を一・る」可能ことわれる
用法ことわる・こばむ――「要求を断る(拒む)」「申し出を断る(拒む)」など、応じない・辞退するの意では相通じて用いられる。◆「拒む」は、威圧的・強制的な要求や申し出などを辞退することで、「出席を拒む」といえば、出席せよという命令を拒否する意になる。◆口頭語では一般に「断る」を多く使い、「せっかくだけど断るよ」「お断りします」のようにいう。◆「断っておくが、私は反対です」のように、あらかじめ知らせておくの意は、「拒む」にはない。また、「土砂崩れが行く手を拒む」のような、さまたげるの意は「断る」にはない。
類語(❶)告げる・申し出る・連絡する・予告する／(❷)拒む・否む・辞する・謝する・謝絶する・拒絶する・拒否する・辞退する・固辞する・遠慮する（謙譲）拝辞する（厳しく強い調子）蹴る・一蹴する・退ける・撥ね付ける・突っ撥ねる・峻拒する／(❸)注釈する・注記する・釈明する・弁明する

こと-わ・る【▽理る】〔動ラ四〕《「事割る」の意》物事の筋道をはっきりさせる。是非を判断する。「とりどりに一・りて、中の品にぞ置くべき」〈源・帚木〉

ことん〔副〕小さくてかたい物が当たったときなどの、あまり強くない音を表す語。「鉛筆が一と床に落ちる」

コドン〖codon〗遺伝暗号の単位。遺伝情報を担う

伝令RNAを構成する4種の塩基配列で、連続する3つの塩基が一組となったもの。4の3乗、すなわち64種のコドンができ、そのうち61種はアミノ酸を指定し、3種はナンセンスコドンとよばれ、終了を指定する。

ごとん〘副〙重くてかたい物が触れたり、当たったりしたときなどの音を表す語。「列車が―と動き出す」

こ-な【子な】「子ら」の上代東国方言。男性が恋人や妻を親しみを込めて呼ぶ語。「うべ―は我(わぬ)に恋ふなも立(た)と月(つく)のぬがなへ行けば恋(こふ)しかるなも」〈万・三四七六〉

こ-な【小名】村内や町内を小分けした名。小字(こあざ)。㊀大名(おおな)。

こな【粉】❶砕けて細かくなったもの。粉末。「木炭の―」❷米や麦、ソバなどをひいて細かくしたもの。特に、小麦粉。「―をまぶす」(類語)粉(こ)・粉末・パウダー

粉をか・ける 女性を口説こうと、気軽に声をかけてみる。「ちょっと―・けてみる」

こ-な【×此な】〘連体〙《「ここな」の音変化》ここにいる。ここの。この。人を表す体言の上につけて、相手を軽視したり、親しさを表したりする。「―強力(ごうりき)め、何とて通り居らぬぞ」〈伎・勧進帳〉

コナーベーション〖conurbation〗都市化の進展によって隣接する複数の都市の市街地が連結して境界が不明確になること。また、そのような状態になった都市。集合都市。

こない〘形動〙(関西地方で)このようであるさま。こんな。語幹を副詞的に用いることもある。「―なものは見たこともない」「―言わはる」

ご-ないぎ【御内儀】貴人または相手の妻を敬っていう語。おないぎ。御内室。御内証。御内方(ごないほう)。

ご-ないしつ【御内室】「御内儀」に同じ。「や、お前は、おお、大番頭の―ぢゃな」〈伎・浮名横櫛〉

ご-ないしょ【御内書】室町・江戸時代にかけて、将軍家あるいは上級武家が出した文書。差出人の権威によって、しだいに公的効力をもつようになった。

ご-ないしょう【御内証】❶お暮らしむき。生活のごようす。「―は火の車」❷「御内儀」に同じ。「御亭主はまだか。―は」〈洒・遊子方言〉❸神仏などのおぼしめし。御意志。御心。「天道(てんたう)ノ―ニモ背キ参ラレウズ」〈天草本平家・一〉

こないだ【×此▽間】(こないだ)《「このあいだ」の音変化》❶先日。先ごろ。副詞的にも用いる。「―はお世話になりました」「―会ったばかり」❷近ごろ。最近。「―は薩張(さっぱり)お見限りですネ」〈二葉亭・浮雲〉

こないだ-じゅう【×此▽間中】(こないだヂユウ)先ごろのいく日かの間。こないだうち。「―探していた本」

ご-ないほう【御内方】(ゴナイハウ)「御内儀」に同じ。「―の調へ給ふ金子」〈浄・五枚羽子板〉

こな-おしろい【粉白=粉】粉末状のおしろい。

こ-なか【子中┊子仲】子供ができた夫婦または男女の間柄。

子中をな・す 子供ができるほどの深い仲になる。「―・せし阿古屋(あこや)めは」〈浄・出世景清〉

こな-が【小菜×蛾】鱗翅(りんし)目スガ科の昆虫。翅(はね)の開帳約1.5センチ。幼虫は青虫で、ダイコン・ハクサイなどを食害。温暖地では年10回以上発生する。

こ-なが・い【小長い】〘形〙《近世語》ふつうのものより長い。「―・い刀の落とし差し」〈伎・三人吉三〉

こな-かき【×餗┊×糝】そば粉・麦粉・米粉などを練って煮立てた料理。

こ-なかぐろ【小中黒】鷲(わし)の矢羽で、上下が白くまん中の黒い部分が小さいもの。

こなかむら-きよのり【小中村清矩】[1821〜1895]幕末から明治初期の国学者。江戸の人。号、陽春廬(やすむろ)。和歌山藩の古学館教授。「古事類苑」の編纂(へんさん)に参加。著「官職制度沿革史」「歌舞音楽略史」など。

こ-なから【小▽半┊二=合=半】❶半分の半分。1升の4分の1。2合5勺(約4.5デシリットル)。「―入りの徳利」❷少量の酒。こなからざけ。「毎晩の―は欠かさないが」〈上司・石川五右衛門の生立〉

こ-なぎ【小▽水×葱┊小菜×葱】ミズアオイ科の一年草。水田や池に生え、ミズアオイに似るが全体に小さい。夏から秋、青紫色の花を開く。花を染料に用いた。みずなぎ。ささなぎ。(季 春┊花=秋)「なまぐさし―が上の鮠(はや)の腸(わた)/芭蕉」

こな-ぐすり【粉薬】粉末状の薬。散薬。こぐすり。

コナクリ〖Conakry〗ギニア共和国の首都。大西洋岸カムール半島先端のトンボ島にある港湾都市で、本土とは埋め立て道路で連絡。付近から鉄鉱・ボーキサイトを産する。人口、行政区193万(2009)。

こな-ごな【粉粉】〘形動〙文〘ナリ〙ごく細かに砕けるさま。こなみじん。「ガラスが―に割れる」
(類語)木っ端微塵(みじん)・粉微塵

こな-さま【×此▽方様】〘代〙《「こなたさま」の音変化》二人称の人代名詞。あなたさま。おまえさま。女性が相手を敬い、または親しんで呼ぶのに用いる。「―の評判いろいろに聞いた故」〈浄・曽根崎〉

こな-さん【×此▽方▽様】〘代〙二人称の人代名詞。「こなさま」のくだけた言い方。あんた。おまえさん。「―の孝行の道さへ立てば、わしも心は残らぬと」〈浄・宵庚申〉

こ-なし【小梨】バラ科の落葉小高木。葉は長楕円形。4、5月ごろ、白色の花を開き、果実は球形で、黄色に熟す。ずみ。(季 実=秋┊花=春)

こ-なし【▽熟し】❶こなすこと。❷物を取り扱うこと。処理すること。運用。「着―」❸からだの動かしかた。「身の―」❹歌舞伎の舞台で、俳優がせりふなしで演じるしぐさ。「花道で思い入れの―があって」❺遊里で、その場その場をうまく取りさばいていくこと。客あしらい。「あるじ当道に馴れて―よければ」〈色道大鏡・一四〉(類語)身ごなし・物腰・しぐさ・所作

こ-な・す【▽熟す】〘動サ五(四)〙《粉(こ)に成す、の意》❶食べた物を消化する。「胃腸で食物を―・す」❷かたまっているものを細かく砕く。「畑の土を―・す」❸技術などを習って、それを思うままに使う。また、身につけた技術でうまく扱う。自在に扱う。「数か国語を―・す」「新型の機器を―・す」❹与えられた仕事などをうまく処理する。「ノルマを―・す」❺売りさばく。「在庫品を―・す」❻見下げる。けなす。「這入れませんと恐れ入ったら、それ見ろと直ぐ―・されるに極っている」〈漱石・坑夫〉❼動詞の連用形に付いて、自分の思いのままにする意を表す。うまく…する。完全に…する。「使い―・す」「乗り―・す」「読み―・す」(可能)こなせる (類語)扱う・取り扱う・計らう・さばく・切り回す・取りさばく・処する・律する・片付ける・済ます・終える・上げる・仕上げる・やっつける・処理する・料理する・解決する・始末する・方(かた)を付ける・けりを付ける

こ-なすび【小茄=子】サクラソウ科の多年草。原野や道端に生え、高さ5〜20センチ。葉は卵形で、対生。夏、黄色い5弁花をつけ、実は形がナスに似る。

こな-ずみ【粉炭】木炭が砕けて細かくなったもの。(季 冬)「―のよく起きてゐる灰の中/立子」

こな-せっけん【粉石×鹸】(こなセキケン)粉末状の石鹸。ソーダ石鹸を加熱乾燥し、粉砕して作る。洗濯用。

こ-な-た【×此▽方】〘代〙❶近称の指示代名詞。ある地点より話者のいる地点に近い場所・方向などを示す。こちら。こっち。「山の―」「静に―を振り向いて」〈二葉亭訳・あひゞき〉「―へ給はらん」〈平家・一一〉❷二人称の人代名詞。あなた。「はい、もう何もかも―のおかげでございますから」〈円地・女坂〉「『やや、こちの事か。何事ぞ』『―の御事でござある』」〈虎清狂・禁野〉❸近称の指示代名詞。過去または未来の一時点から話者のいる現在へ向かっての時間。㋐それからのち。以来。「故君の失せ給ひにし―は」〈源・橋姫〉㋑それより前。以前。「嵯峨野の御わたりの―に」〈狭衣・二〉❹三人称の人代名詞。今話題になっている人。また、近くにいる人。「まづ―の心見はてて、とおぼすほどに」〈源・夕顔〉❺一人称の人代名詞。わたくし。「その衣は―のにて候」〈謡・羽衣〉

こ-なだい【小名題】歌舞伎狂言で、通し狂言全体の大名題に対し、その中の各幕につけられた題名。また、その看板。➡大名題

こなた-かなた【×此▽方▽彼▽方】〘代〙指示代名詞。❶こちらとあちら。「白雲の―に立ちわかれ心を幣(ぬさ)とくだく旅かな」〈古今・離別〉❷あちらこちら。「み山路やゆふこえくれば里みえて―に煙たつなり」〈新続古今・羇旅〉

こなた-さま【×此▽方様】〘代〙二人称の人代名詞。あなたさま。「江戸元結屋の亭主は―の旦那と承りまして御座る」〈浮・好色盛衰記・五〉

こなた-ざま【×此▽方▽方】こちらのほう。「―に渡りするものども立ちこみたれば」〈更級〉

こなた-しゅう【×此▽方衆】〘代〙二人称の人代名詞。あなたがた。「―が放蕩者(だうらくもの)ぢゃの不孝者ぢゃのと」〈鳩翁道話・一〉

こな-だに【粉×蜱】コナダニ科のダニの総称。体長0.2〜0.7ミリ、半透明の乳白色。小麦粉・チーズなどを食害し、畳床にも発生。ケナガコナダニなど。

こな-チーズ【粉チーズ】パルメザンチーズなどを粉状にしたもの。

こな-ちゃ【粉茶】緑茶をふるい分けたあとに残った粉状の茶。こちゃ。

ゴナドトロピン〖gonadotropin〗生殖腺に影響を与えるホルモン。➡性腺刺激ホルモン

こな-ひき【粉×挽き】豆・麦などの穀類をひいて粉にすること。また、その仕事をする人。

こな-ひと【×此な人】〘代〙《「ここなひと」の音変化。近世上方語》二人称の人代名詞。おまえさん。「―、何いやる」〈浄・油地獄〉

こ-なべ【小鍋】小さい鍋。

こなべ-だて【小鍋立て】小鍋を使い手軽に料理をすること。また、その料理をつつき合って食べること。

こ-なまいき【小生意気】〘形動〙文〘ナリ〙いかにも生意気なさま。生意気で憎らしいさま。「―な娘」
(類語)利いた風・こざかしい・ちょこ才・しゃらくさい

こ-なみ【小波】小さい波。㊀大波。

こなみ【前=妻┊嫡=妻】一夫多妻のころの制度で、先に結婚した妻。前妻または本妻。「―が肴(な)乞(こ)はさばたちそばの実の無けくをこきしひゑね」〈記・中・歌謡〉
㊀後妻(うわなり)。

こな-みじん【粉▽微×塵】(こなミヂン)非常に細かく砕けること。こっぱみじん。こなごな。「―に砕ける」

こな-みそ【粉味×噌】粉状にした味噌。乾燥味噌。

こな-ミルク【粉ミルク】粉末状のミルク。牛乳を濃縮・粉末状に乾燥させたもの。粉乳。ドライミルク。

こな-もの【粉物】小麦粉・米粉・そば粉などを材料にしてつくられる食べ物。特に、小麦粉を主材とするお好み焼きやたこ焼きを指す。

こな-や【粉屋】米・麦などの穀類を粉にひいたり、それを売ったりする店。また、売る人。

粉屋の泥棒(どろぼう) 《粉屋に入った泥棒は粉にまみれてまっ白になるところから》白粉(おしろい)を厚く塗った女をあざけっていう語。

こな-ゆき【粉雪】粉のようにさらさらとした雪。こゆき。(季 冬)「―や朝より熱き女の身/澄雄」
(類語)細雪(ささめゆき)・パウダースノー

こ-なら【小×楢】ブナ科の落葉高木。山野に自生する。葉は倒卵形で先がとがり、縁にぎざぎざがある。5月ごろ、新しい枝の下部に尾状の雄花、上部に雌花がつく。実は食べられる。材は器具・薪炭用。ほうそ。ははそ。ならしば。なら。

ごなら-てんのう【後奈良天皇】(ゴナラテンワウ)[1496〜1557]第105代天皇。在位、1526〜1557。後柏原天皇の第2皇子。名は知仁(ともひと)。皇室の最も衰微した時代で、践祚(せんそ)の10年後に後北条・今川・大内氏ら諸大名の献金で即位礼を挙げた。

こな・る【▽熟る】〘動ラ下二〙「こなれる」の文語形。

こなれ【▽熟れ】❶食べた物がこなれること。消化。「―の悪い食べ物」❷物事を理解し習得した程度。「―の悪い文章」

こな・れる【▽熟れる】〘動ラ下一〙文こな・る〘ラ下二〙❶食べた物が消化される。「胃のぐあいが悪く、食べ物がよく―・れない」❷世慣れて円満になる。かどがとれる。「人間が―・れてきた」❸物事に熟練する。無理なく思いのままに運用できるようになる。「芸が―・れる」「―・れた文章」❹調和の取れた状態にな

る。「じっくり煮込んで—・れた味になった」「地味だが—・れた着こなし」❺動きがおさまり、落ち着いた状態になる。「新製品も当初に比べ価格が—・れてきた」

こなん【湖南】㊀中国、中南部の省。省都は長沙ちょうさ。揚子江中流の南部を占める。洞庭どうてい湖があり、湘江が流れる。米の大産地で、桐油・茶なども産し、養豚も盛ん。人口、6326万(2005)。湘。フーナン。㊁滋賀県南部、野洲やす川中流にある市。東海道五十三次の石部いしべ宿があった。平成16年(2004)石部町、甲西こうせい町が合併して成立。人口5.5万(2010)。㊂琵琶湖の南側の地。

こなん〔代〕《「こなさん」の音変化》二人称の人代名詞。あなた。おまえさん。「—一人が先立ってながらへ物を思へとか」〈浄・博多小女郎〉

ご-なん【後難】▶こうなん(後難)

ご-なん【御難】〔名・形動〕❶災難・難儀などを、それを被る人を敬い、また、丁寧にいう語。からかいや自嘲をこめていう場合もある。「—なことでしたね」「—続き」❷非難すべき点や難点を丁寧にいう語。❸日蓮宗で、日蓮の法難のこと。

こなん-し【湖南市】▶湖南㊁

こなん-じけん【湖南事件】▶大津事件おおつじけん

こなん-しょう【湖南省】シャウ▶湖南㊀

こ-なんど【小納戸】江戸幕府の職名。若年寄の支配に属し、将軍に近侍して、理髪・膳番ぜんばん・庭方・馬方などの雑務を担当した。小納戸方。➡大納戸おおなんど

こなんど-しゅう【小納戸衆】小納戸の職を勤める役人。

こなんど-とうどり【小納戸頭取】小納戸衆を指図する長。奥向きの取り締まりなどにも当たった。

こなんど-ぼうず【小納戸坊主】バウズ奥坊主の異称。

ごなん-の-もち【御難の餅】日蓮宗で、9月12日に日蓮の像に供える餅。日蓮が文永8年(1271)9月12日相模国の竜たつの口の刑場へ引かれていく途中、老婆が餅を供した故事によるという。《季 秋》

ごナンバー-しゃ【五ナンバー車】小型乗用車の通称。〔補説〕ナンバープレートに1桁の分類番号が使用されていた当時、5が小型乗用車に適用されていたことから。分類番号が2桁、3桁に変更されて以降、50番台、500番台に加えて、70番台、700番台も小型乗用車に割り当てられている。

コニー-アイランド〖Coney Island〗米国ニューヨーク市ブルックリン区南部の海浜行楽地。もとは島であった。

コニーデ〖ドイ Konide〗円錐状の火山。成層火山のこと。

コニイン〖coniine〗アルカロイドの一。ピリジン系の塩基性の液体で、猛毒。ドクニンジンに含有。

コニウム〖ラテ Conium〗ドクニンジンの別名。

ゴニオメーター〖goniometer〗測角器。角度計。X線回折、分光分析などで方位、角度を測定する計測器。

コニオルク【大后】《古代朝鮮語》大后。正夫人。「王こきし及び—王子せしむ等」〈雄略紀〉

コニキシ【王】《古代朝鮮語》三韓の王。コンキシ。コキシ。「高麗こまの諸将しゃうの将、—に言まうして」〈雄略紀〉

こ-にく・い【小憎い】〔形〕図こにく・し〔ク〕癪しゃくにさわって憎らしい。「定めし昨夜平様と手を引き合うてござんせう。—・いことや」〈浄・氷の朔日〉

こ-にくらし・い【小憎らしい】〔形〕図こにくら・し〔シク〕何となく憎らしくて癪しゃくにさわる感じである。「—・い口をきく子だ」〔派生〕こにくらしげ〔形動〕こにくらしさ〔名〕〔類語〕憎たらしい・憎憎しい・面憎つらにくい・憎体にくてい

こにしき-やそきち【小錦八十吉】［1866〜1914］力士。第17代横綱。上総かずさの人。本名、岩井八十吉。明治中期に活躍。引退後、年寄二十山はたちやま。➡西ノ海嘉治郎(第16代横綱) ➡大砲おおづつ万右衛門(第18代横綱)

こにし-しげなお【小西重直】ーシゲナホ［1875〜1948］教育学者。山形の生まれ。東大卒。労作教育論を唱える。七高校長・京大総長を歴任するが、滝川事件で辞任。著作に「教育の本質観」「労作教育」など。

こにし-とくろう【小西得郎】ートクラウ［1896〜1977］プロ野球監督・解説者。東京の生まれ。昭和11年(1936)大東京の監督に就任。以後複数の球団の監督を務める。同30年から野球解説者として活躍した。

こにし-ゆきなが【小西行長】［?〜1600］安土桃山時代の武将。和泉いずみの人。通称弥九郎。受洗名アグスチン。堺の豪商の子。豊臣秀吉に仕え、文禄の役・慶長の役に活躍。秀吉の死後、石田三成らと行動をともにし、関ヶ原の戦いに敗れ、処刑された。

ごにじょう-てんのう【後二条天皇】ゴニデウテンワウ［1285〜1308］第94代天皇。在位、1301〜1308。後宇多天皇の第1皇子。名は邦治。伏見・後伏見両天皇と持明院統が続いて、大覚寺統の後宇多上皇の抗議により、即位。歌集に「後二条院御集」。

こにし-らいざん【小西来山】［1654〜1716］江戸前期の俳人。大坂の人。通称伊右衛門。別号、十万堂・湛々翁たんたんおうなど。西山宗因の直門となり談林風の句を作ったが、のち蕉風に近い句境を示した。句文集「今宮草」「津の玉柏」など。

コニセシム【太子】《古代朝鮮語》三韓の皇太子。コンセシム。

こ-にだ【小荷駄】❶馬に負わせる荷物。❷室町時代、兵糧・武器を戦場に運ぶ駄馬隊。また、その荷や馬。

こにだ-ぶぎょう【小荷駄奉行】ーブギヤウ室町時代、行軍のとき、隊列の最後尾にあって、兵糧・武器の輸送の指揮や配分をつかさどった役。小荷駄押さえ。

ご-にち【後日】「ごじつ(後日)」に同じ。「—改めて御話し申すことといたしましょう」〈鉄腸・花間鶯〉

ごにち-じゅうざ【五日十座】ージフザ朝夕二座ずつ5日間にわたって行われる法華十講のこと。法華経8巻とその開経の無量義経、結経の観音賢経の2巻を講ずる法会ほうえ。

ごにち-の-きく【後日の菊】9月9日の重陽ちょうようの節句の後に咲いた菊。十日の菊。残菊。《季 秋》

コニファー〖conifer〗針葉樹のこと。裸子植物に分類され、葉は針形または鱗りん状で、雌しべはなく種子は球果(松かさ)につく。

コニファー-ガーデン〖conifer garden〗針葉樹を中心とした庭園。特に温帯地域に多い。

こ-にもつ【小荷物】❶手で持ち運べるほどの小さな荷物。❷鉄道の輸送荷物のうち、軽くて小さな荷物。主に客車に連結した荷物車で運送する。
〔類語〕荷物・荷・手荷物・小包・貨物・積み荷

コニャック〖フランス cognac〗フランス西部のコニャック地方で産する上質ブランデー。白ぶどう酒を蒸留し、樫かし材の樽に詰めて熟成させ、香りと味をつける。

ご-にゅう【悟入】ーニフ〔名〕スル❶仏語。悟りの境地に入ること。❷体験によって物事をよく理解すること。「人生の苦味酸味を嘗めて来なければ芸道の真諦に—することはむずかしい」〈谷崎・春琴抄〉

こ-にわ【小庭】ーには❶狭い庭。❷寝殿前の東西の廊のまわりにある狭い庭。❸清涼殿の殿上てんじょうの間まの前庭。紫宸殿ししんでんの前庭を大庭というのに対する。❹馬術で、狭い練習場。馬上の太刀打を練習する。

ご-にん【五人】人数が5であること。いつたり。

ご-にん【誤認】〔名〕スル誤ってそれと認めること。見まちがえること。「事実を—する」「—逮捕」

ごにん-ぐみ【五人組】㊀江戸幕府が町村に作らせた隣保組織。近隣の5戸を一組とし、互いに連帯責任で火災・盗賊・キリシタン宗門などの取り締まりや貢納確保・相互扶助に当たらせたもの。㊁19世紀後半に、ロシアで国民主義音楽を確立した五人の作曲家。バラキレフ・ムソルグスキー・キュイ・リムスキー＝コルサコフ・ボロディン。➡国民楽派

ごにんぐみ-ちょう【五人組帳】ーチャウ五人組員が守るべき法規を列記し、町村役人とともに署名捺印した帳簿。五人組手形。五人組証文。

こ-にんずう【小人数】わずかな人数。人数が少ないこと。こにんず。「—の集まり」↔大人数。
〔類語〕少数・小勢・無勢・寡か

ごにん-ばやし【五人×囃子】❶ひな人形で、謡うたい・笛・小鼓・大鼓おおつづみ・太鼓の五役をそれぞれ一人ずつの童子に当てた五人一組の人形。《季 春》❷江戸の祭り囃子で、笛・鉦かね・締め太鼓二つ・大太鼓の五つの楽器で行う合奏。

ごにん-ばり【五人張り】《五人がかりで張る弓の意》四人で弓を曲げ、残る一人がようやく弦をかけるほどの強い弓。強弓。

コニンブリガ〖Conímbriga〗ポルトガル中西部の都市コインブラの南郊にある古代ローマ時代の都市遺跡。イベリア半島最大級のものとして知られる。浴場や街道、保存状態の良いモザイクの床が残る館などがある。

こ・ぬ【×捏ぬ】〔動ナ下二〕「こねる」の文語形。

こ-ぬか【小×糠｜粉×糠】玄米を精白するとき、その表皮が細かく砕けてできる粉。ぬか。

小糠三合あるならば入り婿むこすな　男はわずかでも財産があるなら、他家へ入り婿せず、独立して一家を構えよ。男は自立の心構えを持つべきであることのたとえ。また、入り婿の苦労の多いことのたとえ。小糠三合持ったら養子に行くな。

こぬか-あめ【小×糠雨】雨滴が霧のように細かい雨。ぬか雨。〔類語〕霧雨・小雨こさめ・小雨しょうう・糠雨

こぬか-ぐさ【小×糠草】イネ科の多年草。原野に群生し、高さ0.6〜1メートル。葉は線形。夏、紫色がかった小さな穂を多数円錐状につける。

こぬすびと【子盗人】狂言。盗みに入った男が、寝かしてある幼児のかわいらしさにひかれ、抱いたり、あやしたりしているうちに乳母に見つかる。

こぬれ【木▽末】《「こ(木)のうれ(末)」の音変化》樹木の先端の部分。こずえ。「三国山—に住まふむささびの鳥待つごとく我待ち痩せむ」〈万・一三六七〉

コネ「コネクション」の略。「—をつける」「—を頼って就職する」

こね-あ・げる【×捏ね上げる】〔動ガ下一〕図こねあ・ぐ〔ガ下二〕❶よくこねて作る。「パンの生地を—・げる」❷物事をいじりまわしてでっちあげる。「公爵を頌し奉った詩を成るべく飾り立てて—・げた」〈漱石・文学評論〉〔類語〕捏こねる・練る・練り上げる

こね-あわ・す【×捏ね合(わ)す】ーあはす㊀〔動サ五(四)〕「捏ね合わせる」に同じ。「バターと砂糖を—・す」㊁〔動サ下二〕「こねあわせる」の文語形。

こね-あわ・せる【×捏ね合(わ)せる】ーあはせる〔動サ下一〕図こねあは・す〔サ下二〕❶手で練るようにしてよくまぜる。「卵黄と小麦粉を—・せる」❷いろいろなものを一緒くたにして無理に形を整える。「あれこれ都合のよいように—・せた話」

こね-かえ・す【×捏ね返す】ーかへす〔動サ五(四)〕❶何回も繰り返してこねる。こねくりかえす。「そば粉をなん回も—・す」❷物事をあれこれいじくりまわす。「どう腹の中で—・しても、つまりおとよさんは憎くない」〈左千夫・隣の嫁〉❸往来する人でごったがえす。「—・す道も師走の市のさま/曽良」〈続猿蓑〉

こ-ねぎ【小×葱】▶葉葱

コネクション〖connection〗❶関係。つながり。❷物事をうまく運ぶのに役立つ親しい関係。縁故。コネ。「—を利用して就職する」❸麻薬などの密売組織。また、密輸経由地。〔類語〕つて・縁故・手蔓てづる・人脈

コネクター〖connector〗❶電線と、電線または電気器具とを接続するための電気部品。接続プラグ。❷自動電話交換で、発信側の符号により受信側を選出、接続する装置。

コネクティビティー〖connectivity〗連結性。相互接続性。

コネクティング-ロッド〖connecting rod〗▶連接棒れんせつぼう

コネクト〖connect〗〔名〕スル接続すること。また、電話がつながること。「国内便と—している国際便」「フロントと客室とは電話が直接—している」

こねくり-かえ・す【×捏ねくり返す】ーかへす〔動サ五(四)〕❶何度もよくこねる。「赤土を—・す」❷いじりまわして物事をわかりにくくする。「理屈を—・す」「言葉を頭の中で—・す」

こね-く・る【×捏ねくる】〔動ラ五(四)〕❶何度もこねる。いじくりまわす。「泥を—・る」「話しながらハンカチを—・る」❷くだくだ考えたり言ったりする。「理屈ばかり—・って動かない」〔類語〕練る・捏こねる・捏ね回す・捏ね返す・捏ねくり返す

こ-ねこ【小猫｜子猫｜×仔猫】小さな猫。また、猫の子。〔季 春〕「スリッパを越えかねてゐる—かな/虚子」

こ-ねずみ【小×鼠｜子×鼠】小さいネズミ。また、ネズミの子。

こね-ずみ【▽練ね墨】練った墨。まゆずみ。

こ-ねずみ【濃×鼠】濃いねずみ色。

コネチカット〖Connecticut〗▶コネティカット

ご-ねつ【午熱】昼ひなかの暑さ。日中の暑気。

コネティカット〖Connecticut〗米国北東部の州。大西洋岸にあり、州都ハートフォード。独立13州の一。養鶏・酪農や金属工業が盛ん。イェール大学がある。コネチカット。➡表「アメリカ合衆国」

ごね-どく【ごね得】ごねただけ得をすること。不平を言ったり文句をつけたりした分だけ、有利に事が運び、自分の利益や補償を得ること。ごてどく。

こね-どり【×捏ね取り】〔名〕スル 餅もちつきの際、臼うすのかたわらにいて、餅をこね返すこと。また、それをする人。臼取うすどり。後取り。手合わせ。

こ-ねまき【小寝巻】小さな掻巻かいまき。

コネマラ-こくりつこうえん【コネマラ国立公園】《Connemara National Park》アイルランド西部、ゴールウエー州にある国立公園。コネマラ地方の中心地クリフデンの北西部に位置し、面積は約20平方キロメートル。美しい湖や渓谷、荒涼とした岩山などの自然景観で知られる。アカジカや同地方特産の馬コネマラポニーなどが見られる。

こね-まわ・す【×捏ね回す】こねまはす〔動サ五(四)〕❶何度もこねてかき回す。「粉に水を加えて—・す」❷何度もあれこれしつこく考えたり言ったりする。「ごたごたと理屈を—・す」〔類語〕かき回す・捏こね返す・練る・捏ねる・捏ねくる・捏ねくり返す

こ-ねり【木練り】「木練り柿」の略。「是は彼方かなたでも—と申して、一段うまい柿でござる」〈虎寛狂・合柿〉〔季 秋〕

こねり-がき【木練り柿】❶枝になったままで甘く熟するカキ。こねり。きざわし。❷御所柿ごしょがきの別名。

こ・ねる【×捏ねる】〔動ナ下一〕図こ・ぬ〔ナ下二〕❶粉状の物に水などを加えて練る。また、ねばりけのある固まりなどを練って、ある形にする。また、そのような動作をする。「小麦粉を—・ねる」「粘土を—・ねて土器を作る」「投手が新しいボールを—・ねる」❷筋の通らない理屈などを繰り返ししつこく言う。また、無理なことをあれこれ言って困らせる。「だだを—・ねる」「屁へ理屈を—・ねる」〔類語〕練る・捏こねくる・捏ね回す・捏ね返す・捏ね上げる

ご・ねる〔動ナ下一〕❶《「こねる」と「ごてる」との混交から》いろいろ不平を言う。くどくど文句をつける。ごてる。「待遇が悪いと—・ねる」❷《「御涅槃ごねはん」の動詞化か》死ぬ。くたばる。「こいつ—・ねたか」〈浄・盛衰記〉

こ-ねん【顧念】〔名〕スル 気にかけること。心配すること。思うこと。考えること。顧慮。

ご-ねん【御念】相手の心くばりを敬った言い方。ご配慮。お心遣い。からかいの気持ちで使うこともある。「—には及びません」「—の入った話だ」

ご-ねん【護念】仏語。❶仏・菩薩ぼさつが行者ぎょうじゃを心にかけて守ること。❷心中にいつも思うこと。

こねん-へい【古年兵】軍隊に古くからいる兵。旧軍隊では、2年兵・3年兵など、1年以上勤務した兵をいい、1年未満の兵は初年兵とよばれた。古参兵。

ごねん-もん【五念門】仏語。世親の浄土論に説かれる、浄土に往生するための五つの修行。阿弥陀仏の像を礼拝らいはいする礼拝門、阿弥陀仏の名をほめたたえる讃歎さんだん門、浄土に生まれたいと一心に願う作願門、浄土やその仏・菩薩ぼさつの姿を観察する観察かんざつ門、自己の功徳を他の生あるものに施し、ともに成仏しようと願う回向えこう門の五つ。

この【▽九】《「ここの(九)」の略》ここのつ。きゅう。数をかぞえるときにいう。「なな、や、—、とお」

この【小沼】群馬県中東部にある火口湖。大沼おおのの南南東に位置する。面積約0.1平方キロメートル、湖面標高1470メートル、周囲約1キロメートル、最大深度は季節によって変動し4〜7メートル。冬季は氷結する。赤城山南から流出する粕川かすかわの水源。

こ-の【×此の｜×斯の】〔連体〕《代名詞「こ」＋格助詞「の」から》❶空間的・心理的に、話し手に近い人や物をさす。「一人が僕の親友のA君です」「一本は誰のですか」❷話し手が当面している事柄や場面をさす。今の。「一話はもう少し考えてみよう」「一調子でいけば」❸(年・月・日などに関する語の上に付いて)㋐あまり遠くない過去を表す。さる。「一十日に長男が生まれた」「一五年で、町内のようすがすっかり変わった」㋑ごく近い未来をさす。きたる。次の。「一日曜に式を挙げることになっている」
〔類語〕これ・それ・あれ・どれ・その・あの・どの・かの

此の親にして此の子あり　❶このような優れた親があってこそ、はじめてこんなにりっぱな子が生まれるのだ。また、子は親の性質を受けつぐものである。❷(俗に❶を誤用して)このような悪い親だから、こんな悪い子が生まれるのだ。

此の時遅く彼かの時早く　ある事が行われようとするのとほとんど同時に別の事がなされるさま。

この-あいだ【×此の間】このあひだ ❶過去の1日をさす。先日。こないだ。「—の日曜日」❷過去の数日をさす。このところ。ちかごろ。「—は別行の子細あって」〈謡・葵上〉❸近いうち。「—にお出でなんしえ」〈洒・通言総籬〉〔類語〕この前・先ごろ・先だって・先般・先度・過日

この-あと【×此の後】❶こののち。今後。「—どうするつもりですか」❷先ごろ。先日。「われ今こそあれ、—の出替りまではさる宮様がたにありしが」〈浮・一代男・一〉

この-いと【×此の糸】《「紫」という字を「此」と「糸」に分けて読んだ文字遊び》紫をしゃれていう語。江戸時代の遊女の源氏名などにみられる。

こ-のう【雇農】地主に雇われて働く農業労働者。解放前の中国では、年季奉公の作男などの長工(年工)と、臨時の日雇いの短工とがあった。

ご-のう【御悩】ごナウ 貴人の病気を敬っていう語。ご病気。おんなやみ。「—の刻限に及んで、東三条の森の方より黒雲一むら立ち来て」〈平家・四〉

この-うえ【×此の上】このうへ〔連語〕❶今の程度以上。これ以上。「—迷惑をかけるな」❷(多く「このうえは」の形で)事がこのようになったからには。「—は友情を断つしかない」

此の上無・い　これ以上のことはない。最上である。「—・い喜びである」「—・い幸せ」

このうえ-とも【×此の上とも】このうへ〔連語〕これからもいっそう。今後とも。「—よろしく頼みます」

こ-のうし【小直＝衣】こなほし 上皇・親王や公卿が着用した略儀の装束。狩衣かりぎぬの裾に襴らんをつけた形式のもので、狩衣よりは晴儀の所用。地質・色目・文様は狩衣と同じ。狩衣直衣。有襴うらんの狩衣。傍続そばつぎ。

この-うち【×此の内｜×此の▽中】❶こうしている間。そのうち。「一膳ぜんも出て、そこそこに食ってしまひ」〈滑・膝栗毛・初〉❷せんだって。先日。「—、彦様の御使に初めて女郎町の揚屋にまかりて」〈浮・敗毒散・五〉

こ-の-うれ【木の▽末】梢こずえ。こぬれ。

この-え【▽近▽衛】ゑ ❶「近衛府」の略。❷近衛府の官人。❸「近衛師団」の略。❹「近衛兵」の略。

このえ【近衛】ゑ ㊀姓氏の一。㊁五摂家の一。平安末期の関白藤原忠通の長男基実を祖とし、その子基通が京都近衛殿に住み、これを家名とした。以後、歴代摂政・関白・太政大臣を出した。明治になって公爵。

このえ-あつまろ【近衛篤麿】ゑ［1863〜1904］政治家。京都の生まれ。日清同盟を唱えて東亜同文会・国民同盟会を組織。また、対露同志会を結成して対露強硬政策を主張。学習院院長・貴族院議長・枢密顧問官を歴任。

このえ-いえひろ【近衛家熙】このゑいへひろ［1667〜1736］江戸中期の公卿。摂政・関白・太政大臣を歴任、准三后。出家して予楽院と号した。書は当代一流と称された。

このえ-さきひさ【近衛前久】ゑ［1536〜1612］安土桃山時代の公卿。幼名、晴嗣、のち前嗣。法名、竜山。歌道・書道・暦学・有職故実などにすぐれ、文化の地方への普及に貢献した。

このえ-しだん【▽近▽衛師団】ゑ 宮城の守護および儀仗ぎじょうを任務とした旧日本陸軍の師団。明治4年(1871)に創設された御親兵を翌年近衛兵と改称、同21年に近衛師団となった。

このえ-せいめい【近衛声明】ゑ 昭和13年(1938)日中戦争処理に関し、第一次近衛文麿内閣が発した一連の対中国政策の声明。1月、国民政府との交渉打ち切りを告げ(第一次)、11月これを緩和修正(第二次)、12月には善隣友好・共同防共・経済提携の近衛三原則をうたった(第三次)。

このえ-づかさ【▽近▽衛▽府】ゑ ❶「このえふ」に同じ。「—にてこの君の出で給へるに」〈枕・一二〉❷近衛府の官人。「—、いとつきづきしき姿して、御輿みこしのこともども行ふ」〈紫式部日記〉

このえ-てんのう【近衛天皇】このゑてんわう［1139〜1155］第76代天皇。在位、1141〜1155。鳥羽天皇の第9皇子。名は体仁なりひと。在位中は鳥羽法皇が院政。

このえ-の-だいしょう【▽近▽衛大将】このゑのだいしやう 近衛府の長官。

このえ-の-ちゅうじょう【▽近▽衛中将】このゑのちゆうじやう 近衛府の次官。

このえ-の-つかさ【▽近▽衛▽府】ゑ「このえふ」に同じ。「—いとつきづきしき姿して、ことども行ふ」〈栄花・初花〉

このえ-の-とねり【▽近▽衛舎＝人】ゑ 近衛府の下級職員。宮中の警護、天皇・皇族・大臣らの近侍などを務めた。近衛。

このえ-のぶただ【近衛信尹】ゑ［1565〜1614］安土桃山時代の公卿。前久さきひさの子。初名、信基、のち信輔。号、三藐院さんみゃくいん。書にすぐれ、その書風は近衛流とよばれる。寛永の三筆の一人。日記「三藐院記」がある。

このえ-の-みかど【近衛の御門】ゑ 陽明門の異称。

このえ-ひでまろ【近衛秀麿】ゑ［1898〜1973］指揮者・作曲家。東京の生まれ。篤麿あつまろの子、文麿の弟。東大中退。芸術院会員。山田耕筰とともに日本交響楽団を創立するなど、日本の交響楽団の育成に努める。作曲に「ちんちん千鳥」など。

このえ-ふ【▽近▽衛府】ゑ 律令制の官司の一。令外りょうげの官。天平神護元年(765)授刀衛を近衛府と改称、さらに大同2年(807)近衛府を左近衛府、中衛府を右近衛府とした。兵仗ひょうじょうを帯びて宮中を警護し、朝儀に参列して威儀をととのえ、行幸に供奉した。四等官しとうかんのほか、府生ふしょう・番長などの職員がいた。近衛。親衛。羽林。このえづかさ。このえのつかさ。こんえふ。ちかきまもりのつかさ。

このえ-ふみまろ【近衛文麿】ゑ［1891〜1945］政治家。東京の生まれ。篤麿あつまろの長男。昭和12年(1937)内閣を組織し日中戦争に突入。第三次内閣では東条英機陸相の対米主戦論を抑えきれず総辞職。戦後、戦犯に指名され、服毒自殺。

このえ-へい【▽近▽衛兵】ゑ 宮中の警固、天皇の輿こしの警備などにあたった天皇の親兵。明治以降は、近衛師団所属の兵。

このえ-ぼたん【▽近▽衛×牡丹】ゑ 近衛家の家紋。牡丹ぼたんの花と葉を取り合わせたもの。

このえ-もん【近衛門】ゑ 陽明門の異称。

このえ-りゅう【▽近▽衛流】このゑりう 慶長(1596〜1615)のころ、近衛信尹このえのぶただに始まる和様書道の一流派。書風は力強く豪快。三藐院さんみゃくいん流。

このえ-れんたい【▽近▽衛連隊】ゑ 旧日本陸軍で、皇居の守衛、儀仗ぎじょうのために明治7年(1874)に設置した連隊。

この-かた【×此の方】㊀〔名〕過去のある時から現在に向かっての期間。それ以来。また、現在までのあ

る年月の間。「生まれて一見たことがない」「三年一忘れたことがない」㊁〘代〙三人称の人代名詞。「この人」のていねいな言い方。「一がおっしゃった」㊂〘連語〙こちらのほう。こちらがわ。「見渡しに妹らは立たし一に我は立ちて」〈万・三二九九〉
類語 こちら・この人・こいつ・こやつ

こ-の-かみ【兄・首・氏上】《「子の上(かみ)」の意から》❶長男。「一を箭田珠勝大兄(やたのたまかつのおおえ)の皇子と曰す」〈欽明紀〉❷兄。または、姉。「この男の一も衛府の督(かみ)なりけり」〈伊勢・八七〉❸年上の者。年長者。「それが年は、われにこよなく一にぞおはせし」〈宇津保・蔵開中〉❹うじのかみ。氏の首長。「諸氏の人等、各可(よ)き一を定めて申し送れ」〈天武紀〉❺多くの人の上に立つもの。かしら。「その一と思へる上手ども」〈源・若菜下〉

このかみ-ごころ【兄心】兄らしい心。年長者らしい心遣い。「あまねく、人の一にものし給ひければ」〈源・柏木〉

この-かん【此の間】❶ある点からある点までの時間、または距離。このあいだ。「一約二時間が経過した」「一三日の行程」❷ある事柄が経てきた時間。「一の消息は明らかでない」

この-きみ【此の君】竹の別名。「一はいづれの処の種ぞ、みやびやかに子猷(しいう)の籬(まがき)に在りき」〈菅家文草・二〉➡此君(しくん)

この-くらい【此の位】《「このぐらい」とも》程度・分量のおよそを指し示すさま。これほど。これくらい。この程度。副詞的にも用いる。「一の大きさ」「一が適当だ」「一大きいと運ぶのに大変だ」

こ-の-くれ【木の暗・木の暮れ】木が茂ってその下が暗くなること。また、その時節・所。(季 夏)

このくれ-しげ【木の暗茂】暗くなるほど木の茂ること。また、その茂み。「多祜(たこ)の崎一にほととぎす来鳴きとよめばはだ恋ひめやも」〈万・四〇五一〉

このくれ-の【木の暗の】〘枕〙木の茂みの暗い意から、「しげし」にかかる。「一繁(しげ)き谷辺(たにへ)を」〈万・四一九二〉

こ-の-こ【海鼠子】ナマコの卵巣を干した食品。酒の肴(さかな)などにする。

この-ご【此の期】この大事な時。いよいよという場合。「一に及んでじたばたしない」

こ-の-こうべ【兄部】《「このかみべ(子の上部)」の音変化》❶力仕事に当たる力者(りきしゃ)の長。❷中世、院・門跡・武家などに仕えて雑務に従った力者の長。❸中世、宮中の駕輿丁座(かよちょうざ)の長。

ゴノコッケン〘(ドイツ) Gonokokken〙▶淋菌(りんきん)

この-ごろ【此の頃】《上代では「このころ」》❶少し前の時から現在にかけての期間。ちかごろ。最近。「一の若い者」「一よく物忘れする」➡最近(用法) ❷ちかいうち。近日。「今一の程に参らせむ」〈源・野分〉❸今のこの時期。今時分。「ながらへばまた一やしのばれむ憂しと見しよぞ今は恋しき」〈新古今・雑下〉類語 (❶)このところ・この節・近ごろ・昨今・当今・当節・最近・近時・近年・近来・頃来(けいらい)・頃日(けいじつ)・時下・今節

このごろ-よう【此の頃様】当世ふう。このごろのやり方。「これは、一の事なり」〈徒然・二〇八〉

この-さい【此の際】今のこの時。こういう時。この機会。「一言うだけのことは言っておく」

この-さき【此の先】❶ここから先の方。行くさき。前方。「一のかどを右に曲がる」❷今から先。今後。「一どうなるのやら分からない」類語 向こう・今後・以後・向後(こうご)・向後(きょうこう)・爾後(じご)・これから・今から

こ-の-した【木の下】樹木が立っている下。きのした。

このした-がく・る【木の下隠る】㊀〘動ラ四〙木の下の陰に隠れる。「秋山の一・り行く水のわれこそまさめおもほすよりは」〈万・九二〉㊁〘動ラ下二〙㊀に同じ。「一・れ行く水の浅き心にまかせつつかき集めたるくち葉には」〈新勅撰・雑五〉

このした-がくれ【木の下隠れ】茂っている木の陰に隠れて、見えないこと。また、その所。「すむ月の影をばよそに宮木野の一鹿や鳴くらん」〈続後拾遺・秋上〉

このした-かげ【木の下陰】木のもと。こかげ。「行き暮れて一を宿とせば花や今宵の主ならまし」〈平家・九〉

このした-かぜ【木の下風】木の下を吹く風。「桜散る一は寒からで空に知られぬ雪ぞ降りける」〈拾遺・春〉

このした-つゆ【木の下露】木の枝葉から落ちる露。「御傘さぶらふ。げに一は雨にまさりて」〈源・蓬生〉

このした-やみ【木の下闇】木が茂って、その下が暗いこと。また、その所。こしたやみ。(季 夏)「霧雨に一の紙帳かな/嵐雪」

この-じゅう【此の中】このごろ。ちかごろ。「あすこなら一儂(わし)も行きます」〈緑雨・門三味線〉

このしろ【鰶・鮗】ニシン目ニシン科の海水魚。全長約25センチ。体は紡錘形で側扁する。背側が青色で数列の黒点が並び、肩部に黒斑が一つある。背びれの後端が長く伸びている。本州中部以南の沿岸に産し、食用。約10センチのものをコハダまたはツナシとよぶ。焼くと死臭がするといわれ、武士は「この城を食う」といって避け、また切腹のときに用いたという。(季 秋)(補説)「鮗」は国字。

この-じんじゃ【籠神社】京都府宮津市にある神社。祭神は彦火明命(ひこほあかりのみこと)・豊受大神ほか。籠守(こもり)大明神。籠(この)神社。丹後国一の宮。

コノスコープ〘conoscope〙偏光顕微鏡の集光レンズにより作られた集束光を結晶板に照射した際に生ずる干渉縞を観察する装置。

この-せつ【此の節】このごろ。最近。当節。「一の人は物の有り難みを知らない」
類語 此の頃・このところ・近ごろ・昨今・当今・当節・最近・近時・近年・近来・頃来(けいらい)・頃日(けいじつ)・時下・今節

ご-の-ぜん【五の膳】本膳料理で、最も丁重な料理。本膳・二の膳・三の膳・与の膳(四を忌んでいう)・五の膳を供するもの。また、その第五の膳。

この-たび【此の度】今度。今回。こたび。「一はおめでとうございます」「一左記に転居しました」
類語 この程・今度・今回・今般

この-だん【此の段】手紙・口上などで、前文または前言を受ける語。「一お知らせいたします」

この-て【此の手】❶この方法。このやり方。「今度は一でいこう」❷この種類。この程度。「一の品物ならいくらでもある」「一の話はよく聞く」

コノテーション〘connotation〙❶言外の意味。含意。含蓄。❷論理学で、内包。⇔ディノテーション。

このて-がしわ【児の手柏・側柏】ヒノキ科の常緑高木。枝は手のひらを立てたように出て、うろこ状の葉を密生し、表と裏がはっきりしない。春、雄花と雌花とが単生し、球果には突起がある。中国北西部の原産で、植栽される。

児の手柏の二面(ふたおもて) 《コノテガシワの葉は表裏の区別をしにくいところから》二様または両面あることのたとえ。

この-でん【此の伝】この方法。このやり方。「次も一でやろう」

この-ところ【此の所】ちかごろ。最近。ここのところ。「一の雨で花が台なしだ」「一暑い日が続く」
類語 此の頃・この節・近ごろ・昨今・当今・当節・最近・近時・近年・近来・頃来(けいらい)・頃日(けいじつ)・時下・今節

コノドント〘conodont〙カンブリア紀から三畳紀までの海成層から見つかる微小な化石。魚の歯のような形をし、大きさは1ミリ前後。重要な示準化石。

この-のち【此の後】これからのち。以後。今後。「彼は作家になって一活躍することだろう」

こ-の-は【木の葉】❶樹木の葉。きのは。❷落ち葉。枯れ葉。梢(こずえ)に散り残っている葉。(季 冬)「人待つや一かた寄る風の道/素堂」❸《木の葉が風にたやすく散るところから》軽いもの、小さいものについていう。「一侍」「一仙人」類語 葉・葉っぱ・枝葉・草葉

このは-いし【木の葉石】木の葉の化石を含んでいる堆積岩。泥岩が多い。栃木県那須塩原市の第四紀の湖成層から産するものが有名。

このは-えび【木の葉蝦】コノハエビ目コノハエビ科の甲殻類。エビとは遠縁で、体はミジンコ形。浅海の砂泥底にすみ、体長約1センチ。頭胸部の甲は大きく、二片からなり、胸脚は葉状。

このは-おとし【木の葉落(と)し】❶こがらし。❷木の葉が落ちるように左右交互に横すべりしながら降下する飛行機の飛び方。

このは-がえし【木の葉返し】木の葉が風に翻るような軽妙な技。薙刀(なぎなた)・剣などの特殊な技にいう。

このは-かき【木の葉掻き】《「このはがき」とも》落ち葉をかき集めること。また、そのための道具。くまで。こまざらい。

このは-がく・る【木の葉隠る】〘動ラ四〙木の葉の陰に隠れる。「奥山の一・りて行く水の音聞きしより常忘らえず」〈万・二七一一〉

このは-がくれ【木の葉隠れ】木の葉の陰に隠れること。また、その所。「数ならぬわがみ山べのほととぎす一の声は聞こゆや」〈後撰・夏〉

このは-がみ【木の葉髪】晩秋から初冬のころ、頭髪が多く抜けることを木の葉が散るのにたとえた語。(季 冬)「一文芸ながく欺きぬ/草田男」

このは-がれい【木の葉鰈】❶メイタガレイの別名。❷小さなカレイを重ね合うように並べて干したもの。ささのはがれい。あしのはがれい。

このは-ぐつわ【木の葉轡】くつわの一。立聞(たちぎき)から馬銜(はみ)に続く鏡の形状を木の葉のようにこしらえたもの。杏葉轡(ぎょうようぐつわ)。木の葉銜(ばみ)。

このは-ぐも・る【木の葉曇る】〘動ラ四〙木の葉に遮られて暗くなる。「吹き払ふ嵐の後の高嶺より一・らで月や出づらむ」〈新古今・冬〉

このは-ごも・る【木の葉籠もる】〘動ラ四〙木の葉の茂みに隠れて見えなくなる。「妹(いも)が目の見まく欲しけく夕闇の一・れる月待つごとし」〈万・二六六六〉

このは-ざる【木の葉猿】❶普通より体が軽くて小さい猿。また、樹上で身軽に飛び回る猿、木の葉の間に見え隠れする猿の意とする説もある。「三笠の山に住まひする一をも誘ふなる」〈謡・嵐山〉❷木の葉の落ちるのを、猿が身軽に飛ぶさまにたとえていう。「風ふけば空に群るや一/易利」〈玉海集〉❸郷土玩具の一。熊本県玉名郡玉東町木葉で作る素焼きの猿。

このは-ずく【木の葉木菟】フクロウ目フクロウ科の鳥。全長約20センチ。全体に茶褐色で、頭に耳状の羽毛がある。日本では主に夏鳥。鳴き声が「ぶっぽうそう」と聞こえ、「声の仏法僧」という。

このは-せんべい【木の葉煎餅】木の葉の形に作って焼いたせんべい。

このは-ちょう【木の葉蝶】鱗翅(りんし)目タテハチョウ科の昆虫。翅(はね)の表面は青色で光沢があるが、裏面は褐色の黒いすじがあり、翅を閉じると枯れ葉そっくりになる。日本では沖縄県に分布。(季 春)

このは-てんぐ【木の葉天狗】❶威力のない小さい天狗。こっぱてんぐ。「いかに一たち、疾(と)う疾う出でられ候へ」〈謡・鞍馬天狗〉❷風に舞い散る木の葉を、空を自在に飛び回る天狗にたとえた語。「時雨にも化くるは一かな」〈鷹筑波・四〉

このは-どり【木の葉鳥】スズメ目コノハドリ科の鳥の総称。14種が熱帯アジアの樹林にすみ、雄の羽色は青・緑・黄色などで黒や橙(だいだい)色の斑紋がある。

このはとり-づき【木の葉採(り)月】《「蚕にやる桑の葉を摘み取る月」の意から》陰暦4月の異称。(季 夏)

こ-の-はな【木の花】木に咲く花。特に、桜の花や梅の花。

この-はな【此の花】❶《「古今集」仮名序に見える歌「難波津に咲くやこの花冬ごもり今は春べと咲くやこの花」から》梅の花の別名。❷《元稹「菊花」詩「是の花の中偏(ひとえ)に菊を愛するにあらず、此の花開(ひら)きて尽くれば更に花無し」から》菊の花の別名。❸親王の異称。❹《江戸時代の酒の銘柄から》酒の異称。

このはな【此花】大阪市西部の区名。工業地区。名は、古今集の「難波津に咲くやこの花」の歌による。

このはな-く【此花区】▶此花

このはなのさくや-びめ【木花開耶姫・木花之佐久夜毘売】日本神話にみえる女神。大山祇神(おおやまつみのかみ)の娘。天孫瓊瓊杵尊(ににぎのみこと)の妃。火照命(ほでりのみこと)・彦火火出見尊(ひこほほでみのみこと)・火明命(ほのあかりのみこと)の母。富士山の

神とされ、浅間せんげん神社に祭られる。

このは-ばみ【木の葉×銜】「木の葉鬱ぐつわ」に同じ。

このは-ぶね【木の葉舟】水上に遠く浮かんで見える小舟を木の葉に見立てていう語。また、水の上に散って浮いている木の葉を舟に見立てていう語。はかないもの、頼りないもののたとえに用いる。

このは-むし【木の葉虫】ナナフシ目コノハムシ科の昆虫の総称。体長6〜8センチ、全体に緑色。背腹は扁平で腹部と脚が葉片状に広がる。雌の前翅ぜんしの翅脈は葉脈に似て、木の葉そっくりに見せる。熱帯アジア、南太平洋諸島に分布。

このは-むしゃ【木の葉武者】取るに足らない弱い雑兵ぞうひょうをののしりあざけっていう語。こっぱざむらい。「神変不思議の太刀風に、吹き散らされし—」〈浄・矢口渡〉

コノピシュチェ-じょう【コノピシュチェ城】―ジヤウ《Zámek Konopiště》チェコの首都プラハ郊外にある城。プラハの南約30キロの町ベネショフに位置する。元は13世紀に建てられた城塞だったが、19世紀末にオーストリア皇太子フランツ＝フェルディナンドが買い取って改修。皇太子が趣味の狩猟で集めた動物のはく製のほか、刀剣や銃器のコレクションがある。

この-ひと【×此の人】〘代〙三人称の人代名詞。話し手の近くにいる人、また、話し手側に関係のある人を指していう。「このかた」「こちら」に比べて敬意は低い。「—が先日お話しした人です」

この-ぶん【×此の分】現在の状態。この調子。このようす。今の状態から判断して、これから先を推し測っていう。「—では明日は雨でしょう」

ごのへ-がわ【五戸川】―がは 青森県南東部を流れる川。十和田湖東方の戸来へらい岳(標高1159メートル)に源を発し、太平洋に注ぐ。長さ50.7キロ。流域は農林・牧畜業が盛ん。

この-へん【×此の辺】❶このあたり。ここら近辺。「—の地図」❷この程度。「—で打ち切ろう」

この-ほう【×此の方】―ハウ〘代〙一人称の人代名詞。わたくし。自分。男性が用いる。「—の屋敷は昼さへ出入り難く」〈浄・天の網島〉

この-ほど【×此の程】(副詞的にも用いる)❶このあいだ。先日。最近。「—入社したばかりです」❷このたび。今度。「—完成の運びとなりました」

(類語)この度・今度・今回・今般

こ-の-ま【木の間】木と木との間。樹間。

この-まえ【×此の前】―まへ 少し以前。つい最近。また、前回。「—の土曜日」「—お会いしたとき」(類語)この間・先ごろ・先日・先だって・先般・先度・過日

このま-がくれ【木の間隠れ】木々の間から見え隠れすること。「遠近の—に立つ山茶花さざんかの一本ひともとは」〈二葉亭・浮雲〉

このまし・い【好ましい】〘形〙(文)このま・し〘シク〙《動詞「この(好)む」の形容詞化》❶感覚的に好きである。感じがいい。このもしい。「—・い女性」「—・い香り」❷そうあってほしい。また、そうあるべきである。のぞましい。「柔軟な対応が—・い」「—・くない傾向」❸好色らしい。「若くて候ふ男、—・しきにやあらむ」〈堤・ほどほどの懸想〉(派生)**このましげ**〘形動〙**このましさ**〘名〙

(類語)好もしい・望ましい・結構・良い・申し分ない・程良い・好個・絶好・最適

このま-ちょう【木の間×蝶】―テフ 鱗翅りんし目ジャノメチョウ科の昆虫。翅はねは黒褐色、前縁が丸く、端が角ばり、後ろ翅の裏面に5個の蛇の目紋がある。日本では暖かい地方でみられ、夕方、林間を飛ぶ。幼虫の食草はススキ・ジュズダマなど。

この-まま【×此の×儘】今の状態のまま。現状のまま。「—では意味が通じない」「—ではすまない」

このまろ-どの【木の▽丸殿】▶きのまろどの

こ-の-み【木の実】木になる果実。きのみ。(季 秋)「降りくるは栗鼠りすがこぼせし—かな/秋桜子」

(類語)実・果実・果物・ナッツ・フルーツ

このみ【好み】❶好むこと。好きなものの傾向。嗜好。「—のタイプ」「人によって—が違う」「—にあう」❷特に望むこと。物を選ぶときの希望や注文。「いかようにもお—に合わせます」❸歌舞伎で、大道具・小道具・衣装などについて役者が特に工夫したり注文したりすること。❹(「…ごのみ」の形で)名詞の下に付いて、複合語をつくる。㋐好きなものの傾向。「はで—」㋑ある時代、または、ある特定の人に好まれた様式。「元禄—」「利休—」

(類語)嗜好しこう・趣味・好尚・気に入り・好き嫌い

ごのみ【好み】「この(好)み❹」に同じ。「色—」

このみ-ごころ【好み心】好色な心。浮気心。すきごころ。「尽きせぬ—も見まほしうなりにければ」〈源・紅葉賀〉

この・む【好む】〘動マ五(四)〙❶多くのものの中から特にそれを好きだと感じる。気に入って味わい楽しむ。「甘いものを—・む」「推理小説を—・む」❷特にそれを望む。欲する。「組み打ちはこっちの—・むところ」❸趣向をこらす。風流にする。「この男の家には前栽—・みて造りければ」〈平中・一九〉❹注文する。あつらえる。「はばかりながら文章を—・まん」〈浮・一代男・一〉(類語)気に入る・好く・嗜たしなむ・愛する

好むと好まざるとにかかわらず　当人の意志に関係なく。「—さまざまな情報が耳に入ってくる」

こ-の-め【木の芽】❶春にもえ出る木の新芽。きのめ。(季 春)「あけぼのの白き雨ふる—かな/草城」❷サンショウの芽。きのめ。

このめ-あえ【木の芽▽和え】―あへ「きのめあえ」に同じ。

このめ-づき【木の芽月】《木の芽の出る月の意》陰暦2月の異称。

このめ-づけ【木の芽漬(け)】「きのめづけ」に同じ。

このめ-どき【木の芽時】樹々が新芽を吹くころ。早春。(季 春)「夜の色に暮れゆく海や—/石鼎」

このめ-は・る【木の芽張る】〘動ラ四〙木の芽が膨らむ。木の芽がもえ出る。「張る」を「春」に掛けて用いることが多い。「四方山よもやまに—・る雨降りぬれば父母かぞいろはとや花の頼まむ」〈千載・春上〉(季 春)

この-も【×此の▽面】こちら側。こなた。「—よりかのも色よき紅葉かな/蕪村」

このも-かのも【×此の▽面▽彼の▽面】❶こちら側とあちら側。「つくばねの—に影はあれど君がみかげにます影はなし」〈古今・東歌〉❷あちらこちら。そこここ。「—あやしくうちよろぼひて」〈源・夕顔〉

このもし・い【好もしい】〘形〙(文)このも・し〘シク〙「このましい」に同じ。「—・い人柄」(派生)**このもしげ**〘形動〙**このもしさ**〘名〙

こ-の-もと【木の下】きのした。樹下。「—、岩がくれ、山の木の葉に埋もれたるさへ」〈源・紅葉賀〉

このゆえ-に【×此の故に】このゆゑ―〘接〙こういう理由で。こういうわけだから。「—反対せざるをえない」

この-よ【×此の世】❶今、生活している現実のこの世界。現世。「—の見納め」「とても—のものとは思えない」⇔彼あの世。❷過去・未来に対して、現代。当代。「—に名を得たる舞の男ども」〈源・紅葉賀〉

(類語)現世・うつし世・浮き世・地上・人界・下界・娑婆しゃば・此岸しがん・苦界・肉界・世界・人間界

此の世なら・ず　❶ほとんど死ぬほどである。「—・ずわづらひけり」〈著聞集・五〉❷すばらしくて、とてもこの世のものとは思われないほどである。「我が為の—・ぬ財たからにこそありけれ」〈今昔・二九・三二〉

此の世の外ほか　あの世。のちの世。後世。来世。「あらざらむ—の思ひ出に今ひとたびの逢あふこともがな」〈後拾遺・恋三〉

この-よう【×此の様】―ヤウ〘形動〙(文)〘ナリ〙こういうふう。このとおり。こんな。かよう。「—な次第で申しわけありません」

(類語)こんな・こういう・かかる・かよう・こう・かく

このり【兄＝鷂】鳥、ハイタカの雄。

こ-の-わた【海＝鼠＝腸】ナマコの腸管で作った塩辛。酒の肴さかな。三河・志摩産のものが有名。(季 冬)「—の桶の乗りゐる父の膳ぜん/たかし」

このん-で【好んで】〘副〙《動詞「このむ」の連用形に接続助詞「て」がついた「このみて」の音変化》好きで。自分から進んで。「—死地に赴く」

こ-は【×此は】〘連語〙《代名詞「こ」＋係助詞「は」》これは。これはまあ。多く、疑問・感動の気持ちを表すときに用いる。「いと—術ずちなき世かな」〈枕・九二〉

此は如何いかに　いったいこれはどうしたことか。思いがけないことに出会ってとまどったり、その事柄を理解できずに自問したりするさま。

こ-ば【木場】❶切り出した木材を、一時集めておく山間の平地。木木場きこば。馬場まば。馬止まとめ。❷山間の農作地。また、焼き畑。

こ-ば【木端｜木羽】❶材木の切れはし。こっぱ。❷「柿板こけらいた」に同じ。

こ-ば【×胡馬】古代中国の胡の国に産した馬。

胡馬北風ほくふうに依よる　《「文選」古詩十九首の「胡馬北風に依り、越鳥南枝に巣くう」から》胡馬は北風の吹くたびに胡国を慕っていななく。故郷の忘れがたいことのたとえ。胡馬北風に嘶いばう。

ご-は【五派】▶五家ごけ

ご-は【五覇】中国、春秋時代の五人の覇者。「孟子」では斉の桓公・晋の文公・秦の穆公ぼくこう・宋の襄公・楚の荘王をあげる。「荀子」では穆公・襄公のかわりに呉王闔閭こうりょ・越王勾践こうせんをあげる。五伯。

ご-は【呉派】中国、明代中期以降の画派。沈周しんしゅうを祖とし、文徴明・董其昌とうきしょうなど、南宗画を復活・展開した文人画家たちをいう。⇒浙派せっぱ

ご-は【語派】同一語族に属する諸言語のうち、特に近い類縁関係にあるものの称。インド-ヨーロッパ語族のゲルマン語派・スラブ語派など。

ご-ば【後場】取引所で午後に行われる売買。また、その時間。午後立会。⇔前場ぜんば。(補説)後場の最初の取引を後場寄り(後場寄り付き、後場の寄り付きとも)、最後の売買を大引けという。

ごパーセント-ルール【五パーセントルール】▶大量保有報告制度

こ-はい【粉灰】こはひ ❶粉や灰のように粉々に砕け散ること。こなみじん。こっぱい。「二人が舎利も魂魄たましいも—にされて消し飛ばさるるは」〈露伴・五重塔〉❷徹底的に手ひどく扱うこと。さんざん。「—ニ人ヲシカル」〈日葡〉

こ-ばい【故買】盗品であることを知りながら買うこと。窩主けいず買い。平成7年(1995)の刑法改正後は「有償譲受け」という。

コパイ「コパイロット」の略。

ご-はい【後拝】神社や仏殿で前後に向拝こうはいがある場合の後ろの方のもの。⇔前拝。

ご-はい【御拝｜▽向拝】❶天皇が毎朝、清涼殿の石灰いしばいの壇で、神宮・内侍所ないしどころ以下を拝すること。「内侍所の—の数をかずへられければ」〈増鏡・おりゐる雲〉❷▶こうはい(向拝)

ご-はい【誤配】〘名〙スル 郵便物や品物をあて名と違った所に配ること。「—された郵便物を差し戻す」

こばいえん【古梅園】コバイエン 墨の老舗の屋号。また、そこで製造した墨。江戸時代に奈良で創業され、江戸日本橋にも支店があった。

こ-ばいけいそう【小梅×蕙草】―バイケイサウ ユリ科の多年草。高山の湿った草地に生え、高さ50センチ〜1メートル。根茎は有毒。葉は互生し、広楕円形。7月ごろ、白い花が総状につく。(季 夏)

ごばい-し【五倍子】▶ふし(五倍子)

ご-ばいそん【呉梅村】▶呉偉業ごいぎょう

こば-いた【木羽板｜小羽板】「柿板こけらいた」に同じ。

コパイバ〘ポルトガル copaiba〙マメ科の常緑高木。葉は羽状複葉。花は花びらがなく、白色の4枚の萼がくをもつ。南アメリカの原産。樹液をコパイババルサムとよび、性病の薬や油絵の具の溶剤に用いる。

ご-はいふ【呉佩孚】[1874〜1939]中国の軍人。蓬莱ほうらい(山東省)の人。字あざなは子玉。北洋軍閥直隷派の総帥。第一次奉直戦争で奉天派を破ったが、第二次奉直戦争、国民党の北伐に敗れて引退。ウー＝ペイフー。

コパイロット〘copilot〙飛行機の副操縦士。

コパオニク〘Kopaonik〙セルビア中央部の山岳地帯。同国最高峰のパンチッチ峰(標高2017メートル)がある。豊かな自然景観が広がり、国立公園に

指定されている。スキーリゾートとしても人気がある。
こ-ばか【小馬鹿|小×莫×迦】少し愚かなこと。また、その人。
小馬鹿にする いかにも人をばかにし、軽蔑した扱いをする。「人を一した話」
コパカバーナ〖Copacabana〗ブラジル南部、リオデジャネイロの海岸。国際的な海水浴場・保養地。
こ-ばかま【小×袴】❶六幅の狩袴を裾短に仕立てたもの。❷中世の武家の直垂や素襖などに用い、上括りにするために、特に裾を短くして括り緒を入れた袴。
こばか-まわし【小馬鹿回し】人をばか者のように扱うこと。「いい年をしたものを一にして」〈滑・八笑人・三〉
こ-はぎ【小×脛】すね。また、袴などの裾を少しまくり上げて、すねが少し見える着方。「一にて半靴はきたるなど」〈枕・一四四〉
こ-はぎ【小×萩】小さい萩。また、萩。(季 秋)「垣荒れて犬踏み分くる一かな/闌更」
こ-はく【×琥×珀】❶地質時代の樹脂の化石。黄色で半透明、樹脂光沢があり、非晶質。しばしば昆虫などの入ったものも見つかる。アクセサリーなどに利用。赤玉。❷「琥珀織」の略。
ご-はく【五泊】▶ごとまり
ご-ばく【誤爆】〔名〕スル ❶誤った目標を爆撃または爆破すること。❷取り扱い方法をまちがえたために爆発すること。「一しないよう細心の注意を払う」
こはく-いろ【×琥×珀色】琥珀のような半透明の黄色、または、黄褐色。「一の液体」
こはく-おり【×琥×珀織】縦糸が密に並び、横糸がやや太く、布面に横うねのある平織りの絹織物。帯や袴地、また和服・婦人服などに用いる。もと外来のもので、天和年間(1681～1684)京都の西陣で織り出すようになった。
こはく-ぎょく【×琥×珀玉】琥珀で作った飾り玉。琥珀色の玉。
こはく-さん【×琥×珀酸】カルボン酸の一種で、無色の結晶。最初、琥珀を乾留して得たので、この名がある。植物界に広く存在し、動物生体内ではトリカルボン酸回路の一員として存在。合成もされ、清酒・味噌・醤油などの調味料にする。化学式HOOC$(CH_2)_2$COOH
こはく-じま【×琥×珀×縞】琥珀織にした縞織物。
こはく-とう【×琥×珀糖】煮とろかした寒天に、砂糖と鬱金粉またはクチナシの実とを入れて煮詰め、レモンや橙皮油をまぜて冷やし固めた菓子。
こ-ばこ【小箱】❶小さい箱。❷「鉤筒」に同じ。
ご-はさん【御破算】❶そろばんで、珠を全部払って前にした計算をこわし、新しい計算のできる状態にすること。ごわさん。「一で願いましては」❷今までの行きがかりを一切捨てて、元の何もない状態に戻すこと。ごわさん。「約束を一にする」
こ-はじ【木▽端】《「こはし」とも》すだれの下端の縁に縫い込んである細長い薄板。巻き上げるときの芯にする。一説に、巻き上げたすだれを柱などにつる鉤をという。
こ-はじとみ【小▽半×蔀】小さい半蔀。
こ-ばしり【小走り】❶小またで走るように急いで歩くこと。「一に会議場に向かう」❷昔、武家に仕えて雑用を務めた少女。
こ-はずかし・い【小恥ずかしい】〔形〕図こはづか・し〔シク〕ちょっときまりが悪い。妙に恥ずかしい。「人前で褒められて一・い思いをする」(類語)気恥ずかしい・うら恥ずかしい・きまり悪い・ばつが悪い・照れ臭い・面映ゆい・こそばゆい・尻こそばゆい
こ-はぜ【小×鉤|×鞐】❶足袋・手甲・脚絆・袋物・書物の帙などの合わせ目につけた爪形の留め具。真鍮・角・象牙などで作る。❷金属板で屋根を葺くとき、合わせ目となる一端を少し折り曲げて板をとめる部分。(補説)「鞐」は国字。
こはぜ-かけ【小×鉤掛(け)】❶こはぜ❶を掛けるために取り付けた輪。また、そのように仕立てたもの。❷金属板で屋根を葺くとき、板の端の折り曲げた部分を組み合わせてつなぐこと。
こはぜ-きゃはん【小×鉤脚×絆】こはぜ❶で留めるように仕立てた脚絆。江戸脚絆。
こはた【木幡】京都府宇治市木幡を中心として山科あたりまでを含んだ地域の古称。(歌枕)「山科の一の山を馬はあれど徒歩より我が来し汝を思ひかねて」〈万・二四二五〉
こ-はだ【小×鰭】コノシロの中くらいの大きさのもの。鮨種などにする。(季 秋)
こ-はだ【木▽皮|木肌|×樸】木の皮。
こ-ばた【小旗】❶小さな旗。❷▶指小旗
こば-たけし【古葉竹識】[1936～]プロ野球選手・監督。熊本の生まれ。昭和33年(1958)広島に入団。同50年広島の監督に就任し、チームをリーグ初優勝に導く。同54年には日本一となり、広島の黄金時代を築いた。
こばたけ-ぞめ【小×畠染】江戸時代、延宝～貞享(1673～1688)ごろ、小畠了達や甥の吉右衛門らが染め出したというサラサ染め。しゃむろ染め。
こばたこへいじ【小幡小平次】歌舞伎の一系統で、山東京伝の読本「復讐奇談安積沼」を脚色したもの。妻の情夫に殺された旅役者小幡小平次のたたりを主題とした怪談物で、4世鶴屋南北、河竹黙阿弥らの作がある。こはだこへいじ。
こはだ-ぶき【木×皮×葺き】木の皮を重ねて屋根を葺く方法。また、そうして葺いた屋根。
こ-ばたん【小×巴旦】オウム科の鳥。全長約35センチのオウム。全身白色で、羽冠は黄色く、やや上に反る。スラウェシ島やモルッカ諸島に分布。
こ-ばち【小蜂】❶膜翅目コバチ上科の昆虫の総称。アシブトコバチ・イチジクコバチなど多くの科のものが含まれる。体長2、3ミリほどで、翅の脈が退化し、体色は金属光沢のあるものが多い。他の昆虫や植物種子などに寄生する。❷小形のハチ。
こ-ばち【小鉢】小形の鉢。小さな食器や植木鉢をいう。また、そのような器に盛られた料理。
コバチツァ〖Kovačica〗セルビア北東部、ボイボディナ自治州の村。首都ベオグラードの北方約35キロにある。村人が描く素朴画(ナイーブアート)が有名。
コパチュキリト-しぜんこうえん【コパチュキリト自然公園】《Park Prirode Kopački Rit》クロアチア北東部、スラボニア地方にある自然公園。オシイェク近郊、ドナウ川とドラバ川の合流部に広がるヨーロッパ最大級の沼沢地帯。ラムサール条約登録湿地で、アカシカや渡り鳥をはじめ、数多くの野生生物の生息地として知られる。
こはちよう-の-くるま【小八葉の車】文様が小さい八葉の車。一般殿上人に広く用いられた。➡八葉の車
ご-はっと【御法度】「法度」を敬っていう語。また、一般に禁じられていること。「飲酒運転は一だ」
こ-ばな【小鼻】鼻の下部で左右に膨らんだところ。鼻翼。「一を膨らませる」
小鼻が落・ちる 病人が衰弱して死に近づくとき、小鼻の肉がそげ細るのをいう。「平吉の顔は…一・ちて、脣の色が変って」〈芥川・ひょっとこ〉
小鼻をうごめか・す 得意そうな表情をする。
小鼻を膨ら・ま・す 不満そうにするさまをいう。「一・して文句をいう」
こ-ばなし【小話|小×咄|小×噺】気のきいた短い話。一口話。また、短い落語や落語のまくらに用いる笑話。(類語)笑い話・一口話・落とし話・落語
こばなし-ぼん【小×咄本|小×噺本】江戸を中心に明和・安永(1764～1781)ごろに盛んに刊行された、小咄を編集した本。落語の原話が多く載る。
ごはなぞの-てんのう【後花園天皇】[1419～1470]第102代天皇。在位、1428～1464。後崇光院伏見宮貞成親王の王子。名は彦仁。後小松上皇の猶子として践祚、即位した。応仁の乱に苦しむ民を思い、詩を足利義政に送ってその奢侈を戒めた話は有名。歌集「後花園院御製」がある。
こばな-どり【小花鳥】ウズラの別名。
こ-ばなれ【子離れ】《「親離れ」から類推してできた語》子供が成長したとき、親が保護者としての役割を離れ、個人として子供を尊重するようになること。「一のできていない親」
こ-ばね【小羽根】❶小さな羽根。羽子。❷「小羽根釘」の略。
こばね-くぎ【小羽根×釘】屋根瓦を葺く際、その下の薄板を押さえとめる竹釘。
こば-の-がまずみ【小葉の莢▽蒾】スイカズラ科の落葉低木。関東以西の山地に自生し、高さ約1メートル。ガマズミに似るが、葉が小さい。
こば-の-とねりこ【小葉の×梣】モクセイ科の落葉小高木。山地に自生し、高さ約3メートル。葉は5枚の小葉からなる羽状複葉。雌雄異株で、初夏、枝の先に白い小花を群生する。枝を切って水につけると水が青くなるので、アオダモともいう。
こ-はば【小幅】〔名・形動〕❶普通より幅の狭いこと。また、そのさま。⇔大幅。❷織物の幅の規格で、鯨尺9寸5分(約36センチ)幅のもの。日本の反物の一般的な幅。並幅。➡大幅 ➡中幅 ❸数量・価格などの変動の開きが小さいこと。また、そのさま。「相場が一な動きを見せる」
こはば-いた【小幅板】比較的幅の狭い板材。縁甲板や木摺り・貫などに使用。
こはば-おうらい【小幅往来】相場が比較的わずかな範囲で上下に値動きすること。
こ-はまぎく【小浜菊】キク科の多年草。太平洋岸の岩上に自生。高さ15～30センチ。葉は切れ込みのある広卵形。秋から冬、白い頭状花をつけ、のち紅紫色に変わる。
こはま-ちりめん【小浜▽縮×緬|古浜▽縮×緬】縦糸と横糸の太さ・密度および撚りぐあいが普通の縮緬と金紗縮緬との中間の縮緬。滋賀県の長浜地方で作られ、婦人和服地に用いる。
ごば-まめ【五葉豆】《五葉の小葉をもつところから》「雁食豆」に同じ。
こば・む【拒む】〔動マ五(四)〕❶相手の要求・依頼などをはねつける。受け入れをかたく断る。拒否する。「立ち退きを一・む」「申し出を一・む」❷進んでくるものを通さないように押さえとどめる。はばむ。「敵の侵入を一・む」➡断る(用法) (可能)こばめる
(類語)断る・退ける・はねつける・突っぱねる・否む・辞する・謝する・謝絶する・拒絶する・拒否する・辞退する・固辞する・遠慮する・拝辞する・蹴る・一蹴する・峻拒する
こ-ばや【小早】㊀〔名〕「小早船」の略。㊁〔形動〕図〔ナリ〕時間的に少し早めであるさま。また、少し急ぐさま。「一に出かける」「一な足どりで歩く」
こ-ばや・い【子早い】〔形〕図こばや・し〔ク〕子をはらみやすい。妊娠しやすい。「わたくしは一・い方と下女おどし」〈柳多留・六〉
こ-ばや・い【小早い】〔形〕図こばや・し〔ク〕急ぎ気味である。時間的にやや早い。「一・く支度をする」「一・く床に就く」
こばやかわ-たかかげ【小早川隆景】[1533～1597]安土桃山時代の武将。毛利元就の三男。幼名、徳寿丸、のち又四郎。安芸の小早川家を継ぐ。織田信長の中国攻略に羽柴秀吉と戦ったが和解、秀吉の信を得て五大老の一人となり、四国・九州平定、小田原攻め、文禄の役に参戦。
こばやかわ-ひであき【小早川秀秋】[1582～1602]安土桃山時代の武将。豊臣秀吉の正室高台院の兄木下家定の子。幼名、辰之助。通称金吾。秀吉の養子となり、のち、小早川隆景の養嗣子。慶長の役に総大将として参戦。秀吉の死後、関ヶ原の戦いで東軍に寝返り、功によって備前・備中・美作に50万石を領した。
こばやし【小林】宮崎県南西部の市。霧島山北東麓にあり、畑作や牧畜が行われる。平成18年(2006)に須木村と、同22年に野尻町と合併。人口4.8万(2010)。

こばやし-いちぞう【小林一三】[1873～1957]実業家。山梨の生まれ。阪急電鉄・宝塚少女歌劇・東宝映画を創立。政界にも進出し、商工相・国務相を歴任。

こばやし-いっさ【小林一茶】[1763～1827]江戸後期の俳人。信濃の人。名は信之。通称弥太郎。14歳の春、江戸に出て葛飾派の二六庵竹阿に俳諧を学ぶ。のち諸国を行脚(あんぎゃ)、晩年は故郷に定住。不幸の中で、俗語・方言を交え、屈折した感情に基づく独自の作風を示した。著「七番日記」「おらが春」「父の終焉日記」など。➡一茶忌

こばやし-きゅうぞう【小林久三】[1935～2006]推理作家。茨城の生まれ。本名、久三(ひさみ)。映画プロデューサーを務めるかたわら小説を書き始め、足尾銅山の鉱毒事件を舞台とした「暗黒告知」で江戸川乱歩賞を受賞。本格的な作家生活に入る。他に「錆(さ)びた炎」「皇帝のいない八月」「父と子の炎」など。

こばやし-きよちか【小林清親】[1847～1915]版画家。江戸の人。ワーグマンに西洋画を学ぶ一方で写真術を修め、光と影の表現を取り入れた木版風景画を制作。晩年は肉筆画を多く描いた。

こばやし-こけい【小林古径】[1883～1957]日本画家。新潟の生まれ。本名、茂。日本美術院の中心作家。大和絵の伝統を現代に生かして新古典主義といわれる画風を確立した。文化勲章受章。

こばやし-し【小林市】▶小林

こばやし-たきじ【小林多喜二】[1903～1933]小説家。秋田の生まれ。プロレタリア作家として、国家権力に抵抗する労働者・農民の姿を描いた。官憲に逮捕され、拷問により虐殺された。作「蟹工船」「党生活者」「不在地主」など。

こばやし-ひでお【小林秀雄】[1902～1983]評論家。東京の生まれ。自意識と存在の問題を軸とする近代批評を確立。文化勲章受章。著「無常といふ事」「モオツアルト」「本居宣長」など。

こばやし-まこと【小林誠】[1944～]物理学者。愛知の生まれ。昭和48年(1973)、益川敏英と共同で「小林益川理論」を発表。基本粒子クオークが6種類以上存在すれば、宇宙の成り立ちにかかわる「CP対称性の破れ」の現象を理論的に説明できることを示した。平成13年(2001)文化功労者。同20年、ノーベル物理学賞受賞。同年、文化勲章受章。

こばやし-まさき【小林正樹】[1916～1996]映画監督。北海道の生まれ。木下恵介に師事。「息子の青春」で監督デビュー。力強いタッチの社会派作品で知られる。代表作は、全6部の大作「人間の条件」、記録映画「東京裁判」のほか、「切腹」「怪談」など。

こばやしますかわ-りろん【小林益川理論】昭和48年(1973)、小林誠と益川敏英が提唱した素粒子物理学に関する基礎理論。基本粒子クオークが少なくとも3世代(6種類)以上存在することを予言し、それらの世代間混合を導入するとCP対称性の破れを説明できることを示した。2000年代に高エネルギー加速器研究機構のベル実験などで理論の正しさが検証され、平成20年(2008)にともにノーベル物理学賞を受賞した。

こばや-ぶね【小早船】江戸時代、小型の関船。また、40挺立て以下の小型で快速の廻船。

ごば-より【後場寄り】取引所の午後の取引(後場(ごば))で最初に行われる売買。➡寄り付き

ごば-よりね【後場寄り値】取引所での午後の最初の売買(後場寄り)で付いた値段。

こ-ばら【小腹】腹。腹についての、ちょっとしたことについていう。「―がへる」「―が痛む」

(類語)むかっ腹・やけっ腹

小腹が立・つ　少し腹が立つ。ちょっとしゃくに障る。「からかわれたと思うと―・つ」

小腹を立・てる　少し腹を立てる。

ご-ばらい【後払い】「あとばらい」に同じ。

ご-はらみつ【五波羅蜜】六波羅蜜から般若(はんにゃ)波羅蜜を除いた、布施・持戒・忍辱(にんにく)・精進・禅定(ぜんじょう)の5種の波羅蜜。

コバラミン〖cobalamin〗ビタミンB_{12}の異称。

こ-はり【小張り|粉張り】▶白張(しらはり)❶

こ-ばり【小針】❶短い針。小さい針。❷細かく縫った針目。「―のつぎ当て」

コバリド〖Kobarid〗スロベニア西部の町。イタリアとの国境に近く、ソチャ川上流に位置する。この地における第一次大戦中のイタリア軍の戦い(カポレットの戦い)と敗走は、ヘミングウェイの長編小説「武器よさらば」に描かれた。イタリア語名カポレット。

こ-はる【小春】初冬の、穏やかで暖かい春に似た日和が続くころ。また、陰暦10月の異称。(季 冬)「ふりわけて片荷は酒の―かな/竜之介」

コパル▶コーパル

こはる-じへえ【小春治兵衛】浄瑠璃「心中天の網島」などの男女の主人公。大坂天満の紙屋治兵衛と曽根崎新地紀伊国屋の遊女小春。

こはる-ぞら【小春空】小春のころの、穏やかに晴れた空。(季 冬)「一翳の雲ゆゐいよよ―/風生」

コバルト〖cobalt〗❶鉄族元素の一。単体は銀白色で鉄に似た光沢をもち、強磁性を示す。合金の成分として高速度鋼・耐熱鋼、永久磁石などに利用。酸化物はガラス・陶磁器の青色着色顔料。元素記号Co 原子番号27。原子量58.93。➡コバルト六〇 ❷コバルト色。「―の海」

(類語)青・真っ青・青色(せいしょく)・藍(あい)・青藍(せいらん)・紺青(こんじょう)・紺碧(こんぺき)・群青(ぐんじょう)・紺・瑠璃(るり)色・縹(はなだ)・花色・露草色・納戸色・浅葱(あさぎ)・水色・空色・ブルー・インジゴ・シアン・ウルトラマリン・マリンブルー・スカイブルー

コバルト-いろ【コバルト色】空色。淡い群青色。コバルトブルー。

コバルト-か【コバルト華】コバルトの鉱物。砒素(ひそ)を含む化合物で、赤色・桃色・灰白色を呈する。単斜晶系の結晶。

コバルト-ガラス〖cobalt glass〗青色着色剤として酸化コバルトを使った色ガラス。装飾品やフィルター、高温作業用の保護眼鏡などに用いられる。

コバルト-クラスト《cobalt rich crustから》▶コバルトリッチクラスト

コバルト-グリーン〖cobalt green〗酸化コバルトと酸化亜鉛から製する緑色顔料。また、その色。絵の具などに用いる。

コバルト-ばくだん【コバルト爆弾】外側をコバルトで覆い、核爆発によって生じるコバルト60の放射能で殺傷力を高めようとする核爆弾。

コバルト-ブルー〖cobalt blue〗酸化コバルトと酸化アルミニウムから製する青色顔料。また、その色。絵の具や合成樹脂・陶磁器の着色剤などに使用。

コバルト-リッチ-クラスト〖cobalt rich crust〗深海底鉱物資源の一。海底の基盤岩を覆うアスファルト状の酸化物で、厚さは数ミリから十数センチ。水深800～2400メートルの海山や海台に分布。マンガン・銅・ニッケル・コバルトなどの有用金属を含有する。

コバルト-ろくじゅう【コバルト六〇】天然の質量数59のコバルトを原子炉に入れて中性子を吸収させると得られる、質量数60のコバルト。人工の放射性同位体で、半減期は5.2年。強いγ(ガンマ)線を出すので、γ線源として理化学・工学・生物学・医学などに利用される。

こはる-なぎ【小春×凪】小春のころの、穏やかな海のなぎ。(季 冬)

こはるなぎおきつしらなみ【小春穏沖津白浪】歌舞伎狂言。世話物。5幕10場。河竹黙阿弥作。元治元年(1864)江戸市村座初演。日本駄右衛門・小狐礼三(こぎつねれいざ)・舟玉お才の三人の盗賊を主人公とした白浪物。通称「小狐礼三」。

こはる-び【小春日】小春のころの穏やかな日。また、その日ざし。(季 冬)「―や石を噛み居る赤蜻蛉/鬼城」

こはる-びより【小春日-和】初冬のいかにも小春らしい穏やかで暖かい日和。(季 冬)「玉の如き―を授かりし/たかし」

こ-はん【古版】古い版木。旧版。また、昔、出版された書籍。古版本。

こ-はん【孤帆】海に浮かぶ一そうの帆船。孤舟。

こ-はん【湖畔】湖のほとり。湖のそば。「―を逍遥する」(類語)河畔・池畔

こ-ばん【小判】❶江戸時代の金貨。楕円形で1枚を1両とする。幕府発行の標準貨幣で、慶長小判・元禄小判・正徳小判・天保小判・万延小判などがある。➡大判 ❷紙・書物などの判の小さいもの。(アクセント)❶はコバン、❷はコバン。

こ-ばん【枯×礬】焼き明礬(みょうばん)のこと。

コバン〖Cobán〗グアテマラ中部の都市。アルタ-ベラパス県の県都。毎年8月8日、守護聖人サント=ドミンゴを称える大きな祭が催されることで知られる。郊外に国鳥ケツァールが生息する自然保護区がある。

コパン〖Copán〗中央アメリカ、ホンジュラス西部のグアテマラ国境近くにあるマヤ古典期の代表的な遺跡。神殿や球戯場、マヤ文明の研究上重要な「碑文の階段」などがある。1980年に「コパンのマヤ遺跡」の名で世界遺産(文化遺産)に登録された。

ご-はん【午飯】ひるめし。昼食。

ご-はん【×伍伴】仲間。伴侶(はんりょ)。つれ。

ご-はん【御判】相手を敬って、その印判・書き判をいう語。

ご-はん【御飯】めし・食事を丁寧にいう語。「―を炊く」「―にする」(類語)食事・飯・食・腹拵(ごしら)え

ご-はん【誤判】裁判官が誤って下す判決。

ご-ばん【御番】当番・宿直の人を敬っていう語。「宰相中将の君、―の夜」〈宇津保・国譲上〉

ご-ばん【碁盤】囲碁に使う方形の盤。盤面に、縦横各19本の線を直交して引き、361の目を設ける。

ごばん-いし【御番医師】江戸幕府の職名。若年寄に属し、殿中表方に病人がでたときに診療に当たった医師。表御番医師。

こばん-いただき【小判頂|小判▽戴】コバンザメの別名。

こばん-いち【小判市】江戸時代、金貨を銀貨または銭と交換した市。

ごばん-いり【御番入り】江戸時代、非役の小普請や部屋住みの旗本・御家人が選ばれて、小姓組・書院番・大番などの役職に任じられること。

ごばん-かじ【御番鍛-冶】▶番鍛冶

こばん-がた【小判形】小判のような形。楕円形。こばんなり。

ごばん-かた【五番方】江戸幕府の大番・書院番・小姓組番・新番・小十人組の総称。

こ-はんぎん【小半斤】半斤の半分。約150グラム。

こばん-きん【小判金】小判の金貨。小判。

こ-ばんこ【古万古】万古焼のうち、創始者の沼浪弄山(ぬなみろうざん)が元文年間(1736～1741)から伊勢国小向(おぶけ)で焼いたもの。宝暦年間(1751～1764)江戸で焼いた江戸万古を含む場合もある。

ごばん-ごうし【碁盤格子】▶碁盤縞(ごばんじま)

こばん-ざめ【小判×鮫】❶コバンザメ科の海水魚。全長約80センチ。体は細長く、頭胴部は縦扁し、頭の上面に第1背びれの変形した小判形の吸盤をもち、大形魚や船舶に吸着する。体色は青褐色で、体側に幅広い暗色の帯が1本走る。❷スズキ目コバンザメ科の海水魚の総称。灰色をしたシロコバン、背が暗色のクロコバンなども含まれ、温・熱帯海に分布。こばんいただき。

こ-ばんし【小半紙】小形の半紙。懐中紙に用いた。

こ-はんじかん【小半時間】かれこれ半時間。約30分。「―待たされる」

こはん-しじん【湖畔詩人】《Lake Poets》19世紀初頭、イングランド北西部の湖水地方に住んで詩作したワーズワース・コールリッジ・サウジーなどロマン派の詩人たちの称。

ごばん-じま【碁盤×縞】碁盤の目のような正方形の縞模様。また、その模様の織物。碁盤格子。

こばん-しゅう【小番衆】室町時代、将軍家・大名家などで主君の側近に勤番・宿直した者。小番。

ご-ばんしょ【御番所】「番所❷」に同じ。

こばん-じょろう【小判女郎】コバン ジョロウ 小判を女郎にたとえた語。小判の愛称。「可愛らしい—」〈浄・淀鯉〉
こばん-そう【小判草】コバン ソウ イネ科の一年草。高さ30～40センチ。夏、小判形をした穂を垂れ、熟すと黄緑色になる。ヨーロッパの原産で明治年間に渡来。たわらむぎ。(季 夏)
ごばんたいへいき【碁盤太平記】浄瑠璃。時代物。二段。近松門左衛門作。宝永7年(1710)大坂竹本座初演。赤穂義士のあだ討ちを脚色したもの。
ごはん-たき【御飯炊き】めしを炊くこと。また、その人。めしたき。
ごばんただのぶ【碁盤忠信】浄瑠璃・歌舞伎の一系統で、源義経の忠臣佐藤忠信が碁盤を持って戦ったという伝説を脚色したもの。金平きんぴら浄瑠璃「碁盤忠信」が最初。
ごばん-だて【五番立て】能の正式な上演形式で、脇能(神能)・修羅能・鬘かずら能・雑能(物狂い能など)・切能きりのう(鬼畜能)の順に五番の能およびそれに見合う狂言を上演すること。現在はほとんど行われない。
こばん-づけ【小判漬(け)】アユなどの粕漬け。腹を輪切りにすると、中の卵が小判形に見えることから。
ごはん-つぶ【御飯粒】めし粒を丁寧にいう語。
こ-はんとき【小半時】❶半時はんときの半分。一時いっときの4分の1。現在の30分。「—もすれば来るだろう」❷だいたい半時。現在の約1時間。
ごはん-どき【御飯時】「飯時」を丁寧にいう語。
こ-はんとし【小半年】❶半年の半分。1年の4分の1。3か月。こはんねん。❷半年近く。かれこれ半年。こはんねん。「—ぶりに会う」
こばん-なり【小判▽形】「こばんがた」に同じ。「—の桶からざあと旦那の肩へ湯をあびせる」〈漱石・吾輩は猫である〉
こ-はんにち【小半日】半日近く。かれこれ半日。
ごばん-にんぎょう【碁盤人形】ゴバン ニンギャウ 碁盤の上に小型の操り人形をのせて舞わせる座敷芸。また、その人形。
ごはん-の-とも【御飯の供】「飯の供」に同じ。ごはんのおとも。
ごはん-の-みぎょうしょ【御判の▽御教書】ゴハン ミゲウショ 室町時代、将軍が加判して発行した御教書。
ごばん-のり【碁盤乗り】❶サーカスなどで、象やライオンなどが4足をそろえて碁盤の上に乗る芸。❷馬術で、馬に乗ったまま馬を碁盤の上に4足をそろえて立たせる技。
こばん-ふん【小判粉】蒔絵まきえに用いる金粉。銀分が多く、少し青みを帯びる。青金粉。
こ-はんぽん【古版本】古い版本。主に室町末期まで、もしくは寛永(1624～1644)ごろまでのもの。
こばん-むし【小判虫】半翅はんし目コバンムシ科の昆虫。水草の多い池沼にすみ、体は小形で楕円形、鮮緑色で、一部に褐色部がある。前脚は鉤かぎ状をし、他の昆虫を捕食する。中・後脚は遊泳用。本州・九州に分布。
ごはん-むし【御飯蒸(し)】冷えためしを温める器具。蒸し器。(類語)蒸籠せいろ
ごばんめ-もの【五番目物】正式な五番立ての演能のさいに最後に置かれる曲。鬼畜・天狗てんぐ・神体などをシテとするものが多い。切能物きりのうもの。
ごはん-もつ【御判物】▶判物はんもつ
ごはん-やき【御判焼】薩摩焼で、藩主島津義弘および家久がすぐれた作に自ら刻印を押したもの。御判手ごはんで。
コパン-ルイナス〖Copán Ruinas〗中央アメリカ、ホンジュラス西部、グアテマラ国境近くの町。世界遺産に登録されたコパン遺跡への観光拠点。出土した石碑や土器を展示するマヤ考古学博物館がある。
ごばん-わり【碁盤割(り)】市街または紙面などを、碁盤の目のように縦横に直角に交わる線で規則正しく区画すること。
こ-ひ【古碑】古い石碑。
こ-ひ【虎皮】虎の毛皮。「虎皮羊質」の形で外剛内柔のたとえに使われる。
こ-び【ˣ狐ˣ媚】❶狐が人をだますように、じょうずに取り入って人を惑わすこと。❷狐が人を化かすこと。また、狐の化けたもの。
こび【ˣ媚】❶人に取り入って、機嫌をとろうとすること。へつらうこと。❷女が男に対して色気を示すこと。「—を含んだ声」
　媚を売・る　❶機嫌をとる。へつらう。「上司に—・ってまで出世したくない」❷商売女などがなまめかしい態度を示して、客の機嫌をとる。
ご-び【ˣ寤ˣ寐】目覚めていることと眠っていること。「—の境にかく逍遥して居ると」〈漱石・草枕〉
ご-び【語尾】❶話し言葉で、ひと続きの言葉の終わりの部分。「—がはっきりしない」⇔語頭。❷単語の末尾の部分。「英語の複数形は—にsを付けて示す」❸文法用語で、活用語が他の語に続いたりする場合に、語形を変える部分。「読む」の「む」、「長い」の「い」などの類。活用語尾。⇔語幹。(類語)語末
ゴビ〖Govi〗《モンゴル語で、砂礫されきを含む草原の意》モンゴルから中国北部にわたる大砂漠。ゴビ砂漠。(補説)「戈壁」とも書く。
コピー〖copy〗〔名〕スル ❶写し取ること。複写。模写。また、そのもの。「—を取る」「資料を—する」❷コンピューターで、ペーストを目的として、文章・図形などのデータを一時的にメモリー上に複写すること。また、デジタルデータを複製すること。ハードディスク、光ディスク、メモリーカードなどのデータを、ある記憶媒体から別の記憶媒体に複製すること。➡ムーブ ➡コピーワンス ➡ダビング10 ❸物まね。模倣。「ブランド品の—」❹広告の文章。広告の文案。
(類語)複写・模写・複製・写し・リプリント・広告文・うたい文句・惹句じゃっく・キャッチフレーズ・キャッチコピー
コピー-アート〖copy art〗コピー機を利用した現代美術の一つ。たくさんのコピーを組み合わせて、新しいイメージを作り上げる。コピー機とコンピューターを連動させ、さまざまなイメージのコピーと画像を融合させることもできる。
コピー-アンド-ペースト〖copy and paste〗〔名〕スル コンピューターで、文章・図形などのデータを指定して複写し、それを他の位置に転写(ペースト)すること。コピペ。➡カット-アンド-ペースト
コピー-ガード〖copy guard〗DVDやブルーレイディスクなどの映像ソフト、コンピューターのアプリケーションソフト、家庭用ゲーム機のゲームソフトなどに組み込まれた、複製を防ぐための信号。また、そのシステム。コピー制御。コピーコントロール。CCI(copy control information)。
コピー-き【コピー機】▶複写機
ご-ひいき【御ˣ贔ˣ屓|御ˣ贔▽負】「贔屓」の尊敬語。「これからも—に」
コピー-コントロール〖copy control〗▶コピーガード
コピーコントロール-シーディー【コピーコントロールCD】《copy control compact disc》音楽用CDに含まれる楽曲データを、パソコンのハードディスクなどにコピーできないようにする技術。また、その技術を用いた音声記録媒体の総称。CCCD。
コピー-しょうひん【コピー商品】コピー シャウヒン 有名ブランドの商品とそっくりに作った、にせもの。素人には見分けのつかないこともある。コピー商品の製造・販売は知的財産権の侵害として処罰の対象となる。
コピー-しょくひん【コピー食品】別の原料を使って、形・色・味などを本物とそっくりに作った食品。カニ足・数の子などがある。
コピー-スーパーバイザー〖copy supervisor〗広告コピーに関する責任者。外資系の広告会社で用いられる呼称。
コピー-ストラテジー〖copy strategy〗広告表現のうち、特にコピー戦略のことをいう。広告内容とその文章表現の基本方向を定める。
コピー-せいぎょ【コピー制御】《copy control》▶コピーガード
コピー-ディレクター〖copy director〗コピーライターの上に立ち、広告表現の基本方針を決める役職。
コピー-プロテクション〖copy protection〗ソフトウエアやデータなどをユーザー側にコピーされないようにした仕組み。プログラム上にかけたり、専用のハードを添付したりする。コピープロテクト。
コピー-プロテクト〖copy protect〗▶コピープロテクション
コピー-ペースト〔名〕スル「コピー-アンド-ペースト」の略。
コピー-モード〖copy mode〗ページプリンターで同じ原稿を続けて印刷する設定のこと。コンピューターから逐一データを転送する必要がないので、高速で印刷できる。
コヒーラー〖coherer〗初期の無線電信に用いた検波器。ガラス管にニッケル細粉を入れ両端に電極を設けたもの。コヒラー。
コピーライター〖copywriter〗広告文を作成する人。アドライター。
コピーライト〖copyright〗著作権。版権。
コヒーレンス〖coherence〗波動が互いに干渉することができる性質。コヒーレントな性質のこと。干渉性。可干渉性。⇔インコヒーレンス。
コヒーレント〖coherent〗〔形動〕《「干渉可能な」の意》波動が互いに干渉しあう性質をもつさま。二つ(または複数)の波の振幅と位相の間に一定の関係があることを意味する。代表的なものとしてレーザー光がある。干渉的。可干渉的。⇔インコヒーレント。
コピー-ワンス〖copy once〗デジタルテレビ放送の番組に制御信号を組み込み、聴視者が1回だけ録画できる仕組み。放送された番組をハードディスクやDVDメディアに録画できるが、そのデータは複製(コピー)できず、複製元のデータを消去しながら移動(ムーブ)することしか許されない。➡CPRM (補説)平成20年(2008)複数回のダビングを可能にするダビング10が解禁となった。
こ-ひおどし【小ˣ緋▽威|小ˣ緋ˣ縅】コヒ ヲドシ 鱗翅りんし目タテハチョウ科の昆虫。夏にみられる高山蝶の一。翅はねの開張約5センチ。前翅は橙・黒・白の斑があり、後ろ翅に橙の帯がある。ひめひおどし。
こひ-か【虎皮下】《虎の皮の敷物のもとへの意》多く学者や軍人にあてた手紙で、あて名の脇付わきづけとして記す語。
こ-ひき【粉引き】成形した素地の上に白い泥土をつけ、上に透明な釉薬をかけた陶器。表面が柔らかく、色が変わりやすい。粉吹き。
こ-びき【木ˣ挽き】木材をのこぎりでひいて用材に仕立てること。また、それを職業とする人。
こびき-うた【木ˣ挽き歌|木ˣ挽き唄】木挽き職人がのこぎりで木をひくときにうたう仕事歌。
こ-ひきだし【小引(き)出し|小抽=斗】たんすなどの小さな引き出し。
こびき-ちょう【木挽町】コビキ チャウ ㊀東京都中央区銀座にあった地名。木挽き職人が多く住んだところからの名。江戸時代の劇場街で、現在も歌舞伎座がある。㊁歌舞伎座の通称。
こびきちょう-かのう【木挽町狩野】コビキチャウ 江戸幕府の奥絵師、狩野派四家の一。狩野尚信に始まり、木挽町に居を定めたのでこの名がある。
こ-ひげ【小ˣ髭】❶少しだけはえているひげ。「四十ばかりなる男の—なるが」〈盛衰記・三九〉❷イグサ科の多年草。イグサより細く、畳表にする。
こ-ひざ【小膝】ひざ。ひざについてのちょっとした動作にいう。「—を進める」
　小膝を打・つ　ふと思いついたり、感心したりしたときに膝を軽く打つ。
こ-びさし【小ˣ庇|小ˣ廂】小さいひさし。また、寝殿造りで、ひさしの間まの狭いもの。
こひざ-つき【小膝突き】ひざを地につけて、ひざまずくこと。
ゴビ-さばく【ゴビ砂漠】▶ゴビ
コヒサン〖ポルトガル confissão〗▶コンヒサン
こ-ひじ【小肘|小ˣ肱】コヒヂ ひじ。ひじについてのちょっとした動作にいう。「大鍋おおかなを取ってつがひ、—の

まはるほど引きつめて」〈古活字本保元・下〉
こ-ひじ【▽泥】ひどろ。水分の多い土。「恋路」と掛け詞になる場合が多い。「いかばかり深かりける十市の里の―なるらむ」〈狭衣・一〉
こ-ひしつ【古皮質】大脳皮質の一部で、系統発生的には旧皮質に次いで現れる部分。両生類以上に見られ、両生類では旧皮質とともに主要部を占める。哺乳類では内側にわずかに存在し、本能・情動などの中枢があるとされる。➡新皮質 ➡旧皮質
こ-びじゅつ【古美術】古い時代の書画・彫刻・陶磁器などの美術品の総称。
こ-びぜん【古備前】❶平安中期から末期ころまでに備前の刀工が作った日本刀の総称。❷鎌倉時代から桃山時代にかけての備前焼。
こ-びたい【小額】❶ひたい。ひたいについてのちょっとした動作にいう。「判官はうがんあまりの嬉しさに、―はったと打って」〈狂言記・那須与一〉❷江戸時代の髪の結い方で、額を狭く見せるもの。
ゴビ-タン【ゴビ灘】《タン(灘)は、砂浜、河原の意の中国語》ゴビ砂漠のうち、小石混じりの平坦な荒れ地。➡ゴビ
こび-ちゃ【×媚茶】黒みがかった濃い茶色。
こ-ひつ【古筆】❶古人の筆跡。特に、平安時代から鎌倉時代にかけて書かれた和様書道のすぐれた筆跡をいう。❷「古筆見」の略。
ご-ひつ【五筆】口に1本をくわえ、両手・両足に各1本ずつ筆を持って同時に書をかくこと。昔、弘法大師が行ったという。「―の芸をほどこし、さまざまの神異ありしかば」〈神皇正統記・嵯峨〉
こひつ-か【古筆家】古筆の鑑定をする専門家。古筆見。
こひつ-ぎれ【古筆切┊古筆▽裂】古筆の断簡。巻物や冊子になった歌集などの古筆を切断したもの。幅仕立てや手鑑にして、愛好された。
こび-つ・く【こび付く】〔動カ五(四)〕しっかりとくっつく。こびりつく。「飯粒が―・いた鍋」
こ-ひっさきもとゆい【小引っ裂き元結】小形の引っ裂き元結。江戸時代、奥女中が用いた。➡引き裂き元結
こ-ひつじ【小羊┊子羊】小さな羊。また、羊の子。
こひつ-てかがみ【古筆手▽鑑】▶手鑑❶
こひつ-み【古筆見】古筆の真偽・筆者などを鑑定すること。また、その人。古筆。
こひつ-りょうさ【古筆了佐】［1572～1662］桃山時代から江戸前期の古筆鑑定家。古筆家の祖。近江の人。本名、平沢弥四郎。出家して了佐。近衛前久・烏丸光広に古筆鑑定を学ぶ。豊臣秀次から「古筆」の姓と「琴山」の極印とを与えられた。
こ-びと【小人】❶背丈が非常に低い人。侏儒。❷物語などに登場する、からだが小さい想像上の人物。❸武家で、雑役に従った身分の低い人。❹江戸時代、幕府・諸藩の職名。雑役に従事した役。小者。
こびと-かば【小人河馬】偶蹄目カバ科の哺乳類。体形は普通のカバに似るがはるかに小形で、体長1.7～2メートル、体重200～275キロ。西アフリカの森にすみ、水中にはあまり入らない。20世紀初頭に発見された。国際保護動物。
こびと-ぐみ【小人組】江戸時代、幕府・諸藩の小人❹の組。
こびと-しょう【小人症】身体の発育が損なわれ、異常に小さい状態。成長ホルモンなどの分泌不足が原因となることが多い。侏儒症。
こびと-ペンギン【小人ペンギン】ペンギン科の鳥。全長約40センチで、ペンギン類中最小。背面は黒っぽい灰色、腹面は白い。ニュージーランドとオーストラリア南岸に分布。小形ペンギン。
こびと-めつけ【小人目付】江戸幕府の職名。目付に属し、諸変事の立ち会い、牢屋敷の見回り、目付の遠国出張の随従などに当たった。
こ-びな【小×雛】小さな雛人形。
ゴビノー〖Joseph-Arthur de Gobineau〗［1816～1882］フランスの外交官・小説家・思想家。古代アーリア人の優秀性を唱えた「人種不平等論」はナチズムなどに利用された。他に小説「レ-プレイアード」など。
コピペ〔名〕スル「コピー-アンド-ペースト」の略。「メールからアドレスを―する」
こび-へつら・う【×媚び×諂う】〔動ワ五(ハ四)〕人の気に入るように振る舞う。お世辞を言ったりして人におもねる。「上役に―・う」
ごび-へんか【語尾変化】語の文法的な機能に応じて、語尾の形が変わること。日本語では、動詞・形容詞・形容動詞・助動詞などの活用のある語に起こる。➡活用
ごひみつ-ほう【五秘密法】仏語。密教で、金剛薩埵とその別徳を表す欲金剛・触金剛・愛金剛・慢金剛との五金剛菩薩の曼荼羅を本尊として、滅罪生善のためにする修法。
こ-ひも【小×紐】半臂の腰に結ぶ細い紐。
ご-ひゃく【五百】数の名。100の5倍。また、数の多いことのたとえ。
ごひゃく-あらかん【五百×阿羅漢】「五百羅漢」に同じ。
ごひゃく-かい【五百戒】比丘尼の具足戒のこと。五百は実際の数ではない。
こ-びゃくしょう【小百姓】わずかばかりの田畑を保有する農民。
ごひゃく-しょう【五百生】仏語。六道の迷界に500回生まれ変わること。幾度も生まれ変わること。
ごひゃく-じんでんごう【五百×塵点×劫】仏語。計り知れないほどの長い時間。釈迦が仏となってから長い年月が過ぎたことを示す。五百塵点。
ごひゃく-はちじゅう【五百八十】縁起のよい数として、長寿を祝うときや、祝儀物の数に用いる語。「一の餅を蒔けば、これを拾ふ人大道もせばかりき」〈浮・織留・二〉
ごひゃくはちじゅう-ねん【五百八十年】長寿を喜び、末長くいついつまでもと祝っている語。「この君の御代、一の御齢を保ち給へ」〈伽・猫のさうし〉
ごひゃくはちじゅうねん-ななまわり【五百八十年七回り】580年と、ひと回り60年の干支の七回りで、1000年になるところから、末長くいついつまでもの意で祝っていう語。「―までも生きのびさせられう」〈虎寛狂・子盗人〉
ごひゃく-らかん【五百羅漢】釈迦入滅後の第1回の経典結集、および第4回結集のときに集まったという500人の聖者。また、その像。五百阿羅漢。
ご-びゅう【誤×謬】〔名〕スル まちがえること。まちがい。「―を犯す」「―を正す」「一言以て是非を―することあり」〈織田訳・花柳春話〉
〔類語〕間違い・誤り・過ち・錯誤
こ-ひょう【小兵】❶からだつきの小さいこと。小柄。小づくり。「―力士」⇔大兵。❷弓を引く力が弱いこと。また、その人。⇔精兵。「―の射る矢は笞を返して立たざりけり」〈義経記・六〉
〔類語〕小柄・小作り・小粒・小形・小ぶり・矮小
こ-ひょう【虎×豹】❶虎と豹。❷勇猛でたけだけしいもののたとえ。「―の勇」
こ-ひょう【孤▽平】漢詩で、平声の文字1字が前後を仄声の文字に挟まれていること。韻律を重視する近体詩ではこれを避ける。
こ-びょう【古×廟】古いみたまや。古い神社。
ご-びょう【五×廟】中国で、諸侯の太祖の廟と二昭・二穆の廟を合わせていう呼称。太祖廟を中央とし、その左方の廟が昭で第2代・第4代を、また、右方の廟が穆で第3代・第5代をまつる。
ご-びょう【御×廟】霊廟を敬っていう語。おたまや。みたまや。
こ-ひら【小平】❶建築で、長方形のこと。❷寄棟造りの民家で、妻側にある三角形の屋根面。
ご-ひら【五平】❶長方形の断面の木材。❷❶の木材を倒して平らな向きにすること。「―に使う」
こびり-つ・く【こびり付く】〔動カ五(四)〕❶固くくっついて離れなくなる。「釜に御飯粒が―・いている」❷考えや印象が強く意識に残る。「頭に―・いて離れない」❸人がまつわりつく。「小児が二人とも母様に―・いて」〈鏡花・婦系図〉
〔類語〕付く・くっつく・ひっつく・へばりつく・付ける
こ-ひる【小昼】《「こびる」とも》❶正午に近いころの時刻。❷昼食と夕食の間、または朝食と昼食の間にとる軽い食事。〔類語〕おやつ・ブランチ
こ・びる〔動バ上一〕図こ・ぶ〔バ上二〕❶古くなる。年を経る。古びる。「百年二百年にては花も―・びぬものぞ」〈中華若木詩抄・上〉❷才知がすぐれる。「少し―・びたる者にて、学力があれば」〈浮・永代蔵・五〉❸大人びる。こましゃくれる。「十歳から―・びて家の事を治めたが」〈蒙求抄・五〉❹少し変わっている。しゃれている。「是は―・びたる言葉や」〈咄・露がはなし・四〉
こ・びる【×媚びる】〔動バ上一〕図こ・ぶ〔バ上二〕❶他人に気に入られるような態度をとる。機嫌をとる。へつらう。「権力者に―・びる」「観客に―・びる演技」❷女が男の気を引こうとしてなまめかしい態度や表情をする。「―・びるような目つき」〔類語〕へつらう・おもねる・取り入る・ごますり・阿諛・追従・迎合
こ-ひん【古品】古い品物。古物。
こ-びん【小瓶】小型の瓶。ビール瓶では、容量334ミリリットルのものをいう。
こ-びん【小×鬢】頭の左右前側面の髪。びん。「―のほつれ毛」
ごひんえどまわし-れい【五品江戸×廻令】万延元年(1860)江戸幕府が出した流通統制令。開港後の江戸の諸物価高騰に対処するため、主要輸出品の雑穀・水油・蝋・呉服・生糸の5品を産地から横浜に直送することを禁じ、一度江戸の問屋へ回送してその需要をみたしてから輸出させた。
こ-ふ【古布】衣服をほどいて布に戻したもの。再利用が可能な使用済みの布。➡古切
こ-ふ【虎符】古代中国で、虎の形につくった銅製の割符。参戦する将軍が兵を徴発する時の証明として天子から与えられた。銅虎符。
こ-ふ【誇負】〔名〕スル 自慢し、誇りに思うこと。「窃に不偏不党を―していた」〈魯庵・社会百面相〉
こ-ふ【鼓×桴】太鼓のばち。
こ-ぶ【戸部】❶古代中国の六部の一。戸口・田賦・財政などをつかさどった。❷民部省の唐名。こほう。
こぶ【昆布】「こんぶ(昆布)」に同じ。
こ-ぶ【鼓舞】〔名〕スル《鼓を打ち、舞をまう意から》大いに励まし気持ちを奮いたたせること。勢いづけること。鼓吹。「士気を―する」
こぶ【×瘤┊×瘻】❶病気のために筋肉が固くなるなどして、皮膚が高く盛り上がっているもの。❷からだの一部をひどく打ったりして、そこが一時的に盛り上がったもの。たんこぶ。「転んで額に―ができる」❸表面が盛り上がっているもの。「ラクダの―」「木の―」❹ひもの結び目。❺自由な行動のさまたげになるもの、やっかいなもののたとえ。多く、子供をいう。「目の上の―」「―つきの女性」
こ・ぶ〔動バ上二〕「こびる」の文語形。
こ・ぶ【×媚ぶ】〔動バ上二〕「こ(媚)びる」の文語形。
ご-ふ【五府】「五衛府」の略。
ご-ふ【後夫】のちぞいの夫。
ご-ふ【護符┊御符】神仏の名や形像、種子、真言などを記した札。身につけたり壁にはったりして神仏の加護や除災を願う。お守り。ごふう。呪符。
〔類語〕お札・お守り・守り札・おはらい
ご-ぶ【五分】❶尺貫法で、1寸の半分の長さ。約1.5センチ。「一寸の虫にも―の魂」❷1割の半分の割合。100分の5。5パーセント。「―の手数料」「市価の―引き」❸物事の半ば。半分。「―通り出来上がる」❹双方に優劣の差がないこと。五分五分。「試合を―に持ち込む」「―に渡り合う」❺(あとに打消しの語を伴って用いる)ほんのわずか。「―のすきもない」❻昔、牛鍋屋などで、❶の長さに切ったネギをいった語。「生肉の代わりに、―の代を持って来い」〈逍遥・当世書生気質〉〔類語〕半分・ハーフ・対等・同等・互角・イコール

五分も透か◦ない 少しのすきもない。全く抜け目がない。「薬の引札を団扇に張って湯屋へ配るなどとは、一◦ねえよなう」〈滑・浮世風呂・四〉
ご-ぶ【五部】❶五つの部類。❷密教で、金剛界五仏の五智を表す分類。仏部・金剛部・宝部・蓮華(れんげ)部・羯磨(かつま)部に分ける。
こぶ-い〔形〕《近世上方語》欲深い。物惜しみがひどい。「とかく始末第一とて親父よりも一・うかせぎければ」〈浮・当世銀持気質〉
ご-ぶいん【御無音】相手を敬って、その人への「無音」をいう語。多く手紙で用いる。ごぶさた。「一に過ぎております」
こ-ふう【古風】〔名・形動〕❶古い習慣や流儀。昔風の考え方や、やり方。また、そのさま。「一なしきたり」「一な考え」「一な女性」❷古体の漢詩。古詩。❸俳諧で、談林派が自己の作風を当風と称したのに対して、貞門の俳風をいう。(派生)こふうさ〔名〕
(類語)昔風・古い・時代遅れ・流行遅れ・旧式・陳腐・旧弊・前近代的・旧態依然・オールドファッション
こふう【胡風】[1904〜1985]中国の文芸評論家。湖北省の人。本名は張光人。日本へ留学後帰国し、左翼文学運動で活躍。中華人民共和国成立後、批判されて投獄されたが、1980年名誉を回復。フー=フォン。
ご-ふう【護▽符｜御▽符】「ごふ(護符)」の音変化。「お守よ、一よと、御恩をうけた祐弁様」〈浄・万年草〉
こぶ-うし【×瘤牛】家畜の牛の一品種。体高1.3〜1.5メートル。肩にこぶがあり、胸から腹にかけて肉垂れがある。インドに多く、ヒンズー教徒によって神聖視される。ヨーロッパ系の牛とは異なり、アジアの畜牛の原種。ゼブー。犎牛(ほうぎゅう)。インド牛(ぎゅう)。
ごふう-じゅうう【五風十雨】《5日に一度風が吹き、10日に一度雨が降る意》❶天気が順調で、農作に都合がよいこと。❷世の中が安泰であること。
こぶうり【昆布売】狂言。男に無理に太刀を持たされた昆布売りが、逆にその太刀で男を脅して、代わりに昆布を売らせる。
こ-ぶか-い【木深い】〔形〕文こぶか・し〔ク〕樹木が生い茂っているさま。「一・い病院の一室」〈三重吉・小鳥の巣〉
ごふかくさ-てんのう【後深草天皇】[1243〜1304]第89代天皇。在位、1246〜1259。後嵯峨天皇の第3皇子。名は久仁。父の後嵯峨上皇が院政を執り、その命によって弟の亀山天皇に譲位。のち、後深草系の持明院統と亀山系の大覚寺統が皇位継承で対立した。日記「後深草院宸記」がある。
ごぶ-がゆ【五分×粥】米1、水10の割合(容量比)で炊いたかゆ。全がゆと重湯(おもゆ)の中間のもの。
ごぶ-がり【五分刈(り)】髪の毛を、5分くらいの長さに刈りそろえること。また、そのようにした頭髪。
こふき-いも【粉吹き芋】ゆでたジャガイモの表面の水分を蒸発させ、粉を吹かせたもの。
こふき-こがね【粉吹金=亀=子】甲虫目コガネムシ科の昆虫。体長約3センチ。卵形で茶褐色。前翅(まえばね)は灰黄色の短毛で覆われ、粉を吹いたように見える。
ご-ぶぎょう【五奉行】豊臣政権下の職名。五大老の下にあって、重要な政務を処理した五人の奉行。浅野長政・前田玄以・石田三成・増田長盛(ながもり)・長束正家(なつかまさいえ)の五人。➡五大老
こ-ふく【古服】❶古い服。古着。❷古代の服。昔の服装。
こ-ふく【×胡服】中国北方の民族の服装。
こ-ふく【鼓腹】〔名〕スル はらつづみを打つこと。世の中がよく治まり十分に食べることができて、何の不平不満もないこと。「一して太平を楽しめり」〈永峰秀樹訳・暴夜物語〉
ご-ふく【五服】❶中国古代に、京畿を中心として、その周囲500里ごとに分けた五つの地域。近くから順に甸(でん)服・侯服・綏(すい)服・要服・荒服。❷中国の五等の喪服。斬衰(ざんさい)・斉衰(しさい)・大功・小功・緦麻(しま)。父の場合は斬衰を3年、母の場合は斉衰を3年着用するなどの別がある。❸中国古代の五等の制服。天子(王)・諸侯(公)・卿・大夫・士の服装。
ご-ふく【五福】《「書経」洪範から》人としての五つの幸福。寿命の長いこと、財力の豊かなこと、無病息災であること、徳を好むこと、天命を全うすること。
ご-ふく【呉服】❶和服用織物の総称。反物。❷太物(ふともの)に対して、絹織物の称。❸古代中国、呉の国から伝わった織り方によって作った綾などの織物。くれはとり。(類語)布・布地・生地・服地・反物・太物
ご-ふく【御服】❶天皇・上皇など貴人の衣服を敬っていう語。❷仏前に供える煎茶を敬っていう語。
ご-ふく【御福】「福(ふく)㊀❷」に同じ。「鞍馬の大悲多聞天(だいひたもんてん)の一を主殿(とのも)に参らせたりや」〈虎明狂・鞍馬参〉
こふく-げきじょう【鼓腹撃壌】〔名〕スル《中国の尭(ぎょう)の時代に、一老人が腹鼓(はらつづみ)を打ち、大地を踏み鳴らし、太平の世への満足の気持ちを歌ったという「十八史略」などにみえる故事から》世の中の太平を楽しむこと。
こ-ぶくさ【古×袱×紗｜小×袱×紗】茶の湯で、茶碗に添えたり、茶入れ・香合などの拝見の際に用いたりする袱紗。由緒ある布帛(ふはく)や高貴な織物で作る。出し袱紗。
ごふく-ざし【呉服差(し)】▶呉服尺
こふく-しゃ【子福者】夫婦の間に、多くの子供に恵まれて幸せな人。
ごふく-じゃく【呉服尺】江戸時代まで布を測るのに用いた物差し。曲尺(かねじゃく)の1尺2寸(約36.4センチ)を1尺とする。呉服物差し。呉服差し。
ごふく-じょ【呉服所】江戸時代、幕府・禁裏・大名家などに出入りして衣服類などを調達した呉服屋。金銀の融通もした。呉服師。
ごふく-だな【呉服棚】床の間や書院のわきに設けた袋棚。ふつう呉服などを入れるのに用いた。
ごふく-つぎ【五服継ぎ】《並のキセルの五服分をつめることができる意》火皿の大きいキセル。
ごふく-どころ【御服所】平安時代、中務(なかつかさ)省の内蔵寮(くらりょう)に属し、天皇などの衣服を調進した所。院や摂関・大臣・将軍家にも置かれた。
ごふく-の-ま【呉服の間】江戸城内大奥で、将軍や御台所(みだいどころ)の衣服のことをつかさどった所。また、その役にある奥女中。
ごふくばし-もん【呉服橋門】江戸城郭門の一。呉服町に出る門で、現在の中央区八重洲にあった。
こぶく-めん【小服綿】僧尼の平服に用いた十徳に似た木綿の綿入れ。また、一般に綿入れの着物。
ごふく-もの【呉服物】呉服屋で商っている品物。織物や反物の類。
ごふく-ものさし【呉服物差(し)】▶呉服尺
ごふく-や【呉服屋】織物や反物類を商う店。また、その人。
こ-ぶくろ【子袋】❶人の子宮。こつぼ。「凡人の一から産れたということさ」〈嘉村・途上〉❷牛や豚の子宮。焼き肉、刺身などで食す。こりこりとした歯ごたえがある。
こ-ぶくろ【小袋】小さな袋。「一に分ける」
小袋と小娘 ❶小袋は物があまり入らないようにみえて案外多く入るように、小娘は費用がかからないようにみえて案外かかるの意。❷小袋はほころびやすく、若い娘は傷つきやすくて目が離せないの意。小娘と小袋は油断がならない。
こぶ-こぶ【×瘤×瘤】こぶ。また、あちこちにこぶができていること。「一の枝」
ごぶ-ごぶ【五分五分】双方とも、優劣がないこと。五分。「勝負は一とみた」(類語)互角・伯仲・拮抗(きっこう)・おっつかっつ・どっこいどっこい・とんとん
ごぶ-さかやき【五分月=代】江戸時代、月代が5分ほど伸びた男の髪形。また、そのかつら。歌舞伎では浪人・無宿者・病者などの風体。
ご-ぶさた【御無沙汰】〔名〕スル 相手を敬って、その人への「無沙汰」をいう語。あなたさまへの無沙汰の意。長らく訪ねなかったり、便りをしないままでいたりすること。また、それをわびるあいさつに用いる語。「久しく一しています」➡無沙汰❶
こ-ぶし【小節】❶木の節の小さいもの。❷民謡・歌謡曲などで用いられる装飾的な発声技巧、およびそれによる細かい節回し。「一をきかせた歌い方」❸謡曲で、音尾につけられる装飾的な節回し。観世流で用いる。
こ-ぶし【古武士】剛毅実直な昔の武士。
こぶし【辛=夷｜拳】モクレン科の落葉高木。山野にみられ、葉は幅広の倒卵形。春、葉より先に、大形の香りのある白色の6弁花をつける。秋に実が熟すと裂けて赤色の種子が垂れ下がる。名は、つぼみが子供の握りこぶしに似ているのに由来。やまあららぎ。こぶしはじかみ。しんい。(季 春)「四つ目垣茶室も見えて一哉/漱石」
こぶし【拳】5本の手の指を折り曲げて握りしめたもの。にぎりこぶし。げんこつ。げんこ。「一を振り上げる」「一をかためる」(類語)握りこぶし・拳骨(げんこつ)・拳固・鉄拳
こぶし-あがり【拳上(が)り】❶槍など、長い武器を持って構える際、その先端が、下がるように手もとを上げて持つこと。⇔拳下がり。❷鉄砲や弓を構えるとき、前に突き出した左手のこぶしを上げて構えること。⇔拳下がり。
こぶし-うち【拳打ち】互いにこぶしで打ち合う技。拳法の類。
こぶし-がに【拳×蟹】十脚目コブシガニ科のカニ。砂泥底にすむ。甲幅約3センチ。甲は半球形で、淡赤色に黄色の斑点が並ぶ。東京湾以南に分布。
こぶし-ぎぬ【小節絹】節のある玉糸を横糸に用いた平織りの絹織物。着物の裏に使用する。
こぶし-さがり【拳下(が)り】❶槍など長い武器を持って構える際、その先端が手もとより上がるようにすること。⇔拳上がり。❷鉄砲や弓などを構えるとき、前に突き出した左手のこぶしを下げて構えること。⇔拳上がり。
こぶし-だけ【甲武信岳】山梨・埼玉・長野の3県境にある秩父(ちちぶ)山地の高峰。標高2475メートル。甲斐・武蔵・信濃の国境にあるところからの名。甲武信ヶ岳。
こぶし-ばな【拳鼻｜拳▽端】こぶし状の木鼻(きばな)。
ごふしみ-てんのう【後伏見天皇】[1288〜1336]第93代天皇。在位、1298〜1301。伏見天皇の第1皇子。名は胤仁(たねひと)。足利尊氏(あしかがたかうじ)の六波羅攻略のとき、花園上皇・光厳天皇らと東国へ逃れようとしたが捕らえられ、帰京後出家した。歌集「後伏見院御集」、日記「後伏見院宸記」がある。
こぶ-じめ【昆布締め】塩をした魚を昆布で挟み、その風味を魚肉に移し身をしめること。また、そのように処理した食品。
ご-ふしょう【御不承】❶相手を敬って、その人が不承知なことをいう語。「一とは存じますが」❷不承知の気持ちをまげて承諾してほしい、という意をこめて頼む時に用いる語。「これで一下さいませ」
ご-ふじょう【御不浄】便所を丁寧にいう語。多く、女性が用いる。
こぶ-しょうしょ【戸部尚書】民部卿(みんぶきょう)の唐名。
こ-ぶしん【小普請】❶小規模な造営修築工事。❷江戸時代、禄高三千石未満の旗本・御家人のうち、非役の者の称。小普請支配に属する。
ごぶ-しん【五分心｜五分芯】幅が5分ほどのランプの芯。
こぶしん-いり【小普請入り】江戸時代、職務上の失態または疾病・老衰などによって職を免ぜられた旗本・御家人が小普請支配に編入されること。
こぶしん-かた【小普請方】江戸幕府の職名。小普請奉行の下役。
こぶしん-きん【小普請金】江戸幕府が小普請の費用として、非役の旗本・御家人に課した上納金。
こぶしん-ぐみ【小普請組】「小普請❷」が編入された組。
こぶしん-しはい【小普請支配】江戸幕府の職名。老中に属し、「小普請❷」を支配し監督する役。
こぶしん-ぶぎょう【小普請奉行】江戸幕府の職名。若年寄に属し、江戸城本丸以下幕府関係の

建物の営繕をつかさどった。
こ-ぶすま【小×衾】ふすま。夜具の掛け布団。「庭にたつ麻手あさで―今夜こよひだに妻寄しこせね麻手―」〈万・三四五四〉
こ-ふだ【小札】❶小さな札。❷歌舞伎劇場などで、一幕見または子供用の入場券。➡大札おおふだ
こぶ-だい【×瘤×鯛】スズキ目ベラ科の海水魚。全長約1メートルに達する。体は側扁し、体色は紫赤色。成熟した雄では前頭部が突出して大きなこぶとなる。寒鯛かんだい。
こぶ-だし【昆布出=汁】昆布を煮てとっただし汁。
こぶ-だし【×瘤出し】石面の仕上げ法の一。表面に粗く凹凸をつける。
こぶ-だら【昆布×鱈】▶鱈昆布たらこぶ
こぶ-ちゃ【昆布茶】細かく刻んだり粉末にしたりした昆布に熱湯を注いだ飲み物。
こ-ぶつ【古仏】❶昔の仏像。❷禅宗で、悟りをひらいた高僧の敬称。❸過去世の仏。
こ-ぶつ【古物┊故物】❶使い古した品物。また、使用済みの不用になった品物。中古ちゅうぶる。セコハン。❷古くから伝わる由緒のある品物。骨董品。❸法律で、一度使用した物品、もしくは未使用でも使用のために取引された物品、またはそれらの物品にいくぶんの手入れをしたもの。
こ-ぶつ【個物】《ドイ das Einzelne; Einzelding》哲学で、他と区別される、一つ一つの物。個体。
ご-ふつ【誤払】誤って支払うこと。
ご-ぶつ【五仏】真言密教で、大日如来とその徳から生じた4仏。金剛界では大日・阿閦あしゅく・宝生・阿弥陀・不空成就の五如来、胎蔵界では大日・宝幢ほうどう・開敷華かふけ王・阿弥陀・天鼓雷音の5如来。五智如来。
ご-ぶつ【後仏】弥勒みろく菩薩のこと。釈迦しゃか入滅ののち、56億7000万年後に世に現れるという。
ご-ぶつ【御物】▶ごもつ(御物)
こぶつえいぎょう-ほう【古物営業法】コブツエイギャウハフ 古物の売買業務に規制等を課し、盗品の売買等を防止することなどを目的に制定された法律。昭和24年(1949)施行。古物に関する営業を行う者は規定により都道府県公安委員会の許可を受ける必要がある。
こぶ-つき【×瘤付き】❶再婚しようとする女性に連れ子のあること。また、その女性。❷小さい子供などを伴っていること。「―で外出する」
ごぶ-づけ【五分漬(け)】漬物の一。干した守口もりぐち大根を5分ほどに刻み、みりん・醤油・砂糖をまぜた煮汁に漬けたもの。
こぶつ-しょう【古物商】―シャウ 古物を売買・交換することを営業とする者。また、その営業。ふるものしょう。
ご-ぶつぜん【御仏前】❶仏前を敬っていう語。❷《仏前にお供えする意》香典や供物の上書きにする語。一般に忌み明け(四十九日)の後に使い、それまでは「御霊前」を用いる。
ごぶつ-ほうかん【五仏宝冠】―ホウクワン 金剛界の大日如来が頭にかぶる宝冠。五智円満を象徴する五仏をかたどった宝冠。五智の宝冠。五智冠。五仏冠。
こ-ふで【小筆】細字用の小さな筆。
コブデン〖Richard Cobden〗[1804〜1865]英国の政治家。自由放任主義者で自由貿易を主張し、J=ブライトとともに穀物法反対運動を成功させた。
コブド〖Khovd〗モンゴル西部の都市。1730年に清朝が城を築いて統治の中心地とした。ホブド。
コプト〖Copts〗❶古来、エジプトに土着している人々。❷エジプト古来のキリスト教会の信者。キリストの人性は神性に融合し、吸収されて、人間の肉体性はないとみる単性説を奉じる。
ゴフ-とう【ゴフ島】―タウ《Gough》アフリカ大陸と南アメリカ大陸のほぼ中間、南大西洋上にある島。面積約80平方キロメートルの火山性孤島。アルバトロスの集団営巣地として知られるほか、2種の陸鳥、12種の植物の固有種が生息している。1995年に世界遺産(自然遺産)に登録された。➡インアクセシブル島
コプト-おり【コプト織(り)】3世紀から8世紀にかけて、エジプトのキリスト教徒が創始、発達させた綴つづれ織り。麻・羊毛・絹を素材とし、水鳥や植物、聖書中の人物や場面、幾何図形などを模様の主題とする。
こ-ふどき【古風土記】和銅6年(713)の元明天皇の詔によって編集された諸国の風土記。後世のものと区別していう語。➡風土記
コプト-きょうかい【コプト教会】―ケウクワイ キリスト教の教派の一。キリストの神性を強調する単性説をとり、5世紀に古代教会から分離・独立。エチオピアの国教でもある。
コプト-ご【コプト語】ハム諸語の一つで、古代エジプト語を継承する言語。エジプトのキリスト教徒によって広く話されたが、のちアラビア語に圧迫され、16世紀にはほとんど話されなくなった。現在ではコプト教会の典礼用語としてわずかに残る。
コプト-びじゅつ【コプト美術】エジプトのキリスト教美術。3世紀ころに始まり、5、6世紀が全盛期。古代エジプト美術の伝統を根底にヘレニズムや、ペルシアなど東方の影響を受けて展開された。修道院建築・壁画・彫刻・染織にすぐれる。➡コプト織
こ-ぶとり【小太り┊小×肥り】〔名・形動〕スル ちょっと太っていること。太り気味のこと。また、そのさま。「丸顔で―な(の)人」「―している人」
(類語)肥満・でぶ・太りじし・太っちょ
こぶ-とり【×瘤取り】昔話の一。鬼の酒盛りに出会った爺じじが踊りの仲間入りをして喜ばれ、また来るようにとほおのこぶをとられる。これを聞いた隣の爺もこぶをとってもらおうと出掛けたが、踊りが下手でもう一つこぶをつけられたという話。宇治拾遺物語・醒睡笑などにみえる。こぶとりじじい。
こ-ぶな【小×鮒】小さいフナ。
ご-ふない【御府内】江戸時代、町奉行の支配に属した江戸の市域。文政元年(1818)、東は亀戸・小名木村辺、西は角筈村・代々木辺、南は上大崎村・南品川町辺、北は上尾久・下板橋村辺の内側と定められた。
こぶな-ぐさ【小×鮒草】イネ科の一年草。あぜや原野に生え、高さ30〜40センチ。葉は卵形で基部は茎を抱く。秋、淡緑または赤紫色の花穂をつける。八丈島では黄八丈の染料に用いる。かいなぐさ。かりやす。あしい。
こ-ぶね【小舟┊小船】小さな舟。おぶね。
小舟に荷が勝つ　自分の能力以上の重い責任を負うことのたとえ。
こぶ-のし【昆布熨=斗】▶こんぶのし
ごぶ-の-だいじょうきょう【五部の大乗経】―ダイジョウキャウ 大乗の教えを説いた経のうち、華厳けごん経・大集だいじっ経・大品般若だいぼんはんにゃ経・法華経・涅槃ねはん経の五つ。
こぶ-はくちょう【×瘤白鳥】―ハクテウ カモ目カモ科の鳥。全長約1.5メートル。全身白色。くちばしは橙だいだい色で、その付け根にこぶがある。翼を背側にふくらませる姿勢で、ひなを入れて運ぶ。ヨーロッパの原産で、半家禽かきん化されている。
こぶ-まき【昆布巻(き)】▶こんぶまき
こぶ-ようじ【×瘤×楊枝┊昆布×楊枝】―ヤウジ 皮つきのままの材で作ったようじ。
こぶら【×腓】「こむら」に同じ。
コブラ〖cobra〗有鱗ゆうりん目コブラ科の毒蛇の総称。インドコブラ・キングコブラなど。ほとんどが全長約1メートル。怒ると首の部分を平らに広げる。背面に眼鏡状の斑紋をもつものもある。南アジアからアフリカに分布。
コプラ〖copra〗ココヤシの果実の胚乳はいにゅうを乾燥したもの。65〜70パーセントの脂肪分を含み、菓子・マーガリン・石鹸せっけんなどの原料に用いる。
コプラ〖copula〗▶繋辞けいじ
こぶら-がえり【×腓返り】―がへり「こむらがえり」に同じ。
ゴブラン-おり【ゴブラン織】ベルギーの染織家ゴブラン(J.Gobelin)が15世紀にパリで創製したといわれる綴つづれ織り。人物・静物・風景などを色糸で精巧華麗に織り出したもので、壁掛けに用いる。
こ-ぶり【小振り】㊀〔名〕小さく振ること。「バットを―にする」⇔大振り。㊁〔名・形動〕同類の他のものに比べると少し小形なこと。また、そのさま。「―な(の)ハンドバッグ」⇔大振り。
(類語)小作り・小兵・小粒・小形・小柄・矮小わいしょう
こ-ぶり【小降り】雨や雪の降る勢いが弱いこと。「雨が―になる」⇔大降り。(類語)小止み
コプリック-はん【コプリック斑】麻疹はしかのとき、発病後2、3日して、ほおの内側にできる粟粒あわつぶ大の白色の水疱すいほう。米国の医師コプリック(H.Koplik)が発見。
コプリフシティツァ〖Koprivshtitsa〗ブルガリア中央部の町。19世紀に豪商や富豪たちが建てた民族復興様式の邸宅が多く、美術館都市と呼ばれる。また、1876年にオスマン帝国からの独立を目指した四月蜂起の地として知られる。
ゴブレー〖フランス gobelet〗▶ゴブレット
ゴブレット〖goblet〗足つきのグラスで、ソフトドリンクやビールなどを飲むのに用いるもの。本来は足つきの、ガラスまたは金属製の酒杯。
コブレンツ〖Koblenz〗ドイツ西部、ラインラント-プファルツ州の都市。ライン川とモーゼル川の合流地点に位置し、古代ローマ時代より河川交通の要衝、また軍事拠点だった。ライン川観光の拠点、ワインの集散地としても知られる。
コプロセッサー〖co-processor〗マイクロプロセッサーの機能強化を目的とする補助プロセッサーのこと。浮動小数点演算を行うFPUなどがある。
こ-ふん【古墳】古代、土を高く盛り上げてつくった有力者の墓。現在では、墳丘をもつ墓は弥生時代にさかのぼることが判明したため、前方後円墳出現以降のものを古墳とよぶ。平面形により、円墳・方墳・前方後円墳・前方後方墳・双方中円墳・上円下方墳とよび分ける。
こ-ふん【孤憤】自分一人で世間のありさまを憤ること。「満腔の―を漏らした」〈蘆花・思出の記〉
こ-ぶん【子分】❶ある人の支配下にあって服従する者。手下。「一の―」⇔親分。❷仮に子として扱われている者。⇔親分。「これを―にして家を渡し」〈浮・永代蔵・五〉(類語)手下・部下・配下・手先・目下
こ-ぶん【古文】㊀❶江戸時代以前の文。また、高等学校国語科の古典教材中、江戸時代までの国文の称。❷唐以後、四六駢儷体べんれいたい(四六文)に対して、秦漢以前の経史子家の用いたような散文の文体。❸《「文」は、文字の意》中国、先秦時代に使われていた文字の書体で、大篆だいてん以外のもの。漢代に通行した隷書を今文きんぶんとよぶのに対していう。➡今文きんぶん ㊁詩文集「古文真宝」の略称。
ご-ふん【×胡粉】日本画で用いる白色顔料。カキ殻を粉砕・水簸すいひ・乾燥したもので、主成分は炭酸カルシウム。室町時代以降用いられ、それ以前は鉛白えんぱくをいった。
ご-ぶん【誤聞】〔名〕スル 聞きまちがい。聞き誤り。「余われ豈に―せんや」〈織田訳・花柳春話〉
ご-ぶん【御分】〔代〕二人称の人代名詞。同等またはやや目上の相手に対して武士が用いた。あなた。そなた。ごへん。「―が勘当をも申し許してみん」〈曽我・七〉
ごふん-いろ【×胡粉色】胡粉の色。わずかに黄みがかった白色。
ごふん-え【×胡粉絵】―ヱ 胡粉を塗った地の上に、墨・丹に・緑青ろくしょう・黄土などを用いて描いた絵。
こぶん-がく【古文学】中国で、古文❸で書かれた経書をよりどころとし、その解釈を追求した学問。➡今文学きんぶんがく
こ-ぶんじ【古文辞】❶古代の文章の言葉。❷中国で明代に提唱された文学の模範とすべき古典。秦・漢の文と盛唐の詩をいう。
ごふん-じ【×胡粉地】―ヂ 漆塗りの下地として胡粉を塗ったもの。
こぶんじ-がく【古文辞学】荻生徂徠おぎゅうそらいの唱えた儒学。中国、宋・明の儒学や伊藤仁斎の古義学派に反対し、後世の注に頼らず、古語の意義を帰納的に研究し、直接に先秦古典の本旨を知るべきだとした。
こぶんじ-きんぎん【古文字金銀】元文金銀げんぶんきんぎん

の異称。

こふん-じだい【古墳時代】古代日本で、古墳が盛んにつくられた時代。弥生時代に続き、3世紀末ごろから7世紀ごろまで。階級社会が成立し、特に大和政権を中心とする政治権力が強まった。

こぶんじ-は【古文辞派】古典の原典にさかのぼって、客観的、帰納的に古典の真義を探り、また詩文の創作では古文辞を規範とする一派。中国では明代の李攀竜・王世貞など。日本では荻生徂徠とその門下。古文辞学派。➡古文辞❷

ごぶんしょう【御文章】本願寺第8世蓮如が門徒に与えた書簡文を集めたもの。80通を、5巻におさめてある。浄土真宗の教義を平易に述べたもので、真宗大谷派では「おふみ」と称する。

こぶん-しょうしょ【古文尚書】隷書以前の蝌蚪文字(古文)で書かれた尚書(書経)。前漢の景帝のとき、孔子の旧宅の壁の中から発見され、武帝のとき、孔安国が解読したと伝えられるが、現在では偽書といわれている。➡今文尚書

こぶんしんぽう【古文真宝】⊜中国の詩文集。前後2集各10巻。元の黄堅の編という。漢から宋代までの代表的詩文を集めたもの。前集は詩を詩型で分け、後集は文章を文体で分けている。江戸時代、初学者の教材として広く読まれた。⊜〔名・形動ナリ〕まじめくさって堅苦しいこと。しかつめらしいこと。また、そのさま。「常は一にかまへし男も、釣り髭に様はかへながら」〈浮・伝来記・四〉

こふん-そう【×糊粉層】イネ科の植物の種子の皮の部分にある、貯蔵たんぱく質を含む細胞の層。アリューロン層。ぬか層。

こぶん-め・く【古文めく】〔動カ四〕《「古文」は「古文真宝」の略》しかつめらしいようすをする。「この揚屋、一・きたる顔つきして」〈浮・置土産・四〉

コフンリッチ-いせき【コフンリッチ遺跡】《Kohunlich》メキシコ東部、ユカタン半島東部にあるマヤ文明の遺跡。キンタナロー州の州都チェトゥマルの西方約65キロメートルにある。神の顔のレリーフが並べられた「マスクの神殿」などがある。

こ-へい【古兵】《「古参兵」の略》古くからいる現役の兵。古年兵。⊖新兵。

こ-へい【古弊】❶昔からの悪い習慣。❷古くていたんでいること。また、そのもの。「累代の公物、一をもちて規模とす」〈徒然・九九〉

こ-へい【×胡兵】中国北方民族の兵。胡の国の兵士。また、野蛮な外国の兵。

こ-へい【×胡▽瓶】中国、唐代に流行した西域伝来の酒瓶。注ぎ口は鳳凰の頭をかたどってある。金銀器・ガラス器・漆器などのものがある。日本でも宮中の節会などに用いられた。

こ-へい【雇兵】賃金を払って雇った兵士。傭兵。

こ-へい【雇×聘】礼儀を尽くして迎え、雇うこと。「法律専門の外国人の一」〈藤村・夜明け前〉

ご-へい【御幣】幣束の敬称。白色や金・銀の紙などを細長く切り、幣串にはさんだもの。お祓いのときなどに用いる。おんべ。

御幣を担・ぐ　つまらない縁起や迷信を気に掛ける。「年をとって一・ぐようになった」

ご-へい【語弊】言葉の使い方が適切でないために誤解を招きやすい言い方。また、そのために起こる弊害。「こういう言い方をしては一があるが」

コペイカ〘ロシア kopeyka〙➡カペイカ

ごへい-かつぎ【御幣担ぎ】《御幣を担いで不吉を払おうとするところから》縁起や迷信をいちいち気にかけること。また、その人。おんべかつぎ。縁起担ぎ。

コペイスク〘Kopeysk〙ロシア連邦中部、チェリャビンスク州の都市。ウラル山脈南東麓に位置する。チェリャビンスク炭田の主要な採炭地の一つ。機械工業・建材製造業が盛ん。

ごへいだ【五平太】《北九州地方で、五平太という者が初めて掘り出したからという》石炭のこと。

ごへい-もち【御幣持(ち)】❶御幣を持って、参拝する主君に随従すること。また、その人。❷人におもねり取り入ること。また、その人。たいこもち。

ごへい-もち【御幣餅‖五平餅】うるち米の飯を練ってつぶし、小判形や団子にして串にさし、味噌や醤油のたれをつけてあぶったもの。長野や岐阜などの郷土食。

コペー〘François Coppée〙[1842〜1908]フランスの詩人・劇作家。パリの裏町の庶民の生活を叙情的に描いた。詩集「貧しい人たち」、戯曲「行人」など。

こ-へき【古癖】❶古い書画・骨董を好むこと。好古癖。❷昔からのよくない習慣。

こ-べしみ【小×癋見】能面の一。癋見の一種。地獄の鬼神を表し、「鵜飼」「野守」などの後ジテに用いる。

こ-べつ【戸別】一軒一軒の家。家ごと。各戸。

こ-べつ【個別‖▽箇別】全体を構成しているものを切り離した一つ一つ。個々別々。「一に交渉する」「一指導」類語一つ一つ・いちいち・逐一・項・個

ご-べつ【語別】《part of speech》品詞に分類するうえでの語の区別。品詞分類を行って得た語の類別。

こべつ-いけん【個別意見】最高裁判所における裁判で裁判官の過半数を占める意見となり、判決とされた多数意見に対し、各裁判官が個別に表明する意見。多数意見に賛成の立場で説明等を補足する「補足意見」、多数意見の結論には賛成するが理由が異なる「意見」、多数意見に反対する「反対意見」に分類される。日本の裁判所では、最高裁においてのみ各裁判官の個別意見が表示され、下級裁判所では個別意見は示されない。

こべつ-がいねん【個別概念】一定の内包の下で集合概念の外延に含まれる概念。例えば、国家に対して国民。しかし、国家は国連という集合概念に対しては個別概念となるから、両概念の関係は相対的である。➡集合概念

こべつか-いりょう【個別化医療】➡テーラーメード医療

こべつ-きょうそうばいばい【個別競争売買】➡ざら場

コペック〘kopeck〙➡カペイカ

こべつ-しどう【個別指導】児童・生徒各人の個性、生活環境、能力などを重視した学習形態。指導者と児童・生徒が一対一の関係で行う指導をさすこともある。特別支援教育の場や学習塾で多く行われる。

こべつしょとくほしょう-せいど【戸別所得補償制度】米などの農産物の価格が生産コストを下回った場合に、国がその差額分を生産農家に補償する制度。農家の経営を支援することで、自給率向上などを図る狙いがある。平成22年度(2010)に米を対象とするモデル事業を実施。同23年度から本格的に導入された。農業者戸別所得補償制度。

こべつてき-じえいけん【個別的自衛権】国連憲章第51条で加盟国に認められている自衛権の一。自国に対する他国からの武力攻撃に対して、自国を防衛するために必要な武力を行使する、国際法上の権利。➡集団的自衛権　補説日本は主権国として、国連憲章の上では「個別的または集団的自衛の固有の権利」(第51条)を有しているが、日本国憲法は、戦争の放棄と戦力・交戦権の否認を定めている(第9条)。政府は憲法第9条について、「自衛のための必要最小限度の武力の行使は認められている」ものと解釈し、日本の自衛権について、「個別的自衛権は行使できるが、集団的自衛権は憲法の容認する自衛権の限界を超える」との見解を示している。

こべつ-はんどうたい【個別半導体】単一の機能をもつ半導体素子の総称。具体的にはトランジスター・ダイオード・コンデンサーなどを指す。大量生産による仕様の標準化が進められている。単機能半導体。ディスクリート半導体。

こべつ-ほうもん【戸別訪問】〔名〕スル❶一軒一軒訪ねて回ること。❷選挙の候補者や運動員が投票を依頼するために、各戸を訪問して回ること。日本では公職選挙法で禁止されている。

こべつろうどうふんそう-かいけつせいど【個別労働紛争解決制度】解雇・労働条件の引き下げ・ハラスメント・採用取り消しなど、個々の労働者・求職者と事業主の間に生じる紛争を未然に防止したり、早期の自主的解決を促進する目的で設けられた制度。個別労働紛争解決促進法に基づいて、都道府県の労働局が支援サービスを無料で提供する。総合労働相談コーナーでの相談・情報提供、労働局長による助言・指導、弁護士など専門家による解決のあっせんなどを行う。

こべつろうどうふんそう-かいけつそくしんほう【個別労働紛争解決促進法】《「個別労働関係紛争の解決の促進に関する法律」の略称》個々の労働者と事業主との間に生じた紛争を迅速かつ適切に解決することを目的として定められた法律。同法に基づき都道府県の労働局が個別労働紛争解決制度を実施する。平成13年(2001)施行。

コベナンツ〘covenants〙《covenantは、約束、誓約の意》融資などの契約における義務条項や制限条項。契約条項。

コ-ベネフィット〘co-benefit〙相乗便益と訳される語。一つの活動がさまざまな利益につながっていくこと。例えば、森林や湿原の保全が、生物多様性の保全につながると同時に、二酸化炭素の吸収源を守り、地球温暖化対策にもなるという相乗効果を指す。

コペポーダ〘Copepoda〙橈脚類の学名。

こ-べり【小▽縁】❶小舟の舷の上縁に保護材として張った板。❷布のへり。継ぎ目。

コペル〘Koper〙スロベニア南西部、アドリア海に面する港湾都市。同国の主要な貿易港をもつ。現在の旧市街はもともと小さな島であったが、19世紀に本土と地続きになった。中世以来、ベネチア共和国の支配下に置かれ、旧市街には当時の街並みが残されている。イタリア語名カポディストリア。

コペルニクス〘ラテン Nicolaus Copernicus〙[1473〜1543]ポーランドの天文学者・聖職者。プロシアの生まれ。神学・医学・数学・天文学を学んだ。天体観測を続け、ギリシャ思想をうけて地動説を主張。近代天文学の出発点を確立。ポーランド名、ミコワイ＝コペルニク。著「天球の回転について」など。

コペルニクス-げんり【コペルニクス原理】宇宙原理に同じ。天文学者コペルニクスが地動説を唱え、地球が宇宙の中心といった特別な場所ではないと示したことに由来する。

コペルニクスてき-てんかい【コペルニクス的転回】《ドイツ kopernikanische Wendung》❶カント哲学の立場を示す語。従来、認識は対象に依拠すると考えられていたのに対し、対象の認識は主観の先天的形式によって構成されると論じたカントがこの主客関係の転換をコペルニクスによる天文学説上の転換にたとえたもの。❷発想法を根本的に変えることで、物事の新しい局面が切り開かれることをいう。

コペルニシウム〘copernicium〙人工放射性元素の一。1996年、ドイツ、ダルムシュタットの重イオン研究所(GSI)のグループが鉛208に亜鉛70を衝突させて生成した。その後、ロシアのドゥブナ研究所、日本の理化学研究所仁科加速器センターでも確認された。名称はポーランドの天文学者コペルニクスにちなむ。元素記号Cn 原子番号112。

こ-へん【子偏】漢字の偏の一。「孔」「孫」などの「子」の称。すてごへん。

こ-べん【顧×眄】〔名〕スル《「眄」は見回す、または横目で見ること》振り返って見ること。こめん。「他の者の意嚮を一しなければならない」〈倉田・愛と認識との出発〉

ご-へん【互変】ある物質の固体に二つの結晶形があり、一定温度の転移点を境に、一方から他方へ可逆的に変化する現象。互変二形。エナンチオトロピー。

ご-へん【御辺】〔代〕二人称の人代名詞。対等またはやや目上の相手に対して武士などが用いた。そなた。貴公。貴殿。「一は故刑部卿忠盛の子でおはせしかども」〈平家・二〉

ごへん-いせい【互変異性】ある化合物が、互いに容易に変換しうる2種以上の異性体として存在する

現象。例えば、アセト酢酸エチルは2種の異性体、ケト形とエノール形があり、結合位置を変えることによって相互変換する。

ごへん-けい【五辺形】「五角形」に同じ。

コベント-ガーデン〖Covent Garden〗英国の首都ロンドン中心部の一地区。13世紀にウエストミンスター寺院所有の菜園があった場所で、16世紀以降、1974年まで青果物市場が置かれた。市場跡地はショッピングセンターになっている。この地にあるロイヤルオペラハウスのことを指していうこともある。

コベントリー〖Coventry〗英国イングランド中部、ウエストミッドランズ州の工業都市。中世より織物業で発展。20世紀に自動車や航空機の工場が集まる軍需産業の中心地になったため、第二次大戦中はドイツ軍の激しい空襲を受けた。

コベントリー-だいせいどう【コベントリー大聖堂】《Coventry Cathedral》英国イングランド中部の工業都市コベントリーにある大聖堂。11世紀創建の修道院に起源する。14世紀に大聖堂が建造されたが、第二次大戦中にドイツ軍の激しい空襲を受けて廃墟となった。1962年、廃墟となった旧大聖堂の脇に新大聖堂が再建され、戦争の爪痕と戦後の復興のシンボルとして知られる。

ごへん-にけい【互変二形】►互変

コペンハーゲン〖Copenhagen〗《商人の港の意》デンマークの首都。シェラン島東岸にある重要な貿易港で、北欧最大の商工業都市。デンマーク語では、ケーベンハウン。人口、行政区51万(2008)。

コペンハーゲン-かいしゃく【コペンハーゲン解釈】量子力学での、粒子の存在に関する世界観の一つ。粒子の位置や状態は観測されるまで特定できず、空間の各点ごとの存在確率の大小としてしか把握できないとするもの。コペンハーゲンを中心に活動したボーアらが提唱したことから。

コペンハーゲン-がくは【コペンハーゲン学派】1933年にデンマークのイェルムスレウが結成した言語学派。コペンハーゲン大学の言語学研究者を中心とし、高度に抽象的な理論展開を特色とする。

ご-ほ【五保】►保❶

こ-ほう【小×袍】袖が一幅で、端袖をつけない袍。貴人の元服・結髪に奉仕する者が、常の装束の上に着た。

こ-ほう【戸▽部】►こぶ(戸部)❷

こ-ほう【古方】❶昔から伝えられた古い方法。❷漢方医学の古医方。

こ-ほう【古法】❶昔の法律。古いおきて。❷昔からのしきたり。昔の方法。

こ-ほう【孤峰】❶まわりに高い山がなく、ただ一つそびえる峰。❷徒党を組まずに一人で独自の道を歩むすぐれた人。「日本画界の—」

こ-ぼう【顧望】〔名〕スル❶振り向いて見ること。「俯仰—する処として惨憺の色ならざるなし」〈独歩・愛弟通信〉❷あれこれと考えていて、行動に移らないこと。ためらうこと。「是を是とし非を非とし、更に—するところなし」〈中村訳・西国立志編〉

ご-ほう【五方】❶五つの方角。中央と東・西・南・北。❷中国および周囲の異民族。「—の民」

ご-ほう【五宝】仏語。5種の代表的な宝。陀羅尼集経では、金・銀・真珠・珊瑚・琥珀。

ご-ほう【午砲】正午を知らせる合図の大砲。東京では明治4年(1871)に始まり、昭和4年(1929)にサイレンに代わるまで用いられた。その音から「どん」と俗称された。

ご-ほう【後報】❶あとからの知らせ。こうほう。「詳細は—にて」❷仏語。この世に善悪の業を作って、来世以後にその報いを受けること。

ご-ほう【御報】❶人からの通知をいう尊敬語。お知らせ。「一参上(=お知らせがあり次第うかがいますの意)」❷《「御」は先方を敬う》室町時代、身分の高い人に出す文書での返事。また、その手紙の脇付に用いる語。「ナニガシ殿参仏、—」〈ロドリゲス日本大文典〉

ご-ほう【語法】❶言葉遣いの規則。文法。❷言葉の使い方。表現法。(類語)文法・文典・グラマー

ご-ほう【誤報】まちがった知らせ。報道されたことが事実と違っていること。「事件は—だった」

ご-ほう【護法】❶法律を尊重すること。「—の精神を説く」❷仏語。㋐仏の教えを守ること。仏法を守護すること。㋑妖怪・変化などを追い払う力。法力。㋒「護法善神」の略。㋓「護法天童」の略。

ごほう【護法】《梵 Dharmapāla》6世紀中ごろの南インドの僧。仏教を広めて多くの門下を教育。唯識十大論師の一人。著「成唯識論」など。

ご-ぼう【▽牛×蒡】キク科の二年草。高さ約1.5メートル。主根はまっすぐ地中に伸びる。葉は心臓形で、裏面に灰白色の綿毛が密生する。夏、紫色のアザミに似た花をつける。ヨーロッパ・ヒマラヤ・中国に分布し、日本では古くから栽培。根は食用。種子は、漢方で浮腫などの治療薬。(季 花=夏)

ご-ぼう【御坊┊御房】❶僧房、または寺院を敬っていう語。❷僧を敬ってよぶ語。「師の—」(類語)坊主・坊さん・お寺さま・僧家・僧門・沙門・法師・出家・比丘

ごぼう【御坊】和歌山県西部の市。西本願寺日高御坊の門前町として発達。日高川河口に臨み、製材業が盛ん。人口2.6万(2010)。

ごぼう-あざみ【▽牛×蒡×薊】キク科の越年草。高さ約1メートル。葉は羽状に裂け、縁にぎざぎざがある。夏に紫紅色のアザミに似た花をつける。根は長く太く、香気があり、味噌漬けなどに用いる。もりあざみ。きくごぼう。やまごぼう。

こほう-あん【孤篷庵】京都大徳寺の塔頭の一。慶長17年(1612)小堀遠州が竜光院内に創建し、のち大徳寺内に移築。寛政5年(1793)に焼失したが、松平不昧が再興。茶室の忘筌と茶庭がある。

こほう-か【古方家】江戸時代における漢方医の一派。古医方を重んずる医家。

こ-ぼうし【小法師】❶年若い僧。❷中世・近世、御所に出入りし、掃除などをした身分の低い者。

ごぼう-し【御坊市】►御坊

ごほうしなん【語法指南】大槻文彦著「言海」の巻頭に載せられた文典。明治22年(1889)刊。のちに改訂増補されて「広日本文典」として刊行。

ごぼう-じま【▽牛×蒡×縞】ゴボウの根のような細い縦縞模様。

ごぼう-じめ【▽牛×蒡注=連】ごぼうのように細長く、堅くくくった注連縄。(季 新年)

こ-ぼうしょ【小奉書】小さい判の奉書紙。

ごほうじょう-し【後北条氏】戦国時代に、相模の小田原を中心として栄えた戦国大名の一族。北条早雲に始まる。鎌倉時代の北条氏と区別するための名称。小田原北条氏。➡北条

ごぼう-じり【▽牛×蒡尻】犬や猫の尾の短いもの。

こ-ぼうず【小坊主】❶修行中の年少の僧。❷少年を、親しんで、また、あなどっていう語。(類語)小僧

ごぼう-せい【五×芒星】正五角形の辺を延長してできる、五つの突起をもつ星形。➡六芒星

ご-ほうぜん【御宝前】神や仏の御前。賽銭箱などのあるあたり。

ごほう-ぜんじん【護法善神】仏法を守護する鬼神。梵天・帝釈天・四天王・十二神将・十六善神・二十八部衆など。護法神。

ごほう-てんどう【護法天童】仏法を守護するために働く童子姿の鬼神。護法童子。

ごほう-どうじ【護法童子】►護法天童

ごぼう-ぬき【▽牛×蒡抜き】❶牛蒡を引き抜くように、棒状のものを力を入れて一気に引き抜くこと。❷多くの中から一つずつを勢いよく抜くこと。座り込みの人などを一人ずつ排除したり、人材を引き抜いたりする場合に用いる。また、競走などで、数人を一気に抜くことにもいう。「ピケ隊を—にする」「一〇人を—にして堂々入賞する」

ごぼう-の-けいじ【五×榜の掲示】慶応4年(1868)、五箇条の御誓文発布の翌日に明治政府が民衆に対して出した5枚の高札。五倫の道の勧め、徒党・強訴・逃散やキリシタンの禁止など、旧幕府の民衆政策とかわらない内容であった。

こ-ほうばい【古×朋輩】・【古▽傍輩】昔の同僚。昔の仲間。

ご-ほうび【御褒美】「褒美❶」の丁寧語。

ご-ほうべん【御方便】〔名・形動〕❶仏の方便を敬っていう語。❷「方便❸」に同じ。「一なものじゃ無えか、あれ程はしゃいでいた野郎が」〈芥川・鼠小僧次郎吉〉

ごぼう-まき【▽牛×蒡巻(き)】►八幡巻き

ご-ほうめい【御芳名】「芳名❶」に、さらに敬意を加えた語。(補説)敬意の重複について➡尊父(補説)

コポー〖Jacques Copeau〗[1879〜1949]フランスの演出家・俳優。演劇の商業化に反対し、演劇革新運動を展開、フランス現代劇の基礎を築いた。

コホーテク-すいせい【コホーテク×彗星】1973年3月、チェコスロバキアのルボシュ=コホーテクが発見した非周期彗星。翌年1月に地球に接近し、肉眼でも観測された。発見当初、大彗星になると予想されたが、最も増光した時でも3等級程度だった。

コホート〖cohort〗仲間のグループ。特に統計で、同一の性質を持つ集団。

こ-ほく【湖北】湖の北。日本では多く、琵琶湖の北の地をさす。

こほく【湖北】中国中部の省。省都は武漢。洞庭湖の北方、揚子江・漢水の流域にある。春秋戦国時代の楚の地。米・綿花・鉄の大産地。フーペイ。

こ-ぼく【古木】年を経た樹木。老木。(類語)老木・老樹

こ-ぼく【古墨】製造後、年月を経た墨。

こ-ぼく【枯木】枯れた立ち木。かれき。「—寒鴉」(季 冬)

枯木栄を発す　《曹植「七啓」から》「枯木に花開く」に同じ。

枯木に花開く　老人や逆境にある者が、思いがけない幸福にあうことのたとえ。また、ありそうもないことが実現することのたとえ。枯れ木に花。

ご-ぼく【五木】5種の木。特に江戸時代、用材の確保のために藩の領主によって伐採を禁じられた木。梅・桃・柳・桑・杉、また、槐・柳・桃・桑・梶の木など、種々の説がある。ごもく。

こぼく-かんがん【枯木寒×巌】枯れた木と冷たい岩。情味がないことの形容に用いられる。「元来主人は平常—の様な顔付はして居るものの」〈漱石・吾輩は猫である〉

こぼく-しかい【枯木死灰】枯れた木と冷えた灰。活気がなく情熱に欠けていることのたとえ。枯木冷灰。「—でない限りは、欲も野心も山ほどある」〈蘆花・思出の記〉

こほく-しょう【湖北省】►湖北

こほ-こほ〔副〕《清濁については未詳》雷が鳴ったり物をたたいたり、また、咳をしたときなどの音を表す語。「鮫鱇を—と打ちたたく音に」〈かげろふ・中〉「—と、鳴る神よりもおどろおどろしく、踏みとどろかす唐臼の音も枕上とおぼゆる」〈源・夕顔〉

こぽ-こぽ〔副〕液体が揺れ動く音を表す語。「酒を—銚子へ移していた」〈秋声・足袋の底〉

ごほ-ごほ〔副〕軽く咳をする声を表す語。ごほんごほん。「—(と)せき入る」

ごぼ-ごぼ〔副〕水や湯などがわき上がったり、細い口からこぼれ出たりする音や、泡がわき出てくるような音を表す語。「—(と)温泉がわき出る」

こぼし【▽零し┊▽翻し】建水のこと。

こぼ・す【▽毀す】〔動サ四〕「こぼ(毀)つ」に同じ。「あななひを—・し」〈竹取〉

こぼ・す【▽零す┊▽翻す】〔動サ五(四)〕❶容器を、うっかりひっくり返したり傾けたりして、中に入っている物を外に出してしまう。また、液体・粉末・粒状のものを容器などからあふれさせたり、物の間から漏らしたりして外へとり落とす。「水を—・す」「御飯を—・す」「あせって返球を—・してしまう」❷涙などを不覚にも落とす。「思わず涙を—・す」「よだれを—・す」❸うれしさなどの感情を表に出す。「笑みを—・す」❹不満

や泣き言などを胸に収めておけないでつい人に言ってしまう。ぶつぶつ言って訴える。「愚痴を—・す」「仕事がつまらないと—・す」❺すきまから外へはみ出るようにする。見えるようにする。「色々の衣ども—・し出でたる人の」〈枕・七六〉(可能)こぼせる
(類語)(❹)ぼやく・愚痴る・託つ

こぼち-や【▽毀ち家】こわした家。こわれた家。あばらや。「人を損ふ—の、立つ方もなき夫婦の者」〈浄・卯月の潤色〉

こぼ・つ【▽毀つ】〔動タ五(四)〕《古くは「こほつ」》❶こわす。破壊する。「その形の美しさはまだ決して—・たれてはいなかった」〈三島・美徳のよろめき〉❷そりとる。けずる。「並ぶ頭の…片端剃るやら—・つやら」〈浄・国性爺〉(類語)壊す・破壊する・損壊する・毀損する・破損する・損傷する・損ずる・損なう・傷付ける・欠く・砕く・割る・破る・崩す・潰す

ご-ぼどう【御母堂】「母堂」に、さらに敬意を加えた語。(補説)敬意の重複について ➡尊父(補説)

こ-ぼとけ【小仏】❶小さい仏像。❷「かごめかごめ」に似た子供の遊び。

こぼとけ-とうげ【小仏峠】東京都八王子市と神奈川県相模原市との境にある峠。甲州街道の要道で、麓に小仏関があった。標高548メートル。

こ-ぼね【子骨】扇の親骨の中間にある細い骨。⇔親骨。

こ-ぼね【小骨】❶小さい骨。「—の多い魚」❷少しの苦労。「—の折れる仕事」
(類語)労・辛労・労力・一骨・骨折り
小骨を折・る　ちょっと苦労する。

こほ-めか・す〔動サ四〕ごとごとと音を立てる。「蔵人のいみじく高く踏み—・して」〈枕・五六〉

こほ-め・く〔動カ四〕ごとごと音がする。ごろごろ鳴る。また、ひしめく。「よろづをこぼち運び、—・きののしりて持て出で運び騒ぐを」〈栄花・浦々の別〉

こぼり-あんぬ【小堀杏奴】[1909～1998]随筆家・小説家。東京の生まれ。森鷗外の次女、茉莉の妹。画家小堀四郎の妻。著作に、父鷗外の思い出を描いた「晩年の父」のほか、小説「春のかぎり」など。

こぼり-えんしゅう【小堀遠州】[1579～1647]江戸初期の茶人・造園家。遠州流茶道の祖。近江の人。名は政一。号、宗甫・孤篷庵。遠江守。豊臣秀吉、徳川家康・秀忠らに仕え、作事奉行を務め、建築・造園に才を現した。茶道を古田織部に学び、和歌・書・茶器鑑定にもすぐれ、陶芸も指導した。

ごほりかわ-てんのう【後堀河天皇】[1212～1234]第86代天皇。在位、1221～1232。高倉天皇の皇子守貞親王の子。名は茂仁。僧籍にあったが、承久の乱で仲恭天皇が廃されたため還俗、即位。

こぼり-ともと【小堀鞆音】[1864～1931]日本画家。栃木の生まれ。旧姓、須藤。本名、桂三郎。日本美術院創立に参加。大和絵の伝統を守り、歴史画・人物画をよくした。

こぼり-りゅう【小堀流】日本泳法の流派の一。享保(1716～1736)のころ、熊本藩士村岡伊太夫政文が創始、その子小堀常春が完成。基本泳法は平泳ぎで、立ち泳ぎが特徴。

コボル〘COBOL〙《Common Business Oriented Language》コンピューターのプログラミング言語の一。事務用のデータ処理に用いられる。英文に近い命令や構文規則を備え、最初期の高級言語として知られる。

こぼ・る【▽毀る】〔動ラ下二〕「こぼ(毀)れる」の文語形。

こぼ・る【▽零る】〔動ラ下二〕「こぼ(零)れる」の文語形。

こぼれ【▽毀れ】こわれること。欠け損じること。こわれ。「築地の—」「刃の—」

こぼれ【▽零れ】❶漏れ落ちること。あふれ出ること。また、そのもの。「嬉しさの—か」〈二葉亭・浮雲〉❷(多く「おこぼれ」の形で)他人が手をつけたあとに残っているもの。お余り。「お—頂戴」

こぼれ-うめ【▽零れ梅】❶散りこぼれた梅の花。また、その模様。❷みりんの絞りかす。

こぼれ-お・ちる【▽零れ落ちる】〔動タ上一〕文こぼれお・つ〔タ上二〕❶容器などからあふれて落ちる。漏れ出て落ちる。「地面に—・ちた米を鳥がついばむ」「とめどもなく涙が—・ちる」❷散って落ちる。「桜の花びらが—・ちる」❸脱け落ちる。「リストから—・ちる」❹感情などが、心におさめきれなくて思わず表に現れてしまう。「笑みが—・ちる」❺今までの主従関係を離れる。「天下の武士みな—・ちて付き順ひ参らせんずらん」〈太平記・三七〉
(類語)流れる・滴る・零れる・伝う・垂れる

こぼれ-かか・る【▽零れ懸(か)る】〔動ラ五(四)〕❶こぼれそうになる。「コップの水が—・るほど、ひどく揺れた」❷髪などが垂れかかる。「御額の髪、ゆらゆらと—・り給へる」〈狭衣・一〉❸こぼれ落ちて、物にふりかかる。「御顔にはらはらと—・りける御泪を」〈太平記・一二〉

こぼれ-ざいわい【▽零れ幸い】思いがけなく転がり込んできた幸運。僥倖。「この鸚鵡のみは…—にて、今も飼われ侍り」〈鷗外・文づかひ〉

こぼれ-ざくら【▽零れ桜】咲き満ちてこぼれ落ちる桜の花。また、その模様。

こぼれ-だね【▽零れ種】❶まいたのではなく自然に地面にこぼれ落ちた種子。また、それから生えてきた植物。❷正妻以外の女性に生ませた子。おとしだね。落胤。

こぼれ-だま【▽零れ球】サッカーやラグビーで、キープする選手がない状態のボール。ルーズボール。

こぼれ-ばなし【▽零れ話】本筋から派生したちょっとした話。余聞。余話。(類語)余話・余聞・逸話・挿話

こぼれ-まつば【▽零れ松葉】地上にこぼれ散った松葉。また、その模様。

こぼれ-もの【▽零れ物】❶こぼれたもの。残りもの。余りもの。❷こぼれやすいもの。

こぼ・れる【▽毀れる】〔動ラ下一〕文こぼ・る〔ラ下二〕《古くは「こほれる」とも》❶欠け損じる。「刀の刃が—・れる」❷こわれる。破れる。「言ふかひなくぞ—・れ破れたる」〈土佐〉(類語)壊れる・破損する・毀損する・損傷する・損壊する・損ずる・欠ける・傷付く・拉げる・潰れる・砕ける・割れる・いかれる・ポシャる

こぼ・れる【▽零れる｜▽翻れる】〔動ラ下一〕文こぼ・る〔ラ下二〕❶液体・粉末・粒状の物などが容器などから外へ出る。すきまなどから漏れ落ちる。「杯の酒が—・れる」「袋から米が—・れる」❷音や光、匂いなどが、ある範囲を超えたり、すきまから漏れたりして、外に出る。また、隠されていたものが、思いがけなく現れる。「葉の間から日差しが—・れる」「しのび泣きの声が—・れる」「笑った口元に白い歯が—・れる」❸感情などが、外に現れ出る。「笑みが—・れる」「色気が—・れる」❹花や葉などが散る。「梅の花折ればー・れぬわが袖に匂ひ香うつせ家づとにせむ」〈後撰・春上〉
(用法)**こぼれる・あふれる**——「こぼれる」は液体や粒状の物が容器などから外へ落ちること。「あふれる」は量が多くて容器に入りきらず、外へ出てしまうこと。「あふれてこぼれる」とは言えるが、「こぼれてあふれる」とは言わない。◇「コップが倒れて水がこぼれた」は「あふれた」で置き換えられない。◇「大雨で川があふれた」「会場に人があふれる」は「こぼれる」とは言わない。◇比喩的に用いる「ほほえみがこぼれる」は、平静の表情を保とうとして保てず、ほほえみが思わず外へ現れ出ること。「喜びにあふれる」は、喜びがからだ全体に満ちて、表情や態度に現れている状態。
(類語)あふれる・流れる・漏れる・滴る・伝う・垂れる

こ-ほん【小本】《「こぼん」とも》❶小形の本。❷半紙四つ折りの大きさの本。また、特に洒落本のこと。

こ-ほん【古本】❶ふるほん。古書。⇔新本。❷古代の書物。古い文書。❸古い伝本。特に江戸初期、慶長・元和(1596～1624)以前のもの。

こ-ほん【孤本】ただ1冊だけ伝わった本。

こ-ぼん【鼓盆】《「盆」は、酒や水を盛る素焼きの器。荘子が妻を亡くしたとき、これをたたいて歌ったという「荘子」至楽の故事から》妻に死に別れること。

ご-ほん【御本】❶書物の尊敬語・丁寧語。❷貴人のためのお手本。「太政大臣の家にわたりおはしまして帰らせ給ふ御贈り物に、—奉るとて」〈後撰・賀・詞書〉

ごほん〔副〕咳をするときの声を表す語。

こほんせつわしゅう【古本説話集】鎌倉初期までに成立した説話集。編者未詳。前半は和歌説話46話、後半は仏教説話24話からなる。

ご-ほんぞん【御本尊】「本尊❸」に同じ。「当の—は御存知ない」

ごほん-ぢゃわん【御本茶×碗】桃山時代から江戸時代にかけ、日本から手本を送り朝鮮で焼かせた抹茶茶碗。狭義には釜山窯で焼かれたものをいう。淡紅色の斑文があるのが特色。御本手。御本。

ごほん-て【御本手】❶《「ごほんで」とも》「御本茶碗」に同じ。❷《「御本手縞」の略》赤糸の入った縦縞。奥縞。

こ-ぼんのう【子煩悩】〔名・形動〕自分の子を大変かわいがるさま。また、その人。「—な父親」

ごほんゆび-くつした【五本指靴下】つま先の部分が、五本の指の形に分かれている靴下。五本指ソックス。

ごほんゆび-ソックス【五本指ソックス】▶五本指靴下

こ-ま【小間】❶小さい部屋。「叔父は其奥まった—に閉籠って」〈秋声・足迹〉❷茶道で、四畳半以下の狭い茶室。❸建築で、垂木や根太などの配列の間隔。一般に、内法の幅。❹和船で舳先に最も近い部分。❺▶公役小間 ❻明治初年、1か月1円の土地貸し料が得られる東京府内の区域。❼少しの間。あいま。「世の中にまれなる色の高麗錦いかなる—に妹をあひ見ん」〈新撰六帖・五〉

こ-ま【木間】木と木の間。このま。「うちなびく春ともしるくうぐひすは植ゑ木の—を鳴き渡らなむ」〈万・四四九五〉

こま【古満】江戸時代、徳川家に仕えた御用蒔絵師の家。古満休意を祖とする。

こま【独=楽】❶木・金属などの円形の胴に心棒を通し、それを中心として手やひもで回転させて遊ぶ玩具。すり鉢ごま・べいごまなど種類は多い。こまつぶり。(季 新年)「たとふればーのはじける如くなり/虚子」❷固定した一点のまわりを自由に回転できるようになっている剛体。❸紋所の名。❶をかたどったもの。

こま【高麗｜狛】㊀朝鮮半島古代の国名である高句麗。または、高麗。㊁名詞の上に付いて、それが高麗から伝来したものの意を表す。

こ-ま【駒】❶《「子馬」の意》馬。また、子馬。「—を進める」「ひょうたんから—」❷将棋・チェス・双六などで、盤上に並べて動かすもの。❸自分の手中にあって、意志のままに動かせる人や物。「—をそろえる」❹バイオリン・三味線などの弦楽器で、弦を支え、その振動を胴に伝えるために、弦と胴の間に挟むもの。❺刺繡糸を巻くときに用いるエの字形をした糸巻き。❻物の間にさし入れる小さな木片。「—をかう」❼紋所の名。将棋の駒や三味線の駒を図案化したもの。
駒の足掻き　時が過ぎていくことのたとえ。また、時の過ぎるのが速いことのたとえ。
駒を進・める　次の段階へ進む。「決勝に—・める」

こま【×齣】《区切りの意。もとは中国の戯曲で一段(幕)をさす字》❶演劇・映画・小説などのひと区切り・一場面。「四—漫画」➡齣 ❷物語や事件の中の一場面。「忘れられないひと—」❸映画のフィルムの一画面。現在は、1秒間に24齣動く。❹講義もしくは指導に当たる回数。学校、特に大学で、2時間前後を一単位として1週間の時間表を作った場合のひと区切りなど。「週に五—持つ」

コマ〘coma〙❶彗星の頭部の明るく光る、核を取り巻く部分。❷レンズの収差の一。光軸上にない光点から出た光が、球面収差によって彗星状の不規則な像を結ぶもの。非対称収差。コマ収差。

ご-ま【×胡麻】ゴマ科の一年草。高さ約1メートル。茎や葉に軟毛があり、葉は長楕円形。夏、淡紫色を帯びた白色の鐘状の花をつける。果実は円柱状で、中に多数の種子をもつ。エジプトの原産といわれ、黒ゴマ・白ゴマ・金ゴマなどの品種がある。油をとり、また

食用にする。うごま。(季 実=秋|花=夏)「人遠く—にかけたる野良着かな/蛇笏」

胡麻を擂する 他人にへつらって自分の利益を図る。「上役に—る」

ごま【護摩】《梵 homaの音写。焚焼ぼんしょう・火祭りの意》密教で、不動明王や愛染あいぜん明王などの前に壇を築き、火炉かろを設けてヌルデの木などを燃やして、煩悩を焼却し、併せて息災・降伏ごうぶくなどを祈願する修法。

護摩を焚たく 護摩の修法を行う。

ごま-あえ【×胡麻▽和え】ごまあえ 炒ったゴマをすり、砂糖・醬油などで味をつけたもので、野菜・魚介などをあえたもの。ごまよごし。

コマーシャリズム〖commercialism〗商業主義。営利主義。「—に踊らされる消費者」

コマーシャル〖commercial〗❶民間放送などで、番組の前後や途中に行う広告。コマーシャルメッセージ。CM。❷他の語に付いて、商業上の、宣伝のための、の意を表す。(類語)広告・宣伝・PR・アドバタイジング・CM・プロパガンダ・触れ込み・周知・アナウンス

コマーシャル-アート〖commercial art〗商業美術。商品の販売・宣伝を目的とするデザインや平面構成から立体造形に至る広い分野から成る。

コマーシャル-ソング《和 commercial＋song》広告・宣伝のための歌。CMソング。コマソン。

コマーシャル-フィルム〖commercial film〗テレビ用の広告。または宣伝用の映画。CF。

コマーシャル-プログラム〖commercial program〗商業放送で広告主が番組経費を負担する番組。放送会社が制作した番組をそのまま買う場合や、一定の時間を買い自ら番組を作る場合がある。スポンサードプログラム。⇔サステイニングプログラム。

コマーシャル-ベース〖commercial base〗採算。商業ベース。「—に乗る」

コマーシャル-ペーパー〖commercial paper〗約束手形の一種。短期(返済までの期間が1年未満)の資金調達を行うために、企業などが無担保の割引方式で発行する。米国で発達し、日本でも昭和62年(1987)に導入。CP。

コマーシャル-ミックス〖commercial mix〗コンピューターの処理能力を定量的に計測するための手法の一種。事務処理や会計処理など、主に商業分野で利用される。命令ミックスの一。

コマーシャル-メッセージ〖commercial message〗▶コマーシャル❶

ゴマージュ〖フラ gommage〗《削除・消去の意》天然のハーブや植物の種を使い、古い皮膚の角質を取り除く美容法。また、そのための化粧品。➡ピーリング

ごま-あぶら【×胡麻油】ゴマの種子を絞ってとった油。料理のほか、髪油としても使われたことがある。

こま-あみ【細編み】鉤針かぎばり編みの基礎編みの一。針を下段の編み目に入れ糸をすくい出し、さらに糸をかけて2本の糸を一度に引き抜くもの。短たん編み。

コマーロム〖Komárom〗ハンガリー北西部の都市。ドナウ川右岸に位置し、対岸のスロバキアの町コマールノとエルジェーベト橋で結ばれる。古くから軍事的要衝であり、11世紀に初代ハンガリー王イシュトバーン1世が土塁を築いた。19世紀に建造または再建されたイグマーンディ要塞、モノシュトル要塞、チッラグ要塞の三つの要塞がある。作家ヨーカイ=モールの生地。

ごま-あん【×胡麻×餡】❶あんにすったゴマを加えたもの。❷すったゴマを調味して、葛粉くずこを加えてとろみをつけたもの。

こ-まい【小舞】こまい ❶狂言方のまう舞で、小舞謡を地とする短いもの。狂言中の酒宴の場などに舞われるほか、黒紋付き袴はかま姿で地謡の謡によって、単独でも舞われる。狂言小舞。❷歌舞伎の初期のころに演じられた舞踊の一。❶が歌舞伎に入って発達したもの。➡小舞十六番

こ-まい【木舞|小舞】こまい ❶壁の下地として、縦横に組んだ竹や細木。❷垂木たるきの上に横に渡し、屋根裏板・柿板こけらいたなどを受ける細長い材。

こ-まい【古米】新米に対し、その前年にとれた米。ふるごめ。陳米ちんまい。(季 秋)⇔新米。(類語)古古米

こまい【氷=魚|氷=下=魚】タラ科の海水魚。全長約30センチ。体色は灰褐色で、背部に不規則な斑点がある。食用。北海道以北の日本海・太平洋沿岸にすむ。根室地方では冬、海面の氷に穴をあけて釣る。(季 冬)「沓軋きしり現れしアイヌと—釣る/三鬼」

こま・い【細い】〘形〙(多く西日本で)❶形や量、数などが小さい。こまかい。「何歳いくつかい。何、十二、—いな」〈蘆花・思出の記〉❷けちけちしている。お金に細かい。「金に—いことをいう」

こまい-うたい【小舞謡】こまいうたい 狂言謡のうち、狂言小舞の地として謡われるもの。

ごまい-おろし【五枚下ろし】魚のおろし方の一。三枚におろした身のそれぞれを、さらに二つに分けるもの。ヒラメなどに用いる。

こまい-かき【木舞×掻き】こまい 壁の下地にする木舞を組むこと。また、その職人。

ごまい-かぶと【五枚×兜】錏しころの板が5枚ある兜。

こまい-かべ【木舞壁】こまい 木舞で下地を作り、その上を土または漆喰しっくいで塗って仕上げた壁。

ごまい-ざさ【五枚×笹】❶オカメザサの別名。❷紋所の名。5枚の笹の葉を描いたもの。

こまい-じゅうろくばん【小舞十六番】こまいじふろくばん 初期歌舞伎で行われた小舞のうち、主に若衆歌舞伎時代に流行した16曲。はやり小歌に振りをつけたもので、狂言小舞の影響がみられる。業平踊。

こまい-たく【駒井卓】こまゐ［1886〜1972］動物学者・遺伝学者。兵庫の生まれ。欧米に留学。T=H=モーガンに師事し、ショウジョウバエの遺伝を研究。日本での進化遺伝学・人類遺伝学の先駆者となった。

こま-いぬ【×狛犬】《「高麗犬」の意》神社の社頭や社殿の前などに置かれる、一対の獅子ししや犬に似た獣の像。魔よけの力があるといわれ、昔は宮中で几帳きちょうや屛風びょうぶの揺れ動くのをおさえるおもしとしても使われた。こま。

こまい-ぬき【木舞▽貫】こまい 木舞壁の芯に用いる貫。

こま-いれ【駒入れ】❶三味線の駒を入れる袋や箱。❷将棋の駒を入れる箱。

こま-うど【高=麗▽人】《「こまびと」の音変化》高麗の国の人。高麗からの渡来人。「—の参れるが中に、かしこき相人ありけるを聞こし召して」〈源・桐壺〉

こ-まえ【小前】こまへ ■〘名〙江戸時代、田畑や家屋敷は所有するが、特別な家格・権利を持たない本百姓。小作などの下層農民をさす場合もある。小前百姓。■〘名・形動ナリ〙❶商売や家業を小規模に営むこと。暮らし向きがつつましいこと。また、そのさまやその人。「取り広げたる棚もしまひがたく、自然おのづから—になりぬ」〈浮・永代蔵・一〉❷規模が小さいこと。また、そのさま。「村瀬は智者で—な故、風流のない人ぢゃ」〈胆大小心録〉

こま-え【小間絵|駒絵】ゑ 小形の挿絵。カット。

こまえ【狛江】東京都中南部の市。多摩川北岸にあり、住宅地として発展。人口7.9万(2010)。

こまえ-し【狛江市】▶狛江

こまえ-びゃくしょう【小前百姓】こまへびゃくしゃう ▶小前■

こま-おち【駒落ち】将棋で、対局者の間に力量の差があるとき、上位者がその差に応じていくつか駒をはずしてさすこと。香落ち・角落ち・飛車落ち・二枚落ちなどがある。➡平手ひらて

こま-おとし【×齣落(と)し】映画で、標準速度の1秒間24齣より遅い速度で撮影すること。これを標準速度で映写すると、画面の動きが実際よりも速くなる。

こま-おどり【駒踊(り)】こまをどり 民俗芸能の一。木製の馬の首の作り物と尾のついた楕円形の竹の枠を腰にくくりつけ、あたかも騎乗しているように踊る風流ふりゅう踊り。青森・岩手・秋田県などで行われる。

こまか【細か】〘形動〙図〘ナリ〙❶きわめて小さいさま。粗くないさま。「—な網目」「—な雨」❷詳しいさま。「—な説明」❸気持ちなどが隅々まで行き届くさま。「—な心遣い」❹勘定高いさま。けちなさま。「金に—な人」❺ねんごろなさま。親切なさま。「後のわざなどにも、—にとぶらはせ給ふ」〈源・桐壺〉❻繊細で美しいさま。こまやかで趣のあるさま。「—にうつくしき面やうの」〈源・手習〉(類語)細かい・小さい・微小・微細・細微・細密・緻密・密

こまか・い【細かい】〘形〙図こまか・し〘ク〙❶いくつか集まって一まとまりになっているものの、一つ一つの形が非常に小さい。「—い砂」「—い雨が降る」「—い字で書く」「—い編み目のセーター」「野菜を—く刻む」⇔粗い。❷金高が小さい。「—い金を持ち合わせていない」「一万円札を—くする」❸動きが小さい。「肩を—く震わせる」❹物事が細部にわたっている。詳しい。「—い話は抜きにしよう」「情景を—く描写する」❺小さいところまで行き届いている。「芸が—い」「—く気を遣う」❻取るにたりない。些細さいである。「—い過ちをいちいち指摘する」「—い事までとやかく言う」❼勘定高い。金銭に対してうるさい。けちだ。「金に—い奴」「取引に関しては—い」❽囲碁で、勝敗の形勢が微妙である。「—い碁」(派生)こまかさ〘名〙

(類語)(❶)小さい・微小・微細・細微・細密・緻密ちみ・密・細か/(❹)詳しい・詳細・精細・微細・事細か・詳密・明細・子細/(❺)細やか・木目きめ細か・細心・綿密・細緻さいち・緻密・繊細・デリケート・神経質/(❻)細細こまごましい・煩瑣はんさ・瑣末さまつ・些細ささい(連体修飾語として)瑣瑣さたる・区区くくたる/(❼)けち・吝嗇りんしょく・しみったれ・しわい・渋い・しょっぱい・みみっちい

こま-がえし【小間返し】こまがへし 垂木たるき・格子・木摺きずりなどの配列で、間隔を部材の幅と同じにしたもの。

こま-がえし【駒返し】こまがへし「馬返し」に同じ。

こま-がえ・る【こま返る】こまがへる〘動ラ四〙若返る。「年老いぬるばかりの宝はなかりけり。…、—らせ給へかし」〈宇津保・蔵開下〉

こま-がき【細書(き)】❶文字を細かく書くこと。また、その細字。❷細かな字を書く筆。

こま-がく【高=麗楽|×狛楽】❶三韓楽の一。高句麗こうくりの楽舞で、7世紀以前に日本に伝来。楽器は高麗笛・臥箜篌がくご・莫目まくもを用いた。❷雅楽の分類の一。平安初期の楽制改革で、従来の三韓楽と渤海ぼっかい楽を合わせて成立。篳篥ひちりき・高麗笛・三の鼓・太鼓・鉦鼓しょうこを伴奏楽器とし、舞を伴う。右楽うがく。➡唐楽

ごまかし だまして人目を欺くこと。でまかせを言って真実を隠すこと。「彼には—がきかない」(補説)「誤魔化し」「胡麻化し」などと当てて書く。

こまかし・い【細かしい】〘形〙図こまか・し〘シク〙「こまかい」に同じ。「何時いつともなく—い小点しょうてんまで眼に慣れた隊の兵」〈二葉亭・つつを枕〉(補説)細かい程度が、わずらわしいほどであるという含みをもつ。

ごまか・す〘動サ五(四)〙❶本心を見やぶられないように、話をそらしたり、でまかせを言ったりして、その場やうわべをとりつくろう。「笑って—す」「年を—す」「世間の目を—す」❷人目を欺いて不正をする。「帳尻を—す」「不良品を—して売る」(補説)「誤魔化す」「胡麻化す」などと当てて書く。(可能)ごまかせる

(類語)騙だます・欺く・偽る・たばかる・騙かたる・誑たぶらかす・はぐらかす・化かす・一杯食わす

こま-がた【駒形】❶将棋の駒の形をしたもの。❷祭事などに使う、馬の頭や尾の作り物で、胸・腰につけて乗馬を装うもの。

こまがた【駒形】東京都台東区の地名。隅田川に面し、吉原通いの船着き場があった。名は、馬頭観音を祭る駒形堂に由来。こまかた。

こま-が-たけ【駒ヶ岳】㊀北海道南西部、内浦湾南方のコニーデ式火山。標高1131メートル。寛永17年(1640)以降たびたび噴火、昭和4年(1929)にも大爆発があった。渡島おしま富士。渡島駒ヶ岳。㊁秋田県東部仙北市にある二重式火山。標高1637メートル。昭和45年(1970)噴火。高山植物が豊富。秋田駒ヶ岳。㊂新潟県南東部、越後山脈の主峰。標高2003メートル。八海山・中ノ岳とともに越後三山の一。越後駒ヶ岳。魚沼駒ヶ岳。㊃福島県南西部、尾瀬沼の北方にある山。標高2133メートル。会津駒ヶ岳。㊄神奈川県南西部、箱根山の中央火口丘。標高1350メートル。箱根駒ヶ岳。駒形山。㊅山梨・長野の県境

の山。赤石山脈北部の高峰。標高2967メートル。甲斐駒ヶ岳。甲斐駒。白崩山しらくずれ。東駒。㊥長野県南西部、木曽山脈の主峰。標高2956メートル。木曽駒ヶ岳。木曽駒。西駒。㊇富山県東北部、黒部市と魚津市の境にある山。標高2003メートル。越中駒ヶ岳。

こまがた-じんじゃ【駒形神社】岩手県奥州市にある神社。祭神は駒形大神で、神馬とも馬頭観音ともいうが不詳。陸中国一の宮。

こま-がね【細金】小粒の貨幣。細かいかね。「一十八匁もあらうか」〈浮・五人女・二〉

こまがね【駒ヶ根】長野県南部、伊那盆地中央の市。駒ヶ岳(木曽駒)の麓にあり、登山基地。中心の赤穂あかほは宿場町であった。人口3.4万(2010)。

こまがね-し【駒ヶ根市】▶駒ヶ根

こま-がみ【小間紙】趣味や装飾用に加工した紙。千代紙・折り紙・包み紙、祝儀・儀式用の紙など。

ごま-がら【×胡麻▽幹】ゴマの種子をとったあとの蒴果さくかのからのついたままの茎。

ごまがら-じゃくり【×胡麻▽幹▽決り】柱などの表面に、縦に並べて彫りつけた溝。また、その細工。

こまき【小牧】愛知県北西部の市。名古屋市の北方に位置し、名古屋空港がある。北西部にある小牧山は古戦場。人口14.7万(2010)。

ごま-ぎ【×胡麻木】スイカズラ科の落葉小高木。日本特産で、本州以西の山野に自生。高さ2〜5メートル。葉は長楕円形で、もむとゴマのにおいがする。5月ごろ、白い小花を密につける。

ごま-ぎ【護摩木】❶護摩修法のとき、火炉に投じて燃やす木。乾燥した木を段々に切った壇木だんぎと、生木である乳木にゅうぼくの2種がある。❷《護摩で燃やすところから》ヌルデの別名。

こまき-おうみ【小牧近江】こまき[1894〜1978]社会運動家・翻訳家。秋田の生まれ。本名、近江谷駧おうみやこまき。フランスで社会主義的な国際平和運動「クラルテ運動」に参加。帰国後、文芸雑誌「種蒔く人」を創刊、第三インターナショナルを紹介した。

こまき-し【小牧市】▶小牧

こまきながくて-の-たたかい【小牧長久手の戦い】ーのたたかい 天正12年(1584)尾張の小牧・長久手で、徳川家康が織田信雄のぶかつを助けて羽柴秀吉と対戦した戦い。

こま-きゅうい【古満休意】こまきゅうい[?〜1663]江戸初期の蒔絵師。古満家の祖。徳川家光に召されて、江戸城紅葉山の仏殿の蒔絵を担当。精妙な研ぎ出し蒔絵に特色がある。

こま-ぎり【細切り|小間切り】細かく切ること。また、その切ったもの。「一の肉」

こま-ぎれ【細切れ|小間切れ】❶細かく切られたもの。また、その切れ端。「一の知識」❷牛肉・豚肉などを細かく切ったもの。「牛肉の一」

こ-まく【小幕】❶野外に陣屋などを設けるときに外幕の内側に張る小さい幕。内幕。❷人形芝居で、舞台の上手かみて・下手しもてにある人形の出入り口に下げる幕。切り幕。❸上方歌舞伎で、中入なかいりと世話場との間に入れる、軽い内容の短いつなぎの一幕。

こ-まく【鼓膜】外耳と中耳の境にあるほぼ円形の薄い膜。音波を受けて振動し、耳小骨、内耳へ伝える。

こまく-えん【鼓膜炎】鼓膜の炎症。鼓膜が充血し、膿汁がたまることがある。

こま-くさ【駒草】ケシ科の多年草。高山に生え、高さ8〜15センチ。葉は細かく切れ込む。夏、数個の紅紫色の花を下向きに開き、花の形が馬の頭に似ている。高山植物の女王といわれる。(季 夏)「一に石なだれ山匂ひ立つ/碧梧桐」

こま-ぐみ【駒組(み)】将棋で、駒の陣形を組み立てること。また、その陣形。「美濃囲いの一」

こ-まくら【小枕】❶木枕の上にくくりつけて使う、もみ殻やそば殻を入れた細長い円筒形の袋。❷女性が日本髪を結うとき、まげを高くし、髷まげを締めやすいようにかもじの中に根として入れるもの。紙や木で作る。❸日蓮宗で、祖師日蓮の御命講に供える丸く細長い餅もち。小枕餅。

こ-まくら【木枕】木製の枕。きまくら。

こまくら-がえし【木枕返し】こがえし 木枕を多く重ねて手の甲にのせ、それを返して種々の曲芸をすること。

こま-くらべ【駒▽競べ】▶競くらべ馬

こまけ【細け】細かに分けること。また、その分けたもの。小分け。区分。「そこばくの一の物、みなとらせ給ふ」〈宇津保・吹上上〉

こま-げた【駒下▽駄】台も歯も一つの材を刳くって作った下駄。(類語)下駄・足駄・ぽっくり

こま-ごと【細事|細言】こまごました、つまらない事。「一吐かずと早帰れと」〈浄・忠臣蔵〉

こま-ごま【細細】(副)スル ❶細かくて雑多なさま。細かくてあまり重要でないさま。「一(と)した道具類」「一した要件を片付ける」❷細かいところまで行き届くさま。「事情を一(と)話す」❸ねんごろなさま。丁重なさま。「一と世話をやく」「一(と)礼を言う」❹せわしく働くさま。こまめに。「一と立ち働く」❺繊細なさま。こまやかなさま。「髪、色に、一とうるはしう」〈枕・二〇〇〉

こまごまし・い【細細しい】〔形〕図こまごま・し〔シク〕❶たいそう細かい。また、細かく雑多である。「一・い台所道具」❷煩わしい。くどくだしい。「つまらぬことまで一・く取り上げて言う」❸たいへん詳しい。「唐土方へ内義一・しき文をやられしに」〈浮・禁短気・一〉(類語)細かい・煩瑣はんさ・瑣末さまつ・些細ささい・瑣瑣ささ

こまごめ【駒込】東京都豊島区東部から文京区北部にまたがる地区。江戸時代は大名屋敷が多く、柳沢吉保の中屋敷跡が六義園りくぎえんとして残っている。

こまごめ-ピペット【駒込ピペット】ガラス管の上部3分の1程度のところにふくらみをもち、上部にゴム球があるピペット。樹脂製のものもある。名称は1920年代に東京都立駒込病院の院長、二木謙三が考案したことに由来。厳密な計量には適さないが、操作が簡単なため教育現場などで広く利用される。

こま-ざ【駒座】小馬座の別名。

こまさく・れる〔動ラ下一〕図こまさく・る〔ラ下二〕「こましゃくれる」に同じ。「みな顔つき一・れて、十八、九より三十ばかりに見えければ」〈浮・三所世帯〉

ごま-さば【×胡麻×鯖】スズキ目サバ科の海水魚。全長約50センチ。マサバに似るが、腹部に小黒点が多数ある。太平洋の暖海に分布。

こま-ざらい【細×杷い】こまざらい 歯が細く長柄のついた竹または木製・鉄製の熊手。田畑の土を砕いてならしたり、落ち葉などをかき集めたりするのに用いる。このはかき。こまざらえ。

こまざわ-じょしだいがく【駒沢女子大学】こまざわじょしだいがく 東京都稲城市にある私立大学。昭和2年(1927)創設の駒沢高等女学院を前身として、平成5年(1993)に開設。

こまざわ-だいがく【駒沢大学】こまざわだいがく 東京都世田谷区に本部がある私立大学。文禄元年(1592)創立の曹洞宗の旃檀林せんだんりんを起源とし、明治15年(1882)曹洞宗大学林、大正14年(1925)旧制大学となり現名に改称、昭和24年(1949)新制大学に移行。

こま-し【駒師】将棋の駒を製作する職人。

こま-じ【細字】こまかい文字。さいじ。

ごま-しお【×胡麻塩】ごましお ❶炒った黒ゴマと焼き塩をまぜたもの。❷黒いものと白いもののまじったもの。

ごましお-あたま【×胡麻塩頭】ごましおあたま 黒い髪に白髪が入りまじった頭。

こま-じゃく【高=麗尺】朝鮮半島から伝えられ、大宝令制定以前に用いられたといわれる尺。曲尺かねじゃくの1尺1寸7分にあたる。

こましゃく・れる〔動ラ下一〕子供のしぐさや口のききき方などがませていて変に大人びている。こまっちゃくれる。「一・れてかわいげのない子供」

コマ-しゅうさ【コマ収差】コマしゅうさ《comatic aberration》▶コマ

こま-じんじゃ【高麗神社】埼玉県日高市にある神社。祭神は高麗王若光じゃっこう・猿田彦命・武内宿禰。高麗明神。

こま・す〔動サ特活〕❶与える。やる。主に関西で用いる。「百両の目くさり金が、欲しか、一・そ、と取りて投げ捨て」〈浄・忠臣講釈〉❷補助動詞として用いて、ある動作をしようという自分の意志を表す。…してやる。「おのれ、脳天たやいて一・そかい」〈滑・膝栗毛・六〉(補説)活用は「こまさ(こませ)・こまし・こます・こます・こませ・こませ」。

ごま-ず【×胡麻酢】炒ったゴマをすりつぶし、砂糖・塩・酢などを加えて調味したもの。あえ物に使う。

こま-ず・けるこまずける〔動カ下一〕図こまづ・く〔カ下二〕手なずける。懐柔する。「一・けられずして立ち去らず、取り付く虫の弁長や」〈浄・八百屋お七〉

ごま-すり【×胡麻×擂り】へつらって自分の利益をはかること。人に取り入ること。また、そういう人。「一野郎」(補説)語源は、すり鉢でごまを擂ると四方にごまがつくので、あちこちについて人ごとにへつらうさまを言ったとするなど諸説がある。(類語)味噌擂みそすり・おもねる・へつらう・こびる・取り入る・阿諛あゆ・追従ついしょう

こませ　釣りで、魚を集めるための撒まき餌え。こまし。

こませ-あみ【こませ醬=蝦】アミの一種。体長約7ミリ。日本の太平洋側に分布。撒まき餌えにする。

コマ-ソン「コマーシャルソング」の略。

こ-また【コ又】漢字の旁つくりの一。「暇」「假」などの「叚」の部分。字典では部首として扱わない。

こ-また【小股】❶両足を開く幅が狭いこと。また、歩幅の狭いこと。「一で歩く」⇔大股。❷股の部分。また、股に関するちょっとした動作にいう。「一を取って投げる」「何処へ出しても羞しからぬ容女きりょう…口尻あがり一しまりて」〈柳浪・黒蜥蜴〉

小股が切れ上が・る　女性の足がすらりと長く、いきな姿を表す言葉。「一・ったいい女」

小股を掬す・う　❶相撲の小股すくいの手を使う。小股を取る。❷他人のすきを利用して自分の利を図る。小股を取る。「人の一・う」

小股を取・る　「小股を掬すう」に同じ。

こまた-きょう【小又峡】こまたきょう 秋田県北部にある渓谷。森吉山の北東を流れる小又川の支流ノロ川の下流部にある全長6キロメートルの谷。奇岩・滝・甌穴おうけつなどが多い景勝地。

ごま-だけ【×胡麻竹】クロチクの一品種。幹はやや黒みがかり、黒紫色の斑点がある。

こまた-すくい【小股×掬い】こまたすくい ❶相撲のきまり手の一。相手の足の膝のあたりを内側からすくい上げて倒す技。❷他人のすきに乗じて、自分の利益を図ること。

こまた-ばしり【小股走り】小股で走ること。ちょこちょこと走ること。小走り。

ごまだら-かみきり【×胡麻▽斑天=牛】カミキリムシ科の昆虫。体長2.5〜3.5センチ。触角は体より長い。体色は黒くて光沢があり、背面に白斑が散在する。幼虫は鉄砲虫とよばれ、コナラ・シイ・桑などを食害。(季 夏)

ごまだら-ちょう【×胡麻▽斑×蝶】ごまだらちょう 鱗翅りんし目タテハチョウ科の昆虫。翅はねの開張約7センチ。翅は黒色に白紋が散在。幼虫はエノキの葉を食べる。北海道南部から九州にかけて分布。

ごま-だれ【×胡麻垂れ】醬油とみりんを煮立て、冷めてからすりゴマ、または切りゴマをまぜたもの。焼き物のたれに用いる。

ごま-だん【護摩壇】護摩をたく炉を据える壇。大壇、円形の水壇、木製の木壇の3種があり、日本では木壇を用いる。炉壇。

ごまだん-ざん【護摩壇山】和歌山・奈良の県境にある山。標高1372メートル。日高川の水源地。隆起準平原で、山頂に平坦面がある。かつての修験者しゅげんじゃの道場。南西麓は高野竜神国定公園に属する。山名の由来は、屋島の戦いに敗れた平維盛これもりが高野こうや山を経て逃れてきたとき、この地で平家の命運を占い護摩を焚たいたという伝説から。護摩壇岳。

ごまだん-の-ふどう【護摩壇の不動】❶護摩堂の本尊としてまつる不動明王。❷護摩をたく煙で黒ずんでいる不動明王の像のように、黒くて恐ろしそうな顔をした人。

こまち　秋田新幹線で運行されている特別急行列車

の愛称。平成9年(1997)運行開始。東京・盛岡間は東北新幹線「はやて」に連結されて走り、盛岡・秋田間は単独で走行する。

こまち【小町】㊀小野小町(おののこまち)のこと。㊁❶《㊀が美人だったというところから》評判の美しい娘。小町娘。多く、その女性の住んでいる土地の名をつけてよぶ。❷能面の一。老女の面。〔類語〕美人・佳人・美女・麗人・別嬪(べっぴん)・シャン・名花・色女・大和撫子(やまとなでしこ)

コマチアイト〖komatiite〗先カンブリア時代の緑色岩帯に産出する火山岩の一種。表面・内部に樹枝や植物の葉のような模様が見られる。超苦鉄質(ちょうくてつしつ)の岩石で、酸化マグネシウムを多く含む。現在よりも高温のマントルから発生したマグマが固まってできたと考えられている。

こまち-いと【小町糸】木綿の手縫い糸。ガス糸を2本より合わせたもので、光沢があり高級木綿を縫うのに使われる。

こまち-おどり【小町踊(り)】(こまち)江戸前期、京都などで、7月7日の昼、美しく着飾った少女たちが小太鼓をたたき、歌をうたいながら輪になって町々を踊り歩いたもの。七夕踊り。〔季 秋〕「歌いづれ―や伊勢踊/貞徳」

こま-ちかざね【狛近真】[1177～1242]鎌倉前期の雅楽家。古来の楽曲・楽器の由来や奏法を記した「教訓抄」を著す。

こまち-ぐも【小町蜘=蛛】フクログモ科コマチグモ属のクモの総称。体長6～14ミリで、薄黄色。雌はススキや笹の葉を巻いて産室を作り、その中で孵化(ふか)した子グモに自分の体を食べさせる。カバキコマチグモは毒性が強い。

こまち-そう【小町草】(サウ)ムシトリナデシコの別名。

こまち-ばり【小町針】裁縫で用いる、糸を通す穴のない針。待ち針。

こまち-むすめ【小町娘】美人と評判の高い娘。小町。

こまち-もの【小町物】小野小町の伝説に取材して作られた文学作品類。謡曲の「草子洗(そうしあらい)小町」「通(かよい)小町」など。

こまちゃく・れる〔動ラ下一〕「こましゃくれる」の音変化。「―・れた女の子」

こまちや-そうしち【小町屋惣七】浄瑠璃「博多小女郎波枕」の主人公。京の商人で遊女小女郎の愛人。

こ-まつ【小松】小さい松。若い松。

こまつ【小松】石川県南部の市。機械工業が盛ん。また、絹織物・九谷焼の産地。観光地として安宅の関跡・粟津温泉などがある。人口10.8万(2010)。

ご-まつ【語末】語の終わりの部分。語尾。⇔語頭。

こまつ-いし【小松石】伊豆半島の海岸から切り出される輝石安山岩。灰色で質が硬く、庭石や建築用にする。伊豆石。

こま-づかい【小間使い】(こまづかひ)❶主人の身の回りの雑用をする女性。❷禁中に仕えた下級の武士。また、江戸幕府で雑用に使われた下役。

こまつ-くうこう【小松空港】(クウカウ)石川県小松市にある空港。昭和36年(1961)開港。防衛省が設置・管理をしており、航空自衛隊と民間航空が共用する。正式名称は小松飛行場。

こまつ-こうすけ【小松耕輔】(カウスケ)[1884～1966]作曲家・音楽評論家。秋田の生まれ。日本最初のオペラ「羽衣」を作曲。童謡も多く発表、日本の合唱運動の先駆者となった。

こまつ-さきょう【小松左京】(サキャウ)[1931～2011]小説家。大阪の生まれ。本名、実。業界紙記者などを経て、SF作家としてデビュー。ミリオンセラーとなった「日本沈没」で日本推理作家協会賞受賞。他に「日本アパッチ族」「さよならジュピター」「首都消失」など。

こまつ-し【小松市】▶小松

こまつ-しげみ【小松茂美】[1925～2010]古筆学者。山口の生まれ。国鉄職員などを経て昭和28年(1953)東京国立博物館に入り、独学で古筆研究をすすめた。同36年「後撰和歌集 校本と研究」で文学博士号を取得。退官後は古筆学研究所を設立。著作「古筆学大成」「平家納経の研究」など。

こまつしま【小松島】徳島県東部の市。徳島市の南に位置し、小松島港がある。製紙・機械や水産加工業が盛ん。人口4.1万(2010)。

こまつしま-し【小松島市】▶小松島

こまった-ちゃん【困ったちゃん】《俗語》自分勝手な発言や行動で周囲の人をうんざりさせているのに、自分ではそれに気づいていない人をいう。

こまつ-たてわき【小松帯刀】(タテハキ)[1835～1870]幕末の薩摩藩士。名は清廉。島津久光の側近となり、藩を代表して国事に従事。薩長同盟締結、大政奉還に尽力した。

こまつ-どの【小松殿】㊀京都の大炊門(おおいのみかど)の北にあった光孝天皇の生誕所。㊁京都の八条の北、堀川の西にあった平重盛の邸宅。㊂平重盛の通称。小松の内府。

こまつ-な【小松菜】アブラナの変種。野菜として栽培され、葉を汁の実・漬け物・浸し物などにする。若いものをうぐいす菜ともよぶ。江戸時代の産地の一つ、江戸川区小松川にちなむ名ともいわれる。

こま-つなぎ【駒×繋ぎ】❶馬をつなぎとめること。また、そのためのもの。こまとどめ。こまとめ。❷マメ科の草状の低木。山野に生える。高さ60～90センチ。葉は楕円形の小葉からなる羽状複葉。夏から秋、紅紫色の花を総状につける。馬棘。〔季 夏〕

こまつ-の-ないふ【小松の内府】《住居が小松殿で、内大臣(内府)だったところから》平重盛の異称。

こまつ-の-みかど【小松の帝】《生まれた所が小松殿であったところから》光孝天皇の異称。

こまつ-の-みや【小松宮】旧宮家の一。明治3年(1870)創立の東伏見宮を同15年改称したもの。

こ-まつばら【小松原】松がたくさん生えている野原。また、松原を親しんでいう。「わが命を長門(ながと)の島の―幾代を経てか神さび渡る」〈万・三六二一〉

こまつ-ひき【小松引(き)】平安時代、正月初めの子(ね)の日、野に出て小松を引き抜いて遊んだ行事。子の日の遊び。〔季 新年〕「雪嶺の襞濃く晴れぬ―/久女」

こま-つぶり【独=楽】独楽(こま)の古名。「―にむらごの緒つけて、奉り給へりければ」〈大鏡・伊尹〉

こま-つるぎ【高=麗剣|×狛剣】㊀〔名〕高麗ふうの剣。環頭大刀(かんとうたち)。㊁〔枕〕高麗剣は柄頭に環(わ)があるところから、「わ」にかかる。「―わざみが原の行宮(かりみや)に」〈万・一九九〉

ごま-てん【×胡麻点】❶謡い物・語り物または声明(しょうみょう)などの文のわきにつけ、節の高低などを示す符号。黒ゴマのような形をしたもの。節博士(ふしはかせ)。❷「読点(とうてん)」に同じ。❸「傍点(ぼうてん)」に同じ。

こ-まと【小的】射場の的で、小さなもの。直径およそ1尺2寸(約36.4センチ)以下のもの。⇔大的。

ごま-どう【護摩堂】(ダウ)真言宗などの寺院で、護摩をたき修法を行うための仏堂。本尊は不動明王か愛染明王。

ごま-どうふ【×胡麻豆腐】白ゴマのすったものと葛粉(くずこ)とだし汁とを火にかけて練り、豆腐状に冷やし固めたもの。

ごま-どうらん【×胡麻胴乱】❶江戸で文化文政期(1804～1830)に流行した菓子。小麦粉にゴマをまぜて水でこね、焼き膨らませたもの。中が胴乱のように空洞になっていた。❷外見はよいが内容のない人をあざけっていった言葉。見かけ倒し。「底なしといった男より、十段も低い―めが」〈滑・阿多福仮面〉

こまど-しつげん【駒止湿原】福島県南西部にある高層湿原。駒止峠(標高1130メートル)の北側にあり、ミズバショウ・ワタスゲなど湿地性植物群落が見られ国の天然記念物に指定されている。指定面積は約1.48平方キロメートル。

こま-とどめ【駒▽留め】「駒繋(こまつな)ぎ❶」に同じ。

こま-とめ【駒留(め)】❶「駒繋(こまつな)ぎ❶」に同じ。❷がけ道などで、路肩にコンクリートの塊などを並べ、車馬が踏み外したりするのを防ぐ装置。

こま-どり【小間取り|駒取り】❶勝負事で、人を左右二組みに分けるとき、一・三・五の人を左に、二・四・六の人を右にと、互い違いに分けること。「殿の君たちを五所づつ―にとりて」〈延宝版宇津保・菊の宴〉❷「子を捕ろ子捕ろ」に同じ。「春の遊びさまざまござる。擲畝(あないち)、―、羽子(はねをつく)なり」〈洒・風俗問答・序〉

こま-どり【駒鳥】スズメ目ヒタキ科ツグミ亜科の鳥。全長14センチくらい。上面は赤褐色、腹部は白っぽい。ヒンカラカラカラとさえずる声が馬のいななきに似る。日本では夏鳥として渡来、山地の森で繁殖し、冬、中国南部に渡る。〔季 夏〕「―や崖をしたたる露の色/楸邨」

こま-どり【×齣撮り】映画で、1齣ずつ撮影すること。アニメーションなどに用いられる。

ごま-な【×胡麻菜】キク科の多年草。本州以北の山地に自生し、高さ1～1.5メートル。葉は長楕円形で両端がとがる。秋、周囲が白、中央が黄色の頭状花を多数つける。

こ-まなこ【小眼】弓の的の中心の黒い部分。

こま-にしき【高=麗錦|×狛錦】㊀〔名〕高麗の国から渡来した錦。また、高麗ふうの錦。袋・紐(ひも)や畳のへりなどに用いた。㊁〔枕〕高麗の錦で作った紐の意から「紐」にかかる。「―紐解き開けし君ならなくに」〈万・二四〇五〉

こまぬ・く【×拱く】〔動カ五(四)〕❶腕組みをする。「手ヲ―・イテ立ツ」〈和英語林集成〉❷(「腕をこまぬく」などの形で)何もせずに傍観する。「手を―・いて待つ」

こま-ぬり【独=楽塗(り)|高=麗塗(り)】漆芸の技法の一。また、その漆器。ろくろのひき目に沿って赤・黄・黒などの漆で同心円状に色分けして塗り、文様としたもの。椀・香合(こうごう)・盆などがある。

こまね・く【×拱く】〔動カ五(四)〕「こまぬく」の音変化。「腕を―・いてみている」

こま-ねずみ【独=楽×鼠|高=麗×鼠】マイネズミの別名。

独楽鼠のよう 休みなく動きまわるさまのたとえ。「朝から晩まで―に働く」

こま-の-あしがた【駒の足形】ウマノアシガタの別名。

こま-の-つめ【駒の爪】❶駒下駄(こまげた)の異称。馬のひづめの形をしたぼくり。❷ツボスミレの別名。

ごま-の-はい【護摩の灰|×胡麻の×蠅】(ハヒ)昔、旅人の姿をして、道中で、旅客の持ち物を盗み取ったどろぼう。高野聖(こうやひじり)のなりをして、弘法大師の護摩の灰だといって押し売りして歩いた者があったところからの名という。ごまのはえ。

ごま-の-はえ【×胡麻の×蠅】(ハヘ)「ごまのはい(護摩の灰)」に同じ。

ごまのは-ぐさ【×胡麻の葉草】ゴマノハグサ科の多年草。湿気のある草地に生え、高さ約1.2メートル。ゴマに似た葉をもち、夏、黄緑色の壺形の花を総状につける。根を乾燥したものを漢方で玄参(げんじん)といい、解熱・消炎薬として用いる。ゴマノハグサ科は約3000種が世界に広く分布し、草本または木本で、両性花。ジギタリス・オオイヌノフグリ・キリなどが含まれる。

こまば【駒場】東京都目黒区の地名。東京大学教養学部がある。江戸時代、幕府の馬の調教場があった。

こま-ひき【駒×牽き|駒引(き)】《「こまびき」とも》❶馬を引くこと。また、その者。❷平安時代、毎年4月、天皇が群臣とともに武徳殿において、馬寮(めりょう)の馬を御覧になる儀式。5月の騎射に備えたもの。❸平安時代、毎年8月、甲斐・武蔵・信濃・上野(こうずけ)の牧場から貢進する馬を天皇が紫宸殿(ししんでん)で御覧になる儀式。秋の駒牽き。「今日は―とて、左馬寮の使、国々の御牧(みまき)の駒を奉る」〈保元・上〉❹「駒牽き銭(ぜに)」の略。「なめし革の巾着に―の根付をさげ」〈浮・男色大鑑・五〉

こまひき-うた【駒×牽き唄】民謡で、馬子(まご)が馬を引きながらうたう唄。

こまひき-ぜに【駒×牽き銭】人が駒を引いていく図柄の絵銭(えせん)。江戸時代に民間で作られたもの。金のたまるまじないとして財布に入れ、または銭差10文ごとに1枚ずつ挟んだという。こまひきせん。

こま-ひと【▽肥人】古代、肥後国球磨地方に住んでいたといわれる人。
こま-びと【高=麗人】▶こまうど
ごまふ-あざらし【×胡麻▽斑海=豹】鰭脚ききゃく目アザラシ科の哺乳類。体長約1.8メートル。体は灰褐色で細かい斑点があるが、子は白い毛で包まれる。北太平洋・北極海・北大西洋と広く分布し、流氷に乗って北海道付近にも現れる。
こま-ぶえ【高=麗笛┊×狛笛】雅楽に用いる楽器の一つで、竹製の横笛。長さ約36センチ、内径約1センチ。指孔6個で、鋭く高い音を出す。高麗楽や東遊あずまあそびに用いる。細笛ほそぶえ。
こま-ぶえ【駒笛】篠竹しのだけの一端を、斜めに切り落として作った笛。コマドリの鳴き声に似た音を出し、誘い出すのに用いる。
ごま-ふだ【護摩札】護摩をたいて祈り、本尊の霊験を宿らせたとする護符。
こまぼこ【狛鉾┊高麗鉾】雅楽。高麗楽こまがく。高麗壱越調こまいちこつちょうの中曲。舞は四人または二人舞で、高麗の貢船の船棹ふなさおの操作をうつしたという。花釣楽。
こま-まきえ【古▽満×蒔絵】こま 徳川家の御用蒔絵師、古満家が制作した蒔絵。
こま-まわし【独=楽回し】こまは ❶こまを回すこと。❷こまを回す曲芸。また、その芸人。曲独楽きょくごま。
ごま-みそ【×胡麻味×噌】練り味噌にすりゴマを加えたもの。
こま-むかえ【駒迎え】こまむ 平安時代、毎年8月の駒牽こまひきのとき、諸国から貢進される馬を、馬寮めりょうの使いが近江おうみの逢坂おうさかの関まで迎えに出たこと。こまむかい。(季 秋)「―ことにゆゆしや額白/蕪村」
こま-むすび【小間結び┊細結び】ひもの両端を打ち違いにし、さらに折り返して結び固める結び方。真結まむすび。本結ほんむすび。たまむすび。
こ-まめ【小忠=実】〔形動〕図〔ナリ〕労を惜しまないでよく働くさま。まめまめしいさま。「―な人」「―に世話を焼く」「両親に―に手紙を書く」
ごまめ【×鱓】カタクチイワシの幼魚を干したもの。また、それをいって、砂糖・醤油・みりんを煮詰めた汁の中に入れてからませたもの。正月料理に使う。たづくり。ことのばら。(季 新年)「噛かみ噛むや歯切れこまかに―の香/東洋城」
鱓の魚とと交じり つまらない者が、りっぱな人々の中に交じって一人前の顔をしていることのたとえ。雑魚ざこの魚とと交じり。
鱓の歯軋はぎしり 力のない者がいたずらに憤慨し、悔しがることのたとえ。
こま-もの【小間物┊細物】日用品・化粧品などのこまごましたもの。(類語)荒物・雑貨・日用品・消耗品
こまもの-みせ【小間物店】❶小間物を売る店。❷へど。へどを吐くこと。「―を広げる」
こまもの-や【小間物屋】「小間物店こまものみせ」に同じ。
小間物屋を開ひらく へどを吐く意の俗語。
こま-やか【細やか┊▽濃やか】〔形動〕図〔ナリ〕❶一まとまりになっているものの一つ一つの要素が微小なさま。㋐霧などの密度の濃いさま。「夜は―な霧が市街を包む」〈宮本・伸子〉㋑色の濃いさま。「緑色―なシャンゼリゼの森の上に」〈横光・旅愁〉㋒地肌が美しいさま。「きめの―な肌」❷すみずみまで行き届いているさま。㋐情が厚いさま。心がこもっているさま。「―な愛情」「―な心配り」㋑くわしいさま。緻密なさま。「留守中の有体を―に話したのである」〈紅葉・多情多恨〉❸洗練された味わいがある。微妙な趣がある。「春雨の音に東都の春の―なるを忍ぶとき」〈倉田・愛と認識との出発〉❹細かくて雑多なさま。「―なる御調度は、いとしも調ととのへ給はぬを」〈源・初音〉❺配慮が細部にわたっていてすぐれているさま。精巧なさま。「まだ―なるにはあらねども、住みつかば、さてもありぬべし」〈源・松風〉(派生)こまやかさ〔名〕(類語)細かい・木目きめ細か・細心・綿密・細緻さいち・緻密・繊細・デリケート
こま-やき【駒焼】相馬焼そうまやきの別称。
ごま-やき【×胡麻焼(き)】ゴマをつけて焼くこと。また、その食品。
こまゆ-ばち【小繭蜂】膜翅まくし目コマユバチ科のハチの総称。小形のものが多く、触角や産卵管が長い。幼虫は他の昆虫に内部寄生し、多くはさなぎになるときにはい出して小さい繭を作る。アオムシコマユバチ・ウマノオバチなど。
こ-まゆみ【小×檀┊小真弓】ニシキギの一品種。枝に翼が出ないもの。
こま-よけ【駒▽除け】「駒寄せ」に同じ。
ごま-よごし【×胡麻汚し】「胡麻和ごまあえ」に同じ。
こま-よせ【駒寄せ】城門の前などに設けて人馬の侵入を防いだ竹や角材などでつくった柵さく。また、人家の周りに設ける低い柵。こまよけ。
こまより-いと【駒×撚り糸】強く撚りをかけた諸撚もろより糸。
こまり-い・る【困り入る】〔動ラ五(四)〕ひどく困る。すっかり困ってしまう。「手の付けようさえ無くて、―・るの頂上なるべし」〈露伴・いさなとり〉
こまり-き・る【困り切る】〔動ラ五(四)〕すっかり困る。「金がなくて―・っている」
こまり-ぬ・く【困り抜く】〔動カ五(四)〕徹底的に困る。困って手の施しようがない。「―・いて親類に相談に行く」
こまり-は・てる【困り果てる】〔動タ下一〕図こまりは・つ〔タ下二〕困って途方にくれる。全く困ってしまう。「万策尽きて―・てる」
こまり-もの【困り者】取り扱いにてこずる者。もてあまし者。やっかい者。「一家の―」
こま-りんず【駒×綸子】駒撚こまより糸を用いて織った綸子。
こま・る【困る】〔動ラ五(四)〕❶ある物事をどう判断・処理してよいかわからず悩む。取り扱いがやっかいで苦しむ。困惑する。もてあます。手を焼く。「返事に―・る」「聞き分けがなくて―・る」「あいつときたら―・ったもんだ」❷つらいことにあって苦しむ。難儀する。「人手が足りなくて―・っている」「家が狭くて―・る」❸不都合である。迷惑する。「人に知られては―・る問題」「隣の騒音に―・っている」❹金や物がなくて生活に苦しむ。困窮する。「奥さんのような―・った事のない方にゃ…解わからないでしょうがね」〈漱石・明暗〉(類語)(❶❷)弱る・参る・窮きゅうする・困こうずる・苦しむ・困り果てる・困りきる・困りぬく・てこずる・困却する・往生おうじょうする・難儀する・難渋なんじゅうする・閉口する・困惑する・当惑する・途方に暮れる・手を焼く
ごま-ろ【護摩炉】護摩壇の中央に設けた、護摩木をたく火炉。
こ-まわり【小回り】こま ❶小さな円を描いて回ること。(対)大回り。❷細かな身のこなし。また、状況に応じたすばやい動き。「―のきく自動車」❸能や舞踊などで、舞台の一か所で小さく回ること。
こま-わり【駒割(り)】将棋で、対局者の技量の差に応じて、落とす駒を決めること。手合割り。また、形勢を判断するため駒の損得を比較すること。➡駒落ち
コマンタレブ〔フランス comment allez-vous?〕〔感〕お元気ですか。ごきげんいかが。
コマンド〔command〕命令。指令。コンピューターで、処理装置に指示する特定の文字列。キーボード入力を主とするCUIのオペレーティングシステムやアプリケーションソフトなどで使われる命令語を指す。
コマンド〔commando〕特別奇襲隊。また、その隊員。ゲリラ隊員をいうこともある。
ごまん-と〔副〕たくさんあるさま。山ほど。「したいことが―ある」(類語)たんと・どっさり・わんさ・うんと・たっぷり・たくさん・一杯・なみなみ・十分・しっかり・がっつり
コマンド-インターフェース〔command interface〕▶シー-ユー-アイ(CUI)
コマンド-インタープリター〔command interpreter〕コンピューターで、ユーザーがキーボードから入力したコマンドを解釈してオペレーティングシステムに指示を出すためのプログラム。
コマンドール〔フランス commandeur〕司令官。また、レジオンドヌール勲章などの階級の一。コマンドゥール。
コマンド-プロンプト〔command prompt〕MS-DOSやUNIX系オペレーティングシステムにおいて、キーボードからのコマンド入力が可能な状態であることを示す記号。また、この操作を行うウインドーのこと。
コマンド-ベース〔command base〕▶シー-ユー-アイ(CUI)
コマンドライン-インターフェース〔command line interface〕▶シー-ユー-アイ(CUI)
こ-み【小身┊込み】❶刀身の、柄つかに入った部分。中子なかご。❷鏃やじりの、矢幹やがらに差し込んだ部分。篦代のしろ。
こみ【込み】❶いろいろなものをとりまぜて一つに扱うこと。「高級品も安物も―で買う」❷含めること。「税・サービス料―の料金」❸囲碁で互い先せんの対局のとき、先手が有利なため負わされるハンディキャップ。込み出し。「六目半の―」❹生け花で、花器の中の花木を支える小さい木。
コミ〔Komi〕ロシア連邦にある21の共和国の一。ウラル山脈北部西麓に位置し、タイガやツンドラに覆われる。基幹民族はフィン-ウゴル系のコミ人だが、ロシア系が多数を占める。首都はスィクティフカール。
ご-み【五味】❶5種の味覚。物の味の5種。甘さ・酸っぱさ・辛さ・苦さ・鹹しおからさ。❷大般涅槃だいはつねはん経に説く、牛乳を精製して順次に生ずる5つの味。乳味・酪味・生酥しょうそ味・熟酥味・醍醐だいご味で、醍醐味を最高の味として仏の涅槃にたとえる。天台宗ではこれを釈迦1代の教説の順序になぞらえ、五時教に配する。
ごみ【×塵┊×芥】❶利用価値のないこまごました汚いもの。ちり。あくた。塵芥じんかい。「―の山」「―捨て場」❷水底にたまった泥状のもの。「水田みずたの―深かりける畔くろの上に」〈平家・九〉
(用法)ごみ・くず――「ごみ」は不要になり捨てられた物や、その辺にある汚いものをいう。「粗大ごみ」「川にごみを捨てる」などを普通「くず」とは言わない。◇「くず」は、切ったり削ったりして、良いところをとったりしたあとに残る役に立たない部分をいう。「パンくず」「糸くず」のように他の語に付いて、役にも立たないかけら、切れ端であることを示し、また、役に立たない意から比喩的に「あいつは人間のくずだ」などともいう。
(類語)屑くず・塵ちり・埃ほこり・塵芥ちりあくた・塵芥じんかい・滓かす
こみあい-こうか【込(み)合い効果】こみあひかうくわ 個体間の相互作用が、その生存・発育、行動に影響すること。
こみ-あ・う【込(み)合う┊混(み)合う】こみあ〔動ワ五(ハ四)〕大ぜいの人や多くの物事が1か所に入りまじる。雑踏する。「週末で列車が―・う」
(類語)込む・たて込む・ごった返す・ごたつく・犇ひしめく・犇ひしめき合う・混雑する・雑踏ざっとうする
ごみ-あくた【×塵×芥】❶ごみとあくた。ごみ。「―の山」❷全く値うちのないもの。「―扱い」
こみ-あ・げる【込(み)上げる】〔動ガ下一〕図こみあ・ぐ〔ガ下二〕❶喜怒哀楽の激しい感情が沸き上がってきて胸がいっぱいになる。また、こらえきれずにあふれ出る。「涙が―・げる」「怒りが―・げる」❷胃の中の物が突き上げるように口の方へ出てくる。「吐きけが―・げる」(類語)沸き上がる・あふれ出る
コミーリャス〔Comillas〕スペイン北部、カンタブリア州、ビスケー湾に面する町。19世紀末、実業家コミーリャス侯爵が建てた邸宅があり、その庭園にガウディが設計したエル-カプリチョという建物がある。サンタンデールに近く、夏季の海岸保養地として知られる。
こみ-い・る【込(み)入る】〔動ラ五(四)〕❶いろいろなものが複雑に入り組んでいる。「―・った事情」「筋の―・った推理小説」❷大ぜいの人が無理やり中にはいり込む。「中山の国分寺の三門に…おおぜいの人が―・って来る」〈鴎外・山椒大夫〉
(類語)複雑・煩雑はんざつ・煩瑣はんさ・錯雑・錯綜さくそう・ややこしい・しち難しい・入り組む・手が込む
ごみ-かつぎ【×塵×潜】トビケラ類の幼虫。いさごむし。
こ-みかど【小▽御門】小門こもんを敬っていう語。「―より出でんと仰せごと候ひつれば」〈宇治拾遺・三〉
こみかど-じんじゃ【小御門神社】千葉県成田市にある神社。祭神は藤原師賢もろかた。明治12年(1879)の創建。
コミカル〔comical〕〔形動〕こっけいなさま。おどけたさま。喜劇的。「―な演技」(類語)おかしい・おもしろ

い・愉快・痛快・滑稽・ひょうきん・ユーモラス・笑える

こ-みかんそう【小▽蜜×柑草】ーミカンサウ トウダイグサ科の一年草。暖地の畑地に生え、高さ10～30センチ。葉は小さく、2列に互生して並ぶ。夏から秋、赤褐色の小さな雄花と雌花とをつけ、赤褐色で扁球形の実を結ぶ。きつねのちゃぶくろ。

コミケ 「コミックマーケット」の略。

コミケット〖comiket〗「コミックマーケット」の略。

コミ-げんせいりん【コミ原生林】《Devstvennïe lesa Komi》ロシア連邦西部、コミ共和国に広がる原生林。面積約3万2800平方キロメートル。ウラル山脈の北方西麓に、トドマツ・カラマツ・モミ・トウヒなどの針葉樹林を主体とするタイガが広がり、ヘラジカ・オオヤマネコ・トナカイ・ユキウサギなどが生息する。1995年に世界遺産(自然遺産)に登録。コミの原生林。

ごみ-こうすけ【五味康祐】ーカウすけ ▶ごみやすすけ(五味康祐)

ごみ-こけいねんりょう【×塵固形燃料】ーコケイネンレウ 生ごみ、故紙など燃えるごみを破砕乾燥し、石灰を混ぜて圧縮成形した燃料。石炭と同等のカロリーを持つ。大量に保存すると自然発火の恐れがある。廃棄物固形燃料。RDF(refuse derived fuel)。

こみ-こみ【込(み)込(み)】旅館や飲食店の支払いなどで、税・サービス料を含むこと。「一の料金」

ごみ-ごみ〔副〕スル 狭苦しく、雑然としてまとまりのない感じを与えるさま。「一(と)した通り」

こみさか-しお【込(み)逆潮】ーしほ 込み潮と逆潮とが入りまじった潮流。

ごみ-さらい【×塵×浚い┊×芥×浚い】ーさらひ ごみをさらい取っていくこと。また、その人。ごみとり。

こみ-ざん【▽繁桟┊込み桟】戸や板などを補強するために、その片側に桟をたくさん打ちつけること。また、そのもの。「心細けき一の、門の枢戸(くるりど)押し開くる」〈読・八犬伝・四〉

ごみ-し【五味子】チョウセンゴミシの果実。甘味・酸味・辛味・苦味・塩味があるという。漢方で鎮咳(ちんがい)・強壮薬などに用いる。

こみ-しお【込(み)潮】ーしほ 沖から海岸のほうに向かって流れてくる潮流。

こ-みじか・し【小短し】〔形ク〕❶てみじかである。簡単である。「取組は御屋形の御意でござると一・く、わけも聞こえる、道もたつ」〈浄・反魂香〉❷普通より短めである。「一・き大小を、落指(おとしざし)にさして」〈洒・辰巳之園〉

ごみ-じゅく【五味×粥】禅寺で、12月8日の仏成道の日に作る、五穀に味噌・酒かすを入れて作ったかゆ。臘八粥(ろうはちがゆ)。

こ-みじん【粉▽微×塵】ーミヂン〔名・形動〕「こなみじん」に同じ。「波が一に砕け散る」

こみず こみづ〔名・形動〕❶ささいなこと。細かなこと。また、そのさま。「誠に一な所へ気が付かっしゃるから」〈人・梅児誉美・後〉❷しみったれなこと。けちなこと。また、そのさま。「これ一な客のすることなり」〈洒・通言総籬〉❸こごと。とがめだて。文句。「おいらが引いて来た此の車に一ぬかすが最期」〈伎・韓人漢文〉❹悪口をいうこと。中傷。「判官(きやく)へいろいろと一を言うて」〈洒・秘事真告〉

コミスコ〖COMISCO〗《Committee of the International Socialist Conference》国際社会主義者会議委員会。社会民主主義政党の国際的協力組織で、1947年コミンフォルムに対抗して結成された。51年、社会主義インターナショナルへ発展的に解消。

ごみずのお-てんのう【後水尾天皇】ごみづのをテンワウ [1596～1680]第108代天皇。在位、1611～1629。後陽成天皇の第3皇子。名は政仁(ことひと)。禁中並公家諸法度の制定などによる幕府の圧迫に対する不満から明正天皇に譲位、その後4代にわたって院政を執った。学問・詩歌を好み、洛北に修学院離宮を造営。歌集「鴎巣集」がある。

こ-みずむし【小水虫】ーみづむし 半翅(はんし)目ミズムシ科の昆虫。池や沼の水中にすむ。体長6ミリくらい。体は長卵円形で黄褐色。後脚は櫂(かい)状。夏、灯火に飛んでくる。ふうせんむし。

こ-みせ【小店┊小見世】❶小さな店。❷江戸時代の新吉原で、妓楼の小規模のもの。❸(東北地方で)雪の季節、人の通行を許している軒下。

こみ-せん【込(み)栓】柱に通した貫(ぬき)などを固定するため、柱の側面から打ち込む小木片。

ごみそ 青森・秋田県などに多い祈祷(きとう)・卜占(ぼくせん)者の一。多くは既婚の女性。依頼をうけて神前で祈祷などを行う。「いたこ」のように目が不自由でなく、師匠にもつかず、特別の用具も持たない。

こみ-だか【込高】江戸時代、領地替えなどで、従来の知行高と新しい石高が等しいのに年貢率の相違により収入額が減少する場合、別に増加された石高。

こ-みだし【子見出し】辞書で、ある見出しの下に従属する形で配列されている、その語で始まる成句・ことわざ・複合語などの見出し。➡親見出し

こ-みだし【小見出し】❶文章の章や節などにつける見出し。❷新聞などで、大きな見出しのわきに補足的につける、小さな字の見出し。⇔大見出し。

(類語)見出し・大見出し・ヘッディング

こみ-だし【込(み)出し】▶込み❸

ごみ-ため【×塵×溜め┊×芥×溜め】ごみを捨ててためておく場所。はきだめ。ちりづか。

(類語)掃き溜め・肥溜め・溜め

塵溜めに鶴(つる) 「掃き溜めに鶴」に同じ。

ごみ-だゆう【×芥▽太▽夫】ーダイフ 江戸後期、ざるに竹ざおをさしたものなどを抱え、こっけいな扮装(ふんそう)で、口三味線で浄瑠璃を語った門付け芸人。

ごみ-たろう【五味太郎】ータラウ [1945～]絵本作家。東京の生まれ。デザイナーを経て、斬新なタッチと鮮やかな色彩感覚を駆使した絵本を数多く著し、日本屈指の人気絵本作家となる。海外でも高い評価を得て、国内外を問わず多くの賞を受けた。代表作「さる・るるる」「きんぎょがにげた」など。

こ-みち【小道┊小▽径】㊀〔名〕❶幅の狭い道。また、横道。わき道。⇔大道(おおみち)。❷6町を1里とする里程。⇔大道(おおみち)。㊁〔形動ナリ〕❶気の小さいさま。「手前の金なれば商売にさへ二の足ふみ、一なる故高利もなし」〈洒・初葉南志〉❷金銭にこまかいさま。けちくさいさま。「こんな一なる所を見ては、一日も中々暮らさるる所とは思はれず」〈浮・置土産・三〉

(類語)細道・小径(しょうけい)・小路(こうじ)・路地

コミック〖comic〗㊀〔名〕❶「コミックオペラ」の略。❷続き漫画。また、漫画雑誌。コミックス。「一誌」㊁〔形動〕こっけいなさま。喜劇的。コミカル。「一なメロディー」(類語)漫画・劇画・カートゥーン・ストリップ

こみ-つ・く【込み付く】〔動カ下二〕やりこめる。きめつける。力ずくでする。「しぶとき輩(ともがら)に逢うては一・けられて尾骨(おぼね)上らず」〈仮・浮世物語・三〉

コミック-オペラ〖comic opera〗喜劇的な内容をもつ歌劇の総称。喜歌劇。

コミックス〖comics〗漫画本。雑誌掲載の連載漫画や、書き下ろしの漫画を、1冊の本にしたもの。

コミック-ソング〖comic song〗こっけいみのある歌。

コミック-マーケット〖comic market〗漫画同人誌の大規模な展示即売会。毎年8月と12月に東京で開催される。第1回は昭和50年(1975)開催。コミケット。コミケ。(補説)「コミックマーケット」「コミケット」「コミケ」は、有限会社コミケットの商標。

コミッショナー〖commissioner〗プロ野球・プロボクシングなどで、その統制をとるために全権を委任された最高責任者。

コミッション〖commission〗❶委任。委任状。❷委託業務に対する手数料。周旋料。口銭(こうせん)。❸委員会。❹賄賂(わいろ)。(補説)英語では❹は、bribe

(類語)裏金・賄賂・まいない・袖の下・鼻薬・リベート

コミッション-システム〖commission system〗地方政府組織の形態として、公選による委員が立法機関を構成しながら、行政各部局を分担するもの。委員会制。

コミッティー〖committee〗委員会。

コミット〖commit〗〔名〕スル かかわり合うこと。関係すること。「多くの知識人が運動に一した」

コミット-チャージ〖commit charge〗コンピューターのプログラムが動作中に必要とするメモリーの合計。複数のプログラムを実行してコミットチャージが物理メモリーを上回ると、スワップが生じ、実行速度が遅くなる。

コミットメント〖commitment〗❶約束。誓約。公約。確約。「近隣諸国との一を守る」❷かかわり。かかわりあい。関与。介入。「政治への一の意思を明確にする」

コミットメント-ライン〖commitment line〗あらかじめ設定した期間・融資限度額の範囲内で、借り手が必要なときに融資を行うことを約束する契約。また、その融資枠のこと。限度額の範囲内であれば、何度でも資金を借入、返済できる。期間は通常1年以内。特定融資枠契約。➡タームローン

コミティア〖ラテン comitia〗古代ローマの市民総会。貴族会・兵員会・区民会・平民会の4種類の総称。

こ-みどり【濃緑】濃い緑色。深緑。

ごみ-とり【×塵取り┊×芥取り】❶掃き集めたごみを取る道具。ちりとり。❷「塵浚(ごみさらい)」に同じ。

こみなと【小湊】千葉県南部、鴨川市の地名。日蓮上人の生誕の地で、誕生寺の門前町。

こ-みねかえで【小峰×楓】ーみねかへで カエデ科の落葉小高木。葉は五つに裂けている。雌雄異株。夏、紅黄色の小花が多数咲く。本州以西の山地に自生。

こ-みの【小▽美▽濃】《小判の美濃紙(みのがみ)の意》鼻紙などにする小判の和紙。小菊(こぎく)。

コミノット-とう【コミノット島】ータウ《Kemmunett》地中海中央部の島国、マルタ共和国の島。コミノ島の属島で、西に約100メートル離れて位置する。面積は0.25平方キロメートル。コミノ島との間の浅瀬は「ブルーラグーン」と呼ばれ、観光客に人気がある。

コミノ-とう【コミノ島】ータウ《Kemmuna》地中海中央部の島国、マルタ共和国の島。マルタ島とゴゾ島の間にある面積3.5平方キロメートルの小島。名称はかつて香辛料のクミンが栽培されたことにちなむ。中世に海賊の拠点になったほか、マルタ騎士団の猟場として利用された。属島のコミノット島との間の浅瀬は「ブルーラグーン」と呼ばれ、観光客に人気がある。

ごみ-ばこ【×塵箱┊×芥箱】❶ごみを入れるための箱。❷《recycle bin; trash box》コンピューターの不要なファイルやフォルダーを削除する機能の一。デスクトップのごみ箱型のアイコンに、不要なファイルやフォルダーを入れる。操作の時点では完全に削除されず、復元が可能。完全削除の処理を行うと、実際に削除され、削除分のディスク容量が増加する。

こみ-ぶ【込み歩】江戸時代の検地で、地味の劣った田畑は実際の面積より減らして検地帳に記載すること。捨て歩。

こみ-まい【込米】▶合米(ごうまい)

こみま-しお【込(み)真潮】ーしほ 込み潮と真潮との入りまじった潮流。

こ-みみ【小耳】耳。また、ちょっと耳にすること。ちらりと聞くこと。「一にとまる」「小鬢(こびん)のはづれ一の上、三太刀まで切られければ」〈太平記・三二〉

小耳に挟・む 聞くともなしに聞く。ちらりと聞く。「ちょっといい話を一・んだ」

こ-みみずく【小耳木=菟】ーみみづく フクロウ科の鳥。全長約38センチ。全体に褐色。日本には冬鳥として渡来、草原などで昼間も活動し、ネズミなどを捕食。

ごみ-むし【塵=芥虫┊歩=行=虫】❶ゴミムシ科の昆虫。体長1.2センチくらい。黒色で、頭頂部に一対の赤い点紋がある。地表にすむ。❷甲虫目ゴミムシ科の昆虫の総称。体は長楕円形、黒色で光沢がある。脚は長く、活発に歩行する。幼虫・成虫ともに肉食性。ごみの中、石の下、樹皮下などにすむ。

ご-みゃく【語脈】文の中での、語と語とのつながりぐあい。「一のはっきりしない文章」➡文脈

ごみ-やすすけ【五味康祐】[1921～1980]小説家。大阪の生まれ。「喪神(そうしん)」で芥川賞受賞。「柳生武芸帳」などで剣豪小説ブームを起こした。他に「二

人の武蔵」「一刀斎は背番号6」など。
こみや-とよたか【小宮豊隆】[1884～1966]独文学者・評論家。福岡の生まれ。夏目漱石門下として、「漱石全集」を編集。著「夏目漱石」「芭蕉の研究」など。
こみやま-ふうけん【小宮山楓軒】[1764～1840]江戸後期の儒学者・民政家。常陸の人。名は昌秀。通称、次郎右衛門。立原翠軒に師事し、彰考館員となり、農政・歴史に通じた。著「農政座右」「垂統大記」など。
コミューター-カップル〖commuter couple〗勤務地などの関係で別居し、週末などだけ一緒に生活する夫婦。通い婚の夫婦。別居結婚している夫婦。
コミューター-こうくう【コミューター航空】《commuterは、定期券利用の通勤者の意》小型航空機による短距離航空便。
コミューン〖フランス commune〗《「コンミューン」とも》❶11～13世紀の中世ヨーロッパで、王や領主から特許状により一定の自治権を認められていた都市。❷フランス地方行政上の最小単位。❸「パリコミューン」の略。
コミュナリズム〖communalism〗《「コンミュナリズム」とも》❶地方自治を重んじ、中央集権に反対する考え方。地方分権主義。地方自治主義。❷同一の宗教・言語などをもつ地域社会の利害を優先させ、その優位性を強調する考え方。特に、インドにおけるヒンズー教徒とイスラム教徒との対立に関連していわれる。
コミュニケ〖フランス communiqué〗外交交渉の経過・結果を示す公式声明書。当事国間で合意に達すれば共同コミュニケの形をとることが多い。公式声明。(類語)声明・ステートメント・宣言・覚え書き
コミュニケーション〖communication〗❶社会生活を営む人間が互いに意思や感情、思考を伝達し合うこと。言語・文字・身振りなどを媒介として行われる。「―をもつ」「―の欠如」❷動物どうしの間で行われる、身振りや音声などによる情報伝達。(補説)「コミュニケーション」は、情報の伝達、連絡、通信の意だけではなく、意思の疎通、心の通い合いという意でも使われる。「親子の―を取る」は親が子に一方的に話すのではなく、親子が互いに理解し合うことであろうし、「夫婦の―がない」という場合は、会話が成り立たない、気持ちが通わない関係をいうのであろう。(類語)伝達・伝令・連絡・伝える・通知・告知・一報・音信・音信・消息・通信・コンタクト・案内・知らせ・通告・通達・通牒・報・インフォメーション
コミュニケーション-ギャップ〖communications gap〗相互に理解しあうべきコミュニケーションで、その理解の仕方や価値観の相違、情報の不足などにより、食い違いを見せること。
コミュニケーション-ツール〖communication tool〗意志や情報を伝達するための道具。
コミュニケーション-プリンター〖communication printer〗重度障害者のためのコンピューター内蔵の意思表示装置。画面やタッチボードに触れることで、伝えたい内容をプリントすることができる。
コミュニケーション-プロセス〖communication process〗情報の送り手からの情報が受け手に受容されていく過程。
コミュニケーション-マネージメント〖communication management〗コミュニケーション活動全体の計画の立案・運営・管理をいう。
コミュニケーター〖communicator〗伝達者。通訳など国際間での意思疎通を図る人をいう場合が多い。
コミュニケート〖communicate〗〔名〕スル《伝達する意》意思や情報などを伝えること。「言葉の垣根を越えて―する」(類語)伝える・知らせる・報ずる・告げる・言い送る・申し送る・達する・伝達・通知・連絡・通告・通達・下達・令達・口達・通ずる・取り次ぐ・伝言・宣する・知らす・触れる・話す
コミュニスト〖communist〗共産主義者。
コミュニズム〖communism〗「共産主義」に同じ。
コミュニティー〖community〗居住地域を同じくし、利害をともにする共同社会。町村・都市・地方など、生産・自治・風俗・習慣などで深い結びつきをもつ共同体。地域社会。(類語)社会・ソサエティー
コミュニティーアンテナ-テレビ《community antenna television》有線テレビ。テレビ局が未開設の地域でテレビを見るために共同のマスターアンテナで、電波を受信し、有線で各家庭に分配したことに始まる。以後、遠隔地や山間部にみられる難視聴地域の解消を図るCATVが普及し、最近では都会などの受信障害に対応する都市型CATVへと発展。
コミュニティー-エフエム【コミュニティーFM】通常のFMより出力の小さい、市町村単位の小規模なFMラジオ放送。平成4年(1992)に郵政省(現総務省)が制度化した。細かい地域情報の提供、住民参加型の番組制作を通じて地域の活性化を図るねらいがある。コミュニティー放送。
コミュニティー-カレッジ〖community college〗米国・カナダなどにみられる、地域社会大学。地域住民のために無料で開放された大学。主に2年制であるが、3・4年制もある。
コミュニティー-ケア〖community care〗共同体内での介護。相互扶助。
コミュニティー-スクール〖community school〗学校と地域社会の一体化によって行われる教育。地域社会の諸問題をとりあげて教科に組み入れるとともに、学校を開放して一般人をも参加させる方法。米国で1930年代に起こった。地域社会学校。CS。➡地域運営学校
コミュニティー-センター〖community center〗地域社会にあって、住民の地域共同体意識を高めるための施設。公民館・図書館・学校・公園など。
コミュニティー-チェスト〖community chest〗共同募金。
コミュニティー-どうろ【コミュニティー道路】地区住民が安全・快適に利用するために、一定区域を車の通り抜け禁止にするなどの工夫をした道路。
コミュニティー-バス《和 community＋bus》一定の地域内を、その地域の交通需要に合わせて運行するバス。小型バスで住宅地の内部まで入ったり、公共施設を結ぶなど、通常の路線バスではカバーしにくいきめ細かい需要に対応するためのもの。多くは地方自治体の補助によって運営される。
コミュニティー-ビークル〖community vehicle〗特定の地域でのみ使用される自動車。
コミュニティー-ビジネス〖community business〗地域の住民を中心に組織し、企業や行政機関の対応しにくい、生活者の需要を掘り起こして展開する事業。収益を上げるだけでなく、社会奉仕の要素も強く、介護・子育て・教育・町作り・資源リサイクルなどの分野がある。
コミュニティー-ペーパー〖community paper〗一定の地域の住民を対象に地元で出している、新聞や広報。
コミュニティー-ほうそう【コミュニティー放送】►コミュニティーFM
ご-みょう【五明】古代インドで用いられた学問の分類法。仏教では、仏教徒の学ぶ内と、世俗一般の外とに分ける。内の五明は、声明(文法・文学)・工巧明(工芸・技術・暦数)・医方明(医学)・因明(論理学)・内明(哲学・教義学)、外の五明は、ふつう、声明・工巧明・医方明・呪術明・符印明とする。
こ-みんか【古民家】建築後100年ほどもたった和風の家。武家屋敷なども含む。年数にきまりはない。
ごみん-かん【護民官】古代ローマ共和制時代に、貴族と平民との間に立ち、平民の身体・財産を保護した官職。平民会から選出され、元老院の議決に対する拒否権を持ち、その身は神聖で、これに不敬を加えるものは厳刑に処せられた。トリビューン。
ごみん-さん【五眠蚕】幼虫のときに5回休眠・脱皮してから繭を作る蚕。
コミンテルン〖ロシア Komintern〗►第三インターナショナル
コミント〖COMINT〗《communication intelligence》外国の通信電波などを傍受・測定して得られる情報・知識。通信情報。
コミンフォルム〖Cominform〗《Communist Information Bureau》共産党・労働者党情報局。1947年、ソ連をはじめとするヨーロッパ9か国の共産党が設立した情報交換、活動調整のための連絡機関。ソ連共産党の指導下にあったが、1956年解散。
コム〖COM〗《computer output on microfilm》コンピューターの出力情報をマイクロフィルムに写真記録する装置。また、そのフィルム。
コム〖Qom〗イラン北西部の都市。テヘランの南方に位置する。イスラム教シーア派の巡礼地。クム。人口、行政区96万(2006)。
こ-む【▽子▽産む・▽卵▽産む】〔動マ四〕《「こう(子産)む」の音変化》子供や卵を産む。「汝が御子やつひに知らむと雁は―・むらし」〈記・下・歌謡〉
こ-む【込む・混む・▽籠む】㊀〔動マ五(四)〕❶一つ所に多くの人や物が集まっていっぱいになる。混雑する。また、物事が一度に重なる。「銭湯が―・んでいる」「道路が車で―・む」「日程が―・んでいる」「負けが―・む」❷(込む)仕組みが複雑に入り組む。精巧である。「手の―・んだ細工」❸(込む)動詞の連用形に付いて、複合語の形で用いる。㋐中に入る。「風が吹き―・む」「飛び―・む」「殴り―・む」㋑中に入れる。「書き―・む」「詰め―・む」「呼び―・む」㋒ある状態をそのままずっとしつづける。「座り―・む」「黙り―・む」㋓すっかりその状態になる。「冷え―・む」「老い―・む」㋔徹底的に事を行う。「教え―・む」「煮―・む」「使い―・んだ万年筆」㊁〔動マ下二〕「こめる」の文語形。(補説)「込」は国字。(類語)(㊀❶)込み合う・立て込む・ごった返す・ごたつく・犇めく・雑踏する
ゴム〖オランダ gom〗❶わずかな力で大きく伸び、外力を除くとほとんど瞬間的にもとに戻る性質をもつ物質。ゴムの木から採取したラテックスから作る天然ゴム、石油などから化学的に合成する合成ゴム、再生ゴムなどがある。ラバー。弾性ゴム。❷植物から分泌される多糖類で、水溶性の粘性のある物質。弾性は示さない。アラビアゴム・トラガカントゴムなど。(補説)「護謨」とも書く。
ゴム-あみ【ゴム編み】棒針編みで、表編みと裏編みとを交互にくり返し、縦方向に畝ができるようにした編み方。伸縮性に富む。リブ編み。
ゴム-いと【ゴム糸】ゴムを糸状にしたもの。
ゴム-いん【ゴム印】ゴム製の印判。
(類語)印・印章・印判・印鑑・判・判子・スタンプ
ゴムウカ〖Gomułka〗►ゴムルカ
コムーネ〖イタリア comune〗❶中世イタリアの都市国家。❷現代イタリアの地方自治体。日本での市町村にあたる。
ゴム-かん【ゴム管】ゴム製のくだ。
こ-むぎ【小麦】イネ科の一年草。高さ約1メートル。茎は節のある円筒状で、葉は細長く、基部は茎を抱く。5月ごろに穂状の花をつけ、実は楕円形で溝があり、熟すと褐色になる。西アジアの原産で、重要な穀物として世界中で栽培。多くの品種があり、春小麦と冬小麦とに大別される。実を主に粉にひいてパンなどの原料にする。まむぎ。パン小麦。(季 夏)
こむぎ-いろ【小麦色】小麦の種子のようなつやのある薄茶色。特に、健康そうに日焼けした肌の色にいう。「―の肌」
こむぎ-こ【小麦粉】小麦をひいて粉にしたもの。パン・うどん・菓子などの原料。うどん粉。メリケン粉。➡全粒粉 (類語)麦粉・メリケン粉・うどん粉
こむぎ-はいがゆ【小麦×胚芽油】小麦の胚芽から抽出した油。リノール酸・ビタミンEを豊富に含む。食用。
ゴム-ぐつ【ゴム靴】ゴム製の靴。
こ-むくどり【小×椋鳥】スズメ目ムクドリ科の鳥。全長19センチくらい。背面は黒褐色で、頭部と下面は白っぽい。本州中部以北に夏鳥として渡来する。
ゴム-けし【ゴム消し】消しゴム。
ごむけん-ごう【五無間業】仏語。無間地獄

に落ちる5種の悪業。母を殺すこと、父を殺すこと、阿羅漢を殺すこと、僧の和合を破ること、仏身を傷つけることの五つ。五逆罪。

ゴム-サック《和 gom(オランダ)＋sack》❶ゴム製の指サック。❷コンドーム。

コムサット〖COMSAT〗《Communications Satellite Corporation》米国の通信衛星会社。1963年設立。インテルサット、インマルサットにも参加。

ゴム-しゅ【ゴム腫】梅毒の第3期に、顔面や胸骨などに現れる、くるみ大の固くて弾力のあるしこり。

ゴム-しょう【ゴム×漿】アラビアゴムの溶液。淡黄色で粘りけがあり、のり・乳剤などに用いる。

ゴム-しょくぶつ【ゴム植物】ゴム質の乳液を分泌する植物。分泌液から弾性ゴムを作る。パラゴムノキ・インドゴムノキ・グッタペルカノキなど。

こ-むずかし・い【小難しい】〘形〙図こむづか・し〘シク〙《「こむつかしい」とも》少しばかりむずかしい。ちょっとめんどうである。「―・い理屈をこねる」「―・い顔つき」派生こむずかしげ〘形動〙こむずかしさ〘名〙
類語 難しい・分かりにくい・難解・詰屈・晦渋・深遠・高度・ハイブロー・歯が立たない・しち難しい

こ-むすび【小結】相撲で、関脇の次位。三役の最下位。

こ-むすめ【小娘】まだ、一人前に成長していない女。14、5歳くらいの少女。軽いあざけりの気持ちを含んでいうことが多い。「生意気な―だ」
類語 少女・女の子・娘・童女・乙女・乙女子・女子・ガール・ギャル・女児・女子・子女

コムセック〖COMSEC〗《communications security》軍事用語で、通信保全。通信が敵に漏れるのを防ぐこと。

こむ-そう【虚無僧】普化宗の有髪の僧。宗祖普化禅師の遺風と称して、天蓋とよぶ深編み笠をかぶり、首から袈裟と食箱を掛け、尺八を吹いて米銭を乞い、諸国を行脚し修行した。薦を携えて野宿したところからとも、また、「虚無」は空の意とも人名ともいう。普化僧。薦僧。類語 雲水・旅僧・行脚僧・山伏・雲衲・行者・修験者・梵論字・遍路

ご-むそう【御夢想】夢の中で神仏のお告げがあること。また、そのお告げ。「清水の―によりこれまで尋ね参りたり」〈仮・恨の介・上〉

ゴム-ぞうり【ゴム草履】底または全体がゴムやスポンジで作られた草履。

コムソモール〖ロシア komsomol〗共産主義青年同盟。ソ連の14歳から28歳までの男女を対象に、共産主義の理念による社会教育的活動を目的として、1918年に創設された青年団体。91年解散。

コムソモリスク〖Komsomol'sk〗►コムソモリスクナアムーレ

コムソモリスク-ナ-アムーレ〖Komsomol'sk-na-Amure〗ロシア連邦南東部、ハバロフスク地方の工業都市。アムール川に臨む河港を擁し、バイカルアムール鉄道(バム鉄道)が通る。名称は、1932年に全国のコムソモールの団員が集まって建設したことに由来する。コムソモリスク。

ゴム-たび【ゴム足-袋】ゴム底をつけた、戸外の労働ではく足袋。地下足袋。

ゴム-だま【ゴム玉】❶珊瑚珠に似せた、ゴム製の練り玉。かんざしなどに用いる。❷ゴムまり。「地面から跳ね上がる―のような勢いで」〈漱石・行人〉

ゴム-だん【ゴム段】「ゴム跳び」に同じ。

ゴム-だんせい【ゴム弾性】ゴムのように伸縮のよい性質。ゴムの鎖状分子の熱運動によって生ずる。

こ-むつかし・い【小難しい】〘形〙図こむつか・し〘シク〙►こむずかしい

ゴム-テープ《和 gom(オランダ)＋tape》ゴムひも。

コムデックス〖COMDEX〗《Computer Dealer's Exposition》米国を中心に開催されるコンピューターや周辺機器のメーカーが集まる世界最大規模の展示会。ラスベガスで11月に開催される COMDEX/Fall と4月にアトランタで開催される COMDEX/Spring が特に規模も大きく有名である。1979年から2003年まで毎年開催されてきたが、2004年以降開催が延期されている。

ゴム-とび【ゴム跳び┊ゴム飛び】ゴムひもを横に張り渡して跳び越える遊び。ゴム段。

コムトラック〖COMTRAC〗《computer-aided traffic control》新幹線の運転を管理するシステム。中央制御所にあるコンピューターが、CTC(列車集中制御装置)から直接情報を受けて制御を行う。

ゴム-なが【ゴム長】ゴム製の長靴。

コムニズム-ほう【コムニズム峰】《Kommunizma》パミール高原、タジキスタン共和国中部にある高峰。標高7495メートル。旧称、スターリン峰。コミュニズム山。

ごむ-にち【五▽墓日】暦注の一。家屋をつくるのには支障ないが、そのほかは万事に凶とする日。

ゴム-ぬの【ゴム布】ゴム引きをした布。

コム-ねんりょう【コム燃料】《coal-oil mixture》石炭石油混合燃料。

ゴム-の-き【ゴムの木】❶インドゴムノキの別名。❷ゴム植物のこと。

ゴム-のり【ゴム×糊】アラビアゴムを溶かして作った糊。

ゴム-パウダー《和 gom(オランダ)＋powder》粉末状の合成ゴム。道路の舗装に混入すると車の走行時の騒音が下がり、タイヤが滑りにくくなる。補説 英語では rubber powder

ゴム-バンド《和 gom(オランダ)＋band》「ゴム輪❶」に同じ。補説 英語では rubber band

ゴム-びき【ゴム引き】布などの表面を、ゴムで防水加工すること。「―の雨ガッパ」

ゴム-ひも【ゴム×紐】綿糸などでゴムを包み、伸び縮みするようにしたひも。

ゴム-ふうせん【ゴム風船】薄いゴムで作った袋状の玩具。膨らませて遊ぶ。

ゴム-ホース《和 gom(オランダ)＋hose》ゴム製、またはゴムを主材料にしてできているホース。

コム-ポート【COMポート】《communication port》PC/AT互換機のシリアルポート、あるいは拡張ボード、コネクターを指す。

ゴム-まり【ゴム×毬】ゴムで作った、中が空になっていて弾むまり。

こ-むやくし・い【小無益しい】〘形〙むだである。役に立たない。ばかばかしい。「―・い、あた分の悪い」〈浄・阿波鳴渡〉

こむ-よ【来む世】〘連語〙《「む」は推量の助動詞》死後に、生まれかわって住む世。らいせ。「この世には人言繁し―にも逢はむ我が背子今ならずとも」〈万・五四一〉

ご-むよう【御無用】❶相手を軽く敬って、その配慮は、しなくていいことの意で、相手の好意や心遣いを断るときなどに用いる。「遠慮は―です」❷門付け・物乞いなどを断るときにいう語。

こ-むら【木×叢┊×樾】木が群がり、茂っている所。また、その下陰。

こむら【×腓】すねの後ろ側の柔らかい部分。ふくらはぎ。こぶら。

こむら-がえり【×腓返り】《「こぶらがえり」とも》こむらの筋肉が痙攣を起こし、ひきつること。こぶらがえり。

ごむらかみ-てんのう【後村上天皇】［1328〜1368］第97代天皇。在位、1339〜1368。後醍醐天皇の皇子。名は義良。吉野で即位後、足利勢の攻撃に伴って転々と行宮を移動し、摂津住吉で没。

こむらさき【小紫】江戸初期の江戸吉原三浦屋の遊女。刑死した愛人、平井(白井)権八のあとを追って自殺。浄瑠璃や歌舞伎などに脚色。生没年未詳。➡白井権八

こ-むらさき【小紫＝蝶】鱗翅目タテハチョウ科のチョウ。翅の開張約7センチ。翅に濃い紫色の光沢があり、黄・白・黒の紋が散在する。幼虫はヤナギ類の葉を食べる。九州以北に分布。(季 春)

こ-むらさき【濃紫】濃い紫色。赤みが少なく、ほとんど黒または紺に見える紫色。三位以上の袍の色などに用いた。深紫。

こむら-じゅたろう【小村寿太郎】［1855〜1911］政治家・外交官。宮崎の生まれ。外相となり、対英米協調を主軸に大陸進出を図る小村外交を確立。日英同盟締結、ポーツマス講和条約、韓国併合、関税自主権の回復に当たった。

こむら-せったい【小村雪岱】［1887〜1940］日本画家。埼玉の生まれ。本名、安並泰輔。挿絵・舞台装置でも活躍。

ごむり-ごもっとも【御無理御×尤も】〘名・形動〙相手の言うことが無理とは思いながらも、争いをさけて従うこと。また、従わざるをえないさま。「何を言われても―と黙って聞く」「―な言い分」

ゴムルカ〖Władysław Gomułka〗［1905〜1982］ポーランドの政治家。ポーランド労働者党に入り、反ファシズム運動に参加。第二次大戦後、統一労働者党を結成。一時逮捕されたが1956年に復活、1970年まで第一書記を務めた。ゴムウカ。

こむろ-ぶし【小室節】江戸時代の民謡で、馬子唄の一種。起源については、常陸国の小室、信濃国の小諸などの諸説がある。

ゴム-わ【ゴム輪】❶輪になっているゴムひも。輪ゴム。ゴムバンド。❷車輪の外側にはめた弾性ゴム。また、それをつけた人力車。「今のように―のない時分でしたから」〈漱石・こころ〉

こ-め【小目】❶目の小さいもの。「白縄に小鮎引かれて下る瀬にもち設けたる―の敷網」〈山家集・下〉❷苦しい目。つらい思い。「明け暮れ―を見せ給ひつることはいかに」〈保元・中〉

こめ【米】稲の種子からもみ殻を取り去ったもの。もみ殻を取り除いただけのものを玄米といい、さらに薄い表皮をとって精白したものを白米または精米という。粳と糯がある。日本人の主食。酒・菓子などの原料としても広く用いられる。
下接語 (ごめ)赤米・煎り米・粳米・生米・黒米・粉米・今年米・白米・搗き米・生米・碾き米・陳米・嚢米・糯米・籾米・焼き米・闇米・早稲米・割り米
類語 玄米・白米・新米・古米・古古米

コメ「コメディー」の略。「ラブ―」

ごめ【込め】〘接尾〙《動詞「こ(込)む」の連用形から》名詞に付いて、それを含めていっしょに、の意を表す。…ごと。…ぐるみ。「中門おしあけて、車―引き入るるを見れば」〈かげろふ・下〉

こめあげ-ざる【米揚げ×笊】といだ米をあげて水を切るのに用いるざる。米揚げ。

こめ-あぶら【米油】米ぬかから搾った油。石鹸の製造などに用いられる。

こ-めい【古名】今は用いられない古い名。古称。

こ-めい【顧命】❶天子などが臨終の際に発する命令。❷恩情のこもった命令。

ご-めい【五明】《中国古代舜帝が作ったという「五明扇」の略》扇の異称。「持参の扇を見ては…、―はかたじけなや、と礼あるを」〈咄・醒睡笑・三〉

ご-めいさん【御明算┊御名算】珠算で、他人の計算が正しいことをいう語。

こめ-いち【米市】江戸時代、米の売買取引が行われた市場。

ゴメオ〖5-MeO〗幻覚剤「5-MeO-DIPT」の通称。

ゴメオ-ディプト〖5-MeO-DIPT〗幻覚作用を持つトリプタミン系薬物。浮揚感、視覚や聴覚の変容、瞳孔散大、情緒障害などの作用をもたらす。麻薬及び向精神薬取締法に基づく麻薬に指定されている。ゴメオ。フォクシー。

こめ-おり【×穀織(り)】絹織物で、紗の一種。織り目が米粒状のところと紗地で透き通ったところを組み合わせたもの。公家が用いた。こめ。

こめ-かいしょ【米会所】❶江戸時代、米市の運営をまかされた役所。❷明治9年(1876)以前の米穀取引所の旧称。

こ-めか・し【子めかし】〘形シク〙《動詞「こ(子)めく」の形容詞化》子供っぽい。あどけない。「いと―・しう、おほどかならむこそ」〈源・末摘花〉

こめ-がし【米河-岸】江戸時代、米問屋の店や倉庫が立ち並んでいた河岸。

こめかし-おけ【米×淅し×桶】米を洗いとぐ桶。こめとぎおけ。こめかし。

こめ-かみ【米×噛み】年少の比丘尼(びくに)。布施としてもらった米を噛み食うところからという。「ちぎりをこめし清林が連れし―」〈浮・一代男・三〉

こめ-かみ【顳=顬|蟀=谷】《米噛(か)みの意》耳の上、目のわきの、物をかむと動く所。しょうじゅ。

こめ-がや【米×茅】イネ科の多年草。山地の林下に生え、高さ約40センチ。葉は細長い。夏、茎の先の片側に、米粒に似た穂を1列につける。すずめのこめ。

こめ-かわせ【米為-替】中世、為替の方法で米を売買・譲渡すること。

こめ-きって【米切手】江戸時代、諸藩の蔵屋敷が、蔵米の売却にあたって発行した払い米の保管証書。正米(しょうまい)切手。米札(こめふだ)。

こ-め・く【子めく】〔動カ四〕❶子供っぽく見える。「衣(きぬ)脱ぎ掛けたるやうだい、ささやかにいみじう―・いたり」〈堤・花桜をる少将〉❷おうようで邪念がない。「御心ざまのおいらかに―・きて」〈源・薄雲〉

こめくい-どり【米食鳥】スズメ目ムクドリモドキ科の鳥。全長約18センチ。雄は顔から腹にかけて黒く、後頭部が薄茶色で、肩・腰が白い。雌は全体に茶色。北アメリカに分布。ボボリンク。

こめくい-むし【米食い虫】❶コクゾウムシの別名。❷食べるだけで、何の働きもない人。役に立たない人をあざけっていう語。ごくつぶし。

こめ-ぐら【米蔵】米の倉庫。よねぐら。よなぐら。

こめ-こ【米粉】米を粉末にしたもの。こめのこ。
(類語)米粉(べいふん)・糝粉(しんこ)・白玉粉

こめ-こうじ【米×麹】蒸し米にコウジカビを繁殖させて作った麹。糖化力が強く、清酒・甘酒や米味噌などの製造に用いる。

こめこ-パン【米粉パン】小麦粉の代わりに米の粉末を用いたパン。作り方は一般的なパンと同じで、塩・酵母などを加え発酵させてから焼く。弾性をもたせるため、小麦グルテンを添加することもある。

コメコン〖COMECON〗《Council for Mutual Economic Assistance》経済相互援助会議。1949年、ソ連の提唱により、社会主義諸国間の経済協力機構として発足。ソ連・東欧諸国のほか、モンゴル・キューバ・ベトナムなども加盟していたが、1991年解体。ロシア語略称はSEV(セフ)(Sovet ekonomicheskoy vzaimopomoshchi)。

こめ-ざ【米座】中世、米の専売権を持った米商人の同業組合。七座(しちざ)の一。米屋座。

こめ-さし【米刺(し)|米差(し)】米俵に突き刺して中の米を少し引き出し、その種類・良否を調べるために用いる、先を斜めにそいだ竹または金属製の筒。

こめ-しょうぐん【米将軍】《米価調節、米の増産などに努力したところから》徳川吉宗の通称。

こめ-じるし【米印】米形のしるし。「※」のこと。

こめ-す【米酢】米を原料とした酢。少量のエチルアルコールを添加し酢酸発酵させたものや、米のみを用いた純米酢がある。こめず。よねず。

こめ-すすき【米▽薄】イネ科の多年草。高地に生え、高さ20〜40センチ。茎の根元に細長い葉がつく。夏、茎の先に褐色の穂をまばらにつける。

こめ-そうどう【米騒動】米価の暴騰をきっかけとする民衆暴動。特に大正7年(1918)、富山県魚津町で起こったものは全国的に広まり、軍隊が出動して鎮圧した。この事件で寺内内閣は総辞職した。

こめ-そうば【米相場】❶米穀の相場。米が売買取引されるときの値段の高低。❷現実の取引を目的としない米の空取引(からとりひき)。空米(くうまい)相場。

こめ-だい【米代】米を買う金。

こめ-だい【▽籠め題】和歌・連歌・俳諧で、題の字を詠み込むこと。隠し題。例えば「空蝉(うつせみ)」の題を「浪のうつ瀬みれば玉ぞみだれけるひろはば袖にはかなからむや」〈古今・物名〉と詠み込む類。

こめたに-ふみこ【米谷ふみ子】[1930〜]小説家。大阪の生まれ。本名、富美子(ふみこ)。米国に留学後米国人作家と結婚、小説の道に入る。「過越しの祭」で芥川賞受賞。他に「遠来の客」「ファミリー・ビジネス」など。

こめ-だわら【米俵|米×苞】米を入れる俵。わらを編んで作る。

こめ-つが【米×栂】マツ科の常緑高木。ツガに似るが樹皮は灰色で、針状の葉は短い。本州北部から中部、四国の山地に分布。材は建築・土木などに利用。

こめ-つき【米×搗き|米×舂き】❶玄米をついて白米にする作業。また、それをする人。❷「米搗虫(こめつきむし)」の略。

こめつき-うた【米×搗き歌】民謡の一種で、玄米をついて精白するときの仕事歌。

こめつき-がに【米×搗×蟹】十脚目スナガニ科のカニ。干潟にすむ。甲は球形で、甲幅約1センチ。各脚の長節は小判形で、鼓膜のような聴覚構造がある。はさみを上下に動かして砂を口に入れ、有機物を食べたあとの残りを砂の団子にする。名は、はさみを上下に動かすのを米つきに見なしたことに由来。

こめつき-ぐるま【米×搗き車】板の両側に車をつけ、それが回転すると上の杵(きね)が米をつくように動く仕掛けの玩具。

こめつき-ざる【米×搗き猿】猿が米をつく姿をかたどった木製の玩具。糸を操ると、猿がその動作をする仕掛けになっている。

こめつき-ばった【米×搗き飛=蝗】❶ショウリョウバッタの別名。❷「米搗虫(こめつきむし)」に同じ。❸人に取り入ろうとして、やたらにおじぎを繰り返す者をあざけっていう語。

こめつき-むし【米×搗虫|叩=頭=虫】甲虫目コメツキムシ科の昆虫の総称。樹上にすみ、体は紡錘形で平たい。あおむけにすると背を地面に打ちつけて跳ね上がる。また、体を押さえると人が米をつくように頭胸部を振り動かす。幼虫は針金虫(はりがねむし)とよばれる。サビキコリ・ウバタマコメツキ・クシコメツキなど。ぬかずきむし。こめふみむし。(季 夏)

コメックス〖COMEX〗《Commodity Exchange》ニューヨーク商品取引所(NYMEX)の一部門。1995年にNYMEXに吸収合併され、その一部門として金と銀の先物が上場している。

こめ-つつじ【米躑=躅】ツツジ科の落葉低木。山地に生える。葉は楕円形で先がややとがる。6、7月ごろ、白い筒状の小花をつける。(季 春)

コメット〖comet〗「彗星(すいせい)」に同じ。

コメット-シーカー〖comet seeker〗新彗星(すいせい)の発見を目的とする望遠鏡。広い視野をもち、観測者が常に同じ姿勢で全天を観測できるように造られている。彗星捜索鏡。彗星探索機。

コメット-ハンター〖comet hunter〗彗星の捜索に熱心に取り組む(アマチュア)天文家。日本では池谷関彗星を発見した池谷薫、関勉、百武彗星を発見した百武裕司らが知られる。

こめ-つぶ【米粒】米の粒。

コメディア-エルディータ〖(イタリア) commedia erudita〗15〜16世紀イタリアで行われた喜劇の一つ。コメディアデラルテに対して、戯曲の形式をとった茶番劇として発達。

コメディア-デラルテ〖(イタリア) commedia dell'arte〗役柄を示す仮面や衣装を着けた俳優が演じる即興喜劇。16世紀イタリアに起こり、17世紀ヨーロッパで流行、その後の喜劇に大きな影響を与えた。

コメディアン〖comedian〗喜劇俳優。喜劇役者。
(類語)ボードビリアン

コメディー〖comedy〗喜劇。⇔トラジェディー。
(類語)喜劇・笑劇

コメディー-フランセーズ〖(フランス) Comédie-Française〗パリにあるフランスの国立劇場およびその所属劇団。1680年創設。モリエール、ラシーヌなどの古典劇を上演。

コメディー-リリーフ〖comedy relief〗映画・演劇で、重苦しい場面に喜劇的な場面を挿入し、緊張を和らげる手法。また、それを演ずる俳優。

コ-メディカル〖co-medical〗医師と協同して医療を行う、検査技師・放射線技師・薬剤師・理学療法士・栄養士などの病院職員。

こめ-どいや【米問屋】江戸時代、米を取り扱った問屋。江戸と大坂で特に発達した。

こめ-どころ【米所】良質の米を多く産することで有名な土地。「日本有数の―」

コメニウス〖Johann Amos Comenius〗[1592〜1670]ボヘミアの教育思想家・神学者。モラビア生まれ。子供の成長に応じた教育の必要性を提唱、近代教育学の基礎を築いた。ルソー・ペスタロッチの先駆者とされる。著「大教授学」「世界図絵」など。

こめ-ぬか【米×糠】玄米を精白するときに出る外皮や胚(はい)の粉。黄白色で、脂肪・たんぱく質などを多量に含む。飼料・肥料・漬物などに用いる。ぬか。

こめ-の-じ【米の字】《「米」の字を分けると八十八になるところから》88歳。米寿(べいじゅ)。「―の祝い」

こめ-の-むし【米の虫】❶コクゾウムシの別名。❷《米を常食とするところから》人のこと。
(類語)(❷)人間・人(ひと)・人類・人倫・万物の霊長・考える葦(あし)・ホモサピエンス・人物・人士・仁(じん)・者(もの)

こめ-の-めし【米の飯】❶米を炊いた飯。❷だれでも好むものや、飽きないもののたとえ。

米の飯とお天道様(てんとうさま)はどこへ行っても付いて回る 太陽がどこでも照らすように、どんな苦しい境遇にあっても食べていくことはできる。

こめば-つがざくら【米葉×栂桜】ツツジ科の常緑小低木。高山帯や寒地に分布。高さ5〜15センチ。米粒大の葉を多数つける。7月ごろ、白い壺形の小さい花が下向きに咲く。はまざくら。

こめ-びつ【米×櫃】❶白米を入れて保存しておく箱。❷生計のもととなるもの。生活費の稼ぎ手。

こめ-ぶくろ【米袋】❶米を入れる袋。❷茶道で、棗(なつめ)を包むのに用いる袋。大津袋。

こめ-ふみ【米踏み】米を白くするため踏み臼(うす)の杵(きね)を踏んで米をつくこと。また、その人。米つき。

こめ-へん【米偏】漢字の偏の一。「粉」「粋」などの「米」の称。

こめ-みそ【米味×噌】米麹(こめこうじ)と、大豆・食塩を原料として作る味噌。最も一般的な味噌で、全国でさまざまな種類のものが作られている。

こめ-むし【米虫】コクゾウムシの別名。

こめ-もの【込め物】❶物と物との間に詰めて入れるもの。❷活版の組版で、余白の部分をつくるために組み込むもの。字間に入れるスペース、行間に入れるインテル、大きな空白部に入れるクワタなど。

こめ-や【米屋】米を売る店。また、それを業とする人。米穀商。

こめや-かぶり【米屋▽被り】《「こめやかむり」とも》米屋・搗(つ)き屋などが、糠(ぬか)がかかるのを防ぐためにする手拭いのかぶり方。手拭いで頭をすっぽり包み、両端を後頭部で結ぶもの。

こめや-まち【米屋町】㊀米の売買取引を業とする者が集まり住む町。㊁東京都中央区日本橋蠣殻(かきがら)町のこと。もと、米穀取引所があった。

ゴメラ-とう【ゴメラ島】《La Gomera》大西洋、モロッコ沖にあるスペイン領カナリア諸島を構成する島の一。中心地はサンセバスティアン。1492年、コロンブスが大西洋を横断する際に最後の寄港地とした。標高1487メートルのガラホナイ山とその周辺を含むガラホナイ国立公園は、月桂樹の原生林や島固有の植物が見られ、1986年に世界遺産(自然遺産)に登録された。ラ-ゴメラ島。

こ・める【込める|▽籠める】〔動マ下一〕〔文〕こ・む〔マ下二〕❶ある物の中に、しっかり収め入れる。詰める。「弾を―・める」❷その中に十分に含める。特に、ある感情や気持ちを注ぎ入れる。「力を―・める」「願いを―・める」「真心を―・めた贈り物」❸ある範囲に別の物を含める。「税金を―・めた価額」❹霧・煙などが辺り一面に広がる。たちこめる。「霧が―・める」❺閉じこめる。こもらせる。「女をばまかでさせて、蔵に―・めて」〈伊勢・六五〉❻包み隠して表に出さないよう

にする。「世の人聞きに、しばしこの事出ださじと、せちに—め給へど」〈源・行幸〉❼力でおさえつける。また、やりこめる。「あんまり—めてくれるな」〈伎・四谷怪談〉

コメルシオ-ひろば【コメルシオ広場】《Praça do Comércio》ポルトガルの首都リスボンの中央部にある広場。バイシャポンバリーナ地区にあり、テジョ川に面する。マヌエル1世が建てたリベイラ宮殿があったため、テレイロ-ド-パソ(宮殿広場)とも呼ばれる。1755年の大地震により宮殿は周囲の貿易関係の建物とともに破壊され、ポルトガル王ジョゼ1世の宰相ポンバル侯爵により広場として整備された。中央に彫刻家ジョアキン=マシャド=デ=カステロによるジョゼ1世の騎馬像がある。

こ-めろ【小女▽郎】「こめろう(小女郎)」の音変化。「—がさげし風呂敷や」〈浄・大経師〉

こ-めろう【小女郎】小娘。少女。こめろ。「腰元らしき—そばを離れず」〈浮・御前義経記・一〉

こ-めん【湖面】湖の表面。「鏡のような—」

こ-めん【顧×眄】「こべん(顧眄)」に同じ。〈日葡〉

ご-めん【▽牛面】牛の顔に当てる面具。

ご-めん【御免】❶正式に免許・認可することを、その決定を下す者を敬っていう語。「名字帯刀が—になる」「天下—」❷役職などを解かれることを、その決定を下す者を敬っていう語。「お役が—になる」❸嫌で拒否する気持ちを表す語。もうたくさん。「戦争は二度と—だ」❹過失などをわびるときや許しを乞うときに言う語。「遅くなって—」❺他家を訪問したり辞去したりするときに言うあいさつの語。「—、お邪魔するよ」「では、—」(類語)辞退・固辞・謝絶・断り・願い下げ・断る・拒む・否む・辞する・謝する・拒絶・拒否・遠慮・一蹴・不承知・難色・拝辞する・蹴る・退ける・撥ね付ける・突っ撥ねる・峻拒する

御免蒙る ❶相手の許しを得る。「ちょっと—・って入らせてもらいます」❷相手の許しを得て退出する。失礼する。「ひとまず—・って出直してこよう」❸嫌だと断る。「面倒なことは—・る」

ごめん-いわい【御免祝(い)】大相撲で、本場所の開催を祝う会。古くは、勧進相撲で官許を得たことを祝ったものをいう。

ごめん-かご【御免×駕▽籠】江戸時代、奉行の許可を得て町医者や金持ちの町人などが用いた自家用の駕籠。「—はじめて乗って首を出し」〈柳多留・六〉

ごめん-がわ【御免革】❶《足利義満が紫色の錦革を好み、その使用を一般に禁じたところから》錦革の紫地以外のもの。❷►正平革

ごめん-ください【御免下さい】〔連語〕❶他家を訪れて案内を乞うときの言葉。また、人と別れるときにも言う。❷丁寧にわびるときの言葉。「お気に障ったら真平—」〈二葉亭・浮雲〉

ごめん-げた【御免下▽駄】宮中で雨天の際、特に履くことを許された畳付きの楕円形の駒下駄。宮中での履物は草履に限られていたところからいう。

こめん-じゃこ【▽米雑=魚】《「こめざこ」の音変化》メダカの別名。

ご-めんそう【御面相】顔のようす。顔つき。からかう場合などに用いる。「まったくあの—で」

コメンタール〖ドイ Kommentar〗►コンメンタール

ごめん-たい【五面体】五つの面で囲まれた立体。

コメンタリー〖commentary〗注釈。解説。評論。➡コンメンタール

コメンテーター〖commentator〗❶注釈者。❷ラジオ・テレビなどの、ニュース解説者。

コメント〖comment〗〔名〕スル ある問題について、意見や、補足的な解説などを加えること。評釈。論評。「—を避ける」「事件について—する」「ノー—」(類語)レビュー・寸評

コメント-アウト〖comment out〗コンピューターのプログラムにおいて、特殊な記号を用いてソースコードを無効にすること。バグの修正や説明文の付与に利用される。

コメント-スパム〖comment spam〗ブログのコメント欄に、記事と関係のない広告を無差別かつ大量に書き込むこと。➡迷惑メール

ごめん-なさい【御免なさい】〔連語〕❶自分のあやまちをわびるときの言葉。「—、もう二度としません」❷自分の失礼に対して許しを乞うときの言葉。「お忙しいのにお邪魔して—」

ごめん-ひつ【御免筆】御家流。また、その免許を受けた者。

こも【▽薦・×菰】❶マコモを粗く編んだむしろ。現在は多く、わらを用いる。こもむしろ。「荷車に—を掛ける」❷「薦被り❷」の略。おこも。❸(「虚無」とも書く)「薦僧」の略。❹マコモの古名。「心ざし深き汀に刈る—は千年の五月いつか忘れむ」〈拾遺・雑賀〉(類語)畳・筵・茣蓙

薦の上から育て上げる 《昔はお産のとき、こもむしろを敷いたところから》生まれたときから養育して一人前にする。藁の上から育て上げる。

薦を被る 乞食になる。「身体残らずうち込み—・るより外はなし」〈浮・諸艶大鑑・五〉

コモ〖Como〗イタリア北西部、ロンバルディア州の都市。アルプス南麓のコモ湖に面する観光保養地。古代ローマ時代から避暑地として知られ、16世紀から19世紀にかけてヨーロッパの王室や貴族の別荘が数多く建てられた。絹織物の産地としても有名。大小プリニウスの生地。

こ-もう【虚妄】❶うそ。いつわり。虚偽。きょもう。「諸仏菩薩の誓願はもとより—なし」〈今昔・一七・一七〉❷金品をごまかして着服すること。「東雲の茶碗を—せしと言ひ触らし」〈伎・小紋単地〉

コモエ-こくりつこうえん【コモエ国立公園】《Comoé》コートジボワール北東部、コモエ川流域に広がる西アフリカ最大の国立公園。1968年に国立公園に指定。1983年、世界遺産(自然遺産)に登録されたが、密猟や大規模な牧畜、公園の管理の欠如などを理由に、2003年に危機遺産リストに登録。

コモガイ【熊川】《朝鮮語》高麗茶碗の一。口縁が反り返り、高台が大きく、見込みの底に鏡とよばれる円形のくぼみがある。真熊川・鬼熊川などに分けられる。朝鮮半島南東部の港、熊川から積み出されたための称といわれる。

こも-かぶり【▽薦▽被り】❶薦で包んだ4斗(約72リットル)入りの酒樽。❷《薦をかぶっていたところから》乞食。こも。

こもかぶり-ぶろ【▽薦▽被り風呂】佐渡に伝わる蒸し風呂。天井からわらのふたを綱でつるし、風呂桶に人が入ると上からかぶせるもの。

こ-もく【小目】囲碁で、碁盤の隅の3線と4線の交点。こめ。

ご-もく【五木】►ごぼく(五木)

ご-もく【五目】❶五つの品。5種。❷種々のものが入りまじっていること。「—焼きそば」❸「五目鮨」「五目飯」などの略。❹「五目並べ」の略。

ごもく【×芥】ごみ。あくた。「人の住家に塵、—の溜る程、世にうるさき物なし」〈浮・一代女・三〉

ごもく-ごはん【五目御飯】►五目飯

ごもく-じょうるり【五目浄瑠璃】義太夫節で、種々の曲の一節を寄せ集めて1曲にしたもの。

ごもく-ずし【五目×鮨】何種かの魚介や野菜を味付けし、鮨飯にまぜたもの。ちらしずし。ばらずし。まぜずし。(季 夏)

ごもく-そば【五目蕎=麦】肉・野菜・キノコ・卵など、数種の具をのせたかけそば。また、種々の具をのせた中華そば。

ごもく-づけ【五目漬(け)】ナス・キュウリ・シソ・ショウガ・ミョウガの5品を刻んで塩漬けにした漬け物。

ごもく-ならべ【五目並べ】碁盤の上に、黒白の双方が交互に碁石を置いて、縦・横・斜めのいずれかに先に五つ並べたほうを勝ちとする遊戯。連珠。五目。

ごもく-まめ【五目豆】大豆に、ニンジン・ゴボウ・レンコン・こんにゃくなどを加えて煮た料理。

ごもく-めし【五目飯】野菜・魚・肉などを細かく切ったものをまぜて炊き込んだ飯。ごもくごはん。加薬飯。

コモ-こ【コモ湖】《Como》イタリア北部、アルプス南麓の氷河湖。逆Y字形をしている。面積145平方キロメートル。最大深度410メートル。湖岸は、観光・保養地。

こも-ごも【▽交・▽交々・▽相・▽更】〔副〕《古くは「こもこも」》❶多くのものが入り混じっているさま。また、次々に現れてくるさま。「悲喜—至る」❷互いに入れ替わるさま。かわるがわる。互いに。「犬は一疋ずつ土橋の側から下りて行って、灌水の水を—に味うた」〈佐藤春夫・田園の憂鬱〉

こ-もじ【こ文字】❶鯉をいう女房詞。❷小麦をいう女房詞。

こ-もじ【小文字】❶小さな字。❷欧文の字体で、大文字(キャピタルレター)に対し、それ以外のものをいう。A・Bに対するa・bの類。スモールレター。⇔大文字。(類語)大文字・キャピタル

ご-もじ【五文字】❶五つの文字。特に連歌や俳諧で、発句または平句中の5音。いつもじ。❷雑俳の一。前句付けが縮小されたもので、付句を5文字にしたもの。のちには7字・14字のものが多くなった。五文字付け。五字。

ごも-じゅ【聖=瑞=花】スイカズラ科の常緑低木。沖縄・台湾に自生。葉は楕円形でつやがある。3〜5月、枝の頂に白い花が集まって咲く。こうるめ。

こも-そう【▽薦僧・×菰僧】《「こもぞう」とも》「虚無僧」に同じ。

コモ-だいせいどう【コモ大聖堂】《Duomo di Como》イタリア北西部の都市コモにある大聖堂。14世紀半ばに建設が始まり、18世紀半ばに完成。15世紀から16世紀にかけて作られたルネサンス様式のファサードには、コモ出身の大プリニウス、小プリニウスの彫像がある。高さ75メートルの円蓋(キューポラ)はフィリッポ=ユバッラの設計による。

こも-だたみ【×菰畳・▽薦畳】㊀〔名〕マコモで編んで作った畳。㊁〔枕〕いく重にも重ねて編む意から、「重」と同音を持つ地名「平群」の「へ」にかかる。たたみこも。「—平群の朝臣が鼻の上を掘れ」〈万・三八四三〉

こも-だれ【▽薦垂れ】❶出入り口に薦を垂らしてあること。また、その薦。❷貧しい住居。

こ-もち【子持(ち)】❶子供、特に手のかかる幼児があること。また、その人。「三人の—」❷子をはらんでいること。妊娠中の人。❸魚類などで、卵をもっていること。また、その魚。「—がれい」❹大きなものに小さなものが添えられて、組になっているもの。また、そのもの。子持ち罫、子持ち縞など。❺和船の帆柱の根元を差し込む受け台。

ご-もち【御▽物】►ごもつ(御物)

こもち-いし【子持(ち)石】❶石の中に小さい石が入り込んでいるもの。❷砂と鉄鉱が結合してできた黒茶色の塊状の石。鰻石。

こもち-いわ【子持(ち)岩】礫岩の俗称。

こもち-かなへび【子持金蛇】カナヘビ科のトカゲ。全長約15センチ。灰褐色で、黒褐色の斑点がある。ヨーロッパ中部からシベリア、北海道のサロベツ原野にかけて分布。

こもち-かんらん【子持甘藍】芽キャベツの別名。

こもち-けい【子持ち×罫】印刷用罫線の一。太い線に細い線を平行して添えたもの。

こもち-こぶ【子持(ち)昆布】ニシンなどが卵を産みつけたコンブ。人工的に付着させたものも出回っている。➡子持ち若布

こもち-しだ【子持羊=歯】シシガシラ科の常緑、多年生のシダ。暖地のがけや斜面に垂れ下がって生える。葉は大きく、羽状に深く切れ込む。葉の表面に多数の不定芽を作り、これが地に落ちてふえる。

こもち-じま【子持ち×縞】子持ち筋の縞模様。

こもち-すじ【子持(ち)筋】太い筋に細い筋を平行して添えた模様。婚礼のときの器物・衣服などに、祝いのしるしとして使う。

こもち-たまな【子持玉菜】芽キャベツの別名。

こ-もちづき【小▽望月】望月の前夜の月。陰暦14日の夜の月。(季 秋)「朝顔に届かぬ影や—/也有」

こもち-まがたま【子持ち▽勾玉】大形の勾玉に、数個の小形の勾玉形の突起を付加したもの。古墳時代の祭祀さいし用具と考えられる。

こもち-まんねんぐさ【子持万年草】ベンケイソウ科の越年草。葉の付け根に肉芽をつくり、これが地上に落ちてふえる。

こもち-むしろ【子持ち×筵】母親が子と添い寝できるように幅広に作られたむしろ。「ともにねざさの苔莚こけむしろ、—と添へ乳して」〈浄・天神記〉

こもち-やま【子持山】群馬県渋川市と沼田市の境にある成層火山。赤城山と榛名はるな山の中間北側にあり、その間を吾妻川・利根川が流れる。屏風びょうぶ岩・大黒岩(獅子岩)などの奇岩がある。名の由来は、山を周囲の尾根が子を抱いているように見えることから。

こもちやまんば【嫗山姥】浄瑠璃。時代物。五段。近松門左衛門作。正徳2年(1712)大坂竹本座初演。謡曲「山姥」に頼光四天王の世界を配する。二段目の「八重桐廓噺やえぎりくるわばなし」が有名。

こもち-わかめ【子持(ち)若▽布】ニシンの卵が産みつけられたワカメ。酒の肴さかななどにする。

ご-もつ【御物】《「ごぶつ」「ごもち」とも》❶人を敬って、その所有する物をいう語。特に、皇室や貴人の所蔵品を敬っていう。ぎょぶつ。❷武家や寺家で、主人のそばに仕えて主人の寵ちょうを得た小姓。

ごもつ-あがり【御物上がり】小姓から取り立てられた者。小姓上がり。小姓立ち。「福蔵院の—、今若僧にゃくのほまれをとる」〈浮・御前義経記・一〉

ごもつ-ごしらえ【御物×拵へ】ごもつごしらへ 貴人の持ち物としてふさわしいりっぱな作り。「—の脇差」〈浮・織留・三〉

こも-づち【▽薦×槌】薦を編むとき、糸に下げたおもり。これを交互に替えて編む。

こも-づつみ【▽薦包み】薦で物を包むこと。また、包んだもの。「—の荷物」

ご-もっとも【御×尤も】〔形動〕相手が「もっとも」と思うのを敬っていう語。相手の言い分が道理であると肯定するさま。「—な質問です」「お説—」

こも-づの【×菰角】マコモの茎に黒穂菌くろほきんが寄生して生ずる竹の子状のもの。若いものは沖縄地方や中国などで食用とする。また、熟して黒くなったものを日本ではお歯黒などに用いた。このこ。

ごもつ-ぶぎょう【御物奉行】ごもつぶぎやう ►おものぶぎょう(御物奉行)

ごもつ-まきえ【御物×蒔絵】ごもつまきゑ 貴人の所蔵する蒔絵。特に、足利義政所蔵品(東山御物)風の蒔絵。

コモディティー〘commodity〙必需品。日用品。また、商品。

コモディティー-エクスチェンジ〘commodity exchange〙商品取引所。

コモディティー-か【コモディティー化】クワ〔名〕スル 類似の商品の機能・品質に差がなくなり、どれを買っても同じだから安い方がよいという状態になること。

コモド-おおとかげ【コモド大×蜥=蜴】コモドおほとかげ 有鱗ゆうりん目オオトカゲ科の爬虫はちゅう類。最大のトカゲで、全長約3メートル。森林にすみ、哺乳類や鳥類をとらえ、大きな獲物は強大な尾で打ち倒す。インドネシアのコモド(Komodo)島などに分布。コモドドラゴン。

こ-もどし【小戻し】下げていた相場が、一時的に少し上がること。小反発。

コモド-ドラゴン〘Komodo dragon〙►コモド大蜥蜴おおとかげ

こ-もどり【小戻り】〔名〕スル 今来た方へ少し戻ること。「—して声を掛ける」

こ-もの【小物】❶こまごまとしたもの。小さい道具類や付属品など。「—入れ」❷つまらない人物。小人物。「—は相手にしない」⇔大物。❸釣りで、小さい魚。つまらない小魚。「—しか掛からない」⇔大物。❹劇場・寄席・遊郭などで、客に貸し出すタバコ盆・座布団・火鉢など。❺正式の料理以外に出す、ちょっとしたつまみもの。新香しんこなど。

〔類語〕雑魚ざこ・雑輩ざっぱい・有象無象うぞうむぞう

こ-もの【小者】❶身分の低い奉公人。丁稚でっち。小僧。❷武家の雑役に使われた者。小人こびと。❸年若い人。「おのれほどの—と組んで勝負はすまじきぞとて」〈太平記・九〉

こ-もの【▽籠物】かごに入れた果物。木の枝につけて、献上物または儀式のときなどに用いる。「その日の御前の折櫃物おりびつもの、—など」〈源・桐壺〉

こもの-し【小物師】❶露店商の仲間で、客を装って品物を買うなどして、他の客を誘う者。さくら。❷ハヤ・ハゼなどの小魚だけを釣る人。

こ-ものなり【小物成】江戸時代、正税である本途物成ほんとものなり以外に山野・湖沼の用益などに課した雑税。

こも-ばり【▽薦張り】❶小屋などの周りを薦で張り巡らすこと。また、その小屋。❷「薦張り芝居」の略。

こもばり-しばい【▽薦張り芝居】しばゐ 薦張りの芝居小屋。また、そこで興行する粗末な芝居。

こも-まき【×菰巻(き)】❶秋の末に、松や杉の木の幹に菰を巻き付けること。冬を越すために下りてくる害虫を菰の中に止め、春先に外して焼く。❷酒樽に菰を巻き付け縄で締めて飾ること。

こも-まくら【×菰枕┆▽薦枕】■〔名〕マコモを束ねて作った枕。特に、旅寝で即席の枕をいう。「—相まきし児もあらばこそ夜の更ふくらくも我が惜しみせめ」〈万・一四一四〉■〔枕〕❶薦枕を縮たくこと、または薦枕が高いところから、「たか」にかかる。「—多珂の国といふ」〈常陸風土記〉❷「し」にかかる。枕する、の意という。「—志都沼値しづぬまといひき」〈出雲国風土記〉

こも-むしろ【×菰×蓆┆▽薦×筵】マコモの葉を編んで作ったむしろ。

こ-ももじろ チュウダイサギの別名。

ごももぞの-てんのう【後桃園天皇】ごももぞのテンワウ［1758～1779］第118代天皇。在位、1770～1779。桃園天皇の第1皇子。名は英仁ひでひと。日記8冊が残る。

ゴモラ〘Gomorrah〙古代パレスチナの都市。繁栄をきわめたが、住民の罪悪によりソドムとともに神の下した天からの火によって滅ぼされたという(旧約聖書「創世記」18・19章)。死海の南端に近く、現在は水中に没していると考えられている。

こ-もり【子守】子供の面倒をみること。また、その人。おもり。

こもり【子守】歌舞伎舞踊。清元。増山金八作詞、清元斎兵衛作曲。五変化舞踊「大和い手向五字やまとがなたむけのいつもじ」の一つとして文政6年(1823)江戸森田座初演。江戸市井の子守女を舞踊化したもの。

こ-もり【木守】庭園の樹木などを守って世話をすること。また、その番人。「—といふ者の、築地ついぢのほどに廂ひさしさしてゐたるを」〈枕・八七〉

こもり【籠もり┆▽隠り】❶中に入って出ないこと。隠れて現れないこと。また、その状態。「冬—」「巣—」❷社寺に祈願のため参籠さんろうすること。おこもり。

こもり-い【籠もり居】ゐ 家にじっと引きこもっていること。また、その家。籠居ろうきょ。

こもり-うた【子守歌┆子守唄】子供をあやしたり、寝かしつけたりするためにうたう歌。また、それをもとにした歌曲や器楽曲。日本では、子守女が自分の境遇を嘆いたり、望郷の思いを述べたりする内容のものが多い。

こもり-え【▽隠り江】アシなどが茂っていたり、岬などに囲まれたりして、隠れて見えない入り江。「—に思ふ心をいかでかは舟さす棹のさして知るべき」〈伊勢・三三〉

こもりえ-の【▽隠り江の】〔枕〕「泊瀬はつせ」にかかる。中世以後に、「こもりくの」が誤り伝えられたもの。「—泊瀬の山は色づきぬ」〈続古今・秋下〉

こもり-がえる【子守×蛙】こもりがへる ピパ科のカエル。体長約15センチ。南米アマゾン川などに生息。水中生活し、卵は雄の協力で雌の背中に付着し、そこで発育・変態を終える。ピパ。

こもりく-の【▽隠りくの】〔枕〕《「く」は所》大和の泊瀬はつせは山に囲まれた所の意から、「泊瀬」にかかる。「—泊瀬の川の上つ瀬に」〈万・三二六三〉

こもり-ぐま【子守熊】コアラの別名。

こもり-ぐも【子守蜘=蛛】クモ目コモリグモ科のクモの総称。卵からかえった子グモを背負って保護する。

こもり-ごえ【籠もり声】こもりごゑ こもってはっきりしない声。くぐもり声。ふくみ声。

こもり-ず【▽隠り▽処┆▽隠り▽所】づ 草木などに覆われて、他から見えない場所。また一説に、水草に覆われて見えない沼や沢。「—の沢たつみなる岩根ゆも通りて思ふ君に逢はまくは」〈万・二七九四〉

こもりず-の【▽隠り▽処の】こもりづの〔枕〕隠れて見えない場所の意から、「下」にかかる。「—下よ延はへつつ行くは誰が夫つま」〈記・下・歌謡〉

こもり-そう【籠もり僧】❶山や寺などにこもり、一定の期間修行をする僧。❷人の死後49日の間、喪屋にこもって仏事を修する僧。「わづかに—三、四人の勤めにて」〈太平記・三九〉

こもり-づま【▽隠り妻】人目を忍ぶ関係にある妻。かくしづま。「恋ひしくもしるくも逢へる—かも」〈万・三二六六〉

こもり-ど【▽隠り▽処】隠れて人目につきにくい所。「—の沢泉なる岩根をも通してそ思ふ我あが恋ふらくは」〈万・二四四三〉

こもり-どう【籠もり堂】ダウ 修行者や信者などがこもって祈願、修行する堂。

こもり-ぬ【▽隠り▽沼】草の茂みなどに覆われて外からは見えない沼。一説に、水の流れ出ない沼。「埴安はにやすの池の堤の—の行方を知らに舎人とねりは惑まどふ」〈万・二〇一〉

こもりぬ-の【▽隠り▽沼の】〔枕〕隠れて見えない沼の意から、「下」にかかる。「—下に恋ふれば飽き足だらず」〈万・二七一九〉

こもり-ねずみ【子守×鼠】オポッサムの別名。

こも・る【籠もる┆▽隠る】〔動ラ五(四)〕❶㋐中に入ったまま外に出ないでいる。引きこもる。「山に—・る」「書斎に—・って執筆する」㋑外とのつながりを断って、中に深く入り込む。閉じこもる。「自分の殻に—・る」「陰いんに—・る」❷祈念するために社寺に泊まり込む。おこもりをする。「寺に—・る」❸城などに入って敵から防ぎ守る。立てこもる。「城に—・る」❹音や声が中に閉じこめられた状態で、外にはっきり伝わらない。くぐもる。「声が—・ってよく聞こえない」❺気体などが外に出ないで、いっぱいに満ちる。充満する。「臭いが—・る」「会場に人の熱気が—・る」❻力やある感情などが、そこにいっぱいに含まれる。「力の—・った演技」「熱の—・った言葉」「心の—・った贈り物」「怒りの—・った声」❼包まれる。囲まれる。「畳たたなづく青垣山—・れる大和しうるはし」〈記・中・歌謡〉❽入って隠れる。「二上ふたがみの山に—・れるほととぎす今も鳴かぬか君に聞かせむ」〈万・四〇六七〉〔可能〕こもれる

こもれ-び【木漏れ日┆木×洩れ日】樹木の枝葉の間からさし込む日光。

こもろ【小諸】長野県東部の市。もと牧野氏の城下町、北国街道の宿場町として発達。浅間山の登山口。人口4.4万(2010)。

コモロ〘Comoros〙アフリカ大陸とマダガスカル島との間に散在するコモロ諸島にある共和国。首都はモロニ。1975年フランスから独立。人口77万(2010)。正式名称、コモロ連合。

こもろ-し【小諸市】►小諸

こもろ-じょう【小諸城】ジャウ 小諸市にあった城。中世以来の城を仙石秀久が慶長年間(1596～1615)に改築。城跡は、懐古園とよばれ、大手門・三の門が現存。

こもろ-まごうた【小諸馬子唄】長野県の民謡で、小諸地方に伝わる馬子唄。小諸節。

こ-もん【小門】小さい門。大門のわきなどにある小さな門。

こ-もん【小紋】一面に細かい文様を散らしたもの。また、それを型染めにしたもの。江戸時代には裃かみしもに使用、のち町家でも羽織・着物などに染められた。

こ-もん【顧問】❶会社、団体などで、相談を受けて意見を述べる役。また、その人。❷意見を問うこと。相談すること。「天下の事—に預りて」〈愚管抄・五〉

コモン〘common〙多く複合語の形で用い、普通の、共通の、の意を表す。

ご-もん【五門】►五摂家ごせっけ

ご-もん【御紋】貴人を敬って、その紋章をいう語。

コモン-アジェンダ〖Common Agenda〗平成5年(1993)7月の日米首脳会談で合意された地球環境保全、人口問題、エイズ対策など、地球的規模の問題に日米両国が協力して支援を行うための計画。

コモンウェルス〖Commonwealth〗▶イギリス連邦

こもん-がた【小紋型】小紋染めの型紙。渋紙に文様を彫り抜いたもの。

こもん-がわ【小紋革】ᵍᵃ 小桜・菖蒲しょうぶなど小さい草花の文様を染め抜いた革。甲冑かっちゅうなどに用いられた。

こもん-かん【顧問官】ᶜʷᵃⁿ もと、天皇の諮問に応じて意見を申し述べた官職。「枢密—」

コモン-キャリア〖common carrier〗電話やデータ通信のサービスを包括的に提供する電気通信事業者。日本ではNTTグループやKDDI、ソフトバンクテレコムがこれに相当する。通信キャリア。キャリア。

ごもん-しゅう【御紋衆】武家で、主君と同じ紋の使用を許されている家。

こ-もんじょ【古文書】❶古い文書。古証文。❷古文書学上の用語。特定の相手に意志を伝えるために作成された書類のうち、江戸時代以前のもの。特に相手が定まっていない記録、すなわち一般の著述・編纂へんさん物・備忘録・日記などとは区別される。➡古記録

こもんじょ-がく【古文書学】古文書を体系的に研究する学問。様式論のほか、材料・字体・文体・花押などを主に研究する形態論と、実際の授受関係において果たした機能を主な研究目的とする機能論に分かれる。

コモンズ〖John Rogers Commons〗[1862〜1945]米国の経済学者。T=ベブレンとともに制度学派の創始者。著「制度派経済学」「集団行動の経済学」「資本主義の法律的基礎」など。

コモン-スペース〖common space〗集合住宅や住宅地などで、数戸程度の住戸が共用するために設けられた道路・庭などの空間。

ご-もんぜき【五門跡】▶五門徒

ご-もんぜき【御門跡】❶門跡を敬っていう語。❷浄土真宗本願寺の門主の敬称。

コモン-センス〖common sense〗常識。良識。
(類語)常識・通念・思慮・分別ふんべつ・知識・教養・心得こころえ

コモンセンス〖Common Sense〗《常識の意》英国の思想家トマス=ペインが1776年に米国フィラデルフィアで刊行した啓蒙書。独立への世論を高め、米国独立革命の成功に貢献した。

こもん-ぞめ【小紋染(め)】型紙を使って細かい文様を染めること。また、染めたもの。鮫さめ小紋・松葉小紋・縞小紋など。

ご-もんと【五門徒】浄土真宗の東西両本願寺・仏光寺・専修寺・興正寺の五大寺のこと。五門跡。

コモンドール〖ᴴᵘⁿᵍᵃʳʸ komondor〗ハンガリー原産の牧羊犬。全身の毛が長く、羊毛状で、もつれあって垂れ下がり、きわめて特徴のある外見を示す。毛色はすべて白。警察犬としても使用される。体高は雄で65センチほど。

ごもん-はいりょう【御紋拝領】ᴴᵃⁱʳʸᵒ 主君の紋を賜り、家の紋とすること。

ごもん-ばん【御門番】江戸時代、江戸城の各門を警固する者。大手門は10万石以上の譜代大名の役とされた。御門役。

コモンプレース〖commonplace〗ありふれた言葉。決まり文句。

こもん-べんごし【顧問弁護士】個人や会社などの顧問として、法律上の相談を引き受ける弁護士。

ごもんめ-ぎん【五×匁銀】江戸幕府が、明和2〜安永元年(1765〜72)の間に発行した長方形の銀貨。「銀五匁」の極印がある。明和五匁銀。

コモン-メタル〖common metal〗▶ベースメタル

コモン-ロー〖common law〗❶英国で、通常裁判所が扱う判例によって発達した一般国内法。一般法。➡エクイティー ❷ローマ法・大陸法などに対して、英米法の法体系。

こ-や【小屋】❶小さくて粗末な建物。仮に建てた簡単な造りの小さな建物。「掘っ建て—」❷雑物や家畜を入れておく簡単な建物。「物置—」「うさぎ—」❸《もと仮設の粗末な建物であったところから》芝居・見世物などの興行をするための建物。「—を掛ける」「見せ物—」❹平安時代、京都の大路に設けられた、衛府の役人などが夜回りにあたるときの詰め所。❺江戸時代、城中または藩主の藩邸にあった下級藩士の住居。❻家の天井と屋根の間の部分。(類語)(❶)バラック・あばら屋・廃屋・廃家/(❸)芝居小屋・定小屋

こや【昆陽】兵庫県伊丹市内の古い地名。行基が築造したと伝える昆陽池、また、その創建と伝える昆陽寺がある。(歌枕)「あしの葉にかくれてすめば難波女の—は夏こそ涼しかりけれ」〈曽丹集〉

こ-や【▽蚕屋】蚕を飼うための家や部屋。蚕室。飼い屋。(季 春)

ご-や【五夜】❶一夜を五つに分けた呼び方。甲夜(初更、午後7時から9時)、乙夜いつや(二更、午後9時から11時)、丙夜(三更、午後11時から午前1時)、丁夜(四更、午前1時から3時)、戊夜ぼや(五更、午前3時から5時)の称。❷❶の第5夜の戊夜のこと。寅とらの刻。

ご-や【午夜】夜の12時。真夜中。夜半。「—の時計ほがらかに鳴りて」〈鴎外・文づかひ〉

ご-や【後夜】六時の一。寅とらの刻。夜半から夜明け前のころ。現在の午前4時ごろ。また、その時に行う勤行ごんぎょう。夜明け前の勤行。「—など果てて、少しうちやすみたる寝耳に」〈枕・一二〇〉

ゴヤ〖Francisco José de Goya y Lucientes〗[1746〜1828]スペインの画家。宮廷画家として鋭い洞察力に基づく肖像画・宗教画・風俗画を描く一方、幻想的な作風をも示した。銅版画にもすぐれ、ナポレオン軍の侵入を描いたシリーズなどがある。

こ-やおう【顧野王】ᵂᵃᵘ [519〜581]中国、南北朝時代の学者。呉(江蘇省)の人。字あざなは希馮きふう。南朝の梁りょう・陳に仕え、博学で、経史・天文地理に明るかった。「玉篇ぎょくへん」30巻を撰。他に「輿地志」「文集」など。

ごや-おき【後夜起き】勤行ごんぎょうのため、後夜に起きること。「暁に我がいまだ—せざらん程に」〈今昔・一五・二三〉

こや-がけ【小屋掛(け)】〔名〕ˢᵘʳᵘ 仮小屋をつくること。特に、芝居や見世物のための小屋をつくること。また、その小屋。「境内に—した見せ物」

こ-やかず【小矢数】通し矢で、日中にだけ行うもの。➡大矢数

こ-やかまし・い【小×喧しい】〔形〕図こやかま・し〔シク〕ちょっとしたことにもいちいち口を出してうるさい。口うるさい。「—・く言い立てる」(類語)うるさい・やかましい・騒騒しい・騒がしい・かまびすしい・かしましい・にぎやか・口うるさい・口やかましい・騒然・喧騒けんそう

こ-やく【子役】演劇・映画・テレビなどで、子供の役。また、それを演ずる子供。

こ-やく【▽巨益】「きょえき(巨益)」に同じ。「まさしく称名を追福に修して—あるべし」〈徒然・二二二〉

ご-やく【五薬】薬にする5種の材料。草・木・虫・石・穀。一説に、草・木・金・石・穀とも。

ご-やく【誤訳】〔名〕ˢᵘʳᵘ まちがって翻訳すること。また、その訳。「映画のせりふを—する」

こ-やくにん【小役人】地位の低い役人。官吏を軽んじた言い方。小吏。
(類語)属吏・下僚・属僚・属官・小吏・小官・下役・俗吏

こや-ぐみ【小屋組(み)】屋根を支える屋根裏の骨組み。和風小屋組みの折り置き組み・京呂きょうろ組み、洋風小屋組みなどがある。

こ-やさん【×姑▽射山】❶中国で、不老不死の仙人が住むという山。藐姑射はこや山。❷上皇・法皇の御所。仙洞御所。

こやし【肥やし】❶肥料。こえ。❷成長の糧かてとなるもの。「遊びを芸の—とする」(類語)肥料・肥

こ-やしょく【小夜食】軽い夜食。

こ-やす【子安】❶子を安らかに産むこと。安産。「—のお守り」❷「子安地蔵」の略。❸「子安観音」の略。

こや・す【肥やす】〔動サ五(四)〕❶肥料などをほどこして地味をよくする。肥沃ひよくにする。「やせた土地を—・す」❷栄養を与えて太らせる。「豚を—・す」❸不当に利益を得させる。「私腹を—・す」❹経験を積んで、もののよしあしを判断できる能力を豊かにする。「舌を—・す」❺見たり聞いたりして心を満足させる。喜ばす。楽します。「一時が目を—・して何にかはせむ」〈更級〉(可能)こやせる

こや・す【×臥やす】〔動サ四〕《動詞「こ(臥)ゆ」に上代の尊敬の助動詞「す」がついて音変化したもの》「臥こゆ」の尊敬語。横になられる。おやすみになる。「飯に飢ゑて—・せるその旅人あはれ」〈推古紀・歌謡〉

こ-やす・い【小安い】〔形〕相場が下がり気味である。値上がりの勢いが止まっている。➡小高い❷

こやす-がい【子安貝】ᵍᵃⁱ タカラガイ科に属する巻き貝の俗称。特に大形のハチジョウダカラガイをさすことが多い。安産のお守りとされた。(季 春)「一二見の浦を産湯かな/其角」➡宝貝たからがい

こやす-がみ【子安神】子授け・安産・育児などの祈願の対象となる神。鬼子母神きしもじん・観音・地蔵や木花開耶姫このはなさくやひめなど。

こやす-かんのん【子安観音】ᶜʷᵃⁿᵒⁿ ❶安産や幼児の成長を守護するという観世音菩薩かんぜおんぼさつ。❷隠れキリシタンが礼拝した聖母像。

こやす-こう【子安講】安産祈願のために、婦人が集まって子安神を祭る信心講。

こやす-じぞう【子安地蔵】ᶻᵃᵘ 妊婦の安産を守護するという地蔵尊。

こ-やすみ【小休み】〔名〕ˢᵘʳᵘ 少しの間休むこと。少憩しょうけい。「一時いちじ—して居た女の楽師が」〈荷風・ふらんす物語〉

こ-やすみどの【小安殿】大内裏の殿舎の一。大極殿(大安殿おおやすみどの)の後方(北方)にあって、天皇が政務を執る殿舎。こあどの。しょうあんでん。

こ-やつ【×此▽奴】〔代〕三人称の人代名詞。「こいつ」よりもやや古い言い方で、話し手の近くの人をののしったり、ぞんざいにいったりする場合に用いる。
(類語)こいつ・この方

こや-づか【小屋▽束】小屋組みで、小屋梁こやばりの上に立てる束。

こ-やど【小宿】❶小さな宿。ちょっと泊まる宿。❷江戸時代、奉公人が暇をとったときに身を寄せる宿。男女が密会に使ったり、時には、私娼を置いたりした。中宿なかやど。出合い宿。「おのが心まかせの男狂ひ、—を替へて逢ふこと」〈浮・一代男・三〉

こやど-ばいり【小宿入り】ᵇᵃⁱʳⁱ 奉公人が小宿❷に入ること。暇を取って寄宿すること。また、遊興すること。こやどいり。「一夜がけのおひまをもらうて、—をし」〈浮・禁短気・三〉

こ-やね【小屋根】小さい屋根。庇ひさしや2階建ての家の1階の屋根。⇔大屋根。

ゴヤ-の-パンテオン《Panteón de Goya》▶サンアントニオ-デ-ラ-フロリダ聖堂

こや-ばり【小屋×梁】小屋組みの最下部にある梁。

こ-やま【小山】小さい山。低い山。(類語)山・高山・山岳

小山が揺るぎ出たよう　太って大きな人が歩くようすを形容する言葉。

こやま-いけ【湖山池】鳥取県北東部の潟湖せきこ。湖山長者が扇で落日を招き帰して田植えをさせた罰で、田が一夜で湖になったという伝説がある。

こやま-いとこ【小山いと子】[1901〜1989]小説家。高知の生まれ。本名、池本イト。犯罪や社会問題を扱った大衆小説を女性の視点で描いた。「執行猶予」で直木賞受賞。他に「海門橋」「ダム・サイト」「皇后さま」など。

こやま-しょうたろう【小山正太郎】ˢʰᵃᵘᵗᵃʳᵃᵘ [1857〜1916]洋画家。新潟の生まれ。川上冬崖かわかみとうがい・フォンタネージに師事。明治美術会の結成に参加。

こやま-まさあき【小山正明】[1934〜]プロ野球選手。兵庫の生まれ。昭和28年(1953)テスト生として阪神入団。同37年13完封を含む27勝をあげ、優勝に貢献。沢村賞を受賞。通算320勝。

こ-やみ【小▽止み｜小×歇み】雨や雪などがしばら

くの間降りやむこと。おやみ。「雪が—なく降る」
[類語]小降り
こ-やり【小×槍】柄が短い槍。手槍。
こや・る【×臥る】〔動ラ四〕横になる。ふす。「槻弓つくゆみの—・る—・りも」〈記・下・歌謡〉
こ・ゆ【肥ゆ】〔動ヤ下二〕「こ(肥)える」の文語形。
こ・ゆ【×臥ゆ】〔動ヤ上二〕横になる。ふす。主に上代、他の動詞と複合して用いられた。「床じものうち—・い伏して」〈万・八八六〉「立ち走り叫び袖振り—・いまろび足ずりしつつ」〈万・一七四〇〉
こ・ゆ【▽凍ゆ】〔動ヤ上二〕こごえる。「飢ゑ—・ゆるときには」〈前田本仁徳紀〉
こ・ゆ【越ゆ|超ゆ】〔動ヤ下二〕「こ(越)える」の文語形。
こ・ゆ【▽蹴ゆ】〔動ヤ下二〕ける。〈和名抄〉
ごゆ【御油】愛知県豊川市の地名。もと東海道五十三次の宿駅で、姫街道の分岐する追分。西隣の宿駅であった赤坂との間に松並木が残る。
こ-ゆい【小結】こゆひ ❶折烏帽子おりえぼしの巾子こじの下部左右に穴をあけ、髻もとどりに結んだ小紐こひもを引き出し、烏帽子が落ちないように後部で結ぶこと。❷「小結烏帽子」の略。
こゆい-えぼし【小結×烏▽帽子】こゆひ 小結の組紐をつけた侍烏帽子さむらいえぼし。
こ-ゆう【固有】コイウ〔名・形動〕スル ❶本来持っていること。「天然の性に—すること」〈福沢・福翁百話〉❷そのものだけにあること。また、そのさま。特有。「民族—の文化」「北国に—な(の)風土」[類語]独特・独自
こ-ゆう【故友】コイウ 古い友人。昔の友。旧友。
ご-ゆう【五友】ゴイウ《明の儒者、薛瑄せつせんの「友竹軒記」から》竹・梅・蘭・菊・蓮の5種。文人画の画題。
ご-ゆう【互有】ゴイウ 同一物件を互いに所有すること。分割できないものを共有すること。
ご-ゆう【娯遊】ゴイウ たのしみあそぶこと。
ご-ゆう【×梧右】ゴイウ《「梧」は桐の机の意》手紙の脇付わきづけに用いる語。机下。梧下。
こゆう-うんどう【固有運動】コイウ 恒星自身の空間運動による位置変化。ふつう天球上を1年間に動いた角度で表し、単位は秒を用いる。最大はバーナード星の10.3秒であるが、1秒を超す星はまれ。
こゆう-エックスせん【固有X線】コイウ ►特性X線
ごゆう-けん【互有権】ゴイウ 境界線上にある囲障・界標などの工作物に対する相隣者の共有権。
こゆう-ざいさん【固有財産】コイウ もとからその人のものであった財産。相続や譲渡などによって取得した財産と区別する必要のある場合に用いる語。
こゆう-じむ【固有事務】コイウ 都道府県・市町村などの地方公共団体が、その存立の目的を達成するために行う事務。➡委任事務
こゆう-しゅ【固有種】コイウ 特定の地域に分布が限られる動植物の種。日本のニホンザルなど。
こゆう-しんどう【固有振動】コイウ 振動体を自由に振動させたときの、その振動体が固有に示す一定数の振動。
こゆう-せい【固有性】コイウ あるものにもとから備わっている性質。そのものだけに特有な属性。
こゆう-ち【固有値】コイウ ベクトルを一次変換したとき、もとのベクトルの何倍になったかを示す値。Aを正方行列(一般に一次変換を表す)とするとき、$Ax=\lambda x$となるベクトルxをλに属する固有ベクトル、λをAの固有値という。
こゆう-はんどうたい【固有半導体】コイウハンダウタイ ►真性半導体
こゆう-ベクトル【固有ベクトル】コイウ ベクトルを一次変換したとき、その固有値に対する、もとのベクトル。➡固有値
こゆう-ほう【固有法】コイウハフ ある国に固有なものとして発生し、発達した法。⇔継受法。
こゆう-めいし【固有名詞】コイウ 名詞の一。同じ種類に属する事物から一つの事物を区別するために、それのみに与えられた名称を表す語。人名・地名・国名・書名・建造物・年号などの類。➡普通名詞
こ-ゆき【小雪】少し降る雪。少しの雪。[季冬]「麦の芽のうごかぬ程に—ちる/蝶夢」⇔大雪。
こ-ゆき【粉雪】粉のようにさらさらした細かい雪。こなゆき。[季冬]「一力ののれんにかかる—かな/東洋城」
こ-ゆび【小指】❶手足のいちばん外側にある、最も小さい指。こよび。❷妻・妾・愛人などを俗にいう語。小指を立ててその意を示すこともある。[類語]親指・人差し指・中指・薬指・拇指ぼし・食指・高高指・紅差し指
こ-ゆみ【小弓】遊戯用の小さい弓。また、それを用いた遊戯。「遊びわざは—。碁」〈枕・二一五〉
こ-ゆるぎ【小揺るぎ】少し揺れ動くこと。「—もせずに目を閉じている」
こゆるぎ-の【小▽余×綾の】〔枕〕歌枕の「小余綾こゆるぎの磯」から、磯と同音を有する「急ぐ」「五十いそ」にかかる。こよろぎの。「—急ぎ出でてもかひなかりけり」〈拾遺・恋四〉
こゆるぎ-の-いそ【小余綾の磯】神奈川県大磯付近の海岸。こよろぎのいそ。[歌枕]「わかめかる春や来ぬらん—のあま人波にまじれり」〈万代・雑一〉
こ-よい【▽今宵】こよひ ❶今夜。今晩。「—の月」❷翌朝になってからみて、昨夜のこと。ゆうべ。「—の風にも、あくがれなまほしく侍りつれ」〈源・野分〉[類語]当夜
こ-よう【小用】❶ちょっとした用事。しょうよう。「—を済ます」❷小便することを婉曲にいう語。しょうよう。「—を足す」「—に立つ」
[類語]小用しょうよう・雑用・雑事・野暮用・私用・公用・用
こ-よう【古謡】コエウ 古くから伝わる歌謡。「日本—」
こ-よう【枯葉】コエフ 草木の枯れた葉。かれは。
こ-よう【雇用|雇×傭】〔名〕スル ❶人をやとい入れること。「実務経験者を—する」「終身—」❷当事者の一方が相手方のために労務に服し、これに対して相手方が報酬を支払うことを約束する契約。
[類語]雇う・採用
ご-よう【五葉】ゴエフ ❶5枚の葉。また、紙など薄い平たいもの5枚。❷「五葉松」の略。❸五つの分派。特に、禅宗の五家。「時澆薄に及んで—叢林となる」〈太平記・二四〉
ご-よう【互用】代わる代わる用いること。
ご-よう【×梧葉】ゴエフ アオギリの葉。
ご-よう【御用】❶ある人を敬って、その用事・入用などをいう語。また、用事・入用などを丁寧にいう語。「何か—ですか」「—を承ります」❷宮中・政府などの公の用務・用命。「宮内庁の—を達する店」❸捕り手が官命で犯人を捕らえること。また、そのときのかけ声。転じて、警察につかまること。「—、—、神妙にしろ」「—になる」❹権力のある者にへつらい、自主性のない者を軽蔑していう語。「—新聞」❺「御用聞き❶」の略。
ご-よう【誤用】〔名〕スル 使い方をまちがえること。また、そういう使い方。「敬語を—する」
[類語]運用・使用・利用・活用・所用・盗用・悪用・転用・流用・通用・愛用・引用・援用・応用・逆用・併用・充用・試用・常用・善用・適用・乱用
ごよう-おさめ【御用納め】ごようをさめ 各官公庁で、その年の執務を終わりにすること。また、その日。ふつうは12月28日。[季冬]⇔御用始め。
ごよう-がかり【御用掛(か)り】もと、宮内省などの命を受けて用務を担当する職。また、その職の人。
ごよう-がくしゃ【御用学者】時の政府・権力者などに迎合して、それに都合のよい説を唱える学者。
ごよう-きき【御用聞き】❶商店などで、得意先の用事・注文などを聞いて回ること。また、その人。「酒屋の—」❷《政府の公用を承る者の意から》江戸時代、官から十手・捕縄を預かり、犯人の捜査・逮捕に当たった民間の者。岡っ引き。目明かし。
ごよう-きしゃ【御用記者】御用新聞の記者。
ごよう-きん【御用金】江戸時代、幕府・諸藩が財政の不足を補うため、臨時に御用商人などに課した賦課金。
ごよう-くみあい【御用組合】ごようくみあひ 使用者から経済的援助を受けたり、使用者の意向に従って動いたりする自主性のない労働組合。会社組合。
こようけいぞく-きゅうふ【雇用継続給付】キフ 雇用保険法に規定される失業等給付の一。高年齢者・育児休業者の雇用継続の促進・支援が目的。高年齢雇用継続給付、育児休業給付、介護休業給付がある。
ごよう-ざん【五葉山】ゴエフ 岩手県南東部、釜石市・大船渡市・気仙郡住田町の境にある山。標高1351メートル。海に直線距離で13キロメートルと近いため眺望がよい。ホンシュウジカの生息北限地。五葉山県立自然公園に属する。
こ-ようじ【小×楊枝】コヤウ 「爪楊枝つまようじ」に同じ。
ごよう-し【御用紙】❶御用新聞。❷江戸時代、幕府に納めた特漉きの紙。また、大名などに納めた紙。
こよう-しゃ【雇用者】❶労働者を雇っている個人や企業などの組織。使用者❷のこと。雇用主。❷企業・団体・個人事業主などに雇われている人。被雇用者。被用者。[補説]労働統計では、雇用者❷は就業者の一部に分類され、会社・団体・官公庁または自営業主や個人の家庭に雇われて給料・賃金を得ている者をいい、会社や団体の役員も雇用者に含まれる。[類語](❶)使用者・雇用主・雇い主・事業主/(❷)被雇用者・被用者
こようしゃ-ほうしゅう【雇用者報酬】ハウシウ 産業、政府機関(国・地方自治体)、公共・社会サービスなどあらゆる生産活動に従事する雇用者に対して、現金または現物で支払われた報酬の総額。生産活動から生じた付加価値のうち、雇用者に分配された分の総額(社会保険の雇用主負担分を含む)であり、労働分配率の算出に用いられる。
ごよう-しょうにん【御用商人】シャウニン ❶宮中・官庁などへ用品を納めることを認可された商人。御用達ごようたし。❷江戸時代、幕府・諸藩に出入りを許されて用品納入や金銀の調達などをした特権商人。御用達。
ごよう-しんぶん【御用新聞】時の政府の保護を受けて、その政策の擁護・宣伝になるような報道に努める新聞。
ごよう-ずみ【御用済み】❶ある人を敬って、その人の使用が済んだことをいう語。「—の品」❷官公庁の用務が終わり、その職を免ずること。❸不要になった人や物を、やや軽んじていう語。「君はもう—だ」
ごようぜい-てんのう【後陽成天皇】ゴヤウゼイテンワウ [1571〜1617]第107代天皇。在位、1586〜1611。正親町おおぎまち天皇の皇子誠仁さねひと親王の第1王子。初名、和仁かずひと、のち周仁かたひと。儒学・和学を好み、古文孝経・日本書紀神代巻などのいわゆる慶長勅版本を刊行。
ごよう-せん【御用船】❶戦時などに政府や軍が徴発して軍事目的に使用した民間の船舶。❷江戸時代、幕府・諸藩が必要に応じて運送を委託した船、または傭船。
こよう-そうしつ【雇用喪失】サウシツ 不況などが原因となって雇用の機会が減少すること。⇔雇用創出。
こよう-そうしゅつ【雇用創出】サウシュツ 就労の機会を新たに作り出すこと。経済・雇用情勢の悪化による離職者の増加に対応するため、新規・成長産業の振興、創業・起業の支援、ワークシェアリングの促進、経済刺激策の実施などによる雇用機会の創出が図られている。⇔雇用喪失。
こようそくしん-じぎょうだん【雇用促進事業団】ジゲフダン 労働者の技能習得や労働の移動の円滑化などによって労働者の能力に応じた雇用を促進するために、昭和36年(1961)に設立された特殊法人。平成11年(1999)雇用・能力開発機構に改組された。
こようそくしん-じゅうたく【雇用促進住宅】ヂユウタク 高齢・障害・求職者雇用支援機構の委託を受けて雇用振興協会が管理・運営する、勤労者向けの賃貸住宅。公共職業安定所の紹介等で就職する人や転勤・再就職する人などが、通勤圏外となるため転居が必要にもかかわらず適当な住宅が見つからない場合に、一時的に(原則2年以内)利用できる。また、大規模災害が発生した場合には、被災者の一時入居先としても利用される。[補説]「規制改革3か年計画」(平成19年6月閣議決定)により、雇用促進住宅は2021年度までに譲渡・廃止される予定。地方公共

団体への譲渡や民間への売却が進められている。全国に3万8882戸ある(平成24年7月現在)。
こよう-たい【固溶体】複数の物質がまじり合って均一な状態になっている固体。合金の多くはこれにあたる。➡混晶
こよう-たいさくほう【雇用対策法】雇用に関する国の総合的施策を通じて労働力の需給の均衡を図り、国民経済の発展と完全雇用の達成に資することを目的とする法律。昭和41年(1966)施行。
ごよう-たし【御用▽達】❶(「ごようたつ」とも)宮中・官庁などへ用品を納めること。「宮内庁一の品」❷「御用商人」に同じ。(類語)豪商・政商
ご-ようだて【御用立て】「用立て」の謙譲語・丁寧語。「一はできかねます」
こようちょうせい-じょせいきん【雇用調整助成金】労働者の失業予防を目的として国が事業主に対して行う支援措置の一つ。景気変動や金融危機などの理由で収益が悪化し、事業の縮小を余儀なくされた企業が従業員を一時的に休業・教育訓練・出向させる際に、事業主が支払う休業手当や賃金の一部を国が助成する。(補説)平成20年(2008)の世界的な金融危機で急激に経済状況が悪化し、企業による解雇や雇い止めが急増。国は雇用悪化に歯止めをかけるため、雇用調整助成金の支給要件を大幅に緩和し、助成率を引き上げた。同年12月に新設された中小企業緊急雇用安定助成金では、助成率が5分の4に引き上げられ、翌年2月には大企業に対する助成率が2分の1から3分の2に引き上げられた。さらに同年6月には、所定の期間解雇等を行っていない企業に対する助成率が中小企業は10分の9、大企業は4分の3に引き上げられた。また、支給限度日数が3年間で150日から300日に延長され、1年間200日までとしていた制限が撤廃された。
ごよう-ぢょうちん【御用▽提▽灯】❶官庁の名や記章を記した提灯。官命に従事する者が夜間に携帯する。❷江戸時代、捕り手が犯人を召し捕るときに用いた「御用」と書いた提灯。
ごよう-つつじ【五葉躑=躅】ツツジ科の落葉低木。本州・四国の深山に自生。枝先に葉を5枚ずつつける。初夏に白い花が咲く。しろやしお。(季 春)
ごよう-てい【御用邸】皇室の別邸。避暑・避寒のために利用される。(補説)現在ある御用邸は3か所。葉山御用邸(神奈川県葉山町)は明治27年(1894)、那須御用邸(栃木県那須町)は大正15年(1926)、須崎御用邸(静岡県下田市)は昭和46年(1971)に建てられたもの。
ごよう-でやく【御用出役】江戸時代、役人が本職にあるまま臨時に他の役に就くこと。また、その役人。
こよう-とうけい【雇用統計｜雇×傭統計】一国内のある時点における、労働者数や失業率についての統計。(補説)経済界では特に、毎月発表されるアメリカの雇用統計が重視される。このうち非農業部門就業者数と失業率が最も注目され、同国の景気の実態を示し、政策の先行きを予想する材料となる。
ごよう-とりつぎ【御用取次】江戸幕府の職名。将軍の居室と御用部屋との間にあって取り次ぎをした役。側衆から選ばれた。
こよう-ぬし【雇用主】►使用者❷
こようのうりょくかいはつ-きこう【雇用・能力開発機構】公共職業能力開発施設の設置・運営、雇用環境の改善支援、勤労者向けの住宅取得資金・教育資金の融資などの業務を行う、厚生労働省所管の独立行政法人。平成11年(1999)、雇用促進事業団を改組し、特殊法人として設立。雇用保険料を財源として全国に設置された勤労者福祉施設等の非効率な運営が指摘され、独立行政法人改革の一環として同23年10月に廃止。職業能力開発業務は高齢・障害・求職者雇用支援機構、勤労者財産形成業務は勤労者退職金共済機構に移管。能開機構。
ごよう-ばこ【御用箱】江戸時代、幕府・諸大名が道中の際に、用務に関する文書や金品を入れて運んだ箱。
ごよう-はじめ【御用始め】各官公庁で、その年の執務を始めること。また、その日。ふつうは1月4日。(季 新年) (対)御用納め。
ごよう-べや【御用部屋】江戸城内で、大老・老中・若年寄が詰めて政務を執った部屋。
こ-ようほう【胡耀邦】[1915～1989]中国の政治家。湖南省出身。1930年共産主義青年団に加盟、33年中国共産党員となる。毛沢東の死後、77年に鄧小平が復活すると同時に党中央委員。党の要職を歴任後、80年党総書記に就任し、翌年華国鋒にかわり党主席に昇進。86年の民主化運動に理解を示したため、87年総書記を辞任させられた。フーヤオパン。➡天安門事件㊁
こよう-ほけん【雇用保険】社会保険の一。失業給付(基本手当)のほか、雇用安定・雇用改善・能力開発・雇用福祉を目的として、事業主および労働者が加入する保険。従来の失業保険に代わって昭和50年(1975)に発足。
こようほけん-ほう【雇用保険法】労働者が失業した場合に支給される失業給付のほか、雇用の安定と就職の促進を図るために、教育訓練給付、雇用継続給付などについて定めた法律。雇用継続給付には、高年齢雇用継続給付・育児休業給付・介護休業給付金がある。昭和22年(1947)に失業保険法として制定され、同49年に雇用保険法に改正された。➡失業保険 (補説)平成21年(2009)3月、厳しい雇用失業情勢に対応するため、雇用保険法が一部改正された。非正社員に対するセーフティーネットとしての機能を強化するため、雇い止めなどで離職した人が受給資格を得るのに必要な加入期間を12か月から6か月に短縮。適用基準も「1年以上雇用見込み」から「6か月以上雇用見込み」に緩和された。また、離職者の再就職支援を強化するため、3年間の暫定措置として、特に再就職が困難な場合は給付日数を60日間延長。早期再就職者に支給される再就職手当の要件も緩和され、支給率が引き上げられた。さらに、育児休業給付を全額休業期間中に支給(従来は休業中と復帰後に分けて支給)、企業や家計の負担を軽減するため雇用保険料率の引き下げ(平成21年度限り)などの改正も盛り込まれた。同22年の改正では、非正社員の加入条件が緩和される一方、雇用保険料率が引き上げられた。
ごよう-まつ【五葉松】マツ科の常緑高木。山地に自生。樹皮は黒みを帯び、枝は水平に出て、針状の葉が5枚ずつ束になってつく。5月ごろ、新しい枝の下部に雄花を、先に雌花をつける。盆栽にもする。東日本では姫小松ともよぶ。
ご-ようめい【御用命】「用命」の尊敬語。「一ありがとうございます」
ごよう-めし【御用召し】朝廷や官庁の発する出頭命令。多くは官職の任命や叙位などのための呼び出し。
ごよう-もの【御用物】宮中や官庁の用に供する品物。
こ-ようらくつつじ【小×瓔×珞躑=躅】ツツジ科の落葉低木。深山に自生。枝が輪状に分かれ、葉は長楕円形。5、6月ごろ、黄赤色の壺形の花をつける。名は、花が瓔珞に似ているのに由来。
ごよう-ろん【語用論】《pragmatics》記号論の一分野。記号をその使用者の立場から研究するもの。
コヨーテ〖coyote〗食肉目イヌ科の哺乳類。オオカミに似るが小形で、体長約1メートル。尾は太く、長さ30～40センチ。毛は灰褐色。北アメリカの草原にすみ、草原オオカミといわれる。夕暮れになると甲高い声で呼び合う。
こ-よぎ【小夜着】袖や襟のついた小形の掛け布団。
こ-よく【鼓翼】はばたくこと。鳥が飛ぶこと。
ご-よく【五欲】仏語。人間がもつ五つの欲。色・声・香・味・触の五境に対して起こす欲望。また、財欲・色欲・飲食欲・名欲・睡眠欲の五つ。五塵。
こよし-がわ【子吉川】秋田県南西部を流れる川。鳥海山の東麓に源を発し、由利本荘市の中心部を流れ日本海に注ぐ。長さ61キロ。上流には法体の滝がある。本荘平野の農業用水として利用されている。
こ-よしきり【小×葦切】ヒタキ科ウグイス亜科の鳥。全長14センチくらい。姿はウグイスに似る。鳴き声はオオヨシキリより細く甲高い。(季 夏)
こよ-な・い〔形〕(文)こよな・し〔ク〕❶この上ない。格別だ。「一・き幸せ」「昔の友人に対して一・い弁明の機会であった」〈中勘助・鳥の物語〉❷他と比べて、または以前と比べて、ひどく違っている。かけ離れている。格別である。「年は我に一・く兄におはせし」〈宇津保・蔵開中〉❸程度がはなはだしいさま。よい場合にも悪い場合にもいう。㋐格段にすぐれている。「やんごとなき人のし給へることは、一・かりけりと喜ぶ」〈落窪・四〉㋑格段に劣っている。「おもりかに心深きけはひはまさり給へど、にほひやかなるけはひは、一・しとぞ人思へる」〈源・竹河〉
こよ-なく〔副〕《形容詞「こよなし」の連用形から》この上なく。古くは単に程度のはなはだしいことを表したが、現代では文語的な表現として賛美の情感を伴って用いられる。「信州の山々を一愛した作家」
こ-よみ【暦】《「日か読み」の意》❶時の流れを年・月・週・日の単位で区切り、わかりやすくした体系。日本では推古10年(602)百済から伝えられた中国暦、貞享元年(1684)渋川春海によって作成された貞享暦などの太陰太陽暦を用いてきたが、明治5年(1872)に12月3日を同6年1月1日とし、以後、太陽暦の一種のグレゴリオ暦を採用。❷1年の、月・日・曜日・祝祭日・干支・日の出・日の入り・月齢・日の吉凶・主要行事などを日を追って記したもの。七曜表。カレンダー。「一をめくる」(類語)カレンダー・日読み・日めくり
こよみ-こもん【暦小紋】暦の文様を染め出した小紋。江戸時代、元禄年間(1688～1704)に流行。
こよみ-で【暦手】「三島手」に同じ。
こよみ-の-そう【暦の奏】►御暦の奏
こよみ-の-はかせ【暦の博士】❶律令制で、中務省陰陽寮に属し、暦を作り、暦生の教育をつかさどった職員。れきはかせ。❷陰陽師をいう。
こ-より【▽紙×縒り｜▽紙×撚り｜▽紙▽捻り】《「かみより」の音変化した「かうより」の音変化》細く切った紙をひねってひも状にしたもの。紙をとじたり細工物の材料とする。かんぜより。
こ-より【▽蚕寄り】蚕が小さいときに、蚕座の一部に集まること。蚕が健康で強いしるしとされる。
こより-じめ【▽紙×縒り締め】刺繡で、模様の輪郭をこよりでとり、その上を金糸などでおさえ縫いをしたもの。
こ-ら【子▽等｜▽児▽等】❶子供たち。❷上代、人を親しんでよぶ語。多く単数の女性に対して用いるが、複数のことも、男性の場合もある。「みつみつし久米の一が粟生には」〈記・中・歌謡〉
こら〔感〕人をしかったり、とがめたりするため、相手に強く呼びかけるときに発する声。これ。
コラーゲン〖collagen〗動物の結合組織の主成分で、骨・腱・皮膚などに多く含まれる線維状の硬たんぱく質。煮ると膠ができる。膠原質。(類語)栄養
コラージュ〖フランス collage〗《「糊づけ」の意》現代絵画の一技法。画面に印刷物、写真の切り抜き、針金など、さまざまなものをはりつけ、一部に加筆などをして構成するもの。ダダイスムやシュールレアリスムで多用され、今日では広告などにも用いられる。
コラード〖collard〗結球しないキャベツの一品種。若い葉をサラダや煮物にする。
コラール〖ドイツ Choral〗❶ドイツのルター派教会で用いられる賛美歌。衆賛歌。❷グレゴリオ聖歌など、各種の聖歌や教会歌の総称。
こ-らい【古来】昔から今まで。古くから。副詞的にも用いる。「一の伝統」「人生七十一稀なり」
(類語)旧来・従来
ごらい-こう【御来光】❶高山の頂上で見る荘厳な日の出。「一を拝む」(季 夏)「一這松を透き厳を染め/蓼汀」❷「御来迎❶❷」に同じ。
(類語)日の出・初日の出

ご-らいごう【御来▽迎】(ゴライガウ) ❶「来迎」を敬っていう語。❷高山の頂上で太陽を背にしたとき、前面の霧に自分の影が大きく映り、その周りに光環が見られる現象。阿弥陀仏が光背を負うて来迎するのになぞらえていう。御来光。(季 夏)「雪渓をさきだつ禰宜(ねぎ)や—/爽雨」❸江戸時代の玩具の名。紙の張り抜きや木・土で作った小さな仏の像を竹筒に納めておき、糸の仕掛けで竹筒を下げると、黄色の紙を畳んで作った後光が開き、仏の像が現れるもの。❹「御来光(ごらいこう)❶」に同じ。

ご-らいだん【御頼談】江戸時代、蔵屋敷出入りの町人が秋の回米を担保として諸藩から借金を依頼されること。

こらいふうていしょう【古来風体抄】(コライフウテイセウ) 鎌倉初期の歌論書。2巻。藤原俊成著。式子(しきし)内親王の依頼により、建久8年(1197)に撰進。再撰本は建仁元年(1201)成立。万葉集から千載集までの秀歌を引用し、その歌風の変遷を示して短評を加えたもの。こらいふうたいしょう。

こら・う【▽堪ふ|×怺ふ】(こらふ)〔動ハ下二〕「こらえる」の文語形。

こらえ【▽堪え|×怺え】(こらへ) こらえること。がまんすること。「一向に—がない」

こらえ-しょう【▽堪え性】(こらへシヤウ) つらいこと、苦しいことなどをがまんできる意地、性分。「—がない」

こらえ-じょう【▽堪え情】(こらへジヤウ) こらえる気力。がまんする意地。忍耐心。

こらえ-ぜい【▽堪へ精|▽堪へ性】(こらへ) 「堪え性(しょう)」に同じ。「母は涙の—、つき果ててわっと泣き」〈浄・鑓の権三〉

こらえ-ば【▽堪え場】(こらへ) ❶こらえなければならない時・場所。「この—をしのがなくては会社はつぶれてしまう」❷敵の攻撃を食い止める場所。「北国の勢を待つまでの—もなかりければ」〈太平記・二〇〉

こらえ-ぶくろ【▽堪へ袋】(こらへ) 「堪忍袋(かんにんぶくろ)」に同じ。「—、ふっつりと緒が切れた」〈浄・鑓の権三〉

こら・える【▽堪える|×怺える】(こらへる)〔動ア下一〕図こら・ふ〔ハ下二〕❶苦しみなどに、耐えてがまんする。しんぼうする。「痛みを—・える」「飢えや寒さを—・える」❷感情などを、抑えて外にあらわさない。「怒りを—・える」「笑いを—・える」❸外から加えられた力にたえる。もちこたえる。「強烈な寄りを—・える」❹堪忍する。許す。「今度だけは—・えてやろう」(補説)「怺」は国字。

(用法)こらえる・たえる——「空腹をこらえる(にたえる)」「痛みにたえる(をこらえる)」など、上接する助詞に違いがあるが、相通じて用いる。◆「こらえる」は自己の感情の発現を押さえることに中心がある。「涙をこらえる」「怒りをこらえる」に「(に)たえる」は用いない。◆「たえる」は外部からの圧力に抵抗する点に意味の中心がある。「三〇〇〇度の高温にたえる」に「(を)こらえる」は用いない。◆「たえる」は人以外の物にも使うが、「こらえる」は人についてしか使わない。

(類語)耐える・忍ぶ・しのぐ・堪え忍ぶ・踏みこたえる・たまり兼ねる・忍耐する・隠忍する・忍従する・頑張る

こらがて-を【▽児▽等が手を】〔枕〕妻や恋人の腕を巻く(=枕にする)の意から、「巻く」と同音の部分を含む地名「巻向山(まきむく)」にかかる。「—巻向山は常にあれど過ぎにし人に行き巻かめやも」〈万・一二六八〉

ご-らく【五楽】仏語。出家楽・遠離楽・寂静楽・菩提(ぼだい)楽・涅槃(ねはん)楽の五つの楽。五種楽。

ご-らく【娯楽】〔名〕(スル) 仕事や勉学の余暇にする遊びや楽しみ。また、楽しませること。「—施設一つない山間の地」「—映画」「装飾は人の心目を—し」〈逍遥・小説神髄〉(類語)レクリエーション・遊戯・戯(たわむ)れ・遊(すさ)び・気晴らし・慰み事・遊技・ゲーム・プレー・レジャー

ご-らくいん【御落×胤】▶落胤

こら-こら〔感〕非難の気持ちをこめて人に呼びかけ、注意を促す語。「—、ここに入ってはならん」

こらし・む【懲らしむ】〔動マ下二〕「こらしめる」の文語形。

こらしめ【懲らしめ】懲らしめること。懲りさせること。「いたずらに対して—を与える」

こらし・める【懲らしめる】〔動マ下一〕図こらし・む〔マ下二〕制裁を加えたりして二度としないようにさせる。懲らす。「いたずらを—・める」

(類語)とっちめる・罰する・懲らす

こら・す【凝らす】〔動サ五(四)〕❶心の働きを一つのものや所に集中させる。「ひとみを—・す」「息を—・す」❷一心に考えをめぐらす。「工夫を—・す」「意匠を—・す」❸凝り固まるようにする。

こら・す【懲らす】〔動サ五(四)〕こらしめる。「悪を—・す」(類語)とっちめる・罰する・懲らしめる

コラズム〖Khorazm〗▶ホラズム

こ-らふ【×胡×蘿×蔔】ニンジンのこと。中国での呼び方で、西域(胡国)から渡来したダイコン(蘿蔔)の意。こらふく。

コラボ〔名〕(スル)「コラボレーション」の略。

コラボレーション〖collaboration〗〔名〕(スル) 異なる分野の人や団体が協力して制作すること。また、制作したものをもいう。共同制作。共同事業。共同研究。協業。合作。コラボレート。コラボ。「部門を越えて—することで新しい発想の商品を生み出す」

コラボレート〖collaborate〗〔名〕(スル) 共同して行うこと。共同制作すること。コラボレーション。

コラム〖column〗❶新聞・雑誌で、短い評論などを掲載する欄。また、囲み記事。❷古代ギリシャ・ローマの建築物に見られる石の円柱。❸▶列㊀❹

(類語)囲み・欄

コラム-シフト〖column shift〗自動車の変速機のシフトレバーが床ではなく、ハンドルのすぐ後ろの軸上に付いているもの。

コラム-スカート〖column skirt〗筒形のスカートのこと。ストレートスカートと同じ。

コラムニスト〖columnist〗新聞・雑誌のコラムを執筆する記者。また、その社外の寄稿家。(類語)著作家・文筆家・ライター・評論家・ジャーナリスト

ご-らん【御覧】㊀「見ること」の尊敬語。「—のとおりです」㊁「御覧なさい」の略。❶「御覧なさい❶」に同じ。「—、あの山を」❷(動詞の連用形に接続助詞「て」を添えた形に付いて、補助動詞的に用いる)「御覧なさい❸」に同じ。「おいしいから食べて—」

御覧に入(い)・れる 「見せる」の謙譲語。見せる相手を敬っていう。お見せする。「ご満足の行く演技を—・れましょう」

御覧にな・る ❶「見る」の尊敬語。「展覧会を—・りましたか」❷動詞の連用形に助詞「て」の付いた形について、補助動詞的に用いる。「…てみる」の尊敬語。「ぜひ、試して—・るといいですよ」(類語)拝見する

ゴラン-こうげん【ゴラン高原】(カウゲン)《Golan》シリア南西部の高原。戦略上の要地で、1967年にイスラエルが占領。

ごらん・ず【御覧ず】〔動サ変〕「見る」の尊敬語。「見給う」に比べ、敬意が強い。❶ご覧になる。ご覧じる。「昔も—・ぜし道とは見給へつつ」〈かげろふ・中〉❷世話をなさる。「年比も—・じて久しくなりぬ」〈堤・由無し事〉❸召し上がる。「君、いとねぶたしとて起き給はねば、なほこよひ—・ぜよとて聞こゆれば」〈落窪・一〉

ごらんぜ-さす【御覧ぜさす】〔連語〕《動詞「ごらんず」の未然形＋使役の助動詞「さす」。ご覧になるようにさせるの意》ご覧に入れる。お目にかける。「御文もいかでか—・させ侍らむとすらむ」〈落窪・一〉

ごらんぜ-らる【御覧ぜらる】〔連語〕《動詞「ごらんず」の未然形＋尊敬の助動詞「らる」》「見る」の尊敬語。ご覧になる。「主上は御涙にくもりつつ、月の光もおぼろにぞ—・られける」〈平家・六〉(補説)古くは、受け身・可能・自発・尊敬の意を持っていたが、鎌倉時代以降、尊敬の用法に限られるようになった。

コランダム〖corundum〗酸化アルミニウムからなる鉱物。ダイヤモンドに次いで硬い。六方晶系。赤色のものをルビー、青色のものをサファイアといい、人工的にも作られる。宝石・研磨剤に利用。鋼玉。

ごらん-なさい【御覧なさい】《「ごらんなさる」の命令形》❶「見なさい」の尊敬語・丁寧語。「お手本を、よく—」❷自分の予想が当たったときに得意になってその結果をさし示す語。「—、私の忠告したとおりになったでしょう」❸動詞の連用形に接続助詞「て」が付いた形に付いて、補助動詞的に使われる。「…てみなさい」の尊敬語・丁寧語。また、「…した場合には」の意にも用いる。「今お前に死なれて—、どんなことになるか」「耳をすまして—」(補説)一説に、「ごらんなさる」に丁寧の助動詞「ます」のついた「ごらんなさいます」の命令の言い方「ごらんなさいまし(ごらんなさいませ)」の略からとも。

ごらん-なさ・る【御覧なさる】〔動ラ五(四)〕「見る」の尊敬語。「—・ったら、次にお回しください」

こ-り【×狐×狸】❶キツネとタヌキ。「—妖怪」❷人をだまし、こそこそと悪事をする者。「—の輩」

こり【×垢離】《「かわお(川降)り」の音変化か。「垢離」は当て字》神仏への祈願や祭りなどの際、冷水を浴び身を清めること。水垢離。➡禊(みそぎ)

(類語)水垢離・寒垢離・禊・沐浴

垢離を掻(か)・く 垢離の行(ぎょう)をする。垢離を取る。「これにて—・き権現を伏し拝み奉る」〈義経記・七〉

垢離を取・る 「垢離を掻(か)く」に同じ。「明方の三時から、夜の白むまで垢離取って」〈鏡花・歌行灯〉

こり【▽香】香(こう)の古名。「手に香爐(かうろ)を執りて—を焼きて発願(ほつぐわん)ふ」〈皇極紀〉

こり【×梱】㊀〔名〕❶縄などでくくること。また、荷づくりした荷物。❷行李(こうり)。「大きな—は新橋迄預けてあるから」〈漱石・三四郎〉❸梱包した綿糸・生糸などの数量を表す単位の名称。綿糸1梱は400ポンドで181.44キログラム、生糸1梱は9貫目で33.75キログラム。㊁〔接尾〕助数詞。包装した貨物などを数えるのに用いる。

こり【凝り】❶筋肉がかたくなってその部分が重く感じられること。「肩の—」「—をほぐす」❷一つの物事に熱中すること。「—性(しょう)」❸凝結すること。「ターの霜置きにけり朝戸出にいたくし踏みて人に知らゆな」〈万・二六九二〉

ごり【×鮴|石=伏=魚】淡水産の雑魚、ヨシノボリ・チチブ・カジカなどの地方での呼び名。(補説)「鮴」は国字。

コリア〖Korea〗朝鮮のこと。「—タウン」

コリアン〖Korean〗韓国人。朝鮮人。また、朝鮮語。

コリアンダー〖coriander〗▶コエンドロ

コリー〖collie〗犬の一品種。英国原産の代表的な牧羊犬であるが、家庭犬ともする。体高約60センチ、ほっそりした風貌で、長毛。

コリウール〖Collioure〗フランス南部の都市ペルピニャン近郊の、地中海に面する港町。20世紀初頭、画家アンリ=マチスやアンドレ=ドランが訪れ、後に鮮やかな色彩を大胆に用いる「フォービスム」と呼ばれる流派が誕生する契機となった。

コリウス〖(ラテ) Coleus〗▶コレウス

コリエーレ-デラ-セーラ〖(イタリア) Corriere della Séra〗《夕方の新聞の意》イタリアの代表的な日刊新聞。1876年に夕刊紙として創刊。現在は朝刊紙。国内・国外の政治・経済記事などに定評がある。

コリオ「コリオグラフィー」の略。

コリオグラフィー〖choreography〗《「コレオグラフィー」とも》舞踊の振り付け。

ごり-おし【ごり押し】〔名〕(スル) 強引に自分の要求などを押し通すこと。「—に予算案を通す」

(類語)強引・無理押し・横紙破り

ゴリオじいさん【ゴリオ爺さん】(ぢいさん)《原題、(フランス) Le Père Goriot》バルザックの長編小説。1834〜1835年刊。上流階級の衰退と庶民階級の興隆を背景に、二人の娘に捨てられる老人の悲劇を描く。

コリオリ〖Gaspard Gustave de Coriolis〗[1792〜1843]フランスの物理学者・工学者。力学理論を機械の運動に応用し、仕事という概念を提唱。回転座標系で現れるコリオリの力を発見。著「機械の効果の計算について」など。

コリオリ-の-ちから【コリオリの力】回転体上を運動する物体に働く慣性の力。回転軸と物体の速度の向きとの両方に垂直に働き、物体の速度の向きを変える。台風の進路が、地球の自転のために曲がる

のはこれによる。1828年、フランスの物理学者G＝G＝コリオリが提唱。コリオリ力。転向力。偏向力。

コリオリ-りょく【コリオリ力】►コリオリの力

こり-かたまり【凝り固まり】❶物が凝ってかたくなること。また、そのもの。「血の―」❷一つの事だけを信じたり、一つの事だけを追い求めたりして、他の事を顧みようとしないこと。また、その人。「欲の―のような人」

こり-かたま・る【凝り固まる】〔動ラ五(四)〕❶物が凝ってかたくなる。「壺の中で砂糖が―・る」❷一つの事にだけ熱中して、他の事を顧みなくなる。「道徳観念に―・った人」❸こわばる。「―・った表情」

ごりがん 筋の通らないことを無理やり押し通すこと。また、その人。

ご-りき【五力】仏語。悟りに至らせる五つの力。信力・精進力・念力・定(じょう)力・慧(え)力。三十七道品(さんじゅうしちどうほん)の一部。

ごりき-みょうおう【五力明王】ゴリキミャウワウ ►五大明王

こ-りくつ【小理屈｜小理窟】つまらない理屈。取るに足らない理屈。「―をこねる」(類語)理屈・屁理屈・詭弁(きべん)・こじつけ・空理・空論・講釈・御託(ごたく)

こ-りこう【小利口】〔形動〕〔文〕〔ナリ〕目先のことによく気が付き抜けめがないさま。「―な娘」「―に立ち回る」

コリ-こくりつこうえん【コリ国立公園】コクリツコウヱン《Kolin kansallispuisto》フィンランド南東部、北カレリア地方の湖水地帯にある国立公園。ピエリネン湖をはじめとする湖沼や氷河地形が数多く点在する。同国の代表的作曲家、ヤン＝シベリウスが交響詩「フィンランディア」を着想したことで知られる。

こり-こり〔副〕スル ❶かたくて歯ごたえのあるさま。また、それをかんだときの音を表す語。「たくあんの―した歯触り」❷かたく締まって弾力のあるさま。「―した腕の筋肉」❸凝ったりして、筋肉などがかたくなっているさま。「肩が張って―している」

こり-ごり【懲り懲り】《古くは「こりこり」とも》㊀〔形動〕すっかり懲りて嫌になるさま。「こんな仕事はもう―だ」「二日酔いはもう―だ」㊁〔副〕スル (多く「こりごりする」の形で)ひどく懲りて二度としたくないさま。「不便な所で一度行っただけで―した」(類語)うんざり・げんなり・飽き飽き・飽きる・倦(う)む・倦怠(けんたい)・食傷・退屈・鼻に付く・辟易(へきえき)・閉口・まっぴら

ごり-ごり ㊀〔副〕スル ❶かたい物をかじったときの歯ごたえのあるさま。また、そのときの音を表す語。「ネズミが壁を―かじる」❷力を入れて激しくこするさま。「鍋をたわしで―こする」❸厚い服地などのかたくてごわごわしたさま。「―した兵児帯(へこおび)」❹強引に事を行うさま。「―とぶつかっていく棋風」㊁〔形動〕❶かんだときにかたく感じるさま。「―な里芋」❷凝り固まってかたくななさま。「あの女は憎みたいほど冷たいクリスチャンの―です」〈阿部知二・冬の宿〉 (アクセント)㊀はゴリゴリ、㊁はゴリゴリ。

コリシウム〔ラテ Corycium〕フィンランドの先カンブリア時代の千枚岩から産出する化石。18億年以上前のもの。藻類と考えられ、薄い石墨の膜からなり、細い袋状を呈する。

こり-しょう【凝り性】コリシャウ〔名・形動〕❶一つの事に熱中して、満足するまでやりとおす性質。また、そのさま。「―な質(たち)」❷肩などが凝りやすい体質。

こり-しょう【懲り性】コリシャウ 一度ですぐ懲りてしまうこと。こりしょう。「―もない人」

ご-りしょう【御利生】ゴリシャウ 神仏から受ける恩恵。ご利益(りやく)。

コリスター〔chorister〕教会の聖歌隊員。

こりずま-に【懲りずまに】〔副〕《「ま」は、そのような状態であるの意を表す接尾語》前の失敗に、懲りもしないで。しょうこりもなく。「庸三は―、また葉子に逢いに行った」〈秋声・仮装人物〉

コリチューギノ〔Kol'chugino〕ロシア連邦の都市レーニンスククズネツキーの旧称。

こ-りつ【古律】❶古い規律。昔の法律。❷養老律に対して、大宝律のこと。

こ-りつ【股×栗｜股慄】〔名〕スル 恐ろしさに足がふるえること。「漁夫は此時―して走り避ることさえも得ならず」〈永峰秀樹訳・暴夜物語〉

こ-りつ【孤立】〔名〕スル ❶一つまたは一人だけ他から離れて、つながりや助けのないこと。「敵に包囲されて―する」「―無援」❷対立するものがないこと。「―義務」(類語)確執・対立・鼎立(ていりつ)

ゴリツィア〔Gorizia〕イタリア北東部の都市。スロベニアとの国境に位置する。第二次大戦後、東の一角がユーゴスラビア領(現スロベニア)ノバゴリツァになった。2004年、スロベニアのEU加盟後は国境の壁や検問所が撤廃、自由な往来が可能になった。ゴリツィア城、ゴリツィア大聖堂などの歴史的建造物が残る。

こりつ-ご【孤立語】言語の類型的分類の一。単語は実質的意味だけをもち、それらが孤立的に連続して文を構成し、文法的機能は主として語順によって果たされる言語。中国語・チベット語・タイ語など。➡屈折語 ➡膠着語(こうちゃくご) ➡抱合語

こりつ-しゅぎ【孤立主義】❶他国と同盟関係にも入らず、国際組織にも加入せずに孤立を保持する外交上の主義。19世紀末ごろまでの米国の外交政策の伝統をいう。➡モンロー主義 ❷周囲から孤立して独自性を守ろうとする主義。「クラス内で―を守る」

こりつ-でんしつい【孤立電子対】►非共有電子対

こりつ-の-やまい【孤立の病】ヤマヒ 鬱病のこと。また、自殺をさしていうこともある。

こりつ-は【孤立波】単独の山または谷だけが波形を変えず一定の速度で伝播する波。19世紀に英国の技術者J＝S＝ラッセルが水面に生じた局所的な波が伝播する現象を観察し、孤立波と名付けた。粒子のように振る舞う孤立波は特にソリトンという。

こり-つ・む【×樵り▽集む】〔動マ下二〕薪とする木を切って集める。「深山木(みやまぎ)を朝な夕なに―・めて寒さを恋ふる小野の炭焼き」〈拾遺・雑秋〉

コリデール〔Corriedale〕羊の一品種。ニュージーランドの原産で、毛肉兼用種。顔面と四肢が白く、体の部分は長毛で覆われる。日本で最も多く飼育。

コリドー〔corridor〕《「コリドール」とも》建物の各部をつなぐ回廊。廊下。また、一般に通路。

コリドール〔corridor〕►コリドー

ごり-にち【五離日】暦注の一。申(さる)と酉(とり)の日とされ、婚姻・旅立ち・契約などを忌む。➡五合日(ごごうにち)

こり-ば【×垢離場】❶水垢離の行(ぎょう)をする場所。❷江戸末期、大山参りに出立する人が垢離を取った、江戸両国の隅田川べりの盛り場。

ごりむ-ちゅう【五里霧中】《後漢の張楷が道術によって5里にわたる霧を起こしたという「後漢書」張楷伝の故事から》方向を失うこと。物事の判断がつかなくて、どうしていいか迷うこと。(補説)「五里夢中」と書くのは誤り。

コリメーター〔collimator〕レンズの焦点にスリットかピンホールを置いて、入った光を平行光線にする装置。分光器や天体望遠鏡に用いる。視準器。

こりゃ〔感〕《「これは」の音変化》❶目下の者に呼びかけるときにいう語。これ。おい。「―、よく聞け」❷驚いたときにいう語。これは。「―、すごい」❸民謡の囃子詞(はやしことば)の一。

こり-や【凝り屋】興味を持ったりすると、その事に熱中する性質の人。凝り性の人。

コリャード〔Diego Collado〕[?～1638]スペインの宣教師。1619年(元和5)来日。長崎付近で布教、ドミニコ会初代管区長となった。1622年ローマに帰り「日本文典」「日本語辞典」を出版。のち、マニラに戻り日本再入国を期したが、難船して没した。

ご-りゃく【御▽暦】天皇に奉る暦。

ご-りやく【御利益】❶神仏が人間に与えるお恵み、幸運。ご利生(りしょう)。霊験。「観音さまの―」❷人や物によって受ける恵み。

ごりゃく-の-そう【御▽暦の奏】平安時代、11月1日に、陰陽寮(おんようりょう)の暦の博士が作成した翌年の暦を中務省(なかつかさしょう)の役人が天皇に奏上する儀式。こよみのそう。

こりゃ-こりゃ〔感〕❶「こりゃ」を重ねていう語。❷民謡の囃子詞(はやしことば)の一。

こり-やなぎ【▽行×李柳】ヤナギ科の落葉低木。水辺に栽培される。雌雄異株。春、葉の出る前に、黒みを帯びた雄花、白毛を密生した雌花を穂状につける。枝で柳行李(やなぎごうり)を編む。こぶやなぎ。

こ-りゅう【古流】コリウ ❶昔からの古い方式、慣習。古風な流儀。❷生け花の一派。江戸中期に一志軒今井宗普(いっしけんいまいそうふ)が創始。多くの分派を生む。

ご-りゅう【五流】ゴリウ 能楽で、シテ方の観世・宝生(ほうしょう)・金春(こんぱる)・金剛・喜多の五つの流派。能楽五流。

ごりゅう-きそう【五柳帰荘】ゴリウキサウ 東洋画の画題の一。五柳先生と自称した陶淵明(とうえんめい)が「帰去来辞」を作って荘園に帰る図。

ごりゅう-さい【五竜祭】陰陽道(おんようどう)の雨乞いの祭り。

ごりゅう-せんせい【五柳先生】ゴリウ 陶淵明(とうえんめい)の号。彼が自分のことを託して書いた「五柳先生伝」という文章に基づく。家の前に5本の柳があったところからの名という。

ごりゅう-だけ【五竜岳】富山県・長野県の県境にある山。標高2814メートル。飛騨山脈後立山連峰の一。鹿島槍ヶ岳の北に位置し、中部山岳国立公園に属する。

こ-りょ【×胡虜】❶古代中国で、北方の野蛮人。❷異民族、また外国人を卑しめていう語。

こ-りょ【顧慮】〔名〕スル ある事をしっかり考えに入れて、心をくばること。「相手の立場を―する」(類語)心配り・配慮・気配り・心遣い・気遣い・心掛け・細心・気兼ね・屈託・心配・注意

こ-りょう【古陵】《「陵」は天子の墓》古代の天子の墓。古いみささぎ。

ご-りょう【後梁】ゴリャウ ►こうりょう(後梁)

ご-りょう【後涼】ゴリャウ ►こうりょう(後涼)

ご-りょう【悟了】ゴレウ〔名〕スル すっかり悟ること。「其得て越ゆべからざる所以(ゆえ)を、瞭然自ら―せしむ」〈尺振八訳・斯氏教育論〉

ご-りょう【御料】ゴレウ ❶天皇や貴人が使用する物。衣服・器物・飲食物など。❷「御料地」「御料所」の略。❸「御料人」の略。➡御寮人(ごりょうにん) ❹寺社の供物。❺天皇・院に関する「ため」の意の尊称。「初めの日は先帝の―、次の日は母后(ははきさき)の御ため」〈源・賢木〉

ご-りょう【御陵】天皇・皇后・皇太后・太皇太后の墓。みささぎ。「多摩―」(類語)陵・山陵・陵墓

ご-りょう【御領】ゴリャウ ❶幕府や諸大名などが所有した領地のこと。❷皇室所有の土地。御料地。

ご-りょう【御寮｜御料】ゴレウ《家督・配偶などの、料となるべき人(候補者)の意。「寮」は当て字》❶「御寮人」の略。「嫁―」❷貴人またはその子息・息女をいう尊敬語。人名の下に付いて接尾語的にも用いる。「―きこしめして」〈曽我・三〉「万寿―」〈太平記・一〇〉

ご-りょう【御霊】ゴリャウ ❶霊魂をいう尊敬語。みたま。「これ讃岐院(さぬきのいん)の―なりとて」〈古活字本保元・下〉❷貴人や功績のあった人を祭る社。❸「御霊会(ゑ)」の略。

ごりょう-え【御霊会】ゴリャウヱ 平安時代以降、疫神や死者の怨霊(おんりょう)などを鎮めなだめるために行う祭り。祇園(ぎおん)御霊会もその一つ。みたまえ。➡御霊祭

ごりょう-かく【五稜郭】ゴリョウクワク 北海道函館市にある城跡。最初の西洋式城郭で、江戸幕府の箱館奉行所として安政4年(1857)から元治元年(1864)にかけて築造。その外形が星のような五稜形をしているところからの名。明治2年(1869)戊辰(ぼしん)戦争の際、旧幕臣榎本武揚(えのもとたけあき)らがたてこもって官軍と戦った。➡箱館戦争

ごりょうかく-の-たたかい【五稜郭の戦い】ゴリョウクワクノタタカヒ ►箱館戦争(はこだてせんそう)

ごりょう-しゃ【御料車】ゴレウ 皇室の使用する乗用車。

ご-りょうしょ【御両所】ゴリャウ 二人の人を同時に敬う言い方。お二方。「―の意向をうかがって」

ごりょう-しょ【御料所】ゴレウ ❶皇室の所有地。禁裏御領。❷室町幕府や諸大名の直轄領。御領。天領。

ごりょう-じん【御霊神】ゴリャウ 人が恨みを残したまま死んだとき、死後人々にたたるとされた怨霊(おんりょう)。

ごりょう-じんじゃ【御霊神社】ゴリャウ 御霊神を鎮め

るために祭った神社。各地にあるが、中でも京都市上京区の上御霊神社、中京区の下御霊神社は有名。
ごりょう-ち【御料地】皇室の所有地。
ごりょう-づか【御霊塚】死者のたたりを恐れて、その霊を祭った塚。
ごりょう-にん【御寮人】❶中流町家の娘または若い妻。主として上方で用いられる。ごりょうにんさん。ごりょうはん。ごりょんさん。「ああ、一さん、お出でやす」〈上司・鱧の皮〉❷貴人の子息・息女をいう尊敬語。室町時代以降、特に息女の意に用いる。また、人名に付いて接尾語的にも用いる。御寮。「米市一は承り及うだ美人で御座るに依って」〈虎寛狂・米市〉(類語)奥方・奥様・奥さん・夫人・人妻
ご-りょうば【御猟場】皇室専用の狩猟場。
ごりょう-まつり【御霊祭】京都市上京区の上御霊神社、中京区の下御霊神社の祭礼。5月1日から18日まで。祭神は崇道天皇などの怨霊神で、その神霊を鎮めるために行う。(季 夏)➡御霊会
こ-りょうり【小料理】ちょっとした料理。手軽な料理。和風料理に言う。「一屋」
ごりょう-りん【御料林】明治憲法下で、皇室所有の森林。現在では、すべて国有財産。
ごりょん-さん【御▽寮▽人さん｜御▽料▽人さん】《「ごりょうにんさん」の音変化》「御寮人」を敬っていう語。「一に電話でございます」〈谷崎・細雪〉
ゴリラ〖gorilla〗ショウジョウ科の哺乳類。最も大形の類人猿で、身長約180センチ、体重340キロに達する。体毛は黒い。主食は草や竹の子・シダなど植物質のもの。西アフリカのヒガシローランドゴリラ・ニシローランドゴリラ、アフリカ中央部のマウンテンゴリラの3亜種が知られる。大猩々。
こ-りる【懲りる】〔動ラ上一〕文こ・る〔ラ上二〕失敗してひどい目にあい、もうやるまいと思う。「二度の失敗ですっかり一・りた」
(類語)悔いる・後悔・悔やむ・悔悟・悔恨・悔い・思い残す
こ-りん【▽火鈴】《唐音》禅寺で、火もとを注意するために振り鳴らす釣鐘形の小さな鈴。
コリン〖choline〗動植物の組織、特に脳・肝臓・卵黄や種子などに含まれる強塩基性の物質。細胞膜の浸透圧や脂肪代謝の調節などに作用する。またアセチルコリンやレシチンの構成成分として重要。
ご-りん【五倫】《「孟子」滕文公上から》儒教で、人の守るべき五つの道。父子の親、君臣の義、夫婦の別、長幼の序、朋友の信。五常。五教。
ご-りん【五輪】❶五輪旗のマーク。また、オリンピックのこと。「一大会」❷仏語。㋐地輪・水輪・火輪・風輪・空輪の五つ。五大のこと。➡五大 ㋑「五輪成身」の略。㋒「五輪塔」の略。㋓五体の異称。両膝・両手・頭首の五つが円形であるところからいう。
ごりん-き【五輪旗】オリンピックを象徴する旗。白地に、向かって左から青・黄・黒・緑・赤の順に、五大陸を象徴する五つの輪がW形に組み合わせてある。1914年制定。
こ-りんご【小林×檎】バラ科の落葉小高木ズミの別名。
ごりん-ごたい【五輪五体】仏語。五大によって構成される五体。肉体。からだ。
ご-りんじゅう【御臨終】「臨終」の尊敬語。
ごりん-じょうしん【五輪成身】❶真言密教で、行者が五大を身体の5か所に配して、自分の身がそのまま仏身であると観じること。❷「五輪五体」に同じ。
コリンズ〖William Collins〗[1721～1759]英国の詩人。ロマン主義の先駆的存在。不遇のうちに狂死。詩集「頌歌集」など。
コリンズ〖William Wilkie Collins〗[1824～1889]英国の小説家。英国探偵小説の先駆者。作「白衣の女」「月長石」など。
コリンソス〖Korinthos〗▶コリント
コリンソス-いせき【コリンソス遺跡】《Palaia Korinthos》▶コリント遺跡
コリンソス-うんが【コリンソス運河】《Dioriga Korinthou》▶コリント運河
コリンソス-ちきょう【コリンソス地峡】《Isthmos tis Korinthou》▶コリント地峡
ごりん-そとば【五輪▽卒▽塔婆】▶五輪塔
コリント〖Korinthos〗ギリシャ南部の都市。ペロポネソス半島と本土とを結ぶ地峡にある。交通・商業の要地で、古代にアテネ・スパルタと並んで栄えた都市国家。陶器を産する。コリントス。コリンソス。
コリント-いせき【コリント遺跡】《Palaia Korinthos》ギリシャ南部の都市コリントにある都市遺跡。現在のコリントから内陸に約8キロメートル入った場所に位置する。紀元前8世紀頃にドリス人のポリス(都市国家)が成立。交通の要地であるコリント地峡を擁し、商工業都市として発展した。紀元前2世紀頃に衰退したが、古代ローマ時代に属州の州都として再び繁栄。ドリス式の列柱をもつアポロン神殿は紀元前6世紀頃のものとされ、同国に現存する神殿の中で最も古いものの一つ。音楽堂、ピレーネの泉、エウリクレスの大浴場をはじめ、古代ローマ時代に造られたものが多い。考古学博物館には紀元前8世紀から7世紀頃のコリント式陶器などの出土品が展示されている。コリントス遺跡。コリンソス遺跡。
ごりん-とう【五輪塔】地・水・火・風・空の五大をそれぞれ方形・円形・三角形・半月形・宝珠形に石などでかたどり、順に積み上げた塔。平安中期ごろ密教で創始され、大日如来を意味したが、のちには供養塔・墓標などとされた。五輪卒塔婆。五輪。
コリント-うんが【コリント運河】《Dioriga Korinthou》ギリシャ南部の都市コリントの郊外にある運河。交通の要衝として古代都市コリントの繁栄を支えたコリント地峡に運河を造るという考えは紀元前7世紀からあり、古代ローマ皇帝ネロにより実際に大規模な工事が行われ、約3キロメートル開削された。近代になって再び運河建設の機運が高まり、1882年にフランス企業により工事が始まり、1893年に閘門を持たない水平式運河として完成した。コリント湾とサロニコス湾(テルマイコス湾)を結び、その航程を約370キロメートル短縮したが、幅が狭いため大型貨物船は通ることができず、観光船の通航に利用されることが多い。コリントス運河。コリンソス運河。
コリント-ゲーム〖Corinth game〗少し傾斜させた逆U字形の盤に多数の釘を打ち、所々に点数のついた穴をあけておき、球を小棒で突いて盤上に転がし、穴に入れて得点を競うゲーム。商標名。
コリント-しき【コリント式】古代ギリシャ建築の列柱様式の一。ドリス式・イオニア式よりのちに成立。アカンサスの葉を飾った華麗な柱頭が特色。
コリントしょ【コリント書】▶コリント人への手紙
コリントス〖Korinthos〗▶コリント
コリントス-いせき【コリントス遺跡】《Palaia Korinthos》▶コリント遺跡
コリント-ちきょう【コリント地峡】《Isthmos tis Korinthou》ギリシャ南部の都市コリントの郊外にある、ギリシャ本土とペロポネソス半島を結ぶ地峡。古代ギリシャ時代にはイストモス(地峡)と呼ばれ、交通の要衝として古代都市コリントの繁栄を支えた。1893年にコリント運河が完成し、コリント湾とサロニコス湾(テルマイコス湾)が結ばれた。コリントス地峡。コリンソス地峡。
コリントびとへのてがみ【コリント人への手紙】新約聖書の中の、使徒パウロがコリントの教会に送った2通の手紙。第1の手紙は教会内に生じた諸問題に対して、実際的解決と指導を与えたもので、第2の手紙は前書に対する反響に答えたもの。コリント書。コリントの信徒への手紙。
コリント-ようしき【コリント様式】「コリント式」に同じ。
ごりんのしょ【五輪書】江戸前期の武道書。5巻。宮本武蔵著。成立年代未詳。兵法の奥義を、地・水・火・風・空の5部に分類して説いたもの。
コル〖フランス col〗《首の意》山の鞍部。峠。
こ-る【×梱る】〔動ラ五(四)〕縄などでくくって、荷づくりをする。梱包する。こうる。
こ-る【凝る】〔動ラ五(四)〕❶ある物事に熱中して打ち込む。ふける。「盆栽に一・っている」「ゴルフに一・る」❷細かいところにまで心を用いる。工夫・趣向を凝らす。「家のつくりに一・る」「一・った衣装をまとう」❸血行が悪くて筋肉が張ってかたくなる。「肩が一・る」❹ばらばらのものが集まって固まる。「湯気ならば、空に一・って雲ともなり」〈里見弴・多情仏心〉❺冷えて固まる。凍る。「露が一・って霜になる時節なので」〈漱石・門〉(類語)(❶)ふける・溺れる・耽溺・惑溺・いかれる/(❸❹)固まる・凝固する・凝結する・固結する・固化する・膠化する・こごる・強張る・固める/(❺)凍る
凝っては思案に能わず　物事に熱中すると、冷静な判断ができなくなる。凝っては思案に余る。
こ-る【▽樵る｜▽伐る】〔動ラ五(四)〕立ち木や枝を切る。伐採する。きこる。「きょうは此方角の山で木を一・る人がないと見えて」〈鴎外・山椒大夫〉
こ-る【懲る】〔動ラ上二〕「こりる」の文語形。
こ-るい【孤塁】孤立した根拠地。ただ一つ残って助けのないとりで。「一を守る」(類語)孤城
コルカタ〖Kolkata〗インド北東部の商工業都市。ガンジス川の三角州分流フーグリ川左岸にある。同国の経済・学術・文化の中心。かつて英国のインド支配の根拠地で、1912年までインド総督府が所在。人口、行政区457万、都市圏1321万(2001)。旧称、カルカッタ。
ゴルカル〖GOLKAR〗《インドネシア Golongan Karya》インドネシアの政党。もとは、スハルトが1971年の総選挙に備えてつくった軍人・公務員などの翼賛的な職能団体。98年のスハルト政権崩壊後、新たに政党として発足。
ゴルギアス〖Gorgias〗[前483ころ～前375ころ]古代ギリシャの雄弁家。シチリア島生まれ。アテネを訪れ、外交政策の転換に成功。著「パラメデス論」「非存在論」など。
コルキュラ〖Corcyra〗▶ケルキラ
コルキュラ-とう【コルキュラ島】《Corcyra》▶ケルキラ島
コルク〖オランダ kurk〗幹の樹皮の外側部分に発達する保護組織の一。軽くて弾力性に富み、熱・電気・音・水などにすぐれた耐性を示すので、栓や防音・保温材などに利用。キルク。
コルク-か【コルク化】細胞壁にスベリンなどがたまって厚くなること。
コルク-がし【コルク×樫】ブナ科の常緑高木。葉は硬く、長楕円形。5月ごろ花をつけ、秋に実を結ぶ。地中海沿岸地方に多く、樹皮の厚いコルク層から良質のコルクがとれる。
コルク-けいせいそう【コルク形成層】肥大成長を行う茎や根の皮層内にできる、細胞壁をコルク化する分裂組織。外方にコルク層をつくり出す。
コルク-ぞうり【コルク草履】コルクを台にして、表に布などをつけた草履。
コルク-そしき【コルク組織】コルク形成層でつくられ、細胞壁にスベリンという物質が加わって生じたコルク細胞の集まり。
コルク-ぬき【コルク抜き】コルクの栓を抜く道具。ふつう先のとがった鉄線を螺旋状に装置したもの。
コルゲート-パイプ〖corrugated pipe〗波形管。管壁が蛇腹式のひだになっている管。湾曲自在で、伸縮の自由度もある。
ゴルゴー〖Gorgō〗▶ゴルゴン
ゴルゴタ〖Golgotha〗《「ゴルゴダ」とも》キリストが十字架にかけられたエルサレム郊外の丘。カルバリ。カルバリア。
コルコバード-こくりつこうえん【コルコバード国立公園】《Parque Nacional Corcovado》コスタリカ南部の太平洋岸にある国立公園。山岳地帯と海岸沿いの熱帯雨林があり、ジャガーやオオアリクイをはじめ、貴重な動植物が多数生息する。
コルコバード-の-おか【コルコバードの丘】《Corcovado》ブラジル南東部の都市リオデジャネイロにある丘。頂上にある高さ30メートルのキリスト像は、1931年にブラジルの独立100周年を記念して建てられ

たもの。

ゴルゴン〘Gorgōn〙ギリシャ神話中の怪物の三姉妹、ステノ・エウリュアレー・メドゥサの総称。頭髪は蛇で、黄金の翼をもち、目は人を石に化す力があったという。このうちメドゥサのみが不死でなく、英雄ペルセウスに殺された。ゴルゴー。➡メドゥサ

ゴルゴンゾラ-チーズ〘Gorgonzola cheese〙イタリアのゴルゴンゾラ原産の青カビチーズ。ピリッとした刺激が強い。ゴルゴンゾラ。

コルサ〘CORSA〙《Cosmic Radiation Satellite》日本が打ち上げたX線天文衛星。

コルサージュ〘フランス corsage〙❶婦人服の胴部、または胴着。コサージ。❷「コサージ❶」に同じ。

コルサコフ〘Korsakov〙ロシア連邦、サハリン州(樺太)南部の港湾都市。漁業基地。1945年(昭和20)以前の日本領時代には大泊おおどまりと称した。北海道の稚内わっかないと定期航路で結ばれる。

コルサコフ〘Sergey Sergeevich Korsakov〙[1854〜1900]ロシアの精神病学者。1887年、慢性アルコール中毒者にみられる精神異常障害、失見当、記銘障害、健忘などを最初に報告。後にコルサコフ症候群として分類された。

コルサコフ-しょうこうぐん【コルサコフ症候群】シャウコウグン コルサコフによって発表された健忘性症候群。物忘れがひどい、時間や場所についての観念を失う、作り話をするなどの一群の症状をいう。慢性アルコール中毒や種々の中毒、脳の外傷、老人性認知症などでみられる。

コルサ-ビー〘CORSA-b〙《Cosmic Radiation Satellite-b》►はくちょう

ゴルジ〘Camillo Golgi〙[1843〜1926]イタリアの解剖学者・病理学者。神経解剖学を研究。神経組織の染色法を発明して、ゴルジ細胞(神経膠こう細胞)・ゴルジ体などを発見。神経組織の微細構造を解明した。1906年、ラモン=イ=カハルとともにノーベル生理学医学賞受賞。

コルシーニ-きゅうでん【コルシーニ宮殿】《Palazzo Corsini》イタリアの首都ローマにある後期バロック様式の宮殿。フィレンツェ出身の貴族コルシーニ家がメディチ家より買い取り、増改築した。現在は16世紀から18世紀までのイタリア絵画を所蔵する国立美術館になっているほか、イタリアの科学アカデミー、アッカデミア-デイ-リエンチェイの本部がある。

コルシカ-とう【コルシカ島】タウ《イタリア Corsica》地中海西部にあるフランス領の島。ナポレオンの出生地。面積8720平方キロメートル。コルス島。

ゴルジ-たい【ゴルジ体】動植物の細胞の中に存在する、粒状あるいは網状の器官。細胞内の分泌物を合成したり排出物を一時的に蓄えたりする機能をもつといわれる。1899年ゴルジが発見。ゴルジ装置。

ゴルジュ〘フランス gorge〙《「のど」の意》渓谷で、両側の岩壁が迫って狭くなった所。廊下。

コルス-とう【コルス島】タウ《フランス Corse》コルシカ島。

コルセット〘corset〙❶胸から腰にかけて、体形を整えるために着用する婦人用下着。❷整形外科で、脊柱の固定・矯正などの目的で用いられる補装具。

(類語)ブラジャー・ガードル

コルダー〘Alexander Calder〙[1898〜1976]米国の彫刻家。動く彫刻モビールを案出し、20世紀の抽象彫刻に新生面を開いた。カルダー。

コルダイテス〘ラテン Cordaites〙古生代の石炭紀から二畳紀に繁栄した裸子植物。大形のものは高さ約30メートル、葉は細長くて長さ1メートルに達し、葉に平行脈がある。コルダ木ぼく。

コルタサル〘Julio Cortázar〙[1914〜1984]アルゼンチンの小説家・詩人。幻想的作風で知られ、現代人の苦悩と魂の彷徨ほうこうを描いた長編小説「石蹴り遊び」は、現代ラテンアメリカ文学を代表する作品の一つ。ほかに、短編集「遊戯の終わり」など。

コルタン〘Coltan〙鉄・マンガン・ニオブ・タンタルの酸化物からなる鉱物。コロンバイトタンタライト(コルンブ石とタンタル石)の略。黒色で、柱状や板状結晶。斜方晶系。一般に、ニオブがタンタルより多いものをコルンブ石、タンタルがニオブより多いものをタンタル石と呼ぶ。精錬によりレアメタルのタンタル、ニオブが得られる。

ゴルチエ〘Jean-Paul Gaultier〙[1952〜　]フランスの服飾デザイナー。独学でファッションを学び、ピエール=カルダンに認められアシスタントとなる。1976年、パリコレクションで自身のデザインを発表。1980年代にはアンドロジナスルックなどで注目を集める。

コルチェスター〘Colchester〙英国イングランド東部の都市。古代ローマ人がグレートブリテン島で初めて支配の拠点とした地であり、大プリニウスが記した英国最古の町として知られる。古代ローマ時代に神殿が築かれたが、ブリトン人のボアディキア女王が反乱を起こし破壊した。11世紀にウィリアム征服王が神殿跡にコルチェスター城を築造。城壁に囲まれた旧市街には、ビクトリア朝時代に建てられた市庁舎や給水塔、自然史博物館、ホリーツリー博物館がある。

コルチェスター-じょう【コルチェスター城】ジャウ《Colchester Castle》英国イングランド東部の都市コルチェスターにあるノルマン様式の城。ウィリアム征服王の命により、11世紀から12世紀にかけて古代ローマ時代の神殿跡に建てられた。現在は地域の考古物や歴史資料を所蔵する博物館になっている。

コルチカム〘colchicum〙イヌサフランの別名。

コルチコイド〘corticoid〙副腎皮質(cortical)から分泌されるステロイド様物質の総称。コルチコステロイド。

コルチコステロイド〘corticosteroid〙動物の副腎皮質が分泌するステロイドホルモン。アルドステロン・コルチゾンなどが含まれる。

コルチゾン〘cortisone〙副腎皮質ホルモンの一。糖質コルチコイドの主なもので、糖質代謝を促進する作用がある。また、抗アレルギー・抗炎症作用もあり、リウマチ性関節炎・気管支ぜんそくなどに用いられる。コーチゾン。

ゴルチャコフ〘Aleksandr Mikhaylovich Gorchakov〙[1798〜1883]ロシアの政治家・外交官。アレクサンドル2世の南下政策を強行し、ロシア-トルコ戦争を起こし、いったんは領土を拡大したが、フランスなどの反対にあい、ベルリン会議でその大半を失った。

コルチュラ〘Korčula〙クロアチア南部、アドリア海に浮かぶコルチュラ島の港町。城壁に囲まれた旧市街は、聖マルコ大聖堂、ベネチア共和国の総督府(現市庁舎)をはじめ、ベネチアの影響を色濃く残した古い街並みで知られる。

コルチュラ-とう【コルチュラ島】タウ《Korčula》クロアチア南部、アドリア海に浮かぶ島。東西に約50キロメートルと細長い。主な町は東端のコルチュラとベラルカ。コルチュラの対岸にあるペリェシャツ半島の町オレビッチとフェリーで結ばれる。ワイン用のブドウ、オリーブの生産が盛ん。避寒地、海岸保養地。

ゴルツキンスキー-きゅうでん【ゴルツキンスキー宮殿】《Palác Golz-Kinských》チェコ共和国の首都プラハの中心部、旧市街広場にある宮殿。18世紀後半、ボヘミアバロックの代表的な建築家キリアン=イグナツ=ディーンツェンホファーの設計で、ゴルツ伯爵により建造。後にキンスキー大公の所有となった。新古典主義とロココ様式の装飾が施されている。1992年、「プラハ歴史地区」の名で世界遺産(文化遺産)に登録。現在は国立美術館の展示施設として利用。

コルテ〘Corte〙地中海西部にあるフランス領の島、コルシカ島の中央部の町。内陸部最大の町で同島唯一の大学がある。18世紀にジェノバ共和国からの独立運動の拠点になり、独立政府が置かれた。コルト。コルティ。

コルティーナ-ダンペッツォ〘Cortina d'Ampezzo〙イタリア北東部、ベネト州の町。ドロミティ山地の東側に位置し、山岳保養地、スキーリゾートとして知られる。1956年第7回冬季オリンピックの開催地。

コルディエ〘Henri Cordier〙[1849〜1925]フランスの東洋学者。書誌学・東西交渉史などの研究で知られる。著「支那書誌」「日本書誌」など。

ゴルディオス-の-むすびめ【ゴルディオスの結び目】リディアのゴルディオス王が結んだ複雑な縄の結び目。これを解いた者はアジアを支配するという伝説があったが、アレクサンドロス大王が剣で両断し、アジアを征服した。転じて、難題。難問。

コルティ-き【コルティ器】内耳の蝸牛かぎゅう内の基底膜上にある螺旋らせん状装置で、音の刺激を聴神経に伝える器官。イタリアの解剖学者コルティ(A.Corti)が発見。螺旋器。コルチ器。

ゴルティス-いせき【ゴルティス遺跡】ヰセキ《Gortys》ギリシャ南部、クレタ島の南部ゴルティスにある古代遺跡。古代名ゴルティン。同島最大規模を誇る。クレタ(ミノア)文明時代に繁栄し、古代ローマ時代には同島の属州総督府が置かれた。19世紀末、紀元前5世紀半ば制定のゴルティン法典の石板が発見された。

ゴルティン-いせき【ゴルティン遺跡】ヰセキ《Gortyn》►ゴルティス遺跡

ゴルデール-スカー〘Gordale Scar〙英国イングランド北部、ノースヨークシャー州の小村マラムにある峡谷。浸食により石灰岩の台地が刻まれ、二つの滝がある。ヨークシャーデールズ国立公園の景勝地の一つ。

コルテス〘Hernán Cortés〙[1485〜1547]スペインの武将。1519年から1521年にかけてメキシコに遠征。アステカ王国を征服して総督となり、スペインの植民地とした。

コルト〘Colt〙❶米国人コルト(S.Colt)が発明した回転式6連発拳銃。❷米国のコルト特許兵器会社製の銃器の総称。

コルト〘Corte〙►コルテ

ゴルド〘Gordes〙フランス南東部、プロバンス地方の町。町の中心をなす丘の頂上に16世紀建造のルネサンス様式の城塞がある。階段状の丘の斜面には石造りの家々が並び、同地方の典型的な集落景観を成す。ロマネスク様式のシトー会修道院、セナンク修道院がある。

コルトー〘Alfred Cortot〙[1877〜1962]フランスのピアノ奏者。ロマン派以降の作品について造詣が深く、特にショパンの演奏で独特の境地を示した。

コルトーナ〘Cortona〙イタリア中部、トスカーナ州の町。キアーナ渓谷とテベレ渓谷に挟まれた高台に位置する。紀元前8世紀頃のエトルリアの主要都市に起源し、旧市街の城壁は13世紀に築かれた。肥沃な農業地帯の中心であり、農産物の集散地としても知られる。16世紀製作のステンドグラスの傑作をもつサンタマリア-デッレ-グラツィエアルカルチナイオ教会がある。また、ルネサンス期の画家ルカ=シニョレリの生地であり、教区博物館にはシニョレリとフラ=アンジェリコなどの作品が収蔵されている。

ゴルドーニ〘Carlo Goldoni〙[1707〜1793]イタリアの劇作家。写実的・近代的な性格喜劇を確立、イタリア近代喜劇の祖といわれる。作「二人の主人を一度に持つと」「宿屋の女主人」「いなか者」など。

ゴルトシュミット-ほう【ゴルトシュミット法】ハフ ►テルミット法

コルド-シュル-シエル〘Cordes-sur-Ciel〙フランス南部、ミディ-ピレネー地方、タルヌ県の村。13世紀にツールーズ伯爵が要塞を築き、後にカタリ派の拠点になった。中世に皮革業や織物業で栄え、城門やサンミシェル教会などの歴史的建造物が残っている。

コルドバ〘Córdoba〙㊀スペイン南部の都市。ローマ時代から栄え、中世にはムーア人の後ウマイヤ朝の首都となり、ローマ橋などが残る。1984年「コルドバ歴史地区」の名で世界遺産(文化遺産)に登録された。人口、行政区33万(2008)。㊁アルゼンチン中部の工業都市。大平原パンパ北西端部に位置する。1613年創立の大学などがある。人口、行政区143万(2010)。

コルドバ-だいせいどう【コルドバ大聖堂】ダイセイダウ《Catedral de Santa María de Córdoba》►メスキータ

コルトレーン〖John William Coltrane〗[1926〜1967]米国のジャズサックス奏者。モード奏法と、インド音楽のラーガを素材とした新しい表現形態を創始。1960年代以後のジャズに多大な影響を与えた。

ゴルトン〖Francis Galton〗[1822〜1911]英国の人類遺伝学者。医学を修めたが、いとこのC＝ダーウィンの影響で遺伝現象に関心を持ち、人間能力が遺伝性であることを指摘。1883年、優生学を提唱し、その創始者となった。ゴールトン。

ゴルトン-の-ほうそく【ゴルトンの法則】ゴルトンの主張した遺伝についての法則。遺伝現象を統計的に究明しようとしたものであるが、現在では科学的根拠のない説とされる。

ゴルナーグラート〖Gornergrat〗スイス南西部、バレー州、ワリスアルプス山中の標高3089メートルにある山稜。1898年に開通した登山鉄道でツェルマットと結ばれる。モンテローザ、マッターホルンを望む同国屈指の展望地として知られる。

ゴルナ-ジュマヤ〖Gorna Dzhumaya〗ブルガリアの都市ブラゴエフグラートの旧称。

コルナティ-こくりつこうえん【コルナティ国立公園】《Nacionalni park Kornati》クロアチア南西部の国立公園。アドリア海に浮かぶ150もの島々からなるコルナティ諸島の南部とその周辺海域が国立公園に指定されている。石灰岩でできた無人島が点在し、独特な自然景観で知られる。近隣の町はムルテル。

コルニーリア〖Corniglia〗イタリア北西部、リグリア州の村。ポルトベネーレの北西にある五つの村チンクエテッレの一。海抜100メートルもの高さの断崖の上に位置し、ブドウの段々畑が広がる。13世紀に建てられたサンピエトロ教会は同地方におけるゴシック様式の傑作とされる。1997年に「ポルトベネーレ、チンクエテッレ及び小島群(パルマリア、ティーノ及びティネット島)」として世界遺産(文化遺産)に登録された。

コルニッシュ-ドル〖Corniche d'Or〗▶コルニッシュ-ド-レステレル

コルニッシュ-ド-レステレル〖Corniche de l'Estérel〗フランス南東部、地中海岸のコートダジュールの一部の称。サンラファエルからカンヌまでの海岸線をさす。赤い岩肌の断崖が続く風光明媚な景勝地として知られる。コルニッシュドル(黄金の断崖)ともいう。

コルネ〖ﾌﾗﾝｽ cornet〗《角笛の意》料理で、円錐形にしたもの。ハムやチーズを巻いたもの、パンやパイを角笛の形に焼いて中にクリームを詰めたものなどをいう。また、野菜などを円錐形にむくこと。コロネ。「—ハム」「—サンド」

コルネイチュク〖Aleksandr Evdokimovich Korneychuk〗[1905〜1972]ソ連の劇作家。ウクライナの民族色が豊かな作品で有名。作「プラトン-クレチェット」「ボグダン-フメリニツキー」「戦線」など。

コルネイユ〖Pierre Corneille〗[1606〜1684]フランスの劇作家。ラシーヌと並ぶフランス古典劇の確立者。情念と義務の葛藤を意志で克服する英雄的人間像を描く悲劇を創出。悲劇「ル-シッド」「オラース」「シンナ」「ポリュークト」、喜劇「嘘つき男」など。

コルネット〖ｲﾀﾘｱ cornetto〗❶金管楽器の一。形状・音色ともトランペットに似て、管長はやや短い。❷15〜18世紀に用いられた、木製または象牙製の管楽器。カップ状の吹き口をもつ。

ゴルノザボーツク〖Gornozavodsk〗ロシア連邦、サハリン州(樺太)南部の町。間宮海峡に面する。1945年(昭和20)以前の日本領時代には内幌とよばれ、炭鉱の町として知られた。

コルバ〖CORBA〗《common object request broker architecture》異なるプログラミング言語やコンピューターで開発したオブジェクトを、分散環境で連携動作させることを目的とした技術仕様。米国の業界団体、OMGが策定。

ゴルバートフ〖Boris Leont'evich Gorbatov〗[1908〜1954]ソ連の小説家。第二次大戦下、ソ連民衆の対独抵抗運動を描いた「不屈の人々」が代表作。

ゴルバチョフ〖Mikhail Sergeevich Gorbachyov〗[1931〜]ソ連邦の政治家。1985年、共産党書記長に就任。「ペレストロイカ」「グラスノスチ」を基本方針として政治・経済・文化面の諸改革に取り組むとともに東西の軍縮、緊張緩和を積極的に推進。90年、一党制を廃し大統領制を導入、初代大統領となったが、91年ソ連邦の解体とともに辞任。90年ノーベル平和賞を受賞。➡エリツィン

コルビエール〖Tristan Corbière〗[1845〜1875]フランスの詩人。自費出版の詩集「黄色い恋」を残して無名のまま夭折。死後、ベルレーヌが「呪われた詩人」の一人として紹介したことから、特異な象徴派詩人として認められた。

コルヒチン〖ﾄﾞｲﾂ Kolchizin〗アルカロイドの一。イヌサフランの鱗茎や種子に含まれる黄色の結晶。細胞分裂中の染色体を倍加させる作用をもつので、植物の品種改良に用いる。

コルビュジェ〖Corbusier〗▶ル＝コルビュジェ

コルフ〖Corfu〗▶ケルキラ

ゴルフ〖golf〗ボールをクラブで打ち、9または18か所に設けられているホールに順次に入れ、打数の合計数が少ない者を勝ちとする球技。

ゴルファー〖golfer〗ゴルフをする人。

ゴルファー-ほけん【ゴルファー保険】ゴルフの競技中・指導中・練習中の事故により、自身のけがや他人に対する賠償責任を負った場合などの損害を塡補する保険。

ゴルフ-ウイドー〖golf widow〗ゴルフ未亡人。夫がゴルフに夢中で、休日は朝早くからゴルフに出かけ、未亡人のように家に一人でいることが多い妻。

コルフ-とう【コルフ島】《Corfu》ケルキラ島のイタリア語、英語名。

コルベ〖Maksymilian Kolbe〗[1894〜1941]ポーランドのフランシスコ修道会士。1930年(昭和5)来日し、長崎に養護施設「聖母の騎士園」を設立。帰国後、アウシュビッツ収容所で、処刑者の身代わりとなり餓死刑を受けて死亡。82年、聖人に列せられた。

コルベール〖Jean-Baptiste Colbert〗[1619〜1683]フランスの政治家・財政家。ルイ14世に仕え、財政改革を行い、国内商工業の育成、植民地獲得、海軍増強などの重商主義政策を推進。この政策によりフランスは、イギリス・オランダと対抗しうる強国となった。

コルベット〖corvette〗軍艦の艦種の一。フリゲート❷より小型で、近海における対潜・護衛・哨戒などに従事する水上戦闘艇。コーベット。

コルホーズ〖ﾛｼｱ kolkhoz〗ソ連の集団農場。協同組合形式により生産手段を組合が所有して大農経営を行い、農民は労働に応じた報酬を受け取る。➡ソフホーズ

コルポスコープ〖colposcope〗膣拡大鏡。先端部に光源を有する低倍率(8〜40倍)の顕微鏡。子宮頸部と膣を直接視診するもの。

コルマール〖Colmar〗▶コルマル

コルマル〖Colmar〗フランス北東部、オー-ラン県の都市。同県の県都。ボージュ山脈の麓に位置する。神聖ローマ帝国の自由都市の一。旧市街には、木組み造りの家並みをはじめ、サンマルタン教会、グリューネバルトの「イーゼンハイムの祭壇画」を所蔵するウンターリンデン美術館など、中世からルネサンス期にかけての歴史的建造物が数多く残っている。コルマール。

コルモゴロフ〖Andrey Nikolaevich Kolmogorov〗[1903〜1987]ソ連の数学者。モスクワ大教授。確率論の基礎の確立に大きく貢献したほか、位相数学・制御理論・数理統計などにも業績を残した。著「確率論の基礎概念」など。

こ-るり【小瑠璃】ヒタキ科ツグミ亜科の鳥。全長14センチくらい。雄は背面が鮮やかな青色で、腹面は白い。雌は上面が緑褐色。コマドリに似た声で鳴く。日本では夏鳥。《季 夏》「歯朶くらし—のこゑのまろびくる/秋桜子」

コル-レーニョ〖ｲﾀﾘｱ col legno〗《「木で」の意》バイオリン属楽器で、弓の木部で弦をたたく特殊奏法。

コルレス「コレスポンデント」の略。

コルレス-けいやく【コルレス契約】銀行相互間の為替取引契約。特に、為替銀行が外国にある銀行との間で為替取引を行うために結ぶ契約。手形の取立委託、送金の支払委託、信用状の取次・確認などを内容とする。

コルレス-さき【コルレス先】コルレス契約を結んだ相手方の銀行。特に、為替銀行がコルレス契約を締結した外国にある相手銀行。コルレス銀行。コレスポンデント。

コルンバ〖Corumbá〗ブラジル中西部の都市。ボリビアとの国境をなすパラグアイ川に面する河港都市として発展。世界遺産に登録されたパンタナール保護区への観光拠点になっている。

コルンブ-せき【コルンブ石】《columbite》鉄・マンガン・ニオブ・タンタルの酸化物からなる鉱物。黒色で、柱状や板状結晶。斜方晶系。ペグマタイト中に産出。一般に、コルタンという鉱石として産出し、ニオブがタンタルより多いものをコルンブ石、タンタルがニオブより多いものをタンタル石と呼ぶ。コロンバイト。ニオバイト。

これ【×此れ｜▽是｜×之｜▽維｜×惟】〘代〙❶近称の指示代名詞。㋐話し手が持っている物、または、話し手のそばにある物をさす。このもの。「—は父の形見の品です」「—を片付けてください」㋑話し手が、いま話題にしたばかりの事物などをさす。このこと。このもの。「全世界の平和。—が私の切なる願いだ」㋒話し手が当面している事柄をさす。このこと。「—を仕上げてから食事にしよう」「—は困ったことだ」㋓話し手の現にいる場所をさす。ここ。「—へどうぞ」㋔話し手が存在している時をさす。今。「—から出かけるところです」㋕話し手のすぐそばにいる親しい人をさす。現代では多く、自分の身内をいう。「—が僕のフィアンセです」㋖《漢文の「之」「是」などの訓読から》判断の対象を強調してさす。「…とは—いかに」「—すなわち」❷一人称の人代名詞。話し手が自分自身をさす。わたし。「—は河内の国交野郡の、禁野の雉領にすまひする者でござある」〈虎清狂・禁野〉

〔類語〕それ・あれ・どれ・この・その・あの・どの・かの

是あるかな《「有₂是哉₁」の訓読から》物事を肯定し感嘆していう漢文句調の語。なるほどなあ。まことにこのとおりであるよ。これでなくちゃ。

此れ幸いと 偶然生じたあることをするのに都合のよい状況を逃さないさま。「上司の外出を—仕事をサボる」

此れぞ此の これこそ例の。これがあの。これやこの。「大方は月をもめでじ—積もれば人の老いとなるもの」〈古今・雑上〉

此れで吉田の兼好 「これで良し」の「よし」に「吉田」の「よし」を掛けてしゃれていう言葉。

此れと言・う (多く下に打消しの語を伴う)とりたてていうほどの。「—・った欠点も見当たらない」

此れに懲りよ道才坊 これに懲りよというのを口拍子よく言ったもの。〔補説〕「道才坊」は当て字。「道斎坊」とも書く。撮棒に打たれて懲りよ、の意。

此れは如何なこと 驚いたとき、困ったときなどに用いる言葉で、狂言にしばしば用いられている。これはどうしたことだ。「—、この両眼を抜かれたらば、罷り戻らうやうもござるまい」〈虎明狂・目近籠骨〉

此れは如何に まったく意外な事に驚いたときに用いる言葉。これはなんとしたことだろう。「—目の前の人物が一瞬にして消えてしまうとは」

此れはさて 物事の意外なのに驚き、または考えるときなどにいう言葉。さてこれは。これはまあ。「—、何としてもくれられぬ」〈狂言記・抜殻〉

此れはしたり 意外な事に驚いたり、失敗に気づいたりしたときに発する言葉。これは驚いた。しまった。「—、こんな初歩的なミスを犯していたとは」

此れははや 驚いたり、失敗したりしたときにいう言葉。いやまったく。いやはやどうも。「—、烏帽子が遅う来るな」〈狂言記・烏帽子折〉

此れや此の かねて人から聞いたり思ったりしてい

たのはこれであるなあ。これがまあ例の。これこそあの。「一行くも帰るも別れつつしるもしらぬもあふさかの関」〈後撰・雑一〉

これ〔感〕《「此(こ)れ」と同語源》目下の者に呼び掛けたり、注意を促したりする時に発する語。こら。おい。「—、何をする」

こ-れい【古礼】昔、行われた、または、昔から正式なものとされる礼式、作法。「—にかなう」

こ-れい【古例】昔からの慣例。記録に残る先例。「—にのっとる」「—を引く」

ご-れい【五礼】吉(祭祀)・凶(喪葬)・賓(賓客)・軍(軍旅)・嘉(冠婚)に関する5種類の礼。

ご-れい【語例】言葉の使用例。「—の多い辞書」 類語 文例・作例

ごれい-かい【互礼会】ゴレイクヮイ 人々が集まって互いに挨拶を交わす会。賀詞交換会。名刺交換会。「新年—」

ごれいぜい-てんのう【後冷泉天皇】ゴレイゼイテンワウ［1025～1068］第70代天皇。在位、1045～1068。後朱雀天皇の第1皇子。名は親仁(ちかひと)。母は藤原嬉子(きし)。母の兄、藤原頼通が関白として権勢を振るった。後拾遺集・金葉集・新古今集などに御製がある。

ご-れいぜん【御霊前】❶死んだ人を敬って、その霊前を言う語。みたまの前。「—に御報告致します」❷霊前に供える供物(くもつ)や香典の上書きに書く語。➡御仏前

コレウス〘ラテン Coleus〙シソ科コレウス属の多年草の総称。アフリカ・アジアの熱帯地方に分布し、観葉植物として数種が栽培される。葉は対生する。秋、唇形の花を穂状につける。コリウス。にしきじそ。

コレー〘Kore〙木星の第49衛星。2003年に発見。名の由来はギリシャ神話のゼウスの娘。非球形で平均直径は2キロ。

コレージュ〘フランス collège〙❶中世からフランス革命期までの、パリ大学の学寮。のち、講義もここで行われた。❷フランスの前期中等教育機関。➡リセ

コレージュ-ド-フランス〘Collège de France〙1530年、フランソワ1世が人文的教養振興のためにパリに創設した高等教育機関。講義は公開で、聴講は自由であるが、修了証書は授与しない。

これえだ-ひろかず【是枝裕和】［1962～ ］映画監督。東京の生まれ。テレビで多くのドキュメンタリー番組を手がけたのち、宮本輝原作の「幻の光」で監督デビュー。国内外で注目される。他に「ワンダフルライフ」「ディスタンス」「誰も知らない」など。テレビコマーシャルや音楽ビデオの演出も手がける。

コレオグラフィー〘choreography〙➤コリオグラフィー

これ-から【×此れから｜▽是から】《代名詞「これ」+格助詞「から」から》今から以後。今後。将来。「—が楽しみだ」「まだまだ—という時に」 類語 向こう・今後・以後・向後(きょうこう)・爾後(じご)・この先・今から・その後・以降・以来・爾来・あと

コレカルシフェロール〘cholecalciferol〙ビタミンD_3の化学名。肝油などに多く含まれ、欠乏するとくる病などを引き起こす。

これ-かれ【×此れ彼｜▽是彼】〔代〕❶指示代名詞。この物とあの物。これとあれ。「—、得たるところ得ぬところ、たがひになむある」〈古今・仮名序〉❷人代名詞。この人とあの人。だれかれ。「—にも口入(くにゅう)させず」〈源・総角〉

こ-れき【古暦】昔の暦。太陽暦以前の太陰暦など。

ご-れき【呉歴】［1632～1718］中国、清初の画家。常熟(江蘇省)の人。字(あざな)は漁山。号は墨井道人。四王呉惲(うん)の一人。黄公望の画法を学び、山水画風を確立。のちにイエズス会に入り、西洋画の影響を受けた。

これ-きり【×此れ切り｜▽是切り】《「これぎり」とも。副詞的にも用いる》❶指し示す物事が、これまでと限った範囲の最後であること。これっきり。「二人の仲も—だ」「もう—会うこともないだろう」❷指し示す数量・程度などが、定めたうちの限度であること。これだけ。これっきり。「僕が貸してあげられるのは—だよ」「今月の小遣いは—だよ」 類語 こればかり・これっぽっち・これだけ・これっきり・これくらい

コレクション〘collection〙❶美術品・切手・書籍などを趣味として集めること。また、その集めた物。収集品。「蝶(ちょう)の—」❷オートクチュールやプレタポルテの新作発表。モードの新作発表。

コレクター〘collector〙❶美術品・切手・書籍などの収集家。❷電子管で、電子流を集める電極。集電極。❸トランジスターなどの半導体素子で、伝導電子を収集する領域。また、それに接触している電極。

コレクティビズム〘collectivism〙➤集産主義

コレクティブ-じゅうたく【コレクティブ住宅】コレクティブヂュウタク ➤コレクティブハウス

コレクティブ-セキュリティー〘collective security〙集団安全保障。多数の国家が集団的に相互間で安全を保障すること。

コレクティブ-ハウジング〘collective housing〙❶高齢者や共働きの夫婦などが家事への労力や資金を出し合い、コミュニティーをつくって暮らす住宅を建設すること。❷集合住宅を建設すること。❸➤コレクティブハウス

コレクティブ-ハウス〘collective house〙集合住宅の形態の一。独立した居住スペースの他に、居間や台所などを共同で使用できるスペースを備えたもの。住民同士の交流や、子育て・高齢者などの生活支援に有効とされる。コレクティブハウジング。コレクティブ住宅。

コレクト〘collect〙〔名〕スル ❶収集すること。❷料金を徴収すること。

コレクト-コール〘collect call〙電話で、受信者が通話料を払う通話。

コレクト-マニア《和 collect＋mania》収集に夢中になる人。

これ-くらい【×此れ位｜▽是位】これくらゐ《「これぐらい」とも。副詞的にも用いる》❶数量などが、示されたものとほぼ同じ程度であること。この程度。「—の大きさ」「—あれば大丈夫だろう」❷物事の程度を軽視して、また、強調していうときに用いる語。「—の熱はなんでもない」「—食べられるだろう」 類語 こればかり・これっぽっち・これきり・これっきり・これだけ

これ-これ【×此れ×此れ｜▽是▽是】❶多くの事柄を一つ一つ取り上げないで、内容を省略して包括的に言う語。かくかく。しかじか。「—の理由で来られないそうだ」❷これとこれ。この物とこの物。「—御覧ぜさせ給はば」〈宇津保・春日詣〉

これ-これ〔感〕❶目下の者に呼びかけるときに言う語。「—、こっちにおいで」❷他人の動作を軽くいましめるために呼びかけるときに言う語。「—、何をしているのだ」

これ-ざた【×此れ沙汰｜▽是沙汰】もっぱらのうわさ。大評判。「—になりて、親方堰(せ)けども、それも構はず身を捨てて」〈浮・一代男・四〉

これ-さま【×此れ様｜▽是様】〔代〕二人称の人代名詞。あなたさま。「わが名ゆかしきあづま屋で—のしのびね」〈浄・淀鯉〉

コレジオ〘ポルトガル collegio〙近世初期、キリスト教の聖職者養成と西欧文化教授のためにイエズス会が設立した学校。天正8年(1580)豊後(ぶんご)府内に創設、迫害のため天草・長崎などへ移転。辞書や物語などのキリシタン版も多く刊行した。

これ-しき【×此れ式｜▽是式】㊀〔連語〕《「しき」は副助詞》物事の内容・程度などが問題とするに足りないほどであることをいう語。たかがこれくらい。「—のことではあきらめない」㊁〔名〕近世、わいろ、袖の下などを婉曲にいう語。「—をさいさいつかはしける間」〈仮・可笑記・四〉

コレシストキニン-パンクレオザイミン〘cholecystokinin-pancreozymin〙十二指腸の粘膜の細胞から分泌されるホルモン。消化酵素に富む膵液(すいえき)の分泌を促し、また胆嚢(たんのう)を収縮させるので、胆汁の排出が促進される。胆嚢の機能検査に利用。コレシストキニンとパンクレオザイミンとは別個に発見され、その後同一物質と判明。

コレステリック〘cholesteric〙液晶で、分子配列が螺旋(らせん)状になったもの。螺旋回転のピッチの変化に伴い色が変わるので、温度センサーに利用。

コレステリック-じょうたい【コレステリック状態】コレステリックジャウタイ《cholesteric state》液晶の状態の一種。分子の方向が、右旋回または左旋回しながら長軸方向にそろっている状態。➡スメクチック状態 ➡ネマチック状態

コレステリン〘cholesterin〙➤コレステロール

コレステロール〘cholesterol〙動物性ステロールの代表的なもの。細胞膜の構成成分で、主に肝臓で生合成される。副腎(ふくじん)皮質ホルモン・ビタミンD・胆汁酸などの材料となる。血管壁に多量に沈着すると動脈硬化の要因となる。コレステリン。➡HDLコレステロール ➡LDLコレステロール

コレステロールエステル-てんそうたんぱく-けっそんしょう【コレステロールエステル転送×蛋白欠損症】《cholesterol ester transfer protein deficiency》動脈硬化の発症・進行を予防するHDL(善玉)コレステロールを処理する酵素が欠乏している状態。この結果、血液中のHDLが過剰になり、かえって動脈硬化の発症・進行が早まる。

コレスポンデンス〘correspondence〙通信。文通。特に商業通信文をいう。

コレスポンデンス-カード〘correspondence card〙《「通信カード」の意》挨拶状や礼状などに使う、名前やマークなどを入れた、ほぼ葉書大のしゃれたカード。便箋もある。そろいの封筒に入れて送る。

コレスポンデント〘correspondent〙❶通信員。特派員。❷➤コルレス先

これたか-しんのう【惟喬親王】コレタカシンワウ［844～897］文徳天皇の第1皇子。母は紀静子。父帝に愛されたが、母が藤原氏でないために皇嗣になれず、大宰帥(だざいのそち)・弾正尹(だんじょうのいん)・上野大守などを歴任。のち、比叡山のふもとの小野に隠棲した。小野宮。水無瀬宮(みなせのみや)。

これ-だけ【×此れ丈｜▽是丈】(副詞的にも用いる)❶特定の、この物事。このことだけ。このものだけ。「—は忘れるな」「二冊のうち—読んだ」❷この程度・分量・範囲。これくらい。これほど。「—の費用がかかる」「することが—ある」❸程度や分量を強調する意を表す。これほど。こんなに。「—言っても聞かない」「—できたら言うことはない」 類語 こればかり・これっぽっち・これきり・これっきり・これくらい

これっ-きり【×此れっ切り｜▽是っ切り】《「これきり」の促音添加》「これきり」をやや強めて言う語。副詞的にも用いる。「残りは—だ」「—会えない」 類語 こればかり・これっぽっち・これきり・これだけ・これくらい

コレッジョ〘Correggio〙［1489ころ～1534］イタリアのルネサンス期の画家。本名、アントニオ=アレグリ(Antonio Allegri)。柔らかな色彩、明暗効果の強調、優美な官能性が特徴。バロック絵画の先駆者。作、パルマ大聖堂天井画など。

コレット〘Sidonie-Gabrielle Colette〙［1873～1954］フランスの女流小説家。人間の心理や、官能の世界を感性豊かに描く一方、自然や動物の描写にもすぐれた。作「シェリ」「青い麦」「牝猫」など。

これっ-ぱかし【×此れっぱかし｜▽是っぱかし】「これっぱかり」に同じ。「—じゃ何も買えない」

これっ-ぱかり【×此れっ▽許り｜▽是っ▽許り】「こればかり」に同じ。「—しか儲(もう)けが出ない」

これっ-ぽっち【×此れっぽっち｜▽是っぽっち】量や度合いの少ないこと。たったこれだけ。「残りは—しかない」 類語 こればかり・これっきり・これぐらい

これ-てい【×此れ体｜▽是体】❶このようなようす・姿。この程度。「人魚といふなるは、—の物なるにや」〈著聞集・二〇〉❷この程度の者。これしきの者。相手を侮っていう。「—に御太刀を合はされんは勿体(もったい)なし」〈浄・孕常盤〉

これ-と-いって【×此れと言って｜▽是と言って】〔連語〕(多く、下に打消しの語を伴って用いる)とりたてて。「—言うこともない」

ゴレ-とう【ゴレ島】ゴレタウ《Gorée》セネガルの首都ダカールの沖合約3キロメートルに浮かぶ大西洋上の小

島。1815年、統治国であったフランスが奴隷売買を禁止するまで、奴隷貿易の拠点として栄えた。セネガル最古のイスラム教のモスクやカトリックの聖堂などが残る。1978年、世界遺産(文化遺産)に登録された。

コレニア〘collenia〙北アメリカ・中国などの先カンブリア時代の地層から産出する、石灰藻の化石。断面は同心円状。擬化石とする説もある。

これに-よりて【▽是に▽由りて】〔連語〕《漢文訓読語から。接続詞的に用いる》このことによって。こういうわけだから。「—之を観れば」

これ-の【×此れの┊▽是の】㊀〔代〕《「此れの人」の略》三人称の人代名詞。親しみをこめて、夫から妻、妻から夫をさしていう語。「—はうちにおりゃるか」〈虎明狂・花子〉㊁〔連語〕《「の」は格助詞》この。ここにある。「聞きしごとまこと尊く奇くしくも神さびをるか—水島」〈万・二四五〉

これ-の-ひと【×此れの人】〔代〕三人称の人代名詞。夫から妻、妻から夫をさしていう語。うちのひと。こちのひと。「『なう、—が下られたものぢゃ』『只今下ったぞ』」〈虎清狂・鏡男〉

これ-は【×此れは】〔連語〕意外な物事に出会って驚いたり、感動したりしたときに用いる語。「やあ、—ようこそ」「—すばらしい」

これ-ばかり【×此れ▽許り┊▽是▽許り】❶目の前に示されている分量・程度。多く、その少ないことを強調していうのに用いる。こんな程度。これっぱかり。「—の金では足りない」❷このことだけ。このものだけ。これだけ。「—はお許しください」「—は差し上げるわけにはいかない」❸(「こればかりも」に打消しの語を伴い、副詞的に用いて)ほんの少しも。全く。これっぱかり。「—も疑わない」(類語)これだけ・これっぽっち・これきり・これっきり・これぐらい

これは-これは【×此れは×此れは】〔連語〕「これは」を強めていう語。「—ありがとうございます」

コレヒドール-とう【コレヒドール島】《Corregidor》フィリピン、マニラ湾の入り口にある小島。アメリカ軍の要塞となり、第二次大戦中、1941年と45年に日米の激戦が行われた。

これ-ほど【×此れ程┊▽是程】❶目の前に示されている程度。物事の程度を強調する気持ちを表すときにも用いる。副詞的にも用いる。この程度。これくらいまで。「—のことで驚くことはない」「—の人物はいない」「—つらいとは思わなかった」❷物事を目の前の事に限定して言う。これだけ。「—は出来ましたれど」〈伎・幼稚子敵討〉❸(「これほども」に打消しの語を伴って)ほんの少しも。こればかり。「—も油断せず」〈浄・曽根崎〉

コレ-ポン「コレスポンデンス」の略。

これ-まで【×此れ×迄┊▽是×迄】❶時間・場所・程度が、示された点までであること。今まで。この時まで。この所まで。「—の苦労も水のあわ」「一般の方は—です。この先は入れません」「—何をやっていたのか」❷物事の終わり、限界点を示す語。㋐最後の決心をつけたさまをいう語。もう、これで最後。「もはや—と観念した」㋑もう、これでお別れの意を表す語。「二人の関係も—だ」

これみつ【惟光】㊀源氏物語の主人公光源氏の家来の名。㊁(㊀が、主人の機嫌をとり忠実にその命を守ったところから)幇間。たいこもち。

これみよ-がし【×此れ見よがし┊▽是見よがし】〔形動〕《「がし」は接尾語》得意になって人に見せびらかしたり当てつけがましくしたりするさま。「—に外車を乗り回す」

これやす-しんのう【惟康親王】[1264〜1326]鎌倉幕府第7代将軍。在職1266〜1289。第6代将軍宗尊親王の子。執権の北条貞時に将軍職を退任させられた後、京に送還され、出家。

コレラ〘オランダ・英 cholera〙コレラ菌が経口的に摂取されて感染し、激しい下痢と嘔吐を起こす感染症。アジアコレラと、エルトールコレラとの2型がある。感染症予防法の3類感染症の一。虎疫。コロリ。(季夏)「一家族—を避けし苫屋かな/紅葉」(補説)「虎列剌」とも書く。

これ-ら【×此れ▽等┊▽是▽等】〔代〕近称の指示代名詞。❶「これ」の複数形。㋐話し手の側に属する事物についていう。「今ここに—の問題がある」「—は私の収集品です」㋑この人たち。「—には劣りなる白銀の箔を」〈紫式部日記〉❷このあたり。このへん。「山ならねども—にも」〈徒然・八九〉

コレラ-きん【コレラ菌】コレラの病原菌。菌体は弧状に湾曲し、鞭毛をもつグラム陰性の桿菌。コッホにより分離培養された。コンマバチルス。

こ-れる【来れる】〔動ラ下一〕来ることができる。カ行変格活用の「く(来)る」を可能動詞化したもの。「こられる」(「くる」の未然形＋可能の助動詞「られる」)が本来の言い方。

コレルリ〘Arcangelo Corelli〙[1653〜1713]イタリアの作曲家・バイオリン奏者。トリオ-ソナタ、合奏協奏曲の形式を確立。ビバルディやバッハ・ヘンデルにも大きな影響を与えた。コレッリ。

これを-もって【▽是を▽以て】〔連語〕これで。これによって。「—閉会とさせていただきます」

これんげ-さん【小蓮華山】新潟県糸魚川市と長野県北安曇郡小谷村にまたがる山。標高2766メートルで新潟県の最高峰。飛騨山脈後立山連峰の一峰。高山植物が多く、雷鳥も散見される。中部山岳国立公園に属する。

ご-れんし【五×斂子】カタバミ科の常緑低木。葉は羽状複葉。花は紫紅色。果実は断面が星形で黄緑色に熟し、甘味と酸味の種類があり、甘味のものを食用にする。東インド地方で栽培。羊桃。

ご-れんし【御連枝】貴人の兄弟の敬称。「今上皇帝の—なり」〈太平記・五〉➔連枝

ゴレンスカ〘Gorenjska〙スロベニア北西部の歴史的地方名。かつてハプスブルク家の領地の一部。主な都市にクラーニ、カムニク、シュコーフィアロカがある。

ご-れんちゅう【御×簾中】《「ごれんぢゅう」とも。常に簾の中にいる人の意》❶大臣、公卿など貴人の妻の敬称。❷江戸時代、将軍・三家・三卿の妻の敬称。

ころ　クジラの皮を煎り、脂肪を抜いて乾燥させたもの。関西で、関東だき(煮込みおでん)の具などにする。

こ-ろ【子▽等】《「ろ」は接尾語。上代東国方言》「こら(子等)」に同じ。「小菅ろの末吹く風のあどすすかかなしけ—を思ひすごさむ」〈万・三五六四〉

ころ【転】❶重い物を動かすとき、下に敷いて移動しやすいようにする丸い棒。くれ。ごろた。❷短く切った薪材。割り木。❸さいころ。❹「ころ銭」の略。❺尺八で、他の指孔を開き、1孔と2孔を交互に指で打つ奏法。❻多く複合語の形で用い、丸いもの、小さいもの、の意を表す。「石—」「犬—」

ころ【頃┊▽比】❶あるきまった時期の前後を含めて大まかにさす語。時代。時分。ころおい。「子供の—」「その—、会社に戻っていた」「—は元禄一四年」❷しおどき。ころあい。ちょうどよい時。「—を見計らって話を切り出した」❸おおよその年齢。「年の—は四〇歳ほど」❹ある期間。「敷島や大和にはあらぬ唐衣—も経ずしてあふよしもがな」〈古今・恋四〉❺時節。季節。「—は正月……十一、二月、すべて折につけつつ、一とせながらをかし」〈枕・二〉➔ごろ(頃)

(用法)ころ・おり・際・節——「ころ」は幅のある、ある時を漠然と指す。「もう湯が沸くころだ」「若いころの思い出」は、「おり」「際」「節」では置き換えられない。◇「おり」は「ころ」よりも限定された、ある一つの時、機会を示す。「その後、彼に会うおりがなかなかない」など。また、「当地にお出かけのおりにはぜひお立ち寄りください」は、「出かける」が相手の主体的行動であるところから、「際」で置き換えられる。◇「際」は何かを行う時、何かを処理する時を、「おり」をさらに限定して示す。したがって明確な行動を示す場合が多い。「出かける際には鍵をかける」「この際、すべてをかたづけてしまおう」などに「おり」「ころ」は用いない。◇「節」は元来節季を表すので、時を細かく限定するよりも大まかに漠然とした期間を示す。比較的古風で、改まった言い方なので使われる場面も限られ、決まり文句が多い。「この節は物価が高くて困ります」「その節にはいろいろお世話になりました」「おめもじの節はよろしく」など。

(類語)時期・時分・時間・時刻・刻限・時点・頃合い・頃おい

こ-ろ【×葫×蘆┊×胡×蘆】ユウガオ、またはヒョウタンの別名。

ごろ「ごろつき」の略。「会社—」「ペラ(＝オペラ)—」(類語)ならず者・地回り・やくざ・暴力団・無頼漢・無法者・与太者・ごろつき・ちんぴら

ご-ろ【語呂┊語路】❶言葉や文章の続き具合、調子。「—がいい」❷「語呂合わせ」の略。

ゴロ　野球で、地面を転がるか、またはバウンドしていく打球。グラウンドボール。匍球。(補説)グラウンダーgrounder(＝ground ball)の音変化とも、ごろごろ転がる意からともいう。

ゴロ「ゴロフクレン」の略。(補説)「呉絽」「呉羅」「呉呂」とも書く。

ごろ【頃┊▽比】〔接尾〕《名詞「ころ(頃)」から》❶時を表す語に付いて、その前後を漠然と示す。「三時—行く」「六月—開店する」「一九〇〇年—」❷動詞の連用形に付いて、そうするのにふさわしい時期・状態である意を表す。「花は今が見—だ」「食べ—の西瓜」❸名詞に付いて、その点でちょうどよい、の意を表す。「値—の品」「手—の棒」

ころ-あい【頃合(い)】❶適当な時機。よいしおどき。「花見には—だ」「—を見て料理を出す」❷ちょうどよい程度。てごろ。「—の値段の品」(類語)時刻・刻限・時分・時点・頃おい・格好・機会・時間・適当・適切・適正・適確・至当・妥当・穏当・相応・好適・程合い・手頃・適う・適する・合う・沿う・そぐう・当てはまる・適合する・合致する・即応する・ぴったりする

ごろ-あわせ【語呂合(わ)せ】❶ことわざや成句などに口調・音声を似せて、意味の異なるこっけいな句を作る言語遊戯。「猫に小判」を「下戸に御飯」、「一つ積んでは父のため」を「一つ脱いでは質の種」の類。天明(1781〜1789)ごろから江戸に流行。口合い。地口。❷数字の羅列などに意味を当てはめて読むこと。平安京遷都の794年を「鳴くよウグイス」、鎌倉幕府が滅んだ1333年を「一味散々」とするなど。

コロイコ〘Coroico〙ボリビア北西部、ラパス県ユンガス地方の町。首都ラパスに比べ標高が低く温暖なため、近郊の観光地として知られる。

コロイド〘colloid〙0.1〜0.001マイクロメートル程度の極微細な粒子が、液体・気体・固体などの媒体中に分散している状態。煙・牛乳などの類。分散している粒子を分散質、媒体を分散媒という。膠質。

コロイド-かがく【コロイド化学】コロイド状態にある物質の物理的・化学的性質を研究する物理化学の一部門。膠質化学。

コロイド-ようえき【コロイド溶液】コロイド粒子が液体中に分散したもの。ゾル。

こ-ろう【古老┊故老】老人。特に、昔の事や故実に通じている老人。「村の—」(類語)長老・老大家

こ-ろう【固×陋】〔名・形動〕古い習慣や考えに固執して、新しいものを好まないこと。また、そのさま。「旧時代の—な人々」「頑迷—」(類語)頑愚・頑迷

こ-ろう【×狐×狼】❶キツネとオオカミ。❷ずるくて、害心を抱く者のたとえ。

こ-ろう【虎×狼】❶トラとオオカミ。❷欲が深く、残忍なことのたとえ。「—の心」

こ-ろう【孤老】身よりのない老人。

こ-ろう【孤×陋】世間から離れて、見識が偏り、狭いこと。「独学—といへど」〈胆大小心録〉

こ-ろう【鼓楼】寺院で、時を知らせる太鼓をつるす建物。古くは鐘楼に相対して建てられた。くろう。

ころ-う【×嘖ふ】〔動ハ四〕《しかる意の「嘖る」に反復継続の助動詞「ふ」の付いた「こらふ」の音変化か》声をあげてしかる。「誰そこの我がやど来呼ぶたらちねの母に—はえ物思ふ我を」〈万・二五二七〉

ごろう【五郎】歌舞伎舞踊。長唄。三升屋二三治作詞、10世杵屋六左衛門作曲。九変化「八重九重

花姿絵やえこころのすがたえ」の一つとして天保12年(1841)江戸中村座初演。曽我五郎の郭くるわ通いの姿を描いたもの。雨の五郎。時致ときむね。

ご-ろうこう【御老公】ゴラウコウ「老公」に、さらに敬意を加えた語。(補説)敬意の重複について ➡尊父 (補説)

ごろう-じる【御▽覧じる】ゴラウじる〔動ザ上一〕《「ごろう(御覧)ず」(サ変)の上一段化》❶「ごろうず❶」に同じ。「細工は流々、仕上げを一・じろ」「玄宗の此を一・じてなをなをひさうさしむたぞ」〈玉塵抄・二〇〉❷(補助動詞)「ごろうず❷」に同じ。「だまされたと思って、食べて一・じろ」「マア考えて一・じろ」〈二葉亭・浮雲〉「さて、まあ、あがって一・じませ」〈洒・月花余情〉(補説)現代語では、多く命令形「ごろうじろ」が用いられる。

ごろう-ず【御▽覧ず】ゴラウず〔動サ変〕《「ごらんず」の音変化》❶「見る」の尊敬語。ごらんになる。ごろうじる。「帝王コレヲ一・ゼラレテ大キニ驚カセラルル体デ」〈天草本伊曽保・ネテナボ帝王イソポに御不審〉❷(補助動詞)補助動詞「みる」の尊敬語。「よくよく按じて一・ぜい」〈杜詩続翠抄〉

ころう-ぞく【孤老族】コラウ 独り暮らしの、65歳以上の老人。

ご-ろうたい【御老体】ゴラウ「老体❷」に同じ。「かなりの一とお見受けする」

ごろう-ひば【五郎×檜葉】ゴラウ クロベの別名。

コロー〖Jean-Baptiste Camille Corot〗[1796〜1875]フランスの画家。詩情あふれる風景画・人物画を描き、色調・筆致ともに温雅。➡バルビゾン派

ころ-おい【頃おい｜▽比おい】ころほひ ❶ころ。その時分。「早春の一」❷程度。ほどあい。「ちょうどよい一」❸当節。今の時世。「内裏うちわたり心にくくをかしき一なり」〈源・真木柱〉(類語)時間・時刻・刻限・頃合ころあい

ゴローニン〖Golovnin〗►ゴロブニン

コローメンスコエ〖Kolomenskoe〗ロシア連邦の首都モスクワの南部、モスクワ川沿いにある史跡公園。元は16世紀から17世紀にかけての歴代皇帝が建てた離宮などが集まる別荘地。1925年に旧ソ連政府によって野外博物館に指定され、さらに国内の歴史的建造物が移築。16世紀に建てられたボズネセーニエ教会は同地で最も古い建築物として、1994年に世界遺産(文化遺産)に登録。コロメンスコエ。

コロール〖Koror〗パラオ共和国最大の都市。コロール島にあり、同国の約3分の2の人口を占める。日本の統治時代には南洋庁が置かれた。1994年の独立以来首都だったが2006年にマルキョクに遷都。コプラを産出。人口1.4万(2003)。

ころ-がき【転柿｜枯露柿】渋柿の皮をむき、天日で干した後、むしろの上でころがして乾燥させたもの。表面に白い粉をふき、甘い。(季 秋)

ころがし【転がし】❶ころがすこと。ころばし。❷アユ釣りで、釣り糸に多くの掛け針を付け、重りを水底で転がして魚をひっかけて釣る方法。ころがしづり。かけづり。❸値をつり上げるために転売を重ねること。「土地の一」

ころが・す【転がす】〔動サ五(四)〕❶力を加えて転がるようにする。ころころと回転させて動かす。「丸太を一・す」「車を一・す(=自動車ヲ運転スル)」❷立っているものを倒す。ひっくり返す。横転させる。「テーブルの上のコップを一・す」「土俵の中央に一・す」❸物を無造作にほうっておく。「習作の数々を仕事場の片隅に一・してある」❹値段をつり上げるため、転売を繰り返す。「土地を一・す」(可能)ころがせる
(類語)転ばす・倒す・ひっくり返す・覆くつがえす・倒こかす

ころがり-お・ちる【転がり落ちる】〔動タ上一〕文ころがりお・つ〔タ上二〕❶転がりながら落ちる。ころげおちる。「ベッドから一・ちる」「斜面を一・ちる」❷高い地位から一挙に低い地位に下る。ころげおちる。「日本一の王座から一・ちる」

ころがり-こ・む【転がり込む】〔動マ五(四)〕❶転がるようにして入り込む。「ボールが庭に一・む」❷慌てふためいて入り込む。「事故を知らせに警察に一・む」❸予期していなかったものが、急に手に入る。「遺産が一・む」❹他人の家に入り世話になる。「無一物で伯父の家に一・む」(類語)駆け込む・飛び込む・滑り込む・突っ込む・躍り込む・逃げ込む

ころがり-まさつ【転がり摩擦】物体が面上を転がるとき、面から受ける、回転を妨げるように働く抵抗力。すべり摩擦より小さい。

ころが・る【転がる】〔動ラ五(四)〕❶ころころと回転しながら進む。ころげる。「一〇円玉が一・る」❷立っていたものが倒れる。ころぶ。ころげる。「つまずいて一・る」❸からだを横にする。寝ころがる。「畳の上に一・って新聞を読む」❹(「ころがっている」の形で)㋐無造作に、あるいは雑然と置かれたように物がある。「消しゴムや鉛筆が一・っている」㋑どこでも見かける、珍しくもないものとして存在している。「うまい話はそうー・ってはいない」「その辺に一・っているものとはちょっと違う」❺物事の成り行きが変わる。形勢が変化する。「どう一・っても損はない」(可能)ころがれる
(類語)転ぶ・転げる・こける・倒れる・ひっくり返る・覆くつがえる・転倒する・横転する・転覆する・倒壊する・卒倒する・昏倒こんとうする・潰れる

こおろぎす ❶コロギス科の昆虫。体長約2.5センチ、淡緑色。雌は刀状の産卵管をもつ。樹上にすみ、夜行性で、日中は木の葉を巻いて中に隠れている。本州・四国・九州に分布。❷直翅ちょくし目コロギス科の昆虫の総称。コオロギとキリギリスとの中間型で、触角がきわめて長く、発音器をもたない。

ころく【小六】❶「小六節」の略。❷「小六染ぞめ」の略。

こ-ろく【×胡×簶｜×胡×籙】►やなぐい

ご-ろく【五六】❶双六すごろくやさいころばくちなどで、2個のさいの目が五と六と出ること。❷5寸角、6寸角のような、太くしっかりした材木。「大物だいもつの一にて打ちつけたる桟敷」〈太平記・二七〉❸縦が六幅むの、横が五幅いつのの、三畳間につる蚊帳。「白むくを一の中でくけて居る」〈柳多留・一二〉

ご-ろく【語録】❶儒者・禅僧などの学説・教理に関する言葉を記録したもの。「近思録」「伝習録」や「臨済録」「従容録しょうようろく」など。❷広く、偉人・有名人などの言葉・短文を集めたもの。「毛沢東一」

こ-ろくがつ【小六月】コロクグワツ 陰暦10月の異称。雨風も少なく、春を思わせる暖かい日和ひよりの続くところからいう。小春。(季 冬)

ころく-ぞめ【小六染】紅白左巻きで、馬の手綱に多いだんだら染め。江戸時代、歌舞伎役者の嵐小六が舞台衣装に用いたのが始まりという。手綱染め。

ころく-ぶし【小六節】江戸初期に流行した小歌の一。江戸の馬方で小歌の名人であった美男の関東小六のことを歌ったもの。

コロケーション〖collocation〗二つ以上の単語の慣用的なつながり。連語関係。

ころげ-お・ちる【転げ落ちる】〔動タ上一〕文ころげお・つ〔タ上二〕転んで落ちる。転がりながら落ちる。「がけから一・ちる」「階段を一・ちる」

ころげ-こ・む【転げ込む】〔動マ五(四)〕「転がり込む」に同じ。「思わぬ幸運が一・む」「友人のアパートに一・む」

ころげ-まわ・る【転げ回る】〔動ラ五(四)〕あちらこちらへ転がって動き回る。「一・って苦しむ」

ころ・げる【転げる】〔動ガ下一〕❶「転がる❶」に同じ。「一・げるようにして坂をかけおりる」❷「転がる❷」に同じ。「つまずいて一・げる」

ころ-ころ〔副〕スル ❶まるい物、小さい物などが軽快に転がるさま。「まりが一(と)転がる」❷ものが容易に倒れるさま。ころりころり。「横綱が一負けては困る」❸物事が簡単に転じていくさま。ころり。「話が一(と)変わる」❹丸々として、かわいらしいさま。「一(と)太った赤ん坊」「一した子犬」❺鈴の音、笑い声、カエルの鳴く声など、高く澄んだ音が響くさま。「少女達が一(と)笑い転げる」

ごろ-ごろ ㊀〔副〕スル ❶雷鳴のとどろき響く音、また、それに類する音を表す語。「雷が一鳴りだす」❷大きくて重い物が、音を立ててゆっくり転がるさま。また、その音を表す語。「岩が一(と)転がり落ちる」❸猫がのどを鳴らす声、また、そのような音を表す語。「腹が減って一いう」❹あちこちに物が雑然と転がっているさま。「石が一している川原」❺いくらでもあって、ありふれた存在であるさま。「世間に一している話」❻何もしないで、暇をもてあましているさま。「一日じゅう家で一している」❼目や腹の中に異物のあるさま。「目の中が一して痛い」㊁〔名〕雷の幼児語。「一が来るよ」
(類語)沢山・多く・多い・数数かずかず・多数・数多あまた・無数・多量・大量・大勢おおぜい・夥おびただしい・いっぱい・あまた・多多・いくらも・いくらでも・ざらに・どっさり・たっぷり・十二分に・豊富に・ふんだんに・腐るほど・ごまんと・わんさと・しこたま・たんまり・うんと・たんと・仰山ぎょうさん・なみなみ・十分・しっかり・がっつり

ごろごろ-さま【ごろごろ様】雷の幼児語。かみなりさま。ごろごろ。

コロザル〖Corozal〗中央アメリカ、ベリーズの北端の町。コロザル州の州都。メキシコとの国境沿いに位置する。近隣にサンタリタ、セーロスの二つのマヤ文明遺跡がある。

ころし【殺し】❶殺すこと。また、転じて、その魅力などで、相手をひきつけ、悩ませること。「人一」「女一」❷《もと、警察で用いられた語》殺人。また、殺人事件。

コロシアム〖Colosseum〗㊀►コロセウム ㊁(colosseum)競技場。(類語)競技場・グラウンド・コート・スタジアム・球場・トラック・フィールド・運動場

コロジオン〖collodion〗窒素量11〜12パーセントの硝化度の低いニトロセルロースをエーテルとアルコールの混液に溶かしたもの。溶剤が蒸発すると透明な薄膜が残る。傷口の被覆や透析膜などに用いる。

ころ-じくうけ【転軸受(け)】ころヂクうけ 回転軸と軸受けとの間に、ころを入れたもの。ローラーベアリング。

ころし-ば【殺し場】歌舞伎・演劇などで、殺人の場面。また、その演出。

ころ-し-も【頃しも】〔連語〕《「し」は強意の、「も」は感動の助詞》その時ちょうど。ちょうどそのおり。「時は三月、一花の真っ盛り」

ころし-もんく【殺し文句】相手の気持ちを強くひきつける巧みな言葉。男女間で用いたのが始まり。「一にころっとひっかかる」(類語)甘言・巧言・美辞

ころし-や【殺し屋】依頼人から金をもらって殺人を請け負うことを職業としている者。

コロジュバール〖Kolozsvár〗ルーマニアの都市クルージュナポカのハンガリー語名。

コロシント〖colocynth〗ウリ科の蔓性つるせい多年草。葉・花などはスイカに似る。果実を乾燥したものを下剤に用いる。

コロシント-うり【コロシント×瓜】《colocynth》ウリ科の蔓性つるせいの多年草。葉や花はスイカに似て、果実は球形で直径約10センチ。果実を下剤に用いる。アフリカ・熱帯アジアの原産で、地中海沿岸地方で栽培。

コロス〖ギリシャ choros〗古代ギリシャ劇の合唱隊。劇の状況を説明するなど、進行上大きな役割を果たす。

ころ・す【殺す】〔動サ五(四)〕❶㋐他人や生き物の生命を絶つ。命を取る。「首を絞めて一・す」「虫も一・さぬ顔」㋑自分ではどうすることもできないで、死に至らせる。死なせる。「惜しい人を一・したものだ」❷㋐活動や動作をおさえとどめる。「息を一・して潜む」「感情を一・す」「声を一・して笑う」㋑勢いを弱める。「球速を一・したカーブ」❸その人・物がもつ能力・素質・長所などを発揮できない状態にする。特性・持ち味などをだめにする。「せっかくの才能を一・してしまう」「濃い味付けで素材のうまみを一・している」❹相手を悩殺する。惑わせる。「男を一・すまなざし」❺競技やゲームなどで、何かの方法によって相手方が活動できないようにする。㋐野球で、アウトにする。「牽制球で走者を一・す」㋑相撲で、相手の差し手をつかみ、または押しつけて動きを封じてしまう。㋒囲碁で、相手の石を攻めて、目が二つ以上できない状態にする。「端の石を一・す」❻動詞の連用形に付いて、いやになるほどその動作をする意を表す。「ほめ一・す」❼質に入れる。「脇差曲げ、夜着を一・して」〈黄・金銀先生再寝夢〉(可能)ころせる (類語)消す
(一句)息を殺す・窮鳥懐に入れば猟師も殺さず・薬くすり

人を殺さず薬師くすし人を殺す・声を殺す・大の虫を生かして小の虫を殺す・角を矯ためて牛を殺す・天道人を殺さず・二桃にとう三子を殺す・虫も殺さない・虫を殺す

ごろすけ【五▽郎助】 フクロウ、ミミズクの別名。鳴き声を「五郎助ホーホー」「五郎助奉公」と聞きなしたことによる。

コロセウム〖ラテン Colosseum〗《「コロッセウム」とも》ローマ市に残る、古代の円形闘技場。西暦70年代にウェスパシアヌス帝が起工。長径188メートル、高さ48.56メートル、4階造りで、約5万人の観衆を収容できた。名は、ネロの巨像(コロスス)が近くにあったことから。コロッセオ。コロシアム。コロシウム。

ころ-ぜに【ころ銭】 ❶洪武銭こうぶせんの異称。❷室町から江戸時代、すり減った銭、また、質の悪い銭のこと。ころせん。ころ。

ごろ-た ❶丸太。❷物を運ぶのに下に敷く、ころ。❸「ごろた石」の略。(類語)石・石くれ・小石・石ころ・礫れき・砂利・つぶて・石礫せきれき・礫石れきせき・石塊せっかい・転石・砕石

ころ-だい【×胡×盧×鯛】だい イサキ科の海水魚。全長約50センチ。体は楕円形。体色は青色の地に黄褐色の斑点が散在する。南日本の沿岸に分布。食用。

ごろた-いし【ごろた石】 地面に転がっている小石。石ころ。

コロタイプ〖collotype〗写真製版の一。ガラス・セルロイドなどを版材とする平版へいはんで、直接刷り。精巧な仕上げを要する名画の複製、記念写真アルバムなどに用いる。玻璃版はりばん。アートタイプ。

ごろ-つき 一定の住所、職業を持たず、あちこちをうろついて、他人の弱味につけこんでゆすり、嫌がらせなどをする悪者。無頼漢。ごろ。(補説)「破落戸」とも書く。(類語)ならず者・地回り・やくざ・暴力団・無頼漢・無法者・与太者・ごろ・ちんぴら

コロッキアム〖colloquium〗賢人会議。政治・外交問題についての政府当局者ではない有識者の話し合い。

ごろ-つ・く〔動カ五(四)〕❶ごろごろと音をさせる。「遠くで雷が一・きだした」❷ごろごろと転がる。また、物がごろごろしている。「この道は石が一・いて歩きにくい」❸一定の住所、職業もなくぶらぶらしている。「毎日盛り場で一・いている」❹目などに異物があってすっきりしない。「目が一・く」

コロッケ〖フランス croquette〗ひき肉・卵・野菜などを、ゆでてつぶしたジャガイモまたはホワイトソースでつないで形を整え、パン粉をまぶして揚げたもの。

コロッサス〖Colossus〗《巨大な彫像の意》前3世紀ごろ、エーゲ海のロードス島の港口に建っていたと伝えられるヘリオスの巨大な青銅像。高さ約36メートルといい、世界七不思議の一。

コロッシ-じょう【コロッシ城】じょう《Kastro tou Kolossiou》キプロス南部の都市レメソスの西郊にある城。13世紀にヨハネ騎士修道会により建造、15世紀半ばに改築された。イングランド王リチャード1世をはじめ、十字軍の拠点として利用された。

コロッセオ〖イタリア Colosseo〗▶コロセウム

ころっ-と〔副〕❶小さくて軽いものが転がり動くさま。「風でボールが一転がる」❷態度や状態などが、急にすっかり変わってしまうさま。「言うことが一変わる」「電話するのを一忘れる」❸あっさりと勝負に負けたり、簡単に死んでしまったりするさま。「横綱が一負けた」❹簡単に寝つくさま。「横になったとたん一寝てしまう」

ごろっ-と〔副〕❶大きくて重いものが転がり動くさま。「岩が一転がり落ちる」❷大きなものが横たわるさま。「テレビの前で一横になる」

コロップ《オランダ prop(栓)から》コルクの栓。

コロップ-ぬき【コロップ抜き】 コルク抜き。

コロトコフ-ほう【コロトコフ法】ハフ《auscultatory method of Korotkoff soundsから》血圧測定法の一。上腕動脈上に聴診器をあて、上腕に巻きつけたゴム袋(マンシェット)の圧の上下による動脈音の変化から、間接的に血圧を測定する方法。ロシアの医師、コロトコフにより発案された。

コロナ〖corona〗❶太陽大気の最外層で、皆既日食の際に、黒い太陽の周りを取り巻く真珠色に淡く輝く部分。温度約100万度の希薄なガスからなる。❷▶光環こうかん ❸コロナ放電によって発する光。

コロナー〖coroner〗▶検視官

ころ-ながし【ころ流し】《「ころ」は「転(ころ)」か》丸太を、山から川の流れに乗せて運搬すること。

コロナキ〖Kolonaki〗ギリシャの首都アテネの中心部の一地区。リカビトスの丘の南側に位置し、高級住宅街として知られる。ベナキ博物館、キクラデス博物館、国立美術館がある。

コロナキ-ひろば【コロナキ広場】《Plateia Kolonakiou》ギリシャの首都アテネの中心部、コロナキ地区にある広場。付近にはベナキ博物館、キクラデス博物館があるほか、高級ブランド店が多く集まっている。正式名称は友愛会(ヘタイリアフィリケまたはフィリキエテリア)広場といい、19世紀にオスマン帝国からの独立を目指した秘密結社の名にちなむ。

コロナグラフ〖coronagraph〗コロナを皆既日食以外のときにも観測できる特殊な望遠鏡。

コロナ-しつりょうほうしゅつ【コロナ質量放出】シツリヤウハウシユツ 太陽のフレアなどに伴い、突発的に大量のプラズマを惑星空間へ放出する現象。通常の太陽風の2倍近い速度で伝播し、地球の磁気圏に衝突して磁気嵐などを引き起こすことが知られている。CME (coronal mass ejection)。

コロナド〖Coronado〗米国カリフォルニア州南西端の港湾都市、サンディエゴの一地区。サンディエゴ湾にあるコロナド島の東側を占める。19世紀からリゾート地として知られ、国定史跡に指定されたホテル-デル-コロナドがある。

コロナ-ほうでん【コロナ放電】ハウデン 気体放電の一。二つの電極間で局部的に高電圧を生じたため、空気の絶縁が破れ、かすかな光を発して放電する現象。

コロニアグエルきょうかい-ちかせいどう【コロニアグエル教会地下聖堂】ケウクワイチカセイダウ《Església de la Colònia Güell》スペイン北東部、バルセロナ郊外の町、サンタコロマ-ダ-サルバジョにある教会。実業家エウセビオ=グエルが建築家アントニオ=ガウディに工業住宅地の教会建設を依頼。1908年着工、6年後に建設は中断され、半地下の部分のみ完成。上階部分は他の建築家が手掛けた。2005年、ガウディ設計の地下聖堂が「アントニオ=ガウディの作品群」の名称で世界遺産(文化遺産)に登録された。

コロニア-デル-サクラメント〖Colonia del Sacramento〗ウルグアイ南西部の都市。コロニア州の州都。単に「コロニア」とも称される。ラプラタ川に面し、対岸にはアルゼンチンの首都ブエノスアイレスがある。1680年、ポルトガルの貿易港として建設。1777年にスペインの支配を受ける。両国の影響を受けた歴史的建造物が1995年、「コロニア-デル-サクラメントの歴史的町並み」の名で世界遺産(文化遺産)に登録。

コロニアル〖colonial〗〔形動〕植民地の。植民地風の。「一な邸宅」「一スタイル」

コロニアル-ウィリアムズバーグ〖Colonial Williamsburg〗米国バージニア州南東部の都市、ウィリアムズバーグにある国立歴史公園。18世紀のバージニア植民地時代の街並みを再現し、当時の暮らしを説明・実演する再演者が住んでいる。

コロニアル-スタイル〖colonial style〗❶17〜18世紀にイギリス・スペイン・オランダなどの植民地に発達した建築・工芸の様式。本国の様式を模倣し、植民地向けの実用性を加味したもの。❷特に19世紀のアメリカで発達した建築様式で、イギリスの古典主義建築を新大陸向きにしたもの。

コロニー〖colony〗❶植民地。また、植民地における植民者の集落。❷一定地域に住む外国人居留民。また、その居留地。❸同業者・同好者仲間の生活共同体。❹長期療養者・心身障害者などを集めて、治療や保護をしたりして、社会復帰のための訓練をする施設。❺同種または異種の動植物が、ある地域に多数集まって生活している状態。また、その集団。培養基上に発生した細菌などの集落。

コロヌス〖ラテン colonus〗ローマ帝政末期の小作人。土地に縛られて移転の自由をもたず、中世ヨーロッパの農奴の先駆的存在とされる。土地付き小作人。

ごろ-ね【▽転寝】〔名〕スル 寝るしたくをしないで、そのまま横になって寝ること。ころびね。「疲れてソファーで一する」

コロネーション〖coronation〗戴冠式たいかんしき。

コロネード〖colonnade〗柱廊。列柱廊。

コロネット〖coronet〗❶王子や貴族の宝冠。❷宝石を飾った冠に似たアクセサリー。

コロネル〖オランダ kolonel〗陸軍大佐。

ころばし【転ばし】 ❶ころばすこと。❷重い物を動かすときに、その下に置いて転ばす丸い棒。ころ。

ころばし-ねだ【転ばし根太】 地上に直接置いたり、埋めたりした根太。

ころばし-ゆか【転ばし床】 転ばし根太の上に板を張った床。物置や仮設小屋などに用いる。

ころば・す【転ばす】〔動サ五(四)〕❶まるい物を回転させる。ころがす。「ボールを一・して遊ぶ」❷立っているものを倒す。「足を払って一・す」(類語)転がす・倒す・ひっくり返す・覆くつがえす・倒こかす・裏返す

ごろはち-ぢゃわん【五▽郎八茶×碗】 普通よりやや大きな飯茶碗。江戸初期に肥前の陶工、高原五郎八によってつくり出されたという。

ころび【転び】 ❶ころぶこと。倒れること。転じて、失敗すること。「七なな一八やつ起き」❷江戸時代、キリシタンが幕府に弾圧されて仏教に改宗したこと。また、その人。ころびキリシタン。❸売春すること。また、その者。「一芸者」❹柱や壁などを傾斜させて建てること。また、その傾きの度合い。

転びを打・つ 転げ回る。寝転ぶ。転び打つ。「夜、瓜を盗むには一・ったがよいと言ふ」〈虎明狂・瓜盗人〉

ころび-あい【転び合ひ】あひ 正式の手続きなしに夫婦となること。また、その夫婦。くっつきあい。「一お袋様のやうに見え」〈柳多留・三〉

ころび-いし【転び石】 地上に転がっている石。

ころび-がき【転び牡=蠣】 イタボガキなど、海底に転がっている大形の貝のこと。

ころび-キリシタン【転びキリシタン】 権力に屈して、キリシタン宗門を捨てた信徒。特に、江戸幕府のキリシタン弾圧政策による宗旨糾明・拷問の場においてキリシタン信仰を自ら否定した者。

ころび-こうぼう【転び公妨】コウバウ 警察官が、被疑者との軽い身体的接触であえて転ぶなどして、公務執行妨害罪の名目で逮捕すること。(補説)特別公務員職権濫用罪にあたる違法な手法だが、主に公安警察が、他の容疑での逮捕が難しい被疑者を別件逮捕する際に行うとされる。

ころび-ね【転び寝】 ❶着たままで床を取らずに寝ること。ごろね。うたたね。かりね。❷男女がひそかに肉体関係をもつこと。私通。「不斗ふとした生麦の一からひに増し御恩が深くなり」〈和田定節・春雨文庫〉

ころび-バテレン【転び▽伴▽天連】 江戸幕府のキリシタン弾圧・拷問により、信仰を捨てた宣教師(バテレン)。➡転びキリシタン

ころ・ぶ【転ぶ】〔動バ五(四)〕❶ころころと回転しながら進む。ころがる。「子犬が一・ぶように駆けてくる」❷からだのバランスを失って倒れる。転倒する。「ぬかるみで滑って一・んだ」❸物事の成り行きが他の方向に変わる。事態がある方向へ向かう。「どちらへ一・んでも大勢は変わらない」❹㋐江戸時代、キリシタンが幕府に弾圧されて仏教に改宗する。㋑権力や誘惑に負けて、今までの主義・主張などを変える。転向する。「金に一・んで言いなりになる」❺芸者などがひそかに売春をする。「二貫も御祝儀を遣りゃすぐ一・ぶっていうんで」〈荷風・腕くらべ〉(可能)ころべる

(類語)転げる・こける・倒れる・ひっくり返る・覆くつがえる・横転する・転覆する・倒壊する・卒倒する・昏倒こんとうする

転ばぬ先の杖つえ 前もって用心していれば、失敗することがないというたとえ。

転んでもただは起きない たとえ失敗した場合でも

そこから何かを得ようとする。欲の深い、また、根性のある人のたとえ。
ゴロフク「ゴロフクレン」の略。
ゴロフクレン〘オランダ grofgrein〙近世舶来のごつごつした毛織物。帯地・カッパ地などに用いた。ゴロ。ゴロフク。ゴロフクリン。〘補説〙「呉絽服連」とも書く。
コロブス〘colobus〙オナガザル科コロブス亜科の哺乳類の総称。体毛は長く、絹糸状。親指は退化しており、いぼざるともいう。クロシロコロブスは顔のまわり、肩から腰、および尾の先の房が白いほかは黒色。アフリカの森林の樹上で暮らす。ゲレザ。
ゴロブニン〘Vasiliy Mikhaylovich Golovnin〙[1776〜1831]ロシアの海軍士官。ディアナ号で世界周航中、1811年に国後島くなしりとうで日本の松前藩に捕らえられ、ロシアに捕らえられた高田屋嘉兵衛との交換で釈放。著「日本幽囚記」。ゴローニン。
コロボックル►コロポックル
コロポックル《アイヌ語。蕗ふきの葉の下に住む人の意。「コロボックル」とも》アイヌ伝説に現れる小人の先住人。坪井正五郎がこの伝説を根拠に、コロポックルを日本の石器時代人だとみる仮説を唱えた。
コロマンデル〘Coromandel〙インド南東部、ベンガル湾岸約700キロにわたる海岸。チェンナイなどの都市がある。
コロムナ〘Kolomna〙ロシア連邦西部、モスクワ州の都市。首都モスクワの南東約100キロメートル、モスクワ川とオカ川の合流点に位置する。16世紀に築かれたクレムリン(城塞)の一部や、18世紀後半のエカチェリーナ2世の時代に築かれた新古典主義様式の建物が多く残っている。
ころも【衣】❶人のからだに覆いつけるものの総称。衣服。きもの。きぬ。❷僧尼が袈裟けさの下に着る衣服。法衣ほうえ。僧衣。「墨染めの―」❸揚げ物や菓子などの外面をくるんだり、まぶしつけたりするもの。「てんぷらの―」❹動物の皮膚、羽毛などをたとえていう。「夏虫の蝱ひむしの―」〈仁徳紀・歌謡〉
〘類語〙(❶)衣服・衣類・着物・着衣・被服・衣装・装束・お召物・衣料・ドレス・洋品/(❷)法衣・袈裟
衣打・つ　光沢を出したり、柔らかくしたりするために布を砧きぬたで打つ。「白妙の―・つ砧の音もかすかに」〈源・夕顔〉
衣片敷かたし・く　着物の片袖を敷いて寝る。独り寝をする。「さむしろに―・き今宵もや我を待つらむ宇治の橋姫」〈古今・恋四〉
衣の裏の珠たま　《「法華経」五百弟子受記品に書かれた故事から》過去に大乗の教えを授けられたのに忘れてしまって悟れずにいたのが、今釈尊の教えによって悟ることができたというたとえ。また、本来持っていた仏性のたとえ。衣の珠。
衣の珠たま　「衣の裏の珠」に同じ。
衣は骭かんに至り袖そでは腕わんに至る　《頼山陽「前兵児謡」から》短い着物を着て、すねと腕をまる出しにしている。剛健な気風をいう。
衣を返・す　衣を裏返しに着る。こうして寝ると思う人を夢に見ることができるという俗信があった。「いとせめて恋しき時はむばたまの夜の―・してぞ着る」〈古今・恋二〉
ころも【挙母】愛知県豊田とよた市の旧称。➡豊田
ころも-がい【衣貝】がひ　コロモガイ科の巻き貝。浅海の砂泥底にすむ。貝殻は紡錘形で、殻高約7センチ。殻表は茶褐色で、螺層らそうは階段状に角ばり、太い縦の肋ろくと螺肋らろくとが刻まれている。ふたはない。本州中部以南に分布。
ころも-がえ【衣替え|更＝衣】がへ〘名〙スル　❶別の衣服に着替えること。特に夏冬の季節に応じて改めること。平安時代には、陰暦4月1日、10月1日に行われた。江戸幕府では、このほかに5月5日・9月9日などにも着替える定めがあった。現在では、一般に6月1日と10月1日に主に制服について行われる。《季夏》「かへるさや胸かきあはす―/白雄」❷飾りつけをすっかり替えたり、商売を替えたりすること。「クリスマスをひかえて商店街がすっかり―する」❸男女が互いに衣服を取り替えて寝ること。「―せむやさ公達きんだちや」〈催馬楽・更衣〉◆曲名別項。〘類語〙着替え・更衣
ころもがえ【更衣】ころもがへ　催馬楽さいばらの曲名。律に属する。
ころも-がゆ【衣×粥】比叡山延暦寺で、陰暦11月24日の天台大師の忌日に作るかゆ。小豆や団子を入れる。霜月がゆ。知恵がゆ。
ころも-がわ【衣川】がは　北上川の支流。岩手県奥州市を流れ、平泉町で北上川に注ぐ。〘歌枕〙
ころもがわ-の-せき【衣川の関】ころもがは　►衣ころもの関
ころもがわ-の-たて【衣川の館】ころもがは　岩手県西磐井にしいわい郡平泉町にあったやかた。源義経が文治5年(1189)藤原秀衡ふじわらのひでひらの子泰衡に襲われて自刃した所。義経像をまつる義経堂がある。高館たかだち。判官館はんがんだて。
ころも-し【挙母市】►挙母
ころも-じらみ【衣×虱】ヒトジラミの亜種。体は淡黄色または白色。体長は約3.5ミリ。人の衣類に覆われた部分に寄生。発疹ほっしんチフス・回帰熱などを媒介する。きものじらみ。
ころも-で【衣手】㊀〘名〙《衣服の手の意から》着物の袖。たもと。多く、和歌に用いる。「妹とありし時はあれども別れては―寒きものにそありける」〈万・三五九一〉㊁〘枕〙❶衣手をひたす意から、「ひたち」にかかる。「一常陸ひたちの国の二並ぶ筑波の山を」〈万・一七五三〉❷「あしげ」にかかる。「一葦毛の馬のいなく声」〈万・三三二八〉
ころもで-の【衣手の】〘枕〙袖に関する「手た」「真袖まそで」「ひるがえる」などの意から、「た」「ま」「わく」「かへる」「なぎ」などにかかる。「一田上山たなかみやまの真木さく檜ひの嬬手つまでを」〈万・五〇〉「一真若まわかの浦の砂地まなごぢ」〈万・三一六八〉
ころもで-を【衣手を】〘枕〙衣を砧きぬたで打つ意から、「うち」にかかる。「一打廻うちみの里にある我を」〈万・五八九〉
ころも-の-くび【衣の▽領】着物の襟。「一より針を抜き出で、箱に入れて御弟子みでしに還し奉る」〈今昔・四・二五〉
ころも-の-せき【衣の関】平安時代、安倍あべ氏が築いた関。中尊寺の北西にその跡がある。衣川の関。ころもがせき。〘歌枕〙
ころも-の-やみ【衣の闇】黒い喪服。墨染めの服。「干しもあへぬ―に暗されて月ともいはずまどひぬるかな」〈新古今・哀傷〉
ころも-へん【衣偏】漢字の偏の一。「襟」「複」などの「衤」の称。
ころも-や【衣屋】僧衣を仕立て、また商う人。また、その家。「一の娵よめをしがってしかられる」〈柳多留・二二〉
コロラチュラ〘イタリア coloratura〙►コロラトゥーラ
コロラド〘Colorado〙米国中西部の州。州都デンバー。中央をロッキー山脈が走る。モリブデンなどの鉱物資源が豊か。➡表「アメリカ合衆国」
コロラトゥーラ〘イタリア coloratura〙《「コロラチュラ」とも》声楽で、トリルなどの技巧的な装飾に富む華やかな旋律。18〜19世紀のオペラのアリアなどに好んで用いられた。
コロラトゥーラ-ソプラノ〘イタリア coloratura soprano〙コロラトゥーラを歌うのに適した、軽快で柔軟な声のソプラノ。また、その歌手。
コロラド-がわ【コロラド川】がは　米国コロラド州のロッキー山脈に源を発し、メキシコのカリフォルニア湾に注ぐ川。中流部にグランドキャニオンの峡谷、フーバーダムがある。長さ2320キロ。
コロラド-スプリングズ〘Colorado Springs〙米国コロラド州中部の観光保養都市。ロッキー山脈東麓に位置し、温泉が多い。空軍士官学校がある。
ころり　銭百文。駕籠かき仲間の符丁。「道は二里ある駕籠賃―、―は知らぬ」〈浄・博多小女郎〉
コロリ《ころりと死ぬ意から。コレラに「ころり」をかけてできた語》コレラのこと。〘補説〙「虎狼痢」とも書く。
ころり〘副〙❶急に転がったり倒れたりするさま。「さいころが―と転がる」❷あっけなく死んだり、負けたりするさま。「かぜをこじらせて―(と)いってしまった」「殺し文句に―と参る」❸前とすっかり違う状態になるさま。ころっと。「―と忘れる」
ごろり〘副〙大きくて重い物が倒れたり、転がったりするさま。「―と横になる」「丸太を―と転がす」
コロリスト〘フランス coloriste〙色彩を専門に扱う人。特に、服飾業界で、服のデザインや流行に基づいて素材の色やプリントの配色を決める人をいう。一般に色彩専門家は「カラリスト」ということが多い。
コロレンコ〘Vladimir Galaktionovich Korolenko〙[1853〜1921]ロシアの小説家。ナロードニキの立場から人道主義に基づく作品を発表。作「マカールの夢」「盲音楽師」など。
ころろ・く【×嘶く】〘動カ四〙ころころと鳴る。ころころと音をたてる。「蛆うじたかれ―・きて」〈記・上〉
こ-ろん【古論】古字で書かれた論語。孔子の子孫の家の壁中から発見されたという。現在のものより1編多く21編。➡魯論　➡斉論
コロン〘colon〙欧文の句読点の一。「：」の記号。対句の間や、引用句・説明句の前などに用いる。➡セミコロン〘類語〙ピリオド・コンマ・セミコロン・終止符
コロン〘フランス colon〙植民地の入植者。特に、アルジェリアなどのヨーロッパ人入植者。
コロン〘Colón〙パナマの港湾都市。パナマ運河のカリブ海側の入り口。
コロン「オーデコロン」の略。「―の香り」
ご-ろん【語論】文法研究の一部門。単語の形態・用法・種類を研究するもの。
ごろんじゃ・る【御▽覧じゃる】㊀〘動ラ四〙《「ごらんじある」の音変化》「見る」の尊敬語。ご覧になる。「この様子を―・ってくだされい」〈狂言記・茶壺〉㊁〘動ラ下二〙《「ごらんぜらる」の音変化》㊀に同じ。「これ―・れませい、鬼の抜殻でござる」〈狂言記・抜殻〉
コロン-しょとう【コロン諸島】—しょたう　「ガラパゴス諸島」の正式名称。
コロンタイ〘Aleksandra Mikhaylovna Kollontay〙[1872〜1952]ソ連の女流政治家・作家。十月革命後、福祉人民委員・党婦人部長などの要職につき、各国大使を歴任。性の自由を説いた小説「赤い花」のほか、婦人問題についての著作も多い。
コロンナ-きゅうでん【コロンナ宮殿】《Palazzo Colonna》イタリアの首都ローマにある宮殿。ローマの貴族、コロンナ家の宮殿として、同家出身のローマ教皇マルティヌス5世により15世紀に建造。現在は、17世紀から20世紀にかけてコロンナ家が収集したベネチア派の絵画を所蔵する、コロンナ美術館として公開。映画「ローマの休日」の舞台となった。
コロンナ-ひろば【コロンナ広場】《Piazza Colonna》イタリアの首都ローマにある広場。コルソ通りに面し、トリトーネ通りの西端近くに位置する。中央にはローマ皇帝マルクス＝アウレリウス＝アントニヌスによるドナウ地方平定を記念した円柱が立っている。周囲にはキージ宮(首相官邸)、モンテチトーリオ宮(下院議事堂)がある。
コロンバイト〘columbite〙►コルンブ石
コロンバイト-タンタライト〘Columbite-Tantalite〙►コルタン
コロンバス〘Columbus〙米国オハイオ州の州都。オハイオ州立大学がある。
コロンバス〘Columbus〙国際宇宙ステーションの一部を構成する欧州の実験棟。ESA(欧州宇宙機関)が開発し、2008年に打ち上げられた。
コロンバン〘フランス colombin〙野鳩。
コロンビア〘Colombia〙南アメリカ北西部の共和国。首都ボゴタ。スペインの植民地から1819年独立して大コロンビア連邦となるが、30年ベネズエラ・エクアドルが分離、86年共和国となり、1903年パナマが分離独立。コーヒーの大産地。人口4421万(2010)。〘補説〙「哥倫比亜」とも書く。
コロンビア-がわ【コロンビア川】がは《Columbia》カナダ南西部・米国北西部を流れる川。ロッキー山脈に源を発し、太平洋に注ぐ。長さ1850キロ。
コロンビア-きょうこく【コロンビア峡谷】—けふこく《Columbia River Gorge》米国オレゴン州北部、ワシン

トン州との州境を流れるコロンビア川沿いの峡谷。マルトノマ滝やカスケードロックスをはじめ、数多くの滝や絶壁があり、国定景観区に指定されている。

コロンビア-だいがく【コロンビア大学】《Columbia University》米国ニューヨーク市にある私立大学。1754年にイギリス国王の勅許により開校。キングズカレッジ、コロンビアカレッジ、コロンビアユニバーシティを経て、1912年から名称をニューヨーク市コロンビア大学と改める。

コロンビア-とくべつく【コロンビア特別区】《District of Columbia》米国の、いずれの州にも属さない、連邦政府直轄の特別区。首都ワシントンと同範囲。ワシントンD.C.。

コロンビア-ひょうげん【コロンビア氷原】《Columbia Icefield》カナダ、アルバータ州西部、カナディアンロッキーにある大氷原。面積は約325平方キロメートル。ジャスパー国立公園の観光名所としても知られる。この氷原からアサバスカ氷河、コロンビア氷河、サスカチュワン氷河などが流れ出している。

コロンブス〘Christophorus Columbus〙[1451～1506]イタリア生まれの航海者。1492年、スペイン女王イサベルの援助を得てアジアをめざして大西洋を横断、サンサルバドル島に至る。以後3回の探検によって中央アメリカ沿岸を明らかにしたが、そこをインドの一部と信じ、新大陸の全貌を知らずに死亡。

コロンブスの卵　《大陸発見はだれにでもできると評されたコロンブスが、卵を立てることを試みさせ、一人もできなかった後に卵の尻をつぶして立てて見せたという逸話から》だれでもできそうなことでも、最初に行うことはむずかしいということ。

コロンブス-デー〘Columbus Day〙10月12日。1492年、コロンブスがアメリカ大陸を発見したのを記念する日。1971年以降は、米国の多くの州で10月の第2月曜日を法定休日としている。ディスカバリーデー。

コロンボ〘Colombo〙スリランカの旧首都。セイロン島南西岸に位置する港湾都市。インド洋航路の要地。

コロンボ-けいかく【コロンボ計画】南アジアや東南アジア地域の経済開発を推進することを目的とする経済協力機構。1950年コロンボで開かれた英連邦外相会議で提唱され、翌年発足。日本は54年(昭和29)加盟。

こわ【怖|▽恐】《形容詞「こわ(怖)い」の語幹》恐ろしいこと。多く、感動表現に用いる。「おお、―」

こわ・い【怖い|▽恐い】〔形〕文こは・し〔ク〕《「強い」と同語源》❶それに近づくと危害を加えられそうで不安である。自分にとってよくないことが起こりそうで、近づきたくない。「夜道が―・い」「地震が―・い」「―・いおやじ」❷悪い結果がでるのではないかと不安で避けたい気持ちである。「かけ事は―・いからしない」「あとが―・い」❸不思議な能力がありそうで、不気味である。「習慣とは―・いものだ」➡恐ろしい〘用法〙
〘派生〙こわがる〔動ラ五〕こわげ〔形動〕こわさ〔名〕
〘類語〙(❶❷)恐ろしい・おっかない・空恐ろしい・物恐ろしい・おどろおどろしい・気味悪い・無気味・不安・恐れる・心配・懸念・危惧・危懼・疑懼・恐れ・胸騒ぎ・気がかり・心がかり・不安心・心細い・心許ない・憂い・危なっかしい・おぼつかない

怖いもの知らず　自信に満ちて、何ものをも恐れないこと。また、無鉄砲なこと。「―の若者」

怖いものなし　恐ろしいと思うものがなく、かって気ままに振る舞える。「天下に―の権力者」

怖いもの見たさ　怖いものは、好奇心に駆られてかえって見たくなること。「―に谷底をのぞき込む」

こわ・い【▽強い】〔形〕文こは・し〔ク〕《「怖い」と同語源》❶容易に言いなりにならなくて頑固である。強情である。「情の―・い子供」❷かたくて扱いにくい。ごわごわしている。「―・い御飯」「髪が―・い」❸力が強い。たけだけしい。「力―・くして能く角を毀き」〈垂仁紀〉❹かたくるしい。「この文の言葉、いとうたて―・く憎げなるさまを」〈源・若菜上〉〘派生〙こわさ〔名〕
〘類語〙堅い・硬質・堅硬・生硬・硬直・かちかち・がちがち・かちんかちん・こちこち・ハード

こわ-いい【▽強▽飯】《「ひめいい(姫飯)」に対して》糯米を甑に入れて幾度も水をかけて蒸したもの。こわい。➡こわめし(強飯)

こわ-いけん【▽強意見】厳しい意見・訓戒。「未亡人の家へたびたび―に出向いたり」〈康成・千羽鶴〉

こわ-いろ【声色】❶声の音色。声の調子。こわね。「―を変えてしゃべる」❷他人、特に役者や有名人のせりふ回しや声をまねること。歌舞伎役者などの声や口調をまねる芸が元禄(1688～1704)ころからあり、幕末には寄席芸にもなった。〘類語〙声調・声つき

声色を遣・う　人の声色をまねる。「父の―・って弟を驚かす」

こわいろ-づかい【声色遣い】俳優や有名人などの、せりふ回しや声などをまねること。また、それを職業とする人。

こわ-おもて【▽強面】「こわもて(強面)」に同じ。

こわ-がり【怖がり|▽恐がり】わずかなことにもこわがること。また、そのような人。〘類語〙臆病・内気・弱気・引っ込み思案・気弱・内弁慶・陰弁慶・大人しい・小心・小胆・怯懦・怯弱・意気地なし

こ-わかれ【子別れ】親が子と生き別れになること。

こ-わき【小脇】わき。また、わきに関するちょっとした動作にいう語。「―に抱える」「―にはさむ」
〘類語〙脇・脇の下

こ-わきざし【小脇差】短い脇差。

こわきだに【小涌谷】神奈川県南西部、箱根町の地名。小涌谷温泉がある。泉質は単純温泉・塩化物泉。こわくだに。

こ-わく【×蠱惑】〔名〕スル 人の心を、あやしい魅力でまどわすこと。たぶらかすこと。「男を―するまなざし」

こわく-てき【×蠱惑的】〔形動〕人の心をひきつけ、まどわすさま。「―な姿態」

こ-わけ【小分け】〔名〕スル 小さく分けること。細かく区分すること。また、分けられたもの。「一回分ずつに―して冷凍する」〘類語〙区分・区分け・区別・差別・けじめ・別・分ける・分かち

こわげ-だ・つ【怖げ立つ|▽恐げ立つ】〔動タ五(四)〕恐ろしく思う。こわくなる。おじけだつ。「肩から水をかけられる程―・ち」〈円朝・怪談牡丹灯籠〉

こわ-ごわ【怖怖|▽恐▽恐】〔副〕恐ろしく思いながら物事をするさま。おそるおそる。「へっぴり腰で―(と)のぞき込む」〘類語〙恐る恐る

ごわ-ごわ㊀〔副〕スル 紙や布などが、かたくこわばっていてしなやかでないさま。また、こわばった布や紙が擦れ合う音を表す語。「洗いたての―(と)したジーンズ」㊁〔形動〕㊀に同じ。「のりの利いた―な(の)浴衣」アク㊀はゴワゴワ、㊁はゴワゴワ。

こわごわ・し【▽強▽強し】〔形シク〕❶いかにもこわばっている。ごわごわしている。「裳、唐衣など―・しく装束きたるもあり」〈能因本枕・一二四〉❷無骨である。ぎこちない。「おのづから―・しき声に読みなされなどしつつ」〈源・帚木〉❸強情だ。気性が強い。「情なく―・しうは見えじと思へり」〈源・花宴〉

こ-わざ【小技】相撲・柔道などで、小さな動作でかける技。「―がきく」「―できまる」↔大技。

こわ-さき【声先】❶言葉の端々。「―ばかりわづかに聞きしものを」〈発心集・七〉❷謡曲で謡いだしの最初の声。「―調子に合ふこと、左右なくなし」〈花鏡〉❸言葉の調子。〈日葡〉

こわし【壊し|▽毀し】こわすこと。「―屋」

こわし-や【壊し屋】❶古くなったり不要になったりした建築物などを壊して片づける職業。解体業。❷既存の枠組みや組織などを何度も壊したことのある人。「業界の―」

こわ-しょうぞく【▽強装束】➤こわそうぞく

こわ・す【壊す|▽毀す】〔動サ五(四)〕❶物に力を加えてもとの形を崩したり、失わせたりする。砕いたり破ったりして使用できないようにする。破壊する。「家を―・す」「コップを―・す」「おもちゃを―・す」❷機能をもっているものに障害を起こさせる。本来の働きを損なう。故障させる。「腹を―・す」「テレビを―・す」「かぎを―・す」❸まとまっていた物事・状態をくずしてだめにする。つぶす。「話を―・す」「計画を―・す」「縁談を―・す」❹高額の貨幣を小額の貨幣にかえる。くずす。「一万円札を千円札に―・す」〘可能〙こわせる〘類語〙(❶)損壊する・毀損する・破損する・損傷する・損ずる・損なう・毀つ・傷付ける・欠く・砕く・割る・破る・崩す・潰す・打ち砕く・打ち壊す・ぶち壊す・取り壊す・叩き壊す・破砕・砕破・全壊・壊滅

ごわ・す〔動サ特活〕❶「ある」の意の丁寧語。ございます。あります。「今の名人達が死ぬとあとつぎが―・せんから困って了う」〈魯庵・社会百面相〉❷(補助動詞)補助動詞「ある」の意の丁寧語。…であります。…でございます。「高いとこの眺めは…また格段で―・すな」〈梶井・城のある町にて〉〘補説〙活用は「ごわせ・ごわし・ごわす・ごわす・ごわせ・○」

こわ-そうぞく【▽強装束】公家の装束で、袍や直衣などの地質にのりを固く引き、冠帽類には漆を厚く塗って、折り目をつけた形の着装様式。平安末期から流行した。こわしょうぞく。➡萎装束

こわ-だか【声高】〔形動〕文〔ナリ〕話し声の調子が高く大きいさま。「―な声で話す」「―にののしる」

こ-わたり【古渡り】室町時代またはそれ以前に渡来したこと。また、その織物・器物など。珍重された。本渡り。古渡。「―のサラサ」「―の珊瑚」➡今渡り

こわ-だんぱん【▽強談判】主張を通そうと強い調子でかけあうこと。強硬な談判。「―に及ぶ」

こわ-づかい【声遣い】声の出し方。物の言い方。口調。「―ノ悪イ人」〈和英語林集成〉

こわ-つき【声付き】声のようす。こえつき。「かへすがへす申しあぐる―、いと頼もしげなれど」〈狭衣・四〉

ごわ-つ・く【▽強つく】〔動カ五(四)〕紙や布などが、ごわごわした感じがする。「のりのきいた浴衣が―・く」

こわ-づくり【声作り】〔名〕スル ❶わざと声を作って言うこと。こわづくろい。「―して話す」❷せきばらい。しわぶき。こわづくろい。「御殿ごもりなどする程に、うち―して、孫王の君はここにかと宣へば」〈宇津保・国譲上〉

こわ-づく・る【声作る】〔動ラ四〕❶ことさら声を繕って言う。作り声をする。「うち―・りて申し出で給ふことぞかし、いとあやし」〈栄花・月の宴〉❷声やせきで合図をする。せきばらいをする。「格子のもとによりて、―・れば、少将起き給ふに」〈落窪・一〉

こわ-づくろい【声作ろひ|声繕ひ】❶「声作り❶」に同じ。「弁慶―して、ことごとしく申しけるは」〈盛衰記・三六〉❷「声作り❷」に同じ。「有国砌に候ひけるが、頗る―を申したりければ」〈古事談・六〉

こ-わっぱ【小▽童】《「こわらは」の音変化》子供や未熟者をののしっていう語。小僧。若僧。「―のくせに口出しをするな」〘類語〙子供・子・小児・児童・学童・小人・童・童・童・童子・幼子・幼童・ちびっこ・わっぱ・小僧・餓鬼・少年

こわ-ね【声音】声の調子。こわいろ。「貫一の―は漸く苛立ちぬ」〈紅葉・金色夜叉〉〘類語〙声色・声調・声つき

こわ-ばり【▽強張り】こわばること。固くなること。

こわ-ば・る【▽強張る】〔動ラ五(四)〕❶柔らかいものが固くなる。不自然に突っ張る。ごわごわする。「靴の革が雨に濡れて―・る」「緊張のあまり顔が―・る」❷強く主張する。意地を張る。「旅宿へやることなりませぬと―・りかかれば」〈浄・浪花鑑〉
〘類語〙固まる・固める・凝固する・凝結する・固結する・固化する・膠化する・こごる・凝る

こわ-ぶり【声▽風】声の調子。歌う声の調子。

こわ-めし【▽強飯】糯米を蒸した飯。ふつう、小豆やササゲを入れて赤飯にする。おこわ。➡こわいい(強飯)

こわ-もて【▽強持て|怖持て】〔名〕スル おそれられて、かえって優遇されること。「郡視学と云えば、田舎では随分―のする方で」〈花袋・田舎教師〉

こわもて【▽強▽面|怖▽面】〔名・形動〕《「こわおもて」の音変化》こわい顔つきで他人をおびやかすこと。相手に対して強い態度に出ること。「―に意見をする」「彼の―なるをいと稚なきしと軽しめたるように」

〈紅葉・金色夜叉〉

こわ-らか【▽強らか】古〔形動ナリ〕❶手触りがかたいさま。ごわごわしているさま。「練り色の衣の—なるを着て」〈今昔・二二・七〉❷荒々しいさま。無骨なさま。「片田舎の侍どもの、—にて」〈平家・一〉

こわらし-い【怖らしい｜▽恐らしい】古〔形〕おそろしそうなさま。こわそうである。「目容の—い男」〈秋声・足迹〉

こ-わらわ【小▽童】古 子供。こわらべ。「—の肩をおさへて、聞こえぬ事ども言ひつつ」〈徒然・一七五〉

こ-わり【小割(り)】❶材木を小さく割ること。また、その割ったもの。❷木材の規格の一。木口2.5センチ前後、長さ1.8メートルほどの角材。❸まき割り用の鉈。❹古く、面積の単位の反を小さく分けること。また、その分けた単位。

こわ-る【▽強る】古〔動ラ四〕こわばってかたくなる。「御乳はいと美しげにおはしますが、いたう—るまで膨らせ給へれば」〈栄花・楚王の夢〉

こわ-る【壊る｜▽毀る】古〔動ラ下二〕「こわれる」の文語形。

ごわ-る〔動ラ四〕《「ごある」の音変化。江戸時代、主として、田舎者や奴などの用いた語。通人も用いた》❶「来る」の意の尊敬語。いらっしゃる。「これ、待て。ちょっと逢ひたい。はあて、—れと云ふに」〈浄・男作五雁金〉❷「ある」の意の丁寧語。ございます。あります。「ああ、爰から程は—らぬ」〈浄・金短冊〉❸(補助動詞)補助動詞「ある」の意の丁寧語。…であります。…でございます。「臼をひけさの彦惣とも、京童の謳ひしは、身どもがことで—ります」〈浮・万金丹・二〉

こわれ【壊れ｜▽毀れ】古 こわれること。こわれた物。「塀の—から犬が出入りする」「—瓶」「—椅子」

こわれがめ【こわれ甕】《原題、ドイツ Der zerbrochene Krug》クライストの戯曲。一幕。1808年初演。甕を壊した村長がみずから事件を裁くはめになり、罪を他人に着せようとするが、悪事が露見する。近代ドイツ喜劇の傑作。

コワレフスカヤ〘Sof'ya Vasil'evna Kovalevskaya〙［1850〜1891］ロシアの数学者。ストックホルム大教授。近代初の女性大学教授。偏微分方程式に関する論文と、ラプラスの土星の環の形状に関する数学的理論により、ゲッティンゲン大学の博士号取得。文学的才能にも恵まれ、「自伝と追想」などを残す。

こわれ-もの【壊れ物】古 ❶こわれた物。「—を拾い集める」❷陶器、ガラスなど、こわれやすい物。「—につき、取扱注意」

こわ-れる【壊れる｜▽毀れる】古〔動ラ下一〕図こは・る〔ラ下二〕❶力が加えられて物のもとの形がゆがんだり失われたりする。物が砕けたり、破れたりする。破壊される。「箱が—れる」「茶碗が粉ごなに—れる」「台風で家が—れる」❷機能に故障が起きる。本来の働きを失って役に立たなくなる。「無電装置が—れる」「水道の蛇口が—れる」❸まとまっていた物事・状態がうまくいかなくなる。「縁談が—れる」「気分が—れる」「バランスが—れる」「党内の結束が—れる」❹もとの成分が失われる。「熱を加えると有効な成分が—れる」❺高額の貨幣が小額の貨幣になる。「千円札に—れませんか」❻俗に、言動が正常でなくなり日常生活に支障が生じる状態になる。精神に異常を感じる状態になる。「突然の伴侶との死別で夫が—れていく」

類語 (❶)破損する・毀損する・損傷する・損壊する・損ずる・毀れる・欠ける・傷付く・拉げる・潰れる・砕ける・割れる・いかれる・ポシャる・破れる

コワントロー〘フランス Cointreau〙►コアントロー

こをかしや【子を貸し屋】宇野浩二の小説。大正12年(1923)発表。生活のために子供を貸すという商売を通じて、市井の哀歓を描く。

こをつれて【子をつれて】葛西善蔵の小説。大正7年(1918)発表。借家を出され、子供を連れて夜の街をさまよい歩く貧しい小説家の哀感を描く。

こをとろ-ことろ【子を捕ろ子捕ろ】子供の遊戯の一。一人ずつ鬼と親になり、ほかの子供が親の後ろに列を作り、鬼が最後の子をつかまえようとするのを親は両手を広げて防ぐ。つかまったときは、その子が鬼になる。子とろ子とろ。子捕り。親とり子とり。ひふくめ。

こん【×坤】易の八卦の一。☷で表す。陰の卦で、地にかたどり、柔順で物を成長させる徳を表す。方位では南西に配する。⇔乾。➡漢「こん(坤)」

こん【金】►きん(金)❾

こん【根】❶物事に飽きずに耐えうる力。気力。根気。「精も—もつきはてる」❷《梵 indriyaの訳。機関・能力の意》仏語。作用を起こす力。生命活動や感覚の原動力。感覚のもとになる眼・耳・鼻・舌・身を五根、それに思惟を起こさせる意を加えて六根という。❸㋐方程式を成立させる未知数の値。㋑ある数を何乗かした数に対するもとの数。「平方—」❹イオンになりやすい基。硫酸根(SO_4)など。➡漢「こん(根)」類語 根気・忍耐力・気根・精根

根を詰・める　一つの物事を、精神を集中させて、続けて行う。「—めて仕事をする」

こん【紺】紫色を帯びた濃い青色。濃い藍色。➡漢「こん(紺)」

類語 青・真っ青・青色・藍・青藍・紺青・紺碧・群青・瑠璃色・縹色・花色・露草色・納戸色・浅葱色・水色・空色・ブルー・インジゴ・コバルト・シアン・ウルトラマリン・マリンブルー

こん【▽喉】㊀〔名〕魚をいう女房詞。㊁〔接尾〕助数詞。魚の数を数えるのに用いる。「一—の魚」

こん【献】㊀〔名〕客にもてなす酒・肴の膳部。「預かり蔵人小板敷きを昇り、大杯を取って共に—を勧む」〈雲図抄〉㊁〔接尾〕助数詞。❶酒席などで、杯を飲みほす回数を表す。また、杯をさす度数にもいう。「一—おあがりください」❷客をもてなすとき、食物を出す度数を表すのに用いる。「一—にうちあはび、二—にえび、三—にかいもちひにてやみぬ」〈徒然・二一六〉➡漢「けん(献)」

こん【魂】❶こころ。精神。「詩は我—を動せども」〈鷗外訳・即興詩人〉❷人の肉体に宿る精気。たましい。霊魂。特に陽のたましいをいう。「—は善所におもむけども、魄は、修羅道に残ってしばし苦しみを受くるなり」〈謡・朝長〉➡魄 ➡漢「こん(魂)」

こん【鯀】中国古代の伝説上の人物。夏の禹王の父。尭帝に仕えて大水を治めようとして失敗し、舜帝によって追放されたといわれる。

こん【×鯤】《「荘子」逍遥遊から》中国古代の想像上の大魚。北方の大海にすみ、大きさは幾千里だかわからないという。

コン❶「コンディショニング」の略。「エアー」❷「コントロール」の略。「ラジー」「リモー」❸「コンクリート」の略。「生—」❹「コンプレックス」の略。「マザー」❺「コンピューター」の略。「ミニー」「マイー」「パソー」❻「コンテスト」の略。「写真—」❼「コンパ」の略。「合—」

こん【×此】㊀〔代〕《「これ」の音変化》「これ」に同じ。「—だけ」㊁〔連体〕《「この」の音変化》「この」に同じ。「—次」「—くらいの量」

こん【今】〔連体〕❶現在の。いまの。「—国会」「—世紀」「—シーズン」❷本日の。きょうの。「—夜半」➡漢「こん(今)」

こん〔副〕❶かたい物を打ったり、かたい物が触れ合ったりしたときの音を表す語。「—、—とくいを打つ」❷強くせきをする声を表す語。「—とせきをする」❸狐の鳴き声を表す語。「—ときつねがなきゃせぬか」〈清水かつら・叱られて〉

こん〔接尾〕名詞に付いて、語調を整えるのに用いる。「まづ売りませう。す—はじかみ—す—」〈狂言記・酢薑〉

補説 昔、振り売りの商人が売る品物の名の下に添えて呼んだ語。

ごん【×艮】《「え」とも》易の八卦の一。☶で表す。山にかたどり、静止の徳を表す。方位では東北に配する。

ごん【権】❶定員のほかに仮に任じた官位。多く、官位を表す語の上に付けて用いる。権官。「—大納言」「令、正員四人なり。寛平御宇に正二人、—一人となる」〈職原抄・上〉❷最上位の次の地位。副。「—僧正」「般若寺の観賢僧正と云ふ人、—の長者にてありける時」〈今昔・一一・二五〉❸仮のもの。方便であるもの。「この提婆達多は、大菩薩の—の示現にてもあるべきなれども」〈十善法語・八〉➡漢「けん(権)」

権の北の方　北の方に準じる人。準正室。「御召人めいて典侍のおぼえ、年月にそへてただ—にて」〈栄花・さまざまの喜び〉

こん-あつ【根圧】根が地中から吸収した水を地上の茎や葉に押し上げる圧力。道管内の水を押し上げる根の圧力。

こん-あん【今案】いま新しく思いついた考え。「—の我見の安立を捨てて、一向仏制に順ずべきなり」〈正法眼蔵随聞記・三〉

こんあん-いらく【今案意楽】今の考えをすばらしいものと思い楽しむこと。

こん-い【婚衣】一部の鳥の繁殖期だけにみられる美しい羽色。一般に雄のほうに著しい。婚羽。

こん-い【×衮衣】「こんえ(衮衣)」に同じ。

こん-い【懇意】〔名・形動〕❶親しく交際していること。仲よくつきあうこと。また、そのさま。「一〇年来—にしている」「—な間柄の人」❷親切な心。「御—の段忝存ずる」〈伎・幼稚子敵討〉

類語 親しい・近しい・心安い・気安い・睦まじい・親密・昵懇・懇親・別懇・懇ろ・親愛・和気藹藹・仲良し・仲が良い・気が置けない

こん-いつ【混一】〔名〕スル 一つにまとめること。まぜて一つにすること。「下等人民を煽動して貧富を—し社会の秩序を紊乱せんとし」〈鉄腸・花間鶯〉

こん-いつ【×渾一】いろいろなものがとけ合って、一つになること。「—体」

こん-いと【紺糸】紺色の糸。こういと。

こんいと-おどし【紺糸▽威】鎧の威の一。紺糸で威したもの。こういとおどし。

こん-いろ【紺色】紫がかった濃い青。濃い藍色。紺。

こん-いん【根因】根本の原因。

こん-いん【婚姻】〔名〕スル ❶結婚すること。夫婦となること。「備中賀陽の良藤という者が、狐の女と—して」〈柳田・山の人生〉❷男女の継続的な性的結合と経済的協力を伴う同棲関係で、社会的に承認されたもの。法律上、両性の合意と婚姻の届け出によって成立する。類語 結婚・婚約・ゴールイン・内縁・縁組み・嫁入り・輿入れ・嫁取り・婿入り・婿取り・成婚

こんいん-しょく【婚姻色】動物の繁殖期にだけ現れる体色。魚類・両生類・爬虫類などにみられ、広くは鳥類のものも含めていう。ふつう、雄に顕著。

こんいん-てきれい【婚姻適齢】法律上、婚姻をすることのできる年齢。民法では、男子は満18歳以上、女子は満16歳以上。結婚年齢。

こんいん-とどけ【婚姻届】結婚したときに、戸籍法・民法によって行う届け出。また、その書類。結婚届。

こんいん-ひこう【婚姻飛行】アリ・ハチなどの社会性昆虫が行う交尾のための飛行。

こんいん-ひよう【婚姻費用】結婚した夫婦が共同生活を送るのに必要な費用。衣食住費のほか、教育費・娯楽教養費・交際費なども含む。補説 民法第760条により、夫婦は資産・収入などの事情を考慮して、婚姻費用を分担すると規定されている。夫婦間で合意ができない場合は、家庭裁判所に家事調停・審判の申し立てをすることができる。

こんいん-よやく【婚姻予約】将来婚姻をすることを約束する契約。婚約。判例では、内縁関係をいうことがある。

コンウィ〘Conwy〙英国ウェールズ北部の町。コンウィ川の河口に位置する。13世紀末にエドワード1世がウェールズ征服の拠点としてコンウィ城を築いた。城壁に囲まれた旧市街には、中世の裕福な商人が建てたアバーコンウィハウスをはじめ、歴史的建造物が多い。コンウェイ。

コンウィ-じょう【コンウィ城】《Conwy Castle》英国ウェールズ北部の町コンウィにある城。13世紀末にエドワード1世がウェールズ征服の拠点として築いた城の一。外壁と八つの円形の塔が残る。カナー

ボン城、ビューマリス城、ハーレフ城とともに、1986年に「グウィネズのエドワード1世の城群と市壁群」として世界遺産(文化遺産)に登録。コンウェイ城。
コンウェイ〖Conwy〗►コンウィ
コンウェイ-じょう【コンウェイ城】ジャウ《Conwy Castle》►コンウィ城
コン-ウォン〖ベトナムkhóng wong〗►コーンウォン
こん-え【▽近▽衛】ヱ ►このえ(近衛)
こん-え【×袞▽衣】《「袞竜こんりょうの御衣ぎょい」の略》天子の礼服。こんい。「一の御袖を御顔に押当てさせ御座ござせば」〈太平記・二三〉
こんえ-ふ【▽近▽衛府】ヱ― ►このえふ(近衛府)
こん-えん【×渾円】ヱン まんまるいこと。かどのないこと。
こんえん-きゅう【×渾円球】ヱンキウ ❶まるいたま。❷地球。
こん-おん【根音】和音の基礎となる音。転回などしない基本位置における三和音の一番下の音。
こん-か【今夏】今年の夏。この夏。
こん-か【婚家】嫁入り先または婿入り先。
こん-か【婚嫁】❶嫁に行くこと。とつぐこと。えんづき。よめいり。「財産一のことまでも之を自由にせしめず」〈鉄腸・雪中梅〉❷男女が共寝すること。「天皇と后と一し給へる時なり」〈盛衰記・一七〉
こん-か【混化】クヮ ❶混合して一つの化合物となること。❷心理学用語。異なった感官の感覚が一つに結合すること。
こん-か【混▽和】クヮ〔名〕スル 「こんわ(混和)❶」に同じ。「私共の兄弟五人はどうしても中津なかつ人と一所に一することが出来ない」〈福沢・福翁自伝〉
こん-か【×渾家】❶一家全部。うちじゅう。家内じゅう。「御一御揃い遊ばされ、ますます御機嫌よく渡らされ」〈藤村・夜明け前〉❷妻。
こん-が【困×臥】グヮ〔名〕スル 疲れて寝ること。くたびれて臥ふすこと。「飲食の節卓に就く能わず、室内に一する時は」〈中井弘・航海新説〉
こん-が【混芽】花芽と葉芽を含んだ芽。展開すれば花と葉になる。ナシ・リンゴなどにみられる。
コンガ〖スペインconga〗❶中南米音楽に用いられる、手打ちの太鼓。細長い筒形の胴の上部に革を張ったもの。2本一組として、あるいは、1本だけで用いる。❷キューバの民族舞曲。4分の2拍子で、シンコペーションをもったリズムが特徴。
ごん-か【言下】一言のもと。言いおわったすぐあと。げんか。「一に退けられた」
こん-かい【今回】クヮイ このたび。「一はじめて出席した」➔今度〈用法〉
〈類語〉今度・この度・この程・今般
こん-かい【×吼×噦】クワイ 狐の鳴き声を表す語。こんこん。また、狐のこと。「別れの後に鳴く狐、鳴く狐、一の涙なるらん」〈虎明狂・釣狐〉
こんかい【吼噦】コンクワイ ㊀狂言「釣狐」の鷺さぎ流における名称。㊁地歌。元禄期(1688～1704)の芝居歌。
こん-がい【×閫外】グワイ ❶しきいの外。戸外。❷都の外。境界の外。
こんかいこうみょう-じ【金戒光明寺】コンカイクワウミヤウ― 京都市左京区黒谷町にある黒谷浄土宗の総本山。山号は紫雲山。開創は安元元年(1175)、開山は法然。浄土宗四箇本山の一。室町期には公武の尊崇を受けるが、応仁の乱後衰退。山越阿弥陀像および地獄極楽図屏風は重文。白河禅房。黒谷堂。新黒谷。
こんがい-し【婚外子】コングワイ― 婚姻届を出さない夫婦の間に生まれた子。非嫡出子。➔嫡出子
こん-かき【紺×掻き】藍で布を染めること。また、それを業とする者。こうかき。こうや。こんや。
こん-かぎり【根限り】〔副〕力を出し尽くすまで物事をするさま。根気の続くかぎり。「一説得する」
こん-がく【困学】❶苦労して学問をすること。苦学。❷《「論語」季氏の「困くるしみて之を学ぶは又其の次なり」から》行き詰まってから学問をすること。
こんがくきぶん【困学紀聞】中国、宋の王応麟おうおうりんの著書。20巻。1325年刊。経史子集の文を広く集めて分類・考証し、論評を加えたもの。
こん-がすり【紺×絣｜紺飛＝白】紺地に絣を白く染め抜いた模様。また、その模様の織物や染め物。久留米絣・伊予絣など。
こん-かつ【婚活】クワツ《「結婚活動」の略》理想の相手を見つけ、幸せな結婚をするためにさまざまな活動をすること。女性の社会進出、晩婚化、ライフスタイルの多様化などにより男女がすぐには結婚しなくなったことから、結婚のためには就活(就職活動)のように積極的な働きかけが必要になってきたとするもの。山田昌弘、白河桃子の共著からの流行語。
こん-がみ【紺紙】紺色の紙。藍紙。こんし。
こんがら【矜羯羅｜金伽羅】《梵 Kiṃkaraの音写。奴僕の意》八大童子の一。制多迦せいたかとともに不動明王の脇立ちで、その左側に立つ。像は童形に表され、合掌して金剛杵こんごうしょを親指と人さし指の間に横に挟んでいる。矜羯羅童子。
こんがらか・す〔動サ五(四)〕物事をこんがらかるようにする。こんぐらかす。「話を一・す」
こんがらか・る〔動ラ五(四)〕《「こんがらがる」とも》❶糸などがもつれて絡まる。もつれる。こんぐらかる。「毛糸が一・る」❷物事がうまくまとまらず、混乱する。こんぐらかる。「頭が一・る」〈類語〉もつれる・絡む・絡まる・巻き付く・まつわる・まつわり付く・まとい付く・纏繞てんじょうする・絡み付く・絡み合う
こんがり〔副〕ちょうどよい程度に焦げるさま。「パンを一(と)きつね色に焼く」
コンカレント-エンジニアリング〖concurrent engineering〗開発過程において、さまざまな開発段階を同時並行的に行う開発手法。開発期間が短縮されたり、各部門間の意思疎通が容易になる。
コンカレント-オペレーション〖concurrent operation〗コンピューターが二つ以上の動作を並行して処理すること。並行処理。
こん-かん【金冠】クワン ►きんかん(金冠)
こん-かん【根冠】クワン 根の先端を覆い、生長点を保護する組織。
こん-かん【根幹】❶根と幹。❷物事の大もと。ねもと。中心となるもの。「民主主義が近代社会の一をなしている」〈類語〉基本・根本・中心・大本おおもと・基礎・基軸・基調・基底・根底・基もと・土台・下地・初歩・いろは・ABC・基盤・基幹・基部・大根おおね
こん-かん【根管】クワン 歯根の中軸にある管状の部分。象牙ぞうげ質に囲まれていて歯髄が詰まっている。歯根管。
こん-がん【懇願｜×悃願】グワン〔名〕スル ねんごろに願うこと。ひたすらお願いすること。「留学させてくれるよう親に一する」〈類語〉嘆願・熱願・哀願・懇請・懇望・泣き付く・頼む・願う
ごん-かん【権官】グワン 律令制で、定める正官以外に仮に任じる官。権大納言・権頭ごんのかみ・権帥ごんのそちなど。
こん-かんいち【今官一】コングワンイチ［1909～1983］小説家。青森の生まれ。日本浪曼派に参加、叙情的なタッチで戦争体験や歴史をテーマとする小説を執筆した。「壁の花」で直木賞受賞。他に「幻花行」「牛飼の座」など。
こん-かんばん【紺看板】《背、襟などに主家の屋号や紋を染め抜いたところから》中間ちゅうげんなどが着る紺地の短い上着。はっぴ。しるしばんてん。「一一本差し、中間にて立ち掛り居る」〈伎・小袖曽我〉
こん-き【今季】今の季節。今シーズン。「一初のスキー日和びより」➔来季 ➔昨季
こん-き【今期】現在の期間。この時期。「一の決算報告」➔次期 ➔前期 ➔来期 ➔昨期
こん-き【根気】物事を飽きずに長くやり続ける気力。こん。「一が続かない」「一よく望遠鏡をのぞく」
〈類語〉根・忍耐力・気根・精根
根気に 根気よく。「三人は約三十分許ばかり一働いた」〈漱石・三四郎〉
こん-き【根基】ねもと。根底。〈類語〉根本・大本おおもと・大根おおね・根ね・本もと・根元ねもと・根底・基底・根幹・基本・本質・大本たいほん・根源・本源・基礎・基盤・基幹・基部
こん-き【根機】仏語。教えを受ける者にそなわって

漢字項目 こん

【▽近｜金】►きん
【建｜献】►けん

今 〈学〉2 〈音〉コン(呉) キン(漢) 〈訓〉いま ‖ ㊀〈コン〉①いま。現在。「今後・今昔こんじゃく/現今・古今・昨今・当今・方今」②このたび。この。「今回・今月・今次・今春・今生こんじょう・今夕こんせき・今日・今般・今夜」㊁〈キン〉いま。現在。「今上・今体/古今」㊂〈いま〉「今様/只今ただいま」〈難読〉今際いまわ・今宵こよい
困 〈学〉6 〈音〉コン(呉)(漢) 〈訓〉こまる ‖ 動きがとれず苦しむ。こまる。「困却・困窮・困難・困憊こんぱい・困惑/貧困」
×**坤** 〈音〉コン(呉)(漢) 〈訓〉ひつじさる ‖ ①地。大地。「坤輿こんよ/乾坤けんこん」②皇后・女性を表す。「坤道・坤徳」
人**昏** 〈音〉コン(呉)(漢) 〈訓〉くらい ‖ ①日が暮れて暗い。「昏冥/黄昏」②見えなくなる。意識がなくなる。「昏昏・昏睡・昏倒」③道理に暗い。「昏迷」〈難読〉黄昏たそがれ
昆 〈音〉コン(呉)(漢) ‖ ①仲間が多い。「昆虫」②兄。「昆弟」③子孫。「後昆」〈名付〉ひで・やす 〈難読〉昆布こんぶ
恨 〈音〉コン(漢) 〈訓〉うらむ、うらめしい ‖ うらむ。うらめしい。うらみ。「恨事/遺恨・怨恨えんこん・悔恨・痛恨」
根 〈学〉3 〈音〉コン(呉)(漢) 〈訓〉ね ‖ ㊀〈コン〉①植物のね。物のねもと。「根茎・根菜/塊根・球根・草根・毛根」②物事のもと。「根拠・根元・根底・根本/禍根・基根・病根・無根」③物事に耐えうる気力。「根気/性根しょうね・精根」④方程式の未知数の値。「実根」⑤仏教で、知覚を生じさせるもと。「六根」㊁〈ね〉「根城・根元/垣根・性根しょうね・屋根」〈名付〉もと 〈難読〉根扱ねこぎ・根刮ねこそぎ
婚 〈音〉コン(呉)(漢) ‖ 夫婦の縁組をすること。「婚姻・婚約・婚礼/求婚・結婚・新婚・未婚・離婚」〈難読〉許婚いいなずけ
×**梱** 〈音〉コン(呉)(漢) 〈訓〉しきみ、こり ‖ そろえてしばる。「梱包こんぽう」
混 〈学〉5 〈音〉コン(呉)(漢) 〈訓〉まじる、まざる、まぜる、こむ ‖ ①まじりあう。「混血・混合・混雑・混沌こんとん・混迷・混用・混乱」②(「昏」の代用字)道理に暗い。理性が働かない。「混迷」〈名付〉ひろ・むら 〈難読〉混凝土コンクリート
痕 〈音〉コン(漢) 〈訓〉あと ‖ ①傷のあと。「傷痕・刀痕・痘痕とうこん・瘢痕はんこん」②消えないで残ったあとかた。「痕跡/血痕・弾痕・墨痕・涙痕」〈難読〉痘痕あばた・えくぼ
紺 〈音〉コン(呉) ‖ 紫色を帯びた深い青色。「紺青こんじょう・紺碧こんぺき・紺屋こんや・こうや/紫紺・濃紺」
×**渾** 〈音〉コン(漢) ‖ ①にごる。「渾濁」②(「混」と通用)一つにまじりあう。「渾然・渾沌こんとん」③すべて。全部の。「渾身」④大きい。「雄渾」〈難読〉渾名あだな
魂 〈音〉コン(呉)(漢) 〈訓〉たましい、たま ‖ ㊀〈コン〉①人体に宿るたましい。「魂魄こんぱく/英魂・招魂・鎮魂・亡魂・霊魂」②こころ。「魂胆/詩魂・商魂・心魂・身魂・精魂・闘魂」㊁〈たましい(だましい)〉「面魂・大和魂」〈名付〉もと 〈難読〉魂消たまげる・和魂にぎたま・人魂ひとだま・蜀魂ほととぎす
墾 〈音〉コン(呉)(漢) ‖ 荒れ地を切り開いて耕す。「開墾・新墾・未墾」〈名付〉つとむ・ひらく
懇 〈音〉コン(呉)(漢) 〈訓〉ねんごろ ‖ 真心がこもること。ねんごろ。「懇意・懇願・懇情・懇親・懇切・懇談・懇到・懇篤こんとく・懇望・懇話/昵懇じっこん・忠懇・別懇」

漢字項目 ごん

【言｜厳】►げん
【勤】►きん
【権】►けん

いる素質・能力。機根。
こん-き【婚期】結婚をするのに適した年ごろ。ふつう、女性について言う。「一を逸する」
こん-ぎ【×坤儀】❶大地。地球。❷皇后。また、皇后の徳。
こん-ぎ【婚儀】結婚の儀式。婚礼。結婚式。「一を執り行う」〔類語〕結婚・結婚式・ウエディング・婚礼・祝言・華燭の典
ごんき【権記】平安中期、権大納言藤原行成の日記。正暦2年(991)から寛弘8年(1011)までの分が残っているが、ほかに若干の逸文がある。藤原道長時代の史料として重要。行成卿記。
こん-ぎきょう【紺×桔▽梗】ｺﾝｷｷｬｳ 染め色の名。紺がかった桔梗色。
こん-ぎく【紺菊】ノコンギクの栽培品種。高さ約50センチ。花は濃紫色。〔季 秋〕
こんき-しごと【根気仕事】我慢強く続ける必要のある仕事。
コンキスタドール〘ｽﾍﾟｲﾝ conquistador〙▶コンキスタドーレス
コンキスタドーレス〘ｽﾍﾟｲﾝ conquistadores〙《conquistador(征服者)の複数形》16世紀に中南米を征服・探検・植民地経営などを行ったスペイン人たち。アステカ帝国を滅ぼしたコルテス、インカ帝国を征服したピサロなどがその典型。
こんき-まけ【根気負け】飽きずに我慢強く続ける気力がなくなって負けること。根負け。粘り負け。
こん-きゃく【困却】〘名〙ｽﾙ 困り果てること。「大雨のためほとほと一した」〔類語〕困る・弱る・参る・窮きゅうする・困こうずる・苦しむ・困り果てる・困りきる・困りぬく・てこずる・往生おうじょうする・難儀する・難渋なんじゅうする・閉口する・困惑する・当惑する・途方に暮れる・手を焼く
こん-きゅう【困窮】〘名〙ｽﾙ ❶困り果てること。困り苦しむこと。「不況対策に一する」❷貧しいために生活に苦しむこと。「一した家庭」〔類語〕貧困・貧苦・困苦・貧窮・窮乏・貧乏・困乏・生活苦・貧窶ひんく・赤貧・極貧・清貧・じり貧・貧寒・素寒貧すかんぴん・不如意ふにょい・文無もんなし
こんきゅう-どし【困窮年】凶作の年。不作の年。「一の雑魚ざこ」
こん-きょ【根拠】❶物事が存在するための理由となるもの。存在の理由。「判断の一を示す」❷本拠。ねじろ。本拠。「一味が一とした隠れ家」
〔類語〕典拠・原拠・拠り所・証拠・理由・証しょう・あかし・しるし・証左・証憑しょうひょう・徴憑ちょうひょう・徴証・明証・確証・実証・傍証・裏付け・ねた
こん-ぎょう【今暁】ｺﾝｹﾞｳ 今日の夜明け方。今日の早朝。
ごん-きょう【言教】ｺﾞﾝｹｳ 仏が言葉によって説き示した教え。
ごん-きょう【権教】ｺﾞﾝｹｳ 仏語。大乗の真実の教えに導き入れる方便として、仮に説かれた教え。⇔実教。
ごん-ぎょう【勤行】ｺﾞﾝｷﾞｬｳ〘名〙ｽﾙ ❶仏道を修行すること。❷仏前で、一定の時を定めて行う読経・回向など。お勤め。「毎朝の一」
〔類語〕勤め・お勤め・看経かんきん・読経どきょう・礼拝らいはい
こん-きょく【×崑曲】中国古典劇の一。明の嘉靖年間(1522～1566)に江蘇省崑山の魏良輔ぎりょうほが創始。明末期から清中期まで流行し、京劇その他に大きな影響を与えた。崑腔こんこう。崑劇。
こんきょ-ち【根拠地】軍隊・探検隊・登山隊などで、修理・休養・補給など、前線の活動を支えるために設けられた場所。〔類語〕拠点・本拠・足場
コンキリエ〘ｲﾀﾘｱ conchiglie〙《conchiglia(貝殻)の複数形》パスタの一種で、貝殻の形をしたもの。
こん-く【困苦】〘名〙ｽﾙ 困り苦しむこと。また、そのような状態。「一に耐える」「一を嘗なめる」「天災が重なって一する」〔類語〕貧困・貧苦・困窮・貧窮・窮乏・貧乏・困乏・生活苦・貧窶ひんく・赤貧・極貧・清貧・じり貧・貧寒・素寒貧すかんぴん・不如意ふにょい・文無もんなし
こん-く【金口】❶仏語。釈迦しゃかの口を尊んでいう語。転じて、釈迦の説法。きんく。きんこう。❷非常に尊い言葉。金科玉条。
こん-く【金▽鼓】《「こんぐ」とも》仏教の楽器の一。銅製、平たい円形で中空。仏堂で架に取り付けて打ち鳴らす。また、僧侶が布教のとき首にかける鉦鼓しょうこのこと。ひらがね。わにぐち。
コンク〘Conques〙フランス南部の町。ルピュイとサンティアゴデコンポステラを結ぶ巡礼路にある。11世紀から12世紀にかけて建造されたサントフォア教会をはじめ、中世の面影を残す美しい家並みがある。
コング〘Cong〙アイルランド西部、ゴールウエー州の町。コリブ湖の北端に位置する。7世紀創建のコング修道院、13世紀のアシュフォード城などがある。
ごん-く【言句】言葉や文句。また、ひと区切りの言葉。「一に窮する」
ごん-ぐ【×欣▽求】〘名〙ｽﾙ 仏語。喜んで仏の道を願い求めること。
ごん-ぐ【勤▽求】仏語。つとめて仏の教えを求めること。
ゴング〘gong〙❶銅鑼どら。❷鉦鼓しょうこ。銅鼓。金鼓。❸ボクシングなどで、競技の開始や各ラウンドの開始・終了を知らせる鐘。
こん-ぐう【×坤宮】《「坤」は皇后の意》皇后の宮殿。
コンクール〘ﾌﾗﾝｽ concours〙❶競技。競争。❷音楽・絵画・映画などで、技の優劣を競う会。「写真一」〔類語〕リサイタル・コンサート・コンテスト
ゴンクール〘Goncourt〙㊀(Edmond Huot de ～)[1822～1896]フランスの小説家。㊁の兄。弟とともに「ジェルミニー・ラセルトゥー」など、自然主義の小説を合作。また、日本の浮世絵の研究・紹介にも努めた。㊁(Jules Huot de ～)[1830～1870]フランスの小説家。㊀の弟で、多くの小説を合作。
ゴンクール-しょう【ゴンクール賞】ｼｬｳ《ﾌﾗﾝｽ prix Goncourt》フランスの文学賞。作家エドモン＝ゴンクールの遺言によって1903年に創設。新進作家を対象に「アカデミーゴンクール」が選定にあたり、毎年もっともすぐれた散文作品に授与される。
こん-くくり【紺▽括り】紺色の括くくり染め。紺絞り。こんくくし。
こんく-じきせつ【金口直説】ｺﾝｸﾞｾﾂ 釈迦の口から直接に説かれた教え。
コング-しゅうどういん【コング修道院】ｼｭｳﾀﾞｳｲﾝ《Cong Abbey》アイルランド西部の町コングにあるアウグスティヌス派の修道院跡。7世紀創建。12世紀にコナート王により現在見られる建物が建造された。16世紀半ば、ヘンリー8世の修道院解散令により閉鎖。
ごんぐ-じょうど【×欣▽求浄土】ｼﾞｬｳﾄﾞ 仏語。極楽浄土に往生することを心から願い求めること。「厭離穢土えんり欣求浄土」の形で用いられることが多い。
ごんぐ-だいほう【×欣▽求大宝】仏語。心から喜んで仏法の真実を求め究めること。
コンクラーベ〘ｲﾀﾘｱ conclave〙新しいローマ法王を選ぶ会議。世界中の80歳未満の枢機卿により、バチカンのシスティナ礼拝堂で行われる。投票の結果は礼拝堂の煙突から出る煙の色で知らされる。白煙は決定、黒煙は再投票。
こんぐらか・る〘動ラ五(四)〙「こんがらかる」に同じ。「頭が一・る」「糸が一・る」
コングラチュレーション〘congratulation〙〘感〙おめでとう。受賞式や結婚式などで成功・幸福などを祝していう語。新年やクリスマスなどの「おめでとう」には用いない。
こん-くらべ【根比べ｜根▽競べ】〘名〙ｽﾙ 根気や忍耐力の強さをきそい合うこと。根気比べ。「一の勝負」「どっちが先に降参するか一する」
コンクリ「コンクリート」の略。
コンクリート〘concrete〙セメント・砂・砂利に水を混合して固めたもの。土木・建築用材として広く用いる。コンクリ。「鉄筋一」〔補説〕「混凝土」とも書く。
コンクリート-ジャングル《和 concrete＋jungle》ビルの林立する都会を、ジャングルに見立てた語。
コンクリート-バイブレーター〘concrete vibrator〙まだ固まらないコンクリートに振動を与えて締め固める機械。コンクリート振動機。
コンクリート-プレーサー〘concrete placer〙まだ固まらないコンクリートを、圧縮空気圧で輸送管に送り、所定の場所に打ち込むための機械。
コンクリート-ブロック〘concrete block〙コンクリートを箱型に固めた建築材料。積み上げて壁・塀などを作る。ブロック。
コンクリート-ほそう【コンクリート舗装】ﾎｻｳ コンクリートで道路を舗装すること。
コンクリート-ポンプ〘concrete pump〙まだ固まらないコンクリートを、ピストンにより打ち込み場所まで輸送するポンプ。
コンクリート-ミキサー〘concrete mixer〙セメント、骨材の砂・砂利、水を練り混ぜてコンクリートにする機械。
コングリーブ〘William Congreve〙[1670～1729]英国の劇作家。王政復古期の上流社会を軽妙に描いた風俗喜劇の代表者。作「世の習い」など。
コングレ-きねんとう【コングレ記念塔】ｷﾈﾝﾀﾌ《Colonne du Congrès》ベルギーの首都、ブリュッセルの中央部、コングレ広場にある塔。1831年の憲法発布を記念し、1859年に建造。後に最高裁判所を設計した建築家、ジョセフ＝プラールの設計による。塔の頂上部に置かれた初代国王レオポルド1世の像を含め、全高47メートル。
コングレス〘congress〙❶代表者の会議。大会。❷アメリカ合衆国などの議会。
コングロ-マーチャント《和 conglomerate＋merchant》複合小売業。百貨店・スーパーマーケット・ディスカウントショップなど異なる業態の小売店舗を傘下にもつ小売業。
コングロマリット〘conglomerate〙相互に関連のない異業種部門の企業を次々と買収・合併し、多角的経営を営む巨大企業。複合企業。
ごん-げ【権化】❶仏・菩薩ぼさつが人々を救済するために、この世に仮の姿となって現れること。また、その仮の姿。化現けげん。権現ごんげん。化身。⇔実化。❷ある抽象的な特質が、具体的な姿をとって現れたかのように思える人やもの。「美の一」「悪の一」〔類語〕化身
こん-けい【根系】植物体の地下にある部分の総称。
こん-けい【根茎】❶根と茎。❷地下茎の一。根に似て地中をはい、節から根や芽を出す。ハス・タケなどにみられる。
こん-けい【混系】種々の異なった遺伝質が混在する系統。
コンケーブド-ショルダー〘concaved shoulder〙全体に湾曲し、袖山そでやまが盛り上がった背広の肩線の一種。ヨーロピアン調の背広によくみられる。
コン-ゲーム〘con game〙信用詐欺。また、取り込み詐欺師。
こん-けつ【混血】❶人種の異なる者が結婚して、その子供に両方の種族の特徴がまざること。❷(比喩的に)異なる種類のものがまざること。また、異なる種類のものを併置し、用途に応じて使い分けること。「イスラム文化とギリシャ文化の一」
こん-げつ【今月】今の月。この月。本月。当月。「一の売り上げ」
こんけつ-じ【混血児】人種の異なる父母の間に生まれた子供。
こん-げん【金言】▶きんげん(金言)
こん-げん【根源｜根元｜根原】❶物事の一番もとになっているもの。おおもと。根本。「腐敗政治の一を絶つ」「諸悪の一」❷物事の始まり。「紛争の一となる事件」「一をさかのぼる」❸本家。元祖。「お茶の湯の一とも言はるる秦野官翁に向かひ」〈伎・三十石艠始〉〔類語〕始まり・始め・起源・源・源流・本元・物種・温床・濫觴らんしょう・源泉・根本・起こり・元・発端・端緒・嚆矢こうし
ごん-げん【権現】❶仏・菩薩ぼさつが人々を救うため、仮の姿をとって現れること。❷仏・菩薩の垂迹すいじゃくとして化身して現れた日本の神。本地垂迹説による。熊野権現・金毘羅こんぴら権現などの類。❸仏・菩薩になぞらって称した神号。東照大権現(徳川家康)の類。
ごんげん-さま【権現様】㊀「権現」を敬っていう語。㊁徳川家康を敬っていう語。また、家康を祭った東

照宮のこと。

ごんげん‐づくり【権現造(り)】神社本殿形式の一。本殿と拝殿とを、石の間または相の間でつないだもの。平安時代に始まり、桃山時代から盛んになった。日光東照宮本殿がこの例。石の間造り。八つ棟造り。

ごんげん‐とりい【権現鳥居】▶両部鳥居

ごんげん‐まい【権現舞】東北地方の山伏神楽・番楽などにみられる二人立ちの獅子舞。(季 新年)

こん‐ご【今×吾】現在の自分。「所謂━は古吾に非ずとは即是れなり」〈福沢・文明論之概略〉⇨故吾

こん‐ご【今後】今からのち。このかち。以後。「━もよろしく願います」「━いっさい関知しない」
(類語)未来・将来・末・行く末・末末・前途・向後・自今・来たる・あと・向こう・のち・後ご・事後・その後ご・以後・爾後・以降・先き・後後・後後・先先・直後

コンゴ〘Congo〙アフリカ中西部の人民共和国。首都ブラザビル。コンゴ川右岸にあり、大半が熱帯雨林地帯。木材・石油などを産する。フランス領から1960年独立。人口413万(2010)。正式名称、コンゴ共和国。

コンゴ〘Congo〙アフリカ中央部の民主共和国。首都キンシャサ。1960年ベルギー領からコンゴ共和国として独立。64年にコンゴ民主共和国、71年にザイール共和国、97年再びコンゴ民主共和国と改称。国土の大半がコンゴ川流域。銅・コバルト・ダイヤモンドなどの鉱物資源に恵まれる。人口7092万(2010)。

ごん‐ご【言語】❶言葉。はなし。げんご。❷「言語道断」の略。「甘露の味はひ満ち満ちて、━えこらへぬ酒なり」〈伽・蛤の草紙〉

言語に絶・する　あまりに甚しくて言葉では言い表せない。げんごに絶する。「━・する苦しみ」

こんこう【金光】岡山県浅口市の地名。旧町名。金光教本部がある。平成18年(2006)鴨方町・寄島町と合併し浅口市となる。

こん‐こう【婚×媾】《「婚」は新しい縁組み、「媾」は親族との縁組み》婚姻関係を結ぶこと。夫婦の縁組み。結婚。「一の約を結ばしむれば」〈織田訳・花柳春話〉

こん‐こう【混交|混×淆】〘名〙スル ❶異なるものが入りまじること。ごちゃごちゃになること。「玉石が━する」「和漢━文」❷▶コンタミネーション (類語)交錯・混合・混じる・混ざる・雑多・まぜこぜ・ちゃんぽん・折衷

こん‐ごう【金剛】《梵 Vajraの訳。最剛、堅固の意》❶㋐金属の中で最もかたいもの。㋑きわめて強固で破れないもの。❷「金剛杵」の略。❸「金剛界」の略。「━童子」❹「金剛草履」の略。❺《金剛草履をいつも履いているところから》歌舞伎役者の供をした召使い。

こんごう【金剛】㊀能楽師の姓の一。シテ方の家柄。大和猿楽坂戸座の6世三郎正明の童名金剛丸からとったもの。㊁「金剛流」または「金剛座」の略。

こん‐ごう【根号】累乗根を表す記号。$\sqrt{\ }$, $\sqrt[3]{\ }$, $\sqrt[n]{\ }$など。ルート。

こん‐ごう【混合】〘名〙スル 異なった性質のものがまじり合うこと。また、まぜ合わせること。混和。「数種のスパイスを━した調味料」「━物」(類語)交錯・混じる・混ざる・混交・雑多・まぜこぜ・ちゃんぽん・折衷

こんごういこまきせん‐こくていこうえん【金剛生駒紀泉国定公園】大阪・奈良の府県境に連なる生駒、金剛両山地と、大阪・和歌山の府県境にある和泉山地からなる国定公園。昭和33年(1958)、金剛生駒国定公園として指定され、平成8年(1996)に和泉葛城山系地域が追加指定されて現名称となる。信貴山・二上山・大和葛城山・和泉葛城山などがある。

こんごういこま‐こくていこうえん【金剛生駒国定公園】大阪・奈良の府県境に連なる生駒・金剛両山地と、大阪・和歌山の府県境の和泉山脈東部を区域とした国定公園。平成8年(1996)、和泉葛城山系地域が追加指定され、金剛生駒紀泉国定公園となった。⇨金剛生駒紀泉国定公園

こんごう‐いわお【金剛巌】[1886～1951]能楽師。シテ方金剛流。京都の生まれ。本名、岩雄。23世宗家金剛右京の没後、シテ方四流家元の推挙によって新宗家(通称、野村金剛)をたて、初世となる。

こんごう‐いんこ【金剛×鸚×哥】インコ科の鳥。全長36～95センチの大形で、くちばしが大きく、尾が長い。赤・黄・青の鮮やかな羽色をしている。コンゴウインコ属にはルリコンゴウ・ミドリコンゴウなど16種が知られ、中南米に分布。

こんごう‐うきょう【金剛右京】[1872～1936]能楽師。シテ方金剛流23世宗家。東京の生まれ。幼名、鈴之助。大胆華麗な演技で早技にも長じていたが、大和猿楽坂戸座から続く家筋の坂戸金剛を廃絶させた。

こんごう‐えいよう【混合栄養】❶独立栄養と従属栄養を併せて行うこと。ヤドリギなどの半寄生植物やモウセンゴケなどの食虫植物にみられる。❷母乳だけで新生児・乳児を育てる完全母乳に対して、母乳と人工乳(粉ミルク)の両方を用いて新生児・乳児を育てること。⇨人工栄養

こんごうえいよう‐じ【混合栄養児】母乳と人工乳(粉ミルク)で育てられた新生児・乳児。⇨人工栄養児 ⇨母乳栄養児

こんごう‐かい【金剛界】❶密教で、大日如来の、すべての煩悩を打ち破る堅固な力を持つ智徳の面を表した部門。⇨胎蔵界 ❷「金剛界曼荼羅」の略。

こんごうかい‐まんだら【金剛界×曼×荼羅】密教の両界曼荼羅の一。金剛頂経の説に基づいて描かれ、大日如来を主尊とする9種の曼荼羅を一図におさめたもので、九会曼荼羅ともいう。胎蔵界曼荼羅に対し、西側に掛けて用いられる。

こんごう‐がき【金剛垣】「金剛柵」に同じ。

こんごうがた‐とくていしせつ【混合型特定施設】介護保険法で定められた特定施設(有料老人ホーム・養護老人ホーム・軽費老人ホームなど)のうち、要介護者に限らず要支援者や自立者も入居できる施設。⇨介護専用型特定施設

こんごう‐かぶ【混合株】利益配当については普通株に優先し、残余財産の分配では劣後の地位にあるというように、ある点では優先し、他の点では劣後する株式。

こんごう‐かやく【混合火薬】2種以上の物質を混合した火薬。黒色火薬・カーリットなど。

こんごう‐かんせん【混合感染】同時に2種以上の病原微生物に感染すること。

こんごう‐き【混合気】内燃機関で、燃料を霧状にして空気を混合したもの。

こんごう‐き【混合器】周波数変換器やスーパーヘテロダイン受信機において、入力周波と局部発信周波とをトランジスタなどを用いて加え、中間周波を作り出す部分。

こんごうきたい‐の‐ほうそく【混合気体の法則】▶ドルトンの法則

こんこう‐きょう【金光教】教派神道十三派の一。安政年間(1854～1860)、赤沢文治が創始。天地金乃神を主神とし、神と人との間を仲介する取次という独特の布教を行う。明治33年(1900)一派独立。本部は、岡山県浅口市にある。

こんごう‐きょう【金剛経】「金剛般若経」の略。

こんごう‐けいざい【混合経済】政府や公共団体の経済機能が拡大し、公共部門が民間部門と並んで大きな役割を果たしているような経済体制。二重経済。

こんごう‐けいやく【混合契約】二つ以上の典型契約の内容を兼備するか、またはある典型契約と無名契約との性質を兼備する内容をもった契約。

こんごう‐げかん【混合下×疳】軟性下疳の病原菌と梅毒の病原菌とに同時に感染することによって起こる潰瘍。

こんごう‐けつ【金剛×橛】護摩壇の四隅に立てる柱。

こんごう‐けんご【金剛堅固】堅固で、いかなるものをも破りうる徳があること。また、いかなるものにも壊されない徳があること。

こんごう‐ご【混合語】❶二つの異なる言語の混合によって生まれた新しい言語。中国語を母体に英語の語彙が加わったピジン-イングリッシュや、南アフリカで話されるオランダ語を基本とするアフリカーンス語などの類。❷コンタミネーションによってできた語。意味の似た二つの語が部分的にまざりあって一つの語になったもの。⇨コンタミネーション

こんごう‐こうたく【金剛光沢】ダイヤモンドのように屈折率の高い透明な鉱物にみられる光沢。ダイヤモンド光沢。

こんごう‐ざ【金剛座】金剛でできている宝座。釈迦が悟りを開いたときの座所。

こんごう‐ざ【金剛座】大和猿楽四座の一。もと坂戸座。明治以降は金剛流という。

こんごう‐さいばんしょ【混合裁判所】領事裁判の裁判所のうち、主に民事事件において、原告と被告との両方の所属国から選出された裁判官によって構成されていたもの。現在は存在しない。

こんごう‐ざおう【金剛蔵王】▶こんごうぞうおう(金剛蔵王)

こんごう‐さく【金剛柵】寺院の仁王門の前面、または周囲の腰部に設ける格子状の柵。格子の頭部の形が金剛杵に似ているのでいう。金剛垣。

こんごう‐さく【金剛索】不動明王や降三世明王などが左手に持っている綱。衆生をとらえて済度することを象徴する。

こんごう‐さくせいき【金剛×鑿井機】先端に金剛石をつけた、井戸などを掘る機械。

こんごう‐ざくら【金剛桜】ウワミズザクラの別名。

こんごう‐さった【金剛薩埵】大日如来と衆生とを結ぶ役目を果たす菩薩。真言密教の第二祖とされ、像は右手に五鈷杵、左手に五鈷鈴を持つ姿に表される。

こんごう‐さん【金剛山】㊀大阪府と奈良県の境にある山で、金剛山地の主峰。標高1125メートル。山頂に金剛山転法輪寺、西麓に千早城跡がある。㊁朝鮮民主主義人民共和国南東部の山。太白山脈の主峰で、ほとんど花崗岩からなり奇峰が連なる。標高1638メートル。山中に新羅時代建立の金剛山四大寺がある。クムガンサン。

こんごう‐さん【金剛×鑽】▶金剛砂

こんごうさんかぶつ‐ねんりょう【混合酸化物燃料】軽水炉型原子力発電で用いる酸化ウランと、これの再処理によって得た酸化プルトニウムを混合した燃料。MOX燃料。

こんごう‐さんち【金剛山地】大阪府と奈良県の境にある山地。南北約20キロメートル、東西約5キロメートル。標高400～1100メートルの山が連なる。主峰は金剛山。大阪府側の西はゆるやかな傾斜で、奈良県側の東は急斜面。北は生駒山地、南は和泉山脈に続く。金剛生駒紀泉国定公園に属する。かつては、河内国と大和国の国境だった。

こんごう‐し【金剛子】モクゲンジの木の実。黒色で堅く、丸くて六つの角がある。糸に通して数珠にする。「一の数珠の玉の装束したる」〈源・若紫〉

こんごう‐じ【金剛寺】㊀大阪府河内長野市天野町にある真言宗の寺。山号は天野山。天平年間(729～749)行基の開山と伝える。承安元年(1171)から阿観によって再興。後白河法皇の妹八条女院の祈願所となって以来、女人高野ともよばれる。延喜式ほか、国宝・重文を多数所蔵。㊁東京都日野市高幡にある真言宗の寺。山号は高幡山。創建は大宝年間(701～704)以前、開山は行基と伝える。俗に高幡不動の名で知られる。仁王門・不動堂は重文。

こんごう‐しゃ【金剛砂】不純物の多い砂質のコランダム、または、ざくろ石を粉末にしたもの。研磨剤に用いる。金剛鑽。金剛錠。

こんごう‐しゃ【混合車】❶車両を二室以上に仕切って、等級の異なる乗客を乗せる客車。❷鉄道で、貨車に客車を連結したもの。混合列車。

こんごう‐しゅ【金剛手】密教で、金剛杵または金剛杖を手に取って大日如来を守護する菩薩。ま

た、その十九執金剛のうち、主尊である金剛手秘密主をいう。金剛薩埵と同体。持金剛。金剛力士。

こんごう-しゅ【混合酒】カクテルのこと。

こんごう-しょ【金剛×杵】古代インドの武器。のちに密教で、外道悪魔を破砕し煩悩を打ち破る象徴として用いる法具。真鍮・鋼などで作り、中央の握りが細い。両端のとがった独鈷杵、両端の分かれている三鈷杵・五鈷杵などがある。

こんごう-じょう【金剛×杖】▶こんごうづえ(金剛杖)

こんごう-じょう【金剛乗】真言密教の異称。

こんごう-じょう【金剛錠】▶金剛砂

こんごうしょう-じ【金剛証寺】三重県伊勢市朝熊山にある臨済宗南禅寺派の別格本山。山号は勝峰山。開創は天長2年(825)、開山は空海。元中9年＝明徳3年(1392)東岳文昱が中興、臨済宗となる。所蔵の朝熊山経ケ峯経塚出土品は国宝。

こんごう-しん【金剛心】金剛のように堅固不動な菩薩の心。真宗では、他力回向の真実信心をいう。

こんごう-しん【金剛身】❶金剛のような堅固な身体。仏身。❷悟ろうとする堅固な心を持った者。

こんごう-じん【金剛神】《「執金剛神」の略》「金剛手」に同じ。

こんごう-しんりょう【混合診療】公的医療保険制度が適用される保険診療と、適用されない自由診療とを併用した診療のこと。補説 併用した場合は公的保険が適用されずに全額負担となる原則があるが、平成19年(2007)11月東京地裁が、併用を禁止した国の政策には法的根拠がないという判断を示した。また、同18年改正健康保険法では、国民の選択肢を拡げ、利便性を向上するという観点から、厚生労働大臣が認める評価療養と選定療養の場合は、保険診療部分について保険外併用療養費を支給すると定めた。また、同20年4月に高度医療評価制度が新設され、治験などを除き認められないケースの多かった先進医療を対象とする混合診療による保険外併用療養費制度の利用拡充が一層図られることとなった。

こんごう-すいせん【混合水栓】水栓の一種。浴室やキッチン・洗面台などで使われている、湯と水を混ぜて一つの吐水口から出す水栓のこと。➡単水栓

こんごう-せき【金剛石】▶ダイヤモンド❶

こんごうせん-じ【金剛山寺】矢田寺の異称。

こんごう-ぞうおう【金剛蔵王】「金剛蔵王菩薩」の略。

こんごうぞうおう-ぼさつ【金剛蔵王菩薩】㊀胎蔵界曼荼羅の虚空蔵院中の一菩薩。百八臂で108の煩悩を打ち砕くことを表す。蔵王。蔵王菩薩。蔵王権現。こんごうざおうぼさつ。㊁金剛薩埵の変化身。こんごうざおうぼさつ。

こんごう-ぞうり【金剛草履】藁や藺などを編んで作った形の大きい丈夫な草履。普通のものより後部が細い。➡二束三文

こんごう-ダブルス【混合ダブルス】テニス・卓球・バドミントンなどのダブルスで、男女が一組となって戦う試合形式。ミクストダブルス。

こんごう-ち【金剛×智】仏の智慧。きわめて堅固な智慧。◆人名別項。

こんごうち【金剛智】《梵 Vajrabodhiの訳》[671〜741]中国、唐代の僧。中インドの王子とも南インドのバラモンの出身ともいう。竜智に密教を学び、これを洛陽・長安で広めた。仏典の漢訳も多い。密教付法の八祖(真言八祖)の第5、中国密教の初祖とされる。

こんごうちょう-ぎょう【金剛頂経】大乗経典。不空訳「金剛頂一切如来真実摂大乗現証三昧大教王経」3巻、金剛智訳「金剛頂瑜伽中略出念誦経」4巻のほか施護訳がある。「大日経」と並ぶ真言密教の根本経典で、金剛界の思想を説いたもの。

こんごうちょう-じ【金剛頂寺】高知県室戸市元にある真言宗豊山派の寺。山号は竜頭山。大同年間(806〜810)空海の創建と伝える。四国八十八箇所第26番札所。所蔵の阿弥陀如来像・金銅密教法具などは重文。西寺。

こんごう-づえ【金剛×杖】修験者や巡礼者の持つ、八角または四角の白木の杖。登山者の用いるものはこれを転用したもの。こんごうじょう。

こんごう-でんどう【混合伝導】電子伝導とイオン伝導が共存する電気伝導。イオン結晶の半導体やプラズマなどに生じる。

こんごう-どうじ【金剛童子】《梵 Kaṇikrodha; Vajra-kumāraの訳》密教の護法神。童形で怒りの相を表し、二臂・六臂があり、二臂のものは左手に三鈷杵を持つ。阿弥陀仏の化身ともいう。

こんごうどうじ-ほう【金剛童子法】密教で、金剛童子を本尊として安産・除災・延命などを祈る修法。

こんごう-ねつ【混合熱】2種以上の物質が一定温度の下で混合する際に発生する、または吸収される熱量。反応熱の一種。固体や気体を液体に溶かす場合は溶解熱、気体を液体に溶かす場合は吸収熱、ある濃度の溶液に溶媒を加えて薄める場合は希釈熱と呼ばれる。

こんごう-ばん【金剛盤】密教の法具の一。修法のときに、金剛鈴と3種の金剛杵を置く台。金銅製で、蓮華をかたどった三角形をなし、下に三脚が付く。

こんごう-はんにゃ【金剛般若】「金剛般若経」の略。

こんごうはんにゃ-きょう【金剛般若経】大乗経典。1巻。鳩摩羅什訳が著名。一切法の空・無我を説き、特に禅宗の系統で重んじられた。金剛般若波羅蜜経。金剛経。

こんごう-ひ【混合比】❶2種類以上の異なった性質の物質をまぜ合わせる割合。特に、内燃機関の混合気の、空気と燃料との重量の割合。❷大気中に含まれる水蒸気の割合。

こんごう-ふえ【金剛不×壊】きわめて堅固で、こわれないこと。「一の信仰」

こんごうぶ-じ【金剛峰寺】和歌山県伊都郡高野町にある高野山真言宗の総本山。山号は高野山。開創年代は弘仁7年(816)、開基は嵯峨天皇、開山は空海。明治5年(1872)まで女人禁制。不動堂・涅槃図などの国宝のほか重文多数。平成16年(2004)「紀伊山地の霊場と参詣道」の一部として世界遺産(文化遺産)に登録された。

こんごう-ぶつ【混合物】2種以上のものがまじって一つとなったもの。特に、それらの間に強い化学結合を生じないでまじり合ったもの。化合物に対していう。

こんごう-ぶっし【金剛仏子】密教の灌頂を受けた者。金剛の名号を受けた者。

こんこう-ほう【混×汞法】▶アマルガム法

こんごう-ほけん【混合保険】2種類以上の保険を組み合わせて一つにした保険の契約。死亡保険と生存保険とを結合した養老保険など。

こんこうみょう-きょう【金光明経】大乗経典。唐の義浄訳「金光明最勝王経」10巻のほかに、曇無讖訳「金光明経」4巻、宝貴訳「合部金光明経」8巻などがある。最勝会はこの経による法会。鎮護国家の三部経の一。

こんこうみょうさいしょうおう-きょう【金光明最勝王経】大乗経典。10巻。「金光明経」を唐の義浄が漢訳したもの。「金光明経」の漢訳のうち最も詳細で名高い。

こんこうみょうしてんのうごこくのてら【金光明四天王護国之寺】国分寺の正称。

こんごう-やく【混合薬】❶2種以上の薬をまぜ合わせたもの。❷「混合火薬」に同じ。

こんごう-やしゃ【金剛夜叉】㊀「金剛夜叉明王」の略。㊁「金剛夜叉法」の略。

こんごうやしゃ-ほう【金剛夜×叉法】密教で、金剛夜叉明王を本尊とし、主として降伏を祈る修法。

こんごうやしゃ-みょうおう【金剛夜叉明王】《梵 Vajra-yakṣaの訳》五大明王の一。北方を守護し、悪魔を降伏する。三面六臂で、中心の面は五眼。火炎を負い、怒りの相を表す。杵・箭・剣・弓などを持つ。金剛夜叉。金剛薬叉。

こんごう-りき【金剛力】金剛力士のような大力。非常に強大な力。

こんごう-りきし【金剛力士】《梵 Vajra-pāṇiの訳》金剛杵を持って仏法を守護する神。大力をもって悪魔を降伏する。寺門の左右に置かれる。門の向かって右を密迹金剛、左を那羅延金剛という。仁王。金剛手。金剛神。

こんごう-りゅう【金剛流】能のシテ方の流派の一。大和猿楽坂戸座の流れで、幕末までは金剛座といった。室町時代の坂戸孫太郎氏勝を流祖とする。現在は京都に本拠をもつ。

こんこう-りん【混交林】「混合林」に同じ。

こんごう-りん【混合林】広葉樹と針葉樹とが混生する森林。また、2種以上の樹種からなる森林。混交林。

こんごうりん-じ【金剛輪寺】滋賀県愛知郡愛荘町松尾寺にある天台宗の寺。山号は松峰山。天平13年(741)行基の開創と伝える。嘉祥年間(848〜851)円仁の中興で台密道場となる。百済寺・西明寺とともに天台湖東三山の一。本堂は国宝、仁天門・三重塔などは重文。松尾寺。

こんごう-れい【金剛鈴】金剛杵の一端に鈴を取り付けたもの。密教の法具の一。振り鳴らして仏・菩薩の注意を喚起し、歓喜させる楽器。鈴。

こんごう-ワクチン【混合ワクチン】2種類以上のワクチンを混合したもの。百日咳の死菌ワクチンとジフテリアおよび破傷風のトキソイドを混合した3種混合ワクチンなど。

コンコース〖concourse〗駅や空港などの中央ホール。公園などの中央広場。
類語 回廊・廊下・渡り廊下・アプローチ・アーケード

コンコーダンス〖concordance〗▶コンコルダンス

コンコード〖Concord〗㊀米国ニューハンプシャー州の州都。㊁米国マサチューセッツ州の町。ボストンの西にある。1775年、独立戦争発端の地。エマーソン・ホーソンなど文人の旧宅が多い。

コンゴー-レッド〖Congo red〗赤色のアゾ染料に属する直接染料。暗赤色の粉末で、水・アルコールに溶ける。分析用指示薬などに用いられる。

コンゴ-がわ【コンゴ川】アフリカ中部、コンゴ盆地を貫流し、コンゴ共和国とコンゴ民主共和国との国境を流れて大西洋に注ぐ大河。長さ約4370キロ。ザイール川。

こん-こつ【×跟骨】《「こんこつ」とも》踵骨の旧称。

ごんご-どうだん【言語道断】〔名・形動〕❶仏語。奥深い真理は言葉で表現できないこと。❷言葉で言い表せないほどひどいこと。とんでもないこと。また、そのさま。もってのほか。「人のものを盗むとは一だ」「一な(の)行い」❸言葉で言いようもないほど、りっぱなこと。また、そのさま。「時々刻々の法施祈念、一の事どもなり」〈平家・一〉❹表現しがたいほど驚嘆した気持ちを表す語。感動詞的に用いられる。「一、ご兄弟のご心中を感じ申して」〈謡・春栄〉

コンゴ-ぼんち【コンゴ盆地】アフリカ中部、赤道直下にある大盆地。コンゴ川流域のコンゴ共和国とコンゴ民主共和国にまたがる。

ゴンゴラ〖Luis de Góngora y Argote〗[1561〜1627]スペインの詩人。初期は平明な詩をつくったが、のちに難解な詩作風に転じた。独特な表現法は「ゴンゴリスモ」と呼ばれ、後世のスペイン詩に大きな影響を及ぼした。作「ポリフェモとガラテアの神話」「孤愁」など。

コンコルダート〖ドイツ Konkordat〗ローマ教皇と国家君主との間に結ばれる、教会と国家の関係を調整するための協定。宗教協約。政教条約。

コンコルダンス〖concordance〗《「コンコーダンス」とも》❶一致。調和。❷用語索引。語句索引。

コンコルディア-しんでん【コンコルディア神殿】《Tempio della Concordia》イタリア南部、シチリア島、シチリア自治州の都市アグリジェントにある古代

ギリシャ時代の神殿。紀元前5世紀半ばに建造されたドリス式の神殿で、同島最大の規模を誇り、最も保存状態が良いことでも知られる。神殿の谷と呼ばれる遺跡群の一であり、同地域は1997年に「アグリジェントの遺跡地域」として世界遺産(文化遺産)に登録。

コンコルド〘フランス Concorde〙《協和の意》イギリスとフランスが共同開発した超音速ジェット旅客機。1969年初飛行、75年就航。2003年10月、商業運航を終了。

コンコルド-ひろば【コンコルド広場】パリのセーヌ川右岸、シャンゼリゼ通りの東端に位置する広場。フランス革命中は、ここでルイ16世らが処刑された。

こん-こん【献献】杯をなん度も重ねること。「瓶子(へいじ)もかはり、―に暫く時も移りしが」〈浄・布引滝〉

こん-こん【×昏×昏|×惛×惛】〘ト・タル〙図〘形動タリ〙❶暗くて物の区別がつかないさま。また、道理に暗いさま。「くるしさにもがけばもがくほど白昼の靄(もや)は―と深く」〈石川淳・普賢〉❷意識がないさま。「あの不幸後、とかく茫然自失の気味で、ふだんはただ―として居る」〈蘆花・思出の記〉❸寝入っているさま。「―と眠り続ける」〘類語〙(❶)どんより・陰陰・濛濛(もうもう)・蒼然・模糊/(❸)ぐっすり・ぐうぐう

こん-こん【×渾×渾|混混】〘ト・タル〙図〘形動タリ〙❶水がさかんに流れるさま。また、尽きることなくわくさま。「―とわき出る清水」❷物事の尽きないさま。特に、弁舌などがとどこおりなくさわやかなさま。「名論卓説、―として尽きず」〈独歩・牛肉と馬鈴薯〉❸(「渾々沌々(とんとん)」の形で)物の入りまじってはっきりしないさま。「―沌々たる世界」

こん-こん【×滾×滾】〘ト・タル〙図〘形動タリ〙「こんこん(渾渾)❶❷」に同じ。「―とわき出る泉」「―として尽きることない弁舌」

こん-こん【懇懇|×悃×悃】〘ト・タル〙図〘形動タリ〙心の込もったさま。また、心を込めて丁寧に説くさま。「―とさとす」

こん-こん㊀〘副〙❶せきをするときの声を表す語。❷狐の鳴き声を表す語。❸固い物が軽く打ち当たったときに発する音を表す語。「扉を―(と)ノックする」❹雪や雨などがさかんに降るさま。「雪や―、あられや―」㊁〘名〙狐のこと。「―にでも欺されたようで」〈総生寛・西洋道中膝栗毛〉

ごん-ごん㊀〘副〙固い物が強く当たって発する音を表す語。鐘の鳴りひびくさまにもいう。「こぶしで机を―(と)たたく」「除夜の鐘が―(と)鳴りわたる」㊁〘名〙歌舞伎下座音楽の一。銅鑼(どら)を打って時の鐘を表したり、立ち回りの見得(みえ)などをきわだたせたりするもの。

ごんごん-ごま【ごんごん独=楽】「唐独楽(とうごま)」に同じ。

こんこん-ちき❶狐のこと。❷ばか囃子(ばやし)などの拍子の音を表す語。❸人や物事の状態などを強調したり、冷やかしたりする語。「それが大騒ぎの―なのさ」

こんこん-とんとん【×渾×渾×沌×沌】〘ト・タル〙図〘形動タリ〙「渾渾❸」に同じ。

こん-サージ【紺サージ】紺色のサージ。「―の制服」

コンサート〘concert〙演奏会。音楽会。
〘類語〙リサイタル・コンクール・コンテスト

コンサート-ピッチ〘concert pitch〙1939年の国際会議で制定された標準の音の高さ。一点イ音の振動数が毎秒440のもの。

コンサート-ホール〘concert hall〙音楽会を行うための建物。音楽堂。

コンサート-マスター〘concert master〙管弦楽団の首席第1バイオリン奏者。楽員全体の指導的立場にあり、時には指揮者の代わりもつとめる。

こん-さい【今歳】ことし。本年。

こん-さい【混載】〘名〙スル 違ったものをまぜて積載すること。「食料品と乗客を―した定期船」

こん-ざい【混在】〘名〙スル いくつかのものがいりまじって存在すること。「古いものと新しいものとが―する町並み」「さまざまな要素が―する」
〘類語〙点在・疎ら・過疎・散在・分布

ごん-さい【権妻】正妻でない妻。めかけ。ごん。明治初期に用いられた語。㊤本妻。

コンサイス〘concise〙簡潔な、簡明な、の意。

コンサイニー〘consignee〙「荷受人」に同じ。

こんさい-るい【根菜類】主として根茎・球根などを食用にする野菜。ダイコン・ニンジン・ハスなど。根野菜。〘類語〙野菜・蔬菜(そさい)・青果・洋菜・果菜・花菜・青物・葉菜

こん-さく【混作】〘名〙スル 同一の耕地に2種以上の農作物を同時に栽培すること。

こん-ざつ【混雑】〘名〙スル ❶物事が無秩序に入りまじること。「かかる―せる原理を以て」〈西田・善の研究〉❷たくさんの人が集まって込み合うこと。「人と車で―する観光地」❸もめごとがあること。ごたごたすること。また、いざこざ。「教授会議や何ぞで、何か問題が―して来て」〈鷗外・魔睡〉〘類語〙人込み・雑踏・ラッシュ・込む・込み合う・立て込む・ごった返す・犇(ひし)めく

こんざつ-りつ【混雑率】《「混雑時の乗車率」の意》特に、通勤・通学列車でラッシュ時の混雑の度合い。座席と吊り革が全部使用されており、扉付近に数人が立っている状態を100パーセントとする。実際の乗客数は駅員や車掌の推定による。➡乗車率〘補説〙150パーセントでは新聞を広げて楽に読めるが、250パーセントになると扉の開閉が不自由になるという。

コンサドーレ-さっぽろ【コンサドーレ札幌】日本プロサッカーリーグのクラブチームの一。ホームタウンは札幌市。昭和10年(1935)、川崎市に発足した東芝サッカー部が前身。平成8年(1996)に札幌市に移転し改称。同10年にJリーグ加入。〘補説〙「コンサドーレ」は道産子の逆さ読みを元にした造語。

コンサバ「コンサバティブ」の略。「―スタイル」「―ファッション」

コンサバティブ〘conservative〙〘名・形動〙❶保守的なさま。また、保守的な人、保守主義者。「―な社会」「―な思想」㊤プログレッシブ。❷イギリスなどの保守党員。

コンサベーション〘conservation〙(自然環境・芸術作品などの)保護。保存。保全。

コンサル〘consul〙➤コンスル❷

コンサルタント〘consultant〙企業経営などについて相談を受け、診断・助言・指導を行うことを職業としている専門家。「経営―」

コンサルティング〘consulting〙専門家の立場から相談にのったり指導したりすること。また、企画・立案を手伝うこと。「―サービス」

コンサルテーション〘consultation〙相談。協議。専門家の診断や鑑定を受けること。

ゴンザレス-デ-クラビホ〘González de Clavijo〙➤クラビホ

こん-さん【混酸】2種以上の酸の混合物。ふつうは濃硝酸と濃硫酸との混合物をさし、強力なニトロ化剤。

こん-ざん【崑山】➤崑崙(こんろん)㊀

こん-し【×健士】平安時代、陸奥(むつ)の国の辺境を警備した兵士。租税を免ぜられ、食料を支給された。

こん-し【紺紙】紺色に染めた紙。写経などに用いる。

こん-し【懇志】❶親切で行き届いたこころざし。ねんごろな心。厚志。❷信徒が寺に米や銭をささげること。また、その米や銭。

こん-じ【今次】このたび。今度。今回。「―の選挙」

こん-じ【今時】いま。いまどき。当世。「―の世相」

こん-じ【今×茲】《「茲」は年の意》ことし。本年。「―東巡の際路其墓下に出ずるを以て」〈金井之恭・東巡録〉

こん-じ【金字】金泥(こんでい)で書いた文字。写経などに用いた。きんじ。

こん-じ【恨事】恨みが残ること。残念なこと。「千秋の―」

こん-じ【根治】〘名〙スル 病気などを根本から完全になおすこと。また、なおること。こんち。「病気を―する」〘類語〙全治・全快・完治・治癒・平癒・快気・全癒・快癒・本復・直す・癒(いや)す・医する・治療する・療治する

こん-じ【紺地】紺色の織り地。または染め地。

ごん-し【勤仕】➤きんし(勤仕)

ごん-じ【×近事】三宝に近づいて仕える者の意で、五戒を受けた在家の信者のこと。男を近事男(なん)、女を近事女(にょ)という。

コンシーラー〘concealer〙化粧品で、主に狭い範囲に使うファンデーションの一種。にきび・目の下の隈(くま)などの上から塗って隠すのに用いる。

コンシール-ファスナー《和 conceal＋fastener「コンシール」は商標名》特殊な歯の構造のファスナーで、閉じるとかみ合わせの金属の部分が隠れて表に出ないもの。

コンシェルジュ〘フランス concierge〙《「コンシェルジェ」とも》❶フランスの共同住宅(アパルトマン)の管理人。❷ホテルで、泊まり客の求めに応じて、街の地理案内や交通機関・観劇の切符の手配などをする係。

コンシェルジュリー〘Conciergerie〙フランス、パリ、セーヌ川のシテ島にあるかつての監獄。もともとカペー朝フィリップ4世(端麗王)が14世紀に建てた宮殿の一部。フランス革命で数多くの王族や貴族が収容されたことで知られる。マリー=アントワネットが処刑前に過ごした独房が残っている。

こん-じき【金色】黄金の色。きんいろ。

こんじき-せかい【金色世界】金色の世界。文殊菩薩(もんじゅぼさつ)の浄土をいう。

こんじき-どう【金色堂】ダウ ㊀内部を金箔(きんぱく)などで飾った阿弥陀堂。極楽浄土を象徴する。㊁岩手県西磐井(にしいわい)郡平泉町の中尊寺にある藤原清衡(ふじわらのきよひら)・基衡(もとひら)・秀衡(ひでひら)3代の廟堂。天治元年(1124)清衡が建立。中尊寺創建当時の唯一の完全な遺構で、内外を黒漆で塗り、金箔を押したのでこの名がある。藤原時代工芸技術の粋を集めている。光堂(ひかりどう)。

こんじきやしゃ【金色夜叉】尾崎紅葉の小説。明治30〜35年(1897〜1902)発表。同36年新続編を発表、未完。主人公間貫一(はざまかんいち)は、許婚(いいなずけ)の鴫沢宮(しぎさわみや)が富に目がくらんで変心したことを知り、高利貸しになって宮や社会に復讐(ふくしゅう)しようとする。

こん-じく【×坤軸】ヂク 大地の中心を貫き支えていると想像される軸。地軸。「奔雷の音は屋瓦(おくが)紙障(しょう)を震うて―正に砕くるばかりに」〈魯庵・社会百面相〉

こんし-こんでい【紺紙金泥】紺紙に金泥(きんでい)で経文や仏画などを書いたもの。

こんじ-すい【今治水】ヂスイ 歯痛の際に患部に塗る鎮痛液の商標名。

こんじ-ちょう【金×翅鳥】テウ「迦楼羅(かるら)」に同じ。

こん-じつ【今日】「こんにち(今日)」に同じ。

ごん-じつ【権実】仏語。仮のものである権と、永久不変のまことの実。権教と実教などをいう。

ごんじつ-ふに【権実不二】権と実とは、表向きは違うが、煎じつめれば同じものであるということ。

こん-しぼり【紺絞(り)】「紺括(くくり)」に同じ。

ごん-しゃ【権社】仏・菩薩(ぼさつ)の垂迹(すいじゃく)した権現(ごんげん)の神を祭った神社。

ごん-じゃ【権者】仏・菩薩(ぼさつ)が衆生を救うために仮の姿で現れたもの。権化(ごんげ)。ごんざ。㊤実者。

こん-じゃく【今昔】今と昔。こんせき。〘類語〙古今

ごん-じゃく【権×迹】《「ごんしゃく」とも》仏や菩薩(ぼさつ)などが、人々を救うために、仮にこの世に姿を現したもの。

こんじゃく-の-かん【今昔の感】今と昔を思い比べて、あまりに違っているのに心を打たれること。「―に堪えない」

こんじゃく-ものがたり【今昔物語】➤今昔物語集

こんじゃくものがたりしゅう【今昔物語集】コンジャクモノガタリシフ 平安後期の説話集。31巻。現存28巻。源隆国や覚猷(鳥羽僧正)を編者とする説があるが、未詳。12世紀初めの成立。天竺(てんじく)(インド)・震旦(しんたん)(中国)・本朝(日本)の3部に分かれ、一千余の説話を収める、日本最大の古説話集。古写本は片仮名宣命体。書名は、各話が「今は昔」で始まることに由来する。今昔物語。

コンシャス〘conscious〙〘形動〙意識的な。意識しているさま。気づいているさま。「ボディー―なドレス」

こん-しゅ【婚×娶】夫婦となること。結婚。「何卒早く御―ありて」〈竜渓・経国美談〉

こんじゅ【胡飲酒】雅楽の舞曲。林邑楽(りんゆうがく)系の唐楽。壱越(いちこつ)調で古楽の小曲。一人舞。胡国の王が酒に酔ったさまを舞にしたという。酔胡楽。

ごん-じゅ【勤修】〔名〕スル《「ごんしゅ」とも》仏道を勤め修めること。修行。ごんしゅう。「常に身を浄めて善を一し」〈霊異記・中〉
こん-しゅう【今秋】今年の秋。この秋。
こん-しゅう【今週】この週。この1週間。「一会議がある」「一号の雑誌」
コンシューマー〘consumer〙「消費者」に同じ。
コンシューマー-リサーチ〘consumer research〙消費者調査。商品の知名度・購入経験度・使用意向度などをさまざまな手法を用いて消費者を対象に調査すること。
コンシューマー-リレーションズ〘consumer relations〙企業が消費者との良好な関係をめざすための広告活動。
コンシューマリズム〘consumerism〙欠陥商品・不当表示・不正な価格引き上げなどに対して、消費者が団結して自らの権利や利益を確立し擁護しようとする主張・運動。1960年代以降、米国で発展し、日本にも波及した。消費者主義。消費者保護運動。
こんしゅ-ご【混種語】異なる言語に由来する二つ以上の要素が結合してできた単語。例えば、和語と漢語との結合である「手製」、和語と外来語との結合である「長ズボン」、漢語と外来語との結合である「邦文タイプ」、外来語どうしの結合である「カフスボタン」など。
こんしゅつ-よう【根出葉】植物の茎が極端に短いため、根または地下茎から直接出ているようにみえる葉。ダイコン・タンポポなどにみられる。根葉。根生葉。
こんじゅ-ほうしょう【紺×綬褒章】公益のために私財を寄付した者に授与される褒章。綬(リボン)は紺色。大正7年(1918)制定。
こん-しゅん【今春】今年の春。この春。
こん-しょ【懇書】親切丁寧な手紙。心のこもった手紙。また、相手を敬ってその手紙をいう語。「ご一を賜りまして」(類語)手紙・御状・御書・貴書・貴翰・貴札・芳書・芳信・芳翰・芳墨・尊書・尊翰・台翰・朶雲
こん-しょう【×昏鐘】日暮れにつく鐘の音。晩鐘。
こん-しょう【混晶】2種以上の物質が混合して一つの結晶を作ったもの。結晶構造の似ている塩どうしは混晶を作りやすい。固溶体の一種。
こん-じょう【今生】この世に生きている間。この世。現世。「一の思い出」「一のお別れ」(類語)一生・一世・一代・一期・生涯・人生・終生・畢生・終身・一生涯・ライフ
こん-じょう【▽近×仗】近衛の次将(中将・少将)の異称。
こん-じょう【根性】❶その人の本来的に持っている性質。しょうね。また、あるものに特有の性質。「一の腐った奴」「島国一」「やじ馬一」❷物事をあくまでやりとおす、たくましい精神。気力。「一のある人」「見上げた一の持ち主」(類語)(❶)性根・心根・気心/(❷)気力・精神力・ガッツ・意気地・甲斐性・意力
根性を入れ替・える 過去を反省して心を改める。心を入れ替える。「一・えて一から出直す」
こん-じょう【紺青】❶青色顔料の一。一般に、フェロシアン化カリウムの溶液に硫酸鉄と酸化剤を加えて製する。酸化コバルトにカオリンまたは蛸石を配合し、焼成して得られるものもある。天然に産するものとして、岩紺青がある。日光や酸では変色しない。ベルリン青。プルシアンブルー。ベレンス。❷鮮やかな明るい藍色。(類語)青・真っ青・青色・藍・青藍・紺碧・群青・紺・瑠璃色・縹・花色・露草色・納戸色・浅葱・水色・空色・ブルー・インジゴ・コバルト・シアン・ウルトラマリン・マリンブルー
こん-じょう【懇情】親切で真心を尽くした心くばり。こんせい。「ご一、肝に銘じております」
ごん-じょう【言上】〔名〕スル 目上の人に申し上げること。申し述べること。「御礼を一する」(類語)言う・話す・しゃべる・語る・述べる・発言する・口を利く・口に出す・口にする・吐く・漏らす・口走る・抜かす・ほざく・うそぶく・言い出す (尊敬)おっしゃる・仰せられる・宣う (謙譲)申し上げる・申す

ごん-じょう【厳浄】〔名・形動ナリ〕❶おごそかで汚れのないこと。また、そのさま。「一なる楼閣」〈三国伝記〉❷戒律などを正しく守ること。「戒律を一すべしや」〈正法眼蔵・弁道話〉
こんじょう-き【紺青鬼】地獄にいて、紺青を塗ったような色をしているといわれる鬼。青鬼。
コン-しょうこうぐん【コン症候群】《Conn syndrome》副腎皮質に生じた腫瘍により、アルドステロン(ステロイドホルモンの一種)が過剰に分泌される病態。高血圧・多飲・多尿・筋力低下や知覚異常をきたす。
こんじょう-だま【根性▽魂】生来のこころだて。根性を強めて言う語。
こんじょう-ぼね【根性骨】根性を強めて言う語。「一がある」
こんじょう-ろん【根性論】強い精神力があれば、何事も成し遂げられるとする考え方。
こん-しょく【混色】2種以上の色がまじること。また、その色。
こん-しょく【混食】〔名〕スル ❶植物性食物・動物性食物を両方とも食べること。❷米に雑穀などをまぜて食すること。また、その食物。(類語)雑食
こん-しょく【混織】▶交織
こん-じょく【困辱】苦しめはずかしめること。
こん-じる【混じる】〔動ザ上一〕「こんずる」(サ変)の上一段化。「貝に砂が一・じる」
こんしろう【紺四郎】《フランス consulに人名のように漢字をあてたもの》領事。「さきの異人さんはゑぎりすの一」〈魯文・安愚楽鍋〉
コンジローム〘condyloma〙陰部や肛門に生じる、いぼ状の病変。ウイルスの一種の感染によって起こる尖圭コンジロームと、梅毒に伴う扁平コンジロームがある。
こん-しん【今身】《「こんじん」とも》現世でのからだ。うつしみ。「互ひに合掌、心を鎮め、一より仏身に至るまでよく保ち奉る」〈浄・重井筒〉
こん-しん【混信】〔名〕スル 無電・ラジオ・テレビなど無線通信で、異なった発信源からの送信がまじって受信されること。「短波放送が一する」(類語)混線
こん-しん【×渾身】《「渾」は、すべての意》からだ全体。全身。満身。「一の力を振り絞って抵抗する」(類語)全身・満身・総身・総身・五体・肢体・からだ・身・体・身体・肉体・体躯・図体・人身・人体・生体・ボディー・肉塊・ししむら・骨身
こん-しん【懇親】〔名・形動〕❶ねんごろで親しいこと。また、そのさま。親切。じっこん。「一にお交際したい」〈福沢・福翁自伝〉❷親しく交際すること。親しみ合うこと。親睦。「メンバーの一を深める」(類語)親しい・近しい・心安い・気安い・睦まじい・親密・懇意・昵懇・別懇・懇ろ・親愛・和気藹藹・仲良し・仲が良い・気が置けない
こん-じん【今人】現代の人。今の世の人。⇔古人。「古人の書を読み一の言を聞く」〈福沢・福翁百話〉
こん-じん【金神】陰陽道で祭る方位の神。金気の精で、この神がいる方位に向かって土木を起こしたり、移転・出行・嫁取りをしたりすることを忌む。
こん-じん【根×塵】六根と六塵。
こん-じん【×閽人】中国、周時代の官名。王宮の門の開閉を任務とする。
こんしん-かい【懇親会】参加した人々が互いに知り合い、また、親しみを深めるための会。飲食を伴うことが多い。親睦会。(類語)茶話会・会食・懇談会
こんじん-の-まび【金神の間日】1年のうち、金神の方角に対して、物事をしても差し支えないという日。春は丑、夏は申、秋は未、冬は酉の日とする。
コンス【公司】中国語で、会社のこと。こうし。
こんず【▽濃×漿】《「こみず(濃水)」の音変化》❶米を煮た汁。おもゆ。❷粟やもち米などで醸造した酢。早酢。❸酒の異称。「天の一ともいふべきほどの酒をいだし」〈黄・栄花夢〉❹濃い汗。大粒の汗。「一を流し手を砕き、半時ばかりぞ挑みしが」〈浄・源頼家源実朝鎌倉三代記〉

ごん・す〔動サ特活〕《「ごあんす」または「ござんす」の音変化》❶「来る」の意の尊敬語。いらっしゃる。「夜ふけて何しに一・した」〈浄・女腹切〉❷「居る」の意の尊敬語。いらっしゃる。「塩町辺に縁づきして一・すとや」〈浄・生玉心中〉❸「ある」の意の丁寧語。ございます。「小さい目は気が一・せぬ」〈咄・鹿の子餅〉❹(補助動詞)補助動詞「ある」の意の丁寧語。…であります。…でございます。「つらいもので一・す」〈浄・大経師〉(補説)活用は「ごんせ・ごんし・ごんす・ごんする・ごんすれ・ごんせ」
ごんず「ごんず草鞋」の略。
こん-すい【困睡】〔名〕スル 疲れて眠ること。「其後腹飢え体疲れ、覚えず舷に倚りて一す」〈東海散士・佳人之奇遇〉
こん-すい【×昏酔】アルコール飲料や麻酔薬の影響で前後不覚になること。
こん-すい【×昏睡】〔名〕スル ❶前後も知らず深く眠り込むこと。また、その眠り。「酔って一する」❷高度の意識障害の状態。完全に意識が失われ、こんこんと眠っており、刺激に対して反応しない状態。(類語)睡眠・快眠・安眠・寝る・眠り・寝・就眠・睡臥・熟睡・熟眠・居眠り・ねんね
こん-ずい【×跟随】〔名〕スル《「跟」はかかとの意》人のあとについていくこと。「賤妾小姐を負うて郎君に一し」〈服部誠一訳・春窓綺話〉
ごんずい【言水】▶池西言水
ごん-ずい【権×萃】ミツバウツギ科の落葉高木。関東以西の雑木林に自生。枝は紫黒色をし、羽状複葉をつける。初夏、黄緑色の小花が多数つく。実は赤く、熟すと裂けて黒い種子が見える。野鴉椿。きつねのちゃぶくろ。
ごん-ずい【権×瑞】ナマズ目ゴンズイ科の海水魚。全長約25センチ。体形はナマズに似て、口ひげは8本。体色は褐色で、体側に2本の黄色いすじが走る。第1背びれと胸びれに各1本の強い毒のとげがある。本州中部以南の沿岸に産する。食用。(季 春)
こんすい-ごうとう【×昏酔強盗】人を昏酔させて物を盗む罪。また、盗みをする人。➡昏睡強盗罪
こんすいごうとう-ざい【×昏睡強盗罪】他人を昏睡させて財物を盗む罪。刑法第239条が禁じ、強盗罪と同等の刑が科せられる。➡準強盗
こん-すう【根数】正の整数の累乗根のうち、有理数にならないもの。
コンスエグラ〘Consuegra〙スペイン、カスティーリャ-イ-ラマンチャ州の町。カンポ-デ-クリプターナと同様、ラ-マンチャ地方独特の白壁の家や風車の点在する風景がみられる。サフランの産地として知られ、毎年秋にサフラン祭りが催される。
ごんすけ【権助】《江戸時代、下男に多い名であったところから》下男。飯たき男。
こん-すそご【紺裾濃】鎧の威毛の一。上部を白く、下部を紺色でしだいに濃く染めたもの。
コンスターチ〘cornstarch〙▶コーンスターチ
コンスタブル〘John Constable〙[1776～1837]英国の画家。新鮮な色彩と外光描写で自然のままの姿を表現し、フランスの風景画家やロマン派の画家にも影響を与えた。
コンスタモニトゥ-しゅうどういん【コンスタモニトゥ修道院】《Moni Konstamonitou》ギリシャ北部、ハルキディキ半島にある東方正教会の聖地アトス山の修道院。10世紀か11世紀頃の創設とされる。東ローマ帝国やセルビアの寄進を受けて栄えたが、18世紀の火災で大きな被害を受けて衰退。19世紀にオスマン帝国の総督アリ＝パシャの妻の支援で主聖堂が建造されて復興した。カスタモニトゥ修道院。
コンスタン〘Benjamin Constant de Rebecque〙[1767～1830]フランスの小説家・政治家。スタール夫人とともにナポレオンの政策を批判。自伝的小説「アドルフ」は代表作で近代心理小説の先駆とされる。
コンスタンス-こ【コンスタンス湖】《Lake Constance》▶ボーデン湖
コンスタンタン〘constantan〙ニッケル約45パーセント、残りが銅の合金。電気抵抗が高く、また、他の金

属と組み合わせたとき熱起電力が高いので、電気抵抗線や熱電対に用いる。商標名。

コンスタンチノープル〖Constantinople〗《コンスタンティヌスの都の意》イスタンブールの旧称。

コンスタンチノープル-かいきょう【コンスタンチノープル海峡】地中海と黒海とを結ぶ、ダーダネルス海峡・マルマラ海・ボスポラス海峡の総称。

コンスタンチン-きゅうでん【コンスタンチン宮殿】《Konstantinovskiy dvorets》ロシア連邦北西部、レニングラード州の町ストレリナにある宮殿。1990年に「サンクトペテルブルグ歴史地区と関連建造物群」の名称で世界遺産(文化遺産)に登録された建造物の一。パーベル1世が息子コンスタンチン=パブロビッチに建設途中の宮殿を与え、19世紀初頭に完成。第二次大戦で破壊されたが、2003年にサンクトペテルブルグの建都300年を記念して修復が進められ、現在は大統領府の迎賓館になっている。2006年に主要国首脳会議(サミット)が行われた。

コンスタンツ〖Konstanz〗ドイツ南西部の観光都市。スイスとの国境をなすボーデン湖に臨む。

コンスタンツァ〖Constanța〗ルーマニア南東部の都市。黒海西岸に位置し、同国最大の港湾を擁する。紀元前6世紀に古代ギリシャの植民都市トミスが建設された。続いて古代ローマ皇帝コンスタンティヌスの治下、ジェノバ人が移住してコンスタンティアナと呼称し、以降、オスマン帝国時代まで港湾都市として栄えた。現在も古代ギリシャ、ローマの遺跡が多く残る。

コンスタンツ-こうかいぎ【コンスタンツ公会議】ドイツの都市コンスタンツで、1414～18年、教会の大分裂解決を主目的とし、神聖ローマ皇帝ジギスムントの提唱によって開かれた第16回公会議。1417年教会統一成立。また、ウィクリフとフスを異端とし、会議出席中のフスを焚刑に処した。

コンスタンティヌス-いっせい【コンスタンティヌス一世】《Flavius Valerius Constantinus Ⅰ》[274?～337]ローマの皇帝。在位306～337年。混乱した帝国を再統一し、専制体制を確立。313年ミラノ勅令を発してキリスト教を公認、325年ニカイア公会議を召集、アリウス派紛争を調停。330年ビザンチウムに遷都し、コンスタンティノポリスと改名。

コンスタンティヌス-の-がいせんもん【コンスタンティヌスの凱旋門】《Arco di Costantino》イタリアの首都ローマにある古代ローマ時代の凱旋門。後にローマ皇帝となるコンスタンティヌスがマクセンティウスとの戦いで勝利したことを記念し、315年に建造。高さ21メートル、幅25.7メートルでローマ最大の凱旋門。パリのエトワール凱旋門のモデル。

コンスタント〖constant〗〔名・形動〕❶いつも一定しているさま。恒常的。「毎月一な収益をあげる」❷数学・物理学で、定数。記号Cで表す。

コンスタント-シェーディング〖constant shading〗▶フラットシェーディング

コンスティチューション〖constitution〗❶構成。構造。❷憲法。

コンスティテュエンシー〖constituency〗有権者。選挙民。また、支持者。

コンステレーション-けいかく【コンステレーション計画】《constellation program》NASA(アメリカ航空宇宙局)が進めていた宇宙開発計画。2004年にブッシュ㈡大統領が発表。2010年のスペースシャトル計画終了後、旧来のロケット技術によるアレスを使って有人探査機オリオンなどを打ち上げ、月や火星の探査を行うとしていた。2010年2月、開発の遅れやコスト超過によりオバマ大統領が中止を発表した。

コンストラクション〖construction〗❶構成。構造。組み立て。❷建造。建設。〘類語〙造り・骨組み・仕組み・成り立ち・編成・組成・組織・機構・機序・機制・体制・体系・結構・システム・メカニズム

コンストラクション-マネージメント〖construction management〗建設経営管理。(発注者の立場に立って)設計から施工管理、資金計画を含む総合的な建設管理を行うこと。CM。

コンストラクター〖constructor〗製造者。また、建設者。

コンストラクターズ-チャンピオンシップ〖constructor's championship〗F1・F3000ラリーなどのチャンピオンシップ(選手権)で、ドライバーとは別に、車の製作者に与えられるもの。スポーツカーレースではコンストラクターの方が主体。

コンスル ❶(ラテconsul)古代ローマ共和政期の最高官職で、定員2名。任期1年。民会の一つである兵員会が選出権をもっていたが、ほとんど貴族が独占した。執政官。❷(consul)領事。コンサル。

こん・する【婚する】〔動サ変〕文こん・す〔サ変〕結婚する。夫婦となる。「一・する者、生るる者」〈福沢・文明論之概略〉

こん・ずる【混ずる】〔動サ変〕文こん・ず〔サ変〕ある物に他の物がまじる。また、ある物に他の物をまぜる。こんじる。「不純物が一・ずる」「塗料に溶剤を一・ずる」

ごんず-わらじ【ごんず草=鞋】乳とひもとを布で作ったわら草履。子供が用いた。跡付け草履。武者わらじ。権蔵。

こん-せ【今世】《「こんぜ」とも》今のこの世。現世。こんせい。

こん-せい【今世】「こんせ(今世)」に同じ。「一の人にても碁将棋に凝る者が睡眠の中に妙手を案じ出すことあり」〈福沢・福翁百話〉

こん-せい【根生】〔名〕スル 根際から葉が出ていること。

こん-せい【混生】〔名〕スル 植物などがいろいろ入りまじって生えること。「数種の樹木の一する原生林」〘類語〙密生・叢生・群生・群落

こん-せい【混成】〔名〕スル いくつかまぜ合わせてつくること。また、まじり合ってできること。「日米の選手を一したチーム」「一部隊」

こん-せい【混声】男声と女声との組み合わせ。

こん-せい【懇情】▶こんじょう(懇情)

こん-せい【懇誠｜×悃誠】〔名・形動〕まごころがこもっていること。また、そのさま。「極めて一に、飽くまで痛切に言わねば止まぬ」〈紅葉・多情多恨〉

こん-せい【懇請】〔名〕スル 心を込めてひたすら頼むこと。また、その頼み。「許可を一する」〘類語〙頼む・願う・求める・懇願・嘆願・熱願・哀願・懇望・泣き付く

コンセイエ〖フラ conseiller〗《助言者の意》ワインについて、適確なアドバイスを行う販売員。➡ソムリエ

こんせい-ガス【混成ガス】石炭ガスと水性ガスとの混合ガス。石炭の完全ガス化によって得られ、水素・一酸化炭素・メタンなどが主成分。都市ガスとして利用。

こんせい-がっしょう【混声合唱】混声でする合唱。男声をテノールとバス、女声をソプラノとアルトに分けた四部合唱が普通。➡同声合唱

こんせい-がん【混成岩】既存の岩石とマグマとの反応によってできた、両者の中間の化学組成の岩石。

こんせい-きょうぎ【混成競技】陸上競技で、男子の十種競技、女子の七種競技をいう。

こんせい-さよう【混成作用】❶混成岩を形成する作用。❷マグマが他の岩石を取り込んで化学組成が変化すること。

こんせい-しゅ【混成酒】蒸留酒や醸造酒に、糖分や果実などを加えた酒。リキュール類・甘味果実酒・梅酒・薬酒・みりん・白酒など。再製酒。〘類語〙醸造酒・蒸留酒・合成酒

こんせい-じん【金精神｜金勢神】金属・石・木などで男根にかたどったものや、それに形の似た自然石を神体として祭った神。

こんせい-よう【根生葉】「根出葉」に同じ。

こんせい-りょだん【混成旅団】もと陸軍の編制で、歩兵一旅団に砲兵・工兵・騎兵などの他兵種を加えて編制した独立部隊。

こん-せき【今夕】今日の夕方。こよい。こんゆう。

こん-せき【今昔】▶こんじゃく(今昔)

こん-せき【痕跡】過去にある事物があったことを示す、あとかた。形跡。「一をとどめない」〘類語〙跡・跡形

ごん-せき【権跡｜権×蹟】《権大納言になったところから》藤原行成の筆跡。➡三蹟

こんせき-きかん【痕跡器官】その生物の祖先では機能していたものが、退化して跡だけ残っている器官。人間の虫垂・尾骨や耳を動かす筋肉、クジラやニシキヘビの後ろ足など。生物の進化を推測する手がかりとなる。

こん-せつ【今節】❶このごろ。このせつ。❷いくつかに区切られた短い期間のうち、現在の期間。特に、プロ野球や競馬などの競技の期間をいう。
〘類語〙このところ・近ごろ・昨今・当今・当節・最近・近時・近年・近来・頃来・頃日・時下

こん-せつ【懇切】〔名・形動〕❶細かいところまで心が行き届いて親切なこと。また、そのさま。「一に説明する」「一丁寧な指導」❷強く願い求めること。また、そのさま。「我れ昔経論を披き見るに往生の浄業たやすからず、然るに欣求の念一なり」〈私聚百因縁集〉
〘派生〙こんせつさ〔名〕〘類語〙親切・情け深い・心尽くし・手厚い・懇篤・厚意・厚志・厚情・親身

こん-ぜつ【困絶】この上もなく困窮すること。食料などが欠乏し非常に苦しむこと。

こん-ぜつ【×昏絶】〔名〕スル 目がくらみ一時的に意識を失うこと。気絶。絶息。「蘇武は半日一したのちにまた息を吹返した」〈中島敦・李陵〉

こん-ぜつ【根絶】〔名〕スル 悪弊などを根本から徹底的に絶やすこと。ねだやし。「暴力団を一する」

ごん-せつ【言説】▶げんせつ(言説)

ごん-ぜつ【言舌】物を言うこと。物言い。弁舌。「尤も片頬腫れ上られ居り候えば、一も甚ださだかならず」〈芥川・糸女覚え書〉

ごん-ぜつ【▽金▽漆】コシアブラの樹脂液。塗料にする。

コンセッション〖concession〗譲歩。譲与。また、政府などから与えられる免許。

コンセプション〖conception〗❶概念。観念。❷受胎。妊娠。

コンセプター〖conceptor〗コンセプトを創出、提案する人。

コンセプチュアル〖conceptual〗〔形動〕概念の。概念上の。「一アート」

コンセプチュアル-アート〖conceptual art〗概念芸術。1960年代以降に現れた現代美術の一傾向。作品よりも作品制作の根底をなす芸術の概念自体を問題とし、図表・文字・写真・パフォーマンスなどを媒体として多様な表現がなされる。

コンセプト〖concept〗❶概念。観念。❷創造された作品や商品の全体につらぬかれた、骨格となる発想や観点。「一のある広告」

コンセプト-アド〖concept ad〗感覚・直観だけで広告の表現を決めるのではなく、どのような商品の特性、効用、あるいはイメージを構築したらいいのかを明確に概念化し、それに基づいて作られた広告のこと。

コンセプト-ウイルス〖concept virus〗技術的な検証を目的として試験的に作成されたコンピューターウイルス。〘補説〙本来、感染してもコンピューターに何らかの障害をもたらすものではないが、その感染経路や技術が応用され、悪意ある第三者によって危険性のあるウイルスに作りかえられることがある。

コンセプト-カー〖concept car〗デザイン的、あるいは機能的に近未来の自動車の姿を示す実験車ないしは試作車。自動車ショーに参考出品して市場の反応を試したり、一般ユーザーの啓蒙の役目を担う。

コンセルバトワール〖フラ conservatoire〗音楽・演劇などの専門学校。特に、フランスのパリ国立高等音楽院をさす。

こん-せん【金仙】仏陀のこと。また、釈迦のこと。

こん-せん【混戦】❶敵味方が互いに入り乱れて戦うこと。また、その戦い。「三つどもえの一」❷どちらが勝つか予想できないような戦い。「一模様」
〘類語〙乱戦・乱闘

こん-せん【混線】〔名〕スル ❶電信や電話で、別の通信・通話がまじること。「電話が一する」❷いくつかの

話題が入りまじって、話が混乱すること。「話が―して要領を得ない」［類語］混信

こん-ぜん【婚前】結婚する前。「―旅行」

こん-ぜん【×渾然】〘ト・タル〙図〘形動タリ〙❶すべてがとけ合って区別がないさま。「映像と音楽が――体となってかもし出す雰囲気」❷性質が円満で欠点のないさま。「ようやく―たるものを生み出すべく」〈中島敦・李陵〉

こんぜん-こうしょう【婚前交渉】（コウセフ）結婚しようとする男女が結婚する前に性的関係をもつこと。

コンセンサス〘consensus〙意見の一致。合意。「社内の―を得る」［類語］合意・意気投合

コンセンサス-ほうしき【コンセンサス方式】（ハウシキ）会議の決定に際し、票決によらず、反対意思の表明がないことをもって決定成立とする方式。

こんせん-だいち【根釧台地】北海道東部、釧路から東の広大な台地。酪農が盛ん。根釧原野。

コンセント《concentric plugから》配線から電気を取るための、プラグの差し込み口。また、その器具。［類語］プラグ・ソケット・差し込み

コンセントレーション〘concentration〙精神を集中すること。精神集中。「―を高めて試合に臨む」

ごんそう【勤操】（ゴンザウ）［758～827］奈良末期から平安初期の三論宗の僧。大和の人。大安寺で三論を学び、宮中の講義を認められて大僧都・東大寺別当となる。石淵寺を開創。石淵僧正。きんそう。

ごんぞう【権蔵】（ゴンザウ）►ごんず草鞋（わらじ）

コンソーシアム〘consortium〙❶協会。組合。連合。❷開発途上国に対する援助方式を調整するために、先進国が結成する会議。国際借款団。債権国会議。

コンソーシアム-バンク〘consortium bank〙ジョイントベンチャー（合弁事業）で複数の銀行によって設立される銀行。通常は異なった国籍の銀行によって設立され、大規模プロジェクトなどへのファイナンスやアンダーライティング、M&Aなどの業務を行っている。

コンソート〘consort〙16～17世紀の英国で流行した小さな合奏団。また、そのための作品。同系統の楽器だけのものと、二系統以上の楽器の混成のものとがある。

コンソール〘console〙❶機能的にまとめて収める装置。据え置き型の大型テレビや一体型のステレオセットなど。「―型ステレオ」「―型ボックス」❷キーボードやディスプレーなど、コンピューターを操作するための一連の入出力装置。または、メーンフレームなどの大型コンピューターを管理する端末のこと。制御卓。操作卓。

コンソール-ボックス〘console box〙乗用車の運転席と助手席を隔てる高い部分にある物入れ。

こんそくちゅう-るい【根足虫類】►肉質類（にくしつるい）

コンソナント〘consonant〙子音（しいん）。

コンソメ〘（フランス）consommé〙肉類・魚介類を煮出した汁に味をつけた澄ましスープ。⇒ポタージュ［類語］スープ・ポタージュ

こん-ぞめ【紺染（め）】紺色に染めること。また、その染め物。

コンソリデーション〘consolidation〙《英語で合同、整理統合の意》おもにIT分野において、複数のサーバー、アプリケーション、ストレージ（大型記憶装置）などを整理統合すること。企業や組織の各部門で別個に構築したコンピューターシステムを仮想化技術などを用いて集約し、運用・管理コストの削減を図ることを目的とする。ITコンソリデーションともいう。また、サーバーの整理統合を特にサーバーコンソリデーションという。

コンソル-こうさい【コンソル公債】《consols》英国で発行された永久公債。1751年に各種公債を統合・一元化して開始された。償還期限がなく、永久に利子が支払われる仕組み。

コン-ソルディーノ〘（イタリア）con sordino〙音楽で、演奏標語の一つ。「弱音器をつけて」の意。

コンソレーション〘consolation〙《慰めの意》スポーツで、敗者同士が対戦すること。単に親善のためのものもあり、決勝へ進めなかった選手の順位決定戦のように順位に関係するものもある。

こん-そん【昆孫】玄孫の孫。自分から6代後の子孫。

こんた【×此▽方】〘代〙《「こなた」の音変化》二人称の人代名詞。おまえさん。「―の言ふ事があたり申さない」〈滑・膝栗毛・初〉

こん-だ〘連語〙《「呑み込んだ」の略》わかった。承知した。「内証花車に吹き込めば、―とばかり」〈浄・寿の門松〉

ごんた【権太】《浄瑠璃「義経千本桜」の中の人物「いがみの権太」の名から》❶悪者。ごろつき。❷いたずらっ子。腕白小僧。

コンター〘contour〙輪郭。輪郭線。また、等高線。「騒音地域の予測―図を作成する」

こん-たい【困×殆】苦しみ疲れること。

こん-たい【根×蔕】《根と蔕（へた）の意から》物事の土台。よりどころ。根拠。「其厭世的迷想の―を固うしたるを見るべし」〈透谷・「マンフレッド」及び「フォースト」〉

こん-たい【懇待】てあつくもてなすこと。

こん-だい【今代】❶今の世。当世。「一の智識」〈雪嶺・真善美日本人〉❷今の君主や主人。当代。

こん-だい【混題】►交題（こうだい）

こんたい-じ【金胎寺】京都府相楽郡和束町にある真言宗醍醐派の別格本山。山号は鷲峰山（じゅぶせん）。天武天皇5年（676）役（えん）の行者の開創と伝え、養老6年（722）泰澄が諸堂を建立。良弁（ろうべん）・行基・空海・最澄らが修行をしたといわれる。

ごん-だいじょう【権大乗】仏語。大乗の中の方便の教説。諸派の間では互いに、自派を真として実大乗といい、対立する立場を権大乗と称する。

ごん-だいなごん【権大納言】大納言の権官。定員外の大納言。ごんのだいなごん。

こんたい-りょうぶ【金胎両部】（コンタイリャウブ）金剛界と胎蔵界。金胎二部。胎金（たいこん）両部。

こん-だく【混濁┊×溷濁】〘名〙（スル）❶いろいろなものがまじって濁ること。「川の水が―する」❷世の中が乱れること。「一の世相をうつす」❸意識がぼんやりしてくること。「意識が―している」［類語］濁る・白濁・汚濁・濁す

コンダクター〘conductor〙❶オーケストラや合唱などの、指揮者。❷旅行などの、添乗員。「ツアー―」［類語］指揮者・楽長

コンダクタンス〘conductance〙回路における電流の流れやすさを表す量。直流回路では、電気抵抗の逆数。単位はジーメンス。

コンタクト〘contact〙〘名〙（スル）❶相手と直接連絡をとったり、会ったり、情報を交換したりすること。接触。「―をとる」「先方に―する」❷「コンタクトレンズ」の略。［類語］接触・交渉・握手・連絡・通知・伝達・告知・一報・音信（いんしん）・音信（おんしん）・消息・通信・案内・知らせ・通告・通達・通牒（つうちょう）・報・インフォメーション

コンダクト〘conduct〙〘名〙（スル）指揮すること。指導すること。「オーケストラを―する」

コンタクト-センター〘contact center〙►コールセンター

コンタクト-プリント〘contact print〙密着印画。ネガフィルムを1枚の印画紙に密着焼きにしたもので、ネガの整理などに利用されている。ベタ焼き。

コンタクト-ポイント《和 contact＋point》相談などの窓口。［補説］英語ではconsultation desk

コンタクト-レンズ〘contact lens〙眼鏡の代わりに、目の角膜の上に涙の表面張力で密着させ、視力を矯正するレンズ。材質により、ハードコンタクトレンズとソフトコンタクトレンズがある。コンタクト。CL。

こんだく-りゅう【混濁流】（リウ）►乱泥流（らんでいりゅう）

コンタツ〘（ポルトガル）contas〙キリシタン用語。信徒が用いる数珠（じゅず）。ロザリオ。コンタス。

こん-だて【献立】❶食卓に供する料理の種類や順序。メニュー。また、その予定を立てること。❷ある事をするための計画・準備・手配。「会議の―をする」［類語］メニュー・品書き

こんだて-ひょう【献立表】（ヘウ）献立を書き記したもの。メニュー。

コンタドーラ〘（スペイン）Contadora〙1983年のニカラグア紛争に際し、メキシコ・パナマ・コロンビア・ベネズエラの4か国が中南米紛争の自主的、平和的解決をめざして、パナマのコンタドーラ島で結成した調停グループ。

コンタドーラ-グループ〘Contadora Group〙►コンタドーラ

ごんだ-なおすけ【権田直助】（ゴンダナホスケ）［1809～1887］幕末・明治初期の国学者・医者。武蔵の人。号、名越舎（なごしのや）。平田篤胤（ひらたあつたね）に国学を学んだ。尊攘（そんじょう）運動に参加、維新後、神官・皇典講究所教授などを歴任。著「みたまのふゆ」など。

コンタミネーション〘contamination〙❶意味の似た二つの語や句が部分的にまざり合って、新しい語や句ができること。「とらえる」と「つかまえる」から「とらまえる」が、「やぶる」と「さく」から「やぶく」ができる類。混交。混成。❷化学物質などによる汚染。科学実験における雑菌や異物の混入、食品加工におけるアレルギー物質の混入などをいう。

ごんだ-らいふ【権田雷斧】［1846～1934］仏教学者。真言宗の僧。新潟の生まれ。奈良の長谷寺で修学。豊山派（ぶざんは）管長・大正大学学長を歴任。著「密教綱要」など。

こん-たん【今旦】今日の朝。今朝。けさ。

こん-たん【魂胆】❶心に持っているたくらみ。策略。「何か―のありそうな顔」❷入り組んだ事情。内情。「一の来た夜初会は微塵なり」〈柳多留・一二〉［類語］考え・料簡（りょうけん）・思惑（おもわく）・腹（はら）・腹づもり・思い・一存

こん-だん【懇談】〘名〙（スル）打ち解けて親しく話し合うこと。「先生と父兄が―する」「―会」［類語］談笑・歓談・懇話・睦言・会話・話す・話・話し合い・対話・対談・談・談話・面談・雑談・閑談・語らい・カンバセーション

こんち【今▽日】「こんにち（今日）」の音変化。「お話し申したい事もありますけれど、―はお客と一所ですから」〈逍遥・当世書生気質〉

こん-ち【金地】仏寺の異称。須達（しゅだつ）長者が黄金を敷きつめて園林を買い取り、精舎（しょうじゃ）を建てて釈迦に奉った故事による。

こん-ち【根治】〘名〙（スル）「こんじ（根治）」に同じ。「持病を―する」

ごん-ち【権×智】仏・菩薩（ぼさつ）が方便をもって人々を教え導く智慧（ちえ）。⇔実智。

こんち-いん【金地院】（ヰン）京都市左京区にある南禅寺の塔頭（たっちゅう）の一。応永年間（1394～1428）、大業徳基が北山に開山し、慶長年間（1596～1615）に、崇伝（すうでん）が現在地に移した。

こんちいん-すうでん【金地院崇伝】（コンチヰン）►崇伝（すうでん）

コンチェルト〘（イタリア）concerto〙協奏曲。コンツェルト。

コンチェルト-グロッソ〘（イタリア）concerto grosso〙合奏協奏曲。

こん-ちくしょう【×此畜生】（コンチクシャウ）《「こん」は「この」の音変化》人をののしり卑しめる語。また、特に腹を立てたときに発する語。こんちきしょう。「―、しくじりやがった」

コンチネンタル〘Continental〙〘名・形動〙ヨーロッパ大陸の様式やもの。また、そのようなさま。「―な食事のスタイル」「―ルック」

コンチネンタル-グリップ〘continental grip〙►イングリッシュグリップ

コンチネンタル-タンゴ《和 continental＋tango》アルゼンチンタンゴに対して、ヨーロッパで作られたタンゴ。やわらかなリズムと甘い旋律をもつものが多い。

コンチネンタル-プラン〘continental plan〙ホテルの料金計算方式の一。室料と朝食費を合算する方式。提供される朝食を、コンチネンタルブレックファーストという。⇒アメリカンプラン ⇒ヨーロピアンプラン

コンチネンタル-ブレックファースト〘continental breakfast〙《コンチネンタルはヨーロッパ大陸の意》コーヒーや紅茶などの飲み物と、バターなどを添えたパンを中心とする簡単な朝食。卵料理はつかない。コンチネンタルプランで供される。⇒イングリッシュブレックファースト ⇒アメリカンブレックファースト

コンチネンタル-ルック〘continental look〙フランス・イタリア・ドイツなどのヨーロッパ調のファッショ

ンスタイルのこと。
こんち-は【今▽日は】〘感〙《「こんにち(今日)は」の音変化》昼間のあいさつの語。「こんにちは」よりくだけた言い方。
ゴンチャロフ〖Ivan Aleksandrovich Goncharov〗[1812〜1891]ロシアの小説家。人物の性格描写にすぐれた、克明なリアリズムが特色。1853年、プチャーチン提督に従って長崎に来航。小説「オブローモフ」、旅行記「フリゲート艦パルラダ号」など。
こん-ちゅう【昆虫】昆虫綱に分類される節足動物の総称。体は頭・胸・腹の3部分に区別でき、頭部には一対の触角と複眼、ふつう3個の単眼をもつ。口はかむ・なめる・吸うなどの型がある。胸部には三対の脚がある。二対の翅がある有翅昆虫、翅のない無翅昆虫に大別される。成虫になるまでに脱皮と変態を行う。チョウ・トンボ・バッタ・アリ・甲虫など、種類は全動物中最も多い。六脚虫。虫。
こんちゅうき【昆虫記】《原題、Souvenirs entomologiques》ファーブルの記録文学。10巻。1879〜1910年刊。自伝的回想を交え、魅力的な文体で昆虫の行動と生活を綿密に記録したもの。
こんちゅう-ホルモン【昆虫ホルモン】昆虫の変態などに関与するホルモン。前胸腺ホルモン・アラタ体ホルモンなど。
こん-ちょう【今朝】今日の朝。けさ。
こん-ちょう【根調】ある考えや作品などの奥に流れていて、そのもとになっている傾向。基調。「この感情には自分を岡田の地位に置きたいということが一をなしている」〈鷗外・雁〉
コンチリサン〖contrição〗►痛悔❷
コンツェルト〖Konzert〗►コンチェルト
コンツェルン〖Konzern〗金融機関または持ち株会社が株式保有・融資・人的結合などを通じて各種産業部門の独立企業を統括・支配する独占的巨大企業集団。企業結合の最高の形態。➡財閥
〘類語〙カルテル・トラスト・シンジケート
コンテ〖conté〗デッサン用のクレヨンの一。鉛筆よりやわらかく、濃淡を出しやすい。フランスの化学者コンテ(N. J. Conté)の創製。
コンテ《continuityの略》映画の撮影台本。シナリオをもとにして、画面ごとに実際の撮影に即したせりふや動作・撮影法などの細かい指示を書き込んだもの。ラジオ・テレビの放送台本についてもいう。
こん-てい【昆弟】《「昆」は兄の意》兄と弟。兄弟。
こん-てい【根底|根▽柢】物事や考え方のおおもととなるところ。根本。「作品の一に流れる思想」「常識を一からくつがえす出来事」〘類語〙基本・根本・大本・基礎・基盤・基幹・基部・基底・大根・根幹・中心・基軸・基調・基本・土台・下地・初歩・いろは・ABC
こん-でい【金泥】「きんでい(金泥)」に同じ。
こん-でい【▽健▽児】❶奈良末期、軍団を廃止した代わりに諸国に配置され、国府・関所などを警固した兵士。地方の郡司子弟などを採用した。平安中期以降には消滅。❷武家時代、中間・足軽などの称。こんでいわらわ。
こんでい-ごま【犍陟駒|金泥駒】《梵Kaṇṭhakaの音写》悉達太子が、出家するため王宮を去るときに乗った白い馬の名。
コンディショナー〖conditioner〗❶温度・湿度などの調節装置。「エアー」❷整髪剤。「ヘアー一」
コンディショナリティー〖conditionality〗IMF(国際通貨基金)が、途上国の債務返済困難に対し緊急融資を行って、多年間返済繰り延べ(リスケジューリング)に応じる際に課す条件。緊縮財政、資金凍結、インフレ抑制、変動相場制への移行など多岐にわたる。➡リスケジューリング
コンディショニング〖conditioning〗調節すること。調整。「カラー一」
コンディション〖condition〗❶状態。調子。「からだの一を整える」「グラウンドー」「ベスト一」❷条件。「勉強をするのには最悪の一だ」〘類語〙調子・あんばい・加減・本調子・呼吸・具合・状態・体調
こんてい-しんせい【×昏定×晨省】《「礼記」曲礼上から》夕方に父母の布団を敷き、朝は安否を心配すること。子が父母に敬愛の心をもって仕えること。
こんでい-でん【▽健▽児田】平安時代、諸国に配置して健児の食料に充てた不輸租田。
こんでい-どころ【▽健▽児所】❶平安時代、諸国の国府で健児が詰めていた所。こんでいしょ。❷鎌倉時代以後、足軽・中間などが詰めていた所。
コンティニュアス-エーエフ【コンティニュアスAF】《continuous AF》カメラのオートフォーカス(AF)のうち、動きのある被写体に対して、連続的・継続的に焦点を合わせ続ける機能、または撮影モードのこと。シャッターボタンを半押しにしている間、常にピントを調整し、被写体の動きによるピンぼけを防ぐことができる。⇔ワンショットAF。
コンティニュアス-クライミング〖continuous climbing〗登山で、ザイルで結び合った者どうしが同時に登攀することこと。継続登攀。
コンティニュイティー〖continuity〗❶連続。継続。❷►コンテ(台本)
コンティニュー〖continue〗継続すること。続くこと。
コンディヤック〖Étienne Bonnot de Condillac〗[1715〜1780]フランスの哲学者。ロックの経験論を徹底させた感覚論哲学をうちたてた。著「感覚論」「体系論」など。
こんでい-わらわ【▽健▽児▽童】「健児❷」に同じ。「一もしは格勤者なんどにて召し使はれけるが」〈平家・一〉
コンティンジェンシー〖contingency〗偶然性。また、偶然の出来事。
コンティンジェンシー-プラン〖contingency plan〗企業が、為替レートの急騰、石油輸入ストップなどの不測の事態をあらかじめ想定し、それに対する有効な対処法を計画しておくこと。
コンティンジェンシー-りろん【コンティンジェンシー理論】《contingency theory》環境適応理論。あらゆる経営環境に対して有効な唯一最善の経営組織は存在しないとして、経営環境が異なれば有効な経営組織は異なるという立場をとる理論。
コンティンジェント-キャピタル〖contingent capital〗企業が銀行との間で地震・台風など不測の事態に備えて一定額の融資を予約し、災害が発生した場合、その枠内で融資を受ける制度。企業は銀行に毎年手数料を支払う。偶発資本。条件付き資本。
コンテインメント〖containment〗封じ込め。包み込み。制御。
ごん-てき【権的】「権妻」に同じ。
コンテキスト〖context〗►コンテクスト
コンテクスト〖context〗《「コンテキスト」とも》「文脈」に同じ。「一から判断する」
コンテクスト-メニュー〖context menu〗《「コンテキストメニュー」とも》コンピューターの操作画面において、状況に応じて利用可能な操作メニューの一覧を表示する機能。ウインドウズではマウスの右クリックで表示される。Mac OSなど他のオペレーティングシステムでも同様の機能がある。
コン-デジ「コンパクトデジタルカメラ」の略。
コンテスト〖contest〗技能、作品の出来ばえ、容姿などの優劣を競うこと。また、その催し。コンクール。「写真一」「クイズー」〘類語〙リサイタル・コンサート
コンテナ〖container〗《容器の意》❶貨物輸送に用いる金属製の組立式容器。❷鉄道やトラック、専用の船や飛行機での貨物輸送に用いる軽金属製の大型の箱。「一輸送」❸一般に、容器。
コンテナ-ガーデン〖container garden〗さまざまな容器に草花を寄せ植えして作る栽培法。広い庭のない都市住宅でもできるため、近年になり広まった。
コンテナ-けいしき【コンテナ形式】►コンテナフォーマット
コンテナ-せん【コンテナ船】貨物をコンテナに収容し、これを積載して運ぶ貨物船。
コンテナ-バース《和container＋berth》コンテナ専用船を停泊させ荷役などを行うための、港内の所定の場所。
コンテナ-ハウス《和container＋house》トラックやトレーラーで運搬できるコンテナ(容器)内に主要な設備を取り付け、すぐに住めるようにした家。
コンテナ-フォーマット〖container format〗さまざまな種類のファイルや、異なる圧縮ソフトで圧縮されたデータを、ひとまとめにして保持できるファイル形式。音声や動画などのマルチメディアコンテンツの記録に用いられる。WAV、AIFF、AVI、MOVなどの形式がある。コンテナ形式。
コンテナ-ほけん【コンテナ保険】コンテナ輸送に携わる運送業者の損害を填補する保険。コンテナ自体の物的損害、コンテナ内の貨物に対する損害賠償責任、コンテナに関連した事故による第三者に対する賠償責任に対応する保険の総称。
コンテナリゼーション〖containerization〗《「コンテナライゼーション」とも》コンテナ輸送。貨物をすべてコンテナで輸送すること。
コンテムツス-ムンジ〖Contemptus Mundi〗《世を厭うの意》キリシタン版の一。キリスト教の修道・教訓書。トマス=ア=ケンピスの作とされる「イミタチオ-クリスティ」(邦訳名は「キリストにならいて」)の日本語訳。慶長元年(1596)刊行のローマ字本と慶長15年刊行の抄訳国字本「こんてむつす-むん地」とがある。
こん-てん【混点】❶東洋画で、樹木や枝葉の密生している状態を描く技法。❷俳句の点式で、句のわきに引く1本の縦線。
こん-でん【墾田】律令制下、新たに開墾した田。朝廷が公民を使役して開墾した公墾田と、有力社寺や貴族・地方豪族が開墾した私墾田がある。はりた。
ごん-でん【権殿】社殿を造営・修理する間、神体を仮に奉安する場所。仮殿。
こんでんえいせいしざい-ほう【墾田永世私財法】天平15年(743)に発布された土地法。三世一身の法を改めて一定の条件つきで墾田の永世私有を認めたもの。荘園制の出発点となった。
こんてん-ぎ【×渾天儀】古く中国や日本で、天体の位置や運行を観測するのに使った器械。天空の円形をかたどり、地平環をつけ、黄道・赤道の遊動環を交錯させたもの。諸環の中央にある小軸によって1個ののぞき筒が自由に回転する。これを天体に向けて観測する。アストロラーベ。➡渾天説
コンデンサー〖condenser〗❶二つの導体を絶縁して向かい合わせ、電圧を加えて電気を蓄える装置。蓄電器。キャパシター。❷蒸気機関で、蒸気を凝縮して液体にする装置。凝縮器。復水器。❸光学機器の集光レンズや集光鏡。
コンデンサー-スピーカー〖condenser speaker〗金属を蒸着したフィルムと電極の間に高電圧をかけ、それにオーディオ信号を加えるとフィルムが振動する原理を応用したスピーカー。奥行きを薄くできるのが特長。
コンデンサー-マイク《condenser microphoneから》金属を蒸着したフィルムと電極の間に電圧をかけ、フィルムを振動させると、それに比例した信号電圧が得られる原理を用いたマイク。
コンデンサー-モーター〖condenser-motor〗単相の誘導電動機の一種で、補助巻線にコンデンサーを直列に結び始動させるもの。
コンデンサー-レンズ〖condenser lens〗►集光レンズ
コンデンス〖condense〗〘名〙スル 凝縮すること。濃縮すること。「酒なら焼酎かウヰスキーを更に一した物」〈白鳥・何処へ〉
コンデンス-ミルク〖condensed milk〗牛乳に砂糖を加え、煮詰めて濃くしたもの。加糖練乳。糖乳。➡エバミルク
コンデンセート〖condensate〗《凝縮物の意》天然ガスの産出時に生じる天然ガソリン。➡NGL
こんてん-せつ【×渾天説】中国古代の宇宙構造理論。天地は卵の殻と黄身のような関係にあるとみ

る説。天体を球状と考え、その運動を測定する天文学的関心によって作られたもの。➡蓋天説

コンテンダー〖contender〗ボクシングで、チャンピオンタイトルに挑む挑戦者のこと。

コンテンツ〖contents〗❶内容物。中身。❷書籍の目次。❸インターネットやケーブルテレビなどの情報サービスにおいて、提供される文書・音声・映像・ゲームソフトなどの個々の情報のこと。デジタルコンテンツ。(類語)内容・中身・正味・内訳・品目

コンテンツ-アイディー【コンテンツID】《contents identification》電子透かしの一。著作権管理を目的として、画像、動画、音声データなどのコンテンツに埋め込まれる識別データ。

コンテンツ-さんぎょう【コンテンツ産業】各種メディアを通じて提供されるアニメ・漫画・映画・ゲームシナリオなどのコンテンツを制作する事業全般のこと。世界で約1.4兆ドルの市場規模があり、2013年までに1.6兆ドルに成長するとされる。

コンテンツターゲティング-こうこく【コンテンツターゲティング広告】《contents targeting advertising》►コンテンツ連動型広告

コンテンツ-フィルター〖contents filter〗►フィルタリングソフト

コンテンツ-フィルターサービス〖contents filter service〗►フィルタリングサービス

コンテンツ-プロバイダー〖contents provider〗デジタル化された動画・音声・文書・画像などのデータやパッケージ製品を提供する事業者のこと。

コンテンツれんどうがた-こうこく【コンテンツ連動型広告】《contents matching advertising》インターネットを利用した広告の一。ウェブサイトやブログの内容(コンテンツ)に関連した商品・サービスの広告を表示する。コンテンツターゲティング広告。

コンテンポラリー〖contemporary〗〔形動〕当世風であるさま。今風。「一な生き方」
(類語)現代・当世・当代・近代・今日・現今・同時代・今の世・今様・モダン・今・時代・当今・当節・今日日

コンテンポラリー-アート〖contemporary art〗現代美術。

コンテンポラリー-スーツ《和 contemporary＋suit 当世風スーツの意》1960年代に流行した型式の背広。幅の狭いラペル(襟)と一つボタンが特徴で、光沢のある生地で仕立てる。コンポラスーツ。

コント〖Auguste Comte〗[1798～1857]フランスの哲学者・社会学者。人間の知的発展は、神学的・形而上学的・実証的の三段階をたどるものとし、社会学の体系を樹立した。のち、宗教に傾き、人類教を唱えた。著「実証哲学講義」「実証政治体系」など。

コント〖フランス conte〗❶短編小説。特に機知に富み、ひねりを利かせた作品。❷笑いを誘う寸劇。

こん-ど【今度】❶何回か行われる事柄の中で、いま行われていること。また行われたばかりであること。このたび。今回。「一の話は気乗りがしない」「一という一は懲りた」❷最も近い将来。この次。次回。「一の休みに山へ行く」❸最近。このごろ。「一九州に転勤しました」
(用法)今度・今回——「今度(今回)海外出張を命じられました」のように相通じて用いられる。◆「今度」は現在のことだけでなく、近い過去と近い未来についても用いる。「今度入社したA君です」「今度そちらに伺います」「今度会うときには」など。◆「今回」は未来について使うことはない。「今回の転勤は仙台に決まりました」は、転勤するのは近い未来でも、「今回」はそれが決まった時点を示している。◆類似の語に「このたび」がある。「このたび」は「今度」のやや改まった丁寧な言い方として多く使われる。「このたびは大変お世話になりました」「このたび転勤を命じられました」
(類語)今回・この度・この程・今般

コンドアロックアート-いせきぐん【コンドアロックアート遺跡群】《Kondoa Rock Art》タンザニア中部、ドドマ州コンドア地区にある洞窟壁画を中心とした遺跡群。岩や崖、洞窟に描かれた多くの絵からは、先住民の信仰や思想、狩猟社会から農耕・牧畜社会への変化などを見ることができる。2006年、世界遺産(文化遺産)に登録された。コンドアの岩絵遺跡群。コンドア岩石芸術遺跡群。

こん-とう【今冬】今年の冬。この冬。

こん-とう【×昏倒】〔名〕スル めまいがして倒れること。卒倒。失神。「頭を打って一する」(類語)倒れる・寝る・ひっくり返る・覆る・転がる・転げる・転ぶ・倒ける・転倒・横転・転覆・倒壊・卒倒・潰れる

こん-とう【懇到】〔名・形動〕きわめて丁寧で行き届いていること。また、そのさま。懇篤。懇切。「私塾を設立し、親切一に教授しければ」〈福田英子・妾の半生涯〉

こん-どう【×坤道】❶大地の道。➡乾道 ❷女性の守るべき道。婦道。➡乾道

こん-どう【金堂】日本の寺院の伽藍配置の中心をなす建物で、本尊を安置する堂。本堂。

こん-どう【金銅】銅や青銅に金めっきをしたり、金箔を押したりしたもの。仏像の鋳造などに用いた。

こん-どう【混同】〔名〕スル ❶区別しなければならないものを同一のものとして扱うこと。「公私を一する」❷まじり合って一つになること。「体面を全うして改革家の党に一せんと欲する者もあり」〈福沢・文明論之概略〉❸相対立する二つの法律的地位が同一人に帰すること。債権と債務とが同一人に帰したときなど、物権・債権の消滅の原因となる。(類語)思い違い・誤解・勘違い・心得違い・曲解・本末転倒・取り違える

こんどう-いさみ【近藤勇】[1834～1868]江戸末期の幕臣。新撰組隊長。武蔵の人。名は昌宜。京都守護職松平容保の下で新撰組を組織し、尊攘派を弾圧。戊辰戦争で敗れ、斬首された。

ごんどう-くじら【▽巨頭鯨】《「ごんどう」は「ごとう(五島)」の音変化か》マイルカ科の数種のゴンドウクジラ属のハクジラ。マゴンドウ・ハナゴンドウ・オキゴンドウなど。全長4～8.5メートル、頭が大きく丸く、吻はない。ごとうくじら。(季 冬)

こんどう-けいたろう【近藤啓太郎】[1920～2002]小説家。三重の生まれ。「第三の新人」の一人。「海人舟」で芥川賞受賞。美術評論も手がける。他に「海」「微笑」、随筆「奥村土牛」など。

こん-とうこう【今東光】[1898～1977]小説家・僧侶・政治家。神奈川の生まれ。日出海の兄。一時文壇から離れて天台宗の僧となるが、その後文壇に復帰。大阪の風土や人情を描いた小説で知られる。「お吟さま」で直木賞受賞。他に「春泥尼抄」「悪名」など。昭和43年(1968)からは参議院議員も務めた。

こんどう-さだお【近藤貞雄】[1925～2006]プロ野球選手・監督。愛知の生まれ。昭和18年(1943)西鉄(現埼玉西武)に入団。翌年巨人に移籍。投手として活躍するが右手を負傷。中日で再起を果たす。引退後、中日・大洋(現横浜DeNA)・日本ハムの監督を歴任。先発、中継ぎ、抑えの投手分業制を確立。

こんどう-じゅうぞう【近藤重蔵】[1771～1829]江戸後期の幕臣。北方探検家。名は守重。寛政10年(1798)松前蝦夷地御用役として、蝦夷地を探検し、択捉島に「大日本恵土呂府」の木標を建てた。のち、書物奉行。著「辺要分界図考」「宝貨通考」など。

こんどう-ひでぞう【近藤日出造】[1908～1979]漫画家。長野の生まれ。本名、秀蔵。岡本一平に師事したのち、読売新聞社において政治風刺漫画を多数執筆した。後進の指導にも尽力。

こんどう-へいざぶろう【近藤平三郎】[1877～1963]薬学者。静岡の生まれ。ドイツに留学。天然物有機化学を研究し、各種のアルカロイドを発見した。文化勲章受章。

こんどう-まこと【近藤真琴】[1831～1886]明治初期の教育家。江戸の人。大村益次郎などに蘭式兵学を学んだ。明治2年(1869)海軍操練所出仕となり、海軍兵学校の予備教育機関としての攻玉塾(のち攻玉社)を創設。

こんどう-よしき【近藤芳樹】[1801～1880]幕末・明治初期の国学者・歌人。周防の人。本居大平の門下。維新後、宮内省文学御用掛となった。著「明治孝節録」「寄居歌談」など。

コンドーム〖condom〗避妊・性病予防のため、性交時に男性器にかぶせて用いるゴム製の用具。サック。スキン。

こん-とく【×坤徳】❶地の徳。➡乾徳 ❷皇后の徳。➡乾徳

こん-とく【懇篤|×悃篤】〔名・形動〕懇切丁寧で、心がこもっていること。また、そのさま。「一を極めた追悼文」「一な書状」「一そうな老人」
(類語)暖かい・親切・厚意・厚志・厚情・懇切・親身

こん-どさ【紺土佐】紺色染めの厚い和紙。雨傘、本の表紙などに用いた。土佐国製が上質とされた。

コンドッティ-どおり【コンドッティ通り】《Via Condotti》イタリアの首都ローマの繁華街の一。スペイン広場の舟の噴水前からコルソ通りまでを指す。世界的に有名なファッションブランド店が並び、ローマきっての高級ショッピング街として知られる。

コンドミニアム〖condominium〗米国などにおける分譲式マンション。

コントラ〖スペイン Contra〗《contrarrevolución(反革命)から》ニカラグアの革命政権に反対する右翼ゲリラ。1990年に武装解除、解散。

ゴンドラ〖イタリア gondola〗❶イタリア、ベネチアの運河で使われる平底船。船首・船尾が反り上がり、船体は細長く、1本のかいで操る。❷飛行船・気球の釣りかご風の搭乗室。また、ロープウエーの客室。

コントラ-アクインクム〖Contra-Aquincum〗《「アクインクムの反対側」の意》ハンガリーの首都ブダペストにある古代ローマ帝国時代の要塞跡。東岸のペスト地区、エルジェーベト橋とバーツィ通りの間に位置する。名称はドナウ川を挟んで、都市アクインクムの反対に位置することに由来する。

コンドライト〖chondrite〗石質隕石のうち、コンドリュールとよばれる直径1ミリメートル程度の球状の粒を含むもの。発見された隕石の約85パーセントはこれに相当する。球顆状隕石。球粒隕石。

コントラクト〖contract〗契約。「一を結ぶ」「一農業」

コントラクト-ブリッジ〖contract bridge〗トランプゲームの一。四人が二人ずつ組んで、せりで親と切り札を決め、13回のうち何回勝つかを親が約束してから開始するもの。ブリッジ。

コントラスト〖contrast〗❶対照。対比。「鮮やかな一をなす」❷写真・テレビ画像などで、明るい部分と暗い部分との明暗の差。明暗比。「一をつける」

コントラスト-エーエフ【コントラストAF】《contrast autofocus》AFカメラの測距方式の一。イメージセンサー上での被写体の画像のコントラストが最も高くなるレンズ位置を合焦状態とする。イメージセンサーが測距用のセンサーを兼ね、カメラ本体の小型化に向くため、コンパクトカメラやミラーレス一眼カメラに採用されている。ふつう測距時間は位相差AFよりも長くかかる。コントラスト検出方式。コントラスト検出AF。コントラストオートフォーカス。

コントラストけんしゅつ-ほうしき【コントラスト検出方式】►コントラストAF

コントラスト-ひ【コントラスト比】ディスプレーなどの性能を示す数値の一。白を表示した部分と黒を表示した部分の輝度の比で表す。比が高いほど明暗の差がよく表れ、鮮やかな画像となる。

コンドラチエフ〖Nikolay Dmitrievich Kondrat'ev〗[1892～1938]ソ連の経済学者。資本主義経済の景気変動の波「コンドラチエフの波」を発見。スターリン時代に政府の農業政策に反対し、反体制の罪で逮捕・処刑された。著「長期波動論」など。

コンドラチエフ-の-なみ【コンドラチエフの波】18世紀以来の物価・利子率・生産量などの動きにみられる50～60年を周期とする波動。その理論を主張した旧ソ連の経済学者コンドラチエフの名にちなむ。➡景気循環

コントラバス〖ドイツ Kontrabass〗弦楽器の一。バイ

オリン属で最も大形の低音楽器。弦は4本または5本。余韻が豊かで、弓奏・ピッチカート奏法ともに用いられる。ダブルベース。ベース。バス。

コントラファゴット〖イタリア contrafagotto〗ファゴットより1オクターブ低い音域をもつ木管楽器。ダブルバスーン。

コントラプンクト〖ドイツ Kontrapunkt〗対位法。

コントラポスト〖イタリア contraposto〗彫刻などで、からだの重心を左右どちらかの足にかけて、左右非対称の均衡美を表現するもの。

コントラルト〖イタリア contralto〗►アルト❶

コンドリュール〖chondrule〗《「コンドルール」とも》隕石いんせきの多くに含まれる、直径2～10ミリメートル程度の球状粒子。融点以上から急激に冷却されたケイ酸塩鉱物からなる。石質隕石のうち、コンドリュールを含むものをコンドライト、含まないものをエイコンドライトという。

コンドル〖condor〗❶コンドル科の鳥。雄は全長約1.3メートル、体重12キロ。全体に黒色で、翼の一部とくびが白く、頭部に羽毛はない。動物の死体を主食とする。南米アンデス山脈に分布。❷タカ目コンドル科の鳥の総称。カリフォルニアコンドル・クロコンドルなど6種が北アメリカ南部から南アメリカに分布。小形のヒメコンドルは鶏大。はげたか。

コンドル〖Josiah Conder〗［1852～1920］英国の建築家。明治10年(1877)来日。鹿鳴館・ニコライ堂などを設計し、西洋建築の導入に尽力した。コンダー。

コンドルール〖chondrule〗►コンドリュール

コンドルセ〖Marie-Jean-Antoine Nicolas de Caritat Condorcet〗［1743～1794］フランスの数学者・思想家・政治家。1791年、立法議会の議員、公教育委員会議長となり、国民教育制度の構想を報告。ジロンド憲法草案作成に参加したが、のち逮捕され、獄中で死亡。著「人間精神進歩の歴史」など。

コントルダンス〖フランス contredanse〗18世紀にフランスで流行した舞踊。英国を起源とする二拍子系の速い陽気な踊りで、モーツァルトやベートーベンにもこの舞曲を用いた作品がある。

コントルノ〖イタリア contorno〗イタリア料理で、肉や魚などに添える付け合わせ。

コンドロイチン-りゅうさん【コンドロイチン硫酸】ドイツ《chondroitin》軟骨をはじめ動物の結合組織に広く分布する、硫酸化ムコ多糖類。たんぱく質と結合して細胞間質を構成し、イオン透過などに関与。

コントローラー〖controller〗❶電流をコントロールする装置。制御器。❷企業経営を管理する人。また、その機関。❸レスリングの審判を構成する4人のうちの一人。ルールに習熟し、失格の判定や他の審判員のミスを裁定する。❹テレビゲームなどの画面を操作するための器具。

コントローラー-システム〖controller system〗企業管理制度。

コントロール〖control〗〔名〕スル ❶ちょうどよいぐあいに調節・統制すること。管理。「室温を―する」❷球技で、ボールを自分の思うところに投げたり蹴けったりすることができる能力。「―のいい投手」❸レスリングで、寝技の一。相手を四つんばいにして、上から制御すること。
〘類語〙制御・加減・リモートコントロール・統御・手加減

コントロール-アンプ《和 control＋amplifierから》「プリアンプ」に同じ。

コントロール-カラー〖control color〗肌色を調整するために、ファンデーションの下につける化粧品。例えば赤ら顔の人には補色のグリーン系の色など。

コントロール-コード〖control code〗►制御文字

コントロール-タワー〖control tower〗管制塔。

コントロールド-デリバリー〖controlled delivery〗麻薬捜査の手法の一。麻薬の密輸を察知した場合、捜査当局はわざと押収せず、運び人を泳がせて背後の組織を一網打尽にするもの。日本では、平成4年(1992)7月に施行された「麻薬特例法」により、この捜査方法が可能になった。

コントロール-パネル〖control panel〗❶機械の操作盤。❷パソコンのディスプレー画面の色や解像度、マウスの速度、日付や時刻など、コンピューターの基本的な動作設定をするためのフォルダー。システム環境設定。

コントロール-プログラム〖control program〗制御プログラム。また、オペレーティングシステムと同義で使われることもある。

コントロール-もじ【コントロール文字】►制御文字

ゴンドワナ-たいりく【ゴンドワナ大陸】《Gondwana》古生代から中生代前半にかけて、南半球に広がっていたと考えられる大陸。その後分裂・移動して現在の南アメリカ・アフリカ・オーストラリア・南極・インドなどになったとされる。

こん-とん【困頓】〔名〕スル 疲れはてること。また、こまりはてること。「下民―に瀕ひんし」〈東海散士・佳人之奇遇〉

こん-とん【混沌｜渾沌】㊀〔名〕天地がまだ開けず不分明である状態。㊁〔ト・タル〕〔文〕〔形動タリ〕すべてが入りまじって区別がつかないさま。「―たる政治情勢」「次期会長の人選は―としてきた」
〘類語〙混乱・錯綜・錯乱

こん-とん【×餛×飩】《「こんどん」とも》中国から伝わった食品の一。麦粉をこねて、刻んだ肉を包んで煮たもの。平安時代、宮中の節会せちえなどに供せられた。また、小麦粉のだんごに餡あんを入れて煮たもの。

こんな〔形動〕❶話し手、または、そのそばにいる人が当面している事態や、現に置かれている状況がこのようであるさま。このような。「世の中に―ひどい事があっていいのか」「―に親切にしてもらったのは初めてだ」「―仕事はもうごめんだ」❷話し手のそばにある、または、手に持っている物のようすがこのようであるさま。このような。「―形の服がほしい」「―におもしろい本は読んだことがない」〘補説〙連体形に「こんな」「こんなな」の二形がある。連体形として一般には「こんな」の形が用いられるが、接続助詞「ので」「のに」などに続くときは「こんなな」の形が用いられる。「交通事情がこんななのに、よく来られたものだ」
〘類語〙こういう・このよう・かかる・かよう・こう・かく

こん-なん【困難】〔名・形動〕スル ❶物事をするのが非常にむずかしいこと。また、そのさま。難儀。「―に立ち向かう」「予期しない―な問題にぶつかる」❷苦しみ悩むこと。苦労すること。「道の上はぬかるみで―した」〈滝井・無限抱擁〉〘類語〙難しい・至難・難い・む難しい・小難しい・難解・険しい・無理

こん-にち【今日】❶きょう。本日。この日。「―より向こう三日間休業」➡昨日さくじつ ➡明日みょうにち ❷今の時代。「―の世界情勢」❸現在。「私が―あるのはあなたのお陰です」〘類語〙今・現在・現代・当世・当代・近代・現今・同時代・今の世よ・今様・モダン・コンテンポラリー・時代・当今・当節・今日日きょうび

こんにち-あん【今日庵】❶京都市の裏千家家元邸内にあり、同家の最も代表的な茶室。千宗旦せんのそうたんが家を三男江岑宗左こうしんそうさに譲った際に、隠居所として建てたもの。❷裏千家の別称。

こんにち-さま【今日様】太陽を敬っていう語。天道てんとうさま。「―にすまねえとも思いやすし」〈中勘助・鳥の物語〉
〘類語〙太陽・日ひ・天日てんぴ・日輪にちりん・火輪かりん・金烏きんう・日天子にってんし・白日はくじつ・赤日せきじつ・烈日れつじつ・お日様・お天道てんと様・サン・ソレイユ・陽光・日光・日色にっしょく・日差し・日影・天日てんぴ

こんにち-しゅぎ【今日主義】❶現在は過去の集積であって、また未来の出発点でもあるから、今日を完全に過ごすことは結局一生を通じて完全に過ごすことになるという主義。❷その日その日がなんとかなればよいという退廃した主義。

こんにち-ただいま【今日×只今】たった今。今すぐ。「―からただちに政策を実行に移す」

こんにち-てき【今日的】〔形動〕現代に関するさま。また、今の状態にふさわしいさま。「―な感覚」「―意義」

こんにち-は【今日は】〔感〕《「今日はよいお天気です」などの後ろの部分が略されたもの》昼間、人に会ったり、他家を訪問した際などにいうあいさつの語。

こんにっ-た【今日た】〔連語〕《名詞「こんにち(今日)」に係助詞「は」の付いた「こんにちは」の連声れんじょう》きょうは。謡曲・狂言・芝居などで多くみられる形。「定めて―修行に出られぬ事はござるまい程に」〈虎寛狂・鈍太郎〉

こん-にゃく【×蒟×蒻｜×菎×蒻】❶サトイモ科の多年草。地下茎は大きい扁球へんきゅう形で、高さ約1メートルの葉を1枚伸ばす。葉は二股状に分かれ、さらに不規則に裂けている。葉の出ない年の初夏、高さ約1メートルの花茎を伸ばし、仏炎苞ぶつえんほうをもつ花をつける。インドシナの原産で、古くから栽培。こにゃく。〔季 花＝夏〕「―の咲く薬園のきつねあめ/蛇笏」❷❶の地下茎を粉にしたものを水で練り、石灰液を加え、ゆでて固まらせた食品。成分のほとんどは水分で、グルコマンナンを含む。

こんにゃく-いも【×蒟×蒻芋】コンニャクの地下茎。こんにゃく玉。

こんにゃく-こ【×蒟×蒻粉】こんにゃく玉を乾燥して粉にしたもの。こんにゃく・のりの原料。

こんにゃく-ゼリー【×蒟×蒻ゼリー】果汁などに凝固剤としてコンニャク粉を加えて固めたゼリー。

こんにゃく-だま【×蒟×蒻玉】コンニャクの地下茎。〔季 冬〕

こんにゃく-ばん【×蒟×蒻版】《もと、こんにゃくを使ったところから》謄写版の一。寒天にグリセリンとにかわをまぜて煮てつくった版に、特殊なインクで書画をかいた紙を当て、転写したものを原版として印刷する。寒天版。

こんにゃく-ぼん【×蒟×蒻本】《半紙四つ折りの小さな本で、その形や表紙の色が食品のこんにゃくに似ているところから》洒落本しゃれぼんの別称。

こんにゃく-もんどう【×蒟×蒻問答】ダウ モン《にわか住職になったこんにゃく屋の主人が旅僧に禅問答をしかけられ、口もきけず耳も聞こえないふりをしていると、旅僧は無言の行ぎょうととりちがえ、敬服するという筋の落語の題名から》とんちんかんな問答。また、見当はずれの応答。

こん-にゅう【混入】ニフ〔名〕スル ある物の中へ異質の物をまぜて入れること。また、まじり入ること。「不純物が―する」

こん-ねん【今年】この年。本年。ことし。「―もよろしくお願い致します」〔季 新年〕〘類語〙今年こと・本年・当年

こん-ねんど【今年度】会計や事務処理の便宜のために区切ったこの1年の期間。今年の年度。

こんのう-りん【混農林】伐採後から苗木植えつけまでの期間や育林の初期に、農耕に利用する林。

ごん-の-かみ【権▽守｜権▽頭】守かみ(国司の長官)、または、頭かみ(寮の長官)の権官ごんかん。「何の―、大夫などいふ人の」〈枕・一七七〉

ごん-の-そうじょう【権僧正】ソウジャウ 大僧正・僧正の次の位にある者。僧正の権官。

ごん-の-そち【権▽帥】「大宰権帥だざいのごんのそち」の略。

こん-の-だいなし【紺のだいなし】紺無地の筒袖の着物。中間ちゅうげんなどが着る。

コンパ《「コンパニー」の略》学生などが、費用を出しあって飲食する懇親会。「追い出し―」

コンバージェンス〖convergence〗❶一点に集まること。収束すること。❷各国の会計基準を一つにまとめること。会計基準の収束。➡企業会計基準委員会

コンバージョン〖conversion〗《変換の意》コンピューターで、異なる機種間でも使用できるように、プログラムやデータの表現形式(フォーマット)を変えること。

コンバージョン-レンズ〖conversion lens〗撮影レンズの前あるいは後ろに取りつけて、焦点距離を変えることができるレンズ。補助レンズ・フロントコンバージョンレンズ・リアコンバージョンレンズの3種類がある。コンバーターレンズ。

ゴンパーズ〖Samuel Gompers〗［1850～1924］米国の労働運動指導者。英国生まれ。米国に移民後、1886年、米国労働総同盟(AFL)を結成して初代会長となる。階級協調主義・職能別組合主義を主張した。

コンバーター〖converter〗❶交流電流を直流電

流に変換する装置。回転変流機。➡インバーター ❷ラジオで、受信電波を中間周波数に変換する装置。周波数変換管。❸あるアプリケーションソフトで作成したファイル、または音声や画像のファイルの形式を変換するソフトウエアのこと。
コンバーター-レンズ〘converter lens〙►コンバージョンレンズ
コンバーチブル〘convertible〙❶変換できること。「一カフス」❷折りたたみ式の幌(ほろ)が付いていて、オープンカーにできる自動車。カブリオレ。
コンバート〘convert〙〔名〕(スル) ❶ラグビーで、トライ後ゴールをねらってキックしたボールが、ゴールポストの間で横木の上を越えてゴールに入ること。❷野球で、選手の守備位置を転向させること。「外野から三塁に一された」❸コンピューターで、あるアプリケーションソフトで作成したファイルを他のアプリケーションソフトで取り込めるよう変換すること。あるいは、ある文字コードを別の文字コードに変換すること。
コンパートメント〘compartment〙《区画の意》列車や飲食店などで、仕切りのある個室。コンパート。
こん-ぱい【困×憊】〔名〕(スル) 困って疲れはてること。「身も心も一しきる」「疲労一」〔類語〕疲労・疲れ・くたびれ・倦怠(けんたい)・疲弊・疲憊(ひはい)・困弊(こんぺい)・過労・所労
こん-ぱい【献杯】〔名〕(スル) ►けんぱい(献杯)
コンパイラー〘compiler〙《編集者の意》コンピューターで、人間が理解しやすい言語や数式で記述されたプログラムを、機械語に変換する翻訳プログラム。
コンパイラーがた-げんご【コンパイラー型言語】《compiler language》►コンパイラー言語
コンパイラー-げんご【コンパイラー言語】コンピューターのプログラミング言語で、人間が理解しやすい言語や数式で記述され、コンパイラーによってコンピューターが直接解読して実行できる機械語に翻訳されるものの総称。C言語・FORTRAN(フォートラン)・COBOL(コボル)などがある。コンパイラー型言語。
コンパイル〘compile〙コンピューターで、人間が理解しやすい言語や数式で記述されたプログラムを、機械語に翻訳すること。翻訳するプログラムをコンパイラーと呼ぶ。
コンパイル-エラー〘compile error〙コンパイラーでソースコードを機械語に変換する際に生じるエラーのこと。プログラミング言語の記述や文法の誤りが原因となる。
コンバイン〘combine〙刈り取り・脱穀・選別を、1台で同時にできる農機具。刈り取り脱穀機。
コンバインド-レース〘combined race〙スキーで、複合競技。
コンバインド-レシオ〘combined ratio〙損害保険会社の収支状況を見る指標の一。保険料収入に占める保険金支払いの割合を表す損害率と、保険料収入に占める経費の割合を表す事業費率を足したもの。
コンパウンド〘compound〙混合物。合成したもの。複合したもの。
こん-ぱく【困迫】〔名〕(スル) 困りきること。窮迫。「生活が一する」
こん-ぱく【魂×魄】《「魂」は、人の精神をつかさどる気。「魄」は、人の肉体をつかさどる気》死者のたましい。霊魂。「一此(こ)の土(ど)に留まって」〈鏡花・註文帳〉
〔類語〕精霊・霊・英魂・み霊・英霊・神霊・祖霊・霊魂・忠霊・尊霊・亡魂・魂
コンパクト〘compact〙〔名・形動〕❶小形で中身が充実していること。また、そのさま。「一なカメラ」「一サイズ」❷おしろい・パフなどを入れる鏡つきの小形の携帯用化粧用具。
コンパクト-エッチティーエムエル【コンパクトHTML】《compact hypertext markup language》携帯電話やPDAなどの携帯情報端末で閲覧されるコンテンツのためのマークアップ言語。HTMLを簡略化したもので、下位互換性がある。CHTML。
コンパクト-カー〘compact car〙主としてアメリカで使われる語で、一般的に経済的な小型の乗用車のこと。大きさは一定せず、その時点での標準的な大きさに対して、ふた回りほど小さいものをいう。日本やヨーロッパの小型車をコンパクトカーとはいわない。
コンパクト-カセット〘compact cassette〙►カセットテープ
コンパクト-カメラ〘compact camera〙35ミリ全判(画面24×36ミリ)で、通常のカメラより小型のもの。現在は一眼レフでない35ミリカメラをさしていう。
コンパクト-ディスク〘compact disc〙樹脂製の円盤にデータを記録し、これをレーザー光で読み取る記憶メディアの一。円盤には微細な凹凸が刻まれ、レーザー光を当て、その反射光を電気信号に戻してデータを読み取る。音楽鑑賞用として普及したCD-DAのほか、コンピューター用のCD-ROM、CD-R、CD-RWなどがある。CD。
コンパクト-デジタルカメラ〘compact digital camera〙デジタルカメラの一。小型で、レンズは本体に組み込まれており交換できない。コンデジ。➡コンパクトカメラ ➡デジタル一眼レフカメラ
コンパクト-フラッシュ〘compact flash〙米国サンディスク社が開発した小型メモリーカード。フラッシュメモリーと、外部入出力を受け持つコントローラー回路を搭載する。デジタルカメラや携帯情報端末の記憶媒体として利用される。CFカード。
コンパス〘オランダ kompas〙❶製図用具の一。主に円を描くためのもので、適当な角度に開閉できる2本の脚からなる。ぶんまわし。円規。❷船などで、方位を測定する計器。磁気コンパスとジャイロコンパスがある。羅針盤。羅針儀。❸人の両足の開き。歩幅。両足の長さ。「一が長い」
コンパス-ざ【コンパス座】南天の小星座。6月下旬の午後8時ごろ南中するが、日本からは見えない。学名(ラテン)Circinus
コンパス-しょくぶつ【コンパス植物】《compass plant》自然の光条件下で、葉が南北の方向に出る植物。一種の屈光運動と考えられ、光の方向の変化に伴って葉の出る方向も多少変化する。グラジオラスなど。
コンパチ「コンパチブル」の略。
ごんぱち【権八】《歌舞伎「傾情吾妻鑑」の中で、白井権八が、幡随院(ばんずいいん)長兵衛の家で食客になっていたところから》いそうろう。食客(しょっかく)。「とんと身を落とせば食客の一さんとなること」〈洒・辰巳婦言〉
コンパチビリティー〘compatibility〙ソフトウエアや周辺機器の互換性。異なる機種のコンピューターが、同一のソフトウエアを使えたり、同じ周辺機器(プリンター・ディスプレーなど)に接続できたりすること。
コンパチブル〘compatible〙〔名・形動〕二つ以上の異なった使い方ができること。互換性のあること。また、そのさま。コンパチ。「一なプレーヤー」
コンパチブルカラー-ほうしき【コンパチブルカラー方式】ーハウシキ《compatible color TV systemから》白黒方式と両立するカラーテレビ放送のこと。白黒受像機で受信すると白黒映像が、カラー受信機ではカラー映像が得られる。
コンパチブル-プレーヤー〘compatible player〙コンパクトディスク(CD)やビデオディスク・DVDなど異なる種類のディスクが再生できるプレーヤー。
コンパチブル-マシン〘compatible machine〙他機種に対して、ソフトウエアの互換性があるコンピューター。互換機。
コンバット〘combat〙戦闘。「一部隊」
コンバット-マーチ《和 combat＋march》野球で、応援団が味方のチームや選手のために吹奏する応援曲。
コンパニア〘ポルトガル companhia〙《「修道会」「門派」の意》キリシタン用語。イエズス会のこと。
コンパニー〘company〙❶►カンパニー ❷仲間。交友。❸►コンパ
コンパニオン〘companion〙❶国際的な催しなどで、来賓の案内、展示の説明、接待などに当たる女性。❷パーティーや宴会などで接待に当たる女性。❸一般に、仲間、伴侶。〔補説〕共に食事をする人、食事仲間が語源という。
コンパニオン-アニマル〘companion animal〙人間の伴侶(はんりょ)としてのペット。一方向な愛情の対象としてではなく、心を通じ合う対象として考えようとする立場からいう語。
コンパニオン-ピーシー【コンパニオンPC】《companion PC》PDA(小型の携帯情報端末)の中でも、ワイシャツのポケットに入るほど小型・軽量のもの。パソコンとの連携使用を前提としている。
コンパニオン-プラント〘companion plant〙一緒に植えると、品質の改良、病虫害の防除に効果のあるとされる異なる種類の植物。共生植物。
コンパリスン-アド〘comparison ad〙比較広告。他社の競合商品と比較して、自社の商品が優れている点を数字などを用いて明快に表現する広告。
こんぱる【金春】❶能楽師の姓の一。シテ方と太鼓方にこの姓がある。金春禅竹の曽祖父にあたる26世毘沙王権守(びしゃおうごんのかみ)の童名によったもの。❷「金春流」または「金春座」の略。
こんぱる-ざ【金春座】大和猿楽四座の一。もと円満井(えんまい)座。明治以降は金春流という。
こんぱる-ぜんちく【金春禅竹】[1405～1470ころ]室町中期の能役者・能作者。名は七郎氏信。禅竹は法名。大和猿楽の金春座中興の名手。世阿弥の女婿。作品に「芭蕉」「定家」、理論書に「六輪一露之記」など。
こんぱる-ぜんぽう【金春禅鳳】[1454～1520ころ]室町後期の能役者・能作者。名は八郎元安。禅鳳は法名。禅竹の孫。金春座大夫として、観世座と対抗。作品に「一角仙人」「嵐山」、理論書に「毛端私珍抄」「反古裏之書」など。
コンパルソリー〘compulsory〙《必修の意》フィギュアスケートの旧種目の一。決められた図形に従ってすべり、正確さなどを競う競技。1991年に廃止された。規定種目。規定。コンパルソリーフィギュア。
こんぱる-りゅう【金春流┆今春流】ーリウ ❶能のシテ方の流派の一。大和猿楽円満井(えんまい)座の流れで、幕末までは金春座といった。飛鳥時代の秦河勝(はたのかわかつ)を遠祖とするが、金春禅竹のころ流風が確立、桃山時代に全盛を極めた。❷能の太鼓方の流派の一。禅竹の叔父、金春三郎豊氏を流祖とする。5世以後、金春惣右衛門流または惣右衛門流ともいう。
コンパレーター〘comparator〙微小な長さを高精度で測る装置。測定される物と標準ゲージとの寸法差を顕微鏡で拡大、比較して長さを求める。比較測長器。
こん-ばん【今晩】今日の晩。いま過ごしている晩。今夜。こよい。「一は冷えますね」〔類語〕今宵・当夜
こん-ぱん【今般】このたび。今回。今度。「一左記へ転居いたしました」〔類語〕今度・今回・この程・この度
こんばん-は【今晩は】〔感〕夜、人に会ったり、他家を訪問した際などにいうあいさつの語。「一。おじゃまします」
コンビ《「コンビネーション」の略》❶二人の組み合わせ。「いい一」「漫才で一を組む」「名一」❷「コンビネーション❺」に同じ。
〔類語〕アベック・番(つが)い・カップル・好一対・組み・夫婦
コンピ-アルバム「コンピレーションアルバム」の略。
コン-ビーフ〘corned beef〙《「コーンビーフ」とも。cornは、塩漬けにして保存するという意》牛肉を、食塩と少量の硝石などを加えて塩蔵した後、蒸し煮してほぐし、調味料・香辛料などをまぜて圧縮したもの。缶詰にしたものが多い。
コンピエーニュ〘Compiègne〙パリ北方にある都市。森とコンピエーニュ宮殿の所在地として有名。百年戦争中、ジャンヌ＝ダルクが英国軍に捕らえられた所。また、第一次大戦の休戦条約、第二次大戦の対独停戦協定の締結の地。
コンピエーニュ-きゅうでん【コンピエーニュ宮殿】《Château de Compiègne》フランス北部、オアーズ県の都市、コンピエーニュにある宮殿。メロビング朝の宮廷があった場所にルイ15世が宮殿を建造、18世紀末にナポレオン1世が改築し、現在見られる新古典主義様式の建物になった。宮殿内には第二帝政

博物館と交通博物館がある。コンピエーニュ城。

コンピエーニュ-じょう【コンピエーニュ城】《Château de Compiègne》►コンピエーニュ宮殿

コンヒサン〘ポルトガル confissão〙キリシタン用語。告解。

コンピタンシー〘competency〙《「コンピテンシー」とも。「能力」「適性」の意》成果を上げる行動特性。

コンピタンス〘competence〙《「コンピテンス」とも》(専門的な)能力。力量。「企業の異なる―を活かす道を模索する」

こん-ひでみ【今日出海】[1903～1984]小説家・評論家。北海道の生まれ。東光の弟。戦後、文部省に入省し、昭和43年(1968)文化庁初代長官となり文化行政に貢献する。「天皇の帽子」で直木賞受賞。他に「山中放浪」「怒れ三平」など。フランス文学の翻訳でも知られる。

コンビナート〘ロシア kombinat〙生産工程の一貫化・多角化によって生産を効率的に行うために、ある特定の生産技術体系に基づいて一定地域に計画的に結合された企業・工場の集団。元来は、旧ソ連で鉄・石炭を中心に結合された企業集団をさす。

コンビナート-キャンペーン《和 kombinat(ロシア)+campaign》関連の深い別分野の商品が共同で行う広告キャンペーン。例えば、食品と車で同一のブランド名をもつ場合、一つの広告表現に一緒に共通のテーマで登場すること。⇒ジョイントアド

コンビナート-スポンサー《和 kombinat(ロシア)＋sponsor》テレビの番組を、複数で共同提供するスポンサーをいう。

コンビニ「コンビニエンスストア」の略。

コンビニ-イーシー【コンビニEC】《convenience store electronic commerce》コンビニエンスストアの店頭で、商品の受け渡しや支払いを行う電子商取引の一形態。インターネットで商品を購入した場合などに利用される。コンビニエンスストアの流通網が充実している日本で広く普及。コンビニ決済。

コンビニエンス〘convenience〙好都合。便利。また、便利なもの。手間がいらない重宝なもの。

コンビニエンス-ストア〘convenience store〙《コンビニエンスは、便利の意》食料品・日用品を中心に扱う小型スーパー。住宅地に近接、長時間営業などの便利さを提供するのが特徴。コンビニ。

コンビニエンス-フーズ〘convenience foods〙調理済み食品の缶詰・びん詰、レトルト食品、手間を省いたスープの素など。

コンビニ-けっさい【コンビニ決済】《convenience store payment》►コンビニEC

コンビニ-じゅしん【コンビニ受診】夜間や休日など一般診療時間外に軽症患者などが救急外来を受診すること。急病ではない患者が、仕事など自分の都合を優先させて、日中の一般診療と同じような感覚で救急外来を利用すること。重症患者などの受け入れや入院患者の急変対応などに支障が生じるほか、医師の過重勤務・過労の一因ともなり、救急医療体制の崩壊につながるとして問題視されている。[補説]特に小児救急外来でコンビニ受診の増加が著しい。これは、小児科開業医の減少や、核家族化による親の知識不足・不安過剰などによるものと考えられ、各自治体では抑制策として夜間小児救急電話相談などの急病相談を実施している。

コンビネーション〘combination〙❶組み合わせ。組み合わさったもの。「色の―がよい」「―サラダ」❷二人、または二つの物の組み合わせ。コンビ。「―プレイ」❸野球で、配球。❹シャツとズボン下などが続いている下着。または上下続きの作業服。つなぎ。コンビネゾン。❺革とズック、または色の違う革を組み合わせて作った靴。コンビ。❻「組み合わせ❷」に同じ。

コンビネーション-ジャンプ〘combination jump〙フィギュアスケートの演技で、ジャンプを降りた足で次のジャンプに踏み切るもの。二種類以上のジャンプを連続して飛ぶこと。ジャンプコンビネーション。

コンビネーション-スイッチ〘combination switch〙電気のスイッチで、二つ以上の機能を一つにまとめたもの。例えば自動車のハンドル軸から出た1本のレバーで、ヘッドライトとウインカーの双方を操作するもの。

コンビネーション-ブロー〘combination blow〙ボクシングで、相手に対して打つ箇所を巧みに変えながら左右の打撃を連続的に与えること。

コンビネゾン〘フランス combinaison〙上下がつながった服のこと。つなぎ。レーシングスーツ・スキーウエア・カバーオールなど。

コンピューター〘computer〙計算機。特に、電子計算機。トランジスター・IC・LSIなどの電子回路を用いて、高速度で計算やデータ処理、また、情報の記憶保存・検索などができる装置。1946年に米国で開発されたENIAC(エニアック)が最初。

コンピューター-アート〘computer art〙コンピューターのもつ機能を映像・音響・運動制御などに用いて表現する芸術。⇒テクノロジーアート

コンピューター-ウイルス〘computer virus〙コンピューターで、電子メールや他人から渡されたデータファイルなどを介して、他のシステムに入りこむプログラム。自己増殖したり、格納してあるファイルを破壊したりするところから、ウイルスになぞらえていう。対抗するアプリケーションソフトをウイルス対策ソフトと呼ぶ。

コンピューターエンターテインメントレーティング-きこう【コンピューターエンターテインメントレーティング機構】►セロ(CERO)

コンピューターえんよう-せっけい【コンピューター援用設計】►キャド(CAD)

コンピューター-くみはん【コンピューター組版】コンピューターを用いて行う写真植字組版方式。文字・画像の入力、レイアウトや印画紙への出力などを、プログラムにより自動的に行う。CTS(computerized typesetting system)。

コンピューター-グラフィックス〘computer graphics〙コンピューターによる図形処理。また、それによって描いた図形や動画。CG。

コンピューター-ゲーム〘computer game〙コンピューターの機能を使って動作するゲームの総称。テレビゲームや携帯型ゲーム機・パソコンなどで楽しむゲームなどさまざまある。

コンピューター-サイエンス〘computer science〙コンピューターを導入して行う科学研究。コンピューターのハードウエアやソフトウエアについての研究のこともいう。

コンピューターしえん-こうぎょうデザイン【コンピューター支援工業デザイン】►ケイド(CAID)

コンピューター-セキュリティー〘computer security〙外部からの不正アクセスやデータの不正利用を防止するなどの目的のために、コンピューターの安全を確保すること。データセキュリティー。

コンピューター-そうごうほけん【コンピューター総合保険】コンピューターに関連する事故による損害を塡補する保険。コンピューターとその周辺機器およびコンピューター室の空調設備の損害、記録メディアの損害、それらの損害により必要とされた営業継続費用などが補償される。

コンピューターソフトウエア-きょうかい【コンピューターソフトウエア協会】《Computer Software Association of Japan》►シー-エス-エー-ジェー(CSAJ)

コンピューター-だんそうさつえいほう【コンピューター断層撮影法】►シー-ティー(CT)

コンピューター-トモグラフィー《computerized tomographyから》「コンピューター断層撮影法」に同じ。⇒シー-ティー(CT)

コンピューター-ネットワーク〘computer network〙複数のコンピューターを通信網で結び、互いに情報のやり取りができるようにしたもの。⇒スタンドアローン

コンピューター-はんざい【コンピューター犯罪】《computer crime》コンピューターに関する犯罪。プログラムやデータなどを不正使用・破壊する行為などを行うこと。ハイテク犯罪。サイバー犯罪。[補説]昭和62年(1987)の刑法改正で、電磁的記録の不正作出罪、コンピューターシステムの損壊などによる業務妨害罪、コンピューター利用の詐欺罪などが新設された。インターネットなどのコンピューターネットワークを利用した犯罪はネットワーク犯罪と呼ばれ、不正アクセス禁止法などの法整備がなされている。

コンピューター-ビジョン〘computer vision〙コンピューターに取り入れた生の画像情報を処理して、必要な画像情報を取り出す技術。地球探査衛星からの映像の処理や、CTスキャンなどの画像診断に活用されている。

コンピューターフォビア〘computerphobia〙コンピューター恐怖症。

コンピューター-フォレンジック〘computer forensic〙コンピューターを対象とする鑑識・科学捜査。コンピューターに関する犯罪や法的問題が生じた際に、コンピューター内の機器やデータを調査・分析することにより、法的証拠を見つけ出すこと。コンピューターフォレンジクス。デジタルフォレンジック。フォレンジックコンピューティング。

コンピューター-マッピング〘computer mapping〙地形や道路網、建築物の配置などの地図情報を、デジタル化してコンピューターで処理すること。

コンピューター-マップ〘computer map〙►電子地図

コンピューター-モニタリング〘computer monitoring〙ワークステーションの操作状況などをコンピューターで管理すること。

コンピューター-リテラシー〘computer literacy〙コンピューターを十分に使いこなせる能力。⇒情報リテラシー ⇒メディアリテラシー

コンピューター-ワーム〘computer worm〙►ワーム❷

コンピューター-ワクチン〘computer vaccine〙►ウイルス対策ソフト

コンピュータリゼーション〘computerization〙《「コンピュータライゼーション」とも》コンピューターが社会や家庭生活に不可欠のものとなること。コンピューター化。

コンピュートピア〘computopia〙《computerとutopiaの合成語》コンピューターの発達によってもたらされるという理想的な未来社会のこと。

こんぴら【金毘羅｜金比羅】㊀《梵 kumbhīraの音写。鰐の意》インドのガンジス河にすむ鰐を神格化した仏教の守護神。魚身で蛇形をし、尾に宝玉を蔵するという。十二神将の宮毘羅大将、十六善神の禁毘嚕と同体。航海の安全を守る神とされ、香川県の琴平に祭られている。㊁「金刀比羅宮」の異称。こんぴらさま。

こんぴら-ぐう【金毘羅宮】►金刀比羅宮

こんぴら-だいしょう【金毘羅大将】薬師の十二神将の一の宮毘羅。

こんぴら-ぶね【金×毘羅船】江戸時代、金刀比羅宮参詣のために就航した乗り合い船。大坂と丸亀や多度津との間を往復した。金毘羅参詣船。

こんぴらふねふね【金毘羅船船】香川県の民謡。仲多度郡琴平町を中心に歌われた座敷歌。もと金刀比羅宮参詣の際の道中歌とも、また元禄(1688～1704)ころに金毘羅船の発着港大坂で歌いだされたともいわれる。

コンピレーション〘compilation〙❶編集。編集したもの。「―フィルム」❷「コンピレーションアルバム」の略。

コンピレーション-アルバム〘compilation album〙《compilationは編集の意》CDで、もともと別のアルバムに入っていた曲を、一定の意図に基づいて集めて作るアルバム。あるミュージシャンの代表的な曲を集めたものや、あるジャンルのヒット曲集、特定のテーマや雰囲気を持った曲を集めたものなど。編集盤。コンピアルバム。コンピレーション。

こんぶ【昆布】《アイヌ語から》コンブ科コンブ属の褐藻の総称。主に東北・北海道の沿岸に分布。外見

は根・茎・葉に区別され、長さ数十メートルにも達する。マコンブ・リシリコンブなど。こぶ。えびすめ。ひろめ。《季 夏》「朝日が呼ぶ海の青さと一馬車/林火」

昆布に針刺・す　人をのろうまじないとして、コンブに針を刺し、井戸の中に投げ入れたり、木に打ちつけたりする。「お家主殿の井戸替へ…、一・したるもあらはれしが」〈浮・五人女・二〉

コンファレンス〖conference〗▶カンファレンス

コンファレンス-ボード〖The Conference Board〗全米産業審議会。米国の民間経済調査機関の一。米国および世界の経済動向分析、予測などを行う。1916年創立。

コンフィ〖フランス confit〗豚・鴨・七面鳥などの肉をその脂肪で煮たもの。保存食品。

コンフィギュレーション〖configuration〗❶各部分・各要素の配置。❷コンピューターシステムの構成。

コンフィグ-シス〖config.sys〗米国マイクロソフト社のオペレーティングシステム、MS-DOSの、環境設定や拡張機能の設定を記述したファイル。

コンフィグレーション〖configuration〗▶コンフィギュレーション

コンフィズリー〖フランス confiserie〗キャンデーやボンボン、キャラメルなど砂糖菓子の総称。

コンフィチュール〖フランス confiture〗食品のジャムのこと。

コンフィデンシャル〖confidential〗〔名・形動〕公開しないこと。内密であること。また、そのさま。「初めから一のつきまとった蔵相会議」「一レター」

コンフィデンス〖confidence〗❶信用。信頼。❷確信。《類語》信頼・信用

コンフェクショナリー〖confectionery〗菓子類。菓子の製造販売店。

コンフェクション〖フランス confection〗《製作・仕立ての意》既製服のこと。プレタポルテが高級既製服のことをいうのに対し、コンフェクションは低価格、大量生産品の服をいう。

コンフェッション〖confession〗告白。告解。

コンフェッティ〖confetti〗紙吹雪。婚礼やパレード、カーニバルなどでまいたり、投げ合ったりする細かく切った色紙。

コンフェデレーション〖confederation〗連合。同盟。

コンフォート-シューズ〖comfort shoes〗足の健康を考慮して作られた履き心地のよい靴。外反母趾など、足のトラブルが急増していることを背景に注目されている。

コンフォーミズム〖conformism〗《「コンフォミズム」とも》順応主義。画一主義。

コンプトン〖Arthur Holly Compton〗［1892～1962］米国の物理学者。X線に関するコンプトン効果を発見。のち、宇宙線を研究。原子爆弾開発のマンハッタン計画では指導的地位にあった。1927年ノーベル物理学賞受賞。

コンプトン-ガンマせんかんそくえいせい【コンプトンガンマ線観測衛星┆コンプトンγ線観測衛星】1991年4月、NASA(米航空宇宙局)がスペースシャトルを使って打ち上げたガンマ線観測衛星。名称は宇宙線の研究で知られる米国の物理学者アーサー＝コンプトンに由来する。四つのガンマ線検出器を搭載し、10キロ電子ボルトから30ギガ電子ボルトまでのエネルギー領域で観測を行った。ガンマ線による全天地図の作成や活動銀河核・クエーサー・パルサーなどの観測を行い、2600回以上のガンマ線バーストを検出した。2000年6月に運用終了。CGRO(Compton Gamma Ray Observatory)。

コンプトン-こうか【コンプトン効果】物質によって散乱されたX線の波長が、入射X線の波長より長くなる現象。X線(光)の粒子性を立証するもので、アインシュタインの光量子説の有力な証拠となった。1923年にコンプトンが発見。

こんぶ-のし【昆布熨斗】コンブを熨斗として用いたもの。こぶのし。

こんぶ-まき【昆布巻(き)】身欠きにしんなどをコンブで巻き、甘辛く煮た料理。こぶまき。

コンプライアンス〖compliance〗❶要求や命令への服従。㋐法令遵守。特に、企業がルールに従って公正・公平に業務を遂行すること。㋑服薬遵守。処方された薬を指示どおりに服用すること。❷外力が加えられたときの物質の弾力性やたわみ強度。

コンプライアンス-プログラム〖compliance program〗《特に企業における》法律遵守計画。

コンプライアンス-ワン【コンプライアンスWAN】インサイダー取引など株式市場での不正行為の情報を共有するためのシステム。全国の証券取引所・証券会社と、日本証券業協会などの自主規制機関、証券取引等監視委員会・財務局などの規制当局を専用線で結ぶ。従来は紙や電子記録媒体、電子メールなど多様な方式で情報を伝達していたため非効率的だったが、同システムに一元化された。平成21年(2009)運用開始。➡WAN

コンプラドール〖ポルトガル comprador〗江戸時代、長崎の出島で、オランダ貿易にあたった仲買人。

コンフリー〖comfrey〗ムラサキ科の多年草。高さ30センチ～1メートル。茎は中空。葉は長卵形で、密に互生。5～7月、くすんだ紅紫色あるいは黄白色の花を多数つける。ヨーロッパの原産。ひれはりそう。《補説》長らく健康食品等に利用されてきたが海外で健康被害が出たところから、厚生労働大臣が食品安全委員会に食品健康影響評価について意見を求め、これをもとにコンフリー及びコンフリーを含む食品については販売を禁止することとした。

コンプリート〖complete〗㊀〔形動〕全部そろっているさま。完全な。「一な状態」「一コレクション」㊁〔名〕スル完成すること。全部そろえること。「キャラクターを16種類一する」「ミッション一」

コン-ブリオ〖イタリア con brio〗音楽で、発想標語の一つ。「元気に、生気に満ちて」の意。

コンフリクト〖conflict〗❶意見・感情・利害の衝突。争い。論争。対立。❷コンピューターで、複数のタスクが同時に同じファイルやメモリ領域を利用して競合する状態。システムダウンを引き起こす要因となる。

コンプリメント〖compliment〗❶ほめ言葉。賛辞。❷丁寧なあいさつ。

コンプレイント〖complaint〗苦情。不平。クレーム。《類語》苦情・文句・不平・クレーム

コンプレクサン〖complexan〗エチレンジアミン四酢酸(EDTA)などのキレート試薬の総称。金属イオンをとらえる目的でも広く用いられる。

コンプレックス〖complex〗❶精神分析用語。情緒的に強く色づけされた表象が複合した心理。抑圧されながら無意識のうちに存在し、現実の行動に影響力をもつ。マザーコンプレックス・エディプスコンプレックス・インフェリオリティーコンプレックスなど。複合感情。複合観念。❷日本では特に、インフェリオリティーコンプレックス(劣等感)の意味で使われる。「強い一を抱く」❸複雑に関連していること。複合的であること。「シネマー」《類語》劣等感・引け目

コンプレッサー〖compressor〗気体を圧縮して圧力を高めるための機械。

コンプレッサー-ストール〖compressor stall〗航空機で、急激な姿勢変更などでエンジンに入る気流が乱れ、異常燃焼や出力低下を起こす現象。圧縮機失速。

コンペ《「コンペティション」の略》❶ゴルフ競技会。❷設計競技。課題による設計作品の公募。

コンベアー〖conveyor〗▶コンベヤー

こん-ぺい【困弊】〔名〕スル 民衆などが、苦しみ疲れること。「貧窮に一しはてる」《類語》疲労・疲れ・くたびれ・倦怠・疲弊・疲憊・困憊・過労・所労

コンペイトー〖ポルトガル confeito〗球状で、周囲に小さな突起がある豆粒大の砂糖菓子。かつてはケシ粒、現在は砂糖の結晶を核として、砂糖蜜を幾層もかけて作る。室町末期にポルトガル人によりもたらされたとされる。《補説》「金米糖」「金平糖」などとも書く。

ごんべえ【権▽兵▽衛】《田舎の人に「権兵衛」という名が多かったところから》❶農民や田舎者を見下していう語。❷幼児のぼんのくぼにそり残した頭髪。

権兵衛が種蒔きゃ烏がほじくる　人のしたことを、あとから打ち壊すたとえ。また、無駄骨折りのたとえ。

ごんべえ-やき【権▽兵▽衛焼】《萩焼の陶工、倉崎権兵衛が焼いたところから》楽山焼の異称。

こん-ぺき【紺×碧】黒みを帯びた紺色。「一の空」《類語》青・真っ青・青色・藍・青藍・紺青・群青・紺・瑠璃色・縹色・花色・露草色・納戸色・浅葱・水色・空色・ブルー・インジゴ・コバルト・シアン・ウルトラマリン・マリンブルー・スカイブルー

コンペティション〖competition〗競争。競技。競技会。コンペ。

コンペティター〖competitor〗《「コンペチター」とも》競争相手。商売敵。競争者。

コンペティティブネス〖competitiveness〗競争力のあること。競争心が旺盛なこと。

コンベヤー〖conveyor〗《「コンベヤ」「コンベアー」とも》物を連続的に一定の距離だけ運搬する自動装置。ベルトコンベヤー・チェーンコンベヤーなどがある。搬送帯。

コンベヤー-システム〖conveyor system〗コンベヤーを用いた流れ作業方式。材料・半製品をコンベヤーによって運び、作業能率を高めて、大量生産を可能にする。20世紀の初めに米国のフォード自動車工場で初めて採用した。

コンベルシア〖ロシア konversiya〗旧ソ連邦各国において、肥大化した軍需産業を、消費生活に役立つ民需産業へと予算・設備・労働力を転換すること。1990年秋、当時のゴルバチョフソ連大統領が提案した。

こん-べん【×袞×冕】袞衣と冕冠とからなる天子の礼服。天子の衣冠。

ごん-べん【言偏】漢字の偏の一。「許」「証」などの「言」の称。言葉偏。

コンベンショナリズム〖conventionalism〗▶約束説

コンベンショナル〖conventional〗〔形動〕型にはまったさま。伝統的であるさま。「一な発想」「一ウエポン」

コンベンショナル-ウエポン〖conventional weapons〗核兵器、生物・化学兵器(煙・暴動鎮圧用ガスなどを除く)以外の在来型兵器。

コンベンショナル-ほうしき【コンベンショナル方式】《conventional auction》債券の公募発行に際し、応募者が落札した場合、その落札者が提示した価格(利回り)で、落札対象の代金の支払いをする方式。普通入札方式。複数価格入札方式。

コンベンション〖convention〗❶集会。また、政治・社会団体などの代表者会議。「一ルーム」❷博覧会や見本市などの大規模な催し。「一シティー」❸しきたり。慣習。因襲。

コンベンション-シティー〖convention city〗国際会議など大規模な催し物の開催に備えて、施設・交通機関などを整備した都市。

コンペンセーション〖compensation〗❶償い。代償。賠償金。❷俸給。報酬。

コンペンセーション-ほうしき【コンペンセーション方式】《compensation system》貿易取引で、大幅な輸出超過を是正するため、相手国から食糧・原材料などを輸入して均衡をはかる制度。一種のバーター取引。

コンボ〖combo〗三人から八人くらいまでの小編成のジャズ楽団。

コンポ「コンポーネント」の略。

コンボイ〖convoy〗❶護送。護衛。❷護送船団。特に、第二次大戦中の護送艦。

こん-ぼう【困乏】〔名〕スル 貧乏に苦しむこと。「支体健康なる時は、旅行の手当に一す」〈竜渓・経国美談〉《類語》貧乏・貧困・貧窮・貧苦・窮乏・困窮・困苦・生活苦・貧・赤貧・極貧・清貧・じり貧・貧寒・素寒貧・不如意・文無し

こん-ぼう【混紡】〔名〕スル 2種以上の異なる繊維

をまぜ合わせて紡績すること。「綿と化学繊維の―」
こん‐ぼう【×棍棒】❶相当な長さのある木の棒切れ。ぼう。てこ。「―でなぐる」❷新体操で用いる手具の一。木製で、手元は細く、次第に太くなっている徳利状のもの。インディアンクラブ。➡新体操
こん‐ぼう【懇望】〔名〕スル ▶こんもう(懇望)
こん‐ぽう【×梱包】〔名〕スル 包装し、縄などで荷造りすること。また、その荷物。「荷物を―する」
(類語)荷造り・荷拵こしらえ・包装・パッキング・包み
こんぼう‐し【混紡糸】混紡にした糸。例えば、木綿と羊毛、綿糸と絹糸をまぜて紡績した糸など。
コンポーザー〖composer〗作曲家。
コンポート〖compote〗❶果物の砂糖煮。「フルーツ―」❷脚付きの、果物などを盛る皿、または花器。
コンポーネント〖component〗❶構成要素をなす各部分。また、独立した各部分の組み合わせで一つに構成できるようにしたもの。「―タイプのパソコン」「―ドレス」❷「コンポーネントステレオ」の略。「―ステレオ」
コンポーネント‐えいぞうたんし【コンポーネント映像端子】《component video interface》▶コンポーネント端子
コンポーネント‐しんごう【コンポーネント信号】《component signal》テレビやDVDプレーヤーなどで使われる映像信号の方式の一。輝度信号、色信号、同期信号を合成せず、それぞれ個別成分の信号をやり取りするため、コンポジット信号に比べ高品質である。コンポーネントビデオ信号。
コンポーネント‐ステレオ《和 component＋stereo》アンプ・チューナー・プレーヤー・スピーカーなどがそれぞれ独立した単体で、それらを組み合わせて使うステレオ。レイアウトが自由で、各部分を買い替えてグレードアップもできる。コンポ。(補説)英語では、stereo component system
コンポーネント‐せつぞく【コンポーネント接続】《component connection》ハイビジョンテレビとDVDプレーヤーなどの映像機器を接続する方式の一。接続にはコンポーネント端子を用いる。高品質な映像信号の入出力に向く。
コンポーネント‐タイプ〖component type〗単体機器の組み合わせによって、効率化がはかれるようにしたOA機器類。
コンポーネント‐たんし【コンポーネント端子】《component interface》ハイビジョンテレビとDVDプレーヤーなどの映像機器を接続するピン型の入出力端子。高品質なコンポーネント信号の入出力に用いられ、3本のケーブルを接続する必要がある。コンポーネント映像端子。コンポーネントビデオ端子。
コンポーネント‐ビデオしんごう【コンポーネントビデオ信号】《component video signal》▶コンポーネント信号
コンポーネント‐ビデオたんし【コンポーネントビデオ端子】《component video interface》▶コンポーネント端子
こんぼく‐りん【混牧林】畜産経営と材木の生産とを同時に行う林地。
コンポジション〖composition〗❶構成。組み立て。❷絵画・写真などの構図。「特異な―」❸英語などの作文。❹作曲。作曲法。
コンポジット〖composite〗〔名・形動〕いくつかの要素が合成・複合していること。また、そのさま。「―な魅力」
コンポジット‐インデックス〖composite index〗❶指数を構成する複数の指標の変化率を合成し累積した指数。変化の相対的な大きさ・テンポなどを示す。❷特に、内閣府が発表する景気動向指数の一。指数の種類としては、景気に対し先行して動く先行指数、ほぼ一致して動く一致指数、遅れて動く遅行指数があり、景気の予測や現状判断、確認などに利用される。生産や雇用など経済活動での、重要で景気に敏感な指標をもとに、前月と比較した各指標の変化量を合成計算し、ある年の状態を100(基準年)とした比較値を表示して景気の動向を見る。景気の局面や転換点の判断に有効とされるディフュージョンインデックス(DI)では把握できない、景気の山の高さや谷の深さ、拡張後退の勢いといった量感を示すことができる指数として国際的にも広く採用されている。平成20年(2008)4月から内閣府は、これまで主流としていたディフュージョンインデックス中心の景気動向指数の公表から、コンポジットインデックス中心の指数の公表へと移行した。CI。
コンポジット‐えいぞうたんし【コンポジット映像端子】《composite video interface》▶コンポジット端子
コンポジット‐しき【コンポジット式】《Composite order》古代ローマ建築の列柱様式の一。柱頭の装飾に、ふつうイオニア式の渦巻き文とコリント式のアカンサス葉文とを混合したもの。➡オーダー❸
コンポジット‐しんごう【コンポジット信号】《composite signal》テレビやビデオの合成映像信号。カラーテレビでは、輝度・同期信号などにカラー信号を加えて合成したもの、白黒テレビでは、輝度信号と同期信号などを合成したもの。コンポジットビデオ信号。
コンポジット‐せつぞく【コンポジット接続】《composite connection》テレビとビデオデッキ、DVDプレーヤーなどの接続する方式の一。コンポジット信号の入出力に使われる。
コンポジット‐たんし【コンポジット端子】《composite interface》映像・音響機器の多くが備えるピン型の入出力端子。テレビとビデオデッキ、DVDプレーヤーなどにおいて、コンポジット信号の入出力に使われる。S端子、コンポーネント端子、D端子に比べ、画質や音質は劣る。コンポジット映像端子。コンポジットビデオ端子。
コンポジット‐ビデオしんごう【コンポジットビデオ信号】《composite video signal》▶コンポジット信号
コンポジット‐ビデオたんし【コンポジットビデオ端子】《composite video interface》▶コンポジット端子
コンポスター〖composter〗土中の微生物のはたらきを利用して、生ごみを堆肥(コンポスト)にかえる容器。庭に埋め込んで使うもので、ごみの再生利用が可能なところから、環境問題・ごみ処理問題の両面から注目されている。➡コンポスト
コンポスト〖compost〗都市ごみを発酵させてつくった堆肥たいひ。
コンボ‐ボックス〖combo box〗コンピューターのアプリケーションソフトやオペレーティングシステムにおける操作画面上のインターフェースの一。文字を入力するテキストボックスと、項目選択のためのリストボックスを組み合わせたもの。
コンポラ‐スーツ「コンテンポラリースーツ」の略。
コンポラ‐フォト《contemporary photographyから》日常生活の中に、現代的な何ものかを発見しようとする写真家の撮影態度。
こん‐ぽん【根本】㊀〔名〕《古くは「こんぼん」》❶物事が成り立っている基礎になるもの。おおもと。「生き方の―にかかわる問題」「考え方が―から違う」「問題の―は別のところにある」❷物事のおこり。「世の乱れ初めける―は」〈平家・一〉㊁〔副〕もともと。本来。「末広がりといふは、一扇のことぢゃ」〈和泉流狂・末広がり〉
(類語)(㊀❶)大本おおもと・大根おおね・根ね・本もと・根元ねもと・根底・基底・根基・根幹・基本・本質・大本たいほん・根源・本源・基礎・基盤・基幹・基部
こんぽん‐あく【根本悪】《ドイツ radikales Böse》カントの用語。自己愛の衝動に従おうとする生まれつきの傾向。一切の悪への性癖の根源をなすもので、道徳法則による善の原理によってこの悪の原理を克服しようとする戦いが宗教の立場とされる。
こんぽん‐か【混本歌】和歌の形式の一。古今集真名序まなじょ、喜撰式などに「混本」とみえるが実体は不明。五・七・五・七・七の6句形式の旋頭歌せどうか、またはそれに類する歌とする説、五・七・五・七の4句形式の歌とする説などがある。
こんぽん‐ぎ【根本義】根本の意義。原理。「人生の―を悟る」
こんぽん‐きはん【根本規範】《ドイツ Grundnorm》法規範の妥当性の根拠をより上位の法規範に求めるとき、究極的な前提としてその存在が想定される規範。ケルゼンの唱えた純粋法学上の基本的概念。
こんぽん‐じ【根本寺】新潟県佐渡市にある日蓮宗の寺。山号は塚原山。天文21年(1552)、日蓮が「開目抄」を著した三昧堂の旧跡に日成が開創。
こんぽん‐しだし【根本仕出し】新発明や新趣向の創始者。「これこそうまい看板の、一御奈良茶」〈浄・大織冠〉
こんぽん‐しりょう【根本史料】歴史研究の根拠となる確実な材料。文書・遺物・記録など。
こんぽん‐ちゅうどう【根本中堂】比叡山ひえいざん東塔にある、延暦寺えんりゃくじの本堂。最澄が延暦7年(788)に創建した一乗止観院が前身。現在のものは寛永17年(1640)の再建。国宝。(補説)天台宗の寺院では、本堂にあたる建物を「根本中堂」と自称するところもある。寛永寺、立石寺など。
こんぽん‐てき【根本的】〔形動〕物事が成り立っているおおもとに関するさま。基本的であるさま。「―な誤り」
こんぽん‐ぶっきょう【根本仏教】❶釈迦しゃか在世時代の仏教。❷釈迦およびその直弟子の仏教。原始仏教。
こんま【×羯磨】▶かつま(羯磨)
コンマ〖comma〗❶記述記号の一。「，」の符号。欧文など横書きの文の読点、アラビア数字の位取りなどに用いる。カンマ。❷小数点。ポイント。カンマ。
(類語)ピリオド・コロン・セミコロン・終止符
こん‐まい【混米】等級の異なる米、または新米と古米を混ぜ合わせること。また、その混ぜ合わせた米。
コンマ‐いか【コンマ以下】❶小数点以下。❷一般の標準に達しないこと。水準以下。「―の人間」
こん‐まけ【根負け】〔名〕スル 物事をなしつづける気力がなくなること。相手の根気に負けること。「粘り強さに―する」
コン‐マス「コンサートマスター」の略。
コン‐マン〖con man〗《confidence manの俗称》詐欺師。お人よしにつけこんで人をだます者。➡コンゲーム
コンミューン〖フランス commune〗▶コミューン
コンミュナリズム〖communalism〗▶コミュナリズム
こん‐みょう【今明】今日と明日。きょうあす。今明日。「この日頃、都遷うつりあるべしときこえしかども、忽ちに―の程とは思はざりつるに」〈平家・五〉
こんみょう‐にち【今明日】今日と明日。今日か明日か。
こんみょう‐ねん【今明年】今年と来年。今年か来年か。
こんみり〔副〕濃厚なさま。味がこってりとして深みのあるさま。「煎せんじ茶に寄る夫婦の縁御中おなかこちごち―とこそなりにけれ」〈浄・善光寺御堂供養〉
こん‐みん【×昏眠】意識の混濁が中等度の状態。寝たままで動かず、強い刺激には反応するが覚醒せず、失禁などがみられ、その状態を覚えていない。
こんみん‐とう【困民党】明治中期、負債の利子の減免などを要求して騒動を起こした農民組織。松方財政下の不況によって養蚕・製茶などの副業に打撃を受けた関東・中部地方の農民が組織し、秩父事件・群馬事件などにも参加した。借金党。負債党。
こん‐むらご【紺村濃｜紺×斑濃】染め色の名。地を薄い紺色にし、所々を濃い紺色に染めたもの。こむらご。「―の直垂ひたたれに」〈古活字本保元・中〉
こん‐めい【×昏迷】〔名〕スル ❶(「混迷」とも書く)道理に暗くて、分別の定まらないこと。昏惑。「苦しき―が彼女を襲った」〈宮本・伸子〉❷意識はあるが、外部からの刺激に反応しない状態。
こん‐めい【×昏冥】暗いこと。暗くてようすのわからないこと。「天地―」
こんめい【昆明】中国雲南省の省都。標高1900メ

ートルの雲貴高原にあり、気候は温暖で、景勝地も多い。ベトナム・ミャンマーなどへの交通の要地。クンミン。人口、行政区304万(2000)。

こん-めい【混迷】〔名〕スル ❶混乱して、分別に迷うこと。複雑に入りまじって、見通しがつかないこと。「政局が―してきた」❷ ►こんめい(昏迷)❶

こん-めい【×渾名¦×諢名】「あだな(渾名)」に同じ。

こん-めい【懇命】ねんごろな仰せ。親切な心添え。
(類語)命令・言い付け・命めい・令れい・指令・下命・指示・指図さしず・号令・発令・沙汰さた・主命・君命・上意・達し・威令・厳命・厳令・仰せ・尊命・命ずる・言い付ける・申し付ける・仰せ付ける

こんめい-こ【昆明湖】北京ペキンの北西、頤和園いわえんの万寿山下にある湖。

こんめい-ち【昆明池】㊀中国雲南省、昆明の南方にある湖、滇池てんちの別名。㊁中国、漢の武帝が、㊀をまねて長安城の西に掘らせた池。㊂「昆明湖」に同じ。

こんめいち-の-そうじ【昆明池の障子】ソウジ 清涼殿の広庇ひろびさしに置かれた衝立ついたて障子。表に昆明池㊁の風景、裏に嵯峨野さがのの小鷹狩こたかがりの図が極彩色で描かれている。こんめいちのしょうじ。

コンメンタール〘ドイツ Kommentar〙法律などの注釈。逐条解説。注釈書。コメンタール。コメンタリー。

こん-もう【×昏×蒙¦×昏×懜】❶暗いこと。暗黒。また、おろかであること。「恰も大風の砂を捲き石を飛して四海の内―となりたる有様なり」〈田口・日本開化小史〉❷意識がなく、外部からの刺激に反応はするが、すぐまた深い眠りに入ってしまう状態。

こん-もう【根毛】根の先端近くに出る細長い突起。養分や水分の吸収を行う。

こん-もう【懇望】マウ〔名〕スル ひたすら願い望むこと。こんぼう。「世話役に―される」
(類語)願う・懇願・嘆願・熱願・哀願・懇請・泣き付く・頼む

コン-モート〘イタリア con moto〙音楽で、発想標語の一。動的に、活発に、の意。

こんもり〔副〕スル ❶木が薄暗くなるほど生い茂っているさま。「―(と)した森」❷丸く盛り上がっているさま。「―(と)した小山」(類語)草深い・鬱蒼うっそう・蒼蒼・鬱然

こん-や【今夜】今日の夜。いま過ごしている夜。今晩。こよい。「―伺います」(類語)今晩・今宵・当夜

こん-や【紺屋】「こうや(紺屋)」に同じ。
紺屋の明後日あさって　「こうやのあさって」に同じ。
紺屋の白袴しろばかま　「こうやのしろばかま」に同じ。

コンヤ〘Konya〙トルコ中南部の都市。アナトリア地方の主要都市の一つ。11世紀末以降、ルームセルジューク朝の首都となり、カイクバード1世の治下において発展。13世紀、イスラム神秘主義(スーフィズム)のメウレウィー教団が設立された。教団の創始者ルーミーの霊廟(現在はメウレウィー教団に関する博物館)、アラアッディンモスクのほか、カラタイ神学校をはじめとする13世紀頃に創設された神学校が多く残っている。

こん-やく【困厄】苦しむこと。困難。難儀。「叔母が心を和げて共に―に安んずる事が出来たら」〈二葉亭・浮雲〉

こん-やく【婚約】〔名〕スル 結婚の約束を交わすこと。また、その約束。エンゲージ。「―したばかりのカップル」「―者」「―指輪」➡婚姻予約
(類語)結婚・ゴールイン・内縁・婚姻こんいん・縁組み・嫁入り・輿こし入れ・嫁取り・婿むこ入り・婿取り・成婚・おめでた

こん-やさい【根野菜】「根菜類」に同じ。

こんや-やく【紺屋役】►こうややく(紺屋役)

こん-ゆ【懇諭】〔名〕スル 心をこめてさとすこと。親切に言って聞かせること。「生徒に―する」

こん-ゆう【今夕】ユフ 今日の夕方。いま過ごしている夕方。こんせき。「―六時開会」

こん-ゆう【×渾融】〔名〕スル 物が入りまじって一つにとけあうこと。「加うるに印度インド埃及エジプトの開化を以てし、―して一となす」〈雪嶺・真善美日本人〉

こん-よ【×坤×輿】《『易経』説卦の「坤を地と為し、母と為し、…大輿と為す」から》大地を大きな輿にたとえた語。地球。大地。

こん-よう【金容】金色に輝く仏像の容姿。きんよう。

こん-よう【根葉】エフ「根出葉こんしゅつよう」に同じ。

こん-よう【混用】〔名〕スル まぜて使うこと。混同して使うこと。「片仮名と平仮名を―する」

こんよう-の-たたかい【昆陽の戦い】コンヤウ―たたかひ 23年、中国河南省にあった昆陽城にたてこもった劉秀が40万の王莽おうもうの軍を八千余の兵で破った戦い。

こん-よく【混浴】〔名〕スル 男女が同じ浴場で入浴すること。

こんよばんこくぜんず【坤輿万国全図】コンヨバンコクゼンヅ 1602年、中国で刊行された世界地図。マテオ=リッチの原図をもとに李之藻が北京で刊行。六幅から成る。

こん-らい【今来】❶今まで。現在に至るまで。「古往―」❷現在。〈日葡〉

コンラッド〘Joseph Conrad〙[1857〜1924]英国の小説家。ポーランド生まれ。船員生活の体験の海洋小説のほか政治小説を発表。人間の倫理性の問題を追究した。作「ナーシサス号の黒人」「闇の奥」など。

こん-らん【×昏乱】❶分別がなくなって、物の道理がわからなくなること。❷世の中が乱れること。

こん-らん【混乱】〔名〕スル 物事が入り乱れて秩序をなくすこと。いろいろなものが入りまじって、整理がつかなくなること。「交通機関に―を来たす」「経済の―をまねく」「頭が―して考えられない」
(類語)錯綜・錯乱・混沌

こん-りゅう【建立】リフ〔名〕スル ❶寺院や堂・塔などを建てること。「寺を―する」❷心の中である物事をつくり上げること。「兄さんは神でも仏でも…権威のあるものを―するのが嫌いなのです」〈漱石・行人〉
(類語)建築・建設・建造・築造・営造・造営・普請ふしん・作事さくじ・造作ぞうさく・新築・改築・増築・移築・建てる

こん-りゅう【根粒】リフ・【根×瘤】リウ 根粒菌が植物の根に入り込んで共生してつくるこぶ状の部分。

こんりゅう-きん【根粒菌】コンリフ― エンドウ・ソラマメなどのマメ科植物の根に共生し、根粒をつくる土壌細菌。空気中の窒素を固定し、アミノ酸や亜硝酸を植物に供給する一方、植物が光合成で生産した炭水化物を得ている。リゾビウム。根粒バクテリア。根粒細菌。

こんりゅう-さいきん【根粒細菌】コンリフ― ►根粒菌

こんりゅう-バクテリア【根粒バクテリア】コンリフ― ►根粒菌

こんりゅう-ほうが【建立奉加】コンリフ―《建立に力を加え奉る意から》建立するために、金や品物を奉納して助力すること。

こん-りょう【今良】コリヤウ 律令制で、賤民から良民となった者。主殿寮とのもりょうに属し、皇居の掃除などの雑役に従事した。こんら。ごんろう。

こん-りょう【×衮▽竜】❶天子の礼服につける竜の縫い取り。また、その縫い取りのある衣服。❷「衮竜の御衣」の略。
衮竜の袖そでに隠れる　天子の特別の恵みにすがって、かってな振る舞いをする。

ごん-りょう【▽含霊】ゴリヤウ「含識がんしき」に同じ。

こんりょう-の-ぎょい【×衮▽竜の御衣】昔、天皇が着用した中国風の礼服。上衣と裳もとからなり、上衣は赤地に、日・月・星・竜・山・火・雉子きじなどの縫い取りをした綾織物。即位式や大嘗会だいじょうえ・朝賀などの儀式に用いた。

こんりょう-の-そで【×衮▽竜の袖】❶天子の衣の袖。❷天子の威徳のたとえ。

こん-りん【金輪】㊀仏語。❶三輪・四輪の一。水輪の上位にあり、この上に九山八海くせんはっかいを支える。地輪。❷《「金輪宝」の略》金輪王のもつ七宝の一。その王の前にあり、金輪王を善導するという。㊁「金輪王」の略。

こん-りん【混林】多種類の樹木がまざっている森林。

こんりん-おう【金輪王】ワウ 転輪王の一。金の宝輪を感得し、須弥山しゅみせんの4州を統治する王。金輪聖王。こんりんのう。

ごんりん-おう【銀輪王】ワウ 転輪王の一。銀の宝輪を感得し、須弥山しゅみせんの東・南・西3州を統治する王。ぎんりんおう。

こんりん-ざい【金輪際】㊀〔名〕❶仏語。大地の最下底のところ。大地がある金輪の一番下、水輪に接するところ。金輪奈落。❷物事の極限。ゆきつくところ。「逢ひ初めし時の誓文を―と思ひつめ」〈浄・薩摩歌〉㊁〔副〕❶(あとに打消しの語を伴って用いる)強い決意をもって否定する意を表す語。絶対に。断じて。「一承知しない」「もう―ごめんだ」❷極限まで。どこまでも。とことんまで。「聞きかけたことは―聞いてしまはねば、気がすまぬ」〈滑・膝栗毛・六〉
(類語)決して・絶対・断じて・絶対に・ゆめ・ゆめゆめ

こんりん-ならく【金輪奈落】㊀〔名〕「金輪際㊀❶」に同じ。㊁〔副〕どこまでも。とことん。底の底まで。こんりんざい。「かう握ったら―、旗は切れてもちぎれても、…やみやみと渡さうかと」〈浄・布引滝〉

こん-る【▽近流】三流さんるの一。律で規定した流罪のうち最も軽いもの。越前・安芸あきなどに流した。

こん-るり【紺瑠璃】紺色で光沢のある瑠璃。また、そのような色。

こん-れい【婚礼】結婚の儀式。広義には、婚約儀礼・披露宴など婚姻に関する儀礼の総称。結婚式。婚儀。「―に招待される」(類語)結婚式・ウエディング・婚儀・祝言・華燭の典・結婚

ごん-れい【権令】県令に次ぐ県の地方長官。明治4年(1871)、権知事を改称して置かれ、同11年に廃止された。

こんれん-じ【金蓮寺】京都市北区鷹峯藤林町にある時宗四条派の本山。山号は錦綾山。応長元年(1311)浄阿が祇陀林ぎだりん寺を改めて開創。大正15年(1926)現在地に移転。四条道場。

こん-ろ【×焜炉】❶金属や土で作った、持ち運びが便利な炊事などに用いる小さい炉。石油こんろ・ガスこんろ・電気こんろなどがある。❷七輪しちりん。

こん-ろう【▽軒廊】ラウ 屋根つきの渡り廊。多く宮殿と対の屋とのつなぎに設けられる。特に、宮中の紫宸殿ししんでん東面の階下から宜陽殿に続く廊をいう。

ごん-ろう【▽今▽良】ラウ ►こんりょう(今良)

こんろう-の-みうら【▽軒廊の▽御×卜】コンラウ― 天変地異や不吉な事態が発生したときに、紫宸殿ししんでんの東軒廊で行われた占い。また、軒廊で大嘗祭だいじょうさいの国郡の選定を占うこと。

こんろん【崑崙】㊀中国古代の伝説上の山。中国西方に位置し、黄河の源と考えられた。崑山。㊁「崑崙山脈」の略。

こんろん-さんみゃく【崑崙山脈】中国西部の大山脈。パミール高原から四川盆地の西まで東西に連なり、長さ約2400キロ。クンルン山脈。

こんろん-そう【×崑×崙草】サウ アブラナ科の多年草。山地の谷川沿いに生え、高さ約60センチ。葉は羽状複葉。夏、白い花を総状につける。

こんろんはっせん【崑崙八仙】►八仙はっせん㊁

こん-わ【混和】〔名〕スル ❶まじり合うこと。また、まぜ合わせること。「―して一体となる」「―物」❷法律で、別々の所有者に属する米や酒などが混合・融和して識別ができなくなること。

こん-わ【懇話】〔名〕スル 打ち解けて親しく話し合うこと。また、その話。懇談。「父兄と教師が―する」「―会」
(類語)会話・話・話し合い・対話・対談・談・談話・面談・歓談・雑談・談笑・閑談・語らい・カンバセーション

こん-わく【困惑】〔名〕スル どうしてよいか判断がつかず迷うこと。「―した表情をみせる」(類語)当惑・混迷・目移り・困る・弱る・参る・窮きゅうする・困こうずる・苦しむ・困り果てる・困りきる・困りぬく・てこずる・困却・往生おうじょう・難儀・難渋なんじゅう・閉口・途方に暮れる・手を焼く

こん-わく【×昏惑】〔名〕スル 道理に暗くて、どう判断したらよいか思い迷うこと。昏迷。

こん-わじろう【今和次郎】コンワヂラウ [1888〜1973]建築学者・風俗研究家。青森の生まれ。東京美術学校卒。早大教授。民家研究で知られ、また風俗・世相を研究する考現学を提唱。著作に「日本の民家」「考現学」など。

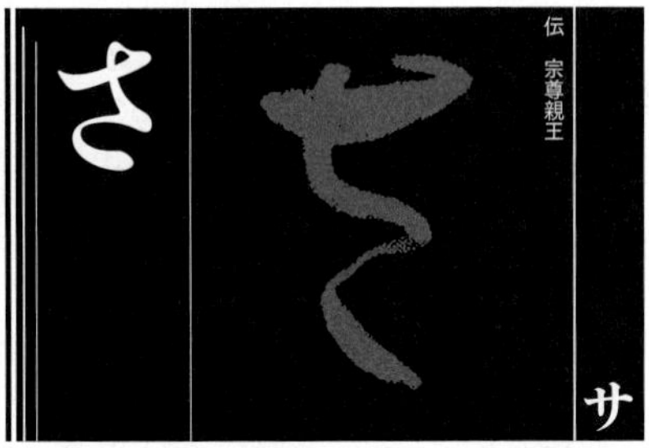

さ ❶五十音図サ行の第1音。歯茎の無声摩擦子音[s]と母音[a]とからなる音節。[sa] ❷平仮名「さ」は「左」の草体から。片仮名「サ」は「散」の初3画。(補説)「さ」は古く[tsa](あるいは[ʃa][tʃa])であったかともいわれる。室町時代末にはすでに[sa]であった。

さ【左】 ❶ひだり。ひだりの方。❷縦書きの文書で、左の方すなわち次に書いた事柄・文句。「結果は―のとおり」➔漢「さ(左)」
(類語)左手・左側・左方・レフト・左(ひだり)・左翼

さ【▽矢┊×箭】 矢(や)の古称。「荒し男のいを―手挟み向かひ立ち」〈万・四四三〇〉

さ【×些】 すこしばかり。いささか。「その主観には―の詐りをも感じられなかったとは言え」〈里見弴・安城家の兄弟〉➔漢「さ(些)」

さ【差】 ❶物事と物事の間の性質・状態・程度などの違い。へだたり。「大きな―をつける」「大した―はない」「世代間の―を感じる」❷ある数や式から他の数や式を引いて得られた結果の数や式。「一点の―で敗れる」⇔和。➔漢「さ(差)」
(類語)較差・格差・落差・雲泥の差

さ【×紗】 ►しゃ(紗)

さ【×梭】 「杼(ひ)」に同じ。

さ〔代〕 三人称の人代名詞。それ。そいつ。「―が髪を取りてかなぐり落さむ」〈竹取〉(補説)副詞「さ」、代名詞「し」と同語源といわれる。

さ【▽然】〔副〕 すでにある事物・状態などをうけて、それを指示する語。そのように。そう。「これのみは余りに深く我心に彫りつけられたれば―はあらじと思えど」〈鷗外・舞姫〉「おまへたちも、必ず―思(おぼ)すゆゑ侍らむかし」〈更級〉

然有・り そうである。そのとおりだ。「人が笠をさすならば我も笠をささうよ、げにも―・り」〈虎明狂・末広がり〉

然だに せめてそのようにでも。「―も候はば、官加階は肩をならぶる人もあるまじきぞ」〈平家・三〉

然なら◦ず ❶そのようでない。そうではない。「―◦ぬ事だに、人の御ためには、よさまの事をしも言ひ出でぬ世なれば」〈源・葵〉❷そうあるべきではない。「さまことに、―◦ぬ打ちとけわざもし給ひけり」〈源・末摘花〉

然◦なり そうである。そのとおりだ。「―◦なりとて過ぐしつ」〈今昔・二三・一六〉

さ〔感〕 ❶人を誘ったり、行動を促したりするときに発する語。さあ。「―、やろう」「―、どうしてくれる」❷判断や決断に迷ったり、せっぱつまったりしたときに発する語。さて。「―、どうしようか」「―、これは困った」❸相手の言葉をおさえて、こちらが話そうとするときの語。「『この間お願いした件ですが』『―、そのことだが…』」

さ ㊀〔終助〕種々の語に付く。❶自分の判断や主張を確認しながら念を押す意を表す。「ぼくにだってできる―」「お歴々にも負けることはおりない―」〈浄・鑓の権三〉❷傍観的な、多少投げやりな調子で、あっさりと言い放す気持ちを表す。「好きなようにやればいいの―」「そう心配することはない―」❸疑問語とともに用いて、質問・反駁(はんばく)・難詰の意を表す。「行くって、どこへ行くの―」「男のくせに何―」「どうして黙っているの―」❹(多く「とさ」「ってさ」の形で)他人の話を説明したり、紹介したりする気持ちを表す。「昔々、竹取の翁(おきな)という老人がいたと―」「彼も行くんですって―」㊁〔間助〕文中の種々の語に付いて、口調を整えながら、相手の注意を引き留めようとする気持ちを表す。「でも―、ぼくは―、わかってるんだ」「それが―、どうもおかしいんだ」「何がなくとも―、お久しぶりといふ句が有がたうござえます」〈滑・浮世風呂・四〉㊂〔格助〕《方向の意を表す接尾語「さま」の音変化》名詞に付く。方向を表す。格助詞「へ」、または「に」に同じ。「追分(おいわけ)の松屋―いかっしゃりました」〈洒・軽井茶話〉(補説)㊀㊁は、近世初期、男性、ことに武士に多く用いられたが、後期には広く用いられるようになった。現在では男女ともに打ち解けた会話で多用する。なお、昭和30年代に鎌倉の腰越小学校で語尾の「ネ・サ・ヨ」を使わない運動が始まり、一時全国に広がった。㊂は中世ごろから東国方言として知られていたが、現在でも東北地方などで用いられる。

さ〔接頭〕 ❶名詞・動詞・形容詞に付いて、語調を整える。「―霧」「―迷う」「―まねし」❷名詞に付いて、時期的に早く若々しい、また、5月の、という意を表す。「早」などの漢字が当てられることがある。「―乙女」「―苗」「―みだれ」

さ〔接尾〕 ❶形容詞・形容動詞の語幹、一部の助動詞の語幹に準じるものに付いて名詞をつくり、…の状態であること、…の程度であること、…の性質であることの意を表す。「つら―」「美し―」「静か―」「会いた―」❷㋐移動に関する動詞の終止形に付いて、…する時、…する折、…する場合などの意を表す。「帰る―」「白菅の真野の榛原行く―来―君こそ見らめ真野の榛原」〈万・二八一〉㋑方向を表す名詞に付いて、…の方という意を表す。「縦(た)―にもかにも横―も奴とそ我はありける主の殿戸に」〈万・四一三二〉㋒形容詞・形容動詞の語幹などに付いて、…なこと、…なことよという意を表す。「ももしきの大宮人の罷(まか)り出て遊ぶ今夜(こよひ)の月のさやけ―」〈万・一〇七六〉

さ【▽狭┊▽小】〔語素〕 名詞に付いて接頭語的に用いられ、その物の幅が狭いという意を表す。「―物」「―織り」

ざ 「さ」の濁音。歯茎の有声破擦子音[dz]と母音[a]とからなる音節。[dza] (補説)清音「さ」に対する濁音としては、本来、歯茎の有声摩擦子音[z]と母音[a]とからなる音節[za]が相当するが、現代共通語では一般に[dza]と発音する。しかし、[za]とも発音し、両者は音韻としては区別されない。古くは[ʒa](あるいは[dʒa][dza])であったかともいわれる。室町時代末には[za]と発音され、近世江戸語以降[dza]と発音された。

ざ【座】 ㊀〔名〕❶座る場所。座席。「―を占める」「―に着く」❷地位。「妻の―」「権力の―」❸多くの人が集まっている席。集会の席。また、その雰囲気。「―に連なる」「―がさめる」❹座る場所に敷く畳・円座・しとねなど。昔は、部屋の中は板敷きで、座る所にだけそれらを敷いた。❺物を据えておく場所。台座。「仏の―」❻金具の下につける飾り。座金(ざがね)。❼神仏の教えなどを講義する所。「談義の―」❽中世、朝廷・貴族・寺社などの保護を受け、座役を納める代わりに種々の特権を有した商工業者や芸能者の同業組合。❾江戸時代、幕府によって設けられ、貨幣や度量衡など特定の免許品を製造した機関。「金

漢字項目 さ

【再】►さい
【作】►さく
【茶】►ちゃ
【×娑】►しゃ

人 **叉** 音サ(漢) シャ(呉) 訓また ‖ ①ふたまた。またになったもの。「音叉・交叉・三叉」②両手を組む。「叉手」(難読)叉焼(チャーシュー)・夜叉(やしゃ)

左 (学)1 音サ(呉)(漢) 訓ひだり ‖ ㊀〈サ〉①ひだり。「左岸・左記・左折・左右(さゆう)」②低い位。「左遷」③正しくない。「左道」④支え助ける。支えとなるもの。「証左」⑤革新的な思想・立場。「左傾・左翼/極左」⑥野球で、左翼。レフト。「左飛・左中間」⑦酒飲み。「左党」㊁〈ひだり〉「左側・左手(ひだりて)/右左」(名付)すけ (難読)左右(そう)・(とかく)・(とにかく)・左見右見(とみこうみ)・左手(ゆんで)

人 **些** 音サ(慣) 訓いささか ‖ わずか。いささか。「些些・些細・些事・些少」

佐 音サ(呉)(漢) 訓たすける、すけ ‖ ①わきで支え助ける。「佐幕/王佐・補佐」②将校の階級の一。「佐官/大佐」③佐渡(さど)国。「佐州/越佐」(名付)たすく・よし

沙 音サ(漢) シャ(呉) 訓すな、いさご ‖ ㊀〈サ〉①すな。「沙漠」②水で洗って適否をより分ける。「沙汰(さた)」㊁〈シャ〉①すな。「恒河沙(ごうがしゃ)」②梵語の音訳字。「沙弥(しゃみ)・沙門」(名付)いさ・す (難読)沙蚕(ごかい)・沙魚(はぜ)

査 (学)5 音サ(漢) 訓しらべる ‖ しらべる。「査察・査問/監査・検査・考査・巡査・審査・精査・捜査・調査・踏査」

砂 (学)6 音サ(漢) シャ(呉) 訓すな、いさご ‖ ㊀〈サ〉①すな。「砂丘・砂漠・砂防/熱砂」②すなのようにきわめて細かいもの。「砂金・砂鉄・砂糖」㊁〈シャ〉すな。「砂利(じゃり)/金砂(きんしゃ)・土砂」㊂〈すな(ずな)〉「砂場・砂浜/白砂(しらすな)・箔砂(はくずな)」(難読)砂子(いさご)・白砂(しらす)・真砂(まさご)・(まなご)

唆 音サ(呉)(漢) 訓そそのかす ‖ そそのかす。けしかける。「教唆・示唆」

差 (学)4 音サ(漢) シ(呉)(漢) 訓さす ‖ ㊀〈サ〉①状態・質・数量などの違い。「差異・差額・差別/格差・僅差・誤差・時差・大差・落差・千差万別」②人をつかわす。「差遣・差配」㊁〈シ〉不ぞろいなさま。「参差(しんし)」㊂〈さし(ざし)〉「差引/札差(ふださし)・脇差(わきざし)」(名付)しな・すけ

人 **紗** 音サ(漢) シャ(呉) ‖ ㊀〈サ〉薄い絹織物。うすぎぬ。「袱紗(ふくさ)」㊁〈シャ〉生糸で織った目の粗い織物。「金紗」(名付)すず・たえ (難読)紗綾(さや)・更紗(サラサ)・羅紗(ラシャ)

詐 音サ(漢) 訓いつわる、あざむく ‖ うそをいう。だます。「詐欺・詐取・詐称・詐誕・詐病・詐謀・詐略/奸詐(かんさ)・巧詐」

× **嗟** 音サ(慣) 訓ああ ‖ ①舌打ちの音。「咄嗟(とっさ)」②嘆く。「嗟嘆/怨嗟(えんさ)」(難読)嗟乎(ああ)

人 **嵯** 音サ(漢) ‖ 山が高く険しい。「嵯峨(さが)」

人 **裟** 音サ(漢) ‖ 僧の衣。「袈裟(けさ)」

× **瑣** 音サ(呉)(漢) ‖ 小さい。細かい。取るに足りない。「瑣瑣・瑣細・瑣事・瑣末/煩瑣」

人 **瑳** 音サ(呉)(漢) 訓みがく ‖ みがく。「切瑳」

× **蹉** 音サ(呉)(漢) 訓つまずく ‖ つまずく。失敗する。「蹉跎(さだ)・蹉跌(さてつ)」

鎖 音サ(呉)(漢) 訓くさり、とざす ‖ ㊀〈サ〉①くさり。「鉄鎖・連鎖」②錠前。かぎ。「鎖鑰(さやく)」③かぎをかける。とざす。「鎖国/封鎖・閉鎖」㊁〈くさり(ぐさり)〉「鎖鎌(くさりがま)/手鎖(てぐさり)」(補説)「鎻」は俗字。

漢字項目 ざ

人 **坐** 音ザ(呉) 訓すわる、います ‖ ①すわる。「坐臥(ざが)・坐禅・坐像/跪坐(きざ)・静坐」②すわる所。「坐席」③いながらにして。何もせずに。「坐視」④かかわり合いになる。「連坐」(補説)もと、「坐」は主にすわる動作に、「座」はすわる場所に用いた。新表記では「座」に書き換える。(難読)胡坐(あぐら)・憑坐(よりまし)

座 (学)6 音ザ(呉) 訓すわる、います ‖ ①すわる所。また、会合の席。「座興・座席・座右(ざゆう)/王座・講座・首座・上座・即座・中座・当座・末座・満座」②すわる。「座業・座高・座禅/正座・静座」③物を置く台。「台座・砲座」④星の集まり。「星座・天秤座(てんびんざ)」⑤神体を置く所。「遷座・鎮座」⑥中世の商工業組合。「材木座」⑦近世、貨幣を鋳造した所。「金座・銀座」⑧興行場所。興行団体。「座員/一座・前座」(名付)おき・くら (難読)出(い)で座(ま)し・狩座(かりくら)・高御座(たかみくら)

挫 音ザ(慣) 訓くじく、くじける ‖ ①くじいていためる。「挫傷/捻挫(ねんざ)」②途中でつまずく。くじける。「挫折/頓挫(とんざ)」

—」「銀—」「枡ます—」「秤はかり—」⑩江戸時代、歌舞伎・人形浄瑠璃などで、官許された興行権の表象。また、その興行を行う場所。劇場。➡座元 ⑪近世以降、演劇・演芸などの芸能に従事する人々が興行を行うために結成した団体・集団。㊁〔接尾〕❶名詞に付く。㋐劇場・映画館・劇団などの名に添える。「歌舞伎—」「スカラ—」「文学—」㋑星座の名に添える。「蠍さそり—」「オリオン—」❷助数詞。㋐劇場などの数を数えるのに用いる。「江戸三—」㋑祭神・仏像などの数を数えるのに用いる。「弥陀三—」㋒里神楽の曲の数を数えるのに用いる。「一二—神楽」㋓高い山の数を数えるのに用いる。「一四—ある八〇〇〇メートル峰の一つ」➡漢「ざ(座)」類語 座席・席・シート・居所・場席ばせき・空席・客席・定席じょうせき/身分

座が白しら・ける　盛り上がっていた一座の雰囲気がよそよそしい感じになる。「彼の発言に—・けた」

座が長なが・い　訪問先に長居する。

座に堪たえ◦ない　その場にいることが堪えられない。いたたまれない。「恥ずかしくて—◦ない」

座に直・る　自分の席に着く。着席する。「まず取調物を受取って我が—・り」〈二葉亭・浮雲〉

座を組・む　あぐらをかく。くつろいで座る。「女は亭主と—・みて、お家様顔してゐたりける」〈浄・重井筒〉

座を醒さま・す　一座の興をさます。座をしらけさせる。「—・さないようにそっと席を立つ」

座を占し・める　❶席につく。すわる。❷ある地位に就く。「委員長の—・める」

座を取り持・つ　同席の人々の興をさまさないように心を配り応対する。「共通の話題を提供して—・つ」

座を外・す　話し合いの席などから外に出る。席を外す。「気をきかせて—・す」

座を持・つ　「座を取り持つ」に同じ。

ザ〖the〗《英語の定冠詞から》名詞に付けて、その語のもつ性質・機能などを強調したり、普通名詞をその典型を表す固有名詞のように扱ったりする。広告文や映画・テレビ番組・雑誌記事のタイトルなどに「ザ-バーゲン」「ザ-商社」などと用いられる。

サー〖SAR〗《search and rescue》➤エス-エー-アール(SAR)

サー〖sir〗❶目上の男性に呼びかけたり答えたりするときに用いる語。「イエス—」❷(Sir)英国で、ナイトや准男爵の名前に冠する敬称。卿きょう。「—アイザック=ニュートン」

さあ〔感〕❶人を誘い、またはせきたてるときに発する語。「—、始めよう」「—、お入りください」❷ためらいや否定的な気持ちを表したり、即座の返答を避けたりするときに発する語。「—、私にできるかしら」「—、よくわかりません」❸新しい事態に直面したとき、また、行動を起こそうとしたり終えたりしたときなどに発する語。「—、大変だ」「—、やるぞ」「—、これでできた」❹相手の言葉をおさえて、こちらが話そうとするときの語。「『先だっての件ですが』『—、そのことだ、実は取り止めになったんだ』」

さあという時　目前に物事が迫って、ぐずぐずできない急な時。いざという時。「—あわてないように準備しておく」

ざあ〔連語〕《打消しの助動詞「ず」の連用形に係助詞「は」の付いた「ずは」の音変化》…なければ。…ないと。現代では多く、下に「まい」を伴って用いられる。「行か—なるまい」「知ら—言って聞かせやせう」〈伎・青砥稿〉

サーガ〖Saga〗➤サガ

サーカス〖circus〗❶円形広場。競技場。「ピカデリー—」❷動物と人間の曲芸を中心とした見世物。また、その一座。曲馬団。曲芸団。

類語 曲芸・芸当・軽業・離れ業・曲技・アクロバット

サーカディアン-リズム〖circadian rhythm〗動植物の運動や生理現象にみられる、約24時間を周期とする内因性のリズム。概日がいじつリズム。➡生物時計

サーキット〖circuit〗《巡回の意》❶電気回路。回路。❷自動車・オートバイなどの競走用につくられた環状道路。❸劇場・映画館などの興行系統。

サーキット-トレーニング〖circuit training〗筋力や持久力を養うため、数種の運動を組み合わせ、繰り返し循環して行う訓練法。

サーキット-ブレーカー〖circuit breaker〗❶電気回路の遮断器。ブレーカー。❷先物取引の価格が一定の範囲を超えて変動した場合に、相場を安定させるために、取引所が取引を一時中断すること。サーキットブレーカー制度。

サーキットブレーカー-せいど【サーキットブレーカー制度】➤サーキットブレーカー❷

サーキット-ボード〖circuit board〗トランジスタや抵抗器、コンデンサーなどの電子部品を集積・配線するための基板。

サーキュラー〖circular〗多く複合語の形で用い、円形の、扇形に広がった、などの意を表す。「—ケープ」

サーキュラー-スカート〖circular skirt〗ウエスト部を中心にして広げたとき、全体が円形になるスカート。

サーキュラー-ピーエルフィルター【サーキュラーPLフィルター】《circular polarizing light filter》➤円偏光フィルター

サーキュラー-ピッチ〖circular pitch〗歯車の歯の、ある一点から、次の歯の同じ点までの円弧の長さ。円周ピッチ。円ピッチ。

サーキュラー-ミル〖circular mil〗電線の太さを測る単位。1サーキュラーミルは直径1ミル(1000分の1インチ)の円の面積に等しく、0.0005067平方ミリメートル。

サーキュレーション〖circulation〗❶循環。流通。流布。❷普及度。普及高。特に、新聞・雑誌の発行部数やテレビ・ラジオの視聴率。

サーキュレーター〖circulator〗空気・液体などの循環装置。

サーク〖SAARC〗《South Asian Association for Regional Cooperation》南アジア地域協力連合。1985年設立。インド、バングラデシュ、パキスタン、スリランカ、ネパール、ブータン、モルディブの7か国が加盟している。

サークライン〖Circline〗輪状の蛍光灯の商標名。補説「円形蛍光灯」などと言い換える。

サークル〖circle〗❶㋐円。円形のもの。環状のもの。「ストーン—」㋑円盤投げ・砲丸投げ・ハンマー投げで、選手が投げる動作をする範囲を示す輪。㋒フィギュアスケートで、氷上に描かれた円形図。❷関心や趣味を同じくする人の集まり。同好会。「—活動」「演劇—」類語 団体・集団・一団・一行いっこう・グループ・パーティー・チーム・クラブ・サロン

サークル-チェンジ〖circle change〗野球で、チェンジアップの一種。親指と人差し指で輪を作るようにしてボールを握って投げる。速球より遅く、打者の近くで投手の利き腕側に変化しながら沈む。サークルチェンジアップ。

サーコート〖surcoat〗ジャンパーとショートコートの中間的なデザインのコートのこと。

さあ-さあ〔感〕人の行動や返答などを促すときに発する声。「—、早くしないと置いていきますよ」

ざあ-ざあ〔副〕❶雨が激しく降ったり、水が勢いよく流れ落ちたりするときの音を表す語。「湯を—(と)かける」「—降り」❷ラジオやレコードなどの雑音を表す語。「—(と)鳴るばかりでよく聞こえない」類語 しょぼしょぼ・しとしと・ぽつぽつ・ぱらぱら・ばらばら

ザーサイ【搾菜|榨菜】《中国語》カラシナの栽培変種の球茎を、とうがらしと塩を用いて漬けた漬物。中国四川省の特産。ザーツァイ。

サージ〖serge〗綾織りの洋服地。羊毛製のほか、木綿・絹・ナイロン・混紡製などがある。学生服などに用いる。

サージカル-テープ〖surgical tape〗医療用補助テープ。湿布などを肌に固定するのに用いる。

サージ-タンク〖surge tank〗水力発電所で水圧管と導水路との接合点に設ける水槽。発電所の負荷の急激な変動を調節する。調圧水槽。

サージャント〖sergeant〗米空軍における下士官の階級の一。

サージング〖surging〗ポンプ・送風機・圧縮機を、低流量域で運転するとき、管内の圧力・流量が周期的に変動する現象。振動が激しく運転が不安定になる。

サース〖SaaS〗《software as a service》インターネットを経由してソフトウエアを利用するサービス。パッケージ商品を購入するのではなく、インターネットを通じて必要な機能のみを利用し、その内容に応じてサービス料を支払う。コンピューターやソフトウエアの導入および管理の負担を軽減できる。ASPが提供するサービスとほぼ同じだが、これらがソフトウエアの機能を提供するものであることに対し、2006年頃から、より包括的な概念を表す言葉としてクラウドコンピューティングという名称が使われるようになった。

サーズ〖SARS〗《Severe Acute Respiratory Syndrome》重症急性呼吸器症候群。SARSコロナウイルスによる新しい感染症。感染症予防法の2類感染症の一。主に飛沫感染し、高熱を発し、せきや息切れなどの呼吸器症状が出る。潜伏期間は2〜7日。2002年11月中国で発生した例が最初とされる。

サーズ〖トルコ saz〗➤サズ

サーズデー〖Thursday|Thur.|Thu.|Th.〗木曜日。

サーズデー-とう【サーズデー島】タウ《Thursday Island》木曜島もくようとう。

サースフェー〖Saas-Fee〗スイス南西部、バレー州、ワリスアルプス山中の町。ミシャベル連峰のふもと、サース谷に位置する。4000メートル級の山々と氷河に囲まれた雄大な自然景観で知られる。スキーも盛ん。

サーチ〖search〗〔名〕スル 調べて探すこと。調査。探索。検索。「該当データを—する」

サーチ-エンジン〖search engine〗インターネット上で目的とするウェブページや情報などを検索するためのシステムの総称。また、そのシステムを利用できるウェブサイト。ウェブサイトの内容に応じて階層的に分類を行い、リスト化するディレクトリー型サーチエンジンと、膨大な数のウェブサイトを自動的に巡回してデータ収集を行い、それを全文検索するロボット型サーチエンジンの2種類に大別される。検索エンジン。検索サイト。

サーチエンジン-さいてきか【サーチエンジン最適化】サイテキクワ《search engine optimization》➤エス-イー-オー(SEO)

サーチエンジン-スパム〖search engine spam〗サーチエンジンにおいて、不当な手段を用いて特定のウェブサイトを検索結果の上位に表示させる行為。また、それを行うウェブサイト。検索結果の順位の整合性が乱されるため、サーチエンジン事業者は不正を発見すると検索結果を下位にさせたり、除外したりすることもある。検索エンジンスパム。SEOスパム。

サーチエンジン-たいさく【サーチエンジン対策】《search engine optimization》➤エス-イー-オー(SEO)

サーチエンジン-ポジショニング〖search engine positioning〗➤エス-イー-オー(SEO)

サーチボット〖searchbot〗サーチエンジンのデータベースを作成するための専用ソフトウエア。膨大な数のウェブサイトを自動的に巡回してデータ収集をする。この方式で作成されたサーチエンジンをロボット型サーチエンジンという。検索ロボット。ウェブクローラー。

サーチャー〖searcher〗データベースの中から、依頼者が必要とするデータを検索して引き出す技術者。電話回線を通してデータベース提供サービス会社から、情報を手元の端末に引き出すのが主な仕事。

サーチャージ〖surcharge〗❶割り増し料。課徴金。追加料金。❷➤燃油サーチャージ

サーチライト〖searchlight〗探照灯。

サーチ-ロボット〖search robot〗➤サーチボット

さあつ-けい【差圧計】➤示差圧力計

さあっ-と〔副〕瞬間的に、または軽やかに物事が行われるさま。「風が—吹く」「車が—通り過ぎる」

ざあっ-と〔副〕❶雨がいきなり強く降り出したり、水などが激しく流れ落ちたりするさま。「夕立が—やってきた」「水を—かぶる」「豆が—こぼれる」❷物事をおお

まかにひととおり行うさま。ざっと。「とりあえず一御説明します」

サーディー〘Sa'dī〙[1213ころ～1292]ペルシアの詩人。30年間に及ぶ諸国放浪の体験に基づいて著した「果樹園」「薔薇ばら園」は教訓詩の傑作とされる。

サーティーズ-ルック〘thirties look〙スイングジャズが流行し、ブロードウエーのミュージカルが全盛であった1930年代をイメージしたファッションのこと。シルエットが全体的に細く長いのが特徴。

サーディン〘sardine〙イワシのこと。特に、頭を除きオリーブ油漬けやトマト漬けにしたもの。また、その缶詰。サージン。➡オイルサーディン

サート〘SERT〙《Space Electric Rocket Test》電気推進ロケット実験機。イオンエンジンを使用してNASAが1964年第1号打ち上げ。

サード〘THAAD〙《terminal high altitude area defense》終端高高度地域防衛。地上発射迎撃ミサイルにより、高度160キロメートル以下の大気圏外において戦域ミサイルを迎撃することで広域防衛を行う構想、およびそれに使用されるミサイル。TMD(戦域ミサイル)の第1段階用として米国が開発を進めている。以前は、theatre high altitude area defence(戦域高高度地域防衛)と呼ばれていた。

サード〘third〙❶第3のもの。3番目。❷野球で、三塁。また、三塁手。サードベース。

ザートウィッケン〘ドイツ Saatwicken〙カラスノエンドウの栽培品種。葉は羽状複葉で、先端が巻きひげとなり、他に絡みつく。初夏、紅紫色の蝶形の花が咲く。大正時代にドイツより渡来し、飼料や緑肥にする。

サード-エージ〘third age〙《「第三世代」の意》子育てが終わって自由な生活を楽しめる世代。50代後半から上の世代をいう。➡ファーストエージ ➡セカンドエージ 補説フランス語からの借用という。平成20年(2008)ごろからの流行。

サードニックス〘sardonyx〙《「サードニクス」とも》茶色を帯びた赤色に白色の縞模様がある瑪瑙めのう。宝石にする。紅縞瑪瑙。

サード-パーティー〘third party〙《第三者の意》コンピューター本体を製造している企業やその系列企業以外の、ソフトウエアや周辺機器などを作るメーカーの総称。サードベンダー。

サード-ベンダー〘third vendor〙▶サードパーティー

サード-ロー〘third row〙ラグビーで、スクラムの第3列。左右フランカーとナンバーエイトの三人のこと。バックロー。

サーニズム〘saninism〙ロシアの作家アルツィバーシェフが、その小説「サーニン」に託して主唱した思想。個人の主張、恋愛の自由、性愛の解放を大胆にうたいあげた。

サーニン〘Sanin〙ロシアの作家アルツィバーシェフの長編小説。1907年刊。1905年の革命で敗北したインテリ階級の挫折感を、青年サーニンの虚無的で刹那せつな的快楽に生きる姿を通して描く。

ザーネン〘ドイツ Saanen〙家畜のヤギの一品種。スイスのザーネン渓谷の原産。乳用種で、毛色は白。日本で最も多く飼養される。

サーバ〘Umberto Saba〙[1883～1957]イタリアの詩人。本名ウンベルト＝ポーリ(Umberto Poli)。ユダヤ系でトリエステ生まれ。平明・簡潔な言葉で物語性あふれる音楽的な叙情詩を綴った。全詩集「カンツォニエーレ」、小説「エルネスト」など。サバ。

サーバー〘James Grover Thurber〙[1894～1961]米国の小説家。機械文明社会に生きる人間を深い洞察力と独自のユーモアで描いた。作「セックスは必要か」「サーバーの犬たち」など。

サーバー〘server〙❶テニス・バレーボール・卓球などで、サーブをする人。❷料理を取り分けるのに用いる大形のフォークとスプーン。❸料理を運ぶ盆。❹コンピューターネットワークにおいて、クライアントからの命令を受けて特定の機能やデータを提供する側のコンピューター、またはソフトウエアのこと。通常、機能ごとに分かれていて、メールサーバー・ウェブサーバー・ファイルサーバー・動画配信サーバー・プリンターサーバーなどがある。

サーバー-コンソリデーション〘sever consolidation〙▶コンソリデーション

サーバー-ファーム〘server farm〙❶コンピューターネットワークにおいて、大量のサーバーが設置されている場所。➡IDC ❷同じサービスを提供するサーバー群。個々のサーバーの負荷を分散し、耐障害性を高めたもの。

サーバー-ブレード〘server blade〙マイクロプロセッサー、メモリー、ハードディスクなど、サーバーとしての必要な機能を、刀のような細長い形状をした1枚の基板上に実装したもの。一般に、ブレードサーバーの筐体きょうたいに複数枚を差し込んで使用する。増設や取り外しが容易なため、システムに必要な規模に応じて柔軟に対応できる。

サーバル〘serval〙ネコ科の哺乳類。アフリカ産。頭胴長70～100センチ。ネズミ類、小形の有蹄類などを捕食。サーバルキャット。

サーバル-キャット〘serval cat〙▶サーバル

サーバント〘servant〙使用人。召使い。

サービサー〘servicer〙債権回収の専門会社。金融機関などから債権を買い取ったり委託を受けたりして、回収を代行する。債権回収会社。

サービサー-ほう【サービサー法】ーハフ ▶債権管理回収業特別措置法

サービス〘service〙〔名〕スル ❶人のために力を尽くすこと。奉仕。「休日は家族に一する」❷商売で、客をもてなすこと。また、顧客のためになされる種々の奉仕。「一のよい店」「アフター一」❸商売で、値引きしたり、おまけをつけたりすること。「買ってくだされば一しますよ」❹運輸・通信・商業など、物質的財貨を生産する過程以外で機能する労働。用役。役務。❺▶サーブ❶ 類語(❶)奉仕・ボランティア／(❷)アフターサービス／(❸)負ける・値引きする・おまけする・勉強する・奉仕する・泣く・色を付ける

サービス-エース〘service ace〙テニス・卓球・バレーボールなどで、相手が返球できない好サーブのこと。また、それによる得点。エース。

サービス-エリア〘service area〙❶ある放送局から発する電波が届く区域。❷高速道路で、給油所・食堂・便所などの設備を整えた区画。

サービス-ガール《和 service＋girl》飲食店などで、接待や給仕をする若い女性。

サービスかかく-しすう【サービス価格指数】「企業向けサービス価格指数」の略。

サービス-キープ《和 service＋keep》テニスで、サービスゲームをとること。⇔サービスダウン。

サービス-ぎょう【サービス業】ーゲフ ❶日本標準産業分類による大分類の一。廃棄物処理業、自動車などの機械修理業、労働者派遣業、政治・経済や宗教などの各種団体が含まれる。❷物品ではなくサービスを提供する業務。➡サービス❹ 補説日本標準産業分類の大分類では、❶のほかに「宿泊業、飲食サービス業」「学術研究、専門・技術サービス業」(学術機関や広告業など)「生活関連サービス業、娯楽業」(洗濯・理容・浴場など)「複合サービス事業」(郵便局など)がある。

サービス-きょひこうげき【サービス拒否攻撃】《denial of service attack》コンピューターネットワークを通じて攻撃を与える不正アクセスの一種。特定のウェブサーバーなどに対し、不正なデータや大量のデータを送りつけるなどして、サービス停止に追い込む。サービス停止攻撃。サービス不能攻撃。サービス妨害攻撃。DoS攻撃。➡分散型サービス拒否攻撃

サービス-ゲーム《和 service＋game》テニスで、自分がサーブ(サービス)権を持つゲームのこと。

サービス-コート〘service court〙テニス・バドミントンなどで、サーブを入れるべきコートの一区画。

サービス-サイズ〘service size〙写真で、機械で焼き付け、安価で提供できるカラープリントの大きさ。E、Lサイズなどがあるが、Eサイズが一般的。

サービス-さんぎょう【サービス産業】ーサンゲフ サービスを提供する産業。卸・小売業、金融・保険業、不動産業、運輸・通信業、電気・ガス・水道・熱供給業、医療・福祉、飲食宿泊業、サービス業、公務など。

サービス-ざんぎょう【サービス残業】ーザンゲフ 時間外手当の支給されない残業。また、残業をしてもそれを会社に申告しないこと。

サービスしこう-アーキテクチャー【サービス指向アーキテクチャー】ーシカウー《service oriented architecture》▶エス-オー-エー(SOA)

サービスじゅうぎょういん-こくさいろうどうくみあい【サービス従業員国際労働組合】ージユウゲフヰンコクサイラウドウくみあひ ▶エス-イー-アイ-ユー(SEIU)

サービス-ステーション〘service station〙❶客の求めに応じて、商品の修理などをする施設。❷自動車などの給油所。ガソリンスタンド。

サービス-ステート〘service state〙国家は、国民の利益のために積極的に奉仕すべきであるという考え方。奉仕国家。

サービス-センター〘service center〙客が利用しやすいように、サービス業務を集中させた施設。

サービス-ダウン《和 service＋down》テニスで、サービスゲームを落とすこと。⇔サービスキープ。

サービスつき-こうれいしゃむけじゅうたく【サービス付(き)高齢者向け住宅】ーカウレイシヤむけヂユウタク 介護・医療と連携して高齢者を支援するサービスを提供する、バリアフリー構造などを備えた賃貸住宅および有料老人ホーム。補説高齢者の単身・夫婦のみ世帯の増加に対応するため、平成23年(2011)の高齢者居住法改正により制度が創設された。高齢者円滑入居賃貸住宅(高円賃)・高齢者専用賃貸住宅(高専賃)・高齢者向け優良賃貸住宅(高優賃)を一本化したもので、居住者の安否確認・生活相談といった生活支援サービスが提供される。基準に適合した賃貸住宅を建設する事業者は建設・改修費の補助や融資、税制上の優遇措置などが受けられる。

サービス-ていしこうげき【サービス停止攻撃】▶サービス拒否攻撃

サービス-ドッグ〘service dog〙障害者の耳・目・手足の代わりとなるように訓練した犬。盲導犬など。

サービス-ニーズ〘service needs〙国や自治体の施策に対する国民・住民の要求。

サービス-フィー《和 service＋fee》手数料。骨折って何かをしてもらったときに支払う料金。補説英語では単にfee

サービス-ふのうこうげき【サービス不能攻撃】▶サービス拒否攻撃

サービス-ブレーク《和 service＋break》テニスで、相手がサーブ権を持ったゲームに勝つこと。

サービス-プログラム〘service program〙コンピューターに最初から用意されているプログラムで、利用者のプログラムの実行の手助けやシステム運用のための定形的作業を行うもの。

サービス-ポイント〘service point〙▶アクセスポイント

サービス-ぼうえき【サービス貿易】《transaction of serviceから》金融・運輸・建設・情報通信といったサービス業の国際取引。

サービス-ぼうがいこうげき【サービス妨害攻撃】ーバウガイコウゲキ ▶サービス拒否攻撃

サービス-マーク〘service mark〙商標のうち、役務(サービス)に表示する標章。役務商標。

サービスマン〘serviceman〙機械器具・電気製品などの修理員。

サービス-ヤード《和 service＋yard》台所と直結した庭の部分で、洗濯・物干しなどを行う所。

サービス-ライン〘service line〙テニス・バドミントンのコートで、サービスコートを示すネットと平行の線。

サービング〘serving〙奉仕すること。仕えること。人の役に立つこと。

サーブ〘serve〙〔名〕スル ❶テニス・卓球・バレーボールなどで、攻撃側から最初の球を打ち込むこと。また、そのボール。サービス。「速い球を一する」❷料理を

供すること。「ケーキを—する」

サーファー〘surfer〙サーフィンをする人。サーフライダー。

サーファーズ-イヤ〘surfer's ear〙耳の骨の異常増殖により、外耳道が狭くなる症候。潜水時に、水が耳の奥まで入らないようにする生体防御反応によるもの。サーファーに多く見られるところからの名称。

サーファー-ルック〘surfer look〙サーファー独特のファッション。また、それをイメージしたスタイル。カラフルな色使い、派手なプリントに特徴がある。

サーブ-アンド-ボレー〘serve and volley〙テニスで、サーブすると同時にネットに近づき、相手の返球をボールが地面に落ちる前に打ち返すこと。また、そのような攻撃的なプレースタイルをいう。

サーフィス〘surface〙フィンスイミングの泳法の一つで、シュノーケルを付けて水面を泳ぐもの。

サーフィス-モデル〘surface model〙コンピューターグラフィックスの三次元画像で物体の形状をポリゴンという多角形の面のみで表したもの。

サーフィン〘surfing〙サーフボードの上に立ち、バランスをとりながら、波に乗って楽しむスポーツ。《季 夏》「—に直立白馬躍る時も/風生」

サーフェス〘surface〙表。表面。単独では、テニスコートについていうことが多い。「球足の速い—」

サーフェス-インタレスト〘surface interest〙表面効果を強調した生地の総称。またはそのようなテクニックのこと。従来の生地の種類による表面変化だけではなく、人工的な起毛・ネップ・型押しなどによってこれまでにない表情を出したもの。

サーフェス-ウェブ〘surface web〙▶表層ウェブ

サーフ-キャスティング〘surf casting〙なぎさでの投げ釣り。

サーフ-ジェット〘surf jet〙マリンスポーツ用具の一。サーフボードにウオータージェット推進の小型エンジンを取り付けたもの。

サーフ-パンツ〘surf pants〙ショートパンツの一種。主に海岸で用いるが、街中でも着用できる。

サーフボード〘surfboard〙サーフィンに用いる長円形の板。木製またはプラスチック製。

サーフ-ミュージック〘surf music〙サーフィンを中心にアメリカ西海岸の若者風俗や日常を歌った、明るく軽快でスピード感のあるロック。1960年代初頭にブームを巻き起こしたビーチ-ボーイズが代表。サーフロック。

サープラス〘surplus〙余り。剰余金。

サーブル〘フランス sabre〙フェンシングの剣の一。また、それを用いて行う競技。突き、および打撃(切り)で争う。➡エペ ➡フルーレ

サーブレット〘servlets〙ウェブサーバーで実行されるJavaアプレット。ウェブサーバーのサービス追加や機能拡張に用いられる。

サーフ-ローラー〘surf roller〙▶スケートボード

サーフ-ロック〘surf rock〙▶サーフミュージック

サーベイ〘survey〙調査。測量。実地踏査。

サーベイ-メーター〘survey meter〙放射線の量を測定する携帯用の装置。ガイガー-ミュラー計数管やシンチレーション計数管を用いたものがある。

サーベイヤー〘Surveyor〙アメリカの月探査機の一。アポロ計画による有人宇宙船の月着陸に先行して、月に軟着陸した無人探査機。テレビカメラや、月の物質の物理化学的分析装置などを搭載した。

サーベイランス〘surveillance〙❶監視。見張り。また、監視制度。「エイズ—」❷感染症・環境汚染・経済などの動向について専門機関が調査・監視を行うこと。

サーベル〘オランダ sabel〙もと軍人や警官が腰に下げた、西洋風の細身で片刃の刀。洋剣。
〖類語〗洋剣・洋刀・刀・剣(けん)・剣(つるぎ)・軍刀

サーベル-タイガー《saber-toothed tigerから》剣歯虎(けんしこ)。

サーボ〘servo〙「サーボ機構」の略。

サーボ-きこう【サーボ機構】《servomechanism》位置・方位・姿勢などを自動制御する制御系。遠方操作・無線操縦などに利用。

サーボ-ぞうふくき【サーボ増幅器】サーボ機構に含まれ、サーボモーターなどを作動させる増幅器。

サーボブレーキ〘servobrake〙自動車用ブレーキで、ブレーキペダルを踏む力に応じて油圧が作動し、同時に空気圧などによってその油圧を増圧させて強力な制御を行うもの。

サーボモーター〘servomotor〙サーボ機構の制御信号に従って動力を発生し、負荷を駆動させる装置。電動機・油圧モーター・気圧モーターなどがある。

サーマーン-ちょう【サーマーン朝】(てう)《Sāmān》875年にナスル1世がアッバース朝から独立して創始したイランの王朝。中央アジアとイラン東部を支配したが、カラハン朝の侵入によって999年に滅亡。

ざあま・す〔動サ特活〕動詞「ざます」の音変化。「今日は寒う—・す」〖補説〗活用は助動詞「ざあます」に同じ。東京山の手の上流階級の婦人が用い始めたという。

ざあます〔助動〕[ざあませ(ざあましょ)|ざあまし|ざあます|ざあます|ざあますれ|ざあませ(ざあまし)]《丁寧の助動詞「ざます」の音変化》「ざます」に同じ。「いい事**ざあます**わ」〖補説〗東京山の手の上流階級の婦人が用い始めたといわれ、この語を多用することばづかいを「ざあますことば」ともよぶ。

ざあます-ことば【ざあます言葉】文末に「ざあます」を多用することばづかい。➡ざあます

サーマル〘thermal〙❶熱的。熱(温度)に関するもの。❷▶熱気泡

サーマル-インクジェット-プリンター〘thermal ink-jet printer〙インクジェットプリンターの一方式。インクを発熱し、紙面に向け泡を射出して印字・印画する。個人向けのプリンターとして広く採用されている。キヤノンでは同様の方式をバブルジェットと呼んでいる。サーマルインクジェット方式。

サーマル-インクジェット-ほうしき【サーマルインクジェット方式】(ハウシキ)▶サーマルインクジェットプリンター

サーマル-プリンター〘thermal printer〙▶感熱式プリンター

サーマル-リアクター〘thermal reactor〙自動車の排出ガス浄化装置の一つ。排出ガスを高温に保ち、含まれる有害成分を燃やし尽くすもの。

サーマル-リカバリー〘thermal recovery〙▶サーマルリサイクル

サーマル-リサイクル《和 thermal(熱の)+recycle(再利用)》廃棄物を焼却炉で燃やす際、発生する熱を発電や温水などに再利用すること。日本においては、平成18年(2006)の容器包装リサイクル法の改正で廃プラスチックを可燃ごみとして収集・焼却し、熱エネルギーを回収することが認められた。熱回収。サーマルリカバリー。

サーミ〘Sami〙ラップランドに住む少数民族。原住地はボルガ川流域といわれ、短身・黒髪短頭などが特徴。サーミ語を使用し、伝統的な職業はトナカイの飼育、狩猟、漁労など。サーメ。〖補説〗かつては「ラップ人」とも呼ばれたが、現在では自称であるサーミを使用することが多い。

サーミスター〘thermistor〙温度が上がると、電気抵抗が著しく変化する半導体素子。測定器や制御器に使用。

サーミスター-おんどけい【サーミスター温度計】(ヲンドケイ)温度が上がると、電気抵抗が著しく変化する半導体素子サーミスターを用いた鋭敏な温度計。抵抗温度計の一。測定可能な温度範囲はセ氏零下50度から300度程度。

サーメ〘Sami〙▶サーミ

サーメット〘cermet〙《ceramic(陶器)とmetal(金属)との合成語》金属の炭化物・硼化(ほう)物・酸化物・窒化物などのセラミックと、ニッケル・クロム・コバルトなどの金属と合わせて焼き固めた材料。セ氏1000度以上の耐熱材として、ジェットエンジンや硬質工具などに使用。

ザーメン〘ドイツ Samen〙精液。

サーモカラー〘thermocolor〙▶示温材

サーモグラフィー〘thermography〙物体の熱分布を図として表し分析する装置。医療では皮膚の温度分布を測定し、それを色分布などで画像化して乳癌などの診断に用いる。

サーモコンクリート〘thermoconcrete〙発泡剤を用いて多量の気泡を混入し、断熱性を高め軽量化したコンクリート。断熱・防音用。気泡コンクリート。

サーモス〘thermos〙魔法瓶。商標名。

サーモスタット〘thermostat〙サーミスターの特性、バイメタルの湾曲や水銀の膨張などを利用して、自動的に温度が一定になるように調節する装置。

サーモスフィア〘thermosphere〙熱圏(ねつけん)のこと。

サーモトロピー〘thermotropy〙▶熱互変

サーモパイル〘thermopile〙▶熱電堆

サーモペイント〘thermopaint〙▶示温材

サーモメーター〘thermometer〙温度計。寒暖計。

サーモン〘salmon〙鮭(さけ)。「スモークド—」

サーモン-ピンク〘salmon pink〙鮭(さけ)の肉の色のような、赤みがかったピンク。「—のセーター」

さ-あや【紗綾】▶さや(紗綾)

サーラ〘ロシア salo〙豚肉の脂身を塩漬けにしたもの。ロシアなどの伝統食。サーロ。

さ-あらぬ【然有らぬ】〔連語〕(多く「体(てい)」「顔」「ようす」などの名詞を伴って用いる)なにげない。なにくわぬ。さらぬ。「—体(てい)であいさつする」

サーランギ〘ヒンディー sarangi〙北インドの擦弦楽器。全長約60センチ。箱状の胴に羊の皮を張り、主要演奏弦は4本で30～40本ほどの共鳴弦をもつ。

サーリセルカ〘Saariselkä〙フィンランド北東部の観光保養地。同国第2位の面積をもつウルホケッコネン国立公園の玄関口。先住民サーミの暮らしや文化を紹介する野外博物館がある。

ザール〘Saar〙㊀ザールラントの略称。㊁ドイツ西部、ザール地方を北流する川。ライン川支流のモーゼル川に合流する。

ザール-がわ【ザール川】(がは)▶ザール㊁

ザール-たんでん【ザール炭田】ザールラントにある炭田。良質な石炭を豊富に埋蔵。

サールナート〘Sarnath〙《鹿の園の意。漢訳では鹿野苑(ろくやおん)》インドのバラナシ近郊にある仏教遺跡。釈迦(しゃか)が初めて説法を行った聖地。アショカ王時代創建の石柱頭部の獅子像などが出土。

ザールブリュッケン〘Saarbrücken〙ドイツ、ザールラントの中心工業都市。ザール川に臨む。

ザールラント〘Saarland〙ドイツ西部の州。州都ザールブリュッケン。フランスのロレーヌ地方と国境を接する炭田地帯で、欧州屈指の重工業地帯を形成。18世紀以来ドイツ・フランスの係争地で、第二次大戦後は一時フランスの管理下におかれたが、1957年ドイツ領となった。ザール。

サーレマー-とう【サーレマー島】(タウ)《Saaremaa》エストニア西部、バルト海に浮かぶ島。ドイツ語名・スウェーデン語名はエーゼル島。同国の島の中で最も大きい。リガ湾の入口に位置し、ラトビアとはイルベ海峡で隔てられる。主な町は南部のクレッサーレ。クレッサーレ城やカルヤ教会など中世の歴史的建造物が残るほか、数千年前にできたとされるカーリクレーター、島のシンボルとして親しまれるアングラ風車群がある。

サーロ〘ロシア salo〙▶サーラ

サーロイン〘sirloin〙牛の腰の上部の柔らかい肉。ローストやステーキに最適。

サーロインステーキ-しょうこうぐん【サーロインステーキ症候群】(シヤウコウグン)運動不足により、足腰の筋肉に脂肪がたまった状態のたとえ。上等なサーロインには霜降り状に脂が乗っていることから。

さ-あん【簑庵】京都の大徳寺玉林院にある茶室。江戸中期、寛保2年(1742)に大坂の豪商鴻池了瑛(こうのいけりょうえい)が造立。三畳中板入りの草庵で、表千家7世如心斎宗左の好みによる。

サーンキヤ-がくは【サーンキヤ学派】《梵 Sāṃkhya は「僧佉(そうぎゃ)」と音写》インド六派哲学の一。開祖は迦

漢字項目 さい

【切】►せつ
【西】【斉】►せい
【材】【財】►ざい
【×洒】►しゃ
【殺】►さつ

才 学2 音サイ漢 ザイ呉 ‖ 持ち前の能力。「才覚・才人・才知・才能/異才・英才・鬼才・秀才・商才・多才・天才・非才・文才・凡才」名付かた・たえ・とし・もち

再 学5 音サイ呉漢 サ慣 訓ふたたび ‖ ㊀〈サイ〉ふたたび。「再会・再刊・再起・再建・再現・再再・再三・再生・再選・再度・再出発/一再」㊁〈サ〉その次の。「再来月・再来週・再来年」難読再従兄弟はとこ・再従姉妹はとこ

災 学5 音サイ呉漢 訓わざわい ‖ 自然に起こる悪い出来事。生活を損なう出来事。わざわい。「災害・災難・災厄/火災・震災・人災・戦災・息災・天災・被災・防災」

妻 学5 音サイ呉 訓つま ‖ ㊀〈サイ〉夫の配偶者。つま。「妻子/愛妻・恐妻・愚妻・後妻ごさい・正妻・夫妻・亡妻」㊁〈つま(づま)〉「新妻にいづま・人妻」難読後妻うわなり

采 音サイ呉漢 訓とる ‖ ①美しい色彩。「采衣」②姿や様子。「風采」③えらびとる。「納采」④領地。「采地」名付あや・うね・こと 難読采女うねめ

人 **哉** 音サイ呉漢 訓かな、か、や ‖ 感動を表す助字。かな。「快哉・善哉ぜんざい」名付えい・き・すけ・ちか・とし・はじめ

人 **柴** 音サイ漢 訓しば ‖ ㊀〈サイ〉小さい雑木。しば。「柴門」㊁〈しば〉「柴山/小柴」難読柴垣ふしがき

砕〔碎〕 音サイ呉漢 訓くだく、くだける ‖ ①くだく。くだける。「砕石・砕氷船/玉砕・撃砕・破砕・粉砕・粉骨砕身」②こまかい。「零砕」

宰 音サイ呉漢 ‖ ①切って料理する。料理人。「庖宰ほうさい」②つかさどる。取り仕切る。「宰領/主宰」③つかさ。長。「宰相/家宰・太宰だいさい・だざい」名付おさむ・かみ・すず・ただ・つかさ

栽 音サイ呉漢 ‖ ①草木を植える。「栽培/植栽」②植え込み。「前栽せんざい・盆栽」名付たね

人 **砦** 音サイ漢 訓とりで ‖ とりで。「砦柵さいさく/山砦・城砦・鹿砦ろくさい」

× **豺** 音サイ漢 訓やまいぬ ‖ 獣の名。アカオオカミ。転じて、非道・非情の悪人のたとえ。「豺狼さいろう」

彩 音サイ呉漢 訓いろどる ‖ ①美しい色をつける。いろどり。「彩色/光彩・色彩・水彩・精彩・多彩・淡彩・迷彩」②姿や様子。「神彩」名付あや・たみ

採 学5 音サイ呉漢 訓とる ‖ とる。えらびとる。「採掘・採血・採光・採集・採択・採点・採用/伐採」名付もち

済〔濟〕 学6 音サイ呉 セイ漢 訓すむ、すます、すくう、なす ‖ ㊀〈サイ〉①助ける。すくう。「済世さいせい・済度・済民/救済・共済・経済けいざい」②しあげる。すます。「皆済・既済・決済・返済・弁済・未済」㊁〈セイ〉多くそろってりっぱなさま。「多士済済」補説㊁の「済済」は「さいさい」とも読む。名付お・かた・さだ・すみ・ただ・とおる・なり・なる・まさ・ます・やす・よし・わたる 難読済なし崩し

× **猜** 音サイ呉漢 訓そねむ ‖ そねむ。ねたむ。うたがう。「猜忌・猜疑」

祭 学3 音サイ呉 訓まつる、まつり ‖ ①まつる。まつり。「祭祀さいし・祭礼/祝祭・葬祭・大祭・例祭」②記念の催し。「学園祭・前夜祭・文化祭」

斎〔齋〕 音サイ呉漢 訓いみ、いもい、いつき、いわい、とき ‖ ①神仏を祭るとき、心身を清める。ものいみ。「斎戒/潔斎」②祭事を行う。「斎主・斎場」③ものいみや読書などをする部屋。「山斎・書斎」④精進料理。僧の食事。とき。「斎食さいじき」名付いつ・きよ・ただ・ひとし・よし 難読斎王いつきのみこ・斎宮いつきのみや

細 学2 音サイ呉 訓ほそい、ほそる、こまか、こまかい、ささ、さざれ、ささら ‖ ㊀〈サイ〉①ほそい。「細腰さいよう・細流/繊細」②こまかい。こまごましている。「細菌・細工・細心・細部・細胞/些細ささい・微細」③くわしい。「細説/委細・詳細・明細」④取るに足りない。「細民/零細」㊁〈ほそ(ぼそ)〉「細道/極細ごくぼそ」難読細螺きさご・細波さざなみ・細雪ささめゆき・細石さざれいし

菜 学4 音サイ呉漢 訓な ‖ ㊀〈サイ〉①葉・茎・根などを食用にする草の総称。「菜園・菜食/山菜・蔬菜そさい・白菜・野菜・根菜類」②おかず。副食。「前菜・総菜そうざい」③料理。「菜館」㊁〈な〉「菜種/青菜・油菜・水菜・若菜」難読雪花菜おから・搾菜ザーサイ・鹿尾菜ひじき・羊栖菜ひじき

最 学4 音サイ呉漢 訓もっとも、も ‖ ㊀〈サイ〉もっとも。いちばん。「最悪・最近・最高・最終・最初・最大・最適・最良」㊁〈も〉「最中もなか・最早もはや・最寄もより」名付いろ・かなめ・たかし・まさる・ゆたか・よし 難読最中もなか

人 **犀** 音サイ呉 セイ漢 ‖ ①獣の名。さい。「犀角/霊犀」②するどい。「犀利」難読木犀もくせい

裁 学6 音サイ漢 訓たつ、さばく ‖ ①布を断ち切る。「裁断・裁縫」②是非善悪を判断して決める。処理する。「裁定・裁判/決裁・親裁・制裁・総裁・仲裁・独裁」③外見。「体裁」④裁縫のこと。「洋裁・和裁」⑤「裁判所」の略。「家裁・高裁・地裁」

債 音サイ漢 ‖ ①借りがあること。負い目。借金。「債券・債務/負債」②貸しを取り立てること。「債鬼・債権」③「債券」の略。「外債・起債・国債・社債」

催 音サイ漢 訓もよおす ‖ ①うながす。せきたてる。「催告・催促」②そのような気分に誘う。「催眠・催涙」③会を設ける。「開催・共催・主催」名付とき 難読雨催あまもよい・催馬楽さいばら・催合もやい

塞 音サイ呉漢 ソク呉漢 訓ふさぐ、ふさがる、とりで ‖ ㊀〈ソク〉すきまなくふさぐ。ふさがる。「塞源/活塞・梗塞こうそく・充塞・栓塞・逼塞ひっそく・閉塞」㊁〈サイ〉①通路をふさいで守りを固めた所。とりで。「要塞」②国境地帯。「塞翁・塞外/辺塞」名付せき

歳 音サイ呉 セイ漢 訓とし ‖ ㊀〈サイ〉①一か年。とし。「歳費・歳末/終歳・年年歳歳」②年月。「歳月/千歳せんざい」③木星のこと。「太歳たいさい」④作物の実り。「凶歳」㊁〈セイ〉とし。「歳暮」難読千歳ちとせ

載 音サイ呉漢 訓のせる、のる ‖ ①車・船などに物をのせる。のせて運ぶ。「積載・搭載・舶載」②書物などに記す。「載録/記載・掲載・所載・転載・連載」③年を数える語。「千載せんざい一遇」名付こと・とし・のり

× **摧** 音サイ漢 訓くだく、くだける ‖ くだく。くだける。「破摧」

際 学5 音サイ漢 訓きわ ‖ ㊀〈サイ〉①二つの物が接する所。限りのところ。きわ。はて。「際涯・際限/分際ぶんざい・辺際」②出会う。「際会」③接してまじわる。「学際・交際・国際」④時。場合。「実際」㊁〈きわ(ぎわ)〉「際物/手際・間際・窓際・水際」難読今際いまわ

× **賽** 音サイ呉漢 ‖ 神仏にお礼参りをする。「賽銭・賽物さいもつ/報賽」難読賽子さいころ

漢字項目 ざい

在 学5 音ザイ呉 訓ある、います、ます、まします ‖ ①そこにある。いる。「在位・在学・在庫・在宅/介在・健在・現在・散在・自在・実在・所在・潜在・存在・滞在・不在」②住んでいる。「在住・在所」③いなか。「在郷ざいごう/近在」名付あき・あきら・あり・すみ・とお・まき・みつる

材 学4 音ザイ呉 サイ漢 ‖ ①原料となる木。「材木/角材・製材」②原料となるもの。「材料/器材・教材・鋼材・資材・取材・素材・題材」③役に立つ素質・能力。「逸材・人材・適材」名付えだ・き・もとき・もとし

剤〔劑〕 音ザイ呉 ‖ 調合した薬。「下剤・散剤・錠剤・洗剤・調剤・乳剤・配剤・薬剤・強心剤」

財 学5 音ザイ呉 サイ漢 訓たから ‖ ㊀〈ザイ〉値うちのあるもの。有用な物質や金銭。たから。「財貨・財源・財産・財政・財宝/家財・散財・私財・借財・浄財・蓄財・理財・消費財」㊁〈サイ〉たから。お金。「財布」

罪 学5 音ザイ呉 訓つみ ‖ ㊀〈ザイ〉①法にそむいた行い。つみ。「罪状・罪名/断罪・犯罪・微罪・無罪・有罪・余罪・傷害罪」②刑罰を加える。刑罰。「斬罪ざんざい・死罪・服罪・流罪るざい」③悪いこと。あやまち。「罪悪・罪業ざいごう/功罪・謝罪・滅罪」㊁〈つみ〉「罪科つみとが」

毘羅仙かびらせん(カピラ)。精神的原理である神我と物質原理である自性の二元論によって世界の生成・転変を説明し、物質から離れた神我を自覚することで解脱を得ると説く。数論すろん学派。

ザーンセ-スカンス〖Zaanse Schans〗オランダ、ノルトホラント州の町。ザーン川に沿って、17〜18世紀に建てられた風車や伝統的な民家があり、多くの観光客が訪れる。

サーンチー〖Sanchi〗インド中部にある仏教遺跡。初期仏教美術の宝庫で、アショカ王時代創建の石柱や覆鉢式大塔などが有名。1989年、世界遺産(文化遺産)に登録された。

さい【才】㊀〔名〕❶《古くは「ざい」とも》㋐生まれつきもっている知能の働き。才能。才知。才気。「―におぼれる」「―に走る」㋑学問。学。才識。ざえ。❷尺貫法の容積の単位。勺しゃくの10分の1。約1.8ミリリットル。❸木材の体積の単位。1寸(約3.03センチ)角で、建具・家具用材では長さ6尺(約1.8メートル)、建築用材では長さ12尺(約3.6メートル)の体積を1才とする。❹石材や船の積み荷の体積の単位。1才は1立方尺(約0.0278立方メートル)。❺じゅうたんなど織物の大きさを表す単位。1才は1平方フイート(約92平方センチ)。㊁〔接尾〕助数詞。「歳」に当てて、年齢を数えるのに用いる。「四、五―」➡漢「さい(才)」類語能力・力量・能・才能

さい【妻】つま。他人に対して自分のつまをいう語。家内。「今―も憚はばかりへ行きたいと云うものだから」〈芥川・将軍〉➡漢「さい(妻)」類語細君・妻女さいじょ・家内・女房・かみさん・ワイフ・かかあ・山の神・ベターハーフ

さい【采・×賽】❶双六すごろく・ばくちなどで用いる小さな立方体の道具。六つの面に一から六までの目が記してあり、投げ転がして上面に出た数により勝負を決める。さいころ。一天地六いってんちろく。❷「采配」の略。「―を振る」➡漢「さい(采・賽)」

賽は投げられた 《ラテ Alea jacta est》事ここに至ったうえは、結果はどうなろうとも断行するほかはない。補説カエサルが、軍を率いてルビコン川を渡るときに言ったといわれる言葉。

采さいを採・る 指揮をする。采配をとる。

さ-い【差異】ィ・**【差違】**ヰ 他のものと異なる点。ものとものの違い。差。「両者の能力になんら―はない」類語違い・相違・異同・誤差・小異・大差・同工異曲・大同小異・別・分かち

さい【斎】㊀〔名〕仏語。❶身心をつつしみ清浄を保つこと。斎戒。❷僧が正午にとる食事。とき。斎食。❸仏事法要のときの食事。とき。㊁〔接尾〕居室の名や文人などの雅号に付けて用いる。「自然―(宗祇そうぎ)」「臨江―(紹巴じょうは)」➡漢「さい(斎)」

さい【細】こまかいこと。詳しいこと。「微にいり、―をうがった解説」➡漢「さい(細)」
さい【菜】酒や飯に添えて食べるもの。おかず。副食物。「一汁一―」➡漢「さい(菜)」
さい【×犀】奇蹄(きてい)目サイ科の哺乳類の総称。陸上では象に次ぐ巨獣で、皮膚は厚く、毛はほとんどない。鼻先にある1本または2本の角は皮膚が角質化したもので、漢方では珍重される。東南アジア・アフリカに5種が分布、いずれも国際保護動物。➡漢「さい(犀)」
さい【債】返さなければならない金品。また、金品を借りた負い目。借金。借財。「―を負う」➡漢「さい(債)」
さい【×鉏】サヒ ❶刀や小刀。刃物。「太刀ならば呉(くれ)の真(ま)―」〈推古紀・歌謡〉❷鋤(すき)。「―を作りて此の岡を祭るに」〈播磨風土記〉
さい【際】❶とき。場合。機会。「有事の―」「この―だから言っておこう」❷物と物との接するところ。「天地の―」➡頃(ころ)(用法) ➡漢「さい(際)」
(類語)時・場合・折・ところ・場・段
さい【蔡】中国、春秋時代の列国の一。周の武王が弟の蔡叔度を封じた国。現在の河南省上蔡県の西南。前447年、楚の恵王に滅ぼされた。
さい〔形動〕《「さよう」の音変化》「さよう」のいく分ぞんざいな言い方。「―ざんす」「―です」
さい【最】㊀〔ト・タル〕文〔形動タリ〕程度がもっともはなはだしいさま。第一番であるさま。多く、「最たる」の形で用いる。「成り金趣味の―たるものだ」㊁〔形動〕文〔ナリ〕㊀に同じ。「僕の一生に大感化を及ぼした者…駒井先生と兼頭君がその―なる者である」〈蘆花・思出の記〉㊂〔接頭〕名詞に付いて、もっとも、この上ない、の意を表す。「業界でも―大手の会社」「―前線」「―先端」「―優秀選手」➡漢「さい(最)」
さい【再】〔接頭〕名詞に付いて、ふたたび、もう一度の意を表す。「―放送」「―スタート」➡漢「さい(再)」
さい【歳】〔接尾〕助数詞。年齢・年数を数えるのに用いる。「三―」「満五―」➡漢「さい(歳)」
(類語)年(ねん)・年(とし)・周年
ざい【在】❶《「在郷(ざいごう)」の略》いなか。在所。多く、都市の周辺にいう。「埼玉の―に住む」❷その場所にいること。また、地名の上に付けて、そこにいることを表す。「―、不在を確かめて訪問する」「―ロンドン」➡漢「ざい(在)」(類語)(❶)田舎・郷・在所・在郷・在地・在方・鄙(ひな)・地方・ローカル
ざい【材】❶材木。木材。「通し柱に太い―を使ってある」❷原料。材料。「印の―に角(つの)を用いる」❸才能。また、才能のある人。「国家有用の―」➡漢「ざい(材)」(類語)(❷)材料・素材・料(りょう)・資材・原料・マテリアル・マチエール
ざ-い【座位】ヰ ❶座席の位置。座席の順序。席次。❷すわった姿。
ざい【財】❶財産。富。「巨額の―を築く」「―をなげうつ」「―を成す」❷経済学で、人間の欲望を満たし、人間が支配・処分することのできるもの。有り余るほどあって売買の対象とならないものを自由財、欲望に比して希少性をもち、その獲得に何らかの努力を必要とし、売買の対象となるものを経済財という。財貨。➡漢「ざい(財)」(類語)資産・財産・恒産・私財・家財・身代・富・産・資財・財貨・貨財・私産・家産・身上(しんしょう)
ざい【▽際】身のほど。分際。「時宗(ときむね)やらぬの逃さぬのと、女子の―にあんまりな」〈浄・百日曽我〉
ざい【剤】〔接尾〕助数詞。調合した薬を数えるのに用いる。「合薬十七―」〈延喜式・斎宮寮〉➡漢「ざい(剤)」
サイアー【sire】▶種牡馬(しゅぼば)
さい-あい【最愛】❶最も深く愛していること。「―のわが子」「―の妻を亡くす」❷男女または夫婦の仲のよいこと。夫婦の間柄。「―の中になりて師家といふ子産みて」〈愚管抄・五〉
さい-あく【最悪】〔名・形動〕最も悪い状態であること。また、そのさま。「―な(の)場合」「事態は―だ」⇔最善/最良。(類語)最低・極悪
ざい-あく【罪悪】道徳や宗教の教えに背くこと。つみ。とが。「―を犯す」(類語)罪・咎(とが)・過ち・罪科・罪過・犯罪・罪障・罪業・悪徳・背徳・不徳・不仁・不義・不倫・破倫・悪(あく)・悪行(あくぎょう)・悪事・違犯
ざいあく-かん【罪悪感】罪をおかした、悪いことをしたと思う気持ち。「―に責められる」
サイアザイド【thiazide】ベンゾチアジアジン系の経口利尿薬。高血圧症にも用いられる。
サイアミン【thiamine】ビタミンB_1のこと。チアミン。
さい-あん【再案】修正した二度目の草案。
ざい-あん【罪案】犯罪の処置についての案。また、罪科の箇条を記した文書。「―が定まって上申せられたのは」〈鴎外・大塩平八郎〉
さい-い【災異】非常の災害。天災地変。「―の年も早く尽きて」〈荷風・かたおもひ〉
さい-い【彩衣|×綵衣】美しい模様のある衣服。
ざい-い【在位】ヰ〔名〕スル 帝王の位にいること。また、ある地位にいること。また、その期間。
さい-いき【西域】ヰキ ▶せいいき(西域)
さいい-せつ【災異説】中国古代の政治思想の一。国家の政治が乱れると天は何らかの災異現象を起こして地上の統治者を責め、罰を下すという思想。
サイード【Edward William Said】[1935～2003] パレスチナ出身の米国の批評家・文学研究者。コロンビア大教授。1978年発表の著作「オリエンタリズム」では、西欧中心の中東・アジア観を指摘・批判した。他に「世界・テキスト・批評家」「文化と帝国主義」など。
ザイール【Zaire】コンゴ民主共和国の旧称。
さい-いん【斎院】ヰン 平安時代、京都の賀茂神社に奉仕した未婚の内親王または女王。天皇即位ののち、卜定(ぼくじょう)によって選ばれた。いつきのみや。いつきのいん。➡斎宮(さいぐう)
ざい-いん【在院】ヰン〔名〕スル 病院など「院」と名のつく所にいること。入院していること。
ざい-いん【罪因】罪を犯した原因。
さいいん-ざい【催淫剤】性欲を増進させる作用をもつ薬剤。催春剤。媚薬(びやく)。催淫薬。
さい-インストール【再インストール】《reinstall》インストールをしなおすこと。オペレーティングシステムやアプリケーションソフトの動作に不具合が続く時などに最終的な解決の手段として行うことが多い。
さいいん-の-みかど【西院の帝】サイヰン 淳和天皇の異称。西院(現在の京都市右京区西院付近)に居住していたことから称された。
さい-う【細雨】こまかい雨。ぬかあめ。きりさめ。
さい-うよく【最右翼】《旧軍関係の学校では成績順に右から並んだところから》競争者の中で最も有力なもの。「優勝候補の―」(類語)本命・有力・筆頭
さい-うん【彩雲】雲の縁が美しくいろどられる現象。雲の水滴による光の回折で生じ、主に高積雲にみられる。
さい-え【斎会】ヱ ❶僧尼を招いて斎食(さいじき)を施す法会。❷神を祀る儀式。御斎会(ごさいえ)。
さい-えい【才英|才×穎】才知のすぐれていること。また、その人。「博学―」
さい-えい【再映】〔名〕スル 一度公開した映画を再び上映すること。テレビの放映についてもいう。再上映。「名画を―する」
さい-えい【細×纓】冠の纓の一種。幅の狭い纓の中央を曲げて両端を纓壺(えつぼ)に差し込むのを例としたが、のちに纓の縁のみを残した形にして鯨のひげ2本を曲げて用いた。六位以下の武官および六位の蔵人(くろうど)が使用した。ほそえい。
ざい-えい【在営】〔名〕スル 兵営の中にいること。軍務に服していること。また、その期間。「―五年」
さい-えき【歳役】律令制で、正丁(せいてい)に年10日間課された労役。さいやく。
ざい-えき【在役】〔名〕スル ❶懲役・兵役などに服していること。「徴兵で二年間―した」❷任務に就いていること。「―艦」
ザイェチャル【Zaječar】セルビア東部の都市。ブルガリアとの国境に近い。オスマン帝国支配の下で発展し、18世紀から19世紀にかけて建造されたトルコ風の邸宅などが残っている。近郊のガムジグラードには古代ローマ時代の遺跡ロムリアーナがあり、2007年に世界遺産(文化遺産)に登録された。
さい-えん【才媛】ヱン 高い教養・才能のある女性。才女。「―の誉(ほま)れが高い」(類語)才女・賢女
さい-えん【再演】〔名〕スル ❶同じ劇などを再び上演すること。「好評にこたえて―する」❷同じ役者が同じ役で再び出演すること。
さい-えん【再縁】〔名〕スル 二度目の結婚をすること。再婚。多く、女性にいう。(類語)再婚・再嫁
さい-えん【菜園】ヱン 野菜を作る畑。野菜畑。「家庭―」
さい-えん【×臍炎】へその炎症。新生児の臍帯が脱落したあとに細菌が感染して起こることが多い。
ざい-えん【在園】ヱン〔名〕スル 保育園・幼稚園など「園」と呼ばれる施設に在籍していること。「―児」
サイエンス【science】❶科学。学問。「ライフ―」❷自然科学。(類語)学(がく)・学術・学芸・学理・科学・学知
サイエンス-フィクション【science fiction】空想的な世界を科学的仮想に基づいて描いた物語。ベルヌ・H=G=ウェルズらによって確立された。空想科学小説。科学小説。SF。
サイエンティスト【scientist】科学者。特に、自然科学者。
サイエンティフィック【scientific】〔形動〕科学的なさま。学術的なさま。「―な手法」
サイエントメトリー【scientometry】科学研究活動を定量的に研究する学問。例えば、科学研究費・論文数・論文引用数などから研究の効率などを分析する。科学計量学。
さい-おう【再応】ヲウ・【再往】ワウ 再び繰り返すこと。再度。
さい-おう【災×殃】アウ わざわい。災難。
さい-おう【斎王】ワウ ▶斎皇女(いつきのみこ)
さい-おう【最奥】アウ いちばん奥。さいおく。
さい-おう【塞翁】ヲウ 辺境の塞(とりで)のほとりに住む老人。
塞翁が馬 《「淮南子(えなんじ)」人間訓から》人生の禍福は転々として予測できないことのたとえ。「人間万事―」(補説)昔、中国の北辺の塞(とりで)のそばに住んでいた老人の馬が胡(こ)の地に逃げたが、数か月後、胡の駿馬(しゅんめ)を連れて帰ってきた。その老人の子がその馬に乗り落馬して足を折ったが、おかげで兵役を免れて命が助かったという故事から。
ざい-おう【在欧】〔名〕スル 欧州(ヨーロッパ)に滞在・駐在すること。「―している社員」
サイオプ【SIOP】《single integrated operational plan》米国の単一統合作戦計画。核戦争に対する最高作戦計画。
さい-おん【蔡温】ヲン [1682～1761] 琉球王国の政治家。琉球名は具志頭文若(ぐしちゃんぶんじゃく)。蔡温は唐名。清の福州に留学、帰国後、尚敬王の後見役として業績をあげた。
ザイオン-こくりつこうえん【ザイオン国立公園】コクリツコウヱン《Zion National Park》米国ユタ州南西端にある国立公園。バージン川に浸食されたザイオン渓谷や、世界最長のアーチが見られるコロブ渓谷がある。
さいおんじ【西園寺】サイヲンジ 姓氏の一。藤原北家閑院流。清華(せいが)家の一。閑院通季(みちすえ)を家祖とし、通季の曽孫公経(きんつね)が京都北山の別荘に西園寺を造営、以後これを家名とした。
さいおんじ-きんもち【西園寺公望】サイヲンジ [1849～1940] 政治家。10年間フランスに留学、帰国後明治法律学校(のちの明治大学)を創立。文相・外相・蔵相などを歴任、日露戦争後、桂太郎と交互に政権を担当。のち、パリ講和会議の首席全権。昭和期は最後の元老として後継首相の奏薦に当たった。
さい-か【才華】クワ はなやかに外に現れた才能。また、すぐれた才能。「少年時代に、十分な―を輝したあの人が」〈菊池寛・無名作家の日記〉
さい-か【再嫁】〔名〕スル 女性が再婚すること。再縁。「入夫又は―することあるも」〈福沢・福翁百話〉
さい-か【西下】〔名〕スル 首都から西の地方へ行くこと。東京方面から関西方面に行くこと。「列車で―する」⇔東上。

さい-か【災禍】サイクワ 天災や事故によって受けるわざわい。思いがけない災難。災害。「—に遭う」
(類語)災厄・厄・奇禍・被害・害・禍害・惨害・惨禍・災害・難(なん)・災い・被災

さい-か【採火】サイクワ〔名〕スル 火をとること。特に、オリンピックの聖火の種火を、凹面鏡を使って日光からとること。

さい-か【細×瑕】わずかな欠点。こまかいきず。細疵(さいし)。

さい-か【最下】いちばん下。また、最も劣っていること。さいげ。「—に位置する」

さい-か【裁可】〔名〕スル ❶判断して許可すること。特に、君主が臣下の提出する議案を裁決し、許可すること。裁許。「申請を—する」「—を仰ぐ」❷明治憲法下で、天皇が議会の議決した法律案・予算案を承認する行為。これによって確定的に成立した。勅裁。
(類語)許可・認可・許諾・承認・認許・允許(いんきょ)・允可(いんか)・容認・許容・聴許・裁許・免許・公許・官許・許し・オーケー・ライセンス (—する)許す・認める

さい-か【載貨】サイクワ 車や船に貨物を積むこと。また、その貨物。つみに。

さい-か【×綵花】サイクワ つくり物の花。造花。

さいか【雑賀】さひか《「さいが」とも》和歌山市の地名。戦国時代、石山本願寺と結んだ雑賀衆が織田信長・豊臣秀吉と戦った雑賀一揆の中心地。

ざい-か【在家】いなかの家。いなか。ざいけ。

ざい-か【在荷】〔名〕スル 商店・倉庫・工場などに貨物や商品があること。また、その貨物や商品。在庫品。

ざい-か【財貨】ザイクワ ❶金銭と品物。財物。「—を蓄える」❷▶財❷ (類語)宝・宝物・財宝・財物・財産・財・産・資産・資財・貨財・私産・私財・家産・家財・富・身代(しんだい)・身上(しんしょう)・恒産

ざい-か【罪科】ザイクワ ❶法律や道徳、また、宗教などのおきてに背いた罪。「—を数え立てる」❷法律により処罰すること。しおき。「—に処す」
(類語)罪・科・罪悪・過ち・罪過・犯罪・罪障・罪業・悪徳・背徳・不徳・不仁・不義・不倫・破倫・悪(あく)・悪行(あくぎょう)・悪事・違犯

ざい-か【罪過】ザイクワ 法律や道徳に背いた行い。つみ。あやまち。罪悪。「—を悔い改める」
(類語)罪・咎(とが)・過ち・罪悪・罪科・犯罪・罪障・罪業・悪徳・背徳・不徳・不仁・不義・不倫・破倫・悪(あく)・悪行(あくぎょう)・悪事・違犯

さい-かい【再会】サイクワイ〔名〕スル 長く別れ別れになっていた人どうしが、再びめぐりあうこと。「—を期す」「三〇年ぶりに—した友」
(類語)会う・出会う・出くわす・行き合う・巡り合う・出会(しゅっかい)する・邂逅(かいこう)する・遭遇する・鉢合わせする・来合わせる・一期一会

さい-かい【再開】〔名〕スル いったん閉じていたもの、中断していたものを、再び開いたり、始めたりすること。また、再び始まること。「試合を—する」

さい-かい【西海】❶西方の海。特に、瀬戸内海または九州の海。❷「西海道」の略。

さいかい【西海】長崎県本土西部、西彼杵(にしそのぎ)半島北部を占める市。大村湾・東シナ海での漁業や果樹栽培が盛ん。平成17年(2005)4月に西彼(せいひ)町、西海町、大島町、崎戸(さきと)町、大瀬戸町が合併して成立。人口3.1万(2010)。

さい-かい【斎戒】〔名〕スル 祭りを執り行うなど、神聖な仕事に従う者が、飲食や行動を慎み、心身を清めること。物忌み。潔斎。「—して神事に就く」
(類語)潔斎・清め

さい-かい【最下位】サイカヰ 地位や順位などが最も下であること。⇔最上位。

さい-かい【際会】サイクワイ〔名〕スル 重大な事件や時機にたまたま出あうこと。「激動の時代に—する」
(類語)遭遇・逢着(ほうちゃく)・出会(しゅっかい)・邂逅(かいこう)・鉢合わせ・会う・出会う・出くわす・行き合う・巡り合う・来合わせる・再会・一期一会

さい-かい【×崔×嵬】サイクワイ ❶〔ト・タル〕図〔形動タリ〕山で、岩や石がごろごろしていて険しいさま。「—たる岩山」❷〔形動ナリ〕堂や塔などが高くそびえているさま。「その奇麗—なることは三国無双の鴈塔(がんたふ)なり」〈太平記・二一〉

さい-がい【災害】地震・台風などの自然現象や事故・火事・伝染病などによって受ける思わぬわざわい。また、それによる被害。「不慮の—」「—に見舞われる」(類語)災難・難・災い・被害・害・禍害・惨害・惨禍・災禍・被災

さい-がい【塞外】サイグワイ ❶とりでのそと。⇔塞内。❷中国で、北方の国境のそと、すなわち万里の長城の外側。⇔塞内。

さい-がい【際涯】物事や土地の限界。かぎり。はて。「—もなく広がる大平原」「—のない青空」

さい-がい【×鰓蓋】▶えらぶた

ざい-かい【財界】大企業を中心とした実業家が構成している社会。経済界。「—の大立物」「—人」

ざい-かい【罪×魁】ザイクワイ 犯罪者のかしら。悪事の張本人。

ざい-がい【在外】ザイグワイ 外国に居住・滞在していること。また、外国にあること。「—邦人」「—資産」

さい-がいかく【最外殻】サイグワイカク 原子核から最も遠く離れた電子殻。この電子殻にある電子は最もエネルギーが高く最外殻電子と呼ばれ、原子の化学的性質や反応性を決定する。

さいがいかく-でんし【最外殻電子】サイグワイカク 原子核から最も遠く最も高いエネルギーをもつ電子殻に存在する電子。原子の化学的性質や反応性を決定する。

さいがいきゅうじょ-ききん【災害救助基金】サイガイキウジヨ 都道府県が風水害などの災害に備えて、救助費用として積み立てておかなければならない基金。

さいがいきゅうじょ-ほう【災害救助法】サイガイキウジヨハフ 災害に際し、国が地方公共団体や日本赤十字社その他の団体および国民の協力のもとに、被災者を保護し、社会の秩序を維持することを目的とする法律。昭和22年(1947)施行。

ざいがい-きょういくしせつ【在外教育施設】ザイグワイケウイクシセツ 海外に在留する日本人の子供に日本と同等の教育を受けさせるための学校。卒業後は日本の上級学校に進学できる。日本人学校(小学校と中学校課程)・補習授業校・私立在外教育施設がある。文部科学大臣が認定する。

さいがいきょてん-びょういん【災害拠点病院】ービヤウヰン 緊急事態に24時間対応し、災害発生時に被災地内の重症の傷病者を受け入れ、また、搬送し、医師団を派遣するなど、地域の医療活動の中心となる機能を備えた病院。

ざいがい-こうかん【在外公館】ザイグワイコウクワン 外務省の海外における出先機関。大使館・公使館・領事館などの総称。

さいかい-こくりつこうえん【西海国立公園】ーコクリツコウヱン 長崎県北松浦半島の西部海岸、五島列島を含む多島海式の国立公園。

さいかい-し【西海市】▶西海(長崎県)

ざいがい-しさん【在外資産】ザイグワイ 政府・法人・個人などが外国に保有している財産。

ざいがい-せいか【在外正貨】ザイグワイセイクワ 金本位制度下で、国際間の決済のために、政府または中央銀行が、正貨準備のうち、他の金本位国の中央銀行に預けた金銀貨幣・金銀地金など。

ざいがい-せんきょ【在外選挙】ザイグワイ 海外に居住する有権者が国政選挙に投票できる制度。日本では、公職選挙法に規定され、在外選挙人名簿に登録された有権者が投票できる。比例代表選挙、選挙区選挙、これらにかかわる補欠選挙、再選挙に投票できる。在外投票。

ざいがい-せんきょにんしょう【在外選挙人証】ザイグワイ 在外選挙人名簿に登録されていることを示す証明書。同名簿に登録された有権者に発行・交付される。

ざいがい-せんきょにんめいぼ【在外選挙人名簿】ザイグワイ 海外に住む日本人有権者が在外投票を行えるように登録する名簿。日本国内の最終住所地に転出届を出した上で、海外の国・地域に3か月以上継続居住している、満20歳以上の者が登録できる。在外公館を通じて、国内最終住所地または本籍地の市区町村選管に申請。登録されると在外選挙人証が発行され、その選管の選挙区に投票できる。

ざいかい-そうり【財界総理】俗に、経団連の会長をいう。財界の意見を取りまとめ、国政に大きな影響力を持つことから。

さいがいたいさく-きほんほう【災害対策基本法】ーキホンハフ 災害から国土・国民を守るための対策に関する基本法。昭和37年(1962)施行。

さいがい-ちょういきん【災害弔慰金】ーテウヰキン 暴風・洪水・高潮・地震・津波などの自然災害による死者の遺族に支給される金銭。支給基準は市町村(特別区を含む)が条例で定める。費用は国が2分の1、都道府県と市町村が各4分の1ずつ分担する。

さいか-いっき【雑賀一揆】さひか 安土桃山時代、雑賀地方で一向宗徒らの起こした一揆。天正5年(1577)以来、織田信長・豊臣秀吉に抗戦し、同13年屈服。

さいかい-どう【西海道】ーダウ 五畿七道の一。今の九州地方全域。大宰府(だざいふ)が統轄。初め筑前・筑後・豊前(ぶぜん)・豊後(ぶんご)・肥前・肥後・日向(ひゅうが)の7国と壱岐(いき)・対馬(つしま)の2島。天長元年(824)以後、薩摩(さつま)・大隅(おおすみ)を加えた9国2島となる。慶長14年(1609)に琉球も含む。また、これらの国々を結ぶ街道のことをもいう。西の海の道。西海。鎮西(ちんぜい)。

ざいがい-とうひょう【在外投票】ザイグワイトウヘウ ▶在外選挙

さいがいにゅういん-とくやく【災害入院特約】サイガイニフヰン 生命保険における特約の一つ。災害や不慮の事故による傷害の治療のため、事故から180日以内に5日以上継続して入院した場合に入院給付金が支払われるもの。

さいがい-はけん【災害派遣】震災・洪水・大雪などの災害の救援に自衛隊を派遣すること。通常は都道府県知事の要請による。自衛隊法第83条に規定。

さいがいはけん-いりょうチーム【災害派遣医療チーム】ーイレウ 地震などの大規模災害時に、災害急性期(発生後48時間以内)に活動できる機動的な医療チーム。専門的訓練を受けた医師・看護師・業務調整員で構成され、応急処置・救命措置・トリアージなど現場での災害時医療をはじめ、災害地外の病院への広域医療搬送、被災地の病院支援などの活動を行う。DMAT(ディーマット)(Disaster Medical Assistance Team)。(補説)平成16年(2004)に東京都が東京DMATを発足。以降、各道府県で設置が進んでいる。同17年には厚生労働省が日本DMATを発足。同年の中央防災会議では、災害対応における位置づけや、参加する医師・看護師への教育研修の推進が防災基本計画に明記された。

さい-かいはつ【再開発】〔名〕スル すでに開発されたものに手を加えて、さらに開発すること。「地方都市を—する」

さいがい-ほしょう【災害補償】ーホシヤウ 労働者が業務上こうむった負傷・疾病・障害・死亡に対して使用者が行う補償。また、農業災害補償・漁業災害補償などを含めて広く用いることもある。

さいかい-もくよく【斎戒×沐浴】〔名〕スル 飲食や行動を慎み、からだを洗って心身のけがれを取ること。

さいがいよう-でんごんダイヤル【災害用伝言ダイヤル】大地震などの災害が発生し、被災地への通信が急増して電話がつながりにくくなった場合にNTTが提供する安否確認サービス。局番なしの「171」に電話をかけ、自分や相手の電話番号を入力することで、被災者が伝言を残したり、家族や知人がその伝言を聞いたりすることができる。(補説)被災者が伝言を録音するときは、171をダイヤルした後、音声案内に従って、1をダイヤルし、自分の電話番号を市外局番からダイヤルしてから伝言を吹き込む。伝言を再生するときは、171をダイヤルした後、音声案内に従って、2をダイヤルし、被災者の電話番号を市外局番からダイヤルする。

さいがいよう-でんごんばん【災害用伝言板】大地震などの災害発生時に、携帯電話・PHS事業者5社が提供する安否確認サービス。携帯向けサイトに開設された災害時専用の電子掲示板に、安否情

報と100文字以内の伝言を登録できる。また、安否を確認したい相手の携帯番号を入力することで、伝言を読むことができる。
さいがいよう-ブロードバンドでんごんばん【災害用ブロードバンド伝言板】▶ウェブいちななーいち(Web171)
さいがいわりまし-とくやく【災害割り増し特約】生命保険における特約の一つ。災害や事故で死亡した場合に、主契約の死亡保険金に加えて割増保険金が支払われるもの。
さいか-う【催花雨】春、早く咲けと花をせきたてるように降る雨。
さい-かえ・る【再返る】〔動ラ四〕《「さ(冴)えかえ(返)る」の音変化。「再返る」は当て字》いったん弱まっていた勢いを再び取り戻す。「身不肖なれど…相手にせうと―・らば」〈伎・小紋単地〉
さいか-きっすいせん【載貨喫水線】荷を最大限に積んだ場合の喫水線。船腹の中央に標記する。
さい-かく【才覚】㊀〔名〕スル ❶すばやく頭を働かせて物事に対応する能力。知恵の働き。機転。「―のある人」❷工夫くふうすること。また、すばやく頭を働かせて物事を処理すること。「客の好みに合わせて料理を―する」❸あれこれ苦心して金や物を手に入れること。工面くめん。「―がつかない」「五〇万円ほど―する」❹学問の力。学識。才学。「和漢の―の足らぬにぞありけん」〈神皇正統記・後醍醐〉㊁〔形動ナリ〕機転や才知のあるさま。「―な貧乏神」〈咄・御前男・三〉
〔類語〕才気・才知・知力
さいかく【西鶴】▶井原西鶴
さい-かく【×犀角】サイの角つの。漢方で、粉状にして解熱・鎮静・解毒薬に用いる。黒色と白色とがあり、黒色のものを烏犀角うさいかくと称して珍重した。
さい-がく【才学】《古くは「さいかく」とも》才能と学問。学識。「彼女の―と品格と、容色とを知らぬでは無かったのサ」〈木下尚江・良人の自白〉
ざい-がく【在学】〔名〕スル 学生・生徒・児童として学校に籍を置くこと。「本校に―する生徒」〔類語〕在校
さいかくおきみやげ【西鶴置土産】浮世草子。5巻。井原西鶴の第1遺稿集。北条団水編。元禄6年(1693)刊。遊蕩ゆうとうの末に零落した人々の姿を、こっけいな中にも哀感を込めて描いた15話を集めたもの。
さいかくおりどめ【西鶴織留】浮世草子。6巻。井原西鶴の第2遺稿集。北条団水編。元禄7年(1694)刊。町人の経済的成功談などを集めたもの。
さいかくしょこくばなし【西鶴諸国ばなし】浮世草子。5巻。井原西鶴作。貞享2年(1685)刊。諸国の怪奇談など35話を集めたもの。近年諸国咄大下馬おおげば。
さいかく-ち【最確値】ある量を数回測定したときの、最も真の値に近い値。最小自乗法によって求め、同じ条件による測定では相加平均をとる。
さいかく-の-おび【×犀角の帯】石帯せきたいの一種。サイの角つのを円形または方形に切って飾りとしてつけた革の帯。四位・五位以下の者が用いた。角つのの帯。
ざいがく-ひよう【在学費用】学校納付金、学習塾・予備校等の費用、教材費、学用品代、通学費用、自宅外通学生の住居費など、子弟に教育を受けさせるために必要な全ての費用をいう。
さいかじゅうりょう-トンすう【載貨重量トン数】船舶の貨物の積載能力を最大重量で示したもの。英トンを用い、貨物を満載した状態の排水量から、空船状態の排水量を引いた重量で表す。記号DWt. 重量トン。➡トン❷
ざい-かた【在方】いなか。在所。在。〔類語〕田舎・郷・在・在所・在郷・在地・鄙ひな・地方・ローカル
さいかち【皁=莢】マメ科の落葉高木。山野や河原に自生。幹や枝に小枝の変形したとげがある。葉は長楕円形の小葉からなる羽状複葉。夏に淡黄緑色の小花を穂状につけ、ややねじれた豆果を結ぶ。栽培され、豆果を石鹸せっけんの代用に、若葉を食用に、とげ・さやは漢方薬にする。名は古名の西海子さいかいしからという。〔季 実=秋|花=夏〕「夕風や―の実を吹き鳴らす/露月」
さいかち-むし【皁=莢虫】(関東地方南部で)カブトムシの別名。
さい-がわ【犀川】㊀石川・富山県境付近の奈良岳に源を発し、北西に流れ、金沢市西部で日本海に注ぐ川。長さ約34キロ。㊁長野県中央部を流れる川。松本盆地松本市・安曇野あづみの市の境界付近から、長野盆地で千曲川に合流するまでの約100キロ。
さい-かん【才幹】物事を成し遂げる知恵や能力。手腕。「学問―共に優れた人物」
さい-かん【再刊】〔名〕スル 休刊または廃刊していた新聞や雑誌などを再び刊行すること。復刊。
〔類語〕復刊・再版・重版・復刻・翻刻・影印
さい-かん【災×旱】ひでりによる災害。「三日の間小止をやみ無くして、―の憂へ永く消えぬ」〈太平記・一二〉
さい-かん【災患】わざわい。災難。「―を救う」
さい-かん【彩管】絵をかく筆。えふで。画筆。「―を揮ふるう」
さい-かん【祭官】祭事を行う役人。特に、祭事を主宰する役人。祭主。
さい-かん【斎館】神職などが神事に携わる前に心身を清めるためにこもる建物。神館かんだち。ものいみのたち。いみどの。
さい-かん【菜館】中華料理店のこと。多く、店名に付けて用いる。
さい-かん【歳寒】寒さの厳しい時節。冬季。冬。
歳寒の松柏しょうはく 《「論語」子罕から。松や柏が厳寒にも葉の緑を保っているところから》節操が堅く、困難にあっても屈しないことのたとえ。
ざい-かん【在官】〔名〕スル 官職にあること。
ざい-かん【在監】〔名〕スル 刑務所や拘置所などの刑事施設に収容され、身柄を拘束されていること。監獄法の改廃に伴い、現在は「収容」などの語が用いられる。
さいかん-さんゆう【歳寒三友】❶東洋画の画題の一。寒さに耐える松・竹・梅、または梅・水仙・竹。❷山水・松竹・琴酒。君子が友とする3種のもの。
さいかん-せんりょ【歳寒仙侶】画題の一。水仙・竹・梅を岩石に取り合わせたもの。
さいかん-にが【歳寒二雅】画題の一。竹と梅とを取り合わせたもの。
さいかん-にゆう【歳寒二友】画題の一。梅と寒菊とを取り合わせたもの。
さい-き【才気】よく気がつき、巧みに物事を処理する知的能力。「―がみなぎる作品」「―縦横」
〔類語〕才知・才覚・知力
さい-き【才器】才知と器量。才知があって有能であること。また、その人。「まれにみる―」
さい-き【再帰】もう一度帰ってくること。
さい-き【再起】〔名〕スル 悪い状態から力を盛り返して、再び活動を始めること。「―をはかる」「―不能」
〔類語〕復帰・カムバック・返り咲き・復職・帰任
さいき【佐伯】大分県南東部にある市、もと毛利氏の城下町。パルプ・水産加工業が盛ん。小半おながら鍾乳洞がある。平成17年(2005)3月に南海部みなみあまべ郡8町村と合併し、佐伯湾以南、宮崎県境にいたる海岸部から、傾かたむき山までの広域を占める。人口7.7万(2010)。
さい-き【×猜忌】ねたましく思ってきらうこと。「―の念を拭ぬぐえない」
さい-き【祭器】祭事に用いる器具。
さい-き【債鬼】借金の返済を厳しく迫る人。情け容赦なく取り立てるさまを鬼にたとえていう。
さい-ぎ【再議】〔名〕スル 再び審議をすること。再度の討議。「懸案事項について―する」「一事不―」
さい-ぎ【▽幸木】「幸さいわい木❶」に同じ。〔季 新年〕「いざ祝へ鶴をかけたる―かな/青々」
さい-ぎ【×猜疑】〔名〕スル 人の言動をすなおに受け取らないで、何かたくらんでいるのではないかと疑うこと。「―心」「人々は余を―し」〈鴎外・舞姫〉
〔類語〕疑問・疑い・疑義・疑惑・疑念・疑心・不審・懐疑・狐疑・疑団・疑点・半信半疑
さい-ぎ【祭儀】神仏を祭る儀式。祭祀さいし。
〔類語〕祭り・祭礼・祭典・祭祀・栄典・祝典・祝儀・大祭・大儀・大礼・大典・典礼・盛儀・儀式・式典
さい-きか【再帰化】〔名〕スル 婚姻・帰化・離脱などによって国籍を失った者が、自分の希望により再びもとの国籍を取得すること。国籍の回復。
さいきかんし-えん【細気管支炎】気管支が肺胞に入る手前の呼吸細気管支に生じる炎症。急性と慢性がある。急性の細気管支炎はウイルス性で、冬に流行し、生後1か月から2歳までの乳幼児に多い。感冒に似た症状が数日続いた後、喘鳴ぜんめいが聞かれるようになり、呼吸が困難になる。軽症の場合は1週間ほどで回復。原因はRSウイルスが大半で、他にアデノウイルス、パラインフルエンザウイルスなどの場合もある。慢性の細気管支炎は、刺激性の有毒物質の吸入などが原因で起こり、成人が罹患する。
さいき-かんすう【再帰関数】《recursive function》コンピューターのプログラムを実行中に、ある関数が自分自身を呼び出して実行すること。➡再帰呼び出し
さいき-かんぱつ【才気×煥発】〔名・形動〕スル すぐれた才知の働きが盛んに現れること。また、そのさま。「―な人」「―する少壮歌人」〈小林秀雄・西行〉
〔類語〕利口・利発・怜悧れいり・聡明そうめい・発明・慧敏けいびん・明敏・穎悟えいご・利根・賢明・賢い・聡さとい・鋭敏・機敏・俊敏・敏・鋭い・目聡い・賢さかしい・過敏・敏感・炯眼けいがん・英明・英邁えいまい・犀利さいり・シャープ
さいきけい-せい【催奇形性】奇形を生じさせる性質。放射線、催眠薬サリドマイドなどにみられる。
さい-ぎけつ【再議決】〔名〕スル 衆議院で可決した法律案について参議院で異なった議決をしたとき、衆議院で再び可決すること。出席議員の3分の2以上の賛成を必要とする。
さいき-し【佐伯市】▶佐伯
さいき-だいめいし【再帰代名詞】ヨーロッパ諸語の文法で、動作主自身を表す代名詞で、主として再帰動詞の目的語に用いられる。日本語では、反射代名詞(反照代名詞)をいう場合がある。
サイキック〘psychic〙〔名・形動〕霊能のある人。超能力者。また、超自然的なさま。「―な現象」
サイキックス〘psychics〙心霊学。心霊研究。
さい-きどう【再起動】〔名〕スル コンピューターや周辺機器の使用を中止し、起動しなおすこと。リブート。リスタート。➡ブート
さいき-どうし【再帰動詞】ヨーロッパ諸語の文法で、目的語として再帰代名詞をとる動詞。フランス語のse lever(起きる)、ドイツ語のsich freuen(喜ぶ)など。
さいき-とうべえ【細木藤兵衛】江戸後期の富商。江戸京橋に住み、家号を津国屋つのくにやと称したので、その子香以こういとともに津藤とよばれ、文人・画家を保護した。津国屋藤兵衛。ほそきとうべえ。生没年未詳。
さいき-ばし・る【才気走る】〔動ラ五(四)〕いかにも才気にあふれたようすが見える。「控えめで―・ったところがない」
さいき-プログラム【再帰プログラム】《recursive program》コンピューターのプログラムを実行中に、あるルーチンが自分自身を呼び出して実行すること。➡再帰呼び出し
さいきゃく-るい【×鰓脚類】鰓脚目の甲殻類の総称。カブトエビ・ミジンコ・ホウネンエビなど。
ざい-きゅう【罪×咎】つみととが。罪科。
さいきゅうき【西宮記】平安時代の有職故実書。源高明著。村上天皇のころの公事くじや朝儀、臨時の儀式、作法・装束・制度などについて漢文で解説。西宮日記。西宮抄。さいぐうき。せいきゅうき。
さい-きょ【再挙】〔名〕スル 失敗した事業や政治運動などを再び起こすこと。「―を図る」
さい-きょ【裁許】〔名〕スル ❶役所などが裁決して許可を与えること。裁可。「申請を―する」❷中世・近世、判決の称。また、判決を与えること。
〔類語〕裁可・許可・認可・許諾・承認・認許・允許いんきょ・允可いんか・容認・許容・聴許・免許・公許・官許・許し・オーケー・ライセンス (―する)許す・認める

さい-きょう【西京】❶西の都。特に、東京に対して京都。❷平城京・平安京などで、朱雀大路の西側の地域。右京。西の京。

さい-きょう【最強】もっとも強いこと。もっとも強いもの。「日本一の野球チーム」

さい-きょう【歳▽刑】暦注の八将神の一。水星の精で、地を守護する神。この神の方角にあたる土地を耕作することを忌む。

さいぎょう【西行】㊀[1118〜1190]平安後期の歌人・僧。俗名、佐藤義清。法名、円位。鳥羽院に北面の武士として仕えたが、23歳で出家。草庵に住み、また諸国を行脚して歌を詠んだ。家集「山家集」。新古今集には94首が載っている。㊁《西行が諸国を遍歴したところから》諸国を歩き回ること。また、その人。

ざい-きょう【在京】〔名〕スル 都に滞在・居住していること。古くは京都、現在では東京に滞在・居住していること。「一か月前から―している」

ざい-きょう【在郷】〔名〕スル 郷里にいること。ざいごう。「―する者だけでクラス会を開く」

さい-きょういく【再教育】〔名〕スル すでにひととおりの教育を受けた者に対して必要に応じてさらに教育をすること。「管理職を―する」

さいぎょう-かずき【西行▽被き】「富士見西行」の中の絵姿のように、笠をあみだにかぶること。あみだかぶり。「竹笠を―に、雪打ち払ひ」〈浮・織留・二〉➡富士見西行

さいぎょうざくら【西行桜】㊀謡曲。三・四番目物。世阿弥作。庵へ桜を見に集まる人々を嫌う西行の詠歌を桜の精が非難し、春の宵を惜しみつつ舞をまう。㊁地歌・箏曲。菊崎検校作曲。手事物。歌詞は㊀に基づく。

さいきょう-じ【西教寺】滋賀県大津市坂本にある天台宗真盛派の総本山。山号は戒光山。聖徳太子の草創と伝える。文明18年(1486)真盛が中興、念仏の根本道場とした。客殿は伏見城の遺構という。境内に明智光秀の墓がある。大窪山智善院。

さいきょう-せん【埼京線】埼玉県の大宮駅から東京都の大崎駅に至るJR線の電車路線区間の通称。赤羽線・東北本線別線・山手線(旧貨物線)にわたり運行される。昭和60年(1985)池袋以北が開通、平成8年(1996)恵比寿まで、同14年大崎まで延長。全長36.9キロ。

さいきょう-づけ【西京漬(け)】西京味噌に魚の切り身を漬けたもの。

ざいきょう-にん【在京人】鎌倉時代、京都に在住して宮中その他の警備に当たったり、六波羅探題に執務したりした御家人。在京武士。

さいきょう-は【西教派】西教寺を総本山とする天台宗の一派。真盛派。

さいきょう-みそ【西京味×噌】主に京都で作られる、米こうじを多く使った甘みのある白味噌。

さいぎょうものがたりえまき【西行物語絵巻】西行の事跡・逸話を描いた絵巻。伝土佐経隆筆の鎌倉中期の作。大和絵の一典型とされる。

さいきょう-やき【西京焼(き)】西京漬けの白身魚を焼いたもの。

さいきょ-じょう【裁許状】中世・近世、判決文を記した文書。

さいきょ-どめ【裁許留】江戸幕府評定所の民事裁判記録。元禄15年(1702)から慶応3年(1867)にいたる判例を収録。原本は関東大震災で焼失し、現在は副本2冊が残るのみ。

さいき-よびだし【再帰呼(び)出し】《recursive call》プログラミング技法の一。コンピューターのプログラムを実行中に、あるルーチンや関数が自分自身を呼び出して実行すること。無限に自分自身を呼び出さないよう、正常に機能させる手続きが必要。階乗やフィボナッチ数列の計算などに用いる。リカーシブコール。

さい-ぎ・る【▽遮る】〔動ラ四〕《「さききる」の音変化》「さえぎる」の古形。「毛野の臣軍を―・り」〈継体紀〉

さい-きん【再勤】〔名〕スル 再び職務に就くこと。二度の勤め。「契約を更新し―する」

さい-きん【採金】鉱石から金を採ること。

さい-きん【細金┊×截金】金や銀の薄板をいろいろな形に切ったもの。きりかね。

さい-きん【細菌】原核細胞を持つ単細胞の微生物。原形質に明瞭な核をもたない生物の一群。主に分裂によって繁殖する。地球上の至る所に存在する。食品加工や有機物の分解に利用されるが、病原体となるものも多い。光合成細菌、藍藻類(シアノバクテリア)、窒素固定菌、放線菌など。バクテリア。

さい-きん【細×瑾】《「細謹」の誤記からできた語》少しのきず。わずかな欠点、過ち。「大功を成す者は―を顧みずという」〈魯庵・社会百面相〉 類語 瑕疵・瑕瑾

さい-きん【細謹】些細なことに気をつけること。「大行は―を顧みずとこそ申し候へ」〈太平記・九〉

さい-きん【最近】❶現在より少し前のある時。また、少し前から現在までの間。副詞的にも用いる。「つい―の出来事」「―まで知らなかった」「―は連絡がない」「―感動した本」❷もっとも近いこと。「太陽に―の天体」

用法 **最近・近ごろ・このごろ**――「最近(近ごろ・このごろ)の世相はめまぐるしく変わる」のように、現在を含む近い過去の意では相通じて用いられる。◇「最近(近ごろ・このごろ)は行かない」のように否定の形ではともに使えるが、この場合「最近」が時間的な幅が最も長く、「近ごろ」がそれに次ぐ。「このごろ」は短い期間をいい、「ここのところ」の意が強い。◇「最近就職したばかりだ」のように、現在に近い過去のある特定の時点をさす意では「このごろ」は普通使わない。「近ごろ」は使えるが、なじみが悪く、例は少ない。

類語 近ごろ・このごろ・昨今・当今・今節・当節・この節・この所・近時・近来・近年

ざい-きん【在勤】〔名〕スル 現在、ある勤務に就いていること。特に、地方などで勤務に就いていること。在職。在任。「札幌支店に―している」「大阪の藩邸に―して」〈福沢・福翁自伝〉

さいきん-ウイルス【細菌ウイルス】▶バクテリオファージ

さいきん-がく【細菌学】細菌の形態や性質などを研究する、生物学の一部門。パスツールやコッホによって提唱され、農学・医学・遺伝学に応用。最近はウイルス、スピロヘータ、リケッチアなども含めて微生物学という。

さいきん-ざいく【細金細工】金銀の細線を用いた精巧な飾り細工。古代エジプト・ギリシャ・ローマなどで発達。インド・中央アジア・中国・朝鮮に伝わり、日本の古墳からも耳飾りが出土。細線細工。粒線細工。

さい-きんしん【最近親】血族関係の最も近い者。親子など。

さいきんせい-ずいまくえん【細菌性髄膜炎】▶化膿性髄膜炎

さいきんせい-はいえん【細菌性肺炎】細菌が感染して起こる肺炎の総称。細菌による気管支炎が肺に及んだものは、かぜの症状に続いて寒け・発熱・呼吸困難・胸痛などが起こる。

さいきん-せん【細菌戦】細菌兵器を使用して、敵の戦闘力や生産力を弱める戦法。

ざいきん-てあて【在勤手当】遠隔地・寒冷地などの特定地域または外国に在勤する公務員などに、俸給・給料以外に支給される手当。

さいきん-どくそ【細菌毒素】細菌が産生する毒性物質。内毒素と外毒素とがある。

さいきん-にょう【細菌尿】細菌およびそれに対応する白血球などが含まれている尿。ふつう白く濁っていて、腎臓・膀胱・尿道などに感染症があるときにみられる。

ざいきん-ぶんり【財金分離】国の金融当局が、財政当局からの独立性を保ちながら金融政策を行うべきだとする考え方。政府や財政当局は、税収増や景気浮揚を目指してインフレを許容する政策を採用しがちだが、中央銀行はそうした圧力の影響を受けることなく物価の安定や信用秩序の維持を目指すべきだとされる。日本では、平成10年(1998)に改正日銀法が施行され、内閣による日銀総裁の解任権がなくなり、当時の財政当局である大蔵省(現、財務省)から金融監督庁(現、金融庁)が分離した。

さいきん-へいき【細菌兵器】▶生物兵器

さい-ぎんみ【再吟味】〔名〕スル ❶もう一度吟味すること。「計画を―する」❷江戸時代、判決の下った事件を再び調べなおすこと。

ざいきん-もの【在勤者】江戸時代、諸大名の国詰めの家臣で、江戸または大坂の藩邸に勤務した者。

さいきん-るい【最近類】論理学で、ある概念のすぐ上位にある類概念。例えば、動物に対する生物。

さい-く【細工】〔名〕スル ❶手先を使って細かい器物などを作ること。また、作ったもの。「精巧な―」「―を施す」「竹で―する」「寄せ木―」❷細かなところに手を入れて、見た目をとりつくろったり、ごまかしたりすること。また、そのたくらみ。「帳簿に―する」「へたに―しないほうがいい」❸細かい器具を作る職人。細工師。「高陽親王と申す人…極めたる物の上手の―になんありける」〈今昔・二四・二〉 類語 工作・手工

細工は流流仕上げを御覧じろ 物事を行う方法についてだけとやかく言わないで、でき上がった結果を見てから批判してくれの意。

細工貧乏人宝 手先の器用な人は、他人には重宝がられるが、自分は大成せず、常に貧乏しているということ。器用貧乏人宝。

さい-ぐ【祭具】祭りの儀式に使う道具。

ざい-く【罪×垢】仏語。罪のけがれを垢にたとえた語。罪過。

さい-ぐう【斎宮】天皇の即位ごとに選ばれて伊勢神宮に奉仕した未婚の内親王または女王。崇神天皇の代に始まるとされ、後醍醐天皇の代まで続いた。いつきのみや。いつきのみこ。いみみや。➡斎院

さいぐうき【西宮記】▶さいきゅうき

さいぐう-の-いみことば【斎宮の忌み▽詞】伊勢の斎宮で、仏語や不浄な語を避けて、代わりに用いた言葉。経を「染め紙」、死を「直り物」、僧を「髪長」、血を「汗」、仏を「中子」、病気を「慰」といった類。

さいぐう-の-にょうご【斎宮女御】[929〜985]平安中期の女流歌人。三十六歌仙の一人。本名、徽子。斎宮を務め、のち、村上天皇の女御。家集に「斎宮女御集」がある。承香殿女御。

さいぐう-りょう【斎宮寮】斎宮に関する庶務をつかさどった役所。伊勢国多気郡竹郷にあった。大宝元年(701)斎宮司を改めたもの。いつきのみやのつかさ。

さいく-がしら【細工頭】江戸幕府の職名。若年寄に属し、江戸城内の建具・諸道具類や高札の管理にあたった。

さいく-こんぶ【細工昆布】コンブを使って、鶴亀や伊勢海老など、いろいろな形を作り出したもの。

さい-ぐさ【三=枝】「さきくさ(三枝)」の音変化。

さいぐさ-ひろと【三枝博音】[1892〜1963]哲学者・科学史家。広島の生まれ。東大卒。横浜市大教授・学長。戦前、戸坂潤らと唯物論研究会を創立。著作に「技術史」「三浦梅園の哲学」「日本に於ける哲学的観念論の発達史」など。また、「日本哲学全書」「日本科学古典全書」などを編集した。

さいく-じょ【細工所】❶物を細工する所。さいくば。❷平安中期から鎌倉時代、朝廷・院・摂関家・幕府・国衙などに置かれ、調度類の細工を扱った手工業者の工房。また、その役所。さいくどころ。❸江戸幕府の役所の一。細工頭のもとに諸役人を置いて、鋳物師・蒔絵師・秤師などを管轄した。さいくどころ。

ざい-ぐち【在口】村の出入り口。在所口。「―まで行たれど、…影も形も見えぬ」〈浄・忠臣蔵〉

さい-くつ【採掘】〔名〕スル 岩石・土砂や地中の鉱物などを掘り出すこと。「石油を―する」

類語 採鉱・採炭・採油・露天掘り

さいくつ-けん【採掘権】鉱業権の一。一定の鉱区内で、ある鉱物を採掘・取得する権利。

さいく-どころ【細工所】「さいくじょ❷❸」に同じ。

さいく-にん【細工人】細工をする職人。細工師。
さい-くぶん【細区分】区分したものをさらにこまかく区分すること。副区分。
さいく-もの【細工物】細工をした物。
サイクリスト〖cyclist〗サイクリングをする人。また、自転車競技の選手。
サイクリック-エーエムピー〖cyclic AMP〗ホルモンの第2伝令物質として、酵素の活性を調節する物質。AMP(アデノシン一燐酸)の燐酸が環状に結合しているもの。ATP(アデノシン三燐酸)からつくられ、AMPに分解される。環状一燐酸。環状AMP。
サイクリング〖cycling〗自転車に乗って走るのを楽しむこと。また、自転車の遠乗り。
サイクリング-ターミナル《和 cycling＋terminal》自転車で旅行する人のための宿泊施設。貸し自転車もあり、広く一般に公開されている。
サイクル〖cycle〗❶循環過程。周期。また、その度数。❷振動数(周波数)の単位。1サイクルは1秒間に1振動数をいい、1ヘルツ。記号c/s、c　❸自転車。「―レース」
サイクル-サッカー《和 cycle＋soccer》自転車で行うサッカー。室内競技では1チーム二人が7分ハーフで行い、前後輪を使ってパスやドリブル・シュートをする。競技中はハンドルから手を離すことはできないが、守備の際のキーパー一人は手を使ってボールを防ぐことができる。(補説)英語では、cycle ball
サイクル-タイム〖cycle time〗コンピューターで、情報の読み出し・書き込み動作から次の動作に移るまでに必要な時間。記憶装置の動作速度を表す。
サイクル-トレーン《和 cycle＋train》自転車をそのまま車内に持ち込むことのできる列車。多くは路線や時間、車両などを限定して運行される。
サイクル-ヒット〖cycle hit〗野球で、一人の選手が1試合中に、単打・二塁打・三塁打・本塁打のすべてを打つこと。
サイクロイド〖cycloid〗円が一直線上または曲線上を滑ることなく転がるとき、この円の円周上に固定された一点が描く曲線。円が他の円の外周を転がるときにできる曲線をエピサイクロイド、内側に接して転がるときにできる曲線をハイポサイクロイドという。
サイクロイド-はぐるま【サイクロイド歯車】歯車の歯形にサイクロイドを用いた歯車。かみ合う歯先にエピサイクロイド、歯元にハイポサイクロイドを用いると、かみ合いが滑らかになり、磨耗も一様になるので、時計などの精密機械に使用。
サイクロ-クロス〖cyclo-cross〗《「シクロクロス」とも》自転車で行うクロスカントリーのこと。また、それに用いる自転車。整地されていない山野をコースとして15～25キロを走破する。
サイクロスポリン-エー【サイクロスポリンA】《cyclosporine A》臓器移植における拒否反応を抑制する免疫抑制剤。きのこから抽出された環状ペプチドで活性Tリンパ球の分裂を阻止する。
サイクロセリン〖cycloserine〗ストレプトミシス-オルキダシウスの作る抗生物質。二次抗結核剤として使用。シクロセリン。
サイクロトロン〖cyclotron〗電磁石を用いて、イオンを螺旋状に加速する装置。原子核の人工破壊、放射性同位体の製造などに利用。
サイクロトロン-うんどう【サイクロトロン運動】一様な磁場のもと、荷電粒子が磁場からローレンツ力を受けて起こす円運動。
サイクロトロン-きょうめい【サイクロトロン共鳴】《cyclotron resonance》金属や半導体中の自由電子が磁場中で等速円運動を行い、この運動の角振動数に共鳴する電磁波を吸収する現象。
サイクロトロン-ほうしゃ【サイクロトロン放射】ニウシャ 磁場内で荷電粒子が円または螺旋運動するときに放射される電磁波。また、荷電粒子の速度が光速に近い場合の放射をシンクロトロン放射という。
サイクロプス-けいかく【サイクロプス計画】ケイクワク《Project Cyclops》地球外文明探査を目的とする計画の一つ。直径100メートルのアンテナを1000個以上ならべて、地球外文明からやってくる電波信号を捕らえようとした。➡セティ(SETI)
サイクロペディア〖cyclopedia〗▶エンサイクロペディア
サイクロン〖cyclone〗❶インド洋方面に発生する、強い熱帯低気圧。性質は台風と同様。❷流体を旋回させ、遠心力と重力を利用して、流体中の固体微粒子を分離する装置。鉱物粒子と水との分離や、空気中の粉塵粒子の分離に使われる。
さい-くん【細君｜妻君】❶親しい人に対し、自分の妻をいう語。❷同輩以下の人の妻をいう語。「友人の―」「―によろしく」(補説)「妻」は当て字。
(類語)妻・妻・家内・女房・かみさん・ワイフ・かかあ・山の神・ベターハーフ
さい-ぐんび【再軍備】〔名〕スル 軍備を廃止した国家が、再び軍備をととのえること。「―反対運動」
サイケ〔形動〕「サイケデリック」の略。「―なポスター」「―調のファッション」
ざい-け【在家】❶出家せずに、普通の生活をしながら仏教に帰依すること。また、その人。在俗。(対)出家。❷いなかの家。ざいか。「―の育ち」❸中世、荘園・公領で、農民と耕地とを一体のものとして賦課の対象としたもの。東国や九州に多くみられる。
さい-け【▽済家】《「さいけ」とも》禅宗の臨済宗のこと。また、臨済宗の寺。
さい-けい【再掲】〔名〕スル 以前に掲示・掲載したものを、もう一度しめすこと。「人気作家の処女作が雑誌に―される」
さい-けい【細径｜細×逕】幅の狭い道。小道。ほそみち。「一条の―を」〈蘆花・不如帰〉
さい-けい【歳計】国または地方公共団体の一会計年度における歳入・歳出の総計。「―欠損」
さい-げい【才芸】才知と技芸。「―に秀でる」
ざい-けい【剤形】医薬品を投与方法に適した、錠剤・軟膏・エキス剤などにすること。
ざい-けい【財形】《「勤労者財産形成促進制度」の略》勤労者の財産形成促進を目的として設けられた貯蓄制度。「―年金」「―住宅」
ざいけいききん-ほけん【財形基金保険】財形貯蓄制度に基づき、勤労者の財産形成を支援するための保険の一つ。事業主と従業員で設立した基金を保険契約者とし、基金の加入者である従業員を被保険者とする。基金を設立した場合には、事業主・従業員ともに税制上の優遇措置が受けられる。
ざいけいきゅうふきん-ほけん【財形給付金保険】ザイケイキフキン 財形貯蓄制度に基づき、勤労者の財産形成を支援するための保険の一つ。財形貯蓄・財形年金または財形住宅を行っている勤労者が被保険者となり、事業主が拠出金を負担する。
さいけい-こく【最恵国】最恵国約款によって、最恵国待遇を与えられる国。
さいけいこく-たいぐう【最恵国待遇】通商航海条約や通商協定において、締約国の一方が他方に対し、通商・関税・航海などの事項について最も有利な待遇を与えている第三国よりも不利でない待遇を与えること。
さいけいこく-やっかん【最恵国約款】ヤククワン 通商航海条約や通商協定において、最恵国待遇を規定する条項。最恵国条項。最恵国条款。
さいけい-ざい【催経剤】月経が不順のとき、月経を促すために用いる薬。通経剤。
ざいけいじゅうたくちょちく-つみたてほけん【財形住宅貯蓄積立保険】ザイケイヂウタクチョチク 財形貯蓄制度に基づき、勤労者の財産形成を支援するための保険の一。住宅の取得を目的に保険料を積み立てる。住宅取得目的で引き出す場合、払い込み保険料累計が550万円までは利子が非課税となるが、他の目的で引き出す場合は解約となり、課税対象となる。
さいけい-じょうよきん【歳計剰余金】国または地方公共団体の一会計年度における歳入額から歳出額を差し引いた残額。翌年度の歳入に繰り入れる。
ざいけいちょちく-つみたてほけん【財形貯蓄積立保険】財形貯蓄制度に基づき、勤労者の財産形成を支援するための保険の一つ。契約者は保険期間中、いつでも残高の全部または一部を引き出すことができるもので、保険期間中に事故などで死亡または重度後遺障害となった場合は、払い込み保険料累計額の5倍相当額が支払われる。
ざいけいねんきん-つみたてほけん【財形年金積立保険】財形貯蓄制度に基づき、勤労者の財産形成を支援するための保険の一つ。払い込み保険料の累計額が385万円までは利子差益が非課税となり、さらに年金受け取り開始後に受け取る年金も非課税。年金受け取り以外の目的で引き出す場合は解約となり、課税対象となる。
ざいけいねんきん-ほけん【財形年金保険】財形貯蓄制度に基づき、勤労者の財産形成を支援するための保険の一つ。保険料払い込み期間および据え置き期間中に契約者が死亡した場合、死亡保険金が支払われるもの。
さい-けいばい【再競売】競落人が定められた代金支払期日に競落代金を支払わない場合、裁判所の命令により、その不動産に対して再びなされる競売。昭和55年(1980)施行の民事執行法により廃止。
ざいけい-ほうていしゅぎ【罪刑法定主義】ハフテイシュギ どのような行為が犯罪であるか、その犯罪に対してどのような刑が科せられるかは、あらかじめ法律によって定められることを要するとする主義。
ざいけい-ほけん【財形保険】財形貯蓄制度に基づき、勤労者の財産形成を支援するための保険。財形基金保険・財形年金保険・財形年金積立保険・財形住宅貯蓄積立保険・財形貯蓄積立保険・財形給付金保険の総称。
さい-けいれい【最敬礼】〔名〕スル ❶最も丁寧な敬礼。手の先をひざまで下げ、からだを深く前方に曲げるもの。もと天皇や神霊などに対する礼式として定められていた。❷他人の行為に対して深い敬意を払うこと。「彼の努力には―するしかない」
(類語)お辞儀・礼・会釈・目礼・黙礼・叩頭・一礼・敬礼・答礼・一揖・叩首・低頭・拝礼
さい-げき【細隙】❶細いすきま。❷光線や電子・原子などの粒子線の幅を制限する細いすきま。スリット。
ざいけ-そう【在家僧】髪を剃っただけで、妻を持ち、肉食もする僧。
さい-けつ【採血】〔名〕スル 病気の診断や輸血などのために体内の血液を採ること。「静脈から―する」
さい-けつ【採決】〔名〕スル 会議で、議案の採否を会議構成員の賛否をとって決定すること。「―を行う」「法案が―に付される」「投票により―する」
(類語)決議・議決・票決・議定・表決・可決
さい-けつ【裁決】〔名〕スル ❶その物事がよいか悪いかを裁いて決定すること。また、それを申し渡すこと。「―を仰ぐ」「どちらが正しいか先生に―してもらう」❷審査請求または再審査請求に対し、行政庁が判断を与える行為。また、その決定。
(類語)判決・決定・裁判・決まり・本決まり・確定・画定・議決・決議・論決・評決・議定・取り決め・断・断案・決・裁定・決断・判断・断定・アジュディケーション
裁決流るる如し　てきぱきと裁きを下し、少しも滞ることのないさま。
さい-げつ【歳月】としつき。年月。「完成に一〇年の―を要する」「五年の―が流れた」(類語)月日・年月・年月・光陰・日月・星霜・風霜・時間
歳月流るる如し　年月は、水の流れのようにとどまることなく刻々と過ぎ去っていく。光陰矢の如し。歳月人を待たず。
歳月人を待たず　《陶淵明「雑詩」其一から》年月は人の都合にかかわりなく、刻々と過ぎていき、少しもとどまらない。
さい-けつごう【再結合】ガフ ❶電離した原子核またはイオンが電子と再び結合し、電気的に中性またはより価数の低い陽イオンになること。❷半導体中の正孔と電子が結合して消失する現象。

さい-けっしょう【再結晶】結晶を溶かし、その溶液を再び結晶させること。結晶中の不純物が除かれるので物質の精製に利用される。

さいけっしょう-さよう【再結晶作用】変成作用のとき、岩石中で、固体の状態のまま新しい結晶ができること。

さいけつ-の-しんせい【裁決の申請】公法上の法律関係における争いまたは疑いがある場合に、当事者が権限のある行政庁に判断を求める行為。裁定の申請。決定の申請。

サイケデリック〖psychedelic〗〔形動〕LSDなどの幻覚剤によって生じる幻覚や陶酔状態を想起させるさま。1960年代後半、そのような原色を駆使した美術やロック音楽が流行した。サイケ。「一なファッション」

ざいけ-やく【在家役】中世、荘園・公領で在家❸に課した公事(くじ)。夫役が主であった。

さい-けん【才賢】才能があって、かしこいこと。また、その人。「一の誉れ」

さい-けん【再見】〔名〕スル 同じものをもう一度見ること。見直すこと。「日本文化を一する」(類語)二目

さい-けん【再建】〔名〕スル ❶焼けたり、壊れたりした建造物を建て直すこと。「倒壊した家屋を一する」➡再建(さいこん) ❷衰えたり、うまくいかなくなったりした会社や団体などをあらためて組織しなおすこと。「落ち目の政党を一する」

さい-けん【再検】〔名〕スル もう一度調べること。再検査。再検討。「車体の各部を一する」

さい-けん【細見】〔名〕スル ❶詳しく見ること。「資料を一する」❷詳しく示した地図・案内書など。「五街道一」❸江戸時代から明治にかけて刊行された江戸吉原の遊里案内書。遊女・遊女屋・揚屋などが記載されている。吉原細見。

さい-けん【債券】国・地方公共団体・独立行政法人・事業会社などが、資金を調達する際に、元本の返済や利子の支払いなどの条件を明確にして発行する有価証券。購入者は、利子を定期的に受け取ることができ、期日まで保有すれば額面金額の償還が保証されている。国債・地方債・社債など。➡外債 (補説)債券は償還を待たずに市場で売買できるため、投資の対象となる。債券の市場価格は、金融情勢を反映した市場金利の変化に応じて変動し、一般に金利が下落する局面で上がり、金利が上昇する局面で下がる。逆の見方をすれば、債券を購入する投資家が多い局面では債券の市場価格が上がって金利が下落し、債券が売られる局面では債券の市場価格が下がって金利が上昇する。

さい-けん【債権】財産権の一。特定人(債権者)が他の特定人(債務者)に対して、一定の行為(給付)を請求することを内容とする権利。金銭を貸した者が借り手に対して、返還を請求する権利など。⇔債務。

さい-げん【再現】〔名〕スル 物事が再び現れること。また、再び現すこと。「事件の状況を一する」
(類語)再来・再出・再生

さい-げん【際限】移り変わっていく状態の最後のところ。きり。かぎり。はて。「一なく続く話」
(類語)限り・果て・果てし・きり・最後

ざい-げん【財源】収入を生み出すもと。「観光収入を一とする町」「一が底をつく」(類語)資本・資本金・資金・元手・元金・キャピタル・基金・ファンド

さいけんかいしゅう-がいしゃ【債権回収会社】►サービサー

さいけんかんりかいしゅうぎょう-とくべつそちほう【債権管理回収業特別措置法】《「債権管理回収業に関する特別措置法」の略称》金融機関の有する貸付債権や資産流動化法(SPC法)上の特定資産である金銭債権などの特定金銭債権の回収を、弁護士に限らず、債権回収会社(サービサー)にも認めるために制定された法律。特定金銭債権の種類や、債権回収会社の業務内容と業務に関する規制等について定めている。平成11年(1999)施行。サービサー法。

さいけん-げか【再建外科】形成外科の一分野。先天異常・外傷・腫瘍手術などで失われた部分を、患者自身の体の他の組織を使って復元する治療。

さいけん-げんさき【債券現先】現先取引のうち、債券を対象にした取引のこと。一定期間後に買い戻すことを条件に手持ちの債券を売り、短期の資金を調達することを「売り現先」、一定期間後に売り戻すことを条件に債券を買い、その間の金利を得ることを「買い現先」と呼ぶ。

さいけん-こうい【債権行為】当事者間に債権・債務の関係を発生させる法律行為。売買・贈与・賃貸借・消費貸借・雇用などの契約による。➡物権行為

さいけん-こく【債権国】債権が債務よりも大きい国。他国から受け取る金額が、支払う金額よりも多い国。⇔債務国。

さいけんこく-かいぎ【債権国会議】►コンソーシアム

さいけん-さきものとりひき【債券先物取引】債券を対象とした先物取引。日本では、東京証券取引所において昭和60年(1985)から長期国債標準物について開始。

さいけん-しち【債権質】権利質の一。債権を目的とする質権。

さいけん-しゃ【債権者】特定人(債務者)に対し、一定の給付をなすべきことを請求しうる者。⇔債務者。

さいけんしゃ-だいいけん【債権者代位権】債権者が自分の債権を保全するために、債務者が第三者に対してもつ権利を代わって行使する権利。間接訴権。代位訴権。➡詐害行為取消権

さいけんしゃ-ちたい【債権者遅滞】►受領遅滞(じゅりょうちたい)

さいけんしゃ-とりけしけん【債権者取消権】►詐害行為取消権

さいけんしゃ-はさん【債権者破産】►第三者破産

サイ-げんしょう【サイ現象】《psi phenomena》超心理学の用語。ESP(霊感)とPK(念力)の現象の総称。

さいけん-しょうけん【債権証券】債権を表示する有価証券。貨物引換証・船荷証券などの物品証券と、手形・債券などの金銭証券とがある。

さいけん-じょうと【債権譲渡】債権の同一性を変えずに、従来の債権者から第三者に契約によって債権を移転すること。

さいけん-せん【歳遣船】室町時代以後、修好・交易のために朝鮮に派遣された船。約条により船数が制限されていた。明治4年(1871)廃止。歳船。

さい-けんとう【再検討】〔名〕スル もう一度検討しなおすこと。再検。「予算案を一する」

さい-げんばい【蔡元培】[1868～1940]中国の思想家・教育家。紹興(浙江(せっこう)省)の人。字(あざな)は鶴卿(かくけい)。号は孑民(げつみん)。清末の革命運動に参加。中華民国成立後は初代教育総長・北京大学校長などを歴任。文学革命や五・四運動を支援。著「哲学綱要」「中国倫理学史」「蔡元培選集」など。ツァイ＝ユアンペイ。

さいげん-ぶ【再現部】三部形式の楽曲の第三部において、第一部で提示された主題が再び現れる部分。

さいけん-ほう【債権法】債権に関する法律の総称。特に、債権について規定する民法第3編をいう。

さいけんほぜん-かさいほけん【債権保全火災保険】債権者が債務者からの抵当として設定した物件が火災などによって損害を被った際に、それを塡補する保険。債権者が契約し被保険者となる。

さい-こ【西湖】山梨県南部の湖。富士五湖の一で、富士山の溶岩流によるせき止め湖。にしのうみ。面積2.12平方キロメートル。湖面標高900メートル。

さい-こ【×柴×胡】ミシマサイコの根。漢方で解熱・鎮痛・健胃薬などに用いる。

さい-こ【×豺虎】❶やまいぬと、とら。猛獣。❷あらあらしく強い悪人をたとえていう語。

さい-こ【細故】こまかなこと。取るに足りないこと。小事。「空名一に懸念して、斯る大事を決せざるは」〈竜渓・経国美談〉

さい-こ【最古】もっとも古いこと。「世界一の建造物」⇔最新。

サイコ〖psycho〗多く複合語の形で用い、精神・霊魂に関する意を表す。「一セラピスト」

さい-ご【最後】❶物事のいちばんあと、または後ろ。いちばん終わり。最終。「一の力を振り絞る」「列の一に並ぶ」「一の一まであきらめない」「学生生活の一を飾る」⇔最初。❷(「…たら最後」「…が最後」の形で)それで終わりで、あとはどうにもならない意を表す。一度…したら、それっきり。「走りだしたら一、止まらない」「食いついたが一、離れない」❸►最期(さいご)
(類語)(❶)終わり・終(しま)い・最終・終極・究極・終局・終末・掉尾(とうび)・掉尾(ちょうび)・大尾(たいび)・結び・限り・どん詰まり・大詰め・土壇場(どたんば)・幕切れ・ラスト・フィナーレ・フィニッシュ (順序、列などの最後)尻(しり)・けつ・殿(しんがり)・どん尻(じり)・最後尾・末尾

最後に笑う者が最もよく笑う 《He laughs best who laughs last.》早まって喜ぶなの意のイギリスのことわざ。

さい-ご【最期】命の終わるとき。死にぎわ。臨終。末期(まつご)。「一をみとる」(類語)死期・末期(まつご)・いまわ・死に際・往生際・死に目・断末魔・臨終・終焉(しゅうえん)

最期を遂(と)・げる 死ぬ。往生を遂げる。「りっぱな一・げる」

ざい-こ【在庫】❶商品が倉庫などにあること。また、その商品。「一がきれる」❷原材料・仕掛品・製品などが企業に保有されていること。また、それらの財貨。

ざい-ご【在五】《在原(ありわら)氏の五男の意》「在五中将」の略。

サイコアナリシス〖psychoanalysis〗精神分析。

さい-こう【再考】〔名〕スル もう一度考えなおすこと。「一を促す」「原案を一する」

さい-こう【再校】〔名〕スル ❶印刷で、初校に次ぐ二度目の校正。また、その校正紙。二校。❷二度目の校合。また、出版物を調べなおして再び出版すること。「此書は、既に英国並びに他国に博く行わるるものを一するものなり」〈中村訳・西国立志編〉

さい-こう【再構】〔名〕スル もう一度構成しなおすこと。組み立てなおすこと。「党の組織を一する」

さい-こう【再興】〔名〕スル いったん衰えたものが、勢いを盛り返すこと。また、もう一度盛んにすること。「国家の一をはかる」「チームを一する」(類語)復興・中興

さいこう【西光】[?～1177]平安後期の廷臣。俗名は藤原師光(ふじわらのもろみつ)。信西(しんぜい)に仕え、その没後出家。後白河法皇の近臣として活躍。鹿ヶ谷(ししがたに)で平氏討伐を謀ったが、発覚して刑死(鹿ヶ谷の議)。

さい-こう【西郊】❶西の郊外。せいこう。❷《五行説で西は秋に当たり、中国古代、都城の西方の野で秋の祭りを行ったところから》秋の野。

さいこう【斉衡】平安初期、文徳(もんとく)天皇の時の年号。854年11月30日～857年2月21日。

さい-こう【砕鉱】〔名〕スル 有用な鉱物を取り出すため、掘り取った鉱石を砕くこと。「一機」

さい-こう【彩光】美しい色の光。「燦爛(さんらん)たる一」〈漱石・草枕〉

さい-こう【採光】〔名〕スル 室内に日光などの光線をとり入れること。「天窓から一した部屋」

さい-こう【採鉱】〔名〕スル 鉱山で鉱石を採掘すること。(類語)採掘・採炭・採油・露天掘り

さい-こう【細孔】ほそいあな。小さいあな。「地の一から滲出する乳汁」〈寅彦・ルクレチウスと科学〉

さい-こう【細行】ちょっとした行い。些細な行為。「日常の区々たる一の集積」〈中島敦・弟子〉

細行を矜(つつし)まざれば終(つい)に大徳を累(わずら)わす 《「書経」旅獒から》ちょっとした行いでも慎重にしないと、最後にはその人の徳に悪影響を及ぼす。

さい-こう【最高】〔名・形動〕❶地位や高さなどがいちばんたかいこと。「世界一の山」「史上一の競争率」「一幹部」⇔最低。❷物事の程度が特にいちじるしいこと。また、そのさま。「一におもしろい映画」「今月は一に忙しかった」「一傑作」❸物事が最も望ましい状態にあること。この上なくすばらしいこと。また、

さ

そのさま。「一な(の)気分」「今日の試合は一だった」⇔最低。〔類語〕(❶)至高・最上・至上・無上・一番・最上級 (数値、数量について)最大・最多・最大限・マキシマム・レコード/(❸)絶好・最上・ベスト・この上ない

さい-こう【催行】ーカウ 旅行会社が、自社の主催する旅行を実施すること。「2名様より一」「一人数に達しない場合は中止」

ざい-こう【在校】ーカウ〔名〕スル ❶学生・生徒・児童として、学校に籍が置いてあること。在学。「本校に一する児童」「一生」❷教師や学生・生徒・児童が学校内にいること。「午後四時まで一する」〔類語〕在学

ざい-ごう【在郷】ーガウ〔名〕スル ❶都会から離れた地方。田舎。在所。ざい。「一の農家」❷郷里にいること。ざいきょう。〔類語〕田舎・郷・在・在所・在地・在方・鄙(ひな)・地方・ローカル

ざい-ごう【罪業】ーゴフ 仏語。罪となる悪い行い。
〔類語〕罪・咎(とが)・過ち・罪悪・罪科・罪過・犯罪・罪障・悪徳・背徳・不徳・不仁・不義・不倫・破倫・悪(あく)・悪行(あくぎょう)・悪事・違犯

ざいごう-うた【在郷歌┊在郷唄】ザイガウー ❶在郷でうたわれる歌。いなかうた。俚謡(りよう)。❷歌舞伎下座音楽の一。田舎の場面の幕開きや人物の出入りなどにうたわれるもの。ざいごうた。

さいこう-おんどけい【最高温度計】サイカウヲンドケイ 測定時間中の最高温度を示す温度計。温度が下がっても最高温度を示しつづけるように水銀温度計の球部と管部の間を狭くしてある。体温計もその一種。

さいこう-がくふ【最高学府】サイカウー 最も程度の高い学問を学ぶ学校。通例、大学をさす。〔補説〕一般に東京大学のみを指して最高学府をいうのは誤用とされる。明治10年(1877)から、同30年に京都帝国大学ができるまでは、東京大学(同19年からは帝国大学)が唯一の大学で、最高学府だった。

さいこう-かんせんしょう【再興感染症】ーカンセンシヤウ かつて流行した感染症のうち、一度は患者数が減少して制圧されたが、近年ふたたび患者数が増えているもの。結核・ペスト・狂犬病・ジフテリアなど。リエマージングディジーズ。リエマージング感染症。復活感染症。➡新興感染症

さいこう-かんだんけい【最高寒暖計】サイカウー「最高温度計」に同じ。

さい-こうきゅう【最高級】ーカウキフ いちばん高級なこと。また、そのもの。「一のワイン」「一品」

ざいごう-ぐんじん【在郷軍人】ザイガウー 平時は民間で生業に就いているが、戦時には必要に応じて召集され国防の任に就く予備役・後備役などの軍人。

ざいごうぐんじん-びょう【在郷軍人病】ザイガウグンジンビヤウ レジオネラという細菌の感染によって起こる肺炎。1976年、米国の在郷軍人大会の参加者がホテルに滞在中に集団発生し、この細菌が発見された。この細菌の含まれた水冷式空調装置の水が飛び散って空気感染したといわれる。レジオネラ症。

さいこう-けいえいせきにんしゃ【最高経営責任者】サイカウー ▶シー-イー-オー(CEO)

さいこう-けつあつ【最高血圧】サイカウー ▶収縮期血圧

さいこう-けん【最高検】サイカウー「最高検察庁」の略。

さいこう-げん【最高限】サイカウー いちばん高いほうの限界。最高限度。

さいこう-けんさつちょう【最高検察庁】サイカウケンサツチヤウ 最高裁判所に対応して置かれる検察庁。その長は検事総長。最高検。

さい-こうこく【再抗告】ーカウコク〔名〕スル 民事訴訟法上、抗告裁判所の決定に対し、法令違反を理由としてさらに抗告すること。刑事訴訟法では認められていない。➡特別抗告

さいこう-さい【最高裁】サイカウー「最高裁判所」の略。

さいこうさい-だいほうてい【最高裁大法廷】サイカウサイダイハフテイ ▶大法廷

さいこうさいてい-おんどけい【最高最低温度計】サイカウサイテイヲンドケイ ある時間内の最高温度と最低温度とを示すように工夫された温度計。

さいこうさいていぜいりつ-しゅぎ【最高最低税率主義】サイカウサイテイゼイリツシユギ ある輸入品目に対して最高と最低の税率を定め、最低税率を条約国や最恵国待遇の国に適用し、最高税率を他の国に適用する主義。

さいこう-さいばんしょ【最高裁判所】サイカウー 司法権の最高国家機関。上告および違憲を理由とする特別抗告事件について裁判権を有し、法令の審査権をもつ終審裁判所。最高裁判所長官と14人の裁判官とで構成され、審理および裁判は大法廷または小法廷で行われる。最高裁。

さいこうさいばんしょ-さいばんかん【最高裁判所裁判官】サイカウサイバンシヨサイバンクワン 最高裁判所の長官1人と14人の最高裁判所判事。長官は内閣の指名に基づき天皇が任命、他は内閣が任命して天皇が認証する。総選挙のさいに国民審査に付される。定年は70歳。

さいこう-ざいむせきにんしゃ【最高財務責任者】サイカウー ▶シー-エフ-オー(CFO)

さいごう-さつ【西郷札】サイガウー 明治10年(1877)の西南戦争で、西郷隆盛が戦費調達のために発行した紙幣。10銭・20銭・50銭・1円・5円・10円の6種。

さいこう-しっこうせきにんしゃ【最高執行責任者】サイカウシツカウセキニンシヤ ▶シー-オー-オー(COO)

さいこう-じょうほうせきにんしゃ【最高情報責任者】サイカウジヤウホウセキニンシヤ ▶シー-アイ-オー(CIO)

さいこう-じょうほうたんとうやくいん【最高情報担当役員】サイカウジヤウホウタンタウヤクヰン ▶シー-アイ-オー(CIO)

さいこう-ぜいりつ【最高税率】サイカウー 所得額に応じて課税される税金の最高の税率。平成19年度(2007年度)からの税源移譲により、所得税は40パーセント(課税所得1800万円超)、住民税は一律10パーセントに改定された。

さいこう-ぜん【最高善】サイカウー 倫理学で、善悪を判定する究極の規準となる最高の道徳的理想・目的。至善。至高善。

さいごう-たかもり【西郷隆盛】サイガウー［1828～1877］政治家。薩摩(さつま)の人。通称、吉之助。号、南洲。討幕の指導者として薩長同盟・戊辰戦争を遂行し、維新の三傑の一人と称された。新政府の参議・陸軍大将となったが、明治6年(1873)征韓論に関する政変で下野、帰郷。同10年西南戦争に敗れ、城山で自殺。

さいこう-だん【彩光弾】サイクワウー 白・赤・緑などの光を出す信号弾。夜間の通信・警報などに使用。

さい-こうちょう【最高潮】ーカウテウ ある雰囲気や感情などが最も高まった状態。また、その場面や時期。クライマックス。「場内の興奮は一に達した」〔類語〕頂上・頂点・絶頂・クライマックス・山場・山・峠・ピーク

さいごう-つぐみち【西郷従道】サイガウー［1843～1902］軍人・政治家。薩摩(さつま)の人。隆盛の弟。はじめ陸軍に属し、台湾出兵を行ったが、のち、海軍大将。海相・内相などを歴任。晩年、元帥となった。

さいこう-の-ふ【再考の府】サイカウー 参議院の異称。衆議院で可決された法案を再度審議し、是正する立場にあることから。

さいこうはっこうがくせいげん-せいど【最高発行額制限制度】サイカウハツカウガクセイゲンー 発券制度の一。政府が中央銀行に対して、準備資産の内容やその比率とは無関係に銀行券発行の最高限度額を定める制度。限度外発行を認める最高発行額屈伸制限制度と、認めない最高発行額直接制限制度とに分かれる。日本では、最高発行額屈伸制限制度を採用していたが、平成9年(1997)日本銀行法の改正により廃止。

さい-こうび【最後尾】行列や、長くつながっているものなどのいちばん後ろ。
〔類語〕最後・尻(しり)・けつ・殿(しんがり)・どん尻(じり)・末尾

さい-こうべん【再抗弁】ーカウベン 民事訴訟で、抗弁に対して、相手方がさらにこれを排斥する事由を主張すること。

さいこう-ほう【最高峰】サイカウー ❶連山の中でいちばん高いみね。「アルプスの一」❷ある一群の中でいちばんすぐれているもの。「源氏物語は平安文学の一だ」

さいこう-ほういん【最高法院】サイカウハフヰン ▶高等法院

さいこう-ほうき【最高法規】サイカウハフキ 実定法の頂点に立ち、最も強い形式的効力をもつ成文法。日本国憲法は憲法を国の最高法規としている。

ざいごう-もの【在郷者】ザイガウー 田舎育ちの者。田舎から出てきた者。在郷人(ざいごうびと)。

さいこう-やきんがく【採鉱冶金学】サイクワウー 採鉱・冶金について研究する学問。

さい-こうれつ【最後列】いくつか並んだ列のうちで、いちばん後ろの列。

ざいこ-えいきょう【在庫影響】ーエイキヤウ 在庫商品の時価の変動が企業会計上の損益に影響を与えること。また、その影響。〔補説〕在庫商品の時価が変動すると、棚卸資産の評価方法によって、在庫評価額と実際の取得原価との間に大きな差が生じる場合がある。例えば、低価法を採用する場合、相場が上昇すると、期初の安値在庫の影響を受けて売上原価が押し下げられ、利益が増加する。原価法を採用する場合、相場が下落すると、期初の高値在庫の影響を受けて売上原価が押し上げられ、利益が圧縮される。石油元売り会社など大量の在庫を保有する企業は、こうした在庫評価の影響を受けやすいため、決算短信などで、在庫影響を除いた実質ベースの損益を公表する場合がある。

サイコ-オンコロジー〖psycho-oncology〗悪性腫瘍について心理学・精神医学・社会的側面から研究する学問。癌(がん)が患者・家族や医療従事者の心理・精神面に与える影響、および患者の心理や患者をとりまく家族・職場・地域などの社会的因子が症状や治療の経過に与える影響について研究する。精神腫瘍(しゅよう)学。

ざいごがものがたり【在五が物語】伊勢物語の通称。

ざいこ-かんり【在庫管理】ークワンリ 原材料・仕掛品・製品などについて、技術的および経済的に的確な時期に適正な量を発注・補充し、最善の保管と搬出入を計画・組織・統制する方式の体系。

サイコキネシス〖psychokinesis〗科学的に証明されていない超能力の一種。静止した物体を動かすなど、術者が念じるだけで事物に物理的効果を与える現象。念力。PK。

さい-こく【西国】《「さいごく」とも》❶西の方の国。㋐近畿から西の地方。中国・四国・九州地方。㋑特に、九州地方。❷日本の西にある国。㋐西洋。ヨーロッパ諸国のこと。「一立志編」㋑インド。天竺(てんじく)。❸「西国三十三所(さんじゅうさんしょ)」の略。❹「西国巡礼」の略。「これといふがこの夏の一の御利生(ごりしょう)」〈浄・重井筒〉

西国を打・つ 西国三十三所の観音を巡拝する。「いっその事一・つ気はないか」〈伎・吾嬬鑑〉

さい-こく【斎国】大嘗祭(だいじょうさい)のとき、悠紀殿(ゆきでん)・主基殿(すきでん)に供える饌米(せんまい)を作るために卜定(ぼくじょう)された国。古くは、都の東西から各一国を定めた。

さい-こく【催告】〔名〕スル 相手方に対して一定の行為をするように請求すること。債務者に対して債務の履行を請求するなど。〔類語〕迫る・求める・要求・強請(きょうせい)・強迫・強談(ごうだん)・催促・責(せ)付く・責め立てる

ざい-こく【在国】❶都にではなく故郷にいること。在郷(ざいきょう)。❷江戸時代、大名やその家臣が自分の領国にいること。➡在府

ざい-ごく【在獄】捕らわれて獄にいること。

さいこく-ぐんだい【西国郡代】江戸幕府の職名。勘定奉行に属し、豊前(ぶぜん)・豊後(ぶんご)・肥前・肥後・日向(ひゅうが)・筑前の天領を管轄し、管内の訴訟・収税・庶務をつかさどった。西国筋郡代。

さいこく-さんじゅうさんしょ【西国三十三所】ーサンジフサンシヨ 近畿地方33か所の観世音菩薩(かんぜおんぼさつ)を安置した霊場。信者は、ご詠歌を歌い巡礼する。室町時代から民間人の参拝が増え、江戸時代に盛んとなり、札所の順序などが一定してきた。西国三十三観音。西国札所。お札所。➡三十三所

さいこく-じ【西国路】ーぢ 江戸時代の主要街道の一。大坂から九州小倉に至る。瀬戸内海沿岸を通り、宿駅50余。中国街道。中国路。山陽道。

ざいこく-しゅう【在国衆】室町時代、京都に参勤することなく、常にその領国に居住していた守護大名。

さいこく-じゅんれい【西国巡礼】西国三十三所の観音霊場を巡礼すること。また、その人。西国めぐり。

さいこく-の-こうべんけん【催告の抗弁権】保証人の持つ抗弁権の一。保証人が債権者に債務の履行を求められたとき、まず主たる債務者に請求せよと主張し、その請求を拒むことができる権利。民法第452条で規定する。⇒連帯保証人

さいこく-ぶね【西国船】九州地方を主とする廻船をいう。中国船・北国船などと区別するための呼称。

サイコグラフ〖psychograph〗心理学で、性格特性を表やグラフで表したもの。心誌。

さいごくりっしへん【西国立志編】英国のサミュエル=スマイルズの「Self Help(自助論)」の翻訳書。中村正直訳。11冊。明治3〜4年(1870〜1871)刊。西洋の歴史上の人物数百人の成功談を述べ、個人主義的道徳を説く。明治初期の青年に影響を与えた。

さい-ごし【菜越し】食膳の手前にある料理を越して、向こうにある料理に箸を出したり、酌をしたりすること。不作法としてきらう。

サイコセラピー〖psychotherapy〗精神療法。心理療法。

サイコセラピスト〖psychotherapist〗暗示・催眠術などの心理療法で、心の病の治療を行う技術者。患者の家族や社会環境までつかんで対応する。精神療法士。

ざいご-ちゅうじょう【在五中将】在原業平の通称。

ざいこ-ちょうせい【在庫調整】景気の変動に対応して在庫量を増減させること。

さい-こつ【×鰓骨】えらぼね。

さいご-つうちょう【最後通×牒】❶紛争当事国の一方が、平和的な外交交渉を打ち切って自国の最終的要求を相手国に提出し、それが一定期限内に受諾されなければ自由行動をとることを述べた外交文書。❷交渉の決裂も辞さないという態度で、相手に一方的に示す最終的な要求。「―をつきつける」

さいごっ-ぺ【最後っ×屁】❶イタチが、追いつめられたとき、敵を追い払うために尻から放つ悪臭。❷せっぱつまったとき、苦し紛れに思いつく手段。窮余の一策。最後の手段。

さいこ-とう【×柴×胡湯】漢方で、柴胡を主剤とした煎じ薬。解熱、鎮痛薬などとして用いる。

ざいこ-とうし【在庫投資】在庫の一定期間における増加分。

さいご-どころ【最期所】「最期場」に同じ。

サイコドラマ〖psychodrama〗米国の精神科医モレノが創始した集団心理療法の一技法。患者の集団にある題の劇を即興で自由に演じさせ、自然に心の内部が表現されるようにする。心理劇。

さいご-の-かして【最後の貸(し)手】破綻しそうな金融機関に対し、中央銀行が融資を行う機能。また、その融資者となる中央銀行のこと。システミックリスクなどが起こり経済全体が混乱する危険性を回避するために発動される。⇒日銀特融

さいご-の-じゅうねん【最期の十念】死ぬまぎわに念仏を10回唱えること。

さいご-の-しんぱん【最後の審判】キリスト教の教義上の、世界の終末における人類の罪に対する神の審判。キリストが再臨して死者も生者も裁かれ、天国と地獄とに所属が分けられる。絵画ではミケランジェロのシスティナ礼拝堂壁画が名高い。公審判。

さいご-の-すけ【最後×之助】最後❷を擬人化していう語。「ちょっと顔を出したが―」〈洒・売花新駅〉

さいご-の-ばんさん【最後の晩×餐】キリストが受難前夜に12人の弟子とともにとった晩餐。教会の聖餐式はこれに基づく。絵画ではレオナルド=ダ=ビンチの作品が有名。ラストサパー(the Last Supper)。

さいご-ば【最期場】死に場所。最期所。「道端はいかがなり。いざ―を変へまいか」〈浄・丹波与作〉

サイコパス〖psychopath〗精神病質(その人格のために本人や社会が悩む、正常とされる人格から逸脱したもの)である人。

ざいこ-ひん【在庫品】在庫の状態にある商品。

さいご-へ【最後×屁】「最後っ屁」に同じ。

サイコ-ミステリー〖psycho mystery〗❶異常心理の人物の犯罪を描く推理小説。❷心理学的、精神医学的な手法で殺人現場に残された資料から犯人の人物像を推定し、逮捕に追い込んでいく推理小説。

サイコメトリー〖psychometry〗❶計量心理学。心理学に統計学的手法を取り入れた学問。サイコメトリックス。❷科学的に証明されていない超能力の一種。物体に触れることにより、そこに残された人の記憶を読み取る能力・現象。

サイコメトリックス〖psychometrics〗▶サイコメトリー❶

さい-こよう【再雇用】〔名〕スル ❶退職者や一時解雇した従業員を再び雇用すること。❷継続雇用制度の種類の一つ。再雇用制度のこと。

さいこよう-せいど【再雇用制度】継続雇用制度の種類の一つ。定年に達した雇用者をいったん退職させた後、再び雇用する制度。⇒勤務延長制度

ざいこ-りつ【在庫率】製品の出荷に対する在庫の割合。在庫量÷出荷量で算出し、景気動向をみる指標として利用される。

さい-ころ【×賽▽子┆骰=子】「さい(采)❶」に同じ。「―を振る」

サイコロジー〖psychology〗心理。心理学。

サイコロジカル-ライン〖psychological line〗投資家の心理を読んで株価変動を予測する指標の一。株式市場で、直近12立会日のうち前日比で値上がりした日を勝ちとし、下がったか変わらなかった日を負けとして、何勝何敗か(またはその比率)で示す。勝率が高くなった(投資家の心理が強気の)ときに売り、勝率が低くなった(投資家の心理が弱気の)ときに買う、逆張りの指標として用いる。⇒RSI(株式)

サイコロジスト〖psychologist〗心理学者。

さい-こん【再建】〔名〕スル 焼けたり壊れたりした神社や寺院などを建て直すこと。「本堂を―する」 補説 一般の建造物の場合は「さいけん」と読む。

さい-こん【再婚】〔名〕スル 配偶者と死別または離別した人が、再び結婚すること。「周囲のすすめで―する」 類語 再縁・再嫁

さい-こん【菜根】❶野菜の根。大根やいもの類。❷粗末な食事。粗食。

サイゴン〖Saigon〗旧ベトナム共和国の首都。フランスの植民地として建設された市街は「東洋のパリ」とよばれた。1976年ベトナムの統一に伴い、ホーチミン市と改称。⇒ホーチミン㊁ 補説「西貢」とも書く。

ざい-こん【罪根】仏語。悟りの障害となる罪悪。

さいこん-きげん【再婚期限】▶待婚期間

さいこんたん【菜根譚】中国の雑学書。2巻。明の洪応明著。成立年未詳。警句ふうの短文357条からなる語録で、仕官中の保身の術や退官後の山林閑居の楽しみを、儒教・仏教・道教の思想をまじえた立場で述べたもの。中国より日本で愛好された。

さい-さ【細査】こまかく調査すること。「事実の―に執着しなければ」〈寅彦・科学者と芸術家〉

さい-さ【歳差】歳差運動のため、天の北極が黄道の極のまわりを約2万5800年で1周し、春分点が黄道上を毎年約50秒ずつ西方へ移動する現象。

さい-さい【歳歳】としどし。毎年。「年々―」

歳歳年年人同じからず 《劉希夷「代悲白頭翁」から》毎年毎年、人はこの世を去って行くために、顔ぶれが異なる。人の世の無常であることをいう。⇒年年歳歳花相似たり

さい-さい【細細】〔形動ナリ〕❶こまかいさま。また、くわしいさま。微細。詳細。「道理を申しければ、―に聞こし召して」〈半井本保元・上〉❷「再再」に同じ。「定家、家隆卿など―に申し行はれけるにや」〈連理秘抄〉

さい-さい【済済】〔ト・タル〕文〔形動タリ〕「せいせい(済済)」に同じ。「多士―」

さい-さい【再再】〔副〕ある動作が繰り返し行われるさま。たびたび。何度も。再三。「―申し上げたとおり」「―の催促」 類語 再三

さい-さい【▽騒▽騒】〔副〕物が揺れ動いてさわさわと音を立てるさま。「玉衣の―しづみ家の妹にもの言はず来にて思ひかねつも」〈万・五〇三〉

ざい-ざい【在在】あちこちの村里。また、いたるところ。「春先は、―の鋤鍬までも楽々と、遊びがちなる―ものづくり」〈浄・手習鑑〉

さいさい-し【▽騒▽騒し】〔形シク〕さわさわと音を立てるさま。「光も無く黒きかいねりの、―・しく張りたる一かさね」〈源・初音〉 補説 歴史的仮名遣いは、「さいさい(騒騒)」の派生語とみて、「さゐさゐし」とするが、新撰字鏡に「佐比々々之」とあるのが、この語だとすれば「さひさひし」とも考えられる。

ざいざい-しょしょ【在在所所】ここかしこ。あちらこちら。また、あちらこちらの村里。「御城下の町々、かいどうすじの―を焼きたてました」〈谷崎・盲目物語〉

さいさ-うんどう【歳差運動】❶地球の自転軸が、黄道面に垂直な線のまわりを、周期約2万5800年で首振り運動をすること。地球の赤道面が黄道面に対して約23.4度傾いているのと、地球の赤道部が膨れているため、月・太陽から自転軸を立てようとする偶力を受けて起こる。❷こまなど回転するものの回転軸がゆっくりと方向を変えていく運動。味噌すり運動。首振り運動。

さい-さき【▽幸先】《「さい」は、「さき」または「さち」の音変化》❶よいことが起こる前兆。吉兆。❷事を始めるときに当たって何かを感じさせる物事。前兆。縁起。「―がいい」「―がわるい」
類語 吉兆・吉相・瑞相・瑞兆・瑞祥・祥瑞・瑞光

さい-さく【再昨】年や日などで中二つ隔てた前のこと。さきおととし、さきおとといなど。

さい-さく【×砦柵】敵の侵入を防ぐため、城塞の垣として設ける木や竹の柵。

さい-さく【細作】忍びの者。間者。「―を放つ」

さい-さよく【最左翼】❶最も急進的なこと。また、そのもの。❷《もと、軍関係の学校で成績順に右から並んだところから》競争者のなかでいちばん成績の悪いこと。「数学はいつも―だった」

サイザル-あさ【サイザル麻】《sisal》リュウゼツラン科の多年草。長さ1〜2メートルの多肉な葉が叢生する。葉の集まりの中央部から高さ約7メートルに達する花茎を伸ばし、白色の花を多数つける。メキシコから中央アメリカの原産。熱帯地方で栽培され、葉からとった繊維をロープや袋などに加工する。サイザルヘンプ。サイザル。シザル麻。

さい-さん【再三】ある動作が二度も三度も行われること。副詞的にも用いる。たびたび。しばしば。「―にわたる勧告」「―注意したが、聞き入れない」
類語 再再・再三再四

さい-さん【採算】利益があるかどうか、収支を計算してみること。商売や事業の、収支のつりあい。「―が合う」「独立―制」 類語 決算・仕切り・精算・清算

採算が合・う 経費以上の収入が得られる。利益がある。採算がとれる。

採算がと・れる 収支がつりあう。利益があがる。採算が合う。「手間のかけすぎで―・れない」

ざい-さん【財産】❶個人や団体などの所有している、金銭・有価証券や土地・家屋・物品などの金銭的な価値のあるものの総称。資産。「一代で―を築きあげる」「子供に―を残す」❷ある主体に属する積極財産(資産)と消極財産(負債)の総体。「営業―」❸あるものにとって、価値あるもの。金銭的価値にも精神的価値にもいう。「健康が私の―です」「自然は人類共有の―だ」
類語 (❶)財・産・資産・資財・財貨・貨財・私産・私財・家産・家財・富・身代・身上・恒産

ざいさん-か【財産家】多くの財産を持っている人。金持ち。資産家。

ざいさんかいじ-てつづき【財産開示手続(き)】損害補償などで、確定判決、和解調書、調停調書があるのに相手方が支払いに応じない場合、裁判所に申し立てて相手方の財産を開示させる手続き。相手方が裁判所への出頭を拒否したり、嘘をついたり

さ

すると30万円以下の過料となる。〔補説〕平成15年(2003)民事執行法改正で新設。同16年4月より施行。
さいさん-かぶ【採算株】配当率に比べて株価が安く、比較的利回りの有利な株式。
ざいさん-かんじょう【財産勘定】ニヂャウ 簿記で、資産と負債に関する勘定。
ざいさんかんり-けん【財産管理権】ザイサンクワンリー 親権者が未成年の子の財産を管理し、その財産に関する法律行為を子に代わって行う権利。また、後見制度において後見人が被後見人の財産を管理し、その財産に関する法律行為を被後見人に代わって行う権利。➡身上監護権
ざいさん-く【財産区】特別地方公共団体の一。市町村および特別区の一部で財産を有し、または公の施設を設けているもの。その財産や公の施設の管理・処分・廃止についてのみ権能をもつ。
ざいさん-けい【財産刑】財産の剝奪を内容とする刑。主刑の罰金・科料のほか、付加刑である没収を含めることもある。
ざいさん-けん【財産権】財産的な価値を有する権利。物権・債権・知的財産権など。私権の一種で、人格権や身分権に対して用いられる。
ざいさん-ざい【財産罪】▶財産犯
さいさん-さいし【再三再四】「再三」を強めていう語。繰り返し何度も。「一失敗してもこりない」
ざいさん-しゅっし【財産出資】金銭その他の財産を目的とする出資。金銭出資と不動産などの現物出資とがある。労務出資や信用出資に対していう。
ざいさん-しょとく【財産所得】金銭・有価証券・土地・建物などの資産を所有・運用することで生じる所得。利子所得・配当所得・賃貸料所得など。資産所得。
ざいさん-ぜい【財産税】財産を所有しているという事実に対して課される租税。相続税・固定資産税など。
ざいさん-そうぞく【財産相続】ーサウ ゾク 人の死亡による財産上の地位の相続。この場合には債務などの消極財産も含む。➡身分相続
ざいさん-はん【財産犯】主として利欲的な動機に基づき、他人の財産を害する犯罪。窃盗罪・詐欺罪・横領罪・背任罪など。財産罪。
ざいさん-ぶんよ【財産分与】離婚した夫婦の一方が、他方に対して財産を分与すること。その請求は離婚後2年以内にしなければならない。
ざいさん-ぶんり【財産分離】相続が開始した場合、相続債権者・受遺者、または相続人の債権者が、相続財産または相続人の固有財産から優先的に弁済を受けられるように、両財産を分離して清算する制度。
ざいさん-ほう【財産法】ーハフ 私法関係のうち、経済的生活関係に関する法。民法の物権法・債権法および商法など。➡身分法
ざいさん-もくろく【財産目録】一定時期における企業の資産と負債について、個別的に価額を付して記載した明細表。
ざいさん-りゅうほ【財産留保】ーリウホ 民法旧規定で、隠居または入夫婚姻によって家督相続が開始される場合に、被相続人である隠居者または女戸主が自分の全財産の一部を相続人に移転させないで留保すること。昭和22年(1947)廃止。
さいさん-われ【採算割れ】商品の市価が原価以下に下落したりして採算がとれなくなること。
〔類語〕損・不利益・損失・損害・損亡・欠損・実損・差損・赤字・出血・持ち出し
さい-し【才子】❶才知にすぐれ、頭の働きのすばやい人。多く男についていう。才人。才物。❷抜けめがなく要領のよい人。「軽薄一」
〔類語〕才人・才物・知恵者・英才・秀才・俊才・天才・俊英・偉才・奇才・鬼才・才女・才媛・異能
才子才に倒れる 才子は、自分の才知を過信するあまり、かえって失敗しがちである。
さい-し【才思】才知のすぐれた考え。「その子の一に応じたる職業に」〈中村訳・西国立志編〉
さい-し【再思】〔名〕スル もう一度考えなおすこと。再考。「一三省」
さい-し【妻子】❶妻と子。つまこ。「一を養う」❷妻。妻女。「若き一の思ひわびぬべきにより」〈源・若紫〉
〔類語〕家族・一家・家内・家人・家の人・肉親・親子・親兄弟・骨肉・血肉・身内・身寄り・係累・家累・家眷・一家眷属・妻子眷属・一族・ファミリー
さい-し【采詩】中国で、政治の参考にするため、民間の詩歌を集めること。周代に行われたとされる。
さい-し【祭司】❶祭儀を執り行う者。❷ユダヤ教で、神殿に奉仕して儀式をつかさどる者。❸未開諸民族で、宗教儀式をつかさどる者。
さい-し【祭使】諸神社・諸陵墓の祭りに、朝廷から派遣される勅使。
さい-し【祭×祀】神や祖先を祭ること。祭典。
〔類語〕祭り・祭礼・祭典・祭儀・祭典・祝典・祝儀・大祭・大儀・大礼・大典・典礼・盛儀・儀式・式典
さい-し【祭×粢】《「粢」はキビの意》祭りのとき、神前に供えるキビなどの穀物。供物。
さい-し【細×疵】小さなきず。小疵。細瑕。
さい-し【×釵子】❶平安時代、女房の晴の装束で、宝髻とよぶ髪上げの際に使用したかんざし。❷近世以来、女房が正装のときに前髪の正面につけた飾りの平額。従来の釵子をかんざしと呼んだことに対して、これと区別するための呼称。
さい-し【×嘴子】パイプやホースなどの先に付ける、くちばし状の管。ノズル。
さい-じ【再治】ーヂ 調べなおして正すこと。「一本」
さい-じ【西寺】㊀常楽寺㊁の通称。㊁京都市南区にあった寺。平安京鎮護のため、遷都とともに建立された東西二寺の一。羅城門の右に建立、右大寺とも称した。天福元年(1233)再度の火災ののち荒廃。➡東寺
さい-じ【祭事】祭りの行事。神事。
〔類語〕神事・祭り・祭礼・祭典・祭祀・祭典・祝典・祝儀・大祭・大儀・大礼・大典・典礼・盛儀・儀式・式典
さい-じ【細字】細かい字。小さい文字。
さい-じ【細事】❶ちょっとしたこと。つまらない事柄。小事。「一にこだわらない」❷詳しい事柄。「一にわたる説明」〔類語〕些事・小事・枝葉・末節・枝葉末節
さい-じ【催事】特別な催しごと。展示会・特売会など。「一場」
さい-じ【歳次】《古くは「さいし」。「歳」は歳星すなわち木星、「次」は宿りの意。昔、中国で、木星が12年で天を1周すると考えられていたところから》としまわり。とし。
さい-じ【歳事】一年中の出来事。一年中の行事。
さい-じ【歳時】❶1年の、そのおりおり。四季おりおり。❷年と時。年と季節。
さい-じ【×蕞×爾】〔ト・タル〕図〔形動タリ〕非常に小さいさま。「宮は一たる小市論ずるに足らねど」〈露伴・風流魔〉
さいし-いせき【祭×祀遺跡】ーヰセキ 神霊を祭った跡をとどめる遺跡。日本では古墳時代以降、人・動物・器物をかたどった祭具を用いて、海・山・石などを祭った遺跡をよぶことが多い。福岡県沖ノ島遺跡が有名。
さいし-かじん【才子佳人】才知のすぐれた男性と、美しい女性。
さい-しき【才識】才知と識見。「一の豊かな人」
さい-しき【彩色】〔名〕スル 色をつけること。いろどり。さいしょく。「一を施す」「青で一した茶碗」〔類語〕配色・色・色合い・色調・色彩・トーン・色相・色目・彩り
さい-しき【祭式】祭りの儀式。また、それを行う順序・作法。
さい-じき【斎食】❶仏語。正しい時間にとる食事。正午の食事。❷法要など仏事のときに出す食事。
さいじ-き【歳時記】❶1年のおりおりの自然・人事などを記した書物。歳事記。❷俳句の季語を集めて分類・整理し、解説や例句を載せた書物。俳諧歳時記。季寄せ。〔類語〕季寄せ・歌集・句集・詩集・詞花集・撰集・アンソロジー
ざい-しき【財色】仏語。❶金銭と物品。財物。❷財貨と色欲。
さいしき-どき【彩色土器】▶彩文土器
さいしき-ふで【彩色筆】彩色に用いる毛の柔らかい筆。
さい-し-く【彩×色く】〔動カ四〕《「彩色」の動詞化》彩色を施す。美しくいろどる。「御顔は色々に一きたまて」〈栄花・本の雫〉
さいし-けんぞく【妻子×眷属】妻子と親族。
〔類語〕家族・一家・家内・家人・家の人・肉親・親子・親兄弟・妻子・骨肉・血肉・身内・身寄り・係累・家累・家眷・一家眷属・一族・ファミリー
さいし-そうぞく【祭×祀相続】ーサウゾク 祖先の祭祀を主宰する地位を受け継ぐ相続制度。➡祭祀の承継
さいし-たいけん【祭×祀大権】明治憲法下で、皇祖皇宗、歴代の皇霊および天神・地祇の祭祀を国家最高の祭主として主宰する天皇の大権。
さいし-たびょう【才子多病】ービャウ 才子はからだが弱く、何かというと病気になること。
さい-しつ【才質】もって生まれた才能。
さい-しつ【妻室】つま。さい。家内。
さい-じつ【祭日】❶神社などで、祭りを行う日。❷「国民の祝日」の俗称。「日曜一は休業」❸皇室で、祭典が行われる日。大祭日と小祭日がある。❹神道で、死者の霊を祭る日。❺物忌みをする日。日忌み。〔類語〕祝日・祝祭日・旗日・佳節・物日・縁日
さい-じつ【斎日】▶さいにち
ざい-しつ【在室】〔名〕スル 室内にいること。「社長は一しております」
ざい-しつ【材質】❶木材の性質。「一の堅い木」❷材料としての性質。「一のいい毛布」〔類語〕木質
ざい-しつ【罪質】犯した罪の中身や度合い。
さいし-て【際して】〔連語〕《動詞「さい(際)する」の連用形＋接続助詞「て」》ある行為、事態にあたって。「ご注文に一のご注意」
さいし-の-しょうけい【祭×祀の承継】系譜・祭具・墳墓など祖先の祭祀に必要な用具を、一般の財産の相続とは別に、祖先の祭祀を主宰する者が承継するもの。
ざい-しゃ【在社】〔名〕スル ❶会社の中にいること。「三時まで一する」❷その会社に在職していること。「三〇年一しているベテラン社員」
さい-しゃく【細×嚼】〔名〕スル ❶細かくかみくだくこと。❷よく考えて、その意味・内容を十分理解すること。「いまだ趣向を構えざるまえに十分これを一して会得しつくす」〈逍遥・小説神髄〉
さい-じゃく【×纔着】ーヂャク ❶装束の丈を、着る人の身の丈と等しくすること。❷束帯の下襲の裾を足首までの長さとしたもの。
ざいじゃりん【摧邪輪】鎌倉時代の仏教書。3巻。明恵高弁著。建暦2年(1212)成立。法然の「選択集」を批判したもので、浄土教に大きな波紋を巻き起こした。於一向専修宗選択集中摧邪輪。
さい-しゅ【西×収】「せいしゅう(西収)」に同じ。「春は東作のおもひをわすれ、秋は一のいとなみにも及ばず」〈高良本平家・一〇〉
さい-しゅ【採取】〔名〕スル ❶研究・調査などのために、とること。「指紋を一する」❷鉱物や植物、また、貝などを選び取ること。「砂利を一する」〔類語〕収集・採集
さい-しゅ【採種】〔名〕スル 次の栽培のために植物の種子をとること。
さい-しゅ【祭主】❶祭事の主宰者。❷伊勢神宮の神職の長。古くは中臣氏、次いで大中臣氏の世襲であったが、明治維新後は皇族や公爵が親任された。
さい-しゅ【祭酒】❶昔、中国で、宴会などのとき、その席で最も身分の高い年長者がまず酒を供えて地の神を祭ったこと。❷昔、中国で、学政の長官。❸大学頭の唐名。
さい-しゅ【債主】債権を持っている人。債権者。貸し主。
さい-しゅ【催主】会合などを中心となって行う人。
さい-しゅ【歳首】年の始め。年首。年頭。
ざい-しゅ【材種】❶木材を用途・形・寸法などに応じ

て区分した種類。❷材料の種類。
ざい-しゅ【罪種】犯罪の種類。
さい-しゅう【採集】〔名〕スル 標本・資料などにするために、取って集めること。「民俗語彙を―する」「植物―」類語 収集・採取
さい-しゅう【最終】❶いちばん終わり。「いよいよ―の局面を迎える」「―目標」⇔最初。❷その日、最後に運行されるバス・電車・汽車・飛行機など。「―に間に合う」類語 終わり・しまい・末・最後・ラスト・末尾・どん詰まり・おしまい・終了・終結・終焉・終末・果て・幕切れ・閉幕・幕・打ち止め・ちょん・完・了・ジエンド・結末・結び・締め括り・結尾・掉尾・掉尾・終局・終幕・大詰め・土壇場・エンディング・フィニッシュ・フィナーレ
さい-しゅう【歳終】1年の終わり。歳末。年末。
ざい-しゅう【罪囚】獄舎につながれた罪人。めしゅうど。囚人。囚徒。
ざい-じゅう【在住】〔名〕スル その地に住んでいること。「現地―の邦人」「パリに―する日本人」
類語 現住・永住・先住・常住・定住・安住・居住・転住・移住・居る・住む
さいしゅう-かい【最終回】継続・反復して行われた物事の、最後の回。「テレビ番組の―」
さい-じゅうけいてい【再従兄弟】父や母のいとこの子供。またいとこ。
さいしゅうしゅりょう-ぶんか【採集狩猟文化】植物の採集や狩猟・漁労によって得た食料を生活基盤とする文化。
さい-しゅうしょく【再就職】〔名〕スル 仕事を辞めたあと、もう一度職に就くこと。
さいしゅうしょく-てあて【再就職手当】雇用保険法に規定される就職促進給付の就業促進手当の一つ。雇用保険の被保険者が失業した後、基本手当の支給日数を一定以上残して常用雇用の職に就いた場合に、一時金として支給される。
さいしゅうしょくとう-かんしいいんかい【再就職等監視委員会】官民人材交流センターが本格的に稼働する平成23年(2011)までの間、国家公務員の退職および再就職の管理・規制を行うため、内閣府に設けられた委員会の一つ。同20年の国家公務員法一部改正に伴い、同年12月31日に設置された。補説 官僚の天下りや、天下り先を退職した後も再就職を繰り返す「わたり❺」が問題視されたことから、出身省庁による国家公務員の再就職斡旋を禁止し、官民人材交流センター・再就職等監視委員会に一元化されることになったが、政府内に再就職斡旋機関を置くことは天下りの容認につながるとして、規制の実効性を疑問視する見方もある。
さいしゅう-そんえき【最終損益】▶税引後当期純損益
さいしゅう-そんしつ【最終損失】▶税引後当期純損失
さいしゅう-とう【済州島】▶チェジュド(済州島)
さいしゅうひょうか-ばん【最終評価版】▶ベータ版
さいしゅう-べんろん【最終弁論】刑事事件の公判で、証拠調べが終わったあとになされる弁護人の意見陳述。
さいしゅう-りえき【最終利益】▶税引後当期純利益
ざい-しゅく【在宿】〔名〕スル 外出しないで自分の家にいること。在宅。「落着て―していた事は稀だという」〈二葉亭・浮雲〉
さいしゅ-けいざい【採取経済】自然界の動植物を採取して生活の資とする原始的な経済。
さい-しゅつ【再出】〔名〕スル 再び出すこと。また、再び出ること。「同じ言葉の―を避ける」
さい-しゅつ【歳出】国・地方公共団体の一会計年度における一切の支出。⇔歳入。類語 支出・出金・出費・出銭・失費・掛かり・費え・物入り・支払い
さい-じゅつ【崔述】[1740～1816]中国、清の学者。大名(河北省)の人。字は武承。号、東壁。古代史を考証学的に研究した。著「洙泗考信録」など。
さい-しゅっぱつ【再出発】〔名〕スル もう一度、新規に開始すること。「新しい土地で―する」類語 蒔き直し
さいしゅ-ほ【採種×圃】採種用の農作物を栽培する田畑。
さい-しゅん【才俊】才知がすぐれていること。また、その人。秀才。俊才。
さい-じゅん【最純】〔名・形動ナリ〕もっとも純粋であること。全くまじりけのないこと。また、そのさま。「―なる表象はただちに意志である」〈倉田・愛と認識との出発〉
さい-しょ【細書】〔名〕スル ❶文字を細かく書くこと。また、その文字。「欄外に―する」❷内容を詳しく書くこと。また、その文。
さい-しょ【最初】いちばんはじめ。「物事は―が大切だ」「―だれかと思った」⇔最後/最終。類語 第一・初め・一次・原初・嚆矢・濫觴・元祖・事始め・手始め・まず・一番・真っ先・初発・先頭・いの一番・トップ
さい-しょ【▽税所｜済所】平安・鎌倉時代、国衙においてその国の租税・官物の収納などのことをつかさどった役所。ぜいしょ。
さい-じょ【才女】才知のすぐれた女性。才媛。
類語 才媛・英才・秀才・俊才・天才・才人・才子・俊英・偉才・奇才・鬼才・才物・異能
さい-じょ【妻女】❶妻と娘。❷妻である女性。
さい-じょ【斎女】神に仕える未婚の若い女性。いつきめ。
さい-じょ【細叙】〔名〕スル 詳細に書き記すこと。「事件の経過を―する」
さい-じょ【歳除】大みそか。除夜。
ざい-しょ【在所】❶人が住んでいる所。また、物が存在する所。ありか。❷郷里。くにもと。「生まれ―」❸都会から離れた地方。田舎。ざい。「―住まい」
類語 (❷)故郷・郷里・ふるさと・郷土・国・田舎・国もと・郷党・郷国・郷関・家郷・故山・生地・生国/(❸)田舎・郷・在・在郷・在地・在方・鄙・地方・ローカル
さいしょ-あつこ【税所敦子】[1825～1900]歌人。京都の生まれ。宮内省に出仕、皇后(昭憲皇太后)に歌道をもって仕えた。歌集「御垣の下草」など。
さい-しょう【再勝】〔名〕スル 同じ相手に、もう一度勝つこと。
さい-しょう【妻×妾】つまと、めかけ。
さい-しょう【宰相】❶総理大臣。首相。「一国の―」「平民―」❷古く中国で、天子を補佐して政治を行った官。丞相。❸参議の唐名。
類語 内閣総理大臣・総理大臣・総理・首相
さい-しょう【採証】裁判官が、訴訟にあらわれた証拠資料から一定の事実を判断すること。
さい-しょう【済勝】景色のよい所を見物して回ること。せいしょう。
さい-しょう【細小】〔名・形動〕細かく小さいこと。また、そのさま。「―な結晶」
さい-しょう【最小】いちばん小さいこと。「世界で―の国」⇔最大。類語 極小・過小
さい-しょう【最少】❶いちばん少ないこと。「―の人数」⇔最多。❷いちばん若いこと。最年少。⇔最長。
さい-しょう【最勝】㊀〔名・形動ナリ〕最もすぐれていること。また、そのさま。「丈六の弥陀如来、光明―にして第一無比なり」〈栄花・玉の台〉㊁「最勝王経」の略。
さい-しよう【再使用】〔名〕スル 一度使用したものを、もう一度使用すること。例えば、ガラス製のビール瓶を回収して洗浄し、何度も使用するなど。再利用。➡リユース
さいじょう【西条】㊀愛媛県東部の商工業都市。もと一柳氏、次いで松平氏の城下町。繊維・電子工業が盛ん。平成16年(2004)11月、東予市、小松町、丹原町と合併。人口11.2万(2010)。㊁広島県東広島市の中心地区。史跡に指定されている安芸国分寺塔跡がある。明治以降は酒造業が盛ん。
さい-じょう【斎場】❶神仏を祭るために、特別に設けられた清浄な場所。斎場所。いつきのにわ。❷葬儀を行う場所・会場。❸大嘗祭のとき、供物を調えるために設ける建物。斎場所。類語 霊域
さい-じょう【最上】❶重なっているもののいちばん上。「マンションの―階」❷いちばんすぐれていること。この上ないこと。「―の品質」「―の喜び」
類語 極上・特上・一番・最高
ざい-しょう【財相】財務大臣のこと。
ざい-しょう【罪証】犯罪の証拠。「―湮滅」
ざい-しょう【罪障】仏語。往生・成仏の妨げとなる悪い行為。「―消滅」類語 罪・咎・過ち・罪悪
罪障の山　悟りのじゃまとなる悪い行いが数多く重なることを山にたとえた語。
ざい-じょう【罪状】問われている罪の具体的な事実。「―を否認する」
さい-じょうい【最上位】地位や順位などが最も上であること。⇔最下位。
さいしょう-え【最勝会】国家の平安を祈って行われる、金光明最勝王経を講ずる法会。薬師寺では、3月7日から7日間行われる。
さいしょうおう-きょう【最勝王経】「金光明最勝王経」の略。
さいじょう-がき【西条柿】柿の一品種。広島県の西条付近から産する。つるし柿・ころ柿などにする。
さいしょう-かちょうおん【最小可聴音】人間の耳に聞こえる最も小さい音。聴力の良い若年者の場合、その最小音圧は統計的に1000ヘルツで20マイクロパスカルとされる。
さいしょうか-ボタン【最小化ボタン】《minimize button》コンピューターで、開いたウインドーをディスプレー画面上から一時的に隠すボタン。タスクバーなどにアイコンやボタンの形で収める。
さいしょう-がわら【最勝河原】京都市三条の鴨川西岸の河原の古称。昔は、火葬の地であった。西所川原。
さいじょう-きゅう【最上級】❶最も上の段階・等級。「―の賛辞をおくる」「―品」❷ヨーロッパ諸語などの文法で、形容詞・副詞がとる語形変化の一。事物の性質・状態・度合いなどの程度が最も高いことを表すもの。例えば、英語のsmall(小さい)、good(よい)に対するsmallest(最も小さい)、best(最もよい)など。➡原級 ➡比較級
類語 最高・至高・最上・至上・無上・一番・随一
さいしょう-けつあつ【最小血圧】▶拡張期血圧
さいしょう-げん【最小限】ある範囲内で、最も小さいこと。副詞的にも用いる。最小限度。「経費を―におさえる」「―必要な知識」⇔最大限。
さいしょう-げんど【最小限度】「最小限」に同じ。「支出を―にとどめる」
さいしょう-こう【最勝講】毎年5月、吉日を選んで5日間、宮中の清涼殿で行われた法会。東大寺・興福寺・延暦寺・園城寺の高僧を召して、金光明最勝王経全10巻を朝夕二座、1巻ずつ講じさせて、天下太平・国家安穏を祈った。
さいしょう-こうばいすう【最小公倍数】《least common multiple》二つ以上の自然数の公倍数のうち、零を除いて最小のもの。LCM。
さいしょう-こうぶんぼ【最小公分母】二つ以上の分数で、その分母の最小公倍数。
さいしょう-じ【最勝寺】京都市左京区にあった寺。六勝寺の一。元永元年(1118)鳥羽天皇の勅願寺として創建されたが、応仁の乱以降廃絶した。
さいじょう-し【西条市】▶西条㊀
さいじょう-じ【最乗寺】神奈川県南足柄市大雄町にある曹洞宗の寺。山号は大雄山。開創は応永元年(1394)、開山は了庵慧明。伽藍建立を助けた弟子の道了薩埵が、天狗に化身したとの伝説から、道了尊として多くの人々の信仰を集めている。
さいしょう-じじょうほう【最小自乗法｜最小▽二乗法】いくつかの観測値をもとに、想定される関数を用いて近似するとき、誤差の2乗の和を最小にすることにより、最も確からしい値を求める方法。
さいしょう-ち【最小値】実数値をとる関数が、その変域内でとる最も小さい値。⇔最大値。

さいしょう-とうしきんがく【最小投資金額】サイセウ ▶投資所要額

ざいじょう-にんぴ【罪状認否】ザイジャウ 刑事公判手続きの最初に、被告人が起訴状に書かれた罪状を認めるかどうかについて行う答弁。

さいしょう-の-ぐ【済勝の具】《済勝に適した道具の意から》じょうぶな足。健脚。「我が一の渠(かれ)に劣らぬを証せん」〈鴎外訳・即興詩人〉

さいしょう-の-ちゅうじょう【宰相の中将】サイシャウ—チユウジヤウ 参議で近衛中将を兼ねたもの。

さいしょう-へんかく【最小偏角】サイセウ プリズムの偏角の極小値。偏角は入射角と屈折角が等しい時に極小になる。また、最小偏角δ_0、プリズムの頂角A、屈折率nとの間で、

$$n = \frac{\sin\{(\delta_0 + A)/2\}}{\sin(A/2)}$$

の関係式が成り立つ。この関係式と最小偏角の測定から屈折率を導くことができる。

さいじょう-まさ【西条×柾】サイデウ 伊予柾紙の一。愛媛県西条市付近の産。

さいじょう-やそ【西条八十】サイデウ［1892〜1970］詩人・フランス文学者。東京の生まれ。大学在学中から「早稲田文学」に作品を掲載。のち、「赤い鳥」に多数の童謡を発表。詩集「砂金」、童謡集「鸚鵡(あうむ)と時計」など。

さいしょう-りつ【最少律｜最小律】サイセウ 植物の生長の度合いは、その植物が必要とする要因のうち、供給量の割合が最少のものによって支配されるという法則。ドイツのリービヒが無機養分について提唱し、その後改められた。最少量の法則。

さいしょ-がわら【西所川原】▶最勝(さいしょう)河原

さい-しょく【才色】女性のすぐれた才知と美しい顔だち。

さい-しょく【采色】❶風采と顔色。顔つき。「一不定」❷色どり。また、女性の美しい顔だち。

さい-しょく【栽植】〔名〕スル 植物を栽培すること。「サトウキビを一する」〔類語〕栽培・培養・水耕・園芸

さい-しょく【彩色】▶さいしき(彩色)

さい-しょく【菜色】❶青菜のような色。❷栄養の悪い、青ざめた顔色。「民に一有り」

さい-しょく【菜食】〔名〕スル 野菜・果物など植物性の食品だけを食べること。「一主義」〔類語〕草食

さい-しょく【催色】果実の熟成促進作用をもつエチレンガスなどを用いて、人工的にバナナ・レモンなどを発色させること。

ざい-しょく【在職】〔名〕スル ある職務についていること。「今の会社に三〇年一している」

さいしょく-けんび【才色兼備】女性がすぐれた才知と美しい顔かたちをもっていること。

ざいしょくろうれいねんきん-せいど【在職老齢年金制度】ザイショクラウレイネンキンセイド 企業で働く60歳以上の高齢者の受ける老齢厚生年金を、賃金の額に応じて減額する制度。65〜69歳の基礎年金は賃金額にかかわらず全額支給される。

ざいしょ-そだち【在所育ち】田舎育ち。

ざいしょ-もの【在所者】田舎育ちの者。田舎者。

さい-しょり【再処理】▶核燃料再処理

さいしょり-こうじょう【再処理工場】—コウヂヤウ 各地の原子力発電所から使用済みの核燃料を集め、ウランやプルトニウムを取り出す工場。核燃料から抽出されたウランとプルトニウムはMOX燃料として再利用される。残りの物質は放射性廃棄物として貯蔵・処分される。再処理施設。

さいしょり-しせつ【再処理施設】▶再処理工場

さい-じり【×賽尻｜才尻】三味線の撥(ばち)の、手に持つほうの四角い部分。ばちじり。

さいし-りょう【祭×粢料】—レウ 神にささげる供物料として、死者の出た家に皇室から贈られた金銭。

さい-しん【再伸】手紙文で、書き終わったあとに付け加える文の初めに書く語。追伸。二伸。
〔類語〕追伸・二伸・追って書き

さい-しん【再進】酒食のおかわりをすすめること。また、おかわり。「蛸(たこ)の一を乞うたり」〈咄・露がはなし・二〉

さい-しん【再診】2回目からの診察。

さい-しん【再審】〔名〕スル ❶審査しなおすこと。❷確定判決などによって終了した事件について、一定の重大な瑕疵(かし)があることを理由として事件の再審理と確定判決の取り消しとを求めること、およびその手続き。日本の場合、民事訴訟においては判決に不服がある当事者が再審の訴えをもって不服を申し立てることができるが、刑事訴訟においては有罪判決を受けた被告人の利益になる場合のみ再審を行うことができる。➡再審抗告

さい-しん【采薪｜採薪】たきぎをとること。
采薪の憂い《「孟子」公孫丑下から。病気で薪をとりにも行けないの意》自分の病気をへりくだっていう言葉。

さい-しん【砕心｜×摧心】〔名〕スル いろいろと気をつかって苦労すること。「一勉励すれども之を慰労する者に乏しく」〈織田訳・花柳春話〉

さい-しん【砕身｜×摧身】〔名〕スル 身をくだくほどに苦労すること。「粉骨一する」

さい-しん【細心】〔名・形動〕スル ❶細かいところまで心を配ること。また、そのさま。「一な(の)注意を払う」「一に事を運ぶ」「かく一して組み立てたるを、まことの名作とはいうなり」〈鴎外訳・即興詩人〉❷気が小さいこと。また、そのさま。小心。「よわよわしい、一らしい、腰のひくそうな、恰好」〈宇野浩二・晴れたり君よ〉〔派生〕さいしんさ〔名〕〔類語〕(❶)念入り・入念・丹念・丁寧・細(こま)やか・木目(きめ)細か・綿密・細緻(さいち)・緻密・細かい

さい-しん【細辛】ウスバサイシンの別名。また、その根や根茎を乾燥させたもの。辛みと特有の香りがあり、漢方で鎮咳(ちんがい)・鎮痛薬に使う。

さい-しん【最深】いちばん深いこと。「海の一部」

さい-しん【最新】いちばん新しいこと。「一の流行」「一のデータ」〔類語〕新しい・真新しい・新た・目新しい

さい-じん【才人】㊀〔名〕❶頭がよく、学問・芸能にすぐれた人。才子。❷昔、中国で、文芸・歌舞をもって後宮に仕えた女官。㊁〔形動ナリ〕頭の働きが早く、気がきくさま。また、抜けめのないさま。「おまへの所の嫁御はいつでも人あしらひの能(よ)いは一なお方ぢゃが」〈浮・姑気質〉
〔類語〕才子・才物・知恵者・英才・秀才・俊才・天才・俊英・偉才・奇才・鬼才・才女・才媛・異能

さい-じん【祭神】神社に祭ってある神。

さい-じん【細人】❶心の狭い人。つまらない人物。小人。❷官位の低い人。

さい-じん【細×塵】—ヂン 空気中に浮かんでいる、こまかなちり。

サイジング〘sizing〙❶洋紙の製造工程で、パルプにコロイド物質を加えて紙繊維の表面やすきまを覆い、液体やインクがにじまないようにする操作。❷繊維工業で、のり付け作業のこと。

さいしん-こうこく【再審抗告】—コウコク 民事訴訟法上、即時抗告によって確定した決定・命令の取り消しと事件の再審理を求める不服申し立て。準再審。

さいしんさ-せいきゅう【再審査請求】—セイキウ 処分についての審査請求の裁決に不服のある者が、さらに提起する行政上の不服申し立て。

さいしん-しき【最新式】いちばん新しい方式・形態。「一の機械」

さいしん-せい【最新世】▶更新世(こうしんせい)

さいしん-せいきゅう【再審請求】—セイキウ 判決が確定した事件について、法に定められた事由がある場合に、判決を取り消して、裁判の審理をやり直すよう申し立てること、およびその手続き。再審を請求できる事由としては、虚偽の証言や偽造・変造された証拠などが判決の証拠となったことが証明されたとき(刑事・民事)、被告人の利益となる新たな証拠が発見されたとき(刑事)、脅迫などの違法行為によって自白を強要された場合(民事)などがあり、刑事訴訟法・民事訴訟法にそれぞれ規定されている。刑事事件で再審が開始された場合、刑の執行を停止できる。死刑確定後に再審によって無罪となった事件に、免田事件、財田川事件などがある。➡再審査請求

さい-しんりがく【差異心理学】個人間や集団間に存在する個人差・性差・民族差などの差異を究明し、個性や文化的特質を解明しようとする学問。

サイズ〘size〙大きさ。寸法。特に、既製の衣料品などの大きさの型。「ズボンの一が合う」「標準一」

サイズ〘size〙インキのにじみや毛羽立ちを防ぐために、紙の製造過程で加えたり塗布したりする薬品。ロジン・ゼラチンなどが使われる。また、その作業。

ざ-いす【座椅子｜×坐椅子】和室で用いる脚のない背もたれ用の椅子。

さいすい-き【採水器】調査研究用に、表面や一定の深さの水をくむための器具。

ざい-すう【罪数】ある一連の犯行による罪の数。

さい-ずえ【×鉏】サイ 鍬(くわ)の一種。草刈りに用いた農具という。「追ひつめられて一して、額をうち破(わ)られたりしぞかし」〈宇治拾遺・一〉

サイズ-オーダー〘size order〙注文服としての採寸の際、既製服を注文主に着せて修正箇所をチェックし、型紙を作って裁断し、仕立てること。

さいずらう【×囀らふ】〔枕〕外国の言葉は聞き取りにくく、鳥がさえずるように聞こえるところから、外国の意の「漢(あや)」にかかる。「一漢女(あやめ)をすゑて縫へる衣ぞ」〈万・一二七三〉

さい-する【裁する】〔動サ変〕文さい・す〔サ変〕❶布などを裁断する。「余が敝袍は俸禄を偸まずして之を一・し」〈服部誠一訳・春窓綺話〉❷判定する。さばく。「一家の主人にてありながら自ら家政を一・するの権なしとは」〈福沢・福翁百話〉❸手紙や文章を書く。「返書を一・する時」〈荷風・濹東綺譚〉

さい-する【際する】〔動サ変〕文さい・す〔サ変〕(多く「…に際して」の形で)ある出来事や事態に出あう。「出発に一・し、注意事項を述べる」
〔類語〕臨む・迎える・直面する・当面する

さい-する【×賽する】〔動サ変〕文さい・す〔サ変〕神仏にお礼参りをする。また、賽銭をあげて神仏を礼拝する。「宇佐八幡宮に一・して」〈菊池寛・恩讐の彼方に〉

さいずる-や【×囀るや】〔枕〕外国の言葉は聞き取りにくく、鳥がさえずるように聞こえるところから、外国の意味の「唐(から)」、または、それと同音の「から」にかかる。「一韓臼(からうす)に搗(つ)き」〈万・三八八六〉

さい-すん【採寸】〔名〕スル 洋裁で、衣服を仕立てるのに必要なからだの各部分の寸法を測ること。「スーツを作るために一する」

ざい-せ【在世】❶世に生きていること。ざいせい。「父が一の時」❷釈迦が生存していたとき。「一を考ふるに人皆俊なるに非ず」〈正法眼蔵随聞記・一〉
〔類語〕生存・生息・存命・存生・生きる・生かす・在る・存(ながら)える・永らえる

ざい-せ【財施】仏語。三施の一。僧侶や貧者などに金品を施し与えること。

さい-せい【再生】〔名〕スル ❶衰え、または死にかかっていたものが生き返ること。蘇生(そせい)。「汚染していた川がやっと一した」❷心を改めて正しい生活に入ること。更生。「一の道を歩む」「一の恩人」❸再びこの世に生まれること。再誕。❹廃物を加工して、再び同種のものをつくり出すこと。「一テープ」❺録音・録画したテープやディスクを装置にかけ、もとの音声・画像を出すこと。「ビデオを一する」❻生体の一部分が失われた場合、その部分が再びつくりだされる現象。トカゲの尾、カニの脚などでみられる。❼心理学で、過去に学習または経験したものを思い出すこと。➡再認〔類語〕蘇生・復活・起死回生・更生・回復・蘇る・生き返る

さい-せい【再製】〔名〕スル 一度製品となった物、または廃物となった物を加工して、別の製品に作り直すこと。また、その物。「くずまゆから一した生糸」「一服」

さい-せい【済世】社会の弊害を取り除き、人民の苦難を救うこと。せいせい。「一救民」「一事業」
〔類語〕救援・救助・救難・救急・救命・救済・救世・救国・救民・済民・慈善・助ける

さい-せい【済生】〔名〕スル 生命を救済すること。

さい-せい【祭政】祭祀さいしと政治。
さい-せい【最盛】もっとも盛んなこと。いちばんの盛り。「映画が—のころ」(類語)繁栄・繁盛・興隆・隆盛・栄華・全盛・にぎわう・富む・栄える
さい-せい【催青】孵化ふかの近い蚕の卵を、適当な温度・湿度と光線の部屋に保護し、孵化をそろえる処置。孵化直前の卵は殻が透け、青く見える。(季 春)
さい-せい【歳星】木星の異称。
ざい-せい【在世】〔名〕スル ►ざいせ(在世)
ざい-せい【財政】❶国または地方公共団体が、その存立を維持し活動するために必要な財力を取得し、これを管理・処分する一切の作用。❷個人・家庭・団体などの経済状態。かねまわり。
(類語)経済・産業・流通・金融・理財・エコノミー
ざいせい-あかじ【財政赤字】国や地方自治体の歳出が歳入を上回ること。また、その赤字の累積額。不足分は公債(国債・地方債)を発行して補う。財政赤字の状態が長く続き、債務が累積すると財政が逼迫し破綻するおそれがある。深刻度の目安として、財政赤字の対GDP比などの指標を用いる。
ざいせいあんていか-ききん【財政安定化基金】ザイセイアンテイクワー 介護保険制度の財政を安定させるために、介護保険法に基づいて都道府県に設置される基金。介護保険料の収納不足や介護給付費の増加によって、市町村の介護保険特別会計が赤字になりそうな場合、資金の交付・貸付を行う。原資は国・都道府県・市町村(介護保険料)が3分の1ずつ負担して積み立てる。
さいせい-いっち【祭政一致】祭祀の主宰者と政治上の権力者が同一であること。また、そのような思想および政治形態。古代国家などに多くみられる。政教一致。
さいせい-いりょう【再生医療】—イレウ 失われた細胞・組織・器官を再生し、機能を回復させる医療。皮膚移植・骨髄移植・臓器移植などの医療。究極的にはES細胞やiPS細胞などの分離培養による組織そのものの再生を目指す。
ざいせい-インフレーション【財政インフレーション】政府が不換紙幣を濫発したり、中央銀行引き受けによる赤字公債を発行したりすることによって、一般的な物価水準の持続的上昇をもたらす経済現象。
さいせい-が【再生芽】動物の再生の初期に現れる、未分化の細胞からなる突起。
ざいせい-か【財政家】財政事務の処理に練達した人。蓄財に巧みな人。
さいせい-かい【済生会】—クワイ 明治44年(1911)恩賜金を基金として設立された、貧窮民医療を目的とする財団法人。現在は社会福祉法人恩賜財団済生会として、各地で病院・診療所を経営。
ざいせい-がく【財政学】財政の理論および政策を研究する学問。
さいせいかのう-エネルギー【再生可能エネルギー】自然の営みから半永久的に得られ、継続して利用できるエネルギー。有限でいずれ枯渇する化石燃料などと違い、自然の活動によってエネルギー源が絶えず再生、供給され、地球環境への負荷が少ない。新エネルギー(中小水力・地熱・太陽光・太陽熱・風力・雪氷熱・温度差・バイオマスなど)、大規模水力、および波力・海洋温度差熱などのエネルギーをさす。温室効果ガスを排出することなくエネルギーを得られるため、地球温暖化対策の一つとしても重要視されている。エネルギー変換効率、コスト、需給バランスなどの問題点が残されているが、国際的な環境交渉の場において、温室効果ガス削減の一端を担うものとして、各国で導入目標の策定や利用促進に向けての取り組みが進められている。自然エネルギー。
さい-せいかん【細精管】—セイクワン ►精細管せいさいかん
ざいせい-かんぜい【財政関税】—クワンゼイ 財政収入を主目的として課する関税。収入関税。歳入関税。➡保護関税
さいせい-き【最盛期】❶勢いが最盛の時期。全盛期。「貴族文化の—」❷果物・野菜などの出さかりの時期。「リンゴの—」
(類語)盛り・旬・盛期・盛時・黄金時代・花
ざいせい-きりつ【財政規律】国や地方公共団体において財政が秩序正しく運営され、歳入と歳出のバランスが保たれること。または、そのための規範や数値目標など。(補説)金融危機の影響などから、日本を含む各国で国債発行残高が増加し、財政規律の重要性が指摘されている。そのため、国債発行を抑制し、歳出を削減して財政収支の均衡を図ることが求められている。
ざいせいけんぜんか-けいかく【財政健全化計画】ザイセイケンゼンクワケイクワク 地方公共団体の財政状態が自治体財政健全化法で規定される早期健全化基準よりも悪化した場合に、その地方公共団体が策定を求められる財政を健全化するための計画。財政悪化の要因分析、同計画の期間、歳出・歳入の均衡策、歳出・歳入等の今後の見通し等を定めて、地方自治体長が作成し、議会の議決を経て、総務大臣等に報告する。➡財政再生計画
ざいせいけんぜんか-だんたい【財政健全化団体】ザイセイケンゼンクワー 自治体財政健全化法の基準で財政悪化の兆しがあると判断され、自主的な財政再建の取り組みが求められる地方公共団体のこと。財政状況がさらに悪化すると、財政再生団体に指定される。健全化判断比率(実質赤字比率・連結実質赤字比率・実質公債費比率・将来負担比率)のいずれか一つでも一定の基準を超えると早期健全化団体に指定され、外部機関による監査実施、および財政健全化計画策定が義務付けられる。早期健全化団体。
ざいせいけんぜんか-ほう【財政健全化法】ザイセイケンゼンクワハフ ►自治体財政健全化法
さいせい-けんぱ【再生検波】検波増幅器の出力を、発振が起こらない範囲で位相を変えずに、入力側に送り返して感度をさらに高める方式。
さいせい-ゴム【再生ゴム】廃物のゴム製品を粉末にし、再び使用できるようにしたゴム。品質は劣るので新しいゴムにまぜて使用する。
ざいせい-さいけん【財政再建】国や地方自治体の財政において、債務を返済し、収支のバランスを取って、赤字財政を健全な状態に戻すこと。
ざいせいさいけん-だんたい【財政再建団体】►財政再生団体
ざいせい-ざいさん【財政財産】►普通財産
ざいせいさいせい-きじゅん【財政再生基準】地方公共団体の財政の健全性に関する基準。自治体財政健全化法で規定された実質赤字比率・連結実質赤字比率・実質公債費比率の基準値のいずれかを超過した地方公共団体は、財政再生団体として、国などの管理下で計画的に財政の健全化が図られる。➡早期健全化基準
ざいせいさいせい-けいかく【財政再生計画】—ケイクワク 地方公共団体の財政状態が自治体財政健全化法で規定される財政再生基準よりも悪化した場合に、その地方公共団体が策定を求められる財政再生のための計画。財政悪化の要因分析、同計画の期間、歳出削減・歳入増加策、歳出・歳入等の今後の見通し等を定めて、当該団体の長が作成し、議会の議決を経て、総務大臣等に報告する。➡財政健全化計画
ざいせいさいせい-だんたい【財政再生団体】財政状況が著しく悪化し、国の管理下で再建に取り組む地方自治体のこと。自治体財政健全化法に基づき、実質赤字比率・連結実質赤字比率・実質公債比率のいずれかが一定の基準を超えると財政再生団体に指定される。地方自治体の一般会計だけでなく、地方公営企業や第三セクターなどの経営状況も加えて判断される。従来の地方財政再建特別措置法に基づく財政再建団体に代わるもの。➡財政健全化団体
さい-せいさん【再生産】〔名〕スル 物質的財貨を生産し、分配し、消費することが不断に繰り返される過程。
さいせいさん-ひょうしき【再生産表式】—ヘウシキ マルクスが資本主義における社会的総資本の再生産と流通の過程とを明らかにするために展開した表式。
さいせい-し【再生紙】古新聞・古雑誌などの紙をほぐして繊維状にし、すき直して作った紙。
さいせいしき-じゅしんき【再生式受信機】再生検波の回路を用いたラジオ受信機。
ざいせい-しきん【財政資金】財政収入および財政支出として国庫で取り扱うすべての資金。
ざいせいししゅつ-きぼ【財政支出規模】国や地方公共団体が財政から支出する金額の規模。財政全体や教育費・医療費・防衛費など個別の支出項目を国際比較する場合、各国の規模の違いを考慮して、支出の対GDP比で比較することが多い。
さいせい-しゅ【再製酒】►混成酒こんせいしゅ
ざいせい-しゅうし【財政収支】—シウシ 国または地方公共団体における、歳入と歳出を比較した収支。➡プライマリーバランス
ざいせい-しゅつどう【財政出動】景気の安定・底上げを図る経済政策の一つ。税金や国債などの財政資金を公共事業などに投資することによって公的需要・総需要を増加させ、国内総生産(GDP)や民間消費などの増加促進を図る。需要の増加による失業者の雇用機会の創出も見込まれる。不況期の景気刺激策として用いられる政策。(補説)米国発の金融危機が世界に波及し始めた2008年、国際通貨基金(IMF)は世界各国政府に対し、大規模な財政出動による景気刺激策を講じるよう呼びかけた。
ざいせいしゅつどう-きぼ【財政出動規模】景気浮揚策として国が公共事業などに投資する財政支出の規模。➡財政出動 ➡真水❷ (補説)2009年4月のG20サミットで米国は、経済危機克服のため各国が協調して対GDP比2パーセント以上の追加的財政出動を実施するよう提唱。日英が同調し、中国・インドも前向きな姿勢を示したが、EU諸国は財政出動に慎重な姿勢を示した。日本では同年5月、過去最大規模となる15兆4000億円(対GDP比3パーセント)の追加経済対策を盛り込んだ補正予算が成立した。
ざいせい-せいさく【財政政策】政府が歳入・歳出を増減させることによって国の総需要の調整を図ろうとする政策。税制措置を講じて減税・増税を行うことで消費や設備投資を拡大・抑制したり、公共投資を増減させることで有効需要を調整したりする。➡経済政策 ➡金融政策
さいせい-せんい【再生繊維】—センヰ 化学繊維の一。天然のセルロースなどからなる木材・綿・麻などを溶かしてつくった繊維。レーヨンやベンベルグなどで、合成繊維とは区別される。
さい-せいぞう【再製造】—セイザウ〔名〕スル 使用済みの製品を回収し、再利用可能な部品を選別・洗浄・修理して、元の製品と同等以上の品質を有する製品を製造・販売すること。レンズ付きフィルムなどがその例。リマニュファクチャリング。➡リユース
さいせい-ちゃ【再製茶】►仕上げ茶
ざいせい-とうゆうし【財政投融資】国が政策目的を推進するため、財政政策の一環として行う投資・融資。社会資本整備や政策金融などの分野に投入される。毎年度、財政投融資計画にまとめられ、財政融資資金・産業投資特別会計・政府保証債および政府保証借入金を原資として、特別会計・政府金融機関・独立行政法人・特殊会社・地方公共団体などを運用対象とする。また、財政融資資金による国債引き受けも財政投融資に含まれる。財投。
ざいせいとうゆうし-とくべつかいけい【財政投融資特別会計】—トクベツクワイケイ 財政融資資金の運用、および産業開発・貿易振興を目的として国の財政資金で行う投資に関する経理を明確にするために設置された特別会計。長期低利での貸付を通じて、中小零細企業や教育・社会福祉などの分野に貢献するとともに、公益性が高く民間では十分にリスクを負えない分野を対象に政策的に投資資金を配分することにより、財政資源配分の機能を果たす。財政融資資金は運用収入・財投債を主な歳入とし、産業投資は保

有するNTT株・JT株の配当金や日本政策金融公庫の国庫納付金を主な歳入とする。平成18年(2006)施行の「行政改革推進法」と翌年施行の「特別会計に関する法律」により、産業投資特別会計産業投資勘定が財政融資資金特別会計に移管され、財政投融資特別会計と改称。財政特会。(補説)平成20年度政府予算案作成時に外国為替資金・財政融資資金などの特別会計に計上されている準備金(積立金)が、「霞が関埋蔵金」(大きな財源が眠っている、という意味)として話題になった。同21年度予算では、財政投融資特別会計の積立金が取り崩され、景気対策の一環である定額給付金の財源にも当てられた。

ざいせい-とっかい【財政特会】「財政投融資特別会計」の略称。

ざいせい-はん【財政犯】行政犯の一。財政法上の義務に違反する罪。不正行為によって納税義務を免れる逋脱犯と、申告義務に違反するなどの財政秩序犯とがある。

さいせいふりょうせい-ひんけつ【再生不良性貧血】骨髄の造血機能が低下し、赤血球の補充がうまく行われないために起こる重症の貧血。白血球や血小板も減少し、皮膚や歯茎からの出血も起こりやすい。原因不明のことが多いが、放射線障害や薬品の副反応によるものもある。

ざいせい-ほう【財政法】❶国または地方公共団体の財政に関する法規の総称。各種の租税法をはじめ、財政法❷・会計法・国有財産法・地方財政法など。❷国の財政に関する基本を定める法律。財政総則・会計区分・予算・決算・雑則の5章からなる。昭和22年(1947)施行。

ざいせい-みんしゅしゅぎ【財政民主主義】国家が財政活動(支出や課税)を行う際は、国民の代表で構成される国会での議決が必要であるという考え方。日本では日本国憲法第83条が主たる根拠とされ、これに基づいて、予算の審議や課税に関する法律の議決は国会で行われる。

さいせい-もう【再生毛】毛織物などのくずから回収された毛繊維。紡績用・絨緞用の原毛とまぜて用いる。

ざいせい-ゆうししきん【財政融資資金】財政融資資金法に基づき、政府が財投債の発行により金融市場から調達した資金等。特別会計・政府金融機関・独立行政法人・特殊会社・地方公共団体などの事業に供給される。財務大臣が管理・運用を行う。平成13年(2001)に廃止された旧大蔵省資金運用部にかわって財政投融資制度の中核を担う。➡財政投融資特別会計

ざいせいゆうししきん-とくべつかいけい【財政融資資金特別会計】社会資本整備や中小企業への融資など国の施策による事業を行う地方公共団体や銀行などへの融資を目的とする財政融資資金を一般会計から区別して管理するために設置された会計。財務省が管理する特別会計の一つ。資金は主として財投債の発行により金融市場から調達し、長期・低利などの有利な条件で支援先の財投機関に融資される。(補説)以前は資金運用部特別会計と呼ばれていたが、財政投融資改革を機に平成13年度(2001)から同19年度までの間、財政融資資金特別会計となり、同20年度からは同年の「特別会計に関する法律」に基づいて財政投融資特別会計と名称が変更されている。

ざいせいゆうししきん-とくべつかいけいこくさい【財政融資資金特別会計国債】財政投融資特別会計国債(財投債)の旧称。

さい-せき【砕石】〔名〕スル ❶岩石を砕くこと。また、砕かれた石。「機械で―する」❷役に立たない物事のたとえ。「―朽木」
(類語)(❶)石・石くれ・小石・石ころ・礫・砂利・つぶて・石礫・礫石・石塊・転石・ごろた

さい-せき【採石】〔名〕スル 岩石・石材を切り出すこと。また、その岩石。

さい-せき【載積】〔名〕スル 積みこんでのせること。積載。「砂利を―したトラック」

さい-せき【載籍】書物に書き載せること。また、書き載せた書物。「―調べも研究ではないか」〈鴎外・妄想〉

ざい-せき【在昔】むかし。往昔。「―唐制を模倣し」〈田口・日本開化小史〉

ざい-せき【在席】〔名〕スル ❶職場の自分の席についていること。「午前中は―している」❷職場に自分の席があること。在勤。

ざい-せき【在籍】〔名〕スル 団体・学校などに属する者として登録されていること。「本校に―する生徒」「―者名簿」

ざい-せき【材積】木材・石材などの体積。

ざい-せき【罪責】罪を犯した責任。

ざい-せき【罪跡】犯罪の証拠となる痕跡。「―を探り出す」

さいせき-けん【採石権】他人の土地で岩石・砂利を採取する権利。

さいせき-じゅつ【砕石術】膀胱などの結石を機械的に、または衝撃波などによって粉砕して除去する手術。砕石手術。

さいせき-じょう【採石場】安山岩や砂岩など一般用岩石を採掘している所。厳密には採石法の適用を受ける場所。

ざいせき-せんじゅう【在籍専従】組合員が勤務先に籍をおいたまま、労働組合の専従者になること。また、その人。

さいせき-どう【砕石道】砕石を用いて舗装した道路。

さい-せつ【再説】〔名〕スル 繰り返して説くこと。再び説明すること。「―するまでもない」

さい-せつ【西刹】西方の、阿弥陀仏の極楽浄土。

さい-せつ【砕×屑】細かく砕けたもの。砕片。「―鉱床」

さい-せつ【細節】《「節」は、さだめ、きまりの意》こまごました規則。「―にこだわる」

さい-せつ【細説】〔名〕スル ❶細かな点まで説明すること。また、その説明。詳説。「用法を―する」➡概説 ❷取るに足りない話。つまらないうわさ。

さい-せつ【歳殺】暦注の八将神の一。金星の精で、この神のいる方角からの嫁取りなどを忌む。

さいせつ-がん【砕×屑岩】風化・浸食作用で生じた岩石の破片が水底に堆積・固結してできた岩石。礫岩・砂岩・泥岩など。

さい-せっき【細石器】長さ2、3センチの小形石器。木や骨角の軸に数個はめこんで、ナイフ・槍・鎌として用いた。旧石器時代末から、所により新石器時代に見られる。

さいせつ-きゅう【砕×屑丘】▶火砕丘

さい-セットアップ【再セットアップ】セットアップをしなおすこと。コンピューターで動作の不具合が続く際、オペレーティングシステムなどのソフトウエアを再導入・再設定したり、ハードウエアの一部を交換したりして使用できるようにすること。ソフトウエアについては再インストールとほぼ同義に用いられる。

さい-せん【再戦】〔名〕スル ふたたび戦うこと。「試合は引き分けとし、後日―することになった」

さい-せん【再選】〔名〕スル 選挙で、前回選ばれた人を再び選出すること。また、再び選出されること。「―をはたす」「委員長に―される」

さい-せん【×賽銭】《「賽」は神恩に報いる祭儀の意》祈願成就のお礼として神仏に奉る金銭。また、社寺にもうでる際に奉納する金銭。古くは金銭ではなく幣帛・米などを供えた。

さい-ぜん【最前】❶いちばん先。いちばん前。「―の席」❷さきほど。さっき。副詞的にも用いる。「―から雨が降りだした」「―電話した者ですが」
(類語)(❷)今し方・先程・さっき・先刻・先に

さい-ぜん【最善】❶いちばんよいこと。いちばん適切なこと。「―の方法をとる」⇔最悪。❷できるかぎりのこと。ベスト。「―を尽くす」(類語)最良・ベスト・一番

さい-ぜん【×截然】〔ト・タル〕図〔形動タリ〕「せつぜん(截然)」の慣用読み。

さい-せんきょ【再選挙】再度選挙を行うこと。選挙の全部または一部が無効になったり、当選人がいないか不足したりする場合に行う選挙。

さい-ぜんせん【最前線】❶戦場で、敵にいちばん近い戦線。❷技術や商品の開発、また販売などの激しい競争が行われている局面。「半導体開発の―」
(類語)第一線・戦線

さい-せんたん【最先端┆最×尖端】❶細長いものや突き出たものなどのいちばん先のはし。❷時代・流行などのいちばん新しいところ。また、ある分野で現在いちばん進んでいるところ。「世界の―を行くロボット産業」

さいせんたんけんきゅうかいはつしえん-プログラム【最先端研究開発支援プログラム】総合科学技術会議が主導する研究開発支援制度。日本学術振興会に総額1000億円の基金を創設。世界一を目指す先端的研究を助成する。公募により、iPS細胞再生医療、新超伝導材料、次世代質量分析システム開発など30件の課題と中心研究者が選ばれた。FIRSTプログラム(Funding Program for World-Leading Innovative R&D on Science and Technology)。➡世界トップレベル国際研究拠点形成促進プログラム

さいせん-ばこ【×賽銭箱】神社・仏閣の前に置いて、賽銭を受けるための箱。

さいせん-ほうしき【×賽銭方式】企業献金の集金手法の一つ。少額の献金を多数の企業から集める。昭和50年(1975)の政治資金規正法改正で企業献金に上限枠が定められたため、対応策として自民党派閥竹下派(当時)が考案したとされる。

さいせんれい-は【再洗礼派】宗教改革時代、ドイツ・スイス・モラビアなどで起こった急進的プロテスタントの一派。幼児洗礼を認めず、自覚的信仰に基づく成人の洗礼を唯一の洗礼と主張した。その極端な教理により各地で迫害・弾圧された。メノナイト派の祖。アナバプティスト。

さい-ぜんれつ【最前列】いくつか並んだ列の、いちばん前の列。

さい-そ【再×祚】〔名〕スル《「祚」は位、特に天子の位の意》いったん退位した天子が、もう一度その位につくこと。重祚。

さい-そ【再訴】〔名〕スル 却下されたり取り下げたりした訴訟や嘆願をふたたび出すこと。

さい-そ【菜×蔬】あおもの。野菜。蔬菜。

さい-そ【最▽初】《「そ」は「しょ」の直音表記》「さいしょ(最初)」に同じ。「―に出でて諸矢しつ」〈かげろふ・下〉「したり顔なるもの、正月ついたちに―にはなひたる人」〈枕・一八五〉

さい-そう【才藻】詩文を作る才能。文才。

さい-そう【再送】〔名〕スル ❶もう一度送りなおすこと。「ファックスを―する」❷「再送電報」の略。

さい-そう【×洒掃┆×灑掃】〔名〕スル《「洒」「灑」は、ともに水を注ぐ意》水をかけたり、ちりを払ったりして、きれいにすること。掃除。「先ず門戸を開けて入口を―し」〈福沢・学問のすゝめ〉

さい-そう【彩層】太陽の光球を取り巻く厚さ2000～3000キロの希薄な太陽大気。外側にコロナが広がる。ふだんは見えないが皆既日食の際、皆既の直前と直後に淡紅色に輝いて見える。

さい-そう【採草】〔名〕スル 家畜の飼料や堆肥にするために草を刈り取ること。

さい-そう【採桑】〔名〕スル 桑の葉をつむこと。

さい-ぞう【才蔵】❶万歳で、太夫の相手を務め、鼓を打ち、こっけいなしぐさで人を笑わせる役。(季 新年)❷相手の話に調子を合わせ、相づちばかり打つ人をあざけっていう語。

さい-ぞう【再造】〔名〕スル もう一度つくること。つくりなおすこと。再建。「理学算術を学び、精神を―せり、と云えり」〈中村訳・西国立志編〉

さいそう-でんぽう【再送電報】かつて行われていた特殊取扱電報の一。受信人が転居した場合などに、受信人の代理の者などが受信局に請求して、新住所へ再送してもらう電報。

さいそうろう【採桑老】 雅楽。唐楽。盤渉ばんしき調で古楽の中曲。一人舞。老翁の面をつけ、鳩杖はとづえをついて、歩行も耐えがたい姿で舞う。さいしょうろう。
さい-そく【細則】 総則・通則などで定めたことについて、さらに細かく決めた規則。⇒概則
(類語)規則・決まり・定め・規定・規程・条規・定則・規約・約束・規準・規矩準縄きくじゅんじょう・規律・ルール・コード・本則・総則・通則・付則・概則・おきて
さい-そく【最速】 あるもののなかで、もっとも速いこと。「日本の短距離界で―を誇るランナー」
さい-そく【催促】〔名〕スル 物事を早くするようにうながすこと。督促。「矢の―」「返事を―する」
(類語)督促・迫る・要求・強請きょうせい・強迫・強談ごうだん・催告・責せ付く・責め立てる・求める
ざい-ぞく【在俗】 出家しないで俗人の状態でいること。また、その人。在家ざいけ。「―の人」
さいそく-がまし・い【催促がましい】〔形〕文さいそくがま・し〔シク〕いかにも催促するようである。「―・い話ですが」
さいそく-じょう【催促状】 ❶催促するために出す書状。❷鎌倉・室町時代、主君から部下に、軍勢・公役くやくを催促した文書。
ざいぞく-そう【在俗僧】 剃髪はしているが、寺院に住まず、俗人と同じ生活をしている僧。
さいそく-ぶるまい【催促振(る)舞(い)】 催促してごちそうをさせること。また、饗応をねだりうながすこと。
さい-た【最多】 もっとも多いこと。「―勝利を誇る」「―出場」⇔最少。
(類語)最高・最大・最大限・マキシマム・レコード
ざ-いた【座板】 ❶いすの、腰を下ろす部分の板。❷床板ゆかいた。
サイダー〘cider〙《りんご酒の意》香料や枸櫞くえん酸などを加えた砂糖液と、炭酸水とを混合した清涼飲料水。(季 夏)「―やしじに泡だつ薄みどり/草城」
さい-たい【妻帯】〔名〕スル 妻を持つこと。妻がいること。「若くして―する」
(類語)結婚・縁付く・娶めとる・めあわせる・連れ添う
さい-たい【×臍帯】 胎児と胎盤とをつなぐ、ひも状の器官。中に2本の動脈と1本の静脈があり、母体から養分や酸素を胎児に送り、胎児から母体に老廃物や二酸化炭素を送り出す。へそのお。せいたい。
さい-だい【細大】 細かいことと大きなこと。細事と大事。巨細こさい。「時世ときよ時世の情態をば―となく写しいだして」〈逍遥・小説神髄〉(類語)巨細
細大漏らさず 一部始終。全部。「―報告する」
さい-だい【最大】 もっとも大きいこと。「世界―の国」⇔最小。(類語)極大・至大・最高・最多・無限大・最大限・マキシマム・レコード
最大多数の最大幸福 ベンサムの用語。できるだけ多くの人々に最大の幸福をもたらすことが善であるとする説。⇒功利主義
ざい-たい【在隊】〔名〕スル 軍隊に籍のあること。
ざい-たい【罪体】 犯罪が行われた物体。殺人罪における死体、放火罪における焼失した家屋など。
さいだいか-ボタン【最大化ボタン】《maximize button》コンピューターで、ディスプレー画面上に開いたウインドーを、画面一杯に拡大するためのボタン。⇒全画面表示
さいだい-きゅう【最大級】 いちばん大きい等級。また、物事の程度がそれ以上はないほど大きいこと。「―の地震」「―の賛辞」
さいだい-きょようせんりょう【最大許容線量】 放射線の被曝ひばくで、現在の医学知識に照らして人体に害を及ぼさないと推定される最大限の量。現在は、線量当量限度で示す。
さいだい-きょようりょう【最大許容量】 許容量の最大限度。
さいたい-けつ【×臍帯血】 臍帯に含まれる血液。造血幹細胞を多く含み、白血病・再生不良性貧血の患者などに移植される。
さいだい-けつあつ【最大血圧】 ▶収縮期血圧

さいたいけつ-いしょく【×臍帯血移植】 白血病・再生不良性貧血など血液の病気の治療法の一。産後は不要になる、胎児と胎盤をつなぐ臍帯(へそのお)と胎盤にある血液を患者に移植する。血液細胞を造る造血幹細胞を多く含み、患者の造血機能を高める。
さいだい-げん【最大限】 ある範囲内でもっとも大きいこと。副詞的にも用いる。最大限度。「これが―の譲歩だ」「―活用する」⇔最小限。
(類語)最大限度・最高・最大・最善・ベスト・マキシマム
さいだい-げんど【最大限度】「最大限」に同じ。「―の努力を尽くす」
さいだい-こうやくすう【最大公約数】 ❶《greatest common measure》二つ以上の自然数の公約数の中で最大のもの。❷種々の意見の間にみられる共通点。「多くの発言の中から―を出す」
さいだい-さんそせっしゅりょう【最大酸素摂取量】 人が体内に取り込むことのできる酸素の1分間あたりの最大量。単位はml/kg/分で、体重1キログラムあたり、1分間で何ミリリットルの酸素を摂取するかを表す。
さいだい-じ【西大寺】 ㊀岡山市東区西大寺にある高野山真言宗の寺。山号は金陵山。開創は天平勝宝3年(751)、開基は藤原泰明の娘で皆足みなたり姫、開山は安隆。2月第3土曜日に行われる会陽えよう(裸祭)は奇祭として有名。観音院。㊁奈良市西大寺芝町にある真言律宗の総本山。南都七大寺の一。山号は秋篠山。天平神護元年(765)称徳天皇の勅願により創建。開山は常騰じょうとう。平安時代、災害により衰退したが、鎌倉時代に叡尊えいぞんが再興、戒律の根本道場となった。十二天画像・金光明最勝王経などの国宝や、多数の文書を所蔵。高野寺たかのでら。四王院。
さいだい-じかりつ【最大磁化率】 磁化曲線において、消磁状態から磁界を加えたとき、物体の磁化の強さMと磁界の強さHの比(磁化率)、M/Hの最大値。
さいだい-じぞくせいさんりょう【最大持続生産量】 クジラ・魚類などの水産資源に関する漁獲基準の一つ。漁獲量と自然増との均衡が取れ、総量の減少無しに毎年漁獲できるとされる最大の量。MSY(maximum sustainable yield)。
さいたい-しゃ【妻帯者】 妻帯している人。女房もち。
さいだい-しゅんかんふうそく【最大瞬間風速】 ある時間帯または期間での瞬間風速の最大値。普通は最大風速の約1.5倍。
さいだい-じょうきあつ【最大蒸気圧】 閉じた容器中の気体が、同一物質の液体または固体と平衡状態にあるときの圧力。飽和蒸気圧。
さいだい-ち【最大値】 実数値をとる関数が、その変域内でとる最も大きい値。⇔最小値。
さいだい-でんりょく【最大電力】 1日、1か月、1年など、ある期間のうちに使われた最も多くの電気の量。単位はキロワット(kW)。(補説)日本では、夏の午後2時ころに年間最大電力を記録することが多い。
さいだい-まさつりょく【最大摩擦力】 物体が動きだそうとする瞬間の、摩擦力の限界値。最大静止摩擦力。
さいだい-りかく【最大離角】 ❶内惑星が、地球から見て太陽の方向から東または西に最も離れたとき。また、その角度。東方最大離角と西方最大離角とがある。❷周極星が、子午線より東または西で最も離れるときをいう。
さい-たかね【最高値】 いちばん値段が高いこと。また、取引市場で、上場以来いちばん高い値段がつくこと。⇔最安値やすね。
さい-たく【採択】〔名〕スル いくつかあるものの中から選んで取り上げること。「動議が―された」
ざい-たく【在宅】〔名〕スル 外出しないで自分の家にいること。「今日は一日―しております」「―看護」
ざいたく-いりょう【在宅医療】 自宅での療養を希望する患者に対する医療行為。医師の緊急往診と定期の訪問診療、看護師の訪問看護など。

ざいたく-かいご【在宅介護】 高齢者などの要介護者を自宅で介護すること。訪問介護や訪問看護、デイサービス、デイケア、ショートステイなど、介護保険制度の介護度に応じて各種の在宅介護サービスを利用することができる。
ざいたくかいごしえん-センター【在宅介護支援センター】 地域の高齢者やその家族からの相談に応じ、必要な保健・福祉サービスが受けられるように行政機関・サービス提供機関・居宅介護支援事業所等との連絡調整を行う機関。社会福祉士・看護師などの専門職員が在宅介護などに関する総合的な相談に応じる。(補説)平成18年(2006)の介護保険法改正により、在宅介護支援センターの相談機能を強化した地域包括支援センターが新設され、在宅介護支援センターの統廃合が進んでいる。
ざいたく-きそ【在宅起訴】 被疑者に逃亡や証拠隠滅のおそれがないため、被疑者を拘置所や警察の留置場に勾留せず、検察官が公訴を提起すること。
ざいたく-きょういく【在宅教育】 ▶ホームスクール
ざいたく-きんむ【在宅勤務】 自宅にいながら会社の仕事を行う勤務形態。自宅にパソコンを設置し、勤務先のサーバーとインターネットを通じて情報の送受を行うなどの方式を利用することが多い。⇒テレワーク
ざいたく-ケア【在宅ケア】 寝たきり老人・独居老人・長期療養患者・心身障害者など、社会的援護を必要とする人々に対して、施設に収容せず在宅のままで福祉・医療サービスを提供すること。在宅福祉。
ざいたく-けんしん【在宅健診】 自宅で記入した問診票、自分で採取した血液などの検体を検査機関に送って受ける健康診断。専業主婦に受診者が多い。
ざいたく-ふくし【在宅福祉】 ▶在宅ケア
ざいたく-ふとうこう【在宅不登校】 不登校の児童や生徒が、主に自宅で学習・生活している状態。
ざいたく-ホスピス【在宅ホスピス】 末期癌がん患者などを対象に、延命処置をせず、身体的苦痛を和らげて生を全うできるように自宅で行う医療。ホスピスにおけるターミナルケアを、患者が住み慣れた自宅で行うもの。⇒ホスピス
さいたさくら【咲いた桜】 小唄・うた沢・端唄。「咲いた桜になぜ駒つなぐ」の歌詞で、元禄(1688〜1704)以後、広く歌われる。
さいたずま ❶植物イタドリの古名。〈重訂本草綱目啓蒙〉❷春に萌え出た若草。「野辺見れば弥生の月の果つるまでまだうら若き―かな」〈後拾遺・春下〉
さい-だ・つ【ˇ先立つ】《「さきだつ」の音変化》㊀〔動タ四〕先に立つ。先に行く。「中納言殿の車はとく詣で給ひければ、―・ちゆく」〈落窪・二〉㊁〔動タ下二〕先に物事をさせる。先に行かせる。「人はみなおくらかし―・てなどして」〈かげろふ・中〉
さいたま 埼玉県南東部の市。県庁所在地。平成13年(2001)浦和、大宮、与野の3市が合併して成立。同15年指定都市。同17年に岩槻市を編入。人口122.3万(2010)。
さいたま【埼玉】 関東地方中央部の県。武蔵の北半部を占める。県庁所在地はさいたま市。古く、この地方を、さきたま(前玉・埼玉)とよんだところからの名。人口719.5万(2010)。
さいたま-いかだいがく【埼玉医科大学】 埼玉県入間郡毛呂山もろやま町に本部のある私立大学。昭和47年(1972)の開学。
さいたまがくえん-だいがく【埼玉学園大学】 埼玉県川口市にある私立大学。平成13年(2001)の開設。同22年に大学院を設置した。
さいたま-けん【埼玉県】 ▶埼玉
さいたま-けんりつだいがく【埼玉県立大学】 埼玉県越谷こしがや市にある公立大学。平成11年(1999)に開校した、保健医療福祉学部の単科大学。同22年公立大学法人となる。
さいたま-こうぎょうだいがく【埼玉工業大学】

埼玉県深谷市にある私立大学。昭和51年(1976)の開設。

さいたま-し【さいたま市】▶さいたま

さいたま-せいぶライオンズ【埼玉西武ライオンズ】プロ野球球団の一。パシフィックリーグに所属し、フランチャイズは埼玉県。昭和25年(1950)、西鉄クリッパースとして発足。のち、西鉄ライオンズ→太平洋クラブライオンズ→クラウンライターライオンズ→西武ライオンズと改称、平成20年(2008)から現名称となる。

さいたま-だいがく【埼玉大学】埼玉県さいたま市にある国立大学法人。浦和高等学校・埼玉師範学校・埼玉青年師範学校を統合し、昭和24年(1949)新制大学として発足。平成16年(2004)国立大学法人となる。

さいたら-ばたけ【才太▽郎畑】❶地獄と極楽との間にある、また、この世とあの世との間にあるとされる畑。「一のかがしかと、見るに付け聞くにふれ、あの世にたぐふぞあぢきなき」〈浄・二つ腹帯〉❷どっちつかずであること。中途半端なこと。「下劣の喩に一と申す如く…物をならへど末とほらず」〈甲陽軍鑑・一二〉❸《❶の意から》江戸時代、大坂千日寺の火葬場の東にある空地の俗称。

さいたら-ぶし【斎太郎節】宮城県の民謡。牡鹿半島付近の沿岸で歌われる櫓漕ぎ歌。昭和2年(1927)ごろに編曲されたものが「大漁唄い込み」の名で知られる。さいたろうぶし。

さい-たる【最たる】▶最㊀

さい-たん【再誕】一度死んだ者が、形を変えて再びこの世に生まれること。また、そのもの。生まれかわり。再生。「釈迦の一」

さい-たん【採炭】〔名〕スル　石炭を採掘すること。「露天掘りで一する」「一量」
(類語)採掘・採鉱・採油・露天掘り

さい-たん【菜単】中華料理で、献立表。

さい-たん【最短】いちばん短いこと。また、短い所。「コースの一を行く」⇔最長。

さい-たん【歳旦】《「旦」は朝の意》❶1月1日の朝。元朝。元旦。(季 新年)「一や芭蕉たたへて山籠り／蛇笏」❷「歳旦開き」の略。

さい-だん【祭壇】祭りを行うために設けられた壇。神仏・精霊・死霊などに供え物や祭器・祭具を置く。
(類語)戒壇・仏壇・仏間

さい-だん【裁断】〔名〕スル ❶物を断ち切ること。特に、型に合わせて布・紙・革などを切ること。「型紙に合わせて生地を一する」❷物事の善悪・適否を判断して決めること。「一を下す」「一を仰ぐ」
(類語)(❶)切断・断裁・分断・寸断・両断・横断・縦断／(❷)決裁・裁量

さい-だん【×截断】〔名〕スル「せつだん(截断)」の慣用読み。

ざい-だん【財団】❶一定の目的のために結合された財産の集合体。抵当権の目的とされる工場財団・鉱業財団など。➡社団 ❷「財団法人」の略。

さいたん-き【採炭機】石炭を採掘するのに用いられる機械類。コールカッター・ドラムカッター・コンバイン・ホーベルなど。

さいだん-き【裁断機】紙や布などをたちきる機械。カッター。

さいたん-きょり【最短距離】❶二点間を結ぶ曲線のうち、もっとも短いもの。平面上では二点を結ぶ線分の長さ、球面上では二点を通る大円の短いほうの弧の長さ。❷ある物事に至るのにもっとも近い地位。「次期社長への一にいる役員」❸ある物事を達成するのにもっとも可能性が高い方法。「成功への一」

さいだん-ざ【祭壇座】南天の小星座。蠍座の南にあり、8月上旬の午後8時ごろ南中するが、日本から全部は見えない。学名 Ara

さいたん-さい【歳旦祭】元旦に、宮中および諸神社で、皇室ならびに国民の繁栄と農作物の豊作を皇祖・天神地祇に祈願する祭祀。(季 新年)

さいたん-ちょう【歳旦帳】歳旦開きに披露するため、前年中に歳暮・歳旦の句を集めて版行した小句集。歳旦帖。

ざいだん-ていとう【財団抵当】工業・鉱業・鉄道・漁業などの企業において、その企業経営のための土地・建物・機械・器具・産業財産権などを一括して一つの財団とし、その上に抵当権を設定する制度。

さいだん-ひひょう【裁断批評】特定の価値観など一定の基準に照らしてなされる作品批評。

さいたん-びらき【歳旦開き】正月の吉日を選び、連歌師・俳諧師が席を設けて門人と歳旦の句を作り披露する会。

ざいだん-ほうじん【財団法人】一定の目的のために提供された財産を運用するため、その財産を基礎として設立される法人。一定の要件を満たすことで設立できる一般財団法人と、公益法人として認定を受けた公益財団法人とがある。➡社団法人

さいたん-みつもの【歳旦三つ物】歳旦開きの席で作る発句・脇句・第三の3句。

さい-ち【才知|才×智】才能と知恵。「一にたける」
(類語)才気・才覚・知力・英知・人知・衆知・全知・奇知・理知・理性・知性・悟性・故知・知恵・知・インテリジェンス

さい-ち【采地】領地。知行所。采邑。

さい-ち【細緻】〔名・形動〕細かく行き届いていて、綿密なこと。また、そのさま。細密。緻密。「一を極めた描写」「一な計画」(類語)精緻・綿密・緻密・細かい・細やか・木目細か・細心

ざい-ち【在地】❶住んでいる土地。「一の地主」❷田舎の土地。在所。在郷。(類語)田舎・郷・在・在所・在郷・在方・鄙・地方・ローカル

さい-ちく【再築】〔名〕スル　建て直すこと。再建。

ざいち-はん【在地判】その地方の長が証明して押した判。「彼の一取りたる文を取り出でて、下部どもに見す」〈今昔・二九・一一〉

さい-ちゅう【細注|細×註】❶詳しく注をつけること。また、その注釈。❷細字で書いた注釈。

さい-ちゅう【最中】㊀〔名〕❶動作・状態などが、いちばん盛んな状態にあるとき。進行中のとき。まっさかり。さなか。「今が暑い一だ」「食事の一」❷まんなか。❸いちばん盛りの状態にある人。「渡辺党の一なり」〈盛衰記・一四〉㊁〔副〕しきりに。「三皿目のシチウを今三人で一食っている」〈虚子・俳諧師〉(類語)最中・たけなわ・真っ只中・真っ最中・真っ盛り・あいだ

ざい-ちゅう【在中】〔名〕スル　中に書類・金品などが入っていること。また、そのことを封筒や包みなどの表に示す語。「書類が一している袋」「請求書一」

さい-ちょう【再調】〔名〕スル　調べなおすこと。再調査。「一した結果」

さい-ちょう【細長】〔名・形動〕細く長いこと。また、そのさま。「一な(の)四角形」

さい-ちょう【最長】❶いちばん長いこと。また、長い所。「日本一の川」⇔最短。❷いちばん年上であること。最年長。⇔最少。❸もっともすぐれていること。いちばんの長所。「孝養は百行の一」〈盛衰記・七〉

さいちょう【最澄】[767〜822]平安初期の僧。日本天台宗の開祖。近江の人。勅諡号、伝教大師。比叡山に入り、根本中堂を建立。延暦23年(804)空海とともに入唐し、翌年帰国。また、南都諸宗の学僧と対論、大乗戒壇の設立を上表。著「守護国界章」「顕戒論」「山家学生式」など。山家大師。根本大師。

さい-ちょう【×犀鳥】ブッポウソウ目サイチョウ科の鳥の総称。全長38センチ〜1.2メートル。大きなくちばしの上にサイの角を思わせるこぶのあるものが多い。樹洞に巣を作り、雌は入り口をほとんどふさいで抱卵し、えさを雄に運んでもらう。45種が熱帯アジア・アフリカに分布。

さい-ちょう【蔡暢】[1900〜1990]中国の婦人革命家。湘郷(湖南省)の人。フランス留学中、中国共産党に入党。中国全国婦女連合会主席・党中央委員会委員などを歴任。ツァイ＝チャン。

ざい-ちょう【在庁】〔名〕スル ❶官庁に勤めていること。「一時代」❷出勤して役所にいること。「長官の一する時間」❸平安中期、国衙で行政実務を行った下級役人。のち、在庁官人の略称としても用いた。

ざい-ちょう【在朝】朝廷に仕えていること。また、官職についていること。⇔在野。

さいちょう-がた【細長型】クレッチマーの分類による体型の一。身長に比し、体重・太さ・幅が少ないやせた体型。分裂性気質をもつものが多いとされる。やせ型。

ざいちょう-かんにん【在庁官人】平安中期から鎌倉時代、現地の国衙で実務を行った介以下の役人。本来は在庁と官人からなるが、のち区別がなくなり、在庁と略称されるようになった。

さいちょう-けいろ【最長経路】▶クリティカルパス

さい-ちょうさ【再調査】〔名〕スル　もう一度調べなおすこと。「その後の状況を一する」

さいちょうたつ-かがく【再調達価額】保険契約の対象物と同等のものを再築または再取得するのに必要な金額。➡時価額 ➡価額協定保険特約

さいちょうふとう-きょり【最長不倒距離】❶スキーのジャンプ競技で、転倒せずに最も遠く飛んだ距離。❷その地位や職の経験者中、継続して最も長くつとめた期間のこと。

さいちょう-ほたん【採長補短】人の長所をとり入れて、自分の短所を補うこと。

さい-ちん【最賃】「最低賃金」の略。

さい-づか【采▽柄】采配の柄。
采柄を握る　指図する。采配を振る。

さい-つ-ころ【▽先つ頃】《「さきつころ」の音変化》さきごろ。先日。「一賀茂へ詣づとて見しが」〈枕・二二七〉

さい-づち【才×槌|木＝椎】❶小形の木槌。❷「才槌頭」の略。「此畜生分らねえ一だな」〈円朝・真景累ヶ淵〉

さいづち-あたま【才×槌頭】額と後頭部が突き出て、才槌のようなかっこうをした頭。

さい-つ-とし【▽先つ年】《「さきつとし」の音変化》先年。前年。「一宮は田鶴見の邸内に彼を見しより」〈紅葉・金色夜叉〉

さい-で【割出|裂×帛】《「さきで」の音変化》❶布を裁った余り切れ。裁ち切れ。たちはずし。小切れ。❷塗師が、漆をぬぐう布切れ。

さい-てい【再訂】〔名〕スル ❶もう一度訂正すること。❷書物を再版するときに、初版の誤りなどを部分的に直すこと。「著書を一して出す」「一版」

さい-てい【最低】〔名・形動〕❶高さ・位置・程度などがいちばんひくいこと。「一日の一の気温」⇔最高。❷物事の状態などがもっとも望ましくないこと。きわめて質の劣ること。また、そのさま。「今度の試験は一だった」「あいつは一な男だ」⇔最高。(類語)(❶)最少・最小限・ミニマム／(❷)最悪・極悪・低劣・愚劣

さい-てい【裁定】〔名〕スル　物事の善悪・可否を判断して決めること。「労働争議を中労委が一する」「仲裁一」(類語)裁決・裁判・決定・決まり・本決まり・確定・画定・議決・決議・論決・評決・議定・取り決め・断・断案・決・決断・判断・断定・アジュディケーション

ざい-てい【在廷】〔名〕スル ❶現在、法廷に出頭していること。「一している証人」❷朝廷に仕えていること。在朝。

さいてい-おんどけい【最低温度計】観測時間中の最低温度を示すように工夫された温度計。

さいてい-かわせそうば【裁定為-替相場】基準為替相場とクロスレートから間接的に算定された外国為替相場。

さいでい-き【採泥器】水底の堆積物・岩石、底生生物を採集するのに用いる器具。

さいてい-けつあつ【最低血圧】▶拡張期血圧

さいてい-げん【最低限】いちばん低いほうの限界。最低の限度。副詞的にも用いる。「一の値上げにとどめる」「一必要なもの」

さいてい-げんど【最低限度】「最低限」に同じ。「健康で文化的な一の生活を営む権利」

さいていげんど-の-せいかつ【最低限度の生活】健康で文化的な生活水準を維持することができ

る状態。日本国憲法第25条、および生活保護法などで保障された国民の権利の一つ。ナショナルミニマム。最低限の生活。〔補説〕憲法が保障する「健康で文化的な最低限度の生活」が具体的にどのようなものか明確な規定はない。生活保護費は厚生労働省が定める生活保護基準に基づいて支給される。

さいていげん-の-せいかつ【最低限の生活】⇒最低限度の生活

ざいてい-しょうにん【在廷証人】召喚を受けたのではないが、当事者が同行するなどして法廷に居合わせたため、証人として尋問を受ける者。

さいてい-せいかつひ【最低生活費】日本国憲法第25条で保障する「健康で文化的な最低限度の生活」を送るために必要な費用として、厚生労働省が毎年算定する生活費。生活保護費の算定基準となるもので、居住地域・家族構成・障害の有無などを考慮して算出する。生活保護対象者には、最低生活費から児童扶養手当・年金・労働等による収入を差し引いた調整額が生活保護費として支給される。

さいてい-ちんぎん【最低賃金】最低賃金法などに基づいて決定される賃金の最低基準額。最賃。

さいていちんぎん-しんぎかい【最低賃金審議会】厚生労働大臣または都道府県労働局長の諮問に応じて最低賃金に関する重要事柄を調査・審議する組織。最低賃金法に基づいて、厚生労働省に中央最低賃金審議会、各都道府県労働局に地方最低賃金審議会が設置されている。中央最低賃金審議会が毎年提示する最低賃金改定額の目安を参考に、各地方最低賃金審議会が審議・答申し、都道府県労働局長が最低賃金を決定する。

さいていちんぎん-せい【最低賃金制】労働者の最低賃金を公的に定め、使用者はそれ以下の額で雇用してはならないとする制度。日本では、厚生労働大臣または都道府県労働局長が最低賃金審議会の調査審議に基づいて決定する職権方式が中心になっている。

さいていちんぎん-ほう【最低賃金法】労働者の労働条件の改善などを図るため、賃金の最低額を保障し、その決定方式について定めている法律。昭和34年(1959)制定。

さいでい-とう【細泥陶】中国先史時代、精製された粘土で焼成された良質の土器。⇒粗陶

さいてい-とうひょうりつ【最低投票率】❶その投票を有効とするための、有権者数に対する投票者数の割合。「改憲のための国民投票における―を議論する」❷これまで行われてきた同種の選挙の投票率で、最低の数値。「県知事選挙で―を記録する」

さいてい-とりひき【裁定取引】《arbitrage》有価証券・外国為替・商品などの取引で、場所的・時間的な値段や利率の差・開きを利用して鞘取りを行うもの。

サイディング〔siding〕木造家屋の外壁に使われる壁板。

さい-てき【最適】〔名・形動〕いちばん適していること。また、そのさま。「会計には彼が―だ」「スキーに―な雪質」〔類語〕良い・好ましい・申し分ない・好個・絶好

さいてき-か【最適化】《optimization》システム工学などで、特定の目的に最適の計画・システムを設計すること。コンピューターでは、プログラムを特定の目的に最も効率的なように書き換えること。オプティマイズ。オプティマイゼーション。

さいてき-もんだい【最適問題】オペレーションズリサーチなどで、ある条件下で目的を達成するために最も適切な方法を求める問題。

ざい-テク【財テク】《「財務テクノロジー」の略》企業が本業以外に、余剰資金や低利の調達資金を株式・債券・土地などに投資して、資金の運用を多様化・効率化するための方法。個人が行う場合にもいう。

サイテス〔CITES〕《Convention on International Trade in Endangered Species of Wild Fauna and Flora》⇒ワシントン条約

サイテック-アート〔psytec art〕《psytecは、psycho(心理学)+technology(科学技術)から》光・音響・運動などについて心理学的・科学的技術を用いて表現する造形。

ザイデル〔Philipp Ludwig von Seidel〕[1821～1896]オーストリアの数学、天文学者。恒星・遊星の光度を研究、また、光学機器を数理的に研究。「ザイデルの五収差」で知られる。

ザイデル-の-ごしゅうさ【ザイデルの五収差】ザイデルが分類した、光学系に現れる球面収差、コマ、非点収差、像面の曲がり、像のゆがみの5つの収差。

さい-てん【再転】〔名〕スル 一度変わった事の成り行きが、また変わること。「一三転した結果」

さい-てん【西天】㊀❶西方の空。❷西方浄土。極楽。㊁㊀中国から見て西方にある天竺。インド。㊁《「西天竺」の略》五天竺の一で、インド西部。

さい-てん【采×椽｜採×椽】山から切り出したままの木を使った垂木。また、飾らない質素な家のたとえ。「茅茨きらず、一けづらず」〈平家・五〉

さい-てん【採点】〔名〕スル 評価して点数をつけること。また、つけた点数。「一が甘い」「答案を一する」

さい-てん【祭典】❶祭りの儀式。祭儀。❷大がかりで、はなやかな行事。「世紀の―」「民族の―」
〔類語〕祭り・祭礼・祭儀・祭祀・祭典・祝典・祝儀・大祭・大儀・大礼・大典・典礼・盛儀・儀式・式典

さい-てん【祭×奠】祭りの供え物。また、祭り。

さい-でん【祭殿】祭りの儀式を行う建物。

さい-でん【斎田】❶神に供える米を栽培する田。御供田。神饌田。いつきた。❷大嘗祭の供え物にする穀物を作る田。悠紀・主基の田。

ざい-てん【在天】神・霊魂などが天上にあること。
在天の霊 死者の霊を尊敬していう言葉。

さい-てんかん【再転換】濃縮された気体状の六弗化ウランから弗素を取り除き、加工しやすい粉末状の二酸化ウランにする工程。

ザイテングラート〔ドイ Seitengrat〕岩壁の側面の支稜。主稜に対する側稜。

さい-てんじく【西天竺】㊀天竺。インド。西天。㊁五天竺の一。天竺の西部。西インド。西天。

さいと【西都】宮崎県中部の市。一ツ瀬川の中流域に位置する。農業が主産業。中心地区の妻は古代文化・行政の中心地であった。西都原古墳群がある。人口3.3万(2010)。

サイト〔sight〕手形などの決済期限。一覧払い。

サイト〔site〕❶敷地。用地。「キャンプ―」❷インターネット上で、特定の情報を提供するサーバーのこと。❸《「ウェブサイト」の略》インターネット上で、さまざまな情報を提供するページやその集合。ウェブページ。ホームページ。「友人が作った―を訪問する」

さい-ど【才度】才知と度量。

さい-ど【再度】ふたたび。二度。両度。副詞的にも用いる。「一にわたる交渉」「一注意する」
〔類語〕重ねて・また・再び

さい-ど【西土】❶西方浄土。極楽。❷⇒せいど(西土)

さい-ど【妻×孥】《「孥」は子の意》妻と子。また、家族。「諸侯の―を其国へ帰し」〈田口・日本開化小史〉

さい-ど【彩度】色相・明度とともに、色の三属性の一。色の鮮やかさの度合い。色の純度。飽和度。
〔類語〕色相・明度

さい-ど【済度】〔名〕スル ❶《「済」は救う、「度」は渡す意》仏語。仏が、迷い苦しんでいる人々を救って、悟りの境地に導くこと。「衆生を―する」❷困難や苦労から救うこと。

さい-ど【細土】農業で、直径2ミリ以下の土粒。さらに粘土と砂に分類する。

サイド〔side〕❶わき。側面。「両―」「プール―」❷サッカー・ラグビー・テニスなどのスポーツで、陣地。❸対立するものの、一方の側。立場。「住民―」❹副次的であること。従的であること。「―ワーク」
〔類語〕(❶)横・側面・横腹・横っちょ

サイドアウト〔sideout〕❶テニスなどで、ボールがサイドラインの外へ出ること。❷バレーボールで、サーブ権を持ったチーム側から持たない側へサーブ権が移ること。⇒サーブ

サイド-アタック〔side attack〕ラグビーで、スクラム・ラック・モールなどの横をついて攻撃すること。

サイドインパクト-ビーム〔side impact beam〕「サイドフレーム」に同じ。

さい-とう【西島】《京都の西にあるところから》島原の遊郭のこと。

さい-とう【西塔】㊀東西両塔のうち西にある塔。㊁比叡山延暦寺の三塔の一。根本中堂の西北方の地域で、釈迦堂を中心にした堂塔の総称。

さい-とう【采頭】武具の指物の一。竿の先に采配の総のようなものをつけて垂らしたもの。

さい-とう【×柴灯｜斎灯】神仏の灯明としてたく柴のかがり火。

さい-とう【彩陶】彩文土器。特に中国における呼称で、仰韶文化を代表する土器とされる。幾何学文・動物文が多い。

さい-とう【菜豆】インゲンマメの別名。

さい-どう【斎堂】禅寺で、食事をする堂。

さい-どう【細動】心室細動・心房細動のこと。

ざい-とう【在島】〔名〕スル 島に滞在し、または住んでいること。

ざい-とう【財投】「財政投融資」の略。

ざいとう-きかん【財投機関】財政投融資資金を活用している機関のこと。政府金融機関、独立行政法人、特殊会社・国・地方公共団体など。

さいとう-げっしん【斎藤月岑】[1804～1878]江戸末期の文人。江戸神田の名主。名は幸成。通称、市左衛門。和漢の学に通じ、祖父の撰、父の補修による「江戸名所図会」を刊行。著「武江年表」「東都歳事記」「声曲類纂」など。

さいとう-こういち【斎藤耕一】[1929～2009]映画監督。東京の生まれ。映画のスチール写真家、脚本家を経て「囁きのジョー」で監督デビュー。昭和49年(1974)「津軽じょんがら節」で芸術選奨。他に「約束」「旅の重さ」など。

ざいとう-さい【財投債】《「財政投融資特別会計国債」の略》国債を発行根拠によって分類した場合の種類の一つ。信用力が不足しているため、財投機関債を独自に発行して資金調達することができない特殊法人等に対して、国が財政投融資特別会計を通じて融資するために、特別会計法(第62条第1項)に基づいて発行される。利払い・償還財源は主として財政融資の貸付先からの回収金によって賄われる。普通国債と合わせて発行され、金融商品としては普通国債と区別されない。〔補説〕平成19年度(2007)以前の名称は「財政融資資金特別会計国債」。

さいとう-さねもり【斎藤実盛】[?～1183]平安末期の武将。越前の人。保元の乱・平治の乱には源義朝に従って戦功があったが、義朝の戦死後は平宗盛・維盛に仕えた。のち、北陸で源義仲と戦って戦死。その際、老年を隠すために白髪を黒く染めて出陣したという。

さいとう-さんき【西東三鬼】[1900～1962]俳人・歯科医。岡山の生まれ。本名、斎藤敬直。第二次大戦後、山口誓子を主宰者に「天狼」を創刊。句集「夜の桃」「今日」「変身」など。

さいとう-せつどう【斎藤拙堂】[1797～1865]江戸末期の儒学者。津藩士。名は正謙。古賀精里門下。藩の督学となり、育英に尽力。著「拙堂文集」など。

さいとう-たかお【斎藤隆夫】[1870～1949]政治家。兵庫の生まれ。憲政会・民政党に所属。二・二六事件直後の粛軍演説などで軍を批判、昭和15年(1940)議会から除名。第二次大戦後は進歩党の結成に参加、第一次吉田・片山両内閣で国務相。

さいとう-たかを【さいとう・たかを】[1936～]漫画家。大阪の生まれ。本名、斎藤隆夫。日本の漫画界に「劇画」という分野を確立。「ゴルゴ13」は、国際情勢をふまえ、豊富なアクションを取り入れたストーリー展開で評価が高い。他に「無用ノ介」「影狩り」など。

さいとう-たけし【斎藤勇】[1887～1982]英文学

者。福島の生まれ。東大教授、東京女子大学長、国際基督教大学教授。著作に「英詩概論」「イギリス文学史」など。昭和50年(1975)文化功労者。

さいとう-どうさん【斎藤道三】サイトウ ドウサン［1494～1556］室町後期の武将。山城の人。名は利政、のち秀竜。道三は法名。油売りから身を起こして守護土岐氏を追い、美濃一国を治めて稲葉山に築城。のち、長男義竜に討たれた。織田信長はその女婿。

さいとう-ときより【斎藤時頼】滝口入道の本名。

さいとう-とくげん【斎藤徳元】［1559～1647］江戸初期の俳人。美濃の人。名は竜幸。岐阜城主織田秀信に仕えたが、関ヶ原の戦いに敗れて若狭わかさに逃亡。のち、江戸に出て俳諧に専念した。著「俳諧初学抄」「徳元俳諧鈔」など。

さいとう-とらじろう【斎藤寅次郎】サイトウ トラジラウ［1905～1982］映画監督。秋田の生まれ。本名、寅二郎。榎本健一、古川緑波ろっぱなどを起用した喜劇映画を量産、「喜劇の神様」とも呼ばれた。代表作「子宝騒動」「ハワイ珍道中」「珍説忠臣蔵」など。

さいとう-ひこまろ【斎藤彦麿】［1768～1854］江戸後期の国学者。三河の人。石見いわみの松平氏に仕え、江戸に住み、賀茂季鷹・伊勢貞丈・本居宣長に学んだ。著「勢語図説抄」、歌集「蓬蘽集ほうるいしゅう」など。

さいとう-ひでお【斎藤秀雄】ヒデヲ［1902～1974］音楽教育家・チェロ奏者・指揮者。東京の生まれ。ドイツに二度留学。第二次大戦後は後進の指導に尽力、すぐれた門下生を多数育成した。

さいとう-ひでさぶろう【斎藤秀三郎】ヒデサブラウ［1866～1929］英語学者。宮城の生まれ。正則英語学校を創立し、日本の英語学の発展に尽くした。著「熟語本位英和中辞典」「斎藤和英大辞典」など。

さいどう-ふう【砕動風】世阿弥が説いた、能における鬼の演じ方の一。形は鬼でも心は人間であるように演じること。身心に力を入れず、軽やかに細かく身を動かす。⇨力動風りきどうふう

さいとう-ふみ【斎藤史】［1909～2002］歌人。東京の生まれ。二・二六事件に連座した瀏りゅうの長女。独自の歌風を築き、女流歌人初の芸術院会員。歌集に「魚歌」「ひたくれなゐ」「渉りかゆかむ」など。

さいとう-まこと【斎藤実】［1858～1936］軍人・政治家。海軍大将。岩手の生まれ。海相・朝鮮総督・枢密顧問官を歴任。五・一五事件のあと挙国一致内閣を組織したが、帝人事件によって総辞職。二・二六事件で暗殺された。

さいとう-もきち【斎藤茂吉】［1882～1953］歌人・医師。山形の生まれ。伊藤左千夫に師事、歌誌「アララギ」同人。歌集「赤光しゃっこう」により、アララギ派の代表的歌人となる。実相観入による写生説を唱えた。文化勲章受章。歌集「赤光」「あらたま」「ともしび」「白き山」、評論「柿本人麿」、歌論集「童馬漫語」など。

さいとう-やくろう【斎藤弥九郎】ヤクラウ［1798～1871］江戸後期の剣客。越中の人。名は善道。号、篤信斎。江戸に出て神道無念流の剣を学び、のち、道場練兵館を開いた。門人に桂小五郎(木戸孝允)らがいる。

さいとう-りょくう【斎藤緑雨】［1867～1904］小説家・評論家。三重の生まれ。本名、賢まさる。別号、正直正太夫など。仮名垣魯文に師事。鋭い風刺を含む批評で知られた。小説「油地獄」「かくれんぼ」など。

サイド-エアバッグ〖side air bag〗エアバッグの一。運転席や助手席の両側に備え付けられ、乗員を側面衝突から保護するもの。

サイド-エフェクト〖side effect〗「副作用」に同じ。

サイドカー〖sidecar〗❶オートバイなどの横に取り付けられた一輪の側車。また、その側車をつけた三輪の車。乗用の副席あるいは貨物運搬などに使用。❷カクテルの一。ブランデー、キュラソー、レモンジュースを等量に入れてシェークしたもの。

サイトカイニン〖cytokinin〗植物ホルモンの一。細胞分裂の促進、生長の促進などに関係し、カイネチンと同様な生理機能をもつ。

サイトカイン〖cytokine〗細胞から放出され、特定の細胞に働きかけるたんぱく質の総称。免疫・炎症反応などの生体防御機構に重要な役割を果たす。

サイドキック〖sidekick〗サッカーで、足の甲の外側(アウトサイド)あるいは内側(インサイド)でボールを蹴けること。近距離のパスに用いることが多い。

さい-とく【才徳】才知と徳行。

さい-どく【再読】〔名〕スル ❶もう一度読むこと。読みなおすこと。「―して作品の真価を知る」❷漢文を訓読するときに、一度読んだ文字をもう一度読むこと。底反り。

ざい-とく【在特】「在留特別許可」の略。

さいどく-もじ【再読文字】漢文の訓読の際、二度読む文字。「当」を「まさに…べし」、「将」を「まさに…(んと)す」と読む例など。再読字。

さいと-し【西都市】▶西都

サイトシーイング〖sightseeing〗遊覧。観光。

サイド-ステップ〖side step〗❶ラグビーやボクシングなどで、相手をかわすために身体を左右に移動するフットワークの方法。❷ダンスで、片足を横に踏み出し、もう一方の足を引き寄せてそろえる足取りのこと。

サイド-ストライプ〖side stripe〗自動車の車体の側面に付いている、前後方向に走る線。

サイドストローク〖sidestroke〗横泳ぎ。

サイドスピン〖sidespin〗卓球・テニス・ゴルフなどで、球の水平回転。横回転。

サイド-スラスター〖side thruster〗操船装置の一。喫水線下の両舷げんを貫くトンネル内にプロペラを取り付け、その排出流で船体を横方向に移動させるもの。港内での低速の操船に用いられる。

サイドスリップ〖sideslip〗❶飛行機、自動車などが横すべりすること。❷スキーで、横すべりのこと。デラパージュ。

サイド-スロー《和 side＋throw》野球で、腕を地面とほぼ平行に横に振ってボールを投げる投球法。横手投げ。サイドハンド。

サイトターゲティング-こうこく【サイトターゲティング広告】クワウコク《site targeting advertising》インターネットを利用した広告の一。広告主が配信を希望する特定のウェブサイトで、広告を表示する。

さい-とつにゅう【再突入】ニフ〔名〕スル 地球の大気圏外に打ち上げられた宇宙船や人工衛星が、再び地上に戻るために地球大気圏に突入すること。宇宙船や人工衛星が再突入により地球大気から受ける動圧加重と空力加熱などが問題となる。

サイド-ディッシュ〖side dish〗主要料理に添える料理。肉や魚が主な料理なら、野菜を中心にしたもの。

サイド-テーブル〖side table〗ベッドや主テーブルのわきなどに置く小さな卓。

サイド-ドラム〖side drum〗膜鳴楽器の一。直径約35～40センチの円筒の両面に革を張った太鼓。ばちでたたくと、底の革面に張った響線も振動して音を出す。軍楽・管弦楽などに用いる。小太鼓。スネアドラム。

サイド-パート〖side part〗分け目を中央より横にして髪を分けること。横分け。

サイドバック〖sideback〗サッカーなどで、左右のサイド後方を守るプレーヤー。また、そのポジション。SB。

さいと-ばる【西都原】宮崎県西都市の中心妻つまの西方を占める洪積台地。一ツ瀬川の右岸に位置する。

さいとばる-こふんぐん【西都原古墳群】宮崎県西都市の西都原にある4世紀後半から6世紀の古墳群。大小329基の古墳のうち前方後円墳32基、方墳1基で、ほかはすべて円墳。昭和27年(1952)特別史跡に指定。

サイド-ハンド《和 side＋hand》▶サイドスロー

サイド-ビジネス《和 side＋business》副業。サイドワーク。補説英語ではside job

サイド-ブレーキ《和 side＋brake》自動車で、運転席の横にある手動式のブレーキ。補説英語ではhand brake

サイド-フレーム《和 side＋frame》自動車で側面衝突から乗員を守る構造物。通常ドアの内部に鋼管、あるいはガードレール状の構造材を作りつける。補説英語ではside impact beam

サイド-プレーヤー《和 side＋player》映画・演劇などの助演者。脇役。バイプレーヤー。

サイド-ベンツ〖side vents〗背広やコートの両わき裾に入れた切り込み。

サイドボード〖sideboard〗食器戸棚。脇棚。

サイト-マップ〖site map〗インターネットのウェブサイト内にあるページの内容と構成を、ひと目で把握できるように一覧化または図解化したページ。

サイドミラー〖sidemirror〗自動車の側面や後方を見るために車体の両側につけた鏡。

サイトメガロウイルス〖cytomegalovirus〗ヘルペスウイルスの一種。妊婦が感染すると、新生児に黄疸おうだんなどの先天性異常を起こす。後天的な感染では症状の現れないことが多いが、臓器移植の際などの免疫不全状態になると増殖し、肺炎・肝炎などを引き起こす。唾液腺だえきせんウイルス。

サイトメトリー〖cytometry〗短時間に多量の細胞を定量的に測定する分析手法。細胞を流体中に分散させ蛍光や散乱光などを測定するフローサイトメトリーと、蛍光標識をした細胞をレーザー光などで走査し、個々の細胞ごとの情報や細胞集団の統計的振る舞いを画像処理技術で抽出するイメージングサイトメトリーに分けられる。

サイド-メニュー〖side menu〗❶飲食店で、メインとなる料理の他に注文する小皿料理やデザートなど。❷コンピューターで、ディスプレーの左右に表示される操作項目の一覧。

サイド-モールディング〖side molding〗自動車のボディー側面を前後に走る浮き出しの線。プレス型だけで浮き出しているものと、クロームメッキやステンレスのモールディングを張り付けたものとがある。

さいと-やき【道＝祖＝土焼(き)】小正月に、門松や注連しめ飾りなどを焼く道祖神の火祭り。主に東日本でいう。どんど焼き。⇨左義長さぎちょう

さいと-やく【催吐薬】有害物を飲み込んだときなどに、胃の内容物を吐き出させる薬。硫酸銅・吐根とこんなど。催吐剤。吐剤。

サイト-ライセンス〖site license〗ソフトウエアの使用許諾契約の一種。企業や大学などの組織で許可を受けたライセンス数に応じて、ソフトウエアをコピーして使用することができる。企業向けのものはコーポレートライセンス、教育機関向けのはアカデミックライセンス、公共団体向けはガバメントライセンスともいう。

サイドライト〖sidelight〗❶船の舷灯げんとう。側灯。❷写真・映画などの照明で、横から照らす光。側光。❸液晶ディスプレーの側面につける照明。液晶の背後に特殊な反射板などを設置し、側面からの照明のみで背後全体を光らせる。バックライトに比べ、液晶パネルを薄くすることができる。

サイドライン〖sideline〗❶バスケットボール・サッカー・テニスなどで、競技場を仕切る長いほうの区画線。❷傍線。

さい-とり【才取り】❶《「すあいとり」の音変化》売買の媒介をして手数料を取ること。また、それを業とする人。ブローカー。❷足場の上にいる左官に、助手が下から壁土・漆喰しっくいなどを渡すこと。また、その助手。❸「才取り棒」の略。

サイド-リーダー《和 side＋reader》英語などの授業に使う副読本。類語副読本・リーダー

さいとり-かいいん【才取(り)会員】クワイヰン 東京証券取引所と名古屋証券取引所で、正会員である一般の証券会社間の売買を仲介していた証券会社。大阪証券取引所では仲立なかだち会員と呼んだ。立会場での取り引きがなくなり、消滅した。

さいとり-ざお【刺い捕り×竿】ザヲ 鳥を捕るため、先端に鳥もちを塗った竿。鳥竿。

さいとり-にん【才取り人】才取り❶を職業とする人。

さいとり-ぼう【才取り棒】左官の助手が、壁土などをのせて下から差し出すのに使う道具。長い棒の先

に、板またはわん形のものがつけてある。

サイト-リンク〖site link〗▶ハイパーリンク

サイド-ワーク《和 side＋work》副業。サイドビジネス。(補説)英語では side job

サイドワインダー〖sidewinder〗クサリヘビ科のヘビ。全長50〜80センチ、背面に暗色の縞模様があり、目の上に角状の突起を、尾端に発音器をもつ。北米南西部の砂漠にすみ、体をS字状にくねらせて横に進む性質がある。よこばいがらがらへび。

さい-な〔感〕❶相手の言葉を受けて、肯定する意を表す語。おっしゃるとおりです。そうですね。さいなあ。「—、こりゃまあどうして遅いことぢゃ」〈浄・忠臣蔵〉❷相手の問いかけに対して答えるときに用いる語。それはですね。さいなあ。「『そりゃまた何のお恨みで』『—、…無官の大夫敦盛を、そちが夫、熊谷が討ったわいの』」〈浄・嫩軍記〉

さい-ない【塞内】❶とりでのうち。⇔塞外。❷中国で、北方の国境、万里の長城の内側。⇔塞外。

さい-ないしんのう【斎内親王】▶斎皇女

サイナス-せん【サイナス腺】《sinus》甲殻類の眼柄などにあって、脳や神経が分泌したホルモンを貯蔵し、血液中に放出する組織。血洞腺。➡眼柄ホルモン

さいな・む【▽苛む・×嘖む】〔動マ五(四)〕《「さきなむ」の音変化》❶叱ったり責めたてたりする。「われとわが身を—・む」「かかる文見すれば、おとど、母宮、—・むとて」〈宇津保・嵯峨院〉❷苦しめる。いじめる。「不安の念に—・まれる」「切り—・む」「牛頭馬頭の獄卒に—・まれて」〈芥川・地獄変〉(類語)いじめる・なぶる・いびる・虐げる・責める・咎める・詰る・難ずる・吊し上げる・締め上げる・責め付ける・責め立てる・難じる・非難する・難詰する・面詰する・面責する・問責する・詰責する・叱責する・譴責する・弁難する・論難する・指弾する・追及する・詰問する

さい-なん【災難】思いがけず身にふりかかってくる不幸な出来事。災い。災厄。災禍。「—に見舞われる」(類語)災害・難・災い

さいなん【済南】中国山東省の省都。黄河下流南岸にあり、京滬・膠済両鉄道の分岐点。製粉・鉄鋼業が盛ん。人口、行政区300万(2000)。チーナン。

さいなん-じけん【済南事件】昭和3年(1928)国民革命軍が北伐を再開して済南に入ったのに対し、日本軍が在留邦人の保護を名目で出兵し、済南を占領した事件。翌年、日本軍は撤退したが、中国の対日感情は極度に悪化した。➡山東出兵

さいなん-よけ【災難▽除け】災難を避けること。また、そのためのお札や祈祷など。

さい-にち【斎日】❶在家の信者が戒律を守り、行いを慎む日。さいじつ。❷「賽日」に同じ。

さい-にち【×賽日】藪入りにあたって、閻魔に参詣する日。正月16日と7月16日。

ざい-にち【在日】〔名〕スル 外国人が日本に滞在、または居住していること。「—アメリカ人」(類語)滞日・駐日

ざいにち-べいぐん【在日米軍】日米安全保障条約に基づき、日本国内に駐留するアメリカ軍。約3万5000人を擁し、海兵隊と空軍の兵員が多くを占める。東京都西部の横田基地に司令部を置く。(補説)在日米軍の将兵らは、基本的に日本の法律が適用されない身分で、法的地位などは日米地位協定によって協議される。

ざいにちべいぐんちゅうりゅうけいひ-ふたん【在日米軍駐留経費負担】▶思いやり予算

ざいにほん-だいかんみんこくみんだん【在日本大韓民国民団】大韓民国を支持する在日韓国人の全国組織。1946年(昭和21)在日本朝鮮居留民団として発足、48年に大韓民国の建国に伴い在日本大韓民国居留民団と改称。94年、居留の2文字を削除し現名に改称。略称、韓国民団、民団。

ざいにほん-ちょうせんじんそうれんごうかい【在日本朝鮮人総連合会】朝鮮民主主義人民共和国を支持する在日朝鮮人の全国組織。1945年(昭和20)に設立された在日本朝鮮人連盟の後身、在日朝鮮統一民主戦線を母体として55年に発足。略称、朝鮮総連。

さい-にゅう【歳入】国・地方公共団体の一会計年度における一切の収入。⇔歳出。
(類語)収入・所得・入金・収益・実入り・入り・稼ぎ・実収・現収・月収・年収・定収・インカム

さいにゅう-かのう【再入可能】▶リエントラント

さいにゅう-けっかん【歳入欠陥】実際の歳入が当初予算で見積もっていた額を下回ること。

さいにゅうこく-きょか【再入国許可】長期の在留許可、永住権を持つ外国人が国外に出て再度入国するために事前に得ておく許可。日本の場合は、一回限り有効のものと期間内は何回でも出入国できる数次有効のものとがある。入国管理法で規定。

さいにゅう-ざい【催乳剤】母乳の分泌を促進させる薬剤。ビタミンLや催乳ホルモン(プロラクチン)など。

さい-にょう【採尿】検査のため一定量の尿を排出させて採取すること。

さい-にょうかん【細尿管】▶尿細管

さい-にん【再任】〔名〕スル もう一度前と同じ職務に就くこと。また、就けること。「議長に—する」

さい-にん【再認】〔名〕スル ❶一度認めたことを、また認めること。再び認可すること。「結論を—する」❷心理学で、ある対象に対して、過去に経験したこととして確認することをいう。➡再生

さい-にん【裁人｜済人】争い事をとりさばき、仲直りさせる人。仲裁人。さえにん。「鬼かと疑ふ老婦さんも大口説の—となる」〈洒・風俗問答〉

ざい-にん【在任】〔名〕スル 任務に就いていること。また、任地にあること。「中国に—する」「—期間」

ざい-にん【罪人】罪を犯した人。つみびと。

さい-にんしき【再認識】〔名〕スル あらためて認識し直すこと。「ことの重大さを—する」

ざいにん-とくれい【在任特例】市町村合併の際に適用される、自治体議員の処遇に関する特例の一つ。関係市町村の協議により、旧市町村の議員は一定の期間そのまま新自治体の議員として残ることができる。平成16年(2004)施行の合併特例法(正式名称は「市町村の合併の特例に関する法律」)に規定。➡定数特例

サイネージ〖signage〗記号。マーク。標識。

さいねつ-タービン【再熱タービン】一度使用した蒸気を再び加熱して用いる形式の蒸気タービン。大出力の大形タービンにみられる。再熱再生タービン。

サイネリア《「シネラリア」が「死ぬ」に通じるとして言いかえられた語という》シネラリアの別名。

さい-ねん【再燃】〔名〕スル ❶消えた火が再び燃えだすこと。❷衰えていた物事が勢いを盛り返すこと。「ブームが—する」❸解決したと思われていた物事が再び問題になること。「後継者争いが—する」❹治まっていた病状や症状が再び悪化すること。「局所—前立腺癌」➡緩解 (類語)再発・ぶり返す

さいねん【西念】平凡な僧をさす通り名。西念坊。「—はもう寝た里を鉢たたき／蕪村」

さいねん-じ【西念寺】茨城県笠間市稲田にある単立の寺。もと真宗大谷派。山号は稲田山。開創は建暦2年(1212)、開基は稲田頼重、開山は親鸞。親鸞の東国教化の拠点となった寺で、ここで教行信証の大半を完成。稲田御坊。稲田禅坊。

さい-ねんしょう【最年少】その集団の中で、いちばん年齢が若いこと。「—の受賞者」⇔最年長。

さい-ねんちょう【最年長】その集団の中で、いちばん年上であること。「—は八〇歳」⇔最年少。

さい-の〔感〕「さいな」に同じ。「—、お気の毒なこっちゃわいの」〈滑・膝栗毛・八〉

さい-のう【才能】物事を巧みになしうる生まれつきの能力。才知の働き。「音楽の—に恵まれる」「—を伸ばす」「豊かな—がある」「—教育」
(類語)能力・力量・能・才

さい-のう【採納】〔名〕スル 採用すること。取り上げること。「原案を—する」

さい-のう【催能】能楽の会を開催すること。

さい-のう【×臍×嚢】稚魚の腹にある袋。中に卵黄が入っていて、自分でえさがとれるようになるまでこれを吸収して成長する。

ざい-のう【財×嚢】❶金銭を入れる袋。財布。❷持ち金のすべて。また、金銭。「貴女達が—を与えるなんぞは」〈逍遥・当世書生気質〉

さい-の-かみ【道祖神｜▽障の神｜塞の神】▶さえのかみ

さい-の-かわら【×賽の河原】❶死んだ子供が行く所といわれる冥途の三途の川の河原。ここで子供は父母の供養のために小石を積み上げて塔を作ろうとするが、絶えず鬼にくずされる。そこへ地蔵菩薩が現れて子供を救うという。❷むだな努力のたとえ。

さい-の-こ【西ノ湖】栃木県北西部、中禅寺湖西方にある湖。湖水は柳沢川から中禅寺湖に注ぐ。面積0.7平方キロメートル、東西600メートル、南北450メートル、湖面標高1290メートル。降水量によって湖の大きさが変化し、特に冬季は湖面が半分以下になる。中禅寺湖から分かれてできたといわれる。平成17年(2005)、「奥日光の湿原」の一部としてラムサール条約に登録。

さい-の-め【采の目｜×賽の目】❶さいころの六つの面に記してある、一から六までの点。❷さいころ程度の小さな立方体。「豆腐を—に切る」

サイノロ「サイノロジー」の略。(補説)多く、「妻のろ」と書く。

サイノロジー　妻に甘いこと。また、そのような男。「サイコロジー(心理学)」をもじってできた語。

さい-は【×柴×杷】農具、朳の一種。扁平な木枠に竹または木片を歯形に並べたもの。まいた種子に土をかぶせたり土をならしたりするのに用いる。

さい-は【砕破｜×摧破】〔名〕スル くだきこわすこと。また、くだけやぶれること。破砕。「これを—すること、甚だ易かりしなり」〈中村訳・西国立志編〉
(類語)破壊・破砕・ぶち壊す・打ち壊す・取り壊す・打ち砕く・壊す・叩き壊す・毀損・損壊・破損・全壊・壊滅

さい-は【歳破】暦注の八将神の一。土星の精とされ、この神のいる方角に向かって家を建てたり、旅行したりすることを忌むという。

さい-ば【細馬】よい馬。駿馬。良馬。さいめ。「外様の大名共、—に轡を噛ませて」〈太平記・一一〉

サイバー〖cyber〗〔語素〕他の語に付いて、インターネットが形成する情報空間(サイバースペース)に関連した、の意を表す。

サイバー-カスケード〖cyber cascade〗《cascade は、階段状に水が流れ落ちる滝の意》インターネット上の世論形成における現象の一つ。特定のサイトや掲示板などでの意見交換では、ある事柄への賛否いずれかの論が急激に多数を占め、先鋭化する傾向を持つというもの。

サイバー-カフェ〖cybercafé〗米国などで「インターネットカフェ」のこと。

サイバー-くうかん【サイバー空間】「サイバースペース」に同じ。

サイバー-こうげき【サイバー攻撃】《cyber attack》コンピューターネットワーク上で、特定の国家、企業、団体、個人に対して行われるクラッキング行為。政治的、社会的理由に基づき、社会に混乱をもたらしたり、国家の安全保障を脅かしたりすることを目的とする破壊活動は、特にサイバーテロともいう。

サイバーショップ〖cybershop〗▶オンラインショップ

サイバーストア〖cyberstore〗▶オンラインショップ

サイバーストーカー〖cyberstalker〗▶ネットストーカー

サイバースペース〖cyberspace〗コンピューターネットワーク上の仮想的な空間。インターネットとほぼ同義に扱われることもある。元は米国のSF作家、ウィリアム＝ギブスンの自著で使用した「サイバネティックス」と「スペース」を合成した言葉。電脳空間。サイバー空間。

サイバー-だいがく【サイバー大学】福岡市に本部のある私立大学。平成19年(2007)の開設。日本

さ

初の株式会社立の大学。

サイバーテロ《cyberterrorismから》コンピューターネットワーク上で行われる破壊活動。特に社会インフラに深刻なダメージを与えることや、国の安全保障に関わる悪質な犯罪を指す。

サイバー-バンク〖cyber bank〗銀行口座とインターネット上でのショッピングとを結びつけたもの。決済がインターネット上で可能になる。

サイバーパンク〖cyberpunk〗《cybernetics(サイバネティックス)＋punk(過激なロック音楽)から》コンピューターネットワークによって管理された暴力的で退廃した未来社会を描くSF小説の潮流。1980年代にブームとなった。代表的な作者は米国のSF作家ウィリアム＝ギブスンやブルース＝スターリングなど。

サイバー-はんざい【サイバー犯罪】《cyber crime》➤コンピューター犯罪

サイバーはんざい-じょうやく【サイバー犯罪条約】《Convention on Cybercrime》コンピューター犯罪に国際的に対処するための国際条約。CE(欧州評議会)が起草し、2001年11月、日本・米国・欧州各国など30か国により採択。正式名称は「サイバー犯罪に関する条約」。

サイバー-ビジネス〖cyber business〗インターネットなどのネットワーク上で行われている事業。具体的にはサイバーモール、オンライントレード、ネットオークションをはじめとするエレクトロニックコマース全般やインターネット広告事業を指す。インターネットビジネス。オンラインビジネス。ネットビジネス。

サイバー-モール〖cyber mall〗インターネットなどのコンピューターネットワーク上に仮想的に設けられている商店街。さまざまな業種のショップが参加していてオンラインショッピングをすることができる。出店費用が安くすむ、世界中どこからでも訪れることが可能などの特徴をもつ。オンラインモール。バーチャルモール。eショッピングモール。電子モール。電子商店街。仮想商店街。ウェブ商店街。

さい-はい【再拝】〔名〕スル ❶二度繰り返して礼拝すること。「一して頼み込む」❷手紙の終わりに相手に敬意を表して用いる語。「頓首とんしゅ一」
(類語)礼拝・奉拝・跪拝きはい・遥拝・拝礼

さい-はい【采配｜采▽幣】❶紙の幣しでの一種。昔、戦場で大将が手に持ち、士卒を指揮するために振った道具。厚紙を細長く切って作った総ふさを木や竹の柄につけたもの。色は白・朱・金・銀など。❷指図。指揮。「一をとる」❸《形が❶に似ているところから》はたき。ちりはらい。(類語)指揮

采配を振ふ・る　陣頭に立って指図をする。指揮する。采配をとる。采を振る。「会長自ら一・る」(補説)文化庁が発表した平成20年度「国語に関する世論調査」では、本来の言い方である「采配を振る」を使う人が28.6パーセント、間違った言い方「采配を振るう」を使う人が58.4パーセントという逆転した結果が出ている。

さい-はい【×儕輩】仲間。同輩。せいはい。「私は少くも既往に於いて学校で一に負けたことがない」〈鷗外・羽鳥千尋〉

サイ-ハイ〖thigh high〗《thighは、太ももの意》太ももまでの長さの極端に短いミニスカート。

さい-ばい【栽培】〔名〕スル 植物を植えて育てること。魚介類の養殖にもいう。「果樹を一する」「促成一」
(類語)培養・栽植・水耕・園芸・育てる

さいばい-ぎょぎょう【栽培漁業】ギョギョウ 海に稚魚や稚貝ちがいを放し、成長させてから漁獲する漁業。

サイハイ-ソックス〖thigh high socks〗《thighは、太ももの意》太ももの中程まで届く靴下。オーバーニーソックス。➡ハイソックス

さいばい-もの【栽培物】人工的に植えて育てた野菜・果樹・きのこなど。「一のナメコ」㊀天然物。

さいはい-らん【采配×蘭】ラン科の多年草。山地の木陰に生える。高さ約40センチ。地下の鱗茎りんけいから1、2枚の葉が出る。初夏、1本の花茎が伸び、淡紫褐色の花を十数個総状につける。名は花の全体が采配に似ることに由来。鱗茎は薬用。

さい-はくせき【斉白石】［1863〜1957］中国清末から現代の画家。名は璜こう。中国美術家協会の元主席。花鳥・虫魚を題材に画境を開拓。篆刻てんこくにもすぐれた。

さい-ばし【菜箸】料理を作るときや盛りつけるときに用いる箸。(類語)おてもと・箸・割り箸・太箸

さい-はじけ【才▽弾け】小利口でなまいきであること。また、利口で機転のきくこと。「一にもあらず全まきりの愚鈍にもあらざる様子」〈露伴・いさなとり〉

さいはじけ-もの【才▽弾け者】機転がよくきく者。

さい-はじ・ける【才▽弾ける】〔動カ下一〕小利口で生意気である。また、利口で機転がよくきく。「幼いときから一・けていた子」

さい-ばし・る【才走る】〔動ラ五(四)〕才知が鋭く働く。才気にあふれる。また、利口すぎる。「一・った文章」「いかにも一・って生意気な若者」

さい-はつ【再発】〔名〕スル ❶おさまっていた病気がもう一度起こること。さいほつ。「一のおそれのある病気」「がんが一する」❷同じような事態がまた発生すること。さいほつ。「事故の一を防止する」「事件が一するのを恐れる」❸《「再発売盤」の略》前に発売したレコードやCDなどを、同じ原盤を用いて再び発売すること。(類語)再燃・ぶり返す

さい-ばつ【採伐】〔名〕スル 樹木を切り出すこと。伐採。「杉を一する」

ざい-ばつ【財閥】❶第二次大戦前の日本で、コンツェルンの形態をとり、同族の閉鎖的な所有・支配のもとに、持株会社を中核として多角的経営を行っていた独占的巨大企業集団。三井・三菱・住友・安田など。❷金持ちのこと。「別荘があるなんて、君のところは一だね」(類語)金持ち・富豪・金満家・大尽・素封家・成金・長者・物持ち

ざいばつ-かいたい【財閥解体】第二次大戦後、連合国軍最高司令官の指令に基づいて行われた日本の財閥の解体措置。

さい-はっけん【再発見】〔名〕スル それまで気付かなかったそのもののよさを、あらためて認識すること。「日本文化を一する」

さい-はて【最果て】❶これより先はないという端。特に、陸地や国の中央から最も離れた所。「一の地」❷最もあと。最後。「一の車に侍らむ人は、いかでか疾くは参り侍らむ」〈能因本枕・二五六〉(類語)終点・極地

サイバネティック-アート〖cybernetic art〗1940年代に生まれたサイバネティックス(人工頭脳学)に基づき、作品効果(動き・光・音響など)にさまざまな科学技術の装置を用いる美術。

サイバネティックス〖cybernetics〗生物と機械における制御と通信を統一的に認識し、研究する理論の体系。社会現象にも適用される。第二次大戦後、米国の数学者ノーバート＝ウィーナーが提唱。「舵手だしゅ」の意のギリシャ語に由来する。

さいばら【催馬▽楽】平安初期ごろに成立した歌謡の一。上代の民謡などを外来の唐楽の曲調にのせたもので、笏拍子しゃくびょうし・笙しょう・篳篥ひちりき・竜笛りゅうてき・琵琶・箏そうを伴奏とする。歌詞は律25首、呂りょ36首が残るが、曲は室町時代に廃絶、現在10曲ほど復興。

さい-ばり【▽前張】❶神楽歌の一群で、大前張と小前張とに分かれ、計16曲からなる歌。くだけた民謡的な歌が多い。❷「前張の大口」の略。

さいばり-の-おおくち【▽前張の大口】オオクチ 大口袴おおくちばかまの一種。前側に太い横糸を織り入れた厚い精好せいごうを用いて張りをもたせたもの。公家の童子が半尻の下に着用した。前張。㊀後張しりばりの大口。

さい-はん【再犯】❶再び罪を犯すこと。❷懲役に処せられた者が、その執行を終わり、または執行の免除のあった日から5年以内に罪を犯し、有期懲役に処せられること。刑が加重される。➡初犯 ➡累犯
(類語)累犯・重犯

さい-はん【再版】〔名〕スル 前に出版した図書を同一の紙型や原版を用いて、再び出版すること。また、その図書。「一〇年ぶりに一された辞書」
(類語)復刊・再刊・重版・復刻・翻刻・影印

さい-ばん【裁判】〔名〕スル ❶物事の正・不正を判定すること。「公正に一する」「宗教一」❷裁判所が法的紛争を解決する目的で行う公権的な判断。その形式には判決・決定・命令の3種がある。「一に訴える」「一を受ける」(類語)(❶)裁き・審判・裁定・裁決・断罪/(❷)訴訟・公判・審判・審理

さい-ばん【歳晩】年の暮れ。歳末。年末。(季 冬)「一の月の明さを身にまとひ／汀女」

ざい-はん【在判】〔名〕スル ❶古文書の写しなどで、原本のほうにはここに花押かおうが書かれているということを示す語。ありはん。❷茶の湯で、香合、水指など茶器に、朱漆などで花押や署名が直書してあること。❸花押を書くこと。または印を押すこと。「俊寛がゆるし文、能登守教経のとのかみのりつねと、一して渡さる」〈浄・女護島〉

ざい-はん【在藩】〔名〕スル 江戸時代、大名やその家臣が江戸ではなく自分の藩にいること。多く、在府に対して在国という。

ざい-ばん【在番】❶勤番に当たっていること。❷江戸幕府の軍事職制で、大番が京都二条城・大坂城に、書院番が駿府城に交代で勤務したこと。❸江戸時代、大名の改易の際、他の大名が幕府の命令で無主となった城地を守ったこと。

さいばん-いん【裁判員】ヰン ❶裁判員制度において、国民から選出され刑事裁判に参加する人。(補説)衆議院選挙の選挙人名簿を使用して無作為に選ばれた候補者の中から、裁判所の選任手続きを経て選任される。原則的に辞退できないが、70歳以上の高齢者や学生のほか、重い病気やけが、育児・介護など家庭の事情、妊娠や出産への立ち会い、事業に著しい損害を生じるおそれがある、など一定のやむを得ない理由がある場合は辞退可能。裁判員は6名が選ばれ、法廷では裁判官の左右に3名ずつ座り、被告や証人に直接質問することもできる。審理後、別室で裁判官とともに評議し、有罪・無罪、および量刑を判断する。意見が分かれた場合は多数決で決めるが、裁判官・裁判員各1名以上の賛成が必要。守秘義務があり、他の裁判員の氏名や評議の内容を明かすことは禁じられる。違反すると6か月以下の懲役または50万円以下の罰金を科せられる。❷弾劾裁判所で裁判を行う国会議員。衆参両院で、それぞれ議員の中から選挙により7名ずつ計14名が選任される。裁判長は裁判員の互選により選任される。

さいばんいん-さいばん【裁判員裁判】サイバンヰン 裁判員制度に基づき、市民が裁判員として参加して行われる裁判。地方裁判所で行われる刑事裁判のうち、殺人・身代金目的誘拐など、重大な犯罪事件を扱うものが対象となる。通常は、裁判員6名と裁判官3名の組み合わせで審理が進められる。

さいばんいん-せいど【裁判員制度】サイバンヰン 衆議院議員の選挙人名簿の中から無作為に選ばれた候補者から、裁判所の選任手続きを経て選出された裁判員が、刑事裁判に参加し、裁判官とともに無罪・有罪を決め、有罪の場合は量刑を行う日本の裁判制度。平成21年(2009)5月21日施行。地方裁判所で審理する、死刑または無期懲役・禁錮にあたる重大な犯罪(殺人・傷害致死・危険運転致死など)に適用。事件ごとに6名の裁判員が選任され、3名の裁判官とともに公判を担当する。➡裁判員 (補説)市民が裁判に参加する制度として、諸外国では陪審制度と参審制度がある。陪審制度は英国・米国などで採用され、事件ごとに無作為に選任される陪審員のみで有罪・無罪の判断を行い、量刑は裁判官が行う。参審制度はドイツ・フランス・イタリアなどで採用され、任期制で選ばれた参審員が、裁判官と共同で有罪・無罪および量刑の判断を行う。日本の裁判員制度は、裁判員が事件ごとに無作為に選任される点では陪審制度に近いが、裁判員が裁判官と共同で犯罪事実の認定と量刑を行う点では参審制度に近い。

さいばんいん-ほう【裁判員法】サイバンヰンハフ《「裁判員の参加する刑事裁判に関する法律」の通称》一定の重大な刑事事件の裁判に国民が参加して裁判官とと

もに審理や評議を行う裁判員制度について定めた法律。国民に身近で利用しやすい司法制度を実現するために平成11年(1999)から始まった司法制度改革の一つとして、同16年に成立、同21年に施行。

さいばんがい-ふんそうかいけつてつづき【裁判外紛争解決手続(き)】サイバングワイフンサウカイケツてつづき 調停・仲裁・斡旋など訴訟を起こさずに、中立的な第三者が介入して紛争を解決する方法。裁判所による民事調停や弁護士会、業界団体による解決策の提案など。裁判外紛争処理。代替的紛争解決。ADR(Alternative Dispute Resolution)。

さいばんがい-ふんそうしょり【裁判外紛争処理】サイバングワイフンサウシヨリ ▻裁判外紛争解決手続き

さいばん-かん【裁判官】ークワン 裁判所の構成員として裁判事務を担当する国家公務員。最高裁判所長官・最高裁判所判事・高等裁判所長官・判事・判事補・簡易裁判所判事の6種がある。憲法と法律にのみ拘束され、良心に従い独立してその職権を行う。

さいばん-かんかつ【裁判管轄】ークワンカツ ❶複数の裁判所間での裁判権の分掌に関する定め。❷国際法上、条約によって国際裁判所が取り扱うことができるとされる範囲。

さいばんかん-そついいんかい【裁判官訴追委員会】サイバンクワンソツイヰヰンクワイ 職務上の義務違反や非行による裁判官の罷免の訴追を行う機関。衆参両議院の議員各10名の委員で組織される。訴追委員会。➡弾劾裁判所

さいばんかん-だんがいさいばんしょ【裁判官弾劾裁判所】サイバンクワンー ▻弾劾裁判所

さいばんかんだんがい-ほう【裁判官弾劾法】サイバンクワンダンガイハフ 裁判官の弾劾について、罷免の理由、訴追および裁判の手続きなどを定めている法律。昭和22年(1947)施行。

さいばん-きはん【裁判規範】裁判の基準となる法規範。➡行為規範

さいばん-けん【裁判権】国家の統治権の一作用としての司法権。国家から裁判所に与えられる、各種の裁判を行う権限。

さいばん-ざた【裁判沙汰】裁判所に訴え、訴訟事件として争うこと。「争いが―になる」

さいばん-しょ【裁判所】司法権を行使する国家機関。具体的事件について公権的な判断を下す権限をもつ。最高裁判所、および下級裁判所の高等・地方・家庭・簡易の各裁判所がある。

さいばん-しょ【裁判書】刑事訴訟で、裁判の内容を記載した文書。判決書・決定書・命令書に分かれる。民事訴訟では裁判の原本という。

さいばんしょ-こうせいほう【裁判所構成法】ーコウセイハフ 明治憲法下で、裁判所の組織や裁判官の身分に関する事柄を定めていた法律。昭和22年(1947)裁判所法の制定により廃止。

さいばんしょ-しょきかん【裁判所書記官】ーシヨキクワン 裁判所において、主として調書の作成や訴訟記録の保管・送達など裁判に関する補助事務を行う職員。

さいばんしょ-ちょうさかん【裁判所調査官】ーテウサクワン 最高裁判所・高等裁判所・地方裁判所に置かれる特別職の職員。裁判官の命令を受けて事件の審理および裁判に関して必要な調査を行う。なお、家庭裁判所には家庭裁判所調査官が置かれる。

さいばんしょ-ほう【裁判所法】ーハフ 裁判所の組織に関する基本的な法律。旧裁判所構成法に代わり、昭和22年(1947)日本国憲法と同時に施行。

さいはん-せい【再販制】▻再販売価格維持契約

さいばん-せき【裁判籍】民事訴訟で、裁判を受ける側からみた裁判所の土地管轄。

さいばん-ちょう【裁判長】ーチヤウ 合議制の裁判所を代表する裁判官。法廷で、訴訟・審問を指揮し、判決の言い渡しなどをする。

サイパン-とう【サイパン島】ータウ《Saipan》太平洋マリアナ諸島に属する島。ドイツ領から日本委任統治領となり、太平洋戦争中は日米の激戦地で、米軍B-29の基地となった。戦後は米国信託統治領。1986年北マリアナ諸島自治連邦が成立、その主島。

さいはんばいかかくいじ-けいやく【再販売価格維持契約】サイハンバイカカクヰヂー 製造業者などがその商品を販売する卸売業者や小売業者に対して顧客への販売価格を指定し、これを維持させる契約。日本では、著作物および公正取引委員会によって指定された商品に限り、認められている。再販契約。再販制。

さいばん-りえん【裁判離縁】法定の離縁原因(悪意の遺棄、養子の3年以上の生死不明、その他縁組を継続しがたい重大な事由)に基づき、養子または養親が離縁の訴えを起こし、判決によって養子縁組を解消すること。➡協議離縁

さいばん-りこん【裁判離婚】法定の離婚原因(不貞な行為、悪意の遺棄、3年以上の生死不明、不治の精神障害、その他婚姻を継続しがたい重大な事由)に基づき、夫婦の一方から他方に対して離婚の訴えを起こし、判決によって婚姻を解消すること。➡協議離婚

さい-ひ【×柴扉】❶しばでつくったとびら。しばの戸。柴門(さいもん)。❷わびしい住居。わびずまい。

さい-ひ【採否】採用するかしないかということ。採用と不採用。「志願者の―を決定する」

さい-ひ【×犀皮】❶サイの皮。❷「犀皮塗り」の略。

さい-ひ【歳費】❶1年間の費用。❷国庫から国会議員に支給される1年間の給与。

さい-び【細微】〘名・形動〙❶非常に細かいこと。また、そのさま。微細。「―な点まで観察する」❷身分が卑しいこと。微賤。(類語)微細・微小・細密・緻密(ちみつ)・密・細か・細かい・小さい

ざい-ひ【在否】いるかいないかということ。在宅と不在。「―を確かめる」

さい-ひつ【才筆】うまい文章。また、文章を書く才能。文才。「―を振るう」
(類語)名文・麗筆・美文・雅文・達文

さい-ひつ【彩筆】❶色を塗るのに用いる筆。❷美しい筆。転じて、美しく彩られた絵や文章。

さい-ひつ【細筆】〘名〙スル ❶細字用の穂の細い筆。ほそふで。❷字を細かく書くこと。細書。❸細かいことまで詳しく書くこと。「事件の状況を―する」

さいひ-ぬり【×犀皮塗(り)】中国の彫漆技法の一。黄・朱・黒の漆を塗り重ね、研ぎ出して斑文(はんもん)を表したものといわれる。

さい-ひょう【砕氷】〘名〙スル 氷を砕くこと。また、その砕かれた氷。

さい-ひょう【細氷】微細な氷の結晶が、大気中をゆっくり降下する現象。非常に温度の低いときに大気中の水蒸気が昇華して起こる。日光に輝いて見えるとき、ダイヤモンドダストという。

さい-ひょう【細評】ーヒヤウ〘名〙スル 詳しく批評すること。また、その批評。「弟子の作品を―する」

さい-ひょうか【再評価】ーヒヤウカ〘名〙スル あらためて評価しなおすこと。「健康食として和食が―される」

さいびょう-き【採苗器】サイベウー 養殖に用いるため、カキなど貝類の幼生やノリの胞子を付着させて採取する道具。

さいひょう-せん【砕氷船】氷海の氷を砕きながら航行できるように設計された船。日本では南極航海で宗谷、次いでふじ、しらせが活躍した。(季冬)「鬩(げき)として―も横はる/碧梧桐」

さいび-るい【×鰓尾類】鰓尾目の甲殻類の総称。魚に外部寄生して血液を吸収する。チョウなど約100種が知られる。

さいひん-ち【最頻値】統計資料の度数分布で、度数が最も多く現れる値。モード。並数(なみすう)。

さい-ふ【宰府】「大宰府(だざいふ)」の略。また、大宰府のあった所。

さい-ふ【財布】金銭を入れて持ち歩く革や布などで作った袋。かねいれ。古くは金袋(かねぶくろ)・銭袋(ぜにぶくろ)とよぶ布製の長方形の袋を用い、ひもでくくって首などから下げたりした。「―と相談して買うかどうか決める」
(類語)蟇口(がまぐち)・札入れ

財布の口を締・める 「財布の紐(ひも)を締める」に同じ。

財布の尻(しり)を押さ・える 「財布の紐(ひも)を握る」に同じ。

財布の底をはた・く 持っている金を全部使ってしまう。「―・いて手に入れた絵」

財布の紐(ひも)が堅(かた)・い 簡単には金を使わない。むだづかいをしない。「庶民の―・くなる」

財布の紐(ひも)が長・い なかなか財布から金を出さない意で、けちで金を出し渋ること。

財布の紐(ひも)が緩(ゆる)・む 必要以上に金を使う。むだ遣いをする。「甘い物の店の前ではつい―・む」

財布の紐(ひも)を頸(くび)に懸けるよりは心に懸けよ 金銭を盗まれないように注意するよりは、むだ遣いをしないように気を付けよ。

財布の紐(ひも)を締・める むだな金を使わないようにする。倹約する。財布の口を締める。

財布の紐(ひも)を握・る 金銭の出し入れの権限を握る。財布の尻を押さえる。「女房が―・っている」

財布の紐(ひも)を緩(ゆる)・める いつもより金を多く使う。浪費する。「海外に行くと、―・めてしまう」

さい-ふ【採譜】〘名〙スル 楽譜に書かれていない曲を楽譜に書き取ること。「各地の民謡を―して回る」

さい-ふ【細布】❶綿織物の一種。縦横ともに細い糸で細かく平織りにしたもの。シーツ・家具カバーなどに使う。❷奈良・平安時代、細い麻糸などで織った上質の布。

さい-ふ【割符】中世、遠隔地へ送金するために組んだ為替手形。わりふ。切符(きりふ)。

さい-ぶ【細部】細かい部分。「―にわたる説明」
(類語)ディテール・細目・詳細・枝葉(えだは)・枝葉(しよう)・末節・枝葉末節(しようまっせつ)

ざい-ふ【在府】江戸時代、大名やその家臣が江戸で勤務すること。江戸詰め。➡在国

サイフェルト〘Jaroslav Seifert〙[1901〜1986]チェコの詩人。プラハ生まれ。プロレタリア詩から出発し、両大戦間期には前衛芸術運動に参加した。1968年のソ連軍のチェコ占領に抗議するなど、反体制の詩人として知られる。84年ノーベル文学賞受賞。詩集「涙の中の町」「お母さん」「無線通信の電波に乗って」、回想記「この世の美しきものすべて」。

ザイフェン〘Seiffen〙ドイツ東部、ザクセン州、エルツ山脈中部の村。チェコとの国境近くに位置する。1949年から90年まで旧東ドイツに属した。15世紀に始まった錫(すず)鉱山の採掘により発展。鉱山の廃鉱後、鉱山労働者の副業だった木製玩具の製作で知られるようになった。現在も多数の玩具工房のほか、玩具博物館がある。

サイフォン〘siphon〙▻サイホン

サイフォン-の-げんり【サイフォンの原理】▻サイホン❶

さい-ふく【祭服】❶祭祀(さいし)のときに神官たちが着る衣服。日本の神社では、ふつう衣冠を用いる。❷天皇が神事のときに着用する帛(はく)の御衣(おんぞ)。❸キリスト教で、ミサのときに司祭などが着る服。

さい-ふく【斎服】❶物忌みのときに着る服。❷神事のときに奉仕者が着用する白の袍(ほう)。

さい-ぶく【×摧伏】《「ざいふく」とも》打ちくじいて屈伏させること。「―の形を現じて、専ら勝軍の利を施し給ふ事は」〈太平記・二九〉

さいふく-じ【西福寺】福井県敦賀市にある浄土宗の寺。山号は大原山。開創は正平23＝応安元年(1368)、開山は良如。北陸地方における浄土宗の中心寺院。寺宝に古写経・西福寺文書などがある。

さいふ-じり【財布尻】財布の底。また、財布の中に残った金銭。「まして―を握っていて見れば」〈紅葉・二人女房〉

さい-ぶつ【才物】才能のある人物。才子。才人。
(類語)才子・才人・知恵者・英才・秀才・俊才・天才・俊英・偉才・奇才・鬼才・才女・才媛・異能

ざい-ぶつ【財物】❶金銭と品物。財貨。たから。ざいもつ。「―を蓄える」❷刑法上、窃盗・強盗・詐欺・恐喝・横領などの財産犯の客体となるもの。
(類語)宝・宝物・財宝・財貨

サイプラス〘Cyprus〙キプロスの英語名。

ざい-ふり【▽采振り】❶采配を振る人。指図する人。❷「采振木」の略。

ざいふり-ぼく【▽采振木】バラ科の落葉小高木。本州中部以西の山地に生え、高さ3〜5メートル。葉は楕円形で長い柄をもつ。春、枝の先に白い5弁花を密につける。名は花の集まりが采配に見えることに由来。四手桜。四手柳。

サイプレス〖cypress〗イトスギのこと。

さい-ぶん【祭文】▶さいもん(祭文)

さい-ぶん【細分】〔名〕スル 細かく分けること。「役割を一する」「一化」

ざい-べい【在米】〔名〕スル 他国の人がアメリカに滞在、または居住していること。「長年一している娘」

さい-べつ【細別】〔名〕スル 細かく区別すること。また、区別したもの。「各項目に一する」

さい-ヘルニア【×臍ヘルニア】へその部分に起こったヘルニア。へその部分に腸などが入り込んでとび出した状態。小児では生後3か月くらいに起こることが多く、ふつう、ひとりでに治る。

さい-へん【再変】〔名〕スル 一度変わった物事が再び変わること。また、変えること。「容態が一する」

さい-へん【再編】〔名〕スル 新たに編成または編集しなおすこと。再編成。「審議会を一する」

さい-へん【災変】天災地変。自然界の災い。

さい-へん【砕片】砕けたかけら。破片。

さい-へん【細片】こまかいかけら。「ガラスの一」

さい-べん【才弁｜才×辯】才気にあふれた弁舌。

さい-へんせい【再編成】〔名〕スル 現在の編成を崩して組み直すこと。「チームを一する」

さい-ほ【宰×輔】天子を助けて政治を行う者。宰相。「一の職に任ぜられし時」〈中村訳・西国立志編〉

さい-ほ【採捕】〔名〕スル 自然界の動植物をとること。「ウナギの稚魚を一して養殖する」

さい-ほ【菜×圃】野菜をつくる畑。菜園。「一あり草花野菜を種植す」〈村田文夫・西洋聞見録〉

さい-ぼ【歳暮】❶年の暮れ。年末。歳末。せいぼ。❷歳末の贈り物。せいぼ。「暑気見舞いや一などと云って」〈鉄腸・花間鶯〉

さい-ほう【才×鋒】ほこさきのように鋭い才気。

さい-ほう【再訪】〔名〕スル 再び訪れること。もう一度訪問すること。「旧遊の地を一する」

さい-ほう【西方】❶西の方。せいほう。❷「西方浄土」の略。

西方を誦ず・す 西方浄土に往生することを願って、念仏を唱える。

さいほう【財宝】《「ざいほう」とも》狂言。和泉流では「才宝」。成人した三人の孫が、祖父の財宝の所に名を付けてもらいに行き、それぞれ面白い名をもらい、めでたく舞いはやす。

さい-ほう【採訪】〔名〕スル《「さいぼう」とも》歴史や民俗などの資料を集めるため、ある地方や社寺などを訪ねること。「飛騨を一する」

さい-ほう【細報】詳しく知らせること。また、その知らせ。詳報。

さい-ほう【裁縫】〔名〕スル 布地を裁って衣服などに縫いあげること。針仕事。お針。「一箱」類語 縫い物・仕立て・針仕事・繕い物・縫う・綴る・綴じる・縢る・絎ける・まつる・仕付ける・縫製する・縫い込む

さい-ぼう【才望】才能と人望。才知のほまれ。

さい-ぼう【×尖棒｜▽撮棒｜▽材棒】《「さきぼう」の音変化》ヒイラギなどで作った災難よけの棒。また、武器として用いる堅木の棒。「ただ大きなる一ばかり持ちたる」〈著聞集・一二〉➡鉄尖棒

さい-ぼう【細胞】《「さいほう」とも》❶生物体を構成する形態上・機能上の基本単位。真核細胞と原核細胞がある。真核細胞ではふつう1個の核があり、核膜によって細胞質と分けられ、細胞質は細胞膜でおおわれる。植物細胞ではその外側にさらに細胞壁をもつ。細胞質中にはミトコンドリア・小胞体・ゴルジ体などがあり、植物細胞ではさらに葉緑体と液胞を含むことが多い。❷共産党などが、職場・地域などを単位にして設けた党員の末端組織の旧称。

ざい-ほう【財宝】財産や宝物。財産となる価値の高い物品。宝物。「金銀一」類語 宝・宝物・財物・財貨

財宝は地獄の家苞 財宝はいくら多くためても、地獄に行くときのみやげになるにすぎない。

ざい-ほう【罪報】仏語。罪のむくい。

さいほう-あみだ【西方阿弥陀】西方浄土の教主である阿弥陀如来。

さいほう-あんらくこく【西方安楽国】「西方浄土」に同じ。

さいぼう-いでんがく【細胞遺伝学】染色体の構造や数の変化などと遺伝形質との関連性から遺伝の機構を研究する学問。

さいぼう-うんどう【細胞運動】細胞の示す運動の総称。アメーバ運動、繊毛運動、鞭毛運動、原形質流動や、平滑筋・横紋筋の収縮運動など。

さいぼう-えき【細胞液】植物細胞の液胞をみたす液。塩類・糖・有機酸のほか色素・タンニン・アルカロイドなどが溶けており、ふつう弱酸性を呈する。

さいぼうがい-しょうか【細胞外消化】消化管内での消化。細胞内消化に対していう。

さいぼう-かく【細胞核】真核細胞にふつう1個ある球形の構造物。核膜に包まれ、核液、染色質、1ないし数個の仁からなる。細胞分裂のさいには核膜と仁が消失し、染色質は染色糸の状態を経て染色体になる。核。

さいぼう-がく【細胞学】細胞の形態を生理・成長・分化・遺伝・進化との関連において研究する学問。

さいぼう-かんげき【細胞間隙】植物の組織を構成する細胞と細胞との間に、成長に伴ってできるすきま。葉の海綿状組織、水生植物の葉柄の通気組織などにみられる。

さいぼうかん-ぶっしつ【細胞間物質】主に動物の組織において、細胞と細胞との間をみたす物質。細胞をつなぐ役をする。

さいほう-ぎょうじゃ【西方行者】西方浄土に往生することを願って念仏する者。

さいぼうけんさ-し【細胞検査士】顕微鏡を使って悪性細胞(癌細胞)の有無を調べる技師。CT(cytotechnologist)。

さいぼう-こうがく【細胞工学】培養した細胞を用い、細胞融合やDNA注入などの人工的な操作をし、細胞に有用物質を生産させたり新品種を得たりする技術。

さいぼう-こきゅう【細胞呼吸】細胞が、外部から取り入れた酸素や酸素以外の酸化剤によって、養分を分解してエネルギーを発生させる現象。内呼吸。組織内呼吸。

さいほう-ごくらく【西方極楽】「西方浄土」に同じ。

さいほう-じ【西芳寺】京都市西京区にある臨済宗天竜寺派の寺。山号は洪隠山。天平年間(729〜749)行基の開創と伝え、初め西方寺と称した。鎌倉時代には浄土宗寺院であったが、延元4＝暦応2年(1339)夢窓疎石が復興、禅寺とし、寺号も改めた。庭園は苔が密生する枯れ山水で、苔寺の通称がある。平成6年(1994)「古都京都の文化財」の一つとして世界遺産(文化遺産)に登録された。

さいぼう-しつ【細胞質】細胞で、核を除いた部分。細胞小器官や顆粒が存在する。

さいぼうしつ-いでん【細胞質遺伝】細胞質に存在する遺伝因子(核外遺伝子)によって、親の形質が子に伝わること。母性遺伝の一つ。受精の際に精子の細胞質はほとんど失われるため、母親の形質だけが遺伝する。原因となる遺伝子は、細胞核ではなく、ミトコンドリアや葉緑体など細胞質内の小器官に含まれているため、メンデルの法則には従わない。染色体外遺伝。核外遺伝。➡非メンデル遺伝

さいほう-じゅうまんおくど【西方十万億土】「西方浄土」に同じ。

さいぼう-しょうきかん【細胞小器官】細胞内にある、原形質の一部が特殊に分化した構造物の総称。核・ミトコンドリア・小胞体・ゴルジ体など。オルガネラ。

さいほう-じょうど【西方浄土】阿弥陀如来を教主とする西方の浄土。人間界から西方に十万億の仏土を隔てた所にあるという。極楽浄土。西方極楽。西方世界。

さいほうじょうど-さんぶきょう【西方浄土三部経】西方浄土の功徳を讃えた3部の重要な経。阿弥陀経・無量寿経・観無量寿経のこと。

さいぼう-しん【細胞診】癌細胞などを発見するため、喀痰・胃液などの組織分泌物を顕微鏡で検査して行う診断法。

さいぼうせい-めんえき【細胞性免疫】体内に抗原が入ると、主にT細胞が増殖・活性化されて直接に抗原と特異的に反応する免疫。癌細胞の溶解、臓器移植の拒絶反応など。➡液性免疫

さいほう-せかい【西方世界】「西方浄土」に同じ。

さい-ほうそう【再放送】〔名〕スル ラジオ・テレビで、一度放送した番組を再度放送すること。

さいぼう-そしき【細胞組織】基本単位である小団体の活動によって成員を獲得すると、それをさらに小団体に分けて、しだいに拡大していく組織。

さいぼうない-しょうか【細胞内消化】細胞内に直接食物を取り込んで消化すること。白血球・マクロファージや、アメーバ、海綿動物の変形細胞、腔腸動物の上皮細胞などでみられる。

さいほう-ねんぶつ【西方念仏】西方浄土に往生することを願って、阿弥陀仏を念ずること。

さいほう-の-おしえ【西方の教え】❶西方の天竺(インド)から伝来した教え。すなわち、仏教。❷西方浄土に往生することを勧める教え。浄土教。

さいぼう-ばいよう【細胞培養】多細胞生物の器官・組織片から分離した細胞を培養液中で増殖させること。組織培養の一種。

さいぼうばいよう-ワクチン【細胞培養ワクチン】細胞培養によって製造されたワクチン。哺乳動物や昆虫の細胞を使って、ワクチンの製造に必要なウイルスを培養する。大量のワクチンを短期間に製造できるため、インフルエンザの大流行に備えて製造施設の整備が進められている。補説 インフルエンザワクチンの製造過程では通常、ウイルスを培養するためにニワトリの有精卵を使うが、インフルエンザの大流行が発生した場合、鶏卵の供給が不足すると、必要なワクチンを早急に製造できない可能性がある。細胞培養法の場合、培養に必要な細胞を凍結保存しておけるため、短期間に大量のワクチンを生産できる。麻疹風疹混合ワクチン、水痘ワクチン、日本脳炎ワクチンなどは細胞培養法で製造されており、細胞培養インフルエンザワクチンの開発・事業化が進められている(平成24年7月現在)。

さいぼう-ぶんれつ【細胞分裂】細胞の増殖方法で、1個の母細胞から2個以上の娘細胞に分かれる現象。核分裂とそれに続く細胞質の分裂からなる。分裂のしかたには有糸分裂と無糸分裂とがあり、有糸分裂には減数分裂と体細胞分裂とがある。

さいぼう-へき【細胞壁】植物細胞の最も外側の、主にセルロース・ペクチンからなる丈夫な膜。後形質からなり、成長する組織では長く伸びる。

さいぼう-まく【細胞膜】細胞質を取り囲む膜。燐脂質とたんぱく質からなり、選択透過性をもつ。原形質膜。

さいぼう-ゆうごう【細胞融合】同種あるいは異種の2個以上の細胞が融合し、両方の核が合体して染色体がまざり合い、新しい1個の細胞が形成されること。受精時の生殖細胞などでみられる。人為的には細胞膜溶解酵素を作用させて雑種細胞をつくり品種改良などに利用。

サイボーグ〖cyborg〗宇宙空間や海底などの特殊な環境に順応できるように、人工臓器でからだの一部を改造した人間。改造人間。

さい-ぼく【砕木】木材をすりくだくこと。

さい-ぼく【彩墨】彩色絵と墨絵。

さいぼく-き【砕木機】木材を大形の回転砥石といしに押し付け、水を注ぎながらすりつぶし、繊維をかゆ状にしてパルプにする機械。
さいぼく-パルプ【砕木パルプ】木材を砕木機にかけて作ったパルプ。エゾマツ・トドマツ・アカマツなどを原料とし、新聞用紙や下級印刷用紙の製造に用いる。グラウンドパルプ。
さい-ほけん【再保険】保険者が保険契約によって引き受けた責任の一部または全部を、さらに他の保険者に引き受けさせることを目的とする保険。危険分散の方法の一つとして行われる。
さいほけん-せんもんがいしゃ【再保険専門会社】一般の顧客向けの保険事業は行わず、保険会社を相手とする再保険事業を専門に行う会社。➡再保険プール
さいほけん-プール【再保険プール】多数の保険会社がそれぞれ引き受けた保険契約の全部または一部をプールしておき、それを個々の加盟会社の引き受け能力や実績などを考慮して再配分し、共同で再保険を引き受ける方式。➡再保険専門会社
さい-ほつ【再発】〔名〕スル「さいはつ(再発)」に同じ。「例の嫂あによめ事件を—させては大変だと考えた」〈漱石・行人〉
さい-ほっそく【再発足】〔名〕スル 解散または中止したものを、もう一度始めること。「会を—させる」
ざい-ほり【ざい掘り】《「ざい」は氷の意》雪国で行われる漁法の一。冬、池や沼の氷を割り、水中に多量の雪を投入してかき回し、混乱した魚が浮上したところをとる。ざいくぐり。
サイホン〖siphon〗《「サイフォン」とも》❶液体を一度高い所に上げてはじめの位置より低いところに移す、隙間の無い曲がった管。❷水蒸気の膨張や収縮の力を利用して湯を上下させてコーヒーを入れる方式の、ガラス製のコーヒー沸かし。❸家庭で炭酸水を作るための、小さな炭酸ガスボンベを取り付けた水さし。ソーダサイホン。
ざい-ほん【財本】財産と資本。「一般人民の—の増殖に連れて」〈田口・日本開化小史〉
サイホン-の-げんり【サイホンの原理】大気圧を利用し、管を使って液体を高い位置に持ち上げ移動させるメカニズム。始点と終点における液面の高さの差が重力による位置エネルギーの差となり、液体が管内を移動する。管内に真空が生じると液体を移すことができない。水の場合、1気圧の下で最高10メートルの高さまで上げることができる。
さい-まい【砕米】精米の過程などで、細かく砕けてしまった米粒。くだけまい。
ざい-まい【在米】現在、倉庫や問屋などにある米。
さい-まき　クルマエビの別名。特に小形のものをいう。さやまき。
さい-まぐ・る【▽先まぐる】《「さきまぐる」の音変化。「さいまくる」とも》㊀〔動ラ四〕先回りして事をなす。差し出がましく振る舞う。でしゃばる。「物語するに、さし出でして我ひとり—・る者」〈枕・二八〉㊁〔動ラ下二〕㊀に同じ。「さすがなるさかしら心の、際高く—・れたるやうなる」〈浜松・二〉
さい-まつ【細末】❶物事の細かいこと。こまごまとしていること。❷細かい粉。粉末。「赤ちゃけた花崗岩の—が」〈中勘助・銀の匙〉
さい-まつ【割松】《「さきまつ」の音変化》松明たいまつ。「御前の御—灯ともしたる兵衛の尉」〈宇津保・祭の使〉
さい-まつ【歳末】年の暮れ。年末。歳晩。「—大売り出し」㊀冬㊁「行人に—の街楽変り/汀女」
㊞年末・暮れ・年の暮れ・年の瀬・歳暮・節季
さいまつ-しょうせん【歳末商戦】年の暮れに行われる商売上の競争。年末商戦。
サイマル《simultaneousから》同時であること。「—放送」
サイマルキャスト〖simulcast〗▶サイマル放送
サイマル-しゅっぱん【サイマル出版】印刷物の書籍と電子書籍を同時に刊行すること。
サイマル-ほうそう【サイマル放送】《simultaneous broadcasting》同じ時間帯に同じ番組を異なるチャンネル・放送方式・放送媒体などで放送すること。テレビ・ラジオ、AM・FM、地上デジタルテレビ放送・衛星放送・ワンセグ放送などの組み合わせがある。インターネットなどのIPネットワーク上で電波による放送と同内容のものを配信する場合は、IPサイマル放送と呼ばれる。並行放送。サイマルキャスト。
サイマルラジオ〖SimulRadio〗IPサイマル放送の一。日本各地のコミュニティーFM局が放送する番組を、インターネットを通じて同じ時間帯に配信するサービス。また、そのサービスを行うウェブサイトの名称。通常の大手放送局より出力の小さい、市町村単位の小規模なFMラジオ放送を聴取できる。
さいみ【貲＝布｜細＝布】《「さよみ」の音変化》織り目の粗い麻布。夏衣や蚊帳かやなどに用いた。「財宝豊かなりけれども、衣裳には—の直垂ひたたれ」〈太平記・三五〉
さいみ-だけ【細見竹】江戸時代の検地用具の一。頭部に藁わらの束をつけた竹ざおで、測量する耕地の四隅に立てて目標とした。
さい-みつ【細密】〔名・形動〕きわめて細かい所まで行き届いていること。また、そのさま。緻密ちみつ。「—な描写」「—に調査する」
㊞細かい・綿密・精密・緻密・密・詳密・厳密
さいみつ-が【細密画】❶対象を細部まで緻密ちみつに描いた絵画。❷▶ミニアチュール❷
さいみつ-こうぞう【最密構造】▶最密充填構造
さいみつじゅうてん-こうぞう【最密充填構造】同一の大きさの剛球体を最も密に配列できる空間構造。結晶や分子配列にみられ、等軸晶系(立方晶系)と六方晶系の2種の構造がある。最密構造。最密パッキング。
さいみつ-パッキング【最密パッキング】▶最密充填構造
ざい-みょう【在名】❶在所の名。ざいめい。❷住む土地の名をとってつけた名前。ざいめい。「『わたくしが住みかが、粟田口と申すによって、あはた口と申しまする』『ふん、さては是は—でおぢゃるの』」〈狂言記・粟田口〉
さいみょう-じ【西明寺】京都市右京区にある真言宗大覚寺派の準別格本山。山号は槙尾山。開創は天長9年(832)、開山は智泉。建治年間(1275〜1278)に自性上人が再興。現在の諸堂は元禄12年(1699)に徳川綱吉の生母桂昌院が寄進したものという。
さいみょう-じ【最明寺】神奈川県鎌倉市山ノ内にあった寺。北条時頼が創建し、出家隠棲いんせいした所。現在は塔頭たっちゅうの明月院のみが残る。
さい-みん【災民】地震や大火などの被害にあった人々。罹災者。被災者。
さい-みん【済民】苦しんでいる人々を救済すること。救民。「経世—」㊞救援・救助・救難・救急・救命・救済・救世・救国・救民・済世・慈善・助ける
さい-みん【細民】下層階級の人々。貧しい人たち。「市井の—」「—街」
さい-みん【催眠】眠くなること。また、薬や暗示などにより人為的に眠けを催させたり睡眠に似た状態にすること。
ざい-みん【在民】人民の側にあること。国民がもっていること。「主権—」
さいみん-くつ【細民窟】貧しい人々の集まり住む地域。貧民窟。スラム。
さいみん-ざい【催眠剤】「催眠薬」に同じ。
さいみん-じゅつ【催眠術】暗示をかけて催眠状態に引き入れる技術。催眠療法など心理療法として病気の治療や精神病理の研究などに利用される。
さいみん-しょうほう【催眠商法】商品を格安で、またはただでやると言って一室に人を集め、言葉巧みに雰囲気を盛り上げて買わなければ損という気になったところで高額商品を売りつける悪徳商法。SF商法。
さいみん-ちんせいざい【催眠鎮静剤】▶催眠薬
ざいみんぶのきょうけうたあわせ【在民部卿家歌合】現存最古の歌合わせ。在原行平が民部卿であった元慶8年(884)から仁和3年(887)にかけて催されたもの。「郭公ほととぎす」「あはぬ恋」の2題12番。
さいみん-やく【催眠薬】眠りを誘発する薬。不眠症の治療に用いる。20世紀半ばまでブロム剤やバルビツール酸系の薬剤が使用されていたが、中毒や依存などの問題があり、1960年代以降は抗不安薬のベンゾジアゼピン系の薬剤が広く使われている。トリアゾラムはベンゾジアゼピン系催眠剤の一つ。眠り薬。睡眠薬。睡眠導入剤。睡眠障害改善剤。催眠剤。催眠鎮静剤。入眠剤。
さいみん-りょうほう【催眠療法】患者を催眠状態にして行う心理療法。暗示をかけて治療を行ったり、深層に隠れている原因を探ったりする。
さい-む【細務】ささいな事務。こまかいつとめ。
さい-む【債務】特定人(債務者)が他の特定人(債権者)に対して、一定の行為(給付)をすることを内容とする義務。金銭を借りた者が貸し手に対して、その返還をしなければならない義務など。⇔債権。
㊞借り・負債・借金・借財・借款・ローン
ざい-む【財務】財政に関する事務。
ざいむかいけいきじゅん-しんぎかい【財務会計基準審議会】▶エフ-エー-エス-ビー(FASB)
ざいむ-かん【財務官】財務省で、官房や各部局の事務に関係する渉外事務の総轄を行う職員。
ざいむ-きょく【財務局】財務省の総合的な出先機関として、地域の財政・国有財産に関連する業務および地域経済の調査などを行う、同省の地方支分部局の一。全国に9つの財務局(北海道・東北・関東・北陸・東海・近畿・中国・四国・九州)と1つの財務支局(福岡)が設置されている。福岡財務支局は福岡・長崎・佐賀の3県、九州財務局は熊本・大分・宮崎・鹿児島の4県を所管。沖縄では内閣府の沖縄総合事務局財務部が同様の業務を行う。
さいむ-こく【債務国】債務が債権よりも大きい国。他国に支払う金額が、受け取る金額よりも多い国。⇔債権国。
さいむしぜんほご-スワップ【債務自然保護スワップ】▶デット-フォー-ネーチャー-スワップ
さいむ-しゃ【債務者】特定人(債権者)に対して、一定の給付をなすべき義務を負う者。⇔債権者。
ざいむ-しょう【財務省】国の行政機関の一。財政、税制、税関業務、国庫管理、通貨、外国為替、ならびに造幣事業に関する行政事務を担当する。平成13年(2001)に大蔵省を改組して発足。外局として国税庁を置く。
ざいむしょう-しょうけん【財務省証券】国庫金の一時的不足を補うため発行される証券。その年度の歳入での償還が必要であり、発行の最高額については毎会計年度、国会の議決を要する。㊟大蔵省の頃からの名残で「蔵券ぞうけん」とも呼ばれる。
ざいむ-しょひょう【財務諸表】企業が株主・債権者・税務当局など利害関係者に対し、一定期間の経営成績や一定時点での財政状態などを報告するために作成する計算書類。貸借対照表(B/S)・損益計算書(P/L)・キャッシュフロー計算書(C/S)・利益金処分計算書・付属明細表などからなる。
ざいむ-だいじん【財務大臣】❶国務大臣の一。財務省の長。財相。❷(比喩的に)財政の実権を握っている人。「我が家の—」
さいむたんぽ-しょうけん【債務担保証券】資産担保証券の一種で、社債やローン(貸出債権)などの資産を証券化したもの。CDO(collateralized debt obligation)。
さいむ-の-かぶしきか【債務の株式化】▶デット-エクイティー-スワップ
さいむふそんざい-かくにん【債務不存在確認】債務者とされる人が、債権者と主張する人に対して、債務が存在しないことを確認するための法的手続

き。債務不存在確認訴訟では、被告(債権者)が債権の存在を証明する必要がある。
さいむ-ふりこう【債務不履行】フリコウ 債務者が正当な事由がないのに債務の本旨に従った履行をしないこと。履行遅滞・履行不能・不完全履行の三つに大別される。デフォルト。
ざいむ-ぶんせき【財務分析】財務諸表に示されている会計数値を分析して企業の経営状態を把握し、問題点を摘出すること。財務諸表分析。
さいむ-めいぎ【債務名義】一定の私法上の給付義務およびこれに対する請求権の存在を証明し、法律によって執行力を付与された公の文書。給付判決・支払い命令・公正証書など。執行名義。
さい-め【際目|▽境目】さかいめ。土地の境界。「甲斐と越後の領分に分けて立てたる一の場所」〈浄・廿四孝〉
さい-めい【才名】才能があるという評判。
ざい-めい【在銘】刀剣・器物などに、その作者の名が記してあること。有銘。⇔無銘。
ざい-めい【罪名】❶殺人罪・放火罪のように、犯罪の種類を表す名称。❷その罪を犯したといううわさ。「一をすすぐ」
さいめい-てんのう【斉明天皇】ーテンワウ［594～661］第37代天皇。女帝。在位655～661。皇極天皇の重祚ちょうそ。大化の改新後、蝦夷えぞ征討軍を派遣。百済くだら救援のため自ら九州に赴き、その地で病没。
サイメックス〖SIMEX〗《Singapore International Monetary Exchange》シンガポール国際金融取引所。アジアにおける初めての金融先物取引所で1984年9月取引開始。99年、シンガポール証券取引所(SES)と合併しシンガポール取引所(SGX)となる。
さいめ-ろん【際目論】田や畑などの、土地の境界の争い。
さい-めん【西面】❶西に向かうこと。西向き。せいめん。❷「西面の武士」の略。
さいめん-の-ぶし【西面の武士】後鳥羽上皇の時、北面の武士に加えて置かれ、院の西に勤務した武士。院中の警固、盗賊の追捕ついぶなどに当たった。承久の乱後廃止。西面。にしおもて。➡北面の武士
さいもう-ないひけい【細網内皮系】サイマウー 免疫や食作用など、身体の防衛的な働きをする同一系統の組織。網状に連絡しあうリンパ節・脾臓ひぞう・骨髄・胸腺・肝臓などの細網組織系と、リンパ管・静脈血管の内面を覆う内皮細胞とからなる。
さい-もく【細目】細かい点について規定してある項目。「規則の一を定める」
〔類語〕種目・条項・条目・品目・内訳・細部
ざい-もく【材木】樹木を切り出して建築物・製品材料などに用いられるようにしたもの。ふつう、角板や板の形をしているものをいう。木材。
ざいもく-いわ【材木岩】ーいは 安山石・玄武岩などの火山岩が柱状節理をなして露出し、材木を並べたように見えるもの。兵庫県豊岡市の玄武洞、福井県の東尋坊などにみられる。材木石。
ざいもく-ざ【材木座】中世、営業独占権を認められていた材木商の組合。京都堀川の座、鎌倉の材木座などが有名。
ざいもく-ぶぎょう【材木奉行】ーブギヤウ ❶中世、幕府・寺社などの造営工事の際、材木の調達・管理をつかさどった役。❷江戸幕府の職名。作事奉行のもとで、造営用の材木の調達・管理にあたった。のち、石奉行を兼任し、以後、材木石奉行と称した。
ざいもく-や【材木屋】❶材木を売る店。また、材木の売買を業とする人。❷《「気取る」を「木取る」にかけた俗語で》気取り屋。
ざいもくや-ふう【材木屋風】元禄(1688～1704)ごろに流行した男性の髪形で、頭の後ろに髷まげを細く結ったもの。
さい-もつ【済物】荘園制時代、みつぎものとして納めた地方の産物。せいもつ。なりもの。
さい-もつ【祭物】祭りのとき、神前に供える物。
さい-もつ【×賽物】《「賽」は神仏の恩に報いる意》神仏に祈祷きとう、または礼参りの際に供える物。供物。
ざい-もつ【財物】▶ざいぶつ(財物)
さいもっぽ【済物浦】韓国の仁川インチョンの旧称。
さいもっぽ-じょうやく【済物浦条約】ーデウヤク 1882年の壬午じんごの変の処理のため、済物浦で調印された日本・朝鮮間の条約。朝鮮は、首謀者の処罰、賠償、公使館護衛の軍隊駐留権などを日本に約束した。
さい-もらい【▽幸×貰い|菜×貰い】ーもらひ 地引き網などを引いている所へ行き、少し手伝っただけで分け前として少量の魚をもらうこと。
さい-もん【×柴門】しばを編んでつくった門。また、質素で閑静な住居。柴扉さいひ。
さい-もん【彩文|彩紋】いろどりの美しい文様。また、波状線・弧・円などを組み合わせた精密な幾何学的模様。紙幣・証券などの図案に用いる。
さい-もん【祭文】❶祭りの際に、神にささげる祝詞のりと。中世以降、山伏修験者によって芸能化され、近世には、門付け芸に移っていった。さいぶん。❷歌祭文うたざいもんのこと。❸「祭文語り」の略。➡歌祭文 ➡説経祭文
さいもん-かたり【祭文語り】歌祭文などを語る人。祭文読み。
さいもん-どき【彩文土器】彩色顔料で具象文や幾何学文を描いた素焼きの土器。原始農耕文化の発生とともに発達し、世界各地に分布。彩色土器。➡彩陶
さいもん-ぶし【祭文節】▶歌祭文うたざいもん
さいもん-ふみ【柴門ふみ】［1957～ ］漫画家。徳島の生まれ。本名、弘兼ひろかね準子。若い女性の等身大の恋愛を描き、同世代の支持を得る。作品の多くはテレビドラマ化され、トレンディードラマ流行の一翼を担った。夫は漫画家の弘兼憲史けんし。代表作「東京ラブストーリー」「あすなろ白書」「小早川伸木の恋」など。
さいもん-よみ【祭文読み】▶祭文語り
ざい-や【在野】《田野に住むの意から》❶公職に就かないで民間にいること。「一の人材」⇔在朝。❷与党に対して、野党の立場にあること。「一党」
さい-やく【災厄】災い。災難。「一に見舞われる」
〔類語〕災禍・厄・奇禍・被害・害・禍害・惨害・惨禍・災害・難なん・災い・被災
さい-やく【採薬】山野で、薬草を採集すること。
さい-やく【歳役】▶さいえき(歳役)
さい-やすね【最安値】いちばん値段が安いこと。また、取引市場で、上場以来いちばん安い値段がつくこと。⇔最高値さいたかね。
サイヤン〖Louis Saillant〗［1910～1974］フランスの労働運動指導者。第二次大戦中、対独レジスタンスを指導し、1944年に抵抗全国評議会議長となる。翌年、世界労連発足とともに初代書記長に就任。
サイヤング-しょう【サイヤング賞】ーシヤウ《Cy Young Memorial Award》米国プロ野球の投手サイ=ヤングを記念して、毎年、その年のメジャーリーグ最優秀投手に贈られる賞。
さい-ゆ【採油】〔名〕スル ❶地下の油層から石油を汲み取ること。❷植物の種子などから油をしぼりとること。「菜種から一する」
さい-ゆう【再遊】ーイウ〔名〕スル 以前行ったことのある土地に、もう一度行って楽しむこと。「伊国に一し、復た彼れを見んと欲す」〈織田訳・花柳春話〉
さい-ゆう【西遊】ーイウ〔名〕スル 西方、特に西洋へ旅行すること。せいゆう。
さい-ゆう【采×邑】ーイフ 領地。知行所ちぎょうしょ。采地。
さいゆうき【西遊記】サイイウキ ㊀中国、明代の長編小説。四大奇書の一。100回。呉承恩ごしょうおんの作といわれる。唐の玄奘三蔵げんじょうさんぞうが、孫悟空・猪八戒ちょはっかい・沙悟浄さごじょうを供に、さまざまの苦難にあいながら天竺てんじく(インド)へ行って、仏典を得て帰る話。㊁中国、宋末から元初の紀行文。2巻。元の李志常りしじょう撰。チンギス=ハンに招かれ、師の長春真人と西遊したときの記録。長春真人西遊記。㊂江戸後期の紀行・随筆。正編・続編各5巻。橘南谿たちばななんけい著。寛政7～10年(1795～1798)刊。「東遊記」の姉妹編。天明2年(1782)から山陽・西海・南海の諸道を旅行して得た奇談を収める。
さいゆうぐう-かしだしきんり【最優遇貸出金利】サイイウグウー ▶プライムレート
さいゆうしゅう-せんしゅ【最優秀選手】サイイウシウー スポーツで、最も優れた選手に与えられる栄誉。プロ野球では、セ・パ両リーグのその年の公式戦で最も活躍した選手。MVP。
さい-ゆしゅつ【再輸出】〔名〕スル 輸入貨物を再び輸出すること。加工または修繕のために輸入したものを再び輸出することなどにいう。⇔再輸入。
さい-ゆにゅう【再輸入】ーニフ〔名〕スル 輸出貨物を再び輸入すること。加工または修繕のために輸出したものを再び輸入することなどにいう。⇔再輸出。
さい-よ【宰予】中国、春秋時代の魯の人。孔門十哲の一人。字あざなは子我。昼寝を孔子に戒められた話が有名。生没年未詳。
さい-よ【歳余】1年あまり。1年以上。
さい-よう【採用】〔名〕スル 適当であると思われる人物・意見・方法などを、とり上げて用いること。「店員を三人一する」「企画案を一する」「一試験」
〔類語〕雇用・雇う・導入・採択
さい-よう【細腰】ーエウ 女の腰の細くてしなやかなこと。美人の形容に用いられる。やなぎごし。
さい-よう【最要】ーエウ・【最用】ーヨウ〔名・形動〕もっとも大事なこと。また、そのさま。「金銭は人生一の目的となすべからず」〈中村訳・西国立志編〉
さい-よう【歳用】1年間の費用。
さい-よう【蔡邕】［132～192］中国、後漢の文人・学者。陳留ちんりゅう(河南省)の人。字あざなは伯喈はくかい。琴の名手としても知られた。六経りくけいの文字を校定し、自ら碑に刻した。また、飛白ひはくの書体を創始したという。董卓とうたくの乱に連座して獄死。著「独断」など。
ざい-よう【財用】❶財貨の用途。❷もとで。費用。
さい-よういち【崔洋一】ーヤウイチ［1949～ ］映画監督。長野の生まれ。大島渚監督「愛のコリーダ」や村川透監督「最も危険な遊戯」で助監督をつとめる。「十階のモスキート」で劇場映画監督デビュー。代表作「月はどっちに出ている」「豚の報い」「血と骨」など。
さいよう-こ【細腰鼓】サイエウー 鼓つづみの一種で、胴の中央部が細くくびれているもの。桴ばちまたは手で打つ。インドに起こり、中国経由で上代に日本に渡来。雅楽用の壱鼓いっこ・三の鼓などのほか、能楽の大鼓おおつづみ・小鼓など。
ざい-よく【財欲】仏語。五欲の一。財物をむさぼる欲望。
さい-よみこみ【再読(み)込み】▶リロード❷
さいら 関西地方で、サンマ、または、サンマの開き。
さい-らい【再来】〔名〕スル ❶過去にあったのと同じ事柄・状態がまた起こること。「平和な時代が一する」❷一度死んだ人が再びこの世に生まれ出ること。生まれ変わり。「キリストの一といわれる人」
さい-らい【西来】西から来ること。西方の国から渡来すること。せいらい。「仏教の一」
ざい-らい【在来】これまであったことや、行われていたこと。また、そのもの。今までどおり。「一の風習」
ざいらい-しゅ【在来種】動植物の品種のうち、ある地方の風土に適し、その地方で長年栽培または飼育されているもの。
ざいらい-せん【在来線】同一区間に新しく作られた鉄道線に対して、従来からある鉄道線。特に、新幹線に対して従来の路線。
さいら-く【才らく】〔動カ四〕学才がありそうに振る舞う。「文屋ふみやの博士さかしだち一・きゐたり」〈紫式部日記〉〔補説〕用例は、「ひひらく」の誤りとする説もある。
サイラトロン〖thyratron〗アルゴン・キセノンなどのガスを封入し、熱陰極と陽極の間に格子(グリッド)を設けた放電管。格子によって陽極電流の起電が制御される。交流電源の整流、照明の制御、パルス発振器などに使用。
さい-らん【採卵】〔名〕スル 卵を採取すること。「鮭の腹を裂いて一する」
さいらんいげん【采覧異言】世界地誌。5巻。新

井白石著。正徳3年(1713)成立。イタリアの宣教師シドッチへの尋問や、オランダ人からの聴取をもとに、中国の地理書を参照して著したもので、地理・風俗・産物・政治など海外事情を詳細に解説する。

さいらん-けい【採卵鶏】卵を産ませるために改良・育成されたニワトリ。

さい-り【×犀利】〔形動〕図〔ナリ〕《「犀」は堅く鋭い意》❶刃物などの、堅くて鋭いさま。「一な小刀」「一な武器」❷才知が鋭く、物を見る目が正確であるさま。「一な洞察力」「一な感覚」「明敏一」

(類語)鋭い・鋭敏・機敏・俊敏・明敏・敏・過敏・敏感・慧敏・炯眼・利口・利発・聡明・怜悧・穎悟・英明・英邁・賢明・賢い・聡い・シャープ

ざ-いり【座入り】❶茶会のとき、客が茶席に入ること。また、その作法。席入り。❷仲間入りをすること。「盗人の一をしけるに」〈浮・沖津白波・二〉

サイリスター〘thyristor〙PNP接合に電極をつけてスイッチ動作を行わせる半導体素子。制御装置などに利用。

サイリスター-チョッパー〘thyristor chopper〙サイリスター(半導体)を用いた電車の制御方式。在来の抵抗器を用いた方式より消費電力が少ないので省エネ型電車に採用された。

さい-りゃく【才略】才知と策略。知恵とはかりごと。「一にたけた人」

さい-りゅう【細柳】❶若葉が出たばかりで、枝が細く見える柳。❷幕府。また、将軍家。柳営。

さい-りゅう【細流】細い流れ。小川。

(類語)小川・せせらぎ・沢

さい-りゅう【細粒】細かい粒。「一の胃腸薬」

ざい-りゅう【在留】〔名〕スル ある期間、ある土地にとどまって住むこと。特に、外国に居住する場合にいう。「日本に一する外国人」

(類語)駐在・駐箚・常駐・居留・滞在・滞留

ざいりゅう-カード【在留カード】入国管理法に基づき、90日を超えて日本に在留する外国人に法務省が交付する身分証明書。ICチップ内蔵のプラスチックカードで、氏名・住居地・在留資格・在留期間などが記載され、常時携帯の義務がある。特別永住者には特別永住者証明書が交付される。(補説)それまで市区町村が交付していた外国人登録証明書に替えて、平成24年(2012)から交付開始。

ざいりゅうかんり-せいど【在留管理制度】日本に在留する外国人の情報を管理する制度。法務省入国管理局と市区町村の二元管理だった外国人登録制度に替えて、平成24年(2012)から導入。同局が在留カードや特別外国人証明書などを交付する一方、市区町村による管理は日本人と同じ住民基本台帳によって行われる。

ざいりゅう-しかく【在留資格】日本に入国し滞在する外国人に対し認められる資格。期間、就労の可否などにより、多種がある。

ざいりゅう-とくべつきょか【在留特別許可】日本に不法滞在・残留している外国人に対して、法務大臣が特別に在留資格を与えること。またその制度。入国管理法第50条による法務大臣の裁量的処分。在留を希望する理由、家族の状況、日本での生活歴、人道的な配慮の必要性などを総合的に勘案して判断される。在特。(補説)法務省入国管理局は許可基準を明確にするため、平成21年(2009)7月「在留特別許可に係るガイドライン」を改訂。10年以上日本に在住し小中学校に通学する実子を養育している場合などは、在留を許可する方向で検討される。

ざいりゅう-ほうじん【在留邦人】外国に住んでいる日本人。

さい-りょう【才量】❶才知と度量。❷物体の体積と量目。めかた。「一だて運賃」

さい-りょう【宰領】〔名〕スル ❶監督すること。取りしきること。また、その役。「請負工事を一する」「家事一切を一する」❷数人の旅行などに付き添って世話をすること。また、その世話人。「自家のばあさんたちを一して桃山参拝に出かけるんだ」〈志賀・暗夜行路〉❸昔、荷物を運送する際、人や馬の管理・監督をすること。また、その役。(類語)管理・管轄・統轄・統御・統率・監督・統制・取り締まり・支配・統治・君臨・制覇・制圧・征服・圧伏・独裁・専制・治世・統べる・制する・領する・握る・牛耳る

さい-りょう【最良】いちばんいいこと。最善。「わが生涯の一の日」「一の策をとる」⇔最悪。

(類語)最善・ベスト・一番・次善

さい-りょう【裁量】〔名〕スル その人の考えによって判断し、処理すること。「君の一に任せる」「店の経営を一人で一する」(類語)決裁・裁断

さい-りょう【載量】載せられる分量。積載量。

さい-りよう【再利用】〔名〕スル 一度使用したものを、別の機会に再び利用すること。再使用。「裏紙をメモ用紙として一する」➡リユース

ざい-りょう【材料】❶ものを作るとき、そのもとにするもの。「料理の一を用意する」「一費」❷研究や調査、または判断などを裏づける証拠とするもの。「結論を出すには一が不足だ」❸芸術的表現の対象になるもの。題材・素材。「説話に一を求めた作品」❹相場を動かすような要因。「一待ち」

(類語)(❶)素材・材・料・資材・原料・マテリアル・マチエール(料理で)種・具/(❷)資料・データ

ざいりょうきょうじゃく-がく【材料強弱学】➤材料力学

さいりょう-けん【裁量権】裁量処分を行う行政庁の権限。

ざいりょう-しけん【材料試験】工業材料の特性を測定するために行う試験。引っ張り・圧縮・曲げ・衝撃・ねじり・硬度などの力学的試験のほか化学的な腐食試験などがある。

ざいりょう-しけんき【材料試験機】工業材料の、負荷される外力に対する機械的性質や強度を試験する装置。対象により種々のものがある。

さいりょう-しょぶん【裁量処分】行政庁の自由裁量に属する範囲内でなされる行政処分。裁量行為。行政裁量。➡羈束処分

さいりょうてき-けいひ【裁量的経費】国や地方公共団体の歳出のうち、政策によって柔軟に縮減できる裁量性の高い性質の経費。➡義務的経費

ざいりょう-りきがく【材料力学】機械や建造物に使用する材料の適否、外力に対する強さ、その他の諸性質を総合的に研究する学問。材料強弱学。

さいりょう-ろうどうせい【裁量労働制】業務の性質上、業務遂行の手段や時間配分の決定を労働者の裁量に委ねる必要があり、使用者が具体的な指示をしない労働形態。当人との間で結んだ労働協約に基づき、実働時間にかかわらず一定時間労働したものとみなして賃金が支払われる。特に時間で管理しにくいシステムエンジニア・デザイナー・編集業務・公認会計士・弁護士、新技術の研究開発業務などが対象。

さい-りょく【才力】才知の働き。知恵の働き。

ざい-りょく【財力】❶財産があることによって生じる物事をなしうる力。金力。「一にものをいわせる」「一に飽かせて買いまくる」❷費用を負担しうる能力。資力。経済力。「事業を起こすに足る一」

さい-りん【再臨】〔名〕スル ❶もう一度その場に行くこと。❷キリスト教で、昇天したイエスが、裁きと救いの成就のため、再びこの世に現れるという信仰。

さい-りん【細×鱗】❶細かいうろこ。❷小さい魚。

さい-りん【蔡倫】[?～107?]中国、後漢の宦官。桂陽(湖南省)の人。字は敬仲。樹皮や布くずなどから初めて紙を作り、105年、和帝に献上したという。その紙は蔡侯紙とよばれた。

さいりん-ぎょ【細×鱗魚】アユの別名。〈和名抄〉

ザイル〘ドイツ Seil〙登山用の綱。クライミングロープ。ロープ。(季 夏)

さい-るい【催涙】涙を出させること。

ざい-るい【罪累】❶罪のまきぞえになること。連座。❷罪を重ねること。

さいるい-ガス【催涙ガス】毒ガスの一種。涙腺を刺激して涙を催させるもの。クロロアセトフェノンなどを使用。

さいるい-スプレー【催涙スプレー】催涙ガスを封入したガス缶。防犯用。

さいるい-だん【催涙弾】弾頭に催涙ガスを詰めた弾丸。

さい-れい【祭礼】神社などの祭り。祭典。祭儀。

(類語)祭り・祭典・祭儀・祭祀・祝典・祝儀・大祭・大儀・大礼・大典・典礼・盛儀・儀式・式典

ざい-れい【罪例】犯罪の実例。

さいれいぞうし【祭礼草紙】絵巻。1巻。室町時代の作。祭礼のようすを描いたもので、土佐光重筆と伝える。

サイレージ〘silage〙青刈り飼料をサイロなどに詰め、乳酸発酵させて貯蔵した家畜飼料。埋草。エンシレージ。

さいれ-ことば【さ入れ言葉】「…させてもらう」の謙譲語「…せていただく」に「さ」を入れた言い方。「読まさせていただく」「休まさせていただく」など。文法的には破格。さ入れ表現。➡いただく❸㋒ (補説)原則として「…せていただく」は五段活用の動詞に、「…させていただく」はそれ以外の活用の動詞につく。上一段動詞「着る」を「着させていただく」、下一段動詞「受ける」を「受けさせていただく」とするのは正しい形。

さい-れつ【細裂】〔名〕スル 紙や布などを細かくさくこと。また、細かくさけること。「一している葉」

さい-れつ【×鰓裂】「鰓孔❷」に同じ。

さいれ-ひょうげん【さ入れ表現】➤さ入れ言葉

サイレン〘Siren〙㊀ギリシャ神話で、上半身は女、下半身は鳥の姿をした海の魔物。美しい歌声で船人を惑わして、破滅させたという。セイレーン。㊁(siren)❶警報・時報などに使われる音響発生装置。多くの小穴をあけた2枚の円板を重ね、一方から空気を吹きつけながら他方を回転させると音が出る原理を応用したもの。❷有尾目サイレン科のサンショウウオ。全長60～90センチ、ウナギ形で、尾部はひれ状。成体になっても一対の外えらがある。前肢は小さく、後肢はない。米国南西部に分布。

サイレンサー〘silencer〙消音器。また、消音器つきの拳銃。

さいれん-じ【西蓮寺】茨城県行方市にある天台宗の寺。山号は尸羅度山。開創は延暦元年(782)、開基は桓武天皇と伝える。開山は、最澄の弟子最仙。

サイレンセスター〘Cirencester〙英国イングランド南西部、グロスターシャー州の町。コッツウォルズ地方の南西部に位置する代表的な観光地の一。古代ローマ時代につくられた都市に起源し、円形劇場などの遺跡がいくつか残っている。中世より毛織物業で発展し、その最盛期に建てられたセントジョンザバプティスト教会は同地方有数の教会として知られる。

サイレント〘silent〙❶音をたてないこと。無言であること。❷語のつづりの中で、発音しない文字。英語のknifeのk、climbのbなど。黙音。❸「サイレント映画」の略。

サイレント-えいが【サイレント映画】音声・音響を伴わない、画像だけの映画。無声映画。➡トーキー

サイレント-キラー〘silent killer〙《静かな殺し屋の意》それと分かる症状が現れないまま進行し、致命的な合併症を誘発する病気のこと。高血圧・脂質異常症・卵巣癌など。

サイレント-ストーン〘silent stone〙胆嚢結石、あるいは腎・尿路結石があっても、何の症状も呈さないもの。

サイレント-タイム〘silent time〙建物の倒壊などが伴った災害現場で、要救助者の発する声や物音を聞くために、作業や重機を止めて、一定時間、静かな状態にすること。

サイレント-チェーン〘silent chain〙高速または静かな伝動運動に用いる伝動鎖。鎖車の歯に密着して回転するような特殊な形の爪をもつリンクをつないだもの。

さ

サイレント-マジョリティー〖silent majority〗声高に自分の政治的意見を唱えることはしない一般大衆。物言わぬ大衆。声なき声。⇔ボーカルマイノリティー。(補説)米大統領ニクソンが演説で使用した語。政策に対し一部に反対意見があっても、意思表示をしない大多数は肯定していると解釈したもの。日本では多く、政治家は物言わぬ大衆の願望に耳を傾けるべきだという気持ちをこめて使われる。

サイロ〖CIRO〗《Cabinet Intelligence and Research Office》▶内閣情報調査室

サイロ〖silo〗❶冬季の家畜飼料にする青草類を生に近い状態で貯蔵する倉庫。地上に建てる円筒形のタワーサイロ、穴を掘って作るトレンチサイロなどがある。❷セメント・穀物・肥料などを貯蔵する塔状の倉庫。❸発射装置を備えた、ミサイルの地下格納庫。

さい-ろう【×豺×狼】❶やまいぬとおおかみ。❷残酷で欲深い人。むごたらしいことをする人。

豺狼路に当たれりいずくんぞ狐狸を問わん 《後漢書」張綱伝から》やまいぬとおおかみが行く手にいるときに、どうして狐や狸を問題にしていられようか。大悪人が重要な地位にいて権力を振るっている場合、その下の小悪人より、大悪人をこそ除かなければならないことのたとえ。

さい-ろう【菜籠】❶茶の湯で、花入れや炭斗などに使う竹で編んだ籠。中国で野菜などを入れたことからこの名がある。❷竹を編んで作った弁当箱。

サイロキシン〖thyroxine〗▶チロキシン

さい-ろく【才六｜采六｜×賽六】❶若者を卑しめていう語。丁稚。小僧。〈俚言集覧〉❷人をののしっていう語。特に、江戸の者が上方の者をののしっていう。ぜえろく。「ヤレヤレ世話のやけた一どもだ」〈滑・早変胸機関〉(補説)「丁稚」を、双六で二つの采の目が両方とも一と出る「重一」にかけ、その一の反対面の六を連想して呼んだものという。

さい-ろく【再録】〔名〕スル ❶すでに発表された記事などを、別の書物などにあらためて取り上げること。「受賞作品を本誌に一する」❷一度録音・録画したものから、また録音・録画しなおすこと。

さい-ろく【採録】〔名〕スル ❶取り上げて記録すること。「祝辞の要旨を一する」❷声や音を録音すること。「古老の語る民話を一する」
(類語)収録・集録・載録・収載・記録

さい-ろく【載録】〔名〕スル 書物や記録などに、書いてのせること。「アンケートの結果を次号に一する」
(類語)収録・採録・集録・収載

さい-ろん【再論】〔名〕スル すでに取り上げた事柄について、もう一度議論すること。また、その議論。「議題について一する」

さい-ろん【細論】〔名〕スル 細かに論ずること。また、その論。「例をあげて一する」(類語)詳論・詳説

さい-わ【再話】昔話・伝説、世界の名作文学などを、子供向けにわかりやすく書き直したもの。再話文学。

さいわい【幸】神奈川県川崎市の区名。区内の幸町(もと御幸村)より命名。

さい-わい【幸い】《「さきわ(幸)い」の音変化》㊀〔名・形動〕❶その人にとって望ましく、ありがたいこと。また、そのさま。しあわせ。幸福。「不幸中の一」「君たちの未来に一あれと祈る」「御笑納いただければ一です」❷運のいいさま。また、都合のいいさま。「一なことに明日は休みだ」❸(「さいわいに」の形で)そうしていただければしあわせだと人に頼む気持ちを表す。どうぞ。なにとぞ。「読者一に恕せよ」〈蘆花・自然と人生〉㊁〔副〕運よく。都合よく。幸せにも。「一命だけは助かった」「一と事はうまく運んだ」
(類語)幸福・福・幸せ・幸・果報・冥利・多幸・多祥・万福・至福・浄福・清福・ハッピー

幸いなる哉 ❶しあわせなことだなあ。「神を信ずる者は一」❷(副詞的に用いて)運のよいことに。「一、破産をまぬがれた」

幸いにして 運よく。幸運にも。副詞的に用いる。「一けがは軽かった」

さいわい-おり【幸い織(り)】縦糸を密に、横糸を数本並べて織り込み、横筋を出した絹織物。博多織に似たもので、光沢がある。女性の帯地などに用いる。

さいわい-ぎ【幸い木】❶正月の飾り物の一。四国・九州地方で、内庭の入り口や土間の上に横につるす木。これに平年は12本、閏年は13本の縄を下げ、鯛・鰤・昆布・大根など、正月に食べる物をつるす。さちぎ。懸けの魚。(季 新年)❷「年木」に同じ。❸「粥杖」に同じ。

さいわい-く【幸区】▶幸

さいわい-する【幸いする】〔動サ変〕図さいはひ・す〔サ変〕都合のよい結果になる。幸運をもたらす。「人生、何が一するかわからない」

さいわい-たけ【幸×茸】マンネンタケの別名。

さいわい-びし【幸×菱】文様の一。花菱を組み合わせた繁文で、もとの名は先間菱といい、「せんけんびし」と音読もする。近世、縁起をかついで「先間」に「幸」の字を当てたもの。

さいわい-びと【幸ひ人】幸せな人。幸運な人。特に、高貴な人の寵愛を受けている人。「世のことぐさにて、明石の尼君とぞ、一に言ひける」〈源・若菜下〉

さい-わ-う【幸ふ】〔動ハ四〕《「さきわ(幸)う」の音変化》幸運にめぐりあう。栄える。特に、女性が結婚をして幸せになる。「御娘八人おはしき。みなとりどりに一・ひ給へり」〈平家・一〉

さいわ-ぶんがく【再話文学】▶再話

さい-わりびき【再割引】金融機関が割り引いた手形を中央銀行や他の金融機関が再び割り引くこと。

ざいわり-ぶね【▽氷割船】《「ざい」は氷の意》江戸中期以降、蝦夷地の諸港にその年の春最初に入港した内地からの廻船。食料・衣類などを運んで来た。

さい-わん【才腕】物事を巧みに処理する才能と手腕。すぐれた腕まえ。「一を振るう」

さ-いん【左院】明治4年(1871)の官制改革で太政官内に設置された機関。立法についての諮問機関で、官選の議員で構成。同8年廃止。

さ-いん【鎖陰】処女膜・膣・子宮頸管が閉鎖している状態。先天性の場合が多い。

サイン〖sign〗〔名〕スル ❶㋐署名すること。署名。「小切手に一する」㋑スポーツ選手や芸能人などがファンのために自分の名前を色紙などに書くこと。英語ではautographという。❷符号。信号。また、合図すること。「目くばせで一を送る」❸スポーツで、示し合わせた合図によるプレーの指示。シグナル。
(類語)(❶)署名・記名・落款/(❷)合図・信号・シグナル・手招き・目配せ・ウインク

サイン〖sine〗三角比・三角関数の一。直角三角形で、一つの鋭角について、斜辺に対する対辺の比。また、これを一般角に拡張して得られる関数。記号sin 正弦。正弦関数。

ざ-いん【座員】演劇の一座に属している人。

ざ-いん【座隠｜×坐隠】《「世説新語」巧芸の「王中郎、囲碁を以て坐隠とす」から》碁を打つこと。囲碁は座したまま隠遁できるという気持ちでいう。

ザイン〖ドイ Sein〗実在。存在。⇔ゾレン。

サイン-アップ〖sign up〗〔名〕スル 署名すること。契約や登録をすること。

サイン-カーブ〖sine curve〗正弦曲線。

サイン-バー〖sine bar〗直角三角形の正弦関数(サイン)を利用して、任意の角度を測定または設定する器具。

サイン-ブック《和 sign＋book》サイン帳。署名帳。

サイン-プレー〖sign play〗スポーツで、選手個々の判断によらず、チームとしての作戦上の指示によって行われるプレー。

サイン-ペン〖Sign Pen〗水溶性インクを詰めた筆記用具。商標名。

サイン-ボール《和 sign＋ball》野球などで、選手にサインをしてもらったボール。

サイン-ランゲージ〖sign language〗音声言語の代わりに指・腕などの身ぶりを用いること。特に、手話。

さ-う【左右】▶そう(左右)

さう【▽候】〔動特活〕▶そう(候)

さ-う【▽障ふ｜▽支ふ】〔動ハ下二〕「さ(障)える」の文語形。

ざ-う【座右】▶ざゆう

ザウアークラウト〖ドイ Sauerkraut〗千切りにしたキャベツを塩漬けにして発酵させた、酸味のあるドイツの漬物。

サウサリート〖Sausalito〗米国カリフォルニア州、サンフランシスコの一地区。中心部からサンフランシスコ湾を挟んだ北側に位置する。芸術家の町として知られるほか、レストランやギャラリーなどが集まる大通りブリッジウェイ-ブルバードが観光客に人気がある。

サウザンド〖thousand〗数の1000。千。

サウザンドアイランド-ドレッシング〖Thousand Island dressing〗ドレッシングの一。マヨネーズに、トマトケチャップやチリソース、みじん切りのゆで卵、香味野菜などを加えたピンク色のソース。

サウサンプトン〖Southampton〗英国南端、イギリス海峡に臨む港湾都市。大西洋航路の南の玄関口。造船・石油・電気機械などの工業が盛ん。

サウジ-アラビア〖Saudi Arabia〗《サウド家のアラビアの意》アラビア半島の大半を占めるイスラム王国。首都リヤド。1932年イブン゠サウードが建国。国土の大部分は砂漠で、遊牧民が多い。ペルシア湾岸は世界有数の油田地帯で、38年以後、石油採掘が盛ん。北西部のヒジャーズ地方にはイスラム教の聖地メッカがある。人口2573万(2010)。サウーディーヤ。

サウジー〖Robert Southey〗[1774〜1843]英国の桂冠詩人・批評家。ワーズワース・コールリッジらとともに、湖畔詩人とよばれた。物語詩「サラバ」、伝記「ネルソン伝」など。

サウス〖south〗南。南方。⇔ノース。

サウスウイスト-とう【サウスウイスト島】《Isle of South Uist》英国スコットランド北西岸、アウターヘブリディーズ諸島の島。ベンベキュラ島を挟み、ノースウイスト島、サウスウイスト島の3島が橋でつながっている。行政の中心はロクボイスデール。スコットランド本土やバラ島と定期航路で結ばれる。18世紀半ば、イングランド軍に追われるボニー゠プリンス゠チャーリーの逃走に協力したことで知られるフローラ゠マクドナルドの生誕地。南ウイスト島。

サウス-カロライナ〖South Carolina〗米国大西洋岸の州。州都コロンビア。独立13州の一。南北戦争の口火が切られた地。綿花・タバコの生産が大。➡表「アメリカ合衆国」

サウス-ダコタ〖South Dakota〗米国中北部の州。州都ピア。グレートプレーンズとよぶ小麦地帯にあり、トウモロコシ・ライ麦なども産する。➡表「アメリカ合衆国」

サウス-ブリッジ〖south bridge〗コンピューターで、チップセットの構成要素のうち、ハードディスクやUSBなどの周辺装置を制御するチップのこと。これに対し、CPU(中央処理装置)やメモリーなどを制御する場合、ノースブリッジという。

サウスポー〖southpaw〗《southは南、pawは手の意》❶野球で、左腕投手。❷ボクシングで、右半身を前に、左半身を後ろに引いて構えるボクサー。❸左利きの人。(補説)❶は一説に、米国メジャーリーグに南部出身の左利き選手が多かったところからという。

サウナ〖フィンランド sauna〗熱気を用いたフィンランド式の蒸し風呂。小屋や小部屋の中で熱した石に水をかけて蒸気を出し、室温を70度から100度前後に保つもの。サウナ風呂。

サウム〖saum〗イスラム法の定める、信徒の基本的な五つの義務の一。イスラム暦のラマダーン月(第9月)に、夜明けから日没までの間、飲食を絶って禁欲すること。断食。➡イード-アル-フィトル

サウル〖Saul〗[?〜前1010]イスラエル初代の国王。在位、前1020〜前1010。預言者サムエルによって王位につき、ペリシテ人の攻勢と対抗、王国の基礎をつくった。のちサムエルと不和を生じ、ペリシテ人との戦いで戦死。

サウン〘ミャンマー tzaung〙ミャンマーの撥弦楽器。舟形の共鳴胴をもつハープの一種で、16弦のものが一般的。座った膝の上に置き、主に右手の指ではじいて演奏する。サウン-カウ。

サウンド〘sound〙音。音響。また、ある傾向をもつ音楽や演奏のスタイル。「リバプール—」
(類語)音・音・音・音色・楽音・音声・物音

サウンド-アート〘sound art〙作曲・演奏・聴取という音楽の文脈を取り払って、音それ自体を体験することを目的とする芸術形態。エレクトロニクスを利用して音のもととなる空気の振動そのものを体験する、屋外に設置した装置に水力・風力など自然のエネルギーが作用して偶然に起こる音響を聴く、自然の中で鳥や昆虫などの鳴き声を録音し「生態系の言語」を聴き取ろうとするなど、さまざまなアプローチがある。

サウンド-エフェクト〘sound effects〙映画・放送の音響効果。擬音を用いる演出。SE。

サウンド-カード〘sound card〙►サウンドボード

サウンドスケープ〘soundscape〙環境の音全体を音風景としてとらえる概念。カナダの作曲家マリー=シェーファーが1960年代末に提唱。

サウンド-スペクトログラフ〘sound spectrograph〙言語音声研究装置の一。音響スペクトル使用により音波を個別の部分音に分解し、その一つ一つを他の音成分とは別に記録分析し、その結果をスペクトルの形で示す機能を持つ装置のこと。

サウンド-チェック〘sound check〙コンサートの前に、使用する各楽器および器材をテスト、調整すること。リハーサルを含むこともある。

サウンドトラック〘soundtrack〙映画フィルムの縁にある録音帯。音声・伴奏音楽・効果音などを記録する細い帯状の部分。また、そこに録音されている音楽や音声のこと。さらに、その音を収録してCDなどにしたアルバムのこと。サントラ。

サウンド-ばん【サウンド版】音楽と音響だけで、会話の入っていないトーキー映画。サイレント映画とオールトーキー(全発声)映画との中間的なもの。

サウンド-ボード〘sound board〙パソコンに音声の入出力機能を追加するための拡張ボード。ゲームサウンドや楽器の音源データを内蔵するほか、音声信号を光端子で出力できる機能をもつものもある。サウンドカード。

サウンドボックス〘soundbox〙❶弦楽器の共鳴箱。❷旧式の蓄音機で、針の振動を受けて音を再生する装置。

サウンド-ボディー〘sound body〙弦楽器などの中空の共鳴胴。反響胴。

さえ【冴え／冱え】❶寒気・光・色・音などが澄みきること。「月光の—」❷頭脳の働きや感覚が鋭いこと。技術などが鮮やかなこと。「勘の—」「包丁さばきの—」❸江戸時代の遊里で、遊興のこと。また、酒宴。「あらゆる—を尽くしけり」〈黄・栄花夢〉

さえ〘副助〙《動詞「そ(添)う」(下二)の連用形「そえ」から生じたという》名詞、活用語の連体形または連用形、助詞など種々の語に付く。❶すでにあるものの上に、さらに付け加える意を表す。…までも。「風が吹き出しただけでなく、雨—降りだした」「霧も深く露けきに、簾—上げ給へれば、御袖もいたく濡れにけり」〈源・夕顔〉❷ある事柄を強調的に例示し、それによって、他の場合は当然であると類推させる意を表す。…だって。…すら。「かな文字—読めない」「その大切な神仏さまがたで—金銀を御信心遊ばす」〈滑・浮世風呂・四〉❸(仮定表現を伴い)その条件が満たされれば十分な結果が生じる意を表す。せめて…だけでも。「これ—あれば鬼に金棒だ」「覚悟ができて—いれば、心配はない」「一の棚一領じておいたらば(=手ニ入レテオケバ)後には何を商売いたさうともそれがしがままぢゃ」〈虎明狂・鍋八撥〉➡すら ➡だに ➡まで
(補説)「さえ」は、古くは格助詞の上にも下にも付き、「さへも」「さへこそ」のように係助詞にも先行するところから副助詞とする。中古から「すら」の意を吸収した「だに」との混同が始まるが、❷❸の用法は、中世末ごろ「だに」がほとんど用いられなくなってその意をも吸収したもの。

ざえ【才】❶学問。教養。特に、漢学。「弁も、いと—かしこき博士にて」〈源・桐壺〉❷芸能・技芸・音楽などの才能。「琴弾かせ給ふ事なむ、一の—にて」〈源・絵合〉❸「才の男」の略。「—ども声よろしからむなど選びて物せられよ」〈宇津保・嵯峨院〉

さえ-かえ・る【冴え返る】〘動ラ五(四)〙❶光や音などが非常にくっきりとあざやかである。「月の—・る夜」❷春になっていったん緩んだ寒さがまたぶり返す。「きのうから寒くなった。…—・るなどという時節でもないに」〈漱石・琴のそら音〉(季 春)「一本の薄紅梅に—・る/虚子」❸頭の働きが、非常によくなる。「酔いがさめて頭が—・る」❹いったん衰えたものが、また盛んになる。「どうかした工合で、その話が—・り」〈万太郎・続末枯〉

ざえ-が・る【才がる】〘動ラ四〙学問・教養がありそうに振る舞う。「男だに—・りぬる人は、いかにぞや、はなやかならずのみ侍るめるよ」〈紫式部日記〉

さえき【佐伯】広島市の区名。同市西部を占める。もと佐伯郡五日市町と湯来町。

さ-えき【差益】売買の結果や、価格の改定、為替相場の変動などで発生する利益。「円高—」⇔差損。
(類語)利鞘・マージン・利益・益・儲け・利・収益・利潤・得・利得・利沢・黒字・得分・実益・益金・利金・純利・純益・ゲイン・プロフィット

さえき-いさむ【佐伯勇】[1903〜1989]実業家。愛媛の生まれ。昭和2年(1927)大阪電気軌道(近畿日本鉄道の前身)に入社。専務取締役時代にプロ野球球団設立委員長となる。同26年社長就任と同時に近鉄バファローズのオーナーとなり、以後36年にわたりオーナーを務めた。

さえき-く【佐伯区】►佐伯

さえき-じょういん【佐伯定胤】[1867〜1952]僧。奈良の生まれ。法隆寺住職。法相宗管長をしたが、のち、法隆寺を法相宗から分離し聖徳宗の本山とした。

さえき-たつお【佐伯達夫】[1892〜1980]野球指導者。兵庫の生まれ。早大卒業後、関西の中等学校野球の指導に尽力。戦後中止されていた全国大会の復活に貢献し、昭和21年(1946)全国中等学校野球連盟(のちの高野連)副会長となる。同42年、第3代高野連会長となり、高校野球を発展させた。

さえき-もん【左掖門】平安京内裏の門の一。承明門の東方、春興殿の南にある。右掖門に対する。

さえき-ゆうぞう【佐伯祐三】[1898〜1928]洋画家。大阪の生まれ。渡仏してブラマンクに師事、ユトリロの影響も受け、パリの街頭風景を数多く描いた。パリで客死。

さえ-ぎ・る【遮る】〘動ラ五(四)〙《「さいぎ(遮)る」の音変化》❶間に隔てになるものを置いて、向こうを見えなくする。「幕で—・る」「木々に太陽光線が—・られる」❷進行・行動を邪魔してやめさせる。妨げる。「発言を—・る」(補説)「さえ」を「障へ」とみて、歴史的仮名遣いを「さへぎる」とする説が多かったが、中古の諸例は「さいぎる」とあるところなどから、現在では、その音変化とみるのが妥当と考えられている。(可能)さえぎれる (類語)(❶)隠す・包み隠す・押し隠す/(❷)妨げる・抑える・立ち塞がる・塞ぐ・せきとめる・制止する

さえ・く【喧く】〘動カ四〙騒々しい声でものを言う。聞き取りにくいように言う。➡言喧く

さえぐさ-かずこ【三枝和子】[1929〜2003]小説家。兵庫の生まれ。日本ペンクラブ女性作家委員会初代委員長。「鬼どもの夜は深い」で泉鏡花文学賞受賞。他に「処刑が行なわれている」「薬子の京」など。

さえ-こお・る【冴え凍る】〘動ラ四〙冷え冷えとして凍りつくようである。「雪うち散りつつ、いみじく烈しく—・る暁がたの月の」〈更級〉

さえ-さえ【騒騒】〘副〙「さいさい(騒騒)」に同じ。「あり衣の—しづみ家の妹に物言はず来にて思ひ苦しも」〈万・三四八一〉

さえ-ざえ【冴え冴え／冱え冱え】〘副〙スル❶澄んではっきりしているさま。また、さわやかなさま。「—と晴れわたった空」「—(と)した顔つき」❷冬の寒さが透き通って身にしみるように感じるさま。(季 冬)「暮れ残る豆腐屋の笛—と/草田男」

ざえざえ・し【才才し】〘形シク〙いかにも学識・教養がありそうに見えるさま。「ただ走り書きたる趣の、—・しくはかばかしく仏神も聞き入れ給ふべき言の葉明らかなり」〈源・若菜下〉

さえざえ-し・い【冴え冴えしい／冱え冱えしい】〘形〙文さえざえ・し〘シク〙❶澄んではっきりしている。澄みきっている。晴れわたっている。「—・い秋の空気」❷気持ちがすがすがしい。気分が晴れ晴れとしている。「—・い笑顔」

さえさえ-て【冴え冴えて／冱え冱えて】〘連語〙《動詞「冴える」の連用形を重ねたものに、接続助詞「て」が付いたもの》非常にさえて。非常に冷えて。「さむしろの夜はの衣で—初雪しろし岡の辺の松」〈新古今・六六二〉

さ-えじふ【左衛士府】右衛士府とともに宮城の警衛などをつかさどった役所。➡衛士府

さえずり【囀り】❶鳥などがさえずること。また、その声。(季 春)「—をこぼさじと抱く大樹かな/立子」❷舞楽で、舞人が舞いつつ漢文の詞章を朗詠すること。また、その詞章。中世以後は絶え、無言で舞われるが、その部分の舞の手。てん。➡詠❸鯨の舌のこと。❹地方の人や外国人などが、聞き取りにくい言葉でしゃべること。また、その言葉。「鵜飼どもも召したるに、海人の—おぼし出でらる」〈源・松風〉

さえず・る【囀る】〘動ラ五(四)〙《「さいずる」の音変化》❶小鳥がしきりに鳴く。「カナリアの—・る声」(季 春)「—・るも帰りがけなる小鳥かな/浪化」❷口数多く早口でしゃべるのを軽蔑していう。ぺちゃくちゃしゃべる。「よく—・る女の子だ」❸地方の人や外国人などが耳慣れない言葉でしゃべる。「そこはかとなく—・るも、心の行く方へは同じこと」〈源・須磨〉(可能)さえずれる (類語)鳴く・吠える・嘶く・集く・咆哮する・遠吠えする

さ-えだ【小枝】こえだ。えだ。「明けされば榛の—に夕されば藤の繁みに」〈万・四二〇七〉

さ-えつ【査閲】〘名〙スル❶実際に見て、調べること。❷学校の軍事教練の成績を査閲官が実地に調査すること。(類語)調べる・検する・閲する・閲する・改める・検査・点検・検分・吟味・実検・臨検・検閲・監査・チェック

さえ。ない【冴えない】〘連語〙《動詞「さえる」の未然形＋打消しの助動詞「ない」》ぱっとせず、面白みに欠ける。また、満足できない。気がめいる。「—。ない生活」「表情が—。ない」➡冴える❼

さえな・う【障へなふ】〘動ハ下二〙《「さ(障)えにあ(敢)う」の音変化》強いてことわる。拒みとおす。「—・へぬ命にあればかなし妹が手枕離れあやに悲しも」〈万・四四三二〉

ざえ-なのり【才名乗り】昔、宮中の神楽で、人長の問いに対して、才の男が自分の得意とする才芸を名乗り出て、こっけいな問答をする余興。

さえ-に〘連語〙《副助詞「さへ」＋助詞「に」》副助詞「さえ❶」に同じ。「咲きそめしやどしかはれば菊の花色—こそうつろひにけれ」〈古今・秋下〉

さえ-にん【支人】仲裁人。さえびと。「一踏んだは堪忍せぬ」〈浄・生玉心中〉

ざえ-の-おのこ【才の男】宮中の神楽で、こっけいな舞やしぐさをする人。ざえ。

さえ-の-かみ【道祖神／障の神／塞の神】《「さえ」は遮る意》悪霊が侵入するのを防ぎ、通行人や村人を災難から守るために村境・峠・辻などに祭られる神。みちの神・たむけの神・峠の神・岐の神・道祖神・さいの神などの言い方がある。

さえ-まさ・る【冴え勝る】〘動ラ四〙❶寒さがいっそう厳しくなる。一段と冷え込む。「冬の夜の—・るかな」〈万代・六〉❷月の光などがいっそう澄んで見える。「秋の夜や天の川瀬は氷るらむ月の光の—・るかな」〈千載・秋上〉

さ-えもん【左▽衛門】さエモン ❶「左衛門府」の略。⇔右衛門。❷「土左衛門どざえもん」の略。

さえもん-の-かみ【左▽衛門▽督】サエモンノカミ 左衛門府の長官。正五位上相当。左金吾。

さえもん-の-じん【左▽衛門の陣】サエモンノジン《左衛門府の役人の詰め所があったところから》建春門の異称。

さえもん-の-たいふ【左▽衛門大夫】サエモンノタイフ 左衛門尉じょう(従六位下相当)で五位の者。

さえもん-ふ【左▽衛門府】サエモンフ 右衛門府とともに宮城諸門の警衛などをつかさどった役所。➡衛門府

サ-エ-ラ〖フランス çà et là〗あちこち。ここかしこ。

さ・える【×冴える｜×冱える】〔動ア下一〕図さ・ゆ〔ヤ下二〕❶寒さが厳しくなる。しんしんと冷え込む。「―・えた冬の夜」〈季 冬〉「―・ゆる夜の瓦かわら音ある礫つぶてかな/碧梧桐」❷くっきりと澄む。はっきりと見える。「冬の夜空に星が―・える」❸楽器の音などが、濁りがなく鮮明である。「―・えたバイオリンの音色」❹色が鮮やかである。顔色や表情についてもいう。「―・えたピンク」「顔色が―・えない」❺頭の働きやからだの調子などがはっきりする。「今日は頭が―・えている」「目が―・えて眠れない」「気分が―・えない」❻腕まえや手際などが鮮やかで優れている。「腕の―・えた職人」「包丁さばきが―・える」❼(多く打消しの語を伴って)ぱっとしない。満足できない。「景気の先行きがいまひとつ―・えない」「―・えないかっこう」
〔類語〕澄む・澄みきる・澄み渡る・清澄

さ・える【▽障える｜▽支える】さへる〔動ア下一〕図さ・ふ〔ハ下二〕❶さまたげる。じゃまする。「恋は到底痴ちなもの、少し―・えられると、直ぐ死にたき思いになる」〈左千夫・春の潮〉❷(多く「気にさえる」の形で)気にさわる。「何卒どうぞお気に―・えなされず」〈木下尚江・良人の自白〉❸さわる。ふれる。「折々手を―・へ袖を動かしけるに」〈浮・栄花一代男・二〉

さえ-わた・る【×冴え渡る】〔動ラ五(四)〕❶光や音などが一面に澄みきる。隅々まで澄みとおる。「―・る青空のもと」「―・る笛の音」❷頭の働きやからだの調子などがひときわはっきりする。「彼らの頭は夜が来ると一様に―・った」〈横光・碑文〉❸腕まえや手際などがひときわ鮮やかである。「―・った包丁さばき」❹一面に冷えきる。「立ち待つにわが衣手に置く霜も氷ひに―・り降る雪も凍り渡りぬ」〈万・三二八一〉

さ-えん【茶園】サエン 茶の栽培畑。茶畑。ちゃえん。

さお【さ▽青】さを〔名・形動〕《「さあお(さ青)」の音変化。「さ」は接頭語》青。まっさお。「人魂ひとだまの―なる君がただひとり逢へりし雨夜あまよのはひさし思ほゆ」〈万・三八八九〉

さお【佐保】さほ ►さほ(佐保)

さお【×竿｜×棹】さを ■〔名〕❶枝・葉を取り払った竹や木の細長い棒。物干し竿・釣り竿・旗竿など。合成樹脂・金属製もある。❷水底に突っぱって舟を進ませる長い棒。水棹みさお。「流れに―をさす」❸竿秤さおばかりの棒の部分。❹測量や建築に使う間竿けんざお。❺三味線・胡弓などの胴から上の、糸を張る長い柄の部分。また、三味線のこと。「―が入る」「太―」❻箪笥たんす・長持などを担ぐ棒。❼石灯籠いしどうろうなどの柱の部分。❽ガンが1列になって飛んでいる状態。「―になれ、鉤かぎになれ」❾俗に陰茎のこと。■〔接尾〕助数詞。❶旗を数えるのに用いる。「幟のぼり三―」❷箪笥・長持などを数えるのに用いる。「箪笥三―」❸羊羹ようかんなどの棹物菓子を数えるのに用いる。「練り羊羹一―」❹竿に干した洗濯物を数えるのに用いる。「洗濯物二―」❺江戸時代、金座で、竿金さおきんを数えるのに用いる。
〔下接語〕鳴る竿・水み竿（ざお）衣紋えもん竿・掛け竿・穀竿・間竿・刺さし捕り竿・竹竿・中ちゅう棹・継ぎ竿・釣り竿・釣瓶つるべ竿・手棹・鳥竿・鳥刺し竿・延べ竿・幟のぼり竿・秤はかり竿・歯竿・旗竿・太棹・干し竿・細棹・黐もち竿・物干し竿・雪竿

竿の先さきに鈴すず 騒がしいこと、おしゃべりなことをたとえていう。

さ-お【▽真▽麻】さを《「さ」は接頭語》あさ。麻糸。「麻衣あさぎぬに青衿あおくび着けひた―を裳もには織り着て」〈万・一八〇七〉

サオ〖Sao〗海王星の第11衛星。2002年に発見された。名の由来はギリシャ神話の海のニンフ。海王星の赤道面に対して大きく傾いた軌道を公転している。非球形で平均直径は30〜40キロ。

さお-いし【×竿石】さを 石灯籠いしどうろうの、台石の上にあって火袋を支える柱状の石。

さお-いれ【×竿入れ】さを「竿打ち」に同じ。

さ-おう【沙翁】サヲウ《「沙」は「沙比阿」などの略》シェークスピアのこと。しゃおう。

ざ-おう【蔵王】ザワウ ㊀「蔵王権現」の略。㊁宮城県南西部、刈田かった郡の地名。蔵王山の東の登山口。㊂「蔵王山」の略。

さおう-うおう【左往右往】サワウウワウ〔名〕スル「右往左往」に同じ。

ざおう-おんせん【蔵王温泉】ザワウヲンセン 山形市南東部、蔵王山の中腹にある温泉。泉質は含鉄泉・含アルミニウム泉・硫黄泉・酸性泉など。

ざおう-こくていこうえん【蔵王国定公園】ザワウコクテイコウエン 宮城・山形両県境にまたがる蔵王山を中心とする国定公園。立石寺りっしゃくじや名取川の二口ふたくち峡谷などが含まれる。スキー場・温泉が多い。

ざおう-ごんげん【蔵王権現】ザワウ 修験道における最高の礼拝対象で、金峰山きんぷせん蔵王堂の本尊。役えんの行者が金峰山で衆生救済のために祈請して感得したと伝える。像は右足を高く踏み上げ、右手に三鈷杵さんこしょを振りかざし、左手は腰に当て、逆髪忿怒ふんぬ相を示す。銅像や鏡像・懸仏かけぼとけなど数多く作られた。金剛蔵王菩薩ぼさつ。

ざおう-さん【蔵王山】ザワウ 山形・宮城県境にある火山群。最高峰は熊野岳で、標高1841メートル。冬季は樹氷が美しく、スキー場や温泉が多い。古くは不忘山わすれずやま・刈田嶺と呼ばれ、7世紀に金峰山きんぷせんから蔵王権現を勧請かんじょうしたという。

さお-うた【×棹歌】さを 船頭などが棹をさしながらうたう歌。ふなうた。さおのうた。とうか。

さお-うち【×竿打ち】さを 江戸時代、間竿けんざおで田畑の面積を測量したこと。また、検地のこと。竿入れ。

ざおう-どう【蔵王堂】ザワウ ㊀金峰山寺きんぷせんじの別称。㊁金峰山寺の本堂。金剛蔵王権現を安置する。

さ-おお【さ小▽峰】をを《「さ」は接頭語》小さい峰。「―には幡はた張り立て」〈記・下・歌謡〉

さお-かけ【×竿掛(け)｜×竿架(け)】さを ❶物干し竿などをかけておく道具。竿受け。❷釣りで、置き竿のときに竿を受けるための道具。竿受け。

さお-がしら【×竿頭】さを 釣り船に乗り合わせた人の中でいちばん多く魚を釣った人。

さお-がね【×竿金】さを「竹流し❷」に同じ。

さお-がわ【佐保川】さほがは ►さほがわ(佐保川)

さお-コンパス【×竿コンパス】さを 直線定規の両端にコンパス脚を付けた製図用具。普通のコンパスで描くことのできない大きい円を描くときに用いる。ビームコンパス。

さお-さ・す【×棹さす】さを〔動サ五(四)〕❶棹を水底に突いて舟を進める。「流れに―・す」❷調子を合わせて、うまく立ち回る。「時流に―・す」

さ-おしか【▽小×牡鹿】しか《「さ」は接頭語》雄の鹿。おじか。〈季 秋〉「―のよび下る月の尾上かな/闌更」

さおしか-の【▽小×牡鹿の】さをしかの〔枕〕小牡鹿の分け入る野の意から、地名の「入野いりの」にかかる。「―入野のすすき初尾花」〈万・二二七七〉

さお-だけ【×竿竹】さを 竿にした竹。たけざお。

さお-だち【×棹立ち｜×竿立ち】さを 馬などが、前足を上げて、まっすぐに立ち上がること。棒立ち。「音におびえて馬が―になる」

さお-つぎ【×竿継ぎ】さを 木材の継ぎ手の一種。材端に作った長い枘ほぞを他の木材の枘穴に差し入れ、さらに車知栓しゃちせんを打ち込んで固める継ぎ方。

さお-づり【×竿釣(り)】さを 釣り竿を使って魚を釣ること。

さ-おととし【一昨昨年｜一昨昨年】さをととし 一昨年の前の年。さきおととし。「―の二月きさらぎの十日ごろ」〈竹取〉

さ-おとめ【▽早▽少女｜早乙女】さをとめ《「さ」は接頭語》❶田植えをする若い女。〈季 夏〉「―や泥手にはさむ額髪/鬼城」❷少女。おとめ。

さおとめ-みつぐ【早乙女貢】さをとめ［1926〜2008］小説家。満州の生まれ。本名、鐘ヶ江秀吉かねがえひできち。山本周五郎のもとで研鑽けんさんを積み、反骨精神あふれる歴史・時代小説を発表。史実に基づいた本格歴史小説の他、娯楽に徹した大衆的な作品まで作風は幅広い。「僑人きょうじんの檻おり」で直木賞受賞。他に「おけい」「会津士魂」など。

さお-とり【×竿取り】さを 江戸時代、検地の際、間竿けんざおを持って土地の測量に当たった役人。

さお-とり【×棹取り】さを 舟の棹を操ること。かじとり。「―に速けむ人し」〈記・中・歌謡〉

さお-ばかり【×竿×秤｜×棹×秤】さを 秤の一。竿の一端にはかる物をのせる皿または引っかける鉤かぎを垂らし、その近くにつけた下げ緒をつまみ上げて支点とし、竿が水平になるまで分銅の位置を動かして重さをはかる。

さお-ひめ【佐▽保姫】さほ ►さほひめ(佐保姫)

さお-ぶぎょう【×竿奉行】さをブギャウ 江戸時代、竿打ちをつかさどった奉行。竿入れ奉行。

さお-ぶち【×竿縁】さを 天井板を支えるために、また、装飾として、床の間と平行に1尺5寸(約45センチ)ほどの間隔で取り付けた細長い材。

さおぶち-てんじょう【×竿縁天井】さをぶちテンジャウ 竿縁の上に板を張った天井。

さ-おぶね【さ小舟】をぶね《「さ」は接頭語》小さい舟。こぶね。おぶね。「彦星ひこぼしの川瀬を渡る―のえ行きて泊はてむ川津し思ほゆ」〈万・二〇九一〉

さお-ほぞ【×竿×枘】さを 普通より細長く作った枘。

さお-ぼり【×棹掘り】さを 先端に錐きりを取り付けた鉄または木の棒を、上下させたり回転させたりして穴を掘る方法。

さお-もの【×棹物】さを「棹物菓子」の略。

さおもの-がし【×棹物菓子】さをもの 細長く製した和菓子の総称。羊羹ようかん・外郎ういろう・州浜すはまなど。棹菓子。

さお-やま【佐保山】さほ ►さほやま(佐保山)

さ-おり【▽早降り】《「さ」は田の神の意》田植え始めに、田の神を迎えて無事な収穫を祈る祭り。早開さびらき。➡早上さのぼり

さ-おり【▽狭織り】帯に用いるように、幅を狭く織った倭文布しずぬの。後世の真田さなだ織りの類という。「いにしへの―の帯を結び垂れ」〈万・二六二八〉

さ-おん【差音】高さの異なる二つの音が同時に響くときに派生する、おのおのの振動数の差にあたる振動数をもつ音。➡結合音

さか【▽尺】長さの単位。1杖つえ(約3メートル)の10分の1。しゃく。「杖足らず八や―の嘆き嘆けども」〈万・三三四四〉

さか【坂｜▽阪】❶一方が高く他方が低く傾斜している道。また、その傾斜。さかみち。「―を上る」「下り―」❷物事の区切りを、坂の頂上にたとえていう語。多く、年齢についていう。「六〇の―を越す」
〔類語〕坂道・山坂・急坂・女坂・男坂・上り坂・下り坂

さか【▽冠｜鶏▽冠】とさか。「瑞鶏みずとりの―を貢たてまつれり。其の―海石榴つばきの華の似ごとし」〈天武紀〉

さ-か【茶菓】サクヮ 茶と菓子。ちゃか。「―の接待」

さか【逆｜▽倒】❶さかさま。ぎゃく。反対。「開けた儘の一頁を―に三四郎の方へ向けた」〈漱石・三四郎〉❷名詞や動詞の上に付いて、さかさま、ぎゃく、反対の意を表す。「―波」「―うらみ」「―のぼる」

さか【×斛】古代の体積の単位。1斛さかは10斗(約180リットル)。石こく。「稲ひと―を、銀の銭一文ひとつにかふ」〈顕宗紀〉

さか【釈迦】「しゃか」の直音表記。「―の御足跡みあと石いしに写しおき敬ひて」〈仏足石歌〉

さか【酒】〔語素〕名詞の上に付いて、酒の意を表す。古くは、動詞の上にも付いた。「―蔵ぐら」「―みずく」

さが【佐賀】㊀九州地方北西部の県。肥前の東半部にあたる。吉野ヶ里遺跡がある。有田焼・伊万里焼の産地。人口85.0万(2010)。㊁佐賀県東部の市。県庁所在地。もと鍋島氏の城下町。多布施たふせ川が北部山地から市街に流入、多くの水路をつく

る。平成17年(2005)に周辺4町村を、同19年に3町を編入。人口23.8万(2010)。

さが【▽性┊▽相】❶生まれつきの性質。性格。また、持って生まれた運命。宿命。「愚かな人間の悲しい―」❷いつもそうであること。ならわし。習慣。「浮世の―としてあきらめる」❸よいところと悪いところ。特に、欠点や短所。「―なくばよからんとのかくし詞」〈浄・嵯峨天皇〉 類語 気性・気質・性向・性情・気・性格・気象・気立て・気前・心ばえ・心根・心柄・情じょう・性格

さが【▽祥┊前=兆】きざし。ぜんちょう。特に、吉事のしるし。「夢いめの―に因りて、立ちて皇太子ひつぎのみこと為りたまふ」〈垂仁紀〉

さが【嵯峨】京都市右京区の嵐山から御室おむろ付近の地名。清涼寺・大覚寺・天竜寺などがある。

サガ〖Saga〗《「サーガ」とも》❶古ノルド語で書かれた、中世の散文物語群の総称。アイスランドで成立。ノルマン人の植民前後からの史実や英雄伝説を年代記風に記したもので、12、3世紀に多く作られ、長短百数十編が現存。❷一家一門の歴史を系図のように描いた叙事小説。

さ-が【×嵯×峨┊▽険】〘ト・タル〙図〘形動タリ〙山などの高く険しいさま。「―たる孤峰」

さ-が【×槎×枒┊×槎牙】〘ト・タル〙図〘形動タリ〙木の枝がごつごつと角ばって入りくんでいるさま。「椿に隣れる梅樹うめの―たるに」〈蘆花・自然と人生〉

ざ-か【座下】❶座席のそば。ひざもと。座右。❷手紙の脇付わきづけの一。あて名に添えて敬意を表す。

ざ-が【座×臥┊×坐×臥】スル 座っていることと寝ていること。おきふし。また、日常。ふだん。「行住―」「常住―」

さか-あいさつ【酒挨拶】酒を出して客をもてなすこと。「―の客ぶりのよきも過ぎてはあだとなる」〈浄・堀川波鼓〉

さか-あがり【逆上(が)り】鉄棒で、両足をそろえて伸ばしたまま前に上げ、腕の力を使ってからだを逆さにして引き上げる技。

ザカート〖アラビア zakat〗イスラム法の定める、信徒の基本的な五義務の一。喜捨のことで、一定量以上の財産に課せられる税。貧者、旅人、孤児などのために使われる。欧米では、救貧税と呼ぶ。

さか-あみ【逆網】2艘曳きの網漁業で、左側の船に積む網。また、左側の船。右方を真網まあみとよぶのに対していう。

さかあみ-ぶね【逆網船】逆網を積み、左方を受け持つ船。

さかい【坂井】さかゐ 福井県北部にある市。平野部での稲作のほか、沿岸部でカニ漁が盛ん。東尋坊・丸岡城など観光資源も多い。南隣の福井市のベッドタウン化が進む。平成18年(2006)3月に三国町・丸岡町・春江町・坂井町が合併して成立。人口9.2万(2010)。

さかい【酒井】さかゐ 姓氏の一。三河の酒井氏が著名で、三河碧海あおみ郡酒井村、または同幡豆はず郡酒井村から起こったと伝えられ、江戸時代には譜代大名中の名家。

さかい【堺】さかひ ㊀大阪府中部にある市。大和川下流にあって、大阪市と隣接する。室町から江戸初期にかけて外国貿易の中心地として栄えた。現在は重化学工業が発達。名は摂津・和泉・河内にまたがり、それらの境に位置するところに由来。平成18年(2006)4月、指定都市となった。人口84.2万(2010)。㊁堺市の区名。大山だいせん古墳がある。

さかい【境┊▽界】さかひ ❶土地と土地との区切り。境界。「隣との―」「県―」❷ものとものとが接する所。また、ある状態と他の状態との分かれ目。区切り目。境目。「空と海との―」「生死の―をさまよう」➡境する ❸ある範囲の内。地域。場所。また、境遇。「身体を安逸の―に置くという事を文明人の特権のように考えている彼は」〈漱石・明暗〉❹心境。境地。「―に入りはてたる人の句は、此の風情のみなるべし」〈ささめごと〉 類語 (❶❷)境界きょうかい・境界線・区画・仕切り・境目さかいめ・際きわ・分かれ目・区切り・折り目・一線・一段落・節目・分界・臨界・閾しきい・ボーダーライン/(❸)地域・区域・地区・地方・方面・一円・一帯・地帯・界隈かいわい・土地・地ち・境域・領域・エリア・ゾーン・境・区画

さかい さかい〘接助〙活用語の連体形、または、断定の助動詞「じゃ」の音変化形「や」に付いて理由・原因を表す。…ので。…から。「洋裁やったら実用的なものや―、いつになっても需要が衰えん」〈谷崎・細雪〉 補説 室町時代、名詞「さかい(境)」から転じたという。「さかいで」「さかいに」(「で」「に」ともに格助詞)の形でも使われる。近世、上方語として用いられ、現在では主に関西地方で用いられる。「弐百両の替りに、お前が景図を預ってゐやしゃんすさかいで、この一札はわしが預っておかうわいな」〈伎・韓人漢文〉「物の限る所が境ぢゃによって、さうぢゃさかいにかうした境といふのぢゃわいな」〈滑・浮世風呂・二〉

さ-がい【詐害】〘名〙スル 事実を偽って他人に害を与えること。

さかい-あらそい【境争い】さかひあらそひ 土地の境をどう決めるかについての争い。境界争い。さかいもめ。

さが-いかだいがく【佐賀医科大学】イクワダイガク 佐賀市にあった国立大学。昭和51年(1976)設置。平成15年(2003)佐賀大学と統合し、佐賀大学医学部となる。➡佐賀大学

さかいがわ-なみえもん【境川浪右衛門】さかひがはなみヱモン [1841～1887]幕末の力士。第14代横綱。下総しもうさの人。本名、宇田川政吉。のちに市川政吉、市川浪右衛門と改名。優勝5回。引退後、年寄境川。➡鬼面山きめんざん谷五郎(第13代横綱) ➡梅ヶ谷藤太郎(第15代横綱)

さか-いき【酒息】酒を飲んだ人の、酒臭い息。

さかい-ぎ【境木】さかひ 境界のしるしとする立ち木。

さかい-く【堺区】さかひ ►堺㊁

さがい-こうい【詐害行為】カウヰ 債務者が故意に自己の財産を減少させ、債権者が十分な弁済を受けられないようにする行為。➡詐害行為取消権

さがいこうい-とりけしけん【詐害行為取消権】サガイカウヰ 債権者が自分の債権の弁済を確保するために、債務者の故意になした詐害行為を取り消す権利。債権者の財産を保全するための制度として、債権者代位権とともに民法に定められている。債権者取消権。廃罷はいひ訴権。

さかい-し【坂井市】さかゐ ►坂井

さかい-し【堺市】さかひ ►堺㊀

さかい-じゅう【×堺重】さかひヂュウ ❶堺名産の春慶塗の重箱。多く入れ子づくり。堺重箱。❷切った野菜や煮物などを入れておくふた付きの箱。きりだめ。

さかい-しゅんけい【×堺春慶】さかひ 室町時代以降堺で製された春慶塗。

さかい-すじ【堺筋】さかひすぢ 大阪市の中心を南北に貫く幹線道路の呼び名。難波なにわ橋から日本橋まで、御堂筋の東を並行して走る。近世、堺の商人が移住した地。

さかい・する【境する】さかひ〘動サ変〙図さかひ・す〘サ変〙境界をつける。境目にする。「庭と庭とを―・するに背低き竹垣のみなれど」〈独歩・指輪の罰〉

さか-いた【逆板】鎧よろいの部分の名。大鎧の胴の背面の立挙たてあげの二段目の板。普通の札さねとは逆に、上から垂れて下をおおう形になっているところからいう。総角付あげまきつけの板。

さかいだ-かきえもん【酒井田柿右衛門】さかゐだかきヱモン [1596～1666]江戸初期の陶工。肥前国有田の人。中国の上絵付けの技法を学び、日本で初めて赤絵の焼成に成功、国内外に大きな影響を与えた。子孫代々柿右衛門を名乗り、その作品をも柿右衛門という。

さかい-ただかつ【酒井忠勝】さかゐ [1587～1662]江戸前期の幕臣。老中・大老。若狭小浜城主。3代将軍家光の時、幕政の中心として活躍。家光の遺命により他の老中とともに4代家綱を補佐。

さかい-ただきよ【酒井忠清】さかゐ [1624～1681]江戸前期の幕臣。老中・大老。上野こうずけ厩橋うまやばし城主。4代将軍家綱を補佐して権勢を振るい、その屋敷が大手門下馬札の前にあったので下馬将軍と称された。

さかい-ただつぐ【酒井忠次】さかゐ [1527～1596]安土桃山時代の武将。徳川家康に仕え、姉川・三方ヶ原・長篠などの多くの戦に軍功あり、徳川四天王の一人に数えられた。

さかい-ただよ【酒井忠世】さかゐ [1572～1636]江戸初期の幕臣。老中・大老。上野こうずけ厩橋うまやばし城主。2代将軍秀忠から3代家光の前半にかけて幕政の中心として活躍。

さかい-だんつう【×堺段通】さかひ 江戸末期、堺付近で産した段通。糸物商藤本荘左衛門が中国の段通をまねて始めた。

さかいで【坂出】香川県北部の瀬戸内海に面した市。江戸初期から塩業の町として知られたが、現在は番の州ばんのすの埋立地を中心とする工業地帯。瀬戸大橋により、倉敷市児島と結ばれる。人口5.6万(2010)。

さかいで さかひで〘接助〙►さかい〘接助〙

さかいで-し【坂出市】►坂出

さかい-でんじゅ【×堺伝授】さかひ 古今伝授の流派の一。室町時代、宗祇そうぎが堺に在住の牡丹花肖柏ぼたんかしょうはくに伝え、さらにその門弟に伝えた。

さかい-としひこ【堺利彦】さかひ [1870～1933]社会主義運動の先駆者。福岡の生まれ。号、枯川。万朝よろず報記者となり、のち、幸徳秋水らと平民社を起こし、終始非戦論を唱えて数度入獄。日本社会党・日本共産党の創立にも参加。

さかいに さかひに〘接助〙►さかい〘接助〙

さかいのたいこ【酒井の太鼓】さかゐのタイコ 歌舞伎狂言「太鼓音智勇三略たいこのおとちゆうのさんりゃく」の通称。

さかい-ぶぎょう【×堺奉行】さかひブギャウ 江戸幕府の職名。遠国奉行の一。堺の市政・訴訟を担当し、港湾・船舶の事務を処理した。

さかい-ぶね【×堺船】さかひ 江戸時代、長崎へ輸入された唐物を上方へ運送した堺の船。

さかい-ほういつ【酒井抱一】さかゐハウイツ [1761～1828]江戸後期の画家。江戸の人。名は忠因ただなお。通称栄八。別号、鶯村おうそん。姫路城主酒井忠以ただざねの弟。尾形光琳おがたこうりんに傾倒。琳派の画風に繊細な叙情性を加味し、同派の最後を飾った。俳諧・和歌・書などにも長じた。作「夏秋草図屏風」。

さかいみなと【境港】さかひみなと 鳥取県北西部の市。中心は境さかい。鳥取県北西端の弓ヶ浜ゆみがはまの北部に位置する。古くから商港・漁港として発達した境港があり、現在は近海漁業の基地。人口3.5万(2010)。

さかいみなと-し【境港市】さかひみなと ►境港

さかい-め【境目】さかひ 境となる所。相接する所。分かれ目。「人道と車道の―」「及落の―にいる」 類語 分け目・変わり目・境・境界・境界線・区画・仕切り・際きわ・分かれ目・分界・臨界・閾しきい・ボーダーライン

さかい-もめ【境×揉め】さかひ「境争い」に同じ。

さか-いり【酒煎り】酒を少量用いて材料をいりつけ、酒の香りをつけること。エビ・貝・イカ・ぎんなんなどの下処理として行う。

さかい-りゅう【×堺流】さかひリウ ❶茶道の流派の一。堺の茶匠武野紹鷗たけのじょうおうを開祖とし、室町末期に成立。紹鷗流。❷和様書道の流派の一。堺に居を構えた牡丹花肖柏ぼたんかしょうはくが創始。

さか-いわい【逆祝ひ】さかいはひ わざと不吉なことを言って、祝いとすること。「総じて祝ひは―。…悲しい事のありたけを、揃へて祝へば」〈浄・孕常盤〉

さか・う【栄ふ】さかふ〘動ハ下二〙《「さか(栄)ゆ」の音変化。鎌倉、室町時代以降用いられた》「さか(栄)える」に同じ。「―・ふべき四方よもの草木のかぞいろはこの春雨や世におほふらん」〈夫木・三〉

さか・う【逆ふ】さかふ ㊀〘動ハ四〙❶さからう。そむく。従わない。「かの妻、もとより腹悪しくて、常に夫の気に―・へり」〈仮・伊曾保〉❷敵対する。はむかう。「今一度―・ふべしとて」〈著聞集・一〇〉❸さかさになる。さかまく。「天下風あれて海内波―・へりき」〈海道記〉❹気にさわる。悪く感じる。「悪しき事は、人の耳にも―・ひ」〈徒然・一五五〉㊁〘動ハ下二〙㊀に同じ。「片言耳に―・ふれば」〈平家・四〉

さか・う【▽境ふ┊▽界ふ】さかふ〘動ハ四〙境を決める。限る。区切る。「後ろは山により、前は水を―・ふ事にてこそあるに」〈太平記・一九〉

さか-うえ【坂上】(ニ゙ヘ゛) 坂をのぼりきった所。坂の上。⇔坂下。

さか-うち【逆討ち】敵を討とうとして逆に討たれること。返り討ち。「―を食らう」

さか-うち【逆撃ち】主として飛行機に対する射撃方法。あおむけに寝た姿勢で撃つ。

さか-うま【逆馬】❶馬に後ろ向きに乗ること。「敵に後ろを見えじとや思ひけん、玄光は―に乗ってぞはせたりける」〈平治・下〉❷意に反して逆の成り行きになること。「叩き出せぶち出せと、いふ程一横車」〈浄・仏御前〉❸将棋で、王将が相手の陣である三段目以内に入ること。入り王。入玉(にゅうぎょく)。「ろじのかぎかりて―さして居る」〈柳多留・九〉

さか-うらみ【逆恨み】〔名〕(スル) ❶こちらが恨みに思っていいはずの人から逆に恨まれること。「―を受けるいわれはない」❷人の好意を曲解して、逆に恨むこと。また、筋違いなことを理由に人を恨むこと。「親切のつもりが―される」〔類語〕恨み・遺恨・怨恨・私怨・怨念・恨めしい・怨嗟(えんさ)・意趣・宿意・宿怨(しゅくえん)・宿恨・積怨(せきえん)・旧怨(きゅうえん)・仇(あだ)・憎しみ・復讐心(ふくしゅうしん)

さかえ【栄】横浜市の区名。昭和61年(1986)戸塚区の南東部が分区。

さかえ【栄え】栄えること。繁栄。「文化の―」

さがえ【寒河江】山形県中東部の市。中世には大江氏の城下町。サクランボウの生産、食品・繊維工業が盛ん。寒河江温泉がある。人口4.2万(2010)。

さかえ-おとめ【栄え▽少女】(をとめ) 美しい盛りの少女。「つつじ花にほえをとめ桜花―」〈万・三三〇九〉

さがえ-がわ【寒河江川】(がは) 山形県中央部を流れる川。新潟県との県境にある朝日岳北麓に源を発し、山形盆地中央部で最上川に合流する。長さ59キロ。上流部を根子川といい、中流部に東北地方最大級の多目的ダム(寒河江ダム)と、その貯水池の月山(がっさん)湖がある。流域は米作が中心で、サクランボウ・リンゴ・洋ナシなどの果樹栽培も盛ん。

さかえ-く【栄区】▶栄

さがえ-し【寒河江市】▶寒河江

さかえはま【栄浜】ロシア連邦サハリンの町スタロドゥプスコエの、日本領時代の名称。

さか・える【栄える】〔動ア下一〕文さか・ゆ〔ヤ下二〕❶勢いが盛んになる。繁栄する。繁盛する。「国が―・える」「古代文明の―・えた地」「悪徳が―・えはびこる」❷話が弾む。「会話はいよいよ―・えて、笑声が雑(ま)って来る」〈鴎外・青年〉〔類語〕繁栄・繁盛・にぎわう・富む・栄華・全盛・最盛・興隆・隆盛

さか-おくみ【逆×衽】幼児の和服で、衽(おくみ)を前身頃から斜めに裁ち、裁ったときとは逆向きに身頃に縫いつける仕立て方。また、その衽。さかおくび。

さか-おけ【酒×桶】(をけ) 酒を醸造または貯蔵するのに用いる大きな桶。

さか-おとこ【酒男】(をとこ) 酒づくりに従事する男。酒杜氏(さかとうじ)。

さか-おとし【逆落(と)し】❶さかさまに落とすこと。「―に落とす」❷絶壁のような急な坂道。また、そこを一気に駆け下りること。「鵯越(ひよどりごえ)の―」

さか-おもだか【逆沢=瀉】《「逆沢瀉威(さかおもだかおどし)」の略》鎧(よろい)の威の一。沢瀉威を逆にしたもの。オモダカの葉を逆さにしたような模様のもの。

さか-かす【酒×粕｜酒×糟】▶さけかす

さか-がみ【逆髪】㊀❶逆立った頭髪。❷髪を逆立てた化け物。「―と見ゆるは風の柳かな／吉林」〈毛吹草〉㊁謡曲「蝉丸(せみまる)」の主人公である狂女の名。また、謡曲「蝉丸」のこと。

さかがみ-ひろし【坂上弘】［1936～ ］小説家。東京の生まれ。「内向の世代」の作家の一人。会社勤務のかたわら執筆活動を続け、定年退職後、慶応通信(現慶応義塾大学出版会)社長に就任。「優しい碇泊(ていはく)地」で芸術選奨文部大臣賞受賞。他に「初めの愛」「田園風景」「台所」など。

さかがみ-まつり【逆髪祭】陰暦9月24日、滋賀県大津市逢坂の蝉丸(せみまる)神社(関明神)で行われる祭礼。逢坂にあるから坂神の意であるが、古くから蝉丸の髪が逆立って生えていたという伝説があって、逆髪の名が生じた。

さか-がめ【酒×甕】酒を貯蔵するかめ。さけがめ。

さか-き【×榊｜▽賢木】㊀《栄える木の意か。一説に境の木の意とも》❶神木として神に供せられる常緑樹の総称。❷ツバキ科の常緑小高木。関東以西の山林中に自生し、高さ約5メートル。葉は互生し、やや倒卵形で先が細く、つやがあって堅い。夏、白い花をつけ、実は熟すと黒くなる。神事に用い、神社などによく植えられる。〔季 花＝夏〕㊁(賢木)源氏物語第10巻の巻名。光源氏、23歳から25歳。桐壺帝の崩御、藤壺の出家、源氏と朧月夜(おぼろづきよ)との仲が露見して追放の画策をされることなどを描く。〔補説〕「榊」は国字。

さか-ぎ【逆木｜▽倒木】建築などで、木目を逆に用いた材。一般に嫌われる。

さかき-かき【×榊×舁き】祭礼で、神輿(みこし)渡御のとき、先頭に立って榊を担ぐこと。また、その人。

さか-きげん【酒機嫌】酒に酔っていい気分になっていること。一杯機嫌。ささきげん。

さかき-ば【×榊葉】榊の葉。神に供える榊の枝葉。

さかき-ばくざん【榊莫山】［1926～2010］書家。三重の生まれ。本名、斉(ひとし)。若くして数々の賞を受賞するなど書壇で活躍したが、昭和33年(1958)に書壇から離れ、以後は無所属として活動した。絵に自作の詩を交えた「詩・書・画一体」の作品で知られる。テレビのコマーシャルにも出演し、「莫山先生」の愛称で親しまれた。著作に「野の書」「空海書館」など。

さかぎ-ばしら【逆木柱】「逆柱(さかばしら)」に同じ。

さかきばら-こうしゅう【榊原篁洲】(くわうしう) ［1656～1706］江戸中期の儒学者。和泉(いずみ)の人。名は玄輔。木下順庵門下で、紀州徳川家の儒官となる。中国歴代の制度、特に明の法制を究めた。著「大明律例諺解」「易学啓蒙諺解大成」など。

さかきばら-しげる【榊原仟】［1910～1979］外科医。福井の生まれ。東大卒。東京女子医大教授、筑波大学副学長、榊原記念病院院長。日本の心臓外科手術の開拓者のひとり。著作に「医の心」など。

さかきばら-しほう【榊原紫峰】［1887～1971］日本画家。京都の生まれ。本名、安造。土田麦僊(つちだばくせん)らと国画創作協会を結成。花鳥画を得意とした。

さかきばら-やすまさ【榊原康政】［1548～1606］安土桃山時代の武将。徳川家康に仕え、姉川・長篠など多くの戦に軍功をあげ、徳川四天王の一人とされた。関東入部後、上野(こうずけ)館林で10万石を領した。

さかき-ひゃくせん【彭城百川】［1697～1752］江戸中期の文人画家。尾張の人。名は真淵、百川は字(あざな)。号、蓬洲・八仙堂。彭(ほう)百川ともよばれる。日本における南画の先駆者の一人。書画の鑑識や俳諧でも活躍。

さが-ぎれ【×嵯×峨切】名物切の一。金襴(きんらん)で、もと嵯峨の清涼寺の戸帳に用いられていたため、この名でよばれたという。藍色地に桐(きり)・唐草文のものと、緋色地で雲に宝尽くしのものとがある。

さ-がく【左楽】「左方(さほう)の楽」に同じ。⇔右楽。

さ-がく【差額】ある金額から他のある金額を差し引いた残りの金額。「―を徴収する」

ざ-かく【座客｜×坐客】その座に居合わせる客。同席の客。

ざ-がく【座学】演習や訓練などの実技に対して、講義形式の学科のこと。〔補説〕もとは軍隊で使われた語。

さがく-かんぜい【差額関税】(クワンゼイ) 国内の養豚業者を保護するため、価格の安い輸入豚肉にかける関税。国内の流通価格を参考に世界貿易機関と交渉して基準価格を設定し、輸入肉が基準を下回ればその差額を関税として課税する。

さか-くじ【逆▽公事】訴えられるはずの者が、訴え出るはずの者を逆に告訴すること。反公事(かえりくじ)。

さか-ぐせ【酒癖】▶さけぐせ

さかぐち-あんご【坂口安吾】［1906～1955］小説家。新潟の生まれ。本名、炳五(へいご)。情痴・荒廃の世界を戯画的な手法で表現し、大胆な文明批評で戦後文学の代表者の一人となった。評論「日本文化私観」「堕落論」、小説「風博士」「白痴」など。

さかぐち-きんいちろう【坂口謹一郎】(キンイチラウ) ［1897～1994］発酵微生物学者。新潟の生まれ。東大卒、同教授。学士院賞受賞、文化勲章受章。発酵菌類の研究に貢献。著作に「世界の酒」「日本の酒」など。

さかぐち-たかし【坂口昂】［1872～1928］歴史学者。京都の生まれ。京大教授。欧州各国に留学。ランケの学風を受け継ぎ、世界史的視野で歴史学を論じた。著「概観世界思潮」「ルネサンス史概説」など。

さか-ぐつわ【逆×轡】左右を逆にしてはめた、馬のくつわ。

さがく-ベッド【差額ベッド】病院のベッドの使用料金が医療保険給付で定められている料金より高額で、その差額を入院患者から徴収することが認められているもの。

さか-ぐら【酒蔵】酒を醸造または貯蔵する蔵。さけぐら。

さか-ぐるい【酒狂い】(ぐるひ) 酒に酔って正気を失い、乱暴などをすること。酒におぼれること。酒乱。

さか-け【酒気】《「さかげ」とも》酒のにおい。また、酒の酔い。しゅき。「―も一時に醒(さ)めしなるべし」〈鉄腸・花間鶯〉

さか-げ【逆毛】❶逆立っている毛。❷整髪で、髪の毛を櫛(くし)で先から根もとに向かってとかし、逆立ててふくらませるもの。「―を立てる」

さが-けい【嵯峨渓】宮城県東部、宮戸島東側の石巻湾に面した海岸。室浜(むろはま)から萱野崎(かやのさき)までの約2キロメートルにわたり高さ20メートルから40メートルの海食崖が続く。ケイマフリの本州南限の繁殖地。

さが-けん【佐賀県】▶佐賀㊁

さが-げんじ【嵯峨源氏】嵯峨天皇の皇子で源(みなもと)の姓を賜って臣籍に下った者。肥前の松浦(まつら)氏はその流れと称する。

さか-ご【逆子｜逆▽児】胎内で胎児の姿勢が、正常の場合と逆になっているもの。妊娠中は臀部(でんぶ)が下になっており、分娩の際臀部または脚部から先に出てくる。骨盤位。逆産。

さが-ごしょ【嵯峨御所】大覚寺の通称。

さか-ごと【酒事】さかもり。酒宴。ささごと。

さか-ことば【逆言葉】「逆さ言葉」に同じ。

さか-ごも【酒▽薦】酒樽を包むこも。さけこも。

さが-ごりゅう【×嵯×峨御流】(リウ) 生け花の流派の一。嵯峨流に荘厳華と呼ぶ儀式花を加えたもの。家元はなく、大覚寺門跡が総裁を務める。➡嵯峨流

さか-さ【逆さ｜▽倒さ】〔名・形動〕「さかさま」の略。「裏表が―になる」〔類語〕反対・逆(ぎゃく)・逆様(さかさま)・あべこべ・裏腹(うらはら)・裏返し・裏表(うらおもて)・右左(みぎひだり)・上下(うえした)・後ろ前

さかさ-おち【逆さ落ち】落語の落ちの一。物事が逆の結果になる落ち。大阪では、落ちを先に言ってから咄(はなし)に入るものをいう。

さかさか・し【▽賢▽賢し】〔形シク〕《「さかざかし」とも》非常に賢い。よく気がきいて、しっかりしている。「以外(もってのほか)に―・しき者にて候」〈保元・上〉

さかさ-がわ【逆さ川】(がは) 逆の方向へ流れる川。地勢の関係から普通の川の流れと逆になる。さかさまがわ。

さかさ-ぎもの【逆さ着物】遺体に、着物の上下を逆さにして掛けておくこと。また、その着物。

さかさ-くらげ【逆さ海=月】《看板に使った温泉マークの♨を、逆さにしたクラゲに見立てて》連れ込み旅館のこと。昭和20年代の流行語。

さかさ-ことば【逆さ言葉｜▽倒さ▽詞】❶反対の意味で使う言葉。「いじめる」を「かわいがる」という類。さかさまごと。❷一語の音を上下逆にしていう言葉。「たね(種)」を「ねた」、「しろうと(素人)」を「とうしろう」という類。多く隠語として用いる。倒語。さかさまごと。

さかさ-だけ【逆さ竹】ハチクの枝が逆さになり、しだれた形になったもの。新潟市の西方寺のものが有名。

さかさ-にじ【逆さ虹】▶環天頂アーク

さかさ-ばし【逆さ箸】嫌い箸の一。盛り合わせの料理を取るときに、箸を逆さに持って食べ物をつまむこと。取り箸を用意するとよい。

さかさ-ばしら【逆さ柱】▶さかばしら

さかさ-はりつけ【逆さ×磔】武家時代の極刑。罪人のからだを逆さにはりつけにしたもの。さかはたもの。さかさばっつけ。さかばっつけ。

さかさ-びょうぶ【逆さ×屏風】ビャウブ 死者の枕元に屏風を逆さに立てること。また、その屏風。

さかさ-ふじ【逆さ富士】湖水などに映って逆さに見える富士山の影。

さか-さま【逆様|▽倒】〔名・形動〕❶物事の上下・左右・前後・裏表などの関係が本来の状態とは反対になっていること。また、そのさま。逆(さか)さ。さかさ。さかしま。「—から読んでも同じ言葉」「セーターを裏表—に着る」「壁の絵が—だ」❷道理や事実に反すること。また、そのさま。さかさ。さかしま。「言う事とする事が—だ」「娘に説教されるとは—だ」❸特に、子が親より先に死ぬこと。「—ながら御回向(ごえこう)を、受けますこともあらうも知れず」〈人・娘節用・三〉
類語 反対・逆・あべこべ・裏腹・逆さ・裏返し・裏表(うらおもて)・右左(みぎひだり)・上下(うえした)・後ろ前

さかさま-ごと【逆様言】❶こちらが言いたいことなのに、先方から言ってくること。道理に合わない言いがかり。❷「逆さ言葉」に同じ。

さかさま-ごと【逆様事】ものの道理に反すること。また、順序が逆になること。特に、親が先立った子を弔うこと。さかさごと。「早く死んで仕舞いさえすれば、何の—も見ずに済んだで御座りまするが」〈木下尚江・良人の自白〉

さかさ-まつげ【逆さ×睫】まつげが普通とは逆に眼球のほうを向いて生えている状態。睫毛内反(しょうもうないはん)。さかまつげ。

さかさま-の-つみ【逆様の罪】主君や親にそむく罪。逆罪(ぎゃくざい)。「いみじからむ—ありとも、この人々をばおぼしゆるすべきなり」〈大鏡・師輔〉

さかさま-の-わかれ【逆様の別れ】「逆さ別れ」に同じ。

さかさ-みず【逆さ水】ミヅ 普通とは逆に水に熱い湯を入れて、ぬるくすること。死者の遺体を清めるときのやり方とされる。

さかさ-みの【逆さ×蓑】▶岡見(おかみ)❶

さかさ-わかれ【逆さ別れ】子が親より先に死ぬこと。さかさまの別れ。

さか・し【盛し|栄し】〔形シク〕盛んであるさま。盛りであるさま。「もる山のいちご—・しく成りにけり」〈著聞集・五〉

さ-かし【▽然かし】〔連語〕《副詞「さ」＋終助詞「かし」》相手の話に同意をする語。なるほどそのとおりだ。「—、例は忌み給ふ方なりけり」〈源・帚木〉

さか-じ【坂路】ヂ 坂みち。

さが-し【佐賀市】▶佐賀㊂

さが・し【×嶮し|▽険し】〔形シク〕❶険阻であるさま。山や坂が険しい。「ふもとより峰へ登るほど—・しく」〈宇治拾遺・二〉❷危険であるさま。あぶない。「いと—・しき事なりとて笑ひ給ふ」〈落窪・二〉

さがし-あ・てる【捜し当てる|探し当てる】〔動タ下一〕文さがしあ・つ〔タ下二〕さがしていた目的物を見つけ出す。「持ち主をようやく—・てる」

さかし・い【▽賢しい】〔形〕文さか・し〔シク〕《「盛(さか)し」と同語源か》❶才知がすぐれ判断力があるさま。かしこい。賢明である。「—・いやり方」「競争社会を—・く生き抜く」❷才知のあるように見せかけるさま。こざかしい。「—・い口をきく」❸心がしっかりしている。気丈である。「心—・しき者、念じて射むとすれども」〈竹取〉❹すぐれて見えるさま。じょうずである。気がきいている。「異(こと)人々のもありけれど、—・しきもなかるべし」〈土佐〉❺健康であるさま。「おのが—・しからむときこそ、いかでもいかでもものし給はめと思へば、かく死なば」〈かげろふ・上〉派生 さかしげ〔形動〕
類語 賢い・利口・鋭敏・機敏・俊敏・明敏・敏・鋭い・聡(さと)い・目聡い・過敏・敏感・炯眼(けいがん)・利発・聡明・怜悧(れいり)・慧敏(けいびん)・穎悟(えいご)・英明・英邁(えいまい)・賢明・犀利(さいり)

さがし-え【探し絵|捜し絵】ヱ「絵探し」に同じ。

さか-しお【逆潮】シホ 地形や風力が原因で、主な潮流と逆方向に流れる潮流。㊀真潮(ましお)。

さか-しお【酒塩】シホ 魚や野菜の煮物に調味料として酒を入れること。また、その酒。

さか-した【坂下】坂のした。坂の登り口。さかもと。㊀坂上。

さかした【坂下】三重県亀山市の地名。鈴鹿峠の東のふもとで、もと東海道五十三次の宿駅。

さがし-だ・す【捜し出す|探し出す】〔動サ五(四)〕目的の人や物をさがして見つける。また、さがして取り出す。「電話帳から住所を—・す」

さかし-だ・つ【▽賢し立つ】〔動タ四〕利口ぶる。さかしがる。「さばかり—・ち、真字(まんな)書きちらして侍るほども」〈紫式部日記〉

さかした-もん【坂下門】江戸城内郭門の一。西の丸大手門と内桜田門との間にあり、現在は宮内庁への出入り口となっている。

さかしたもんがい-の-へん【坂下門外の変】サカシタモングワイ 公武合体論を推進し、和宮降嫁を実現させた老中安藤信正が、文久2年(1862)水戸浪士を中心とする尊王攘夷(そんのうじょうい)派の志士に江戸城坂下門外で襲われた事件。

さかし-びと【▽賢し人】かしこい人。賢人。「この—、はた軽々しき物怨じすべきにあらず」〈源・帚木〉

さかし-ま【逆しま|▽倒】〔名・形動〕❶「逆様❶」に同じ。「倉庫がクッキリと—に鏡のような水に映っていた」〈長与・竹沢先生と云ふ人〉❷道理に反すること。また、そのさま。「—な考えを抱く」

さがし-まわ・る【捜し回る|探し回る】マハル〔動ラ五(四)〕あちらこちらをさがして歩く。見つけ回る。「家中を—・る」

さかし-め【▽賢し女】賢くしっかりした女。賢女。「高志(こし)の国に—を有りと聞かして」〈記・上・歌謡〉

さがし-もと・める【捜し求める|探し求める】〔動マ下一〕文さがしもと・む〔マ下二〕目的の物を手に入れようと方々をさがす。「古書を—・める」
類語 求める・探す・尋ねる・物色する

さがし-もの【捜し物|探し物】見当たらない物をさがすこと。また、さがしている物。「—をする」「—が見つかる」

さが-じょう【佐賀城】ジヤウ 佐賀市にあった旧肥前藩の城。竜造寺氏の城を鍋島氏が拡張し、慶長14年(1609)天守が完成。のち、火災や佐賀の乱で焼失。鯱(しゃち)の門が残っている。

さかし-ら【▽賢しら】〔名・形動〕《「ら」は接尾語》❶利口そうに振る舞うこと。物知りぶること。また、そのさま。かしこだて。「—をする」「—に口を出す」❷自ら進んですること。また、そのさま。「大君のつかはさなくに—に行きし荒雄(あらお)ら沖に袖ふる」〈万・三八六〇〉❸よけいな世話を焼くこと。出しゃばること。おせっかい。「—する親ありて…この女をほかへ追ひやらむとす」〈伊勢・四〇〉❹さし出口をきくこと。讒言(ざんげん)。「この御堂の北南に移り住めば、ある—する者出で来て」〈栄花・玉の台〉

ざ-がしら【座頭】❶最上位の席または人。首座。❷演劇・演芸などの一座の頭。座長。特に、歌舞伎では、一座の長で代表格の俳優。類語 大立て者・名優・千両役者・スター・花形・立役者

さかしら-ぐち【▽賢しら口】利口ぶった言い方。また、さし出口。「—をきく」

さかしら-ごころ【▽賢しら心】利口ぶって、出しゃばろうとする心。「—あり、何くれとむつかしき筋になりぬれば」〈源・若菜〉

さかしら-びと【▽賢しら人】利口ぶる人。また、おせっかいな人。「親にはあらで、むつかしき—の、さすがに、あはれに見え給ふ」〈源・蛍〉

さか-しろ【酒代】「酒手(さかて)」に同じ。

さが-じんじゃ【佐嘉神社】佐賀市松原町にある神社。祭神は鍋島直正・直大(なおひろ)。明治6年(1873)の創建。旧称は松原神社。

さか・す【栄す】〔動サ四〕❶興を催す。そそる。「海のつらにも、山がくれにも、時々につけて、興—・すべき渚の苫屋(とまや)」〈源・明石〉❷ひけらかす。「さる所にて才(ざえ)—・しいで侍らむよ」〈紫式部日記〉

さが・す【捜す|探す】〔動サ五(四)〕見つけ出そうとして方々を見たり、歩きまわったり、人に聞いたりする。尋ね求める。「職を—・す」「落とし主を—・す」「あらを—・す」可能 さがせる 補説 ふつう、見えなくなったものをさがす場合には「捜」、欲しいものをさがす場合には「探」を用いる。類語 探る・尋ねる・あさる・探し求める・物色する・求める

さか-ずき【杯|×盃|×坏】ヅキ《「酒(さか)坏(つき)」の意》❶酒を飲むのに使う小さな器。多く、口が朝顔形に開いたものをいう。「—を酌み交わす」「—を干す」❷「杯事(さかずきごと)❷」に同じ。「親分子分の—を取り交わす」「固めの—」
類語 酒杯・杯(はい)・玉杯・金杯・銀杯・猪口(ちょこ)・ぐい飲み

杯を返・す ❶受けた杯につがれた酒を飲み干し、その杯を相手に返して酒をつぐ。返杯する。❷子分が親分に対して、縁を切る。

杯を・する 誓い・約束・別れなどのしるしに杯を取り交わす。「祝言の—・する」

杯を貰(もら)・う ❶相手の杯を受け、つがれた酒を飲む。❷親分子分の縁を結ぶ。

さかずき-あらい【杯洗い】サカヅキアラヒ「杯洗(はいせん)」に同じ。

さかずき-おや【杯親】サカヅキ 婚姻の際、新夫婦の後見人として仮の親子関係を結んだ親。仲人親(なこうどおや)。

さかずき-ごと【杯事】サカヅキ ❶杯を交わして酒を飲むこと。酒盛り。酒宴。❷夫婦・親分子分・兄弟分などの関係を結ぶことを誓って、同じ杯で酒を飲むこと。「新郎新婦の—」

さかずき-ごま【杯独=楽】サカヅキ 杯の形をした独楽。

さかずき-だい【杯台】サカヅキ 杯をのせて客に勧める台。杯の皿。

さかずき-ながし【杯流し】サカヅキ 杯を水の流れに浮かべて興じる遊び。

さか-ずり【逆×剃り】「さかぞり」に同じ。

さか-ぞり【逆×剃り】〔名〕スル 髪やひげなどを毛並みにさからって剃ること。かみそりの刃を上に向けて剃り上げること。さかずり。

さ-かた【佐潟】新潟市西部にある国内最大の砂丘湖。砂丘列間のくぼ地に水がたまってできたもので、標高5メートル、面積0.44平方キロメートル、深さ0.3〜1メートル。ハクチョウやカモなどの渡り鳥が飛来する。佐渡弥彦米山(さどやひこよねやま)国定公園に属する。国の鳥獣保護区。平成8年(1996)ラムサール条約に登録された。

さかた【酒田】山形県北西部、最上川河口の市。寛文12年(1672)河村瑞軒が貯米蔵を設け、大坂へ送る西廻り航路が開けて以来の庄内米の大集散地。平成17年(2005)11月、八幡(やわた)町・松山町・平田町と合併。人口11.1万(2010)。

ざ-かた【座方】江戸時代、芝居小屋の使用人。客の案内などの雑用をする。

さか-だい【酒代】「酒手(さかて)」に同じ。

さが-だいがく【佐賀大学】佐賀市にある国立大学法人。昭和24年(1949)佐賀高等学校・佐賀師範学校・佐賀青年師範学校を統合し、大学として発足。平成15年(2003)佐賀医科大学を統合し医学部とする。同16年国立大学法人となる。

さかた-えいお【坂田栄男】ーヲ [1920〜2010]囲碁棋士。東京の生まれ。昭和36年(1961)から本因坊のタイトルを7連覇し、名誉本因坊の資格を取得するなど、多くのタイトルを獲得。「カミソリ坂田」「シノギの坂田」などと称され、一時代を築いた。著書に「坂田一代」など。平成4年(1992)文化功労者。

さかた-ざめ【坂田×鮫】エイ目サカタザメ科の海水魚。全長60センチ〜1メートル。頭は平たく三角形で、尾部は太く、背びれが発達する。日本では中部以南の砂底にすむ。卵胎生。刺身やかまぼこの材料となり、ひれは干して中華料理に用いる。さかたぶか。すきのさき。塔婆(とうば)。

さかた-さんきち【坂田三吉】[1870〜1946]将棋棋士。大阪の生まれ。独力で将棋を学び、独特の戦法をあみだした。自ら関西名人を名のり、棋界から孤立。死後、名人位・王将位を追贈された。その生

涯は「王将」のタイトルで演劇・映画の題材とされる。
さかた-し【酒田市】▶酒田
さかた-しょういち【坂田昌一】[1911～1970]物理学者。東京生まれ。名大教授。湯川秀樹に協力して中間子を理論的に研究。電子の自己エネルギーの発散についての理論を起こし、朝永振一郎のくりこみ理論の素地を作った。素粒子の複合模型「坂田模型」を提唱して素粒子論の新段階を開いた。
さか-だち【逆立ち】〔名〕スル ❶両手を地につけ、両足を上にあげて、からだを逆さにして立つこと。倒立。しゃっちょこだち。「—して歩く」❷物の上下が反対になっていること。また、物事の関係が反対になっていること。さかさま。「棚の本が—している」❸(「さかだちしても」の形で)せいいっぱい、がんばっても。「—しても君には及ばない」(類語)倒立
さか-だち【酒断ち】〔名〕スル ❶ある物事の成就を願って神仏に願がんをかけ、一定期間、または満願まで酒を飲まないこと。さけだち。❷酒を飲むことをいっさいやめること。禁酒。さけだち。
さか-だ・つ【逆立つ】㊀〔動タ五(四)〕さかさまに立つ。また、横になっているものなどが上向きに立つ。「恐怖のあまり髪の毛が—・つ」㊁〔動タ下二〕「さかだ(逆立)てる」の文語形。
さかた-でら【坂田寺】奈良県高市郡明日香村にあった尼寺。継体天皇の時代に司馬達等しばたちとが結んだ草堂に始まるという。平安時代には金剛寺とも称したが、のち衰亡。
さか-だ・てる【逆立てる】〔動タ下一〕図さかだ・つ〔タ下二〕逆さまに立てる。逆立つようにする。「柳眉りゅうびを—・てる」「猫が毛を—・てる」
さかた-とうじゅうろう【坂田藤十郎】歌舞伎俳優。㊀(初世)[1647～1709]京都の人。元禄期(1688～1704)を代表する上方の名優。和事の祖とされる。上方歌舞伎の基礎を築き、作者に近松門左衛門を得て数々の名作を残した。㊁(4世)[1931～　]2世中村鴈治郎の長男。平成2年(1990)3世鴈治郎、同17年4世藤十郎を襲名。屋号、山城屋。同21年文化勲章受章。
さか-だな【酒▽店】酒を売る店。酒屋。さかみせ。
さかた-の-きんとき【坂田金時】平安後期の武士。相模足柄山に生まれたと伝えられる。幼名、金太郎。源頼光の四天王の一人。後世の御伽草子などで伝説化され、五月人形となって残る。浄瑠璃・歌舞伎では快(怪)童丸の名で登場する。生没年未詳。(補説)「酒田」とも、また、「公時」とも書く。
さかた-ひろお【阪田寛夫】[1925～2005]小説家・詩人。大阪の生まれ。朝日放送退職後、小説・詩・作詞など幅広く執筆。「土の器」で芥川賞受賞。他に小説「海道東征」、詩集「わたしの動物園」、児童文学「トラジイちゃんの冒険」、童謡「サッちゃん」「おなかのへるうた」など。
さかた-もけい【坂田模型】昭和30年(1955)、日本の物理学者坂田昌一が提案した素粒子に関する複合模型。陽子、中性子、Λラムダ粒子を基本粒子とし、すべてのハドロンはこれらの粒子および反粒子を組み合わせた複合粒子であるとした。坂田モデル。
さかた-モデル【坂田モデル】▶坂田模型
さか-だる【酒×樽】酒を入れておくための樽。
さか-づくり【酒造り】酒をつくること。また、それを職業とする家や人。さけづくり。
さか-つ-こ【▽造▽酒▽児│▽造▽酒童＝女】大嘗祭だいじょうさいのとき、神に供える御酒みきを斎庭ゆにわで醸かもす少女。斎田に決められた郡の郡司の未婚の娘から卜定ぼくじょうによって選ばれた。
さか-つぼ【酒×壺】酒を入れる壺。
さか-つら【逆▽頰】❶毛皮の毛並みが逆立っているもの。「猪の—の尻鞘したる太刀帯して」〈今昔・二三・一五〉❷「逆頰箙さかつらえびら」の略。
さか-つら【酒面│酒▽頰】《「さかづら」とも》酒を飲んで赤くなった顔。また、酒を飲んだように赤い顔。
さかつらいそさき-じんじゃ【酒列磯前神社】茨城県ひたちなか市にある神社。祭神は少彦名命すくなひこなのみことで、大己貴命おおなむちのみことを配祀。酒列明神。
さかつら-えびら【逆▽頰×箙】箙の一種。方立ほうだての表面をイノシシの毛皮で包んだもの。1枚の皮で包むために毛並みが背面は下に、他の三面は逆に上に向くところからいう。主将以下は軍陣に用い、公卿の随身も用いた。
さかつら-がん【酒面×雁】カモ科の鳥。茶褐色で大形、他のガンに比べて顔の色が赤みがかっている。中国大陸に分布。中国産ガチョウの原種。昔は日本にも冬期に多数が渡ってきたが、近年はまれ。(季 秋)
さか-ぶ・る【逆釣る】〔動ラ五(四)〕怒ったりして、目尻が上がる。「忿怒ふんぬの面火玉の如くし—・ったる目を一段視みい開き」〈露伴・五重塔〉
さか-て【逆手】《普通とは逆にした手の使い方の意》❶㋐刃物の柄を、親指が柄の端、小指が刃の方になるように握ること。切腹するときの短刀の持ち方。㋑器械体操で、鉄棒などを、手のひらを手前に向けて下から握る握り方。㊉順手。❷相手の攻撃を利用して、逆にやり返すこと。ぎゃくて。「発言を—にとってやりこめる」❸「逆手投げ」の略。❹上代、人をのろうときや凶事に際して打ったという手の打ち方。詳細は未詳。天あまの逆手。
さか-て【酒手】❶酒を買う金。さかだい。❷人夫や車夫などに対して、決められた賃金のほかに与える金銭。心づけ。「—をはずむ」(類語)酒代・飲み代
サカテカス〖Zacatecas〗メキシコ中部、サカテカス州の州都。16世紀半ば、スペイン人が銀山を発見し、鉱山都市として発展。過剰な装飾を施したバロック様式の聖堂や教会があり、1993年に「サカテカス歴史地区」の名で世界遺産(文化遺産)に登録された。
さかて-なげ【逆手投げ】相撲の技の一。相手が突き出した手を逆に取り、背負うようにして投げるもの。
さが-てんのう【嵯峨天皇】[786～842]第52代天皇。在位809～823。桓武天皇の皇子。名は神野かみの。「弘仁格式」「新撰姓氏録しんせんしょうじろく」などを編纂へんさんさせ、蔵人所くろうどどころ・検非違使けびいしなどを設けて律令制の補強を行った。また、能筆で知られ、三筆の一人。
さかど【坂戸】埼玉県中央部にある市。もと鎌倉街道の宿場町。東武東上線と越生おごせ線の分岐点にあり、宅地化が進む。人口10.2万(2010)。
さか-とうじ【酒×杜氏】「杜氏とうじ」に同じ。
さかど-ざ【坂戸座】《「さかとざ」とも》大和猿楽四座の一。鎌倉時代から大和の法隆寺に奉仕、のち興福寺・春日神社などに奉仕した。のちの金剛座。
さかど-し【坂戸市】▶坂戸
さか-とったり【逆とったり】相撲の技の一。「とったり」を打たれたときに、その手を抜くようにして腰を強くひねって引くこと。とったりの返し技。
さか-どの【酒殿】酒をつくるための建物。宮廷用のものは造酒司みきのつかさの中にあった。その他、神社や貴族の邸内にも自家用に設けられた。酒屋。
さか-とびこみ【逆飛(び)込み】頭から水中に飛び込むこと。
さか-ども【逆×艫】荒天のときに、波浪に強い船首に追い波を受けるようにし、船尾を先にして安全を保つこと。逆船。
さか-どり【坂鳥】朝早く、山を越えて飛んでいく小鳥の群。(季 秋)「一の胸をうたるる筈ともかな/暁台」
さかどり-の【坂鳥の】〔枕〕鳥が朝早く坂を飛び越えていく意から、「朝越ゆ」にかかる。「—朝越えまして」〈万・四五〉
さか-とんぶり【逆とんぶり】「逆蜻蛉さかとんぼ」に同じ。「小腕こかいな捩ねじ上げ引っ担いで—」〈浄・寿の門松〉
さか-とんぼ【逆蜻＝蛉】「逆蜻蛉返り」の略。「—を打つ」
さかとんぼ-がえり【逆蜻＝蛉返り】頭が下に、足が上の状態になること。まっさかさまにひっくり返ること。さかとんぼ。
さか-な【魚│×肴】《「酒さか菜な」の意》❶(肴)酒を飲むときに添えて食べる物。酒のさかな。つまみ。「あり合わせの物を—に飲む」❷(肴)酒席に興を添える歌や踊り、話題など。「同僚の噂話を—にして一杯やる」❸(魚)うお。魚類。「—を三枚におろす」「川—」(補説)魚肉を多く酒のつまみにしたところから「さかな」が魚類をさすようになった。日葡辞書では、「肉や魚」の意と「酒を飲むときのおかず」の意とが並記されている。(⋯語)(ざかな)青魚・生き魚・川魚・口取り肴ざかな・小魚・強しい肴ざかな・塩魚・重肴じゅうざかな・酢肴すざかな・年取り魚・取り肴ざかな・生なま魚・煮魚・挟み肴ざかな・鉢肴はちざかな・干ひ魚・焼き魚
さが-な《形容詞「さがなし」の語幹》たちがよくないこと。口が悪いこと。感動表現に用いる。「あな、—。たはぶれにも、のたまふべきにあらず」〈宇津保・俊蔭〉
さが-な・い〔形〕図さがな・し〔ク〕❶「口さがない」に同じ。「—・い世間の噂にのぼる」❷性格が悪い。意地が悪い。「すこし御心—・く御ものうらみなどせさせ給ふやうにぞ」〈大鏡・師輔〉❸やんちゃである。いたずらである。「姫君は今よりいと—・く、をさをさうちにも物し給はず」〈とりかへばや・一〉
さかな-いち【魚市】「魚市場うおいちば」に同じ。
さかな-かけ【魚懸(け)】干し魚をかけておくかぎ。また、魚を刺し通した串くしを刺しておく巻きわら。
さがな-ぐち【さがな口】悪口。「世の人の—に、欲の為なんど云われんもくるしく」〈露伴・露団々〉
さかな-じょうるり【×肴浄瑠璃】宴会の余興として語る浄瑠璃。「くるわにてもっぱらはやりし野郎山伏笈おい探しと申す—なり」〈浮・御前義経記・四〉
さかな-だな【魚▽店】魚を売る店。魚屋。
さか-なで【逆×撫で】〔名〕スル ❶毛などを、生えている方向と逆の方向になでること。❷わざわざ人の気分を害するような言動をとること。「国民の感情を—するような大臣の発言」(類語)(2)刺激・害する
さかな-まい【×肴舞】❶酒宴に興を添えるために舞う舞。❷床上げの祝いに舞う舞。
さか-なみ【逆波│逆▽浪】流れにさからって打ち寄せる波。逆まく波。「—にのまれる」
さがな-め【さがな目】意地の悪い目。あらさがしをする目。「翁おきならが—にも、ただ人とは見えさせ給はざめり」〈大鏡・道長上〉
さがな-もの【さがな者】たちのよくない者。意地の悪い者。「—、ねたういらへたなり」〈落窪・二〉
ざ-がなもの【座金物】「座金ざがね❷」に同じ。
さかな-や【魚屋】食用の魚類や海産物を売る店。また、売る人。魚店。
さかなやそうごろう【魚屋宗五郎】歌舞伎狂言「新皿屋舗月雨暈しんさらやしきつきのあまがさ」の通称。
さか-に【酒煮】魚や貝などを、日本酒を多く使って煮ること。さけに。
さが-にく・し【▽性憎し】〔形ク〕性質がよくない。意地が悪い。「ここにしも何にほふらむ女郎花をみなへし人のものいひ—き世に」〈拾遺・雑秋〉
さが-にしき【佐賀錦】縦糸に金銀箔を紙にはって細く切ったもの、横糸に多彩な絹糸を用いて、幾何学模様や絵模様を織り出した手織りの錦織物。江戸中期、佐賀鹿島藩の鍋島家9代夫人の創案という。紙入れ・ハンドバッグなどに用いる。
さがにっき【嵯峨日記】松尾芭蕉の日記。1巻。宝暦3年(1753)刊。元禄4年(1691)4月18日から5月4日まで京都嵯峨の去来の落柿舎らくししゃに滞在した間の句文を収録。
さが-にんぎょう【×嵯×峨人形】京都嵯峨で作られた木彫りの人形。極彩色に金銀を施したもので、大黒・布袋ほてい・恵比須・唐子からこなどが多い。江戸でも今様の風俗物が作られ、江戸嵯峨の名が生まれた。
ざ-がね【座金】❶ボルトを締めるとき、ナットの下に挟む薄い金属板。ゆるみ止めや材料表面の保護のために用いる。ワッシャー。❷鋲びょうを打つ際に鋲頭を受ける金物。花形にして装飾とし、長押なげしなどに打つときに使う。座金物ざがなもの。
さか-ねじ【逆×捩じ│逆▽捻じ】❶逆の方向にねじること。❷他からの非難に対して逆に非難し返すこと。「—を食わす」
さか-ねだれ【逆強＝請】ねだられるはずの人が逆にねだること。さかねだり。「町内へ披露してかへって今の—」〈浄・曽根崎〉

さが-の【嵯峨野】京都市右京区嵯峨付近の呼称。
歌枕「さびしさは秋の—の野辺の露月にあととふ千代の古道」〈後鳥羽院御集〉
さかのうえ【坂上】さかのうへ 姓氏の一。古代の渡来系氏族。奈良時代、平安時代に苅田麻呂かりたまろ・田村麻呂らの武人のほか、歌人・明法博士みょうぼうはかせも出した。
さかのうえ-の-いらつめ【坂上郎女】さかのうへのいらつめ ▶大伴坂上郎女おおとものさかのうえのいらつめ
さかのうえ-の-これのり【坂上是則】さかのうへの 平安前期の歌人。三十六歌仙の一人。坂上田村麻呂の4代の孫。望城もちきの父。家集に「是則集」がある。生没年未詳。
さかのうえ-の-たむらまろ【坂上田村麻呂】さかのうへの [758～811]平安初期の武将。延暦13年(794)蝦夷えぞを征討し、同16年征夷大将軍となった。その後、胆沢城いさわじょうを造営し、蝦夷地平定に功を残した。京都の清水寺の創建者と伝えられる。
さかのうえ-の-もちき【坂上望城】さかのうへの [?～975?]平安中期の歌人。是則これのりの子。梨壺なしつぼの五人の一人として万葉集の訓釈、後撰集の撰進にあたった。
さが-の-しゃか【嵯峨の釈迦】京都市嵯峨にある清涼寺の本尊、釈迦如来立像のこと。宋から奝然ちょうねんが持ち帰った、三国伝来と伝える木彫仏。
さがのせき-はんとう【佐賀関半島】ハンタウ 大分県東部の、西に別府湾、東に臼杵うすき湾を分ける半島。豊予海峡を隔てて四国の佐田岬さだみさき半島と対する。
さが-の-だいねんぶつ【嵯峨の大念仏】京都市嵯峨の清涼寺(釈迦しゃか堂)で、陰暦3月6日から15日までの10日間、人々が集まって念仏を唱えた行事。太鼓などを鳴らして「ははみた」と唱え、念仏後は仮面をかぶって町を歩く。弘安2年(1279)に円覚が始めたという。嵯峨念仏。大念仏。季春
さか-のぼ・る【遡る|×溯る|×泝る】〔動ラ五(四)〕❶流れに逆らって上流に進む。「川を—・る」❷物事の過去や根本にたちかえる。「歴史を—・る」「本源に—・って考える」可能さかのぼれる
さがのや-おむろ【嵯峨の屋お室】[1863～1947]小説家・詩人。江戸の生まれ。本名、矢崎鎮四郎。坪内逍遥の門下。小説「初恋」「くされ玉子」などのほか、ロシア文学の翻訳も発表。
さが-の-らん【佐賀の乱】明治7年(1874)江藤新平・島義勇よしたけらが、明治政府の開化政策に反対する佐賀の不平士族とともに兵を挙げた事件。敗れた江藤・島はさらし首に処せられた。
さか-ば【坂刃】薙刀なぎなたの刃の反った部分。
さか-ば【酒場】客に酒を飲ませる店。居酒屋やバーの類。類語飲み屋・居酒屋・割烹かっぽう・縄暖簾なわのれん・ビヤホール・ビヤガーデン・パブ・スナック・クラブ・キャバレー・バー
さか-ばえ【栄映え】栄え輝くこと。「常磐ときはなすいや—に」〈万・四一一一〉
さか-はぎ【逆剝ぎ】天あまつ罪の一。獣の皮を尻の方から剝ぐこと。「天の斑馬ふちこまを—に剝ぎて」〈記・上〉
さか-ばしら【逆柱】材木の根もとを上にして立てた柱。家鳴やなりなど不吉なことが起こるとして嫌う。また、日光の陽明門にみられるように、建物の完全すぎるのを恐れて柱の1本だけを上下逆にしておくこと。逆木柱。さかさばしら。
さか-ばす【逆×蓮】「ぎゃくれん(逆蓮)」に同じ。
さか-ばた【酒旗】❶酒屋の看板として掲げた旗。しゅき。❷「酒林さかばやし❶」に同じ。
さか-ばち【逆罰】理不尽なことを神仏に願って、かえって罰を受けること。また、その罰。「一当たるは、そりゃ眼前がんぜん」〈伎・四谷怪談〉
さかはち-ちょう【逆八×蝶】テフ タテハチョウ科のチョウ。中形で、前翅ぜんし・後ろ翅とも褐色の地に逆「八」字形の白帯があるが、春型と夏型で模様が異なる。幼虫はイラクサなどを食う。季春
さか-ばっつけ【逆×磔】「逆さ磔はりつけ」に同じ。
さかはてるてる【坂は照る照る】小唄。本調子。鈴鹿馬子唄の「坂は照る照る鈴鹿は曇る、間あいの土山つちやま雨が降る」を小唄化したもの。

さか-ばやし【酒林】❶酒屋の看板として、杉の葉を球形に束ねて軒先につるしたもの。酒の神ともされる奈良県の大神おおみわ神社が杉を神木とすることにちなむといわれる。さかぼうき。さかばた。❷武具の一。❶の形をした指物さしもの。
さか-ばん【酒番】❶酒の燗かんの世話をすること。また、その人。燗番。❷江戸時代、芝居仲間が大入り祝いとして催した慰労宴。
さか-び【逆火】内燃機関で、弁の開閉時期や点火時期の不整のために、気筒から吸気管・気化器などへ炎が逆流すること。バックファイアー。
さか-びたり【酒浸り】▶さけびたり
さか-びて【酒▽浸て】魚・鳥などの肉や野菜を、塩を加えた酒に浸すこと。また、その料理。
さか-びと【酒人|掌=酒】神に供える酒の醸造をつかさどる人。「高橋の邑の人活日いくひを以て大神の—とす」〈崇神紀〉
さか-びん【逆×鬢】油気がなく鬢の毛がそそけている状態。一説に、髻もとどりを高くして、鬢の毛並みが頭の頂の方に向くように結った男子の髪形。
さか-ぶぎょう【酒奉行】ブギャウ ❶室町時代、将軍が諸侯の屋敷に出向いたとき、供応の酒の事をつかさどらせるため、その家に臨時に置かれた職。❷江戸幕府の職名。賄い方に属し、酒の事をつかさどったもの。酒役。❸宴席で、酒の世話をする人。
さか-ふ・く【逆×葺く】〔動カ四〕草を普通とは逆に使って屋根をふく。仮小屋などに茅かやの穂先を下に向けてふく。「はだすすき尾花—・き黒木もち造れる室むろは万代までに」〈万・一六三七〉
さか-ぶくろ【酒袋】酒のもろみを入れて、絞るのに用いる袋。➡酒槽さかぶね
さか-ぶとり【酒太り|酒▽肥り】〔名〕スル 年中酒を飲んでいるために体が肥満すること。さけぶとり。「—した体」
さか-ぶね【酒▽槽】❶酒を蓄えておく大きな木製の器。❷もろみを絞るときに使う長方形の木製の容器。もろみの入った多くの酒袋を容器に入れ、押しぶたで酒袋を押すと、底に近い側面の穴からは絞られた酒が流出し、袋の中には絞りかすが残る。
さかふね-いし【酒船石】奈良県高市郡明日香村の丘陵上にある巨石。長さ5.3メートル、最大幅2.3メートル、厚さ1メートルの花崗岩かこうがんで、上面に数個の円形のくぼみとそれらを結ぶ溝がある。古代の醸造施設とする説もあるが不明。
さか-ぶり【酒振り】酒席での杯のやりとりのしかた。酒の飲み方。ささぶり。さけぶり。「早合点してすこしも気やぶらず常の—」〈浮・一代男・六〉
さか-ぶるまい【酒振(る)舞(い)】ぶるまひ 宴席を設けて、もてなすこと。
さか-べ【酒▽部】❶大化前代、酒の醸造を担当した部民べみん。❷律令制で、宮内省の造酒司ぞうしゅしに属した伴部ともべ。宮中の節会せちえなど公用に用いる酒の醸造を担当した。
さか-ぼうき【酒×箒】ばうき「酒林さかばやし❶」に同じ。
さか-ほがい【酒▽祝ひ|酒▽寿ひ】ほがひ《古くは「さかほかい」》酒宴をして祝うこと。「皇太后觴さかずきをささげて太子に—し給ひて」〈神功紀〉
さか-ほこ【逆×鉾|逆矛】❶《「天あまの逆鉾」の略》「天の瓊矛ぬぼこ」に同じ。❷《❶になぞらえて》宮崎県の霧島山頂に逆さに立ててある約3メートルほどのほこ。
さが-ぼん【×嵯×峨本】慶長・元和(1596～1624)にかけて、京都の嵯峨で本阿弥光悦・角倉素庵すみのくらそあんらが刊行した版本。主に木活字を用い、用紙・装丁に豪華な意匠を施した美本で、「伊勢物語」「観世流謡本」など13点が現存する。光悦本。角倉本。
さかまき-がい【逆巻貝】がひ サカマキガイ科の巻き貝。淡水産で殻高約1センチ。ヒメモノアラガイに似るが、殻の巻き方が逆で左に巻く。ヨーロッパの原産だが、今は日本各地の汚れた川や溝にみられる。
さか-ま・く【逆巻く】〔動カ五(四)〕川や潮の流れに逆らうように波が巻き上がる。激しく波立つ。「—・く怒濤どとう」

さか-まくら【坂枕】践祚せんそ・大嘗祭だいじょうさい・新嘗祭しんじょうさい・神今食じんこんじきなどの祭礼のとき、薦こもで作り、神に奉納した枕。頭をのせる部分が斜めになっている。
さか-ます【酒×枡】酒などを量るのに使う柄のついた枡。
さか-また【逆×叉|逆×戟】シャチの別名。
さか-まつげ【逆×睫】「逆さ睫まつげ」に同じ。
さが-まるた【×嵯×峨丸太】丹波地方に産し、大堰川おおいがわにいかだを組んで流し出す丸太。京都嵯峨で陸揚げする。
さか-まんじゅう【酒×饅▽頭】マンヂュウ 小麦粉の生地に酒を入れて作った皮であんを包んで蒸した饅頭。季冬
さがみ【相模|相摸】㊀旧国名の一。今の神奈川県の大部分に相当する。相州。㊁「相模女」の略。
さがみ【相模】平安中期の女流歌人。相模守大江公資きんよりの妻であったことからその名がある。脩子ゆうし内親王に仕え、多くの歌合に参加。家集に「相模集」がある。生没年未詳。
さがみ-おんな【▽相▽模女】をんな 相模国から江戸に奉公に出た女。川柳などで好色な女性とされた。さがみ。
さがみ-がわ【相模川】がは 神奈川県中央部を流れ、相模湾に注ぐ川。山中湖に発し、相模湖までの上流を桂川、河口付近を馬入ばにゅう川ともいう。長さ約109キロ。
さがみ-こ【相模湖】神奈川県北西部にある、相模川中流をせき止めたダムによってできた人造湖。昭和22年(1947)完成。
さがみ-じょしだいがく【相模女子大学】ヂョシダイガク 神奈川県相模原市にある私立大学。明治33年(1900)設立の日本女学校に始まり、帝国女子専門学校を経て、昭和24年(1949)新制大学として発足。
さか-みず【逆水】みづ 下流から上流へ逆流する水。「一岸に余り、流れ十方に分かれて」〈太平記・八〉
さか-みず・く【酒▽水漬く】みづく〔動カ四〕酒にひたる。酒宴を催す。「—・き栄ゆる今日のあやに貴さ」〈万・四二五四〉
さか-みせ【酒店】酒を売る店。さかや。さかだな。
さがみ-たろう【相模太郎】タラウ 北条時宗の少年時の呼び名。父時頼が相模守であったことによる。
さか-みち【坂道】坂になっている道。
類語坂・山坂・急坂・女坂・男坂・上り坂・下り坂
さがみ-てつどう【相模鉄道】テツダウ 神奈川県の私鉄会社。横浜から海老名えびなに至る相鉄本線と、二俣川から湘南台しょうなんだいに至るいずみ野線とを主体とする。
さがみ-トラフ【相模トラフ】日本海溝から房総半島沖で北西に分岐して相模湾奥に及ぶ細長い海底の凹地。フィリピン海プレートの北東縁の沈み込み帯で、関東大地震などの巨大地震が発生している。相模舟状海盆。
さがみ-なだ【相模灘】房総半島と伊豆半島との間の海域。相模湾にまで及ぶトラフがあり、関東大地震の震源域。
さがみ-にゅうどう【相模入道】ニフダウ 北条高時の異称。相模守であり、出家したことからいう。
さがみはら【相模原】神奈川県北部の市。昭和15年(1940)ごろから陸軍の軍用地として都市化し、工業団地・住宅地として発達。同29年市制施行。平成18年(2006)に津久井町・相模湖町を、翌年に城山町・藤野町を編入。同22年政令指定都市となる。人口71.8万(2010)。
さがみはら-し【相模原市】▶相模原
さがみ-わん【相模湾】神奈川県、三浦半島南端の城ヶ島と伊豆半島の真鶴岬とを結ぶ線より北側の海域。好漁場。
さがむ【相模】相模さがみの古称。「一嶺ねの小峰見隠し」〈万・三三六二〉
さか-むかえ【坂迎え|▽境迎え】むかへ ❶旅から郷里に帰る人を、国境・村境などに出迎えて供応したこと。京都の人は伊勢参りなどから帰京する者を逢坂おうさかの関まで出迎えた。酒迎え。さかむかい。❷平安時代、新任の国司が京都から任地の国境に到着したとき、在地の国府の役人が出迎えて供応した儀式。

さか-むけ【逆▽剝け】つめの生え際の皮が細く裂けて、指の付け根の方へむけること。ささくれ。

さか-むし【逆虫】回虫などが肛門こうもんから出ないで、逆行して口から出ること。また、その虫。

さか-むし【酒蒸(し)】魚介類に酒と塩を振りかけて蒸した料理。

さか-むろ【酒室】酒をつくるのに使う建物。

さか-め【逆目】❶目尻をつり上げること。❷材木の木目が逆になっていること。

さか-もがり【逆虎＝落】「逆茂木さかもぎ」に同じ。

さか-もぎ【逆茂木】敵の侵入を防ぐために、先端を鋭くとがらせた木の枝を外に向けて並べ、結び合わせた柵さく。さかもがり。鹿砦ろくさい。鹿角砦ろっかくさい。

さか-もと【坂下¦坂本】坂の上り口。坂の下。

さかもと【坂本】滋賀県大津市北部の地名。比叡山ひえいざんの登り口で、延暦えんりゃく寺の門前町、琵琶びわ湖の港町として発展。

さかもと-かじま【坂本嘉治馬】カジマ［1866〜1938］出版実業家。高知の生まれ。小野梓おのあずさに師事し、明治19年(1886)東京神田に冨山房を創立。辞典・学術書・教科書などを刊行した。

さか-もどし【酒戻し】借りた酒を返すこと。また、贈られた酒の返礼。江戸時代、「逆戻し」に通じるのを忌み、酒は返さない風習があった。「一はせぬもの故、まあ受け取っておいたぢゃ」〈浄・寿の門松〉

さかもと-しほうだ【坂本四方太】シホウダ［1873〜1917］俳人。鳥取の生まれ。本名、四方太よも。正岡子規に師事、「ホトトギス」に写生文を連載。著「寒玉集」など。

さかもと-じゅんじ【阪本順治】ジュンジ［1958〜 ］映画監督。大阪の生まれ。ボクシング映画「どついたるねん」で監督デビュー。男の生き方を描いた作品を多く手がける。作品は「ビリケン」「傷だらけの天使」「亡国のイージス」など。

さかもと-たろう【坂本太郎】タロウ［1901〜1987］国史学者。静岡の生まれ。東大・国学院大教授。日本の古代史を専攻、制度史研究に業績を残した。文化勲章受章。著「大化改新の研究」「日本古代史の基礎的研究」など。

さかもと-てんざん【坂本天山】［1745〜1803］江戸中期の砲術家。本名は俊豈としやす。信濃高遠たかとお藩士。周発台とよばれる砲架を発明して、銃砲戦術論を展開。幕末にヨーロッパの軍隊と互角に戦うことができた唯一の和流砲術といわれる。

さかもと-とうげ【坂本峠】タウゲ 岐阜県中部、高山市と郡上ぐじょう市の境にある峠。標高780メートル。太平洋側は長良ながら川の源流、日本海側は庄川となる分水嶺。

さかもと-はんじろう【坂本繁二郎】ハンジラウ［1882〜1969］洋画家。福岡の生まれ。二科会の創立に参加。馬・能面などを題材として、微妙な色調のうちに思索的情趣をたたえた作品を制作。文化勲章受章。

さかもと-よう【坂本様】ヤウ 坂本の地から、比叡山ひえいざんを振り仰いで拝むように、太刀を両手で振りかざして切り下ろす姿勢。

さかもと-りょうま【坂本竜馬】［1836〜1867］幕末の志士。土佐藩士。名は直柔なおなり。千葉周作道場に剣を学び、のち脱藩し、勝海舟に師事。慶応2年(1866)薩長同盟成立に尽力。前土佐藩主山内豊信やまうちとよしげを説いて大政奉還を成功させたが、京都で暗殺された。

さか-もり【酒盛(り)】〔名〕スル 人々が集まり、酒を飲み合って楽しむこと。酒宴。類語 酒宴

さかもり-うた【酒盛(り)歌¦酒盛(り)唄】民謡の分類の一つで、広く酒の席でうたわれる歌。素人が歌うものをさす。

さか-や【酒屋】㊀❶酒を売る店。また、その職業。❷酒の醸造を職業とする家。造り酒屋。㊁浄瑠璃「艶容女舞衣はですがたおんなまいぎぬ」の下の巻の後段「上塩町の段」の通称。半七の妻お園のくどきが有名。

酒屋へ三里豆腐屋へ二里 日用品を買うにも遠くに行かねばならない辺鄙へんぴな土地のたとえ。

さかや-かいぎ【酒屋会議】クワイギ 明治15年(1882)酒造業者が酒税軽減を求め、自由民権運動家植木枝盛の応援を得て大阪で開いた会議。

さかや-か・す【栄やかす】〔動サ四〕栄えるようにする。「再び家を一・し給へり」〈古活字本平治・下〉

さか-やき【月＝代】❶古代以後、成人男子が常に冠や烏帽子えぼしをかぶったためにすれて抜け上がった前額部。つきしろ。つきびたい。❷中世末期以後、成人男子が前額部から頭上にかけて髪をそり上げたこと。また、その部分。

さが-やき【×嵯×峨焼】江戸末期、京都の嵯峨地方から産出した陶器。

さか-やけ【酒焼け】〔名〕スル 習慣的な酒の飲みすぎで、顔や胸が日焼けしたように赤くなっていること。さけやけ。「赤く一した鼻」

さかや-やく【酒屋役】室町時代、幕府が造り酒屋に課した税。倉役くらやくとともに幕府の大きな財源になった。酒役。

さか-ゆ【酒湯】「ささゆ」に同じ。

さか-ゆ【栄ゆ】〔動ヤ下二〕「さかえる」の文語形。

さか-ゆ・く【栄行く】〔動カ四〕栄えていく。ますます栄える。「もろ人の一・く道はながを山また行く末ぞはるけかりける」〈夫木・二〇〉

さか-ゆめ【逆夢】現実とは逆のことを見る夢。実際には逆のことが起こるような夢。⇔正夢まさゆめ。

さか-よい【酒酔い】ヱひ ▶さけよい

さが-よう【×嵯×峨様】ヤウ 和様書道の一派、嵯峨流の書風。

さか-よせ【逆寄せ】逆襲すること。

さから・う【逆らう】さから〔動ワ五(ハ四)〕❶物事の自然の勢いに従わないで、その逆の方向に進もうとする。「風に一・って進む」「運命に一・って生きる」「時流に一・う」❷目上の人の意見などに従わないで、反抗する。はむかう。たてつく。「親に一・って進学する」「命令に一・う」「神の意思に一・う」➡背そむく用法 可能 さからえる

類語 盾突く・反抗・抵抗・歯向かう・手向かう・抗する・立ち向かう・蟷螂とうろうの斧おの・窮鼠きゅうそ猫を噛かむ

さがら-そうぞう【相楽総三】サウザウ［1839〜1868］幕末の志士。本名、小島四郎左衛門将満。戊辰ぼしん戦争で官軍先鋒隊の赤報隊を組織して東山道を進軍したが、偽官軍とされ信濃下諏訪で処刑された。

さがら-ぬい【▽相▽良×繡い】ぬひ 日本刺繡ししゅうで、布の表面に小さな結び玉を作り、それで模様を表す技法。疣いぼ繡い。瘤こぶ繡い。玉繡い。

さがら-ぶ【▽相▽良×麩】すだれ麩に似て、それよりもやや厚めの麩。

さがら-め【▽相▽良▽布】静岡県の駿河湾に東面する相良地方に産する海藻カジメのこと。季 春 補説 1990年代頃から環境の変化によって枯渇、藻場の機能がなくなったところから、アワビ・イサキ・アジなどの漁獲量も激減している。

サカラメント〘ポルトガル sacramento〙▶サクラメント

さかり【盛り】❶物事の勢いが頂点に達していること。また、その時期。「暑さが一を過ぎる」「食べたい一の子供達」「みかんの一」❷人の一生のうちで心身ともに最も充実した時期・時期。「人生の一を越す」❸動物が1年の一定の時期に発情すること。「一のついた猫」補説 他の語の下に付いて複合語をつくるときは一般に「ざかり」となる。「伸びざかり」「花ざかり」「働きざかり」など。

…語 出盛り・真っ盛り (ざかり)幼気おさなげ盛り・悪戯いたずら盛り・色盛り・男盛り・女盛り・血気盛り・育ち盛り・食べ盛り・年盛り・伸び盛り・働き盛り・花盛り・日盛り・分別ふんべつ盛り・娘盛り・若盛り

類語 旬・最盛期・盛期・盛時・黄金時代・花

さがり【下がり】❶上から下へ垂れ下がること。「垂れ幕の一ぐあい」❷㋐位置が低くなること。「南一の土地」㋑程度や価値などが低くなること。「気温の上がり一」「値一」❸その時刻を過ぎること。「昼一」「七つ一の日ざし」❹(「おさがり」の形で)神仏の前から下げた供物。転じて、目上の人から譲り受けた使用済みの衣類や品物。「兄のお一のかばん」「ほとけのもり物の一と見えて」〈魯文・西洋道中膝栗毛〉❺奉公先から自宅へ帰ること。「宿やど一」❻力士のまわしの前に垂れた、ひも状の飾り。❼「おくみさがり」の略。❽囲碁で、盤端の第2線ないし第4線の位置にある石から、盤端に向かって同一線上に並べて打つ手。❾近世、和船の船首に付けた綱飾り。❿未払い分の金額。未払い金。「三万両の一が出来、川があいてもたたれぬ仕儀になり」〈黄・万石通〉

下がりを請う・く 買い置きした品物の値が下落して損失を受ける。下がりを得る。「買ひ置きすれば一・け」〈浮・永代蔵・六〉

ザカリアス-ひろば【ザカリアス広場】《Náměstí Zachariáše z Hradce》チェコ南部、モラバ地方の町テルチの旧市街にある広場。1530年の大火の後の復興を指揮した市長ザカリアスの名を冠する。周囲には保存状態の良いルネサンス様式、初期バロック様式の建物が並び、1992年に「テルチ歴史地区」として世界遺産(文化遺産)に登録された。ザハリアーシュ広場。

さかり-うるし【盛り漆】上質の生漆きうるし。漆の木から7月中旬から9月初旬ごろまでの間にとった漆液。

さがり-くち【下がり口】「下がり目❷」に同じ。

さがり-ぐも【下がり蜘＝蛛】天井などから糸を引いて下がるくも。俗信で、朝の下がりぐもは吉、夜のは凶とされた。

さがり-ごけ【下がり×苔】サルオガセの別名。

さかり-どき【盛り時】❶盛りの時期。❷動物の発情期。交尾期。

さがり-とり【下がり取り】借金取り。かけとり。「一おふくろと見てつけあがり」〈柳多留・一九〉

さかり-ば【盛り場】いつも人がたくさん集まっている場所。繁華街。「一をうろつく」類語 繁華街

さがり-は【下がり破¦下がり端¦下がり葉】❶能の囃子事はやしごとの一。後ジテなどで天人・天女が登場するとき、笛・小鼓・大鼓・太鼓で合奏する。❷狂言の囃子事の一。のどかな気分の登場楽。❸歌舞伎下座音楽の一。❶から出た大鼓・小鼓・太鼓・能管の囃子。貴人の出入りなどに用いる。

さがり-ば【下がり端】平安時代、女性の額髪の両端を肩の辺りで切りそろえたようす。また、その髪の端。「髪の一、めざましくもと見給ふ」〈源・夕顔〉

さがり-ばな【下がり花】サガリバナ科の常緑樹。湿地に自生。葉は枝先に集まってつき、葉の付け根から、白または淡紅色の花が総状に垂れ下がって咲く。琉球列島以南の熱帯に分布。

さがり-ふじ【下がり藤】ぢ ❶花が垂れ下がった藤。❷紋所の名。二房の藤の花を左右に輪形に垂らした形のもの。➡上がり藤

さがり-まつ【下がり松】枝が下向きにのびている松。

さがり-め【下がり目】❶目尻の下がっている目。たれめ。⇔上がり目。❷物事の勢いが衰える傾向にあること。下がり口。「彼の評判はこのところ一だ」「生糸相場は一だ」⇔上がり目。

さが-りゅう【×嵯×峨流】リウ ❶築庭の一派。夢窓疎石が祖とされ、天竜寺の庭を範とする。❷浄土宗の一派。西山派に属し、浄金剛院じょうこんごういんの開山、道観を祖とする。現在は途絶。❸和様書道の流派の一。京都嵯峨の人、角倉素庵すみのくらそあんが本阿弥光悦ほんあみこうえつの書風を継いで始めたもの。角倉流。与一流。❹生け花の流派の一。開祖は嵯峨天皇と伝え、京都嵯峨の大覚寺を本拠とする。

さか・る【逆る】〔動ラ四〕さからう。そむく。さかう。「これ天道あめのみちに一・れり」〈神武紀〉

さか・る【盛る】〔動ラ五(四)〕❶勢いが盛んになる。「火が一・る」「燃え一・る炎」❷繁盛する。にぎわう。はやる。「大川の舟遊びも一・っていた」〈秋声・縮図〉❸動物が発情する。交尾する。つるむ。「犬ガー・ル」〈和英語林集成〉類語 興る・ふるう・新興・勃興

さか・る【▽離る】〔動ラ四〕離れる。隔たる。遠ざかる。「いや遠に里は一・りぬ」〈万・一三一〉

さが・る【下がる】〔動ラ五(四)〕❶㋐物の上端が固定され、他の端が下へ向かう。たれさがる。ぶらさがる。「棚からヘチマが一・っている」「つららが一・る」㋑物の一端が他の端よりも下へ向かう。垂れる。「目尻

が—·る」「—·ったまゆ」❷高い所·位置から低い所·位置へ移る。位置が下の方になる。「ダムの水位が—·る」「地盤が—·る」「靴下が—·る」⇔上がる。❸今までよりも低い段階に移る。低下する。㋐位·階級が低くなる。等級·順序などが下の方になる。「地位が—·る」「ランクが—·る」⇔上がる。㋑価値·値段·評価などが低くなる。「人気が—·る」「業績が—·る」「質が—·る」「物価が—·る」⇔上がる。㋒力·技量·働きなどが劣った状態になる。「腕が—·る」「能率が—·る」⇔上がる。㋓程度·度合いが低くなる。「気温が—·る」「熱が—·る」⇔上がる。❹㋐身分の高い人の前から退出する。「御前を—·る」㋑公的な場所や主人のいる所などから退く。「控室に—·って待つ」「奉公人が宿に—·る」㋒《内裏のあった北と反対の方向へ行くところから》京都で、南へ行く。⇔上がる。❺官庁などから金銭や許可などが与えられる。下付される。おりる。「恩給が—·る」「旅券が—·る」❻後ろへ移動する。後ろへ退く。「白線の内側まで—·ってお待ち下さい」❼時が移る。時が過ぎる。「時代が—·って明治となる」「昼少し—·る頃より雨となって」〈二葉亭·浮雲〉❽遅れる。落伍する。「—·らう者をば弓の弭はずに取り付かせよ」〈平家·四〉[可能]さがれる

[類語](❶)掛かる·垂れる·垂下すいかする·しだれる·垂れ下がる·ぶら下がる/(❷❸)落ちる·落ち込む·沈む·下降する·降下する·沈下する·低下する·低落する·下落する/(❹㋑)退しりぞく·引き下がる·退出する·去る·遠ざかる·遠のく·離れる·立ち去る·引き払う·引き上げる·辞去する·退去する·退散する·失うせる·退のく·退どく·立ち退く·引き取る·引っ込む·後あとにする/(❻)退しりぞく·しさる·すさる·後退する·バックする·退のく·去る·退どく·立ち去る·立ち退く·引き上げる·引き取る·引き払う·引っ込む·辞去

サガレン〖Saghalien〗《満州語に由来》サハリン。樺太からふと。

さか-ろ【逆×艪|逆×櫓】㊀船尾を先にして進めるように艪を取り付けること。また、その艪。㊁浄瑠璃「ひらかな盛衰記」の三段目切きりの通称。

さか-わ【逆輪|▽覆輪】槍やりなどの長柄の先端にはめる鐶かん。逆鰐口さかわにぐち。逆鰐。

さかわ-がわ【酒匂川】がは 神奈川県西部を流れ、小田原市の東で相模さがみ湾に注ぐ川。古くは丸子まりこ川ともいい、たびたび洪水が起こった。長さ約50キロ。

さか-わにぐち【逆×鰐口】「逆輪さかわ」に同じ。

さ-かん【主=典】クワン《佐さかんする官の意の「佐官」の字音から》律令制で、四等官しとうかんの最下位の官。記録·文書を起草したり、公文の読み役を務めたりした。官司により用字が異なる。しゅてん。

さ-かん【左官】クワン《宮中を修理する職人に木工寮の属さかんとして出入りを許したところから》壁塗りを職業とする人。かべぬり。しゃかん。

[類語]大工·鳶とび職·宮大工·船大工·叩たたき大工

さ-かん【佐官】クワン ❶軍人の階級で、大佐·中佐·少佐の総称。将官の下、尉官の上。❷僧官の一。記録などをつかさどる。僧綱そうごうの録事。

さかん【盛ん】[形動]図[ナリ]《「さかり」の音変化》❶勢いがいいさま。「—な声援がとぶ」「—に燃える」「食欲が—だ」❷人が最も元気な時期にあるさま。気力などが充実しているさま。「人生の—な時代」「老いてますます—だ」「血気—」❸盛大に行われるさま。繁盛しているさま。また、広く行われるさま。「スポーツの—な学校」「—な歓迎会」「貿易が—になる」「欧米ではサッカーが—だ」❹積極的に繰り返し行われるさま。熱心。「学者の間で—な議論が交わされた」

[類語](❶)(「—と」「—たる」の形で)隆隆りゅうりゅう·鬱然うつぜん·澎湃ほうはい·勃勃ぼつぼつ·油然ゆうぜん·湧然ゆうぜん·沸沸ふつふつ/(❷)旺盛おうせい·軒昂けんこう/(❸)盛大·隆盛·殷盛いんせい·殷賑いんしん·全盛/(❹)大いに·頻しきりと·繁しげく·頻繁ひんぱんに·引っ切りなしに·絶えず

さ-がん【左岸】河川の下流に向かって、左側の岸。⇔右岸。[類語]岸·岸辺·右岸·両岸·岸壁

さ-がん【左眼】左のまなこ。ひだりめ。

さ-がん【砂岩】堆積岩たいせきがんの一。石英や長石の砂粒が固まってできた岩石。建築·土木用の石材、砥石といしなどに利用。しゃがん。サンドストーン。

さ-がん【鎖×龕】❶葬式の際、遺体を納めた棺のふたをすること。❷厨子ずしの戸を閉めること。

サガン〖Françoise Sagan〗[1935〜2004]フランスの女流小説家。巧みな心理描写により、倦怠感漂う恋愛を描く。作「悲しみよこんにちは」「ある微笑」など。

ざ-かん【座棺|×坐棺】クワン 遺体を座った姿勢で納めるように作った棺。➡寝棺ねかん

サガン-とす【サガン鳥栖】日本プロサッカーリーグのクラブチームの一。ホームタウンは佐賀県鳥栖市。平成9年(1997)設立。同11年にJリーグ参加。[補説]「サガン」は「砂岩」「佐賀」などの音を元にした造語。

さ-き【左記】縦書きの文書で、文章の左の方すなわち次に続く部分に書いてあること。また、その内容。「入賞者は—のとおりです」

さ-き【左×揆】左大臣の唐名。左槐さかい。⇔右揆。

さき【先|▽前】❶元から遠い、突き出ている部分。先端。突端。「岬の—」「針の—で突く」「鼻の—」❷長いものの末端。はし。「ひもの—」❸続いているものなどの一番はじめ。先頭。「列の—」「みんなの—に立って歩く」❹ある点や線を基準にして、その前方。「仙台から—は不通」「三軒—の家」「駅は目と鼻の—だ」「—を行く車に追いつく」❺金額·数量などが、ある額·量を超えること。「千円から—の品はない」❻継続している物事の残りの部分。「話の—を聞こう」「—を急いでいる」❼行き着く所。目的の場所。「—へ着いてからのことだ」「行く—」❽未来のある時点。将来。前途。「—を見通しての計画」「—の楽しみな青年」❾時間的に前。あることより前。「代金を払うのが—だ」「ひと足—に帰る」⇔後あと。❿現在からそう遠くない過去。以前。「—の台風の被害」「—の大臣」⓫順序の前の方。「名簿の—の方に出ている」「だれが—に入りますか」「お—にどうぞ」⇔後あと。⓬優先すべき事柄。「地震のときは何より火を消すのが—だ」「あいさつより用件が—だ」⓭交渉の相手方。先方。「—の出方しだいだ」⓮相場で、「先物」の略。⓯行列の先導をする役。さきおい。さきばらい。「—なるをのこども、疾とう、促せや、など行ふ」〈かげろふ·上〉⓰「先駆け」の略。先陣。「内々は—に心を掛けたりければ」〈平家·九〉⓱「幸先さいさき」の略。「其様な—の悪い事をおしゃるぞ」〈虎寛狂·河原太郎〉

[下接語]明かり先·宛あて先·後あと先·売り先·売れ先·襟先·縁先·生い先·老い先·社おう先·櫂かい先·肩先·門かど先·気先·切っ先·口先·下馬先·玄関先·剣先·小手先·此この先·幸さき先·潮先·仕事先·舌先·正しょう先·太刀先·旅先·使い先·筒先·勤め先·爪つま先·褄つま先·手先·出先·手羽先·得意先·嫁ぎ先·突とっ先·届け先·供先·取引先·庭先·軒先·刃先·鼻先·鼻の先·馬場先·春先·筆先·舳へ先·ペン先·棒先·矛ほこ先·火ほ先·穂先·真っ先·水先·店先·胸むな先·目先·矢先·槍やり先·行き先·行く先·指先 (ざき)先先

[類語](❶)先端·突端·端·頭あたま·末·末端·先っぽ·ヘッド·端はな·端はなっこ·突先とっさき·突端とったん·一端いったん/(❹)前まえ/(❽)後あと·後のち·後後あとあと·後後のちのち·先先·直後·後ご·事後·その後ご·以後·爾後じご·以降·今後

先が見·える ❶将来の状況の予想がつく。「どうせ—·えている人生だ」❷将来を見通すことができる。「株式相場の—·えない」

先に立·つ ❶先頭になる。物事を率先して行う。「市民運動の—·って活動する」❷他のことに優先して、その状態や気持ちになる。「怒りよりも悲しみが—·つ」❸まっさきに必要である。「どんな時でも—·つものは金だ」

先を争·う われ先にと争って進む。「—·ってバスに乗り込む」

先を追·う 貴人の先に立ち、進路の通行人を追い払う。先を払う。「車ども数かず遣り続けて、—·ひののしりて来たりければ」〈今昔·二七·四一〉

先を折·る 物事をしはじめようと勢いづいているところをさまたげる。ではなをくじく。

先を駆か·く 戦いで、真っ先に敵陣に攻め入る。「景高余りに—·けんと進みければ」〈平家·九〉

先を越·す 相手に先んじて事を行う。機先を制する。「新製品の開発で、—·されてしまった」

さき【▽幸】さいわい。幸福。さち。「ますらをの心思ほゆ大君の命みことの—を聞けば貴み」〈万·四〇九五〉

さき【崎|▽岬|▽埼|×碕】《「先」と同語源》❶海に向かって突き出ている陸の先端。みさき。「御前おまえ—」「妹と来し敏馬みぬめの—を」〈万·四四九〉❷山や丘が平地に突き出た先端。山の鼻。「玉桙たまほこの道に出で立ち岡の—い廻たむるごとに」〈万·四四〇八〉

サキ〖Saki〗[1870〜1916]英国の小説家。ビルマ(ミャンマー)生まれ。本名、ヘクター=ヒュー=マンロー(Hector Hugh Munro)。「奇妙な味」と呼ばれる幻想的な短編を得意とした。作「開いている窓」など。

さ-ぎ【詐偽】真実でないこと。いつわり。

さ-ぎ【詐欺】❶他人をだまして、金品を奪ったり損害を与えたりすること。「—にあう」「寸借—」「振り込め—」❷他人を欺く行為。民法96条では「相手方に対する意思表示について第三者が詐欺を行った場合においては、相手方がその事実を知っていたときに限り、その意思表示を取り消すことができる」とする。➡詐欺罪 [類語]ペテン·かたり

さぎ【×鷺】コウノトリ目サギ科の鳥の総称。くちばし·くび·脚が長い。飛ぶときにくびを乙字形に曲げる。水辺にすみ魚を捕食するが、草原や森林にすむもの、昆虫などを常食とするものもある。62種が極地·砂漠を除く世界各地に分布。白いダイサギ·コサギやアオサギ·ゴイサギなど。

鷺を烏からす 《白い鷺を指して、黒い烏であると言い張る意》物の道理をことさら言い曲げること。

さぎ【鷺】謡曲。四番目物。帝の命で鷺を捕らえようとした蔵人くろうどが「勅諚ちょくじょうぞ」と言うと、鷺は自ら地に伏したので、帝は蔵人と鷺とを五位に叙する。元服前の少年か還暦後の老人が直面ひためんで演じる。

さぎ-あし【×鷺足】❶鷺のように、足を高く上げて静かに歩くこと。ぬきあし。❷田楽の道具で、1本の棒の中程に横木のあるもの。横木に両足をのせて跳びはねる。また、その演技や舞。高足たかあし。❸竹馬たけうま。高足。❹机や台などの脚で、湾曲していて丈の高いもの。先端を反らせて曲げた華足けそくが鷺の足を連想させることによる。

さき-あや【先×綾】さいたま市岩槻いわつき区付近に産する緻密ちみつな白絹織物。手拭い·肌着などに用いる。

さき-あんない【先案内】[名]スル 先に立って案内すること。また、その人。先導。

さき-いか【裂(き)烏=賊】生のイカまたはするめをあぶり焼きにして引き伸ばし、細く裂いた食品。

さき-いき【先行き】▶さきゆき

さきいれさきだし-ほう【先入先出法】ハフ《first-in, first-out method》❶棚卸資産の評価方法の一。最も古く取得されたものから順次払い出しが行われ、期末棚卸品は最も新しく取得されたものからなるものとみなして価額を算定する方法。買入順法。FIFOファイフォ。➡後入あといれ先出法❶ ❷コンピューターで、データを入力順に処理していく方式。FIFOファイフォ。➡後入先出法❷

さき-うち【先打ち|▽前打ち】馬に乗って隊列の先頭に立って進むこと。また、その人。「鷲尾三郎義久と名乗らせ、—せさせて」〈平家·九〉

さき-うま【先馬|▽前馬】先導·警戒などのために、馬に乗って行列の先頭に立つこと。先乗り。「己れ度々罷まかり行く渡りなり。—仕つかまつらん」〈今昔·二五·九〉

さき-うり【先売り】先物さきものを売ること。⇔先買い。

さき-おい【先追い|▽前追い】おひ「先払い❸」に同じ。

さき-お·う【先追ふ|▽前追ふ】おふ[動ハ四]先払いをする。「—·ふ声々などして」〈枕·二五〉

さき-おお·る【咲き×撓る】をを[動ラ四]枝もたわむほどに咲く。今を盛りと咲く。「春されば花—·り秋さればもみち葉にほひ」〈万·三九〇七〉

さき-おくり【先送り】[名]スル 物事の処理·解決などを、先に延ばすこと。「審議を次期に—する」

さき-おとつい【一=昨=昨=日】をとつひ「さきおととい」

に同じ。

さき-おととい【一＝昨＝昨＝日】おとといの前の日。さきおとつい。いっさくさくじつ。

さき-おととし【一＝昨＝昨＝年】おととしの前の年。いっさくさくねん。

さき-おり【裂(き)織(り)｜割(き)織(り)】古い布地を細長く裂いて横糸にし、山苧(やまお)の渋染めや麻・木綿糸を縦糸にして織った厚手の織物。山野の仕事着や防寒着に用いた。襤褸(らんる)織り。さっくり。さっこり。

さき-がい【先買い】❶値上がりを見込んで、他人より先に買うこと。「土地の―」❷先物(さきもの)を買うこと。⇔先売り。

さぎ-がい【×鷺貝】ニッコウガイ科の二枚貝。貝殻は白色で、殻長約5センチ。卵形で平たく、後縁が張り出している。外洋の砂泥底に多い。

さきがい-けん【先買い権】一定の物または権利の売買において、他の者に優先して買うことができる権利。せんばいけん。

さきがけ 昭和60年(1985)1月に打ち上げられた彗星探査試験機MS-T5の愛称。宇宙科学研究所(現JAXA、宇宙航空研究開発機構)が開発。日本で初めて惑星間空間に到達し、76年ぶりに回帰したハレー彗星に700万キロメートルまで接近。探査機すいせいとともに国際協力探査計画に参加し、付近の太陽風やプラズマの観測に成功。以降、14年にわたり太陽風の観測を続け、平成11年(1999)1月に運用終了。

さき-がけ【先駆け｜先×駈け｜×魁】〔名〕(スル) ❶他の者に先んじて敵中に攻め入ること。「一の功名」❷他のものより先になること。また、そのもの。先駆(せんく)。「春の―をする鶯」「流行の―」
(類語)先駆・一番槍(やり)・抜け駆け

さき-が・ける【先駆ける｜先×駈ける｜×魁ける】〔動カ下一〕図さきが・く〔カ下二〕(多く「さきがけて」の形で)他に先んじて事をする。「春に―・けて梅の花が咲く」「他社に―・けて開発を進める」

さき-がし【先貸し】〔名〕(スル)「前貸し」に同じ。

さき-かた【先方】相手の人。相手方。せんぽう。

さき-かた【先肩】「先棒(さきぼう)❷」に同じ。

さき-がた【先方】ちょっと前の時。さっき。先ほど。「―顔を覚えた客」〈緑雨・油地獄〉

さき-がち【先勝ち】❶「先勝(せんしょう)❶」に同じ。「柔道の団体戦で―する」❷「先勝(せんしょう)❷」に同じ。

さき-がね【先金｜▽前金】まえきん。前払い。また、手付け金。

さき-がら【咲(き)殻】花の、咲きおわってしぼんだもの。花殻(はながら)。

さき-がり【先借り】〔名〕(スル)「前借り」に同じ。

さき-ぎり【先▽限】限月(げんげつ)を立てて行う先物(さきもの)取引で、受渡期限が最も先の月のもの。先物。せんぎり。➡中限(なかぎり) ➡当限(とうぎり)

さき-く【▽幸く】〔副〕《名詞「幸(さき)」に副詞をつくる接尾語「く」がついたもの》無事に。つつがなく。「心は君を―来ませと」〈万・二〇六九〉

さき-ぐい【先食い】〔名〕(スル) 時期が来ていないのに先に使うこと。「予算を―する」

さき-くぐり【先▽潜り】〔名・形動〕(スル) ❶先回りしてこっそりと物事を行うこと。「―して矢張り東京で、何処ぞに匿(かく)したものに相違ないと」〈二葉亭・其面影〉❷人の言動の先を悪いように推量して、かってにこうだと決めてしまうこと。また、そのさま。「―な言葉を許して貰いたい」〈里見弴・多情仏心〉

さき-くさ【三＝枝】❶茎が三つに分かれている植物。ミツマタ・ジンチョウゲ・ヤマユリ・ミツバゼリ・フクジュソウ、その他諸説がある。❷ヒノキの別名。❸オケラ(朮)の別名。

さぎ-ぐさ【×鷺草】サギゴケの別名。

さきくさ-の【三＝枝の】〔枕〕枝が三つに分かれているところから「三つ」に、また、3本のまん中という意で「なか」にかかる。「―中にを寝むと」〈万・九〇四〉「―三つば四つばの中に殿づくりせりや」〈催馬楽・この殿は〉

さき-ぐり【先繰り】先回りして悪いふうに疑うこと。さきくぐり。「いやに生意気に―をするね」〈逍遥・当世書生気質〉

さき-こうがい【割き×笄】❶先が二つに分かれた笄。❷島田髷(まげ)に似て前髪の余りを笄に千鳥掛けに巻きとめた髪型。近世、京坂地方の新婚女性の間に流行した。さっこうがい。さきこうがいまげ。

さぎこうせい-ざい【詐欺更生罪】会社の取締役や支配人などが更生手続き開始の前後を問わず、自己もしくは他人の利益を図り、または債権者・担保権者・株主を害する目的で、会社の財産を隠匿・毀棄(きき)したり、会社の負担を虚偽に増加したりする罪。会社更生法に罰則の規定がある。

さぎ-ごけ【×鷺×苔】ゴマノハグサ科の多年草。田のあぜなどに生える。葉は根際に群生。春から夏に数個の淡紫色の唇形の花をつける。花が白色のものもある。紫鷺苔。(季 春)

さき-ごし【先×輿｜▽前×輿】輿の轅(ながえ)の前方を担ぐこと。また、その人。先肩(さきかた)。「人はかはれども祐慶はかはらず、―かいて」〈平家・二〉

さき-こぼ・れる【咲き×溢れる】〔動ラ下一〕図さきこぼ・る〔ラ下二〕花が枝や茎からこぼれるようにいっぱいに咲く。「―・れる萩の花」(類語)咲き誇る・咲き揃(そろ)う・咲き乱れる・満開・繚乱(りょうらん)・百花繚乱

さき-ごめ【先込め】銃口から弾丸や火薬を詰めること。また、その形式の銃。⇔元込(もとご)め。

さき-ごろ【先頃】今日から少し前のころ。このあいだ。せんだって。先日。「―発見された化石」(類語)この間・この前・先日・先だって・先般・先度・過日

さぎ-ざい【詐欺罪】他人の財物をだまし取ったり、自己または第三者に不法な財産的利益を得させたりする罪。刑法第246条が禁じ、10年以下の懲役に処せられる。

さきさか-いつろう【向坂逸郎】[1897～1985]経済学者。福岡の生まれ。九大教授。労農派に属し、日本資本主義論争に参加。第二次大戦後、社会主義協会を主宰、労働運動や日本社会党左派の理論的指導者として活躍。翻訳「資本論」、著「地代論研究」など。

さき-さがり【先下(が)り】前の方が垂れ下がっていること。後ろから前に向かって傾いていること。まえさがり。

さき-ざき【先先｜▽前▽前】❶これから過ごす遠い先。行く末。のちのち。「―のことを考える」❷出かける場所場所。「行く―で歓迎を受けた」❸以前。まえまえ。「―から周到の用意をしていた」❹それぞれの端の部分。はしばし。「枝の―」
(類語)後(あと)・のち・後(ご)・事後・その後(ご)・以後・爾後(じご)・以降・今後・先(さき)・後後(あとあと)・後後(のちのち)・直後

さき-さま【先様】相手、または話題に上っている人を敬っていう語。先方様。「―のご都合はいかがですか」(類語)向こう・相手・相手方・先方

さき-じ【先地】洋服などを注文する際、客が生地を持参すること。また、その生地。

さぎ-し【詐欺師】詐欺を常習とする者。かたり。いかさまし。

サキシトキシン〖saxitoxin〗ムラサキイガイなどの貝類に含まれる毒。プランクトンの渦鞭毛藻(うずべんもうそう)が生産・含有し、餌として取り込まれる。貝による食中毒の原因となり、神経を麻痺(まひ)させる。

さきしま-しょとう【先島諸島】沖縄県西南部にある宮古諸島と八重山諸島の総称。

さき-しょう【▽前生】前世(ぜんせ)。ぜんしょう。「―よりの奇縁ぢゃと」〈浄・八百屋お七〉

さき-じょう【先状｜▽前状】為替金などを送る前に、その旨を伝える通知状。

さきしよう-けん【先使用権】►せんしようけん(先使用権)

さき-・ず【咲き▽出】〔動ダ下二〕《「さきいづ」の音変化》咲きはじめる。咲きだす。「朝顔のほにはー・でぬ恋もするかも」〈万・二二七五〉

さぎ-すげ【×鷺×菅】カヤツリグサ科の多年草。本州中部以北の高原に自生。高さ35～50センチ。夏、茎の頂に数個の穂状の花をつけ、実を結んだのちに毛が伸びて白い綿のようになる。名はこれを白いサギに見立てたもの。

さき-すさ・ぶ【咲き▽荒ぶ】〔動バ上二〕盛んに咲く。咲き乱れる。「朝露に―・びたる月草(つきくさ)の日くたつなへに消ぬべく思ほゆ」〈万・二二八一〉

さぎ-ずもう【×鷺相-撲】遊戯の一。二人が相対し、各自が後ろに曲げた自分の片足を片手で持ち、一方の手で突き合い、または体をぶつけて、一定範囲から出たり、倒れたり、手で持った足を地につけたりしたほうを負けとするもの。

さき-せ【▽前世】「ぜんせ(前世)」に同じ。「何様(なにさま)いふ―の因縁だか判次郎を恋慕ひ」〈人・梅美婦禰・五〉

さき-ぜめ【先攻め】「先攻(せんこう)」に同じ。⇔後(あと)攻め。

さぎ-そう【×鷺草】ラン科の多年草。日当たりのよい湿地に生え、高さ30～40センチ。8月ごろ花茎を伸ばし、飛び立つサギに似た形の白い花を数個開く。観賞用に栽培される。(季 夏)「―のおくれ咲きしも翔けそろふ／秋桜子」

さき-ぞなえ【先備え】本陣の前に備える軍隊。先頭に立つ部隊。先鋒(せんぽう)。先手(さきて)。
(類語)後陣・先陣・後(あと)備え

サキソニー〖Saxony〗►サクソニー

サキソフォン〖saxophone〗►サキソホン

サキソホン〖saxophone〗木管楽器の一。金属製で、1枚のリードの振動により発音し、木管楽器と金管楽器の中間のつやのある柔らかな音色をもつ。音域によりアルト・テナーなど多種類があり、吹奏楽やジャズなどでよく用いられる。ベルギー人アドルフ＝サックスが発明。サクソフォン。サックス。

さき-ぞめ【先染(め)】織物を織る前の糸、または紡績する前の繊維を染色すること。⇔後(あと)染め。

さき-そ・める【咲(き)初める】〔動マ下一〕図さきそ・む〔マ下二〕花が咲きはじめる。「梅が―・める」

さき-ぞり【先反り】刀の反りの中心が、中程より先にあるもの。室町時代以降のものに多い。➡腰反り

さき-そろ・う【咲き×揃う】〔動ワ五(ハ四)〕花がいっせいに咲く。「春の花が―・った」(類語)咲き誇る・咲きこぼれる・咲き乱れる・満開・繚乱(りょうらん)・百花繚乱

さき-だか【先高】株価や商品の値段が将来高くなる見込みであること。「―を見越す」⇔先安。

さき-たけ【割(き)竹】縦に割ってさいた竹。

さきたけ-の【割き竹の】〔枕〕❶割った竹は、互いに後ろ向きになるところから、「背向(そがひ)」にかかる。「―背向に寝しく今し悔しも」〈万・一四一二〉❷割った竹はしないたわむところから、「とをを」にかかる。「―とをとををに天の真魚咋(まなぐひ)献る」〈記・上〉

さき-だち【先太-刀】何人かで人を斬るとき、最初に斬りつけること。初太刀(しょだち)。

さき-だち【先立ち】先に立って人を導くこと。行列の先頭に立つこと。また、その人。「誰やらお客でも―して来る様子である」〈小杉天外・魔風恋風〉

さき-だちん【先駄賃】駄賃を前もって支払うこと。また、その金銭。「―借(か)ったらもどして、はや出てうせい」〈浄・孕常盤〉

さき-だ・つ【先立つ】□〔動タ五(四)〕❶先頭に立って行く。また、先頭に立って行動する。「リーダーが―・って登る」❷ある物事をするより以前に行われる。順序が先である。「講演に―・って講師の紹介があった」❸先に死ぬ。「親に―・つ不孝」「妻に―・たれる」❹何かをするときに、はじめに必要になる。「旅行したいが―・つものがない」□〔動タ下二〕「さきだてる」の文語形。(類語)(❶)先行・リード／(❸)死ぬ・亡くなる・死する・没する・果てる・眠る・瞑(めい)する・逝(ゆ)く・斃(たお)れる・事切れる・身罷(みまか)る・旅立つ

さきだっ-て【先達て｜先立って】〔副〕《「さきだちて」の音変化》❶さきごろ。先日。「わたしが―去る所へ参ったが」〈滑・浮世風呂・四〉❷他よりさきに出かけて。前もって。「数馬の小姓坂田一角は―やしきへ帰れば」〈伎・水木辰之助〉

さき-だ・てる【先立てる】〔動タ下一〕図さきだ・つ〔タ下二〕❶先に行かせる。先頭に立てる。「旗手を―・てて行進する」❷自分より先に死なせる。「二十

三にて弟を—・てしかば」〈十訓抄・二〉

さきたま【埼玉】《「さいたま」の古形》古代、武蔵むさしの国の郡名。現在の埼玉県北部、利根川沿いの地。

さきたま-こふんぐん【埼玉古墳群】埼玉県行田市にある古墳群。知知夫ちちぶ国造の墳墓を含むといい、また、稲荷山いなりやま古墳がある。

さ-ぎちょう【左義長】【三×毬×杖】さぎちゃう《もと、毬杖ぎっちょうを三つ立てたところからという》小正月の火祭りの行事。宮中では、正月15日および18日に清涼殿の東庭で、青竹を束ねて立て、これに吉書きっしょ・扇子・短冊などを結びつけ、はやしたてながら焼いた。民間では、多く14日または15日に野外で門松などの新年の飾り物を集めて焼く。その火で焼いた餅もちや団子を食べると病気をしないとか、書き初めの紙をこの火にかざして高く舞い上がると書道が上達するという。どんど焼き。さいとやき。ほっけんぎょ。《季 新年》「—へ行く子行き交ふ藁わらの音/草田男」

さき-つ【先つ】〔連語〕《「つ」は「の」の意の格助詞》以前の。前の。先の。

さき-つかい【先使い】【▽前使い】さきつかひ《「さきづかい」とも》官の重職者が出向したり、国司が任国へ赴任したりするさい、それに先立って派遣される先触れの者。前駆。さいつかい。

さき-づけ【先付】❶日付が今より後の日にちであること。❷お通しのこと。もと、膳ぜんに汁と向こう付けをのせて供したもの。

さきづけ-こぎって【先付小切手】▶先日付さきひづけ小切手

さき-つ-ころ【先つ頃】さきごろ。先日。さいつころ。

さきっ-ちょ【先っちょ】物の先端。「指の—」

さき-つ-とし【先つ年】先年。前年。さいつとし。「をととしの—より今年まで恋ふれどなぞも妹に逢ひかたき」〈万・七八三〉

さき-つな【先綱】《「さきづな」とも》❶綱をつけてものを引くとき、先の方の綱。また、それを引く人。⇔元綱。❷捕鯨砲の銛もりの綱で、銛に直接つながっている綱。

さき-つ-ひ【先つ日】先日。過日。このあいだ。

さきっ-ぽ【先っぽ】物の先の方。先端。
【類語】端はし・端はな・端はしっこ・末すえ・先さき・突先とっさき・突端とったん・先端・突端とっぱな・末端・一端・ヘッド・頭あたま

さき-て【先手】❶本陣の前に位置する部隊。また、一番先に進む部隊。先陣。先鋒せんぽう。❷行列や供揃ともぞろえなどの先頭をつとめる者。❸▶柱引はしらびき

さき-で【裂き手】ひびやあかぎれなどで荒れた手。「誰たが—、—そもや我が手取らすもや」〈皇極紀・歌謡〉

さきて-がしら【先手頭】江戸幕府の職名。若年寄に属し、先手組を統率する頭。

さきて-ぐみ【先手組】❶先頭に立つ部隊。❷江戸幕府の職名。弓組と鉄砲組とに分かれ、江戸城諸門の警備、将軍外出の際の護衛、また、火付盗賊改ひつけとうぞくあらためとして江戸市中の巡視などを担当。先手頭がしらのもとに与力よりき・同心で組織された。

さき-どなり【先隣】隣のもう一つ向こうの隣。となりのとなり。また、手前隣に対して先にある隣。

さき-ども【先供】主人の先に立って歩く人。

さき-どり【先取り】〔名〕スル ❶他人よりも先に物を取ったり、事を行ったりすること。❷事前に予測し、先回りして、そのことを行ったり述べたりすること。「時代を—した商品」「流行を—したデザイン」❸ふつうは事後に受けるべき代金や利子、また商品などを先に受け取ること。【類語】(❶)先取せんしゅ

さきどり-とっけん【先取特権】さきどりトクケン 法律の定めた特殊な債権を有する者が、債務者の総財産または特定の財産から他の債権者に優先して弁済を受ける担保物権。せんしゅとっけん。

さき-なます【裂き×膾】イワシを、刃物を用いず指で裂いて調理したなます。《季 秋》

さき-に【先荷】主人より先に、供の者に持たせてやる荷物。

さき-に【先に】【▽前に】【×曩に】〔副〕今よりも前に。以前に。「—述べたごとく」「—行われた大会」
【類語】今し方・先程・さっき・先刻・最前

さき-にお・う【咲(き)匂う】さきにほふ〔動ワ五(ハ四)〕《「におう」は色が照り映える意》色美しく咲く。美しく咲き乱れる。「一面に—・う桃の花」「今もかも—・ふらむ橘の小島の崎の山吹の花」〈古今・春下〉

さきに-から【先にから】〔副〕先ほどから。さっきから。「—爰ここな人は参りか下向か」〈浄・油地獄・上〉

さき-ねり【先練り】生糸を練ってから織ること。また、その絹織物。御召おめし・銘仙めいせんなど。⇔後あと練り。

さき-のこ・る【咲(き)残る】〔動ラ五(四)〕❶他の花が散ってしまったのに、散らずに咲いている。「山道に—・るあじさいの花」❷他の花よりおくれて咲く。また、他の花が咲いたのに、咲かずに残っている。「—・っていた日かげの梅の木が咲いた」

さき-の-ちゅうしょおう【前中書王】さきのチュウショワウ《「中書」は中務なかつかさの唐名。中務卿であったところから》醍醐だいご天皇の皇子兼明かねあきら親王の異称。

さき-の-とし【先の年】去年。前年。また、先年。

さき-のばし【先延ばし】〔名〕スル 物事の処理・解決や期限などを、先に延ばすこと。「案件を—にする」

さき-の-ひ【先の日】比較的近い過去の日。先日。この間。「—の湯帰りの女の事が」〈鴎外・雁〉

さぎのもり-べついん【鷺ノ森別院】…ベツヰン 和歌山市鷺ノ森にある浄土真宗本願寺派の別院。開創は文明8年(1476)、蓮如に帰依した了賢が建てた道場に始まる。天正8年(1580)から同11年まで、顕如が教団の本山とした。雑賀さいか御坊。鷺ノ森御坊。

さき-の-よ【先の世】❶前世ぜんせ。「あてもなく憧れて—の魂を追い」〈杢太郎・緑金暮春調〉❷死後の世。後世。「—にもあれの魂に仕合せがありますように」〈中勘助・菩提樹の蔭〉

さき-のり【先乗り】〔名〕スル ❶行列の先頭に立っていく騎馬の人。前駆。⇔後乗あとのり。❷劇団・相撲などの旅興行で、一行よりも先に行って準備をすること。また、その役。

さき-はう【▽幸ふ】さきはふ〔動ハ四・ハ下二〕▶さきわう

さき-ばおり【割羽織】▶打裂羽織ぶっさきばおり

さき-ばこ【先箱】江戸時代、大名などの行列で、正服を入れ、先頭の者に担がせた挟み箱。⇔後箱あとばこ。

さぎ-はさん【詐欺破産】債務者が、破産手続開始の決定(旧法の破産宣告)の前後を問わず、債権者を害する目的で、破産財団の隠匿・毀棄きき、仮装の財産譲渡、債権者にとって不利益になる処分などを行う犯罪。

さき-ばしり【先走り】〔名〕スル ❶先に立って走ること。他に先んじて物事をすること。「企画だけが—する」「気持ちだけが—する」❷先のことを独り決めして、他人より先に行動すること。「気を回して—する」❸野菜や魚類の季節初めにでるもの。「空豆の—」❹中世、走衆はしりしゅうのそばに添って、走り役を勤めた者。また、徒歩で戦場に出る兵。足軽衆。❺前触れ。前兆。「足早き雲や時雨の—/貞徳」

さき-ばし・る【先走る】〔動ラ五(四)〕❶先に立って走る。転じて、他より先に物事をする。「全国に—・って売り出す」❷他に先んじようとして、独りよがりの判断をする。他を出し抜いて、かってに行動する。「—・った考え方」「あまり—・っては困る」

さき-ばら【先腹】❶先妻が産んだ子。⇔後腹あとばら。❷主君の死に先んじて切腹すること。⇔追い腹。「一切って死出の山路の案内せん」〈浮・伝来記・一〉

さき-ばらい【先払い】さきばらひ ❶品物を受け取る前に、代金を支払うこと。前払い。⇔後払あとばらい。❷荷物の運賃、郵便料金を受取人が支払う方法。着払い。向こう払い。❸貴人が通行するとき、前方の通行人を追い払うこと。また、その人。さきおい。前駆。
【類語】前金・前払い・即金

さきばらい-うんちん【先払い運賃】さきばらひ… 荷物の到着先で支払う運賃。向こう払い運賃。着払い。

さき-び【先火】【▽前火】葬列の先頭に立って、たいまつの火を掲げて先導すること。また、その人。先松明さきたいまつ。主に近畿地方でいう。

さきひづけ-こぎって【先日付小切手】実際に振り出す日よりも将来の日付を振出日として記載した小切手。先付さきづけ小切手。

さぎ-ふえ【×鷺笛】ヨウジウオ目サギフエ科の海水魚。全長約20センチ。体色は淡紅色で腹が白い。吻ふんが細長く、背びれに長いとげがある。

さき-ぶと【先太】〔名・形動〕先端がもとの方よりも太いこと。また、そのさまや、そのもの。「—な(の)棒」⇔先細。

さき-ぶとり【先太り】〔名・形動〕スル ❶先になるほどもとの方より太くなっていること。また、そのさまや、そのもの。「—な(の)指」⇔先細り。❷物事が、先に行くほど盛んになること。また、財産などがだんだん殖えること。⇔先細り。

さき-ぶれ【先触れ】〔名〕スル ❶前もって知らせること。また、あとから来る物事を感じさせるもの。まえぶれ。「訪問日を—しておく」「この雷は梅雨明けの—だ」❷室町・江戸時代、役人や貴人が旅行する際、あらかじめ沿道の宿駅に人馬の継ぎ立てや休泊などを準備させたこと。また、その命令書。

さき-ぼう【先棒】❶他人の手先となって行動すること。また、その人。「お—を担かつぐ」➡御先棒おさきぼう ❷駕籠かごなどを二人で担ぐとき、前のほうを担ぐこと。また、その人。先肩さきかた。⇔後棒。

先棒に立・つ　「先棒を振る」に同じ。「母親が—・って毛嫌いをして」〈紅葉・二人女房〉

先棒を振・る　人々の先に立って事を行う。先棒に立つ。

さきぼう-かつぎ【先棒担ぎ】人の手先となり、先に立って騒ぎ回ること。また、その人。

さき-ほこ・る【咲(き)誇る】〔動ラ五(四)〕今を盛りと美しく咲く。「色とりどりのバラが—・る」
【類語】咲き揃そろう・咲きこぼれる・咲き乱れる・満開・繚乱りょうらん・百花繚乱

さき-ぼし【裂(き)干し】切り干し大根の一種。上部を残して縦に数本に切り裂いて干したもの。

さき-ぼそ【先細】〔名・形動〕先端がもとの方よりも細いこと。また、そのさまや、そのもの。「—な(の)くい」⇔先太。

さき-ぼそり【先細り】〔名・形動〕スル ❶先になるほどもとの方より細くなっていること。また、そのさまや、そのもの。⇔先太り。❷物事が、時がたつにつれて衰えていくこと。また、財産などが減っていくこと。「商売が—になる」⇔先太り。

さき-ほど【先程】少し前。いましがた。先刻。「—からお待ちです」「—電話がありました」⇔後程。
【類語】さっき・今しがた・先刻・最前・先に

さぎ-まい【×鷺舞】さぎまひ 民俗芸能の一。白鷺の頭かしらをかぶり、白い羽の作り物を身につけて舞う一種の風流ふりゅう。山口県山口市・島根県津和野町などのものが有名。

さき-まけ【先負け】「先負せんぶ」に同じ。

さき-まわり【先回り】さきまはり〔名〕スル ❶近道を行くなどして、相手より先に目的地に行くこと。「—して一行の到着を待つ」❷相手より先に物事をしたり、考えたりすること。「—した言い方」

ざきみぐすく-あと【座喜味城跡】▶ざきみじょうあと(座喜味城跡)

ざきみじょう-あと【座喜味城跡】ザキミジャウ…《「ざきみぐすくあと」とも》沖縄県中頭なかがみ郡読谷よみたん村にある城跡。15世紀初頭に中世沖縄の有力按司あじ護佐丸ごさまるによって築城されたものといわれる。昭和47年(1972)国指定史跡。平成12年(2000)「琉球王国のグスク及び関連遺産群」の一つとして世界遺産(文化遺産)に登録された。

さき-みたま【▽幸▽御▽魂】人を守り幸福を与えるという神霊。さちみたま。さきたま。「吾は是これ汝いましが—奇魂くしみたまなり」〈神代紀・上〉

さき-みだ・れる【咲(き)乱れる】〔動ラ下一〕文さきみだ・る〔ラ下二〕あたり一面に花が咲く。さかんに咲く。「野に—・れるれんげ草」【類語】咲き誇る・咲き揃そろう・咲きこぼれる・満開・繚乱りょうらん・百花繚乱

さぎむすめ【鷺娘】歌舞伎舞踊。長唄。壕越二三治ほりこしにそうじ作詞、杵屋忠次郎作曲。四変化舞踊「柳雛諸

鳥囀」の一。宝暦12年(1762)江戸市村座で初演。白鷺に仮託して、恋に悩む若い女性を描く。

さき-もの【先物】❶将来の一定時期に受け渡す条件で売買契約を結ぶ商品。➡現物 ❷ ►先限 ❸その将来が期待されるもの。

さきもの-がい【先物買い】〔名〕スル ❶将来性に期待して買うこと。「株—」❷その将来を見込んで事業や物・人物などに投資すること。また、その行為。

さきもの-かわせ【先物為-替】あらかじめ外貨の種類、金額、為替相場、受渡時期などの取引条件を決めておく外国為替。期間は通常6か月以内。➡直物為替

さきもの-とりひき【先物取引】将来の一定期日に現物の受け渡しをすることを約定する売買取引。その期日までに反対売買を行い、差金を授受することによって決済することもできる。➡実物取引

さき-もり【防=人】《「崎守」の意》古代、筑紫・壱岐・対馬など北九州の防備に当たった兵士。663年の白村江の戦い以後制度化され、初め諸国の兵士の中から3年交代で選ばれ、のちには東国出身者に限られるようになった。その後数度の改廃を経て、延喜(901〜923)のころには有名無実となった。

さきもり-の-うた【防=人歌】防人の詠んだ歌。また、その家族などが哀別の情を詠んだものをもいう。万葉集の巻14・巻20にみえ、多く東国方言を用いる。さきもりうた。

さきもり-の-つかさ【防=人▽司】古代、大宰府に属し、防人に関する事を扱った役所。

さき-やす【先安】株価や商品の値段が将来安くなる見込みであること。「—を見越す」⇔先高。

さき-やま【先山｜▽前山】❶鉱山の切羽で、第一線に立って採掘を行う、熟練した作業員。⇔後山。❷沿岸を航海中に、船の前方に見える目標となる山。⇔後山。

さ-きゅう【砂丘】風の運搬した砂が堆積してできた小さな丘。砂漠に生じる内陸砂丘、海岸にできる海岸砂丘などがある。(類語)岩山・石山・砂山

さきゅう-しょくぶつ【砂丘植物】砂丘に生息する植物。地下茎や匍匐茎が発達し、乾燥に強い。ハマヒルガオ・コウボウムギなど。砂地植物。

さ-きゅうめい【左丘明】中国、春秋時代の魯の太史。左丘を姓、名を明とする説もある。「春秋左氏伝」の著者と伝えられている。生没年未詳。

さき-ゆき【先行き】❶今後の成り行き。将来の見通し。ゆくすえ。さきいき。「このままでは—が不安だ」「財政の—は明るい」❷取引で、今後の相場の進行状態。さきいき。(類語)目先

さきゆきはんだん-しすう【先行(き)判断指数】►先行き判断DI

さきゆきはんだん-ディーアイ【先行(き)判断DI】《DIはディフュージョンインデックス(diffusion index)の略》景気の先行きに関する街角の実感を反映した指標。2〜3か月後の景気の良し悪しを予測するもので、内閣府が景気ウオッチャー調査に基づいて発表する。先行き判断指数。➡現状判断DI

さ-きょう【左京】㊀《内裏から南を向いて左側の意から》平城京および平安京を、朱雀大路を境として東西に分けた東側。東の京。⇔右京。㊁京都市北東部の区名。鴨川の東、三条通りの北の地域。

さ-ぎょう【さ行｜サ行】五十音図の第3行。さ・し・す・せ・そ。

さ-ぎょう【作業】〔名〕スル 仕事。また、仕事をすること。特に、一定の目的と計画のもとに、身体または知能を使ってする仕事。「修復—にとりかかる」「徹夜で—する」「—能率」「農—」(類語)仕事・労働・労作・労務・役務・労役・操業・業務・働く

ざ-きょう【座興】❶宴席などで、その場に興を添えるための芸や遊戯。「—に手品をする」❷その場限りの冗談や戯れ。「—にしても言葉が過ぎる」(類語)余興・アトラクション・即興・お慰み・裏芸・隠し芸・余技

ざ-ぎょう【ざ行｜ザ行】五十音図で、「さ行」に対する濁音の行。ざ・じ・ず・ぜ・ぞ。

ざ-ぎょう【座業｜×坐業】座ったままでする仕事・職業。居職。

さぎょう-かせつ【作業仮説】研究や実験を進める過程で、暫定的に有効とみなしてたてる仮説。

さぎょう-きょういく【作業教育】►労作教育

さぎょう-きょくせん【作業曲線】単位時間当たりの作業量の推移をグラフ上の曲線として表したもの。個人の能力や心身状態、作業内容、作業条件が曲線の形を決定する。

さぎょう-きょり【作業距離】►ワーキングディスタンス

さきょう-く【左京区】►左京㊁

さぎょう-けんさ【作業検査】作業や動作を行わせ、その経過や結果からその人の性格・適性を判断しようとする検査。

さきょう-しき【左京▽職】右京職とともに京都の民政などをつかさどった役所。➡京職

さぎょう-たんげん【作業単元】児童・生徒が自ら作業を行うことによって課題解決をさせようとする指導計画の構成単位。

さきょう-の-だいぶ【左京大夫】左京職の長官。さきょうのかみ。

さぎょう-へんかくかつよう【サ行変格活用】動詞の活用形式の一。語形が、文語では「せ・し・す・する・すれ・せよ」、口語では「し(せ・さ)・し・する・する・すれ・しろ(せよ)」のように、文語では五十音サ行のシ・ス・セ三段の音で、口語ではサ・シ・ス・セ四段の音で語形変化する類例のない活用。この活用をする動詞は、文語では「す(為)」「おはす」、また、中古の「います」、口語では「する」だけであるが、和語・漢語・外来語や、名詞・副詞など他の品詞の語について、多くの複合動詞がつくられる。「恋す(る)」「啓す」「熱する」「びくびくする」「ドライブする」など。「甘んずる」「応ずる」などザ行に活用するものも含む。サ変。

さぎょう-りょうほう【作業療法】農耕・手芸などの作業や、レクリエーション・生活動作訓練などの目的をもった活動を通して病気の回復や社会復帰の促進を図る精神療法。

さぎょうりょうほう-し【作業療法士】作業療法を行う専門職。国家試験に合格した者が厚生労働大臣から免許を受ける。OT(occupational therapist)。

さ-きょく【×叉×棘】ウニ・ヒトデ類の体表にある特殊な小さなとげ。物を挟むことができ、付着物を取り除いたり小動物を捕らえたりする。

さき-ら【先ら】《「ら」は接尾語》弁舌や筆勢に現れた才気。「才もすぐれ、ゆたけき—を、いとど心して言ひつづけたる」〈源・鈴虫〉

さ-ぎり【▽狭霧】《「さ」は接頭語》霧。(季 秋)

さぎ-りゅう【×鷺流】狂言の流派の一。室町初期の路阿弥を流祖と伝え、江戸初期の10世鷺仁右衛門の代に家系・芸系を確立。観世座付きとして幕府に重用されたが、明治末年に廃絶。現在、新潟・山口などに地方芸能として名残をとどめる。

さき-りゅうぞう【佐木隆三】［1937〜　］小説家。朝鮮の生まれ。本名、小先良三。実際の事件・犯罪に取材した、ニュージャーナリズムの手法による社会派小説を執筆。「復讐するは我にあり」で直木賞受賞。他に「ドキュメント狭山事件」「海燕ジョーの奇跡」「三つの墓標」など。

さき-わい【▽幸ひ】さいわい。幸福。幸運。「一のいかなる人か黒髪の白くなるまで妹が声を聞く」〈万・一四一一〉

さき-わ・う【▽幸ふ】《「わう」は接尾語》㊀〔動ハ四〕幸運にあう。豊かに栄える。「言霊の—・ふ国と語りつぎ」〈万・八九四〉㊁〔動ハ下二〕幸運を与える。栄えさせる。「いかしの御世に—・へ奉られ」〈祝詞・出雲国造神賀詞〉

さき-わけ【咲(き)分け】一株の草や木に、色の違う花が咲くこと。また、その草や木。「紅白—の梅」

さき-わたし【先渡し】〔名〕スル ❶売買取引で、契約をして一定期間がたってから商品を引き渡すもの。❷貨物などを到着地で相手に引き渡すこと。❸賃金の前払い。

さき-わた・る【咲き渡る】〔動ラ四〕咲きつづける。また、あたり一面に咲く。「万代に年は来経とも梅の花絶ゆることなく—・るべし」〈万・八三〇〉

さきわれ-スプーン【先割れスプーン】先端を三つに割ってとがらせてある、フォーク兼用のスプーン。

さ-きん【砂金｜沙金】金鉱床が浸食されて砂粒状になった金が水に流されて、河床や海岸などの砂礫中に沈積したもの。しゃきん。➡山金

さ-きん【差金】差し引きした残りの金額。差額。

さきん-けっさい【差金決済】現物・現金の受け渡しをせず、反対売買による差額の授受で決済すること。

さきんけっさい-とりひき【差金決済取引】差金決済で行う取引。CFD(contract for difference)。

さ-きんご【左金×吾】左衛門督の唐名。

さきん・じる【先んじる】〔動ザ上一〕「さき(先)んずる」(サ変)の上一段化。「英語では兄に—・じる」(類語)先手を打つ・機先を制する・先制

さきん・ずる【先んずる】〔動サ変〕文さきん・ず(サ変)《「さきにする」の音変化》他の人より先に進む。先に何かをする。「何事をするにつけても人に—・ずる」「技術開発で他社より一歩—・ずる」

先んずれば人を制す　《「史記」項羽本紀から》他人よりも先に事を行えば、有利な立場に立てる。

さきん-せき【砂金石】雲母や赤鉄鉱の小さい結晶を含む石英。黄・緑・赤・褐色などの光輝を放つ。装飾用にされる。アベンチュリン。

さきんだち-や【さ▽公▽達や】〔連語〕《「さ」は接頭語、「や」は間投助詞》貴公子の皆さんよ。囃子詞として用いられる。「挿し櫛もなしや—」〈催馬楽・挿櫛〉

さきん-づつみ【砂金包】一定量の砂金を、紙または布で包んだもの。ふつう、金10両(銭20貫)にあたる砂金44匁を包んだ。

ザキントス-とう【ザキントス島】《Zakinthos》ギリシャ西部、イオニア海にある島。イオニア諸島に属す。英語名ザンテ島。中心地は東岸のザキントス。ペロポネソス半島の港町キリニとフェリーで結ばれる。ベネチア共和国の支配下で繁栄し、「東方の花」と称された。1953年をはじめ、過去に度々大地震による被害を受けている。同島の守護聖人ディオニシオスの聖遺物が安置されるアギオスディオニシオス教会には、毎年8月に数多くの巡礼者が訪れる。詩人ディオニシオス=ソロモス、ウーゴ=フォスコロの生地。

さく　❶くわで田畑の土を削りとるように掘ってできた浅い溝。また、その土を盛り上げたうね。❷畑のうねの数を数える語。「芋を二—掘り上げる」

さくを切・る　くわで田畑にうねを作る。また、農作物の根元に土を寄せかける。「畑に出て—・っている百姓の鍬の音もする」〈藤村・千曲川のスケッチ〉

さく　マグロなどの身を、刺身に作りやすいように、形を整えて大きな切り身にしたもの。

さく【佐久】長野県東部の市。佐久盆地の商業中心地。中心は中込など。岩村田はもと内藤氏の城下町、野沢は鯉の養殖が盛ん。人口10.1万(2010)。

さく【冊】昔、中国で天子が諸侯に領地や爵位を授けるとき、また、立后・立太子などの祭事に下したみことのり。➡漢「さつ(冊)」

さく【作】❶作ること。また、作ったもの。文学・美術・音楽などの芸術作品についていうことが多い。作品。「会心の—」「狩野探幽—の障壁画」❷耕作すること。また、農作物のできぐあい。「今年の稲の—は上々だ」「平年—」❸技巧。趣向。「—に過ぎた俳句」➡漢「さく(作)」(類語)作品・作物

作を入・れる　作為を加える。工作する。

さく【昨】㊀〔名〕過ぎ去った日。むかし。また、きのう。「—の汝が松風明月の怨とこしなえに尽きず」〈啄木・葬列〉㊁〔連体〕❶今の一つ前の。「—シーズン」❷きのうの。「—一九日」❸去年の。「—平成六年」➡漢「さく(昨)」

さく【柵】❶丸太などを間隔を置いて立て、それに横

木を渡してつくった囲い。「―を巡らす」❷木を立て並べてつくった小規模の防壁。とりで。➡漢「さく(柵)」(類語)塀・垣・垣根・フェンス・生け垣・築地

さく【×朔】❶月と太陽との黄経が等しくなる時。月は太陽と同じ方向にあり、地球に暗い半面を向けるので、見えない。新月。➡望ぼう❷太陰暦で、月の第1日。ついたち。❸昔、中国で、天子が歳末に諸侯に与えた翌年の暦と政令。➡漢「さく(朔)」

朔を奉ほうず　天子の政令に服従する。正朔を奉ず。

さく【索】縄。綱。ロープ。➡漢「さく(索)」

さく【策】❶はかりごとや計画。また、事をうまく運ぶための手段・方法。「―を練る」「―を授ける」❷むち。つえ。「―を執る」➡漢「さく(策)」

(類語)方策・対策・施策・手・企て・一計・奇計・奇策・愚策・秘策・対応策・善後策・得策・方法

策を講・ずる　うまく事を運ぶために、いろいろ考える。「万全の―・ずる」

策を施ほどこ・す　事を解決するための手段や対策を準備する。「組織再建のための―・す」

策を弄ろう・する　必要以上に策を用いる。

さく【×幘】❶昔、中国で、髻もとどりを覆い隠し、髪を包むのにつけたきれ。頭巾。❷天皇が神事に臨むとき、冠の巾子こじと纓えいをくくる白い生絹すずし。巾子の後ろで結び、その端を垂らす。

さく【×蒴】コケ植物の胞子嚢ほうしのう。球形・楕円形などで、熟すと開いて胞子を放散させる。

さく【×簀】❶簀すの子。す。❷竹や木を編んで作った敷物。主に寝台の上に敷く。たかむしろ。

簀を易かう　「易簀えきさく」に同じ。

さ・く【咲く】〔動カ五(四)〕❶花のつぼみが開く。開花する。「大輪の花が―・く」「ぼたんが見事に―・く」❷波が砕けて白く見える。「味鎌の潟に―・く波平瀬にも紐解くものかかなしけを置きて」〈万・三五五一〉(可能)さける (類語)開く・笑む・開花

(一句)煎いり豆に花が咲く・埋もれ木に花が咲く・喧嘩けんかに花が咲く・言葉に花が咲く・死に花を咲かせる・花が咲く・花を咲かせる・話に花が咲く・花実が咲く・一花咲かせる・穂に穂が咲く

さ・く【裂く｜割く】㊀〔動カ五(四)〕❶ひと続きのものを、強い力を加えて直線的に二つに離す。手で強く引っ張って破る。「布を―・く」「生木を―・く」❷刃物などで切って開く。「魚の腹を―・く」「うなぎを―・く」❸親しい関係にある者どうしを無理に離す。「二人の仲を―・く」❹(割く)予定しているものの一部を、都合して他の用に充てる。「時間を―・く」「紙面を―・く」「人手を―・く」❺目尻に入れ墨をする。「あめつつ千鳥ま鵐しとなど―・ける利目とめ」〈記・中・歌謡〉(可能)さける ㊁〔動カ下二〕「さ(裂)ける」の文語形。

(類語)破る・破く・引き裂く・破れる・破ける・裂ける

さ・く【避く】〔動カ下二〕「さ(避)ける」の文語形。

さ・く【▽離く｜▽放く】㊀〔動カ四〕間を離す。離して遠ざける。また、仲を隔てる。「行くさには二人我が見しこの崎をひとり過ぐれば見も―・かず来きぬ」〈万・四五〇〉㊁〔動カ下二〕㊀に同じ。「天の原踏みとどろかし鳴る神も思ふなかをば―・くるものかは」〈古今・恋四〉❷(他の動詞の連用形に付いて)㋐…することで思いをはらす。「語り―・け見―・くる人目ともしみと」〈万・四一五四〉㋑はるかに…する。「しばしばも見―・けむ山を」〈万・一七〉

さ・ぐ【下ぐ】〔動ガ下二〕「さ(下)げる」の文語形。

さ・ぐ【提ぐ】〔動ガ下二〕「さ(提)げる」の文語形。

ざく❶鍋料理で、肉や魚に添えて煮る野菜。特に、斜めに切ったねぎをいう。❷「ざく銭ぜに」の略。

ざ・ぐ【座具｜×坐具】❶すわるときに敷くもの。ござ・布団の類。❷《梵 niṣīdanaの訳。音写は尼師壇》比丘びくが所持する六物ろくもつの一。座臥ざがの際下に敷く。

さく・あたり【作当(た)り】農作物の実りのよいこと。豊作。⇔作違い。

さく・い【作為】ヰ〔名〕スル❶人が自分の意志で作り出すこと。「我々の真摯なる要求は我々の―したものでない、自然の事実である」〈西田・善の研究〉❷事実であるかのように故意に手を加えること。つくりごと。「―の跡がみられる」「データに―して数値を変える」❸法律で、人の積極的な行為・挙動。人を殺すなど。⇔不作為。

さく・い【作意】❶芸術作品において、作者の制作した意図。創作上の意向・工夫。趣向。❷たくらみの心。「別に―はない」❸茶事で、その人独特の自然な工夫を凝らすこと。また、その工夫。作分さくぶん。

さく・い〔形〕❶性質があっさりしている。気さくである。「なかなか人好きのする風で談話はなしをさしても…―・くて面白い」〈二葉亭訳・めぐりあひ〉❷材質が粘りけがなく、壊れやすい。もろい。〈日葡〉

さく・イオン【錯イオン】錯体であるイオン。ヘキサシアノ鉄(II)酸イオン$[Fe(CN)_6]^{4-}$など。

さくい・さいむ【作為債務】サクヰ―　債務者が積極的な行為をすることを給付の内容とする債務。➡不作為債務

さくい・たいけん【作為体験】サクヰ―　自分の考えや行動が、他人に操られていると感ずる体験。統合失調症に特有の症状。させられ体験。

さく・いたべい【柵板塀】柵の裏に板を張った塀。

さくい・てき【作為的】サクヰ―〔形動〕故意に行うさま。また、不自然さが目立つさま。「―に仕組まれた事件の筋立て」

さくいてき・そうばけいせい【作為的相場形成】サクヰテキサウバケイセイ　株式市場において実勢を反映しない相場を作為的に形成する取引行為。相場操縦と異なり、他人の取引を誘引する目的がなくても不正行為とされる。自身が保有している有価証券の価格を大量の買い注文で決算期末に引き上げて評価額を有利にする行為などを指す。金融商品取引業等に関する内閣府令で禁止されている。

さくい・はん【作為犯】サクヰ―　人の積極的挙動(作為)によって犯される罪。殺人罪・窃盗罪など、犯罪の大部分はこれに属する。➡不作為犯

さく・いん【索引】ある書物の中の語句や事項などを、容易に探し出せるように抽出して一定の順序に配列し、その所在を示した表。インデックス。

さく・いん【索隠】隠れた道理をさがし求めること。

さくいん【索隠】「史記」の注釈書。唐の司馬貞の撰。

ざ・ぐう【座隅】座席のすみ。一座のすみ。

ザクースカ〘ロシ zakuska〙ロシア料理の前菜。キャビア・イクラ・燻製魚類などが主。ザクスカ。

さく・えん【錯塩】錯イオンを含む塩。フェロシアン化カリウムなど。

さく・おう【策応】〔名〕スル　互いに策略を通じ合って助け合うこと。示し合わせること。「あいつが、パルチザンと―して、わざと道を迷わしとるのかもしれん」〈黒島・渦巻ける烏の群〉

さく・おとこ【作男】―をとこ　雇われて耕作する男。

さく・おんな【作女】―をんな　雇われて耕作する女。

さく・か【昨夏】去年の夏。

さく・か【×蒴果】―クワ　果実の一種。子房に数室あって、2枚以上の心皮から成熟してできた果実。成熟すると心皮と同数の裂片に裂け、種子を散布する。アサガオ・カタバミなどにみられる。さっか。

さく・が【作画】―グワ〔名〕スル　絵や写真を作ること。

さく・がく【錯×愕】〔名〕スル　驚きあわてること。「テンプルトン聞て―し」〈織田訳・花柳春話〉

さく・かごうぶつ【錯化合物】―クワガフブツ　配位化合物を含む高次化合物。錯体よりも広義に用いられる。

さく・がみ【作神】農作の守護神。農神のうがみ。田の神。

さく・がら【作柄】❶農作物の育ちぐあいやできぐあい。「麦の―がいい」❷芸術作品のできぐあい。

さく・がん【×鑿岩｜削岩】〔名〕スル　岩石に穴をあけること。「機械で―する」

さくがん・き【×鑿岩機】岩石に小さな穴をあける機械。圧縮空気や電気を動力として、直径数センチの深い穴をあける。

さく・き【昨季】《「さっき」とも》今年と同じような去年の時季。去年の今頃。昨シーズン。「―はインフルエンザが流行した」「―の欧州チャンピオン」

さく・き【昨期】《「さっき」とも》この前の期間。「観光客の数が―の数字を割り込む」➡今期

さく・きょう【作況】―キヤウ ►さっきょう(作況)

さく・ぎょう【昨暁】―ゲウ　きのうの夜明け方。

ざく・ぎり【ざく切り】野菜などを丸のまま大まかに切ること。「キャベツを―にする」

さく・ぐ【索具】帆綱など、綱で作った船具。綱具。

さく・くしろ【×拆×釧】㊀〔名〕古代に用いられた、口の割れた鈴のついた腕飾り。㊁〔枕〕拆釧㊀に多くの鈴がついているところから、地名「五十鈴いすず」にかかる。「―伊須受いすずの宮に拝いつき祭る」〈記・上〉

さぐく・む〔動マ四〕間を縫って進む。「波の上をい行き―・み」〈万・五〇九〉

さく・げ【作毛】「さくもう(作毛)」に同じ。

さく・げき【作劇】〔名〕スル　戯曲を作ること。「―法」

さく・げつ【×朔月】❶朔❶のときの月の称。新月。❷陰暦で月の第1日。朔日。

さく・げん【削減】〔名〕スル　現にあるものを、けずってへらすこと。「予算を―する」

(類語)節減・低減・半減・軽減

漢字項目　さく

【冊】►さつ

作　(学)2　音サク(呉)(漢)　サ(呉)(漢)　訓つくる、なす‖㊀〈サク〉①工夫して物をこしらえる。「作詞・作者・作成・作品/工作・試作・製作・創作」②こしらえた物。作品。「遺作・傑作・拙作・名作・三部作」③なす。行う。「作為・作戦」④農産物をつくる。また、その成果。「作物さくもつ/間作・耕作・米作・豊作」⑤おこす。盛んにする。「作興さっこう/振作」⑥美作みまさか国。「作州」㊁〈サ〉①なす。行う。振る舞い。「作業・作法・作用/所作・操作・動作・無造作」②起こる。「発作ほっさ」(名付)あり・つくり・とも・なお・なり・ふか (難読)作麼生そもさん

削　音サク(呉)　訓けずる、そぐ‖けずる。そぐ。へらす。「削減・削除/添削・筆削」

昨　(学)4　音サク(漢)‖①きのう。「昨日・昨朝・昨夜」②一回り前の時期。「昨週・昨春・昨年/一昨年」③むかし。以前。「昨今さっこん」(難読)一昨日おととい・一昨年おととし・昨日きのう・昨日きそ・昨夜きぞ・昨夜よべ・昨夜ゆうべ・一昨昨日さきおととい・一昨昨年さきおととし

柵　音サク(漢)　訓しがらみ、とりで‖①木や竹などで編んだ垣根。「竹柵・鉄柵」②とりで。「城柵」

×**炸**　音サク(呉)(漢)‖爆発する。はじける。「炸薬・炸裂」

人**朔**　音サク(呉)(漢)　訓ついたち‖①ついたち。「朔日/告朔」②北の方角。「朔風・朔北」③暦。「正朔」

人**窄**　音サク(漢)　訓せまい、すぼむ、すぼめる‖せまい。せばめる。「狭窄」

索　音サク(漢)　訓もとめる‖①太い縄。つな。「索条/鋼索・縄索じょうさく」②手づるによって探し求める。「索引/検索・思索・詮索せんさく・捜索・探索・模索」③ばらばらに離れて無くなるさま。「索然・索漠」(難読)索麺そうめん

策　(学)6　音サク(漢)　訓むち‖①文字を書き付けた竹のふだ。特に、天子が下す文書。「策命」②はかりごと。計画。計画を立てる。「策士・策定・策略/画策・奇策・失策・術策・政策・得策・方策・無策・善後策」③むち。つえ。「警策きょうさく・けいさく・散策」(名付)かず・つか・もり

酢　音サク(慣)　訓す‖㊀〈サク〉①すっぱい液体。す。「酢酸」②客が返杯する。「酬酢」㊁〈す(ず)〉「甘酢・梅酢・三杯酢」(難読)酢漿草かたばみ

搾　音サク(慣)　訓しぼる‖しぼる。「搾取・搾乳・搾油/圧搾」(難読)搾菜ザーサイ

錯　音サク(呉)(漢)‖①乱れて入りくむ。まじる。「錯雑・錯綜さくそう/交錯」②まちがえる。あやまる。「錯覚・錯誤/失錯・倒錯」(難読)介錯かいしゃく

×**鑿**　音サク(漢)　訓うがつ、のみ‖①穴を掘る。うがつ。「鑿岩/開鑿・掘鑿・穿鑿せんさく」②のみ。「斧鑿ふさく」

さく-げん【▽遡源|×溯源】〔名〕スル「そげん(遡源)」の慣用読み。
さくげん-しゅうりょう【策彦周良】[1501〜1579]室町末期の臨済宗の僧。丹波の人。号、謙斎。明みんに2回渡り、日記「初渡集」「再渡集」がある。織田信長・武田信玄に信任され、甲斐恵林寺、京都天竜寺に住した。著「南游集」など。
さくげん-ち【策源地】前線の作戦部隊に対して、必要物資の補給などの兵站へいたん支援を行う後方基地。
さく-ご【作碁】❶囲碁で、対局の終わりに、盤面の石を整理して勝敗の計算をしやすくすること。地つくり。❷▶作り碁
さく-ご【索語】▶索話さくわ
さく-ご【錯誤】〔名〕スル❶まちがうこと。まちがい。誤り。「―を犯す」「試行―」「時々強いて―して織り込まれて」〈佐藤春夫・田園の憂鬱〉❷その人の認識と客観的事実とが一致しないこと。「時代―」❸民法上、意思表示をした者の内心の意思と表示行為とがくいちがっていることを表意者自身が知らないこと。例えば、英和辞典を買うつもりで、気づかずに和英辞典を買うなど。(類語)(❶)間違い・過ち・誤り・誤謬ごびゅう
さく-さい【昨歳】昨年。去年。
さく-さく【索索】〔形動タリ〕風や琴の音などが響くさま。「第一第二の弦は、―として秋の風、松を払って疎韻落つ」〈謡・経政〉
さく-さく【×嘖×嘖】〔ト・タル〕図〔形動タリ〕口々に言い立てるさま。盛んに褒めそやすさま。「名声―たるものがある」(補説)「名声…」「令名…」など、評判がよい場合に使う。「不評嘖々」などとは言わない。
さく-さく〔副〕❶雪・霜柱や砂などを踏んで歩くときの音を表す語。「―(と)新雪を踏む」❷野菜などを刻んだり歯でかんだりするときの軽快な音を表す語。「―(と)白菜を刻む」「リンゴの―(と)した歯ごたえ」「一感を出す」❸手際よく行うさま。物事が滞りなく進行するさま。軽快なさま。さくっと。「仕事を―(と)片づける」「―(と)動く画像編集ソフト」❹水などを注ぎ入れる音を表す語。「桶に水を入れて、この釜どもに―と入る」〈宇治拾遺・一〉
ざく-ざく㊀〔副〕❶砂利・小石などを踏み歩くときに出る音を表す語。「―(と)砂利を踏みながら行く」❷野菜などを、力強く切り刻むときに出る音を表す語。「キャベツを―(と)切る」❸金貨などがたくさんあるさま。「大判小判が―(と)出る」㊁〔形動〕織り方、刻み方などの粗いさま。また、雪や砂などの粒の粗いさま。「―に織ったショール」「野菜を―に切る」(アク)㊀は、ザクザク、㊁はザクザク。(類語)ざくり・ざっくり・ばっさり・ちょん・じょきじょき・すっぱり
さく-ざつ【錯雑】〔名〕スル まとまりがなく入りまじっていること。錯綜さくそう。「―した国際情勢」(類語)複雑・煩雑はんざつ・煩瑣はんさ・錯綜さくそう・入り組む・込み入る
さく-さん【×柞蚕】ヤママユガ科のガ。大形で、翅はねは赤褐色または灰褐色で眼状紋がある。中国の原産で、明治年間に日本に輸入された。幼虫の食草はクリ・クヌギ・カシワなどで、野外のクヌギ林で飼育される。繭は蚕のものより大形で茶色。
さく-さん【酢酸|×醋酸】刺激臭と酸味のある無色の液体。飽和脂肪酸の一種で、弱酸。食酢の主成分。また生体では物質代謝上重要。酢酸発酵や木材の乾留によって得られ、工業的にはアセトアルデヒドを酸化して製する。染色・合成酢・写真の定着液などに使用。また化学工業上重要な合成原料。化学式CH_3COOH
さくさん-アミル【酢酸アミル】酢酸とアミルアルコールとのエステル。ナシに似た芳香をもつ無色の液体で、香料・溶剤・接着剤の製造などに用いる。化学式$CH_3COOC_5H_{11}$
さくさん-アルミニウム【酢酸アルミニウム】水酸化アルミニウムを酢酸で溶かして作る、やや酢酸臭のある無色の粉末。媒染剤や防水剤として使用。化学式$Al(CH_3COO)_3$
さくさん-エステル【酢酸エステル】酢酸とアルコールのエステルの総称。多くは芳香のある無色の液体で、人工香料に使用。酢酸アミル・酢酸エチルなど。
さくさん-エチル【酢酸エチル】酢酸とエチルアルコールのエステル。パイナップルに似た芳香のある無色の液体。引火しやすい。果実エッセンス・溶剤などに使用。化学式$CH_3COOC_2H_5$
さくさん-カルシウム【酢酸カルシウム】水酸化カルシウムに酢酸を作用させて作る、白色の粉末。酢酸・アセトンの製造、織物の捺染剤なせんざい、なめしなどに使用。化学式$Ca(CH_3COO)_2$
さくさん-きん【酢酸菌】エチルアルコールを酢酸に変える細菌の総称。桿菌かんきんで、連鎖状につながっている。酢を作るのに利用される。
さくさん-けんし【酢酸絹糸】アセテートのこと。
さくさん-し【×柞蚕糸】柞蚕の繭からとった糸。淡褐色で絹糸に似て光沢がある。➡絹紬けんちゅう
さくさん-せんいそ【酢酸繊維素】アセチルセルロースのこと。
さくさん-どう【酢酸銅】酸化銅または塩基性炭酸銅を酢酸に溶かして得られる暗緑青色の結晶。殺菌剤・殺虫剤・医薬品などに使用。一水塩の化学式$Cu(CH_3COO)_2 \cdot H_2O$
さくさん-ナトリウム【酢酸ナトリウム】酢酸を水酸化ナトリウムで中和し、蒸発して得られる白色結晶。水に溶ける。染色の媒染や分析試薬などに使用。
さくさん-なまり【酢酸鉛】鉛化合物で、ふつうには酢酸鉛(Ⅱ)$Pb(CH_3COO)_2$のこと。酸化鉛を温希酢酸に溶かし、冷却して得られる無色の結晶。三水和物$Pb(CH_3COO)_2 \cdot 3H_2O$は鉛糖えんとうとよばれ、水溶液は甘味があるが有毒。医薬・染色・鉛めっきなどに利用。ほかに酢酸鉛(Ⅳ)$Pb(CH_3COO)_4$があり、強酸化剤として用いる。
さくさん-はっこう【酢酸発酵】酢酸菌の作用で、エチルアルコールが酸化されて酢酸になる現象。食酢の製造に利用。
さくさん-ビニル【酢酸ビニル】エチレンと酢酸から合成される甘味臭のある無色の液体。アセチレンと酢酸の反応により合成される。酢酸ビニル樹脂・ビニロンなどの原料。化学式CH_2=$CHOCOCH_3$
さくさんビニル-じゅし【酢酸ビニル樹脂】酢酸ビニルを重合させて得られる熱可塑性樹脂。軟化点が低く、成形材料には用いられず、溶液または乳化液として塗料・接着剤・チューインガムのベースなどに使用。
さく-し【佐久市】▶佐久
さく-し【作詞】〔名〕スル 歌詞を作ること。「一家」(類語)作文・詩作・作歌・句作・劇作
さく-し【作詩】〔名〕スル 詩を作ること。詩作。
さく-し【策士】策略を立てることに巧みな人。好んで事をたくらむ人。「政界の―」
策士策に溺おぼれる 策士は、策略に頼りすぎてかえって失敗する。
さく-し【策試】▶策問
さく-し【錯視】視覚における錯覚。形・大きさ・長さ・色・方向などが、ある条件や要因のために実際とは違ったものとして知覚されること。
さく-じ【作字】〔名〕スル 印刷で、必要とする活字がないときに、既存の活字の部分を合成したり削ったりして新しい活字を作ること。また、その作った活字。パソコンなどで、内蔵・登録されていない字体を作ることにもいう。
さく-じ【作事】家屋などを造ったり修理したりすること。普請ふしん。(類語)建築・建設・建造・築造・営造・造営・建立こんりゅう・普請・造作ぞうさく・新築・改築・増築・移築
さく-じ【索餌】えさをさがし求めること。「鯨の―回遊」
さぐじ《「しゃくじん(石神)」の音変化》「石神しゃくじん」に同じ。
さぐじ【▽三×狐▽神】《「さんこしん」の音変化》農家で祭る田畑の守り神。みけつかみ。
さくじ-かた【作事方】江戸幕府の、建築・修理などの工事を受け持った下役。さじかた。
さく-しき【作▽職】中世、作人がその請作うけさく地についてもっていた耕作権と収益権。作人職。作手職。
さく-じつ【昨日】今日の前の日。きのう。(類語)前日
さく-じつ【×朔日】毎月の第1日。ついたち。朔月。「卯月―」
さくじ-ば【作事場】土木建築の仕事場。工事現場。普請ふしん場。
さくじ-ぶぎょう【作事奉行】鎌倉・室町・江戸幕府の職名。殿舎の造営・修理や土木などの工事をつかさどった。
さく-しゃ【作者】❶作品を作った人。特に、芸術作品の作り手。「物語の―」「焼き物の―」「一不詳」❷勅撰集に和歌を載せられた歌人。❸歌舞伎狂言を作る人。狂言作者。(類語)著者・筆者・書き手・編者
さく-じゃく【削弱】〔名〕スル けずって弱くすること。「豊臣氏諸侯を―するを欲せざるにあらざるなり」〈田口・日本開化小史〉
さくしゃ-べや【作者部屋】歌舞伎劇場で、狂言作者の控え室。
さく-しゅ【搾取】〔名〕スル❶乳などをしぼりとること。❷階級社会で、生産手段の所有者が生産手段を持たない直接生産者を必要労働時間以上に働かせ、そこから発生する剰余労働の生産物を無償で取得すること。➡剰余価値(類語)詐取・ピンはね
さく-しゅう【作州】美作みまさかの異称。
さく-しゅう【昨秋】去年の秋。
さく-しゅう【昨週】今週の前の週。先週。
さくしゅ-かいきゅう【搾取階級】剰余価値を独占している階級。資本家や地主を労働者・農民の側からいう語。
さく-しゅつ【作出】〔名〕スル 新しい品種を作り出すこと。「バラの新種を―する」
さく-しゅん【昨春】去年の春。
さく-しょ【索書】本をさがすこと。
さく-じょ【削除】〔名〕スル 文章などの一部を、けずりとること。「不穏当な発言を議事録から―する」
さく-しょう【昨宵】昨夕。昨晩。ゆうべ。
さく-じょう【作条】種をまくために、一定の幅で平行に掘った浅い溝。
さく-じょう【索条】ワイヤロープ。
さく-じょう【×槊×杖】小銃の腔内の手入れに用いる細長い金属棒。
さく-じょう【×錫×杖】《「さく」は「しゃく」の直音表記》「しゃくじょう(錫杖)」に同じ。
さくじょう-そしき【柵状組織】葉の上面の表皮のすぐ内側にあり、細長い細胞が縦に密に接して並んだ組織。多量の葉緑素を含み、最も盛んに光合成を行う。
さくじょう-てつどう【索条鉄道】▶ケーブルカー
さくじ・る〔動ラ四〕利口ぶって生意気に振る舞う。さしでがましい言動をする。「いと―・りおよすけたる人」〈源・少女〉
さくしんがくいん-だいがく【作新学院大学】栃木県宇都宮市にある私立大学。平成元年(1989)の開学。同5年に大学院を設置した。
さく・す【策す】㊀〔動サ五〕「さくする」(サ変)の五段化。「謀反を―・す者」㊁〔動サ変〕「さく(策)する」の文語形。
さく-ず【作図】〔名〕スル❶図面や図形を描くこと。「機械の設計図を―する」❷幾何学で、定規とコンパスを使い、与えられた条件を満たす図形を描くこと。また、その図形。(類語)製図
さく-すず【×拆鈴】〔枕〕口の割れた鈴の意から、地名「五十鈴いすず」にかかる。さくすずの。「―五十鈴の宮に」〈神功紀〉
さくず-だい【作図題】数学で、ある特定の器具を有限な回数使用して、一定の条件を満たす図形を描く方法を求める問題。
さくずふのう-もんだい【作図不能問題】数学の作図題で、求める図形が実際には存在するが、指定された方法では作図が不可能な問題。定規とコンパスを用いるものでは、一般角の三等分、ある立方体の体積の2倍の体積をもつ立方体、与えられた円と同じ面積をもつ正方形の三つが有名。

サクスホルン〘saxhorn〙吹奏楽の中心楽器群として用いられる金管楽器。7種あり、ふつう三つの弁をもち、柔らかい音色が特徴。ベルギーのアドルフ＝サックスの発明。サクソルン。

さく・する【策する】〔動サ変〕図さく・す〔サ変〕はかりごとを考える。「改革を―・する」
〘類語〙計画・計る・もくろむ・企てる・企図する

さく-せい【作成】〔名〕スル ❶計画や書類、また文章などを作ること。「予算案の―」「報告書を―する」❷《保険業界で》社員が顧客の名を借りて契約を結び、保険料は自分が負担すること。
〘類語〙製作・制作・作製・製造

さく-せい【作製】〔名〕スル 物品を作ること。また、図面などを作ること。「設計図を―する」
〘類語〙製作・制作・作成・製造

さく-せい【×鑿井】〔名〕スル 石油や地下水などの採取・探査のために井戸を掘ること。ボーリング。

さく-せき【昨夕】昨日の夕方。昨宵。さくゆう。

サクセス〘success〙❶成功すること。❷富や地位を得ること。出世。

サクセス-ストーリー〘success story〙成功談。立身出世物語。

さく-せつ【錯節】❶入り組んだ木の節。❷入り組んでいて解決しにくい事件や問題。「盤根ばんこん―」

サクセッション〘succession〙❶連続。継続。❷継承。後継者。❸ある生物群集に別の生物群集が侵入して、生物群集が入れ替わりながら、ほぼ安定な状態(極相)へ変化していくこと。

ざく-ぜに【ざく銭】びたせん。ざく。「舌の先に―が絶えねえお藤さにゃあ」〈滑・浮世風呂・三〉

さく-せん【作戦¦策戦】❶戦いや試合をうまく運ぶ方法や策略。転じて、物事を進めていくうえでのはかりごと。「―を練る」「―を立てる」❷歩兵・砲兵・騎兵などの、ある期間にわたる一連の対敵戦闘行動。「水際―」「陽動―」〘類語〙策略・計略・戦略・戦術・はかりごと・企み・画策・術策・権謀・謀計・深謀・遠謀・機略

さく-ぜん【索然】〔ト・タル〕図〔形動タリ〕心ひかれるものがなくて興ざめするさま。空虚なさま。「迂闊うかな彼は不思議そうな眼を開いて、―たる彼の新居を見廻した」〈漱石・道草〉

ザクセン〘Sachsen〙㊀ドイツ東部、エルベ川の上・中流域の地方名。古くはドイツ北部のライン川とエルベ川の間にあったゲルマンの一部族サクソン人の居住地をさし、919年ハインリヒ1世がそこにザクセン王家を開いた。サクソニア。㊁ドイツ東部の州。州都はドレスデン。チェコ、ポーランドと国境を接し、歴史的には、ワイマール共和国が設立する以前のザクセン王国とほぼ同じ領域。1949年から90年まで旧東ドイツに属し、工業化が進められた。主な都市として、ライプチヒ、ケムニッツなどがある。ザクセン自由州。

ザクセン-アンハルト〘Sachsen-Anhalt〙ドイツ北東部の州。州都はマクデブルク。1949年から90年まで旧東ドイツに属した。エルベ川と支流ザーレ川が流れ、合流点を含む。南西部の州境にハルツ山脈が広がる。歴史的にはプロイセン王国のザクセン州、アンハルト公国、ブラウンシュワイク公国の一部で構成される。主な都市として、バロック音楽にゆかりあるハレ、18世紀古典文化の中心地デッサウなどがある。

さくせん-きろくが【作戦記録画】クワクガ 第二次世界大戦中、日本の陸海軍の依頼を受けて著名な画家が戦争の状況を描いた絵。

さくせん-けいかく【作戦計画】クワク 戦闘指揮官が、作戦目的を達成するために定める計画。

さくせん-もくひょう【作戦目標】ヘウ 作戦計画を立案、また実行するときの目標。

さく-そう【錯×綜】〔名〕スル 物事が複雑に入り組んでいること。入り交じって混乱すること。錯雑。「事件に関するさまざまな情報が―している」
〘類語〙混乱・錯乱・混沌こんとん・複雑・煩雑はんざつ・煩瑣はんさ・錯雑・入り組む・込み入る

さくぞう【作蔵】サクザウ 男根を擬人化した語。「其の名を魔羅と呼び…―と異名す」〈風来六部集〉

さく-そくしん【索測深】先端におもりをつけた鋼索などを用いて水深を測定すること。

サクソニア〘ラテ Saxonia〙ザクセンのラテン語名。

サクソニー〘Saxony〙㊀ザクセンの英語名。㊁ザクセン地方から産出する良質のメリノ羊毛を用いた毛織物。また、これに似た風合いの毛織物。縞柄が多い。背広・コート地などに用いる。

サクソフォン〘saxophone〙▶サキソホン

サクソホン〘saxophone〙▶サキソホン

サクソルン〘saxhorn〙▶サクスホルン

サクソン〘Saxon〙ゲルマン民族の一派。古くから北部ドイツに定住していたが、5世紀ごろから、ブリテン島に侵入してアングル人とともに英国の基礎をつくった。➡アングロサクソン

さく-たい【錯体】金属または金属類似元素の原子・イオンの周囲に、配位子はいいしとよばれる原子・イオンまたは原子団が方向性をもって立体的に結合し、一つの原子集団をつくっているもの。

さく-だいがく【佐久大学】長野県佐久市にある私立大学。平成20年(2008)に開設された。看護学部の単科大学。

さく-だいしょう【作大将】シヤウ 農家の作男さくおとこの中で、頭になる者。作大。

さく-たて【さく立て】畑にうねを作ること。作物を植える場所を高くするため、くわで溝を平行に掘り、その分の土を溝と溝の間に盛り上げること。

さく-だのみ【作頼み】九州地方で、八朔(8月1日)に作神さくがみに稲の実りの多いことを頼む行事。

さく-だめし【作試し】その年の農作の豊凶を占うこと。年見としみ。

さく-たん【昨旦】きのうの朝。昨朝。

さく-たん【×朔旦】❶ついたちの朝。また、ついたち。❷1月1日の朝。また、1月1日。〘季 新年〙

さくたん-とうじ【×朔旦冬至】陰暦11月1日が冬至にあたること。19年ごとに1回めぐってくることから、瑞祥ずいしょう吉日として、宮中で祝宴が行われた。

さく-ちがい【作違い】チガヒ 農作物の収穫が見込みと違ってよくないこと。不作。㊥作当たり。

さく-ちゅう【作中】文学作品、特に小説に描かれた話の中。「―の人物」

さく-ちょう【作調】テウ 美術作品のできぐあい。

さく-ちょう【昨朝】テウ きのうの朝。

ざ-くつ【座屈】長い棒や柱などが縦方向に圧縮荷重を受けたときに、ある限度を超えると横方向に曲がる現象。

さく-づけ【作付け】〔名〕スル《「さくつけ」とも》田畑に作物を植えつけること。「稲を―する」「―面積」

さくづけ-ほうしき【作付け方式】ハウシキ 農作物を栽培するときの様式。三圃さんぽ式・輪栽式・穀草式など。また、連作と輪作、単作と混作など。

さくっ-と ❶砂など粒状のものや雪・霜柱などを踏みつけたときの軽やかな音を表す語。さくさく。❷野菜などを刻んだり歯でかんだりしたときの軽快な音を表す語。また、そのさま。さくさく。「キャベツを―切る」「フライを―仕上げる」❸手際よく行うさま。軽快なさま。さくさく。「仕事を―片づけて遊びに出かける」「パソコンの性能が上がって、大きなデータも―処理できる」

さく-て【作手】平安時代、作人の耕作地に対する耕作権。鎌倉時代以後は作職さくしき・作手職・作人職などという。

さく-てい【作庭】庭園を作ること。造園。

さく-てい【削×蹄】馬や牛のひづめを削ること。放し飼いに比べて舎飼いの場合は摩耗が少なく、ひづめが伸びすぎるために一定期間ごとに行う。

さく-てい【索×梯】なわばしご。

さく-てい【策定】〔名〕スル 政策や計画をいろいろ考えて決めること。「都市計画を―する」

さくていき【作庭記】鎌倉時代の造園書。1巻。著者・成立年とも未詳。寝殿造りの建物に付属する庭園のつくり方を述べた、日本最初の造園書。

さく-てき【索敵】〔名〕スル 敵軍の位置・状況・兵力などをさぐること。「―しながら前進する」

さく-てん【×釈×奠】▶せきてん(釈奠)

さく-ど【作土】田畑の表面の土。耕され、耕作が行われる部分のもの。耕土。表土。㊥心土しんど。

さく-とう【作刀】タウ 日本刀を製作すること。また、製作した日本刀。「正宗の―」

さく-とう【作陶】タウ 陶磁器を製作すること。また、製作した陶磁器。「―家」「―展」

さく-とう【昨冬】昨年の冬。

さく-とう【錯刀】タウ 中国漢代の貨幣の一。黄金の地金で、刀の形をしている。

さく-どう【索道】ダウ《「架空索道」の略》ロープウエーの法令上の呼び名。

さく-どう【策動】〔名〕スル ひそかに計画をめぐらして行動すること。多く、悪いたくらみにいう。「―に乗る」「会社の乗っ取りを―する」
〘類語〙運動・陰謀・策略・計略・作戦・謀略・はかりごと・企み・画策・術策・権謀・謀計・奸策かんさく・詭計きけい・深謀・遠謀・深慮・悪だくみ・わな・機略

さく-とく【作得¦作徳】❶自作農が、年貢米を納めた残りの得分。❷地主が小作人から受け取る小作米。小作料。

さく-どり【作取り】❶▶作さく取り ❷小作人。

さくなみ-おんせん【作並温泉】ヲンセン 宮城県中部、広瀬川上流にある温泉。泉質は単純温泉・硫酸塩泉。

さく-にゅう【搾乳】〔名〕スル 牛や山羊やぎなどの乳をしぼること。また、しぼりとった乳。「機械で―する」

さくにゅう-き【搾乳機】牛乳などをしぼる機械。減圧による吸引力を利用して乳を吸い出す。ミルカー。

さく-にん【作人】❶田畑を耕作する人。❷器物・甲冑かっちゅうなどの製作者。「仏像の―」❸荘園農民の階層の一。荘園領主または名主みょうしゅから名田を請けて耕作する者で、作人自身が名主である場合もある。

さく-ねん【昨年】今年の前の年。去年。
〘類語〙去年・前年・旧年・こぞ

さく-ねんど【昨年度】今年度の前の年度。

さくねんらい-たかね【昨年来高値】株式や通貨・商品などの価格のうち、前年からの最高値。当年の取引が始まって間もない3月まで示され、4月以降は年初来高値が示される。㊥昨年来安値。

さくねんらい-やすね【昨年来安値】株式や通貨・商品などの価格のうち、前年からの最安値。当年の取引が始まって間もない3月まで示され、4月以降は年初来安値が示される。㊥昨年来高値。

さく-の-あぶみ【作の×鐙】《伊勢家の作になる鐙の意》伊勢貞継が大坪道禅の伝授を受けて作ったという、木に鉄を合わせた鐙。

さく-の-くら【作の×鞍】《伊勢家の作になる鞍の意》伊勢貞継が大坪道禅の伝授を受けて作ったという鞍。鞍壺くらつぼが深いのが特徴。

さく-ば【作場】農作物を作る所。耕作地。

さく-はく【削剝】❶物の表面を削ってはがしとること。❷河食・氷食・風食・波食などにより、地表が削り取られて平坦化すること。「波の―作用」

さく-ばく【索漠¦索×莫¦索×寞】〔ト・タル〕図〔形動タリ〕心を満たすものがなく、もの寂しく感じるさま。荒涼として気のめいるさま。「冬枯れの―とした風景」「―たる思いにとらわれる」
〘類語〙寂莫せきばく・寂寥せきりょう・落莫らくばく・蕭然しょうぜん・蕭蕭しょうしょう・蕭条しょうじょう・蕭殺しょうさつ・寥寥りょうりょう・寂しい

さく-はつ【×炸発】火薬が爆発すること。炸裂。

さく-はん【作半】中世、荘園で領主と作人とが収穫を折半したこと。また、その田。

さく-ばん【昨晩】きのうの晩。ゆうべ。昨夜さくや。
〘類語〙夕べ・昨夜・前夜・先夜・昨夕

さく-ひ【昨非】昨日、または、過去に犯した過ち。前非。「願わくは尊叔君の教を得て―を改めん」〈織田訳・花柳春話〉

さくひ-こんぜ【昨非今是】《陶淵明「帰去来辞」の「実の途に迷うこと其れ未だ遠からず、今の是にして昨の非なるを覚りぬ」から》昨日は非と思ったことが、今日は是と思われること。境遇が変わったために、

考え方もすっかり変わってしまうことのたとえ。今是昨非。
さく-びゅう【錯×謬】まちがえること。あやまり。
さく-びょう【作病】病気のふりをすること。仮病。「思ひの外なる━して、人の嫌ふうはごとなど言ひて」〈浮・五人女・五〉
さく-ひん【作品】製作したもの。特に、芸術活動による製作物。「文学━」「工芸━」(類語)作・作物
さく-ふう【作風】作品の傾向や特徴。また、作品に現れた作者の個性や手法。「手堅い━」「━が変る」
さく-ふう【×朔風】《「朔」は北の方角の意》北から吹く風。北風。(季冬)
さく-ぶつ【作物】製作したもの。特に、文学・美術上の作品。「著者の名前も━の名前も」〈漱石・門〉
(類語)作品・作
さく-ぶん【作分】►作意❸
さく-ぶん【作文】〔名〕スル ❶文章を書くこと。また、その文章。❷小・中学校などで、国語教育の一環として、児童・生徒が文章を書くこと。また、その文章。綴り方。❸形式的には整っていても、内容のとぼしい文章。「お役所の━のような報告書」
(類語)詩作・作詞・作歌・句作・劇作
さく-へい【×朔幣】中世ころまで多くみられた行事で、毎月の朔日に神社に奉幣したこと。国司が行うもの、神社自身が行うもの、また、春日神社のように氏人たる藤原氏が行うものがあった。さっぺい。
さく-べい【索餅】小麦粉と米粉を練り縄のように細長くねじって作った唐菓子の一種。昔、宮中で七夕の節句に瘧よけのまじないとして奉り、また、節会のときの御膳にものせた。むぎなわ。
さくへい-もん【朔平門】平安京内裏外郭十二門の一。北側の正面にある。北の陣。縫殿の陣。
さく-ほう【冊封】古く中国で、天子が臣下や諸侯に冊をもって爵位を授けたこと。漢代に始まる。
さく-ほう【作法】物の作り方。さほう。「小説の━」
(補説)現代では多く「さほう」という。
さく-ほう【昨報】昨日の報道。多く、新聞社などで用いる。「地域により一部━」
さく-ほう【×朔方】《「朔」は北方の意》北のほう。朔北。
さく-ぼう【×朔望】《「朔」は1日、「望」は15日》陰暦の1日と15日。新月と満月。
さく-ぼう【策謀】〔名〕スル はかりごとをめぐらすこと。たくらみ。策略。「クーデターを━する」
さくぼう-げつ【×朔望月】朔(新月)から次の朔まで、または望(満月)から次の望までの平均時間。29.530589日。太陰月。
さくほう-し【冊封使】中国で、冊封のために天子の任命書を持って近隣の国へ行く使者。
さく-ほうし【×笏▽拍子】►しゃくびょうし(笏拍子)
さくぼう-ちょう【×朔望潮】大潮のこと。新月または満月の1、2日後に起こる。
さく-ほく【×朔北】《「朔」は北の方角の意》❶きた。北方。❷中国の北方の辺土。
さく-ぼんち【佐久盆地】長野県東部の高原性の盆地。高冷地野菜の栽培が盛ん。佐久平。
さく-ま【作間】❶農作物を植えたうねとうねの間。うねま。❷農業の暇な時期。農閑期。
さく-ま【削磨】❶表面の凸凹を削ってきれいに磨き上げること。❷風や水温の変化、流されてきた岩石などによって岩石が浸食されること。「━作用」
さくま-かなえ【佐久間鼎】[1888～1970]心理学者・国語学者・音声学者。千葉の生まれ。九州大・東洋大教授。日本語の文法およびアクセントに関する研究で大きな業績をあげた。著「日本音声学」「現代日本語の表現と語法」など。
さくま-げんば【佐久間玄蕃】佐久間盛政の通称。
さくま-しょうざん【佐久間象山】[1811～1864]江戸末期の学者。信濃松代藩士。名は啓。初め朱子学を、のちに蘭学を修め、西欧の科学技術の摂取による国力の充実を主張したが、京都で攘夷派に暗殺された。門下に勝海舟・吉田松陰らがいる。
さくま-ダム【佐久間ダム】静岡県浜松市と愛知県豊根村とにまたがる、天竜川中流のダム。昭和31年(1956)完成。堤高156メートル。
さくま-つとむ【佐久間勉】[1879～1910]軍人。海軍大尉。福井の生まれ。第六潜水艇長として潜航訓練中、遭難。死ぬまで報告を書き続けた。
さくま-もりまさ【佐久間盛政】[1554～1583]安土桃山時代の武将。尾張の人。玄蕃允、また鬼玄蕃と称した。織田信長・柴田勝家に仕えた。賤ヶ岳の戦いで敗れ、京都で刑死。
さく・む〔動マ四〕岩や木の間を押し分け、踏み分けて行く。「岩根━・みてなづみ来し」〈万・二一〇〉
さく-めい【策命】❶昔、中国で、天子が諸侯・卿・大夫に下した文書。辞令書。❷古く、日本で、宣命体で書かれた詔勅。明治以後は、三位以上の贈位に際して与えられた宣命をいう。
さく-めい【錯迷】正しい判断が下せず、迷うこと。「━にして取るに足らざる者」〈雪嶺・真善美日本人〉
さくめい-し【策命使】策命❷を伝える勅使。
さく-もう【作毛】稲や麦など、田畑からの収穫物。また、その実りぐあい。さくげ。
さく-もつ【作物】❶田畑につくる植物。穀類や野菜など。農作物。さくもの。「園芸━」「救荒━」❷「さくぶつ」に同じ。(類語)農作物・農産物
さくも-つき【さくも月】陰暦5月の異称。
さくもつ-げんかい【作物限界】ある作物の栽培の地理的および経済的な限界。
さく-もの【作物】❶名匠の製作した刀剣や器具類。名作の物。❷農作物。さくもつ。❸地歌の一種で、こっけいな内容を座興的におもしろおかしく歌ったもの。「荒れ鼠」など。おどけもの。
さ-ぐも・る【さ曇る】〔動ラ四〕《「さ」は接頭語》くもる。「━・り雨は降り来ぐ」〈万・三三一〇〉
さく-もん【作文】❶漢詩を作ること。「学生どもを集めて、━してゐたりけるに」〈今昔・二八・二九〉❷文章を作ること。さくぶん。「━に名を得し難波の西鶴も、五十二にて一期を終り」〈鶉衣・嘆老辞〉
さく-もん【作問】〔名〕スル 試験問題などを作ること。「入試問題を━する」
さく-もん【柵門】城柵の入り口の門。
さく-もん【策問】昔、中国の官吏登用試験で、策(問題)を与えて経義や政治に関する意見を試問すること。またその試問の文章。策試。
さく-や【昨夜】きのうの夜。昨晩。ゆうべ。
(類語)夕べ・昨晩・前夜・先夜・昨夕
さく-やく【×炸薬】砲弾・爆弾・魚雷などに充塡し、信管の作動で爆発させる火薬。
さくやく-しつ【×炸薬室】砲弾・魚雷などの、炸薬を充塡する部分。
さく-ゆ【搾油】〔名〕スル 植物の種子や果実などをしぼって油を取ること。「━機」
さく-ゆう【昨夕】きのうの夕方。
(類語)昨夜・夕べ・昨晩・前夜・先夜
さく-ゆり【佐久百＝合】ユリ科の多年草。高さ約1メートル。夏、茎の先に、4～7個の香りの強い白色の花をつける。八丈島・青ヶ島に分布。
さく-よう【×腊葉】《「せきよう」の慣用読み》植物を平らにひろげて押して乾燥した標本。押し葉。
さくら 栃木県中北部の市。関東平野の北端、鬼怒川東岸に位置する。平成17年(2005)3月に氏家町と喜連川町が合併して成立。人口4.5万(2010)。
さくら【佐倉】千葉県北部の市。近世、堀田氏の城下町。現在は宅地化が進む。人口17.2万(2010)。
さくら【桜】❶バラ科サクラ属の落葉高木の総称。日本の代表的な花として、古来、広く親しまれている。ヤマザクラ・サトザクラ・オオシマザクラなど種類は多く、園芸品種も多い。現在多く植えられているのはソメイヨシノ。花は春に咲き、淡紅色・白色など。古くから和歌の題材とされ、単に花といえば桜をさし、かざしぐさ・あだなぐさ・たむけぐさなどともよばれた。花は塩漬けにして桜湯に、葉は塩漬けにして桜餅に用いられ、またミザクラの実は食用。樹皮は漢方で薬用。木材は家具・建築用。(季 花＝春｜実＝夏)「宵浅くふりいでし雨の━かな/万太郎」❷「桜色」の略。❸「桜襲」の略。❹芝居などで、ただで見物するかわりに、頼まれて役者に声をかける者。転じて、露店商などの仲間で、客のふりをし、品物を褒めたり買ったりして客に買い気を起こさせる者。❺《色が桜の花に似ているところから》馬肉の俗称。桜肉。❻紋所の名。桜の花を図案化したもの。
桜伐る馬鹿梅伐らぬ馬鹿 桜は幹や枝を切ると その部分が衰弱してしまうが、梅は余計な枝を切らないとよい花実がつかなくなる。樹木の剪定には、その木の特性に従って対処する必要のあること。
さくら【桜】さいたま市の区名。市の南西部、荒川左岸を占め、埼玉大学、桜草公園などがある。
さくらあさ-の【桜麻の】〔枕〕「桜麻」の実体は未詳。「をふ(苧生・麻生)」にかかる。「━苧生の浦波」〈新古今・雑上〉
さくら-あずまお【佐久良東雄】[1811～1860]幕末の志士・歌人。常陸の人。号、薑園。平田篤胤の門下。桜田門外の変に連座、獄中で絶食死した。歌集「薑園集」。
さくらい【桜井】㊀奈良県中北部の市。市場町・宿場町として発展。木材の集散地。三輪そうめんの産地。山田寺跡・談山神社など、史跡が多く、大神神社もある。人口6.0万(2010)。㊁大阪府北東端、三島郡島本町にある地名。延元元年＝建武3年(1336)、楠木正成・正行父子の決別の地。
さくら-いか【桜烏＝賊】桜の花の咲くころにとれるイカ。花烏賊。(季春)
さくらい-し【桜井市】►桜井㊀
さくらい-じょうじ【桜井錠二】[1858～1939]化学者。石川の生まれ。英国に留学。ベックマンの沸点上昇測定装置を改良。東大教授。帝国学士院院長。
さくらい-ただよし【桜井忠温】[1879～1965]陸軍軍人・作家。少将。愛媛の生まれ。日露戦争の旅順攻囲戦で重傷を負い内地送還。その体験を描いた「肉弾」「銃後」は広く読まれた。
さくらい-たんばのしょうじょう【桜井丹波少掾】古浄瑠璃の太夫。前名、和泉太夫。薩摩浄雲の門下。剛勇な金平節を創始し、17世紀中ごろ、江戸で人気を博した。生没年未詳。➡金平浄瑠璃
さくらい-ばいしつ【桜井梅室】[1769～1852]江戸後期の俳人。加賀の人。名は能充。高桑闌更の門下。著「梅室附合集」「梅林茶談」など。
さくらい-やいちろう【桜井弥一郎】[1883～1958]野球選手・指導者。長野の生まれ。慶大野球部の二塁手・投手として活躍。明治36年(1903)初の早慶戦で勝利投手となる。のち三田倶楽部の会長となり、実業団野球の選手養成に力を注いだ。
さくら-いり【桜煎り】タコの足を薄く輪切りにして、たれ味噌またはみりんと醤油で煮た料理。桜煮。
さくらい-りとう【桜井吏登】[1681～1755]江戸中期の俳人。江戸の人。服部嵐雪に師事。名を残すことを好まず、晩年句稿を焼却したといわれる。
さくら-いろ【桜色】桜の花びらのような色。肌などの、ほんのりと赤みを帯びた色。
さくら-うお【桜魚】桜の花が咲くころにとれる魚。特に、ワカサギ、また、小アユ。(季春)
さくら-うぐい【桜×鯎】桜の花が咲くころにとれるウグイ。腹部が赤い婚姻色を帯びるところからいう。(季春)「散りうかぶ━の日和かな/蓼太」
さくら-え【桜会】平安・鎌倉時代に、桜の花の咲くころに営まれた法会。その後に観桜の宴が開かれた。京都の醍醐寺や賀茂神社の法会が有名。
さくら-えび【桜×蝦｜桜海＝老】十脚目サクラエビ科の甲殻類。深海にすむ小形のエビで、体長約4センチ。全体に淡紅色で、多数の発光器をもつ。駿河湾・相模湾に産し、干しえびとして食用。ひかりえび。(季春)
さくら-おどし【桜▽威】►小桜威
さくらお-の【桜▽麻の】〔枕〕麻と苧とが同義

であるところから、麻のはえている所の意の「芋生をふ」にかかる。「一をふの下草やせたれど」〈古今六帖・五〉

さくら-かい【桜会】ﾜｲ 昭和5年(1930)橋本欣五郎・根本博らの陸軍中堅将校により結成された、満州問題解決とそのための国家改造を目的とする団体。満州事変の前後、三月事件・十月事件を企てた。

さくら-がい【桜貝】ｶﾞｲ ニッコウガイ科の二枚貝。内湾の干潟から水深約10メートルまでの海底にすむ。殻長約3センチ。殻は薄く、淡紅色で、貝細工などに使われる。花貝。紅さくら貝。(季 春)「浜の砂まだ冷たけれ一/汀女」

さくら-がさね【桜▽襲】襲の色目の名。表は白で、裏は赤・葡萄えび染め・紫・二藍ふたあいなど諸説がある。陰暦11月から3月にかけて用いる。(季 春)

さくら-がみ【桜紙】反故ほご紙をすきかえした、小判で薄く柔らかい和紙。ちり紙などに使う。現在では、マニラ麻や化学パルプを原料として製する。

さくら-がゆ【桜×粥】「小豆粥あずきがゆ」に同じ。

さくらがり【桜狩】㊀筝曲そうきょく。文化年間(1804～1818)ごろに山田検校が作曲。越前家の姫君の作詞という。花見の情景を表現したもの。㊁長唄。安政年間(1854～1860)に2世芳村孝次郎または10世杵屋六左衛門が作曲。江戸の花見気分をうたう。

さくら-がり【桜狩(り)】❶山野に桜の花を求めて遊び歩くこと。花見。(季 春)「業平なりひらの墓もたづねて一/素十」❷鷹狩りの異称。皇室の遊猟地であった交野かたのが桜の名所でもあったところからいう。

さくらがわ【桜川】さくらがわ ㊀茨城県中西部、筑波山の北麓にある市。霞ヶ浦に注ぐ桜川の上流域を占める。石材生産が盛ん。平成17年(2005)10月に岩瀬町・真壁町・大和村が合併して成立。人口4.6万(2010)。㊁茨城県南西部を流れる川。桜川市北部の高峰南麓の鏡ヶ池に源を発し、土浦市で霞ヶ浦に注ぐ。長さ59キロ。流域の水田地帯を灌漑かんがいする。上流の桜川市磯部は桜の名所。㊂茨城県中央部を流れる川。水戸市で那珂川に合流する。千波せんば湖は下流の低湿地にできた。

さくらがわ【桜川】さくらがわ ㊀江戸後期に興った、江戸吉原の幇間ほうかんの姓の一。㊁「桜川派」の略。

さくらがわ【桜川】さくらがわ 謡曲。四番目物。世阿弥作。母のために自身を人買いに売った桜子さくらごが、常陸ひたちの桜川で物狂いとなっている母と再会する。

さくらがわ-し【桜川市】さくらがわ ►桜川㊀

さくらがわ-じひなり【桜川慈悲成】さくらがわ [1762～1833]江戸後期の戯作者・落語家。江戸の人。本名、八尾大助。通称錺屋かざりや大五郎。別号、芝楽亭しばらくてい。多芸多才で知られ、烏亭焉馬うていえんばとともに落語中興の祖とされる。黄表紙「天筆阿房楽」、咄本「三才智恵」など。

さくらがわ-は【桜川派】さくらがわ 桜川慈悲成じひなりの系統をひく江戸吉原の幇間ほうかんの一派。

さくら-ぎ【桜木】❶桜の木。「花は一人は武士」❷桜の木材。江戸時代、版木に多く用いた。

さくらぎ-ちょう【桜木町】ﾁｮｳ 横浜市中区・西区にまたがる一地区。明治5年(1872)に日本最初の鉄道が開通したときの横浜駅所在地。現在はJR根岸線・横浜市営地下鉄の桜木町駅がある。

さくらぎみんでん【佐倉義民伝】歌舞伎・浄瑠璃の一系統で、佐倉惣五郎の直訴事件を脚色したもの。歌舞伎狂言「東山桜荘子ひがしやまさくらぞうし」など。

さくら-く【桜区】►桜(さいたま市)

さく-らく【錯落】㊀〔名〕ｽﾙ 入りまじること。「貧賤に生まれて境遇一し」〈佐藤春夫・晶子曼陀羅〉㊁〔ト・タル〕図〔形動タリ〕入りまじるさま。「自然石じねんの形状かたち乱れたるを幅一間に行儀よく並べて、一と平らかに敷き詰めたる径こみちに」〈漱石・虞美人草〉

さくら-ごろも【桜衣】桜襲さくらがさねの衣。(季 春)

さくら-し【さくら市】►さくら

さくら-し【佐倉市】►佐倉

さくら-じま【桜島】㊀鹿児島県中部、鹿児島湾にある火山島。北岳・中岳・南岳の三峰よりなり、現在南岳が活動。大正3年(1914)の噴火で大隅おおすみ半島につながる。霧島錦江湾国立公園の一部。㊁梅崎春生はるおの小説。昭和21年(1946)発表。終戦前後の桜島で、村上兵曹と兵士たちとが死と直面する極限状況を描く。

さくらじま-だいこん【桜島大根】ダイコンの一品種。桜島で栽培され、根は球形で大きく、3～5キロにもなる。

さくら-じょう【佐倉城】ｼﾞｬｳ 千葉県佐倉市にあった城。土井利勝が慶長16年(1611)から元和2年(1616)にかけて築城。現在、跡地に国立歴史民俗博物館が建つ。

さくら-ずみ【佐倉炭|桜炭】千葉県佐倉地方に産するクヌギからつくる炭。上質とされ、茶の湯などに用いられる。補説「桜」は当て字。

さくら-ぜんせん【桜前線】日本各地の桜、特にソメイヨシノの開花日をつないだ線。3月下旬に九州南部に上陸、順次北上し、5月上旬に北海道に至る。

さくら-そう【桜草】ｻｳ ❶サクラソウ科の多年草。低湿地に自生。葉は根際につき、楕円形で、縁が浅く裂けている。初春、花茎を出し、桜の花に似た紅紫色の5弁の花を数個開く。観賞用に栽培され、多くの品種がある。❷サクラソウ科サクラソウ属の植物の総称。野生のものには紫色の花が多いが、園芸品種には白・黄・紅などいろいろある。(季 春)「葡萄ぶどう酒の色にさきけり一/荷風」►プリムラ

さくら-そうごろう【佐倉惣五郎】ｿｳｺﾞﾗｳ 江戸前期の下総しもうさ佐倉領の義民。本名、木内惣五郎。印旛郡公津こうづ村の名主。領主の重税を将軍に直訴して処刑されたという。江戸後期、実録本・講釈などによって広く世人に知れ渡った。生没年未詳。佐倉宗吾。

さくら-だい【桜×鯛】ﾀﾞｲ ❶桜の花が盛りのころ、産卵のため内湾の浅瀬に群集するタイ。瀬戸内海沿岸で特にいう。花見鯛。(季 春)「俎板まないたに鱗うろこちりしく一/子規」❷スズキ目ハタ科の海水魚。全長約20センチ。体は卵形で側扁し、雄は鮮紅色。桜の咲くころが産卵期で、内湾の浅瀬に群集する。本州中部以南に産し、食用。

さくらだ-いちろう【桜田一郎】ｲﾁﾗｳ [1904～1986]化学者。京都の生まれ。京大教授。ドイツに留学。日本の高分子化学の基礎を築き、ビニロンなどを創製。文化勲章受章。

さくらだ-じすけ【桜田治助】ﾁﾞｽｹ [1734～1806]江戸中期の歌舞伎作者。初世。江戸の人。俳名、左交。上方狂言にも習熟し、警句・しゃれ・風刺に富んだ明るさの中にも翳かげりのある作風が特徴。4世松本幸四郎らと提携し、江戸歌舞伎に世話狂言を確立した。代表作「御摂勧進帳ごひいきかんじんちょう」「伊達競阿国戯場だてくらべおくにかぶき」など。

さくらだ-つねひさ【桜田常久】[1897～1980]小説家。大阪の生まれ。「平賀源内」で芥川賞受賞。他に「探求者」「安藤昌益しょうえき」「画狂人北斎ほくさい」など。

さくら-たで【桜×蓼】タデ科の多年草。水辺に生え、高さ50～70センチ。秋、淡紅色の花を穂状につける。花びらはなく、萼がくが花びら状になる。

サグラダ-ファミリア〖Sagrada Familia〗スペインのバルセロナにある教会。ガウディの代表作の一つ。前任者により1882年に着工、翌年からガウディが設計を引き受けた。現在も建設中。バルセロナにある他のガウディの作品とともに、2005年、世界遺産(文化遺産)に登録された。聖家族聖堂。

さくらだ-もん【桜田門】㊀江戸城内郭門の一。江戸時代には内桜田門(桔梗ききょう門)と外桜田門との併称、現在は外桜田門のみをいう。㊁(㊀にあるところから)警視庁、特にその本部のこと。

さくらだもんがい-の-へん【桜田門外の変】さくらだもんグワイ 安政7年(1860)3月3日、勅許なく安政の仮条約に調印し、安政の大獄などで弾圧を行った大老井伊直弼なおすけが、水戸・薩摩さつまの浪士らに桜田門外で暗殺された事件。

さくら-づき【桜月】陰暦3月の異称。(季 春)

さくら-づくし【桜尽(く)し】❶図案や模様などに、各種の桜の花を並べたもの。❷歌や文章の中に、桜の種類を口調よく列挙すること。また、その歌や文章。

さくら-づけ【桜漬(け)】❶ヤエザクラの花を塩漬けにしたもの。熱湯を注ぎ、桜湯として飲む。(季 春)「いと軽き石のおもしや一/虚子」❷ダイコン・カブなどを赤梅酢で漬けたもの。

サクラディサンミケーレ-しゅうどういん【サクラディサンミケーレ修道院】ｼｭｳﾀﾞｳｲﾝ《Sacra di San Michele》イタリア北西部、ピエモンテ州の町サンタンブロージョ・ディ・トリノにある修道院。急峻なピルキリアーノ山の上に建つ。10世紀にベネディクト修道会の修道院として建造。その後も増改築が繰り返され、ロマネスク、ゴシック様式が混在する。

さくら-でんぶ【桜田×麩】でんぶの一。タイやタラなど白身魚の身を細かくほぐして煎り、食紅で淡い紅色をつけたもの。

さくら-どうろう【桜灯籠】桜の花を透かし彫りにした銅製円形の灯籠。

さくら-どき【桜時】桜の花の咲くころ。花時。(季 春)

さくら-なべ【桜鍋】馬肉を使った、味噌仕立ての鍋料理。(季 冬)

さくら-に【桜煮】「桜煎さくらいり」に同じ。

さくら-にく【桜肉】「桜❺」に同じ。

さくらのその【桜の園】《原題、ﾛｼｱ Vishnoviy sad》チェーホフの戯曲。4幕。1903年作、翌年初演。新興商人に桜の咲く荘園を売り渡す貴族ラネーフスカヤ家の没落を通して、新旧の社会勢力の交替を叙情的に描く。

さくら-のり【桜海=苔】紅藻類のオキツノリの別名。また、オキツノリなど桜色をしているノリ。(季 春)「水の江や吉野見に行く一/西鶴」

さくら-ばい【佐倉灰|桜灰】ﾊﾞｲ 佐倉炭の灰。客用のタバコ盆に入れる。

さくらば-かずき【桜庭一樹】[1971～　]小説家。島根の生まれ。「夜空に、満天の星」(「AD2015隔離都市 ロンリネス・ガーディアン」と改題)で作家デビュー。養父と娘の禁断の愛を描いた「私の男」で直木賞受賞。他に「少女には向かない職業」「赤朽葉家の伝説」「砂糖菓子の弾丸は撃ちぬけない」など。

さくら-ばな【桜花】㊀〔名〕桜の花。おうか。㊁〔枕〕桜の花のように美しく栄える意から、「栄え少女をとめ」にかかる。「つつじ花にほへ娘子をとめ一栄え娘子」〈万・三三〇九〉

さくら-びと【桜人】桜をめでる人。花人。(季 春)

さくらひめあずまぶんしょう【桜姫東文章】さくらひめアヅマブンシヤウ 歌舞伎狂言。時代世話物。7幕。4世鶴屋南北作。文化14年(1817)江戸河原崎座初演。吉田家のお家騒動の話に、清玄・桜姫の話をからませて脚色したもの。►清玄桜姫

さくらひめぜんでんあけぼののぞうし【桜姫全伝曙草紙】さくらひめゼンデンあけぼののサウシ 読本。5巻。山東京伝作、歌川豊国画。文化2年(1805)刊。清玄桜姫の伝説に、丹波国桑田の鷲尾家のお家騒動に絡む復讐ふくしゅう談を加えた伝奇小説。

さくら-ふぶき【桜吹-雪】桜の花びらが風に乱れ散るようすを吹雪にたとえていう語。花吹雪。(季 春)

さくら-ぼし【桜干し】イワシやキスを開いてみりん醤油に漬け、干したもの。

さくらま-きゅうせん【桜間弓川】[1889～1957]能楽師。シテ方金春流。東京の生まれ。左陣の次男。前名、金太郎。古雅・繊細な芸風で知られる。

さくらま-さじん【桜間左陣】ｻﾁﾞﾝ [1835～1917]能楽師。シテ方金春流。前名、伴馬ばんま。熊本細川藩に仕えた桜間家の17代目。のち東京で活躍、明治三名人の一人に数えられた。

さくら-ます【桜×鱒】サケ科の海水魚。全長約60センチ。体形・体色ともにサケに似る。5～7月、川を上って産卵する。幼魚は1年半後に降海するが、そのときの体色は、本種の陸封りくふう型のヤマメと同じ。日本では日本海側と神奈川県以北の太平洋岸に回遊してくる。美味。本鱒ほんます。鱒。(季 春)

さくらまち-てんのう【桜町天皇】ﾃﾝﾜｳ [1720～1750]第115代天皇。在位1735～1747。中御門なかみかど天

皇の第1皇子。名は昭仁。和歌に長じ、歌集「桜町院坊中御会和歌」「桜町院御集」などがある。

さくらまち-の-ちゅうなごん【桜町中納言】平安後期の歌人、藤原成範の通称。通憲の子。桜を愛し、邸内に多く植えたという。

さくらま-みちお【桜間道雄】［1897〜1983］能楽師。シテ方金春流。熊本の生まれ。桜間左陣・桜間弓川に師事。巧緻・艶麗な芸風と、独自な曲の解釈を特色とした。

さくらまる【桜丸】浄瑠璃「菅原伝授手習鑑」の登場人物。梅王丸・松王丸の弟で、斎世親王の舎人。菅原道真の配流に責任を感じて切腹。

さくら-みそ【桜味×噌】ゴボウ・ショウガなどを刻んでまぜ、飴・砂糖で甘くしたなめ味噌。

さくら-むし【桜蒸(し)】白身魚を、桜の葉を添えて蒸した料理。

さくら-むすび【桜結び】桜の花の形に結ぶ、ひもの結び方。

さくら-めし【桜飯】醤油を使った茶飯。

サクラメント〘sacrament〙キリストによって定められた神の恩恵にあずかる儀式。カトリック教会では秘跡といい、洗礼・堅信・聖体・ゆるし・病者の塗油・叙階・婚姻の七つ。プロテスタント諸教派では聖礼典(礼典)と称し、洗礼と聖餐式とをいう。

サクラメント〘Sacramento〙米国カリフォルニア州の州都。農産物の集散地。1849年のゴールドラッシュで発展。69年に大陸横断鉄道の終点となる。近年は航空宇宙産業やエレクトロニクスの中心地。人口、行政区46万(2008)。

さくら-もち【桜餅】白玉粉・砂糖・小麦粉を練って薄く焼いた皮にあんを入れて巻き、塩漬けにした桜の葉で包んだ和菓子。江戸時代から東京向島長命寺のものが有名。関西では道明寺糒を蒸したものであんを包み、桜の葉で巻くものが多い。(季 春)「とりわくるときの香もこそ—/万太郎」

さくら-もみじ【桜紅-葉】秋に桜の葉が紅葉すること。また、その葉。(季 秋)「汝なきーに還りける/楸邨」

さくら-ゆ【桜湯】塩漬けにした桜の花に熱湯を注いだ飲み物。婚礼などのめでたい席で茶の代わりに用いる。(季 春)

さく-らん【錯乱】〔名〕スル 入り乱れて秩序がなくなること。ごちゃごちゃになること。特に、感情や思考が混乱すること。「考えが—する」「—状態」
(類語)混乱・錯綜・混沌

さくらん-ぼ【桜ん坊¦桜=桃】「さくらんぼう」に同じ。(季 夏)「茎右往左往菓子器の—/虚子」

さくらん-ぼう【桜ん坊¦桜=桃】桜の果実の総称。特にセイヨウミザクラの実をいい、6月ごろ紅色・黄色に熟したものを食用とするほか、缶詰・ジャムなどにする。おうとう。さくらんぼ。(季 夏)

さくり【▽決り¦×抉り¦×刳り】❶土を掘り起こした所。また、その溝。うね。❷流鏑馬や笠懸などの騎射のとき、馬を走らせる道として馬場に掘る浅い溝。馬決り。

さくり【×噦り¦吃=逆】「しゃっくり」に同じ。〈和名抄〉
噦りもよよ　しゃくり上げて泣くさま。「いみじう—と泣きて」〈かげろふ・中〉

さくり〔副〕❶たやすく物が切れるさま。また、鋭い刃物などを使って容易に物を切るさま。「メロンを—と切る」❷粒の細かい砂や雪などを踏んだり掘ったりするときの音や、そのさまを表す語。「新雪の上を—、—と歩く」「砂糖をスプーンで—とすくう」

さぐり【探り】❶相手の気持ち・事情・ようすなどをそれとなくうかがうこと。また、その人。❷印判の胴の部分で、押印するときに人差し指を添えるくぼみ。❸弓弦の、矢筈をかける部分。定。❹刀や脇差の鞘につける蛭のような形のもの。❺ゾンデ❶の別名。
探りを入・れる　相手の意向やようすなどをそれとなく調べる。秘密などをそれとなく聞き出す。「新製品の開発についてライバル会社に—・れる」

ざくり〔副〕❶勢いよく刃物を突き立てたり、力を込めて切ったり割ったりするさま。「真っ二つに—と切る」❷砂や砂利などを、勢いよくすくったり掘ったりするさま。「砂利をスコップで—とすくう」❸布地などの手ざわりの粗いさま。「手触りの—とした、濃い潮色の一重物を」〈秋声・仮装人物〉(類語)ざっくり・ばっさり・ちょん・じょきじょき・ざくざく・すっぱり

ざ-ぐり【座繰り¦×坐繰り】❶座って繭から糸をたぐりながら糸枠に巻き取ること。また、その道具。❷「座繰り糸」の略。❸ボルトや小ねじ類を締める際、すわりを安定させるために、穴の周辺の上面を平らに加工すること。

さぐり-あい【探り合い】❶互いに相手の気持ちや意図などを知ろうとすること。「交渉は腹の—になった」❷歌舞伎で、暗がりの中を無言で相手を探し合う動作。

さくり-あ・ぐ【×噦り上ぐ】〔動ガ下二〕しゃくりあげる。「—・げて、よよと泣きければ」〈宇治拾遺・一〉

さぐり-あし【探り足】暗がりなどを歩くとき、足先で地面などを確かめること。また、そのようにして歩くこと。「—で進む」

さぐり-あ・てる【探り当てる】〔動タ下一〕図さぐりあ・つ〔タ下二〕❶手や足の先でさぐって見つけ出す。「闇の中で壁のスイッチを—・てる」❷いろいろと探したり、調べたりして、目当てのものやありかを見つけ出す。「相手の胸のうちを—・てる」

ざぐり-いと【座繰り糸】座繰りにかけて巻き取った生糸。ざぐり。➡機械糸

さぐり-い・る【探り入る】〔動ラ五(四)〕ようすをさぐるために、中に入る。「敵陣に—・る」

さぐり-だい【探り題】「探題❶」に同じ。

さぐり-だ・す【探り出す】〔動サ五(四)〕❶さぐりあてて取り出す。「バッグの底からマッチを—・す」❷いろいろと探したり、調べたりして目的の物事を知る。「秘密を—・す」

さく-りつ【冊立】〔名〕スル 勅命により皇太子・皇后などを正式に定めること。さくりゅう。

さぐり-づえ【探り×杖】盲人が杖で足もとを確かめながら歩くこと。また、その杖。

さぐり-ばし【探り箸】嫌い箸の一。器の中のものを探るように箸でかきまぜること。

さくり-ばみ【▽決り▽食み】木材接合の際、一方の材を削って、そこに別の材をはめ込むこと。

サクリファイス〘sacrifice〙いけにえ。犠牲。

サクリファイス-ヒット〘sacrifice hit〙野球で、犠打。

さく-りゃく【策略】自分の目的を達成するために相手をおとしいれるはかりごと。計略。「—をめぐらす」
(類語)計略・作戦・謀略・陰謀・はかりごと・企み・画策・策動・術策・権謀・謀計・奸策・詭計・深謀・遠謀・深慮・悪だくみ・わな・機略

さくりゃく-か【策略家】巧みに策略をめぐらす人。また、駆け引きのうまい人。策士。

さく-りゅう【冊立】▶さくりつ(冊立)

さく-りょう【作料】製作の代金。職人の手間賃、書画の揮毫料など。

さく・る【▽決る¦×抉る¦×刳る】〔動ラ五(四)〕土などをすくい取る。また、掘りうがつ。掘る。「枝は挫けて其先が庭の土を—・った」〈長塚・土〉

さく・る【×噦る】〔動ラ四〕しゃっくりをする。また、しゃくりあげて泣く。〈名義抄〉

さぐ・る【探る】〔動ラ五(四)〕❶手足の感覚などをたよりにして、目に見えないものをさがし求める。「小銭がないかとポケットを—・る」「暗闇を—・る」❷相手の考えやようす・動きなどを、それとなく調べる。「敵情を—・る」「—・るような目つき」❸未知の物事を明らかにするために観察したり調査したりする。探求する。「語源を—・る」「事故の原因を—・る」❹考えられる最もよいやり方をさがす。「解決の糸口を—・る」❺人に知られていない土地や景色などをさがし求める。美しい景色などをたずねて楽しむ。探訪する。「秘境を—・る」「古都の秋を—・る」(可能)さぐれる (類語)(❶)探す・まさぐる・あさる/(❷)窺う・偵察する・内偵する・探偵する・ほじくる/(❸❹)調べる・尋ねる・探査する・調査する・探索する・詮索する・探究する・探求する・模索する

さく-れい【作例】❶詩文などの、作り方の実例や手本。「手紙文の—」「—を示す」❷辞書で、その語の用法などを示すために作る例文。(類語)語例・文例

さく-れい【作×澪】干潟や入り江などに、潮の流れをよくするため水路を開くこと。カキ・ノリ・真珠などを養殖している漁場で行う。

さく-れい【策励】〔名〕スル《むち打ちはげます意から》大いにはげますこと。また、大いにはげむこと。「慈悲心に住していたいと—して」〈露伴・連環記〉

サクレクール-だいせいどう【サクレクール大聖堂】《Basilique du Sacré-Cœur》パリ北部、モンマルトルの丘にある大聖堂。普仏戦争の敗北で意気消沈した市民を鼓舞する目的で、カトリック教徒の浄財を集めて建造された。第一次大戦でドイツを降伏させた後に献堂。ビザンチン式の三つの白亜のドームが並び立っている。サクレクール寺院。

サグレス〘Sagres〙ポルトガル南西部の町。サグレス岬のサグレス要塞には、15世紀にエンリケ航海王子が設立したとされる航海学校などが残る。町の北西部のサンビセンテ岬はヨーロッパ大陸の最西端。

サグレス-ようさい【サグレス要塞】《Fortaleza de Sagres》ポルトガル南西部の町サグレスのサグレス岬にある要塞。16世紀に建造され、18世紀の大地震の後に再建。15世紀にエンリケ航海王子が設立したとされる航海学校、住居、礼拝堂の建物が残る。

さく-れつ【×炸裂】〔名〕スル 着弾した砲弾などがはげしく爆発すること。「榴弾が—する」
(類語)爆発・破裂・爆裂・起爆・誘爆

さく-れつ【錯列】〔名〕スル 順序を乱して並ぶこと。入れまぜて並べること。

ザグレブ〘Zagreb〙クロアチア共和国の首都。機械・金属工業が発達。オーストリア帝国時代はアグラムといった。人口、行政区69万(2001)。

ザグレブ-だいせいどう【ザグレブ大聖堂】《Zagrebačka katedrala》クロアチアの首都ザグレブにある大聖堂。正式名称は聖母被昇天大聖堂。11世紀末の創建。モンゴル軍に破壊され、13世紀から18世紀にかけてゴシック様式で再建。16世紀にオスマン帝国軍の侵攻に備え、周囲に白壁の塀が造られた。1880年の地震で大きな被害を受け、ドイツの建築家ヘルマン=ボレーの設計により、ネオゴシック様式の外観に修復された。高さ100メートル以上の尖塔をもち、同国で最も高い建築物として知られる。

ざく-ろ【▽石×榴¦×柘×榴】《「じゃくろ」の直音表記》ザクロ科の落葉高木。葉は長楕円形。6月ごろ、筒形で多肉質の萼をもつ橙赤色の花をつける。果実は球形で、紫紅色に熟すと裂けて種子が現れる。果実の外種皮を食用に、また樹皮を駆虫薬に用いる。ペルシア地方の原産。せきりゅう。じゃくろ。(季 実=秋¦花=夏)「喰くはずとも一興ある形かな/太祇」

ざくろ-いし【▽石×榴石】マグネシウム・鉄・マンガン・カルシウム・アルミニウムなどを含む珪酸塩鉱物。変成岩中に多い。12面体結晶が普通。等軸晶系。色は黄・赤・黒・褐色などで、主に研磨材に利用し、美しいものは宝石とする。ガーネット。

ざくろ-ぐち【▽石×榴口】❶《鏡磨きにザクロの酢が必要とされたところから、「鏡要る」に「屈み入る」をかけて出来た名という》江戸時代の浴場で、洗い場から湯ぶねへの出入り口。湯の冷めるのを防ぐために、洗い場と湯ぶねとの間に、下部をあけて板を張り、からだをかがめて出入りするようにした所。❷ザクロの実のように、裂けて開いた部分。

ざくろ-そう【▽石×榴草】ザクロソウ科の一年草。道端などに生え、高さ10〜20センチ。ザクロに似た葉が3〜5枚輪生する。夏から秋、黄褐色の小花を多数つける。

ざくろ-ばな【▽石×榴鼻】鼻の頭が赤くなり、毛穴が広がってぶつぶつふくれ、ザクロの実のように見えるもの。酒をよく飲む人に多くみられる。酒皶。

サクロモンテ〖Sacromonte〗スペイン南部、アンダルシア州の都市グラナダの一地区。イスラム教徒の居住区だったアルバイシンの東側の丘一帯を指す。少数民族ロマのクエバと呼ばれる洞窟住居のほか、ロマの歴史や文化を紹介する博物館がある。

さく-わ【索話】禅寺で、住持が説法を始めるに先立ち、大衆に向かって疑問があれば質問するようにうながし説くこと。釣語(ちょうご)。索語。

さけ【酒】❶エチルアルコールを含んだ飲料の総称。製造法から、醸造酒・蒸留酒・混成酒に大別され、また、原料の違いによって世界中に多くの種類がある。❷清酒の通称。英語でもsakeで通用する。「辛口の—を好む」❸酒を飲むこと。飲む度合いや飲み方についていう。「—が強い」「あの人はいい—だ」❹酒盛り。酒宴。「—の席」(類語)酒類(しゅるい)

酒が酒を飲・む　酒の酔いがまわるに従って、ますます大酒を飲む。

酒が回・る　❶酒の酔いが、からだじゅうに行き渡る。すっかり酔った状態になる。「—・って饒舌になる」❷酒が、居合わせた人すべてに行き渡る。

酒に飲ま・れる　酒にひどく酔って、自制心を失う。「飲むのはいいが、—・れてはいけない」

酒に別腸(べっちょう)有り　《「通俗篇」飲食から》酒には酒の入る別の腸がある。酒量の多少は身体の大小には関係しないことをいう。

酒の酔い本性(ほんしょう)違(たが)わず　酒に酔っても、本来の性質は失わない。酒飲み本性違わず。生(なま)酔い本性違わず。酒の酔い本性忘れず。

酒の酔い本性(ほんしょう)忘(わす)れず　►酒の酔い本性違わず

酒は憂(うれ)いの玉箒(たまははき)　《蘇軾「洞庭春色詩」から》酒は心の憂いを取り除いてくれるすばらしい箒(ほうき)のようなものである。

酒は百薬の長　《「漢書」食貨志から》酒はほどよく飲めば、どんな薬よりも健康のためによい。

酒盛って尻(しり)切られる　酒をふるまって、かえって乱暴される。好意を尽くした相手から、逆に損害を受けることのたとえ。酒買って尻切られる。

酒を・煮る　陰暦5月ごろ、寒いときに仕込んだ新酒に、殺菌のための火入れをする。煮酒。(季 夏)

さけ【×梟】フクロウの古名。〈和名抄〉

さけ【×鮭｜×鮏】❶サケ目サケ科の海水魚。全長約1メートル。体は長い紡錘形で側扁し、尾びれ近くに脂びれがある。背側は暗青色、腹側は銀白色。北太平洋を広く回遊し、河川に上って産卵する。産卵期の雄は吻(ふん)が鉤(かぎ)状に曲がるので、俗に鼻曲がりとよばれる。肉は淡紅色で美味。卵は筋子(すじこ)・イクラとして賞味される。シロザケ。しゃけ。(季 秋)「—のぼる古瀬や霧のなほまとふ／秋桜子」❷サケ科の海水魚の総称。サケ・ベニザケ・ギンザケ・カラフトマス・サクラマス・ビワマス・マスノスケの7種がある。産卵期には遡河(そか)し、孵化(ふか)した幼魚は河を下り、海に出て回遊し、母川に戻る。

さげ【下げ】❶下げること。位置などを低くすること。⇔上げ。❷相場が安くなること。下落。「六〇円の—」⇔上げ。❸落語のおち。❹日本音楽で、低い音に進む節。謡曲の2音以上が連続して下がる部分など。❺「下げ緒」の略。

ざ-け【▽邪気】「じゃけ」の直音表記。「—なんどの、人の心たぶらかして」〈源・柏木〉

さげ-あし【下げ足】相場が下降していくこと。⇔上げ足。

さげ-あま【下げ尼｜▽垂げ尼】尼削(あまそ)ぎにした髪形。また、その人。「黒髪の色は変はらぬ—のまことの筋に身はなびきつつ」〈新撰六帖・二〉

さ-けい【左契】2分した割符のうち、自分が持つほうの一片。他片を右契といい、相手に渡して約束のしるしとした。転じて、約束の証拠。左券。

さ-けい【左傾】〔名〕スル❶左側に傾くこと。⇔右傾。❷思想が左翼的な立場に傾くこと。⇔右傾。

さ-けい【砂鶏｜沙鶏】❶ハト目サケイ科の鳥。全体に黄土色で黒い斑がある。翼が長く、短い脚には毛が生えている。ユーラシア中南部に分布。日本では迷鳥。❷サケイ科の鳥の総称。16種がユーラシア・アフリカの砂漠・ステップ・サバンナにすむ。

さげ-うた【下げ歌】謡曲で、中・下音の低い音域の拍子に乗る謡(うたい)の部分。⇨挙げ歌❷

さげ-お【下げ緒】(を) 刀の鞘(さや)の栗形(くりかた)に通し、刀を上帯に結び付けるために用いるひも。下げ。

さげ-おだれ【下げ尾垂れ】(をだれ) 屋根のひさし。おだれ。「我等が鼻が高いによって、こなたの—へかまひまして」〈浮・織留・四〉

さげ-おび【下げ帯｜提げ帯】❶室町時代、宮中の女官などが用いた帯。幅は約20センチで、前に結んで垂らした。❷江戸時代、御殿女中などが夏に締めた帯。両端に厚紙を入れ、背後で結んだ余りを左右に張って垂らしたもの。

さげ-かじ【下げ×舵】(かぢ) 航空機や潜水艦を下方に向けるときの、舵のとり方。⇔上げ舵。

さけ-かす【酒×粕｜酒×糟】もろみから清酒を絞ったあとのかす。焼いて食べるほか、蒸留して焼酎(しょうちゅう)をつくったり、熟成して食酢の原料や奈良漬け・かす漬け・かす汁などに利用したりする。さかかす。

さげ-がみ【下げ紙】役所などで、上役が意見や理由などを書いて文書に貼りつける紙。付箋(ふせん)。付け紙。下げ札。

さげ-がみ【下げ髪】❶髪をそのまま、あるいは髻(もとどり)で束ねて後方に垂れ下げた女性の髪形。近世、貴婦人・女官などが祝い日などに行った。垂髪(すいはつ)。すべらかし。❷歌舞伎の女形のかつらで、毛を後ろに垂れ下げたもの。時代物の奥方・姫などに使う。

さけ-かわ【鮭川】(がは) 山形県北部を流れる川。丁(ひのと)岳山地の三滝(みたき)山(標高986メートル)に源を発し、途中真室(まむろ)川を合わせて新庄市西端で最上川に合流する。長さ48キロ。この流域面積は最上川支流中最大。上流部を大沢川といい、下流部の沖積地は米作地帯。名の由来はサケが遡上することから。

さけ-きき【酒利き】酒の味や風味を鑑定すること。また、その人。ききざけ。

さけ-きげん【酒機嫌】「さかきげん」に同じ。

さけく【▽幸く】〔副〕「さきく」の上代東国方言。「久慈川は—あり待て潮舟にま楫しじぬき我は帰り来む」〈万・四三六八〉

さけ-くさ・い【酒臭い】〔形〕文さけくさ・し〔ク〕人の吐く息などに、酒を飲んだ人特有の匂いがあるさま。「—・い息を吐きながらからんでくる」

さけ-ぐせ【酒癖】《「さけくせ」とも》酒に酔ったときに出る癖。さかぐせ。「—が悪い」
(類語)酒乱・笑い上戸・泣き上戸

さけ-くらい【酒食らい】(くらひ)《「さけぐらい」とも》大酒飲み。のんべえ。

さげ-ごし【下げ×輿】轅(ながえ)を腰の辺りで持って運ぶ輿。手輿(たごし)。

さけ-ごと【酒事】「さかごと」に同じ。

さけ-さかな【酒×肴】酒と、酒のさかな。酒と料理。しゅこう。「—でもてなす」

さげ-ざや【提げ×鞘】❶「見せ鞘」に同じ。❷僧侶・茶人などが携える小刀。

さけ-じ【裂け×痔】(ぢ) ►切れ痔

さげ-しお【下げ潮】(しほ) 引き潮。⇔上げ潮。

さげ-じきろう【提げ食籠】手に提げて持ち歩けるように作ってある食籠。

さげ-したじ【下げ下地】(したぢ) 江戸時代、女性の髪の結い方の一。鬢(びん)を膨らませ、髱(たぼ)を左右に分けてまげを輪に作り、余りの髪を笄(こうがい)に巻きつけるもの。笄を抜くと下げ髪になる。大名の奥方や姫君などが結った。

さげ-しぶ・る【下げ渋る】〔動ラ五(四)〕下がり続けていた相場の勢いが弱まり、価格が落ち着く。また、下がりそうな状況だが相場が下がらない。「ここに来て—・るIT株」「原料安なのに市場価格は—・る」

さげ-しまだ【下げ島田】►投げ島田

さげし・む【▽蔑む】〔動マ四〕「さげすす(蔑)む」に同じ。「笠田の耳語(ささやく)のを—・む様に眺めていたが」〈小杉天外・初すがた〉

さげ-じゅう【提げ重】(ぢゅう)❶「提げ重箱」の略。❷江戸時代の私娼(ししょう)の一。表向きは提げ重箱に食物を入れ、売り歩くようすをした。

さげ-じゅうばこ【提げ重箱】(ぢゅうばこ) 手に提げて持ち歩けるように作られた組み重箱。さげじゅう。

さけ-ずき【酒好き】〔名・形動〕酒を飲むことが好きなこと。また、そういう人や、そのさま。「仲間には—が多い」「—な男」(類語)酒飲み・のんべえ・飲み助・酒豪・大酒家・飲み手・大酒飲み・酒客・酒家・酒仙

さけ-ずし【酒×鮨】鹿児島県の郷土料理。地酒と塩で調味した鮨飯と各種の具とを、琉球塗の鮨桶(すしおけ)に交互に詰め、3時間ほど軽く重石(おもし)をかけたもの。

さげ-すみ【下げ墨】《「さげずみ」とも》❶大工が、柱などの傾きを、おもりのついた墨縄を用いて測ること。垂準。❷おしはかること。思量。「信玄公御—少しもちがはず候ふと感じ奉る」〈甲陽軍鑑・一〇〉

さげすみ【蔑み｜×貶み】さげすむこと。軽蔑。「—の目で見る」

さげ-す・む【下げ▽墨む】〔動マ四〕《名詞「下げ墨(すみ)」の動詞化》❶墨縄を下げて、柱などの傾きを調べる。「城の南北を—・み給うて」〈太閤記・一〇〉❷おしはかる。思量する。「人ヲ—・ム」〈日葡〉「何にも余分をおきて—・むべきものなり」〈咄・醒睡笑・七〉

さげす・む【蔑む｜×貶む】〔動マ五(四)〕《動詞「下げ墨(す)む」から派生した語》他人を、自分より能力・人格の劣るもの、価値の低いものとみなす。見下げる。見下す。「—・むような目つきで人を見る」(類語)嘲(あざけ)る・見下す・見くびる・侮る・見下げる・卑しめる・貶(おとし)める

さげ-そ【下げ×苧】漆喰(しっくい)を塗る際、下地の木摺(きずり)に釘を打ってそれに結び下げる麻糸。漆喰の剝落を防ぐ。さげお。

さげ-だな【下げ棚】つり下げた棚。つり棚。

さけ-づくり【酒造り】「さかづくり」に同じ。

さけづくり-うた【酒造り唄】民謡で、造り酒屋で働く人たちがうたう仕事歌。桶洗い・米とぎ・麹(こうじ)つくり・醪(もろみ)の仕込みなどのそれぞれの工程でうたわれる。

さけ-づけ【酒漬(け)】❶酒に漬けること。また、そのもの。❷絶えず酒を飲んでいること。酒びたり。「この一週間ずっと—だ」

さげ-づと【下げ×髱】髪の後方下部の髱(たぼ)を下げて結う女性の髪形。江戸時代、奥女中の使い番以下の間に行われた。

さけ-とば【×鮭▽冬葉】鮭の身を棒状に切って塩水に漬け、乾燥させたもの。非常に硬く歯応えがある。

さげ-どまり【下げ止まり】〔名〕スル 相場や価格などの下落が止まること。「短期金利の—」⇔高止まり。

さげ-どま・る【下げ止まる】〔動ラ五(四)〕相場や価格などの下落が止まる。「勤労者の所得が—・る」

さげ-なわ【下げ縄】(なは)❶縄を垂らすこと。また、垂らした縄。❷土蔵の木舞(こまい)に結びつけた縄。塗りつけた壁土のはげ落ちるのを防ぐためにする。

さけ-の-け【酒の気】酒の酔い。酒に酔っている気味。しゅき。「昨日の—が抜けない」

さけ-の-さかな【酒の×肴】酒を飲む時に添える食べ物。また、酒席に興を添える事柄や話題。「豆腐を—にする」「友の結婚話を—にして盛り上がる」⇨肴(さかな)

さけ-の-つかさ【酒▽司】❶「造酒司(みきのつかさ)」に同じ。❷後宮十二司の一。造酒司で醸造のことをつかさどった役。みきのつかさ。しゅし。

さけ-のみ【酒飲み】❶酒を飲むこと。❷酒が非常に好きで、多量に、また、しょっちゅう飲む人。上戸。(類語)のんべえ・飲み助・酒豪・飲んだくれ・酒好き・大酒家・飲み手・大酒飲み・酒客・酒家・酒仙

酒飲み本性(ほんしょう)違(たが)わず　►酒の酔い本性違わず

さげ-ばり【下げ針】糸でつり下げた針。弓の的としてきわめて小さいもの。「弓は三人ばり、矢束(やつか)は十三束(ぞく)、—をも射んと思ふ者なりけり」〈保元・中〉

さけび【叫び】❶大声をあげること。また、その声。「助けを求める—」❷他に向かって必死の思いでする主張。「民族独立の—」

さけび-ごえ【叫び声】(ごゑ) 大きく張りあげる声。叫ぶ声。叫び。「—をあげる」(類語)絶叫・怒号・咆哮(ほうこう)

さけ-びたし【酒浸し】❶酒に浸すこと。さかびたし。❷「さけびたり」に同じ。

さけ-びたり【酒浸り】酒の中に浸っているかのように、絶えず酒ばかり飲んでいること。さけびたし。さかびたり。「一の生活」

さげ-びら【下げ▽片】❶品名や値段を書いて、店頭や売り場につり下げるびら。❷昔、宣伝などのために街頭に張り出したびら。

さけ・ぶ【叫ぶ】〘動バ五(四)〙❶大声を発する。大声で言う。「助けを求めて―・ぶ」「万歳を―・ぶ」❷世間に対して強く訴える。強く主張する。「無実を―・ぶ」「政治改革が―・ばれる」「核兵器廃絶を―・び続ける」(可能)さけべる (類語)(❶)怒鳴る・喚く・張り上げる・騒ぐ(❷)主張・力説・強調・強弁

さけ-ぶぎょう【酒奉行】►さかぶぎょう

さげ-ふだ【下げ札】❶「下げ紙」に同じ。❷「年貢割符」に同じ。

さけ-ぶとり【酒太り┊酒▽肥り】〔名〕スル「さかぶとり」に同じ。

さけ-ぶり【酒振り】►さかぶり

さげ-ふり【下げ振り】《「さげぶり」とも》❶時計の振り子。❷柱などが垂直かどうかを調べるための道具で、糸の端に真鍮の逆円錐形のおもりをつるしたもの。錘重。

さげ-まえがみ【下げ前髪】少女などの、前髪を額に垂らした髪形。

さげ-まく【下げ幕】垂らした幕。垂れ幕。

さけ-め【裂け目】❶裂けた所。亀裂の入っている部分。❷馬の口の裂けた所。くつわがかり。
(類語)切れ目・分け目・小口・切れ口・割れ目・継ぎ目・節目・亀裂・ひび割れ・ひび・ミシン目

さげ-もどし【下げ戻し】政府・役所などに差し出した書類を、そのまま本人に戻すこと。

さげ-もの【提げ物】印籠・巾着など、腰に提げて持ち歩くものの総称。こしさげ。

さけ-やけ【酒焼け】〔名〕スル「さかやけ」に同じ。

さけ-よい【酒酔い】酒を飲んで酔うこと。また、その人。よっぱらい。

さけよい-うんてん【酒酔い運転】酒に酔って正常な運転ができないおそれがある状態で自動車などを運転すること。道路交通法で禁止されており、違反者は運転免許取り消しの行政処分を受ける。➡酒気帯び運転

さげ-よく【下げ翼】►フラップ

さ・ける【裂ける┊割ける】〘動カ下一〙文さ・く〘カ下二〙ひと続きになっていたものが線状に切れて二つに離れる。また、切れ目が入る。「紙が―・ける」「地震で地面が―・けた」「口が―・けても言えない」
(類語)破れる・破ける・綻びる・切れる・擦り切れる・千切れる・張り裂ける・破裂する・パンクする

さ・ける【避ける】〘動カ下一〙文さ・く〘カ下二〙❶それとかかわることで不都合や不利益が生じると予測される人や事物から離れるようにする。また、そのような人や事物に近づかないようにする。「あの人は―・けたほうがよい」「反抗期で父親を―・ける」「都会の騒音を―・けて暮らす」「―・けて通れない問題」「ラッシュ時を―・けて出勤する」「人目を―・けて会う」❷不都合や不利益をもたらすような言動をしないようにする。差し控える。「コメントを―・ける」「どぎつい表現は―・けたほうがよい」「武力衝突は―・けたい」❸よける。「飛び出してきた自転車を―・けきれずに衝突する」(類語)よける・いなす・かわす
(用法)さける・よける――「走ってくる車をさけよう(よけよう)としてころんだ」「水たまりをさけて(よけて)歩く」など、自分に害を与えるものや好ましくないものから意識的に離れることを表す場合、相通じて用いられる。◆「さける」は「人目をさけて暮らす」「視線をさける」「明言をさける」など、抽象的なものが対象の場合にも用いる。この場合「よける」は使わない。◆「よける」は「落石をよけて事なきを得た」「相手のパンチをよけそこなう」のように、わきへ寄る、身をかわすなどの具体的な動作に重点がある。

さ・げる【下げる】〘動ガ下一〙文さ・ぐ〘ガ下二〙❶㋐物の一端を固定して下に垂らす。つるす。ぶらさげる。「風鈴を―・げる」「カーテンを―・げる」㋑(「提げる」とも書く)物を手・肩・腰などで支えて下に垂らす。「かばんを手に―・げて持つ」「肩からカメラを―・げる」❷高い所・位置から低い所・位置へ移す。位置を低くする。「頭を―・げる」「機首を―・げる」「目尻を―・げる」「一字―・げて書く」❸今までよりも低い段階に移す。㋐位・階級を低くする。等級・順序などを下の方にする。「役付から―・げられる」「等級を―・げて出荷する」⇔上げる。㋑価値・値段・評価などを低くする。「男を―・げる」「値を―・げて売る」「コストを―・げる」⇔上げる。㋒能力・技量などを劣った状態にする。「調子を―・げる」「腕を―・げる」㋓程度・度合いを低くする。おとす。「部屋の温度を―・げる」「あまり話を―・げるなよ」㋔けなす。くさす。「人を上げたり―・げたりする」⇔上げる。❹身分の高い人や上位の存在から遠ざける。㋐目上の人の前からしりぞかせる。「家族の者を―・げる」㋑高位の場所からしりぞける。人の前などから取り去ってかたづける。「供物を―・げる」「お膳を―・げる」⇔上げる。㋒奉公人などに暇を出す。また、退学させる。「家の事情で学校から―・げる」❺目上の者から目下の者へものを渡す。官庁などが許可・金銭などを与える。さげ渡す。交付する。「洋服を妹に―・げる」「鑑札を―・げる」❻一度自分の手を離れて他に出したものを再び自分のもとに返す。㋐提出したものを引っ込める。「要求を―・げる」「訴えを―・げる」㋑金融機関から、預けた金を引き出す。おろす。「貯金を全部―・げる」❼後方に移す。「駐車位置を―・げる」❽「持つ」「携える」「有する」などの意の俗な言い方。「五〇面―・げてそんなまねができるか」(類語)下ろす・下す
(…句)上げたり下げたり・頭を下げる・男を下げる・手鍋提げても・どの面下げて・目尻を下げる

さげ-わたし【下げ渡し】下げ渡すこと。「官舎の―を受ける」

さげ-わた・す【下げ渡す】〘動サ五(四)〙官庁から民間へ下付する。払い下げる。また、目上の者から目下の者に物品を与える。「政府が土地を―・す」

さ-けん【左券】「左契」に同じ。「それは僕が如何にY子を愛し尊べるかの―である」〈有島・宣言〉

さ-けん【差遣】〔名〕スル 公の使者として派遣すること。「使節を―する」(類語)送る・遣る・送り出す・出す・発する・派する・差し向ける・差し遣わす・差し立てる・遣わす・回す・差し回す・派遣する

さ-げん【左舷】船尾から船首に向かって左側のふなばた。「―方向」⇔右舷。

さ-げん【詐言】人をだますための言葉。

さ-こ【左顧】〔名〕スル ❶左の方へ振り向くこと。「品川の海色を―し神奈川の山光を右瞻す」〈服部誠一・東京新繁昌記〉❷《古く中国で、年長者は右、年少者は左にすわった習慣から》目上の者が来訪すること。また、目下の者に目をかけること。

さこ【▽谷┊▽迫】山の尾根と尾根の間。小さい谷。

さ-ご【さ子】《「産後」または「産子」の音変化といわれる》鹿や猿の胎児。黒焼きにして飲むと婦人病の薬になるといわれる。鹿子。

サゴ〘オランダ sago〙《もとはマレー語で食料の意》サゴヤシの幹からとった、白色の米粒状のでんぷん。食用。サゴ米。(補説)「沙穀」とも書く。

ざ-こ【雑-魚┊▽雑▽喉】《「ざっこう(雑喉)」の音変化》❶いろいろな種類の入り交じった小魚。また、小さい魚。じゃこ。❷地位の低い者、取るに足りない者をたとえていう語。小物。「―は相手にしない」(類語)小物・雑輩・有象無象

雑魚の魚交じり 《雑魚が大きな魚の中に交じっている意》小物が大物の中に交じっていること。能力にふさわしくない地位にいることなどのたとえ。(補説)この句の場合、「魚交じり」を「うおまじり」とは読まない。「とと」は「さかな」をいう幼児語。

ざ-ご【座五】俳句で、末の5文字。下五。

さ-こう【作興】►さっこう(作興)

さ-こう【砂鉱】砂金・砂鉄・砂錫など、土砂に含まれる砂状の鉱石。また、それを産出する砂鉱床。

さ-こう【鎖×肛】先天性異常の一。肛門が閉鎖している状態。

さ-こう【鎖港】〔名〕スル 港を封鎖すること。特に、外国船の入港・交易を禁じること。⇔開港。

ざ-こう【座功】連歌などの興行や一座に参加して経験を積むこと。

ざ-こう【座高┊×坐高】すわったときの上体の高さ。上体をまっすぐにしていすに腰掛けたときの、座面から頭頂までの高さをいう。

ざ-ごうしゃく【座講釈】講釈師が宴会などの席に招かれて行う講釈や講談。また、小屋を設けて、席料をとって行う講釈や講談。

さこう-しょう【砂鉱床】岩石が風化・浸食されて運搬される過程で、有用鉱物が集中し、砂礫にまじって堆積した鉱床。漂砂鉱床。

さこ-うべん【左顧右×眄】〔名〕スル「右顧左眄」に同じ。「決心がつきかねて―する」

さこう-ほう【砂耕法】清浄な砂と培養液を使って植物を栽培する方法。植物の栄養生理研究、清浄野菜の栽培などに用いる。砂栽培。

さ-こく【鎖国】〔名〕スル 国が、外国との通商・交通を禁止または極端に制限すること。特に、江戸幕府による対外封鎖政策をいう。寛永16年(1639)から嘉永6年(1853)のペリー来航まで200年余り実施。キリスト教禁止・封建制度維持を目的とし、オランダ・中国・朝鮮を除く外国との通交を禁止した。⇔開国。

さ-ごく【左獄】平安時代、京都の左京に設けられた獄舎。東獄。⇔右獄。

さ-こく-し-かん【左国史漢】「春秋左氏伝」「国語」「史記」「漢書」の四書をいう語。中国の代表的な歴史書とされ、文章家の必読書とされた。

さこく-れい【鎖国令】江戸幕府が発した、外国との通交・貿易を禁止する一連の法令。寛永10年(1633)から同16年までの間に数回出された。➡鎖国

さ-ござい《「さあござい」という呼び声から》江戸中期、正月に江戸の街頭で子供などを相手に福引をさせた商売。数本のひものうちの1本にダイダイを結び、それを引き当てた者に賞品を与えた。辻宝引。「―は長屋でいっちかせぐ奴」〈柳多留・一九〉

さ-ごし【青=箭=魚】サワラの幼魚。

さ-こそ【▽然こそ】〘副〙❶(あとに推量を表す語を伴って)そのことが十分に推察できるさま。さぞや。さぞかし。「遺族の気持ちは―と察せられる」❷そのように。「―大人びさせ給へど、いときなき御齢におはしますを」〈源・澪標〉

然こそ言え そうはいうものの。とはいえ。「この女をほかへ追ひやらむとす。―、まだ追ひやらず」〈伊勢・四〇〉

さ-こつ【鎖骨】肩の前方にあり、胸骨と肩甲骨を連絡する左右一対の長骨。頸部と胸部の境に水平に横たわり、上方から見るとS字状に屈曲している。

ざ-こつ【座骨┊×坐骨】骨盤を形成する寛骨の後下部。左右一対からなり、座ったとき最下部になる。

ざ-こつ【挫骨】〔名〕スル 骨をくじくこと。また、くじいた骨。

ざこつ-しんけい【座骨神経】腰髄と仙髄から出て骨盤の後壁を下り臀部から下肢に分布する、身体の中で最も長く太い神経。下肢の屈曲をつかさどる。

ざこつ-しんけいつう【座骨神経痛】座骨神経の分布領域に生じる痛み。

ざこ-ね【雑-魚寝┊▽雑▽居寝】〔名〕スル ❶大勢の人が雑然と入り交じって寝ること。❷節分の夜などに、村の老若男女が神社などに集まって共寝した風習。(季 冬)

ざこ-ば【雑-魚場】江戸時代、大坂で最大の魚市場の通称。また一般に、魚市場のこと。

ざこば【雑喉場】大阪市西区の地名。堂島米市場、天満青物市場とともに江戸時代の大坂三大市場であった魚市場の所在地。

ザコパネ〘Zakopane〙ポーランド最南部の町。スロバキアとの国境に近く、カルパチア山脈西部のタトラ

山地のふもとに位置する。19世紀末の鉄道網の整備にともない、同国屈指の観光保養地に発展。スキーリゾートとしても有名。作曲家のカロル=シマノフスキ、画家のスタニスワフ=ビトカツィが滞在したほか、スタニスワフ=ビトキエビッチがザコパネスタイルと称される木造の建築様式を生み出したことでも知られる。

サゴ-べい【サゴ米】▶サゴ

サゴ-やし【サゴ×椰子】ヤシ科サゴヤシ属の植物の総称。高さ10メートル以上になる大形ヤシで、幹からでんぷんを取り、食用にする。

ザゴルスク〖Zagorsk〗ロシア連邦の都市セルギエフポサードの1930年から91年までの旧称。革命家ザゴルスキーにちなむ。

さ-ごろも【▽狭衣】《「さ」は接頭語》ころも。衣服。「人妻に言ふは誰(た)がことーのこの紐(ひも)解けと言ふは誰がこと」〈万・二八六六〉

さごろも-の【▽狭衣の】〔枕〕衣の緒(を)の意から、「小(を)」にかかる。「ー小筑波嶺(をつくはね)ろの」〈万・三三九四〉

さごろも-の-だいしょう【狭衣大将】(ダイシヤウ) 狭衣物語の主人公。帝の弟、堀河大臣の子。容姿・学芸ともにすぐれた貴公子で、源氏宮など多くの女性と恋愛のすえ、神託によって帝位につく。

さごろもものがたり【狭衣物語】平安時代の物語。4巻。作者は禖子(ばいし)内親王宣旨(せんじ)とされる。延久・承保(1069～1077)のころの成立。狭衣大将の、源氏宮との遂げられぬ恋を中心とした恋愛生活を描く。

さ-こん【左▽近】❶「左近衛府(さこんえふ)」の略。⇔右近。❷「左近の桜」の略。

さ-こんえ【左▽近▽衛】(ヱ)「左近衛府」の略。

さこんえ-の-しょうげん【左▽近▽衛将▽監】(サコンヱ-シヤウゲン) 左近衛府の第三等官。従六位上相当。さこんのじょう。

さこんえ-の-しょうしょう【左▽近▽衛少将】(サコンヱ-セウシヤウ) 令外(りやうげ)の官。左近衛府の次官。正五位下相当。左少将(さしょうしょう)。左近少将(さこんのしょうしょう)。

さこんえ-の-しょうそう【左▽近▽衛将曹】(サコンヱ-シヤウサウ) 左近衛府の第四等官。従七位下相当。

さこんえ-の-だいしょう【左▽近▽衛大将】(サコンヱ-ダイシヤウ) 令外(りやうげ)の官。左近衛府の長官。従三位相当。左大将(さだいしょう)。左近大将(さこんのだいしょう)。

さこんえ-の-ちゅうじょう【左▽近▽衛中将】(サコンヱ-チユウジヤウ) 令外(りやうげ)の官。左近衛府の次官。従四位下相当。左中将(さちゅうじょう)。左近中将(さこんのちゅうじょう)。

さこんえ-ふ【左▽近▽衛府】(サコンヱ-) 令外(りやうげ)の官。大同2年(807)近衛府(このゑふ)を改称。右近衛府とともに宮中の警固、行幸の警備にあたった。左近司(さこんのつかさ)。左近衛。⇔右近衛府。

さこん-の-くろうど【左▽近▽蔵▽人】(-クラウド) 左近衛府の官人で、蔵人を兼任した者。

さこん-の-さくら【左▽近の桜】紫宸殿(ししんでん)南階段下の東方に植えられた桜。朝儀の際、左近衛府の武官がこの南側に詰めたことからいう。南殿(なでん)の桜。御階(みはし)の桜。左近。➡右近の橘(たちばな)

さこん-の-じょう【左▽近▽尉】▶左近衛将監(さこんえのしょうげん)

さこん-の-じん【左▽近の陣】(ヂン) 日華門(にっかもん)内にあり、紫宸殿(ししんでん)の東向かいに位置する陣座。儀式の際、左近衛府の武官が詰めて警衛した。左近衛の陣。左仗(さじょう)。

さこん-の-たいふ【左▽近大夫】左近衛将監(しょうげん)で、五位に叙せられた者。

さこん-の-つかさ【左▽近▽司】▶左近衛府(さこんえふ)

さこん-の-ばば【左▽近の馬場】左近衛府に属した馬場。平安京一条西洞院にあって、競(くら)べ馬の行事が行われた。➡右近の馬場

ささ【▽酒】《女房詞から。中国で酒を竹葉といったことからとも、「さけ」の「さ」を重ねたものともいう》酒のこと。「一機嫌」

ささ【×笹｜×篠】❶イネ科の多年生植物。一般に丈の低いタケ類をいう。山野に群生し、クマザサ・アズマネザサ・ミヤコザサなど種類が多い。葉は長楕円形で先がとがる。かご・ざる、その他細工物を作るのに用いられ、実が食用になるものもある。❷紋所の名。笹の葉や枝などを図案化したもの。(補説)「笹」は国字。

さ-さ【×些×些】〔ト・タル〕〔文〕〔形動タリ〕取るに足らないさま。「ーたる事で立腹する」

さ-さ【×瑣×瑣】〔ト・タル〕〔文〕〔形動タリ〕こまごまとしているさま。わずらわしいさま。「ーたる問題」(類語)細かい・細細(こまごま)しい・煩瑣(はんさ)・瑣末(さまつ)・些細(ささい)・区区(くく)たる

ささ〔副〕《「さざ」とも》❶水が勢いよく流れたり注ぎかかったりするさま。「あがきの水、前板までーとかかりけるを」〈徒然・一一四〉❷風が吹くさま。「扇をひろげて、殿上をーとあふぎ散らして」〈盛衰記・三〉❸動きの速いさま。「人々のーと走れば」〈大鏡・道長下〉❹大勢の人々が口々に物をいってさわがしいさま。また、一時に笑うさま。「聴聞衆ども、ーと笑ひてまかりにき」〈大鏡・道長下〉

さ-さ【▽然▽然】〔副〕《副詞「さ」を重ねた語》しかじか。具体的な叙述を省略するときに用いる。「ーの所よりなりけりと聞き給ひて」〈かげろふ・中〉

ささ〔感〕❶人を促すときなどに発する語。さあさあ。「ー、どうぞおさきに」❷歌謡で用いる囃子詞(はやしことば)。「残(あ)さず飲(を)せー」〈神功紀・歌謡〉

さ-さ【▽細｜▽小】〔接頭〕《「さざ」とも》主として名詞に付いて、細かい、小さい、わずかなという意を表す。「ーにごり」「ー波」

さ-ざ【▽且座】千家茶道の七事式(しちじしき)の一。客三人と東(とう)(亭主)・半東(はんとう)(亭主の補佐役)の五人で催す。正客(しょうきゃく)は花を生け、次客は炭をつぎ、三客は香をたき、主客ともに聞く。東は濃い茶、半東は薄茶を立てる。

ざ-さ【座作｜×坐作】すわることと立つこと。立ち居。起居。

サザーク〖Southwark〗英国の首都ロンドン中心部、テムズ川南岸の地区名。グローブ劇場やローズ劇場、クリンクプリズン博物館がある。

ささ-あめ【×笹×飴】水飴を笹の葉に包んだもの。新潟県上越市高田の名産。

さ-さい【×些細｜×瑣細】〔形動〕〔文〕〔ナリ〕あまり重要ではないさま。取るに足らないさま。「ーなことを気にする」(類語)瑣末(さまつ)・細かい・細細(こまごま)しい・煩瑣(はんさ)・瑣瑣(ささ)たる・区区(くく)たる

さざい【栄=螺】「さざえ」の音変化。

ざ-ざい【×剉剤】生薬を細かく刻んだ剤形。振り出し薬や煎(せん)じ薬として用いる。

ざ-ざい【座剤｜×坐剤】「座薬(ざやく)」に同じ。

ささ-いろ【×笹色】濃い紅(べに)が乾いたときの、青黒く光って見える色。

ささ-う【×笹▽生】(ふ)▶ささふ

ささ・う【支ふ】(ささふ)〔動ハ下二〕「ささえる」の文語形。

ささ-え【小=筒｜竹=筒】❶酒を入れる携帯用の竹筒。「花の下へ遊山におじゃるほどに、ーを先へ急いで持てけ」〈虎清狂・猿座頭〉❷「提(さ)げ重箱」に同じ。「持たせしやり手の杉折や、かぶろが袖にさげ重の、ーしつらひ」〈浄・扇八景〉

ささえ【支え】(ささへ) ❶ささえること。また、ささえるもの。「若木にーをする」「心のー」❷「支え口」の略。「入道が女房のーによって心がはりを致せしとて」〈浄・伊豆日記〉

さざえ【栄=螺｜拳=螺】❶リュウテンサザエ科の巻き貝。北海道南部以南の暖流の影響を受ける岩礁に分布。貝殻は殻高約10センチで厚く、こぶし状で、太いとげのような突起をもつものが多い。肉は壺焼きなどで賞味され、春から初夏が旬。さざい。さだえ。(季 春)「海凪(な)げるしづかさに焼くーかな/蛇笏」❷茶道具の七種蓋置(しちしゅふたおき)の一。サザエの形をしたもの。

ささえ-ぐち【支へ口】(ささへ) 他人を中傷すること。讒言(ざんげん)。「陰言、中言、ー、立ってはふすべ居てはそしり」〈浄・卯月の紅葉〉

ささえ-こさえ【支へ小▽支へ】(ささへこさへ)《「こさへ」は語調を整えるために類音の語を付け加えたもの》じゃまをすること。また、中傷すること。「ーをせしなどとは、承るさへ憎(にく)きやつ」〈伎・暫〉

ささえ-ごと【支へ言】(ささへ)「支え口」に同じ。〈和訓栞〉

さざえさん【サザエさん】長谷川町子の漫画。また、その主人公。昭和21年(1946)から夕刊「フクニチ」に連載が始まり、同24年からは「朝日新聞」に約25年間連載された。

ささえ-じょう【支え状】(ささへジヤウ) 鎌倉・室町時代の訴訟で、訴人(原告)の訴状に対する論人(被告)の答弁書。陳状。

ささえ-だて【支へ立て】(ささへ)《「だて」は接尾語》じゃまをすること。じゃまだて。「邪魔な額(ぬか)取りおろすを、ーなす、不届き者めが」〈伎・暫〉

ささえ-つりこみあし【支え釣(り)込み足】(ささへ) 柔道で、相手の体を手前にくずしながら、重心ののった相手の足の下端を自分の足裏で支え、これを支点として前方へ倒す技。

さざえ-どう【栄=螺堂】(ダウ) 内部の階段がサザエの殻のように螺旋(らせん)状になっている堂。福島県会津若松市の飯盛山(いいもりやま)などにある。

さざえ-の-つぼやき【栄=螺の×壺焼(き)】サザエを殻ごと火にかけて焼いた料理。また、身を殻から出して刻み、ミツバ・セリなどとともに殻に入れ、醤油(しょうゆ)などで味つけして煮たもの。つぼやき。(季 春)

さざえ-ばしご【栄=螺×梯子】サザエの殻のように、螺旋(らせん)状につくられた階段。

ささえ-ばしら【支え柱】(ささへ) ものを支えるために立てる柱。しちゅう。

ささ・える【支える】(ささへる)〔動ア下一〕〔文〕ささ・ふ〔ハ下二〕❶倒れたり落ちたりしないように、何かをあてがっておさえる。「太い柱で梁(はり)をー・える」「ー・えられてよろよろ歩く」❷ある状態が崩れないように、もちこたえる。維持する。「一家の暮らしをー・える」❸精神的・経済的に支援する。「地元の人達の声援にー・えられて選挙戦を勝ち抜く」❹防ぎとめる。くいとめる。「敵の攻撃をかろうじてー・える」(補説)室町時代以降はヤ行にも活用した。➡支ゆ (類語)保つ・持ちこたえる

さざえ-わり【栄=螺割】ネコザメの別名。

ささ-おり【×笹折(り)】(をり) ❶笹の葉で食物を包んだもの。❷《「ささ」は細小(さざ)の意とも》経木(きょうぎ)で作った小さな箱。また、それに食物をつめたもの。折り。

ささ-がき【×笹垣】笹竹で結った垣。

ささ-がき【×笹×搔き】ゴボウなどを笹の葉のように細く薄くそぎ切ること。また、切ったもの。笹吹き。ささがし。

ささがき-なます【×笹×搔き×膾】ダイコンを笹搔きにして作ったなます。ひでりなます。

ささ-がし【×笹がし】「ささが(笹搔)き」の音変化。

ささ-がに【×細×蟹｜×笹×蟹】蜘蛛(くも)の古名。また、蜘蛛の糸。「あさぢが露にかかるー」〈源・賢木〉(補説)上代「笹が根の」の意の「ささがねの」を、中古になって、音の類似から「ささ蟹」と解し、「ささ」が小さいの意に意識されて、生じた語か。

ささがに-の【▽細×蟹の】〔枕〕❶蜘蛛(くも)の意から、「蜘蛛」また同音の「雲」「曇る」にかかる。「ーくものふるまひ哀れなり」〈玉葉集三〉「ー曇らぬ空に雨のみぞ降る」〈後拾遺・雑三〉❷蜘蛛の糸の意から、「糸」また同音の副詞の「いと」および「厭(いと)ふ」などにかかる。「ーいとかくまでは思はざりしを」〈実方集〉「ー厭はれながらかかる契りは」〈風雅・恋四〉❸蜘蛛の「網(い)」ということから、「い」を頭音とする「今」「命」などにかかる。「ー今はと限るすぢにても」〈かげろふ・中〉「ー命を今は何にかけまし」〈後拾遺・恋三〉

ささがに-ひめ【▽細×蟹姫】《蜘蛛(くも)が糸をかけるところから》織女星の異称。たなばた姫。(季 秋)

ささがね-の〔枕〕《「ささがにの」の古形》「ささがにの」に同じ。「ー蜘蛛の行ひ今宵著(しる)しも」〈允恭紀・歌謡〉(補説)この日本書紀の例は、「笹が根」で枕詞ではなく、笹の根もとにいる蜘蛛(くも)とする説もある。

ささ-かまぼこ【×笹×蒲×鉾】笹の葉の形に似せて作ったかまぼこ。仙台地方の名産。

ささ-がや【×笹×茅｜×笹×萱】イネ科の一年草。山野に生え、高さ20～30センチ。群がって生え、葉はササに似て小さい。秋、茎の頂に緑色の花穂をつける。

ささ-がれい【×笹×鰈】(がれひ) ヤナギムシガレイの別名。また、その干物。

ささがわながれ【笹川流れ】(ささがはながれ) 新潟県北端か

ら村上市にかけての海岸のうち、勝木から桑川までの称。瀬波笹川流れ粟島県立自然公園の一部。

ささがわ-の-しげぞう【笹川繁蔵】[1810～1847]江戸後期の博徒(ばくと)。下総(しもうさ)国香取郡の人。生家の笹川河岸付近を縄張りとした。飯岡助五郎と勢力争いをして大利根川原で決闘、のちに暗殺された。講談・浪曲「天保水滸伝(てんぽうすいこでん)」に登場する。

ささかわ-りんぷう【笹川臨風】[1870～1949]評論家・俳人。東京の生まれ。本名、種郎。俳句結社「筑波会」をおこして句作。のち、「帝国文学」の編集に従事。著「日本絵画史」「東山時代の美術」など。

ささぎ【豇=豆】「ささげ」の音変化。〈日葡〉

さざき【鷦=鷯】《「ささぎ」とも》ミソサザイの古名。〈新撰字鏡〉

ささき-がんりゅう【佐々木巌流】[?～1612]江戸初期の剣客。通称、小次郎。越前の人といわれ、長刀による燕(つばめ)返しの剣法を発案。宮本武蔵と巌流島で闘い敗死。

ささき-きいち【佐々木基一】[1914～1993]評論家。広島の生まれ。本名、永井善次郎。第二次大戦後の、文芸・前衛芸術・映像文化など幅広い分野の評論活動に活躍。雑誌「近代文学」創刊に参加。著作に「私のチェーホフ」「個性復興」「リアリズムの探求」など。

ささ-きげん【▽酒機嫌】「さかきげん」に同じ。

ささき-こじろう【佐々木小次郎】佐々木巌流の通称。

ささき-じょう【佐々木譲】[1950～]小説家。北海道の生まれ。本名、譲(ゆずる)。「鉄騎兵、跳んだ」で作家デビュー。「廃墟に乞う」で直木賞受賞。他に、第二次大戦を舞台にした三部作「ベルリン飛行指令」「エトロフ発緊急電」「ストックホルムの密使」など。

ささき-そういち【佐々木惣一】[1878～1965]法学者。鳥取の生まれ。憲法および行政法の権威として、天皇機関説、民本主義を主張。京大教授。在任中、滝川事件に連座して退官、のち、立命館大学学長。第二次大戦後、帝国憲法の改正に参画。文化勲章受章。著「日本国憲法論」など。

ささき-たかうじ【佐々木高氏】[1306～1373]南北朝時代の武将。京極氏の出。法名、導誉。足利尊氏に従い、室町幕府創立に参与。近江(おうみ)・出雲・上総(かずさ)などの守護。和歌・連歌をよくし、立て花・猿楽など芸能の保護にも努めた。

ささき-たかつな【佐々木高綱】[?～1214]鎌倉初期の武将。源頼朝の家臣。宇治川の合戦で名馬生唼(いけずき)に乗り梶原景季(かじわらかげすえ)と先陣を争って名をあげた。のち、賞の薄いのを恨み出家。

ささき-たかゆき【佐々木高行】[1830～1910]政治家。土佐の人。大政奉還運動に参加。明治維新後、新政府に加わり、岩倉遣外使節団に随行。宮中で勢力を有し、日記「保古飛呂比(ほごひろい)」を残した。

ささき-のぶつな【佐佐木信綱】[1872～1963]歌人・国文学者。三重の生まれ。弘綱の長男。「竹柏会」を主宰、歌誌「心の花」を刊行して多くの歌人を育成。また、万葉集の研究や和歌の史的研究などに業績を残した。文化勲章受章。歌集「思草」、論文集「歌学論叢」など。

ささき-ひろつな【佐佐木弘綱】[1828～1891]国学者・歌人。伊勢の人。号、竹柏園。足代弘訓(あじろひろのり)の門下。子の信綱とともに「日本歌学全書」を編集。

ささき-まき【佐々木マキ】[1946～]漫画家・絵本作家・イラストレーター。兵庫の生まれ。本名、長谷川俊彦。シュールな絵柄を駆使し、ストーリー性を排除したナンセンス絵本の第一人者として高い評価を得る。イラスト作品や挿絵も多く手がけ、特に村上春樹作品のカバー装画で知られる。絵本「やっぱりおおかみ」「変なお茶会」「ねむいねむいねずみ」など。

ささき-みつぞう【佐々木味津三】[1896～1934]小説家。愛知の生まれ。本名、光三。新聞・雑誌記者を経て作家生活に入り、大衆小説を発表。作「右門捕物帳」「旗本退屈男」など。

ささき-もさく【佐佐木茂索】[1894～1966]小説家・編集者。京都の生まれ。芥川竜之介に師事。昭和10年(1935)菊池寛と図り芥川賞・直木賞を創設。のち、文芸春秋新社社長。短編集「春の外套」など。

ささ-きり【×笹螽=蟖】キリギリス科の昆虫。体色は緑色または褐色で、前翅(まえばね)などに黒色部がある。林縁の笹の葉上にすみ、雄は日中ジリジリジリと鳴く。北海道を除く各地に分布。(季 秋)

ささき-りゅう【佐々木流】馬術の一派。大坪流からの分派で、戦国時代の末、近江(おうみ)の観音寺城主、佐々木義賢(よしかた)を祖とする。

ささ・ぐ【×捧ぐ】〔動ガ下二〕「ささげる」の文語形。

ささ-くさ【×笹草】イネ科の多年草。やや乾いた山林に生え、高さ40～80センチ、葉は披針(ひしん)形で笹の葉に似る。ささのはぐさ。

ささ-ぐま【×笹熊|×貛】アナグマの別名。

ささ-ぐも【×笹蜘=蛛】ササグモ科のクモ。体長約1センチ。黄緑色で背面に赤・白・黒色の模様がある。草の間を歩きまわり、跳び上がって虫を捕らえる。

ささくら-あきら【笹倉明】[1948～]小説家。兵庫の生まれ。雑誌記者の経験を生かし、実証的な法廷・裁判小説を発表。「遠い国からの殺人者」で直木賞受賞。他に「海を越えた者たち」「漂流裁判」など。

ささ-ぐり【×笹×栗|▽小×栗】シバグリの別名。

ささくれ 物の先端や表面、また、つめの周辺の皮などが細かく裂けたり、めくれたりすること。また、そのもの。さかむけ。

ささくれ-だ・つ【ささくれ立つ】〔動タ五(四)〕❶ささくれた状態になる。「―・った指」❷感情がすさんでとげとげしくなる。「―・った心」

ささく・れる〔動ラ下一〕❶竹や木などの先端や表面が、細かく裂ける。「竹ざおの先が―・れる」「畳が―・れる」❷つめの生え際の皮が細かくむけてめくれる。さかむけになる。「―・れた指先」❸感情がすさんでとげとげしくなる。「神経が―・れる」

ささげ【豇=豆|大=角=豆】❶マメ科の一年草。葉は3枚の小葉からなる複葉。夏、蝶形で淡紫色の花が咲く。莢(さや)は細長く、弓なりに曲がる。種子や若い莢は食用。中央アフリカの原産。ささぎ。(季 秋)「一摘む籠を小脇に恵那夕焼/風生」❷《形が❶の莢に似ているところから》歌舞伎衣装で、禿(かむろ)・姫などの着付(きつけ)の袖口に垂れている5色のひも。

ささげ【×捧げ】㊀〔名〕❶ささげること。❷伊豆諸島で、物を頭の上にのせて運ぶこと。ささぎ。㊁〔接尾〕助数詞。平安時代、捧げ物を数えるのに用いる。木や造花の枝に付けた一組みの捧げ物を「ひとささげ」という。「奉りあつめたる物、千―ばかりあり」〈伊勢・七七〉

ささげ-つつ【×捧げ▽銃】軍隊の敬礼の一。銃を両手でからだの中央前に垂直にささげ持ち、相手の目に注目する。また、その号令。

ささげ-もの【×捧げ物】❶神仏や貴人にささげる物。献上物。供物。❷とりわけ大切なもの。「えもいはず美しき姫君―にしてかしづき給ふ」〈栄花・月の宴〉 類語 供物・お供え・盛り物

ささ・ける〔動カ下一〕図ささ・く〔カ下二〕「ささくれる」に同じ。「気分が―・ける」

ささ・げる【×捧げる】〔動ガ下一〕図ささ・ぐ〔ガ下二〕《「さしあぐ」の音変化》❶両手に持って目の高さより上にあげる。「優勝カップを高々と―・げる」「賞状を―・げてうしろにさがる」❷慎みの心をもって、神仏や目上の人などに物をさし出す。たてまつる。献上する。「神前に五穀を―・げる」「この小著を亡き母に―・げます」❸まごころや愛情を示して相手に尽くす。「戦没者の霊に黙祷(もくとう)を―・げる」「変わらぬ愛を―・げる」❹自分の持つすべてを惜しみなくある対象につぎこむ。「伝染病研究に一生を―・げる」❺高くあげる。「燕(つばくらめ)子産まむとするときは、尾を―・げて七度めぐりてなむ産み落とすめる」〈竹取〉❻高い大きな声を出す。「おとど御声を―・げて泣きののしり給へど」〈栄花・本の雫〉 類語 供える・献ずる・奉る・差し上げる・貢ぐ・奉ずる・奉奠(ほうてん)

ささ-こ【×笹子】《「ささご」とも》まだ整わない鳴き方をしている冬のウグイス。冬うぐいす。(季 冬)「石垣の上の竹垣―啼(な)く/虚子」

ささ-ごい【×笹五位】サギ科の鳥。全長約50センチ、ゴイサギに似る。背・翼が暗緑色で、肩羽が笹の葉のような形をしている。世界中の温・熱帯地方に分布。みのごい。(季 夏)

ささ-ごと【▽酒事】「さかごと」に同じ。「女郎様たちが大勢遊びにござんして、お客待つ間の―」〈浄・冥途の飛脚〉

ささご-とうげ【笹子峠】山梨県東部、甲州街道の峠。難所として知られた。標高1096メートル。

ささざわ-さほ【笹沢左保】[1930～2002]小説家。神奈川の生まれ。本名、勝(まさる)。処女長編「招かれざる客」で注目され、「人喰い」で日本探偵作家クラブ賞受賞。本格推理小説から時代小説まで、幅広く活躍。「木枯し紋次郎」シリーズはテレビドラマ化された。平成12年(2000)日本ミステリー文学大賞受賞。

ささ-じん【▽酒×糂】・【▽酒×塵】《女性語》糠味噌(ぬかみそ)。〈日葡〉

ざさ-しんたい【座作進退】日常の身のこなし。立ち居振る舞い。行儀。

ささ-たけ【×笹竹|×篠竹】小さい竹。

ささたけ-の【×笹竹の】〔枕〕❶「すたけの」の音変化か。一説に宮中の庭を「竹の園」というところからとも。「大内(おおうち)」「大宮」などにかかる。「―大内山は色も変はらじ」〈壬二集〉「―大宮人に初音(はつね)待たれて」〈続古今・春上〉❷竹の節(よ)ということから、「世」「夜」などにかかる。「―わが世のほどの思ひ出に」〈続古今・雑下〉「―一夜ばかりの契りにも」〈続拾遺・恋三〉

ささ-だんご【×笹団子】もち米とうるち米の粉にヨモギの葉をまぜてこね、小豆餡(あずきあん)を包み、笹の葉でくるんで蒸したもの。新潟県の郷土菓子。

ささ-ちまき【×笹×粽】❶笹の葉で包んだちまき。(季 夏)❷笹の葉でもち米を包み、蒸したもの。きな粉をつけて食べる。新潟県の名物。

さ-さつ【査察】〔名〕スル 状況を視察すること。物事が規定どおり行われているかどうかを調べること。「上空から両国の緩衝地帯を―する」 類語 視察・巡察

ささ-づくり【×笹作り】❶刀剣の縁頭(ふちがしら)・鐺(こじり)などの金物に笹の葉の模様を彫ったもの。❷キス・サヨリなど、身の細い魚の刺身の作り方。三枚におろし、斜めに切って笹の葉の形にしたもの。

ささてん-ぼだい【×廾|×廾点×菩▽提】仏書などの書写に使われる略記法で、「菩薩」を表す略字「廾(ぼさつ)」の右脇下に点を打って菩提を表す字。

さざ-なみ【▽細波|▽小波|×漣】《古くは「ささなみ」》㊀❶細かに立つ波。さざれなみ。❷心の小さな動揺。また、小さな争い・不和。「心に不安の―が広がる」「二国間に―が立ちはじめる」㊁滋賀県の琵琶湖西南沿岸一帯の古称。

さざなみ-の【▽細波の】〔枕〕❶「さざなみ㊁」から、琵琶湖西南部の地名「大津」「志賀」などにかかる。ただし、これを枕詞とみないで、地名そのものとする説もある。「―志賀の大わだよどむとも」〈万・三一〉❷波のつくりだす文(あや)、また波の寄る意から、「あやし」「よる」「よす」にかかる。「―よりくる人にあつらへて」〈千載・雑下〉

さざなみのやしゅう【泊洦舎集】江戸後期の私家集。8巻。清水浜臣(しみずはまおみ)の詠歌を、子の光房が編集したもの。文政12年(1829)刊。泊洦舎は浜臣の家号。

さざなみ-や【▽細波や】〔枕〕「さざなみの」に同じ。「―志賀の都は荒れにしを」〈平家・七〉「―よるべも知らずなりにけり」〈新続古今・恋二〉

ささ-にごり【▽小濁り|▽細濁り】水がわずかに濁ること。

ささにしき 稲の一品種。昭和35年(1960)に宮城県で作られた。いもち病に対する耐性が強く、味もすぐれ、主に東北地方で広く栽培される。水稲農林150号。東北78号。

ささ-の-いお【×笹の×庵】笹の葉で屋根をふいた小屋。草庵。ささのいおり。「かりそめと思ふ旅寝の―も夜や長からん霧の置きそふ」〈玉葉集・旅〉

ささの-ごんざ【笹野権三】浄瑠璃「鑓(やり)の権三重

帷子(ごんざかさねかたびら)」の主人公。茶道の師浅香市之進の妻おさいとの不義を疑われ、流浪の末、市之進に討たれる。

ささ-の-さいぞう【×笹の才蔵】(ーサイザウ) ❶福岡県博多と宮崎県宮崎市佐土原で、疱瘡(ほうそう)よけのまじないとして作る、猿の裃(かみしも)・袴(はかま)姿の土偶。❷壱岐(いき)で、疫病よけのまじないに門口に貼るお札。笹をかついだ男と御幣を持った猿の絵が印刷されている。

ささのつゆ【笹の露】地歌・箏曲(そうきょく)。手事物(てごともの)。島田両三の詞に菊岡検校が曲をつけて、文化・文政(1804〜1830)ごろ成立。それに八重崎検校が箏の手をつけた。酒の徳をたたえる曲。別名「酒」。

ささ-の-は【×笹の葉】小さい竹類の葉。

ささのは-がき【×笹の葉書(き)】笹の葉に似た太く短い点画で文字を書くこと。また、その文字。

ささのは-がれい【×笹の葉×鰈】(ーがれひ) 小さなカレイを重ねて干したもの。木(こ)の葉鰈。

ささのは-べら【×笹の葉▽遍羅】ベラ科の海水魚。全長約25センチ。体色は、雄は青みが、雌は赤みが強い。本州中部以南の磯にすむ。食用。

ささ-の-み【×笹の実】❶竹の実。自然粳(じねんご)。❷酒の粕(かす)をいう女房詞。

ささ-の-や【×笹の屋】「笹の庵(いお)」に同じ。「かり枕夢も結ばずーのふしうき程の夜半の嵐に」〈続拾遺・羇旅〉

ささ-の-ゆき【×笹の雪】❶《なめらかさを笹に積もった淡雪に見立てて》絹ごし豆腐のこと。❷豆腐料理の一。絹ごし豆腐に葛餡(くずあん)をかけたもの。江戸根岸の名物。❸紋所の名。笹に積もった雪を図案化したもの。雪持笹(ゆきもちざさ)。

ささ-はぎ【×笹×矧ぎ】シノダケで作った遊戯用の的矢(まとや)。「竹の小弓にーの矢」〈盛衰記・二〇〉

ささ-ばたき【×笹×叩き】❶巫女(みこ)が口寄せをするとき、両手に持った笹の葉で自分の頭をたたきながら催眠状態に入ること。また、その祈祷(きとう)やその巫女。❷笹ですす払いをすること。また、その笹。

ささば-も【×笹葉藻】ヒルムシロ科の多年草。河川の流水中に生える沈水植物。葉は長さ10〜20センチで細長く、しわがある。夏、葉の付け根から花柄を出し、黄緑色の小花をつける。さじばも。

ささ-はら【×笹原】笹が一面に生えている所。

ささ-ひだ【×笹×襞】袴(はかま)の両脇の、ひも付けの位置から相引(あいび)きの上まで斜めにたたみこんだ笹の葉形のひだ。男袴は前に、女袴は前後につける。

ささ-ひみ【×笹×篊】干潟にササを立て並べて作った垣。満潮時に入ってきた魚が、干潮になって逃げられなくなったところをすくいとる。ささひび。

ささ-ふ【×笹▽生】笹が一面に生えている所。笹原。

ささ-ぶえ【×笹笛】笹の葉を唇に当てて笛のように吹き鳴らすこと。また、そのもの。

ささ-ぶき【×笹吹き】銀製品の製作方法の一。水中に入れた笹の葉の上に溶かした銀を少量ずつ静かに注ぎ、小形に凝結させるもの。

ささ-ぶき【×笹×葺き】笹の葉で屋根をふくこと。また、ふいた屋根や家。

ささ-ぶね【×笹舟】❶笹の葉を折って舟の形に作ったもの。❷軽くて小さい舟。

ささ-べに【×笹紅】笹色の紅。

ささ-べり【×笹▽縁】《「ささへり」とも》衣服の縁、袋物やござなどのへりを、補強や装飾の目的で、布や扁平な組紐で細くふちどったもの。

ささ-ほ【×笹帆】薄くはいだ竹を編んで作った帆。唐船(からふね)で用いたもの。網代帆(あじろほ)。

ささ-ほうさ〔形動〕だいなしにするさま。めちゃめちゃ。「つい自棄(やけ)から一生をーにして仕舞うと云うは」〈蘆花・自然と人生〉

ささ-ぼさつ【×卄┊×卄×菩×薩】「菩薩」の2字の草冠を合わせて「卄」とだけ書いた字。「菩薩」の略字として、仏書などの書写に多く使われる。片仮名の「サ」を重ねたように見えるのでいう。

ささ-まき【×笹巻(き)】❶防腐と包装を兼ねて食品を幅広の笹の葉で包むこと。また、そのもの。団子・もち米飯・鮨(すし)・麩(ふ)まんじゅう・道明寺まんじゅうなどを包む。(季 夏) ❷道明寺糒(ほしい)を蒸したものにあんを入れ、さらに蒸して笹の葉を巻いたもの。

ささまき-ずし【×笹巻き×鮨】握り鮨を幅広の笹の葉で包んで押したもの。(季 夏)

ささ-まくら【×笹枕】「草枕(くさまくら)」に同じ。「これもまたかりそめ臥(ぶ)しのーー夜の夢の契りばかりに」〈俊成卿女集〉

ざさまさぬ-ひほう【座▽不▽冷秘法】(ーヒホフ) 密教で、長期間にわたって休むことなく修法すること。僧の座席が冷えることがないのでいう。

ささ-み【×笹身】《笹の葉に似るところから》鶏の胸にある肉。上質で柔らかく、たんぱく質を多く含む。脂肪分はあまりない。

ささ-みみ【×笹耳】陶磁器の茶入れ・花入れなどの、笹の葉の形をした耳。または、耳の小さいもの。

ざざ-むし【ざざ虫】長野県で、トビケラ・カワゲラなどの水生昆虫の幼虫のこと。つくだ煮にする。(季 冬)「しばらくは没日の翳(かげ)のー採り/樵人」

ささむた-じんじゃ【西寒多神社】大分市寒田にある神社。祭神は、月読尊(つきよみのみこと)・天照大神・天忍穂耳尊(あめのおしほみみのみこと)。豊後国一の宮。

ささめ【私=語】《「さざめ」とも》「ささめごと」の略。「一生閨(ねや)にーせん事も絶えにしよと思へば」〈浮・近代艶隠者〉

ささめ【莎=草】スゲやチガヤのようなしなやかな草。編んで蓑(みの)やむしろを作った。「綾ひねるーの小蓑衣(きぬ)に着む涙の雨も凌(しの)ぎがてらに」〈山家集・下〉

ざざ-めか・す〔動サ四〕❶ざわつかせる。ざわざわと音を立てる。「三枚皮威(をどし)の大荒目の鎧(よろひ)、草摺長(くさずりなが)にー・し」〈盛衰記・二〉❷飾りたてる。「歩行(かち)で行くかたへも大駕籠(のりもの)をー・し」〈浮・椀久一世〉

ささ-めき【私=語】ささめくこと。ひそひそ話。ささやき。また、男女のむつごと。「貴妃のー、再び唐帝の思ひにかへる」〈海道記〉

さざ-めき　さざめくこと。また、その音や声。ざわめき。「祭りの夜のー」「はるかに波のーを聞く」

ささめき-ごと【私=語】「ささめごと」に同じ。「うちうちにのたまはする御ーどもの、おのづから広ごりて」〈源・若菜上〉

ささ-め・く〔動カ五(四)〕❶ひそひそと話す。ささやく。「かの人々笑はせよとー・き給ふをも知らで」〈落窪・二〉❷さやさやとかすかに音を立てる。「竹のありける所にて風の吹くに、いみじうー・きければ」〈小大君集・詞書〉❸うわさする。「ありがたき世語りにぞー・きける」〈源・真木柱〉❹胸さわぎがする。

さざ-め・く〔動カ五(四)〕❶ざわざわと音をたてる。大勢の人が、にぎやかに音や声を立てて騒ぐ。ざわつく。さんざめく。「弦歌ー・く巷(ちまた)」「笑いー・く」❷時を得て華やかに暮らす。時めく。「春の宵の一刻を千金と、ー・き暮らしてこそ」〈漱石・草枕〉

(類語)騒ぐ・はしゃぐ・騒(ざわ)めく・喚(わめ)く・ざわめく・ざわつく

ささめごと　室町時代の連歌論書。2巻。心敬著。寛正4年(1463)成立。連歌の歴史・作り方・作法などを問答体で記述。

ささめ-ごと【私=語】《「さざめごと」とも》ひそひそ話。ないしょ話。特に、男女間の恋の語らいをいう。ささめきごと。

ささめ-ゆき【▽細雪】こまかい雪。また、まばらに降る雪。(季 冬) (類語)粉雪

ささめゆき【細雪】谷崎潤一郎の長編小説。昭和18〜23年(1943〜1948)発表。大阪船場の旧家の美貌の四人姉妹を主人公に、それぞれの生活と運命とを絵巻物風に描く。

ささ-も【×笹藻】ヤナギモの別名。(季 夏)

ささ-もち【×笹餅】❶餅菓子の一。糝粉(しんこ)を水でこね、小さな玉にして蒸してから臼でついて笹の葉の形にしたもの。花餅。❷笹の葉で包んだ餅。

ささもり-きゅうりょう【笹森丘陵】(ーキウリヨウ) 秋田県由利本荘市の中央部を占める丘陵。北東部は雄物川の流域、南部は子吉川の流域。笹森山(標高595メートル)を中心にした300〜500メートルの丘陵。

ささ-や【×笹屋】笹ぶきの小屋。「わが恋は賤(しづ)のーの苫(とま)を荒らみ漏りやしぬらん時雨降る頃」〈万代・九〉

ささ-やか【▽細やか】〔形動〕文〔ナリ〕❶形や規模があまり大げさでなく、控えめなさま。「ーな商売をはじめる」「ーに暮らす」❷形ばかりで粗末なさま。わずかなさま。多く、謙遜して用いる。「ーな送別会」「ーな贈り物」(派生)ささやかさ〔名〕

(類語)一抹・いささか・少し・ちょっと

ささ-やき【×囁き┊私=語】❶ささやくこと。また、その声や言葉。「恋のー」❷ささやくような、かすかな音。「小川のーに耳を傾ける」

囁き千里　内緒話がすぐに遠くまで伝わり広がること。ささやき八丁。こそこそ三里。

ささやき-ごと【×囁き言┊私=語】ひそひそ話。内緒話。

ささ-や・く【×囁く┊私=語く】〔動カ五(四)〕❶小さな声で話す。ひそひそと話す。「耳もとでー・く」「愛をー・く」❷うわさをする。「まことしやかにー・かれる」❸かすかな音を立てる。「梢(こずえ)にー・く風の音」(可能)ささやける (類語)呟(つぶや)く

ささ-やぐら【×笹×櫓】江戸時代、小芝居のこと。江戸三座以外の芝居。官許の大芝居が表に櫓(やぐら)を設けたのに対して、それを許されない小規模の劇場が、代わりに笹を目印として立てたところからいう。

ささやけ-びと【▽細やけ人】小柄な人。「宣旨の君は、ーの、いと細やかにそびえて」〈紫式部日記〉

ささ-やぶ【×笹×藪】笹が乱雑に密生している所。また、竹藪。

ささやま【篠山】兵庫県東部の市。江戸時代は松平・青山氏の城下町。人口4.3万人(2010)。

ささやま-し【篠山市】▶篠山

ささやま-ぼんち【篠山盆地】兵庫県東部に東西に細長く広がる構造盆地。中国山地最東端の丹波高地内にある。東西16キロメートル、南北6キロメートル。南部は加古川支流の篠山川流域で、段丘と沖積地からなる。中西部は県下最大の早場米の産地。

ささ-ゆ【▽酒湯┊×笹湯】江戸時代、疱瘡(ほうそう)が治ったあとの子供に浴びさせた、酒をまぜた湯。また、その湯を浴びること。笹の葉を湯に浸してふりかけたともいう。さかゆ。

ささ・ゆ【支ゆ】〔動ヤ下二〕《「ささ(支)う」が室町時代以降ヤ行に転じて用いられた語。終止形は「支ゆる」となる例が多い》「支える」に同じ。「ー・ゆる奴原はりのけ蹴殺し」〈浄・先代萩〉

ささ-ゆり【×笹百=合】ユリ科の多年草。本州中部地方以西に自生。初夏、桃色や白色の花をつける。園芸品種が多く作られている。さゆり。(季 夏)

ささ-ら【▽細】㊀〔名〕「細形(ささらがた)」の略。「ーの御帯(みおび)の結び垂れ」〈継体紀・歌謡〉㊁〔語素〕《「さざら」とも》細かい、小さい、わずかな、などの意を表す。ささ。さざれ。「ー石」「ー波」「ー荻」

ささら【×簓】《さらさらと音がするところから》❶日本の民俗楽器の一種。長さ約30センチの竹の棒の約3分の2を細かく割った簓竹と、簓子(ささらこ)❷をすり合わせて音を出す。摺り簓。❷「編木(びんざさら)」の略。❸細かく割った竹の一端を束ねたもので、鍋・釜などのこびりついた汚れを取る道具。❹物の先端が細かく割れてささくれたもの。また、役に立たなくなったもののたとえ。「杭(くい)の先端がーになる」(補説)「簓」は国字。

ささら-いし【▽細石】小石。さざれいし。

ささら-えおとこ【▽細▽愛壮=子】(ーえをとこ) 《小さくて愛らしい男の意》月の異称。つくよみおとこ。「山のはのー天の原門(と)渡る光見らくし良しも」〈万・九八三〉

ささら-おどり【×簓踊(り)】(ーをどり) 民俗芸能で、簓をすりながらおどる踊り。

ささら-がた【▽細形】こまかい文様。また、その織物。ささら。「ー錦(にしき)の紐(ひも)を解き放(さ)けて」〈允恭紀・歌謡〉

ささら-ぎ【×簓木】▶編木(びんざさら)

ささら・ぐ〔動ガ五(四)〕流れる水がさらさらと音を立てる。「谷川のー・ぐように」〈紅葉・多情多恨〉

ささら-げた【×簓桁】階段の段板を受け支える、両側の登り桁。

ささら-こ【×簓子】❶壁板などを張る時に、羽重(はがさね)にした下見板の押縁(おしぶち)として、縦に打ちつける細長い

木材。裏側に下見板に合わせた刻みをつけ、板に密着するようにしてある。❷簓❶で簓竹とすり合わせて音を出すのに使う木の棒。長さ約30センチで、表面にのこぎりの歯形に刻みがつけてある。また、竹の棒の表面に多くの穴をあけたものもある。簓の子。

ささらこ-じたみ【×簓子下見】木造家屋で、1尺(約30.3センチ)ほどの間隔で簓子を打ちつけた下見。

ささらこ-べい【×簓子塀】細い角材で押さえた下見板を取り付けた塀。

ささら-さっぽう【×簓▽先▽穂】❶ささらの先端。また、先端がささくれているもの。❷《ささらの先がすりへるところから》財産をすりへらしてしまうこと。また、物事をだいなしにしてしまうこと。❸サボテンの別名。

ささら-さんぱち【×簓三八】疫病や疱瘡よけに板や紙に書いて門戸に張りつけたまじないの文句。簓三八孫。簓三八宿。簓三助。

ささら-すり【×簓×摺り】簓をすりながら雑芸を演じること。また、その人。門説経の類。

ささら-だに【×簓×蜱】ササラダニ亜目のダニの総称。黒褐色ないしは黒色をしたものが多く、堅い表皮に覆われ、一見微小な甲虫を思わせる。土壌表層やコケの中にすみ、落ち葉や枯れ枝などを食う。

ささら-なみ【▽細波】こまかくたつ波。さざなみ。さざれなみ。「風は吹かねども、や、―ぞ立つ」〈梁塵秘抄・二〉

ささら-め【×簓目】瓦の裏に滑り止めのためにつけてある横筋。焼く前に、簓❸で筋目を刻みつける。

ささ-りんどう【×笹▽竜▽胆】❶リンドウの別名。葉の形が笹に似ているところからいう。〘季 秋〙❷紋所の名。リンドウの葉を下向きに5枚並べ、上に花を三つ置いた形のもの。村上源氏の定紋。

ささ・る【刺さる】〔動ラ五(四)〕先のとがった物が他の物に突き立つ。「とげが―・る」

さざれ【▽細】㊀〔名〕「細石」の略。「程もなく浮きて沈みし三輪川の―がくれに朽つる埋れ木」〈夫木・二四〉㊁〔語素〕名詞の上に付いて、細かい、小さい、わずかな、などの意を表す。ささ。「―石」「―波」「―貝」

さざれ-いし【▽細石】こまかい石。小石。「わが君は千代に八千代に―の巌となりて苔のむすまで」〈古今・賀〉

さざれ-し【▽細▽石】「さざれいし」の音変化。「信濃なる千曲の川の―も君し踏みてば玉と拾はむ」〈万・三四〇〇〉

さざれ-なみ【▽細波】㊀〔名〕❶さざ波。「―浮きて流るる泊瀬川寄るべき磯のなきがさぶしさ」〈万・三二二六〉❷さざ波がしきりに、または、絶えず立つところから、「しくしくに」「やむ時もなし」「間なく」「しきて」などを導く序詞として用いる。「千鳥鳴く佐保の川瀬の―やむ時もなし我が恋ふらくは」〈万・五二六〉㊁〔枕〕さざ波が立つ意から、「立つ」にかかる。「―立ちても居ても」〈万・三九九三〉

さざれ-みず【▽細水】さらさらと音を立てて流れる水。「いつとなくしほたれ山の―暮れ行くままに音そへつなり」〈散木集・八〉

ささ-わ・く【×笹分く】〔動カ下二〕笹の生えている間を押し分ける。「秋の野に―・けし朝の袖よりも逢はで来し夜ぞひちまさりける」〈古今・恋三〉

ささわけ-ごろも【×笹分け衣】笹原を分けて行くときに着ている衣。「嵐吹くささの岡べの朝露に―ぬれつつぞ行く」〈夫木・二八〉

ささ-わら【×笹原】▶ささはら

さ-さわり【▽障り】支障。さしさわり。さわり。「まだ―が有って…彼人も自由の身の上でもなかったので」〈二葉亭訳・めぐりあひ〉

さ-さわ・る【▽障る】〔動ラ五(四)〕さまたげとなる。さわりとなる。さわる。「指ニケガヲシテ手習イニ―・ル」〈和英語林集成〉

サザン〘southern〙多く複合語の形で用い、南の、南部の、の意を表す。「―アイランド」

ざ-さん【座参┆×坐参】禅宗で、住持の前で公案について考えを述べる前に、僧堂で座禅をすること。

さざん-か【▽山▽茶花】《「さんさか」の音変化》ツバキ科の常緑小高木。九州・四国の山地に自生。葉は楕円形で両端がとがる。晩秋のころ白い花をつけ、散るときは花びらがばらばらに落ちる。種子から油をとり、材で器物を作る。園芸・観賞用としても栽培され、赤花・八重咲きなどの品種がある。〘季 冬〙「―のここを書斎と定めたり/子規」

サザン-クロス〘Southern Cross〙南十字星。

ざざんざ㊀〔副〕松の梢に吹く風の音を表す語。江戸初期の歌謡で囃子詞のように用いられた。ざんざ。さんざ。さんさ。さざんざ。「―、浜松の音は―」〈虎明狂・抜殻〉㊁〔名〕「ざざんざ節」の略。「上方より―と申す小歌がはやりきたり」〈浮・一代男・三〉

ざざんざ-ぶし【ざざんざ節】慶長(1596～1615)のころに流行した歌謡。祝いの宴でうたわれた。「ざざんざ、浜松の音はざざんざ」の歌詞が残る。

ササンちょう-ペルシア【ササン朝ペルシア】《Sassanian Persia》イラン(ペルシア)の王朝。226年にパルティア王国を倒して、アルデシール1世が建国。ゾロアスター教を国教とし、中央集権制を確立して西アジアの広大な地域を領有。ローマ帝国とたびたび戦い、ホスロー1世時代に最も栄えたが、651年イスラムに滅ぼされた。ササーン朝。

サザン-ロック〘southern rock〙ブルースやリズムアンドブルース、カントリーなどを基とした、豪快なサウンドが特徴のアメリカ南部のロック。1970年代前半に活躍したオールマン-ブラザーズ-バンドが有名。

さし　牛肉で赤身の肉の間に白い脂肪が網の目のように入っている状態。霜降りになっているようす。「日本人好みの―が入った牛肉」

さ-し【左史】古代中国の官名。右史とともに天子の側に侍して、その言行の記録をつかさどった。

さ-し【左思】[250ころ～305ころ]中国、西晋の文人。臨淄(山東省)の人。字は太沖。構想10年で書きあげた「三都賦」の人気が洛陽の紙価を高めた故事で知られる。詩では詠史詩にすぐれる。

さし【刺(し)】❶「米刺し」に同じ。❷(「緡」とも書く)江戸時代、保管・携帯のため穴あき銭に通して用いた麻縄。ぜにさし。❸「刺し身」の略。「いか―」

さし【▽城】《古代朝鮮語からという》しろ。「新羅に到りて五つの―を攻めて抜きえつ」〈推古紀〉

さ-し【砂×嘴】海中に細長く突き出た地形。半島や岬の地形の入り込んだ部分に、沿岸流によって運ばれた砂礫が堆積して形成される。しゃし。

さし【差(し)┆指(し)】㊀〔名〕❶(「尺」とも書く)ものさし。「―を当てる」❷二人で向かい合ってすること。さしむかい。「―で飲む」「―で話す」❸二人で荷物を担ぐこと。さしにない。❹「差し合い❶」に同じ。「五郎兵衛さん、お百さんは―で居なさりやせん」〈洒・辰巳之園〉❺(ふつう「サシ」と書く)謡曲で、拍子に合わせず、少し節をつけてうたう部分。さしごえ。❻(ふつう「サシ」と書く)舞楽・能などの舞の型で、手をさし出すように前方へ水平にあげること。㊁〔接頭〕動詞に付いて、語調を整えたり意味を強めたりする。「―出す」「―戻す」「―替える」㊂〔接尾〕助数詞。❶舞の曲数を数えるのに用いる。「一―舞う」❷相撲などの番数を数えるのに用いる。「勝負これによるべきにあらず。ひと―つかうまつるべし」〈著聞集・一〇〉
〘類語〙相対・対・差し向かい・真向かい

さ-し【×渣×滓】液体の底の方に沈んだかす。おり。

さ-し【×蠁子】❶ショウジョウバエ科のハエの幼虫。糠味噌などにつく蛆。〘季 夏〙❷キンバエ・クロバエなどの幼虫。魚の腐肉などで人工的に繁殖させた大形の蛆。釣りのえさなどにする。

さ・し【▽狭し】〔形ク〕せまい。「天地は広しといへど我がためは―・くやなりぬる」〈万・八九二〉

さし【▽止し】〔接尾〕《接尾語「さす」の連用形から》動詞の連用形に付いて、その動作が中止の状態になっていること。また、そのような状態のものを表す。「読み―の書物」「吸い―のタバコ」

さ-じ【×些事┆×瑣事】取るに足らないつまらないこと。ささいなこと。小事。「―にこだわる」
〘類語〙細事・小事・枝葉・末節・枝葉末節

さ-じ【×匙┆×匕】《「茶匙」の字音による語》液体・粉末などをすくい取る道具。小皿状の頭部に柄のついた形。金属・木・竹・陶器などで作る。スプーン。
〘類語〙スプーン・散り蓮華

匙を投・げる　《薬を調合するさじを投げ出す意から》医者が、これ以上治療法がないとして病人を見放す。また、救済や解決の見込みがないとして、手を引く。「名医も―・げるほどの難病」

ざ-し【座視┆×坐視】〔名〕スル 黙って見ているだけで、手出しをしないこと。「―するに忍びない」

ざし【差し┆指し】〔語素〕《動詞「さ(差)す」の連用形から》名詞の下に付いて、その物の姿・状態・ようすをいう。「面―」「まな―」

さし-あい【差(し)合(い)┆指(し)合(い)】〔名・形動〕❶さしつかえ。さしさわり。「毫も貴方に―のあるのじゃ御座いませんけれどね」〈木下尚江・良人の自白〉❷人前で言ったりしたりすべきでないこと。つつしみ、遠慮すること。また、そのさま。「お酒に酔うと直に親子の―もなく」〈二葉亭・浮雲〉❸二人で力を合わせてある物事をすること。また、そのさま。「二人で―にかつぐ」〈左千夫・野菊の墓〉❹月経をいう女房詞。❺連歌・俳諧で、同字語や同義語などが規定以上に近くに出るのを禁じること。また、そのきまり。➡去り嫌い

さしあい-く・る【差し合ひ繰る】〔動ラ四〕《連俳用語の差し合いを繰る意から》辺りへのさしさわりを考えて遠慮する。「げにも旅の気散じは、―・らず高声に話しものして」〈滑・膝栗毛・四〉

さし-あ・う【差(し)合う】〔動ワ五(ハ四)〕❶物事がかち合ってさしつかえる。「その日は先約と―・っていて行けません」❷出あう。出くわす。「烏帽子、直衣なる人の、ふと―・ひたるに」〈狭衣・三〉❸1か所に重なり合う。付け加わる。「方々の大臣たち、この大将の御勢ひさへ―・ひ」〈源・真木柱〉❹向かい合う。また、近接する。「胡国と日本の東のおく地とは―・ひてぞあんなる」〈宇治拾遺・一五〉❺酒を酌み合う。「世に似ず美き酒にてありければ、三人―・ひて」〈今昔・一九・二一〉❻言い合う。「互ひに犯科の得失を―・ふが如し」〈太平記・二七〉

さし-あお・ぐ【差し仰ぐ】〔動ガ四〕上の方を向く。仰ぎ見る。「ただ―・ぎて泣きをり」〈竹取〉

さし-あが・る【差し上がる】〔動ラ四〕日や月がのぼる。あがる。「日やうやう―・りて」〈源・須磨〉

さし-あ・げる【差(し)上げる】〔動ガ下一〕文さしあ・ぐ〔ガ下二〕❶手に持って高く上げる。「バーベルを―・げる」❷「与える」「やる」の意の謙譲語で、その相手を敬う。「この花を―・げます」❸声を高く出す。「細くらうたげなる声を―・げて泣く泣く飲む」〈宇治拾遺・九〉❹(補助動詞)動詞の連用形に接続助詞「て」を添えた形に付いて、「…してあげる」の「あげる」よりも、その動作の相手へより深い敬意を込めていう語。「荷物を持って―・げましょう」〘類語〙供える・捧げる・献ずる・奉る・貢ぐ・奉ずる・奉奠・与える・授ける・恵む・施す・やる・あげる・くれる・くださる・賜る・供する

さし-あし【差(し)足】❶音を立てないように、足をものに差し入れるようにつま先から静かにおろしてゆく歩き方。「抜き足、―、忍び足」❷競馬で、先行馬をゴール直前に抜き去る走りぶり。「―のいい馬」
〘類語〙忍び足・抜き足・すり足

さしあたっ-て【差(し)当(た)って】〔副〕《「さしあたりて」の音変化》「差し当たり」に同じ。「―暮らしに困るようなことはない」

さし-あたり【差(し)当(た)り】(多く副詞的に用いて)先のことはともかく、今のところ。今しばらくの間。当面。「―必要なものだけを買う」
〘類語〙暫く・当分・当面・当座

さし-あた・る【差(し)当(た)る】〔動ラ五(四)〕❶その物事や、その時に出あう。当面する。直面する。「只―・った面目なさに消えも入りたく思うばかり」〈二葉亭・浮雲〉❷光が直接に当たる。「日の―・りたるに」〈能因本枕・七〉

さし-あ・てる【差(し)当てる】〔動タ下一〕文さし

あ・つ〔タ下二〕❶直接に物に接触させる。じかに押し当てる。「額に手を—・てる」❷その事に当たらせる。「宿直とのゐに—・てなどしつつ」〈源・浮舟〉❸ねらいをつける。「持経者の腹に—・てて射るに」〈今昔・一七・四〇〉❹あるものと、ひき比べる。「隣の事を身に—・て」〈咄・露がはなし・四〉

さし-あぶら【差(し)油】❶機械に油を差すこと。また、その油。❷油皿に灯油をつぎ足すこと。また、その油。「ところどころの—ども」〈紫式部日記〉

さし-あみ【刺(し)網】海中に浮子うきと沈子ちんとで帯状に張り、魚を網目にかからせてとる網。浮き刺し網・底刺し網・旋まき刺し網などがある。

さし-あゆ・む【差し歩む】〔動マ四〕あるく。歩行する。「紅梅のただいま盛りなる下より—・みたるに」〈かげろふ・下〉

さし-あわ・す【差し合はす】さしあはす〔動サ下二〕❶心などを一つにする。示し合わせる。「義経も奥州より—・せてとくとく本意を遂げ候はん」〈義経記・三〉❷物事が重なって起こる。「おほやけごと—・せたる日なれば」〈大鏡・師尹〉❸都合よく持ち合わせている。「夕立に—・せけり日傘ひがらかさ/拙侯」〈続猿蓑〉

さし-あわせ【差(し)合(わ)せ】さしあはせ ❶「差し担にない」に同じ。❷都合よく持ち合わせていること。急場の用に役立つこと。「宝は身の—、これを売りて当座の用にたつるより外なし」〈浮・胸算用・五〉

さし-い・ず【差し▽出づ|▽射し▽出づ】さしいづ〔動ダ下二〕❶《「さし」は光が射す意》さしはじめる。輝き出る。「日も—・でぬべし」〈枕・三六〉❷㋐はっきり姿を現す。ぬきんでる。「さる滝の上に、わらふだの大きさして、—・でたる石あり」〈伊勢・八七〉㋑外に出る。人前に出る。「簾すだれの下より…重なりたる袖ぞ—・でためる」〈かげろふ・下〉㋒出仕する。「故院の御かたみにはゆかしく思ひ参らすれど、—・でむことなほあるべきことならず」〈讃岐典侍日記・下〉㋓出過ぎたことをする。でしゃばる。「はしたなきもの、こと人を呼ぶに我ぞとて—・でたる」〈枕・一二七〉❸外に出す。人前に出す。「大きなる池の中に—・でたれば」〈源・胡蝶〉

さし-いで【差し▽出で】出過ぎた振る舞いをすること。でしゃばり。「すべて—は、わらはも大人もいと憎し」〈枕・二八〉

さしいで-ぐち【差し▽出で口】「さしでぐち」に同じ。

さし-いらえ【差し▽答へ|差し▽応へ】さしいらへ ❶返事。受け答え。「さるべきことの—、繁樹もうち覚え侍らむかし」〈大鏡・序〉❷演奏の相手をすること。「さらに今日の御遊びの—に」〈源・若菜下〉

さし-い・る【差(し)入る】㊀〔動ラ五(四)〕❶(「射し入る」とも書く)光などがさし込む。「—・る月の光」❷中へ入る。「—・りて見れば、南面みなみおもての格子、皆下ろしてさびしげなるに」〈徒然・四三〉㊁〔動ラ下二〕「さしいれる」の文語形。

さし-いれ【差(し)入れ】〔名〕スル ❶中へ入れること。「—口」❷留置場などに入れられている者に、外部から日用品などを届けること。また、その品。❸慰労や激励などのため、飲食物などを届けること。また、その物。「合宿中の後輩に—する」

さし-い・れる【差(し)入れる】〔動ラ下一〕図さしい・る〔ラ下二〕❶中へ入れる。「懐に手を—・れる」❷差し入れ❷❸をする。「弁当を—・れる」(類語)挟む・挟み入れる・差し込む・挿さす・挿入する

さし-う・く【差し受く】〔動カ下二〕受ける。「酒を出したれば、—・け—・け、よよと飲みぬ」〈徒然・八七〉

さし-うつむ・く【差し×俯く】〔動カ五(四)〕うなだれて下を向く。「—・いたまま黙り込んでしまう」

さし-うば【差(し)乳-母】乳児に乳を飲ませるだけのうば。

さし-うま【差(し)馬】競馬で、先行する馬をゴールの手前で追い抜いて勝つ脚質の馬。

さし-うら【差裏】腰に刀を差したときの、鞘さやの、からだに接する側。⇔差表。

さし-うり【×緡売り】江戸時代、銭緡ぜにさしを売り歩いた人。武家の中間ちゅうげんなどが内職として作り、押し売りをすることが多かった。転じて、押し売りのこと。

サシェ〘フランス sachet〙《「サシエ」とも》におい袋。香粉こうふんなどが入っていて、たんすの引き出しなどに入れておく小袋のこと。

さし-え【挿(し)絵】ゑ 新聞や雑誌の紙面に挿し入れる、記事に関連のある絵。読み物などの文章に添えられる絵。挿画そうが。
(類語)挿画・カット・挿図・口絵・イラストレーション

サシエ〘フランス sachet〙▶サシェ

さしえ-がか【挿(し)絵画家】さしゑグワカ 挿し絵を描くことを専門とする画家。また、挿し絵を多く描く画家。

サジェスチョン〘suggestion〙示唆。暗示。サジェッション。サゼッション。サゼスチョン。

サジェスト〘suggest〙〔名〕スル 示唆・暗示を与えること。「解決の方法を—する」

さし-えびら【差×箙|指×箙】方立ほうだてを木で差し合わせてつくり、漆塗りにした箙。木の材質によって柳箙・桑箙などともいう。

さし-おうぎ【差し扇】さしあふぎ ❶扇をかざして顔を隠すこと。また、その扇。「この上は—をのけられ候へ」〈謡・藤栄〉❷儀式などの際、女官がかざして顔を隠す檜扇ひおうぎ。❸能の舞の型の一。左・右と二歩後退しながら扇を右側から大きく上げ、前方に水平に出す。

さし-お・く【差(し)置く|差し▽措く】〔動カ五(四)〕❶そのままにしておく。放っておく。また、あとまわしにする。「その話は—・くとして」「何を—・いてもその会には出席したい」❷当然考慮すべき人物などを無視する。なおざりにする。「担当責任者を—・いて商談を進める」❸差し出して置く。「藤大納言の御もとに、この返しをして、—・かせたれば、すなはちまた返しておこせ給へり」〈枕・一三八〉(可能)さしおける

さし-おく・る【差(し)送る】〔動ラ五(四)〕ある場所に向けて送る。送ってやる。「現地に人を—・る」

さし-おさえ【差(し)押(さ)え】さしおさへ ❶国家権力によって、特定の物または権利について私人の処分を禁止する行為。❷民事執行法上、私人の金銭債権について、国の執行機関が債務者の財産の事実上・法律上の処分を禁止する行為。❸行政法上、国税滞納処分の一つとして、滞納者の財産を強制的に取得すること。❹刑事訴訟法上の押収の一。証拠物または没収すべきものを裁判所が強制的に取得する裁判。また、その執行。

さしおさえきんし-ざいさん【差押禁止財産】さしおさへキンシ― 法律で、債務者の生活の維持に不可欠であるため、差し押さえが禁止されている財産。

さしおさえ-めいれい【差押命令】さしおさへ― 債務者が第三者に対して持つ債権などの処分や取り立てを禁止するため、裁判所が下す決定。

さし-おさ・える【差(し)押(さ)える】さしおさへる〔動ア下一〕図さしおさ・ふ〔ハ下二〕❶押さえて動かないようにする。おしとどめる。「けんかをしている人を—・える」❷差し押さえをする。「財産を—・える」

さじ-おもだか【×匙沢=瀉|×匙面高】オモダカ科の多年草。沼や浅い水中に生える。葉は、長い柄をもつ楕円形で、根際から生える。夏から秋にかけて約80センチの花茎を出し、多数の白い小花をつける。塊茎は漢方で沢瀉たくしゃといい、利尿薬にする。

さし-おもて【差表】腰に刀を差したときの、鞘さやの、からだに接しない側。⇔差裏。

さし-がい【指▽肘】さしがひ 舞楽の舞の手の一。左手を前に伸ばし、右手を伏せ、それを左上へさすのが左指肘ひだりさしがい、その反対が右指肘。さすかいな。

さし-か・う【差し交ふ】さしかふ〔動ハ下二〕互いにさしのべて、交差させる。「白栲しろたえの羽—・へて打ち払ひさ寝といふものを」〈万・三六二五〉

さし-かえ【差(し)替え|差(し)換え】さしかへ ❶差し替えること。また、そのもの。「朝刊の一面が—になる」「—がきく」❷印刷で、誤字や組み方の誤りなどがあったとき、校正の指示に従って組版中の活字などを入れ替えたり組み替えたりすること。❸新聞で、降版後に紙面データを修正し、いったん印刷機を止めて新しいデータに取り替えて印刷すること。

さし-かえし【差し返し】さしかへし 天皇から杯を賜ったとき、その酒を移しかえて飲む土器かわらけ。「一賜りて、下りて、舞踏し給へるほど」〈源・宿木〉

さし-か・える【差(し)替える|差(し)換える】さしかへる〔動ア下一〕図さしか・ふ〔ハ下二〕あるものを抜いて、かわりに別のものを差す。別のよいものと入れ替える。「花を—・える」「番組を—・える」「お茶を—・える」「誤植を—・える」(類語)取り替える・入れ替える・付け替える

さし-かか・る【差(し)掛(か)る】〔動ラ五(四)〕❶ちょうどその場所に至り着く。「山道に—・る」❷ちょうどその時期になる。ある場面になる。「農閑期に—・る」「事件が山場に—・る」「話が本論に—・る」❸上から覆いかぶさる。「枝が軒に—・る」
(類語)通りかかる・通り合わせる・素通り

さし-かく・す【差し隠す】〔動サ四〕扇や袖などをかざして顔を隠す。「扇を—・し給へる傍ら目、いとをかしげなり」〈源・蛍〉

さし-かけ【差(し)掛け|指(し)掛け】❶上に覆いかけること。❷母屋から差し出して作った片流れの屋根。❸(指し掛け)将棋で、勝負がつかないとき、後日指し継ぐことにして一時休止すること。❹平安時代、四位以下の者が用いた、革製黒漆塗りの浅沓あさぐつ。

さしかけ-がさ【差(し)掛け傘】従者が後ろから主人に差し掛ける長柄の傘。

さし-か・ける【差(し)掛ける|指(し)掛ける】〔動カ下一〕図さしか・く〔カ下二〕❶他のものを覆うように差し出す。「傘を—・ける」❷(指し掛ける)将棋を指すのを一時休止する。❸杯を差し出す。酒を勧める。「かはらけ—・けられなどするを見れば」〈かげろふ・下〉(類語)差しかざす

さじ-かげん【×匙加減】❶さじに物を盛る加減。特に、薬を調合するときの分量の加減。❷料理の味つけの程度・ぐあい。「ちょうどよい—」❸手加減。手ごころ。「上役の—ひとつでどうにでもなる」「—を誤る」

さし-がさ【差(し)傘】手で持ってさす傘。被かぶり笠がさに対していう。

さし-かざ・す【差し×翳す】〔動サ五(四)〕手・扇・傘などをかざす。また、刀などをふりあげる。ふりかざす。「扇を—・す」(類語)差し掛ける

さし-がた【差(し)肩】怒り肩。

さし-がた【×矩形】長方形。くけい。

さし-がたな【指(し)刀】▶小さ刀

さし-かた・める【差(し)固める|▽鎖し固める】〔動マ下一〕図さしかた・む〔マ下二〕❶厳重に警戒する。「出入り口を—・める」❷門や戸を堅く閉ざす。「ありしやうにも遣戸—・めさせねば」〈落窪・二〉❸しっかりと身支度をする。「本田二郎、小具足—・め」〈曽我・九〉

さし-がつお【差し×鰹】さしがつを ▶追い鰹

さし-がね【差(し)金】❶(「指矩」とも書く)まがりがね。かねじゃく。❷歌舞伎の小道具の一。作り物の蝶ちょう・鳥・人魂ひとだまなどを操るための黒塗りの細い竹ざお。先端に針金をつけ、これに作り物を取り付ける。❸操り人形で、人形の腕や手首・指を動かすために用いる細長い棒。❹《❸から転じて》陰で人に指図して操ること。「有力者の—で動く」

さし-かまい【差(し)構い】さしかまひ (多く打消しの語を伴う)さまたげとなること。差し支え。「外国人互の取引は—ある事なし」〈馬場辰猪・条約改正論〉

さし-がみ【差(し)紙|指(し)紙】江戸時代、尋問や命令の伝達のため、役所から日時を指定して特定の個人を呼び出す召喚状。

さし-がめ【刺椿=象|刺亀=虫】半翅はんし目サシガメ科の昆虫の総称。体は扁平または細長く、脚が長い。食虫性で、人や鳥の血を吸う種類もある。

さし-がもい【差×鴨居】さしがもゐ《「さしかもい」とも》柱に枘差ほぞさしにした背の高い鴨居。

さし-かわ・す【差(し)交(わ)す】さしかはす〔動サ五(四)〕❶両方から差し出して交差させる。「枝を—・す」❷酒をつぎ合う。「杯を—・す」(類語)交わす・交える・交換

さし-き【挿(し)木】〔名〕スル 植物の枝や茎、葉を切り取って地中に挿し込み、根を出させて新株を得る方法。(季 春)「—して我に後なき思ひかな/虚子」

さし-ぎ【差(し)木】戸などが開かないように差し込む木。

さ-じき【桟敷】《「さずき(仮庪)」の音変化》❶祭りの行列や花火の見物などのために、道路や川などに面してつくる仮設の席。❷劇場・相撲場などで、一段高くつくった板敷きの見物席。江戸時代の歌舞伎劇場では、平土間の左右に一段高く2階造りにつくった上等の見物席。

ざ-しき【座敷】❶畳を敷きつめた部屋。特に、客間。「お客を―に通す」❷宴会の席。酒席。また、酒席での応対。「―が長引く」「―を取り持つ」「―をつとめる」❸芸者・芸人などが招かれる酒席。「お―が掛かる」➡御座敷 ❹しとね・円座・上げ畳など、すわるための座を敷くこと。また、そのようにした場所。通常の板敷きに対していう。「御―に高く座を構へて」〈沙石集・九〉(類語)お座敷・離れ・母屋

ざしき-あんどん【座敷行灯】茶席で用いる行灯。露地行灯に対していう。

ざしき-いぬ【座敷犬】散歩に出るとき以外は室内にいる犬。室内で飼う犬。小型犬が多い。

ざしき-うた【座敷歌】民謡の分類の一つで、酒宴の席でうたわれる歌。労作歌や盆踊り歌などから転用されたものが多い。祝い歌・騒ぎ歌など。

ざしき-おどり【座敷踊(り)】❶酒宴の席などでおどる踊り。❷大坂新町で、8月朔日から15日まで揚屋の大座敷で行った遊女の総踊り。「―の仕舞ひ、乱れ姿の暮れ方」〈浮・一代男・七〉

さしき-かごうぶつ【鎖式化合物】分子内の炭素原子が、鎖状に結合している有機化合物。分枝構造をもつものも含む。脂肪族化合物。非環式化合物。鎖状化合物。➡環式化合物

ざしき-ぎ【座敷着】芸者や芸人などが、客の座敷に出るときに着る着物。

ざしき-げい【座敷芸】酒宴の席などで、興を添えるために演じる芸。

ざしき-じょうるり【座敷浄瑠璃】宴席などで興を添えるために語る素浄瑠璃。

さし-きず【刺(し)傷】尖ったものでつきさしてできた傷。

さし-ぎちょう【差し几帳】昔、貴婦人が外出する際、顔を隠すために左右の従者に几帳をささげて歩かせたこと。また、その几帳。歩障。

さじき-どの【桟敷殿】眺望を楽しむために高くつくった建物。「この―に中納言殿住み給ふに」〈栄花・玉の台〉

ざしき-のう【座敷能】舞台で行われる能に対して、座敷で行われる能。

ざしき-のぼり【座敷幟】端午の節句に、座敷の中に立てて飾る小さな幟。内幟。(季 夏)

ざしき-もち【座敷持(ち)】《専用の座敷を持つところから》近世中期以後、江戸新吉原・品川などの遊女で、部屋持ちの上の位の者。

さじき-や【桟敷屋】「桟敷殿」に同じ。「一条―にある男とまりて」〈宇治拾遺・一二〉

さし-きり【指(し)切り】将棋で、攻める側が駒を使いきり、それ以上攻めが続かなくなること。

さし-き・る【差(し)きる｜指(し)切る】〔動ラ五(四)〕❶(指し切る)将棋で、指し切りの状態になる。❷競馬・競輪で、先行するものを追い込み、抜いてゴールに入る。「―・って優勝する」❸急を要する。「―・ッタヤウガアル」〈日葡〉❹遠慮せずに思いきる。「景時―・りて申されんには」〈曽我・三〉(可能)さしきれる

ざしき-ろう【座敷牢】格子などで厳重に仕切り、外へ出られないようにして、罪人・狂人・放蕩者などを押し込めておく座敷。

ざしき-わらし【座敷童】東北地方で、旧家に時折現れるといわれる家の守り神。童形で顔が赤く、髪はおかっぱで、時にはいたずらもするが、いなくなると家が没落すると伝えられる。ざしきぼっこ。くらぼっこ。

さし-きん【差(し)金】❶内金。手付け金。❷不足を補うために出す金。

さし-く【指句】連句の席で、月の句・花の句などの要所に当たったときなど、宗匠が座中の一人を指名して付句をさせること。また、その句。

さし-ぐし【挿し櫛】女性が髪の飾りとして挿す櫛。象牙・べっこうなどで作るのは江戸時代以後。

さし-ぐすり【差(し)薬】目にさす薬。点眼薬。

さし-ぐすり【挿(し)薬】座薬。挿入剤。

さし-ぐち【差(し)口｜指(し)口】《「さしくち」とも》❶材木の横面にほった、枘を差し込むための穴。枘穴。❷密告。告げ口。「いかが―やありけん」〈当世武野俗談〉❸入り口。出入り口。「ここは東海道の―にて」〈浮・妾気質〉❹物事のいちばん初め。冒頭。「その書物の―に、そもそもと書き出すは」〈かたこと〉

さし-ぐみ《動詞「さしぐむ(差し含む)」から。多く「に」を伴って副詞的に用いる》不意であること。突然に現れること。だしぬけ。「―に古物語にかかづらひて夜を明かし果てむも」〈源・橋姫〉

さし-く・む【差し汲む】〔動マ四〕手を伸ばして汲む。「雲居より胡竹の声を聞くなべに―・むばかり見ゆる月影」〈かげろふ・中〉

さし-ぐ・む【差し含む】〔動マ五(四)〕《「ぐむ」は接尾語》涙がわいてくる。涙ぐむ。「―・む涙を拭う」〈紅葉・多情多恨〉

さし-くも・る【差し曇る】〔動ラ四〕曇る。「時雨にも雨にもあらぬ初霧のふるにも空は―・りけり」〈夫木・一〇〉

さし-く・る【差し呉る】〔動ラ下二〕馬の手綱をゆるめる。「伏し木、悪所をきらはず、―・れてこそ歩ませけれ」〈曽我・一〉

さし-く・る【差(し)繰る】〔動ラ五(四)〕予定・時間などをやりくりして都合をつける。繰り合わせる。「予定を―・って出席する」(可能)さしくれる

さし-ぐれ【差し榑】屋根のふき板である榑をさしかえること。

さし-くわ・える【差(し)加える】〔動ア下一〕図さしくは・ふ〔ハ下二〕あとから加える。付け加える。「会則に一項を―・える」

さし-げ【差(し)毛】❶動物の毛並みで、一部に異なった色の毛がまじること。また、その毛。❷かぶり物にさす羽毛。

さし-げた【差(し)下駄】差し歯の下駄。

さし-こ【刺(し)子】綿布を重ね合わせて一針抜きに細かく刺し縫いにすること。また、そのように縫ったもの。丈夫なので柔道着・剣道着などに用いる。

さし-こ【差袴｜指袴｜指子】指貫の裾を短くして足首までとし、くくりを入れない袴。近世以降、公家が指貫の代わりに用いた。

さし-ごえ【指(し)声｜差(し)声】❶声明・平曲などで、単純な節を速いテンポで唱する部分。❷謡曲のサシのこと。

さし-こ・える【差(し)越える】〔動ア下一〕図さしこ・ゆ〔ヤ下二〕順序を飛ばして行う。特に、目上の人などをさしおいて物事を行う。「先輩を―・えて場を取り仕切る」

さしこ-おり【刺(し)子織(り)】刺し子に似せて織った織物。ふつう、平織りの地に、同色または色の異なる縦糸・横糸を浮かせて模様を織り出したもの。

さしこし-ねがい【差(し)越し願(い)】一定の順序・手続きを踏まないで、直接上官や上司に願い出ること。

さし-こ・す【差(し)越す】〔動サ五(四)〕❶一定の順序や手続きを踏まないで物事を行う。「所属長を―・して異動願いを出す」❷送ってよこす。〈和英語林集成〉

さし-こばた【指小旗】戦国時代以降、武士が目印として指物にした小旗。

さしこ-ばんてん【刺(し)子半纏】刺し子で作った半纏。火消しの法被などに用いた。

さし-こみ【差(し)込み｜指(し)込み】❶差し込むこと。また、そのもの。❷「差し込みプラグ」の略。また、コンセントをいうこともある。❸胸や腹などの突然の激しい痛み。主に、胃痙攣など。癪。❹花模様などの飾り物を差し込んで取り付けるようにしたかんざし。❺(指し込み)将棋で、同じ相手と指し続けて一方が通常4番負け越した時に手直りをすること。指し込み手合い。❻入れ知恵。差し金。「皆おかさまの―と思ふも」〈浄・重井筒〉(類語)(❷)コンセント・プラグ・ソケット

さしこみ-おび【差(し)込み帯】巻きつけた帯の端を結ばずに挟み込んでとめておくこと。挟み帯。つき込み帯。

さしこみ-プラグ【差(し)込みプラグ】電気器具のコードをコンセントに差し込んで接続するための器具。

さし-こ・む【差(し)込む】〔動マ五(四)〕❶物の中やすきまなどに、他の物をさしたりはさんだりするようにして入れる。差し入れる。「プラグをコンセントに―・む」「本の間に手紙を―・む」❷(「射し込む」とも書く)光が入ってくる。「部屋に朝日が―・む」❸胸・腹が急に激しく痛む。癪を起こす。「胃が―・む」❹口出しをする。入れ知恵をする。「北の方に―・まれ」〈浄・天鼓〉(可能)さしこめる
(類語)(❶)挟み込む・挟み入れる・差し入れる・挿す・挿入する・挟む／(❸)痛む・うずく・ずきずきする・しくしくする・ちくちくする・ひりひりする・ひりつく・しみる

さし-こ・む【鎖し籠む】㊀〔動マ四〕「鎖し籠もる」に同じ。「女房も―・みて臥したる」〈源・横笛〉㊁〔動マ下二〕「さしこめる」の文語形。

さし-こ・める【鎖し籠める】〔動マ下一〕図さしこ・む〔マ下二〕中に入れて堅く閉じる。「未だ宵ながら松立てる門は一様に―・めて」〈紅葉・金色夜叉〉

さし-こも・る【鎖し籠もる】〔動ラ四〕門や戸を締めきってひきこもる。閉じこもる。「ことながき物忌みに―・りたるほどに」〈かげろふ・上〉

さし-ころ・す【刺(し)殺す】〔動サ五(四)〕刃物や鋭くとがったもので突き刺して殺す。「短刀で―・す」(可能)さしころせる
(類語)刺殺・突き殺す・刺突・止めを刺す

さし-ざお【差し竿｜刺し竿】小鳥をとるために、先のほうに黐をつけた竿。鳥さし竿。

さじ-さき【匙先】さじの使い方。医者の薬の調合の仕方。「あの男等は―より口先が功者で」〈滑・浮世風呂・前〉

さし-さば【刺し鯖】背開きの塩サバ2尾を重ね、頭のところで刺し連ねて一刺しにしたもの。江戸時代、盆の贈答などに用いた。

さし-さわり【差(し)障り】ある物事を行うのにぐあいの悪い事情。支障。差し支え。「―が生じて出席できない」「―のない話しかしない」
(類語)差し支え・障り・不都合

さし-さわ・る【差(し)障る】〔動ラ五(四)〕さしさわりができる。ぐあいの悪い事情になる。差し支える。「勉強に―・る」「からだに―・る」(類語)障る・差し支える

さし-しお【差(し)潮】「上げ潮」に同じ。

さし-じきい【指敷居｜差敷居】普通よりも丈が高く、両端を柱に枘差しにした敷居。

さし-じち【差(し)質】中世の不動産質入れの形式の一。質物は、証文には記載されるが債権者に渡さない。➡入れ質

さし-しめ・す【指(し)示す】〔動サ五(四)〕指などを向けて示す。示す。また、指示する。「問題点を―・す」「進むべき方向を―・す」(可能)さししめせる
(類語)指す・指差す・示す

さし-ず【指図】〔名〕スル ❶物事のやり方などを指示・命令して人を動かすこと。また、その指示や命令。「―を受ける」「あごで―する」❷法律用語。㋐証券上の記載によって、ある特定の人を権利者として指定すること。㋑甲が乙から給付を受け丙に給付する場合、三者間の支払い関係を簡易にするため、甲(指図人)が乙(被指図人)に指図して丙(受取人)に給付させること。❸家の図面。設計図。見取り図。また、地図。「硯引きよせ、家の―を書いて居る」〈浮・一代男・五〉❹見積もり。推定。「今七千貫目持ちと世間の―に違ひなし」〈浮・織留・二〉(類語)指示・命令・言い付け・命・令・指令・下命・号令・発令・沙汰・主命・君命・上意・達し・威令・厳令・厳命

さし-すぎ〔副〕ひきつづき。それに次いで。「人々の家残りなく四五丁が程焼けぬれば、―法興院も焼けぬ」〈栄花・玉の村菊〉

さしすぎ-びと【差し過ぎ人】差し出がましい人。出

しゃばり。「例の物めでの―」〈源・夢浮橋〉
さし-す・ぐ【差し過ぐ】〔動ガ上二〕❶度を越す。出過ぎる。「いと恨み―・ぎたる口つきは」〈浜松・二〉❷通り過ぎる。「佐野の松原―・ぎて」〈平家・一〇〉
さし-すぐ・す【差し過ぐす】〔動サ四〕「差し過ぐ❶」に同じ。「御対面のほど、―・したる事どもあらむかし」〈源・常夏〉
さしず-さいけん【指図債権】さしず 証券に記載されている特定の者、またはその者によって指図(指定)された者に弁済すべき債権。
さしずしき-こぎって【指図式小切手】さしずしき 特定の受取人またはその指図人に小切手額面の金額が支払われるように記載された小切手。
さしず-しょうけん【指図証券】さしず 特定の者またはその指図人を権利者とする有価証券。裏書によって譲渡することができる。手形・小切手・船荷証券など。
さし-すて【差(し)捨て】《「さしずて」とも》酒席で、相手に杯をさしたまま返杯を受けないこと。
さしず-にん【指図人】さしず ❶指図をする人。❷指図証券上で、債権者が弁済受領者として指定した人。
さしずにん-ばらい【指図人払い】さしずにんばらい 債務者が、債権者の指定した人に債務を弁済すること。
さし-ずめ【差(し)詰め】さしづめ ㊀〔名・形動〕❶直接かかわること。また、そのさま。「色界の法則には―な倫理的目的…なぞあるわけはなく」〈長与・竹沢先生と云ふ人〉❷行き詰まってしまうこと。また、その状態。どんづまり。「死なでかなはぬ身の―と成り行く果ぞあはれなる」〈浄・重井筒〉㊁〔副〕❶結局。つまるところ。「―君しか適任者はいない」❷さしあたり。今のところ。「―生活には困らない」類語 ひとまず・とりあえず
さしず-もんく【指図文句】さしず 証券に記載された特定の者、またはその者が指定する者を権利者とする旨の文言。
さし-せま・る【差(し)迫る】〔動ラ五(四)〕事態や期日などが間近に迫る。切迫する。また、せっぱつまる。「試験日が―・る」「状況は―・っている」
類語 迫る・押し迫る・押し詰まる・切迫する・来る
さし-ぞい【差(し)添い】さしぞひ「差し添え❷」に同じ。
さし-そ・う【差(し)添う】さしそふ ㊀〔動ワ五(ハ四)〕❶(「射し添う」とも書く)光がさして輝く。「夕日の薄赤く―・った小さな池」〈花袋・一兵卒の銃殺〉❷付け加わる。「心苦しくあはれに細かなる御思ひ―・ひて」〈夜の寝覚・四〉㊁〔動ハ下二〕「さしそえる」の文語形。
さし-ぞえ【差(し)添え】さしぞへ ❶刀に添えて腰に差す短刀。脇差。❷付き添うこと。また、その人。付き添い。介添え。さしぞい。
さしぞえ-にん【差(し)添え人】さしぞへ 付き添い人。さしぞいにん。
さし-そ・える【差(し)添える】さしそへる〔動ア下一〕文さしそ・ふ〔ハ下二〕❶付け加える。添える。「激励の言葉を―・えて贈る」❷付き従わせる。「いと親しき人―・へ給ひて」〈源・澪標〉
さし-ぞめ【差(し)初め】武家の男子が成人して、はじめて刀を帯びること。また、その儀式。
さし-た〔連体〕《「さしたる」の音変化。下に打消しの語を伴って用いる》取り立てていうほどの。これという。「―目的もなく参加した」補説「然した」とも書く。
さし-だし【差(し)出し】❶差し出すこと。❷母屋おもやからさしかけに張り出した下屋げや。❸芝居の舞台、特に花道で、役者の顔をよく見せるため、柄のついた燭台しょくだいを二人の後見が前後から差し出すもの。面明かり。面火。❹戦国時代、大名が家臣に、知行地の面積や作人・年貢高などを記して提出させた報告書。
さしだし-にん【差出人】郵便物などの発送者。
さし-だ・す【差(し)出す】〔動サ五(四)〕❶伸ばして前方へ出す。「手を―・す」❷人に与えるために出す。提供する。「食べ物を―・す」「命を―・す」❸提出する。「役所に書類を―・す」❹派遣する。「委員会に代理を―・す」❺送り出す。発送する。「案内状を―・す」可能 さしだせる 類語 送る・届ける・送り付ける・送り届ける・送付する・送達する・発送する・託送する・郵送する・仕向ける
さし-たて【差(し)立て】❶人を差し向けること。❷郵便物などを発送すること。「―局」
さし-た・てる【差(し)立てる】〔動タ下一〕文さした・つ〔タ下二〕❶突きさして立てる。「旗を―・てる」❷人を差し向ける。「使者を―・てる」❸送り出す。発送する。「電報を―・てる」類語 遣やる・送る・送り出す・出す・発する・派する・差し向ける・差し遣わす・遣わす・回す・差し回す・派遣する・差遣する
さし-たび【刺(し)足-袋】細かく刺し縫いにした足袋。また、その足袋を縫うこと。うね刺し足袋。
さし-たる〔連体〕《動詞「さ(指)す」の連用形＋完了の助動詞「たり」の連体形から。特に指定した、が原義》❶(あとに打消しの語を伴って用いる)取り立てていうほどの。さほどの。「―相違もない」「―用事もない」❷特に思い定めた。特別の。「何事にてか、―御望み深かりけること侍りけり」〈著聞集・六〉補説 ❶は特に「然したる」とも書き、副詞「然さ」に、サ変動詞「す」の連用形、完了の助動詞「たり」の連体形が付いたものからとする説もあるが、関連語「さして」「させる」とその意味を合わせ考えて、「指したる」からとするのが妥当と思われる。類語 余り・大して・さほど・さして・さまで・そう・それほど・そんなに
さし-だる【差し×樽|指し×樽】横幅が狭い箱型で、注ぎ口が上に突き出た酒樽。➡結い樽
さし-ぢ【差(し)乳】❶乳を吸わせること。また、乳の出ない母親に代わって乳を与えること。さしぢち。❷形のよい乳房。また、乳のよく出る乳房。さしぢち。
さし-ぢえ【差(し)知恵】さしぢゑ「入れ知恵」に同じ。〈和英語林集成〉
さし-ちがい【差(し)違い】さしちがひ「差し違え」に同じ。
さし-ちがえ【刺(し)違え】さしちがへ 刃物で互いに相手を刺すこと。比喩的に、自分も損する代わりに相手にも損をさせる意にも使う。「―を覚悟の行動」
さし-ちがえ【差(し)違え】さしちがへ ❶入れ違えること。誤ってほかの所へ差し入れること。❷相撲で、行司が誤って負けた力士に軍配をあげること。物言いがつき、行司判定が覆された場合をいう。さしちがい。
さし-ちが・える【刺(し)違える】さしちがへる〔動ア下一〕文さしちが・ふ〔ハ下二〕❶互いに刃物で刺し合う。「―・えて死ぬ」❷自分を犠牲にして相手に損害を与える。「社長と―・える覚悟で臨む」
さし-ちが・える【差(し)違える】さしちがへる〔動ア下一〕文さしちが・ふ〔ハ下二〕❶誤ってほかへ差し入れる。「整理カードを―・える」❷相撲で、行司が判定を誤って負けた力士へ軍配をあげる。❸互い違いの形にする。「三尺の御几帳一具みきちゃうを―・へて」〈枕・二七八〉
さし-ぢち【差(し)乳】「さしぢ」に同じ。
さし-ちゃ【差(し)茶】《「さしぢゃ」とも》茶をいれている途中で、茶の葉を足すこと。口茶くちぢゃ。
さし-つかえ【差(し)支え】さしつかへ 都合の悪い事情。支障。差し障り。「―があって行けない」「日常生活には―ありません」類語 差し障り・障り・不都合
さし-つか・える【差(し)支える】さしつかへる〔動ア下一〕文さしつか・ふ〔ハ下二〕都合の悪いことが起こる。支障を生じる。また、妨げとなる。「明日の仕事に―・える」類語 障る・差し障る
さし-つかわ・す【差(し)遣わす】さしつかはす〔動サ五(四)〕❶目上の者が命じて人を差し向ける。派遣する。「代理人を―・す」❷金品などを送り与える。「金子きんす幾千いくかを―・し」〈逍遥・当世書生気質〉類語 差し向ける・遣わす・遣やる・派遣・送る・送り出す・出す・発する・派する・差し立てる・回す・差し回す・差遣する
さし-つぎ【刺(し)継ぎ】布地の弱った部分を同質・同色の糸で、こまかに刺して補強すること。
さし-つぎ【指(し)継ぎ】将棋で、指し掛けのあとを続けて指すこと。
さし-つぎ【差し次】❶すぐ次。また、次の位。「容貌かたちも―にはいとよしと言はれ給ひし人なりしかば」〈源・若菜上〉❷六位の蔵人くらうどで極臈の次席の者。❸差引勘定。
さし-つぎ【挿(し)接ぎ】接ぎ木の方法の一。根のない台木に接ぎ木してから挿し木を行い、発根と同時に台木と接ぎ穂とを癒着させる。主としてブドウに用いる方法。
さし-つ・く【差し付く】㊀〔動カ四〕さおを差して舟が着く。「かの岸に―・きて降り給ふに」〈源・浮舟〉㊁〔動カ下二〕「さしつける」の文語形。
さし-つ・ぐ【指(し)継ぐ】〔動ガ五(四)〕指し掛けとなった将棋を、場所や日時を改めて続ける。
さし-つ・ぐ【差し次ぐ】〔動ガ四〕すぐ次に続く。「この院、大殿に―・ぎ奉りては」〈源・若菜下〉
さし-つけ【差し付け】〔形動〕《近世語》あからさまであるさま。ぶしつけ。「近頃―な事なれど」〈伎・貞操花鳥羽恋塚〉
さしつけ-て【差し付けて】〔副〕直接に。あからさまに。「―成程さうした覚えがござると、どう申すものでござらう」〈浮・禁短気・四〉
さし-つ・ける【差(し)付ける】〔動カ下一〕文さしつ・く〔カ下二〕❶ものに押し当てる。押しつける。「甲鉄艦の船舷ふなばたへ我が船舷を―・けて」〈染崎延房・近世紀聞〉❷目の前に突き出す。突きつけるように差し出す。「場合によっては銃剣を―・けてもかまわん」〈黒島・渦巻ける烏の群〉❸あてつける。ことさらにする。「殿様は和漢に秀でさせ給ふと申す物でござりますと、―・けたる追従に」〈浮・妾気質〉❹さおを差して舟を着ける。「人々興じて(相手ノ舟ヲ自分ノ)舟に―・けさせたり」〈更級〉
さしつしゅくしょうけいせい-じゅつ【左室縮小形成術】さしつしゅくしょうけいせいじゅつ ▶バチスタ手術
さ-しったり【▽然知ったり】〔感〕《副詞「さ」＋動詞「し(知)る」の連用形＋完了の助動詞「たり」から》❶事態の変化を予測して待ち構えていたときに言う語。それきた。よしきた。心得た。「源太めがけて切りつくる。―と引っぱづし」〈浄・盛衰記〉❷物事に失敗したときに言う語。しまった。「突けども切れども手ごたへなし。―と取りなほし」〈浄・振袖始〉
さし-つち【差(し)土】花壇などに土をさしたすこと。また、その土。
さし-づつ【指筒】▶受筒うけづつ❶
さし-つど・う【差し集ふ】さしつどふ〔動ハ四〕寄り集まる。「三、四人―・ひて絵など見るも」〈枕・一八四〉
さし-づな【差(し)綱】「差し縄なわ❶」に同じ。
さし-つま・る【差し詰まる】〔動ラ四〕❶困った状況におちいって窮する。窮迫する。「この詞ことばに兄弟―・ったる気を開き」〈浄・会稽山〉❷その時期、その場に近づく。差し迫る。「それぞれの家業外ほかになりゆき、―・りて迷惑する事なり」〈浮・胸算用・三〉
さし-つ・む【差し詰む】〔動マ下二〕❶せっぱつまった状態になる。思いつめる。「大神宮の仰せと思ひ候はんずるなりと―・めて仰せられたりける度」〈愚管抄・四〉❷矢を次々につがえる。「―・めて思ふ様に射けるに」〈太平記・一〉
差し詰め引き詰め　立て続けに矢を弦つるにつがえては射るさま。差し取り引き取り。差し取り引き詰め。「―さんざんに射る」〈平家・四〉
さし-つらぬ・く【刺(し)貫く】〔動カ五(四)〕刺して向こう側まで突き通す。刺し通す。「槍やりで―・く」
さし-て【指(し)手】❶将棋で、駒を動かす手順・方法。「―に詰まる」❷将棋のじょうずな人。
さし-て【差(し)手】相撲で、自分の手を相手の脇の下に差し入れること。また、その腕。
差し手を返・す　「腕かいなを返す」に同じ。
さし-て〔副〕《動詞「さ(指)す」の連用形＋接続助詞「て」から》❶(あとに打消しの語を伴って用いる)とりたてていうほど。それほど。たいして。「これは―重要ではない」「―遜色そんしょくはない」❷特にそれと指して。とりわけ。「鎌倉殿に―申すべき大事ども候」〈平家・一二〉補説 ❶は「然して」とも書くが、語源は「指して」と思われる。➡さしたる 類語 あまり・さほど・大して・それほど・さしたる・さまで・そう・そんなに
さしてもな・い　それほどのことでもない。大したことでもない。「―・いことを、そのやうに厚う礼を言はれては」〈伎・青砥稿〉
さし-で【差(し)出】❶突き出ていること。また、そのも

の。❷「差し出口」の略。「言はれぬ―か知らねども」〈浄・会稽山〉❸「差し出者」の略。〈日葡〉

さしで-がまし・い【差(し)出がましい】〔形〕文さしでがま・し〔シク〕必要以上に、他人のことに関与しようとする。出過ぎた感じである。「―・いことを言うようですが」派生さしでがましさ〔名〕

さしで-ぐち【差(し)出口】でしゃばってよけいな口出しをすること。また、その言葉。「―をたたく」

さしで-の-いそ【差し出の×磯】海や湖の中に突き出ている磯。所在未詳。歌枕「しほの山―にすむ千鳥君が御世をば八千代とぞ鳴く」〈古今・賀〉

さしで-もの【差し出者】でしゃばった言動をする人。「大の―で、口をきけば手もとがお留守になります」〈滑・浮世風呂・三〉

さし・でる【差(し)出る】〔動ダ下一〕❶身の程をわきまえずに出過ぎた行動をする。でしゃばる。「―・でたことをする」❷前へ出る。突き出る。「塀の上に―・でた枝を切る」

さしでん【左氏伝】「春秋左氏伝」の略。

さし-とお・す【刺(し)通す】〔動サ五(四)〕先の尖ったもので反対側まで穴をあける。また、その穴にひもなどを通す。「針を―・す」「原稿の束にひもを―・してとじる」類語突き刺す・突き通す・突き抜く・貫く・貫通

さし-とど・む【差し▽止む】〔動マ下二〕「差し止める❷」に同じ。「御舟しばし―・めたるを見給へば」〈源・浮舟〉

さし-と・む【▽鎖し留む】〔動マ下二〕戸や門を閉ざし中にとじこめる。「―・むる葎や繁き東屋のあまりほどふる雨そそきかな」〈源・東屋〉

さし-とめ【差(し)止め】やめさせること。禁止すること。「記事の―を食う」「出入り―になる」類語禁止・禁・禁制・禁断・禁令・禁遏・禁圧・厳禁・無用・法度・駄目・禁忌・禁ずる・取り締まる・制する

さしとめ-せいきゅうけん【差(し)止め請求権】❶他人の違法な行為により自己の権利を侵害され、あるいは侵害されるおそれのある者が、その行為の差し止めを請求することのできる権利。❷株式会社の取締役が違法行為をするおそれがある場合に、株主がその行為の差し止めを請求できる権利。

さし-と・める【刺(し)止める】〔動マ下一〕文さしと・む〔マ下二〕❶突き刺して動かないようにする。「カレンダーを画鋲で―・める」❷突き刺して殺す。「―・めんと捧ぐつろげてまもり居たるに」〈読・弓張月・前三〉

さし-と・める【差(し)止める】〔動マ下一〕文さしと・む〔マ下二〕❶ある行為をやめさせる。禁止する。「新聞の発行を―・める」「出入りを―・める」❷棹をさして船をとめる。「けふは難波に船―・めて」〈源・澪標〉

さし-とら・す【差し取らす】〔動サ下二〕受け取らせる。「ついかがまりて、―・せて」〈落窪・一〉

さし-と・る【差し取る】〔動ラ四〕手を差し出して取る。「密かにこの歯印を―・りつ」〈今昔・四・四〉

差し取り引き詰め「差し詰め引き詰め」に同じ。「矢束ねくつろげ矢継早、一徒矢もなく雨の如くに射懸くれば」〈浄・蝉丸〉

さし-なお・す【差し直す】〔動サ四〕❶あるべきようにきちんと直す。「しどけなくうち乱れ給へるさまながら、紐ばかりを―・し給ふ」〈源・葵〉❷本来のあり方に直す。改める。「我が心過ちなくて、見過ぐさば、―・してもなどか見ざらむ」〈源・帚木〉

さ-しながら【▽然しながら】〔副〕《副詞「さ」＋サ変動詞「す」の連用形＋副助詞「ながら」から》❶そっくりそのまま。「一人の心をみくまのの浦の浜木綿幾重なるらむ」〈拾遺・恋四〉❷まるで。さながら。「大空にむれたるたづの―思ふ心のありげなるかな」〈拾遺・賀〉

さし-なべ【銚=子】注ぎ口のある鍋。さすなべ。「―に湯沸かせ子ども櫟津の檜橋より来む狐に浴むさむ」〈万・三八二四〉

さし-なら・ぶ【差し並ぶ】㊀〔動バ四〕並ぶ。並んでいる。「―・ぶ隣の君はあらかじめ己妻離れて」〈万・一七三八〉㊁〔動バ下二〕並ばせる。並べる。「大臣の御女三人后にて―・べ奉り給ふ事」〈大鏡・道長上〉

さし-なわ【差(し)縄｜指(し)縄】❶馬の轡につけて引く縄。差し綱。小口縄。❷罪人を縛る縄。捕り縄。

さし-なわ【×緡縄】銭の穴に差し通す細い縄。ぜにさし。さし。

さし-にない【差(し)担い】前後二人で荷物などをかつぐこと。差し合わせ。さし。

さし-ぬい【刺(し)縫い】❶布を何枚も重ねて、針を一針ずつ刺して縫うこと。❷日本刺繍で、模様の輪郭の刺し目はそろえ、中は針目をそろえないで長短交互に刺し埋める刺し方。

さし-ぬ・う【差し縫ふ】〔動ハ四〕縫う。「鮮やかなる花のいろいろ、似つかはしからぬを―・ひつつ」〈源・総角〉

さし-ぬか【差し×糠】糠味噌に新しい糠を加えること。また、その糠。

さし-ぬき【指▽貫】袴の一。括り緒の袴の系統で、裾口にひもをさし通し、着用の際に裾をくくって足首に結ぶもの。八幅の裾長を普通とし、略儀に用いる布製の袴の布袴がのちに絹製となり、公卿は綾・固織物・浮織物を用いるのが例となった。指貫の袴。奴袴。

さしぬき-ごて【指▽貫▽籠手】鎧の籠手の一。手首の所をくくり縛るもの。

さしぬき-の-はかま【指▽貫の×袴】▶指貫

さし-ね【指(し)値】顧客が株式や商品の売買を委託する際、希望の値段を指定すること。また、その値段。指定値段。

さしね-ちゅうもん【指(し)値注文】顧客が指し値を指定して売買の注文をすること。⇔成り行き注文

さし-の・く【差し▽退く｜差し▽除く】㊀〔動カ四〕❶しりぞく。離れる。「―・きてそばみて居ぬ」〈今昔・一四・四〉❷関係しなくなる。縁が薄くなる。「―・きたる人々の心地だに、いといみじうあはれに悲しきに」〈栄花・峰の月〉㊁〔動カ下二〕しりぞかせる。立ちのかせる。「雑々の人なき隙を思ひ定めて皆―・けさする中に」〈源・葵〉

さし-のぞ・く【差し×覗く】〔動カ五(四)〕❶すきまや物陰から、そっとのぞく。「馬に面して彳んだ月下の美女の姿を―・くが如く」〈鏡花・高野聖〉❷ようすを見に立ち寄る。訪れる。「日々に参り給ふ音すれど、こなたには―・き給はず」〈夜の寝覚・二〉

さし-の・べる【差(し)伸べる｜差(し)延べる】〔動バ下一〕文さしの・ぶ〔バ下二〕❶ある方向に向けてのばして出す。「釣りざおを―・べる」❷力を貸す。援助する。「救いの手を―・べる」

さし-のぼ・る【差(し)上る｜差(し)昇る】〔動ラ五(四)〕❶太陽や月が、のぼる。上の方へあがる。「朝日が高く―・る」❷川上へ向かう。さかのぼる。「河を上りざまに―・りける程に」〈今昔・三一・一一〉

さし-は【×翳】《「さしば」とも》鳥の羽や絹を張ったうちわ形のものに長い柄をつけた道具。貴人の外出時や、天皇が即位・朝賀などで高御座に出るとき、従者が差し出して顔を隠すのに用いた。

さし-ば【差羽｜×鸇】タカ科の鳥。全長約50センチ、体上面が灰褐色、腹には白地に褐色の斑がある。日本では夏鳥。秋に大群を作り東南アジアへ渡る。

さし-ば【差(し)歯】❶足駄の台に歯を入れること。また、その歯。❷歯が欠けたとき、根に小さな穴をあけて差し入れる人工の歯。

さし-は・う【指し▽延ふ｜差し▽延ふ】〔動ハ下二〕特にそれと目指して行う。わざわざする。「―・へたる御文にはあらで」〈源・空蝉〉

さし-はえ【指し▽延へ｜差し▽延へ】〔副〕《動詞「さしはう」の連用形から》わざわざ。ことさら。「―いづこともなくて来たれば」〈大和・一四八〉

さし-ばえ【刺×蠅】双翅目サシバエ科の昆虫の総称。小形のハエで、灰黒色、背に黒色の条紋がある。口は針状。牛馬に集まり吸血する。季夏

さし-は・く【差し×佩く｜差し履く】〔動カ四〕足にはく。また、刀などを腰に差す。「縫ひし黒沓―・きて庭にたたずめ罷りな立ちと」〈万・三七九一〉

さし-はさ・む【▽挟む｜▽挿む｜差(し)挟む】〔動マ五(四)〕❶間に入れる。はさみこむ。「しおりを本に―・む」❷他人の話に途中から割り込む。別の意見などを言って干渉する。「口を―・む」「異論を―・む」❸ある考えを心中に含み持つ。「疑念を―・む余地のない結論」可能さしはさめる

さし-ばし【刺(し)箸】嫌い箸の一。里芋の煮物などの掴みにくい料理を、箸で突き刺して口に運ぶこと。

さし-ばし【指(し)箸】嫌い箸の一。箸で、人や物を指し示すこと。

さし-はず・す【差し外す】〔動サ四〕❶さおなどを差し損なう。「渡守が孫の童、棹を―・して落ち入り侍りにける」〈源・浮舟〉❷はずす。とりはずす。「はげたる矢を―・し」〈保元・中〉

さし-ばな【挿(し)花】花をさすこと。生け花。

さし-はな・つ【差し放つ】〔動タ四〕無関係なものとして放っておく。捨てておく。「この人々を―・ちて、えあるまじきがはづかしさに」〈浜松・四〉

さし-はな・る【差し離る】〔動ラ下二〕❶離れる。隔たる。「住み馴れし所を―・れて」〈浜松・四〉❷関係・血縁が薄くなる。「さすがに―・れたる人ならばともかくもすべきに」〈落窪・一〉

さし-ばり【指×梁】柱などに一端を差し込んだ梁。

さし-び【差(し)火】炭火をさらに加えること。また、その炭火。

さし-ひかえ【差(し)控え】❶さしひかえること。謹慎すること。❷江戸時代の刑罰の一。公家・武士の職務上の過失、また、その家来や親族に不祥事があったとき、出仕を禁じ、自邸に謹慎させたこと。

さし-ひか・える【差(し)控える】〔動ア下一〕文さしひか・ふ〔ハ下二〕❶控える。そばにいる。「左右に―・える」❷程度を控えめにする。分量などを少なめにする。「食事の量を―・える」❸悪い結果を招かないように、当面それをしないようにする。遠慮する。「飲酒を―・える」「旅行を―・える」
類語遠慮・控える・慎む・憚る・気兼ね・心置き・憚り・控え目・斟酌・忌憚・謹慎・内輪・断る

さし-ひき【差(し)引き】〔名〕スル❶差し引くこと。特に、金銭の収支・貸借などの計算をすること。また、その結果。「前貸しの分を―する」「―一〇万円の赤字」❷潮の満ち干。また、体温の上がり下がり。

さしひき-かんじょう【差引勘定】〔名〕スル❶貸借を相殺して残りの金額について勘定すること。❷損得を計算すること。利害・得失などを考え合わせて判断すること。「―すれば安い買い物だ」

さし-ひ・く【差(し)引く】〔動カ五(四)〕❶ある数量から他の数量を引き去る。「月給から税金を―・く」❷ある事柄の過不足などを判断する。「外見の悪さを―・いても性能は評価できる」❸潮が満ち引きする。また、体温が上下する。可能さしひける
類語引く・マイナス・除く・割り引く・控除・差っ引く

さし-ひじき【指肘木｜差肘木】柱に差し込んだ肘木。天竺様の建築にみられる。

さし-ひびき【差(し)響き】他に影響が及ぶこと。

さし-ひび・く【差(し)響く】〔動カ五(四)〕他に影響が及ぶ。「一人のミスが全体に―・く」
類語響く・影響・刺激・煽り・作用・跳ね返る・祟る・災いする・反響・反映・反応・反動・反作用・波紋・余波・累・皺寄せ・とばっちり・巻き添え・そばづえ

さし-びん【差×鬢】鬢張りを入れて、髪の左右の鬢を一段と高く張り出した女性の髪形。寛延・宝暦(1748～1764)のころに流行。

さしぶ【烏=草=樹】シャシャンボの古名。さしぶのき。「川の辺に生ひ立てる―を」〈記・下・歌謡〉

さし-ふだ【差(し)札】組香で、香を聞いた人が鑑定結果を差し入れる札。木や象牙で作り、表に花模様・紋印、裏に一・二・三などと記してある。

さし-ぶた【差(し)蓋】「落とし蓋」に同じ。

さし-へだ・つ【差し隔つ】〔動タ下二〕隔てる。間を仕切る。「几帳―・ててうちふす所に」〈かげろふ・中〉

さし-ほ【挿(し)穂】挿し木をするために親木から切

り取った根・茎・葉。(季 春)

さし-ほこらか・す【差し誇らかす】〔動サ四〕刀を誇らしげに腰に差す。「殊に大なる黒鞘巻(くろざやまき)を隠したる気(け)もなく―・したりけるが」〈盛衰記・一〉

さしま【猿島】茨城県坂東市の古地名。平将門(たいらのまさかど)が偽宮を建て除目(じもく)などを行った地。

さし-まい【差米┊指米┊刺米】❶「合米(ごうまい)」に同じ。❷江戸時代、米を検査するため、俵に米刺しを入れて抜き出した米。のち、仲仕(なかし)などが賃金として受け取るようになった。見本米。

さし-まえ【差(し)前】ごまへ「差し料」に同じ。

さしまき-しつげん【刺巻湿原】秋田県中東部にある湿原。田沢湖の南東に位置し、ハンノキ林に囲まれた中に約6万株のミズバショウの群生地がある。

さし-まくら【差(し)枕┊指(し)枕】❶男女が共寝をすること。「河舟をとめて逢ふ瀬の波枕、揚げて逢ふ夜の―」〈浄・賀古教信〉❷板で作った箱枕。「角(すみ)にかたつき屏風(びやうぶ)引廻し、―二つ」〈浮・一代女・五〉

さし-まじら・う【差し交じらふ】こまじらふ〔動ハ四〕宮仕えなどの、仲間として加わる。「なほさりぬべからむ人の娘などは―・はせ」〈枕・二四〉

さしま・す〔動サ四〕《「させます」の音変化》「する」の意の尊敬語。なさる。「芸能を習ひ商売を―・せかし」〈仮・浮世物語・一〉

さします〔助動〕[さしまさ┊さしまつ(さしまし)┊さします┊さします┊○┊さしませ(さしませい)]《尊敬の助動詞「させます」の音変化》上一段・上二段・下一段・下二段・カ変動詞の未然形に付く。尊敬の意を表す。お…になる。…なさる。「皆々居**さします**か」〈謡・烏帽子折〉➡します (補説)中世末から近世初期にかけて用いられた。

さし-まね・く【差(し)招く┊×麾く】〔動カ五(四)〕❶手招きをする。「こちらへ来いと―・く」❷軍勢などの向かう方向を指示する。指揮する。「咸(かな)移那斯(えなし)、麻都(まつ)が、―・くに従へらくのみ」〈欽明紀〉
(類語)招く・呼ぶ・呼び寄せる・手招きする

さし-まわし【差(し)回し】こまはし ある場所に行かせること。さしむけること。「政府―の特別機」

さし-まわ・す【差(し)回す】こまはす〔動サ五(四)〕指定の場所などへ行かせる。差し向ける。「迎えの車を―・す」「使いの者を―・す」(可能)さしまわせる
(類語)遣(や)る・送る・送り出す・出す・発する・派する・差し向ける・差し遣わす・差し立てる・遣わす・回す・派遣する・差遣する

さし-み【刺(し)身】新鮮な魚介類などを、生のまま薄く小さく切り、醤油・わさびなどをつけて食べる料理。おつくり。つくりみ。

さし-み【差(し)身】相撲で、自分の得意なほうの差し手を、すばやく相手の脇に差す体勢になること。

さし-みず【差(し)水】こみづ〔名〕スル ❶水をつぎ足すこと。また、その水。「寄せ鍋に―する」❷井戸に外から悪い水が入ること。また、その水。❸河川の水量が少し増えること。

さしみ-の-つま【刺(し)身のつま】刺身を引き立てるために添えられる野菜や海藻など。転じて、添えもの程度の軽い役割しか担っていないもの。

さしみ-ぼうちょう【刺(し)身包丁】ーバウチヤウ 刺身をつくるのに使う包丁。刃の幅が狭くて長い、片刃の包丁。

さしむ〔助動〕▶さしも〔助動〕

さし-むかい【差(し)向(か)い】こむかひ 二人が向かい合うこと。さし。「―で一杯やる」「―に腰掛ける」
(類語)相対・対・差し・真向かい

さし-むか・う【差し向かふ】こむかふ〔動ハ四〕❶向かい合う。向き合う。「牡牛(ことひうし)の三宅の潟に―・ふ鹿島の崎に」〈万・一七八〇〉「二人―・ひて泣きけり」〈源・玉鬘〉❷当面する。現在…である。「その母君…、―・へる子どもの数多くなりて」〈源・少女〉

さし-むき【差(し)向き】〔副〕❶さしあたり。今のところ。当面。「―金には困らない」❷いってみれば。さしずめ。「―あたしア、ハゲ頭の重役ってところかね」〈獅子文六・自由学校〉

さし-む・ける【差(し)向ける】〔動カ下一〕(文)さしむ・く〔カ下二〕❶その方向へ向ける。「明かりを―・ける」❷指定した場所などへ向かわせる。派遣する。「救援隊を―・ける」「車を―・ける」(類語)差し遣わす・遣わす・遣(や)る・派遣・送る・送り出す・出す・発する・派する・差し立てる・回す・差し回す・差遣する

さし-むね【指棟┊差棟】妻壁の外に出た化粧棟木で、破風板(はふいた)や妻にさした形になっているもの。

さし-め【挿(し)芽】草花類の新芽を切り取って土に挿して増やす方法。(季 春)➡挿し木

さしめ《尊敬の助動詞「さしも」の命令形》軽い敬意を含んだ命令や要求を表す。…なさい。…ください。「身ひとりはえ行くまいほどに、わごりょも来てくれ**さしめ**」〈虎明狂・乳切木〉➡しめ (補説)室町後期に用いられた語。目下の者に対しても使われた。

さし・も〔動マ特活〕「する」の意の尊敬語。なさる。「かまへて、妄りに人に泄たりなんと―・もなと云ぞ」〈史記抄・扁鵲倉公伝〉「小筒(ささえ)が来たらば一つ飲まう。わごりょ酌―・め」〈虎清狂・猿座頭〉(補説)室町時代に用いられた語。活用は助動詞「さしも」と同じ。サ変動詞「する」に助動詞「さしも」が付いた「せさしも」の音変化とも、また、サ変動詞「する」の未然形に「させたまふ」の付いた「せさせたまふ」の音変化「さしまう」が、さらに音変化した形ともいう。

さ-しも【▽然しも】〔副〕《副詞「さ」＋副助詞「し」＋係助詞「も」から》❶あれほど。あんなにも。「―栄えた平氏一門もついには滅びた」❷(多く打消しや反語の表現を伴って用いる)そのようにも。それほどにも。「この者―たけき者とは見ず」〈平家・六〉

然しもな・し ❶そうでもない。「夜鳴くもの、なにもなにもめでたし。ちごどものみぞ―・き」〈枕・四一〉❷それほどでもない。大したことではない。「―・き平城(ひらじやう)に籠りて」〈太平記・一七〉

さしも〔助動〕[さしも(さしま・さしむ)┊さしも(さしむ・さしみ)┊さしも(さしむ)┊さしも(さしむ)┊○┊さしめ]《尊敬の助動詞「さしまう(さしもう)」の音変化》上一段・上二段・下一段・下二段動詞および一部の助動詞の未然形、サ変動詞の連用形に付く。軽い尊敬の意を表す。…なさる。「ここにゐ**さしも**たか」〈史記抄・滑稽伝〉➡さしめ ➡しも (補説)室町時代に用いられた語。「さしむ」はその音変化形。

さしもう〔助動〕[さしまわ(さしま)┊さしまう・さしもう┊さしまう・さしもう┊さしまう┊さしまえ┊さしまえ]《尊敬の助動詞「さす」の連用形「させ」に尊敬の補助動詞「たまふ」の付いた「させたまふ」の音変化》上一段・上二段・下一段・下二段動詞および一部の助動詞の未然形、サ変動詞の連用形に付く。尊敬の意を表す。…なさる。「石人でもあらばや、千年も万年もいき**さしまう**ずぢやほどに」〈史記抄・竇田伝〉➡さしめ ➡さしも ➡しも

さし-もぐさ【差×艾┊指▽焼草】ヨモギの別名。

さし-もつれ【差し×縺れ】いざこざ。紛糾。

さし-もどし【差(し)戻し】❶提出された書類・案件などをもとへ戻すこと。❷訴訟上、上級審において原判決を取り消しまたは破棄する場合にとられる処置。事件を原審である控訴審または第一審に戻して、もう一度審理させること。

さしもどし-はんけつ【差(し)戻し判決】上級審が、原判決を取り消しまたは破棄して、改めて審理させるため、事件を原審に差し戻す判決。

さし-もど・す【差(し)戻す】〔動サ五(四)〕❶やりなおさせるために、もとへ戻す。「書類を―・す」❷上級審が原判決を取り消し・破棄して審理をやりなおさせるため、事件を原審に送り返す。「第一審に―・す」(可能)さしもどせる

さしも-に【▽然しもに】〔連語〕あれほどに。あんなに。「―広い浦も彼らの群で雑沓(ざつたう)し」〈中勘助・鶴の話〉

さし-もの【指物┊差物┊挿物】❶戦国時代以降、戦場で武士が自分や自分の隊の目印として、鎧(よろい)の指筒(さしづつ)に立てたり部下に持たせたりした小旗や飾りの作り物。旗指物。背旗。❷板をさしあわせて作った家具や器具。たんす・箱・机の類。❸髪にさす飾り物。かんざし・くし・こうがいの類。
(類語)軍旗・旗指し物・家具・家財・什器・什物

さしも-の【▽然しもの】〔連語〕さすがの。あれほど大した。「―敵も今度ばかりは策を誤った」

さしもの-し【指物師】指物❷の細工をする職人。

さしもの-もち【指物持ち】戦場で、所在を示すために主人の指物を持って供をする者。

さしもの-や【指物屋】指物❷を作ったり売ったりする人。また、その家。

さし-もや【差▽母屋】妻壁から突き出た化粧母屋桁(もやげた)。

さし-もり【刺し×銛】鯨を捕るとき心臓を刺すために使う、先のとがった菱形(ひしがた)の銛。

さし-や【差し矢】❶矢数(やかず)に用いる矢。炙篦(あぶりの)にし、カモの羽ではぎ、根を木で作る。❷近距離の目標に対する矢の射かた。また、その方法で射る矢。「あるは遠矢に射る舟もあり、あるは―に射る船もあり」〈平家・一一〉

ざ-しゃ【座射┊×坐射】弓道で、ひざまずいて矢をつがえ、その場に立ち上がって射ること。➡立射

さ-しゃく【茶×杓】▶ちゃしゃく(茶杓)

さし-やど【指し宿】宿泊した旅客にその行く先の旅館を指定して紹介すること。また、その旅館。

さし-やなぎ【差(し)柳┊挿(し)柳】㊀〔名〕挿し木にした柳。一説に、芽を出した柳。(季 春)「出そびれて家にゐる日や―/荷風」㊁〔枕〕挿し木した柳が根を張る意から、「根」にかかる。「―根張り梓(あづさ)を大御手(おほみて)に」〈万・三三二四〉

さしや-ゆがけ【差し矢▽弓懸】差し矢を射るのに用いる弓懸。

さしゃ・る〔動ラ特活〕《動詞「さす」の連用形「させ」に助動詞「やる」が付いた「させやる」の音変化》「させる」の意で、対等、またはそれに近い下位のものからさせられるときにいう。「あのやうなる病者(やまひもの)をおこして、迷惑を―・る事じゃ」〈狂言記・縄綯〉(補説)活用は助動詞「やる」に同じ。

さしゃ・る〔動ラ特活〕《サ変動詞「す」の未然形「せ」に尊敬の助動詞「さしゃる」の付いた「せさしゃる」の音変化か》「する」の意の尊敬語。なさる。せられる。「隙(ひま)じゃさかいに夜番―・りますか」〈浮・一代女・二〉(補説)活用は下二段型「れ・れ・る・るる・るれ・れよ(れい)」と、四段型「ら・り・る・る・れ・れ」の混合型である。

さしゃる〔助動〕[さしやら(さしやろ)┊さしやり(さしやつ)┊さしやる┊さしやる┊さしやれ┊さしやれ(さしやい)]《尊敬の助動詞「さす」の未然形に尊敬の助動詞「らる」が付いた「させらる」の音変化》上一段・上二段・下一段・下二段・カ変動詞および一部の助動詞の未然形に付く。尊敬の意を表す。…なさる。「風ひかぬやうにして寝**さしゃれ**ませい」〈浮・一代女・五〉➡さっしゃる ➡しゃる (補説)活用は、もと下二段型(未然形・連用形「さしゃれ」)であったが、のち四段型となる。多く近世上方の歌舞伎・浄瑠璃などに用いられた。

さし-や・る【差し▽遣る】〔動ラ四〕❶向こうへやる。押しやる。「御几帳―・りて、障子より少しゐざり出でて」〈狭衣・三〉❷さおを差して舟を進める。「遊びに心入れたる君たち誘ひて、―・り給ふほど」〈源・椎本〉

さしゃん・す〔動サ特活〕《サ変動詞「す」の未然形「せ」に尊敬の助動詞「さしゃんす」の付いた「せさしゃんす」の音変化か》「する」の意の、丁寧の意を含んだ尊敬語。なさいます。「どうなりと―・せ」〈浄・大経師〉(補説)活用は「せ・し・す・す・すれ・せ」。なお、実際には「せさしゃんす」の例は認められない。

さしゃんす〔助動〕[さしやんせ(さしやんしよ)┊さしやんし┊さしやんす┊さしやんす┊さしやんすれ┊さしやんせ]《尊敬の助動詞「さしゃる」の連用形「さしゃり(れ)」に丁寧の助動詞「ます」の付いた「さしゃり(れ)ます」の音変化》上一段・上二段・下一段・下二段・カ変動詞および一部の助動詞の未然形に付く。丁寧の意を含んだ尊敬を表す。…なさいます。「黙って聞いてゐ**さしゃんせ**」〈浄・盛衰記〉➡しゃんす (補説)近世前期の女性語。「さっしゃす」の形をとることもあり、「さしゃる」よりも敬意が高いという。

さ-しゅ【×叉手】❶腕を組むこと。転じて、手出しをしないこと。拱手(きようしゆ)。❷▶しゃしゅ(叉手)

さ-しゅ【詐取】〔名〕スル 金品をだまして取ること。
(類語)搾取・ピンはね

さし-ゆ【差(し)湯】〔名〕スル 湯をさし足すこと。また、その湯。茶の湯では、少ない湯で点てた茶に湯をさ

し足すこと。「洗面器の湯に—する」

さ-しゅう【佐州】佐渡国の異称。

さ-しゅう【査収】〔名〕スル 金銭・物品・書類などを、よく調べて受け取ること。「どうぞ御—下さい」
類語 受け取る・領収・受領・収受・接受・受理・受納

さ-しゅう【砂州｜砂×洲】►さす(砂州)

さ-じゅう【×叉銃】〔名〕スル 小銃を3挺ずつ、三角錐のような形に組み合わせて立てること。「—して小休止をする」

さ-しゅうごう【差集合】ある集合から他の集合の要素を除いた集合。

さ-じゅつ【詐術】❶人をだます手段。偽計。❷民法上、制限行為能力者が取引の相手方に対し、自己が能力者であることを信じさせるためにする欺罔行為。類語 手管・手練・手品

さし-ゆる・す【差(し)許す】〔動サ五(四)〕「許す」「許可する」をおもおもしくいう語。「出入りを—・す」

ざ-しょ【座所】貴人などの座のある場所。御座所。類語 席・座・座席・場席・定席・居所・シート

さ-しょう【左証】《割符の左券の意から》証拠。証左。➡左契

さ-しょう【×些少｜×瑣少】〔名・形動〕数量や程度がわずかなこと。また、そのさま。「—ながら手助けをしたい」「—な金額ですがお礼の印まで」
類語 僅少・微少

さ-しょう【査証】〔名〕スル ❶調査して証明を与えること。❷►ビザ

さ-しょう【詐称】〔名〕スル 氏名・住所・職業などをいつわっていうこと。「経歴を—する」

さ-じょう【×叉状】交差した形や状態。

さ-じょう【左×仗】左近衛府の官人の詰め所。左近の陣。

さ-じょう【砂上｜沙上】砂の上。「—の楼閣」
砂上の楼閣 見かけはりっぱであるが、基礎がしっかりしていないために長く維持できない物事のたとえ。また、実現不可能なことのたとえ。補説「机上の空論」との混同で、「机上の楼閣」とするのは誤り。

さ-じょう【鎖状】鎖のようにつながっている状態。

さ-じょう【鎖×攘】《「鎖港攘夷」の略》港を閉じて外国船の入港・交易を禁止し、外国人を撃ち払うこと。「王政一新の前日までは、—を唱えるものは忠誠とせられ」〈藤村・夜明け前〉

ざ-しょう【座商｜×坐商】店を構えてする商売。また、その商売をする人。↔行商。

ざ-しょう【座礁｜×坐礁】〔名〕スル 船が暗礁に乗り上げること。「タンカーが—して原油が流出する」

ざ-しょう【挫傷】外部から鈍力が加えられたとき、皮膚の表面には傷がつかないで、内部組織や臓器に損傷が生じること。うちみ。挫創。
類語 打ち傷・打ち身・打撲傷・挫創

ざ-じょう【座上｜×坐上】《古くは「ざしょう」》❶集まっている席上。❷上席。上座。じょうざ。「大臣は舎弟宗盛卿の—に着き給ふ」〈平家・二〉
座上の空論 座っていて考えた、実際の役に立たない議論。机上の空論。

ざ-じょう【座乗｜×坐乗】〔名〕スル 海軍で、指揮官が艦船や飛行機に乗り込んで指揮を執ること。「司令官が—して演習を行う」

さじょう-かごうぶつ【鎖状化合物】►鎖式化合物

さじょう-こうぶんし【鎖状高分子】分子(単量体)が鎖状に結合した高分子(高重合体)。天然ゴム・セルロース・でんぷん・たんぱく質などがある。線状高分子。直鎖状高分子。↔網状高分子。

さ-しょうこく【左相国】左大臣の唐名。左相府。

さ-しょうしょう【左少将】►左近衛少将

さ-しょうじょう【左×丞相】《「さじょうしょう」とも》左大臣の唐名。左相。

さじょう-ど【砂壌土】砂土よりも粘土の多い土壌。粘土の含有量が12.5〜25パーセントのもの。

さ-しょうふ【左相府】左大臣の唐名。左相国。左相。左丞相。左府。

さ-しょうべん【左少弁】律令制で、太政官左弁官局の第三等官。正五位下相当。➡左弁官

さじょう-みゃく【×叉状脈】二またに分岐する葉脈。イチョウの葉などにみられる。

ざ-しょく【座食｜×坐食】〔名〕スル 無職のままで生活すること。徒食。「—の徒」「—して年を過ごす」

ざ-しょく【座職｜×坐職】すわって作業・仕事をする職業。座業。

さし-よ・す【差し寄す】〔動サ下二〕そばへ寄せる。「船ども—・せさせて御覧ず」〈紫式部日記〉

さし-より【指(し)寄り】㊀〔名〕はじめ。最初。㊁〔副〕さしあたり。まずもって。「一望む所は、職務以外になんの束縛も受けぬ地位」〈蘆花・思出の記〉

さし-よ・る【差し寄る】〔動ラ四〕近寄る。「—・らむ磯の崎々漕ぎ泊てむ」〈万・四二四五〉

さし-りょう【差(し)料】自分が腰に差すための刀。差し前。

さし-わ・く【差し分く】㊀〔動カ四〕ことさらに区別する。「—・きては心よからぬ事こそ侍れ」〈宇津保・蔵開中〉㊁〔動カ下二〕❶㊀に同じ。「玉江こぐ蘆かり小舟—・けて誰をたれとか我は定めん」〈後撰・雑四〉❷分割する。「その勢三千余騎を—・けて」〈太平記・七〉

さし-わけ【指(し)分け】将棋で、何番かの対局の結果、勝敗の数が同じであること。

さし-わたし【差(し)渡し】❶一方から他方へかけ渡すこと。また、その長さ。❷直径。「—二メートルの巨木」❸直接つながっていること。また、血縁であること。「故斎とは—の従弟なり」〈浮・新永代蔵〉
類語 直径・口径

さし-わた・す【刺し渡す】〔動サ四〕こちら側からあちら側まで網などを仕掛ける。「平瀬には小網—・し速き瀬に鵜を潜けつつ」〈万・四一八九〉

さし-わた・す【差し渡す】〔動サ四〕❶さおを差して舟を向こう側へ渡す。「新宮の川舟に奉りて—・すほど」〈増鏡・内野の雪〉❷一方から他方へかけわたす。架す。「酒壺に—・したる直柄のひさごの南風吹けば北になびき」〈更級〉❸向かい合う。さし向かう。「更け行くまで—・し」〈浮・一代男・二〉❹直接に行動する。「—・して弟をつれて」〈浮・胸算用・四〉❺直接に血がつながる。「わぬしが母は渡辺がためには—・した叔母」〈浄・関八州繋馬〉

さし-わた・る【差し渡る】〔動ラ四〕さおを差して舟で渡る。「舟にてみな—・る」〈かげろふ・上〉

さ-じん【左×衽】衣服を左前に着ること。昔、中国では夷狄の風俗とした。

さ-じん【砂×塵】すなぼこり。すなけむり。

さ-じん【茶人】►ちゃじん(茶人)

さじん-あらし【砂×塵嵐】砂やちりが強い風によって激しく空に吹き上げられる現象。砂嵐。季 春

さ-しんしつ【左心室】心臓の左側下部を占める部屋。大動脈へ動脈血を送り出す。

さ-しんぼう【左心房】心臓の左側上部を占める部屋。肺から送られた新鮮な血液は、この部屋から僧帽弁を通って左心室に送られる。

さす 焼き畑のこと。武蔵国に多くある「指谷」という地名はこれに基づくといわれる。

さ-す【×叉▽手】「さしゅ(叉手)❶」に同じ。「—して首を伸べて」〈太平記・一〇〉

さ-す【×扠▽首】切妻屋根の両端に、それぞれ棟木を受けるために合掌形に組む材。古くは上部を交差させて組んだ丸太。

さ-す【砂州｜砂×洲】海岸線をやや離れて、海側に細長く砂礫が堆積してできた地形。
類語 州・中州・デルタ

サス〖SAS〗《Special Air Services》►エス-エー-エス(SAS)

サス〖SAS〗《sleep apnea syndrome》►睡眠時無呼吸症候群

サス〖SAS〗《small astronomical satellite》NASA(アメリカ航空宇宙局)の小型天文衛星。銀河系やそれより遠い天体のX線源の強度を測定する。1970年第1号打ち上げ。

さ・す ㊀〔動サ五(四)〕動詞「させる」に同じ。「母にせめてぜいたくを—・してやりたい」㊁〔動サ下二〕動詞「させる」の文語形。

さ・す【刺す】〔動サ五(四)〕《「差す」と同語源》❶㋐先の鋭くとがったものを中に突き入れる。突き立てる。突き通す。「指にとげを—・す」「短刀で胸を—・す」「魚をくしに—・す」㋑(「螫す」とも書く)毒虫などが針を皮膚に突き入れる。「ハチに—・される」❷厚いものに針を突き入れて縫う。また、針で結びつづる。「ぞうきんを—・す」「網を—・す」❸もちざおで小鳥や虫を捕らえる。「鳥を—・す」❹(「差す」とも書く)舟を進めるためにさおを水底に突き立てる。「さおを—・す」❺野球で、走者にボールをタッチしてアウトにする。「本塁で—・される」❻㋐目・鼻・舌などの感覚器官を鋭く刺激する。「異臭が鼻を—・す」「舌を—・す味」㋑心に強い痛みを感じさせる。ショックを与える。「その一言が私の胸を—・した」可能 させる 類語 突く・突つく
用法 さす・つく——「針で肌を刺す(突く)」のように、先の鋭い物を押し付ける意では、相通じて用いられる。◆「刺す」はその動作の結果として、対象の内部に入り、あるいはつらぬく意が中心となる。「肉をくしに刺す」「とげを刺す」◆「突く」は物の先端を一つ所に強く当てる動作に意味の中心がある。「相手の胸を突いて倒す」「釣鐘をつく」◆「銛で魚を突く」「槍で突く」など、「突く」は刺し通すことにも言うが、この場合も、物の先を勢いよく目標に当てるという動作が主になる。◆「鼻を刺す(突く)臭気」「胸を刺す(突く)言葉」などでも両語とも使われるが、「刺す」は刺激や痛みの鋭さに、「突く」は衝撃の強さにそれぞれ重点がある。
…句 釘を刺す・鹿の角を蜂が刺す・寸鉄人を刺す・止めを刺す・寝鳥を刺す・骨を刺す

さ・す【差す｜▽注す｜▽点す】〔動サ五(四)〕❶酒をすすめる。「杯を—・す」❷ごく少量の液体をある部分にそそぎ入れる。「目薬を—・す」「ギヤに油を—・す」❸液体をほかの液体や容器の中へ少し、または少しずつ加え入れる。「花瓶に水を—・す」「吹きこぼれないように冷水を—・す」❹補い加える。つぎ足す。「炭を—・して火気を強める」❺ある部分に色をつける。「紅を—・す」❻しるしや訓点などをつける。「朱点を—・す」❼火をともす。「まづ紙燭—・して来」〈竹取〉
可能 させる
差しつ押さえつ 他人の杯に酒をついだり、他人からの酌を押しとどめたりしながら、盛んに杯をやりとりするようす。差いつ押さえつ。
差しつ差されつ 酒をついだりつがれたりして、仲良く、また盛んに杯のやりとりをするようす。差いつ差されつ。

さ・す【差す｜指す】〔動サ五(四)〕❶(差す)㋐(「射す」とも書く)まっすぐに光が照り入る。光が当たる。「西日が—・す」㋑潮が満ちてくる。また、水が増して入り込む。しみ込む。「潮が—・す」「氾濫した川の水が床下まで—・してきた」「井戸に廃水が—・す」㋒何かのしるし・気配などが自然と外に現れる。「ほおに血の気が—・す」「景気にかげりが—・す」㋓ある種の気分・気持ちが生じる。きざしてくる。「眠けが—・す」「魔が—・す」「気が—・す(=気ガトガメル)」㋔平熱より高くなる。熱が出る。「熱が—・す」㋕枝や根が伸び広がる。草木が伸びて出る。「枝葉が—・す」❷(指す・差す)㋐指などで目標とする物や場所・方向を示す。指さす。「指で—・して教える」「後ろ指を—・される」「時計の針が七時を—・している」㋑人や物をそれと決めて示す。指名する。また、密告する。「文中のそれは何を—・しますか」「生徒を—・して答えさせる」「犯人を警察に—・す」㋒その方向へ向かう。目ざす。「南を—・して飛ぶ」㋓物差しで寸法を測る。「縦横の寸法を—・してみた」〈三重吉・桑の実〉㋔指物を作る。㋕将棋で、駒を動かす。また、対局する。「将棋を—・す」「一局—・す」㋖物を手で持って上げる。両手で高く上げる。「米俵を—・す」㋗傘などをかざす。㋘肩に担ぐ。になう。「駕籠を—・す」㋙舞で、手を前方に伸ばす。「—・す手引く手」㋚相撲で、相手の腋の下に手を入れる。「右を—・す」㋛競馬などで、

ゴールの直前で先行するものを追い抜く。「―・して首の差で勝つ」❸㋐雲などが、立ちのぼる。「八雲―・す出雲の児らが黒髪は吉野の川の沖になづさふ」〈万・四三〇〉㋑さしつかえる。「ちとお寺に―・す事ある」〈浄・薩摩歌〉 可能させる 補説「指す」「差す」「射す」「刺す」「注す」「点す」「挿す」「鎖す」などと、いろいろに漢字が当てられるが、本来は同一の語。
〔…句〕嫌気が差す・影が射す・気が差す・図星を指す・掌を指す・鳥影が射す・魔が差す・指一本も差させない・指を差す
類語 指差す・指し示す・示す

さ・す【挿す】〔動サ五(四)〕《「差す」と同語源》❶細長い物を、他の物の中に突き入れる。「花瓶にバラを―・す」「かんざしを―・す」❷挿し木をする。「菊を―・す」❸(「差す」とも書く)刀などを帯の間を通して挟み入れる。「腰に大小を―・す」 可能させる
類語 挟む・挟み込む・挟み入れる・差し入れる・差し込む・挿入する

さ・す【▽鎖す】〔動サ五(四)〕《「差す」と同語源》門や戸などを閉める。錠をおろす。閉ざす。また、容器の栓をぴったり閉じる。「戸を―・す」 可能させる

さす〔助動〕[さそ|さしさす|さす|さする|さすれ|させよ]上一段・上二段・下一段・下二段・カ変・サ変動詞の未然形に付く。❶使役の意を表す。せる。させる。「これはいさめる馬なりとて、鞍を置きかへさせけり」〈徒然・一八五〉❷動作を他に任せておいて、結果的にそうなることを表す。…に任せる。「馬の腹射させて引き退く」〈平家・一二〉➡させる ➡しむ ➡しめる ➡す ➡せる ❸(多くあとに「たまふ」など尊敬の意を表す語を伴って)尊敬の意を強める。…なさる。「二月の二十日あまり、南殿の桜の宴させ給ふ」〈源・花宴〉❹(謙譲語「聞こゆ」に付いて)謙譲の意を強める。お…申し上げる。「今一度かく見奉り聞こえさすこともなくてや」〈源・行幸〉➡聞こえさす
補説「さす」は上代から近世まで広く用いられたが、❶の用法が原義。近世以降は四段型にも活用。❷は中世の軍記物語の類に多くみられる武者言葉の一用法。❸❹は中古以降の用法で、❸の「させたまふ」「させおはします」「させらる」などは高い敬意を表す。

さ・す【▽止す】〔接尾〕《動詞五(四)段型活用》動詞の連用形に付く。❶しかけていた動作を中途でやめる意を表す。…しかける。「言い―・す」「飲み―・す」❷していた動作が中途でやんだままの状態であることを表す。…しかかる。「おもしろき梅の花開け―・したる朝ぼらけ」〈源・常夏〉

さ・ず【左図】ヅ 左にある図。文章中で図表を示すときなどに用いる。「―参照」

サズ〔トルコ saz〕《「サーズ」とも》トルコやアゼルバイジャンなどのリュート型撥弦楽器。

ざ・す【座主】❶学・徳ともにすぐれた一座の上首。❷大寺を統括する首席の僧職。延暦寺の天台座主に始まり、金剛峰寺・醍醐寺などで官命によって任ぜられたが、明治以後は私称。

ざ・す【座州|×坐×洲】〔名〕スル 船が浅瀬に乗り上げること。「河口で―する」

ざ・す【座す|×坐す】㊀〔動サ五〕「ざ(座)する」(サ変)の五段化。「一日中書斎に―・す」㊁〔動サ変〕「ざする」の文語形。

ざ・すい【座睡|×坐睡】〔名〕スル 座ったまま眠ること。いねむり。「冬でも着物の儘壁に倚れて―する丈だ」〈漱石・門〉

さす・え【×榼】薄い板を曲げて作った柄つきの器。〈和名抄〉

さす・が【刺▽刀】❶腰刀。また、懐刀。突き刺すのに使うのでいう。❷刀の鞘の差裏に添える小刀。小柄。❸細工用の小刀。

さす・が【刺▽鉄】鐙の鉸具に取り付ける金具。釘形で、回転し、力革の穴にさして止める。

さすが【流=石|×遉】㊀〔形動〕〔文〕〔ナリ〕❶評判や期待のとおりの事実を確認し、改めて感心するさま。なるほど、たいしたもの。「この難問が解けるとは―だ」❷あることを一応は認めながら、一方でそれと相反する感情を抱くさま。あることをそのままは容認できないさま。そうとばかりも言えない。やはりそうもいかない。「世の中なべて厭はしうおぼしならるるに、―なること多かり」〈源・花散里〉㊁〔副〕❶あることを認めはするが、特定の条件下では、それと相反する感情を抱くさま。そうは言うものの。それはそうだが、やはり。「味はよいが、これだけ多いと―に飽きる」「非はこちらにあるが、一方的に責められると―に腹が立つ」❷予想・期待したことを、事実として納得するさま。また、その事実に改めて感心するさま。なるほど、やはり。「一人暮らしは―に寂しい」「―(は)ベテランだ」❸(「さすがの…も」の形で)そのものの価値を認めはするが、特定の条件下では、それを否定するさま。さしもの。「―の名探偵も今度ばかりはお手上げだろう」
類語 なるほど

さす・かいな【指す▽肘|指す×肱】ヒヂ ▶指肘

サスカチュワン〔Saskatchewan〕カナダ中南部の州。州都リジャイナ。小麦の大産地。州内をサスカチュワン川が東流する。

さす・がみ【指す神】「天一神」に同じ。

さずかり・もの【授かり物】サヅカリ 神仏などから賜る物。特に、子供のこと。

さずか・る【授かる】サヅカル〔動ラ五(四)〕神仏や目上の人などから、金では買えない大切なものを与えられる。いただく。「秘伝を―・る」「子宝を―・る」 類語 押し頂く・貰う・受ける・受け取る・収める・収受する・受納する・受贈する・譲り受ける・貰い受ける・頂く・賜る・頂戴する・拝領する・拝受する・申し受ける

さ・ずき【仮=庪|仮=床】《「さじき(桟敷)」の古形》仮の棚または床。「門毎に八―を結ひ」〈記・上〉

サスキ・こうえん【サスキ公園】コウヱン《Ogród Saski》ポーランドの首都ワルシャワにある公園。18世紀ポーランド王により造成。無名戦士の墓があり、ピウスツキ元帥広場、国立オペラ劇場に隣接する。

サスキズ〔Saschiz〕ルーマニア中央部の村。シギショアラの東約20キロメートルに位置する。村の近郊に14世紀にオスマン帝国の襲撃に備えて建造された要塞教会があり、教会、城壁、主塔、見張り塔などが建造当初のまま残る。同じような教会をもつ南トランシルバニア地方の他の村々とともに、1999年に「トランシルバニア地方の要塞教会のある村落群」の名称で世界遺産(文化遺産)に登録された。

さず・く【授く】サヅク〔動カ下二〕「さずける」の文語形。

さずけ・もの【授け物】サヅケ 神仏が授けてくれるもの。さずかりもの。

さず・ける【授ける】サヅケル〔動カ下一〕〔文〕さづ・く〔カ下二〕❶目上の者が目下の者に特別に与える。「学位を―・ける」「勲章を―・ける」❷師が弟子に教える。伝授する。「秘伝を―・ける」「知恵を―・ける」
類語(❶)与える・恵む・施す・やる・あげる・差し上げる・くれる・くださる・賜る・供する・供与・提供・授与・恵与/(❷)伝授・師伝・奥伝・奥許し・口授・口伝

さす・ざお【×扠▽首×竿】ザヲ 妻飾りにある合掌形に組んだ木。

さ・すず【砂×錫】砂鉱床に産する錫石。錫石を含む鉱脈や岩石が風化され、流水や波の作用で運ばれるときに、重い錫石が集中して堆積したもの。錫の原料鉱石。

さすたけ・の【刺す竹の】〔枕〕《「さすだけの」とも》「君」「皇子」「大宮」「舎人」などにかかる。「さす」は生え伸びる意で、竹が勢いよく生長するところから、君・宮廷をたたえる意で用いたものという。「―大宮人の踏み平し通ひし道は」〈万・一〇四七〉

さす・づか【×扠▽首▽束】扠首竿の交点を下から支えている垂直材。

さす・て【差す手】舞で、手を前へ差し伸ばすこと。⇔引く手。

差す手引く手 ❶差す手と引く手。舞の手ぶりにいう。「―のあでやかさ」❷一挙一動。また、何かにつけて。副詞的にも用いる。「―に油断なく、…千貫目余の分限とはなりぬ」〈浮・永代蔵・四〉

サステイナビリティー〔sustainability〕持続できること。持続可能性。「地域社会に配慮した企業活動における―について話し合う」

サステイナブル〔sustainable〕〔形動〕持続可能であるさま。特に、地球環境を保全しつつ持続が可能な産業や開発などについていう。「―な社会作り」

サステイナブル・デザイン〔sustainable design〕《sustainableは、持続可能な、の意》再利用素材を使うなど、環境に配慮したデザイン。

サステイナブル・デベロップメント〔sustainable development〕《「持続可能な開発(発展)」と訳す》環境を破壊せずに持続して資源を利用できる開発。1980年代に国連の「環境と開発に関する世界委員会(WCED)」が提唱。SD。

サステイニング・プログラム〔sustaining program〕自主番組。民間放送局がスポンサーをつけずに自主的に企画・制作して放送する番組。サスプロ。⇔コマーシャルプログラム。

さす・なべ【銚=子】「さしなべ」に同じ。

さす・のみ【刺×鑿】鑿の一。柄の長さが約30センチあり、突くようにして材に比較的大きい穴をあけるもの。突き鑿。

さす・の・みこ【指すの▽神子】占いがよくあたる陰陽師や卜者。「占ひ云ふ言は時日を違へず、人皆―と思へり」〈盛衰記・四〉

ザスパ・くさつ【ザスパ草津】日本プロサッカーリーグのクラブチームの一。ホームタウンは草津町・前橋市を中心とする群馬全県。平成7年(1995)に草津町のクラブチームとして設立。同17年Jリーグに参加。補説「ザスパ」は英語の温泉(spa)に定冠詞(the)を付けたもの。

サス・プロ《sustaining programの略》民間放送局が、スポンサーなしに自費で制作・放送する番組。

サスペンション〔suspension〕❶自動車や電車で、車体をその上に載せて車輪からの振動を緩衝させる装置。懸架装置。❷懸濁液。英語のサスペンションと、ドイツ語のズスペンジオンとが混ざったサスペンジョンという呼称もよく使われる。

サスペンション・ライト〔suspension light〕舞台上部から垂直に投光する照明器具の総称。ボーダーライトを除き、主としてスポットライトを使用。

サスペンス〔suspense〕《未解決・不安・気がかりの意》小説・ドラマ・映画などで、筋の展開や状況設定などによって、読者や観客に与える不安感や緊張感。また、その小説・ドラマ・映画など。「―ドラマ」
類語 スリル・スリラー

サスペンスフル〔suspenseful〕〔形動〕不安に満ちているさま。気がかりでいっぱいなさま。「―な話の展開」

サスペンダー〔suspenders〕❶ズボン吊り。スカートにも用いられる。❷靴下止め。

サスペンダー・スカート〔suspender skirt〕つりひもで肩からつるスカート。吊りスカート。

サスペンデッド〔suspended〕野球やゴルフなどで、不測の理由で続行不可能になった試合が一時中止となること。試合は後日再開される。

サスペンデッド・ゲーム〔suspended game〕野球で、日没などのやむをえない障害により、後日その続きを行うことを条件として一時停止された試合。続行試合は、もとの停止された箇所から同じ状況のもとに再開する。ゴルフにもいう。一時停止試合。

サスペンド〔suspend〕❶決定などを保留すること。(しばらくの間)停止すること。❷▶スタンバイ

さす・また【刺股|指×叉】江戸時代、罪人などを捕らえるのに用いた三つ道具の一。2メートル余の棒の先に、二またに分かれた鉄製の頭部をつけたもの。これでのど首を押さえる。➡突棒 ➡袖搦み

さすらい【流=離】サスラヒ あてもなくさまようこと。流浪。「―の身」「―人」

さすらい・びと【流=離人】サスラヒ あてもなくさまよう人。
類語 放浪者・バガボンド

さすら・う【流=離う】サスラフ ㊀〔動ワ五(ハ四)〕どこということもなく、また、定まった目的もなく歩きまわる。漂泊する。流浪する。「雪の広野を―・う」㊁〔動ハ下二〕

㊁に同じ。「我身かくてはかなき世を別れなば、いかなるさまに―・へ給はむ」〈源・須磨〉 類語 さまよう・うろつく・出歩く・ほっつく・ぶらつく・徘徊・彷徨・流浪・放浪・漂泊・流離・漂流・浮浪

さすり【▽摩り|▽擦り】❶さすること。❷《腰などをさする女の意から》(多く「おさすり」の形で)女中と妾を兼ねた女。おなで。❸建築で、隣接する二面が同一平面にあること。面一。そろ。

さす・る【▽摩る|▽擦る】〔動ラ五(四)〕手のひらなどでからだや物の表面を、くりかえし軽くこする。「疲れた足を―・る」 可能 さすれる 類語 撫でる・こする・擦る・撫で下ろす・撫で上げる・逆撫で・愛撫

ざ・する【座する|×坐する】〔動サ変〕文ざ・す〔サ変〕❶すわる。じっとしている。「―・して待つ」❷事件などのかかわりあいになる。巻き添えを食う。連座する。「選挙違反に―・する」 類語 座る・腰掛ける・掛ける・着座する・着席する・安座する・正座する・端座する・静座する・黙座する・腰を下ろす・着く・跪く

座して食らえば山も空し　働かないでいれば、豊富な財産もやがてはなくなるものである。

さ-すれ-ば【▽然すれば】〔接〕《副詞「さ」＋サ変動詞「す」の已然形＋接続助詞「ば」から》❶そうであるから。「奥さまの外出嫌いは持前とやら、一是も隠居さまのせいではあるまじ」〈逍遥・細君〉❷それなら。「不備な点が多いのか。―再調査する必要があろう」

さ-せい【×嗄声】声帯に病変があるため声が異常な状態。しわがれ声・かすれ声などの状態。かせい。

させい-ほうせい〔感〕牛を追うときの掛け声。「一精一ぱい、ひけ共遅き牛の足」〈浄・手習鑑〉

さ-せき【佐跡|佐×蹟】藤原佐理の筆跡。➡三蹟

さ-せき【砂石|沙石】砂と石。小石。しゃせき。

ざ-せき【座席】すわる場所。すわる席。席。「―指定車」 類語 席・座・シート・居所・場席・空席・客席・定席・座所

ざせき-してい【座席指定】乗り物や劇場などの指定席を利用する際に、希望する位置の席を指定すること。

させきしゅう【沙石集】▶しゃせきしゅう(沙石集)

ざせきよやく-システム【座席予約システム】航空機・列車などの座席の予約で、中央のコンピューターとオンライン結合した支店または営業所の端末装置から座席予約ファイルを即座に検索できるようにしたシステム。

サゼスチョン〖suggestion〗▶サジェスチョン

さ-せつ【左折】〔名〕スル 直進していた車や人または道が、ある地点で左に曲がること。「次の角を―する」⇔右折。 類語 曲がる・折れる・右折・カーブ

ざ-せつ【挫折】〔名〕スル 仕事や計画などが、中途で失敗しだめになること。また、そのために意欲・気力をなくすこと。「資金不足で事業が―する」「―感」 類語 失敗・駄目・おじゃん・台無し・ふい・無駄・空中分解・くたびれもうけ・おしまい・わや・パンク・ぽつ

サセックス〖Sussex〗英国、イングランド南東部の地方名。イギリス海峡に臨む。

させぼ【佐世保】長崎県北部、北松浦半島にある市。明治以来軍港として栄え、第二次大戦後は米軍基地、自衛隊基地となった。造船業が盛ん。平成17年(2005)吉井町・世知原町を、同18年に宇久町・小佐々町を、同22年に江迎町・鹿町町を編入。人口26.1万(2010)。

させぼ-し【佐世保市】▶佐世保

させぼ-せん【佐世保線】長崎本線肥前山口から佐世保に至るJR線。明治28年(1895)～31年開業。全長48.8キロ。

させます〔助動〕〔させませ(させましょ)｜させまし｜させます｜させます｜させませ｜させませ(させまし)〕《尊敬の助動詞「さす」に動詞「おはします」の付いた「させおはします」の音変化。室町時代語》動詞の上一段・上二段・下一段・下二段・カ変・サ変活用の未然形に付く。尊敬の意を表す。お…になる。…なさる。「夜五の時分にするすると果てさせます」〈御湯殿上日記〉➡さします 補説 一説に「さす」に丁寧の助動詞「ます」の付いたものとも。

させ-も「させもぐさ」の略。「契り置きし―が露を命にて哀れ今年の秋も往ぬめり」〈千載・雑上〉

させ-もぐさ【差×艾|指▽焼草】「さしもぐさ」の音変化。「思ひだにかからぬ山の―誰かいぶきのさとは告げしぞ」〈枕・三一八〉

させ・られる〔連語〕《使役の助動詞「させる」の未然形＋受身の助動詞「られる」》❶ある動作をするように、他から強制される意を表す。「子供の面倒を見―られた」❷他からの刺激で、ある状態・作用を起こす意を表す。「この映画を見て、将来のことを考え―られた」

さ・せる〔動サ下一〕文さ・す〔サ下二〕《サ変動詞「す」の未然形「せ」に使役の助動詞「さす」の付いた「せさす」の音変化から》❶人にある行為をするようにし向ける。「勉強を―・せる」「人ニ損ヲ―・スル」〈ロドリゲス日本大文典〉❷するにまかせる。することを許す。「好きなように―・せる」 補説 現代の口語文法では、「さ」をサ変動詞「する」の未然形の一とし、それに助動詞「せる」の付いたものとしている。

させていただ・く　相手に許しを請うことによって、ある動作を遠慮しながら行う意を表す。「私が司会を―・きます」

させ-る〔連体〕《動詞「さ(指)す」の已然形＋完了の助動詞「り」の連体形から。あとに打消しの語を伴って用いる》特に取り立てていうほどの。さほどの。さしたる。「皆、馬芸、―ことなき事どもなり」〈徒然・二三八〉 補説「然せる」とも書いて、副詞「然」に、サ変動詞「す」の未然形、完了の助動詞「り」の連体形が付いたものからとみる説もあるが、「指せる」からとする説に従う。➡さしたる

させる〔助動〕〔させ｜させ｜させる｜させる｜させれ｜させろ(させよ)〕《古語の助動詞「さす」の下一段化したもの》動詞の上一段・下一段・カ変活用の未然形に付く。❶使役の意を表す。「子供にすきなだけ食べさせる」❷(「させていただく」「させてもらう」の形で)相手方の許しを求めて行動する意をこめ、相手への敬意を表す。「今月限りで辞めさせていただきます」「答えさせてもらう」❸他の行動に対する、不干渉・放任の意を表す。「どうしても受験したいなら、受けさせるのだな」「好きなだけ食べさせなさい」❹(多くは「させられる」「させたもう」の形で)尊敬の意を表す。現代では文語調の表現に用いられ、高い敬意を表す。「神よ、人々に恵みを垂れさせたまえ」➡しむ ➡しめる ➡す ➡せる 補説「させる」は「御覧ぜさせられる」「講ぜさせる」のように、サ変動詞の未然形に付くこともある。

さ-せん【左遷】〔名〕スル《昔、中国で、右を尊び左を卑しんだところから》低い地位・官職におとすこと。左降。「閑職に―される」

さ-せん【鎖線】短い直線と点との交互の連続線。点の数により一点鎖線、二点鎖線などという。

さ-ぜん【作善】仏語。仏縁を結ぶための善事を行うこと。造仏・造塔・写経など。

ざ-ぜん【座前】❶座席のまえ。❷手紙で、あて名の脇付に用いて敬意を表す語。

ざ-ぜん【座禅|×坐禅】仏教の修行法の一。主として禅宗で行う。古代インドの修行形式を取り入れたもので、修行者は禅堂で結跏趺坐あるいは半跏趺坐し、半眼の姿勢をとる。精神を統一し、無念無想の境地に入って悟りを求める。

ざぜんざんまいきょう【坐禅三昧経】原始経典。2巻。鳩摩羅什が漢訳。諸家の説いた禅の作法などを拾い集め、禅法を説いたもの。坐禅三昧法門経。禅経。

させん-せい【左旋性】旋光性のうち、ある種の物質中を通過する偏光の振動面を左に回転させる性質。果糖の水溶液などにみられる。⇔右旋性。

ざぜん-そう【座禅草】サトイモ科の多年草。中部地方以北の山間の湿地に自生。全体に悪臭がある。葉は大きい心臓形で長さ約40センチ。4月ごろ、葉の開かないうちに、紫黒色の厚い仏炎苞に包まれた花をつける。名はこの形に由来。だるまそう。べこのした。〔季 春〕

ざぜん-ぶすま【座禅×衾】座禅のときに身につける衣。

ざぜん-まめ【座禅豆】黒大豆を甘く煮た食べ物。僧が座禅中、小用に立たないために食べたところからの名という。ざぜまめ。

ざぜんようじんき【坐禅用心記】鎌倉時代の仏教書。1巻。瑩山紹瑾著。初心者のために座禅の心得を記したもの。

さ-ぞ【×嘸】《副詞「さ」＋係助詞「ぞ」から》㊀〔副〕(あとに推量の語を伴って)未知の経験を目前のことのように想像したり、他人の経験に共感したりするさま。さぞめし。きっと。さぞかし。「旅行は―楽しかったでしょう」㊁〔連語〕❶そのように。「げに―おぼさるらむ」〈源・須磨〉❷文末にあって、強く肯定する意を表す。そうだ。「うらうらと死なむずるなと思ひとけば心のやがて―とこたふる」〈山家集・下〉 類語 さだめし・さぞかし・さぞや・さだめて

さそい【誘い】さそうこと。勧誘。また、誘惑。「―がかかる」「敵の―にのる」 類語 勧め・勧誘・誘惑

さそい-あ・う【誘い合う】〔動ワ五(ハ四)〕お互いに誘う。「友人と―・って旅に出る」

さそい-あわ・す【誘い合(わ)す】㊀〔動サ五(四)〕「誘い合わせる」に同じ。「―・して出かける」㊁〔動サ下二〕「さそいあわせる」の文語形。

さそい-あわ・せる【誘い合(わ)せる】〔動サ下一〕文さそひあは・す〔サ下二〕さそいあって一緒に行動する。また、互いに相談してさそいあう。「―・せて会場へ行く」

さそい-こ・む【誘い込む】〔動マ五(四)〕誘ってある物の中やある状態に引き入れる。「車に―・む」「悪の道へ―・む」

さそい-だ・す【誘い出す】〔動サ五(四)〕❶さそって外に連れ出す。おびきだす。「散歩に―・す」「犯人を―・す」❷あることをするようにしむける。「発言を―・す」

さそい-だま【誘い球】野球で、打者に打ち気を起こさせ、バットを振らせるために投げるボール。つりだま。

さそい-みず【誘い水】「呼び水」に同じ。

さそ・う【誘う】〔動ワ五(ハ四)〕❶一緒に行動するようにすすめる。また、連れ出す。「ボランティア活動に―・う」「ドライブに―・う」❷そのことが原因となって、ある気持ちを引き起こさせる。促す。「涙を―・うドラマ」「いい陽気に―・われて行楽地に繰り出す」❸好ましくない状況などに引き入れる。誘惑する。「悪の道に―・う」 可能 さそえる 類語 いざなう・招く・呼ぶ

ざ-そう【座葬|×坐葬】座った姿勢で遺体を埋葬すること。棺を使用するときは座棺。➡屈葬

ざ-そう【挫創】「挫傷」に同じ。

ざ-そう【×痤×瘡】毛根を包んでいる毛嚢に一致して生じた紅色の丘疹で、膿疱を形成したもの。尋常性痤瘡(にきび)・酒皶性痤瘡のほか薬疹として生じるものもある。

ざ-ぞう【座像|×坐像】すわっている姿の像。⇔立像。

さ-そうとう【左宗棠】［1812～1885］中国、清末の政治家。字は季高。湖南省湘陰の人。曽国藩の下で太平天国の乱を平定し、のち福州に近代的造船所を設けて洋務運動を推進した。また、新疆のイスラム教徒の反乱を鎮圧した。

さぞ-かし【×嘸かし】〔副〕「さぞ」を強めていう語。さだめし。さぞや。「―お喜びのことでしょう」 類語 さだめし・さぞ・さぞや・さだめて

さ-そく【左側】ひだりがわ。「―通行」⇔右側。

さ-そく【▽早速】〔名・形動〕機敏であること。機転が利くこと。また、そのさま。「会心の機を―に捕えた非凡の技」〈漱石・虞美人草〉

さぞ-な【×嘸な】〔連語〕《「な」は終助詞》❶そのとおりだなあ。いかにもそのように。「立ち聞く人もあらじなんどすすむれば、一昔の名残もさすがゆかしくて」〈平

家・六〉❷さだめし。きっと。さぞかし。「袖にふけ―旅寝の夢も見じ思ふかたよりかよふ浦風」〈新古今・羇旅〉
さぞ-や【×嘸や】〔副〕「さぞ」を強めていう語。さだめし。さぞかし。「―寂しかろう」
(類語)さだめし・さぞかし・さぞ・さだめて
さそら【左▽尊羅】香木の名。沈香の一種。
さそり【×蠍】蛛形綱サソリ目の節足動物の総称。大きなはさみ(触肢)をもち、歩脚は四対、尾端に毒針がある。夜行性で、昆虫などを捕食。キョクトウサソリ・ヤエヤマサソリ・マダラサソリなど約600種があり、熱帯や亜熱帯に広く分布。《季 夏》
さそり-ざ【×蠍座】黄道十二星座の一。南天、天の川の中に比較的明るい星が大きなS字形に並ぶ。α星はアンタレス。7月中旬の午後8時ごろ地平線近くで南中する。学名 Scorpius
さそりじょう-かじょ【×蠍状花序】有限花序の一。花軸の先端に花がつき、その下から枝が1本出て花をつけ、次は反対側に分枝し、方向が交互に変わるもの。グラジオラスなどにみられる。互散花序。
さそり-もどき【×蠍▽擬】蛛形綱サソリモドキ科の節足動物。体長4センチくらいで黒褐色。サソリに似るが、尾端に長いむち状の突起をもち、毒はないが悪臭を放つ。九州南部・沖縄に分布。むちさそり。
さ-そん【差損】売買の結果、価格の改定、為替相場の変動などにより、決済で発生する損失。⇔差益。
(類語)損・不利益・損失・損害・損亡・欠損・実損・赤字・出血・持ち出し・採算割れ・実害
さ-た【沙汰】〔名〕(スル)《「沙」は砂、「汰」はより分ける意》❶物事を処理すること。特に、物事の善悪・是非などを論じ定めること。裁定。また、裁決・裁判。「地獄の―も金次第」❷決定したことなどを知らせること。通知。また、命令・指示。下知。「―があるまで待て」「―を仰ぐ」「詳細は追って―する」❸便り。知らせ。音信。「このところなんの―もない」「音―」「無―」❹話題として取り上げること。うわさにすること。「事件の真相たるや、世間であれこれ―するどころの話ではない」「取り―」❺問題となるような事件。その是非が問われるような行為。「正気の―ではない」「表―」「色恋―」「警察―」(類語)(❷)命令・言い付け・命・令・指令・下命・指示・指図・号令・発令・主命・君命・上意・達し・威令・厳令・厳命/(❺)便り・音信・音沙汰/(❺)行動・行為・行い・振る舞い・挙・活動・動き・所行・言動・言行・行状・行跡
　沙汰の限り　❶是非を論じる範囲をこえていること。論外。また、言語道断。もってのほか。「あんな男をリーダーに据えるとは―だ」「―を尽くす」❷理非・善悪の問題となる範囲。「是をだに心得ざらんは―にあらず」〈正徹物語・上〉
　沙汰の外　「沙汰の限り❶」に同じ。「朝敵となり給ひて後は、我が身一人の置き所なし。家人の恩までは―なり」〈盛衰記・二〇〉
さだ【▽時】時機。また、盛りの年齢。⇒時過ぐ
さ-だ【×蹉×跎】㊀〔名〕つまずいて時機を失すること。「嗚乎呉を沼にするの志、空く―し」〈東海散士・佳人之奇遇〉㊁〔形動タリ〕時機を逸しているさま。不遇であるさま。「日暮れ、塗遠し。吾が生すでに―たり」〈徒然・一一二〉
さだ〔副〕たしかに。実に。「人間守り葦垣越しに我妹子を相見しからに言そ―多き」〈万・二五七六〉
サダーム〖SADARM〗《sense and destroy armor》親子爆弾。対戦車兵器の一種で、砲弾にセンサーを備えた4発の子弾を組み込んだもの。上空で分散された各子弾が目標を捕捉して攻撃する。
サターン〖Saturn〗㊀►サトゥルヌス ㊁土星。
サターンごがた-ロケット【サターン五型ロケット】アメリカ航空宇宙局が開発した大型ロケット。
さ-だいしょう【左大将】►左近衛大将
さ-だいじん【左大臣】❶律令制で、太政官の長官。太政大臣の次位、右大臣の上位にあって、政務を統轄した。左府。左丞相。左僕射。ひだりのおおいもうちぎみ。ひだりのおとど。❷明治初期の太政官制における官名。明治18年(1885)、内閣制度発足で廃止。
さ-だいじん【左大神】神社の随身門に安置してある2体の神像のうち、向かって右側の神像の俗称。⇔矢大神。⇒随身門
さた-いねこ【佐多稲子】[1904～1998]小説家。長崎の生まれ。本名、イネ。「キャラメル工場から」でデビュー。左翼運動に身を投じ、共産党に入党するが、のち除名。他に「女の宿」「樹影」「時に佇つ」など。
さ-だいべん【左大弁】律令制で、太政官左弁官局の長官。従四位上相当。⇒左弁官
ザ-ダイヤモンド〖The Diamond〗英国、北アイルランドの都市ロンドンデリーの中心部にある広場。市街を囲む城壁には四つの主要な門、ビショップ門、フェリーキー門、シップキー門、ブッチャー門があり、それぞれの門を通る道のすべてがこの広場で交差する。
さだ-か【定か】〔形動〕[文]〔ナリ〕(多く打消しの語を伴って用いる)事実として、はっきりしているさま。確実。あきらか。「―な話ではないが」(類語)明らか・はっきり・ありあり・まざまざ・さやか・確か・確実・正確・的確・明確・精確・明白・確・確固・確然
さだ-かいせき【佐田介石】[1818～1882]浄土真宗の僧、国粋主義者。肥後の人。仏教の須弥山説をもって地動説を排斥し、独自の経済論をもって国産品愛用運動を起こした。著「栽培経済論」など。
さだ-がわ【佐陀川】島根県東部、松江市を流れる人工河川。宍道湖北東岸の浜佐陀から北へ島根半島を横切り、同市鹿島町恵曇で日本海に注ぐ。長さ約8キロ。天明7年(1787)、松江城下と周辺の治水対策、恵曇―松江の水運、沿岸の新田開発を目的として造られた。
ざ-たく【座卓｜×坐卓】畳・床にすわって使う机。
さたけ-あきひろ【佐竹昭広】[1927～2008]国文学者。東京の生まれ。京都大学、成城大学の教授を経て国文学研究資料館館長。古代・中世文学、特に万葉集の研究に業績を残した。
さたけ-しょざん【佐竹曙山】[1748～1785]江戸中期の洋風画家。秋田藩主。名は義敦。家臣の小田野直武とともに平賀源内に西洋画法を学び、写実的な花鳥画・風景画を多く描いた。日本最初の西洋画論「画法綱領」などの著がある。
さたけ-よしまさ【佐竹義和】[1775～1815]江戸後期の秋田藩主。号、泰峨。曙山の長男。天明の飢饉のあと、農業振興と殖産興業を目指す藩政改革を断行。藩校明道館(のち明徳館)を創設した。
さたけ-よしみ【佐竹義躬】[1749～1800]江戸中期の洋風画家。秋田藩主佐竹氏の一族で角館城代。小田野直武に西洋画法を学び、花鳥画を多く描いた。
さだ-さだ【定定】〔副〕しっかり。たしかに。「―と三度が同じ声に聞こゆるほど」〈浜松・四〉
さだ-じんじゃ【佐太神社】島根県松江市にある神社。主祭神は佐太大神。例祭の佐陀神能は有名。出雲国二の宮。佐陀大社。佐太大神社。
さだすぎ-びと【▽時過ぎ人】盛りの年齢を過ぎた人。「―をも…いたくな軽め給ひそ」〈源・若菜下〉
さだ-す・ぐ【▽時過ぐ】〔動ガ上二〕❶時機を失する。「沖つ波辺波の来寄る左太の浦のこの―・ぎて後恋ひむかも」〈万・二七三二〉❷盛りの年齢を過ぎる。「いと―・ぎ、ふるぶるしき人の」〈枕・八三〉
さだ-ちょう【沙×陀調】雅楽の調子の一。壱越を主音とする呂旋調で、のちに壱越調に編入。
さ-だ・つ【▽騒立つ】〔動タ四〕ごたごたする。「家の―・つも見て取った」〈浄・卯月の潤色〉
さだつぐ【貞次】鎌倉前期、備中の刀工。後鳥羽院の御番鍛冶。同名の刀工は多い。生没年未詳。
サタデー〖Saturday｜Sat.〗土曜日。
サダト〖Anwar al-Sādāt〗[1918～1981]エジプトの政治家。自由将校団の一員として1952年の軍事クーデターに参加。70年、ナセルの死後、第2代大統領に就任。79年、イスラエルとの間に平和条約を成立させたが、イスラム原理主義者に暗殺された。78年、ノーベル平和賞受賞。
さた-どころ【沙汰所】中世、裁判をつかさどった所。評定所。
さだとし【定利】鎌倉中期、京都の刀工。三条系の流れをくみ、綾小路に住んだ。生没年未詳。
さた-なし【沙汰無し】〔名・形動〕❶取り立てて問題にしないこと。不問に付すこと。「―に済ます」❷便りや訪れのないこと。また、そのさま。無沙汰。「このところ、とんと―だ」❸他に知らせないこと。また、そのさま。「其の夜―に行方しらずなりにき」〈浮・一代男・三〉❹とりやめること。また、そのさま。さたやみ。「夜ぬけの事は―にして」〈浮・織留・二〉
さた-にん【沙汰人】❶中世・近世、官の命令を執行した者。❷中世、荘園領主の命令を伝えたり、年貢の徴収などをつかさどったりした下級荘官。有力名主がこれにあたり、惣の中心となった。
さだのやま-しんまつ【佐田の山晋松】[1938～]力士。第50代横綱。長崎県出身。本名、市川晋松。旧姓、佐々田。優勝6回。引退後、年寄出羽海を経て境川を襲名。日本相撲協会理事長も務めた。⇒栃ノ海晃嘉(第49代横綱) ⇒玉の海正洋(第51代横綱)
さだまり【定まり】❶決まっていること。決まり。「―のとおりに儀式を執り行う」⇒おさだまり ❷決着すること。おさまること。「―のつかない事件」❸心に決めたこと。決意。覚悟。「胸のうちには断然とせし―もなく」〈一葉・花ごもり〉
さだま・る【定まる】〔動ラ五(四)〕❶決定する。きまる。「方針が―・る」「運命が―・る」「心が―・る」❷明らかになる。はっきりする。「話の焦点が―・る」❸落ち着く。安定する。「評価が―・る」「―・った収入」❹治まる。静まる。「天候が―・る」(類語)決まる・落ち着く・固まる・決する・決定する・確定する・決着する
さた-みさき【佐多岬】鹿児島県大隅半島南端の岬。ソテツ・ビロウなどの亜熱帯植物が群生する。
さだ-みさき【佐田岬】愛媛県西端の佐田岬半島先端にある岬。黄金碆とよばれる暗礁がある。
さだみさき-はんとう【佐田岬半島】愛媛県北西部に細長く突き出た半島。中央構造線に沿って西南西に約40キロ、最大幅6.4キロ、最小幅0.8キロの半島。瀬戸内海の伊予灘と宇和海を分ける。ミカン栽培と漁業が盛ん。西部の三崎海岸は亜熱帯植物アコウの北限地。半島先端の佐田岬灯台周辺は瀬戸内海国立公園に属する。三崎半島。
さだ・む【定む】〔動マ下二〕「さだめる」の文語形。
さだむね【貞宗】南北朝時代、相模の刀工。通称彦四郎。正宗と併称される名工。正宗の養子ともいう。生没年未詳。
さだめ【定め】❶物事を決めること。取り決め。決定。「親の―に従って結婚する」❷規則。おきて。「村の―に従う」❸運命。宿命。「人には人それぞれの―がある」❹安定していること。不変であること。「―のないのがこの世の習い」❺優劣などを決めるための論議。評定。「唐土などにも、昔より春秋の―は、えし侍らざるなるを」〈更級〉(類語)(❷)規則・制度・約束・決まり・規定・規程・条規・定則・規約・規準・規矩準縄・規律・ルール・コード・おきて/(❸)宿命・宿運・運命・運・運勢・天運・天命・巡り合わせ・回り合わせ・星回り・命数・暦数・時運・因縁
さだめ-がき【定書】❶江戸時代、幕府や諸藩が出した法令・規則。また、それを「定書」または「定」と題して記し掲示したもの。法度書。おさだめがき。❷商店などで規則または商品の種類・価格などの箇条を記し掲示したもの。「とかく梵悩の火の用心は、湯屋の―に似たり」〈滑・浮世風呂・前〉
さだめ-き・る【定め切る】〔動ラ四〕最終決定する。決着をつける。「悪しともよしとも―・りて止みなむかし」〈枕・八二〉
さだめ-ごと【定め事】定まっていて動かせないこと。定まった運命。
さだめ-し【定めし】〔副〕(あとに推量の語を伴って)おそらく。きっと。さぞかし。「―楽しかったことだろう」「―

つらかろうと思う」(類語)さぞ・さぞかし・さぞや・定めて
さだめ-て【定めて】〔副〕❶「定めし」に同じ。「貴方は一飽きっぽいと思うでしょう」〈漱石・明暗〉❷必ず。「花開くれば必ず菓を結ぶ、罪を作れば一果を感ずるなり」〈今昔・三・一七〉(類語)定めし・さぞかし・さぞや・さぞ
さだめ-な・い【定め無い】〔形〕(文)さだめな・し〔ク〕一定しない。無常である。「一・い世」
さだめ-まい【定米】▶掟米(おきてまい)
さだ・める【定める】〔動マ下一〕(文)さだ・む〔マ下二〕❶決定する。きめる。「この地を都と一・める」❷よりどころや従うべきものとしてきめる。制定する。「法の一・めるところ」「憲法を一・める」❸はっきりさせる。「態度を一・める」❹落ち着かせる。安定させる。「住居を一・める」「身を一・める」❺静める。治める。「天下を一・める」❻評定する。議論する。「しばし舟をとどめて、とかく一・むることあり」〈土佐〉➡決める(用法)(類語)決める・決まる・決する・定まる・固まる・まとまる・決定する・確定する・決着がつく
さた-やみ【沙汰▽止み】命令や計画などが中止になること。おながれ。「道路拡張計画が一になる」(類語)中止・休止・停止・中断・中絶・途絶・ストップ・お流れ・流産・立ち消え・お蔵入り
ザダル〖Zadar〗クロアチア南西部、ダルマチア地方の都市。アドリア海に臨む良港をもつ。紀元前4世紀以前にイリュリア人が建設した町に起源し、紀元前2世紀に古代ローマの植民都市となり、中世には東ローマ帝国の支配下で発展。13世紀初頭に第4次十字軍率いるベネチア共和国に占領された。旧市街には古代ローマ時代の遺跡のほか、聖ドナト教会、聖ストシャ大聖堂をはじめとする中世の教会がある。
さたろう【佐太郎】〔サタラウ〕《堺の豪家佐太郎が、参勤途上の紀州侯の家臣たちを冷や飯でもてなし、飯野(いいの)の姓を許されたという故事から》冷や飯。残飯。「一を年中食て居候」〈柳多留・七九〉
さ-たん【左×袒】〔名〕(スル)《「袒」は衣を脱いで肩をあらわにする意で、中国、前漢の功臣周勃(しゅうぼつ)が呂氏(りょし)の乱を鎮定しようとした際、呂氏に味方する者は右袒せよ、劉氏(りゅうし)に味方する者は左袒せよ、と軍中に申し渡したところ全軍が左袒したという「史記」呂后本紀の故事から》味方すること。「何としても上方の者に一する気にならぬ」〈福沢・福翁自伝〉(補説)「左担」と書くのは誤り。
さ-たん【左端】左のはし。ひだりはし。(対)右端。
さ-たん【×嗟嘆|×嗟×歎】〔名〕(スル)❶なげくこと。「才能のなさに一するばかりだ」❷非常に感心して褒めること。嘆賞。「名演技に一の声があがる」(類語)嘆く・悲しむ・愁える・託(かこ)つ・嘆(なげ)ずる・悲嘆する・愁嘆する・痛嘆する・嘆息する・長嘆する
サタン〖Satan〗キリスト教で、悪魔のこと。➡悪魔❸
さ-だん【×瑣談】つまらない話。こまごました話。
ざ-だん【座談】❶すわって気楽に話し合うこと。「一に興じる」❷その場だけの話。
ざだん-かい【座談会】〔クワイ〕数人が集まり、ある問題を中心に、それぞれの意見などを気楽に話し合う会。(類語)会議・会・会合・集会・寄り合い・ミーティング・集まり・集い・まどい・団欒(だんらん)
さち【幸】❶海や山でとれる食物。獲物。収穫。「海の一、山の一」❷しあわせ。幸福。さいわい。「一あれと祈る」❸獲物をとる道具。また、それがもつ霊力。「各(おのおの)一を相易(あひか)へて用ゐむ」〈記・上〉(類語)(❷)幸福・幸せ・幸(さいわ)い・福・果報・冥利(みょうり)・多幸・多祥(たしょう)・万福(ばんぷく)・至福・浄福・清福・ハッピー
さ-ち【×蹉×跌】〔名〕(スル) つまずくこと。また、失敗すること。「多くは人生の一にあったり、失敗窮困に陥ったりして」〈露伴・連環記〉
さち-がえ【幸替へ】〔ガヘ〕互いに獲物や獲物をとる道具を交換すること。「試(こころ)みに一せむ」〈神代紀・下〉
ザチシエ〖Zatish'e〗ロシア連邦の都市エレクトロスターリの旧称。
サチャグラハ〖(ヒンディー) satyagraha〗《satya(真理)+graha(把握)》インドのガンジーが唱えた非暴力不服従運動のこと。
さ-ちゅう【左注|左×註】本文の左側に付ける注。
さ-ちゅう【砂中|沙中】砂の中。砂漠の中。
ざ-ちゅう【座中】❶会合している一座の中。また、その一座。「一を見回す」❷芸能の一座の仲間。
さちゅう-かん【左中間】野球で、左翼手と中堅手の間。レフト-センター間。
さちゅう-ぐうご【砂中偶語】《漢の高祖の時、論功行賞に漏れた諸将が砂中で謀反をはかったという「史記」留侯世家の故事から》臣下が陰謀の相談をすること。
さ-ちゅうじょう【左中将】〔チュウジャウ〕▶左近衛中将(さこんえのちゅうじょう)
さ-ちゅうべん【左中弁】律令制で、太政官左弁官局の次官。正五位上相当。➡左弁官
ざ-ちょう【座長】〔チャウ〕❶芝居・見世物・演芸などの一座の長。座頭(ざがしら)。❷座談会や懇談会などで、会の進行や取りまとめなどをする役。「一をつとめる」
さつ【札】㊀〔名〕紙幣。㊁〔接尾〕助数詞。書状・証文などを数えるのに用いる。「証文を一一入れる」➡(漢)「さつ(札)」(類語)紙幣・札びら
さつ【察】俗に、警察のこと。「一にばらす」➡(漢)「さつ(察)」(類語)警察・ポリス
さつ【撮】容積の単位。中国旧制の単位としては、勺(しゃく)の10分の1。尺貫法の単位としては、才の10分の1。勺の100分の1。➡(漢)「さつ(撮)」
さつ【×檫|刹】仏塔の中心となる柱。また、その礎石。➡(漢)「さつ(刹)」
さつ【冊】〔接尾〕助数詞。書物などを数えるのに用いる。「雑誌二、三一」➡(漢)「さつ(冊)」
ざつ【雑】㊀〔名〕いろいろなものが入りまじっていること。区別しにくい事柄を集めたもの。「一の部」「一収入」㊁〔形動〕大まかで、いいかげんなさま。ていねいでないさま。粗雑。粗末。「一な仕事」「一に扱う」➡(漢)「ざつ(雑)」(類語)杜撰(ずさん)・雑駁(ざっぱく)・乱暴
さつ-い【殺意】人を殺そうとする意志。「一を抱く」
さつ-いれ【札入れ】紙幣を入れる財布。紙入れ。(類語)財布・蟇口(がまぐち)
さ-つう【茶通|茶×桶】茶の湯で、薄茶を入れる器。円筒形でふたが浅く、多くは漆器。ちゃおけ。
さつう-ばこ【茶通箱】茶道具の一。2種の濃茶(こいちゃ)を同時に客にすすめるときの点前(てまえ)に用いる箱。
さつ-えい【撮影】〔名〕(スル) 写真や映画をとること。「屋外で一する」「記念一」(類語)撮る・写す・写る
ざつ-えい【雑詠】詩歌や俳句で、特に題をきめず、自由な題材で詠むこと。また、その作品。
さつえい-がそすう【撮影画素数】〔グワソスウ〕《film valid pixels》▶記録画素数
さつえい-かんど【撮影感度】▶感度
さつえい-き【撮影機】映画をとるためのカメラ。
さつえい-じょ【撮影所】映画を撮影・制作するのに必要な設備を持つ所。スタジオ。
さつえい-せんそう【薩英戦争】〔センサウ〕文久3年(1863)鹿児島で英国東洋艦隊と薩摩藩との間で行われた戦争。前年の生麦事件が原因。両軍ともに大きな損害を被り、同年講和。以後両者の提携が進んだ。
さつえい-ばいりつ【撮影倍率】カメラのフィルムやイメージセンサーに写された像の大きさと、被写体の実際の大きさとの比率。写された像が実物大の場合は1倍(等倍)という。接写に向くマクロレンズの中には最大撮影倍率が等倍のものがある。像倍率。
ざつ-えき【雑役】主な業務以外の種々雑多な仕事。(類語)雑用・雑務・雑事・小用
ざつ-えき【雑益】特定の勘定科目に該当しない収入。
さつ-お【▽猟▽男|▽猟▽夫】〔ヲ〕狩猟をする人。猟師。(季 冬)「月出でて一になくや山がらす/蛇笏」
ざつ-おん【雑音】❶不規則で不愉快に感じられる音。うるさい音。❷ラジオ・テレビ・電話などの聴取の妨げとなる音。また、電気回路で、目的とする信号電流以外の、通信を妨害する電流。ノイズ。❸うわさや無責任な意見。「一に迷わされる」(類語)騒音・ノイズ
ざつおん-でんあつ【雑音電圧】▶熱雑音
さっ-か【作家】〔サク〕芸術作品の制作をする人。また、それを職業とする人。特に、小説家。「一志望」(類語)小説家・文学者・文士・文豪・文人
さっ-か【作歌】〔サク〕〔名〕(スル) 歌、特に短歌をつくること。また、その歌。「春を題材にして一する」(類語)作文・詩作・作詞・句作・劇作
さっ-か【察化】〔サツクワ〕狂言。和泉(いずみ)流は「咲嘩」。太郎冠者が察化という詐欺師を連れ帰ったので、主人は体よく帰そうとして冠者に自分のまねをさせるが、冠者は大失態を演じる。
さっ-か【×蒴果】〔サククワ〕▶さくか(蒴果)
さっ-か【擦過】〔クワ〕〔名〕(スル) かすること。
ざっ-か【雑家】古代中国の諸子百家の一。儒家・墨家・名家・法家など諸家の説を取捨・総合した学派。
ざっ-か【雑貨】〔クワ〕日常生活に必要なこまごました品物。「一店」(類語)小間物・荒物・日用品・備品・消耗品
ざっ-か【雑歌】▶ぞうか(雑歌)
サッカー〖soccer〗1チーム11人からなる二組みが、ゴールキーパー以外は手を使わず、主として足でボールを扱いながら相手のゴールにボールを入れて得点を競い合う競技。蹴球(しゅうきゅう)。ア式蹴球。(季 冬)
サッカー《seersuckerの略》皺(しぼ)を縞のように織り出した織物。主に、夏服に用いる。
さっ-かい【×鑿開】〔サク〕〔名〕(スル) 穴を掘りあけること。また、切りひらくこと。「之を一し西洋より東洋に航する所の直路を造る」〈村田文夫・西洋聞見録〉
さつ-がい【殺害】〔名〕(スル)《古くは「せつがい」》人を殺すこと。「要人を一する」(類語)殺人・他殺・人殺し
ざっ-かい【雑×芥】雑多なごみやくず。
さっかいき【薩戒記】室町時代の公卿中山定親の日記。応永25年(1418)から嘉吉3年(1443)までの日記と、永享元年(1429)までの目録・部類記などからなる。室町中期の政治・経済史を知る重要史料。
さっか-ぎょ【▽遡河魚】〔サク〕▶そかぎょ(遡河魚)
さっ-かく【錯角】〔サク〕2直線に1直線が交わってできる角のうち、2直線の内側にあり、かつ1直線の反対側にある角どうし。2直線が平行ならば錯角は等しい。
さっ-かく【錯覚】〔サク〕〔名〕(スル)❶(❷から転じて)思い違い。勘違い。「一を起こす」「一に陥る」「愛されていると一する」❷心理学で、刺激または対象の客観的事実を違ったものに知覚すること。➡幻覚
ざつ-がく【雑学】多方面にわたるまとまりのない知識や学問。また、学問とは関係のない雑多な知識。
ざつ-がく【雑楽】雅楽以外の種々の音楽の総称。
ざっかけ-な・い〔形〕(文)ざっかけな・し〔ク〕粗野である。また、ざっくばらんである。「印半纏(しるしばんてん)という一・い姿で」〈小島政二郎・食いしん坊〉
さっか-しょう【擦過傷】〔サツクワシヤウ〕皮膚が物とすれ合ってできたきず。すりきず。かすりきず。
ざつ-かぶ【雑株】主要銘柄以外のいろいろな株式。人気の薄い株式。
サッカラーゼ〖(ドイツ) Sacharase〗▶インベルターゼ
サッカリメーター〖saccharimeter〗検糖計(けんとうけい)。
サッカリン〖saccharin〗人工甘味料の一。無臭またはかすかな芳香をもつ白色の結晶。蔗糖(しょとう)の約500倍の甘さがあり、水に溶けやすいナトリウム塩として食品に使用。ただし、発癌(はつがん)性の疑いがあり、使用量が制限されている。化学式$C_7H_5NO_3S$
サッカレー〖William Makepeace Thackeray〗[1811～1863]英国の小説家。写実的作風により、上流・中流社会の生活を風刺をこめて描いた。作「虚栄の市」「ペンデニス」「ヘンリー＝エズモンド」など。
サッカロース〖saccharose〗▶蔗糖(しょとう)
さっ-かん【錯簡】〔サク〕書物のとじ違いなどで、ページの順序が乱れていること。また、書物の中の文字や文章の順序が乱れていること。
ざっ-かん【雑感】雑多な感想。まとまりのない思いついたままの感想。とりとめのない感想。(類語)雑念・邪念・俗念
ざっ-かん【雑観】〔クワン〕新聞などで、記者がニュース対象から感じた印象や周囲の状況、関係者の反応などを記事にしたもの。「現場一」
さっ-き【▽先】《「さき」の促音添加》時間的に少し前であること。先刻。さきほど。「一のことは謝る」「一から

電話が鳴っている」「一聞いたばかりの話」
(類語)先程・今しがた・先刻・最前・先に

さっ-き【昨季】「さくき(昨季)」に同じ。

さっ-き【昨期】「さくき(昨期)」に同じ。

さっ-き【殺気】❶人を殺そうとする気配。激しい憎悪・敵意に満ちた、不穏な空気・気配。「一がみなぎる」「一を帯びる」❷草木を枯らす寒気。

さっ-き【▽数奇】〘名・形動〙「すうき(数奇)」に同じ。「一な運命」

さっ-き【×箚記】読書したときの感想・意見などを、随時書き記したもの。随想録。

さっ-き【撮記】〘名〙スル 要点をつまんで書き記すこと。また、その記録。

さ-つき【五-月｜皐=月｜▽早月】❶陰暦5月のこと。(季 夏)「庭土に一の蠅の親しさよ/竜之介」❷ツツジ科の常緑低木。関東以西の河岸の岩上などに自生。初夏、枝先に紅紫色の花をつける。観賞用で、数多くの園芸品種がある。さつきつつじ。(季 夏)「一咲く庭や岩根の黴(かび)ながら/太祇」

五月の鯉(こい)の吹き流し 《鯉幟(こいのぼり)は、口を大きくあけているが腹の中は空であるところから》心がさっぱりとしていてわだかまりのないこと。また、口先だけで胆力のないこと。

五月の桜で葉ばかりさま 「葉」の「は」と「憚(はばか)り様」の「は」を掛けていったしゃれ。おそれいります、ご苦労さま、などの意に用いる。

ざっ-き【雑記】いろいろな事柄を書きつけること。また、書きつけたもの。「身辺一」(類語)書き付け・メモ・ひと筆・一筆・覚え書き・手控え・備忘録

ざっ-き【雑器】❶雑多な器物。❷神棚に供える供物を盛る小さな木皿(きざら)。

ざ-つき【座付(き)】❶能楽・歌舞伎などで、役者や作者などがある座に専属すること。また、その人。❷芸者・芸人などが宴席に出て最初に奏する祝儀の曲。お座付き。❸上方歌舞伎で、顔見世などのとき、新加入の役者の紹介や新座元のあいさつなどの口上(こうじょう)を述べること。❹所定の座に着くこと。また、席順。「様付けし人も殿になり、一も上(かみ)へは上げず」〈浮・一代女・二〉❺座の取り持ち方。「言葉もせまり汗をかきて、一むつかしくなって」〈浮・一代男・六〉

ざつ-ぎ【雑技｜雑▽伎】❶民間に行われるさまざまな技芸。特に奈良時代、中国から伝来した曲芸・物まねなどをさすことが多い。雑芸(ざつげい)。❷取るに足らない技芸。❸中国で、奇術や曲芸などを演じるもの。「上海一団」

さつき-あめ【五-月雨】「さみだれ」に同じ。(季 夏)

ざつき-さくしゃ【座付(き)作者】芝居で、特定の一座・劇団に専属する脚本作者。

さつき-しょう【皐=月賞】日本中央競馬会が行うクラシックレースの一。毎年4月、サラブレッド系3歳馬により距離2000メートルで行われる。

さっき-だ・つ【殺気立つ】〘動タ五(四)〙殺気が、顔つきや態度にあらわれる。興奮して、敵意や憎悪をむき出しにする。「誤審から観衆が一・つ」

ざっき-ちょう【雑記帳】秩序だてずいろいろなことを書きつけておく帳面。

さつき-つつじ【五-月躑=躅】サツキ❷の別名。

さつき-の-せち【五-月の節】端午(たんご)の節句。

さつき-の-たま【五-月の▽珠】タチバナの実。糸に通して輪にし、かずらなどにする。一説に、端午の節句に飾る薬玉(くすだま)。「ほととぎすいたくな鳴きそ汝(な)が声を一にあへ貫(ぬ)くまでに」〈万・一四六五〉

さつき-のぼり【五-月×幟】端午の節句に立てる鯉幟(こいのぼり)。ごがつのぼり。(季 夏)

さつき-の-みそうじ【五-月の▽御▽精▽進】陰暦5月に行う精進潔斎。「一のほど、職(しき)におはします頃」〈枕・九九〉➡年三(ねんさん)

さつき-ばれ【五-月晴(れ)】❶5月のすがすがしい晴天。❷陰暦5月の、梅雨の合間の晴天のこと。(季 夏)「うれしさや小草彩もつ一/子規」(類語)梅雨晴れ

さっ-きゃく【早却】〘名・形動ナリ〙事が急であること。さっそくであること。また、そのさま。「一なれど日がらもよし」〈浄・歌祭文〉

さつき-やま【五-月山】陰暦5月ごろの山。(季 夏)

さつき-やみ【五-月闇】陰暦5月の、梅雨が降るころの夜の暗さ。また、その暗やみ。(季 夏)「はらはらと椎(しい)の雫(しずく)や一/鬼城」

さっ-きゅう【早急】〘名・形動〙非常に急ぐこと。また、そのさま。至急。そうきゅう。「一な処置が望まれる」「一に対策を講じる」(類語)至急・大急ぎ・急ぎ・取り急ぎ・緊急・急遽(きゅうきょ)・特急・超特急

さっ-きゅう【▽遡及】「そきゅう(遡及)」の慣用読み。

さっ-きょ【索居】〘名〙スル 家族・友人などから離れて、ひとり寂しく住むこと。わびずまい。「煢然(けいぜん)として一すれば」〈雪嶺・真善美日本人〉

ざっ-きょ【雑居】〘名〙スル ❶種々のものが1か所に入りまじって存在すること。「この国には東洋と西洋が一している」❷一つの家に多くの家族が居住すること。「この家には三世帯が一している」❸一つの部屋に何人もが居住すること。「アパートの一室で一生活を送る」❹同一地域にいろいろな人種が入り交じって居住すること。「他国からの流入者が一する一帯」

さっ-きょう【作況】農作物の出来ぐあい。作柄(さくがら)。さくきょう。

ざっ-きょう【雑協】社団法人「日本雑誌協会」の略称。

ざつ-ぎょう【雑業】種々雑多な仕事や職業。また、一般の職業の分類に入れにくい職業。

ざつ-きょうげん【雑狂言】狂言の分類の一。和泉流での名称。登場人物による分類で、他の分類に当てはまりにくいものを一括したもの。大蔵流では集(あつ)狂言という。

さっきょう-しすう【作況指数】平年作を基準(100)として、その年の農作物の作柄を示す指数。

ざつ-ぎょぎょう【雑漁業】網漁業・釣り漁業などに対して、銛(もり)・やすなどの漁具を使用する漁業。

さっ-きょく【作曲】〘名〙スル 楽曲を創作すること。また、詩歌・戯曲などに節や旋律をつけること。「交響曲を一する」「ゲーテの詩に一してみる」

ざっ-きょく【雑曲】❶雅楽以外のいろいろな音曲。❷民間のはやりうた。流行歌。俗曲。

さっきょく-ほう【作曲法】和声法・対位法・管弦楽法などの理論をもとに楽曲を創作する技法。

ざっきょ-ち【雑居地】江戸末期から明治初期にかけて、外国人が日本人と雑居することを認められた一定の地域。➡居留地(きょりゅうち)

ざっきょ-ビル【雑居ビル】飲食店・遊技店・風俗営業など多様な業種の店が同居し、それぞれに営業しているビル。

ざっきょ-ぼう【雑居房】刑務所や拘置所で、複数の収容者を入れておく監房。⇔独居房。

さっ-きん【殺菌】〘名〙スル 細菌をはじめとする微生物、特に病原菌を死滅させること。「火を通して一する」「低温一」「一作用」(類語)毒消し・消毒・解毒

ざっ-きん【雑菌】種々雑多な細菌などの微生物。特に、微生物や組織などの培養基中に他から混入した、培養の目的とするもの以外の微生物。

ザッキン〖Ossip Zadkine〗[1890〜1967]フランスの彫刻家。ロシア生まれ。キュビスムや黒人彫刻の影響を受け、幻想的、表現主義的作風を示した。

さっきん-ざい【殺菌剤】殺菌に用いる薬剤の総称。ホルマリン・クレゾール・アルコールなど。

さっきん-とう【殺菌灯】放電によって生じる紫外線を照射して殺菌を行う低圧水銀灯。

さっ-く【作句】俳句をつくること。また、その俳句。句作。

サック〖SAC〗《Strategic Air Command》米国の戦略空軍。1946年創設。戦略爆撃機・空中給油機・大陸間弾道弾(ICBM)などを運用し、戦略核の中核を担ったが、米ソ冷戦の終結により、1992年、ACC(戦闘空軍)・AMC(航空機動空軍)・STRATCOM(米戦略軍)に改編された。

サック〖sack〗❶物を保護するために、入れたりさし込んだりする小形の袋・鞘(さや)。「鉛筆の一」「指一」❷《「ルーデサック」「衛生サック」などの略》コンドーム。

ザック〖ドイツ Sack〗「リュックサック」に同じ。

ざっく〘副〙❶砂利や硬貨などを勢いよくすくったり、掘ったり、また踏んだりするときの音や、そのさまを表す語。「金貨を一とつかむ」❷力を込めて勢いよく切ったり割ったりするさま。ざくり。「白菜を一と切る」

ざつ-ぐ【雑具】種々雑多な道具。

サック-コート〖sack coat〗❶背広の上着。❷幼児用などのゆったりした上着。

ざっく-ざっく〘副〙《「ざくざく」を強めた語》❶砂利・小石などを勢いよく続けて踏む音を表す語。「参道を一(と)行進する」❷野菜などを勢いよく続けて切る音を表す語。「キャベツを一(と)切る」❸多くの小さな硬い物が触れあって立てる音を表す語。「金貨・銀貨が一(と)出てくる」

漢字項目 さっ

【早】▶そう

漢字項目 さつ

【×撒】▶さん

冊 (学)6 (音)**サツ**(慣) **サク**(漢)‖㊀〈サツ〉書物。文書。「冊子/書冊・大冊・分冊・別冊」㊁〈サク〉①書き付けのふだ。「短冊(たんざく)」②天子が下す任命書。「冊立/封冊(ほうさく)」(名付)とみ・ふみ (難読)冊子(そうし)

札 (学)4 (音)**サツ**(漢) (訓)**ふだ**、さね‖㊀〈サツ〉①文字を書いた板切れ。「表札・門札」②書き付け。証文。手紙。「一札・鑑札・書札・入札」③紙幣。「贋札(がんさつ・にせさつ)」④切符。「改札・出札」㊁〈ふだ〉「名札・荷札」(名付)ぬさ

刷 (学)4 (音)**サツ**(漢) (訓)**する**、はく‖①こすって清める。はく。「刷新」②こすって文字を写し取る。する。「印刷・縮刷・増刷」(名付)きよ (難読)刷毛(はけ)・刷子(はけ・ブラシ)

刹 (音)**サツ**(漢) **セツ**(慣)‖寺。寺院。「古刹・仏刹・名刹」(難読)刹那(せつな)・羅刹(らせつ)

拶 (音)**サツ**(漢)‖せまる。圧迫する。「挨拶」

殺〔殺〕 (学)4 (音)**サツ**(漢) **サイ**(漢) **セツ**(呉) (訓)**ころす**、そぐ‖㊀〈サツ〉①ころす。「殺意・殺害・殺菌・殺人/圧殺・暗殺・活殺・虐殺・自殺・銃殺」②そぎとる。なくす。「殺風景/抹殺」③程度を強める語。「殺到/悩殺・忙殺・黙殺」㊁〈セツ〉ころす。「殺生(せっしょう)」㊂〈サイ〉そぐ。へらす。「減殺・相殺」

察 (学)4 (音)**サツ**(漢)‖①調べて明らかにする。「監察・観察・検察・考察・査察・視察・省察・診察・偵察」②おしはかる。思いやる。「察知/賢察・推察・拝察」(名付)あき・あきら・み・みる (難読)按察使(あぜち)

(人)**颯** (音)サツ(慣)‖①風の吹く音の形容。「颯颯・颯然」②きびきびしたようす。「颯爽(さっそう)」

撮 (音)**サツ**(漢) (訓)**とる**、つまむ‖〈サツ〉①つまんで取る。つまむ。「撮土・撮要」②写真をとる。「撮影」

擦 (音)**サツ**(漢) (訓)**する、すれる**、こする、かする‖こする。すり合わせる。「擦過傷/摩擦」(名付)あきら

(人)**薩** (音)サツ(漢)‖①梵語の音訳字。「薩埵(さった)/菩薩(ぼさつ)」②薩摩(さつま)国。「薩州」(補説)人名用漢字表(戸籍法)の字体は「薩」。

漢字項目 ざつ

雑〔雜〕 (学)5 (音)**ザツ**(慣) **ゾウ**(ザフ)(呉) (訓)まじる、まざる、まぜる‖㊀〈ザツ〉①入りまじる。まとまりがない。「雑然・雑踏・雑駁(ざっぱく)/混雑・錯雑・煩雑・複雑・乱雑・猥雑(わいざつ)」②主要でない。いろいろの。「雑貨・雑穀・雑費・雑務」③精密でない。「粗雑」㊁〈ゾウ〉①入りまじる。「雑炊・雑煮」②主要でない。いろいろの。「雑木(ぞうき)・雑巾(ぞうきん)・雑兵(ぞうひょう)」(名付)かず・とも

サックス〘sax〙「サキソホン」に同じ。

ザックス〘Hans Sachs〙[1494〜1576]ドイツのマイスタージンガー。本業は靴職人。ユーモアと教訓に富む職匠歌・説話詩・謝肉祭劇などを多数残した。

サック-ドレス〘sack dress〙腰部に切りかえのない、袋形のゆるやかなワンピースドレス。

ざっく-ばらん〔形動〕遠慮がなく率直なさま。もったいぶったところがなく、素直に心情を表すさま。「—に言わせてもらう」「—な人柄」
(類語)開けっ広げ・開けっ放し・明け透け・単刀直入

さっくり〔副〕スル ❶ごく簡単に切れたり割れたりするさま。「ビスケットが—(と)割れる」「長い安寿の髪が、鋭い鎌の一掻きに—切れた」〈鷗外・山椒大夫〉❷率直で好感が持てるさま。あっさりしているさま。さっぱり。「—(と)した性格」

ざっくり〔副〕スル ❶力を込めて一気に切ったり割ったりするさま。大きく切れ目を入れるさま。「キャベツを—(と)切る」「布地に—(と)はさみを入れる」❷深くえぐれたり、大きく割れたりするさま。「—(と)割れたスイカ」❸大ざっぱなさま。全体を大きくとらえるさま。おおまかに。「取りあえず—としたところだけでも決めておこう」「—とした話し合い」「要旨を—ととらえる」❹金・米・砂などを、大量に、また、無造作につかんだりすくったりするさま。「砂利を—(と)すくう」「紙入の中を—と掴んだ」〈鏡花・婦系図〉❺上着などを無造作に着るさま。「—(と)着こなす」❻編み物などの、編み目や手ざわりなどが粗く厚みを感じるさま。「—(と)したセーター」(類語)ざくり・ばっさり・ちょん・じょきじょき・ざくざく・すっぱり

ざつ-げい【雑芸】▶ぞうげい(雑芸)

ざつ-げき【雑劇】❶中国、宋代に始まる演劇の形態の名。時代により、その内容が異なる。宋代では滑稽風刺劇、元代では歌劇である元曲、明・清代では新形式の短編劇をいう。❷日本で、能・狂言・舞楽などに対し、通俗的な演劇・演芸。

サッケッティ〘Franco Sacchetti〙[1330ころ〜1400ころ]イタリアの詩人・小説家。貴族の出身で、フィレンツェ市政に参与。短編集「三百話」で当時の社会を描いた。

ざっ-けん【雑犬】雑種の犬。

ざっ-けん【雑件】こまごまとしたいろいろな事件や用件。「まず—を片付ける」

さつげん-がっき【擦弦楽器】サツゲン― 弦を弓でこすって奏する楽器の総称。弓には、一般に馬の尾毛が用いられる。バイオリン・胡弓(こきゅう)など。弓奏弦楽器。擦奏楽器。➡撥弦(はつげん)楽器

ざっ-こ【雑戸】律令制で、諸官司に属し、主として手工業的な特殊技術をもって奉仕した集団。多くは、課役の一部または全部を免除された。図書寮の紙戸、雅楽寮の楽戸など。

さっ-こう【作興】サク―〔名〕スル 奮い立たせること。盛んにすること。また、奮い立つこと。盛んになること。さこう。「士気を—する」

さっ-こう【刷行】サツカウ 印刷して発行すること。印行。〈和英語林集成〉

さっ-こう【錯交】サクカウ〔名〕スル 入り乱れること。交錯。「各自独立した言葉の諸影像が、互いに—して」〈小林秀雄・様々なる意匠〉

さっ-こう【錯行】サクカウ ❶交互にめぐること。❷斜めに行くこと。

ざっ-こう【雑交】ザフカウ ▶交雑(こうざつ)

ざっ-こう【雑考】ザフカウ 系統だっていない、種々の考察や考証。

さっこう-フィルム【×窄孔フィルム】サクコウ―《perforated film》▶有孔フィルム

ざっ-こく【雑穀】米・麦以外の穀類の総称。豆やそば・黍(きび)・粟(あわ)など。(類語)穀物・穀類・五穀・米穀

さっ-こん【昨今】サク― きのうきょう。きょうこのごろ。ちかごろ。現在に近い過去から現在までを含めて漠然という。「—の世界情勢」(類語)此(こ)の頃・このところ・この節・近ごろ・当今・当節・最近・近時・近年・近来・頃来(けいらい)・頃日(けいじつ)・時下・今節

さっ-こん【擦痕】氷河が流れるとき、動いてゆく岩塊と底の岩盤とがこすれてできるすり傷。断層運動や地すべりなどでできるものもいう。

ざっ-こん【雑婚】▶乱婚(らんこん)

ざつ-ごん【雑言】「雑言体」の略。

ざつごん-こし【雑言古詩】雑言体の古詩。

ざつごん-たい【雑言体】漢詩で、各句の字数が一定していない詩体。雑体。

さっ-さ〔副〕動作のすばやいさま。ためらったり迷ったりせず、手際よく物事を行うさま。「—と歩く」「—と用事を済ませる」

さつ-ざ【札座】江戸時代、各藩で藩札の発行をつかさどった役所。

さつ-ざい【擦剤】▶リニメント

ざっ-さい【雑載】新聞・雑誌などに雑多な細かい記事をのせること。また、その欄。

さっさ-がすり【▽佐々×絣】佐々成政の子孫成信が、寛政年間(1789〜1801)に尾張国丹羽郡森本村(愛知県一宮市)で、薩摩絣に似せて織り出した綿織物。

さっさ-じっちく【佐々十竹】[1640〜1698]江戸前期の儒学者。讃岐の人。名は宗淳。水戸藩に登用されて、「大日本史」編纂のため全国に史料探訪した。彰考館総裁。

さっさ-せいせつ【佐々醒雪】[1872〜1917]国文学者・俳人。京都の生まれ。本名、政一(まさかず)。近世俳諧・歌謡の研究者。また、俳句結社「筑波会」同人として作句。著「連俳小史」「俗曲評釈」「修辞法講話」など。

さっさ-だて【▽左左立て】数当て遊戯の一。例えば、配り手の甲が、1回につき乙に1個、あるいは丙に2個与えるという約束のもとに、あらかじめ決めておいた総数を乙丙両方に分け、丁がその分ける回数だけを聞いて、乙・丙に分けられた個数を当てる遊び。分けるたびに「さあさあ」と声を掛けることからの名。盤上の碁石で行うことが多い。さざだて。

さっ-さつ【察察】❶細かいところまで見逃さないこと。「一の明を以て他の身の弱点を狙撃すれば」〈福沢・福翁百話〉❷汚れのないこと。潔白。「其人の—明鏡の如くなるに於て」〈福沢・福翁百話〉

さっ-さつ【×颯×颯】〔ト・タル〕図〔形動タリ〕❶風が音を立てて吹くさま。「風は—と冷く吹いて」〈鏡花・註文帳〉❷人柄などが、さっぱりしたさわやかな印象を与えるさま。「心事を丸出にして—と応接す可し」〈福沢・学問のすゝめ〉(類語)嫋嫋(じょうじょう)・春風駘蕩(しゅんぷうたいとう)

さっさ-なりまさ【佐々成政】[?〜1588]安土桃山時代の武将。尾張の人。はじめ織田信長に仕え、本能寺の変後、小牧・長久手の戦で豊臣秀吉に対抗。のち秀吉に仕え、肥後の熊本城主となったが、失政をとがめられて切腹。

サッサフラス〘sassafras〙クスノキ科の落葉樹。高さ2〜3メートル。葉は楕円状卵形で、しばしば先が一〜三つに裂ける。雌雄異株。5月ごろ、新葉に先がけて緑黄色の小花をつける。北アメリカの原産。材を香料の原料にする。

サッサリ〘Sassari〙イタリア半島の西方、サルデーニャ島、サルデーニャ自治州の都市。同島北西部に位置し、人口はカリアリに次いで多い。13世紀より商業の中心地として栄えた。城壁に囲まれた旧市街にはサッサリ大聖堂、サンタマリア-ディ-ベトレム教会をはじめとする歴史的建造物や、16世紀創設のサッサリ大学がある。人口、行政区13万(2008)。

サッサリ-だいせいどう【サッサリ大聖堂】―ダイセイダウ《Duomo di Sassari》イタリア半島の西方、サルデーニャ島の都市サッサリにある大聖堂。13世紀の建造後、増改築が繰り返され、さまざまな時代の様式が混在する。建造当初のロマネスク様式の鐘楼や、17世紀スペイン-バロック様式の装飾が施されたファサードなどが残る。

ざっ-さん【雑×纂】雑多な記録や文章を集めること。また、そのように編集した書物。

さっし《動詞「さっしゃる」の命令形「さっしゃれ」が「さっしゃい」「さっせえ」「さっし」と音変化したもの》動詞「さっせえ」に同じ。「堀の内様を信心—」〈滑・浮世風呂・前〉

さっし《助動詞「さっしゃる」の命令形「さっしゃれ」が「さっしゃい」「さっせえ」「さっし」と音変化したもの》助動詞「さっせえ」に同じ。「能(よ)え加減にしさっしな」〈滑・浮世床・初〉

さっ-し【冊子】❶糸で綴(と)じた本。また、書物一般をいう。「小—」❷書物の装丁で、糊(のり)または糸を用いて綴じたものの総称。巻子本(かんすぼん)以外の、粘葉(でっちょう)装・大和(やまと)綴じなど。また、その装丁の本。綴じ本。冊子本。策子(さくし)。草紙。草子。
(類語)折り本・綴本(とじほん)・巻子本・草紙・本

さっ-し【刷子】はけ。ブラシ。

さっ-し【察し】察すること。おしはかること。「—がいい」「—がつく」
(類語)推量・推測・推察・推定・斟酌(しんしゃく)・推断・推認

サッシ〘sash〙▶サッシュ❶

ざっ-し【雑紙】雑用紙。また、鼻をかんだりするのに使う下級の紙。鼻紙。ぞうし。

ざっ-し【雑誌】❶雑多な事柄を記載した書物。❷複数の筆者が書き、定期的に刊行される出版物。週刊・月刊・季刊などがある。マガジン。(補説)magazineの訳語として、柳河春三が慶応3年(1867)刊の「西洋雑誌」で最初に使った。(類語)マガジン

ざつ-じ【雑事】本来の仕事以外のいろいろな用事。取るに足らない雑多な事柄。
(類語)小用(しょうよう)・小用(こよう)・雑用・雑務・野暮用・用事

ざっ-しき【雑色】❶「ざっしょく(雑色)」に同じ。❷「ぞうしき(雑色)」に同じ。「院宣をば文袋に入れて、—が頸(くび)にぞかけさせたりける」〈平家・八〉

ざっしき-かんとう【雑色官稲】―クワンタウ 奈良・平安時代、官舎修理料・官奴婢食料・救急料などにあてるため、諸郡の正倉に分置されていた官稲。雑稲(ぞうとう)。

ざっしき-でん【雑色田】▶ぞうしきでん(雑色田)

さっし-こづつみ【冊子小包】ゆうメールの旧称。平成10年(1998)に書籍小包とカタログ小包を統合してサービスを開始。同19年の郵政民営化にともない、現名称に変更された。

ざっしふう-しょせき【雑誌風書籍】▶ムック

さっし-ぼん【冊子本】「冊子❷」に同じ。

さっしゃ・る〔動ラ特活〕《「さしゃる」の音変化》「する」の意の尊敬語。なさる。される。「つとめの請合引(ひ)かばならなら、必ず—・るな」〈洒・遊子方言〉(補説)活用は助動詞「さっしゃる」に同じ。

さっしゃる〔助動〕[さっしゃら(さっしゃろ)｜さっしゃり(さっしゃっ)｜さっしゃる｜さっしゃる｜さっしゃれ｜さっしゃれ(さっしゃい)]《尊敬の助動詞「さしゃる」の音変化》上一段・上二段・下一段・下二段・カ変動詞の未然形に付く。尊敬の意を表す。…なさる。「のうれんを見さっしゃい」〈洒・遊子方言〉(補説)活用は、下二段型(未然・連用形が「さっしゃれ」、終止・連体形が「さっしゃるる」)も用いられるが、江戸語では多く四段型が用いられる。

サッシュ〘sash〙❶金属性の窓枠。サッシ。❷ドレスの胴まわりなどに巻く、幅の広い装飾用の帯状の布。飾り帯。サッシュベルト。

ざっ-しゅ【雑修】仏語。念仏だけでなく、いろいろ行業(ぎょうごう)をまじえて修すること。また、正業である念仏のほかに助業をも兼ね行うこと。⇔専修(せんじゅ)。(補説)もと「ぞうしゅ」と読んだ。

ざっ-しゅ【雑酒】酒税法上、清酒・合成清酒・焼酎(しょうちゅう)・みりん・ビール・果実酒類・ウイスキー類・スピリッツ類・リキュール類に属さない酒類。発泡酒の類。

ざっ-しゅ【雑種】❶いろいろな種類のものが入りまじっていること。また、そのもの。❷品種など系統の異なる雌雄の交配によってできた個体。遺伝子に関してヘテロの状態であるもの。

さっ-しゅう【薩州】―シウ 薩摩(さつま)国の異称。

ざつ-じゅう【雑×糅】―ジウ〔名〕スル 雑然と入りまじること。

ざっ-しゅうにゅう【雑収入】―シウニフ 定収入または主な収入以外の収入。

ざっしゅ-きょうせい【雑種強勢】―キヤウセイ 一代雑種(F1)が両親よりも大きさ・繁殖力・抵抗性などですぐれていること。畜産や農業で飼育・栽培に利用される。ヘテロシス。

ざっしゅ-さいぼう【雑種細胞】異なった2種の細胞を、人為的に融合させて得た細胞。品種改良や遺伝子治療などに利用される。
ざっしゅ-だいいちだい【雑種第一代】▶一代雑種
ざっしゅ-ふねんせい【雑種不×稔性】異なる品種・属・種の間での雑種が生殖能力を欠く現象。ラバなどにみられる。
ざっ-しょ【雑書】❶図書分類上、どの部門にも入らない書物。雑本。❷雑多なことを記載した書物。雑本。❸江戸時代、相性・開運その他の俗説を記した書物。「恋は―の通り、はじめよし、後わるし」〈浮・一代男・七〉
さっ-しょう【札証】「札幌証券取引所」の略称。
さっ-しょう【殺傷】〔名〕スル 殺したり傷つけたりすること。「動物をむやみに―する」「―能力」
さっ-しょう【擦傷】「擦過傷」に同じ。
ざっ-しょう【雑掌】❶奈良・平安時代、四度の使いに随行した諸国の官人。❷平安時代以降、国衙で公文書を扱った役人の職名。❸中世、本所・領家のもとで荘園に関する訴訟や年貢・公事の徴収などの任にあたった荘官。❹「雑掌奉行」の略。❺明治5～19年(1872～86)宮内省に設けられ、宮中の雑事をつかさどった判任官。❻人をもてなすための酒や食物。また、引出物や贈り物。「二日の日の―には、肴の数を集め」〈伽・浜出草紙〉
ざっ-しょう【雑×餉】「雑掌❻」に同じ。〈文明本節用集〉
さっしょう-アンビシャス【札証アンビシャス】▶アンビシャス㊁
ざっしょう-ぶぎょう【雑掌奉行】室町時代、将軍が大名の屋敷に出向いた際、その家で将軍を供応するための費用をつかさどらせた臨時の職。
ざっ-しょく【雑色】❶いろいろな色がまじった色。また、さまざまな色。❷▶ぞうしき(雑色)
ざっ-しょく【雑食】〔名〕スル 植物性のものも動物性のものも食べること。「―動物」㊫混食
ざっしょく-せい【雑食性】食性の一。動物質・植物質の両方を食物とする性質。
ざつ-しょとく【雑所得】所得税法で定められた各種の所得のいずれにも該当しない所得。恩給、国民・厚生年金などの公的年金、著述家・作家以外の者が受ける原稿料や印税など。
さつ-しょぶん【殺処分】人間に危害を及ぼすおそれのある動物、または不要となった動物を殺すこと。家畜伝染病の蔓延防止や特定外来生物の防除などのために行われるほか、保健所に持ち込まれた犬・猫などのペットに対しても行われる。いずれの場合も、あらかじめ規定された指針や法律などに基づいて実施される。
さっ-しる【察しる】〔動サ上一〕「察する」(サ変)の上一段化。「雰囲気を―・しる」
さっ-しん【刷新】〔名〕スル 弊害を除き去って、全く新しいものにすること。「人事を―する」㊫革新・一新
さつ-じん【殺人】人を殺すこと。「―を犯す」「尊属―」㊫他殺・殺害・人殺し
さつ-じん【殺陣】映画・演劇などで、乱闘の場面。たちまわり。たて。
さつじん-き【殺人鬼】平気で人を殺す残忍な人間を鬼にたとえていう語。
さつじん-けん【殺人剣】人を殺すために使う剣。殺人刀。㊥活人剣。
さつじん-ざい【殺人罪】故意に人を殺す罪。刑法第199条が禁じ、死刑または無期もしくは5年以上の懲役に処せられる。㊯以前は、直系尊属を殺す尊属殺人の最低刑を無期懲役とする刑法第200条があったが、平成7年(1995)に削除された。
さつじん-てき【殺人的】〔形動〕人命にかかわるほど、その程度がはなはだしいさま。「―な混雑」
さつじんよび-ざい【殺人予備罪】他人を殺す目的で、凶器を用意したり予定の現場を下見したりする罪。刑法第201条が禁じ、2年以下の懲役に処せられる。
さっ-すい【×撒水】〔名〕スル ▶散水
さっすい-しゃ【×撒水車】散水車。
さっ-すう【冊数】書物やノートなどの数。
さっ-する【察する】〔動サ変〕図さっ・す〔サ変〕❶物事の事情などをおしはかってそれと知る。推察する。「気配を―・する」「―・するところ何か隠しているだろう」❷他人の気持ちをおしはかって同情する。おもいやる。「苦衷を―・する」「彼の悲しみは―・するに余りある」❸深く調べる。「人物の体質を―・する学者」〈中村訳・西国立志編〉㊫推し量る・見越す・感じ取る
さっ-せい【×箚青】《「とうせい(箚青)」の慣用読み》いれずみ。刺青。「渠が雪の如き膚には、一淋漓として」〈鏡花・義血侠血〉
さっ-せい【×颯声】さっと風が吹く音。「―耳をすますところに」〈太平記・二七〉
ざつ-ぜい【雑税】基本的な租税以外の種々の税。
さっせえ《動詞「さっしゃる」の命令形「さっしゃれ」の音変化。「さっせい」とも》しなさい。なさい。「お茶のしたくを―よ」〈滑・浮世風呂・二〉➡さっし
さっせえ《尊敬の助動詞「さっしゃる」の命令形「さっしゃれ」の音変化。「さっせい」とも》軽い尊敬を含んだ命令を表す。…なさい。「車をもちっと入れ**さっせえ**」〈洒・錦之裏〉➡さっし
ざっ-せつ【雑節】二十四節気以外に、季節の変化の目安とする特定の日の総称。節分・八十八夜・入梅・半夏生・二百十日・土用・彼岸など。
ざっ-せつ【雑説】いろいろな説。さまざまな意見。「風評―が飛び交う」
さつ-ぜん【×颯然】〔ト・タル〕図〔形動タリ〕風がさっと吹くさま。また、風を切るさま。「―と風を切って矢が飛ぶ」
ざつ-ぜん【雑然】〔ト・タル〕図〔形動タリ〕いろいろなものが入り乱れて、まとまりのないさま。「―とした部屋」「―たる観念」㊫乱雑・乱脈
さっ-そ【殺×鼠】ネズミを殺すこと。「―剤」
ざっ-そ【雑訴】いろいろの訴訟。
さっ-そう【×颯爽】〔ト・タル〕図〔形動タリ〕人の姿や態度・行動がきりっとして、見る人にさわやかな印象を与えるさま。「―と歩く」「―たる風姿」㊫勇ましい・雄雄しい・凜凜しい・勇壮・勇猛・勇敢・剛勇・忠勇・果敢・精悍・壮・壮烈・英雄的（「―と」「―たる」の形で）敢然・決然・凜然・凜凜・凜乎
ざっ-そう【雑草】❶自然に生えるいろいろな草。また、名も知らない雑多な草。❷農耕地や庭などで、栽培目的の植物以外の草。❸生命力・生活力が強いことのたとえ。「―のようなしたたかさ」
さっそう-がっき【擦奏楽器】▶擦弦楽器
さつぞう-かん【撮像管】光信号を電気信号に変える特殊な真空管。テレビカメラやX線診断用に利用。
さつぞう-かんど【撮像感度】▶感度
さつぞう-センサー【撮像センサー】▶イメージセンサー
さつぞうセンサーシフトしき-てぶれほせい【撮像センサーシフト式手ぶれ補正】▶イメージセンサーシフト式手ぶれ補正
さつぞう-そし【撮像素子】▶イメージセンサー
サッソ-カベオーゾ〖Sasso Caveoso〗イタリア南部の都市マテーラの旧市街の一地区。マテーラ大聖堂の南側、グラビーナ渓谷の斜面に広がり、サッシと呼ばれる洞窟住居があることで知られる。サンタマリア-デ-イドリス教会、サンピエトロカベオーゾ教会がある。大聖堂の北側のサッソバリサーノ地区とともに1993年「マテーラの洞窟住居と岩窟教会」の名称で世界遺産(文化遺産)に登録された。
さっ-そく【早速】㊀〔名・形動〕すみやかなこと。すぐ行うこと。また、そのさま。「―の御返事ありがとう」「―だが、仕事の話にしよう」㊁〔副〕すぐさま。すぐに。ただちに。「電話をかけたら―やって来た」㊫じきに・すぐ・直ちに・じき・すぐに・すぐさま・即・直接
ざっ-そく【雑則】本則以外のいろいろな細かい事項についての規則。
ざっそ-けつだんしょ【雑訴決断所】建武政権の訴訟機関。元弘3＝正慶2年(1333)設置。記録所が大事を裁決するのに対して、一般的な訴訟、特に、所領関係の訴訟を扱った。決断所。
さっそ-ざい【殺×鼠剤】ネズミを駆除するための薬剤。➡猫いらず
ざっ-そつ【雑卒】身分の低い兵士。雑兵。
サッソ-バリサーノ〖Sasso Barisano〗イタリア南部の都市マテーラの旧市街の一地区。マテーラ大聖堂の北側、グラビーナ渓谷の斜面に広がり、サッシと呼ばれる洞窟住居がある。大聖堂の南側のサッソカベオーゾ地区とともに1993年「マテーラの洞窟住居と岩窟教会」の名称で世界遺産(文化遺産)に登録。
ざっ-そん【雑損】❶特定の勘定科目に該当しない損失。❷所得税の控除対象となる、災害・盗難または横領による一時的な損失。
さった【×薩×埵】《梵 sattvaの音写。「有情」の意》❶仏語。衆生。❷「菩提薩埵」の略。菩薩。
ざっ-た【雑多】〔名・形動〕いろいろなものが入りまじっていること。また、そのさま。「―な展示物」㊫雑駁・ごたまぜ・まぜこぜ・雑然・多種多様
ざっ-たい【雑体】❶「雑言体」の略。❷▶ざってい(雑体)
ざつ-だい【雑題】❶雑多な種類の問題・題目。❷どの部類にも入らない問題・題目。
さった-とうげ【薩埵峠】静岡市清水区の海岸沿いにある峠。旧東海道の難所および名勝地として知られた。
さつ-たば【札束】紙幣を重ねて束にしたもの。また、多額の金銭のこと。「―を積む」
ざつ-だん【雑談】〔名〕スル さまざまな内容のことを気楽に話すこと。また、その話。とりとめのない話。「―を交わす」「友人と―する」㊯古くは「ぞうたん」と読む。㊫無駄話・おしゃべり・よもやま話・世間話・駄弁・放談・余談・会話・話・話し合い・対話・対談・談・談話・懇話・懇談・面談・歓談・談笑・閑談・語らい
さっ-ち【察知】〔名〕スル おしはかって知ること。それと気がつくこと。「事前に―する」㊫感知・探知・感受・直感・直覚・実感・感得・予感・ぴんと来る
サッチャー〖Margaret Thatcher〗［1925～　］英国の政治家。1975年、保守党党首。79年、英国初の女性首相となり、90年まで在任。経済再編のため、マネタリズムに基づく諸政策を実施。92年、男爵。
サッチャリズム〖Thatcherism〗《「サッチャーイズム」とも》英国のサッチャー元首相が1975年の就任以来とり続けた経済政策。財政引き締めにより「小さな政府」を目指した。
さっ-ちゅう【殺虫】虫、特に害虫を殺すこと。「―効果」㊫殺生
さっちゅう-ざい【殺虫剤】害虫の防除に用いる薬剤。砒酸鉛・ニコチン・DDT・BHCなど。
ざっ-ちょ【雑著】❶いろいろな事柄を書き集めた書物。❷書物の分類上、どの部類にも入らない書物。
さっ-ちょう【薩長】薩摩国と長門国。また、薩摩藩と長州藩。
さっちょう-どうめい【薩長同盟】慶応2年(1866)薩摩・長州両藩の間に結ばれた同盟。坂本竜馬や中岡慎太郎が仲介し、西郷隆盛と木戸孝允らが締結。倒幕運動進展の基盤となった。薩長盟約。薩長連合。
さっちょう-めいやく【薩長盟約】▶薩長同盟
さっちょう-れんごう【薩長連合】▶薩長同盟
サッツ〖ドイツ Satz〗《「ザッツ」とも》スキーのジャンプ競技の踏み切り。
ザッツ〖that's〗他の外来語の上に付いて、それこそ…である、と強調する意を表す。「―ライト」「―オール」
さって【幸手】埼玉県北東部の市。江戸時代は奥州街道と日光御成街道の宿場町。権現堂堤の桜並木は有名。人口5.4万(2010)。
ざっ-てい【雑体】勅撰和歌集などの部立ての一。長歌・旋頭歌・俳諧歌などの総称。ざったい。
さって-し【幸手市】▶幸手

サット〖SAT〗《special assault team》テロ・ハイジャック・人質事件などに対応するために警察に置かれた特別部隊。警視庁・大阪府警のほか、一部県警に置かれている。特殊部隊。
サット〖SAT〗《scholastic assessment test》▶エス-エー-ティー(SAT)
さっ-と【×颯と】〔副〕❶動作がすばやく行われるさま。物事が急に変化するさま。「一身を隠す」「一顔色が変わる」❷雨が急に降りだしたり、風が急に吹いたりするさま。「一通り雨が降る」
さつ-ど【撮土】ひとつまみの土。わずかな土地。
ざっ-と〔副〕❶細部を問題にせず、おおまかに物事を行うさま。ひととおり。「書類に一目を通す」❷全体の数量や内容などについておおまかな見当をつけるさま。だいたい。およそ。「出席者は一一〇〇〇人だ」❸水や雨が勢いよく落ちかかるさま。「一水をかける」❹動作がすばやく行われるさま。あっという間に。「敵を一けちからかして」〈平治・中〉
類語 およそ・かれこれ・約
さっ-とう【殺到】タウ〔名〕スル 多くの人や物が一度に1か所に押し寄せること。「申し込みが一する」
類語 集う・群がる・群れる・屯たむろする・駆け付ける・集まる・すだく・たかる・固まる・参集
ざっ-とう【雑踏|雑×沓】タフ・【雑×鬧】タウ〔名〕スル 多数の人で込み合うこと。人込み。「一にまぎれる」「暮れの一する街角」類語 人込み・混雑・ラッシュ・込む・込み合う・立て込む・ごった返す・犇ひしめく・犇めき合う
ざつ-どく【雑読】〔名〕スル 特別の目的もなく、いろいろの本を読むこと。「手当たりしだいに一する」
さっ-とら【薩都剌】[1305ころ〜1355ころ]中国元代の詩人。字あざなは天錫てんしゃく、号は直斎。モンゴルの人。叙情性の強い詩で知られる。詩集「雁門集」など。
さつ-なん【薩南】薩摩さつま国の南部。現在の鹿児島県の一部にあたる。
さつなん-がくは【×薩南学派】日本朱子学の学派の一。文明年間(1469〜1487)に薩摩に招かれた五山の禅僧桂庵玄樹を始祖とする。
さつなん-しょとう【薩南諸島】ショタウ 鹿児島県南部の諸島。南西諸島の北半部をなす。大隅おおすみ諸島・吐噶喇とから諸島・奄美あまみ群島の総称。
ざつ-にく【雑肉】❶ひき肉などに用いる固い部分の肉。❷牛肉・豚肉・鳥肉以外の、食用にする獣肉。馬肉など。
ざつ-ねん【雑念】気持ちの集中を妨げるいろいろな思い。「一がわく」「一を追い払う」
類語 邪念・俗念・雑感
ざつ-のう【雑×嚢】ナウ 雑多なものを入れる袋。肩から掛ける布製のかばん。
さっぱ 底が平たい小型の和船。さっぱ船。
さっぱ【拶=双=魚|×鰶】ニシン科の海水魚。全長約15センチ。一見マイワシに似るが側扁が著しい。日本各地の沿岸に産し、食用。ままかり。季 秋
さっ-ぱ【×撒×播】〔名〕スル 種子を田畑全面に一様にまくこと。さんぱ。「牧草の種を機械で一する」
ザッハートルテ〖ドイツ Sachertorte〗《Sacher(考案者名)+torte(円盤状のケーキ)。「ザッハトルテ」とも》チョコレート入りスポンジケーキにあんずジャムを塗り、チョコレートがけしたケーキ。ウィーンの名物。
ざっ-ぱい【雑俳】本格的な俳諧に対して、雑多な形式と内容をもつ遊戯的な俳諧の総称。江戸中期に流行。前句付け・冠かむり付け・折句おりく・沓くつ付け・川柳など。ぞうはい。類語 川柳・狂句
ざっ-ぱい【雑輩】取るに足らない人物。小者こもの。
類語 小物・雑魚・有象無象
ざつ-はいすい【雑排水】家庭から出る汚水のうち、台所や浴室から出るもの。ざっぱいすい。
ざっ-ぱく【雑×駁】〔名・形動〕雑然として統一がないこと。また、そのさま。「一な知識」派生 ざっぱくさ〔名〕
類語 雑・杜撰ずさん
さつ-ばつ【×薩閥】薩摩さつま出身者からなる派閥。
さつ-ばつ【殺伐】㊀〔形動〕図〔ナリ〕殺気が感じられるさま。また、うるおいやあたたかみの感じられないさま。「見えない手の揮ふるう剣の光が、もう一度彼を一な争闘の心につれて行った」〈芥川・老いたる素戔嗚尊〉
㊁〔ト・タル〕図〔形動タリ〕㊀に同じ。「一とした世相」
派生 さつばつさ〔名〕
ザッハトルテ〖ドイツ Sachertorte〗▶ザッハートルテ
さっぱり ㊀〔副〕スル ❶不快感やわだかまりなどが消えて気持ちのよいさま。すっきり。「入浴して一(と)する」「思う存分泣いたので一した」❷いやみのないさま。また、しつこくないさま。あっさり。「一(と)した味」❸あとに何も残らないさま。すっかり。「約束を一(と)忘れていた」「出世などとうの昔に一(と)あきらめている」❹(あとに否定を表す語を伴って)全然。まったく。「一見えない」「一だめだ」㊁〔形動〕物事の状態が、非常に好ましくないさま。「頑張ったのだが、成績のほうは一だ」類語 ㊀(❶)清清・すっきり・すかっと/(❷)からっと・さばさば・あっさり・淡泊/(❸)あっさり・淡泊/(❹)全く・全然・まるきり・まるで・少しも・一向に・からきし・ちっとも・皆目・一切・まるっきり・何ら・とんと・いささかも・毫ごうも・微塵みじんも・毛頭・露・更更
さっ-ぱん【刷版】実際に印刷機に取り付けて使用する平版版面。原版と区別していう。
ざっ-ぴ【雑費】主要な用途以外のこまごました費用。一つの部類にまとめられない種々雑多な費用。
類語 費用・掛かり・費ついえ・入いり・入り目・入り用・入用にゅうよう・入費にゅうひ・出費・用度・経費・実費・コスト
サッビオネータ〖Sabbioneta〗イタリア北部、ロンバルディア州の町。16世紀後半、マントバ公国を支配したゴンザーガ家の王子ベスパシアーノにより、ルネサンス文化を体現する理想都市を目指して造られた。六角形の城壁に囲まれ、王子のために建てられたドゥカーレ宮殿、ゴンザーガ家の霊廟であるインコロナータ教会、ビチェンツォ=スカモッツィが設計した劇場などがある。2008年に「マントバとサッビオネータ」の名称で世界遺産(文化遺産)に登録された。
ザッピオン〖Zappeion〗アテネの中心部にある国際会議場・展示場。19世紀にデンマーク出身の建築家テオフィル=フォン=ハンセンの設計で建造。均整のとれた新古典主義様式の建物で、正面玄関にコリント式の列柱が並ぶ。アテネ国立庭園の南側に広がるザッピオン公園内にあり、名称は、近代オリンピックのアテネ開催に尽力したザッパス兄弟が、これらの建物や公園の建設に出資したことに由来する。
さっ-ぴ・く【差っ引く】〔動カ五(四)〕「さしひく」の音変化。「税金を給料から一・く」
類語 引く・マイナス・除く・割り引く・控除・差し引く
さっ-ぴつ【擦筆】❶水墨画で、半乾きの筆を用いてかすれを生じさせる手法。渇筆。❷吸い取り紙やなめし革などを巻いて筆のように作ったもの。パステル画や木炭画の画面をこすって、線を和らげたりぼかしたりするのに用いる。また、それによって生じるかすれの効果。
ざっ-ぴつ【雑筆】雑多なことを書き記すこと。また、その書いたもの。雑記。雑録。
さつ-ひと【▽猟人】かりゅうど。猟師。さつお。
さつひと-の【▽猟人の】〔枕〕猟師が弓を用いるところから、「弓月ゆつきが岳たけ」にかかる。「一弓月が岳に霞たなびく」〈万・一八一六〉
ざっ-ぴょう【雑兵】ザフ ヒャウ ▶ぞうひょう(雑兵)
さつ-びら【札▽片】紙幣。金片きれ。類語 紙幣・札
札片を切・る 景気のよいところを人に見せつけるようにして、気前よく大金を使う。「成金が派手に一・る」
ざっ-ぴん【雑品】こまごました、いろいろな品物。
ザッピング〖zapping〗テレビを視聴するときに、CMや番組の途中でリモコンを使って次々にチャンネルを換えること。
さっ-ぷ【×撒布】〔名〕スル「さんぷ(散布)」に同じ。
サップ〖SAP〗《superabsorbent polymer》▶吸水性高分子
サッフィズム〖sapphism〗▶サフィズム
さっ-ぷうけい【殺風景】〔名・形動〕《「殺」は、けずる、そぐ意》❶眺めに情趣が欠けていたり単調だったりして、見る者を楽しませないこと。また、そのさま。「一な冬の浜辺」「一な高速道路」❷おもしろみも飾りけもなく、興ざめがすること。また、そのさま。無風流。「一な話題」「一な人」類語 荒涼・寂しい・寂寥せきりょう・寂寞せきばく・索莫さくばく・落莫らくばく・蕭然しょうぜん・蕭蕭しょうしょう・蕭条しょうじょう・蕭殺しょうさつ・寥寥りょうりょう・寂然じゃくねん・寂然せきぜん
サッフォー〖Sapphō〗[前612ころ〜?]ギリシャの女流詩人。レスボス島生まれ。率直で簡明な作風の叙情詩・恋歌などは、後世まで永く愛好された。貴族の娘たちに詩や音楽を教えていたことから、同性愛、失恋による自殺などの伝説が生じた。「アフロディテ頌歌」など完全な作品2編のほか、多くの断片が残存。
さっぷげんき【冊府元亀】中国の類書。1000巻。目録10巻。宋の王欽若おうきんじゃく・楊億ようおくらが真宗の勅を奉じて撰。1013年成立。古代から五代までの歴代君臣の事跡を31部1115門に分類、記述したもの。
ざつ-ぶつ【雑物】種々雑多なもの。こまごまとした日用の品物にいう。
ざっぷり〔副〕❶水中へ勢いよく入ったり、水が強くかかったりするときの音を表す語。「手桶をさしあげて、てまへの頭から一」〈咄・聞上手〉❷物を勢いよく切るさま。「拙者を一と切ってお仕舞ひなされて」〈浄・伊賀越〉
ざっ-ぷん【雑粉】小麦粉以外の穀類の粉。
ざつ-ぶん【雑文】専門的でない、気軽に書き流した文章。
さっ-ぺい【×撒兵】江戸幕府が、文久年間(1861〜1864)に創設した洋式の歩兵。フランス人の教練を受け、江戸城の諸門に配置された。さんぺい。
ザッヘル-マゾッホ〖Leopold von Sacher-Masoch〗[1836〜1895]オーストリアの小説家。被虐性欲を題材としたその作品により、マゾヒズムの名が起こった。作「毛皮を着たビーナス」など。
さっ-ぽう【冊封】▶さくほう(冊封)
さっ-ぽう【殺法】ぱフ 殺し方。また、剣の使い方。「円月一」
ざっ-ぽう【雑×袍】ザフ 直衣のうしのこと。ぞうほう。
ざっ-ぽう【雑報】❶種々雑多な、細かい出来事の報告。「一欄」❷新聞の社会面の記事。類語 記事・埋め草・記録・実録・実記・手記・ドキュメント
ざっぽう-か【雑方家】ザフバウ 古方こほうと後世方ごせいほうを併用する、江戸時代の漢方医家の一派。
ざつ-ぼく【雑木】「ぞうき(雑木)」に同じ。
さっぽろ【札幌】北海道西部の市。道庁所在地。また、石狩振興局所在地。指定都市。北海道の政治・文化・経済の中心地。ビール・乳製品などの工業が盛ん。明治2年(1869)開拓使を設置、都市建設が進められ、碁盤目状の街路を有する市街が形成された。名は、アイヌ語の豊平川(もと札幌川)の呼称「サッ-ポロ-ペッ(乾いた大きな川)」または「サリ-ポロ-ペッ(葦原の広大な川)」にちなむ、などの説がある。同4年までは札縨と書いた。人口191.4万(2010)。
さっぽろ-いかだいがく【札幌医科大学】イクワ ダイガク 札幌市にある道立大学。昭和20年(1945)設立の道立女子医学専門学校を母体に、同25年大学として発足。平成19年(2007)公立大学法人となる。
さっぽろ-おおたにだいがく【札幌大谷大学】おほたにダイガク 札幌市にある私立大学。平成18年(2006)の開学。音楽学部の単科大学。
さっぽろがくいん-だいがく【札幌学院大学】サツポロガクヰンダイガク 北海道江別えべつ市にある私立大学。昭和43年(1968)に札幌商科大学として開設。同59年に、現校名に改称された。
さっぽろ-こくさいだいがく【札幌国際大学】札幌市にある私立大学。平成5年(1993)静修女子大学として開設。同9年に現在の校名に改称された。
さっぽろ-し【札幌市】▶札幌
さっぽろ-しょうけんとりひきじょ【札幌証券取引所】北海道札幌市中央区にある証券取引所(金融商品取引所)。昭和24年(1949)開設。略称は、札証さっしょう。
さっぽろ-しりつだいがく【札幌市立大学】札幌市にある公立大学。平成18年(2006)公立大学法

人として開学した。

さっぽろ-じんじゃ【札幌神社】北海道神宮の旧称。

さっぽろ-だいがく【札幌大学】札幌市にある私立大学。昭和42年(1967)に開学した。

さっぽろ-ドーム【札幌ドーム】札幌市にある全天候型施設。野球やサッカー・コンサート・展示会など多目的な利用が可能で、最大約5万4000人を収容できる。平成13年(2001)6月完成。

さっぽろ-のうがっこう【札幌農学校】ノウガッカウ 北海道大学の前身。明治5年(1872)東京に開設された開拓使仮学校が、同8年札幌に移転、同9年改称。米国人教頭クラークのキリスト教精神に基づく教育により、内村鑑三・新渡戸稲造ら多くの人材を育成した。

ざっ-ぽん【雑本】どの分類にも入らない種々雑多な本。また、雑多な内容のつまらない本。雑書。

さつま【薩摩】㊀旧国名の一。今の鹿児島県の西部にあたる。薩州。㊁❶「薩摩芋」の略。❷「薩摩絣がすり」の略。

さつま【薩摩】江戸古浄瑠璃の一派の家名。

さつま-あげ【×薩摩揚(げ)】すり身にした魚肉を味つけして油で揚げた食品。刻んだ野菜を加えることもある。

さつま-いとびな【×薩摩糸×雛】糸雛の一。二つ折りまたは三つ折りにした厚紙に浦島と乙姫、高砂の尉じょうと姥うばなどを絵模様に描いたもの。頭髪は麻糸や色糸で作り、後方に垂らした。

さつま-いも【×薩摩芋｜甘=藷】ヒルガオ科の蔓性つるせいの多年草。地をはう茎の節から根が伸び、地中に大きい塊根を作る。夏、アサガオに似た小花を開く。塊根を、食用やでんぷん・アルコールの原料にする。熱帯アメリカの原産。日本には17世紀に伝わり、薩摩地方で栽培され、青木昆陽が普及に努めた。多くの品種がある。かんしょ。からいも。とういも。琉球いも。(季 秋｜花=夏)「洗はれて紅奕々えきえきと—/草城」

さつまいも-あめ【×薩摩芋×飴】蒸したサツマイモを原料として、麦芽などで糖化し煮つめて作った褐色の飴。

さつま-いり【×薩摩煎り】煎った米に、小豆と刻んだサツマイモを入れ、醤油・砂糖で味つけした食品。

さつま-うま【×薩摩馬】日本馬の一。江戸時代に薩摩藩で飼育・改良したもので、乗用として第一とされた。

さつま-がすり【×薩摩×絣】紺地に白の絣模様を織り出した平織りの木綿布。染め色の堅牢さが有名。もと琉球で織られ、薩摩を経て売り出された。

さつま-ガラス【×薩摩ガラス】江戸末期に薩摩藩で製作されたガラス。紅ビードロとよばれる色ガラスや、カットして模様を表す薩摩切り子などがある。

さつま-ぐろ【×薩摩黒】薩摩地方から産する黒い石。那智黒なちぐろの代わりに盆石として用いられる。

さつま-げき【薩摩外記】江戸前期の古浄瑠璃の太夫。薩摩浄雲の門弟。江戸で活躍し、外記節を創始。江戸堺町で操り芝居を興行した。生没年未詳。

さつま-げた【×薩摩下▽駄】駒下駄に似た形で、台の幅が広く、白い太めの緒をすげた男性用の下駄。多く杉材で作る。

さつま-こくぶ【×薩摩国府】鹿児島県国分地方から産する上質のタバコ。

さつま-ごよみ【×薩摩暦】江戸時代、薩摩藩で特に暦編集の役人を置いて作らせ、領内だけに用いられた暦。

さつまじしょ【薩摩辞書】英和辞書。薩摩藩学生高橋新吉・前田正穀共編「改正増補和訳英辞書」の通称。明治2年(1869)刊。開成所の「英和対訳袖珍辞書」の改正増補版をもとに、見出し語に片仮名で発音を示したもの。上海で印刷。

さつま-じょううん【薩摩浄雲】ジャウウン［1595～1672］江戸前期の古浄瑠璃の太夫。初世。山城または和泉の人。通称、虎屋次郎右衛門。別名、薩摩太夫など。剃髪して浄雲と号した。沢住検校さわずみけんぎょうに師事。江戸に下り操り芝居を興行、豪快な芸風、派手な人形衣装や舞台で名声を得て、江戸浄瑠璃の祖といわれた。

さつま-じょうふ【×薩摩上布】ジャウフ 沖縄県宮古・八重山の諸島に産する上質の麻織物。苧麻ちょまを手紡ぎにして織ったもの。もと琉球からの貢納物で、薩摩藩が販売した。

さつま-じる【×薩摩汁】鶏肉・豚肉・大根・ごぼう・里芋・こんにゃくなどを煮込んだ味噌汁またはすまし汁。鹿児島の郷土料理で全国に広まった。(季 冬)

さつま-すぎ【×薩摩杉】屋久杉やくすぎの別名。

さつませんだい【薩摩川内】鹿児島県北西部にある市。川内川下流の九州本土区域と、甑島こしきじま区域からなる。奈良時代には薩摩国府が置かれた。平成16年(2004)川内市、樋脇ひわき町、入来いりき町、東郷町、祁答院けどういん町、里村、上甑かみこしき村、下甑しもこしき村、鹿島村が合併して成立。人口10.0万(2010)。

さつませんだい-し【薩摩川内市】▶薩摩川内

さつま-にしき【×薩摩錦】マダラガ科のガ。体は青緑色、翅はねに白・青・橙色の斑紋が散在し、ガの中でも美しく、昼飛性。九州・沖縄など南部にみられる。幼虫はヤマモガシの葉を食う。

さつま-にんぎょう【×薩摩人形】ニンギャウ 薩摩に伝わる武者人形。紙製の鎧よろいをつけ、両手がなく、鎧の袖に2本の矢をさし、薄板で作った馬にまたがっているもの。車がついている。

さつま-の-かみ【×薩摩▽守】㊀❶薩摩国の長官。特に、平忠度たいらのただのりをさすことが多い。❷《「薩摩守忠度ただのり」を「ただ乗り」にもじって》乗り物に無賃で乗ること。また、その人。ただのり。「—を決め込む」㊁狂言。神崎の渡し守は秀句好きと教えられた出家が、「平家の公達きんだち薩摩守忠度ただのり」という句でただ乗りを試みるが、肝心の「忠度」という部分を忘れて失敗する。(類語)(㊀❷)ただ乗り・キセル

さつま-はやと【×薩摩×隼▽人】《上代、薩摩に住んでいた隼人一族が、勇ましくすばしこいことで知られたところから》薩摩出身の武士。また、一般に鹿児島県出身の男性。

さつま-ばん【×薩摩版】室町時代から江戸初期にかけて薩摩で出版された書籍。江戸末期にも若干の刊行があった。

さつま-はんとう【薩摩半島】ハンタウ 鹿児島県南西部の半島。低い山地と火山灰層の台地とからなり、鹿児島湾を隔てて大隅おおすみ半島と対する。

さつま-びきゃく【×薩摩飛脚】❶薩摩国へ行く飛脚。❷《江戸時代、薩摩藩が国情の漏れるのを恐れて領内に入った他国の者の出国を許さなかったことから》行ったきりで帰らないことのたとえ。

さつま-びわ【×薩摩×琵×琶】ビハ 室町末期、薩摩で発生した琵琶音楽、およびそれに用いる楽器。勇壮な歌詞、悲壮な曲風のものが多い。普通は4弦4柱じゅの楽器をひざの上に斜めに立て、扇形に大きく開いた大形の撥ばちで弾く。現在、正派・錦心流・錦にしき琵琶の三派がある。

さつま-ふじ【薩摩富士】開聞岳の異称。

さつま-ぶし【×薩摩節】薩摩地方特産のかつお節。

さつま-ぶし【×薩摩節】古浄瑠璃の一。寛永(1624～1644)のころ、江戸で薩摩浄雲の始めたもの。剛健な語り口を特徴とする。浄雲節。薩摩浄瑠璃。

さつま-やき【×薩摩焼】鹿児島県薩摩・大隅地方に産する陶磁器の総称。文禄の役後、島津義弘が朝鮮から伴ってきた陶工によって始められた。俗に白薩摩・黒薩摩とよばれる白釉はくゆう地のものと黒釉地のものとがあり、作風も多様であったが、江戸末期以降は色絵が主力。

さつま-ろうそく【×薩摩×蝋×燭】ラフソク ❶薩摩産の上等の蝋燭。❷松脂まつやに・魚油で作った下等の蝋燭。

ざつ-む【雑務】こまごましたいろいろの用務。ぞうむ。「—に追われる」

(類語)雑用・雑事・庶務・雑役・小用・用務・事務

ざつむ-さた【雑務沙汰】中世、幕府の裁判制度で、売買・貸借関係などの民事訴訟。

さつもう-き【刷毛機】織物についたちりを取り除き、また、けばを立てたり光沢をつけたりする機械。木製の円筒に、毛髪または木の繊維を植えたもの。

ざつもう-しょく【雑毛色】馬の毛色の一。暗色と淡色の毛がまじっているもの。葦毛あしげ・斑毛ぶちげの類。

さつもん-ぶんか【擦文文化】クヮ 北海道の先史文化。続縄文文化に続いておよそ奈良・平安時代のころに始まり、近世アイヌ文化に先行する。この文化の土器を擦文土器とよぶことからの命名。

さつ-や【▽猟矢｜▽幸矢】狩りに用いる矢。さちや。「ますらをの—たばさみ立ち向かひ射る的形まとかたは見るにさやけし」〈万・六一〉

さつ-ゆみ【▽猟弓｜▽幸弓】狩りに用いる弓。さちゆみ。「剣大刀つるぎたち腰に取り佩はき—を手握たにぎり持ちて」〈万・八〇四〉

さつ-よう【撮要】サツエウ 要点を抜き出すこと。また、それを書いたもの。摘要。

ざつ-よう【雑用】❶こまごました、いろいろの用事。ぞうよう。「—に追われる」❷こまごましたものの費用。雑費。「—の払いを済ます」

(類語)小用しょうよう・小用こよう・雑事・野暮用・私用・公用

ざつ-よう【雑×徭】ザフエウ ▶ぞうよう(雑徭)

さつ-りく【殺×戮】〔名〕スル むごたらしく多くの人を殺すこと。「非戦闘員をも—する」

(類語)虐殺・惨殺・なぶり殺し・皆殺し

さつ-りゃく【殺略｜殺×掠】〔名〕スル 人を殺して財物を奪うこと。

ざつ-りょ【雑慮】あれこれと心に浮かぶ、とりとめもない思い。雑念。

さつ-りょう【刷了】サツレウ 印刷が完了すること。

ざつ-ろく【雑録】種々雑多な事柄を系統立てずに記録すること。また、その記録。

ざつ-わ【雑話】〔名〕スル さまざまな事柄をまとまりもなく話すこと。また、その話。

サテ〔マレ satay｜sate〕▶サテー

さ-て《副詞「さ」+接続助詞「て」から》㊀〔接〕(「扨」「扠」「偖」とも書く。「扨」は国字)❶一つの話が終わって、新しい話題に移るときに用いる。ところで。一方。「—、話は変わって」❷前述の事柄を受けて、あとに続けるときに用いる。そうして。それから。「自分の席に着き、—仕事にかかろうとすると」❸前述の事柄に反するような事実を述べるときに用いる。しかし。ところが。「口で言うのは簡単だが、—実行に移すとなるとなかなか難しい」㊁〔感〕❶次の行動に移るとき、自問したり相手に呼びかけたりする語。さあ。まあ。「—、どうしたものだろう」「—、そろそろ始めようか」❷深く感心する気持ちを表す語。はてさて。なんとまあ。「—おうらやましいことで」❸文末に置いて、自分の発言内容を確認したり強調したりする語。まあ。「そなたが待たば愚僧も待たうは—」〈虎寛狂・宗論〉㊂〔副〕❶前に述べた事柄を認容・放置するさま。そういう状態で。そのままに。「見そめつる契りばかりを捨てがたく思ひ…、—たもたるる女のためも」〈源・帚木〉❷(「さての」の形で)そのほかの。それ以外の。「—の日を思ひたれば、また南ふたがりにけり」〈かげろふ・下〉

さ-で【×叉手】▶叉手網さであみ

さ-で【▽桟手】林中などで木材を運び出す装置で、厚材を底に敷き、両側に防材を設け、勾配をつけて、その上を滑らせて落とすもの。

さで-あみ【×叉手網】2本の竹を交差させて袋状に網を張り、魚をすくいとるもの。さで。

サティ〔Erik Alfred Leslie Satie〕［1866～1925］フランスの作曲家。奇抜な言動などによって異端視されたが、ドビュッシーらに影響を与えた。作品にピアノ曲「グノシェンヌ」、バレエ音楽「パラード」など。エリック＝サティ。

さ-てい【査定】〔名〕スル 金額・等級・合否などを調査したうえで決定すること。「税額を—する」「勤務態度を—する」(類語)認定・判定・評定

サディスティック〔sadistic〕〔形動〕サディズムの性向のあるさま。また、残酷なことを好むさま。「—な快感」

サディスト〔sadist〕サディズムの傾向をもつ人。↔マゾヒスト。

サティスファクション〘satisfaction〙満足。充足。

サディズム〘sadism〙《フランスの作家サドの名にちなむ》相手に苦痛を与えることによって性的満足を得る異常性欲。サド。嗜虐症。㊀マゾヒズム。

サティヤグラハ〘ヒンディー satyāgraha〙《真理の主張の意》マハトマ＝ガンジーが唱えた非暴力抵抗運動のこと。

さてい-ゆうけつ【左提右×挈】左右の手で携えること。互いに助け合うこと。

サテー〘マレー satay ¦ sate〙《「サテ」とも》インドネシア・マレーシア・シンガポールの焼き鳥風肉料理。鶏・羊・水牛などの肉を串に刺して焼き、辛いピーナツソースをつけて食べる。

さて-おき【×扠▽措き ¦ ×扠置き】〔連語〕《動詞「さておく」の連用形から》ひとまずその事柄を問題から外すとして。それはそれとして。「それは―、本題に移りたい」➡扠措く❶

さて-お・く【×扠▽措く ¦ ×扠置く】〔動カ五(四)〕❶ひとまずその事柄を当面の問題から外す。それはそれとしておく。「費用は―・くとしても、人手が問題だ」❷そのままの状態で放置する。すておく。「さばかり哀れなる人を―・きて」〈源・浮舟〉

さて-こそ〔副〕❶前述の事柄を受けて、それを強調する語。それでこそ。そうしてはじめて。「難事を解決して、一大政治家といえる」❷まさしく思った通り。果たして。やっぱり。「一事故が起きたか」

さて-さて ㊀〔感〕困惑・驚嘆したときなどに発する語。なんとまあ。はてさて。「―、やっかいな事になったものだ」「―、感心な子供もいるものだ」㊁〔副〕先を促して問いかけるときの語。それからそれから。それでそれで。「―と問ひ聞こえさせ給ひて」〈栄花・わかばえ〉

さ-てつ【砂鉄】岩石中の磁鉄鉱やチタン鉄鉱などが岩石の崩壊によって流され、河床・湖底・海底などに堆積したもの。鉄・チタンの原料。しゃてつ。

さ-てつ【×蹉×跌】〔名〕スル《つまずく意から》物事がうまく進まず、しくじること。挫折。失敗。「計画に―をきたす」「事業が―する」(類語)失敗・不首尾・挫折・破綻

さて-は ㊀〔接〕(「扠は」「扨は」「偖は」とも書く)❶列挙した物事に追加するのに用いる。さらにそのうえ。それ以外にも。「飲んだり食べたり、―タクシー代まで払わされた」❷前の発言を受けて、ある判断を導く語。それでは。それなら。「一人も持ち侍らずと答へしかば、―もののあはれは知り給はじ」〈徒然・一四二〉㊁〔感〕思い当たることがあったときに発する語。それでは。そうすると。「―、はかられたか」㊂〔副〕そのような状態では。そのままでは。「一過ぐし給ひてむや」〈源・末摘花〉

さて-また【×扠又】〔接〕そうしてまた。それからまた。「まづ春はわらび折る。一夏は田を植ゑ」〈虎明狂・法師が母〉

さて-も ㊀〔感〕なんとまあ。さてさて。「―みごとな花だ」㊁〔副〕そうであっても。そのままでも。「思ひわび―命はあるものをうきにたへぬは涙なりけり」〈千載・恋三〉㊂〔接〕(「扠も」「扨も」「偖も」とも書く)それにしても。それはそうと。「うれしく対面したるかな。―、いくつにかなり給ひぬる」〈大鏡・序〉

　さてもその後 古浄瑠璃の文の書き出しに用いられる慣用的表現。このようにして、そののち。「一箕田の源太広綱は」〈浄・頼光跡目論〉

さても-さても〔感〕「さても」を強めた言い方。それにしてもまあ。まったく。「―やかましい事かな」〈浮・胸算用・二〉

サテュロス〘Satyros〙ギリシャ神話の山野の精。ヤギの特徴をもつ半獣半人の姿で、快楽を好む。

サテライト〘satellite〙❶衛星。人工衛星。❷大規模な空港で、乗降客の便宜のために、主ターミナルから通路を伸ばして設けた補助ターミナル。

サテライト-オフィス〘satellite office〙都市周辺部に設置され、都市部にある本社とデジタル通信・ファクシミリなどによって情報交換を行うオフィス。職住近接を目的とする。

サテライト-きぎょう【サテライト企業】企業が余剰人員となった中高年社員を放出する受け皿としてつくった会社。

サテライト-きょく【サテライト局】テレビ放送の中継局の一。受信しにくい地域に親局の電波を中継する施設。

サテライト-クリニック〘satellite clinic〙大きな病院や病院グループが、交通の便のよい駅前などに開設し、外来診療を行う、直営の小さな診療所。サテライト診療所。

サテライト-ショップ《和 satellite＋shop》➤アンテナショップ❷

サテライト-しんりょうじょ【サテライト診療所】➤サテライトクリニック

サテライト-スタジオ〘satellite studio〙放送局のスタジオから離れた街頭などに設けた小さなスタジオ。

サテライトニュースギャザリング〘satellite news gathering〙テレビで、通信衛星を利用してニュースを中継するシステム。SNG。

さ-てん【茶店】❶「喫茶店」を略していう語。❷ちゃみせ。ちゃや。

サテン〘satin ¦ オランダ satijn〙繻子。

さでん【左伝】「春秋左氏伝」の略。

さと【里】❶(「郷」とも書く)山中や田園地帯などで、人家が集まって小集落をなしている所。ひとざと。むらざと。村落。「山から―へ下る」❷(「郷」とも書く)都に対して、田舎。また、ふるさと。在所。「一のわらべ」❸妻や奉公人などの生家。実家。「正月―に帰る」❹養育費を出して子供を預けておく家。「―に出す」❺おいたち。育ち。素姓。お里。❻くるわ。遊里。「―ことば」「素人の寄っても読めぬ―の文」〈柳多留・七〉❼宮廷を「うち」といったのに対して、宮仕えする人が自家をいった語。「内裏にても―にても、昼はつれづれと眺め暮らして」〈源・若紫〉❽寺に対して、俗世間。「律師も、山ごもりして―に出でじと誓ひたるを」〈源・夕霧〉❾律令制の地方行政区画の一。➡里り
(類語)人里・村里・山里・田舎・生家・実家

さ-と【×颯と】〔副〕一斉に、また瞬間的に物事の行われるさま。さっと。どっと。「面も―赤みて物ものたまはず」〈源・浮舟〉

さど【佐渡】㊀旧国名の一。北陸道に属し、現在の新潟県の一部。佐州。㊁佐渡島のこと。㊂新潟県の佐渡島を占める市。平成16年(2004)両津市と佐渡郡九町村が合併して成立。人口6.3万(2010)。

さ-ど【砂土】砂の多い土壌。含まれる粘土が12.5パーセント以下の土壌をいう。

サド〘Donatien Alphonse François de Sade〙[1740～1814]フランスの小説家。通称、サド侯爵(マルキ＝ド＝サド、Marquis de Sade)。性的倒錯を題材としたその作品により、サディズムの名が起こった。作「美徳の不幸」「悪徳の栄え」など。

サド「サディズム」「サディスト」の略。㊀マゾ。

さと-い【里居】女官など宮仕えの人が、宮中を退出して自宅に帰っていること。里さがり。里住み。「などか、―は久しくしつるぞ」〈源・玉鬘〉

さと・い【×聡い ¦ ▽敏い】〔形〕文さと・し〔ク〕❶理解・判断が的確で早い。賢い。「この子は―・い」❷感覚が鋭い。敏感だ。「耳が―・い」「利に―・い」(類語)賢い・賢しい・鋭い・利口・鋭敏・機敏・俊敏・明敏・敏・目聡い・過敏・敏感・炯眼・利発・聡明・怜悧・慧敏・穎悟・英明・英邁・賢明・犀利・シャープ

さと-いぬ【里犬】家に飼われている犬。

さと-いも【里芋】サトイモ科の多年草。茎はほとんど伸びず、葉は高さ約1メートルの柄をもち、大きい卵円形。夏にまれに花が咲き、淡黄色の細長い仏炎苞で包まれた雄花と雌花をつける。球茎と葉柄を食用にする。熱帯アジアの原産で、栽培され多くの品種がある。いえのいも。はたけいも。たいも。(補説)サトイモ科の単子葉植物にはサトイモ・コンニャク・ミズバショウなど約2000種があり、主に熱帯地域に分布。花は花軸が多肉質となり、柄のない花が多数密生した肉穂花序で、仏炎苞に包まれる。

さ-とう【左党】❶《フランス議会で、議長席から見て左側に座席を占めたところから》左翼政党。㊀右党。❷酒好きな人。酒飲み。㊀右党。
(類語)(❷)辛党・左利き・上戸・両刀遣い

さ-とう【左道】《「さどう」とも。昔、中国では右を尊び、左を正しくないとしたところから》❶正しくない道。邪道。「―の論」❷不都合であること。不謹慎であること。「葦原国の帝、あまりに御心―にて、十郎姫が姿が、見たきよし宣旨なり」〈伽・梵天国〉❸粗末なこと。少ないこと。「―ニゴザレドモ…進上イタス」〈日葡〉

さ-とう【砂糖】蔗糖を主成分とする天然甘味料。原料から分けると、サトウキビから得られる甘蔗糖、サトウダイコンから得られる甜菜糖のほか、やし糖・かえで糖などがあり、製法から分けると上白糖・グラニュー糖などがある。

さ-とう【砂頭 ¦ 沙頭】砂浜。砂丘。「―に印を刻む鷗」〈平家・三〉

さ-とう【差等】等級をつけること。また、等級の違い。差別。等差。「待遇に―をつける」

さ-どう【左道】➤さとう(左道)

さ-どう【作動】〔名〕スル 機械や装置の運動部分が働くこと。「モーターが自動的に―する」
(類語)運転・働く・稼働・起動・仕事・勤労・作業・働き

さ-どう【茶道】❶➤ちゃどう(茶道)❷「茶頭」に同じ。

さ-どう【茶頭】近世、茶事をつかさどるかしら。「茶道」「茶堂」とも書き、茶坊主の意にも用いる。

ざ-とう【座頭】❶中世、商工業・芸能など諸座の長。❷室町時代、盲人の琵琶法師の官名。当道座の四官の最下位。検校・別当・勾当に続くもの。❸江戸時代、僧体の盲人で、琵琶・三味線などを弾いたり、語り物を語ったり、また、あんま・はりなどを業とした者の総称。❹盲人。

さとう-あいこ【佐藤愛子】[1923～]小説家。大阪の生まれ。紅緑の娘。詩人のサトウ・ハチローは異母兄。体験的なテーマを扱った家庭小説を、骨太でおおらかなタッチで執筆。「戦いすんで日が暮れて」で直木賞受賞。他に「ソクラテスの妻」「花はくれない」「血脈」、エッセー集「我が老後」など。

さとう-いっさい【佐藤一斎】[1772～1859]江戸後期の儒学者。江戸の人。名は坦。中井竹山・林述斎に学び、林家の塾長、昌平坂学問所教授を歴任。門人から渡辺崋山・佐久間象山・中村正直らを出した。著「言志録」など。

さどう-いでんし【作動遺伝子】オペロンで、調節遺伝子が作り出すリプレッサーが結合する染色体上の部位。結合しているときは転移RNA(リボ核酸)合成が制御される。オペレーター。

さとう-えいさく【佐藤栄作】[1901～1975]政治家。山口の生まれ。岸信介の実弟。運輸官僚から政界に転じ、昭和39～47年(1964～72)自由民主党総裁・首相。同49年ノーベル平和賞受賞。➡田中角栄

さどう-かいてん【差動回転】角速度が動径により異なる回転。主に天文学の分野で天体周囲の降着円盤などの回転を表す。一方、各部分が同じ角速度で回転する場合は剛体回転という。微分回転。

さとう-かえで【砂糖×楓】カエデ科の落葉高木。高さ約40メートルに達する。葉は手のひら状に三～五つに裂ける。北アメリカの原産で、栽培され、樹液から砂糖(メープルシュガー)をとる。

ざとう-がね【座頭金】江戸時代、座頭が幕府から許されて高利で貸し付けた金。

さとう-きび【砂糖×黍】イネ科の多年草。高さ2～4メートル。茎は中空ではなく、節がある。茎の汁を絞って砂糖(甘蔗糖)を作る。インドの原産で、日本では主に沖縄・九州で栽培される。甘蔗。砂糖竹。(季 秋)「杖にして主婦が買ひ来し―／誓子」

ざとう-ぎょうぎ【座頭行儀】出されたごちそうを、その場で食べずに持ち帰ること。

さどう-きょり【作動距離】➤ワーキングディスタンス

さとう-ぎりょう【佐藤義亮】[1878～1951]出版人。秋田の生まれ。明治29年(1896)新声社を設

立、雑誌「新声」を刊行するも破綻。同37年に新潮社を創立し、文芸雑誌「新潮」を創刊。文芸出版社としての地位を築き上げた。

ざとう-くじら【座頭鯨】《形が座頭の持つ琵琶に似ているところから》ナガスクジラ科の哺乳類。全長19メートルに達するヒゲクジラ。背が盛り上がり、ずんぐりした体形で、頭は巨大。胸びれが長く大きい。(季 冬)

さどう-ぐち【茶道口】茶室で、点前をするときの亭主の出入り口。方立口・火灯口などの形式がある。茶立て口。亭主口。

さとう-けい【砂糖計】►検糖計

さとう-けんいち【佐藤賢一】[1968〜]小説家。山形の生まれ。西洋史の素養を生かし、中世から近世にかけてのヨーロッパを舞台にした歴史小説を手がける。「王妃の離婚」で直木賞受賞。他に「ジャガーになった男」「傭兵ピエール」「双頭の鷲」など。

さとう-げんげん【佐藤玄々】[1888〜1963]彫刻家。福島の生まれ。本名、清蔵。別号、朝山。山崎朝雲に師事。日本美術院同人。フランスでブールデルに学び、木彫に新生面を開いた。

さとう-こうろく【佐藤紅緑】[1874〜1949]小説家・劇作家・俳人。青森の生まれ。本名、洽六。詩人サトウ・ハチロー、作家佐藤愛子の父。正岡子規に俳句を学び、のち小説に転じた。少年小説「あゝ玉杯に花うけて」など。

さとう-さくもつ【砂糖作物】砂糖を採取するために栽培する作物。サトウキビ・サトウダイコンなど。

さとう-さたろう【佐藤佐太郎】[1909〜1987]歌人。宮城の生まれ。「アララギ」に入会し、斎藤茂吉に師事。芸術派的な独自の歌風を確立した。歌集「歩道」「帰潮」「開冬」など。

さとう-さとる【佐藤さとる】[1928〜]児童文学作家。神奈川の生まれ。本名、暁。自費出版した「だれも知らない小さな国」が注目され、本格的ファンタジーとして評価を受ける。他に「おばあさんのひこうき」「小さな国のつづきの話」など。

さとう-さんぺい【サトウサンペイ】[1929〜]漫画家。愛知の生まれ。本名、佐藤幸一。平凡なサラリーマンの日常を庶民感覚で描き、読者の大きな共感を得る。代表作「フジ三太郎」「夕日くん」など。

さとう-じゅんや【佐藤純弥】[1932〜]映画監督。東京の生まれ。「陸軍残虐物語」で監督デビュー。社会派の名手として評価を得る一方で、パニック映画やアクション映画でも人気を集める。代表作「新幹線大爆破」「人間の証明」「未完の対局」「敦煌」など。

ざ-どうじょう【×坐道場】《「道場」は釈迦が悟りを開いた菩提道場のこと》仏語。常に仏道を説き修め、悟りを開くこと。

さとう-じょうじつ【佐藤誠実】[1839〜1908]国学者。江戸の生まれ。「古事類苑」編纂に従事。著「日本教育史」など。

さとう-そうのすけ【佐藤惣之助】[1890〜1942]詩人。神奈川の生まれ。詩・俳句のほか、民謡や歌謡曲の作詞もした。詩集「正義の兜」「琉球諸島風物詩集」など。

さとう-だいこん【砂糖大根】アカザ科の二年草。高さ約1メートル。ダイコンに似た紡錘形の多肉の根をもつ。根の汁から砂糖(甜菜糖)をとる。地中海沿岸地方の原産で、日本では主に北海道で栽培される。ビート。シュガービート。甘菜。甜菜。

さとう-ただのぶ【佐藤忠信】[1161〜1186]平安末期の武士。源義経の四天王の一人。継信の弟。義経が吉野山で山僧に攻められたとき、身代わりとなって奮戦。翌年、京都で敵に囲まれて自刃。

さとう-ちょう【砂糖鳥】インコ科の鳥。スズメ大で、全身緑色、頭が青く、のどが赤い。果物や花の蜜などを常食とし、枝に逆さにぶら下がる習性がある。アジア南部に分布。

さとう-つぐのぶ【佐藤継信】[1158〜1185]平安末期の武士。源義経の四天王の一人。屋島の合戦で義経の身代わりとなり、平教経の矢で射られて戦死。

さとう-づけ【砂糖漬(け)】果実・野菜・豆などを高濃度の砂糖に漬けること。また、その食品。ブンタン・フキ・アンズなどの砂糖漬け、甘納豆など。

さと-うつり【里移り】引っ越し。転居。家移り。「子孫どもに家の具足ども負はせ持たせて、おのれも持ちて、手まどひして—しぬ」〈宇治拾遺・二〉

さとう-とくじ【佐藤得二】[1899〜1970]哲学者・小説家。岩手の生まれ。京城帝大予科、一高の教授を歴任した後、文部省に入省。昭和38年(1963)、64歳のときに「女のいくさ」で直木賞を受賞。

さとう-なおかた【佐藤直方】[1650〜1719]江戸中期の儒学者。備後の人。山崎闇斎に師事。崎門三傑の一人と称されたが、朱子学の純一性を主張し、垂加神道を唱えた師のもとを去った。著「四書便講」など。

さとう-のぶひろ【佐藤信淵】[1769〜1850]江戸後期の経済学者。出羽の人。字は元海。宇田川玄随・平田篤胤らに師事。その学問は農政・物産・海防・兵学・天文・国学など広範に及んだ。著「経済要録」「農政本論」など。

さとう-は【佐藤派】自由民主党にあった派閥の一。木曜研究会・周山会の通称。佐藤栄作が、吉田学校のライバルだった池田勇人と袂を分かって結成。のちの平成研究会につながる。➡田中派

さどう-はぐるま【差動歯車】回転数の異なる二つの軸の歯車が駆動することにより、別の第3の回転を生む歯車機構。自動車の車輪駆動装置などに用いられ、カーブを曲がるときなど、円滑な回転を生む。ディファレンシャルギア。デフギア。デフ。

さとう-はちろう【サトウハチロー】[1903〜1973]詩人。東京の生まれ。本名、佐藤八郎。紅緑の長男。愛子は異母妹に当たる。詩人として出発し、童謡・歌謡曲の作詞家としても活躍。詩集「爪色の雨」「おかあさん」など。

さとう-はるお【佐藤春夫】[1892〜1964]詩人・小説家。和歌山の生まれ。生田長江・与謝野寛らに師事。初め「スバル」「三田文学」などに詩歌を発表、のち小説に転じた。文化勲章受章。詩集「殉情詩集」、小説「田園の憂鬱」「都会の憂鬱」など。

さどう-ぼうず【茶道坊主】「茶坊主❶」に同じ。

さとう-まさよし【佐藤雅美】[1941〜]小説家。兵庫の生まれ。初め「大君の通貨」などの歴史経済小説で話題となるが、その後本格的な時代小説に転向する。「恵比寿屋喜兵衛手控え」で直木賞受賞。他に「影帳」「八州廻り桑山十兵衛」など。

さとう-まめ【砂糖豆】炒った大豆に糖蜜をまぶした純白の菓子。

さと-うみ【里海】人の手が加わることによって自然環境が保たれ、かつ生産性が高められている海岸部。里山の概念を海に当てはめたもの。➡里山

さとう-みつ【砂糖蜜】❶砂糖から作った蜜。かき氷にかける。❷ガムシロップのこと。

ざとう-むし【座頭虫】蛛形綱ザトウムシ目の節足動物の総称。体長2〜7ミリ。四対の歩脚は著しく長く、クモに似る。暗く湿った所にいる。幽霊ぐも。めくらぐも。

さとう-もろこし【砂糖蜀=黍】モロコシの一品種。高さ2〜3メートル。茎の汁から砂糖をとる。

さとう-やし【砂糖×椰子】ヤシ科の常緑高木。葉は羽状複葉。葉柄の繊維でロープを作り、茎の髄を食用にし、また、花軸から砂糖をとる。インド・ミャンマー・マレーシアなどに産する。

サトゥルヌ〖Saturn〗ルーマニア南東部、黒海に面する海岸保養地。マンガリアの北約1キロメートルに位置する。社会主義政権下の1970年代に開発され、近隣のネプトゥン、オリンプ、ジュピテル、ベヌスとともに、同国有数の保養地群を形成する。

サトゥルヌス〖ラテ Saturnus〗ローマ神話の農耕の神。初めて人間に農耕を教え、太古のイタリアに黄金時代を築いたという。ギリシャ神話のクロノスと同一視された。サターン。

サトー〖Ernest Mason Satow〗[1843〜1929]英国の外交官。日本名、佐藤愛之助。号、薩道。文久2年(1862)英国領事館員として来日。パークス公使を助けて対日政策に貢献。明治28年(1895)公使として再び来日。日本・東洋研究家としても多くの業績を残した。著「一外交官の見た明治維新」など。

さど-おけさ【佐渡おけさ】新潟県の民謡で、佐渡島の盆踊り歌。九州のハイヤ節が日本海沿岸を上って佐渡に伝えられ、変化したもの。大正末期以降、全国に広まった。

さと-おさ【里▽長】里の長。律令制の里長・郷長や近世の名主・庄屋・村長など。

さと-おや【里親】❶他人の子供を里子として預かり、養育する親。しとね親。育て親。❷児童福祉法に基づき、保護者のない児童や、保護者に任せることが不適当であると認められる児童を引き取り、養育する者。都道府県知事が委託する。

さと-おり【里下り】奉公人が休みをもらって、親もとへ帰ること。さとさがり。

サトカ〖SATKA〗《Surveillance, Acquisition, Tracking and Kill Assessment》探知・捕捉・追尾・破壊評価。戦略ミサイルの発射から弾着までの間、目標を探知、追尾し、迎撃によって目標物が完全に破壊されたかを短時間で見いだすなどの技術研究。

さど-かいきょう【佐渡海峡】新潟県の本土と佐渡島間の海峡。深度200メートル前後の大陸棚で、最短距離は新潟市の角田岬から佐渡市の鴻ノ瀬鼻までの31.5キロメートル。沖合は沿岸漁業の好漁場。好天時には対岸が望める。旧称、越佐海峡。

さと-がえり【里帰り】〔名〕スル ❶新婦が結婚後初めて実家に帰ること。祝言後の3日目・5日目に行うことが多い。❷妻や奉公人などが実家に帰ること。「子供を連れて久しぶりに—する」❸外国へ移住した人が故国に帰ること。国外に出ていた品物などが戻ってくることにもいう。「三家族が南米から二〇年目の—をした」「流出文化財が—する」

(類語)帰省・帰郷・帰国・帰還・帰京・帰参

さと-かぐら【里神-楽】宮中の御神楽に対し、各地の神社や民間で行われる神楽。笛・太鼓・銅拍子などの鳴り物に合わせ、仮面をつけて無言で舞う。神話などに取材したものが多い。(季 冬)「翌は又どこの月夜の—/一茶」

さど-が-しま【佐渡島】新潟県に属する、日本海最大の島。尖閣湾・外海府海岸など観光地が多い。順徳天皇・日蓮・世阿弥などの流刑地。慶長6年(1601)相川金山が開発された。民謡「佐渡おけさ」の地。面積約857平方キロメートル。

さと-かた【里方】嫁や養子などの実家。また、その親類。

さと-がち【里勝ち】〔形動ナリ〕宮仕えの者や、他家に嫁・養子・奉公などに行った者が、実家に帰って過ごす日が多いさま。「もの心細げに—なるを」〈源・桐壺〉

さと-がよい【里通ひ】❶「里帰り❶」に同じ。「昨日の昼—を致すとて」〈仮・竹斎・下〉❷遊里へ通うこと。くるわがよい。「もはや—も今日切りと」〈浮・禁短気・一〉

さどぎつね【佐渡狐】狂言。佐渡と越後の百姓が、年貢上納の途中に道連れとなり、佐渡に狐がいるかいないかの口論から帯刀をかけての争いになる。

さ-どく【査読】〔名〕スル 学術誌に投稿された学術論文を専門家が読み、その内容を査定すること。

サトコ〖Sadko〗►サドコ

さと-ご【里子】他人に預けて育ててもらう子。「—に出す」

サドコ〖Sadko〗《「サトコ」とも》11世紀ごろのロシアの海洋物語の主人公の商人。楽器と歌の名人で、海神を歌で魅了。その娘と結婚して故国に帰る。

さど-こうざん【佐渡鉱山】新潟県佐渡市相川などにあった金銀鉱山。江戸時代には天領として佐渡奉行が置かれ、佐渡金山とよばれた。

さと-ごころ【里心】他家や他郷に出ている者が、実家や郷里を恋しく思う心。「—がつく」(類語)帰心

さと-ことば【里言葉】❶田舎のことば。くにことば。さとなまり。❷「郭詞さとことば」に同じ。

さと-ざくら【里桜】オオシマザクラに由来する桜の園芸品種の総称。八重咲きで、花の色が白・黄・紅色など多くの品種がある。やえざくら。ぼたんざくら。(季 春)

さとし【諭し】❶さとすこと。説諭。❷神仏のお告げ。神託。「神のお―がある」「この雨風、いとあやしき、物の―なり」〈源・明石〉 類語 教え・示し

さど-し【佐渡市】➤佐渡㊂

さと-しり【里知り】遊里の事情によく通じていること。また、その者。「この―の名取川、世をあだ波に濡るるにや」〈浄・吉野忠信〉

さと・す【諭す】〔動サ五(四)〕❶目下の者に物事の道理をよくわかるように話し聞かせる。納得するように教え導く。「諄々じゅんじゅんと―・す」「不心得を―・す」❷神仏が警告する。告げ知らせる。「天変しきりに―・し、世の中静かならぬは」〈源・薄雲〉 類語 諫いさめる・意見・諫言かんげん・諫死・注意・忠言・忠告・勧告・警告・戒いましめ・心添え・戒める・窘たしなめる・咎とがめる

さと-すずめ【里×雀】❶人里近くにすむスズメ。❷遊里に足しげく通う人。「籠の鳥なる梅川に、焦れて通ふ―」〈浄・冥途の飛脚〉

さと-ずみ【里住み】❶「里居さとい」に同じ。「源氏の君は、上の常に召しまつはせば、心安く―もえし給はず」〈源・桐壺〉➡内住み ❷出家の意志を持ちながら、果たさずにいること。「人に言ひさまたげられて、今までかかる―をして」〈かげろふ・中〉

さど-だいかん【佐渡代官】サドダイクヮン 佐渡奉行の旧称。

さと-だいり【里内裏】内裏の外に、一時仮に設けられた御所。多くは外戚の摂関家の邸宅を充てた。現在の京都御所も里内裏の一。里御所。今内裏。

さと-どなり【里隣】隣り合っている家々。近所。近隣。「このいさかひを見るとて、一の人、市いちをなして聞きければ」〈宇治拾遺・一〇〉

さと-ながれ【里流れ】里子がそのまま里親の子となること。また、その子。

さと-なまり【里×訛り】江戸時代、遊里で遊女の使った独特の言葉づかい。郭詞くるわことば。里言葉。

さと-な・れる【里×馴れる】〔動ラ下一〕図さとな・る〔ラ下二〕❶鳥獣が人里になれる。「イノシシが―・れる」❷遊里の風習になれ親しむ。「はや―・れて吹く風に憂さを晴らして居る所へ」〈浄・忠臣蔵〉

さと-ぬし【里主】❶薩摩さつま藩支配下の琉球の王国時代にみられた身分制度で、大名・士・百姓の3階級のうち、士の上層部にあったもの。❷琉球王のそば近くに仕えた若者。さとのし。

さど-の-いん【佐渡院】サドノヰン 順徳上皇の異称。承久の乱で佐渡に流されたところからいう。

さと-の-し【里×之子】「里主さとぬし❷」に同じ。「すべて美童を―と称す」〈読・弓張月・前〉

サドバー-コロナーダ〘Sadožá kolonáda〙チェコ西部の温泉保養都市カルロビバリにある温泉施設の一。ウィーンの建築家フェルディナンド=フェルナーとヘルマン=ヘルマーの設計により、1881年に建造された。ドーム型の青い屋根をもつ。

さと-ばな・る【里離る】〔動ラ下二〕人里から離れる。「今はいと―・れ、心すごくて、海士あまの家だに稀に」〈源・須磨〉

さと-ばなれ【里離れ】〔名・形動〕スル 人里から離れていること。また、そのような所や、そのさま。「―した夜陰の墓地」〈木下尚江・良人の自白〉

さと-ばら【里腹】嫁などが実家に帰って、遠慮や気がねをすることなく腹いっぱい食べること。

里腹三日みっか　里腹のあとは3日も空腹を感じないほどであるということ。

さと-び【×俚び｜▽里び】田舎びていること。田舎じみていること。多く、名詞の上に付けて用いる。「―歌」「雅みやびと―とのけぢめを」〈玉勝間・一二〉㊀雅び。

さとび-うた【×俚び歌】田舎びた歌。いなかうた。俚謡りよう。

さとび-ごこち【×俚び心地】「里人心地さとびとごこち」に同じ。「見知らぬ―には、いかがはかかる人こそ世におはしましけれと」〈能因本枕・一八二〉

さとび-ごころ【×俚び心】「里人心地さとびとごこち」に同じ。「今の世の―のさかしらなり」〈玉勝間・五〉

さとび-ごと【×俚び言｜▽俗び言】世俗の言葉。俚言りげん。俗言。また、田舎びた言葉。方言。「手足のたゆきを、―にだるいと言ふ」〈玉勝間・八〉

さとび-ことば【×俚び言葉】「俚び言ごと」に同じ。

さと-びと【里人】❶その里に住んでいる人。その土地の人。「薪とる―の話によれば」〈樗牛・滝口入道〉❷田舎に住む人。❸里方の人。実家の人。「御かたがたの―侍りつるなかに」〈源・花宴〉❹宮仕えに出ないで、里にいる者。「白馬あおうま見にとて、―は車きよげにしたてて見に行く」〈枕・三〉

さとびと-ごこち【里人心地】田舎びて、卑しい気持ち。さとびごこち。さとびごころ。「見知らぬ―には、かかる人こそは世におはしましけれと、驚かるるまでぞまもり参らする」〈枕・一八四〉

さと-びらき【里開き】《「ひらき」は「かえり」を忌んでいう語》里帰り。「一此の頃にない飯を喰ひ」〈柳多留・七〉

さと・ぶ【×俚ぶ｜▽里ぶ】〔動バ上二〕《「ぶ」は接尾語》❶俗なさまである。「高尚の題目を論ずるにいと―・びたる言語を以てするに」〈逍遥・小説神髄〉❷田舎くさくなる。ひなびる。「筑紫を心にくく思ひなすに、みな見し人は―・びたるにも、心得がたくなむ」〈源・玉鬘〉

さど-ぶぎょう【佐渡奉行】サドブギャウ 江戸幕府の職名。遠国おんごく奉行の一。慶長6年(1601)設置。老中に属し、佐渡相川に駐在して、佐渡の民政、鉱山の管理・運営、外国船の警戒などをつかさどった。佐渡代官。

さと-ぶち【里扶▽持】里子として預けてある家へ出す養育料。江戸後期では通常、月に1分200文。

ザトペック〘Emil Zatopek〙[1922～2000]チェコスロバキアの長距離走者。1948年のロンドン-オリンピックで1万メートル、1952年のヘルシンキ-オリンピックで長距離2種目とマラソンとに優勝、「人間機関車」とよばれた。

さと-へん【里偏】漢字の偏の一。「野」などの「里」の称。

さと-ぼう【里坊】サトバウ 山寺の僧などが、人里に構える住まい。「文覚上人の二条猪熊の―に落ち着き給ひて」〈盛衰記・四七〉

さと-まわり【里回り】サトマハリ アオダイショウの別名。

さと-み【里▽曲｜里×廻｜里▽回】人里のあたり。さとわ。「見渡せば近き―をたもとほり今ぞ我が来る領巾ひれ振りし野に」〈万・一二四三〉

さと-みこ【里巫=女】村里の神社に奉仕し、里神楽さとかぐらを舞うみこ。「―が御湯みゆだて笹ささのそよそよに靡なびき起き伏しよしや世の中」〈金槐集〉

さとみ-とん【里見弴】[1888～1983]小説家。横浜の生まれ。本名、山内英夫。有島武郎・生馬の弟。「白樺」の創刊に参加。その思想は小説「多情仏心」にまごころ哲学としてまとめられた。文化勲章受章。他に「善心悪心」「安城家の兄弟」「極楽とんぼ」など。

さとみはっけんでん【里見八犬伝】「南総なんそう里見八犬伝」の略称。

さと-みまい【里見舞(い)】サトミマヒ 里帰りの翌日、新郎方から人をやって、新婦の安否をたずねること。

さと-みや【里宮】山上の奥宮に対し、山麓の村里にある社殿。遥拝ようはい所として参拝者の便宜のため設けられたという。

さと-むら【里村】「村里」に同じ。「―の者、これを取りて」〈宇治拾遺・一〉

さとむら-しょうたく【里村昌琢】サトムラシャウタク[1574～1636]江戸初期の連歌師。名は景敏。紹巴没後の連歌界の第一人者となった。門人に西山宗因らがいる。著「昌琢句集」など。

さとむら-じょうは【里村紹巴】サトムラセウハ[1525ころ～1602]室町末期の連歌師。大和の人。本姓、松井氏か。号、宝珠庵・臨江斎。周桂・里村昌休に師事し、連歌の第一人者となった。織田信長・豊臣秀吉らとも交渉があり、明智光秀の「愛宕あたご百韻」に参加。著「連歌至宝抄」など。

さと-めぐり【里▽回り】アオダイショウの別名。

さどやひこよねやま-こくていこうえん【佐渡弥彦米山国定公園】サドヤヒコヨネヤマコクテイコウヱン 新潟県の佐渡島と対岸の弥彦・角田山地、米山海岸からなる国定公園。

さと-やま【里山】人里近くにある、生活に結びついた山や森林。薪まきや山菜の採取などに利用される。人の手が入ることで生態系のつりあいがとれている地域を指し、山林に隣接する農地と集落を含めていうこともある。➡里海

さと-ゆき【里雪】平地に降る雪。特に、日本海沿岸の平野部に降る多量の雪。㊀山雪やまゆき。

さとり【悟り｜▽覚り】❶物事の真の意味を知ること。理解。また、感づくこと。察知。「―が早い」❷仏語。迷妄を払い去って生死を超えた永遠の真理を会得すること。「―の境地に達する」 類語 諦観

悟りを開ひら・く　心の迷いが解けて、真理を会得する。開悟する。「厳しい修行の末に―・く」

さとり-え【悟り絵】ヱ 絵で詞ことばの心を表し、その趣意をわからせる判じ物の絵。寓意ぐうい の絵。鎌と輪の絵をかき、「ぬ」の字を添えて「かまわぬ」と読ませる類。

さとり-すま・す【悟り澄ます】〔動サ五(四)〕すっかり悟る。悟ったふりをする。「―・した態度」

さと・る【悟る｜▽覚る】〔動ラ五(四)〕❶物事の真の意味を知る。はっきりと理解する。「芸の神髄を―・る」❷隠されているもの、また自分の運命などについて、それと気づく。感づく。察知する。「危険を―・る」「言外の意を―・る」「失敗を―・られないようにする」「死期を―・る」❸仏語。迷い・煩悩ぼんのうを去って生死を超えた永遠の真理を会得する。悟りを開く。可能 さとれる 類語 わきまえる・自覚する・感ずる・認識する・感じ取る・実感する・感得する・感受する・感知する・直感する・直覚する・予感する・ぴんと来る

サドル〘saddle〙❶鞍くら。❷自転車・オートバイなどの腰掛けの部分。❸旋盤の横送り台やバイトホルダーなど、工作機械のベッド上を移動する台。

サドル-シューズ〘saddle shoes〙靴の甲の部分に、色や材質の異なる革を鞍くらのようにまたがらせた靴。

さと-わ【里▽曲｜里×廻｜里▽回】《「さとみ(里曲)」の平安時代以後の誤読》人里のあるあたり。「―の火影ほかげも、森の色も」〈文部省唱歌・朧月夜〉

さと-わらわ【里▽童】サトワラハ 里に住む子供。田舎の子供。さとわらべ。

サドン-デス〘sudden death〙❶不慮の死。急死。❷ゴルフ・ホッケーなどスポーツ競技の延長戦で、一方が勝ち越した時点で、勝敗の決着をつける方式。敗者が突然決まることからいった語。

さな　稲や麦の穂を落とすための農具。割り竹を横に並べたもので、床几しょうぎに似た形をしている。

さ-ない【×哨×吶】清楽しんがくに用いる木管楽器。ダブルリードの縦笛で、指孔は表7孔、裏1孔。唐人笛。

さない-ぶし【左内節】古浄瑠璃の一。薩摩浄雲の門人、左内若狭掾さないわかさのじょうが、寛永・正保年間(1624～1648)に京都で語ったもの。

さ-なえ【早苗】サナヘ【×秧】苗代から田へ移し植えるころの稲の苗。玉苗。(季 夏)「―とる手もとや昔しのぶ摺ずり/芭蕉」 類語 苗・苗木

さなえ-うた【早苗歌】サナヘ 「田植え歌」に同じ。

さなえ-たで【早苗×蓼】サナヘ タデ科の一年草。田のあぜなどに生え、高さ30～50センチ。茎の節は太く、赤みがかる。5月過ぎ、田植えのころに赤みを帯びた白い小花を密につける。

さなえ-づき【早苗月】サナヘ 陰暦5月の異称。さつき。(季 夏)

さなえ-どり【早苗鳥】サナヘ ホトトギスの別名。

さなえ-とんぼ【早苗蜻=蛉】サナヘ ❶トンボ目サナエトンボ科の昆虫。体は小形で、田植えのころに出現する。(季 夏)❷サナエトンボ科の昆虫の総称。一般に中形で、黒色の地に黄色紋がある。サナエトンボ・ウチワヤンマなど。

さ-なか【▽最中】たけなわであるとき。さいちゅう。

「夏の—」「忙しい—」〘類語〙最中・たけなわ・真っ只中・真っ最中・真っ盛り

さな-かずら【▽真▽葛・▽実▽葛】㊀〘名〙サネカズラのこと。「—の根を舂つき、其の汁の滑を取りて」〈記・中〉㊁〘枕〙葛はつるが分かれたのち先でまたあうところから、「のちもあふ」にかかる。「—後も逢はむと」〈万・三二八〇〉

さ-ながら【▽宛ら】《副詞「さ」＋接続助詞「ながら」から》㊀〘副〙❶非常によく似ているさま。まるで。そっくり。「—滝のような雨」「地獄絵—のすさまじさ」❷そのまま。もとのまま。「池などは—あれど」〈枕・一六三〉❸すべて。全部。「あやしの民屋—やぶれくづる」〈平家・一二〉㊁〘接〙そうは言うものの。かと言ってやはり。「食逃げ大尽にあふ事多し。—それとて乞ひがたく」〈浮・胸算用・二〉〘類語〙まるで・ちょうど・あたかも

さなき【×鐸】鉄製の大きな鈴。上代、祭式に用いられた。ぬりて。ぬて。

さなぎ【×蛹】完全変態を行う昆虫類で、幼虫から成虫に移る直前に形態を変え、食物をとらずに静止状態となったもの。ガ・ハチのように繭の中にこもるもの、チョウ・カブトムシのように裸のものがある。また特に、蚕についていう。蛹虫。

さ-なき-だに【▽然なきだに】〘連語〙そうでなくてさえ。ただでさえ。「—静かな庭が、一増蕭然として」〈独歩・運命論者〉

さなぎ-はだ【×蛹肌・×蛹×襯】繭の最内層。蚕では繊維が細くなり、繰り糸に適さない。

さなぎ-ゆ【×蛹油】蚕の蛹から採取される脂肪油。さなぎあぶら。

さ-なく-とも【▽然なくとも】〘連語〙そうでなくても。さなくても。「—すぐれた人なので」

さ-なく-ば【▽然なくば】〘連語〙《古くは「さなくは」とも》そうでなければ。さもなければ。さもなくば。「—恋のまことを此様なものに代えて」〈露伴・辻浄瑠璃〉

さな-ご【▽核子】❶瓜の種子。❷米の粉をふるうときに残る米かす。

さ-な-す【さ▽寝す】〘動サ四〙《「なす」は「寝る」の尊敬語》おやすみになる。「娘子らが—す板戸を押し開き」〈万・八〇四〉

さなだ【▽真田】❶「真田紐」の略。❷「真田織り」の略。

さなだ-うち【▽真田打ち】「真田紐」に同じ。

さなだ-おり【▽真田織(り)】絹糸または綿糸で真田紐のように織ったもの。帯・紐などに用いる。

さなだ-じゅうぞう【真田重蔵】[1923〜1994]プロ野球選手。和歌山の生まれ。昭和18年(1943)朝日に入団。戦後、持ち球のドロップを生かして活躍。年間39勝というセリーグ記録を樹立。ノーヒット・ノーランを二度達成した。

さなだ-じゅうゆうし【真田十勇士】真田幸村に仕え、武勇で活躍したと伝えられる10人の勇士。猿飛佐助・霧隠才蔵・三好清海入道・三好伊三入道・由利鎌之助・筧十蔵・海野六郎・望月六郎・穴山小助・根津甚八。実伝は不明。

さなだ-ひも【▽真田×紐】太い木綿糸で平たく厚く織る紐。天正(1573〜1592)のころ、真田昌幸が刀の柄を巻くのに用いたところからの名という。真田打ち。

さなだ-まさゆき【真田昌幸】[1547〜1611]安土桃山時代の武将。信濃の人。通称、喜兵衛。上田城主。武田信玄・豊臣秀吉・徳川家康に仕えた。関ヶ原の戦いでは豊臣側に与し、次男幸村とともに徳川秀忠の西上を阻止。西軍敗北後、東軍に与した長男信之の取りなしで死罪を免れ、高野山麓九度山に蟄居。

さなだ-むし【▽真田虫・条▽虫】条虫の俗称。平たい体節部が真田紐に似る。

さなだ-やま【真田山】大阪市天王寺区の地名。大阪城の南にあり、大坂冬の陣に真田幸村が陣を築いた地。宰相山。

さなだ-ゆきむら【真田幸村】[1567〜1615]安土桃山時代の武将。信濃の人。昌幸の次男。本名は信繁。関ヶ原の戦いで西軍に属し、父とともに徳川秀忠の西上を阻止。西軍敗北後、東軍に与した兄信之の取りなしで死罪を免れ、高野山麓九度山に蟄居。大坂冬の陣で再び豊臣側につき、大坂城に入城。真田丸という三日月形の出城を造って東軍を苦しめる。夏の陣で戦死。

ザナドゥー〖Xanadu〗桃源郷。元来は、中国、元の夏期の都であった上都(内モンゴル自治区多倫北西に遺跡が残る)をさす語。

サナトリウム〖sanatorium〗療養所。特に、空気の澄む郊外や高原・海浜などに設けられる結核療養所をさすことが多い。〘類語〙病院・医院・診療所・療養所・クリニック・ホスピス・産院

サナトロジー〖thanatology〗《死という意のギリシャ語thanatosから》死に関する科学。死のあり方や、死にゆく人、またはその近親者の援助の方法を扱う。➡タナトス

さ-な-なり【▽然ななり】〘連語〙《副詞「さ」＋連語「ななり」》そのようだ。そうらしい。「うち叩き給ふさま、—なりと聞き給ひて」〈源・総角〉

サナヒン-しゅうどういん【サナヒン修道院】《Sanahin》アルメニア北部の修道院。10〜13世紀に創建、改修されたもので、聖堂・食堂・図書室を備えた複合宗教施設。ビザンチン建築様式と、この地方の伝統的建築が融合した建造物として貴重。世界遺産のハフパト修道院からは3キロメートルほどの距離。2000年にハフパトの世界遺産(文化遺産)に追加登録され、「ハフパトとサナヒンの修道院群」となった。

さ-なぶり【早=苗=饗】「早上り」に同じ。

ざ-なみ【座並(み)・座▽次】座席の順。席次。席順。座成り。

ザナミビル〖Zanamivir〗抗インフルエンザウイルス薬の一つ。商品名リレンザ。日本では平成12年(2000)12月に発売され、翌13年2月に健康保険適用となった。販売元はグラクソ-スミスクライン。吸入薬で、専用の吸入器を用いてドライパウダーを吸入する。同20年〜21年冬期、オセルタミビルの耐性ウイルスが流行したため、ザナミビルの需要が高まった。➡ノイラミニダーゼ

さ-なり【▽細鳴り】小さな音。「歩むと言へども、—もなく、忍び歩きのていなり」〈伽・猫のさうし〉

ざ-なり【座成り・座▽形】❶「座並み」に同じ。❷座席から動かず、そのままであること。❸その場だけの間に合わせ。おざなり。「見えと—ばかりにて、薬の事は陳皮も知らず」〈風来六部集・天狗髑髏鑒定縁起〉

ざ-なり〘連語〙《助動詞「ず」の連体形に伝聞推定の助動詞「なり」の付いた「ざるなり」の音変化「ざんなり」の撥音無表記》打ち消して伝聞・推定する意を表す。…ないそうだ。…ないようだ。「海賊は夜あるきせ—なりと聞きて」〈土佐〉

サナリー-シュルメール〖Sanary-sur-Mer〗フランス南東部、プロバンス地方、バール県の港湾都市ツーロン近郊の港町。地中海に面する海岸保養地。ツーロン湾周辺への観光拠点として知られる。

さ-に【さ▽丹】丹。赤色。「大和の宇陀の真赤土の—つかばそこもか人の我を言なさむ」〈万・一三七六〉

さに-あらず【▽然にあらず】〘連語〙そうではない。「白状するかと思えば—ず、しらを切っている」

サニー〖sunny〗日が当たること。「—ハウス」

サニー-サイド〖sunny side〗日の当たる側。

サニー-ビーチ〖Sunny Beach〗ブルガリア東部の都市ブルガスの北東に位置する町、スランチェフブリャグの通称。黒海沿いに約8キロメートルにわたって砂浜が広がり、同国屈指の海岸保養地として有名。

サニー-レタス〖sunny lettuce〗葉がちりめん状で結球せず、上部が赤紫色をしたレタス。

サニタリー〖sanitary〗衛生的であること。「—ナプキン」

サニタリー-ボックス〖sanitary box〗トイレの隅に置く、女性の生理用品などを入れる容器。

さに-つらう【さ▽丹つらふ】〘枕〙《「つらう」は「つら(頬)」の動詞化という》赤く照り映える意で、「色」「黄葉」「君」「妹」などにかかる。「—君が御言と玉梓の使も来ねば」〈万・三八一一〉

さ-にぬり【さ▽丹塗り】赤く塗ること。また、塗ったもの。にぬり。「鹿島の崎に—の小舟を設け」〈万・一七八〇〉

サニベル-とう【サニベル島】《Sanibel Island》米国フロリダ州南西部の都市、フォートマイヤースの沖合にある島。観光・保養地。島の面積の3分の1がディンダーリン国立野生生物保護区に指定され、ミシシッピワニが生息するマングローブがある。

サニャック-こうか【サニャック効果】光に関する物理現象の一つ。回転する円形の光路を考え、回転方向に沿って光が1周する時間と逆方向に1周する時間の間に差が生じる効果を指す。特殊相対性理論に基づく効果で、慣性系に対する角速度をΩ、光が1周する経路で囲まれた面積をS、光速をcとすると、時間の差は$4S\Omega/c^2$で表される。

さ-にわ【▽斎▽場・沙庭】❶神を招いて、お告げを聞く清浄な場所。「建内宿禰—に居て、神の命を請ひき」〈記・中〉❷神のお告げを承る人。霊媒者。さにわびと。「中臣の烏賊津の使主を喚して、—とす」〈神功紀〉❸神楽の和琴奏者。〘補説〙「さ」は神稲の意とも、「さや(清)」の略ともいう。

ざ-にん【座人】❶座に加わっている人。座衆。❷江戸時代、金座・銀座の世襲役人。

さ-ぬ【さ▽寝】〘動ナ下二〙寝る。特に、男女が共寝する。「—ねむとは吾は思へど」〈記・中・歌謡〉

サヌア〖Sana'a〗《「サナア」とも》イエメン共和国の首都。旧約聖書の大洪水のあと、ノアの息子セムによって築かれたという伝説があり、現存する世界最古の都市といわれる。城壁に囲まれた旧市街には、白い漆喰で縁取られた窓枠をもつ建物が並ぶ。石造や日干し煉瓦造りの6、7階建ての建物が多く、中世の街並みが色濃く残っている。1986年に「サヌア旧市街」の名称で世界遺産(文化遺産)に登録された。宝石などの工芸が盛ん。人口、都市圏147万(2003)。

サヌカイト〖sanukite〗讃岐岩。

さぬき　香川県東部の市。平成14年(2002)津田、大川、志度、寒川、長尾の5町が合併して成立。四国八十八箇所のうち志度寺、長尾寺、大窪寺の3霊場がある。人口5.3万(2010)。

さぬき【讃岐】旧国名の一。南海道に属し、現在の香川県にあたる。讃州。

さぬき【讃岐】[1141ころ〜1217ころ]平安末期の歌人。源頼政の娘。二条天皇ほかに出仕。勅撰集には千載集ほかに70首選ばれ、家集に「二条院讃岐集」がある。

さぬき-がん【×讃岐岩】讃岐地方に産する古銅輝石安山岩。黒色、緻密で硬く、たたくと澄んだ音がするのでかんかん石ともいう。サヌカイト。

さぬき-さんみゃく【讃岐山脈】香川・徳島県境を東西に走る山脈。最高峰は竜王山で、標高1060メートル。阿讃山地。

さぬき-し【さぬき市】▶さぬき

さぬきのすけのにっき【讃岐典侍日記】平安後期の日記。2巻。讃岐入道藤原顕綱の娘長子作。嘉承2年(1107)6月から翌年12月晦日までの記事。堀河天皇の発病から崩御、鳥羽天皇即位と大嘗会までのことを記述。

さぬき-はんとう【讃岐半島】四国北東部にある瀬戸内海の備讃瀬戸に突き出た半円状の半島。香川県の陸地全域にあたる。北部に屋島・五色台などの卓状地と四国最大の讃岐平野が広がり、南縁には讃岐山脈が連なる。約2万もの溜池があり、わが国屈指の溜池灌漑地域となっている。古くから四国への文化の入口だった。

さぬき-へいや【讃岐平野】香川県北部の平野。雨が少なく、満濃池など灌漑用の溜め池が多い。

さぬき-わらざ【×讃岐×藁座】讃岐産の円座。讃岐円座。

さ-ね【さ寝】《動詞「さぬ」の連用形から》寝ること。特に、男女が共寝すること。「まかなしみ—に我は行く

鎌倉の水無瀬川みなせがわに潮満つなむか」〈万・三三六六〉

さね【▽札】鎧よろいを構成する細長い小板。鉄または革製で、1領に800～2000枚をうろこ状に連結して鎧を作る。こざね。

さ-ね【▽実¦▽核】《「真さ根ね」の意》❶果実の中心にある堅い部分。種。❷板と板をつなぎ合わせるとき、一方の板の側面に作る細長い突起。❸陰核。❹障子や壁の下地となる骨組み。壁下地。❺根本のもの。実体。「学問し候ふべき器量などのあるを後世者ごせしゃの一と申しあひて候ふなり」〈一言芳談〉

さ-ね〔副〕❶(奈良時代は、あとに打消しの語を伴って)少しも。決して。「さ寝ぬる夜は多くあれども物思はず安く寝る夜は一なきものを」〈万・三七六〇〉❷本当に。必ず。「行きてみてあすも一来むなかなかにをちかた人は心おくとも」〈源・薄雲〉

さ-ね〔連語〕《尊敬の助動詞「す」の未然形＋終助詞「ね」。上代語》敬意を込めて相手にぜひそうしてほしいという気持ちを表す。…なさいね。「難波潟なにはがた潮干に出でて玉藻刈る海人娘子あまをとめども汝なが名告のらー」〈万・一七二六〉

ざ-ね【▽実¦▽核】〔接尾〕《「さね」の音変化》名詞に付く。❶根本のもの、そのものとなる意を表す。「先に生あれし三柱の女子めこは、物一汝いましが物に因りて成れり」〈記・上〉❷その中の主となるものであること、特に重んじるものであることの意を表す。「上にありける左中弁藤原の良近よしちかといふをなむ、まらうどーにて」〈伊勢・一〇一〉

さね-おい【▽実生い】おひ 草木が種子から生長すること。また、生長したもの。みしょう。

さね-がしら【▽札頭】鎧よろいの札の上部。

さね-かずら【▽真▽葛¦▽実▽葛】かづら ㊀〔名〕モクレン科の蔓性つるせいの常緑低木。暖地の山野に自生。葉は楕円形で先がとがり、つやがある。雌雄異株で、夏、黄白色の花をつけ、実は熟すと赤くなる。樹液で髪を整えたので、美男葛びなんかずらともいう。さなかずら。〔季 秋〕㊁〔枕〕「さなかずら」に同じ。「一後のちも逢はむと」〈万・二〇七〉

さ-ねかや【さ根×萱】根のついたままのカヤ。「岡に寄せ我が刈る萱の一の」〈万・三四九九〉

さねさし〔枕〕「相模さがむ」にかかる。「一相模の小野に燃ゆる火の」〈記・中・歌謡〉

さね-さ・ぬ【さ寝さ▽寝】〔動ナ下二〕たびたび寝る。特に、共寝をたび重ねる。「川上の根白高萱あやにあやにー・ねてこそ言ことに出にしか」〈万・三四九七〉

さねたかこうき【実隆公記】三条西実隆の日記。文明6年(1474)から天文5年(1536)に至る自筆本が現存。応仁の乱後の幕府・朝廷の動向、公家の私生活などを知ることができる。

さね-つぎ【▽実接ぎ】「実矧はぎ」に同じ。

さ-ねど【さ寝▽処】寝る場所。特に、男女の寝所。「梓弓あづさゆみ欲良よらの山辺のしげかくに妹ろを立ててー払ふも」〈万・三四八九〉

さ-ねどこ【さ寝床】寝る床。特に、共寝をする床。「沖つ藻は辺へには寄れども一も与あたはぬかもよ浜つ千鳥よ」〈神代紀・歌謡〉

さね-はぎ【▽実×矧ぎ】板の接合法の一。一方の板の側面に彫った溝に、他方の板に作った突起(実さね)を差し込んで接合する本実矧ぎと、両方の板に溝を彫り、細い棒(雇い実)を差し込んで接合する雇い実矧ぎとがある。さねつぎ。

さね-ひじき【▽実肘木】ひぢき 巻斗まきとの上にあって、桁けたを直接に受ける肘木。

さね-ぶと【▽核太】「核太棗さねぶとなつめ」の略。

さねぶと-なつめ【▽核太×棗¦酸=棗】クロウメモドキ科の落葉低木。ナツメの原種。葉は長卵形でつやがある。実が小さく、そのわりに核が大きい。種子は漢方で酸棗仁さんそうにんといい、薬用。ヨーロッパ・アジアの南部に自生し、日本では栽培される。からなつめ。

さねもり【実盛】謡曲。二番目物。世阿弥作。平家物語などに取材。加賀国篠原で遊行上人ゆぎょうしょうにんが説法をしていると、斎藤実盛の霊が現れ、白髪を墨で染めて奮戦し、手塚太郎に討たれたありさまを語る。

さねもり【真守】平安時代の刀工。伯耆ほうきの人。安綱の子。平家の重宝「抜丸」の作者という。生没年未詳。

さねもり-おくり【▽実盛送り】西日本で行われる虫送りの行事。イナゴがその化身だとされる斎藤実盛のわら人形を作り、かね・太鼓を鳴らしてあぜ道を練り歩き、川などに流して村外へ追いやる。

さねもりものがたり【実盛物語】浄瑠璃「源平布引滝げんぺいぬのびきのたき」の三段目切きりの「九郎助住家」の段の通称。

さの【佐野】㊀栃木県南西部の市。中世は佐野氏の城下町、江戸時代は日光街道の宿場町。古くから佐野縮ちぢみの産地。中部に出流原いづるはら弁天池の湧水がある。人口12.1万(2010)。㊁群馬県高崎市南東部の古地名。謡曲「鉢木はちのき」の佐野源左衛門常世の邸跡と伝えられる常世神社がある。

さ-のう【左脳】なう 大脳半球左側の通称。右半身を制御する。⇔右脳。〔補説〕計算や論理的思考などに大きく関わるともいわれる。

さ-のう【砂×嚢】なう ❶砂を入れた袋。すなぶくろ。❷鳥類の胃で、前胃の後ろにある部分。胃壁は厚く、内部には飲み込んだ砂礫されきがあり、食物を砕く。すなぎも。すなぶくろ。

さのげんざえもんのじょう-つねよ【佐野源左衛門尉常世】さのゲンザヱモンのジョウ 鎌倉時代の武士。上野こうずけの人。謡曲「鉢木はちのき」の主人公。生没年未詳。➡鉢木

さの-けんざん【佐野▽乾山】尾形乾山が晩年、下野しもつけ国佐野に招かれて焼いた陶器。

さのさ　㊀〔感〕小唄・民謡などに用いられる囃子詞はやしことば。㊁〔名〕「さのさ節」の略。

さのさ-ぶし【さのさ節】俗謡。法界節の変化したもので、明治30年(1897)ころから流行。一節の最後に「さのさ」という囃子詞はやしことばがつく。

さの-し【佐野市】▶佐野㊀

さの-じろうざえもん【佐野次郎左衛門】ジラウザヱモン 江戸中期の下野しもつけ佐野の農民。享保(1716～1736)のころ、江戸吉原の遊女八橋やつはしを恨み、八橋ほか多くの人を斬った。事件は吉原百人斬りといわれ、歌舞伎化された。特に「籠釣瓶花街酔醒かごつるべさとのえいざめ」が有名。

さの-しんいち【佐野真一】[1947～　]ノンフィクション作家。東京の生まれ。民俗学者宮本常一と渋沢敬三の交流を描いた「旅する巨人」で大宅壮一ノンフィクション賞受賞。他に「紙の中の黙示録」「だれが『本』を殺すのか」など。

さの-ちぢみ【佐野縮】栃木県佐野市付近から産出する木綿縮の織物。

さ-のつどり【さ野つ鳥】㊀〔名〕野の鳥。特に、キジをいう。「一来鳴き翔かけらふ」〈万・三七九一〉㊁〔枕〕「雉きぎし」にかかる。「一雉は響とよむ」〈記・上・歌謡〉

さの-つねたみ【佐野常民】[1822～1902]政治家・社会事業家。佐賀の生まれ。西南戦争に際し、博愛社を創立、のち日本赤十字社と改称し初代社長となる。元老院議長・枢密顧問官などを歴任。

さの-としかた【佐野利器】[1880～1956]建築学者。山形の生まれ。耐震構造理論を体系化し、建築構造学の基礎を築いた。日本最初の鉄骨構造建築の日本橋丸善書店を設計。

さののおとがみ-の-おとめ【狭野弟上娘子】をとめ 奈良中期の女流歌人。狭野茅上さののちがみ娘子とする写本もある。中臣宅守なかとみのやかもりとの別離の悲哀を詠んだ相聞歌そうもんかが万葉集に収められている。生没年未詳。

さの-の-ふなはし【佐野の船橋】群馬県高崎市佐野にあったといわれる船橋。〔歌枕〕「上野かみつけの佐野の船橋一取り放し親は放さくれど我は離さかるがへ」〈万・三四二〇〉

さの-の-わたり【佐野の渡り】和歌山県新宮市にあった佐野の渡し場。〔歌枕〕「苦しくも降り来る雨か三輪みわの崎一に家もあらなくに」〈万・二六五〉

さ-のぼり【▽早上り】田植えの終わりに田の神を送る祭り。さなぶり。代満しろみて。➡早降さおり

さの-まなぶ【佐野学】[1892～1953]社会運動家・歴史学者。大分の生まれ。日本共産党中央執行委員長、次いでコミンテルン常任執行委員。昭和4年(1929)の四・一六事件で入獄し、獄中で転向を声明。第二次大戦後は反共運動を展開した。著「ロシア経済史」「唯物史観批判」など。

さ-のみ【▽然のみ】〔副〕《副詞「さ」＋副助詞「のみ」から》❶(あとに打消しの語を伴って用いる)それほど。さほど。「一運動にはならないでも」〈里見弴・今年竹〉❷そのように一概に。「今より後は、まして一なむ思う給へらるべき」〈源・帚木〉

さの-よう【佐野洋】やう [1928～　]推理作家。東京の生まれ。本名、丸山一郎。読売新聞社勤務のかたわら小説を執筆。「一本の鉛」を発表後、作家生活に専念。「華麗なる醜聞」で日本推理作家協会賞受賞。他に「透明受胎」「轢ひき逃げ」など。平成10年(1998)功績により第1回日本ミステリー文学大賞受賞。

さの-ようこ【佐野洋子】やうこ [1938～2010]絵本作家。中国の生まれ。独特なタッチと色彩感覚を駆使して多くの絵本を手がける。特に「100万回生きたねこ」は世代をこえてロングセラーとなった。他に「わたしのぼうし」「おじさんのかさ」「神も仏もありませぬ」など。

さ-は【左派】組織内、特に政党の内部における比較的革新的または急進的な一派。⇔右派。➡左翼

サハ〖Sakha〗ロシア連邦北東部にあり、同連邦を構成する共和国の一。正称サハ共和国。1922年から90年までの旧称はヤクート自治ソビエト社会主義共和国。首都ヤクーツク。東はコリマ川、西は中央シベリア高原、南はスタノボイ山脈に及び、地方自治体として世界最大。大部分がタイガとツンドラに覆われる。金・錫すず・ダイヤモンド・石炭などを産出。ヤクーチア。

さ-は【▽然は】㊀〔連語〕《副詞「さ」＋係助詞「は」》そうは。そのようには。「え一申さで」〈源・夕顔〉㊁〔接〕▶さ(然)ば

然はそう・ず　そうでしょう。そうである。「およそ武士は二心あるを恥とす。ことに源氏のならひは一・ず」〈古活字本平治・中〉

さ-ば【▽生▽飯】《「生飯」の唐音「さんぱん」からという。「散飯」「三把」「三飯」とも書く》食事のときに自分の食物から取り分けた飯粒。屋根などに置き、鬼神・餓鬼に供え、鳥獣に施すもの。さんば。さんばん。「板屋の上にて鳥の斎ときの一食ふ」〈枕・二五六〉

さ-ば【×娑婆】「しゃば(娑婆)」に同じ。「一のほかの岸(＝彼岸)に至りてとくあひ見む」〈源・若菜下〉

さば【×鯖】❶スズキ目サバ科の海水魚、マサバとゴマサバの総称。体は紡錘形でやや側扁し、背びれ・尻びれの後方に小さなひれがいくつか並ぶ。世界に広く分布し、代表的な食用魚。〔季 夏〕「一釣や夜雨のあとの流れ汐／蛇笏」❷「さばよみ」の略。

鯖の生き腐れ　鯖は外見は新鮮なようでも腐り始めていることがあるということ。鯖の肉は漁獲してから短時間のうちに酵素分解が進むので、人によっては蕁麻疹じんましんがでたりするところからいう。

鯖を読・む　《一説に魚市で鯖を数えるとき、わざと急いでその数をごまかすといわれるところから》実際より多く言ったり少なく言ったりして数をごまかす。「一・んで四、五歳若く言う」

サバ〖Sabah〗マレーシア連邦、ボルネオ島北部の州。州都コタキナバル。ゴム・木材などを産出。もと、イギリス領北ボルネオ。

さ-ば【▽然ば】〔接〕《「さは」とも》それならば。それでは。さらば。「侍従の君呼び出でて、一、参り給へ、と言へば」〈源・蜻蛉〉

サパー〖supper〗昼にディナー(正餐せいさん)をとったときの、軽い夕飯。

サパー-クラブ〖supper club〗食事も提供するこぢんまりしたナイトクラブ。

さは-あれ【▽然はあれ】〔接〕《連語「さは」＋動詞「あり」の已然形「あれ」から》そうではあるが。されど。「一小説に諷意を寓して」〈逍遥・小説神髄〉〔類語〕尤もっとも・ただし・ただ・とは言え・とは言うものの・しかし

さ-はい【差配】〔名〕スル ❶とりあつかうこと。世話をすること。また、指図すること。❷手分けして事務をとりあつかうこと。❸所有主の代わりに貸地・貸家などの管理をすること。また、その人。「一人」「戸に『貸家一松永町西のはずれにあり』と書いて張ってあった」

〈鴎外・雁〉(類語)管理・保全・保守・維持・保管・管財

ざ-はい【座拝|×坐拝】〔名〕スル 座って拝むこと。

ざ-はい【座配】❶座席を割り当てること。座の順序。❷一座のとりなし。座もち。「一にぎやかに床(とこ)しめやかに」〈浮・一代男・六〉

さは-いえ【▽然は言え】〔接〕そうはいうものの。「一今はみちもなし」〈落合直文・陸奥の吹雪〉

サバイバビリティー〖survivability〗生き残り可能性。敵の強力な打撃・攻撃の中で人員・兵器・資材が生き残り得る可能性。

サバイバリスト〖survivalist〗サバイバリズムを信奉・実行する人。

サバイバリズム〖survivalism〗生き残り主義。核戦争や地震にも生き残れるように、核シェルターを作ったり食糧を備蓄しておくこと。

サバイバル〖survival〗困難な状況を越えて生き残ること。また、そのための方法や技術。「一ゲーム」「企業間の一競争」

サバイバル-ゲーム〖survival game〗❶迷彩服を着て、敵味方に分かれ、エアガンで着色弾を撃ち合うゲーム。❷厳しい勝ち抜き競争。

サバイバル-ナイフ〖survival knife〗軍用の大型ナイフ。刃の背側が金属を切断できるのこぎり刃になっていたり、柄の中に医薬品を入れられる構造になっていたりなど、さまざまな種類がある。➡アーミーナイフ

サバイバル-ファクター〖survival factor〗《「生き残った要因」の意》自動車・鉄道・航空機・船の事故で、乗客の生死の分かれ目となった要因。車体や機体の構造、事故当時の乗客の位置・行動など。

さ-ばえ【五=月×蠅】陰暦5月ごろの群がり騒ぐ蠅。(季 夏)

さばえ【鯖江】福井県中北部の市。もと誠照寺(じょうしょうじ)の門前町、間部(まなべ)氏の城下町。合繊織物・眼鏡枠・越前漆器の産地。人口6.7万(2010)。

さば-え〔感〕別れのあいさつに用いた語。さよなら。さらば。「大門まで送り、一と言へども、帰りもやらず」〈浮・分里艶行脚・五〉

さばえ-し【鯖江市】▶鯖江

さばえ-なす【五=月×蠅なす】〔枕〕さばえのように、の意で、「騒く」「荒ぶる」にかかる。「一騒く子どもを打棄(うつ)てては」〈万・八九七〉

さば-おり【×鯖折り】相撲のきまり手の一。相手のまわしを引きつけ、上背(うわぜい)を利かせて上からのしかかるように下半身を攻め、ひざをつかせる技。腰挫(こしくだ)き。

さば-かいどう【鯖街道】(サバカイダウ) かつて、若狭国(現在の福井県南西部)で獲れた海産物などを京に運ぶために使われた街道の名。特に若狭の鯖が好まれたことからこの名で呼ばれたという。

さ-ばかり【▽然▽許り】〔副〕❶それぐらい。それほど。「一急にもとめ給はば」〈露伴・風流魔〉「一の人は思しはばかるべきぞかし」〈源・賢木〉❷たいへん。あんなに。「一寒き夜もすがら」〈徒然・二三〉

さば-がわ【佐波川】山口県中央部を流れる川。島根県との境の冠山(かんむりやま)山地に源を発し、佐波川ダム(大原湖)を南流してさらに南西流し、防府(ほうふ)市北西部で周防(すおう)灘に注ぐ。長さ56キロ。下流に防府平野を形成、流域は有数の穀倉地帯。鯖川(さばがわ)。

さばき【裁き|×捌き】❶(裁き)理非を明らかにすること。裁判。審判。「法の一を受ける」「神の一が下る」❷手先を使って物事をうまく取り扱うこと。「袱紗(ふくさ)一」「鋏(はさみ)の一がまるで下手なくせに」〈高見・故旧忘れ得べき〉❸ごたごたした物事を処理したり管理したりすること。❹囲碁で、弱い石や孤立した石の始末をうまくつけること。❺将棋で、局面を進展させるために、駒を十分に活用し働かせること。❻連歌・連句の席で、一座の宗匠が付句の運びがうまくいくように指導すること。(類語)(❶)裁判・審判・裁定・裁決・断罪

さばき-がみ【×捌き髪】まげを解きちらした髪。ざんばら髪。ちらし髪。「大肌脱に一、小鬢に汗を流しつつ」〈仮・竹斎・上〉

さばき-て【裁き手|×捌き手】❶物事の処理や理非の判断をする人。また、その才能のある人。❷売り手。❸心のさばけた人。「心のきれた一の」〈浄・賀古教信〉

さばき-の-にわ【裁きの庭】法廷。「一に引き出される」

さばき-やく【裁き役|×捌き役】❶物事の処理や理非の判断をする人。❷歌舞伎で、事件を取りさばき、解決をつける役柄。「伽羅先代萩(めいぼくせんだいはぎ)」の細川勝元など。捌き方。

さ-ばく【佐幕】《「佐」は助ける意》幕末、尊攘・倒幕に反対し、幕府を支持したこと。また、その党派。

さ-ばく【砂漠|沙漠】雨量が極端に少ないため植物がほとんど育たず、岩石や砂礫(されき)からなる地域。サハラ・カラハリ・ゴビなど。

さば・く【裁く|×捌く】㊀〔動カ五(四)〕❶(裁く)理非を明らかにする。裁判する。「罪を一・く」「人を一・く」❷手を使ってものを思いのままに扱う。「ヒット性の打球を難なく一・く」「手綱を一・く」❸ごたごたした物事や複雑なことを、適切に処理する。「会社を一人で一・いている」「もめごとを一・く」❹品物を売りつくす。「滞貨を全部一・いた」❺㋐くっついたりからまったりしやすいものを、解き分ける。「髪を一・く」「着物の裾を一・く」「力士が下がりを一・く」㋑料理で、材料に包丁を入れて切り離し、ばらばらにする。「鴨を一・く」(可能)さばける ㊁〔動カ下二〕「さば(捌)ける」の文語形。(類語)扱う・取り扱う・計らう・こなす・切り回す・取りさばく・処する・律する

さばく-か【砂漠化】砂漠周辺の土地が生産力を失った状態のこと。過放牧・森林破壊・干魃(かんばつ)などが複合して砂漠が拡大する。

さばく-きこう【砂漠気候】乾燥気候の中でも雨量が特に少なく、草もみられない地域の気候。

さばくとび-ばった【砂漠飛(び)飛=蝗】サバクバッタの別名。

さばく-の-ふね【砂漠の船】ラクダのこと。

さばく-ばった【砂漠飛=蝗】バッタの一種。体長は6〜7センチ。アフリカ北部、アジア南西部の乾燥地帯に分布。時に大発生し、大群をなして風に乗り一日に100キロ以上も移動して農作物を食い尽くす。サバクワタリバッタ。サバクトビバッタ。エジプトツチイナゴ。

さば-ぐも【×鯖雲】巻積雲や高積雲のこと。鯖の背紋に似ているのでいう。鰯雲(いわしぐも)。鱗雲(うろこぐも)。(季 秋)(類語)雲

さばく・る【×捌くる】〔動ラ四〕取り扱う。処理する。取り計らう。「魚一・りける所に」〈沙石集・七〉

さばくわたり-ばった【砂漠渡り飛=蝗】サバクバッタの別名。

さばけ【×捌け】❶品物が売れてゆくこと。売れ行き。「新製品の一はいい」❷物分かりがよいこと。❸混乱状態が解け整うこと。「朝夕は車の一が悪い」

さばけ-ぐち【×捌け口】売れ口。はけぐち。(類語)売れ口・捌(は)け口・販路・売れ先・市場

さば・ける【×捌ける】〔動カ下一〕(文)さば・く〔カ下二〕❶品物が売り切れる。また、よく売れる。はける。「在庫品が一・ける」「最近はこの手の本がよく一・ける」❷世事に通じていて、物分かりがよい。「一・けた取り計らい」❸混乱していたものが整理されてきちんとなる。「渋滞が一・けてくる」

さば-さば〔副〕スル ❶気分がすっきりするさま。さわやかになるさま。「みんな焼けてしまって、かえって一(と)した」❷物事にこだわらず、あっさりしているさま。さばけているさま。「一した性格」(類語)からっと・さっぱり・あっさり・淡泊

さ-ばし・る【さ走る】〔動ラ四〕走る。すばやく動く。「川の瀬に鮎子一・る」〈万・四一五六〉

さば-ずし【×鯖×鮨】締め鯖を鮨飯にのせた押し鮨。また、箱鮨。京都の棒鮨、高知の姿鮨、奈良吉野の柿の葉鮨、和歌山の生なれの下(しも)鮨など。

サパタ〖Emiliano Zapata〗[1879〜1919]メキシコ革命の農民軍指導者。貧農を率いてメキシコ革命に参加。革命後、徹底的な土地改革を主張して革命主流派と対立し、暗殺された。

さ-はち【砂鉢|沙鉢|▽皿鉢】《「あさはち(浅鉢)」の略》浅くて大きな磁器の鉢。

さはち-りょうり【▽皿鉢料理】生物(なまもの)とよぶ刺身やたたき、組み物とよぶ鮨(すし)、煮物、焼き物などを大皿に盛り合わせたもの。高知県の代表的な郷土料理で、主として宴会用。さわちりょうり。

サパテアード〖スペイン zapateado〗スペイン、アンダルシア地方の踊り、およびその曲。8分の6拍子で足拍子をとる。

サバティエ〖Paul Sabatier〗《サバチエとも》[1854〜1941]フランスの化学者。ニッケル触媒による有機化合物の接触還元を研究し、硬化油工業の基礎を築いた。1912年、ノーベル化学賞受賞。

サバティカル〖sabbatical〗「サバティカルイヤー」の略。

サバティカル-イヤー〖sabbatical year〗《安息年の意》大学などで、研究・旅行などのため、通例7年ごとに与えられる長期有給休暇。

サバト〖ポルトガル sábado〗ユダヤ教・キリスト教の安息日。ユダヤ教では土曜日、キリスト教では日曜日。

サバナ〖savanna〗▶サバンナ

サバナ〖Savannah〗米国ジョージア州南東部の港湾都市。サバナ川の河口に面し、綿花の輸出港として発展。セントジョン-バプティスト大聖堂やミクベイスラエル寺院をはじめ、18世紀植民地時代の歴史的建造物が数多く残っている。

さば-ふぐ【×鯖河=豚】フグ科の海水魚、シロサバフグのこと。また、クロサバフグ・ドクサバフグを含めた3種。シロサバフグは全長約35センチ、背側が緑黄色、無毒で干物にする。クロサバフグは全体に暗色で、毒をもつものもある。ドクサバフグは日本ではまれで、内臓ばかりでなく筋肉にも毒がある。

さば-ぶし【×鯖節】鯖を加工して、かつお節のように仕上げたもの。

さば-よみ【×鯖読み】鯖を読むこと。

サハラアラブ-みんしゅきょうわこく【サハラアラブ民主共和国】西サハラの独立を主張するポリサリオ戦線が1976年に樹立した亡命政権。西サハラの都市アイウンを首都としているが、同市を含めほぼ全域をモロッコが実効支配しており、本部はアルジェリアの首都アルジェにある。アフリカ連合加盟、国連未加盟。日本は未承認。➡西サハラ

ざ-ばらい【座払ひ】芝居などの観覧料を支払うこと。また、芝居の興行主から役者や道具方などへの支払い金。芝居興行のための仕込み金。「道頓堀の一のたよりともなる」〈浮・永代蔵・三〉

サハラ-さばく【サハラ砂漠】《Saharaはアラビア語で平坦な砂漠の意》アフリカ大陸北部にある世界最大の砂漠。石油・天然ガスなどの地下資源がある。

サバラン〖フランス savarin〗小麦粉・砂糖・卵・バターなどをまぜ、イーストで膨らませて小形のドーナツ状に焼き、ラム酒入りのシロップに浸した菓子。

さはり【響=銅|胡=銅=器】銅合金の一。鉛・錫(すず)、ときに少量の銀を加えたもの。また、それで作った仏具・皿・鉢など。茶の湯での建水・花入れなどに転用される。さわり。(補説)「さふら(鈔鑼)」の変化した語かといわれる。「砂張」「佐波理」などとも書く。

サバリア〖Savaria〗ハンガリー西部の都市ソンバトヘイの旧称。

ザハリアーシュ-ひろば【ザハリアーシュ広場】《Náměstí Zachariáše z Hradce》▶ザカリアス広場

サハリン〖Sakhalin〗北海道の北方にある島。間宮海峡を隔ててシベリアに接する。江戸時代に日本人・ロシア人が入植、明治8年(1875)千島と交換してロシア領となり、同38年日露講和条約により北緯50度以南は日本領となったが、第二次大戦後、全島ソ連領、ソ連邦解体後はロシア領となる。面積7万7000平方キロメートル。樺太(からふと)。

サハリン-ツー〖Sakhalin two〗ロシアのサハリン島北東部沖にあるピルトン・アストフスコエ鉱区、ルンスコエ鉱区を対象とする大規模な資源開発事業。採掘した石油・天然ガスを同島南部のアニワ湾まで

パイプラインで運び、アジア太平洋地域へ輸出する。1990年代にエリツィン政権下で、オランダのロイヤル・ダッチ・シェル、日本の三井物産・三菱商事などの外資主導で開発が始まり、プーチン政権下でロシア政府系企業ガスプロムが参加。2009年2月に液化天然ガス(LNG)プラントが稼働を開始した。LNGのピーク時生産量は960万トンで、約6割が日本に供給され、残りは韓国・アメリカに出荷される。

さばれ 《「さはれ」とも》㊀〔接〕しかし。だが。「吾は其悔の為にはかの憤を忘るべきか、―吾恋の旧歓(きゅうかん)に復りて再び完かるを得るにあらず」〈紅葉・金色夜叉〉㊁〔感〕❶まあ、とにかく。「―あけ給へ」〈落窪・一〉❷どうともなれ。ままよ。「―、このついでにも死なばや」〈源・柏木〉〖補説〗語源は「さはあれ」からとも、「さもあれ」からとも。

サハロフ〘Andrey Dmitrievich Sakharov〙[1921〜1989]ソ連の物理学者。水爆を開発。スターリン主義的な政治体制に反対し、人権擁護運動を展開、1980年国内流刑になったが、86年に名誉回復。1975年、ノーベル平和賞受賞。

ザハロフ〘Basil Zaharoff〙[1850〜1936]英国の実業家。トルコの生まれ。国際的な兵器請負業者として知られ、「死の商人」とよばれた。

さ-はん【茶飯】❶茶と飯。転じて、日常のごくありふれたこと。「日常―」❷茶漬けの飯。

さはん-じ【茶飯事】ごくありふれたこと。「日常―」

サバン-しょうこうぐん【サバン症候群】《savant syndrome；フランス savantは、賢人の意》自閉症や知的障害を持ちながら、ある特定の分野で非常に卓越した才能を発揮する症状の総称。男性に多く、記憶力・音楽演奏・絵画などにおいて天才的な能力を持つ。

サバンナ〘savanna〙明瞭な乾季をもつ、熱帯・亜熱帯地方にみられる草原。雨季にはイネ科の丈の高い草が茂り、低木も点在する。アフリカ・南アメリカ・オーストラリアなどに広く分布。サバナ。
〖類語〗草原・くさはら・湿原・ステップ

サバンナ-きこう【サバンナ気候】熱帯気候の一。明瞭な乾季があり、1年は雨季と乾季とに分かれる。

サバンナ-モンキー〘savanna monkey〙オナガザル科の哺乳類。アフリカのサバンナ地帯に分布。半地上・半樹上性。ビロード状の緑がかった体毛をもつ。ポリオワクチン製造などの実験動物にされる。みどりざる。

さび 鮨屋(すしや)で、わさびのこと。「―ぬき」
さびを利か・す わさびの辛味を強くする。転じて、物事を鋭くぴりっとひきしまった感じにする。さびを利かせる。「警句を織りまぜて演説に―・す」

さび 日本風歌謡曲、ポップスなどの大衆音楽で、楽曲の聞かせどころをいう。「好きな曲の―を着メロにする」〖補説〗語源は不詳。「さびのある声」などと同語源か。音楽業界ではかなり早くから使っていたという。

さび【寂】《動詞「さ(寂)ぶ」の連用形から》❶古びて味わいのあること。枯れた渋い趣。「―のある茶碗」❷閑寂枯淡の趣。「―に徹した境地」❸声の質で、低く渋みのあるもの。「―のある声」❹謡曲・語り物などの声の質で、声帯を強く震わせて発する、調子の低いもの。❺連歌・俳諧、特に、蕉風俳諧で重んじられた理念。中世の幽玄・わびの美意識にたち、もの静かで落ち着いた奥ゆかしい風情が、洗練されて自然と外ににおい出たもの。閑寂さが芸術化された句の情調。➡撓(しお)り ➡細み ➡軽み

さび【×皺】烏帽子(えぼし)の表面の地質を寄せて漆をかけて装飾としたしわ。しぼ。

さび【×錆／×銹／×鏽】《「寂(さ)び」と同語源》❶空気や湿気などの作用で金属表面に生じる、酸化物や炭酸塩などの皮膜。鉄の赤さび・黒さび、銅の緑青(ろくしょう)など。❷わが身にもたらされる悪い結果。「身から出た―」❸「錆漆(さびうるし)」の略。

サピア〘Edward Sapir〙[1884〜1939]米国の言語学者・人類学者。ドイツ生まれ。北米インディアン諸語を研究し、構造言語学の基礎を築いた。著「言語」など。

さびあげ-まきえ【×錆上げ×蒔絵】錆漆(さびうるし)で肉を高く盛り上げた高蒔絵。錆上げ高蒔絵。

さび-あゆ【×錆×鮎】秋の産卵期のアユ。背に鉄錆のような淡い斑紋を生じる。落ちあゆ。(季 秋)

さび-いろ【×錆色】鉄錆のような色。赤茶色。

さび-うるし【×錆漆】水で練った砥粉(とのこ)に生漆(きうるし)をまぜたもの。漆塗りの下地のほか、絵模様の輪郭を描いたり、肉を盛り上げたりするのに用いる。さび。

さび-え【×錆絵】錆漆(さびうるし)で絵や模様を描くこと。またその絵や模様。赤・青などの顔料を加えることもある。

さび-えぼし【×皺×烏▽帽子】しわをつけ、黒漆を塗って固めた烏帽子。さびえぼうし。

ザビエル〘Francisco Xavier〙[1506〜1552]日本に初めてキリスト教を伝えたスペインの宣教師。聖人。イグナティウス＝デ＝ロヨラとともにイエズス会を創設。1549年(天文18)鹿児島に上陸し、以後2年間、九州・中国・近畿の各地で伝道。52年、中国への伝道の途次広東(カントン)付近の上川島で没。シャビエル。

さび-おさえ【×錆押(さ)え】日本画などで、銀泥や銀地の黒変を防ぐため、明礬水(みょうばんすい)を塗ること。

さび-かえ・る【▽寂び返る】〔動ラ四〕ひっそりと静まりかえる。「夜すでに深ければ、さしもせき合ひつる城中―・りて」〈太平記・二九〉

さび-がたな【×錆刀】❶刃のさびた刀。役にたたない刀。❷役にたたない人をののしっていう語。「やあ、おのれごときの―が」〈浄・五枚羽子板〉

さび-かためぬり【×錆固め塗(り)】錆漆(さびうるし)で下地を固める漆塗り。鎧(よろい)などに用いられた。

さび-かべ【×錆壁】上塗りの壁土に鉄粉または古釘の煮出し汁をまぜた壁。また、その仕上げ方法。

さび-かわ【蛇尾川】栃木県北部を流れる川。大佐飛山(標高1908メートル)と日留賀岳(標高1849メートル)をそれぞれ水源とする大蛇尾川と小蛇尾川が那須付近で合流して蛇尾川となる。長さ35キロ。那須野ヶ原を流れ大田原市で箒(ほうき)川に合流する。じゃびかわ。

さびき-づり【さびき釣(り)】擬餌(ぎじ)針を上下に動かし、生きた餌のように見せて釣る方法。アジ・サバ・イワシなどを釣るときに用いる。

さび-きん【×銹菌】銹病菌(さびびょうきん)。しゅうきん。

さび-ごえ【寂声／×錆声】枯れて渋みのある声。老熟して趣のある声。

さび-さび【寂寂】〔副〕いかにも寂しげなさま。「からまつの林の道は…ほそぼそと通う道なり。―といそぐ道なり」〈白秋・落葉松〉

さび-じ【×錆地】漆器の下地で、錆漆(さびうるし)だけで仕上げるもの。

さびし・い【寂しい／×淋しい】〔形〕図さび・し〔シク〕《「さぶし」の音変化で、動詞「寂(さ)びる」に対応する形容詞》❶心が満たされず、物足りない気持ちである。さみしい。「―・い顔つき」「懐が―・い(＝所持金ガ少ナイ)」「口が―・い」❷仲間や相手になる人がいなくて心細い。「一人―・く暮らす」❸人の気配がなくて、ひっそりとしている。さみしい。「―・い夜道」〖派生〗**さびしがる**〔動ラ五〕**さびしげ**〔形動〕**さびしさ**〔名〕〖類語〗(❶)侘(わび)しい・物悲しい・さみしい・物寂しい・心(うら)寂しい・心(こころ)寂しい (「―と」「―たる」の形で)寂寥(せきりょう)・寂寞(せきばく)・索莫(さくばく)・落莫(らくばく)・蕭然(しょうぜん)・蕭蕭(しょうしょう)・蕭条(しょうじょう)・蕭殺(しょうさつ)・寥寥(りょうりょう)・荒涼・寥寥(りょうりょう)・寂然(じゃくねん)・寂然(せきぜん)

さびし・む【寂しむ／×淋しむ】《形容詞「さびし」の動詞化》㊀〔動マ五(四)〕寂しがる。寂しく思う。「もっと自由な傲慢を―・みたいためだと」〈康成・禽獣〉㊁〔動マ下二〕寂しがらせる。寂しいと思わせる。「去ればとて―・め奉るべからず」〈盛衰記・三九〉

さびた 主に北海道で、ノリウツギの別名。(季 花＝夏)「濁る瀬は―映さず空知川／秋桜子」

さび-だけ【×錆竹】枯れて表皮に錆のような斑点を生じた竹。また、硫酸で焼いて錆色をつけた竹。

さ-ひつ【左筆】書を右筆(ゆうひつ)というのに対し、書き絵の模様。ふつう、尻鞘(しりざや)や下鞍(したぐら)などに描かれたものをいい、虎(とら)の斑紋を極彩色に表したものが多い。

サビツァ-たき【サビツァ滝】《Slap Savica》スロベニア北西部、ゴレンスカ地方を流れるサバ川源流域の滝。風光明媚なボーヒニ湖の上流約3キロメートルに位置する。落差78メートル。

さび-つきげ【▽宿月毛／▽宿×鴾毛】馬の毛色の名。錆のようにやや黒みを帯びた月毛色。

さび-つ・く【×錆び付く】〔動カ五(四)〕❶金物がさびて他の物に付着し、離れなくなる。また、金物がすっかりさびる。「ねじが―・いて回らない」❷機能が衰えてうまく働かなくなる。「さすがの神通力も―・いてしまったようだ」〖類語〗錆びる

さび-どめ【×錆止め】金属の錆の発生を防ぐこと。また、そのために用いる塗料など。ペイントなどによる表面塗装、他の金属による被覆やメッキ、アルマイトのように金属の表面処理などがある。

サビニー〘Friedrich Karl von Savigny〙[1779〜1861]ドイツの法学者。ローマ法の史的研究を通して、法と歴史との関係を重視する歴史法学を創始した。著「現代ローマ法体系」など。

さび-ぬり【×錆塗(り)】錆漆(さびうるし)を塗ること。また、塗ったもの。

さび-ねこ【×錆猫】黒・茶の毛がまだらに入りまじった模様の猫。三毛猫と同じく、雄はほとんどいない。

サビネ-の-しき【サビネの式】➡セービンの式

さ-ひのくま【さ檜の隈】《「さ」は接頭語》奈良県高市郡明日香村檜前(ひのくま)の古称。「夢(いめ)にだに見ざりしものをおほほしく宮出もするか―廻(み)を」〈万・一七五〉

さび-びょう【×銹病】植物に銹病菌が寄生して起こる病害。葉などに褐色の斑点が生じたり、茎や枝にこぶ状のふくらみができたりする。

さびびょう-きん【×銹病菌】サビキン科の菌の総称。高等植物に寄生して、葉などに鉄さびのような斑点を生じる。麦類の黒銹病、ナシ・リンゴの赤星病を起こすものなどがある。銹菌。

さび-もの【寂物】茶道で、新規の道具に対して、寂(さび)のある古い道具。わびもの。

さ-びょう【詐病】病気でないのに病気であるとうそをつくこと。仮病(けびょう)。〖類語〗仮病・佯狂(ようきょう)・偽装

ざ-ひょう【座標】点の位置を表す数、または数の組。平面上の点Pの座標は、直交する二直線への距離aとbで表し、$P(a,b)$と書く。

さ-ひょうえ【左兵▽衛】左兵衛府。また、そこに属した武官。⇔右兵衛。➡兵衛府

さひょうえ-の-かみ【左兵▽衛▽督】左兵衛府の長官。従五位上相当。

さひょうえ-の-じょう【左兵▽衛▽尉】左兵衛府の第三等官。大・小尉がある。

さひょうえ-の-すけ【左兵▽衛▽佐】左兵衛府の次官。正六位下相当。

さひょうえ-ふ【左兵▽衛府】右兵衛府とともに行幸・行啓の供奉(ぐぶ)などを司った役所。➡兵衛府

ざひょう-けい【座標系】原点・座標軸など、座標をどう定めるかの基準を与えるもの。

ざひょう-じく【座標軸】❶座標を決めるための基準となる数直線。直交座標のx軸・y軸など。❷物の強弱・濃淡などの程度を示す基準。「ワインの品質、味わいを―で示す」❸個人・国家などを中心に置いて、関連する事物、現象などの位置関係、相互関係などを示す基準。「社内の人間関係を示す―」❹個人的、社会的生活についての拠り所。基準。「経営者としての―を失う」「技術の進化で社会の―の原点がずれようとしている」
〖類語〗基準・拠り所・関係・物差し

ざひょう-へいめん【座標平面】座標系の定められている平面。

ざひょう-へんかん【座標変換】一つの座標系で表された座標軸を、平行移動・回転移動して別の座標系に表し変えること。

ざひょう-めん【座標面】座標軸の定める平面。

さ-びらき【▽早開き】早苗を植えはじめること。早苗開き。

さ・びる【▽寂びる】〔動バ上一〕文さ・ぶ〔バ上二〕《「荒さぶ」に由来する語で、古びるところから》❶古くなって特有の趣が出る。古めかしい味わいがある。もの静かで趣がある。「谷中感応寺の…或は清らかに或は一・びて各々其宜しきに適ない」〈露伴・五重塔〉❷声に渋みが出る。声が低く太い。「一・びた、武人らしい声」

さび・る【寂る・▽荒びる】〔動ラ下二〕「さびれる」の文語形。

さ・びる【×錆びる・×銹びる】〔動バ上一〕文さ・ぶ〔バ上二〕《「寂びる」と同語源》❶金属の表面に錆が生じる。「一・びた釘」❷能力・働きが鈍くなってだめになる。「運動不足でからだが一・びてきた」類語錆びつく

さ・びる〔接尾〕《上一段型活用文さ・ぶ(上二)》名詞に付いて、そのものらしく振る舞う、そのものらしくなる意を表す。「神一・びる」「みこも刈る信濃の真弓我が引かばうま人一・びて否と言はむかも」〈万・九六〉

サビル-ロー〔Savile Row〕英国ロンドンのメイフェアにある、高級紳士服の仕立屋が並ぶ通り。1730年代の街路整備に始まる。「背広」の語源になったともいわれる。

さび・れる【寂れる・▽荒びれる】〔動ラ下一〕文さび・る〔ラ下二〕❶活気がなくなって寂しくなる。ひっそりする。「一・れた冬の浜辺」「一・れた町」❷勢いが衰える。「虫の音が一・れる」類語衰える・廃れる

サビンコフ〔Boris Viktorovich Savinkov〕[1879〜1925]ロシアの革命家・小説家。筆名ロープシン。テロリスト団体を指揮。ケレンスキー内閣に参加し、十月革命後、反ボリシェビキ活動で逮捕されて自殺。作「蒼ざめた馬」など。

さ-ふ【左府】❶左大臣の唐名。❷「左衛門府」の略。⇔右府。

さ-ぶ【左武】武を重んずること。「右文一」

さ-ぶ【左舞】▶左方の舞

さぶ【▽寒】《形容詞「さぶい」の語幹》寒いこと。感動表現に用いる。「おお、一」

サブ〔sub〕❶《substituteの略》補欠。補充員。❷多く複合語の形で用い、下位の、補助の、副の、の意を表す。「一タイトル」「一リーダー」「一ザック」

さ・ぶ【▽荒ぶ】〔動バ上二〕❶あれる。荒涼としたさまになる。「楽浪の国つ御神のうら一・びて荒れたる都見れば悲しも」〈万・三三〉❷古くなる。「我が門の板井の清水里遠み人し汲まねば水一・びにけり」〈神楽・杓〉❸色があせる。勢いが衰える。「うす霧の朝けの梢色一・びて虫の音残る森の下草」〈風雅・秋下〉❹心が荒れすさぶ。さびしく思う。「まそ鏡見飽かぬ君に後れてや朝夕にさ一・びつつ居らむ」〈万・五七二〉補説この語の意から派生した語に「寂びる」「錆びる」がある。

さ・ぶ【▽寂ぶ】〔動バ上二〕「さ(寂)びる」の文語形。

さ・ぶ【×錆ぶ・×銹ぶ】〔動バ上二〕「さ(錆)びる」の文語形。

さ・ぶ〔接尾〕▶さびる〔接尾〕

サファイア〔sapphire〕コランダムの一。青色透明、また緑・黄色のものもある。濃青色透明なものは宝石にする。青玉。

サファ-ジャーミー〔Safa Camii〕▶サファモスク

サファビー-ちょう【サファビー朝】《Ṣafavī》1501年、サファビー家のイスマーイール1世が創始したイランの王朝。イスラム教のシーア-十二イマーム派を国教とし、スンニー派のオスマン帝国と対立。1736年にアフガン族に滅ぼされた。

サブ-アフリカ〔Sub Africa〕「サブサハラアフリカ」の略。

サファ-モスク〔Safa Mosque〕トルコ南東部の都市ディヤルバクルの旧市街にあるイスラム寺院。15世紀、アクコユンル朝(白羊朝)のスルターン、ウズン=ハサンの時代に建造。その後、増改築が繰り返された。青いタイルや繊細な浮き彫りで装飾された尖塔がある。サファジャーミー。

ザファラン-しゅうどういん【ザファラン修道院】《Deyrulzafarân Manastırı》トルコ南東部の都市マルディンにあるシリア正教会の修道院。名称は「サフランの修道院」を意味し、赤みを帯びた石材を使用していることに由来。5世紀に創設。13世紀から20世紀までシリア正教会の主教座が置かれた。

サファリ〔safari〕狩猟旅行。特に、アフリカへの猛獣狩りの旅行。「一ルック」

サファリ〔Safari〕米国アップル社が開発したブラウザー。複数のウェブページを表示し、タブキーで切り替えて閲覧することができるタブブラウザー機能やポップアップ型広告を表示させない機能などがある。同社のオペレーティングシステム、Mac OS Xやデジタルオーディオプレーヤーの iPod Touch、iPhone・iPad に搭載されている。

サファリ-パーク〔safari park〕野生動物を放し飼いにし、自動車に乗って観覧する方式の動物公園。

サファリ-ラリー〔Safari rally〕東アフリカのケニア周辺の5000キロで展開される自動車ラリー。ほこりや沼沢に災いされる過酷なラリー。

サファリ-ルック《和 safari＋look》アフリカにおける狩猟・探検用の服装をまねた活動的な装いのこと。

さぶ・い【▽寒い】〔形〕文さぶ・し〔ク〕「さむい」の音変化。「それでもお前一・かろうではないか」〈一葉・わかれ道〉

サフィズム〔sapphism〕女性の同性愛。レスビアン。サッフィズム。➡サッフォー

サフィックス〔suffix〕❶接尾辞を意味する英単語。接尾語。❷コンピューターで扱う文字列の末尾に付与され、何らかの意味や役割をもつもの。ファイルの拡張子やDNSサフィックスなどがある。

サブウーハー〔subwoofer〕《「サブウーファー」とも》通常のスピーカーユニットでは十分に鳴らすことができない、約20〜100ヘルツの超低音域の再生を専門的に担うスピーカー。➡スーパーツイーター

サブウエー〔subway〕地下鉄。メトロ。

サフォーク〔Suffolk〕羊の品種。イギリス、サフォーク州原産の肉用種。雌雄とも無角で、頭部と四肢の下部が黒色。

サブカル「サブカルチャー」の略。

サブカルチャー〔subculture〕社会の正統的、伝統的な文化に対し、その社会に属するある特定の集団だけがもつ独特の文化。大衆文化・若者文化など。下位文化。サブカル。➡カウンターカルチャー

サブ-コン《sub contractorから》ゼネコンに協力して、受注工事の施行を行う業者。元請け(ゼネコン)に対する下請け。

サブコンパクト-カー《和 subcompact＋car》コンパクトカーよりさらに小型の乗用車。補説英語では単に subcompact

サブ-ザック《和 sub＋Sack(ドイツ)》登山で、日帰りなど小規模の行動の際に使う小型のリュックサック。

サブサハラ-アフリカ〔Sub-Saharan Africa〕アフリカ大陸のうち、サハラ砂漠以南の黒人が居住している地域、または国々の総称。以前はブラックアフリカといわれたが差別的表現という観点からこの語が用いられるようになった。サブサハラ。サブアフリカ。

ざぶ-ざぶ〔副〕水を大きく動かしたり大量の水を勢いよく使ったりするときの音を表す語。「川の中に一(と)入っていく」「湯で一(と)洗う」

さぶ・し【▽寂し・×淋し】〔形シク〕《動詞「さ(荒)ぶ」の形容詞化で、「さびし(さびしい)」の古形》本来あるはずのものが欠けていて、気持ちが満たされない。心楽しくない。さびしい。「桜花今そ盛りと人は言へど我は一・しも君としあらねば」〈万・四〇七四〉

サブジェクト〔subject〕❶主題。主意。題目。❷主観。主体。➡オブジェクト ❸文法で、主語。➡オブジェクト

サブシステム〔subsystem〕コンピューターで、システムの一部であるが、それ自体が局所的な一つのシステムとしての構造をもつもの。⇔トータルシステム。

サブシディアリティー〔subsidiarity〕権限を分担すること。自治や問題解決はできるだけ小さな単位で行い、対応しきれない部分のみ大きな機関で補うこと。特に、EUで、中央集権化を防ぐため加盟諸国に権限を分担する原則をいう。補完性原理。

サブスクライバー〔subscriber〕寄付者。出資者。また、申込者。加入者。同意者。

サブスクリプション-テレビ《subscription televisionから》空中波を利用した予約テレビのこと。放送局から送出される暗号化された信号を、受信側が、暗号解読装置によって、もとの正常なテレビ信号に変えて視聴する。放送事業者との間で、加入契約(サブスクリプション)を結ぶところからいう。

サブスタンス〔substance〕❶本質。内容。❷実体。本体。

サブスティテューション〔substitution〕❶代理。代用。交換。❷バスケットボールやバレーボールなどで認められている、競技中の選手交代のこと。

サブ-スリー《和 sub＋three》市民ランナーが42.195キロを走るフルマラソンで3時間を切るタイムで走ること。また、そのランナー。➡サブフォー ➡サブテン

サブセット〔subset〕❶全体の一部分。❷数学で、部分集合のこと。❸コンピューターで、機能を縮小して通常よりも廉価にしたソフトウエア。簡易版ソフトウエア。

サブタイトル〔subtitle〕❶副題。副標題。傍題。❷映画で、画面だけではわからない、時・場所や話の展開を説明するための補助字幕。類語副題・傍題

さ-ぶつ【作仏】仏となること。また、最高の悟りを開くこと。成仏。

サブディレクトリー〔subdirectory〕コンピューターで、階層構造をもつファイルシステムにおける、あるディレクトリーに含まれる下位のすべてのディレクトリー。ルートディレクトリー以外のすべてのディレクトリーを指す場合もある。サブフォルダー。

サブ-テン《和 sub＋ten》❶(男子の)フルマラソンで2時間10分以内で走ること。また、その記録で走った経験を持つ選手。❷市民ランナーが100キロを走るウルトラマラソンで10時間を切るタイムで走ること。また、そのランナー。➡サブスリー ➡サブフォー

サブテン-ランナー《和 sub＋ten＋runner》▶サブテン

サブ-ドミナント〔subdominant〕▶下属音

サブドメイン〔subdomain〕階層構造になっているインターネットのドメイン名において、あるドメイン名のすぐ下の階層を指す。

ざ-ぶとん【座布団・座×蒲団】座る時に敷く布団。

サブネット〔subnet〕コンピューターネットワークにおいて、小さな単位に分割されたネットワークを指す。

サブネット-マスク〔subnet mask〕コンピューターのIPアドレスは、所属するサブネットのアドレス(ネットワークアドレス)と、サブネット内でのアドレス(ホストアドレス)で構成される。IPアドレスのうちネットワークアドレスに割り振られた情報を数値化したものをサブネットマスクという。

サブ-ノート《和 sub＋note》学習用の補助ノート。

サブノート-パソコン《subnotebook PCから》携帯性を重視した小型のノートパソコン。一般的には大きさはB5サイズ以下、重量は2キロ以下のものを指すが、さらに小型の手のひらサイズのパソコンはパームトップパソコンと呼ばれる。➡スリムノート

サブ-フォー《和 sub＋four》市民ランナーが42.195キロを走るフルマラソンで4時間を切るタイムで走ること。また、そのランナー。➡サブスリー ➡サブテン

サブプライム〔subprime〕❶多く複合語の形で用い、最も重要なものに次ぐ、最良のものの次の、などの意を表す。❷プライムレートより低いこと。

サブプライム-モーゲージ〔subprime mortgage〕▶サブプライムローン

サブプライム-ローン〔subprime loan〕《subprimeはプライムレート(最優遇貸出金利)より低い、の意》米国の金融機関が信用力の低い人に貸し出す住宅ローン。住宅に限らず、自動車ローンなどを含む場合もある。サブプライム-モーゲージ。補説2007年、金利が徐々に高くなる返済方式や米国の不動産価格上昇の鈍化などが影響し、ローンを返却できなくなる人

が増えて急速に不良債権化が進んだ。これが原因で米国株価の下落、株式市場から大豆、金、原油市場などへ資金が流入、原油高、ドル安などが起こり、個人消費の低迷、設備投資の不振、景気の減速、失業率の上昇などの形で世界経済に波及した。また、ローン会社がローン債権を金融機関に売却し、金融機関はこれを小口に分割して証券化し、高利回りの金融商品にして市場で販売した。ローンの返済が滞り始めたことで、証券化商品の価格が急落して機関投資家や金融機関が損失を被った。➡モノライン保険会社 ➡住宅ローン担保証券 ➡債務担保証券

サブヘッド〖subhead〗新聞・雑誌などの小標題。副題。小見出し。

サブマリン〖submarine〗❶潜水艦。❷《submarine pitcherの略。下から浮かび上がる意から》野球で、アンダースローの投手。

サブマリン-とっきょ【サブマリン特許】ートッキョ《submarine patent》出願されていることが知られていない特許。アメリカ特許法が出願内容を特許成立時まで公表しないために生じる。

サブミクロン〖submicron〗1万分の1ミリ。1ミクロンの10分の1。

サブミット〖submit〗〔名〕スル ❶服従させること。従わせること。❷計画・書類などを提出すること。意見を具申すること。「データを―する」

サブミニチュア-カメラ〖subminiature camera〗8ミリまたは16ミリのフィルムを使用する超小型カメラ。

サブミニチュア-チューブ〖subminiature tube〗ミニチュアチューブ(MT管)をさらに小型にした真空管。現在最も小型の真空管であるが、サイズ・消費電力の点で半導体素子に劣るので、特殊な用途のみに用いられる。➡ミニチュアチューブ

サブミリ-は【サブミリ波】《submillimetric wave》波長が0.1〜1ミリ程度で、周波数300〜3000ギガヘルツの電波。レーダーや電波望遠鏡に利用。

サブミリメートル-は【サブミリメートル波】►サブミリ波

サブユニット〖subunit〗❶部品。部分構成要素。❷複数のたんぱく質によって構成されるたんぱく質複合体の構成単位となる単一のたんぱく質分子(ポリペプチド鎖)。

サフラ〖Zafra〗スペイン、エストレマドゥーラ州南部の都市。先史時代の洞窟壁画や古代ローマ時代の遺跡が残る、同地方最古の町の一。レコンキスタの時代、1229年にレオン王アルフォンソ9世により解放されるが再びイスラム教徒の手に渡り、1241年にカスティーリャ王フェルナンド3世が奪取した。イスラム教徒の城砦(じょうさい)を改築したフェリア公爵邸をはじめ、イスラム文化の名残を留めた歴史的建造物が多い。

サブラータ〖Sabratha〗リビアの北西部、地中海沿岸にある都市遺跡。紀元前9世紀ごろ、フェニキア人によって建設され、地中海とアフリカ内陸部との交易中継地として栄えた。のちローマの属州となり、神殿・広場・浴場・大理石で建てられた円形劇場などの遺構が多く残る。1982年「サブラータの古代遺跡」の名で世界遺産(文化遺産)に登録された。サブラタ。

さぶらい【▽侍】さぶらひ《動詞「さぶらう」の連用形から》❶主君や主家のそば近くに仕える者。さぶらい人。㋐親王・摂関家などに仕えて、家務に携わる者。「若き―どもの五六人、汚なげなき姿にて雪まろばしするを見るとて」〈狭衣・二〉㋑武器をもって皇族や貴族の警固に任じた者。禁中の滝口、院の北面、東宮の帯刀(たちはき)の類。のち、上級武士の身分を表す呼び名となる。さむらい。「宮の―も、滝口も」〈紫式部日記〉㋒武家に仕える者。家の子。武士。さむらい。「一五騎、童一人、わが身共に七騎取って返し」〈平家・七〉❷「下侍(しもさぶらい)」に同じ。「―にて男どもの酒たうべけるに」〈古今・夏・詞書〉❸「侍所(さぶらいどころ)」の略。「東の対の北の端、東面などは―にせさせ給へり」〈栄花・本の雫〉

サプライ〖supply〗供給。「マネー―」

サプライサイダー〖supply-sider〗経済活動において需要面よりも供給面を重視する考え方を信奉する人々。

サプライサイド〖supply-side〗「サプライサイドエコノミックス」の略。

サプライサイドエコノミックス〖supply-side economics〗《「サプライサイドエコノミクス」とも》供給サイドの経済学。1970年代から米国で提唱されている近代経済学の一派。ケインズ経済学などの有効需要の側面を重視する経済学に対し、供給の側面を重視する。SSE。

サプライズ〖surprise〗驚かせること。また、驚き。

サプライズド-アタック〖surprised attack〗主として核兵器による奇襲攻撃。

さぶらい-そう【▽侍僧】さぶらひ「侍法師(さぶらいほうし)」に同じ。「―に至るまで、経正(つねまさ)のたもとにすがり」〈平家・七〉

さぶらい-だいしょう【▽侍大将】さぶらひダイシャウ ►さむらいだいしょう

サプライチェーン-マネージメント〖supply chain management〗製造業や流通業で、原料や部品の仕入れから製造・流通・販売まで、製品がたどる全過程の情報を管理し、企業収益を高めようとする経営手法。供給連鎖管理。SCM。

さぶらい-どころ【▽侍所】さぶらひ ❶平安時代、院・親王・摂関・公卿家などに仕え、その家の事務をつかさどった侍の詰め所。また、警護の武士の詰め所。さむらいどころ。❷►さむらいどころ❷❸

さぶらい-な【▽侍名|▽候名】さぶらひ 下臈女房(げろうにょうぼう)が宮仕えのときに用いる名。「ひさしき」「ゆりはな」「つる」「かめ」の類。

さぶらい-びと【▽侍人】さぶらひ 貴人のそばに仕える人。侍者。おつき。「―呼びつけ、ものなど言ひたるけはひも」〈能因本枕・一二四〉

さぶらい-みょうり【▽侍冥利】さぶらひミャウリ「侍冥利(さむらいみょうり)」に同じ。

サプライヤー〖supplier〗商品などの供給者。商品製造業者。また、原料供給国。
(類語)売り方・売り手・売り主・売り子・店員

サプライヤーズ-クレジット〖supplier's credit〗海外の輸入者に、信用を供与する取引形態の一つで、輸出者が輸入者に与える延べ払い信用。転じて、プラントなど輸出における延べ払い輸出金融。

さぶらい-わらわ【▽侍▽童】さぶらひわらは 貴人のそばに仕えて雑務をする少年。さむらいわらわ。「をかしげなる―の姿好ましう」〈源・夕顔〉

さぶら・う【▽候ふ|▽侍ふ】さぶらふ〔動ハ四〕《「さもらう」の音変化》❶身分の高い人や敬うべき人のそばに控える。お仕えする。また、宮中など尊い場所にいる。伺候する。「女御更衣あまた―・ひ給ひける中に」〈源・桐壺〉❷貴人のそばにうかがう。参上する。「今日明日すぐして―・ふべし」〈源・夢浮橋〉❸品物などが貴人のもとにある。お手もとに存在する。「御前に―・ふものは、御琴も御笛も、みなめづらしき名つきてぞある」〈枕・九三〉❹対話や消息に用い、聞き手に対して自己の存在する意をへりくだり、また、言い方を丁重にする語。「ある」「いる」の意の丁寧語。あります。ございます。おります。「いかなる所にか、この木は―・ひけむ」〈竹取〉❺(補助動詞)㋐形容詞の連用形や断定の助動詞「なり」の連用形「に」などに付く。補助動詞「ある」の意の丁寧語。…でございます。「あさましく―・ひしことは」〈大鏡・花山院〉㋑動詞の連用形に付いて、その動作を丁寧に表現する。…ます。「からい目を見―・ひて」〈枕・三一四〉(補説)丁寧語「さぶらふ」は平安中期ではまだ使用例が少なく、通常は「はべり」が用いられたが、平安後期からその使用が増して「はべり」と交替してゆく。中世になると、「さぶらふ」は「さうらふ」に変化するが、平家物語などでは女性語として用いられる。

サフラワー〖safflower〗キク科の一年草。花は薬用・染料用。種子からは食用油を採る。紅花(べにばな)。

サフラワー-オイル〖safflower oil〗サフラワー(紅花)の種子から採った油脂。コレステロール値を下げるなどの作用があり、健康食品として知られている。サフラワー油。紅花油(べにばなゆ)。

サフラン〖(オラ)saffraan〗【泊夫藍】アヤメ科の多年草。クロッカスの秋咲き種。葉は線形で、花後に伸びる。11月ごろ紫色の6弁花が咲く。赤い花柱は止血剤などに、また香辛料、化粧品の着色剤として使われる。(季 花=秋)

サフランボル〖Safranbolu〗トルコ北部の小都市。黒海から約50キロメートルの山間の谷に位置する。名称は、古くからサフランの集散地として知られたことに由来。オスマン帝国時代の14世紀から17世紀にかけて、東西交易を結ぶ隊商都市として発展。築100年から200年の土壁に木の窓枠が並ぶ伝統的な家屋が数多く現存し、1994年、「サフランボル市街」の名称で世界遺産(文化遺産)に登録された。

サフラン-もどき【サフラン▽擬】ヒガンバナ科の多年草。葉は5、6枚が叢生(そうせい)する。夏に数本の花茎を出し、桃色のサフランに似た花が咲く。南アメリカ熱帯の原産。ゼフィランサス。

サプリ「サプリメント」の略。

ざぶり〔副〕水中に勢いよく飛び込んだり、物を勢いよく水に投げこんだり、また、水を勢いよくかけたりするときの音を表す語。ざぶん。「―(と)川へ飛び込む」

サブリージョナル〖subregional〗〔形動〕ある地域に限定されるさま。より小さな地域の。「―な地域統合からスタートする」

サブリース〖sublease〗部屋などの、また貸し。転貸し。

ザプリツェ-じょう【ザプリツェ城】ージャウ《Grad Zaprice》スロベニア中北部の都市カムニクの旧市街にある邸宅。16世紀にルネサンス様式で建造され、後に後期バロック様式で改築された。宗教改革時にはルーテル派が隠れ家に利用。現在は博物館。

サブリナ-パンツ〖Sabrina pants〗細身のシルエットで、ふくらはぎの中程までの丈のパンツ。映画「麗しのサブリナ」で、主人公のサブリナを演じたオードリー＝ヘップバーンがはいていたことからこの名がある。

サブリミナル〖subliminal〗〔形動〕潜在意識に働きかけるさま。「―な効果」

サブリミナル-アド〖subliminal ad〗潜在意識に働きかける広告。テレビ・映画・ラジオなどに人が知覚できないような刺激で繰り返しメッセージを出し、購買関心などを強めようとするもの。

サブリミナル-こうこく【サブリミナル広告】ークワウコク ►サブリミナルアド

サブリミナル-テープ〖subliminal tape〗潜在意識を刺激するため、耳では知覚できない音量や速度でメッセージを繰り返し流す内容のテープ。

サプリメント〖supplement〗❶雑誌・書籍などの付録。補遺。追録。❷ビタミンやミネラルなど不足しやすい栄養素を補うための食品。栄養素を凝縮し、錠剤や飲料の形にしたものが多い。サプリ。栄養補助食品。健康補助食品。

さぶり-りゅう【佐分利流】ーリウ 槍術の一。江戸時代、佐分利猪之助重隆が始めたものという。

サブルーチン〖subroutine〗コンピューターのプログラムの中で、共通した部分をひとまとめにし、主プログラムから分岐させたもの。

サブレー〖(フラ)sablé〗小麦粉・バター・卵黄・砂糖などを練って伸ばし、型で抜いて焼いた菓子。

サプレッサー-ティーさいぼう【サプレッサーT細胞】ーサイバウ《suppressorは、抑制するものの意》リンパ球の一種。免疫反応を抑制し終了させると思われていたが、現在では存在が疑問視されている。抑制T細胞。➡T細胞

サプレッション〖suppression〗(暴動などの)鎮圧。抑制。抑圧。制圧。

サプレッション-プール〖suppression pool〗原子炉格納容器の底部にある、大量の水を貯えた設備。格納容器内で配管が破損し、蒸気が発生して圧力が上昇した場合に、蒸気をこの設備に逃がして冷却し、圧力を下げる。また、原子炉を冷却する機能が失われた場合に、非常用の冷却水を供給する役割も果たす。圧力抑制室。圧力抑制プール。

サブ-レンジャー《和 sub＋ranger》自然解説指導

員。国立公園などの利用者に自然観察の方法や公園の利用法を教えるボランティアの指導員。サブレーンジャー。

さぶ-ろう【▽三郎】ﾗｳ 3番目に生まれた男の子。三男。

サフロール〖safrole〗サッサフラスの根からとる精油の主成分。酸化するとピペロナールになる。香料やたばこの香りづけに使用。

サブロック〖Subroc〗《submarineとrocketの合成語》米海軍が開発した、対潜水艦攻撃用ミサイル。潜水艦から発射される。核弾頭・通常弾頭両用。

さ-ぶん【差分】❶関数$f(x)$のx_1の点における関数値とx_2の点における関数値の差。❷ ►階差 ❸和算で、比例配分のこと。衰分。

ざぶん〔副〕「ざぶり」に同じ。「—と音を立てて湯壺の中へ飛び込んだ」〈漱石・明暗〉

サプンツァ〖Săpânța〗ルーマニア北部の村。マラムレシュ地方の中心都市シゲトゥマルマツィエイの西約20キロメートルに位置する。「陽気な墓」と呼ばれる、故人をしのぶ色彩豊かな墓標の並ぶ墓地がある。

さぶん-バックアップ【差分バックアップ】《differential backup; partial backup》コンピューターのデータやファイルを保存する際、新たに追加や更新された部分だけをバックアップすること。➡フルバックアップ

さぶん-ファイル【差分ファイル】《differential file》►パッチ(patch)

さぶん-ゆうぶ【左文右武】ｲｳﾌﾞ「右文左武(ゆうぶんさぶ)」に同じ。

さへいじ【左平次】《もと人形浄瑠璃社会の隠語。「佐平治」「佐平二」とも書く》❶口。また、口をきくこと。転じて、差し出口をすること。追従を言うこと。「—を専らとし、欲深きこと甚だし」〈洒・六丁一里〉❷余計な世話を焼くこと。でしゃばること。おせっかい。「一つの助けにもならんかと、思ふもいらざる—にて」〈風来六部集・放屁論後編〉

さ◦べし【▽然べし】〔連語〕連語「さるべし」の音変化。「ここには—◦べきにや、ただ厭ひ離れよと」〈源・橋姫〉

さ-べつ【差別】〔名〕ｽﾙ ❶あるものと別のあるものとの間に認められる違い。また、それに従って区別すること。「両者の—を明らかにする」❷取り扱いに差をつけること。特に、他よりも不当に低く取り扱うこと。「性別によって—しない」「人種—」❸ ►しゃべつ(差別) (類語)別・分かち・区分・区分け・小分け・けじめ・区別・分ける

さべつ-か【差別化】ｸﾞ〔名〕ｽﾙ ❶一方を高く、一方を低く取り扱うこと。「貧富による—が目立つ」❷同類の他のものと違いを際立たせること。「他社とは提供するサービスで—をはかる」

さべつ-かんぜい【差別関税】ｸﾜﾝｾﾞｲ 特定の商品、または特定の国からの輸入について、通常の税率とは異なる税率を適用する関税。割増関税と割引関税に大別され、前者に報復関税・相殺関税・ダンピング関税、後者に特恵関税などがある。

さべつ-ご【差別語】特定の人・団体・性などを不当に低く扱ったり、見下したりする意味を含む言葉。差別用語。

さべつ-たいぐう【差別待遇】差別をつけた待遇。特に、正当な理由もなく、他より低く待遇すること。

サヘル-ちたい【サヘル地帯】《Sahel strip》アフリカ、サハラ砂漠南縁に沿って東西に広がる帯状の地域。もとは草原地帯だったが、砂漠化が進んでいる。

さ-へん【サ変】「サ行変格活用」の略。

さ-へん【左辺】等式または不等式で、等号または不等号の左側にある数や式の全体。⇔右辺。

さ-べんかん【左弁官】ｸﾜﾝ 律令制における官司の一。太政官に属し、八省のうち中務(なかつかさ)・式部・治部(ぢぶ)・民部をつかさどった。左大弁・左中弁・左少弁からなる。⇔右弁官。

さほ【佐保】奈良市北部の地名。さお。

サボ〖(フランス) sabot〗木をくりぬいて作る靴。甲の部分が革製のものもある。ヨーロッパの農民が用いた。

サボ 「サボタージュ」の略。

サボア〖Savoie〗フランス南東部の地名。イタリア国境のアルプス山地にあり、1860年までサルデーニャ王国領。イタリア語名、サボイア。

サボイア-け【サボイア家】《Savoia》イタリアの王家。11世紀初め、神聖ローマ皇帝からサボイア伯に任じられたウンベルト1世により創始。1720年、サルデーニャ王国を建国。1861年、イタリア王国成立とともにビットリオ=エマヌエレ2世が国王に即位。1946年、共和制の成立により王位を失う。

サボイ-きゅうでん【サボイ宮殿】《Savoyaikasté》ハンガリー中部の町ラーツケベにある宮殿。ハプスブルク家に仕えた名将、サボイア家のオイゲン公の離宮としてドナウ川の中州チェペル島に建造。ベルベデーレ宮殿を手掛けた建築家ルーカス=フォン=ヒルデブラントの設計により、1720年に完成した。現在は国際会議場、美術館、ホテルとして利用される。

さ-ほう【左方】ﾊﾟｳ ❶左の方。⇔右方。❷「左方の楽」「左方の舞」の略。
(類語)左(ひだり)・左手・左側・レフト・左(さ)・左翼

さ-ほう【作法】❶(ｻﾎﾌ) ㋐物事を行う方法。きまったやり方。きまり。しきたり。「婚儀は旧来の—にのっとる」㋑起居・動作の正しい法式。「礼儀—」㋒詩歌・小説などのきまった作り方。さくほう。「小説—」❷(ｻﾎﾌ)仏事を行う法式。葬礼・授戒などの法式。「例の—にをさめ奉るを」〈源・桐壺〉➡礼儀(れいぎ)(用法)
(類語)礼儀・エチケット・マナー・行儀・形(かた)・礼・礼節・儀礼・礼式・礼法・風儀・虚礼

さ-ぼう【砂防】ﾊﾟｳ 山地や海岸・河岸などの土砂の崩壊・流出を防止、あるいは調節すること。「—工事」

さ-ぼう【茶房】ﾊﾟｳ 紅茶・コーヒーなどを飲ませる店。喫茶店。(類語)喫茶店・カフェテラス・茶店

さ-ぼう【詐謀】相手をだますはかりごと。

ざ-ほう【座法｜×坐法】ﾊﾌ 座り方の法式。仏・菩薩(ぼさつ)や仏徒などの結跏趺坐(けっかふざ)・長跪(ちょうき)などがある。

ざ-ぼう【×坐亡】ﾊﾟｳ 道教の修業法。忘我を伴う深い瞑想(めいそう)により、宇宙の根本原理である「道(タオ)」との神秘主義的合一を図るもの。

ざ-ぼう【×坐忘】ﾊﾟｳ 仏語。静座して現前の世界を忘れ、雑念を除くこと。

ざ-ぼうき【座×箒】ﾊﾟｳｷ 茶席の畳を掃くのに用いる羽箒(はぼうき)。鶴・白鳥などの片羽で作る。

さぼうしつ-べん【左房室弁】ｻﾊﾞｳｼﾂ ►僧帽弁

さぼう-ダム【砂防ダム】ｻﾊﾞｳ 山地や渓流からの土砂の流出を防ぐために、山間部や渓流に設けるダム。土石流などによる土砂災害の防止を目的として設置する。➡治山ダム

さほう-の-がく【左方の楽】ｻﾊﾟｳ 雅楽で、平安初期の楽制改革以降、左方の楽人が担当した楽。中国系の唐楽を主に、インド系の林邑楽(りんゆうがく)などを含む。唐楽。左楽(さがく)。左方。

さほう-の-まい【左方の舞】ｻﾊﾟｳﾉﾏｲ 雅楽で、左方の楽により、左方の舞人がまう舞。中国・インド系の舞で、舞人は朱色系統の装束をつけ、舞台向かって左側から出入りする。左舞(さまい・さぶ)。

さほ-うひつ【左×輔右×弼】「さほゆうひつ(左輔右弼)」に同じ。

さぼう-りん【砂防林】ｻﾊﾞｳ 海岸などで、風による砂の移動を防ぐために植える林。防砂林。

サポーター〖supporter〗❶運動選手などが、手足の関節や局部などを保護するために当てる、ゴムを織り込んだ布製の包帯。❷支持者。後援者。特に、サッカーで、特定チームの熱狂的ファン。❸民主党(四)に一定の会費を支払って登録した支援者。代表選挙への投票権など、党員とほぼ同等の権利を持つが、党運営や政策づくりには参加できない。

サポーティング-インダストリー〖supporting industry〗すそ野産業。高度な工業製品、例えば、航空機・自動車・電子機器の製造を下から支え、膨大な部品・周辺製品を造る製造業をさす。

サポート〖support〗〔名〕ｽﾙ ❶支えること。支持・支援すること。「新入社員の仕事を—する」❷販売した製品の補修や、ソフトウエアのバージョンアップなどのアフターサービスを行うこと。また、その情報を公開するためのシステムや窓口となる部署。ユーザーサポート。「—に問い合わせる」

さほ-がみ【佐保神】「佐保姫(さほひめ)」に同じ。

さほ-がわ【佐保川】ｶﾞﾊ 奈良市春日山東方の石切(いしきり)峠に源を発し、市内の北部を流れ、大和郡山市で初瀬(はせ)川と合し大和川となる川。古歌によくよまれた。さおがわ。(歌枕)「—の川波立たず静けくも君にたぐひて明日さへもがも」〈万・三〇一〇〉

さ-ぼくや【左僕▽射】左大臣の唐名。

サボ-サンダル〖sabot sandal〗つま先から足の甲までを覆った形のサンダル。つま先が丸くサボ(木靴)のような形をしていることから。

ざ-ぼし【座星】兜(かぶと)の鉢に打った鋲(びょう)に座金を据えたもの。

サポジラ〖sapodilla〗►サポディラ

さ-ぼ-す【×曝す】〔動サ五(四)〕風にさらす。さらして乾かす。「脱ぎ捨てた着物を—・して呉れたりした」〈漱石・彼岸過迄〉

サボタージュ〖(フランス) sabotage〗❶労働者の争議行為の一。労働者が団結して仕事の能率を落とし、使用者側に損害を与えて紛争の解決を迫ること。怠業。サボ。❷怠けること。(類語)怠業

サポディラ〖sapodilla〗《「サポジラ」とも》西インド諸島および中南米で栽培されるアカテツ科の常緑高木。この種の樹幹の切り傷から滲出(しんしゅつ)する乳液をチクルといい、チューインガムの原料に用いる。

サボテン《語源は、(ポルトガル) sabão(石鹸)と「手」を合成した語の転など諸説ある》❶サボテン科の植物の総称。茎は多肉質で、葉はとげ状。花は花びらと萼(がく)の別がない。南北アメリカの乾燥地によく生え、約2000種が知られ、ウチワサボテン・ハシラサボテン・コノハサボテンに分けられる。園芸植物として栽培もされる。カクタス。シャボテン。(季 夏)「—の奇峰を愛す座右哉/鬼城」❷葉や茎が著しく多肉化した植物の総称。乾燥地にみられる。(補説)「仙人掌」「覇王樹」とも書く。

さ-ほど【▽然程】〔副〕(多くは、あとに打消しの語を伴って用いる)それほど。たいして。「—(に)ひどい病気ではない」「—の出来でもない」(類語)あまり・さして・大して・それほど・さしたる・さまで・そう・そんなに

サポナリア〖(ラテン) Saponaria〗►サボン草

サボナローラ〖Girolamo Savonarola〗[1452〜1498]イタリアの宗教改革者。ドミニコ会士。教会の堕落、社会の腐敗を糾弾し、メディチ家追放後に政権をとるに至ってフィレンツェに峻厳な政策を強行したが、反対派に捕らえられて焚刑(ふんけい)に処せられた。

サポニン〖saponin〗広く植物界に存在する、サポゲニンという多環式化合物と糖とが結合した配糖体。無定形の粉末で、水溶液はよく泡立つ。溶血作用・強心作用・利尿作用・去痰(きょたん)作用などがある。薬用に用いられるほか、発泡剤・洗浄剤などにも使用。

さほ-ひめ【佐保姫】❶春をつかさどる神。佐保山は奈良の都の東方にあり、方角を四季に配すれば春にあたるところからいう。春の女神。佐保神。さおひめ。(季 春)「—の眠や谷の水の音/東洋城」➡竜田姫(たつたひめ)❷ジオウの別名。

さほ-やま【佐保山】奈良市北部、佐保川の北側にある丘陵。京都府との境をなす。西部の佐紀(さき)山と合わせて古くは奈良山と呼んだ。さおやま。(歌枕)「—にたなびく霞見るごとに妹を思ひ出で泣かぬ日はなし」〈万・四七三〉

さほ-ゆうひつ【左×輔右×弼】ｲｳﾋﾂ 君主の左右にいて、政治をたすける臣。輔弼(ほひつ)の臣。

サボり サボること。怠け。怠慢。「—癖が直らない」

サボ-る〔動ラ五〕《「サボタージュ」の略の「サボ」の動詞化》怠ける。怠けて休む。「仕事を—・る」(可能)サボれる (類語)怠ける・怠る・ずるける

サボルナ-きょうかい【サボルナ教会】ｹｳｸﾜｲ《Saborna crkva》►生神女誕生大聖堂

サボン〖(フランス) savon〗「シャボン」に同じ。(補説)「石鹸」とも書く。

ザボン〖(ポルトガル) zamboa〗ミカン科の常緑小高木。初

夏、大形の白花をつけ、冬に大きな実が黄色に熟す。果皮は厚く、生食や砂糖漬けにする。インドシナ地方の原産で、暖地に栽培される。文旦ぶんたん。ザンボア。〔季 実=冬｜花=夏〕「ふるさとも南の方の一かな/汀女」〔補説〕「朱欒」とも書く。

サボン-そう【サボン草】ぐさ ナデシコ科の多年草。高さ20～80センチ。夏、桃色の5弁花を開く。葉や根にサポニンを含むので水に浸すと石鹸せっけん水のように泡を出す。根を去痰きょたん薬などに用いる。ヨーロッパ・アジア西部の原産で、花壇などに栽培される。サボナリア。

サボンリンナ〖Savonlinna〗フィンランド南東部の湖水地方にある観光保養地。大サイマー湖水系の中心にあり、古くから湖上交通の要衝として発展。スウェーデン統治時代の1475年に、対ロシアの防衛目的で建設されたオラビ城があり、世界的に有名なオペラフェスティバルが夏に催されることで知られる。

さ-ま【▽狭間】❶城壁・櫓やぐら・軍船のへさきなどに設け、内から外をうかがったり矢・鉄砲などを用いたりするための小窓。石狭間・矢狭間・鉄砲狭間・大砲狭間などがある。❷すきま。せまいあいだ。「どこやら一があき樽の、底の心は澄まざりけり」〈浄・淀鯉〉❸窓。「明かり取りの一より隣を見れば」〈浮・一代男・四〉

さま【様｜▽方】■〔名〕❶物事や人のありさま。ようす。状態。「雲のたなびく一が美しい」「物慣れた一に振る舞う」❷姿かたち。かっこう。また、人の目に恥ずかしくない、それなりの形。➡様になる ❸方法。手段。「物言ふ一も知らず」〈源・常夏〉❹理由。事情。いきさつ。「なほおぼしとまるべき一にぞ聞え給ふめる」〈源・賢木〉❺おもむき。趣向。体裁。「臨時のもてあそび物の…時につけつつ一を変へて」〈源・帚木〉■〔接尾〕❶人を表す語(名詞・代名詞)または人名・役職名・団体名などに付いて、尊敬の意を表す。「お嬢一」「お殿一」「あなた一」「田中一」「社長一」「商店会御一行一」❷名詞や形容動詞の語幹に「お」「ご(御)」を冠したものに付いて、「…なこと」の意を丁寧に言い表す。ときに「お」「ご」を冠しないこともある。「お疲れ一」「お世話一」「お気の毒一」「ご苦労一」「はばかり一」❸(後世は「ざま」の形になる)㋐名詞に付いて、その方向、その方面という意を表す。「雨が横一に降る」㋑動詞の連用形に付いて、ちょうど…するとき、…する折などの意を表す。「すれちがい一ひったくる」㋒動詞の連用形に付いて、そういう動作のしかたである意を表す。「二階から下へのけ一に落ちる」■〔代〕《「きみさま」の略という。近世、多く遊里語として用いた》❶二人称の人代名詞。あなた。「これこれ大事の物ながら、一になに惜しかるべし」〈浮・一代男・一〉❷三人称の人代名詞。慕っている第三者をさす。あのかた。「賤しずが思ひを夢ほども一に知らせたや」〈滑・膝栗毛・四〉〔類語〕さん・君・氏・殿

〔…語〕有り様・如何いか様・上うえ様・お生憎あいにく様・お家様・王様・お藤ふじ様・お気の毒様・奥様・お子様・お嬢様・おしら様・お世話様・お粗末様・お互い様・お天道てんと様・お日様・お部屋様・お待ち遠様・思う様・俺おれ様・上かみ様・神様・貴様・午前様・ご馳走ちそう様・今日こんにち様・逆さか様・先さき様・様様さまさま・直じき様・十二様・上じょう様・直すぐ様・先せん様・殿様・取り様・何様・のの様・憚はばかり様・人様・皆様・皆皆様・宮様・若様 (ざま)仰向あおむけ様・悪あし様・言い様・生き様・後ろ様・俯うつむき様・永えい様・心様・様様さまざま・為し様・死に様・縦様・次様・続け様・外と様・寝様・仰のけ様・美び様・平ひら様・無ぶ様・横様

様に様を付・ける　敬ううえにも敬う。最大限の敬意を払うたとえ。「一・けてかしずく」

様にな・る　それにふさわしいようすになる。かっこうがつく。「着物姿が一・っている」

ざま【座間】神奈川県中北部の市。もと八王子街道の宿場町・市場町。昭和12年(1937)陸軍士官学校が東京から移転。第二次大戦後は米軍基地となる。人口12.9万(2010)。

ざま【▽様｜▽態】■〔名〕《「さま」の音変化》ようす・なりふり・しわざなどをあざけって言う語。「その一はなんだ」■〔接尾〕►さま(様)■

様は無・い　体裁が悪い。みぐるしい。みっともない。「年がいもなくけんかしたりして一・いね」

様を見ろ　人の失敗をあざけりののしって言う語。失敗した相手に向かって、それ見たことかの意で言う。ざまあみろ。ざまあみやがれ。

サマー〖summer〗夏。「一シーズン」

サマー-インスティテュート〖summer institute〗平成2年(1990)5月に締結された日米科学技術協力協定による、米国の学生(大学院生)に日本の科学技術現場で研修させる制度。夏季に行われるのでこの称がある。

サマー-ウール〖summer wool〗夏用の薄手の毛織服地。ポーラーやトロピカルなど。

サマー-コート〖summer coat〗夏の女性用コート。おしゃれ用。ヨーロッパでは正式な外出着として用いる。

さま-あ・し【様▽悪し】〔形シク〕かっこうが悪い。不体裁だ。「一・しき御もてなしゆゑこそ、すげなうそねみ給ひしか」〈源・桐壺〉

サマー-スキー〖summer skiing〗夏季に雪のある山や雪渓などでスキーをすること。夏スキー。

サマー-スクール〖summer school〗夏期講習会。夏期学校。

サマー-タイム〖summer time〗夏の季節だけ標準時刻を進めて、日照時間を有効に使おうとする制度。日本では昭和23年(1948)から同26年まで実施。夏時間。夏時刻。DST。

サマー-ハウス〖summer-house〗避暑地に設ける、簡素な別荘。

サマー-ヤーン〖summer yarn〗夏用の織物・編み物用の糸。麻・綿・綿麻混などがある。

サマーラ〖Samara〗ロシア連邦西部、サマーラ州の都市。同州の州都。ボルガ川中流域、サマーラ川との合流点に位置する。機械・精油などの工業、および航空宇宙産業が盛ん。1935年からクイビシェフと呼んだが91年旧称を復活。人口114万(2008)。

さ-まい【左舞】ひまい「左方さほうの舞」に同じ。⇔右舞。

さま-かたち【様形】姿と顔かたち。容姿。「一は、めでたくをかしげにて」〈源・少女〉

さま-がわり【様変(わ)り】がはり〔名〕スル ❶ようすや情勢がすっかり変わること。「区画整理が行われて一した町並み」❷取引で、相場のようすが一変すること。多く、急騰して活気づいてきた場合にいう。
〔類語〕変形・変容・変貌・面変わり・変身・イメージチェンジ・変態・変異・変わる

さま-かわ・る【様変はる】かはる〔動ラ四〕❶ようすが普通と変わる。風変わりになる。「いと夜深う出でさせ給ふなるも一・りたる心地のみし侍るかな」〈源・須磨〉❷剃髪して僧や尼になる。「一・りたる人々ものし侍りしに」〈かげろふ・下〉

ざまく〔形動〕乱雑なさま。ぞんざいなさま。粗略。「一ナ人」〈日葡〉

さま-こと【様異】〔形動ナリ〕❶普通とは異なっているさま。異様。「おどろおどろしう一なる夢」〈源・若紫〉❷格別にすぐれているさま。「一に、いみじうねびまさり給ひにけるかな」〈源・賢木〉❸出家の姿であるさま。「一になりて、深き山に入りなむ」〈宇津保・国譲上〉

サマコバ-じしゃく【サマコバ磁石】►サマリウムコバルト磁石

さま-さま【様様】〔接尾〕《接尾語「さま(様)」を重ねた語》人や物事を表す語に付いて、自分にとってその人やその物事がありがたいものであるという意を表す。「梅雨時の晴れ間はお天道てんとう一だ」

さま-ざま【様様】〔名・形動〕物事がそれぞれ違っていること。また、そのさま。いろいろ。種々。「各人が一の感想を述べる」「一な思い出」➡色々いろいろ〔用法〕
〔類語〕各種・種種・諸種・いろいろ・多様・多種・多彩・数数・いろんな・とりどり

ざま-し【座間市】►座間

さま・す【冷ます】〔動サ五(四)〕❶熱い物の、熱を失わせる。「熱湯を一・す」❷高まった感情や興味を衰えさせる。「興を一・す」❸思いやりがなく冷淡である。つれなくあしらう。「あんまり一・しなんすな。おめえに惚ほれてゐるんすとさ」〈洒・四十八手〉〔可能〕さませる
〔類語〕冷やす・冷却・冷房・冷める

さま・す【覚ます｜▽醒ます】〔動サ五(四)〕❶眠っている状態から意識のはっきりした状態に戻す。「目を一・す」「眠気を一・す」❷酒の酔いをなくす。「風にあたって酔いを一・す」❸迷っている心を正常な状態にする。迷いを解く。「青少年の迷いを一・す」〔可能〕さませる 〔類語〕目覚める・覚める・起きる・起こす・覚醒かくせいする・起床する・目を覚ます・目が覚める

ざま・す〔動サ特活〕「ある」の意の丁寧語。多く補助動詞として用いる。「何でもよう一・す」〈人・春告鳥・初〉➡ざあます 〔補説〕活用は助動詞「ざます」に同じ。江戸後期、主として、江戸吉原で用いられた遊里語。現在も女性語として用いられることもある。

ざます〔助動〕［ざませ・ざましざませ｜ざます｜ざます｜ざませ｜○］名詞、または名詞に準じる語に付く。丁寧に断定する意を表す。…でございます。…です。「私わちきやあ、こんなおみくじは嫌ひざます」〈人・梅児誉美・六〉➡ざあます 〔補説〕「ざます」(動詞、助動詞とも)は、「ざんす」の音変化とも、または、「でござります」の音変化ともいう。江戸後期、主として、江戸吉原で用いられた遊里語。現在も女性語として用いられることもある。

サマセット-ハウス〖Somerset House〗ロンドン、ウエストミンスターにある18世紀に建造された新古典主義様式の建物。テムズ川に面する。建築家ウィリアム=チェンバーズの設計。印象派の優れたコレクションを有するロンドン大学付属コートールド美術研究所、通称コートールドギャラリーがあることで知られる。

さ-また【▽小股】❶相撲のきまり手「大股おおまた」の古称。小股返し。大小股だいこまた。❷また。こまた。「熊の一に片足かけ、どうと引き伏せ」〈浄・浦島年代記〉

さまた・ぐ【妨ぐ】〔動ガ下二〕「さまたげる」の文語形。

さまたげ【妨げ】さまたげること。また、そのもの。じゃま。「通行の一」「出世の一」

さまた・げる【妨げる】〔動ガ下一〕図さまた・ぐ〔ガ下二〕❶物事の進行や遂行に支障が起こるようにする。じゃまをする。妨害する。阻害する。「眠りを一・げる」「発展を一・げる」❷差し支える。禁止する。多く、法令文などで否定表現を伴い、…してもかまわない、の意を表す。「再任を一・げない」
〔類語〕遮る・抑える・立ち塞がる・せきとめる・制止

さ-まつ【×瑣末｜×些末】〔形動〕図〔ナリ〕重要でない、小さなことであるさま。些細ささい。「一な事柄」
〔類語〕些細・細かい・細細こまごましい・煩瑣はんさ・瑣瑣ささたる

さま-づけ【様付け】人の名に「様さま」という敬称をつけて呼ぶこと。「さん付け」よりも敬意が高い。

さ-まつだけ【▽早松×茸】6、7月ごろに出る早生のマツタケ。また、近縁のニセマツタケ。マツタケより早く出て、香りはないが、食用。さまつ。〔季 夏〕「一他国の水のこころかな/嘯山」

さ-まで【▽然×迄】〔副〕(多くは、あとに打消しの語を伴って用いる)それほど。そんなにまで。「一気にかけてはいない」
〔類語〕余り・大して・さほど・さして・そう・それほど・そんなに・さしたる

さ-まど【▽狭窓】「狐窓きつねまど」に同じ。

さ-まね・し〔形ク〕たび重なるさま。数が多い。「うらさぶる心一・しひさかたの天あめのしぐれの流れあふ見れば」〈万・八二〉

さま-の-かみ【左馬▽頭】左馬寮さまりょうの長官。従五位上相当。ひだりのうまのかみ。

さま-の-すけ【左馬助】左馬寮さまりょうの次官。正六位下相当。ひだりのうまのすけ。

さまや【▽三摩×耶】►さんまや

さまや-ぎょう【▽三摩×耶形】ぎやう ►さんまやぎょう

さ-まよ・う【さ迷う｜彷=徨う】さまよふ〔動ワ五(ハ四)〕❶あてもなく歩きまわる。また、迷って歩きまわる。「盛り場を一・う」「奥深い山中を一・う」❷1か所にとどまらず、あちこち動く。「生死の境を一・う」「雲が空を一・う」❸心が安定しないでいる。判断に迷う。「色めかしう一・ふ心さへ添ひて」〈源・真木柱〉〔補説〕「さ」は接頭語というが、方向を表す「さま」に、「いさよう」「ただよう」

などの「よう」のついたものとも。
(類語)さすらう・うろつく・出歩く・ほっつく・ぶらつく・ほっつき歩く・ほっつき回る・徘徊はいかい・彷徨ほうこう・低回・流浪・放浪・漂泊・流離・漂流・浮浪・右往左往

さまよ・う【▽吟ふ|呻＝吟ふ】さまよう〔動ハ四〕嘆きうめく。呻吟しんぎんする。「春鳥の—・ひぬれば嘆きもいまだ過ぎぬに」〈万・一九九〉

さまよえるオランダじん【さまよえるオランダ人】さまよえるオランダじん《原題、ドイ Der fliegende Holländer》ワグナー作曲のオペラ。全3幕。作曲者自身の台本は、のろわれて七つの海をさまよいつづけるオランダ人をめぐる北欧伝説に基づく。1843年、ドレスデンで初演。

さまよえる-ユダヤじん【さまよえるユダヤ人】さまよ《The Wandering Jewの訳語》欧州伝説で、刑場へ引かれるキリストを侮辱した罰として、死ぬこともできず、永遠に世界をさまようというユダヤ人。ゲーテやワーズワースの詩にも登場する。永遠のユダヤ人。

さま-よ・し【様▽好し】〔形ク〕みめかたちが美しい。見た目がよい。「涙のこぼるるさまぞ、—・き人もなかりける」〈堤・逢坂越えぬ権中納言〉

サマラン〖Semarang〗インドネシア、ジャワ島北岸の港湾都市。中央ジャワ州の州都。タバコ・ゴム・砂糖などの集散地。人口、行政区135万(2005)。スマラン。

サマランチ〖Juan Antonio Samaranch〗[1920〜2010]IOC(国際オリンピック委員会)第7代会長。バルセロナの生まれ。1966年よりIOC委員、1980年に会長就任。オリンピックの商業化とプロ化を推し進めたほか、冷戦時にはボイコット回避のため各国への働きかけに奔走するなど、外交的手腕を発揮した。2001年よりIOC終身名誉会長。

サマリア〖Samaria〗パレスチナ中部にあった古代都市、のちに地方名。前9世紀初めイスラエル王オムリが北王朝の首都として建設。北王朝は前721年アッシリアに滅ぼされ属領となるが、移住してきた異民族と混血したのがサマリア人で、以後長く異教徒としてユダヤ人に排斥された。

サマリア-けいこく【サマリア渓谷】《Faraggi tis Samarias》ギリシャ南部、クレタ島にある渓谷。同島南西部、ハニアの南方約40キロメートルに位置する。ヨーロッパ最長ともいわれる、全長約18キロメートルの深い渓谷が伸びており、周囲の豊かな自然景観とともに観光客に人気がある。

サマリー〖summary〗論文などの要約。概要。

サマリウム〖samarium〗希土類元素のランタノイドの一。灰色の金属。空気中で熱すると酸化物となり、熱水では水素を発生する。元素記号Sm　原子番号62。原子量150.4。

サマリウム-コバルトじしゃく【サマリウムコバルト磁石】サマリウム、コバルトを主成分とする永久磁石。希土類磁石の一で、ネオジム磁石に次いで磁力が強い。銅やジルコニウムを添加することが多い。キュリー点(キュリー温度)が高く、高温下での利用に向く。サマコバ磁石。

さ-まりょう【左馬寮】ひだりのうまのつかさ 右馬寮とともに官馬の飼養などをつかさどった役所。➡馬寮めりょう

ザ-マル〖The Mall〗ロンドン、ウエストミンスターのバッキンガム宮殿とトラファルガー広場を結ぶ通り。王室の祝賀行事や国家行事が行われる。

サマルカンド〖Samarkand〗ウズベキスタン南東部にある都市。中央アジア最古の都市の一つで、古来、東西交易の要地として栄え、14〜15世紀にはチムール帝国の都。(補説)「撒馬児干」とも書く。

サマン〖Albert Victor Samain〗[1858〜1900]フランスの詩人。象徴派で、繊細な詩風。詩集「王女の庭で」など。

サマンダー〖Samandağ〗トルコ南部の町。アンタキヤの南約25キロメートルに位置する。古代名セレウキアペリア。古代ローマ時代に築かれたトンネルが残るほか、海岸保養地としても知られる。

さ-み【さ身】物の主となる部分。なかみ。「やつめさす出雲建いづもたけるが佩はける太刀つづら多さは巻きー(＝刀身)なしにあはれ」〈記・中・歌謡〉

さみ【▽三味】「三味線さみせん」の略。しゃみ。➡しゃみせん(三味線)

さ-み【沙▽弥】➡しゃみ(沙弥)

ザミーンダール〖ヒンディー Zamīndār〗《もとペルシア語で土地保有者の意》ムガル帝国時代の北インドで行われた地租徴収請負人の称。一部の地主や領主が担当し、徴税の仲介を口実に農民を搾取した。18世紀以降インドを支配した英国も、ベンガル地方を中心に、この請負制度を継承した。

さみし・い【▽寂しい|×淋しい】〔形〕図さみ・し〔シク〕「さびしい」の音変化。「生まれて初めて—・い正月をしました」〈蘆花・思出の記〉(補説)近世以降、「さびしい」「さみしい」両形用いられてきたが、現在は放送用語などで「さびしい」を標準形とする。(派生)**さみしがる**〔動ラ五〕**さみしげ**〔形動〕**さみしさ**〔名〕(類語)寂さびしい・物寂しい・心うら寂しい・心こころ寂しい・侘わびしい

さ-みず【▽真水|▽素水】さみづ 混じりけのない水。まみず。「—で洗ふがよい」〈伎・利生深川〉

サミズダート〖ロシア samizdat〗ソ連時代の地下出版物。また、その出版所。

さみ・する【▽狭みする|×褊する】〔動サ変〕図さみ・す〔サ変〕《形容詞「狭さし」の語幹＋接尾語「み」＋サ変動詞「す」から。狭くする、狭くみる意》見下げる。軽んじる。軽蔑する。「折節に人を—・した白頭翁しらがおきなの声のみが」〈二葉亭訳・あひゞき〉

さみ-せん【▽三味線】➡しゃみせん

さ-みだ・る【五＝月＝雨る】〔動ラ下二〕五月雨が降る。和歌では多く「さ乱る」にかけて用いる。「—・れてもの思ふときはわが宿のなく蝉さへに心細しや」〈曽丹集〉(季 夏)

さ-みだれ【五-月-雨】《「さ」は五月さつきなどの「さ」、「みだれ」は水垂みだれか》❶陰暦5月ごろに降りつづく長雨。梅雨。つゆ。さつきあめ。(季 夏)「一を集めて早し最上川/芭蕉」❷断続的にいつまでもだらだらと続くことのたとえ。「一式」「一戦術」
(類語)梅雨ばいう・梅雨つゆ・卯うの花腐くたし・麦雨・菜種梅雨

さ-みだれがみ【さ乱れ髪】乱れ髪。和歌では多く「五月雨さみだれ」にかけて用いる。「つれづれと葦屋の海人の小櫛さす一や乾さで寝ぬらん」〈夫木・八〉

さみだれ-ぐも【五-月-雨雲】梅雨のころの雲。(季 夏)

サミット〖summit〗《頂上の意》❶主要国首脳会議。1975年、オイルショックによる世界経済の混乱に対処するために、フランスの提唱で始まったもので、主に経済と政治問題を協議する。米国・英国・フランス・ドイツ・イタリア・カナダ・日本・ロシア連邦の8か国の首脳および欧州委員会の委員長が参加し、年1回開催される。主要8か国首脳会議。ジーエイト(G8)。❷最高責任者どうしによる会談。トップ会談。「環境—」(補説)❶は当初、米国・英国・フランス・ドイツ・イタリア・日本の6か国の首脳(G6)による会議であったが、翌年、カナダが加わってG7となり、1977年からEC(現在のEU)委員長が参加するようになった。91年にソ連(現ロシア連邦)のゴルバチョフ大統領とサミットの枠外で会合がもたれ、97年にはロシア連邦が正式参加国となった(G8)。また、かつては「先進国首脳会議」「先進7か国首脳会議」「主要先進国首脳会議」などと呼ばれていた。

さ-みどり【▽早緑】若草や若葉の緑色。

さみ-まんせい【沙弥満誓】➡満誓まんぜい

ザミャーチン〖Evgeniy Ivanovich Zamyatin〗[1884〜1937]ロシア(ソ連)の作家。長編「われら」で管理社会を批判し、アンチ-ユートピア文学と称された。のちに反ソ的として攻撃され、1931年フランスへ亡命、パリで客死した。他に「島の人々」「洪水」など。

サミュエルソン〖Paul Anthony Samuelson〗[1915〜2009]米国の経済学者。近代経済学を数学的分析方法で解明し、新しい進路を開いた。1970年、ノーベル経済学賞受賞。著「経済分析の基礎」「経済学」など。サムエルソン。

サミュエル-ようさい【サミュエル要塞】サミュエル《Samoilova tvrdina》➡サムイル要塞

サミング〖thumbing〗ボクシングで、相手の目をグローブの親指で突くこと。反則となる。

さ-む【作務】禅寺で、僧が掃除などの労務を行うこと。修行の一つと見なされる。

さむ【寒】寒いこと。「おおー、こー」

サム〖SAM〗《sequential access method》コンピューターで、ファイルから記憶されている順番にデータを読み出す方式。

サム〖SAM〗《surface-to-air missile》➡地対空ミサイル

サム〖thumb〗親指。

さ・む【冷む】〔動マ下二〕「さ(冷)める」の文語形。

さ・む【覚む|▽醒む】〔動マ下二〕「さ(覚)める」の文語形。

さ・む【×褪む】〔動マ下二〕「さ(褪)める」の文語形。

さむ・い【寒い】〔形〕図さむ・し〔ク〕❶温度の低さを不快に感じる。また、そう感じるほど温度が低い。「セーターを着ないと—・い」「冬の—・い朝」(季 冬)「塩鯛の歯ぐきも—・し魚の店/芭蕉」⇔暑い。❷恐ろしさなどで震え上がる。「心胆を—・からしめる」「背筋が—・くなる」❸むなしくて寂しい気持ちになる。「冷酷な言葉を聞いて心が—・くなった」❹内容や中味が貧弱である。貧しい。みすぼらしい。現在では多く「おさむい」の形で使われる。「報告書というにはお—・い内容だ」➡お寒い　❺まったく面白くない。「—・いジョーク」❻金銭が不足している。「懐ふところが—・い」⇔暖かい。(派生)**さむがる**〔動ラ五〕**さむげ**〔形動〕**さむさ**〔名〕(類語)肌寒い・薄ら寒い・寒寒・深深・凜凜りんりん
(一句)心胆を寒からしめる・懐ふところが寒い・唇亡びて歯寒し・賢者ひだるし伊達だて寒し・氷は水より出いでて水よりも寒し

サムイル-ようさい【サムイル要塞】サムイル《Samoilova tvrdina》マケドニア西部の都市オフリドにある要塞。第一次ブルガリア帝国の皇帝サムイルにより、10世紀末から11世紀初頭にかけて建造された。オフリド湖と旧市街を一望できる小高い丘の上に位置し、観光客に人気がある。サミュエル要塞。

さむ-え【作務▽衣】禅宗寺院で、僧の作業着。上着は筒袖で打ち合わせをひもで結ぶ。下はズボン形で裾すそを絞る。

サムエル〖Samuel〗前11世紀ごろの預言者・祭司。イスラエル最後の士師。ペリシテ人の攻勢に対し、サウルをイスラエル王国最初の王位につけ、イスラエルの宗教的統一を図った。のちダビデを擁立。

サムエルソン〖Samuelson〗➡サミュエルソン

さむ-かぜ【寒風】寒い風。かんぷう。

さむ-がり【寒がり】〔名・形動〕寒さを感じる度合いが普通の人以上であること。また、その人。さむがりや。「—な人」⇔暑がり。

さむかわ【寒川】さむかわ 神奈川県中南部、高座郡の地名。相模川とその支流の小出川の間に位置する。

さむかわ-こうたろう【寒川光太郎】さむかわこうたろう[1908〜1977]小説家。北海道の生まれ。本名、菅原憲光のりみつ。「密猟者」で芥川賞受賞。戦後は、大衆文学に転じた。他に「北風ぞ吹かん」「荒野の剣士」など。

さむかわ-じんじゃ【寒川神社】さむかわ 神奈川県高座郡寒川町にある神社。祭神は寒川比古命ひこのみこと・寒川比女命ひめのみこととされるが、異説が多い。5月5日に国府祭こうのまちが行われる。相模国一の宮。

さむかわ-まち【寒川町】さむかわ➡寒川

さむ-け【寒気】❶寒さ。かんき。❷病気による発熱や恐怖感・嫌悪感などのために、不愉快な寒さを感じること。悪寒おかん。「—がする」「—を覚える」
(類語)寒さ・寒気かんき・寒波・寒冷・酷寒・極寒・厳寒

さむけ・し【寒けし】〔形ク〕寒々としている。「月の、—・く澄める二十日あまりの空こそ」〈徒然・一九〉(補説)「寒し」のク語法「寒けく」を、「のどけし」などケシ型形容詞の連用形と誤認してつくられた語。

さむけ-だ・つ【寒気立つ】〔動タ五(四)〕❶寒けを感じる。「冷気に触れて—・つ」❷恐ろしさに身震い

する。ぞっとする。「目をおおう惨状に―・った」
サムゲ-タン【参鶏湯】《朝鮮語》韓国料理の一。内臓を取った鶏の腹の中に、ニンニク・ナツメ・朝鮮人参・もち米を詰め、ゆっくりと煮た料理。
さむ-さ【寒さ】寒いこと。また、その程度。(季 冬)「書を売って書斎のすきし―哉/露伴」⇔暑さ。
(類語)寒気かん・寒気さむ・寒波・寒冷・酷寒・極寒・厳寒
さむさ-しのぎ【寒さ×凌ぎ】寒さに耐えること。寒さを切り抜けること。また、その手段。「―に一杯やる」
さむさ-まけ【寒さ負け】寒さのために、からだや気力が弱ること。
さむ-ざむ【寒寒】〔副〕スル ❶いかにも寒そうなさま。「冬の夜空に月が―とかかる」❷心が冷えるさま。殺風景なさま。「人けのない―(と)した家」「―(と)した人間関係」(類語)寒い・深深しん・凜凜りん
さむざむ-し・い【寒寒しい】〔形〕文さむざむ・し〔シク〕❶いかにも寒そうである。「枯れ野の―・い眺め」❷何もなくて殺風景である。「壁に絵の一つもない―・い部屋」
さむし・い【▽寂しい|×淋しい】〔形〕文さむ・し〔シク〕《「さぶし」の音変化》さびしい。「たった一人で―・くって堪らないから」〈漱石・行人〉
さ-むしろ【▽狭×筵】❶幅の狭い筵。また、短い筵。〈色葉字類抄〉❷筵。「―に衣かたしき今宵もや我を待つらむ宇治の橋姫」〈古今・恋四〉
サムシング〖something〗ある物。何か。何物か。
サムスン〖Samsun〗トルコ北部、黒海沿岸の港湾都市。周辺にはタバコや茶を産する豊かな農村地帯が広がり、工業、商業も盛ん。紀元前7世紀に古代ギリシャ人が築いた植民都市アミススに起源する。古代ローマ帝国、東ローマ帝国、セルジュークトルコなどに支配され、15世紀初めよりオスマン帝国領。1919年5月19日、後の初代大統領ケマル=アタチュルクが海路よりサムスン港に上陸し、共和国樹立に向けた抵抗運動を始めたことで知られる。
サムスン-でんし【サムスン電子】《Samsung Electronics》韓国の総合電機メーカー。財閥サムスングループの中核をなす。1969年に設立。98年に日本法人の日本サムスンを設立。液晶テレビ、液晶パネル、半導体、携帯電話のほか、エアコンや冷蔵庫などの家電製品などを扱う世界有数の電機メーカーとして知られる。三星電子。
さむ-ぞら【寒空】冬の寒々とした空。また、冬の寒い天候。冬天。寒天。(季 冬)
サムソン〖Samson〗旧約聖書中の人物。イスラエルの士師で、怪力の持ち主。ペリシテ人と再三戦ってこれを破ったが、愛人デリラの策謀でその大力の根源である長髪を失い、敵に捕らえられて両眼をも失った。しかし、最後の怪力で神殿を破壊し、ペリシテ人3000人を殺し、自らも死んだという。
サムターン-まわし【サムターン回し】まはし 錠のわきに穴を空け、そこから器具を入れて錠の内側のつまみ(サムターン)を回して解錠すること。
サムタイマー《和 sometime＋-erから》自分で曜日や時間を選んで働けるパートタイマーの形態。都内のデパートが命名。
サムナー〖James Batcheller Sumner〗[1887～1955]米国の生化学者。酵素をたんぱく質の結晶の形でとり出すことに成功。1946年、J=H=ノースロップ、W=M=スタンリーとともにノーベル化学賞受賞。
サムネイル〖thumbnail〗画像や文書のファイルを縮小表示したもの。多数のファイルを一覧表示する際に使われる。
サムホール〖thumbhole〗《親指を入れる穴の意》❶底に親指を入れ、手持ちで使用できる小型のスケッチ箱。また、小型のスケッチ板。❷絵画のサイズの一。22.7センチ×15.8センチ。
さむ-ら【寒ら】〔名・形動ナリ〕寒そうなこと。また、そのさま。寒げ。「和妙たへの衣―に」〈万・一八〇〇〉
さむらい【侍|▽士】さむらひ《「さぶらい」の音変化》❶武芸をもって貴族や武家に仕えた者の称。平安中期ごろから宮中や院を警固する者をいうようになり、鎌倉・室町時代には凡下ぼん(庶民)と区別される上級武士をさした。江戸時代になって幕府の旗本、諸藩の中小姓以上の称となり、また、士農工商のうちの士身分をいう通称ともなった。武士。❷「侍所さむらいどころ」の略。❸並みの人ではちょっとできないようなことをやってのける人。「彼はなかなかの―だよ」
(類語)武士ぶし・武士もののふ・武者
さむらい-あり【侍×蟻】さむらひ アリ科の昆虫。体長は働きアリで約5ミリ。体は黒褐色で、大あごが鎌状。夏の蒸し暑い午後にクロヤマアリの巣を襲い、さなぎを略奪して自分の巣へ運び込み、羽化すると奴隷として使う。日本各地で普通にみられる。
さむらい-えぼし【侍×烏▽帽子】さむらひ 折烏帽子のこと。多く武士が日常使用したことによる。武家烏帽子。さぶらいえぼし。
さむらい-かたぎ【侍気=質】さむらひ 武士独特の気性。武士に共通した、格式ばったもの堅い気質。
さむらい-ぎ【侍気】さむらひ「侍気質かたぎ」に同じ。「されども主しゅうは―、かう勤めねば侍の立身がならぬとて」〈浄・堀川波鼓〉
さむらい-さい【サムライ債】►円建て債
さむらい-ジャパン【侍ジャパン】さむらひ 2009年開催の第2回ワールドベースボールクラシックに出場した、日本代表チームの愛称。監督は原辰徳。
さむらい-しょうほう【▽士商法|侍商法】さむらひしやうはふ ►資格商法
さむらい-だいしょう【侍大将】さむらひだいしやう 戦闘時に、一軍を率いる侍。さぶらいだいしょう。
さむらい-どころ【侍所】さむらひ ❶►さぶらいどころ❶ ❷鎌倉幕府の役所の一。御家人統制のため、治承4年(1180)設置。長官を別当と称し、初め和田義盛が任ぜられ、のち北条氏が世襲。さぶらいどころ。❸室町幕府の役所の一。御家人の統制のほかに京中の市政、公武の所領、寺社領などのことを管掌。長官を所司と称し、山名・赤松・一色・京極の四氏が交替で就任。さぶらいどころ。
さむらい-ほうし【侍法師】さむらひほふし 仁和寺などの門跡、大乗院などの院家に仕えて、警固や雑務に当たった法師。後世は妻帯して剃髪ていはつせず、普通の侍と同様の姿をしていた。さぶらいほうし。
サムライ-ボンド〖samurai bond〗「円建て債」に同じ。➡ショーグンボンド
さむらい-みょうが【侍冥加】さむらひみやうが 侍が神仏から受ける加護。武士としての幸運。さむらいみょうり。
さむらい-みょうり【侍冥利】さむらひみやうり ❶「侍冥加さむらいみょうが」に同じ。❷武士が誓うときのことば。必ず。決して。「―偽りなし」〈浄・大磯虎〉
さむら・う【▽候ふ|▽侍ふ】さむらふ〔動ハ四〕《「さぶらう」の音変化》「そうろう」にあたる、中世の女性語。多く補助動詞として用いる。…でございます。「小野の小町が成れる果てにて―・ふなり」〈謡・卒都婆小町〉
さ-め　牛馬などの毛の白いもの。両眼の縁の白いものかともいう。「名おそろしきもの。…牛は―」〈能因本枕・一五七〉
さめ【×鮫】サメ目の軟骨魚の総称。体は細長く、背びれは通常2基あり、尾びれは上葉が長い。口は頭の下面にあり、えらあなは体側に5～7対並ぶ。歯は常に新しいものが生えかわる。動物食。卵胎生が多いが、卵生・胎生のものもある。大半は海産で、現生種は250種、日本近海にいるのはウバザメ・オナガザメ・ツノザメ・ノコギリザメなど150種。肉は練り製品の原料、ひれは中華料理に用いられる。ふか。わに。(季 冬)「ふなびとら―など雪にかき下ろす/楸邨」
さめ-いし【×鮫石】紡錘虫ぼうすいちゅうの化石を含む大理石。岐阜県大垣市赤坂町に産する。
さめがはし【鮫河橋】東京都新宿区若葉町のあたりにあった地名。江戸時代には岡場所があった。
さめ-がれい【×鮫×鰈】がれひ カレイ科の海水魚。全長約60センチ。体の有眼側にいぼ状の突起が多数ある。食用。
さめ-がわ【×鮫皮】がは 鮫の皮を乾かしたもの。刀の柄つか・鞘さやを巻く装飾に用いるほか、靴を作ったり、物を磨くのに用いたりする。
さめ-かんゆ【×鮫肝油】鮫の肝臓からとった黄色い油。皮革の仕上げその他に用いる。
さ-め・く〔動カ四〕《「ざめく」とも》騒がしく音を立てる。ざわめく。「からすの集まりて飛びちがひ、―・き鳴きたる」〈枕・二八〉
さめ-こもん【×鮫小紋】鮫の皮のように細かい点で円弧形を重ねた模様を表した小紋。江戸時代には裃かみしもに用いられたが、現在は着物に1色染めで用いられることが多い。
さめ-ざめ〔副〕❶しきりに涙を流して静かに泣くさま。「―と泣く」❷心にしみるようなことをしみじみと言うさま。「ひたぶるに世を思ひすごし心のほどかきつくし、うち泣き、―とのたまひて」〈浜松・五〉
(類語)しくしく・めそめそ
さめ-ざや【×鮫×鞘】鮫の皮を巻いて作った刀の鞘。
さめ-すが【×鮫▽氷】鮫の軟骨を薄く削って乾かした食品。三杯酢にしたり煮たりして食べる。宮城県地方の名産。
ざ-めつ【挫滅】〔名〕スル 外部から強い衝撃、圧迫を受けて内部の組織が破壊されること。「脳―」
ざめつ-しょうこうぐん【挫滅症候群】シヤウコウグン ►クラッシュ症候群
さめ-はだ【×鮫肌|×鮫▽膚】鮫の皮のように乾いてざらざらした皮膚。
さめはだ-やき【×鮫肌焼(き)】釉薬ゆうやくが鮫の肌のように粒状になった陶器。薩摩焼・萩焼などにみられる。
さめ-びたき【×鮫×鶲】ヒタキ科ヒタキ亜科の鳥。スズメより小形で、全体に暗褐色、下腹部は白い。アジアに分布。日本では夏鳥。(季 夏)
さめ-やすり【×鮫×鑢】鮫の皮を板に張りつけて作り、物を磨くのに用いるもの。
さめ-やら-ぬ【覚め▽遣らぬ|▽醒め▽遣らぬ】〔連語〕《動詞「さ(覚)む」の連用形＋動詞「や(遣)る」の未然形＋打消しの助動詞「ず」の連体形》完全には覚めきっていない。「眠りから―朝まだき」
ざ◦めり〔連語〕《打消しの助動詞「ず」の連体形に推量の助動詞「めり」の付いた「ざるめり」の音変化「ざんめり」の撥音無表記》…ないようだ。…ないように見える。「帝、后の御いましめにしづまり給ふべくもあら―◦めり」〈源・総角〉
さ・める【冷める】〔動マ下一〕文さ・む〔マ下二〕❶熱い物が熱を失う。熱せられたものの温度が下がる。「スープが―・める」「御飯が―・める」❷高まっていた感情や興味が衰えたり薄らいだりする。「愛情が―・める」「ゴルフ熱が―・める」(類語)冷える・冷ます・冷却
さ・める【覚める|▽醒める】〔動マ下一〕文さ・む〔マ下二〕❶眠っている状態から、意識のはっきりした状態に戻る。「朝早く目が―・める」「麻酔が―・める」❷眠けや酒の酔いが消える。「酔いがいっぺんに―・める」❸心をとらえていた迷いがなくなる。正気をとりもどす。冷静になる。「悪い夢から―・める」「―・めた目で見る」(類語)目覚める・起きる・覚醒かくせいする・起床する・目を覚ます・目が覚める
さ・める【×褪める】〔動マ下一〕文さ・む〔マ下二〕《「冷める」と同語源》染色などによってつけられた色の度合いが弱まる。色が薄くなる。あせる。「着古して色の―・めた背広」➡褪あせる(用法)
(類語)褪せる・色褪せる・剝げる・焼ける・ぼける
ザメンホフ〖Ludwig Lazarus Zamenhof〗[1859～1917]ポーランドの眼科医。ヨーロッパ共通語への関心からエスペラントを考案。
さ-も【▽然も】〔副〕《副詞「さ」＋係助詞「も」から》❶そうも。そのようにも。「―あろう」❷確かにそれに違いないと思われるさま。いかにも。「―うれしそうな顔をする」❸まったく。実に。「あはれ、―寒き年かな」〈源・末摘花〉
然もあらばあれ　それならそれでしかたがない。なるようになれ。ままよ。さもあれ。「―、造化の翁が造り做したる活世界は」〈逍遥・小説神髄〉
然もあら◦ん　「さもありなん」に同じ。
然もあ・り　❶そのようである。「よに―・らじ」〈落窪・

―〉❷もっともである。「加持などまゐりて出でさせ給へと申す。―・る事とみな人申す」〈源・若紫〉
然もありなゝん　きっとそうであろう。もっともである。さもあらん。「今回の表彰も、彼の日頃の努力からは―ゝんと思われた」
然もあれ　それにしても。ともかくも。ままよ。さもあらばあれ。「一鉢かづきは、いか様変化の者にて」〈伽・鉢かづき〉
然も言われ◦たり　言われるとおりである。いかにももっともだ。「それ、―◦たりと言ひて」〈竹取〉
然もそうず　❶《「さもさうらはず」の音変化》いや、そうではない。とんでもない。「―。入道殿こそ過分の事をばのたまへ」〈平家・二〉❷《「さもさうらはんず」または「さもさうらはんとす」の音変化》それもそうであろう。いかにもそのとおりであろう。「―さもあらん、此の度は仕損ずとも」〈浄・出世景清〉
然もないと　もし、そうでないと。そうしないと。「急ぎなさい。―遅れますよ」
然もなくば　そうでなければ。さもなければ。「降服せよ。―一撃つぞ」
然もなければ　そうでなければ。さもなくば。「君が直接交渉するか、―代理人を立ててもいい」
然もな・し　❶そんなことはない。「そこにもしかぞ思しけむ。されど、―・かりし事なり」〈大鏡・道隆〉❷たいしたこともない。どうということもない。「―・き笛をうやうやしく」〈読・弓張月〉
然も似◦たり　いかにもよく似ている。「目もと口もとそのままに我が影にも―◦たり」〈浄・国性爺〉
然もや　❶そのように…か。「一染みつかむと、あやふく思ひ給へり」〈源・末摘花〉❷《下に「あらむ」が略された形》そうでもあろうか。あるいはそうか。「―と、また思ひ乱れ給ふ」〈源・橋姫〉

サモア〖Samoa〗㊀南太平洋中部の火山性の諸島。西経171度線を境に、西側は独立国のサモア(人口19万　2010)、東側はアメリカ領サモア(人口5.8万　2006)。㊁サモア諸島西部を占める国。首都アピア。ドイツ領、ニュージーランド委任統治、国連信託統治を経て1962年に西サモアとして独立、97年に国名をサモア独立国とした。人口19万(2010)。

サモイェード〖Samoyed〗シベリアの北極海沿岸に住み、ウラル語族のサモイェード語を話す蒙古系諸民族の総称。ツンドラ地帯での遊牧や漁労・狩猟を主な生業とする。

サモエード〖Samoyed〗▶サモイェード

サモサ〖samosa〗インド料理の一つ。小麦粉を練って薄く伸ばした皮で、香辛料を入れて炒めたひき肉や野菜を三角錐状に包み、油で揚げたもの。

さも-さも【▽然も▽然も】〔副〕「さも」を強めた言い方。いかにもいかにも。「―苦しげにうなる」

さ-もじ【さ文字】❶魚または鯖をいう女房詞。「女御より―まゐる」〈御湯殿上日記〉❷「さびし」「ささやか」など「さ」で始まる言葉をいう語。主に女性が用いた。「一日進ぜたる文は、―にして(＝裂イテ)お捨ちやったとの」〈虎明狂・花子〉

さ-もじ【左文字】銘に「左」の一字のある刀。南北朝のころの筑前の刀工で、正宗の高弟という左衛門三郎慶源を祖とする左家の鍛えたもの。さもんじ。

さもし・い〔形〕図さも・し〔シク〕❶品性が下劣なさま。心根が卑しい。意地汚い。「―・い行為」「―・い根性」❷見苦しい。みすぼらしい。「めでたい市の始めに、何とあの様な―・い牛が一の杭につながるるものでござるぞ」〈虎寛狂・牛馬〉（補説）托鉢などの沙門のみすぼらしいようすをいう「さもんしい」の変化した語という。（派生）さもしげ〔形動〕さもしさ〔名〕（類語）浅ましい・けち・みみっちい・いじましい・せせこましい・卑しい・せこい・陋劣・低劣・狭量・小量・けつの穴が小さい

ザモシチ〖Zamość〗ポーランド南東部の都市。ビスワ川の支流ビエプシュ川沿いに位置する。古くからウクライナとバルト海を結ぶ交易路の中継地として栄えた。16世紀末、ポーランド陸軍の総司令官で貴族のヤン＝ザモイスキが要塞化した都市を建設。イタリア出身の建築家ベルナルド＝モランドを呼び寄せ、ザモイスキ宮殿、市庁舎、教会など、ルネサンス様式を模した街並みを築いた。1992年、「ザモシチ旧市街」として世界遺産(文化遺産)に登録された。

サモス〖SAMOS〗《Satellite and Missile Observation System》米国の軍事偵察衛星システムで、南北両極を通る軌道を持ち、敵国のミサイル発射などを監視する。サモス1号は1960年10月に打ち上げに失敗したものの61年1月サモス2号が打ち上げに成功。サモス衛星。

サモス-とう【サモス島】《Samos》ギリシャ、エーゲ海南東部、ドデカネス諸島の島。紀元前6世紀半ば海洋都市国家が栄え、僭主ポリュクラテスの命でヘラ神殿の造営が進められた。港町ティガニは数学者ピタゴラスの生地として知られ、町の名は1955年にピタゴリオンと改名。92年「サモス島のピタゴリオンとヘラ神殿」の名で世界遺産(文化遺産)に登録された。

ざ-もち【座持ち】座の興をさまさないよう客をもてなすこと。また、それの巧みな人。「―がうまい」

ざ-もと【座元｜座本】江戸時代の劇場興行で、江戸では興行権の所有者、京坂ではその名義を借りて興行する興行責任者。櫓主。太夫元。➡名代

サモトラキ-とう【サモトラキ島】《Samothraki》ギリシャ、エーゲ海北部の島。中心地はサモトラキ(またはホラ)。北西岸の港町カマリオティッサが本土のアルクサンドルーポリおよびカバラとフェリーで結ばれる。古代にはカベイロス神を崇拝する秘儀宗教の聖地だった。現在、ルーブル美術館所蔵のサモトラケのニケ像は、1863年この島で発見された。サモトラケ島。

サモトラケ-とう【サモトラケ島】《Samothrace》▶サモトラキ島

サモトラケのニケ　古代ギリシャの大理石製のニケ像。前190年ごろの作。1863年、エーゲ海のサモトラキ島で発見された。ルーブル美術館蔵。

さもとら・し〔形シク〕しかるべきようすである。りっぱだ。相当だ。「―・しき女房の、下衆などつれたるが」〈咄・醒睡笑・三〉

サモボドスカ-チャルシャ〖Samovodska Charshiya〗ブルガリア中北部の都市ベリコタルノボの旧市街の一画。伝統的な街並みが残り、金銀細工、皮製品、木彫などの工房や手工芸品店が並ぶ。

サモボル〖Samobor〗クロアチア北西部の都市。首都ザグレブの西郊、サバ川の支流グラドナ川沿いに位置する。13世紀半ば、ハンガリー王ベーラ4世により自由都市に認められた。同国きっての盛大なカーニバルや、クリスタルガラスの生産で知られる。

さ-もも【▽早桃】❶水蜜桃の早生種。6月下旬ごろ市場に出るもの。（季 夏）「一剥かれ昏るる海光沁み入りぬ／斌雄」❷スモモの一品種。実が5月ごろに熟すが、小さくてまずい。

サモラ〖Zamora〗スペイン北西部、カスティーリャ-イ-レオン州の都市。ポルトガル国境に近く、ドゥエロ川沿いに位置。レコンキスタの時代は戦略的要地として、イスラム教徒とキリスト教徒の間で攻防が繰り返された。旧市街には12世紀のロマネスク様式の大聖堂をはじめ、歴史的建造物が数多く残る。サモーラ。

さ-もらい【伺＝候】様子をみること。「風向けば波か立たむと―に都太の細江に浦隠り居り」〈万・九四五〉

さ-もら・う【▽候ふ｜▽侍ふ】〔動ハ四〕《「さ」は接頭語。「もらふ」は動詞「も(守)る」の未然形「もら」に上代の反復継続の助動詞「ふ」の付いたもの》❶ようすを見守り、よい機会をうかがい待つ。よい風向きや潮時、また逢瀬などのくるのを待つ。「夕潮に船を浮け据ゑ朝凪に舳向け漕がむと―・ふとわが居る時に」〈万・四三九八〉❷主君や貴人のそばに仕えて命令を待つ。伺候する。「鶉なすい這ひもとほり―・へど―・ひ得ねば」〈万・一九九〉➡候ふ

サモワール〖ロシ samovar〗ロシア特有の、茶を入れるための湯沸かし器。銅製で、中心に火を入れる管が通じる。電気式もある。

さ-もん【左門】「左衛門府」の略。⇔右門。

さもん【沙門】▶しゃもん(沙門)

さ-もん【査問】〔名〕スル　調べ問いただすこと。特に、団体が、その構成員の犯した不正や過誤につき、本人を呼んで取り調べること。「疑惑解明のため―する」「―委員会」（類語）糾問・審問・喚問・尋問・調べる

さ-もん【砂紋】海水の流れにより海底に、また、風により地表に生じる、規則正しいうねり模様の起伏。

さや【×紗×綾】平織り地に、稲妻・菱垣・卍などの模様を斜文織りで表した光沢のある絹織物。中世末ごろから江戸初期にかけて多く用いられた。さあい。さあや。（補説）語源は、ポルトガル語のsaia(スカート)からともいう。

さや【×莢】マメ科植物の種子を包んでいる殻。

さや【×鞘】❶刀剣類の刀身の部分を納めておく筒。刀室。❷筆や鉛筆などの先端を保護するためにかぶせる筒。キャップ。❸堂・蔵・牢などの外囲い。「―堂」❹値段や利率の差・開き。売り値と買い値との差や、ある銘柄の相場間の値段の開きなどをいう。「―でもうける」「利―」
鞘を取・る　売買の仲介をして、価格の差の一部を利益として取る。鞘を稼ぐ。

さや【▽明｜▽清】〔副〕❶(多く「に」を伴って用いられる)はっきりとしたさま。「足柄のみ坂に立して袖ふらば家なる妹は―に見もかも」〈万・四四二三〉❷清らかにすがすがしいさま。「菅畳いや―敷きて」〈記・中・歌謡〉❸音色が澄んで響くさま。さやさや。「鈴は―振る藤太巫女」〈梁塵秘抄〉❹音が静けさを乱して響くさま。ざわざわ。「あしひきのみ山も―に落ち激つ」〈万・九二〇〉

さや-あて【×鞘当て】❶武士が道で行き違うときに、互いに刀の鞘に触れたのをとがめ、争うこと。さやとがめ。転じて、ささいなことからおこるけんか・争い。❷一人の女性をめぐり二人の男性が争うこと。「恋の―」❸歌舞伎の趣向の一つで、二人の武士が鞘を当てたことから争いになるというもの。元禄10年(1697)江戸中村座上演の「参会名護屋」が最初で、現在の形は文政6年(1823)江戸市村座上演の「浮世柄比翼稲妻」の吉原仲の町の場による。（類語）喧嘩・諍い・いがみあい・角突き合い・揉め事・悶着・いざこざ・ごたごた・トラブル

さや-いんげん【×莢隠元】若いさやのまま食用にするインゲンマメ。種子が小さく、さやは細長い。

さや-え【×鞘絵】刀の鞘に映し出して見る絵。オランダ人が伝えたもので、ガラス器などに平たく描いてある絵を鞘などに映すとよくわかるようになるというもの。江戸中期に流行。

さや-えんどう【×莢×豌豆】若いさやのまま食用にするエンドウ。絹莢。

さや-か【▽明か｜▽清か】〔形動〕図〔ナリ〕❶さえて明るいさま。「星が―な光を放つ」❷音・声がさえてよく聞こえるさま。「振鈴の響―に聞こゆるは」〈樗牛・滝口入道〉❸さわやかなさま。爽快なさま。「―な、滑稽な会話から何とも云えず、心が清くなり」〈横光・家族会議〉（季 秋）「瀬に入れば四方に波あり―かな／友次郎」❹はっきりしているさま。「誰乎彼の黯黮にて、―に面貌を弁ぜざりしが」〈紅葉・金色夜叉〉（類語）はっきり・くっきり・ありあり・まざまざ・際やか・鮮やか・明瞭・鮮明・澄明

さや-がた【×紗×綾形】卍の形をくずして連ねた模様の名。紗綾の織り模様に多く用いられる。

さやぎ　さやぐこと。さやぐ音。「風の―」

さ-やく【鎖×鑰】❶錠と鍵。また、戸締まり。「密房に入り、―を施し」〈中村訳・西国立志編〉❷外敵の侵入を防ぐ重要な場所。要所。

さや・ぐ〔動ガ五(四)〕《「さや」の動詞化》❶ざわざわと音を立てる。ざわめく。「木の葉が―・ぐ」❷騒ぐ。不穏なようすになる。「水穂の国はいたく―・ぎてありなり」〈記・上〉「世ノ中ガ―・グ」〈和英語林集成〉

ざ-やく【座役】中世、商工業者の座に対して、幕府・領主などの本所が課した課役。

ざ-やく【座薬｜×坐薬】肛門・膣・尿道などに挿入する固形の外用薬。体温や分泌物により徐々に溶けて作用する。痔や解熱・鎮痛などに使用。座剤。

さや-ぐち【×鞘口】❶刀の鞘の刀身を入れる口。鯉

口ぐち。❷本心を隠した、うわべだけの口上。「上は立派な―に、へらを使うて」〈浄・五枚羽子板〉
さや-ぐみ【×鞘組】土蔵などの屋根の上に、防火・断熱のためにさらに葺ふく合掌組の屋根のこと。
さや-け・し【▽明けし|▽清けし】〔形ク〕❶光がさえて明るい。「―・き月影に見ゆるようなる琵琶の音の澄みわたるを」〈木下尚江・良人の自白〉「ぬばたまの夜渡る月の―・くはよく見てましを君が姿を」〈万・三〇〇七〉❷音・声が澄んで響く。「行く水の音も―・く」〈万・四〇〇三〉❸清らかでさっぱりしている。すがすがしい。「今造る久邇くにの都は山川の―・き見ればうべ知らすらし」〈万・一〇三七〉❹はっきりしている。明瞭なさま。「四方よもを望みますに、四方―・かりき」〈肥前風土記〉
さや-さや〔副〕薄いものが軽く触れ合って鳴る音を表す語。「篠竹しのだけが風に―(と)鳴る」
さや-し【×鞘師】刀の鞘を作る職人。
さや-じ【佐屋路】ぢ 東海道の脇街道の一。七里の渡しの別ルートで、熱田から万場まんば・佐屋を経て木曽川を舟で下り、桑名に出る道。
さや-じり【×鞘尻】刀の鞘の末端。鐺こじり。
さや-ちりめん【×紗×綾▽縮×緬】紗綾形さやがたを織り出した縮緬。
さや-どう【×鞘堂】ダウ 建物を風雨などから保護するため、外側から覆うように建てた建築物。中尊寺金色堂のものが有名。覆堂おおいどう。
さや-とがめ【×鞘×咎め】「鞘当て❶」に同じ。「―、武勇達だてう、年中わがままをふるまひける」〈浮・永代蔵・五〉
さや-とり【×鞘取り】「鞘さや❹」を利用してもうけるために行う取引。鞘取引。鞘かせぎ。
さや-なり【×鞘鳴り】❶刀身が鞘に合わないため、振ると音がすること。❷敵と戦おうとして、心がはやること。❸家がきしんで音を立てること。
さや-ぬり【×鞘塗(り)】刀剣類の鞘に色漆を塗ること、およびその技法。また、変わり塗りのこと。
さや-の-なかやま【小夜の中山|佐夜の中山】▶さよのなかやま
さや-の-ま【×鞘の間】本堂と鞘堂の間の通路のようになっている所。また、書院造りの畳敷きの縁側。
さや-ばし・る【×鞘走る】〔動ラ五(四)〕❶刀身が自然に鞘から抜け出る。「下人はそこで、腰にさげた聖柄ひじりづかの太刀が―・らないように気をつけながら」〈芥川・羅生門〉❷出過ぎたことをする。さきばしる。「まだ―・った事を言ふ」〈鶯流狂・末広がり〉
さや-ひらめ【×鞘平め】平たく作った刀の鞘。
さや-ぶくろ【×鞘袋】鞘におさめた刀全体を包む袋。錦にしき・革などで作る。
さ-やま【▽狭山】小さい山。小山。また、山。「夕ざれに―の峰の郭公ほととぎす」〈経信集〉
さやま【狭山】㊀埼玉県中南部の市。狭山茶や野菜の産地。人口15.6万(2010)。㊁大阪狭山市の旧町名。
さやま-いけ【狭山池】大阪狭山市にある溜め池。古事記に築造の記事の見える、日本最古の溜め池の一つ。
さや-まき【×鞘巻】腰刀の一。鞘に葛藤つづらふじのつるなどを巻きつけたもの。中世には、その形の刻み目をつけた漆塗りとなる。
さやま-きゅうりょう【狭山丘陵】キウ リョウ 武蔵野台地西部にあり、東京都と埼玉県にまたがる丘陵。中央部に狭山湖・多摩湖がある。
さやま-こ【狭山湖】埼玉県所沢市にある、狭山丘陵の谷を利用した人造湖。東京都の上水道用貯水池として昭和9年(1934)完成。山口貯水池。
さやま-し【狭山市】▶狭山㊀
さやま-ちゃ【▽狭山茶】埼玉県狭山地方に産する緑茶。
さや-まめ【×莢豆】さやに入ったままの豆。さやのまま食べる豆。
さや-みどろ【×鞘味泥】サヤミドロ科サヤミドロ属の緑藻の総称。湖水・池沼の岩石などに着生する、細い円筒状の細胞の連なった糸状体。葉緑体は網目状で、細胞の上端部に鞘状の膨らみがある。
ざや-め・く〔動カ四〕ざわざわと音を立てる。「指貫ノソバヲトッテー・キ入ラレタワ」〈天草本平家・一〉
さや-もち【×鞘持ち】けんかの尻押しをすること。また、その人。「よい拵こしらへの―と頼みてこそは別れ行く」〈浄・浪花鑑〉
さやもち-だて【×鞘持ち立て】争いごとに加勢しようとする態度。「すはや喧嘩の―」〈浄・娥歌かるた〉
さや-よせ【×鞘寄せ】相場の変動によって値段の開きが小さくなること。
さや・る【▽障る】〔動ラ四〕❶何かにひっかかる。さわる。「我が待つや鴫しぎは―・らず」〈記・中・歌謡〉❷妨げられる。「すべもなく苦しくあれば出で走り去いななと思へど此らに―・りぬ」〈万・八九九〉❸差し支える。支障ができる。「百日ももかしも行かぬ松浦道ぢ今日行きて明日は来なむを何か―・れる」〈万・八七〇〉
さ-ゆ【▽白湯|▽素湯】真水を沸かしただけの湯。
類語 湯冷まし・温湯・湯水・湯茶
白湯を飲むよう　味もそっけもないたとえ。
さ・ゆ【×冴ゆ|×冱ゆ】〔動ヤ下二〕「さ(冴)える」の文語形。
さ-ゆう【左右】イウ〔名〕スル ❶ひだりとみぎ。「―を確認する」「―の手」❷かたわら。そば。まわり。「―に従える」❸そば近く仕える者。側近。「―に問う」❹年齢などが、それに近いこと。前後。「六〇―の人」❺立場や態度をあいまいにすること。「言を―にする」❻左か右かを決定すること。どちらかに決めること。❼思うままに支配すること。決定的な影響を与えること。「一生を―するような出来事」「作物の生育は天候に―されやすい」❽能や狂言の舞の型の一。左手をやや高く出し、左斜め前へ左足を出して右足を引きつけ、右手をやや高く出し、右斜め前へ右足を出して左足を引きつける。類語(❶)横・横様よこざま・横向き・水平/(❼)支配・束縛・拘束・規制・制約・縛る
左右に託・す　明確な返答や処置をしないで、その場をごまかす。「言を―・す」
ざ-ゆう【座右】イウ ❶座っている所のかたわら。手近な所。身近。ざう。「―に置く」「―の書」❷手紙文で、相手を直接さすのをはばかって代わりに用いる語。また、敬意を表す脇付の語。「愚書を―に呈す」
類語 侍史・机下・台下・足下・硯北けんぽく・膝下・玉案下・御許おもと・御前・拝
さゆう-さ【左右左】サイウ サ 叙位・叙官・賜禄などのときの拝舞の方式。腰から上を、左、右、左の順に向けて拝礼する。
さゆう-そうしょう【左右相称】サイウサウ ショウ 主軸に対し左右の部分が対称の関係にあること。シンメトリー。
さゆうそうしょう-か【左右相称花】サイウサウ ショウクワ 花被が中心線に対して左右相称に配列している花。不整正花。
ざゆう-の-めい【座右の銘】ザイウ 一 いつも自分の座る場所のそばに書き記しておいて、戒めとする文句。
類語 格言・寸言・警句・箴言しんげん・金言・名言・名句
さ-ゆり【▽小百▽合】ユリの美称。季夏
さゆり-ばな【▽小百▽合花】㊀〔名〕ユリの花。㊁〔枕〕同音を持つ「後ゆり」にかかる。「灯火ともしびの光に見ゆる―ゆりも逢はむと思ひそめてき」〈万・四〇八七〉
さ-ゆる【▽小百▽合】「さゆり」の上代東国方言。「筑波嶺つくばねの―の花の夜床ゆどこにもかなしけ妹そ昼もかなしけ」〈万・四三六九〉
さ-よ【▽小夜】《「さ」は接頭語》よる。よ。「一時雨しぐれ」「―千鳥」
類語 夜・夜よ・夜よさり・宵よい・晩・暮夜ぼや・夜間・夜中よなか・夜分やぶん・夜陰やいん・夜半よわ・夜中よなか・夜半やはん・ナイト
さよ-あらし【▽小夜嵐】夜の嵐。よあらし。
さ-よう【作用】〔名〕スル ❶他のものに力を及ぼして影響を与えること。また、その働き。「太陽熱は植物の生育に―する」「薬の副―」「相乗―」❷生物が生存していくための心身の働き。「消化―」「心理―」❸二つの物体の間で、一方が他方に加えた力。❹フッサールの現象学で、なんらかの対象を志向する意識の働き。類語(❶)働き・機能・効果・効力・影響・反作用・副作用 (―する)働く・働きかける・効く・響く・差し響く
さ-よう【▽然様|左様】ヤウ ㊀〔形動〕文〔ナリ〕そのよう。そのとおり。「―なことはございません」「はい、―でございます」㊁〔感〕相手の言ったことを肯定したり、自分の思い出したことにうなずいて話し出したりするときに発する語。そう。「―、あれは去年の暮れのことであった」類語 そんな・そのよう・そうした・そういう・そう・それほど・然さ
左様然らば　「それならば」の形式ばった言い方。「さよう」と受けて「しからば」と話しはじめる、武士の口上こうじょうの言葉。
さよう-いん【作用因】▶動力因どうりょくいん
さよう-げん【作用言】国文法でいう動詞の古い言い方。しわざことば。東条義門の用語。
さよう-せん【作用線】力が物体に作用するとき、作用点を通って、力の方向に引いた直線。
さよう-そ【作用素】一つの集合の元げんに対して、他の集合の元を対応させるときの規則、または操作のこと。演算子。
さよう-てん【作用点】物体に対して力が働く点。てこでは三点の一。➡力点 ➡支点
さよう-なら【左様なら】サヤウ ㊀〔接〕それなら。それでは。「一行ってまいりますと…頭をついと一つ下げ」〈露伴・五重塔〉㊁〔感〕《さようならば、これで別れましょうの意》別れのあいさつに用いる語。さよなら。「では―」類語 バイバイ・失敬・失礼・ごきげんよう
さようはんさよう-の-ほうそく【作用反作用の法則】サヨウ ソク ニュートンによる運動の第三法則。ある物体が他の物体に作用を及ぼすとき、それとは逆向きで大きさの等しい反作用が常に働くというもの。
さよ-きょく【▽小夜曲】▶セレナーデ
さ-よく【左翼】❶鳥・飛行機などの左のつばさ。↔右翼。❷左右に広がったものの左の方の部分。軍の陣形の左の方。↔右翼。❸《フランス革命当時、議会で議長席から見て左方に急進派のジャコバン派がいたところから》社会主義・共産主義・無政府主義などの革新的な思想。また、そのような立場の人・団体。左派。↔右翼。❹野球で、本塁から見て左の方の外野。また、そこを守備する人。レフト。↔右翼。
類語 左ひだり・左手・左側・左方・レフト
さ-よく【砂浴】❶実験の際などに、砂を熱の媒体として間接に加熱すること。鉄製の浅い皿などに砂を入れ、物体を砂の上に置くか砂中に埋めて熱する。❷鳥類がダニなどの外部寄生虫を取るため、砂や土を羽毛にかけること。すなあび。❸温泉熱などを利用した熱い砂に浴すること。
ざ-よく【座浴|×坐浴】〔名〕スル 座った姿勢で腰から下だけ入浴すること。腰湯。
さよく-しゅ【左翼手】野球で、左翼を守備する外野手。左翼。レフト。
さよく-しょうにびょう【左翼小児病】セウニビヤウ 社会主義運動で、公式論に立って、現実的でない過激な言動をとる傾向。レーニンがその著「共産主義における左翼小児病」で用いた語。
さよ-ごうし【▽小夜格子】ガウシ 縦を竹、横を木で組んだ娼家の2階窓の格子。
さよ-ごろも【▽小夜衣】夜寝るときにからだをおおうもの。夜着よぎ。「一着て馴れきとは言はずともかごとばかりはかけずしもあらじ」〈源・総角〉
さよ-しぐれ【▽小夜時▽雨】夜降る時雨。季冬
さよ-すがら【▽小夜すがら】夜どおし。一晩じゅう。「唐衣きて帰りにし―あはれと思ふを恨むらむはた」〈後撰・恋一〉
さよ-ちどり【▽小夜千鳥】夜鳴く千鳥。季冬
さ-よどこ【▽小夜床】夜寝る床。「衣こそ二重ふたえも良き―を並べむ君は恐かしこきろかも」〈仁徳紀・歌謡〉
さ-よなか【▽小夜中】真夜中。よなか。「―と夜はふけぬらし雁かりが音の聞こゆる空を月渡る見ゆ」〈万・一七〇一〉
さよなき-どり【▽小夜鳴き鳥】ナイチンゲールの別名。
さよ-なら《「さようなら」の音変化》㊀〔名〕スル ❶別れること。「独身生活に―する」❷(多く複合語の形で用

いて）㋐野球で、後攻のチームが最終回に勝ち越しの得点をあげ、スリーアウトを待たずに試合を終わりにすること。「延長一二回、一で決着がつく」「一勝ち」「一ヒット」㋑それで物事を終わりにすること。それが最後であること。「一公演」「一セール」㊁〔感〕別れのあいさつに用いる語。「一、ごきげんよう」㊂〔接〕それなら。「一百両の内二十両引きまはしてお渡し申しますさかい」〈滑・膝栗毛・八〉

さよ-の-なかやま【小夜の中山｜佐夜の中山】静岡県掛川市の日坂から島田市菊川までの坂道。旧東海道の難所。夜泣き石伝説で知られる。さやのなかやま。〔歌枕〕「岩がねのとこに嵐をかたしきてひとりや寝なむ一」〈新古今・羇旅〉

さ-よばい【さ▽婚ひ】妻を求めること。求婚。よばい。「こもりくの泊瀬の国に一に我が来れば」〈万・三三一〇〉

さよ-ふ・く【▽小夜更く】〔動カ下二〕夜がしだいに更けていく。「我が背子を大和へ遣ると一・けて暁露にわが立ち濡れし」〈万・一〇五〉

さよふけ-がた【▽小夜更け方】夜の更けるころ。「かやり火の一の下こがれ苦しや我身人知れずのみ」〈新古今・恋一〉

さよ-まくら【▽小夜枕】夜、寝るときに用いる枕。「松が根のをじまが磯の一いたくな濡れそあまの袖かは」〈新古今・羇旅〉

さ-よみ【貲＝布】シナノキの皮を細く紡いで織った布。古くは調として上納された。後世は、粗く織った麻布をさしていう。さいみ。さゆみ。〔季 夏〕

さ-より【細＝魚｜針＝魚｜×鱵】ダツ目サヨリ科の海水魚。全長約40センチ。体は細長く、下あごが突き出し、先が赤い。背部は青緑色、腹側は銀白色。沿岸の表層にすみ、汽水域にも入る。刺身、吸い物種とされる。〔季 春〕

さら【皿｜▽盤】㊀〔名〕❶食物を盛る、浅くて平たい容器。陶製・ガラス製・金属製などがある。❷供応の膳などで、❶に盛って出す料理。❸❶に似た形のもの。「ひざの一」「はかりの一」「灰一」❹漢字の脚の一。「盆」「益」「盛」「監」などの「皿」の部分の称。㊁〔接尾〕助数詞。皿に盛った食物や料理などの数を数えるのに用いる。「カレーライス二一」「炒め物三一」

〔一皿〕頭の皿・膝の皿（ざら）油皿・石皿・受け皿・絵皿・大皿・角皿・菊皿・木皿・口取り皿・小皿・蒸発皿・中皿・壺皿・手塩皿・時計皿・取り皿・灰皿・秤皿・膝皿・火皿・平皿・銘銘皿・薬味皿

〔類語〕茶碗・椀・鉢・丼

さら【×娑羅｜沙羅】《梵 śālaの音写》「娑羅双樹」の略。しゃら。

さら【▽新｜更】㊀〔名〕まだ一度も使っていないこと。新しいこと。また、そのもの。「一のゆかた」㊁〔接頭〕名詞に付いて、そのものが新しいことを表す。「一湯」「一地」〔類語〕新しい・新た・新規・新調・新型・新式・新来・新手

さら【更】〔形動ナリ〕❶（多く「言へばさらなり」「言ふもさらなり」の形で用いて）いまさらめいているさま。わざとらしいさま。「内の心は言へば一なり」〈かげろふ・上〉❷《「言へばさら」「言ふもさら」の略》いうまでもないさま。もちろんだ。「夏は夜、月の頃は一なり」〈枕・一〉

サラ〔語素〕形容詞の語幹や名詞に付いて、サラリー・サラリーマンなどの意を表す。「安一」「脱一」

ざら　㊀〔名〕❶「ざら紙」の略。❷「ざらめ糖」の略。❸ばら銭。「夜盗ども見ろと両手で一を寄せ」〈柳多留・五〉㊁〔形動〕図〔ナリ〕❶いくらでもあって、珍しくないさま。「その程度の作品なら一にある」❷むやみやたら。「それは勿論一に人に見せられるものでない」〈福沢・福翁自伝〉〔類語〕沢山・いっぱい・あまた・多多・いくらも・いくらでも・ごろごろ・どっさり・たっぷり・十二分に・豊富に・ふんだんに・腐るほど・ごまんと・わんさと・しこたま・たんまり・うんと・たんと・仰山

サラート〔salāt〕イスラム法の定める、信徒の基本的五義務の一。1日に5回、定時に行う礼拝のこと。

さらい【竹＝杷】長い柄の先に粗い歯をつけた、熊手のような農具。土をかきならしたり、木の葉やごみなどをさらうのに用いる。さらえ。

さ-らい【作礼】仏、また長上に礼をすること。

さらい【×浚い｜×渫い】土砂・ごみなどをさらうこと。さらえ。「どぶ一」

さらい【復＝習】（多く「おさらい」の形で用いる）❶教えられたことを繰り返し練習すること。復習。さらえ。「書き取りのお一」❷芸事の師匠が弟子を集めて、日ごろ教えたことを演じさせること。また、その会。温習。➡おさらい

サライ〔ペルシア sarai〕宿。旅の宿。

サライ〔Sarai〕ロシア連邦、ボルガ川下流のボルゴグラード付近および河口付近にある新旧二つの遺跡。ともに13～14世紀、キプチャク-ハン国の首都として繁栄した。〔補説〕「薩来」とも書く。

さ-らい【再来】〔語素〕週・年月などを表す語の上に付いて、次の次の、翌々という意を表す。〔補説〕「日」には、「明後」を用いる。

サライエボ〔Sarajevo〕►サラエボ

さらい-がき【復＝習書(き)】文字を繰り返して書き習うこと。手習い。習字。さらえがき。

さらい-げつ【再来月】次の次の月。翌々月。

さら-いし【皿石】阿蘇中岳の火口周辺でみられる皿状になった火山弾。火山灰などの固結した板状の岩片を溶岩の薄い皮膜が包んでいるものが多い。

さらい-しゅう【再来週】次の次の週。翌々週。

さらい-ねん【再来年】次の次の年。明後年。

さらい-の-し【×嗟来の▽食】《「礼記」檀弓下から》「さあ、食え」と無礼な態度で与える食べ物のこと。

さら・う【×浚う｜×渫う】〔動ワ五(ハ四)〕川や井戸などの底にたまる土砂やごみを取り除く。さらえる。「どぶを一・う」〔可能〕さらえる㊁〔動ハ下二〕「さら(浚)える」の文語形。〔類語〕浚渫・汲む・すくう

さら・う【復＝習う】《「浚う」と同語源》㊀〔動ワ五(ハ四)〕教えられたことを繰り返して練習する。復習する。さらえる。「小唄を一・う」〔可能〕さらえる㊁〔動ハ下二〕「さら(復習)える」の文語形。

さら・う【×攫う｜×掠う】〔動ワ五(ハ四)〕《「浚う」と同語源》❶油断につけこんで奪い去る。気づかれないように連れ去る。「波に足を一・われる」「子供を一・う」「鳶に油揚を一・われる」❷その場にあるものを残らず持ち去る。関心を一人占めにする。「人気を一・う」〔可能〕さらえる〔類語〕奪う・取る・取り上げる・分捕る・掠め取る・もぎ取る・引ったくる・ぶったくる・ふんだくる・掻っ攫う・横取りする

さら-うどん【皿×饂×飩】北九州地方の郷土料理。細いうどんを揚げたり炒めたりして皿に盛り、肉・野菜などの具を炒めてのせたもの。

サラウンド〔surround〕まわりを取り囲むこと。「音響の一効果」「一スピーカー」

サラウンド-システム〔surround system〕音の再生で、音が聴く者を包み込むような方式・装置のこと。スピーカーを聴き手の前面左右と背面左右などに配置し、音のずれによって臨場感・立体感を出すもの。

さらえ【竹＝杷】「さらい(竹杷)」に同じ。

さらえ【×浚え｜×渫え】「さら(浚)い」に同じ。

さらえ【復＝習】「さらい(復習)」に同じ。

サラエボ〔Sarajevo〕ボスニア-ヘルツェゴビナ共和国の首都。旧ボスニアの首都。1984年冬季オリンピックの開催地。サライエボ。

サラエボ-じけん【サラエボ事件】1914年6月28日、オーストリア皇太子フランツ＝フェルディナント大公夫妻が、サラエボでセルビアの汎スラブ主義者に暗殺された事件。第一次大戦のきっかけとなった。

サラエボ-だいせいどう【サラエボ大聖堂】㊀《Katedrala Srca Isusova》►イエスの聖心大聖堂 ㊁《Saborna Crkva Rođenja Presvete Bogorodice》►生神女誕生大聖堂

さら・える【×浚える｜×渫える】〔動ア下一〕図さら・ふ〔ハ下二〕「浚う㊀」に同じ。「堀の泥を一・える」

さら・える【復＝習える】〔動ア下一〕図さら・ふ〔ハ下二〕「復習う㊀」に同じ。「三味線を一・える」

さら-がい【皿貝】ニッコウガイ科の二枚貝。東北地方以北の浅海にすむ。貝殻は白色。長卵形で平たく、殻長7センチほど。食用。

さら-がえ・る【更返る】〔動ラ四〕再びもとに返る。もとあった状態になる。あともどりする。「一・りてかくねむごろに聞こえ給ふも」〈源・少女〉

ざら-がみ【ざら紙】❶良質でない西洋紙。新聞用紙などに用いる。ざら。❷わら半紙のこと。

サラ-きん【サラ金】《「サラリーマン金融」の略》サラリーマン・主婦などの消費者個人を対象に、貸金業者が融資をする高金利の小口金融。また、その業者。

サラきん-きせいほう【サラ金規制法】►貸金業法

サラクルー〔Armand Salacrou〕［1899～1989］フランスの劇作家。人間と神をめぐる問題を追究した。作「地球は丸い」「デュラン大通り」など。

さら-け【▽浅×甕｜×瓱】《「さらげ」とも》底が浅く平たいかめ。水を入れて運んだり、酒をつくったりするのに用いる。「一に醸める酒」〈顕宗紀〉

さらけ-だ・す【×曝け出す】〔動サ五(四)〕❶隠すところなく、すべてを現す。ありのままを見せる。「内情を一・す」「弱点を一・す」❷追い出す。「おらあ女房を一・してしまって」〈滑・膝栗毛・発端〉

〔類語〕暴露・あばく・さらす・ばらす・すっぱ抜く・現れる

さらけ-や・める【さらけ▽止める】〔動マ下一〕《近世江戸語》すっかりやめる。「戯談はおどけだが、足下、幇間を一・めねえ」〈人・娘節用・前〉

さら・ける【×曝ける】〔動カ下一〕隠さずにすっかり見せる。「妾くしの楽屋を悉皆一・けて御覧に入れます」〈魯庵・社会百面相〉

サラゴサ〔Zaragoza〕スペイン北東部の商工業都市。古代イベリア人の町サラドバに始まり、12世紀初頭まではムーア人の拠点、その後アラゴン王国の首都として栄えた。人口、都市圏67万(2008)。

サラゴサ-だいせいどう【サラゴサ大聖堂】《Catedral del Salvador de Zaragoza》スペイン北東部の都市サラゴサにある大聖堂。アラゴン地方の言葉で「ラ-セオ」と呼ばれる。14世紀に建造、ロマネスク・ムデハル・チュリゲラ様式が混在する。後陣・礼拝堂・円蓋部分はイスラム文化を取り入れた中世スペイン建築の傑作として、2001年「アラゴンのムデハル様式の建築物」の名称で世界遺産(文化遺産)に登録。

さら-こばち【皿小鉢】皿や小さな鉢など、台所で使う瀬戸物類の総称。

サラサ〔ポルトガル saraça〕【更紗】❶主に木綿地に、人物・花・鳥獣などの模様を多色で染め出したもの。室町時代末にインドやジャワなどから舶載され、日本でも生産した。直接染料で模様を描いた描き更紗や、型を用いて捺染したものなどがある。16世紀末のインドで極上多彩の木綿布をsarasoまたsarassesと呼んだところからの名という。印花布。花布。❷花の色で、紅白がまじって、サラサ染めに似たもの。❸「サラサ形」の略。❹「サラサ紙」の略。

サラサーテ〔Pablo de Sarasate〕［1844～1908］スペインのバイオリン奏者・作曲家。スペイン民族音楽を素材にした曲と、技巧的な演奏で名高い。作品に「チゴイネルワイゼン」など。

サラザール〔Antonio de Oliveira Salazar〕［1889～1970］ポルトガルの政治家。カルモナ軍事独裁政権の蔵相ののち、1932年、首相に就任。33年、新憲法を制定し、68年までカトリック的な国家統一党による一党独裁制を敷いた。

サラサ-うちわ【サラサ団＝扇】サラサ模様のあるうちわ。

サラサ-がた【サラサ形】サラサに染めたような模様。サラサ模様。サラサ。

サラサ-がみ【サラサ紙】サラサ模様を付けた加工和紙。印花紙。サラサ。

サラサ-がわ【サラサ革】サラサ模様を彩色したなめし革。

サラサ-ぞめ【サラサ染(め)】サラサ形に染めた布地。シャム染め。

サラサ-どうだん【サラサ▽灯▽台】ツツジ科の落葉

小高木。近畿以東の山地に自生。6、7月ごろ、釣鐘形の紅がかった白色の花を多数つける。名は花びらのサラサ状の模様に由来。風鈴つつじ。

サラサ-ばていら【サラサ馬×蹄×螺】ニシキウズガイ科の巻き貝。潮間帯から水深約20メートルの岩礁にすむ。貝殻は正円錐形で殻高8センチほど。殻表には斜めに太い赤褐色の帯がある。九州南部以南に分布。殻は貝ボタン・貝細工の材料。高瀬貝(たかせがい)。

サラサ-ひとり【サラサ灯＝蛾】鱗翅(りんし)目サラサヒトリガ科の昆虫。体・翅(はね)とも黄色で、前翅には6本の黒いすじと赤色紋がある。夏に出現し、飛びながらチッチッチと発音する。幼虫はクヌギ・ナラなどの葉を食い、樹幹に袋状の巣を作る。

さら-さら　㊀〔副〕(スル) ❶物が軽く触れ合う音を表す語。「風が笹の葉を—(と)鳴らす」❷浅い川の水がよどみなく軽やかに流れるさま。「小川が—(と)流れる」❸つかえずに軽快に進むさま。「—と署名する」❹物に湿り気や粘り気がなく、乾いた感じのするさま。「—(と)した髪」㊁〔形動〕㊀❹に同じ。「—な雪」アクセント㊀はサラサラ、㊁はサラサラ。

さら-さら【更更】〔副〕❶(あとに打消しの語を伴って用いる)少しも。決して。「謝る気は—ない」❷いま新たに。改めて。「石上(いそのかみ)布留の神杉(かむすぎ)神(かむ)びにし我(あれ)や—恋にあひにける」〈万・一九二七〉❸ますます。いっそう。「多摩川にさらす手作り—になにそこの児のここだかなしき」〈万・三三七三〉

類語 全然・全く・一向・さっぱり・まるきり・まるで・少しも・からきし・ちっとも・皆目・一切・まるっきり・何ら・とんと・いささかも・毫(ごう)も・微塵も・毛頭・露

ざら-ざら　㊀〔副〕(スル) ❶小粒で堅いものが触れ合ってたてる音を表す語。「袋が破れて豆が—(と)こぼれる」❷触った感じが粗く滑らかでないさま。「—(と)した肌」「砂ぼこりで畳が—している」❸ささくれて荒さの感じられるさま。「—した声」❹物事がさっさと行われるさま。「我が言ふ事ばかり言うて—と立ち行けば」〈浮・永代蔵・二〉㊁〔形動〕㊀❷に同じ。「水仕事で荒れて—な手」アクセント㊀はザラザラ、㊁はザラザラ。

類語 ざらつく・ざらり・かさかさ・じゃりじゃり・でこぼこ

さらし【×晒し|×曝し】㊀❶さらすこと。さらしたもの。「雨—」「恥—」❷漂白した麻布または綿布。晒し布。特に、晒し木綿。(季 夏)「川風に水打ちながす—かな/太祇」❸江戸時代の刑罰の一。縛った罪人、または斬首(ざんしゅ)に処せられた罪人の首を路傍にさらし、衆人の見せしめにしたもの。❹歌舞伎舞踊の中の一場面。布ざらしを舞踊化したもので、「越後獅子」などにある。❺歌舞伎下座音楽の一。能管・太鼓・大太鼓または大鼓・小鼓を加えた鳴り物で、荒事(あらごと)の立ち回りや幕切れなどに用いる。❻「晒(さら)の合方」の略。㊁(晒)地歌・箏曲の曲名。宇治川沿岸で里人が布をさらすのを題材としたもの。元禄(1688〜1704)ころ、深草検校が原曲「古ざらし」をつくり、のち山田・生田の両流が原曲から「新ざらし(早ざらし)」を編曲。

ざ∘らし〔連語〕《打消しの助動詞「ず」の連体形に推量の助動詞「らし」の付いた「ざるらし」の音変化「ざんらし」の撥音無表記。上代語》…ないらしい。「世の中はまこと二代(ふたよ)は行かざ∘らし過ぎにし妹に逢はなく思へば」〈万・一四一〇〉

さらし-あめ【×晒し×飴】水飴の水分を除き、何度も引き伸ばして白くした飴。

さらし-あん【×晒し×餡】生のこしあんを加熱乾燥して粉末状にしたもの。

さらし-い【×晒し井】(ゐ) 夏、井戸水をくみあげ、中を干してきれいにすること。井戸替え。(季 夏)

さらし-うり【×晒し売り】江戸時代、奈良晒しを売り歩いた者。

さらし-くじら【×晒し鯨】(くぢら) 鯨の尾羽(おば)や皮を薄く切り、熱湯をかけて脂肪分を除き、冷水にさらしたもの。酢味噌あえや味噌汁の具などにする。(季 夏)

さらし-くび【×晒し首】江戸時代、斬首(ざんしゅ)に処せられた者の首を獄門にかけて、世人に見せたこと。また、その首。

さらし-こ【×晒し粉】❶消石灰に塩素を吸収させて作った白色の粉末。パルプ・繊維などの漂白、上・下水道の殺菌・消毒などに利用。クロルカルキ。カルキ。クロル石灰。❷水にさらして白くした米の粉。

さらしな【更科|更級】長野県千曲市(ちくまし)南部の地名。姨捨山(おばすてやま)伝説や田毎(たごと)の月などで有名。また、上質のそばの産地としても知られる。

さらしなきこう【更科紀行】(さらしなキカウ) 江戸中期の俳諧紀行文。1冊。松尾芭蕉作。元禄元〜2年(1688〜1689)成立。同元年8月、門人の越智越人(おちえつじん)を伴い、名古屋から木曽路を通り、更科姨捨山(おばすてやま)の月見をして江戸に帰ったときの旅行記。

さらしな-しょうま【×晒菜升麻】キンポウゲ科の多年草。山地の林縁に生え、高さ約1メートル。葉は多数の小葉からなる複葉で、深い切れ込みがある。夏、長い茎を出して白い花を総状につける。若葉は煮て水でさらし食用にし、根茎は漢方で解熱・解毒薬にする。野菜升麻(やさいしょうま)。

さらしな-そば【更▽科蕎＝麦】そばの実の中心部からとった白いそば粉でうった、上質のそばきり。

さらしなにっき【更級日記】平安中期の日記。1巻。菅原孝標女(すがわらのたかすえのむすめ)作。康平3年(1060)ころの成立。作者13歳の寛仁4年(1020)、父の任国上総(かずさ)から帰京する旅に始まり、51歳で夫の橘俊通と死別するころまでの回想記。

さらしな-やま【更科山】長野県北部の冠着(かむりき)山の古称。月の名所。〔歌枕〕➡姨捨山(おばすてやま)

さらし-ぬの【×晒し布】「晒し㊀❷」に同じ。

さらし-ねぎ【×晒し×葱】ねぎを小口切りや千切りにし、水にさらして辛みを抜いたもの。薬味として使う。

さらし-の-あいかた【×晒の合方】(さらしのあひかた) 歌舞伎下座音楽の一。地歌の「さらし」が江戸三味線音楽に取り入れられたもので、多くは鳴り物の「さらし」を伴って、歌舞伎舞踊の布ざらしの部分、荒事(あらごと)の立ち回りや幕切れなどに用いられる。

さらし-ば【×晒し場】❶布などを川の水で洗ってさらす場所。❷「晒し㊀❸」を行う場所。

さらしめ【晒女】歌舞伎舞踊。長唄。2世桜田治助作詞、4世杵屋六三郎作曲。文化10年(1813)江戸森田座初演。7世市川団十郎が近江(おうみ)八景になぞらえて踊った八変化「閏茲姿八景(またここにすがたはっけい)」の一。近江のお兼。団十郎娘。

さらし-もの【×晒し者】❶人前で恥をかかされた人。「—になる」❷江戸時代、晒しの刑に処せられた罪人。

さらし-もめん【×晒し木綿】漂白した綿布。

さらし-やね【×晒し屋根】天井板を張らない屋根。倉庫・車庫などに多い。

さら-じゅ【×娑羅樹】娑羅双樹の別名。

さらし-ろう【×晒し×蝋】(ラフ) 精製して白色にさらした日本蝋。

さら・す〔動サ五(四)〕❶「する」の意で、相手をののしっていうときに用いる語。しやがる。「何を—・す」❷動詞の連用形に付いて、相手をののしる気持ちを表す。…しやがる。「とっとと消え—・せ」補説 主に関西地方で用いる。

さら・す【×晒す|×曝す】〔動サ五(四)〕❶日光・風に当てて干す。「布団を日に—・す」❷風雨や日光の当たるままにしておく。「風雨に—・された石仏」❸布などを水洗いしたり日光に当てたり、または薬品を用いたりして白くする。漂白する。「布巾を—・す」❹野菜などのあく・臭みなどを抜くために水に浸す。「牛蒡(ごぼう)を—・す」❺広く人目に触れるようにする。「恥を—・す」「酔態を—・す」❻避けることができないむずかしい事態に身を置く。「危険に身を—・す」「敵の脅威に—・される」❼(「目をさらす」の形で)じっと見る。「新聞に目を—・す」❽「晒し㊀❸」に処する。「首を—・す」可能 さらせる

類語 (❶)当てる・干す・乾かす/(❺)さらけ出す・さらける・見せる・露出する・露呈する・暴露する

さら∘ず【▽然らず】〔連語〕《動詞「さ(然)り」の未然形＋打消しの助動詞「ず」》そうでない。そのようではない。「—∘ずとていくよもあらじいざやさは法(のり)にかへつる命と思はむ」〈新古今・釈教〉

さら∘ず【▽避らず】〔連語〕《動詞「さる」の未然形＋打消しの助動詞「ず」》避けることができないさま。やむをえず。「—∘ずまかりぬべければ」〈竹取〉➡さ(避)らぬわか(別)れ

さらず-とも【▽然らずとも】〔連語〕そうでないとしても。そのようでなくても。「勘当(かうだう)へ給ふことどもの恐しければ、—逃げてまかでぬべし」〈源・浮舟〉

さらず-は【▽然らずは】〔連語〕そうでなければ。「なほ隔てたる御心こそありけれな。—夜のほどにおぼし変りにたるか」〈源・宿木〉

さら-ぜたい【▽新世帯】新しく持った世帯。新所帯。「—より、年月次第に長者となり」〈浮・永代蔵・五〉

サラセニア〖(ラテ) Sarracenia〗サラセニア科サラセニア属の多年生の食虫植物の総称。葉は筒形の捕虫葉で、水差しの口に似る。花は茎の頂に下向きに1個開く。北アメリカ北東部の原産。瓶子草(へいしそう)。

サラセミア〖thalassemia〗ヘモグロビンを構成するペプチドの合成が先天的にうまく行われないため貧血になる病気。ヨーロッパ、地中海沿岸地方に多いので地中海貧血ともいう。

サラセン〖Saracen〗古代ローマ人がシリア付近のアラブ人に対して用いた呼称。中世ヨーロッパではイスラム教徒をさす言葉として用いられ、イスラム帝国・イスラム文化を、サラセン帝国・サラセン文化などと呼んだ。唐名、大食(タージー)。➡タージー

サラセン-ていこく【サラセン帝国】➤イスラム帝国

さら-そうじゅ【×娑羅双樹】(サウジュ) ❶フタバガキ科の常緑高木。高さ約30メートルに及び、葉は光沢のある大きな卵形。花は淡黄色で小さい。材は堅く、建築・器具用。樹脂は瀝青(れきせい)の代用となり、種子から油をとる。インドの原産。さらのき。さらじゅ。しゃらそうじゅ。❷釈迦がインドのクシナガラ城外のバッダイ河畔で涅槃(ねはん)に入った時、四方にあったという同根の2本ずつの娑羅樹。入滅の際には、一双につき1本ずつ枯れたという。しゃらそうじゅ。❸ナツツバキの俗称。

サラソタ〖Sarasota〗米国フロリダ州、フロリダ半島西岸の観光・保養都市。美術館・劇場・コンサートホールがあり、毎年開催される音楽祭をはじめ、文化行事が盛ん。

サラダ〖salad|(フランス・オランダ) salade|(ポルトガル) salada〗生野菜またはゆで野菜に、冷肉・ハム・魚介・卵・果物などを取り合わせ、ドレッシングで調味した料理。サラド。

サラダ-あぶら【サラダ油】➤サラダゆ(サラダ油)

サラダ-オイル〖salad oil〗➤サラダ油

サラダ-ドレッシング〖salad dressing〗サラダの味付け用ソース。ビネグレットソース(フレンチドレッシング)・マヨネーズタイプなど。

サラダ-な【サラダ菜】レタスの一品種。葉は円形で大きく、結球しない。生のままで料理の付け合わせやサラダなどに使う。

サラダ-バー〖salad bar〗レストラン内のセルフサービス方式のサラダコーナーのこと。サラダの材料とドレッシング・トッピングが並べられている。

サラダ-ボウル〖salad bowl〗サラダを調理するときに用いる深鉢。

サラダ-ゆ【サラダ油】サラダドレッシングやオイル漬けなどに使う、精製度の高い油。オリーブ油・綿実油・コーン油など。サラダオイル。サラダあぶら。

さら-ち【更地|▽新地】❶手入れがされていない空き地。❷建物がなく、すぐにも建物を建てることのできる宅地や工業用地。「—にして売り出す」

ざら-つ・く〔動カ五(四)〕ざらざらして、なめらかでなくなる。「砂ぼこりで廊下が—・く」「舌が—・く」

さらっ-と〔副〕(スル) ❶「さらり❶」に同じ。「—した手触り」「—した味わいのスープ」❷「さらり❷」に同じ。「失敗を—忘れてやり直す」

さら-で【▽然らで】〔連語〕《動詞「さ(然)り」の未然形＋接続助詞「で」》そうでなくて。「—こそそのいにしへも過ぎにしを」〈落窪・一〉

サラディン〖Saladin〗[1138〜1193]エジプトのアイユーブ朝の創始者。クルド族出身。在位1169〜11

93。十字軍との戦いでエルサレムを奪回。英明寛容な君主としてヨーロッパでもたたえられた。サラーフ＝アッディーンのラテン語名。
サラディン-じょう【サラディン城】ジャウ ▶カル-エッサラー-エル-ディン
さらで-だに【▽然らでだに】〔連語〕そうでなくてさえ。ただでさえ。「―痩せている身体がひとしお痩せて」〈高見・如何なる星の下に〉
さらで-は【▽然らでは】〔連語〕そうでなかったならば。「久方の月に昔のこと問はん―残る面影もなし」〈新千載・雑中〉
さらで-も【▽然らでも】〔連語〕そうでなくても。「霜のいと白きも、また―いと寒きに、火などいそぎおこして」〈枕・一〉
さら-と【皿斗】建築で、斗ますの下端に付けた皿状の部分。また、それを付けた斗。
サラトガ-の-たたかい【サラトガの戦い】たたかひ アメリカ独立戦争中の1777年10月、ニューヨーク州北部、ハドソン川上流のサラトガ(Saratoga)で、アメリカ植民地軍がイギリス軍を破った戦い。フランスが公然とアメリカを支援する契機となった。
サラトフ〖Saratov〗ロシア連邦西部、サラトフ州の都市。同州の州都。ボルガ川流域に位置し、河港を有す。チェルヌイシェフスキー記念オペラバレエ劇場などがある。人口、行政区83万(2008)。
さら-なり【更なり】〔形動〕▶さら(更)
さら-なる【更なる】〔連体〕《文語形容動詞「更さらなり」の連体形から》一層の。ますますの。「―発展を望む」
さら-に【更に】〔副〕❶同じことが重なったり加わったりするさま。重ねて。加えて。その上に。「―一年の月日が過ぎた」「―こういう問題もある」❷今までよりも程度が増すさま。前にも増して。いっそう。ますます。「―きれいになった」「事態は―悪くなった」❸(あとに打消しの語を伴って)いっこうに。まったく。少しも。「―覚えがない」「反省するようすは―なく」❹事新しく。今さら。「―何事をかは疑ひ侍らむ」〈源・若菜上〉
(類語)(❶)また・その上・おまけに・剰あまつさえ・加うるに・糅かてて加えて・のみならず・かつ・かつまた・なおかつ・しかのみならず・そればかりか・あまつさえ・それに・同時に/(❷)もっと・より・なお・なおさら・ますます・いよいよ・一層・一段と・余計・弥いやが上に
更にもあら∘ず 「更にも言わず」に同じ。「供養の日のありさまのめでたさは、―∘ずや」〈大鏡・道長上〉
更にも言わ∘ず 改めて言うまでもない。もちろんである。「若き人々かなしきことは―∘ず」〈源・桐壺〉
さら-ぬ【▽然らぬ】〔連語〕《動詞「さ(然)り」の未然形＋打消しの助動詞「ず」の連体形》❶そうでない。それ以外の。「あはれ、―ものと見しものを」〈かげろふ・中〉❷たいしたことのない。なんでもない。「大将の君は、―事だにおぼし寄らぬ事なく仕うまつり給ふを」〈源・賢木〉
さらぬ-がお【▽然らぬ顔】がほ〔連語〕なんでもないような顔。何げない顔。「―にもてなしたれど、まさに目とどめじや」〈源・若菜上〉
さらぬ-だに【▽然らぬだに】〔連語〕そうでなくてさえ。ただでさえ。「―生活の圧迫を感じて来ていた君の家は」〈有島・生れ出づる悩み〉
さらぬ-てい【▽然らぬ体】〔連語〕何事もないようなようす。何げないようす。そしらぬふり。「涙おしのごひ、―にもてないて」〈平家・一一〉
さらぬ-わかれ【▽避らぬ別れ】〔連語〕《連語「さ(避)らず」の連体形＋名詞「わかれ」》逃れられない別れ。死別。「世の中に―のなくもがな千代もと祈る人の子のため」〈伊勢・八四〉
さら-ば【▽然らば】㊀〔接〕❶それならば。それでは。「求めよ、―与えられん」「―、この折の後見なかめるを、添臥そひぶしにも」〈源・桐壺〉❷(あとに打消しの語を伴って)それだからといって。しかし。「法皇―しかるべき武士には仰せで」〈平家・八〉㊁〔感〕別れのあいさつに用いる語。さようなら。「いざ―」「―友よ」➡おさらば
ざら-ば【ざら場】(普通「ザラ場」「ザラバ」と書く)取引所で、寄り付きと引けの間の時間。その時間に行われる売買の方法。売り手と買い手の呼び値が合致するごとに売買が成立する。接続売買。ザラ場方式。個別競争売買。(補説)寄り付きや引けでは、板寄せ方式で売買を行う。
さらば・う さらばふ〔動ハ四〕「さらぼう」に同じ。「ヤセ―・ウ」〈和英語林集成〉
さらば・える さらばへる〔動ア下一〕図〔ハ下一〕やせ衰えて骨が目立つ。多く動詞と複合して用いられる。「老い―・える」「やせ―・える」
さら-ばかり【皿×秤｜▽盤×秤】量る物をのせる部分が皿の形をしている計量器。竿秤さおばかり・台秤など。
さら-ばち【皿鉢】どんぶりや鉢のやや浅めのもの。
ざらば-ほうしき【ざら場方式】ハウシキ(普通「ザラ場方式」「ザラバ方式」と書く)取引所で、寄り付きと引けの間の時間(ザラ場)に行われる売買の方法。
サラバンド〖saraband｜フランス sarabande〗17〜18世紀にヨーロッパで流行した緩やかな三拍子の舞曲。組曲の中の一曲としても用いられた。
サラファン〖ロシア sarafan〗ロシアの女性が着る代表的民族衣装。ひもで胸の部分までつるジャンパースカート風のもので、ふつう、ロシア風ブラウスの上に着る。
サラブレッド〖thoroughbred〗《純血種の意》❶家畜の馬の一品種。英国原産種にアラビア馬その他を交配し、数世紀にわたって改良・育成したもの。主として競走用。サラ。❷育ちがよく、優秀な人。「財界の―」
さらぼ・う さらぼふ〔動ハ四〕やせ衰える。やせて骨と皮ばかりになる。「いとほしげに―・ひて、肩のほどなどはいたげなるまで衣の上まで見ゆ」〈源・末摘花〉
さら-ボルト【皿ボルト】頭部が皿形で上面が平らなボルト。頭部が取り付け場所の表面に出ないもの。
さら-まなこ【皿眼】皿のように丸く大きく見開いた目。また、そうした目で注視すること。「―になって、盗難品を検しらべて居る」〈漱石・吾輩は猫である〉
さら-まわし【皿回し】まはし 皿や茶碗などを指や棒などの先端にのせて回す曲芸。また、その芸人。
サラマンカ〖Salamanca〗スペイン西部の都市。13世紀初めに創立されたサラマンカ大学がある。旧市街は、1988年、世界遺産(文化遺産)に登録された。
サラマンカ-きゅうだいせいどう【サラマンカ旧大聖堂】キウダイセイダウ《Catedral Vieja de Salamanca》▶サラマンカ大聖堂
サラマンカ-しんだいせいどう【サラマンカ新大聖堂】シンダイセイダウ《Catedral Nueva de Salamanca》▶サラマンカ大聖堂
サラマンカ-だいせいどう【サラマンカ大聖堂】ダイセイダウ《Catedral Vieja(Nueva) de Salamanca》スペイン西部の都市サラマンカにある新旧二つの大聖堂。12世紀のロマネスク様式の旧大聖堂にはイタリアの画家ニコラス＝フロレンティーノによる祭壇画とフレスコ画がある。16世紀から18世紀にかけて建造された新大聖堂は同国におけるゴシック様式の傑作とされる。大聖堂を含む旧市街全体が1988年に世界遺産(文化遺産)に登録された。
サラマンダー〖salamander〗❶山椒魚さんしょううお。❷西洋の伝説上の動物。火中に住むヘビ・トカゲの類で、火の精とされる。
サラミ〖イタリア salami〗牛肉と豚肉をまぜ、塩・にんにく・肉桂にっけいなどで風味をつけ、低温で乾かして作ったソーセージ。保存が効く。サラミソーセージ。
サラミス〖Salamis〗㊀ギリシャ中部、サロニコス湾に浮かぶサラミス島の港町。現代名サラミナ。サラミス湾の最奥部に位置する。同島で最も人口が多い。㊁キプロス島東岸にあった古代都市。ファマグスタの北東郊外に位置する。名称は、トロイア戦争でサラミス島の軍勢を率いて戦ったテウクロスが建設したという伝説に由来する。使徒パウロが伝道に訪れたことでも知られる。7世紀にアラブ人の攻撃を受けて滅亡。古代ローマ時代に築かれた劇場、アゴラ、公衆浴場、体育館などの遺跡がある。
サラミス-とう【サラミス島】タウ《Salamis》ギリシャ中部、サロニコス湾に浮かぶ島。現代名サラミナ島。アテネの西方約20キロメートルに位置し、本土との間に橋が架かっている。主な町はサラミス。紀元前480年、同島と本土の海域でテミストクレス率いるギリシャ艦隊がペルシア艦隊を破ったサラミスの海戦の舞台として知られる。クルーリ島。
サラミナ-とう【サラミナ島】タウ《Salamina》▶サラミス島
さら-む【▽然らむ】〔連語〕《動詞「さ(然)り」の未然形＋推量の助動詞「む」の連体形》❶そのような。「―者がな、使はむとこそ覚ゆれ」〈枕・三〇〇〉❷そのような時。そのようなこと。「―に於ては、人に失をせられては叶ふまじ」〈太平記・一一〉
さらむには そうなら。そういうことなら。「―、力なしとて、その後沙汰もなかりしを」〈平家・四〉
ざら-め【▽粗目】❶「粗目糖」の略。❷「粗目雪」の略。❸かき氷に無色の砂糖シロップをかけたもの。みぞれ。
ざら-め・く〔動カ四〕さらさらと音がする。また、ざわめく。「世界―・き、ののしりあひたり」〈今昔・一〇・三六〉
ざら-め・く〔動カ五(四)〕手触りが粗く感じられる。ざらつく。ざらざらする。「―・いた感触」
ざらめ-とう【▽粗目糖】タウ 一粒一粒が大きい砂糖。純度が高い。
ざらめ-ゆき【▽粗目雪】ざらめ糖のように大粒の積雪。新雪が日中とけ、夜間に凍ることを繰り返してできる。(季 冬)
さら-やしき【皿屋敷】江戸時代に流布した怪異巷説こうせつ。主家秘蔵の皿を割ったために自殺したり惨殺されたりした女中の亡霊が、皿の枚数を悲しげに数えるというもの。浄瑠璃「播州皿屋敷」、歌舞伎狂言「新皿屋舗月雨暈しんさらやしきつきのあまがさ」などに脚色された。
さら-やま【佐良山】▶久米くめの佐良山
さら-ゆ【▽新湯｜更湯】沸かしたばかりで、まだだれも入らない風呂。あらゆ。「老人に―は毒だ」
さらり〔副〕❶湿り気や粘り気がなく、さわやかなさま。さらっ。「―とした布地」❷物事にこだわらず、思いきりのよいさま。また、性格が淡白であるさま。さっぱり。「―と水に流す」「―とした性格」❸軽快に、滞りなく行われるさま。「―と身をかわす」❹物がすれ合って出す音を表す語。さらさら。「袂たもとが畳に―と敷く音」〈鏡花・婦系図〉
ざらり〔副〕❶粒状などの固く小さいものが一度に落ちたり触れ合ったりして発する音を表す語。ざらざら。「硬貨を―と袋に入れる」❷物の表面がなめらかでなく、手触りが粗く感じられるさま。ざらっ。「―とした感じの紙」❸束ねたものが勢いよく一遍に解けて乱れるさま。「元結もとゆひはじけて髪―と解け」〈木下尚江・良人の自白〉❹いろいろのものが並んでいるさま。ずらり。「ちゃぶ台には煮豆、数の子、蜜柑、酢章魚すだこという風なものが―と並べてある」〈独歩・巡査〉❺ひととおり。ひとわたり。ざっと。「―と聞いて合点して」〈浮・一代女・四〉
サラリー〖salary〗俸給。給料。給与。
(類語)給料・給与・給金・賃金・報酬・ペイ
サラリー-キャップ-せい【サラリーキャップ制】プロスポーツ選手の年俸を決める制度で、チームに所属するすべての選手の年俸総額を一定の上限金額を設けて規定するもの。年俸の高騰を抑え、チーム間の戦力の不均衡をなくすことが目的。
サラリー-マン〖salaried man｜salaryman〗給料で生活する人。月給取り。勤め人。
(類語)勤め人・勤労者・労働者・会社員・ビジネスマン・ホワイトカラー・グレーカラー・ブルーカラー
サラリーマン-アパシー《和 salaryman＋apathy》職場の仕事や人間関係に対して無気力・無関心になる状態。職場以外の人間関係は良好で、自分の役割もきちんと果たせる。
サラリーマン-きんゆう【サラリーマン金融】▶サラ金きん
サラリーマン-しんとう【サラリーマン新党】シンタウ 昭和58年(1983)経済学者・青木茂らが結成した政党。給与所得者の税不公平感に訴え、所得税の源泉徴収の廃止などを掲げたが実現しなかった。平

成2年(1990)に唯一の参院議員が離党して国政の議席を失った。

さら‐リベット【皿リベット】頭部が皿形をしたリベット。締めつけたとき、リベットの頭が部材表面に突き出ないもの。沈み鋲(びょう)。皿鋲。

さら‐りん【×娑羅林】❶娑羅の木の茂った林。特に、釈迦の入滅した娑羅の林。しゃらりん。❷今様(いまよう)の一種で、法文(ほうもん)の歌と同じく和讃の曲節でうたうもの。しゃらりん。

サラワク〘Sarawak〙マレーシアの、ボルネオ島北西部にある州。州都クチン。ゴムや木材などを産出。もと英国保護領。

サラン〘saran〙ポリ塩化ビニリデン系合成繊維。魚網・シート・テントなどに利用。商標名。

サランダ〘Sarandë〙アルバニア南部の港町。イオニア海に面し、ギリシャのコルフ島とフェリーで結ばれる。同国随一の海岸保養地として、また世界遺産に登録されたブトリントやジロカストラへの観光拠点として知られる。

サランタ‐コロネス〘Saranta Kolones〙キプロス南西部の都市パフォスにある初期ビザンチン式の城塞の遺跡。7世紀に港の防備を目的として建造。13世紀に地震で倒壊した。

サランボー〘Salammbô〙フロベールの長編小説。1862年刊。第一次ポエニ戦争直後のカルタゴを舞台に、勇将アミルカルの娘サランボーと反乱を起こした傭兵(ようへい)の指揮者マトとの悲恋を描く。

サラン‐ラップ〘Saran Wrap〙ポリ塩化ビニリデン製の透明な食品包装用のフィルム。商標名。(補説)「ラップ」などと言い換える。

さり【▽舎利】►しゃり(舎利)

さ‐り【▽然り】〔動ラ変〕《副詞「さ」に動詞「あり」の付いた「さあり」の音変化》そうである。そのとおりである。そのようである。「おい、―・り、―・りとうなづきて」〈源・玉鬘〉

さ◦り〔連語〕《副助詞「し」に動詞「あり」の付いた「しあり」の音変化》まさに…がある。まさに…である。「大君の命(みこと)に―・れば父母を斎瓮(いはひべ)と置きて参(ま)ゐ出来にしを」〈万・四三九三〉

ざり【▽砂利】►じゃり(砂利)

ざり〔助動〕[ざら|ざり|ざり|〇|ざる|ざれ|ざれ]《助動詞「ず」に動詞「あり」の付いた「ずあり」の音変化》活用語の未然形に付く。…ない。…ないでいる。「思ひつつぬればや人の見えつらむ夢と知りせばさめざらましを」〈古今・恋二〉(補説)ふつう、「ず」の補助活用として扱う。終止形はきわめて少なく、已然形・命令形は漢文訓読文体に多く用いられる。

ざ◦り〔連語〕《係助詞「ぞ」に動詞「あり」が付いた「ぞあり」の音変化》(多くは「にざりける」の形で)指定・存在の意を強める意を表す。中古、和歌などに用いられた。「照る月の流るる見れば天の川出づるみなとは海に―・りける」〈土佐〉

サリー〘ヒンディー sārī〙インドやパキスタンのヒンズー教の女性が着用する衣装。チョリという、ぴったりしたブラウスの上から、幅1メートル前後、長さ5メートルほどの長い布を腰から巻き付け、端を肩に垂らしたり、頭にかぶったりして着る。

サリーナ‐とう【サリーナ島】タウ《Salina》イタリア南部、シチリア島の北、ティレニア海に浮かぶエオリア諸島の島。主島リパリ島に次いで大きく、主な町はサンタマリーナサリーナ、レーニ、マルファ。マルバシアというアルコール度の高いワインの産地として知られる。エオリア諸島は2000年に世界遺産(自然遺産)に登録。

サリエリ〘Antonio Salieri〙[1750～1825]イタリアの作曲家。ウィーンで宮廷楽長を務め、多数のオペラを作曲。モーツァルト毒殺の風説が立ったが、今日では否定されている。

さり‐がた・い【去り難い|▽避り難い】〔形〕図さりがた・し〔ク〕❶離れられない。捨てきれない。「―・い思いにかられる」❷避けられない。のがれにくい。「人間の儀式、いづれの事か―・からぬ」〈徒然・一一二〉❸断りにくい。拒むことができない。「―・き餞(はなむけ)などしたるは」〈奥の細道〉

ざり‐がに【蝲=蛄】❶十脚目ザリガニ科の甲殻類。日本特産の淡水産のエビ。体長4センチくらい。一対の大きなはさみをもつ。北海道・東北地方に分布。えびがに。❷ザリガニ科の甲殻類の総称。肺吸虫の中間宿主になる。❸アメリカザリガニのこと。えびがに。(季 夏)

さり‐きらい【去り嫌い】〔名〕❶連歌・俳諧のきまりの一。変化を求めるために、同季・同字・類似語・縁語などを続けたり、近くに詠みこんだりしないこと。➡差し合い ❷好き嫌い。えりごのみ。「―がある食物をお気をつけられい」〈滑・浮世風呂・前〉

さり‐げ【▽然りげ】〔名・形動ナリ〕《「さありげ」の音変化》そのようなようす。そのようなけはい。また、そのようであるさま。「おぼす事やある。御けしきにこそ―なれ」〈落窪・二〉

さりげ‐な・い【▽然りげ無い】〔形〕図さりげ な・し〔ク〕何事もないように振る舞うさま。それらしいようすを感じさせない。なにげない。「―・い心づかい」➡何気ない (補説)「さりげに」は「さりげない」の「ない」を取り、形容動詞活用語尾「に」を付けて副詞化した語。若者が用いる言葉で、「さりげなく」と同じように「見知らぬ人が現れたのでさりげに監視した」のように使う。似た語に「何気ない」から派生した「何気に」がある。(派生)さりげなさ〔名〕

さりげ‐に【▽然りげに】《「さりげない」の「ない」を取り、形容動詞活用語尾「に」を付けて副詞化した語》何事もないように振る舞うさま。➡さりげない(補説)

さり‐じょう【去り状|▽避り状】〔名〕❶夫から妻に渡す離縁状。三行半(みくだりはん)。さりぶみ。❷中世、土地・財産に対する権利を放棄し、他に譲り渡す旨を記した証書。さりぶみ。❸解職の辞令。さりぶみ。
(類語)離縁状・三行半

サリダ〘スペイン salida〙《出発・出口・就職口の意》女性が転職すること。女性向け転職情報誌の誌名から。

サリチル‐さん【サリチル酸】《salicylic acid》カルボン酸の一。無色針状の結晶。染料、医薬品の製造原料、酒類などの防腐剤とする。化学式$C_6H_4(OH)COOH$

サリチルさん‐ソーダ【サリチル酸ソーダ】サリチル酸ナトリウムの俗称。

サリチルさん‐ナトリウム【サリチル酸ナトリウム】サリチル酸のナトリウム塩。水に溶けやすい無色の結晶。解熱・鎮痛剤、保存剤などに利用。

サリチルさん‐メチル【サリチル酸メチル】サリチル酸とメチルアルコールを硫酸触媒のもとで加熱して作る化合物。芳香性の無色の液体。菓子・チューインガムの調合剤・香料、鎮痛薬に利用。化学式$C_6H_4(OH)COOCH_3$

さりどころ‐な・し【▽避り所無し】〔形ク〕《逃れる場所がない意から》逃れようがない。弁解の余地がない。「罪―・く、うしろめたけれ」〈夜の寝覚・二〉

さり‐とて【▽然りとて】〔接〕そうだからといって。そうかといって。「悪くはない。―感心するほどの出来映えでもない」(類語)しかしながら・だが・しかし・けれども・でも・かといって

さりとて‐は【▽然りとては】〔連語〕❶そうであっても。そうはいっても。「人しげく侍らむを、と聞こゆ。―いとおぼつかなくてやあらむ」〈源・蜻蛉〉❷(感動・強調の気持ちを込めて)まったく。これはまた。「―一口両舌ナ者チャ」〈天草本伊曽保・狼と子を持った女〉

さりとて‐も【▽然りとても】〔連語〕そうであっても。それにしても。「おのづからうときさまになりゆくを、―絶えず同じ心の変り給はぬなりけり」〈源・浮舟〉

さり‐とは【▽然りとは】〔接〕❶そうとは。そういうこととは。「―いっこうに気づかず失礼した」❷(感動詞的に用いて)なんとまあ。さてさて。「―やさしく情のふかき御かた」〈浮・五人女・四〉

サリドマイド〘thalidomide〙鎮静・催眠薬の一種。1957年に西ドイツで開発。妊娠初期に服用するとあざらし肢症奇形児の出産が多くなることが明らかになり、各国で製造・販売が禁止された。(補説)日本での発売開始は昭和33年(1958)、同37年に出荷・発売停止、回収となった。その後、血液癌の一種、多発性骨髄腫に薬効があるところから、平成20年(2008)10月に厚生労働省が製造・発売を再承認。ハンセン病にも効果があるとされるが、その仕組みは不明。

さり‐とも【▽然りとも】〔接〕❶そうであっても。それでも。「この女(め)の童は…もてわづらひ侍り。―、まかりて仰せ事給はむ」〈竹取〉❷よもや。まさか。「―うち捨てては、え行きやらじ」〈源・桐壺〉

さり‐ながら【▽然り×乍ら】〔接〕そうではあるが。しかしながら。「そうもしたい。―現実を無視するわけにもいかない」

さり‐ぬ◦べし【▽然りぬべし】〔連語〕《動詞「さり」(ラ変)の連用形＋連語「ぬべし」》❶そうであるはずだ。適当である。「―◦べき物やあると、いづくまでも求め給へ」〈徒然・二一五〉❷相当である。身分がよい。「―◦べからぬ人の娘などは」〈枕・二四〉

サリノメーター〘salinometer〙海水の電気伝導度によって、塩分濃度を測定する塩分計。

サリバン〘Arthur Seymour Sullivan〙[1842～1900]英国の作曲家。台本作家ギルバートと組んで多くのコミックオペラを作曲。代表作に「ミカド」など。

さり‐ぶみ【去り文|▽避り文】「去り状」に同じ。

さり‐や【▽然りや】〔感〕まったくそのとおりだ。ほんに。「―、聞こし召し集めよ。日本国には唯一無二におはします」〈大鏡・道長上〉

さ‐りゃく【作略|差略】❶適当にとりはからうこと。「のこりを弥次郎、北八と、おのれが―して、きはめておきしゆゑ」〈滑・膝栗毛・五〉❷はかりごとをめぐらすこと。策略。「とうとう此方は流人の身と、したのも汝が―だと」〈伎・浮名横櫛〉

さ‐りゃく【詐略】他人をおとしいれる計略。

さ‐りょう【茶寮】〔名〕❶茶室。ちゃりょう。❷喫茶店。また、料理店。ちゃりょう。

ざ‐りょう【座料】〔名〕❶座席代。席料。❷芸人がその座敷をつとめた料金。

サリン〘Sarin〙毒ガスの一種。無色・無臭の液体で、成分はイソプロポキシメチルホスホリルフルオリド。即効的に神経機能を破壊する。第二次大戦前に同様の毒ガスのタブン・ソマンなどとともに開発された。化学式$C_4H_{10}O_2FP$ (補説)日本では、オウム真理教の起こした平成6年(1994)の松本サリン事件、翌年の東京地下鉄サリン事件によって多数の死傷者を出した。これらを受けて、同7年4月からサリンの製造・所持等を禁止する「サリン等による人身被害の防止に関する法律(通称、サリン防止法)」が施行。

サリンジャー〘Jerome David Salinger〙[1919～2010]米国ニューヨーク生まれの小説家。大都会に生きる少年の不安を新鮮な感覚で描いた「ライ麦畑でつかまえて」で名声を得たが、ニューハンプシャー州に居を移し、1966年以降は断筆して隠遁生活を送った。ほかに「フラニーとゾーイ」など。

さる【▽申】❶十二支の9番目。❷方角の名。西から南へ30度の方角。西南西。❸時刻の名。今の午後4時ごろ、およびその後の2時間。または午後4時前後の2時間。❹❶にあたる年や日。❺陰暦7月の異称。

さる【猿】❶霊長目のうち、ヒト科を除いた哺乳類の総称。原始的な原猿、中南米の広鼻猿、アジア・アフリカの狭鼻猿、類人猿の四つに大別される。ほとんどがオーストラリア以外の熱帯地方にすみ、ニホンザルはその北限の種。日本では、ふつうこれをさす。ましら。➡日本猿 ❷㋐ずるがしこい者や、物まねのじょうずな者などをあざけっていう語。㋑野暮(やぼ)な人やまぬけな者をあざけっていう語。❸雨戸などの上下の桟に取り付け、鴨居(かもい)・敷居の穴に差し込んで戸締まりをする用具。❹自在鉤(じざいかぎ)をつるす竹に取り付けて、自在鉤を上にあげて留めておく器具。❺小さな紙片の四隅を折って括猿(くくりざる)のような形を作り、中央に穴をあけて凧(たこ)の糸に通し、凧の糸目の所まで上って行かせる仕掛けの玩具。❻ミカンの実の一袋を髪の毛などでくくって、括猿の形をこしらえる遊び。❼《浴客の垢(あか)をかく動作を猿が爪(つめ)で物をかくのになぞらえ

ていう》江戸で、湯女のこと。風呂屋者。❸江戸時代、上方で、岡っ引き・目明かしのこと。

〔一語〕心の猿・竪猿・真猿・横猿（ざる）赤毛猿・言わ猿・送り猿・尾長猿・尾巻猿・蟹食猿・瓦猿・聞か猿・狐猿・括猿・蜘蛛猿・虚仮猿・小猿・木の葉猿・米搗き猿・鹿猿・千足猿・台湾猿・手長猿・天狗猿・日本猿・轡猿・人似猿・日避猿・豚尾猿・吠猿・見猿・眼鏡猿・山猿・栗鼠猿

猿に烏帽子 《猿に烏帽子をかぶせる意から》人柄にふさわしくない服装や言動のたとえ。

猿の尻笑い 《猿が自分の尻の赤いのがわからず、他の猿の尻を笑う意から》自分の欠点に気づかずに、他人の欠点をばかにして笑うことのたとえ。

猿の人真似 しっかりした考えもなしに人のまねをすることをあざけっていう言葉。

猿も木から落ちる 木登りがじょうずな猿でも時には誤って落ちる。その道にすぐれた者でも、時には失敗することがあるということのたとえ。弘法にも筆の誤り。上手の手から水が漏れる。

サル〖SAL〗《surface air lifted mail》エコノミー航空便。外国宛ての郵便物を日本国内と到着国内では船便として扱い、両国間は航空輸送する割安な国際郵便サービス。航空機の空きスペースを利用して海外に輸送するので、航空便より安い料金で船便よりも早く送ることができる。

さ・る【去る】〔動ラ五(四)〕❶《本来は移動する意で、古くは、遠ざかる意にも近づく意にもいう》㋐ある場所から離れる。そこを離れてどこかへ行ってしまう。遠ざかる。「故郷を―・る」「この世を―・る」「片時も念頭を―・らない」㋑地位・職業などを退く。「王位を―・る」「舞台を―・る」㋒時が過ぎる。ある季節・時期が遠のく。「冬が―・る」「青春は―・った」㋓時間的、空間的に隔たる。離れている。「今を―・る七年前」「東京を―・ること二〇〇キロ」㋔今まであった状態が薄らいだり、なくなったりする。消える。「痛みが―・る」「危険が―・る」❷㋐離して遠くへやる。遠ざける。離縁する。「妻を―・る」㋑除いてなくす。消す。「雑念を―・る」「虚飾を―・る」❸(動詞の連用形に付いて)すっかり…する、…しつくすの意を表す。「忘れ―・る」「葬り―・る」❹時・季節などが近づく。巡ってくる。「秋―・らば黄葉の時に」〈万・三九九三〉

〔可能〕される〔類語〕(❶㋐)遠ざかる・遠のく・離れる・立ち去る・引き払う・引き上げる・辞去する・退去する・退散する・失せる・後にする/(❶㋑)退く・退く・辞める/(❶㋒)過ぎる・過ぎ去る・過ぎ行く

去る者は追わず 《「孟子」尽心下の「それ予の科を設くるや、往る者は追わず、来たる者は拒まず」から》自分から離れて行こうとする者は、その意志に任せて、強いて引き留めない。

去る者は日日に疎し 《「古詩十九首」其一四の「去る者は日に以て疎く、来たる者は日に以て親しむ」から》死んだ者は、月日がたつにつれて忘れられていく。転じて、親しかった者も、遠く離れてしまうと、しだいに親しみが薄くなる。

さ・る【▽避る】〔動ラ四〕❶避ける。よける。「和歌の髄脳、いと所せう、病―・るべき所多かりしかば」〈源・玉鬘〉❷断る。辞退する。「かぐや姫なりとも、そこの思はむことは―・るべきやうなし」〈狭衣・一〉

避り敢へず さけられない。「梓弓はるの山辺を越え来れば道も―ず花ぞ散りける」〈古今・春下〉

さ・る【×曝る】㊀〔動ラ四〕「曝される」に同じ。「一つの髑髏有り。久しきを歴て日に―・りたるも」〈霊異記・下〉㊁〔動ラ下二〕「さ(曝)れる」の文語形。

さる【去る】〔連体〕《動詞「さ(去)る」の連体形から》過ぎ去った。「―四月八日」⇔来る。

さる【▽然る】〔連体〕《動詞「さ(然)り」の連体形から》❶名称や内容を具体的に示さずに、人・場所・物事などを漠然とさしていう語。ある。「―人の紹介」「―子細があって」❷(前の事柄を受けて)そのような。そういう。「―女の今の世にあらじとや」〈宇津保・内侍督〉❸しかるべき。相応の。りっぱな。「別当入道―人にて」〈徒然・二三一〉

さる〔助動〕[さら|さり(さっ)|さる|さる|されさ|されさい]四段・ナ変・ラ変以外の動詞の連用形に付く。相手を卑しめる意を表す。…やがる。「出さらにゃ、ここへ引きずり出す」〈浄・千両幟〉

ざる【×笊】❶細長くそいだ竹や針金・プラスチックを編んで作った中くぼみの器。盆ざる・目ざる・米揚げざるなど。❷抜け落ちるところが多くて効果があがらないもののたとえ。「内野は―のチームだ」「―法」❸《酒をいくら注いでも溜まらないことから》俗に、大酒飲みのこと。❹「笊蕎麦」の略。❺「笊碁」の略。

〔類語〕籠

ざる《文語の打消しの助動詞「ず」の連体形》動詞および一部の助動詞の未然形に付く。打消しの意を表す。文章語的表現や慣用的表現に用いられる。「準備不足と言わざるを得ない」「たゆまざる努力」

ざ・る【▽戯る】〔動ラ下二〕「ざ(戯)れる」の文語形。

さる-あいだ【▽然る間】㊀〔接〕さて。そこで。「―立願の子細ありて」〈伽・のせ猿〉㊁〔連語〕そうするうちに。そのうち。「―に、思ひはいやまさりにまさる」〈伊勢・四〇〉

サルウィン-がわ【サルウィン川】《Salween》ミャンマー東部を流れる川。チベット高原に発し、南流してマルタバン湾に注ぐ。全長2414キロ。

サルート〖salute〗フェンシングで、競技開始前および終了後に審判と相手に対して行う礼のこと。

サルーン〖saloon〗❶「サロン(salon)」に同じ。❷酒場。バー。❸自動車の型の一。屋根付きの乗用車。セダン。

サルエル-パンツ〖sarrouel pants〗股下が分かれておらずゆったりして、裾が輪になって足を出す部分だけがあいているパンツ。スカートとパンツの中間的な感じのもの。もとはイスラム教徒の民族衣装。

さる-お【猿尾】三味線の棹が胴と接する部分の背面部の称。形が猿の尾に似るところからいう。

さる-おがせ【猿▽麻×桛】サルオガセ科の地衣類の総称。樹皮上に着生。灰緑色の糸状で、枝分かれを繰り返して垂れ下がり、約1メートルになる。日本では40種ほどある。松羅。さがりごけ。〔季 夏〕「動くもの一夏天のみ―/楸邨」

さるか【秦=吉=了】九官鳥の別名。

さる-かい【猿飼い】「猿回し」に同じ。

ざる-がい【×笊貝】ザルガイ科の二枚貝。浅海の砂底にすむ。殻長7センチほど。殻表には約40本の太い放射肋があり、黄褐色の地に赤褐色の雲状斑がある。房総以南に分布。食用。

さるがいし-がわ【猿ヶ石川】岩手県中部を流れる川。遠野市北部の薬師岳(標高1645メートル)に発し、遠野盆地を流れ花巻市で北上川に合流する。長さ73キロ。上流に田瀬湖、遠野市街を流れる支流の洗足川にはカッパ伝説で有名なカッパ淵がある。

さる-が・う【猿▽楽ふ】〔動ハ四〕《「さるごう(猿楽)」の動詞化》こっけいなことをする。ふざける。「―・ひ興じけるも」〈鶉衣・囀花謀〉

さる-がえり【猿返り】❶雑芸の一。からだをとび上がらせて、前後左右に空中転回する芸。❷歌舞伎で、立ち回りの型の一。あおむけになって両足を頭の方へ曲げ、「の」の字形にひっくり返って立つ。

さる-がき【猿柿】シナノガキの別名。〔季 秋〕

さるがきょう-おんせん【猿ヶ京温泉】群馬県北部、利根郡みなかみ町にある温泉。三国温泉郷の中心。泉質は硫酸塩泉。

さる-がく【猿楽|▽申楽|▽散楽】❶平安時代の芸能で、一種のこっけいな物まねや言葉芸。唐から伝来した散楽に日本古来のこっけいな技が加味されたもの。相撲節や御神楽の夜などの余興に即興で演じられた。❷平安時代から鎌倉時代にかけて、寺社に所属する職業芸能人(猿楽法師)が祭礼などの際、❶を街頭で行ったもの。❸平安時代以降、諸大寺で、呪師の芸能(広義には猿楽の一種)のあとに❶が演じられたもの。❹中世以降、❷❸が演劇化して能・狂言が成立したところから、明治初期まで能・狂言の古称。➡能 ➡狂言

さるがく-ざ【猿楽座】特定の社寺の神事や法会に猿楽を奉仕し、興行の独占権を与えられた猿楽師の専業団体。中世初期に発生、大和・丹波・近江・伊勢・宇治などで形成された。現行の能は、主に大和の猿楽座の流れをくむ。

さるがく-し【猿楽師】猿楽を職業とする人。

さるがくだんぎ【申楽談儀】能楽書。正しくは「世子六十以後申楽談儀」。世阿弥晩年の芸談を次男の元能が筆録したもの。永享2年(1430)に成立。能や、その関連諸芸能の研究資料として貴重。

さるがく-よざ【猿楽四座】中世から近世にかけて、大和猿楽の四座のこと。結崎・外山・坂戸・円満井の四座で、のちに、それぞれ観世・宝生・金剛・金春と改称。

さる-がしら【猿頭】上端が山形に切られ、断面が五角形の材。板庇などの葺き板の押さえ木、門柱の控え柱が付く位置に通す横木などに使われる。

さる-かた【▽然る方】〔連語〕❶それ相応な人。身分ある、ある人。「―の仰せられるには」❷そういう方面。しかるべき所。それ相応。「―にても御覧ぜさせばや、と思ひ給へし人になむ」〈源・蜻蛉〉

さるかに-かっせん【猿×蟹合戦】日本の昔話。柿をめぐって猿に欺かれて殺されたカニの子が、臼・杵・ハチ・クリなどの助力を得て親の恨みを晴らす。

さる-がみ【猿神】猿を神または眷属神として祭るもの。猿は山の神や日吉神社の使者とされた。

さる-から【▽然るから】〔接〕そうだから。それゆえに。「―兄長何故此の国に足をとどむべき」〈読・雨月・菊花の約〉

さる-がわ【沙流川】北海道中南部を流れ、太平洋に注ぐ川。日高山脈に源を発する。上流にはエゾマツやトドマツの原生林がある。長さ104キロ。

さる-かん【猿環】釣り糸などのよりもどしに使う、自由に回転する金物の環。よりもどし。

さるくい-わし【猿×喰×鷲】タカ科の鳥。頭に冠羽があり、体上面は灰褐色で腹部は白い。カニクイザルなど大形の動物を常食とする。フィリピンの特産で、フィリピンワシともいう。

さる-ぐつわ【猿×轡】声を立てさせないように、口にかませ、首の後ろで結んでおくもの。布などを用いる。「―をかませる」

さる-ぐま【猿×隈】歌舞伎の隈取りの一。猿の顔のように紅で額に横筋を3本入れ、目のまわりを彩るもの。「曽我の対面」の朝比奈などに使う。

さる-こ【猿子】《猿回しの猿が着るものに似ているところから》江戸で、綿の入った袖無し羽織。主に子供が着るが、女性の胴着にも用いる。さるっこ。

ざる-ご【×笊碁】《笊ですくうように漏れが多いところから》打ち方のへたな碁。ざる。

サルコイドーシス〖sarcoidosis〗肺・目・皮膚などに類上皮細胞という異常な細胞からなる肉のかたまりのようなものができる病気。原因不明で、厚生労働省の特定疾患に指定されている。

さる-ごう【猿▽楽】《「さるがく(猿楽)」の音変化》❶「さるがく」に同じ。「様々の筝、琵琶、舞、―を尽くす」〈梁塵秘抄口伝・一〇〉❷おどけ。たわむれ。じょうだん。「口を引き垂れて、知らぬことよとて、―しかくるに」〈枕・一四三〉

さるごう-がま・し【猿▽楽がまし】〔形シク〕おどけて見えるさま。こっけいだ。「―・しくわびしげに人わるげなるなど」〈源・少女〉

さるごう-ごと【猿▽楽言】おどけた口のきき方。こっけいな言葉。じょうだん。「日―日、ただ―をのみ言ふほどに」〈枕・一〇四〉

サルコー-ジャンプ〖Salchow jump〗フィギュアスケートのジャンプの一。後ろ向きに滑りながら片方の足を振り上げ、踏み切って空中で回転する。スウェーデンのウルリヒ＝サルコーの考案による。

サルコジ〖Nicolas Sarkozy〗[1955～]フランスの保守政治家。ハンガリー系移民の家に生まれ、地方議員のかたわら弁護士となる。1988年、共和国連合(のちの国民運動連合)から国民議会議員に当選。財務相、内相などを経て2007年大統領に就任。

欧州債務危機の下で2期目を目指したが2012年の大統領選でオランドに敗れる。

さる-こと【▽然る事】〔連語〕❶そのようなこと。そういうこと。そんなこと。「—はさておき」❷いうまでもないこと。もちろんのこと。もっともなこと。「日ごろの心がけも—ながら」❸たいしたこと。りっぱなこと。「—はなけれど、高く大きに盛りたる物ども持て来つつ据ゑめり」〈宇治拾遺・九〉

ザルコマイシン〖sarkomycin〗抗生物質の一。乳癌にゅうがん・子宮癌・胃癌などに若干の効果が認められたが、現在ほとんど用いられていない。梅沢浜夫らが昭和26年(1951)発見。

ざる-ころがし【×笊転がし】関東地方で、出棺後に死霊を追い出すために、棺を置いてあった場所から土間まで笊を転がし、ほうきで掃き出すこと。

サルゴン〖Sargon〗㊀アッカド朝の創始者。在位前2350ころ〜前2295ころ。シュメールとアッカド全土を支配し、メソポタミア最初の帝国を建設。生没年未詳。㊁(2世)[?〜前705]アッシリア帝国最盛期の王。在位前721〜前705。サルゴン朝の創始者。新都をコルサバードに造営。シリア・パレスチナなどを征服し、バビロニアを併合した。

サルサ〖スペイン salsa〗❶キューバの民族音楽をもとにしたラテン音楽。1960年代から70年代にかけてニューヨークで流行した。速いテンポが特徴。サルサミュージック。❷メキシコ料理などで使われるソース。トマトにトウガラシやタマネギなどを加えて作る。サルサソース。

サルサ〖ラテン sarsa〗ユリ科サルトリイバラ属の植物の根を乾燥させたもの。サポニンを多く含み、皮膚病・梅毒・リウマチなどの薬にする。補説「撒爾沙」「撒児沙」とも書く。

さる-ざけ【猿酒】猿が木のうろや岩石のくぼみなどに蓄えておいた果実や木の実が自然発酵して酒のようになったもの。ましら酒。(季 秋)「—は夜毎の月に澄みぬらん/紅緑」

サルサ-ソース《サルサはスペイン語でソースの意》「サルサ❷」に同じ。

サルサット〖SARSAT〗《search and rescue satellite-aided tracking》遭難・救助衛星システム。遭難した船や航空機のSOS信号を衛星がとらえ、地上の救難基地に知らせるシステム。

さるざとう【猿座頭】狂言。勾当こうとうが妻と花見をしていると、猿引きが、勾当の目が不自由なのにつけこんで妻に言い寄る。勾当は妻を帯で結びつけるが、猿引きは猿と結び替えて妻を連れて逃げる。

さるさわ-の-いけ【猿沢池】さるさわのいけ 奈良市三条通り、興福寺南門前にある池。放生池として設けられた。

サルシッチャ〖イタリア salsiccia〗ソーセージのこと。

サルジニア〖Sardinia〗▶サルデーニャ

さる-しばい【猿芝居】しばゐ ❶猿に衣装やかつらなどをつけさせて、芝居のまねをさせる見世物。猿歌舞伎。❷へたな芝居をあざけっていう語。❸すぐ見すかされてしまうような、あさはかなたくらみ。

さる-しばり【猿縛り】猿を縛るように、背をかがませ手足をまとめて縛ること。「いがみの権太はいかめしく若君内侍を—」〈浄・千本桜〉

サルスエラ〖スペイン zarzuela〗スペインの国民的歌劇。17世紀にマドリード郊外の離宮ラ-サルスエラで行われた歌入りの劇に由来する。

サルスティウス〖Gaius Sallustius Crispus〗[前86〜前34]古代ローマの歴史家。カエサルと親しく、諸官職を歴任。カエサル暗殺後、引退して著述に専念した。著「カティリナの陰謀」「ユグルタ戦記」など。

さる-すべり【猿滑｜百=日=紅】ミソハギ科の落葉高木。高さ3〜7メートル。幹は薄い紅紫色で皮ははげやすく、跡が白くなり、滑らか。葉は楕円形。夏から秋にかけて、しわの多い紅・淡紫・白などの6弁花をつける。中国の原産で、観賞用に栽培。ひゃくじつこう。(季 夏)「ゆふばえにこぼるる花や—/草城」

サルゼ〖ポルトガル sarja〗江戸時代、外国から渡来した一種の毛織物。サージのことかという。

ざる-そば【×笊蕎=麦】笊や、すのこに盛ったそば。細かくしたのりをかけ、刻みねぎ・わさびなどを薬味に、つけ汁につけて食べる。もとは、もりそばより濃いつけ汁を用いた。ざる。

サルタ〖Salta〗アルゼンチン北部の都市。サルタ州の州都。1582年、ボリビアからやってきたスペイン人により建設。鉱産物、農産物の集散地として発展した。世界遺産に登録されたウマワカ渓谷への観光拠点になっている。

サルダーナ〖スペイン sardana〗スペイン、カタルーニャ地方の民俗舞踊。大勢が輪になって踊る。

さるだ-ひこ【猿田彦】《「さるたひこ」とも》❶「猿田彦神」に同じ。❷シソ科の多年草。湿地に自生し、高さ20〜60センチ。茎は四角柱。葉は対生し、縁に粗いぎざぎざがある。夏から秋に、葉の付け根に白い唇形の小花を開く。小白根こしろね。

さるだひこ-の-かみ【猿田彦神】《「さるたひこのかみ」とも》日本神話の神。瓊瓊杵尊ににぎのみことの降臨に際し道案内をした怪異な容貌の神。のち、伊勢国五十鈴川のほとりに鎮座したという。日本書紀では衢神ちまたのかみとされ、中世に庚申信仰や道祖神と結びついた。

サルタン〖sultan〗▶スルターン

さる-ぢえ【猿知恵】ヱ 気がきいているようで、実はあさはかな知恵。こざかしい知恵。類語浅知恵

サルチル-さん【サルチル酸】▶サリチル酸

さる-つかい【猿遣い】つかひ「猿回し」に同じ。

ザルツカンマーグート〖Salzkammergut〗オーストリア中部、オーバーエスターライヒ州とザルツブルク州にまたがる地方。アルプスの山々と数多くの湖沼が織り成す自然景観で知られ、数多くの観光客が訪れる。ザンクトギルゲン・バートイシュル・ザンクトウォルフガング・ハルシュタットなどの町がある。ハルシュタット湖周辺は、「ザルツカンマーグート地方のハルシュタットとダッハシュタインの文化的景観」として、1997年に世界遺産(文化遺産)に登録された。

さる-つなぎ【猿×繋ぎ】❶中世・近世の建築物で、開き戸を開いたまま壁や柱などにつなぎ留めておく金具。あおり止め。❷猿をつなぐように人を後ろ手に縛り、木などにつなぐこと。「締め付け、捻ぢ倒し、一人も洩らさず—」〈浄・会稽山〉

ザルツブルク〖Salzburg〗オーストリア中部の都市。司教都市として発展。モーツァルトの生地で、毎夏、音楽祭が催される。1996年「ザルツブルク市街の歴史地区」の名で世界遺産(文化遺産)に登録された。

ザルツブルク-だいせいどう【ザルツブルク大聖堂】ダイセイダウ《Salzburger Dom》オーストリア中部の都市、ザルツブルクの旧市街にある大聖堂。8世紀に創建され、12世紀に後期ロマネスク様式に改築。1628年、イタリアの建築家、サンティーノ=ソラーリオの設計により、現在のバロック様式の姿に建て直された。ヨーロッパ最大級のパイプオルガンがある。

ザルツマン〖Christian Gotthilf Salzmann〗[1744〜1811]ドイツの教育家。1784年、シュネッペンタールに学校を創立。子供の自発性、作業、体育などを重視する全人陶冶を目ざした。著「蟹の小本」など。

さる-で【猿手】太刀の柄頭つかがしらの兜金かぶとがねにつけた鐶かん。腕貫うでぬきの緒を形式化したもの。

サルディス〖Sardis〗トルコ西部、イズミルの東方にある古代都市の遺跡。前6世紀、リディア王国の首都として繁栄。

サルデーニャ〖Sardegna〗㊀イタリア半島の西方、コルシカ島の南方にある、シチリア島に次ぐ地中海第2の大島。イタリア領。農牧業が主。サルジニア。㊁サルデーニャ島と周辺島嶼からなるイタリアの自治州。オリアストラ県・オリスターノ県・オルビアテンピオ県・カリアリ県・カルボーニアイグレージアス県・サッサリ県・ヌオロ県・メディオカンピダーノ県からなる。州都はカリアリ。㊂▶サルデーニャ王国

サルデーニャ-おうこく【サルデーニャ王国】ワウコク 1720年、イタリアに成立した王国。北イタリアのピエモンテ地方とサルデーニャ島とを併せ、トリノを事実上の首都としてサボイア家が支配。19世紀中期以降、オーストリアの支配に対するイタリア解放戦争の先頭に立ち、1861年に国王ビットリオ=エマヌエレ2世の下でイタリア統一に成功した。補説「サルデーニャ」を国名に冠するが、事実上の中心は本土のピエモンテ地方トリノだった。

サルト〖Andrea del Sarto〗[1486〜1531]イタリア盛期ルネサンスの画家。フィレンツェ派。色彩感覚と人物の心理描写にすぐれ、壁画・肖像画を多く制作。

サルト〖SALT〗▶ソルト

さる-ど【猿戸】❶庭園の入り口などに用いる簡素な木戸。ふつう、皮付き丸太の柱に、横板に竹の押縁おしぶちを縦に打ち付けた両開きの扉を取り付けたもの。❷内側に取り付けた横木を柱の穴に差し込んで閉める戸。❸大戸にとりつけられた小型の引き戸。

さる-とうじん【猿唐人】タウジン 人をののしっていう語。唐変木とうへんぼく。「曲者くせもの の手がポカリと飛んで、礼之進の痘痕は砕けた、火の出るよう。『—め』」〈鏡花・婦系図〉

さるとび-さすけ【猿飛佐助】伝説上の戦国時代の忍者。戸沢白雲斎に忍術を学び、真田幸村さなだゆきむらに仕えたという。真田十勇士の一人。

さるとり-いばら【菝=葜｜猿捕茨】ユリ科の蔓性つるせいの落葉低木。高さ1〜2メートル。茎は節ごとに曲がり、とげがある。葉は卵円形。雌雄異株で、初夏に黄緑色の小花をつけ、実は熟すと赤い。根茎は漢方で和山帰来わさんきらい・土茯苓どぶくりょうといい、山帰来さんきらいの代用にする。かから。(季 春)

サルトル〖Jean-Paul Sartre〗[1905〜1980]フランスの哲学者・小説家・劇作家。無神論的実存主義を主唱。第二次大戦後、雑誌「現代」を主宰。文学者の政治・社会参加(アンガージュマン)を主張し、共産主義に接近、反戦・平和運動に積極的に参加した。1964年ノーベル文学賞の受賞を拒否。哲学論文「存在と無」「弁証法的理性批判」、小説「嘔吐」「自由への道」、戯曲「蝿」「悪魔と神」、評論「文学とは何か」など。

サルトロ-カンリ〖Saltoro Kangri〗カシミール北西部、カラコルム山脈の高峰。標高7742メートル。

さる-なし【猿梨】マタタビ科の蔓性つるせいの落葉低木。山地に自生。葉は広楕円形で先がとがる。初夏に白花をつけ、実は球形で、熟すと甘酸っぱく、食用。しらくちづる。こくわ。

さる-に【猿似】血縁関係がないのに、顔かたちが似ていること。そらに。「他人の—」

さる-に【▽然るに】〔接〕❶そうこうしていると。すると。「—、十二月しはすばかりに、とみのこととて御文ふみあり」〈伊勢・八四〉❷しかるに。ところが。「土石草木も霊なきはあらずと聞く。—玉川の流れには毒あり」〈読・雨月・仏法僧〉

さる-にて-も【▽然るにても】〔連語〕《動詞「さり」(ラ変)の連体形＋連語「にて」＋係助詞「も」》そうであっても。それにしても。それはそれとしても。「—、かかる事なむと知らせ給ひて」〈源・少女〉

さる-の-いきぎも【猿の生き肝】世界的に流布している説話の一。病気を治す妙薬といわれる猿の生き肝をとりに竜王から遣わされた海月くらげが、猿をだまして連れ帰る途中で逃げられ、その罰として打たれて骨なしになったという話。

さる-の-こしかけ【猿の腰掛｜胡=孫=眼】サルノコシカケ科のキノコの総称。一般に多年生。木質で、樹幹に寄生し、半円形の卓状に広がり、木を腐らせる。乾いたものは非常に堅い。観賞用・細工品・薬用などに利用され、種類が多い。(季 秋)

さる-のぼり【猿×幟】括くくり猿をつけたのぼり。祭礼のときなどに立てた。

さる-は【▽然るは】〔接〕《前に述べた内容を受けて、さらに説明を加えるときに用いる》❶それは。それというのも、実は。「いとあはれにかなしう侍るなり。—、おのれが女めとも申さじ、いみじううつくしげに侍るなり」〈宇治拾遺・一〇〉❷それがしかも。そのうえ。「聞き伝ふるばかりの末々は、哀れとやは思ふ。—、跡とふわざも絶えぬれば」〈徒然・三〇〉❸そうではある

が、実は。しかし、実のところ。「―、かしこにこそよき物は侍らめ」〈宇津保・忠こそ〉

サルパ〖Salpa〗尾索綱サルパ目の原索動物の総称。体は樽状や円柱状で透明。世代交代を行い、数個連なって鎖状をなす有性個体から単独で浮遊する無性個体を生じる。暖海性のプランクトンで、回遊魚の天然飼料となる。

さる-はし【猿橋】㊀日本三奇橋の一。山梨県大月市の桂川に架かる橋脚のない木橋で、両岸から突き出した刎木の上に築かれ、藤づるにつかまって川を渡る猿を見て考案したものと伝えられる。えんきょう。㊁㊀がある町名。もと、甲州街道の宿場町。

さるはし-かつこ【猿橋勝子】[1920～2007]地球化学者。東京の生まれ。昭和18年(1943)より中央気象台(現気象庁)勤務。同29年の米国ビキニ沖水爆実験を機に、大気・海洋の人工放射性物質研究を行い注目される。同55年「女性科学者に明るい未来をの会」を創設。➡猿橋賞

さるはし-しょう【猿橋賞】すぐれた女性科学者に与えられる賞。猿橋勝子により創設。「女性科学者に明るい未来をの会」が年に一度、自然科学分野において顕著な業績を収めた女性科学者に授与する。第1回は昭和56年(1981)、受賞者は太田朋子。

サルバドール〖Salvador〗ブラジル東部の港湾都市。バイーア州の州都で植民地時代の建築物が残る。1763年までブラジルの首都。旧称バイーア。人口、行政区295万(2008)。

さる-はむし【猿葉虫｜猿金＝花＝虫】甲虫目ハムシ科のサルハムシ亜科などの昆虫の総称。体はずんぐりしている。ブドウの害虫アカガネサルハムシ、杉の苗木を枯らすウスイロサルハムシなど。

サルバルサン〖Salvarsan〗梅毒などの治療薬。砒素化合物で、化学療法剤の最初のもの。現在は使用されない。1910年、エールリヒと秦佐八郎が606番目に試験したところから606号ともいう。商標名。

サルビア〖ラテ Salvia〗❶シソ科アキギリ属の多年草の総称。500種以上が温帯・熱帯に広く分布。薬用・香辛料・観賞用として栽培される種類もある。(季 夏) ➡セージ ❷シソ科の小低木。日本では一年草。夏から秋に、緋色の唇形の花を穂状につける。ブラジルの原産。緋衣草。

さる-ひき【猿引き｜猿×曳き】「猿回し」に同じ。(季 新年)

サルファイド〖sulfide〗硫黄とそれより陽性の元素との化合物。硫化物。

サルファ-ざい【サルファ剤】《sulfa drug》スルファミンを基本とする、細菌感染症に対する化学療法剤。のちにプロミン・プロミゾールなどスルホ基を有する化合物も含めていう総称。スルファ剤。

サルベージ〖salvage〗遭難した船の人命・船体・積み荷などを救助すること。海難救助。また、沈没船の引き揚げ作業。「―船」

ざる-べから◦ず〔連語〕《打消しの助動詞「ざり」の連体形＋連語「べからず」》(二重否定で意味を強めて)…しなければならない。…せよ。「精励せ―◦ず」

さる◦べし【▽然るべし】〔連語〕《動詞「さり」の連体形＋推量の助動詞「べし」》❶ふさわしい。相応である。「―◦べき折もなくて、思ひありくほどに」〈落窪・一〉❷そうなるのが当然である。そうなる運命である。「―◦べき契りにやありけん」〈宇治拾遺・三〉❸りっぱである。れっきとしている。「―◦べき人は、とうより御心魂の猛く、御守りも強きなめり」〈大鏡・道長上〉

ざる-ほう【×笊法】笊の目のように粗く、抜け道がたくさんある不備な法律。

さる-ぼお【猿頰】❶猿が食物を頰に詰め込んでたくわえるところ。ニホンザル・ヒヒなどにある。ほおぶくろ。❷武具の一。鉄面の一種で、頰とあごを覆い、顔を保護するもの。❸サルボオガイの別名。❹江戸で、片手桶のこと。くみ出し桶。「夏は―をつけて随意に汲ませる」〈滑・浮世風呂・四〉❺《猿のようにばかげたやつの意で》人をののしったりするときに言う語。「世間の奴を―と、眺めて見んと思ひつつ」〈黄・雁取帳〉❻「猿頰面」の略。

さるぼお-がい【猿頰貝】フネガイ科の二枚貝。内湾の潮間帯にすむ。貝殻は横長の楕円形で厚く、殻長約7.5センチ。殻表に32本ほど放射肋があり、黒褐色の毛状の皮をかぶる。肉は食用、殻は貝灰の材料。東京湾以南に分布。養殖もされる。藻貝。

さるぼお-てんじょう【猿頰天井】竿縁に猿頰面をとった竿縁天井。

さるぼお-めん【猿頰面】切面の一。60度くらいの角度に削り落とし、猿の頰のような形に面を取ったもの。天井の竿縁・建具の桟などに用いる。

さる-ほど-に【▽然る程に】〔接〕❶そうするうちに。やがて。「―、げに世の中に許され給ひて、都に帰り給ふと、天の下の喜びにてたち騒ぐ」〈源・蓬生〉❷話かわって。さて。ところで。「―、鬼界が島の流人ども」〈平家・二〉❸さてもさても。それにつけても。「―三人は雑言ゆゑに、あたら身をうしなひ」〈浮・武家義理・三〉

さる-まい【猿舞】❶猿に舞を教え込んで舞わせること。また、その舞。❷猿のまねをして舞うこと。また、その舞。

さるまい-ごし【猿舞腰】猿が踊るような、前こごみになった腰つき。へっぴりごし。

さる◦まじ【▽然るまじ】〔連語〕《動詞「さり」(ラ変)の連体形＋打消し推量の助動詞「まじ」》❶そうあるべきでない。そうあるはずがない。不当だ。「あまた―◦まじき人の恨みを負ひし果て果ては」〈源・桐壺〉❷ものの数でない。とるにたりない。「殿上人、女房、―◦まじき女官までも」〈大鏡・師輔〉

さる-また【猿股】腰や股を覆う、男子用の短い下ばき。さるももひき。(類語)股引・すててこ・パッチ

さる-まち【▽申待】「庚申待」に同じ。

さる-まつ【猿松】《松の字をつけて人名めかしていった語》❶猿をののしっていう語。❷まぬけな者や小生意気な者、わんぱくな子供などをののしっていう語。「童子すかしの―の風車をするなど」〈浮・永代蔵・六〉

さる-まなこ【猿眼】猿の目のように、丸くて落ちくぼんだ目。または、きょろきょろしている目。「目は―、鼻は高梁鼻」〈虎寛狂・縄綯〉

さる-まね【猿真▽似】猿が人の動作をまねるように、考えもなく、むやみに他人の真似をすること。

さるまる-だゆう【猿丸大夫】奈良後期または平安初期の伝説的歌人。三十六歌仙の一人。古今集の真名序にその名がみえる。

さる-まわし【猿回し】猿に芸を仕込んで見世物にする大道芸。猿飼い。猿ひき。猿遣い。(季 新年)「竹馬をよけて通るや―／虚子」

サルミゼゲトゥサ〖Sarmizegetusa〗ルーマニア中西部、トランシルバニアアルプスのオラシュチエ山脈の村グラディシュテア-デ-ムンテにある要塞跡。紀元前1世紀頃、ダキアの諸部族を統一したブレビスタ王が同地をダキア王国の首都と定め、古代ローマの侵入に備えて要塞を建造。1999年に「オラシュチエ山脈のダキア人の要塞群」の一つとして世界遺産(文化遺産)に登録された。

さるみの【猿蓑】江戸中期の俳諧集。6巻2冊。去来・凡兆共編。元禄4年(1691)刊。俳諧七部集の一。発句・歌仙のほか「幻住庵記」などを収める。蕉風の円熟期を示すものとされる。

ざる-みみ【×笊耳】《笊に水を入れてもすぐ漏れるところから》何を聞いてもすぐ忘れてしまうこと。また、そのような人。かご耳。

さるむこ【猿聟】狂言。和泉流。能「嵐山」の替間で、本狂言としても演じる。吉野山の猿が嵐山の舅猿のもとに婿入りをし、酒宴で歌い舞う。

さる-むこいり【猿婿入り】異類婚姻譚の一。日照りで田の水がかれたとき、水を引いてくれた猿に、父親が娘を嫁にやるが、里帰りのときに猿は川に落ちて流されてしまう。

さる-め【猿女｜×猨女】古代、神祇官に属し、大嘗祭や鎮魂祭などのときに、神楽の舞などの奉仕をした女官。

さる-め【猿目】猿の落ちつかない目つきのように、ひそかに人のようすを盗み見る目つき。

さる-めん【猿面】❶猿に似た顔つき。❷猿の顔の仮面。

さるめん-かんじゃ【猿面冠者】猿に似た顔の若者。特に、豊臣秀吉の若いときのあだ名。

サルモネラ-エンテリティディス〖ラテ Salmonella enteritidis〗サルモネラ属の細菌の一種。腸炎を起こす菌で、8～48時間の潜伏期後に、発熱・下痢・腹痛を起こし、死亡例もある。食中毒の原因菌の一つで、卵の汚染率が1万個に1個程度である。

サルモネラ-きん【サルモネラ菌】《サルモネラは、ラテ Salmonella》一群の腸内細菌の総称。グラム陰性の桿菌で、多数の鞭毛をもつ。腸チフス菌・パラチフス菌や、多くの食中毒を起こす菌がある。

さる-もの【▽然る物】〔連語〕❶そのようなもの。「なでう、―をかもておはする」〈宇津保・吹上下〉❷もっともなこと。「灌仏のころ…と、人の仰せられしこそ、げに―なれ」〈徒然・一九〉

さる-もの【▽然る者】〔連語〕❶なかなかの人物。あなどれない人。重んじる価値のある人。「敵も―」❷ある人物。某。個人名を明らかにできないような場合にいう。「―から得た情報」❸そのような人物。そういう人物。「尚侍望みし君も、―の癖なれば」〈源・真木柱〉

さるもの-にて【▽然る物にて】〔連語〕❶言うまでもないことで。もちろんのことで。「御手などは―、ただはかなうおしつつみ給へるさまも」〈源・若紫〉❷それはそれとして。「おぼす人ありとても、それをば―、御文など奉り給へ」〈落窪・二〉

さる-ももひき【猿▽股引】さるまたの別称。

さる-よう【▽然る様】〔連語〕しかるべき事情。わけ。「―もやとおぼし合はせ給ふに」〈源・若紫〉

サルラ-ラ-カネダ〖Sarlat-la-Canéda〗フランス南西部、アキテーヌ地方、ドルドーニュ県の町。サンサセルド大聖堂や、思想家モンテーニュの友人ラ＝ボエシーの館をはじめ、中世からルネサンス、17世紀までの古い町並みが残っていることで知られる。サルラ。

さる-りこう【猿利口】こざかしいこと。「その訴へは己が―といふものなれど」〈黄・桃太郎後日咄〉

さるわか【猿若】㊀❶初期歌舞伎で、こっけいな物まねや口上の雄弁術などを演じた役柄。道化方の前身。❷❶を主人公とした歌舞伎狂言または所作事。諸種の演目があったが、中村座の寿狂言として伝わる「猿若」の台本は、現存で最古の歌舞伎脚本とされる。❸江戸時代の大道芸人で、歌舞伎の猿若をまねて、こっけいな一人狂言をして歩いた者。㊁江戸歌舞伎の創始者で、猿若の芸を専門とした初代中村勘三郎およびその一族の別名。

さるわか-ざ【猿若座】▶中村座

さるわか-ちょう【猿若町】東京都台東区の地名。現在の浅草6丁目にあたる。中村座・市村座・森田座の歌舞伎劇場三座があった。

さる-を【▽然るを】〔接〕《動詞「さ(然)り」の連体形＋接続助詞「を」から》前に述べた事柄を受けて、それと相反する説明を加える場合に用いる。ところが。そうではあるが。「いとかしこく思ひかはして、異心なかりけり。―いかなる事かありけむ」〈伊勢・二一〉

ざる-を-え◦ない【ざるを得ない】〔連語〕(動詞・助動詞の未然形に付いて)…しないわけにはいかない。やむをえず…する。「悪天候が続けば登頂は断念せ―◦ない」

ざれ【▽戯れ】ふざけること。たわむれること。じゃれ。「―も昂ずれば喧嘩になる」

さ-れい【茶礼】茶の湯の作法。

ざ-れい【座礼｜×坐礼】❶座ったままで行う礼。⇔立礼。❷座っているときの礼儀作法。

ざれ-うた【▽戯れ歌】❶こっけいみのある和歌。また、狂歌。ざれごとうた。❷こっけいな内容の歌。また、こっけいでひわいな歌。

ざれ-え【▽戯れ絵】❶こっけいな絵。また、たわむ

れに描いた絵。戯画。❷簡略に描いた絵。略画。「一をざっとかきて進ぜたれば」〈虎明狂・金若〉
され-がい【×曝れ貝】ざれ 潮水や風雨にさらされた貝。「潮の一、うつせ貝」〈浄・振袖始〉
ざれ-がき【▽戯れ書き】おもしろ半分に書いた文章や書画。
さ-れき【砂×礫】砂と小石。しゃれき。
ざれ-く【▽戯れ句】こっけいな内容の句。また、たわむれに作った句。狂句。
され-こうべ【髑=髏】《「され」は動詞「さ(曝)れる」の連用形から》風雨にさらされて肉が落ちた頭骨。どくろ。野ざらし。しゃれこうべ。
ざれ-ごころ【▽戯れ心】たわむれの心。しゃれっけ。風流心。「田舎びたる一もてつけて」〈源・東屋〉
ざれ-ごと【▽戯れ言】《「ざれこと」とも》ふざけて言う言葉。冗談。
(類語)たわ言・しれ言・うわ言・寝言・妄言・無駄口
ざれ-ごと【▽戯れ事】《「ざれこと」とも》ふざけてする事柄。冗談事。
ざれごと-うた【▽戯れ言歌】「戯ざれ歌❶」に同じ。
サレップ〘オランダ salep〙ラン科植物の球茎を乾燥させたものから作る、粘液に富んだ薬。胃腸薬に用いた。(補説)「沙列布」とも書く。
され-ど【▽然れど】〔接〕《動詞「さ(然)り」の已然形＋接続助詞「ど」から》前述の事柄を受けて、相反する内容であることを表す。そうではあるが。しかし。「文三は駭然がいぜんとしてお勢の顔を目守まもる。一此方こなたは平気の体ていで」〈二葉亭・浮雲〉
されど-も【▽然れども】〔接〕「されど」に同じ。「官位俸禄皆身にあまるばかりなり。一人の心のならひなればなほ飽き足らで」〈平家・一〉
され-ば【▽然れば】《動詞「さ(然)り」の已然形＋接続助詞「ば」から》㊀〔接〕❶前述の事柄の当然の結果として起こることを表す。そんなわけで。そうであるから。だから。「一賢人と愚人との別は学ぶと学ばざるとに由て出来るものなり」〈福沢・学問のすゝめ〉❷話題を転じるときに用いる。それでは。さて。ところで。「一出かけるとしよう」❸意外なことなどを感情をこめて述べるときに用いる。いったい。そもそも。「一こは何事ぞ。日本国をしづむる事、義仲、義経がしわざにあらずや」〈平家・一一〉㊁〔感〕相手の言葉に答えて発する語。さよう。そう。いや。「『権三殿は御存知ないか』『一、存じたとも申されず、存ぜぬとも申されぬ』」〈浄・鑓の権三〉
然ればと言って　そうは言うものの。とは言っても。「医療費はかかるが、一放ってはおけない」
されば-いな【▽然ればいな】〔連語〕《「いな」は終助詞》女性が応答するときの語。そうですとも。さればいの。「一、その文見ると嬉しうて」〈浄・生玉心中〉
されば-こそ【▽然ればこそ】〔連語〕❶そうだからこそ。それだから。「一あのとき注意したのだ」❷予想が的中したときに用いる語。案の定。やっぱり。「一、行綱はまことを言ひけり」〈平家・二〉
ざれ-ば-む【▽戯ればむ】〔動マ四〕❶気がきいている。しゃれている。風流めく。「一・みたるが、まだ造りさしたる所なれば」〈源・東屋〉❷物慣れたようすをする。しゃれたまねをする。「世の中をまだ思ひ知らぬほどよりは、一・みたる方にて」〈源・空蝉〉❸ふざける。たわむれる。「寝汚いぎたなき夜と一・みて、何締しめ笑ふ」〈浮・万金丹・五〉
されば-よ【▽然ればよ】〔連語〕思ったとおりだ。案の定だ。それごらん。「あさましくもあるかな。一。思ひ寄らぬことにはあらねど」〈源・少女〉
サレハルド〘Salekhard〙ロシア連邦中部、チュメニ州、ヤマロネネツ自治管区の都市。オビ川下流部に位置し、河港を有する。16世紀末に砦が築かれたことに起源する。北極圏の緯線上にある都市として知られる。1933年までの旧称オブドルスク。
ざれ-ふで【▽戯れ筆】たわむれにかいた書画。
され-まつ【×曝れ松】丈が低く、枝葉が茂り、古木のように見える松。盆栽にする。天目松てんもくまつ。
さ・れる〔動ラ下一〕図さ・る〔ラ下二〕《動詞「する」の未然形＋助動詞「れる」から》❶「する」の尊敬の意を表す語。「先生が旅行を一・れるそうだ」❷「する」の受身の意を表す語。「子供にいたずらを一・れる」(補説)現代の口語文法では、「さ」をサ変動詞「する」の未然形の一とし、それに助動詞「れる」の付いたものとしている。(類語)為する・為なす・遣やる・行う（尊敬）なさる・遊ばす（謙譲）致す・仕つかまつる
さ・れる【×曝れる】〔動ラ下一〕図さ・る〔ラ下二〕長い間、風雨や太陽にさらされて、色あせたり朽ちたりする。「動物の骸骨でも見るように白く一・れていた」〈藤村・嵐〉
ざ・れる【▽戯れる】〔動ラ下一〕図ざ・る〔ラ下二〕《古くは「さる」とも》❶ふざける。たわむれる。「男女が一・れる」❷趣がある。しゃれている。風流である。「さすがに一・れたる遣戸口に」〈源・夕顔〉❸世慣れている。気がきく。「かくて待ちけると思ふも、一・れてをかしければ」〈落窪・一〉
サレルノ〘Salerno〙イタリア南部、カンパニア州の都市。サレルノ湾北部、アマルフィ海岸の東端に位置する。紀元前2世紀に古代ローマ人が築いた町(ラテン語名はサレルヌム)に起源する。9世紀に、自治権をもつサレルノ公国の首都が置かれ、11世紀にノルマン人の支配下に入り、13世紀頃まで南イタリアの政治的、経済的な中心地として栄えた。9世紀にヨーロッパ最古とされる医学校が設立されたことで知られる。
サレルノ-だいせいどう【サレルノ大聖堂】ーダイセイドウ《Cattedrale di Salerno》イタリア南部の都市サレルノにあるロマネスク様式の大聖堂。11世紀、ノルマン出身の騎士ロベルト=グイスカルドにより建造。17世紀から18世紀にかけて改築され、内部にバロック、ロココ様式の装飾がなされた。ドメニコ=フォンタナが手がけた使徒マタイの墓を納めた地下聖堂がある。
サロイヤン〘William Saroyan〙［1908〜1981］米国の小説家・劇作家。ユーモアとペーソスに満ちた作風で知られる。短編集「わが名はアラム」、戯曲「君が人生の時」など。サローヤン。
さ-ろう【砂漏】砂を使った漏刻。砂時計。
ザ-ロウズ〘The Rows〙英国イングランド北西部、チェシャー州の都市チェスターにあるショッピング街。白壁に黒い梁はりの外観をもつチューダー朝様式の木造の建物が並んでいる。
サロー〘フランス sarrau〙子供用の、服の汚れを防ぐための上っ張り。背中で開くようになっている。
サロート〘Nathalie Sarraute〙［1902〜1999］フランスの女流小説家。ロシア生まれ。評論でも活躍。作「トロピスム」「プラネタリウム」「黄金の果実」など。
ざ-ろく【座×彔｜×坐×彔】《座するときに用いる曲彔きょくろくの意》木の枠に籐とうを編みつけ、背を寄せかけるように作ったいす。
サロゲート-マザー〘surrogate mother〙➡代理母
サロス-しゅうき【サロス周期】ーシュウキ《saros cycle》日食・月食の周期。18年11日を周期としてほぼ同じ状況で起こる。前600年ごろ、カルデア人が発見。カルデア周期。
サロッド〘ヒンディー sarod〙北インドの撥弦楽器。円形の革張りの胴にフレットなしの金属を張った棹さおがつく。弦は金属製の8本の主要弦および共鳴弦を張り、義甲で演奏する。
サロナ〘Salona〙クロアチア南部、アドリア海に面する都市スプリトの近郊にある都市遺跡。現名称はソリン。イリュリア人が築いた町に起源し、古代ローマ時代は属州ダルマチアの首都が置かれた。7世紀に異民族により破壊された。現在は大浴場、円形劇場、フォーラムのほか、初期キリスト教の教会遺跡が残る。
サロニカ〘Salonika〙➡テッサロニキ
サロベツ-げんや【サロベツ原野】北海道北部、南北に広がる日本最北の湿原。面積は230平方キロメートルあり、釧路湿原とともに日本最大級の湿原。利尻礼文サロベツ国立公園の一部。湿地植物の豊富な地区は「サロベツ原生花園」と呼ばれる。平成17年(2005)ラムサール条約に登録された。
サロペット〘フランス salopette〙➡オーバーオール❶
サロマ-こ【サロマ湖】北海道北東部、オホーツク海沿岸の潟湖せきこ。塩湖。日本第3の大湖で、面積151.6平方キロメートル。網走国定公園の一部。(補説)「佐呂間湖」「猿澗湖」とも書く。
サロメ〘Salome〙㊀新約聖書に見える女性。母に教唆され、踊りの褒賞として継父であるユダヤ王ヘロデ=アンティパスにバプテスマのヨハネの首を求め、これを殺させた。㊁オスカー=ワイルドの戯曲。一幕。㊀の伝説に取材。1893年、フランス語で刊行。1896年、パリで初演。㊂リヒャルト=シュトラウス作曲の楽劇。全一幕。ワイルド作の戯曲に基づく。1905年、ドレスデンで初演。
サロン〘フランス salon〙❶洋風の客間。応接室。また、ホテル・客船などの談話室。サルーン。❷ヨーロッパ、特にフランスで、上流階級の婦人が、その邸宅の客間で開いた社交的な集まり。❸美術の展覧会。❹美容や飲食などの接客を主とする業種・店舗につける語。「ビューティー一」
サロン〘インドネシア saron〙インドネシアの打楽器。木製の台の上に青銅の板を木琴状に並べたもので、槌つちでたたいて奏する。音域により2〜4種あり、ガムランの中で主旋律を受け持つ。
サロン〘マレー sarong〙インドネシア・マレーシア・南インドなどで、男女ともに用いる幅広い筒状の腰衣。余った部分をひだに整えて腰にはさんで着用する。
ざ-ろん【座論】座して議論すること。座上の論議。また、実行を伴わない口先だけの議論。
サロン-エプロン《和 sarong＋apron》胸当てのない腰から下のエプロン。
サロン-カー《和 salon＋car》前後両端の車両にサロン風の展望室を設け、中間車両には四人用の個室(コンパートメント)が設けられた特別の鉄道車両。
サロンガ-こくりつこうえん【サロンガ国立公園】ーコクリツコウエン《Salonga》コンゴ民主共和国中央部、コンゴ盆地にある同国最大の国立公園。面積は3万6000平方キロメートル。赤道直下に広がる熱帯原生林の保護を目的に、1970年に国立公園に指定。ボノボ・ボンゴ・オカピ・コンゴクジャク・センザンコウなど貴重な動物が生息する。84年、世界遺産(自然遺産)に登録されたが、付近の人口増加に伴う環境悪化や密猟などを理由に、99年、危機遺産リストに登録された。
サロン-スカート〘sarong skirt〙布を巻きつけたような筒状のスカートのこと。➡サロン
サロン-デッキ《和 salon＋deck》一等船客用の甲板。(補説)英語ではsaloon deck
サロン-ドートンヌ〘フランス Salon d'Automne〙《秋の展覧会の意》フランスの美術展覧会。1903年に創設、毎年秋にパリで開かれる。フォービスムを生み、キュビスムの拠点ともなった。
サロン-ド-プロバンス〘Salon-de-Provence〙フランス南東部、プロバンス地方、ブーシュ-デュ-ローヌ県の都市。オリーブの生産、石鹸の製造が盛ん。10世紀建造のアンペリ城(現在は軍事博物館)、13世紀のサンミッシェル教会など、歴史的建造物が残る。16世紀の医師・占星術師、ノストラダムスが晩年を過ごした地で、サンローラン参事会教会に墓所がある。
サロン-ド-メ〘フランス Salon de Mai〙《5月の展覧会の意》フランスの美術展覧会。1943年、パリの前衛作家たちが創設。45年に第1回展、以後毎年5月に開かれる。
ざろん-ばい【座論梅】ヤツブサノウメの別名。ざろんうめ。
サロン-ミュージック〘salon music〙小人数の演奏家が客間などで演奏するのに適した、軽い内容の楽曲。
さわ【沢】さは ❶浅く水がたまり、草が生えている湿地。❷山あいの比較的小さい渓谷。「一登り」(類語)(❶)湿地・湿原・池塘ちとう・沼沢しょうたく・沼地・谷地やち・低地/(❷)渓流・渓谷・谷川・谷・小川・細流・せせらぎ
さ-わ【茶話】茶を飲みながら気軽に話す話。茶飲み話。ちゃわ。
さわ【▽多】さは〔形動ナリ〕多いさま。たくさん。「草深み

こほろぎ―に鳴くやどの〈万・二二七一〉
サワー〖sour〗《酸っぱい、の意》❶酸味のある飲料や食品。「―ミルク」❷ウイスキー・ブランデー・焼酎しょうちゅうなどにレモンやライムを加えたもの。日本では、これをさらに炭酸水で割ったものを指すことが多い。
ザワークラウト〖ドイツ Sauerkraut〗▶ザウアークラウト
サワー-クリーム〖sour cream〗牛乳から分離したクリームを、乳酸菌を加えて発酵させたもの。チーズケーキなどの菓子材料や料理の風味づけに用いる。
サワークリーム-ドレッシング〖sour cream dressing〗サラダ用ドレッシングの一種。サワークリーム・生クリーム・酢・サラダ油・塩・こしょうなどをよく混ぜ合わせたもの。
さわ-あじさい【沢紫=陽=花】さはあぢさゐ ヤマアジサイの別名。
サワー-ミルク〖sour milk〗乳酸発酵させた牛乳・乳製品。ヨーグルトや乳酸菌飲料など。
さわ-あららぎ【沢×蘭】さは サワヒヨドリの古名。「もみてる―一株ひともと抜き取り」〈万・四二六八・題詞〉
さわい-しんいちろう【沢井信一郎】さはゐシンイチラウ［1938〜 ］映画監督。静岡の生まれ。本名、信治。「野菊の墓」で監督デビュー。代表作「Wの悲劇」「早春物語」「わが愛の譜うた 滝廉太郎物語」「時雨しぐれの記」など。
さわ-おぐるま【沢小車】さはをぐるま キク科の多年草。本州以南の山間の湿地に自生。高さ60〜90センチ。葉はへら形。初夏、黄色い頭状花を多数開く。
さわ-かい【茶話会】サワクワイ 茶菓だけで気軽に話し合う集まり。ちゃわかい。[類語]懇親会・会食・コンパ
さわがし-い【騒がしい】〔形〕[文]さわが・し〔シク〕《動詞「さわ(騒)ぐ」の形容詞化》❶盛んに声や物音がしてうるさい。そうぞうしい。やかましい。「教室が―・い」❷事件などが起こって世情が落ち着かない。平静・平穏でない。「国内が―・い」❸事が多く忙しい。あわただしい。「何事にあらねど、こと―・しき心地してありふるうちに」〈かげろふ・中〉❹ごたごたしている。乱雑である。「書様は色々あるべし。ただ―・しからぬ心づかひありたし」〈三冊子・黒双紙〉[派生]さわがしげ〔形動〕さわがしさ〔名〕[類語]うるさい・やかましい・騒騒しい・かまびすしい・かしましい・けたたましい・にぎやか・騒然・喧騒けんそう・喧喧囂囂けんけんごうごう
さわが-す【騒がす】[一]〔動サ五(四)〕騒がしい状態にする。乱れさせる。動揺させる。「国中を―・した事件」[二]〔動サ下二〕「さわがせる」の文語形。
さわが-せる【騒がせる】〔動サ下一〕[文]さわが・す〔サ下二〕「騒がす[一]」に同じ。「世間を―・せた事件」
さわ-がに【沢×蟹】さは 十脚目サワガニ科のカニ。山間の川にすむ。甲は丸みを帯びた四角形で、甲幅2.4センチほど。北海道を除く各地に分布。食用とするが、肺吸虫などの第2中間宿主になることがある。(季 夏)「―のあらがふことを愛かなしとす/風生」
さわが-れる【騒がれる】〔連語〕《動詞「さわ(騒)ぐ」の未然形＋受身の助動詞「れる」》「騒ぐ❻」に同じ。「若者の活字離れが―・れる」
さわぎ【騒ぎ】《上代は「さわき」》❶騒ぐこと。また、騒がしいこと。やかましさ。「教室の―が静まる」❷人々が騒ぐような出来事。ごたごた。騒動。「―を起こす」「―になる」❸(「…どころのさわぎ」の形で、あとに打消しの語を伴って用いる)そのような程度の事柄。「見物どころの―ではない」❹大変なこと。めんどうなこと。「こんなことが上司に知れたら―だ」❺酒席などで、にぎやかにたわむれること。遊興。「何時なりとも―の節、きっと参上申すべく候」〈浄・冥途の飛脚〉❻「騒ぎ歌」の略。[類語](❶)喧噪けんそう・狂騒・躁狂そうきょう/(❷)もめ事・いざこざ・ごたごた・悶着もんちゃく・事件・騒動・騒乱・擾乱じょうらん・問題・トラブル
さわぎ-うた【騒ぎ歌｜騒ぎ唄】❶江戸時代、遊里で三味線や太鼓ではやしたててうたったにぎやかな歌。転じて、広く宴席でうたう歌。❷歌舞伎下座音楽の一。揚屋・茶屋などの場面で、酒宴・遊興の騒ぎを表すもの。大鼓・小鼓または太鼓のにぎやかな囃子はやしを伴う。
さわ-ぎきょう【沢×桔▽梗】さはギキャウ ❶キキョウ科の多年草。湿地に群生し、高さ約90センチ。茎は分枝しない。夏から秋、紫色の唇形の花を総状につける。(季 秋)「―寂き花の濃紫/友二」❷ハルリンドウの別名。
さわ-ぎく【沢菊】さは キク科の越年草。深山の林内に自生。高さ60〜90センチ。全体に柔らかく、においがある。葉は羽状に深い切れ込みをもつ。夏、黄色い頭状花を多数つける。ぼろぎく。
さわき-こうたろう【沢木耕太郎】さはきカウタラウ［1947〜 ］ノンフィクション作家。東京の生まれ。「若き実力者たち」「敗れざる者たち」で注目を集め、日本社会党委員長浅沼稲次郎刺殺事件を題材とした「テロルの決算」で大宅壮一ノンフィクション賞受賞。他に「一瞬の夏」「凍」など。
さわぎ-た・つ【騒ぎ立つ】[一]〔動タ五(四)〕❶騒ぎはじめる。また、盛んに騒ぐ。「心が―・つ」「風に―・つ波」❷騒々しく立ち去る。「群鳥むらとりの―・ちぬるこなたより雲の空をぞ見つつながむる」〈平中・七〉[二]〔動タ下二〕「さわぎたてる」の文語形。
さわぎ-た・てる【騒ぎ立てる】〔動タ下一〕[文]さわぎた・つ〔タ下二〕大騒ぎをする。あれこれ言い立てたりして騒ぐ。「つまらないことで―・てるな」
さわぎ-なかま【騒ぎ仲間】遊里などでの遊び仲間。遊蕩ゆうとう仲間。遊興の友。「折ふし洛中に隠れなき―の男四天王」〈浮・五人女・三〉
さわ・ぐ【騒ぐ】〔動ガ五(四)〕《上代は「さわく」》❶㋐やかましい声や音を立てる。「子供が―・ぐ」㋑ざわざわと音を立てる。「白波が―・ぐ」❷多くの人が一緒になって反対したり、要求・不平を訴えて叫んだりして、不穏な事態が起きる。騒動になる。「判定をめぐって観衆が―・ぐ」❸酒宴などでにぎやかに遊ぶ。「芸者をあげて―・ぐ」❹落ち着きを失って冷静さに欠けた言動をみせる。あわてる。うろたえる。「今さら―・いでもどうしようもない」❺不安や驚きなどのため気持ちが高ぶったり乱れたりする。「なんとなく胸が―・ぐ」「血が―・ぐ」❻(多く「さわがれる」の形で)人々がさかんにもてはやす。評判にする。「環境問題が―・がれる」「マスコミが―・ぐ」「アイドルとして―・がれた俳優」❼忙しく立ち働く。「そを取ると―・く御民も家忘れ」〈万・五〇〉[可能]さわげる [類語](❶)はしゃぐ・騒ぞめく・喚おめく・ざわめく・ざわつく・さざめく/(❹)慌てる・うろたえる・取り乱す・狼狽ろうばいする・じたばたする
さわ-ぐるみ【沢胡=桃】さは クルミ科の落葉高木。深山の渓谷に多く、高さ約25メートルに達する。葉は細長い卵形の小葉からなる羽状複葉。5月ごろ、淡黄緑色の花穂をつける。果実は堅く、翼片がある。材は家具に利用。かわぐるみ。ふじぐるみ。(季 秋)
さわ-さわ〔副〕❶薄いものなどが軽く触れてたてる音を表す語。さらさら。「きぬずれの―という音」❷騒がしい音のするさま。ざわざわ。「口大くちおほの尾翼鱸すずき―に引き寄せあげて」〈記・上〉❸落ち着かないさま。そわそわ。「聞くより胸も―と、飛びも下りたき心なり」〈浄・重井筒〉
さわ-さわ【爽爽】さはさは〔副〕《歴史的仮名遣いは「さわさわ」とも》❶風が木立の葉をそよがせながら、さわやかに吹くさま。「秋風が―(と)吹く」❷気分がさっぱりしているさま。さわやかに。「御心地、―となりて」〈宇治拾遺・八〉❸はっきり。明瞭に。「一首―と理の聞こゆるやうに詠むべきなり」〈正徹物語・上〉❹とどこおることなく。すらすら。「―と皇子皇子つがせ給ひて」〈愚管抄・三〉
ざわ-ざわ〔副〕スル ❶大ぜい集まった人々の話し声などが醸し出す、騒がしい音を表す語。また、そういう人々の、騒がしく落ち着かないさま。「―(と)した会場」❷木の葉などが触れ合う音を表す語。「木々が―(と)音をたてる」
さわし【×醂し】さはし さわすこと。また、さわしたもの。
さわ-しおん【沢紫×苑】さはシヲン タコノアシの別名。
さわし-がき【×醂し柿】さはし エチルアルコール・温湯・二酸化炭素などで渋を抜いた柿。
さわ-しば【沢×柴】さは カバノキ科の落葉高木。山地に自生。樹皮は緑がかった灰色。葉の縁には細かいぎざぎざがある。5月ごろ、黄緑色の雄花と緑色の雌花が咲く。果穂は垂れ下がる。
さわ-しょう【沢正】さはシャウ「沢田正二郎」の愛称。
さわ-しろぎく【沢白菊】さは キク科の多年草。日の当たる湿地に生え、高さ30〜50センチ。葉にはしわが多い。初秋、数本に分かれた茎の先に白い花を1個ずつ開く。
さわ・す【×醂す】さはす〔動サ五(四)〕❶渋柿の渋みを抜く。「柿を―・す」❷水に浸してさらす。「布地を流れに―・す」❸黒漆をつやの出ないように薄く塗る。「―・したお盆」
さわずみ-けんぎょう【沢住検校｜沢角検校】さはずみケンゲウ 室町末期から江戸初期に、京都で活躍した琵琶法師。虎沢検校の門弟で、初めて浄瑠璃に三味線を合わせて演奏したという。生没年未詳。
さわ-ぜり【沢×芹】さは セリ科の多年草。池や沼の縁に生え、高さ約1メートル。葉は羽状複葉。夏から秋、白色の小花が散形につく。ぬまぜり。(季 春)
さわ-だ【▽多だ】さは〔副〕《「だ」は「ここだ」「いくだ」の「だ」と同じ接尾語》たくさん。多く。さわ。「寸戸人きへひとのまだらぶすまに綿―入りなましもの妹が小床に」〈万・三三五四〉
さわだ-がわ【沢田川】さはだがは 京都府南部、木津川市の瓶原みかのはら地区付近を流れる泉川の部分名か。[歌枕]「いかにして影をも見まし―袖漬くほどの契りなりとも」〈壬二集・上〉
さわだ-しょうじろう【沢田正二郎】さはだシャウジラウ［1892〜1929］俳優。滋賀の生まれ。文芸協会・芸術座を経て、新国劇を創立。剣劇で大衆的人気を博し、「沢正さわしょう」の愛称で親しまれた。
さわ-だ・つ【騒立つ】〔動タ五(四)〕《「ざわだつ」とも》騒がしくなる。騒ぎはじめる。「瀑布に近づく水流の―・つように」〈蘆花・思出の記〉
さわだ-なたり【沢田名垂】さはだ［1775〜1845］江戸後期の国学者。会津藩士。和漢の学に精通し、藩命により「新編会津風土記」の編纂へんさんに従事した。著「家屋雑考」など。
さわだ-ふじこ【沢田ふじ子】さはだ［1946〜 ］小説家。愛知の生まれ。高校教師、京都の西陣織工を経て作家活動に入り「石女うまずめ」で注目される。短編「寂野さびの」と長編「陸奥甲冑記みちのくかっちゅうき」で吉川英治文学新人賞受賞。他に「天平大仏記」「天空の橋」など。
さ-わた・る〔動ラ四〕ちょっと当たってみる。試みに交渉する。「何者にも―・り、仕合はせを直さうと存ずる」〈狂言記・仏師〉
さ-わた・る【さ渡る】〔動ラ四〕わたる。「雲間より―・る月のおほほしく相見し児らを見むよしもがも」〈万・二四五〇〉
さわち-りょうり【▽皿鉢料理】さはちレウリ ▶さはちりょうり
ざわ-つ・く〔動カ五(四)〕ざわざわする。ざわめく。「その発言をめぐって聴衆が―・きだした」[類語]ざわめく・どよめく・騒ぐ・はしゃぐ・騒ぞめく・喚おめく・さざめく
さわ-て【沢手】さは 江戸時代、穀物や肥料などを輸送する途中、海水や雨水によって濡れ損じること。また、その貨物。「コノ荷ハ―ガアル」〈和英語林集成〉
サワディー〖タイ sawadee〗〔感〕《「サワッディー」とも》こんにちは。
さわて-まい【沢手米】さはて 江戸時代、輸送の途中で海水や雨水に濡れ損じた年貢米。ぬれごめ。
さわ-とうがらし【沢唐辛子】さはタウがらし ゴマノハグサ科の一年草。田や沼などに生え、高さ12〜24センチ。線形の小さい葉が対生し、夏から秋、上部の葉の付け根に淡黄色の花がつく。実はトウガラシに似る。
さわ-に【沢煮】さは 煮物の一種で、白身の魚や鶏のささ身などを薄味のたっぷりの汁で煮たもの。
さわに-わん【沢煮×椀】さは 豚の脂身あぶらみとせん切りにした野菜で作った塩味の汁物。
さわの-ちゅうあん【沢野忠庵】さはの ポルトガルのイエズス会宣教師フェレイラの日本名。
さわ-のぶよし【沢宣嘉】さは［1835〜1873］江戸末期の公家。三条実美さねとみとともに攘夷派として活躍。文久3年(1863)8月18日の政変で七卿落ちの一人として長州に逃れた。維新後は九州鎮撫総督

などを歴任、初代外務卿として明治初年の外交を担当した。

さわ-のぼり【沢登り】さは 登山で、道のない沢筋を登ること。

さわ-ひよどり【沢×鵯】さは キク科の多年草。日の当たる湿地に生え、高さ50～100センチ。全体はヒヨドリバナに似る。夏から秋、白色または淡紅紫色の頭状花を多数開く。(季 秋)

さわ-ふたぎ【沢蓋木】さは ハイノキ科の落葉低木。山地の沢近くに生え、高さ約2.5メートル。葉は倒卵形。5月ごろ、白い小花が密生して咲く。実は熟すと藍色になる。にしごり。

さわ-べ【沢辺】さは 沢のほとり。

さわ-ま・く【▽多巻く】さは〔動カ四〕多く巻く。多く巻きつける。「出雲建(いづもたける)が佩(は)ける太刀(たち)つづら一・き」〈記・中・歌謡〉

さわ-みず【沢水】さはみづ 沢にある水。沢を流れる水。

さわむら-えいじ【沢村栄治】さはむらエイヂ［1917～1944］プロ野球選手。三重の生まれ。プロ野球草創期に、速球を武器に巨人軍のエースとして活躍。昭和11年(1936)日本プロ野球初のノーヒット・ノーランを達成。第二次大戦で戦死。「沢村賞」にその名を残す。

さわむら-しょう【沢村賞】さはむらシヤウ プロ野球で、そのシーズンに最も活躍した投手に贈られる賞。沢村栄治の功績をたたえて、昭和22年(1947)に制定。当初はセントラルリーグのみが対象だったが、現在はパシフィックリーグの選手にも贈られる。

さわむら-そうじゅうろう【沢村宗十郎】さはむらソウジフラウ 歌舞伎俳優。屋号、紀伊国屋。代々和実(わじつ)の芸を得意とする。㊀(初世)［1685～1756］沢村長十郎の門弟。初め大坂で修業、のち江戸に下り、2世市川団十郎とともに享保期(1716～1736)の名優とうたわれた。㊁(3世)［1753～1801］2世の次男。初名、田之助。明和8年(1771)3世を襲名。和事(わごと)を得意とし、色事師の随一と称された。㊂(7世)［1875～1949］明治41年(1908)7世を襲名。古風な和事芸を演じ、女方をも兼ねた。

さわむら-たのすけ【沢村田之助】さはむら― 歌舞伎俳優。屋号、紀伊国屋。㊀(初世)3世沢村宗十郎の初名。㊁(3世)［1845～1878］5世宗十郎の次男。幕末から明治初期にかけての名女方。壊疽(えそ)にかかり、引退。

ざわめき ざわめくこと。また、その音。「一が起こる」「場内の一が一瞬やんだ」〔類語〕どよめき・さざめき

ざわ-め・く〔動カ五(四)〕ざわざわと騒がしいようになる。「会場が一・く」「風に木々が一・く」
〔類語〕ざわつく・どよめく・騒ぐ・騒(さわ)めく・喚(わめ)く・さざめく

さわ-やか【爽やか】さは〔形動〕〔文〕〔ナリ〕《歴史的仮名遣いは「さわやか」とも》❶気分が晴れ晴れとして快いさま。さっぱりとして気持ちがよいさま。「朝の一な空気」「一な人柄」(季 秋)「一に日のさしそむる山路かな/蛇笏」❷はっきりとしていて聞きやすいさま。「一な声」「弁舌一に話す」❸思い切りのよいさま。「さして厭はしき事なき人の、一に背き離るるも」〈源・鈴虫〉❹きれいで鮮やかなさま。「馬、物具まことに一に勢あって出で立たれたり」〈太平記・一四〉〔派生〕**さわやかさ**〔名〕〔類語〕すがすがしい・爽快・清爽・清新・涼しい

さわ-や・ぐ【爽やぐ】さは《歴史的仮名遣いは「さわやぐ」とも》㊀〔動ガ四〕さわやかになる。気分が晴れやかになる。「やうやう御心地一・がせ給ひて」〈狭衣・二〉㊁〔動ガ下二〕気分を晴れやかにする。「いましばし一・げて、わたし奉れ」〈夜の寝覚・二〉

さわやなぎ-まさたろう【沢柳政太郎】さはやなぎまさタラウ［1865～1927］教育家。長野の生まれ。貴族院議員。文部次官を経て、東北大・京大総長を歴任後、帝国教育会会長。大正6年(1917)成城小学校を創設、子供の自発的活動を重んじる新教育運動を展開した。

さわ-やま【沢山‖▽多山】さは〔形動ナリ〕《「沢山(たくさん)」の訓読み。江戸時代、多く女性が用いた語》数や程度のはなはだしいさま。たくさん。たいへん。「一にかろき奉公人に、大壁六平といへる男あり」〈浮・武道伝来記・四〉

さわら【早良】さはら 福岡市南西部の区名。昭和57年(1982)西区より分区。背振山地から博多湾岸までを占める。住宅地。

さわら【佐原】さはら 千葉県北東部にあった市。平成18年(2006)3月に小見川町・山田町・栗源(くりもと)町と合併し香取市となる。→香取

さわら【×椹】さはら ヒノキ科の常緑大高木。山林中に自生し、高さ30～40メートル。樹皮は灰褐色で、縦に裂けてはげる。葉はうろこ状でヒノキに似るが、先がとがる。4月ごろ、紫褐色で楕円形の雄花と、黄褐色で球形の雌花をつける。庭木にし、植林もされる。材は耐水性が強く、桶や建具に用いる。さわらぎ。

さわら【×鰆】さはら サバ科の海水魚。全長約1メートル。体は細長い紡錘形で、背面は淡灰青色、腹面は銀白色。沿岸に広く分布。冬から春にかけて特に美味。(季 春)「一匹の一を以てもてなさん/虚子」

さわ-らか【爽らか】さは〔形動ナリ〕《歴史的仮名遣いは「さわらか」とも》❶ごたごたしていないで、さらりとしたさま。さっぱり。「けざやかなる髪のかかりの、少し一なるほどに薄らぎにけるも」〈源・初音〉❷話し方などがはっきりしているさま。きっぱり。「なほ勘当し給はば、ちることとふみにても書きて見せ奉らむと、一に宣へば」〈海人刈藻・三〉

さわら-く【早良区】さはら ►早良

さわら-し【佐原市】さはら ►佐原

さわら-しんのう【早良親王】さはらシンワウ［?～785］光仁天皇の第2皇子。兄桓武天皇の皇太子であったが、延暦4年(785)廃せられ、淡路へ配流の途上で死去。その祟(たた)りを恐れ、崇道(すどう)天皇と追号された。

さ-わらび【▽早×蕨】㊀❶芽を出したばかりのワラビ。(季 春)❷襲(かさね)の色目の名。表は紫、裏は青。春に用いる。㊁源氏物語第48巻の巻名。薫大将、25歳。宇治の大君(おおいぎみ)没後、中の君は匂宮の二条院に移り、薫の失望するさまを描く。

さわ-らん【沢×蘭】さは ラン科の多年草。中部以北の山中の湿地に自生。高さ約20センチ。1枚の葉と1本の花茎とを出し、夏、紅紫色の花を横向きに開く。あさひらん。

さわり【触り】さはり ❶さわること。また、触れた感じ。感触。多く他の語と複合して「ざわり」の発音で用いられる。「手一」「舌一」「肌一」❷人に接したときの感じ。人あたり。「女のたちが、少し私には一が冷たいからだろうか」〈三重吉・桑の実〉❸《他の節(ふし)にさわっている意》義太夫節で、義太夫節以外の他流の曲節を取り入れた部分。❹義太夫節の一曲の中で、一番の聞きどころとされる箇所。❺《❹から転じて》広く芸能で、中心となる見どころ・聞きどころ。また、話や文章などで最も感動的、印象的な部分。「小説の一を読んで聞かせる」❻三味線の音響装置。また、それによって出る音。上駒(かみごま)から約1センチ下までの棹(さお)の表面を浅く削り、一の糸を上駒から外して軽く触れるようにする。複雑なうなり音を生じる。〔補説〕❺は、「最初の部分」と誤用されることが多い。文化庁が発表した平成19年度「国語に関する世論調査」では、「話のさわりだけ聞かせる」を、本来の意味である「**話などの要点のこと**」で使う人が35.1パーセント、間違った意味「**話などの最初の部分のこと**」で使う人が55.0パーセントという逆転した結果が出ている。
〔類語〕見せ場・正念場・見せ所・ハイライト

触り三百 ちょっと触ったばかりで、銭(ぜに)三百文の損をすること。なまじっか関わり合ったばかりに損害を受けることのたとえ。さわり三百目。

さわり【障り】さはり ❶差し支え。じゃま。妨げ。支障。「修行の一になる」❷病気になること。また、からだのぐあいなどに悪い影響を与えることやもの。「暑中なんのお一もなく」「目一」「耳一」❸月経。月の障り。
〔類語〕差し障り・差し支え・不都合・邪魔

さわり-どころ【障り所】さはり 妨げるもの。じゃまもの。障害。「ひたみちに行ひにおもむきなむに一あるまじきを」〈源・御法〉

さわ・る【触る】さはる〔動ラ五(四)〕《「障る」の意から派生》❶手などをそのものに軽くつける。また、何かが身体にふれて、そのものの存在が感覚的にわかる。「汚い手で一・るな」「ひんやりとしたものが顔に一・った」❷(近づいて)かかわりを持つ。関係する。「とかくの噂(うわさ)があるので彼には一・らないほうがいい」「政治的な問題には一・らないでおく」❸(「障る」とも書く)感情を害する。「神経に一・る」「癪(しゃく)に一・る」〔可能〕**さわれる**

〔用法〕**さわる・ふれる**――「額(ひたい)にさわる(ふれる)とひどく熱かった」「宝石にそっとさわる(ふれる)」のように、人と人、人と固体・液体とが接触する場合は相通じて用いられる。◆人が気体などに接触する場合や、物と物が接触する場合にも「ふれる」を使い「冷気にふれて震えあがった」「高圧電流にふれて感電死する」「風で枝が壁にふれる」などという。◆接触の程度は「ふれる」の方が軽い感じである。「手でさわる」は手を押し付け、動かしてみるさまを、「手をふれる」は対象の表面にそっと手を接触させるさまをいう。◆「着物の裾が床にさわる」「棒でさわってみる」などは、「裾」「棒」を人体の延長ととらえての言い方である。
〔類語〕触れる・接する・擦(こす)る・接触する・触接する・タッチする

触らぬ神に祟(たた)りなし その物事にかかわりさえもたなければ、災いを招くことはない。めんどうなことによけいな手出しをするな、というたとえ。

さわ・る【障る】さはる〔動ラ五(四)〕❶差し支える。じゃまになる。妨げとなる。「仕事に一・る」「出世に一・る」❷からだに悪い影響を及ぼす。害になる。「夜更かしはからだに一・る」〔類語〕差し障る・差し支える

さわ-るりそう【沢瑠璃草】さはるりサウ ムラサキ科の多年草。山地の木陰に生え、高さ30～50センチ。夏、るり色の花を総状につける。

さわれさはれ ►さばれ

さ-わん【左腕】❶左のうで。ひだりうで。⇔右腕。❷野球で、左投げの投手。左腕投手。サウスポー。

さん【三‖参】❶数の名。2の次、4の前の数。みっつ。みつ。❷3番目。第3。❸三味線で、三の糸。
〔補説〕「参」は、主に証書などに金額を記すとき、間違いを防ぐために「三」の代わりに用いることがある。→漢「さん(三・参)」〔類語〕一・二・四・五・六・七・八・九・十(じゅう)・百・千・万・億・兆・ゼロ・零・一つ・二つ・三つ・四つ・五つ・六つ・七つ・八つ・九つ・十(とお)

さん【参】❶加わること。参加。「一・不参を問う」❷朝廷・寺社など尊貴の所に行くこと。まいること。「一を以てもお悦び申さんと存ずる折から」〈浄・歌軍法〉→漢「さん(参)」

さん【桟】❶戸・障子などの骨組み。❷板が反るのを防ぐために、打ちつけたり差し込んだりする横木。❸土台や梯子(はしご)などに渡す横木。❹「猿(さる)❸」に同じ。「一を下ろす」→漢「さん(桟)」

さん【産】❶(多く「お産」の形で)子供を産むこと。出産。分娩(ぶんべん)。「お一が軽い」「家内が一の気が付いたようだと」〈二葉亭・出産〉❷その土地の生まれであること。「彼は大阪の一だ」❸その土地で産出されること。また、そのもの。「愛媛一のミカン」❹財産。「一代で一を成す」→漢「さん(産)」〔類語〕産物・物産・土産・財産・資産・私産・家産・恒産・遺産

産の紐(ひも)を解(と)・く 出産する。分娩(ぶんべん)する。「日数つもる程に一・く」〈曽我・六〉

産を傾・ける ❶財産を失う。「日ごとの遊興で一・ける」❷ある事に全財産を差し出す。「難民救済に一・ける」

産を破・る 財産をすっかり失う。破産する。「飄然出没、一・りて家を成さず」〈福沢・福翁百話〉

さん【散】粉末の薬。こなぐすり。「実母一」「敗毒一」→漢「さん(散)」

さん【算】❶昔、中国から渡来した計算用具。長方形の小さい木片。❷占いに用いる算木(さんぎ)。また、その占い。❸計算。勘定。「一が合う」「つるかめ一」❹はかりごと。もくろみ。計画。「胸中予(あらかじ)めこの一ありけん」〈鏡花・琵琶伝〉→漢「さん(算)」

算無・し 数えきれないほど多い。数限りもない。

算を置・く ❶算木を並べて占う。❷算木で計算す

る。「手づから終夜―・きける」〈愚管抄・五〉

算を散ら・す　算木をばらばらにする。ちりぢりばらばらになる。算を乱す。「海には兵船数万艘を浮かべて―・せるが如く」〈盛衰記・三六〉

算を乱・す　算木を乱したように、ちりぢりばらばらになる。散乱する。算を散らす。「机だの、卓子(テーブル)だの、―・した中を拾って通った」〈鏡花・婦系図〉

さん【酸】 ❶すっぱいこと。また、すっぱいもの。❷水溶液中で水素イオンを放出する物質。放出が強いものを強酸、弱いものを弱酸という。塩基と反応して塩(えん)と水を生じる。➡漢「さん(酸)」

さん【賛・×讃】 ❶ほめたたえること。また、その言葉。「バッハ―」❷漢文の文体の一。人物や事物をほめる際の文章。多く、4字1句で韻を踏む。❸画面の中に書きそえた、その絵に関する詩句。画賛。❹仏・菩薩(ぼさつ)の徳をたたえる言葉。❺論評。批評。「出口の茶屋に腰掛けながら、朝帰りの客に―付くるに」〈浮・諸艶大鑑・一〉➡漢「さん(賛・讃)」

さん【×餐】 《「ざん」とも》飲食すること。また、飲食物。「僅かに一日の―を求めかねてみづから溝壑(こうがく)に倒れ伏す」〈太平記・一一〉➡漢「さん(餐)」

サン【三】 《中国語》数の、さん。みっつ。

サン〘スペイン・イタリア San〙 ►サント(Santo)

サン〘SAN〙 《storage area network》複数のコンピューターと外部記憶装置を結ぶ高速ネットワークのこと。ストレージエリアネットワーク。

サン〘sun〙 太陽。「―グラス」「―デッキ」

さん【惨】 〔ト・タル〕図〔形動タリ〕いたましいさま。また、ひどく悲しむさま。「―たる光景」「―として暗くなった顔」〈芥川・偸盗〉➡漢「さん(惨)」

さん【×燦】 〔ト・タル〕図〔形動タリ〕輝いて鮮やかなさま。「―たる黄金の光」➡漢「さん(燦)」類語 燦然(さんぜん)・燦爛(さんらん)・赫赫(かっかく)・玲瓏(れいろう)・皓皓(こうこう)・煌煌(こうこう)・炯炯(けいけい)

さん 〔接尾〕《「さま」の音変化》❶人を表す語や人名・役職名・団体名などに付いて、尊敬の意を表す。また、動物名などに付いて、親愛の意を表すこともある。「お嬢―」「田中―」「部長―」「お猿―」❷体言または体言に準ずる語に「お」「ご(御)」を冠したものに付いて、丁寧の意を表す。「お世話―」「ご苦労―」「ご機嫌―」類語 様・君・氏・殿・ちゃん

さん【山】 〔接尾〕《「ざん」とも》❶山の名に付けていう。「富士―」「六甲―」❷仏寺の称号に添えていう。山号。「比叡―延暦寺」「金竜―浅草寺」➡漢「さん(山)」

ざん【残】 ❶のこり。あまり。「差し引き三万円の―」❷そこなうこと。きずつけること。「―に勝ち殺を棄てん事、何ぞ必ずしも百年を待たん」〈太平記・二〇〉➡漢「ざん(残)」類語 残り・残品・残部・残務・残余

ざん【斬】 罪人の首をきる刑。斬罪。「―に処せられる」➡漢「ざん(斬)」

ざん【×讒】 他人を陥れるために事実でない悪口を言うこと。讒言。「―にあう」➡漢「ざん(讒)」

さん‐あ【山×阿】 山のくま。山の入りくんだ所。

さん‐アール【三R】 ►スリーアール

さん‐あい【三愛】 ❶琴と酒と詩。三友。❷仏語。㋐三界のそれぞれの渇愛である、欲愛と色愛と無色愛。㋑臨終に起こす自体愛と境界愛と当世愛。

さん‐あく【三悪】 ❶三つの悪。また、三人の悪者。「―追放運動」❷《連声(れんじょう)で「さんまく」「さんなく」とも》「三悪趣」「三悪道」の略。

さん‐あくしゅ【三悪趣】 《連声(れんじょう)で「さんなくしゅ」「さんまくしゅ」とも》仏語。悪業の結果、人が堕(お)ちていく三つの悪趣。地獄・餓鬼・畜生。三悪道。

サン‐アグスティン〘San Agustín〙 コロンビア南西部、マグダレナ川源流域にある先史時代の遺跡群。紀元前6世紀から12世紀にかけて作られた、丸みを帯びた人物や動物の石像が数多く残っている。1995年、「サン‐アグスティン遺跡公園」の名で、世界遺産(文化遺産)に登録された。

さん‐あくどう【三悪道】(サンアクダウ) 《連声(れんじょう)で「さんなくどう」「さんまくどう」とも》「三悪趣(さんあくしゅ)」に同じ。

さん‐あそうぎこう【三×阿僧×祇×劫】(サンアソウギコフ) 仏語。

漢字項目　さん

三 学1　音**サン**呉漢　訓**み、みつ、みっつ**‖㊀〈サン〉①数の名。みっつ。「三角・三脚・三国・三役」②三番目。「三更・三流・三人称」③みたび。三度。「三顧・三唱・三振/再三」④何度も。「三嘆・三拝九拝」⑤三河(みかわ)国。「三州」㊁〈み・みつ〉「三日月(みかづき)・三日(みっか)・三葉(みつば)」名付 かず・こ・そ・ただ・なお 難読 三鞭酒(シャンパン)・三和土(たたき)・三十(みそ)・三十(みそじ)・三十日(みそか)・三椏(みつまた)・三幅(みの)

山 学1　音**サン**漢　セン呉　訓**やま**‖㊀〈サン〉①やま。「山河・山岳・山脈・山麓(さんろく)/火山・高山・登山・氷山・満山・遊山(ゆさん)」②鉱山。「銅山・廃山」③寺院。「山号/開山・本山」④比叡山。「山門派」㊁〈セン〉やま。「須弥山(しゅみせん)」㊂〈やま〉「山奥・山道/裏山・野山・雪山」名付 たか・たかし・のぶ 難読 山梔子(くちなし)・山茶花(さざんか)・山茱萸(さんしゅゆ)・山車(だし)・山茶(つばき)・山毛欅(ぶな)・山羊(やぎ)・山桜桃(ゆすらうめ)・山葵(わさび)

▽**杉** 音サン漢　訓**すぎ**‖㊀〈サン〉木の名。スギ。「老杉」㊁〈すぎ〉「杉皮・杉板/糸杉」

参〔參〕 学4　音**サン**呉漢　シン呉漢　訓**まいる**、みつ、みっつ‖㊀〈サン〉①照らし合わせる。「参考・参照」②加わる。仲間入りする。「参加・参画・参政・参入・参謀/古参・新参(しんざん)」③ある目的のためにそこへ行く。まいる。「参賀・参観・参詣・参上・参拝/帰参・降参・持参・日参・墓参」④「三」の大字。「参万円」⑤「参議院」の略。「衆参両院」⑥三河(みかわ)国。「参州」㊁〈シン〉①そろわないさま。「参差(しんし)」②人参(にんじん)。「独参湯(どくじんとう)」名付 かず・ちか・なか・ほし・み・みち 難読 海参(いりこ)・参宿(しんしゅく)

桟〔棧〕 音**サン**漢　訓かけはし‖険しいがけなどに、架け渡した橋。かけはし。「桟道」難読 桟敷(さじき)

蚕〔蠶〕 学6　音**サン**漢　訓**かいこ、こ**‖㊀〈サン〉カイコガの幼虫。「蚕糸・蚕食/蟻蚕(ぎさん)・原蚕・養蚕」㊁〈かいこ〉「蚕蛾・蚕棚」㊂〈こ(ご)〉「毛蚕(けご)・春蚕(はるご)」難読 沙蚕(ごかい)・蚕豆(そらまめ)・草石蚕(ちょろぎ)・天蚕糸(てぐす)・天蚕(やままゆ)

惨〔慘〕 音**サン**呉漢　**ザン**慣　訓**みじめ**、むごい‖㊀〈サン〉①いたましい。みじめ。「惨禍・惨苦・惨事・惨状・惨憺(さんたん)・惨落/悲惨」②むごい。むごたらしい。「惨劇・惨烈/陰惨・凄惨(せいさん)」㊁〈ザン〉①みじめ。「惨敗」②むごい。「惨殺・惨死」

産 学4　音**サン**漢　訓**うむ、うまれる、うぶ**、むす‖㊀〈サン〉①子をうむ。「産院・産科・産褥(さんじょく)・産婦・産卵/安産(あんざん)・出産・早産(そうざん)・流産(りゅうざん)」②ものを作り出す。作り出されたもの。「産業・産出・産地・産物/月産・原産・国産・所産・殖産・生産・増産・畜産・特産・名産・量産」③生活に必要なもとで。「遺産・家産・恒産・財産・資産・倒産・破産・不動産」㊁〈うぶ〉うまれた時の。「産着・産毛・産声・産土(うぶすな)・産湯」名付 ただ・むすび 難読 土産(みやげ)・産霊(むすび)

傘 音**サン**呉漢　訓**かさ**、からかさ‖㊀〈サン〉①かさ。「傘下/鉄傘・落下傘」②(略字「仐」の分析から)八十歳。「傘寿」㊁〈かさ(がさ)〉「雨傘・番傘・日傘」

散 学4　音**サン**呉漢　訓**ちる、ちらす、ちらかす、ちらかる**‖①四方にちらばる。ばらばらになる。ちらす。「散会・散華(さんげ)・散在・散乱/雲散・解散・四散・集散・退散・発散・分散・離散」②財物をばらまくように使う。「散財」③とりとめがない。しまりがない。「散漫」④気ままである。ぶらぶらしている。ひま。「散人・散歩/閑散」⑤粉末状の薬。「散薬/胃散」⑥(「撒」の代用字)まく。「散水・散布」難読 散切(ざんぎり)

算 学2　音**サン**呉漢　訓かぞえる‖①かぞえる。かぞえること。「算出・算数・算定・算法/暗算(あんざん)・演算(えんざん)・加算・概算・計算・決算・採算・珠算(しゅざん)・通算・予算」②もくろむ。はかる。見込み。「算段/誤算・公算・勝算・心算・成算・打算・目算」③年齢。「算賀/聖算・宝算」補説「筭」は異体字。名付 かず・とも 難読 算盤(そろばん)・心算(つもり)

酸 学5　音**サン**呉漢　訓**すい**、す‖①すっぱい。「酸敗・酸味/甘酸」②つらい。いたましい。「酸鼻/辛酸」③酸性反応する化合物。「胃酸・塩酸・酢酸・硝酸・炭酸・乳酸・硫酸」④酸素のこと。「酸化・酸欠」難読 酸模(すかんぽ)・酸漿(ほおずき)・虫酸(むしず)

人**撒** 音サン慣　サツ漢　訓まく‖ばらまき振りかける。まく。「撒水(さんすい・さっすい)・撒布(さんぷ・さっぷ)」補説「散」を代用字とすることがある。難読 弥撒(ミサ)

賛〔贊〕 学5　音**サン**呉漢　訓ほめる、たたえる、たすける‖①わきから力を添えてたすける。同意する。「賛意・賛成・賛同・賛否/協賛・翼賛」②ほめたたえる。「賛歌・賛辞・賛嘆・賛美/称賛・賞賛・絶賛・礼賛」③人物などをたたえる文章。「論賛」④絵に添える詩文。「画賛・自画自賛」補説 ②〜④は「讃(さん)」と通用する。名付 あきら・じ・すけ・たすく・よし

×**餐** 音サン呉漢‖飲み食いする。食事。ごちそう。「午餐・正餐・聖餐・粗餐・朝餐・晩餐・尸位素餐(しいそさん)」

人**燦** 音サン呉漢‖鮮やかに輝くさま。「燦燦・燦然・燦爛(さんらん)」

×**簒** 音サン漢　訓うばう‖うばいとる。横取りする。「簒奪・簒立」

人**纂** 音サン呉漢‖集めてそろえる。編集する。「纂修/雑纂・編纂・論纂」

×**霰** 音サン慣　セン呉漢　訓あられ‖あられ。「霰弾(さんだん)/急霰(きゅうさん)」

人**讃** 音サン呉漢　訓ほめる、たたえる‖①ほめたたえる。「讃歌・讃辞・讃美/称讃・絶讃・礼賛(らいさん)」②ほめたたえる文。また、絵に添える詩文。「画讃」③仏徳をたたえる言葉。「梵讃(ぼんさん)・和讃」④讃岐(さぬき)国。「讃州/土讃・予讃」補説「讚」が正字。人名用漢字表(戸籍法)の字体は「讃」。

×**鑽** 音サン呉漢　訓きる、きり‖①穴をあける。うがつ。「鑽孔」②物事を深く究める。「鑽仰/研鑽」

漢字項目　ざん

【惨】►さん

残〔殘〕 学4　音**ザン**呉　訓**のこる、のこす**‖①あとにのこる。「残骸・残業・残金・残滓(ざんし)・残雪・残像・残存・残念・残余・残留」②そこなう。くずれる。「残害・残欠/衰残・敗残・廃残・老残」③むごい。「残虐・残酷・残忍」

斬 音**ザン**慣　訓**きる**‖①切り殺す。「斬罪・斬殺・斬首」②切りはなす。「斬髪」③きわだつ。「斬新」

×**慙** 音ザン呉　訓はじる、はじ‖はじる。はじ。「慙愧(ざんき)・慙死/無慙」補説「慚」は異体字。

暫 音**ザン**呉　訓しばらく、しばし‖わずかの間。しばらく。「暫時・暫定」

×**竄** 音ザン慣　訓のがれる、かくれる‖①もぐる。逃げ隠れる。「竄入/逃竄」②遠隔地へ追放する。「流竄(りゅうざん・るざん)」③文章を書き改める。「改竄」

×**懺** 音ザン慣　サン漢　セン呉‖罪を悔いて告白する。「懺悔(ざんげ・さんげ)」補説「懴」は俗字。

×**讒** 音ザン呉　訓そしる‖告げ口をする。そしる。「讒言・讒訴・讒謗(ざんぼう)」

菩薩が仏果を得るまでの段階を三つに分けたもの。50の修行段階のうち、十信・十住・十行・十回向を第1阿僧祇劫、十地のうちの初地から七地までを第2阿僧祇劫、八地から十地を第3阿僧祇劫とする。

さん-あみ【三阿弥】足利将軍の同朋衆のうち、能阿弥・芸阿弥・相阿弥の3代の称。代々唐物の鑑識・管理や座敷飾りの指導などを職とし、画家としても著名。

さん-アミド【酸アミド】アンモニアの水素原子1個がアシル基RCO－と置換した化合物の総称。カルボン酸の誘導体として重要。また、広くアミドをいう。

さんアルカリ-でんち【酸アルカリ電池】気体電池の一。陰極・陽極ともに水素を用い、陰極側に水酸化物イオン、陽極側に水素イオンが供給される。

サン-アンコー【三暗刻】《中国語》マージャンで、同じ牌3個を3組、手の内でそろえた役。

サン-アントニオ〖San Antonio〗米国テキサス州南部の商工業都市。メキシコへの交通・貿易上の要地。精油業なども盛ん。テキサス独立戦争(1836年)当時のアラモの砦が残る。人口、行政区135万(2008)。

サンアントニオ-デ-ラ-フロリダ-せいどう【サンアントニオデラフロリダ聖堂】《Ermita de San Antonio de la Florida》スペインの首都、マドリードにある聖堂。1798年スペイン王カルロス4世により建造。画家ゴヤが天井に描いたフレスコ画とゴヤの墓があり、「ゴヤの霊廟」「ゴヤのパンテオン」とも呼ばれる。

サンアンドレアス-だんそう【サンアンドレアス断層】《San Andreas Fault》米国の太平洋岸沿いに北北西から南南東に走る長さ1000キロ以上の大断層。断層の西側が東側に対して北にずれた右横ずれ断層で、断層運動は今も続いている。トランスフォーム断層の一つとされる。

サンアントン-じょう【サンアントン城】《Castillo de San Antón》スペイン北西部、ガリシア州の港湾都市ラ-コルーニャにある要塞。16世紀、カルロス1世により港の防備のために建造。何度か修復された後、18世紀の再建で今の姿になった。現在は博物館になっている。

さん-い【三位】►さんみ(三位)

さん-い【三畏】《「論語」季氏の「孔子曰く、君子に三畏あり」から》君子がおそれつつしむべき三つのこと。すなわち、天命、人格の高い人、聖人の言葉。

さん-い【山彙】山系や山脈をなすことなく、孤立している山の集まり。山群。

さん-い【産衣】生まれたばかりの赤子に着せるもの。うぶぎ。

さん-い【産医】►産科医

さん-い【散位】《連声で「さんに」とも》❶律令制で、位階だけで官職のないこと。また、その人。❷「散位寮」の略。

さん-い【賛意】賛成の気持ち・意志。「—を表する」

さん-い【×簒位】〔名〕スル 帝位を奪い取ること。

ざん-い【×慙×恚｜×慚×恚】〔名〕スル 恥じ、怒ること。

さんいくがくいん-だいがく【三育学院大学】千葉県夷隅郡大多喜町にある私立大学。平成20年(2008)に開学。看護学部の単科大学。

さんいく-きゅう【産育休】出産休暇(産休)と育児休暇(育休)のこと。

サン-イグナシオ〖San Ignacio〗中央アメリカ、ベリーズの西部の町。カヨ州の州都。町の中央をベリーズ川の支流、マカル川が流れる。カルペチ、シュナントゥニッチなどのマヤ文明遺跡が近隣にある。

サンイシドロ-きょうかい【サンイシドロ教会】㊀《Basílica de San Isidoro》スペイン北西部、カスティーリャ-イ-レオン州の都市レオンにある教会。11世紀から12世紀にかけて建造。中世セビリアの司教聖イシドロが眠る。ロマネスク様式のほか、後の修復によるゴシック、ルネサンス様式の装飾も見られる。併設する美術館には教会地下の天井に描かれたフレスコ画などを展示。㊁《Santa Iglesia de San Isidro》スペインの首都、マドリードの中心部にある教会。17世紀にフランシスコ＝ザビエルを祭る同国初のイエズス教会として建造。18世紀後半にマドリードの守護聖人サン＝イシドロを祭る教会になった。

さん-いちい【散一位】位は一位であっても、一位相当の官職に就いていないこと。また、その人。

さんいちご-じけん【三・一五事件】昭和3年(1928)3月15日、田中義一内閣が日本共産党などの関係者千数百名を、治安維持法違反の容疑で一斉検挙した事件。

さんいち-どくりつうんどう【三・一独立運動】1919年3月1日、ソウルで日本支配からの解放を望む朝鮮民族が起こした反日独立運動。独立宣言を発し、朝鮮独立万歳を叫ぶ示威運動は全国各地に波及したが、日本の軍・警察は武力でこれを鎮圧した。万歳事件。

さん-いつ【散逸｜散×佚】〔名〕スル まとまっていた書物・収集物などが、ばらばらになって行方がわからなくなること。散失。「研究資料が—する」
〘類語〙消える・失せる・無くなる・散る・散ずる・消失・消散・雲散・霧散・雲散霧消・消滅・離散・四散・飛散

さん-いっち【三一致】《フランス trois unités》演劇は、一日の間(時間)に一か所(場所)で起こる一つの事(筋)を扱うべきであるという作劇理論。アリストテレスの理論を受けて、17世紀フランスの古典劇作者たちが主唱。三一致の法則。三単一の法則。

さんい-りょう【散位寮】律令制で、式部省に属し、文武官の散位に関することをつかさどった役所。

サンイルデフォンソ-がくいん【サンイルデフォンソ学院】《Colegio Mayor de San Ildefonso》スペイン、マドリード自治州東部の都市アルカラ-デ-エナレスにある旧大学施設。1838年に移転したマドリード大学の前身。1977年に再開校したアルカラ大学の本部が置かれている。15世紀末、枢機卿シスネロスにより創設された大学都市の中心施設であり、1998年に「アルカラ-デ-エナレスの大学と歴史地区」として世界遺産(文化遺産)に登録された。

さん-いん【三院】㊀平安時代の大学別曹である勧学院・学館院・奨学院。㊁明治4年(1871)の官制改革で設置された正院・左院・右院。

さん-いん【山陰】■一山のかげ。山の北側。⇔山陽。■二㊀「山陰地方」の略。㊁「山陰道」の略。

さん-いん【参院】「参議院」の略。

さん-いん【産院】出産をたすけ、妊産婦や新生児の世話や手当てをする医院。

さんいんかいがん-こくりつこうえん【山陰海岸国立公園】京都府京丹後市から鳥取市までの約75キロの海岸の国立公園。城崎温泉・浦富海岸・鳥取砂丘などがある。

さんいん-せん【参院選】►通常選挙

さんいん-ちほう【山陰地方】中国山地の北、日本海側の地域。鳥取・島根両県および山口県の北部。兵庫県・京都府の北部を含むこともある。

さんいん-どう【山陰道】五畿七道の一。現在の近畿・中国地方の日本海側。丹後・丹波・但馬・因幡・伯耆・出雲・石見・隠岐の8か国。また、この国々を結ぶ街道のこと。

さんいん-ほんせん【山陰本線】京都から鳥取・松江を経て山陽本線の幡生(山口県)に至るJR線。長門市・仙崎間の支線を含む。全長676キロ。

さん-う【三有】►さんぬ

さん-う【山雨】山から降りはじめる雨。また、山に降る雨。山中で出あう雨。

山雨来らんと欲して風楼に満つ 《許渾「咸陽城東楼詩」から》山雨がやって来る前には、高殿へ風が吹きつける。変事が起きる前には、なんとなく形勢が穏やかでなくなることのたとえ。

ざん-う【残雨】雨があがったあと、まだぱらぱらと降る雨。降り残りの雨。なごりの雨。

さん-うん【桟雲】❶かけはしのように峰から峰へかかる雲。❷雲の中を行くような高く険しい山道。

さん-え【三会】《連声で「さんね」とも》仏語。❶仏が成道後に、衆生済度のために行う3回にわたる説法。❷弥勒菩薩が釈迦入滅の56億7000万年後に兜率天から人間界に下って、竜華樹の下で悟りを開き、衆生のために三度にわたって説くという説法の会座。竜華会。竜華三会。❸南京(奈良)で行われた三大法会。興福寺の維摩会、薬師寺の最勝会、宮中大極殿の御斎会。また、興福寺の維摩会と法華会に、薬師寺の最勝会を加えていう。三大会。❹北京(京都)の三大法会。天台宗の法会で、円宗寺の法華会と最勝会、法勝寺の大乗会。三大会。

さん-え【三▽衣】《連声で「さんね」とも》僧が着る3種の袈裟。僧伽梨(大衣・九条)・鬱多羅僧(上衣・七条)・安陀会(中衣・五条)。また、一般に法衣。

さん-え【三×慧】《連声で「さんね」とも》仏語。知慧を修行の順序によって三つに分類したもの。経典の教えを聞いて生じる聞慧、思惟・観察によって得られる思慧、禅定を修して得られる修慧。

さん-え【産×穢】出産の際、生まれた子の父母が受けるというけがれ。江戸時代には、父は7日間、母は35日間とされた。

さん-えい【山影】物に映った山のかげ。山の姿。

ざん-えい【残映】❶暮れ残った日の光。夕ばえ。❷消えていったもののなごり。「栄耀栄華の—」

ざん-えい【残影】おもかげ。「古都の—」

さんえ-いっぱつ【三▽衣一鉢】僧の具備すべき一式の品。三衣と食器の鉢。

さん-えき【三易】中国、夏・殷・周3代の易。夏の連山、殷の帰蔵、周の周易。周易のみ今日に伝わる。

さん-えき【山駅】山中にある宿駅。

さん-えき【算易】そろばんの玉で行う占い。そろばん占い。

さん-えきゆう【三益友】《「論語」季氏から》有益な3種類の友達。すなわち、正直な友、まごころのある友、物知りの友。益者三友。⇔三損友。

サンエステバン-しゅうどういん【サンエステバン修道院】《Convento de San Esteban》スペイン西部、カスティーリャ-イ-レオン州の都市サラマンカにあるドミニコ会の修道院。16世紀から17世紀にかけて建造。スペイン独自のルネサンス建築様式の一、プラテレスコ様式のファサードや、チュリゲラ様式の代表作であるホセ＝チュリゲラの手による祭壇衝立がある。サラマンカ大聖堂、マヨール広場と共に旧市街全体が1988年に世界遺産(文化遺産)に登録された。

さん-えつ【三越】越前・越中・越後。

さん-えつ【参謁】〔名〕スル 参上して目上の人や尊貴な人に会うこと。「司令官に—する」

さんえ-ばこ【三▽衣×匣】三衣を納める箱。

さんえ-ぶくろ【三▽衣袋】三衣を入れて持ち歩く袋。また、頭陀袋。

さん-えん【三猿】三様の姿をした3匹の猿。それぞれ、両手で両眼・両耳・口を覆って、「見ざる・聞かざる・言わざる」の意味を表す。さんざる。➡見猿聞か猿言わ猿

さん-えん【三遠】山水画における三つの遠近法、ないし空間の構成原理。下から上方峰を見あげる高遠、渓谷の奥を水平に望む深遠、近山から遠山を眺望する平遠。北宋の郭熙の説。

さん-えん【三縁】仏語。唐の善導の説く、念仏行者と阿弥陀仏との間に結ばれる3種の縁。衆生の三業と仏の三業とが不離となる親縁、衆生が仏を見ることを欲すればただちに仏が顕現するようになる近縁、念仏する衆生の臨終に聖衆とともに来迎する増上縁。摂取の三縁。

さん-えん【山塩】岩塩のこと。

ざん-えん【残炎｜残×焔】❶消え残っている炎。❷秋になっても残る暑さ。残暑。

ざん-えん【残煙｜残×烟】消え残りの煙。

さん-えんかぶつ【酸塩化物】カルボン酸のカルボキシル基中の水酸基が塩素で置換された化合物の総称。一般式RCOClで表される。

さんえんき-さん【三塩基酸】1分子中に、電離しうる水素原子を3個含む酸。燐酸(りんさん)など。

さんえんき-しじやく【酸塩基指示薬】水素イオン濃度の変化に従って変色する試薬。水溶液が酸性か塩基性かを調べたり、水素イオン指数や中和滴定の終点を知るのに用いる。それ自体が酸である酸性指示薬にフェノールフタレイン・チモールブルー、塩基である塩基性指示薬にメチルオレンジ・メチルレッドなどがある。ピーエッチ指示薬。中和指示薬。

サン-オイル《和 sun＋oil》美しく日焼けするための特殊化粧品。太陽光線中の紫外線を吸収して、肌を傷めない。(補説)英語ではsuntan oil

さん-おう【三王】(サンワウ)《連声(れんじょう)で「さんのう」とも》中国古代の三人の聖王。夏(か)の禹(う)王、殷(いん)の湯王、周の文王(または武王)。

ざん-おう【残桜】(ザンアウ) 散り残った桜。また、遅咲きで、春が過ぎても咲いている桜。残花。(季 春)

ざん-おう【残×鶯】(ザンアウ) 春が過ぎてもまだ鳴いているうぐいす。夏うぐいす。老鶯。(季 夏)

さん-おき【算置き】算木を用いて占うこと。また、その人。易者。「是へ―が参る。一算置かせうと存ずる」〈虎寛狂・居杭〉

さん-おん【三音】茶の湯で、湯釜の蓋をずらして開ける音、茶筅(ちゃせん)の穂を茶碗の湯にとおす音、茶碗に茶を入れたあと茶碗の縁で茶杓を軽くはたく音の三つとも、湯釜の湯の煮え立つ音、湯を茶碗に汲み入れる音、柄杓の残り湯を釜に返す音の三つともいう。

さんおん-とう【三温糖】(サンヲンタウ)《「三温」は三度煮詰める意か》白砂糖を作った後に残る糖蜜から作った砂糖。黄褐色でやや湿り気がある。純度は低いが味は濃く、煮物などに向く。

さん-か【三夏】陰暦で、4・5・6の夏の3か月。初夏・仲夏・晩夏。(季 夏)

さん-か【三過】(サンクワ) 仏語。三業(さんごう)によって起こる、身(行為)・口(言語)・意(心)の三つの過ち。

さん-か【山下】山のした。ふもと。さんげ。

さん-か【山火】(サンクワ) 山に起こる火災。山火事。

さん-か【山家】山中にある家。やまが。

さん-か【山×窩】(サンクワ) 山地の河原などを移動して、竹細工や狩猟などを業としていた人々。さんわ。

さん-か【参加】[名]スル ❶ある目的をもつ集まりに一員として加わり、行動をともにすること。「討論に―する」「―者」❷法律上の関係または訴訟に当事者以外の者が加わること。「訴訟―」(類語)(❶)加入・加盟・仲間入り・参入・参画・参与・参会・参列・飛び入り (―する)加わる・列する・連なる・名を連ねる

さん-か【参稼】ある仕事に一員として加わり、働くこと。

さん-か【蚕架】蚕(かいこ)を飼育する蚕箔(さんぱく)をのせる棚。蚕棚(かいこだな)。

さん-か【惨禍】(サンクワ) 天災・人災などによる、むごたらしくいたましい災難。「大震災の―」(類語)禍害・災禍・災害・難(なん)・災い・惨害・被害・害・被災

さん-か【産科】(サンクワ) 妊産婦を対象として、妊娠と分娩(ぶんべん)を扱う医学の分野。

さん-か【傘下】全体を一つの勢力としてまとめる指導的な人物や機関の下で、その統制・支配を受ける立場にあること。翼下。「―に入る」「―に置く」

さん-か【酸化】(サンクワ)[名]スル 物質が酸素と化合すること、または水素を失うこと。一般には原子または原子団から電子を取り去ること。⇔還元

さん-か【賛歌|×讃歌】❶ほめたたえる気持ちを表す歌。「青春の―」❷信仰対象を賛美する歌詞・歌曲。古代インドのリグ-ベーダ、キリスト教の讃美歌、仏教の声明(しょうみょう)や和讃などがある。

さん-が【山河】《「さんか」とも》山と河。また、山や河のある自然。「ふるさとの―」(類語)自然・天地(てんち)・あめつち・山水(さんすい)・山川草木(さんせんそうもく)・ネーチャー

さん-が【参賀】[名]スル 参内して祝賀の意を表すること。特に、新年に皇居に行って祝賀の意を表すること。(季 新年)

さん-が【蚕×蛾】蚕(かいこ)の羽化した成虫。かいこが。(季 夏)「―はや雌雄となるをかなしめり/節子」

さん-が【算賀】長寿の祝い。賀の祝い。40歳を老いの始めとして、以後10年単位で祝う。

サンガ ▶京都サンガF.C.

ざん-か【残火】(ザンクワ) ❶燃え残りの火。残り火。❷暁の茶事のとき、前夜からの灯籠(とうろう)の灯が、かすかに露地を照らしていること。残灯。

ざん-か【残花】(ザンクワ) ❶散り残っている花。「―一輪」❷春の末のころに咲き残っている桜の花。残る花。名残の花。(季 春)

サンガー〖Frederick Sanger〗[1918～]英国の生化学者。インシュリンの構造決定に成功し、1958年ノーベル化学賞受賞。さらにDNAの塩基配列の迅速決定法の発明で、80年再度同賞受賞。

サンガー〖Margaret Sanger〗[1883～1966]米国の女性社会運動家。スラム街の多産と貧苦の悪循環を痛感し、産児制限運動を創始。1922年以来、数度来日した。

さんか-あえん【酸化亜鉛】(サンクワ) 亜鉛を空気中で燃焼させると生じる白色の粉末。亜鉛華、亜鉛白ともいい白色顔料・化粧品・触媒などに用いる。化学式ZnO

さんか-アルミニウム【酸化アルミニウム】(サンクワ) アルミニウムの酸化物や化合物。天然には鋼玉として産出し、工業的には原鉱から水酸化アルミニウムを取り出し、強く熱して作る。アルミニウムの原料、人工宝石のルビー・サファイア、耐火材・研磨材・触媒などに用いる。化学式Al_2O_3　アルミナ。礬土(ばんど)。

さん-かい【三×槐】(サンクワイ)《中国の周代、外庭に3本の槐(えんじゅ)を植え、三公の座席をそれに向けて設けた故事から》三公の異称。

さん-かい【山海】山と海。

山海の珍味　山や海でとれる、珍しい味の食べ物。いろいろな種類のごちそう。

さん-かい【山塊】(サンクワイ) 山系・山脈から離れ、塊状になっている山地。多く、周囲は断層で限られている。(類語)山脈・山地・連山・山並み・山系・連峰

さん-かい【参会】(サンクワイ)[名]スル ❶会合に参加すること。「受賞記念のパーティーに―する」❷よりあい。集会。会合。「今日の―に、この珍書を持っている者は、自分一人だと思うと」〈菊池寛・蘭学事始〉❸遊里で遊女に会い、遊興すること。「客の傾城(けいせい)に―する事」〈色道大鏡・二〉(類語)参加・顔出し・出席・列席・臨席・参列・出場・臨場・参入・参画・参与・飛び入り・加わる・列する・連なる・名を連ねる

さんか-い【産科医】(サンクワ) 産科を専門とする医師。産医。

さん-かい【散会】(サンクワイ)[名]スル ❶会合が終わって、人々が別れ去ること。「会議は八時に―する」❷取引市場で、その日の立ち会いが終了すること。(類語)解散・お開き

さん-かい【散開】[名]スル ❶広く散らばること。❷戦闘のとき、敵の銃砲からの損害を少なくするため、各兵が間隔をおいて散らばること。「―して、戦闘態勢に入る」(類語)散る・散ずる・散らばる・散らかる・散らかす・散らす・四散・分散・拡散・飛散・雲散・離散・霧散・散逸・雲散霧消

さん-がい【三界】㊀[名]仏語。❶一切衆生(しゅじょう)が、生まれ、また死んで往来する世界。欲界・色界・無色界の三つの世界。❷「三千大千世界」の略。❸過去・現在・未来の三世。㊁[接尾]❶地名に付いて、遠く離れた所の意を表す。くんだり。「江戸―」「唐―」❷ある語に添えて意味を強める。「茶は土瓶でこしらへりゃ、一日―余る」〈滑・浮世風呂・四〉(類語)二世(にせ)・他生・三世

三界に家無し　広い世界のどこにも、身を落ち着ける場所がない。⇒女(おんな)は三界に家無し

三界の首枷(くびかせ)　❶過去・現在・未来にわたり自由を束縛するもの。また、現世の苦悩のもととなるもの。恩愛の情の類。❷《「子は三界の首枷」という諺から》子供。「―はみな片付けたりと」〈浮・万金丹・一〉

さん-がい【三階】《「さんかい」とも》❶建物で、2階の上にさらに1階あること。また、その階。「―建て」❷歌舞伎劇場の楽屋の3階。また、3階の大部屋に詰めた、名題下以下の立役の役者のこと。

さん-がい【三蓋】3層に重なっていること。みつがさね。

さん-がい【三×繋|三▽懸|三▽掛】馬具の面繋(おもがい)・胸繋(むながい)・尻繋(しりがい)のこと。押し掛け。

さん-がい【惨害】いたましい被害。むごたらしい災害。「台風は各地に―をもたらした」(類語)惨禍・被害・害・禍害・災禍・災害・難(なん)・災い・被災

ざん-かい【残壊】(ザンクワイ) きずつけ、こわすこと。破壊。

ざん-かい【残懐】(ザンクワイ) 思い残すこと。また、その思い。「国家の末を思いいたれば、―山のごとく此胸やぶるるばかり」〈一葉・うもれ木〉

ざん-かい【×慙悔|×慚悔】(ザンクワイ)[名]スル あやまちなどを恥じて悔いること。「心中大いに己の不廉恥を―し」〈織田訳・花柳春話〉

ざん-がい【残害】[名]スル《「さんがい」とも》傷つけ、損なうこと。また、傷つけ、殺すこと。

ざん-がい【残骸】❶戦場や災害地などにそのまま残された死体。❷原形をとどめないほどに破壊された状態で残っているもの。「事故車の―」

さんがい-いっしん【三界一心】「三界唯心」に同じ。

さんがい-がさ【三蓋×笠】《「三階笠」とも書く》馬標(うまじるし)や紋所の名。3層に重なった笠を側面から見た形を図案化したもの。

さんがい-かたく【三界火宅】(サングワイクワタク)《「法華経」譬喩品(ひゆほん)の「三界安きこと無し、猶(なお)火宅の如(ごと)し」から》迷いと苦しみに満ちた世界を、火に包まれた家にたとえた語。三界の火宅。

さんかいかん【山海関】(サンカイクワン) 中国河北省の北東端の地名。渤海(ぼっかい)湾に面する。遼寧省との省境に位置し、古来、華北と東北地方を結ぶ交通の要地で、万里の長城東端にある。シャンハイコアン。

さんかい-き【三回忌】(サンクワイキ) 人の死後満2年、数えて3年目の忌日。また、その日に行う法事。一回忌の翌年をいう。三周忌。三年忌。

さんかいき【山槐記】(サンクワイキ)《「山槐」は中山右大臣の意》平安末期の公卿中山忠親の日記。仁平元年(1151)から建久5年(1194)に至る源平抗争期の記録。

さんかいきょう【山海経】(サンカイキャウ) ▶せんがいきょう

さんがい-しょてん【三界諸天】仏語。三界に属する諸種の天。欲界に六欲天、色界に四禅天、無色界に四天がある。

さんかい-せいだん【散開星団】数十から数百個の恒星が、10光年程度の範囲に不規則に集まった星団。約1000個発見されており、銀河面に沿って分布する。牡牛(おうし)座のプレアデス星団、ヒアデス星団が有名。銀河星団。

さん-かいだん【三戒壇】奈良時代、勅命によって設けられた3か所の戒壇。大和の東大寺、下野(しもつけ)の薬師寺、筑前の観世音寺のもの。

さんがい-びし【三蓋×菱】《「三階菱」とも書く》紋所の名。3層に重ねたひし形を図案化したもの。

さんがい-ぶし【三階節|三界節】新潟県柏崎地方の民謡。盆踊り歌。のち「米山(よねやま)さんから雲が出た」の歌い出しで、座敷歌として流行。曲名は、同じ文句を3回繰り返すからとも、仏教の三界からとも。

さんがい-ぼう【三界坊】(サンガイバウ) 世の中をさまよい歩く者。放浪者。乞食(こじき)坊主。「我はこれより―」〈浄・女夫池〉

さんがい-まつ【三蓋松】❶枝葉が3層に重なった松。❷《「三階松」とも書く》紋所の名。❶を側面から見た形を図案化したもの。

さんがい-むあん【三界無安】《「法華経」譬喩品(ひゆほん)の「三界安きこと無し、猶(なお)火宅の如(ごと)し」から》現世は苦痛に満ちていて、少しも安心ができないということ。

さんかい-め【三会目】(サンクワイメ) 客が同じ遊女と会って三度目のこと。初会・裏に対していう。このとき客は祝儀を与える風習があり、客と遊女とのへだたりがとれ、以後「なじみ」と呼ばれる。

さんがい-ゆいしん【三界唯心】仏語。三界のすべては心から変現したものであって、心を離れては存

在しないということ。華厳経から出た語。三界一心。三界唯一心。

さんかいりょうほしょう-せいど【産科医療補償制度】サンクワイレウホシヤウ 分娩に関連して脳性麻痺を発症した新生児・家族の経済的負担を補償する制度。原因を分析し、再発防止に役立つ情報を提供。紛争の防止・早期解決を図ることにより、産科医療の質の向上を図る。平成21年(2009)創設。日本医療機能評価機構が運営。分娩を扱う医療機関が加入する。通常の妊娠・分娩にもかかわらず重度脳性麻痺となった場合に補償を受けることができる。染色体異常などの先天性要因や分娩後の感染症などにより発症した場合は対象外。

さんがい-るてん【三界流転】仏語。3種の迷いの世界に生と死を繰り返すこと。三界輪廻りんね。

さんか-エチレン【酸化エチレン】サンクワ エチレンを直接酸化してつくる、無色で芳香性のある、引火しやすい有毒の気体。水・アルコールなどによく溶ける。合成洗剤・合成樹脂の製造原料。化学式C_2H_4O

さんか-えん【酸化炎｜酸化×焔】サンクワ 酸素の供給が十分で、燃焼生成物の二酸化炭素や水蒸気のほかに高温の酸素を含み、酸化性がある炎ほのお。ブンゼンバーナーの外炎など。

さん-かがみ【三鏡】►さんきょう

さんか-カルシウム【酸化カルシウム】サンクワ カルシウムの酸化物。石灰石を焼いて作る。水を注ぐと多量の熱を発生して水酸化カルシウム(消石灰)となる。漆喰しっくい・モルタルに使用。また消石灰・カーバイドなどの製造原料。化学式CaO　生石灰。石灰。

さんかかんげん-こうそ【酸化還元酵素】サンクワクワンゲンカウソ 生体内の酸化還元反応を触媒する酵素の総称。細胞の呼吸、発酵、生合成における物質ならびにエネルギー代謝に重要な役割を果たす。

さんかかんげん-でんい【酸化還元電位】サンクワクワンゲン 酸化するものと還元するものとからなる溶液中で、白金電極と標準水素電極との間に生じる電位差。

さんかかんげん-はんのう【酸化還元反応】サンクワクワンゲンハンオウ 2種の物質の間で、電子・酸素原子・水素原子の授受が行われる化学反応。一方の物質が電子などを放出して酸化すると、他方の物質はこれらを受け取って還元する。二つの反応は相伴って起こるので、まとめていう。

さんか-かんし【産科×鉗子】サンクワ 出産が遅延した場合などに、胎児の頭を挟んで引き出す器具。

さんが-きんたい【山河襟帯】山が襟のように囲み、河が帯のように流れて、自然の要害をなすこと。また、その地勢。

さんかぎん-でんち【酸化銀電池】サンクワギン 正極に酸化銀(Ⅱ)か(Ⅰ)、陰極に亜鉛、電解液に水酸化ナトリウムか水酸化カリウムの水溶液を用いた電池。現在実用のボタン型一次電池は正極に酸化銀(Ⅱ)と(Ⅰ)を共存させ、電解質に水酸化ナトリウムを用いたもので、電圧約1.5ボルト。腕時計・カメラなどに使用。

さんかぎんボタン-でんち【酸化銀ボタン電池】サンクワギン ►酸化銀電池

さん-かく【三角】❶三つの角かどがあること。また、その形。三角形。❷「三角法」「三角関数」などの略。

さん-かく【三革】❶革で作る3種の武具、甲かぶと・冑よろい・盾のこと。❷《「革」は、あらたまるの意》陰陽道おんようどうで、革令(甲子の年)・革運(戊辰の年)・革命(辛酉の年)のこと。これらの年には異変が起こりやすいとして、よく改元が行われた。

さん-かく【三覚】仏語。仏の悟りの三相。自ら悟る自覚、他を悟らせる覚他、悟りの働きが完成している覚行円満の三段階がある。

さん-かく【参画】サンクワク〘名〙スル 事業・政策などの計画に加わること。「法律案の作成に—する」
(類語)参加・参入・参与・参会・参列・加わる・列する・連なる・名を連ねる

さん-がく【三学】仏道を修行する者が必ず修めなければならない戒・定じょう・慧えの3種の実践修行。

さん-がく【山岳】陸地の表面が著しく盛り上がった所。高く険しい山が連なったり、より集まったりしている所。「一地帯」(類語)山・高山・小山

さん-がく【山×壑】山と谷。山谷。「風颯々として—を撼うごかし」〈蘆花・自然と人生〉

さん-がく【参学】〘名〙スル 学問、特に仏教を学ぶこと。

さん-がく【産額】生産・産出される物資の数量または金額。

さん-がく【散楽】❶古代中国で、軽業・曲芸・奇術・幻術・こっけい物まねに類する西域起源の大衆的雑芸。公的な正楽・雅楽に対する俗楽。百戯。雑戯。❷❶が奈良時代に日本に伝来し、中世まで行われた軽業・曲芸・奇術・こっけい物まねなどの演芸。初め雅楽と並んで宮廷で保護・育成されたが、平安時代に入り、一般にも伝わって盛行、田楽・猿楽などに受け継がれ、民俗芸能の基盤となった。➡猿楽

さん-がく【算学】算数の学。数学。

さん-がく【算額】和算家が自分で創案した数学の問題や解法を書いて神社に奉納した絵馬。額面題。

ざん-かく【斬獲】ザンクワク〘名〙スル 敵を、きり殺すことと、生け捕ること。「奸党は已に、洩れなく—せられ」〈竜渓・経国美談〉

ざん-がく【残額】残りの数量または金額。残ざん。
(類語)残高・残金

さんかく-い【三角×藺】ゐ カヤツリグサ科の多年草。高さ50〜90センチ。茎は三角柱。葉は鞘さや状となり、茎を包む。夏から秋、茎先に放射状に小花をつける。

さんかく-がい【三角貝】がひ サンカクガイ科の二枚貝の総称。殻は厚く、三角形に近い形をしている。中生代に栄え、トリゴニアはその代表的な仲間で、ジュラ紀・白亜紀の示準化石。現生種がオーストラリア近海に数種知られ、「生きた化石」といわれる。

さんがく-かい【山岳会】クワイ 登山愛好者の団体。

さん-がく-かん【産学官】クワン 産業界(民間企業)、学校(教育・研究機関)、官公庁(国・地方自治体)の三者。「一連携事業」➡産学官民

さんかく-かんけい【三角関係】クワンケイ 三人の男女の間の複雑な恋愛関係。

さんかく-かんすう【三角関数】クワンスウ 座標の原点Oを中心とする単位円(半径$r=1$)と、角θシータが定める動径との交点を$P(x,y)$とするとき、角θについて、xとyとで表される関数の総称。サイン(正弦関数)・コサイン(余弦関数)・タンジェント(正接関数)・コタンジェント(余接関数)・セカント(正割関数)・コセカント(余割関数)の六つをさす。直角三角形における三角比を一般角に拡張したもの。円関数。

さん-がく-かん-みん【産学官民】クワン 産業界(民間企業)、学校(教育・研究機関)、官公庁(国・地方自治体)、民間(地域住民・NPO)の四者。➡産学官

さんがく-きゅうじょたい【山岳救助隊】キウジョタイ 山岳地帯における遭難者の捜索・救助活動や、登山者への啓蒙けいもうなどを行う組織。日本では警察署・消防署に設置される。(補説)富山県警察や岐阜県警察などでは、山岳警備隊という名称を使用している。

さんがく-きょうどう【産学協同】ケフドウ 産業界と学校とが相互に協力し合って、研究や技術者教育の促進を図ること。

さんかく-きん【三角巾】正方形に切った布を対角線で二つに折り、三角形にした布。包帯その他の救急処置などに用いる。

さんかく-きん【三角筋】肩にある三角形をした筋肉。鎖骨・肩甲骨・上腕骨につき、それらを覆っている。肩の丸みをつくり、上腕を水平まで上げる。

さんかく-けい【三角形】三つの線分で囲まれた多角形。

さんがく-けいびたい【山岳警備隊】►山岳救助隊

さんかく-こう【三角江】カウ 潮汐ちょうせきの影響で堆積物たいせきぶつが沈殿しにくく、河口が浸食されて、漏斗状に開いている地形。港が発達しやすい。セーヌ川・アマゾン川・揚子江などにみられる。

さんかく-ざ【三角座】北天の小星座。アンドロメダ座の南東にあり、小さな三角形をつくる。12月中旬の午後8時ごろ南中し、天頂近くに見える。学名ラテン Triangulum

さんかく-しさ【三角視差】ある天体から地球の軌道の長半径を見たときの角度。年周視差ともいわれ、天体の距離に反比例する。

さんかく-じゅつ【三角術】三角法の旧称。

さんかく-じょうぎ【三角定規】ヂャウギ 三角形をなす定規。ふつう、45度の二等辺三角形のものと、三つの角が30度・60度・90度のものの2種ある。

さんがく-しんこう【山岳信仰】シンカウ 山岳に宗教的意味を与え、崇拝したり儀礼を行ったりすること。古代ギリシャのオリンポスや中国の五岳信仰などにみられる。日本でも古来より土俗信仰として存在し、のちに修験道などを生み出した。山岳崇拝。➡修験道しゅげんどう ➡山岳仏教

さんかく-す【三角州｜三角×洲】河水の運搬してきた土砂が河口付近に堆積してできた地形。デルタ。

さんかく-すい【三角×錐】底面が三角形をなす角錐。三稜体さんりょうたい。

さんかく-すう【三角数】等差数列で、自然数の等差数列1,2,3,4,5,6…の第n項までの和を第n項とする数列1,3,6,10,15,21…。また、その各項。

▷1
1＋2＝3
1＋2＋3＝6
1＋2＋3＋4＝10
1＋2＋3＋4＋5＝15
1＋2＋3＋4＋5＋6＝21
…
となる。第n項の三角数は$n(n+1)\div 2$で表すことができる。

さんがく-すうはい【山岳崇拝】►山岳信仰

さんかく-ずわり【三角座り】《「さんかくすわり」とも》「体育座り」に同じ。

さんかく-そくりょう【三角測量】ソクリャウ 互いに見通せる地上の三点を選んで三角形をつくり、その一辺の長さおよび夾角きょうかくを測定して、三角法により他の二辺の長さや頂点の位置を求める測量法。

さんかく-たべ【三角食べ】学校給食で勧める食べ方。ご飯(パン)・おかず・汁物と順に食べる食べ方。(補説)武家の食事作法からという。

さんかく-ちゅう【三角柱】底面が三角形の角柱。

さんかく-てん【三角点】三角測量によって地球上の位置(経度・緯度)が定められる点。花崗岩かこうがん製の角柱を埋めてその位置を示す標石とする。日本では一等から四等までの等級に分けられている。

さんかく-とう【三角×壔】タウ 三角柱。

さんかく-なみ【三角波】方向の違う二つ以上の波が重なり合ってできる三角状の高い波。暴風の中心が通る水上などに起こる。➡巨大波 ➡フリーク波

さんかく-ねじ【三角螺=子】ねぢ ねじ山が三角形をしたねじ。最も一般的なねじ。

さんがく-は【山岳派】フランス革命期の国民公会の左派勢力。議場の最高部に議席を占めたことが名称の由来。パリの革命的な民衆勢力と結んだ急進派で、ロベスピエールらがその中心。ジロンド派を倒して恐怖政治を行った。山岳党。モンタニャール。➡ジャコバン派

さんかく-ひ【三角比】直角三角形の鋭角に関する辺の比の総称。斜辺に対する対辺、斜辺に対する底辺、底辺に対する対辺、対辺に対する底辺、底辺に対する斜辺、対辺に対する斜辺の六つの比をさす。それぞれサイン(正弦)・コサイン(余弦)・タンジェント(正接)・コタンジェント(余接)・セカント(正割)・コセカント(余割)という。

さんがく-びょう【山岳病】ビャウ ►高山病こうざんびょう

さんがく-ひょうじゅんじ【山岳標準時】ヘウジュンジ アメリカ大陸の標準時の一。カナダのカルガリー、米国のソルトレークシティやデンバー、メキシコ西部などで使われる。協定世界時より7時間遅く、日本標準時より16時間(夏時間の場合は15時間)遅い。MST (mountain standard time)。

さんかくぶち-しんじゅうきょう【三角縁神獣鏡】 縁の断面が三角形の神獣鏡。4世紀の古墳から出土。魏の皇帝が卑弥呼に授けた鏡とする説、中国の技術者が日本で作ったとする説がある。

さんがく-ぶっきょう【山岳仏教】 人里を離れて山中に入り修行する仏教。平安時代の天台宗・真言宗や修験道など。山林仏教。

さんかく-フラスコ【三角フラスコ】 円錐状で、底が平らになっているフラスコ。円錐フラスコ。

さんかく-ベース【三角ベース】 子供の遊びの一。二塁がなく、本塁・一塁・三塁の三角形を設定して、野球と同じように遊ぶ。小人数でも遊べる。

さんかく-ほう【三角法】 三角関数の性質やその応用を研究する数学の一分野。

さんかく-ぼうえき【三角貿易】 輸出入が二国間では不均衡で片貿易となる場合、第三国を介入させて三国間で貿易を行い、相互の輸出入の不均衡を是正しようとする貿易方式。貿易量も拡大しやすくなる。

さんかく-ぼうし【三角帽子】 ❶長めの円錐形の帽子。❷女性が労働の際にかぶるもの。四角な布を斜めに折り、三角にしたもの。風呂敷ぼっち。

さんかく-ほうていしき【三角方程式】 角が未知数の三角関数を含んだ方程式。

さんかく-よく【三角翼】 航空機で、両主翼の平面形が三角形をなす翼。大きな後退角、小さい縦横比になるので抵抗が少なく、超音速機に使用。デルタ翼。

さんかく-りょうほう【三角量法】 ▶三角測量

さんがく-れんけい【産学連携】 産業界と学校(特に高専・大学)が互いに協力し、共同研究・商品開発・技術教育・学校の持つ特許の使用などを促進すること。産学協同。

さんか-クロム【酸化クロム】 クロムと酸素の化合物。ふつう酸化第二クロムCr_2O_3をいう。緑色の粉末で、ガラス・陶器の着色剤に使用。酸化第一クロムCrOは黒色の粉末、三酸化クロムCrO_3は赤色の針状結晶。

さんか-こうそ【酸化酵素】 ▶オキシダーゼ

さんか-ざい【酸化剤】 他の物質を酸化しやすく、自身は還元されやすい物質。酸素・オゾン・塩素・二酸化マンガン・過酸化水素・硝酸など。

サンガシアン-だいせいどう【サンガシアン大聖堂】 《Cathédrale Saint-Gatien de Tours》▶ツール大聖堂

さんか-しはらい【参加支払】 為替手形・約束手形で、満期の前後を問わず、引き受けまたは支払いの拒絶などの遡求原因が生じた場合に、遡求を阻止するために支払人または引受人以外の第三者が手形の支払いをすること。栄誉支払。

さんかしゅう【山家集】 平安末期の私家集。3巻。西行の詠歌を収める。編者・成立年未詳。四季・恋・雑に部類し、花と月の歌が多い。六家集の一。

さんか-すいぎん【酸化水銀】 水銀の酸化物。❶酸化水銀(Ⅰ)(酸化第一水銀)Hg_2O　第一水銀の溶液にアルカリを過剰に加えたときに生じる黒色の沈殿物。黒降汞。黒色酸化水銀。❷酸化水銀(Ⅱ)(酸化第二水銀)HgO　㋐水銀を沸点に近い高温で長時間熱したときに生じる赤色の粉末。毒性が強く、塗料・殺菌剤などに使用。赤色酸化水銀。㋑昇汞水溶液に苛性アルカリを作用させたときに生じる黄色の粉末。猛毒。黄色酸化水銀。

さんか-すいぎんでんち【酸化水銀電池】 ▶水銀電池

さんか-すう【酸化数】 化合物中の各原子に、ある一定の方法で電子を割り当てたとき、その原子がもつ電荷の数。物質の酸化還元反応を電子のやりとりから説明するのに用いる。一般に酸化された場合には酸化数が増し、還元されると減少する。

さんか-すず【酸化×錫】 錫の酸化物。酸化錫(Ⅱ)(酸化第一錫)SnOは黒色粉末。酸化錫(Ⅳ)(酸化第二錫)SnO_2は白色粉末。いずれも水に溶けにくい。天然には錫石として産出し、乳白ガラス・エナメルの製造などに使用。

さんかせい-えきたい【酸化性液体】 消防法の別表で危険物として第6類に分類されるもの。液体であって、酸化力の潜在的な危険性を判断するための政令で定める試験において政令で定める性状を示すものと規定される。➡危険物

さんかせい-こたい【酸化性固体】 消防法の別表で危険物として第1類に分類されるもの。固体であって、酸化力の潜在的な危険性を判断するための政令で定める試験において政令で定める性状を示すもの、または衝撃に対する敏感性を判断するための政令で定める試験において政令で定める性状を示すものと規定される。➡危険物

さんか-せんりょう【酸化染料】 繊維上で、酸化によって発色する染料。アニリンを酸化して作るアニリンブラックなどがある。

サンカタルド-きょうかい【サンカタルド教会】 《Chiesa di San Cataldo》イタリア南部、シチリア自治州の都市パレルモの旧市街にある教会。マルトラーナ教会に隣接する。12世紀後半、ノルマン朝シチリア国王グリエルモ1世の時代に建造され、19世末に改築。アラブ風の赤いドームが並び、パレルモを代表するアラブ-ノルマン様式の建築物の一として知られる。

サンカタルド-だいせいどう【サンカタルド大聖堂】 《Cattedrale di San Cataldo》▶タラント大聖堂

さんか-たんそ【酸化炭素】 炭素の酸化物の総称。一酸化炭素・二酸化炭素・二酸化三炭素・二酸化五炭素など。

さんか-チタン【酸化チタン】 二酸化チタンの通称。光触媒、曇り止め、防菌など広く利用される。

さんか-ちっそ【酸化窒素】 窒素の酸化物の総称。ふつう一酸化窒素をさし、空気に触れると二酸化窒素になる。ほかに一酸化二窒素(亜酸化窒素)・三酸化二窒素・五酸化二窒素などがある。

さんかちょうちゅうか【山家鳥虫歌】 江戸時代の民謡集。2巻。天中原長常南山編。明和9年(1772)刊。全国68か国の民謡約400首を集め、国別にまとめたもの。やまがとりむしうた。

さん-がつ【三月】 1年の3番目の月。やよい。(季春)「一や廓の花ふむ薄草履/蛇笏」

さんがつ-かくめい【三月革命】 ㊀1848年3月、フランスの二月革命の影響を受け、ドイツ・オーストリアに起こった民主主義的市民革命。ドイツ統一と自由主義的憲法作成のためのフランクフルト国民議会が召集されたが、ウィーン・ベルリンで反革命が成功し、翌年、議会は解散させられて革命は失敗に終わった。㊁▶二月革命㊁

さんかっ-けい【三角形】 ▶さんかくけい

さんがつ-じけん【三月事件】 昭和6年(1931)3月、日本陸軍の青年将校が企てたクーデター計画。宇垣一成陸相を首班とする軍事政権樹立をねらったが、計画不備などで未遂に終わった。

さんがつ-じん【三月尽】 3月が終わること。また、その日。陰暦では、春の最後の日にあたる。弥生尽。(季春)「一校塔松と空ざまに/波郷」

さんがつ-せっく【三月節句】 3月3日の節句。ふつう、女子の祝日として、雛祭りをする。雛の節句。桃の節句。上巳。重三。(季春)

さんがつ-ていきん【三月庭×訓】 正月から12月までの手紙を集めた「庭訓往来」を手本として字を習う者が、3月あたりでやめてしまうこと。勉強に飽きやすいこと。三日坊主。

さんがつ-どう【三月堂】 東大寺の法華堂の異称。3月に法華会を行うところからいう。

さんがつ-な【三月菜】 コマツナを春まきにして、若いものを摘み菜とするもの。うぐいすな。(季春)

さんかつ-はんしち【三勝半七】 浄瑠璃・歌舞伎などの一系統で、元禄8年(1695)美濃屋三勝と赤根屋半七とが大坂の千日前で心中した事件を題材としたもの。特に、浄瑠璃「艶容女舞衣」が有名。

さんかつ-ほう【産活法】 ▶産業活力再生法

さんか-てつ【酸化鉄】 鉄の酸化物。❶酸化鉄(Ⅱ)(酸化第一鉄)FeO　蓚酸鉄(Ⅱ)を空気を断って熱すると得られる強磁性の黒色粉末。❷酸化鉄(Ⅲ)(酸化第二鉄)Fe_2O_3　天然には赤鉄鉱として産出。製法によって赤色・紫色・黒色などとなる。赤色粉末はベンガラともよばれ、さび止めや塗料、研磨材などに使用。❸四酸化三鉄Fe_3O_4　天然には磁鉄鉱として産出。黒色、強磁性の物質。また、黒さびの主成分。電極・顔料などに使用。

さんか-どう【酸化銅】 銅の酸化物。❶酸化銅(Ⅰ)(酸化第一銅)Cu_2O　硫酸銅(Ⅱ)水溶液をフェーリング液で還元して得られる赤色の結晶性粉末。天然には赤銅鉱として産出。赤色顔料、ガラスの着色剤などに使用。亜酸化銅。❷酸化銅(Ⅱ)(酸化第二銅)CuO　銅片を空気中で赤熱して得られる黒色粉末。天然には黒銅鉱として産出。窯業の緑青色顔料、塗料、酸化剤などに用いる。

さんか-なまり【酸化鉛】 鉛の酸化物。一酸化鉛、四酸化三鉛、二酸化鉛がよく知られる。

さんが-にち【三箇日】 正月の元日から3日までの3日間。(季新年)「門番に餅を賜ふや一/子規」
(類語)松の内・正月・一月・新年・新春・初春・初春・孟春・陽春・春・年始・年初・睦月

さんがね-さん【三ヶ根山】 愛知県南部にある山。標高340メートル。山頂には三ヶ根観音がある。三河湾の眺望がよい。三河湾国定公園に属する。

さんか-の-ごい【山家の五位】 サギ科の鳥。中形のサギで、全身黄褐色、頭は黒い。ユーラシア・アフリカ・オーストラリアに分布。日本には冬鳥として渡来するほか、北海道に少数が生息する。

さんが-の-ちょうじ【三箇の重事】 昔、朝廷で行われた、即位・御禊・大嘗祭の三大儀式。

さんが-の-つ【三箇の津】 薩摩(鹿児島県)の坊津、筑前(福岡県)の博多津、伊勢(三重県)の安濃津。三津。

さんが-の-つ【三箇の都】 江戸時代、京都・江戸・大坂をさしていった語。三都。

さんか-バリウム【酸化バリウム】 炭酸バリウムを熱して得る、また、純粋なものは硝酸バリウムを強熱して得る、白色の粉末。水と反応すると多量の熱を発生して水酸化バリウムとなる。化学式BaO　バリタ。バライタ。重土。

さんか-ひきうけ【参加引受】 為替手形で、引き受けの拒絶などで満期前に遡求原因が生じた場合、遡求を阻止するために引受人以外の第三者が引受人と同一の義務を負担し引き受けること。栄誉引受。

さんか-ひそ【酸化×砒素】 砒素の酸化物の総称。三酸化二砒素(通称、亜砒酸・三酸化砒素、化学式As_2O_3)、五酸化二砒素(通称、無水砒酸・五酸化砒素、化学式As_2O_5)がある。

さんか-ひょうはくざい【酸化漂白剤】 漂白剤のうち、酸化作用によって漂白するもの。過酸化水素・さらし粉・次亜塩素酸ナトリウムなど。

さんか-ぶつ【酸化物】 酸素と他の元素との化合物。

さんか-ぼうしざい【酸化防止剤】 ゴム・プラスチック・油脂・食品など、自動酸化をおこしやすい物質に添加し、品質の劣化を防ぐための物質。食品の酸化防止剤として、ビタミンC・ビタミンE・BHA・BHTなどが用いられる。抗酸化剤。

さんか-ほうしゅう【参稼報酬】 参稼によって得る給料。

さんか-マグネシウム【酸化マグネシウム】 マグネシウムを空気中で燃焼させると生じる白色の粉末。水に徐々に溶ける。耐火材・マグネシアセメント原料・触媒・医薬品などに用いる。化学式MgO　苦土。

さんか-めいが【三化×螟×蛾】 イッテンオオメイガの別名。

さんか-めいちゅう【三化×螟虫】 イッテンオオメイガの幼虫。体長約2センチ。1年に3回発生する。稲の茎中に食い入る大害虫。

さんか-やしょう【山歌野唱】田舎で歌われる歌。ひなうた。

さんか-よう【山荷葉】メギ科の多年草。深山の林下に生え、高さ約50センチ。葉は盾形で二つに深く裂ける。夏、白い6弁花を数個開く。実は黒紫色。

さんがら-だいみょう【三柄大名】江戸時代の大名中、金沢の前田、薩摩の島津、仙台の伊達の三家をいう。前田は禄高が大名中最高なので高柄、島津は源頼朝の血をひく名家なので家柄、伊達は農作物が豊かで国が富むので国柄と称された。

さん-からど【桟唐戸】框を組み立て、その間に薄い鏡板などをはめた扉。禅宗の建築様式とともに日本に伝来。

サン-ガル〖Saint Gall〗▶ザンクトガレン

サンガルガーノ-しゅうどういん【サンガルガーノ修道院】《Abbazia di San Galgano》イタリア中部、トスカーナ州の都市シエナ郊外にあるシトー会修道院跡。12世紀後半に修道院が創設され、13世紀半ばにゴシック様式の教会が建造された。16世紀以降廃墟になり、現在は屋根が崩れ落ち、壁も壊れかけている。旧ソ連の映画監督タルコフスキーの映画「ノスタルジア」の舞台になったことで知られる。

サン-カルロス-デ-バリローチェ〖San Carlos de Bariloche〗▶バリローチェ

サンカルロ-ひろば【サンカルロ広場】《Piazza San Carlo》イタリア北西部、ピエモンテ州の都市トリノ中心部にある広場。南側にはサンカルロ教会、サンクリスティーナ教会という二つのバロック様式の教会が建つ。中央には、16世紀にサンクィンティーノの戦いでフランスに大勝し、サボイア家の領地を奪還したエマヌエレ＝フィリベルトの騎馬像がある。

さんか-ろうこう【産科×瘻孔】閉塞性分娩などに対して適切な医療処置が行われない場合、胎児の頭が母体の骨盤を長時間圧迫することにより、母体の膀胱・膣・直腸などの組織が壊死し、瘻孔が形成される障害。

さん-がわら【桟瓦】方形で横断面が波形をした瓦。

さん-かん【三冠】三つの栄冠。同一分野の三つの部門で最高位を手に入れることにいう。

さん-かん【三×竿】《竹ざおを3本つないだほどの高さの意から》日や月が空高く昇ること。「旭日一時正さに八時ならんとす」〈織田訳・花柳春話〉

さん-かん【三管】㊀雅楽で、唐楽に用いられる3種の管楽器。笙・竜笛・篳篥。㊁「三管領」の略。

さん-かん【三関】㊀古代、都の防備のために設けられた三つの関所。平城京の時は、伊勢の鈴鹿、美濃の不破、越前の愛発。平安京に都が移ると、愛発の関が除かれ、近江の逢坂の関が加えられた。㊁奥羽の白河・勿来・念珠の三つの関所。

さん-かん【三×澣｜三×浣】《中国の漢・唐代、官吏が毎月の10日・20日・30日に沐浴の休暇をもらったところから》1か月を10日間ずつ三つに分けた上澣・中澣・下澣の称。上旬・中旬・下旬。三旬。

さん-かん【三韓】㊀古代朝鮮の南半部にあった韓族の馬韓・辰韓・弁韓のこと。㊁新羅・百済・高句麗のこと。

さん-かん【山間】山と山のあいだ。山の中。やまあい。「—の小村」「—部」〔類語〕山中・山内・山奥・山懐

さん-かん【参看】〔名〕スル 参考として見比べること。参照。「諸資料を—する」

〔類語〕参考・参照・照会・参酌・リファレンス

さん-かん【参観】〔名〕スル その場所に行って、見ること。「授業を—する」

〔類語〕見る・見物・見学・拝観・来観・観覧

さん-かん【散官】❶律令制で、位階があって、それに相当する職務のない官。⇔職事官。❷たいした役目のない、暇な官職。

さん-かん【算勘】❶占いをして考えること。「陰陽道の輩を召さるるの上、参河守教隆、—に及ぶ」〈吾妻鏡・三六〉❷数を数えること。そろばんで勘定すること。計算。「それがしは算用—においては、世間に恐いものがござない」〈虎明狂・賽の目〉

さん-がん【三観】仏語。3種の観法。天台宗で説く空観・仮観・中観が最も著名。律宗では性空・相空・唯識、華厳宗では真空観・理事無礙観・事事無礙観を説く。

さん-がん【×巑×岏】〔ト・タル〕〔文〕〔形動タリ〕鋭く切り立っているさま。「—と、あら削りの柱の如く聳える のが天狗岩だそうだ」〈漱石・草枕〉

ざん-かん【残寒】寒が明けても残る寒さ。余寒。

ざん-かん【残簡｜残×翰】一部またはかなりの部分が失われて不完全な形で残っている文書。

ざん-かん【斬×奸】悪者をきり殺すこと。

ざん-かん【×慙汗｜×慚汗】恥じ入って汗が出ること。また、その汗。「—の背に流るるを」〈有島・星座〉

ざん-かん【×讒陥】〔名〕スル 告げ口をして、人を不利な立場に追いやること。「英仏の為めに—せられ、炎熱万里の沙漠に放謫せらる」〈東海散士・佳人之奇遇〉

ざん-がん【×巉×巌】切り立った険しいがけ。高くそびえた岩。

さんかん-おう【三冠王】野球で、1シーズンに首位打者・打点王・本塁打王の三つのタイトルを獲得した選手。スキー競技などで、3部門で首位を独占した選手にもいう。トリプルクラウン。

さんかん-がく【三韓楽】上代に朝鮮半島から伝来した、新羅・百済・高句麗の楽舞。平安初期に高麗楽の名のもとに統合され、右方楽舞の中心となった。

さんかん-こく【三関国】三関のある国々。特に、鈴鹿・不破・愛発の三関があった伊勢・美濃・越前の三国。

さんかん-しおん【三寒四温】晩秋から初春にかけて、3日間くらい寒い日が続いたのちに4日間くらい暖かい日が続き、これを繰り返すこと。中国北東部や朝鮮半島などではかなり規則的な現象としてあらわれる。〔季 冬〕

ざんかん-じょう【斬×奸状】悪者をきり殺すについて、その理由を書いた文書。

サンカントネール-こうえん【サンカントネール公園】《Parc du Cinquantenaire》ベルギーの首都、ブリュッセルの中心部にある公園。1880年、同国の独立50周年を記念して開催された博覧会の会場として造園。サンカントネール博物館、王立軍事歴史博物館、凱旋門がある。

さんかん-ば【三冠馬】日本の競馬で、3歳クラシックレースのうち、皐月賞・日本ダービー・菊花賞のいずれにも優勝した馬。

さん-かんれい【三管▽領】室町幕府の管領職を世襲した、斯波・細川・畠山の三家。三管。三職。さんかんりょう。

ざんかん-れいぼく【残簡零墨】一部分が失われたりきれぎれになったりして残っている書きもの。断簡零墨。

さん-き【三希】中国清朝の乾隆帝が愛蔵した4世紀東晋時代の三つの書。王羲之の「快雪時晴帖」、王献之の「中秋帖」、王珣の「伯遠帖」を指す。「快雪時晴帖」は台北の故宮博物院、「中秋帖」「伯遠帖」は北京の故宮博物院が所蔵。名称は、三書を得た乾隆帝が「希世の珍」と喜んだことから。

さん-き【三帰】仏語。仏・法・僧の三宝に帰依すること。三帰依。

さん-き【三期】❶三つの期間。❷3番目の期間。

さん-き【三器】茶道で、茶入れ・茶杓・茶入れ袋(仕服)のこと。

さん-き【山気】山中の冷え冷えとした空気。

さん-き【酸基】酸の分子から水素原子を除いた残りの原子団。酸根。

さん-ぎ【三儀】天と地と人。三才。

さん-ぎ【参議】〔名〕スル ❶国家の政治上の議事に参与すること。また、その人。❷(「三木」とも書く)古代、令外の官の一。太政官に置かれ、大・中納言に次ぐ要職。四位以上の人が任ぜられた。八座。宰相。❸明治2年(1869)太政官に置かれた官名の一。左右両大臣の次位。木戸孝允・大久保利通・西郷隆盛らが任ぜられて実権を握った。同18年、内閣制の実施で廃止。

さん-ぎ【桟木】❶建築で用いる角材。コンクリートの型枠にしたり、桟積みに使用したりする。❷瓦を留めるために、屋根の上に横に張りわたした角材。瓦桟木。❸障子などの骨組み。桟。

さん-ぎ【算木】❶易で、卦を表す四角の棒。長さ約9センチで、6本あり、おのおの四面のうち二面は爻の陽を表し、他の二面は陰を表す。❷和算で使う計算用具。長さ約4センチで、約0.5センチ角の木製の棒。赤は正の数、黒は負の数を表す。

ざん-き【×慙×愧｜×慚×愧】〔名〕スル《古くは「ざんぎ」とも》自分の見苦しさや過ちを反省して、心に深く恥じること。「—の念」「僕は—して前の手紙の全部を取消さして貰う」〈有島・宣言〉

ざん-き【×讒毀】〔名〕スル 悪口を言い、人をきずつけること。「思うに人の僕を—する者ある可し」〈織田訳・花柳春話〉

さんき-あきない【三期商い】江戸時代、大坂堂島で行われた帳合米の取引。1年を3期に分けて、清算期は各期の末日と定めた。

さんぎ-いん【参議院】日本国憲法のもとで、衆議院とともに国会を構成する両院の一。権限は衆議院より弱いが、衆議院の行き過ぎを是正し、国会の審議を慎重なものとする役割をもつ。解散はなく、衆議院の解散中に緊急の必要があるときは、単独で国会の権能を行使する。参院。➡衆議院〔補説〕衆議院で可決した法案を再度審議する立場のため「再考の府」「熟慮の府」、また、良識に基づいて中立公正を守る立場にあるので「良識の府」とも呼ばれる。

〔類語〕国会・議会・議院・両院・二院・衆議院

さんぎいん-ぎいん【参議院議員】参議院を構成する議員。定数は242名。比例代表制で96名、選挙区制で146名が公選され、任期は6年。3年ごとに半数を改選する。被選挙権は満30歳以上。➡衆議院議員

さんぎいんぎいん-つうじょうせんきょ【参議院議員通常選挙】▶通常選挙

さん-きえ【三帰依】▶三帰

さん-ききょう【三奇橋】日本の橋のうち、構造が変わっていて珍しい三つの橋。特に、山口県岩国川の錦帯橋、山梨県桂川の猿橋、富山県黒部川の愛本橋(昔のはね橋形式のもの)をいう。

ざん-ぎく【残菊】重陽の節句を過ぎたあとの菊。また、晩秋・初冬まで咲き残っている菊の花。残る菊。〔季 秋〕「—や昨日逃げにし酒の礼/太祇」

ざんぎく-の-えん【残菊の宴】平安時代以降江戸時代のころまで、陰暦10月5日に宮中で残菊を観賞して催された酒宴。〔季 秋〕

さん-きしゃ【三騎射】3種の騎射。笠懸・流鏑馬・犬追物のこと。

サンキスト〖Sunkist〗米国カリフォルニア州産のオレンジ・グレープフルーツ・レモンなど。商標名。

さんきち【三吉】浄瑠璃「丹波与作待夜の小室節」「恋女房染分手綱」中の人物。少年の馬追い。「重の井子別れ」の段で有名。自然生の三吉。

さん-きゃく【三脚】❶3本の脚。「二人—」❷「三脚架」の略。❸「三脚椅子」の略。

さん-きゃく【山脚】山のふもと。山すそ。

ざん-ぎゃく【残虐｜惨虐】〔名・形動〕人や生き物に対してする行為のむごたらしいこと。また、そのさま。「—な行為」〔派生〕ざんぎゃくさ〔名〕

〔類語〕残酷・残忍・苛酷・酷・暴虐

さんきゃく-いす【三脚椅子】木を三叉に組み、座る部分に布などを張った折り畳みの椅子。三脚几。

さんきゃく-か【三脚架】自由に伸縮・開閉できる3本の脚を備えた台。経緯儀・望遠鏡・カメラなどをのせるのに用いる。

さんきゃく-き【三脚×几】「三脚椅子」に同じ。「只一人絵の具箱と—を担いで」〈漱石・草枕〉

さんきゃく-はさ【三脚稲=架】丸太や竹を3脚に組んで開き、刈り取って束ねた稲穂などをかけて乾かすもの。

さん-きゅう【参究】仏語。仏前に静座し、悟りを求め、真理を究明すること。

さん-きゅう【産休】「出産休暇」の略。

サンキュー〖thank you〗〔感〕ありがとう。

ざん-きゅう【残丘】浸食から取り残されて、準平原の上に孤立する一段高い丘陵。モナドノック。

サンキュー-カード〖thank-you card〗カード形式の礼状。

サンキュー-じこ【サンキュー事故】運転中、対向の直進車の「お先にどうぞ」という合図を見て、右折した結果、起きる事故。右折に限らず、譲られた結果の事故一般についてもいう。

サン-キュロット〖フランス sans-culotte〗フランス革命の原動力となった、都市の手工業者や小商店主、労働者などの下層市民層の称。貴族やブルジョアジーの着用したキュロットをはかない者の意。

さん-きょ【山居】〔名〕スル 山中に住むこと。また、その住居。「一して自然を友とする」

さん-きょ【散居】〔名〕スル ❶散らばって住むこと。「本国の容子を探るの便を計らんとて国境に一したる一組」〈竜渓・経国美談〉 ❷孫に当たる者が当主になった時の、その隠居者の称。また、その住居。

さん-きょう【三峡】中国揚子江上流、四川省奉節県の白帝城から湖北省宜昌の南津関にかけてある峡谷。瞿塘峡・巫峡・西陵峡。古来、舟行の難所。

さん-きょう【三卿】►御三卿

さん-きょう【三教】《古くは「さんぎょう」とも》❶三つの教え。また、三つの宗教。㋐儒教・仏教・道教のこと。㋑神道・儒教・仏教のこと。㋒神道・仏教・キリスト教のこと。❷仏1代の説法を、説き方や内容の上から3種に分類する方法。頓教・漸教・不定教(南中の三教)、漸教・頓教・円教(光統律師の三教)、性空教・相空教・唯識円教(南山道宣の三教)、有相教・無相教・常住教(岌法師の三教)など。

さん-きょう【三鏡】「鏡」の名をもつ三つの歴史物語。「大鏡」「水鏡」「増鏡」。さんかがみ。➡四鏡

さん-きょう【山峡】山の迫った谷間。やまかい。類語 山峡・山間・山間

さん-きょう【桟橋】❶谷間のがけなどに高く架け渡した橋。かけはし。❷さんばし。

さん-きょう【惨況】みじめで、いたましいありさま。惨状。

さん-ぎょう【三業】❶料理屋・待合茶屋・芸者屋の3業種。➡二業 ❷人形浄瑠璃で、太夫・三味線弾き・人形遣いの3業種。

さん-ぎょう【蚕業】蚕を飼って繭をとり、糸を製する産業。養蚕と製糸の事業。蚕糸業。

さん-ぎょう【産業】❶生活に必要な物的財貨および用役を生産する活動。農林漁業、鉱業、製造業、建設業、運輸・通信、商業、金融・保険・不動産業などの総称。❷生活していくための仕事。職業。生業。なりわい。類語 事業・実業・インダストリー・生産・生産過程・生産力

さん-ぎょう【×鑽仰｜賛仰｜×讃仰】〔名〕スル《「論語」子罕の「これを仰げば弥高く、これを鑽れば弥堅し」から》聖人や偉人の徳を仰ぎ尊ぶこと。さんごう。

ざん-きょう【残響】音源が振動をやめたあとも、天井や壁などからの反射が繰り返されて、音が引き続き聞こえる現象。類語 反響・余韻

ざん-ぎょう【残業】〔名〕スル 規定の勤務時間を過ぎてからも残って仕事をすること。また、その仕事。超過勤務。「一して仕事を片づける」「一手当」類語 超過勤務・超勤・居残り・時間外労働

さんぎょう-い【産業医】職場で従業員の健康管理を担当する医師。一定規模以上の事業所では選任を義務づけられている。

さんぎょう-いかだいがく【産業医科大学】福岡県北九州市にある私立大学。昭和53年(1978)の開設。

さんぎょうかくしん-きこう【産業革新機構】大学や企業が保有する革新的な技術に資金を供給して実用化を支援し、日本経済の持続的な成長を促進するため、官民共同出資により設立された投資ファンド。関連性の高い技術・事業の集約や取締役の派遣など、経営への参加・助言も行う。産業活力再生法に基づいて15年間の時限組織として平成21年(2009)設立。INCJ(Innovation Network Corporation of Japan)。

さんぎょう-かくめい【産業革命】《industrial revolution》18世紀後半に英国に始まった、技術革新による産業・経済・社会の大変革。19世紀前半にはヨーロッパ各国に広がった。機械設備をもつ大工場が成立し、大量生産が可能となり、社会構造が根本的に変化して、近代資本主義経済が確立したが、その過程で人口の都市への集中、小生産者・職人層の没落を伴った。

さんぎょうかつりょくさいせい-とくべつそちほう【産業活力再生特別措置法】産業活力再生法の旧称。バブル崩壊後の平成11年(1999)に産業の活力再生を図る目的で制定。同21年の改正時に「産業活力の再生及び産業活動の革新に関する特別措置法」に改称された。➡産業活力再生法

さんぎょうかつりょくさいせい-ほう【産業活力再生法】《「産業活力の再生及び産業活動の革新に関する特別措置法」の略称》生産性の向上を図るために組織・事業の再編や設備投資などに取り組む産業・企業を支援するための法律。事業者が事業計画を策定し、国の認定を受けることにより、税制・法律上の特例措置や金融支援を受けることができる。また、産業革新機構や中小企業再生支援協議会の設置、事業再生ADR制度などについても定めている。平成11年(1999)、産業活力再生特別措置法として制定。同21年の改正時に現名称に改められた。産活法。産業再生法。

さんぎょう-きかい【産業機械】産業界に役立っている機械の総称。建設機械・繊維機械・鉱山機械・運搬機械の類。

さんぎょうぎじゅつ-そうごうけんきゅうじょ【産業技術総合研究所】計量の標準や地質の調査、産業基盤技術の研究・開発、エネルギー・環境技術などの研究、国際的な産業競争力強化や新産業の創出に向けた研究、ならびにそれらの成果普及のために、工業技術院の15の研究機関と計量教習所を統合して平成13年(2001)に設立された経済産業省所管の独立行政法人。産総研。

さんぎょうぎじゅつ-だいがくいんだいがく【産業技術大学院大学】東京都品川区にある公立大学院大学。公立大学法人首都大学東京を設置者として、平成18年(2006)に開学した。

さんぎょう-ぎしょ【三経義疏】聖徳太子の撰述とされてきた「法華義疏」4巻、「維摩経義疏」3巻、「勝鬘経義疏」1巻の3疏。日本人の手になる最初の本格的な注釈書。

さんぎょう-きょういく【産業教育】農業・工業・商業など職業に就こうとする者に必要な知識・技能・態度を習得させるための職業予備教育。昭和26年(1951)に産業教育振興法が制定されている。

さんぎょう-くみあい【三業組合】三業❶の営業者で組織された同業組合。

さんぎょう-くみあい【産業組合】明治33年(1900)産業組合法により設立された協同組合。信用・販売・購買・利用の4種があり、資力の弱い中小生産者・農民の保護と救済を目的とし、特に農村で発達した。第二次大戦後は各種の協同組合に移行。

ざんきょう-けい【残響計】室内や音楽ホールなどにおいて、音源が振動をやめたあと引き続き聞こえる残響の強さを測定する計器。残響音の強さが60デシベル減衰するまでの時間を残響時間という。

さんぎょう-こうくう【産業航空】運輸以外の産業目的に航空機を利用する事業。写真撮影・測量・薬剤散布など。航空機使用事業。

さんぎょう-こうこがく【産業考古学】産業史の遺跡・遺物を考古学の実証的方法で研究する学問。1955年英国のリクス(Michael Rix)が提唱。

さんぎょう-こうこく【三行広告】新聞広告の定型の一つ。3行程度にまとめた求人・不動産売買その他の案内広告。類語 全面広告・記事下広告・三八つ広告・突き出し広告・記事中広告

さんぎょう-こうぞう【産業構造】国民経済における各種産業の構成の状態。

さんぎょう-ごうりか【産業合理化】新しい機械設備や新技術の導入、労働能率の改善などによって生産性を向上させ、利益の増大を図ること。第一次大戦後、ドイツ経済再建に当たって唱えられたのに始まる。

さんぎょう-ざいさんけん【産業財産権】知的財産権の一。意匠・発明などの専用を内容とした独占的、排他的な権利。特許権・実用新案権・意匠権・商標権の総称。工業所有権。

さんぎょうさいせい-いいんかい【産業再生委員会】産業再生機構が行う事業支援、債権買い取り、処分などに係る意思決定のために、民間有識者により組織される機関。

さんぎょうさいせい-きこう【産業再生機構】金融と産業の一体的再生を進めるため、平成15年(2003)預金保険機構の下に設立された政府関与の株式会社。企業再生が可能であるにもかかわらず金融機関間で調整が困難なために再生計画が進まない案件につき、機構が非メインバンクから債権を買い取り集約化を行うほか再生計画の設立のため中立的な立場から調整を行うのに加えて、再生支援のための融資、保証等を行った。同19年3月解散。

さんぎょうさいせい-ほう【産業再生法】►産業活力再生法

ざんきょう-じかん【残響時間】室内や音楽ホールなどにおいて、音源が振動をやめたあと、残響音の強さが60デシベル減衰するまでの時間。音場の容積V立方メートル、表面積S平方メートル、壁の平均吸音率αの場合、残響時間Tはセービンの式、$T=0.162V/S\alpha$で表される。

さんぎょう-しきん【産業資金】企業の生産・販売などの活動に必要な資金。調達源から自己資金と外部資金、使途からは設備資金と運転資金とに分けられる。

さんぎょう-しけんじょう【蚕業試験場】養蚕に関する試験研究を行う各府県の付属機関。

さんぎょう-しほん【産業資本】資本主義的生産過程を規定する資本の近代的基本形態。貨幣・生産・商品の資本の形態を次々に経過しつつ、剰余価値を創造する資本。

さんぎょう-しゃかいがく【産業社会学】産業を考察の対象とする社会学の一分野。職場における人間関係・労使関係、産業と地域社会との関連などを研究する。

さんぎょう-しんりがく【産業心理学】産業活動における人間の心理を研究対象とする応用心理学の一部門。適性・能率・作業・管理などの諸問題を扱う。

さんきょう-ず【三教図】道釈画の画題の一。儒教・仏教・道教の三教の祖、孔子・釈迦・老子を一緒に描くもの。三教一致の考えに基づく。

さんぎょう-スパイ【産業スパイ】企業が、競争相手の企業の営業上・技術上の秘密情報を入手するために使う人。また、これらの秘密情報を収集し、企業に売り込むことを職業とする人。

さんぎょう-ち【三業地】三業❶の営業を許可された特定の地域。➡二業地

さんぎょうのうりつ-だいがく【産業能率大学】神奈川県伊勢原市にある私立大学。昭和25年(1950)設立の産業能率短期大学を母体に、同53年に大学として発足。平成元年(1989)産能大学と

改称したが、同18年に元の名称に戻した。

さんぎょう-の-こめ【産業の米】産業の中核を担うもの。幅広い分野で利用され、産業全体の基盤となり、生活に必要不可欠なものをいう。高度成長期は鉄鋼、1970年代後半以降は半導体と、時代によって変化する。

さんぎょう-はいきぶつ【産業廃棄物】工場など事業活動に伴って生じた廃棄物。法令でその事業者が処理することを義務づけられている燃えがら・汚泥・廃油・廃プラスチック・ゴムくずなど。産廃。

さんぎょうはいきぶつ-しょりしせつ【産業廃棄物処理施設】産業廃棄物の処理において、法で定められた能力を備える施設。産業廃棄物を焼却・分解・中和・脱水・破砕して無害化する中間処理や埋め立てなどの最終処分を行う。設置にあたっては都道府県知事や政令市長の許可が必要となる。

さんぎょうはいきぶつ-ぜい【産業廃棄物税】►産廃税

さんぎょうべつ-くみあい【産業別組合】職種・熟練度の別なく、同一産業に属する全労働者によって組織される労働組合。全日本海員組合の類。産業別労働組合。産別組合。産別労組。

さんぎょうべつ-ろうどうくみあい【産業別労働組合】►産業別組合

さんぎょうほうこく-かい【産業報国会】日本の戦時体制下における戦争協力のための労働団体組織。昭和13年(1938)産業報国連盟が発足、同15年、各種労働団体を統合して大日本産業報国会を設立。終戦とともに解散。産報。

さんぎょう-みんしゅしゅぎ【産業民主主義】産業の管理・運営に労働者が参加する民主主義の一類型。

さんぎょうよう-ロボット【産業用ロボット】一定範囲の作業に対して自動的に作動する機械。一般的には、コンピューターあるいはそれに近い電子機器によってコントロールされる産業用機械のこと。

さんぎょう-よびぐん【産業予備軍】相対的過剰人口のこと。資本の必要に応じて雇用される失業者・半失業者という意味でこのように呼ばれる。

さんぎょう-りっこく【産業立国】産業を振興することによって国家の建設・発展を図ること。

さんぎょう-れんかんひょう【産業連関表】一定期間内における一国のそれぞれの産業部門が生産した財・サービスが各産業部門と最終需要部門とにどのように配分されたかを統計数値によって表にしたもの。レオンチェフが初めて作成した。投入産出表。レオンチェフ表。I/O表。

さん-きょく【三曲】❶邦楽で、箏・三味線・尺八(または胡弓)の3種の楽器による合奏。また、それらの楽器。三曲合奏。❷❶の3種の楽器を一人で順次奏する芸尽くし。❸邦楽で、格式の高い重要な三つの曲。楽琵琶では「流泉」「啄木」「楊真操」、箏の組歌では「四季の曲」「扇の曲」「雲井の曲」、能の謡曲では「初瀬六代」「東国下」「西国下」など。

さん-きょく【三局】律令制で、太政官に属する三つの事務局。少納言局・左弁官局・右弁官局のこと。

さん-きょく【三極】❶電気の陽極・陰極、およびグリッドのこと。❷宇宙万物の三大分類。天・地・人。三才。三儀。

さんきょく-かん【三極管】三つの電極からなる電子管。ふつう三極真空管を指す。

さんきょく-しんくうかん【三極真空管】陽極・陰極・制御格子(グリッド)の三つの電極からなる真空管。

さんきょ-そん【散居村】広い平野に屋敷林に囲まれた住居が散在する、村落の形態。富山県の砺波平野などでみられる。

さんきらい【山帰来】❶ユリ科の蔓性の落葉低木。全体にサルトリイバラに似るが、とげはない。夏、白い小花を開く。中国・インドシナ・インドに分布。地下の根茎を漢方で利尿・解熱・解毒薬にする。❷サルトリイバラの別名。(季 花=春)

ざん-ぎり【▽散切り】❶ちょんまげを切り落として、刈り込んだ髪形。明治初期に流行し、文明開化の象徴とされた。散切り頭。斬髪。❷髪を切り乱して結ばずにそのままにしておくこと。また、その髪形。散らし髪。

ざんぎり-あたま【▽散切り頭】「散切り❶」に同じ。

ざんぎり-きょうげん【▽散切り狂言】►散切り物

ざんぎり-もの【▽散切り物】歌舞伎世話狂言の一種。明治初期の散切り頭・洋服姿などの新風俗を取り入れたもの。明治5年(1872)から同30年代まで作られ、河竹黙阿弥の「島衛月白波」などが代表作。散切り狂言。

さん-きん【山金】►やまきん

さん-きん【参勤｜参×覲】❶出仕して主君にお目にかかること。❷「参勤交代」の略。

さん-きん【産金】黄金を産出すること。「一高」

さん-きん【散禁】律令制で、罪人を縛らず、枷もはめずに一定の場所に閉じ込めておく罰。

さん-ぎん【三吟】連歌・連句を三人で付け合って詠むこと。また、その作品。➲独吟 ➲両吟

ざん-きん【残金】❶支出後に手もとに残った金。❷支払うべき金額の未払い分。「月賦の—」

さんきん-こうたい【参勤交代】江戸幕府が諸大名を定期的に江戸に参勤させた制度。寛永12年(1635)制度化され、1年おきの在府・在国を原則とした。このため全国の交通は発達したが、大名は巨額の出費を余儀なくされ、その妻子は幕府の人質となった。

さん-きん-こう-りゅう【産近甲竜】入試難易度が近い京阪神地域の私大群である、京都産業大学・近畿大学・甲南大学・竜谷大学の総称。

さん-く【三苦】仏語。心身を悩ます3種の苦。寒熱・飢渇・病気などそれ自体が苦の苦苦、楽事が破れて苦に変わる壊苦、世の無常から受ける行苦。

さん-く【三×垢】仏語。心身をけがす三つの煩悩。貪欲・瞋恚・愚痴。三毒。

さん-く【惨苦】いたましい苦しみ。ひどい苦労。

さん-く【産▽駒】競馬用語で、(ある父馬または母馬から)生まれた馬のこと。

さん-く【酸苦】すっぱい味とにがい味。また、つらく、くるしいこと。「碌々という言葉の内に、どれほどの一が入って居ると考える」〈藤村・破戒〉

さん-ぐ【産具】出産のときに必要な種々の用具。

さん-ぐ【散供】►打ち撒き❶

サングイネーティ〘Edoardo Sanguineti〙[1930〜2010]イタリアの詩人・小説化・批評家。新前衛派の代表的人物として、実験的な作品を発表した。詩集「混沌」「栞」、小説「イタリア綺想曲」など。

さん-ぐう【三宮】►三后

さん-ぐう【参宮】〔名〕神宮、特に伊勢の皇大神宮に参拝すること。

さんぐう-せん【参宮線】紀勢本線多気から伊勢市を経て鳥羽に至るJR線。明治30〜44年(1897〜1911)開業。当初は亀山〜鳥羽間を運行。昭和34年(1959)紀勢本線の全通に伴い現在の区間に変更。全長29.1キロ。

さんく-ぎれ【三句切れ】短歌の第3句で意味が切れること。

サンク-コスト〘sunk costs〙埋没費用。企業が、すぐに回収できないものに投じた費用。

サンクション〘sanction〙❶制裁。社会的制裁。❷承認。裁可。

サンクス〘Thanks〙〔感〕感謝するときに用いる語。ありがとう。

サンクスギビング-デー〘Thanksgiving Day〙「感謝祭」に同じ。

さん-くずし【算崩し｜三崩し】算木をくずしたように、3筋ずつ縦横に石畳状に並べた縞模様。算木崩し。

サンクチュアリ〘sanctuary〙❶聖域。❷禁猟区。鳥獣の保護区域。「バードー」

サンクチュアリ〘Sanctuary〙フォークナーの長編小説。1931年刊。女子学生凌辱、殺人などの事件とその波紋のうちに現代の悪の根源を探る。

サン-クチュール〘フランス sans couture〙《縫い目のない、の意》ファッションで、縫い目や芯・裏地などを使わない、服の作り方の原点に戻ろうという考え方のこと。巻いたり、ベルトで締めたりする着こなし方を流行させた。

さん-くつ【山窟】山の中の岩屋。山中の洞穴。

ザンクト-アントン〘Sankt Anton〙オーストリア、チロル州西部の町。チロル地方屈指のスキーリゾート。1907年にスキー学校が設立され、アルペンスキー発祥の地として知られる。

ザンクト-ウォルフガング〘Sankt Wolfgang〙オーストリア中部、ザルツカンマーグート地方の町。ウォルフガング湖に面する観光保養地。町の背後に標高1783メートルのシャーフベルク山があり、登山電車が町と山頂を結んでいる。

サンクトゥス〘ラテン Sanctus〙《聖なるかな、の意》ミサ典礼の式文の一。感謝の賛歌。➲ミサ曲

ザンクト-ガレン〘Sankt Gallen〙スイス北東部、ザンクトガレン州の州都。612年、アイルランドの隠修士ガルスが建てた僧院に起源する。8世紀から11世紀にかけて中世ヨーロッパにおける文化の中心地の一つだった。18世紀半ばに改築された大聖堂は同国屈指のバロック様式の建築として知られ、旧修道院、修道院図書館とともに、1983年に世界遺産(文化遺産)に登録された。フランス語名、サンガル。

ザンクトガレン-しゅうどういん【ザンクトガレン修道院】《Klosters Sankt Gallen》スイス北部、ボーデン湖の南にある修道院。8世紀の創建で、10世紀以降はベネディクト修道会の神学研究の中心地となった。現在のバロック様式の聖堂は1766年に再建されたもの。また、ロココ様式の装飾が施された付属図書館は、中世の写本を含む約16万冊を蔵する。1983年、「ザンクトガレンの修道院」として世界遺産(文化遺産)に登録された。

ザンクト-ギルゲン〘Sankt Gilgen〙オーストリア中部、ザルツカンマーグート地方の町。ウォルフガング湖に面する観光保養地。モーツァルトの母の生家がある。

ザンクト-ゴアール〘Sankt Goar〙ドイツ西部、ラインラント-プファルツ州の町。ライン川に面する。対岸の町はザンクトゴアルスハウゼン。町の名称はともに6世紀半ばの隠遁の聖者ゴアールに由来する。ライン川の川幅が最も狭い流域にあたり、ローレライの伝説で知られる断崖がある。背後の丘に、1245年に建造のラインフェルス城がある。2002年、「ライン渓谷中流上部」として世界遺産(文化遺産)に登録された。

ザンクト-ゴアルスハウゼン〘Sankt Goarshausen〙ドイツ西部、ラインラント-プファルツ州の町。対岸の町はザンクトゴアール。町の名称はともに6世紀半ばの隠遁の聖者ゴアールに由来する。ライン川の川幅が最も狭い流域にあたり、ローレライの伝説で知られる断崖がある。背後の丘にある「猫城」は1371年に建造、初代城主カッツェンエーレンボーゲン(猫の肘の意)伯の名に由来する。2002年、「ライン渓谷中流上部」として世界遺産(文化遺産)に登録された。

ザンクトシュテファン-きょうかい【ザンクトシュテファン教会】《Sankt Stephanskirche》ドイツ中西部、ラインラント-プファルツ州の州都、マインツの旧市街にある教会。990年に建造。第二次大戦で破壊され、戦後に再建。1978年から85年にかけて、マルク＝シャガールが手がけたステンドグラスがあることで知られる。聖シュテファン教会。

ザンクトパウルス-だいせいどう【ザンクトパウルス大聖堂】《Sankt Paulus Dom》ドイツ西部、ノルトライン-ウェストファーレン州の都市、ミュンスターにある大聖堂。9世紀初頭に創建され、13世紀に現在の姿になった。同国屈指のゴシック様式の建造物として知られる。1543年に製作された天文時計がある。聖パウルス大聖堂。

ザンクトフローリアン-しゅうどういん【ザンクトフ

ローリアン修道院】《Stift Sankt Florian》オーストリア北部、オーバーエスターライヒ州の都市、リンツ南部郊外にあるアウグスティヌス会の修道院。4世紀の殉教者、聖フロリアンに由来する。17世紀末から18世紀半ばにかけて建造され、同国屈指のバロック建築として知られる。付属の教会では1858年から10年間、アントン=ブルックナーがオルガン奏者を務め、同地に埋葬されている。

ザンクトペーター-そういんきょうかい【ザンクトペーター僧院教会】《Stift Sankt Peter》オーストリア中部の都市、ザルツブルクの旧市街にあるベネディクト派の教会。8世紀の創建。17世紀から18世紀にかけてバロック様式に改築。モーツァルトが洗礼を受け、オルガン奏者を務めたことで知られる。旧市街を中心とする他の歴史的建造物も含め、1996年に「ザルツブルク市街の歴史地区」として世界遺産(文化遺産)に登録された。聖ペーター僧院教会。

ザンクト-ペテルブルグ〖Sankt-Peterburg〗ロシア連邦北西部、フィンランド湾に臨み、ネバ川の河口に位置する同国第2の都市。1703年、ピョートル大帝がロシア帝国の首都として建設。1914年ペトログラードと改称。ロシア革命の中心地で、18年に首都がモスクワに移され、24年レニングラードと改称。91年現名称に復した。造船・機械工業が盛ん。冬宮、エルミタージュ美術館、イサク聖堂、ペトロパブロフスク要塞などがあり、90年、「サンクトペテルブルグ歴史地区と関連建造物群」の名称で世界遺産(文化遺産)に登録された。人口、行政区457万(2008)。サンクトペテルブルク。

ザンクトペテルブルグ-ようさい【サンクトペテルブルグ要塞】《Sankt-Peterburgskaya krepost'》►ペトロパブロフスク要塞

ザンクト-ペルテン〖Sankt Pölten〗オーストリア北東部、ニーダーエスターライヒ州の都市。同州の州都。中世より織物業が発展、現在も繊維産業、機械工業が盛ん。17世紀から18世紀にかけて建造、または改築されたバロック建築の建造物が数多く残る。

ザンクトマルクス-ぼち【ザンクトマルクス墓地】《Sankt Marxer Friedhof》オーストリアの首都、ウィーンにある墓地。作曲家モーツァルトの墓があることで知られる。

ザンクトヤコプ-だいせいどう【ザンクトヤコプ大聖堂】《Dom Sankt Jakob》オーストリア西部チロル州の州都、インスブルックの旧市街にある大聖堂。18世紀にゴシック様式からバロック様式に改築。主祭壇上部にドイツの画家ルーカス=クラナッハの「救済の聖母」が描かれている。

ザンクトヨハン-しゅうどういん【ザンクトヨハン修道院】《Kloster Sankt Johann》スイス東部のミュスタイア渓谷にあるベネディクト修道会の修道院。780年にフランク王カール大帝の命により創建された、スイスに残るカロリング朝最古の建造物。12世紀以降は女子修道院となった。聖堂の内壁は、旧約聖書と新約聖書に基づく82の場面を描いたフレスコ画で覆われる。1983年「ミュスタイアのベネディクト会聖ヨハネ修道院」として世界遺産(文化遺産)に登録。聖ヨハネ修道院。聖ヨハネ-ベネディクト会修道院。

さん-くにち【三九日】「みくにち」に同じ。

サングラス〖sunglasses〗強い太陽光線から目を防護するための、色付き眼鏡。(季 夏)

サングラス-カー《和 sunglass＋car》日差しを防いだり、外から室内を見られないように、窓に黒いフィルムを張った車。平成元年(1989)6月から70パーセント未満の可視光線しか通さないものは、不良整備車として摘発の対象となっている。

サングリア〖スペイン sangría〗赤ワインに刻んだ柑橘(かんきつ)類などを入れて風味をつけ、甘口にしたスペインの飲み物。

サン-クリストバル-デ-ラス-カサス〖San Cristóbal de las Casas〗メキシコ南東部、チアパス州の町。植民地時代の聖堂や教会が残され、近郊の先住民が集まる市があり、観光地としても知られる。

サン-クリストバル-デ-ラ-ラグナ〖San Cristóbal de La Laguna〗カナリア諸島最大の島、テネリフェ島にある都市。スペイン領。15世紀に植民都市として建設された。整然と配置された町並みは、その後のアメリカ大陸での植民都市計画のモデルとなった。1999年、世界遺産(文化遺産)に登録された。

さんくろう【三九郎】長野県で、どんど焼きに焼く木製の人形。また、どんど焼きのこと。

サン-クロス〖sun cloth〗独特の光沢をもつ綾織り生地のこと。縦糸に梳毛(そもう)糸、横糸に色綿・色毛を使って玉虫調に仕上げるのが特徴。熱帯地方で強い太陽光線を防ぐために作られたといわれるところからの名。玉虫クレバ。

さん-ぐん【三軍】❶陸軍・海軍・空軍の総称。❷古兵法の先陣・中堅・後拒、または左翼・中軍・右翼。転じて、全体の軍隊。全軍。❸中国、周代の兵制で、上軍・中軍・下軍それぞれ1万2500人、合計3万7500人の軍隊。転じて、大軍。

三軍も帥(すい)を奪うべきなり匹夫(ひっぷ)も志を奪うべからざるなり《「論語」子罕から》大軍であってもまとまっていないと、その総大将を討ち取ることができるが、たとえ身分の低い男でも、意志が堅ければ、その志を変えさせることはできない。

ざん-くん【残×曛】日没後もなお照り残る夕日の光。残照。「一を顔に受けながら」〈芥川・山鴫〉

サンクン-ガーデン〖sunken garden〗地表面より掘り下げて造成した庭園・花壇・テラス。

さんぐん-へんせいたい【三郡変成帯】九州北部から中国地方東部にかけて分布する、結晶片岩によって特徴づけられる変成帯。中生代初めに形成。名は福岡市東部の三郡山による。

さん-け【三家】㊀公家(くげ)で、太政大臣にまでのぼりうる三つの家柄。閑院・花山院・中院(なかのいん)(または久我家)。清華家。英雄家。㊁►御三家

さん-け【産気】子供が生まれそうなようす。出産の気配。「一を催す」

さん-げ【散華｜散▽花】〔名〕スル ❶花をまいて仏に供養すること。❷四箇法要の一。梵唄(ぼんばい)のあとにシキミの葉あるいは花を散布すること。また、紙製の蓮華の花びらを花筥(けこ)に入れ、散布すること。❸《花を散らす意から》死ぬこと。特に、若くして戦死すること。「南方洋上に一する」

さん-げ【×懺▽悔】〔名〕スル 仏語。犯した罪悪を告白して許しを請うこと。➡ざんげ(懺悔)

ざん-げ【×懺▽悔】〔名〕スル《「懺」は、梵 kṣamaの音写、「悔」はその漢字訳。古くは、また仏教では「さんげ」という》❶神仏の前で罪悪を告白し悔い改めること。❷キリスト教会一般では、罪を告白し、神の許しを請うこと。カトリック教会では「悔悛(かいしゅん)の秘跡」の俗称。❸自分の罪を悔いて他人に告白すること。「チーム全員の前で一する」「一話」

(類語)告解・告白・白状・打ち明ける・自白

さん-けい【三径｜三×逕】《中国漢代の蔣詡(しょうく)が、幽居の庭に3筋の径(こみち)をつくり、松・菊・竹を植えた故事から》庭につけた3本のこみち。また、隠者の庭園や住居。

さん-けい【三景】景色のすぐれた土地を3か所選んでいう語。たとえば、宮城県の松島、広島県の厳島(いつくしま)、京都府の天橋立(あまのはしだて)を日本三景という。

さん-けい【山系】二つ以上の山脈が近接し、全体で一つの系統をなしているもの。ヒマラヤ山系など。

(類語)山脈・山地・連山・山並み・連峰・山塊

さん-けい【山径｜山×逕】山中のこみち。

さん-けい【山鶏】キジ科の鳥。キジよりやや小形。雄は青紫・白・赤色の羽をもち、雌は茶色。脚と顔は赤い。台湾の特産。

さん-けい【参詣】〔名〕スル 神社や寺にお参りすること。おまいり。「氏神様に一する」「一人」

(類語)お参り・礼参り・代参・参拝・参る

さん-けい【惨刑】むごたらしい刑罰。

さん-けい【算計】数量をかぞえたり、はかったりすること。計算。勘定。「歳額の一」〈逍遥・小説神髄〉

さん-げい【×狻×猊】►しゅんげい(狻猊)

ざん-けい【斬刑】首切りの刑罰。打ち首。

さんけい-えん【三渓園】横浜市中区本牧にある日本式庭園。三渓と号した明治時代の実業家、原富太郎が築造。臨春閣など、重要文化財に指定された建造物が多い。

さんけい-かじょ【散形花序｜×繖形花序】無限花序の一。花軸の先に、柄をもつ花が放射状につくもの。サクラソウ・セリ・ニンジンなどにみられる。

さんけい-しんぶん【産経新聞】産業経済新聞社が発行する日刊全国紙。本社は東京都千代田区大手町にある。昭和8年(1933)大阪で創刊の「日本工業新聞」が各紙との合併を繰り返し、同30年には「時事新報」を吸収。同34年に東京・大阪の題号を現紙名に統合。この頃から保守的論調を強めた。朝刊販売部数は約160万部(平成24年下期平均)。

さんげがくしょうしき【山家学生式】サンゲガクシャウシキ 平安初期の仏教書。1巻。最澄著。天台法華宗年分学生式(六条式)、勧奨天台宗年分学生式(八条式)、天台法華宗年分度者回小向大式(四条式)の3部の総称。弘仁9～10年(818～819)に順次成立。天台宗(山家)での学生養成制度を勅許されるよう願ったもの。

さん-げき【惨劇】悲惨な内容の演劇。転じて、殺人などのむごたらしい出来事。「一の舞台となった町」

(類語)惨事・悲劇

さんげ-さんげ【×懺▽悔×懺▽悔】《「ざんげざんげ」とも》❶月山・羽黒山などの霊山に参る行者などが唱える言葉。❷歌舞伎下座音楽の一。江戸の世話物で、貧しい町屋の幕開きや小悪党の出入りなどに用いる唄。

さんげ-し【散華師】法会のとき、散華する役の僧。散華僧。

さんげ-だいし【山家大師】最澄(さいちょう)の異称。

さん-げだつもん【三解脱門】仏語。解脱に至る方法である3種の三昧(さんまい)。一切を空と観ずる空解脱、一切に差別相のないことを観ずる無相解脱、その上でさらに願求(がんぐ)の念を捨てる無願解脱。三三昧(さんざんまい)。

さん-けち【三×纈】夾纈(きょうけち)・纐纈(こうけち)・﨟纈(ろうけち)。

さん-けつ【三傑】ある時代のすぐれた人物を三人選んでいう語。明治維新の元勲の西郷隆盛・大久保利通・木戸孝允(きどたかよし)や、古代中国の蜀(しょく)の忠臣・名将の諸葛亮(しょかつりょう)・関羽(かんう)・張飛(ちょうひ)など。

さん-けつ【酸欠】《「酸素欠乏」の略》ある場所の空気中の酸素、あるいは水中の溶存酸素が足りなくなること。「一事故」

さん-げつ【山月】山上に出ている月。

さん-げつ【産月】「産み月」に同じ。

ざん-けつ【残欠｜残×闕】書物などの、一部分が欠けていて不完全なこと。また、そのもの。「絵巻物の一」

ざん-げつ【残月】㊀明け方まで空に残っている月。有明の月。のこんの月。㊁地歌・箏曲(そうきょく)。手事物(てごともの)。天明・寛政(1781～1801)のころに大坂の峰崎勾当(みねざきこうとう)が作曲。門人の娘の死を悼んで作ったもので、特に手事の部分は力作。

さんけ-づ・く【産気付く】〔動カ五(四)〕今にも子供が生まれそうになる。出産の兆しが現れる。「車中で急に一・く」

さんけつ-くうき【酸欠空気】通常よりも酸素の含有量が少ない空気。地下工事現場や船倉など、通気の悪い場所に生じやすい。

さんけつ-しょう【酸血症】►アシドーシス

さんげ-めつざい【×懺▽悔滅罪】仏語。懺悔をして犯した罪業を消滅させること。

さんげ-もん【×懺▽悔文】法要の一つとして唱える、懺悔の意を表した文。

ざんげろく【懺悔録】㊀►告白録(こくはくろく) ㊁《原題、フランス Les Confessions》ルソーの自伝的告白録。1765～70年作。赤裸々な自我を表白したもの。告白録。㊂《原題、スペイン Las Confesiones》キリシタン資料の一。スペイン人宣教師コリャードの著。司祭と信者との対話

の形をとっており、室町末期の話し言葉の資料として貴重。告白録。

さん-けん【三権】国家の統治権の3種別。すなわち、立法権・司法権・行政権。

さん-けん【三賢】ある分野で、三人のすぐれた人。書道の小野道風・藤原佐理すけまさ・藤原行成、連歌の二条良基・救済ぐさい・周阿など。

さん-けん【蚕繭】蚕がつくる繭。また、蚕と繭。

さん-けん【散見】〔名〕スル あちこちに見えること。ちらほら目につくこと。「雑誌等に一する新語」

さん-げん【三元】❶上元(正月15日)・中元(7月15日)・下元(10月15日)。❷《年・月・日の元はじめの意から》1月1日のこと。元日。三始。(季 新年) ❸天地の初め・中・終わりをいう上元・中元・下元のこと。❹天・地・人。三才。❺中国の明代に、進士試験に合格した一・二・三位の3人。また、郷試・会試・殿試の3試験に首席を占め、解元・会(省)元・状元となった者。

さん-げん【三弦|三×絃】❶三味線の別名。地歌・箏曲そうきょくでは正称とされる。❷中国の弦楽器。外形は日本の三味線に似るが胴の両面には蛇の皮を張り、人差し指の指頭または義甲で弾く。琉球に伝来して三線さんしんとなり、さらに日本本土に渡って三味線となった。弦子。三弦子。❸雅楽で使う3種の弦楽器。琵琶・箏そう・和琴わごん。

ざん-げん【×讒言】〔名〕スル 事実を曲げたり、ありもしない事柄を作り上げたりして、その人のことを目上の人に悪く言うこと。「一されて不遇の身となる」

さんげん-じっしょう【三▽賢十▽聖】ジッシャウ 大乗仏教で、菩薩ぼさつの修行階位のうち、聖位である十地(十聖)と、それ以前の十住・十行・十回向(三賢)のこと。三賢十地。

さんげん-しゃ【三間社】神社本殿の正面の柱間が三つあるもの。

さん-げんしょく【三原色】割合を変えて混合すれば、すべての色を表すことができる、基本となる三つの色。ふつう赤(レッド)・緑(グリーン)・青(ブルー)の「光の三原色」をいうが、絵の具や印刷インキなどでは青緑(シアン)・赤紫(マゼンタ)・黄(イエロー)の「色の三原色」をいう。(類語)原色・間色・五色・七色

さんげん-そしき【三原組織】織物の基本的な三つの組織。平織り・斜文織り・繻子しゅす織り。

さんげん-にはく【三言二拍】中国、明末に刊行された口語体の短編小説集の総称。三言とは、馮夢竜ふうむりゅう編著の「喩世ゆせい明言」「警世通言」「醒世せいせい恒言」、二拍とは、凌濛初りょうもうしょ編著の「拍案驚奇」「二刻拍案驚奇」をいう。

さんげん-は【山元派】▶やまもとは

さんげん-パイ【三元×牌】マージャンで、字牌ツーパイのうち、白板パイパン・緑発リューファ・紅中ホンチュン。

さんけん-ぶんりつ【三権分立】権力の濫用を防止し、国民の政治的自由を保障するため、国家権力を立法・司法・行政の三権に分け、それぞれ独立した機関にゆだねようとする原理。ロック・モンテスキューらによって唱えられ、各国の近代憲法に強い影響を与えた。

さん-こ【三戸】❶非常に少ない戸数。小国のたとえ。「楚は一の小国なれども」〈太平記・三七〉❷感覚をつかさどる三つの戸口、すなわち目・耳・口のこと。「一ヲヒソムル」〈日葡〉

さん-こ【三呼】〔名〕スル 三たび声に出して言うこと。「万歳ばんざいを一する」

さん-こ【三孤】中国、周代の官職名。三公の下で天子を補佐した少師・少傅しょうふ・少保のこと。

さん-こ【三×鈷】金剛杵こんごうしょの一。金属製で杵きねの形をし、両端が三つに分かれているもの。三鈷杵さんこしょ。

さん-こ【三鼓】雅楽で、唐楽に用いられる3種の打楽器。羯鼓かっこ・太鼓・鉦鼓しょうこ。

さん-こ【三顧】《三国時代の中国で、蜀しょくの劉備りゅうびが、諸葛亮しょかつりょうを軍師として招くために、その草庵を三度訪れたという、諸葛亮「前出師表」の故事から》人の上に立つ者が仕事を頼みたい人に特に礼を尽くして交渉すること。また、ある人を特別に信任・優遇することを「一を尽くして迎える」

さん-こ【山呼】《漢の武帝が嵩山すうざんで山を祭ったとき、臣下が万歳を叫んだところから》万歳を唱えて天子を賀すること。

さん-ご【三五】❶《3と5の積が15となるところから》㋐15歳。「名はお駒とて少し跳ねたる一の少女おとめは」〈蘆花・不如帰〉㋑「三五夜さんごや」に同じ。「一の夕べ」㋒《揚げ代が15匁だったところから》囲い女郎の異称。❷人や物が、あちこちに少しずつかたまっていること。三々五々。「瓢箪に酔を飾る一の痴漢ちかんが」〈漱石・虞美人草〉❸《長さ3尺5寸を標準とするところから》楽琵琶がくびわの異称。❹三皇と五帝。

三五の十八 《3と5の積は15であるのを、18と誤る意から》計算や見込みを誤ること。「若き人には一、ばらりと違ふ事数々なり」〈浮・胸算用・一〉

さん-ご【×珊×瑚】❶サンゴ科サンゴ属の腔腸動物の総称。また、その骨軸。個虫が集まって樹状の群体をつくる。個虫が死んで石灰質の硬い骨軸が残ったものを装飾用に利用。日本にはアカサンゴ・モモイロサンゴ・シロサンゴがあり、ベニサンゴは地中海に産し、古くから知られる。真正サンゴ。❷広く、花虫綱の腔腸動物のうち、石灰質の硬い骨格をつくるものの総称。アカサンゴ・イシサンゴなど。コーラル。

さん-ご【産後】出産したあと。「一の肥立ち」

さんご-いろ【×珊×瑚色】アカサンゴのような明るい赤。

さん-こう【三公】❶律令制における太政大臣・左大臣・右大臣。のちに、左大臣・右大臣・内大臣の称。三槐。❷中国の官名。最高の地位にあって天子を補佐する三人。内容は時代によって変わり、周代では太師・太傅たいふ・太保、前漢では大司徒・大司馬・大司空、または丞相・太尉・御史大夫、後漢・唐では太尉・司徒・司空、宋・元・明・清は周代に倣う。三槐。

さん-こう【三光】クワウ ❶太陽と月と星のこと。❷きらきらと光り輝く、りっぱな細工物。❸「三光鳥」の略。❹《鳴き声を「つきひほし」と聞きなしたところから》飼いウグイスの鳴き声。また、そのように鳴くウグイス。「あれは世間に重宝する一とやらいふ鳥であらう」〈続狂言記・鶯〉

さん-こう【三后】太皇太后たいこうたいごう・皇太后・皇后のこと。三宮さんぐう。

さん-こう【三行】カウ 三つのよい行い。子が親になすべき、孝養・葬礼・祭事。また、人が重んずべき三つの行い、すなわち、父母に孝行を尽くすこと、賢良な人を友とすること、師や目上に従順であること。

さん-こう【三更】カウ 五更の第三。およそ現在の午後11時または午前零時からの2時間をいう。子ねの刻。丙夜へいや。

さん-こう【三皇】クワウ 中国古代の伝説的な三人の天子。伏羲ふっき・神農しんのう・黄帝、燧人すいじん・伏羲・神農、伏羲・女媧・神農、天皇・地皇・人皇など諸説がある。➡五帝

さん-こう【三綱】カウ 儒教で、君臣・父子・夫婦の踏み行うべき道。「一五常」

さん-こう【山行】カウ ❶山に遊びに行くこと。山遊び。また、登山に行くこと。「連休の一計画」❷山の中を通って行くこと。山中の旅行。

さん-こう【参向】カウ 〔名〕スル 高位の人の所へ出向くこと。参上。「宮中へ一する」

さん-こう【参考】カウ 〔名〕スル 何かをしようとするときに、他人の意見や他の事例・資料などを引き合わせてみて、自分の考えを決める手がかりにすること。また、そのための材料。「研究の上で一になる」「内外の判例を一する」

(類語)参照・参看・参酌さんしゃく・照会・リファレンス

さん-こう【参候】〔名〕スル ❶貴人のもとに行って機嫌をうかがうこと。伺候。「京都に出て、直ちに白河家に一し」〈藤村・夜明け前〉❷宮内省御歌所の職員。歌御会の事務を扱った。

さん-こう【参校|参▽較】カウ いくつかのものを比べ合わせて考えること。また、校正すること。

さん-こう【散光】クワウ 乱反射して四方に散乱する光線。曇り空の光や磨すりガラスを通った光などにみられ、一定方向の影を生じないので、無影灯に応用される。

さん-こう【×鑽孔】〔名〕スル 穴をあけること。穴を打ち抜くこと。(類語)穿孔せんこう・ボーリング・パンチ・掘削

さん-ごう【三業】ゴフ 仏語。身業・口業くごう・意業のこと。身・口・心による種々の行為。

さん-ごう【三綱】ガウ 寺内の管理・統制に当たる3種の役僧。上座・寺主・都維那ついななどをいう。

さん-ごう【山号】ガウ 寺院の名前の上に付ける称号。「比叡山(延暦寺)」「成田山(新勝寺)」などの類。もと、寺は多く山に建てられたため、その山の名でよばれたが、のちに平地の寺にも用いるようになった。

さん-ごう【×鑽仰】ガウ 〔名〕スル ▶さんぎょう(鑽仰)

ざん-こう【残光】クワウ ❶消え残っている光。多く、日没後なお空に残っている光をいう。残照。❷ルミネセンスの能力を有する物質に刺激を与えるとき、その刺激を除いても、なお光を発する現象。燐光体りんこうたい・蛍光体でみられる。(類語)入り日・夕日・西日・落日・落陽・斜陽・夕影・夕映え

ざん-こう【残更】カウ 夜明け方。五更。

ざん-こう【残×肴】カウ 食べ残しのさかな。酒宴の残りもの。

ざん-こう【残香】カウ あとに残っている香。うつり香。残り香。

ざん-こう【×讒口】「讒言ざんげん」に同じ。

ざん-こう【×讒構】無い事をこしらえた告げ口をして、人をおとしいれること。「必定何者かの一と存じ」〈逍遥・桐一葉〉

ざん-ごう【×塹×壕】ガウ ❶戦場で、歩兵が敵弾を避けるために作る防御施設。溝を掘り、前方に掘った土や土嚢どのうを積み上げたもの。❷城やとりでの周囲の堀。

さんこう-いちもんじ【三光一文字】サンクワウ 紋所の名。一文字の上に三つの星を三角形に置いたもの。三星さんせい一文字。

さんごう-かい【三合会】サンガフクワイ ▶天地会てんちかい

さんこう-き【×鑽孔機】▶穿孔機せんこうき

さんこう-きゅうけい【三公九×卿】キウケイ 三公と九卿。太政大臣以下の朝廷の高位の人々。

さん-こうごう【三皇后】クワウゴウ「三后さんこう」に同じ。

さんこう-さくせん【三光作戦】サンクワウ 日中戦争下、日本軍が行った残虐で非道な戦術に対する中国側の呼称。三光とは、焼光(焼き尽くす)・殺光(殺し尽くす)・搶光そうこう(奪い尽くす)。

さんごう-ざっし【三号雑誌】サンガウ 創刊しても3号ほどで休・廃刊となるような、長続きしない雑誌。

さんごうしいき【三教指帰】サンガウシイキ 平安初期の仏教書。3巻。空海著。延暦16年(797)成立。儒道仏の三教を比較して優劣をつけ、空海が仏教を選んだ根拠を、四六騈儷体しろくべんれいたいの漢文で明示したもの。

さんこうしゃ-ごげんぎょう【三公社五現業】ゴゲンゲフ 日本国有鉄道・日本専売公社・日本電信電話公社の三公社と、郵政・造幣・印刷・国有林野・アルコール専売の五事業の総称。これらの職員の労働問題が公共企業体等労働関係法によったことに由来した名称。(補説)三公社はすべて民営化され、五現業も国有林野事業を除いて民営化または独立行政法人に移管された。

さんこう-じゅんりつ【参考純率】サンカウ 損害保険会社が保険料率を算定する際に利用する、純保険料率の参考値。損害保険料率算出機構が会員である損保会社から提供されたデータを基に算出する。火災保険・傷害保険・任意自動車保険・医療費用保険・介護費用保険などが対象。一般には開示されない。(補説)保険料率は、保険金支払いに充てられる「純保険料率」と、保険会社の営業費用に充てられる「付加保険料率」からなる。

さんこう-しょ【参考書】サンカウ 調査・研究・教授・学習などの際に参考とする書物。「受験一」

(類語)虎の巻・あんちょこ

さんこう-じょう【三光▽尉】サンクワウ 能面の一。室町後

期の面打ちの三光坊が作ったとされる、庶民的な老人の相をもった面。

さんこう-すいちょう【山高水長】サンカウスイチャウ 山がいつまでも高くそびえ、水がいつまでも流れているように、聖人君子の徳が長く伝わること。

さんこう-せいうん【散光星雲】サンクワウ 星間物質の濃密な部分が恒星の光を吸収し、特有の光を放射したり恒星の光を反射したりして輝いているもの。銀河系内星雲のうち、惑星状星雲・暗黒星雲以外をいう。

さんこうたいへいき【参考太平記】サンカウタイ 太平記の校訂・注釈書。40巻41冊または64冊。今井弘済・内藤貞顕編。元禄2年(1689)成立、同4年刊。徳川光圀みつくにの命により、大日本史編纂へんさんの資料として作成された。

さんこう-ちょう【三光鳥】サンクワウテウ ❶ヒタキ科の鳥。全長42センチほどで、尾が長く、雄は28センチ、雌は17センチくらいある。頭は濃紫、背は茶、腹は白、目のまわりとくちばしはコバルト色。日本では夏鳥として低山地の薄暗い林にみられる。さえずりを「つきひほし」と聞きなす。❷イカルの別名。

さんご-うつ【産後鬱】産後、数週間から数か月続く鬱病。気分が落ち込む、不安になる、眠れないなどの状態が続き、気力がなくなり、集中力や思考力が低下する。マタニティーブルーは数日から数週間程度で自然に消失するが、長引く場合は産後鬱が疑われる。悪化すると自傷・自殺・幼児虐待につながることもあるため、周囲の支援や適切な治療が必要となる。産褥鬱。産後抑鬱症。

さんこう-てんし【三光天子】サンクワウ 仏語。日天子・月天子がってん・明星天子のこと。太陽・月・星のこと。

さんこう-にん【参考人】サンカウ ❶犯罪捜査のため、被疑者以外の者で捜査機関に出頭を求められ、取り調べを受ける者。出頭・供述は強制されない。❷国会の委員会で、学識経験者などとして意見を求められる人。供述は強制されない。

さんこうにん-しょうち【参考人招致】サンカウニンセウチ 国会の委員会で、調査などのために参考人を招き寄せて意見をきくこと。参考人は出頭を強制されない。〘補説〙証人喚問とは異なり、証言で嘘を述べても罪に問われない。

ざんごう-ねつ【×塹×壕熱】ザンガウ 五日熱いつかねつのこと。第一次大戦中ヨーロッパ戦線で流行した。

さんこう-の-びょう【三光の×鋲】サンクワウ―ビャウ 兜かぶとの鉢はちに眉庇まびさしを釘づけにするため、3か所に打つ鋲。

さんごう-ひばくしゃ【三号被爆者】サンガウ ▶救護被爆者

さんこう-ぶんけん【参考文献】サンカウ 調査・研究などの参考資料にする書物など。

さんこう-めぬけ【さんこう目抜】フサカサゴ科の海水魚。水深200〜500メートルの海底にすむ。全長約50センチ、赤色。美味。

サンゴール〘Léopold Sédar Senghor〙[1906〜2001]セネガルの政治家・詩人。独立運動に参加、独立後初代大統領。在任1960〜1980。ネグリチュード運動をすすめ、世界黒人芸術祭を主催するなど黒人文化の創造性を主張した。詩集「ナエットのための歌」など。

さんご-かい【珊瑚海】《Coral Sea》南西太平洋の一部、オーストラリア・ニューギニア・ソロモン諸島・ニューカレドニアなどによって囲まれる海域。珊瑚礁が発達し、グレートバリアリーフ(大堡礁だいほしょう)は有名。昭和17年(1942)日米海戦が行われた。

さんご-がに【×珊×瑚×蟹】オウギガニ科の甲殻類。甲はほぼ四角形で、甲幅1.3センチほど。橙紅色で、はさみ脚は大きい。紀伊半島以南の造礁サンゴの枝の間にすむ。

さん-こく【山谷】山と谷。また、山中の谷。

さん-こく【惨酷｜酸酷】〘名・形動〙「残酷ざんこく」に同じ。「嗚呼流毒の一なる地震より甚しきはなし」〈津田真道・明六雑誌一七〉

さん-ごく【三国】■三つの国。■㊀古く、日本・中国・インド、または日本・中国・朝鮮のこと。全世界の意にも用いる。「夫それ末代の俗に至っては、一の仏法も次第に衰微せり」〈平家・二〉㊁富士山が裾野をひく三つの国、駿河・甲斐・相模のこと。㊂古代中国で、後漢の滅亡後に天下を3分した魏・蜀しょく・呉のこと。㊃4〜7世紀の朝鮮で、新羅しらぎ・百済くだら・高句麗こうくりのこと。

ざん-こく【残酷｜惨酷｜残刻】〘名・形動〙無慈悲でむごたらしいこと。まともに見ていられないようなひどいやり方のさま。「一な刑罰」「一にも子供の夢を踏みにじる」〘派生〙ざんこくさ〘名〙〘類語〙残虐・残忍・苛酷・酷

さんごくいじ【三国遺事】サンゴクヰジ 朝鮮の歴史書。5巻。高麗の忠烈王のとき、僧の一然(1206〜1289)が撰。「三国史記」に漏れた新羅しらぎ・百済くだら・高句麗こうくりの遺聞を集録したもの。仏教関係や民間伝承の記事が多い。

さんごく-いち【三国一】❶日本・中国・インドの三国で最もすぐれていること。世界一。「一の花嫁」「一の剛の者と言はれしぞかし」〈義経記・八〉❷江戸初期に流行した祝言の小唄の歌詞。「三国一ぢゃ何々になりすまいたしゃんしゃん」と歌い納める。❸《三国一の富士山が一夜でできたという伝説から、一夜造りの意で》甘酒の異称。

さんごく-かんしょう【三国干渉】―カンセフ 明治28年(1895)日清戦争の講和条約(下関条約)締結後、ロシア・フランス・ドイツの3国が日本に干渉を加え、条約で日本が得た遼東半島を清国に返還させた事件。

さんごく-きょうしょう【三国協商】―ケフシャウ 1891年の露仏同盟、1904年の英仏協商、1907年の英露協商によって生まれたイギリス・フランス・ロシア3国の同盟関係のこと。ドイツ包囲を目的とし、三国同盟に対抗したもの。革命による帝政ロシアの崩壊により消滅。

さん-こくし【三国司】室町時代、国司を称した三家。土佐の一条氏、伊勢の北畠きたばたけ氏、飛騨の姉小路あねがこうじ氏。いずれも公家の出で、旧来の国司が存続してきたのはこの三家だけであった。

さんごくし【三国志】中国の二十四史の一。魏・呉・蜀しょく三国の歴史を記した書。西晋の陳寿の撰。魏志30巻・呉志20巻・蜀志15巻の65巻からなる。魏志の「東夷伝倭人の条」(魏志倭人伝)は3世紀ごろの日本に関する重要な文献。➡三国志演義

さんごくしえんぎ【三国志演義】中国の長編小説。120回。四大奇書の一。羅貫中の作といわれる。「三国志」に基づき、三国時代の歴史を虚構を交えて演義したもの。蜀しょくの劉備りゅうび・関羽・張飛・諸葛孔明ら英雄豪傑の活躍と運命を通俗的に描く。日本では江戸時代に訳出された。三国志通俗演義。三国演義。

さんごくしき【三国史記】朝鮮の歴史書。50巻。高麗の金富軾きんふしょく編。1145年成立。新羅しらぎ・百済くだら・高句麗こうくりの歴史を紀伝体で記したもので、朝鮮の歴史を体系的に述べた最初の書。

さんごく-じだい【三国時代】㊀中国で、後漢滅亡後、280年の晋の統一まで、魏・蜀・呉の三国が天下を3分し、互いに抗争した時代。㊁朝鮮で、4世紀半ばから668年に新羅が統一するまで、新羅・高句麗・百済の三国が鼎立ていりつした時代。

さんごく-じん【三国人】「第三国人」に同じ。

さんごくつうらんずせつ【三国通覧図説】サンゴクツウランヅセツ 江戸後期の地誌。1巻。林子平著。天明5年(1785)成立。翌年刊。日本本土と琉球・朝鮮・蝦夷えぞの3国および小笠原諸島の地図5枚と、その解説書とからなる。海防思想の普及に貢献したが、のち禁書・絶版となった。

さんごく-でんらい【三国伝来】インドから中国または朝鮮半島を経て日本に伝わってきたこと。三国相伝。「一の文化」

さんごく-どうめい【三国同盟】㊀1882年に成立したドイツ・オーストリア・イタリア3国の軍事同盟。第一次大戦の初めに、イタリアが協商国側についたため解消された。㊁▶日独伊三国同盟にちどくいさんごくどうめい

さんごく-ぶそう【三国無双】―ブサウ 日本・中国・インドの三つの国を通じて並ぶものがないこと。この世で比べるもののないこと。「一の大伽藍」〈謡・笠卒都婆〉

さんごくぶっぽうでんずうえんぎ【三国仏法伝通縁起】サンゴクブツポフデンヅウエンギ 鎌倉時代の仏教書。3巻。凝然ぎょうねん著。応長元年(1311)成立。インド・中国・日本における各宗の伝播でんぱ状況を概説した仏教通史。

さんこ-じ【三鈷寺】京都市西京区にある西山宗の本山。承保元年(1074)天台宗の僧源算の創建で、北尾往生院と称したのに始まる。のち、法然の弟子証空のとき念仏道場とし、現在の名に改めた。

さんご-じゅ【×珊×瑚珠】サンゴを磨いて作った玉。装飾用。

さんご-じゅ【×珊×瑚樹】❶木の枝の形をしているサンゴ。❷スイカズラ科の常緑小高木。葉はやや大形の倒卵形でつやがある。夏に白い小花を密につけ、実は熟すと赤くなる。関東南部以西に分布する。きさんご。〘季 実=秋｜花=夏〙

さんごじゅ-なす【×珊×瑚樹茄=子】トマトの別名。

さんご-しょう【×珊×瑚礁】―セウ イシサンゴ類の骨格や石灰藻類が集積して形成される礁。熱帯・亜熱帯海域に分布。形状により裾礁きょしょう・堡礁ほしょう・環礁などがある。

サンゴタール-とうげ【サンゴタール峠】―タウゲ《フラCol du Saint-Gothard》スイス中南部にある峠。中世以来アルプス越えの重要な交通路。全長約15キロのトンネルが通じる。標高2112メートル。ドイツ語名ザンクト-ゴットハルト峠、イタリア語名サン-ゴタルド峠。

さんご-ちゅう【×珊×瑚虫】八放サンゴ類とイシサンゴ類のポリプ(個虫)の俗称。

さん-こつ【山骨】山の土砂が崩れ落ちて岩石の露出した所。また、その岩。

さん-こつ【散骨】遺骨を埋葬せず、こまかく砕いて海・野山などにまくこと。また、その葬礼。

さんこ-づか【三×鈷▽柄】刀剣の柄を三鈷の形に作ったもの。さんこえ。

さんご-とう【×珊×瑚島】―タウ 珊瑚礁が海面に露出して島を形成したもの。

さんご-の-つき【三五の月】三五夜さんごやの月。中秋の名月。

さんこ-の-れい【三顧の礼】「三顧」に同じ。

さんご-ばん【三五判】書物で、横3寸(約91ミリ)、縦5寸(約152ミリ)の大きさのもの。

さんご-へび【×珊×瑚蛇】コブラ科サンゴヘビ属の毒蛇の総称。全長60〜80センチ。強い毒をもつが、性質は攻撃的ではない。赤・黄・黒の鮮やかな縞模様は警戒色。熱帯アメリカに分布。

さんご-も【×珊×瑚藻】サンゴモ科の紅藻。海岸の干満線付近の岩上に生え、石灰質を含み堅い。

さんご-や【三五夜】陰暦15日の夜。特に、陰暦8月15日、中秋の名月の夜。〘季 秋〙

さんご-よくうつしょう【産後抑鬱症】―ヨクウツシャウ ▶産後鬱

さんこ-れい【三×鈷鈴】密教の法具で、取っ手の端が三つまたに分かれている鈴。

さん-こん【三献】《「さんごん」とも》中世以降の酒宴の礼法。一献・二献・三献と酒肴しゅこうの膳を三度変え、そのたびに大・中・小の杯で1杯ずつ繰り返し、9杯の酒をすすめるもの。式三献。

ざん-こん【残痕】残っている跡。痕跡。

さん-さ【三×叉】3筋に分かれること。みつまた。「一路」

さん-さ【蚕×渣｜蚕沙】蚕かいこの糞ふんや脱皮殻に、桑のくず葉などの混じったもの。肥料にする。

さんさ〘感〙民謡などのはやしことば。「いとし源衆に逢ふ夜さは、一」〈松の葉・二〉

さん-ざ【参座】❶会合に参列すること。「印度の政府にて裁判するに、一の者は土人を用いず」〈福沢・文明論之概略〉❷年始の礼に行くこと。「夕つ方、御方々の一し給はむとて」〈源・初音〉

さん-ざ【蚕座】蚕かいこを飼う場所。蚕箔さんぱくにむしろ・紙などを敷いたもの。こざ。

サンザ〘sanza〙アフリカの体鳴楽器。細長い金属などの舌を箱状あるいは板状の共鳴体の上に並べて

一端を固定し、中間に横棒を入れて先端を浮かせ、指ではじいて奏する。ムビラ。ンビラ。
さん-ざ〔副〕「さんざん」の略。「一待たされたあげく、断られた」
ざん-さ【残×渣】濾過(ろか)したあとなどに残ったかす。
サン-サーンス〖Charles Camille Saint-Saëns〗[1835〜1921]フランスの作曲家・オルガン奏者。国民音楽協会を設立して近代フランス音楽の発展に貢献した。作品にオペラ「サムソンとデリラ」、管弦楽曲「動物の謝肉祭」など。
さん-さい【三才】❶世界を形成するものとしての天・地・人の称。三元。三儀。三極。❷宇宙に存在する万物の総称。「和漢一図会(ずえ)」❸人相学で、その重点になるひたい・あご・鼻。❶に擬した言い方。
さん-さい【三災】仏語。3種の災厄。住劫(じゅうこう)の減劫に起こる刀兵災・疾疫災・飢饉(きき)災の小三災と、壊劫(えこう)の終わりに起こる火災・水災・風災の大三災。
さん-さい【三彩】低火度溶融の色釉(いろぐすり)を施した陶器。3色とは限らず、2色・4色のものも多い。中国唐代の唐三彩で技法的に熟成。日本にも奈良三彩があるほか、ペルシア・エジプトなどでも作られた。
さんさい【三斎】細川忠興(ほそかわただおき)の号。
さん-さい【三際】「三世(さんぜ)❶」に同じ。
さん-さい【山妻】田舎育ちの妻という気持ちで、自分の妻をへりくだっていう語。愚妻。荊妻(けいさい)。
さん-さい【山斎】山中の、休息のための室。山荘。
さん-さい【山菜】山野でとれる食用植物。ワラビ・ウド・ゼンマイなど。「一料理」
さん-さい【山塞¦山×寨¦山×砦】山中に築いたとりで。また、山賊のすみか。
さん-さい【散斎】▶荒忌(あらいみ)
さん-ざい【散在】〔名〕(スル) あちこちに散らばってあること。点在。「湖畔に一する別荘」
(類語)点在・混在・疎(まば)ら・過疎・分布
さん-ざい【散剤】粉末状の薬剤。こなぐすり。
さん-ざい【散財】〔名〕(スル) 不必要なことに金銭をつかうこと。また、いろいろなことで金銭を多く費やすこと。「訪問先に一をかける」「予定外に一してしまった」
(類語)無駄遣い・浪費・濫費・空費・徒費・冗費・不経済
ざん-さい【残債】住宅ローンなどの借入金のうち、まだ返済していない金額。
ざん-さい【残×滓】「ざんし(残滓)」の慣用読み。
ざん-ざい【斬罪】首をきる刑罰。うちくび。
さんざい-いし【散在石】盆石で、海面に仕立てて盤上に散らしておく石。茶褐色のものが用いられる。
さん-さいいち【三斎市】中世、1か月に3回定期的に開かれた市。四日市・五日市など開催日にちなんだ地名にその名残をとどめる。
さん-さいがつ【三斎月】(サンサイガツ) ▶三長斎月(さんちょうさいがつ)
さん-さいじょ【三才女】(サンサイヂョ) ㊀三人の才女。特に、平安中期の三人の女流歌人、紀内侍・伊勢大輔・小式部内侍のこと。㊁県門(けんもん)の三才女のこと。
さんざい-しんけいけい【散在神経系】神経細胞が体全体に散在し網目状に連絡している神経系。神経節や脳をもたない未分化の神経系で、腔腸動物のヒドラやイソギンチャクにみられる。⇒集中神経系
さんさいずえ【三才図会】(サンサイヅヱ) ㊀中国の類書。106巻。明の王圻(おうき)撰。1607年成立。天・地・人の三才に及ぶあらゆる事物を、天文・地理・人物・器物・植物など14部門に分類して図説したもの。㊁「和漢三才図会」の略。
さんさい-ばおり【三斎羽織】筒袖で、背縫いの裾が割れている陣羽織。細川忠興の創案という。
さんざい-ぶくろ【散財袋】宴席などで、祝儀を入れて与える紙袋。祝儀袋。
さんさい-ぼり【三斎彫】細川忠興が余技として刀剣の柄頭(つかがしら)や鐔(つば)に施した飾り彫り。
さんさい-りゅう【三斎流】(リウ) 茶道の流派の一。細川忠興を開祖として、江戸初期に成立。
さんざい-りゅうせい【散在流星】(リウセイ) 流星群に属さない流星。⇔群流星。
さんざ-か【山茶花】(クワ)《「さんさか」とも》「さざんか(山茶花)」に同じ。〈日葡〉
さん-さがり【三下り】三味線の調弦法の一。本調子の第3弦を1全音(長2度)下げたもの。粋(いき)や艶(つや)を表し、長唄・小唄に多く用いる。
さん-さく【三作】有名な三人の刀工、粟田口吉光・岡崎正宗・郷義弘。また、その刀剣。⇒奈良三作
さん-さく【三×朔】「三朔日(さんさくじつ)」に同じ。
さん-さく【×刪削】〔名〕(スル) 不要の文字などを削り取ること。
さん-さく【散策】〔名〕(スル) これといった目的もなく、ぶらぶら歩くこと。散歩。「野山を一する」
(類語)散歩・足任せ・逍遥(しょうよう)・そぞろ歩き・漫歩・遊歩・漫遊・巡歴・行脚(あんぎゃ)・跋渉(ばっしょう)
さんざ-し【山査子¦山×樝子】バラ科の落葉小低木。よく枝分かれし、とげがある。葉は丸みのあるくさび形で縁に粗いぎざぎざがある。春、白い花をつけ、実は黄色または赤色に熟し、薬用。中国の原産で、庭木にする。(季 花=春)
さんさ-しぐれ【さんさ時雨】宮城県仙台地方の民謡。江戸中期から祝儀歌として流行。本来は手拍子だけの歌で、三味線の伴奏がつくのは明治以降。
さんさ-しんけい【三×叉神経】延髄から出て、眼神経・上顎(じょうがく)神経・下顎神経の三つに分かれる神経。第5脳神経で、顔面の知覚、咬筋(こうきん)の運動をつかさどる。
さんさ-しんけいつう【三×叉神経痛】三叉神経の分布領域に生じる痛み。顔半面にみられ、針を刺すような激しい痛みで、俗に顔面神経痛という。
ざん-さつ【惨殺】〔名〕(スル) むごたらしい方法で殺すこと。「凶悪犯に一される」
(類語)虐殺・殺戮(さつりく)・なぶり殺し・皆殺し
ざん-さつ【斬殺】〔名〕(スル) 人をきり殺すこと。「一刀のもとに一する」(類語)斬り殺す・斬り捨てる・辻斬り・人斬り・幹竹(からたけ)割り・斬首・斬・斬刑・刀に掛ける
サンザッカリア-きょうかい【サンザッカリア教会】(ケウクワイ)《Chiesa di San Zaccaria》イタリア北東部、ベネト州の都市ベネチアにある教会。9世紀にベネディクト修道会の修道院として創建。15世紀末から16世紀初頭にかけて建築家マウロ=コドゥッシにより改築された。ベネチア-ルネサンス様式の代表例として知られる。ベリーニの傑作とされる祭壇画「玉座の聖母と聖人」、ティントレット作「洗礼者ヨハネの誕生」がある。
さんざっ-ぱら〔副〕《「さんざ」を強めた語》思いっきり。ひどく。さんざんぱら。「一迷惑をかけながら平気な顔をしている」
サン-サバン〖Saint-Savin〗フランス中西部、ポアツー-シャラント地方、ビエンヌ県の都市ポアチエ近郊の町。ガルタンプ川沿いにある。5世紀の殉教聖人サバンの名に由来する。ロマネスク期のキリスト教壁画の傑作で知られ、世界遺産に登録されたサンサバンシュルガルタンプ修道院付属教会、ガルタンプ川に架かるゴシック様式の石造橋、国際壁画研究センターなどがある。
サンサバンシュルガルタンプ-きょうかい【サンサバンシュルガルタンプ教会】(ケウクワイ)《Abbatiale Saint-Savin sur Gartempe》▶サンサバンシュルガルタンプ修道院付属教会
サンサバンシュルガルタンプ-しゅうどういんふぞくきょうかい【サンサバンシュルガルタンプ修道院付属教会】(シウダウヰンフゾクケウクワイ)《Abbatiale Saint-Savin sur Gartempe》フランス中西部、ポアチエ近郊の町、サンサバンにある教会。旧約聖書の場面や、町名の由来となった殉教聖人サバンの生涯を描いたフレスコ画は、1100年頃のものとされ、ロマネスク期のキリスト教壁画の傑作として知られる。1983年、世界遺産(文化遺産)に登録された。サンサバンシュルガルタンプ教会。
サンサビーノ-だいせいどう【サンサビーノ大聖堂】(ダイセイダウ)《Cattedrale di San Sabino》▶バリ大聖堂
さんさ-ぶし【さんさ節】❶江戸時代の流行歌謡。歌詞の中に「さんさ」という囃子詞(はやしことば)がつく。❷三重県の民謡で、南部一帯でうたわれる祝い歌。
さんざ-め・く〘動カ五(四)〙《「さざめく」の音変化。「ざんざめく」とも》ひどく浮き浮きと騒ぎ立てる。にぎやかに騒ぐ。「弦歌一・く巷(ちまた)」
ざんざら-がさ【ざんざら×笠】編み上げた菅(すげ)の末端を切りそろえずに笠の頂部に出す菅笠。江戸時代、宿駅の馬子や駕籠(かご)かきなどが用いた。また、頂部に造花を挿して祭礼にもかぶった。
さん-ざる【三猿】「さんえん(三猿)」に同じ。
サン-サルバドル〖San Salvador〗エルサルバドルの首都。中米機構の事務局がある。コーヒー・サトウキビなどの集散地。人口、行政区32万(2007)。
サン-サルバドル〖Sant Salvador〗スペイン北東部、カタルーニャ州の町。地中海岸のコスタドラダに面する海岸保養地。カタルーニャ出身のチェロ奏者カザルスの別荘があり、現在は博物館として一般公開されている。
サン-サルバドル-デ-フフイ〖San Salvador de Jujuy〗▶フフイ
サンサルバドル-とう【サンサルバドル島】(タウ) 西インド諸島のバハマ諸島中央部に位置する島。バハマ領。1492年、コロンブスが新世界探検航海で最初に上陸した島。旧称ワットリング島。
さんさ-ろ【三×叉路】三つまたに分かれている道。Y字路。(類語)辻・十字路・四つ辻・四つ角・交差点・丁字路・分かれ道・岐路・二筋道・二股道・追分
さん-さん【三三】❶吉数とされる三を重ねた、めでたい数。❷五目並べで、三目並んだ石が同時に2か所以上にできること。禁手とされる。❸囲碁で、碁盤の縦・横の縁から数えてそれぞれ第3線の交点。
さん-さん【×珊×珊】〘ト・タル〙図〘形動タリ〙❶身につけた玉などの鳴る音を表す語。❷きらきらと美しく輝くさま。「水晶の数珠が暁の露のように一と輝いて居た」〈谷崎・二人の稚児〉
さん-さん【×毿×毿】〘ト・タル〙図〘形動タリ〙❶髪の毛などがふさふさとして長いさま。「幾ヶ月となく刈り込まない一たる髪の毛と共に」〈漱石・明暗〉❷細いものが長く垂れ下がるさま。「一たる川底の藻は水に梳(くしけず)られて」〈蘆花・自然と人生〉
さん-さん【×潸×潸】〘ト・タル〙図〘形動タリ〙❶涙をさめざめと流すさま。「悲涙一として下る」〈織田訳・花柳春話〉❷雨の降るさま。「一と降る雨」
さん-さん【×燦×燦¦×粲×粲】〘ト・タル〙図〘形動タリ〙太陽などが明るく光り輝くさま。彩りなどの鮮やかで美しいさま。「陽(ひ)が一とふりそそぐ」(類語)明るい・明明(あかあか)・うらうら・燦然(さんぜん)・皓皓(こうこう)・煌煌(こうこう)・耿耿(こうこう)
さん-ざん【三山】㊀有名な三つの山。香具山(かぐやま)・畝傍山(うねびやま)・耳成山(みみなしやま)の大和(やまと)三山、月山(がっさん)・湯殿山・羽黒山の出羽(でわ)三山など。㊁「熊野三山」に同じ。
さん-ざん【散散】㊀〘形動〙図〘ナリ〙❶物事の程度が著しいさま。「若いころ一に世話になった人」❷物事の結果や状態がひどく悪くて、目も当てられないさま。みじめ。「今度の試験は一だった」「一な目にあう」❸ちりぢりばらばらになるさま。砕け散るさま。「うみ柿の落ちけるが…、つぶれて一に散りぬ」〈著聞集・一二〉㊁〘副〙嫌になるほど程度がはなはだしいさま。ひどく。さんざ。「一言って聞かせたのにわからない」「一遊んでおきながら」
ざん-ざん〔副〕雨が激しい勢いで降るさま。「朝から一降り続く」
さんさんか-いおう【三酸化硫黄】(サンサンクワヰワウ) 硫黄の三酸化物。無色の結晶性固体で、水と激しく反応して硫酸になる。工業的には二酸化硫黄を酸素と化合させて作る。化学式SO_3　無水硫酸。
さんざん-かん【三山冠】(クワン) 冠の一。巾子(こじ)の部分を三つ山のような形にした黒漆塗りの礼冠(らいかん)。即位のとき、主殿(とのも)・図書(ずしょ)・賛者などの官人が用いた。
さんさん-くこん【三三九献】「三三九度」に同じ。
さんさん-くど【三三九度】祝儀の際の献杯の礼法。多く、日本風の結婚式のときに新郎新婦が三つ組の杯で、それぞれの杯を3回ずつ合計9回やり取りすること。三三九献。

さんさん-ごご【三三五五】〘副〙三人、五人というような小人数のまとまりになって、それぞれ行動するさま。三三両両。「生徒が―帰っていく」
ざんざん-じょうすい【残山剰水】❶戦乱のあとに残された山水。❷山水画の一様式。自然の一角を小さく描き、画面に大きな余白を残して詩的情趣を表すもの。南宋の馬遠一派に始まる。馬一角ばいっかく。
さんさんなな-びょうし【三三七拍子】ビャウシ 手拍子の一。3拍、3拍、7拍のリズムを繰り返すもの。
さん-ざんまい【三三昧】「三解脱門さんげだつもん」に同じ。
さんさん-りょうりょう【三三両両】リャウリャウ〘副〙「三三五五」に同じ。
さん-し【三子】㊀三人の人。また、三人の子。㊁中国で、道家を代表する老子・列子・荘子の称。
さん-し【三×尸】道教で、人の体内にすんでいるという3匹の虫。庚申こうしんにあたる夜、人の眠っているすきに体内から抜け出て、その人の罪悪を天帝に告げ知らせるという。三尸虫。➡庚申待ち
さん-し【三史】中国古代の三つの史書。史記・漢書かんじょ・後漢書をいう。後漢書の代わりに東観漢記を当てることもある。
さん-し【三始】「三元❷」に同じ。
さん-し【三思】〘名〙スル ❶三度考えること。何度も繰り返し考えること。熟慮。「―して人事に当たる」「――一言」❷《「荀子」法行から》若い時には老後のことを、年をとったならば死後のことを、豊かな時には貧乏になった時のことを考えておくこと。
三思して後のち行う 《「論語」公冶長から》何度もよく考えてから実行に移す。
さん-し【参仕】〘名〙スル 参上して仕えること。
さん-し【蚕糸】❶蚕かいこの繭からとった糸。絹糸。生糸。❷養蚕と製糸。
さん-し【蚕紙】「蚕卵紙」に同じ。
さん-し【散士|散史】❶仕官せずに民間にある人。また、世俗を避けて自適の生活を送る人。❷文人・墨客が雅号に添えて用いる語。「東海―」
さん-し【算師】律令制で、主計寮かずえりょうや主税寮などに置かれ、租税の計算などをつかさどった役人。
さん-し【賛詞|×讃詞】ほめことば。賛辞。
さん-じ【三次】❶第3回。3度目。また、3度。「―にわたる調査」「第―国際会議」❷代数式で、次数が3であること。3乗。「―曲線」
さん-じ【三事】❶三つの事柄。❷治世上に重要な3か条。正徳・利用・厚生の3事項。❸仕官する者の守るべき3か条。清・慎・勤の3事項。❹春・夏・秋の3季にわたる仕事。農事。❺人として仕えるべき3人の人。君・師・父のこと。❻茶道の七事式のうち、回り炭・回り花・茶かぶきの三つの式。
さん-じ【三時】❶零時から3時間たった時刻。➡時じ ❷午後3時ごろに出す間食。おやつ。おさんじ。❸農業に大切な三つの季節。耕作の春、草取りの夏、収穫の秋のこと。❹インドで、熱時・雨時・寒時の3季節。❺仏語。㋐過去・現在・未来。㋑仏滅後の仏教の行われるさまを三つに分けたもの。正法しょうぼう時・像法ぞうぼう時・末法時。㋒昼夜を六時に分けた、晨朝じんじょう・日中・日没の昼三時と初夜・中夜・後夜の夜三時。㋓仏の教化きょうけの益について天台宗・日蓮宗で説く、三つの段階。法華経を信じうる種をまくこと、機を熟させること、解脱を得させること。種熟脱しゅじゅくだつの三時。
類語(❷)間食・おやつ・間食い
さん-じ【山寺】山中にある寺。やまでら。
さん-じ【参事】❶ある事務や業務に参与する職。また、その職にある人。❷国会職員および協同組合などの職員の職名。❸旧制で、行政機関、特に鉄道省鉄道局や大蔵省専売局など現業官庁の官名。❹明治初年に各府県に置かれた、長官に次ぐ官名。
さん-じ【蚕児】かいこ。
さん-じ【惨事】悲惨な出来事。いたましい事件。「流血の―」類語惨劇・悲劇
さん-じ【産児】❶子供を産むこと。❷生まれた子。生まれたばかりの子。
さん-じ【散事】❶位階だけあって、官職のない者。散位。❷律令制で、後宮十二司に仕える女官のうち、女孺にょじゅ・采女うねめなど下位の者の称。❸律令制で、四等官以下の初位および位階のない卑官。
さん-じ【賛辞|×讃辞】ほめたたえる言葉。ほめ言葉。「―を呈する」類語賞詞・賞辞・頌詞しょうし・頌辞
ざん-し【残×滓】《慣用読みで「ざんさい」とも》残りかす。「封建思想の―」
ざん-し【惨死】〘名〙スル むごたらしく死ぬこと。さんし。類語怪死・変死・横死
ざん-し【×慙死|×慚死】〘名〙スル 恥じて死ぬこと。また、死ぬほど深く恥じること。「僕が平生へいぜいの耳でいたら―するほどの大言壮語を」〈蘆花・思出の記〉
ざん-じ【暫時】少しの間。しばらく。副詞的にも用いる。「―の暇いとまをいただきたい」「―休憩する」
類語暫く・一時いちじ・一時いっとき・一時ひととき・少時・ちょっと
さん-シー【三シー|3C】昭和40年(1965)ごろ、家庭にそろっていれば理想的とされた三つの品物。カラーテレビ(color television)・クーラー(cooler)・自動車(car)のこと。名称は、それぞれの英語の頭文字から。新三種の神器。➡三種の神器❷
さん-ジー【三ジー|3G】《3rd generation》▶第三世代携帯電話
さんシー-せいさく【三C政策】南アフリカのケープタウン(Cape Town)、エジプトのカイロ(Cairo)、インドのカルカッタ(Calcutta)を結ぶ三角地帯を勢力下に置こうとした、19世紀後半の英国の帝国主義的世界政策。ドイツの三B政策と衝突し、第一次大戦の一因となった。
サン-ジェルマン〘Saint-Germain〙フランスのパリ西郊、セーヌ河畔の観光・住宅都市。ルネサンス様式の王宮がある。サンジェルマン-アン-レー。
サンジェルマン-アン-レー〘Saint-Germain-en-Laye〙▶サンジェルマン
サンジェルマンアンレー-じょう【サンジェルマンアンレー城】ジャウ《Château de Saint-Germain-en-Laye》フランス、パリ西郊の都市サンジェルマンにあるルネサンス様式の城。16世紀にフランソワ1世により建造。ベルサイユ宮殿の庭園で知られる造園家アンドレ＝ル＝ノートルがルイ14世の時代に手がけた庭園がある。現在は国立考古学博物館になっている。
サンジェルマン-しゅうどういん【サンジェルマン修道院】シウダウヰン《Abbaye de Saint-Germain-des-Prés》▶サンジェルマン-デ-プレ教会
サンジェルマン-じょうやく【サンジェルマン条約】デウヤク 第一次大戦後の1919年9月、サンジェルマンで連合国とオーストリアとの間で調印された講和条約。オーストリアは領域内のハンガリー、チェコスロバキアなどの独立を承認。オーストリア-ハンガリー帝国は解体した。
サンジェルマン-デ-プレ〘Saint-Germain-des-Prés〙フランス、パリ中央部、セーヌ川左岸に位置するサンジェルマン-デ-プレ教会を中心とする地区名。パリ第6区に属する。書店や出版社、かつて芸術家や作家が集ったカフェなどが多く、ソルボンヌ大学がある第5区とともに、パリきっての文教地区(カルチエラタン)としても知られる。
サンジェルマンデプレ-きょうかい【サンジェルマンデプレ教会】ケウクワイ《Église Saint-Germain-des-Prés》フランス、パリ中央部、セーヌ川左岸にある教会。6世紀に創建された同国最古の修道院に始まり、19世紀に改修され現在の姿になった。12世紀建造のロマネスク様式の身廊が一部残っている。
サンジェンナーロ-だいせいどう【サンジェンナーロ大聖堂】ダイセイダウ《Duomo di San Gennaro》▶ナポリ大聖堂
さんし-かい【三四会】クワイ 慶応義塾大学医学部卒業生の同窓会。
さんじ-かい【三事戒】仏語。身・口・意の三業の戒。身を慎み、言語を謹み、意を清浄にすること。
さんじ-かい【参事会】クワイ 旧制の府県参事会・市参事会・郡参事会の総称。
さんし-がく【山子学】江戸時代の日本儒学の一派。片山兼山が始めた折衷学のこと。
サンジカリスト〘フランス syndicaliste〙サンジカリスムを信奉する人。
サンジカリスム〘フランス syndicalisme〙政党活動や議会主義を排し、ゼネストなど労働組合の直接行動によって社会革命を達成しようとする立場・思想。19世紀末から20世紀初めにかけて、フランス・スペインなどで盛んだった。急進的労働組合主義。サンディカリスム。➡アナルコ-サンジカリスム
さんじ-かん【参事官】クワン 内閣官房・法制局や各省庁などで、その部局の所掌事務に参画し、重要事項の総括整理や立案などを行う職員。
さん-しき【三色】❶3種の色。さんしょく。❷3種類のもの。みいろ。❸仏語。3種の色法。五根・五境・無表色。
さん-しき【算式】加減乗除の符号を用いて計算の順序や方法を示した式。
さん-じき【桟敷】「さじき」に同じ。「勧進能ありしに、金子きんす一枚づつの―を」〈浮・永代蔵・四〉
さん-しきし【三色紙】古筆で特に尊ばれている3種の色紙。伝紀貫之筆の寸松庵すんしょうあん色紙、伝小野道風筆の継つぎ色紙、伝藤原行成筆の升ます色紙。
さんしき-すみれ【三色×菫】スミレ科の越年草。春から初夏にかけて、蝶の舞う形をした紫・白・黄の3色または単色の大輪の花を開く。ヨーロッパの原産。パンジー。胡蝶菫こちょうすみれ。さんしょくすみれ。(季春)「卵置く―の花の中/素十」
さんし-ぎょう【蚕糸業】ゲフ 養蚕・製糸に関連する各種企業の総称。
さんじきょう【三字経】サンジキャウ ▶本朝三字経ほんちょうさんじきょう
さんじ-きょう【三時教】ケウ 釈迦1代に説かれた教説を三時期に分類したもの。法相宗では、初時教を有教うきょう(阿含あごん経など)、第二時教を空教(般若はんにゃ経など)、第三時教を中道教(華厳経など)という。
さんし-きょうくんじょう【三子教訓状】ケウクンジャウ 戦国武将の毛利元就が、子の隆元・元春・隆景に書いた文書。「三本の矢の教え」の逸話の元とされる。
さんじ-ぎれ【三字切れ】連歌・俳諧で、発句ほっくが切れ字によって三つに切れていること。
さん-じげん【三次元】次元の数が三つあること。縦・横・高さのように、三つの座標で表される広がり。
さんじげん-えいが【三次元映画】エイグワ ▶立体映画
さんじげん-えいぞう【三次元映像】エイザウ ▶立体映像
さんじげん-かいろそし【三次元回路素子】クワイロソシ 平板状に作られた超LSI素子を何層にも積み重ねた形の回路素子。各層間にも上下配線され、集積度が従来の数十倍に高められている。
さんじげん-がぞう【三次元画像】グワザウ 平面上に描かれた立体感のある画像。コンピューター処理により複雑な画像を描画できる。立体画像。3D画像。
さんじげん-くうかん【三次元空間】三次元で表される空間。ふつうわれわれがいう空間。
さんじげん-グラフィックス【三次元グラフィックス】物体が三次元空間にあるかのように描画したコンピューターグラフィックス。また、その描画手法の総称。
さんじ-けんたい【三事兼帯】衛門佐えもんのすけ・五位蔵人くろうど・弁官の三職を兼任すること。非常に名誉なこととされた。
さんし-けんてい【産子検定】子畜の産肉性・泌乳量等の能力や遺伝的不良形質の出現などを調べ、親畜の良否を判定すること。
さんじげん-テレビ【三次元テレビ】《three-dimensional television》▶立体テレビ
さんじげん-レーダー【三次元レーダー】水平面内の方位・距離に、高度も加えて測定するレーダー。
さんじげん-ワイシーぶんり【三次元Y/C分離】《three-dimensional Y/C separation》テレビなどで使われる映像信号の処理方式の一。テレビ放送で使われる輝度信号(Y信号)と色信号(C信号)を合成したコンポジット信号を分離する際、画面の水平・垂直方向だけでなく、時間軸方向の変化も含めて比

較し、分離する方式。3DY/C分離。

さんじげんワイシーぶんり-かいろ【三次元Y/C分離回路】《three-dimensional Y/C separation circuit》三次元Y/C分離処理を行う回路。

さん-し-ご【三四五】直角三角形の3辺の長さを3・4・5の割合にした大形の直角定規。おおがね。

さんじ-ごう【三時業】仏語。善悪の業を、その結果を受ける遅速により3種に分けたもの。生きているうちに果を受ける順現業、次に生まれ変わって受ける順次業、次の次以後の生に果を受ける順後業。

さんじ-ざぜん【三時座禅】早晨そうじん(早朝)・晡時ほじ(日中)・黄昏こうこん(夕方)の座禅。

さんじ-さんぎょう【三次産業】▶第三次産業

さんじ-さんじょう【三辞三譲】勧められても三度は辞退し、三度は譲る心がけをいう。例えば、訪問先で上座を勧められたときや、手伝いの申し出があったときなどのたしなみ。(補説)あくまでも目安。三度は行き過ぎで、二度でよいとする説もある。

さんし-しけんじょう【蚕糸試験場】農林水産省の付属機関の一。養蚕および製糸に関する調査・研究を行った。蚕糸・昆虫農業技術研究所を経て、平成13年(2001)独立行政法人農業生物資源研究所に改組。

さんし-しちしょう【三師七証】比丘びくになる際に具足戒を授ける、三師と七証の10人の僧。戒を授ける直接の責任者である戒和尚、戒場で白四羯磨びゃくしこんまの作法を受け持つ羯磨師、威儀作法を教える教授師の三師と、7人の立ち会いの僧。

さんし-すいめい【山紫水明】山は日に映えて紫色に見え、川の水は澄んで清らかであること。山や川の景色が美しいことをいう。「—の地」(類語)美景・佳景・勝景・絶景・奇観・奇勝・絶勝・形勝・景勝

さんじ-せいげん【産児制限】社会的、経済的、また母体保護などの医学的理由から、人為的手段によって受胎または出産の制限や調節を行うこと。サンガー夫人らの提唱で始まった。産児調節。産制。バースコントロール。

さん-した【三下】〔名・形動〕❶ばくち打ちの仲間で下っ端の者。三下奴さんしたやっこ。❷取るに足らない者。下っ端の者。また、取るに足らないさま。「見栄を並べる、—な屋郎やろうたあ違ふによ」〈洒・船頭部屋〉(補説)ばくちで、賽さいの目数が三より下の場合には、まず勝ちめがないというところから言いはじめたという。

さんした-やっこ【三下▽奴】「三下❶」に同じ。

さんしちぜんでんなんかのゆめ【三七全伝南柯夢】読本。6巻。曲亭馬琴作、葛飾北斎画。文化5年(1808)刊。三勝さんかつ・半七の情話をもとに唐の小説「南柯記」などを取り入れ、室町時代末の武士の世界に移して勧善懲悪を盛り込んだ伝奇小説。

さんしち-そう【三七草｜山▽漆草】キク科の多年草。高さ約1メートル。葉は羽状に深い切れ込みがある。秋、深黄色の頭状花をつける。中国の原産で、庭園で栽培される。葉の汁は毒虫に刺された傷に効く。さんしち。ちどめ。(季 秋)

さん-しちにち【三七日】❶21日間。「—の参籠さんろう」❷人の死後、21日目。また、その日に営む法要。みなぬか。❸出産後、21日目の祝い。

さん-しつ【蚕室】❶蚕かいこを飼う部屋。❷昔、中国で、宮刑に処せられた人を入れた部屋。

さん-しつ【産室】出産をする部屋。うぶや。

さん-しつ【散失】〔名〕スル まとまっていたものが、ばらばらになってなくなること。散逸。「貴重な書類が—してしまった」

さん-じつ【三日】❶みっかの間。特に正月1日・2日・3日。三箇日さんがにち。❷江戸時代、毎月朔日ついたち・15日・28日の称。式日とされ、諸大名・旗本などが麻上下あさがみしもで登城した。御三日おさんじつ。

ざん-しつ【残疾】律令制で規定された身体障害・疾病者。廃疾・篤疾より程度の軽い病気や故障のある者。一目盲・両耳聾など。正丁の年齢でも老丁と同じに扱われた。

さんじっ-かい【三十階】律令制で、30等に区分された位階。正従一位・正従二位・正従三位・正従四位上下・正従五位上下・正従六位上下・正従七位上下・正従八位上下・大少初位上下。

さんじっ-こう【三十講】法華経二十八品ほんに開経の無量義経と結経の観普賢経を加えた30巻を、1日に1巻ずつ、または朝夕に1巻ずつ講ずる法会。

さんじっこく-ぶね【三十石船】米30石相当の積載能力を有する和船。特に江戸時代、淀川を通って伏見・大坂間を往来した客船をいう。三十石。

さんじ-でん【三時殿】三時❹に適応するように釈迦のためにつくった3種の宮殿。

さんし-の-おしえ【三矢の教え】▶三本の矢の教え

さんし-の-れい【三枝の礼】鳩は親鳥より3本下の枝にとまるということ。鳥でさえ親に対する礼をわきまえているというたとえ。鳩に三枝の礼有り。

ザンジバル〘Zanzibar〙アフリカ東部、タンザニアの一地域。ザンジバル島とペンバ島からなり、1963年に英国から独立。翌年タンガニーカと連合し、タンザニアを形成。丁子ちょうじの世界的産地。

ザンジバル-とう【ザンジバル島】《Zanzibar》タンザニア東部、インド洋上に浮かぶ小島。サンゴ石灰岩からなる島で、香料の原料となる丁子ちょうじの世界的な産地。18世紀には象牙や奴隷貿易の基地として栄えた。ストーンタウンと呼ばれる旧市街の白亜の町並みは、2000年「ザンジバル島のストーンタウン」の名で世界遺産(文化遺産)に登録された。

さんじ-ほうていしき【三次方程式】未知数の最高次数が三次である方程式。$ax^3+bx^2+cx+d=0(a\neq0)$の形にすることができる方程式。

サン-ジミニャーノ〘San Gimignano〙フィレンツェの西南約54キロメートルにある町。標高324メートルの丘の上に位置し、14の塔が林立する。塔は、最初は見張り用として、のちには権力の象徴として貴族たちによって建てられたもので、13世紀には72を数えたという。1990年に「サンジミニャーノ歴史地区」として世界遺産(文化遺産)に登録された。

サンジミニャーノさんじかい-きょうかい【サンジミニャーノ参事会教会】《Collegiata di San Gimignano》イタリア中部、トスカーナ州の町サンジミニャーノにあるロマネスク様式の教会。周囲を七つの塔に囲まれたドゥオモ広場に面する。12世紀にローマ教皇エウゲニウス3世により建造された。高さ54メートルの鐘塔をもつ。ベノッツォ＝ゴッツォリやドメニコ＝ギルランダイオが描いたフレスコ画がある。1990年に「サンジミニャーノ歴史地区」として世界遺産(文化遺産)に登録された。

サン-シモン〘Claude Henri de Rouvroy, comte de Saint-Simon〙[1760〜1825]フランスの社会主義者。伯爵。資本家を含めた全産業者の指導する社会体制を提唱。フーリエやオーエンとともに空想的社会主義者とされる。著「産業者の教理問答」「新キリスト教」など。➡空想的社会主義

サン-シモン〘Louis de Rouvroy, duc de Saint-Simon〙[1675〜1755]フランスの政治家・作家。公爵。ルイ14世晩年の宮廷生活を描いた「回想録」は有名。

さん-しゃ【三社】❶《「さんじゃ」とも》三つの神社。特に、伊勢神宮・石清水いわしみず八幡宮・賀茂神社(または春日大社)をさす。❷三つの会社。

さん-しゃ【三車】法華経譬喩品ひゆほんに説くたとえ。ある長者の家が火事になったとき、家の中の子供たちに羊よう車・鹿ろく車・牛ご車を与えるからと言って屋外に避難させた。長者を仏に、火事の家をこの世に、子供を世の人に、羊車・鹿車・牛車をそれぞれ声聞乗しょうもんじょう・縁覚乗えんがくじょう・菩薩乗ぼさつじょうにたとえたもの。

さん-しゃ【三舎】❶昔の中国で、軍隊の3日間の行程。1舎は30里。➡舎 ❷中国宋代、官吏登用のために設けた三つの学舎。外舎・内舎・上舎。

三舎を避・ける 《「春秋左伝」僖公二十三年の三舎❶の距離の外に避ける意の記事から》相手を恐れてしりごみすること、また、相手に一目置くことのたとえ。「姑は母という御旗を翻して控えたるがゆえに、嫁は百歩を譲り、—・けるは」〈紅葉・二人女房〉

さん-しゃ【三者】❶三人の人。また、三つのもの。「—会談」「—三様の解釈」❷「第三者」の略。「—の地位に立てばこそ芝居は観て面白い」〈漱石・草枕〉

さん-しゃ【三斜】和算で、不等辺三角形のこと。

さん-しゃ【山車】「だし(山車)」に同じ。

さん-じゃ【算者】《「さんしゃ」とも》算術にすぐれた人。「年波のせはしき世の事、—もこれをつもれり」〈浮・永代蔵・五〉

さん-じゃ【賛者】平安時代、即位や朝賀の式で典儀(少納言)を補佐した職。

ざん-しゃ【×讒者】讒言をする者。人をおとしいれようとして、事実に反する悪口を言う者。

サンシャイン〘sunshine〙日光。陽光。

サンシャイン-ビレッジ〘Sunshine Village〙カナダ、アルバータ州南西部の町、バンフ近郊のスキーリゾート。バンフ国立公園内にある。

サンジャウマ-ひろば【サンジャウマ広場】《Plaça de Sant Jaume》スペイン北東部、カタルーニャ州の都市バルセロナの旧市街、ゴシック地区にある広場。13世紀から14世紀にかけて貴族の館が集まっていた地域で、現在はカタルーニャ自治政府庁とバルセロナ市庁舎が広場を挟んで向かい合っている。

さん-しゃく【参酌】〔名〕スル 他のものを参考にして長所を取り入れること。斟酌しんしゃく。「第三者の意見を—して適切な処置をとる」(類語)参考・参照・参看・照会

さん-じゃく【三尺】❶1尺の3倍。かね尺で約91センチ。鯨尺で約114センチ。❷「三尺手拭い」の略。❸「三尺帯」の略。❹法律のこと。➡三尺法

三尺去って師の影を踏まず 先生に従って行くときは、弟子は3尺くらい離れて、先生の影を踏まないようにしなければならない。先生を尊敬して礼儀を失わないように心掛けるべきであるといういましめ。三尺下がって師の影を踏まず。

三尺高・し 《罪人の足を地上3尺の所に縛りつけたところから》磔はりつけに処せられること。「—・く木の空で、主殺しの御成敗受けて死ぬのが」〈伎・覗機関〉

さん-じゃく【山×鵲】カラス科の鳥。カラスより小形で、尾が長く、頭は黒、背面は青、くちばしが赤い。中国大陸に分布。

さんじゃく-おび【三尺帯】❶長さが鯨尺で約3尺ある一重まわしの帯。木綿をしごいて用いる。本来は職人が三尺手ぬぐいを帯代わりに使ったもの。のちには長くして子供用などにした。❷《多く❶をしめていたところから》職人や遊び人のこと。「伝法肌の—が」〈一葉・にごりえ〉

さんじゃく-だな【三尺▽店】間口が3尺ほどしかない、小さな家または店。

さんじゃく-てぬぐい【三尺手拭い】鯨尺で長さ3尺ほどの木綿の手ぬぐい。鉢巻・頬かぶり・置き手ぬぐい・腰帯などに用いた。

さんじゃく-の-しゅうすい【三尺の秋水】3尺の長さの、研ぎ澄まされた刀。

さんじゃく-の-どうじ【三尺の童子】背の高さが3尺ほどの、いとけない子供。無知な者にたとえる。三尺の童わらわ。「日本で天子を疎略にすると、慮外ながら—も黙って居ぬ気になるといふは」〈風流志道軒伝・五〉

さんじゃく-ほう【三尺法】成文化された法律。古代中国で、3尺の竹札に法律を記したことに基づく。

さんしゃ-しっこう【三者執行】▶第三者執行

さんしゃ-しょうけい【三斜晶系】結晶系の一。長さの異なる3本の結晶軸が互いに斜めに交わるもの。

さんしゃ-そくじつしょり【三者即日処理】交通違反者に対する略式裁判。三者とは警察・検察庁・裁判所のこと。道路交通法・保管場所法に違反し、警察官から交通切符(赤切符)の交付を受けた人を「交通裁判所」と呼ばれる簡易裁判所に出頭させて、警察・検察庁の取り調べ、裁判、罰金の納付までの一連の手続きを1日で行う。

さんしゃ-たくせん【三社託宣】天照大神・八幡大

菩薩・春日大明神の託宣を一幅に書いたもの。信仰の対象として、室町時代から江戸時代末まで、吉田神道の発展に伴い広く流布した。神道家の偽作といわれる。

サンシャット-カーテン《和 sun＋shut＋curtain》遮光カーテン。裏側に遮光材を塗布(シルバー加工など)した生地を用い、暗室にするためのカーテン。

さんしゃ-ほうへい【三社奉幣】伊勢神宮・石清水八幡宮・賀茂神社に奉幣すること。国家的事件などの際、特に奉幣使がつかわされた。

さんじゃ-まつり【三社祭】㊀東京都台東区にある浅草神社(旧称、三社明神社・三社権現)の例祭。毎年5月17・18日の両日(近年は5月中旬)に行われ、びんざさら舞などが奉納される。浅草祭。(季 夏) ㊁歌舞伎舞踊。清元。本名題「弥生の花浅草祭」。2世瀬川如皐作詞、初世清元斎兵衛作曲。天保3年(1832)江戸中村座初演。三社祭の山車の人形を舞踊化したもの。通称、善玉悪玉。

さん-しゃみ【三▽沙▽弥】沙弥を年齢によって三つに区分したもの。7歳から13歳までを駆烏沙弥、14歳から19歳までを応法沙弥、20歳以上を名字沙弥という。三品の沙弥。

サンジャン-カップ-フェラ〖Saint-Jean-Cap-Ferrat〗フランス南東部、アルプ-マリチーム県の都市ニースの東郊、フェラ岬にある町。コートダジュール随一の高級別荘地として知られ、ロスチルド邸をはじめ、20世紀初頭のベルエポックの時代に建造された館がある。

サンジャン-せんれいどう【サンジャン洗礼堂】《Baptistère Saint-Jean》フランス中西部、ポアツー-シャラント地方、ビエンヌ県の都市ポアチエにある、4世紀中頃に建造された洗礼堂。現存する洗礼堂の中ではフランス最古のものとして知られる。

サンジャン-だいせいどう【サンジャン大聖堂】《Primatiale Saint-Jean de Lyon》フランス南東部の都市リヨンの旧市街にある司教座聖堂。12世紀から15世紀にかけて建造され、ロマネスク様式の内陣、ゴシック様式の身廊とステンドグラスで構成される。14世紀につくられた天文時計がある。1998年、「リヨン歴史地区」として旧市街の教会・広場・庭園とともに、世界遺産(文化遺産)に登録された。サンジャン大司教教会。

サンジャン-ド-リュズ〖Saint-Jean-de-Luz〗フランス南西部、ピレネー-ザトランチック県、ニベル川の河口に位置する港町。17世紀にルイ14世とスペイン王女マリー＝テレーズとの結婚式が行われたサンジャンバティスト教会や、ルイ14世が滞在した館などがある。海岸保養地としても有名。

サンジャン-ピエ-ド-ポール〖Saint-Jean-Pied-de-Port〗フランス南西部、ピレネー-ザトランチック県、ニーブ川沿いの町。中世のナバラ王国の都市。サンティアゴ-デ-コンポステラの巡礼路におけるフランス側最後の宿泊地として栄え、現在サンジャック門が世界遺産(文化遺産)に登録されている。

さん-しゅ【三種】❶《「さんじゅ」とも》三つの種類。❷「第三種郵便物」の略。

さん-しゅ【蚕種】蚕の卵。かいこだね。

さん-じゅ【×讃衆】法会などの席で讃を唱える僧。

さん-じゅ【三寿】3種類の長寿。上寿(百歳)・中寿(80歳)・下寿(60歳)の三つをいう。

さん-じゅ【三授】律令制における位階授与の方法である勅授・奏授・判授のこと。

さん-じゅ【傘寿】《傘の略字「仐」が八十と読めるところから》数え年80歳のこと。また、その祝い。

[類語]志学・破瓜・弱冠・而立・不惑・知命・耳順・華甲・還暦・古希・致仕・喜寿・米寿・卒寿・白寿・厄年

さんじゅ【散手】雅楽。唐楽。太食調で新楽の中曲。一人舞の武舞で、番子二人を従える。番舞は貴徳。散手破陣楽。主皇破陣楽。

ざん-しゅ【斬首】〔名〕スル 首をきること。首をきる刑。また、きったその首。「首謀者が―された」

さん-しゅう【三州｜参州】三河の異称。

さん-しゅう【三舟】㊀❶三そうのふね。❷平安時代、詩・歌・管弦にすぐれた者をそれぞれに分けて乗せた三そうの舟。みつのふね。㊁勝海舟・高橋泥舟・山岡鉄舟のこと。幕末の三舟。徳川の三舟。

さん-しゅう【三秋】❶秋季の3か月。初秋・仲秋・晩秋。陰暦の7・8・9月。(季 秋) ❷3回、秋を過ごすこと。3か年。「一日―」➡三春

さん-しゅう【山州】山城国の異称。

さん-しゅう【参集】〔名〕スル 大ぜいの人が集まってくること。「全国から―する」

[類語]殺到・集う・群がる・群れる・屯する・駆け付ける・すだく・たかる・集まる

さん-しゅう【×纂修】〔名〕スル 材料を集めて、書物を編集すること。編纂。「博物誌を―する」

さん-しゅう【×纂×輯】〔名〕スル 文書を集めて、書物にまとめること。編纂。編集。「藩史を―する」

さん-しゅう【讃州】讃岐国の異称。

さん-じゅう【三十｜×卅】❶10の3倍の数。❷30歳。みそじ。

三十にして立つ 《「論語」為政から》30歳で自己の見識を確立し、独立する。➡而立

三十振袖四十島田 《30歳になっても振袖を着たり、40歳になっても島田を結ったりする意から》年配の女性が年齢不相応な若い服装や化粧をすること。特に年増の芸者などの若づくりをあざけっていうのに用いる。四十島田。四十振袖五十島田。

さん-じゅう【三重】❶三つ重なること。「二重―に防護する」「―衝突」❷日本音楽で用いる語。㋐声明で、音域を三つに分けたうちの最高の高さの音域。㋑平曲で、美文調の韻文による詠嘆的な場面に使う高い音域の曲節。㋒義太夫節で、一段の最初や最後または場面の変わり目などに用いる旋律。㋓長唄・常磐津・清元など歌舞伎舞踊音楽で、場面転換などに用いる曲節。❷㋒を取り入れたもの。㋔歌舞伎下座音楽で、唄を伴わない三味線曲。特定の演出と結びついた効果音楽として用いる。

さん-じゅう【三従】《「儀礼」喪服から》昔、婦人の守るべきものとされた三つの事柄。結婚前には父に、結婚後は夫に、夫の死後は子に従うということ。

さんじゅう【山×戎】中国、春秋時代、現在の河北省北部の山地に住み、燕・斉などを侵攻した異民族。

ざん-しゅう【残秋】秋の末。なごりの秋。晩秋。

さんじゅういち-もじ【三十一文字】《仮名31字で成るところから》短歌。みそひともじ。

さんしゅう-がわら【三州瓦】三河地方から産出する粘土で焼いた日本瓦。

さん-しゅうき【三周忌】「三回忌」に同じ。

さんじゅう-ぎり【三重切り】三段に花が挿せるように作ってある竹製の花器。

さんじゅう-く【三重苦】三つの苦しみが重なること。特に、盲・聾・唖であること。

さん-じゅうけいてい【三従兄弟】またいとこ。

さんじゅう-けつごう【三重結合】原子間の結合が三つの共有結合からなるもの。−C≡C−(アセチレン結合)、−C≡N(シアン結合)など。

さんじゅうご-にち【三十五日】人の死後、35日目。また、その日に行う法事。五七日。

さんじゅうご-ミリ【三十五ミリ】35ミリ幅のフィルム。一眼レフやコンパクトカメラなどの一般的なカメラに使用される。また、それを用いる写真機や撮影機(35ミリカメラ)の略。

さんじゅうごミリ-カメラ【三十五ミリカメラ】➤三十五ミリ

さんじゅうごミリフィルム-カメラ【三十五ミリフィルムカメラ】➤三十五ミリ

さんじゅうごミリ-フルサイズ【三十五ミリフルサイズ】《35mm full size》レンズ交換式デジタルカメラのイメージセンサーのサイズ規格の通称。フィルム用カメラで用いられる三十五ミリフィルムとほぼ同じ36×24ミリメートル程度で、メーカーや機種によりサイズは異なる。単にフルサイズともいう。ニコンではFXフォーマットと呼ぶ。➡フォーサーズ ➡APS-Cサイズ

さんじゅう-さつ【三重殺】➤トリプルプレー

さんじゅうさん-かいき【三十三回忌】人の死後満32年、数えて33年目の忌日。また、その日に行う法事。

さんじゅうさん-かんのん【三十三観音】法華経普門品の説く三十三身に基づき、俗信の観音を33種並べたもの。楊柳・竜頭・持経・円光・遊戯・白衣・蓮臥・滝見・施薬・魚籃・徳王・水月・一葉・青頸・威徳・延命・衆宝・岩戸・能静・阿耨・阿麽提・葉衣・瑠璃・多羅尊・蛤蜊・六時・普悲・馬郎婦・合掌・一如・不二・持蓮・灑水。

さんじゅうさんげん-どう【三十三間堂】京都市東山区にある天台宗の寺、蓮華王院本堂の通称。長寛2年(1164)後白河法皇の勅願で平清盛が建立。のち焼失したが、文永3年(1266)に復原。中央に湛慶作の千手観音坐像、その左右に500体ずつ千手観音立像を安置する。内陣の柱間が33間あることからの名称で、通し矢でも有名。

さんじゅうさんげんどうむなぎのゆらい【三十三間堂棟由来】浄瑠璃「祇園女御九重錦」の三段目だけを上演する場合の別外題。柳の精のお柳が、一子緑丸と別れを告げる場。

さんじゅうさん-しょ【三十三所】観世音を安置した33か所の霊場。坂東三十三所・秩父三十三所などあるが、西国三十三所が最も有名。数は観世音の化身33体に基づく。三十三番。

さんじゅうさん-じん【三十三身】観世音が衆生を救うため、場合に応じて変化する33の姿。法華経普門品に基づく。仏・辟支仏・声聞・梵王・帝釈・自在天・大自在天・天大将軍・毘沙門・小王・長者・居士・宰官・婆羅門・比丘・比丘尼・優婆塞・優婆夷・長者婦女・居士婦女・宰官婦女・婆羅門婦女・童男・童女・天・竜・夜叉・乾闥婆・阿修羅・迦楼羅・緊那羅・摩睺羅迦・執金剛。

さんじゅうさん-てん【三十三天】➤忉利天

さんじゅうさん-ばん【三十三番】➤三十三所

さんじゅうし【三銃士】《原題、Les Trois Mousquetaires》大デュマの冒険歴史小説。1844年刊。ルイ13世時代を背景に、青年ダルタニアンとその友人の三銃士、アトス・ポルトス・アラミスの活躍を描く。「二〇年後」「ブラジュロンヌ子爵」とともに「ダルタニアン物語」三部作を構成。

さんじゅう-しちさい【三汁七菜】本膳料理の膳立ての一。三の膳付きの特に丁重なもの。本膳に一の汁・なます・煮物・飯・香の物、二の膳に二の汁・平皿・猪口、三の膳に三の汁・刺身・茶碗、向こう膳には焼き物をつける。

さんじゅうしちどう-ほん【三十七道▽品】悟りの境地を実現するために小乗仏教で行う実践修行法。四念処・四正勤・四如意足・五根・五力・七覚支・八正道をいう。三十七覚分。

さんじゅう-しょう【三重唱】三人の歌い手による重唱。トリオ。

さんじゅう-すいそ【三重水素】➤トリチウム

さんじゅう-そう【三重奏】三つの独奏楽器による重奏。ピアノ・バイオリン・チェロによるピアノ三重奏など。トリオ。

さんしゅう-たたき【三州三＝和＝土】三州土で作った、たたき。

さんじゅう-だな【三重棚】茶道具の棚物の一。地板の上に棚板が三段に重なったもの。地板に水指を、その上の段に棗を、その上に柄杓と蓋置を飾る。天板には一輪ざしを飾ることもある。

さんしゅう-づち【三州土】三河地方から産出する土。花崗岩が風化して粘土状になったもの。

さんじゅう-てん【三重点】純粋な物質で、液相・気相・固相が共存するとき、状態図における三つ

の相に共通な一点。

さんじゅう-とが【三獣渡河】仏語。「優婆塞戒経」に説く語。三乗の修行に深浅があることを兎・馬・象が川を渡るさまにたとえたもの。声聞乗は兎が水に浮いて水底に届かないように、縁覚乗は馬の足が水底に達したり達しなかったりするように、菩薩乗は象の足が水底に達するように、それぞれ程度が異なるの意。

さんじゅうに-そう【三十二相】❶仏のみが備えている、32のすぐれた身体的特徴。「仏本行集経」では、足下平満・足下千輻輪・手指纖長・足跟円好・足趺高隆・手足柔軟・手足指間具足羅網・踹如鹿王・正立不曲二手過膝・馬陰蔵相・皮膚一孔一毛旋生・身毛上靡・皮膚細軟如兜羅綿・身毛金色・身体淳浄・口中深好可喜方正・頰車方正如師子王・両腔広闊・身体上下縦横正等如尼拘樹・七処満好・具四十歯・諸歯斉密・歯不疎欠鯁不齵・四牙白浄・身体清浄純黄金色・声如梵王・舌広長大柔軟紅薄・所食之物皆為上味・眼目紺青・眉眼睫如牛王・眉間白毫右旋宛転具足柔軟清浄光鮮・頂上肉髻高広平好。❷女性の容貌・姿形についての、一切の美しさ。三十二所。

さんじゅうにねん-テーゼ【三十二年テーゼ】昭和7年(1932)、コミンテルンが日本共産党に指示した運動方針。日本革命の性質を、社会主義革命への強行的転化の傾向をもつブルジョア民主主義革命と規定し、講座派の理論的支柱となった。➡二十七年テーゼ

さんじゅうにビット-オーエス【32ビットOS】《32bit operating system》CPUに32ビットのマイクロプロセッサーを搭載するコンピューターに対応した、または最適化されたオペレーティングシステム。

さんじゅうにビット-カラー【32ビットカラー】《32bit color》コンピューターのディスプレーで表示する色に関するモードの一。1画素当たり32ビットの色情報をもち、1677万7216色を表現できる。24ビットカラーと合わせて、フルカラーまたはトゥルーカラーと呼ばれる。

さんじゅうにビット-ゲームき【32ビットゲーム機】《32bit game machine》CPUに32ビットのマイクロプロセッサーを搭載した家庭用ゲーム機。1990年代中頃に登場した。PlayStation、Sega Saturnなどがある。

さんじゅうにビット-パソコン【32ビットパソコン】《32bit personal computer》32ビットのマイクロプロセッサーを搭載したパーソナルコンピューター。1990年代以降に主流となった。

さんじゅうねん-せんそう【三十年戦争】1618年から48年にかけて、ドイツを中心に行われた宗教戦争。ボヘミア王フェルディナントの新教徒圧迫が原因で、デンマーク・スウェーデン・フランスも参戦、ウエストファリア条約により終結した。主な戦場となったドイツは国土が荒廃し、皇帝権の弱化による諸邦の分裂と相まって、著しく近代化が遅れることになった。

さんしゅう-の-おもい【三秋の思い】《「詩経」王風・采葛の「一日見わざれば三秋の如し」から》1日会わないと3年間も会わないでいるような思いがすること。待ちこがれる気持ちを表す。一日千秋の思い。

さんしゅう-の-さい【三舟の才】詩・歌・管弦のすべてにすぐれていること。三船の才。

さんじゅうはちど-せん【三十八度線】朝鮮半島中央部を横断する北緯38度線のこと。第二次大戦後、ヤルタ協定の秘密条項によりこの線の北をソ連、南を米国が占領。のち朝鮮民主主義人民共和国と大韓民国が成立。朝鮮戦争の発火点となった。

さんじゅう-ばんじん【三十番神】天台宗・日蓮宗で、法華経を守護する神。本地垂迹説に基づく。1か月の30日間、1日一体ずつ祭る。

さんじゅう-ぼう【三十棒】《「三十」は数多い意》禅宗で、師が修行者を警策で激しく打って、正しい道へ教え導くこと。また、そのような厳しい教導。痛棒。

さんしゅう-みそ【三州味×噌】➡八丁味噌

さんじゅうろく-しせん【三十六詩仙】江戸時代、石川丈山が三十六歌仙にならって選んだ、中国の漢から宋に至るすぐれた詩人36人。その肖像を狩野探幽らに描かせ、詩仙堂の四壁に掲げた。

さんじゅうろくにんしゅう【三十六人集】三十六歌仙の私家集の集成。特に西本願寺に伝えられる平安後期の古写本は、すぐれた書風と料紙や装本の美しさで美術史上重要なもの。➡石山切

さんじゅうろく-りん【三十六×鱗】《体側にうろこが36枚並ぶところから》コイの別名。

さんじゅうろっ-かせん【三十六歌仙】藤原公任の「三十六人撰」に基づく36人のすぐれた歌人。柿本人麻呂・大伴家持・山部赤人・猿丸大夫・紀貫之・壬生忠岑・在原業平・素性法師・坂上是則・藤原興風・源重之・大中臣頼基・源公忠・藤原朝忠・源順・平兼盛・小大君・中務・藤原元真・僧正遍昭・小野小町・紀友則・凡河内躬恒・伊勢・藤原敏行・藤原兼輔・源宗于・斎宮女御・藤原敦忠・藤原高光・源信明・清原元輔・大中臣能宣・藤原仲文・藤原清正・壬生忠見。なお、これにならって、中古三十六歌仙・新三十六歌仙などもある。

さんじゅうろっかせんえまき【三十六歌仙絵巻】三十六歌仙の肖像を描き、それぞれの略伝と詠歌1首とを書き添えた絵巻。鎌倉初期の作で絵は藤原信実、詞は九条良経と伝える佐竹本(2巻)が特に有名で、似絵の技法による顔貌描写にすぐれる。

さんじゅうろっ-けい【三十六計】中国古代の兵法にある36種の計略。兵法上のいろいろなはかりごとやかけひき。

三十六計逃げるに如かず　形勢が不利になったときは、あれこれ思案するよりも、逃げてしまうのがいちばんよい。転じて、めんどうなことが起こったときには、逃げるのが得策であるということ。

さんじゅうろっ-ぴょう【三十六俵】相撲の土俵。もと二重土俵で、内側の円が16俵、外側の円が20俵、合計36俵であった。現在は外側だけ。

さんじゅうろっ-ぽう【三十六峰】京都市の東にある東山丘陵の称。江戸初期に、中国の嵩山三十六峰にならって呼ばれた。東山三十六峰。

さんしゅこんごう-ワクチン【三種混合ワクチン】三つの病原菌に対するワクチンを混合したもの。ジフテリア・百日咳・破傷風混合ワクチン(DPTワクチン)、麻疹・流行性耳下腺炎・風疹混合ワクチン(MMRワクチン)など。➡DPT ➡MMR

さんしゅ-しけん【三種試験】国家公務員採用試験の一。昭和59年度(1984)から、それまでの初級試験に替えて行われた。平成23年度(2011)をもって廃止され、次年度から旧二種試験と統合した一般職試験となる。国家公務員採用三種試験。(補説)高卒者の採用を目的とした試験だったが、バブル崩壊後の景気悪化で大卒者の受験・合格が増えて高卒者の採用が圧迫されたため、90年代中頃に段階的に年齢制限を設け、大卒者の受験を事実上禁止した。

さんじゅ-じょうかい【三×聚浄戒】大乗仏教の菩薩戒を3種に整理したもの。戒めを守り一切の悪を防ぐ摂律儀戒、進んで善を行う摂善法戒、一切の衆生を教化し益することに努める摂衆生戒。

サンジュスト-じょう【サンジュスト城】《Castello di San Giusto》イタリア北東部、フリウリベネチアジュリア自治州の都市トリエステにある城。15世紀に、ハプスブルク家出身の神聖ローマ皇帝フリードリヒ3世により要塞が建てられ、増改築を経て17世紀に現在の姿になった。現在、一部が武器などを展示する市立博物館になっている。

サンジュスト-だいせいどう【サンジュスト大聖堂】《Cattedrale di San Giusto》イタリア北東部の都市トリエステにある教会。6世紀に、古代ローマ時代の遺構の上に最初の教会が建てられたが、ランゴバルドの侵入を受けて破壊。9世紀から11世紀にかけて二つの教会が建造。14世紀にファサードが増築され現在見られる一つの教会になった。12世紀から13世紀頃に作られた聖母被昇天や聖ジュストのモザイク、フレスコ画が残る。

さんしゅ-せけん【三種世間】仏語。生きものとしての衆生世間、その生きものの住む場所としての国土世間、この二つを構成する五蘊についていう五陰世間の三つ。また、器世間(国土世間)・衆生世間と、これらが教化の対象となることを示す智正覚世間(仏の智身)。3種の世間。三世間。

さん-しゅつ【産出】〔名〕スル ❶物資を生産すること。また、物資がとれること。「絹織物を―する」「石油―国」❷環境などが影響を及ぼして、ある種のものや状態をうみ出すこと。「平凡なる社会が常に―し得る人物」〈独歩・非凡なる凡人〉(類語)生産・原産・産する

さん-しゅつ【算出】〔名〕スル 計算して数値を出すこと。「必要経費を―する」

(類語)計算・勘定・算定・指折り・概算・逆算・運算・演算・加減乗除・算術・試算・見積もり・打算

さん-じゅつ【算術】❶計算の方法。算法。古くは数学全般をいった。❷旧制の小学校における教科名。現在の算数がほぼこれにあたる。

(類語)計算・運算・演算・加減乗除・算出・算定・概算・試算・見積もり・指折り・逆算

さん-じゅつ【×纂述】〔名〕スル 材料を集めて、著述すること。

さんじゅつ-きゅうすう【算術級数】➡等差級数

さんじゅつ-へいきん【算術平均】➡相加平均

さんじゅつろんりえんざん-そうち【算術論理演算装置】➡演算装置

さん-しゅにち【三首日】月の上旬・中旬・下旬の初めの日。1日・11日・21日。

さんしゅ-の-じんぎ【三種の神器】❶歴代の天皇が皇位のしるしとして受け継いだという三つの宝物。八咫鏡・天叢雲剣(草薙剣)・八尺瓊勾玉。みくさのたから。みくさのかむたから。❷そろえていれば理想的であるとされる3種の品物。昭和29年(1954)ごろから言われ、当時は電気洗濯機・真空掃除機・電気冷蔵庫をさした。また、昭和40年(1965)前後にはカラーテレビ・クーラー・自動車を「新三種の神器」ともいった。➡3C

さんじゅはじんらく【散手破陣楽】➡散手

さん-しゅゆ【山×茱×萸】ミズキ科の落葉小高木。葉は楕円形。樹皮ははげやすい。早春、葉より先に黄色の小花を密につける。実は熟すと赤くなり、漢方で滋養強壮薬とする。朝鮮半島・中国の原産で、庭木にする。(季 花=春 実=秋)「―の既に黄の濃き蕾かな/年尾」

サンジュリアン-きょうかい【サンジュリアン教会】《Igreja de São Julião》ポルトガル南西部の港湾都市セトゥーバルにある教会。創建は古く、16世紀の初めにポルトガル王マヌエル1世により改築され現在の姿になった。教会の扉や柱などにマヌエル様式の特徴が見られる。

サンジュリオ-とう【サンジュリオ島】《Isola di San Giulio》イタリア北西部、ピエモンテ州にあるオルタ湖に浮かぶ島。長さ275メートル、幅140メートル。同地方の守護聖人である4世紀頃の宣教師ジュリオを祭る教会がある。

サンシュルピス-きょうかい【サンシュルピス教会】《Église Saint-Sulpice》フランス、パリ中央部、セーヌ川左岸のサンジェルマン-デ-プレにある教会。創建は13世紀。17世紀から18世紀にかけて再建、現在見られる新古典主義様式の教会堂になった。聖天使礼拝堂にウジェーヌ＝ドラクロワが描いたフレスコ画、「ヤコブと天使の戦い」があることで知られる。

さん-しゅん【三春】❶春季の3か月。初春・仲春・晩春。陰暦の1・2・3月。(季 春)❷三度、春を過ごすこと。3か年。➡三秋

さん‐じゅん【三旬】❶月の上旬・中旬・下旬。❷30日間。1か月。

さん‐じゅん【×刪潤】〔名〕スル 詩文の不要な部分や悪い部分をけずって、足りないところを補足すること。「我詩稿を―せんと欲し」〈鷗外訳・即興詩人〉

ざん‐しゅん【残春】残り少なくなった春。春のなごり。春の末。

さん‐しょ【三所】《「さんじょ」とも》㊀三つの場所。3か所。「―の権扉をおしひらき給へり」〈平家・七〉㊁「三所権現」の略。

さん‐しょ【山×椒】「さんしょう(山椒)」の音変化。

さん‐じょ【三女】❶三人の娘。また、三人の女性。❷姉妹のうち3番目に生まれた女の子。

さん‐じょ【×刪除】〔名〕スル 不必要な部分をけずり除くこと。文章のよくないところを取り除くこと。削除。「冒頭の一節を―する」

さん‐じょ【×芟除】〔名〕スル《「芟」は草を刈る意》刈り除くこと。また、よくないものを取り除くこと。せんじょ。「旧弊を―する」

さん‐じょ【産所】出産をする場所。うぶや。産室。

さん‐じょ【散所】❶随身などがその本官の役所に出仕せず、他の者、特に有力貴族などに所属していること。また、その人。❷古代末期から中世にかけて、貴族や社寺に隷属し、労務を提供する代わりに年貢を免除された人々の居住地。また、その住民。鎌倉中期以降、浮浪生活者などを散所とよぶようになり、多く賤民視された。中世末から近世にかけては、卜占や遊芸を業とする者も現れた。

さん‐じょ【賛助】〔名〕スル 事業などの趣旨に賛成して力を添えること。「慈善公演を―する」「―会員」
類語 援助・支援・後援・応援・助成・後見・バックアップ・フォロー・助ける

ざん‐しょ【残暑】立秋を過ぎてもなお残る暑さ。《季 秋》「草の戸の―といふもきのふけふ/虚子」
類語 余炎・猛暑・暑気・酷暑・極暑・激暑・厳暑・炎暑・大暑・暑熱・炎熱・酷熱・温気・向暑・暑さ

サン‐ジョアン‐デル‐ヘイ〖São João del Rei〗ブラジル南東部、ミナスジェライス州の都市。18世紀に金の産出で発展。18世紀の建築家兼彫刻家、アレイジャディーニョが手掛けた教会をはじめ、植民地時代の建造物が数多く残っている。

さん‐しょう【三生】仏語。前生・今生・後生の三つ。三世。

さん‐しょう【三性】仏語。❶人の性の3種。善性、悪性、および善でも悪でもない中性の無記性。❷一切の存在の本性や状態のあり方を、有無・仮実などを基準として3種に分けたもの。実体のない存在を実体と誤認する遍計所執性、一切の存在は縁によって起こったものとする依他起性、真実の体である真如の円成実性。

さん‐しょう【三省】❶律令制で、太政官に置かれた八省のうち、式部省・民部省・兵部省の称。❷中国、唐の官制で、中書省・門下省・尚書省の称。❸▶さんせい(三省)

さんしょう【三笑】▶虎渓三笑

さん‐しょう【三唱】〔名〕スル 三度となえること。「万歳を―する」

さん‐しょう【三章】❶三つの章。三つ目の章。❷《三箇条の法の意から》簡明な規則。➡法三章

さん‐しょう【三焦｜三×膲】漢方で、六腑の一。三つの熱源の意で、上焦は横隔膜より上部、中焦は上腹部、下焦はへそ以下にあり、体温を保つために絶えず熱を発生している器官とされる。みのわた。

さん‐しょう【三障】仏語。❶修行とその前段階の善根を妨げる三つのさわり。煩悩障(貪欲・瞋恚・愚痴の惑い)・業障(五逆十悪の業)・報障(地獄・餓鬼・畜生の苦報)。❷煩悩をからだの部位にたとえたもの。皮煩悩障(現象的な事物にとらわれる惑い)・肉煩悩障(誤った見解にとらわれる惑い)・心煩悩障(事象や道理を理解できないための惑い)。

さん‐しょう【三賞】大相撲で、殊勲賞・敢闘賞・技能賞の三つの賞。その場所を勝ち越した関脇以下の幕内力士で、それぞれの賞の内容にふさわしい活躍をした者に授与される。

さん‐しょう【山×椒】ミカン科の落葉低木。山地に自生。葉の付け根に一対ずつとげがある。葉は長卵形の小葉からなる羽状複葉。雌雄異株で、春、黄緑色の小花を密生する。実は赤く熟し、黒色の種が現れる。若芽を「木の芽」といい食用に、実を香辛料に、果皮を漢方で健胃薬・回虫駆除薬にし、材ですりこぎを作る。はじかみ。《季 芽=春 花=夏 実=秋》「擂鉢は膝でおさへて―の芽/時彦」

山椒は小粒でもぴりりと辛い 山椒の実は小さくても非常に辛い。からだは小さくても、気性や才能が鋭くすぐれていて、侮れないことのたとえ。

さん‐しょう【参照】〔名〕スル 照らし合わせて、参考にすること。参看。「付図を―する」
類語 参考・照会・参看・参酌・リファレンス

さん‐しょう【賛称｜×讃称】・【賛賞｜×讃賞】〔名〕スル ほめたたえること。「決断が速いのは、清麿君も常に―している」〈蘆花・思出の記〉

さん‐しょう【賛×頌｜×讃×頌】〔名〕スル 歌に作り、また、言葉をつくして、ほめたたえること。

さん‐じょう【三上】《欧陽脩「帰田録」の「余、平生作る所の文章、多くは三上に在り。乃ち馬上・枕上・厠上なり」から》文章を考えるのに最も都合がよいという三つの場面。馬に乗っているとき、寝床に入っているとき、便所に入っているとき。

さんじょう【三条】㊀新潟県中部の市。江戸時代から金物の製造が盛ん。法華宗総本山本成寺がある。平成17年(2005)5月、下田村、栄町と合併。人口10.2万(2010)。㊁平安京の条坊の一。また、東西に通じる大路の名。三条大路。㊂▶三条通り

さんじょう【三条】姓氏の一。藤原北家閑院流。七清華家の一。藤原実行を祖とし、邸宅が京都三条北にあったことから称した。

さん‐じょう【三乗】〔名〕スル ❶数学で、同一の数を3回掛け合わせること。立方。$a \times a \times a = a^3$のように示す。和算では、同一数の掛け算を3回行うことで、4乗にあたる。❷《「乗」は乗り物の意》仏語。㋐衆生を悟りに導く3種の教法を乗り物にたとえたもの。すなわち、声聞乗・縁覚乗・菩薩乗。㋑小乗・大乗・一乗のこと。

さん‐じょう【山上】㊀❶山の上。山頂。❷山に登ること。登山。「この尉こそ―する者にて候へ」〈謡・女郎花〉㊁比叡山延暦寺のこと。

さん‐じょう【山城】山に築いた城。やまじろ。

さん‐じょう【参上】〔名〕スル 目上の人の所に行くこと。また、人のもとに行くことをへりくだっていう語。まいること。うかがうこと。「御殿に―する」「明日―いたします」類語 参る・参じる・馳せ参じる・罷り出る・伺う・お邪魔する

さん‐じょう【惨状】思わず目をそむけたくなるような、むごたらしいありさま。また、いたましいありさま。「事故現場の―」「難民の―を報じる」類語 窮状

さん‐じょう【散×杖】真言宗で、加持のときに香水を壇や供物にまき散らすのに使う杖状の仏具。柳・梅などの枝で作る。灑水杖。

さん‐じょう【散状】❶古代・中世、公事の参仕者、宿直の番の勤仕者など、関係する者の名を列記した文書。交名。❷中世、諸役の勤番や裁判に出頭すべき者の名などを列記し、回覧した文書。回状。

さん‐じょう【賛×襄】〔名〕スル《「襄」は成す意》助けて事を行うこと。君主を助けて政治を行うこと。「往年米国の義挙を―し」〈東海散士・佳人之奇遇〉

ざん‐しょう【残照】日が沈んでからも雲などに照り映えて残っている光。夕日の光。残光。類語 余光

さんじょう‐いん【三条院】平安時代、三条天皇の里内裏となった邸宅。三条坊門小路の北、東洞院大路の西にあった。

さんしょう‐うお【山×椒魚】有尾目のサンショウウオ科・アンビストマ科・プレソドン科両生類の総称。約280種が知られる。成体にも発達した尾があり、四肢が発達。肺および皮膚で呼吸するが、肺を欠くものもある。ほとんど陸生で、止水や渓流に卵嚢を産みつける。日本にはハコネサンショウウオ・カスミサンショウウオなどがいる。はたけどじょう。はじかみうお。あぶらめ。《季 夏》「―この滝に棲む神代より/青邨」

さんじょう‐おおはし【三条大橋】京都市、三条通りの鴨川にかかる橋。旧東海道の終点。

さんじょう‐が‐たけ【山上ヶ岳】奈良県中央部にある、大峰山脈の一峰。頂上に大峰山寺があり、蔵王権現を祭る。標高1720メートル。大峰山。

さんじょう‐がわら【三条河原】京都市を流れる鴨川の、三条通りと交差する付近の河原。中世・近世は刑場となった。

さんじょう‐き【三畳紀】地質時代の区分の一。中生代を3分したうちの最初の紀。2億4700万年前から2億1200万年前までの期間。爬虫類・アンモナイト・二枚貝などが急速に栄えはじめ、原始的な哺乳類が出現した。トリアス紀。

さんしょう‐くい【山×椒×喰】スズメ目サンショウクイ科の鳥。スズメよりやや大形で、後頭部の辺りは黒く、背は灰色、額と腹が白い。日本では夏鳥として山地にみられ、ヒリヒリッと鳴く。《季 春》「風くれば檜原ひしたたり―/波郷」

さんじょう‐けい【三畳系】三畳紀に形成された地層。

さんじょう‐こう【山上講】▶行者講

さん‐しょうこつ【三小骨】耳小骨のこと。

さんじょう‐こん【三乗根】3乗してaになる数のaに対する称。立方根。

さんじょう‐さねつむ【三条実万】[1802～1859]江戸末期の公家。実美の父。光格・仁孝・孝明の3天皇に仕え、朝権伸張に尽力。日米修好通商条約の勅許に反対して大老井伊直弼と対立し、幕府より謹慎を命ぜられた。

さんじょう‐さねとみ【三条実美】[1837～1891]幕末・明治前期の公家・政治家。実万の四男。急進的攘夷派の指導者として、長州藩と提携。文久3年(1863)8月18日の政変で七卿落ちの一人として長州に逃れた。明治維新後は新政府の議定・太政大臣・内大臣などを歴任。

さんじょう‐さま【山上様】修験道の開祖、役の行者のこと。

さんじょう‐し【三条市】▶三条㊀

さんしょう‐じょうゆ【山×椒×醤油】サンショウの若葉や粉末にした実を用いて香味をつけた醤油。

さんしょう‐だゆう【山椒太夫】㊀伝説上の人物。丹後国由良の富者で、強欲非道と伝えられる。安寿姫と厨子王の姉弟を人買いから譲り受けて酷使したが、逃亡した厨子王の敵討ちにあったという。名は、山椒売りの長者、または三つも山荘をもつ長者の意で、「山荘太夫」「三荘太夫」とも書く。㊁説経節。五説経の一。㊀の伝説を脚色したもの。江戸初期に流行。㊂浄瑠璃・歌舞伎などの一系統で、説経節として語られた㊀の伝説を脚色したもの。浄瑠璃「三荘太夫五人嬢」など。㊃(山椒太夫)森鷗外の小説。大正4年(1915)発表。山椒太夫伝説に題材を取り、安寿と厨子王の受難と姉弟愛を描く。

さんしょうてい‐からく【三笑亭可楽】[1777～1833]江戸後期の落語家。江戸の生まれ。俗称、京屋又三郎。三笑派の祖。江戸で初めて寄席興行を行い、また三題噺を創始した。

さんしょう‐でんきょく【参照電極】▶基準電極

さんじょう‐てんのう【三条天皇】[976～1017]第67代天皇。在位1011～1016。冷泉天皇の第2皇子。名は居貞。藤原道長の全盛時代に、失明のため道長の外孫の後一条天皇に譲位。

さんじょう‐どおり【三条通り】京都市中央部を東西に通じる道路。上京区西大路三条から東山区蹴上に至る。平安京の三条大路にほぼあたる。

さんじょうにし【三条西】姓氏の一。藤原北家閑院流。南北朝時代の正親町三条実継の二男公時に始まる。西三条ともいう。

さんじょうにし‐さねたか【三条西実隆】

[1455～1537]室町後期の公家・歌人。内大臣に至る。号、聴雪、出家して逍遥院尭空。飛鳥井雅親に和歌を学び、飯尾宗祇から古今伝授を受け、古典の普及に努めた。また、能書家としても知られる。著「源氏物語細流抄」、歌集「雪玉集」、日記「実隆公記」など。

さんじょうにし-すえとも【三条西季知】[1811～1880]幕末・明治前期の公家・歌人。尊王攘夷派として活躍。文久3年(1863)8月18日の政変で七卿落ちの一人として西走。維新後、明治天皇の侍従。

さんじょう-の-すいくん【山上の垂訓】キリストがガリラヤ湖畔の山上で行った説教。新約聖書「マタイによる福音書」第5章から第7章に記されている。山上の説教。

さんしょう-の-そう【三省の奏】除目のとき、三省❶からその省の史生を諸国の目に任ぜられるように奏聞して裁可を請うこと。

さんしょう-は【三笑派】落語家の一派。初世三笑亭可楽を祖とする。

さんしょう-ばら【山×椒薔=薇】バラ科の落葉低木。箱根・富士地方の山地にみられる。枝にとげが多く、葉はサンショウに似る。初夏に淡紅色の5弁花を枝先に一つずつつける。

さんしょう-びょう【山×椒×鋲】頭部をサンショウの実のように丸く作った釘。湯殿の腰羽目、戸袋の板などを張るときに化粧釘として用いる。

さんじょう-ぶっしょ【三条仏所】平安中期以降、定朝の弟子長勢を祖とする仏所。円派の仏師が活躍したが、鎌倉時代に七条仏所におされて衰退した。京都三条に仏所を構えたことからの名称。

さんじょう-まいり【山上参り】▶行者参り

さんしょう-みそ【山×椒味×噌】サンショウの若葉や実をすり込んで香味をつけた味噌。木の芽味噌。

さんしょう-も【山×椒藻】サンショウモ科の一年生のシダ。水田・池沼の水面に浮かび、長さ7～10センチ。葉は3枚ずつ密につき、2枚は水面に浮かびサンショウの葉を思わせる。1枚は細かく裂けて水中に垂れる。秋、水中の葉の基部に球状の袋をつけ、中に胞子を生じる。

さんじょう-もの【三条物】京都三条の刀工、小鍛冶宗近の門流が作った刀剣。三条派。➡宗近

さんじょう-りゅう【三条流】和様書道の流派の一。青蓮院流の分派で、三条西実隆を祖とする。

さん-しょく【三色】❶3種の色。さんしき。❷「三原色」に同じ。

さん-しょく【三食】3回の食事。特に、朝・昼・晩の三度の食事。「―付きのツアー」

さん-しょく【三職】㊀❶明治政府最初の官制で、総裁・議定・参与の称。❷明治4年(1871)から同18年まで、太政大臣・左右大臣・参議の称。㊁▶三管領

さん-しょく【山色】山の色。また、山の景色。
(類語)山水・山容水態・山紫水明

さん-しょく【蚕食】〔名〕スル 蚕が桑の葉を食うように、他の領域を片端からだんだんと侵していくこと。「領土を―する」「市場を―する」

さん-じょく【産×褥】出産のとき産婦が使う寝床。「―に就く」

ざん-しょく【残×燭】消え残りの灯火。明け方になっても消えずにいる灯火。

さんじょく-うつ【産×褥鬱】▶産後鬱

さんしょく-き【三色旗】3色に染め分けた旗。特に、フランス共和国の国旗をさす。

さんじょく-き【産×褥期】出産後、母体が回復するまでの期間。通常6～8週間。

さんじょく-しんきんしょう【産×褥心筋症】▶周産期心筋症

さんしょく-すみれ【三色×菫】▶さんしきすみれ

さんしょく-せつ【三色説】色覚についてのヘルムホルツの学説。網膜に赤・青・緑の3色に対応する3種の光受容器が存在すると仮定し、光の波長の違いによって受容器が興奮して色覚が発生するというもの。ヘリングの反対色説と対立した。三原色説。

さんしょく-どうこく【三色同刻】マージャンで、同じ数の刻子を萬子・索子・筒子の三組みそろえた役。

さんしょく-どうじゅん【三色同順】マージャンで、同じ数の順子を萬子・索子・筒子の三組みそろえた役。

さんじょく-ねつ【産×褥熱】産褥期に起こる発熱性の感染症。分娩の際に生じた傷に細菌が感染して起こる。

さんしょく-ばん【三色版】多色絵画・カラー写真などの原稿の3色分解撮影をし、網版法を用いてイエロー(黄)・マゼンタ(赤紫)・シアン(青緑)の3色のインキで刷り重ね、原稿どおりの色彩の印刷をする方法。➡色の三原色

さんしょ-ごんげん【三所権現】▶熊野三所権現

さんじょ-ずいじん【散所随身】所属の役所に出仕せず、摂関家・大臣家などに属して護衛の任などに当たった随身。

サンジョゼフ-きょうかい【サンジョゼフ教会】《Église Saint-Joseph du Havre》フランス北西部、ノルマンディー地方、セーヌ-マリチーム県の都市ルアーブルにある鉄筋コンクリート造の教会。建築家オーギュスト=ペレが第二次大戦で廃墟と化した中心市街の再建を任されて設計した。2005年、「オーギュスト=ペレによって再建された都市ルアーブル」の名称で、再建地域全体が20世紀における優れた都市計画の一例として世界遺産(文化遺産)に登録された。

サンジョバンニ-イン-ラテラノ-だいせいどう【サンジョバンニインラテラノ大聖堂】《Basilica di San Giovanni in Laterano》イタリアの首都ローマにある大聖堂。ローマの四大バシリカの一であり、キリスト教公認後、初の教会として知られる。ローマ皇帝コンスタンティヌス1世が同地をローマ教皇に寄進し、4世紀に創建。17世紀にバロック様式の代表的な建築家ボロミーニにより大改築され現在の姿になった。隣接するラテラノ宮殿は14世紀に教皇庁がバチカンに移るまで、歴代教皇の住居。1980年、「ローマ歴史地区、教皇領とサンパオロフオーリ-レ-ムーラ大聖堂」の名称で世界遺産(文化遺産)に登録された。

サンジョバンニ-エバンジェリスタ-きょうかい【サンジョバンニエバンジェリスタ教会】《Abbazia di San Giovanni Evangelista》イタリア北東部、エミリアロマーニャ州の都市パルマにある教会。15世紀末から16世紀にかけて建造。バロック様式のファサードと鐘楼がある。円蓋(キューポラ)には、キリストが昇天していく様子を遠近法を駆使して幻想的に描いた、コレッジョによるフレスコ画「聖ヨハネの幻視」がある。

サンジョバンニ-せんれいどう【サンジョバンニ洗礼堂】《Battistero di San Giovanni》㊀イタリア中部、トスカーナ州の都市ピサにあるピサ大聖堂に付属する円筒形の洗礼堂。12世紀半ばから14世紀にかけて建造。下部はロマネスク様式の列柱とアーチで構成、上部はゴシック様式の尖塔をもつ。内部にはニコラ=ピサーノが彫刻を手がけた説教壇がある。1987年、「ピサのドゥオモ広場」の名称で世界遺産(文化遺産)に登録。㊁イタリア中部、トスカーナ州の都市フィレンツェ、サンタマリア-デル-フィオーレ大聖堂に向かい合うように位置する洗礼堂。11世紀から12世紀にかけて建造されたロマネスク様式の八角形の建物で、北側と東側の門扉にはロレンツォ=ギベルティが手がけた青銅製のレリーフがある。

サンジョバンニ-デッリ-エレミティ-きょうかい【サンジョバンニデッリエレミティ教会】《San Giovanni degli Eremiti》イタリア南部、シチリア島、シチリア自治州の都市パレルモの旧市街にある教会。12世紀半ば、ノルマン朝シチリア王国のルッジェーロ2世によりベネディクト修道会の教会として建造。アラブ風の赤いドームをもつ、パレルモにおけるアラブ-ノルマン様式の代表的な建築物の一。

サンジョバンニ-もん【サンジョバンニ門】《Porta San Giovanni》イタリア中部、トスカーナ州の町サンジミニャーノにある門。13世紀半ばに町を囲む城壁の一部として建造。1990年に「サンジミニャーノ歴史地区」として世界遺産(文化遺産)に登録された。

サンジョルジェ-じょう【サンジョルジェ城】《Castelo de São Jorge》ポルトガルの首都リスボン中央部にある城。古代ローマ時代の要塞に起源し、西ゴート人やイスラム教徒の支配下に置かれ、13世紀から16世紀にかけて歴代ポルトガル王の王宮となった。市街を見下ろせる高台に位置し、城内は公園になっている。

サンジョルジオ-さん【サンジョルジオ山】《San Giorgio》スイス南部、ルガノ湖の南にある小峰。標高1096メートル。魚類や海生爬虫類など、三畳紀中期の海洋生物の化石が多数出土していることから、2003年に世界遺産(自然遺産)に登録された。サンジョルジョ山。

サンジョルジョ-だいせいどう【サンジョルジョ大聖堂】《Cattedrale di San Giorgio》▶フェラーラ大聖堂

サンジョルジョ-デッリ-スキアボーニ-しんとかい【サンジョルジョデッリスキアボーニ信徒会】《Scuola di San Giorgio degli Schiavoni》イタリア北東部、ベネト州の都市ベネチアにある建物。ダルマチア地方(現クロアチア西部アドリア海沿岸)出身の移民、スキアボーニによる信徒会の会堂として、15世紀に建造された。ベネチア派の画家ビットーレ=カルパッチョが、諸聖人の生涯を描いた連作「聖ジョルジョの伝説」「聖トリフォンの奇跡」などが残る。

サンジョルジョ-マッジョーレ-きょうかい【サンジョルジョマッジョーレ教会】《Basilica di San Giorgio Maggiore》イタリア北東部、ベネト州の都市ベネチアにある教会。サンマルコ運河に浮かぶサンジョルジョマッジョーレ島にあり、サンマルコ広場の対岸に位置する。16世紀アンドレア=パラディオの設計で着工され、17世紀初頭に完成。古代ローマ時代の神殿を模した特徴的なファサードをもつ。ティントレットの代表作とされる「マナの収集」「最後の晩餐」などの絵画が見られる。

サンジョルジョ-マッジョーレ-とう【サンジョルジョマッジョーレ島】《San Giorgio Maggiore》イタリア北東部、ベネト州の都市ベネチアの潟にある島。サンマルコ運河を挟んでサンマルコ広場の対岸に位置する。島の大部分をサンジョルジョマッジョーレ教会が占める。

サンジョルディ-の-ひ【サンジョルディの日】《サン=ジョルディは、Sant Jordi》親しい人に本を贈る日。4月23日。昭和61年(1986)に、出版関係の団体が始めたもの。サン=ジョルディはスペイン、カタルーニャ地方の守護聖人で、スペインでは命日の4月23日に本の市が立ち、花とともに本を贈り合う習慣がある。

サン-ジョン-ペルス〖Saint-John Perse〗[1887～1975]フランスの詩人・外交官。作風は象徴主義的。1960年ノーベル文学賞受賞。作「追放」など。

サン-ジル〖Saint-Gilles〗フランス南部、ガール県の都市、ニームの近郊にある町。正式名称はサンジル-デュ-ガール。7世紀後半に隠遁生活を送った聖ジルの聖遺骨を納めたサンジル-デュ-ガール旧大修道院付属教会があり、その正面入口の彫刻はプロバンス地方におけるロマネスク様式の傑作として知られる。サンティアゴ-デ-コンポステラへの巡礼路の一部として世界遺産(文化遺産)に登録された。

さん・じる【参じる】〔動ザ上一〕「さん(参)ずる」(サ変)の上一段化。「急を聞いて諸所から―・じる」
(類語)参る・参上・伺う・お邪魔する

さん・じる【散じる】〔動ザ上一〕「さん(散)ずる」(サ変)の上一段化。「憂いを―・じる」

サンジル-デュ-ガール〖Saint-Gilles-du-Gard〗

▶サンジル

サンシル-ラポピー〖Saint-Cirq Lapopie〗フランス南部、ミディ-ピレネー地方、ロート県の都市フィジャック近郊のロート川沿いにある村。サンシル教会をはじめ中世の面影を残す家並みの景観で知られる。

さんしろう【三四郎】ｻﾝｼﾛｳ 夏目漱石の小説。明治41年(1908)発表。熊本から上京した大学生小川三四郎の、里見美禰子への淡い恋を描く。

さん-しん【三心】《「さんじん」とも》仏語。浄土に生まれるために必要な3種の心。観無量寿経に説く、至誠心(しじょうしん)・深心(じんしん)・回向発願心(えこうほつがんしん)。無量寿経に説く、至心・信楽(しんぎょう)・欲生(よくしょう)。

さん-しん【三身】《「さんじん」とも》仏語。大乗仏教で説かれる3種の仏身。法身(ほっしん)・応身(おうじん)・報身(ほうじん)。三仏身。

さん-しん【三×辰】日・月・星(北斗星)。三光。

さん-しん【三信】❶真宗で、阿弥陀仏の第十八願で誓われている、至心・信楽(しんぎょう)・欲生(よくしょう)の三つのこと。真実の信心を三方面から述べたもの。❷念仏者の、純朴で変わらない淳心、疑いのない一心、他に心を移さない相続心の三つ。

さん-しん【三津】「三箇(さんか)の津(つ)」に同じ。

さん-しん【三振】〔名〕ｽﾙ ❶野球で、打者がストライクを三つとられてアウトになること。「見逃しの―」「四番打者を―させる」❷同じことを三回続けて失敗すること。俗に、新司法試験に三回不合格となり、受験資格を失うこと。

さん-しん【三晋】中国、春秋時代の末、晋の三卿、すなわち魏斯(ぎし)(文侯)・趙籍(ちょうせき)(烈侯)・韓虔(かんけん)(景侯)がそれぞれ建てた魏・趙・韓の三国。

さん-しん【三針】時計の長針・短針・秒針。

さん-しん【三進】〔名〕ｽﾙ 野球で、走者が三塁へ進むこと。

さん-しん【三▽線】沖縄県および奄美(あまみ)群島で用いる弦楽器。三味線を小ぶりにした形で、両面に蛇皮を張った木製の胴に棹(さお)をつける。ふつう3本の絹糸の弦をわたし、角(つの)製の爪形の義甲を人差し指にはめて弾く。14世紀末に中国の三弦が伝わったものといわれ、のち日本本土に渡って三味線の母胎となった。蛇皮線(じゃびせん)。

さん-しん【三親】きわめて親しいとされる三つの間柄。父子・夫婦・兄弟。

さん-しん【参進】〔名〕ｽﾙ 神前や貴人の前に進み出ること。「拝殿に―する」

さん-しん【参審】▶参審制度

さん-じん【三神】3柱の神。例えば、造化の三神や和歌三神など。

さん-じん【山人】❶山中に住む人。また、世俗を嫌って山中に隠棲する人。❷文人・墨客(ぼっかく)が雅号に添えて用いる語。「風来―」

さん-じん【山神】山に鎮座する神。やまのかみ。

さん-じん【散人】《役に立たない人、無用の人の意》❶世事にとらわれず、のんきに暮らす人。また、官職に就かない人。閑人。散士。❷文人・墨客(ぼっかく)が雅号に添えて用いる語。「荷風―」

ざん-しん【残心】❶心をあとに残すこと。心残り。未練。❷武芸で、一つの動作を終えたあとでも緊張を持続する心構えをいう語。剣道で、打ち込んだあと相手の反撃に備える心の構え。弓道で、矢を射たあとの反応を見きわめる心の構え。

ざん-しん【×讒心】讒言して人をおとしいれようとする心。

ざん-しん【×讒臣】讒言して主君におもねる臣下。

ざん-しん【斬新】〔形動〕〔文〕〔ナリ〕趣向や発想などがきわだって新しいさま。「―な技法」「―奇抜なアイデア」〔派生〕ざんしんさ〔名〕

〔類語〕新しい・真新しい・最新・新た・目新しい・新奇・現代的・先端的・ホット・モダン・アップツーデート

さんしん-いん【参審員】ｲﾝ 参審制度を採用する国で、市民から選任され、裁判官と合議体を作って裁判に関わる人。任期は国により異なる。

さん-しんざん【三神山】中国の古伝説で、東方絶海の中にあって仙人が住むという蓬莱(ほうらい)・方丈・瀛州(えいしゅう)の三つの山。

さんしん-せいど【三審制度】法的な判定の慎重を期して、訴訟当事者に、同一事件で段階的に三つの審級の裁判を求める機会を与える制度。

さんしん-せいど【参審制度】市民が、裁判官とともに合議体を構成して裁判に関与する制度。主にドイツで、陪審制度の補充または代用として発達。日本では、一般の国民が裁判に参加する制度として、平成21年(2009)から裁判員制度が導入された。

さんしん-そうおう【三身相応】ｻｳｵｳ 欠けたところがなく、りっぱであること。「―したる若君にてぞおはしける」〈義経記・六〉

さん-しんとう【三親等】親等の一。直系では、本人または配偶者から3世を隔てる尊属親または卑属親、すなわち曽(そう)祖父母または曽孫。傍系では、おじ・おば・甥(おい)・姪(めい)との関係。三等親。

さんしん-はくし【三振博士】俗に、司法試験(新司法試験)に3回不合格となり、受験資格を失った法科大学院修了者のこと。法曹にはなれないものの、法務博士号を持つことからいう。三振法務博士。

〔補説〕司法試験予備試験に合格するか、法科大学院に入りなおして修了すれば、司法試験の受験資格を再び得られる。

さん-しんぽう【三新法】ｻﾝｼﾝﾊﾟｳ 明治11年(1878)に制定された郡区町村編制法・府県会規則・地方税規則の総称。これにより、町村が自治体として認められて戸長公選となり、府県会が設置された。

サンス〖Sens〗フランス中北部、ヨンヌ県の都市。同県の副県都。ヨンヌ川沿いに位置し、古代ローマ時代から鉱泉のある保養地として知られる。ゴシック様式最古の教会の一、サンテチエンヌ大聖堂がある。

さん・す〔動サ特活〕《動詞「さしゃんす」の音変化》「する」の丁寧の意を含んだ尊敬語。なさいます。「せんかたなさに怖い事など―・せぬか」〈浄・女腹切〉〔補説〕活用は助動詞「さんす」に同じ。

さんす〔助動〕〔さんせ・さんし｜さんし・さんす｜さんする｜さんすれ｜さんせ〕《動詞「さんす」の助動詞化》動詞の上一段・下一段・上二段・下二段活用の未然形に付き、カ変動詞には連用形にも付く。丁寧の意を含んだ尊敬を表す。…なさいます。「絹の下帯かいてゐさんす」〈浮・一代女・二〉〔補説〕近世前期、上方の遊女の用いた語で、元禄(1688～1704)ごろからは一般の女性も用いるようになった。▶しゃんす

さん-ず【三▽途｜三▽塗】ﾂ 仏語。❶死者が行くべき三つの場所。猛火に焼かれる火途、刀剣・杖で強迫される刀途、互いに食い合う血途の三つで、それぞれ地獄道・畜生道・餓鬼道にあてる。三悪道。三悪趣。❷三途の川。

さん-ず【三頭｜三図】ﾂ 牛馬の背の尻に近い高くなっている所。

ざん・す〔動サ特活〕《近世後期、江戸の遊里語》❶「ある」の意の丁寧語。ございます。あります。「ちょっと話が―・すから、どうぞ来ておくんなんし」〈洒・契情買言告鳥〉❷(補助動詞)補助動詞「ある」の意の丁寧語。…でございます。「わけのある客人で―・すから」〈洒・曽我糠袋〉〔補説〕活用は助動詞「ざんす」に同じ。

ざんす〔助動〕〔ざんせ｜ざんし｜ざんす｜ざんす｜ざんすれ｜ざんせ〕体言および体言に準ずる語に付く。「だ」「である」の意の丁寧語。…でございます。…です。「(牛肉ヲ)生(なま)でたべるのざんすから」〈魯文・安愚楽鍋〉〔補説〕洒落本「傾城觽(けいせいかい)」松丁玉扇四家言語解・丁子屋言に「何ざんすか。なんでござんすかといふ事也。での字とごの字を略していふ」とあるように、江戸吉原の丁子屋から広まったという。現代でも、上品ぶった女性の表現に用いられることがある。

さん-すい【山水】㊀〔名〕❶山と水。山と水のある自然の景色。❷築山(つきやま)と池とがある庭園。「枯(かれ)―」❸「山水画」の略。❹山から出る水。やまみず。〈日葡〉㊁〔形動ナリ〕ものさびしいさま。みすぼらしいさま。「―なる者ありしが、洗濯をしたく思へど着替へなし」〈咄・居合刀・四〉〔類語〕自然・天地(てんち)・あめつち・山河(さんが)・山川草木(さんせんそうもく)・生態系・ネーチャー

さん-すい【散水｜×撒水】〔名〕ｽﾙ《「撒水(さっすい)」の慣用読み》水をまくこと。「グラウンドに―する」

〔類語〕水撒き・打ち水

さん-ずい【三水】漢字の偏の一。「河」「泳」などの「氵」の称。漢和辞典では「氺(したみず)」とともに「水」の部首に属する。さんずいへん。

さんすい-おとこ【山水男】ｵﾄｺ みすぼらしい身なりの男。「身こそ墨絵の―、紙表具の体なりとも」〈浄・反魂香〉

さんすい-が【山水画】ｸﾞ 山岳や河水などの、自然の景観を描いた絵画。水墨山水・青緑山水などがある。人物画・花鳥画とともに東洋画の主要画題。

さんすい-し【山水詩】中国詩で、山水自然の澄んだ美しさを主として詠んだもの。山水詩人としては、六朝時代の陶淵明・謝霊運、唐代の王維(おうい)・柳宗元などがいる。

さんすい-しゃ【散水車】道路などを清掃し、ほこりの立つのを防ぐため水をまきながら走る車。〔季 夏〕

さんすいじんけいりんもんどう【三酔人経綸問答】ｻﾝｽｲｼﾞﾝｹｲﾘﾝﾓﾝﾀﾞﾌ 政治評論書。中江兆民著。明治20年(1887)刊。徹底した西洋近代思想を説く洋学紳士と、膨張主義的国権思想を唱える豪傑君が、現実主義的民権論者の南海先生宅を訪れ、酒を酌み交わしながら日本の進むべき道を論じる形式をとる。

さんすいせん-の-ていり【三垂線の定理】立体幾何学の定理の一。平面外の点Aからその平面に垂線を下ろし、その垂線の足Bからこの平面上にある直線 l に垂線Cを引くと、直線ACは直線 l に垂直であるということ。

さんすいそ-えん【酸水素炎】酸素・水素の混合ガスを点火したときの炎。セ氏2500度くらいの高温になる。人造宝石の製造、金属の溶接などに使用。

さんすいちょうかん【山水長巻】ｻﾝｽｲﾁﾔｳｸﾜﾝ 雪舟筆「四季山水図」の通称。文明18年(1486)作の長さ15メートルを超す巻物で、雪舟の最高傑作とされる。

さん-すう【算数】❶数をかぞえること。計算すること。また、その結果得られた数。「或る冀望の点に達す可きやの―を得ること難からず」〈福沢・福翁百話〉❷小学校の教科の一。初歩の数学。数量や図形について基礎的知識を教えることを目標とする。昭和16年(1941)それまでの算術を改めたもの。

サンスーシ-きゅうでん【サンスーシ宮殿】《Château de Sans-Souci》ドイツのポツダムにあるロココ式宮殿。1745～47年、フリードリヒ大王が造営。シャルロッテンブルク宮殿やツェツィリエンホーフ宮殿とともに、「ポツダムとベルリンの宮殿群と公園群」として世界遺産(文化遺産)に登録されている。無憂宮。サンスーシ宮。

さんすう-セット【算数セット】小学校低学年の算数で用いられる副教材の一。数の概念や加減乗除をわかりやすく説明するためのもので、おはじきや計算カード、時計の模型などがセットになっている。

さん-すくみ【三×竦み】《「関尹子」三極から》蛇はなめくじをおそれ、なめくじは蛙(かえる)をおそれ、蛙は蛇をおそれること。転じて、三者が互いに牽制し合って、それぞれが自由に動けない状態。

サンスクリーン-クリーム〖sunscreen cream〗日焼け防止を目的とした特殊化粧品。

サンスクリット〖Sanskrit〗▶サンスクリット語

サンスクリット-ご【サンスクリット語】《Sanskritは元来、完成された言語、雅語の意》インド-ヨーロッパ語族のインド語派に属する言語。広義には、初期のベーダ語を含むが、狭義には、前5～4世紀の文法家パーニニによって記述され、規範を与えられた古典サンスクリット語をさす。梵語(ぼんご)。

さん-すけ【三▽介】常陸介(ひたちのすけ)・上総介(かずさのすけ)・上野介(こうずけのすけ)の称。この3国は、親王の任国で、常に介が代理で政務を執った。

さんすけ【三助】❶銭湯で、風呂を沸かしたり、客の背中を流したりする男。❷江戸時代、広く下男・小者などの奉公人のこと。「大方は吉蔵、―がなり上がり」〈浮・永代蔵・一〉

サンステファノ-じょうやく【サンステファノ条約】ーデウヤク 1878年、ロシア-トルコ戦争の結果、イスタンブールの近くの小村サンステファノ(San Stefano)で、ロシアとトルコとの間で結ばれた講和条約。ロシアのバルカン進出を認めた条約であったが、諸国の反対から同年のベルリン会議で修正された。

さんず-の-かわ【三▽途の川】サンヅーかは 仏語。死後7日目に渡るという、冥途にある川。三つの瀬があり、生前の業(ごう)によって、善人は橋を、軽い罪人は浅瀬を、重い罪人は流れの速い深みを渡るという。三つ瀬川。渡り川。葬頭河(そうずか)。

さんず-の-やみ【三▽途の闇】サンヅー 仏語。生前の悪業(あくごう)に応じて死者が苦悩を受けなくてはならない、三つの暗い境遇。三悪道。また、そこへ行く不安な気持ちのたとえ。

サンスベリア〘ラテン sansevieria〙▶サンセベリア

さん・する【参する】〔動サ変〕図さん・す〔サ変〕物事の実施・運営などに一員として参加する。たずさわる。関係する。「企画に—・する」

さん・する【産する】〔動サ変〕図さん・す〔サ変〕❶うむ。出産する。また、うまれる。「女児を—・する」「地方の旧家に—・する」❷物を産出する。また、産出される。「石油を—・する」「静岡に—・する茶」
類語 生み落とす・出産・分娩(ぶんべん)・お産・安産・難産・初産(ういざん)・初産(しょざん)・初産(はつざん)・生(な)す・生まれる・生む・出来る・身二つになる・腹を痛める・産卵・生産・産出・原産

さん・する【算する】〔動サ変〕図さん・す〔サ変〕かぞえる。計算する。ある数に達する。「五人の代表の中に—・する」「人口は五〇万を—・する」

さん・する【賛する】×讃する】〔動サ変〕図さん・す〔サ変〕❶力を添えて助ける。賛助する。「地元の美術展開催に—・する」❷同意する。賛同する。「法案に—・する」❸ほめる。ほめたたえる。賞賛する。「遺徳を—・する」❹絵画などに賛(さん)を書く。「山水画に自句を—・する」類語 賞する・頌(しょう)する・褒める・たたえる・褒めたたえる・愛(め)でる・嘉(か)する・称する・持て囃(はや)す・持ち上げる・称賛する・称美する・称揚する・推賞する・嘉賞(かしょう)する

さん・する【×簒する】〔動サ変〕図さん・す〔サ変〕奪う。奪い取る。簒奪する。「王位を—・する」

さん・ずる【参ずる】〔動サ変〕図さん・ず〔サ変〕❶上位者の所に「行く」また「来る」の意の謙譲語。参上する。まいる。うかがう。「門下生が急ぎ—・ずる」❷一員として加わる。参加する。「商工組合に—・ずる」❸参禅する。「夏行(げぎょう)に—・ずる」❹(動詞の連用形に接続助詞「て」を添えた形に付いて)相手を敬って、その人に何かをしてあげる意を表す。「珈琲を煎(い)れて—・じましょうか」〈魯庵・社会百面相〉類語 来る・行く・参る・参上・参じる・馳(は)せ参じる・伺う・お邪魔する

さん・ずる【散ずる】〔動サ変〕図さん・ず〔サ変〕❶散る。ちりぢりになって、なくなる。また、散らす。「聴衆が—・ずる」「春嵐が桜花を—・ずる」❷不快な感情がなくなる。気が晴れる。また、気を晴らす。「怒りが—・ずる」「憂さを—・ずる」❸終わる。「宴が—・ずる」❹財産がなくなる。また、金を使う。散財する。「遺産が—・ずる」「財を—・ずる」類語 散る・散らばる・散らかる・散らかす・散らす・四散・分散・拡散・散開・飛散・雲散・離散・霧散・散逸・雲散霧消

ざん・する【×竄する】〔動サ変〕図ざん・す〔サ変〕❶流罪にする。「遠島に—・する」❷文章の字句を改めなおす。改竄(かいざん)する。「文書を—・する」

ざん・する【×讒する】〔動サ変〕図ざん・す〔サ変〕讒言する。「同僚を—・する」

さん-ずん【三寸】❶1寸の3倍。かね尺で約9.1センチ。鯨尺で約11.4センチ。❷3寸くらいのもの。また、短いもの、薄いものなどのたとえ。「舌先—」「胸—」❸《売る台の長さ1尺3寸の1尺を略していう》香具師(やし)の一種。祭日や縁日に、品物を台にのせ、口上を述べて売る大道商人。

三寸の見直し《物の長さも測りようによっては3寸の誤差がある意から》物事は、詳しく点検すれば多少の欠点は見つかるということ。また、多少の欠点は見慣れれば気にならなくなるということ。

三寸俎板(まないた)を見抜く 厚さ3寸のまな板の裏まで見通す。物事を見抜く力の鋭いことのたとえ。

さんずん-くぎ【三寸×釘】かね尺で長さ3寸の釘。長さ1寸の釘にもいった。

さんずん-なわ【三寸縄】ーなは 罪人を縛るときの縄のかけ方の一。後ろ手に縛り、上方に上げてその縄を首縄にかけ、首と手首の間を3寸ほどにして縛る方法。また、それに用いる縄。

さんずん-にんじん【三寸人▽参】ニンジンの栽培品種。根の長さが3寸くらいしかなく太い。西洋にんじん。

さんずん-ふりつ【三寸不律】《「不律」は筆のこと》長さ3寸の短い筆。

さんずん-もよう【三寸模様】ーモヤウ 女性の着物で、模様が裾から鯨尺の3寸ほどのところまでにあるもの。

さん-せ【三施】仏語。3種の布施。財施・法施・無畏施(むいせ)。

さん-ぜ【三世】❶仏語。前世・現世・来世、または過去世・現在世・未来世。過去・現在・未来の称。三界。三際(さんさい)。❷本人・子・孫の3代。さんせい。❸《親子の縁は一世、夫婦の縁は二世、主従の縁は三世というところから》主従の関係。類語 二世(にせ)・他生・三界

さん-せい【三世】❶本人・子・孫の3代。さんぜ。❷同じ地位・称号などを有する人の、3代目。また、同名の法王・皇帝などの3番目の人。「一名人」「一市川団十郎」「ナポレオン—」❸移民などの3代目の世代。「日系—」

さん-せい【三正】❶《「書経」甘誓から》天・地・人の、三つの正しい道。❷《「礼記」哀公問から》君臣の義、父子の親、夫婦の別の三つが正しく守られていること。❸中国古代の暦の上での3種の正月で、子・丑・寅をいう。夏(か)では建寅の月(のちの陰暦の正月)、殷(いん)では建丑の月(陰暦12月)、周では建子の月(陰暦11月)を正月とした。

さん-せい【三牲】❶宗廟に供える3種のいけにえ。牛・羊・豕(いのこ)。三犠。❷中国で俗に、鶏・魚・豕をいう。

さん-せい【三省】《「論語」学而の「吾日に吾が身を三省す。人の為に謀りて忠ならざるか、朋友と交わりて信ならざるか、習わざるを伝えしかと」から》毎日三度反省すること。1日に何度も自分の言行をふりかえってみて、過失のないようにすること。さんしょう。

さん-せい【三聖】㊀世界の三人の聖人。㋐釈迦・孔子・キリスト。㋑老子・孔子・釈迦。㊁古代中国の三人の聖人。㋐伏羲(ふっき)・文王・孔子。㋑尭(ぎょう)・舜(しゅん)・禹(う)。㋒文王・武王・周公。㋓禹・周公・孔子。㋔老子・孔子・顔回。㊂古代ギリシャの三人の大思想家。ソクラテス・プラトン・アリストテレス。㊃その道で最もすぐれた三人。㋐書道で、空海・菅原道真・小野道風。㋑歌道で、衣通姫(そとおりひめ)・柿本人麻呂・山部赤人。㋒俳諧で、荒木田守武・山崎宗鑑・飯尾宗祇。

さんせい【山西】中国北西部の省。太行山脈の西に位置し、万里の長城で内モンゴル自治区と接する黄土山岳地帯。省都、太原。石炭・鉄鉱などの鉱物資源が豊富で製鉄業が盛ん。シャンシー。

さん-せい【山×棲】人里離れた山中に住むこと。隠遁(いんとん)すること。山居。

さん-せい【山勢】山の姿。山のようす。山容。

さん-せい【山精】山の神。山の精霊。また、やまびこ。「一木魅の出でて遊ぶを」〈紅葉・金色夜叉〉

さん-せい【参政】❶政治に参加すること。❷執政の次位にあって政治に参与する職。江戸幕府の若年寄、大名の用人など。

さん-せい【産生】〔名〕スル 細胞で物質が合成・生成されること。「抗体が—される」

さん-せい【産制】「産児制限」の略。

さん-せい【散聖】世俗を捨て仏門に入った人を敬っていう語。特に、布袋(ほてい)和尚をさす場合がある。

さん-せい【酸性】酸としての性質を示すこと。金属酸化物と反応して塩と水をつくる性質を示すこと。水溶液中では水素イオン指数pHが7より小さいときをいう。青色リトマスを赤変させる。⇔アルカリ性/塩基性。

さん-せい【賛成】〔名〕スル ❶人の意見や行動をよいと認めて、それに同意すること。「原案に—する」⇔反対。❷助力すること。賛助。「造化の功用を補弼し、万物の化育を—する」〈福地桜痴・会社弁〉
類語 同意・賛同・支持・付和雷同

ざん-せい【残生】年をとって、残り少なくなった人生。余生。

ざん-せい【残星】夜明けの空に残っている星。有明の星。明けの明星。

さんせい-う【酸性雨】大気中の二酸化硫黄や窒素酸化物が溶け込んでいて酸性度の強い雨。動植物その他に被害を与える。

さんせい-えん【酸性塩】酸と塩基の中和が完全でなく、酸性の成分が残っている塩。硫酸水素ナトリウム・炭酸水素ナトリウムなど。

さんせい-がん【酸性岩】火成岩で、化学成分の二酸化珪素(けいそ)の含有量が66パーセント以上あるもの。有色鉱物が少ないので白っぽい。花崗岩(かこうがん)・流紋岩など。

さんせいけつ-しょう【酸性血症】ーシヤウ ▶アシドーシス

さんせい-けん【参政権】国民が直接または間接に国政に参加する権利。選挙権・被選挙権、公務員となる権利、公務員を罷免する権利、国民審査の権利など。

さんせい-さんかぶつ【酸性酸化物】ーサンクワブツ 酸性を示す酸化物。酸化物のうち、水と反応してオキソ酸となり、塩基と反応して塩をつくるもの。二酸化硫黄・二酸化窒素・二酸化炭素など。

さんせい-し【酸性紙】にじみ止めに硫酸アルミニウムなどを用いて製した紙。硫酸アルミニウムが繊維を徐々に加水分解するため長期の保存に耐えない。

さんせい-じ【三生児】三つ子。

さんせい-しょう【山西省】ーシヤウ ▶山西

さんせい-しょくひん【酸性食品】食品を燃焼して得た灰の成分中に燐(りん)・硫黄・塩素などの酸性を示す元素を多く含むもの。魚・肉・豆・穀類・卵黄など。

さんせい-しょくぶつ【酸性植物】泥炭地・湿原、酸性に傾いた畑地などの酸性土壌によく生育する植物。ミズゴケ・アシ・スゲ・スギナなど。

さんせいじん-きょうかい【三聖人教会】ーケウクワイ《Mănăstirea Sfinţii Trei Ierarhi》ルーマニア北東部の都市ヤシにある教会。17世紀にモルドバ公バシレ=ルプにより建造。ギリシャ教父バシレイオスとヨハネス=クリソストモス、カッパドキアの教父グレゴリオスを祭る。繊細な浮き彫りが施された外壁をもち、内部には三教父のフレスコ画が描かれ、バシレ=ルプの棺を安置している。

さんせい-せいこうほう【酸性製鋼法】ーセイカウハフ 珪酸(けいさん)・石英などの酸性の耐火材を用いた製鋼法。

さんせい-せん【酸性泉】泉質の一。硫酸・塩酸など遊離の酸を多量に含み、酸性を呈する鉱泉。殺菌力が高く皮膚疾患などに効く。草津温泉・那須温泉など。

さんせい-せんりょう【酸性染料】ーセンレウ 色素の分子中にスルホン酸基・カルボキシル基などの酸性の基をもつ水溶性染料。羊毛・絹・ナイロンなどのたんぱく質系の繊維や皮革・紙・インク・食用色素などに広く使用。

さんぜいっしん-の-ほう【三世一身の法】ーハフ 養老7年(723)、開墾奨励のために出された法。用水路を開いて開墾した者には本人から3代、既設の用水を利用して開墾した者には本人1代に限ってその土地の私有を許したもの。天平15年(743)に発布された墾田永世私財法の先駆をなす。

さんせい-ど【酸性度】酸としての強さの程度を示す値。ふつう、水素イオン指数pHで表す。

さんせい-どじょう【酸性土壌】ードジヤウ 酸性反応を示す土壌。雨の多い地方に多く、土壌中の塩基が流出したり、酸性物質が集積したりして生じる。耕作には適さない。酸性土。

さんせい-はくど【酸性白土】白色の粘土の一種。微粉末で、主成分は粘土鉱物のモンモリロナイト。水を加えると弱酸性を呈する。吸着性があり、石油の脱色や乾燥剤などに利用。

さんせい-はんのう【酸性反応】ーハンオウ ある物質に酸の性質があることを示す反応。青色リトマスを赤色に変えたり、赤色フェノールフタレインを無色に変えたりすること。

さんせい-ひりょう【酸性肥料】ーヒレウ それ自体が酸性の肥料。また、連続使用すると土を酸性にする性質のある肥料。過燐酸(かりんさん)石灰・硫安・硫酸カリなど。

さんせい-ぼんち【×鑽井盆地】不透水層に挟まれた透水層が、一方に傾斜した構造や盆地構造を呈する地域。被圧地下水が存在し、井戸を掘ると自噴しやすい。オーストラリアの大鑽井盆地が有名。

さんぜ-いんが【三世因果】ーイングヮ 仏語。過去・現在・未来の3世にわたって因果の法則が支配すること。

サンゼーノ-だいせいどう【サンゼーノ大聖堂】ーダイセイダウ《Cattedrale di San Zeno》▶ピストイア大聖堂

サンゼーノ-マッジョーレ-きょうかい【サンゼーノマッジョーレ教会】ーケウクワイ《Basilica di San Zeno Maggiore》イタリア北東部、ベネト州の都市ベローナにあるロマネスク様式の教会。4世紀頃の司祭でベローナの守護聖人であるゼーノを祭る。9世紀の創建。12世紀に地震で倒壊し、13世紀に再建。彫刻が施された青銅製の正面扉はロマネスク美術の傑作とされる。マンテーニャ作の祭壇画「聖母と諸聖人」がある。

さん-せき【三夕】❶三晩。三夜。❷「三夕の和歌」の略。

さん-せき【三関】▶さんかん(三関)

さん-せき【三蹟┊三跡】平安中期の三人の能書家。また、その筆跡。小野道風・藤原佐理(ふじわらのすけまさ)・藤原行成(ふじわらのゆきなり)。道風の筆跡を野跡(やせき)、佐理のを佐跡(させき)、行成のを権跡(ごんせき)という。三賢。

さん-せき【山積】〔名〕スル 山のようにうず高く積もること。また、処理すべき仕事・問題などがたくさんたまること。やまづみ。「難問が―している」

さん-せき【×霰石】あられいし。

ざんせき-ど【残積土】▶原積土(げんせきど)

さんせき-の-わか【三夕の和歌】新古今集所収の、「秋の夕暮れ」を結びとした3首の名歌。寂蓮(じゃくれん)の「さびしさはその色としもなかりけり槙(まき)立つ山の秋の夕暮れ」、西行の「心なき身にもあはれは知られけりしぎ立つ沢の秋の夕暮れ」、定家の「見渡せば花も紅葉もなかりけり浦の苫屋(とまや)の秋の夕暮れ」。

さん-セク【三セク】「第三セクター」の略。

さんぜ-じっぽう【三世十方】ージッパウ 仏語。三世と十方。無限の時間と無限の空間。

さんぜ-しょぶつ【三世諸仏】仏語。過去・現在・未来の3世にわたって存在する一切の仏。

さんぜ-そう【三世相】ーサウ ❶仏教の因縁説に陰陽家(おんようけ)の五行相生・五行相剋(そうこく)の説をまじえ、人の生年月日の干支(えと)や人相などから、3世の因果・吉凶を判断すること。また、それを書いた書物。❷人の吉凶・禍福などが循環して定まらないこと。

さんぜそう【三世相】サンゼサウ「三世相錦繡文章(さんぜそうにしきぶんしょう)」の通称。

さんぜそうにしきぶんしょう【三世相錦繡文章】サンゼサウにしきブンシャウ 歌舞伎狂言。常磐津(ときわず)。3世桜田治助作。4世岸沢古式部・6世岸沢式佐作曲。安政4年(1857)江戸中村座初演。全6幕の世話狂言を常磐津で通した大曲。通称、三世相、お園六三(ろくさ)。

さんぜそう-めいかん【三世相命鑑】サンゼサウー 3世の因果・吉凶をわかりやすく説いた書物。

さん-せちえ【三節会】ーセチヱ 宮中で正月に行われた三つの節会。元日の節会、白馬(あおうま)の節会、踏歌(とうか)の節会。

さん-ぜつ【三絶】❶三つの技芸、特に詩・書・画に秀でて並ぶものがないこと。また、そのような人。❷三首の絶句。❸三度切れること。「韋編(いへん)―」

さん-ぜつ【惨絶】〔名・形動〕悲惨極まりないこと。非常に痛ましいこと。また、そのさま。「―な事故現場」

ざん-せつ【残雪】消え残った雪。特に、春になっても消えないで残っている雪。《季 春》「―やごうごうと吹く松の風/鬼城」【類語】万年雪・根雪・名残(なごり)の雪

ざん-ぜつ【×嶄絶┊×巉絶】〔名・形動〕ひときわ高くそびえること。ずば抜けてすぐれていること。また、そのさま。「その―なる個性とその一種奇矯なる主義とは」〈蘆花・思出の記〉

サンセット〘sunset〙❶日没。❷終局。晩年。

サンセット-ほうしき【サンセット方式】ーハウシキ 政府の組織・制度あるいは事業などで、あらかじめ法律で終期を明示しておくこと。

さんぜ-の-えん【三世の縁】3世の間、切れることのない縁。特に、主従のつながり。三世の契り。

さんぜ-の-おん【三世の恩】《主従は三世という考えから》主君の恩。

さんぜ-の-かくも【三世の覚母】文殊菩薩(もんじゅぼさつ)のこと。

さんぜ-の-ちぎり【三世の契り】「三世の縁」に同じ。

サン-セバスチアン〘San Sebastián〙▶サン-セバスティアン

サン-セバスティアン〘San Sebastián〙スペイン北部、バスク州の港湾都市。ビスケー湾の小湾コンチャ湾に面し、貿易、漁業が盛ん。19世紀以降、サンタンデールとともに海岸保養地として広く知られる。コンチャ湾の両端に海に突き出たモンテウルグル、モンテイゲルドという二つの山があり、弧を描く湾を見下ろす展望地になっている。毎夏、国際的なジャズ音楽祭や映画祭が催される。

サンセベーロ-れいはいどう【サンセベーロ礼拝堂】ーレイハイダウ《Cappella Sansevero》イタリア南部、カンパニア州の都市ナポリにある礼拝堂。16世紀末に建造。ロココ期の彫刻家ジュゼッペ=サンマルティーノ作「ベールに覆われたキリスト」ほか多くの彫像がある。

サンセベリア〘ラテン sansevieria〙リュウゼツラン科チトセラン属の多年草の総称。熱帯アフリカなどに分布、約60種が知られる。観葉植物として栽培。

サンセポルクロ〘Sansepolcro〙イタリア中部、トスカーナ州の町。アレッツォの北東約40キロ、テベレ川沿いにある。旧称ボルゴサンセポルクロ。フィレンツェ統治時代、コジモ1世により現在の旧市街を囲む城壁が造られた。ルネサンス期の画家ピエロ=デラ=フランチェスカの生地として知られ、同地の市立美術館は代表的な作品を所蔵する。また、複式簿記を考案した数学者・修道士ルカ=パチオーリの生地でもある。

サン-セリフ〘sans serif〙欧文活字で、セリフ(ひげのような飾り)のない書体。ゴシック体など。➡活字書体

さんぜ-りょうだつ【三世了達】ーレウダツ 仏語。過去・現在・未来にわたって、一切を明らかに悟っていること。諸仏の智慧は3世を見通しであること。

サンセルナン-きょうかい【サンセルナン教会】ーケウクワイ《Basilique Saint-Sernin》フランス南西部、アキテーヌ地方、オート-ガロンヌ県の都市ツールーズにある教会。11世紀から13世紀にかけて建造され、現存するロマネスク様式の教会堂建築としては同国最大の規模を誇る。サンティアゴ-デ-コンポステラの街道における重要な巡礼地の一。

さん-せん【三線】三味線のこと。

さん-せん【三遷】❶住居などを三度移し変えること。❷「三遷の教え」の略。

さん-せん【山川】❶山と川。また、それらを包括した大地。「一草木」❷山中を流れる川。やまがわ。

さん-せん【参戦】〔名〕スル 戦争に参加すること。「第一次大戦に日本も―した」

さん-せん【散銭】神仏に上げるお金。賽銭(さいせん)。「―取り返して、下向して給はれ」〈浮・胸算用・五〉

さん-ぜん【三千】❶千の3倍の数。❷非常に数の多いことを表す語。

三千の寵愛(ちょうあい)一身(いっしん)にあり 《白居易「長恨歌」で、楊貴妃について言われたところから》宮中にいる多数の女性の中で、ただ一人だけが天子の寵愛を受けていること。

さん-ぜん【参禅】〔名〕スル 禅の道に入って修行すること。また、座禅を組むこと。「本山に―する」

さん-ぜん【産前】出産の前。「一産後」

さん-ぜん【惨然】〔ト・タル〕図〔形動タリ〕いたましいさま。また、いたみ悲しむさま。「―たる零落の形容一見して眼にあふれたり」〈独歩・愛弟通信〉

さん-ぜん【×潸然】〔ト・タル〕図〔形動タリ〕涙を流して泣くさま。「―として涙下った」〈中島敦・弟子〉

さん-ぜん【×燦然┊×粲然】〔ト・タル〕図〔形動タリ〕きらきらと光り輝くさま。また、はっきりしているさま。鮮やかなさま。「―と輝く星」「―たる宝冠」
【類語】燦・赫赫(かくかく)・燦爛(さんらん)・玲瓏(れいろう)・皓皓(こうこう)・煌煌(こうこう)・炯炯(けいけい)・明るい・明明(めいめい)・うらうら・燦燦(さんさん)・耿耿(こうこう)

ざん-ぜん【残×喘】残り少ない命。残生。「多病にして―を保つ方が」〈漱石・吾輩は猫である〉

ざん-ぜん【×嶄然】〔ト・タル〕図〔形動タリ〕《「嶄」は高く険しい意》一段高くぬきんでているさま。ひときわ目立つさま。「連山の一角―として遥かに他山の上に秀で」〈服部誠一訳・春窓綺話〉

嶄然として頭角(とうかく)を現・す 他よりひときわぬきんでて、才能や力量を現す。「編輯の天才は―・すのである」〈鴎外・灰燼〉

さんぜん-いん【三千院】ーヰン 京都市左京区にある天台宗の寺。天台宗五門跡の一。山号は魚山。開創は延暦年間(782〜806)、最澄が比叡山東塔南谷に建立した円融房に始まる。大治5年(1130)堀河天皇の皇子最雲法親王が入寺して以来、宮門跡。応仁の乱後、現在地に移転した。本堂の往生極楽院は久安4年(1148)の建立。梨本坊。梶井門跡。円融院。

さん-せんけ【三千家】茶道の千家流の三つの流派。表千家・裏千家・武者小路千家のこと。

さんぜん-せかい【三千世界】「三千大千世界」の略。

さんぜん-だいせんせかい【三千大千世界】仏教の世界観による広大無辺の世界。須弥山(しゅみせん)を中心に日・月・四大州・六欲天・梵天などを含む世界を一世界として、これが千集まったものを小千世界、それが千集まったものを中千世界、さらにそれが千集まったものを大千世界といい、これらを総括していう。三千世界。

さんせん-の-おしえ【三遷の教え】ーヘ「孟母(もうぼ)三遷の教え」に同じ。

さんせん-の-さい【三船の才】「三舟(さんしゅう)の才」に同じ。

さん-せんべん【三×尖弁】心臓の右心房と右心室の間にある弁。血液の逆流を防ぐ。右房室弁。

さん-そ【蚕×蛆】カイコノウジバエの幼虫。

さん-そ【酸素】酸素族元素の一。単体は2原子分子からなる無色無臭の気体。地球上で最も多量に存在する元素で、空気中には体積で約21パーセント含まれる。生物の呼吸や燃料の燃焼に不可欠。反応性に富み、ほとんどの元素と化合して酸化物をつくる。その際に熱と光を伴うことが多い。元素記号O 原子番号8。原子量16.00。

さん-そ【酸×楚】《「酸」「楚」ともに、いたむ意》悲しみいたむこと。また、悲しくつらいこと。「兎角世の中は一勝(いっしょう)なものだ」〈逍遥・内地雑居未来之夢〉

ざん-そ【残礎】壊れた建物の跡に残っている礎石。また、礎石の跡。

ざん-そ【×讒訴】〔名〕スル ❶他人をおとしいれようとして、事実を曲げて言いつけること。「上司に―する」❷陰で人の悪口を言うこと。陰口。【類語】讒告(ざんこく)・讒言

さんそ-アセチレンえん【酸素アセチレン炎】酸素とアセチレンの混合ガスの燃焼による炎。セ氏3000度くらいの高温が得られ、鉄などの溶接・溶断に利用。

さん-そう【三草】ーサウ ❶江戸時代、実生活に有用とされた3種の草。麻・藍(あい)・紅花、または麻・藍・木棉(きわた)をいう。❷古今伝授の中で解釈上の秘伝とされた3種の草花の名。「川菜草(かわなぐさ)」「呉(め)の母(おも)」「蓍(め)どに削り花」。または「呉の母」の代わりに「下がり苔(ごけ)」をあげる

こともある。

さん-そう【山相】山の姿。山の形状・地質・気象など。(類語)山容

さん-そう【山草】山に生えている草。

さん-そう【山荘】《古くは「さんぞう」》❶山中に構えた別荘。❷山中にある旅館などの名に添えて用いる語。「志賀―」

さん-そう【山葬】神道で、死者を山に葬ること。

さん-そう【山僧】《「さんぞう」とも》㊀〔名〕❶山寺の僧。❷山門の僧。比叡山延暦寺の僧をいう。㊁〔代〕僧が自分をへりくだっていう語。愚僧。

さん-そう【酸×棗】サネブトナツメの別名。

さん-ぞう【三蔵】❶上代、朝廷の官物を納めた三つの蔵。斎蔵(いみくら)・内蔵(うちくら)・大蔵(おおくら)。❷仏教の聖典を3種に分類したもの。経蔵・律蔵・論蔵。❸仏教の聖典に深く通じた高僧に対する敬称。また、聖典の翻訳者をもいう。真諦三蔵・玄奘(げんじょう)三蔵・法顕三蔵など。❹天台宗で、小乗の別称。❺仏語。仏・菩薩(ぼさつ)・声聞(しょうもん)のそれぞれの教え。また、声聞・縁覚(えんがく)・菩薩の教え。三乗。(類語)上人・大師・阿闍梨(あじゃり)・猊下(げいか)

ざん-そう【×讒奏】天皇などに対して讒言すること。「西光法師父子が―によって、法皇大きに逆鱗(げきりん)ありけり」〈平家・二〉

ざん-ぞう【残像】外部刺激がやんだあとにも残る感覚興奮のこと。主として視覚についていう。(類語)映像・画像・像・実像・虚像・幻像・幻影

さんそう-か【山相家】山相学に詳しい人。山相を説く人。江戸末期の佐藤信淵(のぶひろ)などが有名。

さんそう-がく【山相学】山相を調べ、探鉱術・採鉱法などを研究する学問。江戸時代、佐藤信淵の「山相秘録」によって体系づけられた。

さんぞう-きょう【三蔵教】❶経・律・論の三蔵に説かれた釈尊1代の教法。❷天台宗で、小乗の異称。

さん-そう-けん【産総研】「産業技術総合研究所」の略称。

さんそう-こうりゅう【三相交流】周波数が等しく、位相が120度ずつずれている三つの交流を一組にした電流。電力輸送に便利で、誘導電動機の始動が容易なため広く用いられる。

さんぞうし【三冊子】江戸中期の俳論書。3冊。服部土芳(はっとりどほう)著。元禄15年(1702)成立、安永5年(1776)刊。「白冊子」「赤冊子」「忘れ水(黒冊子)」の3部からなり、蕉風を忠実かつ体系的に伝えようとしたもの。

さんそう-にもく【三草二木】法華七喩の一。「法華経」薬草喩品に説くたとえで、薬草に大中小、木に大小の不同はあるが、雨の恵みを等しく受けて育って薬用となるように、人に能力・素質の違いはあっても仏の教化を受けることで悟りに入り、世を救う者となることをいう。

さんそう-にん【酸×棗▽仁】サネブトナツメの種子。漢方で収斂(しゅうれん)性の神経強壮・鎮静薬に用いる。

さんぞう-ほうし【三蔵法師】㊀経・律・論の三蔵に精通した高僧。㊁唐の玄奘(げんじょう)の俗称。さんぞうほっし。

さん-ぞうろう【▽然ん候】〔連語〕《連語「さ(然)なり」の連用形に動詞「そうろう」の付いた「さにそうろう」の音変化》かしこまって肯定の返答をするときに用いる。さようでございます。「―。この浦の海人にて候」〈謡・海人〉

さんそ-きゅうにゅう【酸素吸入】血液中の酸素欠乏の症状があるときに酸素を吸入させ、呼吸を助けること。肺炎・一酸化炭素中毒・高山病などの場合に行われる。

さん-そく【山足】山のふもと。山すそ。山脚。

さん-ぞく【三族】身近な三つの親族。父方の一族、母方の一族、妻の一族。または、父・子・孫、父母・兄弟・妻子など。「今は残り留まりたる者とては、―に遁(のが)れざる一家の輩(ともがら)」〈太平記・一一〉

さん-ぞく【山賊】山の中を本拠地にして通行人を襲う盗賊。

サン-ぞく【サン族】《San》南アフリカのカラハリ砂漠に居住する狩猟採集民族。言語上はコイサン語族に属する。低身長で、頭髪は縮毛だが、モンゴロイド的特徴ももつ。俗称、ブッシュマン。➡コイ族

ざん-ぞく【残賊】〔名〕スル ❶人や世間に害を与えること。また、その人。「天下のために―を除かんではならぬ」〈鴎外・大塩平八郎〉❷討ちもらされた賊。

さんそく-どき【三足土器】3本足をもつ煮炊き用の土器。中国の先史時代から漢代の鬲(れき)・鼎(てい)など。

さんそく-の-からす【三足の×烏】太陽の中にすむという3本足のカラス。転じて、太陽。金烏(きんう)。

さんぞく-の-つみ【三族の罪】罪を犯した者の三族にまで及ぶ刑罰。

さんそ-こきゅう【酸素呼吸】酸素の消費を伴う呼吸。最も一般的な呼吸法で、呼吸物質として多くは糖が用いられ、酸化分解され、発生するエネルギーは大きい。➡無気呼吸

さんそ-さん【酸素酸】酸素を含む無機酸の総称。非金属または金属に酸素が結合した原子団をもつもの。硫酸・硝酸など。オキソ酸。

さんそ-せつだん【酸素切断】酸素ボンベから吹き出す酸素を燃やし、その熱で鉄材などを焼き切ること。

さんそてんか-こうそ【酸素添加酵素】▶オキシゲナーゼ

さんそ-テント【酸素テント】患者にビニール製のテントをかぶせ、中に酸素を送り込んで、酸素濃度の高い空気を吸入させる装置。呼吸困難のときや麻酔のあとなどに用いる。

サンソブール-だいせいどう【サンソブール大聖堂】《Cathédrale Saint-Sauveur》フランス南東部、プロバンス地方の都市エクサンプロバンスの旧市街にある大聖堂。5世紀から17世紀までのロマネスク、ゴシック、ネオゴシックをはじめ、さまざまな建築様式が混在する。なかでもメロビング朝時代に造られた洗礼堂が現存する最古の部分とされる。ロマネスク様式の回廊や、15世紀にニコラ=フロマンが描いた祭壇画などがある。

サン-ソベール-デ-モン〖Saint-Sauveur-des-Monts〗カナダ、ケベック州南部、ローレンシャン高原の町。同地域の観光拠点として知られ、サンソベール山にスキー場やテーマパークがある。

さんそ-ようせつ【酸素溶接】酸素とアセチレンの混合ガスの燃焼熱を用いる溶接法。酸素アセチレン溶接。

さん-そん【三尊】尊ぶべき三人の人。君・父・師。

さん-そん【山村】山間の村。

さん-そん【散村】人家が散在している村。⇔集村。

さん-ぞん【三尊】❶仏・法・僧の三宝。❷中央の仏(中尊)と左右の脇侍(きょうじ)の菩薩(ぼさつ)の三体。薬師三尊・釈迦三尊・阿弥陀(あみだ)三尊など。三尊仏。三尊像。

ざん-そん【残存】〔名〕スル《「ざんぞん」とも》なくならないで残っていること。同類の多くがなくなったあとも、なお残っていること。「社会に根強く―する偏見」「―勢力」(類語)残留・名残・残り・残余・残

ざん-そん【残×樽】酒の残っている樽(たる)。また、樽に残っている酒。

ざんぞんしゃ-りえき【残存者利益】過当競争や収縮傾向にある市場において、競争相手が撤退したあと、生き残った企業のみが市場を独占することで得られる利益。

ざんそん-しゅ【残存種】動植物で、かつては広く分布していたが、現在は限られた地域にのみ生存する種。植物のメタセコイア、動物のシーラカンスなど。レリック。遺存種。

さんそん-すいかく【山村水郭】山間の村と水辺の村。田舎の村々。

サンソン-ずほう【サンソン図法】地図投影法の一。経線は、中央の経線以外は正弦曲線よりなり、緯線は等間隔の平行線となっているもの。赤道および中央経線付近の形は正しく表現されるが、縁辺部は著しくひずむ。フランスのサンソン(N.Sanson)が用いて有名になった。正積図法の一。

ざんそんぶつとりかたづけひよう-ほけんきん【残存物取り片付け費用保険金】火災などにより損害を被った建物などの、取り壊し費用・片付け費用・搬出費用の一部として支払われる保険金。

サンソン-フラムスチード-ずほう【サンソンフラムスチード図法】《Sanson-Flamsteed projection》「サンソン図法」に同じ。初代グリニッジ天文台長フラムスチードも用いたことで、こう呼ばれる。

さん-そんゆう【三損友】《「論語」季氏から》つきあって損になる3種類の友人。人のきげんばかりとる者、こびへつらうだけで誠意のない者、口先がうまくて真心のない者のこと。損者三友。⇔三益友。

ざんそん-ゆにゅうせいげん【残存輸入制限】GATTに違反して行われた輸入数量制限。

さんぞん-らいごう【三尊来▽迎】念仏者の臨終に、阿弥陀如来・観音菩薩・勢至菩薩の三尊が浄土から紫雲に乗り迎えに来ること。また、その信仰。

さんた【三太】❶江戸時代、丁稚(でっち)・小僧の通称。三太郎。❷愚鈍な者をいう擬人名。三太郎。❸犬が前足を上げ、後ろ足で立つ芸。ちんちん。「犬に―させて遊ばるるこそ少しは憎し」〈浮・一代男・六〉❹人に世辞を言ったりへつらったりすること。「請出さうと言うたらば―もしさうな物が」〈浮・禁短気・一〉

さん-た【三多】文章上達に必要な三つの条件。多く読むこと、多く作ること、多く推敲(すいこう)すること。

サンタ〖ポルトガル・スペイン・イタリア Santa〗❶「サンタクロース」の略。❷多く人名などに冠して、聖、聖なる、の意を添える。「―マリア」

さんだ【三田】兵庫県南東部の市。江戸時代は九鬼氏の城下町。三田米・三田牛・マツタケの産地。北摂ニュータウンがある。人口11.4万(2010)。

サンダー〖thunder〗雷。雷鳴。

サンタ-アナ〖Santa Ana〗中央アメリカ、エルサルバドル西部、グアテマラ国境近くにある都市。同国第2の規模の都市で、サンタアナ県の県都。植民地時代の建造物が多く、サンタアナ国立劇場がある。

サンダーバード〖thunderbird〗アメリカ先住民の間で、雷を起こすとされる巨大な鷲に似た鳥。

さん-たい【三台】❶「三台星」の略。❷《❶になぞらえて》太政大臣・左大臣・右大臣の称。三公。「仏神三宝をも敬はず、―五門の所領をも渡さず」〈太平記・二三〉

さん-たい【三体】❶三つの物体。三つの形体。❷書道で、楷・行・草の三つの書体。❸華道で、真・行・草の3種の生け方。❹能で、物まねの基本となる三つの姿。老体・女体・軍体。(類語)楷書・行書・草書・隷書・篆書(てんしょ)・行草・五体

さん-たい【三態】物質の固体・液体・気体の三つの状態。

さん-だい【三大】仏語。体大・相大・用大(ゆうだい)の称。人間の心の本体・すがた(相)・作用が、本来は広大無辺であることをいう。大乗起信論は、心の実体である真如を体大、その真如が無量の徳を備えることを相大、真如が人に善を行わせる作用を用大と説く。

さん-だい【三代】㊀❶親・子・孫の三つの世代。三世。「藤原―の栄華」❷はじめから3番目の世継ぎ。3代目。第3代。「徳川―将軍家光公」❸三つの時代。「明治・大正・昭和―の文学」㊁㊀「三代集」の略。㊁中国古代の夏(か)・殷(いん)・周の3王朝。

さん-だい【三▽諦】《「さんたい」とも》仏語。天台宗で、実相の真理を明かすものと考えられた空・仮(け)・中の三つの真理。すべての存在は空無なものであるとする空諦、すべての事象は因縁によって存在する仮のものとする仮諦(けたい)、すべての存在は空でも有でもなく言葉や思慮の対象を超えたものであるとする中諦。空仮中。

さん-だい【参内】〔名〕スル ❶宮中に参上すること。参朝。❷「参内傘」の略。

さん-だい【散大】〔名〕スル 瞳孔が開くこと。

さん-だいえ【三大会】▶三会(さんえ)❸❹

さんだい-えいようそ【三大栄養素】栄養素

のうち、動物の体をつくるもととなったりエネルギー源となったりする、たんぱく質・糖質・脂質のこと。

さんだい-がさ【参内傘】公卿などが参内のとき従者に持たせた長柄の妻折傘(つまおりがさ)。白麻の袋に納めて持参させ、降雨のときに背後から差し掛けさせた。

さんだい-きゃくしき【三代▽格式】平安前期、嵯峨・清和・醍醐の3天皇の時代に定められた、弘仁格式・貞観格式・延喜格式のこと。

さん-だいきょう【三大橋】(ーダイケウ) 三つの大きな橋。特に、平安時代、山城の山崎橋・宇治橋、近江(おうみ)の勢多橋。山崎橋がなくなってからは淀橋を加える。

さんたいし【三体詩】▻三体唐詩(さんたいとうし)

さん-だいし【三大師】関東・東北地方で、陰暦11月に行われる三度の大師講のこと。4日・14日・24日に行われる。

さん-だいじ【三大寺】古代、朝廷の尊崇を受けた三つの寺。大安寺(大官大寺)・元興寺(飛鳥寺)・弘福寺(ぐふくじ)(川原寺)。のち薬師寺を加え四大寺とよぶ。

さんだいじけん-けんぱくうんどう【三大事件建白運動】明治20年(1887)、自由民権論者による政治運動。外交の回復、地租の軽減、言論の自由の三つを要求して元老院に建白書を提出したが、政府は保安条例を制定して民権派を東京から追放した。

さんだいじつろく【三代実録】平安時代の歴史書。六国史(りっこくし)の第六。50巻。宇多天皇の勅命で、藤原時平・大蔵善行らが撰。延喜元年(901)成立。清和・陽成・光孝天皇の3代30年間を編年体で叙述。日本三代実録。

さん-たいしゅ【三太守】上総(かずさ)・常陸(ひたち)・上野(こうずけ)の国守(くにのかみ)の称。この3国は特に親王が国守に任じられ、これを太守といった。➡三介(さんすけ)

さんだい-しゅう【三代集】(ーシフ) 平安時代の勅撰和歌集である古今集・後撰集・拾遺集のこと。古くは、万葉集・古今集・後撰集の3集をいった。

さん-だいじんけ【三大臣家】江戸時代、大臣にまで昇進できる家柄の三家。中院(なかのいん)家・正親町三条(おおぎまちさんじょう)家・三条西(さんじょうにし)家の称。

さんたい-せい【三台星】古代中国で、紫微星(しびせい)を囲んで守る上台・中台・下台の三つの星。三台。

さん-だいせつ【三大節】旧制で、三つの祝祭日。四方拝・紀元節・天長節。のち、これに明治節を加えて四大節(しだいせつ)ともいう。

さんだい-そうおん【三代相恩】(ーサウオン) 祖父以来3代にわたって主君に仕えて恩を受けること。三代重恩。「大恩あるーの御主人」〈伎・幼稚子敵討〉

さんだい-そくぜ【三▽諦即是】仏語。空・仮(け)・中の三諦は本来一体のものであるということ。三諦円融。

さんだい-でん【参内殿】京都御所内に設けられた殿舎。常御殿の西、御車寄せの内にあり、皇族・大臣などが参内する際にここから入った。

さんたいとうし【三体唐詩】(サンタイタウシ) 唐の詩人167人の作を、七言絶句・七言律詩・五言律詩の三体に分けて編んだ書。南宋の周弼(しゅうひつ)編。1250年に成立。唐賢三体詩法。三体詩。

さん-だいはつめい【三大発明】15～16世紀、ヨーロッパに大きな社会的変革をもたらした三つの発明。火薬・羅針盤・活版印刷術をさすが、実際にはいずれも中国伝来のものを改良・実用化したもの。

さんだい-ばなし【三題×噺┊三題×咄】客に三つの題を出させて、その場で一席の落語にするもの。文化元年(1804)に初世三笑亭可楽が創始。

さんだいばなしととやのちゃわん【三題噺魚屋茶碗】歌舞伎狂言。世話物。3幕。河竹黙阿弥作。明治15年(1882)東京春木座初演。「斗々屋(ととや)の茶碗、身投げ、時鳥(ほととぎす)」の三題噺を劇化した「時鳥水響音(みずにひびくね)」に加筆増補したもの。通称、魚屋茶碗。

さん-だいひほう【三大秘法】(ーダイヒホフ) 日蓮宗で、本門の本尊、本門の題目、本門の戒壇の三つをいう。本尊とは法華経で明らかにされた久遠(くおん)の釈迦牟尼仏、題目とは南無妙法蓮華経の7字、戒壇とは本尊を礼拝し、題目を唱える場所を意味する。三秘。

さんだい-ひりょう【三大肥料】(ーヒレウ) 窒素肥料・燐酸肥料・カリ肥料の三つ。

さん-だいぶ【三大部】教義のよりどころとされる三つの大部な経典。❶天台宗で、智顗(ちぎ)著の法華玄義・法華文句・摩訶止観(まかしかん)。❷律宗で、道宣著の四分律行事鈔・四分律羯磨疏(かつまそ)・四分律戒本疏。❸日蓮宗で、立正安国論・観心本尊抄・開目抄。

さん-だいぶつ【三大仏】奈良の東大寺、河内の太平寺、近江(おうみ)の関寺の大仏。後世は奈良の東大寺、鎌倉の高徳院、京都の方広寺の大仏をいう。

さん-だいもん【三大門】平安京外郭にあった羅城門・朱雀門(すざくもん)・応天門の称。

さん-だいもんだい【三大問題】ギリシャ幾何学が提出した三つの作図問題。与えられた角の三等分、与えられた立方体の2倍の立方体の作図(立方倍積問題)、与えられた円と等しい面積をもつ正方形の作図(円積問題)。いずれも定規とコンパスで作図できないことが証明されている。ギリシャ三大問題。

さん-たいよう【三大洋】(ータイヤウ) 太平洋・大西洋・インド洋の称。

サンタエウラリア-だいせいどう【サンタエウラリア大聖堂】(ーダイセイダウ)《Catedral de Santa Eulalia》▻バルセロナ大聖堂

サンタ-エレナ-デ-ウアイレン〖Santa Elena de Uairén〗ベネズエラ東部、ブラジルとの国境付近にある町。ギアナ高地の玄関口として知られ、ギアナ高地最高峰のロライマ山への観光拠点になっている。

サンタエングラシア-きょうかい【サンタエングラシア教会】(ーケウクワイ)《Igreja de Santa Engrácia》ポルトガルの首都リスボン、アルファマ地区にある教会。17世紀の創建。王室建築家ジョアン=アントゥネスが設計したが、未完成のまま300年以上放置された後、ドームを取り付けられて完成した。20世紀に国立霊廟(れいびょう)(パンテオン)となり、エンリケ航海王子やバスコ=ダ=ガマを祭り、ポルトガルの歴代大統領やファド歌手アマリア=ロドリゲスらが埋葬された。

ざん-だか【残高】収支または貸借の差し引き計算をして残った金額。残金。(類語)残額・残

サンタガタ-だいせいどう【サンタガタ大聖堂】(ーダイセイダウ)《Cattedrale di Sant'Agata》▻カターニア大聖堂

サンタ-カタリーナ〖Santa Catarina〗ブラジル南部にある州。温暖な気候で海岸部ではリゾート産業が発達している。ドイツ系移民が多くビール醸造も盛ん。州都はフロリアノポリス。

サンタカタリナ-とう【サンタカタリナ島】(ータウ)《Santa Catalina Island》米国カリフォルニア州、ロサンゼルスの沖合約40キロに浮かぶ、サンタバーバラ諸島の島。観光・保養地として知られる。中心地はアバロン。

サンタガットゥ-デ-モン〖Sainte-Agathe-des-Monts〗カナダ、ケベック州南部、ローレンシャン高原の町。同地域の観光拠点の一つ。紅葉で知られるサーブル湖がある。

サンダカン〖Sandakan〗マレーシア東部、サバ州の港湾都市。ボルネオ島東岸にあり、スールー海に臨む。木材の積み出し港。

サンタキアーラ-せいどう【サンタキアーラ聖堂】(ーセイダウ)《Basilica di Santa Chiara》㊀イタリア中部、ウンブリア州の都市アッシジにあるゴシック様式の教会。フランチェスコ修道会を創設したフランチェスコの弟子キアーラを祭る。13世紀の建造。外壁面は白とピンクの大理石を使った縞模様が施され、内部の地下室には聖キアーラの遺体や遺品が納められている。サンフランチェスコ聖堂と関連する遺跡群を含めて、2000年に世界遺産(文化遺産)に登録された。㊁イタリア南部、カンパニア州の都市ナポリにあるゴシック様式の教会。14世紀に建造され、アンジュー家のカルロ=ロベルト王をはじめ王族や貴族の墓がある。マジョリカという色絵陶器で飾られた付属の修道院の回廊が有名。

サンタクリスティナ-デ-レナ-きょうかい【サンタクリスティナデレナ教会】(ーケウクワイ)《Iglesia de Santa Cristina de Lena》スペイン北西部、アストゥリアス州の町レナの郊外にある教会。9世紀にアストゥリアス王ラミロ1世により建造。ロマネスク以前のプレロマネスク様式という独自の建築様式で知られ、サンタマリア-デル-ナランコ教会、サンミゲル-デ-リーリョ教会とともに、1985年に「アストゥリアス王国の教会」として世界遺産(文化遺産)に登録され、98年に「オビエドとアストゥリアス王国の建築物」の名称で他の建築物とともに拡張登録された。

サンタクルーズ-しょとう【サンタクルーズ諸島】(ーショタウ)《Santa Cruz》南西太平洋、ソロモン諸島南東にある火山諸島。住民はポリネシア人。

サンタ-クルス〖Santa Cruz〗ボリビア南東部、首都ラパスに次ぐ同国第2の都市。サンタクルス県の県都。正式名称はサンタクルス-デ-ラ-シエラ。コロニア-サンフアン、コロニア-オキナワをはじめ、近郊に日本人移住地がある。

サンタクルス-しゅうどういん【サンタクルス修道院】(ーシウダウヰン)《Mosteiro de Santa Cruz》ポルトガル中西部の都市コインブラにある修道院。12世紀の創建。ポルトガル王アフォンソ1世の治下、付属の学校や写字室が作られ、政治・文化の両面で重要な役割を果たしたことで知られる。16世紀、マヌエル1世により改築され、現在の姿になった。アフォンソ1世とその息子サンショ1世の墓がある。

サンタクルス-デ-テネリフェ〖Santa Cruz de Tenerife〗スペイン領カナリア諸島の主島テネリフェ島にある都市。同島北東部に位置し、グランカナリア島のラスパルマス-デ-グランカナリアと共に、カナリア諸島自治州の州都。16世紀から17世紀にかけて、アメリカ大陸との中継地として発展した。同諸島最大の港を有し、漁業が盛ん。

サンタクルス-デ-モンポス〖Santa Cruz de Mompox〗コロンビア北部、ボリーバル県の町。カリブ海に注ぐマグダレナ川上流約200キロに位置する。1540年に町が築かれ、内陸とカリブ海を結ぶ河港として発展。1995年「サンタクルス-デ-モンポスの歴史地区」の名で、世界遺産(文化遺産)に登録された。

サンタ-クロース〖Santa Claus〗クリスマスの前夜、子供たちに贈り物を届けるという白ひげの伝説上の老人。4世紀小アジアのミラの司教セント-ニコラウスに由来し、その祝日12月6日の前夜に贈り物を交換する習慣がさまざまに転化し、さらにオランダ系ピューリタンによって米国に伝えられ、クリスマスに贈り物をする習慣と結合した。

サンタクローチェ-せいどう【サンタクローチェ聖堂】(ーセイダウ)《Basilica di Santa Croce》㊀イタリア中部、トスカーナ州の都市フィレンツェにあるゴシック様式の教会。13世紀前半にフランチェスコ修道会が創建した小聖堂を元に、アルノルフォ=ディ=カンビオの設計で14世紀後半に建造された。ジョット作のフレスコ画「聖フランチェスコ伝」(バルディ家礼拝堂)および「洗礼者ヨハネ伝」(ペルッツィ家礼拝堂)、ドナテロ作のレリーフ「受胎告知」と木彫「キリスト十字架像」がある。15世紀に建造されたバッツィ家礼拝堂はブルネレスキの設計で、典型的な初期ルネサンス建築として知られる。㊁イタリア南部、プーリア州の都市レッチェにあるバロック様式の教会。16世紀から17世紀にかけて建造。多くの装飾が施されたファサードはジュゼッペ=ジンバロとチェーザレ=ペンナが手がけた。レッチェにおけるバロック建築を代表する建築物として有名。

さんだ-し【三田市】▻三田

サンタチェチリア-イン-トラステベレ-せいどう【サンタチェチリアイントラステベレ聖堂】(ーセイダウ)《Basilica di Santa Cecilia in Trastevere》イタリアの首都ローマ中心部、トラステベレ地区にある聖堂。5世紀の創建。3世紀に殉教した聖チェチリアを祭る。9世紀にローマ教皇パスカリス1世により建て替えられ、16世紀に枢機卿(すうきけい)スフォンドラーティにより改築された。9世紀に作られた内部後陣のモザイク、ステファノ=マデルノ作「聖女チェチリア」像が有名。

さん-だつ【×簒奪】〔名〕(スル) 帝王の位、政治の実権などを奪い取ること。「王位をーする」
(類語)奪う・取る・取り上げる・分捕(ぶんど)る・掠(かす)め取る・も

ぎ取る・引ったくる・ぶったくる・ふんだくる・攫う・掻っ攫う・横取りする・強奪する・奪取する・略取する・略奪する・収奪する・剝奪する

さん‐たっそん【三達尊】《「孟子」公孫丑下から》天下で尊ばれる三つのもの。朝廷では爵位、郷里では年齢、民を治める者では徳。

さん‐たっとく【三達徳】《「礼記」中庸から》時代や身分を超えて、どんな場合にも通じる三つの徳。智・仁・勇をさす。

サンタテレサ‐しゅうどういん【サンタテレサ修道院】ーシウダウヰン《Convento de Santa Teresa》スペイン、カスティーリャ‐イ‐レオン州の都市アビラにある、17世紀に建造されたバロック様式の修道院。修道会カルメル会の改革を進め「跣足カルメル会」を創立した聖女テレサ＝デ＝ヘススの生家跡に建てられた。1985年「アビラの旧市街と城壁外の教会群」の名で世界遺産(文化遺産)に登録された。

サンタトリニタ‐きょうかい【サンタトリニタ教会】ーケウクワイ《Basilica di Santa Trinita》イタリア中部、トスカーナ州の都市フィレンツェにある教会。11世紀の創建。13世紀に再建されてゴシック様式の建物になった。正面ファサードは16世紀にベルナルド＝ブォンタレンティが手がけた。サセッティ礼拝堂にはギルランダイヨによるフレスコ画「聖フランチェスコ伝」「牧者礼拝」があることで知られる。

さん‐たな【三棚】近世、武家の新婦が婚家に持参する道具の、厨子棚・黒棚・書棚のこと。化粧道具や書物などを置く。

サンタ‐バーバラ〘Santa Barbara〙米国カリフォルニア州南部、太平洋岸にある住宅・保養都市。スペイン風の建築物が多い。

サンタバルバラ‐じょう【サンタバルバラ城】ージヤウ《Castillo de Santa Bárbara》スペイン南東部、バレンシア州、地中海沿岸の都市アリカンテにある城砦。旧市街北東部、ベナカンティル山頂の古代カルタゴ人の城があった場所に、9世紀にイスラム教徒が要塞を建造。現在見られる建物の多くはレコンキスタ以降、16世紀から18世紀に造られたもの。

サンタ‐フェ　㊀(Santa Fe)米国ニューメキシコ州の州都。17世紀初めにスペイン人が建設。アメリカ先住民との交易の中心地となったシカゴから伸びるサンタフェ鉄道は西部の通商路。㊁(Santa Fé)アルゼンチン中北部の河港都市。穀物の集散地。同国憲法の制定地。

サンタ‐フェ‐デ‐ボゴタ〘Santa Fe de Bogotá〙コロンビア共和国の首都ボゴタの1991年から2000年までの呼称。

サンタプリスカ‐きょうかい【サンタプリスカ教会】ーケウクワイ《La Parroquia de Santa Prisca》メキシコ中部、ゲレロ州の都市、タスコにある教会。1743年に銀の大鉱脈を発見した銀山王、ホセ＝デ＝ラ＝ボルダの寄進による築造。過剰な装飾を施したチュリゲラ様式で知られる。

サンタポリナーレ‐イン‐クラッセ‐せいどう【サンタポリナーレインクラッセ聖堂】ーダウ《Basilica di Sant'Apollinare in Classe》イタリア北東部、エミリアロマーニャ州の都市ラベンナの南郊にある教会。6世紀半ば、東ゴート王国の女王アマラスンタにより建造。ラベンナの初代司教聖アポリナリス(アポリナーレ)を祭る。内部後陣に黄金の十字架と3匹の白い羊を描いた荘厳なモザイクがあり、初期キリスト教美術の傑作として知られる。1996年、「ラベンナの初期キリスト教建築群」の名称で世界遺産(文化遺産)に登録。

サンタポリナーレ‐ヌオボ‐せいどう【サンタポリナーレヌオボ聖堂】ーダウ《Basilica di Sant'Apollinare Nuovo》イタリア北東部、エミリアロマーニャ州の都市ラベンナにある教会。5世紀末、東ゴート王国のテオドリック大王によりアリウス派の教会として建造。6世紀半ばに東ローマ帝国への編入後、異端とされたアリウス派の装飾などが修正された。内部にはキリストの生涯や殉教者を描いた荘厳なモザイクがあり、初期キリスト教美術の傑作として知られる。1996年、「ラベンナの初期キリスト教建築群」の名称で世界遺産(文化遺産)に登録された。

サンタ‐マウラ〘Santa Maura〙▶レフカダ

サンタ‐マウラ‐とう【サンタマウラ島】ータウ《Santa Maura》▶レフカダ島

サンタ‐マリア〘ポルトガル Santa Maria〙イエス＝キリストの母マリアの尊称。聖母マリア。

サンタマリア‐アッスンタ‐だいせいどう【サンタマリアアッスンタ大聖堂】ーダイセイダウ《Cattedrale di Santa Maria Assunta》イタリア北東部、ベネト州の都市ベネチアのトルチェッロ島にある教会。7世紀の創建。9世紀から14世紀にかけて増改築が繰り返された。ベネチア最古の教会の一であり、代表的なビザンチン建築として知られる。最後の審判、聖母子が描かれた天井と壁面のモザイクが有名。

サンタマリア‐イン‐コスメディン‐きょうかい【サンタマリアインコスメディン教会】ーケウクワイ《Basilica di Santa Maria in Cosmedin》イタリアの首都ローマにある教会。6世紀の創建。8世紀、ローマ教皇ハドリアヌス1世により拡張され、12世紀にロマネスク様式の7層の鐘楼が建てられた。東ローマ帝国の偶像破壊(アイコノクラズム)運動を逃れてきたギリシャ人が手がけたモザイクが残っている。外壁にある真実の口は観光客に人気がある。

サンタマリア‐イン‐トラステベレ‐せいどう【サンタマリアイントラステベレ聖堂】ーセイダウ《Basilica di Santa Maria in Trastevere》イタリアの首都ローマ中心部、トラステベレ地区にある聖堂。ローマ最古の教会の一。ローマ教皇カリストゥス1世が建てた礼拝所に起源し、4世紀に教皇ユリウス1世が聖母マリアを祭る教会を建造。12世紀に教皇イノケンティウスが再建し、現在見られるビザンチンの影響を受けたロマネスク様式の聖堂になった。12世紀に作られた内部後陣のモザイクが有名。

サンタマリア‐イン‐パルミス‐きょうかい【サンタマリアインパルミス教会】ーケウクワイ《Chiesa di Santa Maria in Palmis》▶ドミネクオバディス教会

サンタマリア‐グロリオーサ‐デイ‐フラーリ‐きょうかい【サンタマリアグロリオーサデイフラーリ教会】ーケウクワイ《Basilica Santa Maria Gloriosa dei Frari》イタリア、ベネチアにあるフランチェスコ修道会の教会。14世紀ごろ建造され、ベネチア‐ゴシック様式の代表的な教会として知られる。歴代総督や芸術家の墓や記念碑ほか、ティツィアーノの傑作とされる祭壇画「聖母被昇天」「カペーザロの聖母」がある。

サンタマリア‐ごう【サンタマリア号】ーガウ《Santa Maria》1492年、コロンブスがアメリカ大陸を発見した時に乗っていた船の名。

サンタマリア‐しゅうどういん【サンタマリア修道院】ーシウダウヰン《Mosteiro de Santa Maria de Alcobaça》▶アルコバサ修道院

サンタマリア‐ソプラ‐ミネルバ‐きょうかい【サンタマリアソプラミネルバ教会】ーケウクワイ《Basilica di Santa Maria sopra Minerva》イタリアの首都ローマにある教会。パンテオンの近くに位置する。13世紀末、古代ローマ時代のミネルバ神殿の上にドミニコ会の教会として建造。ローマ唯一のゴシック様式の教会として知られる。フィリッピーノ＝リッピによるフレスコ画、ミケランジェロによる彫刻「あがないの主イエス＝キリスト」像、フラ＝アンジェリコの墓などがある。

サンタマリア‐ディ‐イドリス‐きょうかい【サンタマリアディイドリス教会】ーケウクワイ《Chiesa di Santa Maria di Idris》イタリア南部、バジリカータ州の都市マテーラにある教会。サッシと呼ばれる洞窟住居があるサッソカベオーソ地区に位置する。岩盤を掘り抜いて造られた典型的な洞窟教会の一として知られる。12世紀から17世紀頃までに描かれたフレスコ画が残る。1993年に「マテーラの洞窟住居」として世界遺産(文化遺産)に登録された。マドンナデッリドリス教会。

サンタマリア‐ディ‐ベトレム‐きょうかい【サンタマリアディベトレム教会】ーケウクワイ《Chiesa di Santa Maria di Betlem》イタリア半島の西方、サルデーニャ島、サルデーニャ自治州の都市サッサリにある教会。12世紀初頭創建のベネディクト修道会の教会だったが、13世紀にフランチェスコ修道会の教会になった。ロマネスク様式のファサード、ゴシック様式の礼拝堂をもつ。19世紀にサルデーニャ出身の建築家アントニオ＝カーノによりキューポラ(円蓋)がつくられた。

サンタマリア‐デイ‐ミラーコリ‐きょうかい【サンタマリアデイミラーコリ教会】ーケウクワイ《Chiesa di Santa Maria dei Miracoli》イタリア北東部、ベネト州の都市ベネチアにある初期ルネサンス様式の教会。15世紀末、ピエトロ＝ロンバルドの設計により、赤・白・青の色大理石を多用して建造された。

サンタマリア‐デ‐グアダルーペ‐おうりつしゅうどういん【サンタマリアデグアダルーペ王立修道院】ーワウリツシウダウヰン《Real Monasterio de Santa María de Guadalupe》スペイン西部、カセレス県のグアダルーペにある修道院。もともとは小さな聖堂だったが、14世紀にカスティリャ王国のアルフォンソ11世が戦勝祈願に訪れ、勝利を収めたため、聖堂の増築とともに修道院が建設された。以降は王家の聖地として19世紀まで国内で重要な位置を占める。1993年、世界遺産(文化遺産)に登録された。

サンタマリア‐デッラ‐サルーテ‐せいどう【サンタマリアデッラサルーテ聖堂】ーセイダウ《Basilica di Santa Maria della Salute》イタリア北東部、ベネト州の都市ベネチアにある教会。大運河(カナルグランデ)に面する。ペスト流行の終焉を感謝し、聖母マリアに捧げるため、バルダッサーレ＝ロンゲーナの設計により17世紀に建造。ベネチアにおけるバロック様式の傑作として知られる。教会内の聖具室には、ティントレット作の壁画「カナの結婚」、ティツィアーノ作の天井画「ダビデとゴリアテ」「イサクの犠牲」などがある。

サンタマリア‐デッラ‐スピーナ‐きょうかい【サンタマリアデッラスピーナ教会】ーケウクワイ《Chiesa di Santa Maria della Spina》イタリア中部、トスカーナ州の都市ピサにある教会。アルノ川沿いに位置する。14世紀に建造。ピサにおけるゴシック建築の傑作の一として知られる。トンマーゾ＝ピサーノが彫刻を手がけた祭壇がある。

サンタマリア‐デッラ‐ピエーベ‐きょうかい【サンタマリアデッラピエーベ教会】ーケウクワイ《Chiesa di Santa Maria della Pieve》イタリア中部、トスカーナ州の都市アレッツォにある教会。12世紀から13世紀にかけて建造。ピサ‐ルッカ様式と称されるロマネスク建築の代表的な教会の一。ファサード上部は小アーチを形作る3層の列柱が並び、上段にいくほどアーチが小さくなっている。14世紀半ばに建てられた鐘楼が隣接する。

サンタマリア‐デッリ‐アンジェリ‐きょうかい【サンタマリアデッリアンジェリ教会】ーケウクワイ《Basilica di Santa Maria degli Angeli》イタリアの首都ローマにある教会。共和国広場に面する。16世紀にミケランジェロにより、古代ローマ時代のディオクレチアヌス帝浴場跡を利用して建造。18世紀の大改修により現在の姿になった。ローマ教皇ピウス4世の廟がある。

サンタマリア‐デッレ‐グラツィエ‐アル‐カルチナイオ‐きょうかい【サンタマリアデッレグラツィエアルカルチナイオ教会】ーケウクワイ《Chiesa di Santa Maria delle Grazie al Calcinaio》イタリア中部、トスカーナ州の町コルトーナにある教会。15世紀末から16世紀初頭にかけて建造された。ラテン十字型の平面構成に円蓋(キューポラ)を載せたルネサンス様式の建造物。16世紀にギヨーム＝ド＝マルシアが制作したステンドグラスの傑作がある。

サンタマリア‐デッレ‐グラツィエ‐きょうかい【サンタマリアデッレグラツィエ教会】ーケウクワイ《Santa Maria delle Grazie》イタリア北部の都市ミラノにある教会。聖堂は15世紀末のゴシック式の建物だが、建築家ブラマンテによって改築され、ルネサンス様式のキューポラ(丸天井)と後陣が増築された。食堂にはレオナルド＝ダ＝ビンチによって描かれた「最後の晩餐」があることで知られている。1980年に「レオナルド＝ダ＝

ビンチの『最後の晩餐』があるサンタマリアデッレグラツィエ教会とドメニコ会修道院」として、世界遺産(文化遺産)に登録された。

サンタマリア-デ-ベレン〖Santa Maria de Belém〗▶ベレン

サンタマリア-デ-モンセラート-しゅうどういん【サンタマリアデモンセラート修道院】《Monasterio de Santa María de Montserrat》▶モンセラート修道院

サンタマリア-デ-リポイ-しゅうどういん【サンタマリアデリポイ修道院】《Monestir de Santa Maria de Ripoll》スペイン北東部、カタルーニャ州の町リポイにある修道院。9世紀にバルセロナ伯ギフレ1世(多毛伯)により建造され、以降も増改築が続けられた。イスラム文化との接点として中世における学問の一大中心地として発展し、ヨーロッパ有数の蔵書数を誇る図書館があったが、19世紀の火災で焼失。12世紀に造られた正面玄関と回廊の柱頭に見られる彫刻はロマネスク様式の傑作として知られる。サンタマリアデリポール修道院。

サンタマリア-デル-カルミネ-きょうかい【サンタマリアデルカルミネ教会】《Basilica di Santa Maria del Carmine》イタリア中部、トスカーナ州の都市フィレンツェにある教会。13世紀の創建。付属するブランカッチ礼拝堂には、マゾリーノと弟子マサッチョによるフレスコ画がある。マサッチョはここに残した絵画において、明暗による量感をもたせた人体表現、透視図法を用いた空間構成など、初期ルネサンスの革新的な絵画様式を確立したことで知られる。

サンタマリア-デル-ナランコ-きょうかい【サンタマリアデルナランコ教会】《Iglesia de Santa María del Naranco》スペイン北西部、アストゥリアス州の都市オビエドにある教会。市街北郊のナランコ山に位置する。9世紀にアストゥリアス王ラミロ1世により離宮として建造。10世紀初頭から11世紀半ばまで教会として使われた。ロマネスク以前のプレロマネスク様式という独自の建築様式で知られ、サンミゲル-デ-リーリョ教会、サンタクリスティナ-デ-レナ教会とともに、1985年に「アストゥリアス王国の教会」として世界遺産(文化遺産)に登録。98年に「オビエドとアストゥリアス王国の建築物」の名称で他の建築物とともに拡張登録された。

サンタマリア-デル-フィオーレ-だいせいどう【サンタマリアデルフィオーレ大聖堂】《Cattedrale di Santa Maria del Fiore》イタリアのフィレンツェにある大聖堂。1296年起工。イタリアゴシックの代表的な建築で、ブルネレスキによる穹窿(ドーム)はルネサンス建築の先駆として有名。11〜12世紀に建立された八角形の洗礼堂は、ピサーノやギベルティの青銅門扉で知られる。鐘楼はジョットの設計。花の聖母教会。

サンタマリア-デル-ポポロ-きょうかい【サンタマリアデルポポロ教会】《Basilica di Santa Maria del Popolo》イタリアの首都ローマにある初期ルネサンス様式の教会。ポポロ広場にあり、ポポロ門に隣接する。11世紀の創建。15世紀にローマ市民(ポポロ)からの募金により再建されたことにちなむ。カラバッジョの祭壇画やラファエロによる天井のモザイクをはじめ、数々の芸術作品があることで知られる。

サンタマリア-デル-マル-きょうかい【サンタマリアデルマル教会】《Església de Santa Maria del Mar》スペイン北東部、カタルーニャ州の都市バルセロナにあるカタルーニャゴシック様式の教会。旧市街のゴシック地区に位置する。14世紀にアラゴン王ハイメ1世(ジャウメ1世)により建造。当時地中海貿易で覇権を誇った船乗りたちが航海の安全を祈願した教会として知られる。

サンタマリア-デ-レグラ-だいせいどう【サンタマリアデレグラ大聖堂】《Catedral de Santa María de Regla》▶レオン大聖堂

サンタマリア-ノベッラ-せいどう【サンタマリアノベッラ聖堂】《Basilica di Santa Maria Novella》イタリア中部、トスカーナ州の都市フィレンツェにあるゴシック様式の教会。13世紀にドミニコ会の修道士により着工され、14世紀に完成。正面ファサード部分は15世紀後半にアルベルティが手がけた。マサッチョの傑作として知られる「聖三位一体」、ギルランダイヨによる「聖母伝」「洗礼者ヨハネ伝」などのフレスコ画やブルネレスキによる聖十字架像がある。

サンタマリア-マイオール-デ-リシュボア-だいせいどう【サンタマリアマイオールデリシュボア大聖堂】《Igreja de Santa Maria Maior de Lisboa》▶リスボン大聖堂

サンタマリア-マッジョーレ-きょうかい【サンタマリアマッジョーレ教会】《Basilica di Santa Maria Maggiore》イタリア北部、ロンバルディア州の都市ベルガモの旧市街ベルガモアルトにある教会。コッレオーニ礼拝堂に隣接する。12世紀にロマネスク様式の教会として建造され、内部は16世紀から17世紀にかけてバロック様式に改築された。フィレンツェとベルギーのアントウェルペンの職人が手がけたというタペストリーが多く飾られている。

サンタマリア-マッジョーレ-だいせいどう【サンタマリアマッジョーレ大聖堂】《Basilica di Santa Maria Maggiore》イタリアの首都ローマにある大聖堂。ローマの四大バシリカの一。4世紀の創建。身廊は5世紀半ばのもので、旧約聖書の場面を描いたモザイクが残り、初期キリスト教時代の傑作として知られる。14世紀に高さ75メートルの鐘楼が造られ、後にルネサンス様式のシスト5世礼拝堂、初期バロック様式のパオリーナ礼拝堂が加わった。現在見られるバロック様式のファサードは18世紀にフェルディナンド=フーガが手がけた。1980年、「ローマ歴史地区、教皇領とサンパオロフォーリ-レ-ムーラ大聖堂」の名称で世界遺産(文化遺産)に登録された。

サンタマリア-もん【サンタマリア門】《Arco de Santa María》スペイン中北部、カスティーリャ-イ-レオン州の都市ブルゴスの旧市街入口にある門。中世の城壁にあった門の一で、16世紀にスペイン王カルロス1世(神聖ローマ皇帝カール5世)を迎える凱旋門として改築。聖母マリアや天使の像のほか、カルロス1世とレコンキスタの英雄的騎士エル-シッドの像がある。

サンタマリア-ラ-ブランカ-きょうかい【サンタマリアラブランカ教会】《Sinagoga de Santa María la Blanca》スペイン中央部、カスティーリャ-ラマンチャ州の都市トレドにある教会。もとは13世紀初めに建てられたムデハル様式のシナゴーグ。15世紀にキリスト教会になったが、馬蹄形アーチや柱頭装飾にイスラム建築の面影が色濃く残っている。1986年、「古都トレド」の名称で旧市街全域が世界遺産(文化遺産)に登録された。

サンタ-マルゲリータ-リーグレ〖Santa Margherita Ligure〗イタリア北西部、リグリア州の港町。リビエラ海岸東部(リビエラ-ディ-レバンテ)の海岸保養地の一。半島の突端に位置するポルトフィーノへの玄関口にあたり、バス、ボートで結ばれる。海岸沿いには色彩豊かな建物が並ぶ。

サンダミアーノ-しゅうどういん【サンダミアーノ修道院】《Convento di San Damiano》イタリア中部、ウンブリア州の都市アッシジにある修道院。後にフランチェスコ修道会を創設したフランチェスコが神の声を聞き、13世紀半ばにこの建物を修復した。フランチェスコの弟子キアーラが女子修道会キアーラ会(クララ会)を創設し、生涯を送ったことでも知られる。サンフランチェスコ聖堂と関連する遺跡群を含めて、2000年に世界遺産(文化遺産)に登録された。

サンタ-モニカ〖Santa Monica〗米国カリフォルニア州ロサンゼルスの西方、海岸沿いの住宅都市。保養地。また、ミサイル・航空機などの工業が発達。

サンタヤーナ〖George Santayana〗[1863〜1952]米国の哲学者・詩人・評論家。スペインの生まれ。のち、ヨーロッパに移住。唯物論的な自然主義の哲学書、古典的な美をたたえた詩などを発表。著「理性の生命」「存在の世界」、小説「最後の清教徒」など。

さんだ-やき【三田焼】兵庫県三田市付近から産した陶器。寛政年間(1789〜1801)内田忠兵衛が創始。京都から名工を招き、優れた作品が焼かれた。青磁で名高い。

さんだゆう【三▽太▽夫】もと、華族や金持ちの家で、家事や会計をまかされていた家令・執事などの俗称。「頑固で、気の強い、年寄りの―がいた」〈志賀・暗夜行路〉

さんだら-ぼうし【桟▽俵法師】「桟俵」に同じ。

さんだら-ぼっち【桟▽俵法▽師】「桟俵」に同じ。

サンダル〖sandal〗❶足をおおい包まず、甲の部分にかけひもなどをつけた婦人靴。❷足の甲の部分に幅広のバンドをつけた履物。❸古代ギリシャ・ローマ人が履いた、わらじに似た革の履物。

サンダルウッド〖sandalwood〗熱帯アジアに自生または栽培されるビャクダン科の常緑の半寄生木本植物。特にその芯材をさすことが多い。芯材は精油成分(白檀油)を含み、香料として利用される。和名ビャクダン。

サンタ-ルチア〖Santa Lucia〗イタリア南部、カンパニア州の都市ナポリの一地区。ナポリ湾のサンタルチア港を含む海岸沿いの一帯を指す。ナポリ民謡にも歌われ広く知られる。12世紀にノルマン人が建造した卵城がある。

サンタレン〖Santarém〗ブラジル北部、パラ州の都市。アマゾン川と支流タパジョス川の合流点にあり、ベレンとマナウスを結ぶ河川交通の要衝として発展。

さんたろう【三太郎】❶「三太❶」に同じ。❷「三太❷」に同じ。「大馬鹿―」❸《「迷子の迷子の三太郎やあい」と呼んで捜したところから》迷子。

さんたろうのにっき【三太郎の日記】阿部次郎の評論随筆。大正3〜7年(1914〜1918)刊。青春の記録で、強い理想主義に貫かれている。

サンタ-ローザ〖Santa Rosa〗アメリカで作出されたニホンスモモの一品種。果実は大きく、濃紅色。果肉は黄色で多汁、甘味が強く芳香がある。

さん-だわら【桟俵】米俵の両端に当てる円いわらのふた。さんだらぼうし。さんだらぼっち。

さん-たん【三丹】丹波・丹後・但馬などの3か国。

さん-たん【三炭】茶の湯で、初炭・後炭・立炭の三度の炭手前。

さん-たん【三嘆｜三×歎】〔名〕スル ❶何度もなげくこと。❷大いに感嘆すること。心から感心すること。「一読―」❸一人の発声に和して三人が唱和すること。「一唱―」❹白河法皇がままならぬとなげいた三つの事柄。賀茂川の水、双六の采、山法師。
(類語)詠嘆・感嘆・賞嘆・賛嘆・嘆称・嗟嘆

さん-たん【三端】《「韓詩外伝」七から》君子の避けるべき三つのこと。文士の筆端、武士の鋒端、弁士の舌端。

さん-たん【惨×憺｜惨×澹】㊀〔名・形動〕いたましいこと。なげかわしいこと。また、そのさま。「一朝爆発した其跡は実に―を極めますナ」〈魯庵・社会百面相〉「形容するのが―な位に」〈葉山・海に生くる人々〉㊁〔ト・タル〕図〔形動タリ〕❶いたましくて見るに忍びないさま。見るも無残なさま。「―たる事故現場」「結果は―たるものであった」❷心をくだき思い悩むさま。「―たる推敲の跡」「苦心―」❸薄暗くて気味が悪いさま。「余を…この―たる墓所に残して」〈透谷・楚囚之詩〉(類語)惨烈・惨め・悲惨・凄惨・暗澹

さん-たん【産炭】石炭を産出すること。「海外―国」

さん-たん【賛嘆｜×讃×歎】〔名〕スル 深く感心してほめること。「妙技に―する」「一措く能わず」
(類語)詠嘆・喝采・感嘆・賞嘆・感服・嘆称・称賛・絶賛・三嘆・礼賛・激賞・賛美・称揚

サンタン〖suntan〗「日焼け」に同じ。➡サンバーン

さん-だん【三段】❶三つの段・段階。また、第3の段・段階。❷歌舞伎の大道具の一。高足の二重舞台に設置する三段の階段。これに赤毛氈をかけ、幕切れに舞台前に押し出し、役者がこの上で見得を切るのに用いる。

さん-だん【三壇】❶三つの祭壇。❷密教で、中央と

[三段跳び] 三段跳びの世界記録・日本記録　(2012年8月現在)

		記録	更新日	選手名(国籍)
世界記録	男子	18.29メートル	1995年8月7日	ジョナサン=エドワーズ(英国)
	女子	15.50メートル	1995年8月10日	イネッサ=クラベッツ(ウクライナ)
日本記録	男子	17.15メートル	1986年6月1日	山下訓史
	女子	14.04メートル	1999年10月1日	花岡麻帆

左右に分けた壇。

さん-だん【散弾｜霰弾】発射すると、薬莢に込められた多数の細かい鉛のたまが銃口から散らばって出るように作られた銃弾。ばらだま。

さん-だん【算段】〔名〕スル ❶苦心してよい方法や手段を考え出すこと。「居候を追い出す―をする」❷あれこれと工夫し、金銭の都合をつけること。工面。「引っ越しの費用を―する」「やりくり―」(類語)やりくり・切り盛り・金繰り・工面・都合・捻出・融通

さん-だん【讃談】❶仏の功徳をほめたたえ、語ること。また、その話。❷事の是非を論じ合うこと。批評すること。「貴人、上方様の御比判にも、是をのみ御覧じはやされて、非をば御―もなかりしなり」〈至花道〉❸世間でうわさすること。評判。「今世上の一少事さめて、さびしき時分なり」〈戴恩記〉

サンタン-オイル〖suntan oil〗日焼け用製品の一種。紫外線吸収剤が入っていて、むらなく自然な小麦色に日焼けするために使用するオイルのこと。

さんたん-か【山丹花】アカネ科イクソラ属の常緑低木。長楕円形の葉が対生。茎の先に朱紅色の花が10〜30個丸く集まって咲く。中国南部からマレーシアの原産で、日本には江戸時代以前に渡来。

さんだん-かざり【三段飾り】上段に内裏雛、中段に三人官女、下段に道具類を飾った雛飾り。

さんだん-がまえ【三段構え】支障の起こった場合を想定して、三段階の対策をたてて備えること。

さんだん-きょう【三段峡】広島県北西部、柴木川の峡谷。三段の滝など、滝が多い。紅葉の名所。

さんだん-ぎれ【三段切れ】連歌・俳諧で、1句が五・七・五のそれぞれの末で三段に切れる発句。のちには、各句が物の名で切れるものをいう。三名切れ。

サンタンジェロ-じょう【サンタンジェロ城】《Castel Sant'Angelo》イタリアの首都ローマ中心部、テベレ川右岸にある城。対岸とサンタンジェロ橋で結ばれる。135年にローマ皇帝ハドリアヌスが自らの霊廟として建造を始め、4年後にアントニヌス=ピウスが完成。以降、ローマ皇帝歴代の墓となる。中世以降、要塞化が進み、監獄として使われたこともあった。現在は国立サンタンジェロ博物館として公開され、古代から近代までの武器などを展示している。1980年、「ローマ歴史地区、教皇領とサンパオロフォーリ-レ-ムーラ大聖堂」の名称で世界遺産(文化遺産)に登録された。聖天使城。カステルサンタンジェロ。

サンタンジェロ-ばし【サンタンジェロ橋】《Ponte Sant'Angelo》イタリアの首都ローマ中心部、テベレ川に架かる橋。右岸のサンタンジェロ城と左岸を結ぶ。2世紀にローマ皇帝ハドリアヌス帝により建造。当初はエリオ橋と呼ばれた。17世紀にローマ教皇クレメンス9世がベルニーニに欄干の天使の彫刻を依頼し、現在もその複製が飾られている。

さんだん-じゅう【散弾銃】散弾を発射するための銃。狩猟やクレー射撃に用いられる。ショットガン。

サンダンスキ〖Sandanski〗ブルガリア南西部の町。ピリン山脈南端に位置する。名称は、内部マケドニア革命組織(IMRO)の革命家ヤネ=サンダンスキにちなむ。古くから温泉保養地として知られ、1949年までスベティブラチ(「聖なる医者」の意)と呼ばれた。古代ローマの剣奴スパルタクスの生地。

さんたん-ち【産炭地】石炭を産出する地域。「―を地元にもつ議員」

サンタンティモ-しゅうどういん【サンタンティモ修道院】《Abbazia di Sant'Antimo》イタリア中部、トスカーナ州の町モンタルチーノ近郊にあるベネディクト修道会の修道院。現在、12世紀に建造された教会が残っており、トスカーナ地方におけるロマネスク建築の傑作とされる。

サンタンデール〖Santander〗スペイン北部、カンタブリア州の港湾都市。ビスケー湾の小湾サンタンデール湾に面する。19世紀末にスペイン王アルフォンソ13世の夏の離宮マグダレナ宮殿が置かれて以降、サンセバスティアンとともに避暑地として広く知られる。サンタンデル。

サンタントニオ-せいどう【サンタントニオ聖堂】《Basilica di Sant'Antonio》イタリア北東部、ベネト州の都市パドバにある教会。13世紀の創建。リスボン出身のフランチェスコ修道会の僧でパドバの守護聖人であるアントニオを祭る。今も数多くの信者が巡礼に訪れる。ロマネスク、ゴシック、ビザンチンなどの各様式が混在し、イスラム美術の影響も見られる。主祭壇のブロンズ彫刻、正面広場のガッタメラータ騎馬像はいずれもドナテロの傑作として有名。

さんだん-とび【三段跳び】陸上競技の跳躍種目の一。助走から踏切板で第1歩を跳び(ホップ)、踏み切ったのと同じ足で第2歩を跳び(ステップ)、反対の足で第3歩を跳んで(ジャンプ)、最後は両足で着地して跳んだ距離を競う。トリプルジャンプ。➜表

サンタンドレ-だいせいどう【サンタンドレ大聖堂】《Cathédrale Saint-André》フランス南西部、ジロンド県の都市ボルドーにある大聖堂。11世紀の創建。その後、14世紀頃まで増改築が繰り返された。北側の入口「王の門」に施された「最後の審判」の彫刻はゴシック様式の傑作とされる。サンティアゴ-デ-コンポステラの巡礼路の一部として、また、ガロンヌ川沿いの歴史地区「月の港ボルドー」の建造物の一として、二つの世界遺産(文化遺産)に登録された。

さんだん-ぬき【三段抜き】新聞の紙面で、記事を大きく扱うために、三段分を使って見出しを組むこと。

さんだん-の-みしゅほう【三壇の御修法】天皇のからだの護持のため宮中で修する三壇の秘法。如意輪法を延暦寺、不動法を三井寺、延命法を東寺の僧が務めた。

サンタンブロージョ-せいどう【サンタンブロージョ聖堂】《Basilica di Sant'Ambrogio》イタリア北部、ロンバルディア州の都市ミラノにあるロマネスク様式の教会。4世紀末の創建でミラノ最古の教会として知られる。ミラノ司教で守護聖人でもあるアンブロージョ(アンブロシウス)を祭る。9世紀と12世紀の増改築により中庭をもつ回廊や鐘楼が造られた。キリストと聖アンブロージョの生涯が金色の漆喰で描かれた主祭壇の天蓋が有名。

さんだん-め【三段目】❶浄瑠璃の3番目の段。五段からなる1曲を通じて最も重要な部分とされる。❷《番付の三段目に書かれることから》相撲で、幕下の次位、序二段の上位。

サンタン-メーキャップ〖suntan makeup〗小麦色に日焼けした肌のように見せる化粧法。また、日焼けした肌に合うような化粧を施すこともいう。

さんだん-ろんぽう【三段論法】論理学で、大前提・小前提および結論からなる間接推理による推論式。例えば、「人間は死ぬ」(大前提)、「ソクラテスは人間である」(小前提)、故に「ソクラテスは死ぬ」(結論)の類。

さん-ち【三知】《「論語」季氏から》道を知るのに三つの段階があること。生まれながらにして知る生知、学んでのち知る学知、苦しんでのち知る困知の三。

さん-ち【三智】仏語。3種類の智慧。智度論では、声聞・縁覚の智である一切智、菩薩の智である道種智、仏の智である一切種智。楞伽経では、凡夫外道の智である世間智、声聞・縁覚の智である出世間智、仏・菩薩の智である出世間上上智。

さん-ち【三遅】❶昔、酒宴に遅れた者に科した罰杯。三段階に分かれ、杯が5回まわった後なら3杯、7回なら5杯、10回以上なら7杯の酒を飲ませるというもの。❷酒または酒宴。「―に先だちてその花を吹けば」〈本朝文粋・一〉

さん-ち【山地】❶山の多い地。周囲一帯が山である地域。❷山が集まり連なり、大きな起伏をなしている地域。丘陵・台地に比べて規模が大きい。(類語)山脈・山並み・連山・山系・連峰・山塊

さん-ち【参知】〔名〕スル あることに参加して知ること。また、関係をもつこと。「政事に―する」

さん-ち【産地】❶ある物品を産出する土地。生産地。「織物の―」「―直送」❷俗に、人の出生地。(類語)原産地・本場・主産地

サンチ《フランス centimètreの略》センチメートル。主に大砲の口径寸法に用いる。(補説)「糎」「珊」とも書く。

ざん-ち【残置】〔名〕スル 残しておくこと。「部隊の一部を―する」(類語)残す・留める

サンチアゴ〖Santiago〗▶サンティアゴ

サンチーム〖フランス centime〗スイスのほか、アフリカ諸国で用いている補助通貨単位。1サンチームは1フランの100分の1。(補説)2002年1月(銀行間取引は1999年1月)、EU(欧州連合)の単一通貨ユーロ導入以前は、フランス・ベルギーの補助通貨単位でもあった。

さんち-たい【山地帯】植物の垂直分布帯の一。低地帯と亜高山帯との間に位置し、ナラ・クリ・ケヤキ・ミズナラ・カエデなどの落葉広葉樹林が優占する。本州中部の山岳地帯では海抜700〜1700メートルの地域。低山帯。

サンチマン〖フランス sentiment〗感情。感傷。

さん-ちゃ【山茶】❶山野に自生する茶の木。❷ツバキの漢名。

さん-ちゃ【散茶】❶茶の葉をひいて粉にしたもの。ひき茶。抹茶。❷煎じたての香りのいい茶。煮端。出ばな。❸「散茶造り」の略。❹「散茶女郎」の略。

さん-ちゃく【参着】〔名〕スル ❶到着すること。「略同数の二番手は後にここへ―して」〈鴎外・大塩平八郎〉❷「参着払い」の略。

さんちゃく-ばらい【参着払い】▶一覧払い

さんちゃ-じょろう【散茶女郎】江戸時代、江戸吉原の遊女の階級の一。太夫・格子女郎の次で、埋め茶女郎の上位。安永(1772〜1781)ごろ、太夫・格子が絶えてからは最上位。のち、呼び出し・昼三・付け回しに分かれた。

さんちゃ-づくり【散茶造(り)】元禄(1688〜1704)ごろから見られる、江戸の遊郭新吉原の店の構え方。局店を広く構え、大格子をつけ、庭も広くとった。

さんちゃん-のうぎょう【三ちゃん農業】《「三ちゃん」は、じいちゃん・ばあちゃん・かあちゃん》主な働き手である男性が出かせぎや勤めに出て、他の家族により行われる農業経営。昭和30年代後半の語。

サンチュ《朝鮮語》チシャの栽培品種。葉は長楕円形で結球しない。朝鮮料理で焼肉などを包んで食べることから、包み菜ともいう。

さん-ちゅう【山中】山の中。山間。やまあい。(類語)山間・山内・山奥・山懐

山中の賊を破るは易く心中の賊を破るは難し《王陽明の「与楊仕徳薛尚誠書」から》山中に立てこもっている賊を討伐するのはやさしいが、心の中の邪念に打ち勝つことはむずかしい。自分の心を律することは困難であるというたとえ。

山中暦日なし《「唐詩選」所収の太上隠者「答人」から》山の中に閑居していると、のんびりして年月の過ぎるのも忘れる。

さん-ちょう【三鳥】❶古今伝授の3種の鳥。呼子鳥・稲負鳥・百千鳥または都鳥。➜三木 ❷料理で、鶴・雉・雁をいう。

さん-ちょう【三朝】❶3代にわたる朝廷。❷《年の朝、月の朝、日の朝を兼ねる意から》元日の朝。元旦。(季 新年)❸ある月の3日目。

さん-ちょう【山頂】山の頂上。山巓。(類語)頂・頂上・峰・山嶺・山巓・天頂・てっぺん

さん-ちょう【参朝】〔名〕スル 朝廷に出仕すること。参内。「江戸でなくて京都の方へ―するようになっ

て来たからね」〈藤村・夜明け前〉

さん-ちょう【散超】ーテウ《「散布超過」の略》財政資金対民間収支で、政府支出が収入を上回る場合のこと。払い超。⇔揚げ超。

さん-ちょうさい【三長斎】ーチャウサイ「三長斎月」の略。

さんちょうさい-がつ【三長斎月】サンチャウサイグワツ 仏語。在家の信者が八斎戒を守り精進する、1月・5月・9月の三つの月。この月には諸天や鬼神が四方を巡行し、一切の善悪を四天王に報告するという。三斎月。

さんちょう-せい【三長制】サンチャウー 中国、北魏の地方行政制度。戸籍の整理と租税徴収の円滑化を目的とし、五家を一隣、五隣を一里、五里を一党としてそれぞれに長を置いた。486年から施行。

さんちょう-は【三鳥派】サンテウー 日蓮宗富士派の一分派。寛文年間(1661〜1673)に三鳥院日秀が唱えたが、邪宗として禁圧された。

さん-ちょく【産直】《「産地直結」「産地直送」「産地直売」の略》生鮮食料品や特産品などを卸売市場など通常の流通経路を通さずに生産者から消費者へ直接供給すること。

サンチョ-パンサ〖Sancho Panza〗セルバンテスの小説「ドン=キホーテ」の登場人物。主人公ドン=キホーテの従者で、現実主義者として描かれる。

さん-ついたち【三朔=日】江戸時代、式日とされた、正月元日・6月朔日・8月朔日のこと。元日は新年の賀儀、6月は氷室(ひむろ)の節句、8月は八朔(はっさく)の総登城。三朔(さんさく)。

さん-つう【惨痛】ひどく心をいためること。ひどく苦しむこと。また、その苦しみ。「腸日ごとに九廻すともいうべき―をわれに負わせ」〈鴎外・舞姫〉

さん-つう【産痛】出産のときの痛み。

さん-づくり【ˣ彡ˣ旁】漢字の旁(つくり)の一。「形」「彩」「影」などの「彡」の称。

さん-づけ【さん付け】人の名前に「さん」をつけて呼ぶこと。敬意や親愛の意を表す丁寧な呼び方。
（類語）君付け・呼び捨て

さん-づみ【桟積み】木材の乾燥方法の一。風の通るよう、間隔を空けて桟木を置いた上に木材を並べ、何段にも重ねるもの。

さん-てい【山亭】❶山中のあずまや。山荘。❷山にある旅館。

さん-てい【ˣ刪定】〔名〕スル 語句や文章の悪いところを削って定稿にすること。「慎重に―する」

さん-てい【桟ˣ梯】険しいがけなどにかけ渡した簡単なはしご。かけはし。

さん-てい【算定】〔名〕スル 金額・数量などを計算して決めること。「出張費を―する」「―基準」
（類語）計算・勘定・算出・指折り・概算・逆算・運算・演算・加減乗除・算術・試算・見積もり・打算

ざん-てい【暫定】正式な決定がなされるまで、仮の措置として、とりあえず定めること。「―政権」
（類語）内定・予定・所定・既定・未定

サンティアゴ〖Santiago〗チリの首都。アンデス山脈のふもとにあり、繊維・皮革・化学工業などが盛ん。人口、行政区499万(2008)。サンティアゴ-デ-チレ。サンチアゴ。

サンティアゴ-デ-キューバ〖Santiago de Cuba〗キューバ南東部の港湾都市。1514年にスペインが建設。1898年の米西戦争では大規模な海戦が行われた。1953年にカストロが兵営を襲撃、キューバ革命の発端となった。

サンティアゴ-デ-コンポステラ〖Santiago de Compostela〗スペイン北西部の宗教都市。聖ヤコブの墓の上に建てられた大聖堂をはじめ寺院が多い。中世にはヨーロッパ最大の巡礼地。1985年、世界遺産(文化遺産)に登録された。

サンティアゴ-デ-コンポステラ-だいせいどう【サンティアゴデコンポステラ大聖堂】ーダイセイダウ《Catedral de Santiago de Compostela》スペイン北西部、ガリシア州の宗教都市サンティアゴ-デ-コンポステラにあるロマネスク様式の大聖堂。9世紀にアルフォンソ2世により建造、10世紀末にイスラム教徒に破壊された後、11世紀から12世紀にかけて再建。その後も増改築が繰り返され、ロマネスクからゴシック様式の移行期における傑作とされる彫刻家マテオによる聖堂正面「栄光の門」やスペインバロック様式の主祭壇などが制作された。中世以来、十二使徒聖ヤコブの墓を納めるヨーロッパ随一の巡礼聖堂として知られる。1985年、サンティアゴ-デ-コンポステラの旧市街が世界遺産(文化遺産)に登録された。

さん-ディー【三D┊3D】《three dimensions》▶スリーディメンション

さんディー-えいが【3D映画】ーエイグワ《three-dimensional picture》立体映画。三次元映画。

サン-ディエゴ〖San Diego〗米国カリフォルニア州南西端の港湾都市。メキシコ国境近くにある観光・保養地で、航空機・エレクトロニクス工業なども盛ん。人口、行政区128万(2008)。

サンディエゴ-ワイルドアニマルパーク〖San Diego Wild Animal Park〗米国カリフォルニア州南西端の港湾都市、サンディエゴの郊外にあるサファリパーク。サンディエゴ動物園が運営する。広大な敷地に動物が放し飼いになっている。

ざんてい-きせいち【暫定規制値】法律などによる取り決めがなく、当面の基準として適用される規制値。特に、放射性物質で汚染された食品の販売等を禁止するために適用される、飲食物中の放射性物質の規制値のこと。（補説）平成23年(2011)3月に発生した東北地方太平洋沖地震による福島第一原発事故の直後、厚生労働省が食品衛生法の観点から定めた。原子力安全委員会が示した「飲食物摂取制限に関する指標」を用いている。

サンディコーブ〖Sandycove〗アイルランドの首都ダブリンの南郊にある港町。作家ジェームズ=ジョイスが代表作「ユリシーズ」の着想を得たとされる塔、ジェームズ-ジョイス-タワーがある。

サンティジョバンニ-エ-パオロ-きょうかい【サンティジョバンニエパオロ教会】ーケウクワイ《Basilica dei Santi Giovanni e Paolo》イタリア北東部、ベネト州の都市ベネチアにあるゴシック様式の教会。13世紀から15世紀にかけて建造され、歴代総督の墓や記念碑が収められている。16世紀に作られたステンドグラス、ベリーニ作の祭壇画、ベロネーゼ作の絵画「受胎告知(じゅたいこくち)」「聖母被昇天」などがあることで知られる。サンティッシマジョバンニエパオロ教会。

ざんてい-せいけん【暫定政権】▶臨時政府

ざんてい-せいふ【暫定政府】▶臨時政府

ざんてい-ぜいりつ【暫定税率】暫定的に決めた税率。関税率において輸入品に対して暫定措置として定めた税率。また、ガソリン税において、本則税率とは別に期限を切って上乗せされる税率のこと。➡実行税率 ➡揮発油税

サンティッシマアヌンツィアータ-きょうかい【サンティッシマアヌンツィアータ教会】ーケウクワイ《Basilica della Santissima Annunziata》イタリア中部、トスカーナ州の都市フィレンツェにあるルネサンス様式の教会。13世紀に小礼拝堂として創建。15世紀にミケロッツォ=ディ=バルトロメオとレオン=バティスタ=アルベルティにより再建され、現在の姿になった。ポントルモらによるフレスコ画がある。

サンティッシマ-ジョバンニ-エ-パオロ-きょうかい【サンティッシマジョバンニエパオロ教会】ーケウクワイ《Basilica dei Santissima Giovanni e Paolo》▶サンティジョバンニエパオロ教会

ざんてい-てき【暫定的】〔形動〕確定するまでの間、一時的にそうしておくさま。仮に定めるさま。「―な処置」

さんてい-どうめい【三帝同盟】1873年、ドイツ・オーストリア・ロシア3国の皇帝間に結ばれた協約。ビスマルクの外交政策の一環をなす。

サンティニコロ-エ-カタルド-きょうかい【サンティニコロエカタルド教会】ーケウクワイ《Chiesa dei Santi Nicolo e Cataldo》イタリア南部、プーリア州の都市レッチェにある教会。12世紀にノルマン朝シチリア王タンクレディによりロマネスク様式で建造。18世紀の改築の際、ファサードにジュゼッペ=チーノによるレッチェ-バロック様式の装飾が施された。

さんてい-ふうたい【算定風袋】商品売買の際、総重量から控除しやすいように、重量が算定してある風袋。

サンティマミニェ-どうくつ【サンティマミニェ洞窟】《Cuevas de Santimamiñe》スペイン北部、バスク州の都市ゲルニカ北郊にある洞窟。アルタミラと同じく、旧石器時代の洞窟壁画が残されている。

サンティマリア-エ-ドナート-きょうかい【サンティマリアエドナート教会】ーケウクワイ《Basilica dei Santi Maria e Donato》イタリア北東部、ベネト州の都市ベネチア、ムラーノ島にある教会。7世紀の創建。12世紀に再建され、現在はベネチアの代表的なビザンチン建築の一として知られる。床と後陣に12世紀の再建当時に作られたモザイク壁画が残っている。

ざんてい-よさん【暫定予算】本予算が会計年度の開始までに成立しない場合、暫定的に実行される予算。本予算が成立すると失効する。

サンティリャーナ-デル-マル〖Santillana del Mar〗スペイン北部、カンタブリア州の町。12世紀にトルコで殉教した聖女フリアナを祭るために修道院が建てられ、今もロマネスク様式の参事会教会として残る。13世紀にカスティーリャ王アルフォンソ8世の直轄領になり、貴族の館が数多く見られる。近郊に旧石器時代の洞窟壁画が発見されたアルタミラ洞窟がある。

サンティレーネ-きょうかい【サンティレーネ教会】ーケウクワイ《Chiesa di Sant'Irene》イタリア南部、プーリア州の都市レッチェにある教会。16世紀末から17世紀半ばにかけて、フランチェスコ=グリマルディの設計により建造。ファサードと内装に見られるレッチェ-バロック様式の美しい装飾で知られる。

サンデー〖sundae〗「クリームサンデー」に同じ。

サンデー〖Sunday┊Sun.〗日曜日。

サンデー-スクール〖Sunday school〗「日曜学校」に同じ。

サンデー-バンキング〖Sunday banking〗日曜銀行業務。現金自動支払機(CD)、現金自動預入支払機(ATM)を日曜日にも稼働させること。

ざん-てき【残滴】のこりのしずく。余滴。

ざん-てき【残敵】残りの敵。討ちもらした敵兵。

サンテグジュペリ〖Antoine de Saint-Exupéry〗[1900〜1944]フランスの小説家・飛行士。危機的な状況のなかで行動する人間を通して人間性の問題を追求。作「夜間飛行」「星の王子さま」など。

サンテチエンヌ〖Saint-Étienne〗フランス中部の工業都市。織物などの工業が盛ん。

サンテチエンヌ-だいせいどう【サンテチエンヌ大聖堂】ーダイセイダウ ㊀《Cathédrale Saint-Étienne de Bourges》▶ブールジュ大聖堂 ㊁《Cathédrale Saint-Étienne d'Auxerre》▶オーセール大聖堂 ㊂《Cathédrale Saint-Étienne de Metz》▶メス大聖堂

さん-てつ【ˣ鑽鉄】金剛砂。エメリー。

サン-デッキ〖sun deck〗❶船の上甲板。乗客の日光浴の場。❷日のよく当たる、ぬれ縁。

サンテティエンヌ〖Saint-Étienne〗▶サンテチエンヌ

サンテティスム〖フランス synthétisme〗▶総合主義

ザンテ-とう【ザンテ島】ータウ《Zante》▶ザキントス島

サンテミリオン〖Saint-Émilion〗フランス南西部、アキテーヌ地方、ジロンド県の都市ボルドー近郊の町。ボルドーワインの名産地の一。町の名称は8世紀の修行僧エミリオンがこの地で隠遁生活を送ったことに由来。中世以来ワイン醸造が盛んで、広大なブドウ畑も含め、周辺の7市町村とともに、1999年、「サンテミリオン地域」として世界遺産(文化遺産)に登録された。

サンテルモ-じょう【サンテルモ城】ージャウ《Castel Sant'-Elmo》イタリア南部、カンパニア州の都市ナポリにある城。ボーメロの丘の上にあり、サンマルティーノ修道院に隣接。14世紀にアンジュー家の居城として建造され、16世紀にドメニコ=フォンタナらにより改築、要

塞化が図られた。1799年、スペイン圧政下における漁師マサニエロ率いる蜂起の際には牢獄として使用。

さん-てん【三天】《「さんでん」とも》仏語。摩利支天(まりしてん)・大黒天・弁財天のこと。

さん-てん【山×巓】山のいただき。頂上。山頂。
(類語)頂上・山頂・峰・山嶺・頂・天頂・てっぺん

さん-てん【散点】〔名〕(スル) あちこちに散らばっていること。点在。散在。「その外六七人其処此処に—していた」〈漱石・行人〉

さん-でん【三伝】㊀天竺(てんじく)、唐土を経て日本に伝来すること。㊁「春秋(しゅんじゅう)」を解説し補足した3書。春秋左氏伝・春秋公羊伝(くようでん)・春秋穀梁伝(こくりょうでん)。

さん-でん【三殿】㊀「宮中三殿」の略。㊁江戸時代、一橋・田安・清水の三卿を敬っていう語。

さん-でん【参殿】〔名〕(スル) ❶御殿に参上すること。❷他人を敬って、その人の家に行くことをいう語。参堂。「近日中に—いたします」

さん-でん【産殿】産室に当てられた御殿。御産所。

さん-でん【散田】❶平安時代、荒廃田・損田など、本来の姿を失った田地。❷荘園領主直属の田地。作人に請作(うけさく)させて地子(じし)をとった。❸近世、農民の死亡・逃散(ちょうさん)、または没収などによって、耕作者がいなくなった田地。

さんてんきゅう-ジー〔3.9G〕《3.9th generation》▶第三・九世代携帯電話

さんてんご-ジー〔3.5G〕《3.5th generation》▶第三・五世代携帯電話

さんてん-しじ【三点支持】岩登りの基本姿勢。四肢のうち三肢で体を支えること。一肢だけを自由にして次の手がかり・足場へ移動する。

さんてんだいごだいさんき【参天台五台山記】平安後期の旅行記。8巻。成尋(じょうじん)著。延久4年(1072)に日本を出発し、中国の天台山・五台山などの寺を参拝、宋の神宗に謁見したことなどを記したもの。当時の中国仏教の実情を知るための重要資料。

さん-と【三都】大きな三つの都市。特に、江戸・大坂・京都をさしていった。

さん-と【山斗】泰山と北斗星。人々が仰ぎ見て尊ぶもの。人々から尊敬されている権威者。泰斗。

さん-と【山徒】比叡山延暦寺の衆徒。寺の雑事や警護をしたが、非常時には僧兵となった。山法師。

サント〔(ラテン) Sancto〕❶キリスト教用語で、聖人のこと。❷(ポルトガル・スペイン・イタリア Santo)他の語に冠して、聖、聖なる、の意を添える。

さん-ど【三度】㊀〔名〕❶3回。みたび。「一の飯」❷「三度飛脚」の略。❸「三度笠」の略。㊁〔接尾〕名詞に付いて意味を強める。「途中—で出逢うても」〈伎・太鼓音智勇三略〉

三度目の正直(しょうじき) 占いや勝負で、一度や二度は当てにならないが、三度目は確実であるということ。転じて、物事は三度目には期待どおりの結果になるということ。三度目は定(じょう)の目。

さん-ど【桟戸】裏側に桟や筋違(すじかい)を打ってじょうぶにした板戸。小屋・物置などの戸に用いる。

さん-ど【酸度】酸の強さの程度。塩基1モルが水に溶けたときに生ずる水酸化物イオンのモル数で表す。一酸塩基、二酸塩基のようによぶ。

サンド〔George Sand〕[1804〜1876]フランスの女流小説家。本名、オーロール=デュパン(Aurore Dupin)。ロマン主義的作風のあと空想的社会主義の影響を受ける。のち田園小説や童話を書いた。ミュッセやショパンとの恋愛は有名。作「アンディアナ」「魔の沼」「愛の妖精」など。

サンド〔sand〕「砂」に同じ。

サンド「サンドイッチ」の略。「カツ—」「野菜—」

ざん-と【残徒】滅ぼされずに残った徒党。残党。

ざん-ど【残土】土木工事などで出る不要な土。

サンド-アート〔sand art〕砂を素材として表現する作品。立体レリーフなど。

サントアントニオ-きょうかい【サントアントニオ教会】《Igreja de Santo António de Lisboa》ポルトガルの首都リスボン中央部にある教会。リスボンの守護聖人であるフランシスコ修道会士パドバの聖アントニオ(アントニウス)を祭る。15世紀に建てられた小礼拝堂に起源し、16世紀と18世紀に建て直され、現在見られるバロックとロココ様式の教会になった。毎年6月13日にサントアントニオ祭が催される。

サンドイッチ〔sandwich〕❶薄く切ったパンの間に肉・卵・ハム・野菜などを挟んだ食べ物。英国のサンドイッチ伯爵の思いつきという。❷物と物との間に挟まれた状態。

サンドイッチ〔Sandwich〕米国マサチューセッツ州南東部の半島、コッド岬の町。半島内で最も古く、1639年、ピルグリムファーザーズの入植地の一として誕生。

サンドイッチがた-かごうぶつ【サンドイッチ型化合物】二つの環状原子団が金属イオンを挟んだ形状になっている化合物。フェロセン$Fe(C_5H_5)_2$など。

サンドイッチ-しょうこうぐん【サンドイッチ症候群】上と下の板挟みの立場に立たされた中間管理職の精神状態をいう。

サンドイッチ-マン〔sandwich man〕2枚の広告板をからだの前後にかけて街頭で宣伝をする人。プラカードを手に持つ場合にもいう。

サンドイ-とう【サンドイ島】《Sandoy》北部大西洋上に浮かぶデンマーク領フェロー諸島の島。主な村は南岸のサンドゥール。11世紀の木造教会の遺跡や硬貨が見つかっている。また、伝統的な芝生の屋根をもつ家屋を保存する野外博物館がある。

さんど-いり【三度入り】杯に用いる普通の大きさの土器(かわらけ)。五度入り、七度入りと大きさが増す。「間(あい)の物で十ぱい、—にて十四はい、縁日にまかせて二十四はい飲うだれば」〈虎明狂・地蔵舞〉

さん-とう【三冬】❶初冬・仲冬・晩冬の3か月。冬季の3か月。陰暦の10・11・12月。❷3回、冬を過ごすこと。3か年。

さん-とう【三到】《朱熹「訓学斎規」から》読書に必要な三つの事柄。心と目と口を十分に働かせて読むこと。心を集中し、目でよく見、口で朗読すれば内容が会得できるということ。読書三到。

さん-とう【三塔】比叡山延暦寺の東塔・西塔(さいとう)・横川(よかわ)。また、延暦寺の異称。三院。

さん-とう【三等】❶第3の等級。3番目の順位。「くじ引きで—を当てる」「—航海士」❷もと、船舶・鉄道で、客室や客車を3等級に分けた、その3番目。❸同類のものの中で、程度のあまりよくないこと。三流。「—国」(類語)二流・三流・B級・亜流

さん-とう【山刀】やまがたな。

さんとう【山東】中国北東部の省。太行山脈の東の意で、泰山山脈と山東半島を含む地域。省都、済南。落花生・小麦・綿・タバコなどを産する。人口、9248万(2005)。シャントン。

さんとう【山東】姓氏・号の一。

さん-とう【山頭】❶山のてっぺん。山頂。❷《古くは山頭に多くあったことから》火葬場。また、墓地。

さん-とう【山濤】[205〜283]中国、晋代の政治家。懐(河南省)の人。字(あざな)は巨源。晋の武帝に仕えて重用された。竹林の七賢の一人。

さん-とう【参頭】❶禅寺で、新来の僧のうち、代表者として詞を述べる役。さんじゅう。❷「参頭行者(さんとうあんじゃ)」の略。

さん-とう【算当】〔名〕(スル) 計算しておよその見当をつけること。「ひきあわなければ追いだすまでと爺さんは胸のうちで—した」〈中勘助・鳥の物語〉

さん-どう【三道】㊀❶「三行(さんぎょう)」に同じ。❷律令制で大学寮に設置された3学科。明経(みょうぎょう)道・明法(みょうぼう)道・算道。❸兵家で、兵を用いる三つの方法。正兵・奇兵・伏兵。❹仏語。㋐「三悪道」に同じ。㋑惑・業・苦のこと。輪廻(りんね)を、煩悩とそれによる行為と、その結果としての苦との三つでとらえたもの。㋒仏道修行の三段階。聖者の位の見道、修練を積む位の修道(しゅどう)、学ぶべきもののなくなった位の無学道。㋓意業(いごう)の三悪。貪・瞋(じん)・邪見。❺世阿弥が説いた、能を作る場合の3要素。種(素材)・作(構成)・書(作詞・作曲)。㊁世阿弥の「能作書」の別名。

さん-どう【山道】山中の道。やまみち。
(類語)山道(やまみち)・林道・山路

さん-どう【参堂】〔名〕(スル) ❶神仏の堂に参拝すること。❷他人を敬って、その家を訪問することをいう語。参殿。「明日—するつもりです」

さん-どう【参道】神社や寺に参拝するために設けられた道。

さん-どう【桟道】山のがけの中腹に棚のように張り出してつくった道。

さん-どう【産道】分娩(ぶんべん)のときに胎児が通過する母胎内の経路。

さん-どう【散瞳】瞳孔が散大した状態。生理的には暗い所で起こり、病的には脳内出血・緑内障などで起こる。

さん-どう【算道】❶律令制の大学寮の四道の一。算法を学ぶ学科。❷数を計算する方法。算術。

さん-どう【賛同】〔名〕(スル) 他人の意見・提案などに、賛成・同意すること。「—を得る」「趣旨に—する」
(類語)賛成・同意・支持・付和雷同

ざん-とう【残灯】消え残っている灯火。残燭(ざんしょく)。

ざん-とう【残党】❶敵に敗れた一党のうちで、わずかに生き残っている者たち。「平家の—」❷一時期勢力をもっていて、のちに弱体化した集団などの生き残り。「ロマン派の—」

さんとう-あんじゃ【参頭行者】禅寺で、行者たちの頭となる古参・高齢の僧。

サントゥール〔(アラビア・ペルシア・トルコ) santur〕西アジアおよびインド、パキスタンの打弦楽器。台形をした共鳴箱の上に多数の弦を水平に張り、2本の桴(ばち)で打奏する。ダルシマーと同系統の楽器。➡ダルシマー

サンド-ウエッジ〔sand wedge〕ゴルフで、主にバンカーからボールを打ち出すのに使うアイアンクラブ。

さんとうか【山頭火】▶種田山頭火(たねださんとうか)

さんとうかんぷ-もんだい【山東還付問題】1915年(大正4)の対華二十一箇条要求の中の山東省におけるドイツ権益継承をめぐって起きた日本・中国間の紛争。1922年のワシントン会議で、旧ドイツ権益のほとんどが中国に回収されて解決した。

さんとう-きょうざん【山東京山】[1769〜1858]江戸後期の戯作者。江戸の人。本名、岩瀬百樹(いわせももき)。京伝の弟。篆刻(てんこく)を本業としながら、合巻「復讐妹背山物語」「教草女房形気」、風俗考証「歴世女装考」などを著した。

さんとう-きょうでん【山東京伝】[1761〜1816]江戸後期の戯作者・浮世絵師。江戸の人。本名、岩瀬醒(いわせさむる)。通称、京屋伝蔵。浮世絵を北尾重政に学び、北尾政演(まさのぶ)と名乗る。のち、戯作に筆をふるった。寛政の改革で洒落本が発禁になり、手鎖(てぐさり)50日の刑を受け、以後は読本を書いた。洒落本「通言総籬(つうげんそうまがき)」「傾城買四十八手」、黄表紙「江戸生艶気樺焼(えどうまれうわきのかばやき)」、読本「桜姫全伝曙草紙」、考証随筆「骨董集」など。

さんとう-さい【山東菜】アブラナ科の越年草。ハクサイに似るがやや大形で、緩く結球する。葉を煮物や漬物にする。中国山東省の原産で、日本に明治初年に渡来。山東白菜。さんとうな。

さんどう-ざい【散瞳剤】瞳孔を開かせるための点眼剤。治療や眼底検査などに使用される。

さんとう-しゃ【三等車】旧日本国有鉄道で、客車に三等級があったころの、最下級の車両。

さんとう-じゅうやく【三等重役】名目だけで、実質的には一般社員と変わりのない重役。サラリーマン重役。源氏鶏太の小説の題名から広まった語。

さんとう-しゅっぺい【山東出兵】昭和2〜3年(1927〜1928)三次にわたって、田中義一内閣が在留邦人保護の名目で中国山東省に出兵した事件。国民革命軍の北伐阻止を真の目的とし、第二次出兵のさいには済南事件を引き起こして中国の反日感情を増大させた。

さんとう-じゅんれい【三塔巡礼】比叡山の三塔をめぐって参拝すること。また、その人。

さんとう-しょう【山東省】▶山東

さん-とうじょう【三答状】ータフジヤウ 中世、三問三答で、論人(被告)が提出した三度目の陳状。➡三問状

さん-とうしん【三等親】▶三親等

さんとう-すいへい【三等水兵】旧海軍における水兵科の兵の4階級の一つ。昭和17年(1942)に一等水兵と改称された。教育を終えたばかりの兵。

さんとう-せいじ【三頭政治】ーイヂ 三人の有力政治家の結びつきによって行われる政治。寡頭政治の一形態。特に、前60年にカエサル・ポンペイウス・クラッスス、また、前43年にオクタビアヌス・アントニウス・レピドゥスの三人が結んでローマ共和政末期の実権を握ったときの政治形態。

さんとう-な【山東菜】サントウサイの別名。

さんとう-の-せんぎ【三塔の×僉議】サンタフー 比叡山の三塔の僧徒が一山の一大事に際し、東塔の大講堂の広庭に集まって評議すること。

さんとう-はくさい【山東白菜】サントウサイの別名。

さんとう-はんとう【山東半島】ーハンタウ 中国山東省の東部、黄海と渤海(ぼっかい)との間に突き出た半島。南に青島(チンタオ)、北に煙台・威海などの良港がある。柞蚕(さくさん)繭を特産。

さんとう-へいそう【三等兵曹】ーヘイサウ 旧海軍における水兵科下士官の最下位の階級。昭和17年(1942)に二等兵曹と改称された。

さんとう-まい【三等米】米穀検査で判定される米の等級区分の一つ。水稲うるち玄米・水稲もち玄米の場合、整粒が45パーセント以上、被害粒・死米・着色粒・異種穀粒・異物が計30パーセント以下などが条件。三等米の基準を満たさない米は規格外米に分類される。➡米穀検査

さんとう-ゆうびんきょく【三等郵便局】ーイウビンキヨク 特定郵便局の旧称。

さんとう-れき【三統暦】中国、前漢の劉歆(りゅうきん)が作った太陰暦。前7年成立。夏・殷・周3代に行われた太初暦を増修したもの。

サンド-エッジ〖sand wedge〗▶サンドウエッジ

さんど-がさ【三度×笠】《三度飛脚がかぶったところから》顔面を覆うほど深く作った菅笠(すげがさ)。飛脚・旅人などが用いた。

さん-とく【三徳】❶人、または君主として守るべき三つの徳目。「中庸」で説かれた、智・仁・勇など。❷仏語。㋐仏果にそなわる三つの徳。衆生に恵みを与える恩徳、煩悩(ぼんのう)を断ち切る断徳、智慧をもって平等に見る智徳。㋑涅槃(ねはん)の三つの徳。真如としての法身、智慧としての般若(はんにゃ)、煩悩からの離脱としての解脱(げだつ)。❸《三つの用途があるところから》㋐釣りの小道具の一。糸・重り・鉤素(はりす)を接続する小形の片天秤(かたてんびん)。ハゼ釣りに用いる。㋑江戸時代に流行した紙入れの一種。鼻紙・書き付け・楊枝(ようじ)を分けて入れた。㋒江戸時代の燭台の一種。置いたり掛けたり、また提げたりできるようになっている。

さん-どく【三毒】仏語。人の善心を害する3種の煩悩(ぼんのう)。貪(とん)・瞋(しん)・痴(ち)。

さん-どく【惨毒】〘名・形動〙❶むごたらしく傷つけること。むごたらしく苦しめること。また、そのさま。「地震は災害の尤一なる者なり」〈津田真道・明六雑誌一七〉❷むごたらしい害毒。

ざん-とく【×竄匿】〘名〙スル もぐりこんで隠れること。「初め我が同志、之を聞くや―して皆其蹤跡を晦ます」〈東海散士・佳人之奇遇〉

さんどく-しょう【酸毒症】ーシヤウ ▶アシドーシス

さんど-ぐり【三度×栗】シバグリの一種。1年に三度、実を結ぶという。

サントクロア-だいせいどう【サントクロア大聖堂】ーダイセイダウ《Cathédrale Sainte-Croix d'Orléans》フランス中部、ロアレ県の都市オルレアンにある大聖堂。13世紀の創建。16世紀にユグノー戦争で破壊されたが、17世紀から19世紀にかけて再建。フランボワイヤンゴシック様式の傑作として知られる。ジャンヌ=ダルクの生涯を描いたステンドグラスがある。サントクロワ大聖堂。

さんどごや-おんせん【三斗小屋温泉】ーヲンセン 栃木県北部、那須塩原市にある温泉。那須十湯の一。那須岳の西側斜面にあり、泉質は単純温泉。

サント-シャペル〖Sainte-Chapelle〗フランス、パリ、セーヌ川のシテ島にある礼拝堂。ルイ9世がコンスタンチノープルの皇帝から入手した、キリストが身につけたとされる茨の冠や十字架の木片といった聖遺物を安置するため、1248年に建造された。ゴシック建築の傑作として知られ、窓の全面に施されたステンドグラスは特に名高い。1991年、「パリのセーヌ河岸」の名称で、ノートルダム大聖堂などとともに、世界遺産(文化遺産)に登録された。

さん-としより【三年寄】江戸時代、江戸の町年寄を世襲した奈良屋・樽屋・喜多村三家のこと。

サントス〖Santos〗ブラジル南東部の港湾都市。サンパウロの外港として発展。コーヒー積み出し港。海岸は保養地。日本人移住者の最初の入植地。

サンド-スキー〖sand skiing〗砂丘の斜面などを滑るスキー。砂スキー。

サントステファノ-きょうかいぐん【サントステファノ教会群】ーケウクワイグン《Basilica di Santo Stefano》イタリア北東部、エミリアロマーニャ州の都市ボローニャにある教会群。伝承によると5世紀の司教ペトロニオの創建とされる。8世紀から13世紀にかけて建てられた4つの教会、2つの礼拝堂、1つの修道院で構成。

サンドストーム〖sandstorm〗砂あらし。

サンドストーン〖sandstone〗砂岩(さがん)。

サントスピリト-きょうかい【サントスピリト教会】ーケウクワイ《Basilica di Santo Spirito》イタリア中部、トスカーナ州の都市フィレンツェにある教会。アルノ川左岸に位置する。15世紀にブルネレスキにより建設が始まり、彼の死後に完成。フィリッポ=リッピの絵画「聖母」、ミケランジェロの十字架像などがある。

サント-ドミンゴ〖Santo Domingo〗ドミニカ共和国の首都。1496年、西半球でヨーロッパ人が最初に建設した町として知られる。コロンブスの墓がある。人口91万(2002)。

サントドミンゴ-デ-シロス〖Santo Domingo de Silos〗スペイン中北部、カスティーリャ-イ-レオン州、ブルゴス近郊の村。グレゴリオ聖歌で知られるベネディクト会修道院、サントドミンゴ-デ-シロス修道院がある。

サントドミンゴ-デ-シロス-しゅうどういん【サントドミンゴデシロス修道院】ーシウダウヰン《Monasterio benedictino de Santo Domingo de Silos》スペイン中北部、カスティーリャ-イ-レオン州の村サントドミンゴ-デ-シロスにあるベネディクト会修道院。同国屈指の美しさを誇るロマネスク様式の回廊があるほか、ミサで歌われるグレゴリオ聖歌が有名。

サントドミンゴ-デ-ラ-カルサダ〖Santo Domingo de la Calzada〗スペイン北部、ラ-リオハ州の町。サンティアゴ-デ-コンポステラへの巡礼路にあり、町の名称は11世紀に聖ドミンゴが石畳の道(カルサダ)を築いたことに由来する。聖ドミンゴの遺骨を納めた12世紀建造の大聖堂がある。

サントトメ-きょうかい【サントトメ教会】ーケウクワイ《Iglesia de Santo Tomé》スペイン中央部、カスティーリャ-ラマンチャ州の都市トレドにある教会。レオンカスティーリャ王アルフォンソ6世が建造、14世紀にオルガス伯爵により再建。ムデハル様式の鐘楼があるほか、エル=グレコの代表作「オルガス伯爵の埋葬」を所蔵。1986年、「古都トレド」の名称で旧市街全域が世界遺産(文化遺産)に登録された。

サンドナート-だいせいどう【サンドナート大聖堂】ーダイセイダウ《Cattedrale di San Donato》▶アレッツォ大聖堂

サン-ドニ〖Saint-Denis〗フランス、パリ北郊、セーヌ-サン-ドニ県の都市。セーヌ川とウルク運河を結ぶサンドニ運河に面し、工業が盛ん。フランス歴代の王が埋葬されたサンドニ大聖堂がある。

サンドニ-だいせいどう【サンドニ大聖堂】ーダイセイダウ《Basilique de Saint-Denis》フランス、パリ北郊の都市サンドニにある教会堂。フランスの守護聖人ドニの伝説に基づき、5世紀に創建された。フランス歴代の王の埋葬地であり、ゴシック建築の発祥として知られる。

サントニン〖santonin〗回虫・蟯虫(ぎょうちゅう)などの駆虫薬の一。シナ花(か)・ミブヨモギなどのつぼみから抽出される、無色または白色の結晶。

サントノラ-とう【サントノラ島】ータウ《Île Saint-Honorat》フランス南東部、カンヌの沖合にあるレランス諸島を構成する島の一。シトー派修道院や要塞化された修道院などがある。

サンドバーグ〖Carl Sandburg〗[1878〜1967]米国の詩人。自由な形式で新興都市の息吹を力強く歌った。詩集「シカゴ詩集」、伝記「リンカーン伝」など。

サンド-バイパー〖sand viper〗クサリヘビ科の毒蛇。全長60〜90センチ。頭部は三角形で鼻先が突出する。イタリアからトルコにかけて分布。

サンド-バギー《和 sand＋buggy》海浜・砂地などを乗り回して楽しむタイヤの太い自動車。

サンド-バス〖sand bath〗砂風呂(すなぶろ)。

サンドバッグ〖sandbag〗ボクシングの練習に用いる用具。円筒状の革袋に砂・おがくずなどをつめたもの。打って打撃力などを養う。

さんど-びきゃく【三度飛脚】《「さんどひきゃく」とも》江戸時代、江戸・大坂間を毎月3回定期的に往復した飛脚。

サントビクトワール-さん【サントビクトワール山】《Mont Sainte-Victoire》フランス南東部、プロバンス地方、ブーシュ-デュ-ローヌ県の都市エクサンプロバンスの東部に位置する石灰岩の山塊。標高1011メートル。同地出身の画家ポール=セザンヌが生涯を通じて描き続けたことで知られる。

サント-ブーブ〖Charles Augustin Sainte-Beuve〗[1804〜1869]フランスの批評家。科学的な立場から人間性の問題を探究、近代批評の父といわれる。著「ポールロワイヤル史」「月曜閑談」など。

サントフォア-きょうかい【サントフォア教会】ーケウクワイ《Église Sainte-Foy》フランス南部、ミディ-ピレネー地方、アベイロン県の町コンクにある、11世紀から12世紀にかけて建造された教会。ルピュイとサンティアゴ-デ-コンポステラを結ぶ巡礼路において、最も古いロマネスク様式の教会として知られる。3世紀末に殉教した聖女フォアの聖遺骨を納めた黄金の聖女像がある。

サンドブラスト〖sandblast〗ガラス器の加飾技法。金剛砂を、圧搾空気と混合し、透明なガラス面に吹き付けて模様を表す方法。

サンドペーパー〖sandpaper〗厚紙または布地に、金剛砂やガラスの粉を付着させたもの。紙やすり。

サンド-ポンプ〖sand pump〗水底の泥砂を水とともに吸い上げるポンプ。揚砂ポンプ。

サントマドレーヌ-きょうかい【サントマドレーヌ教会】ーケウクワイ《Sainte-Marie-Madeleine》フランスの首都、パリ中央部にある教会。聖女マリア=マグダレナを祭る。古代ギリシャ、古代ローマの神殿を模した新古典主義の建造物で、1842年に完成。ラ-マドレーヌ。

サントマドレーヌ-だいせいどう【サントマドレーヌ大聖堂】ーダイセイダウ《Basilique Sainte-Madelaine》フランス中部、ヨンヌ県の村ベズレーにあるロマネスク様式の大聖堂。修道院の付属教会としては同国最大。中世から知られるサンティアゴ-デ-コンポステラの巡礼路の始点の一。1979年、「ベズレーの教会と丘」の名称で世界遺産(文化遺産)に登録された。

さんど-まめ【三度豆】❶インゲンマメの別名。暖地では1年に三度とれるところからいう。❷莢豌豆(さやえんどう)のこと。

サントマリー-ド-ラ-メール〖Saintes-Maries-de-la-Mer〗フランス南部、プロバンス地方、ブーシュ-デュ-ローヌ県の町。町の名称は「海の聖マリアたち」を意味し、イエスの磔刑(たっけい)後、聖母の妹のマリア=ヤコブ、ヨハネ㊀の母マリア=ヨハネ、マリア=マグダレナ、従者サラらが小舟でこの地に流れ着いたという伝説に基づく。伝説ゆかりの教会や巡礼者の祭りがある。

サントマルグリット-とう【サントマルグリット島】ータウ《Île Sainte-Marguerite》フランス南東部、カンヌの沖合にあるレランス諸島を構成する島の一。大デ

ュマの小説「鉄仮面」のモデルとなった人物が幽閉されていたという監獄(現在は海洋博物館)がある。

サン-トメ〘ポルトガル São Thomé〙【桟留】《聖トマスの意》㊀インド南東部、コロマンデル海岸地方のこと。チェンナイ港がある。聖トマスが布教に来たという伝説がある。㊁❶「サントメ革」の略。❷「サントメ縞」の略。

サントメ-がわ【サントメ革】インドのマドラス(現チェンナイ)の港から渡来した、しわのあるなめし革。のちに日本でも作られた。

サントメ-じま【サントメ×縞】インドのマドラス(現チェンナイ)の港から渡来した縞織りの綿布。紺地に赤または浅葱の細い縦縞の入ったものが多い。のちに日本でも織られたが、舶来のものを唐サントメ、略して唐サンといった。

サンドメニコ-きょうかい【サンドメニコ教会】《Basilica di San Domenico》イタリア北東部、エミリアロマーニャ州の都市ボローニャにある教会。ドミニコ会を創設した聖ドミニクスの墓がある。13世紀半ばに小さな教会としてつくられ、18世紀にローマ教皇ベネディクト13世により現在見られるバロック様式の教会に改築された。フィリッピーノ=リッピやグイド=レーニによるフレスコ画やミケランジェロが彫刻を手がけた石棺がある。

サントメ-ばり【サントメ針】普通よりやや長めの木綿用の縫い針。

サントメ-プリンシペ〘São Tomé e Príncipe〙西アフリカ、赤道直下のギニア湾にあるサントメ島・プリンシペ島などからなる共和国。首都サントメ。ポルトガル領から1975年に独立。カカオを産出。人口18万(2010)。サントメ-エ-プリンシペ。

サン-トラ「サウンドトラック」の略。「一盤」

サントリーニ-とう【サントリーニ島】《Santorini》ギリシャ南東部、エーゲ海に浮かぶ火山島。キクラデス諸島の最南部に位置する。ティラ島、ティラシア島、ネアカメニ島、パレアカメニ島、アスプロニシ島の大小五つの島からなり、サントリーニ島は一般的に最も大きいティラ島を指す。主な町はティラ島のフィラとイア。紀元前1500年頃の大噴火で島の中央が沈み、外輪山の部分が島として残り、中央火口の噴火が繰り返されてネアカメニ島ができた。サントリン島。

サントリン-とう【サントリン島】《Santorin》▶サントリーニ島

サントルソ-きょうかい【サントルソ教会】《Collegiata di Sant'Orso》イタリア北西部、バッレダオスタ自治州の都市アオスタにある教会。11世紀の創建。アオスタの聖人オルソを祭る。12世紀にロマネスク様式の回廊や鐘楼が造られ、以降も増改築がなされた。

サンドレス〘sundress〙夏に着る、背を大きく開けた開放的な婦人用の服や子供服。(季 夏)

サントロフィーム-きょうかい【サントロフィーム教会】《Église Saint-Trophime》フランス南部、プロバンス地方の都市アルルにある、11世紀に建造されたロマネスク様式の教会。タンパン(正面入口上部の半円部分)や回廊の柱の彫刻はロマネスク様式の傑作として知られる。中世にはサンティアゴ-デ-コンポステラの巡礼路の起点にある教会としてにぎわった。1981年、「アルルのローマ遺跡とロマネスク様式建造物群」の一として世界遺産(文化遺産)に登録された。

サン-トロペ〘Saint-Tropez〙フランス南部、バール県にある地中海に面する港町。19世紀末より海岸保養地として発展。ポール=シニャック、ピエール=ボナール、アンリ=マチスら、数多くの画家が訪れたことでも知られる。

さん-ない【三内】悉曇学で、子音をその調音位置によって3つに分類したもの。喉内・舌内・唇内の称。

さん-ない【山内】❶山の中。山中。❷寺の境内。
(類語)(❶)山間・山中・山奥・山懐/(❷)寺内・寺中・境内・神域・神苑

さんない-おん【三内音】悉曇学で、三内で調音される音。➡喉内音 ➡舌内音 ➡唇内音

さんないまるやま-いせき【三内丸山遺跡】青森市にある縄文前期から中期の遺跡。大規模な竪穴住居・掘立柱建物・墓地跡が確認され、多数の木製品・漆器・骨角器などが出土。また、各地の翡翠・黒曜石などの出土物から、遠隔地との交易もあったものとみられている。

さんなき-ぐるま【三泣き車】荷車の一。車輪は二輪で小さく、梶棒が長く、車台の後方に鉄の荷受け柵を設けたもの。商家の丁稚などが荷物の運搬に用いた。丁稚は苦労するので泣き、仲仕は職を奪われて泣き、車はきしんで泣くような音を立てるというところからいう。

さん-なく【三惑】「さんわく」の連声。

さん-なくどう【三悪道】「さんあくどう」の連声。

さん-なん【三男】❶三人の息子。❷兄弟のうち3番目の男子。

さん-なん【三難】仏語。三悪道の苦難。

さんナンバー-しゃ【三ナンバー車】普通乗用車の通称。ナンバープレートの分類番号が3で始まることから。

さん-に【散位】「さんい」の連声。

サンニコラ-きょうかい【サンニコラ教会】《Basilica di San Nicola》イタリア南部、プーリア州の都市バリにある教会。ノルマン人支配下の11世紀末から12世紀初頭にかけて建造され、バリの守護聖人ニコラ(ニコラウス)を祭る。プーリア-ロマネスク様式の代表的な教会として知られる。

さん-にち【散日】法会の結願の日。

さん-にゅう【参入】〔名〕スル ❶高貴な人の所を訪問すること。「宮中へ一する」❷市場などに新たに加わること。「大企業が一する」(類語)参加・加入・加盟・仲間入り・参画・参与・参会・参列・入会・飛び入り・飛び込み・加わる・列する・連なる・名を連ねる

さん-にゅう【算入】〔名〕スル 計算の中に含めること。かぞえ入れること。「予算に一する」
(類語)計上・加算

ざん-にゅう【×竄入|×攙入】〔名〕スル ❶逃げ込むこと。❷誤って紛れ込むこと。「我々の間に一している哲学的虚無主義」〈啄木・時代閉塞の現状〉❸本文中に不要な字句などが紛れ込むこと。

さんにゅう-いんりょう【酸乳飲料】牛乳・脱脂乳を乳酸発酵させてできた酸乳を飲料に加工したもの。乳酸飲料。乳酸菌飲料。

さん-にょう【算用】「さんよう」の連声。

ざん-にょう【残尿】排尿後に、なお膀胱内に残っている尿。「一感を覚える」

さん-にょらい【三如来】天竺伝来の3体の如来。長野善光寺の阿弥陀如来、京都嵯峨清涼寺の釈迦如来、京都因幡堂の薬師如来。

さん-にん【三人】人数が3であること。

三人虎を成す《「戦国策」秦策から》「市に虎あり」に同じ。

三人行けば必ず我が師有り《「論語」述而から》三人で行を共にするとき、必ず自分にとって師とすべき者がいる。善を行う者には従い、不善を行う者がいれば自分を省みればよいからである。

三人寄れば公界 三人の人が集まればそこは公の場所とみるべきであり、そこで言ったり、したりしたことは、もう秘密にはできない、ということ。三人寄れば人中。

三人寄れば文殊の知恵《「文殊」は知恵をつかさどる菩薩》凡人でも三人集まって相談すれば、すばらしい知恵が出るものだということ。

ざん-にん【残忍|惨忍】〔名・形動〕無慈悲なことを平気ですること。また、そのさま。「一な犯行」(派生)ざんにんさ〔名〕(類語)残酷・残虐・苛酷・酷・暴虐

さんにんかたわ【三人片輪】《「さんにんがたわ」とも》狂言。三人のばくち打ちが盲人などをよそおって金持ちに抱えられ、留守に大酒を飲み、主人が帰ると慌てて各自の役を取り違える。

さんにん-かんじょ【三人官女】ひな人形の中で、官女の姿をした三人一組の人形。

さんにんきちさくるわのはつがい【三人吉三廓初買】歌舞伎狂言。世話物。7幕。河竹黙阿弥作。万延元年(1860)江戸市村座初演。和尚吉三・お坊吉三・お嬢吉三が、百両の金と短刀とをめぐる因果応報で刺し違えて死ぬまでを描く。別名題「三人吉三巴白浪」。通称「三人吉三」。

さんにん-ごし【三人×輿】三人で担ぐ輿。

さんにん-さんよう【三人三様】〔名・形動〕三人いればその三人とも、性格・行動・考えなどがそれぞれ異なること。また、そのさま。

さんにんしまい【三人姉妹】《原題、ロシア Tri sestrï》チェーホフの戯曲。4幕。1901年初演。ロシアの田舎町で、仕事の悩みや不幸な恋による絶望をのりこえ、生きていく三人姉妹を描く。

さん-にんしょう【三人称】文法で、人称の一。話し手(書き手)・聞き手(読み手)以外の人または事柄に関することを示すもの。「彼」「彼女」「これ」「それ」「あれ」「どれ」など。日本語では代名詞についてだけい い、また西欧語では動詞の語形などにも関係する。第三人称。他称。➡一人称 ➡二人称
(類語)一人称・二人称・自称・対称・他称

さんにん-じょうご【三人上戸】❶怒り上戸と泣き上戸と笑い上戸。❷ひな人形のうち、❶の表情をしている仕丁姿の三つ一組の人形。

さんにん-づかい【三人遣い】手遣い操り人形の操法の一。一体の人形を三人で操作するもの。文楽人形では、首と右手を主遣い、左手を左遣い、両足を足遣いが操作する。

さんにんのり-じてんしゃ【三人乗り自転車】大人一人が、幼児二人を乗せることのできる自転車。ふつう、ハンドル上部と後輪上部に一つずつ幼児用の座席を供える。幼児二人同乗用自転車。(補説)本来、自転車は二人乗りが禁止されており、16歳以上の人が専用座席に6歳未満の幼児一人を乗せる場合のみ例外としている。平成21年(2009)、強度や制動性能などの安全基準を満たす自転車に限り、幼児二人を乗せることができるようになった。

さんにん-ばり【三人張り】三人がかりで弦を張るほどの強弓。

さんにんほうし【三人法師】室町後期の御伽草子。2巻。作者未詳。高野山に隠棲した三人の僧の遁世に至るまでの懺悔譚。

さん-ぬ【三有】《「さんう」の連声》仏語。❶欲界・色界・無色界の三界の生存である欲有・色有・無色有。❷現在の生存である本有、未来の当有、その中間の生存である中有。

さん-ぬる【去んぬる】〔連体〕《動詞「さ(去)る」の連用形に完了の助動詞「ぬ」の連体形の付いた「さりぬる」の音変化から》過ぎ去った。去る。「これは一夜、御寝のならざりし故なりとて」〈平家・四〉

さん-ね【三会】「さんえ」の連声。

さん-ね【三▽衣】「さんえ」の連声。

ざん-ねい【×讒×佞】人を中傷して上の者にへつらうこと。また、その人。「一の徒」

さん-ねつ【三熱】仏語。竜・蛇などが受けるという三つの苦悩。熱風・熱砂に身を焼かれること、悪風が吹きすさんで住居・衣服を奪われること、金翅鳥に食われること。三患。

さん-ねん【三年】❶1年の3倍。3か年。みとせ。また、多くの年月。「石の上にも一」❷第3学年。「高校一」

三年飛ばず鳴かず《「史記」滑稽伝・淳于髠や、「呂氏春秋」重言などにある、3年間飛ばず鳴かずにいる鳥は、ひとたび飛ぶと天まで上がり、ひとたび鳴けば人を驚かすというたとえから》大いに活躍する機会を待って、長い間じっとしていること。

ざん-ねん【残年】死ぬまでの残りの年齢。余命。

ざん-ねん【残念】〔名・形動〕❶もの足りなく感じること。あきらめきれないこと。また、そのさま。「一なことをしてくれた」❷悔しく思うこと。また、そのさま。無念。「負けて一だ」(派生)ざんねんがる〔動ラ五〕ざんねんさ〔名〕(類語)(❶)遺憾・不本意・心残り・残り多い・惜しい/(❷)心外・無念・痛恨・悔しい・口惜しい・情けない

残念閔子騫(ざんねんびんしけん)　「残念」を孔門十哲の「顔淵(がんえん)」にかけ、同じく十哲の「閔子騫」と続けたしゃれ。「是等の事を弁(わきま)へぬとは、はて―」〈滑・浮世床・初〉
ざんねん‐かい【残念会】(ザンネンクワイ) 失敗したり負けたりした者を慰めるための会。
さんねん‐き【三年忌】「三回忌」に同じ。
さんねん‐ざか【三年坂】そこで転ぶと3年以内に死ぬという俗信のある坂。東京の芝高輪や京都の清水寺の坂など。
さんねん‐だけ【三年竹】生えてから3年たった竹。矢や桶を作る。
さんねん‐の‐も【三年の喪】古代中国で、父母の死に際して、子の服すべき喪の期間。父母の喪。
さんねん‐ふさがり【三年塞がり】❶陰陽道(おんようどう)で、大将軍のいる方角に向かって、3年間は何事もしてはいけないとすること。大将軍は東西南北に3年ごとに居を移し、その方角をふさぐとされていた。❷当分の間、開運や成功の見込みのないこと。
さんねん‐みそ【三年味×噌】❶仕込んでから3年目の味噌。熟成した味の濃い味噌。❷《❶の塩辛いところから》勘定高いこと。けちなこと。
さんねん‐みつき【三年三月】長い年月をたとえていう語。久しい間。「酒屋の門に―お立ち被遊(あそばせ)ても、飲(の)まぬ酒には酔はぬ道理」〈滑・浮世床・二〉
さん‐の‐いた【三の板】兜(かぶと)の錏(しころ)や鎧(よろい)の草摺(くさずり)・袖などの、上から3枚目の板。
さん‐の‐いと【三の糸】三味線の第3の弦。正面からみて右側の弦。最も細く、最も調子が高い。さん。
さん‐のう【三王】(サンワウ)「さんおう」の連声(れんじょう)。
さん‐のう【三農】《「周礼」天官・大宰の「三農九穀を生ず」から》平地で行う農業(平地農)、山地で行う農業(山農)、川沢で行う農業(沢農)のこと。
さんのう【山王】(サンワウ)《「さんおう」の連声(れんじょう)》㊀滋賀県大津市にある日吉(ひえ)大社の異称。㊁東京都千代田区にある日枝(ひえ)神社の異称。
さんのう‐いちじつしんとう【山王一実神道】(サンワウイチジツシンタウ) ►日吉神道(ひえしんとう)
さんのう‐ごんげん【山王権現】(サンワウ)《「日吉(ひえ)山王権現」の略》日吉(ひえ)大社・日枝(ひえ)神社の祭神。
さんのう‐しちしゃ【山王七社】(サンワウ) 日吉(ひえ)大社の本社・摂社・末社をあわせて二十一社を上・中・下に七社ずつ分けていう呼び名。特に、上の七社をさす。大宮・二宮・聖真子・八王子・客人・十禅師・三宮の七所。ななのやしろ。
さんのう‐だいがく【産能大学】►産業能率大学(さんぎょうのうりつだいがく)
さんのう‐とりい【山王鳥居】(サンワウとりゐ) 鳥居形式の一。明神鳥居の笠木(かさぎ)の上に棟柱を立て、木材を合掌形に組み渡し、その頂上に烏頭という反りのある木を置いたもの。日吉(ひえ)大社の鳥居に始まるという。合掌鳥居。総合鳥居。
さんのう‐にじゅういっしゃ【山王二十一社】(サンワウニジフイッシャ) 日吉(ひえ)大社の上七社・中七社・下七社の総称。
さんのう‐まつり【山王祭】(サンワウ) ㊀滋賀県大津市の日吉(ひえ)大社の例祭。山王権現の使者が猿であるとの信仰から、毎年陰暦4月の申(さる)の日に行われた。現在は4月14日。日吉祭。(季 春) ㊁東京都千代田区にある日枝(ひえ)神社の例祭。毎年6月15日に行われる。江戸二大祭りの一つで、神田祭とともに天下祭りといわれる。(季 夏) ➡深川祭
さん‐の‐おり【三の折】(ーをり) 百韻の連歌・連句を書き記す懐紙の3枚目。三の懐紙。
さん‐の‐かわり【三の替(わ)り】(ーかはり) ❶同じ一座による芝居興行で、演目の三度目の替わり。❷京坂で、歌舞伎の3月興行。顔見世に次ぐ初春興行を二の替わりといい、その次の興行の意。江戸では弥生(やよい)狂言。(季 春)
さん‐の‐きり【三の切り】❶義太夫節の時代物で、三段目の最終の語り場。ふつう五段からなる1曲の中心となる悲劇的場面で、一座の最高位の太夫が語る。❷講談などの聞かせどころ。
さん‐の‐ず【三の図┊三の頭】(ーヅ)《馬の尻の上部を三頭(さんず)というところから》人の尻の上部。腰のあたり。「尻―まで引っからげ」〈浄・油地獄〉
サン‐ノゼ〖San Jose〗米国カリフォルニア州、サンフランシスコの南にある都市。近年、コンピューター産業が盛んになりシリコンバレーとよばれる。サンホゼ。人口、行政区95万(2008)。
さん‐の‐ぜん【三の膳】正式の日本料理で、本膳・二の膳の次に、汁・刺身・茶碗をのせて出す膳。
さん‐の‐つづみ【三の鼓】雅楽の打楽器の一。胴長約45センチ、鼓面の直径約42センチの細腰鼓(さいようこ)。右手の桴(ばち)で右面だけを打つ。高麗楽(こまがく)に用いる。
さん‐の‐とり【三の×酉】11月に酉の日が3回あるとき、その3回目の酉の日。(季 冬)「たかだかとあはれは―の月/万太郎」➡酉の市
さん‐の‐ま【三の間】❶昔、貴族の邸宅で、奥女中のいた部屋。❷宇治川にかかる宇治橋の西詰めから第2と第3の橋脚の間。ここでくんだ水は茶の湯によいとされ茶人に珍重された。
さん‐の‐まつ【三の松】能舞台で、橋懸かりの前の白州に等間隔に植えられた3本の若松のうち、いちばん揚げ幕寄りの松。懸かりの松。
さん‐の‐まる【三の丸】城の二の丸を囲む外郭の部分。➡城
さん‐の‐みね【三ノ峰】石川・岐阜・福井3県の県境にある山。標高2128メートル。白山の南西にあり、福井県の最高峰。高山植物が見られる。2000メートル級の山では本州で最も南西に位置する山。白山国立公園に属する。
さんのみや【三宮】兵庫県神戸市中央区の地名。神戸市第一の繁華街。名は三宮神社(生田神社の三の宮)に由来。
さん‐ば【三▽番】「三番叟(さんばそう)」の略。
さん‐ば【▽生▽飯┊散▽飯】►さば(生飯)
さん‐ば【産婆】助産師の旧称。
(類語)助産師・助産婦・取り上げ婆
サンバ〖ポルト samba〗ブラジルの民族舞曲およびダンス曲。また、そのリズム。4分の2拍子の軽快で速いテンポを特色とする。
さん‐ぱ【×撒×播】「さっぱ(撒播)」の慣用読み。
サンバー〖sambar〗シカ科の哺乳類。大形で全身濃褐色、斑点はない。くびに粗い長毛をもつ。森林にすみ、水浴び・泥浴びを好む。アジア南部から南東部に分布。水鹿(すいろく)。
サンバーン〖sunburn〗日焼け。また、日焼けによる炎症。➡サンタン
さん‐ばい (中国・四国地方で)田の神のこと。(補説)「三杯」「三拝」「三把」「三祓」などとも当てて書く。
さん‐ばい【三杯┊三×盃】❶1杯の3倍。「砂糖大さじ―」「駆けつけ―」➡杯(はい) ❷「三杯酢」の略。
さん‐ぱい【三拝】〔名〕(スル) ❶三度拝礼すること。また、何回も繰り返して拝礼すること。「我輩の前に叩頭(こうとう)―して恭しくお世話仕ると云って」〈魯庵・社会百面相〉❷仏家で、身・口(く)・意の三業(さんごう)に敬意を表して行う拝礼。
さん‐ぱい【三輩】仏語。無量寿経で、阿弥陀仏の浄土に往生する者を、その行いの深浅によって3種に分けたもの。上輩・中輩・下輩。
さん‐ぱい【参拝】〔名〕(スル) 社寺、特に神社にお参りしておがむこと。「伊勢神宮に―する」
(類語)お参り・参詣・礼参り・代参・参る
さん‐ぱい【産廃】「産業廃棄物」の略。
さん‐ぱい【酸敗】酒類や油脂などが、細菌や熱・水分などの作用を受けて酸化および分解し、色・味・においなどが変化して酸味を呈する現象。(類語)腐る・傷(いた)む・饐(す)える・鯘(あざ)れる・腐敗・腐乱・発酵
ざん‐ぱい【残杯┊残×盃】杯に飲み残した酒。
ざん‐ぱい【惨敗】〔名〕(スル) ひどい負け方をすること。さんぱい。「―を喫する」「選挙で―する」(類語)大敗・完敗・全敗・負ける・敗れる・参る・敗北する・敗退する・惜敗する・やられる・土がつく・一敗地にまみれる・屈する・伏(ふく)する・屈服する・くじける・膝(ひざ)を屈する
さんばい‐おろし【さんばい降ろし】田植え始めに田の神を迎える行事。(季 夏)
さんぱい‐きゅうはい【三拝九拝】(ーキウハイ)〔名〕(スル) ❶三拝の礼と九拝の礼。❷何度もお辞儀をすること。「―して金を借りる」❸手紙文の末尾に書いて、きわめて厚い敬意を表す語。(類語)表敬・脱帽
サン‐バイザー〖sun visor〗❶自動車のフロントガラス上部に取り付ける日よけ。❷大きめの前つばの部分だけでできている、日よけ帽。主にテニスやゴルフなどのスポーツ用。シェード。
さんぱい‐しせつ【産廃施設】「産業廃棄物処理施設」の略。
さんばい‐じょうご【三杯上戸】(ージャウゴ)《酒を猪口(ちょこ)に3杯だけ飲める意》あまり酒が強くない人をいう語。
さんばい‐ず【三杯酢】酢に醤油と砂糖または味醂(みりん)をまぜた、いくぶん甘味のある合わせ酢。
さんぱい‐ぜい【産廃税】《「産業廃棄物税」の略》自治体が条例を制定して、産業廃棄物を出す事業者に課する税。廃棄物の量を抑え、税収を環境整備に使うのが目的。(補説)平成12年(2000)施行の地方分権一括法による法定外目的税。
さんばい‐たい【三倍体】基本数の3倍の染色体数をもつ生物体。減数分裂ができにくいため不稔性となることが多い。四倍体と二倍体を交雑して人為的に作り、種なし果実を作ることに利用。
ざんぱい‐れいこう【残杯冷×羹┊残杯冷×肴】(ーレイカウ)「残杯冷炙(れいしゃ)」に同じ。
ざんぱい‐れいしゃ【残杯冷×炙】《「炙」はあぶり肉の意》酒宴の残りもの。また、冷遇されて恥辱を受けることのたとえ。残杯冷羹(れいこう)。
サンパウ‐びょういん【サンパウ病院】(ービャウヰン)《Hospital de Sant Pau》スペイン、バルセロナ市街にある病院。建物は建築家ルイス=ドメネク=イ=モンタネルの代表作の一つで、1930年に完成。現在も病院として使用されている。97年、同じくモンタネルの代表作であるカタルーニャ音楽堂とともに「バルセロナのカタルーニャ音楽堂とサンパウ病院」として世界遺産(文化遺産)に登録された。
サン‐パウロ〖São Paulo〗❶ブラジル南東部にある州。大西洋からパラナ川に至る地域を占める。コーヒーなどの農業のほか商工業も盛んで、経済規模は同国最大。日系人が多く、各地にコミュニティーを形成している。州都はサン‐パウロ市。❷サン‐パウロ州の州都。コーヒーの集散地として発展、自動車・織物・化学工業などが盛ん。広大な公園、毒蛇研究所などがある。ブラジル第一の日系人集中地。人口、行政区1099万(2008)。
サンパオロ‐フォーリ‐レ‐ムーラ‐だいせいどう【サンパオロフォーリレムーラ大聖堂】(ーダイセイダウ)《Basilica di San Paolo fuori le mura》イタリアの首都ローマ南部郊外にある大聖堂。ローマの四大バシリカの一。4世紀、ローマ皇帝コンスタンティヌス1世が使徒パウロの墓の上に建てた教会に起源する。皇帝テオドシウス1世が大聖堂を建設。サンピエトロ大聖堂が建てられるまでの約1000年以上に渡って増改築が繰り返され、キリスト教世界最大級を誇った。1823年の火災で全焼したが後に再建。1980年、「ローマ歴史地区、教皇領とサンパオロフォーリ‐レ‐ムーラ大聖堂」の名称で世界遺産(文化遺産)に登録された。
さんば‐がえる【産婆×蛙】(ーがへる) スズガエル科の両生類。体長4〜6センチ、体はずんぐりして、皮膚にいぼ状の隆起が散在。繁殖期に、雄は雌が産んだ数珠状の卵塊を後肢に巻きつけて持ち運び、孵化(ふか)するころ水中に入る。ヨーロッパ中・西部の低山地にすむ。
さん‐はかせ【算博士】律令制で、大学寮の職名。算術を教授する人。のち、三善・小槻(おづき)二氏の世襲。
さんば‐がらす【三羽×烏】弟子・部下の中で、またはある分野で、特にすぐれた三人。「政界の若手―」
さんばがわ‐へんせいたい【三波川変成帯】(サンバガハ) 関東山地にはじまり、中央構造線の南側を天竜川流域・紀伊半島・四国を経て九州に至る、結晶片岩からなる地帯。1億〜8000万年前の造山運動によって形成したといわれ、群馬県南部の三波川流域

にみられるものが典型的。

さん-ぱく【三白】❶正月の三が日に降る雪。❷馬の4本の脚のうち、3本の脚の下部が白いこと。また、その馬。❸米・紙・塩・砂糖・蝋など白いもののうちの三つ。❹「三白眼」の略。

さん-ぱく【蚕×箔】蚕を飼育する容器。金属・木・竹・わらなどで長方形または円形に作ったもの。

さんぱく-がん【三白眼】黒目が上方にかたよって、左右と下部の三方に白目のある目。人相学上、凶相とされる。(類語)白目

ざんば-けん【斬馬剣】中国、前漢時代の名剣の名。一刀のもとに馬を切る意。

さん-ばし【桟橋】❶船を横づけにして、人の乗り降りや貨物の積みおろしなどができるように、岸から水上に突き出して造った構築物。床面を木・鉄・コンクリートなどの柱で支える。❷建築現場などで、高い所に上るために傾斜をつけて足場にかけ渡す板。(類語)(❶)港・港湾・波止場・船着き場・船泊まり・埠頭・岸壁・築港・海港・河港・津・商港・漁港・軍港・ハーバー・ポート

さんば-じゅつ【産婆術】《ギリシャ maieutikē》ソクラテスの問答法のこと。この方法は相手が自ら真理に到達するのを助けるだけであるとし、自分の母の職業である産婆の仕事にたとえて名づけたもの。➡問答法

さんばせき-きょう【三波石峡】群馬・埼玉県境、利根川支流の神流川の峡谷。下久保ダムの下流約1キロの範囲。川幅20～50メートルの両岸は高さ約10メートルの断崖で、三波石とよばれる緑色の結晶片岩がみられる名勝。天然記念物。三波峡。

さんば-そう【三▽番×叟】❶能の「翁」で、千歳・翁に次いで3番目に出る老人の舞。直面の揉の段と黒い尉面をつける鈴の段とからなり、狂言方がつとめる。また、その役および面。➡式三番 ❷歌舞伎・人形浄瑠璃に❶が移入されたもの。開幕前に祝儀として舞われたほか、一幕物の歌舞伎舞踊としても発達。❸地方に❶または❷が伝播し、各地の民俗芸能に取り入れられたもの。多くは最初に演じられる。

さんばそう-もの【三▽番×叟物】歌舞伎舞踊の一系統で、能の「翁」から脱化した三番叟を趣向としたもの。「舌出し三番」「操り三番」「二人三番」など。

さん-ぱち【三八】❶数の3と8。また、日や月の3と8。❷「三八式歩兵銃」の略。

さんぱちしき-ほへいじゅう【三八式歩兵銃】明治38年(1905)に採用された旧日本陸軍の歩兵用小銃。口径6.5ミリ、最大射程2400メートルで5連発。

さんはちろく〖386〗►アイさんはちろく(i386)

さん-ばつ【傘伐】造林で、十数年後に森林を更新するために3回に分けて伐採を行う方法。初め予備として疎伐し、次に母樹の傘下に飛散した種子が発芽・生育できるよう下種伐を行い、稚樹が生長したのちに母樹を伐採し、新しい林を形成させる。三伐。

さん-ぱつ【散発】〔名〕スル ❶弾丸などが間をおいて発射されること。「―する銃声」❷物事が間をおいて起こること。「―五安打に抑えられる」
(類語)単発・暴発・不発

さん-ぱつ【散髪】〔名〕スル ❶のびた髪を刈ること。刈って髪を整えること。「一か月ごとに―する」❷散髪脱刀令以後流行した男の髪形。ざんぎり。❸元結を結わないで、ばらばらにしてある髪。散らし髪。
(類語)理髪・調髪・整髪

ざん-ばつ【斬伐】〔名〕スル ❶樹木を切ること。「斧を以て―せられんか」〈志賀重昂・日本風景論〉❷攻め討つこと。

ざん-ぱつ【斬髪】❶髪を切ること。❷「散切り」に同じ。

さんぱつだっとう-れい【散髪脱刀令】明治4年(1871)公布の、まげを切り、刀を差すのをやめることを認めた法令。➡断髪令 ➡廃刀令

サンパトリツィオ-の-いど【サンパトリツィオの井戸】《Pozzo di San Patrizio》イタリア中部、ウンブリア州の都市オルビエートにある井戸。16世紀のローマ略奪の際、同地に逃れてきたローマ教皇クレメンス7世により水源確保のためにつくられた。深さ62メートルの井戸で、上りと下りが別々の二重螺旋状の階段が設けられている。

さん-ばばあ【三▽婆】歌舞伎で、時代物の老母役のうち、最も至難とされる三役。「菅原伝授手習鑑」の覚寿、「本朝廿四孝」または「信州川中島合戦」の勘助の母、「近江源氏先陣館」の微妙。

サンパブロ-きょうかい【サンパブロ教会】《Iglesia de San Pablo》スペイン中北部、カスティーリャ-イ-レオン州の都市バリャドリードにある教会。15世紀に造られたゴシックとムデハルが混交したイサベル様式のファサードは、スペインの建築家・彫刻家、シモン=デ=コロニアの作とされる。

ざんぱ-みさき【残波岬】沖縄県、沖縄本島中部にある岬。中頭郡読谷村に属し、東シナ海に突出する。北側に高さ約30メートルの琉球石灰岩からなる断崖が1キロメートル続く。近くの残波ビーチや座喜味城跡とともに観光地。岬付近は魚類が豊富で好い釣り場。

さんば-やく【産婆役】会や組織などを新たに結成するとき、その世話をする人。

さん-ばら〔名・形動〕《「ざんばら」とも》結っていた髪などがくずれて、ばらばらに乱れること。また、そのさま。

さんばら【三×跋羅】《梵 saṃvaraの音写。禁戒・律儀などと訳す》仏の定めた戒律。

さんばら-がみ【さんばら髪】《「ざんばらがみ」とも》形がくずれて乱れた髪。みだれ髪。
(類語)乱れ髪・寝乱れ髪・蓬髪・蓬頭

サンバラ-みさき【サンバラ岬】《Sumburgh Head》英国スコットランド北東、シェトランド諸島の主島メーンランド島南端の岬。パフィンというツノメドリの仲間をはじめとする希少な海鳥、クジラやアザラシなどの海棲哺乳類が生息し、バードウオッチングやホエールウオッチングの名所として知られる。

さん-ばり【桟×梁】櫓門などの冠木の上に、木口を外に向けて直角に載せてある梁。

サンバルテルミー-の-ぎゃくさつ【サンバルテルミーの虐殺】《フランス Saint-Barthélemy》1572年8月24日(聖バルテルミーの祝日)の未明、パリに集まっていたユグノー(新教徒)が、カトリーヌ-ド-メディシスらによって虐殺された事件。3000人以上が殺され、虐殺は地方にも拡大し、ユグノー戦争は激化した。

さん-ばん【三ばん】俗に、選挙に当選するのに必要とされる三つの条件。すなわち、地盤(勢力)・看板(評判)・鞄(金力)。

さん-ばん【三番】❶順序・等級などが第三であること。❷演劇などの上演回数や、碁・将棋・相撲などの勝負の回数が3回であること。

さん-ばん【算盤】❶そろばん。❷和算で、高次方程式を解くのに用いた盤。木または厚紙などで作り、盤面に縦横の線を引いてできた多数の方形区画内に算木を置いて計算をする。

さん-ぱん【▽生飯｜散飯】「さば(生飯)」に同じ。

さん-ぱん【散判】江戸時代、奉公人の口入れ業者以外の者が多数の奉公人の請け人となって身元保証書に判を押すこと。また、その人。

サンパン【三板｜舢板】《中国語》港内の交通船の俗称。通い船。ランチ。もと中国の河川・沿岸で、のちには極東水域で使用された木造小型の平底船。

ざん-ぱん【残飯】食べ残しのめし・料理。

さん-ばんがしら【三番頭】江戸幕府の大番頭・書院番頭・小姓組番頭の総称。

さん-はんきかん【三半規管】円口類以外の脊椎動物の内耳にある三つの半環状の管。互いに直角に組み合わされており、中がリンパ液で満たされ、その動きによって回転の方向を立体的に知ることができる。平衡感覚をつかさどる。➡半規管

サンパンクラツィオ-の-とう【サンパンクラツィオの塔】《Torre di San Pancrazio》イタリア半島の西方、サルデーニャ島、サルデーニャ自治州の都市カリアリにある塔。ピサによる支配を受けた14世紀に城壁の一部の要塞として建造された。

さんばん-げいこ【三番稽古】相撲の稽古方法の一。力量のほぼ同じ二人が三番続けて稽古すること。現在は何番でも続ける。

さん-はんげつべん【三半月弁】►半月弁

さんぱんごはん-うんどう【三反五反運動】中国で、1951年から52年にかけて展開された、公務員の汚職・浪費・官僚主義の三害および資本家の贈収賄、脱税、国家財産の横領、材料と手間のごまかし、国家の経済情報の窃取の五毒に対する反対運動。

さんばん-しき【三板式】►スリー-シー-シー-ディー(3CCD)

さんぱん-しゅぎ【三反主義】社会大衆党などの掲げた反共産主義・反資本主義・反ファシズムのスローガン。

さんばん-しょうぶ【三番勝負】3回たたかって勝負をきめること。一方が続けて2回勝てば3回目は行わない。

さんばん-せ【三番瀬】《「さんばんぜ」とも》東京湾の最奥部、千葉県浦安市・市川市・船橋市・習志野市の沖合に広がる干潟および浅瀬。面積約1800ヘクタール。アサリやノリの養殖が盛んで、カレイやハゼの釣り場としても人気がある。

さんばん-だいこ【三番太鼓】江戸時代、大坂新町の遊郭で、大門を閉める合図の太鼓。限りの太鼓。

さんばん-ちゃ【三番茶】二番茶を摘み取った後に出た新芽で製造した茶。味・香りともに劣る。(季 春)

さんばん-どり【三番▽鶏】夜の明け方、二番鶏に遅れて鳴く鶏。また、その声や時刻。

さんぱん-の-らん【三藩の乱】中国の清初1673年に起こった反乱。三藩とよばれていた雲南の呉三桂、広東の尚之信、福建の耿精忠が、三藩廃止令に反対して挙兵したが、康熙帝によって81年に平定され、清朝の中国支配が確立した。

さんばん-ほうしき【三板方式】►スリー-シー-シー-ディー(3CCD)

さんばんめ-もの【三番目物】能の分類の一。正式な五番立ての演能の際に、三番目に上演される曲。女性をシテとし、優美な舞を見せるもので、鬘物ともいう。

さん-び【賛美｜×讃美】〔名〕スル ほめたたえること。「大自然を―する」(類語)詠嘆・称賛・礼賛・称揚・喝采・感嘆・賞嘆・感服・賛嘆・嘆称・絶賛・三嘆・激賞

さん-び【酸鼻】〔名・形動〕むごたらしくいたましいこと。また、そのさま。「―をきわめる」「―な事件」
(類語)陰惨・むごい・むごたらしい・無残・血なまぐさい

さん-ぴ【三碑】㊀日本で代表的な三つの古い石碑。陸前の多賀城碑、上野の多胡碑、下野の那須国造の碑。㊁►上野三碑

さん-ぴ【賛否】賛成と不賛成。「―両論」
(類語)可否

ザンビア〖Zambia〗アフリカ南部の内陸にある共和国。首都ルサカ。ビクトリア滝がある。銅を産出。もと英国領で北ローデシアとよばれ、1964年に独立。人口1346万(2010)。

サンビアージョ-きょうかい【サンビアージョ教会】《Chiesa di San Biagio》イタリア中部、トスカーナ州の町モンテプルチアーノにあるルネサンス様式の教会。アントニオ=ダ=サンガッロ=イル=ベッキオの設計により16世紀に建造された。ギリシャ十字型の平面構成に円蓋(キューポラ)を載せ、トスカーナ地方における聖堂建築の傑作とされる。

さんビー-せいさく【三B政策】19世紀後半から第一次大戦まで、ドイツのとった中近東に対する帝国主義的政策。ベルリン(Berlin)・ビザンチウム(Byzantium)・バグダッド(Baghdad)の3都市を結ぶ鉄道を敷設し、その沿線を勢力下に置こうとしたもの。イギリスの三C政策やロシア・フランスの政策と衝突し、第一次大戦の原因の一つとなった。

サンビーム〖sunbeam〗太陽光線。

サン-ピエール〖Jacques Henri Bernardin de Saint-Pierre〗[1737～1814]フランスの小説家・博

物学者。ルソーの弟子。大作「自然研究」の挿話をなす、文明への批判と自然賛美に満ちた恋愛小説「ポールとビルジニー」が有名。

サンピエール-しゅうどういんふぞくきょうかい【サンピエール修道院付属教会】―シウダウキンフゾクケウクワイ《Église Saint-Pierre》フランス南西部、ミディ-ピレネー地方、タルヌ-エ-ガロンヌ県の町モアサックにある、旧ベネディクト派修道院の付属教会。タンパン(正面入口上部の半円部分)の彫刻や回廊はロマネスク様式の傑作として知られる。1998年、サンティアゴ-デ-コンポステラの巡礼路に沿う教会の一として世界遺産(文化遺産)に登録された。サンピエール教会。

サンピエール-だいせいどう【サンピエール大聖堂】―ダイセイダウ ㊀《Cathédrale Saint-Pierre》スイス、ジュネーブの旧市街にある大聖堂。12世紀から13世紀にかけて建造。度重なる改築や増築を経て、ロマネスク様式やゴシック様式が混在した現在の姿になった。宗教改革の指導者、ジャン=カルバンの布教の本拠地としても知られる。地下に考古学資料館、隣接して国際宗教改革博物館がある。㊁《Cathédrale Saint-Pierre de Nates》フランス西部、ロアール-アトランチック県、ロアール川下流の河港都市ナントにあるゴシック様式の大聖堂。1434年に着工、1891年に完成。ブルターニュ大公フランソワ2世の墓所がある。16世紀フランスの彫刻家ミシェル=コロンブが手がけた装飾は、初期ルネサンス様式の傑作とされる。

サンピエール-ミクロン〖Saint-Pierre et Miquelon〗カナダの東、ニューファンドランド島南沖にあるフランス海外領土。サンピエール島・ミクロン島などから成り、タラなどの漁業が盛ん。人口5943人(2010)。

サンピエトロ-イン-ビンコリ-きょうかい【サンピエトロインビンコリ教会】―ケウクワイ《Basilica di San Pietro in Vincoli》イタリアの首都ローマにある教会。5世紀の創建。聖ペテロがエルサレムとローマの牢獄でつながれていた鎖を祭る。16世紀初頭、ローマ教皇ユリウス2世は霊廟(れいびょう)の製作をミケランジェロに依頼したが未完成のまま中断され、現在はモーゼ像のみが残る。

サンピエトロ-だいせいどう【サンピエトロ大聖堂】―ダイセイダウ《San Pietro》バチカン市国にあるローマカトリック教会の中心をなす聖堂。コンスタンティヌス1世時代に聖ペテロの墓上に建てられた木造建築を起源とし、1506年以降ブラマンテやラファエロなどの設計により全面改築計画が進められたが、その死により中絶。ミケランジェロやカルロ=マデルノの設計をもとに、17世紀初めにほぼ完成した。聖ペテロ大聖堂。セントピーター寺院。

サンピエトロ-ひろば【サンピエトロ広場】《Piazza San Pietro》バチカン市国のサンピエトロ大聖堂の前にある広場。長さ340メートル、幅240メートルの楕円形の広場で、17世紀のバロック様式を代表する彫刻家・建築家ベルニーニが設計。中央にローマ皇帝カリグラが紀元1世紀にエジプトから運んだ高さ25.5メートルのオベリスクがあり、半円形の回廊の上部に140体の聖人像が飾られている。1984年、「バチカン市国」の名称で世界遺産(文化遺産)に登録された。

さんび-か【賛美歌】《hymn》キリスト教会で、神を賛美し、信仰を励ます歌。聖歌。

サンビジリオ-だいせいどう【サンビジリオ大聖堂】―ダイセイダウ《Cattedrale di San Vigilio》イタリア北東部、トレンティーノアルトアディジェ自治州の都市トレントにある大聖堂。6世紀頃の司祭でトレントの守護聖人であるビジリオ(ウィギリウス)を祭る。12世紀から13世紀にかけて建造され、ロンバルディア-ロマネスク様式とゴシック様式が混在する。16世紀半ば、反宗教改革とカトリック教会の結集のためのトレント公会議(トリエント公会議)が開かれた。トレント大聖堂。

サンビセンテ-デ-フォーラ-きょうかい【サンビセンテデフォーラ教会】―ケウクワイ《Igreja de São Vicente de Fora》ポルトガルの首都リスボン、アルファマ地区にある教会。12世紀にアフォンソ=エンリケス(後のポルトガル王アフォンソ1世)がイスラム教徒からの同地の奪還を記念して建てた修道院に起源。現在の建物は16世紀から17世紀にかけて建造され、後期ルネサンスのマニエリスム様式の外観をもつ。付属の修道院はブラガンサ王朝の霊廟(れいびょう)になっている。

サンビセンテ-みさき【サンビセンテ岬】《Cabo de São Vicente》ポルトガル南西部、サグレス半島の岬。ヨーロッパ大陸の最南西端にあたる。名称は、リスボンの守護聖人サン=ビセンテの遺体を乗せた船が流れ着いたことに由来する。

サンビターレ-せいどう【サンビターレ聖堂】―セイダウ《Basilica di San Vitale》イタリア北東部、エミリアロマーニャ州の都市ラベンナにある教会。6世紀半ば、東ローマ帝国の時代に建造。八角形の平面構成をもつ堂内には、ユスティニアヌス1世や皇后テオドラを描いた荘厳なモザイクがあり、ビザンチン美術の傑作として知られる。1996年、「ラベンナの初期キリスト教建築群」の名称で世界遺産(文化遺産)に登録された。

さん-ぴつ【三筆】三人の能書家。㊀平安初期の嵯峨天皇・橘逸勢(たちばなのはやなり)・空海。㊁世尊寺流の三筆として、藤原行成・藤原行能・藤原行尹(ゆきただ)。㊂寛永の三筆として、近衛信尹(このえのぶただ)・本阿弥光悦・松花堂昭乗。㊃黄檗(おうばく)の三筆として、隠元・木庵性瑫(もくあんしょうとう)・即非如一。㊄幕末の三筆として、市河米庵・貫名海屋(ぬきなかいおく)・巻菱湖(まきりょうこ)。

さん-ぴつ【算筆】算術と習字。計算をすることと文字を書くこと。「ただ―に達者だという事の外に、大した学問も才幹もない彼が」〈漱石・道草〉

さん-ひめ【三姫】歌舞伎で、時代物の姫役のうち至難とされる三役。「本朝廿四孝」の八重垣姫、「鎌倉三代記」の時姫、「祇園(ぎおん)祭礼信仰記」の雪姫。

さん-びゃく【三百】❶100の3倍。❷銭、三百文(もん)。転じて、わずかな金額、また、低級で値打ちのないもの。❸「三百代言」の略。

さんびゃく-しょこう【三百諸侯】《江戸時代、大名の数が約300あったところから》すべての大名。

さんびゃく-だいげん【三百代言】❶代言人の資格がなくて他人の訴訟や談判などを扱った者。もぐりの代言人。また、弁護士をののしっていう語。❷相手を巧みに言いくるめる弁舌。詭弁(きべん)。また、それを用いる者。

さんびゃく-だな【三百▽店】家賃がきわめて安い、粗末な借家。「―に新造(しんぞう)とさしむかひ」〈柳多留・二一〉

さんびゃくろくじゅうご-にち【三百六十五日】サンビヤクロクジフゴー ❶一年。一年間。一年の日々。「―を日記に記録する」❷(副詞的に用いて)一年中。まる一年。また、毎日。「―、起きて、食べて、寝るだけだ」

さんびゃくろくじゅう-ど【三百六十度】サンビヤクロクジフー ❶1度の360倍。❷(副詞的に用いる)すべての方向。「―ぐるっと海に囲まれた孤島」

さんびゃくろくじゅうど-ひょうか【三百六十度評価】サンビヤクロクジフドヒヤウカ 評価される人の上司・同僚・部下、接触のある他部門の担当者、取引先からと、多方面の評価を求める人材評価制度。結果は適正に処理の上、本人にも示される。多面評価。

さん-びょう【三苗】―ベウ 古代中国で、現在の湖南・湖北・江西地方にいた異民族。漢族の支配に対してしばしば反乱を起こした。苗族。

さん-ぴょう【散票】―ペウ ❶ある候補者に対して、方々の投票所で少しずつ入れられる票。❷投票が特定の候補者や政党に集まらずに分散すること。

さん-ぴょう【賛評┆×讃評】―ピヤウ ほめた批評。

さん-びょうし【三拍子】―ビヤウシ ❶音楽で、三つの拍を一つの単位とする拍子。強・弱・弱の配置をとる。❷小鼓・大鼓・太鼓・笛など3種の楽器で拍子をとること。また、その拍子。❸三つの重要な条件。

三拍子揃(そろ)・う 必要な要素をすべて備えている。「投・攻・守の―・った好チーム」

さん-びょうどうかん【三平等観】―ビヤウドウクワン 密教の観法で、人間の身・口・意の三業(さんごう)は仏の三密にかなって修められ、また、その隠された本性では仏の身・口・意の三業と同じであるから、衆生の三業に仏の三密が加わり即身成仏の悟りとなるというもの。

さん-ぴら【三平】平安末期、備前の有名な刀工、高平・助平・包平(かねひら)の三人。

サン-ピラー〖sun pillar〗日の出または日の入りの際に、太陽から垂直方向に伸びて見える光芒。暈(かさ)の一種。太陽柱。

さん-ぴん【三▽一】《「ぴん」は、ポルトガル pinta(点の意)の音変化か》❶二つのさいころに三と一の目が出ること。❷「三一侍(さんぴんざむらい)」の略。❸「三一奴(さんぴんやっこ)」の略。

さん-ぴん【三品】❶三つの品物。❷書画にそなわるべき三つの品位。神品・妙品・能品。❸男子の志すべき三つの品位。道徳・功名・富貴。❹商品取引市場で、綿花・綿糸・綿布のこと。

さん-ぴん【産品】産出する品物。生産品。

ざん-ぴん【残品】売れ残った品物。

(類語)残り・残存・残部・残留・名残・残務・残余・残

さんぴん-ざむらい【三▽一侍】―ざむらひ《1年間の扶持が3両1分であったところから》江戸時代、身分の低い武士を卑しんでいう語。三一奴(さんぴんやっこ)。

さんぴん-やっこ【三▽一▽奴】「三一侍(さんぴんざむらい)」に同じ。

さん-ぶ【三部】❶三つの部分。三つの部門。❷密教で、胎蔵界を分けた、仏部・蓮華部・金剛部。また、金剛界・胎蔵界・蘇悉地(そしつじ)。台密では胎蔵界・金剛界・胎金合部。❸「三部経」の略。❹漢方で、3か所の脈。身体を上中下の3部に分け、さらに、それぞれを天人地に分けて脈をとる。

さん-ぷ【三府】もと、東京府・京都府・大阪府の称。

さん-ぷ【参府】〔名〕スル 江戸時代、大名が江戸へ参勤したこと。また一般に江戸へ出ること。出府(しゅっぷ)。

さん-ぷ【産婦】出産直前または直後の女性。

(類語)妊婦・妊産婦

さん-ぷ【散布┆×撒布】〔名〕スル《「さっぷ(撒布)」の慣用読み》❶まきちらすこと。「農薬を空から―する」❷ちらばって存在すること。「海岸に―せる…古き石より集めたり」〈中村訳・西国立志編〉

ざん-ぶ【残部】❶残りの部分。❷書籍などの売れ残りの部数。「―僅少(きんしょう)」

(類語)残り・残留・名残・残存・残品・残務・残余・残

ざん-ぶ【×讒×誣】〔名〕スル 事実ではないことを言いたてて他人をそしること。「彼人々は余を猜疑し、又遂に余を―するに至りぬ」〈鷗外・舞姫〉

ざんぶ〔副〕大きなものが勢いよく水中に飛び込む音や、大きな波が打ち寄せる音を表す語。「橋の上から―と川に飛び込んだ」

サン-フアン〖San Juan〗米国領プエルトリコの都市。1519年にスペイン人が建設。要塞などが残る。観光・保養地。

サンフアン-アイランド〖San Juan Island〗▶サンフアン島

サンファン-デ-ロス-レイエス-しゅうどういん【サンファンデロスレイエス修道院】―シウダウヰン《Monasterio de San Juan de los Reyes》スペイン中央部、カスティーリャ-ラマンチャ州の都市トレドにある修道院。15世紀末、トロの戦いでポルトガルに勝利したことを記念してフェルナンド5世、イサベル1世のカトリック両王により建造。ゴシックとムデハルが混交したイサベル様式の典型的な建築。1986年、「古都トレド」の名称で旧市街全域が世界遺産(文化遺産)に登録された。

サンフアン-とう【サンフアン島】―タウ《San Juan Island》米国ワシントン州北西部、フアン-デ-フカ海峡に浮かぶサンフアン諸島の主島。オルカ(シャチ)をはじめとするクジラ類のウオッチングや、釣り、シーカヤックなどのマリンレジャーが盛ん。中心地はフライデーハーバー。サンフアンアイランド。

さんぶ-いっそう【三武一宗】中国で、仏教を弾圧した四人の天子。北魏の太武帝、北周の武帝、唐の武宗、後周の世宗。

サンフィリペ-じょう【サンフィリペ城】―ジヤウ《Castelo de São Filipe》ポルトガル南西部の港湾都市セトゥーバルの西郊にある城。16世紀末、ポルトガルを併合したスペイン王フェリペ2世により、イギリス軍に対する防備を目的として建造。

さんぷう【杉風】▶杉山杉風(すぎやまさんぷう)

さんぷうせいとん-うんどう【三風整頓運動】▶整風運動

サンフェリペごう-じけん【サンフェリペ号事件】慶長元年(1596)暴風雨のため土佐の浦戸に漂着したスペイン船サンフェリペ(San Felipe)号の処置をめぐって生じた事件。豊臣秀吉は、船荷と乗員の所持金のすべてを没収した。

サンフォライズ〖Sanforized〗綿布などに施す防縮加工法。また、それを施した布。米国のサンフォード=クルーエット(Sanford Cluett)が考案。商標名。

さんぶ-かい【三部会】フランスの中世末から絶対王権確立期までの身分制議会。聖職者・貴族・平民の三身分の代表者から構成され、全国三部会と地方三部会に分けられる。全国三部会は1615年以降は招集されず、1789年5月に再開され、フランス革命の導火線となった。

さんぶ-がっしょう【三部合唱】三つの声部からなる合唱。

さんぶかなしょう【三部仮名鈔】鎌倉時代の仏教書。向阿証賢著。元亨年間(1321～1324)成立。「帰命本願鈔」3巻・「西要鈔」2巻・「父子相迎」2巻の総称。和文で、浄土宗の教義を説く。

さんぶ-がゆ【三分×粥】米1、水20の割合(容量比)で炊いた水分の多いかゆ。

さん-ふきょ【三不去】中国古代や日本の律令制で、妻を離別してはならないとされた三つの場合。帰る家のない場合、舅・姑の喪を果たした場合、貧賤であった夫が富貴になっている場合。

さんぶ-きょう【三部経】それぞれの立場で最も尊重する経典三部を選んだもの。浄土三部経は、無量寿経・観無量寿経・阿弥陀経。法華三部経は、無量義経・法華経・観普賢経。大日三部経は、大日経・金剛頂経・蘇悉地経。弥勒三部経は、上生経・下生経・成仏経。鎮護国家の三部経は、法華経・仁王般若経・金光明最勝王経。

さんぶ-ぎょう【三奉行】江戸幕府の三つの奉行。寺社奉行・勘定奉行・町奉行。

さんぶ-きょく【三部曲】三部作の楽曲。

さん-ぷく【三伏】夏の最も暑い時期。夏至後の第3の庚の日を初伏、第4の庚の日を中伏、立秋後の最初の庚の日を末伏といい、この三つをあわせていう。(季 夏)「一の月の穢に鳴く荒鵜かな/蛇笏」

さん-ぷく【三福】仏語。福徳をもたらす3種の善行。観無量寿経に説く、世間の道徳を守る世福、戒律を守る戒福、大乗の自利利他の善根を行う行福。

さん-ぷく【山腹】山頂と麓との間の部分。中腹。

さんぷく-つい【三幅対】三幅で一組になる画軸・掛け物。

さん-ぷくでん【三福田】供養することによって福徳が得られる三つのもの。敬田・恩田・悲田の称。また、三宝のこと。

さんぶ-けいしき【三部形式】一つの楽曲が三つの楽節からなる形式。同一または類似の第一部分・第三部分の間に、対照的な性格の中間部が置かれることが多い。三部分形式。

さんぷ-ざい【散布剤】散布して用いる薬剤。

さんぶ-さく【三部作】三つの独立した部分から成立する一つの作品。ダンテの「神曲」における「地獄編」「煉獄編」「天国編」など。また、一貫した主題や筋によって相互に関連をもつ三つの作品。夏目漱石の「三四郎」「それから」「門」など。

さん-ふじん【三婦人】能で、「楊貴妃」「定家」「大原御幸」の3曲のこと。鬘物に属し、高貴な女性をシテとする。

さんふじん-か【産婦人科】婦人に特有の病気、および妊娠・分娩を扱う医学の臨床科名。

さんふじんか-い【産婦人科医】産婦人科を専門とする医師。

さんぶ-しんとう【三部神道】神道で、吉田神道・両部神道・本迹縁起神道の称。三家神道。

さん-ぶつ【産物】❶その土地で産する物品。❷あることが背景となってうみ出されたもの。「長年にわたる研究の―」「時代の―」類語 物産・産・土産

さん-ぶつ【×讃仏】仏の功徳をたたえること。

ざん-ぶつ【残物】のこりもの。あまりもの。
類語 残り・余り・残余・残部・剰余・余剰・余分・余裕・余計・端数・おこぼれ

さんぶつ-え【×讃仏会】真宗で、仏の功徳をたたえるため、春秋2回の彼岸に行う法会。

さんぶつ-かいしょ【産物会所】▶国産会所

さんぶつ-じ【三仏寺】鳥取県東伯郡三朝町にある天台宗の寺。山号は三徳山。慶雲3年(706)役えんの小角の創建と伝える。嘉祥2年(849)円仁が再興。古くから山岳修験の道場。崖の岩窟に建てられた奥院の投入堂は平安時代の建築で、国宝。伯耆西国三十三番霊場第29番札所。美徳山。

さんぶつ-じょう【×讃仏乗】仏の教えをほめたたえること。

さん-ぶっしん【三仏身】▶三身

さんぶつせい【三仏斉】▶シュリービジャヤ

さん-ぶつど【三仏土】仏語。三身の居住する3種の仏土。法身仏の法性土、報身仏の受用土、化身仏の変化土。

さんぷ-ど【散布度】一つの集団についての統計データで、平均値のまわりでの散らばりの度合い。平均偏差・標準偏差など。散らばりぐあい。

さん-ふどう【三不動】有名な三つの不動明王。㊀平安時代に描かれた、大津園城寺の黄不動、高野山明王院の赤不動、京都青蓮院の青不動の三つの不動明王画像。㊁東京の目黒不動・目白不動・目赤不動。

さんぷ-の-よう【三×釜の養】《「荘子」寓言から。1釜は6斗4升にあたる》わずかな給料の中から親に孝養を尽くすこと。曽子が、親の存命中は3釜の俸禄でも孝養を尽くせたので心楽しかったが、のちに3000鍾(1鍾は1釜の10倍)を得ても、親が亡くなったので楽しくないと言ったという故事から。

さんぶ-ほんしょ【三部本書】日本の古代を記した旧事紀・古事記・日本書紀の3書。吉田神道でいう。

サンプラ「サンプラチナ」の略。

サンプラー〖sampler〗❶見本検査人。食べる、飲む、見る、聞くなどを試して感想を述べる人。❷「サンプリング楽器」に同じ。

サンブラス-しょとう【サンブラス諸島】《Archipiélago de San Blás》パナマ北東部、カリブ海沿岸に散らばる諸島。大小350以上の島々からなり、モラと呼ばれる伝統衣装で知られる先住民クナ族が居住する。空港があるポルベニール島をはじめ、ウィチュブワラ島、ナルネガ島に、観光客が多く訪れる。

サンプラチナ〖Sanplatinum〗クロムを含むニッケルの合金で、歯科材料の一つ。銀白色で、歯にかぶせて用いる。商標名。サンプラ。

サンフラワー〖sunflower〗「向日葵」に同じ。

サンフラワー-オイル〖sunflower oil〗ヒマワリ油のこと。リノール酸・ビタミンEを多く含む。

サン-フランシスコ〖San Francisco〗米国カリフォルニア州中部にある港湾都市。半島の先端にあり、ゴールデンゲートブリッジ、ベイブリッジがかかる。1848年のゴールドラッシュで急激に発展。米国最大級のチャイナタウンがある。人口、行政区81万(2008)。補説「桑港」とも書く。

サンフランシスコ-エル-グランデ-きょうかい【サンフランシスコエルグランデ教会】《Real Basílica de San Francisco el Grande》スペインの首都、マドリードにある教会。13世紀にアッシジの聖フランチェスコが巡礼の途中に建てた礼拝堂に起源する。現在見られるマドリード最大の円堂をもつ教会は、18世紀にスペイン王カルロス3世の命により建造。ゴヤやスルバランなどの宗教画があることで知られる。

サンフランシスコ-きょうかい【サンフランシスコ教会】《Igreja de São Francisco》㊀ポルトガル中南部の都市エボラの旧市街にある教会。15世紀から16世紀にかけて建造され、ゴシック様式とマヌエル様式が混在する。5000体もの人骨を壁や柱に埋め込んだ人骨堂がある。エボラ大聖堂、ロイオス教会、ディアナ神殿などとともに、城壁に囲まれた旧市街全体が1986年に「エボラ歴史地区」の名称で世界遺産(文化遺産)に登録された。㊁ポルトガル北西部の港湾都市ポルトの旧市街にあるゴシック様式の教会。14世紀に修道院の付属教会として建造。17世紀の改装で、ターリャドウラーダ(金泥細工)によるバロック様式の豪華な内部装飾が施された。1996年、ポルト大聖堂、クレリゴス教会、ボルサ宮殿などとともに、「ポルトの歴史地区」の名称で世界遺産(文化遺産)に登録された。

サンフランシスコ-こうわじょうやく【サンフランシスコ講和条約】第二次大戦を終結させるため、日本と連合国との間で結ばれた条約。昭和26年(1951)9月サンフランシスコで、ソ連・ポーランド・チェコスロバキアの三か国を除く連合国四八か国と日本とにより調印。米国による信託統治、海外領土の放棄などを規定。対日講和条約。

サンフランチェスコ-せいどう【サンフランチェスコ聖堂】《Basilica di San Francesco》㊀イタリア中部、ウンブリア州の都市アッシジにある教会。フランチェスコ修道会を創設したフランチェスコの死後、1228年にローマ教皇グレゴリウス9世により着工、53年に献堂された。傾斜地を利用した2層構造で、上下の聖堂に分けられる。下の聖堂はロマネスク、ゴシックの両様式が混在し、チマブエ作「聖母子、天使および聖フランチェスコ」、シモーネ=マルティーニ作「聖マルティヌスの物語」などのフレスコ画がある。上の聖堂はゴシック様式で開放的な空間をもち、側壁はジョットの最高傑作の一とされるフレスコ画「聖フランチェスコの生涯」が描かれている。同聖堂と関連する遺跡群を含め、2000年に世界遺産(文化遺産)に登録された。㊁イタリア中部、トスカーナ州の都市アレッツォにあるゴシック様式の教会。13世紀から14世紀にかけて建造。ピエロ=デラ=フランチェスカの最高傑作の一とされるフレスコ画「聖十字架物語」がある。

サンフランチェスコ-ダッシジ-きょうかい【サンフランチェスコダッシジ教会】《Chiesa di San Francesco d'Assisi》イタリア南部、バジリカータ州の都市マテーラにある教会。13世紀にもともとあった洞窟教会の上にロマネスク様式の教会を建造。18世紀にファサードを改築し、バロック様式の装飾を施した。

サンフランチェスコ-ディ-パオラ-きょうかい【サンフランチェスコディパオラ教会】《Basilica di San Francesco di Paola》イタリア南部、カンパニア州の都市ナポリにある教会。ナポリ王宮の正面、プレビシート広場に面する。1814年から15年にかけて開かれたウィーン会議において、ブルボン家が両シチリア王に復位したことを記念して建てられた。新古典様式の建物で、ローマのパンテオンに似る。

サンフリアン-デ-ロス-プラドス-きょうかい【サンフリアンデロスプラドス教会】《Iglesia de San Julián de los Prados》スペイン北西部、アストゥリアス州の都市オビエドにある教会。市街北東部のサントゥリャーノ公園に位置する。9世紀前半、アストゥリアス王アルフォンソ2世の時代に建造。ロマネスク以前のプレロマネスク様式という独自の建築様式の中でも最大規模のものとして知られ、1998年に「オビエドとアストゥリアス王国の建築物」の名称で世界遺産(文化遺産)に登録された。

サンプリング〖sampling〗〔名〕スル ❶検査などのために見本を抜き出すこと。また、統計調査で、対象となる母集団から標本を抽出すること。標本抽出。❷アナログ信号をデジタル信号に変換する際、一定時間ごとに分割すること。単位時間当たりの分割数をサンプリング周波数といい、この値が大きいほど、精度が高いデジタル信号が得られる。標本化。

サンプリング-オシロスコープ〖sampling oscilloscope〗高い周波数で繰り返す波形を観測するため、その波形の一部を一定の時間を隔てて繰り返し抽出し、それらを組み合わせて元の波形を再現する

方式のオシロスコープ。
サンプリング-がっき【サンプリング楽器】《sampling instruments》生の楽器の音、自然音や日常の生活音、動物・人の声などをデジタル録音で採集し、その音を加工して、または無加工のまま音程をつけ、音源として利用する電子楽器。
サンプリング-しゅうはすう【サンプリング周波数】《sampling frequency》アナログ信号をデジタル信号に変換するときに時間軸に対して細かく分割するが、その分割数のこと。標本化周波数。サンプルレート。サンプリングレート。
サンプリングビット-すう【サンプリングビット数】《sampling bit rate》▶量子化ビット数
サンプリング-レート〖sampling rate〗▶サンプリング周波数
サンプル〖sample〗見本。また、標本。
サンプル-レート〖sample rate〗▶サンプリング周波数
サンフレッチェ-ひろしま【サンフレッチェ広島】日本プロサッカーリーグのクラブチームの一。ホームタウンは広島市。昭和13年(1938)創設のマツダ(自動車)のサッカー部が前身。平成5年(1993)のJリーグ発足時から参加。補説「サンフレッチェ」はイタリア語の「フレッチェ(矢の意)」に、日本語の3を組み合わせ、毛利元就の三本の矢の教えにちなんだ造語。
サンフレディアーノ-きょうかい【サンフレディアーノ教会】《Basilica di San Frediano》イタリア中部、トスカーナ州の都市ルッカにあるロマネスク様式の教会。12世紀前半に建造。ファサードを飾る、キリスト昇天を描いたビザンチン風のモザイクは、13世紀の作。内部にはヤコポ=デッラ=クエルチャの祭壇彫刻、ルネサンス期の彫刻家・陶匠アンドレア=デッラ=ロッビアの彩色陶板による「受胎告知」がある。
サンブロック〖sunblock〗日焼け止めのクリームやローションなど。
さん-ふわく【三不惑】酒・女・金の三つにおぼれないこと。
さん-ぶん【三分】〘名〙スル 三つに分けること。「領土を―する」
さん-ぶん【惨聞】いたましいうわさ。悲惨な風聞。
さん-ぶん【散文】韻律や定型にとらわれない通常の文章。⇔韻文。類語 文章・文・文体・章句
さん-ぷん【散粉】殺虫剤など、粉状のものをまくこと。「―機」
ざん-ぷん【×慙憤|×慚憤】〘名〙スル 恥じて、憤ること。
さんぶん-し【散文詩】散文形式で書かれた詩。
さんぶん-ていそく【三分×鼎足】《「史記」淮陰侯伝の「天下を三分し、鼎足して居るに若くはなし」から》天下を三分して互いに対立すること。
さんぶん-てき【散文的】〘形動〙❶散文のような形式・趣であるさま。❷詩情に乏しいさま。無趣味でおもしろみのないさま。「―な解釈」
さん-ぺい【傘柄】かさの柄。また、キノコの傘の柄。茎のこと。
さん-ぺい【散兵】兵士を密集させず、適当な間隔をとって散開させること。また、その兵士。
ざん-ぺい【残兵】戦闘後に生き残った兵。
さんぺい-かいきょう【三平開胸】中国の故事。唐の禅僧石鞏が、参禅に来た三平(義忠禅師)に弓を向けて試したところ、三平は弓を恐れず胸を開き、それは人を殺す矢か活かす矢かとたずねたので、深く感じ入ったという。画題とされる。石鞏張弓。
さんぺい-ごう【散兵×壕】散兵が敵弾から身を守り、射撃するために掘る壕。
さんぺい-じまん【三平▽二満】❶《「三」「二」は少ない意。三でも平安、二でも満足の意からという》十分に満たされてはいなくても、心が安らかで満足していること。❷額・鼻・あごの三つが平らで、両のほおがふくらんでいる顔。器量のよくない女の形容としていう語。おたふく。おかめ。「―の口紅、しなだれかかる会釈顔」〈浄・反魂香〉
さんぺい-じる【三平汁】ニシンのぬか漬けやサケのあらなどを野菜と煮合わせた塩汁。北海道の郷土料理。松前藩賄方、斎藤三平の創案という。(季 冬)
サン-ベイズ〖sunbathe〗日光浴。
さんぺい-せん【散兵線】敵弾による損害を避けるため、散兵で形成する戦闘線。
さんへいほう-の-ていり【三平方の定理】▶ピタゴラスの定理
さんべ-おんせん【三瓶温泉】島根県中部、三瓶山南麓の温泉。泉質は塩化物泉。旧称、志学しがく温泉。
さん-ぺき【三×碧】九星の一。星では木星、方角では東。
さんべ-さん【三瓶山】島根県中部にある火山群。古くは佐比売さひめ山といい「出雲国風土記」の国引きの伝説の山。最高峰の親三瓶(男三瓶とも。標高1126メートル)のほか、女三瓶・子三瓶・孫三瓶が連なる。
ザンベジ-がわ【ザンベジ川】《Zambezi》アフリカ大陸南部の川。アンゴラ東部に源を発し、ザンビア・ジンバブエの国境を流れてインド洋のモザンビーク海峡に注ぐ。中流にビクトリア滝やカリバ湖がある。
さん-べつ【産別】❶「産業別」の略。❷▶産別会議
さんべつ-かいぎ【産別会議】「全日本産業別労働組合会議」の略称。昭和21年(1946)各種の産業別組合が共同闘争を目的として結成した全国組織。第二次大戦後の労働運動の中核となったが、弾圧や内部分裂によって弱体化し、昭和33年解散。
さんべつ-くみあい【産別組合】▶産業別組合
さんべつ-ろうそ【産別労組】▶産業別組合
サン-ペドロ〖San Pedro〗中央アメリカ、ベリーズの北東部の島、アンバーグリスキーの町。世界遺産(自然遺産)に登録された世界第2位の規模を誇るサンゴ礁への観光拠点として知られる。
サン-ペドロ-スーラ〖San Pedro Sula〗中央アメリカ、ホンジュラス北西部にある同国第2の都市。コルテス県の県都。バナナ、コーヒーなどの集散地として発展。同国最大の湖、ヨホア湖やカリブ海沿岸の大航海時代に建てられたオモア砦がある。
サン-ペドロ-デ-アタカマ〖San Pedro de Atacama〗チリ北部、アタカマ州、アタカマ砂漠にある町。アタカマ文化が栄えていたが、15世紀後半、インカ帝国の侵入により衰退。アタカマ高地への観光拠点として知られる。
サンペトロニオ-せいどう【サンペトロニオ聖堂】《Basilica di San Petronio》イタリア北東部、エミリアロマーニャ州の都市ボローニャにあるゴシック様式の教会。14世紀末、アントニオ=ディ=ベンチェンツィオの設計により着工され、17世紀半ばまで建設が続けられたが、ファサード上部は今もなお未完成。ヤコポ=デッラ=クエルチャによる正面入口の上部を飾る聖人像、聖母子像は初期ルネサンス彫刻の傑作として知られる。
サンベニーニュ-だいせいどう【サンベニーニュ大聖堂】《Cathédrale Saint-Bénigne》▶サンベニーニュ-ド-ディジョン大聖堂
サンベニーニュ-ド-ディジョン-だいせいどう【サンベニーニュドディジョン大聖堂】《Cathédrale Saint-Bénigne de Dijon》フランス中東部、ブルゴーニュ地方の中心都市ディジョンにある大聖堂。伝道者聖ベニーニュの墓所に建てられた11世紀初頭のベネディクト派修道院に起源し、現在見られるゴシック様式の塔は13世紀に建造された。地下祭室には初期ロマネスク様式の柱頭彫刻が残っている。サンベニーニュ大聖堂。
サンベネゼ-ばし【サンベネゼ橋】《Pont Saint-Bénezet》フランス南部、ボークリューズ県の都市アビニョンにある、ローヌ川に架かる石造アーチ橋。12世紀の建造当初は22連のアーチ橋だったが、度重なる洪水により大部分が破壊され、現在は4本の橋桁と橋の上にあるサンニコラ礼拝堂のみが残っている。1995年、「アビニョン歴史地区:教皇宮殿、大司教座の建造物群、およびアビニョン橋」の名称で世界遺産(文化遺産)に登録された。アビニョン橋。
サンベルト〖Sunbelt〗米国南部の、カリフォルニア州からノースカロライナ州に至る、北緯37度線以南の温暖な地域の称。1970年代以降、航空機・エレクトロニクスなどの諸産業が発達し、人口も増大。補説 年間を通して日照時間が長く、温暖で降雨量が少ないなど、同じような特徴のある地域を「日本のサンベルト」のように例えていう。
サンベルナール-とうげ【サンベルナール峠】《Saint-Bernard》アルプス西部、イタリア・スイス国境にある標高2469メートルの大サンベルナール峠と、フランス・イタリア国境の標高2188メートルの小サンベルナール峠との総称。前者は古代からの要路。また、聖ベルナールの創立した僧院があり、遭難救助犬セントバーナードの飼育が行われた。セントバーナード峠。
サンベルナルディーノ-きょうかい【サンベルナルディーノ教会】《Chiesa di San Bernardino》イタリア北東部、ベネト州の都市ベローナにある教会。15世紀半ばにゴシック様式で建造。六つの礼拝堂にはモローネ父子をはじめとするベローナ派の画家によるフレスコ画がある。
サンベルナルディーノ-れいはいどう【サンベルナルディーノ礼拝堂】《Oratorio di San Bernardino》イタリア中部、ウンブリア州の都市ペルージアにある礼拝堂。15世紀半ばに建造された。ファサードの色大理石を用いたレリーフはルネサンス期の彫刻家アゴスティーノ=ディ=ドゥッチオによる傑作として知られる。
さん-べん【三遍】三度。三回。みたび。
三遍回って煙草にしょ《夜回りで、三度見回ってから休憩しようの意から》休むことを急がず、念を入れて手落ちのないように気をつけよう。
ざん-ぺん【残片】のこったきれはし。
ざん-ぺん【残編|残×篇】❶多くが散逸した書物の、のこっている部分。❷刊行されている書物に、あとから付け加える編。
さんぺん-そくりょう【三辺測量】互いに見通せる地上の3点を選んで三角形をつくり、その3辺の長さのみを測定して広範囲に測量基準点を決定する測量法。電波やレーザー光を用いる精密な測距儀の登場により、従来の角度を測量する三角測量に代わって急速に普及した。
サン-ヘンプ〖sunn hemp〗マメ科の低木状一年草。インド原産。高さ1〜3メートル。茎から繊維をとり、麻の代用とする。また、その繊維。
サンボ〖ロシア sambo〗《samooborana bjez oružija(武器を持たない自己防衛の意)の略》柔道とレスリングとを混合したような格闘技。多数の民族格技をもとに1930年代にソ連で始められたもので、絞め技のない柔道ともいわれ、関節技に特徴がある。
さん-ぽ【三▽浦】李氏朝鮮、世宗の時(1418〜1450)に定めた日本との通商港、乃而浦(現在の熊川)・富山浦(現在の釜山)・塩浦(現在の蔚山)の3港。
さん-ぽ【×刪補】削ることと補うこと。取り去ったり付け足したりすること。刪除と補足。
さん-ぽ【散歩】〘名〙スル 気晴らしや健康などのために、ぶらぶら歩くこと。散策。「公園を―する」
類語 散策・足任せ・逍遥・そぞろ歩き・漫歩・遊歩・歩く・ぶらつく・ほっつく・漫遊・巡歴・行脚・跋渉
ザンボア〖ポルトガル zamboa〗ザボン。(季 冬) 補説「朱欒」とも書く。
ザンボア【朱欒】文芸雑誌。明治44年(1911)11月から大正2年(1913)5月まで19冊刊。北原白秋編集。後期浪漫派の活躍の場となった。大正7年1月発刊の改題誌「ザムボア」は同年9月で廃刊。
さん-ぽう【三方】《「さんぼう」とも》❶三つの方向。三つの方面。❷前と左右の三方に刳形の穴をあけた台を方形の折敷につけたもの。ヒノキの白木製を普通とし、神仏や貴人に物を供したり、儀式のときに物をのせたりするのに用いる。三宝。
さん-ぼう【三宝】━〘名〙❶仏語。仏と、仏の教えである法と、その教えを奉じる僧の三つの宝。仏・法・

僧。❷仏の異称。❸《「孟子」尽心から》諸侯の三つの宝で、土地と人民と政事。❹道家(どうか)で、耳と目と口。❺「三方❷」に同じ。㊁〔接尾〕名詞、形容動詞の語幹、副詞などに付く。❶その意味を強める。「先刻(さっき)から首を長くして、もう帰(け)えるか、もう帰るかと思ふに、再び―帰るもんぢゃあねえ」〈滑・浮世風呂・前〉❷思いのままにするという意を表す。ほうだい。「病人のいひなり―にして上げなせえ」〈滑・浮世風呂・二〉

さん-ぼう【三房】ーバウ 名前に「房」の字を持つ、学問・和歌に秀でた三人の称。平安時代の藤原伊房(ふじわらのこれふさ)・藤原為房・大江匡房(おおえのまさふさ)。また、鎌倉末期から南北朝時代の吉田定房・藤原宣房(万里小路宣房)・北畠親房。

さん-ぼう【山房】ーバウ ❶山の中にある家。山荘。❷(多く、他の語の下に付けて)書斎。「漱石―」

さん-ぼう【参謀】❶謀議に加わること。また、その人。「選挙―」❷高級指揮官の幕僚として、作戦・用兵などの計画に参与し、補佐する将校。[類語]提督

さん-ぽう【三報】仏語。果報の3区別。現報・生報・後報。

さん-ぽう【山砲】ーバウ 山地など、車両の使用ができない地域での使用に適するように作られた火砲。分解して運搬ができる。

さん-ぽう【算法】ーバフ ❶計算の方法。算術。❷江戸時代、数学をいう語。

ざん-ぼう【×讒×謗】ーバウ〔名〕スル 人をあしざまに言うこと。「罵詈(ばり)―」

さんぼういちりょうぞん【三方一両損】サンバウイチリヤウゾン 落語。講談に取材したもの。左官金太郎が3両拾い、落とし主の大工吉五郎に届けるが、吉五郎はいったん落とした以上、自分のものではないと受け取らない。大岡越前守は1両足して、2両ずつ両人に渡し、三方1両損にして解決する。

さんぼう-いん【三宝印】禅宗で、「仏法僧宝」の4字を篆書(てんしょ)・隷書(れいしょ)・梵字(ぼんじ)などの字体で刻んだ印。祈祷(きとう)の札や護符などに押す。

さんぼう-いん【三宝院】ーヰン 京都市伏見区にある真言宗醍醐(だいご)派の総本山、醍醐寺の本坊。永久3年(1115)醍醐寺第7世勝覚の創建。豊臣秀吉により再興。江戸時代には、修験道当山派の本山。桃山時代の典型的な書院造りの建物や庭園がある。

さん-ぼういん【三法印】ーボフイン 小乗仏教で、仏教の根本的な理念を示す旗印である三つの教理。諸行無常、諸法無我、涅槃寂静(ねはんじゃくじょう)。

さんぼういん-りゅう【三宝院流】サンボウヰンリウ 真言宗醍醐派の一派。醍醐寺三宝院門跡初代勝覚を祖とする。東密根本十二流、小野六流、醍醐三流などの一。

さんぼう-え【三宝絵】ーヱ ㊀仏・法・僧の三宝を題材として描いた絵。㊁「三宝絵詞(えことば)」の別称。

さんぼうえことば【三宝絵詞】サンボウヱことば 平安中期の仏教説話集。3巻。源為憲(みなもとのためのり)著。永観2年(984)成立。冷泉(れいぜい)天皇の皇女尊子内親王が仏門に入るときの参考書として、仏法僧の三宝の功徳利益について述べたもの。絵は現存しない。三宝絵。

さんぼう-がくにん【三方楽人】サンバウー 近世、宮中に勤仕した雅楽家の三つの系統。すなわち、宮廷直属の京都方、興福寺所属の南都方、四天王寺所属の天王寺方の楽人の総称。

さんぼう-かじょ【散房花序¦×繖房花序】サンバウクワジョ 無限花序の一。花軸につく花の柄が、下部ほど長く上部は短いため、全体がドーム状になる。アブラナ・ナズナ・コデマリなどにみられる。

さんぼう-かん【三宝×柑】《「さんぽうかん」とも》ミカン科の常緑中高木。和歌山県の原産。実は濃黄色、だるま形で、果柄部にこぶ状の突起がある。酸味が少なく甘い。[季 春]

さんぼう-きちにち【三宝吉日】陰陽道(おんようどう)で、万事に吉であるという日。さんぽうきちじつ。

さんぼう-ぎり【三方×桐】サンバウー たんすなどの前と左右の三方に桐の材を用いること。また、そのたんす。➡総桐

さんぼう-きん【三方金】サンバウー 書物の装丁で、天・地・前小口の三方に金箔を張ったもの。「―の豪華本」

さんぼう-ぎん【三宝銀】「宝」の字の極印三つを打った丁銀と豆板銀。江戸幕府が宝永7年(1710)から翌年にかけて鋳造したもの。

さんぼう-こうじん【三宝荒神】ークワウジン ❶仏・法・僧の三宝を守護するという神。三面六臂(ろっぴ)で、怒りの形相を示す。不浄を忌み、火を好むというところから、近世以降、かまどの神として祭る。荒神。❷鞍の一。馬の背の上と左右に箱または枠をつけ、三人乗れるようにしたもの。また、その乗り方。

さんぼう-しょうけい【三方晶系】サンバウシヤウケイ 結晶系の一。長さの等しい3本の対称軸が互いに120度で交わり、その交点に1本の垂直な軸が交わる結晶軸をもつもの。

さんぼう-そうちょう【参謀総長】ーソウチヤウ 陸・空軍の参謀本部の長官。陸・空軍軍人の最上級者。旧日本陸軍では、天皇に直属して軍機に参与し、戦時には海軍軍令部総長とともに大本営の幕僚長として作戦に参画した。

さんぼう-ちょう【三宝鳥】ーテウ 鳥ブッポウソウの別名。

さんぼう-ほんぶ【参謀本部】国防と用兵事項を担当する、陸・空軍の中央統轄機関。長官は参謀総長。旧日本海軍では軍令部または作戦本部といった。

さんぼう-よし【三方良し】サンバウー《「さんぽうよし」とも》「売り手良し」「買い手良し」「世間良し」の三つの「良し」。売り手と買い手がともに満足し、また社会貢献もできるのがよい商売であるということ。近江商人の心得をいったもの。

ざんぼう-りつ【×讒×謗律】ザンバウー 明治8年(1875)明治政府によって公布された言論統制令。自由民権運動の隆盛に伴う政府批判を規制するため、人を誹謗(ひぼう)する文書類を取り締まった。

さんぼう-ろんぎ【三方論議】サンバウー 三人の者が互いに譲らない論争。「―の意地づくは」〈浄・百日曽我〉

サンポー〘カンボジア Samphō〙カンボジアの台付き樽形両面太鼓。純古典音楽や儀式音楽などの伴奏として重要なピン-ペアト編成に用いられる。同型の楽器としてタイのタポーンがある。➡タポーン

サンポール-ドゥ-バンス〘Saint-Paul de Vence〙フランス南東部、アルプ-マリチーム県の村。ニースの北西約20キロメートルに位置する。中世、異教徒からの攻撃を防ぐため急峻な岩山や丘の上に城壁をめぐらして築いた「鷲(わし)の巣村」の一。マチス、シャガール、ピカソ、コクトーら、数多くの芸術家が訪れたことで知られ、マーグ財団美術館やシャガールの墓がある。サンポール。

サンポーロ-きょうかい【サンポーロ教会】ーケウクワイ《Chiesa di San Polo》イタリア北東部、ベネト州の都市ベネチアにある教会。9世紀の創建。15世紀、19世紀に改築され、ビザンチン、後期ゴシック、新古典主義様式が混在する。ティントレット作「最後の晩餐(ばんさん)」、キリストの受難を描いたティエポロによる14点の連作などがある。

さん-ぼく【三木】❶古今伝授の中の3種の木。ふつう「おがたまの木」「めどにけずりばな」「かわなぐさ」をいうが、諸説あって一定しない。➡三鳥 ❷罪人の手・足・首にはめる木製の刑具。❸生け花で、草物(くさもの)は除き、木だけを3種使うこと。

さん-ぼく【散木】材木として役に立たない木。また、役に立たない人のたとえ。「尊氏、直義といふ者あり、―の陋質(ろうしつ)を恥ぢず」〈太平記・一四〉

さんぼく-いっそう【三木一草】ーイッサウ 南朝の四人の功臣の称。三木は結城親光(ゆうきちかみつ)・伯耆守(ほうきのかみ)名和長年・楠木正成、一草は千種忠顕(ちぐさただあき)をさす。

さんぼくきかしゅう【散木奇歌集】サンボクキカシフ 平安後期の私家集。10巻。源俊頼の自撰。大治3年(1128)ころの成立。歌数1600余首。奇語・俗語を用いて独自の新風を展開。散木集。散木弃歌集。

さんぽしき-のうぎょう【三×圃式農業】ーノウゲフ 農地を3分し、冬畑・夏畑・休耕地とし、年々順次交替させて行う作付け方式。地力の消耗を防ぐことを目的とする。中世ヨーロッパで一般的であった。

サン-ホセ〘San José〙コスタリカ共和国の首都。コーヒーの集散地。人口、行政区35万(2007)。

さんぼだい【三×菩▽提】《梵 saṃbodhiの音写》「阿耨多羅三藐(あのくたらさんみゃく)三菩提」の略。

さんぽ-の-らん【三浦の乱】1510年(永正7年)朝鮮の三浦で、日本人居留民が起こした暴動事件。李朝の中宗が即位して強化された密貿易の取り締まりに反発したもの。庚午の倭変。

サンボリスト〘フランス symboliste〙象徴主義の人。

サンボリスム〘フランス symbolisme〙象徴主義。

さん-ぼん【三本】❶1本の3倍。「―立ての映画」❷花札で、同じ種類の札が3枚そろうこと。

三本の矢(や)の教(おし)え 戦国武将の毛利元就が、子の隆元・元春(吉川氏に養子)・隆景(小早川氏に養子)に授けたという教え。一本の矢は容易に折れるが、三本まとめてでは折れにくいことから、一族の結束を説いた。三矢の教え。[補説]史実ではなく、元就が発した三子教訓状が元となった逸話。教訓状は一族の結束を説くが、矢に関する記述はない。

さん-ぼん【三▽品】❶仏語。上下・優劣などの階位を示す、上品・中品・下品の三つ。❷親王(しんのう)の位階の第三位。❸中国・日本の位階の第三位。三位。

さん-ぼん【三盆】白砂糖の一種。伝統的製法により特別に精製を繰り返した上等な砂糖で、和三盆ともいう。上白糖(じょうはくとう)をいうこともある。三盆白(じろ)。

ざん-ぽん【残本】❶売れ残った本。❷「残編(ざんぺん)❶」に同じ。

ざん-ぽん【×槧本】《「槧」は中国で字を書くのに用いた板》版木で印刷した本。版本。刊本。

さんぼん-からかさ【三本▽傘】紋所の名。3本の開いた傘を、柄を中心にして丸くかたどったものと、開いた1本の傘に閉じた2本の傘を組み違えの形で囲むものとがある。

さんぼんぎはら-だいち【三本木原台地】青森県東部、十和田市を中心とする洪積台地。安政2年(1855)新渡戸伝(にとべつとう)が開拓に着手。酪農をはじめとする農業地帯。

さんぼん-じめ【三本締め】手締めの一。3拍、3拍、3拍、1拍のリズムを3回繰り返す。➡一本締め❶

さんぼん-だて【三本立て】❶映画などの興行で、3本の作品を上映・上演すること。❷三つの物事を同時に行うこと。

さんぼんのはしら【三本の柱】狂言。大名から3本の柱を三人で2本ずつ持って来いと命じられた冠者たちが、3本の柱を三角形に組んで難問を解く。

さんぼん-ばし【三本橋】《Tromostovje》スロベニアの首都リュブリャーナを流れるリュブリャニツァ川に架かる橋。新市街と旧市街を結ぶ小さな橋でリュブリャーナのシンボルとして知られる。1930年代に同国の建築家ヨジェ=プレチニクにより、19世紀建造の石造橋の両側に歩行者専用の橋が付け加えられ、計3本の橋が架かる。トロモストウイエ。

さんま【秋=刀=魚】ダツ目サンマ科の海水魚。全長約40センチ。体は細長く、側扁し刀状、背部は暗青色、腹側は銀白色。外洋性回遊魚で、夏、北海道沖に現れ本土に沿って南下し伊豆諸島・四国沖に至り、春、再び北上する。常磐・房総沖を通過する10月ころのものが脂がのって最も美味。[季 秋]「―焼く匂の底へ日は落ちぬ/楸邨」

サンマー〘summer〙▶サマー

さん-まい【三枚】❶紙・布・板など、薄く平たいもの三つ。❷「三枚下ろし」に同じ。「―におろす」

さんまい【三昧】㊀〔名〕《梵 samādhiの音写。三摩提・三摩地とも音写。定・正定・等持などと訳す》❶仏語。心を一つの対象に集中して動揺しない状態。雑念を去り没入することによって、対象が正しくとらえられるとする。❷「三昧場(さんまいば)」の略。㊁〔接尾〕《「ざんまい」の形で多く用いられる》名詞または形容動詞の語幹に付く。❶ともすればその傾向になるという意を表す。「刃物―に及ぶ」❷そのことに熱中するという意を表す。「読書―の暮らし」❸心のままにするという意を表す。「ぜいたく―な生活」

さん-まい【産米】生産された米。とれた米。
さん-まい【散米】▶打ち撒き
ざんまい【三昧】〔接尾〕▶さんまい(三昧)❺
さんまい-おろし【三枚下ろし】魚を料理するとき、頭を落とし、上身・下身の片身二枚と中骨に切り離すこと。三枚。
さんまい-がさね【三枚重ね┊三枚▽襲】3枚重ねて着るようにした一組みの小袖。
さんまい-がた【三枚肩】一挺の駕籠に三人がつき、二人ずつ交代で担ぐこと。三枚。
さんまい-かぶと【三枚×兜】錏が三枚の板からなる兜。三枚錏の兜。
さんまい-ガルタ【三枚ガルタ】カルタ賭博の一。めくりカルタのうち、一から十までの札40枚を用い、順にめくって手札との3枚の合計の末尾の数字が九に最も近い者を勝ちとするもの。
さんまい-がわ【三枚革】鎧の札の重ね方の一。小札といため革3枚とを交互に重ねて厚くおどしたもの。
サン-マイクロシステムズ〖Sun Microsystems〗米国にあった大手コンピューターメーカー。ワークステーションの製造、ソフトウエア開発、企業向けITサービスの提供を行っていた。2010年、米国のデータベースソフト会社オラクル社に吸収合併された。
さんまい-ざさ【三枚×笹】紋所の名。笹の葉3枚を組み合わせてまるく図案化したもの。
さんまい-そう【三昧僧】三昧堂・常行堂などに常住して、法華懺法や不断念仏などを修する僧。三昧衆。御坊聖。
さんまい-とう【三昧湯】寺院などで、暑気払いのために沸かす薬湯。
さんまい-どう【三昧堂】僧が中にこもって、法華三昧や念仏三昧を修する堂。特に、法華経についての長講を行う堂。
さんまい-にく【三枚肉】牛肉・豚肉などの、肋骨についた肉。脂と肉が3枚重なったように見えるところからいう。ばら肉。
さんまい-は【三昧派】俳句の流派の一。大正14年(1925)に河東碧梧桐を中心として創刊された雑誌「三昧」によった新傾向の一派。
さんまい-ば【三昧場】僧が中にこもって死者の冥福を祈るため、墓の近くに設ける堂。転じて、墓所・葬場。
さんまい-め【三枚目】歌舞伎の役柄で、道化方のこと。看板や番付で3番目に名が書かれたところからいう。転じて、演劇・映画などでこっけいな役をする俳優。道化。ちゃり。〘類語〙二枚目
さん-まくしゅ【三悪趣】「さんあくしゅ」の連声。
さん-まくどう【三悪道】「さんあくどう」の連声。
サンマクルー-きょうかい【サンマクルー教会】《Église Saint-Maclou》フランス北西部、ノルマンディー地方、セーヌ-マリチーム県の都市、ルーアンにある教会。15世紀に建造されたフランボワイヤンゴシック様式の傑作として知られる。中庭に面する柱には、疫病の死者を埋葬した中世の納骨堂の名残で、どくろの彫刻が施されている。
さんまじ【三摩地】「三昧❺」に同じ。
さん-また【三股┊三×叉】先をY字形にした棒。物を高い所にかけるときなどに使う。みつまた。
さんまだい【三摩▽提】「三昧❺」に同じ。
さんまや【三摩×耶┊三▽昧×耶】《梵samayaの音写。約・時・却などと訳す》仏語。❶漠然とした、時。ある時。さまや。❷衆生を誘って悟りの世界へ導こうとする、その時。さまや。❸密教で、仏の本誓。除障・警覚・平等の意。仏と衆生が本来平等であると解していう。さまや。❹「三摩耶形」の略。
さんまや-かい【三摩×耶戒】仏語。密教で説く戒。菩提心を起こした最初から心と仏と衆生の三つは平等一如であると信じて受持する戒で、伝法灌頂を授ける直前に授けられる。顕教一般の戒と違い、菩提心を捨てないことを旨とするところから、菩提心戒ともいう。
さんまや-ぎょう【三摩×耶形】仏・菩薩の本誓を表すしるしとしての持ち物。不動明王の剣、大日如来の卒塔婆、観音の蓮華、薬師の薬壺など。
さんまや-まんだら【三摩×耶×曼×荼羅】四種曼荼羅の一。仏・菩薩・明王・諸天などが本誓を表示して所持する器杖や印契など、三昧耶形で描いた曼荼羅。
サン-マリノ〖San Marino〗イタリア半島北東部にある世界で5番目に小さな国。ヨーロッパ最古の共和国。首都サンマリノ。4世紀初めにローマ帝国のキリスト教弾圧を逃れてティターノ山にこもったマリノらが建国。面積約61平方キロメートル。人口3万(2010)。
サンマルコ-だいせいどう【サンマルコ大聖堂】《San Marco》イタリア、ベネチアにある聖マルコの遺体を納める教会堂。起源は9世紀。11世紀末に再建。ビザンチン建築の典型。サンマルコ寺院。
サンマルコ-ひろば【サンマルコ広場】《Piazza San Marco》イタリア北東部、ベネト州の都市ベネチアにある広場。サンマルコ大聖堂前にあり、ドゥカーレ宮殿、コッレール博物館、旧行政庁、新行政庁、サンマルコ図書館に面する。広場中央には高さ99メートルの鐘楼がある。ベネチアきっての観光名所として知られる。
サンマルタン-せいどう【サンマルタン聖堂】《Basilique Saint-Martin》フランス中西部、アンドレ-エ-ロアール県の都市ツールにある聖堂。4世紀のツールの司教、聖マルタンの墓がある。5世紀の創建。その後、たび重なる火災や破壊を経て再建を繰り返し、19世紀に現在の姿になった。シャルルマーニュの塔と時計塔のみ、12世紀に建造されたもの。
サンマルティーノ-しゅうどういん【サンマルティーノ修道院】《Certosa di San Martino》イタリア南部、カンパニア州の都市ナポリにあるカルトジオ会の旧修道院。ボーメロの丘の上にあり、サンテルモ城に隣接する。14世紀、アンジュー朝カラブリア公カルロの命で建設が始まり、ジョバンナ1世の時代に完成。16世紀から17世紀にかけて改築された。コジモ＝ファンザーゴが手がけた中庭部分はナポリにおけるバロック様式の傑作として知られる。現在はナポリ王国の歴史や修道院所蔵の宝物を展示する国立サンマルティーノ博物館になっている。
サンマルティーノ-だいせいどう【サンマルティーノ大聖堂】《Cattedrale di San Martino》▶ルッカ大聖堂
サン-マルティン〖José de San Martín〗[1778～1850]ラテンアメリカ独立運動の指導者。アルゼンチン生まれ。スペイン軍人として働いたのち帰国し、アルゼンチン独立闘争に参加。アンデス山脈を越えてチリとペルーのスペイン軍を破り、両国の独立を達成してペルーの保護者(プロテクトール)に任じられたが、すべての公職を辞しフランスに移住、長い隠遁生活ののち客死。独立運動の指導者として、ボリーバルと並び称される。
サン-マロ〖Saint-Malo〗フランス北西部、ブルターニュ地方、イル-エ-ビレーヌ県の都市。ランス川の河口に位置し、イギリス海峡のサンマロ湾を望む。17世紀にコルセールと呼ばれる海賊や私掠船が活躍し、同国随一の港町として栄えた。12世紀建造の城壁に囲まれた旧市街には、現在博物館になっている15世紀のサンマロ城、サンバンサン大聖堂などの歴史的建造物がある。沖合のグランベ島とプチベ島には干潮時に歩いて渡ることができる。ロマン派の作家シャトーブリアンの生地で、グランベ島に墓がある。
さん-まん【散漫】〔名・形動〕❶ちらばり広がること。❷まとまりのないさま。集中力に欠けるさま。「一な話」「注意力が一だ」〘派生〙さんまんさ〔名〕〘類語〙放漫・ルーズ
さん-み【三位】《「さんい」の連声》❶位階の第三位。正三位と従三位。また、それに叙せられた人。❷キリスト教で、父(神)と子(キリスト)と聖霊のこと。
さん-み【酸味】すっぱい味。すい味。すみ。「一の強いコーヒー」
さんみ-いったい【三位一体】❶キリスト教で、父・子・聖霊の三位は、唯一の神が三つの姿となって現れたもので、元来は一体であるとする教理。❷三者が本質的に全く同一であるということ。❸三つのものが一つになること。また、三者が心を合わせること。
さんみいったい-かいかく【三位一体改革】小泉純一郎政権時代に提言された地方分権と地方財政の改革案。補助金削減、国から地方公共団体への税源移譲、地方交付税の見直しの三つを一体的に改革するというもの。平成14年(2002)6月に閣議決定された「骨太の方針第2弾(経済財政運営と構造改革に関する基本方針2002)」で提唱された。
さんみいったいセルギエフ-しゅうどういん【三位一体セルギエフ修道院】《Troitse-Sergieva Lavra》▶トロイツェセルギエフ大修道院
さんみいったい-ひろば【三位一体広場】《Szentháromság tér》ハンガリーの首都ブダペストにある広場。ブダ城がある王宮の丘の中心部、マーチャーシュ聖堂が隣接する。広場には18世紀のペスト流行の終息を記念して建てられた三位一体像や、初代ハンガリー王イシュトバーン1世の騎馬像がある。
サンミケーレ-イン-フォロ-きょうかい【サンミケーレインフォロ教会】《Chiesa di San Michele in Foro》イタリア中部、トスカーナ州の都市ルッカにある教会。ピサ-ルッカ様式と称されるロマネスク建築の典型として知られる。12世紀から14世紀にかけて建造。ファサード上部は小アーチを形作る4層の列柱が並び、個々の柱には異なる彫刻が施されている。内部にはルネサンス期の彫刻家・陶匠アンドレア＝デッラ＝ロッビアによる彩色陶板による「聖母子像」、フィリッピーノ＝リッピの祭壇画「四聖人」がある。
サンミケーレ-とう【サンミケーレ島】《San Michele》イタリア北東部、ベネト州の都市ベネチアの潟にある島。19世紀にサンミケーレ島とサンクリストフォロ-デッラ-パーチェ島の間にあった運河を埋め立てて、一の島とした。ナポレオンの時代に共同墓地が置かれ、多くの文人や芸術家が眠っている。
サンミケーレマッジョーレ-きょうかい【サンミケーレマッジョーレ教会】《Basilica di San Michele Maggiore》イタリア北部、ロンバルディア州の都市パビアにある教会。12世紀に建造。ロンバルディア-ロマネスク様式の代表的な建築物の一。1155年、神聖ローマ皇帝フリードリヒ1世の戴冠式が行われた。
サン-ミゲル〖San Miguel〗中央アメリカ、エルサルバドル東部にある都市。同国第3の都市で、サンミゲル県の県都。反政府組織ファラブンド-マルティ民族解放戦線(FMLN)の拠点があり、内戦が続いた1980年代に町が荒廃したが、終結後に復旧が進められた。フランシスコ-ガビディア国立劇場がある。
サンミゲル-デ-アジェンデ〖San Miguel de Allende〗メキシコ中部、グアナファト州の町。町の名はメキシコ独立戦争の英雄、イグナシオ＝アジェンデにちなむ。世界中から芸術家や留学生が集まるアジェンデ芸術大学があり、芸術の町として知られる。
サンミゲル-デ-リーリョ-きょうかい【サンミゲルデリーリョ教会】《Iglesia de San Miguel de Lillo》スペイン北西部、アストゥリアス州の都市オビエドにある教会。市街北郊のナランコ山に位置する。9世紀にアストゥリアス王ラミロ1世により建造。ロマネスク以前のプレロマネスク様式という独自の建築様式で知られ、サンタマリア-デル-ナランコ教会、サンタクリスティナ-デ-レナ教会とともに、1985年に「アストゥリアス王国の教会」として世界遺産(文化遺産)に登録され、98年に「オビエドとアストゥリアス王国の建築物」の名称で他の建築物とともに拡張登録された。
サンミゲル-とう【サンミゲル島】《Ilha de São Miguel》北大西洋中部にあるポルトガル領アゾレス諸島の主島。東部群島の一で、同諸島の人口の多くが居住する。中心都市はポンタデルガダ。漁業、観光業が盛ん。島内にはカルデラ湖をもつ三つの成層火山、フルナス、フォゴ、セテシタデスがあり、温泉も多い。
さん-みつ【三密】密教で、身・口・意の三業。手に印を結ぶ身密、口に真言を唱える口密、心に本

尊を観念する意密。
さんみつ-かじ【三密加持】行者の三密と仏の三密とが一体となること。
さんみつ-ぎょうぼう【三密行法】三密の修行を積むこと。
サンミッシェル-だいせいどう【サンミッシェル大聖堂】《Cathédrale St. Michel》ベルギーの首都、ブリュッセルの中心部にあるゴシック様式の聖堂。13世紀から15世紀にかけて建造された。1516年のカール5世の戴冠式のほか、ベルギー国王ボードワン1世(在位1951～1993)、およびアルベール2世(在位1993～)の長男フィリップ皇太子の結婚式が行われた。美しいステンドグラスで有名。
サンミッシェルデギレ-れいはいどう【サンミッシェルデギレ礼拝堂】《Chapelle Saint-Michel d'Aiguilhe》フランス中南部、オート-ロアール県の都市ルピュイにあるロマネスク様式の礼拝堂。比高82メートルのサンミッシェル岩山の頂に建ち、市街を一望できる。
さんみつ-そうおう【三密相応】「三密瑜伽」に同じ。
さんみつ-ゆが【三密×瑜×伽】行者の三密と仏の三密とが相応・融合すること。瑜伽三密。三密相応。
サンミニアート-アル-モンテ-きょうかい【サンミニアートアルモンテ教会】《Basilica di San Miniato al Monte》イタリア中部、トスカーナ州の都市フィレンツェにある教会。市街南東部、アルノ川左岸の丘の上に位置する。11世紀から13世紀にかけて建てられた。フィレンツェにおけるロマネスク様式の代表的な建築物として知られる。12世紀に作られたモザイク壁画「玉座のキリスト」、12世紀から14世紀にかけて描かれたフレスコ画が有名。
さんみ-の-ちゅうじょう【三位中将】近衛中将で三位にのぼった人。中将は四位相当であるので、特にこういう。
さん-みゃく【山脈】山地が、細長く連なって脈状をなしているもの。比較的高く険しい山々についていう。「褶曲─」「ヒマラヤ─」
(類語)山地・山並み・連山・山系・連峰・山塊
さんみゃくいん-りゅう【三×藐院流】▶近衛流
さんみゃく-さんぼだい【三×藐三×菩▽提】《梵 samyak-saṃbodhiの音写》「阿耨多羅三藐三菩提」に同じ。
さん-みょう【三明】仏語。仏がそなえる三つの智慧。自他の過去世のあり方を自由に知る宿命明、自他の未来世のあり方を自由に知る天眼明、煩悩を断って迷いのない境地に至る漏尽明。
さんみょう-の-かくろ【三明の覚路】仏となるべき道。仏門。
さんみん-さん【三眠蚕】3回脱皮したのち、繭を作る蚕。
さんみん-しゅぎ【三民主義】孫文が唱えた政治理論。国内諸民族の平等と帝国主義の圧迫からの独立(民族主義)、民主制の実現(民権主義)、平均地権・節制資本による国民生活の安定(民生主義)の三原則からなる。1905年、中国革命同盟会の綱領として採択され中国国民党の政綱となる。24年、同党改組以後は新三民主義とよばれた。孫文主義。
さんむ【山武】千葉県東部、九十九里平野の中央にある市。イチゴ栽培などが盛んだが、総武本線沿線では東京の通勤圏として宅地開発も進む。平成18年(2006)3月に成東町・山武町・蓮沼村・松尾町が合併して成立。人口5.6万(2010)。
ざん-む【残務】未処理で残った事務。「─整理」
(類語)残存・残留・名残・残り・残品・残部・残余・残
ざん-む【残夢】明け方に、うとうとと見ている夢。目が覚めてもなお夢心地でいること。
さんむ-し【山武市】▶山武
さんむ-しゅぎ【三無主義】無気力・無関心・無責任の若者気質をさした語。昭和45年(1970)ごろから使われた。これに無感動を加え、四無主義という。

さん-むすいぶつ【酸無水物】カルボン酸2分子から水1分子がとれて縮合した形の化合物。無水酢酸など。
さん-めん【三面】❶三つの面。❷三つの方面。「一から包囲する」❸仏像などで、一つの胴体に顔が三つあるもの。❹《新聞が4ページであったころは第3ページが社会面であったところから》新聞の社会面。
さんめん-かく【三面角】三つの面で構成されている立体角。
さんめん-きじ【三面記事】新聞の社会面の記事。一般社会の雑多なニュースを扱った記事。
さんめん-きょう【三面鏡】正面と左右に鏡のある鏡台。三方から姿を見られる。
(類語)鏡・ミラー・手鏡・姿見・鏡台
さんめん-けいやく【三面契約】三人の立場の異なる当事者の間に成立する契約。債権者、債務者、債務の引受人の間の債務引受契約など。
さんめん-そしょう【三面訴訟】互いに対立する利害関係を有する三人以上の当事者間の訴訟。三当事者訴訟。
さんめん-だいこく【三面大黒】正面に大黒天、右面に毘沙門天、左面に弁才天の三面をもつ大黒天。仏・法・僧の三宝を守護するという。
さんめんとうか-の-げんそく【三面等価の原則】国民所得を生産・分配・支出の異なった三面からとらえた生産国民所得・分配国民所得・支出国民所得のそれぞれが等価であるという原則。
さんめん-ろっぴ【三面六×臂】❶仏像などが、一体で三つの顔と六つのひじを備えていること。❷一人で数人分の働きをすること。「─の大活躍」
さんもう-さく【三毛作】同じ耕地で1年間に3種の作物を次々に栽培すること。
サンモーリス-だいせいどう【サンモーリス大聖堂】《Cathédrale Saint-Maurice》フランス西部、メーヌ-エ-ロアール県の都市アンジェにある大聖堂。12世紀から13世紀にかけて建造。アンジュー地方に見られるゴシック様式の代表例として知られる。
さん-もつ【散物】❶金物の上に漆を塗り、箔を押したもの。❷賽銭や供物。散銭。
サン-モリッツ〖フランス Saint-Moritz〗スイス南東部の地名。国際的な観光保養地。ウインタースポーツも盛んで、冬季オリンピックが1928年、48年に開かれた。
さん-もん【三文】❶一文銭3枚の値。❷値段のきわめて安いこと。「─の値うちもない」「二束─」❸他の語の上に付いて、安い、価値のない、粗悪な、などの意を表す。
さん-もん【三門】❶中央に大きな門を、左右に小さな門を配した門。❷禅宗伽藍の正門。古代寺院の中門に相当する。一般に二階造りの楼門で、楼上に釈迦・十六羅漢などを安置する。本堂を涅槃に擬し、そこに到達するために通る空・無相・無願の三解脱門に擬する。のちには智慧・慈悲・方便の三つに擬している。❸経典注釈に用いる三つの視点。未意・釈名・本文解釈の三つ。❹教・律・禅の称。
さん-もん【三問】三度質問すること。また、三度訪問すること。
さん-もん【山門】㊀寺院の正門。三門。また、寺院。もと山に建てられたところからいう。㊁比叡山延暦寺の異称。(類語)伽藍・寺・仏閣・寺院・仏家・梵刹・仏寺・仏刹・古寺・古刹・巨刹・名刹
さんもん【山門】歌舞伎狂言。初世並木五瓶作。安永7年(1778)初演の「金門五山桐」(のち「楼門五三桐」と改称)の2幕目返し、南禅寺山門の場が独立して上演される場合の通称。
さんもん-え【三文絵】安物の絵。「店に張ったる─を生きものと見違へしか」〈浄・反魂香〉
さんもんオペラ【三文オペラ】《原題、ドイツ Die Dreigroschenoper》ブレヒトの戯曲。3幕。1928年初演。18世紀の英国の劇作家ジョン=ゲイの「乞食オペラ」の翻案。19世紀末のロンドンを舞台に、階級社会のからくりを風刺したもの。
さんもん-きょう【三門峡】中国の黄河中流、河南・山西省境の峡谷。水中の二つの岩島によって人門・鬼門・神門の三つの激流に分かれる。岩島を利用して三門峡ダムが造られている。

さんもんごさんのきり【楼門五三桐】歌舞伎「金門五山桐」の別名題。
さんもん-さんとう【三問三答】中世、鎌倉・室町幕府における訴訟手続きの形式。訴人(原告)は申し状(訴状)に具書(証拠書類)を添えて奉行所に訴え、奉行所は論人(被告)に問状を出し、陳状(答弁書)を提出させる。この手続きを三度繰り返すこと。
さん-もんじょう【三問状】中世、三問三答で、訴人(原告)が提出した三度目の申し状。➡三答状
さんもん-しょうせつ【三文小説】低級な小説を軽蔑していう語。
さんもん-づくり【山門造(り)】寺の楼門をかたどった2階造りの門。
さん-もんと【三門徒】越前国(福井県)に行われた真宗の一派。本願寺3世覚如の門弟如導と、その法門を伝えた道性・如覚の三人の法義を信奉。のちに真宗十派のうちの三門徒派・山元派・出雲路派・誠照寺派となる。越前三門徒おがまずの衆。
さんもんと-は【三門徒派】浄土真宗十派の一。如導を始祖とし、福井市の専照寺を本山とする。
さんもん-は【山門派】天台宗の一派。比叡山を本山とする。円仁を流祖とし、さらに一三流に分かれる。➡寺門派
さんもん-ばん【三文判】安物の印判。出来合いの粗末な印判。
さんもん-ぶぎょう【山門奉行】室町幕府の職名。延暦寺に関する諸事をつかさどった。
さんもん-ぶんし【三文文士】安っぽい、または売れない小説ばかり書いている文士。また、文士を軽蔑していう語。
さんや❶漁船を浜に引き揚げる縦巻きの轆轤。❷地突きなどに用いる道具。たこどうつき。
さん-や【三夜】❶月の第3日の夜。また、その夜の月。三日月。❷子供が生まれて3日目の夜の産養いの祝い。❸新婚3日目の夜の祝い。古く、新郎新婦が祝いの餅を食う風習があった。
さんや【山谷┊三谷┊三野】㊀東京都台東区北東部にあった地名。現在の清川・日本堤・東浅草付近。㊁《日本橋にあった元吉原が焼失して、新吉原ができるまで遊郭が置かれたところから》吉原の遊郭をさす。➡吉原
さん-や【山野】山や野原。のやま。また、田舎。
ざん-や【残夜】夜明け方。「月入りて後の─の如し」〈太平記・二七〉
さんや-がよい【山▽谷通ひ】江戸時代、元吉原焼失後、江戸浅草山谷にできた仮営業の遊郭に通うこと。のち、新吉原となってからも、そこに通うことをいった。「命に代への─」〈浮・諸艶大鑑・一〉
さん-やく【三役】❶ある組織を代表する、三つの主要な役職。また、その役職にある人。➡政務三役 ➡党三役 ❷㋐相撲で、大関・関脇・小結のこと。現在は横綱も含めていう。㋑能で、シテ方に対して、ワキ方・囃子方・狂言方。㋒茶道で、茶会のときの亭主・正客・お詰め(末客)。❸江戸時代、幕府直轄領で行われた特別の賦税。御伝馬宿入用米・六尺給米・御蔵前入用金の総称。高掛三役。
さん-やく【山薬】ヤマノイモ・ナガイモの根を、外皮をはぎ乾燥させたもの。漢方で、滋養強壮・止瀉・止渇・祛痰薬などに用いる。薯蕷。
さん-やく【散薬】こなぐすり。散剤。
さん-やく【×纂訳】〔名〕スル 原書を翻訳し、編集しなおすこと。「希臘の正史に著明なる実事を、諸書より─して」〈竜渓・経国美談〉
さんやく-そろいぶみ【三役×揃い踏み】大相撲本場所の千秋楽、結びの三番前に、大関・関脇・小結にかなう力士がそろって土俵上で四股を踏むこと。
さん-やくび【三厄日】陰暦の8月1日(八朔)と二百

十日と二百二十日のこと。この時期には暴風雨が多いため、特に農家でいう。

さんや-ぞうり【山▽谷草履】藺の殻で編んだ草履。江戸時代、新吉原の遊郭へ通う客がはいた。

さんやつ-こうこく【三八(つ)広告】新聞広告の定型で、記事下広告の一種。紙面の下3段を横に8分割したスペースの一つ一つ。多く、朝刊の第1面に見られ、書籍などの広告が掲載される。
(類語)全面広告・記事下広告・突き出し広告・記事中広告・三行広告

さんや-ぶね【山▽谷船】江戸時代、新吉原通いの遊客を乗せて山谷堀を上下した猪牙舟。

さんや-ぼり【山谷堀】東京都台東区、隅田川の今戸から山谷に至る掘り割り。新吉原の遊郭へ通う山谷船の水路として利用された。

さんゆ【産油】石油を生産すること。多く、生産した石油を輸出することを含めていう。「一国」

ざん-ゆ【×讒×諛】他をあしざまに言って、人に取り入ること。

さん-ゆう【三友】❶3種類の友人。交わって利益を受ける三益友。また、損をする三損友。❷東洋画の画題の一。松・竹・梅を描くもの。➡歳寒三友 ❸《白居易「北窓三友詩」から》琴と酒と詩。

さんゆう-かん【三遊間】野球で、三塁手と遊撃手との間。「一を抜くヒット」

さんゆうてい【三遊亭】落語家の芸名の一。

さんゆうてい-えんしょう【三遊亭円生】落語家。㊀(初世)[1768～1838]江戸後期の落語家。江戸の人。通称、橘屋松五郎。烏亭焉馬に師事。三遊派の祖で、芝居噺の創始者。㊁(6世)[1900～1979]大阪の生まれ。本名、山崎松尾。多彩な芸と都会的な語り口で人気を得る。昭和40年(1965)から同47年まで落語協会会長。同53年、落語協会を脱退し、落語三遊協会を設立。得意の演目は「子別れ」「品川心中」など。

さんゆうてい-えんちょう【三遊亭円朝】[1839～1900]初世。幕末から明治の落語家。江戸の人。本名、出淵次郎吉。人情噺を大道具・鳴り物入りで演じて人気を得たが、のち素噺に転向。近代落語の祖。代表作「真景累ヶ淵」「怪談牡丹灯籠」「塩原多助一代記」など。

さんゆうてい-えんらく【三遊亭円楽】[1933～2009]落語家。5世。東京の生まれ。本名、吉河寛海。はじめ全生を名のり、昭和37年(1962)に円楽を襲名。同53年、師匠の円生とともに落語三遊協会(のち、改称を経て円楽一門会)を設立。得意演目は「中村仲蔵」「芝浜」など。

さんゆう-は【三遊派】落語家の一派。初世三遊亭円生を祖とする。

さんゆ-こく【産油国】石油を産出する国。特に、中近東の国やメキシコなど、石油の輸出がその国の経済の中心になっている国。

さん-よ【三余】読書に最もよいといわれる三つの時。冬(年の余)と、夜(日の余)と、雨降り(時の余)。

さん-よ【参与】〔名〕スル ❶事業・計画などに加わって相談を受けること。「開発計画に一する」❷学識経験者を行政事務に参加させる際の職名。「内閣一」❸慶応3年12月9日(1868年1月3日)、王政復古の大号令発布の際に置かれた官職。総裁・議定とともに三職の一。明治2年(1869)廃止。(類語)共同・参加・合同・協同・連携・提携・連名・共有・共用・催合い・タイアップ・協力・協賛・チームワーク・共催・関与

ざん-よ【残余】のこり。あまり。
(類語)余り・残り・余剰・剰余・余分・余計・端数・おこぼれ・残留・名残・残品・残部・残務・残存・残

さんよ-いん【参与員】家事審判に立ち会い、意見を述べることを任務とする者。家庭裁判所が民間の有識者から任命する。

さん-よう【山容】山のかたち。(類語)山相

さん-よう【山陽】㊀山の南側。⇔山陰。㊁㊀「山陽地方」の略。㊁「山陽道」の略。

さん-よう【山腰】山の中腹と麓との間。

さん-よう【蚕×蛹】カイコガのさなぎ。繭の中に入っている。茶色で紡錘形。肥料などに用いる。

さん-よう【算用】〔名〕スル《連声で「さんにょう」とも》❶金銭の額や物の数量を計算すること。勘定。計算。「一合って銭足らず」❷金銭を支払うこと。清算すること。勘定。❸考えてよしあしなどを決めること。「併し爰に甚だ一のむつかしい事がござる」〈西周・百一新論〉❹見積もりを立てること。また、その見積もり。目算。「かねての一には十五両の心当て」〈浮・胸算用・三〉(類語)勘定・計算・計数・算定・算出・指折り・概算・逆算・打算・カウント

ざん-よう【残陽】入り日。夕日。

さんよう-あい【算用合ひ】帳簿などの金高の計算をして数を合わせること。帳合い。「最前の銀で、そなたの一もしまひ」〈浄・天の網島〉

さんようおのだ【山陽小野田】山口県南西部、厚狭川・有帆川の河口部にある市。海岸部に干拓地が広がり、日本初の民間セメント工場が営まれた。平成17年(2005)3月に小野田市と山陽町が合併して成立。人口6.5万(2010)。

さんようおのだ-し【山陽小野田市】➤山陽小野田

さんようがくえん-だいがく【山陽学園大学】岡山市にある私立大学。平成6年(1994)に開学した。当初は女子大学だったが、同21年度より男女共学となった。

さんよう-じょう【算用状｜散用状】中世、荘園年貢の収支決算書。結解状。

さんよう-しんかんせん【山陽新幹線】新大阪と博多を結ぶ新幹線。昭和50年(1975)全通。運行列車は「のぞみ」「ひかり」「こだま」「みずほ」「さくら」。全長622.3キロ。

▷**山陽新幹線の駅**
(**東海道新幹線から直通**)―新大阪―新神戸―西明石―姫路―相生―岡山―新倉敷―福山―新尾道―三原―東広島―広島―新岩国―徳山―新山口―厚狭―新下関―小倉―博多―(**九州新幹線鹿児島ルートへ直通**)

さんよう-すいたい【山容水態】山水の景色。自然のすがた。

さんよう-すうじ【算用数字】筆算に使用する数字。0、1、2、3、4、5、6、7、8、9の10種のアラビア数字のこと。(類語)アラビア数字・ローマ数字・漢数字

さんよう-だて【算用立て】帳簿などを計算しなおして収支を検査すること。「前髪もある私が親ほどな山城屋、一も申しにくし」〈浄・淀鯉〉

さんよう-ちほう【山陽地方】中国山地の南、瀬戸内海側の地域。岡山・広島両県と山口県の中南部。兵庫県南部を含めることもある。

さんよう-ちゅう【三葉虫】三葉虫綱の節足動物の総称。海生で、古生代カンブリア紀から二畳紀にわたって生存。体長はふつう3～5センチ、体は扁平で多くの体節からなり、頭・胸・尾に分けられ、縦方向も三つに区分される。種類は非常に多い。古生代の重要な示準化石。

さんよう-どう【山陽道】五畿七道の一。現在の中国地方の瀬戸内海側。播磨・美作・備前・備中・備後・安芸・周防・長門の8か国。また、この国々を結び、京から大宰府に至る街道のこと。せんようどう。

さんよう-ほんせん【山陽本線】神戸から姫路を経て門司に至るJR線。沿線に岡山・広島・下関などの都市がある。京阪神地方と北九州とを結ぶ。明治34年(1901)山陽鉄道によって下関まで開通。昭和17年(1942)関門トンネルの開通で門司に達した。全長512.7キロ。

さんよ-かん【参与官】明治31～33年(1898～1900)および大正14～昭和23年(1925～1948)の間、内閣各省に置かれた政務官。

さんよ-かんさつ【参与観察】社会調査の方法の一。調査者自身が調査対象である社会や集団に加わり、長期にわたって生活をともにしながら観察し、資料を収集する方法。文化人類学における異文化社会の研究などに用いられる。

ざんよ-ざいさん【残余財産】会社・公益法人・組合などの清算手続きで、債権者に弁済したあとに残った積極財産。

サンラータン【酸辣湯】《中国語》中国の四川料理の一。肉や野菜などを入れ、酢とコショウで味付けをした酸味と辛味のあるスープ。

さん-らい【三礼】㊀❶三たび礼拝すること。❷中国で、天神・地祇・人鬼を祭る三つの儀式。さんれい。❸稽首・跪・揖の3種の礼拝。㊁儒教の経典のうち、礼に属する儀礼・周礼・礼記の3書。

さん-らい【三×籟】《「荘子」斉物論の「汝人籟を聞くも未だ地籟を聞かず。汝地籟を聞くも未だ天籟を聞かず」から》天・地・人間の発する三つ響き。天籟・地籟・人籟。

サンライズ〖sunrise〗日の出。

サンライズ-レポート〖sunrise report〗平成22年(2010)に経団連が発表した日本経済復権のための提言。地球温暖化対策や地域経済の活性化など日本経済が直面する8つの課題を解決するためのイノベーションを創出し、産業力強化する内容。中核事業となる「未来都市モデルプロジェクト」の実証実験が平成23年度から開始される。

さん-らく【三楽】❶《「孟子」尽心上から》君子の三つの楽しみ。一家の者が無事であること、天にも人にも恥じるところのないこと、天下の英才を教育すること。❷《「列子」天瑞から》人生の三つの楽しみ。人間として生まれたこと、男子として生まれたこと、長生きしていること。

さんらく【山楽】➤狩野山楽

さん-らく【参×洛】地方から京都へ上ること。上洛。「東国北国の源氏等、各々一を企て、平家を滅ぼさんと欲す」〈平家・七〉

さん-らく【惨落】〔名〕スル 相場が急に予想外の安値に下がること。

サンラザール-だいせいどう【サンラザール大聖堂】《Cathédrale Saint-Lazare d'Autun》フランス中東部、ソーヌ-エ-ロアール県の都市オータンにある、12世紀に建造された大聖堂。聖ラザロの遺骨を安置した教会として、中世より多くの巡礼者が訪れる。タンパン(正面入口上部の半円部分)や柱頭の彫刻はロマネスク様式の傑作として知られる。

サン-ラファエル〖Saint-Raphaël〗フランス南東部、プロバンス地方、バール県、地中海岸の都市。コートダジュールの観光保養地の一。カンヌまでの海岸線はコルニッシュ-ド-レステレルと称され、赤い岩肌の断崖が続く景勝地として知られる。

さん-らん【山×巒】山。山岳。

さん-らん【蚕卵】カイコガの卵。大きさは1ミリくらいで、淡黄色をし、越年するものは色が変わる。

さん-らん【産卵】〔名〕スル 卵をうむこと。「サケは川で一する」「一期」(類語)生む・生み落とす・出産・分娩・お産・安産・難産・初産・初産・初産・生す・産する・身二つになる・腹を痛める

さん-らん【散乱】〔名〕スル ❶あたり一面にちらばること。散り乱れること。「ビールの空缶が一する」❷波動や粒子線などが凹凸のある面や微粒子に当たって、いろいろな方向に進路を変えること。❸仏語。煩悩のために心が乱れて不安定であること。対象(六境)に心を奪われて一時も落ち着かないこと。

さん-らん【×燦×爛】〔ト・タル〕〔文〕〔形動タリ〕光り輝くさま。また、華やかで美しいさま。「一たる美華と光輝を発すると同時に」〈秋水・社会主義神髄〉
(類語)燦・燦然・赫赫・玲瓏・皓皓・煌煌・炯炯

さんらん-エックスせん【散乱X線】物質にX線を照射した際、原子や電子の散乱により放射されるX線。

さんらん-かいゆう【産卵回遊】魚類などが産卵のために行う回遊。外洋から沿岸にくるニシン、海から川へ上るサケ・マス類や、川から海に下るウナギなどにみられる。

さんらん-かん【産卵管】サンラン　昆虫の雌の腹端にある産卵用の管状の器官。魚類でもタナゴなどにみられる。

さんらん-し【蚕卵紙】カイコガに卵を生みつけさせる厚手の紙。種紙たねがみ。蚕紙。(季 春)

さんらん-ひだくほう【散乱比濁法】サンランヒダクハフ ►ネフェロメトリー

サンランベール-ひろば【サンランベール広場】《Place Saint-Lambert》ベルギー東部、リエージュ州の州都、リエージュの中心部にある広場。現在、州庁舎、裁判所として使われている、16世紀に建造されたルネサンス様式のプランスエベック宮殿(君主司教宮殿)がある。

さん-り【三里】❶1里の3倍。❷灸点の一。また、そこにすえる灸。膝頭の下約3寸(大人で約6センチ)、脛骨の外側の所。足三里ともいい、消化器の病気に効果がある。また、前腕の背面で、ひじの曲がりめから下へ3寸の所にある手三里は鼻血・手のしびれなどの治療点。

さん-り【散吏】職務のひまな役人。散官。

さんり-がみ【三里紙】昔、旅人や武家奴ぶけやっこなどが膝の三里に当てた三角形の白い紙や布。土下座するときのため、また、灸の跡を隠すためや飾りのためなどに用いたという。

さん-りく【三陸】陸奥むつ・陸中・陸前の3国の称。

さんりく-おおつなみ【三陸大津波】サンリクおほつなみ　三陸海岸を襲った津波のうち、最大級のもの。歴史的には三陸沖地震による明治29年(1896)、昭和8年(1933)のものについていわれてきたが、平成23年(2011)3月11日、東北地方太平洋沖地震によって明治以後最大とみられる津波が発生し、甚大な被害をもたらした。

さんりくおき-じしん【三陸沖地震】ヂシン　三陸沖を震源地とする大地震。リアス式海岸のため津波による被害が大きく、明治29年(1896)6月15日のものでは死者2万人以上、昭和8年(1933)3月3日のものでは死者3000人以上、平成23年(2011)3月11日の東北地方太平洋沖地震では死者行方不明者1万9000人以上にのぼった。

さんりく-かいがん【三陸海岸】青森県八戸はちのへ市の鮫角さめかどから岩手県を経て宮城県の金華山に至る太平洋岸。リアス式海岸が広がり、好漁港が多い。海岸部の多くは陸中海岸国立公園、南三陸金華山国定公園に指定されている。

さんりく-てつどう【三陸鉄道】テツダウ　三陸海岸を走る鉄道。久慈くじ・宮古間の北リアス線(71.0キロ)と釜石・盛さかり間の南リアス線(36.6キロ)からなる。昭和59年(1984)全通。宮古・釜石間はJR山田線が連絡。

さんりくはるかおき-じしん【三陸はるか沖地震】ヂシン　平成6年(1994)12月28日に発生したマグニチュード7.6の地震。震源は青森県八戸はちのへ市の東方沖。八戸で震度6、むつ・青森・盛岡で震度5を観測。10日後の余震(マグニチュード7.2)でも被害が拡大した。

さん-りげん【三利源】生命保険会社の利益の内訳である死差損益(想定死亡率と実際の死亡率との差による損益)、利差損益(予想運用利回りと実際の利回りとの差による損益)、費差損益(予想経費と実際の経費との差による損益)のこと。

さん-りつ【惨慄】〘名〙スル　むごたらしさに身震いすること。恐ろしさにぞっとすること。

さん-りつ【×簒立】〘名〙スル《「簒」は奪う意》臣下が君主の地位を奪って自らその位に就くこと。

さんりづか【三里塚】千葉県成田市南東部の地名。もと御料牧場地で、桜の名所。昭和53年(1978)に暫定開港した成田国際空港の用地の一部となり、はげしい反対運動が起こった。

さん-りゃく【三略】古代中国の兵法書。上略・中略・下略の3巻からなる。漢の張良が、黄石公から授けられたといわれるが、後漢以後の著作。➡六韜りくとう

さん-りゅう【三流】リウ　❶三つの流派。三派。❷その分野で3番目に位置する等級。二流よりまた一段劣った、程度の低いものをいう。「一のホテル」
(類語)二流・三等・B級・亜流

さん-りゅう【山流】リウ　❶傾斜の急な所を流れる川。❷川の上流部と中流部の称。

さん-りゅう【産×瘤】リウ　分娩の際に、胎児の頭部などが鬱血うっけつして体液がたまり、こぶ状になったもの。生後数日で消失する。

ざん-りゅう【残留】リウ〘名〙スル　残りとどまること。なくならずに残っていること。「野菜に一する農薬」「一部隊」(類語)残存・名残・残り・残品・残部・残務・残余・残・とどまる

ざん-りゅう【残×溜】リウ　残ってたまるもの。残りのしずく。「今引いて行った波の一の黄なるを踏んで」〈蘆花・自然と人生〉

ざんりゅう-おうりょく【残留応力】ザンリウ　引っ張り・圧縮・曲げ・熱処理などの外力に対して物体内部に生じ、外力を除いたあとにも保留される応力。材料の強化などに利用される。

ざんりゅう-こうしょう【残留鉱床】ザンリウクワウシヤウ　地表または地表付近で岩石が化学的風化を受け、可溶性成分が水に溶け去り、難溶性の有用鉱物が残留してできた鉱床。ボーキサイト鉱床は代表例。風化残留鉱床。

ざんりゅう-こじ【残留孤児】ザンリウ　外国に行った両親に死別、または生別したまま、現地に取り残された子供。「中国一」

ざんりゅう-じか【残留磁化】ザンリウジクワ　磁界を取り除いたあとも磁性体に残っている磁化。永久磁石や磁気録音に利用。残留磁気。

ざんりゅう-じき【残留磁気】ザンリウ ►残留磁化

さんりゅう-しゅ【×霰粒腫】サンリフ　まぶたの中にできるぐりぐりしたはれもの。マイボーム腺が詰まって分泌物が固まり、その周囲に炎症が起こる。

ざんりゅう-のうやく【残留農薬】ザンリウ　収穫後の農作物に残留する農薬。農薬ごとに残留基準値が定められている。(補説)平成18年(2006)、食品衛生法の改正でポジティブリスト制を導入。残留基準値を超える農作物・食品の販売などが原則禁止となった。

ざんりゅう-ひずみ【残留×歪み】ザンリウひづみ ►永久歪み

さん-りょう【三×稜】❶稜かどが三つあること。また、そのもの。三角。❷ウキヤガラの塊茎の表皮をはいで乾燥させたもの。漢方で通経・催乳薬などに用いる。

さん-りょう【山×梁】リヤウ　❶山中の谷川にかけた橋。❷《「論語」郷党から》キジの別名。

さん-りょう【山陵】❶山と丘。❷君主の墓。天皇・皇后などの墓。みささぎ。御陵。(類語)御陵・陵・陵墓
山陵崩ほう・る　《「戦国策」秦策から》君主の崩御をいう。

さん-りょう【山×稜】山頂から山頂へ続く峰すじ。山の尾根おね。(類語)尾根・稜線・分水嶺

さん-りょう【産量】リヤウ　生産される量。生産量。

さんりょう-きょう【三×稜鏡】キヤウ　プリズムのこと。

さんりょうし【山陵志】江戸後期の史書。2巻。蒲生君平がもうくんぺい著。文化5年(1808)成立。漢文体で、山陵の崇敬を説き、歴代天皇の山陵を考証したもの。尊王論に大きな影響を与えた。

さんりょう-し【山陵使】►告陵使こくりょうし

さんりょう-しん【三×稜×鍼】稜かどが三つある鍼はり。瀉血しゃけつやはれものの切開などに用いる。

さんりょう-せき【三×稜石】砂漠地方や風の強い砂地で、砂を吹きつけられて磨かれ、表面に2または3平面のできた岩片や礫れき。静岡県の御前崎のものは天然記念物。

さんりょう-ぶぎょう【山陵奉行】ブギヤウ　江戸末期の幕府の職名。山陵❷の管理・補修などにあたった。

さん-りん【三輪】❶三つの輪。❷「三輪車」の略。「オート一」❸仏語。㋐この世の地下にあって世界を支えているという金輪こんりん・水輪・風輪の三つ。㋑仏の身・口く・意の三業さんごう。転輪王の輪宝にたとえていう。❹淘宮術とうきゅうじゅつで、生まれた年月日の干支えと。

さん-りん【山林】❶山と林。また、山にある林。❷地目の一。樹木の多く生えている山地。「一を切り開く」「一地主」
(類語)木立・林・森・森林・密林・ジャングル・雑木林
山林に交わ・る　山林の中に住む。隠棲いんせいする。出家する。「世を遁のがれて一・るは」〈方丈記〉

さんりん-しゃ【三輪車】車輪が三つある車。子供の乗り物や、荷物の運搬などに用いる。

さんりん-ぼう【三隣亡】バウ　暦注の一。この日に建築をすれば火事を起こし、近隣3軒を焼き滅ぼすといって忌む。

さん-る【三流】古代の律に定めた三つの流罪。遠流おんる・中流ちゅうる・近流こんる。

さん-るい【三塁】野球で、二塁と本塁との間の塁。サードベース。サード。

ざん-るい【残涙】涙のあと。泣いたあとの顔つき。

ざん-るい【残塁】〘名〙スル　❶攻め落とされないで残っているとりで。❷野球で、スリーアウトになってその回の攻撃が終了したとき、走者が塁に残っていること。

サンルイジ-デイ-フランチェージ-きょうかい【サンルイジデイフランチェージ教会】ケウクワイ《Chiesa di San Luigi dei Francesi》イタリアの首都ローマにある教会。ナボーナ広場に近い。十字軍を指揮したフランス王ルイ9世を祭るために16世紀に建造された。バロックの画家カラバッジョによる3部作「聖マタイと天使」「聖マタイの召命」「聖マタイの殉教」がある。

さんるい-しゅ【三塁手】野球で、三塁を守備する内野手。サード。

サン-ルイス〖São Luís〗ブラジル北東部の港湾都市。マラニャン州の州都。フランス、ポルトガルの面影を残す17〜18世紀の建造物が多く見られる。1997年、「サン-ルイス歴史地区」の名で世界遺産(文化遺産)に登録された。

さんるい-だ【三塁打】野球で、打者が三塁まで進むことのできる安打。スリーベース-ヒット。

サンルイ-とう【サンルイ島】タウ　㊀《Saint-Louis》セネガルの北西部、セネガル川河口にある小島。中心部には、フランス統治時代に首都であったサンルイがあり、西アフリカにおける植民地支配の様子を伝える貴重な建造物群が現存している。2000年、世界遺産(文化遺産)に登録された。㊁《île Saint-Louis》フランスの首都、パリ、セーヌ川にある島。マリー橋でセーヌ右岸と、ツールネル橋でセーヌ左岸と、またサンルイ橋で下流に位置するシテ島と結ばれる。17世紀当時の落ち着いた雰囲気の町並みが残る。

サンルーカル-デ-バラメダ〖Sanlúcar de Barrameda〗スペイン南西部、アンダルシア州の都市。グアダルキビル川の河口に位置する。古くから地中海交易の重要な港町として発展。世界遺産に登録されたドニャーナ国立公園の観光拠点として知られる。シェリー酒マンサニーリャの産地。

サンルーフ〖sunroof〗日光が入るように、窓のついている自動車の屋根。開閉式と固定式とがある。

サンルーム〖sunroom〗大きなガラス窓をめぐらし、日光がよく入るようにした部屋。

サンルフィーノ-だいせいどう【サンルフィーノ大聖堂】ダイセイダウ《Cattedrale di San Rufino》イタリア中部、ウンブリア州の都市アッシジにある大聖堂。アッシジの守護聖人ルフィーノを祭るために12世紀に建造された。聖フランチェスコと聖キアーラが受洗したとされる洗礼盤がある。

さん-れい【三礼】►さんらい(三礼)

さん-れい【山霊】山の神。山の精霊。
(類語)精霊・魑魅ちみ・魍魎もうりょう・木霊

さん-れい【山×嶺】山のみね。山峰。
(類語)頂上・山頂・峰・頂・山巓さんてん・天頂・てっぺん

さん-れい【蚕齢】蚕の発育の程度を示す語。卵からかえったものを第一齢、最初の脱皮を終わったものを第二齢、以後脱皮するたびに第三齢、第四齢といい、ふつう第五齢で成熟する。

さんれい-ごしん【三令五申】《「史記」孫呉伝から》三度命令し、五度重ねて言うこと。何度も繰り返して、ていねいに命令すること。

サン-レウチョ〖San Leucio〗イタリア南部、カンパニア州の都市カゼルタにある町。18世紀にブルボン王朝のカルロ3世が狩猟場とし、息子フェルディナンドとともに絹工場を建設。続いて労働者のための住居

が建てられた。18世紀末から19世紀初頭にかけてのヨーロッパにおける先進的な産業都市の一例として知られ、カゼルタ宮殿やバンビテッリの水道橋とともに、1997年、「カゼルタの18世紀の王宮と公園、バンビテッリの水道橋とサンレウチョ邸宅群」として世界遺産(文化遺産)に登録された。

さん-れつ【参列】〘名〙スル 式や行事などに参加し、列席すること。「起工式に―する」「―者」
類語 参加・顔出し・出席・列席・臨席・参会・出場・出頭・臨場・親臨・出御・加入・加盟・仲間入り・参入・参画・参与・入会・飛び入り・飛び込み・加わる・列する・連なる・名を連ねる

さん-れつ【惨烈】〘名・形動〙きわめてむごたらしいこと。きわめてきびしいこと。また、そのさま。「戦闘は―を極めた」「―な台風の爪痕」
類語 惨め・悲惨・凄惨・惨憺・暗澹

サンレミ-せいどう【サンレミ聖堂】《Basilique Saint-Remi》フランス北東部、シャンパーニュ地方、マルヌ県の都市ランスにある聖堂。メロビング朝開祖である初代フランク国王クロビス1世に、洗礼を授けた大司教レミギウス(聖レミ)の墓がある。11世紀に建造され、ロマネスク、ゴシック両様式が見られる。1991年、付近にあるランス大聖堂、トー宮殿とともに、世界遺産(文化遺産)に登録された。サンレミ旧大修道院。

サンレミ-ド-プロバンス〘Saint-Rémy-de-Provence〙フランス南部、プロバンス地方、ブーシュ-デュ-ローヌ県の町。古代ローマ時代の都市遺跡、グラヌムやオランダの画家ゴッホが療養していた修道院併設の精神病院などがある。16世紀の医師・占星術師、ノストラダムスの生地としても知られる。

サン-レモ〘San Remo〙イタリア北西部、リビエラ海岸の保養都市。1951年より毎冬、カンツォーネのコンクールのサンレモ音楽祭が催される。

さん-れん【三連】❶三つ、または3回続くこと。❷漢詩で、句の下の3字をすべて平字、または仄字にすること。作詩上、これを忌む。下三連。

さんれん-おんぷ【三連音符】本来二等分・四等分すべきところを三等分した音符。三連符。

さんれん-せい【三連星】囲碁で、盤面の両隅と辺の3か所の星を縦または横に連ねて占める布石の形。

さん-ろ【三露】茶事で、席入り前・中立ち前・退出前の三度にわたって露地にまく打ち水。

さん-ろ【山路】㊀山道。やまじ。㊁花人親王(後の用明天皇)が真野長者の草刈り童となって名のったといわれる名。

さん-ろう【三老】中国、漢代に県や郷に置かれた郷官の一。父老中の有徳者として、その地方の住民の教化をつかさどった。

さん-ろう【山廊】禅宗寺院の三門の左右にある平屋建ての建物。三門の楼上に登る階段がある。

さん-ろう【山楼】山上に造った高い建物。山閣。

さん-ろう【参籠】〘名〙スル 祈願のため、神社や寺院などに、ある期間こもること。おこもり。

さんろう-ごこう【三老五更】中国、周代に、天子が父兄の礼をもって養った長老のこと。天下に孝悌の手本として示された。

さん-ろうじょ【三老女】能で、老女をシテとする「檜垣」「姨捨」「関寺小町」の3曲のこと。いずれも習い物として重要視されている。

サン-ローラン〘Yves Saint-Laurent〙[1936～2008]フランスの服飾デザイナー。クリスチャン=ディオールの主任デザイナーを経て1962年に自身のブランドを設立し、世界のモード界をリードした。映画「昼顔」などで、女優カトリーヌ=ドヌーブの衣装を担当したことでも知られる。

さんろ-が-ふえ【山路が笛】山路㊁が吹いた草刈り笛。恋心を寄せる道具とされる。

さん-ろく【山麓】山のふもと。山すそ。「―の村」「浅間―」
類語 麓・山裾

さん-ろく【散録】いろいろな事柄を筆のおもむくままに書き記すこと。また、その記録。漫録。

さんろく-きょうてい【三六協定】▶時間外協定

さんろく-たい【山麓帯】▶低地帯

さんろく-ばん【三六判】書物で、横3寸(約91ミリ)、縦6寸(約182ミリ)の大きさのもの。さぶろくばん。

サンロケ-きょうかい【サンロケ教会】《Igreja de São Roque》ポルトガルの首都リスボンの中央部、バイロアルト地区にあるイエズス会の教会。建造は16世紀。マニエリスム、バロック、ロココ様式が見られる。教会奥のサンジョアンバプティスタ礼拝堂はイタリアバロック様式の傑作とされる。1584年、日本の天正遣欧使節が1か月間滞在した。サンロッケ教会。

さんろ-スイッチ【三路スイッチ】一つの電気装置を2か所のスイッチで使えるようにした装置。

サンロッコ-だいしんとかい【サンロッコ大信徒会】《Scuola Grande di San Rocco》イタリア北東部、ベネト州の都市ベネチアにあるルネサンス様式の建物。守護聖人ロッコの信徒会の会堂として、16世紀にバルトロメオ=ボンにより建造された。ティントレットが20年以上の歳月をかけて描いた絵画装飾が有名。スクオーラグランデ-ディ-サンロッコ。

サンロレンソ-デ-エル-エスコリアル〘San Lorenzo de el Escorial〙スペイン、マドリード自治州の町。首都マドリードの北西約50キロメートル、グアダラマ山脈アバントス山のふもとに位置する。世界遺産(文化遺産)に登録されたエル-エスコリアル修道院がある。

サンロレンツォ-きょうかい【サンロレンツォ教会】《Basilica di San Lorenzo》イタリア中部、トスカーナ州の都市フィレンツェにある教会。4世紀末の創建でフィレンツェ最古の教会の一。11世紀にロマネスク様式で再建され、15世紀にブルネレスキにより改築されて現在の姿になった。メディチ家の墓所としてブルネレスキが設計した旧聖具室、メディチ家代々が収集した蔵書を保管するラウレンツィアーナ図書館がある。また、メディチ家礼拝堂とミケランジェロ設計の新聖具室が教会裏手に位置する。

サンロレンツォマッジョーレ-せいどう【サンロレンツォマッジョーレ聖堂】《Basilica di San Lorenzo Maggiore》イタリア北部、ロンバルディア州の都市ミラノにある教会。4世紀から5世紀にかけて建造。古代ローマ時代のコリント式の列柱を流用している。12世紀から13世紀、および16世紀に大改修が行われて現在の姿になった。聖アクイリーノ礼拝堂には4世紀の創建当初に作られた初期キリスト教時代のモザイク壁画が残っている。

さん-ろん【三論】❶三論宗がよりどころとする3種の経典。竜樹の「中論」「十二門論」、およびその弟子提婆の「百論」。❷「三論宗」の略。

さん-ろん【山論】山野の境界・利用をめぐる村落間の争論。江戸時代に頻発し、耕地開発の進展による、山野を供給源とする刈り敷き・秣などの肥料の不足から生じる場合が多い。やまろん。

さんろんげんぎ【三論玄義】中国、隋の吉蔵著。1巻。三論宗の教義を述べた書。

さんろん-しゅう【三論宗】三論を典拠とする仏教の宗派。起源はインドで、空の思想を説く。鳩摩羅什によって中国に伝えられ、隋末・唐初のころ、僧吉蔵が中国十三宗の一として完成。日本には推古天皇33年(625)、吉蔵の弟子慧灌によって伝えられ、智蔵・道慈が入唐帰朝して、南都六宗の一となる。実践より思弁的要素が強く、平安時代以後衰退。空宗。中観宗。

さん-わ【三和】仏語。根・境・識の三つが合すること。

さん-わ【山×窩】▶さんか(山窩)

さん-わおん【三和音】ある音を根音とし、その上に3度および5度をなす2音を重ねて作った和音。

さん-わく【三惑】《連声で「さんなく」とも》仏語。天台宗でいう、修行の妨げとなる三つの誘惑。見思惑・塵沙惑・無明惑。

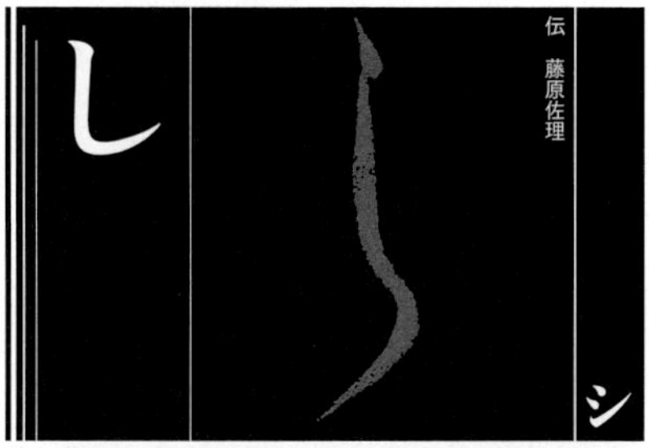

し ❶五十音図サ行の第2音。硬口蓋の無声摩擦子音[ʃ]と母音[i]とから成る音節。[ʃi] ❷平仮名「し」は「之」の草体から。片仮名「シ」は「之」の草体の変化したもの。補説「し」は、古くは[tsi](あるいは[ʃi] [tʃi])であったかといわれる。室町時代末にはすでに[ʃi]であった。

し【士】❶男性。男子。また、特に学問・道徳などを身にそなえた尊敬に値する人物。「―に一定の論あり」「同好の―を募る」「博学の―」❷さむらい。武士。「―農工商」❸中国、周代の支配階級のうち、大夫の下の身分。❹一定の資格・職業の人。「弁護―」「イエズス会―」➡漢「し(士)」
類語 男・男性・男子・野郎・雄・男児・おのこ・壮丁・壮夫・ますらお・丈夫・紳士・殿方・ジェントルマン

し【子】㊀〘名〙❶こども。特に、男児。❷学徳のある人物に対する敬称。先生。特に、孔子をさす。❸五等爵の第四位。子爵。「公侯伯―男」❹漢籍を経・史・子・集に分類した四部の一。諸子百家の著述を集めた部門。㊁〘代〙二人称の人代名詞。対等または目下の者に対して用いる。君。「―是れより左に路を取らば必ず常灯あり」〈織田訳・花柳春話〉㊂〘接尾〙❶名詞に付いて、そのことをもっぱら行う男性の意を表す。「編集―」「コラム―」❷古く、貴族の女子の名に添えて用いる。「光明―」「式―内親王」❸助数詞。囲碁で、置き石の数を数えるのに用いる。目。「二―局」➡漢「し(子)」

し【氏】㊀〘名〙❶同一血族の系統。うじ。❷話し手・相手以外の第三者。代名詞的に用いる。「―は静養中」㊁〘接尾〙❶氏名に付けて敬意を表す。主として男子に用いる。「佐藤―は欠席」❷氏族の姓氏に付けて、その氏族の出身であることを表す。「藤原―」❸助数詞。敬意をこめて人数を表すのに用いる。「三―の御執筆」➡漢「し(氏)」
類語 (㊀❷)同氏・同君・両氏/(㊁❶)さん・君・様・殿

し【仕】つかえること。官職に就くこと。仕官。➡漢「し(仕)」
仕を致・す 官職をやめる。致仕する。

し【司】❶律令制で、省に属し、寮の次に位した役所。主膳司・主水司など。❷明治初年、官省に属し、局・寮の次に位した役所。用度司・出納司など。➡漢「し(司)」

し【史】❶歴史。「―をひもとく」「日本―」❷律令制で、太政官・神祇官の主典。文書・庶務をつかさどった。❸漢籍を経・史・子・集に分類した四部の一。歴史書の部門。➡漢「し(史)」 類語 (❶)歴史・史実・青史・通史・編年史・年代記・ヒストリー・クロニクル
史に三長あり 《「唐書」劉知幾伝から》歴史を書く人は、才・学・識の三つの長所を備えるべきである。

し【四┊×肆】❶数の名。3の次、5の前の数。よ。よつ。よっつ。よん。❷4番目。第4。補説 音が「死」に通じるので忌む向きは、「よ」「よん」でいいかえる。「肆」は金銭証書などで、間違いを防ぐため「四」の代わりに用いる。➡漢「し(四・肆)」 類語 一・二・三・五・六・七・八・九・十・百・千・万・億・兆・ゼロ・零・一つ・二つ・三つ・四つ・五つ・六つ・七つ・八つ・九つ・十
四の五の言・う なんのかんのと文句や不平を言う。「―・って言うことを聞かない」
四も五も (下に打消しの語を伴って用いる)なんでもかでも。なにもかも。「―構はぬ男ども」〈浮・諸艶大鑑・八〉

し【市】地方公共団体の一。人口5万以上で、中心市街地の戸数が全戸数の6割以上であること、各都道府県の条例で定める都市としての施設その他の要件をそなえているもの、などの条件を満たしていなくてはならない。➡漢「し(市)」

し【死】❶生命がなくなること。死ぬこと。また、生命が存在しないこと。「—に至る病(やまい)」「—の谷」⇔生(せい)。❷律の五刑の一。絞(こう)と斬(ざん)の2種があった。➡漢「し(死)」

死一等を減・ずる 死罪にすべきところを許して、一段階低い刑にする。

死は或(ある)いは泰山(たいざん)より重く或いは鴻毛(こうもう)より軽し 《司馬遷「報任少卿書」から》命は重んじて惜しむべき場合と、潔く捨てるべき場合とがある。その判断は義にかなうか否かによるべきである。

死を決・する 死ぬ覚悟を決める。「—・して戦いに臨む」

死を賜・る 主君から死ぬことを命じられる。死罪になる。

死を賭(と)・す 死ぬことを覚悟して物事にあたる。命がけで物事を行う。「—・して主君をいさめる」

死を視(み)ること帰(き)するが如(ごと)し 《「大戴礼」曽子制言上から》死ぬことを、家に帰ることと同じように思う。死に臨んで、恐れないようすをいう。

し【糸】毛(もう)の10分の1。1の1万分の1。➡表「位(くらい)」➡漢「し(糸)」

し【羊=蹄】ギシギシの古名。〈和名抄〉

し【×巵】古代中国で使われた酒杯の一。鉢形で、両側に環状の取っ手がある大杯。

し【志】❶紀伝体の歴史書で、天文・地理・礼楽などを事項別に分類して記した部分。❷律令制で、衛門府(えもんふ)・兵衛府(ひょうえふ)・検非違使庁(けびいしちょう)の主典(さかん)。➡漢「し(志)」

し【私】個人に関する事柄。わたくしごと。わたくし。「—を滅する」⇔公(こう)。➡漢「し(私)」

し【使】❶「検非違使(けびいし)」の略。❷仏語。煩悩の異称。➡漢「し(使)」

し【刺】❶突き刺すもの。とげ。はり。❷なふだ。名刺。➡漢「し(刺)」

刺を通・ず 名刺を出して面会を求める。「車を下るや、急に進んで—・じ」〈秋水・兆民先生〉

し【×屍|×尸】しかばね。死体。➡漢「し(屍・尸)」

し【▽食】たべもの。食物。「一箪(いったん)の—一瓢(いっぴょう)の飲」

し【師】㊀〔名〕❶学問・技芸を教授する人。師匠。先生。「—の教え」❷僧・神父・牧師などを敬っていう語。❸中国、周代の軍制で、5旅(りょ)すなわち2500人の称。転じて、軍隊。「征討の—を起こす」㊁〔接尾〕❶技術・技芸などを表す語に付いて、その技術の専門家であることを表す。「医—」「理髪—」❷僧侶・神父などの姓氏に付けて、尊敬の意を表す。「ホメイニー—」➡漢「し(師)」類語(㊀❶)師匠・師範・インストラクター・先生・指南役・宗匠・師父・教師・教員・教諭・教授・教官・講師・ティーチャー・プロフェッサー・チューター・尊師・恩師・旧師・先師

し【×秭】数の単位。1垓(がい)の1万倍。また、1億の1万倍、1億の1億倍とも。➡表位(くらい)

し【×梓】《もと梓(あずさ)の板を使ったところから》印刷用の版木(はんぎ)。➡漢「し(梓)」

梓に上(のぼ)・す 書物を出版する。上梓(じょうし)する。「—・すまでに一〇年の歳月を閲(けみ)した」

し【×觜】二十八宿の一。西方の第六宿。オリオン座北部の三つの星をさす。とろきぼし。觜宿。

し【詞】❶ことば。文章や詩歌。また、特に、歌詞。「—に曲をつける」❷中国の韻文の一。唐末から宋代にかけて流行。もとは楽曲に合わせて作られた歌詩。1句の長短は不定で俗語を多く使う。塡詞(てんし)・詩余・長短句ともいう。❸単語を文法上の性質から二つに分類したものの一。辞(じ)に対する。単独で文節を構成しうる語。名詞・動詞・形容詞・形容動詞・副詞・連体詞・感動詞・接続詞がこれに属する。自立語。時枝誠記(ときえだもとき)の学説では接続詞・感動詞などは辞に入る。➡漢「し(詞)」

し【歯】❶は。❷よわい。年齢。とし。➡漢「し(歯)」

歯を没・す 《「論語」憲問から》命が尽きる。死ぬ。

し【嗣】あとつぎ。よつぎ。「皇帝の—」➡漢「し(嗣)」

し【詩】❶文学の様式の一。自然や人事などから受ける感興・感動を、リズムをもつ言語形式で表現したもの。押韻・韻律・字数などに規定のある定型詩と、それのない自由詩・散文詩とがあり、また、内容から叙情詩・叙事詩・劇詩などに分ける。❷漢詩。➡漢「し(詩)」類語(❶)うた・詩歌・韻文・詩賦(しふ)・賦(ふ)・吟詠・ポエム・バース・詩編・叙情詩・叙事詩・定型詩・自由詩・バラード・ソネット・新体詩

詩に別才有り 《「滄浪詩話」詩弁から》詩作の能力は、学問や知識の深浅に関係なく別の才能による。

詩を作るより田(た)を作れ 文学など役立たないことよりも、実利のある仕事をしたほうがいい。

詩を祭る 《唐の詩人賈島(かとう)が大みそかに、酒肴(しゅこう)を供えてその年に作った詩を祭ったという「唐書」賈島伝の故事から》詩人が日ごろの詩作の苦心をかえりみてみずから慰める。

し【試】ためすこと。試験。「三十歳で太原から出て、始て進士の—に応じた」〈鷗外・魚玄機〉➡漢「し(試)」

し【資】❶資本。資金。もとで。「—を投じる」❷材料。素材。「参考の—に供する」❸資質。素質。「果断の—に富む人」➡漢「し(資)」

し【×駟】4頭立ての馬車。また、その馬。

駟の隙(げき)を過ぐるが如(ごと)し 《「礼記」三年問から》時の流れは、4頭立ての馬車が走り過ぎるのを、戸のすきま越しにのぞき見るようなものである。月日がたちまちに過ぎていくことのたとえ。

駟も舌に及ばず 《「論語」顔淵から》いったん口に出した言葉は、4頭立ての馬車で追いかけても、追いつくことはできない。言葉は慎むべきであるというたとえ。駟馬を追う能(あた)わず。

し【×諡】死者に贈る名。おくりな。諡号。➡漢「し(諡)」

し【×錙】古代中国の重さの単位。六銖(ろくしゅ)の重さ。一説に6両、または8両とも。➡錙銖(ししゅ)

シ〔イタリア si〕❶洋楽の階名の一。長音階の第7音、短音階の第2音。❷日本音名ロ音のイタリア音名。

し【×其|×汝】〔代〕《格助詞「が」を伴って「しが」の形で用いられる》❶中称の指示代名詞。それ。「烏草樹(さしぶ)の木—が下に生ひだてる葉広斎(ゆ)つ真椿」〈記・下・歌謡〉❷二人称の人代名詞。おまえ。「うつくしく—が語らへばいつしかも人となり出でて」〈万・九〇四〉❸反射代名詞。その者自身をさす。おのれ。「—が身の程知らぬこそいと心憂けれ」〈落窪・一〉

し〔助動〕《尊敬の助動詞「しゃる」の命令形「しゃれ」が「しゃい」となり、さらに「せえ」「し」と音変化したもの。近世語》四段動詞の未然形に付く。軽い尊敬を含んだ命令を表す。…なさい。…たまえ。「ここを一番聞かっし」〈滑・浮世床・初〉➡さっし 補説上接の動詞と「し」との間に促音を添加して、「っし」の形で用いられる。

し〔助動〕過去の助動詞「き」の連体形。「しかしか、さはべりしことなり」〈大鏡・序〉補説現代語では、「ありし日」「若かりしころ」などの慣用的な表現で用いられる。

し ㊀〔接助〕活用語の終止形に付く。❶前に述べる事柄が、後に述べる事柄と並列的、対比的な関係であることを表す。「御飯も炊ける—、味噌汁も作れる」「成績はよくもない—、悪くもない—といったところだ」❷前に挙げた事柄を原因・理由として下の事柄に続ける意を表す。から。ので。「身体はじょうぶです—、もっと働けます」「家も近いんだ—、たまには寄れよ」❸(終助詞的に用いて)一つの事実・条件を言いさし、結論を言外に暗示する意を表す。「旅行はしたいけれども、暇はない—」「せっかく出場させてもエラーはする—」❹(「…まいし」の形で)相手を軽んじたり、詰問したりする意を表す。「子供のけんかじゃあるまい—」「人ごとではあるまい—、まじめに考えなさい」補説近世以降用いられ、おもに打ち解けた対話に用いられる。㊁〔副助〕名詞、活用語の連体形および連用形、副詞、助詞などに付いて、上の語を強調する意を表す。「から衣きつつなれにしつま—あればはるばるきぬる旅を—ぞ思ふ」〈伊勢・九〉補説上代に多く用いられ、中古以降は「し…ば」の形、または「しも」「しは」「しぞ」のように他の助詞と複合した形で用いられる。㊂〔間助〕《上代語》多く「やし」「よし」の形で、詠嘆を表す。「よしゑや—直(ただ)ならずともぬえ鳥の心泣(うらな)け居りと告げむ子もがも」〈万・二〇三一〉

し【至】〔接頭〕時間・場所を示す名詞に付いて、行き着くところ、到達点を表す。「自六月—九月」「自成田—ホノルル」⇔自(じ)。➡漢「し(至)」

し【姉】〔接尾〕同輩の女性の氏名に付けて、尊敬の意を表す。➡漢「し(姉)」

し【枝】〔接尾〕助数詞。細長い物を数えるのに用いる。「長刀(なぎなた)一—」➡漢「し(枝)」

し【視】〔語素〕名詞の下に付いて、…と見なす、…として取り扱う、の意を表す。「ライバル—」「重要—」「同一—」➡漢「し(視)」

じ「し」の濁音。硬口蓋の有声破擦子音[dʒ]と母音[i]とからなる音節。[dʒi] 補説清音「し」に対する濁音としては、本来、硬口蓋の有声摩擦子音[ʒ]と母音[i]とからなる音節[ʒi]が相当するが、現代共通語では一般に[dʒi]と発音する。しかし、[ʒi]とも発音し、両者は音韻としては区別されない。古くは、[dzi](あるいは[dʒi][ʒi])であったかともいわれる。室町時代末には[ʒi]と発音され、近世江戸語以降[dʒi]と発音された。

じ【地】ヂ ❶地面。大地。つち。ち。「雨降って—固まる」❷ある土地。その地域。「—の物」「—卵」❸物事の基礎。下地(したじ)。「—ができている」❹化粧しない肌。素肌。「—が白い」❺布・紙・金属などの、彩色・加工・細工などの土台となる部分。「黒い—に金の縫い取り」❻織ったままの布地。また、布の材質。「—の厚いコート」❼生まれつきの性格。また、本性。「つい—を出す」❽文章の中で、会話文や引用文を除いた叙述の部分。「—の文」❾実地。実際。❿囲碁で、石で囲んで自分のものとした部分。⓫㋐日本舞踊で、伴奏の音楽。また、それを演奏する人。地方(じかた)。㋑日本音楽で、基礎の楽句。特に、同じ楽句を何回も繰り返して奏するもの。㋒三味線音楽で、上調子(うわぢょうし)に対する基本の調子。また、それを奏する三味線。㋓能の地謡(じうたい)のこと。㋔義太夫節の地合(じあい)のこと。➡漢「ち(地)」類語(❷)土地・当地・御当地・当所・現地・地元/(❼)本性・生地・下地・地金

地が出る 隠れていた本性が現れ出る。「今はおとなしいが、じきに—出るよ」

地で行・く ❶想像上の事柄などを現実の世界で実際に行う。「小説を—・く」❷ありのまま行動する。自然に振る舞う。「今回の映画の役は—・ける」

じ【字】❶言語を書き表すのに用いる符号。仮名・漢字・ローマ字・梵字(ぼんじ)・ハングルなど種類が多い。文字。❷漢字。「この—は難しい」「当て—」❸筆跡。「これは彼の—ではない」❹(人の名や言葉の頭文字に「の字」を付けた形で)その人やそのことを婉曲にいう。「あいつは彼女にほの—らしい」「お前の心もよの—の気も」〈人・梅美婦禰・三〉❺紋所の名。文字を図案化したもの。❻《一文銭の表面にある4文字のうちの一つの意、すなわち4分の1から》2分5厘。また、一文銭。「一銭一—損かけまじ」〈浄・冥途の飛脚〉❼楊弓(ようきゅう)・双六などの賭けに用いる、紅白の紙に包んだ銅銭。「勝負に賭くるおあしならんとありければ…いやいや—にて候はず」〈浄・松風村雨〉➡漢「じ(字)」類語(❶)文字・字母・邦字・ローマ字/(❸)書体・筆跡・手跡・墨跡・手(て)・筆の跡・水茎の跡

じ【寺】てら。多く接尾語的に用いて寺院を数えるのに使う。「末寺数百—を数える本山」➡漢「じ(寺)」

じ【次】㊀〔名〕❶つぎのもの。つぎ。「—年度」❷化学で、酸素酸などの一つの系統の化合物中、酸化の程度が標準的なものより低いことを表す語。「亜」よりさらに低いことを表す語。「—亜硝酸」㊁〔接尾〕助数詞。度数・回数などを数えるのに用いる。「二—方程式」「第二—募集」➡漢「じ(次)」

じ【児】㊀〔名〕❶子供。「一—をもうける」❷男子。「自然の—になろうか、又意志の人になろうか」〈漱石・それから〉㊁〔代〕一人称の人代名詞。親などに対して子が自分のことをさすのに用いる。「—は不幸にして

【示¦次¦自¦▽侍】▶じ
【▽差】▶さ
【▽識】▶しき

士 学4 音シ漢 ジ呉 訓さむらい ‖ ㊀〈シ〉①成人した男子。また、学識・徳行のあるりっぱな男子。「士女/隠士・義士・国士・志士・紳士・人士・壮士・文士・名士」②古代中国の官吏の一。大夫より下の階級。「士大夫」③特別の資格・技術を身につけた人。「学士・棋士・修士・博士(はくし)・弁士」④さむらい。「士分/騎士・郷士(ごうし)・武士・浪士」⑤軍人。「士官・士気/戦士・兵士・勇士」⑥自衛隊の兵の称。「海士・空士・陸士」㊁〈ジ〉㊀に同じ。「衛士(えじ)・居士(こじ)」名付あき・あきら・お・おさむ・こと・さち・ただ・つかさ・と・のり・ひと・まもる 難読海士(あま)・徒士(かち)・博士(はかせ)・武士(もののふ)

子 学1 音シ呉漢 ス唐 訓こ、ね ‖ ㊀〈シ〉①親から生まれたもの。こども。「子孫/王子(おうじ)・孝子・妻子・実子・赤子・長子・童子(どうじ)・末子・養子」②成人男子の敬称。「君子・諸子・夫子(ふうし)」③学問・人格のすぐれた者の名に付ける敬称。「孔子・朱子」④人。者。「才子・遊子」⑤五等爵の第四位。「子爵」⑥種。実。卵。「子房/種子・精子・卵子」⑦小さいもの。「原子・光子・電子・分子・胞子・粒子」⑧元のものから生じたもの。「利子」⑨物の名に付けたり、意味なく添えたりする語。「菓子・格子・骨子・冊子・杓子(しゃくし)・障子(しょうじ)・卓子・銚子・調子・日子・拍子・帽子」⑩十二支の一番目。ね。「甲子(かっし)/子午線」㊁〈ス〉㊀の⑨に同じ。「椅子(いす)・金子・繻子(しゅす)・扇子・緞子(どんす)・払子(ほっす)・様子・綸子(りんず)」㊂〈こ(ご)〉「子宝・子供・子役/氏子・幼子(おさなご)・親子・息子(むすこ)」名付さね・しげ・しげる・たか・ただ・たね・ちか・つぐ・とし・み・みる・やす 難読泛子(うき)・浮子(うき)・浮塵子(うんか)・御虎子(おまる)・案山子(かかし)・帷子(かたびら)・硝子(ガラス)・鱲子(からすみ)・雉子(きじ・きぎす)・餃子(ギョーザ)・梔子(くちなし)・山梔子(くちなし)・胡頽子(ぐみ)・小女子(こうなご)・賽子(さいころ)・骰子(さいころ)・蠁子(さし)・兄子(せこ)・勢子(せこ)・頼母子(たのもし)・束子(たわし)・梃子(てこ)・茄子(なす)・撫子(なでしこ)・螺子(ねじ)・捻子(ねじ)・捩子(ねじ)・刷子(はけ・ブラシ)・梯子(はしご)・囃子(はやし)・檳榔子(びんろうじ)・五倍子(ふし)・黒子(ほくろ)・子規(ほととぎす)・神子(みこ)・角子(みずら)・零余子(むかご)・無患子(むくろじ)・郁子(むべ)・没法子(メーファーズ)・面子(メンツ)・柚餅子(ゆべし)

×**尸** 音シ呉漢 訓しかばね ‖ ①人の死体。しかばね。「尸諫(しかん)」②神の身代わり。かたしろ。「尸位」

人**巳** 音シ漢 訓み ‖ 十二支の六番目。み。「元巳(げんし)・上巳」

支 学5 音シ呉漢 訓ささえる、つかえる ‖ ①枝分かれする。枝分かれしたもの。「支局・支線・支店・支部・支流/気管支」②分かれてばらばらになる。「支離滅裂」③分けて出す。「支給・支出・支弁/収支」④物事をはかる。「支度(したく)・支配」⑤ささえる。「支援・支持・支柱・支点」⑥つかえる。さしさわり。「支障」⑦十二支。「干支(かんし)」⑧「支那(しな)」の略。「日支」名付なか・もろ・ゆた 難読干支(えと)

止 学2 音シ呉漢 訓とまる、とめる、とどまる、とどめる、やむ、やめる ‖ ①じっとして動かない。とまる。とどまる。「止住・止宿/静止・停止」②活動をやめる。とめる。ひきとめる。「止血/禁止・終止・制止・阻止・中止・廃止・防止・抑止」③ふるまい。「挙止・容止」名付ただ・と・とめ・とも・もと 難読波止場(はとば)

氏 学4 音シ漢 訓うじ ‖ ㊀〈シ〉①血統を同じくする集団。うじ。「氏族・氏名/姓氏・平氏・李氏(りし)」②姓名に添えて敬意を表す語。「某氏・山田氏」③敬意をもって人を指す語。「各氏・諸氏・両氏」㊁〈うじ〉「氏神・氏名(うじな)」名付え 難読杜氏(とうじ)

仕 学3 音シ漢 ジ呉 訓つかえる、つかまつる ‖ ㊀〈シ〉①役人になる。つかえる。「仕官/出仕・致仕・奉仕」②動詞「する(為る)」の連用形「し」の当て字。「仕方・仕組・仕事(しごと)・仕手・仕業(しわざ)」㊁〈ジ〉つかえて仕事をする。「仕丁(じちょう)/給仕」名付まなぶ

人**仔** 音シ呉漢 ‖ ㊀〈シ〉小さい。細かい。「仔細」㊁〈こ〉動物の子。「仔羊」

司 学4 音シ呉漢 ス唐 訓つかさどる、つかさ ‖ ①役目を受け持ちとりしきる。つかさどる。「司会・司書・司令」②役目を受け持つ人。「行司(ぎょうじ)・宮司(ぐうじ)・国司・上司・保護司」③役所。「写経司」名付おさむ・かず・つとむ・もと・もり 難読下司(げす)・公司(コンス)・殿司(でんす)

史 学4 音シ呉漢 訓ふみ、ふひと、さかん ‖ ①出来事の記録。また、その出来事。「史学・史劇・史実・史跡/外史・先史・戦史・前史・通史・稗史(はいし)・有史・歴史」②出来事を記録する者。「史生(ししょう)/侍史・女史・太史」名付ちか・ちかし・ひと・ふの・み 難読令史(さかん)

人**只** 音シ呉漢 訓ただ ‖ ㊀〈シ〉それだけ。「只管打坐(しかんたざ)」㊁〈ただ〉「只今・只者・只中」難読只管(ひたすら)

四 学1 音シ呉漢 訓よ、よつ、よっつ、よん ‖ ㊀〈シ〉①数の名。よっつ。「四角・四季・四大/朝三暮四」②四番目。「四月・四更」③よたび。「再三再四」④四方。「四囲・四海・四周・四隣」㊁〈よ〉「四隅(よすみ)・四月(よつき)・四人(よにん)・四年(よねん)」㊂〈よん〉「四回・四勝・四輪車」名付ひろ・もち 難読四阿(あずまや)・四十雀(しじゅうから)・四十(よそ・よそじ)・四方(よも)

市 学2 音シ漢 訓いち ‖ ㊀〈シ〉①物を売り買いする所。いち。「市況・市場・市販」②人の集まるにぎやかな所。まち。「市街・市井・市中/城市・都市・坊市」③行政区画の一。「市営・市長・市民・市立」㊁〈いち〉「市場/朝市・魚市・闇市(やみいち)」名付ち・なが・まち

矢 学2 音シ呉漢 訓や ‖ ㊀〈シ〉や。「一矢・嚆矢(こうし)」㊁〈や〉「矢面(やおもて)・矢印/弓矢」名付ただ・ちこう・なお 難読猟矢(さつや)・征矢(そや)・甲矢(はや)・兄矢(はや)

人**弛** 音シ呉漢 チ慣 訓ゆるむ、ゆるめる、たるむ ‖ ゆるめる。たるむ。「弛緩・弛張/一張一弛」

旨 音シ呉漢 訓むね、うまい ‖ ①考えの内容。意向。むね。「宗旨・主旨・趣旨・聖旨・宣旨(せんじ)・同旨・本旨・要旨・来旨・論旨」②うまい。「旨酒」名付よし

人**此** 音シ呉漢 訓これ、この ‖ これ。この。「此岸・此君/彼此」難読如此(かくのごとし)・此奴(こいつ)・此処(ここ)・此方(こちら・こっち・こなた)

死 学3 音シ呉漢 訓しぬ ‖ ①しぬ。しぬこと。「死因・死者・死亡・死滅/仮死・擬死・急死・決死・検死・枯死・情死・水死・生死・戦死・病死・瀕死(ひんし)・変死・悶死(もんし)」②機能しなくなる。「死角・死語・死蔵・死文」③命がけ。「死守・死闘・死力」④命にかかわること。危険なこと。「死線・死地」⑤野球で、アウト。「二死」

糸〔絲〕 学1 音シ呉漢 訓いと ‖ ㊀〈シ〉①いと。「絹糸・繭糸・蚕糸・製糸・撚糸(ねんし)・抜糸・綿糸」②糸のように細いもの。「菌糸・柳糸」③弦楽器。「糸管・糸竹」④数の単位。一の一万分の一。「糸毫(しごう)」㊁〈いと〉「糸目/絹糸・毛糸・縦糸」補説本来、「絲(し)」と「糸(べき)」は別字。難読糸遊(いとゆう)・絓糸(しけいと)・天蚕糸(てぐす)・糸瓜(へちま)

至 学6 音シ呉漢 訓いたる ‖ ①ぎりぎりのところまで行き着く。いたる。「乃至(ないし)・必至」②この上ない。いたって。「至極(しごく)・至言・至上・至当・至難・至福・至便」③太陽が回帰点に達した日。「夏至(げし)・冬至(とうじ)」名付ちか・のり・みち・むね・ゆき・よし 難読至是(ここにいたりて)

伺 音シ呉漢 訓うかがう ‖ ようすや機嫌をうかがう。「伺候/奉伺」名付み

×**址** 音シ呉漢 訓あと ‖ ①建物の土台。「基址」②あと。「遺址・旧址・城址」

志 学5 音シ呉漢 訓こころざす、こころざし、しるす、さかん ‖ ①心がある目標をめざして動く。こころざす。「志学・志願・志向・志望」②こころざし。「意志・弱志・初志・寸志・大志・闘志・同志・篤志・微志・有志・立志」③書き記す。書き記したもの。「三国志」④志摩(しま)国。「志州」名付さね・むね・ゆき

私 学6 音シ呉漢 訓わたくし、わたし、ひそかに ‖ ①公でない、個人の立場。自分一身に関すること。わたくし。「私営・私学・私事・私情・私人・私腹・私欲・私立・私生活/公私・無私・滅私奉公」②ひそかに。表立たずに。「私語(しご)・私淑」難読私語(ささめごと)

▽**芝** 音シ呉漢 訓しば ‖ ㊀〈シ〉キノコの一種。マンネンタケ。めでたいしるしとされた。「桂芝(けいし)・霊芝」㊁〈しば〉イネ科の草の名。「芝居・芝草・芝生(しばふ)」

使 学3 音シ呉漢 訓つかう、しむ、せしむ ‖ ①つかう。用いる。「使役(しえき)・使途・使用/駆使・行使・酷使」②さしむけて用をさせる。用をする人。つかい。「使者・使節・使命/急使・公使・大使・勅使・天使・特使・密使・遣唐使」③「使用者」の略。「労使」

刺 音シ呉漢 セキ漢 訓さす、ささる、とげ ‖ ㊀〈シ〉①とがったもので突きさす。「刺客・刺激・刺殺・刺繍(ししゅう)」②そしる。「風刺」③とげ。「有刺鉄線」④名札。「名刺」㊁〈さし(ざし)〉「刺身(さしみ)/絽刺(ろざし)」難読刺草(いらくさ)・刺青(いれずみ)・肉刺(まめ)

始 学3 音シ呉漢 訓はじめる、はじまる ‖ ①はじめる。はじまる。「始業・始動/開始・創始」②はじめ。おこり。「始終・始祖・始末/元始・原始・終始・年始」名付とも・はる・もと

姉 学2 音シ呉漢 訓あね ‖ ㊀〈シ〉①あね。「姉弟・姉妹/義姉・実姉・長姉」②女性に対する敬称。「貴姉・諸姉・大姉」㊁〈あね〉「姉上・姉御」補説「姊」は正字。名付え 難読従姉(いとこ)・従姉妹(いとこ)

枝 学5 音シ呉漢 訓えだ ‖ ㊀〈シ〉①木のえだ。「枝葉/樹枝・分枝・楊枝(ようじ)」②分かれ出たもの。「枝族/連枝」㊁〈えだ〉「枝葉・枝道/小枝」名付え・しげ・しな 難読枝折(しおり)・下枝(しずえ)・枝垂れ(しだれ)・上枝(ほつえ)

×**祀** 音シ漢 訓まつる、まつり ‖ 神や先祖をまつる。まつり。「祀典/合祀・祭祀・奉祀」

祉〔祉〕 音シ慣 ‖ 神の恵み。さいわい。「福祉」名付とみ・よし

肢 音シ呉漢 ‖ ①手足。「肢体/下肢・義肢・四肢・前肢」②本体から分かれ出たもの。「選択肢」

×**咫** 音シ呉漢 訓あた ‖ 中国周代の長さの単位。約一八センチ。わずかの距離。「咫尺(しせき)」難読八咫烏(やたがらす)

姿 学6 音シ呉漢 訓すがた ‖ ㊀〈シ〉からだの形やようす。すがた。「姿勢・姿態/英姿・風姿・勇姿・雄姿・容姿・麗姿」㊁〈すがた〉「姿見/旅姿・寝姿」名付かた・しな・たか

×**屍** 音シ呉漢 訓かばね、しかばね ‖ 死体。しかばね。「屍体・屍斑(しはん)/検屍・死屍」

思 学2 音シ呉漢 訓おもう ‖ こまごまと考える。おもいめぐらす。おもう。おもい。「思案・思考・思索・思想・思慕・思慮/意思・客思・秋思・愁思・熟思・所思・相思・沈思・不可思議」名付こと 難読思惑(おもわく)

し

指 学3 音シ呉 訓**ゆび、さす** ‖ ㊀〈シ〉①手足のゆび。「指圧・指紋/一指・屈指・十指・食指・弾指」②ゆびさす。さし示す。「指揮・指示・指数・指定・指摘・指導・指標・指名・指令」㊁〈ゆび〉「指先・指輪/親指・薬指」㊂〈さし(ざし)〉「指図さしず・指物/脇指わきざし」名付 むね

施 音シ漢 セ呉 訓**ほどこす** ‖ ㊀〈シ〉計画を実地に移す。実際に行う。「施工・施行・施策・施政・施設/実施」補説「施工・施行」は「せこう」とも読む。㊁〈セ〉ほどこし与える。「施行せぎょう・施主・施与・施療/布施」名付 とし・のぶ・はる・ます・もち

▽**柿** 音シ漢 訓**かき** ‖ ㊀〈シ〉木の名。カキ。「熟柿」㊁〈かき(がき)〉「柿色/渋柿」補説「柹」は正字。

師 学5 音シ呉漢 ‖ ①兵士の集団。軍隊。「師団/王師・出師すいし」②多くの人々の集まる所。「京師けいし」③人を教え導く人。先生。「師事・師匠・師弟・師範/恩師・教師・講師こうし・先師・祖師・導師・法師・牧師・老師」④専門の技術をもつ人。「医師・絵師・技師・仏師・山師やまし・猟師・漁師」名付 かず・つかさ・のり・みつ・もと・もろ 難読 師走しわす・しはす・塗師ぬし・香具師やし

恣 音シ呉漢 訓ほしいまま ‖ かって気まま。ほしいまま。「恣意/専恣・放恣」

×**疵** 音シ漢 ‖ きず。欠点。あやまち。「瑕疵かし・小疵」

×**祠** 音シ漢 訓ほこら、まつる ‖ ①神や祖先を祭る所。ほこら。「祠堂/淫祠いんし・古祠・社祠・小祠・神祠」②まつる。まつり。「祠官」難読 叢祠ほこら

紙 学2 音シ呉漢 訓**かみ** ‖ ㊀〈シ〉①かみ。「紙質・紙幅・紙幣/懐紙・製紙・台紙・白紙・半紙・筆紙・表紙・別紙・用紙・和紙」②新聞のこと。新聞紙。「紙上/本紙・機関紙」㊁〈かみ(がみ)〉「厚紙・油紙・型紙・手紙・鼻紙」難読 紙鳶いかのぼり・紙衣かみこ・紙縒こより・紙魚しみ

脂 音シ呉漢 訓**あぶら**、やに ‖ ㊀〈シ〉①動物性のあぶら。「脂肪/牛脂・凝脂・脱脂・皮脂・油脂」②油で溶いたべに。「脂粉/臙脂えんじ」③やに。「樹脂」㊁〈あぶら〉「脂汗・脂性あぶらしょう・脂身」難読 雲脂ふけ・松脂まつやに

▽**茨** 音シ漢 訓**いばら**、うばら ‖ かや。かやぶき。「茅茨ぼうし」

人**梓** 音シ呉漢 訓あずさ ‖ ㊀〈シ〉①木の名。キササゲ。アズサ。「梓宮/桑梓」②版木。「上梓」㊁〈あずさ〉「梓弓」

紫 音シ呉漢 訓**むらさき** ‖ ㊀〈シ〉むらさき。「紫煙・紫紺・紫斑しはん・紫外線/紅紫」㊁〈むらさき〉「紫色/青紫・若紫」難読 紫陽花あじさい・紫雲英げんげ

視〔視〕 学6 音シ漢 訓みる ‖ ①注意して見る。見る。「視界・視覚・視察・視野・視聴者/可視・監視・凝視・検視・正視・注視・透視・黙視」②見なす。そのように扱う。「軽視・重視・敵視・無視」③見る力。視力。「遠視・近視・弱視・乱視」名付 み・よし

人**斯** 音シ呉漢 訓これ、この、かく ‖ この。これ。「斯界・斯学・斯道」名付 つな・のり 難読 瓦斯ガス・螽斯きりぎりす・窒扶斯チフス・波斯ペルシャ

詞 学6 音シ漢 訓ことば ‖ ①ことば。文句。「賀詞・献詞・祝詞・序詞・誓詞・題詞・弔詞」②文法上の単語の部類。「動詞・品詞・副詞・名詞」③詩文。詩歌。「詞章・詞宗しそう/歌詞・作詞」④中国の韻文の一体。一句の字数がふぞろいなもの。「宋詞」名付 こと・なり・のり・ふみ 難読 台詞せりふ・祝詞のりと

歯〔齒〕 学3 音シ呉漢 訓**は**、よわい ‖ ㊀〈シ〉①は。「歯科・歯牙しが・歯齦しぎん/義歯・犬歯・皓歯こうし・切歯・乳歯・抜歯・門歯」②年齢。よわい。「尚歯・年歯」㊁〈は(ば)〉「歯茎・歯車/奥歯・虫歯」名付 かた・とし

嗣 音シ漢 訓つぐ ‖ ①あとをつぐ。「嗣子」②あとつぎ。「継嗣・後嗣・世嗣・令嗣」名付 さね・つぎ・ひで

×**嗜** 音シ漢 訓たしなむ ‖ たしなむ。「嗜虐・嗜好・嗜食・嗜眠」

×**滓** 音シ呉 サイ慣 訓かす ‖ かす。おり。「鉱滓こうし・こうさい・渣滓さし・残滓ざんし・ざんさい」

人**獅** 音シ呉漢 ‖ 獣の名。ライオン。「獅子」難読 獅噛しかみ

×**肆** 音シ呉漢 訓ほしいまま、みせ ‖ ①かって気まま。ほしいまま。「放肆」②みせ。「酒肆・書肆」③数字「四」の大字。「金肆拾万円」

詩 学3 音シ呉漢 訓うた ‖ ①文学様式の一。うた。「詩歌しいか・詩作・詩情・詩心・詩人/漢詩・劇詩・原詩・史詩・訳詩・散文詩」②漢詩のこと。「詩吟・詩賦/唐詩・律詩」③「詩経」のこと。「毛詩」

試 学4 音シ呉漢 訓**こころみる、ためす** ‖ ①こころみる。ためす。「試案・試験・試作・試算・試写・試食・試問・試用/考試」②試験のこと。「追試・入試」③「する(為る)」の連用形「し」に当てたもの。「試合」名付 もち

資 学5 音シ呉漢 訓もと、たち、たすける ‖ ①あることに役立てる金品。もとで。「資金・資産・資本/学資・巨資・出資・投資・物資・融資」②もとになるもの。「資材・資料」③もちまえ。たち。「資格・資質/英資・天資」④たすける。「師資」⑤「資本家」の略。「労資」名付 すけ・たすく・ただ・とし・やす・よし・より

雌 音シ呉漢 訓**め、めす** ‖ ㊀〈シ〉①めす。「雌雄」②めめしい。女性的。「雌伏」㊁〈め〉「雌牛・雌花」

飼 学5 音シ漢 訓**かう** ‖ えさを与えて養う。かう。「飼育・飼養・飼料」名付 かい

▽**漬** 音シ漢 訓**つける、つかる**、ひたす ‖ ㊀〈シ〉液体にひたす。「浸漬」㊁〈つけ(づけ)〉「漬物/粕漬かすづけ」

誌 学6 音シ呉漢 訓しるす ‖ ①書き記したもの。記録。「雑誌・書誌・地誌・日誌・墓誌」②雑誌のこと。「誌面/会誌・本誌・週刊誌」

×**幟** 音シ呉漢 訓のぼり ‖ ㊀〈シ〉目じるしとする旗。「旗幟」㊁〈のぼり〉「鯉幟こいのぼり」

摯 音シ呉漢 ‖ ①つかむ。しっかりと手に持つ。②手厚い。まじめな。「真摯」

賜 音シ呉漢 訓**たまわる**、たまもの ‖ 上位の者が下位の者に物などを与える。たまう。たまわる。たまもの。「賜暇/恩賜・下賜・賞賜・天賜」名付 たま・ます

×**輜** 音シ呉漢 ‖ 荷台に幌ほろをかけて兵糧などを運ぶ車。「輜重しちょう」補説「輺」は正字。

×**熾** 音シ呉漢 訓さかん、おこる、おこす、おき ‖ 火が盛んに燃える。「熾烈」難読 熾火おきび

諮 音シ呉漢 訓**はかる** ‖ 上位の者が下位の者に意見を求める。はかる。「諮詢しじゅん・諮問」

×**諡** 音シ漢 訓おくりな ‖ おくりな。「諡号・諡法」補説「謚」は異体字。

漢字項目 じ-1

【▽二】►に
【▽士 仕】►し
【地】►ち
【除】►じょ

示 学5 音ジ呉 シ漢 訓**しめす** ‖ ㊀〈ジ〉しめす。「示威・示談/暗示・訓示・掲示・公示・告示・誇示・指示・呈示・提示・展示・内示・表示・明示」㊁〈シ〉しめす。「示教・示唆/図示・黙示」名付 しめ・とき・み

字 学1 音ジ呉 訓**あざ**、あざな ‖ ㊀〈ジ〉①言葉を書き表す記号。「字画・字形・字書/活字・漢字・欠字・国字・誤字・習字・数字・正字・点字・文字もじ・もんじ・略字」②あざな。「名字みょうじ」補説 本来、基本になる象形・指事文字である「文」に対し、それらをもとにした会意・形声文字を「字」という。㊁〈あざ〉「大字おおあざ・小字こあざ」名付 な 難読 仮字かな・真字まな

寺 学2 音ジ呉 訓**てら** ‖ ㊀〈ジ〉①てら。「寺院・寺号/社寺・僧寺・尼寺にじ・廃寺・仏寺・末寺」②役所。「鴻臚寺こうろじ」㊁〈てら(でら)〉「尼寺あまでら・禅寺・山寺」

次 学3 音ジ慣 シ呉漢 訓**つぐ、つぎ** ‖ ㊀〈ジ〉①つぐ。つぎ。二番目。「次回・次官・次期・次席・次長・次男」②順序。「式次・順次・序次・席次・漸次ぜんじ・逐次・年次・目次」③ついで。途中。「途次・路次」④回数や順序を示す語。「今次・数次・両次」⑤宿る。宿る所。「宿次」⑥星の宿り。「歳次」㊁〈シ〉順序。「次第」㊂〈つぎ〉「次次/五十三次」難読 次官すけ・月次なみ

人**而** 音ジ漢 訓しこうして、しかして、しかも ‖ しこうして。しかして。「而立じりつ/形而下・形而上」難読 追而おって・而後しかるのち・而已のみ

耳 学1 音ジ漢 ニ呉 訓**みみ**、のみ ‖ ㊀〈ジ〉①みみ。「耳朶じだ・耳鼻科/外耳・心耳・俗耳・内耳・馬耳」②耳で聞くこと。「耳順」㊁〈みみ〉「耳元/空耳・早耳・福耳」

自 学2 音ジ呉 シ漢 訓**みずから**、より、おのずから ‖ ㊀〈ジ〉①みずから。自分の。自分で。「自衛・自覚・自決・自己・自国・自主・自信・自宅・自治・自転・自分・自慢・自由・自縄自縛/各自・独自」②ひとりでに。おのずから。「自明・自然薯じねんじょ」③起点を示す語。…より。…から。「自今・自余/出自」㊁〈シ〉ひとりでに。「自然」名付 おの・これ・さだ 難読 自惚うぬぼれ・自棄やけ

似 学5 音ジ呉 訓**にる** ‖ ㊀〈ジ〉にる。「擬似・近似・酷似・相似・類似」㊁〈に〉「似顔・似姿/空似」名付 あえ・あゆ・あり・あれ・い・かた・ちか・つね・に・のり 難読 似非えせ・似而非えせ・真似まね

児〔兒〕 学4 音ジ漢 ニ呉 訓こ、ちご ‖ ㊀〈ジ〉①子供。幼い子。わらべ。「児戯・児童/育児・孤児・胎児・乳児・幼児」②(親に対して)子。「児孫/豚児」③若者。男子。「健児けんじ・寵児ちょうじ・風雲児」㊁〈ニ〉幼い子。「小児」名付 のり・はじめ・る 難読 金雀児えにしだ・加答児カタル・健児こんでい・掏児すり・稚児ちご

事 学3 音ジ呉 ズ慣 訓**こと**、つかえる ‖ ㊀〈ジ〉①ことがら。できごと。「事件・事故・事項・事実・事情・事態・事典・事物/火事・記事・行事・故事・惨事・私事・叙事・無事」②しごと。しわざ。「事業・事務/悪事・家事・工事・炊事」③つかえる。「事大主義/兄事・師事」㊁〈ズ〉ことがら。「好事家」㊂〈こと(ごと)〉「事柄/仕事・出来事」名付 つとむ・わざ

侍 音ジ呉 シ漢 訓**さむらい**、はべる、さぶらう ‖ ㊀〈ジ〉身分の高い人のそばに仕える。「侍医・侍従・侍女/近侍・奉侍」㊁〈シ〉㊀に同じ。「内侍」㊂〈さむらい(ざむらい)〉「侍蟻さむらいあり/若侍」名付 ひと

治 学4 音ジ(チ)呉 チ漢 訓**おさめる、おさまる、なおる、なおす** ‖ ㊀〈ジ〉①世の中をおさめる。「政治」②病気をなおす。病気がなおる。「灸治きゅうじ・湯治・難治・不治・療治・主治医」㊁〈チ〉①うまく整える。管理する。「治山・治産・治水」②㊀の①に同じ。「治安・治下・治世/自治・統治・徳治・内治・法治」③㊀の②に同じ。「治癒・治療/全治」名付 おさむ・さだ・ただ・ただす・つぐ・とお・のぶ・はる・よし

漢字項目 じ-2

×**峙** 音ジ(チ)呉 訓そばだつ‖まっすぐ立つ。そばだつ。「聳峙しょうじ・対峙」

×**恃** 音ジ呉 訓たのむ‖力にして頼りとする。たのむ。「矜恃きょうじ・自恃」

持 学3 音ジ(チ)呉 チ漢 訓もつ‖㊀〈ジ〉①手にもつ。「持参/所持・把持・捧持ほうじ」②もちつづける。たもつ。「持続・持論・持久力/維持・加持・堅持・固持・護持・支持・住持・保持」③引き分け。「持碁」㊁〈チ〉もつ。たもつ。「扶持ふち」名付もち・よし

時 学2 音ジ呉 訓とき‖㊀〈ジ〉①月日の移りかわり。その間の一点。とき。「時間・時候・時刻・時日/暫時・四時しじ・しいじ・瞬時・常時・定時・同時・日時」②ある一定のとき。そのとき。おり。「時価・時機・時宜・時事・時代・時流/盛時・戦時・当時・幼時・臨時」③一日を二四等分した時間の単位。「時速/毎時・零時」㊁〈とき(どき)〉「時世ときよ/片時・潮時」名付これ・ちか・はる・もち・ゆき・よし・より 難読時雨しぐれ・時化しけ・時鳥ほととぎす

×**痔** 音ジ(チ)呉‖肛門部の病気の名。「痔核・痔疾・痔瘻じろう」

滋 音ジ慣‖①草木が茂り育つ。「滋雨」②うるおす。栄養になる。「滋味・滋養」名付あさ・しげ・しげし・しげる・ふさ・ます 難読滋籐しげとう

慈 音ジ呉 訓いつくしむ‖①いつくしむ。情けをかける。恵み深い。「慈愛・慈雨・慈善・慈悲・慈母/仁慈・大慈」②母のこと。「家慈」名付しげ・しげる・ちか・なり・やす・よし 難読慈姑くわい

辞〔辭〕 学4 音ジ呉 訓やめる、ことば‖①ことば。文章。「辞書・辞令/訓辞・言辞・謝辞・修辞・助辞・措辞・遁辞・美辞・名辞」②やめる。ことわる。「辞職・辞退・辞任・辞表/固辞」③別れを告げる。「辞去・辞世」④漢文の文体の一。「辞賦」名付こと

人**爾** 音ジ漢 ニ呉 訓なんじ、それ、その‖①なんじ。「爾汝じじょ」②それ。その。「爾後・爾余・爾来」③状態を示す助字。「莞爾かんじ・徒爾」名付しか・ちか・ちかし・みつる 難読云爾しかいう

磁 学6 音ジ呉‖①鉄を引きつける鉱物。「磁気・磁石・磁場じば・磁力/電磁波」②堅い焼き物。「磁器/青磁」

餌(餌) 音ジ漢 訓えさ、え‖㊀〈ジ〉①えさ。「好餌・擬餌針」②食べ物。「食餌・薬餌」㊁〈え〉「餌食えじき」

璽 音ジ慣‖印章。特に、天子・天皇の印。しるし。「印璽・御璽ぎょじ・玉璽・国璽・神璽」名付しるし

いまだ良師を得ません〈鴎外・魚玄機〉➡漢「じ(児)」

じ【持】ヂ 歌合わせや囲碁などで、勝負・優劣がつけられないこと。引き分け。あいこ。もちあい。もち。➡漢「じ(持)」類語引き分け・ドロー・預かり・あいこ

じ【▽柱】ヂ ❶弦楽器の部分品の名。弦を乗せ、その位置によって振動する弦の長さを調節し、また音を胴に伝えるもの。➡琴柱ことじ ❷琵琶の柱じゅのこと。

じ【時】㊀〔名〕❶時間の単位。1時は一昼夜の24等分の1で、1分の60倍、1秒の3600倍。記号h ❷特定の時刻。特定の時間。「ラッシュ―」「初夜の―果てむほどに」〈源・夕霧〉㊁〔接尾〕助数詞。時刻を表すのに用いる。「七―」➡漢「じ(時)」類語分・秒

じ【×痔】ヂ 肛門部の病気の総称。痔疾。➡漢「じ(痔)」

じ【辞】❶ことば。「歓迎の―」❷漢文の一体。楚辞の系統をひく様式で、押韻して、朗誦に適した文。陶潜の「帰去来の辞」など。❸単語を文法上の性質から二つに分類したものの一。詞しに対する。単独では文節を構成しえず、常に詞(自立語)に伴って文節を構成する語。助動詞・助詞がこれに属する。時枝誠記ときえだもとき の学説では、助動詞・助詞のほか、接続詞・感動詞などもこれに含まれる。➡漢「じ(辞)」類語言葉・言辞・言語・言・言の葉・語

辞を低く・する 相手に敬意をもって、へりくだった言い方をする。「―・して頼む」

じ【璽】❶印章。特に、天子の印章。❷三種の神器の一。八尺瓊曲玉やさかにのまがたま。「剣、―、内侍所わたし奉らるるほどこそ」〈徒然・二七〉➡漢「じ(璽)」

ジ〔ギリシャ di〕数の2。「―エチレングリコール」

じ〔助動〕[○|○|○|じ|(じ)|○]活用語の未然形に付く。❶打消しの推量を表す。…ないだろう。…まい。「人の心にはつゆをかしからじと思ふこそ、またをかしけれ」〈枕・一三〇〉❷打消しの意志を表す。…ないようにしよう。…まい。「(双六すごろくハ)勝たんと打つべからず。負けじと打つべきなり」〈徒然・一一〇〉➡まじ 補説連体形の例は少なく、已然形も「こそ」の結びとして用いられるだけである。室町時代以降、「まい」「まじい」に吸収され用いられなくなる。

じ【自】〔接頭〕❶自分の意を表す。「一意識」❷時間・場所を示す名詞に付いて、起点を示す。「一八時至二〇時」「一東京至京都」↔至し。➡漢「じ(自)」

じ〔接尾〕体言に付いて、シク活用の形容詞をつくる。❶…ではない、…に関係ない、などの意を表す。「時とき―」❷それらしいさま、そのようなようす、などの意を表す。「男―」「鴨―」補説❷は、一般に「じもの」の形で用いられる。➡じもの

じ【▽箇】ぢ〔接尾〕《古くは「ち」か》助数詞。数詞に添えて、ものを数えるときに用いる。「ななそ―、やそ―は海にあるものなりけり」〈土佐〉➡ち(箇)

じ【路・▽道】ぢ〔語素〕《「ち(道)」の濁音化》❶地名を表す語の下に付いて、その地方への、また、その地方を通過する道という意を表す。「北陸―」「大和―」❷日数を表す語の下に付いて、それだけかかる道のりという意を表す。「二日―」❸十年を区切りとする年齢を示す。…十代。「四十―よそ」

し-あ【四×阿】❶あずまや。亭ちん。❷古代中国で、寄せ棟造りの屋根。

じ-あ【次亜】酸素酸などの一つの系統の化合物中、低い酸化状態を示す語。「―臭素酸」

シアーズ-タワー〔Sears Tower〕米国イリノイ州、シカゴにある同国で最も高い超高層ビル。110階建て。高さ443メートル。1973年大型百貨店で知られるシアーズ本社ビルとして建設。当時は世界一の高さを誇った。94年売却され、2009年ウィリスタワーに改称。

シアード〔Chiado〕ポルトガルの首都リスボン中央部の一地区。バイロアルトとバイシャポンバリーナの間に位置する。美術館や劇場、高級ショッピング街のほか、詩人フェルナンド゠ペソアゆかりのリスボン最古のカフェなどがある。

し-あい【四愛】《虞集「四愛題詠序」の「陶潜は菊を愛し、周茂叔は蓮を愛し、林逋は梅を愛し、黄魯直は蘭を愛す」から》菊・蓮・梅・蘭のこと。

し-あい【糸×鞋】►しがい(糸鞋)

し-あい【私愛】❶かたよって公平でない愛。❷ひそかに愛すること。

し-あい【試合・仕合】しあひ〔名〕スル《「為し合い」の意。「し」はサ変動詞「す」の連用形で、「試」「仕」は当て字》❶スポーツ・武術などの技を比べ合い勝敗を競うこと。「他校と―する」❷(仕合)互いに相手方に対して、同じようなことをしかけること。「泥―」類語(❶)ゲーム・マッチ・予選・メーンイベント・公式戦

じ-あい【地合(い)】ぢあひ ❶布地の品質。布の地質。また、布地。❷義太夫節で、詞ことば以外の描写的な部分。旋律をつけて語る。地。❸取引市場で、人気や雰囲気からみた相場の状態。場味。❹囲碁で、対局途中での双方の占める地の割合。

じ-あい【自愛】〔名〕スル ❶自分を大切にすること。自分の健康状態に気をつけること。「時節柄ご―ください」❷自分の言行を慎むこと。自重。❸自分の利益を大事にすること。利己。「―主義」❹倫理学で、自己保存の本能に基づいて、自己の幸福を求める自然的性向。❺物を大事にすること。珍重すること。「腰刀にて突き合ひたるを書きて―してゐたりけるを」〈著聞集・一一〉

じ-あい【時合(い)】じあひ ❶釣りで、魚がよく餌を食うころあい。❷ころあい。時刻。「多分、晩の―にならう」〈浄・氷の朔日〉

じ-あい【慈愛】親が子供をいつくしみ、かわいがるような、深い愛情。「―に満ちる」類語恩愛・慈悲・いつくしみ・情け

しあい-かん【試合勘】しあひ 試合の流れの変化を瞬間に感じ取る感覚。「―を取り戻す」

し-あ・う【▽為合う】しあふ〔動ワ五(ハ四)〕物事を互いにする。「うわさ話を―・っている」

し-あ・う【▽為▽敢ふ】しあふ〔動ハ下二〕なしとげる。しおおせる。「そむき様なるを見つけて、とぢめも―・へず、まどひ置きて立ちぬるが」〈枕・九五〉

じあ-えんそさん【次亜塩素酸】塩素のオキソ酸の一。水溶液中でのみ存在する弱酸。強い酸化作用があり、塩素やさらし粉の漂白作用はこれによる。化学式HClO

し-あがり【仕上(が)り】仕上がること。また、その結果や、できばえ。「―が遅い」「―がいい」類語出来・出来映え

し-あが・る【仕上(が)る】〔動ラ五(四)〕仕事が終わる。作っていたものが完成する。できあがる。「設計図が―・る」「試合前の調整が―・る」類語出来る・成る・成り立つ・出来上がる・仕上げる・まとまる・整う・済む・上がる・完成する・完了する

し-あく【四悪】❶《「論語」尭曰から》国を治めるうえでの四つの悪。虐(ふだん民を教育しないで、罪を犯せば殺すこと)・暴(ふだん戒めることをしないで、にわかに功を求めること)・賊(命令を緩やかにしておきながら、期限を厳重に責めたてること)・有司(出し惜しみをすること)。❷仏語。人の口に生じる四つの悪。妄語・両舌・悪口・綺語。

し-あく【至悪】この上なく悪いこと。最大の悪。極悪ごくあく。

し-あくしゅ【四悪趣】仏語。地獄・餓鬼・畜生・修羅の四悪道。四趣。

しあく-しょとう【塩飽諸島】シアク ►しわくしょとう

し-あくどう【四悪道】シアク ►四悪趣しあくしゅ

し-あげ【仕上げ】❶仕上げること。また、その結果や、できばえ。「みごとな―」❷物事の最後の段階。また、物を作る最後の工程。「リハーサルの―にかかる」❸西日本で、葬儀のあと、世話をかけた人たちにごちそうをし、その費用の支払いを済ますこと。忌中払い。

じ-あげ【地上げ・地揚げ】ぢ〔名〕スル ❶低い土地などに土を盛って高くすること。「大量の土砂を入れて―する」❷建築用地を確保するため、地主や借地・借家人と交渉して土地を買収すること。「―屋」

しあげ-かんな【仕上げ×鉋】鉋の一。木材の表面を滑らかに仕上げるため最後に用いる。

しあげ-しろ【仕上げ代】仕上げ加工を施すのに必要な、仕上がり寸法よりも余分に大きくとる部分。見込み代。

しあげ-ちゃ【仕上げ茶】茶問屋に集荷した荒茶を、火入れ、選別、混ぜ合わせをして商品として仕上げた茶。業界の慣用語では再製茶とよばれた。

しあげ-と【仕上げ×砥】刃物を研ぐとき、仕上げに用いる砥石といし。質の細かくて滑らかな粘板岩で作る。真砥まと。しあげど。➡粗砥あらと ➡中砥なかと

しあげ-のり【仕上げ×糊】染め物の仕上げに用いる糊。

しあげ-ぼり【仕上げ彫(り)】下彫りのあと、仕上げの彫刻をすること。

しあげ-もの【仕上げ物】最後の仕上げをして完成すべきもの。また、仕上げたもの。

し-あ・げる【仕上げる】〔動ガ下一〕文しあ・ぐ〔ガ下二〕❶物事を最後の段階までしおえる。完成させる。「昼夜兼行で工事を―・げる」❷財産・身分などを作り上げる。立身する。「一代で―・げた店」類語終える・済ます・片付ける・上げる・こなす・やっつける・処理する・始末する・方かたを付ける・けりを付ける

し-あごんきょう【四阿含経】シアゴン キャウ 4種の阿含経。長じょう阿含経・中阿含経・増一ぞういつ阿含経・雑ぞう阿含経のこと。北方系仏教は阿含経を以上の四つに分類。

シア-サッカー〔seersucker〕►サッカー(織物)

し-あさって【明=明=後=日】今日から数えて未来へ4日目。明後日の翌日。「あさって」の翌々日をいう地方もある。みょうみょうごにち。
(類語)明明後日みょうみょうごにち・明後日さきおととい・あさって・やのあさって

じ-あし【地足】ヂ 馬術で、馬の普通の速度の歩調。

ジアスターゼ〘ドイツ Diastase〙麦芽から得たアミラーゼ。酵素製品の最初のもので、消化促進剤として使用。

ジアステレオマー〘diastereomer〙原子の立体配置が互いに鏡像の関係になっていない立体異性体。➡鏡像異性体

ジアゼパム〘diazepam〙向精神薬の一。不安除去・睡眠誘発・筋弛緩しかんなどの作用を有する。

ジアゾ-か【ジアゾ化】ヅク《diazotization》芳香族第1アミンに亜硝酸塩を低温で作用させて、ジアゾ化合物を生成する反応。

ジアゾ-かごうぶつ【ジアゾ化合物】ヅクワブツ ジアゾ基=N_2をもつ鎖式化合物や、ジアゾニウム塩などの総称。多くは爆発性がある。

ジアゾキシド〘diazoxide〙主に新生児・乳幼児に発症する高インスリン血性低血糖症の治療薬。商品名アログリセム。膵臓のβベータ細胞に作用してインスリンの分泌を抑制し、血糖を上昇させる。(補説)米国の製薬会社シェリング-プラウが1960年に開発。米国では76年に承認された。日本では平成17年(2005)に厚生労働省の未承認薬使用問題検討会議による早期承認申請の要請を経て同20年に承認された。

ジアゾ-しゃしん【ジアゾ写真】感光性のジアゾ化合物と発色剤・安定剤を混ぜて塗布した感光紙に文書・図面などを重ね、光を照射して光分解させることを利用した写真法。

ジアゾニウム-えん【ジアゾニウム塩】《diazonium》芳香族のアミンに亜硝酸を低温で反応させて得られる化合物。染料合成をはじめ、有機合成反応に重要。

シアター〘theater〙劇場。映画館。「レストランー」
(類語)劇場・小屋・芝居小屋・定小屋

シアター-ピース〘theater piece〙演奏者の行為(演技)を中心に計画される音楽作品。ステージのみならず、通路・客席を含む劇場空間全体を活用する作品が多い。

シアター-ラック〘theater rack〙液晶テレビやプラズマテレビなどの大画面ディスプレーを載せ、DVD、ブルーレイディスクなどの再生機器を収納するための台。低音専用のウーハーをはじめとするスピーカーを内蔵し、フロントサラウンドシステムや5.1チャンネルサラウンド機能を備えるものが多い。ホームシアターに利用される。ラックシアター。

じ-あたま【地頭】ヂ ❶大学などでの教育で与えられたのでない、その人本来の頭のよさ。一般に知識の多寡でなく、論理的思考力やコミュニケーション能力などをいう。「ーがいい」「ーを鍛える」❷かつらなどをかぶらない、そのままの髪の頭。地髪じがみ。

し-あつ【指圧】〔名〕スル 手の指先や手のひらで、人体を押すこと。「肩のこったところをーする」

じ-あつ【地厚】ヂ〔名・形動〕布地などの厚いこと。また、そのさま。「ーな布地」⇔地薄。

し-あつか・う【▽為扱ふ】シアツカフ〔動ハ四〕処置に困る。もてあます。「この足のかはりにわが足を切れ…切らむとする者どもーひて」〈宇治拾遺・四〉

しあつ-ほう【指圧法】ハフ 指で血管を圧迫して止血する方法。

し-あつ・む【▽為集む】〔動マ下二〕いろいろと作り集める。いろいろとする。「よろづの御具ども耀かかやくばかりー・め給ひければ」〈栄花・本の雫〉

しあつ-りょうほう【指圧療法】レウハフ 指圧により治療する方法。筋肉や神経の機能を高めるための軽圧・快圧、機能を抑えるための衝圧がある。

ジアテルミー〘ドイツ Diathermie〙皮膚を通した温熱療法の一。超短波・超音波・電流などで温める方法。

シアトー〘SEATO〙《Southeast Asia Treaty Organization》東南アジア条約機構。1954年9月、マニラで締結された条約に基づいて設立された反共軍事同盟。アメリカ・イギリス・フランス・オーストラリア・ニュージーランド・フィリピン・タイ・パキスタンの8か国で結成。77年解体。

シアトリカル〘theatrical〙〔形動〕演劇的であるさま。劇場風の。「ーなライブが魅力の音楽グループ」

シアトル〘Seattle〙米国ワシントン州西部の工業・港湾都市。太平洋岸北西部の商工業・交通の中心地。航空機・エレクトロニクス・鉄鋼などの産業が盛ん。人口、行政区60万(2008)。

シアヌーク〘Norodom Sihanouk〙[1922～]カンボジアの政治家。1941年、国王に即位し、55年に譲位。その後、首相・国家元首を歴任。クーデターによって王制が中断した70年以降は、亡命と帰国とを繰り返しながら、カンボジアの民主解放闘争を指導。93年に再び王位につき、2004年に子のシハモニに譲位。シハヌーク。

シアノコバラミン〘cyanocobalamin〙ビタミンB複合体の一。ビタミンB_{12}の異称。

シアノバクテリア〘cyanobacteria〙►藍藻らんそう

じ-あまり【字余り】和歌・俳句などで、音数が定まった音よりも多いこと。また、その句。⇔字足らず。

じ-あみ【地網】ヂ ►地引き網

じ-あめ【地雨】ヂ 一定の強さで長く降りつづく雨。

じ-あらし【地嵐】ヂ 山から沖へ向かって吹く風。

し-あり・く【▽為▽歩く】〔動カ四〕❶何事かをしながら日を送る。「下には思ひくだくべかめれど、…つれなきさまにー・く」〈源・須磨〉❷歩き回る。「庭に雀のー・きけるを」〈宇治拾遺・三〉

じありゅうさん-ナトリウム【次亜硫酸ナトリウム】ジアリウサン ❶チオ硫酸ナトリウムの誤称。❷亜ジチオン酸ナトリウムの慣用名。➡ハイドロサルファイト

シアリング〘shearing〙はさみなどで刈り取ること。羊毛などを刈り取ること。また、刈り取った毛。

じあ-りんさん【次亜×燐酸】燐を水酸化バリウム溶液で加熱して生じたバリウム塩を、希硫酸で分解して得られる物質。実際には存在せず、エステルの形としてのみ知られる。

シアル〘sial〙地殻の最上層。地殻の花崗岩かこうがん質層にほぼ相当する。珪素けいそ Si とアルミニウム Al とが多いところから名づけられた。

シアルナク〘Siarnaq〙土星の第29衛星。2000年に発見。名はイヌイット神話に由来。非球形で平均直径は約32キロメートル。

し-あわ・す【▽為合はす】シアハス〔動サ下二〕❶物事をうまくやりおおせる。つじつまを合わせる。「さても宇都宮はよくもー・せたるものかな」〈伽・猿源氏〉❷作って合わせる。「裏ト表ヲー・スル」〈日葡〉

し-あわせ 【幸せ|仕合(わ)せ|×倖せ】シアハセ〔名・形動〕《動詞「しあ(為合)わす」の連用形から》❶運がよいこと。また、そのさま。幸福。幸運。「思わぬーが舞い込む」「ーな家庭」「末永くおーにお暮らしください」❷めぐり合わせ。運命。「ーが悪い」「道がわかんねえで困ってると、ーよく水車番に会ったから」〈有島・生れ出づる悩み〉❸運がよくなること。うまい具合にいくこと。「ーしたとの便りもなく」〈浄・博多小女郎〉❹物事のやり方。また、事の次第。「その科とがのがれず、終ついには捕へられて此のー」〈浮・一代男・四〉
(類語)(❶)幸福・幸さち・幸さいわい・福・幸運・福運・果報・冥加みょうが・多幸・多祥・万福・至福・浄福・清福・ハッピー

し-あわせ【詩合(わ)せ】シアハセ 左右に分かれて漢詩を作り、判者の判定によってその優劣を競う文学的遊戯。平安中期に始まった。闘詩とうし。

しあわせ-びょうし【仕合はせ拍子】シアハセビャウシ うまいぐあいに幸運にめぐりあうこと。「手拍子に口拍子、ーの三三九度」〈浄・寿の門松〉

しあわせ-ぶとり【幸せ太り】シアハセ 俗に、結婚した後しだいに太り出す現象。食生活の変化と運動不足によるとされる。

しあわせ-もの【幸せ者】シアハセ 幸運な人。果報者。

しあわせ-よし【仕合▽吉】シアハセ 荷馬の腹当てに染め抜いた語。丸の中に「仕合」「吉」あるいは「門出」「吉」などの文字を入れた。

し-あん【私案】個人的な考え。自分一人の案。

し-あん【思案】〔名〕スル ❶あれこれと考えめぐらすこと。また、その考え。「ーが浮かぶ」「どうしたものかとーする」❷心配。物思い。
(類語)考え事・物思い・考え・心配・気がかり・心がかり・不安・懸念・危惧きぐ・憂慮・憂患・心痛・心労・気苦労・屈託くったく・憂いうれい・虞おそれ・気遣い・煩いわずらい

思案に余・る いくら考えても、よい考えが出てこない。思案に尽きる。「ーって友人に打ち明ける」

思案に落・ちる (多く打消しの語を伴って用いる)理解できる。合点がいく。「ー・ちない事でもあって、一人で心労してゐると」〈人・娘節用・三〉

思案に暮・れる 迷って考えが定まらない。「就職か進学かー・れる」

思案に沈・む 深く考え込む。「将来を憂えー・む」

し-あん【試案】試みに立てた案。仮の計画や意見。
(類語)原案・叩たき台・代案・対案・案・腹案・懸案・法案

シアン〘オランダ cyaan〙❶猛毒で無色、特異臭のある気体。水に溶けるとシアン化水素とシアン酸とを生じる。化学式C_2N_2 ❷絵の具・印刷インキなどで、原色の青。緑がかった青色をなす。
(類語)(❷)青・真っ青・青色せいしょく・藍あい・青藍せいらん・紺青こんじょう・紺碧こんぺき・群青ぐんじょう・紺・瑠璃るり色・縹はなだ・花色・露草色・納戸色・浅葱あさぎ・水色・空色・ブルー・インジゴ・コバルト・ウルトラマリン・マリンブルー・スカイブルー

じ-あん【事案】問題になっている事柄。

じあん【治安】ヂアン 平安中期、後一条天皇の時の年号。1021年2月2日～1024年7月13日。

ジアン〘Gien〙フランス中部、ロアレ県、ロアール川沿いの町。陶器生産が盛ん。ルイ11世が娘のアンヌ=ド=ボージュに与えたジアン城がある。

しあん-がお【思案顔】ガホ 考えこんでいる顔つき。また、心配そうな顔。

シアンか-カリウム【シアン化カリウム】クワ 水酸化カリウムとシアン化水素の反応によって得られる、無色で潮解性のある粉末。水によく溶け、アルコールにも溶ける。水溶液は加水分解してアルカリ性を示す。猛毒で、致死量は0.15グラム。金・銀の冶金やきん、めっきなどに利用。化学式KCN 青化カリ。青酸カリ。

シアンか-すいそ【シアン化水素】クワ メタンとアンモニアを触媒の存在下で反応させて得られる、揮発性の強い無色の液体。猛毒。水溶液をシアン化水素酸または青酸といい、微酸性。アクリロニトリルなどの有機合成に利用。化学式HCN 青化水素。

シアンか-ナトリウム【シアン化ナトリウム】クワ シアン化水素と水酸化ナトリウムの反応によって得られる、潮解性のある白色の結晶。水によく溶け、アルコールにも溶ける。猛毒。金・銀の冶金やきん、鋼の表面硬化、めっきなどに利用。化学式NaCN 青化ナトリウム。青酸ソーダ。

シアンか-ぶつ【シアン化物】クワ シアン基-CNを含む化合物の総称。ふつう、金属と化合したものをいう。一般に強い毒性がある。青化物。

しあん-てん【思案点】►死点してん

しあん-どころ【思案所】思案すべき場合。思案のしどころ。

しあん-なげくび【思案投(げ)首】首を前に傾け、深く考え込むこと。「名案が浮かばず、ーの体てい」

しあん-なみだ【思案涙】心配のため流す涙。また、思いあまって流す涙。「ーに胸つまり」〈浄・氷の朔日〉

しあん-ばし【思案橋】歴史上の人物などが渡ろうか渡るまいか、思案したと伝えられる橋。また、そこで、遊郭へ行こうか行くまいかと思案したという橋。本来は橋占はしうらの行われた場所といわれる。

し-い【×尸位】シヰ《昔、中国で祖先を祭るとき、人が仮に神の位についたところから》大した才能や徳もないのにむなしく地位に就いていること。「もし諫いさむべきを見て諫めざる、これをーと謂ふ」〈太平記・五〉

し-い【四×夷】❶古代中国で、自国を中華というのに対し、四方の異民族をさしていう語。東夷・西戎せいじゅう・

南蛮・北狄の総称。❷四方の服従しない民。「武を以ては一の乱を定む」〈平治・上〉

し-い【四位】〘名〙第四等の位階。正四位・従四位の称。

し-い【四囲】〘名〙❶四方から取り囲むこと。❷まわり。周囲。「一の情勢」(類語)まわり・四面・辺り・周辺・近辺・四辺・周囲・近く・付近・界隈・近傍・一帯・辺ん

し-い【四維】〘名〙❶天地の四つの隅。乾(北西)・坤(南西)・巽(南東)・艮(北東)の四つの方角。しゆい。「一の陣」「一国界の数里をしるす」〈奥の細道〉❷《管子》牧民から》国家を維持するのに必要な四つの大綱。礼・義・廉・恥の四つの道徳。

しい【尿】《「しと」の音変化》小便をいう幼児語。しいしい。

し-い【私意】❶自分一人の考え・意見。私見。❷自分だけの利益を考える心。私心。「提言に一はない」(類語)意見・見解・主張・説・論・所説・所論・持説・持論・私見・私考・所思・所見・考え・見方・オピニオン(尊敬)貴意・高見(謙譲)愚見・卑見・私見・管見

し-い【思惟】〘名〙(名)スル ❶考えること。思考。「一の方法」「心中一」「貧乏を根治するの策は、一に貧民の所得を増加するにあるがごとく一す」〈河上肇・貧乏物語〉❷哲学で、感覚・知覚と異なる知的精神作用。➡思考 ❸ ▶しゆい(思惟)❶

し-い【恣意】自分の思うままに振る舞う心。気ままな考え。「選択は一に任せる」「一的判断」(類語)任意・随意・ランダム・無作為・自由

し-い【紫衣】▶しえ(紫衣)

しい【椎】ブナ科のシイとよばれる常緑高木の総称。暖地に自生。葉は堅く楕円形で、表面はつやがあり、裏面に褐色毛をもつ。初夏に開花。実はどんぐりになり、食用。しいがし。しいのき。(季 実＝秋｜花＝夏)「丸盆の一にむかしの音聞かむ/蕪村」

し-い【詩意】詩に込めた作者の意図。詩の意味。

し-い【緇衣】▶しえ(緇衣)

しい【癈】からだの器官が働きを失うこと。また、その人。「松反り一にてあれかもさ山田の翁がその日に求めあはずけむ」〈万・四〇一四〉

シー【C｜c】❶英語字母で、3番目の字。❷順序・段階・等級などの3番目。「一クラス」❸〈C〉《スウェーデン Celsius》セ氏温度を表す記号。❹〈C〉《carbon》炭素の元素記号。❺〈C〉ローマ数字の100。❻〈C〉音楽の用語。㋐音名の一。ハ音。㋑4分の4拍子を表す記号。❼〈c〉《フランス centi-》数の単位、センチの記号。❽《cycle》周波数の単位、サイクルの記号。❾〈C〉《フランス coulomb》電気量の単位、クーロンの記号。❿〈©〉▶丸シー ⓫〈c〉真空中の光速度を表す記号。⓬〈C〉インフルエンザウイルスの型。

シー【sea】海。「一アンカー」「一フード」

シー【十】《中国語》数の10。

しい〘感〙❶静粛にするようにと人を制止するときに発する声。しっ。「一、静かに」❷動物などを追うときに発する声。しっ。「一、あっちへ行け」❸あざ笑ったりするときに発する声。ふん。「…とよみたりければ、一と笑ひけるなり」〈古活字本平治・下〉

し-い〘接尾〙《形容詞型活用図し(シク活)》名詞、動詞の未然形、畳語などに付いて形容詞をつくる。そういうようすである、そう感じられるという意を表す。「おとな一い」「喜ば一い」「毒々一い」

じ-い【示威】〘名〙(名)スル《「しい」とも》威力や気勢を他に示すこと。デモンストレーション。「一行為」「一行進」(類語)顕示・誇示

じ-い【字彙】〘名〙漢字を類別して集め、字義・用法などを解説した書物。字引。字書。

じい【字彙】〘名〙中国の字書。12巻。明の梅膺祚編。所収3万3179字。214部首を立て、部首ごとに画数によって配列。

じ-い【次位】〘名〙次の位。次の地位。次の順番。

じ-い【自慰】〘名〙(名)スル ❶自ら慰めて安心すること。❷自分の性器を自分で刺激して性欲を満たすこと。手淫。自涜。マスターベーション。オナニー。

じ-い【事彙】〘名〙いろいろな事柄を集めて説明した書物。事典。

じ-い【侍医】❶律令制で、典薬寮に属し、天皇を診察し、医薬を奉った医師。❷宮内庁侍従職に属し、天皇や皇族の診療に当たる医師。

じい【祖＝父｜爺】《「じじ」の音変化》❶(祖父)父母の父。そふ。⇔祖母。❷(爺)男の老人。老翁。老爺。⇔婆。

じ-い【辞彙】〘名〙言葉を集め、その意味・用法などを説明した書物。辞書。辞典。(類語)辞書・辞典・字引・字典・字書・語典・ディクショナリー・レキシコン・事典

じ-い【辞意】❶言葉の意味。❷辞退・辞職したいという気持ち。「一を表明する」

ジー【G｜g】❶英語のアルファベットの第7字。❷〈G〉音楽で、音名の一。ト音。❸〈g〉《フランス gramme》質量の単位、グラムの記号。❹〈g〉《gravity》重力加速度の単位、および記号。1gは毎秒約9.8メートルで、地球表面の標準重力加速度に等しい。宇宙工学などで、大きな加速度を表すのに用いる。人体の耐えられる限度は5～6g。❺〈G〉《giga》数の単位、ギガの記号。❻〈G〉磁束密度の単位、ガウスの記号。❼〈G〉万有引力定数の記号。❽〈G〉映画鑑賞の、年齢制限の区分を表す記号の一。制限なく、誰でも鑑賞できることを表す。

じい〘副〙かすかな物音や、虫の鳴き声などを表す語。じいじい。「セミが一と鳴いて飛び去った」

シー-アール【CR】《carriage return》制御文字の一。ASCIIコード体系では行頭復帰を表す。改行やリターンキーを押すこととほぼ同義にも使われる。

シー-アール【CR】《Critically Endangered》レッドリストのカテゴリー「絶滅危惧ⅠA類」の略号。

シー-アール-エス【CRS】《computerized reservation system》旅行・航空業界に導入されている航空券・ホテルなどのコンピューター予約システム。

シー-アール-エス【CRS】《Congenital rubella syndrome》先天性風疹症候群。妊娠中の母親が風疹にかかったために、胎児に起こった障害。白内障などの目の障害、難聴、心室中隔欠損症などの心疾患、小頭症、知能障害などが代表的。

シー-アール-エス【CRS】《Congressional Research Service》米国議会調査部。超党派の調査研究機関。

シー-アール-エフ【CRF】《central readiness force》▶中央即応集団

ジー-アール-エフ【GRF】《growth-hormone releasing factor》成長ホルモン促進因子。視床下部から分泌される。

シー-アール-シー【CRC】《cyclic redundancy check》データ転送の際の誤りを検出・訂正する方式の一。巡回冗長検査。

シー-アール-シー【CRC】《Convention on the Rights of the Child》▶子供の権利条約

ジー-アール-シー【GRC】《glass fiber reinforced cement》ガラス繊維強化セメント。

ジー-アール-シー【GRC】《glass fiber reinforced concrete》ガラス繊維強化コンクリート。

シー-アール-ティー【CRT】《cathode-ray tube》コンピューターの表示装置に用いるときのブラウン管。陰極線管。

シー-アール-ティー【CRT】《Cardiac Resynchronization Therapy》▶心臓再同期療法

ジー-アール-ティー【GRT】《gross registered tonnage》船舶の総登録トン数。

ジー-アール-ティー【GRT】《Group Rapid Transit》自動運転による、中量軌道高速輸送システム。

シーアールティー-ディスプレー【CRT display】ブラウン管上に文字や図形を表示できるようにしたコンピューターの表示装置。陰極線管ディスプレー。

シー-アール-ピー【CRP】《C-reactive protein》C-反応性蛋白。体内に炎症反応などが起きているときに血中に現れる蛋白質。リウマチ性疾患などの検査に利用する。

ジー-アール-ビー【GRB】《gamma-ray burst》▶γ線バースト

漢字項目　しい

×**弑**　(音)シイ(慣)　シ(呉)(漢)‖臣下が主君を、子が親を殺す。身分の下の者が上の者を殺す。「弑逆」

ジー-アール-ピー【GRP】《gross rating point》延べ聴取・視聴率。延べ注目率。広告主が広告を出すときに利用する、各種マスメディアに対する注目率の合計。

シー-アイ【CI】《corporate identity》企業の個性を明確にして企業イメージの統一を図り、社の内外に認識させること。コーポレートアイデンティティー。

シー-アイ【CI】《cut-in》▶カットイン❸

シー-アイ【CI】《Consumers International》▶国際消費者機構

シー-アイ【CI】《cigarette index》喫煙指数。1日の喫煙本数に喫煙年数を掛けた数値。数値が400を超えると肺ガン、心筋梗塞の発症の危険が高いといわれる。ブリンクマン指数。

シー-アイ【CI】《composite index》▶コンポジットインデックス

ジー-アイ【GI】《government issue(官給品)の意》下士官・兵は衣服その他が官給であるところから、アメリカ兵の俗称。

ジー-アイ-アイ【GII】《global information infrastructure》世界情報基盤。全米情報基盤(NII)にならって世界各国が地球規模の情報インフラを協力し、整備していく構想。1994年のITU(国際電気通信連合)総会で米国が提唱。

ジー-アイ-アイ【GII】《Gender Inequality Index》▶ジェンダー不平等指数

シー-アイ-イー【CIE】《Civil Information and Education Section》民間情報教育局。GHQの一部局で、第二次大戦後の日本占領下の文化面の情報収集と行政指導をし、教育制度改革などを行った。

シー-アイ-イー【CIE】《フランス Commission Internationale de l'Eclairage》国際照明委員会。光と照明に関する基礎標準や計量の方法、国際標準や国家標準を定める際の指針を作成する。1921年設立。本部はウィーン。

シー-アイ-エー【CIA】《Central Intelligence Agency》米国中央情報局。1947年、国家安全保障法により設置された大統領直属の機関。国家安全保障会議に必要な情報を提供することを主任務とし、他国の国家秘密の探索や情報収集、政治工作、反米的団体の監視などを行っている。

シー-アイ-エー【CIA】《certified internal auditor》▶公認内部監査人

シー-アイ-エー-エム【CIAM】《フランス Congrès Internationaux d'Architecture Moderne》近代建築国際会議。欧州の建築家たちが集まり、1928年スイスで第1回会議を開催、56年の第10回会議を最後に解散。

シー-アイ-エス【CIS】《Commonwealth of Independent States》1991年12月、ソビエト連邦の消滅とともに、連邦を構成していた諸共和国によって形成されたゆるやかな共同体。本部はベラルーシのミンスク。参加国は、ロシア・ウクライナ・モルドバ・アゼルバイジャン・トルクメニスタン・ベラルーシ・カザフスタン・アルメニア・ウズベキスタン・キルギス・タジキスタンの11か国。独立国家共同体。(補説)グルジアは1993年に加盟したが、2008年8月、ロシアとの間で南オセチア紛争が勃発、ロシアのメドベージェフ大統領が南オセチアとアブハジアの独立を承認、国境不可侵の取り決めが崩れたことで、CISを脱退した。

ジー-アイ-エス【GIS】《geographic information system》さまざまな地理データを、衛星やコンピューターなどを利用して収集、分析、処理し、地図情報とその他の情報を統合的に活用するシステム。地理情報システム。地図情報システム。

ジー-アイ-エス【GIS】《global information system》全地球的情報システム。地球全体をカバーする情報ネットワークにより、世界のあらゆる地域とのデ

ータのやりとりを可能にしようとする構想。

ジー-アイ-エス-ティー〘GIST〙《Gastrointestinal stromal tumor》►消化管間質腫瘍

ジー-アイ-エックス〘GIX〙《global Internet exchange》インターネット上の国際的な相互接続拠点。他国とのプロバイダー(ISP)同士やネットワーク管理組織の間を結ぶ。グローバルIX。グローバルインターネットエクスチェンジ。

シー-アイ-エフ〘CIF〙《cost, insurance and freight》運賃・保険料込み渡し。貿易取引条件の一。輸出貨物の本船渡し(FOB)価格に、仕向け港までの運賃と保険料を加算した価格で取引するもの。シフ。⇒FOB

シーアイエフ-アンド-シー〘CIF&C〙《cost, insurance, freight and commission》運賃保険料手数料込み条件。CIFに特別の手数料を含む条件。

シーアイエフ-アンド-シーアイ〘CIF&CI〙《cost, insurance, freight and commission, interest》運賃保険料手数料利息込み条件。CIFに手数料と利息を加えた条件。

シー-アイ-エム〘CIM〙《computer integrated manufacturing》企業情報システムの一。生産部門の効率化を目的として、製品の設計、生産計画、生産管理など、生産のすべての過程をコンピューターで一元管理すること。コンピューター統合生産。

シー-アイ-エム〘CIM〙《computer input from microfilm》マイクロフィルムに記録されている情報を直接コンピューターに入力する装置。

シー-アイ-オー〘CIO〙《Congress of Industrial Organizations》産業別労働組合会議。AFL(米国労働総同盟)の産業別組織委員会が独立して1938年に結成。55年AFLと合併し、AFL-CIOを結成した。

シー-アイ-オー〘CIO〙《chief information officer》企業内の情報システムや情報戦略の最高責任者。最高情報責任者・情報戦略統括役員・最高情報担当役員・情報統括役員などとも訳される。

ジーアイがた-ひかりファイバー【GI型光ファイバー】《graded-index optical fiber》光ファイバーの一。内部の屈折率が中心部から外へ行くに従い、連続的に小さくなるものを指す。長距離の広帯域伝送に向くが、製造コストが高い。グレーデッドインデックス型光ファイバー。⇒SI型光ファイバー ⇒MI型光ファイバー

ジーアイ-カット【GIカット】アメリカ兵に多い髪形で、角刈りに似る。朝鮮戦争(1950～53)以来、日本の若者の間で流行。GI刈り。

シー-アイ-キュー〘CIQ〙《customs, immigration and quarantine》税関、出入国管理、検疫のこと。出入国の際に必要とされる三つの手続きの略称。

シー-アイ-シー〘CIC〙《counter intelligence corps》対諜報部隊。相手の諜報活動・工作活動を妨害するための部隊。

シー-アイ-シー〘CIC〙《combat information center》戦闘情報中枢。軍艦の頭脳にあたる部分。

シー-アイ-シー〘CIC〙《China Investment Corporation》►中国投資有限責任公司

シーアイジーエスがた-たいようでんち【CIGS型太陽電池】シリコンの代わりに、銅(Cu)、インジウム(In)、ガリウム(Ga)、セレン(Se)などカルコパイライト系とよばれる元素の化合物半導体を用いた太陽電池。エネルギー変換効率は実用化レベルで8～12パーセント、最高約20パーセントと高く、数マイクロメートルの薄膜で機能するため省資源化に向く。CIGS系太陽電池。CIGS太陽電池。

シーアイジーエスけい-たいようでんち【CIGS系太陽電池】►CIGS型太陽電池

シーアイジーエス-たいようでんち【CIGS太陽電池】►CIGS型太陽電池

ジーアイ-ち【GI値】《glycemic index》血糖値の上昇率を表す指標。ぶどう糖を摂った後の血糖値上昇率を100として示す。グリセミックインデックス。グリセミック指数。

ジー-アイ-ティー〘GIT〙《group inclusive tour》航空券から宿泊、観光、地上輸送までひとまとめにされた団体旅行。

ジー-アイ-ディー〘GID〙《Gender Identity Disorder》►性同一性障害

シー-アイ-ディー-ピー〘CIDP〙《Chronic Inflammatory Demyelinating Polyneuropathy》►慢性炎症性脱髄性多発神経炎

シーアイディー-フォント【CIDフォント】《character identifier font》米国アドビシステムズ社が開発した日本語PostScriptフォントの一。2バイト文字の使用を前提に設計されている。

シー-アイ-ピー-エー〘CIPA〙《Camera & Imaging Products Association》一般社団法人カメラ映像機器工業会。デジタルカメラやフィルムカメラ、および関連機器・装置の開発・製造に関わるメーカーで構成される。日本写真機工業会の後継団体。デジタルカメラのファイル形式の策定や各種標準化事業などを行う。

シー-アイ-ピー-エム〘CIPM〙《フランス Comité International des Poids et Mesures》国際度量衡委員会。度量衡の国際的統一を目的とする国際機関。1875年設立。事務局はパリ。

シーアイランド-めん【シーアイランド綿】《sea island cotton》アメリカ東海岸地帯、西インド諸島で産出する最高級の綿。一見真綿風に見える。

シーア-は【シーア派】《アラビア Shī'aは党派の意》イスラム教の宗派。スンニー派とともに信徒を2分するが、数の上では少ない。多くの分派に分かれるが、十二イマーム派が主流。預言者ムハンマドのいとこであり娘婿であるアリーとその後裔が信徒の指導者(イマーム)である、としてスンニー派と対立してきた。

シー-アンカー〘sea anchor〙船舶が荒天で航行が困難なとき、横波を受けないように船首から海に投入する布製の船具。海水の抵抗を受けて錨のような役をさせる。海錨。

シー-アンド-エフ〘C&F〙《cost and freight》運賃込み値段。貿易取引条件で、本船渡しの値段に仕向け地までの運賃を加えた値段。CIF(運賃・保険料込み)の条件から保険料を省いたもの。CAFとも。

シー-アンド-シー〘C&C〙《cash and carry》現金払い持ち帰り制。現金支払い、商品持ち帰りの卸売業態。現金問屋を指す。CCとも。

シー-アンド-シー〘C&C〙《computer and communications》コンピューターと通信技術を統合した情報技術。

シー-アンド-ダブリュー〘C&W〙《country and western》►カントリー-アンド-ウエスタン

シー-イー〘CE〙《Church of England》イギリス国教会のこと。

シー-イー〘CE〙《Council of Europe》欧州評議会。1949年、欧州における民主主義・人権保護・法の支配の実現を目指して設立された国際機関。本部はフランスのストラスブール。

ジー-イー〘GE〙《General Electric Company》ゼネラルエレクトリック社。家電製品、原子炉、放送、映画、金融など広範なビジネスを手がける米国の複合企業。本社はコネチカット州フェアフィールド。

シー-イー-アール-ディー-エス〘CERDS〙《Charter on the Economic Rights and Duties of States》国家間経済権利義務憲章。NIEO(新国際経済秩序)を国連加盟国の間で順守させるための権利と義務を明確化したもの。1974年採択。当時のメキシコ大統領エチュベリアが提案したところから、エチュベリア憲章とも。

シー-イー-イー-エー-シー〘CEEAC〙《フランス Communauté Économique des États de l'Afrique Centrale》中部アフリカ諸国経済共同体。1983年に調印。カメルーン、チャド、中央アフリカなど10か国で組織。

シー-イー-エー〘CEA〙《Council of Economic Advisers》大統領経済諮問委員会。米国大統領に経済上の勧告を与える大統領府(ホワイトハウス)の機関の一。毎年1月、大統領に対する報告を発表する。

シー-イー-エー〘CEA〙《carcinoembryonic antigen》癌胎児性抗原。消化器系の癌に見られる抗原。胎児の正常な消化管組織にも存在する。

シー-イー-エヌ〘CEN〙《フランス Comité Européen de Normalisation》欧州標準化委員会。1961年、EEC(欧州経済共同体)とEFTA(欧州自由貿易連合)加盟国により設立。本部はブリュッセル。

ジー-イー-エム〘GEM〙《gender empowerment measure》►ジェンダーエンパワーメント指数

シー-イー-オー〘CEO〙《chief executive officer》米国型企業で、企業意思の決定権を持つ最高の役職名。会長、社長という従来の呼称にはとらわれない。最高経営責任者。⇒COO

ジー-イー-オー〘GEO〙《Genetically engineered organism》►遺伝子組み換え作物

ジー-イー-オー〘GEO〙《geostationary earth orbit》►静止軌道

ジー-イー-オー〘GEO〙《Group on Earth Observations》►地球観測に関する政府間会合

ジー-イー-オー-エス-エス〘GEOSS〙《Global Earth Observation System of Systems》►全球地球観測システム

シー-イー-キュー〘CEQ〙《Council on Environmental Quality》環境諮問委員会。米国大統領に専門的、省庁横断的見地から環境政策に関する勧告を行う大統領府(ホワイトハウス)の直属機関。1969年設置。

シー-イー-ティー〘CET〙《central European time》►中部欧州標準時

シー-イー-ディー〘CED〙《capacitance electronic disc》静電容量方式ビデオディスク。レコードのように溝付きで針を使って再生する。

シー-イー-ディー〘CED〙《Committee for Economic Development》米国の経済開発委員会。1942年、学者・財界人を中心に発足。米国経済に関する見解を政府に勧告する。

シー-イー-ディー-イー-エー-オー〘CEDEAO〙《フランス Communauté Économique des États de l'Afrique de l'Ouest》西アフリカ諸国経済共同体。ECOWASのフランス語名称。1975年設立。15か国で組織。事務局、ナイジェリア・アブジャ。

シー-イー-ピー〘CEP〙《circular error probable》半数必中半径。半数必中界。核ミサイルなどの命中精度を表す語。発射されたミサイルの半分が到達する可能性のある円の半径をいう。

シー-イー-ピー-ティー〘CEPT〙《Common Effective Preferential Tariff Scheme》共通実効特恵関税。1992年1月にASEAN自由貿易圏を実現するために加盟各国が採択した関税制度。

シーイング〘seeing〙天体を観測する際の星の見え方。上空の大気の乱流によって起こる星像の乱れと、空の透明度のよしあしが関係する。5または10段階にし、最良の状態を5または10とする。

シーウス〘CIWS〙《Close-in Weapon System》近接防空システム。艦艇に接近したミサイルを撃破するための、最終段階の防御システム。

じい-うんどう【示威運動】多数の者が意思・要求を通そうと、集団で威力を示すこと。また、その集会や行進。デモンストレーション。デモ。

シーエア-ゆそう【シーエア輸送】《シーエアは、sea air》船舶輸送と航空輸送などを組み合わせた貨物の輸送。

ジー-エイト〘G8〙《Group Eight》►サミット❶

シー-エー〘CA〙《chronological age》生活年齢。暦年齢。誕生日を起点とした暦の上の年齢。

シー-エー〘CA〙《Central America》中米。

シー-エー〘CA〙《certificate authority》►認証局

シー-エー〘CA〙《cabin attendant》►キャビンアテンダント

ジー-エー〘GA〙《general agent》総代理店。

ジー-エー〘GA〙《Guardian Angels》►ガーディアンエンジェルス

シー・エー・アイ〖CAI〗《computer-assisted instruction, computer-aided instruction》学習者がコンピューターと対話しながら、自己の能力や理解度に応じた出題や指示を受けてする学習法。コンピューター支援教育。

シー・エー・イー〖CAE〗《computer-aided engineering》コンピューターによって工業製品の設計・開発を支援するエンジニアリングシステム。コンピューターでシミュレーションすることで、従来必要であった試作・実験などの工程を短縮できる。

シー・エー・エー〖CAA〗《Clean Air Act》大気浄化法。大気汚染の防止を目的とするアメリカ連邦法。1963年制定。70年マスキー法に改正。

シー・エー・エー〖CAA〗《Civil Aviation Authority》民間航空局。英国の航空規制の専門委員会。1972年設立。

シー・エー・エー・シー〖CAAC〗《Civil Aviation Administration of China》中国民用航空総局。中国政府の民間航空監督機関。

シー・エー・エス〖CAS〗《Court of Arbitration for Sport》►スポーツ仲裁裁判所

ジー・エー・エヌ〖GAN〗《global area network》►グローバルエリアネットワーク

シー・エー・エフ〖CAF〗《currency adjustment factor》通貨変動割増料率。貿易取引条件で、通貨変動による船会社の為替差損益を補塡するための追加割増料金。

シー・エー・エフ〖CAF〗《cost and freight》輸出港渡し運賃込み値段。C&Fとも。

シー・エー・エフ〖CAF〗《ｽﾍﾟｲﾝ Corporación Andina de Fomento》アンデス開発公社。ボリビア、チリ、コロンビア、エクアドル、ペルー、ベネズエラの6か国の代表が調印し、1968年に設立した金融機関。参加国の持続可能な開発を支援し、地域の融合を目的とする。

シー・エー・エム〖CAM〗《computer-aided manufacturing》►キャム(CAM)

シーエー・きょく【CA局】《certificate authority center》►認証局

シー・エー・シー・エム〖CACM〗《Central American Common Market》中米共同市場。グアテマラ、エルサルバドル、ホンジュラス、ニカラグア、コスタリカの5か国で、1961年結成。域内貿易の自由化、域外関税の統一化、産業統合を含む共同市場の形成を目的とする。

シーエー・センター【CAセンター】《certificate authority center》►認証局

シーエー・ちょぞう【CA貯蔵】ﾁｮｿﾞｳ《controlled atmosphere storage》温度、湿度、大気組成の三者を調節した貯蔵庫で、青果物を貯蔵すること。

シー・エー・ティー〖CAT〗《computerized axial tomography》コンピューター体軸断層撮影。CTスキャン。

シー・エー・ティー〖CAT〗《computer-aided translation》コンピューター支援翻訳。

シー・エー・ティー〖CAT〗《computer-aided teaching》コンピューター援用教育。

シー・エー・ティー〖CAT〗《clear-air turbulence》►晴天乱気流

シー・エー・ディー〖CAD〗《computer-aided design》►キャド

シーエーティー・てんたい【CAT天体】►彗星小惑星遷移天体

シー・エー・ティー・ブイ〖CATV〗《cable television》同軸ケーブルや光ファイバーケーブルなどを使ったテレビ放送。当初は難視聴解消のための共同アンテナによる受信、有線による分配を目的としたが、現在では双方向通信や衛星を利用したネットワークサービスをはじめ、インターネット接続サービス、IP電話などに使われている。有線テレビ。ケーブルテレビ。**補説**もとはcommunity antenna television(共同アンテナ・テレビジョン)の略語。

シーエーティーブイ・インターネット【CATVインターネット】《CATV Internet service》ケーブルテレビ(CATV)の通信回線を用いたインターネット接続サービス。

シーエーティー・ボンド〖CAT bond〗►キャットボンド

シー・エー・ビー〖CAB〗《Civil Aeronautics Board》米国の民間航空委員会。大統領直属の独立行政機関。1938年設立、85年解散。

シー・エー・ビー〖CAB〗《Civil Aviation Bureau》国土交通省航空局。JCABとも。

シー・エー・ピー〖CAP〗《Common Agricultural Policy》共通農業政策。EU(欧州連合)加盟国間の農業をめぐる共通の政策。農産品の域内自由流通、一定価格の維持などを骨子とする。

ジー・エー・ビー〖GAB〗《general arrangements to borrow》►ギャブ(GAB)

シー・エー・ピー・エム〖CAPM〗《capital asset pricing model》資本資産評価モデル。株式投資における株式収益率はリスクフリーレートに当該リスクプレミアムを上乗せした値に等しいという仮説に基づくモデル。

シー・エー・ビー・ジー〖CABG〗《coronary artery bypass grafting》慢性閉塞を起こした冠動脈疾患の治療法の一。患者の胸部・胃・前腕の動脈、または下肢の静脈を用いて、狭窄ｷｮｳｻｸ・閉塞した部分の末梢側と大動脈の間に血流の迂回路をつくり、冠状動脈の血流を改善する。冠動脈バイパス術。冠動脈大動脈バイパス移植術。**補説**開胸手術をしない治療法として、経皮的冠動脈形成術(PTCA)がある。

シー・エー・ピー・ディー〖CAPD〗《continuous ambulatory peritoneal dialysis》携行式連続腹膜透析。腹膜にチューブを挿入し、体内の老廃物を交換する腎不全の治療法。自宅や会社でも可能。

シー・エー・ピー・ピー〖CAPP〗《Companion Animal Partnership Program》人と動物のふれあい運動。病人やお年寄りに動物をふれさせることは大きな慰めと希望を与え、リハビリにも役立つことから、動物を連れて老人ホームや児童福祉施設などを訪問する新しいボランティア活動。日本動物病院福祉協会が呼びかけ、各地の獣医師が参加している。

シー・エー・ブイ〖CAV〗《constant angular velocity》「角速度一定」に同じ。➡CLV

シー・エス〖CS〗《communication satellite》通信衛星。

シー・エス〖CS〗《customer satisfaction》顧客満足。

シー・エス〖CS〗《convenience store》コンビニエンスストア。CVSとも略す。

シー・エス〖CS〗《container ship》コンテナ船。

シー・エス〖CS〗《community school》►コミュニティースクール

シー・エス〖C/S〗《cash flow statement》「キャッシュフロー計算書」に同じ。

ジー・エス〖GS〗《和 gasoline＋stand》ガソリンスタンド。**補説**英語ではgas station

ジー・エス〖GS〗《和 group＋sounds》►グループサウンズ

ジー・エス〖GS〗《giant slalom》►大回転競技

シー・エス・アール〖CSR〗《corporate social responsibility「企業の社会的責任」の意》収益を上げ配当を維持し、法令を遵守するだけでなく、人権に配慮した適正な雇用・労働条件、消費者への適切な対応、環境問題への配慮、地域社会への貢献を行うなど企業が市民として果たすべき責任をいう。➡社会的責任投資

ジー・エス・アール〖GSR〗《galvanic skin reflex, galvanic skin response》電気性皮膚反射。皮膚電気反射。精神的刺激による発汗活動と皮膚の電気抵抗の変化。うそ発見器などに応用される。

シー・エス・アイ・アール・オー〖CSIRO〗《Commonwealth Scientific and Industrial Research Organisation》オーストラリアの連邦科学産業研究機構。1926年設立。本部はキャンベラ。

シー・エス・アイ・エス〖CSIS〗《Center for Strategic and International Studies》戦略・海洋研究、第三世界研究、国際資源などのプロジェクトを進めている米国の有力シンクタンクの一。1962年設立。本部はワシントン。戦略国際問題研究所。

シー・エス・アイ・シー・イー〖CSICE〗《Cabinet Satellite Intelligence Center》►内閣衛星情報センター

シー・エス・イー〖CSE〗《consumer subsidy equivalent》消費者補助金相当量。OECDが開発した農業保護水準を示す指数で、農産物消費総額に対する農業保護撤廃による負担軽減見込み額の比率。マイナスが大きいほど消費者の負担が大きい。

シー・エス・エー〖CSA〗《Confederate States of America》►アメリカ連合国

ジー・エス・エー〖GSA〗《General Services Administration》米国共通役務庁。連邦財産の管理維持、公文書の管理、資材の調達・供給などを行う。1949年設立。

シー・エス・エー・ジェー〖CSAJ〗《Computer Software Association of Japan》社団法人コンピューターソフトウエア協会。昭和57年(1982)に設立。平成18年(2006)現名に改称。ソフトウエア製品にかかわる企業で構成され、技術者育成、ソフトウエアの普及啓発に寄与する認定試験、ベンチャー企業の支援などを行う。

シー・エス・エス〖CSS〗《cascading style sheets》ウェブページなどのレイアウトやデザインに関する情報を記述したスタイルシートの一。フォント、文字の色や大きさ、行間など、文書の見栄えに関する情報のみを記述する。カスケーディングスタイルシート。カスケードスタイルシート。段階スタイルシート。

シー・エス・エス〖CSS〗《content scrambling system》再生専用のDVDなどで採用されていた著作権保護技術の一。松下電器産業(現パナソニック)、東芝を中心に策定。映像ソフトのコンテンツそのものが暗号化されて記録され、再生用の機器やソフトウエアの暗号鍵により解読される。平成11年(1999)に解読用のソフトウエアが開発されたため、使われなくなった。

ジー・エス・エフ・シー〖GSFC〗《Goddard Space Flight Center》NASAﾅｻ(米国航空宇宙局)のゴダード宇宙飛行センター。人工衛星の組み立て、観測ロケットの打ち上げ、人工衛星・宇宙船の追跡・交信、世界各地からの衛星データの処理などを行う。**補説**米国の物理学者R＝H＝ゴダードにちなむ。

ジー・エス・エム〖GSM〗《global system for mobile communications》携帯電話に使われているデジタル通信方式の一。ヨーロッパをはじめ、北米、アジア、アフリカなどの地域で採用されている。主に850から1900メガヘルツまでの四つの帯域を利用したもので、第二世代携帯電話における事実上の世界標準となっている。日本ではかつて独自のPDC方式が採用されていた。

ジー・エス・オー〖GSO〗《geostationary orbit》►静止軌道

シー・エス・シー・イー〖CSCE〗《Conference on Security and Cooperation in Europe》全欧安保協力会議。欧州における緊張緩和をはかるため、アルバニアを除く全欧州諸国に米国・カナダを加えた35か国の首脳が参加して開催された会議。1975年の第1回会議では、東西欧州諸国の協力をうたった「ヘルシンキ宣言」が、90年の第2回会議では、欧州全体の民主化の促進をうたった「パリ憲章」が採択された。正式名称は「欧州における安全保障と協力に関する会議」。95年、国際機関OSCE(欧州安全保障協力機構)へと発展。

シー・エス・ティー〖CST〗《central standard time》►中部標準時

シー・エス・ティー・オー〖CSTO〗《Collective Security Treaty Organization》旧ソ連構成共和国による安全保障・領土保全を目的とする条約機構。1992年に集団安全保障条約(CST)として成立し、2002年に同条約機構(CSTO)に発展した。ロシア・

アルメニア・ベラルーシ・カザフスタン・キルギス・タジキスタン・ウズベキスタンの7か国が加盟(2012年7月現在)。最高意思決定機関の集団安全保障会議は加盟国大統領などにより構成。集団安全保障条約機構。

ジー-エス-ピー〖GSP〗《government selling price》政府販売価格。産油国政府が設定する原油の公式販売価格。OSPとも。

ジー-エス-ピー〖GSP〗《generalized system of preference》一般特恵関税制度。途上国からの輸入を促進するために、最恵国待遇関税率より低い関税率を適用する制度。1970年、UNCTAD(国連貿易開発会議)で合意。

シー-エス-ピー-アイ〖CSPI〗《Corporate Service Price Index》►企業向けサービス価格指数

シー-エス-ビー-エム〖CSBM〗《confidence and security building measures》偶発戦争防止のための、保障・保全強化措置。

シー-エス-ブイ〖CSV〗《comma-separated value》データベースや表計算ソフトにおいて、データをテキストファイルとして保存する場合の一形式。項目やセルをカンマで区切っている。

シーエス-ほうそう【CS放送】CS(通信衛星)を使った衛星放送。日本では平成4年(1992)から音声放送を開始。同8年にパーフェクTVがデジタルテレビ放送を開始した。その後、ディレクTV、JスカイBなどが開局したが、これら3社は合併や統合により同12年に「スカイパーフェクTV!」(現「スカパー!」)として再編された。

シー-エス-ユー〖CSU〗《ﾄﾞｲ Christlich-Soziale Union》►キリスト教社会同盟

シー-エックス〖CX〗《JOCX-DTV》フジテレビジョン。東京に本社がある日本の放送事業者。国から受けた無線局免許のコールサインJOCX-DTVから。

ジー-エックスエムエル〖G-XML〗《geography XML》GISで利用する各種情報を記述するためのマークアップ言語の一。XMLをベースとして、GMLと共通化された仕様となっている。

シー-エッチ〖CH〗《center half》サッカーなどで、センターハーフ。

シー-エッチ〖CH〗《Order of the Companions of Honour》英国の名誉勲位。1917年制定。

ジー-エッチ〖GH〗《growth hormone》►成長ホルモン❶

ジー-エッチ〖GH〗《group home》►グループホーム

ジー-エッチ-キュー〖GHQ〗《General Headquarters》総司令部。特に、第二次大戦後、連合国軍が日本占領中に設置した総司令部。マッカーサーを最高司令官とし、占領政策を日本政府に施行させた。昭和27年(1952)講和条約発効により廃止。連合国軍最高司令官総司令部。

ジー-エッチ-ジー〖GHG〗《greenhouse gas》►温室効果ガス

シー-エッチ-ティー-エム-エル〖CHTML〗《compact hypertext markup language》►コンパクトHTML

シー-エヌ〖CN〗《chloroacetophenone》クロロアセトフェノン。催涙ガスに用いる。

シー-エヌ〖CN〗《certified nurse》►認定看護師

ジー-エヌ〖GN〗《global negotiation》►グローバルネゴシエーション

ジー-エヌ-アイ〖GNI〗《gross national income》►国民総所得

ジー-エヌ-イー〖GNE〗《gross national expenditure》►国民総支出

ジー-エヌ-イー-ピー〖GNEP〗《Global Nuclear Energy Partnership》►国際原子力パートナーシップ

シー-エヌ-エス〖CNS〗《central nervous system》中枢神経系。

シー-エヌ-エス〖CNS〗《Convention on Nuclear Safety》►国際原子力安全条約

ジー-エヌ-エス〖GNS〗《gross national supply》国民総供給。GNP(国民総生産)に、輸入と海外への所得とを加算したもの。国の経済全体としての供給をまとめたもので、金額はGND(国民総需要)と同じになる。

シー-エヌ-エヌ〖CNN〗《Cable News Network》米国のニュース専門ケーブルテレビ。1980年開局。

シーエヌオー-サイクル【CNOサイクル】水素原子核(陽子)4個からヘリウム原子核1個を生成する核融合反応。質量が太陽の2倍程度の主系列星の内部で、中心温度が2×10^7K以上の場合、主にこの反応が起こる。1937年から39年にかけて、H=ベーテ、C=F=v=ワイツゼッカーにより提唱された。名称はこの反応が炭素C、窒素N、酸素Oを媒介とすることに由来する。ベーテサイクル。ベーテワイツゼッカーサイクル。CNサイクル。

シーエヌ-ガス【CNガス】催涙性ガスの一種。クロロアセトフェノン(CN)を主成分としたもの。

シーエヌ-サイクル【CNサイクル】►CNOサイクル

シー-エヌ-シー〖CNC〗《computer numerical control》コンピューター数値制御。制御系の中心的な要素としてマイクロコンピューターを用い、CPU(中央処理装置)でプログラム処理を行うようにした数値制御装置。

ジー-エヌ-ダブリュー〖GNW〗《gross national welfare》国民総福祉。GNP(国民総生産)に代わって、国民福祉に支出する額で一国の経済力を計ろうとするもの。

シー-エヌ-ティー〖CNT〗《carbon nanotube》►カーボン-ナノチューブ

シー-エヌ-ディー〖CND〗《Campaign for Nuclear Disarmament》核軍縮運動。英国の反核平和団体。1958年結成。

ジー-エヌ-ディー〖GND〗《gross national demand》国民総需要。GNE(国民総支出)のうち、個人消費支出、政府の財貨・サービス経常購入、輸出と海外からの所得、国内総固定資本形成、在庫品増加額を合計したもの。国の経済全体としての需要を総合したもの。

シー-エヌ-ピー〖CNP〗《C-Type natriuretic peptide》►C型ナトリウム利尿ペプチド

ジー-エヌ-ピー〖GNP〗《gross national product》►国民総生産

ジーエヌピー-ギャップ【GNPギャップ】実際のGNPと潜在的GNPの差をパーセンテージで示したもの。不景気度を示す。

シー-エヌ-ピー-シー〖CNPC〗《China National Petroleum Corporation》►中国石油天然気集団公司

ジーエヌピー-デフレーター【GNPデフレーター】国民総生産の物価指数。消費や投資など、GNPの各構成項目の物価指数から間接的に作られる。

シーエヌ-りつ【CN率】炭素と窒素比率。植物体に含まれる炭水化物の炭素(C)と窒素化合物の窒素(N)の比率をいう。Cが大きいと生殖生長が、Nが大きいと栄養生長が盛んとなる。

シー-エフ〖cf.〗《ﾗﾃ confer》比較せよ、参照せよ、の意を表す略号。コンファー。

シー-エフ〖CF〗《commercial film》►コマーシャルフィルム

シー-エフ〖CF〗《center fielder》野球で、センター。中堅手。

シー-エフ〖CF〗《center forward》サッカーなどで、センターフォワード。FCとも。

ジー-エフ〖GF〗《girl friend》ガールフレンド。女友達。

シー-エフ-アール〖CFR〗《Code of Federal Regulations》米国の連邦法令集。行政府から制定、告示された規則を項目別に編集したもの。

ジー-エフ-アール〖GFR〗《glomer-ular filtration rate》糸球体濾過量。毎分あたり腎臓の糸球体で濾過されて出てくる液量。

シー-エフ-アール-シー〖CFRC〗《carbon fiber reinforced concrete》炭素繊維強化コンクリート。

ジー-エフ-アール-シー〖GFRC〗《glass fiber reinforced concrete》ガラス繊維強化コンクリート。繊維強化コンクリート(FRC)の一種で、グラスファイバーをセメントに混ぜたもの。

シー-エフ-アール-ピー〖CFRP〗《carbon fiber reinforced plastics》炭素繊維を重ねてプラスチックで固めた複合材料。FRPの一種。軽量で鉄並みの強度を持ち、耐食性にすぐれる。炭素繊維強化プラスチック。

ジー-エフ-アール-ピー〖GFRP〗《glass fiber reinforced plastics》ガラス繊維強化プラスチック。FRPとも。

シーエフイー-じょうやく【CFE条約】《Conventional Armed Forces in Europe》欧州通常戦力条約。冷戦時代における東西両陣営間の国境不可侵などを定めたCSCE(全欧安保協力会議)のヘルシンキ宣言履行確保のために、通常戦力の削減を取り決めた条約。1990年11月調印、92年11月発効。99年ソ連崩壊後の状況変化に対応して、新たにCFE適合条約が締結された。

シー-エフ-エー〖CFA〗《chartered financial analyst》公認証券アナリスト。米国のCFA協会が認定する資格。証券投資に関する情報の分析と投資価値の評価を行い、投資の助言や投資管理サービスを提供する。年2回試験が行われ、日本での受験も可能。

シー-エフ-エス〖CFS〗《chronic fatigue syndrome》►慢性疲労症候群

ジー-エフ-エス-アール〖GFSR〗《Global Financial Stability Report》►国際金融安定性報告書

シー-エフ-エフ〖CFF〗《compensatory financing facility》IMFの輸出所得変動補償融資制度。一次産品輸出国などの国際収支が、輸出落ち込みなどで悪化した場合に適用される。

シー-エフ-エム〖cfm〗《cubic feet per minute》ヤード-ポンド法の流量の単位。立方フィート毎分。

シー-エフ-オー〖CFO〗《chief financial officer》最高財務責任者。企業の資金調達・運用といった財務面と経理面の最高責任者。

シーエフ-カード【CFカード】►コンパクトフラッシュ

シー-エフ-シー〖CFC〗《chlorofluorocarbon》地球のオゾン層を破壊するフロン(フルオロカーボン)の一種で、弗素と塩素を含むもの。クロロフルオロカーボン。特定フロン。⇨フロン

シー-エフ-ディー〖CFD〗《contract for difference》►差金決済取引

シー-エフ-ティー-シー〖CFTC〗《Commodity Futures Trading Commission》商品先物取引委員会。米国の先物取引を統一的に監督する独立政府機関。1974年設立。

シー-エフ-ディー-ティー〖CFDT〗《ﾌﾗﾝｽ Confédération Française Démocratique des Travailleurs》フランス民主労働総連合。フランスの社会党系労働組合。1964年設立。

ジー-エフ-ピー〖GFP〗《green fluorescent protein》生物発光物質の一。オワンクラゲの生体内にあり、発光物質イクオリンの発する青い光を受けて緑色に光る。昭和37年(1962)に海洋生物学者の下村脩により発見・抽出された。神経細胞などの観察に応用され、医学や生物学の実験に広く用いられている。緑色蛍光たんぱく質。

シーエフピー-フラン【CFPフラン】《CFP franc》ニューカレドニアなどで使用される通貨単位。⇨フラン

シー-エム〖CM〗《commercial message》「コマーシャル❶」に同じ。

シー-エム〖CM〗《construction management》►コンストラクションマネージメント

シー-エム〖CM〗《court-martial》軍法会議。

ジー-エム〖GM〗《guided missile》誘導ミサイル。内部の制御装置または遠隔制御手段で軌道を修正し、目標に誘導できるよう設計されたミサイル。

ジー-エム〖GM〗《general manager》総支配人。

ジー-エム〖GM〗《General Motors Corporation》「ゼネラルモーターズ」の略称。

ジー-エム〖GM〗《genetically modification》▶遺伝子組み換え
ジー-エム-アール〖GMR〗《giant magnetoresistance》▶巨大磁気抵抗効果
ジーエムアール-そし【GMR素子】▶巨大磁気抵抗素子
ジーエムアール-ヘッド【GMRヘッド】《GMR head, giant magneto resistive head》ハードディスク用の読み取り装置(ヘッド)。巨大磁気抵抗効果を応用して感度を高めている。➡MRヘッド
シー-エム-アイ〖CMI〗《computer-managed instruction》コンピューターによって管理された教授法。成績管理、授業プラン作成などにコンピューターを利用するシステム。
シー-エム-アイ〖CMI〗《Cornell Medical Index》コーネル健康指数。米国コーネル大学医学部の開発した健康調査用心理テスト。
シー-エム-アイ〖CMI〗《Chiang Mai initiative》▶チェンマイイニシアチブ
シー-エム-イー〖CME〗《coronal mass ejection》▶コロナ質量放出
シー-エム-イー〖CME〗《Chicago Mercantile Exchange》米国のシカゴにある世界最大規模の先物取引所。1898年にシカゴバター卵取引所として創設。2007年にCBOT(シカゴ商品取引所)、08年にNYMEX(ニューヨークマーカンタイル取引所)を買収。シカゴマーカンタイル取引所。シカゴ商業取引所。
シー-エム-イー-エー〖CMEA〗《Council for Mutual Economic Assistance》経済相互援助会議。コメコン(COMECON)。
シー-エム-エス〖CMS〗《cash management service》企業に対する銀行の資金管理サービス。銀行と企業のコンピューターを通信回線で結び、集中的な資金管理や金融情報の提供などを行う。
シー-エム-エス〖CMS〗《Collision Mitigation brake System》追突軽減ブレーキシステム。自動車が前走車に接近しすぎた際に自動的にブレーキをかけるシステム。
ジー-エム-エス〖GMS〗《general merchandise store》総合小売業。中間層の客層に重点をおき、大量販売をめざす小売店。
ジー-エム-エス〖GMS〗《Geostationary Meteorological Satellite》静止気象衛星。昭和52年(1977)から平成7年(1995)にかけて打ち上げられた日本の気象衛星「ひまわり」1～5号を指していう。➡ひまわり
シー-エム-エル〖CML〗《chronic myelogenous leukemia》▶慢性骨髄性白血病
ジー-エム-エル〖GML〗《geography markup language》GISで利用する各種情報を記述するためのマークアップ言語の一。G-XMLと仕様が共通化されている。
ジー-エム-オー【GMO】《Genetically modified organism》▶遺伝子組み換え作物
ジーエム-かん【GM管】《Geiger-Müller counter》▶ガイガーミュラー計数管
ジー-エム-キュー〖GMQ〗《good merchantable quality》販売適性品質。木材や冷凍魚など、的確な見本を利用するのが困難な貿易契約における品質等級条件の一つ。商品が、市場で通用する品質を有することを、売り手が保証するもの。
ジーエム-さくもつ【GM作物】《Genetically modified organism》▶遺伝子組み換え作物
シー-エム-シー〖CMC〗《carboxymethyl cellulose》カルボキシメチルセルロース。木材から採れる繊維素。食品・洗剤などの添加剤に用いる。工業的にはナトリウム酸。
シー-エム-シー〖CMC〗《Cluster Munitions Coalition》▶クラスター爆弾連合
ジー-エム-シー〖GMC〗《Japan General Merchandise Promotion Center》生活用品振興センター。生活用品産業の健全な発展を図り、国民生活の向上に寄与することを目的として活動する財団法人。昭和34年(1959)設立。
ジー-エム-ティー〖GMT〗《Greenwich Mean Time》「グリニッジ標準時」に同じ。➡世界時
ジー-エム-ディー-エス-エス〖GMDSS〗《Global Maritime Distress and Safety System》海上における遭難および安全の世界的制度。国際海事機関(IMO)が世界的に導入している人工衛星を利用した船舶の海上安全通信システム。1992年から導入され、99年にこれまでのモールス通信体制からGMDSS体制に完全移行した。
シー-エム-ピー〖CMP〗《Conference of the Parties serving as the Meeting of the Parties》▶コップモップ(COP/MOP)
ジー-エム-ピー〖GMP〗《good manufacturing practice》米国の医薬品品質管理規則。FDA(米国食品医薬品局)が1972年に制定。
シー-エム-ビー-エス〖CMBS〗《commercial mortgage-backed securities》▶商業用不動産ローン担保証券
シー-エム-ブイ〖CMV〗《cytomegalovirus》サイトメガロウイルス。
シー-エム-ワイ-ケー〖CMYK〗《cyan-magenta-yellow-black》カラー印刷やコンピューターグラフィックスで利用される色の表現形式の一。青緑色(cyan)、赤紫色(magenta)、黄色(yellow)の頭文字、黒(black)の末尾の字を組み合わせたもの。三色版に黒を加えたものと同じ。CMYK色空間。CMYKカラースペース。CMYKカラーモデル。
シー-エル〖CL〗《contact lens》▶コンタクトレンズ
シー-エル-アイ〖CLI〗《computer-led instruction》数種類の教育機器を組み合わせて行う、コンピューターによる一斉授業システム。
シー-エル-エム-ブイ〖CLMV〗ASEANｱｾｱﾝ(東南アジア諸国連合)のうち、カンボジア(Cambodia)・ラオス(Laos)・ミャンマー(Myanmar)・ベトナム(Vietnam)の4か国のこと。
ジー-エル-シー-エム〖GLCM〗《ground-launched cruise missile》地上発射巡航ミサイル。地上の発射台から発射される中距離有翼ミサイル。
シー-エル-ビー〖CLB〗《Canadian Land Bridge》カナディアンランドブリッジ。日本とヨーロッパとの輸送で、海路のほかにカナダを通って大陸横断する陸路をも利用する輸送方式。➡ALB ➡SLB
ジー-エル-ピー〖GLP〗《good laboratory practice》優良試験所規範。試験実施適正基準。医薬品や食品の安全性を評価する検査や試験が正確かつ適切に行われたことを保証するための基準。安全性評価試験の信頼性を確保するため、試験施設が備えるべき設備、機器、組織、試験の手順等について基準を定めたもの。
シー-エル-ブイ〖CLV〗《constant linear velocity》「線速度一定」に同じ。➡CAV
シー-オー〖CO〗《cut-out》▶カットアウト❷
シー-オー〖CO〗《carbon monoxide》一酸化炭素。
シー-オー〖CO〗《conscientious objector》良心的兵役拒否者。宗教的信条・政治的信念から兵役拒否を申請する者。法制化されている国もあり、審査のうえ兵役拒否が認められると代替業務が義務づけられる。
シー-オー〖c/o〗《care of》…方。…気付。手紙のあて名などに使う。
シー-オー-アイ〖COI〗《Central Office of Information》英国の中央情報局。情報省を継承し、1946年設立。本庁所在地はロンドン。
シー-オー-イー〖COE〗《center of excellence》優秀な頭脳と最先端の設備環境をもち、世界的に評価される研究拠点のこと。米国のマサチューセッツ工科大学、AT&Tベル研究所、IBMトーマス・ワトソン研究所、ドイツのマックス=プランク研究所、英国のラザフォード-アプルトン研究所、オックスフォード大学、ケンブリッジ大学、フランスのパスツール研究所などがその例。日本でも、国際競争力のある世界最高水準の大学づくりを推進するために、文部科学省が21世紀COEプログラム(現グローバルCOEプログラム)を平成14年(2002)からスタートさせた。
シー-オー-エス-エー-ティー-ユー〖COSATU〗《Congress of South African Trade Unions》南アフリカ労働組合会議。南アフリカ最大の急進派黒人労働団体。1985年設立。本部はヨハネスバーグ。
シー-オー-エム-エル〖CoML〗《Census of Marine Life》▶海洋生物センサス
シー-オー-オー〖COO〗《chief operating officer》最高執行責任者。CEO(最高経営責任者)が定めた経営方針や戦略に沿って企業の日常業務を執行する責任者。CEOに次ぐナンバーツーの存在。
シー-オー-ツー〖CO_2〗《二酸化炭素の化学式から》二酸化炭素のこと。
シーオーツー-レーザー〖CO_2 laser〗▶炭酸ガスレーザー
シー-オー-ディー〖COD〗《chemical oxygen demand》化学的酸素要求量。
シー-オー-ディー〖COD〗《cash on delivery, collect on delivery》現品着払い。代金引換渡し。代引き。
ジー-オー-ティー〖GOT〗《glutamic oxaloacetic transaminase》グルタミン酸オキサロ酢酸トランスアミナーゼの略称。肝臓病の際に血中の値が増えるので診断に利用。
シー-オー-ピー〖COP〗《Conference of the Parties》▶コップ
ジー-オー-ピー〖GOP〗《Grand Old Party》アメリカの政党、共和党の異名。
シー-オー-ピー-ディー〖COPD〗《Chronic Obstructive Pulmonary Disease》▶慢性閉塞性肺疾患
シー-オー-ピー-ピー〖COPP〗《certified output protection protocol》米国マイクロソフト社が開発した著作権保護技術の一。DVD再生などのアプリケーションソフトと、画像表示のための半導体チップとの間でデジタルデータの暗号化を行うことにより、不正なデータの出力や読み取りを防止する。
シー-オー-ピー-ユー-オー-エス〖COPUOS〗《Committee on the Peaceful Uses of Outer Space》国連宇宙空間平和利用委員会。宇宙空間に関する研究やその情報交換を援助し、宇宙空間の平和利用のための探査・開発方法や、法律的な問題を研究する。1959年の国連総会で設置。➡UNOOSA
シーオー-ほう【CO法】ﾃﾞﾌﾞ 炭鉱災害による一酸化炭素中毒症に関する特別措置法。炭鉱災害で一酸化炭素中毒症にかかった労働者に対して特別の保護措置を講じ、炭鉱労働者の福祉の増進を目的とする。昭和42年(1967)施行。
ジーオン〖Xeon〗米国インテル社が開発販売した、サーバーやワークステーション向けのマイクロプロセッサーの商標名。ジオン。
しい-か【詩歌】《「しか(詩歌)」の慣用読み》❶漢詩と和歌。「一管弦の遊び」❷詩・和歌・俳句など韻文の総称。「近代一の流れ」(類語)詩賦・詩・うた・韻文・賦ﾌ・吟詠・ポエム・バース・詩編・叙情詩・叙事詩・定型詩・自由詩・バラード・ソネット・新体詩
しいか-あわせ【詩歌合(わ)せ】ｼｲｶｱﾜｾ 数人が左右に分かれ、同じ題について作った漢詩と和歌とを比べ合わせて優劣を競うもの。平安後期に起こった。
しい-がし【▽椎×樫】ｼｲ シイの別名。
じい-が-せ【×爺が背】ｾｲ ヒザラガイの別名。
シーがた-かんえん【C型肝炎】ウイルス性肝炎の一。C型肝炎ウイルス(hepatitis C virus ; HCV)に感染することで起こる。血液を介して感染し、汚染された血液の輸血による場合や、非加熱血液製剤、注射針などを介する場合もある。体がだるい、食欲不振、嘔吐ｵｳﾄなどの症状があるが、自覚症状のないことも多い。慢性肝炎や肝硬変・肝癌ｶﾝｶﾞﾝの成因となることもある。(補説)かつて「非A非B型肝炎」とされた肝炎の大部分がC型肝炎にあたる。
シーがたかんえん-ウイルス【C型肝炎ウイル

し

ス】C型肝炎の原因となる肝炎ウイルス。RNAをゲノムとするRNAウイルスで、血液を介して感染する。ウイルス粒子の表面を被うエンベロープの一部が変異しやすく、対応できる抗体を誘導することが困難なことから、現在のところ有効なワクチンは開発されていない。HCV(hepatitis C virus)。

じい-が-だけ【爺ヶ岳】《「爺子岳」とも書く》富山県南東部、長野県大町市との県境にある山。標高2670メートル。飛騨山脈後立山連峰の一。山頂は三つに分かれる。東の長野県側は険しい岩壁が多いが、西の富山県側は緩やかで対照的である。爺岳。

シーがた-ナトリウムりにょうペプチド【C型ナトリウム利尿ペプチド】主に血管内皮細胞から分泌されるホルモン。中枢神経系で神経ペプチドとして作用するほか、血管局所ホルモンとして働き、血管内皮や血管平滑筋の増殖を調節する。CNP(C-Type natriuretic peptide)。➡ナトリウム利尿ペプチド

しい-がたり【強ひ語り】聞きたがらない相手に無理に話を聞かせること。また、その話。しいごと。「いなと言へど語れ語れとのらせこそ志斐いは奏せ一と言ふ」〈万・二三七〉

しいがもと【椎本】源氏物語第46巻の巻名。薫大将、23歳から24歳。宇治の八の宮の死後、その姫君二人への薫と匂宮の思慕の情を描く。

シー-ガル〖sea gull〗鴎。

し-いき【市域】市に属する範囲。市の区域。

し-いぎ【四威儀】「四儀」に同じ。

じ-いき【地息】地面から立ちのぼる水蒸気。「草からあがる一で身体は冷えていた」〈漱石・三四郎〉

しい-ぎゃく【×弑逆】〔名〕スル《「しぎゃく(弑逆)」の慣用読み》臣下・子など目下の者が、主君や親などを殺すこと。「光秀が信長を一した本能寺の変」

シー-キュー〖CQ〗アマチュア無線通信で、応答者を求める呼び出し信号。

シー-キューブド-アイ〖C^3I〗《communication, command, control, intelligence》現代の軍事力を効果的に運用するのに必要な、通信・指揮・統制・情報の4大機能をいう。CCCIとも書く。シースリーアイ。

し-いく【飼育】〔名〕スル 家畜などを飼い育てること。飼いならすこと。「山羊を一する」「豚の一法」
(類語)飼う・子飼い・育てる

シーク〖seek〗❶探し求めること。❷コンピューターで、データの読み書きのために、磁気ディスクなど記憶装置の所定の位置に読み書きヘッドが移動すること。「一タイム」

じ-いく【慈育】いつくしみ育てること。

ジーグ〖フランス gigue〗17、8世紀のヨーロッパで流行した舞曲。三拍子系の軽快なもの。バロック期の組曲を構成する一つの楽章として用いられた。ジグ。

シークェル〖SQL〗《structured query language》►エスキューエル(SQL)

シークエンサー〖sequencer〗►シーケンサー

シークエンス〖sequence〗►シーケンス

シーク-きょう【シーク教】►シク教

シーググラフ〖SIGGRAPH〗《Special Interest Group on Computer Graphics》アメリカ計算機学会(ACM)のコンピューターグラフィックス分科会。また、同分科会が1974年以降毎年開催しているコンピューターグラフィックスのショー。

ジークバーン〖Karl Manne Georg Siegbahn〗[1886〜1978]スウェーデンの物理学者。X線分光学の発展に貢献し、結晶の格子定数の測定に成功した。1924年、ノーベル物理学賞受賞。

ジークフリート〖Siegfried〗㊀ドイツ・北欧の伝説上の英雄。中世ドイツの叙事詩「ニーベルンゲンの歌」の主人公。怪力で悪竜を退治し、その血を浴びて、背中の一か所を残し不死身となる。ニーベルンゲンの宝物を得、王妹クリームヒルトと結婚するが、王の重臣ハーゲンに殺害される。㊁ジロドゥーの戯曲。4幕。1928年初演。第一次大戦で記憶を失い、ドイツ軍に救われて英雄ジークフリートの名を与えられたフランス人を通して、民族・祖国・戦争などの問題を描く。

ジークフリート-せん【ジークフリート線】第二次大戦直前の1938年、フランスのマジノ線に対抗して、フランス・ベルギー・オランダとの国境につくったナチス-ドイツの要塞線。

ジークムント〖Siegmund〗ドイツの伝説で、ブルグント族の王。「ニーベルンゲンの歌」に登場し、ジークフリートの父とされる。

シークレット〖secret〗秘密。機密。「トップ一」

シークレット-サービス〖secret service〗❶政府の秘密情報機関。諜報部。❷《Secret Service》米国財務省に属し、大統領などの国家要人の特別護衛などを任務とする機関。SS。

シークレット-ラブ〖secret love〗秘密の恋。人に知られたくない内緒の恋。

しいくわあさあ《多く「シークワーサー」または「シークヮーサー」と書く》ミカン科の常緑低木。春、白い小花をつける。実は小粒でミカンに似る。未熟な実は搾って酸味料に、熟した実はジュースなどに加工される。沖縄に自生、栽培もされる。平実レモン。

しいけいざい-せつ【思×惟経済説】できるだけ多くの事実を少ない概念で完全に記述することにより、思惟の労力の節約を図ることが科学的認識の根本的原則であるとする説。マッハらによって説かれた。思考経済説。

シー-ケー〖CK〗《corner kick》サッカーで、コーナーキック。

ジー-ケー〖GK〗《goal kick》サッカーで、ゴールキック。

ジー-ケー〖GK〗《goalkeeper》サッカー・ホッケーなどで、ゴールキーパー。

シー-ケー-ディー〖CKD〗《completely knocked down》完全現地組み立て。現地組み立て部品。

シー-けん【C犬】警察犬種の略称の一つ。コリーのこと。

ジー-けん【G犬】警察犬種の略称の一つ。ゴールデンリトリーバーのこと。

シー-げんご【C言語】コンピューターのプログラミング言語の一。オペレーティングシステムのUNIX用にベル研究所が開発。機種依存性が少なく互換性が高い。のちにオブジェクト指向の拡張を施したC++とともに、広く普及している。

シーケンサー〖sequencer〗《「シークエンサー」とも》複数の電子楽器(シンセサイザーなど)の使用タイミングを事前に設定したとおり、自動的に送り出す装置。

シーケンシャル〖sequential〗〔形動〕連続しているさま。規則的に続いているさま。「検索結果に一な番号を振る」

シーケンシャル-アクセス〖sequential access〗コンピューターの記憶装置に納められた情報を順に検索していって、目的とする情報にたどり着く方式。逐次アクセス。順次アクセス。順次呼び出し。⇔ランダムアクセス。

シーケンシャル-インタビュー〖sequential interview〗事件の真相究明のためのインタビューによる取材手法の一つ。事件の中心人物に、周辺的な事柄や関係者からの情報を示し、それらに対する説明や反応などから真相を引き出そうとするもの。

シーケンシャル-ファイル〖sequential file〗コンピューターのファイルにデータを書き込む際、最初から順番に書き込む形式のもの。データの読み出しも記録された順番に行う必要がある。磁気テープを使った記憶媒体中のファイルなどがこれに相当する。

シーケンス〖sequence〗《「シークエンス」とも》❶連続。連続して起こる順序。❷映画やテレビで、一続きのシーンによって構成される、ストーリー展開上の一つのまとまり。「六シーン二三カットの一」❸機器を自動制御する際の、あらかじめ設定しておく動作の順序。❹カリキュラム編成において、教科内容の段階的学習の順序。➡スコープ ❺トランプで、数が連続する同種の3枚以上のカード。

シーケンス-チェック〖sequence check〗コンピューターで、データ入力の間違いを検査するため、データを入力するときに、事前に定められた順序に従って入力されているか否かを調べること。

シーケンス-ロボット《和 sequence＋robot》単純繰り返しロボット。動作順序(シーケンス)を設定されると、それにより定まった動作のみを行う自動機械。固定シーケンス式と可変シーケンス式がある。欧米ではこれをロボットとみなさない。

しい-こう【▽至孝】「しこう(至孝)」の慣用読み。「一によってかかる示現を蒙り給へり」〈読・弓張月・後〉

シー-こうげん【C光源】CIE(国際照明委員会)が規定する標準光源の規格の一。照明器具や写真用フィルムの規格として使用される。色温度は6774ケルビンで青空を含む昼光に相当する。➡A光源 ➡D65光源

ジー-コード【Gコード】《Gemstar Code》米国のジェムスター社が開発したテレビの簡易録画予約システムで使用する、各番組に付けられた8桁までの番号。(補説)多くの新聞や雑誌のテレビ番組表で扱われたが、現在は一部のポータルサイトの番組表のみに掲載。地上デジタルテレビ放送への移行後は、電子番組ガイド(EPG)を利用した録画予約が普及している。

しい-ごと【×誣言】事実を曲げて言うこと。また、その言葉。ふげん。「空前絶後のものといわんも決して一にあらざるなり」〈逍遥・小説神髄〉

ジーコム〖GCOM〗《Global Change Observation Mission》►地球環境変動観測ミッション

ジーコム-シー〖GCOM-C〗《Global Change Observation Mission-Climate》►気候変動観測衛星

ジーコム-ダブリュー〖GCOM-W〗《Global Change Observation Mission-Water》►水循環変動観測衛星

ジーコム-ダブリュー-ワン〖GCOM-W1〗《Global Change Observation Mission 1st-Water》►しずく

シー-コントロール〖sea control〗制海権。

シーザー〖Caesar〗カエサルの英語名。

シーザー-あんごう【シーザー暗号】一定の規則に従って文字をずらして文章を書く暗号法。

シーザー-サラダ〖Caesar salad〗レタスを主にしたサラダ。ちぎったロメインレタスとクルトンをフレンチドレッシングで和え、粉チーズをかけるのが基本型。好みでドレッシングにアンチョビーを混ぜたり、他の野菜を混ぜたりする。(補説)「シーザー」は、ローマの将軍の名ではなく、考案者であるメキシコのレストランの料理人の名からという。

シー-サイド〖seaside〗海岸。海辺。「一リゾート」

しい-ざかな【強い×肴】懐石料理で、基本的な献立のほかに出す肴。進め肴。

シーサット〖Seasat〗《sea satellite》NASAの海洋観測衛星。1978年打ち上げたが、電気系統の故障によりプロジェクトは失敗に終わった。

シーサン【先生】《中国語》中国で、一般に男子を呼ぶときの敬称。上海方言の発音による。

じい-さん【祖＝父さん|×爺さん】❶(祖父さん)祖父を親しんでいう語。❷(爺さん)老年の男性をややぞんざいにいう語。親しみ、また、軽い敬意をこめて用いる。
(類語)おじいさん・じじい・老夫・老爺・翁・翁・老翁

シーさん-しょくぶつ【C_3植物】葉緑体が葉肉にのみ存在し、還元的ペントース燐酸回路によって炭酸ガスを固定する植物。回路の最初に生じるのが炭素数3個の三ホスホグリセリン酸なのでいう。クロレラなどの藻類、イネ・コムギ・ダイズや、樹木。

シーサン-ヤオチュー【十三么九】《中国語》マージャンで、国士無双のこと。

しい-し【▽四至】《「しし(四至)」の慣用読み》耕作地・所有地・寺域などの四方の境界。四辺。四境。

しい-じ【▽四時】「しじ(四時)」の慣用読み。

じいじ《「じじ(祖父)」の音変化》祖父をいう幼児語。⇔ばあば

しい-しい【▽尿▽尿】小便をいう幼児語。しい。

シー-シー〖cc〗《cubic centimeter》立方センチメートルの記号。

シー-シー〘cc〙《carbon copy》電子メールの機能の一。本来の送付先以外にも同内容のメールを送る際に用いる。bccと違って、受信者は自分以外のだれがそのメールを受け取っているかを確認することができる。カーボンコピー。➡bcc

シー-シー〘CC〙《cash-and-carry》▶シーアンドシー(C&C)

シー-シー〘CC〙《country club》カントリークラブ。

シー-シー〘CC〙《chamber of commerce》商工会議所。

シー-シー〘CC〙《commercial card》コマーシャルカード。テレビで使われる短いコマーシャル、またそれに使用されるテロップ、スライド。

しい-しい【▽為い▽為い】〔連語〕《動詞「する」の連用形「し」を重ねた「しし」の音変化》その動作を繰り返す意を表す。また、その動作を続けながら、他の動作を行う意を表す。…をして。…しながら。「遠慮一話しはじめる」「用心一歩く」

シー-ジー〘CG〙《computer graphics》▶コンピューターグラフィックス

シー-ジー〘CG〙《consultative group》諮問委員会。

シー-ジー〘CG〙《Coast Guard》米国の沿岸警備隊。1915年創設。

ジー-シー〘GC〙《Global Compact》▶国連グローバルコンパクト

ジー-ジー〘GG〙《government-to-government》政府間取引。原油売買などで、産油国政府と消費国政府の間の取り決めに基づいて取引を行うこと。

じい-じい〔副〕❶脂などの焼ける音を表す語。「フライパンの肉が一(と)焼ける」❷アブラゼミなどの鳴き声を表す語。「炎天下で蟬(せみ)が一(と)鳴く」❸機械などが作動しているときに出る音を表す語。「ぜんまいじかけのおもちゃが一(と)動く」

シー-ジー-アール-オー〘CGRO〙《Compton Gamma Ray Observatory》▶コンプトンガンマ線観測衛星

ジーシーアール-しんごう【GCR信号】ーシンガウ《ghost cancel reference signal》地上アナログテレビ放送のゴーストを除去するために、テレビ放送の電波と共に送り出される信号。ゴースト除去用基準信号。ゴースト除去基準信号。

シー-シー-アイ〘CCI〙《Chamber of Commerce and Industry》商工会議所。

シー-シー-アイ〘CCI〙《copy control information》▶コピーガード

シー-ジー-アイ〘CGI〙《common gateway interface》ブラウザーの要求に応じて、ウェブサーバーがプログラムや計算を実行するための仕組み。

シー-シー-アイ-エス〘CCIS〙《command, control and information system》現代の軍事作戦に必要な指揮、統制、情報システムの三要素。

ジー-シー-イー〘GCE〙《General Certificate of Education》1988年まで行われていた、英国の一般教育試験。また、課目別に学力を証明する国家試験合格証書。

ジー-シー-エー〘GCA〙《ground-controlled approach》地上誘導着陸方式。夜間や悪天候時に地上のレーダーで着陸する航空機をとらえ、進入経路が最適になるようパイロットに指示を与えて誘導し、安全に着陸させる方法。

シー-シー-エス〘CCS〙《Carbon Dioxide Capture and Storage》温室効果ガスの二酸化炭素を分離・回収し、深海や地中に貯留する技術。大気中の二酸化炭素濃度上昇を抑制する技術の一つで、地球温暖化対策の一環として研究・開発が行われている。二酸化炭素の排出量が多い石炭火力発電所にCCSを適用してゼロエミッション化を目指すプロジェクトが、日本を含めて世界各国で検討・開発されているが、コストや生態系への影響、貯留した二酸化炭素の漏出など検討課題も多い。炭素隔離貯留技術。二酸化炭素の分離・回収、貯留技術。

ジー-シーエスエフ〘G-CSF〙《Granulocyte Colony Stimulating Factor》顆粒球コロニー刺激因子。骨髄での好中球の増殖を刺激する因子。遺伝子組み換えで大腸菌などより生産し、好中球減少状態の治療に用いる。

シージーエス-ガウスたんいけい【CGSガウス単位系】ータンヰケイ▶ガウス単位系

シージーエス-たんいけい【CGS単位系】ータンヰケイ 基本単位として、長さにセンチメートル(cm)、質量にグラム(g)、時間に秒(s)を採用した単位系。

シー-シー-エックス〘CCX〙《Chicago Climate Exchange》▶シカゴ気候取引所

シー-シー-エッチ-エフ〘CCHF〙《Crimean-Congo hemorrhagic fever》クリミア-コンゴ出血熱

ジー-シー-エッチ-キュー〘GCHQ〙《Government Communications Headquarters》英国の政府通信本部。電波を傍受して解読する機関。

ジー-シー-エフ〘GCF〙《greatest common factor》最大公因数。公因数のうち最も次数の高い因数。

シー-シー-エフ-エル〘CCFL〙《cold cathode fluorescent lamp》冷陰極放出による放電で発光させる蛍光管。長寿命、低消費電力で、管径を細くできるため、液晶テレビや液晶ディスプレーのバックライトやスキャナーの光源などに用いられる。冷陰極蛍光ランプ。冷陰極蛍光管。冷陰極管。➡HCFL

シー-ジー-エム〘CGM〙《consumer generated media》インターネットなどを通じて、一般の消費者が自ら情報を発信し、コンテンツを生成するメディアの総称。口コミサイトやブログ、SNS、BBSなどを含む。消費者生成メディア。消費者発信型メディア。UGM(user generated media)。➡UGC

ジー-シー-エム〘GCM〙《greatest common measure》最大公約数。二つ以上の自然数の公約数のうちで最も大きいもの。GCD(greatest common divisor)。HCF(highest common factor)。

シー-シー-ケー-ピーゼット〘CCK-PZ〙▶コレシストキニン-パンクレオザイミン

シー-シー-シー〘CCC〙《Commodity Credit Corporation》米国の農産物信用公社。農産物の価格安定政策を行う。1933年ニューディール政策の中で設立された政府機関。48年、農務省内の公社に再編。

シー-シー-シー〘CCC〙《command, control, communications》現代の軍事力を効果的に運用するために必要な指揮、統制、通信の3機能。情報のI(information)を加えてもいう。

シー-シー-シー〘CCC〙《China Compulsory Certification》▶中国強制認証制度

ジー-シー-シー〘GCC〙《Gulf Cooperation Council》湾岸協力会議。1981年、ペルシア湾岸のサウジアラビア、クウェート、バーレーン、カタール、アラブ首長国連邦、オマーンの6か国が設立。政治・経済・産業・文化などあらゆる分野で協力・統合・連携し、参加国の団結を図ることが目的。本部はサウジアラビアのリヤド。

ジー-ジー-ジー〘GGG〙《gadolinium gallium garnet》ガドリニウム・ガリウム・ガーネット。磁気バブルメモリー基板用材料。自然界には存在しない人造結晶。3G(スリージー)とも。

ジー-ジー-ジー-アイ〘GGGI〙《Global Gender Gap Index》▶ジェンダーギャップ指数

シー-シー-シー-エヌ〘CCCN〙《Customs Cooperation Council Nomenclature》関税協力理事会品目表。1955年に関税協力理事会(CCC)が作成した貿易品目の統一分類表。通称BTN。83年、国際統一商品分類(HS)に発展し、日本では88年からHSを採用。

シー-シー-シー-ディー〘CCCD〙《copy control compact disc》▶コピーコントロールCD

シー-シー-ダブリュー〘CCW〙《convention on certain conventional weapons》特定通常兵器使用禁止制限条約。地雷、ナパーム弾等の非人道的な通常兵器の使用を禁止、制限する国際条約。1980年採択、83年発効。

シーシー-だん【CC団】中国で、1930年ごろ陳果夫・陳立夫兄弟が結成した国民党最右翼の政治結社。蔣介石の独裁を助けて反対勢力を弾圧した。CCは陳兄弟の姓Chenの頭文字を連ねたもの。

シー-シー-ティー〘CCT〙《clean coal technology》▶クリーンコール-テクノロジー

シー-シー-ディー〘CCD〙《charge-coupled device》電荷結合素子。光の明暗を電流の強弱に変換する半導体素子。1平方センチのシリコン板上に20万個以上つけて、画像を電気信号に変える。小型ビデオカメラ・スチールカメラなどに利用。

シー-シー-ディー〘CCD〙《colony collapse disorder》▶蜂群崩壊症候群

シー-ジー-ティー〘CGT〙《フランス Confédération Générale du Travail》フランス労働総同盟。共産党系労働組合組織。

ジー-シー-ティー〘GCT〙《Green wich Civil Time》グリニッジ常用時。イギリスのグリニッジを基点とした常用時。1972年から協定世界時が世界共通の時系として採用された。

ジー-シー-ディー〘GCD〙《greatest common divisor》最大公約数。二つ以上の自然数の公約数の中で最大のもの。GCM(greatest common measure)。HCF(highest common factor)。

シー-シー-ティー-エル-ディー〘ccTLD〙《country code top level domain》インターネット上のドメインのうち、国や地域ごとに割り振られたトップレベルドメイン(最上位階層のドメイン)のこと。日本の「.jp」、米国の「.us」、イギリスの「.uk」など、ISO規格で定められた2文字の国別コードに基づく。nTLD。

シーシーディーシフトしき-てぶれほせい【CCDシフト式手ぶれ補正】▶イメージセンサーシフト式手ぶれ補正

シーシーディー-シャッター【CCDシャッター】《CCD shutter》▶電子シャッター

シー-シー-ティー-ブイ〘CCTV〙《closed-circuit television》閉回路テレビ。特定の建物や施設内での有線のテレビ。防犯カメラのモニターとして使われることが多い。

シー-シー-ティー-ブイ〘CCTV〙《China central television》▶中国中央テレビ

シーシーディー-ロー〘CCD-RAW〙▶ロー(RAW)

シー-ジー-ピー-アイ〘CGPI〙《Corporate Goods Price Index》▶企業物価指数

シー-ジー-ピー-エム〘CGPM〙《フランス Conférence Générale des Poids et Mesures》▶国際度量衡委員会

シー-シー-ブイ〘CCV〙《control-configured vehicle》制御本位航空機。設計の初期段階から飛行制御を考慮して開発することにより、機体の小型化・軽量化、操縦性の向上等を図った航空機をいう。

シーシー-フィルター【CCフィルター】《color compensating filter》カメラやビデオカメラのレンズに装着して用いるフィルターの一。色を補正したり強調したりする効果をもち、赤、緑、青、シアン、マゼンタ、黄の6色がある。フィルムカメラにおいては、光源に対する色補正に用いたが、デジタルカメラの場合はホワイトバランス機能がこれに相当する役割を担う。

シー-シー-ユー〘CCU〙《communication control unit》▶通信制御装置

シー-シー-ユー〘CCU〙《coronary care unit》狭心症や心筋梗塞など心臓血管系の重症患者を対象とする、特殊な集中治療室。冠疾患集中治療室。冠状動脈疾患集中治療室。心疾患集中治療室。内科系集中治療室。

ジー-シー-ユー〘GCU〙《Growing Care Unit》出生時・出産後に生じた問題が解決・改善した新生児の経過を観察する施設。NICUで治療を受け、状態が安定した後に移されることが多い。継続保育室。新生児治療回復室。

シー-ジェー-ケー〘CJK〙❶《China、Japan、Korea もしくは、Chinese、Japanese、Korean の頭文字から》中国、日本、韓国(大韓民国)もしくは、中国語、

し

日本語、韓国語(朝鮮語)のこと。❷ ►CJK統合漢字

シージェーケー-とうごうかんじ【CJK統合漢字】《CJK Unified Ideographs》コンピューター用の文字コード体系の一つであるUnicodeに収録されている、漢字の集合および文字コード領域のこと。名称は中国語、日本語、韓国語の頭文字から。以前はベトナム語も含めてCJKVと呼ばれていたが、ベトナム語はアルファベット表記に移行されたため、CJKとなった。Unicode策定の際に、日本語・中国語・韓国語で使われている漢字のうち、由来や意味を同じくする文字を統合するハンユニフィケーションという作業が行われたが、東アジアの漢字文化圏の諸国から反発を招き、後にハングル文字の追加や異体字表現の見直しが図られた。

シー-ジェー-ディー〖CJD〗《Creutzfeldt-Jakob disease》►クロイツフェルトヤコブ病

じ-いしき【自意識】自分自身についての意識。周囲と区別された自分についての意識。自己意識。「一が強い」

じいしき-かじょう【自意識過剰】〔名・形動〕他に対する自己を意識しすぎること。自分が他人にどう見られるかを考えすぎること。また、そのさま。「一になる」「一な人」

シーシック〖seasick〗船酔い。

ジー-ジップ〖GZIP〗►グジップ(GZIP)

しい-しば【椎柴】❶椎の木の群がり生えている所。「鶺鴒(にはくなぶり)のとがへる山の一の葉がへはすとも君はかへせじ」〈拾遺・雑恋〉❷椎の小枝。「四方(よも)山の一残らじと見ゆるも、あはれになむ」〈栄花・月の宴〉❸《椎を染料に用いるところから》喪服の色。また、喪服。「これをだにかたみと思ふに都には葉がへやしつる一の袖」〈枕・一三八〉

シーシャー-しょとう【西沙諸島】►せいさしょとう(西沙諸島)

シー-シャープ〖C#〗米国マイクロソフト社が2000年に発表したオブジェクト指向のプログラミング言語。C言語やC++言語をベースに拡張したもの。

シー-ジャック〖seajack〗船を乗っ取る犯罪。

ジー-ジャン「ジーンズジャンパー」の略。

しい-しゅ【旨趣】「ししゅ(旨趣)」の慣用読み。「心の底に一を残すべきにあらず」〈高野本平家・二〉

シーじゅうし-ねんだいそくていほう【C14年代測定法】►放射性炭素年代測定法

シーじゅうし-ほう【C14法】►放射性炭素年代測定法

じ-いしょう【地衣装】役者がふだん着ている衣服。「一も残らず取って帰れば」〈浮・男色大鑑・七〉

シース〖sheath〗《刀剣の鞘(さや)の意》鉛筆・万年筆などを数本並べて挿すようにした、携帯用のケース。

シーズ〖seeds〗《seedの複数形》❶種(たね)。実。❷草の実を粒のまま乾燥させた香辛料。キャラウェイシーズ・フェンネルシーズなど。❸もと。原因。根源。❹顧客の求めるニーズ(needs)に対して、企業が新しく開発、提供する特別の技術や材料のこと。新製品の開発では、ニーズとシーズのバランスが重要となる。

し-い-ず【為出づ】〔動ダ下二〕❶あつらえ調える。用意する。また、作り上げる。「御帳の帷子(かたびら)など、由あるさまに一・でつつ」〈源・明石〉❷行為に表す。する。特に、大きなことやとんでもないことをする。しでかす。「かかる過ち一・でて、かかるやうありや」〈落窪・一〉❸しはじめる。とりかかる。しだす。「問はず語りも一・でつべし」〈源・手習〉

シー-ズー〖Shih Tzu〗チベット原産の愛玩犬(あいがんけん)。1930年ごろヨーロッパに紹介され、各地に広まった。中国のペキニーズに似て、毛は長く、顔は幅広くて極端に短く、目は丸くて大きい。体高は約27センチ。

シーズ-ウオー〖seeds war〗穀物などの新品種の特許・技術・種子をめぐる国家間の紛争や、企業間の競争。

シース-シルエット〖sheath silhouette〗上着・スカート・ドレス・コートなどの、ストレートでほっそりした感じのシルエットを示す言葉。シースコート・シースドレスなどという。

シース-ナイフ〖sheath knife〗《sheathは、鞘(さや)の意》柄と刃が固定されていて、刃を鞘に入れて携帯するナイフ。➡フォールディングナイフ

シーズニング〖seasoning〗調味料。塩・砂糖・しょうゆといった基本調味料から、香辛料・薬味・ソース類など広範囲のものまでいう。

シース-ヒーター〖sheath heater〗電熱器の一つ。ニクロム線などの発熱線を鉄などの金属板で包んだもの。発熱線が露出したものより加熱が平均で、安全性も高い。

ジー-スポット〖G-spot〗《Gは発見したドイツの医師Gräfenbergから》女性性器内の一部位。女性を性的に興奮させる場所の一つとされる。

シー-スリー-アイ〖C^3I〗《communication, command, control, intelligence》►シーキューブドアイ

ジースリー-ファクシミリ【G3ファクシミリ】《Group 3 facsimile》一般的なアナログ電話回線に対応した、ファクシミリの国際規格の一。G3ファックス。

ジースリー-ファックス〖G3FAX〗►G3ファクシミリ

しい-する【弑する】〔動サ変〕図しい・す〔サ変〕《「し(弑)する」の慣用読み》主君・父など目上の者を殺す。弑逆(しいぎゃく)する。「君公を一・する」

シー-スルー〖see-through〗内部が透けて見えること。特に、洋服の生地などが透けていること。

シースルー-ファッション〖see-through fashion〗非常に薄い布地を用いたり、デザインによって身体の部分やライン、肌色などが透けて見えるようなファッション。

シースルー-ルック〖see-through look〗シフォン・オーガンジーなどの薄手の布を用い、肌が透けて見えるようにデザインした服装。透け透けルック。

シーズン〖season〗❶季節。❷その物事の行われる時期。また、その物事をするのにふさわしい時期。「スキー一」「台風の一」「受験一」❸演劇が上演される一定期間。また、映画やテレビドラマのシリーズ物。シリーズ番組。「人気ドラマの一4が始まる」(類語)季節・時季・時節・折節・四季・春夏秋冬・時候・候・四時

シーズン-イン《和 season + in》シーズンが始まること。特別のシーズンにはいること。

シーズン-オフ《和 season + off》スポーツその他の催し物や行事などが行われない時期。季節外れ。(補説)英語ではoff-season

シーズンレス〖seasonless〗季節がないこと。季節感を欠くこと。

しい-せい【恣意性】《フランス arbitraire》ソシュールの用語。言語記号の記号表現(能記)と記号内容(所記)との結びつきが恣意的であるということ。➡能記 ➡所記

ジー-ゼット〖GZ〗《ground zero》ゼロ地点。爆心地。グラウンドゼロ。(補説)2001年のアメリカ同時多発テロにより爆破されたニューヨークの世界貿易センタービル跡地をも呼んだ。

ジー-セブン〖G7〗《Group of Seven》❶《The Conference of Ministers and Governors of the Group of Seven》主要7か国財務相・中央銀行総裁会議。米国・英国・フランス・ドイツ・日本・イタリア・カナダの財務大臣と中央銀行総裁とが集まって国際金融の安定化などについて話し合う会議。年3回開催される。❷ ►サミット❶

ジーゼル〖Diesel〗►ディーゼル

しい-ぜん【至善】「しぜん(至善)」の慣用読み。〈日葡〉

シー-そう【C層】《Cは、childの頭文字から》視聴率調査や、広告業界が商品開発の際にターゲットとする世代区分で、4歳から12歳までの男女のこと。これより年上の世代をT層という。

シーソー〖seesaw〗長い板を中央で支え、両端に人が乗って交互に上下させる遊戯。また、その遊具。ぎっこんばったん。ぎったんばっこん。

シーソー-ゲーム〖seesaw game〗追いつ追われつの接戦となった試合。(類語)接戦・クロスゲーム

シーソー-ポリシー〖seesaw policy〗まわりの状況に応じてくるくる変わる政策。日和見政策。

しい-そさん【尸位素餐】《「しいそざん」とも。「漢書」朱雲伝から。「素餐」は食べるばかりで何もしないこと》一定の地位に就きながら職責を果たさず、むだに俸禄をもらっていること。また、その人。

しい-そ・す【強ひ過す】〔動サ四〕無理に勧める。無理強いする。「酒一・しなどして」〈源・明石〉

シータ〖Θ | θ | theta〗❶〈Θ・θ〉ギリシャ語アルファベットの第8字。テータ。❷〈θ〉数学で、多くの角度を表す記号。

じ-いた【地板】❶板を敷いた所。板敷き。板の間。❷床の間の脇に設けた棚。また、書院棚の下の化粧板。❸引き出しやタバコ盆などの底の板。

ジータ〖ZETA〗《zero energy thermonuclear assembly》制御熱核反応装置。英国が1950年代に建設、運用した核融合実験装置。ゼータ(ZETA)。

シーター《和 seat + -erから》レストランなどで、客を席へ案内する係。(補説)英語ではhost、またはhostess。本来の英語のseaterは、複合語の形で用いて、「…人乗りの乗り物」の意。

シーダー〖cedar〗マツ科ヒマラヤスギ属の植物の総称。ヒマラヤスギ・レバノンシーダー・アトラスシーダーなど。

しいた・ぐ【虐ぐ】〔動ガ下二〕「しいたげる」の文語形。

しい-たけ【椎茸｜香蕈】キシメジ科のキノコ。春・秋に、クヌギ・シイ・クリ・ナラなどの広葉樹の枯れ木や切り株に生える。傘は黒褐色か茶褐色。代表的な食用キノコで、人工栽培もされる。(季 秋)「一に時雨(しぐれ)ね日とてなかりけり／たかし」

しいたけ-たぼ【椎茸髱】江戸時代に御殿女中の間に流行した、左右の鬢(びん)を左右に張り出した髪形。また、その髪形の御殿女中。髱の形がシイタケに似ているところからいう。

しいた・げる【虐げる】〔動ガ下一〕図しひた・ぐ〔ガ下二〕《「しえたげる」の音変化》むごい扱いをして苦しめる。虐待する。いじめる。「異教徒を一・げる」(類語)いじめる・さいなむ・なぶる・いびる

し-いだ・す【為出だす】〔動サ四〕❶「しいず❶」に同じ。「肴(さかな)と警策(きやうざく)に一・されたり」〈宇津保・内侍督〉❷「しいず❷」に同じ。「討手の大将と聞えしかども、させる一・したることもおはせず」〈平家・五〉❸「しいず❸」に同じ。「両寺の大衆(だいしゅ)、額打論(がくうちろん)といふこと一・いて、互ひに狼藉(らうぜき)に及ぶ」〈平家・一〉❹世の中で初めてする。また、考え出す。考案する。「安部川紙子に縮緬(ちりめん)を一・し、…この所の名物となり」〈浮・永代蔵・三〉

シー-ダブリュー〖CW〗《continuous wave》連続波。周波数・振幅・位相に変化を生じない電波。

シー-ダブリュー〖CW〗《chemical warfare》化学兵器による戦争。

シー-ダブリュー〖CW〗《chemical weapon》化学兵器。

シー-ダブリュー〖CW〗《caseworker》►ケースワーカー

シー-ダブリュー〖CW〗《credit watch》►クレジットウオッチ

シー-ダブリュー〖c/w〗《coupling with》シングル盤のコンパクトディスクで、メインの曲の他に収められている曲があることを表す記号。➡カップリング❶

ジー-ダブリュー〖GW〗《和 golden + week》ゴールデンウイークのこと。

ジー-ダブリュー-イー-シー〖GWEC〗《Global Wind Energy Council》►世界風力会議

ジー-ダブリュー-エス〖GWS〗►グラフィックスワークステーション

シー-ダブリュー-エム〖CWM〗《coal water mixture》石炭・水スラリー。石炭粉末と水を混ぜ、さらに添加剤を加えて混合した燃料。

シー-ダブリュー-オー〖CWO〗《cash with order》現金払い注文。

シー-ダブリュー-シー〖CWC〗《Chemical Weapons Convention》►化学兵器禁止条約

シータン【食単】《中国語》中国料理の献立表。菜単ともいう。メニュー。

し-いち【視位置】ジ 天体の、天球上における見かけの位置。観測者と天体とを結ぶ直線が天球と交わる点。

シー-チキン〖Sea Chicken〗マグロその他の加工食料品の商標名。(補説)「まぐろの缶詰」「かつおの缶詰」「ツナ缶」などと言い換える。

シー-ちょう【C調】テウ ❶音楽で、ハ調。❷《ハ調の音階は明るく調子のよいことから》軽薄で、調子のよいこと。

しいちろく-じけん【四・一六事件】▶よんいちろくじけん

シーチン【十錦｜什錦】《中国語》多種類の材料を取り合わせた中国料理。「一湯麺タン」

シーチング〖sheeting〗最も安価なさらし綿布の一種。立体裁断や、低価格のカジュアルウエア用。本来はシーツ用の生地という意味でこの名がある。

し-いつ【四逸】《四つのすぐれたものの意》文人画の画題の一。蘭ラン(菊)・蓮ハス・椿ツバキ・葵アオイを描くもの。

シーツ〖sheet〗敷布。

シー-ツー-シー〖CtoC｜C2C〗《consumer to consumer;customer to customer》インターネットのオークションなど、一般の消費者同士で行われる電子商取引。➡BtoB ➡BtoC ➡BtoG ➡BtoE

しい-つ・ける【強い付ける】シヒ〔動カ下一〕図しひつ・く〔カ下二〕無理にすすめる。「頻に五月蠅ウルサく猪口をすすめ悪強ワルヂヒに―・け」〈露伴・いさなとり〉

し-いっし【視一視】じっとよく見ること。「襟間の時器トケイを出し、―して曰く」〈織田訳・花柳春話〉

しい-て【強いて】シヒ〔副〕《動詞「し(強)いる」の連用形に接続助詞「て」が付いてできた語》❶困難・抵抗・反対などを押し切って物事を行うさま。あえて。むりに。むりやり。「いやがる子に―やれとは言えない」❷むしょうに。むやみに。「一悲しと覚え給ひけり」〈源・柏木〉(類語)敢えて・押して・たって・むりやり

シー-ティー〖CT〗《computed tomography》人体のある断面を走査してコンピューターで映像化する方法。X線のほかポジトロンその他を用いるものがある。コンピューター断層撮影法。コンピュータートモグラフィー。➡MRI ➡ペット(PET)

シー-ティー〖CT〗《cytotechnologist》▶細胞検査士

シー-ティー〖C/T〗《cable transfer》電信・電報為替。

シー-ディー〖CD〗《compact disc》▶コンパクトディスク

シー-ディー〖CD〗《civil defense》民間防衛。戦争や災害時に一般市民の生命・財産を保護するための人道的任務。1977年のジュネーブ条約追加議定書で詳細に規定。

シー-ディー〖CD〗《Conference on Disarmament》▶ジュネーブ軍縮会議㊂

シー-ディー〖CD〗《cash dispenser》▶キャッシュディスペンサー

シー-ディー〖CD〗《certificate of deposit》通常の定期預金とは違って譲渡することが可能で、預金者が金融市場で自由に売買できる定期預金。金融機関が発行し、短期金融市場で売買され、金利は市場金利を反映する。日本では昭和54年(1979)導入。譲渡性預金。譲渡性預金証書。譲渡可能定期預金証書。NCD。

ジー-ティー〖GT〗《group technology》類似部品加工法。類似性のある部品同士をある段階まで同一手順で加工し、生産性を上げる生産管理技術。

ジー-ティー〖GT〗《gross tonnage》船舶の、総トン数。

ジー-ティー〖GT〗《Greenwich Time》グリニッジ時。GTMとも。

シーディー-アール〖CD-R〗《compact disc recordable》コンパクトディスクの規格の一。データ追記型で、容量いっぱいまで書き足しができるが、一度記録したデータは消去できない。

シーディー-アールダブリュー〖CD-RW〗《compact disc rewritable》コンパクトディスクの規格の一。記録したデータを何度でも書き換えることができる。

ジーティーアール-ほう【GTR法】ハフ《GTRは、guided tissue regeneration の略》重度の歯周病によって破壊された歯槽骨や歯根膜を再生させる手術。歯周ポケットに入り込んで歯根に付着した歯石や細菌を取り除き、その空洞をメンブレンという膜で覆う。この膜によって空洞に歯肉が入り込んで定着するのを防ぎ、歯を支える本来の機能を持つ歯槽骨・歯根膜・セメント質が再生される。1980年代にスウェーデンで臨床応用が始まり、日本では90年代に普及。歯周組織再生誘導法。(補説)平成20年(2008)から公的医療保険の適用対象となる。

シー-ティー-アイ〖CTI〗《computer telephony integration》電話やFAXをコンピューターと連携する技術。企業のコールセンターなどで利用される。

シー-ディー-アイ〖CD-I〗《Compact Disc Interactive》CD-ROMの拡張規格の一。音楽、映像のデータのほか、コンピューター向けのプログラムやデータを記録できる。➡シーディー-ロム(CD-ROM)

シー-ディー-アイ〖CDI〗《conventional defense initiative》通常戦力防衛構想。限定された地域で、敵の戦車や軍事拠点などを核兵器ではなく、通常兵器で破壊することを目指すNATOナトの戦略構想。

ジー-ディー-アイ〖GDI〗《graphics device interface》ディスプレーやプリンターをコントロールする、ウインドウズに搭載されたプログラムの一。

ジー-ディー-アイ〖GDI〗《gasoline direct injection》筒内直接燃料噴射式ガソリンエンジン。自動車用ガソリンエンジンで、燃料のガソリンを直接シリンダー内に噴射する方式。出力が上がる一方、燃費もよく、排気もきれいになる。

ジー-ディー-アイ〖GDI〗《Gender-related Development Index》▶ジェンダー開発指数

ジー-ディー-イー〖GDE〗《gross domestic expenditure》▶国内総支出

シー-ディー-エー〖CDA〗《The Communications Decency Act of 1996》米国通信品位法。1996年2月成立の米国通信改革法における主要な部分の一つで、わいせつ・暴力番組を規制している。

シー-ディー-エー〖CDA〗《Continuous Descent Arrivals》航空機が着陸する際、降下中に水平飛行を行うことなく、最適な降下率で計器進入開始点まで飛行すること。最小のエンジン推力でなだらかに下降するため、消費燃料や二酸化炭素排出量の削減が期待できる。従来の着陸方式よりも環境への負荷が少ないことから「グリーンアプローチ」ともいう。継続降下到着方式。

シーディー-エクストラ〖CD Extra〗音楽用のCDに、コンピューター向けのマルチメディアデータを記録するためのCD規格。

シー-ティー-エス〖CTS〗《computerized typesetting system》コンピューター制御の写真植字機によって印刷原版を作る方式。また、画像の入力やレイアウトなど一連のプログラム化された組版作業をもいう。電算写植組版システム。

シー-ティー-エス〖CTS〗《central terminal system》原油中継輸送方式。大型タンカーで石油基地まで原油を運び、中小型タンカーで各製油所に転送する方式。また、その中継備蓄基地。

シー-ディー-エス〖CDS〗《credit default swap》▶クレジットデフォルトスワップ

シー-ディー-エヌ-エー〖cDNA〗《complementary DNA》相補的DNA。mRNA(伝令リボ核酸)を逆転写酵素で読んで作ったコピー。特定の組織からcDNAを抽出し、大腸菌に保持させたものがcDNAライブラリーである。

シー-ディー-エフ-エス〖CDFS〗《Compact Disc File System》CD-ROMドライブのデータ(フォルダやファイル)を管理する方式のこと。

シー-ディー-エム〖CDM〗《clean development mechanism》▶クリーン開発メカニズム

シー-ディー-エム〖CDM〗《cold dark matter》▶冷たい暗黒物質

ジー-ディー-エム〖GDM〗《gestational diabetes mellitus》▶妊娠糖尿病

シー-ディー-エム-エー〖CDMA〗《code division multiple access》符号分割多重接続。無線通信などの利用効率を高めるための技術の一。複数の利用者の信号にそれぞれ異なる符号を割り当てて合成し、同一周波数帯を共有して同時に通信を行う。第三世代携帯電話(3G)であるW-CDMA、cdmaOne、CDMA2000などの通信方式として採用された。

シーディーエムエー-にせん〖CDMA2000〗《code division multiple access 2000》携帯電話の通信方式の一。第三世代携帯電話(3G)と呼ばれる。

シーディーエムエー-ワン〖cdmaOne〗《code division multiple access one》CDMA(符号分割多重接続)方式を利用した携帯電話規格の一。日本の携帯電話事業者では、auが採用。

ジー-ティー-エル〖GTL〗《gas to liquid》▶ガス-ツー-リキッド

ジー-ティー-エル-ディー〖gTLD〗《generic top level domain》インターネット上のドメインのうち、登録者の国や地域に関係なく取得する権利があるトップレベルドメインのこと。「.com」「.net」「.org」などがある。商用ドメインの「.biz」には取得制限がある。ジェネリックトップレベルドメイン。一般ドメイン。一般トップレベルドメイン。汎用ドメイン。汎用トップレベルドメイン。

シー-ティー-オー〖CTO〗《configure to order》注文仕様生産。顧客からの仕様要求に応じて特注製品を生産すること。BTOとほぼ同義で用いられることもある。

シー-ディー-オー〖CDO〗《collateralized debt obligation》▶債務担保証券

ジー-ティー-オー〖GTO〗《伊 gran turismo omologato》グランツーリスモ・オモロガート。正式に認められたグランドツーリングカー。

ジー-ティー-オー〖GTO〗《geostationary transfer orbit》▶静止トランスファー軌道

シーディー-キー【CDキー】《CD key》▶シリアルナンバー

シーディー-グラフィックス〖CD graphics〗▶シー-ディー-ジー(CD-G)

シー-ティー-シー〖CTC〗《centralized traffic control》中央の指令所で列車の運行を一括して制御する方式。列車集中制御。

シー-ディー-シー〖CDC〗《Centers for Disease Control and Prevention》米国疾病予防管理センター。ジョージア州アトランタにある厚生省管轄の保健衛生機関。感染症対策などを行う。疾病対策センター。

シー-ディー-ジー〖CD-G〗《compact disc graphics》音楽用コンパクトディスクにグラフィックスデータを記録する規格。CDグラフィックス。

ジー-ティー-シー〖GTC〗《スペ Gran Telescopio Canarias》▶カナリア大天体望遠鏡

ジーティー-しゃ【GT車】《grand touring car》高速長距離用の乗用車。グランドツーリングカー。

シーティー-スキャナー〖CT scanner〗《CTは、computed tomography で、コンピューター断層撮影法の意》人体のある断面を映像化し、病変などを検査する装置。コンピューター断層撮影装置。➡CT

シーディー-ち【CD値】《coefficient of drag》空気抵抗係数。自動車などの性能を示す数値の一。CD値が小さいほど馬力ロスが少なく燃費も向上する。

シーディー-ディーエー〖CD-DA〗《CD digital audio》音楽用のコンパクトディスク。

シー-ディー-ディー-ピー〖CDDP〗《cis-diammine dichloroplatinum》制癌剤セイガンザイシスプラチン。

シー-ティー-ビー〖CTB〗《center three-quarter back》ラグビーで、4人のスリークオーターバックのうち、中央に位置する左右2人のプレーヤー。センター。➡WTB

シー-ディー-ピー〖CDP〗《career development program》経歴開発プログラム。企業が従業員の能力を開発し、人材の育成・活用を図るためのプログラム。

ジー-ディー-ピー〖GDP〗《gross domestic prod-

uct》►国内総生産
ジー-ディー-ピー〖GDP〗《Geo-dynamics Project》地球内部ダイナミックス計画。UMP(上部マントル開発計画)に続いて1972年から実施された国際的な地球内部の調査計画。
ジーディーピー-ギャップ【GDPギャップ】►需給ギャップ
シー-ティー-ビー-ティー〖CTBT〗《Comprehensive Nuclear-Test-Ban Treaty》大気圏中、水中、宇宙空間、地下などあらゆる空間での核実験を禁止する条約。PTBT(部分的核実験禁止条約)では対象とならなかった地下核実験も禁止とする。1996年国連総会で採択されたが、一部の国の署名拒否や批准の遅れにより未だ発効には至っていない。包括的核実験禁止条約。➡CTBTO
シー-ティー-ビー-ティー-オー〖CTBTO〗《Comprehensive Nuclear-Test-Ban Treaty Organization》包括的核実験禁止条約機関。1996年に国連で採択されたCTBT(包括的核実験禁止条約)に基づき核実験の監視を行う国際機関。署名拒否や批准の遅れにより条約が未だ発効していないため、過渡的措置として97年にウィーンにCTBTO準備委員会が設置された。
シー-ディー-ブイ〖CDV〗《compact disc video》コンパクトディスクに音だけでなく動画情報も記録できるようにしたもの。20分間の音声記録(Audio Part)と、5分間の音声・動画記録(Video Part)の収録が可能。これからAudio Partを独立させたものがシングル音楽CDの規格となった。
シーディー-プラス〖CD plus〗►シーディーエクストラ(CD Extra)
シーディー-プレーヤー【CDプレーヤー】《CD player》CD(コンパクトディスク)を再生するための装置。
シー-ディー-ユー〖CDU〗《ドイ Christlich-Demokratische Union》►キリスト教民主同盟
シーディー-リッピング【CDリッピング】《CD ripping》►リッピング
シーディー-ロム〖CD-ROM〗《compact disc read only memory》コンピューターで、コンパクトディスクを利用した、読み出し専用の外部記憶装置。500メガバイト以上の記憶容量をもち、パソコンのアプリケーションソフトや家庭用ゲーム機のゲームソフトなどの記録に用いられる。
シーディーロム-エックスエー〖CD-ROM XA〗《CD-ROM extended architecture》CD-I技術をベースにしたCD-ROMの拡張規格の一。大量の映像・音声データを同一トラック内に混在して記録できる。➡シーディー-ロム(CD-ROM)
シーディーロム-ドライブ【CD-ROMドライブ】《CD-ROM drive》光学ドライブの一。記憶媒体としてCD-ROMを用い、500メガバイト以上の記憶容量をもつ。一般に、CD-RやCD-RWの読み出しも可能。パソコンに内蔵するものと、外部に接続して利用するものがある。
しい-てき【恣意的】〔形動〕気ままで自分勝手なさま。論理的な必然性がなく、思うままにふるまうさま。「―な判断」「規則を―に運用する」
ジー-テン〖G10〗《Group of Ten》先進10か国財務大臣・中央銀行総裁会議。IMF(国際通貨基金)加盟主要10か国の財務大臣と中央銀行総裁による経済会議。参加国は米国・英国・ドイツ・フランス・日本・カナダ・イタリア・オランダ・ベルギー・スウェーデン。1962年発足。64年から新たにスイスが加わったが、呼称は今もG10のまま。
シート〖seat〗❶席。座席。❷野球やバレーボールなどで、選手の守備位置。[類語]席・座・座席・場席ばせき・空席・客席・定席じょうせき・座所・居所
シート〖sheet〗❶薄い紙などの1枚。特に、切り離す前の、1枚の紙に印刷したままの切手。❷日よけ・雨よけなどに使う大きな防水布。
シード〖seed〗〔名〕スル ❶トーナメント方式の試合で、有力な選手・チームどうしが最初から対戦することのないよう、組み合わせを調整すること。❷植物の種たね。➡シーズ
じ-いと【地糸】ぢ ❶布地の原料である糸。❷農家などで材料からじかに産した糸。
ジード〖André Gide〗[1869～1951]フランスの小説家・批評家。人間性の解放を追求する個人主義的立場から、既成道徳・社会制度を批判。1947年、ノーベル文学賞受賞。作「狭き門」「背徳者」「贋金にせがねつくり」など。ジッド。
ジード〖Charles Gide〗[1847～1932]フランスの経済学者。労働価値説と効用価値説を折衷、消費組合運動の理論的指導者となった。C=リストとの共著「経済学説史」は名著の誉れが高い。
ジード〖JEED〗《Japan Organization for Employment of the Elderly and Persons with Disabilities》►高齢・障害・求職者雇用支援機構
ジー-トゥエンティー〖G20〗《Group of Twenty》20か国財務相・中央銀行総裁会議。世界的な経済の安定と成長をはかるための国際会議。年1回開催。G7(主要7か国財務相・中央銀行総裁会議)の米国・英国・フランス・ドイツ・日本・イタリア・カナダと、ロシア・中国・韓国・インド・インドネシア・オーストラリア・トルコ・サウジアラビア・南アフリカ・メキシコ・ブラジル・アルゼンチン・EU(欧州連合)の20か国・地域で構成される。➡ジー-セブン(G7)❶
シートール-き【CTOL機】《conventional take-off and landing aircraft》通常型固定翼航空機。通常離着陸(機)。STOL(短距離離着陸機)、VTOL(垂直離着陸機)に対する造語。
シード-スパイス〖seed spice〗香辛料とする芳香や苦みをもつ種子や小果実。キャラウェー・アニス・芥子けしなど。ケーキやクッキーなどに使う。
シート-ノック〔名〕スル《和 seat＋knock》野球で、各選手が守備位置につき、ノックを受けて、捕球・送球など守備の練習をすること。
シート-パイル〖sheet pile〗矢板やいた。特に鋼製の矢板をいう。
シード-バンク〖seed bank〗種子銀行。高等植物の種子を遺伝子資源として保存する施設。
シートピア《和 sea＋utopiaの略》日本における海洋開発のための海中居住基地。海洋科学技術センター(現、海洋研究開発機構)によって、初の実験が昭和46～50年(1971～1975)に行われた。
シートフィード-スキャナー〖sheet feed scanner〗ローラーで自動的に原稿を送りながら読み取るスキャナー。
シート-フィルター〖sheet filter〗紙のように薄いシート状のフィルター。特に、カメラに装着して使用するフィルターのこと。材質によりゼラチンフィルター、アクリルフィルターともいう。➡フィルター❷
シート-フィルム〖sheet film〗特定の大きさに切断加工された、1枚ずつの写真フィルム。カットフィルム。
シート-ベルト〖seat belt〗安全のためにからだを座席に固定させるベルト。自動車・航空機には取り付けが義務づけられている。
シートベルト-ほけん【シートベルト保険】被保険者がシートベルト着用中に起こした自動車事故により、死亡または重度後遺障害を負った場合に保険金が支払われる自動車保険。シートベルト傷害保険。
シードル〖フランス cidre〗リンゴの絞り液を原料として醸造した発泡酒。りんご酒。
シードローム〖seadrome〗海上飛行場。緊急時や中継の際に用いる海上離着陸設備。
シートン〖Ernest Thompson Seton〗[1860～1946]米国の作家・画家・博物学者。英国の生まれ。カナダで育ち、のちに渡米。野生動物の生態を観察、研究。自筆の挿絵を入れた「動物記」で名高い。
しいな【×粃|×秕】しひな ❶殻ばかりで中身のないもみ。❷うまく実らないで、しなびてしまった果実。❸中身のないもの。価値のないもの。「勘平は四十七騎の―なり」〈柳多留・五〇〉
ジーナー-こうか【ジーナー効果】カウクワ►ツェナー効果
ジーナー-ダイオード〖Zener diode〗►ツェナーダイオード
しいな-まこと【椎名誠】しひな [1944～]小説家。東京の生まれ。本姓、渡辺。「本の雑誌」を創刊、編集長を務め、同誌に掲載したエッセーをまとめた「さらば国分寺書店のオババ」がベストセラーとなる。「アド・バード」で日本SF大賞受賞。他に「犬の系譜」「岳物語」「哀愁の町に霧が降るのだ」など。
しい-なり【▽椎▽様|▽椎▽形|▽椎▽像】しひ 椎の実のように先のとがった形をした兜かぶと。
しいな-りんぞう【椎名麟三】しひなりんざう [1911～1973]小説家。兵庫の生まれ。本名、大坪昇。小説「深夜の酒宴」により、戦後派作家として認められた。実存主義的作風を示し、のちキリスト教に入信。他に「永遠なる序章」「自由の彼方で」「美しい女」など。
ジーニアス〖genius〗天才。
ジーニスト〖jeanist〗ジーンズ製パンツの似合う人。ジーパンの愛用者。
じ-いぬ【地犬】ぢ その土地の犬。また、代々その土地で飼われ、他にみられない特徴をもつ種類の犬。
しい-ね【×瘤】しひ こぶの古名。〈和名抄〉
ジーノ〖zino〗素粒子物理学の超対称性理論から導かれる未知の超対称性粒子。Zボソンの超対称性パートナーであるフェルミ粒子。電気的に中性で量子数を同じくするフォティーノ、中性ヒッグシーノと混合状態を作り、ニュートラリーノとなる。
しい-の-き【▽椎の木】しひ シイの別名。
しい-の-しょうしょう【四位少将】シヰセウシャウ 正五位相当の近衛の少将で、特に四位に進んだ者。名誉の地位とされた。
しい-の-しょだいぶ【四位諸大夫】シヰ 位は四位であるが、昇殿を許されない人。
しい-の-み【▽椎の実】しひ ❶椎の果実。どんぐり形で、食用。(季 秋)「膝ついて―拾ふ子守かな/虚子」❷「椎の実筆」の略。
しいのみ-だま【▽椎の実弾】しひのみ 椎の実のような形をした弾丸。
しいのみ-ふで【▽椎の実筆】しひのみ 穂の形が椎の実に似る、太書きの筆。しいのみ。
しいば【椎葉】しひ 宮崎県北西部の地名。耳川上流に位置し、上椎葉ダムがある。那須大八郎と鶴富姫の伝説や民謡「ひえつき節」の地。
しい-はあ〔副〕スル《「しーはー」「シーハー」とも書く》爪楊枝つまようじなどで歯の間をほじくるようす。また、その音。
シー-バース〖sea berth〗港の沖合に設ける浮き桟橋。タンカーなど超大型船を係留して、石油・鉱石の積み込みや積みおろしを行う。
シー-ハイル〖ドイツ Schi Heil〗〔感〕《スキー万歳、の意》スキーヤーどうしのあいさつの言葉。
しいば-そん【椎葉村】しひ►椎葉
シーパック〖SEPAC〗《Space Experiments with Particle Accelerators》日米共同の、粒子加速器による宇宙科学実験。また、その実験装置。1983年、スペースラブ1号パレット上にSEPACを搭載し、実験開始。人工オーロラ計画。セパック。
ジーパルス〖GPALS〗《Global Protection Against Limited Strikes》限定的な弾道ミサイル攻撃に対する地球規模の防衛構想。米国のブッシュ㊀大統領が1991年1月の年頭教書で発表した。レーガン政権下で計画していたSDI(戦略防衛構想)を改め、東西冷戦終結に対応して、旧ソ連の偶発的攻撃や第三世界のミサイル攻撃など限定的攻撃に対する防御に重点を置いた。しかし、後を継いだクリントン大統領はGPALSに代えてTMD(戦域ミサイル防衛)構想を提唱、その後、新たにNMD(本土ミサイル防衛)構想を打ち出した。
ジー-パン《和 jeans＋pantsの略》ジーンズ❶でつくったラフな感じのズボン。ジーンズ。デニム。[補説]「Gパン」とも書く。
シーハン-しょうこうぐん【シーハン症候群】シャウコウグン《Sheehan syndrome, Sheehan's disease》出産時の大量出血によって下垂体前葉に虚血性壊死(梗

塞)が生じ、下垂体の機能が低下する疾患。産後に乳汁分泌不全・無月経などの症状がみられ、加齢とともに倦怠感・低血糖・低血圧などの症状が顕著になる。下垂体梗塞。シーハン病。

シーはんのうせい-たんぱく【C反応性×蛋白】▶シー-アール-ピー(CRP)

シーハン-びょう【シーハン病】▶シーハン症候群

シー-ビー〘CB〙《centerback》サッカーで、センターバック。

シー-ビー〘CB〙《convertible bond》転換社債および転換社債型新株予約権付社債のこと。所有者の希望により、一定の条件のもとで株式への転換を請求できる権利が付与された社債。これに対して、このような権利のない社債を普通社債(SB)という。転換請求権がついているため、同時期に発行された普通債券よりも、通常、利率が低く設定される。

シー-ビー〘CB〙《chemical and biological》生物化学(兵器)の。

シー-ビー〘CB〙《Citizen's Band》米国の市民ラジオ。一般市民が近距離の通信に使える周波数帯。26または27メガヘルツ。また、その目的に用いる無線機。

シー-ビー〘CB〙《circuit breaker》▶遮断器

シー-ピー〘CP〙《commercial paper》▶コマーシャルペーパー

シー-ピー〘CP┊C/P〙《charter party》傭船契約。

シー-ピー〘CP〙《Communist Party》共産党。

シー-ピー〘CP〙《Canadian Press》カナダの通信社。1917年設立。本社はトロント。

シー-ピー〘CP〙《cerebral paralysis, cerebral palsy》脳性小児麻痺。

シー-ピー〘CP〙《counter purchase》カウンターパーチェス。見返り貿易。

ジー-ビー〘GB〙《gigabyte》▶ギガバイト

ジー-ビー〘GB〙《Great Britain》グレートブリテン島。大ブリテン島。英国の北アイルランドを除いた地域。イングランド、スコットランド、ウェールズを含めた地域の総称。

ジー-ピー〘GP〙《grand prix》グランプリ。大賞。

ジー-ピー〘GP〙《Gallup poll》米国ギャラップ社の世論調査。

シー-ビー-アール〘CBR〙《constant bit rate》▶固定ビットレート

シー-ビー-アール〘CBR〙《Chemical, Biological, Radioactive》化学・生物・放射能の、の意を表す語。

シー-ピー-アール〘CPR〙《cost per response》広告効果の経費効率をコストの面から算出した指標。

シー-ピー-アール〘CPR〙《cardiopulmonary resuscitation》▶心肺蘇生法

シー-ピー-アール-エム〘CPRM〙《content protection for recordable media》DVD-RAM、DVD-RWなどに採用されている著作権保護技術の一。デジタルデータのコピーを一度に限り許容する方式。➡コピーワンス

シービーアール-へいき【CBR兵器】化学・生物・放射能兵器の総称。

シー-ビー-アイ〘CBI〙《Confederation of British Industry》英国産業連盟。日本の経団連に相当する。1965年結成。本部はロンドン。

シー-ビー-アイ〘CBI〙《computer-based instruction》コンピューターを使った個別学習システム。

シー-ビー-アイ〘CBI〙《Caribbean Basin Initiative》カリブ海援助構想。アメリカがカリブ海諸国の経済の活性化を促すための計画。1984年から実施。

シー-ピー-アイ〘CPI〙《consumer price index》消費者物価指数。

ジー-ピー-アイ-エフ〘GPIF〙《Government Pension Investment Fund》▶年金積立金管理運用独立行政法人

シー-ビー-イー〘CBE〙《computer-based education》コンピューターを利用した教育。

シー-ビー-イー〘CBE〙《Commander (of the Order) of the British Empire》大英帝国勲章の第三位。

シー-ピー-イー〘CPE〙《customer premises equipment》利用者の宅内や企業の構内に設置され、通信事業者のネットワークに直接接続される機器の総称。ブロードバンドルーター、ADSLモデム、ケーブルモデム、セットトップボックスなどを指す。顧客構内機器。顧客構内設備。顧客宅内機器。宅内機器。

ジー-ビー-イー〘GBE〙《Knight Grand Cross (of the Order) of the British Empire, Dame Grand Cross (of the Order) of the British Empire》大英帝国勲章の第一位。1922年より軍・官・民すべてを対象に5階級に制度化された勲章のうち、第一級のもの。

シー-ビー-イー-エム-エー〘CBEMA〙《Computer and Business Equipment Manufacturers Association》米国計算機事務機械製造工業協会。1916年、全国事務機器工業協会として設立。61年改変のビジネス機器工業協会を73年再編。94年、情報技術工業協議会(ITI)に改称。

シー-ピー-エー〘CPA〙《certified public accountant》公認会計士。

シー-ピー-エー〘CPA〙《cardiopulmonary arrest》▶心肺停止

シー-ビー-エス〘CBS〙米国の放送会社。NBC・ABC・FOXとともに米国の4大ネットワークの一つで1927年創立。(補説)「Columbia Broadcasting System」が正式な社名だったが、1997年にそれまでの略称の「CBS」を社名とした。

シー-ピー-エス〘cps〙《cycles per second》周波数の単位。サイクル毎秒。

シー-ピー-エス〘CPS〙《consumer price survey》消費者価格調査。任意に選定された全国各都市の消費者が、実際に購入した商品の価格・数量を総理府統計局において調査したもの。現在の家計調査の前身で、昭和21年(1946)から同25年にかけて実施。

ジー-ビー-エス〘GBS〙《Guillain-Barre Syndrome》▶ギランバレー症候群

ジー-ピー-エス〘GPS〙《global positioning system》米国国防総省のGPS衛星から専用ターミナル(受信機)により電波を受信し、航空機・船舶・車などが自身の位置を知るシステム。カーナビゲーションシステムなどに利用される。全地球測位システム。汎地球測位システム。グローバルポジショニングシステム。

シー-ピー-エス-エー〘CPSA〙《Consumer Product Safety Act》米国の消費者製品安全法。1972年成立。危険な商品の排除を目的とし、監視・監督のために消費者製品安全委員会を置く。

シー-ピー-エス-エー〘CPSA〙《Consumer Product Safety Association》製品安全協会。昭和48年(1973)設立。各種製品にSGマークを付与する。

シー-ピー-エス-シー〘CPSC〙《Consumer Product Safety Commission》米国の消費者製品安全委員会。大統領直属の独立行政機関の一。消費者製品安全法(CPSA)に基づき1972年創設。

シー-ピー-エックス〘CPX〙《cardiopulmonary exercise test》トレッドミルや自転車型エルゴメーターを用いて段階的に運動負荷を増加させながら、心電図、血圧、呼気の酸素・二酸化炭素濃度を測定することにより、持久力や最大運動能力を判定する検査。リハビリテーションで運動療法を行う際などに、適切な運動強度を設定するために行われる。心肺運動負荷試験。

シー-ビー-エム〘CBM〙《confidence-building measures》国家間相互の意思疎通の欠如から予期せざる武力衝突などが起こるのを防ぐための諸措置。軍事情報の公開・軍事行動の規制・軍事交流などの取り組み。信頼醸成措置。

シー-ピー-エム〘cpm〙《count per minute》放射能の強度の単位の一。毎分当たりのカウント。

シー-ピー-エム〘CPM〙《critical path method》米国の化学メーカー、デュポン社が開発した経営計画・管理手法。作業計画を図式化し、全体の費用が最少になるように計画を立てる手法。

シー-ピー-エム〘CP/M〙《control program for microcomputers》初期のパソコン用OS(オペレーティングシステム)。1974年米国で開発され、8ビットCPUを搭載したパソコンの標準OSとして採用された。米国マイクロソフト社のMS-DOSの登場により市場から姿を消した。

シー-ピー-エル〘CPL〙《Combined Program Language》コンピューターで、非数値問題に対してALGOL型言語の適用範囲を拡大しようとした言語。

シーピーエルフィルター【C-PLフィルター】《circular polarized light filter》▶円偏光フィルター

シー-ピー-オー〘CPO〙《chief petty officer》米国海軍曹長。

シーピーオー-シャツ【CPOシャツ】厚手ウール製のシャツまたはジャケット。肩章がつき胸にはパッチポケットがつく。

ジー-ピー-ケー-アイ〘GPKI〙《Government Public Key Infrastructure》政府認証基盤。日本政府が運用する公開鍵暗号の基盤技術の全般を指す。電子政府構想における、申請や届出等を行う際に必要な電子署名に利用される。

シー-ピー-シー〘CPC〙《Conflict Prevention Center》紛争防止センター。1990年11月の全欧安保協力会議(CSCE)で設立された機関。本部はウィーン。

ジー-ビー-シー〘GBC〙《German bearer certificate》ドイツ無記名証書。ドイツのフランクフルトで発行されるEDR(欧州預託証券)。

シー-ピー-ジー-エー〘CPGA〙《ceramic pin grid array》LSI(大規模集積回路)のパッケージ方法の一。セラミック製のパッケージを用い、下面にピンを格子状に並べたもの。

シーピーたいしょうせい-の-やぶれ【CP対称性の破れ】《Cはcharge、Pはparityの略》素粒子物理学で論じられる現象の一つ。粒子の持つ電荷(チャージ)と、パリティーを同時に変換したときに、対称性が成り立たないことがあるということ。これにより、ビッグバン後の宇宙で粒子と反粒子が同数ずつ消滅せず、粒子だけが残った理由を説明できる。昭和48年(1973)、これに関する理論「小林益川理論」を発表した小林誠・益川敏英は平成20年(2008)ノーベル物理学賞を受賞。CPの破れ。

シー-ビー-ダブリュー〘CBW〙《chemical and biological weapons》生物化学兵器。

シー-ビー-ダブリュー〘CBW〙《chemical and biological warfare》生物化学戦。

シー-ビー-ディー〘CBD〙《cash before delivery》前金払い。

シー-ビー-ディー〘CBD〙《central business district》中心業務地区。市街地の中で、官庁・企業・商業施設などが集中する地区。夜間人口に比して、昼間人口がとくに多くなる。

シー-ビー-ディー〘CBD〙《Convention on Biological Diversity》▶生物多様性条約

シー-ピー-ティー〘CPT〙《cost per thousand》広告効果の経費効率を示す指標の一。1000人または1000世帯に広告がとどくまでの経費。

ジー-ピー-ティー〘GPT〙《glutamic pyruvic transaminase》グルタミン酸ピルビン酸トランスアミナーゼの略称。肝臓病の際に血中の値が上昇するので診断に利用。

シーピー-の-やぶれ【CPの破れ】▶CP対称性の破れ

シー-ピー-ビー〘CPB〙《Corporation for Public Broadcasting》米国公共放送協会。優良な番組を制作するため全米のローカルラジオ放送局とテレビ局に投資を行う。1967年設立。所在はワシントン。

シー-ピー-ピー-エム〘CPPM〙《content protection for prerecorded media》再生専用のDVDなどで採用されている著作権保護技術の一。IBM・インテル・東芝・松下電器産業(現パナソニック)により策定。違法コピー防止のため、映像ソフトのコンテンツそのものが暗号化されて記録され、再生用の機器や

ソフトウエアの暗号鍵により解読される。一方、書き換え可能なDVDなどでは、CPRMが使われる。

シーピー-マーク【CPマーク】《CPは、crime prevention の略》防犯性能の高い建物部品目録に掲載・公表された防犯建物部品のみに使用が認められる共通標章。

シー-ビー-ユー〖CBU〗《cluster bomb unit》クラスター爆弾。一つの爆弾の中に多数の小爆弾が入っている親子爆弾。

シー-ピー-ユー〖CPU〗《central processing unit》コンピューターの中央処理装置。コンピューターの中枢部分に当たり、さまざまなプログラムを実行する。➡マイクロプロセッサー

ジー-ピー-ユー〖GPU〗《ロシア Gosudarstvennoe politicheskoe upravlenie》▶ゲーペーウー(GPU)

ジー-ピー-ユー〖GPU〗《graphics processing unit》三次元のコンピューターグラフィックスに必要な演算処理を行うビデオチップの一。物体の見栄えに関する処理の前段階にあたる座標変換などを担当する。ハードウエアレベルで処理を行うことにより高速化を可能とする。グラフィックスプロセッシングユニット。➡VPU ➡ジオメトリー処理

シーピーユー-クーラー【CPUクーラー】《CPU cooler》CPUの冷却装置の総称。CPUファンやヒートシンクなどがある。プロセッサークーラー。

シーピーユー-ソケット【CPUソケット】《CPU socket》CPUをマザーボードに取り付けるための部品。単にソケットともいう。

シーピーユー-ファン【CPUファン】コンピューターのCPUの発熱による誤動作を防止するために取り付ける送風機。ふつう、ヒートシンクと組み合わせて利用される。

シープ〖sheep〗羊。

ジープ〖Jeep〗馬力の強い全輪駆動の小型自動車の一車種。悪路の走破性が高く、第二次大戦中に米軍に使用されて有名になった。商標名。(補説)「小型四輪駆動車」などと言い換える。

ジー-ファイブ〖G5〗《Group of Five》先進5か国財務大臣・中央銀行総裁会議。1975年の主要国首脳会議(サミット)発足当初の参加国のうち米国・英国・ドイツ・フランス・日本の5か国の財務大臣と中央銀行総裁が参加。86年からイタリアとカナダが加わりG7に拡大。

シー-ブイ〖CV〗《cataclysmic variable》▶激変星

シー-ブイ-アール〖CVR〗《cockpit voice recorder》▶ボイスレコーダー

シー-ブイ-エー〖CVA〗《cerebrovascular accident》脳卒中。脳出血、脳血栓、脳塞栓など。

シー-ブイ-エス〖CVS〗《convenience store》コンビニエンスストア。CSとも。

ジー-ブイ-エッチ-ディー〖GVHD〗《graft-versus-host disease》移植片対宿主病。輸血された血液中のリンパ球が患者のリンパ球など細胞組織を破壊するため、免疫がなくなって感染症を併発したり、臓器障害を引き起こしたりする病気。

シー-ブイ-シー-エフ〖CVCF〗《constant voltage constant frequency》電圧と周波数が安定している電源。停電時も安定して電源供給を行うUPS(無停電電源装置)の一。定電圧定周波数装置。

シー-ブイ-シー-シー〖CVCC〗《compound vortex controlled combustion》複合渦流調速燃焼方式。本田技研が1972年に開発した低公害ガソリンエンジン。

シー-ブイ-ティー〖CVT〗《continuously variable transmission》自動車などに使用される無段変速機。

シー-ブイ-ディー〖CVD〗《chemical vapor deposition》化学気相堆積。原料をガスや蒸気にして、加熱した半導体の基板上に化学反応により結晶や非晶質を堆積する方法。半導体素子の製造過程において、絶縁体や金属などの薄膜を形成するのに欠くことのできない重要な技術。

シー-ブイ-ピー〖CVP〗《cost, volume, profit》会計における、費用・売り上げ・利益の3要素。

シーフード〖seafood〗海産食品。食用の魚介・海藻類。また、それを使った料理。「―サラダ」

ジーフォー-ファクシミリ【G4ファクシミリ】《Group 4 facsimile》ファクシミリの国際規格の一。ISDNなどのデジタル回線に対応する。一般的なアナログ電話回線を用いるG3ファクシミリに比べ、4〜5倍の転送速度をもつ。G4ファックス。

ジーフォー-ファックス〖G4FAX〗▶G4ファクシミリ

シープスキン〖sheepskin〗羊の皮。または羊のなめし革。ヤンピー。

シープ-ドッグ〖sheep dog〗牧羊犬。羊の群れを一つにまとめ、一定方向に追い、1頭だけを選び分けるなどの作業をする。

ジープニー〖jeepney〗《jeep(ジープ)+jitney(小型乗合バス)から》フィリピンでジープを基に作られ、使用されている一種の乗り合いタクシー。

シー-プラス-プラス〖C++〗《C++ languageとも》コンピューターのプログラミング言語の一。C言語にオブジェクト指向の拡張を施したもの。米国AT&T社が1992年に策定。C++言語。シープラプラ。

シーベルト〖sievert〗放射線被曝による人体への影響の度合いを表す単位。国際単位系(SI)の放射線の線量当量。名称は放射線防護の研究で知られるスウェーデンの物理学者ロルフ=シーベルトに由来する。記号Sv ➡ベクレル (補説)放射線が人体に及ぼす影響は放射線の種類(α線、β線、γ線など)によって異なる。そのため、人体が吸収する放射線のエネルギー(吸収線量、単位はグレイ)に放射線の種類別に定められた修正係数を乗じた値で表される。具体的には、人が普段の生活で浴びる放射線は世界平均で年間2.4ミリシーベルト、1回の胸部X線撮影で0.1〜1ミリシーベルト程度であり、放射線業務従事者が1年間に浴びてもよい線量限度は50ミリシーベルトと定められている。

ジー-ペン〖G-pen〗ペン先の一。欧文用で、つけ根から先にかけてのふくらみがない直線型のもの。

シーボーギウム〖seaborgium〗人工放射性元素の一。アメリカのノーベル化学賞受賞者G=T=シーボーグにちなむ。元素記号Sg 原子番号106。

シーボーグ〖Glenn Theodore Seaborg〗[1912〜1999]米国の化学者。原子番号94番のプルトニウム以下、10種の超ウラン元素を核反応で生成させ、その性質を解明した。1951年、E=M=マクミランとともにノーベル化学賞受賞。

シー-ホース〖sea horse〗❶タツノオトシゴ。❷海神の車を引く、馬頭魚尾の神話上の怪獣。

シーボルト〖Philipp Franz Balthasar von Siebold〗[1796〜1866]ドイツの医者・博物学者。1823年、オランダ商館の医師として来日。長崎に鳴滝塾を開設、診療と教育とに当たり、日本の西洋医学発展に影響を与えた。シーボルト事件により29年に追放。59年、再び来日、幕府の外事顧問を勤めた。著「日本」「日本植物誌」「日本動物誌」など。

シーボルト-じけん【シーボルト事件】文政11年(1828)シーボルトが帰国の際、国禁の日本地図や葵紋付き衣服などを持ち出そうとして発覚した事件。シーボルトは翌年国外追放、門人ら多数が処罰された。

ジー-マーク【Gマーク】《Gはgood designの略》公益財団法人日本デザイン振興会が主催するグッドデザイン賞を受賞した商品・サービス・活動などに表示されるマーク。昭和32年(1957)に同賞の前身である「グッドデザイン商品選定制度」が創設された際に制定された。グッドデザインマーク。

シーム〖seam〗布や革の縫い目。板やパイプなどの継ぎ目。

シームレス〖seamless〗❶継ぎ目のないこと。また、そのもの。「―構造」❷《seamless stockingsの略》後ろ中央に縫い目のない婦人用長靴下。❸複数のコンピューターシステムやネットワークサービスを統合したものに対し、それぞれの違いを意識せずに利用や管理ができること。

シームレス-サービス《和 seamless+service》コンピューターネットワークや通信・放送網における継ぎ目のないサービス。パソコンなどの画面上で、異なるネットワークの情報でも境界や距離を感じることなく扱えるようになる。

シームレス-パイプ〖seamless pipe〗継ぎ目なし鋼管。

ジーメール〖Gmail〗米国グーグル社が提供するウェブメールサービス。余裕のある保存容量、迷惑メールの振り分け機能、高度な検索機能を特徴とする。また、メールの内容を自動的に解析して、関連のある広告をページ上に表示する。

ジー-メン〖G-men〗《government men》米国連邦捜査局(FBI)直属の捜査官の俗称。日本では、麻薬摘発などの特別の任務を帯びた捜査官をいう。

シーメンズ〖William Siemens〗[1823〜1883]ドイツ生まれの英国の技術者。ドイツ名はカール=ウィルヘルム=ジーメンス。ジーメンス㊀の弟。蒸気機関の差動調速機、再生蒸気機関を発明。弟F=ジーメンスとともに平炉製鋼法を発明。

ジーメンス〖ドイツ Siemens〗国際単位系(SI)の電流のコンダクタンスの単位。1ジーメンスは1ボルトの電位差のある導線に1アンペアの電流が流れるときの導電率。名称はE=W=ジーメンスにちなむ。記号S

ジーメンス〖Siemens〗㊀(Ernst Werner von 〜)[1816〜1892]ドイツの電気技術者。電気機器メーカーのジーメンス社の創立者。自励式発電機・電気めっき法・電信装置・電気鉄道を発明。㊁(Karl Wilhelm 〜)▶シーメンズ ㊂(Wilhelm von 〜)[1855〜1919]電気技術者。㊀の子。白熱電光の理論を完成。

ジーメンス-じけん【ジーメンス事件】大正3年(1914)ドイツのジーメンス社の日本海軍高官に対する贈賄事件。責任をとり、山本権兵衛内閣が総辞職。

シーモス〖CMOS〗《complementary metal-oxide semiconductor》半導体回路の一。コンピューターのマイクロプロセッサーの多くに使用される。相補型金属酸化膜半導体。

シーモス-イメージセンサー【CMOSイメージセンサー】《CMOS image sensor》CMOSを用いた撮像素子。デジタルカメラなどに利用される。CCD(電荷結合素子)に比べて消費電力が小さい。CMOSセンサー。

シーモスシフトしき-てぶれほせい【CMOSシフト式手ぶれ補正】▶イメージセンサーシフト式手ぶれ補正

シーモス-センサー【CMOSセンサー】▶CMOSイメージセンサー

シーモノフ〖Konstantin Mikhaylovich Simonov〗[1915〜1979]ソ連の小説家・劇作家・詩人。常に時代に即した国際的なテーマを取り上げた。小説「夜となく昼となく」、戯曲「ロシアの人々」など。

じい-や【×爺や】年とった下男を親しみを込めてよぶ語。⇔婆や。

シー-ユー〖CU〗《close-up》クローズアップ。

シー-ユー-アイ〖CUI〗《character user interface》コンピューターの操作において、命令(コマンド)や情報の表示を文字によって行うユーザーインターフェース。コマンドベース。コマンドインターフェース。コマンドラインインターフェース。キャラクターベースインターフェース。➡GUI

ジー-ユー-アイ〖GUI〗《graphical user interface》コンピューターのディスプレー画面上で、アイコンや画像を多用し、マウスなどのポインティング-デバイスによる直感的な操作を可能にするユーザーインターフェース。グラフィカルユーザーインターフェース。グイ。グーイ。➡CUI

シー-ユー-ジー〖CUG〗《closed users group》インターネットやパソコン通信において、特定のユーザーのみがアクセスし利用できるサービス、あるいはユーザーのグループのこと。

シー-ユー-ピー〖CUP〗《Cambridge University Press》ケンブリッジ大学出版局。1534年設立。世界

最古の印刷・出版者。

シーよんじゅういち-げんぞう【C-41現像】カラーネガフィルムの標準的な現像方法。米国イーストマン-コダック社が採用し、後に世界標準となった。C-41処方。C-41プロセス。

シーよんじゅういち-しょほう【C-41処方】►C-41現像

シーよんじゅういち-プロセス【C-41プロセス】►C-41現像

シーよん-しょくぶつ【C_4植物】炭酸ガスが固定されて炭素数4個のオキサロ酢酸となり、C_4ジカルボン酸回路でりんご酸やアスパラギン酸を生じる植物。強い日射に耐えるように適応した植物。サトウキビ・トウモロコシなど。

しいら【×鱰｜×鱪】スズキ目シイラ科の海水魚。全長約1.5メートル。体は細長く、著しく側扁し、雄は前額が大きく隆起している。体色は青緑色でるり色の小点が散在する。暖海に分布。夏に美味。(季 夏)

シーラーズ〖Shīrāz〗イラン中南部の商工業都市。18世紀にザンド朝の首都として繁栄。詩人サーディーの生地。北東に古代遺跡ペルセポリスがある。

シーラカンス〖coelacanth〗《古代ギリシャ語で「中空の脊柱」という意味》シーラカンス目の魚類の総称。デボン紀に出現し白亜紀に絶滅したと考えられていたが、1938年に南アフリカで捕獲され、ラティメリアと命名された。体長1〜2メートル。体表は硬い鱗で覆われ、硬い背骨の代わりに軟骨でできた中空の脊柱があり、うきぶくろは脂肪で満たされ、手足のように発達した鰭をもつなど、現生魚類と異なる点が多く、脊椎動物の進化の過程を解明するうえで貴重な資料。繁殖集団の生息地として東アフリカのコモロ諸島周辺やタンザニア北部沿岸、およびインドネシアのスラウェシ島沖などが知られている。

しいら-づけ【×鱰漬(け)】竹の束を海上に浮かべ、その下に集まるシイラを捕る漁法。物陰に集まる習性を利用したもので、江戸時代に始まる。

シーラブ-けいかく【シーラブ計画】《Sealab project》米海軍の海底居住実験計画。閉鎖環境・高圧環境での生活に対する生理的・心理的影響などの研究を行う。

シーリング〖ceiling〗❶天井。「―ランプ」❷最も高い値。法令で定める、価格・賃金・生産量などの最高限度。❸国の予算編成に際し、各省庁が毎年8月末までに財務省に提出する概算要求に先だって、歳出の増大を抑制する目的で示される概算要求額の上限枠。経済財政諮問会議で討議、閣議で決定されたあと各省庁に示される。概算要求基準。概算要求枠。➡ゼロシーリング (補説)平成21年度(2009)予算まで自公政権下で設けられたが、民主党への政権交代後、同22年度から廃止されている。❹気象で、雲底の高度。雲の最低下面と地面との距離。

シーリング-ほうしき【シーリング方式】《ceiling system》開発途上国からの輸入品に対して、関税の軽減を行う特恵関税制度の供与の一方式。一定の輸入枠を超えない分の関税を、原則として無税にする。

シール〖seal〗❶封印。また、そのしるしとしてはる切手大の紙。❷表面に絵や文字を印刷した糊付きの紙。(類語)封印・封緘・封緘紙

シール〖seal〗❶アザラシのこと。❷スキー登山の際の後滑り防止用に、スキーの滑走面につけるアザラシの毛皮。また、それに似せたもの。❸「シールスキン」の略。

し・いる【強いる】〔動ア上一〕図し・ふ〔ハ上二〕相手の意向を無視して、むりにやらせる。強制する。「酒を―・いる」「予想外の苦戦を―・いられる」(類語)強制・強要・無体・無理無体

し・いる【×誣いる】〔動ア上一〕図し・ふ〔ハ上二〕《「強いる」と同語源》事実を曲げていう。作りごとを言う。「吠える者は直ぐ狂犬だと―・いて殺して了う時勢では」〈魯庵・社会百面相〉

し・いる【×癈いる】〔動ア上一〕図し・ふ〔ハ上二〕からだの器官の感覚や機能を失う。「その又いという音が耳の―・いるほど鋭く響く」〈二葉亭・奇遇〉

シールスキン〖sealskin〗❶アザラシやオットセイの毛皮。❷オットセイの毛皮に似せたビロードの一種。主にコートに用いる。

シールド〖shield〗《盾の意》❶電磁場や放射線の影響を遮断する覆いや防御壁。例えば、原子炉の周りのコンクリート構造物など。遮蔽。❷トンネル掘削に使う、刃口のついた鋼製円筒または枠。掘進機。

シール-とう【シール島】《Isle of Seil》英国スコットランド西部、インナーヘブリディーズ諸島の島。本土の町オーバンに至近。18世紀末、スコットランドの土木技師トーマス＝テルフォードが手がけた石造橋で渡ることができる。かつてスレートの産出で栄えた。シイル島。セイル島。

シールド-こうほう【シールド工法】シールド❷をジャッキで推進させながら、シールド内で、前方での掘削と後方でのトンネル枠組み立てを並行して行う工法。軟弱地盤や浸水の恐れのある場所での大規模工事に用いる。一般に、シールド掘削機を下ろす立て坑を掘り、そこを基地にして掘削が進められる。

シールド-ツイストペアケーブル〖shielded twisted pair cable〗2本の電線を縒り合わせた通信ケーブル(ツイストペアケーブル)をシールド加工したもの。対ノイズ性能が高い。STP。

シールドつき-よりついせん【シールド付き×縒り対線】►シールドツイストペアケーブル

シールド-トンネル〖shielded tunnel〗シールド工法を用いて造られたトンネル。この工法の特徴でトンネルは円筒形になる。

シールドビーム-ランプ〖shield beam lamp〗自動車などの前照灯で、レンズ・フィラメント・反射鏡などが一体に作られ、密閉されているもの。

シールド-よりついせん【シールド×縒り対線】►シールドツイストペアケーブル

し-いれ【仕入れ】❶商品や原料を買い入れること。「一値段」「一帳」❷教え込むこと。「物は―によって何事も」〈浮・諸国ばなし・四〉

シーレ〖Egon Schiele〗[1890〜1918]オーストリアの画家。クリムトの影響を受ける。激しい描線で人間の生の孤独を描いた。

シー-レーン〖sea lane〗《海上交通路の意》有事に際し、国家が存立、あるいは戦争を遂行するために確保しなければならないとされる海上連絡交通路。日本では、本土からグアム島周辺に至る南東航路と、フィリピンへ向かう南西航路が想定されている。

しいれ-さき【仕入れ先】仕入れをする相手方。「一台帳」

し-い・れる【仕入れる】〔動ラ下一〕図しい・る〔ラ下二〕❶販売や加工のために、商品や原料を買い入れる。「原木を―・れる」❷何かに役立てるために、得る。知識などを摂取する。「情報を―・れる」「新技術を―・れる」❸仕込む。教え込む。「長崎水右衛門が―・れたる鼠使ひの藤兵衛」〈浮・胸算用・一〉
(類語)買う・購入・購買・購う・買い取る・買い上げる・買い入れる・買い込む・買い受ける

じ-いろ【地色】❶布・紙などの、下地の色。❷女郎が、土地の男を情夫にすること。また、その情夫。「―でも出来たか」〈洒・辰巳之園〉❸素人の女との色恋。「なりひらの惜しい事には―なり」〈柳多留・八〉

シーロー〖serow〗アジア東部に分布する、眼下腺のあるカモシカ類。ニホンカモシカやタイワンカモシカ・タテガミカモシカのこと。

シーロスタット〖coelostat〗2枚の平面鏡からなる、日周運動をしている天体からの光を常に一定方向に送る装置。主に太陽観測に用いる。

シーロメーター〖ceilometer〗投光器から光を送り、雲底で反射されてくるのを受光器で受け、雲の高さを測定する装置。雲高計。

シーワールド-アドベンチャーパーク-オーランド〖SeaWorld Adventure Park Orlando〗米国フロリダ州中央部の観光・保養都市、オーランドにある世界最大規模のマリンパーク。水族館や各種娯楽施設で構成される。シャチやイルカのショーが有名。

シーワールド-カリフォルニア〖SeaWorld California〗米国カリフォルニア州南西端の港湾都市、サンディエゴにあるテーマパーク。海洋動物との触れ合いをテーマとする水族館や各種娯楽施設がある。

シーワン-かがく【C_1化学】炭素数1個の化合物であるメタン・一酸化炭素・メタノールなどの製造、またはこれらを原料とする有機化学の総称。

し-いん【子音】言語音の最小単位である単音の分類の一。呼気が喉頭から口腔にかけてどこかで閉鎖または狭めが作られて発せられる音。閉鎖・狭めの部位や呼気が鼻腔に流れるか否かの差異により閉鎖音・摩擦音・破擦音・鼻音などに分けられるほか、声帯の振動を伴うか否かによって、有声子音・無声子音に分類される。父音。しおん。⇔母音。

し-いん【子院｜支院｜枝院】❶本寺の境内にあり、本寺に付属する小寺院。禅寺では塔頭という。脇寺。❷本寺に属する寺院。末寺。

し-いん【四韻】❶「四声」に同じ。❷四つの韻脚をもつ8句の律詩。「博士の人々は―、ただの人は、大臣をはじめ奉りて、絶句作り給ふ」〈源・少女〉

し-いん【市隠】官職に就かないで、市井に隠れ住むこと。また、その人。

し-いん【死因】死亡の原因。

し-いん【私印】個人の用いる印章。➡公印 ➡官印
(類語)実印・認め印・公印・官印・国璽・印璽

し-いん【試飲】〔名〕スル 味見をするなどの目的で、ためしに飲むこと。「新酒を―する」
(類語)試食・毒見・味見

し-いん【資×蔭】父祖の功労のおかげで子孫が官位を与えられること。

シーン〖scene〗❶劇・映画・小説などの場面。「ラスト―」❷光景。風景。情景。「劇的な―をとらえた写真」❸ある分野の状況。「九〇年代の音楽―」
(類語)(❶)幕・場・場面・カット・一齣・ショット

しいん〔副〕物音一つ聞こえないようすを表す語。もの静かなさま。「―と静まり返った本堂」
(類語)しんと・ひっそり・ひそやか

じ-いん【寺院】仏寺とそれに付属する別舎をあわせた称。また、広くイスラム教・キリスト教の礼拝堂にもいう。てら。(類語)寺・伽藍・仏閣・仏家・梵刹・仏寺・仏刹・山門・古寺・古刹・巨刹・名刹

じ-いん【次韻】他人の詩と同じ韻字を同じ順序で用いて詩作すること。また、その詩。➡和韻

じいん【次韻】江戸前期の俳諧集。松尾芭蕉編。1冊。延宝9年(1681)刊。伊藤信徳らの刊行した「七百五十韻」を次ぐ形で編まれたもの。俳諧次韻。

じ-いん【自因】「自己原因」に同じ。

ジーン〖gene〗「遺伝子」に同じ。

じいん〔副〕❶からだのある部分に感じるしびれを表す語。「腰に―とした痛みがある」❷からだの奥の方から感動や感激などが湧き上がってくるさま。「目がしらが―と熱くなる」

ジーン-エンジニアリング〖gene engineering〗「遺伝子工学」に同じ。

しいん-ぎぞう【私印偽造】行使の目的で他人の印章を偽造すること。「一罪」

しいんぎぞうおよびふせいしようとう-ざい【私印偽造及び不正使用等罪】行使の目的で、他人の印章(私印)や署名を偽造する罪。また、私印などを不正に使用したり、偽造した物を使ったりする罪。刑法第167条が禁じ、3年以下の懲役に処せられる。私印偽造及び不正使用罪。私印偽造罪。私印不正使用等罪。私印不正使用罪。

しいん-こうい【死因行為】►死因処分

しいん-しょぶん【死因処分】行為者の死亡によって効力を生じる法律行為。遺言・死因贈与など。死後処分。死後行為。死因行為。⇔生前処分。

ジーンズ〖James Hopwood Jeans〗[1877〜1946]英国の天体物理学者。宇宙の進化や星のエネルギー発生に新説を唱えた。また、熱放射・電磁気

学の理論的解明にも功績を上げた。著「電気および磁気の数学的理論」「我が周囲の宇宙」など。

ジーンズ〖jeans〗❶細綾織りの丈夫な綿布。スポーツウエア・作業衣などに広く使われる。❷►ジーパン

ジーンズ-ジャンパー〖jeans jumper〗ジーンズの素材でできたジャンパーのこと。アメリカンカジュアルの代表的なもの。

しいん-ぞうよ【死因贈与】贈与者の死亡によって効力を生じる、生前の財産の贈与契約。

じいん-はっと【寺院法度】江戸幕府が寺院統制のために制定した法令の総称。慶長6〜元和2年(1601〜1616)各宗を対象に出され、寛文5年(1665)各宗共通の「諸国寺院御掟」が制定された。諸宗寺院法度。

ジーン-バンク〖gene bank〗野生および栽培植物の種子や、野生および飼育動物の精子、微生物などを収集し保存する機関。遺伝子銀行。

ジーン-プール〖gene pool〗遺伝子保全。また、保全されている遺伝子全体をもさす。生物工学への利用を目的として、できるだけ多くの品種を収集・保存することが必要と考えられている。

しいんふせいしよう-ざい【私印不正使用罪】►私印偽造及び不正使用等罪

じいん-ぼち【寺院墓地】寺院が管理している墓地。購入の際は、その寺院の檀家となる必要がある。➡公営墓地 ➡民営墓地

ジーン-マニピュレーション〖gene manipulation〗「遺伝子操作」に同じ。

し-う【四有】仏語。人間が生まれて死に、さらに次の生をうけるまでの存在を四つに分けたもの。生有・本有・死有・中有。

し-う【死有】仏語。四有の一。寿命が尽きて死ぬときの、最後の瞬間。

し-う【糸雨】糸のように細い雨。細雨。

し-う【×祠宇】❶やしろ。神社。❷教派神道で、主神を奉斎し、教義の宣布、儀式の執行を目的とする施設。

し-う【▽為得】〔動ア下二〕することができる。成し遂げる。「われ、物握りたり。今は下ろしてよ。翁、―・えたり」〈竹取〉

し-う【強ふ】〔動ハ上二〕「し(強)いる」の文語形。

し-う【×誣ふ】〔動ハ上二〕「し(誣)いる」の文語形。

し-う【×癈ふ】㊀〔動ハ四〕「し(癈)いる」に同じ。「松反り―・ひてあれやは三栗の中上り来ぬ麻呂といふ奴」〈万・一七八三〉㊁〔動ハ上二〕「し(癈)いる」の文語形。

じ-う【時雨】❶ちょうどよいときに降る雨。❷しぐれ。

時雨の化 《「孟子」尽心上から》君主の仁徳を、時雨が草木を潤し成長させるのにたとえていう言葉。

じ-う【慈雨】万物を潤し育てる雨。また、日照り続きの時に降る雨。恵みの雨。「干天の―」(季 夏)
(類語)お湿り

じ-うけ【地請け】地代の支払いなどを地主に保証すること。また、その保証人。「合羽干場の―に立つのだ」〈滑・膝栗毛・二〉

じ-うす【地薄】〔名・形動〕布地が薄いこと。また、そのさま。「―な生地」㊇地厚。

じ-うた【地歌┊地唄】❶ある地方だけで歌われている俗謡。土地の歌。❷三味線声曲の一種。江戸初期に発生。上方を中心に、盲人音楽家によって伝承され、生田流箏曲と結びついて、家庭音楽としても普及した。上方歌。法師歌。京歌。

じ-うた【地歌】和歌の百首などで、趣向をこらすことなく軽く詠んだ歌。平凡な歌で秀歌を際立たせる働きがあるところからいわれる。

シウダー-デル-エステ〖Ciudad del Este〗パラグアイ東部、ブラジル国境近くにある都市。パラナ川に面し、世界最大級のダム、イタイプダムがある。イグアスの滝への観光拠点にもなっている。

シウダー-フアレス〖Ciudad Juárez〗メキシコ北中部の都市。国境を隔てて米国エルパソと対する。人口、行政区130万、都市圏131万(2007)。

シウダー-ボリーバル〖Ciudad Bolívar〗ベネズエラ東部、オリノコ川に面する河港都市。ボリーバル州の州都。旧称アンゴストゥーラ。現名称は独立運動の指導者、シモン=ボリーバルにちなむ。

じ-うたい【地謡】❶能で、謡曲の地の文の部分を大勢で謡うこと。また、その人々やその謡。シテ方が受け持つ。❷狂言で、謡の部分を大勢で謡うこと。また、その人々。囃子座の後方に横に並び、狂言方が行う。

じうたい-かた【地謡方】能で、地謡を専門に受け持つ人々の称。

じうたい-ざ【地謡座】能舞台の向かって右側の間口3尺(約90センチ)の板敷きで、脇座よりも奥寄りの部分。地謡の人々が舞台の方を向いて横2列に並んで座る。謡座。

じうたい-ぶし【地謡武士】自分は格別の働きもないのに、他人の功労を非難する武士。

シウタデリャ-こうえん【シウタデリャ公園】《Parc de la Ciutadella》スペイン北東部の都市バルセロナにある公園。1888年に開催された万国博覧会の会場跡地。地質学博物館、近代美術館、自治州議事堂のほか、モデルニスモの建築家ルイス=ドメニク=イ=モンタネルが設計した動物博物館がある。

じうた-まい【地歌舞】上方舞のうち、地の音楽として地歌を用いるもの。また、広く上方舞のこと。

し-うち【仕打ち】❶他人に対する行為や態度。人の扱い方。多く、悪い意味に用いる。「むごい―を受ける」❷俳優が舞台でする演技。しぐさ。こなし。「俳優の―と言語に伴い」〈逍遥・小説神髄〉❸京阪で、芝居などの興行の出資者・興行主。
(類語)冷遇・薄遇・白眼視

しうと【×舅】►しゅうと(舅)

しうと-め【×姑】►しゅうとめ(姑)

し-うん【紫雲】紫色の雲。念仏行者が臨終のとき、仏が乗って来迎する雲。吉兆とされる。

じ-うん【自運】書道で、自分の創意でもって自由に筆を運ぶこと。また、そうして書いたもの。㊇臨書。

じうん【似雲】[1673〜1753]江戸中期の僧・歌人。安芸の人。西行を敬慕し、諸国行脚の生活を送った。著「磯の浪」「年並草」など。

じ-うん【時運】時のめぐり合わせ。時の運。(類語)運命・運勢・命運・天運・天命・巡り合わせ・回り合わせ・星回り・命数・暦数・宿命・宿運・定め・因縁・運

じうん【慈雲】[1718〜1804]江戸中期の真言宗の僧。大坂の人。諱は飲光。顕・密・禅の各教を学修し、特に梵学にすぐれた。また、神道を研究し、雲伝神道を創唱。著「十善法語」「梵学津梁」など。慈雲尊者。

しうんえい【紫雲英】レンゲソウのこと。

しうん-ざん【紫雲山】香川県中央部、高松市市街地の西にある山。標高200メートル。東麓に国指定特別名勝の栗林公園があり、その借景となっている。

し-うんてん【試運転】〔名〕スル 乗り物・機械などが完成したり修理が完了したりしたとき、試験的に運転すること。「機械を―する」

し-うんどう【視運動】地球から見た天体の見かけの運動。日周運動を除く天球上の位置変化をいう。

し-え【四依】《梵 catvāry apāśrayaṇāniの訳》❶比丘がよりどころとすべき法を四つに分けたもの。依法不依人・依義不依語・依智不依識・依了義経不依不了義経。❷修行の際によるべき4種の行法。糞掃衣を着、乞食をし、樹下に座り、腐爛薬を用いること。❸衆生がよりどころとする4種の人。小乗では、出世の凡夫、預流と一来の人、不還の人、阿羅漢の人。大乗では、地前を初依、初地より五地までを二依、六・七地を三依、八・九・十地を四依とするほか、諸説がある。

し-え【四▽衛】左右の衛士府と左右の兵衛府の総称。

し-え【紫▽衣】紫色の袈裟および法衣の総称。古くは勅許によって着用した。紫甲。しい。

し-え【×緇▽衣】❶墨染めのころも。しい。❷僧侶。

シェア〖share〗〔名〕スル ❶分けること。分配。分担。「利益を投資額に応じて―する」❷「市場占有率」に同じ。

シェアウエア〖shareware〗一定の試用期間は無料で使えるが、正式に使用するときは作者に代価を支払わなければならないソフトウエア。インターネットなどで提供される。➡パブリックドメインソフトウエア ➡フリーソフトウエア

シェア-ハウス〖share house〗►ハウスシェア

シェア-ルーム〖share room〗►ルームシェア

し-えい【四×裔】国の四方の果て。

し-えい【市営】市が経営すること。「―球場」

し-えい【私営】民間会社や個人が経営すること。㊇公営。(類語)民営・民間

じ-えい【自営】〔名〕スル 自分の力で事業を経営すること。「飲食店を―する」「―業」(類語)直営

じ-えい【自衛】〔名〕スル 自分の力で自分を守ること。「暴力に対して―する」
(類語)防衛・防御・護身・保身・自警・予防

じ-えい【侍衛】貴人のそばに仕えて護衛すること。また、その人。

シエイエス〖Emmanuel Joseph Sieyès〗[1748〜1836]フランスの政治家。聖職者であったが、「第三身分とは何か」を著し、革命運動に影響を与えた。のちにナポレオンのクーデターにも参画。王政復古後追放され、七月革命で帰国。

じえい-かん【自衛官】防衛省に勤務する職員のうち、制服を着用する者の総称。陸上・海上・航空の各自衛官に区分され、各自衛隊ごとに将・将補・一佐・二佐・三佐・一尉・二尉・三尉・准尉・曹長・一曹・二曹・三曹・士長・一士・二士の階級がある。

じえい-かん【自衛艦】海上自衛隊の保有する艦艇の総称。護衛艦・潜水艦・掃海艦艇などがある。

じえい-かんたい【自衛艦隊】海上自衛隊の部隊の一。自衛艦隊司令部の下に、護衛艦隊・航空集団・潜水艦隊・掃海隊群・開発隊群その他の直轄部隊からなり、特定の警備区域をもたず、必要に応じて日本の防衛海域全域に出動する。

じえいぎょう-しゃ【自営業者】►個人事業主

じえいぎょう-しゅ【自営業主】►個人事業主

シェイク〖shake〗►シェーク

じえい-けん【自衛権】国際法上、自国または自国民の権利や利益に対する急迫・不正の侵害を排除するため、国家がやむを得ず必要な限度内で行う防衛の権利。(補説)日本は主権国として、国連憲章の上では「個別的または集団的自衛の固有の権利」(第51条)を有しているが、日本国憲法は、戦争の放棄と戦力・交戦権の否認を定めている(第9条)。政府は憲法第9条について、「自衛のための必要最小限度の武力の行使は認められている」ものと解釈し、日本の自衛権については、「個別的自衛権は行使できるが、集団的自衛権は憲法の容認する自衛権の限界を超える」との見解を示している。

ジェイタ〖JEITA〗《Japan Electronics and Information Technology Industries Association》電子情報技術産業協会。国内の電子工学・情報技術分野の業界団体。電子機器、電子部品の適正な生産・流通、貿易・消費の増進を図り、電子情報技術産業の総合的な発展を目指す。平成12年(2000)に日本電子機械工業会(EIAJ)と日本電子工業振興協会(JEIDA)が統合して発足。

ジェイダ〖JEIDA〗《Japan Electronic Industry Development Association》日本電子工業振興協会。国内の電子工業分野における業界団体。昭和33年(1958)設立。平成12年(2000)に日本電子機械工業会(EIAJ)と統合し、電子情報技術産業協会(JEITA)となった。

じえい-たい【自衛隊】防衛省に属し、日本の平和と独立を守り、国の安全を保つことを主な任務とする防衛組織。陸上・海上・航空の三自衛隊からなり、内閣総理大臣の統率のもとに防衛大臣が隊務を統括する。昭和29年(1954)防衛庁設置法(現、防衛省設置法)に基づき、保安隊(警察予備隊の後身)・

警備隊(海上警備隊の後身)を改組・改称し、新たに航空自衛隊を創設して発足。

じえいたい-せいと【自衛隊生徒】 ジエイタイセイト もと、技術職の自衛官を養成する制度。(補説)海上自衛隊・航空自衛隊は平成18年度、陸上自衛隊は同20年度採用分をもって募集を終了。同22年度から陸上自衛隊高等工科学校生徒として募集している。

じえいたい-ほう【自衛隊法】 ジエイタイホウ 自衛隊の任務・行動・権限、部隊の組織・編成、隊員の身分取扱いなどについて定めた法律。昭和29年(1954)施行。同時に施行された防衛庁設置法(現、防衛省設置法)とあわせて防衛二法と呼ばれる。

ジェイテックス〘JTECS〙《Japan-Thailand Economic Cooperation Society》日・タイ経済協力協会。タイへの経済協力を推進して同国の経済、技術の発展に貢献し、日・タイ両国の友好関係の増進に寄与することを目的とする団体。昭和47年(1972)設立。

しえい-でん【私営田】 平安時代、地方豪族らが私費で大規模に経営した田地。➡公営田くえいでん

シェイド〘shade〙►シェード

ジェイト〘JATE〙《Japan Approvals Institute for Telecommunications Equipment》財団法人電気通信端末機器審査協会の略称。電話機・携帯電話・モデムなど、電気通信端末機器の技術基準適合認定などを行う。

シェイバー〘shaver〙►シェーバー

シェイビング〘shaving〙►シェービング

シェイプ〘shape〙►シェープ

しぇぇ 《赤塚不二夫の漫画「おそ松くん」の登場人物「イヤミ」のギャグから。「シェー」と書くことが多い》驚いたときに発する声。(補説)立ったまま片方の足を直角に曲げて軸足の膝に重ね、曲げた足と同じ側の腕をまっすぐ上に伸ばして手首を体側に曲げ、もう一方の腕は肘を曲げて胸の前で横に伸ばしたポーズをとりながら発する。

ジェー〘J｜j〙❶英語のアルファベットの第10字。❷《jack》トランプで、ジャックの記号。❸〈J〉《joule》エネルギーの単位、ジュールの記号。

ジェー-アール〘JR〙《Japan Railways》日本国有鉄道の分割・民営化に伴い、昭和62年(1987)4月に発足した六つの旅客鉄道会社と一つの貨物会社の共通の略称。(補説)JR北海道(北海道旅客鉄道)、JR東日本(東日本旅客鉄道)、JR東海(東海旅客鉄道)、JR西日本(西日本旅客鉄道)、JR四国(四国旅客鉄道)、JR九州(九州旅客鉄道)、JR貨物(日本貨物鉄道)の7社。

ジェー-アール-アイ〘JRI〙《Japan Research Institute》日本総合研究所。内閣府、経済産業省所管の一般財団法人。日本社会の方向性をさぐる政策研究、企業活動をバックアップする調査研究などを行う。昭和45年(1970)設立。本部は東京都港区。

ジェー-アール-エー〘JRA〙《Japan Racing Association》►日本中央競馬会

ジェー-アール-エヌ〘JRN〙《Japan Radio Network》東京のTBS(東京放送)をキー局としたラジオ局の全国ネットワーク。昭和40年(1965)発足。

ジェー-アール-エフ-ユー〘JRFU〙《Japan Rugby Football Union》日本ラグビーフットボール協会。日本におけるラグビー競技の統括団体。本部は東京都港区。

ジェー-アール-シー〘JRC〙《Junior Red Cross》青少年赤十字。幼稚園から高校までの子供たちと先生が一緒になって学校という場を通じて、赤十字の理念を実践するための活動。1922年に国際赤十字の事業の一環として始まった。

ジェー-アール-シー-エス〘JRCS〙《Japanese Red Cross Society》►日本赤十字社

ジェー-アール-ディー-シー〘JRDC〙《Research Development Corporation of Japan》新技術開発事業団。昭和36年(1961)設立。平成元年(1989)、新技術事業団へ改編。同8年、日本科学技術情報センターと統合し科学技術振興事業団となり、同15年、独立行政法人科学技術振興機構(JST)に改編。

ジェー-アイ〘JI〙《joint implementation》►共同実施

ジェー-アイ-アール-エー〘JIRA〙《Japan Industrial Robot Association》日本産業用ロボット工業会。日本ロボット工業会(JARA)の前身。

ジェー-アイ-アール-エー〘JIRA〙《Japan Medical Imaging and Radiological Systems Industries Association》日本画像医療システム工業会。医療用放射線機器の標準化などを行う。昭和38年(1963)設立。事務局は東京都文京区。

ジェー-アイ-アイ-アイ〘JIII〙《Japan Institute of Invention and Innovation》発明協会。発明の奨励および産業財産権制度の普及を目的とする日本の公益社団法人。明治37年(1904)創立。

ジェー-アイ-アイ-イー〘JIIE〙《Japan Institute of Industrial Engineering》日本インダストリアルエンジニアリング協会。日本IE協会。日本におけるインダストリアルエンジニアリング(IE)の啓蒙・普及を目的に、昭和34年(1959)設立。

ジェー-アイ-エス-イー-エー〘JISEA〙《Japan Iron & Steel Exporters' Association》日本鉄鋼輸出組合。平成13年(2001)、鋼材倶楽部とともに日本鉄鋼連盟(JISF)に統合。

ジェー-アイ-エス-エフ〘JISF〙《Japan Iron and Steel Federation》一般社団法人日本鉄鋼連盟。鉄鋼業者の業界団体。昭和23年(1948)設立。平成13年(2001)鋼材倶楽部・日本鉄鋼輸出組合の2団体を統合。本部は東京都中央区。

ジェー-アイ-エフ-エー〘JIFA〙《Japan-Israel Friendship Association》日本イスラエル親善協会。日本とイスラエル両国の友好親善をはかるために、昭和41年(1966)に設立。

ジェー-アイ-エム〘JIM〙《Japan Institute of Metals》日本金属学会。研究対象は当初の金属材料から、超電導材料、電子材料、磁気材料、セラミックス材料などへと広がっている。昭和12年(1937)創立。

ジェー-アイ-エル-エス〘JILS〙《Japan Institute of Logistics Systems》日本ロジスティクスシステム協会。輸送・保管・包装等のロジスティクシステムを調査・研究し、物資流通の円滑化を図る。平成4年(1992)発足。前身はともに昭和45年(1970)に設立された日本物的流通協会(JPDMA)と日本物流管理協議会(JCPDM)。

ジェー-アイ-シー-ピー-エー〘JICPA〙《Japanese Institute of Certified Public Accountants》日本公認会計士協会の略称。

ジェー-アイ-ティー〘JIT〙《just in time》ジャストインタイム方式。

ジェーアイティー-コンパイラー〘JIT compiler〙《just-in-time compiler》Javaプログラムを高速で実行するための技術。

ジェー-アイ-ディー-ピー-オー〘JIDPO〙《Japan Industrial Design Promotion Organization》グッドデザイン賞を主催する公益財団法人日本デザイン振興会(JDP)の旧名称「日本産業デザイン振興会」の略称。

ジェー-アイ-ピー-エー〘JIPA〙《Japan Intellectual Property Association》日本知的財産協会。昭和13年(1938)設立の重陽会をもとに、事業者工業所有権協会、日本特許協会を経て、平成6年(1994)より現名。

ジェー-アラート〘J-ALERT〙総務省消防庁の全国瞬時警報システム。国から発令された警報を、人工衛星を介して各自治体の無線を自動的に起動し、音声で各地住民に通達するもの。地震・津波など緊急を要する自然災害や、ミサイル攻撃・大規模テロなどの有事の際に使用される。➡Em-Netエムネット

ジェー-イー-アイ〘JEI〙《Japan Economic Institute of America》日米経済協会。ワシントンに置かれた外務省の外郭団体。日米間の経済摩擦、日本企業の対米進出などについて研究を行った。2001年廃止。

ジェー-イー-イー-エス〘JEES〙《Japan educational exchanges and services》►日本国際教育支援協会

ジェー-イー-エー〘JEA〙《Japan Electric Association》日本電気協会。電気関係事業者の全国団体。大正10年(1921)設立。

ジェー-イー-エル-イー-エス〘JELES〙《English Language Education Society of Japan》日本英語教育学会。英語教育および英語教育学の学会。昭和45年(1970)設立。

ジェー-イー-シー〘JEC〙《Junior Executive Council of Japan》日本経済青年協議会。各種社員研修などを行う。昭和32年(1957)設立。事務局は東京都渋谷区。

ジェー-イー-ティー〘JET〙《Joint European Torus》欧州トーラス共同研究施設。EU(欧州連合)の共同プロジェクトとして英国のカラムに建設された核融合実験施設。1983年に運転開始。

ジェー-イー-ピー-エー〘JEPA〙《Japan Electronic Publishing Association》►日本電子出版協会

ジェー-エー〘JA〙《Japan Agricultural Cooperatives》JA全中・JA全農などを中心として組織される農業協同組合の愛称。➡総合農協

ジェー-エー〘JA〙《Japan》日本の国籍を示す航空機の国籍記号。

ジェー-エー-アール-アイ〘JARI〙《Japan Automobile Research Institute》日本自動車研究所。昭和36年(1961)設立の自動車高速試験場を改組して、同44年発足。自動車に関連する研究、試験、調査等を行う。

ジェー-エー-アール-エー〘JARA〙《Japan Robot Association》日本ロボット工業会。ロボット及びそのシステム製品に関する研究開発推進等を行う業界団体。昭和46年(1971)「産業用ロボット懇談会」として設立、翌年「日本産業用ロボット工業会(JIRA)」に改称し、さらに翌年社団法人化。平成6年(1994)に現組織に改組。一般社団法人。本部は東京都港区。

ジェー-エー-アイ-エー〘JAIA〙《Japan Automobile Importers Association》日本自動車輸入組合。自動車輸入業者の団体。昭和40年(1965)設立。

ジェー-エー-アイ-ダブリュー-アール〘JAIWR〙《Japanese Association of International Women's Rights》国際女性の地位協会。女性差別撤廃条約の研究・紹介を通じて女性の地位向上を図ることを目的に活動する日本の非政府組織(NGO)。昭和62年(1987)設立。

ジェー-エー-アイ-ディー-オー〘JAIDO〙《Japan International Development Organization, Ltd.》日本国際協力機構。日本の国際収支の黒字を還流させることを目的として、開発途上国の経済発展に役立てるために経団連と政府が共同出資して平成元年(1989)に発足。同14年解散。

ジェー-エー-イー-エー〘JAEA〙《Japan Atomic Energy Agency》►日本原子力研究開発機構

ジェー-エー-エー〘JAA〙《Japan Aeronautic Association》日本航空協会。昭和27年(1952)設立。大正2年(1913)設立の帝国飛行協会に始まる歴史を持つ航空に関わる団体。

ジェー-エー-エー-エス〘JAAS〙《Japanese Association for American Studies》アメリカ学会。アメリカ研究者の学術組織。昭和41年(1966)発足。

ジェー-エー-エス-エー〘JASA〙《Japan Sports Association》日本体育協会。日本のアマチュアスポーツ界の統括組織。国民体育大会(国体)を主催。明治44年(1911)設立。体協。

ジェー-エー-エス-エフ【JASF】►《Japan Swimming Federation》日本水泳連盟

ジェー-エー-エス-シー-エー〘JASCA〙《Japanese Society of Cultural Anthropology》日本文化人類学会。文化人類学、社会人類学、民族学など、人

し

類の文化を研究する諸学問の発展と普及を図ることを目的とする学会。平成16年(2004)日本民族学会(JSE)を改称。

ジェー-エー-エフ〘JAF〙《Japan Automobile Federation》日本自動車連盟。自家用乗用自動車の保有者が加盟する全国組織の団体。交通事故の相談、自動車旅行案内、書籍出版などを行う。ジャフ。

ジェー-エー-シー〘JAC〙《Japanese Alpine Club》日本山岳会。登山愛好者の会。明治38年(1905)設立。

ジェー-エー-シー-アイ-シー〘JACIC〙《Japan Construction Information Center》日本建設情報総合センター。国土交通省所管の財団法人。全国の白地図データベース作成などを推進。昭和60年(1985)設立。本部は東京都港区。

ジェー-エー-シー-イー〘JACE〙《Japan Association of Corporate Executives》▶経済同友会

ジェー-エー-シー-エー〘JACA〙《Japan Art and Culture Association》国際芸術文化振興会。日本文化の振興と海外との文化交流を目的とし、展覧会開催などの活動を行う。

ジェー-エー-シー-エル〘JACL〙《Japanese American Citizens League》日系アメリカ人市民連盟。1929年、アジア人排斥の風潮に抗して設立。日米戦争中も活動は続け、60年代には少数民族派の市民権運動に加わり、他のアジア系移住者との協力関係を強めている。本部はサンフランシスコ。

ジェー-エー-シー-シー〘JACC〙《Japan Adventure Cyclist Club》日本アドベンチャーサイクリストクラブ。自転車での大陸横断など、冒険的なサイクリング同好者の集まり。

ジェーエー-ぜんちゅう【JA全中】《「全国農業協同組合中央会」の略称》JAグループの独立的な総合指導機関。昭和29年(1954)設立。全国の農業協同組合(JA)および農業協同組合連合会(JA全農)の運営方針を確立・普及徹底するとともに、全国のJAおよびJA全農に対する指導・情報提供・監査をはじめ、農業政策への意思反映・広報活動・人材育成などを行う。

ジェーエー-ぜんのう【JA全農】▶全農㊁

ジェー-エー-ダブリュー〘JAW〙《Japan Automobile Workers' Unions》全日本自動車産業労働組合総連合会(自動車総連)。部品製造、自動車製造、販売、輸送などの自動車産業に従事する労働者による労働組合の連合組織。

ジェー-エー-ディー-シー-エー〘JADCA〙《Japan Data Communications Association》日本データ通信協会。ネットワーク技術・情報通信技術の「電気通信主任技術者」、電気通信の「工事担任者」の認定試験を実施する。昭和48年(1973)設立。

ジェーエー-バンク【JAバンク】農業協同組合(JA)・信用農業協同組合連合会(信連)・農林中央金庫(農林中金)のJAバンク会員で構成される金融機関の名称。

ジェー-エー-ビー-シー〘JABC〙《Japan Audit Bureau of Circulations》日本ABC協会。新聞雑誌部数公査機構。

ジェー-エー-ビー-ビー-エー〘JABBA〙《Japan Basketball Association》▶ジェー-ビー-エー(JBA)

ジェー-エス〘JS〙《JavaScript》▶ジャバスクリプト

ジェー-エス-アイ-エム〘JSIM〙《Japanese Society of Internal Medicine》日本内科学会。内科学の進歩普及を図る学会で、医師が会員。明治36年(1903)設立。

ジェー-エス-アイ-シー〘JSIC〙《Japan Standard Industrial Classification》日本標準産業分類。国勢調査や商業統計調査などの指定統計、また届け出を必要とする各種統計調査の結果を、産業別に表すときに使われる公式の産業分類。昭和24年(1949)開始。現在は、統計法に基づく。

ジェー-エス-イー〘JSE〙《Japanese Society of Ethnology》日本民族学会。昭和9年(1934)に設立。同17年に民族学協会となり、同39年に学会機能が独立して再び日本民族学会となる。平成16年(2004)日本文化人類学会(JASCA)に改称。

ジェー-エス-イー-エー〘JSEA〙《Japan Ship Exporters' Association》日本船舶輸出組合。昭和29年(1954)に設立された輸出業者の業界団体。

ジェー-エス-イー-シー〘JSEC〙《Japan Science & Engineering Challenge》高校生科学技術チャレンジ。高等学校・高等専門学校の生徒を対象として行われる科学技術コンテスト。朝日新聞社が主催。

ジェー-エス-エー〘JSA〙《Japanese Standards Association》日本規格協会。工業標準化および規格統一に関する普及、啓発などを行う一般財団法人。昭和20年(1945)設立。

ジェー-エス-エー〘JSA〙《Japanese Shipowners' Association》日本船主(せんしゅ)協会。船舶の所有者や賃貸者、運航会社による事業者団体。略称、船協(せんきょう)。明治25年(1892)、日本海運業同盟会として創立。事務局は東京都千代田区。

ジェー-エス-エー〘JSA〙《Japan Scientists' Association》日本科学者会議。科学の反社会的利用に反対し、科学を人類の進歩に役立たせることを目標とする。昭和40年(1965)設立。同46年、世界科学者連盟に加盟。本部は東京都文京区。

ジェー-エス-エー-イー〘JSAE〙《Society of Automotive Engineers of Japan, Inc.》自動車技術会。自動車にかかわる研究者、技術者および学生などからなる学術団体。昭和22年(1947)設立。

ジェー-エス-エー-エフ〘JSAF〙《Japan Sailing Federation》公益財団法人日本セーリング連盟。国内のセーリング競技の統括団体。昭和7年(1932)設立の日本ヨット協会と同23年創立の日本外洋帆走協会が平成11年(1999)統合し設立。事務局は東京都渋谷区。

ジェー-エス-エッチ-ピー〘JSHP〙《Japanese Society of Hospital Pharmacists》▶日本病院薬剤師会

ジェー-エス-エフ〘JSF〙《Japan Science Foundation》日本科学技術振興財団。科学技術の振興を目的に昭和35年(1960)設立。科学技術館などを運営。

ジェー-エス-エム-イー〘JSME〙《Japan Society of Mechanical Engineers》日本機械学会。機械関連技術にかかわる技術者、研究者などからなる学術団体。明治30年(1897)創立。

ジェー-エス-エル-エー〘JSLA〙《Japan Production Skill Labor Association》▶日本生産技能労務協会

ジェー-エス-シー〘JSC〙《Johnson space center》ジョンソン宇宙センター。テキサス州ヒューストン近郊にある米航空宇宙局(NASA)の有人宇宙飛行管制基地。宇宙飛行士の教育・訓練施設も兼ねる。1961年に有人宇宙飛行センター(MSC)として建設、73年改称。スペースシャトルなど有人宇宙船はフロリダ州のケネディー宇宙センターから打ち上げられ、ジョンソン宇宙センターが管制する。

ジェー-エス-ティー〘JST〙《Japan Science and Technology Agency》▶科学技術振興機構

ジェー-エス-ティー〘JST〙《Japan standard time》▶日本標準時

ジェー-エス-ディー-エー〘JSDA〙《Japan Securities Dealers Association》▶日本証券業協会

ジェー-エス-ティー-エー-アール-エス〘JSTARS〙《Joint Surveillance and Target Attack Radar System》米国の空軍と陸軍が共同で開発した、航空機による目標監視攻撃レーダーシステム。ボーイング707旅客機を改造し電波・赤外線・レーザーなどによる地上目標探知装置を多数搭載したE-8A機が、戦場の固定目標及び移動目標を探知し、位置測定・識別・追跡して即座に地上基地と攻撃機に知らせる。1991年、実用テスト中の2機が湾岸戦争に使われた。

ジェー-エス-ビー〘JSB〙《Japan Satellite Broadcasting, Inc.》日本衛星放送株式会社。日本で最初の民間衛星放送会社。昭和59年(1984)設立。平成2年(1990)サービス放送開始。同12年に社名をWOWOW(ワウワウ)に変更。

ジェー-エス-ピー-エス〘JSPS〙《Japan Society for the Promotion of Science》▶日本学術振興会

ジェーエスリダイレクト-アール〘JSRedir-R〙▶ガンブラー

ジェー-エッチ-エフ〘JHF〙《Japan Housing Finance Agency》▶住宅金融支援機構

ジェー-エヌ-エー〘JNA〙《Japanese Nursing Association》▶日本看護協会

ジェー-エヌ-エヌ〘JNN〙《Japan News Network》TBSテレビをキー局とした民放ニュースネットワーク。発足は昭和34年(1959)で日本で最も早い。準キー局は大阪府の毎日放送で、28局が加盟(2012年現在)。

ジェー-エヌ-エフ-エル〘JNFL〙《Japan Nuclear Fuel Limited》▶日本原燃

ジェー-エヌ-シー〘JNC〙《Japan Nuclear Cycle Development Institute》▶核燃料サイクル開発機構

ジェー-エヌ-ティー-オー〘JNTO〙《Japan National Tourism Organization》▶国際観光振興機構

ジェー-エフ-エー〘JFA〙《Japan Football Association》日本サッカー協会。サッカー競技の普及と振興を目的とし、日本サッカー界の統括団体として、各種競技会の開催、日本代表チームの編成などを行う。大正10年(1921)創立。

ジェー-エフ-エヌ〘JFN〙《Japan FM Network Association》全国FM放送協議会。日本の民間FM放送局で構成されるネットワーク。

ジェー-エフ-エフ〘JFF〙《Japan Futsal Federation》日本フットサル連盟。国内のフットサル競技の統括団体。昭和52年(1977)創設。

ジェー-エフ-エル〘JFL〙《Japan Football League》㊀日本フットボールリーグ。平成11年(1999)にJリーグの2部制導入で、㊁から9チームがJ2に移行したため、残った7チームと新規の2チームにより発足。その後もJリーグへの移行と新規加入が続く。JFAが運営。㊁ジャパンフットボールリーグ。平成5年(1993)に始まるJリーグに参加しないチームを中心に、同4年に発足。以後、8チームがJリーグに移行。同11年、Jリーグ2部制導入に併せてJ2と㊀に改組して消滅。

ジェー-エフ-シー-シー〘JFCC〙《Japan Fine Ceramics Center》ファインセラミックスセンター。ファインセラミックスに関する統一的試験評価体制の整備などを行う。昭和62年(1987)設立。所在地は名古屋市。

ジェー-エフ-ビー-エー〘JFBA〙《Japan Federation of Bar Association》日本弁護士連合会。日弁連。

ジェー-エム〘JM〙《jam》缶詰のふたに刻印される調理方法を示す記号。「ジャム」の意を表す。

ジェー-エム-アール-エー〘JMRA〙《Japan Marketing Research Association》日本マーケティングリサーチ協会。調査専門機関、企業・団体、学識経験者などで構成する。本部は東京都千代田区。

ジェー-エム-アイ〘JMI〙《Japan Machinery and Metals Inspection Institute》日本機械金属検査協会。昭和32年(1957)設立。同47年機械電子検査検定協会に、さらに平成5年(1993)日本品質保証機構(JQA)に改称。

ジェー-エム-エー〘JMA〙《Japan Medical Association》日本医師会。

ジェー-エム-エー〘JMA〙《Japan Management Association》日本能率協会。各種経営上の課題を克服するためのマネージメント構築を目指す。昭和17年(1942)設立。本部は東京都港区。

ジェー-エム-エー〘JMA〙《Japan Marketing Association》日本マーケティング協会。我が国におけるマーケティングの進歩・発展をはかることを目的に、昭和32年(1957)設立。本部は東京都港区。

ジェー-エム-シー〘JMC〙《Japan Machinery Center for Trade and Investment》日本機械輸出組合。機械類の輸出取引を行う輸出業者を組合員とする。昭和27年(1952)設立。

ジェー-エム-ティー-アール〘JMTR〙《Japan Materials Testing Reactor》日本原子力研究開発機構の大洗研究開発センターにある材料試験炉。⇒MTR

ジェー-エム-ティー-ディー-アール〘JMTDR〙《Japan Medical Team for Disaster Relief》国際緊急援助医療チーム。昭和52年(1977)発足の国際救急医療チームが前身で、同57年に国際緊急援助隊(JDR)の発足後は、その医療チームとなる。

ジェー-エム-ティー-ビー-エー〘JMTBA〙《Japan Machine Tool Builders' Association》日本工作機械工業会。略称「日工会」。金属工作機械製造事業者による業界団体。昭和26年(1951)設立。

ジェー-エル-エー〘JLA〙《Japan Library Association》►日本図書館協会

ジェー-エル-エム-エー〘JLMA〙《Japan Light Metal Association》軽金属協会。昭和22年(1947)設立、平成11年(1999)、日本アルミニウム連盟と統合し、日本アルミニウム協会となる。

ジェー-エル-ピー-ジー-エー〘JLPGA〙《Japan LP-Gas Association》日本LPガス協会。LPガスの生産・輸入業者、元売販売業者が加盟する業界団体。昭和38年(1963)設立。

ジェー-オー-アイ-シー-エフ-ピー〘JOICFP〙《Japanese Organization for International Cooperation in Family Planning》►ジョイセフ(JOICFP)

ジェー-オー-イー-エス〘JOES〙《Japan Overseas Educational Services》海外子女教育振興財団。海外に勤務する邦人の子女の教育のために必要な援助・調査などを行う、内閣府主管の公益財団法人。昭和46年(1971)設立。

ジェー-オー-エム〘JOM〙《Japan Offshore Market》東京オフショア市場。国際化の進んでいる円や、日本における国際金融業の拡大などを考慮して、東京に開設された自由金融市場。

ジェー-オー-シー〘JOC〙《Japanese Olympic Committee》►日本オリンピック委員会

ジェー-オー-ジー-エム-イー-シー〘JOGMEC〙《Japan Oil, Gas and Metals National Corporation》►石油天然ガス・金属鉱物資源機構

ジェー-オー-シー-ブイ〘JOCV〙《Japan Overseas Cooperation Volunteers》►青年海外協力隊

ジェー-オー-ディー-シー〘JODC〙《Japan Overseas Development Corporation》海外貿易開発協会。開発途上国などの日系企業などへ専門家を派遣し、技術移転をする活動を行う。昭和45年(1970)設立。平成24年(2012)海外技術者研修協会と合併し、海外産業人材育成協会となった。

シェーカー〘shaker〙カクテルを作るとき、洋酒・氷などを入れて振る金属製の容器。

シェーカー-ソート〘shaker sort〙コンピューターでデータをある基準によって並べかえるソートのアルゴリズムの一。バブルソートを改良したもので、データの要素を比較する際、走査の範囲を整列済みのものを除いて狭め、さらに走査の方向を毎回反転することによって効率を高める。改良交換法。双方向バブルソート。

ジェー-カーブ【Jカーブ】《J-curve》為替レートが変動しても調整効果が現れるまでに時間がかかり、短期的には逆方向の動きが見られる現象。グラフ上では、正しくは逆Jカーブの形になる。

ジェー-キュー〘JQ〙《「JASDAQ」の略》「ジャスダック証券取引所」の略称。

ジェー-キュー-エー〘JQA〙《Japan Quality Assurance Organization》日本品質保証機構。昭和32年(1957)設立の日本機械金属検査協会が、機械電子検査検定協会を経て、平成5年(1993)に改称。ISO規格の審査登録や、電気・機械製品の安全性・性能等に関する認証・試験などを行う。

シェーク〘shake〙〔名〕ｽﾙ《「シェイク」とも》❶揺り動かすこと。振ること。❷液体などの入った容器を激しく振ること。また、そのようにして作った飲み物。「氷を入れて―する」

シェークスピア〘William Shakespeare〙[1564〜1616]英国の劇作家・詩人。俳優ののち、座付き作者として37編の戯曲、154編のソネットを書き、言葉の豊かさ、性格描写の巧みさなどで英国ルネサンス文学の最高峰と称された。四大悲劇「ハムレット」「オセロ」「リア王」「マクベス」のほか、「ロミオとジュリエット」「真夏の夜の夢」「ベニスの商人」など。

シェーク-ダウン〘shakedown〙機械のならし運転。

シェーク-ハンド〘shake-hands〙❶握手。❷「シェークハンドグリップ」の略。

シェークハンド-グリップ〘shake-hands grip〙卓球で、ラケットの柄と握手するような握り方。シェークハンド。テニスグリップ。⇒ペンホルダーグリップ

シェーグレン-しょうこうぐん【シェーグレン症候群】ｺｳｸﾞﾝ涙腺・唾液腺ﾀﾞｴｷの分泌低下を主症状とする病気。膠原ｺｳｹﾞﾝ病や慢性関節リウマチの合併していることが多い。スウェーデンの眼科医シェーグレン(H.S.C.Sjögren)が報告。

ジェー-ケー〘JK〙《JapanKnowledge》►ジャパンナレッジ

ジェー-ケー-シー-エー〘JKCA〙《Japan-Korea Cultural Exchange Association》日韓文化協会。日韓文化の交流を図る事業、日本に在住する韓国人の生活向上のための活動などを行う。昭和32年(1957)設立。

ジェー-サー〘JCER〙《Japan Center for Economic Research》►日本経済研究センター

ジェー-さん【J酸】《J-acid》ナフトールスルホン酸の一種。染料工業における通称。赤から青の直接染料、酸性染料に用いる。

ジェー-シー〘JC〙《Junior Chamber》青年会議所。20歳から40歳までの青年経済人によって構成される団体。1915年に米国のセントルイスで初めて結成され、日本でも昭和24年(1949)から地域単位で結成されるようになり、同26年に各地の青年会議所の全国組織として日本青年会議所(日本JC)が創設された。

ジェー-シー〘JC〙《Junior Chamber International Japan》日本青年会議所。保守系経営者団体。昭和26年(1951)設立。本部は東京都千代田区。日本JC。

ジェー-シー-アイ〘JCI〙《Junior Chamber International》国際青年会議所。世界各国の青年会議所(JC)が加盟する国際組織。1944年発足。本部は米国ミズーリ州のチェスターフィールド。

ジェー-シー-アイ-エー〘JCIA〙《Japan Chemical Industry Association》日本化学工業協会。化学工業に関する生産や流通、また、技術・労働・環境・安全などの諸問題を調査・研究し、化学工業の健全な発展を図る団体。昭和23年(1948)設立。本部は東京都中央区。

ジェー-シー-エー〘JCA〙《Japan Cultural Association》日本対外文化協会。ロシア、CIS諸国、東欧諸国との交流を運動の中心とする国際交流団体。昭和41年(1966)設立。事務局は東京都新宿区。

ジェー-シー-エー〘JCA〙《Japan Consumers' Association》日本消費者協会。消費生活情報の普及啓発を行う。昭和36年(1961)設立。事務局は東京都千代田区。

ジェー-ジー-エー〘JGA〙《Japan Golf Association》日本ゴルフ協会。日本のアマチュアゴルフ界を統括する団体。大正13年(1924)創設。プロゴルフの組織としては、別に日本プロゴルフ協会(PGA)がある。

ジェー-ジー-エー〘JGA〙《Japan Gas Association》日本ガス協会。都市ガス事業者の業界団体。昭和22年(1947)創立。

ジェー-シー-エー-イー〘JCAE〙《Joint Committee on Atomic Energy》上下両院合同原子力委員会。政府機関の原子力委員会(AEC)の活動および原子力エネルギーの開発、利用、管理に関する問題について検討、調査するために設置された米国議会の委員会。1946年設置、77年廃止。

ジェー-シー-エス〘JCS〙《Joint Chiefs of Staff》統合参謀本部。陸軍、海軍、空軍、海兵隊の長によって構成される米軍の最高機関。その議長はアメリカ軍人の最高位。軍事戦略を立案し、大統領に助言を行う。1949年設置。

ジェー-ジー-エム-ピー-シー〘JGMPC〙《Japan General Merchandise Promotion Center》►ジー-エム-シー(GMC)

ジェー-シー-エル〘JCL〙《Japan Confederation of Labor》全日本労働総同盟。略称、同盟。昭和62年(1987)解散。

ジェー-シー-キュー-エッチ-シー〘JCQHC〙《Japan Council for Quality Health Care》►日本医療機能評価機構

ジェー-シー-サット〘JCSAT〙《Japan Communications Satellite》日本通信衛星。日本通信衛星株式会社(現スカパーJSAT)の商用の通信衛星。1989年、JCSAT-1が打ち上げられ、衛星通信専用サービスが始まった。

ジェー-シー-ジー〘JCG〙《Japan Coast Guard》海上保安庁の略称。かつてはMSA、またはJMSAを用いた。

ジェー-シー-シー-アイ〘JCCI〙《Japan Chamber of Commerce and Industry》►日本商工会議所

ジェー-シー-シー-エム-イー〘JCCME〙《Japan Cooperation Center for the Middle East》中東協力センター。中東諸国における産業の開発、経済の発展、通商の振興などに対する日本の協力をコーディネートする。昭和48年(1973)設立。

ジェー-シー-シー-ユー〘JCCU〙《Japanese Consumers' Co-operative Union》日本生活協同組合連合会。全国の生協の連合会。日本生協連とも。

ジェー-シー-ジェー〘JCJ〙《Japan Congress of Journalists》日本ジャーナリスト会議。言論の自由擁護と自由な社会実現を活動方針に掲げるジャーナリストの全国組織。昭和30年(1955)創設。

ジェー-シー-ティー〘JCT〙《junction》(高速道路の)ジャンクション。

ジェー-シー-ディー-エー〘JCDA〙《Japan Craft Design Association》日本クラフトデザイン協会。手工芸品の普及、デザインの向上を図る団体。昭和31年(1956)創設の日本デザイナークラフトマン協会(JDCA)が、同51年に改称。

ジェー-シー-ティー-シー〘JCTC〙《Japan Cargo Tally Corporation》日本貨物検数協会。貨物チェック(検数・検量・検査)を行い、物流の適正化を図る一般社団法人。昭和17年(1942)設立。日検とも。

ジェー-シー-ピー-ディー-エム〘JCPDM〙《Japanese Council of Physical Distribution Management》日本物流管理協議会。日本ロジスティクスシステム協会(JILS)の前身団体の一つ。⇒JILS

ジェー-ジェー-エス-エー〘JJSA〙《Japan Junior Sports Clubs Association》日本スポーツ少年団。昭和37年(1962)、日本体育協会によって設立。全国で60種以上のスポーツ活動を行う。本部は東京都渋谷区。

シェースブルク〘Schäßburg〙ルーマニアの都市シギショアラのドイツ語名。

ジェー-スルーカード【Jスルーカード】《和J Through Card》JR西日本と近鉄などが発売した、磁気式の自動改札用プリペイドカード。近畿圏のJR駅と近鉄主要駅、一部の路線バスで使用できた。現在はICカード式のイコカ(ICOCA)やピタパ(PiTaPa)に移行。⇒イコカ ⇒イオカード

ジェー-ターン【Jターン】《和J＋turn》大都市の大学を卒業した者が、生まれ故郷に近い地方中核都市などに就職すること。⇒アイターン ⇒ユーターン

ジェー-ダブリュー-エー〘JWA〙《Japan Whaling Association》日本捕鯨協会。昭和34年(1959)設立、同63年一時解散。同年、任意団体として再開。捕鯨に関する情報収集、調査をし、捕鯨業の復活と健全な発展を目指す。本部は東京都中央区。

ジェー-ダブリュー-エー〘JWA〙《Japan Weather Association》日本気象協会。気象庁の外郭団体の一つで、気象情報の提供および環境や防災などの調査を行う一般財団法人。昭和25年(1950)気象協会として設立。同41年全国統合され、現在の名称となる。

ジェー-ダブリュー-ダブリュー-エー〖JWWA〗《Japan water works association》▶日本水道協会

ジェー-ツー〖J2〗Jリーグの2部リーグ。平成11年(1999)の2部リーグ制導入により、それまでのJリーグから降格した1チームと、JFL㊁から移行の9チームにより発足。毎年、上位2ないし3チームがJ1に昇格する。Jリーグ-ディビジョン2。

ジェー-ティー〖JT〗《Japan Tobacco Inc.》▶日本たばこ産業株式会社

ジェー-ディー〖J.D.〗《Julian day》ユリウス日。紀元前4713年1月1日グリニッジ平均正午から数えた日数。天文学などで用いる。

ジェー-ディー-アール〖JDR〗《Japan disaster relief team》▶国際緊急援助隊

ジェー-ティー-エー〖JTA〗《Japan Tennis Association》日本テニス協会。日本のテニス界を統轄し、代表する団体で、テニス競技の普及、振興をはかる。大正11年(1922)創立。

ジェー-ティー-エス-ビー〖JTSB〗《Japan Transport Safety Board》▶運輸安全委員会

ジェー-ティー-エフ〖JTF〗《Joint Task Force》▶統合任務部隊

ジェー-ディー-エル〖JDL〗《Jewish Defense League》ユダヤ防衛連盟。米国の右翼的なユダヤ人組織。本部はロサンゼルス。

ジェー-ティー-シー-エー〖JTCA〗《Japan Transport Cooperation Association》海外運輸協力協会。国土交通省所管の社団法人。海外における運輸部門のコンサルティング活動を行う。昭和48年(1973)海外運輸コンサルタンツ協会として設立。平成6年(1994)現名に改称。

ジェー-ディー-シー-エー〖JDCA〗《Japan Designer and Craftsman Association》日本デザイナークラフトマン協会。昭和31年(1956)創設。同51年日本クラフトデザイン協会(JCDA)に改称。

ジェー-ティー-ティー-エー〖JTTA〗《Japan Table Tennis Association》日本卓球協会。昭和6年(1931)創立。

ジェー-ティー-ティー-エー-エス〖JTTAS〗《Japan Technology Transfer Association》日本工業技術振興協会。工業技術に関する調査・研究、人材育成などを行う。昭和41年(1966)設立。

ジェー-ティー-ビー〖JTB〗《Japan Travel Bureau Foundation》日本交通公社。観光レクリエーション、旅行に関する調査研究を行う財団法人。明治45年(1912)「ジャパンツーリストビューロー」として設立、昭和20年(1945)財団法人日本交通公社となる。同38年旅行部門を株式会社日本交通公社として分離し、平成13年(2001)社名を株式会社ジェイティービー(JTB Corp.)に改称。

ジェー-ディー-ビー〖JDB〗《Japan Development Bank》日本開発銀行。昭和26年(1951)設立の政府金融機関。平成11年(1999)、北海道東北開発公庫と統合し日本政策投資銀行となる。

ジェー-ディー-ピー〖JDP〗《Japan Institute of Design Promotion》日本デザイン振興会。グッドデザイン賞の運営、デザインに係る人材の育成などの事業を行う公益財団法人。

ジェー-ディー-ビー-シー〖JDBC〗《Java database connectivity》Javaプログラムからデータベースへのアクセスに用いられるインターフェースの仕様。

ジェー-ティー-ユー〖JTU〗《Japan Triathlon Union》日本トライアスロン連合。国際トライアスロン連合(ITU)に加盟する、日本国内のトライアスロン統括団体。平成6年(1994)設立。

ジェー-ティー-ユー〖JTU〗《Japan Teachers' Union》日本教職員組合。日教組。

ジェーティー-ろくじゅう〖JT-60〗《JAERI TOKAMAK-60》日本原子力研究開発機構の茨城県那珂核融合研究所にあるトカマク型核融合実験装置。➡トカマク

シェーディング〖shading〗❶明度の異なる白粉や頬紅などで顔に陰影をつける化粧法。❷コンピューターグラフィックスで物体表面に陰影や色の変化をつけ、立体感や質感をだす手法。

ジェー-デビット〖J-Debit〗即時決済サービスの一。加盟金融機関の一般のキャッシュカードをデビットカードとして使い、代金の即時支払いができる。

シェード〖shade〗❶日よけ。ブラインド。❷電灯や電気スタンドのかさ。❸「サンバイザー❷」に同じ。

ジェード〖jade〗翡翠❸のこと。「―グリーン」

シェード-ツリー〖shade tree〗日陰をつくるための樹木。

ジェートロン〖JTRON〗《Java Technology on ITRON》オペレーティングシステムの技術仕様の一。代表的な組み込みOSであるITRONにJavaの実行環境を融合させたもの。

ジェーネス〖JNES〗《Japan Nuclear Energy Safety Organization》▶原子力安全基盤機構

シェーバー〖shaver〗かみそり。電気かみそり。

シェーパー〖shaper〗形削り盤。

ジェー-パーク〖J-PARC〗《Japan Proton Accelerator Research Complex》茨城県東海村にある大強度陽子加速器施設の愛称。大強度陽子ビームを生成する加速器と、その大強度陽子ビームを利用する実験施設からなる研究施設。光速近くまで加速した陽子ビームを標的にぶつけることで中性子・反陽子・K中間子・π中間子などの2次粒子、ニュートリノなどの3次粒子を発生させ、これらの粒子を再びビームとして用い、物質・生命科学の研究、原子核・素粒子物理の研究、核変換技術の研究開発を行う。宇宙の成り立ちの謎の解明や高温超伝導体の開発など、さまざまな分野への応用が期待される。日本原子力研究開発機構(JAEA)と高エネルギー加速器研究機構(KEK)が共同で建設、運営を行う。平成20年(2008)から稼働。

ジェー-パワー〖J-POWER〗「電源開発株式会社」の愛称。

ジェー-ピー-アール-エス〖JPRS〗《Japan Registry Services》株式会社日本レジストリサービスの略称。平成12年(2000)に日本ネットワークインフォメーションセンター(JPNIC)により設立。日本のドメイン名「.jp」の登録・管理業務などを行う。

ジェー-ピー-アイ〖JPI〗《Japan Petroleum Institute》石油学会。石油および石油化学分野の科学者や技術者などにより構成される日本の学術交流団体。昭和33年(1958)設立。

ジェー-ビー-アイ-シー〖JBIC〗《Japan Bank for International Cooperation》▶国際協力銀行

ジェー-ビー-アイ-ビー〖JBIB〗《Japan Business Initiative for Biodiversity》▶企業と生物多様性イニシアティブ

ジェー-ビー-エー〖JBA〗《All Japan Boxing Association》全日本ボクシング協会。平成12年(2000)からは日本プロボクシング協会(JPBA)。

ジェー-ビー-エー〖JBA〗《Japan Basketball Association》日本バスケットボール協会。日本国内でのバスケットボールの普及と振興をはかる公益財団法人。旧略称、JABBA。

ジェー-ピー-エー〖JPA〗《Japan Patent Association》日本特許協会。平成6年(1994)日本知的財産協会(JIPA)に改称。

ジェー-ピー-エス〖JPS〗《Japan Professional Photographers Society》日本写真家協会。職業写真家の全国組織。昭和25年(1950)創立。

ジェー-ピー-エス〖JPS〗《Japan Philatelic Society Foundation》日本郵趣協会。切手収集趣味の普及と発展を目的に設立された公益財団法人。昭和21年(1946)創立。

ジェー-ピー-エス-エー〖JPSA〗《Japan Personal Computer Software Association》▶シー-エス-エー-ジェー(CSAJ)

ジェー-ピー-エッチ-エー〖JPHA〗《Japan Public Health Association》▶日本公衆衛生協会

ジェー-ビー-エフ〖JBF〗《Japan Business Federation》▶日本経済団体連合会

ジェー-ピー-エフ〖JPF〗《Japan Platform》▶ジャパンプラットフォーム

ジェー-ピー-エル〖JPL〗《Jet Propulsion Laboratory》ジェット推進研究所。カリフォルニア工科大学の研究所として1944年設立。現在はNASAと共同運営され、米国の月・惑星探査計画で中枢的な役割を担っている。カリフォルニア州パサディナ所在。

ジェーピー-かんぽせいめい【JPかんぽ生命】《JPはJapan Postの略》「株式会社かんぽ生命保険」のこと。

ジェー-ビー-シー〖JBC〗《Japan Boxing Commission》日本ボクシングコミッション。日本におけるプロボクシングの統轄機構。試合の認定、階級別ランキングの認定、ボクシングジムの管理、プロボクサーの認定などを行う。昭和27年(1952)設立。

ジェー-ピー-ディー-アール〖JPDR〗《Japan Power Demonstration Reactor》日本動力試験原子炉。昭和38年(1963)日本初の原子力発電に成功した実験炉。

ジェー-ピー-ディー-エム-エー〖JPDMA〗《Japan Physical Distribution Management Association》日本物的流通協会。日本ロジスティクスシステム協会(JILS)の前身団体の一。➡JILS

ジェーピーニック〖JPNIC〗《Japan Network Information Center》社団法人日本ネットワークインフォメーションセンターの略称。日本におけるIPアドレスの資源管理やドメイン名紛争処理の方針策定などを行っている。日本のドメイン名「.jp」の登録・管理業務は、平成12年(2000)より日本レジストリサービス(JPRS)に段階的に移管された。

ジェーピー-にっぽんゆうせい【JP日本郵政】《JPはJapan Postの略》「日本郵政株式会社」のこと。

ジェーピー-にっぽんゆうびん【JP日本郵便】《JPはJapan Postの略》「郵便事業株式会社」のこと。

ジェー-ピー-ビー-エー〖JPBA〗《Japan Pro Boxing Associations》日本プロボクシング協会。全国のプロボクシングジムが加盟。平成12年(2000)に全日本ボクシング協会から改称。

ジェー-ピー-ビー-エー〖JPBA〗《Japan Professional Bowling Association》日本プロボウリング協会。トーナメント事業、インストラクター事業などを行う。昭和42年(1967)設立。

ジェー-ピー-ビー-ピー-エー〖JPBPA〗《Japan Professional Baseball Players Association》▶日本プロ野球選手会

ジェー-ビー-ビー-ワイ〖JBBY〗《Japanese Board on Books for Young People》日本国際児童図書評議会。良質な子供の本の普及、読書活動の推進、子供の本を通した国際交流などを図る社団法人。IBBY(国際児童図書評議会)の日本支部としての役割も担う。昭和49年(1974)設立。

ジェービー-ほんしこうそく【JB本四高速】《JBはJapan Bridgeの略》「本州四国連絡高速道路株式会社」の愛称。

ジェーピー-ゆうちょぎんこう【JPゆうちょ銀行】《JPはJapan Postの略》「株式会社ゆうちょ銀行」のこと。

ジェーピー-ゆうびんきょく【JP郵便局】《JPはJapan Postの略》「郵便局株式会社」のこと。

シェービング〖shaving〗ひげやむだ毛などをそること。

シェービング-クリーム〖shaving cream〗ひげそり用クリーム。石けんとクリームの両方を兼ねる。

シェービング-フォーム〖shaving foam〗ひげそり用の泡(フォーム)状の媒剤。圧縮空気で噴霧して泡状になるエアゾールタイプの媒剤で、剃毛用の石鹸よりも強い過脂肪の状態になっている。

シェービング-ローション〖shaving lotion〗主に、男性のひげそり後の皮膚の消毒・殺菌・引き締めを目的とした化粧水のこと。アフターシェービングローション。

シェープ〖shape〗〔名〕スル《「シェイプ」とも》形づくること。また、形。形状。「ウエストを―したジャケット」

シェープ-アップ〖shape-up〗〔名〕スル 適度の運動や減量などをして体形や体調を整えること。

シェープアップ-みずぎ【シェープアップ水着】体形の補整機能を備えた水着。下着のファンデーションに用いるパワーネットを水着の裏全面に使い、体を引き締めすっきり見せるためのもの。

ジェー-ブイ〖JV〗《joint venture》►ジョイントベンチャー

ジェー-ブイ-エー〖JVA〗《Japan Volleyball Association》日本バレーボール協会。日本のバレーボール界を統轄し、代表する団体。昭和48年(1973)創立。

ジェー-ブイ-エム〖JVM〗《Java virtual machine》►ジャバ-ブイ-エム

ジェー-ブイ-シー〖JVC〗《Japan International Volunteer Center》日本国際ボランティアセンター。インドシナ難民の大量流出をきっかけに1980年タイのバンコクで設立された日本の民間救援団体。アジア、中東、アフリカを中心に人道支援活動を行う。

ジェー-ブイ-ピー〖JVP〗《Janatha Vimukthi Peramuna》人民解放戦線。スリランカ南部シンハラ人の民族主義過激派組織。1965年設立。

ジェープサイ-ちゅうかんし【J/プサイ中間子｜J/ψ中間子】►J/プサイ粒子

ジェープサイ-りゅうし【J/プサイ粒子｜J/ψ粒子】チャームクオークとその反クオークからなる素粒子。中間子であるチャーモニウムの一。質量は陽子の約3.3倍、電荷は零、スピンは1。1974年、米国のスタンフォード線形加速器センター(SLAC)でB=リヒターらが発見しψ粒子と名付け、またほぼ同時にブルックヘブン国立研究所でS=ティンらが独立して発見しJ粒子と名付けたため、J/ψ粒子と呼ばれることになった。この粒子の発見でチャームクオークの存在が初めて立証され、1976年、リヒターとティンはノーベル物理学賞を受賞した。J/プサイ中間子。J粒子。

シェープド-キャンバス〖shaped canvas〗矩形ではなく、自由に形作られたキャンバス。描かれる内容によって形を変形させたもの。

シェープド-ルック〖shaped look〗ウエストを絞り、全体のラインを体に沿わせて表現した、細身のシルエットを特徴とするファッション。

シェープ-パンツ《和 shape＋pants》脚の線に沿わせた細身のシルエットを特徴とするパンツのこと。

ジェーペグ〖JPEG〗《Joint Photographic Experts Group》静止画像データを圧縮・伸張する方式の一。デジタルカメラの画像記録やインターネットの画像配布に利用される。元は、そのための符号化方式の標準化を進めるために、国際標準化機構(ISO)と国際電信電話諮問委員会(CCITT)とが共同で設置した専門家グループの略称。

ジェー-ペック〖J-PEC〗《Japan Photovoltaic Expansion Center》►太陽光発電普及拡大センター

ジェー-ポップ【Jポップ】《Jは、Japaneseの頭文字》日本人が作詞・作曲したポピュラー音楽。邦楽。

シェーマ〖ドイツ Schema〗図式。形式。

ジェームズ〖James〗英国王。㊀(1世)[1566〜1625]在位1603〜1625。スコットランド王としては6世。在位1567〜1625。スチュアート王朝の祖。王権神授説をとり、絶対王政を敷き、しばしば議会と対立。また、新教徒を弾圧、聖書英訳を命じて欽定訳聖書(ジェームズ王聖書)を作った。㊁(2世)[1633〜1701]在位1685〜1688。チャールズ2世の弟。ピューリタン革命で亡命。王政復古で帰国し、海軍卿として活躍。1688年、名誉革命でフランスに亡命。

ジェームズ〖James〗㊀(William ～)[1842〜1910]米国の哲学者・心理学者。㊁の兄。プラグマティズムの創始者の一人。ドイツ観念論に反対し、哲学の実用的価値を提唱。著「心理学原理」「プラグマティズム」「宗教的経験の諸相」など。㊁(Henry ～)[1843〜1916]米国の小説家。英国に帰化。㊀の弟。心理主義文学の先駆者。作「ある婦人の肖像」「ねじの回転」など。

ジェームズ〖Jesse Woodson James〗[1847〜1882]米国開拓時代の無法者。南北戦争では南軍のゲリラに参加。戦後、兄フランクと強盗団を組織、銀行や列車を襲ったが、手下に殺された。

ジェームズジョイス-タワー〖James Joyce Tower〗アイルランドの首都ダブリンの南郊の港町、サンディコーブにある塔。19世紀初頭、ナポレオンの侵攻に備えて英国海軍が築いた「マーテロタワー」と呼ばれる要塞の一。作家ジェームズ=ジョイスが代表作「ユリシーズ」の着想を得たとされ、現在はジョイスに関する資料館になっている。

ジェームズ-とう【ジェームズ島】《James》ガンビアの首都バンジュルから東に約30キロメートル、ガンビア川河口に浮かぶ小島。かつての西アフリカにおける奴隷貿易の拠点となった場所。バンジュルにある六連砲台などの遺構とともに、2003年「ジェームズ島と関連遺跡群」の名で世界遺産(文化遺産)に登録。

ジェームズランゲ-せつ【ジェームズランゲ説】《James-Lange theory》アメリカの心理学者ジェームズ(W.James)とデンマークの心理学者ランゲ(C.Lange)とによって、1884〜85年の同じころ唱えられた情動の本質についての説。刺激→情動→身体変化ではなく、刺激→身体変化→情動という道筋を考えたもの。「悲しいから泣くのではなく、泣くから悲しい」という表現で象徴されている。

ジェー-ユー〖JU〗《juice》缶詰のふたに刻印される調理方法を示す記号。「ジュース」の意を表す。

ジェー-ユー-エス-イー-シー〖JUSEC〗《Japan-United States Educational Commission》日米教育委員会。フルブライト奨学金事業、アメリカ留学相談サービスなどを行う。昭和54年(1979)設立。本部は東京都千代田区。

ジェー-ユー-エス-ビー〖JUSB〗《Japanese University Sports Board》日本ユニバーシアード委員会。大学スポーツ団体の連絡機関。昭和32年(1957)全日本大学スポーツ委員会として発足、後に現在の名称に改称。日本オリンピック委員会(JOC)の傘下組織。

シェーラー〖Max Scheler〗[1874〜1928]ドイツの哲学者・社会学者。カントの形式主義倫理学に反対し、実質的価値倫理学を確立。現象学的方法を心理学・社会学・哲学などに適用した。晩年は、哲学的人間学の樹立に尽力。著「倫理学における形式主義と実質的価値倫理学」など。

シエラザード〖Scheherazade〗㊀「アラビアンナイト」に登場し、語り手となる女性の名。㊁リムスキー=コルサコフの交響組曲。1888年作曲。㊀を標題としたもので、4楽章よりなる。

ジェー-リーグ【Jリーグ】日本のプロサッカークラブを統括する公益社団法人日本プロサッカーリーグ、および同法人が運営するプロサッカーリーグの略称。公益財団法人日本サッカー協会(JFA)の傘下団体として、平成5年(1993)に10チームで発足した。同11年にJ1・J2の2部リーグ制を導入。毎年、J1下位とJ2上位の2ないし3チームが入れ替えられる。加盟クラブチーム数は40(2012年)。

ジェー-リート〖J-REIT〗►不動産投資信託

ジェー-りゅうし【J粒子】►J/プサイ粒子

シェール〖shale〗►頁岩

ジェール〖Győr〗►ジュール

シェール-ガス〖shale gas〗地下の頁岩(シェール)層に含まれる天然ガス。超高圧の水を注入して岩盤を破砕し、貯留しているガスを採取する。

シェーレ〖Karl Wilhelm Scheele〗[1742〜1786]スウェーデンの化学者。酸素・塩素・バリタ・弗化水素・シアン化水素などの発見、酒石酸・安息香酸などの単離、骨灰からの燐の製造など、業績が多い。

シェーレ〖ドイツ Schere〗❶手術用のはさみ。❷►鋏状価格差

シェーレン〖ドイツ Scheren〗スキーの動作で、ターンするとき、スキー板の先がV字形に開くこと。

ジェー-ワイ-エー〖JYA〗《Japan Yachting Association》日本ヨット協会。昭和7年(1932)設立。平成11年(1999)、日本外洋帆走協会と統合し、日本セーリング連盟(JSAF)となる。

ジェー-ワン〖J1〗Jリーグの1部リーグ。平成11年(1999)の2部リーグ制導入により、それまでのJリーグ18チームのうち16チームで発足。平成17年から18チーム。毎年、下位2ないし3チームがJ2に降格する。Jリーグ-ディビジョン1。

ジェーン-エア〖Jane Eyre〗シャーロット=ブロンテの長編小説。1847年、男性の筆名で発表。孤児として成長したジェーン=エアが、家庭教師として雇われた先の主人と結ばれるまでを描く。

シェーンブルン-きゅうでん【シェーンブルン宮殿】《Schönbrunn》オーストリアの首都、ウィーンにある同国最大の宮殿。1695年、レオポルト1世の命で、フィッシャー=フォン=エルラッハの設計によりバロック式の夏の離宮として建造。のちにニコラウス=パカッシイらが改築し、マリア=テレジアの時代に現在のロココ式宮殿の姿になった。ウィーン会議の舞台。1996年、「シェーンブルン宮殿と庭園群」の名称で世界遺産(文化遺産)に登録。シェーンブルン離宮。

シェーンベルク〖Arnold Schönberg〗[1874〜1951]オーストリアの作曲家。後期ロマン派の影響を受け、無調音楽・十二音音楽という理論を打ち立てた。1933年、米国へ亡命。作品に「浄められた夜」「月に憑かれたピエロ」など。

し-えき【四駅】江戸時代、江戸を起点とする五街道の最初の宿駅。日光・奥州街道の千住、中山道の板橋、東海道の品川、甲州街道の内藤新宿。四宿。

し-えき【私益】一個人の利益。私利。⇔公益。
[類語]私利・我利・私腹・営利・名利

し-えき【使役】〔名〕スル ❶人を使って何かをさせること。働かせること。「牛馬のごとく―する」❷文法で、ある行為を他人に行わせることを表す言い方。動詞に、文語では助動詞「す」「さす」「しむ」など、口語では助動詞「せる」「させる」「しめる」などを付けて言い表す。[類語]駆使・行使・酷使・人使い・使用

じ-えき【自益】個人の利益。自分の利益。

じ-えき【時疫】流行病。はやりやまい。

じ-えき【滋液】味のよい液。また、甘味のある液。

しえき-けん【使役犬】作業に従事する犬。牧羊犬・盲導犬など。

じえき-けん【自益権】社員権の一。社員が社団から経済的利益を受ける権利。利益配当請求権など。⇒共益権

じえき-しんたく【自益信託】委託者自身が信託財産から生じる利益の受益者となる信託。

しえき-ほう【市易法】中国、北宋の王安石の新法の一。中小商人の保護と物価の安定を目的に、小商人の物資が売れないとき、政府がこれを買い上げたり、またはその物資を抵当に低利金融を行った。

シエシエ【謝謝】〔感〕《中国語》ありがとう。

しえ-じけん【紫衣事件】寛永4年(1627)朝廷に対する江戸幕府の優越を示した事件。後水尾天皇が大徳寺・妙心寺の僧に与えた紫衣着用の勅許を幕府が無効であるとし、これに抗議した大徳寺の沢庵らを処罰した。

ジェスイット〖Jesuit〗「イエズス会」に同じ。

ジェズイット〖Jesuit〗《「ジェスイット」とも》イエズス会士。

ジェズイット-きょうだん【ジェズイット教団】イエズス会の異称。

ジェズ-きょうかい【ジェズ教会】《Chiesa del Gesù》イタリアの首都ローマにある教会。イエズス会

の本部として、枢機卿アレッサンドロ＝ファルネーゼの支援により16世紀後半に建造。内部は17世紀から18世紀にかけて改修され、バロック様式の装飾が多く施された。宣教師フランシスコ＝ザビエルの右腕を安置している。

シエス-しょとう【シエス諸島】《Islas Cíes》スペイン北西部、ガリシア州の港湾都市ビーゴの沖合約10キロメートルにある諸島。モンテアグード、ファロ、サンマルティーニョの3島で構成され、希少な海鳥の生息地としてガリシア大西洋諸島国立公園に指定されている。海岸保養地としても知られる。

ジェズス-の-きょうかい【ジェズスの教会】《Igreja de Jesus》ポルトガル南西部の港湾都市セトゥーバルにある教会。15世紀末、ポルトガル王マヌエル1世により建造。後にリスボンのジェロニモス修道院を建設したフランスの建築家ディエゴ＝ボイタックが手掛け、祭壇や窓枠などにマヌエル様式の特徴が見られる。イエスの教会。

シエスタ〘siesta〙昼寝。スペイン・イタリアなどラテン系の国の風習をいう。

ジェスチャー〘gesture〙《「ゼスチャー」「ゼスチュア」とも》❶身振り。手振り。しぐさ。「一をまじえて話す」❷見せかけだけの態度・振る舞い。思わせ振り。振り。「あの居直りは彼一流の一だ」
〔類語〕振り・身振り・所作・しぐさ・素振り・思わせ振り・風・様子・体・格好・演技・アクション・ポーズ

シェストフ〘Lev Shestov〙[1866〜1938]ロシアの思想家。本名、レフ＝イサコビッチ＝シュワルツマン(Lev Isaakovich Shvartsman)。革命後、フランスに亡命。非合理的、虚無的思想により、不安の哲学として第一次大戦後に迎えられた。著「シェークスピアとその批評家ブランデス」「悲劇の哲学」など。

しえた・ぐ【▽虐ぐ】〔動ガ下二〕《「しえたく」「しえだく」とも》「しえたげる」の文語形。

しえた・げる【▽虐げる】〔動ガ下一〕図しへた・ぐ〔ガ下二〕❶「しいたげる」に同じ。「一・げられた定基の若妻に同情し」〈露伴・連環記〉❷うち負かす。征服する。「御方追ひ落とされて、敵を一・ぐるに及ばず」〈平家・一二〉

ジエチル-エーテル〘diethyl ether〙エチルエーテルのこと。

しエチル-なまり【四エチル鉛】►テトラエチル鉛

ジエチレン-グリコール〘diethylene glycol〙無色で吸湿性のある、わずかに甘い液体。水・エタノール・エーテルなどに溶ける。ポリエステルの原料。

し-えつ【私謁】❶天子などに私事のために謁見すること。❷内々の頼み。個人的な依頼。「賄賂行われ一盛んなる官員仲間」〈露伴・露団々〉

ジエツァイ【芥菜】《中国語》アブラナ科アブラナ属の野菜。中国原産。小芥菜(カラシナ)と大芥菜(タカナ)の二つの系統がある。葉には特有な香りと辛味があり、漬物やいため物に用いる。

ジェット〘jet〙❶ノズルやパイプなどから、連続的に噴出する液体や気体の流れ。噴流。❷「ジェット機」の略。

ジェット-エンジン〘jet engine〙吸入・圧縮した空気に燃料を吹き込んで燃焼させ、発生したガスを高速で後方に噴出させて、その反動で推力を得る熱機関。航空機用エンジンとして使用。

ジェット-き【ジェット機】ジェットエンジンを推進装置として用いる航空機の総称。

ジェット-きりゅう【ジェット気流】地球の亜熱帯および中緯度地帯の対流圏上部にある強い西風の帯。極の周りを蛇行しながら流れており、風速は冬季には秒速100メートルにも達する。ジェットストリーム。

ジェット-コースター《和 jet＋coaster》急な起伏やカーブのあるレール上を高速で走る遊戯用の列車。遊園地などに設備されている。〔補説〕英語ではroller-coaster

ジェット-シンドローム〘jet syndrome〙時差ぼけ。ジェットラグ。

ジェット-スキー〘Jet Ski〙船型のボードにエンジンとハンドルをつけたもの。商標名。水上を高速で疾走できる。スポーツ・レジャー用。〔補説〕「水上バイク」などと言い換える。

ジェット-ストリーム〘jet stream〙ジェット気流。

ジェット-ねんりょう【ジェット燃料】ジェット機用の航空燃料。主として灯油と重質ガソリンとの混合物が用いられる。

ジェット-バス〘jet bath〙浴槽内に取り付けた装置から、湯が勢いよく噴き出す仕掛けの風呂。ジェット噴流バス。➡ジャクージ

ジェット-ふうせん【ジェット風船】細長い形をしたゴム風船の口に笛を取り付けた玩具。ふくらませて手を離すと、音を出しながら飛ぶ。商標名。

ジェット-フォイル〘jetfoil〙噴射推進式水中翼船。船外から大量の水をポンプで吸い込み、高圧で水を噴射して進む水中翼船。

ジェット-プロペラ〘jet propeller〙船舶を推進させる装置。ポンプによって船外から吸い込んだ水を、船尾に向けて噴射し前進するもの。

ジェット-ヘルメット〘jet helmet〙ジェット機を操縦するパイロットが着用するヘルメット。また、そのような形のオートバイや、自動車ドライバー用のヘルメット。

ジェット-ポンプ〘jet pump〙ノズルから高圧で水や空気を噴出させ、このとき生じる真空を利用し、他の流体の吸い込み・吐き出しをするポンプ。

ジェット-ラグ〘jet lag〙時差ぼけ。ジェットシンドローム。

シェットランド〘Shetland〙►シェトランド

ジェット-ルート〘jet route〙原則として300海里以内の距離にある高高度用の航空保安無線施設の上空を相互に結ぶ直行径路。日本では高度2万4000フィート以上を飛ぶジェット旅客機が使用する。

シェッフェル〘Joseph Victor von Scheffel〙[1826〜1886]ドイツの詩人・小説家。長編叙事詩「ゼッキンゲンのラッパ手」、歴史小説「エッケハルト」など。

シェップスホルメン-とう【シェップスホルメン島】《Skeppsholmen》スウェーデンの首都、ストックホルムの中心部にある島。王宮があるガムラスタンの東側に位置する。16世紀に王室の保養地、17世紀は海軍基地となった。現在、海軍の施設は改修され、それぞれ東洋博物館、建築博物館、現代美術館などになっている。毎年7月にジャズの音楽祭が開催される。

ジェディック〘JEDIC〙《Japan Electronic Data Interchange Council》次世代EDI推進協議会。日本におけるEDIによる企業間の電子商取引の普及、推進を目的として設立された団体。平成4年(1992)EDI推進協議会として設立、同19年現名称に変更。

ジェデック〘JEDEC〙《Joint Electron Device Engineering Council》合同電子デバイス委員会。電子部品の規格の標準化を推進している米国の業界団体。米国電子工業会(EIA)に属する。

シェトランド〘Shetland〙《「シェットランド」とも》英国シェトランド諸島を原産地とする羊毛糸。また、それで作られたツイードのこと。軽く保温性に富む。

シェトランド-シープドッグ〘Shetland sheepdog〙英国シェトランド諸島原産の牧羊犬。コリーに似ているがはるかに小形。性質はおとなしく活発で、よく訓練することができる。体高30〜40センチ。

シェトランド-しょとう【シェトランド諸島】《Shetland》英国スコットランド北東にある諸島。大小約100の島からなる。牧羊、羊毛加工業が盛ん。小型の馬シェトランドポニーの産地。

ジェトロ〘JETRO〙《Japan External Trade Organization》日本貿易振興機構の略称。昭和33年(1958)に全額政府出資の特殊法人日本貿易振興会として設立。平成15年(2003)経済産業省所管の独立行政法人となり、日本貿易振興機構に改称。海外の市場調査、国際見本市の開催、輸入促進への協力などを行う。

シエナ〘Siena〙イタリア中部、トスカーナ地方の古都。観光地。大聖堂・宮殿などがあり、1995年「シエナ歴史地区」の名で世界遺産(文化遺産)に登録。

シエナ-だいせいどう【シエナ大聖堂】《Duomo di Siena》イタリア中部、トスカーナ州の都市シエナにあるゴシック様式の大聖堂。12世紀半ばに着工され、14世紀に完成。外壁は白と暗緑色の大理石による縞模様で覆われ、内部床面も旧約聖書を題材にした大理石による象嵌が施されている。ジョバンニ＝ピサーノがファサードの装飾を手がけたほか、ニコラ＝ピサーノらによる説教壇がある。洗礼堂にはギベルティ、ドナテロらによるレリーフを施した洗礼盤が置かれている。1995年、大聖堂やプブリコ宮殿、カンポ広場がある旧市街は「シエナ歴史地区」の名称で世界遺産(文化遺産)に登録された。

シエナ-は【シエナ派】中世末期からルネサンスにかけて、シエナを中心に活躍した画派。最盛期は14世紀で、ドゥッチョ・マルティーニ・ロレンツェッティ兄弟らがいた。

シェナンドア-こくりつこうえん【シェナンドア国立公園】《Shenandoah National Park》米国バージニア州北部にある国立公園。アパラチア山脈の最東部を構成するブルーリッジ山脈に沿い、多数の峡谷や滝、森林などの自然景観を楽しめる。

シェニール-いと【シェニール糸】《chenilleは毛虫の意》ビロード状にけば立てた飾り糸。刺繍やふさ飾りなどに用いる。モール糸。毛虫糸。

シェニエ〘André Marie de Chénier〙[1762〜1794]フランスの詩人。ロマン派、また高踏派の先駆者。フランス革命に参加し、刑死。作「悲歌」「牧歌」など。

ジェニタリア〘genitalia〙外部生殖器。陰茎および膣のこと。➡生殖器官

ジェネティクス〘genetics〙「遺伝学」に同じ。

ジェネティック-エンジニアリング〘genetic engineering〙►遺伝子工学

ジェネティック-コード〘genetic code〙「遺伝暗号」に同じ。

ジェネラリスト〘generalist〙►ゼネラリスト

ジェネラル〘general〙►ゼネラル

ジェネリック〘generic〙❶一般的であること。共通していること。❷(商標名ではなく)一般名。総称。❸新薬の特許期間の切れた後に、他社が製造する新薬と同一成分の薬。効能、用法、用量も新薬と同じ。開発費がかからないため価格が安い。ジェネリック医薬品。後発医薬品。後発薬。ゾロ薬。➡先発医薬品

ジェネリック-いやくひん【ジェネリック医薬品】►ジェネリック❸

ジェネリック-テクノロジー〘generic technology〙基盤技術。一般的・基礎的だが、将来、製品開発に結びつく可能性のある技術。

ジェネリック-ひん【ジェネリック品】《ジェネリックは、generic(「一般名の」の意)》商標名ではなく、一般名が使われる商品。特に、新薬の特許が切れた後に、同じ成分・同じ効き目で売り出される後発医薬品をいう。

ジェネレーション〘generation〙《「ゼネレーション」とも》❶世代。また、同世代に属する人々。「一ギャップ」❷親のあとを継いでから、それを子に譲るまでの平均期間(約30年)。

ジェネレーション-エックス【ジェネレーションX】《Generation X》►X世代

ジェネレーション-ギャップ〘generation gap〙世代の差。価値観の違いから生じる世代間の断絶。

ジェネレーション-ワイ【ジェネレーションY】《Generation Y》►Y世代

ジェネレーター〘generator〙発電機。

ジェノ-ウイルス【GENOウイルス】《GENO virus》►ガンブラー

ジェノサイド〘genocide〙ある人種・民族を、計画的に絶滅させようとすること。集団殺害。集団殺戮。

ジェノサイド-じょうやく【ジェノサイド条約】1948年12月の国連総会で採択された、集団殺害罪の防止および処罰に関する条約。国民・人種・民族・宗教上の集団を殺害し迫害する行為を防止し、国際法上の犯罪として処罰しようとするもの。

ジェノバ〘Genova〙イタリア北西部、ジェノバ湾に臨

む港湾・工業都市。地中海最古の港の一つで、中世から東方貿易の中継地として繁栄。コロンブスの生地。2006年、世界遺産(文化遺産)に登録された。人口、行政区61万(2008)。ジェノア。

ジェノバ-おうきゅう【ジェノバ王宮】《イタリア Palazzo Reale di Genova》イタリア北西部の都市ジェノバにある宮殿。17世紀にバルビ家の館として建造。同時代に建てられたジェノバの貴族の館の中で最大。19世紀にサルデーニャ王国サボイア家の宮殿となった。現在は貴族の家具調度品、およびファン=ダイクやバッサーノらの絵画を展示する美術館になっている。

ジェパ〖JEPA〗《Japan Electronic Publishing Association》►日本電子出版協会

シェパード〖shepherd〗《羊飼いの意》家畜の犬の一品種。ドイツの原産。体形はオオカミに似る。元来は牧羊犬で、用心深く勇敢・忠実であるため、警察犬・盲導犬・麻薬探知犬として重用される。セパード。

シェパード-チェック〖shepherd check〗小柄の格子縞のこと。普通は縦と横が同じ幅になっている。

ジェビーン-じょう【ジェビーン城】《スロバキア Devínsky hrad》►デビーン城

シェフ〖フランス chef〗《頭(かしら)の意》料理長。コック長。
(類語)板前・コック・調理師

ジェフ〖GEF〗《Global Environment Facility》地球環境ファシリティー。地球環境保全のために、途上国へ資金供与を行う多国間援助の仕組み。世界銀行、UNEP(国連環境計画)、UNDP(国連開発計画)の三者が共同で運営する。1991年発足。事務局はワシントン。➡クールアースパートナーシップ

ジェファーソン〖Thomas Jefferson〗[1743～1826]米国の政治家。第3代大統領。在任1801～1809。独立運動に参加して、「独立宣言」を起草。国務長官・副大統領を経て、大統領となった。貿易の改善、ルイジアナ州の購入などの功績を残す。退任後には、バージニア大学を創立。➡マディソン

ジェファーソン-きねんかん【ジェファーソン記念館】《Thomas Jefferson Memorial》米国の首都、ワシントンの中心部、ナショナルモールにある記念館。独立宣言を起草し、第3代大統領を務めたトマス=ジェファーソンの功績を記念して建造。大理石と石灰岩でできた古代ギリシャの神殿を思わせる建物にジェファーソンのブロンズ像が置かれている。

ジェファーソン-ナショナル-エクスパンション-メモリアル〖Jefferson National Expansion Memorial〗米国ミズーリ州の都市、セントルイスにある公園。1803年、第3代大統領トマス=ジェファーソンによるルイジアナ買収を機に領土が2倍に広がったことを記念して作られた。市のシンボルでもあるゲートウエーアーチ、西部開拓博物館などがある。

シェフィールド〖Sheffield〗英国イングランド中部ヨークシャー地方の工業都市。14世紀以来の鉄鋼・刃物の産地。人口、都市圏64万(2001)。

シェフザーデ-ジャーミー〖Şehzade Camii〗►シェフザーデモスク

シェフザーデ-モスク〖Şehzade Mosque〗トルコ北西部の都市イスタンブールの旧市街にあるイスラム寺院。16世紀半ば、オスマン帝国のスルターンであるスレイマン1世が、21歳で早世した長男メフメットのために建造。宮廷建築家ミマール=スィナンの設計による。直径17メートル、高さ37メートルのドームをもち、スィナン初の大作とされる。シェフザーデジャーミー。

シェフチェンコ〖Taras Grigor'evich Shevchenko〗[1814～1861]ウクライナの詩人・画家。ウクライナ国民文学の確立者。革命的傾向のため流刑。叙情詩集「コブザーリ」、叙事詩「ガイダマキ」など。

ジェフ-ちば【ジェフ千葉】►ジェフユナイテッド市原・千葉

ジェフユナイテッド-いちはら-ちば【ジェフユナイテッド市原・千葉】日本プロサッカーリーグのクラブチームの一。ホームタウンは市原市、千葉市。昭和21年(1946)、横浜市で古河電気工業サッカー部として発足。平成4年(1992)、市原市に移転。翌年のJリーグ発足時から参加。同15年に千葉市がホームタウンに加わり、同17年からチーム名を現名称に変更。ジェフユナイテッド千葉。ジェフ千葉。(補説)「ジェフ(JEF)」は、運営母体のJR東日本と古河電工の英文社名の頭文字をあわせた造語。

ジェフラ〖Žehra〗スロバキア東部の村。スピシュスキー城の城下町の一。13世紀に建てられた初期ゴシック様式の聖霊教会は1993年に「スピシュスキー城とその関連文化財」として世界遺産(文化遺産)に登録。

シェフレラ〖ラテン Schefflera〗ウコギ科の常緑低木。観葉植物。葉は6～11枚の小葉が丸く並ぶ。

シェブロン〖chevron〗軍服の腕や胸につける山形の階級章のこと。

ジェボンズ〖William Stanley Jevons〗[1835～1882]英国の経済学者。近代経済学の創設者の一人。古典学派を批判し、メンガー・ワルラスと並んで限界効用理論を確立した。景気循環に関する太陽黒点説でも有名。著「経済学の理論」「石炭問題」など。

ジェマ〖JEMA〗《Japan Electrical Manufacturers' Association》日本電機工業会。電気機械器具の製造業者、またその関連事業者が会員。昭和23年(1948)設立。

ジェミニ〖Gemini〗双子座。

ジェミニ-けいかく【ジェミニ計画】《Gemini 双子座の意》米国が行った有人宇宙飛行計画の一。1964～66年二人乗り宇宙船による地球周回飛行を行い、月飛行に必要なランデブーやドッキング、船外活動、宇宙科学実験、宇宙食や宇宙服の試験などをした。

ジェミラ〖Djémila〗アルジェリアの首都アルジェの東約250キロメートルにある町。神殿・劇場・集会場などの、古代ローマの都市遺跡が残る。町の名はアラビア語で「美しい」を意味する。1982年、世界遺産(文化遺産)に登録された。

ジェム〖gem〗宝石。玉。貴石。宝玉。➡ジェムストーン

ジェム〖GEM〗《ground effect machine》エアークッション艇。ホーバークラフト。水陸両用。

ジェム〖JEM〗《Japanese Experiment Module》►きぼう

ジェム〖GEM〗《Growth Enterprise Market》香港証券取引所に1999年に開設された新興企業向け市場。創業板。

ジェム-きかく【JEM規格】《JEM Standards; Standards of the Japan Electrical Manufacturers' Association》日本電機工業会規格。日本電機工業会(JEMA)が取扱製品基準表に定める電気機器の設計・製造・試験・使用などにかかわる規格。

ジェムス〖GEMS〗《Global Environmental Monitoring System》地球環境モニタリングシステム。1973年に発足したユネップ(国連環境計画)の活動の一。気象変化や大気汚染が人間の健康に与える影響などに関する情報を収集する。

ジェムストーン〖gemstone〗宝石の原石。

シェムニッツ〖Schemnitz〗スロバキアの都市バンスカーシュティアブニツァのドイツ語名。

しえや〔感〕断念・決意などをしたときに発する声。ええい。ええままよ。「あらかじめ人言繁しかくしあらばーわが背子奥もいかにあらめ」〈万・六五九〉

ジェラート〖イタリア gelato〗乳脂肪分の少ない、イタリア風アイスクリーム。日本で「イタリアンジェラート」ともいう。

ジェラシー〖jealousy〗嫉妬。ねたみ。やきもち。
(類語)焼き餅・悋気・おか焼き・法界悋気・妬心

ジェラゾバ-ボラ〖Żelazowa Wola〗ポーランド中部、マゾフシェ県の村。首都ワルシャワの西方約50キロメートルに位置する。作曲家・ピアニスト、フレデリック=ショパンの生地。ショパンの生家があり、現在は博物館として公開されている。

シェラック〖ドイツ Schellack｜shellac〗ラックカイガラムシの分泌物から得られる動物性の天然樹脂。熱硬化性で電気絶縁性にすぐれ、電気絶縁用皮膜・アルコールワニスの原料とする。

シェラック-ワニス〖shellac varnish〗シェラックをアルコールに溶かした塗料。木材の目止め、下塗り、つや出し仕上げ塗りなどに用いる。ラックニス。

シエラネバダ-さんみゃく【シエラネバダ山脈】《スペイン Sierra Nevadaは雪の山脈の意》㊀スペイン南部を東西に走る山脈。万年雪がみられ、最高峰ムラセン山は標高3482メートル。ネバダ山脈。㊁米国カリフォルニア州東部を南北に走る山脈。ヨセミテ・キングズキャニオン・セコイアなどの国立公園がある。最高峰はホイットニー山の4418メートル。谷氷河がある。

シエラマドレ-さんみゃく【シエラマドレ山脈】《スペイン Sierra Madreは母の山脈の意》メキシコ高原のまわりに連なる山脈。東・西・南の3山脈からなる。

シエラ-レオネ〖スペイン Sierra Leone〗アフリカ西部、大西洋岸の共和国。首都フリータウン。もと英国植民地・保護領。1961年独立、1971年共和国。コーヒー・ダイヤモンドを産する。人口525万(2010)。

ジエランツァイ【芥藍菜】《中国語》中国原産のアブラナ科の野菜。キャベツの仲間ではあるが、結球しない。若い茎を食用にする。

ジェランド〖gerund〗英文法で、動名詞。

シェラン-とう【シェラン島】《デンマーク Sjælland》デンマーク東部にある同国最大の島。東岸に首都コペンハーゲンがある。

シェリー〖Shelley〗㊀(Percy Bysshe ～)[1792～1822]英国の詩人。ロマン派の代表者。自由の精神と理想美をたたえた叙情詩を書いた。作「雲雀に寄す」「プロメテウス解縛」「西風の賦」など。㊁(Mary Wollstonecraft ～)[1797～1851]英国の女流小説家。㊀の妻。代表作、怪奇小説「フランケンシュタイン」。

シェリー〖sherry〗スペイン南部産の白ぶどう酒。酵母を用いたかび付けによる独特の古酒香がある。ドライと甘口とがある。シェリー酒。セリー。

ジェリー〖jelly〗►ゼリー

シェリー-ビネガー〖sherry vinegar〗シェリー酒を発酵させて作った褐色の食用酢。濃厚な味わいと芳香がある。

ジェリコ〖Jericho〗►エリコ

ジェリコー〖Jean Théodore Géricault〗[1791～1824]フランスの画家。冷徹な観察に基づく劇的表現により、フランスロマン主義の端緒を開いた。作「メデューズ号の筏」「エプソムの競馬」など。

シェリダン〖Richard Brinsley Sheridan〗[1751～1816]英国の劇作家。機知と風刺に富んだ喜劇で知られる。作「恋敵」「悪口学校」「批評家」など。

シェリフ〖sheriff〗米国で、郡などの行政区の治安をつかさどる役人。選挙により任命される。保安官。

シェリホフ〖Shelekhov〗►シェレホフ

シェリング〖Friedrich Wilhelm Joseph von Schelling〗[1775～1854]ドイツの哲学者。神秘的直観を重視し、合理主義哲学の限界を批判、絶対者において自然と自我とが合一すると説く同一哲学を主唱。著「先験的観念論の体系」「人間的自由の本質」。

シェリントン〖Charles Scott Scherrington〗[1857～1952]英国の生理学者。中枢神経系を研究。ニューロンの機能の発見により1932年、E=D=エードリアンとともにノーベル生理学医学賞受賞。著「神経系の統御作用」「脊髄の反射活動」など。

シェル〖shell〗❶貝殻。殻。❷外板を1枚張りにし、水との摩擦抵抗をなくし、軽量化したレース用のボート。シェル艇。❸コンピューターのオペレーティングシステムで、ユーザーの入出力の操作をになうプログラム。

ジェル〖gel〗ゼリー状のもの。粘着性のある液体状のもの。特に、その様態のシャンプー・石鹸・整髪料のこと。➡ゲル

シェル-こうぞう【シェル構造】鉄筋コンクリート製などの薄い曲面板を、1枚または数枚組み合わせて空間を覆う建築構造。支点間の距離の大きい屋根に用いる。

ジェルジンスク〖Dzerzhinsk〗《「ゼルジンスク」とも》ロシア連邦西部の都市。オカ川沿いに位置する。旧称ラスチャピノ。1929年に共産党指導者フェリク

ス=ジェルジンスキーを記念して改称された。旧ソ連時代に同国を代表する化学工業の中心地として発展。また冷戦期には化学兵器の製造拠点だった。

シェル-スクリプト〖shell script〗UNIX系のオペレーティングシステムで動作する簡易プログラムの一。バッチ処理などに使われ、テキストファイルに記述された命令を順次実行する。

シェル-ソート〖shell sort〗コンピューターでデータをある基準によって並べかえるソートで使われるアルゴリズムの一。挿入ソートを改良し、隣り合った要素だけを比較するのではなく、ある適当な間隔で取り出した要素列に対し、挿入ソートを行い、徐々にその間隔を詰めて同じ走査を繰り返す。

シェルター〖shelter〗避難壕(ごう)。防空壕。特に、核攻撃に対する避難所を核シェルターという。

シェル-ハ〖Xel-Ha〗メキシコ東部、ユカタン半島の東部にある観光地。入り江を整備した海洋公園がある。近隣にはマヤ遺跡のトゥルムがある。同州の観光・保養都市カンクンから訪れる観光客が多い。

シェルパ〖Sherpa〗❶《チベット語で東の人の意》エベレスト南麓(なんろく)の高地に住むチベット系ネパール人。農耕・牧畜・交易などに従事。ヒマラヤ登山隊の案内人としても知られる。宗教はラマ教。❷《サミット(首脳)を助けるところから》首脳会談で、各国首脳の代理として会談の準備、会議内容の根回しなどを担当する高級官僚。

シェルフ〖shelf〗棚。「ブック―」

シェルブール〖Cherbourg〗フランス北部、ノルマンディー地方の軍港都市。機械工業が盛ん。

シェルモールド-ほう【シェルモールド法】ハフ《shell mold process》珪砂(けいしゃ)に合成樹脂を混ぜて焼成した鋳型を使用する金属の鋳造法。大量生産に適する。

シェレホフ〖Shelekhov〗《「シェリホフ」とも》ロシア連邦中部、イルクーツク州の都市。州都イルクーツクの南西約20キロメートル、オルハ川、イルクート川沿いに位置する。シベリア鉄道が通る。非鉄金属業、機械工業が盛ん。名称は18世紀の商人・探検家グレゴリー=シェレホフにちなむ。

シェレメチェフ-きゅうでん【シェレメチェフ宮殿】《Sheremetevskiy dvorets》ロシア連邦北西部の都市サンクトペテルブルグにある宮殿。フォンタンカ川に面する。18世紀半ば、バロック様式で建造。ロシア革命以前まで、帝政ロシアの貴族シェレメチェフ伯爵家の邸宅だった。現在、楽器博物館として一部公開。

ジェロニモ〖Geronimo〗[1829〜1909]アメリカ先住民アパッチ族の指導者。先住地であるアリゾナ、ニューメキシコ地方に進出した白人に対して激しく抵抗したが、1886年に降伏。

ジェロニモス-しゅうどういん【ジェロニモス修道院】シウダウヰン《Mosteiro dos Jerónimos》ポルトガルの首都リスボンの南西部、ベレン地区にある修道院。16世紀初頭、ポルトガル王マヌエル1世がインド航路発見を記念し着工。マヌエル1世、バスコ=ダ=ガマ、詩人ルイス=デ=カモンイスの墓がある。大航海時代の栄華を反映したポルトガル独自の建築・芸術様式であるマヌエル様式の傑作として知られ、1983年、ベレンの塔とともに世界遺産(文化遺産)に登録。

ジェロントクラシー〖gerontocracy〗老人支配。特に、老人支配の政治。

ジェロントロジー〖gerontology〗医学・生物学・心理学・社会学などの面から老年期における諸問題を総合的に研究する学問。老人学。加齢学。

し-えん【支援】シヱン〘名〙スル 力を貸して助けること。「独立運動を―する」類語 援助・後援・応援・助成・バックアップ・フォロー・賛助・助力・幇助(ほうじょ)・力添え・協力・後押し・助ける・助(す)けける・手伝う・手助けする・加勢する・助太刀(すけだち)する・守(も)り立てる・力を貸す・手を貸す・肩を貸す・補助する・補佐する

し-えん【私怨】シヱン 個人的なうらみ。「―を抱く」類語 恨み・遺恨・怨恨・逆恨み・怨念(おんねん)・恨めしい・怨嗟(えんさ)・意趣・宿意・宿怨(しゅくえん)・宿恨・積怨(せきえん)・旧怨(きゅうえん)・仇(あだ)・憎しみ・復讐心(ふくしゅうしん)

し-えん【紙×鳶】凧(たこ)。いかのぼり。

し-えん【紫煙｜紫×烟】紫色の煙。紫色のもや。また、特に、タバコの煙。「―をくゆらす」類語 黒煙・白煙

し-えん【詩×筵】詩人・文人などの会合の席。

し-えん【試演】〘名〙スル 試験的に上演・演奏すること。プレビュー。「関係者を招いて―する」

し-えん【賜宴】天子・主君の催す酒宴に招かれること。また、その酒宴。

じ-えん【自演】〘名〙スル 自作の映画や劇に、自分が出演すること。「原作者が―する」「自作―」

じえん【慈円】ジヱ[1155〜1225]鎌倉初期の天台宗の僧。関白藤原忠通の子。九条兼実の弟。諡号(しごう)は慈鎮。天台座主(ざす)。「愚管抄」の著者。家集「拾玉集」がある。吉水の僧正。

しえんか-けいそ【四塩化×珪素】シエンクワ 炭化珪素または二酸化珪素と炭素の混合物を塩素気流中で熱して得られる無色の液体。空気中の湿気で発煙する。有機珪素化合物・シリコーン樹脂の原料。化学式$SiCl_4$

しえんか-たんそ【四塩化炭素】シエンクワ 炭化水素に塩素を反応させて作る、特異臭のある無色の液体。水にはほとんど溶けず有機溶媒に溶けるので、フレオンの原料、油脂・樹脂の溶剤に利用。化学式CCl_4

シェンキェビチ〖Henryk Sienkiewicz〗[1846〜1916]ポーランドの小説家。その歴史小説は民族独立運動に大きな影響を与えた。1905年、ノーベル文学賞受賞。作「クオ-バディス」、三部作「火と剣」「大洪水」「パン-ウォロディヨフスキ」など。

しえん-きん【支援金】シヱ 大規模な災害が発生した際に、被災地で活動するNPO法人やボランティア団体などに対して送られる寄付金。→義援金。

シェンゲン-きょうてい【シェンゲン協定】ケフテイ《Schengen agreement》欧州各国が空港や国境での出入国審査を省略し、加盟国相互間を自由に移動できるよう定めた協定。日本など加盟国外からの旅行者も、最初の国で入国審査を済ませれば、以後は旅券の提示なしで加盟国内を移動できる。1985年の発足当初はフランス・西ドイツ・ベルギー・オランダ・ルクセンブルクの5か国で結ばれ、以降、旧東欧諸国なども加わって31か国に拡大。EU諸国のうち英国とアイルランドを除く13か国が参加。EU非加盟のスイス・ノルウェー・アイスランドも加盟している。

しえん-せんとうき【支援戦闘機】シヱ 自衛隊用語で、侵攻する敵の艦船や上陸部隊を攻撃して、味方の海上・陸上部隊を支援することを主任務とする戦闘機。諸外国の攻撃機・戦闘爆撃機に相当する。略称、FS。

ジェンダー〖gender〗❶文法で、名詞や活用語の男性・女性・中性といった分類。❷社会的、文化的に形成される男女の差異。男らしさ、女らしさといった言葉で表現されるもので、生物上の雌雄を示すセックスと区別される。

ジェンダーエンパワーメント-しすう【ジェンダーエンパワーメント指数】女性が政治・経済活動に参加し、意思決定に関与しているかを示す指数。国会議員・管理職・専門職・技術職に占める女性の割合や男女の所得格差(推定値)に基づいて算出され、国連開発計画(UNDP)が2009年まで人間開発報告書で発表。2010年からジェンダー不平等指数(GII)に変更された。女性活躍度指数。GEM(gender empowerment measure)。➡ジェンダー開発指数 ➡人間開発指数

ジェンダーかいはつ-しすう【ジェンダー開発指数】人間開発の達成度における女性と男性の間の格差を示す指数。国連開発計画(UNDP)が2009年まで毎年発表。2010年からジェンダー不平等指数(GII)に変更された。平均余命・教育・所得の側面から人間開発の達成度を示す人間開発指数(HDI)と同じ指標を用いて測定され、ジェンダー格差が大きいほどHDIに対して値が低くなる。GDI(Gender-related Development Index)。➡ジェンダーエンパワーメント指数 ➡人間開発指数

ジェンダーギャップ-しすう【ジェンダーギャップ指数】各国の社会進出における男女格差を示す指標。世界経済フォーラム(WEF)が毎年公表しているもので、経済活動や政治への参画度、教育水準、出生率や健康寿命などから算出される。日本は政治分野で格差が大きく、2010年は134か国中94位。世界男女格差指数。GGGI(Global Gender Gap Index)。補説 男女間の格差を国別に示す指標としては他に、国連開発計画(UNDP)が発表するジェンダー不平等指数(GII)がある。これは2009年までジェンダー開発指数(GDI)およびジェンダーエンパワーメント指数(GEM)として発表されたもの。

ジェンダーふびょうどう-しすう【ジェンダー不平等指数】フビヤウドウ 人間開発における男女間の格差を示す指標。国連開発計画(UNDP)が、以前のジェンダー開発指数(GDI)およびジェンダーエンパワーメント指数(GEM)に代わるものとして、2010年から発表。妊産婦死亡率や女性議員の比率などをもとに算出される。日本は138か国中12位(2010年)。GII(Gender Inequality Index)。補説 男女間の格差を国別に示す指標としては他に、世界経済フォーラム(WEF)が発表するジェンダーギャップ指数(GGGI)がある。

ジェンダー-フリー〖gender free〗性による社会的、文化的差別をなくすこと。ジェンダーにとらわれず、それぞれの個性や資質に合った生き方を自分で決定できるようにしようという考え方。

ジェンツァーノ〖Genzano〗イタリアの首都ローマ南東部、カステリロマーニ地方の町。ネミ湖という火山起源のカルデラ湖の南西岸に面する。毎年6月頃、聖体祭直後の日曜日に催されるインフィオラータという花祭りでは、通り一面が花で敷き詰められ、多数の観光客が訪れる。ジェンツァーノ-ディ-ローマ。

ジェンツァーノ-ディ-ローマ〖Genzano di Roma〗▶ジェンツァーノ

ジェンツー-ペンギン〖gentoo penguin〗ペンギンの一種。南極圏で繁殖する中形のペンギン。全長71〜81センチ。頭部には白斑がある。

シェン-ツォンウェン【沈従文】[1902〜1988]中国の小説家。本名、沈岳煥。湖南省出身。「辺城」など西南辺境を舞台にした小説を書いた。人民共和国建国後に、非政治性を批判され自殺をはかる。のち、考古学の研究に転じ、大著「中国古代服飾研究」を完成させた。しんじゅうぶん。

ジェンティレ〖Giovanni Gentile〗[1875〜1944]イタリアの哲学者・政治家。ローマ大教授。ファシズム政権の教育相。新ヘーゲル学派に属し、ヘーゲル弁証法の絶対的内在性を強調した。師であるクローチェに反して自由主義からファシズムへ転向し、ファシズムの代表的理論家となった。教育相として教育改革を断行し、「イタリア大百科事典」全35巻を編纂(へんさん)したが、政敵によって暗殺された。著「ヘーゲル弁証法の変革」「芸術哲学」「純粋行為としての精神の一般理論」「論理学体系」など。ジェンティーレ。

ジェンデレ-ばし【ジェンデレ橋】《Cendere Köprüsü》トルコ南東部の都市アドゥヤマンの北東約35キロメートルにある古代ローマ時代の石造橋。ユーフラテス川の支流ジェンデレ川に架かる。紀元200年頃、皇帝セプティミウスを称えるために建造された。

ジ-エンド〖the end〗《外国映画の末尾の字幕から》物事の終わり。一巻の終わり。ザ・エンド。類語 終わり・おしまい・終了・終結・終焉(しゅうえん)・終末・果てし・幕切れ・閉幕・幕・打ち止め・ちょん・完(かん)・了(りょう)

ジェントリー〖gentry〗中世後期の英国で下級貴族が地主化して形成した階層。貴族とヨーマン(独立自営農民)の中間に位置し、農業の商品生産化を進めて初期産業資本形成の主役となる。郷紳。

ジェントル〖gentle〗〘形動〙性格が温和であるさま。穏やかであるさま。「―な気持ち」「―な応対」

ジェントルマン〖gentleman〗《「ゼントルマン」とも》紳士。対 レディー。類語 紳士・男・男性・男子・雄・男児・おのこ・壮丁(そうてい)・壮夫・士(し)・ますらお・丈夫(じょうぶ)・殿方

ジェンナー〖Edward Jenner〗[1749〜1823]英国の医師。痘瘡とうそう(天然痘)を研究、牛痘接種法(種痘法)を発見。著「牛痘として知られている痘苗の効果について」。

ジェンネ〖Djenné〗マリ中部、モプティ地方の都市。ニジェール川とその支流バニ川の中州地帯に位置する。ニジェール川北岸の都市トンブクツと内陸を結ぶ水上交易の中継地として発展。旧市街には日干し煉瓦れんがを積み上げ、表面に泥を塗って造られた大モスクがあり、家々が整然と立ち並ぶ旧市街は、1988年「ジェンネ旧市街」の名で世界遺産(文化遺産)に登録。

しお【塩】しほ ❶塩化ナトリウムを主成分とする塩辛い味の物質。海水や岩塩から製し、精製したものは白い結晶で、食生活の基本調味料。食塩。❷塩味の加減。しおけ。「―をきかす」❸苦労、辛苦。「まだ世の中の―を深く味わわざる処女おとめ」〈魯庵・社会百面相〉
(…語)粗あら塩・胡麻ごま塩・酒さか塩・立て塩・地の塩・手塩・苦にが塩・一ひと塩・振り塩・藻塩・焼き塩 (じお)甘塩・煎いり塩・薄塩・紙塩・口塩・天日塩・盛り塩・山塩・呼び塩
塩が浸しむ　世間の苦労が身にしみる。世渡りの苦労を経験する。「今では―・みたか、それはそれはおとなしくなって」〈滑・浮世風呂・二〉
塩をする　調理の下ごしらえとして、魚などに塩をふりかける。「開いたアジに―・する」
塩を踏む　世間に出て苦労する。「この浦の―・んで、老いてのはなしにもと思ふぞ」〈浮・一代男・五〉

しお【潮・×汐】しほ ❶月や太陽の引力によって周期的に起こる海面の昇降。うしお。「―が満ちる」「―が引く」❷海水。また、潮流。海流。「―を汲む」「―が変わる」❸事をするのによい機会。しおどき。「それを―に席を立つ」❹愛嬌あいきょう。「常は人を見るに必ず笑を帯びざる無き目の―も乾き」〈紅葉・金色夜叉〉❺江戸時代、上方の遊里で、揚げ代が3匁の遊女。大夫・天神・鹿恋かこいに次ぎ、影・月ぎりの上。(補説)漢字表記の「潮」は朝しお、「汐」は夕しおの意。
(…語)青潮・赤潮・上げ潮・朝潮・入り潮・渦潮・大潮・落ち潮・親潮・風かざ潮・黒潮・小潮・込み逆さか潮・込み潮・逆さか潮・下げ潮・差し潮・高潮・血潮・出潮・中潮・長潮・苦にが潮・上のぼり潮・初はつ潮・引き潮・干ひ潮・真ま潮・満ち潮・向かい潮・夕潮・若潮
(類語)潮・高潮・満潮・満ち潮・干潮・引き潮
潮が引ひく　❶引き潮になる。干潮になる。❷それまで盛んだった勢いが衰える。「ブームが去り、観光客も―・くようにいなくなった」

しお【▽入】しほ〔接尾〕助数詞。染色のときに染料に布を浸す度数を数えるのに用いる。また、古く、酒を醸造するとき、酒を醸かむ回数を数えるのにも用いる。「紅の八―の衣」〈万・二六二三〉「八―折の酒を醸み」〈記・上〉「眉まゆは漆にて百―ももしお塗ったる如にして」〈太平記・二三〉

ジオ〖geo〗複合語の形で用い、地球、土地、地下の意を表す。「―グラフィー(地理学)」「―ロジー(地質学)」

しお-あい【潮合(い)】しほあひ ❶潮流がぶつかり合う所。❷潮が差し引きする程合い。しおどき。❸物事をするのによい時。しお。しおどき。「部屋へ帰ろうとは思いながら、つい起ちそそくれて―を失い」〈二葉亭・浮雲〉

しお-あし【潮足】しほ― 潮の干満の速さ。

しお-あじ【塩味】しほあぢ 塩を用いてつけた味。
(類語)塩気・塩味しおみ・薄塩・甘塩

しお-あび【潮浴び】しほ― 海で泳ぐこと。海水浴。しおあみ。(季 夏)

しお-あん【塩×餡】しほ― 塩で味をつけた餡。

しおい-うこう【塩井雨江】しほゐうかう [1869〜1913]詩人・国文学者。兵庫の生まれ。本名、正男。落合直文の浅香社に参加、七五調の詩を発表。著「暗香疎影」「新古今和歌集詳解」など。

ジオイド〖geoid〗地球の重力の方向に対し垂直で、平均海水面と一致する曲面。回転楕円体に近い形で、多少凹凸がある。地球の形の基本になる。

しお-いり【潮入り】しほ― ❶海の近くの池・沼・川などに海水が流れ込むこと。また、その場所。❷船の積荷に海水が入り損害を与えること。また、その積荷。

しおいり-いけ【潮入り池】しほいり― 海水魚を飼うなどのために、海水を引き入れた池。

し-おう【四王】―ワウ ㊀「四天王」の略。㊁中国、古代の四人の帝王。禹う・湯とう・文・武、または舜しゅん・禹・湯・武。㊂中国、清初に活躍した王姓の四人の南宗なんしゅう画家、王時敏・王鑑・王翬おうき・王原祁おうげんき。これに呉歴・惲寿平うんじゅへいを加えて四王呉惲という。

し-おう【死王】―ワウ 死者の国の王。すなわち、閻魔えんま大王。

し-おう【雌黄】―ワウ ❶「石黄せきおう」に同じ。❷タイ・ベトナムなどに産するオトギリソウ科植物からとった黄色の樹脂。黄色絵の具として日本画などで用いられる。草雌黄。藤黄とうおう。ガンボージ。❸(昔中国で、文字の抹消に❶を用いたところから)詩文を改竄かいざんしたり、添削したりすること。

じ-おう【地黄】ヂワウ ❶ゴマノハグサ科の多年草。中国原産。地下茎は太く赤褐色で、横にはう。葉は長楕円形で、根際から出る。初夏、15〜30センチの茎を出し、淡紅紫色の大きい花を数個開く。地下茎を漢方で強壮薬にする。佐保姫さおひめ。❷「地黄丸」の略。❸「地黄煎せん」の略。

しおう-いん【四王院】シワウヰン 奈良市にある西大寺の異称。

じおう-がゆ【地黄×粥】ヂワウ― ジオウの根茎を刻んで入れたかゆ。正月に食べると邪気を除くという。

じおう-がん【地黄丸】ヂワウグワン 漢方で、地黄を主原料とした補血強壮薬。一般に八味地黄丸のこと。精力増強薬としても用いた。

じおう-せん【地黄煎】ヂワウ― ❶地黄を煎じたもの。補血強壮薬とする。❷地黄を煎じた汁を入れて練った飴あめ。くだり飴。

しお-うち【塩打ち】しほ― いり豆などに塩味をつけること。また、そのもの。「―豆」

しおう-てん【四王天】シワウ― 仏語。六欲天の第一。須弥山しゅみせんの中腹にあたる所。また、そこにいる四天王。

しお-うに【塩雲＝丹】しほ― ウニの生殖巣に塩を加えた食品。

しお-うみ【潮海】しほ― 海。淡海あわうみに対して、塩分を含む海。「―のほとりにて、あざれあへり」〈土佐〉

し-お・える【▽為終える】―をへる〔動ア下一〕図しを・ふ〔ハ下二〕物事を終わりまでやってしまう。しとげる。やりおえる。「宿題を―・える」

しおおしほほ〔形動ナリ〕ひどくぬれたさま。ぐっしょり。「葦垣の隈処くまとに立ちて吾妹子わぎもこが袖も―に泣きしそ思もはゆ」〈万・四三五七〉

ジオーク〖William Francis Giauque〗[1895〜1982]米国の物理化学者。絶対零度に近い極低温を得るための断熱消磁法を発明し、極低温下の原子の運動を研究した。また酸素の同位体を発見。1949年、ノーベル化学賞受賞。

しお-おけ【潮×桶】しほをけ 海水をくみ入れる桶。

しお-おし【塩押し・塩▽圧し】しほ― 野菜などに塩をふり、重石おもしをかけて漬けること。また、その漬物。

し-おお・せる【▽為▽果せる】―おほせる〔動サ下一〕図しおほ・す〔サ下二〕物事を最後までやりおえる。しとげる。うまくやる。「難工事を―・せる」

シオーフォク〖Siófok〗ハンガリー西部の町。バラトン湖南岸の中心的な保養地であり、湖水浴を楽しむ観光客が数多く訪れる。オペレッタ「チャールダーシュの女王」で知られる作曲家カールマン＝イムレの生地。

ジ-オープン〖The Open〗ゴルフの全英オープンの通称。

しお-がい【潮貝】しほがひ 海にすむ貝類。「伊勢の海の浦の―拾ひあつめ」〈古今・雑体〉

しお-がい【潮▽間】しほがひ《「潮が間あい」の音変化か》潮が引いてから満ちてくるまでの間。しおま。「伊勢の海の清き渚に―になのりそや摘まむ貝や拾はむや玉や拾はむや」〈催馬楽・伊勢の海〉

しおかえ-ぶし【潮替え節】しほかへ― 鹿児島県の枕崎・坊津ぼうのつ地方の仕事歌。鰹かつお舟で、餌えのキビナゴを飼育する槽ふなの潮水を替えるときの歌。しおかいぶし。

しお-がかり【潮懸(か)り】しほ― 船を停泊させて潮時を待つこと。天候による停船にもいう。

しお-かげん【塩加減】しほ― 塩味のつけぐあい。また、その味。しおあんばい。「―をみる」

しお-がしら【潮頭】しほ― 沖から満ちてくる潮の波がしら。潮先。

しお-かぜ【潮風】しほ― 海から吹く塩けを含んだ風。

しお-かど【塩角】しほ― 舌を直接に刺激する塩味。精製塩の味。(補説)精製塩は塩化ナトリウムの含有量99.5パーセント以上、自然塩は80パーセント程度で、他は塩化マグネシウムなどの苦汁にがりが成分。この苦汁成分が塩味をやわらげる効果を「塩角が取れる」「塩角がない」などという。

しお-がま【塩×竈・塩釜】しほ― ❶海水を煮て塩を作るかまど。また、その釜。❷みじん粉に砂糖・塩などを加え、塩漬けにしたシソの葉の粉末を散らし、押し枠に入れて固めた干菓子。宮城県塩竈市付近で作りはじめた。❸ゴマノハグサ科シオガマギク属の植物の総称。シオガマギク・ヨツバシオガマなど。❹「塩竈桜」の略。

しおがま【塩竈】しほがま 宮城県中央部、松島湾に面する市。漁業・水産加工業が盛ん。俗に「塩釜」とも書く。人口5.6万(2010)。

しおがま-ぎく【塩×竈菊】しほがま― ゴマノハグサ科の多年草。山地や高山の草原に生え、高さ30〜60センチ。夏から秋に、紅紫色の唇形の花を総状につける。(季 夏)

しおがま-ざくら【塩×竈桜】しほがま― サトザクラの園芸品種。花は八重咲きで淡紅色。

しおがま-し【塩竈市】しほがま― ▶塩竈

しおがま-じんく【塩竈甚句】しほがま― 宮城県の民謡で、塩竈市付近の座敷歌。はっとせ節。

しおがま-じんじゃ【塩竈神社】しほがま― 塩竈市にある神社。祭神は塩土老翁神しおつちのおじのかみ・経津主神ふつぬしのかみ・武甕槌神たけみかづちのかみ。航海・安産の守護神として信仰される。陸奥むつ国一の宮。塩竈さま。

しおがま-わん【塩釜湾】しほがま― 宮城県中部、松島湾の南西にある支湾。湾内は養殖業が盛ん。湾奥に塩竈市があり、塩釜港は日本有数の漁港。千賀の浦。

しお-から【塩辛】しほ― 魚介類の肉・内臓・卵などを塩漬けにして発酵させた食品。(補説)スルメイカでつくるものが一般的。その他に、うるか、このわた、しゅとう、すくがらす、めふんなどがある。

しお-から・い【塩辛い】しほ―〔形〕図しほから・し〔ク〕❶塩味が強い。しょっぱい。「―・い汁」❷声がしわがれている。「―・い声を張り上げる」
(類語)からい・しょっぱい・辛口・辛め (舌に辛みを感じるさま)ぴりっと・ぴりりと・ぴりぴり・ひりひり

しおから-ごえ【塩辛声】しほから― かすれた声。しわがれ声。「老船頭の幅の広い―」〈有島・生れ出づる悩み〉

しおから-とんぼ【塩辛蜻＝蛉】しほから― トンボ科の昆虫。中形で最も普通のトンボ。4〜9月に現れ、成熟した雄は腹に青白粉を装う。雌は淡黄褐色でムギワラトンボという。(季 秋)

しお-がれ【潮×涸れ】しほ― 潮の引くこと。潮干しおひ。「波越さぬ浦の干潟の―に心とたちて鳴く千鳥かな」〈新千載・冬〉

し-おき【仕置き】〔名〕スル ❶(多く「おしおき」の形で用いる)こらしめのために罰すること。特に、子供などに体罰を加えてしかること。「いたずらっ子をお―する」❷江戸時代、刑罰に処すること。特に死刑にすること。また、その処罰。❸取り締まって秩序を保つこと。「清盛入道が利をまげて天下の―立つべきか」〈浄・女護島〉❹作り方。製法。「親方にかはらず鍋蓋、火燵箱の―、これより外を知らず」〈浮・永代蔵・一〉

しお-ぎ【塩木】しほ―《「しおき」とも》塩竈で海水を煮つめる燃料にする薪。「焼かぬ間は―を運び」〈謡・須磨源氏〉

しお-ぎく【潮菊】しほ― キク科の多年草。四国南部の海岸のがけに生え、高さ30〜50センチ。葉はへら形で浅い切れ込みがある。秋、枝の先に多数の白い頭状花が咲く。潮風菊しおかぜぎく。

しおき-しゃ【仕置き者】取り締まりをする者。「蔵人是を腹立ふくりゅうして―にさし向かひ」〈浮・伝来記・五〉

しおき-ば【仕置き場】処刑を行う場所。刑場。

し

しおき-ばなし【仕置き話】為政者の取り締まり方などに関する話。「酒も大方に過ぎて所の―」〈浮・一代男・二〉

しおき-もの【仕置き者】刑罰を受ける者。罪人。「悪事かさなりこのたび―なれども」〈浮・桜陰比事・一〉

しお-きり【潮切り】しほ ❶江戸後期の荷船の、舷外に突出した船梁の前面につけた三角形のあて木。水切り。❷和船の水押の水中部分。水切り。

し-お・く【為置く・仕置く】〔動カ四〕❶処置する。しておく。「あるべき事どもなど―・かせ給ひけり」〈栄花・布引の滝〉❷処罰する。こらしめる。「其場にて四人の侍を―・きし折柄」〈伎・小袖曽我〉

しお-くぐ しほ カヤツリグサ科の多年草。海辺の湿地に生え、地下茎から長さ約20センチの細い葉を出す。夏、茎を伸ばし、先に穂状の雄花を、その下に雌花をつける。葉を編んで細い縄を作る。

しお-くび【塩首・潮頸・入首】しほ 槍の穂先の柄に接した部分。けらくび。

しおくみ【汐汲】しほくみ 歌舞伎舞踊。長唄。2世桜田治助作詞、2世杵屋正次郎作曲。謡曲の「松風」に取材したもの。七変化「七枚続花の姿絵」の一つとして、文化8年(1811)江戸市村座初演。

しお-くみ【潮汲み・汐汲み】しほ 塩を作るために海水をくむこと。また、その人。

しおくみ-ぐるま【潮汲み車】しほくみ 海水をくみ入れた桶を運ぶ車。「―わづかなる、憂き世にめぐるはかなさよ」〈謡・松風〉

しお-ぐもり【潮曇(り)】しほ 潮が満ちてくるときの水蒸気で、空が曇ること。また、潮けのため海上が曇って見えること。

し-おくり【仕送り】〔名〕スル 生活・勉学を援助するため金品を送ること。また、その金品。「母へ―する」

じ-おくり【字送り】印刷組版などで、文字の加除が行われた場合、行末の字を次行へ、または行頭の字を前行へ順次送ること。

し-おく・る【仕送る】〔動ラ五(四)〕生活・勉学を援助するため金品を送る。仕送りをする。「先生のお宅にいることになれば、着物や何かも―・ってくれますの」〈秋声・仮装人物〉

しお-け【塩気】しほ 食物などの中に含まれている塩の分量。塩分。また、塩味。「―をきかせる」

(類語)塩味・塩味・薄塩・甘塩

しお-け【潮気】しほ 海上の、塩分を含んだ湿り気。

しお-けぶり【塩煙】しほ「しおけむり(塩煙)」に同じ。「浦風に焼く―吹きまどひたなびく山の冬ぞさびしき」〈拾遺愚草・上〉

しお-けぶり【潮煙】しほ「しおけむり(潮煙)」に同じ。「蹄に蹴立つる―」〈浄・百人上臈〉

しお-けむり【塩煙】しほ 塩を作るとき、塩竈から立ち上る煙。塩を焼く煙。しおけぶり。

しお-けむり【潮煙】しほ 波が砕けて飛び散るしぶき。しおけぶり。「岩礁に―が上がる」

しお-ごし【潮越し】しほ《「しおこし」とも》樋などをかけて海水を引くこと。また、くみ送ること。「―のかけひもうつす雪間よりいかでたく藻の煙立つらむ」〈木工権頭為忠百首〉

しおごし-の-まつ【潮越しの松】しほごし 松尾芭蕉が「奥の細道」の紀行で立ち寄り、詠嘆した景勝地の松。現在の福井県あわら市にあった。枝が海面上にのびていて、潮をかぶるところからいう。汐越しの松。

しお-こしょう【塩胡椒】しほこせう〔名〕スル 塩とコショウで味つけすること。「肉に―する」

しお-ごり【潮垢離】しほ 海水でみそぎをすること。

しお-ごろも【潮衣】しほ 海水をくむときに着る着物。また、海水でぬれた着物。「汀の満ち干の―の、袖を結んで肩に掛け」〈謡・松風〉

しお-こんぶ【塩昆布】しほ 板こんぶを角切りまたは細切りにし、濃口醤油を主材料にした調味液を加えて、とろ火で煮つめた食品。しおこぶ。

しお-さい【潮騒】しほさゐ《「しおざい」とも》潮の満ちてくるときに、波の騒ぎ立つ音。

しお-ざかい【潮境】しほざかひ ❶異なった二つの潮流の境目。海峡や寒流と暖流との交流点で見られる。多くよい漁場になる。➡潮目 ❷物事の境目。「今が浮沈の―」〈二葉亭・浮雲〉

しお-ざかな【塩魚】しほ 塩漬けにした魚。また、塩をふりかけた魚。

しお-さき【潮先】しほ ❶潮の満ちてくる時。また、満ちてくる潮の波先。しおがしら。❷物事の始まるとき。しお。しおどき。「―を見て飯にすると」〈芥川・鼠小僧次郎吉〉

しお-ざけ【塩鮭】しほ 塩漬けにした鮭。保存がきく。うす塩のものを新巻き、強く塩をしたものを塩引きという。しおじゃけ。(季 冬)「―の塩きびしきを好みけり／秋桜子」

し-おさめ【仕納め】をさめ それをして終わりとすること。仕事・行動などの最後としてすること。「今年の仕事の―」「スキーの―」

しおざわ【塩沢】しほざは 新潟県南魚沼市塩沢地区周辺で産出される、かすり模様の高級絹織物。塩沢絣。

しおし【塩押し】しほ「しおおし」に同じ。

しお-じ【塩地】しほぢ モクセイ科の落葉高木。関東以西の山地に自生。葉は羽状複葉。初夏、枝の上部に小花を多数つける。

しお-じ【潮路】しほぢ ❶海流の流れる道。しおみち。❷海上の道。海路。船路。「八重の―を行く」

じ-おし【地押し】ぢ 江戸時代の検地の一。田畑の等級や石盛りは従来のままとし、反別を測量して修正すること。地押さえ。地詰め。

しお-しおしほしほ〔副〕涙・雨などにぬれるさま。「飽かず悲しくてとどめ難く、―と泣き給ふ」〈源・行幸〉

しお-しお【萎萎・悄悄】しをしを〔副〕気落ちして元気がないさま。悄然。しょんぼり。「試合に負けて―(と)退場する」

しお-じ・む【潮染む】しほ〔動マ四〕❶潮水や潮気がしみこむ。「世をうみにここら―・む身となりてなほこの岸をえこそ離れね」〈源・明石〉❷経験を積んで慣れる。世慣れる。「年うちねび、世の中のとある事も―・みぬる人こそものの をりふしは頼もしかりけれ」〈源・夕顔〉

しお-じり【塩尻】しほ ❶塩田で砂を円錐形に盛り上げたもの。これに海水を注ぎ、天日に乾かして塩分を付着させる。「なりは―のやうになむありける」〈伊勢・九〉❷家計。財政。「いつしか―がつまらぬやうになりて、家屋敷も売り払ひ」〈浮・世間猿〉

しおじり【塩尻】しほじり 長野県中央部の市。もと中山道の宿場町。中央本線と篠ノ井線の交点。ワインの製造・精密工業が行われる。人口6.8万(2010)。

しおじり【塩尻】しほじり 江戸中期の随筆。天野信景著。元禄10年(1697)ごろから享保18年(1733)までに執筆。現存は170巻余。歴史・地理・文学・宗教などへの見聞や感想を記したもの。

しおじり-し【塩尻市】しほじり ►塩尻

しおじり-とうげ【塩尻峠】しほじりたうげ 長野県中央部、諏訪盆地と松本盆地の境界にある峠。標高999メートル。中山道の旧峠は新峠の北にあり、天文年間(1532～1555)、武田氏と小笠原・木曽両氏が戦った古戦場。

しお-じる【塩汁・潮汁】しほ ❶塩味だけで調味した汁もの。うしおじる。❷海水。塩水。

シオス〘CIOS〙《フラ Comité International de l'Organisation Scientifique》国際経営科学協議会。1927年設立。本部はジュネーブ。

ジオス〘GEOS〙《geodetic earth orbiting satellite》米航空宇宙局(NASA)が1965～75年にかけて打ち上げた測地衛星。

ジオス〘GEOSS〙《Global Earth Observation System of Systems》►全球地球観測システム

シオス-とう【シオス島】たう《Chios》►ヒオス島

しお-せ【潮瀬】しほ 海面に見える潮の流れ。潮流。「―の波折を見れば遊び来る鮪が鰭手に妻立てり見ゆ」〈武烈紀・歌謡〉

しお-ぜ【塩瀬】しほ 縦糸を密にし、太い横糸を用いて横筋を出した厚地の羽二重。帯地・袱紗・半襟・羽織地などに使用。塩瀬羽二重。

しお-せんべい【塩煎餅】しほ 菓子の一。うるち米の粉をこねて蒸し、餅のようにつき、平たくして型ぬきしてから乾燥させ、醤油をつけて焼いたもの。

しお-た【塩田】しほ《「しおだ」とも》「えんでん(塩田)」に同じ。

しお-だし【塩出し】しほ〔名〕スル 塩分を含んだ食物を水や薄い塩水に浸したりして塩分を抜くこと。塩抜き。「塩かずのこを―する」

しお-だち【塩断ち】しほ〔名〕スル 神仏への祈願や病気治療のため、ある期間塩けのある物を食べないこと。

しお-だまり【潮溜まり】しほ 潮が引いたあとに残る岩礁などの水たまり。タイドプール。

しお-だら【塩鱈】しほ 塩漬けのタラ。(季 冬)「―や旅はるばるのよごれ面／太祇」

しお-だるみ【潮弛み】しほ 満潮や干潮になって潮の流れが止まってしまう状態。釣りでいう。

しお-た・れる【潮垂れる・塩垂れる】しほ〔動ラ下一〕図しほた・る〔ラ下二〕❶みすぼらしいようすになる。元気がないように見える。「しょぼしょぼと―・れた姿で帰って来る」〈花袋・田舎教師〉❷衣服などが潮水にぬれて、しずくが垂れる。また、雨・露・霜などにぬれる。「露霜に―・れて、所定めず惑ひありき」〈徒然・三〉❸涙を流す。泣きぬれる。「御覧ずるたびごとに、九条殿―・れさせ給はぬ折なし」〈大鏡・公季〉

(類語)濡れる・湿る・潤う・湿す・濡らす・潤す・濡れそぼつ・湿気る・潤む・浸潤・じめつく・じとつく・そぼつ・そぼ濡れる・しょぼたれる・しょぼ濡れる

し-おち【仕落ち・為落ち】当然すべきことを不注意でしないこと。手落ち。手抜かり。しおとし。「―のないように注意する」

しお-ちゃ【塩茶】しほ 塩を加えてほうじた茶葉でいれた茶。また、食塩を少し入れた茶碗に熱いほうじ茶を注いだもの。酔いざましなどに用いる。

しお-ついじ【塩築地】しほついぢ 壁面に数本の白い筋を水平に入れた築地塀。

しお-づけ【塩漬(け)】しほ ❶野菜・魚・肉などを塩で漬けること。また、その漬けたもの。❷値上がりを予想して買った株式が値下がりしたため値上がりを期待して長期間その株式を売らずに保有すること。❸《漬け物は、できるまでそのままにしておくところから》動きのない状態。また、動けない状態。「多額の資金が―になる」

しおつち-の-おじ【塩土老翁】しほつちのをぢ 日本神話の神。山幸彦が兄の海幸彦から借りた釣り針を返せず困っていたときに、海神の宮へ行く道を教え、日向にあった神武天皇には東方に美しい地があることを教えた神。塩椎の神。

しお-つなみ【潮津波】しほ 満潮のとき、波の前面が垂直の壁のようになって河川をさかのぼる現象。潮の満ち干の激しい河口などに生じる。中国の銭塘江などが有名。海嘯。ボーア。

しおで【牛尾菜】しほで ユリ科の蔓性の多年草。原野や山林に自生。葉は卵形。雌雄異株。夏、多数の淡黄緑色の小花を球状につける。若芽は食用。

しお-で【四緒手・四方手・鞖】しほ 馬具の名。鞍の前輪と後輪の左右の4か所につけた、金物の輪を入れた組。胸繋、尻繋を留めるためのもの。

しお-とうじ【潮湯治】しほたうぢ 病気治療のため、海水につかること。また、海水浴。しおゆあみ。

しお-どき【潮時】しほ ❶潮の満ちる時、また、引く時。❷物事を始めたり終えたりするのに、適当な時機。好機。「―を待つ」「ピッチャー交代の―」❸時間。特に、1日のうちで出産や死亡の多く起こる時間。潮の干満の時刻に合わせて起こるからという。

(類語)機会・時・折・頃合い・機・時機・時節・機運・好機・時宜・機宜・チャンス

しお-ど・く【潮解く】しほ〔動カ下二〕❶びっしょりぬれる。ぬれそぼつ。「雨少しうち降りて、田子の袂も―・けたり」〈栄花・御裳着〉❷涙にぬれる。「五月雨にもあはれにて―・け暮らし」〈栄花・月の宴〉

しお-どけい【潮時計】しほ 月の出入りの時刻と潮の干満の時刻とを表にしたもの。潮の干満の程度から時刻を知る目安になるところからいう。

しおどけ・し【潮解けし】しほどけし〔形ク〕《動詞「しおどく」

の形容詞化》海水にぬれてしおたれているさま。また、悲しみで涙にくれるさま。「武士の鎧の袖どもも、—・うそ見ゆる」〈増鏡・久米のさら山〉

しお-どころ【塩所】❶塩を作る所。塩田。❷塩の産地。

し-おとし【▽為落(と)し】しおとすこと。しおち。

し-おと・す【▽為落(と)す】〔動サ五(四)〕なすべきことを、うっかりして忘れる。「肝心の署名を—・す」

しおどめ【汐留】東京都港区の旧国鉄駅跡地。平成7年(1995)ごろから大規模な再開発が行われ、巨大複合都市「汐留シオサイト」が建設された。明治5年(1872)の鉄道開業時に新橋駅(のち汐留駅と改称)を設置。鉄道発祥地を示す「0マイル標識」がある。

しお-とんぼ【塩蜻＝蛉】シオカラトンボの別名。(季 秋)

しお-な【塩菜】塩漬けにした菜。

しお-なめ【潮×嘗め｜塩×嘗め】❶塩をなめること。❷薩南諸島などで、喪の終わりに潮水を飲んだりなめたりする行為。

しおなめ-ゆび【塩×嘗め指】人さし指。食指。

しおならぬ-うみ【潮ならぬ海】〔連語〕淡水湖。特に琵琶湖をいう。「—にこがれ行く、身を浮舟の浮き沈み」〈太平記・二〉

しお-なり【潮鳴り】海の波が岸に寄せたり返したりするときの音。

しお-な・る【潮×馴る】〔動ラ下二〕衣服に潮けがしみてよれよれになる。よごれる。「形見に添へ給ふべき身馴れ衣も—・れたれば」〈源・蓬生〉

しおなれ-ごろも【潮×馴れ衣】潮水になじんだ衣服。「一袖寒き浦曲の秋の夕べかな」〈謡・融〉

し-おに【紫×苑｜紫×菀】《「おん(苑)」の「ん」を「に」で表記したもの》「しおん(紫苑)」に同じ。「うれしきこと有らん人は—を植ゑて常に見るべし」〈今昔・三一・二七〉

しお-に【塩煮】塩味だけで煮ること。また、その料理。

シオニスト〖フランス sioniste〗ユダヤ民族主義者。19世紀に始まるシオニズムの信奉者。

シオニズム〖Zionism〗ユダヤ人の、パレスチナ回復・祖国建設を目ざした運動。19世紀末、迫害の中から具体化し、1917年英国のバルフォア宣言がその主張を認め、1948年のイスラエル建国で一応の目的を達した。シオン主義。➡シオン

しお-ぬき【塩抜き】「塩出し」に同じ。

しお-の-みさき【潮岬】和歌山県西牟婁郡串本町にある、本州最南端の岬。串本と砂州で結ばれた陸繋島。

しお-の-め【潮の目】❶「潮境❶」に同じ。❷目元を細めた愛嬌のある目つき。「よい子ぢゃ、何も芸はないか。…これはこれは、—もなるは」〈続狂言記・子盗人〉

しお-の-やおあい【潮の八▽百会】潮流が四方から集まりあう所。「海にます神のたすけにかからずは—にさすらへなまし」〈源・明石〉

しおのや-おん【塩谷温】[1878〜1962]中国文学者。東京の生まれ。号は節山。元曲の研究に功績をあげた。著「支那文学概論」「国訳元曲選」など。

しおのや-とういん【塩谷宕陰】[1809〜1867]江戸末期の儒学者。江戸の人。名は世弘。松崎慊堂に師事。浜松藩主水野忠邦に仕え、のち幕府の儒官。「阿芙蓉彙聞」「籌海私議」を著して海防の必要を述べた。

しお-ば【塩場】「塩所」に同じ。

ジオパーク〖geopark〗《地質学(geology)と公園(park)を組み合わせた造語》科学的・文化的に貴重な地質遺産を含む自然公園。地域の地史や地質現象を示す地質遺産を保全し、地球科学や環境問題の教育・普及活動を行うとともに、観光資源として地域の活性化に役立つものであり、地質災害に対する理解や防災への取組みにも貢献するものとして期待されている。2004年、ユネスコの支援により世界ジオパークネットワークが発足。日本でも平成20年(2008)に日本ジオパークネットワークが設立され、国内のジオパーク認定、および世界ジオパークへの加盟申請などを行っている。(補説)日本ジオパークは国内のジオパークとして、アポイ岳・洞爺湖有珠山・糸魚川・南アルプス(中央構造線)・恐竜渓谷ふくい勝山・隠岐・山陰海岸・室戸・島原半島・天草御所浦・阿蘇などの地域を認定。平成24年(2012)7月現在、洞爺湖有珠山・糸魚川・島原半島・山陰海岸・室戸の5地域が世界ジオパークに認定されている。

しお-ばな【塩花】❶不浄を清めたり、縁起直しのために塩を振りまくこと。また、その塩。伊豆諸島などでは海水を汲んで来て振りかける。❷料理屋などの入り口に、山形に置く塩。盛り塩。❸砕けて花のように飛び散る波。白波。「百騎も二百騎も一蹴立てて押し寄せば」〈盛衰記・四二〉

しお-はま【塩浜】《「しおばま」とも》塩田のこと。

しおはま-うんじょう【塩浜運上】江戸時代の租税の一。塩を製造する浜に賦課した年貢。塩浜年貢。

しおはま-ねんぐ【塩浜年貢】►塩浜運上

しお-はゆ・い【×鹹▽映ゆい】〔形〕図しほはゆ・し〔ク〕《「しおばゆい」とも》塩気が多い。塩味が強い。しょっぱい。「此所で—・い身体を清めたり」〈漱石・こゝろ〉「何とやら、—・きやうにて、変なにほひのする酒だ」〈滑・膝栗毛・六〉

しおばら【塩原】栃木県那須塩原市西部の地名。箒川渓流に沿った温泉町で、塩原十一湯と称される。

しお-ばらい【塩払い】葬式から帰宅したとき、家の入り口で塩を振りかけて身を清めること。

しおばら-おんせんきょう【塩原温泉郷】塩原にある温泉群。泉質は単純温泉・塩化物泉・硫酸塩泉など。尾崎紅葉「金色夜叉」で紹介された。塩原十一湯。

しおばら-たすけ【塩原多助】[1743〜1816]江戸後期の商人。上野の人。江戸に出て本所相生町に炭屋を営み、刻苦して富豪となった。三遊亭円朝作の人情噺や歌舞伎などに脚色され、特に愛馬の青との別れの場は有名。

しおばらたすけいちだいき【塩原多助一代記】人情噺。三遊亭円朝作。明治9〜11年(1876〜78)にかけて完成。塩原多助の成功譚をもとに脚色したもの。

しお-ばり【潮ばり】漁師が海上で着る丈の長い衣服。沖着物。潮ばらい。

しお-ひ【潮干】❶潮が引くこと。ひき潮。また、潮が引いて現れた砂浜。❷「潮干狩り」に同じ。「友達同志の無邪気な遊事の有様や、弟等と—に行ったことや」〈宙外・独行〉(季 春)「—より今帰りたる隣かな／子規」

しおひ-がた【潮干潟】潮が引いて現れた干潟。特に、春の大潮の干潟。(季 春)「葦の間の泥ながるるよ—／蛇笏」

しおひ-がり【潮干狩(り)】潮の引いた海浜で、貝などをとる遊び。春の大潮の時を最適とする。しおひ。(季 春)「一潮の流に板渡す／虚子」

しお-びき【塩引き】❶魚を塩漬けにすること。また、その魚。❷塩鮭。(季 冬)

しおひ-の-みち【潮干の道】潮が引いている間に通行のできる道。干潟にできる道。

しおひ-の-やま【潮干の山】《生死を海にたとえ、潮が引いて海の影響の及ばない山の意から》生死を超越した悟りの世界。浄土。彼岸。

しおひ-ぶね【潮干船】潮干狩りをする人を乗せる船。(季 春)「一浮かみ上りて帰るなり／虚子」

しおひる-たま【潮干る▽珠｜潮×涸る×瓊】潮を引かせる霊力があるという玉。しおふるたま。干珠。➡潮満つ珠 (補説)「ひ(干)る」は、上代には上二段活用だったので、古事記に「塩乾珠」とあるのなどは「しおふるたま」と読むべきものとされる。

しお-ふき【潮吹き】❶鯨が、潮水を吹き上げること。❷シオフキガイの別名。(季 春)「—や稲荷の裏の海灰色／かな女」❸「潮吹き面」の略。❹船のかじの羽板にあけた小さな穴。輪精。

しおふき-がい【潮吹貝】バカガイ科の二枚貝。内湾の干潟の砂泥にすむ。貝殻はやや三角形でふくらんでいる。殻長約4.5センチ、黄褐色で縁は紫色を帯びる。掘り出されると出水管から潮を吹き出す。肉は食用。しおふき。(季 春)

しおふき-めん【潮吹き面】片目が小さく、口のとがった醜男の面。里神楽の馬鹿踊りに用いる。ひょっとこ。

しお-ぶた【塩豚】塩漬けにした豚肉。

ジオプター〖diopter〗►ジオプトリー

ジオプトリー〖ドイツ Dioptrie〗レンズの屈折力の単位。1メートルを焦点距離で除した値。眼鏡の度を表すのに用いられ、凸レンズは正、凹レンズは負で示される。記号D　ディオプトリ。ディオプター。ジオプター。

しお-ぶね【塩船】❶塩を輸送する船。❷江戸時代、赤穂など瀬戸内産の塩を江戸に運送した廻船。

しお-ぶね【潮舟｜×汐舟】海を行く舟。「久慈川は幸くあり待て—にま梶しじ貫き我は帰り来む」〈万・四三六八〉

しおぶね-の【潮舟の】〔枕〕帆を並べ、舟を港に置く意から「並ぶ」「置く」にかかる。「—並べて見れば」〈万・三四五〇〉「—置かればかなし」〈万・三五五六〉

しおふる-たま【潮▽干る▽珠｜潮×涸る×瓊】►しおひるたま(潮干る珠)

しお-ぶろ【塩風呂｜潮風呂】海水または塩水を沸かした風呂。塩湯。

ジオ-フロント《和 geo＋front》有効利用・開発の対象としての地下空間。弾丸高速道路・都市などが考えられる。➡ウオーターフロント

しお-ぼし【塩干し】〔名〕スル 魚類などを塩に漬けて日干しにすること。また、そうした干物。

ジオポリティックス〖geopolitics〗地政学。地理的条件・環境から外交問題・戦略を考察する学問。また、それを応用した外交政策。スウェーデンの政治学者R＝チェーレンの造語。

しお-ま【潮間】潮の引いている間。

しお-ます【塩×鱒】塩漬けにした鱒。

しお-まち【潮待ち】❶船の航行に適した潮を待つこと。❷よい時機・機会を待つこと。「うら茶屋ばいりの—もたいぎだから」〈魯文・安愚楽鍋〉

しお-まつり【潮祭(り)】潮向きが悪くて不漁のときに、大漁になるように祈願する祭り。

しお-まねき【潮招｜望＝潮】《「しおまねぎ」とも》スナガニ科の甲殻類。甲幅27ミリほど。雄の一方のはさみ脚がきわめて大きく、潮が引くと上下に動かして潮を招くような動作をする。和歌山県以南に分布。蟹漬けとして賞味される。(季 春)

しお-まめ【塩豆】乾燥したえんどう豆などをいり、仕上げに塩水を加えて乾かしたもの。

しお-まわり【潮回り】15日間を周期とする潮の干満の変化。

しお-み【塩味】❶塩の入った味。しおあじ。❷塩と味噌。塩噌。(類語)塩気・塩味・薄塩・甘塩

しお-み【潮見】潮の干満を見ること。

しお-みず【塩水】塩分を含む水。食塩を溶かした水。

しお-みず【潮水】海の水。うしお。

しおみ-だけ【塩見岳】静岡・長野の県境にある、赤石山脈(南アルプス)中部の高峰。標高3047メートル。

しお-みち【潮道】「しおじ(潮路)」に同じ。

しおみつ-たま【潮満つ▽珠｜潮×盈つ×瓊】潮を満ちさせる霊力があるという玉。満珠。しほみちのたま。➡潮干る珠

しおみ-ばし【潮見橋】日本庭園で、古船の底板などを使ってつくった小さな橋。

しおみ-まさなり【塩見政誠】[1646〜1719]江戸中期の蒔絵師。京都の人。落ち着いた気品のある研ぎ出し蒔絵は、「塩見蒔絵」と称されて高い評価を得た。

しお-むき【塩▽剝き】アサリやハマグリなどをむき身にすること。また、そのむき身。

しお-むし【塩蒸(し)】〔名〕スル アワビ・タイ・エビなどに塩を振って蒸すこと。また、その料理。

しお-むし【潮虫】シホ コツブムシ科の甲殻類。北方の海にすみ、体長約1.5センチ、体は平たく小判形。腹部を上にして泳ぐ。養殖魚のえさにする。

シオムス〖CIOMS〗《Council for International Organization of Medical Sciences》国際医学団体協議会。1949年にWHO(世界保健機関)とユネスコ(国連教育科学文化機関)の協力によって設立された国際的な非政府・非営利組織。本部はジュネーブ。

しお-め【塩目】シホ ❶塩の分量。塩加減。❷人品。品格。「仲人が袷(あはせ)羽織も一よき」〈浄・薩摩歌〉

しお-め【潮目】シホ ❶速さの違う潮の流れがぶつかり合う場所で、海面上に細長く伸びた筋が見える所。その筋に沿って、藻、木片や泡などが集まり、さざ波がたつことがある。潮境によく見られ、好漁場となることが多い。潮の目。「海釣りは一を読め」❷流れゆく物事が向かう方向。また、情勢が変化するその境目。「汚職発覚で県政の一が大きく変わる」

ジオメトリー-エンジン〖geometry engine〗三次元コンピューターグラフィックスにおけるジオメトリー処理を専門的に行うハードウエアやソフトウエアのこと。ジオメトリーエンジンをはじめ、さまざまな描画処理を行う演算装置を搭載したビデオチップはGPUと呼ばれる。

ジオメトリー-しょり【ジオメトリー処理】《geometry process》三次元コンピューターグラフィックスに必要な座標変換の処理。三次元空間における物体の頂点座標などを、ディスプレー上の二次元平面における座標に変換すること。ジオメトリー変換。➡ジオメトリーエンジン

ジオメトリー-へんかん【ジオメトリー変換】ヘンクワン《geometry transformation》▶ジオメトリー処理

ジオメトリック〖geometric〗(形動) 幾何学的なさま。幾何学様式であるさま。「一なパターン」

ジオメトリック-プリント〖geometric print〗幾何学模様。丸・三角・四角などを基本とした単純なものから抽象画風の複雑なものまである。

しお-もの【塩物】シホ 塩漬けにした食品。特に、塩漬けの魚類。塩引き。

しお-もみ【塩×揉み】シホ (名)スル 生の野菜などに塩を振りかけてもむこと。また、その食品。

しお-や【塩屋】シホ ❶塩を売る家。また、その人。❷海水を煮て塩を作る小屋。「これなる海人(あま)の一に立ち寄りて」〈謡・松風〉❸自慢する人。高慢な人。「何かあいつはきつい一だ」〈洒・売花新駅〉

しお-やいと【塩×灸】シホ 塩を塗り、上にもぐさを置いて据える灸(きゅう)。「あとほど煙強くなりて、一を待ちかねしに」〈浮・五人女・三〉

しお-やき【塩焼(き)】シホ ❶魚肉などに塩を振って焼くこと。また、焼いたもの。❷海水を煮て塩を作ること。また、それを業とする人。「一の文正と申す者にてぞはんべりける」〈伽・文正〉

しおやき-ぎぬ【塩焼き▽衣】シホヤキ 塩を作る人が着る粗末な衣服。しおやきごろも。「須磨の海人(あま)の一のなれなばか一日(ひとひ)も君を忘れて思はむ」〈万・九四七〉

しおやき-ごろも【塩焼き衣】シホヤキ「しおやきぎぬ」に同じ。「志賀の海人(あま)の一なれぬれど恋といふものは忘れかねつも」〈万・二六二二〉

しお-やけ【潮焼け|×汐焼け】シホ (名)スル ❶潮風と日光にさらされて皮膚の色が赤黒くなること。「一した顔」(季 夏) ❷海上の水蒸気が日光によって赤く見えること。

しおや-ざき【塩屋埼】シホヤ 福島県いわき市東部にある岬。高さ50メートルの海食崖で太平洋に突出している。先端には明治32年(1899)建造の灯台がある。

しおや-とんぼ【塩屋蜻=蛉】シホヤ トンボ科の昆虫。シオカラトンボに似るがやや小形。成熟した雄の腹部は青白粉に覆われる。雌は黄褐色。春から初夏にかけて平地の田や低山地の池沼にみられる。(季 秋)

しお-ゆ【塩湯|潮湯】シホ ❶「塩風呂(しおぶろ)」に同じ。❷塩分を含む温泉。❸食塩をまぜた白湯(さゆ)。

しお-ゆあみ【潮▽浴み】シホ 療治・みそぎなどのため、海水につかること。潮湯治(しおとうじ)。「播磨の明石といふ所に、一にまかりて」〈後拾遺・羇旅・詞書〉

しお-ゆで【塩×茹で】シホ (名)スル 湯に少量の塩を加えてゆでること。魚介類・野菜などに塩味をつけるほか、色を鮮やかにする効果がある。

しおらし-いシホラ (形) 図しをら・し(シク)《「しお(萎)れる」の形容詞化か》❶控えめで従順である。慎み深く、いじらしい。「お見合いの席で一・く振る舞う」❷かわいらしい。可憐である。「岩陰に小花が一・く咲く」❸けなげである。殊勝である。「いつもは腕白な子が一・いことを言う」❹上品で優美である。「紙幣いくらか取出して小菊の紙に一・く包みて」〈一葉・十三夜〉❺(反語的に)こなまいきで、かんにさわるさま。こざかしい。「一・しき有財餓鬼(うざいがき)、この世の暇(いとま)取らさん」〈浄・廿四孝〉(派生)しおらしげ(形動)しおらしさ(名)

(類語)しとやか・可愛(かわい)い・愛(いと)おしい・愛しい・愛らしい・愛くるしい・あどけない・めんこい・キュート・いたいけ

ジオラマ〖フランス diorama〗▶ディオラマ

しおり【枝折(り)|×栞】シヲリ ❶紙・布・革などで作り、書物の間に挟んで目印とするもの。❷簡単な手引書。案内書。「修学旅行の一」❸山道などで、木の枝などを折って道しるべとすること。また、そのもの。「吉野山去年(こぞ)の一の道変へてまだ見ぬ方の花をたづねむ」〈新古今・春上〉(類語)ガイドブック・早分かり

しおり【×撓|▽萎】シヲリ ❶(ふつう「シオリ」と書く)能で、泣くようすを表現する型。手の指を伸ばしてそろえ、斜めに顔の前に上げ、面(おもて)を少しうつむかせる。❷蕉風俳諧の根本理念の一。対象に対する作者の繊細な感情が、自然に余情として句にあらわれたもの。➡寂さ ➡細み ➡軽み

じ-おり【地織(り)】ヂ その地方で、主として自家用に織った織物。

しおり-がき【枝折(り)垣|×柴折(り)垣】シヲリ 折った木の枝や竹などを縄で結んでつくった粗末な垣。

しおり-ど【枝折(り)戸|×柴折(り)戸】シヲリ 折った木の枝や竹をそのまま使った簡単な開き戸。多く庭の出入り口などに設ける。

しお-る【枝折る|×栞る】シヲ (動ラ四)《「撓(しを)る」と同語源で、木の枝を折りたわめるところからか》❶木の枝などを折って、道しるべとする。「降る雪に一・りし柴もうづもれて思はぬ山に冬ごもりする」〈山家集・上〉❷道案内をする。導く。「咲きぬやとしらぬ山路に尋ねいる我をば花の一・るなりけり」〈千載・春上〉

し-お-る【▽為▽居る】ヲル (動ラ五(四)) しておる。しやがる。他人の行為を軽蔑して言うときに用いる、乱暴な言い方。「悪さばかり一・って」

しお-る【×責る】シヲ (動ラ四) せめさいなむ。折檻(せっかん)する。「女をばまかでさせて、蔵にこめて一・り給うければ」〈伊勢・六五〉

しお-る【×撓る|▽萎る】シヲ ㊀(動ラ四) ❶しなわせる。たわめる。「秋風は軒場の松を一・る夜に月は雲居をのどかにぞ行く」〈玉葉・秋下〉❷しみじみとした感じを出す。また、能で、泣く動作をする。「調子の真中を三重に一・り歌ひたりければ」〈太平記・一七〉㊁(動ラ下二)「しおれる」の文語形。(補説)㊀❷は、「しお(霑)る」で、表現をしっとりさせるの意とする説がある。

しお-る【×霑る】シホ ㊀(動ラ四) 濡らす。しめらす。「公卿・殿上人皆涙を流し、袖を一・らぬはなかりけり」〈保元・上〉㊁(動ラ下二) 濡れる。しめる。「いくよわれ浪に一・れて貴船川袖に玉散るもの思ふらむ」〈新古今・恋二〉

ジオレフィン〖diolefin〗分子内に2個のエチレン結合をもつ脂肪族炭化水素。アレン・メチルアレン・ブタジエンなど。

しお-れる【×萎れる】シヲ (動ラ下一) 図しを・る(ラ下二) ❶草木が生気を失って、ぐったりする。「花が一・れる」❷気落ちして、しょんぼりする。元気がなくなる。「試験に失敗して一・れている」

(用法)しおれる・しなびる——「葉がしおれる(しなびる)」のように、生気を失うの意では、相通じて用いられる。◆「しおれる」は草や花の水分が減ってぐったりする意のほか、人ががっかりして元気がなくなるの意があるが、条件が整えばまた生気をとりもどす場合に多く用いる。「先生にしかられてしおれていた子が、もう笑っている」◆「しなびる」は水分が減って衰えたり、しわが寄ったりする意で、ほとんど元の状態にもどらない場合に用いる。「冷蔵庫のきゅうりがしなびる」「しなびた手」◆類似の語「しぼむ」は、はりつめていたものが衰えて小さくなるさまが急速であることに重点がある。「風船がしぼむ」「夢がしぼむ」などと用いる。

(類語)しなびる・萎える・枯れる・しぼむ・末枯れる

ジオロジー〖geology〗▶地質学

し-おん【子音】▶しいん(子音)

し-おん【四恩】仏語。人がこの世で受ける4種の恩。「心地観経」では、父母・衆生(しゅじょう)・国王・三宝の恩。

し-おん【至恩】この上もなく大きな恩。

し-おん【私恩】個人的に特別にその人に与える恩恵。「一を施す」

私恩を売・る 自分の地位を利用して、自分の利益になりそうな人に恩を与える。「官金をもって一・る挙動には何分にも感服出来かね」〈蘆花・思出の記〉

し-おん【師恩】先生から受けた恩。師匠の恩。

し-おん【紫×苑|紫×菀】シヲン ❶キク科の多年草。山間の草地に自生し、高さ1.5〜2メートル。根際に大きな葉が群生。秋、多数の淡紫色の花を開く。漢方で根を乾かしてせき止めの薬にする。栽培もされる。鬼の醜草(しこくさ)。(季 秋)「一咲き静かなる日の過ぎやすし/秋桜子」❷「紫苑色」の略。

し-おん【歯音】歯や歯ぐきと舌との間で調節される音。破裂音の[t][d]や摩擦音の[s][z]など。

シオン〖Sion〗スイス南西部、バレー州の都市。同州の州都。商工業、ワイン生産が盛ん。旧市街を見下ろす二つの丘にあるバレール教会やトゥルビヨン城をはじめ、歴史的建造物が数多く残っている。

シオン〖Zion〗パレスチナ地方の古都エルサレム南東部の丘。ダビデ王が祭壇を築いて以来、聖なる山となった。エルサレムの象徴となっている。シオンの丘。シオンの山。

じ-おん【字音】❶ある文字の発音。❷漢字の読み方の一。日本に伝来して国語化した漢字の発音。その音の伝来した時代の新古により、また、その音のもとになる中国語の方言の違いなどにより、同一漢字にも各種の音のあるものがある。呉音・漢音・唐音などが主なもの。漢字音。⇔字訓。

じ-おん【慈恩】いつくしみぶかい恩。厚い情け。

ジオン〖Xeon〗▶ジーオン(Xeon)

しおん-いろ【紫×苑色】シヲン ❶紫苑の花のような色。くすんだ青紫。❷襲(かさね)の色目の名。表は薄紫、裏は青。または、表は蘇芳(すおう)、裏は萌葱(もえぎ)。秋に用いる。

じおん-かなづかい【字音仮名遣い】カナヅカヒ 漢字音を仮名によって表記するときの仮名遣い。特に、歴史的仮名遣いのうち、漢字の字音における同音のものの仮名の書き分けをいう。例えば、「こう」という音の漢字「孝」「甲」「公」「劫」「皇」をそれぞれ「かう」「かふ」「こう」「こふ」「くゎう」と表記する類。主として「韻鏡」により、江戸時代に大体まとめられた。

じおんかなづかい【字音仮字用格】ジオンカナヅカヒ 語学書。1巻。本居宣長(もとおりのりなが)著。安永5年(1776)刊。従来誤っていたオとヲの所属を改めるなど、誤りやすい字音の仮名遣いを述べたもの。

しおん-ざい【示温材】シヲン ある温度に達すると色が変わる特殊な顔料を含む材料。温度を下げると元の色に戻る可逆性のものと、元の色に戻らない不可逆性のものがある。ラベル・テープ・ワッペン状に加工したり、塗料(示温塗料、サーモペイント)として用いたりする。サーモカラー。

じおん-じ【慈恩寺】㊀▶大慈恩寺(だいじおんじ) ㊁山形県寒河江(さがえ)市にある慈恩宗の本山。山号は瑞宝山。行基の開創と伝え、法相宗、のち天台・真言両宗の寺。

じおん-だいし【慈恩大師】基(窺基(きき))の諡号(しごう)。

しおん-とりょう【示温塗料】シヲントレウ ▶示温材

じ-おんな【地女】ヂヲンナ ❶その土地の女。❷商売女に対して、素人の女。「一のやさしく物いふ、女郎の物はらだたしきよりもいやなり」〈ひとりね・上〉

しか【子夏】[前507～?]中国、春秋時代の学者。孔門十哲の一人。晋の人。一説に、衛の人。姓はト ぼく、名は商。礼の形式を重視、また古書に通じていた。「詩経」「春秋」などを後世に伝えたといわれる。

し-か【史科】クヮ 歴史に関する科目。また、歴史学科。

し-か【史家】歴史に精通した人。また、歴史家。

し-か【四果】クヮ 小乗仏教で、修行によって得られる悟りの位を四段階に分けたもの。須陀洹しゅだおん(預流よる)果・斯陀含しだごん(一来いちらい)果・阿那含あなごん(不還ふげん)果・阿羅漢(無学)果。

し-か【四科】クヮ《「論語」先進から》孔子が重んじて教えた四つの科目。徳行・言語・政事・文学。

し-か【市価】商品が市場で売買される価格。➡市場価格 (類語)時価・闇値

し-か【死火】クヮ ❶仏語。死を、すべてを焼き尽くす火にたとえた語。❷全く消えてしまった火。

し-か【糸価】糸、特に生糸の取引価格。生糸の相場。

しか【志賀】福岡市の志賀島しかのしま。(歌枕)「―のあまの塩焼く煙かぜをいたみ立ちは上らで山にたなびく」〈新古今・雑中〉

し-か【私家】❶自分の家。❷個人の家。朝廷や役所に対していう。

し-か【▽知▽客】《唐音》禅寺で客を接待する役僧。

し-か【師家】❶先生の家。❷師。先生。➡しけ。

し-か【×疵×瑕】《「しが」とも。「疵」は身のきず、「瑕」は玉のきず》欠点。また、あやまち。瑕疵。

し-か【紙花】クヮ 紙で作った花。特に、葬儀に用いる造花。かみばな。

し-か【紙価】紙の値段。紙の相場。

紙価を高・める ►洛陽らくようの紙価を高める

し-か【×翅果】クヮ ►翼果よっか

しか【鹿】❶㋐シカ科の哺乳類。日本にすみ、ヤクシカ・ホンシュウジカなどの亜種があり、北のものほど大形。雄は3または4本に枝分かれした角をもつ。毎年4月ごろ前年の角が落ちたあと、袋角が伸び、9月ごろ完成した角となり皮がむける。幼時および夏毛には白斑があるが、冬毛では消失。古くは雄を「しか」、雌を「めか」といった。ニホンジカ。か。かせぎ。かのしし。しし。(季 秋)「青年―を愛せり嵐の斜面にて/兜太」㋑偶蹄ぐうてい目シカ科の哺乳類の総称。雄は枝角えだづのをもち、毎年生え替わる。ヨーロッパ・アジア・南北アメリカに分布する。ニホンジカ・アカシカ・トナカイ・ヘラジカなど。❷《揚げ代が十六文であったところから、「四四」を「鹿」にこじつけたという》江戸時代、大坂の遊里で、大夫・天神に次ぐ遊女の位。鹿恋かこい。囲。❸寄席芸人用語。咄家はなしかのこと。「はなしか」を略して、鹿の字を当てた語。「一芝居」

鹿の角つのを蜂はちが刺す　鹿の角を蜂が刺しても、鹿はなんとも感じないように何の手ごたえもないことのたとえ。鹿しかの角を蜂が刺す。

鹿待つ所の狸たぬき　《鹿を捕ろうと待っていたのに、狸が来てそれを捕る意から》期待に反してつまらないものを得ること。予期に反することのたとえ。

鹿を逐お・う　《「史記」淮陰侯伝の「秦其の鹿を失い、天下共に之を逐う」から》地位や政権を得るために競い合うこと。中原ちゅうげんに鹿を逐う。

鹿を逐おう者は山を見ず　《「淮南子」説林訓の「獣を逐う者は、目に太山を見ず」から》利益を得ることに熱中している者は、他の事は顧みなくなるのたとえ。鹿を逐う猟師は山を見ず。

鹿を指して馬となす　《「史記」秦始皇本紀にある、秦の趙高ちょうこうが、自分の権勢を試そうとして、鹿を馬であるといつわって皇帝に献上した故事から》人を威圧して、まちがいを押し通すことのたとえ。また、人をだましておとしいれることのたとえ。

し-か【詞華|詞花】クヮ 詩歌や文章で、巧みに美しく表現したことば。すぐれた詩文。詞藻。

し-か【歯科】クヮ 歯の病気の予防・治療を扱う医学の分野。

し-か【詩家】詩を作る人。詩人。

し-か【詩歌】►しいか(詩歌)

し-か【雌花】クヮ「めばな」に同じ。⇔雄花ゆうか。

し-か【賜暇】官吏が願い出て休暇を許可されること。また、その休暇。「特別を以て三週間の―を許され」〈啄木・葬列〉

しか【▽然|×爾】《指示代名詞「し」＋接尾語「か」から》㊀〔副〕そのように。さように。「あいなかりける心くらべどもかな、我は―隔つる心もなかりき」〈源・夕顔〉「生あるもの、死の近き事を知らざる事、牛、既に―なり」〈徒然・九三〉㊁〔感〕肯定して相づちをうつときに用いる。そのとおり。そう。「―、まことに侍り」〈落窪・三〉

然あれど　そうではあるが。しかしながら。しかはあれど。しかあれども。しかれど。しかれども。「知れる人わづかに一人二人なりき。―、これかれ得たる所、得ぬ所、互ひになむある」〈古今・仮名序〉

然あれば　そうであるから。そうだから。「一賢き輩はつひに賢き事もなし」〈宇治拾遺・一五〉

然云・う　《「云爾」「爾」を訓読みにした語》漢文風の文章の末尾に用い、上に述べたとおりであるという意を表す。「予の幸甚とする所なりと―」〈芥川・奉教人の死〉

然はあれど　そうではあるが。「年経ふれば齢は老いぬ―花をし見ればもの思ひもなし」〈古今・春上〉

しか〔助動〕《過去の助動詞「き」の已然形》►き〔助動〕

しか㊀〔係助〕名詞、名詞的な語、動詞の連体形、形容詞・形容動詞の連用形、一部の助詞・助動詞などに付く。打消しの語を伴って、特定の事柄以外のものを全く否定する意を表す。「この道を行く―ない」➡きり ➡だけ (補説)近世以降用いられ、限定の助詞に付けて「きりしか」「だけしか」「ほかしか」「よりしか」の形で、「しか」を強めていう場合もある。㊁〔終助〕自己の願望を表す。…たいものだ。「まそ鏡見―と思ふ妹いもも逢はぬかも玉の緒の絶えたる恋の繁きこのころ」〈万・二三六六〉➡てしが ➡にしが (補説)過去の助動詞「き」の已然形からとか、あるいは連体形「し」に終助詞「か」が付いてできたものとかいわれる。上代では「か」は清音であったが、後世「しが」になった。「しか」だけで用いられることはまれで、多くは「てしか」「にしか」の形で用いられた。

し-か〔連語〕《副助詞「し」＋係助詞「か」》「いつ」「たれ」「なに」などの疑問語に付いて、疑問の意味をさらに強める意を表す。「玉くしげいつ―明けむ布勢ふせの海の浦を行きつつ玉も拾ひりはむ」〈万・四〇三八〉

しが【志賀】滋賀県琵琶湖南西岸、現在の大津市一帯の古称。(歌枕)「さざなみの―の唐崎幸さきくあれど大宮人の船待ちかねつ」〈万・三〇〉

し-が【指画】クヮ ►指頭画しとうが

しが【滋賀】近畿地方北東部の県。近江おうみ国の全域を占める。県庁所在地は大津市。中央部に琵琶湖がある。古くは「志賀」とも書いた。人口141.0万(2010)。

し-が【歯牙】❶歯と牙きば。また、歯。❷言葉。口先。「暗殺攘夷の論は固もとより―に留るに足らず」〈福沢・文明論之概略〉

歯牙にも掛け・ない　問題にしない。無視して相手にしない。「世間のうわさなんか―ない」

歯牙の間かんに置・く　《「史記」叔孫通伝から》取り立てて言う。問題にする。歯牙にかける。「―くにも足らぬ一項事のように言做いいなす」〈二葉亭・其面影〉

じ-か【自火】クヮ ❶自分の家から出した火事。「―で家を失う」❷自分の心の迷いから起こる苦しみ。「臆病の―に攻められて」〈盛衰記・一〉

(類語)火事・火災・火難・出火・失火・炎上・大火・小火ぼや・近火・急火・怪火・不審火び・祝融しゅくゆう・回禄かいろく

じ-か【自科】クヮ 自分の犯したとが。「一遁のがれ難きに依って、身を隠しかね」〈太平記・二二〉

じ-か【自家】❶自分の家。❷自分。自分自身。「まず―の所信を吐くべしだ」〈独歩・牛肉と馬鈴薯〉

(類語)自宅・私宅・私邸・拙宅・ねぐら

自家薬籠中やくろうちゅうの物　自分の薬箱の中にある薬のように、自分の思うままに使える物、または人。「ワープロを―とする」

じ-か【自歌】自分の作った和歌。自作の歌。

じか【▽直】ヂカ《「じき」の音変化》間に他のものを入れないこと。直接。「―の取引」「―談判」➡じかに

(類語)直・直直じきじき・直接

じ-か【時下】このごろ。当節。目下もっか。多く手紙の冒頭のあいさつに用いる。「―春暖の候」(類語)今・現在・此こ の頃・只今ただいま・現時点・現時・現下・刻下・即今そっこん・このところ・この節・近ごろ・昨今・当今・最近・近時・近年・近来・頃来けいらい・頃日けいじつ・今節

じ-か【時花|時華】クヮ その季節の花。

じ-か【時価】その時の商品としての価格。「一数百万円の宝石」(類語)市価・闇値

じ-か【磁化】クヮ〔名〕スル ❶磁界内に置かれた物体が磁気を帯びた状態になること。また、その強さ。帯磁。❷陶磁器の生地が溶けてガラス状になること。

じ-か【磁荷】磁石や磁性体の磁極間に働く力の源になるもの。電気に対する電荷のように、単独では存在しないが、仮想的・形式的にN極に正の磁荷、S極に負の磁荷があると考え、磁気量として測られる。実際には、N極とS極が対になった磁気双極子が一定方向に揃って分布することで磁気が発生する。

じ-が【自我】❶自分。自己。❷哲学で、知覚・思考・意志・行為などの自己同一的な主体として、他者や外界から区別して意識される自分。⇔非我。❸㋐心理学で、行動や意識の主体。自我意識。㋑精神分析で、イド・超自我を統制して現実への適応を行わせる精神の一側面。エゴ。(類語)個我・エゴ

じ-が【自画】クヮ 自分で描くこと。また、その絵。

じが【爾雅】中国の字書。3巻、19編。撰者未詳。周代から漢代の諸経書の伝注を採録したものといわれる。東晋の郭璞かくはくの注がある。十三経の一。

シガー〖cigar〗葉巻きタバコ。葉巻き。

シガー-バー〖cigar bar〗葉巻タバコを吸ってもよい西洋風酒場。(補説)葉巻は匂いが強いので人の集まる所では吸わないものとされる。

ジガー-バー〖jigger bar〗1.5オンス入りのウイスキーグラス(ジガー)で、ウイスキーをじっくり楽しみながら飲むバー。

シガー-ライター〖cigar lighter〗自動車に装着したタバコの点火器。

じか-あわせ【自歌合(わ)せ】じかあはせ 歌合わせの一。自作の歌を左右に分け、一組みずつ合わせて優劣を自分または他人の判定によって決めるもの。

し-かい【×尸解】仙術によって、肉体を残したまま、魂だけ体外へ抜け出ること。「一の仙人権者の化現のようなる奇瑞きずいあるべき筈なし」〈露伴・新浦島〉

し-かい【司会】クヮイ〔名〕スル 会の進行をつかさどること。また、その役。「友人の結婚式を―する」「―者」

し-かい【四戒】❶仏語。4種の戒め。作法どおり戒師から受戒し戒体を得て悪業あくごうを除く解脱げだつ戒、色界四禅に入ることによって止悪の働きを得る定共戒、見道以上の聖者が得る道共戒、三毒を断じて悟りを得る断戒。❷剣道で、心の邪念として戒めている、驚く、恐れる、疑う、惑うの四つ。

し-かい【四海】❶四方の海。よものうみ。❷《四方の海の内の意》国内。世の中。天下。また、世界。「―を掌握する」「―同胞」❸仏語。須弥山しゅみせんを取り巻く四つの外海。(類語)世界・万国・万邦・八紘はっこう・宇内うだい

四海波なみ静か　《宋の楊万里の「六合の塵清く、四海波静か」から》天下が平和に治まっていること。

し-かい【四界】❶天・地・水・陽の四つの世界。❷仏語。地・水・火・風のこと。四大しだい。

し-かい【市会】クヮイ ❶市議会の旧称。昭和22年(1947)地方自治法の制定により改称された。❷「市議会」の略。「一議員」

し-かい【死灰】クヮイ 火の気がなくなり冷たくなった灰。また、生気のないもののたとえ。「頭こうべを垂れて、―の如く控えたから」〈鏡花・高野聖〉

死灰復また燃ゆ　《「史記」韓長孺伝から》勢いを失ったものが、再び盛んになる。一度収まったかにみえた事柄が再燃する。

し-かい【死海】〖Dead Sea〗ヨルダンとイスラエルとの国境にある塩湖。面積約1020平方キロ。水面が海面下397メートルにあり、世界で最も低い。流出河

川はないため塩分濃度が高く、生物はほとんど生存しない。聖書にまつわる史跡が多い。

し-かい【志怪】中国の六朝時代に、怪異に関する話を記録した短編小説類。「捜神記」など。

し-かい【視界】❶目で見通すことのできる範囲。視野。「濃霧で―がきかない」❷考えや知識の範囲。「将来を―に入れた発言」(類語)視野・死角

し-かい【×斯界】その道を専門とする社会。この社会。この分野。「―に名を馳せる」「―の長老」

し-かい【詞海】文章や詩歌の豊富なことを広大な海にたとえていう語。「汪洋たる―想海のいずこに漂うとも」〈蘆花・思出の記〉

しか-い【歯科医】▶歯科医師

し-かい【詩界】詩人の社会。詩壇。

し-がい【市外】市の区域外。特に、市の周辺の地域。「―の住宅地」⇔市内。

し-がい【市街】❶人家や商店が建ち並んでいる地域。まち。❷にぎやかな通り。ちまた。

し-がい【死骸】【×屍骸】人または動物の死んだ体。死体。なきがら。しかばね。
(類語)死体・遺体・遺骸・死屍・亡骸・屍・屍・むくろ

し-がい【糸×鞋】絹糸を編んで作った履物。貴族の子弟や楽人・舞人などが用いた。いとぐつ。しあい。

じ-かい【字解】文字、特に漢字の解釈。

じ-かい【次回】繰り返して、また定期的に行われる物事の、次の回。次の時。(類語)次

じ-かい【耳介】頭部の両側にあって外耳孔を囲んでいる貝殻状の突起。哺乳類にあり、音を集める働きがある。耳。耳殻。

じ-かい【自戒】〔名〕スル 自分の言動を自分でいましめ慎むこと。「おごり高ぶらないように―する」
(類語)自重・自粛・注意・控える

じ-かい【自×晦】自分の才能や地位などを隠して世にあらわさないこと。

じ-かい【自壊】〔名〕スル 外部からの働きによらずみずから壊れること。「内部紛争から組織が―する」

じ-かい【持戒】仏語。戒を堅く守ること。六波羅蜜の一。⇔破戒。

じ-かい【慈×誨】慈愛のこもったおしえ。

じかい【辞海】中国の辞書。舒新城らの編。1936年、中華書局刊。親字を部首画引きによって配列し、その下に熟語を並べたもの。文語が主。

じ-かい【磁界】磁力の働いている空間。磁石や電流の周りに生じる。磁界の強さを表す単位はアンペア毎メートル。磁場。

じ-がい【地貝】貝合わせで、貝殻を左右に分けたうちの右貝。▶貝合わせ

じ-がい【自害】〔名〕スル 自分で自分のからだを傷つけて死ぬこと。自刃。自殺。「―して果てる」
(類語)自殺・自決・自尽・自裁・自刃・自刎・殉死

しがいか-くいき【市街化区域】都市計画法に定める都市計画区域のうち、すでに市街地を形成している区域およびおおむね10年以内に優先的かつ計画的に市街化を図るべき区域。

しが-いかだいがく【滋賀医科大学】滋賀県大津市にある国立大学法人。昭和49年(1974)開学。平成16年(2004)国立大学法人となる。

しがいか-ちょうせいくいき【市街化調整区域】都市計画法に定める都市計画区域のうち、市街化が抑制される区域。宅地造成などの開発は原則として制限される。

しかい-ぎいん【市会議員】市議会議員の通称。

しかい-けいてい【四海兄弟】《「論語」顔淵の「四海の内皆兄弟なり」から》世界中の人が兄弟であるということ。または、すべての人間は人種・民族・国籍を問わず、兄弟のように愛し合うべきであるということ。四海同胞。

しか-いし【歯科医師】歯科を専門とする医師。歯科医師法の適用を受け、歯の治療に当たる人。歯科医。歯医者。

しがい-しおづめ【死骸塩詰め】江戸時代、主殺し・親殺し・関所破りなどの重罪人で、判決以前に死亡した者の死骸を塩詰めにしたこと。判決後、磔にした。

しがい-せん【市街戦】市街地での戦闘。

しがい-せん【紫外線】可視光線のスペクトルの紫色部より外側にあって、目には見えない光線。波長は1〜380ナノメートル程度で、可視光線より短く、X線より長い。太陽光線・水銀灯の中に含まれ、殺菌作用をもつ。また大気中の酸素と反応してオゾンを発生する。化学線。菫外線。UV(ultraviolet)。ウルトラバイオレットレイ。(補説)波長や人体への影響の違いなどによりUVA(A波)、UVB(B波)、UVC(C波)に分けることもある。

しがいせんきゅうしゅう-フィルター【紫外線吸収フィルター】▶UVフィルター

しがいせん-けんびきょう【紫外線顕微鏡】可視光線の代わりに紫外線を利用した顕微鏡。光学顕微鏡の一。可視光線よりも紫外線の方が波長(約200〜400ナノメートル)が短いため、分解能が高い。キセノンランプや水銀灯を光源とし、蛍光板に投影して眼視で観察したり、写真撮影をしたりする。スライドガラスやレンズには紫外線を透過する素材を使う必要がある。

しがいせん-しゃしん【紫外線写真】紫外線をよく透過するレンズと紫外線に感光する特殊な感光材料を用い、紫外線照明下で撮影する写真。古文書の鑑定などに利用。

しがいせん-りょうほう【紫外線療法】紫外線を照射して病気を治療する方法。紫外線による殺菌作用、ビタミンDの生成作用などを利用する。くる病・骨関節結核などに用いられる。

し-かいだん【四戒壇】奈良の東大寺、下野の薬師寺、筑前の観世音寺、近江の延暦寺の四つの戒壇。四所戒壇。

しがい-ち【市街地】人家や商店が密集したにぎやかな土地。

しがい-つうわ【市外通話】電話で、区域内通話・隣接区域内通話に対し、それより割高な、他の単位料金区域への通話。

しがい-でんしゃ【市街電車】市街地の道路に敷設された路面電車。

しかい-どうほう【四海同胞】「四海兄弟」に同じ。

しかいなみ【四海波】謡曲「高砂」の一節、「四海波静かにて」から「君の恵みぞ有り難き」までの部分の通称。波風がおさまって天下国家が平和なことを祝うもの。婚姻・祝賀の席で謡われる。

しかい-もんじょ【死海文書】《「しかいぶんしょ」とも》1947年以来、死海西岸の遺跡クムランとその付近で発見された、ヘブライ語およびアラム語の文書の総称。その多くはユダヤ教の一派クムラン教団に関係ある写本類で、旧約聖書のほか同教団の諸規則を含み、イエス時代のユダヤ教を知る貴重な資料とされる。死海写本。クムラン文書。

しかいりょう-とくやく【歯科医療特約】生命保険における特約の一つ。歯科治療のうち、クラウン・ブリッジ・インプラントなど公的医療保険制度の対象外となるものを受けたときに保険金が支払われるもの。

しか-うら【鹿▽占】古代の占いの一。鹿の肩の骨を焼いて、その割れ目の形で吉凶を判定したもの。

じか-えいぎょう【自家営業】自宅で小売りなどの商売をすること。

しか-えいせいし【歯科衛生士】歯および口腔の病気の予防や衛生指導を、歯科医師の指導のもとに行う専門職。

し-かえし【仕返し】〔名〕スル ❶仕返すこと。やりなおし。❷報復すること。復讐。「踏まれた―にけとばした」(類語)報復・返報・復讐・しっぺ返し・お礼参り・敵討ち・仇討ち・雪辱

し-かえ・す【仕返す】〔動サ五(四)〕❶やりなおしをする。改めて行う。しなおす。「同じ作業を―・す」❷返報する。報復する。「向うの奴が漢語か何かで冷語でも言ったら、此方も漢語で―・しておくれ」〈一葉・たけくらべ〉

し-か・える【仕替える】〔動ア下一〕図しか・ふ〔ハ下二〕❶やりなおす。取り替える。「枕を窮屈で無い様に―・えると」〈小杉天外・はやり唄〉❷江戸時代、遊女が、勤めている場所を替える。「其の上此の廓へ―・へられ」〈伎・幼稚子敵討〉

じ-がお【地顔】化粧していない顔。素顔。

じか-かいけい【時価会計】企業会計・法人税額の計算などにおいて、所有する金融資産を決算時の市場価格(時価)で評価する会計。直近の評価損益が明確になるため、簿価会計よりも企業の価値を正確に表しているとされる。

しか-かいほ【歯科介×輔】第二次世界大戦後に医師が不足していた沖縄県や鹿児島県奄美群島で歯科医業を行うことを認められていた代用歯科医師。▶介輔

じか-がく【時価額】災害などで失われた物品の再調達価額から、使用期間や経過年数などに応じた消耗分を差し引いた額。▶価額協定保険特約

しか-かくげん【四箇格言】日蓮が、他宗が仏の道から外れているとして折伏するために唱えた、「念仏無間・禅天魔・真言亡国・律国賊」の4句。

しか-かすげ【鹿×糟毛】馬の毛色の名。鹿毛に白い差し毛のまじっているもの。

し-かがみ【四鏡】▶しきょう(四鏡)

し-かかり【仕掛(か)り】【仕懸(か)り】❶仕事に手をつけはじめること。❷仕事に手をつけて、まだ終わらずにいること。

しかかり-ひん【仕掛(か)り品】製造工程の途中にあり、まだ製品・半製品に至らない、加工中のもの。仕掛け品。「―勘定」

し-かか・る【仕掛(か)る】【仕懸(か)る】〔動ラ五(四)〕❶物事をしはじめる。とりかかる。「宿題を―・ったところだ」❷物事をしはじめて途中である。「―・っている仕事を済ませる」(類語)始める・しだす・やりだす・掛かる・取り掛かる・しかける・開始する・着手する

しか-がわ【鹿皮】【鹿革】鹿の毛皮、または、なめし革。

じか-かんせん【自家感染】本人の体に常在する菌が起源となって、異所性に起こる感染。大腸の大腸菌が膀胱に入って膀胱炎を起こすなど。

じが-かんよ【自我関与】心理学用語。ある事柄を自分のもの、あるいは自分に関係があるものとして考えること。

しか-ぎ【鹿木】鹿を捕ろうとする猟師が、木の枝に横木を渡し柴などを結びつけて身を隠すもの。

し-がき【▽鹿垣】❶「鹿木」に同じ。「行くへも遠き山陰の、一の道の険しきに」〈謡・紅葉狩〉❷狩りをするとき、獲物が逃げないように人々が並び立って垣をつくること。〈日葡〉

しか-ぎこうし【歯科技工士】義歯・歯冠・充填物・矯正装置などを、歯科医師の指示のもとに作製・加工する専門職。

じか-きょくせん【磁化曲線】強磁性体の磁化の強さと加えた磁界の強さとの関係を示す曲線。

しが-きよし【志賀潔】[1870〜1957]細菌学者。宮城の生まれ。伝染病研究所、北里柴三郎所長のもとで研究。明治31年(1898)志賀赤痢菌を発見。ドイツに留学してエールリッヒのもとで研究し、世界初の結核治療ワクチンを発表。昭和19年(1944)文化勲章受章。

しが-きん【志賀菌】志賀潔が発見した、赤痢菌の一種。

し-かく【四角】〔名・形動〕❶正方形・長方形などのように、四隅にかどのある形。四辺形。四角形。また、そのようなさま。「―な(の)折り紙」「真―」❷角ばっていること。また、そのようなさま。「―な顔」❸人の態度・行動などが、型にはまって堅苦しいこと。また、そのようなさま。「―にかしこまる」(類語)(1)方形・角形・升形・正方形・長方形・矩形

四角な文字 角ばった文字のことで、仮名に対して漢字をいう。特に楷書のこと。

し-かく【死角】❶銃砲の射程距離中にありながら、

障害物や銃砲の構造上の理由などのため、射撃できない範囲。❷ある角度からはどうしても見えない範囲。「バックミラーの―に入る」❸身近にありながら、気がつかない事柄。「行政の―」〔類語〕視界・視野

し-かく【刺客】《「しきゃく」「せっかく」とも》❶暗殺する人。暗殺者。❷党の規律に反し離党した議員に対し選挙での公認を与えず、失脚をねらって党本部が送り込んだ対立候補。〔補説〕❷は、平成17年(2005)の衆院選で、自民党本部が郵政民営化に反対した自党議員に対してとった処置に始まる。

し-かく【始覚】仏語。発心修行して迷いから覚め、初めて悟りを開くこと。

し-かく【視角】❶物体の両端から目までの二直線が作る角度。目に見える物体の大小はこの角度の大小による。❷物を見る角度。見る立場。視点。

し-かく【視覚】光の刺激を受けて生じる感覚。網膜に光が当たると視細胞に興奮が起こり、視神経を通して大脳の視覚野に伝えられ、明暗・光の方向や物の色・動き・距離などを認知する。五感の一。

し-かく【詞客】詩歌や文章を作る人。文人。

し-かく【詩客】詩を作る人。詩人。

し-かく【詩格】❶詩の作り方の規則。詩の法則。❷詩がもつ風格。詩の品格。

し-かく【資格】❶あることを行うのに必要な、また、ふさわしい地位や立場。「理事の―で出席する」❷あることを行うために必要とされる条件。「税理士の―を取る」〔類語〕権利・権限・権能・権益・特権・特典/身分

しか-く【▽然く┊×爾く】〔副〕《副詞「しか」+副詞語尾「く」》そのように。そんなに。「一国の法が―掟(おきて)するならば」〈里見弴・多情仏心〉〔類語〕そんな・そのような・そうした・そういう・然様な・そう・それほど・余り

し-がく【仕学】仕官することと学問をすること。また、実務能力と学問的能力。「―並び長ず」

し-がく【仕覚】〔名〕ｽﾙ ❶才覚。くふう。やりくり。「京へまた出て生活(くら)すように―しよう」〈露伴・椀久物語〉❷たくわえ。用意。「三年越しの長煩ひだから―がねえと思ひなせえ」〈滑・浮世風呂・二〉

し-がく【史学】歴史を研究する学問。歴史学。

し-がく【四岳】㊀古代中国で、諸山の鎮とされた四つの大山。東の泰山、西の華山、南の衡山、北の恒山。㊁古代中国で、四方の諸侯を統率した官。

し-がく【死学】実用に適しない学問。死に学問。

し-がく【志学】❶学問に志すこと。❷《「論語」為政の「吾十有五にして学に志す」から》15歳のこと。〔類語〕破瓜・弱冠・而立・不惑・知命・耳順・華甲・還暦・古希・致仕・喜寿・傘寿・米寿・卒寿・白寿・厄年

し-がく【私学】私立の学校。⇔官学。

し-がく【視学】旧制度の地方教育行政官。市視学・郡視学・府県視学があり、学事の視察および教育指導に当たった。

し-がく【×斯学】この方面の学問。「―の権威」

し-がく【歯学】歯およびその治療に関する医学。

し-がく【詩学】詩の本質・形式・種類および詩作技法などを研究する学問。詩論。ポエティックス。

しがく【詩学】《原題、(ギリシャ) Peri poiētikēs》アリストテレスの著作。現存のテキストは26章からなり、大部分は悲劇論が占める。模倣説(ミメーシス)から始まり、第6章で浄化説(カタルシス)を含む悲劇の定義が述べられ、第23章以下で叙事詩が論じられる。

し-がく【試楽】公事(くじ)や賀茂神社・石清水八幡宮の祭礼などに行われる舞楽の予行演習。特に平安時代、賀茂・石清水の臨時祭の2日前に、清涼殿前庭で東遊(あずまあそび)や神楽を天覧に供する宮廷行事をいう。

じ-かく【字画】ｸﾜｸ 漢字を構成する点や線。また、その数。「―を数える」

じ-かく【字格】文字、特に漢字を書く上での法則。

じ-かく【寺格】寺の格式。勅願寺・祈願寺・門跡寺院、また、本山・別院・末寺などの類。

じ-かく【耳殻】▶耳介

じ-かく【自覚】〔名〕ｽﾙ ❶自分の置かれている位置・状態、また、自分の価値・能力などをはっきり知ること。「―が足りない」「体力の衰えを―する」❷仏語。自ら迷いを断って悟りを開くこと。⇔覚他。〔類語〕悟る・弁(わきま)える・承知・認識

じ-かく【時角】天球上で、天の両極を通る大円(時圏)が、天の子午線となす角。子午線を零時とし、角度を時間の単位に換算して、西回りに24時まで数える。15度で1時。

じ-かく【×痔核】ﾁﾞ 直腸や肛門周辺の静脈が鬱血(うっけつ)し、いぼ状になった状態。出血や痛みを伴うことが多い。いぼ痔。

じ-がく【耳学】耳学問。

じ-がく【自学】〔名〕ｽﾙ 自分で学ぶこと。

しかく-あんどん【四角行▽灯】角形の行灯。かくあんどん。

しかく-い【四角×藺】ヰ カヤツリグサ科の多年草。暖地の湿地に群生。高さ40～50センチ。茎の断面はほぼ四角形。根元のほうにうろこ状の茶褐色の葉がある。8、9月ごろ、薄茶色の穂状の花をつける。

しかく-い【四角い】〔形〕《名詞「しかく(四角)」の形容詞化》❶四角の形をしている。「―・い窓」❷堅苦しい感じがするさま。「―・いあいさつ」

しかく-か【視覚化】ｸﾜ〔名〕ｽﾙ 目に見えない抽象的なことを、見てわかるような形に示すこと。「販売計画を―して示す」

しがく-かん【視学官】ｸﾜﾝ ❶旧制度で、文部省および地方に置かれた教育行政官。地方に置かれた視学官は視学の統轄および学事の視察や教員の監督を行った。❷現制度で、文部科学省に置かれ、学校教育に係る専門的、技術的な指導・助言を行う職。

しがくかん-だいがく【志学館大学】ｼｶﾞｸｸﾜﾝ 鹿児島県鹿児島市にある私立大学。昭和54年(1979)に鹿児島女子大学として開設。平成11年(1999)に現校名に改称し、男女共学となった。

しかく-きかん【視覚器官】ｸﾜﾝ 光の刺激を感受し、物を見ることに関係する器官。視細胞からなり、脊椎動物では補助装置も発達して目となるが、無脊椎動物では体表に散在するものや高度に分化したものもある。視覚器。

しかく-けい【四角形】四つの線分に囲まれた多角形。四辺形。しかっけい。〔類語〕四角・四辺形・方形・角形・升形・正方形・長方形・矩形

しかく-げんご【視覚言語】視覚によって情報内容が直感されるよう工夫した図形や簡単な絵。交通標識や、男性用・女性用の別を示すしるしの類。

しかく-ごうま【四角号×碼】ｶﾞｳ 漢字の検索法の一。漢字の四隅の形に対応させて0から9の号碼(番号)を決め、四けたの数字で特定の字を示すようにしたもの。

しかく-しきょうさい【四角四境祭】ｷｬｳ 陰陽道で、疫神の災厄をはらうために、家の四隅と国の四方の境で行った祭祀。また、朝廷で、陰暦6月と12月のみそかに行った鎮火祭と、道饗(みちあえ)の祭り。四角四境の祭り。四角四堺の祭り。四境祭。

じがく-じしゅう【自学自習】ｼﾌ〔名〕ｽﾙ 他から教わらずに、自分一人で学習すること。「中国語を―する」

しかく-しめん【四角四面】〔名・形動〕❶真四角であること。「―のやぐら」❷ひどくまじめで堅苦しいこと。非常にかしこまっていること。また、そのさま。「―な応答」「―にあいさつをする」〔類語〕まじめ・大まじめ・几帳面・生まじめ・くそまじめ・忠実・愚直

しかく-しょうがい【視覚障害】ｼｬｳ 視力が極めて弱いこと。または、全く見えないこと。

じかく-しょうじょう【自覚症状】ｼｬｳｼﾞｬｳ 患者自身が感じる病気の症状。痛み・だるさ・不安など。

しかく-しょうほう【資格商法】ｼｬｳﾊﾌ 国家資格、民間資格、あるいは架空の資格を通信講座を受講するだけで取得でき、就職に有利だと勧誘し、高額の受講料を取り立てる悪徳商法。だまされた受講者がそのままにしておくと、契約が切れていないとさらに受講料を請求される二次被害もある。〔補説〕介護福祉士・行政書士など「士」の付く資格が多いことから「さむらい(士)商法」ともいう。

しがく-じょせいきん【私学助成金】▶私立大学等経常費補助金

しかく-すい【四角×錐】底面が四角形の角錐。

じかく-だいし【慈覚大師】円仁の諡号。

しかく-だけ【四角竹】シホウチクの別名。

しかく-ちゅう【四角柱】底面が四角形の角柱。

しかく-にんようせい【資格任用制】一定の資格を有する者だけを任用する制度。

しかく-はちめん【四角八面】「四角八方」に同じ。

しかく-はっぽう【四角八方】ﾊﾟｳ すべての方面。四方八方。「櫓(やぐら)に火を懸け、―に走り回って」〈太平記・三〉

しかく-ば・る【四角張る】〔動ラ五(四)〕❶四角形をなす。かどばる。「―・った顔」❷改まったり緊張したりして、堅苦しい態度をとる。「そう―・らずに楽にしなさい」

しかく-ほじょぐ【視覚補助具】視覚の低下や欠損を補うために使用する器具。特に、視力の低いロービジョン向けの拡大鏡や拡大読書器などをさしていう。

しかく-まめ【四角豆】マメ科の一年草。アジアの熱帯地域原産とされる。莢(さや)の断面が四角い。若い果実を煮て食べる。種子はたんぱく質に富む。莢の角の部分が伸びて翼(ウイング)のようになることから、ウイングビーンともいう。

しかく-や【視覚野】大脳皮質の後頭葉にあり、視覚に直接関係する部分。

しかく-るい【枝角類】甲殻類に属する小形のプランクトン。湖沼や海洋の沿岸に多く、稚魚のえさとして重要。ミジンコ・タマミジンコなど。

し-かけ【仕掛(け)┊仕懸(け)】❶相手にしかけること。先に攻撃などをすること。「敵の―を待つ」❷目的のために巧みに工夫されたもの。㋐装置。からくり。「自動的に閉まる―」「種も―もない」㋑策略。たくらみ。「まんまと―にはまる」「色―」㋒釣りで、ねらう魚に応じて、糸・針・おもり・浮きなどを仕組んだもの。❸物事をし始めて中途であること。やりかけ。「―の仕事を済ます」❹「仕掛け花火」の略。❺もののやり方。手段。「今の商売の―、世の偽りの問屋なり」〈浮・胸算用・一〉❻食事などの用意。「流元(ながしもと)に明日の―してゐると」〈滑・膝栗毛・発端〉❼江戸時代、金貨・銀貨・銅貨の換算相場をごまかすこと。〔類語〕(❷㋐)機械・機器・機具・器具・利器・装置・機関・マシン・メカニズム

しかけ-えほん【仕掛(け)絵本】ｴﾎﾝ ページを開くと、絵が立体的に飛び出してくる本。

じかけつ-ゆけつ【自家血輸血】患者から採取した血液を保存しておき、手術のときにそれを輸血に使うこと。

しかけ-にん【仕掛(け)人】ある目的を実現しようと画策し、働きかける人。「ブームの―」

しかけ-はなび【仕掛(け)花火】地上に仕掛けを作って、種々の形や文字が現れるようにした花火。〔季 夏〕

しかけ-ひん【仕掛(け)品】「仕掛かり品」に同じ。

しかけぶんこ【仕懸文庫】洒落本。1冊。山東京伝作・画。寛政3年(1791)刊。江戸深川仲町の岡場所の風俗を描く。

しかけ-ぶんこ【仕懸(け)文庫】《「文庫」は箱の意》江戸深川の遊里で、遊女の着替えを入れて持ち運ぶための手箱。◆書名別項。

しかけ-もの【仕掛け者】❶はかりごとをめぐらして、人をだます者。「借銭の宿にも様々の―あり、油断する事なかれ」〈浮・永代蔵・五〉❷色仕掛けで男をだまし、金を巻き上げる女。「牢人の娘を―にして大分我をねだらせ、金子百五十両取り申し候」〈浮・文反古・四〉

しかけ-もの【仕掛(け)物】特殊な仕掛けのしてあるもの。特に、芝居の大道具・小道具・衣装・鬘(かつら)など。

しかけ-やまぶし【仕掛け山伏】詐欺をはたらく山伏。「今時は―とて、さまざまごまの壇にからくりいたし」〈浮・胸算用・一〉

し-か・ける【仕掛ける】〔動カ下一〕文しか・く〔カ下二〕❶相手に対して、こちらから働きかける。相手が乗ってくるように扱う。仕向ける。「技を―・ける」「けんかを―・けられる」❷㋐作用するように、装置・工夫などを設ける。「わなを―・ける」「ダイナマイトを―・ける」㋑煮炊きするために、火の上にかける。「御飯を

―・ける」「なべを―・ける」❸動作・作用をしはじめる。また、何かをしはじめて、その中途である。「話を―・けてやめる」「仕事を―・けている」❹取引市場で、株価の騰落を予想して、新たに売買の注文をする。❺物を作って、それを他の物の上にかける。「御衣掛の御装束など、例のやうに―・けられたるに」〈源・葵〉❻浴びせかける。ひっかける。「父君に尿を多きに―・けつ」〈宇津保・蔵開上〉【類語】働きかける・持ちかける・仕組む・始める・しだす・やりだす・掛かる・取り掛かる・しかかる・開始する・着手する

しが-けん【滋賀県】▶滋賀

しが-けんりつだいがく【滋賀県立大学】滋賀県彦根市にある公立大学。平成7年(1995)に開学した。平成18年(2006)公立大学法人となる。

シカゴ〖Chicago〗米国イリノイ州、ミシガン湖南西岸にある商工業都市。米国中部の行政・経済・文化・交通の中心地。かつて世界一の高さを誇った高層建築ウィリス(旧シアーズ)タワー(110階建て、高さ443メートル)がある。人口、行政区285万(2008)。【補説】「市俄古」とも書く。

しが-こうげん【志賀高原】長野県北東部にある高原。標高1400～2000メートル。火山性溶岩台地で、上信越高原国立公園の中心部。スキーなどでにぎわう。

シカゴ-きこうとりひきじょ【シカゴ気候取引所】温室効果ガスの排出権を売買する米国の取引所。約400の企業・自治体などが自主的に参加し、個別に設定された排出枠に基づいて6種の温室効果ガスの売買を行う。2003年創設。04年にシカゴ気候先物取引所、05年に欧州気候取引所(ECX)を完全子会社として開設。10年に米国インターコンチネンタル取引所(ICE)に買収された。CCX(Chicago Climate Exchange)。

しかこく-じょうやく【四箇国条約】▶よんかこくじょうやく

シカゴ-ジャズ〖Chicago jazz〗1920年代、ニューオーリンズからシカゴへ来た黒人ジャズメンの影響を受けて、シカゴの白人が始めたジャズ。広義には、20年代にシカゴで活動した黒人のジャズをも含む。エディ＝コンドン、ビックス＝バイダーベックらがいる。

シカゴ-しょうぎょうとりひきじょ【シカゴ商業取引所】▶シー-エム-イー(CME)

シカゴ-じょうやく【シカゴ条約】▶国際民間航空条約

シカゴマーカンタイル-とりひきじょ【シカゴマーカンタイル取引所】▶シー-エム-イー(CME)

しがさか-とうげ【志賀坂峠】群馬県南部・埼玉県西部の県境にある峠。標高876メートル。昔から関東と信濃を結ぶ重要な道路で、現在は国道となっている。北東に二子山(標高1166メートル)、南方に両神山を望み、観光地・登山ルート。

じか-ざし【▽直挿(し)】造林で、母木から枝を切り取り、直接に造林用地にさして繁殖・生育させる方法。じきざし。

しか-ざる【鹿猿】鹿の上に猿が乗った形の土焼きの玩具。広島県宮島の名産品。

しか-さん【四化蚕】1年に4回孵化し、世代を繰り返す蚕。繭が小さい。

し-かざん【死火山】火山ではあるが、有史時代以後噴火の記録がない山。月山・大山など。近年この語は用いなくなった。➡活火山 ➡休火山

じが-さん【自画賛】「自画自賛❶」に同じ。

しか-し【私×窩子】淫売婦。売春婦。私娼。「当年十五歳の―であった」〈芥川・南京の基督〉

しか-し【▽然し｜▽併し】〔接〕《「しかしながら」の略かという》❶今まで述べてきた事柄を受けて、それと相反することを述べるときに用いる。そうではあるが。けれども。「こんなことは言いたくない。―立場上言わなければならない」❷今まで述べてきた事柄を受けて、話題を転じるときに用いる。それはともかく。それはそれとして。「よく思い切って会社をやめたね。―これからどうするつもりなの」❸感情をこめて言いはじめるときに用いる。それにしても。なんとまあ。「―よくこんなりっぱな家を建てたものだ」【類語】だが・ところが・が・けれど・それでも・でも・然るに・もっとも

しか-じ【▽如かじ｜▽若かじ｜▽及かじ】〔連語〕《動詞「如く」の未然形＋打消し推量の助動詞「じ」》❶…に及ばないであろう。…に越したことはないだろう。「ただ色このまざらんには―」〈徒然・二四〇〉❷(副詞的に用いて)(ア)むしろ。いっそのこと。「かかる憂き目にあはんよりは、―、ただ死なばや」〈仮・伊曽保・中〉(イ)たしかに。絶対に。「―此の義において、日本の神ぞ他言は申さず」〈浮・伝来記・七〉

じ-かし【地貸し】土地を貸すこと。また、それを職業とする人。

しか-しか【▽確▽確】〔副〕(多く下に打消しの語を伴う)物事が確実に行われるさま。たしかに。しっかり。「終に―とねむることなければ」〈中華若木詩抄・上〉「返事も―し給はず」〈仮・竹斎・下〉

しか-じか【▽然▽然】《古くは「しかしか」か》【一】〔副〕(「云云」とも書く)繰り返して言わないとき、わかりきったことをいちいち言わないとき、または必要のないことなので省略するときなどに、その代わりに用いる。かようかよう。かくかく。うんぬん。「彼はこれこれ―の理由で出席できないという」【二】〔感〕あいづちを打つときに用いる語。そのとおり。そうそう。「―、いと興あることなり」〈大鏡・序〉

しか-しき【四家式】▶和歌四式

しが-じく【詩画軸】画面上部の余白に、その絵にちなんだ漢詩を書いた掛け軸。➡詩軸

しが-しげたか【志賀重昂】[1863～1927]地理学者。愛知の生まれ。号、矧川。三宅雪嶺らとともに国粋主義を主張、雑誌「日本人」を発行。諸外国を巡遊。著「南洋時事」「日本風景論」「世界山水図説」など。

じが-じさん【自画自賛】〔名〕スル ❶自分の描いた画に、自分で賛を書くこと。自画賛。❷自分のした行為を自分で褒めること。自賛。手前味噌。【補説】「自我自賛」と書くのは誤り。【類語】うぬぼれ・おのぼれ・手前味噌・自賛

しかしちろん【紫家七論】江戸中期の評論書。1巻。安藤為章著。元禄16年(1703)成立。紫式部と源氏物語についての評論7編を収録。

じが-じつげん【自我実現】《self-realization》普遍的、絶対的自我の実現が究極の目的であり、それに導く行為が正しい行為だとする、T＝H＝グリーンやブラッドリーなどの倫理説。➡自己実現

しか-し-て【▽然して｜×而して】〔接〕そして。それから。多く漢文訓読文に用いられる。

しかし-ながら【▽然し×乍ら｜▽併し×乍ら】【一】〔接〕「しかし」のやや改まった、言い方。「彼は金持ちだ。―実に質素だ」【二】〔副〕❶そのまま。そっくり。すべて。「精進にて書きたる経は、―竜宮に納まりぬ」〈今昔・一四・二九〉❷結局。要するに。「人のために恨みをのこすは、―我が身のためにてこそありけれ」〈宇治拾遺・一一〉【類語】けれども・だが・ところが・しかし・が・けれど・それでも・でも・然るに

しか-しゅう【私家集】勅撰集・私撰集に対して、個人の歌集。主に近世以前のものをいう。「山家集」「金槐集」など。家集。家の集。

しか-しゅう【詞華集｜詞花集】【一】美しい詩文を集めた書物。アンソロジー。【二】「詞花和歌集」の略。【類語】歌集・句集・詩集・撰集・歳時記・アンソロジー

し-かじゅう【死荷重】静荷重のこと。⇔活荷重。

じか-じゅせい【自家受精】動物で、同一の個体に生じた精子と卵子との間で起こる受精。雌雄同体の条虫やホヤ類にみられる。➡他家受精

じか-じゅふん【自花受粉】花粉が、同一の花の雌しべの柱頭につくこと。栽培植物に多くみられ、野生植物にはこれを避ける傾向がある。

じか-じゅふん【自家受粉】雌雄同株の植物で、花粉が同株の花の雌しべについて受粉が起こること。

じか-しょうひょう【自家商標】▶プライベートブランド

じ-がしら【地頭】❶能で、地謡の統率者。横2列に並んだ後列の中央に位置する。狂言の地謡にもある。❷能の大鼓・小鼓の特殊な手配りの名称。舞の中で、テンポを速めるために用いられる。

しか-ず【▽如かず｜▽若かず｜▽及かず】〔連語〕《動詞「し(如)く」の未然形＋打消しの助動詞「ず」》「…にしかず」「…にはしかず」の形で用いる。❶及ばない。かなわない。「百聞は一見に―・ず」❷…に越したことはない。…が最もよい。「三十六計逃げるに―・ず」

しか-す-がに【▽然すがに】〔副〕《副詞「しか」＋サ変動詞「す」＋接続助詞「がに」からという》そうはいうものの。そうではあるが。「荒磯越す波はかしこし―海の玉藻の憎くはあらずて」〈万・一三九七〉

しかすが-の-わたり【然菅の渡り】三河国宝飯郡の吉田川(現在の豊川)の河口にあった渡し場。【歌枕】「ゆけばありゆかねば苦し―に来て思ひわづらふ」〈中務集〉

じ-がすり【地がすり】演劇で、地面を表すために舞台床に敷きつめる布。泥裂。

じか-せい【自家製】自分の家で作ったもの。「―のジャム」

じか-せん【耳下腺】耳の前下部にある、唾液腺のうちで最大のもの。導管が口腔に開いている。

じかせん-えん【耳下腺炎】耳下腺の炎症。化膿菌・ウイルスなどの感染によって起こり、耳の下がはれて痛む。特にムンプスウイルスによるものを流行性耳下腺炎(お多福風邪)という。

じが-ぞう【自画像】自分で描いた自分自身の肖像画。

じか-そうがく【時価総額】上場企業の価値を表す指標の一。発行済み株式数に、その時点の株価(時価)をかけて算出する。株価に連動することから、市場の評価による企業の価値と考えられ、企業が持つ資産や、利益を生み出す力、成長力などが総合的に反映される。また、証券取引所に上場する全企業の時価総額の合計についてもいい、その取引所の規模を計る目安となる。

し-かた【仕方】❶物事をする方法。やり方。「掃除の―」❷他に対する振る舞い。仕打ち。「親に対する―ではない」❸(「仕形」とも書く)身ぶり。手まね。「手をあげて土をかけよと―をした」〈中勘助・鳥の物語〉【類語】遣り方・仕振り・仕様・遣り様・方法・方式・流儀・遣り口・伝・手段・手口 (丁寧)致し方

仕方が無・い ❶どうすることもできない。ほかによい方法がない。やむを得ない。「―・い。それでやるか」❷よくない。困る。「彼は怠け者で―・いやつだ」❸我慢ができない。たまらない。「彼女に会いたくて―・い」

じ-かた【地方】❶室町幕府の職名。京都内の土地・家屋に関することや訴訟などをつかさどった。❷江戸時代、町方に対して、農村のこと。転じて、農村における民政一般をいう。「―役人」❸海上から見て、陸地のこと。❹日本舞踊で、伴奏音楽を演奏する人々。唄・浄瑠璃・三味線・囃子などの演奏者をまとめていう。➡立方 ❺能で、地謡方のこと。

じ-かた【地肩】本来もっている肩の力。野球で、投手の球速や野手の遠投力などにいう。「―が強い」

じ-がた【地形】▶じぎょう(地形)

しが-だいがく【滋賀大学】滋賀県彦根市に本部のある国立大学法人。彦根経済専門学校・滋賀師範学校・滋賀青年師範学校を統合し、昭和24年(1949)新制大学として発足。

じかた-さんちょう【地方三帳】江戸時代、年貢徴収のうえで最も重要な3種の帳簿。郷帳・年貢割付・年貢皆済目録の三帳をいう。

じかた-さんやく【地方三役】江戸時代、郡代・代官の支配のもとで、村内の民政をつかさどった、名主(庄屋)・組頭・百姓代の総称。村方三役。

じかた-しょ【地方書】江戸時代の農政に関する書物の総称。農村支配の手引書として利用された。地方凡例録・地方落穂集などがある。

じかた-ちぎょう【地方知行】江戸時代、幕府が旗本に、あるいは大名がその家臣に一定の土地を与え、その土地と農民を直接支配させたこと。➡蔵

米知行

じかた-とうにん【地方頭人】室町幕府の職名。地方❶の長官。初めは引付頭人の中から選任されたが、のち摂津氏が世襲。地方奉行。

じかた-どり【地方取り】江戸時代、将軍・大名から一定の知行地を与えられること。また、その人。知行取り。➡蔵米取り

しかた-な・い【仕方無い】〔形〕文しかたな・し〔ク〕しかたがない。「考えても━・い」「━・くあきらめる」 (類語)せん方ない・余儀ない・よんどころない

じか-だのみ【▽直頼み】他人を間に入れないで直接に頼むこと。

しかた-ばなし【仕方話┊仕方×噺】身ぶり・手ぶりをまじえてする話。また、それを取り入れた落語。

じかたはんれいろく【地方凡例録】江戸時代の地方書。11巻。大石久敬著。寛政6年(1794)成立。田制・税制をはじめ、地方制度全般にわたる体系的な農政書として知られる。

じか-たび【地下足-袋】《じかに土を踏む足袋の意。「地下」は当て字》ゴム底の労働用の足袋。

じかた-ぶぎょう【地方奉行】❶江戸幕府初期の職名。幕府直轄地の民政を取り扱った。❷「地方頭人」に同じ。

しかた-まい【仕方舞┊仕形舞】身ぶりや手まねで表現する舞。ものまねの所作をまじえた舞。「大晦日に無用の━」〈浮・胸算用・三〉

じ-がため【地固め】❶家などを建てる前に、地面をならして固くすること。地形。地突き。❷物事の基礎をしっかりと固めておくこと。「立候補の━をする」

じかた-もんじょ【地方文書】江戸時代、村において行政上の必要から作成された文書・記録類。村を単位に大量の文書・記録類が作成され、今日旧名主・庄屋など村役人を務めた旧家などに伝来している。村方文書。

じか-だん【▽直談】〔名〕スル「直談判」に同じ。「━して承知させる」

じか-だんぱん【▽直談判】〔名〕スル 間に人を入れないで、直接に相手と交渉すること。じきだんぱん。じかだん。「社長と━する」

し-がち【仕勝ち】〔形動〕文〔ナリ〕とかくそうする傾向があるさま。「あわてていると忘れ物を━だ」

じか-ちゅうどく【自家中毒】❶体内で代謝に異常が生じ、生成された毒物により障害が起こること。尿毒症など。❷小児にみられる、リンゴのようなにおいの吐物が特徴の病気。体内で脂肪が代謝されるときに生じるアセトン体が血液中に増えたため起こる。周期性嘔吐症。アセトン血嘔吐症。

し-かつ【死活】死ぬことと生きること。死ぬか生きるかということ。「━にかかわる問題」

し-がつ【四月】1年の4番目の月。卯月。(季 春)「妹の嫁ぎて━永かりき/草田男」

じ-かつ【自活】〔名〕スル 人の援助を受けないで、自分の力で生活すること。「親もとを離れて━する」 (類語)独立・自立・一本立ち・独り立ち・独り歩き

じ-かつ【自割】「自切」に同じ。

しがっかん-だいがく【至学館大学】愛知県大府市にある私立大学。昭和38年(1963)に中京女子大学として開学。平成22年(2010)現校名に改称、男女共学校となった。

じか-つぎ【▽直接ぎ】台木を植え、翌年、発芽前にその枝を切り、そこに目的の品種の穂木を接ぎ木すること。

じか-づけ【▽直付け】〔名・形動〕❶直接にすること。直接であるさま。「━に病気の種類を聞きただす」〈有島・或る女〉❷じかにつけること。「入り口に車を━にする」

しかっ-けい【四角形】▶しかくけい(四角形)

し-がっこう【私学校】❶私立学校。私学。「関左に雄視している━」〈蘆花・思出の記〉❷西郷隆盛が退官後、明治7年(1874)郷里鹿児島に創設した学校。西南戦争では西郷軍の中心となった。

しがつ-ばか【四月馬鹿】「エープリルフール」に同じ。(季 春)「━ローマにありて遊びけり/青邨」

しかつべ-の-まがお【鹿都部真顔】[1753～1829]江戸後期の狂歌師・黄表紙作者。江戸の人。本名、北川嘉兵衛。戯作名、恋川好町。狂歌を俳諧歌と改称して和歌の優雅さをもたせようとした。大田南畝引退後の狂歌界の中心人物。(補説)「鹿津部」とも書く。

しかつべ-らし・い〔形〕文しかつべら・し〔シク〕《「しかりつべくあらし」の音変化か》「鹿爪らしい」に同じ。「一一慇懃に━・く」〈露伴・辻浄瑠璃〉

しかつめ-がお【鹿爪顔】もったいぶった顔つき。もっともらしい顔つき。

しかつめ-らし・い【鹿爪らしい】〔形〕文しかつめら・し〔シク〕《「しかつべらしい」の音変化。「鹿爪」は当て字》まじめくさっていて堅苦しい。もっともらしい。「━・い顔をする」「━・いあいさつ」 (派生)**しかつめらしげ**〔形動〕**しかつめらしさ**〔名〕

しかつ-もんだい【死活問題】生き死ににかかわるような重大な問題。「患者数の減少は病院の━だ」

しが-でら【志賀寺】崇福寺㊀の異称。

しかと〔名〕スル《花札の、10月の絵柄である鹿がそっぽを向いているところからという》無視すること。仲間はずれにすること。(補説)昭和30年代後半から若者の間で使われ始めた。

しか-と【▽確と┊×聢と】〔副〕❶はっきりとしているさま。確実でまちがいのないさま。たしかに。「夕方のことで━は見えなかった」「━相違ありません」❷かたく、しっかりと。また、十分に。完全に。しっかと。「地盤を━固める」「━考えてみる」❸すきまなく。びっしりと。「廻廊に━並み居たり」〈太平記・三〉(補説)「聢」は国字。 (類語)堅い・確り・はっきり・くっきり・ありあり・まざまざ・明らか・際やか・定か・さやか・鮮やか・明瞭・鮮明・分明・顕著・顕然・歴然・歴歴・瞭然・亮然・判然・画然・截然

しかどう【至花道】能楽論書。世阿弥著。応永27年(1420)成立。二曲三体・皮肉骨などの問題を通じて、能の本質や構造を説いたもの。

じか-どうちゃく【自家×撞着】〔名〕スル 同一人の文章や言動が前後食い違って、合わないこと。自己矛盾。「━に陥る」「理論が━する」 (類語)矛盾・撞着・齟齬・牴牾・二律背反・背反・背理・不整合・不一致・扞格・対立・相克・相反する・食い違う

しかど-の-へい【四箇度の幣】▶四度の官幣

じか-とりひき【▽直取引】「じきとりひき」に同じ。

しがな〔終助〕《終助詞「しか」に終助詞「な」の付いた「しかな」の音変化》自己の願望を表す。…たいなあ。「てしがな」「にしがな」の形で用いる。「いぶせう侍る事をも、あきらめ侍りに━」〈源・賢木〉

しが-な・い〔形〕文しがな・し〔ク〕《「さがない」の音変化という》❶取るに足りない。つまらない。「━・い職業」❷貧しい。みすぼらしい。「━・い暮らし」 (類語)貧乏・貧しい・苦しい・乏しい・プアー

しが-なおや【志賀直哉】[1883～1971]小説家。宮城の生まれ。武者小路実篤らと雑誌「白樺」を創刊。強烈な自我意識と簡潔・明晰な文体によるリアリズム文学の傑作を書いた。文化勲章受章。小説「城の崎にて」「和解」「暗夜行路」「灰色の月」など。

しかな-ぐさ【鹿▽鳴草】ハギの別名。

しか◦なり【▽然なり】〔連語〕《副詞「しか」＋断定の助動詞「なり」》そうである。「生あるもの、死の近き事を知らざる事、牛、既に━◦なり」〈徒然・九三〉

じか-に【▽直に】〔副〕間にほかのものを入れないで直接にするさま。「ワイシャツを肌に━着る」 (類語)直接・直直に・直・直

じか-にち【地火日】暦注の一。地に火の気があるので、土を掘ることや植樹などを忌む日。地火。

しがにっかい【四河入海】抄物の一。25巻。笑雲清三編。天文3年(1534)成立。蘇東坡の詩の注釈で、瑞渓周鳳・大岳周崇・一韓智翃・万里集九の四人の説を集約して自説を加えたもの。

じ-がね【地金】❶めっきの下地や、加工の材料となる金属。じきん。❷生まれつきの性質。本性。主として悪い意味で使う。「━が出る」 (類語)地・生地・下地

地金を出・す　本性を現す。「なるべく━・すようにして書かなくては」〈志賀・赤西蠣太〉

し-かね◦ない【仕兼ねない】〔連語〕《動詞「しか(仕兼)ねる」の未然形＋打消しの助動詞「ない」》▶仕兼ねる❷

じがね-の-さび【地金の×錆】生まれつき持っている悪い癖。

し-か・ねる【仕兼ねる】〔動ナ下一〕文しか・ぬ〔ナ下二〕❶それをすることに抵抗を感じる。また、それをすることを拒否する。できかねる。「返事を━・ねている」「賛成━・ねる」❷(「しかねない」の形で)普通ではしないこともするかもしれない。「思わず信用━・ねないほど巧妙なうそ」

しが-の-あくにち【四日の悪日】中国・四国・九州地方で、3月4日の異称。上巳の節句(3月3日)の翌日を悪日として仕事を休み、2日間の連休として物見遊山をする。徳島の大滝山の遊山が有名。

しかのうみ-じんじゃ【志賀海神社】福岡市東区志賀島にある神社。祭神は、底津綿津見神・中津綿津見神・表津綿津見神。

しか-の-うら【志賀浦】福岡県、志賀島の海岸。[歌枕]「━にいざりする海人明け来れば浦廻漕ぐらし梶の音聞こゆ」〈万・三六六四〉

しが-の-うら【滋賀浦┊志賀浦】近江国滋賀郡の琵琶湖の南西部に面する湖岸一帯の古称。

しがのおおつ-の-みや【滋賀大津宮】▶大津宮

しが-の-おおわだ【志賀の大曲】奈良・平安時代、近江国滋賀郡にあった港。琵琶湖南西岸にあり、現在の唐崎付近という。

しか-の-しがらみ【鹿の▽柵】《「鹿の作った柵」の意で》ハギの別名。「河水に━かけてけり浮きて流れぬ秋萩の花」〈新古今・秋上〉

しか-の-しま【志賀島】福岡県北西部、海ノ中道にある陸繋島。古来、大陸交通の要地。天明4年(1784)に「漢委奴国王」の金印を出土。➡漢倭奴国王印

しか-の-その【鹿の×苑】「鹿野苑」を訓読みにした語。「聞きそめし━にはことかへて色色になる四方のもみぢ葉」〈長秋詠藻・上〉

しがのたかあなほ-の-みや【志賀高穴穂宮】滋賀県大津市坂本穴太町にあったとされる、景行天皇・成務天皇・仲哀天皇の皇居。

しか-の-つのきり【鹿の角切り】奈良の春日大社で、毎年秋に、鹿の角を切り落とす行事。(季 秋)

しかの-ぶざえもん【鹿野武左衛門】[1649～1699]江戸前期の落語家。大坂の人。通称、安次郎。江戸へ出て、仕方噺で人気を博し、江戸落語の祖とされた。著「鹿の巻筆」「鹿野武左衛門口伝咄」など。

しか-の-ほうよう【四箇の法要】大法会の4種の儀式作法。梵唄・散華・梵音・錫杖の称。

しかのまきふで【鹿の巻筆】江戸前期の咄本。5巻。鹿野武左衛門著。貞享3年(1686)刊。収められた笑話は江戸落語の基礎ともなる。

しか-のみ-ならず【加之】〔接〕《副詞「しか」＋副助詞「のみ」＋断定の助動詞「なり」の未然形＋打消しの助動詞「ず」から》そればかりでなく。それに加えて。「特別な計らいを受け、━金品までいただけるとはありがたい」 (類語)然も・その上・かつ・かつまた・なおかつ・おまけに・加うるに・のみならず・そればかりか・糅てて加えて・同時に・更に・あまつさえ・それに

しが-の-みや【滋賀宮】▶大津宮

しが-の-みやこ【滋賀の都┊志賀の都】今の滋賀県大津市に置かれた天智天皇の都。667年、大和の飛鳥から遷都。672年の壬申の乱で焼亡。大津京。

しが-の-やまごえ【滋賀の山越┊志賀の山越】滋賀県大津市と京都市北白川とを結ぶ山道。

しか-ばかり【▽然▽許り】〔副〕それほどまで。「━契りしものを定めなきさは世の常に思ひなせとや」〈和泉式

部日記〉

じか-ばき【▽直×穿き・▽直履(き)】❶履物を素足に直接はくこと。❷ふだんはく下駄。表などのつかない下駄。

じか-ばし【▽直箸】盛り合わせにした料理などを、取り箸を使わずに、自分の箸で直接皿から取ること。補説格式の高い日本料理の席ではマナー違反とされる。中国・韓国では取り箸の習慣がないため、正式な席でも直箸で取り分ける。

じが-ばち【似我蜂】❶膜翅目ジガバチ科の昆虫。体長約2センチで体は黒色、膨らんだ腹の基部は赤色。地面に巣穴を掘り、ヨトウムシやシャクトリムシなどを狩って取り込み、これに産卵して幼虫のえさにする。翅を動かす音がジガジガと聞こえる。すがる。腰細蜂。季春 ❷ジガバチ科の昆虫の総称。体は中形で黒色、腹の付け根は細い。地中や竹筒に巣を作り、小昆虫を狩って幼虫のえさとする。ジガバチ・ツチスガリ・アナバチなど。

じがばち-そう【似我蜂草】ラン科の多年草。山地の林下や朽ち木などの上に生え、高さ10〜15センチ。葉は広い楕円形で2枚が向かい合う。夏、茎の上部に十数個の花を総状につける。名は、花の形がジガバチに似ていることに由来。

じか-はっこう【時価発行】会社が新株を発行する際、市場で売買されている株の時価を基準に、発行価格を決める方法。⇒額面発行

じか-はつでん【自家発電】〔名〕スル 電力会社の供給によらず自分の所に発電装置を備えて発電すること。

しか-ばな【死花花・紙花花】葬具の一。細かい刻み目を入れた細長い紙を竹串に巻きつけたもの。しか。

しかばね【×屍・×尸】《「死にかばね」の意》❶死んだ人のからだ。死骸。「野に一をさらす」「生ける一」❷「尸冠」の略。類語死体・死骸・遺体・遺骸・死屍・亡骸・屍・むくろ

屍に鞭打・つ「死屍に鞭打つ」に同じ。

しかばね-かんむり【×尸冠】漢字の冠の一。「尼」「居」「展」などの「尸」の称。

しか-ばん【私家版】❶官版に対して、民間の個人や寺社の刊行物。私版。❷個人が自分の費用で出版して、狭い範囲に配布する書籍。自家版。

じか-び【▽直火】直接に火に当てること。また、その火。「一で焼く」

しか-ぶえ【鹿笛】猟師が鹿をおびき寄せるために吹く、鹿の鳴き声に似せた笛。竹や角に鹿の胎児の皮やヒキガエルの皮を張る。ししぶえ。季秋

じか-ふわごうせい【自家不和合性】雌雄同株の植物で、自家受粉では受精しない性質。ナシ・リンゴなどにみられる。自家不稔性。

しかま【飾磨】兵庫県姫路市南部の地名。古くから瀬戸内海の要港。褐染めの産地。歌枕「播磨なる一に染むるあながちに人を恋しと思ふころかな」〈詞花・恋上〉

じか-まき【▽直×播き】苗代や苗床を用いず、田畑に直接種をまくこと。じきまき。

しかま-の-かち【▽飾磨の▽褐】飾磨で行われた濃い紺や褐色の染め色。また、その布。飾磨紺。

し-かみ【×獅×噛み】《「しがみ」とも》獅子の頭部を模様化したもの。兜の目庇の上や鎧の肩、火鉢の脚などの装飾に用いる。

しかみ【×顰み】《動詞「しか(顰)む」の連用形から》❶しかめっ面をすること。❷能面の一。まゆを寄せ、きばをむき出した恐ろしい形相の鬼神面。「紅葉狩」「羅生門」「土蜘蛛」などの後ジテに用いる。❸模様や細工物などで、鬼や獅子などの顔をしかめた形のもの。❹日本建築で、木鼻や猿頭などのえぐれた部分。

じ-がみ【地神】祖霊、農神ともされる神。屋敷内や辻・田のそばに祭る。地主神。じしん。

じ-がみ【地紙】❶扇や傘などに張るために、その形に切った紙。❷金銀の箔などを張りつける下地の紙。❸紋所の名。扇の地紙をかたどったもの。

じ-がみ【地髪】❶入れ髪やかつらなどではない、自然に生えている頭髪。地毛。❷頭巾などをかぶらないで、髪をあらわにすること。「宵は綿帽子、更けては一、夜歩き足音かるく」〈浮・一代女・五〉

じがみ-うり【地紙売り】江戸中期、若衆姿で扇形の箱を担ぎ、扇の地紙を売り歩いた者。

じがみ-がた【地紙形】扇の地紙のような形。扇形。

しがみ-つ・く【しがみ付く】〔動カ五(四)〕しっかりとつかんで放すまいとする。「子供が母親に一・く」「社長のいすに一・く」
類語かじり付く・むしゃぶり付く・組み付く・抱き付く

しかみ-づら【×顰み面】「顰めっ面」に同じ。「恐ろしくしわだらけの一で」〈寅彦・自画像〉

じ-がみなり【地雷】地に鳴り響く雷。また、大地の揺れ動く響き。「この塚めきめきと動き一のごとくしばらく鳴りやまず」〈浮・真実伊勢〉

しかみ-の-かぶと【×獅×噛みの×兜】目庇に獅噛みの鍬形のある兜。

しかみ-ひばち【×獅×噛み火鉢】獅噛みの意匠を脚などに施した、金属製の丸火鉢。

しか・む【×顰む】■〔動マ四〕顔や額などにしわが寄る。「一・みたる顔付を見るに及びては」〈鴎外訳・即興詩人〉■〔動マ下二〕「しかめる」の文語形。

しが・む【×噛む】〔動マ五(四)〕くりかえし強くかむ。かみしめる。「酒の肴にスルメを一・む」

しかめっ-つら【×顰めっ面】まゆのあたりにしわを寄せた、機嫌の悪そうな顔。しかめつら。類語渋面

しかめ-つら【×顰め面】《「しかめづら」とも》「顰めっ面」に同じ。

しか・める【×顰める】〔動マ下一〕文しか・む〔マ下二〕痛みや不快のために、まゆのあたりにしわを寄せる。「顔を一・める」

しか-も【▽然も・×而も】《副詞「しか」＋係助詞「も」から》■〔接〕❶前述の事柄を受けて、さらに別の事柄を加えるときに用いる。その上。「あの方は私の恩師で、一命の恩人だ」❷前述の事柄を受けて、それに反する帰結を付け加えるときに用いる。それなのに。それでも。「あれだけ練習して、一勝てなかった」■〔副〕そんなにまでも。「三輪山を一隠すか雲だにも心あらなも隠さふべしや」〈万・一八〉類語(■❶)その上・かつ・かつまた・なおかつ・おまけに・加うるに・のみならず・しかのみならず・そればかりか・糅てて加えて・同時に・更に・あまつさえ/(❷)それでも・なおかつ

じか-やき【▽直焼(き)】〔名〕スル 直火で焼くこと。また、その焼いたもの。

しが-やま【志賀山】長野県北東部、志賀高原の中央にそびえる山。志賀高原で最も新しい火山。標高2037メートル。ダケカンバや針葉樹におおわれ、山麓には大沼池・四十八池・ひょうたん池などがあり、湿原植物・高山植物が見られる。上信越高原国立公園に属する。

しが-やま【滋賀山・志賀山】滋賀県大津市にある山。ここを通って京都白川へ出る道を滋賀の山越、山中越、白川越などという。

しがやま-りゅう【志賀山流】日本舞踊の流派の一。元禄(1688〜1704)ごろ、江戸の振付師志賀山万作が創始。最古の流派。

じか-よう【自家用】自分の家のために使用すること。また、そのもの。「一米」「一アンテナ」

じかよう-じどうしゃ【自家用自動車】►自家用車

じかようじどうしゃそうごう-ほけん【自家用自動車総合保険】►エス-エー-ピー(SAP)

じかよう-しゃ【自家用車】事業用自動車以外の、一般的な用途に使用される自動車。自家用自動車。マイカー。⇔事業用自動車。

しがらき【信楽】■滋賀県南部、甲賀市の地名。信楽焼の産地。また、高級茶を産する。聖武天皇の紫香楽宮跡がある。■「信楽焼」の略。

しがらき-がさ【▽信▽楽×笠】信楽地方で産した大きなかぶり笠。

しがらき-ちゃ【▽信▽楽茶】信楽地方で産出する茶。

しがらき-の-みや【信楽宮・紫香楽宮】滋賀県甲賀市信楽町牧にあった聖武天皇の離宮。甲賀宮。

しがらき-やき【▽信▽楽焼】信楽地方から産する陶器。鎌倉初期のころ成立、室町時代に茶の湯の勃興とともに注目された。現在は雑器から茶器までが作られる。

しから-し・める【▽然らしめる】〔動マ下一〕文しから-し・む〔マ下二〕そのような結果にさせる。そうさせる。「政治の堕落は、国民の一・めるところだ」

しから-ず-ば【▽然らずば】〔接〕《古くは「しからずは」》そうでなければ。しからずんば。「われに自由を与えよ。一死を与えよ」〈蘆花・思出の記〉

しから-ずん-ば【▽然らずんば】〔接〕「しからずば」の音変化。「生か、一死か」

しから-ば【▽然らば】■〔接〕そうであるならば。それならば。「計画は失敗か。一次なる方策を考えよう」■〔感〕さようなら。さらば。「や、一」「はい、さやうなら」〈滑・浮世風呂・四〉

しがらみ【▽柵・×笧】《動詞「しがら(柵)む」の連用形から》❶水流をせき止めるために、川の中にくいを打ち並べて、それに木の枝や竹などを横に結びつけたもの。❷引き留め、まとわりつくもの。じゃまをするもの。「世間の一」

しがらみそうし【しがらみ草紙】森鴎外が主宰した月刊の文芸雑誌。明治22年(1889)10月創刊、同27年8月、59号で廃刊。幸田露伴・落合直文らが執筆。浪漫主義の拠点となり、文芸評論を文壇に確立した。

しがら・む【▽柵む・×笧む】〔動マ四〕❶絡みつく。まとわりつく。また、絡みつける。「親方の情けに一・まれて」〈透谷・「歌念仏」を読みて〉❷しがらみ❶をつくる。「涙川流るるあとはそれながら一・みとむる面影ぞなき」〈狭衣・二〉

しかり【叱り・×呵り】❶口に出してとがめること。「社長のお一を受ける」❷江戸時代、庶民に科した最も軽い刑罰。白州に呼び出してその罪をしかるだけにとどめたもの。軽重2種あり、重いものを屹度叱りといった。

しか・り【▽然り・×爾り】〔動ラ変〕《副詞「しか」にラ変動詞「あり」の付いた「しかあり」の音変化》そのようである。そのとおりである。そうである。「一・り、君の言うとおり」「俗語などは、はかなきもののようなれども、なかなかに一・らず」〈逍遥・小説神髄〉

然りと雖も　そうであるけれども。そうではあるが。「今日の如き…光輝を発したるは、未曽有の事なるべし、一、ここに止まるべからず」〈中村訳・西国立志編〉

然る上は　そうであるからには。「人ありて、拙きままにこそうちかなはであることなれ。一、この上人の、大師のまねして定に入らるれば」〈撰集抄・七〉

然るが故に　そうであるから。それゆえに。

しかり-しこうして【▽然り×而して】〔連語〕前に述べた事柄を受け、それを肯定・確認してあとに続けるときに用いる。そして。そこで。「一かくなる結論につながる」

じか-りつ【磁化率】磁界内に置かれた物体の磁化の強さMと磁界の強さHの比。磁化率をχとすると、M＝χHで表される。常磁性体では正、反磁性体では負となり、磁界の強さにほとんど依存しない。強磁性体では消磁状態から初磁化率という一定の値をとり、さらに磁界を強めると磁気飽和に達する。帯磁率。受磁率。磁気感受率。

しかり-つ・ける【叱り付ける】〔動カ下一〕文しかりつ・く〔カ下二〕強くしかる。厳しくしかる。「頭ごなしに一・ける」類語叱る・怒る・叱咤・叱責・譴責

しかり-とば・す【叱り飛ばす】〔動サ五(四)〕激しい調子でしかる。「有無を言わさず一・す」

しかりべつ-こ【然別湖】北海道のほぼ中央部、大雪山国立公園の南端にある貧栄養湖。面積3.4平方キロメートル、最深99メートル、湖面標高810メートル。オショロコマ(イワナ)の生息地として有名。

しか・る【叱る・×呵る】〔動ラ五(四)〕目下の者の言動のよくない点などを指摘して、強くとがめる。「その

本分を忘れた学生を―・る」(可能)しかれる
(類語)怒る・叱りつける・叱咤・叱責・譴責・一喝・大喝・お目玉・大目玉

しかる-あいだ【▽然る間】(接)❶そうしている間に。そのうちに。「その後は、いよいよ行ひ怠る事なし。―、貴き聖人なりといふ事世に高く聞えて」〈今昔・一二・三三〉❷それゆえ。そういうことで。「昔より源平両家左右の翅にて、共に朝家の御まぼりなり。―、源氏世を乱れば、平氏これを鎮め」〈保元・中〉

し-ガルタ【詩ガルタ】歌ガルタをまねて、漢詩の絶句の起・承2句を上の句、転・結の2句を下の句としたカルタ。上の句を読み、下の句を拾って競い合う。

しかる-に【▽然るに】(接)❶それにもかかわらず。それなのに。「汚職に関係した政治家は、立候補などすべきでない。―みそぎが済んだとは何事か」❷話の冒頭に用いる語。さて。ところで。「―平家の栄華を極めしその始め」〈謡・生田敦盛〉(類語)けれども・だが・ところが・しかし・が・けれど・でも・しかしながら

しかる-べき【▽然る▽可き】(連語)《連語「しかるべし」の連体形》❶(連体詞的に用いて)適当な。ふさわしい。「―人に相談しなさい」❷(「…てしかるべき」の形で)当然である。当たり前だ。「君は謝罪して―だ」

しかる-べく【▽然る▽可く】(連語)《連語「しかるべし」の連用形》(副詞的に用いて)適当に。よいように。「―取り計らう」(補説)慣例的に法曹が法廷などで同意や異議なしの表明の際に用いる。

しかるべく-は【▽然る▽可くは】(連語)(副詞的に用いて)できることなら。差し支えなければ。「今の定家君に申し、―作者をつけて賜び給へ」〈謡・忠度〉

しかる◦べし【▽然る▽可し】(連語)《ラ変動詞「しかり」の連体形＋推量の助動詞「べし」》❶それが適当であろう。また、ふさわしい。「この儀もっとも―◦べし。さらば書け」〈平家・七〉❷そうなるはずである。そうなる運命である。「われ―◦べき宿世ありて、君を得たり」〈今昔・一六・九〉❸立派である。すぐれている。「さも―◦べき人々は、必ず相人としもなけれども、皆かくまなこ賢くぞおはしける」〈盛衰記・一五〉

しかる-を【▽然るを｜▽而るを】(接)それなのに。ところが。「親父の脚をかじって…。―生意気に絹の衣服を被たり」〈逍遥・当世書生気質〉

シカレ〖Xcaret〗メキシコ東部、キンタナロー州、ユカタン半島の東部にある観光地。シュノーケリングやダイビングができる海洋公園がある。同州の観光・保養都市、カンクンから訪れる観光客が多い。

シガレット〖cigarette〗紙巻きタバコ。

シガレット-ケース〖cigarette case〗紙巻きタバコを入れるための、布・革・金属製などの小箱。

シガレット-パンツ〖cigarette pants〗紙巻きタバコのようなストレートなシルエットのパンツ。スリムではなくて、幅広型。

シガレット-ブレンダー《和 cigarette＋blender》タバコの微妙な味を出すため、何種類かのタバコの葉を混ぜ合わせ、ひとつの味を作り上げる人。(補説)英語ではtobacco blender

しかれ-ども【▽然れども】(接)そうだけれども。しかしながら。「頂上直下まで迫る。―力及ばず撤退」

しかれ-ば【▽然れば】(接)❶そうであるから。だから。「賽銭は一厘銭のみ。それだに奉加するはいと稀なり…。―蟻集る老若男女も、みな信心家にあらざるにや」〈逍遥・当世書生気質〉❷話の冒頭に用いる語。さて。ところで。「―胡国の軍強うして」〈謡・昭君〉

じ-かろ【地火炉】泥を塗り固めて作った炉。囲炉裏。「―間は昼ゐる所なめり。―など塗りたり」〈今昔・一二・三四〉

しかわかしゅう【詞花和歌集｜詞華和歌集】平安後期の勅撰和歌集。八代集の第六。10巻。崇徳院の院宣により、藤原顕輔が撰し、仁平元年(1151)ごろ成立。四季・賀・別・恋・雑に部立て。歌数409首。詞花集。

し-かん【士官】❶下士官・兵に対して、将官・佐官・尉官をいう。将校。❷上級船員の通称。

し-かん【子×癇】妊娠中毒症の一種。妊産婦が突然、全身の痙攣、失神などの発作を繰り返す状態。

し-かん【支干】十二支と十干。えと。干支。

し-かん【支幹】樹木で、主幹から分かれて出ている幹。⇒主幹

し-かん【支管】水道管やガス管などで、本管から分かれて使用者の所まで引かれている管。

し-かん【止観】❶天台宗で、禅定により心の動揺を払って一つの対象に集中し、正しい智慧を起こして仏法を会得すること。❷天台宗の異称。❸「摩訶止観」の略。

し-かん【仕官】(名)スル ❶官職に就くこと。役人になること。❷浪人していた武士が大名などに召し抱えられて仕えること。

し-かん【史官】歴史編纂に従う官職。特に、古代中国で、文書・記録の任にあたった官。

し-かん【史観】歴史を全体的に把握し、解釈するときの基礎的な立場・考え方。歴史観。「皇国―」

し-かん【×弛緩】(名)スル《慣用読みで「ちかん」とも》ゆるむこと。たるむこと。「筋肉が―する」
(類語)緩衝・和らぐ・緩和・融和・和らげる・和む・間延び

し-かん【死×諫｜×屍×諫｜×尸×諫】死をもって主君に忠告すること。「腹をかっ切って―を進めるのが、臣下としての本分じゃ」〈菊池寛・忠直卿行状記〉

し-かん【糸管】弦楽器と管楽器。糸竹。また、音楽のこと。管弦。

し-かん【私感】一個人として抱く感想。

し-かん【使館】「公使館」「大使館」などの略。

し-かん【枝幹】❶えだとみき。❷手足と胴体。また、末と本。

し-かん【×屍×姦】死体を相手にして性交すること。

し-かん【×祠官】神社の祭礼・社務に携わる人。かんぬし。神官。

し-かん【視官】視覚器官。「人の五官の中にて―と嗅官とを比較すれば」〈子規・墨汁一滴〉

し-かん【視感】「視覚」に同じ。「魚の―を研究した人の話によると」〈寅彦・芝刈り〉

し-かん【歯冠】歯茎よりも上側に、冠状に出ている歯の部分。象牙質をエナメル質が覆っている。

し-かん【詩巻】詩を集めた書物。詩集。

し-かん【×篩管｜師管】植物の維管束の篩部を構成する主要素。葉で作られる同化物質を下へ流す通路で、細長い細胞が縦につながった管状の組織をなす。細胞の境の膜(篩板)に多数の小孔がある。ふるい管。

し-がん【×此岸】仏語。迷いの世界。悩みの多い現実世界。この世。⇔彼岸。
(類語)この世・うつし世・現世・地上・人界・下界・娑婆・苦界・肉界・人間界・世界

し-がん【至願】ひたすらに願うこと。また、その願い。「赫然宸怒天誅の勅諚在せらるるよう―におよぶ所なり」〈染崎延房・近世紀聞〉

し-がん【志願】(名)スル 自分から進んで願い出ること。ある事を望み願うこと。「―して入隊する」

し-がん【詩眼】❶詩を鑑賞・批評する能力。詩についての眼識。❷漢詩で、巧拙を決める重要な1字。

じ-かん【字間】文字と文字との間。また、その間隔。

じ-かん【寺観】❶《「観」は道士の住む建物の意》僧の住する寺と、道士の住する観。❷寺院。堂塔。

じ-かん【次官】❶官職で、長官に次ぐもの。❷各省庁の長である国務大臣、並びに副大臣・大臣政務官の下に位し、官僚の最高位。事務次官。

じ-かん【耳管】中耳の鼓室と咽頭腔とを結ぶ通気管。鼓室内の気圧を調節する。発見者の名から、エウスタキオ管・欧氏管ともいう。

じ-かん【耳環】耳たぶにつけて飾りとする輪。

じ-かん【時間】❶ある時刻と他の時刻との間の長さ。ある長さをもつ時。「この仕事は―がかかる」「待ち合わせの時刻まで映画で―をつぶす」❷時の流れの中の、ある一点。時刻。とき。「―どおりに開会する」「出発の―に間に合う」❸時の長さを数える単位。時。「一―は六〇分である」❹授業や勤務など、ある一定の区切られた長さの時。「算数の―」「勤務―」❺哲学で、空間とともにあらゆる事象の最も基底的、普遍的な存在形式。また出来事が継起する形式。過去・現在・未来の三様態をもち、常に一方向に経過し、非可逆的である。近世以降の哲学的時間論では、空間とともに現象を構成する直観の先天的形式(カント)、意識の創造性を担う純粋持続(ベルグソン)、意識における広がりのある今の継起たる現象学的時間(フッサール)など特色あるものが出されている。⇒空間 ❻現象が経過していく前後関係を明示するための変数。古典力学では空間に対する独立した変数と見なされたが、相対性理論では空間とともに四次元の世界をつくるとされる。(類語)(❶)時・暇・間・一時・あいだ・合間・距離・時日・間か・間隔・隔たり/(❷)時刻・刻限・時分・時点・頃合い・頃おい/(❸)アワー/(❺)時・光陰・歳月・タイム

時間の問題　すでに見通しがついていて、近いうちにそうなること。「解決はもはや―だ」

時間を稼・ぐ　►時を稼ぐ

時間を割・く　余裕のない時間を都合つけて、あることのためにふり向ける。「―・いて人と会う」

じ-かん【時×艱】その時代の、当面している難問題。

じ-がん【字眼】詩文の中で、1字の巧拙によってその価値が左右されるような、重要な文字。じげん。

じ-がん【慈眼】❶►じげん(慈眼)❷いつくしみのこもった目。慈悲のまなこ。〈日葡〉

じ-がん【慈顔】慈悲深い顔。慈愛にみちた優しい顔つき。

じかん-がい【時間外】労働時間・営業時間・診察時間など、ある一定範囲の時間から外れていること。

じかんがい-きょうてい【時間外協定】労働基準法第36条に基づき、時間外労働および休日労働に関して使用者と労働組合または労働者の代表との間で結ばれる協定。三六協定。

じかんがい-とりひき【時間外取引】証券取引所(金融商品取引所)の通常の取引時間外に行われる取引。証券取引所自体で開われる場合(立ち会い外取引ともいう)と、電子ネットワークを使って証券取引所の外で行われる場合とがある。時間外取引の乱用を防ぐため、金融商品取引法では、企業の3分の1以上の株式を取引する場合、原則株式公開買付による必要があると規定する。

じかんがい-ろうどう【時間外労働】労働基準法や労働協約に定める時間を超えて行われる労働、または休日に行われる労働。

しかん-がっこう【士官学校】「陸軍士官学校」の略。

しかんき-けつあつ【×弛緩期血圧】►拡張期血圧

じかん-きゅう【時間給】❶賃金形態の一。労働時間の長短に応じて賃金が支払われる方式。❷►時給

しかん-ぎょう【四巻経】《4巻からなる経であるところから》金光明経の異称。

じかん-ぎれ【時間切れ】物事が終わらないのに、制限時間または決められた時刻を過ぎてしまうこと。

じかん-げいじゅつ【時間芸術】時間の推移のもとに表現・享受される芸術。音楽・文学など。⇒空間芸術

しかん-げた【▽芝×翫下▽駄】長方形で、前後の歯が間遠になっている駒下駄。大坂の歌舞伎役者3世中村歌右衛門(芝翫)が江戸興行で用いてから流行した。

じかん-けんきゅう【時間研究】労働者が行う作業を要素動作に細かく分解し、各動作に要する時間を計測して、その作業の標準時間を定める研究。⇒動作研究

しかん-ごう【止観業】日本の天台宗で、学生に課した学業の一。摩訶止観による修行をし法華経・金光明経・仁王経などを読誦・講読するもの。⇒遮那業

じかん-こうし【時間講師】ある一定の時間にだけ授業を行う契約の講師。

しかん-こうほせい【士官候補生】所定の学業修了後、士官に任ぜられる資格を有する者。旧日本軍の場合は海軍についてのみいう。

しかん-ざい【止汗剤】汗が出るのを抑える薬。

じかんさ-こうげき【時間差攻撃】バレーボールで、スパイクを打つとみせかけて相手のブロッキングのタイミングを外し、そのすきにスパイクを打ち込む戦法。

しかんしき-かごうぶつ【脂環式化合物】炭素原子が環状に結合した化合物で、芳香性をもたないものの総称。鎖式化合物である脂肪族化合物に似た性質をもつ。シクロヘキサン・シクロペンタンなど。

じかんじくあっしゅく-たじゅう【時間軸圧縮多重】►ピンポン伝送方式

じかんじく-こうか【時間軸効果】将来の状態に対する期待によって生じる効果。例えば、中央銀行が、デフレ解消など一定の条件が達成されるまで金融緩和政策を継続すると約束することによって、市場が将来の短期金利の動向を予測し、現在の長期金利を低下させること。

しかん-じゅうじょう【止観十乗】「十乗観法(じゅうじょうかんぼう)」に同じ。

し-かんじょう【四×灌頂】真言宗で、東寺・観音寺・尊勝寺・最勝寺の4寺で行う灌頂。

じかん-たい【時間帯】1日のうちの、ある時刻とある時刻との間の一定の時間。「通勤ラッシュの―」

しかん-たざ【×只管▽打×坐┊×祇管▽打×坐】ただひたすら座禅すること。特に曹洞宗でいう。

じかん-ちかく【時間知覚】経験の生起する順序などによって、時間の経過を判断したり理解したりする働き。

しかん-ちゃ【▽芝×翫茶】柔らかい赤茶色。中村歌右衛門㊂(俳名・芝翫)が好んで用いた。

じかん-ちりょう【時間治療】体内時計に基づく生体リズムの変化に応じて、治療効果の上がる時間帯に投薬する治療。昼夜を問わず活動する癌(がん)細胞に、健康な細胞の活動の収まる睡眠時に抗癌剤を投与するなど。

じかん-つぶし【時間潰し】❶空いた時間を、ちょっとしたことをして埋めること。「―に喫茶店に入る」❷むだなことに時間を使うこと。「二度も書き直すとは、とんだ―だ」

じかん-ひょう【時間表】❶仕事や授業などを時間によって割り当て、あらわした表。時間割り。❷時刻表。「列車の―」

しかん-ブラシ【歯間ブラシ】歯間の歯垢(しこう)を取るのに使う、ごく細いブラシ。

しかん-ほう【私間法】国際私法の別名。

じかん-わり【時間割(り)】毎週の授業などの時間を割り振ること。また、それを表に組んだもの。時間表。「―を組む」

し-き【士気】兵士の、戦いに対する意気込み。また、人々が団結して物事を行うときの意気込み。「―を鼓舞する」「―が上がる」【類語】意気・溌剌(はつらつ)・志気

し-き【子規】㊀ホトトギスの別名。㊁►正岡子規(まさおかしき)

し-き【子器】子嚢菌(しのうきん)類の生殖器官。子嚢胞子が形成される。

しき【史記】中国の二十四史の一。黄帝から前漢武帝までの二千数百年にわたる通史。前漢の司馬遷撰。本紀12・表10・書8・世家(せいか)30・列伝70の全130巻。紀伝体の祖で、注釈書が多数ある。

し-き【四気】天地間に生じたり消えたりする四時の気。春の温(生)、夏の熱(長)、秋の涼(収)、冬の寒(蔵)の各気。

し-き【四季】❶春・夏・秋・冬の四つの季節。四時。「―折々の花」❷各季節の末の月。すなわち、陰暦で、3月・6月・9月・12月。季春・季夏・季秋・季冬の称。【類語】季節・時季・時節・時候・候・四時(しじ)・春夏秋冬

しき【四季】㊀詩雑誌。昭和8年(1933)堀辰雄が創刊。第二次は翌年から三好達治・丸山薫・堀辰雄編集の月刊で昭和19年(1944)まで発刊。萩原朔太郎・室生犀星(むろうさいせい)・中原中也などの叙情詩の代表的詩人が参加。第四次まで断続して刊行された。㊁《原題、(イタ)Le quattro stagioni》ビバルディ作曲の、独奏バイオリンと弦楽合奏のための12曲からなる協奏曲集「和声とインベンションの試み」の中の、春・夏・秋・冬の名のついた第1番から第4番の通称。作曲年代未詳。㊂《原題、(ドイ)Die Jahreszeiten》ハイドン作曲のオラトリオ。1801年ウィーンで初演。英国の詩人トムソンの作品に基づく。

し-き【四器】❶古代中国で、聘礼(へいれい)に用いた四つの道具。圭(けい)・璋(しょう)・璧(へき)・琮(そう)。❷物の形を正すのに用いる四つの道具。規(ぶんまわし)・矩(さしがね)・準(みずもり)・縄(すみなわ)。

しき【式】❶ある定まったやり方やかたち。方式。形式。型。「―に従う」❷一定の作法にのっとって行う、あらたまった行事。儀式。「―を挙げる」❸数学その他の科学で、文字や数を演算記号で結びつけ、ある関係や法則を表したもの。数式・方程式・化学式など。「―を立てる」❹論理学で、三段論法を構成している命題の質や量の違いによって生じる諸種の形式。論式。❺平安時代、律令および、その追加法令である格(きゃく)の施行細則。延喜式など。❻「式神(しきがみ)」の略。「陰陽師(おんようじ)を語らひて、―を伏せたりけるなり」〈宇治拾遺・二〉❼事情。事柄。「此の程の―をば身に替へても申し宥(なだ)むべく候」〈太平記・一〇〉❽名詞に付いて、型・様式・方法・種類などの意を表す。「日本―のあいさつ」「電動―」⇒漢「しき(式)」
【類語】(❶)型(かた)・形式・様式・方式・タイプ・スタイル/(❷)儀・儀式・式典・典礼・祝典・セレモニー

し-き【死期】死ぬ時。命が尽きる時。また、命を捨てるべき時。しご。「―が迫る」【類語】最期(さいご)・末期(まつご)・いまわ・死に際・往生際・死に目・断末魔・臨終・終焉(しゅうえん)

し-き【至貴】この上もなく尊いこと。

しき【色】仏語。❶五蘊(ごうん)の一。五感によって認識される、物質や肉体。存在物。もの。❷五境の一。目でとらえられるもの。色や形のあるもの。⇒漢「しょく(色)」

しき【志木】埼玉県南部の市。東武東上線が通り、住宅地として発展。人口7.0万(2010)。

し-き【志気】物事をなそうとする意気込み。こころざし。「―盛んである」【類語】士気・精気・溌剌(はつらつ)・意気・元気

し-き【私記】個人として記したもの。私的な記録。

し-き【始期】❶物事の始まる時期。❷法律で、法律行為の効力が発生し、または債務の履行を請求できるようになる期限。⇔終期。

し-き【▽城┊×磯▽城】《「し」は石、「き」は城という》❶城。とりで。「―を得爾辛に助け築(つ)かしむ」〈欽明紀〉❷周囲に岩石をめぐらした祭場。「―の神籬(ひもろき)を立てて」〈倭姫命世記〉

し-き【指揮┊指×麾】〔名〕(スル)❶全体がまとまりをもって動くよう、人の上に立って指図をすること。「大会運営の―を執る」❷合奏や合唱などの演奏を統率すること。「コーラスを―する」【類語】采配

し-き【紙器】紙皿・ボール箱など、紙製の容器。

し-き【紫気】紫色の雲気。「相摸灘上の―いよいよ勢猛く騰上して」〈蘆花・自然と人生〉

しき【敷(き)】❶敷くこと。また、そのもの。物の下や底などに敷くもの。現在では、多く他の語と複合して用いられる。「鍋(なべ)―」「花瓶―」「その筥(はこ)の―に大納言殿の書かせ給へる」〈栄花・本の雫〉❷船の底板。かわら。❸「敷金」の略。❹「敷地」の略。「河川―」❺「敷布団」の略。❻「敷居」の略。

しき【×鋪】鉱山で、坑道のひと区切りのこと。

しき【×閾】「しきみ」に同じ。

しき【磯城】奈良県北西部の郡。古くは桜井市など近隣一帯の称。⇒敷島(しきしま)

しき【▽職】❶律令官制で、省の下、寮の上に位置する役所。中宮職・大膳(だいぜん)職・京職・摂津職など。❷中世、職務に付随する権限をさす。本家職・領家職・下司職・作職・守護職・地頭職など。❸「職曹司(しきのぞうし)」の略。「―へなむ参る。ことづけやある」〈枕・八三〉⇒漢「しょく(職)」

しき【識】❶物事の道理を知ること。また、見識があること。「―不識」❷知り合っていること。見知っていること。面識。「一面の―もない」❸書き記すこと。また、その文字など。「著者―」❹《梵 vijñānaの訳》仏語。㋐五蘊(ごうん)の一。心作用を統括する心の働き。意識。㋑十二因縁の一。前世の所業を因として現在の母胎に生じる最初の一念。⇒漢「しき(識)」

しき〔副助〕(指示代名詞「これ」「それ」「あれ」に付いて)程度を表すが、軽視する気持ちが加わる。たかが…くらい。「これ―の寒さで弱音を吐くな」「あれ―の力では何もできない」【補説】名詞「しき(式)」が助詞化したといわれ、「式」と表記されることもある。古語では、人称代名詞にも付いて卑下の気持ちを表し、「我等(われら)しき」などともいった。

しき【▽頻】〔語素〕《動詞「し(頻)く」の連用形から》名詞や動詞の連用形の上に付いて、それが何度も繰り返される意を表す。「―浪」「―鳴く」

し-ぎ【仕儀】物事の成り行き。事の次第。特に、思わしくない結果・事態。「このような―に立ち至り面目次第もございません」【類語】結果・始末・結末・帰結・帰趨(きすう)・帰着・帰する・首尾・成り行き・成果

し-ぎ【四儀】《「四威儀」の略》仏語。平常の起居動作である、行・住・座・臥(が)の四つ。また、その作法。

し-ぎ【市議】「市議会議員」の略。

し-ぎ【私議】〔名〕(スル)❶自分一人の意見。個人的な意見。私見。「―を建白する」❷陰で批評すること。「英国に於いてすら、今の女皇万歳の後は云々と―する者ありと云う」〈福沢・福翁百話〉

し-ぎ【思議】〔名〕(スル)あれこれ思いはかること。考えをめぐらすこと。「重吉も自分には―すべからざる一種の感に打たれて」〈柳浪・河内屋〉

し-ぎ【試技】❶重量挙げや跳躍競技・投擲(とうてき)競技などで、一定回数許される演技の一回ごとの演技。❷試合の前の予備的な演技。トライアル。

しぎ【×鴫┊×鷸】チドリ目シギ科、およびその近縁の科の鳥の総称。海・干潟・川などの水辺にすみ、くちばしが長く、貝・カニ・ゴカイなどを食べる。約90種が南極を除く全世界に分布。シギ科の大部分は北半球北部で繁殖し、熱帯地方や南半球で冬を過ごす。日本では渡りの途中の春と秋にみられる。イソシギ・ダイシャクシギ・タシギなど。【季 秋】「―立つや礎(いしずえ)残る事五十/漱石」【補説】「鴫」は国字。

鴫の看経(かんきん)　鴫が田の中などに静かに立っているさまを、経をよむ姿に見立てた語。【季 秋】

鴫の羽返(はがえし)　舞の手の一。また、剣術・相撲の手の一。

鴫の羽根搔(はねが)き　鴫がくちばしで何度も羽をしごくこと。物事の回数の多いことのたとえ。鴫の羽搔(はが)き。

じ-き【次期】次の時期・期間。「―会長」

じ-き【自記】〔名〕(スル)❶自分で書きつけること。また、書いたもの。「住所氏名を―する」❷機械が自動的に符号や文字を記録すること。
【類語】自筆・直筆・直書・自書

じ-き【自▽欺】自分の良心に反した言動を、それと知りながらすること。自己欺瞞(じこぎまん)。

じ-き【自棄】自分自身に失望してすてばちになること。やけ。「自暴―」

じ-き【事記】事件を中心にして書いたもの。

じき【直】㊀〔名・形動〕❶間に人や物を置かずにすること。また、そのさま。直接。じか。「―の兄」「―にお奉行様に差し出したい」〈鷗外・大塩平八郎〉❷まっすぐであること。また、そのさま。一直線。「両の耳は竹を剝いで―に天を指し」〈太平記・一三〉❸「直取引(じきとりひき)」の略。⇒直(す)ぐ【用法】㊁〔副〕時間的、距離的に近いさま。すぐ。「もう―春だ」「学校は―そばだ」⇒漢「ちょく(直)」【類語】(㊀❶)じか・直直(じきじき)・直接/(㊁)すぐ・間(ま)もなく・程なく・そろそろ・今にも・幾許(いくばく)もなく(述語として)間近い・程近い・近い

じき【食】たべもの。食物。「諸(もろもろ)の鬼は人の―を盗みて食(く)らふを役とす」〈今昔・九・三六〉⇒漢「しょく(食)」

じ-き【時季】季節。特に、1年のうち、そのことが盛んに行われたり、そのことに最もふさわしかったりする時期。シーズン。「行楽の―」「―外れ」【類語】季節・時節・シーズン・折節・四季・春夏秋冬・候・時候・四時

じ-き【時期】❶ある幅をもった時。期間。「入学の―」「―が重なる」❷その時。そのおり。「―が来ればわ

かる」〘類語〙時分・頃・時代・年代・世紀・時世じせ・時節・世よ・時とき・時世ときよ・エポック

じ-き【時機】何かを行うのによい機会。しおどき。しお。「―を見て行動する」「―到来」〘類語〙チャンス・好機・時節・頃合い・時とき・折おり・機・機運・時宜・機宜

時機に投とう・ずる　機会をうまく利用する。また、時勢にかなう。「―・じて利益を得る」

じ-き【×瓷器】土器より堅い焼き物。磁器成立以前の原始的なものをさすことが多い。

じ-き【辞気】言葉遣い。言いぶり。「容貌―は徳行の華釆なり」〈中村訳・西国立志編〉

じ-き【磁気】磁力の根源と考えられるもの。一般には磁石どうし、または磁石と電流との相互作用に関する現象。また、磁極に蓄えられている物理量。

じ-き【磁器】素地きじのガラス質が磁化して半透明となり、吸水性のない硬質の焼き物。陶器より高火度で焼かれ、たたくと金属的な音がする。中国で創製され、日本では江戸初期の有田焼に始まる。

〘類語〙瀬戸物・陶器・陶磁器・焼き物・かわらけ・土器

じき【敷(き)】〘接尾〙部屋の大きさを畳の数によって表すのに用いる。「八畳―」

じ-ぎ【字義】漢字の意味。文字の意味。〘類語〙意義・意い・義ぎ・概念・謂いい・語意・語義・文意・含意・含み・意味合い・旨・ニュアンス・語感・本義・広義・狭義

じ-ぎ【児戯】子供の遊び。また、幼稚なこと。

児戯に等し・い　《「史記」絳侯世家から》ある行為が無価値であることにいう。児戯に類する。「―・い試み」

じ-ぎ【事宜】物事の状態・事情。また、事が適当であること。

じ-ぎ【時宜】❶時がちょうどよいこと。適当な時期・状況。「―を得た発言」「―にかなった企画」❷時にかなったあいさつ。時儀。「べったり座って―を述べる」〈紅葉・二人女房〉〘類語〙機会・時とき・折おり・頃合ころあい・機・時機・時節・機運・好機・潮時しおどき・機宜・チャンス

じ-ぎ【時儀】❶時候のあいさつ。時宜。❷礼儀。「侍の付き合ひは無礼を戒め―を本とし」〈仮・浮世物語・一〉

じ-ぎ【辞宜｜辞儀】〘名〙スル ❶頭を下げてあいさつをすること。おじぎ。「驚いた様に鳥渡ちょっと―して」〈小杉天外・初すがた〉❷遠慮すること。辞退すること。「学文がくもんせぬの、手習ひせなんだのと、―する事はない」〈松翁道話・一〉

じ-ぎ【辞義】言葉の意味。

じぎ-あい【辞宜合ひ｜辞儀合ひ】ジギあひ あいさつを交わすこと。会釈をし合うこと。じぎ。あいさつ。「さすがに―に手間も取るべし」〈鶉衣・煙草説〉

しき-あくにち【四季悪日】陰陽道おんようどうで、四季の各季中、何事をするにも特に悪日とされる日。春の甲子きのえね・乙亥きのとい、夏の丙子ひのえね・丁亥ひのとい、秋の庚子かのえね・辛亥かのとい、冬の壬子みずのえね・癸亥みずのとい の各日。

しき-あみ【敷(き)網】袋状の網を水中に沈め、魚群がその上に来たときに引き上げて捕る網。また、その漁法。浮き敷き網・底敷き網などがある。

じき-あらし【磁気嵐】地球の磁場の急激で不規則な変動。太陽面の爆発で放出された荷電粒子の流れによるもので、無線通信を妨害し、オーロラを出現させる。

しき-い【敷居｜×閾】しきゐ ❶門の内と外との仕切りとして敷く横木。また、部屋の境に敷く、引き戸・障子・ふすまなどを開けたてするための溝やレールのついた横木。❷屋内や地上に敷いて座るござ・むしろの類。〈名義抄〉

敷居が高たか・い　不義理や面目のないことがあって、その人の家へ行きにくい。〘補説〙文化庁が発表した平成20年度「国語に関する世論調査」では、「あそこは敷居が高い」を、本来の意味である「**相手に不義理などをしてしまい、行きにくい**」で使う人が42.1パーセント、間違った意味「**高級すぎたり、上品すぎたりして、入りにくい**」で使う人が45.6パーセントという逆転した結果が出ている。

敷居を跨また・ぐ　その家に入る。その家に出入りする。「二度と―・がせない」

しき-いき【識×閾】シキヰキ ある意識の出現または消失の境界。意識閾。

しきい-ごし【敷居越し】しきゐ― ❶敷居を隔てて、相手に何かをすること。「―に話をする」❷わずかな距離であることのたとえ。

しき-いし【敷石｜▽舗石｜×鋪石】通路・玄関先・庭などに、敷き並べた平らな石。

しきいし-じゅうきょし【敷石住居×址】―ヂユウキヨシ 縄文時代の建物跡の一種。地表あるいは掘り下げた面に多数の石を敷きつめてある。関東・中部地方にみられる。

しき-いた【敷(き)板】❶物の下に敷く板。底板。❷建物の根太ねだの上に張る板。床板。❸茶の湯で、風炉の下敷きにする板。❹牛車ぎっしゃの乗降用の踏み板。「車をうちかへさんとして、―も牛の角にあたりて破れにけり」〈著聞集・二〇〉

しきい-ち【×閾値】しきゐ―《「閾値いきち」の湯桶読み》▶いきち(閾値)

じき-いほうせい【磁気異方性】―イハウセイ 物質の磁気的性質が方向によって異なること。鉄やニッケルなどの強磁性体には、磁化の向きと結晶軸との間に方向依存性が見られる。

しき-いん【▽職印】律令制で、省に属する役所である職しきで使用された公印。

じきインク-もじ【磁気インク文字】磁性をもつ特殊なインクによって印字された文字。小切手のコード番号表示などに使用。

じきインクもじ-よみとりき【磁気インク文字読(み)取り機】磁気インクで書かれた文字を読み取る機械。➡MICR

しき-うつし【敷(き)写し】〘名〙スル ❶書画の上に薄い紙をのせて、透かしてかき写すこと。すきうつし。「原本を―にする」❷他人の文章などをそのままにまねること。「他人の研究論文を―する」

しき-え【四季絵】―ヱ 春夏秋冬の自然や人事・風俗の移り変わりが一目で見られるように屏風びょうぶや障子などに描いた絵。四季の絵。➡月次つきなみ絵

しき-え【色▽衣】墨染めの衣以外の法衣。紫・緋・黄・青などの色があり、高位の僧が着る。

じき-エネルギー【磁気エネルギー】磁界の中に蓄えられているエネルギー。

じき-おんどけい【自記温度計】―ヲンドケイ 気温の時間的変化を自動的に測定し記録する装置。バイメタル温度計などにペンをつけ、一定の速度でゆっくりと回転する円筒に巻きつけた紙の上に記録する。

しき-か【色価】《フランス valeur》絵画の画面を構成する色相・明度・彩度の相関関係。バルール。

じき-カーこうか【磁気カー効果】―カウクワ ▶磁気光学カー効果

じき-カード【磁気カード】表面の一部または全体に磁性材料を塗布して、情報を記録するようにしたカード。プリペイドカードなどに使用される。

しき-かい【色界】仏語。三界の一。欲界の上、無色界の下にある世界。欲界のように欲や煩悩ぼんのうはないが、無色界ほど物質や肉体の束縛から脱却していない世界。色界天。色天。四禅を修めた者の生まれる天界で、初禅天から第四禅天の四禅天よりなり、さらに一七天に分ける。

し-ぎかい【市議会】―ギクワイ 市の自治に関する事項について、その意思を決定する議決機関。市議会議員によって組織される。

しぎかい-ぎいん【市議会議員】シギクワイギヰン 市議会を組織する議員。市の住民の公選による。任期は4年。市会議員。市議。

じき-かいろ【磁気回路】―クワイロ 磁束線が真空中・空気中・磁性体中を貫いている状態。電気回路にたとえていう。

しき-かく【色覚】視覚の一。光の波長の違いを色彩として識別する感覚。色神。

しき-がく【式楽】公儀の儀式に用いる音楽や舞踊。主として江戸幕府における能をさす。

しきかく-いじょう【色覚異常】―イジヤウ 色覚検査によってある種の色が判別しにくいと判定された者の色覚の通称。先天性と後天性があり、普通は前者をいう。

漢字項目 しき

【色｜▽拭｜織｜▽職】▶しょく

式　学3　音シキ呉　ショク漢‖①一定のやり方。作法。きまり。「格式・旧式・形式・書式・正式・定式・複式・方式・洋式・様式・略式」②型をふんだ行事。「式典／儀式・挙式・葬式・上棟式・卒業式」③記号・数字を連ねて事物の関係などを表したもの。「数式・等式・化学式」④律令の施行に関する細目。「格式きゃくしき・延喜式」⑤ひとそろい。「一式」〘名付〙つね・のり・もち

識　学5　音シキ呉　シ呉漢　訓しる、しるす‖㊀〈シキ〉①物事を区別して知る。見分ける。また、その心の働き・能力。「識者・識別／意識・学識・鑑識・眼識・見識・常識・知識・認識・良識」②知り合い。「旧識・相識・面識」③しるす。しるし。「識語／標識」㊁〈シ〉①しるす。しるし。「識語」②金属や石に平面より高く刻んだ文字。陽文。「款識かんし」〘名付〙さと・つね・のり

漢字項目 じき

【直】▶ちょく
【食】▶しょく

色神異常。

じき-かくゆうごうろ【磁気核融合炉】―カクユウガフロ 磁場を用いて高温のプラズマを閉じ込めて核融合を起こさせる核融合炉。環状の空間にプラズマを入れて加熱するトカマク型の実験装置が知られ、現在研究が進められている。

しき-がし【式菓子】―グワシ 儀式のときに出す菓子。

しき-がね【敷金｜敷▽銀】「敷金しききん」に同じ。「―にして物を売るとも」〈浮・永代蔵・五〉「入聟むこの―にて此の家を継がすべき事をたくみ」〈浮・懐硯・五〉

しき-がみ【式神｜識神】陰陽道おんようどうで、陰陽師が使役するという鬼神。変幻自在な姿で、人の善悪を監視するという。しきのかみ。しきじん。しき。

しき-がみ【敷(き)紙】❶物の下に敷く紙。❷紙を厚くはり合わせ、渋などをひいた敷物。〘季 夏〙「―や烈しき音の山の雨／零雨」

しき-がわ【敷(き)皮｜敷(き)革】―がは ❶毛皮の敷物。❷(敷き革)靴の内底に敷く革。中敷。❸江戸時代、両替屋で金銀を取り扱うときに敷いた鹿皮。

しき-がわら【敷(き)瓦｜×甃】―がはら ❶石畳のように土間に敷き並べた平たい瓦。❷茶の湯で、鉄風炉の下敷きにする瓦。

しき-かん【色感】❶色彩から受ける感じ。❷色を見分ける感覚。色彩感覚。

しき-かん【色環】―クワン 色相をスペクトルの順序に環状に配列したもの。向かいあった二つの色は互いに補色の関係にある。色相環。カラーサークル。

しき-かん【指揮官】―クワン 指揮をする役目。また、その役目の人。特に軍隊でいう。

じき-がん【直願】ヂキグワン〘名〙スル「直訴じきそ」に同じ。

じき-かんじゅりつ【磁気感受率】▶磁化率

じき-かんのう【磁気感応】―カンオウ ▶磁気誘導

しき-き【子規忌】正岡子規の命日。9月19日。糸瓜へちま忌。獺祭だっさい忌。〘季 秋〙

じき-きあつけい【自記気圧計】気圧を自動的に測定し記録する装置。アネロイド自記気圧計・自記水銀気圧計などがある。

しき-きつ【四季×橘】▶カラマンシー

し-きぎょう【私企業】―キゲフ 営利追求を目的とし、民間人が出資・経営する企業。⇔公企業。

〘類語〙企業・公企業・大企業・中小企業

じき-きょうめい【磁気共鳴】磁気モーメントをもつ粒子が特定の周波数の電磁波や振動磁場を共鳴吸収する現象。電子がマイクロ波を吸収する電子スピン共鳴、原子核のスピンによる核磁気共鳴などがある。スピン共鳴。

じききょうめい-えいぞうほう【磁気共鳴映像法】―エイザウハフ ▶エム-アール-アイ(MRI)

じき-きらい【磁気機雷】近くを通る艦船の磁気に感応して自動的に爆発する機雷。

しき-きん【敷金】❶不動産、特に家屋の賃貸借にさいして賃料などの債務の担保にする目的で、賃借人が賃貸人に預けておく保証金。しきがね。❷江戸時代、市場の取引の手付金。❸江戸時代、問屋が生産者または小売店に前渡しした貸付金。仕入れ銀。❹婚姻などの際の持参金。しきがね。

しき-ぎん【敷銀】《主に銀本位の上方(かみがた)で用いられた語》「敷金(しききん)」に同じ。

しききん-こさく【敷金小作】江戸時代、地主に数年間の小作料を前納して小作すること。

しき-ぐさ【敷(き)草】家畜小屋や、作物の根元などに敷く草。しきわら。

しき-け【式家】藤原氏四家の一。不比等(ふひと)の三男、宇合(うまかい)を祖とする。宇合が式部卿であったところからいう。

しき-げ【式外】「式外の社(やしろ)」の略。⇔式内(しきない)。

じき-げ【直下】ヂキ すぐ下。ちょっか。また、即座。「彼は―に、立本寺の門前をありありと目に浮かべた」〈芥川・偸盗〉

しき-げた【敷桁】柱の上部を連結し、小屋梁(こやばり)または根太(ねだ)などの端を受けて支える桁。

しきげ-の-やしろ【式外の社】延喜式の神名帳に記載されていない神社。石清水八幡宮・北野神社など。

しき-けん【指揮権】検察事務および犯罪捜査に関し、法務大臣が検察官を指揮監督する権限。個々の事件の取り調べまたは処分については、検事総長だけを指揮できる。「―を発動する」

しき-けん【識見】物事を正しく見分ける力。また、優れた意見。見識。しっけん。「―のある人」

じきけん　昭和53年(1978)9月に打ち上げられた科学衛星EXOS-B(エクソスビー)の愛称。東京大学宇宙航空研究所(後の宇宙科学研究所、現JAXA=宇宙航空研究開発機構)が開発。名称は地球の「磁気圏」に由来する。近地点と遠地点が大きく異なる楕円軌道をとり、磁気圏のプラズマと波動の相互作用などを観測した。昭和60年(1985)に運用終了。

じき-けん【磁気圏】地球大気の最上層部。大気はほとんど電離しているが、帯電粒子の運動が地球磁場に支配されている領域で、地球に吹きつける太陽風が地球磁場の影響で侵入できない範囲をいう。

しぎ-けんぽう【私擬憲法】ーケンパフ 明治13年(1880)前後に民間で作成された憲法草案。植木枝盛(うえきえもり)の「日本国国憲按」、立志社の「日本憲法見込案」、千葉卓三郎の「五日市憲法草案」など。

しきけん-もん【式乾門】平安京内裏外郭門の一。北面し、朔平(さくへい)門の西にあった。

しき-ご【識語】写本・刊本などで、本文のあと、または前に、書写・入手の由来や年月などを記したもの。特に、後人の書き加えたものをいう。しご。

じき-コア【磁気コア】▶磁心(じしん)

じきこうがく-カーこうか【磁気光学カー効果】ジキクワウガクカーカウクワ 磁場をかけた物質や磁性体により直線偏光が反射されるとき、偏光面が回転する現象。磁気光学効果の一。1876年、英国の物理学者ジョン=カーが発見した。磁気カー効果。

じき-こうがくこうか【磁気光学効果】ークワウガクカウクワ 磁場をかけることで、物質の光学的性質が変化する効果の総称。ファラデー効果や磁気光学カー効果など。

じき-こさく【直小作】ヂキ 江戸時代、質入れした田畑を質入れ主が直接に小作すること。

しき-ごたつ【敷き×炬×燵】「置き炬燵」に同じ。

じき-コンデンサー【磁器コンデンサー】酸化チタンやチタン酸バリウムなどの鉱物質に、金属を焼き付けたセラミックを誘電体としたコンデンサー。高周波回路・高圧回路に使用。セラミックコンデンサー。

じき-コンパス【磁気コンパス】羅針盤の一。水平面で自由に回転する目盛り盤に永久磁石を取り付け、航行中に機首方向の磁気方位を知る装置。船舶・航空機に使われる。磁気羅針儀。方位磁石。方位磁針。マグネチックコンパス。

しき-さい【色彩】❶いろ。いろどりや色合い。「―が美しい」❷物事にあらわれている、あるようすや傾向。「保守的―が強い」[類語]色調・色相・色目・彩色

じき-さい【直裁】ヂキ ▶ちょくさい(直裁)

しきさい-かんかく【色彩感覚】色を感じとる能力。また、色を使いこなす能力。色感。

しきさい-けい【色彩計】▶測色計

しきさい-ちょうせつ【色彩調節】ーテウセツ 色彩が人間に与える心理的な効果を利用して、疲労防止・能率向上・災害防止などに役立たせるため、色を選んで用いること。カラーコンディショニング。

しき-ざき【四季咲き】季節を限らず、何回でも花が咲くこと。また、その植物。「―のバラ」

しき-ざくら【四季桜】ヒガンザクラの一品種。花は八重のほか一重のものもあり、10月ごろから開花しはじめ、春に最もよく咲く。十月桜。

じき-さま【直様】ヂキ〔副〕ただちに。すぐさま。「一代りの男を見付けて」〈荷風・つゆのあとさき〉

しぎ-さん【信貴山】奈良県北西部、生駒(いこま)山地南部の山。標高437メートル。信貴山朝護孫子(ちょうごそんし)寺がある。

じき-さん【直参】ヂキ ❶主君に直接仕えること。また、その人。⇔陪臣(ばいしん)。❷江戸幕府に直属した1万石以下の武士。御目見(おめみえ)以上の旗本と以下の御家人とに分かれる。❸華族の名門から出た僧で、規定の順序を越えて、勅会(ちょくえ)の最勝講の聴衆となった人。

しぎさんえんぎ-えまき【信貴山縁起絵巻】ーヱマキ 奈良県朝護孫子寺(ちょうごそんしじ)所蔵の3巻の絵巻。平安後期の作。信貴山に毘沙門天をまつった僧命蓮(みょうれん)にまつわる説話を描く。

しき-さんこん【式三献】▶三献(さんこん)

しぎさん-じ【信貴山寺】朝護孫子(ちょうごそんし)寺の異称。

しきさんすい-ず【四季山水図】ーヅ 春夏秋冬それぞれの季節感を織り込んだ山水画。

しき-さんば【式三▽番】《「しきさんばん」とも》❶猿楽に古くから伝わる儀式的な曲。初めは父尉(ちちのじょう)・翁(おきな)・三番猿楽(のちの三番叟(さんばそう))、室町時代以降は千歳(せんざい)・翁・三番叟の三人による祝福舞。現在の能の「翁」。❷江戸歌舞伎の儀式舞踊。能の「翁」をまねたもので、顔見世の初日から3日間、正月興行の仕初(しぞめ)、劇場のこけら落としなどに行われた。翁渡(おきなわたし)。❸歌舞伎舞踊。能の「翁」を儀式・祝言用の舞踊としたもの。長唄「翁千歳三番叟」、常磐津「祝言式三番叟」、義太夫「寿式三番叟」などがある。

しきさんば-そう【式三▽番×叟】▶式三番❷❸

しき-し【色紙】❶和歌・俳句・書画などを書き記す四角い厚紙。5色の模様や金・銀の砂子などを施すものもある。寸法に2種類あり、大は縦6寸4分(約20センチ)・横5寸6分(約17センチ)、小は縦6寸(約18センチ)・横5寸3分(約16センチ)。❷衣服の弱った部分に裏打ちをする布地。

しき-し【志木市】▶志木

しき-じ【式次】儀式を進める順序。式次第。

しき-じ【式事】儀式に関すること。また、儀式の行事。

しき-じ【式辞】式場で述べるあいさつの言葉。

しき-じ【▽職事】《職務・仕事、あるいは事務を執る者の意から》❶蔵人頭(くろうどのとう)と五位・六位の蔵人の総称。❷親王家・摂関家の蔵人所や侍所などの職員。❸「職事官」の略。

しき-じ【識字】文字が読めること。文字の読み書きができるようになること。「―運動」「―率」

しきし-がた【色紙形】❶短冊形に対して、正方形に近い四角形。❷屏風(びょうぶ)や障子に色紙の形を貼ったり輪郭を施したりして、そこに詩歌などを書いたもの。

しきじ-かん【▽職事官】ークワン 律令制で、位階があり、それに相当する職務を有する官。職事。⇔散官。

しき-しき【式式】儀式などが、正式に執り行われること。「置綿きたる中居女に口上言はせ、一に仕掛けぬれば」〈浮・文反古・二〉

じき-じき【直直】ヂキヂキ〔副〕人を介さずに本人が直接にするようす。じか。「総理が―(に)指揮する」[類語]直接・直に・じき

じき-しごせん【磁気子午線】地磁気の、水平分力の方向を示す曲線。

しきし-しょう【色視症】ーシヤウ 無色のものに色がついて見える症状。水晶体の摘出手術後の赤視症や青視症、サントニン中毒による黄視症などがある。

しきじ-しょうがい【識字障害】ーシヤウガイ ▶ディスレクシア

しき-しだい【式次第】式の順序。式次。

しきし-だて【色紙▽点】茶の湯で、茶箱点(ちゃばこだて)の一。道具や古袱紗(こぶくさ)などを置き合わせた形が、色紙を散らしたようになるところからいう。裏千家11世淡々斎の考案になる。

しき-じつ【式日】❶儀式を執り行う日。儀式のある日。❷祝祭日。❸江戸時代、幕府の役人が訴訟評決のために集会した日。

じき-しつどけい【自記湿度計】湿度の時間的変化を自動的に測定し記録する装置。毛髪の伸縮を利用した毛髪湿度計がよく使われる。

しきじつ-よりあい【式日寄合】ーよりあひ 江戸時代、勘定奉行・寺社奉行・町奉行の三奉行と、大目付・目付が定例日に評定すること。

しきし-ないしんのう【式子内親王】ーナイシンワウ [?～1201]平安末期・鎌倉初期の女流歌人。後白河天皇の第3皇女。名は「しょくし」とも。賀茂の斎院になり、のち出家。和歌を藤原俊成に学んだ。新古今集に49首入集。家集「式子内親王集」。

じきしにんしん-けんしょうじょうぶつ【直指人心見性成仏】ヂキシニンシンケンシヤウジヤウブツ 仏語。人間が生まれながら持っている仏性を直接に体得せよ、ということ。禅宗の悟道を示す語。

しきし-ばこ【色紙箱】蒔絵(まきえ)などで彩色された、色紙を納める箱。

しきしま【敷島｜×磯▽城島】■㊀崇神天皇・欽明天皇が都を置いた、大和(やまと)国磯城(しき)郡の地名。㊁《枕詞「しきしまの」から転じて》大和の異称。㊂日本の異称。㊃紙巻きタバコの名。口付きで、明治37～昭和18年(1904～1943)の間、売り出された。■「敷島の道」の略。[類語]日本・大和(やまと)・日の本・八洲国(やしまぐに)・大八洲(おおやしま)・秋津島・葦原(あしはら)の中つ国・豊葦原(とよあしはら)・瑞穂(みずほ)の国・和国(わこく)・日東・東海・扶桑(ふそう)・神州・本邦・本朝・ジャパン・ジパング

しきし-まど【色紙窓】茶室の窓の一種。二つの窓を上下にずらして配置したもの。色紙を散らしてはりつけたのに似ているところからいう。

しきしま-の【敷島の】〔枕〕磯城島(しきしま)の宮のある大和(やまと)の意から、「やまと」にかかる。「一大和の国に人多(さは)に満ちてあれども」〈万・三二四八〉

しきしま-の-みち【敷島の道】《日本古来の道の意から》和歌の道。歌道。

しきしま-や【敷島や】〔枕〕「やまと」にかかる。「―やまとしまねも神代より」〈新古今・賀〉

しき-しゃ【式社】▶式内(しきない)

しき-しゃ【指揮者】❶指揮をする人。指図する人。❷合奏や合唱を指揮する人。コンダクター。[類語]楽長

しき-しゃ【識者】物事の正しい判断力を持っている人。見識のある人。有識者。「―の意見を聞く」[類語]賢者・賢人

しき-じゃく【色弱】比較的軽い先天性の色覚異常の旧称。

しきしゃ-でん【▽職写田】奈良・平安時代、左右京職が、6か年以上帳簿記載登録申請がないために没収した戸田。不輸租田とし、賃租に出した。

じき-しゃへい【磁気遮蔽】外部磁界の影響を減少させるために、強磁性体の筒などで囲むこと。計測器や電子装置に使用。

しきしゃまな【式×叉摩那】《梵 śikṣamāṇāの音写》尼僧のうち、沙弥尼(しゃみに)から比丘尼(びくに)に至る間、2か年間の修行中の者。学法女。正学女。

しき-しゅ【▽職衆｜色衆】法会のとき、梵唄(ぼんばい)・散華(さんげ)などの職務をつとめる僧衆。

じき-しょ【直書】ヂキ〔名〕スル ❶本人が直接書くこと。また、その文書。自筆。直筆。「大臣が―した依頼状」❷▶直状(じきじょう) [類語]自筆・直筆・自書・自記

じき-じょ【直叙】ヂキ 順序を踏まずに、すぐにその位に叙すること。家柄の高い者や特に名誉を得た者に行われた。

シギショアラ〖Sighişoara〗ルーマニア中央部の都市。ドイツ語名シェースブルク。トランシルバニア地方の中心地。12世紀末、ドイツのザクセン地方の移住者により建設。15世紀から16世紀にかけて、多くのギルドや工房を擁し発展。城壁に囲まれた旧市街中心部は、中世ドイツの面影を残す民家や教会があり、1999年に「シギショアラ歴史地区」の名称で世界遺産(文化遺産)に登録。怪奇小説「ドラキュラ」のモデルになったとされるブラド=ツェペシュ(串刺し公)の生地。

しき-しょう【史記抄】シキセウ 室町中期の、「史記」の注釈書。19巻。桃源瑞仙著。文明9年(1477)成立。当時の口語で注釈したもの。史記桃源抄。

しき-しょう【式正】シキシャウ 正しい儀式。本式。正式。「一の御囃子ばやしは烏帽子上下えぼしかみしもにて肩脱がず」〈わらんべ草・一〇〉

しき-しょう【▽職掌】シキシャウ ❶律令制で、諸司に置かれた下級職員。❷中世、神社に仕えた下級の神官。❸明治2〜10年(1869〜77)、皇太后宮職・皇后宮職に置かれ公文書類を扱った判任官。

しき-じょう【式条】デウ ➤式目しきもく

しき-じょう【式状】ジャウ 貞永じょうえい式目と今川状。武士の修身の書として普及した。

しき-じょう【式場】ヂャウ 儀式を行う場所。(類語)会場

しき-じょう【色情】ジャウ 男女間の情欲。色欲。欲情。(類語)欲情・痴情・劣情

しき-じょう【指揮×杖】ヂャウ 部隊や楽隊などの指揮者が指揮に用いる杖つえ状のもの。

じき-じょう【直状】ヂキジャウ 古文書の形式の一。本人が直接書いた書状。直書じきしょ。

しきじょう-きょう【色情狂】シキジャウキャウ ❶情欲がはなはだしく、常軌を逸した行動をとること。また、その人。いろきちがい。❷躁病、脳の器質的障害、薬物依存などによって性欲が異常に亢進こうしんした状態。女性の場合はニンフォマニア、男性の場合はサチリアージスともいう。エロトマニア。色情症。➡恋愛妄想

じき-しょうそう【時期尚早】ーシャウサウ〔名・形動〕あることを行うにはまだ早すぎること。また、そのさま。「実行には一だ」「一な登用」

しきじょう-とうさく【色情倒錯】シキジャウタウサク 常人とは異なった刺激による以外には色情が起こらないこと。同性愛・サディズム・マゾヒズムなど。

しきじ-りつ【識字率】ある国または一定の地域で、文字の読み書きができる人の割合。(補説)ユネスコでは、「15歳以上人口に対する、日常生活の簡単な内容についての読み書きができる人口の割合」と定義している。

しき-しん【色心】❶仏語。物と心。物質と精神。❷色情。「一いまだ去らざる内は」〈浮・近代艶隠者〉

しき-しん【色身】仏語。❶物質的なものからできている、からだ。肉体。❷三十二相をそなえた仏の生身。➡法身ほっしん

しき-しん【色神】➤色覚しきかく

しき-じん【式神｜識神】➤しきがみ(式神)

じき-しん【直心】ヂキ 仏語。正しくまっすぐな心。正直心。即心。

しきしん-いじょう【色神異常】ーイジャウ ➤色覚異常

じきしんかげ-りゅう【直心影流】ヂキシンカゲリウ 剣道の一流派。元禄年間(1688〜1704)に山田平左衛門光徳が創始。

じき-ず【磁気図】ーヅ 地球上のさまざまな地点の地磁気の測定値を示した地図。地磁気の等偏角線・等伏角線・等水平分力線を記入したものがある。

しき-すな【敷(き)砂】庭や道などに砂を一面に敷くこと。また、そのための砂や、敷いてある砂。

ジギスムント〖Sigismund〗[1368〜1437]神聖ローマ皇帝。在位1411〜1437。カール4世の子。コンスタンツ公会議を召集して教会の分裂を調停したが、フス処刑によってフス戦争を引き起こした。

し-きせ【仕着せ｜▽為着せ｜四季施】❶主人が使用人に、季節に応じた衣服を与えること。また、その衣服。おしきせ。「仲働なかばたらきを雇うとしますと、給金から、年二度の一から」〈二葉亭・其面影〉❷江戸時代、幕府が右筆ゆうひつ・同朋どうぼうなどに時服を支給したこと。おしきせ。

じき-せきどう【磁気赤道】ーセキダウ 地磁気の伏角が零度の点を結んだ線。赤道付近で地球を1周する。

しきせ-だい【仕着せ代】仕着せ❷の代わりに給与した金銭。

じき-ぜめ【食攻め】兵糧ひょうろう攻め。「屏べいにぬり籠めて一にしける間」〈太平記・二四〉

しき-せん【敷銭】❶中世、担保物件取り戻しのための返済金。敷銭。❷中世、荘園の管理人などが、本家・領家に身分保証のために前納した金銭。敷金。❸婚姻などの際の持参金。しきがね。

しぎ-せん【市議選】《「市議」は「市議会議員」の略》市議会議員を選出するための選挙。

じき-せんこう【磁気旋光】ーセンクワウ ➤ファラデー効果

しき-そ【色素】発色のもとになる物質。可視光線の波長の一部を吸収し、それ以外を透過または反射させて色を出す。天然色素と合成色素とに大別され、天然色素は動物色素・植物色素の生体色素と、顔料などの鉱物色素とに分けられる。

じき-そ【直訴】ヂキ〔名〕スル 一定の手続きを経ないで、直接に君主・将軍・天皇などに訴え出ること。直願。越訴おっそ。「領主に窮状を一する」(類語)訴える・呼び掛ける・直願・嘆願・アピール・哀訴・哀願・泣訴・愁訴

しき-そう【色相】ーサウ ❶色合い。色調。❷彩度・明度とともに、色の三属性の一。有彩色で、赤・黄・青など他の色と区別するよりどころとなる色の特質。色合い。❸仏語。肉眼で見ることのできる姿・形。
(類語)明度・彩度・色・色彩・トーン・色目・彩り・彩色

じき-そう【直奏】ヂキ〔名〕スル 取り次ぎを経ないで、直接、天皇に申し上げること。

しきそう-かん【色相環】シキサウクワン ➤色環しきかん

じき-そうきょくし【磁気双極子】ーサウキョクシ 正・負の磁極が、ある距離を隔てて対になっているもの。

じき-そうち【自記装置】ーサウチ 時間的に変化する現象を自動的に記録する装置。

しぎ-ぞうむし【×鷸象虫】ーザウむし ゾウムシ科の一群の昆虫。口吻こうふんが細長く、ツバキ・クリなどの実に穴をあけて産卵する害虫。しぎむし。

しき-そく-ぜ-くう【色即是空】仏語。この世にある一切の物質的なものは、そのまま空くうであるということ。「般若心経」にある語。➡空即是色

しきそ-さいぼう【色素細胞】ーサイバウ 色素を産生・保有し、体色を発現するもとになる細胞。

しきそせい-ぼはん【色素性母斑】褐色から黒色を呈する母斑。黒あざ。ほくろ。母斑細胞母斑。

しきそぞうかんがた-たいようでんち【色素増感型太陽電池】ータイヤウデンチ 色素を利用して光を電気エネルギーに変換する太陽電池。色素が光を吸収して電子を放出する性質を利用し、電解質溶液の酸化還元反応によって電流を発生させるもので、太陽光を化学エネルギーに変換する光合成のしくみと似ている。DSC(dye-sensitized solar cell)。DSSC(dye-sensitized solar cell)。湿式太陽電池。(補説)電極には二酸化チタン、電解質溶液にはヨウ素溶液など比較的安価な材料が用いられるため、シリコン系太陽電池よりも低コストで製造できる。フィルム状にすることも可能で、色や形を自由に変えることができる。考案者の名をとってグレッツェルセル(Grätzel cell)、グレッツェル電池などとも呼ばれる。

しきそ-たい【色素体】植物細胞の中にある、色素を含有する小体。葉緑体、それに似た構造をもつ有色体・白色体などがある。

しきそ-たんぱくしつ【色素×蛋白質】色素とたんぱく質とからなる複合たんぱく質。ヘモグロビン・チトクロムなど。

シキソトロピー〖thixotropy〗応力によって物体が軟化し、応力をとりのぞくと回復する現象をいう。濃厚なエマルジョンや懸濁液に多く見られる。

しきそ-ほう【色素胞】ーハウ 色素細胞のうち、大形で樹状の突起をもつもの。黒色素胞など。

しきそ-レーザー【色素レーザー】液体レーザーの一種。粉末状の色素をアルコールなどの有機溶媒に溶かして発振媒体とする。色素の種類や励起のための光源を変えることで、紫外域から赤外域までのレーザーを発振できる。有機色素レーザー。

じき-そん【直孫】ヂキ 直系の孫。父方の血でつながる孫、また子孫。

しき-たい【色体】仏語。物質的なもの。

しき-だい【式台｜敷台】❶玄関先に設けた板敷きの部分。❷武家屋敷で、表座敷に接続し、家来の控える部屋。❸(敷台)近世の和船で、船尾の船梁ふなばりの上面、舷外突出部に渡す台。反台そりだいの受け座。

しき-だい【色代】《「しきたい」とも》❶あいさつすること。会釈えしゃく。「多くの兵つわもの共の中を一に及ばず踏み越えて」〈義経記・四〉❷おせじを言うこと。追従ついしょう。「一かひがひしく、この節違はぬを賞で感ず」〈梁塵秘抄口伝・一〇〉❸「色代納」の略。

しきだい-のう【色代納】ーナフ 中世、租税を米で納める代わりに麦・大豆・塩・綿布・絹布などで代納すること。雑納。

しき-たえ【敷▽妙｜敷×栲】ーたへ ❶寝床に敷く布。「夏の夜は逢ふ名のみして一の塵払ふまに明けぞしにける」〈後撰・夏〉❷枕をいう女性語。

しきたえ-の【敷▽妙の】しきたへ〔枕〕「敷妙」に関するもの、「床とこ」「枕」「衣」「袖そで」「袂たもと」「黒髪」「家」などにかかる。「一黒髪敷きて長きこの夜を」〈万・四九三〉

しき-たく【色沢】いろつや。しょくたく。

しき-だたみ【敷(き)畳】座敷に敷く畳。たたみ。

しぎ-だちょう【×鷸×駝鳥】ーダテウ シギダチョウ目シギダチョウ科の鳥の総称。多くはニワトリ大。地上で暮らし、形態もウズラに似るが、類縁はダチョウなどに近い。中央・南アメリカに分布。

しき-た・つ【敷き立つ】〔動タ下二〕いかめしく、しっかり立てる。「宮柱下つ磐根いはねに一・ててつゆも曇らぬ日の御影かな」〈新古今・神祇〉

じき-たつ【直達】ヂキ〔名〕スル 他人を介さずに、直接その人に伝達すること。

しぎたつさわ【鴫立沢】しぎたつさは 神奈川県中郡大磯町西部の渓流。名は西行の歌「心なき身にもあはれはしられけりしぎたつ沢の秋の夕暮」に由来する。そばに鴫立庵しぎたつあんがある。(歌枕)

しきだ-としはる【敷田年治】[1817〜1902]幕末・明治期の国学者。豊前ぶぜんの人。号、百園。帆足万里ほあしばんりに師事。著「音韻啓蒙」「古事記標註」など。

じき-だのみ【直頼み】ヂキ 人を介さずに、直接その人に頼むこと。じかだのみ。

し-きたり【仕来り｜▽為来り】《動詞「しき(仕来)たる」の連用形から》昔からの習慣。ならわし。慣例。「一を守る」「一に縛られる」
(類語)ならわし・習い・例・慣行・慣例・常例・定例・通例

ジギタリス〖ラテ Digitalis〗ゴマノハグサ科の多年草。高さ約1メートル。葉は長楕円形。夏、茎の頂に長い穂を出し、下から順に紅紫色の釣鐘状の花を開く。有毒。葉を強心薬として用いる。ヨーロッパの原産で、観賞用に栽培もされる。狐きつねの手袋。(季 夏)

し-きた・る【仕来る｜▽為来る】〔動ラ五(四)〕昔から引き続き行ってきている。慣例としてきている。「この長い行商の旅は、ずっと以前から一・ったことで」〈藤村・家〉

じき-だん【直談】ヂキ〔名〕スル 他人を介さないで、直接に相手と談判すること。「社長と一して決める」

じき-たんきょくし【磁気単極子】➤モノポール

じき-たんこう【磁気探鉱】ータンクワウ ➤磁気探査

じき-たんさ【磁気探査】地磁気の異常を測定し、磁鉄鉱・チタン鉄鉱などの鉱床の位置や地質構造を推定する方法。磁気探鉱。

じき-たんしょうほう【磁気探傷法】ータンシャウハフ 磁気を利用して鉄製品などの損傷部分を調べる方法。製品全体を磁化し、鉄粉をふりかけて生じる磁粉模様によって損傷部を知る。磁粉探傷法。

じき-だんぱん【直談判】〘名〙スル 「じかだんぱん(直談判)」に同じ。「小六は兄の運動を待たずに、すぐ安之助に―をした」〈漱石・門〉

しき-ち【敷地】建物や道路・河川などに使う一定区域の土地。「施設の―」「―面積」
類語 土地・地所・地面・用地・宅地・料地

しき-ちょう【四季帳】律令制で、課役の賦課、および官人・僧侶になった者の課役の免除を調査し、記録した帳簿。

しき-ちょう【色調】色の濃淡・明暗・強弱などのぐあい。色合い。「落ち着いた―の服」
類語 色合い・色彩・トーン・色・色相・色目・彩り・彩色

しき-ちょう【色聴】音の刺激に対して色覚を伴う現象。共感覚の一。

じき-ちょう【直丁】律令制で、仕丁のうち、諸司の雑役に奉仕する番に当たった者。立丁。つかえのよぼろ。じきてい。➡仕丁

しきっ-て【▽頻って】〘副〙しきりに。頻繁に。「当座は―帰りたがった娘が」〈紅葉・金色夜叉〉

しきつ-の-うら【敷津の浦】古代の難波から住吉にかけての海岸。現在、大阪市浪速区に敷津の町名が残る。〔歌枕〕「住吉の―のなのりその名は告りてしを逢はなくも怪し」〈万・三〇七六〉

じき-づみ【直積み】《prompt shipment》貿易で、銀行が輸出者に信用状の授与を通知した日から数えて2週間から1か月くらいの期間内に船積みを行うこと。

しき-つ・める【敷(き)詰める】〘動マ下一〙図しきつ・む〘マ下二〙❶すきまのないように敷く。「玉砂利を―・めた道」❷敷いて、押さえつける。「下なる敵の左右の手を膝にて―・め」〈古活字本保元・中〉

しきて【敷手】雅楽。高麗楽。高麗壱越調の中曲。舞は四人舞。渤海の貢ぎ船を歓迎して作ったという。番舞は裏頭楽。重来舞。

じき-てい【直丁】►じきちょう(直丁)

じき-てい【直弟】❶自分のすぐ下の弟。❷直弟子。

じき-ていこう【磁気抵抗】►リラクタンス

じきていこう-こうか【磁気抵抗効果】磁場により物質の電気抵抗が変化する現象。1883年、英国の物理学者ケルビンが発見。この効果が顕著に現れる半導体は磁気抵抗素子などに利用されている。MR(magnetoresistance)。

じきていこうこうか-そし【磁気抵抗効果素子】►磁気抵抗素子

じきていこう-そし【磁気抵抗素子】磁場により電気抵抗が変化する磁気抵抗効果を利用した半導体素子。特に電気抵抗の相対変化の度合いが大きい巨大磁気抵抗効果を利用したものを巨大磁気抵抗素子といい、磁気計測器のほかハードディスクの読み出し部分(磁気ヘッド)などで使われている。MR素子。磁気抵抗効果素子。

しきてい-さんば【式亭三馬】[1776〜1822]江戸後期の草双紙・洒落本・滑稽本作者。江戸の人。本名、菊地久徳。本屋に奉公し、のち薬屋を営んだ。江戸庶民の町人気質を会話を主にして描写。滑稽本「浮世風呂」「浮世床」、合巻「雷太郎強悪物語」など。

じき-ディスク【磁気ディスク】表面に磁性材料を塗布した円盤で、その磁性面に情報を記録するもの。

じきディスク-きおくそうち【磁気ディスク記憶装置】表面に磁性材料を塗布した回転円盤と磁気ヘッドとを組み合わせて情報を記憶する装置。コンピューターの大容量記憶装置として使用。ディスク。

じき-テープ【磁気テープ】プラスチックテープの表面を磁性材料で被膜したもの。酸化鉄粉を塗布した通常のテープや金属鉄粉を使用したメタルテープなどがある。電気信号を磁化の変化として記録する。録音・録画やコンピューターなどの記録媒体として用いる。

じきテープ-きおくそうち【磁気テープ記憶装置】►ストリーマー

じきテープ-ドライブ【磁気テープドライブ】►ストリーマー

じき-でし【直弟子】師から直接教えを受けた弟子。直弟。直門。

しき-てん【式典】祝賀・記念などを一定の形式に従って行う行事。式。儀式。「記念―」
類語 式・儀式・セレモニー・典礼・行事・栄典・祝典・祝儀・祭典・祭礼・祭儀・大祭・大儀・大礼・大典・盛儀・催し物・催し・盛事・イベント・フェスティバル

しき-てん【色天】►色界

しき-でん【▽職田】律令制で、中央の大納言以上および国司・郡司・大宰府官人などの地方官に官職に応じて支給された田。大宝令では在外諸司のものは公廨田といったが、養老令ではすべて職田といった。原則として不輸租。職分田。しょくでん。

じき-でん【直伝】奥義・秘伝などを、師が弟子に直接伝え授けること。「―の秘法」

じき-でんきこうか【磁気電気効果】►電気磁気効果

しき-ど【色度】《chromaticity》明度を除いた光の色、色相と彩度を数量的に表示したもの。

しき-とう【指揮刀】軍隊で、将校などの指揮官が訓練または儀式の指揮に用いる刀。

しき-どう【色道】色恋に関する方面のこと。いろのみち。

じき-とう【直答】〘名〙スル 他人を介さずに、直接、相手に答えること。また、その場ですぐに答えること。即答。ちょくとう。「首相みずから―する」

じき-とう【直稲】奈良・平安時代、物品の売買の際に、買い手が購入物品と引き換えに払う稲。

じき-どう【直堂】禅宗の寺院で、衣鉢を看守する当番。

じき-どう【直道】仏語。❶仏道の悟りに到達するのに最も近い道。直路。❷他の力に頼らないで、直接に仏道を知ることのできる者。人間のこと。

じき-どう【食堂】寺院で、僧が食事をする所。また、そのための建物。

しきどうおおかがみ【色道大鏡】江戸時代の評判記。18巻。藤本箕山著。延宝6年(1678)16巻が成立、貞享5年(1688)以降に18巻成立。諸国の遊里の風俗・習慣を記したもの。

しき-どく【色読】❶書を読んで、文字に表された意味だけを解すること。⇔体読。❷日蓮宗で、法華経を正しく読み取って実践すること。

じき-とつ【直×綴┆直×裰】上衣の偏衫と下衣の裙子とを直接綴り合わせた僧衣。

じきドラム-きおくそうち【磁気ドラム記憶装置】表面に磁性材料を塗布した回転円筒と磁気ヘッドとを組み合わせて情報を記憶する装置。コンピューターの大容量記憶装置として使用。ドラム。

じき-とりひき【直取引】❶仲買人を通さず、売り手と買い手とが直接行う取引。じかとりひき。❷証券会社を通さず、売り手と買い手とが直接売買する証券取引。❸コール市場を通さず、金融機関どうしで直接行うコール資金の取引。

じき-トルカ【磁気トルカ】電磁石と地球磁場の間に生じるトルクを利用して、人工衛星などの姿勢制御を行う装置。構造が単純なため、小型の衛星に向く。

し-きない【四畿内】都に近い4か国。大和・山城・摂津・河内をいう。奈良時代に河内から和泉を分置し、五畿内となった。よつのうちつくに。➡畿内

しき-ない【式内】「式内の社」の略。⇔式外。

しき-ない【×鋪内】鉱山の坑道の内部。坑内。

しきない-しゃ【式内社】延喜式の神名帳に記載されている神社。神祇官の奉幣を受ける官幣社と国司の奉幣を受ける国幣社の別がある。式内の社。

しきない-の-やしろ【式内の社】「式内社」に同じ。

しきな-えん【識名園】沖縄県那覇市にある、中国皇帝からの使節接遇のために造られた琉球王家の別邸跡。沖縄独自の様式の中に中国風の六角堂などを取り入れた回遊式庭園で、完成は尚温王時代の1800年ごろといわれる。首里城の南にあることから南苑とも呼ばれた。平成12年(2000)国の特別名勝に指定され、同年「琉球王国のグスク及び関連遺産群」の一として世界遺産(文化遺産)に登録。

しき-な・く【▽頻鳴く】〘動カ四〙しきりに鳴く。「鳴く鶏はいや―・けど降る雪の千重に積めこそ我が立ちかてね」〈万・四二三四〉

しき-な・ぶ【敷き並ぶ】〘動バ下二〙広く統治する。一面に従える。「そらみつ大和の国はおしなべてわれこそ居れ―・べてわれこそいませ」〈万・一〉

しき-なみ【▽頻波┆▽重波】次から次にしきりに寄せてくる波。「―にたのみをかけし住吉の松もやいまは思ひすつらん」〈玉葉集・神祇〉

しき-なみ【▽頻並み】〘名・形動ナリ〙絶え間なく続くこと。また、そのさま。たてつづけ。「西八条より使ひ―に有りければ」〈平家・二〉

しき-に【▽頻に】〘副〙しきりに。「果たせずこれを叱る。その申し様、―腹がいたい」〈咄・醒睡笑・一〉

じき-に【直に】〘副〙もう少ししたら。もうすぐ。「―追いつくよ」類語 すぐ・直ちに・早速・じき・すぐに・すぐさま・即・直接

じき-にく【食肉】仏語。肉食すること。

じき-にゅう【直入】仏語。方便などの道によらないで、ただちに真実の仏果、涅槃に入ること。

しき-にん【識認】〘名〙スル 「認識」に同じ。「余輩固より…交互錯綜する者あるを―せざるに非ず」〈小林雄七郎・薩長土肥〉

じき-にん【直任】順序を経ないで、ただちに数段上の職に任ずること。「次第を経ず、―の僧都になされ」〈太平記・二五〉

じ-ぎぬ【地絹】❶地方で、主に自家用に織った絹織物。一説に、生地の絹すなわち白絹のこと。「羽二重半疋四十五匁の―よりは」〈浮・胸算用・一〉❷書画をかくのに用いる絹地。「ふしぎや絵像ゆるぎ出で、身の毛もぞっとたちまちに、―を離れ形を現じ」〈浄・傾城酒呑童子〉

しき-ね【敷き寝┆×蓐】下に敷いて寝ること。また、その敷いた物。「宝船(=ノ絵)を―にして」〈浮・永代蔵・四〉

しきね-じま【式根島】東京都、伊豆諸島にある火山島。大島支庁管内新島村に属する。足付・地鉈の両温泉がある。

じきねつ-こうか【磁気熱効果】磁性体を磁化するとき、温度が変化する現象。主に強磁性体をさす。

しきね-の-ふね【敷(き)寝の船】七福神と宝物をのせた船の絵。元日または2日の夜、枕の下に敷いて寝ると、よい初夢を見るとされた。宝船。

しき-ねん【式年】《定められた年の意》❶歴代の天皇・皇后の式年祭を行う年。崩御後、3年・5年・10年・20年・30年・40年・50年・100年、およびそれ以後100年ごとにあたる年。❷1年。1年間。また、ある年。「―の春の頃、軒端の梅に鶯の、来りて鳴く声を聞けば」〈謡・白楽天〉

しきねん-さい【式年祭】歴代の天皇・皇后の式年にあたる年の忌日に、宮中の皇霊殿で行われる祭祀。

しきねん-せんぐうさい【式年遷宮祭】定期的に神殿をつくり替え神座を移す、神社にとって最も重要な祭儀。伊勢神宮では、原則として20年ごとに行われている。

しき-のう【式能】儀式として催される能。江戸時代には、幕府の行事や祝典、将軍家の慶事などの際に、江戸城本丸表の舞台で翁付き五番立ての能が催された。現在では、能楽協会などの主催するシテ方五流出演の五番立ての催しをいう。

じき-のう【直納】〘名〙スル 租税・年貢その他、納めるべき金品を、人手を経ずに直接納めること。

じき-のうりつ【磁気能率】►磁気モーメント

しき-の-かみ【式の神┆識の神】「式神」に同じ。

しき-のし【敷き▽伸し】❶浴衣や麻のひとえなどの仕上げ方。湿りを与えて畳み、おもしをしてしわを伸ばすこと。❷「寝押し」に同じ。

しき-の-ぞうし【▽職曹司】中宮職の一局。中務省に属して皇后・皇太后・太皇太后に関する事務を取り扱った所。内裏の東北方、外記庁の北に位置した。職御曹司。

しき-の-みこ【志貴皇子┆施基皇子】[?〜716こ

ろ]奈良初期の歌人。天智天皇の第7皇子。光仁天皇の父。万葉集に短歌6首が載る。

しきのみずがき-の-みや【磯城瑞籬宮】奈良県桜井市金屋にあったとされる崇神天皇の皇居。

しきのやまんば【四季の山姥】長唄。11世杵屋六左衛門作曲。作詞は毛利家奥女中といわれる。文久2年(1862)初演。山姥が若いころの遊女時代の思い出を、四季の山巡りになぞらえてうたうもの。

じきのり-せんどう【直乗り船頭】船主自身が船頭を兼ねて船に乗り、廻船業を行っている者。直船頭。自前船頭。➡居船頭 ➡沖船頭

しき-はだ【敷▽膚】馬具の一。下鞍の3枚重ねのうち、最も下のもの。

じき-バブル【磁気バブル】《magnetic bubble》薄いオルソフェライト単結晶中に局所的に磁化が反転してできる円形磁区。コンピューターの高密度記憶素子として使用する。

しき-ばらい【四季払い】掛け金などを四季の末に支払うこと。

しき-ばり【敷×梁】小屋梁が長いとき、その途中で直角方向に配する大きな梁。

じき-はん【直判】取次人の署名がなく、将軍など差出人が自ら捺印したりして下げ渡した書類。

しき-び【式微】《「詩経」邶風・式微から。「式」は発語の助字、「微」は衰える意》はなはだしく衰えること。「信長が王室の—を慨いて」〈漱石・行人〉

しきび【×樒|×梻】シキミの別名。

じき-ひ【直披】手紙の封筒の脇付の一。自分で直接に開いて見てください、の意。ちょくひ。

(類語)親展・直披・平安・気付

しき-びき【敷引(き)】《主に関西で》賃貸住居を退去するとき、入居時に払った保証金から原状回復などの費用として一定額を差し引かれること。

じき-ヒステリシス【磁気ヒステリシス】強磁性体の磁化が、現在の磁界の強さだけでなく、過去の磁化過程に影響を受ける現象。ヒステリシスの一。磁気履歴。

じき-ひずみ【磁気×歪み】▶磁歪

じき-ひつ【直筆】本人自身が直接に筆を取って書くこと。また、その書いたもの。直書。自筆。「将軍—の書状」「有名歌人の—の色紙」

(類語)自筆・直書・自書・自記

しき-ひょうじょうしゅう【式評定衆】室町幕府の職名。評定衆のうち、例式の評定にだけ参与したもの。

しき-ひらがわら【敷平瓦】軒先を葺く唐草瓦の下に敷く平瓦。

しき-ふ【敷布】敷き布団の上に敷く布。シーツ。

しき-ふ【▽職▽封】律令制で、高級官人に対してその官職に応じて支給された封戸。

しき-ぶ【式部】①「式部省」の略。②女官の呼び名。特に、紫式部・和泉式部など。③明治初期の官職名。式部局に属し、儀式のことをつかさどった。

じき-ふ【食▽封】律令制で、皇族・高位高官者・社寺などに禄として封戸を与えた制度。位封・職封・功封・別勅封などがあった。しょくほう。へひと。

じき-ふうこうふうそくけい【自記風向風速計】風向と風速とを自動的に測定し記録する装置。両翼のない飛行機の形をしたもので、尾翼の向きから風向を、プロペラの回転数から風速を知る。

しきぶ-かん【式部官】宮内庁式部職の職員で、祭典・儀式および接待に当たる官。

しきぶ-きょう【式部×卿】式部省の長官。親王は四品、諸臣は正四位相当。のちには親王が任ぜられるのが例となった。吏部尚書。

しきぶ-きょく【式部局】明治政府の太政官の一局。内外の儀式などに関する事務を管掌した。明治4年(1871)7月設置。

しき-ふく【式服】儀式のときに着る衣服。礼服。

(類語)礼服・フォーマルウエア

しきぶ-しょう【式部省】律令制で、太政官八省の一。文官の考課・選叙・禄賜など人事一般を取り扱い、大学寮・散位寮を管理した。のりのつかさ。

しきぶ-しょく【式部職】宮内庁の一部局。皇室の祭典・儀式・交際および雅楽などをつかさどる。しきぶしき。

しき-ぶすま【敷き×衾】①敷き布団。②夏、ノミを避けるための布団の下に敷く渋紙。

しき-ぶたい【敷舞台】①舞楽の高舞台の上に置く、四方約5.4メートル、高さ約15〜30センチの檜製の舞台。置き舞台。②▶所作舞台

しき-ぶとん【敷(き)布団|敷き×蒲団】寝るときにからだの下に敷く布団。(季 冬)

しきぶ-の-たいふ【式部の大夫】式部省の第三等官である丞で五位に叙せられた者の称。しきぶのたゆう。

しきぶ-ぶし【式部節】古浄瑠璃の一。江戸の広瀬式部太夫が貞享・元禄(1684〜1704)のころに創始。

しきぶ-りょう【式部寮】明治4年(1871)8月、式部局を改称したもの。同17年式部職に改称。

しき-ふ・る【▽頻降る】〔動ラ四〕絶え間なく降る。「春の雨はいや—・るに梅の花いまだ咲かなくいと若みかも」〈万・七八六〉

しきぶん-しじん【▽職分資人】律令制で、中納言以上の上級貴族に与えられた従者。➡資人

しきぶん-でん【▽職分田】▶職田

じき-ぶんり【磁気分離】物質それぞれがもつ磁力の違いを利用して、鉱物粒子などを選別すること。鉄分の除去・回収などに利用。

しき-べつ【識別】〔名〕スル 物事の種類や性質などを見分けること。「雌雄を—する」

(類語)鑑別・鑑識・鑑定・弁別・判別・見分ける・認識

じき-ヘッド【磁気ヘッド】磁気テープ・磁気ディスクなどの磁性面に情報を書き込んだり読み出したりするのに使用する電気部品。

じき-へんこうせい【磁気変光星】▶磁変星

しき-ほう【四季報】ある分野に関する新しい情報・資料などを掲載して1年に4回刊行される出版物。

しき-ほう【式法】正しい儀式・作法。

しき-ほう【色法】仏語。物質的存在の総称。一切の存在するもののうち、空間的占有性のあるもの。(対)心法。

しき-ぼう【式帽】儀式に用いる帽子。

しき-ぼう【指揮棒】音楽で、指揮者が手に持って振る細い棒。タクト。

じき-ほうわ【磁気飽和】磁性体を磁界中に置き、いくら磁界を強めてもそれ以上磁性体の磁化が変化しなくなった状態。また、このときの磁化の強さを飽和磁化という。

しき-ま【色魔】色欲を満足させるために、次から次へと女性をだまし、もてあそぶ男。女たらし。

じき-まい【直米】売買のとき、売り手に代価として渡す米。

しき-まき【▽重×播き|▽頻×播き】上代の天つ罪の一。他人が穀物の種をまいた上に、さらに種をまいて穀物の生育を害すること。「時に素戔嗚尊、春は則ち—し」〈神代紀・上〉

じき-まき【直×播き】▶じかまき(直播き)

じき-まつじ【直末寺】総本山直属の末寺。

しき-まつば【敷(き)松葉】①初冬に霜よけのため、また趣を添えるためなどの目的で、庭園に敷く松葉。(季 冬)「北向の庭にさす日や—/荷風」②便所の小用の壺に消音のために敷く松葉。

しきみ【×樒|×梻】シキミ科の常緑小高木。山林中に自生。葉は互生し、長楕円形でつやがある。4月ごろ、黄白色の花をつける。果実は有毒。葉から抹香をとり、また仏前に枝を供える。仏前草。はなのき。こうしば。こうのき。しきび。(季 花=春)「花活に—の花の淋しいぞ/鬼城」(補説)「梻」は国字。

しきみ【×閾】内外の境として門や戸口などの下に敷く横木。現在の、敷居に当たる。戸閾。

しき-みそ【敷(き)味×噌】器に酢味噌を敷き、料理を盛りつけること。また、その料理。

じき-みや【直宮】天皇と直接の血縁関係にある皇族。皇太子・皇子・皇弟・内親王など。

しぎ-むし【×鷸虫】シギゾウムシの別名。特に、クリシギゾウムシをいう。

しき-め【敷目】①「敷目板」の略。②「敷目威」の略。「—に巻きたる赤糸威の究竟の鎧を取り出だし」〈義経記・八〉

しきめ-いた【敷目板】床張り・天井板・竪張りの羽目などの板の継ぎ目の下や裏に取り付ける、細い目板。敷目。

しき-めいれい【指揮命令】上級官庁が下級官庁に、または軍隊の上官が部下に、その所管事務に関して下す命令。

しきめ-おどし【敷目▽威】①鎧の札の威目を3行としたもの。重ねが厚く、堅固になる。②石畳の文様に配色した鎧の威。

しき-もう【色盲】先天性の色覚異常の旧称。

じき-モーメント【磁気モーメント】磁石の両極間の距離に、磁極の強さの絶対値を掛けた大きさをもち、負極から正極へ向かう方向をもつ量。磁気の作用を表す量。磁気能率。

しき-もく【式目】《「式」は法式、「目」は条目の意》①中世、法規を箇条書きにしたもの。貞永式目・建武式目など。式条。②連歌・俳諧を詠むときに守るべき規則。また、それを記した書。連歌の「応安新式」など。③定められていること。決まり。「事を紊して罪の軽重によって—の成敗」〈伎・韓人漢文〉

しきもく-うた【式目歌】連歌や俳諧の式目を覚えやすいように歌にしたもの。式目掟歌。

しきもく-じん【色目人】中国元代、その治下にあったトルコ・イランなど西域地方諸種族の総称。モンゴル人に次ぐ準支配階級として重用され、政治・経済・文化の諸分野で活躍した。

じき-もつ【食物】たべもの。食事。しょくもつ。「浄き—を調へて僧に食はすれば」〈今昔・一五・二八〉

しき-もの【敷物】①座ったり寝たりするとき、下に敷くもの。布団・ござの類。②部屋の床などに敷くもの。じゅうたん・うすべりの類。③物を置くとき、下に敷くもの。

じきもの-かわせ【直物為-替】売買契約の成立した当日または翌々営業日以内に外国為替とその対価である自国通貨の受け渡しが行われる外国為替。現物為替。➡先物為替

じき-モノポール【磁気モノポール】▶モノポール

しきもり-いのすけ【式守伊之助】相撲の行司の名。木村庄之助の次位で、ともに立行司となる。

じき-もれ【磁気漏れ】▶磁気漏洩

じき-もん【直門】師から直接教えを受けること。また、教えを受けた人。直弟子。

じき-や【直屋】仲買人の看板を借り、取引所の相場をめやすとして一種の賭博をなすもの。

しぎ-やき【×鴫焼(き)】ナスの切り口に油を塗って焼いたものに練り味噌をつけ、再びあぶったもの。油で揚げて練り味噌をつけることもある。ナスに枝を挿して鳥の「鴫」の頭の形につくったところからの名称。(季 夏)

し-きゃく【刺客】▶しかく(刺客)

し-ぎゃく【×弑逆】〔名〕スル 主君や父親を殺すこと。しいぎゃく。「忍びて君父を—する程の」〈田口・日本開化小史〉

し-ぎゃく【×嗜虐】人や動物に対して苦痛を与えることを好むこと。むごたらしい行為を好む性癖。「—性」

じ-ぎゃく【自虐】自分で自分をいじめ苦しめること。「—趣味」

しぎゃく-しょう【×嗜虐症】▶サディズム

しぎゃく-てき【×嗜虐的】〔形動〕残虐なことを好むさま。サディスティック。「—な性格」

しきゃく-もん【四脚門】▶よつあしもん

し-きゅう【子宮】単孔類を除く哺乳類の雌の生殖器官の一部。輸卵管の一部が変化した筋肉性の器官で、受精卵が着床し発育する。

し-きゅう【支給】〔名〕スル 金銭・物品を、給与・給付として払い渡すこと。「扶養手当を—する」

(類語)交付・給付・追給・与える

し-きゅう【四球】野球で、フォアボールのこと。

し-きゅう【死球】野球で、デッドボールのこと。
し-きゅう【至急】❶非常に急ぐこと。大急ぎ。「―の用件」「―お帰りください」「―便」❷「至急電報」の略。(類語)早急・大急ぎ・急ぎ・取り急ぎ・緊急・急遽・特急・超特急
し-きゅう【×梓宮】《昔、中国で、梓の木で作ったところから》天子の棺。また、天子の陵墓。
しき-ゆう【色×釉】▶いろぐすり
じ-きゅう【自給】〔名〕スル 必要な物資を、他に求めるのでなく、自力で獲得してまかなうこと。「穀物を―する」(類語)供給
じ-きゅう【持久】〔名〕スル 長時間もちこたえること。「成るべく戦を避けて―し」〈竜渓・経国美談〉
じ-きゅう【時給】1時間単位で支給される給料。時間給。「―1000円」(類語)年俸・月給・週給・日給
しきゅうがい-にんしん【子宮外妊娠】受精卵が子宮腔以外の、卵管・卵巣・腹膜などに着床し発育すること。
しきゅう-がん【子宮×癌】子宮に発生する癌。子宮頸癌と子宮体癌とがある。
しきゅう-きんしゅ【子宮筋腫】子宮の筋肉に発生する良性腫瘍。
しきゅう-けいかん【子宮×頸管】子宮下部の、円柱状になっている子宮頸部の内腔。
しきゅうけい-がん【子宮×頸×癌】子宮癌のうち子宮頸部に発生する癌。外子宮口にできることが多い。罹患率は20歳代後半から40歳前後まで増加し、70歳代後半から再び増加する。性交により感染するヒトパピローマウイルス(HPV)や喫煙などがリスク要因とされる。初期の段階では症状が全くないため、定期的に検診を受けることが早期発見につながる。➡子宮体癌 (補説)HPV感染の一部はワクチンによる予防が可能で、日本では平成21年(2009)10月にワクチン接種が認可された。10代前半の接種で子宮頸癌の発生を7割減らす効果があるとされる。
しきゅう-けいぶ【子宮×頸部】子宮の下3分の1を占める円柱形の部位。子宮頸部の上には子宮体部、下には膣がある。
じきゅう-けん【自救権】自力救済をすることができる権利。
しきゅう-こう【子宮口】子宮体部と子宮頸部の境界部位で、子宮側からみた膣への開口部。通常は閉じているが、分娩時には約10センチにまで開き、胎児が通過する。子宮口付近は子宮頸癌の好発部位としても知られる。
じきゅう-こうい【自救行為】▶自力救済
しきゅう-こうくつ【子宮後屈】子宮が正常位置より後方へ反り返っている状態。
しきゅう-しき【始球式】野球のリーグ戦やトーナメント大会などで、第1試合の開始前に主催者や来賓の代表が球を投げる行事。
じきゅう-じそく【自給自足】〔名〕スル 必要な物資を自分自身の力で生産して満たすこと。「米の―」「田畑を耕し―する」
じきゅう-せん【持久戦】一挙に敵を撃破できないとき、時間をかけて敵の消耗や援軍の到着などを待って戦う方法。根気よく相手の出方を待つ交渉のやり方などにもいう。「―の構え」
しきゅうせんきん-しょう【子宮腺筋症】子宮内膜の組織が子宮の筋層内に潜り込んで増殖する病気。悪性疾患ではないが、強い月経痛や月経過多がみられ、日常生活に支障をきたす場合が多い。
じきゅう-そう【持久走】小・中・高等学校などの体育で行われる陸上競技の一。長時間または長距離を走るもの。
しきゅう-たい【糸球体】腎臓の腎小体の糸球体嚢の中にある、毛細血管などが集まった糸玉状の塊。毛細血管から血液中の不用な水分・塩分・糖などが糸球体嚢内に濾過され、尿のもとがつくられる。
しきゅうたい-がん【子宮体×癌】子宮癌のうち子宮体部の子宮内膜に発生する癌。罹患率は40歳代後半から増加し、50〜60歳代で最も高くなる。肥満・糖尿病・高血圧の女性に多いとされる。閉経後に少量の出血が長く続く場合は、早めに子宮体癌の検査を受ける必要がある。子宮内膜癌。➡子宮頸癌 (補説)子宮体部にできる悪性腫瘍には、他に子宮肉腫がある。子宮肉腫は子宮体部の子宮筋にできる悪性腫瘍で、良性腫瘍である子宮筋腫とは異なる。
しきゅうたい-のう【糸球体×嚢】糸球体を包む、二重になっている袋状のもの。ボーマン嚢。
しきゅう-たいぶ【子宮体部】子宮の上3分の2を占める部位。上端部は丸みを帯びており、子宮底という。子宮体部の下には子宮頸部がある。
しきゅう-だつ【子宮脱】子宮の全部または一部が膣から外部に脱出する状態。骨盤臓器脱の一種。
しきゅう-てい【子宮底】子宮体部の上端部に位置する丸みを帯びた部位。
しきゅう-でんぽう【至急電報】かつて行われていた特殊取扱電報の一。普通電報より先に送信の手続きがとられる。略号は、和文ではウナ、欧文ではD。ウナ電。
じき-ゆうどう【磁気誘導】磁界内に置かれた磁性体が磁化される現象。磁気感応。
しきゅうない-じんこうじゅせい【子宮内人工授精】不妊治療技術の一つ。採取した精子を洗浄・濃縮した後、直接子宮内に注入し、妊娠を図る。配偶者間人工授精(AIH)と非配偶者間人工授精(AID)がある。IUI(intrauterine insemination)。
しきゅう-ないまく【子宮内膜】子宮の内側を覆う粘膜。受精卵が着床しないあいだは、周期的に一部が脱落し、月経が起こる。子宮粘膜。
しきゅうないまく-えん【子宮内膜炎】子宮内膜に細菌が感染して起こる炎症。
しきゅうないまく-がん【子宮内膜×癌】▶子宮体癌
しきゅうないまく-しょう【子宮内膜症】子宮内膜の組織が、子宮腔以外の部位に生じる病気。月経周期に一致して増殖・出血・再生を繰り返し、障害を起こす。
じきゅう-ひりょう【自給肥料】農家が自分で作り出すことのできる肥料。堆肥・厩肥・下肥など。
しきゅうふぞくき-えん【子宮付属器炎】卵管・卵巣に細菌が感染して起こる病気。卵管炎。卵巣炎。
じきゅう-りょく【持久力】長くもちこたえられる力。特に、長く運動しつづけることのできる体力。
し-きょ【四虚】律詩の前聯と後聯との4句が、具体的な事実や景物を写さず、抽象的な思想や感情を述べたもの。⇔四実。
し-きょ【死去】〔名〕スル 死んでこの世を去ること。(類語)死ぬ・死亡・死没・永逝・長逝・永眠・往生・逝去・他界・物故・絶息・絶命・大往生・お陀仏・死する・辞世・成仏・昇天・崩御・薨去・卒去・瞑目・落命・急逝・夭折・夭逝
じ-きょ【辞去】〔名〕スル 別れのあいさつをして立ち去ること。「友人宅を―する」(類語)下がる・去る・遠ざかる・遠のく・離れる・立ち去る・引き払う・引き上げる・退去する・退散する・失せる・退く・退く・立ち退く・引き下がる・引き取る・引っ込む・後にする
じ-ぎょ【侍御】天子のそばに仕えること。また、その官。
し-きょう【司教】カトリック教会の高位聖職。使徒の継承者と見なされ、司祭の上に位する。司教区の長としてこれを統轄。ギリシャ正教およびイギリス国教会では主教とよぶ。➡大司教 (類語)牧師・神父・司祭
し-きょう【四教】❶《「礼記」王制から》詩(詩経)・書(書経)・礼(儀式・作法)・楽(音楽)の四つの教え。❷《「論語」述而から》文(学問)・行(実践)・忠(誠実)・信(信義)の教訓。❸《「礼記」昏義から》女性の守るべき四つの教え。婦徳・婦言・婦容・婦功。四徳。❹釈迦1代の教法を4種に分けたもの。天台宗では化儀の四教、化法の四教を説く。
し-きょう【四境】周囲。四方の国境。「それ―七道の関所とは」〈太平記・一〉
し-きょう【四鏡】「鏡」の名をもつ「大鏡」「今鏡」「水鏡」「増鏡」の四つの歴史物語の総称。しかがみ。
し-きょう【市況】株式・商品などの売買される状況。市場の景気。「株式―」(類語)景気・商況・景況・商状・気配・売れ行き・金回り
し-きょう【示教】〔名〕スル《「じきょう」とも》具体的に示し教えること。教示。「―を請う」(類語)教える・知らせる・示す・教示・指教・助言する・入れ知恵
し-きょう【至境】到達することのできる最高の境地。「芸道の―をきわめる」
し-きょう【思郷】故郷を懐かしく思うこと。望郷。
し-きょう【指教】〔名〕スル さし示して教えること。指導。(類語)教える・示す・教示・示教・助言・入れ知恵
し-きょう【歯鏡】口腔内の観察に用いる、小さな鏡に柄をつけた器具。
しきょう【詩経】中国最古の詩集。五経の一。孔子編といわれるが未詳。周の初めから春秋時代までの詩305編を国風・雅・頌の3部門に大別。国風は諸国の民謡で15の風、雅は朝廷の音楽で小雅・大雅の二つ、頌は宗廟の祭祀の音楽で周頌・魯頌・商頌の三つがある。漢の毛亨らが伝えたものだけが現存するので「毛詩」ともいう。
し-きょう【詩境】詩に歌われた境地。また、詩を作るときの心境。
し-きょう【詩興】詩を作りたいと思う気分。また、詩を読んで感じる趣。詩情。「―がわく」
し-きょう【試供】〔名〕スル ためしに使ってもらうために、商品を無料で提供すること。「新発売のシャンプーを―する」「―品」
し-きょう【×鴟×梟|×鴟×鴞】❶フクロウの別名。❷凶悪な者をたとえていう語。「戎狄各々―の慾を擅にしている」〈魯庵・社会百面相〉
し-ぎょう【士業】「〜士」と付く資格を持つ職業の俗称。弁護士・公認会計士・行政書士・弁理士など。
し-ぎょう【仕業】現場での機械操作や運転・運行の仕事をすること。「―点検」
し-ぎょう【司業】国子監の教授。隋の煬帝の時に置かれ、清代に廃止。今の大学教授にあたる。
し-ぎょう【志業】学業・事業にこころざすこと。また、その学業・事業。「勤王の―浅からず」〈染崎延房・近世紀聞〉
し-ぎょう【始業】〔名〕スル ❶その日の業務を始めること。「―時刻」⇔終業。❷学校で、それぞれの学期または学年の授業を始めること。⇔終業。(類語)創業・開業・開く・開ける・始める・開く・起こす・創始
し-ぎょう【施行】❶▶しこう(施行)❶ ❷▶せぎょう(施行)❷
し-ぎょう【施業】業務を行うこと。業務の施行。
し-ぎょう【×斯業】この事業。この分野の事業。「―の発展に寄与した人物」
し-ぎょう【詩業】詩作上の業績。
じきょう【字鏡】漢和字書。原形は3巻か。著者未詳。平安後期ごろに成立。零本。漢字を部首によって配列し、漢字による反切・類音・字義などの注、片仮名・万葉仮名による字音・和訓の注などを記す。
じ-きょう【耳鏡】外耳道やその奥にある鼓膜などを検査するための医療器具。ふつう、金属製で漏斗形をしており、耳の穴に差し入れて用いる。
じ-きょう【自供】〔名〕スル 警察官などの取り調べに対し、容疑者・犯人が自己の犯罪事実などを申し述べること。また、その述べた事柄。「犯行を―する」(類語)自白・告白・白状・打ち明ける・懺悔
じ-きょう【自×矜】自分をほこること。自慢。また、自負。「―心の高い彼にとって」〈中島敦・李陵〉
じ-きょう【自×彊|自強】〔名〕スル みずから努め励むこと。「ひたすら―して倦むことを知らず」
自彊息まず 《「易経」乾卦から》自分からすすんでつとめ励んで怠らない。自彊不息。
じ-きょう【事教】仏語。理すなわち本体と、事すなわち現象とを区別する教えのこと。天台宗が説く化法の四教のうちの三蔵教と別教。
じ-きょう【持経】常に身から離さずに持っていて、読誦する経文。法華経をさすことが多い。
じ-ぎょう【地形】❶(「地業」とも書く)建築を始める前に、地面をならし固めること。また、その工事。地

固め。❷(「地業」とも書く)建築物の基礎の構造。❸土地のようす。地勢。「堀河院は一のいといみじきなり」〈大鏡・基経〉

じ-ぎょう【次行】ジギャウ つぎの行。

じ-ぎょう【自行】ジギャウ 自己の悟りのために励む修行。

じ-ぎょう【事業】ジゲフ ❶生産・営利などの一定の目的を持って継続的に、組織・会社・商店などを経営する仕事。「一に手を出す」❷大きく社会に貢献するような仕事。「宇宙開発一」「慈善一」

(類語)産業・経済・流通・金融・財政・理財・エコノミー

じぎょう-か【事業家】ジゲフ 事業を企て、これを経営する人。また、事業の経営に巧みな人。

(類語)実業家・事業者・ビジネスマン

じぎょう-がいしゃ【事業会社】ジゲフグワイシャ 一般に、金融以外の事業を営む会社。狭義には、商業を除く場合もある。

じぎょう-かご【地形籠】ヂギャウ 河川工事の際、水の深い所に並べ置く籠。蛇籠の類。

じぎょう-かじ【自行加持】ジギャウカヂ 真言宗の行者が、自己のために三密加持を行うこと。

じぎょう-きぼ【事業規模】ジゲフ 経済対策の金額的規模を表す概念の一。いわゆる真水の金額が、経済成長率を押し上げる要素となる政府の直接負担分を意味するのに対し、事業規模は、政府系金融機関による融資拡大など返済が見込まれる金額も含めた、経済対策全体の規模を指す。

じぎょう-きょうどうくみあい【事業協同組合】ジゲフケフドウくみあひ 中小企業等協同組合法による協同組合の一。生産・加工・販売・購買・保管・運送・検査などの事業に関する共同施設、事業資金の貸し付け、福利厚生に関する施設などの事業を行う。

じぎょうけいぞく-かんり【事業継続管理】ジゲフケイゾククワンリ 地震・台風などの自然災害、テロや大事故などの危機に際して、事業を中断せずに続けるための対策、また中断した場合の復旧対策を策定する活動。企業だけではなく公共団体などにも求められる。BCM(business continuity management)。

じぎょうけいぞく-けいかく【事業継続計画】ジゲフケイゾクケイクワク 大規模な災害・事故・システム障害が発生した場合に、企業や行政組織が基幹事業を継続したり、早期に事業を再開するために策定する行動計画。事前に業務の優先度を確定し、バックアップシステムの整備や要員確保などの対応策を立てておくことで、被害やサービスの受け手への影響を最小限にとどめることができる。BCP(Business Continuity Plan)。➡事業継続管理

じぎょう-けた【自行化他】ジギャウクワタ みずからのために仏道修行し、さらにその得たところをもって他を教化すること。自利利他。

じ-きょうげん【地狂言】ヂキャウゲン ❶舞踊本位の所作事に対して、せりふ本位の歌舞伎狂言。地芸。❷素人の演じる狂言。❸その土地の芝居。地方の芝居好きが農閑期の盆や祭礼などに演じるもの。村芝居。草芝居。地芝居。

じぎょうこうそう-だいがくいんだいがく【事業構想大学院大学】ジゲフコウサウダイガクヰンダイガク 東京都港区にある私立大学院大学。平成24年(2012)開学。

しきょう-ざ【司教座】シケウ ローマカトリック教会で、司教または大司教が執務するための座席。カテドラル(司教座聖堂)内に設置される。ギリシャ正教およびイギリス国教会では主教座とよぶ。➡カテドラル

しきょう-さい【四境祭】シキャウ ➤四角四境祭しかくしきょうさい

じぎょう-さい【事業債】ジゲフ 主に金融機関以外の株式会社が発行する社債。電力会社が発行する電力債、一般の事業会社が発行する一般事業債などの区分がある。

じぎょうさいせい-エーディーアール【事業再生ADR】ジゲフサイセイ《ADRは裁判外紛争解決手続きのこと》経営難の企業を再建する際に用いられる方法の一。経済産業大臣が認定した公正な第三者の関与により、企業と金融機関等の調整を図る。私的整理の一種で、迅速な手続きが可能だが、債務免除に対して税制上の特例が受けられるなど、法的整理に準じたメリットがある。平成19年(2007)の産業活力再生法改正により導入された。➡裁判外紛争解決手続き

じぎょうさいひょうか-かんしいいんかい【事業再評価監視委員会】ジゲフサイヒヤウカカンシヰヰンクワイ 公共事業の効率性や透明性、費用対効果などを評価するため、地方整備局、地方公共団体等にそれぞれ設置される第三者委員会。有識者委員で構成される。採択から一定期間を経て未着手・未完成の事業の再評価(継続・中止等)や、完了した事業の事後評価に関して、地方整備局等から示された原案を審議し、必要に応じて意見を具申する。事業評価委員会。公共事業評価監視委員会。➡公共事業再評価制度

しきょうざ-せいどう【司教座聖堂】シケウザセイダウ ➤カテドラル

しぎょう-しき【始業式】シゲフ 学校などで、毎学期の授業の始めに行う式。

じきょう-じゃ【持経者】ヂキャウ 経典を受持し、もっぱら読経する者。特に、法華経を読誦どくじゅする者。持者。

じぎょう-しゃ【事業者】ジゲフ 営利などの目的をもって事業を営む者。

じぎょうしゃ-きんゆう【事業者金融】ジゲフシャ 個人商店や中小企業の経営者を対象に、短期かつ比較的高い金利で事業資金を貸し付けること。無担保だが連帯保証人が必要となる。商工ローン。➡消費者金融

じぎょう-しゅ【事業主】ジゲフ「じぎょうぬし(事業主)」に同じ。

じきょうしゅう【字鏡集】ジキャウシフ 鎌倉前期の漢和字書。7巻または20巻。菅原為長著という。成立年未詳。漢字を偏旁へんぼうで分類し、さらに偏旁を字義により分類した字形引きの字書。

じきょう-じゅつ【自×彊術】ジキャウ 東洋的な健康増進法の一。中国道家どうかの導引に現代の体操を加味したもので、気力と体力を養成する術。大正5年(1916)中井房五郎の創案。

しぎょう-じょう【施行状】シギャウジャウ 鎌倉・室町時代、執権や管領が、将軍の意をあて名の人に取り次ぐために出した文書。

じぎょうしょ-ぜい【事業所税】ジゲフショ 指定都市などが、都市環境の整備・改善に要する費用に充てるため、一定規模以上の企業に課する目的税。

じぎょう-しょとく【事業所得】ジゲフ 農林業・漁業・製造業・卸売業・小売業・サービス業その他、対価を得て継続的に行う事業から生じる所得。総収入金額から必要経費を控除した金額。

じぎょう-しわけ【事業仕分(け)】ジゲフ 国や自治体の行う事業について、その必要性、事業担当者の適性について第三者が検討し、仕分けること。その事業が必要か不必要か、必要な場合は国、自治体、民間のいずれが行うかなどを分類すること。

じぎょう-ぜい【事業税】ジゲフ 個人・法人の事業者に対し、その事業を営むことによって得る所得金額または収入金額を課税標準として課する都道府県税。

じぎょうせんじゅう-しゃ【事業専従者】ジゲフセンジュウ 青色申告・白色申告を行う個人事業主と生計を一にする配偶者や15歳以上の親族で、年間6か月以上その事業にもっぱら従事している人。

じぎょうそうぞう-だいがくいんだいがく【事業創造大学院大学】ジゲフサウザウダイガクヰンダイガク 新潟市にある私立大学院大学。平成18年(2006)に開設された。

じぎょう-だん【事業団】ジゲフ 特定の政策的公共事業の実施を目的として特別法に基づいて設立される特殊法人。国の一部または全額出資による。環境・国際協力・宇宙開発などの事業団があったが、多くは改組されて独立行政法人となり、現存する事業団は日本私立学校振興・共済事業団のみとなった。

じぎょう-ぬし【事業主】ジゲフ 事業を経営する人や団体。法令では、主に労働関係における使用者側を指す。じぎょうしゅ。

じぎょう-ねんど【事業年度】ジゲフ 地方公営企業・相互会社・協同組合などが経営成績や経理の状況などを明らかにする目的で、決算をするために設けた一定期間。

じぎょうひょうか-いいんかい【事業評価委員会】ジゲフヒヤウカヰヰンクワイ ➤事業再評価監視委員会

しきょう-ひん【試供品】ためしに使ってもらうために、無料で提供される品物。

じぎょうぶ-せい【事業部制】ジゲフ 経営組織において、製品別・地域別、または市場別に事業という組織単位を設け、本部による企業全般にわたる管理のもとで利益目標を達成するため、生産から販売に至る広範な権限の委譲が行われ、独立計算が確立されている分権管理形態。

じきょう-ふそく【自×彊不息】ジキャウ ➤自彊息やまず

じぎょう-ほうこく【事業報告】ジゲフ 会社法で、事業年度ごとに作成するよう定められている書類。内容等は会社施行規則に定められており、株式会社の状況に関する重要な事項、および体制の整備についての決定または決議があるときは、その内容の概要を記載しなければならないとされている。従来、「営業報告書」とよばれていたが、平成18年(2006)の会社法施行により現名称に変更された。

じぎょう-もちかぶがいしゃ【事業持(ち)株会社】ジゲフもちかぶグワイシャ グループ各社の株式を持つことで子会社を支配しながら、自社もまた生産活動など相当規模の事業を営む会社。➡持株会社

しきょう-ゆうずい【四強雄×蕊】シキャウ ➤四長雄蕊しちょうゆうずい

じぎょうよう-じどうしゃ【事業用自動車】ジゲフヨウ 旅客業や運送業などで用いられる自動車。旅客業の場合、運転者は第二種運転免許が必要。営業用自動車。⇔自家用車。

じぎょうよう-ていきしゃくちけん【事業用定期借地権】ジゲフヨウ 借地借家法に基づく定期借地権の一。借地人は地主に対して、契約の更新や建物の買い取りを請求できない。また、借地に居住用の建物を建てることはできない。借地権の存続期間は10年以上50年未満。公正証書による契約が必要。契約期間満了後、借地人は土地を更地にして返還する。

しきょ-ぎ【視距儀】距離を測定する器械。トランシットの接眼部に十字線の中心から等間隔に2本の水平線があるもの。目標地点に立てた標尺の2本の線に挟まれた目盛りの長さから、目標地点までの距離を計算する。スタジア測量器。➡スタジア測量

し-きょく【支局】新聞社・放送局などで、本社・本局の管理のもとに各地に置かれ、その地域の業務を取り扱う局。(類語)支社・支店・支所・支部・出張所・出店

し-きょく【史局】史書を編纂へんさんする場所。徳川光圀とくがわみつくにが「大日本史」を編纂するため江戸駒込の別邸に置いた史局が知られる。

し-きょく【四極】東・西・南・北の果て。四方のきわめて遠い国々。

し-きょく【私曲】不正な手段で自身だけの利益をはかること。利己心があって正しくないこと。「利慾もある、邪推もある…一もある」〈魯庵・社会百面相〉

し-きょく【紫極】《天帝の居る所の意の「紫微垣しびえん」から》天子の居所。禁中。紫禁。

し-きょく【詞曲】詞と曲。韻文。また、歌謡。

しき-よく【色欲｜色×慾】❶男女間の性的な欲望。情欲。❷色情と物欲。❸仏語。感覚的な欲望。

(類語)性欲・情欲・愛欲・肉欲・淫欲

じ-きょく【事局】事の成り行き。事件の情勢。「一はどう発展するかと謹聴して居る時」〈漱石・吾輩は猫である〉

じ-きょく【時局】国家・社会などの、その時の情勢。世の中の成り行き。「重大な一に直面する」

じ-きょく【磁極】磁石の、鉄を引きつける性能の最も強いところ。それぞれ正極・負極といい、地球磁場では北に引かれるほうをN(正)極、南に引かれるほうをS(負)極とする。同じ極どうしは反発し、異なる極どうしは引き合う。

じき-よく【食欲】仏語。食物に対する欲望。

しきょま 奄美・沖縄地方で、稲の豊作を祈願して行われる初穂祭り。聖所に新稲の穂掛けをして祈り、針仕事・肥料担ぎなどは禁じて酒盛りをする。しきゅ

ま。すくま。
じき-らしんぎ【磁気羅針儀】▻磁気コンパス
じき-らん【直覧】ぢき 親しく直接に御覧になること。手紙や文書の脇付わきづけに用いる。
し-きり【仕切り】❶区切ること。また、そのもの。「ついたてで―を作る」❷商売で、帳簿または取引の締めくくりをつけること。決算。❸「仕切り金がね」の略。「日本橋へ魚の―を取りに行く男だとか」〈風葉・恋ざめ〉❹「仕切り売買」の略。❺相撲で、力士が土俵に上がって相対し、仕切り線を挟んで立ち合いの身構えをすること。[類語]境・境界きょうかい・境界線・境目さかいめ・際きわ・分かれ目・分界・臨界・閾しきい・ボーダーライン・画する・分ける・区切る・仕切る
しきり【▽陣】《動詞「しき(頻)る」の連用形から》出産間際に起こる痛み。陣痛。「―は来れども取りあげばばの約束もなく」〈浮・置土産・三〉
しきり【▽頻り】〔形動〕図〔ナリ〕《動詞「しき(頻)る」の連用形から》❶同じことが何度も引き続き起こるさま。ひっきりなし。「警笛が―に鳴る」「問い合わせが―だ」❷程度・度合いが著しいさま。むやみ。やたら。「―に故郷を懐かしむ」「雨が降ること―だ」
[類語]引っきり無し・頻繁・盛ん
じ-ぎり【地霧】ぢ 地上に立ったときの目の高さより低い所にたちこめる霧。
しきり-いた【仕切り板】❶間を区切る板。❷船舶で、ばら荷の片寄りを防ぐために、船倉内に船体の中心線に沿って設ける板。荷止め板。
しきり-がね【仕切り金┊仕切り▽銀】売り手が買い手から受け取るべき代金・諸経費の総額。しきりきん。しきりぎん。「―のうち二貫目出してつくばはれける」〈浮・一代女・五〉
しきり-がわせ【仕切り為-替】がはせ 仕切状を添えた為替。
しきり-きん【仕切り金】「しきりがね」に同じ。
しきり-ぎん【仕切り銀】「しきりがね」に同じ。「岩国の紙の―に才覚はしたれども」〈浄・天の網島〉
じき-リコネクション【磁気リコネクション】磁力線のつなぎ換え現象。太陽のフレアや地球の磁気圏の尾部などで、磁力線のつなぎ換えが起こると、磁場のエネルギーが開放され、プラズマの熱や運動エネルギーに変換されると考えられている。磁力線再結合。
しきり-じょう【仕切り状】ジャウ ▻送り状
しきり-せいさんしょ【仕切り精算書】▻売上計算書
しきり-せん【仕切り線】相撲で、土俵の中央に70センチの間隔をおいて引いてある、力士が仕切りをするための2本の白線。
しきり-ちがいだな【仕切り違い棚】ちがひだな 違い棚の一。上下二つの違い棚を、1本の束柱つかばしらで貫き支える形のもの。
しきり-と【▽頻りと】〔副〕❶繰り返し何度も。ひっきりなしに。たびたび。「返答も待たずに―話しかける」❷むやみに。ひどく。また、熱心に。「部員獲得のため―勧誘する」
しきり-なおし【仕切り直し】なほし ❶相撲で、両力士の呼吸が合わないため、仕切りをやり直すこと。❷転じて、スポーツ・囲碁・将棋などの勝負事をやり直すこと。また、交渉などを最初からやり直すこと。「延長15回引き分けで明日―となる」
しきり-ね【仕切り値】▻仕切り値段
しきり-ねだん【仕切り値段】仕切り売買で成立した値段。仕切り値。
しきり-の-とし【▽頻りの年】近ごろ引き続いての年。ここ数年。「―よりこのかた、平氏、王皇蔑如して」〈平家・五〉
しきり-ば【仕切り羽】矢羽を仕切り矧はぎにしたもの。
しきり-ば【仕切り場】❶回収した廃品を整理・取引する所。❷江戸時代から明治中期の劇場で、劇場正面に向かって左寄りの一段高い部屋。主に会計事務を扱った所。また、そこに詰めている手代をいう。
しきり-ばいばい【仕切(り)売買】証券会社が顧客の売買注文に対し、取引所を通さずに店頭において、自己の計算でその相手方となって売買すること。平成10年(1998)12月の取引所集中義務の撤廃によって、上場銘柄も仕切売買ができるようになった。
しきり-はぎ【仕切り×矧ぎ】白羽と黒羽とを継ぎ合わせて、矢を矧ぐこと。
しきり-べん【仕切り弁】弁の一種。円板状の弁が流体の通路を直角に仕切って開閉を行うもの。弁を開けば流体の流れが一直線状になる。
しきり-ます【仕切り×枡】▻升ます❸
しきり-や【仕切り屋】集めた廃品を、それぞれの用途・性質などで分けて売り払う職業。また、その人。
じき-りゅうたいは【磁気流体波】ーリウタイハ プラズマなどの電気伝導性の流体中を伝播する波。通常の流体中を伝わる音波のほか、磁場に垂直な方向に振動し、磁場に沿って伝わるアルベーン波などがある。電磁流体波。
じき-りゅうたいりきがく【磁気流体力学】ーリウタイリキガク ▻電磁流体力学
しき-りょう【式量】ーリャウ ある単体や化合物を化学式で表したときの、成分元素の原子量の総和。分子が存在する物質では分子量に等しい。化学式量。
しき-りょう【敷料】ーレウ 「倉敷料」に同じ。
しき-りょう【識量】ーリャウ 見識と度量。「徳望――代の師表たるべき人物を」〈蘆花・思出の記〉
じき-りょう【直領】ぢきリャウ 主君が直接に支配する領地。
じき-りょう【磁気量】ーリャウ 磁石や磁性体の磁極間に働く力の大きさで決められる磁荷の量。クーロンの法則に従う。この力の源である磁荷は、磁気量で測られ、単位はアンペア毎メートル(A/m)。
じき-りょうしすう【磁気量子数】ーリャウシスウ 原子内における、電子の軌道角運動量のZ軸成分を特徴づける量子数。方位量子数をlとすると、磁気量子数 m の値は、$-l$からlまでの整数をとる。
しき-りょく【識力】物事を識別する能力。「―の進歩せむことを冀望せずして」〈雪嶺・偽悪醜日本人〉
じき-りょく【磁気力】「磁力」に同じ。
じきりょく-せん【磁気力線】▻磁力線
じき-りれき【磁気履歴】▻磁気ヒステリシス
し-き・る【仕切る】〔動ラ五(四)〕❶境を作って他と区別する。隔てとなるものを設けて、いくつかの部分に分ける。「大部屋を二つに―・る」❷ある範囲の物事を掌握し処理する。取り仕切る。「一人で会の運営を―・る」❸帳簿または取引の決算をする。「三月末に―・る」❹相撲で、両力士が土俵中央仕切り線の所で、両手を土俵に下ろして立ち合いの呼吸合わせをする。仕切りをする。「腰高に―・る」[可能]しきれる [類語]分ける・区切る・画する・仕切り
しき・る【▽頻る】〔動ラ五(四)〕《動詞「し(頻)く」と同語源》❶続いて起こる。「八日ばかりの物忌―・りつつなむ」〈かげろふ・中〉❷産気づく。「中宮はひまなく―・らせ給ふばかりにて」〈平家・三〉❸動詞の連用形に付いて、しきりに…する、盛んに…する、の意を表す。「雨が降り―・る」
ジキルはかせとハイドし【ジキル博士とハイド氏】《原題 The Strange Case of Dr. Jekyll and Mr. Hyde》R=L=スチーブンソンの怪奇小説。1886年刊。医師のジキルは薬で夜ごとに悪の人格ハイドに変身し善悪二重の生活を送るが、ついにジキルに戻れなくなって悲惨な結末を迎える。
し-きれ【▽尻切れ】《「しりきれ」の音変化》❶底に革を張った草履。後世の雪駄のもとの形という。❷「しりきれぞうり」に同じ。
しき-れい【式礼】礼をすること。会釈。あいさつ。
しき-れい【式例】しきたり。慣例。
じき-れいきゃく【磁気冷却】▻断熱消磁
しき-れんが【敷き×煉瓦】ーレングワ 路面に敷く、舗装用の煉瓦。
じき-ろ【直路】ぢき 「直道じきどう❶」に同じ。
じき-ろ【直×廬】ぢき ▻ちょくろ(直廬)
じき-ろう【食籠】❶食物を盛る器。ふたがつき、円形または角形。重ね式のものもある。❷茶の湯で、菓子器などに使用されるふたのある器。
じき-ろうえい【磁気漏×洩】コイルや強磁性体などによってつくられた磁束の一部分が磁気回路の外にはみ出る現象。はみ出た磁束を漏洩磁束という。磁気漏れ。
じき-ろくおん【磁気録音】録音方式の一。記録したい音をマイクロフォンで採取して、電流の強弱に変え、磁気テープなどに残留磁気の強さの違いとして記録する。
じき-わ【直話】ぢき その人が直接にする話。また、直接聞いた話。「経験者の―」
しぎ-わな【×鴫×羂】シギを捕らえるわな。「宇陀の高城たかきに―張る」〈記・中・歌謡〉
しき-わら【敷き×藁】作物の根もとや家畜の小屋などに敷く藁。しきぐさ。
し-きん【至近】非常に近いこと。「―距離」「―弾」
[類語]近い・間近い・程近い・間近・じき・すぐ・指呼しこの間かん・咫尺しせきの間・目睫もくしょうの間・目と鼻の先
し-きん【紫金】赤銅しゃくどうの異称。
し-きん【紫禁】《天帝の居る所の意の「紫微垣しびえん」から》天子の居所。禁中。紫極。
し-きん【試金】鉱石や合金などの金属成分を定量分析すること。狭義には、貨幣板金・貴金属などの純度を決定すること。
し-きん【資金】❶事業の元手や経営のために使用される金銭。もとで。「営業―」「―難」❷特定の目的のために用意され使われる金銭。「住宅―」「育英―」
[類語]資本・資本金・元手・元金・財源・基金・ファンド
し-きん【賜金】皇室などから下賜される金銭。下賜金。「災害見舞いの―」
し-ぎん【市銀】「市中銀行」の略。
し-ぎん【歯×齦】はぐき。歯肉。「―炎」
し-ぎん【詩吟】読み下した漢詩に節をつけて吟じるもの。安政(1854～1860)ころに江戸の昌平黌しょうへいこうの書生たちが始めたという。➡剣舞けんぶ
じ-きん【地金】ぢ ▻じがね(地金)
しきん-うんようぶ【資金運用部】政府直轄の機関。平成13年(2001)廃止。郵便貯金や厚生年金・国民年金の積立金などの預託を受け、これを原資として国債の引き受け、一般会計および特別会計・政府関係機関・公団・地方公共団体などへの貸付を主として行った。財政投融資の中心的役割を果たしていた。財政融資資金が継承。
しきんかんり-だんたい【資金管理団体】シキンクワンリー 国会議員・地方議員・自治体首長など公職の候補者が政治資金の提供を受け、取り扱うために設置する団体。政治資金規正法に基づいて一人につき一団体のみ指定できる。資金管理団体は政治家個人の資金を管理する団体で、個人献金のみ受け取ることが認められ、企業献金・団体献金の受け取りは禁止されている。政党が設置する政治資金団体とは異なる。➡政治献金 [補説]資金管理団体の代表は候補者本人が務める。資金管理団体への個人献金の年間限度額は一人あたり150万円。資金管理団体への企業・団体献金は平成12年(2000)1月から全面的に禁止されている。
しきん-きょり【至近距離】きわめて近い距離。「―から弾丸を発射する」
しきん-ぐり【資金繰り】資金の調達・運用。資金のやりくり。かねぐり。「―に苦しむ」
しきんけっさい-ほう【資金決済法】ーハフ《「資金決済に関する法律」の略称》資金決済サービスの拡充や適切な運営を目的として制定された法律。送金などの為替取引は、銀行等の金融機関だけに認められていたが、同法の規定に従い登録を行った資金移動業者にも、少額に限って認める。また、電子マネーなど前払い式の支払い手段に関しても法整備が行われた。平成22年(2010)施行。[補説]前払式証票法で規制されていた商品券・プリペイドカード・ギフト券などは、この法律では「前払式支払手段」と総称され規制を受ける。金額情報を事業者のサーバー上で管理し、利用者にはIDのみ交付されるものも規制の対象となる。乗車券や入場券などは対象外。
しきんじゅよう-はんだんしすう【資金需要判断

指数】シキンジュヨウハンダン日本銀行が主要貸出金融機関を対象に行う「主要銀行貸出動向アンケート」のうち、資金需要動向に関する調査結果をディフュージョンインデックス(DI)という指標に集計したもの。資金需要の増減を基にした経済・景気判断指標の一。3か月ごとに公表される。需要が増加(積極化・拡大)していればプラス、減少(慎重化・縮小)していればマイナス方向の指数で表される。資金需要判断DI。

▷ **指数の算出方法**
(「増加」と答えた金融機関の構成比＋「やや増加」と答えた金融機関の構成比× 0.5)－(「減少」と答えた金融機関の構成比＋「やや減少」と答えた金融機関の構成比×0.5)

しきん-じゅんかん【資金循環】シキンジュンカン 一定期間の国民経済で、企業・家計・政府・金融・海外の各経済部門における通貨・信用の流れ。これを統計的に把握したものを資金循環表といい、日本銀行によって年間および四半期ごとに発表される。マネーフロー。

しきんじゅんかん-とうけい【資金循環統計】シキンジュンカントウケイ 日本国内の金融機関・法人・家計等と海外部門に区分した、資産と負債に関する統計。預金・株式・債券や、貸出など、金融商品別に集計。日銀が四半期ごとに公表している。期間中の取引による資産・負債の増減(金融取引表)、期末時点の資産・負債の残高(金融資産・負債残高表)、株価の変動等による資産・負債の評価額の変化(調整表)を扱う。

しきん-じょう【紫禁城】シキンジャウ 中国、明・清朝の宮殿。南京のものは明初の1373年、洪武帝(朱元璋)が造営。北京のものは1420年、永楽帝が北京に遷都したときに造営、現在は故宮博物院となっている。1987年「北京と瀋陽の明・清朝の皇宮群」の名称で世界遺産(文化遺産)に登録された。

しきん-せき【試金石】❶金など貴金属の鑑定に用いられる黒色の硬い石。表面に金をこすりつけ、その条痕色じょうこんしょくを標準品のものと比較して純度を判定する。金付け石。❷物の価値や人の力量などを計る基準となる物事。「政府の行政能力を問う―」

しきん-せんじょう【資金洗浄】シキンセンジャウ ►マネーローンダリング

しきん-とうけつ【資金凍結】資金の移動や処分を制限したり禁止したりする措置。

しきん-とうせい【資金統制】政府が資金を必要な方面に集めるために、資金の配分について加える規制。

しきん-はいぶん【資金配分】►アセットアロケーション

しきん-ほけん【資金保険】保険事故が発生したときに保険金の全額を一度に支払う生命保険。一時金保険。➡年金保険

しきん-ポジション【資金ポジション】金融機関の資金過不足状況。預金受け入れや債券発行などによる調達資金と、貸し出しや有価証券投資などの運用資金とのバランスをいう。

しきん-メカニズム【資金メカニズム】►クールアースパートナーシップ

しきん-ワクチン【死菌ワクチン】►不活化ワクチン

し-く《過去の助動詞「き」のク語法》…たこと。「住吉すみのえの名児なごの浜辺はまべに馬立てて玉拾ひりし常忘らえず」〈万・一一五三〉 補説「水たまる依網よさみの池にぬなは繰り延はへけく知らに」〈応神紀・歌謡〉のように「けく」となることもあり、「しく」の古形ともいわれる。

し-く【四句】偈げのこと。四つの句からなるところからいう。

し-く【四苦】仏語。人間のもつ、四つの根元的な苦悩。生・老・病・死。

し-く【市区】❶市と区。❷市街の区画。「―改正」

し-く【死句】❶仏語。修行者のまちがった精神から、生かして用いられなかった語句。㊥活句。❷俳諧などで、言葉に表されない味わいのない句。余情のない句。㊥活句。

し-く【死苦】❶死ぬときの苦しみ。また、死ぬような苦しみ。❷仏語。四苦の一。人間が免れることのできない死の苦しみ。

し-く【詩句】詩の文句。詩の一節。

し-く【▽如く・▽若く・▽及く】〔動カ五(四)〕❶同じ程度の能力や価値などをもつ。匹敵する。多く、あとに打消し・反語の表現を伴って用いる。「実力では彼に―く者はいない」❷追いつく。到達する。「吾が愛妻はしにい―き会はむかも」〈記・下・歌謡〉
類語 適う・及ぶ・並ぶ・匹敵する・比肩する・伍ごする・敵する・並立する・伯仲する・肩を並べる
如くはな・い それに及ぶものはない。それが最もよい。「用心するに―い」

し-く【▽時▽化く】〔動カ下二〕「しけ(時化)る」の文語形。

し-く【敷く・▽布く・▽領く・×藉く】〔動カ五(四)〕❶一面に平らに広げる。「絨毯じゅうたんを―く」❷一面に平らに並べたり、まき散らしたりする。「畳を―く」「玉砂利を―く」❸物を載せるために平らにして下に置く。下に当てる。「座布団を―く」❹下に押さえつける。「女房の尻に―かれる」❺設置する。敷設する。「鉄道を―く」❻配置をする。「厳重な捜査網を―く」「背水の陣を―く」❼隅々まで行き渡らせる。「箝口令かんこうれいを―く」❽広く行き渡る。一面に広がる。「名望、天下に―く」「松葉が散り―く古庭」❾力を広く及ぼす。治める。「天皇すめろきの―きます国の」〈万・四一二二〉 可能 しける 類語 置く・据える・据え付ける

し-く【▽頻く】〔動カ四〕動作が繰り返される。度重なって起こる。「住吉すみのえの岸の浦廻うらみに―く波のしばしば妹を見むよしもがも」〈万・二七三五〉

し-ぐ【至愚】〔名・形動〕非常におろかなこと。また、そのさま。「一なる者も甚だ少なく至智なる者も甚だ稀なり」〈福沢・文明論之概略〉

シグ〔SIG〕《special interest group》特定のテーマについて興味・関心のある人々の集まり。パソコン通信のネットワーク内のものをいう。フォーラム。

じ-く【地句】ヂ 俳諧で、平凡な句。

じ-く【字句】文章の中の、文字や語句。「一の訂正」
類語 句・語句・章句・一字一句・フレーズ

じく【×舳】ヂク 船の先の方。船首。へさき。➡漢「じく(舳)」

じく【軸】ヂク ㊀〔名〕❶回転するものの中心となる棒。特に、車輪の心棒。車軸。❷巻くものの中心にする丸い棒。特に、巻物・掛け物などの心木しんぎにする棒。❸掛け物。掛け軸。かけじ。幅ふく。「床の間に―をかける」❹《巻物では❷に近い所が巻末となるところから》書物の終わりの部分。巻末。❺俳句や川柳などの巻のいちばん最後に書く点者の句。❻筆・ペン・マッチなどの柄の部分。❼活動・運動の中心となるもの。かなめ。中軸。「自分が―となって活躍する」❽㋐点の座標を決める基準となる直線。座標軸。㋑対称図形で、その基準となる直線。対称軸。㋒一つの平面図形を回転して立体図形ができるときの、回転の中心となる直線。回転軸。❾物体が回転するときの中心となる直線。その物体に固定したと考える直線で、空間的位置が変わることのないもの。地球の地軸、こまの心棒など。回転軸。㊁〔接尾〕助数詞。巻物・掛け軸などを数えるのに用いる。「二―」➡漢「じく(軸)」 類語 中心・主しゅ・要かなめ・柱はしら・中軸・枢軸・主軸・基幹・根幹・中枢・中核

じ-く【慈▽救】仏語。仏が慈悲の心をもって衆生しゅじょうを救済すること。

じ-く【磁区】強磁性体の内部で分かれ、自発磁化の方向が同じで一つの小さな磁石のようになっている小領域。各領域間では自発磁化の方向が異なり互いに打ち消し合っているが、外部から磁界をかけると全体として方向がそろい強く磁化される。

ジグ〔フランス gigue〕►ジーグ

ジグ〔jig〕機械工作で、工作物の所定の位置に、刃物を案内する工具。補説「治具」とも当てて書く。

じく-あし【軸足】ヂク ❶スポーツなどで、軸のように自分のからだを支えるほうの足。❷思考・方策・行動などの重点。「開発優先から環境保全へ―を移す」「少子化対策に―を置く」
類語 重点・立脚点・立脚地・力点・重き・要点・要所・要・主眼・眼目・ポイント・キーポイント

漢字項目 じく

×**舳** 音ジク(ヂク)㊉ 訓へさき ‖ 船首。へさき。「舳艫じくろ」

軸 音ジク(ヂク)㊉ 訓よこがみ ‖ ①車の心棒。回転の中心となる棒。「機軸・車軸」②中心や基準となる直線。「地軸・結晶軸・座標軸・対称軸」③物事の中心。大切なところ。「基軸・枢軸・中軸」

し-くう【司空】中国、周の六卿の一。冬官の長で、土木・水利などの建築事業をつかさどった。前漢では大司空、後漢・唐では再び司空となり、三公の一。

し-ぐう【四隅】よすみ。また、四方。

じ-くう【時空】❶時間と空間。「―を超越する」❷時間と通常の空間(ユークリッド空間)の三次元を合わせた四次元のこと。

し-くうかん【視空間】心理学で、視覚を通して知覚される空間的広がりをいう。遠近・方向・形・奥行きなどの性質を含む。

じくう-くうかん【時空空間】時空❷の空間。この空間の一点は時間と通常の空間の位置で表される。相対性理論で用いられる概念。四次元空間。

じく-うけ【軸受(け)｜軸▽承(け)】ヂク 回転または往復運動する軸を支える機械部品。軸との接触の状況によって平ひら軸受けと転がり軸受けとに分けられる。また、荷重の方向が軸に垂直のラジアル軸受けと同方向のスラスト軸受けに分けられる。ベアリング。

じくうけ-ごうきん【軸受(け)合金】ヂクウケガフキン 平軸受けに用いられる合金。耐磨耗性が大きく熱伝導性の高いホワイトメタルなど。

し-ぐうしき【四宮▽職】太皇太后宮職・皇太后宮職・皇后宮職・中宮職の称。

シグ-オペ《和 SIGシグ＋operatorから》SIGのまとめ役・運営係。

しくか【敷香】ロシア連邦サハリン(樺太)の町ポロナイスクの、日本領時代の名称。

じく-かざり【軸飾り】ヂク 茶の湯で、宸翰しんかんや拝領の軸、名物の軸などの扱い方。軸物を巻いたまま外題げだいを上にして床とこに飾ること。

しく-かつよう【シク活用】クワツヨウ 文語形容詞の活用形式の一。語尾が「しく・しく・し・しき・しけれ・○」と変化するもの。これに補助活用のカリ活用を加えて、「しく(しから)・しく(しかり)・し・しき(しかる)・しけれ・しかれ」とすることもある。「うれし」「かなし」など。連用形の語尾「しく」をとって名づけたもの。この活用の形容詞には情意的な意味をもつものが多い。補説 通常、学校文法では、上記のようにシク活用の語尾を「し」以下とするが、ク活用の語幹の機能を、シク活用では終止形とされる「―し」の形が果たしているところから、「―し」までを語幹とみる説もある。➡ク活用

しく-かみうた【四句神歌】平安末期から鎌倉時代にかけて歌われた4句体の神歌。梁塵秘抄りょうじんひしょうに収録。しくのかみうた。

じく-ぎ【軸木】ヂク ❶掛け物・巻物などの軸に用いる木。多く紫檀・黒檀などが使われる。❷マッチの軸の木。ポプラなどを用いる。❸回転する器具や車などの木製の軸。

じく-きょ【軸距】ヂク 自動車などの前車軸と後車軸の間の距離。軸間距離。ホイールベース。

シク-きょう【シク教】ケウ《Sikhism》ヒンズー教から派生した宗教の一。開祖はナーナク(1469～1539)。ヒンズー教とイスラム神秘主義とを習合、偶像崇拝を禁止、唯一永遠なる神の信仰を説き、階級・人種差別を認めない。パンジャブ地方を中心に強い勢力をもつ。➡シク戦争

しく-ぎれ【四句切れ】短歌の第4句で意味が切れること。

じく-ぐみ【軸組(み)】ヂク 木造建築で、土台・柱・桁けた・筋交すじかいなどからなる壁体の骨組み。

し-ぐさ【仕▽種｜仕草】❶何かをするときのちょっとした動作や身のこなし。「なにげない―が印象に残る」❷舞台上の俳優の動作や表情。所作。

(類語)振り・身振り・所作・風・様子・体・格好・ジェスチャー・ポーズ・アクション

しぐさ-おち【仕▽種落ち】落語の落ちの一。言葉に出さず、動作や表情などで見せる落ち。

じく-さく【軸索】►神経線維

ジグザグ〖zigzag〗〔名・形動〕直線が左右に何度も折れ曲がっていること。また、そのような形や、そのさま。稲妻形。Z字形。「—な線」「—デモ」

ジグザグ-こうこう【ジグザグ航行】海上で、敵の雷撃・爆撃などを避けるため、艦船が不規則なZ字形に針路をとって航行すること。Z字航法。

ジグザグ-フリーズ〖zigzag frieze〗ロマネスク様式の建築の窓・アーチ・扉などの装飾に用いられる、V字形を連続させたような彫刻を施したもの。

ジグザグ-ミシン《和 zigzag＋machine》針がZ字形に動き、直線縫いのほかに、刺繍や端かがりなどができるミシン。

じく-じ【×忸×怩】㊀〔名〕スル 深く恥じ入ること。「吾人、実に—するに堪えざるなり」〈東海散士・佳人之奇遇〉㊁〔ト・タル〕図〔形動タリ〕深く恥じ入るさま。「—として非礼を謝す」「内心—たる思い」

しく-しく〔副〕スル ❶声をひそめて弱々しく泣くさま。「子供が—(と)泣く」❷それほど激しくはないが、絶えず痛むさま。「腹が—する」(類語)(❶)さめざめ・めそめそ/(❷)ずきずき・きりきり・ちくちく・ひりひり・ひりつく・しみる・差し込む・痛む・うずく

しく-しく【▽頻く▽頻く】〔副〕《動詞「し(頻)く」を重ねたものから》絶え間なく。しきりに。「奥山のしきみが花の名のごとや—君に恋ひ渡りなむ」〈万・四四七六〉

じく-じく〔副〕スル 水分を多く含み湿っているさま。水がにじみ出ているさま。「年じゅう—(と)している土地」「傷口が—(と)して治らない」

じく-じゅ【慈▽救呪】不動明王の呪文の一。唱えると災厄からまぬがれ、願い事がかなうという。慈救の偈。

じくじょう-いろしゅうさ【軸上色収差】レンズなどの光学系の収差の一。色によって焦点距離が異なるために生じる色収差。屈折率の異なる材質のレンズを組み合わせたアクロマチックレンズや蛍石などの色分散が小さい材質のレンズを用いることで、収差を抑えることができる。

しくじり しくじること。失敗。「とんでもない—をする」(類語)失敗・失策・過失・過誤・失態・不覚・粗相・間違い・へま・どじ・ぽか・ミス・エラー

しくじ・る〔動ラ五(四)〕❶やりそこなう。失敗する。「試験を—・る」❷過失などのために勤め先や仕事などを失う。「会社を—・る」「得意先を—・る」
(類語)やり損なう・抜かる・つまずく・失敗する・し損ずる・し損なう・過つ・誤る・とちる

じく-しん【軸心】中心になる軸。軸の中心。

じく-すだれ【軸×簾】しの竹などの軸で作ったすだれ。

ジクスト〖JICST〗《Japan Information Center of Science and Technology》►日本科学技術情報センター

じく-せい【軸性】►極性❶

し-ぐぜいがん【四×弘誓願】仏語。すべての仏・菩薩が起こす四つの誓願。限りなく多くの衆生を済度しようという衆生無辺誓願度、計り知れない煩悩を滅しようという煩悩無量誓願断、尽きることのないほど広大な法の教えを学びとろうという法門無尽誓願学、無上の悟りに達したいという仏道無上誓願成。総願。

シク-せんそう【シク戦争】《Sikh Wars》1845〜46年と、1848〜49年の2回にわたる、インドのパンジャブ地方のシク教徒と英国軍との戦争。英国はこの戦争に勝ち、全インドの支配を完成。

じく-そう【軸装】紙や布にかかれた書画を掛け軸の形に仕上げること。

ジグソー〖jigsaw〗曲線びき用の糸のこぎり。

ジグソー-パズル〖jigsaw puzzle〗不規則に切断された絵や写真を、ばらばらな状態にしてからその断片を元の絵や写真に復元する玩具。嵌め絵。

し-くち【仕口】《「しぐち」とも》❶しかた。やりかた。やりくち。❷建築などで、部材を直角またはある角度で接合すること。また、その接合部分。

じ-ぐち【地口】❶世間でよく使われることわざや成句などに発音の似通った語句を当てて作りかえる言語遊戯。「下戸に御飯」(猫に小判)などの類。上方では口合いという。❷道路に沿った敷地の長さ。また、家屋の間口。

じぐち-あんどん【地口行▽灯】江戸中期ごろから流行した、地口を書いた行灯。多くは戯画を描き添え、祭礼の折などに路傍に立てたり軒先に掛けたりした。

じぐち-おち【地口落ち】落語の落ちの一。地口で話をしめくくるもの。

じぐち-せん【地口銭】室町時代、京都・奈良など都市の家屋や田畑に課された臨時の税。

じぐち-づけ【地口付け】江戸中期に流行した雑俳の一。地口に、それと関係の深い戯画を描き添えたもの。点者が秀作を選び、勝ちとする。

し-くつ【試掘】〔名〕スル 鉱床の探査や地質調査などのため、試験的に掘削すること。試験掘り。

しくつ-けん【試掘権】鉱業権の一。探鉱を目的として、一定の鉱区内で試掘を行う権利。存続期間は2年。

じく-つり【軸釣(り)¦軸×吊り】扉の片側の縦框の上下につけた突起を柱に支えさせ、これを回転軸にして扉を開閉するしくみ。

じく-ど【竺土】インドの古称。天竺。

ジグ-なかぐりばん【ジグ中×刳り盤】ジグの穴あけや中ぐり加工などに使用。精度の高い工作機械。

シグナス-エー【シグナスA】《Cygnus A》白鳥座にある全天で2番目に強い電波を出している電波銀河。地球からの距離は5億光年以上と推定されている。

シグナル〖signal〗❶信号。合図。「—を送る」❷信号機。「駅の—」(類語)信号・合図・サイン

シグネチャー〖signature〗電子メールに付与される送信者の署名。氏名や所属、連絡先など。

じく・ねる〔動ナ下一〕ひねくれて我を張る。すねる。「眉を顰めて—・ねたが」〈魯庵・社会百面相〉

しく-はちがい【四×衢八街】大通りが四方八方に広がり延びている大市街。

しく-はっく【四苦八苦】〔名〕スル ❶非常に苦労、また、苦悩すること。「借金に追われて—する」❷仏語。人間のあらゆる苦しみ。四苦と、それに愛別離苦・怨憎会苦・求不得苦・五陰盛苦を加えた八苦。(類語)苦難・苦痛・苦悩・七転八倒・悪戦苦闘

じ-くばり【字配り】文字の並べ方や、取り合わせ方。文字の配置。「—がよい」

じく-ばりき【軸馬力】タービンエンジンなど原動機の軸部に現れ、実際に利用できる出力。実馬力。

ジグビー〖ZigBee〗家電などの無線接続に用いられる通信規格。同様の技術であるブルートゥースに比べ伝送距離が短く転送速度も遅いが、省電力で安価という利点をもつ。

じく-ほうご【竺法護】[231〜308?]中国、西晋時代の僧。月氏の出身。西域諸国を巡遊して経典を収集し、般若思想の仏典を中心に漢訳。月氏菩薩。敦煌菩薩。

じく-ほうらん【竺法蘭】中国に初めて仏教を伝えたといわれるインドからの渡来僧。後漢の明帝の時、洛陽白馬寺に住し、四十二章経などを漢訳した。生没年未詳。

しく-ほく〔副〕❶あわれげに泣くさま。「—と啼かしめて」〈四河入海・九〉❷病気などで痛むさま。「虫気でひさしう—いたしてをりましたが」〈滑・浮世床・二〉

じく-ぼん【軸盆】掛け軸や巻物をのせる、長方形の塗り物の盆。床・書院などの飾りとする。

し-くま【×羆】《「しぐま」とも》「ひぐま」に同じ。〈和名抄〉

シグマ〖Σ¦σ¦ς¦sigma〗❶ギリシャ語アルファベットの第18字。❷〈Σ〉数学で、二つ以上の数の総和を表す記号。または統計学で標準偏差を表す記号。❸〈Σ〉Σ粒子の記号。❹電気工学で電気伝導率を表す記号。

じ-ぐま【地×隈】絵画で、絹や紙の地を隈取ること。

シグマ-けつごう【シグマ結合¦σ結合】共有結合の形式の一。2個の原子の間の結合軸に結合電子が分布している結合。このときの結合電子をσ電子、入っている軌道をσ軌道という。⇒パイ結合

シグマ-りゅうし【シグマ粒子¦Σ粒子】素粒子の一。質量は陽子の約1.3倍、電荷は正・負・中性、スピンは2分の1。崩壊して弱い相互作用で核子と中間子に、あるいはΛ粒子と光子になる。記号Σ

し-くみ【仕組(み)】❶物事の組み立て。構造。機構。「複雑な—の機械」「政治の—」❷事をうまく運ぶために工夫された計画。くわだて。「うまく買わせる—になっている」❸芝居・小説などで、内容・配置などの工夫。趣向。「和漢に名ある稗官者流は、ひたすら—の皮相にとどまるを拙しとして」〈逍遥・小説神髄〉
(類語)(❶)メカニズム・構造・機構・仕掛け・機関・制度・組織・造り・組み立て・骨組み・成り立ち・構成・編成・組成・機序・機制・体制・体系・結構・コンストラクション・システム/(❸)筋・プロット

しくみ-きょうげん【仕組(み)狂言】その場の趣向で、急ごしらえして演じる芝居。

しくみ-さい【仕組(み)債】オプションやスワップなどのデリバティブ要素が組み込まれた債券の総称。株価や為替相場などが所定の水準に達した際に、利率や償還期限などが変化する等の条件で発行される。金融機関が条件を設定して公募で発行する場合と、投資家の要望に合わせて組成する場合がある。リスクとリターンの関係が分かりづらく、流動性・換金性も乏しい。

しくみ-せん【仕組(み)船】日本の船会社が、外国船主に日本の造船所での船舶の建造を斡旋し、完成後、その外国籍船をチャーターして使うこと。

しくみ-よきん【仕組(み)預金】先物外国為替取引・デリバティブ取引などと預金を組み合わせた商品。高金利で元本を保証するが中途解約はできない。満期日は銀行が指定する。

しく・む【仕組む】〔動マ五(四)〕❶工夫して物事を組み立てる。企てる。内々に計画を立てる。「—・まれた罠にはまる」❷小説・戯曲などの筋を組み立てる。趣向を考える。「実際の事件を劇に—・む」

じ-ぐも【地蜘＝蛛】ジグモ科のクモ。体長約1.5センチ、暗褐色で斑紋はない。樹木の下部に細長い袋状の巣を地下に向かって作り、虫などを袋越しに捕らえ、巣の中へ引き入れて食べる。日本・台湾などに分布。穴蜘蛛・土蜘蛛・袋蜘蛛など別名が多い。

じく-もと【軸本¦軸元】軸物の軸に近い部分。また、巻子本の軸に近い部分。巻末。

じく-もの【軸物】床の間などに掛けるため、掛け軸として表装した書画。掛け物。また、巻子本や絵巻物など。

ジグモンディ〖Richard Adolf Zsigmondy〗[1865〜1929]オーストリアの化学者。ドイツで活動。コロイド化学を研究し、コロイド粒子を観察するための限外顕微鏡を発明。1925年、ノーベル化学賞受賞。

しぐら・う〔動ハ四〕❶しぐれているように、一面ぼんやり暗くなる。「けあぐる塩のかすみとともに—・うだるなかより」〈平家・一一〉❷混ざり合って密集する。「ここに—・うで見ゆるは誰が手やらん」〈平家・九〉

しぐら・む〔動マ五(四)〕「しぐらう」に同じ。「—・んだ山の顰みにも似た暗さ嶮しさで」〈秋声・仮装人物〉「一段—・みてさかんなりしぞ」〈三体詩素隠抄・三〉

シクラメン〖cyclamen〗サクラソウ科の多年草。球根から心臓形の葉が群生する。冬から早春に、紫紅色・白色・淡紅色などの花をつける。西南アジアの原産で、観賞用に栽培。篝火花。豚の饅頭。(季 春)「—花のうれひを葉にわかち/万太郎」

シクリ〖Scicli〗イタリア南部、シチリア島の町。同島南部、ラグーサの南方約25キロに位置する。古代ギリシャ以前の先住民シクリ人の町に起源する。17世紀の大地震により大きな被害を受けたが、サンイニャツィオ教会、サンマッテオ教会、ベネベンターノ宮殿をはじめ、その後の復興により再建されたシチリア-バロック様式の建物が多く、同島南東部の八つの町が20

02年に「バルーディーノートの後期バロック様式の町々」の名称で世界遺産(文化遺産)に登録された。
じぐり【地▽口】ぢぐ 地口ぢぐを言うこと。「そこで一つ―をお肴」〈洒・辰巳婦言〉
じく-りつ【軸率】ヂク 結晶軸の長さの比。
じく-りゅう【軸流】ヂクリウ タービン・ポンプなどで、軸方向に流体が流れること。
じくりゅう-すいしゃ【軸流水車】ヂクリウ 水が羽根車の中を回転軸に平行に流れるようにした水車。プロペラ水車など。
じくりゅう-そうふうき【軸流送風機】ヂクリウ プロペラ形の羽根によって軸方向に風を送る機械。プロペラ送風機。
じくりゅう-タービン【軸流タービン】ヂクリウ 水・蒸気・ガスなどが回転軸方向に流れるようにしたタービン。
しぐ・る【時=雨る】〘動ラ下二〙「しぐれる」の文語形。
じぐ・る【地▽口る】ぢぐ〘動ラ四〙《「ぢぐち(地口)」の動詞化》地口を言う。しゃれを言う。「なんだ味に―・るな」〈洒・北廓雞卵方〉
じ-ぐるま【地車】ぢ 重い物を運ぶ、大型で車体が低い四輪車。「―のとどろとひびく牡丹かな/蕪村」
しぐれ【時-雨】❶秋の末から冬の初めにかけて、ぱらぱらと通り雨のように降る雨。(季 冬)「天地あめつちの間にほろと―かな/虚子」❷「時雨煮」の略。❸涙ぐむこと。涙を落とすこと。また、その涙。「十月にもなりぬれば、中宮の御袖の―もながめがちにて過ぐさせ給ふ」〈栄花・岩藤〉(類語)俄にわか雨・夕立・驟雨しゅう・村雨
しぐれ-かん【時-雨×羹】和菓子の一。赤小豆のこしあんに、しん粉と砂糖・塩少々をまぜ合わせ、そぼろにして四角の枠に入れて蒸したもの。
しぐれ-き【時-雨忌】松尾芭蕉まつおばしょうの忌日。陰暦10月12日に没したので、その季節にちなんでいう。翁忌おきな。桃青忌。芭蕉忌。(季 冬)
しぐれ-ごこち【時-雨心地】❶時雨の降りそうな空模様。❷涙の出そうな気持ち。「大空は曇らざりけり神無月―は我のみぞする」〈拾遺・恋一〉
しぐれさいぎょう【時雨西行】しぐれサイギャウ 長唄。河竹黙阿弥作詞、2世杵屋勝三郎作曲。元治元年(1864)初演。謡曲の「江口」に取材したもの。雨宿りした西行が遊女と和歌のやりとりをするうち、遊女は普賢菩薩ふげんぼさつとなる。
しぐれ-づき【時-雨月】陰暦10月の異称。(季 冬)「おもひ出す空の機嫌も―/浪化」
しぐれ-てい【時雨亭】京都高台寺の境内にある二階建ての茶室。利休好みとして知られる。もと伏見城内にあったものを移築したと伝える。
しぐれ-に【時-雨煮】ハマグリなどのむき身に、ショウガを加えて佃煮つくだに風に煮上げた料理。
しぐれ-はまぐり【時-雨×蛤】ハマグリをむき身にしてショウガを加えてゆで、たまり醤油で煮詰めたもの。三重県桑名の名産。
しぐれ-まんじゅう【時-雨×饅▽頭】マンヂュウ 和菓子の一。こしあんに、しん粉・砂糖などを加えたものであんを包み、蒸したもの。
しぐ・れる【時=雨れる】〘動ラ下一〙文しぐ・る〘ラ下二〙❶時雨が降る。「夕方になって―・れた」(季 冬)「うしろすがたの―・れてゆくか/山頭火」❷涙を催す。涙を落とす。「目も見えず涙の雨の―・るれば身の濡れ衣はひるよしもなし」〈後撰・恋五〉(類語)ぱらつく・ちらつく・そぼ降る・降りしきる・降りこめる
シクロ〘cyclo〙東南アジアで、タクシーの役割をする旅客用三輪車。
じく-ろ【×舳×艫】ヂク 舳先へさきと艫とも。船首と船尾。
舳艫相銜あいふくむ 《欧陽玄の詩から。前の船の艫ともと、後ろの船の舳先へさきとが触れ合う意》多くの船が続いて進むようすをいう。
舳艫千里 《「漢書」武帝紀から》船が多く連なること。
シクローシュ〘Siklós〙ハンガリー南西部の町。13世紀のシクローシュ城をはじめ、マルコチベイモスク、フランチェスコ修道会の旧修道院など歴史的建造物が残っている。
シクローシュ-じょう【シクローシュ城】ジャウ《Siklósi vár》ハンガリー南西部の町シクローシュにある城。13世紀末の建造。ロマネスク様式からバロック様式までさまざまな建築様式が見られる。18世紀の独立戦争期には、革命指導者コシュート=ラオシュ率いる反ハプスブルク軍派の拠点となった。同国における中世の古城の中で最も保存状態が良いものの一つとして知られる。ガライ城。
シクロ-クロス〘cyclo-cross〙▶サイクロクロス
シクロスポリン〘cyclosporine〙免疫抑制剤の一。異常T細胞の増殖を抑制し、臓器移植の拒否反応や全身性エリテマトーデス(SLE)など膠原病こうげんびょうの治療に用いられる。(補説)日本では、重症のアトピー性皮膚炎患者に対してシクロスポリンの内服療法が承認されている。
シクロフスキー〘Viktor Borisovich Shklovskiy〙[1893〜1984]ロシア(ソ連)の批評家・小説家。ロシア-フォルマリズムの代表的指導者の一人。「異化」の理論を提唱し、のちの構造主義や記号論に大きな影響を与えた。著「手法としての芸術」「散文の理論」「感傷旅行」など。
シクロプロパン〘cyclopropane〙無色の気体。酸素と混ぜて吸入麻酔薬に使用。化学式C_3H_6
シクロヘキサン〘cyclohexane〙無色で石油臭のある液体。ナフテン系炭化水素の代表的なもので、石油中に含まれる。水には溶けず、エーテルに溶ける。ナイロンの製造原料、有機溶剤に用いる。ヘキサメチレン。ヘキサヒドロベンゼン。化学式C_6H_{12}
シクロヘキサンスルファミンさん-ナトリウム【シクロヘキサンスルファミン酸ナトリウム】白色結晶。水に溶ける。蔗糖しょとうの30倍の甘味をもち、チクロとよばれて、人工甘味料とされたが、発癌性があるということで使用禁止。
ジクロルボス〘Dichlorvos〙農薬・殺虫剤の一。有機リン系化合物で毒性が強く、ハエ・蚊・ゴキブリなどの害虫駆除に効果がある。残留性は低いとされる。DDVP。(補説)平成20年(2008)中国製輸入冷凍ギョーザやインゲンからジクロルボスが検出されたことなどから社会問題となった。
し-くわ・う【▽為加ふ】くはふ〘動ハ下二〙その上に、さらに加える。付け加える。「土御門殿いみじう払ひ、いとど修理―・へみがかせ給ふ」〈栄花・輝く藤壺〉
し-くん【四君】㊀中国、戦国時代の、斉の孟嘗君もうしょうくん、趙ちょうの平原君、楚その春申君、魏ぎの信陵君の称。㊁秦しんの穆公ぼくこう・孝公・恵王・昭王の称。
し-くん【×此君】《「晋書」王徽之伝の、竹を賞して、「何ぞ一日も此の君無かるべけんや」とある故事から》竹のこと。このきみ。
し-くん【使君】❶国守の唐名。❷古く中国で、刺史の敬称。❸中国で、天子の命を受けて国外または地方に派遣された使者の敬称。勅使。
し-くん【師君】師を敬っていう語。
し-くん【嗣君】❶君主の後継者。あとつぎの君。よつぎの君。❷跡継ぎの子の敬称。長男。嗣子。
じ-くん【▽二君】二人の君主。にくん。「サレバ忠臣―ニツカエズ」〈天草本平家・四〉
じ-くん【字訓】漢字の日本語としての読み。その字の意味にあたる日本語が読み方として固定したもの。「耳」を「みみ」、「目」を「め」と読む読み方。訓。⇔字音。
じ-ぐん【自軍】自分の所属する軍隊やチーム。
し-くんし【士君子】学問、人格ともにすぐれた人。徳行の高い人。「今此―、政府に会して政を為すに当り」〈福沢・学問のすゝめ〉
し-くんし【四君子】梅・竹・蘭らん・菊のこと。君子をたたえるものとして、東洋画の画題とされる。
し-くんし【使君子】シクンシ科の蔓性つるせいの常緑樹。葉は長楕円形。夏、白色から紅色に変わる花を下向きにつける。萼がくは細長く、花柄のように見える。インド、ジャワの原産。種子を回虫駆除・皮膚病などの薬に用いる。からくちなし。
し-け【四家】■㊀藤原氏の四家。南家・北家・式家・京家の称。㊁茶道で、表千家・裏千家・武者小路千家・藪内やぶのうち家の称。■大乗仏教の四宗。法相・三論・天台・華厳の称。
し-け【四華｜四▽花】❶仏の説法などの際、瑞兆ずいちょうとして天から降るという4種の蓮はすの花。白蓮華・大白蓮華・紅蓮華・大紅蓮華の称。四種の花。❷葬送で、棺の四方に立てる白色の蓮華。また、その造花。
し-け【師家】禅の修行を終えた人で、僧堂において雲水の修行を指導する僧。➡しか
しけ【▽時化】《動詞「しけ(時化)る」の連用形から》❶風雨のために海が荒れること。「―で出港できない」⇔凪。❷海が荒れて不漁であること。「―のため入荷が少ない」❸興行などで客の入りが悪いこと。また、商売が思わしくないこと。不景気。(類語)荒れ
しけ【×絓】❶繭の上皮。粗悪な絹糸・真綿の材料になる。❷「絓糸しけいと」の略。❸「絓絹しけぎぬ」の略。
しげ【▽繁】茂み。「夏山の木末こぬれの―にほととぎす鳴きとよむなる声の遥けさ」〈万・一四九四〉
じ-け【寺家】❶てら。寺院。❷寺の者。また、僧侶。「―捉へて、縄をつけ繋ぎ餧かふ」〈霊異記・中〉
じ-げ【地下】ぢ ❶清涼殿殿上てんじょうの間に昇殿することを許されていない官人の総称。また、その家柄。一般には蔵人くろうどを除く六位以下をいう。地下人。⇔堂上。❷官職・位階など公的な地位をもたないこと。また、その人・身分。農民や庶民。民衆。地下人。❸地元の人。土着の人。地下人。❹自分の住んでいる村など。地元。
じ-げ【地毛】ぢ かつらなどでなく、本来生えている髪の毛。地髪じがみ。(類語)髪・頭髪・髪の毛・毛髪・黒髪
じ-げ【寺解】寺から朝廷・役所に差し出す上申文書。
じげ-あみ【地下網】ヂゲ 一村または集落による漁労組織。村または集落の住民が、各自資金・資材・労力などを提供し合って、網による漁業を共同経営すること。村張りの網。
し-けい【支系】もととなる系統から分かれたもの。直系から分かれた系統。傍系。
し-けい【四計】《「月令広義」から》生活を充実させるための四つの計画。一日の計は朝にあり、一年の計は春にあり、一生の計は勤めにあり、一家の計は身を修めるにあり、ということ。
し-けい【市警】旧警察法で、各市に置かれた自治体警察。
し-けい【死刑】罪を犯した者の生命を奪う刑。現行刑法の規定する主刑の一。日本では、絞首して執行される。生命刑。➡死罪 ➡永山基準
し-けい【私刑】個人や集団が、法律によらずに加える制裁。私的制裁。リンチ。
(類語)リンチ・制裁・刑・刑罰
し-けい【私計】自分だけの計画。また、自分だけのために考えた計画。「自家の―を謀らんが為に」〈染崎延房・近世紀聞〉
し-けい【施恵】〘名〙スル 金品などをめぐむこと。「大臣自ら僧尼に―し」〈田口・日本開化小史〉
し-けい【紙型】活版印刷で、鉛版を鋳造するために組版などの原型に特殊な紙を当て、押圧して作った鋳型。これに地金を流し込み、鉛版を鋳造する。
し-けい【詩形｜詩型】詩の形式。定型詩・自由詩・散文詩・文語詩・口語詩・無韻詩など。
し-げい【至芸】きわめつくした最高の芸。芸の極致。「名人上手の―」
し-げい【紙芸】紙をすくときに、文字や模様を同時にすき込む技術。
し-げい【詞芸】詩や文章を作るわざ。文芸。
しげ・い【▽繁い】〘形〙文しげ・し〘ク〙❶草木などが密集しているさま。「枝が―・く伸びた」「―・き草、蓬よもぎをだにかき払はむ」〈源・蓬生〉❷数量が多い。たくさんある。「光冷やかに、白露は地に―・く」〈中島敦・山月記〉「人―・イ所」〈日葡〉❸回数が多い。絶え間ない。「雨が―・くなる」「昔は、牛車の行きかいの―・かった道も」〈芥川・偸盗〉❹多すぎて煩わしい。うるさい。「人言の―・くしあらば君もあれも絶えむと言ひて逢ひしものかも」〈万・三一一〇〉❺人家などが密集しているさま。込み合っている。「隣―・く、とがむる里人多く侍らむに」〈源・夕顔〉(補説)現代では終止形・連体形を用い

ることはほとんど無く、連用形「しげく」が多く用いられる。➡繁しげく

じ‐けい【字形】点や線で構成された文字の形。

じ‐けい【次兄】上から2番目の兄。長兄の次の兄。(類語)長子・次子・総領・初子はつ・初子うい・末っ子・長男・長女・次男・次女・長兄・長姉

じ‐けい【自形】火成岩中の鉱物の形で、鉱物固有の結晶面の発達しているもの。➡他形

じ‐けい【自×刎】〔名〕スル 自分で自分の首を切ること。自刎じふん。「—して果てる」

じ‐けい【自敬】《ドイ Selbstachtung》哲学で、自己の中に人格の絶対的価値と尊厳とを認めること。自尊。

じ‐けい【自警】〔名〕スル ❶自分の力で警戒・警備すること。「町を—する」❷みずから戒め慎むこと。自戒。「—の言葉」

じ‐けい【×刵刑】古代中国の、耳切りの刑罰。

じ‐けい【慈恵】慈愛の心をもって他に恵みを施すこと。また、その恵み。

じ‐げい【地芸】ヂ 歌舞伎で、所作事しょさごとに対して、写実的演技のこと。

じけい‐いいん【慈恵医院】ヰイ ヰン 貧しい人々を施療するために設けられた医院。

しけい‐おん【歯茎音】《alveolar》上の門歯と、舌尖または舌端との間で調音される音。例えば、[n] [t] [s]など。はぐきおん。

しげい‐さ【淑景舎】▶しげいしゃ(淑景舎)

し‐けいざい【私経済】個人または私法人などが、私的利益を目的として営む経済。⇔公経済。

しげい‐しゃ【淑景舎】㊀平安京内裏五舎の一。内裏の東北の隅にあり、女御・更衣の住居。庭に桐を植えてあったので、桐壺きりつぼともいう。しげいさ。㊁㊀に住む女御・更衣の通称。しげいさ。

しけい‐しゅう【死刑囚】シウ 死刑の確定判決を受けた囚人。

じけい‐だん【自警団】火災・水害など非常の場合に、民間人が自分たちの安全を守るために組織する私的な警備団体。

しけ‐いと【×絓糸】繭の上皮からとった粗末な絹糸。節が多く、太さもふぞろいで、織物の横糸などに用いる。しけのいと。しけ。

しけいと‐おり【×絓糸織(り)】絓糸を横糸にして織った織物。襖ふすま張り地・表具地などに用いられる。屑糸織り。絓織り。

じ‐けいれつ【時系列】確率として起こる現象を、時間の経過に従って定期的に観測して得た値を整理・配列した系列。気象や経済事象などを数量的に分析して示す際に用いられる。時間数列。

シケイロス〖David Alfaro Siqueiros〗[1896～1974]メキシコの画家。早くから革命運動に参加、社会的なテーマをダイナミックに表現した。アメリカ大陸各地に多くの壁画を残す。

シケイン〖chicane〗自動車レースのサーキットの途中に設けるS字状のクランク。それによって走行速度が速くなりすぎるのを防ぐ。

じげ‐うけ【地下請】ヂゲ ▶百姓請ひゃくしょううけ

しげ‐うち【▽繁打ち】たくさんの糸で細かく組むひもの打ち方。また、そのひも。「時の首尾によりて名古屋打ちの帯、—の下げ緒」〈浮・一代女・五〉

しけ‐おり【×絓織(り)】「絓糸織しけいとおり」の略。

しげかね‐よしこ【重兼芳子】[1927～1993]小説家。北海道の生まれ。「やまあいの煙」で芥川賞受賞。病気と闘いながら、生と死、老い、病をテーマに多くの著作を残す。他に「夫と妻の老い支度」「さよならを言うまえに」など。

し‐げき【史劇】史実に題材を求めた劇。歴史劇。

し‐げき【刺撃】〔名〕スル ❶武器で刺したり打ったりすること。❷「刺激しげき」に同じ。「此時に当って横合より国民の思想を—し」〈透谷・明治文学管見〉

し‐げき【刺激｜刺×戟】〔名〕スル ❶生体に作用してなんらかの現象や反応を起こさせること。特に、知覚や感覚に作用して反応を起こさせること。また、その原因となるもの。「学習意欲を—する」「都会は—が強い」❷物事の動きを活発にさせるきっかけとして、外から作用すること。また、そのもの。「景気を—する」(類語)影響・煽あおり・作用・衝撃・ショック・誘因・呼び水

し‐げき【詩劇】詩の形式で書かれた劇。韻文劇。広義には詩的内容と情緒をもつ劇も含める。

しげ‐き【▽繁木】生い茂った木。「霧りふたがりて、道も見えぬ—の中を分け給ふに」〈源・橋姫〉

しげき‐いき【刺激×閾】ヰキ 心理学で、ある感覚を生じさせるのに必要な最少の刺激量。絶対閾。➡閾いき

しげき‐ざい【刺激剤】❶生体に働きかけ、なんらかの反応を起こさせる薬剤。❷人の心に働きかけて、行動を起こさせたり、気持ちに影響を与えたりするもの。「その失敗がよい—になった」

しげき‐しゅう【刺激臭】シウ つんつんと鼻を刺激する、いやなにおい。

しげき‐でんどうけい【刺激伝導系】デンダウケイ 心臓の収縮運動をつかさどる、特殊な心筋群からなる連絡路。右心房にある洞結節どうけっせつで発生した刺激が心房・心室間の壁を通って心室に伝えられ、順序よく収縮して血液が送り出される。興奮伝導系。

しけ‐ぎぬ【×絓絹】絓糸で織った平絹。表装地・襖ふすま張り地などに用いる。しけ。

しげき‐りょうほう【刺激療法】レウハフ 電気・温熱などの物理的刺激や鍼はり・按摩あんまなどの機械的刺激、たんぱく体などの化学的刺激を与え、病気を治療する方法。

しげく【▽繁く】《形容詞「しげい」の連用形。副詞的に用いる》しきりに。しばしば。「—通う」(類語)頻しきり・頻繁ひんぱんに・引っ切りなしに・絶えず・盛ん・大いに

しけ‐こ・む【しけ込む】〔動マ五(四)〕❶遊郭などに入り込む。また、男女が情事のためにある場所に一緒に泊まる。「ホテルに—・む」❷金がなくて、家にとじこもる。「一日じゅう下宿に—・んでいた」

しけ‐ざむ【▽湿気寒】《「しけさむ」とも》空気が湿っていてひんやりと冷たいこと。また、そのような寒さ。

じげ‐ざむらい【地下侍】ヂゲザムラヒ 身分の低い武士。ある土地に土着し、平常は農耕に従事した。

しけ・し【×蕪し】〔形シク〕きたない。荒れている。「葦原の—・しき小屋に菅畳すがたたみいやさや敷きて我が二人寝し」〈記・中・歌謡〉

しげ‐じ【▽繁▽道｜▽繁路】ヂ 草木が生い茂っている道。「大野道は—茂路しげぢ繁くとも君し通はば道は広けむ」〈万・三八八一〉

じ‐けし【字消し】書いた文字を消すこと。また、それに用いる文具。消しゴム・白墨消はくぼくけしなど。

しげ‐しげ【▽繁▽繁】《「しけしけ」「しけじけ」とも》㊀〔副〕❶物事が、たび重なるさま。たびたび。何度も。「その店へ—(と)足を運ぶ」❷物をよくよく見るさま。じっと。つくづく。「相手の顔を—(と)見つめる」❸どんどん。ぐんぐん。「夜は—と更けわたる」〈浄・用明天王〉㊁〔形動ナリ〕頻繁なさま。「つとめ—にて」〈咄・鹿の巻筆・三〉

しけ‐しだ【▽湿羊▽歯】メシダ科の多年生のシダ。山野に自生。葉は長さ20～40センチで羽状複葉。葉の裏の胞子嚢ほうしのうは半月形の膜で覆われている。

しげたゆう‐ぶし【▽繁太▽夫節】シゲタイフ 《「しげだゆうぶし」とも》浄瑠璃の流派の一。宮古路豊後掾みやこじぶんごのじょうの門弟、宮古路(のちに豊美とよみ)繁太夫が、元文・寛保(1736～1744)のころに大坂で創始。その曲節は地歌の中に残る。

しげ‐だるき【▽繁垂木】間隔を詰めて並べた軒先の垂木。また、そのような配置。⇔疎まばら垂木。

し‐けつ【止血】〔名〕スル 出血を止めること。血止め。

し‐けつ【四穴】日本の楽器の調律に用いた器具。長さ約8センチ、直径約1.5センチの竹または象牙製の筒状の管で、一端を和紙でふさぎ、管の前面に三つ、背面に一つの指孔を設けたもの。和紙をはじいて音を出し、指孔の押さえ方で一二律すべてが得られる。

し‐けつ【四×橛】《「橛」は、くいの意》密教の仏具。修法壇の四隅に立てて結界を示すもの。

し‐けつ【死結】❶こまむすび。❷香道で、切ったのち数十年経てからよい香気を発する香木。

じ‐けつ【自決】〔名〕スル ❶自分の意志で態度・進退を決めること。「他国の干渉を排し、国民の総意で—する」「民族—」❷自分の手で生命を絶つこと。自殺。自害。「ピストルで—する」「集団—」(類語)(❶)自治・自立/(❷)自殺・自害・自尽・自裁・自刃・自刎じふん

じ‐けつ【×痔血】ヂ 痔疾による出血。

じ‐げつ【▽二月】「にがつ」に同じ。「梅花を折って頭にさせば—の雪衣に落つ」〈謡・高砂〉

しけつ‐ざい【止血剤】出血を止めるための薬剤。ゼラチン・トロンビン・ビタミンK・カルシウム製剤など。止血薬。血止め薬。

しけつ‐せん【止血栓】▶タンポン

しけつ‐ほう【止血法】ハフ 外傷などによる出血を止める方法。傷口にガーゼなどを当て、その上から包帯を巻く圧迫包帯法、傷口より心臓に近い側の血管を指で押さえる指圧止血法などがある。

しけつ‐やく【止血薬】「止血剤」に同じ。

シゲティ〖Joseph Szigeti〗[1892～1973]ハンガリー生まれの米国のバイオリン奏者。ロマン主義的な情緒を排除した新しい演奏スタイルを確立。シゲッティ。

しげ‐どう【▽重×籐｜▽滋×籐】《「しげとう」とも》弓の束つかを黒漆塗りにし、その上を籐で強く巻いたもの。大将などの持つ弓で、籐の巻き方などによって多くの種類がある。正式には握り下に28か所、握り上に36か所巻く。

シゲトゥ‐マルマツィエイ〖Sighetu Marmaţiei〗ルーマニア北部にある、マラムレシュ地方の中心都市。ウクライナとの国境に近く、イザ川沿いに位置する。古くから交通の要衝で、14世紀半ばにハンガリー王国の自由都市になった。16世紀から18世紀までトランシルバニア公国領、続いてハンガリー王国領になり、第一次大戦後にルーマニア王国に併合された。現在も多くのハンガリー人が居住する。ノーベル平和賞を受賞したユダヤ人作家エリ=ビーゼルの生地。

しげ‐な・い〔形〕《中世・近世語》よくない。つまらない。「—・いたはむれは、せぬ事ぢゃ」〈虎明狂・若菜〉

じげ‐にん【地下人】ヂゲ ❶「地下じげ❶」に同じ。❷「地下じげ❷」に同じ。「侍は知行を取り上げられ、—は身上衰へて田地を売りて」〈仮・浮世物語・五〉❸「地下じげ❸」に同じ。「国々の兵つはものに、和仁わに、堅田かただの—どもを差し添へて」〈太平記・一七〉

しげ‐の【▽繁野】草木の茂った野。「夕狩に鳥踏み立て馬並なめて御狩そ立たす春の—に」〈万・九三一〉

しげのい【重の井｜滋野井】しげのゐ 浄瑠璃「丹波与作待夜まつよの小室節」とその改作「恋女房染分手綱こいにょうぼうそめわけたづな」およびその系統の諸文芸に登場する人物。由留木ゆるぎ家の乳人めのとで、三吉の母。

しげのいこわかれ【重の井子別れ】しげのゐこわかれ 浄瑠璃「恋女房染分手綱こいにょうぼうそめわけたづな」10段目の通称。重の井とその子三吉が主家への義理から親子の名のりができずに別れる。

じげ‐の‐くぎょう【地下の▽公×卿】ヂゲノクギャウ 清涼殿殿上てんじょうの間に昇殿を許されない公卿。地下の上達部かんだちめ。

じげ‐の‐しょだいぶ【地下の諸大夫】ヂゲ 四位・五位の官人で、清涼殿殿上てんじょうの間への昇殿を許されない者。

しげの‐てんらい【繁野天来】[1874～1933]詩人・英文学者。徳島の生まれ。本名、政瑠まさる。「早稲田文学」に詩を発表。また、ミルトン研究に功績を残した。著「ミルトン失楽園物語」など。

しげの‐の‐さだぬし【滋野貞主】[785～852]平安初期の学者。文章生もんじょうしょうに及第し、累進して参議となり、勅命を奉じて「秘府略」「経国集」の撰定に参加。

しげのぶ‐がわ【重信川】がは 愛媛県中央部を流れる川。高縄半島の東三方ヶ森ひがしさんぽうがもり(標高1233メートル)南麓に源を発し、ほぼ南西流して松山平野に出て西に流れを変え松山市南部で伊予灘に注ぐ。長さ36キロ。伏流水による湧泉が多く、灌漑かんがい水として利用されている。四国でも有数の荒れ川で、古くから洪水が絶えなかったが、近世初期に松山藩の足立重信が河川を改修、彼の死後、それまでの伊予川を重信川というようになった。

しげの‐やすつぐ【重野安繹】[1827～1910]幕

末・明治期の歴史学者。薩摩の人。号、成斎。藩校造士館、江戸昌平黌に学んだ。文部省修史局員・東大教授・元老院議官・貴族院議員などを歴任。東大に国史科を設置、実証主義に基づく史学の基礎を築いた。著「稿本国史眼」「国史綜覧稿」など。

じげ‐は【地下派】近世和歌の一派。松永貞徳を祖とし、二条派の歌学を唱えたが、貴族的な和歌を庶民の間に広めた。➡堂上派

しげひら【▽重▽衡】握り飯に茶をかけて食べること。平重衡が奈良の東大寺などと戦って勝った故事を踏まえて、東大寺などで始めた奈良茶飯よりこのほうがまさるというしゃれ。

しげ‐ぶち【▽重縁】❶「四五」に同じ。❷縁飾りなどをたくさんつけた容器。

しげ‐ぼね【▽繁骨】❶格子の、桟の目が細かいもの。また、その格子。❷提灯の、骨の数が多いもの。

しげまさ【重政】▶北尾重政

しげまつ‐きよし【重松清】［1963～ ］小説家。岡山の生まれ。フリーライターを経て作家となる。現代社会における家族のあり方を新鮮な視点で描き、人気を集める。「ビタミンF」で直木賞受賞。他に「ナイフ」「エイジ」「定年ゴジラ」など。

しげ‐み【茂み｜▽繁み】草木の生い茂っている所。「葎の―」(季 夏)(類語)藪・草むら

しげみつ‐まもる【重光葵】［1887～1957］外交官・政治家。大分の生まれ。外務省に入り、ソ連・英国・中国各大使を歴任。東条内閣の外相。極東国際軍事裁判で禁錮7年の判決を受けたが、追放解除後、改進党総裁・鳩山内閣外相となった。

しげ‐めゆい【▽滋目結い｜▽繁目結い】一面に絞り染めを施した総模様。

しけ‐もく《「もく」はタバコの煙を雲に見立てた、その倒語》タバコの吸い殻。(補説)第二次大戦後、闇市時代の造語か。「けちなタバコ」の意とも。

しげ‐もん【▽繁文】一定の文様を狭い間隔で密に繰り返したもの。また、その織物や染め物。⇔遠文

しげ‐やま【▽繁山】草木の生い茂った山。「―の谷辺に生ふる山吹を」〈万・四二〇九〉

しげやま‐やごろう【茂山弥五郎】▶善竹弥五郎

しげよし【繁慶】桃山時代・江戸初期の刀工。三河の人。江戸新刀の名工。駿河で鉄砲鍛冶となり、清尭と称す。のちに江戸で刀を作り、繁慶と改名した。生没年未詳。

しげり【茂り｜▽繁り】草木などが生い茂ること。また、茂った所。しげみ。「青葉の―」(季 夏)「山伏の法螺吹立つる―かな/子規」

しげり‐あ・う【茂り合う｜▽繁り合う】〔動ワ五(ハ四)〕草や葉が重なって茂る。「下草が―・う」

し・ける【▽時化る】〔動カ下一〕(文)し・く〔カ下二〕《「湿気る」と同語源。「時化」は当て字》❶風雨が強く、海が荒れる。また、海が荒れて不漁になる。「海が―・ける」❷金回りが悪くなる。けちけちする。「当節はどこも―・けた話ばかりだ」❸気持ちが落ち込む。しょげる。ふさぎ込む。「―・けた顔」(類語)荒れる・崩れる

しけ・る【▽湿気る】〔動ラ五〕下一段動詞「しけ(湿気)る」の五段化。「海苔を―・らない所にしまう」
(類語)湿る・湿す・濡れる・濡らす・潤う・潤す・濡れそぼつ・潤む・じめつく・じとつく・そぼつ・そぼ濡れる・しょぼたれる・しょぼ濡れる・潮たれる

し・ける【▽湿気る】〔動カ下一〕(文)し・く〔カ下二〕湿気を帯びる。しっける。「―・けたビスケット」➡しけ(湿気)る〔五段〕

しげ・る〔動ラ四〕男女が情を交わす。「一夜泊まりて―・りまゐらしょ」〈松の葉・一〉

しげ・る【茂る｜▽繁る】〔動ラ五(四)〕草木が生長して、枝葉がたくさん生え出る。盛んに生える。「若葉が―・る」「雑草が―・る」(季 夏)
(類語)生い茂る・はびこる・繁茂

し‐けん【私見】自分一人の意見・見解。また、それを謙遜していう語。「いささか―を述べる」
(類語)意見・見解・主張・説・論・所説・所論・持説・持論・私意・私考・所思・所見・考え・見方・オピニオン(尊敬)貴意・高見(謙譲)愚見・卑見・管見

し‐けん【私権】私法関係において認められる権利。財産権・人格権・身分権など。➡公権
(類語)権利・人権・公権

し‐けん【試験】〔名〕(スル)❶ある物事の性質や性能などをためしてみること。また、検査すること。「新建材の耐久性を―する」「―飛行」❷入学・入社・登用などの採否を決めるため、問題に答えさせたり実技をさせたりして、学力・知識・能力などを判断・評価すること。考試。考査。「―に受かる」「実技の―」「面接―」「筆記―」(類語)(❶)実験・試行・テスト・エクスペリメント(―する)試す・験する/(❷)考査・考試・試問・入試・受験・テスト・オーディション

し‐げん【四弦｜四×絃】❶弦楽器に張る4本の弦。❷琵琶。よつのお。

し‐げん【至言】事物の本質を適切に言い当てている言葉。「それはけだし―である」(類語)寸言・寸鉄・警句・箴言・金言・格言・名言・名句・座右の銘

し‐げん【始原】物事の始め。起こり。原始。「人を知り人に知らるるの―は」〈福沢・学問のすゝめ〉

し‐げん【資源】❶自然から得る原材料で、産業のもととなる有用物。土地・水・埋蔵鉱物・森林・水産生物など。天然資源。「海洋―」「地下―」❷広く、産業上、利用しうる物資や人材。「人的―」「観光―」
(類語)物資・資材・材料・素材・材・料・原料・マテリアル・マチエール

じ‐けん【事件】❶世間が話題にするような出来事。問題となる出来事。「奇妙な―が起こる」❷「訴訟事件」の略。(類語)出来事・事故・変事・時事

じ‐けん【時圏】地球上の経線のように、天球上で天の両極を通り天の赤道と直交する大円。時角圏。

じ‐げん【示現】〔名〕(スル)❶神仏が霊験を示し現すこと。また、その霊験。神仏のお告げ。「奇跡が―する」❷仏・菩薩が衆生を救うために種々の姿に身を変えてこの世に出現すること。(類語)お告げ・託宣・神託

じ‐げん【示顕】〔名〕(スル)示しあらわすこと。「電光のように一時にくまなくその究極を―する」〈寅彦・科学者と芸術家〉

じ‐げん【字源】❶個々の文字の起源。❷個々の漢字の構成原理。「地」が「土」と「也」とから構成されるとする類。❸仮名などのもとになった漢字。平仮名「あ」のもとの漢字は「安」であるという類。(類語)語源

じ‐げん【次元】❶数学で、一般的な空間の広がり方の度合いを表すもの。座標の数で表される。線は一次元、面は二次元、立体は三次元。空間は三次元であるが、n次元や無限次元も考えられる。❷物理量を長さ・時間・質量の積の形で表示したもの。❸物事を考えたり行ったりするときの立場。また、その程度や水準。「話の―が低い」「それとこれとは―の違う問題だ」(類語)程度・水準・レベル

じ‐げん【時言】❶《「論語」憲問の「夫子時ありて然るのちに言う」から》適切な時機に言う言葉。❷時局に関して述べる言葉。時の言葉。

じ‐げん【時限】❶時を限ること。また、限りとして定められた時刻。「午前零時を―とするストライキ」❷授業などの時間割の単位。時間。多く助数詞的に用いる。「各―の学習目標」「今日は六―まで授業がある」(類語)期限・年限

じ‐げん【慈眼】仏語。慈悲の心をもって衆生を見る仏・菩薩の目。じがん。

じげん【辞源】中国の辞書。3冊。正編2冊は陸爾奎ら編。1915年刊。続編は方毅ら編。31年刊。1字の言葉要素(辞)に2字以上の熟語・成語・固有名詞などを加え、旧来の文語を中心に、俗語・学術用語や日本製の漢語まで収録する。近代的辞書の最初のもの。

しげんエネルギー‐ちょう【資源エネルギー庁】経済産業省の外局の一。鉱物資源の合理的な開発と、電力などのエネルギーの安定した供給の確保などを主な任務とする。昭和48年(1973)設置。エネ庁。

しげん‐がいこう【資源外交】石油・天然ガスなどのエネルギー資源やレアメタル・レアアースなどの鉱物資源をはじめとする重要な資源をめぐって、安定供給の確保を図る資源消費国と、豊富な資源を背景に優位に立とうとする資源供給国との間で展開される戦略的外交。

じげん‐かいせき【次元解析】物理法則を表す等式の両辺は必ず同じ次元をもつことを利用して、物理量の間の関数関係を知る方法。

しけん‐かん【試験官】試験の実施を直接に担当する人。試験の立ち会い、監督あるいは受験者との面接などを行う。

しけん‐かん【試験管】化学実験器具の一。一端を閉じて丸底にした細長いガラス管。少量の薬品を加熱したり反応させたりするのに使用される。

しけんかん‐ベビー【試験管ベビー】体外人工授精児の俗称。➡体外受精❷

しげん‐きこう【資源機構】独立行政法人「石油天然ガス・金属鉱物資源機構」の略称。

じけん‐きしゃ【事件記者】警察関係、特に刑事関係の事件を担当する新聞社社会部の記者。
(類語)記者・特派員・レポーター・キャスター

しげん‐きょう【四言教】中国、明の王陽明が弟子に授けた4句の教訓。「善無く悪無きは心の体、善あり悪あるは意の動、善を知り悪を知るはこれ良知、善をなし悪を去るはこれ格物」をいう。

しげん‐きん【四弦琴】弦が4本、棹の長さが約1メートルの、三味線に似た琴。

しげん‐こく【資源国】金・銀・プラチナやレアアースなどの鉱物資源、石油・石炭・天然ガスなどのエネルギー資源、食糧資源などを産出する国。「世界有数の―」「少―」

しげん‐ごみ【資源×塵】空き缶・空き瓶・ペットボトル・新聞紙・段ボールなど、再利用のできるごみ。

じげん‐さいはん【時限再販】著作物について、発行後一定期間を過ぎたものを自由価格で販売すること。➡部分再販 ➡再販売価格維持契約

しげん‐さいぼう【始原細胞】植物で、活発に分裂し、特定の分化を示さない細胞。根・茎の生長点や形成層などにみられる。

しけん‐し【試験紙】溶液の性質を調べるための試薬を塗った紙。リトマス試験紙・ヨードカリ試験紙・でんぷん試験紙など。

しけん‐じごく【試験地獄】競争の激しい試験に合格するために大変な苦しみを味わうことを、地獄にたとえた語。

じけんじむ‐きてい【事件事務規定】地方検察庁・区検察庁・高等検察庁・最高検察庁における、事件の受理・捜査・処理、および公判執行等に関する事務の取り扱い手続きを規定した、法務省の訓令。

しけん‐じょう【試験場】❶試験をする場所。試験の会場。❷農業・工業・漁業などにおける技術的改良・開発に関して実地に試験・研究を行う常設の施設。「蚕糸―」

じげん‐じょう【時限錠】一定の時刻がくるまでは開かない仕掛けの錠。時計錠。タイムロック。

じげん‐スト【時限スト】あらかじめ一定の時間を限って行うストライキ。時限ストライキ。

じげん‐そうち【時限装置】一定の時間が経過すると作動を開始したり停止したりする仕掛けを備えた装置。

しけん‐だい【試験台】❶その上で試験をするための台。❷試験の対象となる人や材料。「みずから―になる」

しげん‐だい【始原代】始生代と原生代との総称。先カンブリア時代にあたる。

じげん‐だいし【慈眼大師】天海の勅諡号。

しけん‐たんすい【試験×湛水】ダムの完成後、実際に運用する前に行う試験。満水位まで貯水し、放水しながら漏水量、ダム本体の強度、周辺の山崩れなどの安全性を確認する。普通、1年ほどかかる。

しけん‐てき【試験的】〔形動〕性質・性能などを調

べるために、ためしに行ってみるさま。「―に採用してみる」
しげん-ナショナリズム【資源ナショナリズム】豊富な天然資源を保有する開発途上国で、先進国の大企業による生産と利益の独占を排除し、自国の発展のために資源を役立てようとする動き。1970年代から高まる。
じげん-ばくだん【時限爆弾】一定の時間がたつと爆発するように装置した爆弾。
しけん-へん【試験片】材料の強度や機械的性質を調べるのに用いる、同じ材料の小片。
じげん-ほう【時限法】ジゲンハフ ▶限時法
しげん-メジャー【資源メジャー】鉄鉱石・ボーキサイト・ウランなど資源の採掘・精製を行う国際的な巨大企業。国際石油資本(メジャー)になぞらえて言ったもの。
しげんゆうこうりよう-そくしんほう【資源有効利用促進法】シゲンイウカウリヨウソクシンハフ《「資源の有効な利用の促進に関する法律」の通称》環境への負荷が少ない循環型社会形成をめざし、資源の有効利用や廃棄物の発生を抑えるため、再生資源や再生部品などの利用促進を図るよう定められた法律。平成13年(2001)施行。政令で指定する業種及び製品などについて、リサイクル(回収した製品・部品等の再資源化)、リデュース(廃棄物の発生抑制)、リユース(回収した製品・部品等の再使用)の促進及び回収システムの構築などのための判断基準を定め、国や地方公共団体、事業者、消費者が守るべき責務を規定する。➡循環型社会形成推進基本法
じげん-りっぽう【時限立法】ジゲンリフハフ ▶限時法げんじほう
じげん-りゅう【示現流】ジゲンリウ 剣道の流派の一。江戸初期に薩摩藩の東郷藤兵衛重位しげかたが創始。飯篠長威斎の神道流の分派で、薩摩藩士の大半がこれを学んだといわれる。
し-こ【史庫】朝鮮の高麗および李朝が歴代の実録などの重要文献を保存するために設けた書庫。
しこ【四股】《「醜足しこあし」の略かという。「四股」は当て字》相撲の基本動作の一。まず両足を開いて構え、足を左右交互に高く上げ、このとき手をひざに当て、力を入れて地を踏む。力足ちからあし。「―を踏む」
し-こ【四庫】中国で唐代に、書籍を経(経書)・史(歴史)・子(諸子百家)・集(詩文集)の4部に大別して収めた書庫。
し-こ【四顧】〔名〕スル ❶四方を見回すこと。「林の奥に座して―し、傾聴し、睇視し、黙想す」〈独歩・武蔵野〉❷辺り。付近。四辺。「―に人声なし」
し-こ【矢×籠|矢×壺|▽尻▽籠】矢の容器の一種。葛藤つづらのつるや竹で編んだ簡略なもの。
し-こ【指呼】〔名〕スル ❶指さして呼ぶこと。指さしてそれと言うこと。「―していわく」❷呼べば答えるほどの近い距離。「道を隔てて―の間かんにある」
類語 近い・間近い・程近い・間近・じき・すぐ・至近・咫尺しせきの間・目睫もくしょうの間・目と鼻の先・ついそこ
し-こ【指顧】〔名〕スル ❶指図すること。「兵を―する」❷「指呼❷」に同じ。「大阪富豪の家々は…もう悉ことごとく―の間にある」〈鴎外・大塩平八郎〉
しこ【▽醜】(多く接頭語的に、また「しこの」の形で用いて)醜悪なもの、憎みののしるべきものなどにいう。また、卑下の気持ちを込めて用いることもある。「―女め」「―草」「―の御楯みたて」補説 本来は、他に、強く恐ろしいことの意もあり、神名などに残る。➡しこお❷
しこ【×鯷】《「ひしこ」の音変化》「鯷鰯しこいわし」に同じ。
し-ご【四五】和船の舷ふなばりをわらで覆う荷くさびを固定するための4、5本の細い角材。重縁じゅうぶち。
し-ご【死後】死んだあと。没後。「―を託す」
し-ご【死期】死ぬ時期。死に際。しき。
し-ご【死語】❶古く使用されていたが、現在ではどの民族にも使用されなくなってしまった言語。❷一言語の中で、古く用いられていた単語で、今は全く使用されなくなってしまったもの。廃語。⇔活語。
し-ご【私語】〔名〕スル ❶ひそかに話すこと。ささやくこと。「聞き取れるか聞き取れぬ程のしめやかな―の声で」〈二葉亭訳・あひびき〉❷公の場であるにもかかわらず、自分たちだけでひそひそと勝手な話をすること。また、その話。「―を慎む」類語 耳語・密語
し-ご【枝×梧】〔名〕スル 逆らうこと。食い違うこと。
し-ご【詩語】詩に用いられる言葉。詩の言葉。
し-ご【▽識語】▶しきご(識語)
じ-こ【自己】❶おのれ。自分。自身。「―を欺く」❷哲学で、同一性を保持して存在するあるものそれ自身。人格的存在以外にも用いられる。⇔他者。
類語 自分・自分自身・己・自身
じ-こ【事故】❶思いがけず生じた悪い出来事。物事の正常な活動・進行を妨げる不慮の事態。「―を起こす」「―に遭う」「飛行機―」❷事柄の発生した理由。わけ。子細しさい。「止む事を得ずこれを許可し―を三家…に告つぐるにぞ」〈条野有人・近世紀聞〉
類語 アクシデント・故障・異変
じ-ご【耳語】〔名〕スル 口を相手の耳に当てて小声で話すこと。また、その話。耳打ち。「互に―して気を揉み居たるの、最中なりしに」〈竜渓・経国美談〉
類語 私語・密語
じ-ご【事後】物事が起こったあと。また、物事が済んだあと。「―処理」⇔事前。
類語 後・のち・後ご・その後ご・以後・爾後じご・以降・今後・先さき・後後あとあと・後後のちのち・先先・直後
じ-ご【持碁】ヂ 白黒の地が同数で引き分けの碁。持ちとなった碁。和局。
じ-ご【×爾後】ある事があってからのち。そののち。それ以来。以後。副詞的にも用いる。「―の状況を知らせる」「―彼とは往来が途絶えた」類語 後・向こう・その後・以降・以来・以後・爾来じらい・のち・後ご・事後・今後・先さき・後後あとあと・後後のちのち・先先・直後
じこ-あい【自己愛】▶ナルシシズム
じこあいせい-じんかくしょうがい【自己愛性人格障害】ジンカクシャウガイ《Narcissistic Personality Disorder》パーソナリティ障害の一。自己を特別な存在と思い込み、他者への共感が乏しいため、妥協することが難しく、対人関係に破綻を来すなどして、社会的不適応を起こしやすい。軽度の適応障害から重度の精神障害まで多様な精神症状を呈する。➡境界性パーソナリティー障害
じこ-あんじ【自己暗示】自分でそう思い込むことによって、それが既定の事実であるかのような意識を生じること。
じこ-いしき【自己意識】自分自身についての意識。外界や他者と区別された自我として自分を意識すること。自覚。自意識。
しこ-いわし【×鯷×鰯】カタクチイワシの別名。《季 秋》「呼売りの―かなもう見えず/楸邨」
しこう【子貢】[前520ころ～?]中国、春秋時代の人。孔門十哲の一人。衛(河南省)の人。姓は端木、名は賜。弁舌に巧みで、諸国を巡遊して政策を授け、魯ろと衛の宰相となった。貨殖の才でも知られる。
しこう【支考】シカウ ▶各務支考かがみしこう
し-こう【司×寇】中国、周の六卿の一。秋官の長で、刑罰・警察をつかさどった。
し-こう【四光】シクワウ 花札の出来役の一。松・桜・薄すすき・桐の20点札を集めた役。4種のいずれかが雨の20点札になっているものは雨入り四光という。
し-こう【四×劫】シコフ 仏語。世界の成立から破滅に至る時の経過を四つに大別したもの。成劫じょうこう・住劫・壊劫えこう・空劫。
し-こう【四更】シカウ 五更の第四。およそ現在の午前1時または2時から2時間をいう。丑うしの刻。丁夜ていや。
し-こう【至孝】シカウ《慣用読みで「しいこう」とも》この上もない孝行。「―の誉れ」
し-こう【至幸】シカウ〔名・形動〕この上もなく幸福であること。また、そのさま。「僕の―何ぞ之に過ぎん」〈織田訳・花柳春話〉
し-こう【至高】シカウ〔名・形動〕この上なく高く、すぐれていること。また、そのさま。最高。「―な(の)精神」「―至善」類語 最高・随一・最上・至上・無上・一番・最上級・絶対
し-こう【伺候|×祗候】〔名〕スル ❶貴人のそばに奉仕すること。❷目上の人のご機嫌伺いをすること。「御無沙汰した御機嫌伺いに―して」〈鏡花・白鷺〉
し-こう【志向】シカウ〔名〕スル 意識が一定の対象に向かうこと。考えや気持ちがある方向を目指すこと。指向。「高い―をもつ」「音楽家を―する」「上昇―」
し-こう【私交】シカウ〔名〕スル 個人的な交際。内々の付き合い。「一人と一人との―に於ては」〈福沢・文明論之概略〉
し-こう【私考】シカウ 自分なりの考え。私見。
類語 意見・見解・主張・説・論・所説・所論・持説・持論・私見・私意・所思・所見・考え・見方・オピニオン (尊敬)貴意・高見 (謙譲)愚見・卑見・私見・管見
し-こう【私行】シカウ 私生活上の行い。一個人としてする、私的な行為。「―をあばく」
し-こう【思考】シカウ〔名〕スル ❶考えること。経験や知識をもとにあれこれと頭を働かせること。「―を巡らす」「―力が鈍る」❷哲学で、広義には、人間の知的精神作用の総称。狭義には、感覚や表象の内容を概念化し、判断し、推理する知性の働きをいう。❸心理学で、感覚や表象の内容を概念化し、判断し、推理する心の働きや機能をいう。
類語 思い・考え・思索・一存・想念・思念・念ねん・気持ち・感懐・感想・所懐・胸懐・心懐・胸中・心中しんちゅう・心事・心情・心境・感慨・万感・偶感
し-こう【指甲】シカフ 指の爪。
し-こう【指向】シカウ〔名〕スル ある方向・目的に向かうこと。また、方向や目的を指示してその方に向かわせること。志向。「輸出先として―する国」「主力を激戦地に―する」
し-こう【施工】〔名〕スル 工事を行うこと。せこう。
し-こう【施行】シカウ〔名〕スル ❶実際に行うこと。政策・計画などを実行すること。実施。せぎょう。しぎょう。「命令を―する」❷法令の効力を発生させること。せこう。「新税法を―する」類語 行う・実行・実践・行動・躬行きゅうこう・励行・履行・執行・決行・敢行・断行・遂行
し-こう【恣行】シカウ〔名〕スル ほしいままに行うこと。かって気ままに振る舞うこと。
し-こう【脂×膏】シカウ 動物のあぶら。獣脂。
し-こう【視紅】脊椎動物の目の網膜にある紫紅色の感光物質。光が当たると化学変化を起こして色が薄くなり、暗くなるともとに戻る。ビタミンAが欠乏するとこの物質が生成されず、夜盲症になる。ロドプシン。視紅素。視紫紅。
し-こう【歯×垢】歯の表面に付着した食物のかすや細菌。はくそ。類語 歯糞はくそ・歯石
し-こう【歯×腔】シカウ 歯髄腔しずいくうの旧称。
し-こう【×嗜好】シカウ ある物を特に好み、それに親しむこと。好み。主に飲食物についていう。「―が変わる」「日本人の―に合う」
類語 好み・趣味・気に入り・愛好・同好・横好き・悪趣味
し-こう【詩稿】シカウ 詩の草稿。詩の下書き。
し-こう【試行】シカウ〔名〕スル ❶ためしにやってみること。試みにすること。「新教授法を―する」「―期間」❷さいころを振る実験のように、同一の条件のもとで繰り返しのきく実験や観測を試みること。多く、結果が偶然的なものをいう。類語 試み・試験・実験・テスト・エクスペリメント・試みる・試す
し-こう【試航】シカウ〔名〕スル 船舶・航空機を、ためしに動かすこと。「新型船を―させる」
し-ごう【糸×毫】シガウ ごくわずかなこと。「一人の身体、―の分子と雖いえども」〈中村訳・西国立志編〉
し-ごう【至剛】シガウ〔名・形動〕物などがこの上なく強くてかたいこと。人の性質がこの上なく剛健であること。また、そのさま。「至大―」
し-ごう【師号】シガウ 朝廷から高僧に与えられた称号。大師・国師・禅師など。「―を賜る」
し-ごう【×祠号】シガウ 神社の呼び名。
し-ごう【紫×毫】シガウ ウサギの毛で、濃い紫色をしたもの。また、その毛で作った筆。「―をふるって手づから御作を書き」〈平家・四〉
し-ごう【詩豪】シガウ きわめてすぐれた詩人。詩伯。

し-ごう【試×毫】《「毫」は筆の意》かきぞめ。

し-ごう【×諡号】貴人・僧侶などに、その死後、生前の行いを尊んで贈る名。贈り名。
(類語)戒名・法名・諱・贈り名・追号・霊位

じ-こう【耳孔】耳の穴。

じ-こう【耳×垢】耳あか。

じ-こう【自校】自分の学校。自分が現に通学・勤務している学校。

じ-こう【事項】ある物事の中の一つ一つの事柄。「一索引」「特記一」(類語)項目・細目・事柄・ファクター

じ-こう【侍講】❶君主に対して学問を講じること。また、その人。侍読。❷明治時代、天皇・東宮に和漢洋の書を講じた職。

じ-こう【時好】その時その時の、世間一般の好み。その時の流行。「一におもねる」(類語)はやり・好尚・時流・風潮・トレンド・モード・ファッション・ブーム
時好に投・ずる　時代の好みにうまく一致して、人々にもてはやされる。「一・じた小説」

じ-こう【時効】❶法律で、一定の事実状態が一定期間継続した場合に、真実の権利関係に合致するかどうかを問わずに、その事実状態を尊重して権利の取得・喪失という法律効果を認める制度。民事上では取得時効と消滅時効、刑事上では公訴時効と刑の時効とがある。(補説)公訴時効は刑事訴訟法に定められており、例えば殺人・強盗殺人などの場合、平成22年(2010)の法改正前は25年だったが、改正に伴い廃止された。改正後、最も長いのは強制わいせつ致死罪などで30年。❷一定期間が経過して効力のなくなること。「約束はもう一だ」

じ-こう【時候】四季折々の気候。その時々の陽気。「一のあいさつ」(類語)候・砌・気候・季節・気象・季候・陽気・寒暖・寒暑・天候・天気・日和・風土

じ-ごう【字号】活字の大きさを示す番号。大きいものから順に、初号から8号まである。

じ-ごう【寺号】寺の名称。金竜山浅草寺の場合は、金竜山が山号、浅草寺が寺号。

じ-ごう【次号】次の号。特に、雑誌などの刊行物の次に発行されるもの。「一予告」

じ-ごう【時×劫】《「劫」はきわめて長い時間。「じこう」とも》永遠に続く時間。

しこう-か【指甲花】ミソハギ科の低木。中近東地方の原産で、中国南部・インド・アフリカ北部などで栽培される。古来、若枝や葉を乾燥させ、橙色の染料をつくり、爪などを染めるのに用いた。花からは香料をとる。ヘンナ。

じこう-きかん【時効期間】時効の成立に必要な法定期間。

しこう-きげん【施行期限】法令が公布されたのち、実際に効力を発生させるまでの期限。

しこう-きじつ【施行期日】法令が施行される期日。法律については、特に期日の定めがない場合、公布の日から起算して満20日を経て施行される。

しこう-きそく【施行規則】法令の施行に必要な細則や、法律・政令の委任に基づく事項などを定めた規則。

しこう-きん【紙×腔琴】オルゴールの一種。楽譜を刻んである巻き紙を、箱の中央部に並べた笛の簧の上にはめ込み、取っ手を回すと旋律を奏するようにしたもの。明治23年(1890)ごろ、戸田欽堂が発明。

しこうけいざい-せつ【思考経済説】▶思惟経済説

じこう-こうか【時効硬化】熱処理および加工などによって不安定状態にある金属の性質が、時間の経過とともに変化し、硬度を増す現象。

しこう-こよう【試行雇用】▶トライアル雇用

しこう-さくご【試行錯誤】種々の方法を繰り返し試みて失敗を重ねながら解決方法を追求すること。「一を重ねる」

しこう-し【試香紙】▶ムイエット❷

じこう-じ【慈光寺】埼玉県比企郡ときがわ町にある天台宗の寺。山号は都幾山。開創年代は延暦年間(782〜806)、開山は鑑真の弟子の道忠と伝える。江戸時代は寛永寺の末寺。法華一品経などは慈光寺経として国宝。坂東三十三所第9番札所。

しこう-じっけん【思考実験】理想的な実験方法や条件を想定し、そこで起こると考えられる現象を理論的に追究すること。

しこう-し-て【×而して】〔接〕《中世には「しこうじて」とも》前文で述べた事柄に並べて、あるいは付け加えて、別の事柄を述べるときに用いる。そうして。それに加えて。「水は台所より外には無い。一台所は二階には附いていない」〈二葉亭・浮雲〉(補説)もと、漢文訓読系の文章の中で用いられた。「しかくして」あるいは「しかして」の音変化か。

じごう-じとく【自業自得】仏語。自分の行為の報いを自分自身が受けること。一般に、悪業の報いを受けることにいう。自業自縛。(類語)身から出た錆・因果応報・藪蛇・自縄自縛

じごう-じばく【自業自縛】「自業自得」に同じ。

じこう-しゅとく【時効取得】他人の所有物を一定期間占有することによって、自分の物とすること。民法第162条が規定。取得の意思を持って、公然と争いなく占有し続ければ、他人の物と知っていた場合は20年で、知らなかった場合には10年で自分の所有となる。➡取得時効

しこう-せい【志向性】《ドイ Intentionalität》現象学で、すべての意識は常にある何ものかについての意識であるという、意識の特性をいう。指向性。

しこう-せい【指向性】❶音波・電波などの強さが方向によって異なる性質。❷「志向性」に同じ。

しこう-せい【指行性】【×趾行性】哺乳類の歩行の形式の一。指骨部だけを地面につけて歩く型。犬・猫などにみられる。

しこうせい-アンテナ【指向性アンテナ】電波の送受信で、特定の方向に特に感度のよいアンテナ。パラボラアンテナなど。

しこう-ぜん【至高善】▶最高善

じこう-せんそく【耳×垢栓塞】耳あかがたまって、外耳をふさいだ状態。

しごう-つうしん【視号通信】手旗・光線など、目に見える方法を使って行う通信。

し-こうてい【始皇帝】[前259〜前210]中国、秦の初代皇帝。名は政。前221年、中国を統一して絶対王制を敷いた。郡県制の実施、度量衡・貨幣の統一、焚書坑儒による思想統一、万里の長城の修築、阿房宮・陵墓の造営など事績が多い。しかし、急激な拡大と強圧政治に対する反動のため、死後数年で帝国は崩壊。始皇。

しこうてい-きかん【四行程機関】▶四サイクル機関

じこう-どう【慈江道】▶チャガンド

しこう-の-げんり【思考の原理】《ドイ Denkgesetze》論理学で、正しい思考をするために従わなければならない基本法則。通常は同一原理・矛盾原理・排中原理・充足理由の原理の四つをさす。思考の法則。

じこう-の-ちゅうだん【時効の中断】時効の基礎となる一定の事実状態と相いれない事実(中断事由)が生じた場合に、時効の進行が中断されて、すでに経過した時効期間の効力が失われること。中断事由の終了後、改めて最初から時効期間が進行を開始する。

じこう-の-ていし【時効の停止】時効期間の満了に際して、権利者が時効を中断することの困難な事情がある場合に、一定期間、時効の完成を猶予すること。

じこう-はずれ【時候外れ】時候に合わないこと。季節外れ。「一の暑さ」

しこう-ひん【紙工品】紙を加工して作ったもの。紙袋・紙箱・段ボール・ノートなど。

しこう-ひん【×嗜好品】栄養をとるためでなく、その人の好みによって味わい楽しむ飲食物。茶・コーヒー・酒など。

しこう-ほう【施行法】ある法律の施行のために必要な諸規定を定める法律。「民法一」

じこう-ようきゅう【事項要求】各省庁が概算要求を行う際に、個別政策の予算要求額を明示せず、項目だけ記載すること。政策が細部まで決定されておらず、予算額が不明な場合などに用いられる。

しこう-れい【施行令】法律に付属し、その施行に必要な細則や、その委任に基づく事項などを定める政令。「地方自治法一」

しこう-ろくみん【四公六民】江戸時代の年貢率の一。その年の収穫高の4割を年貢として領主に納め、6割を農民の所得とするもの。

じこ-うんどう【自己運動】《ドイ Selbstbewegung》❶運動の原因が、外部ではなく、それ自体の中にある運動。❷弁証法で、事物に内在する矛盾によって変化・発展していく必然的運動。

じ-ごえ【地声】❶その人が生まれつき持っている声。持ち前の声。「一が大きい」❷音楽で、裏声に対して、自然な発声法で出す声。(類語)肉声

しこ-お【▽醜▽男】❶醜い男。ぶおとこ。❷強くたくましい男。「此は葦原一と謂ふぞ」〈記・上〉

じこかいとう-ファイル【自己解凍ファイル】《self-extract file》圧縮ファイルのうち、自身を解凍するプログラムを含むもの。自己解凍形式。自己解凍書庫。

じこ-がいねん【自己概念】自分がどんな人間であるかということについていだいている考え。

じこ-かぶしき【自己株式】株式会社が取得または質受けした自社の株式。金庫株。貯蔵株。自社株。(補説)日本の商法は、取得については原則として禁止し、質受けについては発行済株式総数の20分の1を限度としていたが、平成13年(2001)10月の商法改正で原則解禁された。

しご-かん【子午環】大型の子午儀で、高度測定用の精密な目盛り環のついたもの。天体の子午線通過の時刻と高度とを測定し、その天体の赤経・赤緯を決定するのに用いる。

じこ-かんさつ【自己観察】▶内観

しごき【▽扱き】❶しごくこと。細長いものなどを手で握りしめ、引き抜くように動かすこと。❷きびしく鍛えること。「先輩の一にあう」❸「扱き帯」の略。

しご-ぎ【子午儀】天体の子午線通過の時刻を測定する装置。東西を向いた水平軸に、子午面内だけを動く小型望遠鏡を直角に取り付けたもの。

しごき-おび【▽扱き帯】❶女性が、身長に合わせて着物をはしょり上げるのに用いる帯。一幅の布を適当な長さに切り、くけたりしないで、そのままにしごいて使う。腰ひも。❷花嫁衣装や七五三の盛装などに用いる飾りの帯。一幅の布地をしごいて帯の下側に巻き、左後ろ脇に蝶結びにして垂らす。

じこ-ぎまん【自己欺×瞞】自分で自分の心をあざむくこと。自分の良心や本心に反するのを知りながら、それを自分に対して無理に正当化すること。自欺。

しごき-もとゆい【▽扱き元結】▶こきもとゆい

し-こく【四国】四つの国。

しこく【四国】㊀日本列島の四大島の一。㊁四国地方。㊂南海道6か国のうち、四国島を構成する阿波・讃岐・伊予・土佐の4か国の称。

し-こく【紫黒】紫がかった黒色。

し-ごく【至極】㊀〔名・形動〕❶極限・極致に達していること。この上ないこと。また、そのさま。「一の貧生で、…按摩をして凌いで居る者がある」〈福沢・福翁自伝〉「女道衆道の一をあらはす要文」〈浮・禁短気・二・目録〉❷きわめて道理にかなっていること。また、そのさま。至当。「兄を殺そうとした自分が、かえって犬に食われて死ぬ。これより一な天罰はない」〈芥川・偸盗〉「これでごきげんの直るやうにと、一なる事を申し出だせば」〈浮・親仁形気・一〉❸他人の意見などをもっともだと思って、それに従うこと。納得。「母が言葉をひとつも忘れなといへば、娘も是を一して」〈浮・織留・二〉㊁〔副〕その状態・程度が、これ以上はないというところまでいっているさま。きわめて。まったく。「一便利である」「一ごもっとも」㊂〔接尾〕形容動詞の語幹や状態性名詞に付いて、この上なく…である、まったく…

[四国八十八箇所] **四国八十八箇所一覧**

第一番札所から順に記載

県名	(番号)寺院名
徳島県	(1)霊山寺
	(2)極楽寺
	(3)金泉寺
	(4)大日寺(板野町)
	(5)地蔵寺
	(6)安楽寺
	(7)十楽寺
	(8)熊谷寺
	(9)法輪寺
	(10)切幡寺
	(11)藤井寺
	(12)焼山寺
	(13)大日寺(徳島市)
	(14)常楽寺
	(15)国分寺
	(16)観音寺
	(17)井戸寺
	(18)恩山寺
	(19)立江寺
	(20)鶴林寺
	(21)太竜寺
	(22)平等寺
	(23)薬王寺
高知県	(24)最御崎寺
	(25)津照寺
	(26)金剛頂寺
	(27)神峰寺
	(28)大日寺
	(29)国分寺
高知県	(30)善楽寺と安楽寺
	(31)竹林寺
	(32)禅師峰寺
	(33)雪蹊寺
	(34)種間寺
	(35)清滝寺
	(36)青竜寺
	(37)岩本寺
	(38)金剛福寺
	(39)延光寺
愛媛県	(40)観自在寺
	(41)竜光寺
	(42)仏木寺
	(43)明石寺
	(44)大宝寺
	(45)岩屋寺
	(46)浄瑠璃寺
	(47)八坂寺
	(48)西林寺
	(49)浄土寺
	(50)繁多寺
	(51)石手寺
	(52)太山寺
	(53)円明寺
	(54)延命寺
	(55)南光坊
	(56)泰山寺
	(57)栄福寺
	(58)仙遊寺
愛媛県	(59)国分寺
	(60)横峰寺
	(61)香園寺
	(62)宝寿寺
	(63)吉祥寺
	(64)前神寺
	(65)三角寺
徳島県	(66)雲辺寺
香川県	(67)大興寺
	(68)神恵院
	(69)観音寺
	(70)本山寺
	(71)弥谷寺
	(72)曼荼羅寺
	(73)出釈迦寺
	(74)甲山寺
	(75)善通寺
	(76)金倉寺
	(77)道隆寺
	(78)郷照寺
	(79)高照院
	(80)国分寺
	(81)白峰寺
	(82)根香寺
	(83)一宮寺
	(84)屋島寺
	(85)八栗寺
	(86)志度寺
	(87)長尾寺
	(88)大窪寺

だ、などの意を表す。千万(せんばん)。「残念—」「迷惑—だ」
(類語)千万・とても・非常・大層・大変・極めて・至って・甚(はなは)だ・頗(すこぶ)る・極(ごく)・いとも・実に・まことに・大いに・いたく・ひどく・恐ろしく・すごく・ものすごく・滅法(めっぽう)

しご・く【▽扱く】〔動カ五(四)〕❶細長いものを握ったり指で挟んだりして、強く押さえつけるようにしながら、その手や指をこするように動かす。「槍(やり)を—・く」「帯を—・く」「あごひげを—・く」❷きびしく訓練する。「合宿で新入部員を—・く」❸ひどくいじめる。「そんならこいつもう—・いてしまはにゃならぬ」〈浄・歌祭文〉(可能)しごける

じ-こく【▽二黒】九星の一。星では土星、方角では南西。

じ-こく【自国】自分の国。自分の生まれた国、または、自分が国籍をもつ国。(類語)故国・母国・祖国

じ-こく【時刻┊時×剋】❶時の流れにおける、ある瞬間。連続する時間の中のある一点。「約束の—」「列車の着く—」❷ちょうどよい時。時機。
(類語)時間・時点・刻限・時分(じぶん)・頃合(ころあ)い・頃おい

時刻を移・す 時間を過ごす。時間がたつ。「お饒舌(しゃべり)に暫らく—・していると」〈二葉亭・浮雲〉

時刻を回(めぐ)ら・す 時を費やす。時間をかける。「頼重(よりしげ)—・さず、退治せしめん為に」〈太平記・一四〉

じ-ごく【地獄】ヂゴク《梵 naraka(那落迦)、niraya(泥黎)の訳。地下の牢獄(ろうごく)の意》❶仏語。六道の一。この世で悪いことをした者が死後に行って苦しみを受けるという所。閻魔(えんま)大王が生前の罪業を裁き、獄卒の鬼が刑罰を加えるという。八熱地獄・八寒地獄などがある。奈落(ならく)。⇔極楽。❷キリスト教で、神の教えに背いた者、罪を犯して悔い改めない魂が陥って永遠の苦を受け、救われないという世界。⇔天国。❸イスラム教で、この世の終末に復活して受ける審判によって、不信仰者や不正を行った者が永劫の罰を受ける所。罪人であっても信仰者はやがて天国に入れられる。ジャハンナム。❹非常な苦しみをもたらす状態・境遇のたとえ。「試験—」❺火山の、絶えず噴煙が噴き出している所。また、温泉地で絶えず煙や湯気が立ち、熱湯の噴き出ている所。「温泉場の—巡り」❻劇場の舞台の床下。奈落(ならく)。❼下等の売春婦。私娼(ししょう)。「君も巴黎(パリイ)の—の味まで知ったなら」〈魯庵・社会百面相〉
(…句)板子(いたご)一枚下は地獄・一寸下は地獄・聞いて極楽見て地獄・見ての極楽住みての地獄
(類語)奈落・冥府・悪趣・悪道・インフェルノ・ヘル

地獄極楽(ごくらく)はこの世にあり 善悪の行為の報いは、あの世を待つまでもなく、この世ではっきりあらわれる。地獄も極楽も目の前にある。

地獄で仏に会ったよう 危難や苦しみのときに、思いがけない助けにあったうれしさのたとえ。地獄で仏。地獄の地蔵。

地獄にも鬼ばかりではない 地獄のようなつらいこの世にも人情の厚い人はいる。

地獄にも知る人 地獄のような所でも、知己はできるものであるということ。地獄にも近づき。

地獄の一丁目 きわめて恐ろしい所のたとえ。また、破滅や困難に陥りかける始まり。

地獄の上の一足飛(いっそくと)び 非常に危険な行為のたとえ。

地獄の馬で顔ばかりが人 地獄にいるという、顔だけが人間になっている馬のこと。けだもののような、卑劣で野蛮な心をもった人をののしる言葉。人面獣心。地獄の馬で面(つら)ばかりが人。

地獄の釜(かま)の蓋(ふた)もあく 正月や盆の16日は、地獄の鬼も罪人の呵責(かしゃく)を休むというところから、この両日はこの世の者もみな仕事をやめて休もうということ。

地獄の沙汰(さた)も金次第(かねしだい) 地獄の裁判も金の力で有利になる。この世はすべて金の力で左右されるというたとえ。

地獄の地蔵 「地獄で仏に会ったよう」に同じ。

地獄は壁一重(かべひとえ) 人間は一歩踏み誤ると罪悪を犯すようになるというたとえ。

地獄も住み処(か) 地獄のようなひどい所でも、慣れれば住み心地がよくなるということ。住めば都。

じごく-あみ【地獄網】ヂゴクー ❶斜めに張った網を袋網の前方に敷き、魚を乗り上げさせて袋網に集めて捕る仕掛けまたは漁法。❷壺網(つぼあみ)や筌(うえ)のような漁具。

しこく-いぬ【四国犬】土佐犬(とさいぬ)の別名。

じごく-え【地獄絵】ヂゴクヱ「地獄変相(へんそう)」に同じ。

じごく-おとし【地獄落(と)し】ヂゴクー ネズミ取りの一。ネズミがえさに触れると、重い板が落ちて打ち殺す仕掛けのもの。

じごく-かい【地獄界】ヂゴクー「地獄道」に同じ。

しこくがくいん-だいがく【四国学院大学】シコクガクヰンー 香川県善通寺(ぜんつうじ)市にある私立大学。昭和37年(1962)に開学した。

しこく-カルスト【四国カルスト】高知県と愛媛県の県境にある地芳(じよし)峠(標高1085メートル)を中心に広がる石灰岩の台地。東は天狗(てんぐ)高原、西は大野ヶ原に続く東西約25キロメートル、面積16.45平方キロメートル、標高1000〜1400メートルの地域。日本のカルスト地形としては最も標高が高い。

しこくかんたいしものせきほうげき-じけん【四国艦隊下関砲撃事件】シコクカンタイしものせきハウゲキー 元治元年(1864)8月、英・仏・米・蘭4か国連合艦隊が長州藩の下関砲台を攻撃した事件。前年の長州藩の攘夷(じょうい)決行の報復措置として行われた。

しこ-ぐさ【▽醜草】悪い草。嫌な草。雑草。「忘れ草我が下紐に着けたれど醜(しこ)の一言(ことに)にしありけり」〈万・七二七〉

しこく-さぶろう【四国三郎】ーサブラウ 四国の吉野川の異称。坂東(ばんどう)太郎(利根川)・筑紫(つくし)二郎(筑後川)に対していう。

しこく-さんち【四国山地】四国の中央部を東西に走る山地。石鎚(いしづち)山脈・剣(つるぎ)山地などからなり、山容は急峻で、多雨の太平洋側と少雨の瀬戸内海側とに分ける。

しこく-じゅんれい【四国巡礼】四国八十八か所の霊場を巡拝すること。また、その人。四国遍路。四国巡り。四国参り。

しこく-せいばつ【四国征伐】天正13年(1585)豊臣秀吉が長宗我部元親を討って四国を統一した戦い。

じごく-ぞうし【地獄草紙】ヂゴクザウシ 地獄の種々相を描いた大和絵に詞書(ことばがき)を添えた絵巻。六道絵の一種で、平安後期から鎌倉初期に作られた。東京および奈良の国立博物館蔵の2種が有名。

しこく-だいがく【四国大学】徳島市にある私立大学。昭和41年(1966)に四国女子大学として開学。平成4年(1992)に現校名に改称、男女共学となった。

じごくだに-おんせん【地獄谷温泉】ヂゴクだにヲンセン ㊀長野県北東部、下高井郡山ノ内町にある温泉。泉質は硫酸塩泉・硫黄泉など。噴泉は天然記念物、野猿が入浴することでも知られる。㊁富山県南東部、中新川郡立山町にある温泉。泉質は硫黄泉・酸性泉。

しこく-ちほう【四国地方】ーチハウ 徳島・香川・愛媛・高知の4県の地域。

しこくちゅうおう【四国中央】シコクチユウアウ 愛媛県東端の市。平成16年(2004)川之江(かわのえ)市、伊予三島市、新宮(しんぐう)村、土居(どい)町が合併して成立。四国内の高速道路網の要地で製紙工業が盛ん。人口9.0万(2010)。

しこくちゅうおう-し【四国中央市】シコクチユウアウー ▶四国中央

じこく-てん【持国天】ヂコクー《梵 Dhṛtarāṣṭra》仏法の守護神、四天王の一。東方を守る。天衣を着て、右手に宝珠、左手に刀を持つ。持国天王。

じごく-どう【地獄道】ヂゴクダウ 六道の一。地獄。

しこく-どうめい【四国同盟】1815年、イギリス・オーストリア・プロイセン・ロシアの4か国が結んだ同盟。ナポレオン戦争後のヨーロッパの平和維持の名の下に、ウィーン反動体制の擁護と自由主義・民族主義運動の抑圧を目的とした。18年に、フランスが加わって五国同盟となった。

じこく-とうらい【時刻到来】ータウライ 何かをするのに都合のよい時機がやってくること。「海外進出の—だ」

じこく-にんしょう【時刻認証】電子文書が作成・更新された正確な時刻を証明する仕組み。ある時刻にその電子文書が存在していたこと、およびその時刻以降にデータが改竄(かいざん)されていないことを第三者機関が証明する。タイムスタンプ。

じごく-はざま【地獄▽狭間】ヂゴクー 城壁の塀と石垣との接する所に掘り抜いた、弓矢・鉄砲を打ち出すための四角の穴。

しこく-はちじゅうはっかしょ【四国八十八箇所】ーハチジフハツカショ 四国にある、88か所の弘法大師ゆかりの霊場。四国霊場。四国札所。→表

しこく-びえ【四国×稗】イネ科の一年草。夏に緑色の花穂をつけ、実は球形で黄赤色、食用となる。飼料として栽培されることもある。弘法稗。唐稗(からびえ)。

じこく-ひょう【時刻表】ーヘウ 列車・バス・航空機など、乗り物の発着する時刻を記した表。時間表。

じごく-へん【地獄変】ヂゴクー「地獄変相」の略。

じごくへん【地獄変】ヂゴクヘン 芥川竜之介の小説。大正7年(1918)発表。地獄変相の屏風(びょうぶ)画を描くために、愛する娘の焼死をもいとわない絵師良秀を通して、芸術至上主義者の悲劇を描く。

じごく-へんそう【地獄変相】ヂゴクヘンサウ 亡者(もうじゃ)が地獄で苦しみにあう様子を絵に表したもの。地獄絵。地獄変。

しこく-へんろ【四国遍路】▶四国巡礼

じごく-ほぞ【地獄×枘】ヂゴクー 仕口の枘差しの一。枘の先にくさびを半ば打ち込んでそのまま他材の蟻穴(ありあな)に打ち込む方法。くさびで枘が広がり、抜けなくなる。

しこく-まい【紫黒米】▶黒米(くろごめ)❷

しこく-まいり【四国参り】ーまゐり ▶四国巡礼

じごく-みみ【地獄耳】ヂゴクー ❶人の秘密などをいちはやく聞き込んでいること。また、そういう人。❷一度聞いたことをいつまでも覚えていること。また、そういう人。

しこく-めぐり【四国巡り】▶四国巡礼

じこ-けいはつ【自己啓発】本人の意思で、自分自身の能力向上や精神的な成長を目指すこと。また、そのための訓練。「—セミナー」

じこ-けいやく【自己契約】同一人が代理人としての資格と自身の資格とを使い分けて成立させる契約。例えば、ある人から土地売却の代理権を与えられた者が、自らその物件の買い主となって契約を締結するような場合をいう。民法は原則として禁止しているが、債務の履行の場合は認められる。⇒双方代理

じこ-けっていけん【自己決定権】一定の個人的な事柄について、公権力から干渉されることなく、自由に決定する権利。日本では日本国憲法13条で保証されている幸福追求権の一部と考えられる。例えば、結婚・出産・治療・服装・髪型・趣味など、家族生活・医療・ライフスタイル等に関する選択、決定について、公共の福祉に反しない限りにおいて尊重される。

じこけつ-ゆけつ【自己血輸血】患者自身の血液を輸血すること。手術前に採血しておく方法や、手術中の出血を回収して輸血する方法などがある。他人の血液を輸血する場合に比べて、感染症や免疫反応による副作用の危険が少ない。自己輸血。

じこ-げんいん【自己原因】自己の存在が他のものに制約されず、みずからが自己の存在の原因となっているもの。スコラ哲学での神、スピノザの実体(神)など。自因。

じこ-けんお【自己嫌悪】ジコケンオ 自分で自分自身が嫌になること。「—に陥る」

じこ-けんじ【自己顕示】自分の存在を必要以上に他人に目立つようにすること。「—欲」

しご-こうい【死後行為】シゴコウイ ►死因処分

じこ-こうたい【自己抗体】ジココウタイ 自分自身の体の構成成分と反応を起こす抗体。

しご-こうちょく【死後硬直】シゴコウチョク 死後一定時間がたつと骨格筋が強直し、体が硬くなる現象。さらに時間がたつと軟らかくなる。法医学で、死後経過時間の判定に利用する。死体強直。

じごごうとう-ざい【事後強盗罪】ジゴゴウトウザイ 窃盗犯が、盗んだ物を取り返されるのを防いだり、逮捕から逃れたり、証拠を隠滅したりするときに被害者や第三者を暴行・脅迫する罪。刑法第238条が禁じ、強盗罪と同等の刑が科せられる。⇒準強盗

しご-さいしん【死後再審】刑事裁判の被告人の死後に行われる再審。無罪と推定するべき明らかな証拠が新たに発見された場合など、刑事訴訟法に定められた事由があれば、遺族が再審を請求できる。

じ-こさく【自小作】❶自作を主とし、小作も兼ねていること。❷自作農と小作農。

じこさしず-てがた【自己指図手形】ジコサシズテガタ 振出人が自己を受取人として振り出した手形。自己受手形。

じこ-し【事故死】〔名〕スル 事故に遭って死ぬこと。

じこしきん-とうし【自己資金投資】手持ちの資金を投資すること。特に、証券会社が投資家から募集した資金でなく、自社保有の資金を企業に投資すること。プリンシパル-インベストメント。PI(principal investment)。

しこ-しこ〔副〕スル ❶食べ物をかんだときの、弾力に富んで、歯ごたえがあるさま。「—(と)した歯触り」❷持続的に地味な活動をするさま。「今でも小人数で読書会を—(と)続けている」

じこ-じつげん【自己実現】❶《self-realization》自己が本来もっている真の絶対的な自我を完全に実現すること。普遍的、絶対的自我の実現が究極の目的であり、それに導く行為が正しい行為だとする、T=H=グリーンやブラッドリーなどの倫理説。グリーンは、これが人生の究極目的であるとした。自我実現。❷転じて、自分の目的、理想の実現に向けて努力し、成し遂げること。「—を夢見る」「第二の人生では地域への貢献を通じて—を目指す」

じこ-しほん【自己資本】❶企業の総資本のうち、株主などから調達した資本金と、経営活動の結果得られた剰余金とを合計したもの。株主資本。⇔他人資本。❷平成18年(2006)施行の会社法では、「株主資本」(資本金・資本剰余金・利益剰余金・自己株式など)と「評価・換算差額等」(その他有価証券評価差額金・繰越ヘッジ損益・土地再評価差額金など)を合計したものが自己資本とされる。「株主持分」と呼ばれる場合もある。

じこしほん-ひりつ【自己資本比率】自己資本と他人資本を合計したものである総資本に占める、自己資本の割合。数値が高いほど企業の安定性が高いとされる。株主資本比率。〔補説〕自己資本は返済義務のない資本であり、銀行の場合、不良債権などの損失を適切に処理し業務を健全に運営するために十分な自己資本が必要となる。BIS規制では、国際業務を行う銀行に8パーセント以上の自己資本比率維持を求め、日本ではさらに国内業務を行う銀行に対して4パーセント以上の自己資本比率維持を求めている。

じこしほんひりつ-きせい【自己資本比率規制】►BIS規制

じこしほん-りえきりつ【自己資本利益率】►アール-オー-イー(ROE)

じこしゅう-きょうふしょう【自己臭恐怖症】ジコシュウキョウフショウ 自分の体から実際よりも強い臭いが出ていると思い込み、周りの人から嫌がられているに違いないと悩んでいる状態。自己臭症。自臭症。

じこしゅう-しょう【自己臭症】ジコシュウショウ ►自己臭恐怖症

じご-しゅうわいざい【事後収賄罪】ジゴシュウワイザイ 公務員であった者が、在職中に請託を受けて不正な職務行為をしたり、するべき職務をしなかったりしたことの見返りとして、賄賂を収受・要求・約束する罪。刑法第197条の3第3項が禁じ、5年以下の懲役に処せられる。⇒事前収賄罪

じこ-しゅぎ【自己主義】►利己主義りこしゅぎ

じこ-しょうか【自己消化】ジコショウカ 生物体が自己の体内に保有する酵素により体の成分を分解すること。自己分解。

じこ-しょうかい【自己紹介】ジコショウカイ〔名〕スル 初対面の人などに自分の名前・職業・身分などを、自分で知らせること。

じご-しょうだく【事後承諾】事前の承諾なしになされた行為に対して、事が済んでから関係者が承諾を与えること。

じこじょうほうぶんせき-ネットワーク【事故情報分析ネットワーク】ジコジョウホウブンセキネットワーク 消費者庁が導入を進める消費者事故情報一元化システムを構成する仕組みの一。消費者事故情報をデータバンクに集約して要注意情報を抽出し、原因究明・追跡調査を行うことによって重大事故を未然に防ぐ。救命救急病院や小児科など製品や食品による事故情報に日常的に接している医師や医療機関、医学・衛生学・工学・人間工学など関連する分野の専門家、および試験研究機関・検査機関などが協力する。

じこ-しょうめいしょ【事故証明書】►交通事故証明書

しご-しょぶん【死後処分】►死因処分

じ-ごしらえ【地×拵え】ヂゴシラヘ ❶地面をならし固めて建築などの基礎を作ること。❷土地に手を加えて作物の栽培に適する状態にすること。

し-こじら・す【▽為×拗らす】〔動サ五(四)〕病気の状態をかえって悪くする。しこじらかす。「—・した体熱が除とれようとも思えなかった」〈漱石・道草〉

じご-しん【事後審】裁判で、原判決の当否を上級審で審査すること。また、その審級。原則として、法令違反の有無が審査の対象とされる。⇒続審 ⇒覆審

しこ・ず【×譏づ・×譖づ】シコづ〔動ダ上二〕讒言ざんげんする。「長飼首ながかひのおびと歌依うたよりを—・ぢていはく」〈欽明紀〉

しご-せいしょく【死後生殖】夫の死後、凍結保存しておいた夫の精子を使って体外受精すること。〔補説〕平成19年(2007)日本産科婦人科学会は禁止と決定。

じこ-せきにん【自己責任】❶自分の行動の責任は自分にあること。「投資は—で行うのが原則だ」❷自己の過失についてのみ責任を負うこと。

しご-せん【子午線】《「子」は北、「午」は南の意》❶ある地点の天頂と、天の北極および南極とを通る天球上の大円。天体の方位角、時角を測るときの基準となる。天の子午線。❷地球の南極および北極を通る大円。経線。

しごせん-かんそく【子午線観測】シゴセンクワンソク 天体が子午線を通過する時刻と、その高度の観測。

しこぜんしょ【四庫全書】清の乾隆帝の勅命で編まれた中国最大の叢書。紀昀きいんらを総纂官として、1781年に完成。古今の書物を集めて筆写した書(著録本)7万9070巻(巻数には異同がある)を、経・史・子・集の4部に分類。紫禁城の文淵閣をはじめ、全国に7閣を建てて収蔵。

しこぜんしょかんめいもくろく【四庫全書簡明目録】四庫全書所収の著録本の解題を集めた目録。乾隆帝の勅により于敏中うびんちゅうらが撰。全20巻。1774年完成。

しこぜんしょそうもくていよう【四庫全書総目提要】シコゼンショソウモクテイエウ 四庫全書所収の著録本と書名のみを記録した存目本の解題を集成した書。乾隆帝の勅により紀昀きいんらが撰。全200巻。1782年完成。四庫提要。

しごせん-つうか【子午線通過】シゴセンツウクワ 天体が日周運動により子午線を通過すること。

じこ-そがい【自己疎外】ジコソグワイ《ドイ Selbstentfremdung》❶ヘーゲル哲学で、ある存在が自己の本質を本来的自己の外に出し、自己にとって疎遠な他者となること。疎外。❷初期におけるマルクスの哲学で、資本主義のもとでの人間の非本来的状態をいう。疎外。

しこたま〔副〕数量の多いようすを表す俗な言い方。たくさん。どっさり。「—もうける」「—詰め込む」

〔類語〕山ほど・たんまり・たくさん・いっぱい・あまた・多多・いくらも・いくらでも・ざらに・ごろごろ・どっさり・たっぷり・十二分に・豊富に・ふんだんに・腐るほど・ごまんと・わんさと・うんと・たんと・仰山ぎょうさん・なみなみ・十分・しっかり・がっつり・数数かずかず・多数・数多すうた・無数・多量・大量・大勢おおぜい

しこた・む〔動マ下二〕「しこためる」の文語形。

しこた・める〔動マ下一〕〔文〕しこた・む〔マ下二〕《「しこだめる」とも》❶たくさんため込む。「へそ繰り銀がねを大分—・め」〈浮・万金丹・一〉❷金品を着服する。「さては—・めたな、わりゃ盗んだな」〈伎・倭荘子〉

しこたん【色丹】北海道根室半島の東方にある島。中心集落は斜古丹しゃこたん。第二次大戦後、ソ連のちにロシア連邦の統治下。面積255平方キロメートル。色丹島。名はアイヌ語「シ-コタン(大きい村)」による。

しこたん-そう【▽色丹草】シコタンサウ ユキノシタ科の多年草。中部地方以北の高山の岩場に生える。茎はかたまって出て、小さい葉が密につく。夏、黄白色の小花を数個つける。

しこたん-はこべ【▽色丹繁=縷】ナデシコ科の多年草。高山に生え、高さ5〜20センチ。基部から分枝して叢生そうせいする。夏、白色の5弁花が咲く。

しこたん-まつ【▽色丹松】グイマツの別名。

じこ-ちゅう【自己中】〔名・形動〕《「自己中心的」の略。「ジコチュウ」と書くこともある》何事も自分を中心に考え、他人については考えが及ばないさまをいう。自分勝手。利己的。「—な発言」⇒自己中心性

じこちゅうしん-せい【自己中心性】ピアジェの用語。乳幼児の思考様式の特徴で、事象を自分の立場あるいは一つの視点からしか分析・認識できないこと。

じこ-ちょう【事故調】ジコテウ「事故調査委員会」「航空・鉄道事故調査委員会」「事故調査官」などの略。

じこちょうさいいん-かい【事故調査委員会】ジコテウサヰンクワイ ❶諸種の事故について、その原因を調査解析し、同種の事故の再発防止対策を検討する委員会。事故調。❷►航空・鉄道事故調査委員会

し-こつ【肢骨】四肢の骨。手足の骨。

し-こつ【指骨】❶手の指の骨。親指は2個、他の指は3個の円柱状の小骨からなり、互いに関節で連なって掌骨しょうこつに連接している。❷「趾骨しこつ」に同じ。

し-こつ【×趾骨】足の指の骨。親指は2個、他の指は3個の円柱状の小骨からなり、互いに関節で連なって中足骨に連接している。

し-こつ【歯骨】下あごの歯を支える骨。哺乳類では下顎骨かがくこつという。

し-こつ【×篩骨】頭蓋骨とうがいこつで、眼窩がんかと鼻腔の一部をつくる骨。多数の小腔がある。

しこつ-こ【支笏湖】北海道千歳ちとせ市西部にあるカルデラ湖。田沢湖に次ぐ日本第2の深度をもち、冬に結氷しない。面積78.4平方キロメートル。水深360.1メートル。ここの水が伏流水となり、ナイベツ湧水を形成している。「支笏」はアイヌ語「シ-コツ(大きなくぼみ)」という千歳川の古名から。

じこ-つごう【自己都合】ジコツゴウ 自分自身の事情によること。➡自己都合退職

じこつごう-たいしょく【自己都合退職】ジコツゴウタイショク 雇用されている者が、自分の事情によって退職を申し出ること。雇用保険において、失業手当の給付まで3か月間の給付制限期間が課せられる。⇔会社都合退職。

しこつとうや-こくりつこうえん【支笏洞爺国立公園】コクリツコウエン 北海道南西部にある国立公園。支笏湖・定山渓じょうざんけい・洞爺湖・登別・羊蹄山ようていざんなどからなる。昭和24年(1949)指定。

じ-こっぴ【地骨皮】ヂ クコの根皮。漢方で清涼・強壮・解熱薬などに用いる。枸杞皮くこひ。

し-ごと【仕事】《「し」はサ変動詞「す」の連用形。「仕」は当て字》❶何かを作り出す、または、成し遂げるための行動。「やりかけの―」「―が手につかない」❷生計を立てる手段として従事する事柄。職業。「将来性のある―を探す」「金融関係の―に就く」❸したこと。行動の結果。業績。「いい―を残す」❹悪事をしたり、たくらんだりすること。しわざ。所業。「掏摸すりが集団で―をする」❺《「針仕事」の略》縫い物。裁縫。「お前急に一つ―をしてくれんか」〈紅葉・多情多恨〉❻力学で、物体が外力の作用で移動したときの、移動方向への力の成分と移動距離との積。単位はエネルギーの単位ジュール、その他ワット秒・ワット時など。
(類語)職業・職・生業・なりわい・商売・家業・ビジネス・作業・勤め・労働・労作・労務・役務えきむ・労役ろうえき・操業・業務・働く
(下接語)遊び仕事・荒仕事・請負仕事・お役所仕事・片手仕事・片手間仕事・下仕事・力仕事・賃仕事・手仕事・出仕事・手間仕事・殿様仕事・庭仕事・野良仕事・針仕事・日仕事・一ひと仕事・水仕事・儲もうけ仕事・遣やっ付け仕事・山仕事・夜よ仕事

じこ-どういつせい【自己同一性】▶同一性

しごと-うた【仕事歌｜仕事唄】民謡の分類の一。生産に伴う労働・仕事の際にうたわれる歌。田植え歌・木挽こびき歌・酒造り歌など。労作歌。作業歌。労働歌。

しごと-おさめ【仕事納め】ヲサメ 年末に、その年の業務を終えること。また、その日。(季冬)⇔仕事始め。

しごと-がら【仕事柄】仕事の性質上。「―よく外出する」

しごと-かんすう【仕事関数】クワンスウ 物質内の電子を外に移すのに必要な最小エネルギーの値。熱電子放出・光電子放出・接触電位差などの現象を左右する量。

しごと-ぎ【仕事着】仕事の能率を上げ、汚れや危険を防ぐために着る衣服。働き着。作業服。

しごと-さき【仕事先】仕事のうえで出かけていく所。勤め先・取引先など。

しごと-し【仕事師】❶土木工事・土建工事に従事する人。とび職。❷事業を計画・経営するのが巧みな人。やり手。

しごと-だか【仕事高】仕事の出来上がりの量。

しごとだか-ばらい【仕事高払い】バラヒ ▶出来高払できだかばらい

しごと-ちゅうどく【仕事中毒】「ワーカホリック」に同じ。

しごと-とうりょう【仕事当量】タウリヤウ なされた仕事を全部熱に転換するときの、その仕事と発生した熱量との比。一カロリーの熱量は4.19ジュールの仕事量に相当する。熱の仕事当量。

しごと-にん【仕事人】(ある特殊な)仕事に長じている人。また、ミスなく、きっちりと仕事を片づける人。

しごと-にんげん【仕事人間】仕事が生きがいという人。仕事一途で他に趣味などもない人。会社人間。

しごと-の-げんり【仕事の原理】人が機械に対してする仕事は、機械が物体に対してする仕事よりも小さくならないという原理。のちにエネルギー保存の法則へと発展した。

しごと-ば【仕事場】仕事をする場所。
(類語)職場・勤め先・勤め口・勤務先

しごと-ばこ【仕事箱】仕事に使う道具を入れておく箱。大工道具箱や針箱など。

しごと-はじめ【仕事始め】新年になって、初めて仕事をすること。また、その日。(季新年)「胸の上に一の葉書束/波郷」⇔仕事納め。

しごと-りつ【仕事率】力学で、単位時間当たりの仕事量。単位はワット。工率。

し-こな【▽醜名】❶(「四股名」とも当てて書く)相撲の力士の呼び名。「双葉山」「大鵬」など。❷あだ名。❸諱いみなのこと。本名。〈名義抄〉❹自分の名を謙遜していう語。「明理あきまさの濫行に行成ゆきなりが一呼ぶべきにあらず」〈大鏡・伊尹〉(類語)筆名・ペンネーム・雅号・芸名

し-こなし【▽為▽熟し】❶立ち居振る舞い。態度。「―の活発はきはきしない人で」〈二葉亭訳・夢かたり〉❷物事をうまく処理すること。さばくこと。「親旦那のよろしく御―なされ、只今で三十四人ゆるゆると暮らし」〈浮・文反古・一〉

しこな・す【▽為▽熟す】〔動サ五(四)〕物事を巧みにやってのける。「なんでも器用に―・す」

しご-にんち【死後認知】結婚していない男女の間に生まれた子を男性が認知しないまま死亡した場合、父子関係を成立させるための制度。死後3年以内なら認知請求訴訟を提起できる。

しこ-の-ますらお【▽醜の大=夫】マスラヲ 愚かしい男。男性が自分を謙遜していう語。また、男性をののしっていう語。「ますらをや片恋せむと嘆けども一なほ恋ひにけり」〈万・一一七〉

しこ-の-みたて【▽醜の▽御×楯】天皇の楯となって外敵を防ぐ者。武人が自分を卑下していう語。「今日よりは顧みなくて大君の一と出で立つわれは」〈万・四三七三〉

じこ-ばいばい【自己売買】取引所の会員である証券会社または商品取引員が自己の計算によって行う売買。公共債に限り、昭和59年(1984)6月以降、金融機関においても自己売買業務(ディーリング)が開始された。➡委託売買

じこ-はかい【自己破壊】ハクワイ ❶機械などが、外部からの制御を受けず自動的に自らを破壊すること。また、そのような仕組み。「一装置」❷自分自身を傷つけること。

じこ-はさん【自己破産】破産手続きを債務者みずからが申し立てること。➡準自己破産 ➡第三者破産

じこはんのうせい-ぶっしつ【自己反応性物質】ジコハンオウセイ 消防法の別表第一で危険物として第5類に分類されるもの。固体または液体であって、爆発の危険性を判断するための政令で定める試験において政令で定める性状を示すものまたは加熱分解の激しさを判断するための政令で定める試験において政令で定める性状を示すものと規定される。➡危険物

じこ-ひてい【自己否定】〔名〕スル 自分自身を否定すること。あるいは、それまでの自己であることをやめること。

じご-ひにん【事後避妊】▶緊急避妊

じご-ひにんやく【事後避妊薬】▶緊急避妊薬

じこ-ひはん【自己批判】〔名〕スル 自分の言動の誤りを、自分で批判すること。

じこ-ふくせい【自己複製】細胞やウイルスなどが、自身の複製をつくり出すこと。細胞の場合は細胞分裂が起こる。

じこふずいひようたんぽ-とくやく【事故付随費用担保特約】自動車保険における特約の一つ。被保険自動車が事故や故障で走行不能になったり、外出先で盗難されたりして発生する費用を填補するもの。宿泊費用・帰宅費用・車両搬送費用などのほか、目指していた旅先での宿泊キャンセル費用などを補償する。

じこ-ぶっけん【事故物件】《不動産用語》販売・賃貸を予定するマンション・アパートの部屋や、土地、家屋などの物件で、以前、自殺や殺人などの死亡事故があったもの。

しこへい　ガガイモの別名。

じこ-べんご【自己弁護】自分をかばうために言い開きをすること。

じご-ほう【事後法】ハフ 実行のときには適法であった行為に対して、のちになって刑事責任を問うことを定める法令。日本国憲法第39条はこれを禁止している。

じこ-ほぞん【自己保存】生物が自分の生命を保存し発展させようとすること。

じこ-ほんい【自己本位】ホンヰ 物事を自分を中心にして考えたり、行ったりすること。(類語)勝手・わがまま・身勝手・得手勝手・手前勝手・自分勝手・傍若無人・好き放題・好き勝手・気随・気まま・気任せ・ほしいまま・恣意的しいてき・利己的・エゴイスチック・奔放・自由

ジゴマ〖Zigoma〗フランスのレオ＝サジー作の探偵小説の主人公。神出鬼没の覆面の怪盗で、1911年に映画化され、日本でも大ヒットした。

じこ-まい【事故米】《農林水産省内の用語。一般には汚染米という》政府米のうち、水につかったり、かびが生えたり、基準以上の農薬が残っていたりして食用にならない米。工業用・肥料用などとして農水省が売却する。事故米穀。➡ミニマムアクセス米 (補説)平成20年(2008)9月、三笠フーズの不正転売が発覚して一般に広がった語。

じこ-まんぞく【自己満足】〔名〕スル 自分自身に、または自分の言動に、自分で満足すること。
(類語)満足・本望・安住・満悦・充足・飽満・自足・自得・会心・充足感・充実感・満ち足りる・心行く・堪能たんのうする・満喫する・安んずる・甘んずる

し-こみ【仕込み】❶教え込むこと。しつけ。教育。「親方の―がいい」❷商店などで、商品を仕入れること。また、飲食店などで、材料を下ごしらえすること。「魚河岸に―に行く」「早朝から―にかかる」❸醸造業で、原料をまぜて桶などに詰めること。また、その作業。「醤油の―」❹芝居の開演の準備。また、その費用。❺内部に装置すること。特に、刀身を杖つえの中に込めて作ること。❻花柳界で、芸妓の見習いをしている少女。仕込みっ子。❼(「…じこみ」の形で場所を表す名詞に付いて)そこで身につけたものであること。「本場―の英語」(類語)矯正・躾しつけ・調教・矯ためる

じ-こみ【仕込み】「しこ(仕込)み❼」に同じ。「本場―の中華料理」

しこみ-おけ【仕込み×桶】ヲケ ❶酒・醤油などを醸造するために、原料を仕込む桶。❷漬物を漬け込むための桶。

しこみ-おち【仕込み落ち】落語の落ちの一。あらかじめ咄はなしの枕や半ばにそれとなく説明しておかないと理解できない落ち。

しこみ-づえ【仕込み×杖】ヅヱ 杖の中に刀や槍の刃を仕込んだもの。

しこみっ-こ【仕込みっ子】「仕込み❻」に同じ。

し-こ・む【仕込む】《「し」はサ変動詞「す」の連用形》
㊀〔動マ五(四)〕❶教えてしっかりと身につけさせる。しつける。「アシカに芸を―・む」「行儀作法を―・まれる」❷㋐商売のために、商品を買い入れる。仕入れる。「値上がりを見越して大量に―・む」㋑飲食店などで、料理の下ごしらえをする。また、料理を作ってたくわえておく。「開店前に―・む」㋒必要な物を用意しておく。「地震に備えて非常食を―・んでおく」❸知識・技術などを自分のものとする。「新しい情報を―・む」❹工夫して中に納め入れて作る。「刀を杖つえに―・む」❺酒・味噌・醤油などをつくるために、原料をまぜて桶などの入れ物に詰める。「酒を―・む」(可能)しこめる
㊁〔動マ下二〕囲んで作る。垣などを巡らす。「かまどを三重に―・めて、匠たくみらを入れ給ひつつ」〈竹取〉
(類語)躾しつける・導く・教える・育てる・教育・訓育・薫育・

教化・教学・文教・育英・指導・指南・教授・教習・手ほどき・コーチ

じこ-むじゅん【自己矛盾】論理や実践において、自己の中に自己を否定するものを含んでいること。「―に陥る」

しこ-め【▽醜女】❶容貌ようぼうのみにくい女。しゅうじょ。❷黄泉よみの国にいたという、容貌のみにくい女の鬼。「黄泉よもつ―を遣はして追はしめき」〈記・上〉 類語 不美人・ぶおんな・醜婦・悪女・ぶす・おかちめんこ

じ-ごめ【地米】ヂ その土地でとれた米。「当年のお仕舞は庭に三石―と見えました」〈浮・永代蔵・五〉

しこめ・し【▽醜めし】〔形ク〕汚く、みにくい。「―・き汚穢きたなき国に到いにけり」〈神代紀・上〉

しご-めん【子午面】ある地点の天頂と、天の北極および南極とを含む平面。

じこ-めんえき【自己免疫】なんらかの原因で自己の体の構成成分に対して起こる免疫反応。➡自己免疫疾患

じこめんえき-しっかん【自己免疫疾患】シックヮン 自分の体の構成成分に反応する抗体やリンパ球を持続して産生してしまうために起こる疾患。慢性甲状腺炎・溶血性貧血・膠原病こうげんびょうなど。自己アレルギー疾患。➡免疫 ➡自己免疫

じこめんえきせい-ひんけつ【自己免疫性貧血】赤血球に対する自己抗体ができ、赤血球が早く破壊されるために起こる溶血性貧血。30歳未満の若年層では女性に多い。自己免疫性溶血性貧血。

じこめんえきせい-ようけつせいひんけつ【自己免疫性溶血性貧血】▶自己免疫性貧血

しこ-や【▽醜屋】汚い小屋。「さし焼かむ小屋をやの―にかき棄うてむ破薦やれごもを敷きて」〈万・三二七〇〉 補説 用例の原表記は「四忌屋」で、「しきや」と読む説もある。

じこ-ゆうどう【自己誘導】イウダウ 電気回路で、電流の大きさや方向が変化するとき、回路内に電磁誘導が生じ、電流の変化を妨げるように働く現象。自己感応。

じこ-ゆけつ【自己輸血】▶自己血輸血

シコラックス〘Sycorax〙天王星の第17衛星。1997年にパロマー山天文台で第16衛星のキャリバンとともに発見された。名の由来はシェークスピア「テンペスト」の登場人物でキャリバンの母。表面が赤く、天王星の赤道面に対して大きく傾いた軌道を公転している。直径は約190キロ。シコラクス。

しこり【▽凝り|×痼り】❶筋肉・皮下組織などの一部が、こってこわ張ったり、固いかたまりをつくったりすること。また、その部分。「肩の―をほぐす」❷物事がかたづいたあとまで残るわだかまり。「両者の間に―が残る」

しこり-ばくち【▽凝り博▽打】熱中してするばくち。「―の悪遊び」〈浄・丹波与作〉

じこ-りゅう【自己流】リウ 他から教えられたのでない、自分独特のやり方。我流。「ギターは―で覚えた」

しこ・る〔動ラ四〕語義未詳。あやまつ、しそこなう、の意かという。「わが背子が来むと語りし夜は過ぎぬしゑやさらさら―・り来めやも」〈万・二八七〇〉

しこ・る【▽凝る|×痼る】〔動ラ五(四)〕❶しこり❶ができる。「胃のうしろから腰へかけて、…ぎこちなく―・っていたので」〈里見弴・安城家の兄弟〉❷物事に熱中する。「何れも我一いちと―・りかかって責め念仏を申し」〈咄・露がはなし・四〉❸動詞の連用形に付いて補助動詞的に用い、盛んに…する意を表す。「雨の降り―・る後は風と見定め」〈浮・置土産・四〉

じこ・る【事故る】〔動ラ五〕《「事故」の動詞化。俗語》交通事故を起こす。事故が起こる。「急カーブで―・った」

シコレ〘フランス chicorée〙▶チコリー

しころ【×錏|×錣|×錏】❶兜かぶとの鉢の左右・後方につけて垂らし、首から襟の防御とするもの。多くは札さねまたは鉄板を三段ないし五段下りとしておどしつける。❷錏頭巾しころずきんの三方に垂らした布。❸「錏庇しころびさし」の略。

ジゴロ〘フランス gigolo〙女に養われて生活する男。ひも。男妾。

しころ-ずきん【×錏頭巾】ヅキン ❶円筒の頭巾の縁に頭や両ほおを覆うための布をつけて垂らしたもの。❷▶宗十郎頭巾そうじゅうろうずきん

しころ-びき【×錣引|×錏×曳】屋島の戦いで、平景清と源氏方の美尾谷みおのや十郎国俊が格闘し、景清がつかんだ国俊の兜の錏が切れたという伝説。歌舞伎に脚色され、さまざまな趣向で演じられた。一幕物としては、摩耶山で非人姿の景清と巡礼姿の国俊が演じるものが現行する。

しころ-びさし【×錏×庇】母屋もやの屋根より一段低くとりつけた庇。

しころ-ぶき【×錏×葺き】兜の錏のように途中で流れを変えて二段にした屋根の葺き方。

しころ-やね【×錏屋根】錏葺きにした屋根。

し-こん【士魂】武士のたましい。

し-こん【支根】主根から分かれて出た根。側根。

し-こん【私恨】個人的なひそかな恨み。私怨しえん。

し-こん【紫根】❶ムラサキの根。古くはその煮汁を染料とした。漢方では解熱・解毒薬に用いる。❷「紫根色」に同じ。

し-こん【紫紺】紺がかった紫色。濃い紫色。

し-こん【歯根】歯の歯槽しそう部にあり、象牙質がセメント質で覆われている部分。

し-こん【詩魂】詩で表現しようとする心。

じ-こん【自今|×爾今】今からのち。今後。以後。「―は出入りを差し止める」「―十分に慎みたまえ」

じこん-いご【自今以後】今後。「――切関知しない」

しこん-いろ【紫根色】紫根で染めた染め色。深みのある濃い紫色。

じごんじ【自言辞|▽二言辞】《法華経の「慈眼視衆生」の句からという》小言こごとや言い訳などをぐずぐず言うこと。「―ぬかすとぶち殺す」〈浄・合邦辻〉

しこん-しょうさい【士魂商才】シャウサイ《「和魂漢才」からの造語》武士の精神と商人の才能を兼備すること。

しこん-ぞめ【紫根染(め)】紫根で染めること。また、染めたもの。

じこんちけい-しょうえん【自墾地系▽荘園】シャウヱン 天平15年(743)の墾田永世私財法により、中央貴族や寺社などが、未墾地を自力で開墾して私有地とすることによって成立した荘園。墾田地系荘園。➡寄進地系荘園

し-こんでん【私墾田】奈良・平安時代、農民などに未開地を開墾させ、私有を許可した田。

しこん-まく【歯根膜】歯を支える歯槽骨と歯の間にあってクッションの役割をしている線維。歯周靭帯ししゅうじんたい。

し-さ【示唆】〔名〕スル《「じさ」とも》それとなく知らせること。ほのめかすこと。「―に富む談話」「法改正の可能性を―する」 類語 暗示

し-さ【×咨×嗟】〔名〕スル 嘆息すること。「恬然てんぜん傍観―知らざるものの如し」〈東海散士・佳人之奇遇〉

し-さ【視差】❶目と対象物との相対的位置の移動または差違による、網膜上の結像の位置の変化。対象物に対して、両眼の視線の挟む角度で表される。両眼視差によって対象物の遠近を知覚する。❷天文学で、天体の一点を2か所から見たときの方向の差。地球の中心と観測者の位置とを結ぶ線、すなわち半径を基線とする日周視差は太陽系内の天体の距離の測定に、また、地球の公転軌道半径を基線とする年周視差は恒星の距離測定に利用。❸写真測量で、ある地点を隣り合う2枚の写真で写したときの方向の違い。その地点までの距離を算出できる。❹写真で、ファインダーの視野と実際に写る範囲との違い。

し-ざ【四座|四×坐】㊀四方の座。また、そこに座る人。座全体。㊁▶よざ(四座)

し-ざ【視座】物事を見る姿勢や立場。「人道主義的な―で発言する」 類語 観点・視点・見地・立場

じ-さ【時差】❶▶均時差きんじさ ❷各地によって違う時刻の差。世界の各標準時相互間の差。❸時刻・時間をずらすこと。「―通学」「―式信号機」

ジサ〘JISA〙《Japan Information Technology Services Industry Association》情報サービス産業協会。情報サービス関連企業の業界団体。昭和59年(1984)設立。本部は東京都中央区。

じ-ざ【侍×坐】〔名〕スル 主人・客など上位の人に従ってそばに座ること。「忠直卿は、…彼に―して居る愛妾の絹野を見た」〈菊池寛・忠直卿行状記〉 類語 控える・侍はべる・侍じする

シザー-カット〘scissors cut〙《シザーは、はさみの意》調髪法の一。はさみを使って頭髪を切り整えること。➡レザーカット

シザーズ-ジャンプ〘scissors jump〙陸上競技で、ジャンプ競技の跳び方の一。走り幅跳びでは踏み切ってから空中で両足を動かして弾みをつけてから両足をそろえて着地すること。走り高跳びでは踏み切ってバーを越えるときに両足を交互に高く振り上げて越える正面跳びのこと。

シザーズ-パス〘scissors pass〙ラグビーで、ボールを持つ選手と平行して走っていた味方選手が、急にボールを持つ選手の後方に交差するように回り込んで受けるパス。

しさ-あつりょくけい【示差圧力計】圧力の差を測る計器。U字管に水銀や水を入れ、両端にそれぞれ圧力を加えたときの液面の高さの差から測るものなどがある。差圧計。

し-さい【子細|×仔細】〔名・形動〕❶事細かであること。また、そのさま。詳細。「―な検討」「―に述べる」❷詳しい事情。一部始終。「事の―を記録に残す」❸特別の理由。こみいったわけ。「―があって話はできない」「―ありげな面持ち」❹差し支えとなる事柄。異議。「行くことに―はあるまい」

類語 (❶❷)詳しい・細かい・詳細・詳密・精細・明細・委細・委曲・克明・つまびらか・事細か・具つぶさに・逐一・細大漏らさず/(❸)理由・事由・所由しょゆう・根拠・訳わけ・故ゆえ・由よし・謂いわれ・所以ゆえん・故由ゆえよし・事訳ことわけ・訳わけ合い・訳柄わけがら・事情

子細に及ばず かれこれと事情を申し立てるまでもない。「事ここに至っては、もはや―・ず」

し-さい【司宰】《「司」「宰」ともに、つかさどる意》儀式などを、管理・監督すること。また、その人。

し-さい【司祭】カトリック教会・ギリシャ正教会・聖公会の聖職者。カトリック教会では司教の下位にあり、ミサを執行し、洗礼などの秘跡を与え、説教をするなど教会の儀式・典礼をつかさどる。

類語 牧師・神父・司教

し-さい【四塞】❶四方を山河で囲まれている要害の地。しそく。❷四方をとりまくこと。しそく。「諸邦大霧―す」〈村田文夫・西洋聞見録〉

し-さい【市債】地方債の一。市が歳入の不足を補うために発行する債券。公共施設の整備などの資金として借り入れ、一会計年度を超えるものをいう。

し-さい【私祭】❶個人が行う祭祀さいし。❷神社で、公式の祭り以外に行う祭祀。❸個人の邸内にある社で行う祭祀。

し-さい【私債】個人の債務。私人の負債。

し-さい【詩才】詩を作る才能。

し-ざい【死罪】❶最も重い刑罰として、罪を犯した者の生命を絶つこと。❷手紙や上表文の末尾に添える語。非礼の罪をわびる気持ちを表す。「死罪死罪」「頓首死罪」などの形で用いる。❸江戸時代の刑罰の一。斬首ざんしゅの刑に処して、死体は試し斬ぎりの用に供され、財産も没収された。

し-ざい【私財】個人の所有する財産。「福祉活動に―を投じる」 類語 資産・財産・恒産・財・家財・身代・富・産・資財・財貨・貨財・私産・家産・身上しんしょう

し-ざい【私罪】律令制で、官吏が公務に関係なく犯した罪。

し-ざい【詩材】詩の題材となる物事。

し-ざい【資材】物を作るための材料。材料としての物資。「建築―」「復旧―」 類語 物資・材料・素材・材ざい・料りょう・原料・資源・マテリアル・マチエール

し-ざい【資財】❶財産。資産。❷もとでとなる財産。資本。 類語 財産・財・産・資産・財貨・貨財・私産・私財・家産・家財・富・身代しんだい・身上しんしょう・恒産

じ-さい【自裁】〔名〕スル 自分で自分の生命を絶つこと。自決。「―するように勧めて貰うことを頼むと云う

のである」〈鴎外・大塩平八郎〉
類語 自殺・自決・自尽・自害・自刃・自刎じふん

じ-さい【持斎】ヂ 仏事を行うため、心身を清浄に保つこと。また、特に、仏門に入った人が、正午以後食事をしないという戒めを守ること。

じ-ざい【自在】〔名・形動〕❶意のままであること。自分の思うとおりにできること。また、そのさま。「道具を操る―な手つき」「変幻―」❷「自在鉤かぎ」の略。❸「自在天」の略。派生 じざいさ〔名〕 類語 自由

じ-ざい【自罪】《ラテ peccatum actuale》キリスト教で、人間の自由意志をもって、現実的に犯される罪。原罪と対照的に用いられる概念。

じざい-が【自在画】ヅ ガ 定規やコンパスなどを用いずに自由に描く図画。⇨用器画

しさい-がお【子細顔】ホ ガ わけありげな顔つき。もったいぶった顔つき。

じざい-かぎ【自在×鉤】囲炉裏いろりやかまどなどの上につり下げ、それに掛けた鍋なべ・釜かま・やかんなどと火との距離を自由に調節できるようにした鉤。

じざい-スパナ【自在スパナ】▶モンキースパナ

じざい-だけ【自在竹】茶の湯で、釣り釜をつるすのに用いる竹製の自在鉤かぎ。

しざい-ちょう【資財帳】チヤウ 奈良・平安時代、国家がその管理下の寺院に提出させる財産目録。各種財産のほか縁起も記載した。

じざい-つぎて【自在継(ぎ)手】回転する二軸が、ある角度で交わるなど、一直線上にない場合に連結することのできる構造の継ぎ手。ユニバーサルジョイント。

じざい-てん【自在天】㊀▶他化自在天たけじざいてん ㊁インドのバラモン教の神で、万物創造の最高神。摩醯首羅まけいしゅら。大自在天。

しさい-な・い【子細無い】¦【×仔細無い】〔連語〕❶さしつかえない。構わない。「断っても―・いだろう」❷これといった問題もない。「万事―・く完了した」❸たわいない。「男をのしもなむ―・き者ははべるめる」〈源・帚木〉❹特別な理由がない。「筋なき金をもらふべき―・し」〈浮・置土産・二〉

じざい-に【自在煮】自在餅もちのこと。

し-さいぼう【刺細胞】ハウ クラゲなどの腔腸こうちょう動物の体表にあり、刺胞を内蔵する細胞。

し-さいぼう【視細胞】ハウ 光を受容することにより感覚を生じる細胞。下等動物では、散在するものと、集まって視覚器となるものとがある。高等動物では多数が集まって目の網膜をつくる。

じざい-もち【自在餅】あんころ餅の大きなもの。自在煮。

しさい-もの【子細者】わけありげな者。ひとくせありそうな者。「この亭主―にて、敷き銀付く女房も呼ばず」〈浮・一代女・五〉

しさい-らし・い【子細らしい】¦【×仔細らしい】〔形〕文しさいら・し〔シク〕❶何かわけがありそうである。「―・く顔を見合わせる」❷いかにも自分はよく心得ているというようすである。もったいぶっている。「―・い顔で意見する」

しさ-えき【死差益】生命保険で、想定死亡率(契約者の死亡する割合)を基に計上した保険金の予定支払額に対し、実際に支払った保険金の額が少ない場合の差額。⇨死差損 ⇨三利源

じ-ざかい【地境】ヂザカヒ 所有者などの異なる土地と土地との境界。

しさか-じま【四阪島】愛媛県北東部、燧灘ひうちなだにある島群。明治38年(1905)銅の製錬所が置かれた。

じ-ざかな【地魚】ヂ その地方の近海でとれた魚。その地域の漁港で水揚げされた魚。

じ-さき【地先】ヂ ❶その場所の近く。「―の河原」❷江戸時代、自分の所有地・居住地などと地続きで、石高と関係なく自由に使える土地。

じさき-やま【地先山】ヂサキ 住居に近い山。緑肥を得るための、田畑に続いた草山。

し-さく【史策】歴史的な事実を記録した文書。

し-さく【思索】〔名〕スル 論理的に筋道を立てて考えること。思惟。「―にふける」「人生の意味を―する」

類語 思い・考え・思考・一存・想念・思念・念ねん・気持ち・感懐・感想・所懐・胸懐・心懐・胸中・心中しんちゅう・心事・心情・心境・感慨・万感・偶感

し-さく【施策】政策・対策を立てて、それを実地に行うこと。政治などを行うに際して実地にとる策。
類語 策・方策・対策・手・企て・一計・奇計・奇策・愚策・秘策・対応策・善後策・得策

し-さく【詩作】〔名〕スル 詩を作ること。古くは、特に漢詩を作ること。「感興の赴くままに―する」
類語 作文・作詞・作歌・句作・劇作

し-さく【試作】〔名〕スル 本式に作る前に、ためしに作ってみること。また、そのもの。「改良型のエンジンを―する」「―品」

し-さく【試策】古代中国の官吏登用試験の一。試験官が題を設けて、経義や政治上の意見を問うもの。

じ-さく【自作】〔名〕スル ❶自分で作ること。また、自分で作ったもの。「―した脚本で映画を撮る」「―自演」❷自分の所有する田畑を自分で耕作すること。また、その人。自作農。

じさく-じえん【自作自演】〔名〕スル ❶自分が作った台本や楽曲を、自分自身で演じたり演奏したりすること。「―の脚本家兼俳優」❷計画から実行までをすべて自分だけで行うこと。特に、自分の利益のために作り事を仕組むこと。「―の誘拐劇」

じさく-のう【自作農】自分の土地を自分で耕作・経営する農家。また、そういう農業経営。自作。⇔小作農。

じ-ざけ【地酒】ヂ その地方でつくられる清酒。特に、灘なだや伏見ふしみを除いた地方のものをさす。

しさ-こしょう【指差呼称】間違えないように、そのものを指で差し、声に出して確認すること。運転士が前方を指さし、出発進行と言うなど。指差喚呼。指差し確認。指差し呼称。

じ-さし【字指(し)】初学の人が文字・文章を習うとき、書中の文字を指すのに用いる木または竹製などの細い棒。字突き。角筆かくひつ。

じさ-しゅっきん【時差出勤】〔名〕スル 大都市の通勤時の交通混雑緩和のため、官庁や会社の出勤時刻をずらすこと。

しさしょうへき-ほうしき【視差障壁方式】シサシヤウヘキハウシキ《parallax barrier》▶視差バリア方式

し-さ・す【▽為▽止す】〔動サ四〕やりかけて途中でやめる。「暑さのわびしきにそへて―・したることの今日過ぐすまじきをうちおきて」〈枕・三五〉

しさ-そん【死差損】生命保険で、想定死亡率(契約者の死亡する割合)を基に計上した保険金の予定支払額に対し、実際に支払った保険金の額が多い場合の差額。⇨死差益 ⇨三利源

し-さつ【伺察】ひそかにようすなどを見ること。

し-さつ【刺殺】〔名〕スル ❶さしころすこと。「銃剣で―する」❷野球で、野手が、飛球を捕らえたり、送球を受けたり、走者にタッチしたりして、打者または走者をアウトにすること。プットアウト。⇨補殺
類語 (❶)絞殺・射殺・銃殺・薬殺・毒殺・圧殺・扼殺やくさつ・殴殺・撲殺・斬殺・轢殺れきさつ

し-さつ【視察】〔名〕スル 現地・現場に行き、その実際のようすを見極めること。「災害の状況を―する」
類語 査察・巡察

し-さつ【試刷】ためしずり。したずり。

じ-さつ【寺刹】てら。寺院。「古―」

じ-さつ【自殺】〔名〕スル 自分で自分の命を絶つこと。⇔他殺。類語 自害・自決・自尽・自裁・自刃・自刎じふん・孤立の病

じさつかんよ-ざい【自殺関与罪】ジサツクワンヨ 教唆して人を自殺させたり、死を望む本人から依頼されて殺したり、自殺を手伝ったりする罪。刑法第202条が禁じ、6か月以上7年以下の懲役または禁錮に処せられる。⇨嘱託殺人 補説 安楽死を望む末期の傷病者などをあえて死なせた場合も、この罪に問われる。⇨同意殺人罪

じさつ-てき【自殺的】〔形動〕自滅することを予想しながら、あえてその事をするさま。「―な試み」

じさつ-てん【自殺点】サッカーなどで、プレーヤーが誤って自陣ゴールにボールを入れ、相手に与えた点。オウンゴール。

じさつ-りつ【自殺率】人口10万人当たりの自殺者の数。

じさ゚-ない【辞さない】〔連語〕《動詞「じ(辞)する」の未然形＋打消しの助動詞「ない」》▶辞する❹

しさ-ねつぶんせき【示差熱分析】熱分析法の一。試料と、熱的に安定なアルミナ・石英などの標準物質とを一定の速度で加熱し、両者の温度差から試料の定性分析・定量分析などを行うもの。DTA。

しさバリア-ほうしき【視差バリア方式】ハウシキ《parallax barrier》遠近感を伴った映像を表示する立体テレビやコンピューターのディスプレーなどの方式の一。液晶で微細な隙間をつくり、左右両眼に別々の映像を分離して見せることで立体視を可能とする。特殊な眼鏡などを必要としない。視差障壁方式。パララックスバリア方式。

じ-さび【地×錆】ヂ 錆漆さびうるしを下地に塗ること。錆塗り。

じさ-ぼけ【時差×惚け】飛行機で時差の大きく異なる地域に移動したとき、生活時間のずれから倦怠けんたい感・睡眠障害などが起こること。補説 英語では、ジェットラグ(jet lag)、ジェットシンドローム(jet syndrome)などという。

し-ざま【▽為様】❶物事をするようす。しかた。❷衣服などの仕立て方。「着るべき物、常よりも心とどめたる色合ひ、―いとあらまほしくて」〈源・帚木〉

じ-ざむらい【地侍】ヂザムラヒ 中世後期の有力名主層。惣そうの中心になるとともに、守護や戦国大名の家臣にもなった。

し-ざや【▽尻×鞘】「しりざや」に同じ。

しざり-うま【▽退り馬】後ずさりする癖のある馬。〈日葡〉

しさ・る【▽退る】〔動ラ五(四)〕《「しざる」とも》前を向いたまま後ろへ下がる。後ずさりする。「思わず二足ばかり後へ―・ると」〈二葉亭訳・めぐりあひ〉
類語 下がる・退しりぞく・すさる・後退する・バックする・退のく・去る・退どく・立ち去る・立ち退く・引き上げる・引き取る・引き払う・引っ込む・辞去する

シザル-あさ【シザル麻】▶サイザル麻

しさん【子産】[前585?〜前522]中国、春秋時代の小国鄭ていの宰相。法治主義によって国を治め、中国最初の成文法を作った。外交にも優れ、巧みに大国間の均衡を保ち平和を実現した。

し-さん【四三】❶双六すごろくやばくちで、2個のさいころを振って、四と三の目が出ること。しそう。❷花札の手役の一。同種の札4枚と、他の同種の札3枚とが手に来ること。❸連珠で、四目と三目とが同時にできること。三四さんし。

し-さん【四散】〔名〕スル 四方に散ってちりぢりになること。「ガラスが割れて―する」「一家が―する」
類語 雲散・離散・消滅・雲散霧消・消散・霧散・散逸・飛散・散る・消える

し-さん【私産】私有財産。私財。
類語 財産・財・産・資産・資財・財貨・貨財・私財・家産・家財・富・身代しんだい・身上しんしょう・恒産

し-さん【試算】〔名〕スル ❶だいたいの見当をつけるため、計算してみること。ためしに行う計算。「費用を―する」❷計算に誤りがないかを確かめること。検算。
類語 計算・運算・演算・加減乗除・算術・算出・算定・概算・見積もり・指折り・逆算

し-さん【試×鑽】▶ボーリング(boring)

し-さん【資産】❶個人または法人の所有する金銭・土地・建物などの総称。財産。❷企業会計で、貸借対照表上の流動資産・固定資産・繰延資産をいう。
類語 財産・恒産・財・産・資財・財貨・貨財・私産・私財・家産・家財・身代しんだい・富・身上しんしょう

し-さん【賜×餐】天子から酒食を賜ること。また、その食事。

し-ざん【死産】〔名〕スル《「しさん」とも》胎児が死んだ状態で生まれること。

じ-さん【自賛】¦【自×讃】〔名〕スル ❶自分の絵に自分で賛を書くこと。また、その賛。❷自分で自分の行為などをほめること。「―するほどの出来栄えではない」

➡自画自賛 (類語)うぬぼれ・おのぼれ・手前味噌

じ-さん【持参】ヂ〘名〙スル 品物や金銭を持っていくこと。また、持ってくること。「願書は本人が―すること」 (類語)携帯・携行・必携

じ-ざん【地算】ヂ〘「じさん」とも〙基礎的な算術。足し算と引き算。加減算。自算。「―も子守の片手に置き習ひ」〈浮・永代蔵・一〉

しさん-うんよう【資産運用】自分の資産を増やす目的で、貯蓄したり、投資したりすること。また、銀行や投資信託会社などの機関投資家が集めた資金を債券や不動産などに投資すること。

しさん-か【資産家】財産を多く所有する人。財産家。

じさん-か【自賛歌】作者自身がよい作品であると認める歌。

しさんかかく-バブル【資産価格バブル】経済活動の過熱や信用膨張などバブル経済に見られるさまざまな側面のうち、資産価格(地価や株価など)の急激な上昇に着目する際の表現。

しさんか-さんなまり【四酸化三鉛】シサンクワサン 一酸化鉛をセ氏約500度に加熱して得られる鮮赤色で無定形の粉末。水に不溶。赤色顔料・鉛ガラスに使用。鉛丹えんたん。四三酸化鉛。

しさん-かぶ【資産株】資産として長く保有するのに適した株式。業績が安定していて利回りもあまり低くなく、成長性があり、しかも株価が投機的な動きをしないような株式。

しさん-かんじょう【資産勘定】―カンヂヤウ 簿記で、積極財産としての資産に関する勘定。

じさん-きん【持参金】ヂサン 嫁・婿などが縁組をするとき、実家から持っていくまとまった額の金銭。

しさん-けいざい【資産経済】実体経済から派生した金利や、金融取引・信用取引・オプション取引など、資産の移動自体がもたらす利益の総体。金融経済。

しざん-けつが【×屍山血河】死体が山のように積み重なり、多くの血が川のように流れること。激しい戦闘のあったあとのようすをいう語。

しさんこうかい-せいど【資産公開制度】国会議員資産等公開法に基づいて、国会議員や地方自治体の首長らに土地・建物・預金などの資産の公開を義務づける制度。当選時の資産を公開し、その後年1回、1年間の所得と増加した資産などを報告する。地位を利用した不正な蓄財などを監視することが目的。

しさん-こうせい【資産構成】資産内容の組み立て。現金・預金、債券や株式、不動産などからなる資産の一覧・目録。ポートフォリオ。

しさん-さいひょうか【資産再評価】―サイヒヤウカ 一定の時点で資産の再評価をすること。企業経理の合理化と正常な運営に寄与する目的で、固定資産の帳簿価額を時価などで評価しなおす。インフレーション時や会社更生法適用時などに多く実施される。

じさん-さいむ【持参債務】ヂサン 債務者が給付の目的物を債権者の住所または営業所に持参して履行しなければならない債務。➡取立債務 ➡送付債務

シザンサス〘ラテ Schizanthus〙ナス科の一年草。高さ30～60センチ。花は紅・桃・白色で、黄色や白色の斑紋はんもんが入る。主に鉢植えにして観賞される。

し-さんじかい【市参事会】―サンジクワイ 旧制で、市会の代理機関として、議決権の一部を委任された機関。市長を議長とし、市参事会員によって組織された。

しざん-しょうしょ【死産証書】妊娠4か月以後の死産を証明するために医師・助産師の作成する証書。

しさんたんぽ-コマーシャルペーパー【資産担保コマーシャルペーパー】企業が短期資金を調達するために、売掛債権などの金融債権や証券化商品などの資産を裏付けとして発行するコマーシャルペーパー(無担保の割引約束手形)。非連結の特別目的会社(SPC)を設立して発行する。これを発行して短期低金利で資金を調達し、米国の住宅ローンなど長期高利回りの証券化商品に投資して利ざやを稼いでいたSPCの一種であるSIV(投資ビークル)が、サブプライム危機によって資金調達が困難になったことが、世界的な金融危機の発端のひとつとなった。資産担保CP。ABCP(asset-backed commercial paper)。

しさんたんぽ-シーピー【資産担保CP】➤資産担保コマーシャルペーパー

しさんたんぽ-しょうけん【資産担保証券】資産を担保として発行される証券。企業が持つ債権や不動産などの特定資産から生じるキャッシュフロー(資金の収支)を元に発行される。資産は企業と切り離され、特別目的会社(SPC)や信託銀行が資産管理と、資産を担保にした証券発行を行うため、企業が倒産しても、投資家は支払いを受けることができる。日本では平成8年(1996)に導入。アセットバック証券。ABS(asset-backed securities)。

しさん-とうけつ【資産凍結】資産の処分や移動を禁止または制限すること。国際法では、国際紛争などに際し、相手国に対する経済制裁または報復の手段として、自国内にあるその国の資産について行うものをいう。

じさんにん-ばらい【持参人払い】ヂサンニンばらひ 小切手などの証券で、特定人を権利者として指定せず、その持参人に対して支払うこととしたもの。

しさん-の-りゅうどうか【資産の流動化】―リウドウクワ 企業が保有する資産の信用力・収益を基に資金調達を行う手法。資産を特定目的会社に譲渡したり信託会社に信託するなどして、資産を企業から切り離すことで、企業の信用力の変化に左右されることなく、資産の生み出すキャッシュフローを原資として資金調達を行うことができる。資産流動化。➡証券化

しさん-はいぶん【資産配分】➤アセットアロケーション

しさん-ひょう【試算表】―ヘウ 複式簿記で、仕訳伝票または仕訳帳から元帳への転記の正否を検証するため、元帳各勘定口座の貸借合計額や貸借差引残高を勘定科目名とともに記入する表。ほかに、決算諸表作成の基礎資料ともなる。

しさん-ひょうか【資産評価】―ヒヤウカ 企業会計で、資産の価額を一定時点において算定すること。評価の基準には原価基準(取得原価)を用いることが多いが、時価基準、または低価基準(原価と時価とを比較していずれか低いほうをとる方法)を用いる場合もある。

じざん-ぶんか【磁山文化】―ブンクワ 中国、黄河中流域に栄えた初期新石器文化。河南の裴李崗はいりこう文化とともに、仰韶ぎょうしょう文化に先行する農耕文化。

し-さんよ【市参与】旧制で、市長の指揮・監督のもとに、ガス・水道その他の市の特別経営事業を委嘱されて担当していた名誉職員。

しさん-りゅうどうか【資産流動化】―リウドウクワ ➤資産の流動化

しさんりゅうどうか-ほう【資産流動化法】シサンリウドウクワハフ 〘「資産の流動化に関する法律」の略称〙特定目的会社(SPC)または特定目的信託によって資産の流動化が適切に行われる制度を確立するとともに、資産の流動化により発行される証券を購入する投資家の保護を図る目的で制定された法律。平成10年(1998)施行の「特定目的会社による特定資産の流動化に関する法律」(旧SPC法)が同12年に改正されて成立した。SPC(specific purpose company)法。改正SPC法。

し-し【士師】❶古代中国で、刑罰の任に当たった役人。❷王制以前の古代イスラエル民族の指導者・英雄。旧約聖書の士師記にその名が記されている。

しし【子思】〔前483ころ～前402ころ〕中国、春秋時代の学者。魯ろ(山東省)の人。孔子の孫。名は伋きゅう。子思は字あざな。曽子そうしに師事し、孟子に影響を与えた。「中庸」の著者と伝えられる。

しし【尸子】中国の思想書。20編であったが現存は2巻。戦国時代の思想家尸佼しこう著。前4世紀ごろ成立。雑家的思想書とされている。

しし【▽父】〘上代東国方言〙父ちち。「月日夜よは過ぐは行けども母あも―が玉の姿は忘れせなふも」〈万・四三七八〉

し-し【史詩】歴史上の事件を題材にした詩。

し-し【四四】連珠で、四目が同時に2か所できること。先手は打てない。

し-し【四始】〘歳・月・日・時の始めの意〙1月1日。元日。

し-し【四肢】❶脊椎動物の二対のあし。前足と後ろ足。❷人間の両手と両足。「すらりとした―」

し-し【四詩】❶詩経の、国風・小雅・大雅・頌しょうの4種類の詩。❷前漢代に伝えられていた4種類の詩経。斉せいの轅固生えんこせいの伝えた斉詩、魯ろの申培の伝えた魯詩、燕の韓嬰かんえいの伝えた韓詩、魯の毛亨もうこうの伝えた毛詩。毛詩のみ完全な形で現存。四家詩。

し-し【死士】死を決して行動する人。決死の士。

し-し【死×屍】しかばね。死体。「―累々るいるい」 (類語)死体・死骸しがい・遺体・遺骸・亡骸なきがら・屍しかばね・屍かばね・むくろ

死屍に鞭むちを打つ 《伍子胥ごししょが、楚その平王の死体を鞭打って父兄の恨みを晴らしたという、「史記」伍子胥伝の故事から》死んだ人の言行を非難する。屍しかばねに鞭打つ。

しし【▽肉｜×宍】❶人のからだの肉。「身みは短ひきき方にて、―肥満ふとりたり」〈柳浪・黒蜥蜴〉❷猪いのしし・鹿しかなどの食用肉。「猪いの―、鹿かの―はしらず」〈平家・一一〉

肉が付つ・く 肥えふとる。「腹に―・く」

しし【▽尿】小便をいう幼児語。しっこ。しい。

し-し【志士】高い志を持った人。国家・社会のために献身しようとする人。「勤王の―」

志士苦心多し 《陸機「猛虎行」から》志士は、簡単にはその志を変えないために、こと志と違って苦労することが多い。

志士 仁人じんじんは生を 求めて 以もって 仁を 害するなし 《「論語」衛霊公から》志士や仁者は、自分が生存するために、人の道に背くようなことはしない。

し-し【私子】「私生子しせいし」に同じ。

し-し【私資】個人の財産。私財。「―を投じる」

し-し【刺史】❶古代中国の官名。漢代は郡国の監察官。隋・唐代では州の長官。宋代以後廃止された。❷国守こくしゅの唐名。

し-し【師資】❶師と頼むこと。また、師匠。❷師匠と弟子。師弟。

し-し【紙誌】新聞・雑誌などの総称。

し-し【紫史】〘紫式部が書いた書物の意〙源氏物語のこと。

し-し【嗣子】家を継ぐべき子。あととり。 (類語)跡取り・跡継ぎ

し-し【×獅子】❶ライオン。古来、百獣の王とされる。❷高麗から伝来したとされる、❶に似た想像上の動物。木・石・金属などで作り、狛犬こまいぬと対にして神社社頭などの左側に置いて魔よけとした。後世、狛犬と混同。❸「獅子頭ししがしら❶」の略。❹「獅子舞」の略。

獅子身中しんちゅうの虫 《獅子の体内に寄生して、ついには獅子を死に至らせる虫の意》❶仏徒でありながら、仏法に害をなす者。❷組織などの内部にいながら害をなす者や、恩をあだで返す者。(補説)「獅子心中の虫」と書くのは誤り。

獅子に鰭ひれ 強いものが有利な条件を得て、ますます強くなることのたとえ。鬼に金棒かなぼう。

獅子に牡丹ぼたん 堂々たる獅子の姿に、華麗な牡丹の花を配した図柄。取り合わせのよいもののたとえ。

獅子の子落とし 《獅子は、子を生むとその子を深い谷に投げ落とし、よじ登って来た強い子だけを育てるという言い伝えから》自分の子に苦難の道を歩ませ、その器量を試すことのたとえ。

獅子の歯噛はがみ 獅子が恐ろしい形相で怒ること。ひどく怒ることのたとえ。

獅子の分け前 《「イソップ物語」から》強者が、弱者を働かせて得た利益を独占すること。

し-し【詩史】❶詩の歴史。「明治大正―」❷史実や人物の伝記などを詩の形式でつづったもの。

し-し【詩思】詩を作りたいという思い。詩情。詩興。「神の我霊魂を護りて、―を生ぜしめ給ふを」〈鷗外訳・即興詩人〉

しし【▽獣｜×猪｜▽鹿】〘「肉しし」と同語源で、それをとる獣をいう〙❶けもの。けだもの。特に、肉の美味な、猪いのしし・鹿しか。(季 秋)❷「猪狩ししがり」の略。「ことに―の

上手にて、力のつよきこと〈曽我・四〉

獣食った報い　よい思いをした埋め合わせに、当然受けなければならない悪い報い。また、悪事を犯したために、当然身に受ける報い。[補説]「獣」は、「猪」「鹿」と書くこともあるが、「獅子」と書くのは誤り。

鹿の角を蜂が刺す　「鹿の角を蜂が刺す」に同じ。

し-し【孜孜】〔ト・タル〕[文]〔形動タリ〕熱心に努め励むさま。「—として研究を続ける」

[類語]営営・せっせと・こつこつ・汲汲・あくせく

しし〔副〕しゃくりあげて泣くさま。しくしく。「—と泣く」〈かげろふ・中〉

し-じ【支持】〔名〕[スル] ❶ささえもつこと。ささえてもちこたえること。「倒れかかる相手のからだを両手で—する」❷ある意見・主張などに賛成して、その後押しをすること。「民衆の—を失う」「政府の見解を—する」[類語]賛成・同意・賛同・付和雷同

し-じ【四事】仏語。三宝に対する4種の供養のこと。衣服・飲食・臥具・湯薬の四つなど。

し-じ【四時】《慣用読みで「しいじ」とも》❶1年の四つの季節、春夏秋冬の総称。四季。❷1か月中の四つの時。晦・朔・弦・望。❸一日中の4回の座禅の時。黄昏(午後8時)・後夜(午前4時)・早晨(午前10時)・晡時(午後4時)。[類語]季節・時季・時節・候・四季・春夏秋冬・折節・シーズン

し-じ【死児】❶死んだ子。❷死んで生まれた子。

死児の齢を数える　死んでしまった子が生きていたらと、その年を数えて嘆く。取り返しのつかないことを悔やむたとえ。死んだ子の年を数える。

し-じ【私事】❶自分個人のこと。また、私生活に関係したこと。わたくしごと。「—に立ち入る」「—に属する」⇔公事。❷他人に知られたくない秘密。かくしごと。「—を暴く」[類語]私事・プライバシー

し-じ【指示】〔名〕[スル] ❶物事をそれとさししめすこと。「地図上の一点を—する」❷さしずすること。命令。「—に従う」「—を与える」「部下に—する」

[類語](❶)表示・標示・提示・呈示・例示・内示・明示・示す/(❷)指図・命令・言い付け・命・令・指令・下命・号令・発令・沙汰・主命・君命・上意・達し

し-じ【指事】漢字の六書の一。点画の組み合わせなどによって、位置・数量などの抽象的な意味を直接に表しているもの。一・二・三・上・下・凸・凹など。

し-じ【師事】〔名〕[スル] 師として尊敬し、教えを受けること。「著名な陶芸家に—する」[類語]入門

しじ【榻】牛車から牛を外したとき、車の轅の軛を支え、乗り降りに際しては踏み台とする台。形は机に似て、鷺足をつけ、黒漆塗りにして金具を施す。

榻の端書き　男の恋心の切実さのたとえ。また、思うようにならない恋のたとえ。昔、男が女との恋を成就するために、百夜通ったら会おうという女の言葉に従って99夜通い、榻にその印をつけたが、あと1夜というときに差し支えができ、ついにその恋はかなわなかったという伝説による。

じ-し【示指】人差し指。

じ-し【地子】❶律令制で、公田の賃租料。公田の余地を人民に貸し付けて耕作させ、収穫の5分の1を国家が収納したもの。❷荘園制で、田・畑・屋敷などに課した雑税。米で納めるのを地子米、銭で納めるのを地子銭という。

じ-し【次子】2番目の子。次男。また、すぐ次の子。[類語]長子・総領・初子・初子・末っ子・長男・長女・次男・次女・長兄・次兄・長姉・次姉

じ-し【自死】〔名〕[スル] 自殺。意思的な死を非道徳的・反社会的行為と責めないでいう語。

じ-し【自恣】❶自分の思うままに行動すること。わがまま。きまま。❷夏安居の最後の日に、僧たちが安居中の罪過の有無を問い、反省懺悔しあう作法。

じ-し【児子】子供。「婦を娶り—を生みたり」〈中村訳・西国立志編〉

じ-し【侍史】❶貴人のそばに仕える書記。右筆。❷《直接渡すのを遠慮して、右筆を通じて差し上げる意》手紙の脇付の一。宛名に添えて敬意を表す。[類語](❷)机下・台下・足下・座右・硯北・膝下・玉案下・御許・御前・拝

じ-し【慈氏】《梵 Maitreyaの訳。弥勒と音写》弥勒菩薩の異称。慈氏尊。

じ-じ【自恃】自分自身をたのみとすること。自負。「自信も—も失いつくしたのち」〈中島敦・李陵〉

じ-じ【事事】いろいろな事柄・出来事。ことごと。

じじ【祖=父・爺】❶(祖父)父母の父親。祖父。また、祖父を親しみを込めていう語。じい。⇔祖母。❷(爺)年老いた男性。⇔婆。

祖父は辛労子は楽孫は乞食　祖父は苦労して富をつくり、子はそのおかげで楽をし、孫になって安楽に慣れ、家をつぶして、乞食になるということ。

じ-じ【時事】その時々の社会的な出来事。「—解説」[類語]事件・出来事

じ-じ【時時】㊀〔名〕その時その時。「暗号には…此三言葉をもて—変更に及ぶべし」〈染崎延房・近世紀聞〉㊁〔副〕折にふれて。しばしば。「—喧伝せらるる学生、農民、労働者の騒擾」〈木下尚江・火の柱〉

しし-あい【肉合ひ】からだの肉のつき具合。ししおき。「むっちりと抱き心地よい甘なさうな—」〈浄・会稽山〉

ししあい-とぎだし【肉合(い)研(ぎ)出し】蒔絵の技法の一。高蒔絵と研ぎ出し蒔絵とを併用して傾斜をつける手法。山裾や雲などの表現に用いる。肉合い研ぎ出し蒔絵。

ししあい-ぼり【肉合(い)彫(り)】彫金の技法の一。文様の輪郭を線刻し、その線の内側に沿って浅く彫り下げ、薄肉彫りふうにする。杉浦乗意の創始とされる。

しし-あし【鹿足】►跑足

じじい【爺】年老いた男性。また、年老いた男性をののしっていう語。⇔婆。[類語]おじいさん・じいさん・老夫・老爺・翁・翁・老翁

ししい-でん【紫宸殿】►ししんでん(紫宸殿)

しし-いろ【宍色】獣の肉のような色。黄みがかったピンク色。

しし-うど【猪独=活】セリ科の多年草。日の当たる山地に生え、高さ約2メートル。葉は卵形の小葉からなる複葉で、葉柄の基部は広がり、茎を包む。秋、枝の先に多数の白い小花を傘状につける。根茎は漢方で独活といい、発汗・鎮痛薬とする。

しし-おう【獅子王】㊀百獣の王である獅子をたたえていう語。また、獅子のように勇ましい王・勇者。㊁名剣の名。鳥羽天皇から二条天皇に伝えられ、さらに鵺退治の功を賞して源頼政に賜ったもの。豊後定秀または高平の作と伝えられる。

しし-おき【肉置き】からだの肉のつきぐあい。「肩や臀のむっちりとした—は」〈谷崎・蓼喰ふ虫〉

ししお-ざる【獅子尾猿】オナガザル科の哺乳類。ニホンザルに近縁。全身黒色で顔の周囲に灰色のたてがみ状の長毛があり、尾の先端に房毛がある。インドの森林にすむ。

しし-おどし【鹿威し】►添水

しし-おどり【鹿踊(り)】宮城・岩手両県に分布する一種の獅子舞。鹿の頭をかたどったものをかぶり、胸に太鼓をつけて、8〜12人が一組みになって踊る。

しし-おどり【獅子踊(り)】関東地方を中心に分布する獅子舞。獅子頭をかぶり、胸に太鼓をつけ、一人が雌獅子、二人が雄獅子に扮する。花笠をかぶった四人が、四隅で簓を摺ることが多い。

しじ-かかく【支持価格】主として農産物の価格安定のため、一定の水準以下に価格が低落したときに政府が買い入れることによって維持する価格。

しし-がき【鹿垣・猪垣】竹や枝つきの木で粗く編んだ垣。獣が田畑に侵入するのを防ぐためのもの。また、戦場で敵を防ぐのにも用いた。鹿砦。鹿矢来。[季 秋]「—の門鎖し居る男かな/石鼎」

しし-かぐら【獅子神‐楽】神楽の分類の一。獅子頭を御神体とし、それを舞わすことを儀式の中心とする神楽。太神楽・山伏神楽など。

しし-がしら【獅子頭】❶獅子舞に使用する、木製の獅子の頭部をかたどったもの。広義には猪・鹿をかたどったものも含む。[季 新年]❷金魚の品種で、頭に肉こぶがあるもの。オランダシシガシラ・ランチュウなど。[季 夏]❸シシガシラ科の常緑多年生のシダ。林下に生える。羽状の切れ込みのある葉が束生し、若い栄養葉は赤みを帯びる。胞子葉は柄が長い。むかでぐさ。❹❶を小さく作った玩具。

ししがしら-の-かぶと【獅子頭の兜】鉢のてっぺんに獅子の作り物を取り付けた兜。

ししがたに【鹿ヶ谷】京都市左京区の地名。大文字山の西麓にある。

ししがたに-の-ぎ【鹿ヶ谷の議】治承元年(1177)藤原成親・藤原師光(西光)・僧俊寛ら後白河法皇の近臣が、平氏を滅ぼそうと京都鹿ヶ谷にある俊寛の山荘で行った秘密会議。多田行綱の密告により発覚し、師光は死罪、俊寛らは鬼界ヶ島に配流となった。

シシ-カバブ〖shish kebab〗羊肉だけ、あるいは野菜を加え金ぐしに刺して塩・コショウを振り、油を塗って焼いたもの。トルコを中心とした中近東の料理。

ジシカ-ひろば【ジシカ広場】《Žižkovo náměstí》チェコ南部、南ボヘミア地方の都市ターボルの旧市街にある中央広場。フス戦争の軍事的指導者ヤン＝ジシカの名を冠し、ジシカの像がある。初期ルネサンス様式の旧市庁舎(現在はフス派博物館)、キリストの変容教会などの歴史的建造物に囲まれている。

しじか-む【蹙む】〔動マ四〕縮まる。縮む。縮こまる。「御手は…いとわりなう—・み」〈源・行幸〉

しし-がり【猪狩(り)・鹿狩(り)・獣狩(り)】山野に入り猪・鹿などの獣を狩ること。

し-しき【司式】儀式の司会・進行を担当すること。多くキリスト教の儀式についていう。「—司祭」

し-しき【四職】❶律令制で、左京職・右京職・大膳職・修理職の称。ししょく。❷室町時代、侍所の長官を交替で勤めた、山名・一色・赤松・京極の四家。四殿衆。ししょく。

し-しき【歯式】歯の数を表したもの。分母に下あごのものを、分子に上あごのものを、片側の分だけ、左から門歯・犬歯・前臼歯・後臼歯の順に数を示す。哺乳類の重要な分類の基準。

しじ-き【指示器】「インジケーター❶」に同じ。

じ-しき【地敷】貴人の座所の下敷きとして用いるござの類。「御—四十枚」〈源・若菜上〉

じ-しぎ【地鷸】オオジシギ・チュウジシギなどの総称。

ししき-たくぼく【四色啄木】組紐の組み方の一。啄木組の一種で、紺・白・萌葱・紫の4色の色糸を取り合わせて組んだもの。鎧の威、刀の下げ緒などに用いる。

しし-きゅう【四死球】野球で、四球(フォアボール)と死球(デッドボール)とをまとめていう語。

しし-きゅう【獅子宮】黄道十二宮の第5宮。獅子座に相当するが、歳差のため春分点が移動し、現在は獅子座の西部から蟹座の西部にあたり、太陽は7月24日ごろこの宮に入る。

しし-く【獅子吼】〔名〕[スル] ❶雄弁をふるうこと。意気盛んな大演説をすること。「壇上に—する」❷仏の説法。獅子がほえて百獣を恐れさせるように、悪魔・外道を恐れ従わせるところからいう。

し-じく【支軸】梃子などの支点にある、ささえの軸。

し-じく【視軸】眼球の角膜・水晶体を通り、眼底の黄斑部中心窩に入る直線。

し-じく【詩軸】詩のみが書かれた掛け軸。➡詩画軸

しし-くしろ【肉串ろ】〔枕〕「熟睡」「黄泉」にかかる。「—黄泉に待たむと隠り沼の下延へ置きて」〈万・一八〇九〉[補説]かかり方未詳。肉を串に刺したものは味がよい、うまい意からなど、諸説がある。

しし-ぐち【獅子口】❶屋根の棟飾りの一。棟の両端に置く瓦で、山形の綾筋があり、上方に経の巻と称する丸瓦3個をつけたもの。神社・宮殿・邸宅などに用いる。❷能面の一。獅子を表すもの。口を大きく開き、きばをむき出す。「石橋」に用いる。❸竹製の花器の一。一重切りで、生け口が獅子の口のように横に広がっているもの。置き花や掛け花に用いる。

し-じげん【四次元】▶よじげん(四次元)
しし-こく【獅子国】スリランカの古称。
じじ-こっこく【時時刻刻】ｺｸｺｸ ㊀〔名〕経過する時間の、その時々。一刻一刻。「―の変化」㊁〔副〕しだいに。つぎつぎと。「―(と)情報が入る」「出発時刻が―に迫る」
シシコフ〖Vyacheslav Yakovlevich Shishkov〗[1873～1945]ソ連の小説家。シベリアを舞台にした作品が多い。歴史小説「エメリヤン＝プガチョフ」など。
ししこらか・す〔動サ四〕病気を治しそこなう。病気をこじらせる。「―・しつる時はうたて侍るを」〈源・若紫〉
しし-ざ【×獅子座】❶「獅子の座」に同じ。❷4月下旬の午後8時ごろ南中し、南天に高く見える大星座。黄道十二星座の一。α(ｱﾙﾌｧ)星はレグルスで、光度1.3等。学名(ﾗﾃ) Leo
しじ-ざぜん【四時座禅】四時❸に行う座禅。
ししざ-りゅうせいぐん【×獅子座流星群】ﾘｭｳｾｲｸﾞﾝ 獅子座のγ(ｶﾞﾝﾏ)星付近を輻射点とする流星群。11月14日頃から11月24日頃にかけて見られ、11月17日前後に出現のピーク(極大)となる。母天体は公転周期33年のテンペルタットル彗星。彗星の回帰前後数年は出現数が増加する傾向があり、まれに流星雨となることがある。獅子座γ流星群。レオニズ。レオニド。
しし-ざる【×獅子猿】ライオンタマリンの別名。
しし-し【子思子】中国の思想書。㊀もと23編であったが散逸。戦国時代の子思著。「中庸」はその残存部分といわれる。㊁1巻。宋の汪晫(ﾀｸ)編。「中庸」その他の古典から、子思の言行を集録し、内編・外編に分けたもの。
しじ-し【指示詞】指示の機能をもつ語。代名詞の「これ」「それ」「あれ」「どれ」などのほかに、連体詞の「この」「その」「あの」「どの」や副詞の「こう」「そう」「ああ」「どう」の類。
しし-じもの【×猪じもの・▽鹿じもの】《「じもの」は接尾語》(副詞的に用いて)猪(ｲﾉｼｼ)や鹿(ｼｶ)のように。「一い這(ﾊ)ひ伏しつつぬばたまの夕(ﾕﾌ)に至れば」〈万・一九九〉
じ-じじゅう【次侍従】律令制で、正員の侍従のほかに、八省その他の諸官から四位・五位の中で年功のある者を選任して置いた職。
じじしんぽう【時事新報】明治15年(1882)福沢諭吉が創刊した日刊新聞。昭和11年(1936)「東京日日新聞」に併合、廃刊。同21年再刊したが、同30年「産業経済新聞」に併合、廃刊。
じし-せん【地子銭】ﾁﾞｼ ▶地子❷
しし-そうしょう【師資相承】ｿｳｼｮｳ《「ししそうじょう」とも》師から弟子へと法・道を伝えていくこと。
しじ-そしき【支持組織】ｼｼﾞ 生物体を一定の形に支持し維持させる組織。動物では骨格をつくる骨組織と軟骨組織、広くは結合組織全部をさし、植物では機械組織をいう。
じし-そん【慈氏尊】弥勒菩薩の異称。
しし-そんそん【子子孫孫】子孫の末の末。子孫の続く限り。「―に至るまでの家訓とする」
しし-だ【×猪田・▽鹿田】猪(ｲﾉｼｼ)・鹿(ｼｶ)などが出て荒らす田。「魂(ﾀﾏ)合へば相寝るものを小山田の―守(ﾓ)るごと母し守らすも」〈万・三〇〇〇〉
しじ-だいめいし【指示代名詞】代名詞の一。人を指し示す代名詞(人代名詞)に対して、事物・場所・方角などを指し示すのに用いるものをいう。近称(「これ」「ここ」「こちら」など)、中称(「それ」「そこ」「そちら」など)、遠称(「あれ」「あそこ」「あちら」など)、不定称(「どれ」「どこ」「どちら」など)に分けられる。
しし-たけ【×猪×茸】コウタケの別名。
ししち-ほん【四七▽品】「妙法蓮華経」の異称。28品からなるのでいう。
じし-ちょう【地子帳】ﾁﾞｼﾁｮｳ 奈良・平安時代、諸国で地子田の等級や損益などを記入し、中央官庁に提出した帳簿。
し-しつ【私室】公共の建物で、特定の個人が使用する部屋。〔類語〕個室
し-しつ【×屍室】病院などで、遺体を一時安置しておく部屋。霊安室。
し-しつ【紙質】紙の品質・性質。「発色のよい―」
し-しつ【脂質】生体の構成成分の一。脂肪・ろうなどの単純脂質、燐脂質(ﾘﾝｼｼﾂ)・糖脂質などの複合脂質、およびステロイド・カロテノイドなどと性質や構造の似た物質の総称。水に溶けにくく、有機溶媒には溶けやすい。リピド。
し-しつ【歯質】歯の象牙質(ｿﾞｳｹﾞｼﾂ)のこと。
し-しつ【資質】生まれつきの性質や才能。資性。天性。「両親の―を受け継ぐ」「―に恵まれる」
〔類語〕資性・質・素質・美質・性格・性質・性向・性情・気質・質(ﾀﾁ)・性(ｻｶﾞ)・性分(ｼｮｳﾌﾞﾝ)・気性(ｷｼｮｳ)・気立て・人柄・心柄(ｺｺﾛｶﾞﾗ)・心根(ｺｺﾛﾈ)・心性(ｼﾝｾｲ)・品性・個性・人格・キャラクター・パーソナリティー
し-じつ【史実】歴史上の事実。「―に忠実な小説」
〔類語〕歴史・史(ｼ)・青史・通史・編年史・年代記・ヒストリー・クロニクル
し-じつ【四実】律詩の前聯(ｾﾞﾝﾚﾝ)と後聯(ｺｳﾚﾝ)との4句において、具体的事物(景物)を述べているもの。⇔四虚(ｼｷｮ)。
し-じつ【至日】冬至または夏至の日。
し-じつ【摯実】〔形動〕〔文〕〔ナリ〕心がこもりまじめなさま。誠実。真摯(ｼﾝｼ)。「―な批評眼をもって」〈漱石・「土」に就いて〉
じ-しつ【地質】ﾁﾞ 布などの、生地の性質・品質。地合い。「―がよい反物」「丈夫な―」
じ-しつ【耳疾】耳の病気。
じ-しつ【自失】〔名〕ｽﾙ 自己を見失ってぼんやりすること。「突然の出来事に―する」「茫然(ﾎﾞｳｾﾞﾝ)―」
〔類語〕放心・虚脱・うつけ
じ-しつ【自室】自分の部屋。
じ-しつ【×痔疾】ﾁﾞ 肛門部の病気の総称。痔。
じ-じつ【事実】㊀〔名〕❶実際に起こった事柄。現実に存在する事柄。「意外な―が判明する」「供述を―に照らす」「―に反する」「―を曲げて話す」「歴史的―」❷哲学で、ある時、ある所に経験的所与として見いだされる存在または出来事。論理的必然性をもたず、他のあり方にもなりうるものとして規定される。㊁〔副〕本当に。実際に。「――度もその人には会っていない」〔類語〕㊀(❶)真実・真相・現実・実情・実態・実際・本当・有りのまま・有り様(ﾖｳ)・実(ｼﾞﾂ)

事実は小説よりも奇なり　世の中の実際の出来事は、虚構である小説よりもかえって不思議である。英国の詩人、バイロンの言葉。

じ-じつ【時日】❶日数。また、月日(ﾂｷﾋ)。「―を費やす」「短―」❷ひにちと時間。また、いつという期日。「出発の―は未定」
〔類語〕時(ﾄｷ)・日時・日にち・日付け・日数・日月(ﾋﾂｷ)
ししついじょう-しょう【脂質異常症】ｼｼﾂｲｼﾞｮｳｼｮｳ 血液中のコレステロールや中性脂肪など脂質の値に異常がある状態。以前は「高脂血症」とよばれていた。この状態を放置すると動脈硬化が進行し、心筋梗塞や脳梗塞などさまざまな生活習慣病の危険性が高まる。日本動脈硬化学会が平成19年(2007)に発表した指針では、血清1デシリットル中、中性脂肪が150ミリグラム以上、LDLコレステロール(悪玉)が140ミリグラム以上、HDLコレステロール(善玉)が40ミリグラム未満の場合とされている。
じじ-つうしんしゃ【時事通信社】日本の通信社。昭和20年(1945)創立。内外のニュースや写真の配信を行っている。本社は東京。
しじつがん【資治通鑑】ｼｼﾞﾂｶﾞﾝ 中国、宋代の歴史書。294巻。司馬光撰。1084年完成。周の威烈王の前403年から、後周の世宗の959年までの1362年間の君臣の事績を編年体で記したもの。名著の評高く、為政上の鑑(ｶｶﾞﾐ)と賞されてこの名を賜った。
しじつがんこうもく【資治通鑑綱目】ｼｼﾞﾂｶﾞﾝｺｳﾓｸ 中国の歴史書。59巻。朱熹(ｼｭｷ)らの編。成立年未詳。「資治通鑑」を、綱(大要)と目(詳注)に分類して編集したもの。綱で朱熹が史実を要約し、目で門人の趙師淵が批評を加えている。
しし-つき【▽肉付き】にくづき。ししおき。「―の豊な、ふっくりとした膚(ﾊﾀﾞ)」〈鏡花・高野聖〉
じじつ-こうい【事実行為】ｺｳｲ 法律効果の発生に根拠となる事実の意思表示を必要としない行為。遺失物拾得・加工・住所の設定など。ただし、求められた場合は、事実の証明を必要とする。
じじつ-ごにん【事実誤認】事実を誤って認識すること。〔補説〕刑事裁判において「判決に影響を及ぼすべき重大な事実の誤認」がある場合、上告裁判所は原判決を破棄することができる(刑事訴訟法第411条)。
じじつ-こん【事実婚】届け出を欠くため法律上有効ではないが、事実上の婚姻関係があり、社会の慣習上婚姻と認められるもの。➡形式婚
じじつじょう-の-ひょうじゅん【事実上の標準】ｼﾞｼﾞﾂｼﾞｮｳﾉﾋｮｳｼﾞｭﾝ ▶デファクトスタンダード
じじつ-しん【事実審】訴訟事件の法律問題だけではなく、事実問題をも併せて審理・認定する審級。第一審および控訴審。➡法律審
じじつ-しんり【事実審理】公訴事実の存否を認定するための証拠調べ。
しじつ-そう【子実層】菌類の子実体で、胞子を形成する部分が層状に並んだ部分。
しじつ-たい【子実体】菌類の菌糸が密に集合してできた胞子形成を行う、塊状のもの。形や大きさはさまざまで、大形のものをキノコという。
じじつ-にんてい【事実認定】裁判所が法令を適用するにあたって、裁判の基礎となる事実の存否について判断すること。
ししっ-ぱな【×獅子っ鼻】「獅子鼻(ｼｼﾊﾞﾅ)❶」に同じ。
じじつ-むこん【事実無根】根拠となる事実がまったくないこと。事実に基づいていないこと。根も葉もないこと。「―の話」
じじつ-もんだい【事実問題】❶《(ﾗﾃ) quid facti》カント哲学で、認識が成り立つ事実を事実として問題にすること。➡権利問題 ❷訴訟事件の審判において、係争事案における事実関係の確定に関すること。➡法律問題
じし-でん【地子田】ﾁﾞｼ 律令制で、人民に貸し付けて地子❶を徴収した公田。輸地子田。
しし-とう【×獅子唐】ﾄｳ「獅子唐辛子」の略。
しし-とうがらし【×獅子唐辛子】ﾄｳｶﾞﾗｼ トウガラシの栽培品種。果実は楕円形で先が平たく、縦に溝がある。古くから日本で栽培されたピーマン。また、小形のピーマンをいう。ししとう。
しじ-に【▽繁に】〔副〕❶草木が繁茂するさま。密生するさま。こんもり。「五百枝(ｲｵｴ)さし―生ひたるつがの木のいやつぎつぎに」〈万・三二四〉❷数量が多いさま。たくさん。「山はしも―あれども川はしもさはに行けども」〈万・四〇〇〇〉
じし-にち【自恣日】夏安居(ｹﾞｱﾝｺﾞ)の最終日、7月15日のこと。
しじ-ぬ・く【▽繁▽貫く】〔動カ四〕艪(ﾛ)や櫂(ｶｲ)などをすきまなく突き通して並べる。「難波の三津に大舟にま櫂―・き」〈万・四三三一〉
しし-の-おもてがわ【×獅子の面革】ｵﾓﾃｶﾞﾜ 白革に藍と赤を用いて獅子の顔の文様を型染めにした革。
しし-の-ざ【×獅子の座】《獅子は百獣の王であるように、仏は人中で最も尊いものであるところから》仏の座る所。また、高徳の僧などの座する所。獅子座。
しし-の-つの【▽鹿の角】鹿(ｼｶ)の角。また、特に、鹿の角を材料とするところから、ばくち用のさいころ。「鹿の角を揉(ﾓ)む」の形で、ばくちに興じる意に用いる。「この間は―を揉み損なうて、太郎冠者まで取られてござる」〈虎明狂・緡縄〉
しし-の-まる【×獅子の丸】獅子を円形に文様化したもの。織物・染め物・刺繍(ｼｼｭｳ)のほか、染め革文様として馬具や武具に用いられた。
しし-ば【×獅子葉】葉の先が細かく分かれたもの。シダなどにみられ、ウイルスによる奇形とされる。
じ-しばい【地芝居】ﾁﾞｼﾊﾞｲ「地狂言❸」に同じ。〔季 秋〕
しし-ばな【×獅子鼻】❶獅子頭の鼻のように平たくて、小鼻の開いた鼻。ししっぱな。❷獅子の頭部の彫刻を施した木鼻(ｷﾊﾞﾅ)。
しし-ばば【▽尿×糞】小便と大便。糞尿(ﾌﾝﾆｮｳ)。
じじ-ばば【×爺▽婆｜祖＝父祖＝母】ﾁﾞﾁ 年老いた男

と女。また、祖父と祖母。翁おきなと媼おうな。

じ-しばり【地縛】ヂ ❶キク科の多年草。田のあぜや道端に生える。茎は地をはい、節から発根する。葉は円形で長い柄をもつ。春から夏にかけて、約10センチの花茎の先に黄色の頭状花をつける。いわにがな。❷メヒシバの別名。

しじ-ばりき【指示馬力】►図示出力ずしゅつりょく

しし-びしお【▽肉×醬×醢】ししびしほ ❶魚や鳥の肉で作ったひしお。また、干し肉を刻み、麹こうじと塩に漬け込んだもの。❷古代中国で行われた極刑。処刑後の死体を塩漬けにするもの。

じ-しぶ【地渋】ヂ►ちしぶ(地渋)

しし-ぶえ【▽鹿笛】「しかぶえ」に同じ。(季 秋)

シジフォス〖Sisyphos〗►シシュフォス

しし-ふしゅせつ【止止不▽須説】法華経の方便品にある、法華一乗の法を説くように請う舎利弗しゃりほつに対して、釈迦が説くまいと答えた言葉。「止みなん止みなん説くべからず」と訓読する。

しし-ふせぎ【×猪防ぎ|▽鹿防ぎ】猪いのしし・鹿しかなどが田畑を荒らすのを防ぐこと。また、そのための設備。

じじ-ぶつぶつ【事事物物】あらゆる事物。

しし-ふんじん【×獅子奮迅】獅子がふるい立って暴れまわるように、激しい勢いで物事に対処すること。「—の働きをする」

しし-ぶんろく【獅子文六】[1893～1969]小説家・劇作家・演出家。横浜の生まれ。本名、岩田豊雄。岸田国士きしだくにおらと劇団文学座を創立。一方で、ユーモア小説で流行作家となった。文化勲章受章。小説「海軍」「自由学校」「娘と私」「大番」など。

しし-ぼうじ【四至×牓示】シシバウジ 荘園の区域を示すために四方に置かれた標識。12世紀には立券荘号とともに設置され、官使・国司・領家使・荘官が立ち会い、後証のために四至牓示図(荘園絵図)が作られた。

じし-ぼさつ【慈氏菩薩】弥勒菩薩の異称。

しじま ❶静まりかえって、物音一つしないこと。静寂。「夜の—」❷口を閉じて黙りこくっていること。無言。「いくそたび君が—に負けぬらむ物な言ひそといはぬたのみに」〈源・末摘花〉 (類語)静か・密ひそやか・しめやか・静寂・静粛・静閑・閑静・閑散・閑寂・清閑・森閑・深深しんしん・森森しんしん・沈沈ちんちん・寂ききと・寂じゃく・寂然せきぜん・寂然じゃくねん・寂寂せきせき・寂寂じゃくじゃく・闃げき・闃然げきぜん・粛然

しし-まい【×獅子舞】シシマヒ ❶獅子頭をかぶって舞う民俗芸能。大陸から伝わった伎楽系の二人立ちのものと、日本に古くからある風流ふりゅう系の一人立ちのものとがある。信仰的には五穀豊穣・悪魔祓あくまばらい・雨乞あまごいなどを目的とする。(季 新年)「吹かれつつ—とゆく伊良胡岬/林火」❷能の舞事まいごとの一。獅子の舞い狂うさまを写した急調子の舞。「石橋しゃっきょう」「望月もちづき」などにある。

ししまっしょう-ゆうい【四肢末×梢優位】シシマッセウイウヰ 神経の障害などで、主に手足の末端付近に障害症状が強く表れ、体幹部位に近づくにつれて弱い症状、または正常となっている状態。広範囲で末梢神経が侵された場合などに生じる感覚障害の表れ方で、左右対称性を伴うことが多い。触覚・痛覚・温度覚などの異常や、痙攣・筋萎縮・麻痺など運動機能の低下・喪失が四肢の末端部位に強く生じる。感染症や糖尿病、薬物使用などのほか、水銀や鉛など有毒物質による人体汚染が発症起因となる。水銀汚染による水俣病患者認定における症状の一つとされる。

しじま・る【×蹙まる|▽縮まる】〔動ラ五(四)〕ちぢんで小さくなる。ちぢまる。「重なる水の—・って行く」〈漱石・虞美人草〉「鼻いと小さくしぼみ—・りて」〈今昔・二八・二〇〉

しじみ【×蜆】シジミ科の二枚貝の総称。貝殻は三角形で、殻表は多くは黒色で輪脈がある。淡水にすむマシジミ、海水のまじる河口近くにすむヤマトシジミ、琵琶湖水系にすむセタシジミがある。食用。(季 春)「すり鉢に薄紫の—かな/子規」

しじみ-がい【×蜆貝】ガヒ ❶シジミのこと。また、その貝殻。❷少女の陰部をいう隠語。成人女性の陰部を赤貝になぞらえるのに対していう。❸少女。また、江戸吉原で禿かむろのこと。「やいー、二人ともにここへ来い」〈伎・五大力〉

しじみ-かき【×蜆×掻き】川底の泥中からシジミを掘り取ること。また、そのための、袋網の口に熊手くまでか板をつけた、柄のある漁具。(季 春)

しじみ-がわ【蜆川】ガハ 大阪市北区の曽根崎新地と堂島新地との間を流れて、堂島川に合流していた川。転じて、堂島新地のこと。

しじみ-じる【×蜆汁】殻のままのシジミを実にした味噌汁。黄疸おうだんなどによいといわれる。(季 春)「ほんの少し家賃下りぬ—/水巴」

しし-みち【×猪道|▽鹿道】猪いのししや鹿しかなどの獣類が行き来する道。けものみち。(季 秋)

しじみ-ちょう【小=灰×蝶|×蜆×蝶】テフ 鱗翅りんし目シジミチョウ科の昆虫の総称。小形の蝶で、翅はねの表面は褐色・青色・紫色など。日本にはウラギンシジミ・ミドリシジミ・ベニシジミなど約60種が知られる。(季 春)

しじみ-ばな【×蜆花】バラ科の落葉低木。高さ1～2メートルの株立ち状。晩春、白色で八重の小花が枝に群がって咲く。中国の原産で、栽培される。小米花こごめばな。

しじ・む【×蹙む|▽縮む】㊀〔動マ四〕ちぢむ。小さくなる。〈日葡〉㊁〔動マ下二〕❶ちぢめる。「人の衣袴きぬはかまの丈伸べ—・め制させ給ふ」〈栄花・見果てぬ夢〉❷減らす。「朝夕の御飯を日ごろよりは少し—・められ候ひて」〈著聞集・一八〉❸ひそめる。しかめる。「眉を—・めつ目を見出し」〈浄・大塔宮〉

じじ-むさ・い【×爺むさい】ヂヂ〔形〕図ぢぢむさ・し〔ク〕❶男性の服装・顔つき・態度などが、年寄りじみてみえる。じじくさい。「—・い身なり」「—・い意見」❷人の外見などが汚らしく見える。むさくるしい。「しかし、おれがやうな—・い女房を持居もつる者も損だよ」〈滑・浮世床・初〉

しし-むら【▽肉×叢】肉のかたまり。肉塊。また、肉体。「血をすすり—を尽すとも」〈一葉・別れ霜〉 (類語)体からだ・身み・体たい・身体しんたい・肉体・肉塊・体躯たいく・図体ずうたい・肢体したい・五体ごたい・全身・満身・総身そうしん・総身そうみ・人身じんしん・人体・生体・ボディー

し-しめい【史思明】[704ころ～761]中国、唐代の武将。安史の乱の指導者。営州(遼寧りょうねい省)生まれの突厥とっけつ系の胡人。安禄山とともに各地を転戦。禄山の死後、いったん朝廷にくだり、のち再びそむいて大燕皇帝と称したが、子の朝義に殺された。

じじ-め・く〔動カ四〕やかましく声や音を立てる。騒々しくする。「人々見て笑はむとぞ—・きける」〈伽・鉢かづき〉 (補説)歴史的仮名遣いは「ぢぢめく」か。

しし-もうし【しし申し】マウシ〔感〕注意を促して呼びかけるときに発する語。もしもし。「連れがあまたあるかと存ずれば、ただ一人ぢゃ。是に言葉をかけう。—」〈虎明狂・餅酒〉

しし-もの【×獅子物】近世の舞踊・音曲で獅子を題材としたものの総称。能の「石橋しゃっきょう」の流れをくむ「相生獅子」などの石橋物と、獅子舞❶の流れをくむ「越後獅子」などがある。

しし-もん【×獅子門】《各務支考かがみしこうの別号「獅子庵」による名》俳諧の一派、美濃派のこと。

じじ-もんだい【時事問題】その時々の社会問題。

し-しゃ【支社】❶会社や団体で、本社から分かれて設けられた事業所。「大阪—」㊥本社。❷神社の分社。末社。(類語)支店・支局・支所・支部・出張所・出店

し-しゃ【仕者】仕える者。特に、神仏に仕える人や鳥獣。「鳩は八幡大菩薩の第一の—なり」〈平家・一〉

し-しゃ【死者】死んだ人。死人。㊥生者。(類語)故人

死者に鞭むち打・つ　「死屍しに鞭打つ」に同じ。

し-しゃ【使者】❶命令や依頼を受けて使いをする人。使いの者。「—を派遣する」「—に立つ」❷法律上、他人の決定した法律行為を単に伝達する者。自ら意思決定をする代理人と区別される。(類語)使い・使節・特使・正使・密使・急使・全権大使

し-しゃ【詩社】詩人の組織する結社。

し-しゃ【試写】〔名〕スル 映画を、一般公開に先立って、関係者や批評家などに見せるために映写すること。「新作を—する」「—会」(類語)映写・上映・投影・クローズアップ・大写し・映す・映し出す

し-しゃ【試射】〔名〕スル 銃砲・弓などをためしに撃ったり射たりしてみること。ためしうち。

しし-や【▽猟矢|▽鹿矢】狩猟用の矢。野矢のや。さつや。「—を打ちつがひ、よっぴいて放つ」〈曽我・八〉

じ-しゃ【寺社】仏寺と神社。社寺。

じ-しゃ【自社】自分の会社。自分の勤めている会社。㊥他社。

じ-しゃ【侍者】❶貴人のそばに仕えて雑用を務める者。おそば。おつき。❷仏・菩薩また師僧などに近侍する者。❸キリスト教で、ミサのときに司祭を手伝い進行の補佐をする者。

じ-しゃ【持者】ヂ「持経者じきょうしゃ」の略。「千手経の—として、深く観音の悲願を頼み」〈盛衰記・一八〉

じ-しゃ【辞謝】〔名〕スル 断ること。辞退。謝絶。「先生の厚意を—し」〈蘆花・思出の記〉

じ-しゃ【×轜車|×輀車】貴人の葬送の際、棺を載せて運ぶ車。車輪に哀音を発する仕掛けがある。喪車。きぐるま。

じしゃ-がた【寺社方】江戸時代、寺社奉行およびその部下。

じしゃかぶ-がい【自社株買(い)】ガヒ 企業が過去に発行した株式を市場から買い戻すこと。自社株購入。(補説)自社株を購入することでEPS(企業の1株あたり純利益)が増加するため、配当と同様、株主還元の一方策として利用される。➡株主配分

じしゃかぶ-こうにゅう【自社株購入】コウニフ►自社株買い

し-しゃく【士爵】英国で、個人的功績や国家的功労があってサーの称号を贈られた人。準男爵(バロネット)の下位で、称号は1代限り。ナイト爵。爵勲士。ナイト。

し-しゃく【子爵】もと五等爵の第四位。男爵の上。伯爵の下。➡爵

しじ-やく【指示薬】滴定における当量点を知るために用いる試薬。また、水素イオン濃度などの判定に用いる試薬。リトマス・フェノールフタレインなど。

じ-しゃく【自酌】自分で自分の杯に酒をついで飲むこと。手酌てじゃく。

じ-しゃく【磁石】❶鉄を引きつける磁力をもつ物体または装置。永久磁石・電磁石など。❷地磁気を感じて南北を指す性質を利用した方位測定具。磁気コンパス。磁気羅針盤。❸天然に産する磁力をもつ鉱石。主に磁鉄鉱。じせき。

磁石に針　くっつきやすいことのたとえ。多く、男女の仲にいう。

じしゃく【磁石】狂言。遠江とおとうみの某が、大津松本の市で人買いにだまされそうになって逃げるが、人買いが太刀を抜いて追いかけてくるので、自分は磁石の精だと名のって太刀を取り上げる。

じ-じゃく【示寂】〔名〕スル 高僧などが死ぬこと。

じ-じゃく【自若】〔ト・タル〕図〔形動タリ〕重大事に当たっても、落ち着いていて、心や態度に少しの乱れもないさま。「—として座して待つ」「泰然—」 (類語)平気・平静・冷静・事も無げ・平ちゃら・平気の平左・無頓着むとんちゃく・大丈夫・悠然・泰然・平然・冷然・恬然てんぜん・けろりと・しれっと・しゃあしゃあ・ぬけぬけ・のめのめ・おめおめ・事ともせず・何のその・何処どこ吹く風・屁への河童かっぱ・痛くも痒かゆくもない

じしゃく-こう【磁石鋼】カウ 永久磁石に用いられる特殊鋼。KS鋼・新KS鋼・MK鋼など。スピーカー・電気計器・継電器・発電機などに広く使われる。マグネット鋼。磁石合金。

じしゃく-ごうきん【磁石合金】ゴフキン►磁石鋼

じしゃく-ばん【磁石盤】円盤に方位の目盛りをし、中央に南北を指す磁針をとりつけたもの。

じしゃ-こう【自社広】クワウ「自社広告」の略。

じしゃ-こうこく【自社広告】クワウコク 新聞・雑誌・テレビ・ラジオ・ウェブサイトなどで、発行元・運営元である自らの会社に関連する商品などについての広告を掲載すること。また、その広告。自社広。

ししゃ-ごにゅう【四捨五入】ゴニフ〔名〕スル 計算で、求めるけたの次の端数が4以下なら切り捨て、5以上な

ら切り上げて1とし、求めるけたに加える方法。「小数第三位を―する」

ししゃ-ざい【止×瀉剤】下痢を止めるための薬。下痢止め。止瀉薬。

じしゃ-てんそう【寺社▽伝奏】室町・江戸時代、寺社に関する諸事を天皇に執奏した公卿。

ししゃのしょ【死者の書】《The Book of the Dead》古代エジプトで副葬された宗教書。神への賛歌や、冥福・復活のための教訓・呪文をパピルスなどに書いたもの。新王国時代(前16世紀半ば〜前11世紀後半)に成立・発達。

じしゃ-ぶぎょう【寺社奉行】鎌倉幕府以降、寺社の領地・建物・僧侶・神官のことを担当した武家の職名。江戸幕府では将軍直属で三奉行の最上位に位置し、楽人・陰陽師・囲碁将棋師に関する事項をも扱った。

ししゃも【柳=葉=魚】《アイヌ語から》キュウリウオ科の海水魚。全長約15センチ。体は細長く側扁する。背側は暗黄色、腹側は銀白色。秋、北海道の太平洋沿岸の河川に上って産卵する。美味。(季 冬)

しし-やらい【▽鹿矢来|×猪矢来】▶鹿垣

じしゃ-りょう【寺社領】寺社の領有する土地。

し-しゅ【四衆】▶四部衆

し-しゅ【四種】❶四つの種類。❷料理で、味噌・塩・酢・酒のこと。しす。

し-しゅ【四趣】▶四悪趣

し-しゅ【旨酒】うまい酒。美酒。うまざけ。

し-しゅ【旨趣】《慣用読みで「しいしゅ」とも》❶事柄の意味・理由。趣旨。「発議の―を述べる」❷心の中で考えていること。所存。「最後の申し状と存ずれば、心底に―を残すべからず」〈盛衰記・六〉

し-しゅ【死守】〔名〕スル 命がけで守ること。「城を―する」「継投策で一点を―する」

(類語)守る・固守・固持・堅守・堅持・墨守

し-しゅ【×卮酒】杯についだ酒。杯酒。「前半は一、歓楽、学業の荒廃を致さんことを歎じ」〈露伴・運命〉

し-しゅ【詩酒】詩と酒。また、詩を作り酒を飲むこと。「山林に放浪し―に流連し」〈鉄腸・雪中梅〉

し-しゅ【詩趣】❶詩に述べ表したおもむき。詩のおもしろみ。❷詩的な味わい。「―に富む風物」

し-しゅ【×錙×銖】《昔、中国の量目で、100粒の黍を1銖とし、24銖を1両、8両(または6両とも)を錙としたところから》わずかなこと。また、ごく小さいこと。銖錙。「牙籌を取って―を争うは自分の長処でないから」〈魯庵・社会百面相〉

し-じゅ【紫×綬】印や勲章・褒章などに用いる、紫色の組紐、またはリボン。

じ-しゅ【地主】❶土地の持ち主。じぬし。❷その土地の守り神。地主の神。

じ-しゅ【字種】ある言語で用いられる文字の種類。特に漢字で異なる文字と認められる一つ一つの文字。「教育漢字の―は1006字とする」(補説)漢字の場合、標準的な文字についてその種類を数える。異体字等については字種に含めることもあるが、楷書・行書・草書などの筆記体や、明朝体・宋朝体・ゴシックなどの活字体の違いは、ふつう字種の違いとはしない。

じ-しゅ【寺主】三綱の一。寺の雑事をつかさどる僧。てらし。

じ-しゅ【自主】他からの干渉や保護を受けず、独立して事を行うこと。「―の精神」「―性に欠ける」「―独立」(類語)自助・独立・独歩・専行

じ-しゅ【自守】〔名〕スル 自分の力で守ること。

じ-しゅ【自首】〔名〕スル 犯罪事実または犯人の発覚する前に、犯人が自ら捜査機関に犯罪事実を申告し、その訴追を求めること。刑が減軽または免除されうる事由となる。

じ-しゅ【時衆】❶念仏を唱える僧俗。❷時宗の僧俗。また、時宗のこと。

じ-じゅ【耳珠】耳の顔側の、外耳道の入り口にある出っぱり。

し-しゅう【四州|四×洲】仏教で、須弥山の四方の海の中にあるという四つの大陸。南贍部州・東勝身州・西牛貨州・北倶盧州。四大州。

し-しゅう【四周】まわり。周囲。四方。

し-しゅう【四衆】▶四部衆

し-しゅう【死囚】死刑が確定した囚人。死刑囚。

し-しゅう【死臭|×屍臭】死体から発する悪臭。

し-しゅう【志州】志摩国の異称。

し-しゅう【私×讐】個人的な恨み。私怨。

し-しゅう【刺×繡】〔名〕スル 種々の糸を用いて、布地の表面に絵や模様を縫い表すこと。縫い取り。「ハンカチにイニシャルを―する」(類語)裁縫・縫い物・針仕事・繕い物・手芸・編み物・仕立て

し-しゅう【詩集】詩を集めた書物。

(類語)歌集・句集・詞花集・撰集・アンソロジー

し-じゅう【止住】ある場所にとどまって住むこと。居住。「多年―の案内者だにも、時にとっては行き方を失ふ」〈太平記・一五〉

し-じゅう【四十】❶10の4倍の数。よんじゅう。❷40歳。よそじ。

四十にして惑わず 《「論語」為政から》人は40歳になれば、道理を知って迷わない。➡不惑

し-じゅう【四重】❶四つ重なること。また、四つ重ねたもの。❷《「四重禁」「四重罪」の略》仏語。4種の重罪。殺生・偸盗・邪淫・妄語。

し-じゅう【四獣】❶四つのけもの。虎・豹・熊・羆をいう。❷「四神」に同じ。

し-じゅう【始終】㊀〔名〕❶物事の始めと終わり。「一本末を思考せずして事を起こす者は」〈織田訳・花柳春話〉❷事柄の成り行きの、始めから終わりまでの全部。「事件の―を語る」「一部―」❸始めから終わりまで態度・状態などを変えないで通すこと。また、変わらないで同一になること。「生民の為に身命を犠牲に供し、道義の為に―するに」〈東海散士・佳人之奇遇〉❹最後。結末。「いかに申すとも―のことはかなふまじ」〈平家・一〉㊁〔副〕❶絶え間ないさま。頻繁に行われるさま。いつも。しょっちゅう。「一監視されている」「仕事もせずに―ぶらぶらしている」❷終わりには。結局は。「寄せ手は大勢なり。城の構へ未だこしらへず、―いかがあるべからん」〈太平記・二九〉

(類語)㊁(❶)いつも・いつでも・しょっちゅう・年中・年がら年中・常時・常に・常常・絶えず・のべつ・終始・二六時中・四六時中

じ-しゅう【次週】つぎの週。来週。(類語)来週・翌週

じ-しゅう【自宗】自分が所属する宗派。

じ-しゅう【自修】〔名〕スル 自分で身を修めること。人から教えを受けないで、自分で学問を身につけること。「彫金の技法を―する」

じ-しゅう【自習】〔名〕スル 自分で学習・練習すること。「―時間」「自学―」

じ-しゅう【時宗】浄土教系の一宗で、平生を臨終の時と心得て称名念仏する宗派。鎌倉時代、一遍智真によって開かれ、地方を遊行し、賦算を行い、民衆を教化した。総本山は神奈川県藤沢市の清浄光寺。遊行宗。臨命終時宗。

じ-しゅう【時羞】時節の食べ物。特に、神仏への時節の供物。

じ-しゅう【時習】《「論語」学而の「学びて時に之を習う」から》学んだことを時々復習すること。

じ-しゅう【時衆】▶じしゅ(時衆)

じ-じゅう【自重】船舶・車両・構造物などの、それ自体の重量。

じ-じゅう【侍従】❶君主のそばに仕えること。また、その人。❷明治2年(1869)以後、宮内省、のち宮内庁内に置かれた侍従職の職員。❸律令制で、中務省に属し、天皇に近侍した官人。おもとびと。おもとびとまちぎみ。❹薫物の名。沈香・丁子香・貝香などを練り合わせて作る。(類語)側近・側仕え

しじゅう-うで【四十腕】40歳ごろに、腕が痛んだり上がらなくなったりすること。しじゅうかいな。

しじゅう-かた【四十肩】40歳ごろに、肩の関節が痛んで腕の動きが悪くなってくること。

しじゅう-から【四十×雀】スズメ目シジュウカラ科の鳥。全長約15センチ。頭が黒く、ほおが白い。背は暗緑色で、白い腹に黒い太線がある。平地・山地の林にみられ、都会の公園にもすむ。(季 夏)「老の名の有りとも知らで―/芭蕉」

しじゅうから-がん【四十×雀×雁】カナダガンの亜種。全長約70センチ。シジュウカラのようにほおが白い。冬、日本へ多数が渡ってきていたが、近年はまれ。ほおじろがん。(季 秋)

じしゅう-かん【時習館】江戸時代、熊本藩の藩校。宝暦5年(1755)藩主細川重賢が設立。同名のものが他の藩にもあった。

しじゅうく-いん【四十九院】❶弥勒菩薩のいる兜率天の内院にある49の宮殿。❷行基が畿内に建てたという49の寺院。❸平安時代、一つの寺院の境内に設けた49堂宇。❹鎌倉時代以後、墳墓の前面に6基、左右に各14基、後面に15基の塔婆を建てたもの。

しじゅうく-にち【四十九日】❶人の死後、49日間。今生の死と来世の生との中間の期間。中陰。❷人の死後、49日目。また、その日に行う法要。七七日。

しじゅうく-もち【四十九餅】四十九日の中有の日につく49個の餅。仏前に供えたり、寺へ贈ったりする。地方によって、葬送の日に作り、四十九日に食べるところもある。

しじゅう-くらがり【四十暗がり】40歳ごろに、自然に視力が衰えてくること。四十ぐらみ。

しじゅうしち-し【四十七士】47人の赤穂義士の称。

しじゅう-しまだ【四十島田】女性が40歳ごろになっても、まだ島田髷を結うこと。女性が若づくりをすること。また、その女性。➡四十振袖

じじゅう-しょ【侍従所】平安時代、大内裏の中にあった侍従の詰め所。外記庁の南に位置した。

しじゅう-しょう【四重唱】四人の歌手による重唱。カルテット。

じしゅう-しょう【自臭症】▶自己臭恐怖症

じじゅう-しょく【侍従職】宮内庁の一部局。天皇・皇后の側近として仕え、諸事務をつかさどり、御璽や国璽を保管する。じじゅうしき。

しじゅう-そう【四重奏】四つの独奏楽器による重奏。弦楽四重奏など。カルテット。

ししゅうそしきさいせいゆうどう-ほう【歯周組織再生誘導法】▶GTR法

ししゅう-だい【刺×繡台】日本刺繡で、刺繡する布を張るための長方形の台。馬とよぶ木製の足にのせて使う。

じじゅう-だい【侍従代】平安時代、朝儀に際して臨時に侍従の役を務める者。多く、少納言が任ぜられた。

じじゅう-ちょう【侍従長】侍従職の長官。

じじゅう-でん【仁寿殿】平安京内裏十七殿の一。内裏中央、紫宸殿の北にあった。初め天皇の日常の座所、のち、内宴・相撲・蹴鞠などを行う所となった。じんじゅでん。にんじゅでん。

しじゅうにしょうきょう【四十二章経】原始経典。1巻。後漢の迦葉摩騰と竺法蘭との共訳。仏教倫理を42章に分けて、教訓的に説いたもの。中国に伝わった最初の経典とされるが、疑経ともいわれる。異本も多い。

しじゅうに-の-ふたつご【四十二の二つ子】数え年で、男子の42歳は大厄とされ、父親がその年齢のときに2歳になる男児。親を殺すといい、仮に捨てて他人に拾ってもらう風習があった。

しじゅう-の-が【四十の賀】算賀の一。数え年40歳になった祝い。よそじのが。

しじゅうはち-がん【四十八願】阿弥陀仏が法蔵菩薩のとき、衆生を救うために立てたという48の誓願。

しじゅうはち-きょうかい【四十八▽軽戒】梵網経に説かれる大乗戒のうち、10の重い戒に対して、比較的軽い罪を戒めた48の戒。

しじゅうはち-や【四十八夜】阿弥陀仏の四十八願にちなんで、48日間の夜に限って行う念仏、また

は経の講説。

しじゅうはっ-たか【四十八×鷹】❶《タカの種類が48あるといわれたところから》あらゆる種類のタカ。❷それぞれの役の者がすっかりそろっていること。

しじゅうはっ-て【四十八手】❶相撲で勝負をきめる技の総称。古法では、頭による反り、手による捻り、腰による投げ、足による掛けの四手に、それぞれ12種の変化があるとする。現在、日本相撲協会は、82種を決まり手と定めている。❷目的をとげるための、種々の手段・駆け引き。「セールスの一を尽くして売り込む」

四十八手の裏表 ❶相撲の四十八手には、それぞれ裏と表の変化があること。❷ありとあらゆる駆け引きや秘術。

ししゅう-びょう【歯周病】歯をとりまく組織にかかわる病気の総称。歯槽膿漏・歯肉炎など。

じじゅう-ぶかん【侍従武官】第二次大戦前、天皇に近侍して、編制・統帥など軍事に関する大権の執行を補佐した陸海軍の将校。

しじゅう-ふりそで【四十振袖】女性が40歳ごろになっても、まだ振袖を着ること。女性が若づくりをすること。また、その女性。➡四十島田

ししゅう-ポケット【歯周ポケット】歯と歯肉の間にある隙間(歯肉溝)が広がったもの。歯肉溝は健康な人で1〜2ミリ。歯を支えている歯槽骨や、歯と歯槽骨をつなぐ歯根膜が細菌に破壊されるなどするとこの隙間が広がり、歯周ポケットと呼ばれるようになる。溝にたまった歯垢を放置すると歯周病の原因になる。

じしゅう-よう【磁州窯】中国河北省磁県を中心とする陶窯。また、そこで作られた陶器およびその作風をいう。起源は宋代で、掻き落とし法で白地に黒の文様を表したものをはじめ、種類が多い。

じしゅ-かんり【自主管理】他からの保護や干渉を受けず、みずから進んで決定し実行すること。特に、勤労者集団が企業・工場などを運営すること。

じしゅきかく-しょうひん【自主企画商品】➤プライベートブランド

じしゅ-きせい【自主規制】批判や攻撃あるいは公権力の介入などを避けるために、個人や団体が、自主的にその活動に制約を加えること。

し-しゅく【止宿】〘名〙スル 宿屋などに泊まること。また、下宿すること。「知人宅に一する」
(類語)寝泊まり・宿泊・外泊・野宿・素泊まり・旅宿・投宿・旅寝・仮寝・泊まる・宿る

し-しゅく【四宿】➤四駅

し-しゅく【私淑】〘名〙スル《「孟子」離婁下の「予は私かにこれを人よりうけて淑しとするなり」から》直接に教えは受けないが、ひそかにその人を師と考えて尊敬し、模範として学ぶこと。「一する小説家」(類語)尊敬・敬う・尊ぶ・崇める・仰ぐ・慕う・敬する・畏敬・崇拝・敬愛・敬慕・敬仰・景仰・崇敬・傾倒・心酔・心服・敬服

し-じゅく【私塾】私設の教育機関。江戸時代には主に儒学者・国学者・洋学者が開設し、重要な教育機関であった。明治の学制以降、洋学を教える慶応義塾など、私立学校として存続したものもある。現在は、書道塾・学習塾などの類。

じ-しゅく【自粛】〘名〙スル 自分から進んで、行いや態度を慎むこと。「露骨な広告を業界が一する」
(類語)自重・自戒・控える

じしゅ-けん【自主権】❶自分のことを自分の意思のままにできる権利。❷地方公共団体に認められている自治立法権。

じしゅ-けんぽう【自主憲法】他国の干渉なしに、自国民によって制定された憲法。

じしゅ-こう【▽十種香｜▽十×炷香】《「じしゅごう」とも》❶10種類の香の名。栴檀・沈水・蘇合・薫陸・鬱金・青木・白膠・零陵・甘松・鶏舌。❷数種の香10包をたき、その香の名をきき当てる遊び。

じしゅ-ごんげん【地主権現】寺院の境内に地主を祭った社。中世以後、京都東山の清水寺のものをさすことが多い。➡地主❷

ししゅ-ざんまい【四種三昧】天台宗で、修行する4種の三昧。常坐三昧・常行三昧・半行半坐三昧・非行非坐三昧の称。

ししゅ-しょう【×嗜酒症】アルコールに対して病的に欲求をもつ、あるいは依存の生じている状態。

ししゅ-せい【四種姓】➤バルナ

じしゅ-せんゆう【自主占有】所有の意思をもってする占有。⇔他主占有。

ししゅ-そうしょう【四種相承】最澄が入唐して円(天台)・密(真言)・禅・戒の四宗を相承し、これらの合一のうえに独特の天台宗をつくりあげたこと。

し-しゅつ【支出】〘名〙スル ある目的のために自分の所有する金銭や物品を支払うこと。また、その金品。「経費を一する」「一を抑える」「過年度一」⇔収入。
(類語)出金・出費・出銭・失費・掛かり・費え・物入り・支払い・歳出

し-じゅつ【四術】《「礼記」王制から》知識人が修めるべき詩・書・礼・楽の四つの道。

し-じゅつ【施術】〘名〙スル 医者が医療の術を行うこと。特に手術にいう。

ししゅつ-こくみんしょとく【支出国民所得】支出の面からとらえた国民所得。一定期間の民間消費・投資、政府支出、対外債権の増加額の合計。➡生産国民所得 ➡分配国民所得

ししゅつ-ふたんこうい【支出負担行為】歳出予算・継続費などに基づいてなされる国の支出の原因となる契約その他の行為。

じしゅ-てき【自主的】〘形動〙他からの指図や干渉によらずに、なすべきことを自分の意思に基づいて行うさま。「一な活動」

じしゅ-とうひょう【自主投票】選挙において、政党や圧力団体などが公認・推薦・支援する候補者を特に定めず、構成員が自主的に判断して投票すること。また、国会での法案採決などで、政党が党議拘束をかけず、議員が自主的な判断に基づいて賛成・反対票を投じること。

じしゅ-どくおう【自主独往】他人に動かされないで、自分の主義・主張どおりに行動すること。

じしゅ-トレ【自主トレ】「自主トレーニング」の略。

じしゅ-トレーニング【自主トレーニング】❶スポーツ選手などが、自主的に行うトレーニング。自主トレ。❷プロ野球で、チームによる練習や試合が禁じられるポストシーズンの期間に、選手が自主的に行うトレーニング。自主トレ。

ししゅ-ねんぶつ【四種念仏】念仏を4種に分類したもの。口称念仏(仏の名を口に唱えること)・観像念仏(仏の形相や相好を心に思い浮かべて念じること)・観相念仏(西方浄土のさまを心に思いつつ念じること)・実相念仏(仏の法身を観じて念じること)。

じしゅ-の-かみ【地主の神】➤地主❷

ししゅ-の-はな【四種の花】➤四華

シシュフォス〖Sisyphos〗ギリシャ神話で、狡猾なコリントスの王。ゼウスの怒りにふれ、死後、地獄に落とされて大石を山頂まで押し上げる罰を受けたが、大石はあと一息のところで必ず転げ落ちたという。シジフォス。シーシュポス。

じしゅ-ほう【自主法】地方公共団体がその自治権に基づいて制定する条例・規則などの総称。また、国以外の団体が自ら定める規則・規約など。

じしゅ-ぼうえい【自主防衛】他国に頼らず独自の防衛力によって自国を守ること。

しじゅ-ほうしょう【紫×綬褒章】学術・芸術上の、発明・改良・創作などの業績の著しい人に授与される褒章。綬(リボン)は紫色。昭和30年(1955)制定。

じじゅ-ほうらく【自受法楽】仏語。仏が、自らの悟りの内容を深く味わい楽しむこと。転じて、法悦にひたること。

ししゅ-まんだら【四種×曼×荼羅】真言密教の4種の曼荼羅。諸尊の形像を描いた大曼荼羅、諸尊の持物や印契を描いた三昧耶曼荼羅、諸尊の真言・種子などを示した法曼荼羅、諸尊の威儀・動作を表した羯磨曼荼羅。四曼。

じしゅりゅうつう-まい【自主流通米】生産者や業者が自由な価格をつけて販売する米。昭和44年(1969)に始まった食糧管理制度下での区分。平成16年(2004)食糧法改正により廃止。➡民間流通米

し-じゅん【至純｜至×醇】〘名・形動〙まったくまじりけのないこと。この上なく純粋なこと。また、そのさま。「一な(の)愛」(派生)しじゅんさ〘名〙(類語)純粋・無垢・純・純正・純一・純良・醇・無雑・真正・生っ粋(連体修飾語として)純然たる・醇乎たる

し-じゅん【視準】望遠鏡の軸の方向を調整すること。

し-じゅん【諮×詢｜×咨×詢】〘名〙スル 参考として他の機関などに意見を問い求めること。諮問。「案件について一する」

じ-じゅん【耳順】《「論語」為政の「六十にして耳順う」から》60歳のこと。
(類語)志学・破瓜・弱冠・而立・不惑・知命・華甲・還暦・古希・致仕・喜寿・傘寿・米寿・卒寿・白寿・厄年

しじゅん-かせき【示準化石】地層の対比や地質時代決定に役立つ化石。生存期間が短く、地理的に分布範囲が広いものが用いられる。古生代のフズリナ、中生代のアンモナイトなど。標準化石。

ししゅん-き【思春期】青年期の前期。第二次性徴が現れ、生殖が可能となって、精神的にも大きな変化の現れる時期。ふつう12歳から17歳ごろまでをいう。春機発動期。

しじゅん-き【視準器】➤コリメーター

しじゅん-ぎ【視準儀】❶望遠鏡で、視準軸を調節するための小さい望遠鏡。❷➤コリメーター

しじゅん-きかん【諮×詢機関】明治憲法下で、自ら発案することはできず、天皇の諮詢を待って意見を上奏した機関。枢密院・皇族会議・元帥府など。

ししゅんき-そうはつしょう【思春期早発症】第二次性徴が通常よりも早く出現する病態。精子の形成や排卵を伴う場合(真性思春期早発症)と、伴わない場合(仮性思春期早発症)がある。性早熟症。➡思春期遅発症

ししゅんき-ちはつしょう【思春期遅発症】通常の思春期を過ぎても第二次性徴が発現しない病態。時期的に遅れて第二次性徴が起こる場合(体質性思春期遅発症)と、永続的な場合(性腺機能不全)がある。➡思春期早発症

しじゅん-さい【四旬祭】➤四旬節

しじゅん-せつ【四旬節】キリスト教で、復活祭前日までの46日間から日曜日を除いた40日間の斎戒期間。キリストの荒野での40日間の断食・苦難を記念するもの。大斎節。四旬祭。レント。

し-しょ【士庶】❶武士と庶民。❷身分の高い人に対して、一般の人民。

し-しょ【支所】会社・役所で、本社・本庁から離れた所に設置され、その指示によって業務を取り扱う所。
(類語)支社・支店・支局・支部・出張所・出店

し-しょ【支庶】❶枝葉の血筋。本家から分かれた血筋。支族。分家。❷めかけの子。妾腹。

し-しょ【支署】本署の管理のもとで、本署と別の地で、その所在地の業務を取り扱う役所。(類語)分署

し-しょ【司書】図書館で、図書の収集・整理・保存・閲覧などの専門的事務を行う職。また、その人。資格は、図書館法に規定される。

し-しょ【史書】歴史を記した書物。歴史書。

し-しょ【四書】「大学」「中庸」「論語」「孟子」の4部の書。五経と並んで儒学の基本となる書。

し-しょ【死所｜死処】死ぬための場所。死にがいのある場所。「開発事業に一を得る」
(類語)死に所・死に場所・死地

し-しょ【私書】❶個人的に書いた手紙。私用の手紙。❷個人の書類。私文書。❸内密の手紙。
(類語)手紙・書簡・書信・書状・書面・紙面・信書・私信・書・状・一書・手書・親書・手簡・書札・尺牘・書牘・雁書・消息・便り・文・玉章・レター・封書・はがき・絵はがき・郵便

し-しょ【私署】〘名〙スル 個人として署名すること。また、その署名。

し-しょ【詩書】❶詩を集めた書。詩集。❷「詩経」と「書経」。

し-じょ【士女】ヂョ 男と女。紳士と淑女。「石だたみの人道を行く隊々の―を」〈鷗外・舞姫〉

し-じょ【子女】ヂョ ❶息子と娘。子供。「―の教育」❷娘。女の子。「良家の―」

(類語)子供・少女・児女・女児・女子・女の子・娘・乙女・ガール・ギャル・子ご・子弟・愛児・子息・息男そく・息女・息子むす・倅がれ・子種・子宝・二世・お子さま・令息・令嬢・お坊っちゃん・お嬢さん・お嬢さま

し-じょ【紫女】ヂョ 紫式部のこと。

じ-しょ【地所】ヂ 土地。地面。ちしょ。

(類語)地盤・土地・地面・用地・敷地・宅地・料地

じ-しょ【字書】❶「字典」に同じ。❷「辞書❶」に同じ。

じ-しょ【自処】自分で自分のことを処置すること。「才徳をもって―すべからず」〈孔雀楼筆記・二〉

じ-しょ【自書】〔名〕スル 自分で書くこと。また、書いたもの。自筆。「遺言状を―する」(類語)直筆・直書・自記

じ-しょ【自署】〔名〕スル 自分で自分の氏名を書き記すこと。また、その署名。「誓約書に―する」

じ-しょ【辞書】❶多数の語を集録し、一定の順序に配列して一つの集合体として、個々の語の意味・用法、またはその示す内容について記したもの。語のほかに接辞や連語・諺なども収める。また、語の表記単位である文字、特に漢字を登録したものも含めていう。辞書は辞典(ことばてん)・事典(ことてん)・字典(もじてん)に分類されるが、現実に刊行されている辞書の書名では、これらが明確に使い分けられているとはいえない。辞典。字書。字引じび。❷パソコンの日本語入力システムやワープロソフトで、入力した仮名を漢字に変換するために登録されている語・熟語・類語などのファイル。また、自動翻訳システムで、語の対応や文法などを登録しておくファイル。❸先帝が新帝から贈られる太上だいじ天皇の尊号を辞退する意を述べた書状。御奉書。御辞書。❹辞表。じそ。「このごろ大弐だい―奉りたれば」〈栄花・見果てぬ夢〉

(類語)(❶)辞典・字引・字典・字書・辞彙じい・語典・事典・ディクショナリー・レキシコン

じ-しょ【璽書】❶天子の印の押してある文書。親勅。❷古代中国で、諸侯・大夫の封印の押してある文書。秦漢以後は、御璽を押した天子の詔書。

じ-じょ【次女】【二女】ヂョ 姉妹のうち2番目に生まれた子。(類語)長子・次子・総領・初子はつ・初子うい・末っ子・長男・長女・次男・長兄・次兄・長姉

じ-じょ【次序】順序をつけること。順序。次第。「継続の―を定める」

じ-じょ【自助】❶他人の力によらず、自分の力だけで事を成し遂げること。「―の精神」「―自立」❷国際法上、国家が自力で自国の権利を確保すること。自力救済。(類語)自主・独立・独歩・専行

じ-じょ【自序】自分の著書に自分で序文を書くこと。また、その序文。(類語)序・序文・はしがき・前書き・序言・緒言・序章・前付け・前置き・前文・プロローグ

じ-じょ【自叙】〔名〕スル 自分で自分のことを述べること。「一代記を―する」

じ-じょ【児女】ヂョ ❶女の子。❷子供や女。おんなこども。❸男の子と女の子。子供たち。子女。

(類語)子供・子ご・子女しじ・子弟・愛児・子息・息男そく・息女・息子むす・娘・倅がれ・子種・子宝・二世・お子さま・令息・令嬢・お坊っちゃん・お嬢さん・お嬢さま

じ-じょ【事序】事柄の順序。「前後錯乱、一繽紛」〈逍遥・小説神髄〉

じ-じょ【侍女】ヂョ 貴人などのそばに仕える女性。腰元。

じ-じょ【爾汝】《「爾」も「汝」も、なんじの意》相手を、「おまえ」「きさま」のように遠慮なく呼び合うこと。「参謀本部に長たる某将軍とは―の間なる舅中将の話なりき」〈蘆花・不如帰〉

し-しょう【支証】裏づけとなる証拠。あかし。「合戦仕つかまって候ひつる―是にて候と」〈太平記・五〉

し-しょう【支障】シャウ さしつかえ。さしさわり。「運営に―をきたす」「少々の遅れなら―はない」

(類語)故障・邪魔・障害・万障・万難

し-しょう【司掌】シャウ 律令制で、諸官庁に置かれた最下級の職。官掌かんじ・省掌などの総称。使部の監督・設営などに当たった。

し-しょう【史生】シャウ《「しじょう」とも》律令制で、中央諸官庁や諸国の主典さかんの下に属し、公文書の書写や修理などに従った下級の書記官。一分いちぶの官。ふみびと。しせい。

し-しょう【四生】シャウ 仏語。生物をその生まれ方から4種に分類したもの。胎生たいしょう・卵生・湿生・化生けしょう。

し-しょう【四声】シャウ ▶しせい(四声)

し-しょう【四姓】シャウ ▶しせい(四姓)

し-しょう【四象】シャウ ❶4種の姿かたち。天体の、日・月・星・辰。❷易学で、少陽(春)・太陽(夏)・少陰(秋)・太陰(冬)。❸地中の、水・火・土・石。

し-しょう【四聖】シャウ ㊀仏・菩薩ぼさ・縁覚えん・声聞しょう。㊁㊀阿弥陀仏・観世音菩薩・大勢至菩薩・大海衆菩薩。㊁鳩摩羅什くまらじゅうの弟子の、道生・僧肇そうじょう・道融・僧叡そうえい。㊂東大寺の、本願の聖武天皇、開基の良弁ろうべん、勧進の行基、導師の菩提僊那ぼだいせんな。

し-しょう【四障】シャウ 仏語。仏道修行上の4種類の障害。ものにまどう惑障、悪業あくごうのさわりの業障、悪業のむくいの報障、邪見の見障。

し-しょう【市章】シャウ その市のシンボルマーク。

し-しょう【死生】シャウ「しせい(死生)」に同じ。

し-しょう【死傷】シャウ〔名〕スル 死ぬことと傷つくこと。「列車転覆事故で多数の人が―する」「―者」

し-しょう【志尚】シャウ こころざし。「―の尊くして、品格の高き者」〈雪嶺・偽悪醜日本人〉

し-しょう【私消】セウ〔名〕スル 公共の金品を勝手に私用に消費すること。「誤魔化すの―するのと云うのではなく」〈里見弴・多情仏心〉

し-しょう【私娼】シャウ 公娼制度の認められていた時代に、公認されずに営業した売春婦。㊁公娼。

し-しょう【私傷】シャウ 公務を離れたときに受けた傷。㊁公傷。

し-しょう【刺傷】シャウ〔名〕スル 刃物などで人を刺して傷つけること。また、その傷。刺し傷。

し-しょう【刺衝】〔名〕スル 突き刺すこと。また、刺激すること。「寒熱痛痒外より―して内よりこれに応じ」〈福沢・学問のすゝめ〉

し-しょう【師匠】シャウ ❶学問または武術・芸術の師。先生。❷歌舞音曲などの遊芸を教える人。❸寄席芸人に対する敬称。(類語)師・師範・先生・指南役・宗匠・師父・教師・教員・教諭・教授・教官・講師・ティーチャー・プロフェッサー・チューター・インストラクター・尊師・恩師・旧師・先師

し-しょう【師承】〔名〕スル 弟子が師から教えを受け伝えること。師伝。「武道の奥義を―する」

し-しょう【翅鞘】セウ 甲虫類の、かたい前翅ぜんし。たたむと上になるので上翅じょうしともいう。鞘翅しょうし・さやばね。

し-しょう【視床】シャウ 間脳にある大きな灰白質の部分。嗅覚きゅうかく以外の興奮伝導を大脳皮質へ中継し、痛覚の知覚や運動機能の調節、感情の働きにも関係する。視丘。

し-しょう【詞章】シャウ ❶文字によって表現された言葉。詩歌や文章。❷謡曲・浄瑠璃など音楽的要素のある演劇作品の文章。

(類語)文章・文えふ・書き物・一文いちぶん・散文・文言もんごん・編章・詞藻・文辞ぶん・文藻・文体・文面・章句

し-しょう【嗤笑】セウ〔名〕スル あざけり笑うこと。嘲笑ちょうしょう。「此言を聞く者、咸予を―して以て狂と為し」〈露伴・運命〉(類語)笑い・物笑い・嘲笑・冷笑・自嘲

し-しょう【詩抄】【詩鈔】セウ 多くの詩の中から、ある目的のもとに抜き書きして書物にしたもの。

し-じょう【支場】ヂャウ 試験場・市場などの、本部から分かれて仕事をするところ。

し-じょう【史上】ジャウ 歴史に現れているところ。歴史上。「―空前の惨事」

し-じょう【史生】ジャウ ▶ししょう(史生)

し-じょう【史乗】《「乗」は記録の意》歴史上の事実の記録。歴史書。史録。

しじょう【四条】デウ ㊀平安京の条坊の一。また、東西に通じる大路の名。四条大路。㊁▶四条通り

しじょう【四条】デウ 姓氏の一。藤原北家の一流。左大臣魚名うおなの子孫隆季たかすえが四条大宮に邸宅を構えたところからの名。その宗家は、代々包丁家として料理を業とした。

し-じょう【市上】ジャウ まちなか。街頭。市中。

し-じょう【市場】ヂャウ ❶売り手と買い手とが特定の商品や証券などを取引する場所。中央卸売市場・証券取引所(金融商品取引所)・商品取引所など。マーケット。❷財貨・サービスが売買される場についての抽象的な概念。国内市場・労働市場・金融市場など。マーケット。❸商品の販路。マーケット。「―開発」

(類語)売れ口・捌はけ口・捌さばけ口・販路・売れ先

し-じょう【糸状】ジャウ 糸のように細く長いこと。

し-じょう【至上】ジャウ〔名・形動〕この上もないこと。また、そのさま。最上。最高。「―の栄光」「恰も度胸が人間―な能力であるかの如き言草いいぐさである」〈漱石・それから〉(類語)無上・最高・絶対・至高・最上・一番・最上級・随一

し-じょう【至情】ジャウ ❶この上なく深い心。まごころ。「―をささげる」「―あふれる行為」❷きわめて自然な人情。「人間としての―」

し-じょう【私乗】《「乗」は記録の意》個人が書き記した歴史。私史。

し-じょう【私情】ジャウ ❶個人的な感情。私意。「―にとらわれる」「―を交える」「―を捨てる」❷利己的な心。私心。「先方の利益を思うよりもわが―を満足さすばかりの」〈蘆花・思出の記〉

し-じょう【枝条】デウ 木のえだ。樹枝。

し-じょう【姿情】ジャウ ❶すがたと趣。❷俳諧で、句の外形と内容。姿は句に表現された形象、情は作者の思想・感情。蕉風では、この融合を理想とする。

し-じょう【施条】デウ ❶物に筋目をつけること。❷銃身や砲身の腔内に螺旋らせん状の溝を刻むこと。また、その溝。

し-じょう【紙上】ジャウ ❶紙の上。「―に書き記す」❷紙に書かれた文字。文面。特に、手紙の文章についていう。「反省の色が―ににじみ出る」❸新聞の記事面。紙面。「―をにぎわす」

し-じょう【詞場】ヂャウ 詩文などを作るところ。また、詩人・文人の社会。文壇。「対策及第して、自ら―に桂を折り給ふ」〈太平記・一二〉

し-じょう【詩情】ジャウ ❶詩にみられるような趣。詩的な情景。「―あふれる夏の高原」❷詩に表現されている気分。詩のおもしろみ。「―を解する」❸詩を作りたくなるような気持ち。「―をそそる」

し-じょう【試乗】〔名〕スル 新しく開発された乗り物や購入したい車などにためしに乗ってみること。

し-じょう【誌上】ジャウ 雑誌の記事面。誌面。

し-じょう【熾盛】ジャウ〔形動ナリ〕「しせい(熾盛)」に同じ。「邪見―なること限りなし」〈今昔・一七・二〉

じ-しょう【字性】シャウ 文字の形。字形。「涙に―も見えがたく」〈浄・女舞衣〉

じ-しょう【次将】シャウ ❶大将の次に位するもの。❷《「ししょう」とも》近衛中将このえのちゅうじょう・少将の異称。

じ-しょう【自性】シャウ 仏語。そのものが本来備えている真の性質。真如法性しんにょほっしょう。本性。

じ-しょう【自称】〔名〕スル ❶自分から名のること。真偽はともかく、名前・職業・肩書などを自分で称すること。「流行作家を―する男」❷人称の一。一人称。❸自分で自分を褒めること。「我より外に心も剛に案も深き者あらじと―して」〈義経記・五〉

(類語)一人称・二人称・三人称・対称・他称

じ-しょう【自証】〔名〕スル 仏語。他に頼らず、自分の力で悟りを開くこと。

じ-しょう【自傷】シャウ〔名〕スル 自分で自分のからだをわざと傷つけること。

じ-しょう【自照】セウ〔名〕スル 自分自身をかえりみて深く観察すること。

じ-しょう【事象】シャウ ❶ある事情のもとで、表面に現れた事柄。現実の出来事。現象。「自然界の―」❷数学で、試行の結果起こる事柄。例えば、さいころを

投げるという試行の結果からは一から六の目のどれかが出るという事象が起こる。(類語)現象

じ-しょう【侍×妾】身分の高い人のそばにいて、その身の回りの世話をする女性。そばめ。

じしょう【治承】平安末期、高倉天皇・安徳天皇の時の年号。1177年8月4日～1181年7月14日。ちしょう。

じ-しょう【時正】1日の昼夜の時間が等しい時。春分と秋分。また、春と秋の彼岸の7日間のこと。「花のさかりは、冬至より百五十日とも、一の後、七日ともいへど」〈徒然・一六一〉

じ-しょう【時尚】その時代の好み。時好。「一に適するの大文字を作り得る者あらば」〈竜渓・経国美談〉

じ-しょう【時鐘】時刻を知らせる鐘。

じ-じょう【自乗】|▽二乗】【名】スル 同じ数や文字を2回掛け合わせること。平方。二乗。

じ-じょう【自浄】それ自体の働きだけできれいになること。

じ-じょう【事情】物事がある状態に至るまでの理由や状態。また、その結果。事の次第。「やむをえぬ一があって遅れる」「一が許す限り協力する」「業界の一に通じる」「中南米諸国の一に明るい」「住宅一」「交通一」

(類語)事態・実態・実情・内実・内情・都合・子細・理由・事由・所由・根拠・訳・故・由・謂れ・所以・故由・事訳・訳合い・訳柄

じ-じょう【治定】■【名・形動】スル ❶決定すること。落ち着くこと。〈和英語林集成〉「連歌はなほ上手になりてのちも善悪をひしと一する事はかたし」〈連理秘抄〉❷きまりきっていること。また、そのさま。必定。「それがしは、君を御代に出だし申すぞ。一なり」〈狂言記・七騎落〉❸連歌・俳諧で、推敲の結果、句形が決定すること。また、切れ字により1句の表現を完結すること。『「や」と言ふ文字は一の切れ字』〈伎・名歌徳〉■【副】必ず。きっと。「今日の軍には一勝つべきいはれ候」〈太平記・一〇〉

じ-じょう【辞譲】へりくだって他人に譲ること。謙譲。

じ-じょう【磁場】▶磁界

し-しょうがい【私生涯】人の個人としての生涯。私人としての一生。⇔公生涯。

ししょうか-かく【視床下核】大脳基底核を構成する神経核の一つ。淡蒼球外節から抑制性の出力を受け、淡蒼球外節および淡蒼球内節・黒質網様部へ興奮性の出力を行う。

しじょう-かかく【市場価格】市場において、需要と供給との関係によって現実に成立する価格。

しじょう-かくり【市場隔離】野菜などの農産物の緊急需給調整策の一つ。特定の野菜の供給が増え、市場価格が過去の平均を大きく下回った際に、産地を指定して出荷を一定期間停止する。余剰分は、加工食品や飼料に転用したり、価格が回復した後に出荷するなどして、有効利用できない分は産地で廃棄される。農産物の有効利用を促進するため、産地廃棄を行った場合以外でも国から一定の交付金が支給される。

しじょうがた-かんせつきんゆう【市場型間接金融】金融機関が仲介して広く投資家から資金を集め、企業に融資する仕組み。危険性を広く薄く負担することになる。協調融資・資産担保証券の発行などの方法がある。

しじょう-かち【市場価値】生産条件の異なる企業によって生産される同種商品全体の平均価値。市場での競争によって決定され、市場価格が成立する基礎となる。

しじょうか-テスト【市場化テスト】公共サービスの管理運営を、官業と民間企業の競争入札によって決定する方式。サービス内容の向上と経費削減が狙い。1980年代に米英で始まる。官民競争入札。

しじょうかテスト-ほう【市場化テスト法】▶公共サービス改革法

ししょう-かぶ【視床下部】間脳の一部で、視床の下側にあり、脳下垂体につながる部分。自律神経系の中枢で、体温調節・物質代謝の調節・睡眠・生殖など、生命維持に最も重要な統御機能をもつ。

しじょう-がわら【四条河原】京都四条大橋付近の賀茂川の河原。江戸時代、芝居小屋や茶屋でにぎわった。

じ-しょうぎ【持将棋】将棋で、双方の玉が互いに相手の陣内に入って詰む見込みのない場合、玉を除き飛車・角行を各5点、その他の駒を各1点として計算し、両者とも24点以上あれば引き分けとする規定。24点以下の対局者は負けとなる。

しじょう-きょうそう【市場競争】企業が、財やサービスを供給する市場へ自由に参入し、消費者を獲得するため、価格や品質面などで他の企業と競い合うこと。経済学では、競争が正しく機能すれば、政府による規制がある場合や市場が一社に独占されている場合などと比較して、価格が抑えられ、供給が増えるため、消費者と企業の双方に望ましい効率的な状態になるとされる。

しじょう-きん【糸状菌】菌類のうちで、糸状の菌糸をもつもの。一般にはカビとよばれる。

ししょう-くつ【私×娼窟】私娼の多くいる地域。

しじょう-けいざい【市場経済】個々の経済主体が自由に経済活動を行い、財・サービスの需要と供給は市場機構によって社会的に調整される経済制度。⇒計画経済

しじょう-げんり【市場原理】市場がさまざまな過不足やアンバランスを自ら調整し最適化する仕組みや機能。商品の価格、需要と供給、労働市場などさまざまな場面で、多くの市場参加者が自己利益を追求することで働くとされる。神の見えざる手。

しじょう-げんりしゅぎ【市場原理主義】市場での自由な競争に任せておけば、価格・生産ともに適切に調節され、ひいては生活全体も向上するという考え方。政府による市場への介入や規制などの極小化を主張する。⇒自由市場 ⇒新自由主義 ⇒マネタリズム ⇒レーガノミックス ⇒サッチャリズム ⇒レッセフェール (補説)米国の経済学者ミルトン=フリードマンが提唱し、米国の経済政策に大きな影響を与えた。日本でもこれに基づいて規制緩和や構造改革などを推進。バブル崩壊後の景気回復など一定の成果を挙げたが、一方、格差社会の深刻化や2008年の世界金融危機への影響も論じられている。

じしょう-こうい【自傷行為】自分自身の体を、意識的に、また無意識のうちに傷つける行為。ストレス・虐待などの外的要因や、境界性パーソナリティー障害・統合失調症という疾患によるものなど、原因はさまざま。⇒リストカット

しじょうこう-ぶっちょうにょらい【熾盛光仏頂如来】仏身の毛穴から熾盛の光明を発するという如来。

しじょうこうぼ-ちほうさい【市場公募地方債】地方自治体が資金を調達するために、市場で公開して投資家を募集する債券。国債・政府保証債とともに、信用度が高い。公募地方債。

しじょう-こくさい【四条国債】《財政法第四条を根拠とするところからの名》「建設国債」の別名。よんじょうこくさい。

じ-しょうこつ【耳小骨】鼓室内にある、槌骨・砧骨・鐙骨の総称。鼓膜の振動を内耳へ伝える。鼓室小骨。聴骨。

じじょう-こん【自乗根】▶平方根

じじょう-さよう【自浄作用】川・海・大気などに入った汚濁物質が、沈殿・吸着や微生物による分解などの自然的方法で浄化されること。特に河川での微生物による分解をさす。

ししょう-じ【指小辞】ある語について、それよりもさらに小さい意、または、親愛の情を表す接尾語。英語の -let やドイツ語の -lein, -chen などの類。

じしょう-じ【慈照寺】銀閣寺の正称。

じじょう-じばく【自縄自縛】《自分の縄で自分を縛る意》自分の心がけ・言葉・行為のために、自由な動きがとれず苦しい立場になること。「一に陥る」

(類語)自業自得・身から出た錆・藪蛇

しじょう-しゃ【至上者】この上なく尊いもの。神。

しじょう-じゅう【施条銃】▶ライフル銃

しじょう-しゅぎ【市場主義】生産と消費の調整を、政府が規制したりせず、市場の自由な調整能力に任せるという考え方。⇔設計主義。

しじょう-しん【至上神】一神教では唯一至高の存在をいい、多神教では神々の中の最高神をいう。通常、創造性をもち、全知全能であり、人格性をもつとされる。ユダヤ教のヤーウェ、イスラム教のアッラーなど。

じじょう-すう【自乗数】▶平方数

しじょう-せいさん【市場生産】市場の需要を見込んで、生産者自らの危険負担に基づいて生産すること。

し-しょうせつ【私小説】❶作者自身を主人公として、自己の生活体験とその間の心境や感慨を吐露していく小説。日本独特の小説の一形態で、大正期から昭和初期にかけて文壇の主流をなした。わたくし小説。❷イッヒロマンの訳語。(類語)私小説

しじょうせんゆう-りつ【市場占有率】ある製品の売上高が、産業全体の売上高に占める割合。市場占拠率。マーケットシェア。シェア。

し-しょうたい【四▽聖▽諦】▶四諦

しじょう-たい【糸状体】❶藍藻類のユレモ、コケ植物の原糸体など、細胞が1列に並んで糸状になったもの。❷▶ミトコンドリア

しじょう-だいなごん【四条大納言】藤原公任の通称。

しじょう-たかすけ【四条隆資】[1292～1352]南北朝時代の公卿。正中の変、元弘の変に活躍し、建武政権に参加。後醍醐天皇の没後、後村上天皇を補佐。のち、足利義詮と戦って戦死。

しじょう-ちゅう【糸状虫】線虫綱糸状虫科の寄生虫の総称。体は糸状で1～3センチ。バンクロフト糸状虫は人の血管内に、犬糸状虫は犬・猫の心臓などに寄生。蚊によって媒介される。フィラリア。

しじょう-ちょうさ【市場調査】商品の販売促進、新製品の開発などマーケティング活動全般について、企業の意思決定に役立てるために、市場・製品・価格・広告・販売・販売経路などに関する情報を収集・分析すること。マーケティングリサーチ。マーケットリサーチ。

じじょう-ちょうしゅ【事情聴取】ある事実について人に事情を聞くこと。主として犯罪捜査に関して使われる語。

じじょう-つう【事情通】ある事柄のいきさつ、特に人に知られていない事情にまでよく通じている人。消息通。

しじょう-てんのう【四条天皇】[1231～1242]第87代天皇。在位1232～1242。後堀河天皇の第1皇子。名は秀仁。2歳で践祚し、九条教実・藤原道家らが相次いで摂政となった。

しじょう-どおり【四条通り】京都市中央部を東西に通じる道路。東大路八坂神社前から西大路・桂川を経て松尾神社前に至る。平安京の四条大路にあたる。

しじょうなわて【四條畷】大阪府北東部、生駒山麓にある市。正平3年=貞和4年(1348)、楠木正行が高師直と戦って戦死した古戦場がある。人口5.8万(2010)。

しじょうなわてがくえん-だいがく【四條畷学園大学】大阪府大東市にある私立大学。平成17年(2005)に開学した。リハビリテーション学部の単科大学。

しじょうなわて-し【四條畷市】▶四條畷

しじょうなわて-じんじゃ【四條畷神社】大阪府四條畷市南野にある神社。主祭神は楠木正行。明治23年(1890)の創建。俗称、楠公さん。

ししょう-の-くりん【四生の苦輪】仏語。一切の衆生が4種の生まれ方をし、生死の苦しみが輪の回転のように続いて止まらないこと。

じしょう-の-ちへいせん【事象の地平線】物

理学における相対性理論に基づいた概念の一。光や電磁波などの観測によって情報を知りうる領域と、そうでない領域の境界。ブラックホール周辺で、光が外部に逃れられない範囲の境界面。また、膨張する宇宙で、観測者から遠ざかる速度が光速を超えている領域との境界面。事象の地平面。イベントホライズン。

じしょう-の-ちへいめん【事象の地平面】▶事象の地平線

じしょう-の-つき【自性の月】自性の清らかなことを月にたとえていう語。「—の光を染みて」〈謡・調伏曽我〉

しじょう-は【四条派】❶日本画の一派。京都四条に住んだ松村月渓(呉春)を祖とする。円山派の写実性に南画の画風を加えた様式で、江戸後期から明治にかけ京都画壇の中心をなした。❷時宗十二派の一。他阿の弟子浄阿を祖とする。

じじょう-はんけつ【事情判決】行政事件訴訟で、処分または裁決が違法ではあるが、これを取り消すことによって公の利益に著しい障害が生じると認められる場合に、裁判所が取り消し請求を棄却する判決。

ししょう-ふち【死生不知】死をものともしないこと。命知らず。「—の村人ども評定して」〈著聞集・一二〉

じしょう-ぶんがく【自照文学】日記・随筆などのように、自己反省・自己観察の精神から生活体験を主観的に叙述した文学。

しじょう-ほう【施条砲】弾丸に回転を与えるため、砲身の内側に施条❷を刻んだ砲。⇒滑腔砲

じじょう-まれん【事上磨錬】王陽明が修行について説いた語。観念的に考えるだけでなく、実際行動の中で知識を磨き、人格を錬成すること。

しじょう-めいれい【至上命令】絶対に服従しなければならない命令。他のすべてに優先して行わなければならない事柄。「—がくだる」「売り上げ増進を—とする」(類語)厳命・命令・言い付け・命め・令れい・指令・下命・指示・指図・号令・発令・沙汰・主命・君命・上意・達し・威令・厳令

しじょう-りゅう【四条流】日本料理の流派の一。日本料理・包丁の祖といわれる四条藤原政朝の創始。宮中慶賀の日の鯉の調理を職掌とした。

ししょ-かいだん【四所戒壇】▶四戒壇

ししょ-かん【私書×函】私書箱の旧称。

ししょ-きょうゆ【司書教諭】小・中・高等学校で、学校図書館の管理や読書指導などを行う教諭。

し-しょく【四職】▶ししき(四職)

し-しょく【死色】死人のような顔色。死相の現れた顔色。「—を呈する」

し-しょく【姿色】容姿。みめかたち。

し-しょく【紙×燭┊脂×燭】▶しそく(紙燭)

し-しょく【紫色】むらさきいろ。

し-しょく【×嗜食】〔名〕スル 習慣的に、また好んで食べること。「ハイエナは死肉を—する」

し-しょく【試食】〔名〕スル 食品や料理の味をみるため、ためしに食べること。「新製品を—する」「—会」(類語)味見・毒見・試飲

し-しょく【試植】〔名〕スル 新品種の植物などを、試験的に植えてみること。「稲の新種を—する」

じ-しょく【耳食】《聞いただけでその物の味を判断する意から》人の言うことを是非を判断しないでそのまま信用すること。

じ-しょく【自色】ある鉱物に固有の色。不純物で着色されていない色。⇒他色

じ-しょく【侍食】〔名〕スル 貴人のそばで一緒に食事をすること。陪食。相伴。「祝賀の宴に—する」

じ-しょく【辞色】言葉つきと顔色。「—を和らげる」「病人と思えぬ程—が烈しい」〈花袋・生〉

じ-しょく【辞職】〔名〕スル 今までついていた職を自分からやめること。「責任をとって—する」「内閣総—」「—願い」(類語)辞任・引退・退職・退任・退陣・退役・退官・勇退・下野・リタイア

(用法)辞職・退職——「後進に道を譲るために辞職(退職)する」など、職をやめる意では相通じて用いる。◆「辞職」は自らの意志で職をやめること。「責任をとって議員を辞職する」「辞職願い」◆「退職」は職場から去ることで、自発的なものばかりでなく、定年・免職なども含まれる。「退職して悠悠自適の生活に入る」「定年退職」「退職金」◆類似の語に「辞任」がある。「辞任」は、それまで就いていた任務・役職などをやめること。必ずしも職場を去るとは限らない。「委員を辞任する」

じじょ-ぐ【自助具】運動機能に障害のある人のために、自力で日常生活動作を行えるように工夫して作られた器具・道具。補助具。

ししょく-きん【紫色金】金78パーセントとアルミニウム22パーセントの割合でできた合金。装飾用。

じしょく-さよう【自食作用】▶オートファージー

じしょ-こうげき【辞書攻撃】《dictionary attack》コンピューターで、パスワードの割り出しや暗号解読に使われる手法の一。辞書にある単語や単純な英数字を組み合わせたものを逐一試すことによりパスワードを割り出す。ディクショナリーアタック。

ししょ-ごきょう【四書五経】四書と五経。儒教の基本書とされる。

ししょ-しょうしょ【私署証書】私人として作成・署名した証書。私文書。

じしょ-しょえん【時所諸縁】時と場所とのいろいろな因縁。あらゆる場所・場合。「このおしへをふかく信じて行住坐臥—をきらはず」〈平家・一〇〉

じじょ-でん【自叙伝】自分の生い立ち・経歴などを、ありのままに自分で書いたもの。自伝。

じじょ-の-まじわり【×爾×汝の交わり】互いに「きさま」「おまえ」などと呼び合えるほど親密な交わり。

じじょ-ばいきゃく【自助売却】❶民法上、債務者が供託しようとする目的物が供託や保存に適さないときに限り、裁判所の許可を得て自らこれを競売すること。❷商法上、商人間の商事売買において、買い主が目的物の受け取りを拒絶し、または受け取ることができない場合、相当の期間を定めて催告したのちに売り主が競売すること。

ししょ-ばこ【私書箱】《「郵便私書箱」の略》郵便局や郵便事業株式会社の支店に設置されている、受取人専用の郵便物受取箱。

じしょびき-がくしゅう【辞書引き学習】辞書で引いた言葉を付箋に書いて、該当ページに貼っていく学習法。教育学者の深谷圭助が愛知県の公立小学校教諭時代に発案し授業で実践した。辞書を引いただけ付箋の数が増えるので成果が実感でき、子供はゲーム感覚で辞書を引く習慣を身につけることができることから、全国的な広まりを見せている。語彙の数を増すだけでなく、子供が自発的に学習する意欲を引き出す効果も期待されている。

ししょ-みょうじん【四所明神】奈良の春日神社の祭神である武甕槌命・経津主命・天児屋命・比売命の総称。

じじょろん【自助論】▶西国立志編

しじら【×緘】織物で、縦横どちらかの糸を縮ませ、織物の表面に作り出した細かい縮みじわ。また、そのような織り方や織物。

しじら-おり【×緘織(り)】布面にしじらが出るように織った織物。徳島県産の阿波しじらなど。千々良織り。

しじら-かんとう【×緘間道】名物切れの一。布面にしじらのある、白地に黒茶や紺などの細かい格子縞のもの。中国広東から積み出された。緘広東。

しじら-ふじ【しじら藤】ツヅラフジの別名。

しし-らん【×獅子×蘭】シシラン科の常緑、多年生のシダ。暖地の山中の樹幹や岩の上に着生する。葉は線形で、長さ30～50センチ。胞子嚢群が葉の縁に線状につく。

じ-じり【地尻】ある区域の土地の端の方。「浅草の今戸の八幡さまの—に、世の中からかくれて棲む」〈万太郎・末枯〉

シシリー〘Sicily〙シチリアの英語名。

し-し・る【×為知る】〔動ラ四〕実際にしてみて知る。「老の世に恋も—・らぬ人はさぞ」〈落窪・三〉

じ-しろ【地白】❶織物の地の白いこと。また、白地の織物。白地。地白地。❷「地白染め」の略。

じしろ-ぞめ【地白染(め)】模様以外の地色を白く残して染め出すこと。また、そのように染めたもの。

しし-ろん【×猪論┊×鹿論】狩猟でしとめた獲物についての論争。「狩場は—あるものぞ。朋輩達と口論すな」〈浄・五人兄弟〉

し-しん【仕進】役人として仕えること。また、役人になって出世すること。

し-しん【司×辰】漏刻博士の唐名。

し-しん【史臣】記録をつかさどる官職。「わづかに備忘の—のみ伝はりしものなり」〈胆大小心録〉

し-しん【四診】漢方の診察法で、望診・聞診・問診・切診の四つ。

し-しん【四×箴】❶《「礼記」曲礼上から》人として守るべき4種の戒め。増長しないこと、欲望を野放しにしないこと、要求は過度にわたらないこと、楽しみを追いすぎないこと。❷宋の程頤が書いた四つの戒めの文。視箴・聴箴・言箴・動箴。

し-しん【至心】まことの心。至誠の心。まごころ。「—をもって仏に仕える」

し-しん【至信】〔名・形動ナリ〕この上もなくまごころがこもっていること。また、そのさま。「道を三軍の陣に開かしめ給へと—に祈念し」〈太平記・一〇〉

し-しん【至親】きわめて血筋の近い間柄。近親。「夫婦親子より親しき者はあらず、之を天下の—と称す」〈福沢・学問のすゝめ〉

し-しん【私心】❶一個人としての気持ち。自分一人の考え。私意。「—を述べる」❷自分一人の利益を図る心。利己心。私情。「—を捨て去る」

し-しん【私信】❶私用の通信。個人的な手紙。❷内密の知らせ。内報。(類語)手紙・書簡・書信・書状・書面・紙面・信書・私書・書・状・一書・手書・親書・手簡・書札・尺牘・書牘・雁書・消息・便り・文・玉章・レター・封書・はがき・絵はがき・郵便

し-しん【使臣】君主の代理または国家の代表として外国に派遣される使者。大使・公使など。使節。

し-しん【指針】❶磁石盤・時計・各種メーターなどの指示装置についている針。❷物事を進めるうえでたよりとなるもの。参考となる基本的な方針。手引き。「人生の—とする」

し-しん【指診】〔名〕スル 医者が患者に直接指で触れて診察すること。直腸や膣などの診察を行う。

し-しん【紫×宸】《「紫」は天帝の座である紫微星、「宸」は天子の居所の意》天子の御殿。禁中。

し-しん【視診】〔名〕スル 医者が患者の顔色や患部を目で見て診察すること。必要に応じて内視鏡を使用する。

し-しん【詩心】感じた事柄を詩に作りたいという気持ち。「—がわく」

し-しん【詩神】詩をつかさどる神。また、すぐれた詩人をたたえる語。「—ミューズ」

し-じん【士人】❶さむらい。武士。❷高い教養と徳を備えた人。また、社会的地位の高い人。人士。「—の交わり」(類語)(❷)人士・大人・君子・高士

し-じん【四神】天の四方をつかさどる神。東の青竜、西の白虎、南の朱雀、北の玄武のこと。四獣。

し-じん【市人】❶町で暮らす人。❷商人。

し-じん【市×塵】❶市街に立ちのぼるちりやほこり。❷市中の雑踏。市中のにぎわい。「願の如く—を遁れて」〈紅葉・不言不語〉

し-じん【至人】《「荘子」逍遥遊の「至人は己なし」から》十分に道を修めて、その極致に達した人。

し-じん【至仁】〔名・形動〕この上なく恵み深いこと。また、そのさま。「天道果して—にして博愛ならんには」〈福沢・福翁百話〉

し-じん【私人】公的な地位や立場を離れた一個人。「—としての生活」「—の資格で参列する」⇔公人。

し-じん【使人】命令を受けて使いをする者。使者。

し-じん【詞人】詩文を作る人。詩人。文人。

し-じん【詩人】❶詩を作る人。詩作を業とする人。

[地震] **1900年以降に発生した地震の規模の大きなもの**(上位10位)

順位	年月日(日本時間)	発生場所	マグニチュード(Mw)
1	1960年5月23日	チリ	9.5
2	1964年3月28日	アラスカ湾	9.2
3	2004年12月26日	インドネシア、スマトラ島北部西方沖	9.1
4	2011年3月11日	日本、三陸沖(東北地方太平洋沖)	9.0
	1952年11月5日	カムチャツカ半島	9.0
6	2010年2月27日	チリ、マウリ沖	8.8
	1906年2月1日	エクアドル沖	8.8
8	1965年2月4日	アラスカ、アリューシャン列島	8.7
9	2005年3月29日	インドネシア、スマトラ島北部	8.6
	1950年8月15日	チベット、アッサム	8.6
	2012年4月11日	インドネシア、スマトラ島北部西方沖	8.6
	1957年3月9日	アラスカ、アリューシャン列島	8.6

注:アメリカ地質調査所による(気象庁からの抜粋)

❷詩的な感受性を強く持っている人。「彼はなかなかの—だ」

し-じん【資人】奈良・平安時代の下級官人。親王や上級貴族に与えられ、主人の警固や雑務に従事した。五位以上の諸王・諸臣の位階に応じて与えられる位分資人、中納言以上の官職に応じて与えられる職分(しきぶん)資人、親王・内親王に与えられる帳内などがあった。

し-じん【×澌尽】尽きてなくなること。すべてなくなること。「矛盾は漸く一甃磨(しゅうま)して」〈漱石・草枕〉

じ-しん【▽二心｜▽弐心】「にしん(二心)」に同じ。「我忠を尽し国に報じ、死して—なきを明にし」〈東海散士・佳人之奇遇〉

じ-しん【地神】▶じがみ(地神)

じ-しん【地震】地球内部の急激な変動による振動が四方に伝わり大地が揺れる現象。地殻や上部マントルに蓄積された歪みエネルギーが限度を超えると岩石が破壊され、弾性振動となって放出されて起こる。地震そのものの規模をマグニチュード、その土地における震動の強さを震度で表す。➡表

(類語)地動(ちどう)・余震・揺り返し・無感地震・有感地震・大地震(だいじしん)・大地震(おおじしん)・大震・震災・震央・震源・震源地・震度・微震・軽震・弱震・中震・強震・烈震・激震

地震雷(かみなり)火事親父(おやじ)　世間でたいへん恐ろしいとされているものを、その順に並べていう言葉。

じ-しん【自身】❶自分みずから。自分。「私が—でしたことだ」「自分—」❷他の何ものでもなくそれみずからの意で、他の語に付けてそれを強調する語。そのもの。自体。「彼—の問題だ」「それ—の重さ」

(類語)自分・己・自分自身・自己

じ-しん【自信】〔名〕スル　自分で自分の能力や価値などを信じること。自分の考え方や行動が正しいと信じて疑わないこと。「—を失う」「—満々」「悉(ことごと)く粋を尽くしていると—している」〈漱石・虞美人草〉(類語)自負

じ-しん【侍臣】《古くは「ししん」とも》君主のそばに仕える家来。おそばづき。近侍。

じ-しん【時×辰】とき。時刻。

じ-しん【時針】時計の針のうち、何時であるかを示す短針。➡分針 ➡秒針

じ-しん【慈心】情け深い心。いつくしみの心。

じ-しん【慈親】愛情深い親。

じ-しん【磁心】フェライトなどの磁性材料で作られたドーナツ状の小片。磁心記憶装置の記憶素子として使用。コア。磁気コア。

じ-しん【磁針】磁界の方向を指し示す針状の磁石。中央に支点を置き、水平に自由に回転する。羅針。

じ-じん【自刃】〔名〕スル　刀物で自分の生命を絶つこと。「—して果てる」

(類語)自殺・自決・自害・自裁・自尽・自刎(じふん)・殉死

じ-じん【自尽】〔名〕スル　自殺すること。

(類語)自殺・自決・自害・自裁・自刃・自刎(じふん)・殉死

じ-じん【自陣】自分の陣地。味方の陣営。

じ-じん【時人】その時の人。同時代の人々。

じ-じん【慈仁】なさけ深いこと。仁慈(じんじ)。

ししん-おん【歯唇音】▶唇歯音(しんしおん)

しじん-かいめつ【×澌尽灰滅】あとかたもなく滅び尽きること。

じしん-がく【地震学】地震とその原因、地震に関係する地学的諸現象、地震波による地球内部構造の研究などを取り扱う、地球物理学の一分野。

じしんかさいひよう-ほけんきん【地震火災費用保険金】地震保険付きではない火災保険で、一定の条件のもとに支払われる保険金。地震・噴火・津波が原因の火災で、建物が半焼以上または家財が全焼となった場合に一時的に生じる費用に対して支払われる。

じしんかとう【地震加藤】歌舞伎狂言「増補桃山譚(ぞうほももやまものがたり)」の通称。

しじん-き【四神旗】青竜(せいりょう)・白虎(びゃっこ)・朱雀(すざく)・玄武(げんぶ)の四神を描いた4本の旗。朝賀や即位の大礼のとき、大極殿(だいごくでん)または紫宸殿(ししんでん)の庭に立てた。四神の旗。

じしん-ぎ【時×辰儀】❶時計の古い言い方。❷▶クロノメーター❶

じしん-きおくそうち【磁心記憶装置】磁心を用い、その残留磁束の向きを1と0に対応させ、情報を蓄える記憶装置。コアメモリー。

じしんきけんたんぽ-とくやく【地震危険担保特約】火災保険における特約の一つ。工場などの企業物件を対象にしたもので、地震による火災・損壊などの損害を補償するもの。

じしん-きしょう【地震記象】地震計に記録された地震動の波形記録。

じしん-きょう【地神経】地神(じがみ)を祭る経文。

じしんきょう-よみ【地神経読み】琵琶を弾きながら地神経を読み、地神や荒神を祭った盲人の僧。

じしん-ぐち【地震口】地震の際に早く逃げられるように、雨戸の所々に設けた小さな枢戸(くるるど)。掛けがねを外すと、ばね仕掛けで自然に開くようになっている。

し-しんけい【視神経】網膜の視細胞からの刺激を大脳に伝え、視覚をつかさどる神経。第2脳神経。視束。

じしん-けい【地震計】地震による地表の振動を記録する器械。振り子を用い、地面の動きに対する相対運動を記録するもの。

ししんけい-えん【視神経炎】視神経の炎症。原因はさまざまで、片側に起こることが多く、眼球近くの視神経乳頭炎や、遠くの球後神経炎(軸性視神経炎)などがある。視力低下・視野異常・痛みなどの症状を呈する。

ししんけい-こうさ【視神経交差｜視神経交×叉】視神経が頭蓋底(とうがいてい)に入って交差していること。右目の鼻側半分からきた神経線維は左大脳へ、左目のものは右大脳へ進む。耳側半分は交差しない。

じしん-こ【地震湖】地震による崖崩れや土石流によって河川がせき止められ、その上流に大量の水がたまった状態。急激な決壊によって下流域に大きな被害をもたらすことがある。➡河道閉塞

じしん-こう【地神講】農村で地神を祭る講。その行事は春・秋の社日に行うところが多い。

じしんじ-おうりょく【地震時応力】地震によって変形した建物が元に戻ろうとする力。この数値を元に建物の柱や梁の太さ、鉄筋の本数を算出する。

ししん-しんぎょう【至心信▽楽】仏語。まごころをもって、仏を信じ願うこと。阿弥陀仏四十八願の第十八願の言葉。

ししん-せい【始新世】地質時代の区分の一。第三紀を5分した場合の2番目の時代。5500万年前から3800万年前まで。

しじん-そうおう【四神相応】地理的景観が四神の存在にふさわしいすぐれた所。東に流水(青竜)、西に大道(白虎)、南にくぼ地(朱雀)、北に丘陵(玄武)が備わる土地。平安京の地勢がこれにあたるという。四地相応。

じしん-たい【地震帯】地震が特に多く発生する、細長い帯状の地域。環太平洋地震帯・中央海嶺(かいれい)地震帯など。

しじん-たいほ【私人逮捕】▶常人逮捕

じしん-たんさ【地震探査】爆薬の爆発を利用して人工的な地震を発生させ、その地震波(弾性波)の伝播(でんぱ)の状況から地下の構造を知り、鉱床などの地下資源を探索する方法。地震探鉱。

じしん-だんそう【地震断層】地震に伴って生じた断層。濃尾地震による根尾谷断層、北伊豆地震による丹那断層など。

じしん-つなみ【地震津波】海底で地震に伴う急激な地殻変動が起こったときに生じる津波。

ししん-でん【紫宸殿】平安京内裏の正殿。即位・朝賀・節会(せちえ)などの諸種の儀式や公事(くじ)を行った。入母屋造(いりもやづく)りで南面し、中央の階の左右に左近の桜、右近の橘(たちばな)がある。殿内中央に高御座(たかみくら)と御帳台(みちょうだい)があり、その後方に賢聖障子(けんじょうのそうじ)が立つ。南殿(なでん)。前殿。ししいでん。➡十七殿

し-しんとう【四親等】親等の一。本人またはその配偶者から4世を隔てた人との親族関係。高祖父母・いとこ・玄孫など。

じしん-どう【地震動】地震波の到達によって起こされた地面の振動。➡短周期地震動 ➡長周期地震動

し-しんのうけ【四親王家】江戸時代の、伏見宮(ふしみのみや)・有栖川宮(ありすがわのみや)・桂宮(かつらのみや)・閑院宮(かんいんのみや)の四家。

しじんのこい【詩人の恋】《原題、(ドイツ) Dichterliebe》シューマン作曲の歌曲集。1840年作。ハイネの詩に基づく、16曲の小品からなる。

じしん-の-ま【地震の間】地震の際に避難する所として設けられた部屋。鎌倉・京都の将軍の御所、江戸城などに造られた。

じしん-は【地震波】地震の際、震源から四方に伝わる弾性波。実体波のP波(縦波)・S波(横波)、表面波のL波・R波などがある。

じしん-ばいばい【地震売買】地上権または土地の賃借権が登記されていない場合に、地主が地代値上げの目的で建物のある土地を仮装的に売買すること。日露戦争後の地価の暴騰の際に盛んに行われた。地震のように借地上の建物の存立の基盤を危うくするところから言われた語。

じしん-ばん【自身番】江戸時代、江戸・大坂などの大都会で、市中の警備のために各町内に置かれた番所。初め地主自らがその番にあたったが、のち、町民の持ち回りとなった。

じしんばん-や【自身番屋】自身番が詰めた小屋。自身番所。番屋。

じしんひがいそうきひょうか-システム【地震被害早期評価システム】内閣府の地震防災情報システムを構成するシステムの一つ。地震発生直後に被害規模の概要を短時間で推計する。気象庁からの地震情報を受けて、全国市区町村の地形・地盤・建築物・人口などのデータベースから震度分布や被害を推計し、地震発生後30分以内に推計結果を出力する。平成8年(1996)4月から運用開始。EES(Early Estimation System)。

じしんふんかつなみきけんたんぽ-とくやく【地震噴火津波危険担保特約】自動車保険における特約の一つ。一般の自動車保険では免責となる地震・噴火・津波などによる損害に対しても保険金が支払われるもの。地震噴火津波危険補償特約。

じしん-ほけん【地震保険】地震・噴火およびそれによる津波を原因として、住宅や家財が火災・損壊・埋没・流出した場合の損害を補償する保険。火災保険に付帯して契約する任意保険。(補説)火災保険だけでは、地震によって発生・延焼した火災による

損害は補償されない。地震保険は、被災者の生活の安定を目的とする制度で、保険料に損害保険会社の利潤は含まれず、準備金として積み立てられる。民間だけでは対応できない大規模な地震が発生した場合は、政府が再保険金を支払う。

じしん‐モーメント【地震モーメント】ヂシン 断層面をずらそうとする偶力のモーメントの大きさ。地震を起こした断層運動の強さを物理的に表したもの。大型の地震の場合は、震度計の針の揺れから算出するマグニチュードよりも、破壊エネルギーの大きさを忠実に表す。記号Mo ➡モーメントマグニチュード

じしん‐よち【地震予知】ヂシン 地震の発生前に、その時期・場所・規模を予測すること。日本では、国土地理院に置かれた地震予知連絡会や気象庁の地震防災対策強化地域判定会が中心となり、土地の変形・傾斜・ひずみ、前震を含む異常地震活動、震源の移動、地磁気・地電流、地下の電気抵抗、地下水の変化などの各種データを常時検討・判断している。

ししん‐らん【ししん×蘭】イワタバコ科の小低木。大木の幹に着生する。葉は細長く、輪生する。夏、淡紅色で筒形の花を開く。本州中部以南に分布。

じ‐しんるい【地親類】ヂ ▶地類（じるい）❶

シス〚cis〛《こちら側、の意》化学で、化合物中の原子や原子団などが同じ側に位置すること。➡トランス(trans)

シス〚CIS〛《Commonwealth of Independent States》▶シー‐アイ‐エス(CIS)

シス〚SIS〛《strategic information system》戦略情報システム。コンピューターを中心とした情報網で経営に関するさまざまなデータを蓄積・活用し、ライバル企業に差をつけようというもの。また、経営・事業戦略の手段としてそのようなシステムを利用する考え方のこと。

し・す【▽殺す】〔動サ下二〕死なせる。ころす。「命はな—・せ給ひそ」〈記・上・歌謡〉

し・す【資す】㊀〔動サ五〕「し(資)する」(サ変)の五段化。「県の発展に—・さない事業」㊁〔動サ変〕「し(資)する」の文語形。

しず【倭＝文】しづ《上代は「しつ」》カジノキや麻などを赤や青の色に染め、縞や乱れ模様を織り出した日本古代の織物。綾布（あやぬの）。倭文布（しずぬの）。倭文織（しずおり）。しずり。しどり。「ちはやぶる神の社（やしろ）に照る鏡—に取り添へ」〈万・四〇一一〉 補説 異国の文様に対する意で、「倭文」の字を当てたという。

しず【×賤】しづ ㊀〔名〕卑しいこと。身分の低い者。「貴人（あてびと）、—が身何の変わりたる所あるべき」〈藤村・春〉 ㊁〔代〕一人称の人代名詞。拙者。わたし。江戸時代に幇間（ほうかん）などが用いた。「君さへ合点なさるれば、—が聟になるぢゃげな」〈浄・卯月の紅葉〉

しず【鎮】しづ おもり。おもし。「結びめ後に綷目（ふけめ）のすみに鉛の—を入れ」〈浮・一代男・四〉

し・ず【▽垂づ】しづ〔動ダ下二〕たらす。下げる。「後れにし人を偲はく思泥（しで）の崎木綿（ゆふ）取り—・でて幸（さき）くとそ思ふ」〈万・一〇三一〉

しず【静】しづ〔語素〕名詞の上に付いて、静かな、落ち着いている、静まっているなどの意を表す。「—心」

じ‐す【×帙×簀】ヂ ▶ちす(帙簀)

ジス〚JIS〛《Japanese Industrial Standards》日本工業規格。昭和24年(1949)制定の工業標準化法に基づき、鉱工業品の種類・形状・品質・性能から設計・検査などに制定された規格。認証された製品にはJISマークを表示することができる。補説 認証は、かつては国または政府代行機関が行っていたが、平成16年(2004)工業標準化法の改正により、民間の登録認証機関が行うようになった。

じ・す【辞す】㊀〔動サ五〕「じ(辞)する」(サ変)の五段化。「死をも—・さない」「徹夜も—・さず救助活動にあたる」㊁〔動サ変〕「じ(辞)する」の文語形。

シス‐アド「システムアドミニストレーター」の略。

し‐すい【止水】❶流れないでじっととどまっている水。たまり水。「明鏡—」❷水の流れを止めること。「—栓」➡吐水

し‐すい【四垂｜四×陲】四方の辺境。四境。四隅。

し‐すい【死水】❶流れない水。たまり水。止水。⇔活水/流水。❷水または空気の流れの中に置かれた角柱などの後ろに生じる、流速の小さい領域。❸普通の海水の上を密度の小さい海水が覆って、小型船の進行が妨げられる現象。ひき幽霊。しにみず。

し‐すい【私水】特定の場所に停滞して他に流出しない水。地下水・自家用井戸水・泉水など。⇔公水。

し‐すい【泗水】中国山東省にある川。孔子の生地である曲阜（きょくふ）を流れて、独山湖に注ぐ。このことから孔子の教え、儒学を「泗水の学」という。泗河（しが）。

し‐すい【試×錐】〔名〕スル ▶ボーリング(boring)

し‐ずい【歯髄】歯髄腔を満たしている線維性の結合組織。血管・リンパ管・神経に富み、歯の栄養をつかさどる。

し‐ずい【雌×蕊】「めしべ」に同じ。⇔雄蕊（ゆうずい）。

じ‐すい【自水】水中に身を投げて自殺すること。入水（じゅすい）。

じ‐すい【自炊】〔名〕スル ❶自分で食事をつくること。「外食をせずに—する」「—生活」❷手持ちの書籍や雑誌を裁断・解体し、各ページをイメージスキャナーで読み取り、電子書籍化すること。

しずい‐えん【歯髄炎】歯髄の炎症。主に虫歯が進行し、細菌が侵入して起こる。

しすい‐かい【志帥会】クワイ 自由民主党の派閥の一。近未来政治研究会(山崎派)が離脱した後の政策科学研究所のメンバーに、清和会から離脱していた亀井静香らが合流し平成11年(1999)に発足。当初は参院有力者らが会長を務めていたが、同15年に亀井が会長に就いた。補説 **志水会の系譜**：(渡辺派と三塚派の一部が合流)→村上亀井派→江藤亀井派→亀井派→伊吹派

しすい‐かい【紫水会】クワイ 東京大学農学部水産学科などの卒業生の同窓会。

しずい‐くう【歯髄×腔】歯の内腔。しずいこう。

し‐すいこ【私出▽挙】奈良・平安時代、個人所有の稲・酒・金銭などを貸しつけて、利息を取ること。➡公出挙（くすいこ）

しすい‐ず【四睡図】ヅ 道釈画の画題の一。豊干（ぶかん）が寒山（かんざん）・拾得（じっとく）および虎とともに眠る図。禅の境地を示す。

しすい‐せん【止水栓】蛇口とは別に設けられた、水道の水を止めるための栓。ふつう、洗面台の下やトイレのタンク付近に設置される。

し‐すう【指数】❶ある数・文字の右肩に記して、それを何度掛け合わせるかを示す数字・文字。a^nのnをいう。❷統計で、物価・賃金・生産高など同種のものの時間的変動を示す数値。基準となる時点の値を100とし、百分比によって表す。

し‐すう【紙数】❶原稿用紙などの枚数。「与えられた—が尽きる」❷書物のページ数。「—を増やす」

し‐す・う【▽為据う】〔動ワ下二〕ある状態や立場に置く。意図をもってそこに据える。「父（てて）はただ我を大人に—・ゑて、我は世にも出で交らはず」〈更級〉

じ‐すう【字数】文字のかず。じかず。

じ‐すう【次数】単項式では、文字因数の個数。例えばx^2y^3において、xに関しては二次、yに関しては三次、xyに関しては五次となる。多項式では、含まれている単項式の最高次数をその式の次数とする。

しすう‐かんすう【指数関数】―クワンスウ aを1でない正の定数とするとき、関数$y=a^x$を、aを底（てい）とするxの指数関数という。

しず‐うた【志都歌】しづ― ▶しつうた

しすう‐ほうそく【指数法則】―ハフソク a、bが正の実数、m、nが実数のとき成り立つ次の三つの法則。$a^ma^n=a^{m+n}$, $(a^m)^n=a^{mn}$, $(ab)^m=a^mb^n$

しず‐え【▽下▽枝】しづ― 下の方の枝。したえ。したえだ。「—をおし折りて」〈源・早蕨〉⇔上枝（ほつえ）。

しず‐お【×賤▽男】しづを 身分の低い男。しずのお。「堀江より水脈（みを）引きしつつみ舟さす—の伴（とも）は川の瀬申せ」〈万・四〇六一〉

しずおか【静岡】しづをか ㊀中部地方南東部の県。太平洋に面する。駿河・遠江（とおとうみ）・伊豆の3国を占める。人口376.5万(2010)。㊁静岡県中部の市。県庁所在地。古代、駿河の国府が置かれ府中または駿府（すんぷ）とよばれた。徳川家康隠棲の地で、久能山に家康を祭る東照宮がある。名称は、賤機（しずはた）山に由来。茶・ミカンの集散地。木工業が盛ん。登呂（とろ）遺跡がある。平成15年(2003)清水市と合併。同17年に政令指定都市となり葵区・駿河区・清水区を設置。同18年に蒲原町を、同20年に由比町を清水区に編入した。人口71.6万(2010)。

しずおかえいわがくいん‐だいがく【静岡英和学院大学】しづをかエイワガクヰン 静岡市駿河区にある私立大学。平成14年(2002)に開学した。人間社会学部の単科大学。

しずおか‐けん【静岡県】しづをか― ▶静岡㊀

しずおか‐けんりつだいがく【静岡県立大学】しづをか― 静岡市にある公立大学。昭和61年(1986)静岡薬科大学と静岡女子大学を統合して発足。平成19年(2007)公立大学法人となる。

しずおか‐さんぎょうだいがく【静岡産業大学】しづをかサンゲフダイガク 静岡県磐田市などにある私立大学。平成6年(1994)に開設された。

しずおか‐し【静岡市】しづをか― ▶静岡㊁

しずおか‐じけん【静岡事件】しづをか― 明治19年(1886)静岡の旧自由党員を中心とする政府転覆計画が発覚し、百余名が検挙された事件。自由民権運動最後の反乱計画。

しずおか‐じょう【静岡城】しづをかジャウ ▶駿府城（すんぷじょう）

しずおか‐だいがく【静岡大学】しづをか― 静岡市駿河区に本部のある国立大学法人。静岡高等学校・浜松工業専門学校・静岡第一師範学校・静岡第二師範学校・静岡青年師範学校を統合し、昭和24年(1949)新制大学として発足。平成16年(2004)国立大学法人となる。

しずおか‐ふくしだいがく【静岡福祉大学】しづをか― 静岡県焼津市にある私立大学。平成16年(2004)に開設された。社会福祉学部の単科大学。

しずおか‐ぶんかげいじゅつだいがく【静岡文化芸術大学】しづをかブンクワゲイジユツダイガク 浜松市中区にある公立大学。平成12年(2000)に公設民営の私立大学として開設され、同22年公立大学法人となる。

しずおか‐へいや【静岡平野】しづをか― 静岡県中央部、駿河湾に臨む平野。ふつう安倍川下流の扇状地をいう。静岡市清水区の巴（ともえ）川の三角州平野を合わせていうこともある。中心都市は静岡市。

しずおか‐りこうかだいがく【静岡理工科大学】しづをかリコウクワダイガク 静岡県袋井市にある私立大学。平成3年(1991)に開設された。

シス‐オペ「システムオペレーター」の略。

しず‐おり【倭＝文織(り)】しづ― ▶倭文（しず）

しず‐か【静か｜▽閑か】しづ―〔形動〕図〔ナリ〕❶耳ざわりな物音や声がしないさま。ひっそりしているさま。「—な宿」「虫の声が聞こえる—な夜」❷目につく動きがなく、ゆったりとしているさま。慌ただしくないさま。「—な川の流れ」「—に椅子を引いて座る」❸落ち着いているさま。気持ちに動揺や乱れがないさま。穏やか。「—な境地」「—に余生を送る」❹性格がおとなしく、口数が少ないさま。「—な人柄」派生 しずかさ〔名〕類語 (❶)密（ひそ）やか・しめやか・静寂・静粛・静閑・閑静・閑散・閑寂(「—と」「—たる」の形で)森閑・深深（しんしん）・森森（しんしん）・沈沈（ちんちん）・寂（せき）・寂（じゃく）・寂然（せきぜん）・寂然（じゃくねん）・寂寂（せきせき）・寂寂（じゃくじゃく）・闃（げき）・闃然（げきぜん）・粛然/(❷❸)穏やか・安らか・平らか・平静・静穏・平穏・沈静/(❹)物静か・大人しやか

ジスカール‐デスタン〚Valéry Giscard d'Estaing〛[1926〜　]フランスの政治家。ポンピドゥーの急死後、大統領に就任。在任1974〜1981。ミッテランに再選をはばまれた。その後、欧州将来像協議会議長などを歴任。➡ミッテラン

しず‐がき【▽閑×掻｜静×掻】しづ― 雅楽の箏（そう）の主要な奏法の一。13弦のうちの順に並ぶ6弦を選んで、食指・中指・親指を使って、ゆっくりと静かに奏する。

⊖早掻き。

しずか-ごぜん【静御前】源義経の側室。母は磯禅師。もと白拍子。義経の京都退去に従ったが吉野山中で別れ、捕らえられた。鎌倉鶴岡八幡宮で、義経を恋う「しずやしず」の歌を舞って人々を感動させた。静。生没年未詳。

しず-が-たけ【賤ヶ岳】滋賀県、琵琶湖北岸の山。標高422メートル。

しずがたけ-の-しちほんやり【賤ヶ岳の七本槍】賤ヶ岳の戦いで、羽柴秀吉軍にあって活躍した七人の武将。加藤清正・福島正則・加藤嘉明・平野長泰・脇坂安治・片桐且元・糟屋武則。

しずがたけ-の-たたかい【賤ヶ岳の戦い】天正11年(1583)琵琶湖北岸の賤ヶ岳で羽柴(豊臣)秀吉が柴田勝家を破った戦い。秀吉の全国制覇の基礎が築かれた。

しずかな-じげんばくだん【静かな時限爆弾】►静かなる時限爆弾

しずかなドン【静かなドン】《原題、Tikhiy Don》ショーロホフの長編小説。1928〜40年刊。青年グリゴリーの悲劇を中心に、ロシア革命前後の激動期に生きるドン地方のコサックの運命を描く。

しずかなる-じげんばくだん【静かなる時限爆弾】石綿(アスベスト)のこと。石綿は繊維状の鉱物で、粉塵を吸入すると肺の内部に刺さったまま残り、後々に中皮腫や肺癌を発症させる可能性があることから。静かな時限爆弾。

ジス-かんじ【JIS漢字】パソコンなどでの日本語処理のため、日本工業規格(JIS)で定めた漢字表。常用漢字・人名用漢字を含めた1万50字を収録。第1水準2965字、第2水準3390字、第3水準1259字、第4水準2436字がある。

ジス-かんじコード【JIS漢字コード】日本工業規格(JIS)で定めた情報交換用符号のうち、漢字に割り当てたコードの通称。

ジス-かんど【JIS感度】日本工業規格(JIS)で定められた、感光材料の感光度の規格。

ジス-キーボード【JISキーボード】《JIS keyboard》JISに従った、かな文字配列を採用している日本語キーボード。

ジスキネジー〘dyskinesia〙運動障害。体性神経障害による手足の筋の随意運動低下、不随意運動(アテトーゼなど)や自律神経障害による胆道ジスキネジーのような腸管の運動障害がある。

シスク〘CISC〙《complex instruction set computer》複合命令セットコンピューター。実行する命令形式の種類を増やし、複雑な処理を行えるようにする形式のコンピューター。またはその設計様式を指す。中央処理装置の構造が複雑になり処理速度が遅くなるという欠点がある。⇒リスク(RISC)

しずく　第一期水循環変動観測衛星GCOM-W1の愛称。宇宙から地球全体の水蒸気・海面水温・土壌水分・雪氷などを10〜15年間にわたって観測する。平成24年(2012)に打ち上げられた。

しずく【滴・×雫】〔名〕スル　したたり落ちる液体の粒。また、それがしたたり落ちること。「一が垂れる」「一する甲板の欄干に靠れて」〈風葉・恋ざめ〉◆人工衛星は別項。(類語)水滴・点滴

しず・く【▽沈く】〔動カ四〕❶水の底に沈んでいる。「藤波の影なす海の底清み一・く石をも玉とそ吾が見る」〈万・四一九九〉❷水に映って見える。「水の面に一・く花の色さやかにも君がみかげの思ほゆるかな」〈古今・哀傷〉

ジスク〘JISC〙《Japanese Industrial Standards Committee》日本工業標準調査会。工業標準化に関する調査・審議を行う経済産業省の審議会。JIS(日本工業規格)の制定、改正等に関する審議を行う。

しずくいし-がわ【雫石川】岩手県中西部にある川。岩手郡雫石町西方、秋田県境にある駒ヶ岳に源を発し、御所湖に注ぎ盛岡市内に入って北上川に合流する。長さ33キロ。

しず-くら【倭=文×鞍】《上代は「しつくら」》倭文で飾った鞍。一説に下鞍とも。

しずけ-さ【静けさ】《形容詞「しずけし」の語幹に接尾語「さ」の付いた語》静かであること。また、そのようす・状態・程度。「嵐の前の一」

しず-け・し【静けし】〔形ク〕《「けし」は接尾語》静かである。穏やかである。「天地の穏かに一・きに」〈鴎外・ふた夜〉「一・くも岸には波は寄せけるかこれの屋通し聞きつつ居れば」〈万・一二三七〉

シスコ　サンフランシスコの略称。

ジス-コード【JISコード】日本工業規格(JIS)で定めたコンピューターなどの情報交換用符号。JIS X 0213では、英数字・片仮名・符号など非漢字1183種と、漢字第1水準2965字、第2水準3390字、第3水準1259字、第4水準2436字がある。

しず-こころ【静心】《「しずごころ」とも》静かな心。穏やかな落ち着いた心。「春は惜し郭公はた聞かまほし思ひわづらふ一かな」〈拾遺・雑春〉

しずこころ-な・し【静心無し】〔形ク〕心が落ち着かない。「ひさかたの光のどけき春の日に一・く花の散るらむ」〈古今・春下〉

し-すご・す【仕過ごす・▽為過ごす】〔動サ四〕度を越えてする。やりすぎる。特に、郭遊びが過ぎて、他人の金に手をつける。「手代一・して、請人に預けられ」〈浮・禁短気・三〉

シス-コン「システムコンポーネント」の略。

ジスコン►断路器

しず-しず【静静】〔副〕動作などが、静かにゆっくりと行われるさま。「一と祭壇の前に進み出る」

シスジャスモン〘cis-jasmon〙ジャスミンの花に含まれる特徴的な香気成分。(補説)シスジャスモンはクワの葉からも微量に放出されており、カイコを誘引する作用があることが、平成21年(2009)、日本の研究グループにより明らかにされた。

シスター〘sister〙❶姉または妹。姉妹。❷カトリックの修道女。❸女子学生の間で、俗に同性愛の相手をいう語。エス。(類語)(❷)尼・尼僧・修道女

シスター-ボーイ《和 sister＋boy》女性のような態度・容姿の青年。昭和32年(1957)公開のアメリカ映画「お茶と同情」から流行した語。

しずたに-こう【閑谷黌】江戸時代の岡山藩の郷学。寛文8年(1668)藩主池田光政が民間子弟の教育のために、領内各地に手習い所を設置したがまもなく廃絶し、同10年閑谷に学校設立を命じ、元禄14年(1701)までに完成。明治になって廃絶したが、校舎の多くが現存する。

しず-たまき【倭=文手×纏】〔枕〕《上代は「しつたまき」》倭文で作った手纏きは玉製などに比べて粗末なところから、「いやしき」「数にもあらぬ」にかかる。「一数にもあらぬ命もて」〈万・六七二〉

シスチン〘cystine〙たんぱく質を構成するアミノ酸の一。毛・つめ・角などのケラチンに多く含まれる。水に溶けにくく、還元されるとシステインになる。

システィナ-れいはいどう【システィナ礼拝堂】《伊 Cappella Sistina》バチカン宮殿にある礼拝堂。1473〜81年、教皇シクストゥス4世により創建。ミケランジェロの「最後の審判」ほか、すぐれた壁画・天井画がある。

システイン〘cysteine〙硫黄を含むアミノ酸の一。たんぱく質・グルタチオンに含まれ、水・エタノールなどに溶けやすく、酸化されるとシスチンになる。動物体内ではメチオニンとセリンから合成される。

システマタイズ〘systematize〙〔名〕スル　体系化すること。組織だてること。「教育を一する」

システマチック〘systematic〙〔形動〕組織的。体系的。系統的。「一な論考」

システミック-リスク〘systemic risk〙金融機関の破綻や情報システムダウンなどが、発生した金融機関以外にも広まり、決済システム全体が麻痺する危険性のこと。システムリスク。⇒日銀特融

システム〘system〙❶制度。組織。体系。系統。❷方法。方式。「入会の一を説明する」❸コンピューターを使った情報処理機構。また、その装置。(類語)構造・制度・組織・造り・組み立て・骨組み・仕組み・成り立ち・構成・編成・組成・機構・機序・機制・体制・体系・結構・コンストラクション・メカニズム

システム-アドミニストレーター〘system administrator〙システム管理者のこと。コンピューターシステムやネットワークを運用・管理・保守する役割をもつ。シスアド。

システム-インテグレーション〘system integration〙コンピューターネットワークの構築、OA化とその利用環境の整備など、情報システム全般を組織的に設計・開発すること。SI。

システム-インテグレーター〘system integrator〙システムインテグレーションを専門に請け負う企業。SI。

システムうんよう-かんり【システム運用管理】《systems management》►システム管理

システム-エルエスアイ【システムLSI】《system LSI》デジタルカメラ・家電製品・携帯電話などに内蔵される多機能LSI。組み込みシステムの中核部分をなす。単機能をもつ複数のLSIを1個のチップに集積するため、省スペース化が可能となる。また、高速化・低コスト化を図ることができる。

システム-エンジニア〘systems engineer〙コンピューターシステムを使った情報処理方法の設計を行う専門技術者。SE。

システム-エンジニアリング〘systems engineering〙►システム工学

システム-オペレーター〘system operator〙インターネットのBBS(電子掲示板)やオンラインデータベースなどのホストシステムを管理する人。システム加入者の質問・要求に応えたり、全体にインフォメーションを提供したりする。シスオペ。

システム-かぐ【システム家具】►システムファーニチャー

システム-カメラ《和 system＋camera》あらゆる撮影条件に対応するように、いろいろな交換レンズや付属品が整っているカメラ一式。

システム-かんさ【システム監査】《system information auditから》コンピューターシステムの信頼性・安定性・効率性・有用性について、独立した監査人が調査・評価し、関係者に助言・勧告する制度。

システム-かんり【システム管理】《systems management》情報システムやコンピューターネットワークの運用・管理・監視を行うこと。ハードウエアとソフトウエアの構成の管理、利用者や顧客の情報に関するセキュリティー管理、障害発生時の迅速な復旧を行う障害管理、処理能力の低下を監視する性能管理などを含む。システム運用管理。SM。

システム-キッチン《和 system＋kitchen》収納戸棚や調理台・ガス台・流し台などを組み合わせ、ひと続きのものとして作り付けた台所。

システム-こうがく【システム工学】ある目的のための組織体系であるシステムの分析・開発・設計・運用などを合理的に行うための総合的技術。システムエンジニアリング。SE。

システム-コンポ「システムコンポーネント」の略。

システム-コンポーネント《和 system＋component》単体のスピーカー・アンプ・テープデッキなどを組み合わせてセットにしたステレオ。システムコンポ。シスコン。

システム-ソフトウエア〘system software〙►オペレーティングシステム

システム-ダウン《和 system＋down》コンピューターのハードウエア・オペレーティングシステム・アプリケーションソフト・通信回線などの故障や不具合で、コンピューターのサービスが中断すること。

システム-ディスク〘system disk〙オペレーティングシステムが書き込まれているディスク。特に、そのCD-ROMやDVD-ROM。

システム-デザイン〘systems design〙個々の業務を分析し、その業務に最も適したコンピューターシステムを設計すること。

システム-てちょう【システム手帳】個人が、

スケジュール表や住所録など、必要な情報だけを書き込めるように、替えページを組み合わせて作ることのできる手帳。

システム-テレビ《和 system＋televisionから》受像部、電波を受けるチューナー、音が出るスピーカーが別々になった受像装置。

システム-ばいばい【システム売買】コンピューターを介して株式の売買を処理する商い。注文から約定までが迅速化し、市場の活性化に寄与しているが、コンピューターの売り一本が生じたり、コンピューター能力を超える注文で、成立が遅れるなどの問題点がある。

システム-ハウス〖system house〗コンピューターのハードウエアとソフトウエアの設計・開発を行う企業。

システム-バス《和 system＋bath》ジェット噴流の出る浴槽・サウナ・オーディオシステム・テレビなど、さまざまな機能を備えた高級浴室。

システム-ファーニチャー《和 system＋furniture》多種の組み合わせが可能な交換部品を揃え、生活機能に合わせて選択、構成する家具。システム家具。

システム-ファイル〖system file〗コンピューターのオペレーティングシステムの基本設定やユーザーの環境設定などを記録したファイル群。

システム-ファニチャー《和 system＋furniture》▶システムファーニチャー

システム-フォント〖system font〗コンピューターのオペレーティングシステムで標準的に使用されるフォント。メニューバーやファイル名、ダイアログボックスなどの文字部分を表示するのに使われる。

システム-フローチャート〖system flowchart〗システム中のデータの流れを示した図。

システム-プログラム〖system program〗▶オペレーティングシステム

システム-マーケティング〖system marketing〗販売活動を組織的に行うこと。市場環境の複雑さ、製品の多品種化、製品寿命の短さといった条件の下で、効率よく、しかも必要な情報を敏速に処理するためのもの。

システム-リスク《systemic riskから》▶システミックリスク

システム-リソース〖system resource〗アプリケーションプログラムや各種デバイスが利用する特殊なメモリー領域。

ジステンパー〖distemper〗イヌ科やイタチ科の動物がかかる急性伝染病。幼犬に多く、病原体はウイルス。高熱、粘膜の炎症、下痢、肺炎などの症状がある。ディステンパー。

シスト〖cyst〗下等な生物で、体表に堅固な膜をつくり一時的に休止状態となったもの。嚢子。

シスド〖SISD〗《single instruction/single data》マイクロプロセッサーの処理方式の一。単一の命令で、単一のデータに対し処理を行うことをいう。他の処理方式として、SIMD、MIMDがある。

ジストニア〖dystonia〗筋緊張を調節する大脳基底核の機能障害により、身体の一部または複数の部分の筋肉が不随意に収縮し、全身または身体の一部にねじれ・硬直・痙攣などが生じる運動障害。不随意運動症の一つ。原因が不明の原発性ジストニア、脳血管障害などの後遺症として起こる続発性ジストニアに大別される。また発症する部位によって、全身性ジストニアと局所性ジストニアなどに分類される。局所性ジストニアには、文字を書こうとすると手や腕の筋肉が異常に収縮する書痙、両眼の眼輪筋(まぶたを閉じる筋肉)が不随意に収縮し、まぶたを自由に開けなくなる眼瞼痙攣、首の筋肉が異常に収縮して頭が傾いた状態になる斜頸、喉頭や声帯の筋肉に発症し声が出しにくくなる痙攣性発声障害などがある。ジストニー。

ジストニー▶ジストニア

ジストマ〖distoma〗吸虫の旧称。二口虫。

システランス-けんてい【シストランス検定】《cis-trans test》二つの突然変異が同一遺伝子上に存在するかどうかを調べる方法。

シストルム〖sistrum〗《元来ギリシャ語で、震わすの意》柄のついた枠に横棒をゆるく通し、振って音を出す、がらがらに似た楽器。起源は古く、古代エジプト・メソポタミアに存在した証拠があるという。

ジストロフィー〖dystrophy〗栄養障害。また、細胞や組織の物質代謝障害によって変性・萎縮などの起こること。

ジストロフィン〖dystrophin〗筋ジストロフィー遺伝子の産物で、分子量42.7万のたんぱく質。筋の膜機能を維持する。遺伝的欠損でデュシェンヌ型と呼ばれる筋ジストロフィーが発症する。

シストロン〖cistron〗シストランス検定により定められた遺伝的機能単位。遺伝子とほぼ同義。

しず-ぬさ【倭＝文▽幣】《上代は「しつぬさ」》倭文織りのぬさ。「木綿だすき肩に取り掛け—を手に取り持ちて」〈万・四二三六〉

しず-の-お【×賤の▽男】身分の低い男子。しずお。「あやしき—の声々」〈源・夕顔〉

しず-の-おだまき【倭＝文の×苧▽環】倭文を織るのに用いる苧環。「繰り返し」「いやし」などの序詞に用いる。「いにしへの—繰り返し昔を今になすよしもがな」〈伊勢・三二〉

しず-の-め【×賤の女】身分の低い女子。「大原の炭をいただく—は」〈拾玉集・二〉

しず-の-や【×賤の屋】身分の低い人の住む家。「あやしき—も雪にみな面隠しして」〈枕・三〇二〉

しず-はた【倭＝文機】《上代は「しつはた」》倭文を織る機。また、その織物。「大君の御帯の—結びたれ」〈武烈紀・歌謡〉

しずはた-おび【倭＝文機帯】《上代は「しつはたおび」》倭文で作った綾織りの帯。「古の—を結び垂れ誰といふ人も君にはまさじ」〈万・二六二八〉

しずはたおび【賤機帯】歌舞伎舞踊。㊀一中節。本名題「峰雲賤機帯」。壕越二三治作詩、宮崎忠五郎作曲。宝暦元年(1751)江戸森田座で初演。謡曲の「隅田川」「班女」「桜川」に取材したもの。㊁長唄。本名題「八重霞賤機帯」。歌詞・曲ともに㊀を借りて、10世杵屋六左衛門が作曲。文政11年(1828)山王祭の踊り屋台で発表。

しずはた-に【倭＝文機に】〔枕〕倭文には乱れ模様が織り込まれているところから、「乱る」にかかる。「—乱れてぞ思ふ恋しさは」〈貫之集〉

しずはた-やき【×賤機焼】駿河国の賤機山麓で産した陶器。寛永(1624～1644)のころの創始で、交趾焼風。糸底に「賤機」の印が押してある。

しずはた-やま【賤機山】静岡市北部の山。麓に浅間神社がある。標高171メートル。

しず-びょうし【▽閑拍子】神楽歌で、自由リズムで演奏される部分。また、そのリズムの様式。

シスプラチン〖cisplatin〗強力な制癌作用を有する白金製剤。副作用も強い。

ジスプロシウム〖dysprosium〗希土類元素のランタノイドの一。単体は展性に富んだ灰色の金属。元素記号Dy 原子番号66。原子量162.5。ディスプロシウム。

じ-すべり【地滑り┊地×辷り】❶傾斜地の地表が、徐々に下方に移動する現象。多くの場合、粘土をすべり面とする。雪解けや長雨のあとに起こりやすい。❷状況が大きく変化すること。「—的大敗」

ジス-ボーメ【JISボーメ】JISで定められた比重(密度)の決め方。食塩水と純水の密度差を等分したボーメ度に基づく。

ジス-マーク〖JIS mark〗JIS(日本工業規格)に合格した製品につける印。➡ジス

しず-まき【倭＝文×纏き】《上代は「しつまき」》倭文を巻くこと。また、巻いたもの。「—の呉床に立たし」〈雄略紀・歌謡〉

し-すま・す【▽為済ます】〔動サ五(四)〕うまくやってのける。「—・したりとほくそ笑む」

しずまり-かえ・る【静まり返る】〔動ラ五(四)〕すっかり静かになる。「場内が水を打ったように—・る」〔類語〕静まる・寝静まる・ひっそり・深深

しずま・る【静まる┊鎮まる】〔動ラ五(四)〕❶物音がやんで静かになる。「会場が—・る」❷勢力が衰える。威力がなくなる。「火事が—・る」「嵐が—・る」❸騒動や混乱がなくなる。平穏になる。「動乱が—・る」❹気持ちの乱れやからだの痛みなどがなくなる。「怒りが—・る」「動悸が—・る」「歯痛が—・る」❺神霊が鎮座する。「太古より—・ります御霊」❻態度などが落ち着く。「人の気色見つべく—・れるを」〈源・空蝉〉❼寝入る。「人—・るほど夜いたくふけて」〈新古今・恋三・詞書〉

〔類語〕落ち着く・おさまる・静まり返る・寝静まる

しずみ【沈み】❶沈むこと。低くなること。また、その程度。「地盤の—が激しい」❷「沈め❷」に同じ。

しずみ-うお【沈み魚】常に水の底にすむ魚。カレイ・コチなどの類。底魚。

しずみ-ぼたん【沈み×牡丹】釉の下に線彫りで花の文様を施した青磁。牡丹以外の文様もある。

しず・む【沈む】㊀〔動マ五(四)〕❶水面上にあったものが水中に没する。水底へ下降する。また、水底につく。「ボートが—・む」「島が—・む」⇔浮かぶ/浮く。❷周囲より低くなる。「地盤が—・む」「床が—・む」❸下の物にめり込む。「柱が—・む」「頭が枕に—・む」❹太陽・月などが、地平線・水平線より下へ移動する。「夕日が水平線に—・む」❺飛行する物体・投球などが急にその位置を下げる。「機体ががくんと—・む」「ボールが打者の手元で—・む」❻㋐望ましくない境遇・状態に陥る。「不運に—・む」「病に—・む」㋑その心境になりきる。特に、暗い気持ちになる。落ち込む。「物思いに—・む」「悲しみに—・む」「—・んだ声」❼地味で落ち着いた感じになる。「—・んだ鐘の音」「全体に—・んだ色調の絵」❽色や模様などが浮き立たなくなる。また、存在が目立たなくなる。「黒っぽい背広にグレーのネクタイではネクタイが—・んでしまう」❾ボクシングで、打ち倒されて立てなくなる。「マットに—・む」❿ゲームなどで、最初の持ち点以下になる。「麻雀で一万点—・む」〔可能〕**しずめる** ㊁〔動マ下二〕「しず(沈)める」の文語形。

〔…句〕石が流れて木の葉が沈む・浮きつ沈みつ・浮きぬ沈みぬ・思案に沈む・涙に沈む

〔類語〕(❶❷❸❹❺)没する・沈没・沈める・沈下・沈降・沈殿・下がる・落ちる・落ちこむ・下降・降下・低下・低落・下落/(❻㋑)塞ぐ・塞ぎがる・結ぼれる・滅入る・曇る・鬱する・鬱屈する・鬱結する・消沈する・しょげる・しょげ返る・ふさぎこむ

沈む瀬あれば浮かぶ瀬あり 長い人生のうちには悪いときもあればよいときもある。悪いことばかりが続くものではないというたとえ。

しず・む【静む┊鎮む】〔動マ下二〕「しず(静・鎮)める」の文語形。

しずめ【沈め】❶沈めること。❷漁具を沈めるためのおもり。しずみ。

しずめ【鎮め】治めて落ち着かせること。鎮護。「国の—に祭る神」

しずめ-いし【沈め石】庭石で、一部分だけを地表に出しておくもの。

しずめ-おうぎ【鎮め扇】能楽で用いる扇の一。先端が半開きになる中啓に対して、全体が閉じるものをいう。

しずめ-おり【沈め折り】扇を畳んだときに先端が締まるように作ること。また、そのように作った扇。

しずめ-もの【鎮め物】地鎮祭のとき、土地の神をしずめるために地中に埋めるもの。昔は人形・鏡・剣・矛などを埋めた。

しず・める【沈める】〔動マ下一〕文しづ・む〔マ下二〕《「静める」と同語源》❶沈むようにする。沈ませる。「敵の旗艦を—・める」「魚礁を—・める」⇔浮かべる。❷下の物にめり込ませる。「ソファーに深々とからだを—・める」❸不幸な境遇、望ましくない状況などに陥らせる。「苦界に身を—・める」❹ボクシングで、相手を打ち倒して立てなくする。「挑戦者をマットに—・める」❺ゴルフで、球を穴に入れる。❻質に入れる。「初鰹の身代はりに—・めておいた袷」〈黄・造化夢〉

しず・める【静める|鎮める】〔動マ下一〕図しづ・む〔マ下二〕《「沈める」と同語源》❶物音や声を小さくさせる。静かにさせる。「場内を一・める」「鳴りを一・める」❷勢いをそぐ。「火事を一・める」「波を一・める」❸騒動や混乱をおさめる。「暴動を一・める」❹からだの痛み・症状や気持ちの乱れなどを落ち着かせる。「せきを一・める」「心を一・める」❺神霊を安置する。鎮座させる。また、霊魂などを落ち着かせる。「神を一・める社」「御霊を一・める」❻寝しずまらせる。「夜深きほどに人を一・めて出で入りなどし給へば」〈源・夕顔〉

シスモンディ〖Jean Charles Léonard Simonde de Sismondi〗［1773〜1842］スイスの経済学者・歴史家。恐慌の原因を過少消費に求め、資本主義を批判した。著「経済学新原理」「中世イタリア共和国史」など。

ジズヤ〖アラビア jizyah〗古典イスラム法の規定によって、イスラム国家内の非イスラム教徒(ジンミー)に課される人頭税のこと。➡ジンミー

しず・やか【静やか】〔形動〕図〔ナリ〕もの静かであるさま。落ち着いた感じのするさま。「水枝が居た時よりもなお一層清らかに一に、そして安らかに楽しく見えた」〈素木しづ・松葉杖をつく女〉

シズラニ〖Sïzran'〗ロシア連邦西部の都市。ボルガ川と支流シズラニ川の合流点に位置する。17世紀に要塞が築かれたことに起源し、交易の要地として栄えた。旧ソ連時代より第2バクー油田(ボルガウラル油田)の中心地の一つであり、石油化学工業が盛ん。

しずり【▽垂り】木の枝などに降り積もった雪が滑り落ちること。また、その雪。しずり雪。しずれ。(季 冬)

じ・ずり【地×摺り】生地に文様を摺り出した布帛。また、金泥や銀泥で模様を摺り出した布帛。

しずり・じんじゃ【倭文神社】鳥取県東伯郡湯梨浜町にある神社。祭神は建葉槌命ほか六神。織物・安産の神。伯耆国一の宮。

しずり・ゆき【▽垂り雪】「垂り」に同じ。

し・する【死する】〔動サ変〕図し・す〔サ変〕死ぬ。「虎は一・して皮を留め、人は一・して名を残す」
(類語)死ぬ・死亡・死去・死没・長逝・永逝・永眠・瞑目・往生・逝去・他界・物故・絶息・絶命・大往生・お陀仏・辞世・成仏・昇天・崩御・薨去・卒去・落命・急逝・夭折・夭逝

死して後已む　《「論語」泰伯から》死ぬまで努力しつづける。

死せる孔明生ける仲達を走らす　《「蜀志」諸葛亮伝・注から》中国の三国時代、蜀の諸葛孔明が魏の司馬仲達と五丈原で対陣中に病死したため、軍をまとめて帰ろうとした蜀軍を仲達はただちに追撃したが、蜀軍は孔明の遺命に基づいて反撃の構えを示したため、仲達は孔明がまだ死んでおらず、何か策略があるのだろうと勘ぐり退却したという故事。生前の威光が死後も残っており、人々を畏怖させるたとえ。

し・する【×弑する】〔動サ変〕図し・す〔サ変〕➤しい(弑)する

し・する【歯する】〔動サ変〕図し・す〔サ変〕仲間に加わる。同列に立つ。よわいする。「只其私利心の強きが為めに正党に一・せられず」〈竜渓・経国美談〉

し・する【資する】〔動サ変〕図し・す〔サ変〕助けとなる。役立つ。「公益に一・するところが大きい」

シズル〖sizzle〗《原義は、油で揚げるときにじゅうじゅう音を立てるさま》広告表現で、消費者の五感に訴えて購買意欲をそそる手法。また、購買意欲。「都市生活者の一」「一感」

しず・る【▽垂る】〔動ラ下二〕木の枝などに積もった雪が滑り落ちる。「朝まだき松の上葉の雪は見む日影さし来ば一・れもぞする」〈丹後守為忠百首〉

じ・する【侍する】〔動サ変〕図じ・す〔サ変〕高貴な人や目上の人のそば近くに仕える。はべる。「愛する者の臨終に一・しているときなどには」〈倉田・愛と認識との出発〉(類語)控える・侍る・侍坐する

じ・する【治する】〔動サ変〕図ぢ・す〔サ変〕《「ちする」とも》❶病気がなおる。いえる。「長年患っていた眼疾が一・する」❷㋐病気をなおす。いやす。「病を一・する」㋑おさめる。「国を一・する」

じ・する【持する】〔動サ変〕図ぢ・す〔サ変〕❶手にもつ。有する。「権威を一・する」「満を一・して待つ」「途中常に小紙を一・し」〈中村訳・西国立志編〉❷固く守る。「自説を一・する」「身を一・する」

じ・する【辞する】〔動サ変〕図じ・す〔サ変〕❶あいさつをして帰る。「訪問先を一・する」❷勤めている職や役をやめる。辞職する。辞任する。「社長の地位を一・する」❸勧誘や申し出などを断る。辞退する。「推薦を一・する」❹(「…を辞せず」「…も辞さない」などの形で)ためらわずにする。「いかなる犠牲も一・さない覚悟」(類語)断る・拒む・否む・謝する・謝絶する・拒絶する・拒否する・辞退する・固辞する・遠慮する・一蹴する・不承知・難色(謙譲)拝辞する(厳しく強い調子)蹴る・退ける・撥ね付ける・突っ撥ねる・峻拒する

ジスルフィラム〖disulfiram〗アルコール依存症の治療薬。嫌酒薬。これを投与したのちアルコールを摂取すると、頭痛・悪心などの副作用を示すため、アルコールを嫌悪するようになる。アンタブス。アンタビューズ。

しずれ【▽垂れ】「垂り」に同じ。(季 冬)

シスレー〖Alfred Sisley〗［1839〜1899］フランスで活躍した英国人の画家。印象派の代表者の一人で、静穏な風景画を描いた。

しず・わ【▽後輪】馬の鞍橋の部分の名。背後にめぐらした部分。前方の前輪に対する呼び名。あとわ。しりわ。

し・せい【氏姓】氏と、姓。姓氏。

し・せい【四声】❶漢字の韻による4種の区別。音の高低と長短との複合により、平声・上声・去声・入声に分類。平声以外の三声を仄声といい、また、平声に属する文字を平字、仄声に属する文字を仄字という。ししょう。➡平仄 ❷現代中国語では、第一声・第二声・第三声・第四声をいう。

し・せい【四姓】❶四つの姓。特に、平安時代の代表的な四家の姓、源・平・藤原・橘の四氏(源平藤橘)をいう。ししょう。❷➤バルナ

し・せい【四清】文人画の画題の一。梅・桂・菊・水仙を描くもの。

し・せい【四聖】釈迦・キリスト・孔子・ソクラテスの四人の聖人。➡四聖

し・せい【市井】《古く、中国で、井戸のある所に人が多く集まり、市が立ったところから》人が多く集まり住む所。まち。ちまた。
(類語)社会・世間・世・世の中・民間・巷間・江湖・天下・世俗・俗世・世界・世上・人中・浮き世

し・せい【市制】❶地方公共団体としての市の制度。「一をしく」❷明治憲法下で、市の構成・組織・機能・監督などを定めた法律。明治21年(1888)制定。昭和22年(1947)地方自治法の制定により廃止。

し・せい【市政】地方公共団体としての市の政治。

し・せい【市勢】市の人口・産業・経済・施設など各分野の情勢を総合的にみた状態。

し・せい【死生】死ぬことと生きること。死ぬか生きるか。生死。ししょう。「日本人の一観」

死生命あり　《「論語」顔淵から》生死は天命によるもので、人の力ではどうすることもできない。

し・せい【至正】きわめて正しいこと。「一公明」

し・せい【至誠】きわめて誠実なこと。また、その心。まごころ。「一の人」(類語)篤実・真摯・忠実・信実・篤厚

至誠天に通ず　まごころをもって事に当たれば好結果がもたらされる。

し・せい【至精】❶非常に精妙・精巧であること。「之を一の顕微鏡に施すも」〈西周・明六雑誌二二〉❷まったく混じりけがないこと。「至純一の感情が、泉のように流れ出して来る」〈漱石・明暗〉

し・せい【私生】法律上の夫婦でない男女間に子供が生まれること。

し・せい【私製】私的に作ること。また、そのもの。⇔官製。(類語)自製・自作・手製

し・せい【刺青】入れ墨。ほりもの。
(類語)入れ墨・彫り物・タトゥー・くりからもんもん

しせい【刺青】谷崎潤一郎の小説。明治43年(1910)発表。刺青師清吉によって背中に女郎蜘蛛を彫られたお酌が、驕慢な美女に変身していく姿を耽美的に描く。

し・せい【姿勢】❶からだの構え方。また、構え。かっこう。「楽な一で話を聞く」❷心構え。態度。「政治の一を正す」(類語)体勢・構え・体位・居ずまい・態度・態勢・ポーズ・スタンス

し・せい【施政】政治を行うこと。また、その政治。「一方針」(類語)政治・政・行政・政策・国政・国事・政事・政道・万機・経世・経国・経綸・治国・治世・統治・治政・為政

し・せい【紙製】紙で作ること。また、そのもの。かみせい。

し・せい【詩聖】㊀きわめてすぐれた詩人。㊁杜甫の敬称。李白を「詩仙」というのに対していう。

し・せい【試製】〔名〕スル　ためしに作ってみること。試作。「改良型を一する」「一品」

し・せい【資性】生まれつきの性質や能力。資質。天性。(類語)質・素質・資質・美質・性格・性質・性向・性情・気質・質・性・性分・気性・気立て・人柄・心柄・心根・心性・品性・個性・人格・キャラクター・パーソナリティー

し・せい【雌性】生物の雌に共通している性質。⇔雄性。

し・せい【賜姓】天子から姓氏を与えられること。また、その姓氏。

し・せい【×熾盛】〔名・形動〕火が燃え上がるように勢いの盛んなこと。また、そのさま。「数年の間に、その業益々一にして」〈中村訳・西国立志編〉

し・ぜい【市税】地方公共団体である市が賦課・徴収する租税。➡市町村税

じ・せい【自生】〔名〕スル　植物が、栽培によらないで、その地域に自然に生え育つこと。「コマクサなどの一する高山帯」(類語)自然生え・野生・野育ち

じ・せい【自制】〔名〕スル　自分の感情や欲望を抑えること。「一しがたい恋情」「一心」(類語)節制・自重・自粛

じ・せい【自省】〔名〕スル　自分の言動を反省すること。「深く一する」「一の念」(類語)反省・内省・猛省

じ・せい【自製】〔名〕スル　自分でつくること。また、つくったもの。自家製。「菓子を一する」(類語)自作・手製

じ・せい【治世】➤ちせい(治世)

じ・せい【時世】時とともに移り変わる、世の中。時代。ときよ。「いやな御一だ」(類語)時代・時・時節・時世・世・エポック

じ・せい【時制】《tense》動詞の表す動作・作用の時間関係を表す文法範疇。現在・過去・未来のほか、言語によっては、完了・不完了過去(過去における継続・繰り返しの行為を表す)・過去完了・未来完了などを区別するものもある。時相。

じ・せい【時勢】移り変わる時代のようす。世の中の成り行き。時代の趨勢。時流。「一に後れる」

じ・せい【辞世】❶この世に別れを告げること。死ぬこと。❷死に臨んで残す言葉・詩歌。「一の句」
(類語)死ぬ・死亡・死去・死没・長逝・永逝・永眠・瞑目・往生・逝去・他界・物故・絶息・絶命・大往生・お陀仏・成仏・昇天・崩御・薨去・卒去・落命・急逝・夭折・夭逝

じ・せい【磁性】物質が磁界内で磁化される性質。また、磁気を帯びた物質が示す種々の性質。

しせい・エックスせん【示性X線】➤特性X線

し・せいかつ【私生活】公的な場を離れた、その人の個人としての生活。「一が乱れる」

しせい・かん【司政官】太平洋戦争中、旧日本軍の南方占領地域で地方行政を担当した文官。

しせい・かん【死生観】生きることと死ぬことについての考え方。生と死に対する見方。

しせい・けん【施政権】信託統治において、立法・司法・行政の三権を行使する権限。

しせい-こうか【賜姓降下】皇族が天皇から姓を賜り、臣籍に入ること。昭和22年(1947)制定の皇室典範では、皇族が自己の意思に基づき、皇室会議の議を経て、その身分を離れることが認められた。

しせい-し【私生子】法律上の婚姻関係にない男女間に生まれた子。民法旧規定では父に認知されない子をいい、認知された子は庶子といった。現行民法ではこの語を用いず、「嫡出でない子」「非嫡出子」という。私生児。私子。(類語)私生児・庶子

しせい-じ【私生児】「私生子」に同じ。

しせい-しき【示性式】分子内に含まれる原子団(基)を明示した化学式。構造式より簡単で、分子式では表せない構造を示したいときに使われる。エチルアルコールC_2H_6Oを、エチル基と水酸基とを明示してC_2H_5OHと表すなど。

しせいし-じゅんせい【私生子準正】嫡出でない子に嫡出子の身分を取得させること。➡準正

じせい-しゅ【自生種】ある地域に古くから自生している植物の種類。

じせい-しょくぶつ【自生植物】栽培によらないで、山野などに自然に生える植物。

しせい-せいど【氏姓制度】氏の組織を基礎に、それを姓によって系列づけた大和朝廷の支配制度。朝廷を構成する氏は家柄や政治的地位・官職に応じて姓を与えられ、また、経済的基礎として部民・奴婢を所有した。大化の改新以後、制度そのものは機能しなくなった。➡氏 ➡姓

しせい-せんじゅく【雌性先熟】雌雄同体の動物で、卵巣などが先に発達・成熟すること。➡雄性先熟

じせい-そう【時世▽粧】流行のよそおい。はやりのかっこう。「さながら明治時代の―を見るようだ」〈風葉・青春〉

しせい-だい【始生代】地質時代の区分の一。先カンブリア時代を2分した場合の前半の時代で、最古の地質時代。

じせい-たい【磁性体】❶磁性のある物質。強磁性体・常磁性体・反磁性体などに分けられる。❷特に、強磁性体のこと。

じせい-ち【自生地】ある植物が、自然に生えている土地。「ミズバショウの―」

しせい-の-しん【市井の臣】市中に住む人。庶民。

しせい-の-つかい【四姓の使】神嘗祭に際し、毎年陰暦9月11日に朝廷から伊勢神宮に差し遣わされた奉幣使。平安時代以後、五位以上の王氏を正使とし、中臣・忌部・卜部の三氏が供に当たった。

しせい-の-と【市井の徒】《「旧唐書」李密伝から》市中に住むならず者。

しせい-の-ひと【市井の人】市中に住む人。庶民。

しせい-はがき【私製葉書】民間で製作する郵便葉書。切手をはって出す。➡官製葉書

しせい-はんしゃ【姿勢反射】高等な脊椎動物で、姿勢や運動中の平衡を適正に維持するのに関連する反射。これらの中枢は延髄や脊髄にあり、さらに小脳によって統合されている。

じせい-はんどうたい【磁性半導体】強磁性と半導体の両方の性質をもち、それらが強い相関をもつ物質の総称。スピントロニクスの材料として用いられる。

しせい-ホルモン【雌性ホルモン】雌の特徴を発達させ、卵などの形成を促すホルモン。脊椎動物では卵巣から分泌され、発情ホルモン・黄体ホルモンがある。エストロゲン。女性ホルモン。

じせい-りゅうたい【磁性流体】界面活性剤を用いて水や油に磁性体の微粒子を分散させたもの。流体自体が磁性をもつように振る舞い、磁石に引き寄せられたり、磁極付近で磁力線に沿って突起を形成(スパイク現象)したりする。MR(magnetorheological)流体。

し-せき【史跡¦史×蹟】❶歴史上重要な事件や施設などのあった場所。❷文化財保護法に基づいて文部科学大臣が指定する重要な記念物の一つ。(類語)遺跡・遺址・旧跡・旧址・古跡・古址・名跡

し-せき【史籍】歴史を記述した書物。史書。

し-せき【矢石】矢と、弩の石。また、矢や石の飛び交う所。戦場。「―を冒して功名を思う武夫が」〈田口・日本開化小史〉

し-せき【×咫▽尺】〔名〕スル《「咫」は中国の周の制度で8寸、「尺」は10寸》❶距離が非常に近いこと。「―の間」❷貴人の前近くに出て拝謁すること。「恐れ多くも九重に―し奉った例は」〈魯庵・社会百面相〉(類語)至近・近い・間近い・程近い・間近・じき・すぐ・指呼の間・目睫の間・目と鼻の先・ついそこ

咫尺を弁ぜず　視界がきかず、ごく近い距離でも見分けがつかない。

し-せき【指斥】〔名〕スル さし示すこと。また、さし示して非難すること。「民間志士の短処を―するは」〈鉄腸・雪中梅〉

し-せき【歯石】歯に、唾液中の石灰分や食物のかすその他が固着したもの。(類語)歯垢・歯糞

じ-せき【次席】席次が2番目であること。また、その人。「―検事」

じ-せき【耳石】耳の中にある平衡石のこと。

じ-せき【自席】自分の席。「―に戻る」

じ-せき【自責】自分で自分の過ちをとがめること。「―の念に駆られる」

じ-せき【事跡¦事×蹟】物事が行われたあと。事件のあと。事実の痕跡。

じ-せき【事績】事業とその功績。成し遂げた仕事。業績。「輝かしい―を残す」
(類語)業績・足跡・成果・収穫・結実・実り

じ-せき【磁石】▶じしゃく(磁石)

し-せきえい【紫石英】紫水晶の別名。

しせきしゅうらん【史籍集覧】国史の叢書。969巻(468冊)。近藤瓶城編。明治14〜18年(1881〜85)刊。江戸時代までの国史関係の記録・編纂物などの群書を分類して収録したもの。同33〜36年、改訂増補版を刊行。

しせき-せんり【×咫▽尺千里】近くにいても、互いに気持ちが通じなければ、千里も遠く離れているように感じられるということ。

じせき-てん【自責点】野球で、味方野手の失策によらず安打・四球など投手自身の責任で相手チームに取られた点。アーンドラン。

しせき-ぼ【支石墓】数個の石の上に大石を載せた墓。中国・朝鮮半島に多く、日本では縄文時代末から弥生時代の北九州にみられる。ドルメン。

しせきめいしょう-てんねんきねんぶつ【史跡名勝天然記念物】文化財保護法に基づき、文部科学大臣が指定する史跡・名勝・天然記念物の総称。

じせ◦ず【辞せず】〔連語〕《動詞「じ(辞)する」の未然形＋打消しの助動詞「ず」》▶辞する❹

じ-せだい【次世代】❶次の世代。子供の代。「―をになう青少年」❷次の時代。また、技術や製品の機能などが格段に進歩した段階。「―型携帯電話」

じせだい-アイピーネットワーク【次世代IPネットワーク】《next generation IP network》▶エヌ-ジー-エヌ(NGN)

じせだいイーディーアイ-すいしんきょうぎかい【次世代EDI推進協議会】▶ジェディック(JEDIC)

じせだいいくせいしえんたいさくすいしん-ほう【次世代育成支援対策推進法】少子化の流れを食い止め、子供が健康に生まれ育つ環境を整備するための対策を推進することを目的とする法律。平成15年(2003)成立施行。2015年までの時限立法。

じせだい-ディーブイディー【次世代DVD】《next generation DVD》DVDの後継となる大容量光ディスク。HD DVDとブルーレイディスクが知られたが、ブルーレイディスクの規格が優勢となってそれにほぼ一本化された。

じせだいでんししょうとりひきすいしん-きょうぎかい【次世代電子商取引推進協議会】▶イーコム(ECOM)

し-せつ【四節】四つの季節。四季。

し-せつ【私設】私的な立場で、個人が設立すること。また、そのもの。「―図書館」⇔公設。

し-せつ【私説】個人的に唱える説。「―古代史」

し-せつ【使節】《古く、中国で、他国に行く使者が符節(割符)を持参したところから》国家や君主の命令を受け、他国に派遣される人。「―団」「文化―」
(類語)使者・使い・特使・正使・密使・急使・全権大使

し-せつ【施設】〔名〕スル ❶ある目的のために建物などをもうけること。また、その設備。「公共―」❷「養護施設」「老人福祉施設」などの略。(類語)設備

し-せつ【師説】先生の意見。先生の学説。

し-せつ【紫雪】石川県に、江戸時代から伝承される家庭薬。内服用の練り薬で、熱病・傷寒・酒毒・吐血・食滞などのときに用いる。紫雪丹。

し-ぜつ【死絶】〔名〕スル ❶息が絶えて死ぬこと。「最後まで病と戦ってついに―した」❷家族全員が死んで、その家系が絶えること。

し-ぜつ【歯舌】二枚貝を除く軟体動物の口腔内にある、やすり状の歯。これで食物をかきとる。

じ-せつ【自切¦自×截】動物が、外敵に襲われるなどの強い刺激を受けると、体の一部を自ら切り捨てて生命を守る現象。トカゲの尾、カニの脚などにみられる。自割。

じ-せつ【自説】自分の意見・説。「―に固執する」

じ-せつ【持節】節刀を持つこと。また、その使者あるいはその任務。

じ-せつ【持説】ふだんから主張している意見。持論。「―を展開する」
(類語)意見・見解・主張・説・論・所説・所論・持論・私見・私意・私考・所思・所見・考え・見方・オピニオン(尊敬)貴意・高見 (謙譲)愚見・卑見・私見・管見

じ-せつ【時節】❶自然の移り変わりによって感じられる時分。季節。「散策に適した―」❷その時の世の中の情勢。時勢。「―をわきまえよ」❸何かをするのによい時機。機会。「―を待つ」「―到来」
(類語)(❶)季節・時季・時候・候・折節・四季・四時・春夏秋冬・シーズン/(❷)時代・年代・時期・世紀・時世・世・時・時世・エポック/(❸)機会・チャンス・好機・時機・頃合い

じせつ-がら【時節柄】㊀〔名〕時節にふさわしいこと。時分柄。「―の新茶は香は高くとも」〈藤村・夜明け前〉㊁〔副〕時節が時節なので。時分柄。「―早めにお召し上がり下さい」「―おからだを大切に」(類語)折から

しせつしょゆうしゃかんりしゃ-ばいしょうせきにんほけん【施設所有者・管理者賠償責任保険】事務所・工場・学校・遊園地・劇場・レストランなどで発生した事故により他人の身体または財物に損害を与えた際に、その施設の所有者・管理者の損害賠償責任を塡補する保険。

じせつ-たいしょうぐん【持節大将軍】古代、朝廷から節刀を与えられて、辺境の反乱を鎮定するために派遣された軍団の総指揮官。鎮定する対象により、征隼人・征夷・征東などを冠してよばれた。持節大使。

しせつ-でんしとりひきじょ【私設電子取引所】▶ピー-ティー-エス(PTS)

しせつ-でんしん【私設電信】官公署・個人会社など一定の限られた通信網の内部で使用する有線・無線の電信。有線電気通信法・電波法などに規定されている。

しせつ-とりひきシステム【私設取引システム】▶ピー-ティー-エス(PTS)

しせつ-びょう【施設病】▶ホスピタリズム

ジゼル〖Giselle〗フランスの作曲家アダン作曲のバレエ音楽。台本はT=ゴーティエほか。二幕。1841年パリで初演。演劇的な第一幕と幻想的な第二幕が好対照をなす。

しせるたましい【死せる魂】《原題、ロシア Myortvïe dushi》ゴーゴリの長編小説。1842年刊。詐欺師チチコフと地主や地方官僚との交渉を通し、ロシア社会

の醜悪面を痛烈に描く。

シセロ〘Cicero〙「キケロ」の英語読み。

し-せん【支線】❶鉄道路線や送電線などで、本線から分かれた線。⇔幹線。❷電柱などを支えるため、その上部から地上に斜めに張った鉄線。

しせん【四川】中国中南部、揚子江上流の省。省都は成都。古代の巴蜀(はしょく)の地。古来「天府の国」とよばれ、多くの農作物を産出する。東部にあった重慶は1997年に直轄市として独立した。多民族地区。スーチョワン。

し-せん【死戦】命がけの戦い。死闘。「独立の為に、―を為すの鋒(ほうさき)は」〈竜渓・経国美談〉

し-せん【死線】❶生死の境。「―をさまよう」❷捕虜収容所や牢獄(ろうごく)などの周囲に設けられた線。これを越えると逃走を企てたものとして銃殺される。

死線を越えて　生死を考えずに。決死の覚悟で。(補説)大正9年(1920)刊の賀川豊彦の小説の題名から。

死線を越・える　生死の境をきりぬける。

し-せん【私船】❶個人の所有する船舶。❷国際法上、私人の管理下にある船舶。商船など。⇔公船。

し-せん【私戦】国家が宣戦布告をしていないのに、私人や私団体が勝手に他国に対して起こす戦争。

し-せん【私×撰】個人または民間で作品を選び、歌集などを編集すること。また、そのもの。⇔官撰/勅撰。

し-せん【私×賤】律令制で、私有の賤民。家人(けにん)と私奴婢(しぬひ)をいう。⇔官賤。

し-せん【私選】〔名〕スル　個人の考えで選ぶこと。

し-せん【始線】極座標系で、動径の出発線となる半直線。

しせん【泗川】大韓民国南東、慶尚南道の都市。1598年、島津義弘軍が明軍を破った古戦場。サチョン。

し-せん【紙箋】文字を書くために適当な大きさに切った紙片。「患者の病名だの処方だのを書いた―を繰(く)って」〈漱石・行人〉

し-せん【紙銭】❶紙幣。札(さつ)。❷紙を銭形(ぜにがた)に切ったもの。副葬品としたり、祈祷(きとう)や盂蘭盆会(うらぼんえ)のときに用いたりした。六道銭。

し-せん【脂腺】▶皮脂腺(ひしせん)

し-せん【視線】❶目の向き。目で見ている方向。「―が合う」「―をそらす」❷目の中心と、見ている対象とを結ぶ線。視軸(しじく)。❸他人を、また、他人が見る目付き。ある気持ちの表れた目付き。「世間の―が気になる」「気の毒そうな―」(類語)目線

視線を浴・びる　多くの人から見つめられる。「熱い―・びて舞台に登場する」

し-せん【詩仙】㊀天才的な詩人。㊁李白(りはく)の敬称。杜甫(とほ)を「詩聖」とするのに対していう。

し-せん【詩箋】漢詩を書くのに用いる紙。罫(けい)や模様のあるものなどが多い。吟箋(ぎんせん)。

し-せん【賜×饌】天子から賜る食事。

し-ぜん【史前】有史以前。先史。

し-ぜん【四善】古代中国で、官吏の勤務評価の基準とした四つの美点。徳義・清慎・公平・恪勤(かっきん)。

し-ぜん【四禅】仏語。欲界を離れた色界での4種の段階。初禅・第二禅・第三禅・第四禅の称。

し-ぜん【自然】㊀〔名〕❶山や川、草、木など、人間と人間の手の加わったものを除いた、この世のあらゆるもの。「―に親しむ」「郊外には―がまだ残っている」❷人間を含めての天地間の万物。宇宙。「―の営み」❸人間の手の加わらない、そのもの本来のありのままの状態。天然。「野菜には―の甘みがある」❹そのものに本来備わっている性質。天性。本性。「人間の―の欲求」❺哲学で、㋐他の力に依存せず、自らの内に生成・変化・消滅の原理を有するもの。㋑精神とは区別された物質的世界。もしくは自由を原理とする本体の世界に対し、因果的必然的法則の下にある現象的世界。経験の対象となる一切の現象。㊁〔形動〕〔文〕〔ナリ〕❶言動にわざとらしさや無理のないさま。「気どらない―な態度」「―に振る舞う」❷物事が本来あるとおりであるさま。当然。「こうなるのも―な成り行きだ」❸ひとりでにそうなるさま。「―にドアが閉まる」(派生)しぜんさ〔名〕㊂〔副〕❶ことさら意識したり、手を加えたりせずに事態が進むさま。また、当然の結果としてそうなるさま。おのずから。ひとりでに。「無口だから―(と)友だちも少ない」「大人になれば―(と)わかる」❷《「自然の事」の略》もしかして。万一。「都へ上らばやと思ひしが、―舟なくてはいかがあるべきとて」〈伽・一寸法師〉❸たまたま。偶然。「礫(つぶて)打ちかけしに、―と当り所悪しくそのままむなしくなりぬ」〈浮・諸国ばなし・一〉

(類語)㊀(❶)天然(てんねん)・森羅万象(しんらばんしょう)・天工・造化(ぞうか)・天造・原始/(❷)万物/(❸)天地(てんち)・あめつち・山河(さんが)・山水(さんすい)・山川草木(さんせんそうもく)・生態系・ネーチャー/㊁(❶)無為・素朴・有るがまま・ナチュラル/(❸)(連用修飾語として)自(おの)ずから・自(おの)ずと・ひとりでに

自然に還(かえ)れ　社会の因襲による悪影響から脱し、人間本来の自然の状態に還れという、ジャン=ジャック=ルソーの呼び掛け。

自然は飛躍せず　《ラテン natura non facit saltum.》自然は急激に変化するものではなく、徐々に変わっていくものである。植物学者リンネの言葉。

し-ぜん【至善】《慣用読みで「しいぜん」とも》❶この上もない、善いこと。「―至良の人」❷▶最高善

じ-せん【自×撰】〔名〕スル　自作の詩歌などから自分で一部を選んで編集すること。「―歌集」

じ-せん【自選】〔名〕スル　❶自分の作品の中から自分で選び出すこと。「著作集に収める論文を―する」❷選挙のときに、自分で自分を選ぶこと。「―投票」

じ-せん【自薦】〔名〕スル　自分自身を推薦すること。⇔他薦。

じ-ぜん【次善】最善とはいえないが、それに次ぐものであること。セカンドベスト。「―を選ぶ」「―の策」(類語)最善・最良・ベスト・一番

じ-ぜん【事前】事の起こる前。事を行う前。「―に話し合う」⇔事後。

じ-ぜん【慈善】情けや哀れみをかけること。特に、恵まれない人々や被害にあった人々に経済的な援助をすること。「―を施す」「―家」

(類語)チャリティー・恵み・施し・義捐(ぎえん)・救恤(きゅうじゅつ)・篤志・博愛・フィランソロピー

しぜん-いおう【自然硫-黄】天然に単体の状態で産する硫黄。黄色で、もろい。

しぜん-いさん【自然遺産】世界遺産の分類の一。世界自然遺産。➡世界遺産

じぜん-いち【慈善市】利益を慈善事業の資金に当てるために開く市。バザー。

じぜん-うんどう【事前運動】物事を起こす前に準備のために活動すること。特に立候補の届け出前に行われる選挙運動。公職選挙法で禁止されている。

しぜん-えいよう【自然栄養】母乳のこと。また、乳児を母乳で育てること。⇔人工栄養。

しぜん-エネルギー【自然エネルギー】▶再生可能エネルギー

しぜん-えん【自然塩】天日製塩による塩や岩塩など、加工していないとれたままの塩。天然塩。➡精製塩 ➡塩角 (補説)公的な定義・基準がないため、消費者庁や業界団体により、商品パッケージや広告などでの「自然塩」などの表現は制限されている。

しせん-えんねん【▽芝仙延年】文人画の画題の一。芝仙すなわち霊芝(れいし)と松・石を描くもの。

しせん-おおじしん【四川大地震】2008年5月12日、中国四川省で発生したマグニチュード7.9の地震。死者・行方不明者は8万7千人以上、倒壊した家屋は約20万棟という甚大な被害が出た。

しぜん-かい【自然界】❶人間を含む天地万物の存在する範囲。❷人間界以外の、天体や動植物など人間をとりまく自然の世界。❸人間と生物を除く、物理的な世界。

じぜん-かい【慈善会】❶慈善事業を行う資金集めのために開く会。映画会・音楽会など。❷慈善事業を目的とする団体。

しぜん-かかく【自然価格】▶正常価格(せいじょうかかく)

しぜん-かがく【自然科学】自然界の現象を研究する学問の総称。実験・観察・数理に支えられて、対象の記述・説明、さらには事実間の一般法則を見いだし実証しようとする経験科学。ふつう天文学・物理学・化学・地学・生物学などに分ける。➡社会科学 ➡人文科学 ➡文化科学

しぜん-がく【史前学】▶先史学

しぜん-がく【自然学】ギリシャ哲学で、自然を研究対象とする部門。ストア学派やエピクロス学派では、論理学または規準論・倫理学とともに哲学の3部門をなす。➡自然哲学

しぜん-かくぶんれつ【自然核分裂】▶自発核分裂

しぜんかんきょう-ほぜんほう【自然環境保全法】自然環境の適正な保全を総合的に推進し、国民の健康で文化的な生活の確保に寄与することを目的とする法律。昭和48年(1973)施行。平成21年(2009)5月、同法の目的に「生物の多様性の確保」を明記するとともに、生物の保護強化や開発を規制できる制度を盛り込んだ改正自然環境保全法が成立した。

しぜん-ききょう【自然気胸】外傷や人工気胸による以外の気胸。肺側の胸膜に孔(あな)があき、呼吸のたびに空気が胸膜腔にたまって肺が圧迫され、突然の胸痛や呼吸困難などの症状がみられる。

しぜん-きゅうかい【自然休会】会期中の国会または各議院が、議決によらず、慣例上または申し合わせにより休会すること。

しぜんきゅうよう-りん【自然休養林】森林のレクリエーション機能を発揮させるために設けられた施設。林野庁が国有林の多目的利用のためにつくった。昭和43年(1968)発足。

しぜん-きょういくえん【自然教育園】東京都港区にある庭園。中世豪族の屋敷跡といわれ、江戸時代は高松藩主松平頼重の下屋敷、明治時代は火薬庫、大正時代には御料地となった。昭和24年(1949)文部省の所管となり、一般公開。同37年より国立科学博物館付属自然教育園となる。広葉樹林や湿地帯を有し、昆虫・鳥類などが多種生息する。天然記念物および史跡。

じぜんきょうぎ-せいど【事前協議制度】❶物事を円滑に遂行するために、関係者が事前に話し合いを行う制度。❷在日米軍が日本国内で装備や施設等に重大な変更を加える場合に、日米両国が前もって協議を行う制度。昭和35年(1960)の日米安保条約改定時に同条約および交換公文により盛り込まれた。➡核持込み密約

しぜん-きん【自然金】天然に単体の状態で産する金。金属光沢のある黄金色。熱水鉱床・砂鉱床などから産出。

しぜん-ぎん【自然銀】天然に単体の状態で産する銀。金属光沢のある銀白色の結晶。普通は灰色や黒色を呈している。

しぜん-けいざい【自然経済】交換の媒介に貨幣を用いず、現物交換に基づく古い段階の経済。現物経済。➡貨幣経済 ➡信用経済

しぜん-けつぞく【自然血族】自然の血縁関係によって結ばれた人々。➡法定血族

しぜん-けん【自然権】人が生まれながらにして持っているとされる権利。自己保存の権利、自由の権利、平等の権利など、国家権力をもってしても奪うことのできないもの。ロックを中心とする近世の自然法思想の所産で、フランスの人権宣言、日本の明治期の天賦人権思想などに表れている。天賦人権。

しぜん-げんご【自然言語】社会において自然に発生して用いられている言語。⇔人工言語。

しぜんげんご-ぎじゅつ【自然言語技術】▶自然言語処理

しぜんげんご-しょり【自然言語処理】《natural language processing》人間が日常的に使っている日本語や英語などの自然言語をコンピューターで扱う処理技術の総称。機械翻訳や音声認識などを指す。自然言語技術。

しぜん-げんしょう【自然現象】❶自然界に見

られる諸現象。❷人間の意志や働きかけとは無関係に、自然の法則によって起こる事柄。

しぜん-こう【自然光】カメラやビデオカメラの撮影または照明技術における、太陽光や月光などの自然に由来する光。欧米においては、撮影者が意図して使用するフラッシュや電球以外の、その場にある光(室内の人工的な光源を含む)も含む。⇔人工光

しぜん-こうえん【自然公園】自然景観を保護し、国民の保健に資することを目的として、昭和32年(1957)施行の自然公園法によって指定される公園。国立公園・国定公園・都道府県立自然公園の3種。

しぜんこうえん-ほう【自然公園法】国立公園・国定公園・都道府県立自然公園について規定した法律。国立公園法にかわる法律として、昭和32年(1957)に制定された。平成21年(2009)5月、同法の目的に「生物の多様性の確保に寄与すること」を追加するとともに、それまで規制の対象外となっていた干潟や岩礁を「海域公園」として指定し、生物の保護強化や開発を規制できる制度を盛り込んだ改正自然公園法が成立した。

じぜん-こうぎょう【慈善興行】慈善事業の資金を得るために行われる、演芸などの催し。チャリティーショー。

しぜん-こうぶつ【自然公物】自然の状態のままで、公の用に供することのできる公物。河川・海浜・湖沼など。⇔人工公物。

しぜん-さいがい【自然災害】台風・地震・火山噴火など、異常な自然現象が原因となって起こる社会的、経済的な被害。⇔人為災害。

しぜん-さいむ【自然債務】債務者が自ら進んで債務を弁済すれば有効な弁済となるが、債権者からは履行を訴求できない債務。債権について消滅時効が完成し、かつ債務者が裁判上時効の援用をした場合など。

し-せんじ【使宣旨】▶使の宣旨

し-せんじ【指宣旨】平安時代、一分召(いちぶめし)の除目(じもく)で、諸国の史生(ししょう)を任命するときの宣旨。

しぜん-し【自然史】❶人類発生以前の自然界、または人間以外の自然界の発展の歴史。自然界を人間の存在に関係あるものとして、歴史的な意味を与える考え方による概念。❷マルクス主義で、自然を弁証法的に発展するものとして歴史的にとらえる概念。社会の発展も人間の意志や意識から独立した法則によって発展する自然史的過程として理解される。

しぜん-し【自然死】外傷や病気によるのではなく、加齢現象が進み、老衰によって死亡すること。

じぜん-じぎょう【慈善事業】社会的連帯感や倫理的義務感に基づいて、罹災者(りさいしゃ)・病人・貧民の救済などのために行われる社会事業。類語 公共事業

しぜん-しゃかい【自然社会】血縁または地縁によって、個人の意志や目的と関係なく成立している社会。⇨人為社会

しせん-しゅう【私×撰集】個人が私的に編集した和歌・漢詩・連歌・俳諧などの集。特に、私撰和歌集をいう。⇔勅撰集。

しぜん-しゅうきょう【自然宗教】❶自然発生的に展開した宗教。アニミズム・呪物(じゅぶつ)崇拝・自然崇拝などで、未開宗教・原始宗教といわれるもの。❷神の恩恵に基づく啓示宗教に対して、人間の本性である理性に基づく宗教。理神論などの類。

じぜん-しゅうわいざい【事前収賄罪】公務員になる予定の者が、就任後に担当する職務に関する請託を受けて賄賂を受け取ったり、その要求・約束をしたりする罪。実際に公務員になった場合に成立する。刑法第197条の第2項が禁じ、5年以下の懲役に処せられる。⇨事後収賄罪

しぜん-しゅぎ【自然主義】❶哲学で、自然を唯一の実在・原理として、精神現象を含む一切の現象を自然科学の方法で説明しようとする立場。❷倫理学で、道徳に関する事象を本能・欲望・素質など人間の自然的要素に基づいて説明する立場。❸文学で、理想化を行わず、醜悪なものを避けず、現実をありのままに描写しようとする立場。19世紀後半、自然科学の影響のもとにフランスを中心に興ったもので、人間を社会環境や生理学的根拠に条件づけられるものとしてとらえたゾラなどが代表的。日本では明治30年代にもたらされ、島崎藤村・田山花袋・徳田秋声・正宗白鳥らが代表。❹教育学で、人間の自然の性情を重んじ、その円満な発達を教育の目的とする立場。ルソーの提唱。

しせん-しゅくじゅ【▽芝仙祝寿】文人画の画題の一。芝仙すなわち霊芝(れいし)に梅・竹・鶴を配したもの。

しせん-しょう【四川省】▶四川

しぜん-じょうぞく【自然上×蔟】養蚕で、蚕が繭を作る段階になったときに、蚕座の上に蔟(まぶし)を置き、人が手で拾わないで自然に移動させること。

しぜん-しょうにん【自然承認】国会で、予算の議決、条約の承認、内閣総理大臣の指名について、衆議院の議決から一定期間内に参議院が議決をしないとき、衆議院の議決を国会の議決とすること。自然成立。

しぜん-しょくせい【自然植生】人為的な影響をまったく受けず、自然のままに生育している植物の集団。代償植生に対していう。

しぜん-しょくひん【自然食品】自然のままの食品。一般に、農薬や化学肥料を使わずに作った農産物と、食品添加物を含まない加工食品をいう。

しぜん-しん【自然神】自然現象や事物を特別な力を備えた存在として崇拝し神格化したもの。⇨自然崇拝

しぜん-じん【自然人】❶生まれたままの性情をもっている人。社会や文化の影響を受けないで生きている人。❷法律で、権利・義務の主体である個人。近代法では出生から死亡まで完全な権利能力を認められる。⇔法人。

しぜんしんえいどう【自然真営道】江戸中期の思想書。安藤昌益著。稿本と刊本があり、稿本は101巻92冊、刊本は3巻で宝暦3年(1753)刊。封建社会の批判、独自の医学説などを述べる。

しぜん-しんがく【自然神学】キリスト教神学の一。神の啓示を、キリストの恩寵(おんちょう)以外に、人間の理性によっても認知できるとするもの。

しぜん-しんろん【自然神論】▶理神論(りしんろん)

しぜん-しんわ【自然神話】自然現象や自然物の起源・成立・由来・活動などを述べた神話。天然神話。⇨人文(じんぶん)神話

しぜん-すいぎん【自然水銀】天然に単体の状態で産する水銀。常温では液体で、主に辰砂(しんしゃ)に伴って産出。

しぜん-すう【自然数】1から順に1ずつ増して2、3、4…と得られる数の総称。物を数えたり順序を示したりするのに使われる。正の整数。

しぜん-すうはい【自然崇拝】自然および自然現象に神秘的力や存在を認め、これを崇拝すること。太陽崇拝・樹木崇拝など。

しぜん-せいりつ【自然成立】▶自然承認

しぜん-せき【自然石】人為を加えない自然のままの石。天然石。じねんせき。

じせん-せき【▽二千石】▶にせんせき(二千石)

じせんせき【二千石】狂言。由緒ある二千石の謡をみだりにうたった太郎冠者が、主に討たれようとするが、太刀を振り上げる手つきが先代そっくりだといって主を泣かせて許される。

しぜん-せんたく【自然選択】生物の生存競争において、少しでも有利な形質をもつものが生存して子孫を残し、適しないものは滅びること。ダーウィンが品種改良で行われる人為選択(人為淘汰)から類推して提唱。自然淘汰。

しぜん-そう【自然葬】墓などを建てず、火葬後に砕いて粉状にした遺骨を山や海にまいて自然に還ることを願う葬法。⇨散骨 ⇨樹木葬

しぜん-ぞうかりつ【自然増加率】出生率と死亡率の差。

しぜん-ぞうしゅう【自然増収】税率の引き上げや税の種類を増やすなど税法上の増税措置を行うことなしに、経済成長による国民所得や消費の増大などのために自然に租税・印紙収入などが増加すること。

しせん-そくど【視線速度】天体が観測者に近づき、または遠ざかる動きのときの速度。ドップラー効果によって求められる。

しぜん-たい【自然体】❶剣道などで、両足をわずかに前後または左右に開き、無理のない形で立った姿勢。❷気負いのない、自然な態度。

しぜん-たいすう【自然対数】数e=2.71828…を底(てい)とする対数。ふつう底を略して$\log x$と書く。⇨常用対数

しぜん-ちゆ【自然治癒】生体が本来もつ防御・免疫機構などによって病気が治ること。

しぜん-ちょう【自然長】ばねに何も荷重をかけていないときの長さ。この自然状態から荷重をかけたときの荷重の大きさと伸縮の比をばね定数という。

じぜんちょうせいがた-はたん【事前調整型破綻】再建型の破産手続きの一つ。日本の民事再生法や米国の連邦破産法11条など、再建を前提とした法的処理に着手する前に、利害関係者が再建策を取りまとめておくもの。

しぜん-ちりがく【自然地理学】地理学の一部門。地形・気候・海洋・陸水・土壌・生物などの自然的環境について、その分布や相互関係、人間との関係などを研究する。⇨人文(じんぶん)地理学

しぜん-つうふう【自然通風】ボイラー内で、煙突によって自然に行われる通風。⇨強制通風

しぜん-ていぼう【自然堤防】氾濫原(はんらんげん)を流れる川の両側に、自然にできた堤防状の高まり。河水中の土砂が堆積(たいせき)してでき、下流部に多い。

しぜん-てき【自然的】〘形動〙ありのままで、人間の手の加わらないさま。「—な現象」

しぜんてき-たんおんかい【自然的短音階】第2音と第3音、第5音と第6音の間が半音で、他は全音の音程からなる短音階。

しぜん-てつ【自然鉄】天然に産出する単体の鉄。ふつう少量のニッケルを含む。

しぜん-てつがく【自然哲学】一般に、自然を総合的、統一的に解釈し、説明しようとする哲学をいう。哲学は古代ギリシャでこのような自然の原理的探究として誕生した。近代以降では、自然科学を成り立たせる根本概念や前提について存在論的、認識論的に考察する部門をさすこともある。

し-ぜんてん【四禅天】仏語。現世で4種の禅定(ぜんじょう)を修した者の生まれる色界の四天。初禅天・第二禅天・第三禅天・第四禅天。

しせん-どう【詩仙堂】京都市左京区一乗寺にある石川丈山の旧宅。寛永18年(1641)落成。狩野探幽(かのうたんゆう)らの筆になる、中国の三十六詩仙の肖像がある。中央を白砂敷きとした庭園でも知られる。

しぜん-どう【自然銅】天然に単体の状態で産する銅。金属光沢のある淡桃色を示すが、普通は銅赤色または褐色に変色している。じねんどう。

しぜん-とうた【自然×淘汰】〘名〙スル ❶「自然選択」に同じ。⇨人為淘汰 ❷時の経過とともに、優良なものが生き残り、劣悪なものがひとりでに滅びていくこと。「俗悪な雑誌は—される」

しぜんとじんせい【自然と人生】徳冨蘆花の随筆小品集。明治33年(1900)刊。自然描写を主とした散文詩87編のほかに、短編小説と画家コローの評伝を収める。

じぜん-なべ【慈善鍋】「社会鍋」に同じ。《季 冬》

しぜん-の-くに【自然の国】❶《ラテ regnum naturale》アウグスティヌス・トマス=アクイナス・ライプニッツなどの用語で、物理的、社会的、政治的原理に支配される、現実の世界。「恩寵の国」「神の国」に対する語。❷カントの用語で、因果律が支配して人間の自由は考えられない自然の世界をさす。「目的の国」に対する語。

しぜん-の-こと【自然の事】自然に起こる予測不能の事件。万一のこと。「—のあらん時、物の具して

頼朝が乗るべき馬なり」〈平家・九〉

しぜん-の-すう【自然の数】自然の運命。自然のなりゆき。「上役たちが頭から彼を相手にしないのは、寧ろ—である」〈芥川・芋粥〉

しぜん-の-せいいつせい【自然の斉一性】《uniformity of nature》自然は同一条件のもとでは同様の性質・組織をもち、同様の変化をするということ。帰納的推理を可能にする条件として仮定される。

しぜん-の-ひかり【自然の光】《ラテ lumen naturale》スコラ学で、超自然的事物(神)を認識する能力である「恩寵の光」に対して、人間に生得的にそなわっている自然界の事物を認識する能力。

しぜん-ばえ【自然生え】人為が加わらないで、植物が自然に種子から芽生えて生育すること。じねんばえ。

しぜん-はっか【自然発火】ーハツクワ 物質が外部からの加熱なしに、酸化や分解などによって発熱し、その熱が蓄積されて自然に発火する現象。

しぜんはっかせい-ぶっしつ【自然発火性物質】シゼンハツクワセイー 消防法の別表第一で危険物として第3類に分類されるもの。同法では「自然発火性物質および禁水性物質」を第3類にまとめ、固体または液体であって、空気中での発火の危険性を判断するための政令で定める試験において政令で定める性状を示すもの、または水と接触して発火し、もしくは可燃性ガスを発生する危険性を判断するための政令で定める試験において政令で定める性状を示すものと規定される。➡危険物

しぜん-はっきん【自然白金】ーハクキン 天然に単体の状態で産する白金。金属光沢のある銀白色。超塩基性岩や砂鉱床から産出。

しぜん-はっせい【自然発生】❶生物が無生物から発生しうるという説。19世紀後半にパスツールによって否定されたが、生命の起源については否定されていない。偶然発生。❷人為によらず、自然に生じること。「同好の士による—的な会」

しぜん-はん【自然犯】その行為が、いつの時代、どの社会においても当然の悪であると考えられる犯罪。殺人・窃盗・放火など。刑事犯。➡法定犯

しぜん-ひつぜんせい【自然必然性】自然法則のもつ必然性。原因の性質によって、運動の方向が決定されているということ。倫理的な「当為の必然性」に対する語。因果的必然性。

しぜん-ぶつ【自然物】人工・人為のものでなく、自然界に存在する形ある物。

しぜんぶん-けんさく【自然文検索】インターネットのサーチエンジンやデータベースの検索技術の一。知りたい事柄や質問を日常使っている自然な形の文章で入力すると、その文章を解析して重要と思われる語句を組み合わせて検索する。自然言語処理の応用例の一。話し言葉検索。

しぜん-ぶんべん【自然分×娩】自然の陣痛発来を待ち、麻酔・陣痛誘発・帝王切開・吸引分娩・鉗子分娩などの医療処置を行わずに、経膣分娩を行うこと。

しぜん-ぶんるい【自然分類】生物を系統に基づく類縁関係によって分類すること。系統分類。➡人為分類

しせん-べんごにん【私選弁護人】被告人・被疑者などが自分で選任する弁護人。➡国選弁護人

しぜん-べんしょうほう【自然弁証法】ーベンシヨウハフ 自然の運動・発展を自然そのものにおける弁証法的過程としてとらえようとする立場。19世紀の自然科学の発達を背景に、マルクスとともにエンゲルスが提唱。自然は、量と質との相互転化、対立物の相互浸透、否定の否定という法則に従って運動・発展すると説いた。

しぜん-ほう【自然法】ーハフ 人間の自然の本性あるいは理性に基づいて、あらゆる時代を通じて普遍的に守られるべき不変の法として、実定法を超越しているものと考えられる法。⇔実定法/人定法。

しぜんほう-がく【自然法学】シゼンハフー 自然法に根拠を置いて社会秩序や実定法を整序しようとする学問。グロティウス・ホッブズ・ロックなどに代表される。自然法論。

しぜん-ほうしゃのう【自然放射能】ーハウシヤノウ ▶天然放射能

しぜん-ほうそく【自然法則】ーハフソク 自然における出来事や存在などの諸事実の間で成立している一般的、必然的な関係を表した法則。自然律。

しぜん-ぼく【自然木】❶人間の栽培したものでなく、山野に自生している樹木。❷加工してない木材。

しぜん-ほご【自然保護】人間による破壊や汚染から自然環境を保全し、また、回復させること。生物・鉱物や景観も含めて、自然本来の姿が保たれるように保護すること。18世紀からヨーロッパを中心に、学術上貴重な動植物、原始的な自然地域、すぐれた景観などの保護の思想が発展した。

しぜん-めんえき【自然免疫】ある種の病原体に対して生体が生まれながらにもっている抵抗性。先天性免疫。⇔獲得免疫。

しせんよびおよびいんぼう-ざい【私戦予備及び陰謀罪】外国に対し私的に戦闘行為をする目的で、その準備や陰謀をする罪。刑法第93条が禁じ、3か月以上5年以下の禁錮に処せられる。ただし、自首した者は刑が免除される。私戦予備罪。陰謀罪。

しせんよび-ざい【私戦予備罪】▶私戦予備及び陰謀罪

しぜん-りつ【自然律】「自然法則」に同じ。

しせんりょう【四千両】シセンリヤウ 歌舞伎狂言「四千両小判梅葉(しせんりようこばんのうめのは)」の通称。

しせんりょうこばんのうめのは【四千両小判梅葉】シセンリヤウコバンのうめのは 歌舞伎狂言。世話物。6幕。河竹黙阿弥作。明治18年(1885)東京千歳座初演。安政年間(1854〜1860)の江戸城御金蔵破り事件を脚色したもの。四千両。

しせん-りょうり【四川料理】ーレウリ 中国の四川省一帯で発達した料理。麻婆(マーボー)豆腐・棒棒鶏(バンバンジー)など辛い味付けが特徴。➡中国料理

しぜん-りょく【自然力】❶自然界に起こる種々の作用。❷経済学でいう、人間の労力を補う自然の力。風力・水力など。

しぜん-りょくがん【紫×髯緑眼】赤みがかったほおひげと青い目。昔、中国で、西方の異民族の容貌(ようぼう)をいった語。

しぜんれいばい-ヒートポンプきゅうとうき【自然冷媒ヒートポンプ給湯機】ーキフタウキ ▶エコキュート

しぜん-れき【自然暦】太陽や月の運行、1年を通しての動植物の移り変わりなどを目安としてつくる一種の暦。「カッコウが鳴くから豆をまけ」の類。

しせん-わかしゅう【私×撰和歌集】ーワカシフ 和歌の私撰集。「古今和歌六帖(こきんわかろくじょう)」「夫木和歌抄」など。⇔勅撰和歌集。

し-そ【×尸素】「尸位素餐(しいそさん)」の略。

し-そ【私訴】❶▶付帯(ふたい)私訴 ❷《「私人訴追」の略》刑事訴追を国家機関でなく私人が行うこと。

し-そ【始祖】㊀❶ある家系の最初の人。「徳川家の—」❷ある物事を最初に始めた人。創始者。元祖。「流派の—」㊁禅宗で、達磨(だるま)大師の称。

(類語)開祖・元祖・教祖・ルーツ

し-そ【紙塑】粘土に古新聞紙などをまぜて練ったものでこしらえた人形や壺。絵の具で彩色したり、色紙などを張ったりして仕上げる。

し-そ【紫×蘇】シソ科の一年草。茎は四角柱、葉は広卵形で暗紫色。夏から秋に、淡紫色の唇形の小花を総状につける。全草に強い香りがあり、アカジソ・アオジソ・カタメンジソなどの品種がある。梅干しの着色などに使い、実は塩漬けにして食する。葉を漢方で解熱・鎮痛・健胃薬などに用いる。シソ科植物は約3500種がおもに暖帯・温帯に分布し、草本または木本。ハッカ・ウツボグサなども含まれる。ちそ。(季 夏┊芽=春┊実=秋)「—濃き一途に母を恋ふ日かな/波郷」

し-そ【×緇素】《「緇」は黒、「素」は白の意》僧と俗人。僧俗。

じ-そ【自訴】〔名〕スル ❶罪を犯した者が自分から名のり出ること。自首。「—すれば八十日の禁錮(きんこ)ですっかり罪は滅びてしまう」〈福沢・福翁自伝〉❷みずから訴え出ること。また、その訴訟。「われ—の事あるにより在京仕り候」〈謡・砧〉

しそ-あぶら【紫×蘇油】▶荏(え)の油(あぶら)

し-そう【四▽三】ーサウ《「しさん」の音変化》❶「しさん(四三)❶」に同じ。「—の目」❷「しさん(四三)❷」に同じ。「—の手役」

し-そう【四相】ーサウ 仏語。物事や生物の移り変わる姿を四つにまとめたもの。万物の生滅・無常の姿を表す。生まれる生、存在する住、変化する異、なくなる滅。また、人の一生にたとえて、生・老・病・死。

し-そう【四葬】ーサウ インドで行われる水葬・火葬・土葬・林葬の4種の葬法。

し-そう【市葬】ーサウ 市に功績のあった人の死を悼んで、市が施主となって行う葬儀。

し-そう【死相】ーサウ ❶死の近いことを思わせる顔つき。死を示している人相。「—が現れる」❷死に顔。「短い経帷子(きょうかたびら)と—を隠す頭巾と」〈長塚・土〉

しそう【宍粟】兵庫県中西部にある市。揖保(いぼ)川の上流域を占める。市域のほとんどを山林が覆い、林業が盛ん。平成17年(2005)4月に山崎町・一宮町・波賀(はが)町・千種町が合併して成立。人口4.1万(2010)。

し-そう【志操】ーサウ 自分の主義や主張などを固く守って変えない心。「—の堅固な人」

し-そう【▽芝草】ーサウ ❶マンネンタケの別名。「俗(くにひと)、—といふことを知らずして、みだりに菌(たけ)と言へるか」〈皇極紀〉❷しばくさ。しば。〈日葡〉

し-そう【使僧】使者として遣わす僧。「—に対面もなく、一言の返事にも及び給はねば」〈太平記・三六〉

し-そう【刺草】ーサウ アザミの別名。

し-そう【刺創】ーサウ 先のとがった硬いものが刺さってできる傷。刺し傷。

し-そう【思想】ーサウ〔名〕スル ❶心に思い浮かべること。考えること。考え。「新しい—が浮かぶ」「普天下の人をして自由に—し」〈中村訳・自由之理〉❷人生や社会についての一つのまとまった考え・意見。特に、政治的、社会的な見解をいうことが多い。「反体制—を弾圧する」「末法(まっぽう)—」「危険—」❸哲学で、考えることによって得られた、体系的にまとまっている意識内容をいう。(類語)(❶)想念・思念・観念・考え・思考・思索/(❷)主義・理念・信条・信念・哲学・人生観・世界観・思潮・イズム・イデオロギー

し-そう【指×嗾┊使×嗾】〔名〕スル 人に指図して、悪事などを行うように仕向けること。指図してそそのかすこと。「その子供を—して親爺(おやじ)の金を持ち出させた親ざるは」〈寅彦・さるかに合戦と桃太郎〉(補説)「しぞく」と読むのは誤り。(類語)おだてる・唆す・仕向ける・けしかける・あおる・たきつける・教唆・扇動

し-そう【師僧】師である僧。師匠の僧。

し-そう【紙窓】ーサウ 紙を張った窓。明かり障子のはまった窓。「古き備後畳は処々に破損を生じ、—風に吟じて」〈鉄腸・雪中梅〉

し-そう【詞宗】詩や文章の達人。また、文人・学者の敬称。

し-そう【詞藻】ーサウ ❶言葉のあや。修辞。「豊かな—の文」❷文章や詩歌。「婦女に対する愛の自ら—の上にあらわれしも多かるべく」〈子規・墨汁一滴〉❸詩文に対する才能。「—豊かな青年」

(類語)(❷)詩文・文章・文(ぶん)・書き物・一文(いちぶん)・散文・文言(もんごん)・編章・詞章・文辞(ぶんじ)・文藻・文体・文面・章句/(❸)文才・筆才・文藻・詩才

し-そう【歯槽】ーサウ 上下のあごの骨にある、歯の根がはまっている穴。

し-そう【詩宗】すぐれた詩人。また、詩人の敬称。

し-そう【詩草】ーサウ 詩の草稿。詩稿。

し-そう【詩想】ーサウ ❶詩を生み出すもとになるような感情・思考。「—に富む人」「—がわく」❷詩に歌われている思想・感情。「清新な—がみなぎる作品」

し-そう【試走】〔名〕スル ❶自動車などを試験的に走らせて、性能や調子を確かめること。「新しいエンジンを

載せて―する」「―車」❷競走で、競技前に走ってみて、走路の状態や体調などを確かめること。

し-そう【飼槽】動物に飼料を与えるための、固定されている容器。固定されていないものはふつう給餌器(きゅうじき)という。

し-そう【×駛走】〔名〕スル《「駛」は馬が速く走る意》速く走ること。疾走。「街鉄(がいてつ)の鋪(し)き石の上を―して来た旧式な相乗りの俥(くるま)が」〈谷崎・秘密〉

し-ぞう【四蔵】4種の経典。経・律・論の三蔵に、呪蔵(じゅぞう)(陀羅尼(だらに))または雑蔵を加えたもの。

し-ぞう【死蔵】〔名〕スル 活用せずに、しまい込んでおくこと。退蔵。「多くの資料が―されている」

(類語)秘蔵・珍蔵・私蔵・愛蔵・取って置き・箱入り・虎の子・蔵する

し-ぞう【私蔵】〔名〕スル 個人が所蔵すること。また、そのもの。「古写本を―する」(類語)秘蔵・愛蔵・珍蔵・死蔵・取って置き・箱入り・虎の子・蔵する

し-ぞう【×祇▽承】奈良・平安時代、勅使が地方に下向したときの供応などをつかさどること。また、その役人。

じ-そう【寺僧】寺の僧。寺に所属している僧。

じ-そう【自走】〔名〕スル 他の動力によらず、自身の動力で走ること。

じ-そう【児相】「児童相談所」の略称。

じ-そう【事相】❶事の成り行きのようす。物事のありさま。「社会の交際百般の―を律するに」〈福沢・福翁百話〉❷密教で、修法・灌頂(かんじょう)など実践的な面のこと。⇒教相(きょうそう)

じ-そう【侍曹】《そばに侍する者の意》手紙の脇付(わきづけ)の一。侍史(じし)。

じ-そう【時相】▶時制(じせい)

じぞう【地蔵】「地蔵菩薩(ぼさつ)」の略。

地蔵と閻魔(えんま)は一つ 地蔵は慈悲を、閻魔は忿怒(ふんぬ)をあらわし、全く反対の存在のようにみえるが、共に阿弥陀仏の分身であるということ。

地蔵の顔も三度 「仏の顔も三度」に同じ。

じ-ぞう【自蔵】〔名〕スル 機械などの内部に組み込まれていること。内蔵。「制御装置を―する」

じぞう-え【地蔵会】「地蔵盆」に同じ。(季 秋)「―や近道を行く祭り客/蕪村」

しそう-か【思想家】社会・人生などについての深い思想をもつ人。特に、その内容を公表し、他に影響を与える人をいう。

じぞう-がお【地蔵顔】地蔵菩薩の顔のように丸々として柔和な顔。「借りるときの―」

(類語)笑顔・笑い顔・恵比須顔・にこにこ顔・破顔・喜色・朗色・生色

じぞう-がしら【地蔵頭】地蔵菩薩の頭のように、丸くて愛嬌(あいきょう)のある形の頭。

しそう-かせき【示相化石】地層の堆積(たいせき)した当時の環境を知る手がかりとなる化石。有孔虫・造礁珊瑚(ぞうしょうさんご)など。

しそう-けいさつ【思想警察】国家体制に反対または批判的な思想を取り締まることを任務とする警察。

しそう-げき【思想劇】社会問題・人生問題など思想的な問題を主題にした劇。イプセン・ショーなどの劇の類。

じぞう-こう【地蔵講】地蔵菩薩の功徳をたたえて営まれる法会。

じぞう-ごうし【地蔵格子】細い木を縦横に組み違えて作った格子。地蔵堂に多く用いるところから。

しそう-こつ【歯槽骨】歯根膜を介して歯を支えている顎骨の一部。歯槽突起。

じぞう-さき【地蔵崎】《「地蔵埼」とも書く》島根県北東部、松江市美保関(みほのせき)町にある岬。島根半島東端に位置し、フランス人が設計した美保関灯台がある。大山(だいせん)隠岐(おき)国立公園に属する。

しそう-し【宍粟市】▶宍粟

じそう-しほ【自走支保】機械化された炭鉱で広く使われる鋼製の支保工(しほこう)で、油圧シリンダーの作動により枠構造を前進させる機構となっているもの。

しそう-せん【思想戦】宣伝や風評などで敵国民の思想を混乱させる謀略。

じぞう-そん【地蔵尊】地蔵菩薩の敬称。

じぞう-どう【地蔵堂】地蔵菩薩をまつる堂。

しそう-のうよう【歯槽×膿瘍】歯槽部にうみがたまる疾患。

しそう-のうろう【歯槽×膿漏】歯槽部で歯を支えている周囲の組織が炎症を起こし、うみがたまってくる疾患。口臭があり、進行すると歯が抜ける。

じぞう-の-じっぷく【地蔵の十福】地蔵菩薩を信仰することによって得られる10種の福徳。女人泰産・身根具足・除衆病疾・寿命長遠・聡明智慧・財宝盈溢(えいいつ)・衆人愛敬・穀米成熟・神明加護・証大菩提(しょうだいぼだい)。

しそう-の-じゆう【思想の自由】人がどのような思想をもとうとも、公権力による侵害や社会的な不利益などを受けない自由。憲法の保障する基本的人権の一。

しそう-の-ほし【四▽三の星】北斗七星のこと。一説に、オリオン星座とも。「空さへ曇りたれば、―も見えず」〈義経記・四〉

しそう-はりあみ【四×艘張(り)網】底敷き網の一。50〜100メートル四方の網を、4隻の船で四方から支えて海底に沈め、まき餌や集魚灯で魚を集めてから一斉に引き揚げて捕獲するもの。カツオ・サバ・アジなどの漁に用いる。

しそう-はん【思想犯】国家体制に相反する思想に基づく犯罪。また、その犯人。特に、もと治安維持法に触れた犯罪、およびその犯罪者をいう。

しそうはん-ほごかんさつほう【思想犯保護観察法】治安維持法違反の罪を犯した者に対する保護観察について規定していた法律。昭和11年(1936)施行、同20年廃止。

じそう-ほう【自走砲】車両に火砲を搭載したもの。牽引式の火砲に対していう。

じぞう-ぼさつ【地蔵菩薩】《梵 Kṣitigarbhaの訳》釈迦の入滅後から弥勒(みろく)仏が世に現れるまでの間、無仏の世に住み、六道の衆生(しゅじょう)を教え導くことを誓いとした菩薩。中国では唐末、日本では平安中期から盛んに信仰された。像は慈愛に満ちた円満柔和な僧形に作り、多くは右手に錫杖(しゃくじょう)、左手に宝珠を持つ。

じぞう-ぼん【地蔵盆】主に京都などで、8月23日・24日(古くは陰暦7月24日)に行われる行事。石地蔵にお飾りをしてまつり、さまざまの余興を行う。地蔵祭り。地蔵会(じぞうえ)。(季 秋)

じぞうまい【地蔵舞】狂言。宿の亭主に宿泊を断られた旅僧が、笠を預けてその下に潜り、笠に宿を借りるという。亭主も気に入って酒をふるまうと、僧は地蔵舞をまう。

じぞう-まつり【地蔵祭(り)】「地蔵盆」に同じ。(季 秋)

じぞう-まゆ【地蔵眉】地蔵菩薩の眉のように、根元が太く、末が細くて長い、三日月形をした眉。

シソーラス〖thesaurus〗《もと宝庫の意》❶同義語・類義語などを分類・整理した語彙集。❷コンピューターなどの情報検索に使われる索引。

しそ-きせき【紫×蘇輝石】斜方輝石の一種。マグネシウム・鉄の珪酸塩(けいさんえん)鉱物。黒緑色・暗褐色の柱状結晶。火成岩の主な造岩鉱物の一。

し-そく【子息】男の子。むすこ。他人の子にいう。

(類語)息子・せがれ・ジュニア・こせがれ・子供・子(こ)・子女(しじょ)・児女・子弟・愛児・息男(そくなん)・息女・娘・子種・子宝・二世・お子さま・令息・令嬢・お坊っちゃん・お嬢さん・お嬢さま

し-そく【四足】❶4本の足。また、4本の足のあるもの。よつあし。❷けだもの。四足獣。〈和英語林集成〉

し-そく【四則】足し算・引き算・掛け算・割り算の四つの算法。加・減・乗・除。また、これを用いてする計算。

し-そく【四塞】▶しさい(四塞)

し-そく【紙×燭・脂×燭】室内用の照明具の一。松の木を長さ45センチ、直径1センチほどの棒状に削り、先端を焦がして油を塗り、火をつけるもの。手元を紙屋紙で巻くので「紙燭」の字を当てる。紙や布を細くひねって油を染み込ませたものをもいう。ししょく。

し-そく【視束】▶視神経(ししんけい)

し-ぞく【士族】明治維新後、もと武士階級に属した者に与えられた族称。華族の下、平民の上に置かれた。第二次大戦後に廃止。

し-ぞく【支族・枝族】本家から分かれて別に一家をなす血族の者。分家。

し-ぞく【氏族】共通の祖先をもつこと、あるいは、もつという意識による連帯感のもとに構成された血縁集団。父系もしくは母系のどちらか一方の血縁関係によって結ばれている。「―社会」

し-ぞく【指×嗾・使×嗾】「指嗾(しそう)」の誤読。

し-ぞく【▽親族・▽親属】「しんぞく」の撥音の無表記。「何ばかりの―にかはあらむ、いとよく似通ひたるけはひかな」〈源・浮舟〉

しぞ-・く【▽退く】〔動カ四〕「しりぞく」に同じ。「漕げども漕げどもしりへ―・きに―・きて」〈土佐〉

じ-そく【自足】〔名〕スル ❶自分の置かれた状況に満足すること。「現在の生活に―する」❷必要なものを自分で間に合わせること。「自給―」「―経済」

(類語)満足・満悦・充足・飽満・自得・会心・充足感・充実感・自己満足・本望・満ち足りる・心行く・堪能(たんのう)する・満喫する・安住する・安んずる・甘んずる・十分

じ-そく【時速】乗り物などの速度を、1時間にそれが進行する距離で表したもの。「制限―」

じ-そく【磁束】磁界の中のある垂直断面を通る磁力線の量。単位はウェーバ。

じ-ぞく【持続】〔名〕スル ある状態がそのまま続くこと。また、保ち続けること。継続。「薬効が―する」「諸外国との友好関係を―する」「―力」「―性」

(類語)継続・存続・長続き・連続・永続・持久・耐久

じ-ぞく【時俗】その時代の人情風俗。「―の堕落に憂うるもの」〈魯庵・破垣〉

しそく-いろ【脂×燭色】❶織り色の名。紫の縦糸と紅の横糸で織ったもの。❷襲(かさね)の色目の名。表は紫、裏は濃い紅。

しそく-えんざん【四則演算】四則を用いてする演算。四則算。加減乗除。

じぞくかのうな-かいはつ【持続可能な開発】▶サステイナブルデベロップメント

じぞくかのうなかいはつのため-の-きょういく【持続可能な開発のための教育】▶イー-エス-ディー(ESD)

じぞくかのうな-はってん【持続可能な発展】▶サステイナブルデベロップメント

じぞく-かんせん【持続感染】一人の患者がある特定のウイルスに慢性的に感染していること。持続的感染。

じそく-けい【磁束計】電磁誘導の法則を利用して、磁束の大きさを測定する装置。

しそ-くさ【紫×蘇草】ゴマノハグサ科の一年草。暖地の池や田に生え、高さ約25センチ。紫蘇のような香りがある。秋、長楕円形の葉のわきに白い小花をつける。

しそく-ざん【四則算】▶四則演算

しぞく-じゅさん【士族授産】秩禄処分で職を失った士族の救済のためにとられた明治政府による一連の政策。農・工・商業への転職の推進、官林荒蕪(こうぶ)地の安価での払い下げ、北海道移住の奨励など。

しぞく-せいど【氏族制度】氏族を基本構成単位とする社会制度。各氏族は経済的、政治的、社会的機能を果たしており、成員は氏族への帰属によってさまざまな社会的権利や義務を受ける。

じぞくてき-いしきしょうがい【持続的意識障害】俗に、植物状態といわれる病状のこと。

じぞくてき-かんせん【持続的感染】❶インフルエンザウイルスなどが人から人へ伝播し、感染が持続・拡大すること。❷▶持続感染

しぞく-の-しょうほう【士族の商法】明治初期、特権を失った士族が慣れない商売に手を出して失敗したこと。急に不慣れな商売などを始めて失敗することのたとえ。

じそく‐みつど【磁束密度】磁界の強さを表す量。磁界の中で、磁界に垂直な断面の単位面積当たりに通っている磁束。単位はテスラ、その他ウェーバ毎平方メートル。

しそく‐もん【四足門】「よつあしもん」に同じ。

し‐そこな・う【仕損なう・▽為損なう】〔動ワ五(ハ四)〕《「しぞこなう」とも》やり方をまちがえて失敗する。また、何かをする機会をのがす。しそんじる。「暗算を―・う」「免許証の更新を―・う」[類語]しくじる・し損ずる・やり損なう・抜かる・過つ・誤る・とちる・失敗

しそ‐しゅ【紫×蘇酒】焼酎に、紫蘇・桂皮・茴香などの浸出液をまぜた香味のある飲料。

し‐そ・す【▽為▽過す】〔動サ四〕うまくやってのける。しおおせる。「―・しつとて、うれし」〈落窪・一〉

しそ‐ちょう【始祖鳥】ドイツ南部のジュラ紀の石灰岩から発見された爬虫類と鳥類の中間の生物。大きさはカラスくらい。翼・爪・歯をもつことなど、爬虫類に似る一方、鳥類の特徴である羽毛をもつ。鳥類が爬虫類から進化したことを示す化石とされる。アーケオプテリクス。

し‐そつ【士卒】士官と兵卒。また、兵士。軍兵。

しそ‐とう【紫×蘇糖】青紫蘇の精油の主成分から作った甘味料。第二次大戦中に一時使用されたが、毒性が問題になり禁止された。

シソニア‐はんとう【シソニア半島】《Sithonia》▶シトニア半島

しそ‐びしお【紫×蘇×醤】紫蘇の葉を細かく刻んで入れたひしお。

しそ‐まき【紫×蘇巻(き)】❶塩漬けにした紫蘇の葉で梅干し・調味味噌などを巻いた食品。❷紫蘇の葉をしんにした巻きずし。

し‐そ・む【▽為初む】〔動マ下二〕しはじめる。「はかなき答へをも―・めじと思ひ離るるなりけり」〈源・手習〉

し‐ぞめ【仕初め・▽為初め】❶はじめてすること。手始め。❷「仕事始め」に同じ。❸江戸時代、歌舞伎劇場で、元旦から3日間行った行事。翁渡し、子役の踊り初めなどのあと一同で手打ちをする。

じ‐ぞめ【地染(め)】❶捺染などで、模様以外の地の部分を染めること。❷その土地で染めた染め物。

しそ‐ゆ【紫×蘇油】▶荏の油

じ‐ぞり【自×剃り】自分で髪・月代・ひげなどをそること。「出額のかしらを―して」〈浮・一代女・六〉

し‐そん【子孫】❶一つの血統を受け継いで生まれてきたもの。また、生まれてくるもの。後裔。「―の繁栄を願う」❷子と孫。[類語]末裔・後裔・孫子

し‐そん【至尊】❶この上なくとうといこと。また、そのもの。「人生を万物中の―至霊のものなりと認め」〈福沢・福翁自伝〉❷天子。天皇。「畏くも―の御賞美を被り」〈鷗外・興津弥五右衛門の遺書〉

じ‐そん【耳孫】《耳で聞くだけの、遠い子孫の意》玄孫の子。

じ‐そん【自存】❶自分の生存。❷他の力に頼らず自らの力で生存していくこと。「―自衛」

じ‐そん【自尊】❶自分で自分をすぐれたものと思いこむこと。うぬぼれること。「―自大」❷自分を大切にし品位を傷つけないようにすること。「独立―の精神」

じ‐そん【自損】自分の過失などが原因で、自らけがをしたり、損害を受けたりすること。「―事故」

じ‐そん【児孫】子と孫。子孫。

児孫のために美田を買わず 子孫のために財産を残すと、それに頼って努力をしないので、財産を残さない。西郷隆盛の詩の中に出てくる言葉。

じ‐そん【慈尊】弥勒菩薩の敬称。慈氏尊。

じそん‐いん【慈尊院】和歌山県伊都郡九度山町にある高野山真言宗の寺院。山号は万年山。空海(弘法大師)が高野山を開創したとき、参拝の要所にあたるこの地を表玄関として高野山一山の庶務を司る政所を置いた。承和元年(834)空海の母が政所を訪れるが、翌年入滅。空海はここに廟堂を建立し、弥勒菩薩を安置した。弥勒菩薩は国宝。平成16年(2004)「紀伊山地の霊場と参詣道」の一部として世界遺産(文化遺産)に登録された。

じそん‐さんえ【慈尊三会】竜華三会の別称。

じそんじこしょうがい‐とくやく【自損事故傷害特約】自動車保険における特約の一つ。自損事故で、自賠責保険の対象とならない運転者自身の死傷に対して保険金が支払われるもの。

じそんじこ‐ほけん【自損事故保険】自損事故や、運転者の過失のみによる物損事故・人身事故により運転者が死傷した際に保険金が支払われる保険。自賠責保険は運転者自身の損害は補償しないので、それを補うもの。対人賠償保険に自動的に付帯される。

じそん‐しゅう【自尊宗】福沢諭吉が主張した独立自尊の人生態度。

し‐そん・じる【仕損じる・▽為損じる】〔動ザ上一〕「しそんずる」(サ変)の上一段化。「計算を―・じる」

じそん‐しん【自尊心】自分の人格を大切にする気持ち。また、自分の思想や言動などに自信をもち、他からの干渉を排除する態度。プライド。「―を傷つけられる」

し‐そん・ずる【仕損ずる・▽為損ずる】〔動サ変〕[文]しそん・ず〔サ変〕「仕損なう」に同じ。「せいては事を―・ずる」

した【下】❶位置関係で、あるものに比べて低いほう。㋐場所・位置が低いこと。低いところ。「新聞は雑誌の―にある」「木の―で休む」「二階は貸して―に住んでいる」[対]上。㋑音の低い部分。「―の音が聞きづらい」[対]上。❷表側に現れていないところ。㋐覆われている部分。「―にセーターを着込む」[対]上。㋑指導や庇護を受けていること。「先生の―で研究している」「師の―で修業する」❸程度・地位・年齢・能力・数量などが劣っていること。また、その人。「技術は彼のほうが―だ」「彼より三つ―だ」「五〇点より―は不合格だ」「天は人の上に人を造らず人の―に人を造らず」〈福沢・学問のすゝめ〉[対]上。❹何かをしたすぐそのあと。直後。「言った―からぼろを出す」❺㋐買い物の代金の一部に充てること。下取り。「古いミシンを―に出す」㋑金の引き当てにするもの。「時計を―にして金を借りる」❻こころ。心底。「―悩ますに」〈万・四〇九四〉❼名詞の上に付いて、前もってするという意を表す。「―準備」「―調べ」

[類語]下方・下も・下手

[下接語]息の下・上下・襟下・縁の下・白粉下・帯下・靴下・鞍下・化粧下・声の下・袴下・坂下・三下・白下・ズボン下・袖下・袖の下・手下・年下・名題下・塗り下・軒下・鼻の下・版下・臍の下・幕下・真下・股下・目下・紋下・櫓下・床下・雪の下・腋の下・割り下

下に居る ❶能楽の型で、左右どちらかの膝を立てて座る。❷すわる。ひざまずく。しゃがむ。「まあ―居て聞いて下さんせ」〈浄・盛衰記〉

下に下に 「下に居よ」の意で、江戸時代、将軍・大名の行列の先払いが、庶民に土下座をするように促した掛け声。

下に出る 「下手に出る」に同じ。「非を認めて―出る」

下にも置かない 非常に丁重に扱う。丁寧にもてなして下座に置かない。「―ない歓待ぶり」

した【舌】❶口腔底から突出している筋肉性の器官。粘膜に覆われ、非常によく動き、食物の攪拌・嚥下を助け、味覚・発音をつかさどる。べろ。❷話すこと。言葉遣い。弁舌。「―を振るう」❸雅楽器の篳篥のリード。2寸(約6センチ)ほどに切った蘆の一端をつぶして吹き口とし、他の一端に和紙を巻いて管に差し込んだもの。蘆舌。[類語]べろ・タン

舌が長・い よくしゃべる。おしゃべりである。

舌が回・る よどみなくしゃべる。「よくあれだけ―・るものだ」

舌の先 言葉の上だけ。口先。「―で言いくるめる」

舌の剣は命を絶つ 軽率な発言のために、自分の生命を失うことがある。言葉は慎むべきであるという教え。

舌の根の乾かぬうち 言葉を言い終わるか終わらないうち。前言に反したことを言ったりしたりしたときに、非難して用いる。「―に、もううそをつく」[補説]文化庁が発表した平成18年度「国語に関する世論調査」では、本来の言い方である「舌の根の乾かぬうちに」を使う人が53.2パーセント、間違った言い方「舌の先の乾かぬうちに」を使う人が28.1パーセントという結果が出ている。

舌は禍の根 言葉は災難を招くもとであるということ。口は禍の門。

舌も引かぬ まだ言い終わらない。言って間もなく。「たった今恥じしめた―に無分別」〈浄・嫗山姥〉

舌を食・う 舌をかみ切って自殺する。「たとえ―・って死んでも」〈円朝・怪談牡丹灯籠〉

舌を出・す ❶陰で人をばかにしたり、あざけり笑ったりする。また、そういうときの動作。「笑顔の裏で―・す」❷恥ずかしさなどをごまかす動作。

舌を鳴ら・す ❶軽蔑・不満の気持ちを表す動作。「不服そうに―・す」❷賛美する気持ちを表す動作。特に、おいしい物を食べて、満足した気持ちを表す動作。「ごちそうに―・す」

舌を二枚に使・う 前に言ったことと後で言ったことが違う。また、相手しだいで違ったことを言う。二枚舌を使う。

舌を吐・く 非常にあきれる。「―・いて罵りつ」〈魯庵・社会百面相〉

舌を翻・す ひどく驚く。「兵皆―・して、誠に大王の御言の如しと感じける」〈太平記・二八〉

舌を振・る 非常に驚き恐れる。舌を振るう。「―・ってぞ威じ合ひける」〈盛衰記・五〉

舌を振る・う ❶盛んにしゃべる。雄弁を振るう。「壇上で―・って力説する」❷「舌を振る」に同じ。「この為体に―・ひ、慌しく船を返して」〈読・弓張月・後〉

舌を巻・く あまりにもすぐれていて、ひどく驚く。感嘆する。「妙技に―・く」

した【×簧】《舌の意から》❶雅楽器の笙のリード。銅などの合金製で、竹管の下方に蠟でとりつけ、息を吹きこんだり吸いこんだりして振動させて音を発する。❷▶リード(reed)

しだ とき。際。「あが面の忘れむ―は国はふり嶺に立つ雲を見つつ偲はせ」〈万・三五一五〉[補説]万葉集の東歌と肥前風土記のみにみられる語。

しだ【羊=歯|歯×朶】シダ植物の総称。花はなく、胞子によって繁殖するが、特に無性世代の胞子体をさしていう。シノブ・ワラビ・ゼンマイなどがあるが、ウラジロをいうことが多い。(季 新年)「誰が聟ぞ―に餅負ふ丑の年/芭蕉」

じ‐た【自他】❶自分と他人。自分と自分以外の者。「―ともに認めるところだ」❷仏語。自力と他力。❸自動詞と他動詞。❹これとあれ。「和漢の礼義をととのへて―の記録に闇からず」〈保元・上〉

自他共に許・す だれもがそうだと認める。「―・す第一人者」

じ‐だ【耳×朶】❶みみたぶ。❷みみ。「糸の音が再び落ちつきかけた―に響く」〈漱石・幻影の盾〉

耳朶に触・れる 耳に入る。聞き及ぶ。「世間の取り沙汰が―・れる」

ジダ〖JIDA〗《Japan Industrial Designers' Association》社団法人日本インダストリアルデザイナー協会。インダストリアルデザイナーの全国組織。昭和27年(1952)設立。本部は東京都港区。

した‐あご【下顎】下のほうのあご。かがく。[対]上顎。

下顎と上顎とのぶつかり放題 口の動くままに、言いたいほうだいを言う。

した‐あじ【下味】❶調理をする前に、あらかじめ材料に味つけをしておくこと。「塩・胡椒で―をつける」❷相場が下がり気味になること。

ジダーノフ〖Andrey Aleksandrovich Zhdanov〗[1896〜1948]ソ連の政治家。スターリンの側近の一人で、共産党中央委員会書記としてイデオロギー・文化問題を担当、思想・文化界の統制政策を推進した。

シダー‐ポイント〖Cedar Point〗米国オハイオ州、サンダスキーにある遊園地。巨大なジェットコースター

があることで有名。
した-あらい【下洗い】〔名〕スル 汚れのひどいものを洗濯するときなどに、前もってざっと洗うこと。予洗よせん。「洗濯機に入れる前に―しておく」
シタール〖ヒンディー sitār〗北インドの撥弦はつげん楽器。胴はカボチャでつくり太く長い棹に7本の主要弦と十数本の共鳴弦とを張り、右手の人さし指につけた義甲で弾奏する。
シターン〖cittern〗中世から19世紀にかけて西ヨーロッパで用いられたリュート型撥弦はつげん楽器。一般的には洋梨ようなし形の扁平な胴と、それと同じかやや長い棹さお（フレット付き）から成り、金属弦を張る。
し-たい【支隊】本隊から分かれて独立の行動をとる部隊。⇔本隊。類語 分隊・別働隊
し-たい【四体】頭・胴・手・足。全身。「―の痛も打ち忘れ」〈鉄腸・南洋の大波瀾〉➡五体
し-たい【四▽諦】《「諦」は真理の意》仏語。迷いと悟りの両方にわたって因と果とを明らかにした四つの真理。苦諦・集諦じったい・滅諦・道諦。この世はすべて苦であること、その苦の因は煩悩ぼんのうであること、その煩悩を滅すること、八正道の実践・修行が煩悩を滅した理想の涅槃ねはんに至る手段であるということ。苦集滅道くじゅうめつどう。四聖諦ししょうたい。してい。
し-たい【死体|×屍体】死んだ人間・動物のからだ。生命の絶えた肉体。死骸しがい。しかばね。「白骨―」「―遺棄」補説「死体」「死骸」「しかばね」には肉体を物としてみている語感があり、人格を認めた表現にはふつう「遺体」「遺骸」「なきがら」などを用いる。類語 死骸・遺体・遺骸・死屍しし・亡骸なきがら・屍しかばね・屍かばね・むくろ
し-たい【死胎】母親の胎内で死んだ子。
し-たい【肢体】両手と両足。手足。また、手足とからだ。「しなやかな―」類語 体から・身み・体たい・身体しんたい・肉体・体躯たいく・図体ずうたい・五体ごたい・全身・満身・総身そうみ・総身そうしん・人身じんしん・人体・生体・ボディー・ししむら・骨身
し-たい【肢帯】脊椎動物の骨格の一部で、四肢を脊柱に結合するもの。前肢のものを前肢帯・肩帯、後肢のものを後肢帯・腰帯という。
し-たい【姿態|姿体】からだの線が作り出す外形。また、からだの動きによって醸し出される感じ。からだつき。「なまめかしい―」類語 格好・形なり・外形・形状・姿すがた・姿形すがたかたち・形かたち・なりかたち・様子・身なり・なりふり・風体ふうてい・スタイル・姿勢・体勢・形なり・風・体てい
し-たい【詩体】詩の形式。特に漢詩で、古体と近体とに大別され、前者に古詩・楽府がふ、後者に絶句・律詩などがある。
し-だい【四大】❶仏語。万物の構成要素とされる、地・水・火・風の四つの元素。四大種。❷《❶から構成されるとするところから》人間の肉体。「一の身を悩ます病は」〈鴎外・寒山拾得〉❸道教で、道・天・地・王をいう語。
四大空くうに帰きす 肉体が滅びる。死ぬ。
し-だい【市大】「市立大学」の略。
し-だい【次第】■〔名〕❶物事が行われる際の一定の順序。「式の―を書き出す」❷今まで経過してきた状態。なりゆき。「事の―を話す」❸物事の、そうなるに至った理由。わけ。事情。「そんな―で明日は伺えない」❹能や狂言の構成部分の一。七・五、返句、七・四の3句からなる拍子に合った謡。シテ・ワキなどの登場第一声として、また曲舞くせまいや乱拍子の序歌としても謡われる。❺能や狂言で、シテ・ワキなどの登場に用いる囃子事はやしごと。大鼓・小鼓に笛があしらい、続いて❹が謡われる。❻歌舞伎囃子ばやしの一。❺を取り入れたもので、能がかりの登場音楽として用いるほか、「関の扉と」などの幕開きにも奏する。■〔接尾〕❶名詞に付いて、その人の意向、またはその事物の事情のいかんによるという意を表す。「あなた―でどうともなる」「この世はすべて金―」❷動詞の連用形に付いて、その動作が行われるままにという意を表す。「手当たり―に投げつける」「望み―に買い与える」❸動詞の連用形または動作性の名詞に付いて、その動作がすむと直ちにという意を表す。「満員になり―締め切る」「本が到着―送金する」
類語（❶）順序・手順・式次/（❷）首尾・始末・過程・経緯・顛末てんまつ・一部始終・プロセス・いきさつ
し-だい【至大】〔名・形動〕この上もなく大きいこと。また、そのさま。多く、目に見えない、形のないものについていう。「―な(の)業績」「至高―」
し-だい【私大】「私立大学」の略。
し-だい【紙代】新聞の代金。
し-だい【▽進退】《「しんだい」の撥音の無表記》自由にすること。思いどおりにすること。「もとより、―ならぬ人の御ことなれば」〈源・真木柱〉
し-だい【詩題】❶詩の題。❷詩の題材。
し-だい【誌代】雑誌の代金。
じ-たい【地体】■〔名〕根本的なこと。本質。根源。「何だか―は更にわからぬ」〈二葉亭・浮雲〉■〔副〕もともと。そもそも。元来。自体。「―欲には目のない輩てあいのこと」〈荷風・腕くらべ〉
じ-たい【字体】❶一点一画の組み合わせからなる文字の形。定型化された点画の組み合わせ。一つの字でも、字画数の違いによって、正字・俗字・新字・旧字などと区別する。❷「書体❶」に同じ。
じ-たい【自体】■〔名〕❶自分のからだ。❷もともとの本体。それ自身。多くは他の名詞のあとに付いて接尾語的に、関係する他の事物から切り離して、そのものだけについていうときに用いる。「建物―はりっぱだが、内装が貧弱だ」❸もともとの性質。本性。根本。「―は親に似て大臆病の者なりければ」〈仮・浮世物語・一〉■〔副〕もともと。そもそも。元来。地体。「こうなったのも、―君に責任がある」
類語 元来・もともと・本来・大体・どだい・そもそも
じ-たい【事態|事体】物事の状態、成り行き。「容易ならない―を収拾する」「緊急―」類語 局面・趨勢すうせい
じ-たい【辞退】〔名〕スル 勧められたことを遠慮して断ること。また、自分の既得の地位・権利などを遠慮して放棄すること。「出場を―する」
類語 固辞・謝絶・遠慮・断り・願い下げ・御免・断る・拒む・否いなむ・辞する・謝する・拒絶・拒否・一蹴・不承知・難色・拝辞する・蹴ける・退ける・撥はね付ける・突っ撥ぱねる・峻拒しゅんきょする
じ-だい【地大】仏語。四大しだいの一。すべての堅い性質をもち、保持作用をするもの。ちだい。
じ-だい【地代】《「ちだい」とも》❶他人の土地を借りた者がその地主に支払う借地料。❷土地を売買するときの値段。地価ちか。
じ-だい【次代】次の時代。また、次の世代。「これだけはぜひ―に伝えたい」「―をになう若者たち」
じ-だい【自大】自分で自分を偉い者と思い、尊大に構えること。「夜郎やろう―」「此日本は真実自尊―の一小鎖国にして」〈福沢・福翁自伝〉
じ-だい【事大】《「孟子」梁恵王下の「惟ただ智者のみ能よく小を以て大に事つかうるを為す」から》力の弱い者が力の強い者にうまくつかえること。類語 隷属・従属
じ-だい【時代】■〔名〕❶社会構造・政治形態や文化・思想など、ある目安によって区分された、相当の長さの歴史的期間。年代。「―の流れ」「平安―」「封建―」❷何かの意味における一定の時の長さ。時勢。「―が変わる」「地方文化の―」「―の波に乗る」❸その当時。当代。特に、現代。「―の申し子」「―の先端を行く」❹人の一生におけるある時期。「幸福な―もあった」「学生―」❺時がたって古びていること。「―を帯びる」「―を感じさせる」❻「時代物」の略。■〔形動〕文〔ナリ〕物事のようすが古めかしく感じられるさま。また、古風で大げさなさま。「―な劇げきでも観ているかのような感想かんを与える」〈藤村・破戒〉
類語 ■（❶❷）年代・時期・世紀・時世じせい・時節・世よ・時とき・時世ときよ・エポック/（❸）当代・当世・現代・近代・今日こんにち・現今・同時代・今の世よ・今様・モダン・コンテンポラリー・今・当今・当節・今日日きょうび
時代が付・く 陶器や道具などが、年代を経たという渋い趣をもつ。時代を帯びる。「―・いた茶道具」
し-たいあん【施耐庵】中国、元末・明初の小説家。銭塘せんとう（浙江せっこう省）の人。一説に、興化（江蘇省）の人。羅貫中らかんちゅうの師で、「水滸伝」の作者と伝えられるが、経歴は不明。生没年未詳。
したいいき-ざい【死体遺棄罪】死体損壊等罪が挙げる行為のうち、人の死体などを埋葬せずに放置する罪。
したい-いしょく【死体移植】死体から取り出した臓器や組織を生きている人に移植すること。角膜移植はその例。➡生体移植 補説 平成21年（2009）の臓器移植法改正により、生前に本人の意思表示がなくても、家族の同意により死体からの臓器移植が可能となった。
しだい-おくり【次第送り】次々に譲り渡していくこと。順送り。
じだい-おくれ【時代後れ|時代遅れ】〔名・形動〕その時代の傾向や流行などについていけず、取り残されていること。また、そのさま。時勢遅れ。「―な服装」
類語 古い・流行遅れ・古風こふう・昔風むかしふう・旧式・陳腐・旧弊・前近代的・旧態依然・中古・オールドファッション
じだい-おやじ【時代親▽父】時代おくれで頑固なおやじ。「一理屈ある―玄関に立ちかかり」〈浄・関八州繋馬〉
し-たいか【四大家】《「しだいか」とも》その分野を代表する四人のすぐれた人。中国で、文章における韓愈かんゆ・柳宗元・欧陽脩おうようしゅう・蘇軾そしょく、また、書における蘇軾・黄庭堅こうていけん・米芾べいふつ・蔡襄さいじょうなどをいう。
し-たいがい〔形動ナリ〕思いのままにするさま。「どろく者めが―に踏み付ける」〈浄・油地獄〉
し-だいかい【四大海】須弥山しゅみせんの四方にあるという大海。
じだい-がか・る【時代掛(か)る】〔動ラ五(四)〕古めかしく見える。古びてくる。また、古風で大げさになる。時代めく。「―・った建物」「―・った表現」
しだい-がき【次第書(き)】事物の由来、行事の順序などを書いた文書。「儀式の―」
じだい-がみ【時代紙】年代を経た古い紙。「見るほど―、正筆に疑ひなし」〈浮・永代蔵・四〉
しだい-がら【次第柄】事の成り行き。仕儀。「斯う斯う云う―だから」〈福沢・福翁自伝〉
じだい-かんかく【時代感覚】その時代の動向や特徴などをとらえる感覚。「―が鋭い」
しだい-きしょ【四大奇書】中国の代表的な四つの長編小説「水滸伝」「三国志演義」「西遊記」「金瓶梅」の称。
じだい-ぎぬ【時代絹】時代を経た古い絹。特に、江戸時代からみて室町時代までに主に中国から伝来したもの。「唐国、和朝の絹布をたたみこみ、品々の―」〈浮・永代蔵・一〉
じだい-きょうげん【時代狂言】時代物❸の歌舞伎狂言。⇔世話狂言。
じだい-ぎょうれつ【時代行列】昔の歴史風俗を装った行列。京都の時代祭の風俗行列など。
じだい-ぎれ【時代切|時代▽裂】室町時代までに主に中国から伝えられた織物の切れ地。金襴きんらん・緞子どんす・間道かんどうなど。
じだい-くぶん【時代区分】歴史を、それぞれの時代の質的な特徴によって、いくつかの時期に分かつこと。西洋史を中心とする世界史では、古代・中世・近代の三区分法、原始・古代・中世・近代・現代の五区分法などが一般的。日本史では、奈良時代・鎌倉時代・江戸時代といった政権所在地による区分がよく行われている。
じだい-げき【時代劇】演劇・映画などで、主として江戸時代またはそれ以前に題材をとったもの。⇔現代劇。
したい-けんあんしょ【死体検案書】▶検案書けんあんしょ
じだい-こうしょう【時代考証】映画や演劇などで、衣装・道具・装置などが、題材となった時代に合っているかどうかを考証すること。
じだい-さくご【時代錯誤】❶歴史的人物・事件・生活様式などに関して時代の異なるものを混同して考えること。「―に陥る」❷人の言動や考え方などが、その時代の傾向に合っていないこと。アナクロニズム。

「その考え方は—も甚だしい」

し-だいし【四大師】㊀四人の大師。伝教大師(最澄)・弘法大師(空海)・慈覚大師(円仁)・智証大師(円珍)。㊁天台宗の四人の大師。伝教大師・慈覚大師・智証大師・慈慧大師(良源)。

しだい-し【次第司】平安時代、祭りや行幸などの次第を差配し、道の往来や行列のことなどをつかさどった役。

し-だいじ【四大寺】朝廷の祈願所であった四つの寺院。大安寺・薬師寺・元興寺(がんごうじ)・興福寺。または東大寺・興福寺・延暦寺(えんりゃくじ)・園城寺(おんじょうじ)。

じだい-し【時代史】時代区分によって設定されたある時代の歴史。

しだい-しだいに【次第次第に】〔副〕少しずつ順々に。だんだんに。「—風雨が強まる」(類語)段段・次第に・徐徐に・追い追い・漸次(ぜんじ)・歩一歩・一歩一歩・着着(ちゃくちゃく)・日に日に・日増しに・漸(ようや)く・年年(ねんねん)

じだい-しちょう【時代思潮】ーシテウ その時代の社会に主流をなす思想の傾向。

しだい-しゅ【四大種】「四大❶」に同じ。

し-だいしゅう【四大州┊四大×洲】ーダイシウ ▶四州(ししゅう)

じだい-しゅぎ【事大主義】自分の信念をもたず、支配的な勢力や風潮に迎合して自己保身を図ろうとする態度・考え方。

じだい-しょうせつ【時代小説】ーセウセツ 古い時代の事件や人物などに題材をとった小説。

じだい-じょうるり【時代浄瑠璃】ージヤウルリ 時代物❸の浄瑠璃。⇔世話浄瑠璃。

じだい-しょく【時代色】その時代特有の風潮や傾向。「—を反映した作品」

じだい-せいしん【時代精神】ある時代を支配し特徴づけるような普遍的な精神、または意識。

し-だいせつ【四大節】旧制で、四つの祝祭日。四方拝・紀元節・天長節・明治節。

じだい-せわ【時代世話】浄瑠璃・歌舞伎で、内容上、時代物に世話物の要素を加えたもの。また、演出上、世話物を時代物風に扱うもの。

じだい-そう【時代相】ーサウ 風俗・風潮など、その時代の特徴となる世相。「—をよくとらえた写真」

したいそんかい-ざい【死体損壊罪】シタイソンクワイー ▶死体損壊等罪

したいそんかいとう-ざい【死体損壊等罪】シタイソンクワイトウー 人の死体・遺骨・遺髪や、すでに棺に納めてある物を、損壊・遺棄したり盗み取ったりする罪。刑法第190条が禁じ、3年以下の懲役に処せられる。死体損壊罪。➡死体遺棄罪 (補説)ある程度成長したあとに流産・中絶した胎児や、傷病や手術などで体から切除された四肢なども、本罪が禁じる行為の対象となる。また、土葬・風葬・散骨などは、宗教や地域性などを考慮して認められる場合がある。

しだい-だな【次第棚】床の間などのわきに設ける棚。

じだい-ちがい【時代違い】ーちがひ〔名・形動〕❶その時代に合わないこと。また、そのさまや、そのような人。時代おくれ。「—なりといへる批評なるが」〈逍遥・当世書生気質〉❷年代が合わないこと。時代が違うこと。「かかる美女のあるべきものか。都鳥その業平に—にて見せぬ事の口惜し」〈浮・五人女・四〉

しだい-ちょうじゃ【次第長者】ーチヤウジヤ 次第次第に金持ちになった人。次第分限(ぶげん)。「西国に並びなき—となりて」〈浮・永代蔵・三〉

し-だいでし【四大弟子】釈迦の四人の高弟。須菩提(しゅぼだい)・迦旃延(かせんねん)または舎利弗(しゃりほつ)・摩訶迦葉(まかかしょう)・目犍連(もくけんれん)。

し-だいてんのう【四大天王】ーダイテンワウ ▶四天王㊀

じだい-とう【事大党】ータウ ▶守旧派(しゅきゅうは)

しだい-な【次第名】兄弟の順序に従ってつけた名。長男を太郎(一郎)、次男を次郎(二郎)、三男を三郎などと命名する類。

しだい-に【次第に】〔副〕❶物事の程度や状態が少しずつ変化・進行するさま。だんだんと。徐々に。「病気が—よくなっていく」❷序列・順序に従って物事をするさま。順々に。「数(あまた)の検非違使(けびいし)官人等、東西に—着(つ)きし並みたり」〈今昔・一七・二二〉

(類語)おいおい・漸次(ぜんじ)・次第次第に・歩一歩・一歩一歩・着着(ちゃくちゃく)・日に日に・日増しに・漸(よう)く・年年(ねんねん)

じだい-の-ちょうじ【時代の×寵児】その時代の風潮に合った才能を発揮して成功し、人々にもてはやされる人。

じだい-ばなれ【時代離れ】時代がかけはなれていること。極めて昔風であること。

し-たいふ【士大夫】中国で、士と大夫。のち、知識階級や科挙に合格して官職にある者をさした。

したいふじゆう-じ【肢体不自由児】シタイフジイウー 肢体の機能に障害があるため、教育上特別の配慮を要する児童。

しだい-ふちょう【四大不調】ーフテウ 仏語。四大の調和がくずれ、病気になること。僧の病気にいう。

しだい-ふどう【次第不同】❶順序や手続きが正しくないこと。順不同。❷長さがまちまちで不揃いなこと。「寸は—」〈虎明狂・粟田口〉

しだい-ぶんげん【次第分限】「次第長者」に同じ。「おのづから商ひをして—になりぬ」〈浮・桜陰比事・四〉

じだい-まきえ【時代×蒔絵】ーまきヱ 年代を経た蒔絵。江戸時代には、特に東山時代のものをいった。

じだい-まつり【時代祭】京都市の平安神宮の祭礼。桓武天皇が延暦13年(794)に平安京へ入った日を記念して毎年10月22日に行われる。平安時代から明治維新までの各時代の風俗を示す仮装行列で有名。葵(あおい)祭(賀茂の祭)・祇園祭(祇園会)と並ぶ京都三大祭りの一。明治28年(1895)の開始。【季 秋】

じだい-め・く【時代めく】〔動カ五(四)〕「時代掛かる」に同じ。「—・いた茶器」

じだい-もの【時代物】❶長い年数を経てきているもの。年代物。「—の時計」❷演劇・映画・小説などで、主に江戸時代以前を扱ったもの。まげもの。❸浄瑠璃・歌舞伎で、江戸時代以前の公卿・僧侶・武家などの社会を題材としたもの。王代(おうだい)物・御家(おいえ)物も含む。一番目物。⇔世話物。

じだい-もよう【時代模様】ーモヤウ ❶古い時代の模様。❷ある時代のありさま。

し-たいよう【視太陽】ータイヤウ 実際の太陽。仮想の平均太陽に対していう。真太陽。

したいよう-じ【視太陽時】シタイヤウー 視太陽を基準にして定めた時刻。太陽の時角に12時を加えたもの。太陽が南中したときが12時、真夜中が零時になる。真太陽時。➡平均太陽時

したい-よ・る【慕い寄る】したひ〔動ラ五(四)〕そばにいたいと思って近くに行く。慕って近寄る。「先生に—・る弟子は多い」「美しさにひかれて—・る」

じだい-わたり【時代渡り】「古渡(こわたり)り」に同じ。「—の柿地の小釣」〈浮・永代蔵・三〉

した・う【慕う】したふ〔動ワ五(ハ四)〕❶離れている人などを恋しく思う。懐かしく思う。「兄のように—・う」「遠い祖国を—・う」「灯火を—・って虫が飛んでくる」❷離れがたく思ってあとを追う。「飼い主を—・って、どこへでもついて来る」「赤ん坊が母を—・って泣く」❸目上の人の人格・識見などにひかれる。憧れる。「その徳を—・って人が集まる」

(類語)恋う・偲(しの)ぶ・愛する・思う・敬う・尊ぶ・崇(あが)める・仰ぐ・敬する・尊敬・畏敬・崇拝・敬愛・敬慕・敬仰・景仰・崇敬・私淑・傾倒・心酔・心服・敬服

した-うけ【下請(け)】〔名〕スル ある人や会社などが引き受けた仕事の全部または一部を、さらに引き受けてすること。また、その人。下請負。又請(またうけ)け。「—に出す」「建築工事を—している」

した-うけおい【下請負】ーうけおひ「下請け」に同じ。

したうけ-にん【下請(け)人】下請けをする人。下請け業者。

したうけ-ほう【下請法】ーハフ《「下請代金支払遅延等防止法」の通称》製造業における物品の製造・加工、広告・出版業における情報成果物の作成など事業者間で下請取引を行う際に、下請業務・労働を行う事業者(下請業者)の利益保護、および下請取引の公正化などを目的として定められた法律。下請業務を依頼する親事業者は、発注時に業務内容・金額・支払期日などを明記した書面の作成を義務付けられ、注文品の受領拒否や返品、下請代金の減額などは禁止されている。下請法の対象となる取引・親事業者・下請事業者は、事業者の資本金規模や取引内容に応じて定義されている。昭和31年(1956)施行。

した-うず【下×沓┊×襪】ーうづ ▶しとうず

した-うち【舌打ち】〔名〕スル ❶舌を上あごに当てて、ちっと鳴らすこと。いまいましさや、いらだちを表すしぐさ。「いかにも残念そうに—する」❷したつづみ。「一膳めしに—鳴らすか」〈独歩・非凡なる凡人〉

(類語)舌鼓・舌なめずり

した-うま【下馬】❶袷(あわせ)の下に着る浴衣(ゆかた)。粗末な衣服。「お姫様になる者が—でも行かれめえと」〈合・正本製・初〉❷質に入れる品物。質草。「春の流れに—の裾をひたして利息を固め」〈黄・竈将軍〉

した-え【下絵】ーヱ ❶下がきの絵。❷刺繍(ししゅう)・染め模様などの図柄を生地や紙にかいたもの。❸詩文などを書くための紙・絹などにあらかじめ描かれた絵。

(類語)スケッチ・クロッキー・デッサン・素描・絵・絵図・絵画・図画・図絵・画・イラスト・イラストレーション・カット

した-えだ【下枝】下の方の枝。したえ。しずえ。⇔上枝(うわえだ)。

したえ-つけ【下絵付け】したヱー 陶磁器の素地に直接絵付けをすること。その上から釉(うわぐすり)をかけて焼く。

した-えのぐ【下絵の具】ーヱノグ 陶磁器の下絵付けに使う絵の具。硼酸(ほうさん)・硼砂(ほうしゃ)・珪砂(けいしゃ)などに各種の金属酸化物、安定剤・補助剤などを加えて製造。上絵の具より高熱に耐える。

した-えま・し【下笑まし】ーゑまし〔形シク〕《「したえむ」の形容詞化》心の中でにこにこするくらいうれしい。「明石潟潮干の道を明日よりは—・しけむ家近づけば」〈万・九四一〉

した-え・む【下笑む】ーゑむ〔動マ四〕《「した」は心の意》心中でにこにこするくらいうれしく思う。「まま母はし得たる心地して、むくつけ女も二人—・みにゑみ合へる」〈住吉・上〉

した-おぎ【下×荻】ーをぎ オギの下葉。また、他の草木の陰に生えているオギ。「—のなかばは霜に結ぼほれつつ」〈源・夕顔〉

した-おし【下押し】〔名〕スル ❶下方に押すこと。❷取引市場で、相場が下落すること。また、収益や所得、需要、成長率などが下がること。「急速な円高は、景気を—しかねない懸念材料だ」「厳しい受注競争が業績—要因となる」「信用不安が—圧力となる」

した-おび【下帯】❶ふんどし。または、腰巻き。❷肌着の上に結ぶ帯。下ひも。(類語)褌(ふんどし)・回し・締め込み

したおび-の-いわい【下帯の祝(い)】ーいはひ 昔、男子が成人して、初めて下帯❶をつけるときの祝い。褌(こ)祝い。

した-おもい【下思ひ】ーおもひ《「した」は心の意》心の中に隠した思い。秘めた恋心など。したもい。「湊葦(みなとあし)に交じれる草のしり草の人皆知りぬわが—は」〈万・二四六八〉

した-おれ【下折れ】ーをれ 草木の茎や枝などが折れて下に垂れること。また、垂れた茎や枝。「いとかしけたる—の」〈源・藤袴〉

した-が〔接〕《サ変動詞「す」の連用形に完了の助動詞「た」と接続助詞「が」の付いたものから。そうしたが、の意から》前文の内容を受けて、それに反するような事柄を述べるときに用いる。だが。けれども。「いやあ、何も面倒なことなんぞじゃ、一人助けになることだもんだからね」〈島木健作・続生活の探求〉

した-がい【下交い】ーがひ「下前(したまえ)」に同じ。「膝に挟んだ—の褄を内端(うちは)に」〈鏡花・婦系図〉

したがい-お・ず【従ひ▽怖づ】したがひおづ〔動ダ上二〕人の意のままになって、びくびくしている。「かうあながちに—・ぢたる人なめり」〈源・帚木〉

したが・う【従う┊▽随う┊▽順う┊▽遵う】したがふ ㊀〔動ワ五(ハ四)〕❶後ろについて行く。あとに続く。「案内人に—・う」「前を行く人に—・って歩く」❷沿う。たどる。「川の流れに—・って下る」「標識に—・って進む」❸他からの働きに順応する。㋐法律・慣習・意見な

どに逆らわないでそのとおりにする。意のままになる。服従する。「法の定めるところに―・う」「指示に―・って行動する」「意向に―・う」㋑ほかの力のままに動く。任せる。「風に―・う葦(あし)」❹㋐応じる。また、順応する。「問いに―・って答える」「条件に―・って賃金が異なる」㋑ならう。まねる。「見本に―・って作る」❺たずさわる。従事する。「業務に―・う」❻(「…にしたがい」「…にしたがって」の形で)…につれて。…とともに。「年をとるに―・い円満さを増してきた」「登るに―・って気温が下がる」［可能］したがえる ㊁〔動ハ下二〕「したがえる」の文語形。

［類語］㊀(❶)付く・くっつく・随行する・随伴する・随従する・追随する/(❸❹)服する・応ずる・則(のっと)る・則(そく)する・準ずる・倣(なら)う・拠(よ)る・準拠する・依拠する

した-がえ【下交へ】(がひ)「下交(したがい)」に同じ。「嘆きわび空に乱るる我がたまを結びとどめよ―のつま」〈源・葵〉

したが・える【従える】【▽随える】(しながふ)〔動ア下一〕文したが・ふ〔ハ下二〕❶引き連れて行く。伴って行く。「部下を―・えて視察する」❷相手を自分の思いどおりにする。服従させる。「敵を―・える」

［類語］引き連れる・伴う・率いる・連れる・連れ立つ

した-かき【舌×掻き】竹を薄く曲がりやすく削り、または歯磨き楊枝の柄の端を薄い刀状にして、舌苔(ぜったい)をかき落とすようにしたもの。したこき。

した-がき【下書(き)】〔名〕(スル)❶清書の前に練習のためにかいてみること。また、そのかいたもの。❷一応かき上げてはあるが、まだ多少手を加える必要のある文章。草稿。「―に手を入れる」❸(「下描き」とも書く)絵をかくときに、あらかじめおおよその輪郭をかくこと。ラフスケッチの類。

［類語］原稿・草案・草稿・文案・稿・歌稿・画稿・下図

した-がき【下×掻き】▶下染め❶

した-かげ【下陰】樹木などの下の、薄暗い所。

した-がさね【下▽襲】❶束帯の内着で、半臂(はんぴ)または袍(ほう)の下に着用する衣。裾を背後に長く引いて歩く。位階に応じて長短の制があり、鎌倉時代以後、天皇の料のほかは裾を切り離して別裾(べっきょ)とした。地質・色目・文様は、公卿(くぎょう)や殿上人(てんじょうびと)などの身分の違いにより、また、夏と冬によって区別があった。❷もと、下着のこと。肌着。〈日葡〉

した-かぜ【下風】樹木などの下の方、地面近くを吹く風。

した-かた【下方】《「したがた」とも》❶身分が低いこと。また、その人々。世間の人々。❷歌舞伎・舞踊などの囃子方(はやしかた)。出囃子(でばやし)で、山台(やまだい)の上段の唄・三味線に対して、下段に座るところからいう。

した-かた【下形】❶模様などの染め付けに用いる彫刻した板。ひながた。形木(かたぎ)。「御みづからも物の―、絵やうなどをも御覧じ入れつつ」〈源・梅枝〉❷下地。素地。素質。「大将も、さる世のおもしとなり給ふべき―なれば」〈源・若菜下〉❸下地となるべき心得。基礎。「宮にも、物の心しり給ふべき―を、聞こえ知らせ給ふ」〈源・鈴虫〉

したがた-どうぶつ【舌形動物】動物界の一門。分類上、環形動物と節足動物の中間に位置。脊椎動物に寄生し、体はふつう扁平で細長い。イヌシタムシなど。舌虫(ぜっちゅう)。ぜっけい動物。

したがっ-て【従って】〔接〕《動詞「したがう」の連用形＋接続助詞「て」から》前の条件によって順当にあとの事柄が起こることを表す。だから。それゆえ。「この品は手作りだ。―値が高い」

［類語］だから・よって・故に・すなわち

した-がね【下金】❶細工の材料として使う金属。地金(じがね)。❷使い古しの金属。古金(ふるがね)。

したがね-や【下金屋】江戸時代、各地方から買い集めた金・銀の地金(じがね)を金座・銀座に売り込むことを商売にした人。

した-がり【下刈(り)】植林した苗木の生長をよくするため、樹木の下の雑草や雑木を刈り取ること。

した-がわ【下側】(がは)物の下になっている側や、下の部分。また、裏面。したっかわ。

しだ-がわ【歯×朶革】(がは)小紋染めの鹿革(しかがわ)の一種。藍地にシダの葉の形を白く染め抜いたもの。品革(しながわ)。

した-かわらけ【下土＝器】(かはらけ)容器の下に置き、こぼれた酒・醤油(しょうゆ)・油などを受ける皿。下入れ。

した-き【下木】他の木の下に生えている小さな木。

した-ぎ【下着】❶肌に直接着る衣類。肌着。❷和服を重ね着したときに上着の下に着るもの。

［類語］肌着・汗取り・下ばき

した-ぎえ【下消え】積もった雪の、下の方がとけること。「かきくらしふる白雪の―に消えて物思ふころにもあるかな」〈古今・恋二〉

した-ぎき【下聞き】相手の意向などを、前もって聞いておくこと。「朋友(ほうゆう)が先生の令嬢を娶りたいに就いて、―に来たものを」〈鏡花・婦系図〉

した-きゃはん【下脚×絆】すね当ての下につける脚絆。

した-ぎ・ゆ【下消ゆ】〔動ヤ下二〕積もった雪の下の方がとける。「―・ゆる雪間の草のめづらしくわが思ふ人にあひみてしかな」〈後拾遺・恋一〉

したきり-すずめ【舌切り×雀】日本の昔話。原型は宇治拾遺物語に「腰折れ雀」の話がみえる。心やさしい爺(じい)のかわいがっていた雀が糊(のり)をなめたので、意地悪な婆(ばば)は怒ってその舌を切って追い出す。爺は雀の宿をたずねて、土産に軽い葛籠(つづら)をもらって帰ると、中には宝物がつまっていた。これを見た婆は欲張って重い葛籠をもらって帰るが、それには蛇や毒虫などが入っていたという話。

し-たく【支度】【仕度】〔名〕(スル)❶予定されている物事を実行するのに必要なものをそろえること。準備。用意。「出張の―に追われる」「夕食を―する」❷外出するために身なりを整えること。身じたく。「出かけるから早く―しなさい」❸食事をすること。「空腹となりたるに、―せんとこの茶屋にはいれば」〈滑・膝栗毛・七〉

［類語］準備・用意・備え・設け・手配・手配り・手回し・手筈(てはず)・手当て・段取り・膳立て・道具立て・下拵(したごしら)え・下準備・態勢・整備・備える・設ける

し-たく【私宅】個人が所有する家。また、自宅。

［類語］自宅・私邸・自家・拙宅・ねぐら・家(いえ)・うち・家屋・屋舎(おくしゃ)・住宅・住家(じゅうか)・住居・家宅・居宅・居(きょ)・宅・住まい・住みか・宿(やど)・ハウス・家(や)　(尊敬)お宅・尊宅・尊堂・高堂・貴宅　(謙譲)弊宅・陋宅(ろうたく)・陋居・陋屋(ろうおく)・寓居(ぐうきょ)

しだ・く【▽拉く】〔動カ五(四)〕《古くは「したく」とも》❶(動詞の連用形に付いて)おしつぶして形をくずす意を表す。「噛(か)み―・く」「踏み―・く」❷荒れる。乱れ散る。「その原や野風に―・くかるかやのしどろにのみも乱れけるかな」〈堀河百首〉

じ-たく【自宅】自分の生活の本拠となっている家。自分の家。「―療養」「―待機」［類語］私宅・私邸・自家・拙宅・ねぐら・家(いえ)・うち・家屋・屋舎(おくしゃ)・住宅・住家(じゅうか)・住居・家宅・居宅・居(きょ)・宅・住まい・住みか・宿(やど)・ハウス・家(や)　(尊敬)お宅・尊宅・尊堂・高堂・貴宅　(謙譲)弊宅・陋宅(ろうたく)・陋居・陋屋(ろうおく)・寓居(ぐうきょ)

じたく-がくしゅう【自宅学習】(ガクシフ)▶ホームスクール

したく-きん【支度金】用意や準備に要する金銭。特に、就職や結婚の準備に必要な金。

した-くさ【下草】《「したぐさ」とも》❶木の下などに生えている草。森や林に生える丈の低い草木。❷取るに足らない者。日陰者。「かかる―頼もしくぞ思(おぼ)しなりぬる」〈源・玉鬘〉

しだ-くさ【しだ草】ノキシノブの別名。

したくさ-せん【下草銭】江戸時代、領主の山林(御林(おはやし))の下草を採取する者に課された雑税。御林下草銭。下草永(したくさえい)。

した-くず・る【下崩る】(くづる)〔動ラ下二〕《「した」は心の意》気力がくじける。心が折れて人の意に従う。「さ思はむも―・れたるにや」〈落窪・二〉

じたく-たいき【自宅待機】何らかの原因で自宅にいなければならないこと。感染症の蔓延(まんえん)防止のために出勤・登校を停止させる、規則に違反した従業員の出勤を停止させる、業務の減少のために従業員の出勤を停止させるなど、理由はさまざま。

した-くちびる【下唇】下側の唇。㊤上唇。

した-ぐつ【下靴】【下×沓】【×襪】❶(下靴)屋内用の上靴(うわぐつ)に対して、屋外で履く靴。したばき。❷(下沓・襪)「しとうず」に同じ。

じたく-のみ【自宅飲み】▶家飲み

した-ぐみ【下組(み)】❶建築などで、本格的に組み立てる前の仮組み。❷かねてからの準備。また、心構え。「さし籠(こ)めて、守り戦ふべき―をしたりとも、あの国の人を、え戦はぬなり」〈竹取〉

した-ぐも【下雲】山の低い所にかかっている雲。「対馬の嶺(ね)は―あらなふ可牟(かむ)の嶺にたなびく雲を見つつ偲はも」〈万・三五一六〉

した-ぐら【下×鞍】【×韉】馬具の名。鞍橋(くらぼね)の下に敷いて、馬の両脇に当てるもの。ふつう2枚重ねにして用い、上を切付(きっつけ)、下を肌付(はだつけ)という。鞍下(くらした)。

した-けい【下×罫】文字を書くとき、字の列が乱れないように紙の下に敷く、罫線を引いたもの。

した-げいこ【下稽古】❶本番に備えて、前もって練習しておくこと。また、その稽古。前稽古。❷芸事などの稽古に行く前に、自分で予習しておくこと。

［類語］練習・下馴(なら)らし・リハーサル

した-けんぶん【下検分】〔名〕(スル)あらかじめ調べておくこと。下見。「式場を―する」［類語］下見・下調べ

じ-だこ【字×凧】武者絵などでなく「龍」などの字の書いてあるたこ。［季 春］➡絵凧

した-ごい【下恋】(ごひ)《「した」は心の意》心の中で恋い慕うこと。ひそかに恋しく思うこと。「―に思ひうらぶれ門に立ち」〈万・三九七八〉

した-こが・る【下焦がる】〔動ラ下二〕《「した」は心の意》心中ひそかに恋い慕って思い悩む。「あしひきの山田もる庵におく蚊火の―・れつつわが恋ふらくは」〈新古今・恋一〉

した-ごころ【下心】❶心の奥深く思っていること。心底。本心。❷心に隠しているたくらみごと。「親切にしてくれるのは―があってのことだ」❸漢字の脚の一。「忝」「恭」、「感」「悲」などの「小」「心」の称。「忄(りっしんべん)」とともに「心」の部に属する。❹格言などの裏に隠された意味。寓意。「誠に―がおもしろう御ざる」〈虎寛狂・今参〉

した-ごしらえ【下×拵え】(ごしらへ)〔名〕(スル)❶あらかじめ準備をしておくこと。下準備。「研究論文の―をする」❷料理の前にだいたいに作っておくこと。「お節料理の材料を―する」［類語］下準備・用意・支度(したく)・準備・備え・設け・手配・手配り・手回し・手筈(てはず)・手当て・段取り・膳立て・道具立て・態勢・整備・備える

し-た-こと-が〔連語〕▶としたことが

した-ごや【下小屋】建築工事中に、大工や石工などが建材の下ごしらえをするための仮設の建物。

した-ごろも【下衣】上衣の下に着る衣。下着。「白たへのあが―失はず持てれわが背子ただに逢ふまでに」〈万・三七五一〉

した-ざいく【下細工】下ごしらえの細工。また、それをする人。

した-さき【舌先】❶舌の先端。❷うわべばかりの物言い。弁舌。口先。「―ばかりで信用がおけない」❸馬具の鐙(あぶみ)の、かかとの当たるほうの端。

したさき-さんずん【舌先三寸】口先だけでうまく相手をあしらうこと。また、その言葉。舌三寸。「―で金をだまし取る」［補説］「口先三寸」とするのは誤り。

した-さく【下作】「小作(こさく)」に同じ。

した-ざさえ【下支え】(ざさへ)〔名〕(スル)❶景気や相場などがある水準以下に下がらないように支えること。「日銀による資金供給が経済を―する」「雇用調整助成金が100万人の雇用を―する」「ハイテク株の上昇が相場を―した」❷他者、他派の運動を支持、応援すること。「他党候補の―に回る」

した-ざや【下×鞘】❶ある銘柄の相場が、対比される他の銘柄の相場より安いこと。また、ある取引所における銘柄の相場が、他の取引所における同一銘柄の相場より安いこと。㊤上鞘(うわざや)。❷刀の鞘を包む袋。鞘袋。

した-ざわり【舌触り】(ざはり)飲食物などの舌に触れる感じ。舌の感触。「―のやわらかい酒」

した-さんずん【舌三寸】「舌先三寸」に同じ。

した-さんぶぎょう【下三奉行】ーサンブギャウ 江戸幕府の作事奉行・普請奉行・小普請奉行の三奉行のこと。ともに修営のことをつかさどった。

した-じ【下地】ーヂ ❶物事が成り立つ土台となるもの。基礎。素地。素養。「小さいころから音楽の一がある」「一が入っているのですぐに酔う」❷(「助枝」とも書く)木や竹の細い材を縦横に組んだ壁の骨組み。壁下地。かべしろ。また、襖ふすまの骨組みや下張り。❸生まれつき持っている性質・才能。「一もよいし、指導者もよかった」❹《吸い物の味つけのもとになるところから》醤油しょうゆ。また、だし汁。「お一」「割り一」❺心の底。本心。「一から惚れて居るこそ幸ひ」〈伎・五大力〉❻芸妓や役者などになるための見習い中の者。下地っ子。「男色の方に陰子かげこ、飛子とびこ、一とて、初心の者はあれど」〈浮・禁短気・四〉❼中世、田畑・山林その他、収益の上がる土地そのものをさす語。❽本来。もともと。まえまえ。「一草臥れた上が一倍草臥れて」〈伎・幼稚子敵討〉 (類語)(❶)素地・基本・大本おおもと・基礎・基盤・基幹・基部・大根・根本こんぽん・根幹・中心・基軸・基調・基底・根底・基もとい・土台・初歩・いろは・ABC/(❸)本性・地・生地・地金

下地は好きなり御意ぎょいはよし もともと好きなところへ、他からも好意をもって勧められる。こんなに都合のいい話はないというたとえ。

した-じ【下▽道】ーぢ「したみち」に同じ。「松の一ゆ登らして国見遊ばし」〈万・三三二四〉

し-だし【仕出し】❶注文に応じて料理を作って配達すること。出前。「一をとる」❷演劇・映画で、端役の中でも最も軽い役。通行人や群衆など、場面の雰囲気を作るような役。❸工夫・趣向を凝らすこと。また、そのもの。新案。流行。「これは変はった一と様子を問へば」〈浮・一代男・六〉❹装い。いでたち。おしゃれ。「遊女に取り違へる一なり」〈浮・胸算用・二〉❺財産を作り上げること。また、その人。「これらは近代の出来商人、三十年このかたの一なり」〈浮・永代蔵・六〉❻建物などで、縁側のように外側に突き出して構えた部分。

したし・い【親しい】〔形〕図した・し〔シク〕❶互いに打ちとけて仲がよい。懇意だ。「家族ぐるみで一・くしている」「一・い友達」❷血筋が近い。「一・い縁者」❸いつも接していて、なじみ深い。「子供のころから耳に一・いおとぎ話」➡親しく (派生)したしげ〔形動〕したしさ〔名〕 (類語)(❶)近しい・心安い・気安い・睦むつまじい・親密・懇意・昵懇じっこん・懇親・別懇・懇ねんごろ・仲が良い・気が置けない

親しき中に垣かきをせよ 「親しき中にも礼儀あり」に同じ。

親しき中にも礼儀あり あまり親しみが過ぎて遠慮がなくなると不和のもとになるから、親しい間柄でも礼儀を重んじるべきであるということ。親しき中に垣をせよ。

しだし-いしょう【仕出し衣装】ーイシャウ 新しい趣向の衣装。流行の衣装。「一の物好み」〈浮・五人女・三〉

したじ-うま【下地馬】したヂー ▶物射馬ものいうま

した-じき【下敷(き)】❶筆記・習字などをするとき、その紙の下に敷くもの。また、そのための文房具。❷物の下に敷かれること。「倒れた材木の一になる」❸創作・制作などの手本・基礎となるもの。「古い説話を一にして小説を書く」

したしく【親しく】〔副〕《形容詞「したしい」の連用形から》❶高貴な人などが自ら物事を行うさま。ご自分で。「一苗木をお植えになる」❷ふつうなかなかできないようなことを、自分でじかに経験するさま。実地に。「高名な学者に一教えを受けた」

した-しごと【下仕事】❶ある仕事の準備のためにする仕事。下ごしらえ。❷他人の引き受けた仕事の一部を受け持ってする仕事。下請けの仕事。

した-じころ【下×錏】兜かぶとの錏の下に、さらに用心のためにとりつけた錏。

したじ-し【下地師】したヂー 彫金の素材となる彫下地ほりしたじを作る職人。

しだし-じょろう【仕出し女郎】ーヂョラウ 新しく売れっ子になった女郎。「太夫職にも劣らぬ一といふ衣裳つき」〈浮・禁短気・五〉

しだし-ぞめ【仕出し染(め)】色や模様などに、新しい趣向を取り入れて染めること。また、そのようにして染めた物。

した-した〔副〕足音を立てないように歩くときのわずかな音を表す。ひたひた。「跫音あしおとを密ひそめて、一と入ると」〈鏡花・日本橋〉

した-じた【下下】❶身分の低い人々。また、役人でない、一般の人々。しもじも。❷配下の人々。部下。奉公人。「一に微塵みぢん姿を見せ給はぬ娘達にも」〈浮・禁短気・三〉

じた-じた〔副〕❶相手の気勢に押されてしりごみをするさま。たじたじ。「一と成って胴震いに立ち窘すくむや否や」〈鏡花・日本橋〉❷感情が高ぶって細かく身を震わせるさま。「思いの中に激すればや、一と慄ふるい出いだす膝の頭を」〈露伴・五重塔〉

した-じち【下質】江戸時代、質屋が質物をさらに他の質屋に質入れすること。

したじ-ちゅうぶん【下地中分】したヂー 中世、年貢や土地にかかわる荘園領主と地頭との紛争解決の一方法。下地を折半してお互いに領有を認め合うもの。地頭が一円領主化する契機となった。

したじっ-こ【下地っ子】したヂー「下地したじ❻」に同じ。「早く芸者の一にお出しと」〈鴎外・雁〉

しだし-にょうぼう【仕出し女房】ーニョウバウ 装いに工夫を凝らした、おしゃれな女性。仕出し女。「目にとまる物には今時の一」〈浮・俗つれづれ〉

しだし-べんとう【仕出し弁当】ーベンタウ 料理屋などが注文を受けて調理した弁当。

したじ-まど【下地窓┊助=枝窓】したヂー 壁下地の竹または葦あしをそのままにした窓。多く茶室に用いる。

したしみ【親しみ】親しむ気持ち。親近感。「誰からも一を持たれる人柄」「古典芸能に一を覚える」

したしみ-ぶか・い【親しみ深い】〔形〕図したしみぶか・し〔ク〕親しみを強く感じるさま。「一・いようすで話しかける」

したし・む【親しむ】〔動マ五(四)〕❶親密に接する。親しくする。「子供たちに一・まれる遊び」「幼いころから一・んだ友」❷いつも接してなじむ。「読書に一・む」「自然に一・む」 (可能)したしめる

(類語)解け合う・馴染なじむ・打ち解ける

した-じめ【下締め】女性が着物を着るとき、形を整えるために帯の下に締めるひも。腰ひも。

しだし-めし【仕出し飯】料理屋などが注文を受けて調理し、届ける食事。「一匁の一をあつらへ」〈浮・胸算用・二〉

しだし-や【仕出し屋】注文を受けて料理や弁当を調理し、配達する店。また、それを業とする人。

した-じゅんび【下準備】本格的に物事を行う前に、あらかじめしておく準備。「講義の一」

(類語)下ごしらえ・用意・支度したく・準備・備え・設け・手配・手配り・手回し・手筈てはず・手当て・段取り・膳ぜん立て・道具立て・態勢・整備・備える

した-しょく【下職】《「したじょく」とも》ある人の下で、その人の仕事の一部を引き受けてすること。また、その職人。

しだ-しょくぶつ【羊=歯植物】維管束植物の一群。世代交代をし、無性世代(胞子体)は根・茎・葉からなり、葉の裏面に胞子嚢ほうしのうをつけ、胞子をつくる。有性世代は散布された胞子が発芽してできた前葉体(配偶体)で、これに生じた卵子と精子が受精すると、また胞子体となる。数センチのものから、数メートルの高さになる木生シダまである。ウラジロ・ワラビ・ヘゴなど約1万種が知られ、化石も多い。

した-しらべ【下調べ】〔名〕スル ❶あらかじめ調査しておくこと。「ロケ地を一しに行く」❷学習をする部分をあらかじめ勉強しておくこと。予習。

(類語)(❶)下見・下検分/(❷)予習・下読み

した-ず【下図】ーヅ 一応、大ざっぱにかいてみた絵や図。下がきの絵や図面。

(類語)下書き・下絵・素描・画稿・ドラフト

し-だ・す【仕出す┊▽為出す】〔動サ五(四)〕❶しはじめる。とりかかる。「ようやく仕事を一・す」❷注文に応じて、料理を作って届ける。「精進料理を一・す」❸「しいず❶」に同じ。「かたのごとく御湯一・いてまゐらせたり」〈平家・三〉❹「しいず❷」に同じ。「鼓判官ガ不思議ナコトヲ一・イテ、御所ヲモ焼カセ」〈天草本平家・四〉❺「しいだす❹」に同じ。「三文字屋といへる人、昔、懐中合羽を一・し」〈浮・永代蔵・六〉❻財をなす。「四、五年に銀二貫目あまり一・し」〈浮・永代蔵・三〉❼着飾る。「花車きゃしゃに一・し、三つ重ねたる小袖」〈浮・五人女・三〉 (類語)始める・やりだす・掛かる・取り掛かる・しかかる・しかける・開始する・着手する

した-すがた【下姿】冠も袍ほうも着用しない姿。公家などの略装。⇔上姿うえすがた。

した-すき【下×梳き】日本髪を結う前に、髪を櫛くしでよくとかしておくこと。また、それを業とする人。

した-すずみ【下涼み】樹木などの陰で涼むこと。

した-すだれ【下×簾】牛車ぎっしゃの前後の簾の内側に掛けて、簾の下から外部に長く垂らした絹布。納言以上、または女房の車に用いた。

した-ずり【下刷(り)】〔名〕スル 版木や組版などができあがったとき、試しに刷ってみること。また、刷ったもの。試し刷り。「図版を一する」

した-そうだん【下相談】ーサウダン〔名〕スル 本格的に相談する前に、あらかじめしておく話し合い。

(類語)相談・打ち合わせ・談合・示談・合議・協議・商議・評議・評定ひょうじょう・鳩首きゅうしゅ・凝議ぎょうぎ・内談

した-ぞめ【下染(め)】〔名〕スル ❶本染めの前の準備として染めること。混用できない二種以上の染料で染めるとき、その一種でまず染めるなど。下掻き。❷物事を思いどおりに運ぶためにあらかじめしておく準備。「酔うた振りするは口説の一」〈浮・新色五巻書・二〉❸生地。下地。素性。「旦那の一はの、重井筒屋といふ南の茶屋の弟で」〈浄・重井筒〉

した-ぞり【下×剃り】〔名〕スル ❶髪やひげなどを本ぞりする前に、ざっとそっておくこと。❷髪結床で❶をする見習弟子。

した-だい【舌代】口で言う代わりに文書に書いたもの。多く、飲食店の品書きのはじめに記す。口上書き。ぜつだい。

したた-か【▽強か┊▽健か】㊀〔形動〕図〔ナリ〕❶粘り強くて、他からの圧力になかなか屈しないさま。しぶといさま。「世の中を一に生きる」「一な相手」❷強く、しっかりしているさま。「一な後見役」「一な造りの家」❸強く勇猛であるさま。「力が強く勇気があって一な豪傑である」〈魯庵・社会百面相〉❹程度がはなはだしいさま。「いと一なるみづからの祝言どもかな」〈源・初音〉❺分量がたいへん多いさま。「国の事など一に申し居たるさま見るに」〈夜の寝覚・一〉 (派生)したたかさ〔名〕㊁〔副〕❶分量がたいへん多いさま。たくさん。「一食料を買い込む」❷程度がはなはだしいさま。ひどく。「一腰を打つ」「一酔う」

したたか-もの【▽強か者】❶容易に人の思うようにはならない者。「海千山千の一」❷非常に強い人。剛の者。「さばかりの一と聞こえし高間の三郎も」〈保元・中〉

しただしさんば【舌出し三番】歌舞伎舞踊。清元と長唄掛合かけあい。本名題「再春菘種蒔またくるはるすずなのたねまき」。2世桜田治助作詞、伊藤東三郎・2世杵屋正次郎作曲。文化9年(1812)江戸中村座で3世中村歌右衛門が初演。舌出し三番叟さんばそう。志賀山三番。種蒔三番。

したた-に〔副〕ひそかに。こっそり。「天飛あまだむ軽嬢子かるをとめ一も寄り寝て通れ軽嬢子ども」〈記・下・歌謡〉 (補説)しっかりと、確かに、の意とする説もある。

したたま・る【▽認まる】〔動ラ四〕整った状態になる。よく整う。治まる。「万の事皆一・りて愚かなる事なくてぞ有りける」〈今昔・一九・一八〉

しただみ【小=贏=子┊細=螺】キサゴの古名。「香島嶺かしまねの机の島の一をい拾ひ持ち来て石もちつつき破り」〈万・三八八〇〉

したた・む【▽認む】〔動マ下二〕「したためる」の文語形。

した-だ・む【舌×訛む】〔動マ四〕言葉がなまる。発音などが崩れる。「あづまにて養はれたる人の子は

—・みてこそ物は言ひけれ」〈拾遺・物名〉 補説 上二段活用であるとする説がある。➡訛だむ

したため【▽認め】❶整理すること。処理。「人の死にたりけるに、その後の—など為させむとて」〈今昔・二七・二三〉❷準備すること。支度。「今宵しもあらじと思ひつる事どもの—、いと程なくきはぎはしきを」〈源・夕霧〉❸食事をすること。「最後の用意というて、さしてかはった用意もあるまい、先づ—などもよくして心静かに」〈伎・韓人漢文〉

したた・める【▽認める】〔動マ下一〕文したた・む〔マ下二〕❶書き記す。「手紙を—・める」❷食事をする。「夕餉を—・めに階下へ下りる頃は」〈梶井・冬の日〉❸整理する。処理する。「万の事ども—・めさせ給ふ」〈源・須磨〉❹支度する。「河中の橋を踏まば落つるやうに—・めて」〈平家・五〉 類語 (❶)書く・記す・書き表す・書き立てる・記する/(❷)食べる

じ-たたら【地蹈=鞴】ぢ《「じだたら」「じただら」とも》「蹈鞴たたら」に同じ。

地蹈鞴を踏・む 「地団駄じだんだを踏む」に同じ。「裏切られたと知り、—・んで泣き叫んだ」

した-たら・す【滴らす】〔動サ五(四)〕滴り落ちるようにする。「汗を—・す」

した-たらず【舌足らず】〔名・形動〕❶舌の動きが滑らかでなく、物言いがはっきりしないこと。また、そのさま。「—なしゃべり方をする」❷言葉数が足りず、十分に言い尽くせていないこと。また、そのさま。「—な文章」「—な説明」
類語 口下手・訥弁とつべん・とつとつ・口重・口籠る

した-たり【滴り│×瀝り】❶滴ること。また、滴るもの。しずく。❷苔こけなどを伝わって落ちる水滴。季 夏「—の思ひこらせしとき光る/汀女」

滴り積もりて淵ふちとなる わずかなものでも多く集まれば大きなものとなるたとえ。塵ちりも積もれば山となる。

した-た・る【滴る│×瀝る】〔動ラ五(四)〕《「下垂る」の意。古くは「しただる」とも》❶水などが、しずくになって垂れ落ちる。「血が—・る」❷美しさや鮮やかさがあふれるばかりに満ちている。「水も—・るいい男」「緑—・る草原」 類語 垂れる・垂らす・流れる・零こぼれる・零れ落ちる・伝う

した-たる・い【舌▽怠い】〔形〕文したたる・し〔ク〕❶物の言い方が甘えたような調子であるさま。したったるい。「女子学生の一部に流行はやる、あの稍々—・いような遊ばせ言葉も」〈広津和郎・風雨強かるべし〉❷舌の回りが悪く、話が聞き取りにくいさま。「徹夜よどおし三人で一斗五升飲んだという翌朝でも、物言いが些ちと—・く聞える許ばかりで」〈啄木・刑余の叔父〉❸物の言い方などがくどくどしているさま。「文士どのは—・い愚痴沢山な自惚やら楽屋落やら列べれば」〈魯庵・社会百面相〉

し-たつ【四達】〔名〕スル 道が四方に通じていること。また、影響などが四方に及ぶこと。四通。「文明—の地」「江戸を以て京城として京都あるを知らず。然れども近者皇化—し」〈村田文夫・西洋聞見録〉

し-たつ【紫×闥】宮中の門。また、宮中。禁門。

し-た・つ【仕立つ】㊀〔動タ四〕「仕立てる」に同じ。「みな装束—・ちて暗うなりにたる程に持て来て着す」〈枕・九〇〉㊁〔動タ下二〕「したてる」の文語形。

した・つ【▽滴つ】〔動タ下二〕《「したづ」とも》したたらせる。そそぐ。「血の流るる事油を—・つるが如し」〈太平記・二〇〉

じ-たつ【示達】〔名〕スル 上級官庁から下級官庁などに対し、注意や指示を知らせること。したつ。
類語 お達し・下達

した-づかさ【下▽司】❶地位の低い役人。げす。げし。❷部下の役人。下役したやく。「四道将軍の—武官吉備の武彦声をかけ」〈浄・日本武尊〉

した-つき【舌付き】〔名・形動ナリ〕舌がうまく回らないこと。言葉のはっきりしないこと。また、そのさま。したたらず。「其の後、物を云ふ事、—なる人の如し」〈今昔・一六・二二〉

した-つ-くに【下つ国】地下にあるという国。死者の国。黄泉よみの国。「吾が名妹なにもの命は、上うはつ国を知ろしめすべし、吾は—を知らさむ」〈祝詞・鎮火祭〉

した-つけ【下付け】《「したづけ」とも》手紙で、謙遜けんそんの気持ちを表すために、署名の下につける語。上・謹状・再拝・九拝など。

した-つづみ【舌鼓】《「したづつみ」とも》❶うまいものを飲食したときに舌を鳴らす音。❷不満げに舌を鳴らす音。舌打ち。「時には気を焦いらって、聞えよがしに—など鳴らして」〈二葉亭・浮雲〉 類語 舌なめずり

舌鼓を打うつ ❶あまりのおいしさに舌を鳴らす。舌鼓を鳴らす。「山海の珍味に—・つ」❷不満げに舌打ちをする。「私は—・って引きかえして」〈宇野浩二・苦の世界〉

した-っぱ【下っ端】身分や地位が低いこと。また、その者。「—の役人」

した-っぱら【下っ腹】「したはら」をくだけていう語。「—に力を入れる」「—が出る」

した-づみ【下積み】❶他の物の下に積むこと、積まれること。また、その物。⇔上積うわづみ。❷自分の能力を発揮できないまま低い地位や立場にあること。また、その人。「—の苦労が長かった」「—生活」
類語 (❶)底積み/(❷)雌伏・苦節

した-つゆ【下露】草木に置いた露。木や草から滴り落ちる露。季 秋 ⇔上露うわつゆ。

した-て【下手】《「したで」とも》❶位置・方向が下のほう。特に、風下・川下などをいう。しもて。⇔上手うわて。❷相手より地位や能力が下であること。また、その地位など。❸へりくだること。「男は言葉を柔げて—に頼むように」〈魯庵・社会百面相〉⇔上手うわて。❹相撲で、組み合ったときに差し手で相手のまわしを取ること。また、その手。⇔上手うわて。❺囲碁・将棋で、対局者のうち段位・力量の劣ったほう。⇔上手うわて。❻犬追物いぬおうもので、自分の馬の後に立つ射手。類語 下部しもべ・下方

下手に付・く 人よりも下の立場に身を置く。「婦人おんなはいつも—・いて」〈鏡花・化銀杏〉

下手に◦出る 相手に対してへりくだった態度で接する。「こっちが—◦出ればいい気になって」

し-たて【仕立て】❶作り上げること。特に、衣類を縫って作ること。また、そのできばえ。「—のよい背広」「正絹—」❷目的に合わせて作り上げること。また、それらしく作り上げること。「ミュージカル—の劇」「和風—のスープ」❸教え込むこと。仕込むこと。「—の厳しい師匠」❹準備して調えること。特に、ある目的・用途のために乗り物などを用意すること。「特別—の列車」❺装うこと。また、そのいでたち。「一人はかわ色金巾かなきんの羽織に紫の兵子帯へこおびという坊様—」〈一葉・たけくらべ〉 類語 (❶)裁縫・縫い物・針仕事・繕い物・手芸・編み物・刺繍ししゅう

したて-あがり【仕立て上(が)り】仕立てが出来上がること。特に、衣服が縫い上がること。また、縫い上がったばかりであること。「—の浴衣ゆかた」

したて-あ・げる【仕立て上げる】〔動ガ下一〕文したてあ・ぐ〔ガ下二〕❶作り上げる。「—・げたばかりの着物」❷教え込んで一人前にする。育て上げる。「一人前の板前に—・げる」❸本来そうでないものをそれらしく作り上げる。でっちあげる。「にせものを本物に—・げる」「架空の事件を—・げる」 類語 築く・作る・拵こしらえる・仕立てる・形作る・作り出す・誂あつらえる

したて-おろし【仕立て下ろし】仕立て上げたばかりの衣服を着ること。また、その衣服。「—のスーツ」

したて-がお【仕立て顔】がほ 取り澄ました顔つき。わざとらしい顔つき。「ことごとしく—ならむも」〈源・宿木〉

したて-ぎわ【仕立て際】ぎは ❶仕立て上がる間際。❷仕立ての手際。できばえ。「木棉着物きるものの—を改めける」〈浮・五人女・三〉

したて-ぐち【仕立て口】衣服の作り方。また、縫い上がりのできばえ。

したて-けん【仕立て券】ワイシャツなどの布地に添えられ、それと引き換えに仕立てることを約束した券。進物に用いる。「お—付きのワイシャツ」

したて-だしなげ【下手出し投げ】相撲のきまり手の一。相手の前まわしを浅く下手に取り、反対側の足を大きく後方に引いて半身に開き、自分のあごで相手の首か肩を下に押しつけ、前方に投げ倒す。

したて-なおし【仕立て直し】なほし 古い衣服を別の新しい衣服に作り替えること。また、その衣服。

したて-なげ【下手投げ】❶相撲のきまり手の一。差し手でまわしを取り、相手を引きつけて投げる技。❷野球で、アンダースローのこと。

したて-ひねり【下手▽捻り】相撲のきまり手の一。まわしを取った下手で、引くようにしてひねり倒す技。上手投げとの合わせ技。

したて-まわし【下手回し】まはし ❶相撲で、下手で相手のまわしをつかむこと。また、そのまわし。❷帆船の運用法の一。逆風帆走の際に、帆と舵かじの操作で船首を風下側に回し、風を受ける舷げんを変えて針路を変更すること。

したて-もの【仕立て物】仕立てたもの。特に衣服についていう。また、衣服を縫って作ること。「夜なべで—をする」

したて-や【仕立屋】衣服の仕立てを職業とする人。また、その店。

し-た・てる【仕立てる】〔動タ下一〕文した・つ〔タ下二〕❶布地を裁って衣服に縫い上げる。「ドレスを—・てる」❷教え込んで一人前にする。仕込む。養成する。「一人前の職人に—・てる」❸そうでないものを、それらしく作り上げる。「悪人に—・てる」❹ある出来事を、芝居などの作品に作り上げる。「殺人事件をドラマに—・てる」❺ある目的・用途のために特別に乗り物などを用意する。「臨時列車を—・てる」「釣り舟を—・てる」❻目的に合った状態に作り上げる。飾りたてる。「車きよげに—・てて見にゆく」〈枕・三〉❼病気を治す。「危なき病人を十のもの七つばかりも—・て」〈浮・永代蔵・六〉 類語 作る・拵こしらえる・築く・形作る・作り出す・作り上げる・仕立て上げる・誂あつらえる

した-で・る【下照る】〔動ラ四〕花の美しい色でその下が照り映える。「春の園紅にほふ桃の花—・る道に出で立つ娘子をとめ」〈万・四一三九〉

したてる-ひめ【下照姫│下照媛】《「したでるひめ」とも》日本神話の神。大国主命の娘、味耜高彦根神あじすきたかひこねのかみの妹で、天稚彦あめわかひこの妻となった。高比売たかひめの命みこと。高姫。稚国玉わかくにたま。

した-ど【舌▽疾】〔形動ナリ〕早口であるさま。くちばや。「例のいと—にて」〈源・常夏〉

した-どい【下問ひ│下×聘ひ】どひ ひそかに女の所へ通うこと。「あしひきの山田を作り山高み下樋したびを走わしせ—に我が問ふ妹いもを」〈記・下・歌謡〉

した-ど・し【舌▽疾し】〔形ク〕早口である。「小賽せうさい小賽と祈こふ声ぞ、いと—・きや」〈源・常夏〉

しだ-とし【志田順】[1876〜1936]地球物理学者。千葉の生まれ。京大教授。潮汐による地殻の弾性研究・地震学などに業績を残した。昭和3年(1928)阿蘇火山観測所を開設。

した-どり【下取り】〔名〕スル 商品の代金の一部に当てるものとして、購入した客から古くなった同種の品物を引き取ること。「車を—に出す」

したとり-しゃくし【下取り×杓子】茶の湯で、炉の中をならすとき、灰を取るための杓子。

したとり-ほうろく【下取り×焙×烙】はうろく 茶の湯で、炉の中をならすとき、火灰を取り入れる焙烙。

した-ない【下内】表ざたにしないこと。内密。「どうぞ、皆が沙汰なしに—で」〈浄・廿四孝〉

した-なが【舌長】〔名・形動ナリ〕言葉が過ぎること。偉そうに物を言うこと。また、そのさま。「お口が広いといふも—な事」〈浮・織留・四〉

したなが-あぶみ【舌長×鐙】足を置く部分である舌の長い鐙。⇔舌短鐙したみじかあぶみ。

した-なが・し【舌長し】〔形ク〕言い過ぎである。言い方が生意気である。「黙れさ。検非違使勝舟が麁相そさうとは—・し」〈浄・用明天王〉

した-なき【下泣き】《「した」は心の意》心の中で泣くこと。忍び泣き。「下問ひに我が問ふ妹いもを—に我が泣く妻を今夜こぞこそは安く肌触れ」〈記・下・歌謡〉

した-なげ【下投げ】茶を先に入れて、あとから湯をさすこと。

した-なげし【下▽長▽押】床または縁板の上にある長押。⇔上長押(うわなげし)。

した-なめずり【舌×舐めずり｜舌×嘗めずり】(したなめずり)〔名〕(スル) ❶うまそうな飲食物を前にしたときなどに、舌を出して唇をなめ回すこと。「料理の記事を読んで思わず―する」❷欲するものを熱心に待ち設けること。「―して獲物を待ち構える」【類語】舌打ち・舌鼓

した-ならし【下×馴らし】あらかじめならしておくこと。【類語】練習・下稽古・リハーサル

した-に【下荷】荷を積むとき、下に積む荷物。下積みの荷物。

した-に【下煮】〔名〕(スル) 煮えにくい材料をあらかじめ煮ておくこと。「豆を―しておく」

した-ぬい【下縫い】(したぬひ)〔名〕(スル) 衣服などを本縫いをする前に仮に縫うこと。仮縫い。

した-ぬり【下塗(り)】〔名〕(スル) 塗装や彩色などの際に、下地を塗ること。また、その塗ったもの。

した-ね【下値】❶取引で、現在の相場よりも安い値段。⇔上値(うわね)。❷買い物の代金の一部として取ってもらう品物の値段。下取りの値段。

した-ね【下根】下方に伸びている根。また、下に隠れて見えない根。「たづの住む沢べの蘆の一解け汀萌え出づる春はきにけり」〈後拾遺・春上〉

した-の-ね【舌の根】舌のねもと。舌のつけね。

した-のり【下乗り】馬術で、調教として他人の馬を乗りならすこと。

した-ば【下葉】草木の下の方の葉。⇔上葉(うわば)。

した-ば【下歯】❶下の歯茎に生えた歯。下の歯。かし。⇔上歯(うわば)。❷近世、下層下級で妻をいう語。「―はむごくしねえがいいぜ」〈滑・浮世床・二〉

した-ば【下端】物の下面、または下部の端。

下端に付・く　「下手(したて)に出る」に同じ。「こっちから―・いて、はばかりだの何のと」〈人・辰巳園・初〉

した-は・う【下▽延ふ】(したはふ)〔動ハ下二〕《「した」は心の意》心の中でひそかに思う。「夏麻(なつそ)引く宇奈比(うなひ)をさして飛ぶ鳥の至らむとぞよ我(あ)が―・へし」〈万・三三八一〉

した-ばえ【下生え】木の下に生えている草や低木。

した-ばかま【下×袴】❶肌袴(はだばかま)のこと。したのはかま。❷指貫の下にはく袴。したのはかま。❸江戸時代、町人の着用した略式の袴。❹ふんどし。

した-ばき【下×穿き】腰から下につける肌着。ブリーフ・ズボン下・パンティーなど。【類語】下着・汗取り

した-ばき【下履(き)】屋外で履く下駄・靴などの履物。⇔上(うわ)履き。

じた-ばた〔副〕(スル) ❶手足をばたばた動かすさま。「―(と)もがき苦しむ」❷ある状態から逃れようと慌てたり焦ったりするさま。「今ごろ―(と)したってもう遅い」【類語】騒ぐ・慌てる・うろたえる・取り乱す・狼狽(ろうばい)する・立ち騒ぐ・騒ぎ立てる・まごつく・面食らう・周章

した-ばたらき【下働き】❶人の下について働くこと。また、その人。下回り。「写真家の―で技術を学ぶ」❷炊事・掃除など、こまごました雑用をすること。また、その人。下回り。【類語】下男・下女・召し使い・僕(しもべ)・奴隷

した-ばなし【下話】表立って行う前にだいたいのことを打ち合わせておくこと。また、その話。

した-ばや【舌早｜舌速】〔名・形動〕ものの言い方がはやいこと。また、そのさま。口早。「少しシャ嗄れたような声で―に言って聴かせた」〈秋声・足迹〉

した-はら【下腹】《「したばら」とも》❶腹の下部。下腹部。したっぱら。「―が痛む」❷馬の腹の膨らんで垂れたところ。太腹(ふとはら)。【類語】下腹部・臍下(せいか)・丹田

下腹に毛がない　《老いた狼(おおかみ)の下腹には毛がないといわれるところから》大悪人や老獪(ろうかい)な人物をたとえていう。

したはら-もの【下原物】武蔵国八王子の恩方村下原に住んだ刀工たちが製した刀の総称。

した-ばり【下張り｜下貼り】〔名〕(スル) 襖(ふすま)・屏風(びょうぶ)などの下地。また、それを張ること。⇔上張(うわば)り。

した-ばん【下盤】断層や鉱脈・炭層などの下側の岩石・岩盤。⇔上盤(うわばん)。

したひ《動詞「したふ」の連用形から》紅葉すること。また、その葉。「秋山の―が下に鳴く鳥の声だに聞かば何か嘆かむ」〈万・二二三九〉

した-び【下火】❶火勢が衰えること。「山火事が―になる」❷盛んだった物事の勢いがだんだん衰えてくること。「人気が―になる」❸オーブンなどで下から当てる火。⇔上火(うわび)。❹茶の湯で、三炭(さんたん)の一。茶事の際に、初炭(しょずみ)の前に、あらかじめ炉や風炉(ふろ)に入れておく火。起こし炭。【類語】(❷)減退・後退・下り坂・退潮・尻すぼまり・廃頽(はいたい)・落ち目・左前・不振

した-び【下×樋】《「したひ」とも》❶地中に埋設して水を通す樋(とい)。うずみひ。「あしひきの山田を作り山高み―を走せ」〈記・下・歌謡〉❷琴の胴の表板と裏板との間の空洞になった部分。「琴取れば嘆き先立つけだしくも琴の―に妻やこもれる」〈万・一一二九〉

した-びえ【下冷え】地面や足もとから冷たさを覚えること。また、その冷気。底冷え。【季 秋】

した-ひげ【下×鬚】口の下に生えるひげ。

した-ひも【下×紐】❶「下帯❷」に同じ。❷《古くは「したびも」》下裳(したも)・下袴(したばかま)などの紐。下結(したゆ)う紐。「君に恋ひうらぶれ居れば悔しくもわが―の結ふ手いたづらに」〈万・二四〇九〉❸腰巻き。「白羽二重の―をわざと見せるはさもし」〈浮・一代女・六〉

下紐解・く　㊀(「解く」が四段活用の場合)《下紐を解いて衣服を脱ぐ意から》男女が共寝する。「われならで―・くな朝顔の夕影またぬ花にはありとも」〈伊勢・三七〉㊁(「解く」が下二段活用の場合)❶下紐が解ける。相手に思われていると、下紐が自然に解けると信じられていた。「我妹子(わぎもこ)し我を偲ふらし草枕旅のまろ寝に―・けぬ」〈万・三一四五〉❷《結ばれていたものが解ける意から》花が開く。「花ははや―・けてから衣たつたの山に匂ふ春風」〈続千載・雑上〉

したひも-の【下×紐の】〔枕〕《「したびもの」とも》「した」にかかる。「―下ゆ恋ふるに月ぞ経にける」〈万・三七〇八〉

した-びらめ【舌×鮃｜舌平目】カレイ目ウシノシタ科の海水魚、アカシタビラメ・クロウシノシタの総称。体は長卵形で著しく扁平。目は小さく、両眼とも体の左側にある。砂泥底にすみ、南日本に多い。フライ・ムニエルなどに料理する。美味。【季 夏】

した・ふ〔動ハ四〕葉が赤く色づく。紅葉する。「秋山の―・へる妹なよ竹のとをよる児らは」〈万・二一七〉

した-ぶし【下伏し｜下×臥し】❶物の陰や下にふすこと。「さを鹿の声ぞ悲しき露むすぶいはだのを野の萩の―」〈夫木・一一〉❷うつぶせになること。下向きになること。「洋灯の炎尖(ほさき)が―になって、ちらりと蒼く消えようとする」〈鏡花・葛飾砂子〉

した-ぶところ【下懐】「内懐(うちぶところ)❶」に同じ。

した-ぶり【舌▽風｜舌振り】❶物の言い方。話しぶり。「―、いと物さはやかなり」〈源・行幸〉❷驚きや恐れから舌を震わせること。舌振るい。「東国の兵(つわもの)是を見て、―して進まざりければ」〈盛衰記・三五〉

した-ぶれ【下振れ】〔名〕(スル) 数値・指標などが想定したものよりも下がること。「景気見通しが―する」「―リスク」⇔上振れ。

した-ぶ・れる【下振れる】〔動ラ下一〕下振れすること。「計画が―・れる」⇒下振れ

した-へ【下▽方】死後に行くという地下の世界。あの世。黄泉(よみ)の国。「若ければ道行き知らじ賂(まい)はせむ―の使ひ負ひて通らせ」〈万・九〇五〉

した-べろ【舌べろ】《方言から。「べろ」も舌の意》舌のこと。したべら。したびろ。

した-へん【舌偏】漢字の偏の一。「舐」「舒」などの「舌」の称。

じ-たま【地▽卵｜地玉】(ぢ)「じたまご」に同じ。

した-まえ【下前】(したまへ) 衣服の前身頃(まえみごろ)を合わせたとき、内側になる身頃。下交(したが)い。⇔上前(うわまえ)。

じ-たまご【地卵】(ぢ)その土地で産した鶏卵。じたま。

した-まち【下町】都会で、土地の低い所にある町。多く商工業地になっている。東京では浅草・下谷・神田・日本橋・京橋・本所・深川などの地域をいう。「―育ち」⇔山の手。

したまち-ふう【下町風】下町らしい特徴。特に、東京の下町の、江戸時代から残っている人情味のあるさっぱりとした気風や風俗をいう。

した-ま・つ【下待つ】〔動タ四〕《「した」は心の意》心の中でひそかに待つ。心待ちに待つ。「もし見たるけしきもやと、―・たれけむかし」〈かげろふ・中〉

した-まわり【下回り】(したまはり) ❶「下働き」に同じ。「商家の―に雇われる」❷歌舞伎などで、地位の低い端役を演じる役者。

した-まわ・る【下回る】(したまはる)〔動ラ五(四)〕数量がある水準より下になる。「人出が予想を―・る」「平年を―・る気温」⇔上回(うわまわ)る。
【類語】割る・割り込む・切る・下(さ)がる

した-み【下見】〔名〕(スル) ❶前もって見て調べておくこと。下検分。「会場を―する」❷前もって書物や書類に目を通しておくこと。下読み。「演説の草稿を―しておく」❸木造建築の外壁の横板張りで、上の板の下端を下の板の上端に少し重ねたもの。ところどころ縦に細い棒を上から当てて押さえる。
【類語】(❶)下調べ・下検分

した-み【下身】魚をまな板の上にのせたときに、下になったほうの肉。⇔上身(うわみ)。

したみ【×湑み｜×釃み】❶しずくを垂らすこと。液体をこぼすこと。したたり。❷「湑み酒」の略。

じ-だみ【地×溜み】(ぢ)蒔絵(まきえ)の工程で、金銀粉を置くために下地に薄く漆を引くこと。「一筆」

したみ-いた【下見板】外壁の下見に張る板。

したみ-ざけ【×湑み酒】枡(ます)などからしたたって、たまった酒。また、飲み残しの酒。

したみじか-あぶみ【舌短×鐙】足を置く部分である舌(した)の短い鐙。⇔舌長鐙(したながあぶみ)。

したみ-じょ【下見所】▶パドック❷

した-みず【下水】(したみづ) ❶物の陰や下を流れる水。「岩間とぢし氷も今朝はとけそめて苔の―道もとむらむ」〈新古今・春上〉❷漢字の脚の一。「泰」などの「氺」の称。

した-みせ【下店｜下見世】商家などの店先で、蔀戸(しとみど)の上半分をつり上げ、下半分を前方に倒すようにつくったもの。夜間は上げて、表戸とする。揚縁(あげえん)。揚店(あげみせ)。

した-みち【下道】❶山陰・森陰・花陰など、物の陰や下になって通じている道。❷(高速道路に対し)歩行者も自動車も通る普通の道。一般道路。下の道。【補説】高速道路の多くが高架になっていることから、その下を走る道の意。

した・む【×湑む｜×釃む】〔動マ五(四)〕❶液体を滴らせる。また、しずくを残らず垂らしきる。「冷たくなった徳利の底の酒を―・んで飲んだが」〈水上・大阪の宿〉❷布などに液体をしみこませる。「酒精綿(しゅせいめん)で―・んだ綿でよく拭いて」〈滝井・無限抱擁〉

した-むき【下向き】❶下の方を向いていること。うつむいていること。「日よけを―にする」「―に置く」⇔上向(うわむ)き。❷物事の勢いが衰える傾向にあること。特に、相場・物価などが下がる傾向にあること。「人気もだいぶ―になってきた」⇔上向(うわむ)き。

した-む・く【下向く】〔動カ五(四)〕❶下のほうを向く。⇔上向(うわむ)く。「じっと―・いている太田の令嬢が、菊治は気の毒で見ていられなかった」〈康成・千羽鶴〉❷物事の状態が悪いほうに向かう。「景気が―・きはじめる」⇔上向く。

した-むし【舌虫】▶舌形(ぜっけい)動物

した-め【下目】〔名・形動〕❶視線を下に向けること。また、その目つき。「―で見る」「―を使う」⇔上目(うわめ)。❷劣っていること。また、そのさま。「―にかける」「己より―なる者には交らはず」〈仮・浮世物語・三〉

下目に見る　相手を見下げる。侮る。軽んじる。「―見てぞんざいに扱う」

したため-づかい【下目遣い】(したぬづかひ) 顔は動かさないで視線を下に向けること。「いたずらが見つかり、―をして小さくなっていた」

した-も【下×裳】❶奈良・平安時代、女性が襲(かさね)の裳をつけるときに下にはく裳。❷湯巻き。〈色葉字類抄〉

した-もい【下▽思ひ】(したもひ)「下思(したおも)い」に同じ。「鮪(しび)突

くと海人(あま)のともせるいざり火のほにか出ださむわが—を」〈万・四二一八〉
した-もえ【下˟萌え】草の芽が地中から出はじめること。また、その芽。草萌え。(季 春)「—の大磐石(だいばんじゃく)をもたげたる/虚子」
した-もえ【下燃え】❶炎が表に出ないで、物の下で燃えていること。❷《「した」は心の意》心の中で思い焦がれること。「—に思ひ消えなむけぶりだにあとなき雲のはてぞ悲しき」〈新古今・恋二〉
した-もじり【舌˟捩り】(ぢり) ❶舌がもつれること。❷言葉遊びの一つで、発音しにくい言葉を続けて言わせるもの。「隣の客はよく柿食う客だ」など。➡早口言葉
した-もつれ【舌˟縺れ】舌がもつれたようになって、すらすらしゃべれないこと。
した-もの【下物】下等で安価なもの。特に、安物の魚。「ええ、うったうしく—ばかり並べたてるぞ」〈滑・八笑人・三〉
した-もみじ【下紅‐葉】(ぢ) 木々の下葉の紅葉したもの。また、物の下に散っている紅葉。(季 秋)
した-も・ゆ【下˟萌ゆ】〔動ヤ下二〕地中から草の芽が生え出る。土の中から芽を出す。草萌ゆ。「今よりは春になりぬとかげろふの—・えいそぐ野辺の若草」〈続拾遺・春上〉(季 春)
した-も・ゆ【下燃ゆ】〔動ヤ下二〕❶炎が表立たず、物の下で火が燃える。「小野山はやくすみがまの—・えて煙の上につもる白雪」〈風雅・冬〉❷《「した」は心の意》心の中でひそかに思い焦がれる。「—・ゆる歎きをだにも知らせばやたく火の神のしるしばかりに」〈栄花・根合〉
したや【下谷】東京都台東区西部の地名。もと東京市の区名。
した-や【下家｜下屋】❶母屋(おもや)に付属する小さな家や小屋。❷縁の下。床下。「縁の—にそっと入れ」〈浄・曽根崎〉❸床下(ゆかした)の部屋。懸け造りの家の下の部屋、または、2階屋の階下の部屋をいう。「—へ廻って探りより、闇にも光るだんびら抜いて突っ込む二階の板」〈浄・矢口渡〉
したや-いちばん【下▽谷一番】《江戸時代の手まり歌の「おらがねえさん三人ござる…一人姉さん下谷にござる。下谷一番伊達者(だてしゃ)でござる」から》はでな服装をする者のたとえ。
した-やく【下役】❶下級の役目。また、その役目の人。❷自分より下位の役員・職務についている人。部下。❸下級の役人。(類語)属吏・下僚・属僚・属官・小吏・小官・俗吏・小役人
した-やく【下訳】翻訳する際に原稿の草案としての大まかな訳をつけること。また、その訳。
したや-ぐみ【下▽谷組】江戸後期に、江戸の下谷・根岸方面に住んでいた文人・画家などの総称。亀田鵬斎・大窪詩仏・菊池五山・大田南畝・谷文晁・酒井抱一・市河米庵など。
した-やしき【下屋敷】「しもやしき」に同じ。
した-やす・し【下安し】〔形ク〕《「した」は心の意》(多く下に打消しの語を伴う)心が穏やかである。安心である。「うち嘆きてゐなほり給ふ程も、げにぞ—・からぬ」〈源・宿木〉
した-やど【下宿】❶大名行列などの供の者が宿泊する所。また、下級の宿屋。❷江戸時代、奉行所や代官所などの近くにあった、訴訟人の休息所。
しだ-やば【志太野坡】［1662〜1740］江戸中期の俳人。蕉門十哲の一人。越前の人。姓は志田とも。初号、野馬。「炭俵」の撰者の一人。西国を遊歴、大坂高津野に庵を結んだ。句集「野坡吟艸」など。
した-やみ【下闇】「木(こ)の下闇」に同じ。(季 夏)
じだゆう-ぶし【治▽太▽夫節】(ヂダイフ) 古浄瑠璃の一。山本土佐掾(角太夫)の弟子松本治太夫が語ったもの。延宝〜元禄(1673〜1704)ころ京都を中心に流行。
した-ゆで【下˟茹で】灰汁(あく)の強い野菜や脂の多い肉を、調理前に一度ゆでて灰汁や脂を抜くこと。
した-よみ【下詠み】歌会などにそなえて、あらかじめ歌を詠んでおくこと。「内々参らうと申されて、歌の—をいたされてござる程に」〈虎明狂・萩大名〉
した-よみ【下読み】〔名〕(スル) 書物や文書・資料などを前もって読んで、調べておくこと。下見。
(類語)予習・下調べ
した-より【下˟縒り｜下˟撚り】諸縒(もろより)り糸を製するときに、はじめに単糸にかける縒り。
し-たら〔接〕《サ変動詞「する」の連用形＋助動詞「た」の仮定形から》そうしたら。それならば。したらば。「—先生はどうするんだ」〈万太郎・春泥〉
しだら ❶よくない行状。また、好ましくないなりゆき。「牧師さんや伝道師さえ斯(こ)ういう—じゃあ」〈魯庵・社会百面相〉❷事のなりゆき。「何とした—でいづかたへ立ち退きやる」〈浄・博多小女郎〉
しだら《「したら」とも》❶歌や舞に合わせて手を打つこと。手拍子。❷手拍子を打って歌う子供の遊び。
しだら-うた【しだら歌】《手をたたきながらうたう歌の意》❶伊勢神宮で、鳥名子(となご)舞のときにうたわれた歌。❷平安時代、しだらの神を祭るときにうたわれた歌。
じ-だらく【自堕落】〔名・形動〕❶人の行いや態度などにしまりがなく、だらしないこと。また、そのさま。ふしだら。「—な生活」❷雑然としていること。また、そのさま。「食物の商売は、ちひさき内の—なるがよしといへり」〈浮・永代蔵・六〉
じ-たらず【字足らず】和歌・俳句などで、句の音数が5音または7音よりも少ないこと。また、その句。⇔字余り。
しだらでん《「震動雷電」の音変化かという》風雨に伴う雷光雷鳴。また、そのように騒々しいこと。「袂まで、鉄砲雨の—」〈浄・忠臣蔵〉
しだら-な・い〔形〕図しだらな・し〔ク〕人の行いや物事の状態などにしまりがない。だらしない。「—・い部屋が汚い洗濯物の間から見えていたり」〈梶井・瀬山の話〉
しだら-の-かみ【しだらの神】平安時代、疫病の流行よけとして民間の信仰を集めた御霊神(ごりょうじん)。設楽神。志多羅神。
したら-ば〔接〕「したら」に同じ。「—二番酒を食べませう」〈狂言記・伯母が酒〉
し-たり〔感〕《動詞「す」の連用形＋完了の助動詞「たり」から》❶期待どおりに物事が行われたとき、成功したときなどにいう語。うまくやった。得たり。してやったり。「—とばかりやりこめる」❷失敗したり驚いたりしたときにいう語。しまった。やりそこなった。「これは—、計られたか」
し-だり【▽垂り】たれ下がること。しだれ。
シダリ【Sidari】ギリシャ西部、ケルキラ島北部の海岸保養地。波の浸食を受けた岩礁が点在する遠浅の海岸があり、同島有数の観光地として知られる。
しだり-お【▽垂り尾】(ヲ) 長くたれた尾。「ひとり寝(ぬ)る山鳥の尾の—に霜おきまよふ床の月かげ」〈新古今・秋下〉
したり-がお【したり顔】(ガホ)〔名・形動〕うまくやったという顔つき。得意そうなさま。得意顔。「—で話す」
(類語)得意・鼻高高・時を得顔・自慢顔・自慢げ・自慢たらしい・会心・誇らか・誇らしい・鼻が高い・肩身が広い・得得(とくとく)・揚揚
しだり-ざくら【▽垂り桜】「枝垂(しだ)れ桜」に同じ。
しだり-やなぎ【▽垂り柳】「枝垂(しだ)れ柳」に同じ。「ますらをの伏し居嘆きて作りたる—の縵(かづら)せ我妹(わぎも)」〈万・一九二四〉
し-だ・る【▽垂る】■〔動ラ四〕長くたれ下がる。しだれる。「限りなく宿のさかえむしるしにや君が御垣に—・る小柳」〈重家集〉■〔動ラ下二〕「しだれる」の文語形。
しだ-るい【羊=歯類】シダ植物の中で、葉の裏側に胞子をつけるものの総称。
じ-だるき【地垂木】(ヂ) 軒を二軒(ふたのき)にした場合の、下側の垂木。
したる・し〔形ク〕❶汗などでじとじとしている。湿っぽい。「しづの女も大路ゐづつに夕涼み—・き麻の衣すすぎて」〈夫木・三六〉❷態度などがべたついている。また、甘ったるい。「女色にふける人は、かたきまでが—・く」〈浮・男色十寸鏡〉❸だらだらとのろい。「—・イ人」〈日葡〉
し-だれ【▽垂れ｜枝垂れ】枝や葉が、たれ下がること。しだり。
しだれ-いと【▽垂れ糸】たれ下がっている糸。「素鎗(すやり)の鉤(まがり)に—、さっとしだれて」〈浄・薩摩歌〉
しだれ-いとすぎ【枝垂れ糸杉】ヒノキ科の常緑樹。高さ10〜15メートル。枝が垂れる。中国揚子江沿岸に分布。
しだれ-うめ【枝垂れ梅】枝が垂れている梅。
しだれ-ざくら【枝垂れ桜】バラ科の落葉高木。ウバヒガンの変種で枝先が垂れ下がるもの。3月上旬に淡紅白色の花を開く。紅色の花をつけるベニシダレなど品種も多い。糸桜。しだりざくら。(季 春)「まさをなる空より—かな/風生」
しだれ-ひがん【枝垂れ彼岸】シダレザクラの別名。
しだれ-もも【枝垂れ桃】観賞用の桃の一種で、枝が垂れ下がるもの。しだりもも。
しだれ-やなぎ【枝垂れ柳】ヤナギ科の落葉高木。枝は垂れ下がり、細長い葉をつける。雌雄異株。早春、黄緑色の花を穂状につける。日本には古代に中国から渡来。垂楊(すいよう)。糸柳。しだりやなぎ。(季 春)
し-だ・れる【▽垂れる｜枝垂れる】〔動ラ下一〕図しだ・る〔ラ下二〕《「しだる」(四段)の下二段化》細い枝などが、長くたれ下がる。「暗い空に赤い光が柳のように—・れた」〈万太郎・露芝〉
(類語)下がる・垂れる・垂れ下がる・ぶら下がる
したわし・い【慕わしい】(シタハ)〔形〕図したは・し〔シク〕《動詞「した(慕)う」の形容詞化》心を引かれ、好ましく、または、懐かしく思うさま。恋しい。「—・い母上の姿」(派生)したわしげ〔形動〕したわしさ〔名〕
(類語)懐かしい・恋しい・ゆかしい
し-たん【四端】《「孟子」公孫丑上から》人が生まれながらに持っている、仁・義・礼・智の芽生えともいうべき四つの心。すなわち、惻隠(そくいん)の情、悪を憎む心、謙譲の心、物事の是非を見きわめる心の四つをいう。
し-たん【紫˟檀】マメ科の常緑小高木。葉は卵形の小葉3〜5枚からなる羽状複葉。淡黄色の花を多数つける。材は周辺部が白、中心部が黒紅紫色で、木目(もくめ)が美しく堅いことから家具材として重用される。インド南部の原産。
し-だん【史談】歴史に関する話。史話。
し-だん【指弾】〔名〕(スル) つまはじきすること。非難して排斥すること。「世間から—される」
(類語)非難・論難・弾劾・糾弾・攻撃・批判・責める・咎(とが)める・詰(なじ)る・難ずる・嘖(さいな)む・吊(つる)し上げる・締め上げる・責め付ける・責め立てる・難じる・難詰・面詰・面責・問責・詰責・叱責(しっせき)・譴責(けんせき)・弁難・追及・詰問
し-だん【師団】陸軍の部隊の一つで、独立した作戦行動のとれる最大の固定編制部隊。諸兵科の旅団・連隊・大隊などを統合して構成される。
し-だん【師˟檀】師僧と檀那。寺僧と檀家。「我君と年来(としごろ)の—なり」〈今昔・一・一五〉
し-だん【詞壇】文人の社会。文壇。詞林。
し-だん【詩壇】詩人の社会。詩人の仲間。
(類語)歌壇・俳壇・文壇・論壇・画壇・楽壇・劇壇
じ-たん【自嘆｜自˟歎】《「じだん」とも》自分で自分のことをほめること。自賛。「和歌よむ事を自らも常に—し給ひけり」〈今昔・二四・三三〉
じ-たん【事端】物事のきっかけ。事件の発端。
じ-たん【時短】《「時間短縮」の略》労働時間の短縮。「組合の—要求」
じ-だん【示談】話し合いで決めること。特に、民事上の紛争を裁判によらずに当事者の間で解決すること。「—が成立する」(類語)相談・打ち合わせ・下相談・談合・話し合い・合議・協議・商議・評議・評定(ひょうじょう)・鳩首(きゅうしゅ)・凝議(ぎょうぎ)・内談
したん-かい【試胆会】(シタンクワイ) 度胸だめしの催し。きもだめし。
じだん-きん【示談金】示談を成立させるために当事者間で授受される金銭。
しだん-しれいぶ【師団司令部】師団の指揮統制を行う機構。また、その所在地。
じ-だんだ【地団駄｜地団太】(ヂ)《「じたたら(地踏鞴)」の音変化》足で地を何回も踏みつけること。

地団駄を踏・む　悔しがったり怒ったりして、激しく地を踏む。「—・んで悔しがる」

したん-ぬり【紫×檀塗(り)】紫檀の木目に似せた漆塗り。

しち【七】❶数の名。6の次、8の前の数。なな。ななつ。❷7番目。第7。〔補説〕金銭証書などで間違いを防ぐため「漆」を用いることがある。➡漢「しち(七)」

し-ち【四知】《「後漢書」楊震伝から》二人だけの秘密といっても、すでに天が知り、地が知り、自分が知り、相手が知っているの意。どんなに秘密にしていてもいつかは他に漏れるということ。

し-ち【四×智】仏語。❶諸仏が備えているという4種の智慧。大円鏡智・平等性智(びょうどうしょうち)・妙観察智(みょうかんざっち)・成所作智(じょうしょさち)。❷羅漢の4種の智慧。我生已尽智・梵行(ぼんぎょう)已立智・所作已弁智・不受後有智。❸智度論に説く4種の智慧。道慧・道種慧・一切智・一切種智。

し-ち【死地】❶死ぬべき場所。死に場所。「—と定める」❷生きて帰れないかもしれない非常に危険な場所。また、そのような状態。「—に赴く」「—を脱する」❸のがれようのない、せっぱ詰まった立場や状態。窮地。「—に陥る」〔類語〕死所・死に所・死に場所

死地に陥(おとしい)れて後(のち)生(い)く　《「孫子」九地から》味方の軍を絶体絶命の状態に陥れ、必死の覚悟で戦わせることではじめて、活路を見いだすことができる。

し-ち【至治】天下がきわめてよく治まること。

し-ち【至知｜至×智】〔名・形動〕この上なくすぐれた知恵。また、それのあるさまや、それをもつ人。「至愚なる者も甚だ少なく—なる者も甚だ稀なり」〈福沢・文明論之概略〉

し-ち【私地】私有地。⇔公地。

しち【▽室】▶しつ(室)

し-ち【▽差池】互い違いになること。不揃いであること。

し-ち【詞致】言葉や文章の趣。

しち【質】❶約束を守る保証として相手に預けておくもの。「不足代金の—として時計を預ける」❷質屋から金銭を借りるときに、保証として預けておくもの。また、その物品。質草。「着物を—に入れる」「—流れ」❸質権またはその目的物となる質物。❹人質。「或いは又其の子を—に出(い)だして、野心の疑ひを散ず」〈太平記・九〉➡漢「しつ(質)」
〔類語〕担保・抵当・形(かた)

質に置・く　財物を質として預ける。質入れする。「カメラを—・いて金を借りる」

質に取・る　質物として財物を預かる。「指輪を—・る」

しち〔接頭〕形容詞・形容動詞に付いて、程度を強め、不快であるという気持ちを添える。「—むずかしい」「—めんどうだ」

じ-ち【自知】〔名〕(スル)自分のことを自分で知ること。「—の明(めい)」「彼は死することを—するがゆえに、殺す者よりもとうとし」〈倉田・愛と認識との出発〉

じ-ち【自治】❶自分や自分たちに関することを自らの責任において処理すること。「大学の—」「—の精神」❷「地方自治」の略。⇔官治。

じち【▽実】真実。事実。じつ。「—には似ざらめど、さてありぬべし」〈源・帚木〉

じち-いかだいがく【自治医科大学】栃木県下野市にある私立大学。昭和47年(1972)の開学。地域医療に携わる総合医と総合的看護職を養成するために、全国都道府県が共同で設立した。

じち-いき【▽日域】㊀日が照らす域内。天下。㊁《日の出る国の意から》日本の異称。じついき。にちいき。「汝—に渡って」〈平治・上〉

しち-いれ【質入れ】〔名〕(スル)借金の際、その担保として物品を質屋などに預けること。

しちいれ-うらがき【質入裏書】裏書人が被裏書人に対して、手形上の権利の上に質権を設定する目的でその旨を記載してする裏書。

しちいれ-しょうけん【質入証券】倉庫証券の一。寄託者の請求によって預り証券に添えて発行され、寄託物の質入れに用いられる。

しち-いん【七音】❶▶しちおん ❷▶七声(しちせい)

しち-うけ【質請け】〔名〕(スル)借金を返して、質入れした品物を請け出すこと。「流れる寸前で—する」

シチェドリン〘Mikhail Evgrafovich Saltïkov Shchedrin〙[1826〜1889]ロシアの小説家。専制政治下の社会を風刺した。作「ある町の歴史」「ゴロブリョフ家の人々」など。

シチェルバコフ〘Shcherbakov〙ロシア連邦の都市リビンスクの旧称。

しち-おき【質置き】質に入れること。質入れ。

しち-おん【七音】❶音韻上で、唇音・舌音・牙音(がおん)・歯音・喉音・半舌音・半歯音の七つの音声。しちいん。❷▶七声(しちせい)

じち-かい【自治会】❶学生・生徒が学校生活を自主的に運営していくための組織。❷同一地域の居住者が、自分たちの共通利益の実現と生活の向上を目的として作る組織。

しちかい-き【七回忌】人の死後満6年、数えて7年目の忌日。また、その日に行う法事。七周忌。七年忌。なながいき。➡回忌 ➡忌日

しちかい-そう【七階草】クリンソウの別名。

し-ちが・える【▽為違える】〔動ア下一〕文しちが・ふ〔ハ下二〕やり方をまちがえる。しそんじる。「連絡を—・える」

しち-かく【七覚】「七覚支」の略。

しち-かくし【七覚支】仏語。悟りを得るための7種の修行法。真実の教えを選び取る択法(ちゃくほう)覚支、一心に努力する精進覚支、真実の教えを実行することを喜ぶ喜覚支、身心を軽やかにする軽安(きょうあん)覚支、対象へのとらわれを捨てる捨覚支、心を集中して乱さない定(じょう)覚支、思いを平らかにする念覚支。七覚。

しち-がつ【七月】1年の7番目の月。文月(ふみづき・ふづき)。〔季 夏〕「一の青嶺(あおね)まぢかく鎔鉱炉/誓子」

しちがつ-おうせい【七月王政】1830年、フランスで七月革命の結果成立したルイ=フィリップの王政。48年の二月革命で倒された。七月王朝。

しちがつ-かくめい【七月革命】1830年7月、パリに起こった市民革命。ブルボン王朝の反動政治が倒され、シャルル10世は英国に亡命、自由主義的王党派の支持するオルレアン家のルイ=フィリップが迎えられて七月王政が成立した。

しちか-はちれつ【七花八裂】ばらばらに裂け砕けること。「何もわからない。めちゃくちゃに、それこそ—である」〈太宰・八十八夜〉

しち-かん【七官】慶応4年(1868)閏4月の太政官制により、従来の7局を改称して設置した中央官庁。議政官・行政官・神祇(じんぎ)官・会計官・軍務官・外国官・刑法官があった。

しち-かんのん【七観音】㊀人々を救うために、その場に応じて姿を7種に変えて現れる観音。千手(せんじゅ)観音・馬頭(ばとう)観音・十一面観音・聖(しょう)観音・如意輪観音・准胝(じゅんてい)観音・不空羂索(ふくうけんじゃく)観音の七つ。㊁京都で観音をまつる七つの代表的な寺院。行願寺・清和院・吉田寺・清水寺・六波羅蜜(ろくはらみつ)寺・六角堂・蓮華王(れんげおう)院の7寺。また、その寺院の観音像。

しちきおち【七騎落】謡曲。四番目物。石橋山の合戦に敗れた源頼朝が船で落ちのびるとき、一行が源氏に不吉とされる8騎なので、土肥実平の子遠平を残すが、遠平は敵方の和田義盛に助けられる。

じち-きかん【自治機関】自治体が行政事務を行うために設けた機関。都道府県議会・市町村議会などの議決機関など。

しち-きょ【七去】《「大戴礼」本命から》儒教において、夫が妻を一方的に離別できる七つの理由。父母の言うことを聞かないこと、子のないこと、男女関係にみだらなこと、ねたみ深いこと、悪い病気があること、おしゃべりなこと、盗みをすることの七つ。日本でも令(りょう)に定められた。七出(しちしゅつ)。

しち-きょう【七×竅】人の顔にある七つの穴。口・両眼・両耳・両鼻孔。七穴。➡九竅(きゅうきょう)

しち-ぎょう【質業】質屋を営むこと。

しちきょう-おち【七卿落ち】文久3年(1863)8月18日の政変で、公武合体派に敗れた尊王攘夷派の公卿、三条実美(さねとみ)・三条西季知(すえとも)・東久世通禧(みちとみ)・壬生基修(もとなが)・四条隆謌(たかうた)・錦小路頼徳(よりのり)・沢宣嘉(のぶよし)の7名が、再挙を図るため京都を脱出、長州藩に落ちのびた事件。

じち-ぎょうせい【自治行政】地方公共団体が自治権に基づいて行う行政。

し-ちく【糸竹】《「糸」は弦楽器、「竹」は管楽器の意》楽器。また、音楽のこと。管弦。いとたけ。「—の道」「詩歌に巧みに、—に妙なるは」〈徒然・一二二〉

し-ちく【私蓄】個人的に財産をたくわえること。また、そのようにしてたくわえたもの。「富豪を脅して其の—を散ずる」〈鴎外・大塩平八郎〉

し-ちく【紫竹】イネ科の竹。高さ3〜8メートル。茎は2年目から黒紫色に変わる。観賞用に栽培。黒竹(くろちく)。紫竹竹(しちくだけ)。

じち-く【自治区】❶自治を認められた区。旧市制第六条によって勅令で指定された東京・京都・大阪の3市の区をいう。現在では、特別区と財産区がこれにあたる。➡行政区 ❷中国で、少数民族の自治を保障するために設けられた行政区。内モンゴル自治区・チベット自治区など、5自治区がある。

しち-ぐさ【質草｜質▽種】質に入れる品物。質物(しちもつ)。しちだね。「腕時計を—に金を借りる」

しちく-だけ【紫竹竹】▶紫竹

しち-くど・い〔形〕文しちくど・し〔ク〕たいそうくどい。やたらにくどい。「—・い説明でうんざりする」〔派生〕しちくどさ〔名〕

しち-ぐら【質倉】質物(しちもつ)をしまっておく質屋の倉。

しち-けい【七経】中国古代の7種の経書。詩経・書経・易経・礼記(らいき)・春秋・論語・孝経、あるいは、詩経・書経・易経・儀礼(ぎらい)・周礼(しゅらい)・礼記・春秋など。

しち-けいやく【質契約】債権者と債務者との間で、質権を設定する契約。

しち-けん【七賢】㊀「論語」微子にあげる中国周代の、伯夷(はくい)・叔斉(しゅくせい)・虞仲(ぐちゅう)・夷逸(いいつ)・朱張・少連・柳下恵の七人の賢人。㊁▶竹林(ちくりん)の七賢

しち-けん【質券】▶質札(しちふだ)

しち-けん【質権】債権者が債権の担保として債務者または第三者から受け取った物を債務が弁済されるまで留置して、債務者の弁済を間接的に促すとともに、弁済されない場合にはその物から優先弁済を受けることを内容とする担保物権。

じち-けん【自治権】地方公共団体が、その区域内で自治行政を行うことのできる権能。

しちげん-きん【七弦琴｜七×絃琴】琴(きん)の俗称。

しちけん-しゃ【質権者】質権を有する者。

しち-けんじん【七賢人】㊀前7〜前6世紀のギリシャのすぐれた哲人・為政者七人の称。プラトンによれば、クレオブロス・ペリアンドロス・ピッタコス・ビアス・タレス・キロン・ソロンの七人であるが、異説もある。㊁▶竹林(ちくりん)の七賢

しちけん-せっていしゃ【質権設定者】質権を設定するため、質権者に質物(しちもつ)を引き渡す者。

しち-こうざん【七高山】近畿地方にある七つの霊山。比叡(ひえい)山・比良(ひら)山・伊吹山・愛宕(あたご)山・神峰山(かぶさん)・金峰山(きんぶせん)・葛城(かつらぎ)山あるいは高野山。

しちこう-さんみん【七公三民】江戸時代の年貢率の一。その年の収穫高の7割を年貢として領主に納め、3割を農民の所得とするもの。

しち-こうそう【七高僧】親鸞(しんらん)が浄土教の高僧として選んだ七人の僧。インドの竜樹・天親、中国の曇鸞(どんらん)・道綽(どうしゃく)・善導、日本の源信・源空。七祖。

しち-ご-さん【七五三】❶男子は3歳と5歳、女子は3歳と7歳にあたる年の11月15日に行われる、子供の成長を祝う行事。晴れ着を着せ、神社などに参詣する。七五三の祝い。〔季 冬〕「まだ栄ゆ老舗(しにせ)に猿飴—/秋桜子」❷祝い事に用いるめでたい数。奇数を陽の数とする中国の思想から出たもの。❸「七五三の膳(ぜん)」の略。❹しめなわの異称。

しちごさん-げんしょう【七五三現象】新卒で就職した者のうち、3年以内に離職する者が中卒者で7割、高卒者で5割、大卒者で3割になること。

しちごさん-の-ぜん【七五三の膳】三献の膳で、本膳に七菜、二の膳に五菜、三の膳に三菜を出す盛宴。七五三。

しちご-ちょう【七五調】❶和歌・歌謡・詩などで、7音句・5音句の順に繰り返す形式。また、それによって生じる韻律。❷短歌で、五・七・五・七・七の第2句・第3句が緊密に続き、第3句で多く切れるもの。古今集以後発達した。➡五七調

しちごん【七言】漢詩で、1句が7字からなるもの。また、その漢詩体。七言詩。➡五言

しちごん-こし【七言古詩】漢詩で、七言の句からなる古体詩。押韻はあるが、平仄や句数のきまりがない。七古。

しちごん-ぜっく【七言絶句】漢詩で、七言の句が4句からなる近体詩。七絶。➡絶句

しち-こんせん【七金山】須弥山の周囲にある七つの黄金の山。持双山・持軸山・檐木山・善見山・馬耳山・象鼻山・持辺山。

しちこん-の-ひきでもの【七献の引出物】室町時代以降、武家の酒宴の際の客への進物。初献に馬、二献に太刀、三献に鎧または腹巻き、四献に弓と征矢、五献に沓と行縢、六献に鞍巻、七献に小袖を次々に引き出物としたもの。式の引出物。

しちごん-はいりつ【七言排律】漢詩で、七言の句からなる排律。

しちごん-りつ【七言律】「七言律詩」の略。

しちごん-りっし【七言律詩】漢詩で、七言の句が8句からなる近体詩。七言律。七律。➡律詩

しち-ざ【七座】鎌倉・室町時代、各地に設けられた7種の座。絹座・炭座・米座・檜物座・千朶積座・相物座・馬商座の七つ。一説に、魚・米・器・塩・刀・衣・薬の七つの専売店ともいう。

しち-さい【七彩】7色。また、美しいいろどり。

しち-ざい【質材】質に入れるもの。質物。質草。

しち-さん【七三】❶物を7対3の割合で分けること。「利益は―に配分する」❷髪の毛を左右に7分3分のところから分けること。「髪を―に分ける」❸歌舞伎劇場の本花道で、揚げ幕から7分、舞台から3分の所。すっぽんがあり、俳優が花道で演技をする際に中心となる。「―で見得を切る」

しちさん-おうどう【七三黄銅】銅7、亜鉛3の割合で作った合金。きわめて展延性に富む。

しち-し【七子】中国で、同じ時期に流派を形成したり、親密だったりした七人の文人の称。時代により、後漢の建安七子、明の前七子・後七子などがある。

しちじ-しき【七事式】茶道の千家で修練のために制定された七つの式法。花月・且座・茶かぶき・員茶・廻り炭・廻り花・一二三をいう。

しちしち-じへん【七七事変】盧溝橋事件の中国での呼び名。

しち-しちにち【七七日】人の死後、49日目。また、その日に営む法要。四十九日。なななぬか。

しちし-とう【七支刀】奈良県天理市の石上神宮伝世の鉄剣。長さ約75センチ、左右に3本ずつの枝刃を交互に出す。金象眼の銘文に4世紀後半に百済で作られたとあり、「日本書紀」記載の七枝刀にあたるとみられている。

しち-しみん【私地私民】私有地と私有民。

じち-じむ【自治事務】地方自治体が処理する事務のうち、法定受託事務以外の事務。自治体の責任において独自に執り行う事務で、小中学校の設置管理、市町村税の賦課徴収などがこれに当たる。国の関与は技術的助言・勧告、資料提出の要求、是正の要求などにとどまる。

しち-しゃ【七社】➡山王七社

しち-しゅ【七衆】仏の教えを奉ずる人々を7種に分けたもの。比丘・比丘尼・式叉摩那・沙弥・沙弥尼・優婆塞・優婆夷のこと。

しち-しゅ【七種】❶七つの種類。❷七夕祭りに供える七つの品物。7の数にちなむものを供える。

しち-しゅう【七宗】❶仏教の七宗派。律宗・法相宗・三論宗・華厳宗・天台宗・真言宗・禅宗の総称。❷中国南宗禅の7分派。臨済宗・潙仰宗・曹洞宗・雲門宗・法眼宗・楊岐宗・黄竜宗。

しち-じゅう【七十】❶10の7倍の数。ななじゅう。❷70歳。古希。ななそじ。

七十にして矩をこえず《「論語」為政から》70歳になって、欲望のままに行動しても人の道にはずれることがない。

しち-じゅう【七重】七つかさなっていること。ななえ。「―の塔」

しち-じゆうか【七自由科】ギリシャ・ローマ時代からルネサンス期にかけて一般教養の基本となった7科。文法・修辞・弁証法の3学と、算術・幾何・天文学・音楽の4科。自由科。自由七科。リベラルアーツ。

しちしゅう-き【七周忌】「七回忌」に同じ。

しちじゅうご-にち【七十五日】❶俗に、うわさが消えないという日数。「人のうわさも―」❷俗に、初物を食べると長生きするという日数。「茄子の初生を目籠に入れて売り来たるを―の齢これ楽しみの」〈浮・永代蔵・二〉

しちじゅうに-こう【七十二候】❶二十四節気の各節気をそれぞれ三つに分けたもの。[補説]日本では具注暦などに中国渡来のものがそのまま記されていたが、貞享暦作成の際に日本の気候に合うよう改められた。例えば、春分は玄鳥至(ツバメが南から来る)・雷乃発声(雷鳴がとどろき始める)・始電(稲光が初めて光る)の三つが、日本では雀始巣(スズメが巣をかける)・桜始開(サクラの花が咲き始める)・雷乃発声とされる。❷72句からなる連歌・連句の一形式。懐紙の初表8句、初裏14句、二の表・裏と名残の表に各14句、名残の裏8句を書き連ねたもの。

しちじゅう-ほうじゅ【七重宝樹】極楽にあるという、金樹・銀樹・瑠璃樹・玻璃樹・珊瑚樹・瑪瑙樹・硨磲樹の七重に並んだ宝樹。また、黄金の根、紫金の茎、白銀の枝、瑪瑙の条、珊瑚の葉、白玉の花、真珠の果実からなる宝の樹。

しち-しゅつ【七出】➡七去

しちしゅ-の-ふね【七種の船】七夕祭りに、7種の供物を積んで織女星に手向ける船。妻迎え船をかたどったもの。[季 秋]

しちしゅ-ふたおき【七種蓋置】茶道具で、代表的な釜の蓋置の7種。火屋・五徳・三つ葉・一閑人・栄螺・三つ人形・蟹をいう。

しち-しょ【七所】➡山王七社

しち-しょ【七書】中国の7部の兵書。「孫子」「呉子」「司馬法」「尉繚子」「三略」「六韜」「李衛公問対」のこと。

しち-しょう【七生】この世に七度生まれ変わること。永遠。しちせい。「―報国」「とうとう実家を―まで勘当されてしまったが」〈荷風・すみだ川〉

しち-しょう【質商】質屋。

しち-じょう【七条】❶七つの項目。また、7番目の箇条。❷七つのすじ。❸「七条の袈裟」の略。

しちじょう【七条】平安京の条坊の一。また、東西に通じる大路の名。七条大路。

しち-じょう【七情】❶7種の感情。「礼記」では、喜・怒・哀・懼・愛・悪・欲。仏教では、喜・怒・哀・楽・愛・悪・欲をいう。❷漢方で、薬物の配合関係を7種に分類したもの。単行・相須・相使・相畏・相悪・相反・相殺をいう。

じち-しょう【自治相】自治大臣のこと。

じち-しょう【自治省】地方自治、公職選挙、国と地方または地方団体間の連絡・調整に関する行政事務を担当した国の行政機関。旧内務省の後身で、昭和35年(1960)自治庁より昇格して発足、平成13年(2001)総務省に統合された。

しちじょう-いん【七条院】[1157〜1228]高倉天皇の後宮、藤原殖子の院号。後鳥羽天皇の母。

しちじょう-え【七条▽衣】「七条の袈裟」に同じ。

しちじょうおおみや-ぶっしょ【七条大宮仏所】定朝の子といわれる覚助の次男、院助を祖とする仏所。京都七条大宮にあった。平安後期に院派の仏師が活躍したが、鎌倉時代以後は七条仏所におされて衰えた。

漢字項目　しち

【質】➡しつ

七 [学]1 [音]シチ(呉) シツ(漢) [訓]なな、ななつ、なの ‖ ㊀〈シチ〉①数の名。ななつ。「七賢・七曜・七雄・七福神」②七番目。「七月・七夜」③ななたび。「七生」㊁〈シツ〉ななつ。「七珍・七宝」㊂〈なな〉「七重・七草」㊃〈なの〉「七日」[名付]かず・な [難読]七五三縄・七夕・七十・七日

しちしょう-しちきん【七▽縦七×擒】《三国時代、蜀の諸葛孔明が敵将の孟獲を捕らえては逃がしてやることを7回繰り返した末に、孟獲を心から心服させたという「蜀志」諸葛孔明伝・注の故事から》相手を自分の思いどおりに自由自在にあしらうこと。

しちじょう-どおり【七条通り】京都市中央部を東西に通じる道路。京都駅の北側を通り、平安京の七条大路にあたる。

しちじょう-の-けさ【七条の×袈×裟】三衣の一。七幅の布を横に縫い合わせた袈裟。僧が聴講・礼仏などに際して着用する服。七条衣。

しちじょう-ぶっしょ【七条仏所】定朝の子といわれる覚助を祖とする仏所。京都七条にあった。鎌倉時代、運慶ら慶派の仏師が活躍、江戸時代に至るまで勢力をふるった。

しち-しょく【七色】赤・橙・黄・緑・青・藍・菫(紫)の7種類の色。太陽光線をスペクトルで分けたときに見られる色。なないろ。

シチズン〖citizen〗市民。また、国民。公民。

シチズンシップ〖citizenship〗市民としての身分。公民権。市民権。

しち-せい【七声】中国・日本音楽で、音階を構成する七つの音。五声に、呂旋法では変徴・変宮、律旋法では嬰商・嬰羽の二音を加えたもの。七音。

しち-せい【七星】中国の星学で、北斗七星のこと。

じち-せい【自治制】地方公共団体や学校などにおいて、自治が認められる制度。自治制度。

しち-せいが【七清華】公家のうち、清華の家格である七家。➡清華家

しち-せき【七夕】五節句の一。たなばた。➡たなばた(七夕)

しち-せき【七赤】九星の一。星では金星、方角では西。

しち-ぜつ【七絶】「七言絶句」の略。

しち-そ【七祖】一宗派の教えを伝持した七人の祖師。㊀中国の浄土教で慧遠・善導・承遠・法照・少康・延寿・省常の七人。蓮社の七祖。㊁華厳宗で、馬鳴・竜樹・杜順・智儼・法蔵・澄観・宗密の七人。㊂真言宗で、大日如来・金剛薩埵・竜猛・竜智・金剛智・不空・恵果の七人。付法七祖。㊃浄土真宗で、竜樹・天親・曇鸞・道綽・善導・源信・源空の七人。七高僧。

しち-そう【七僧】法会のとき、重要な役を勤める七人の僧。講師・読師・呪願師・三礼師・唄師・散花師・堂達のこと。

しち-そうおう【四地相応】➡四神相応

しち-だい【七大】仏語。一切にあまねく満ちる7種の要素。地大・水大・火大・風大・空大・見大・識大のこと。首楞厳経に説く。

じち-たい【自治体】国家から自治の権能を認められた公共の団体。自治団体。地方公共団体。「地方―」

じちたい-けいさつ【自治体警察】市および人口5000人以上の町村が、国家の指揮監督を受けることなく、自己の経費で維持した警察組織。昭和22年(1947)旧警察法によって設置され、同29年の警察法改正により廃止。➡国家地方警察

じちたいざいせいけんぜんか-ほう【自治体財政健全化法】《「地方公共団体の財政の健全化に関する法律」の通称》地方公共団体の財政の早期健全化、財政の再建、公共企業の経営健全化を目的とする法律。平成19年(2007)6月制定。地方公共団体は、実質的な赤字や将来負担などを示す健全化判断比率と、各公営企業の資金不足比

率を毎年度公表することが義務付けられている。財政悪化が比較的軽度な場合は財政健全化団体に指定され、外部機関による監査を受け、財政健全化計画を策定し、自助努力で健全化に取り組む。悪化が深刻で破綻状態とみなされる場合は財政再生団体に指定され、国の管理下で財政再建を目指すことになる。地方自治体財政健全化法。財政健全化法。(補説)平成19年(2007)3月、北海道夕張市が財政再建団体に移行したのを受けて、政府は自治体財政破綻防止策の抜本的な見直しに着手。地方財政再建促進特別措置法(1955年制定)に代わる自治体財政健全化法を新たに制定した。

しち-だいじ【七大寺】▶南都(なんと)七大寺

しち-だいしがく【七大私学】平安初期、貴族が京都に設けた七つの大学別曹。弘文院・勧学院・文章院・綜芸種智院(しゅげいしゅちいん)・学館院・淳和院(じゅんないん)・奨学院。

しち-だいしゅう【七大州|七大×洲】(―ダイシウ) ▶ななだいしゅう(七大州)

じち-だいじん【自治大臣】平成13年(2001)まで存在した自治省の長。自治相。

しち-だいタイトルせん【七大タイトル戦】囲碁・将棋の主要なタイトル戦。囲碁は棋聖戦・名人戦・本因坊戦・天元戦・王座戦・十段戦・碁聖戦、将棋は竜王戦・名人戦・王位戦・王座戦・王将戦・棋聖戦・棋王戦の7つ。リーグ戦またはトーナメント戦で挑戦者を決め、タイトル保持者と五番または七番勝負を行い、勝ち越した方が新たなタイトル保持者となる。

しち-だね【質種】「しちぐさ(質草)」に同じ。

しち-たらじゅ【七多羅樹】インド産の高木、多羅樹を7本重ねた高さ。ものの高いことのたとえ。

じち-だんたい【自治団体】▶自治体

しちだん-の-しゅほう【七壇の修法】(―シュホフ) ▶七仏薬師法(しちぶつやくしほう)

しち-ち【質地】土地を質入れすること。また、その土地。

じち-ちょうにん【自地町人】(ヂチチヤウニン) 江戸時代、自分の所有地に居住していた町人。

しち-ちん【七珍】▶しっちん(七珍)

しちてん-はっき【七転八起|七×顚八起】〔名〕(スル)《7回転んで8回立ち上がる意から》何回失敗してもくじけず、立ち直ってどこまでもやりぬくこと。ななころびやおき。「—してついに成功をおさめる」

しちてん-ばっとう【七転八倒|七×顚八倒】(―バッタウ)〔名〕(スル)《7度も転んだり倒れたりする意》転げ回ってもがき苦しむこと。しってんばっとう。「—してのたうち回る」「—の苦しみ」
(類語)苦悶(くもん)・四苦八苦・苦難・苦痛

しち-ど【七度】7回。ななたび。ななど。また、回数が多いこと。

しちど-いり【七度入り】(普通の杯を三度入りというのに対して)杯の大きなもの。⇒五度入り

しち-とう【七島】(―タウ) ❶七つの島々。特に、伊豆七島や鹿児島県吐噶喇(とから)列島のうちの宝(たから)七島のこと。❷カヤツリグサ科の多年草。高さ約1.5メートル。熱帯アジアの原産で、水田に栽培される。茎を乾かして七島表(しちとうおもて)とよばれる畳表を作る。七島藺(い)。琉球藺。

しち-とう【七等】❶七つの等級。また、7番目の等級。❷人としてすぐれた七つの階級。五人にすぐれた者を茂、十人にすぐれた者を選、百人にすぐれた者を俊(しゅん)、千人にすぐれた者を英、二千人にすぐれた者を賢、1万人にすぐれた者を傑、1億人にすぐれた者を聖という。❸孫以下の7世代。孫・曽孫(そうそん)・玄孫・来孫・昆孫(こんそん)・仍孫(じょうそん)・雲孫をいう。

しち-とう【七頭】室町時代、三管領に次ぐ家柄の山名・京極・一色(いっしき)・土岐(とき)・赤松・上杉・伊勢の七家。

しち-どう【七堂】(―ダウ)「七堂伽藍(がらん)」の略。

しち-どう【七道】(―ダウ) 東海道・東山道・北陸道・山陰道・山陽道・南海道・西海道のこと。⇒五畿七道

しちとう-い【七島×藺】(シチタウ―) シチトウの別名。

しちとう-おもて【七島表】(シチタウ―) 鹿児島県宝(たから)七島産の畳表。シチトウの茎で織ったもの。琉球表(りゅうきゅうおもて)。

しちどう-がらん【七堂×伽藍】(シチダウ―) 寺院の堂宇の規模で、型どおりに七つの建物が完備しているもの。古くはふつう塔・金堂・講堂・鐘楼・経蔵・僧房・食堂(じきどう)をいうが、後に宗派によって異なり、中堂・金堂・東金堂・西金堂・南円堂・北円堂・講堂、または三門・仏殿・法堂(はっとう)・僧堂・庫裏(くり)・浴堂・西浄(便所)などをいう。

シチトゥニツキ-こうえん【シチトゥニツキ公園】(―コウヱン)《Park Szczytnicki》ポーランド南西部の都市ウロツワフの中心市街東部にある公園。緑豊かな都市公園の一で、20世紀初めの国際博覧会で造られた日本庭園のほか、2006年に世界遺産(文化遺産)に登録された世界最大級のコンクリート製ドーム型建築として知られる百周年記念館がある。

しちとう-ねつ【七島熱】(シチタウ―) ツツガムシ病の一種。伊豆七島に多く、タテツツガムシが媒介。比較的軽症。

しちとう-むしろ【七島×筵】(シチタウ―) 鹿児島県宝(たから)七島産のむしろ。シチトウの茎で織ったもの。

しち-とく【七徳】❶《「春秋左氏伝」宣公一二年から》抗争・軍事に関する七つの徳。武力行使を禁じ、武器をしまい、大国を保全し、君主の功業を固め、人民の生活を安定させ、大衆を仲良くさせ、経済を繁栄させること。❷「七徳の舞」の略。

しちとく-の-まい【七徳の舞】(―まひ)《唐の太宗の七徳を象徴するところから》「秦王破陣楽(しんのうはじんらく)」の通称。

しちど-やき【七度焼(き)】幾度も焼き付けをして精製した上等の鍍金(めっき)。七度鍍金。

しち-ながれ【質流れ】質屋に借りた金の返済をしないまま期限が切れて、質物の所有権が質屋に移ること。また、その品物。「—のカメラ」

しち-ならべ【七並べ】トランプゲームの一。すべてのカードを競技者に配り、まず7のカードを出し、順にそれに続くカードを出して並べ、先に手持ちのカードを出し終えた者が勝ちとなる。

しち-なん【七難】❶仏語。火難・水難など7種類の災難。内容は経典により異なる。七苦。❷いろいろな難点。多くの欠点。「色の白いは—隠す」

しちなん-くやく【七難九厄】男女とも7と9の年回りには、災難が起こりがちであるという俗信。

しちなん-そくめつ【七難即滅】七難がただちに滅び、福がもたらされること。下に「七福即生」と続けて用いられる。

しちなん-はっく【七難八苦】七難と八苦。多くの苦難が重なること。

しち-にん【七人】人数が7であること。ななにん。
七人の子は生(な)すとも女に心許すな 《「詩経」邶風・凱風から》七人の子をもうけるほど長年連れ添った妻にも、気を許して大事な秘密を打ち明けてはいけない。女には気を許すなということ。

しちにん-ばり【七人張り】六人で弓をたわめ、他の一人が弦を張るほどの強弓。

しち-ねん【七年】年数で七つ。7年間。ななとせ。

しちねん-き【七年忌】「七回忌」に同じ。

しちねん-せんそう【七年戦争】(―センサウ) 1756年から63年までの7年間、シュレジエンの領有をめぐって行われたオーストリアとプロイセンとの戦争。また、これに関連したフランス対イギリス、ロシア対プロイセンの戦争。結局、プロイセンはシュレジエンを確保し、フランスはカナダ・インドの植民地を失った。

しちのじ-づくし【七の字尽(く)し】「七」のつく言葉をたくさん書き連ねること。また、その詩歌や文章。70歳の賀などに書く。

しち-の-ず【七の図|七の×椎】(―ヅ) 尻の上部。第7肋骨のあたり。「裾—まで引っからげ」〈浄・宵庚申〉

しち-はいせん【七俳仙】松永貞徳門下の七人の俳人。野々口立圃(ののぐちりゅうほ)・松江重頼・山本西武(やまもとさいむ)・鶏冠井令徳(かえでいりょうとく)・安原貞室・北村季吟・高瀬梅盛。

しちはかせ-じけん【七博士事件】明治36年(1903)東京帝大教授戸水寛人(とみずひろんど)・金井延ら七人の博士が対露強硬論を主張する意見書を発表してロシアを敵視する世論を喚起した事件。

しち-ばり【しち針】衣服の裏のくけ糸が誤って表に出ること。

しちばんにっき【七番日記】江戸後期の句日記。1冊。小林一茶著。文化7年(1810)正月から文政元年(1818)12月までの記録。

しち-ぶ【七分】❶10分の7。7割。❷100分の7。7パーセント。

しちぶ-がゆ【七分×粥】米1、水7の割合(容量比)で炊いたかゆ。かゆの濃さは全がゆ7に重湯(おもゆ)3の割合で加えたものに相当する。

しち-ふくじん【七福神】福徳の神として信仰される七人の神。大黒天・恵比須(えびす)・毘沙門天(びしゃもんてん)・弁財天・福禄寿・寿老人・布袋(ほてい)の七神。

しちふくじん-もうで【七福神詣で】(―マウで) 正月元日から7日までの間に、七福神を祭った社寺を巡拝して開運を祈ること。七福神参り。七福詣で。福神詣で。(季 新年)

しちぶ-さんぶ【七分三分】全体に占める割合の一方が7割で、他方が3割であること。「勝算は—とみる」

しちぶ-しゅう【七部集】(―シフ) ㊀「俳諧七部集」の略。㊁「俳諧七部集」に倣い、一家または一派において選ばれた代表的な7部の集。「蕪村七部集」など。

しちぶ-そで【七分袖】洋服で、長袖の7分めほどの長さの袖。スリークオータースリーブ。

しち-ふだ【質札】質屋が金銭を貸す際に客に渡す、質物(しちもつ)の預かり証。質券。

しち-ぶつ【七仏】(一)「過去七仏」の略。(二)「七仏薬師」の略。

しちぶ-づき【七分×搗き】玄米をついて、外皮の7割程度を取り去ること。また、その米。

しちぶつつうかい-の-げ【七仏通戒の×偈】過去七仏が共通して受持したといわれる、釈迦(しゃか)の戒めの偈。諸悪莫作(しょあくまくさ)・衆善奉行(しゅぜんぶぎょう)・自浄其意(じじょうごい)・是諸仏教の4句。七仏通戒偈。

しちぶ-つみきん【七分積み金】寛政の改革における一政策。寛政3年(1791)老中松平定信が江戸の町費の倹約を命じ、その倹約額の7割を積み立てて不時の出費に充てるとともに、貸付金としても運用したもの。七分金積立。

しちぶつ-やくし【七仏薬師】㊀(一)薬師瑠璃光(るりこう)如来のほかに六仏を加え、同体、またはその異名とする七仏のこと。(二)京都およびその近辺の7か所に祭る薬師如来。観慶寺・護国寺・法雲寺・延暦(えんりゃく)寺・珍重寺・平等寺・広隆寺のもの。㊁「七仏薬師法」の略。

しちぶつやくし-ほう【七仏薬師法】(―ホフ) 密教で、七仏薬師を本尊として、延命・息災・安産などを祈る修法。七壇の修法。

し-ちへい【視地平】目で見える地平の限界。

しち-べん【七弁】太政官(だいじょうかん)の七人の弁官。左右の大弁・中弁・少弁の六人と、中・少弁の中で権官(ごんかん)に補せられた者一人を合わせた七人。

しち-へんげ【七変化】❶変化舞踊の形式の一。7種の小品舞踊を組み合わせ、一人の俳優が連続して早変わりで踊り分けるもの。七化(ななばけ)。⇒変化物(へんげもの) ❷ランタナの別名。❸アジサイの別名。

しち-ほう【七宝】❶仏教で、7種の宝。無量寿経では金・銀・瑠璃(るり)・玻璃(はり)・硨磲(しゃこ)・珊瑚(さんご)・瑪瑙(めのう)。法華経では金・銀・瑪瑙・瑠璃・硨磲・真珠・玫瑰(まいかい)。七種(ななくさ)の宝。七珍。しっぽう。❷▶しっぽう(七宝)❷

しち-ぼうこう【質奉公】江戸時代、債務履行の担保として人身を債権者のもとに質入れしたこと。奉公人は一定期間住み込みで働き、債務(身代金)返済をもって解放された。質物奉公。

しちほ-の-さい【七歩の才】《魏の曹植が、兄の曹丕(そうひ)の命令で兄が七歩あるく間に兄弟の不仲を嘆く詩を作ったという「世説新語」文学の故事から》詩を作る才能が非常にすぐれていること。また、作詩が早いこと。

しちほん-やり【七本×槍】▶賤ヶ岳(しずがたけ)の七本槍

しちまい-きしょう【七枚起×請】(―キシヤウ) 熊野牛王(ごおう)の誓紙7枚を継ぎ合わせて書いた起請文。また、遊女が客に宛てた長文の起請文。

しち-みせ【質店】「質屋」に同じ。

しちみ-とうがらし【七味唐辛子】(―タウガラシ) 香辛料の一。唐辛子・黒胡麻・麻の実・山椒(さんしょう)・陳皮(ちんぴ)・けしの実・青海苔(あおのり)または紫蘇(しそ)の実などを混ぜて粉末に

したもの。七味。七色唐辛子。

しち-みょうねん【七明年】〔形動ナリ〕気の長いさま。先の長いさま。「庭に柿の核を植ゑて、八年したらば孫共に木練の取り飽きさすべしと—なる事をたくみ」〈浮・色三味線・三〉

しちみょう-はったい【七名八体】各務支考が説いた連句の付合論。七名は前句へ付ける構想の立て方の分類で、有心・向付・起情・会釈・拍子・色立・遁句、八体は付句の方法を、其人・其場・時節・時分・天相・時宜・観相・面影の八つに分類したもの。しちみょうはってい。

しち-むずかし・い【しち難しい】〔形〕図しちむづか・し〔シク〕ごたごたとこみいっていてむずかしい。非常にむずかしい。「—い話」「—い顔をする」
(派生)しちむずかしげ〔形動〕
(類語)難しい・複雑・煩雑・煩瑣・錯雑・錯綜・面倒・厄介・ややこしい・入り組んだ・込み入った・手が込んだ・分かりにくい・難解・詰屈・晦渋・深遠・高度・ハイブロー・歯が立たない・小難しい・難解

じち-め【実目】〔形動〕図〔ナリ〕《近世語》地味で実直なさま。まじめなさま。質実。「一ナ人」〈日葡〉「随分—な男を見立てて持て」〈浮・禁短気・五〉

しちめん-ざん【七面山】山梨県南西部、身延山の西方にある山。標高1989メートル。日蓮宗の霊山。

しちめん-ちょう【七面鳥】キジ目シチメンチョウ科の鳥。北アメリカに分布。全長約1.1メートル。羽は光沢のある青黒色。頭からくびにかけての皮膚の裸出部が青・紫・赤色などに変化する。家禽としたものをクリスマス料理などに用いる。ターキー。

しちめん-づくり【七面造(り)】日蓮宗の守護神、七面大菩薩を安置する堂の建築様式。正面中央に唐破風の向拝を設け、母屋の左右が入母屋破風で、屋上に方形造りの楼がのるもの。

しち-めんどう【しち面倒】〔形動〕図〔ナリ〕ひどくめんどうなさま。「—な手続き」
(類語)うるさい・煩わしい・面倒臭い・面倒・ややこしい・くだくだしい・煩雑・煩瑣・しち面倒臭い・厄介・億劫

しち-めんどうくさ・い【しち面倒臭い】〔形〕図しちめんだうくさ・し〔ク〕非常に厄介だ。ひどくめんどうくさい。「—い手続き」
(類語)うるさい・煩わしい・面倒臭い・面倒・ややこしい・煩雑・煩瑣・しち面倒・厄介・億劫

しち-もくれん〔形動〕《近世江戸語》めんどうであるさま。煩わしいさま。「斯う云っちゃあ—だけれど」〈滑・浮世風呂・前〉

しち-もつ【質物】質に入れる品物。質草。質種。

しち-もの【質物】「しちもつ(質物)」に同じ。

しち-や【七夜】❶7日目の夜。7日目の晩。❷子供が生まれて7日目の夜。命名など種々の祝いの行事をする。お七夜。

しち-や【質屋】物品を質にとって金銭の貸し付けを行う業者。また、その店。江戸時代から庶民の金融機関として普及した。質店。(類語)七つ屋

し-ちゃく【試着】〔名〕スル 服などを買う前に、自分のからだに合うかどうか試みに着てみること。「吊るしのブレザーを—する」「—室」

しちや-まち【七夜待】密教で、毎月17日の夜から23日夜までの7夜を、聖観音・千手観音・馬頭観音・十一面観音・准胝観音・如意輪観音・勢至菩薩を本尊として順次に祭り、祈願成就を求めること。ななよまち。

し-ちゅう【支柱】❶物を支えるために用いる柱。つっかい棒。❷生活や組織の支えとなる重要な存在。また、そういう人。「一家の—」(類語)大黒柱・屋台骨

し-ちゅう【×仔虫】昆虫などの幼虫。虫の子。

し-ちゅう【司×厨】船舶で、食事のことを担当する人。また、汽船の接客係・ボーイ。「—長」

し-ちゅう【四仲】仲春・仲夏・仲秋・仲冬のこと。

し-ちゅう【市中】市の内。街の中。
(類語)町内・市内・町中・市街

し-ちゅう【死中】死や破滅を待つよりほかない絶望的な境地。

死中に活を求める 《「晋書」呂光載記から》ほとんど助からないような状態のなかで、なおも生きのびる道を探し求める。死中に生を求む。

し-ちゅう【至忠】この上なく忠義なこと。

し-ちゅう【私注】みずからほどこした注釈を謙遜していう語。「万葉集—」

し-ちゅう【私鋳】〔名〕スル 貨幣などを民間でひそかに鋳造すること。

シチュー〖stew〗肉とジャガイモ・ニンジン・タマネギなどの野菜をとろ火で煮込んだ西洋料理。

しち-ゆう【七雄】㊀日本の戦国時代の七諸侯。織田信長・毛利元就・今川義元・武田信玄・上杉謙信・北条氏康・豊臣秀吉のこと。㊁中国の戦国時代の七強国。秦・楚・燕・斉・趙・魏・韓のこと。戦国七雄。

じ-ちゅう【寺中】❶寺の中。寺の境内。❷大寺の境内にある小寺。塔頭。(類語)寺内・山内・神域・神苑

じ-ちゅう【自注｜自×註】自分の作品に自分で注釈を加えること。また、その注釈。「自歌—」

じ-ちゅう【侍中】❶中国の官名。漢代には天子の左右に侍して顧問に応ずる官。唐代以後は門下省の長官。❷蔵人の唐名。

しちゅう-ぎんこう【市中銀行】中央銀行に対する民間の銀行。狭義には、都市銀行をさす。市銀。

しちゅう-きんり【市中金利】基準割引率および基準貸付利率(公定歩合)に対して、民間金融機関の金利。手形の割引金利や預金受入金利、担保貸出金利などがあるが、一般に貸出金利をいう。市場金利。

しちゅう-こん【支柱根】地上にある幹や枝から出て地中に入り、支柱のような形態になった根。タコノキやマングローブなどにみられる。

しちゅう-せん【私鋳銭】民間で鋳造した銭貨。古代、律令政府発行の皇朝十二銭以外は厳しく禁止された。中世には宋銭・明銭をまねたものが多くつくられ、貨幣流通上混乱したので、幕府や戦国大名によって撰銭令が出された。

しちゅう-づくり【四注造(り)】▶寄棟造り

シチュエーション〖situation〗❶境遇。立場。状態。❷事態。形勢。局面。❸小説・劇・映画などで、筋を展開させるために設定された状況。

じ-ちょ【自著】自分が書き著した書物。

し-ちょう【支庁】❶島嶼または交通不便な地に設置され、知事の権限に属する事務を分掌する都道府県の出先機関。都道府県支庁。東京都小笠原支庁など。❷北海道の旧行政区画。明治30年(1897)10月に19支庁が設置され、編入や再編を経て石狩・渡島・檜山・胆振・日高・後志・空知・上川・留萌・宗谷・網走・十勝・釧路・根室の14支庁となる。平成22年(2010)4月、「北海道総合振興局及び振興局の設置に関する条例」により廃止、総合振興局または振興局に移行。➡総合振興局

し-ちょう【仕丁】▶じちょう(仕丁)

し-ちょう【史潮】歴史の大きな流れ。歴史の流れの傾向。

し-ちょう【市庁】市役所のこと。「—舎」

し-ちょう【市長】地方公共団体である市の長。市を代表し統轄する執行機関。市民の直接公選によって選ばれる。任期は4年。

し-ちょう【市朝】❶まちなかと朝廷。「栄花を旦夕にあらそひ、勢利を—にきほふ」〈古活字本平治・上〉❷市中。まちなか。「我が首をはねて—にさらさるるか」〈太平記・二八〉

し-ちょう【×弛張】〔名〕スル ❶ゆるむことと張ること。「音の高低や—につれて」〈寅彦・春寒〉❷寛大にすることと厳格にすること。「—よろしきを得た政治」

し-ちょう【至重】〔名・形動〕この上もなく大切であること。きわめて重大であること。また、そのさま。「日本将来の文明をいかにすべきかは至難にして—なる問題である」〈阿部次郎・三太郎の日記〉

し-ちょう【使庁】「検非違使庁」の略。

しちょう【▽征】(「四丁」「翅鳥」「止鳥」などとも書く) ❶囲碁で、逃げようとする相手の石を、斜めに追って当たりとし、逃げられなくすること。❷《❶にかけられる意から》身の自由を失い、進退きわまること。「—に掛けて追ひめぐれば」〈浄・五人兄弟〉

し-ちょう【思潮】ある時代の社会にみられる支配的な思想の傾向。「二〇世紀の文芸—」
(類語)主潮・通念・精神・思想・主義・理念・信条・信念・哲学・人生観・世界観・イズム・イデオロギー

し-ちょう【師長】師と長上。先生と目上の人。

し-ちょう【紙帳】紙をはり合わせて作った蚊帳。防寒具にも用いた。(季 夏)「ちりの身とともにふはふは—かな/一茶」

し-ちょう【×翅鳥】❶大空を飛翔する鳥。❷▶しちょう(征)

し-ちょう【視聴】〔名〕スル ❶見ることと聴くこと。聴視。「予が—に入らざるものは絶無なりし」〈芥川・開化の殺人〉❷注意や関心。「人々の—を引く」(類語)聴視

し-ちょう【詩調】詩のもつ調子。「重厚な—」

し-ちょう【試聴】〔名〕スル 音楽や放送番組などを一般に公開する前、またはレコードなどを購入する前に、ためしに聴くこと。「—室」

し-ちょう【×廝丁】律令制で、仕丁のうち実働に従う直丁のために薪水を用意した者。してい。

し-ちょう【×輜重】軍隊の糧食・被服・武器・弾薬など、輸送すべき軍需品の総称。「—隊」「軍旅の—のことに当たらせようと」〈中島敦・李陵〉

し-ちょう【×鷙鳥】《「鷙」は猛鳥の意》ワシやタカなど、他の動物を捕らえて食う鳥。猛禽。

しち-よう【七曜】❶日・月と、火星・水星・木星・金星・土星の七つの天体。七曜星。❷❶を、1週間に配したもの。1週7日の曜日。日曜・月曜・火曜・水曜・木曜・金曜・土曜。

じ-ちょう【仕丁】《「しちょう」とも》❶律令制で、成年の男子に課せられた力役。50戸ごとに二人が割り当てられ、3年交替で諸官庁で労役に服させた。してい。つかえのよぼろ。❷平安時代以降、貴族の家などで、雑役に従事した下男。

じ-ちょう【次丁】▶じてい(次丁)

じ-ちょう【次長】役所や会社で、長の次の地位にあって、長を補佐する職。また、その職にある人。

じ-ちょう【自重】〔名〕スル ❶自らを重んじること。自分の品性を保ち、卑下しないこと。自尊。「自尊自重苟も卑劣な事はできない」〈福沢・福翁自伝〉❷言動を慎んで、軽はずみなことをしないこと。「好漢—せられたし」「隠忍—」❸自分の健康に注意し、大切にすること。自愛。「なにとぞご—ください」
(類語)自粛・自戒・控える

じ-ちょう【自嘲】〔名〕スル 自分で自分をつまらぬものとして軽蔑すること。「—するような薄笑い」
(類語)卑下・自虐

じ-ちょう【持重】〔名〕スル 大事をとって、軽々しく振る舞わないこと。慎重にすること。「氏の性、—を喜び冒険の事を好まず」〈竜渓・浮城物語〉

じ-ちょう【慈鳥】カラスの別名。

じち-よう【▽実用】〔名・形動ナリ〕まじめなこと。また、そのさま。実直。律儀。「いとまめに—にて、あだなる心なかりけり」〈伊勢・一〇三〉

しちょう-かく【視聴覚】視覚と聴覚。その両者を同時に働かせること。「—教室」

しちょうかく-きょういく【視聴覚教育】実物・模型・映画・スライド・テレビ・ビデオ・レコード・コンピューターなど、視覚や聴覚に訴える教具を利用して行う教育。AV教育。

じちょう-けんじ【次長検事】最高検察庁に所属して検事総長を補佐する検察官。総長に事故のあるとき、または欠けたときは、その職務を代行する。

しちょう-しつ【視聴質】テレビの番組をどのような人が見ているか、番組の与える満足度はどの程度かなど、番組の質を評価する指標。➡視聴率

しちょう-しゃ【視聴者】テレビやラジオの番組を見たり聞いたりする人。聴視者。「—参加番組」

しちよう-せい【七曜星】❶「七曜❶」に同じ。❷

北斗七星のこと。
しちょう-せいげん【視聴制限】シチャウ ►視聴年齢制限
し-ちょう-そん【市町村】シチャウ 市と町と村。一定の区域をその存立の基礎とし、区域内の住民を構成員として、一定の自治権をもつ基礎的な地方公共団体。
しちょうそん-がっぺい【市町村合併】シチャウソン 複数の市町村の区域の全部または一部を統合して新たな市町村としたり、市町村の区域の全部または一部を他の市町村に編入したりすること。➡町村合併
しちょうそん-ぎかい【市町村議会】シチャウソン 市町村の議決機関。市町村住民から公選された議員によって構成される、市町村の意思決定機関。条例の制定・改廃、予算など重要事項の議決などを行う。
しちょうそん-くみあい【市町村組合】シチャウソン 複数の市町村が、土木・衛生・教育などの事業や事務を共同で処理するために組織する特別地方公共団体。
しちょうそん-こくほ【市町村国保】シチャウソン 国民健康保険のうち、市町村・特別区が保険者として運営しているもの。➡組合国保
しちょうそん-じょうれい【市町村条例】シチャウソン 市町村がその自治立法権に基づき、市町村議会の議決によって制定する条例。
しちょうそん-ぜい【市町村税】シチャウソン 市町村が賦課・徴収する地方税。普通税として市町村民税・固定資産税・軽自動車税・市町村たばこ消費税など、目的税として入湯税・都市計画税などがある。
しちょうそん-ちょう【市町村長】シチャウソン 市町村の長たる執行機関。市町村を統轄・代表し、その事務を管理執行する。市町村住民の直接公選によって選ばれ、任期は4年。
しちょうそんみん-ぜい【市町村民税】シチャウソン 市町村内に住所・事務所・事業所などをもつ個人または法人に市町村が課する住民税。
しちょう-ねつ【×弛張熱】シチャウ 発熱したとき、1日の体温の高低差が1度以上を示す熱型。敗血症などにみられる。ちちょうねつ。
しちょう-ねんれいせいげん【視聴年齢制限】シチャウ 性描写や暴力表現など、青少年にとって好ましくない内容の映像ソフトやゲームソフト、インターネット上のウェブサイトに対し、利用や閲覧の年齢制限を設ける機能。ペアレンタル(パレンタル)コントロール。ペアレンタル(パレンタル)ロック。視聴制限。
しちょう-の-わかれ【四鳥の別れ】シテウ《中国の桓山(かんざん)の鳥が4羽の子を生み、成長して四海に分かれて飛び立つとき、母鳥が嘆き悲しんで鳴いたという「孔子家語」顔回の故事から》親子の悲しい別れ。
しちよう-ひょう【七曜表】シチエウ カレンダー。
しちょう-へい【×輜重兵】旧日本陸軍で、輜重の輸送を任務とした兵種の一。また、その兵士。
しちょう-ゆうずい【四長雄×蕊】シチャウ 6本の雄しべのうち、4本は長く2本が短いもの。アブラナ科植物にみられる。四強雄蕊。
しちょう-ゆそつ【×輜重輸卒】旧日本陸軍で、輜重兵の監督のもとに輜重の輸送に従事した兵卒。のちに輜重特務兵と改称。
しちょう-りつ【視聴率】シチャウ テレビのある番組が、一定の地域内のどれだけの人または世帯で見られたかを示す割合。テレビ番組を視聴していた割合のことで、ビデオテープレコーダーやHDDレコーダーによる録画・再生、ゲームによるテレビ利用などは含まない。「高一」➡世帯視聴率 ➡個人視聴率 ➡HUT
しちよう-れき【七曜暦】シチエウ 七曜の位置を記した暦。平安時代以降、元日の節会(せちえ)に中務(なかつかさ)省が陰陽寮に命じて奉った。七曜の御暦(ごりゃく)。
し-ちょく【司直】❶法律によって事の是非・善悪などを裁くことにかかわる役職。裁判官。「一の手にゆだねる」❷検察庁。検察官。「一の手が伸びる」
し-ちょっけい【視直径】天体の見かけの直径を角度で表したもの。角直径。
しち-らい【▽失礼】「しつれい(失礼)」に同じ。「天下の一を仕うまつりあへり」〈宇津保・国譲下〉
しち-り【七里】❶1里の7倍。また、その程度の距離。❷「七里飛脚(しちりびきゃく)」の略。
シチリア〖Sicilia〗㊀イタリア半島の南にある地中海最大の島。レモン・オレンジ・アーモンドなどを産する。古代からギリシャ・カルタゴ・ローマ帝国などの支配を受け、1861年にイタリア王国に編入された。面積約2万5500平方キロメートル。英語名シシリー。㊁シチリア島と周辺島嶼からなるイタリアの自治州。経済面で北部諸州に遅れをとるが、独自の文化があり、農産物が豊かで観光客を集める。アグリジェント県・エンナ県・カターニア県・カルタニセッタ県・シラクサ県・トラパニ県・パレルモ県・メッシーナ県・ラグーザ県がある。州都はパレルモ。
シチリア-とう【シチリア島】タウ ►シチリア㊀
しちり-が-はま【七里ヶ浜】神奈川県鎌倉市西部の、稲村ヶ崎と腰越の小動ヶ崎(こゆるぎがさき)との間の海岸。
しちりき【×篳×篥】►ひちりき(篳篥)
しちり-けっかい【七里結界】❶密教で、魔障の侵入を防ぐために、七里四方に境界を設けること。❷ひどく嫌って人を近くに寄せつけないこと。
しちり-けっぱい【七里けっぱい】「しちりけっかい(七里結界)」の音変化。「我輩は元来(がんらい)束縛されるのが嫌いだからね、官員なぞは一だ」〈魯庵・社会百面相〉
しち-りつ【七律】「七言律詩」の略。
しちり-つぎやど【七里継(ぎ)宿】江戸時代、尾州家・紀州家などの大名が東海道筋に七里ごとに置いて七里飛脚の中継所とした宿。七里役所。
しちり-ながはま【七里長浜】青森県西部、津軽半島の付け根にある海岸。南北に約30キロ続く砂浜海岸。背後は屏風山砂丘。津軽国定公園に属する。地名の由来は「七里も続く長い砂浜」から。
しちり-の-わたし【七里の渡し】旧東海道で、尾張の宮(みや)から伊勢桑名に至る七里の海路。宮の渡し。
しちり-びきゃく【七里飛脚】江戸時代、七里継ぎ宿に詰めて江戸と国元との連絡に従事した飛脚。
しちり-みはま【七里御浜】三重県南西部、熊野灘に臨む海岸。熊野市木本(きのもと)町から南牟婁(みなみむろ)郡紀宝町の熊野川河口までの約22キロにわたる白砂青松の景勝地。熊野古道伊勢路の一部。アカウミガメの産卵地としても知られる。吉野熊野国立公園に属する。
しちり-やくしょ【七里役所】►七里継ぎ宿
じち-りょう【自治領】ヂリャウ ある国家の領土の一部であって、広範囲の自治権を有するもの。特に、イギリス連邦を構成する独立前のカナダ・オーストラリアなどをさすことが多い。類語 衛星国・属国・従属国・保護国・植民地・属領・租界・居留地
しち-りん【七輪｜七厘】《価が7厘ほどの炭で間に合うの意からという》炭火をおこしたり、煮炊きをしたりするための簡便な土製のこんろ。
しちろう-ねずみ【七郎×鼠】シチラウ ドブネズミの別名。
シチン〖ポルトガル setim〗►シュチン
じ-ちん【自沈】〔名〕スル 自分の乗り組んでいる艦船を自らの手で沈めること。
じちん【慈鎮】慈円(じえん)の諡号(しごう)。
じちん-さい【地鎮祭】ヂチン 土木・建築などの起工に先だち、その土地の神を祭り、工事の無事を祈る儀式。とこしずめの祭り。土(つち)祭り。地祭り。地祝い。
じちん-つう【児▽枕痛】「後腹(あとばら)❶」に同じ。
じちん-ほう【地鎮法】ヂチンホフ 堂塔を建立するとき、土台石を置く前に、工事の無事を祈って、地神を本尊として修する法。
しっ【叱】〔感〕❶人を静かにさせようとする際に発する声。「一、静かに!」❷寄ってくる動物などを追い払うときに発する声。「一、あっちへ行け」
しつ【失】❶うしなうこと。損失。❷あやまち。失敗。「利潤に耽るは商人の一」❸きず。欠点。「学者の一は人を侮(あなど)る」➡漢「しつ(失)」
しつ【室】❶家の中の区切られた区画。へや。❷会社や官庁などの組織の一。「企画開発一」❸妻。特に、身分の高い人の妻。奥方。内室。「豊臣秀吉の一」❹刀剣の鞘(さや)。❺二十八宿の一。北方の第六宿。ペガスス座のα(アルファ)星・β(ベータ)星をさす。はついぼし。室宿。➡漢「しつ(室)」
室に入(い)りて矛(ほこ)を操(あやつ)る《「後漢書」鄭玄伝から》他人の部屋に入り込み、その武器をとってその持ち主を攻撃する。相手の議論を逆用して相手を攻撃することのたとえ。
しつ【倭=文】►しず(倭文)
しつ【湿】❶湿気。しめりけ。うるおい。「火光は一を帯びて焔青く影暗く」〈織田訳・花柳春話〉❷疥癬(かいせん)。➡漢「しつ(湿)」
しつ【×瑟】中国古代の弦楽器の一。箏(そう)に似て、普通は25弦。柱(じ)で調弦し、弦をはじいて奏する。日本には奈良時代に伝来。➡漢「しつ(瑟)」
しつ【質】❶そのものの良否・粗密・傾向などを決めることになる性質。実際の内容。「量より一」「一が落ちる」❷生まれながらに持っている性格や才能。素質。資質。「天賦の一に恵まれる」「蒲柳(ほりゅう)の一」❸論理学で、判断が肯定判断か否定判断かということ。❹物の本体。根本。本質。「結合せるを一とし、流動するを気とす」〈暦象新書・中〉❺飾りけのないこと。素朴なこと。「古今集の歌よりは一なり」〈国歌八論・歌源〉➡漢「しつ(質)」
類語 性質・素質・資質・資性・気質・美質
じつ【実】㊀〔名〕❶うそ偽りのないこと。真実。本当。「一のところ」「一を言うと」「一の子」⇔虚(きょ)。❷内容。実体。実質。「名を捨てて一を取る」❸誠実な気持ち。まごころ。「一のある人」❹実際の成績。充実した成果。実績。「改革の一を上げる」❺珠算で、被乗数。または、被除数。➡法(ほう) ㊁〔副〕まことに。本当に。「一何(ど)うしても出家は遂げられんか」〈円朝・真景累ヶ淵〉㊂〔形動ナリ〕現実的なさま。また、真心のこもっているさま。「かく金銀を欲しがるかと思へば、さうした一な欲にもあらず」〈浮・禁短気・三〉➡漢「じつ(実)」
類語 真実・事実・実体・実情・真情・真心
じつ-あく【実悪】歌舞伎の役柄の一。謀反人・大盗賊など、終始一貫して悪に徹する敵役(かたきやく)。「伽羅先代萩(めいぼくせんだいはぎ)」の仁木弾正(にっきだんじょう)など。立敵(たてがたき)。
しつ-い【失意】望みが遂げられなかったり、当てが外れたりして、がっかりすること。「一のどん底」「一のうちに世を去る」⇔得意。類語 失望・落胆・絶望・幻滅
しつい【室×韋｜失×韋】シツヰ 6世紀から10世紀にかけて、中国北東部の嫩江(のんこう)流域を中心に居住した部族。蒙古族とツングース族との混血といわれる。隋・唐以降は、韃靼(だったん)・阻卜(そぼく)と同義に用いられた。
しつ-い【執意】自分の意見や気持ちに固執すること。「願望は一の作用(はたらき)」〈逍遥・内地雑居未来之夢〉
じつ-い【実意】❶言動の裏に隠されている本当の意図。真意。本心。「一を問いただす」❷誠意のこもった思いやりの気持ち。まごころ。「一を尽くす」
じつ-いき【日域】ジチ ►じちいき(日域)
しつ-いん【室員】ヰン 研究室・分室など、室と名のつく所を構成している人員。
じつ-いん【実印】あらかじめ市区町村長に届け出て、必要の際には印鑑証明書の交付を受けられるようにしてある印章。一人1個に限られ、慣習上、重要な取引などに用いられる。
類語 認め印・私印・公印・官印・国璽(こくじ)・印璽
じつ-いん【実員】ヰン 名目だけではない実際の人員。実人員。「会の一は二〇名に満たない」
し-つう【止痛】痛みを止めること。「一薬」
しつう【史通】中国、唐代の史論書。20巻。劉知幾(りゅうちき)著。710年成立。内編・外編に分かれ、内編では史書の体裁を、外編では史書の起源、古人の史書の得失を論じている。
し-つう【四通】〔名〕スル 交通網・通信網などが四方に通じていること。四達。「運河の一する水の都」
し-つう【私通】〔名〕スル 男女が、ひそかに肉体関係を持つこと。密通。類語 不倫・密通・姦通(かんつう)・姦淫(かんいん)
し-つう【歯痛】歯や周辺組織の痛み。はいた。
じ-つう【耳痛】耳の痛み。
じつ-う【実有】仏語。実際に存在すること。また、実在しているものと思うこと。⇔仮有(けう)。
しつ-うた【志都歌】上代歌謡の一。調子を下げてうたう歌。一説に、静かな歌、庶民的な歌の意とも。

漢字項目 **しつ**

【▽七】►しち

叱 音シツ漢　訓しかる ‖ しかる。「叱正・叱声・叱責・叱咤しった」

失 学4　音シツ漢　訓うしなう、うせる ‖ ①なくす。うしなう。うせる。「失業・失点・失望・失恋/遺失・消失・焼失・喪失・損失・得失・紛失・忘失・滅失・流失」②うっかり出してしまう。「失禁・失言・失笑」③あやまち。しくじり。「失策・失敗/過失」

室 学2　音シツ漢　訓むろ ‖ ㊀〈シツ〉①部屋。「室内/暗室・客室・居室・教室・個室・茶室・同室・病室・満室・和室・更衣室」②一族。家族。「王室・皇室・宗室」③貴人の妻。「正室・側室・令室」④あなぐら。むろ。「玄室・石室・氷室」補説もと、奥まった部屋の意で、「堂」に対する。㊁〈むろ〉「岩室・氷室ひむろ」名付いえ・や

疾 音シツ漢　訓やまい、とし、はやい ‖ ①やまい。病気。「疾患・疾病しっぺい/悪疾・眼疾・痼疾こしつ・痔疾じしつ・肺疾・廃疾」②速度がはやい。「疾走・疾風しっぷう」③なやむ。「疾苦」④憎む。「疾視」難読疾風はやて

執 音シツ慣　シュウ(シフ)呉漢　訓とる ‖ ㊀〈シツ〉①手にとる。「執刀・執筆」②とり行う。「執行・執政・執務」③とりついて離れない。「執拗しつよう/確執・固執」㊁〈シュウ〉とりついて離れない。「執心・執着・執念/我執・固執・偏執・妄執」名付もり

人 **悉** 音シツ漢　訓ことごとく ‖ ①全部。ことごとく。「悉皆」②きわめ尽くす。「詳悉・知悉・不悉」

湿〔濕〕 音シツ慣　訓しめる、しめす、しとる ‖ しめる。しめりけ。「湿気しっけ・しっき・湿潤・湿地・湿度・湿布/陰湿・除湿・多湿」難読湿気しける

嫉 音シツ漢　訓ねたむ、そねむ ‖ ねたむ。そねむ。「嫉視・嫉妬しっと」

×**瑟** 音シツ漢 ‖ ①大形の琴。「琴瑟」②さびしい風の音の形容。「瑟瑟・蕭瑟しょうしつ」

漆 音シツ漢　シチ呉　訓うるし ‖ ㊀〈シツ〉木の名。ウルシ。また、それから採った塗料。「漆器・漆黒/乾漆・金漆・膠漆こうしつ・丹漆」㊁〈うるし〉「漆絵/生漆きうるし」難読漆喰しっくい・可漆べくうるし

▽**膝** 音シツ漢　訓ひざ ‖ ひざ。「膝下・膝行」

質 学5　音シツ漢　シチ呉　チ呉漢　訓たち、ただす ‖ ㊀〈シツ〉①ものを成り立たせている中身。「質量/異質・音質・均質・硬質・材質・実質・水質・等質・特質・品質・物質・変質・本質・木質・良質」②生まれつき。たち。「気質・資質・性質・素質・体質・美質・麗質」③飾り気がない。「質実・質素・質朴」④問いただす。「質疑・質問」㊁〈シチ〉約束のしるしとして相手に預けておくもの。抵当。「質草しちぐさ・質権・質屋しちや/人質ひとじち」㊂〈チ〉㊁に同じ。「言質」名付かた・さだ・すなお・ただ・ただし・み・もと 難読気質かたぎ

人 **櫛** 音シツ漢　訓くし、くしけずる ‖ ①くし。「櫛比」②くしけずる。「櫛風沐雨しっぷうもくう」補説人名用漢字表(戸籍法)の字体は「櫛」。難読櫛笥くしげ

漢字項目 **じっ**

【十】►じゅう

漢字項目 **じつ**

【日】►にち

実〔實〕 学3　音ジツ慣　訓み、みのる、まこと ‖ ㊀〈ジツ〉①草や木のみ。「果実・結実・綿実油」②中身が詰まる。内容がみちる。「充実」③中身。内容。「内実・名実・有名無実」④まごころ。まこと。「実直/質実・誠実・忠実・不実」⑤そらごとでない。本当。本当の事柄。「実演・実感・実業・実験・実現・実行・実際・実証・実績・実態・実弾・実物・実務・実用・実力・実例・実生活/確実・現実・故実・史実・事実・写実・真実・切実・如実」⑥血がつながっている。「実家・実兄・実母」㊁〈み〉「実生みしょう/花実」名付これ・さね・ちか・つね・なお・のり・ま・みつ・みる

×**昵** 音ジツ(ヂツ)漢　訓ちかづく ‖ 近づいて慣れ親しむ。なじむ。「昵近・昵懇じっこん」

「歌ひたまひし六歌は一の歌ひ返しなり」〈記・下〉

しつう-はったつ【四通八達】〔名〕スル 交通網・通信網が広く四方八方に通じていること。四通五達。

しつう-ぶっしょう【×悉有仏性】シツウブツシヤウ 仏語。一切の衆生しゅじょうは仏性をそなえているということ。

しつ-えき【疾疫】流行病。疫病。

じつ-えき【実益】実際の利益。また、実際の役に立つこと。実利。「趣味と一を兼ねる」

類語 実利・利益・益・儲もうけ・利・収益・利潤・得・利得・利沢・黒字・得分・益金・利金・純利・純益・差益・利鞘りざや・マージン・ゲイン・プロフィット

じつ-えん【実演】〔名〕スル ❶人前で実際にやってみせること。「料理の仕方を一する」「一販売」❷俳優や歌手が舞台で劇を演じたり歌ったりすること。映画・テレビ出演に対していう。類語 上演・公演

しつ-おう【執×拗】シフアウ〔名・形動〕「しつよう(執拗)」に同じ。「己おれが一なのじゃない」〈漱石・道草〉

じつ-おや【実親】生みの親。実の親。

しつ-おん【室温】シツヲン 部屋の中の温度。

じつ-おん【実音】映画や放送などで、擬音ではない実際の音や声。

しっ-か【失火】シツクワ〔名〕スル 過失から火事を出すこと。また、その火事。

類語 火事・火災・火難・出火・炎上・大火・小火ぼや・自火・近火・急火・怪火・不審火び・祝融しゅくゆう・回禄かいろく

しっ-か【室家】❶家。住居。❷一家。家庭。❸他人の妻を敬っていう語。閨室けいしつ。家室。「北条殿の一牧御方」〈吾妻鏡・二〉

しっ-か【▽膝下】❶ひざの下。ひざもと。❷自分を庇護ひごしてくれる人のもと。「親の一を離れる」❸手紙で、父母などの宛名の脇付わきづけに用いる言葉。

類語 侍史・机下・台下・足下・座右・硯北けんぼく・玉案下・御許・御前・拝

しっ-か【▽膝×窩】シツクワ ひざの後ろ側のくぼんだ部分。ひかがみ。膝膕しっかく。

しつ-が【漆画】シツグワ 漆うるしで描かいた絵。うるしえ。

じっ-か【実価】本当の価値。掛け値のない価。「お銀の容色きりょうをば、たしかに一の五倍も買冠かいかぶっていて」〈紅葉・二人女房〉

じっ-か【実科】ジツクワ ❶農業科・商業科など実用的なことを教える教科。❷図工・音楽など、実技の訓練を主とする科目。

じっ-か【実家】❶自分の生まれた家。生家。❷婚姻または養子縁組によって他家にはいった者からみて、その実父母の家。類語 生家・里

しっ-かい【執▽蓋】儀式や法会などの際、衣笠きぬがさ・菅蓋かんがいなどを捧持ほうじして随行する役。

しっ-かい【×悉皆】〔副〕❶残らず。すっかり。全部。「少しも包み隠さず、一話して了しまって」〈二葉亭訳・めぐりあひ〉❷まるで。「白いふんどしで、かごの胴中をくくった所は、一おやしきの葬礼といふものだ」〈滑・膝栗毛・三〉❸(あとに打消しの語を伴って用いる)全然。まったく。「一それは武士たるもののしわざならず」〈浄・凱陣八島〉類語 凡て・皆・何もかも・ことごとく・なべて・残らず・余す所なく・漏れなく・逐一ちくいち・すっかり・そっくり・洗い浚ざらい・一から十まで

しつ-がい【室外】シツグワイ 部屋または家の外。⇔室内。

類語 外・表おもて・屋外・戸外・野外・窓外そうがい・アウトドア

しつ-がい【▽膝蓋】ひざがしらのこと。

じっ-かい【十戒|十×誡】❶(十戒)仏語。㋐沙弥しゃみ・沙弥尼の守らなければならない10の戒め。不殺生・不偸盗ふちゅうとう・不淫・不妄語・不飲酒ふおんじゅ・不塗飾香鬘ふずじきこうまん・不歌舞観聴・不坐高広大牀ふざこうこうだいしょう・不非時食ふひじじき・不蓄金銀宝。沙弥十戒。㋑「十善戒」の略。❷《Decalogue; Ten Commandments》旧約聖書の出エジプト記にある、モーセがシナイ山でヤーウェ神から与えられた10か条の啓示。「わたしのほかに、なにものも神としてはならない」と唯一神への信仰を求める第一戒に始まり、偶像礼拝の禁、神の名の尊厳、安息日の厳守、父母を敬うこと、以下、殺人・姦淫かんいん・盗み・偽証・貪欲などを戒める。モーセの十戒。

じっ-かい【十界】仏語。悟りと迷いの視点から10種の境界を分けたもの。悟界は仏界・菩薩ぼさつ界・縁覚えんがく界・声聞しょうもん界、迷界は天上界・人間界・修羅界・畜生界・餓鬼界・地獄界。

じつ-がい【実害】実際上の被害。実質的な損害。「一をこうむる」類語 損・不利益・損失・損亡そんもう・欠損・実損・差損・赤字・出血・持ち出し・採算割れ

しつがい-けん【▽膝蓋×腱】大腿だいたい四頭筋の末端部で膝蓋骨につき、さらに伸びて脛骨けいこつ上端部につく腱。膝蓋靱帯じんたい。

しつがいけん-はんしゃ【▽膝蓋×腱反射】下肢を曲げ、膝蓋骨の下のところを軽くたたくと、筋肉が収縮し、下肢が上がる反射。脚気かっけなどの診断などに用いる。

じっかい-ごぐ【十界互具】仏語。十界の一つ一つが、互いに他の九界を備えているということ。地獄の衆生しゅじょうも仏となりうるし、仏も迷界の衆生となりうるという天台宗の説。

しつがい-こつ【▽膝蓋骨】膝関節の前面にある、平たい皿状の骨。ひざの皿。

しっかい-じょうぶつ【×悉皆成仏】シツカイジヤウブツ《「草木国土悉皆成仏」の略》万物ことごとく成仏するということ。

じっかい-まんだら【十界×曼×荼羅】日蓮宗で本尊とする、中央に南無妙法蓮華経の題目を大書し、それを囲んで諸尊や十界の名称を書いたもの。

しっかい-や【×悉皆屋】江戸時代、大坂で染め物・洗い張りなどの注文を取り、京都の専門店に取り次ぐことを業とした者。転じて、染め物や洗い張りを職業とする人。

しっか-きん【▽膝×窩筋】シツクワ 膝関節の後部から斜めに内側下方に走る筋。

しっ-かく【失格】〔名〕スル 資格を失うこと。「予選で一する」「教育者として一の行為」

類語 不可・不合格・駄目・無能

しっ-かく【▽膝×膕】シツクワク「膝窩しっか」に同じ。

じっ-かく【実覚】実際に感じられること。現実の感覚。「官能の一から杳はるかに遠からしめた状態」〈漱石・思ひ出す事など〉

じつ-がく【実学】社会生活に実際に役立つ学問。医学・法律学・経済学・工学など。江戸時代の蘭学、明治時代の職業教育などもさす。

じつ-がく【実額】実際に必要とする金額。また、実際に使った金額。

じつがく-しゅぎ【実学主義】事実・経験・実践などを重視する教育思想上の立場。形式化した人文主義に対抗して16世紀に起こり、17世紀以降、自然科学や哲学の経験論の影響のもとに有力になった。日本では福沢諭吉が唱えた啓蒙思想がその代表とされる。

じっか-こうとうじょがっこう【実科高等女学校】ジツクワカウトウヂヨガクカウ 旧制の女子中等学校の一。家政に関する教科を主とした。明治43年(1910)に制度化され、昭和18年(1943)まで存続。

しっか-ざい【失火罪】シツクワ 過失により火災を発生させて、建造物・船舶・鉱坑などを焼失させる罪。刑法第116条が禁じ、50万円以下の罰金に処せられる。

じつ-かた【実方】❶養子からみて、自分の自然血族関係にある親族。また、婚姻によって氏を改めた者からみて、その実家側をいうこともある。⇨養方ようかた ❷《「じつがた」とも。「実形」とも書く》歌舞伎で、実事師じつごとしのこと。

じつ-がたき【実敵】歌舞伎の役柄の一。善人の要素をもつ、二枚目を兼ねた敵役。「伊賀越道中双六」の沢井股五郎など。
しっ-かつ【失活】〔名〕スル 化学物質などの活性が失われ、反応を起こさなくなること。不活性化。
しっか-と【▽確と｜×聢と】〔副〕《「しかと」の促音添加》しっかりと。かたく。「大地に—根を張る」
しっか-ぶ【▽膝×窩部】膝関節の後部。
じつ-かぶ【実株】取引で、実際に受け渡しされる株。現株。正株。⇔空株
しっかみまいひよう-ほけんきん【失火見舞い費用保険金】失火により他人の家屋・家財などに損害を与えた際、類焼先への見舞金として支払う費用を塡補する保険金。法律上、失火者は故意・重過失の場合を除き、類焼先への賠償責任を免責されるが、見舞金を支払うのが社会慣習となっているために存在する。
じっか-もん【日華門】►にっかもん(日華門)
しっかり【▽確り｜×聢り】〔副〕スル ❶物事の基礎や構成が堅固で安定しているさま。㋐かたく強いさま。「ロープを—(と)結ぶ」㋑確かでゆるがないさま。「土台の—(と)した建物」❷考えや人柄などが堅実で信用できるさま。「—(と)した意見の持ち主」「論旨の—(と)した論文」❸気持ちを引き締めて確実にするさま。「—(と)勉強する」「上級生らしく—しなさい」❹身心が健全であるさま。また、意識がはっきりしているさま。「—(と)した足どり」「高齢でも頭は—している」❺十分であるさま。たくさん。皮肉をこめていうこともある。「今のうちに—(と)食べておく」「金を—ためこんでいる」❻相場が上昇傾向にあるさま。
類語(❶)がっしり・がっちり・確と・堅固・強固・強堅・堅牢・丈夫・頑丈・磐石・牢固・確固/(❷❸)きちんと・ちゃんと・しゃんと・気丈・気丈夫・心が強い/(❹)しゃきっと・しゃっきり・しゃんと/(❺)たっぷり・たくさん・たんと・ごまんと・わんさと・うんと・ふんだん・なみなみ・一杯・十分・がっつり
しっかり-もの【▽確り者】❶考え方が堅実で意志が強い人。「—の奥さん」❷倹約家。しまりや。
シッカロール【Siccarol】亜鉛華または亜鉛華でんぷんで製した皮膚用粉薬。あせもなどに用いる。商標名。補説「ベビーパウダー」などと言い換える。
じつかわ-えんじゃく【実川延若】大阪の歌舞伎俳優。屋号は河内屋。㊀(初世)[1831〜1885]本名、天星庄八。和事・濡れ事をよくし、4世嵐璃寛・中村宗十郎とともに京坂劇壇の三羽烏とよばれた。㊁(2世)[1877〜1951]初世の長男。和事の名手であったが、丸本物の実事も得意とした。当たり役に「夏祭浪花鑑」の団七、「楼門五山桐」の石川五右衛門など。㊂(3世)[1921〜1991]2世の長男。父譲りの和事のほか、幅広い役柄をこなした。当たり役に「封印切」の忠兵衛など。
しっ-かん【失官】旧制度で、官吏が法律上当然に官職を失うこと。国籍の喪失、廃庁・廃官・休職期間満了または禁錮以上の刑に処せられたことなどを原因とする。
しっ-かん【失陥】〔名〕スル 攻め落とされて土地や城を失うこと。
しっ-かん【疾患】病気。やまい。「胸部—」
類語病気・病・疾病・患い・障り・病魔・持病
しつ-かん【質感】材質がもつ、視覚的・触覚的な感じ。表面の肌合い。「素材の—を生かした作品」
じっ-かん【十干】甲・乙・丙・丁・戊・己・庚・辛・壬・癸の総称。これに五行の木・火・土・金・水を結びつけ、さらにそれぞれ兄(陽)と弟(陰)を配し、甲(きのえ)・乙(きのと)・丙(ひのえ)・丁(ひのと)・戊(つちのえ)・己(つちのと)・庚(かのえ)・辛(かのと)・壬(みずのえ)・癸(みずのと)とよぶ。ふつう十二支と組み合わせて用い、年や日などを表す。⇒十二支
じっ-かん【実感】〔名〕スル ❶実際に事物・情景に接したときに得られる感じ。「喜びの—がわく」「人間の弱さを—させられた」❷実際に実物に接したように、生き生きと感じること。「—のこもった話」
類語痛感・感ずる・思う・覚える・感じ取る・感得・感受・感知・直感・直覚・予感・ぴんと来る
じっかん-じゅうにし【十干十二支】十干と十二支。また、それを組み合わせたもの。中国では殷代から行われていたといわれ、前漢代以降、年を表すのに用いられるようになったという。干支。えと。
しつ-かんせつ【▽膝関節】ひざの関節。膝蓋骨・大腿骨・脛骨から成り、人体の関節では最も大きい。ひざの屈伸を行う。
しっ-き【湿気】►しっけ(湿気)
しっ-き【漆器】漆を塗って仕上げた器物。塗り物。
しつ-ぎ【質疑】〔名〕スル 疑問の点を問いただすこと。特に、議案や動議について、提出者・発議者などに口頭で説明を求めること。「—を打ち切る」
類語問い・質問・発問・設問・諮問・問答・問題・疑問
じっ-き【実記｜実紀】事実をありのままに書きとめた記録。実録。
類語記録・実録・手記・記事・ドキュメント
じ-つき【地付き｜地着き】❶その土地に昔から住んでいること。土着。「—の古老に話を聞く」❷魚が季節にかかわらず、一定の水域にいつくこと。
じ-つき【地突き｜地×搗き】「地固め」に同じ。
じ-つき【字突き】「字指し」に同じ。
じつ-ぎ【実技】実際に行う技術・演技。「—試験」
じつ-ぎ【実義】〔名・形動ナリ〕❶誠意。まごころ。また、誠意のあるさま。「憍慢のみあって—おはしまさず」〈太平記・二七〉❷真実の意義。道理。「寂滅無常の—をも述べずして」〈浄・大原問答〉
じつき-うた【地×搗き歌｜地×搗き唄】土木作業で地固めをするときにうたう仕事歌。地形歌。
しつぎ-おうとう【質疑応答】会議などの場で、質問とそれに対する答え。また、そのやりとり。
しづき-ただお【志筑忠雄】[1760〜1806]江戸中期の蘭学者。長崎の人。本姓は中野。通称、忠次郎。号、柳圃。「暦象新書」を訳述してニュートンの学説を紹介。他に訳著「鎖国論」「和蘭詞品考」など。
シッキム【Sikkim】インド北東部、ヒマラヤ山脈南麓の州。州都ガントク。中国とインドを結ぶ要路に位置する。もと王国でインドの保護領から1975年に州となる。住民はヒンズー教徒のネパール人とラマ教徒のボーティア族・レプチャ族。
しっ-きゃく【失却】〔名〕スル ものをなくすこと。また、忘れること。〈日葡〉
しっ-きゃく【失脚】〔名〕スル ❶失敗したり陥れられたりして、地位や立場を失うこと。「失言がもとで大臣が—する」❷《「脚」を金銭の意の「あし」に通わせて》かかった費用。失費。「さのみ—もかからず」〈浮・古今堪忍記〉類語失墜
しっきゃく-まけ【失脚負け】収益よりも失費のほうが多いこと。費用倒れ。「見え坊で—の地紙売」〈柳多留・六〉
じっきゃく-るい【十脚類】十脚目に属する甲殻類の総称。長尾亜目(エビ)・短尾亜目(カニ)・異尾亜目(ヤドカリ)に分けられる。
しつ-ぎょう【失業】〔名〕スル ❶職を失うこと。失職。「会社が倒産して—する」❷労働者が労働の能力と意欲とを持ちながら、労働の機会を得ることのできない状態。「潜在—」類語失職・食い上げ・お払い箱(—する)食いはぐれる・あぶれる
じっ-きょう【実況】現実のありのままの姿。実際の状況。「—中継」類語実状・現況・ライブ
じっ-きょう【実教】悟りに達する唯一真実の教え。天台宗では法華経の教えをいう。⇔権教
じつ-ぎょう【実業】農業・商業・工業・水産業など、生産・販売に関わる事業。⇒虚業
じつぎょう-か【実業科】旧制の小学校・国民学校高等科の教科の一。農業・工業・商業・水産などの科目の総称。
じつぎょう-か【実業家】商業・工業・金融業など、経済的事業を営む人。
類語事業家・事業者・ビジネスマン
じつぎょう-かい【実業界】実業家たちが構成している社会。
じつぎょう-がっこう【実業学校】実業教育を施した旧制中等学校。工業学校・農業学校・商業学校・商船学校など。
しつぎょう-きゅうふ【失業給付】「基本手当」に同じ。
じつぎょう-きょういく【実業教育】実業に従事するために必要な知識・技術を授けることを目的とする教育。第二次大戦後は産業教育とよばれる。
じっきょう-けんぶん【実況見分】犯罪捜査における検証のうち、関係者の任意の承諾を得て行われるもの。
しつぎょう-しゃ【失業者】失業している人。失職者。
しつぎょう-じんこう【失業人口】生業を失った労働者の人口。失職者だけでなく、未就職者を含めることもある。
じつぎょう-せんもんがっこう【実業専門学校】高等の実業教育を施した旧制の専門学校。高等工業学校・高等商業学校・高等農林学校など。
しつぎょう-たいさく【失業対策】国・地方公共団体が、失業者救済のために事業を行うこと。失対。
じつぎょう-だん【実業団】《「実業団体」の略》社団法人、または、その連合団体。「—野球」
しつぎょう-てあて【失業手当】俗に、失業給付(基本手当)のこと。失業保険。「—を受け取る」
しつぎょうとう-きゅうふ【失業等給付】雇用保険法に定める求職者給付・就職促進給付・教育訓練給付・雇用継続給付の総称。雇用保険に加入し、加入期間を満たした労働者が失業した場合にこれらの中から必要な給付がなされる。
じっきょう-ほうそう【実況放送】実際の状況を、その場から直接ラジオやテレビで放送すること。また、その放送。
しつぎょう-ほけん【失業保険】❶労働者が失業した場合に、一定期間、一定金額の保険金を支給して、生活の安定を保障しようとする社会保険。日本では昭和22年(1947)実施、同50年法改正により、雇用保険となる。❷俗に、失業手当のこと。「—を受給する」⇒基本手当
じつぎょう-ほしゅうがっこう【実業補習学校】明治26年(1893)公布の実業補習学校規程によって設けられた、勤労青少年のための学校。実業教育と普通教育の補習を行うことを目的とした。青年学校の前身。
しつぎょう-りつ【失業率】労働力人口に占める完全失業者数の比率。
しっきり-ぞうり【▽尻切り草履】►尻切れ草履
しっ-きん【失禁】〔名〕スル 大・小便が、自分の意志にかかわらず、排泄されること。類語粗相・おもらし・垂れ流し・遺尿・寝小便・おねしょ
じっ-きん【×昵近】❶なれ親しむこと。また、なれ親しんでいる相手の人。懇意。昵懇。「充分に先生と—になっている」〈長与・竹沢先生と云ふ人〉❷「昵近衆」の略。
じっきん-しゅう【×昵近衆】❶昔、貴人のそばに召し使われて雑用をしていた者。近習。側役。❷(「直近衆」とも書く)武家時代、将軍またはその使者が上洛したときの接待役。
じっきんしょう【十訓抄】鎌倉中期の説話集。3巻。六波羅二﨟左衛門入道編か。建長4年(1252)成立。十か条の教戒を立て、約二八〇の説話を集めた少年用の啓蒙書。じっくんしょう。
しっ-く【疾苦】❶病気で苦しむこと。病苦。❷悩み苦しむこと。難儀。「セーベの人民、夫れ是より、—せん乎」〈竜渓・経国美談〉
しっ-く【疾駆】〔名〕スル 馬や車などを速く走らせること。また、速く走ること。「—するスポーツカー」
類語駆け足・疾走・快走・力走・ダッシュ・早足・走る
シック【sick】病気であること。
シック【thick】《厚い、の意》ズボンの股の部分に裏側から当てた布。
シック【フランス chic】〔形動〕いきなさま。あか抜けしてい

るさま。「一な装い」(派生)シックさ〔名〕
(類語)エレガント・スマート

し-つ-く【仕付く|▽為付く】■〔動カ四〕しなれている。しつけている。しつける。「若き時よりー・き給へらむこと」〈宇津保・内侍督〉■〔動カ下二〕「しつける」の文語形。

しっ-くい【漆×喰】《「石灰」の唐音から。「漆喰」は当て字》消石灰に麻糸などの繊維質、フノリ・ツノマタなど膠着剤を加えて水で練ったもの。砂や粘土を加えることもある。壁の上塗りや石・煉瓦の接合に用いる。

しっくい-てんじょう【漆×喰天井】しっくいを塗った天井。

しつ-ぐう【室隅】部屋のすみ。「一に坐して」〈鴎外訳・即興詩人〉

シックス〖CIX〗《Commercial Internet Exchange》米国の商用プロバイダー間を結んだ相互接続点。また、それを運用した商用インターネット相互接続協会。

シックス〖six〗数の6。六つ。

し-つく-す【▽為尽(く)す】〔動サ五(四)〕余すところなくしてしまう。「放蕩の限りをー・す」

シックスクール-しょうこうぐん【シックスクール症候群】《sick school syndrome》化学物質過敏症の一つ。校舎の建築・改築時に使用した揮発性化学物質、日常の維持管理に使用するワックス・洗剤・漂白剤などの清掃用薬品や防虫剤、あるいは校内のダニ・カビ・ほこりなどのために児童・生徒の健康に異常の生じる現象。➡シックハウス症候群

シックスクール-シンドローム〖sick school syndrome〗▶シックスクール症候群

シックス-ナイン《和six＋nine》❶99.9999パーセント。ほとんど完全に近いこと。❷《69の形から》男女が互いに相手の性器に対して口で行う性行為。シックスティナイン。

シックス-ばん【シックス判】写真の大きさで、縦横の寸法が6センチの正方形のもの。六六判。

シックス-ポケット〖six pockets〗一人の子供に、両親と双方の祖父母の合わせて6個の財布から、金が注がれること。少子時代を反映した言葉。

シックネス-バッグ〖sickness bag〗飛行中に吐き気を催した旅客のために各座席に備え付けてある、ビニールで内張りした紙袋。

シックハウス-しょうこうぐん【シックハウス症候群】《sick house syndrome》新築の家やマンションへの入居後に起こる目やのどの痛み、頭重・吐き気などの不快な症状。建材などに使用された化学物質が原因といわれる。

シックハウス-シンドローム〖sick house syndrome〗▶シックハウス症候群

シック-はんのう【シック反応】ジフテリアに対する免疫の有無を調べる検査。所定の皮内注射による皮膚反応を見るもの。米国の小児科医シック(B.Schick)が考案。

シック-ビル《sick buildingから》経営悪化の会社。傾きかけた会社。本来はビル管理用語で、換気が不完全な建物のこと。

シックビル-しょうこうぐん【シックビル症候群】《sick building syndrome》閉め切りビル症候群。エアコンの普及で一年中窓を閉め切り、新鮮な空気の導入が少ないビルで働く人々に現れるさまざまな症状。頭痛・吐き気、目やのどの痛みのほか、女性では生理不順になることもある。喫煙による空気の汚れ、一酸化炭素と二酸化炭素の増加、カーテンや塗料などのインテリア製品から発生するホルムアルデヒドなどが原因とされる。

ジッグラト〖ziggurat〗古代メソポタミアの都市に、山をかたどって階層状に造られた建造物。その上に神殿が建てられた。バビロニアにあったものは、聖書にいうバベルの塔として伝えられている。

しっくり〔副〕スル ❶物と物、人の心と心などが調和して、安定しているさま。ぴったり。「着物にー(と)合った髪形」「夫婦の間がー(と)行かない」❷強く、鋭く刺激を与えるさま。ぎゅっと。ちくりと。「通りさまにーとつめったれば」〈虎明狂・枕物狂〉

じっくり〔副〕落ち着いて、また、念入りに物事をするさま。「腰を据えて、ー(と)話し合う」

じっくんしょう【十訓抄】▶じっきんしょう(十訓抄)

しっ-け【湿気】物や空気の中に含まれている水分。しめりけ。しっき。「ーを帯びる」「ーを嫌う」
(類語)湿り気・水分・水気・湿度

し-つけ【仕付け】❶《動詞「しつける」の連用形から。「躾」とも書く。「躾」は国字》礼儀作法をその人の身につくように教え込むこと。また、その礼儀作法。「家庭のーがよい」「ーが厳しい」❷裁縫で、縫い目や折り目を正しく整えるために仮にざっとあらく縫うこと。また、その糸。「ーを掛ける」❸田畑に作物を植え付けること。❹作りつけること。「笠にーの髭喰ひそらし」〈浄・大織冠・二〉(類語)教育・仕込み

し-づけ【▽尻付け】除目・叙位のとき、新任者の官位・姓名を記した下に、前官職や叙位・補任の理由などを細字で注したもの。しりづけ。尻所。

じっ-け【実化】仏語。❶仏が人々を教化するためにその仏身を現すこと。⇔権化。❷実教によって人々を教え導くこと。

しっ-けい【失計】計画や処置を誤ること。失策。

しっ-けい【失敬】■〔名・形動〕スル ❶人に対して礼を失した振る舞いをすること。また、そのさま。失礼。無礼。「ーなことを言う」「ーな奴だ」「きのうはーした」❷先に席を立つこと。また、人と別れること。「ひと足先にーする」❸他人のものを黙って自分のものにすること。盗むこと。「隣の家の柿をーする」■〔感〕人と別れるときのあいさつや、失礼をわびるときにいう語。多く、男性が用いる。「じゃあ、ここでー」➡失礼(用法)
(類語)■(❶)失礼・無礼・ぶしつけ・無作法・非礼・欠礼・不敬/(❸)猫ばば・着服・横領・横取り・くすねる/■バイバイ・さようなら・失礼・ごきげんよう

しつ-げい【漆芸】漆を用いた工芸の総称。漆工芸。

じっ-けい【実兄】同じ父母から生まれた兄。

じっ-けい【実刑】執行猶予がなく実際に執行される自由刑。「一判決」
(類語)刑・刑罰・罰・執行猶予・私刑・リンチ

じっ-けい【実形】実際の形。ありのままの形。

じっ-けい【実系】自然の血縁関係の血統。直系と傍系とがある。

じっ-けい【実景】実際の景色。ありのままの情景。真景。

しつけ-いと【仕付け糸】仕付けに使う、ゆるい縒りの細い糸。ガス糸・ぞべ糸など。

しつけ-ぎん【仕付け銀】嫁入り・養子・分家など、子供を一人前にするための費用。「その外、子どもをーまで取りて置き」〈浮・永代蔵・六〉

しつけた-もち【しつけた餅】葬送から帰った人に食わせる餅。主として関東地方でいう。

しっ-けつ【失血】〔名〕スル 出血のため多量の血液を失うこと。(補説)成人が、動脈性出血で全血液量の3分の1以上を失うと生命の危険があり、2分の1以上失われると心停止をきたす。

じっ-けつ【十傑】ある分野ですぐれている10の人物。「打撃ー」

じつ-げつ【日月】❶太陽と月。「一星辰」❷日や月の経過。つきひ。年月。歳月。「多年のーを費やした研究」「ーを経る」
(類語)月日・烏兎・年月・歳月・光陰・星霜・風霜
日月地に墜ちず《「日月」は正義・道義などを象徴するもの》人の守るべき正義・道義などがまだ滅びていない。

しっけつ-し【失血死】急激に多くの血液を失ったために死ぬこと。➡失血

じつげつ-の-はた【日月の旗】天皇の旗印で、赤地の錦に太陽と月を金糸と銀糸で刺繍したもの。錦旗。

しつけ-どき【仕付け時】田植えの時期。

しつけ-どころ【仕付け所】とつがせる所。嫁入り先。「浪人の娘などの、ーのなく、すこし敷銀あるを呼び入れ」〈浮・織留・四〉

しつけ-ばり【仕付け針】衣服の仕付けに用いる針。

しっ-ける【湿気る】〔動カ下一〕湿気を帯びる。しける。「海苔がー・ける」

し-つ-ける【仕付ける|▽為付ける】〔動カ下一〕文し-つ-く〔カ下二〕《「し」はサ変動詞「する」の連用形。「仕」は当て字》❶しなれている。やりつけている。「ー・けない仕事なので、はかどらない」❷《「躾ける」とも書く。「躾」は国字》礼儀作法や芸などを教え込む。「子供をきびしくー・ける」❸縫い物にしつけをする。「着物の袖をー・ける」❹植えつける。また、田植えをする。「畑にキャベツをー・ける」❺嫁入りや独立など、娘や息子の身の振り方を決めさせる。「今時の縁組…美を尽くしてー・けける」〈浮・一代女・四〉❻負かす。やっつける。「千代歳さまにー・けられて無念な」〈浄・冥途の飛脚〉
(類語)(❷)教育・訓育・薫育・教化・教学・文教・育英・指導・指南・教授・教習・手ほどき・コーチ・教える・育てる・導く・仕込む/(❸)縫う・綴る・綴じる・縢る・絎ける・まつる・裁縫する・縫製する・縫い込む

しっ-けん【失権】〔名〕スル 既得の権利や権力を失うこと。「派閥抗争に敗北してーする」

しっ-けん【執権】❶政治の実権を握ること。また、その人。❷院政時代、院の庁の長官の称。❸鎌倉幕府の職名。幕政を統轄した最高の職。第3代将軍源実朝のとき北条時政が就任し、以後、北条氏が世襲した。❹室町時代の管領のこと。また、主家を補佐するところから、諸大名の家臣の称。

しっ-けん【識見】▶しきけん(識見)

しつ-げん【失言】〔名〕スル 言うべきではないことを、うっかり言ってしまうこと。また、その言葉。「ーを取り消す」「公の席でーする」(類語)暴言・放言・妄言・出任せ

しつ-げん【疾言】物の言い方が早すぎること。「二十世紀の禁物はーと遽色である」〈漱石・虞美人草〉

しつ-げん【湿原】低温で多湿な所に発達した草原。枯死した植物の分解が進まず泥炭となって堆積し、その上に水性植物におおわれた草原が生育していく。低層・中間・高層湿原などに分けられる。
(類語)草原・くさはら・サバンナ・ステップ

じっ-けん【実見】〔名〕スル その場に居合わせて、実際にそのものを見ること。「この騒ぎをーした人の話によると」〈芥川・虱〉

じっ-けん【実検】〔名〕スル ある事柄が事実かどうか、また本物かどうかを実地に調べること。「首ー」
(類語)検する・閲する・閲る・改める・検査・点検・検分・吟味・臨検・検閲・査閲・監査・チェック

じっ-けん【実権】形式的な権力でなく、実際に有している権力。「経営のーを握る」
(類語)権力・権限・権勢・勢力・威力・威勢・勢い

じっ-けん【実験】〔名〕スル ❶事柄の当否などを確かめるために、実際にやってみること。また、ある理論や仮説で考えられていることが、正しいかどうかなどを実際にためしてみること。「化学のー」「ーを繰り返す」「新製品の効能をーする」❷実際に経験すること。「自家がーせざる事実は、決して穿ちがたきものとや思える」〈逍遥・当世書生気質〉(類語)(❶❷)試験・試行・テスト・エクスペリメント(ーする)試みる・試す

じつ-げん【実現】〔名〕スル 計画・期待などが現実のものになること。また、現実のものとすること。「ー不可能な要求」「夢がーする」「要求をーする」
(類語)具現・具体化・結実・成就・達成・かなう・成る・リアライズ

じっけん-かがく【実験科学】実験を研究の主な方法とする科学。思考および観察だけで行われる数学・天文学以外の自然科学、および心理学。

じっけん-がっこう【実験学校】学校教育の改善・進歩のため、新しい理論や方法などを実験的に試み、普及させることを目的に運営される学校。

しっけん-かぶ【失権株】株式会社が有償増資を行う際、新株引受権を与えられた株主が引受権を放棄して申込期間中に申込証拠金の払い込みをなさなかったために残った株式。

じっけん-きょういくがく【実験教育学】19世

紀末から20世紀初頭、ドイツのモイマンやライによって提唱された教育学説。ブントの実験心理学の影響を受け、従来の思弁的教育学に対して、実験的・統計的方法に基づいた経験科学としての教育学を提唱したもの。日本には明治40年代に紹介された。

しつげん-きょしょく【疾言×遽色】早口な物言いと、慌てた顔つき。

じっけん-けいざいがく【実験経済学】被験者に自己の利益を最大化するよう自由に行動させることで経済行動の検証を行う、経済学の一分野。例えば、競争入札に関する実験では、入札者の人数・入札への参加費用・談合の有無などの条件を変えて繰り返し実験を行うことで、それらの条件が落札価格に与える影響を評価することができる。金融市場やオークション、ゲームの理論など幅広い分野に応用されている。

じっけん-けいたいがく【実験形態学】生物のある形態の機能や発現の機構を解析するために、実験的な手段を用いて研究する学問。

じっけん-げきじょう【実験劇場】前衛的意図で、実験的な演劇を上演する劇場。主として小劇場形式で行われる。

じっけん-げんしょうがく【実験現象学】直接経験(現象)をあるがままにとらえ、その特性に従って記述・分類し、実験的に現象の現れる条件を明らかにしようとする心理学の立場。

じっけん-し【実検使】古代・中世、訴訟・災害・刑事事件などが起こったとき、実情を調査し、報告するために派遣された臨時の職。

じっけん-しき【実験式】化合物の組成を、最も簡単な原子数の比で示した化学式。例えば、ぶどう糖$C_6H_{12}O_6$の実験式はCH_2Oである。組成式。

じっけん-しゅぎ【実験主義】❶真理を具体的な経験でとらえようとする立場。❷デューイが主張する認識論上の立場。感覚的要素は特定の目的の実現を目ざす観念に導かれた積極的行為によってのみとらえられるもので、このような実験的態度がなければ意義をもたないとする説。実験的経験論。➡インストルメンタリズム

じっけん-じょう【実検状】土地調査結果を記録して上申した書状。注進状。

じっけん-しょうせつ【実験小説】❶ゾラの主張した小説の方法論。自然科学者が実験を行うように、一定の遺伝的素質をもった人間がある社会環境のもとでいかに生きるかを客観的に分析して描こうとするもの。日本では、小杉天外・永井荷風らの作品にその影響がみられる。❷前衛的な手法を用い、文学の可能性を実験的に追求しようとする小説の総称。

じっけん-しんりがく【実験心理学】精神現象および行動の研究に実験的方法を用いる心理学。方法による区分なので、研究領域は限定されないが、一般に知覚や学習についての基礎的研究をさすことが多い。

じっけん-すいそう【実験水槽】実験用の中・大型の水槽。水力学の実験や流体の実験などに用いられる。

じっけん-せいぶつ【実験生物】実験に用いる動物・植物・細菌・微生物・細胞・遺伝子など。研究に不可欠な特定の性質を備えた生物が他の生物と交雑しないように管理されている。遺伝子操作や品種改良によって実験や研究の目的にあった生物がつくられることもある。(補説)文部科学省は世界最高水準の生物資源基盤整備を目指して、平成14年度(2002)から「ナショナルバイオリソースプロジェクト」を開始。実験生物とその遺伝子の管理・保存を推進している。マウス・カイコ・小麦など生物種ごとに担当する中核機関(大学・研究機関など)が定められ、他の研究機関に実験生物および情報を提供するとともに、研究結果のフィードバックや実験生物の寄託を受け入れる。

じつげん-そんえき【実現損益】資産を実際に売却したり、決済したりした際に生じる損失または利益のこと。

じっけん-だい【実験台】❶実験器具や材料などをのせる台。❷実験の対象になるもの。「新療法の一になる」

じっけんだな【十軒店】東京都中央区にあった地名。江戸時代には人形店が並び、3月・5月の節句の近くになると市が立ちにぎわった。

じっけん-てき【実験的】〔形動〕試みに行ってみるさま。「一な段階」

じっけん-どうぶつ【実験動物】医学その他の研究に用いるために飼育し、繁殖させている動物。猿・犬・ウサギ・モルモットなど。➡実験生物

じっけん-の-ま【実検の間】書院造り主殿の窓のある所。後世、首実検のために設けたと付会された。

じっけん-ぶつりがく【実験物理学】実験で得られた結果から物理法則を探求し、理論の正当性を確かめる物理学の一分野。➡理論物理学

しっけん-やっかん【失権約款】債務不履行がある場合、債権者の意思表示なしに当然に債務者が一定の権利を失う旨を定める約款。例えば、割賦払い約款付き売買契約で、買い主が1回でも代金支払いを遅滞すれば契約は効力を失うとするなど。

しっ-こ　小便をいう幼児語。おしっこ。

しっ-こ【疾呼】〔名〕スル 口早に激しく呼びたてること。慌ただしく呼ぶこと。「家翁はチャッキと共に眼を瞋(いか)らし、アリスを一して」〈織田訳・花柳春話〉
(類語)呼ぶ・呼ばわる・呼び掛ける・声を掛ける

しつ-ご【失語】〔名〕スル ❶言い間違えること。❷言葉を理解したり言ったりする機能を失うこと。

しつ-ご【失誤】しそこなうこと。あやまち。

じっ-こ【地っ子】ノリの養殖で、自分の養殖場で育ったノリの胞子によって付着したたね。地元産のノリの胞子。

ジツコ〖JITCO〗《Japan International Training Cooperation Organization》▶国際研修協力機構

じつ-ご【実語】仏語。顕教で、言葉が真実にかない、また、行為が言葉と相応していること。密教では、真言(しんごん)、または、真如(しんにょ)のこと。

しつこ・い〔形〕図しつこ・し〔ク〕❶色・味・においなどが濃厚すぎて、後に残る感じである。くどい。「脂が多くて一・い味」❷物事にこだわって煩わしい感じである。また、つきまとってうるさい。執念深い。「一・く追いまわす」「一・い男」(派生)しつこさ〔名〕
(類語)くどい・しぶとい・執拗(しつよう)

しっ-こう【失行】❶過った行為。人の道にはずれたおこない。「セーベ委員の退席は、之を一と云わざる可(べ)からざるなり」〈竜渓・経国美談〉❷意識や運動機能に障害はないのに、大脳に障害があるために、ある動作をしようとしても行えない状態。失行症。

しっ-こう【失効】〔名〕スル 効力を失うこと。「契約は一年で一する」⇔発効。

しっ-こう【疾行】〔名〕スル 速く行くこと。早足で進むこと。「一して一茅屋の前に出つ」〈織田訳・花柳春話〉

しっ-こう【執行】〔名〕スル ❶とりおこなうこと。実際に行うこと。「職務を一する」❷㋐法律・命令・裁判・処分などの内容を実際に実現すること。「刑の一」㋑「強制執行」の略。
(類語)行う・実行・履行・実施・施行(しこう)・遂行・実践・行動・躬行(きゅうこう)・励行・決行・敢行・断行

しっ-こう【執綱】❶法会などのとき、衣笠(きぬがさ)が傾かないように両側にいて左右の綱をとる役。❷天台宗寺門派や浄土宗で、宗務をまとめる役。

しっ-こう【漆工】うるし細工。また、うるし塗りの職人。

しっ-こう【▽膝行】〔名〕スル 神前や貴人の前などでひざまずき、ひざがしらをついて進退すること。

じっ-こう【実行】〔名〕スル ❶実際に行うこと。「計画を一に移す」「予定どおりに一する」❷刑法で、故意をもって犯罪を構成する要件にあたる行為を行うこと。➡実践(じっせん)(用法)
(類語)(❶)実践・行動・躬行(きゅうこう)・励行・履行・実施・施行(しこう)・執行・決行・敢行・断行・遂行・行う

じっ-こう【実効】実際に現れる効力や効果。「一がある」「一が上がる」(類語)効果・効き目・徴(しるし)・成果・効(こう)・効験・効能・効力・効用・甲斐(かい)・霊験・験・作用

じつ-ごう【実業】仏語。確実に苦楽・善悪の果をもたらす、身・口・意による行為。

しっこう-いいん【執行委員】政党や労働組合などで、議決機関の決定を執行する役員。

しっこう-いにん【執行委任】債権者が執行官に対して強制執行を申し立てること。

じっこう-おんど【実効温度】体感温度の一種。いろいろな温度と湿度の組み合わせを表すのに、同じ体感になる湿度100パーセントの場合の温度で代表させたもの。

じっこう-かわせレート【実効為-替レート】多数の国の通貨が取引される外国為替市場における通貨の相対的な実力を図る指標。対象となるすべての通貨との2通貨間為替レートを、貿易額などに応じてウエート付けして算出したもの。国際決済銀行(BIS)や各国の中央銀行が集計・公表している。物価の変動による影響を考慮して調整した数値を実質実効為替レート、調整前の値を名目実効為替レートという。

しっこう-かん【執行官】地方裁判所に所属し、裁判の執行、裁判所の発する文書の送達その他の事務を行う国家公務員。以前は執達吏・執行吏とよばれたが、昭和41年(1966)の執行官法によって改称。

じっこう-き【実行器】動物が外界に向かって能動的に働きかけるための直接的手段となる器官や細胞のこと。筋肉・繊毛・発電器・発光器・分泌腺など。効果器。作動体。

しっこう-きかん【執行機関】❶団体や法人の議決または意思決定を執行する機関。理事・取締役会など。❷地方自治法上、地方公共団体の長、および教育委員会などの各種委員会または委員。❸行政官庁の命により、その処分を実力により執行する機関。警察官・収税官吏など。❹民事執行法上、債権者の申し立てに基づいて強制執行を行う職務をもつ国家機関。執行官・執行裁判所など。

じっこう-きょう【実行教】神道十三派の一。富士講をもとに柴田花守が組織化した教団。明治15年(1882)一派独立。本部は埼玉県さいたま市。

じっこう-きんり【実効金利】金融機関から借り入れを行う際に歩積み預金や両建て預金といった拘束性預金をさせられた場合、借り手が実際に負担する実質的な金利。表面金利に比べ、借入金利よりも預金金利のほうが水準が低いために高くなる。実質金利。

しっこう-けん【執行権】❶立法権・司法権に対し、具体的に法律を執行する国家統治権の権能。行政権。❷強制執行をする権能。

しっこう-こうい【執行行為】執行機関が債務者などに対して強制執行を実施する行為。差し押さえ・換価処分など。

しっこう-さいばんしょ【執行裁判所】強制執行に関する権限をもつ裁判所。原則として、執行手続きを行う地またはこれを行った地を管轄する地方裁判所がこれにあたる。

しっこう-さんど【▽膝行三度】膝行作法。左膝・右膝・左膝の順に合計三度で進み出る。

じっこうじ-エラー【実行時エラー】▶ランタイムエラー

じっこう-しつど【実効湿度】火災予防の目的で、木材などの乾燥度を示す目安にする湿度。当日と前日・前々日の平均湿度を考慮して計算する。

じっこう-しはい【実効支配】ある国や勢力が、対立する国や勢力あるいは第三国の承認を得ないまま、軍隊を駐留させるなどして、一定の領域を実質的に統治していること。

しっこう-しょぶん【執行処分】強制執行による処分。強制執行中に行われる個々の執行行為。

じっこう-ぜいりつ【実行税率】同一輸入品目についていくつかの関税率があるとき、実際に適用される関税率。日本では、基本税率・暫定税率・協定税率・特恵税率のうちから適用される。実行関税率。

じっこう-ぜいりつ【実効税率】実際に負担する税額の所得金額に対する割合。表面税率に対比していう。

じっこう-ち【実効値】周期的に変化する交流の電流や電圧の大きさを表すのに用いる値。瞬時値の2乗を1周期の間で平均し、その値の平方根で表す。

しっこう-ていし【執行停止】行政処分に対して、それを不服とする訴訟がある場合に、当事者の利益を保全するために、審査庁または裁判所が一定の要件のもとに処分の執行などを一時停止すること。

しっこう-ばつ【執行罰】行政上の強制執行の一。義務の不履行に対し、その義務の履行を強制するために科する罰。強制罰。

しっこう-はんけつ【執行判決】外国裁判所の判決や仲裁判断による強制執行に対して、その執行ができる旨を宣言する判決。

しっこう-ぶ【執行部】政党・労働組合などの団体で、議決事項の執行など実際の運営に当たる機関。

しっこう-ぶん【執行文】債務名義に執行力があることを証明するために、裁判所の書記官または公証人が債務名義の末尾に付記する公証文言。

じっこう-みすい【実行未遂】犯罪の実行行為は終了したが、結果の生じなかったもの。欠効犯。

しっこう-めいれい【執行命令】法律の規定を執行するために必要な細則を定める命令。施行令・施行規則など。

しっこう-やく【執行役】委員会設置会社に設置され、日常の会社業務の実行に当たる役職。取締役会によって選任・解任がなされ、この中から会社を代表する代表執行役が選出される。平成18年(2006)施行の会社法に規定される。(補説)企業の役職名として「執行役員」があるが、執行役のような法律に規定される名称ではない。

しっこう-やくいん【執行役員】企業の役職名の一。会社の業務執行を担当する役員。経営と業務執行の役割分担を図るために、取締役の下に置くことが多い。(補説)会社法に規定のある「執行役」とは別のもの。一般に、最高意思決定機関である取締役会の決定に基づいて業務の執行に専念する、役員待遇の従業員という位置づけになる。

しっこう-ゆうよ【執行猶予】有罪の判決を受けた者について、情状によって刑の執行を一定期間猶予し、問題なくその期間を経過すれば刑を科さないこととする制度。現行刑法では、3年以下の懲役もしくは禁錮または50万円以下の罰金の言い渡しを受けた者などに認められ、猶予期間は1年以上5年以下。(類語)刑・刑罰・罰・実刑・私刑・リンチ

じっこう-よさん【実行予算】明治憲法下で、予算が成立しなかった場合に前年度の予算を調整した上で施行していた予算。施行予算。

しっこう-り【執行吏】執行官の旧称。

しっこう-りょく【執行力】判決に基づき、強制執行をなしうる効力。広義では、強制執行によらずに判決に確定された内容を実現できる効力をいう。

じっこう-りょく【実行力】実際にそのことを行える能力。計画などを実行に移す力。「一のない人」

じつごきょう【実語教】平安時代の教訓書。1巻。著者・成立年とも未詳であるが、俗に、空海の著といわれる。経書の中の格言を抄録し、たやすく朗読できるようにしてあり、江戸時代には寺子屋などで児童用教科書として使用された。

しっ-こく【桎梏】《「桎」は足かせ、「梏」は手かせの意》人の行動を厳しく制限して自由を束縛するもの。「因襲の一から逃れられない」

しっ-こく【漆黒】黒うるしを塗ったように黒くてつやがあること。また、その色。「一の髪」
(類語)黒色・黒・真っ黒

じっこく-とうげ【十国峠】静岡県東部、熱海市と函南町との境にある峠。伊豆・相模・駿河・遠江・甲斐・武蔵・常陸・安房・上総・下総の十か国を望むことができるところからいう。

しっ-こし【尻腰】《「しりこし」の音変化》(多く、下に打消しの語を伴う)度胸。意気地。根性。「組合のもののみんな一のないこと」〈万太郎・末枯〉

しつご-しょう【失語症】聴覚や発声器官に異常がないのに、大脳の病気や障害によって言語中枢が損傷され、言葉を理解したり話したりできなくなる状態。言葉が理解できない感覚性失語症と、理解はできるが話すことができない運動性失語症とがある。

じつ-ごと【実事】❶歌舞伎で、判断力を備え、人格的にすぐれた人物の精神や行動を写実的に表現する演技。また、その演出。➡荒事 ➡和事 ❷真実であること。真剣であること。「そなたとわが身は一にて、口舌などする挨拶か」〈浄・歌念仏〉

じつごと-し【実事師】歌舞伎で、実事を得意とする俳優。また、実事の主人公にあたる役柄。紛糾を自ら処理する捌き役、忍耐を重んずる辛抱立ち役などがある。

しっ-こへい【漆胡瓶】漆塗りの胡瓶。正倉院に優品が伝存。

じっ-こん【入魂】〔名・形動〕《「じゅこん(入魂)」の音変化》「昵懇」に同じ。「介錯は一の山伏の由に候」〈鴎外・興津弥五右衛門の遺書〉

じっ-こん【実根】方程式の根のうち実数のもの。➡虚根

じっ-こん【昵懇】〔名・形動〕《「昵」は、なれしたしむ意》親しく打ち解けてつきあうこと。また、そのさま。懇意。「一な(の)間柄」「一にしている家」
(類語)親しい・近しい・心安い・気安い・睦まじい・親密・懇意・懇親・別懇・懇ろ・仲良し・仲が良い・気が置けない

しつ-ざい【漆剤】ゴムまたはコロジオンをアルコールなどの溶液に加えた製剤。魚の目・たこなどの皮膚病に用いる。

じっ-さい【実際】㊀〔名〕❶物事のあるがままの状態。「老人医療の一に目を向ける」「一は経営が苦しい」❷想像や理論でなく、実地の場合。「一に応用する」「一にあった話」「一問題」❸仏語。真如、または無余涅槃のこと。存在の究極的な姿。㊁〔副〕ほんとに。実に。確かに。「あの時は一だめだと思った」「一やってみると難しい」(類語)㊀(❶❷)実地・現実・本当・実情・実相・実態・実像・内実・事実・如実・リアル・真実・真相・有りのまま・有り様・実

じつ-ざい【実在】〔名〕スル ❶実際に存在すること。現実にあるもの。「一の人物」「この世に一しない生物」❷哲学で、㋐意識から独立に客観的に存在するもの。㋑生滅変転する現象の背後にあるとされる常住不変の実体。本体。
(類語)実存・現実・存在・現存・現在・厳存・存立・存する・在る・居る・実際・実地・実情・実態・実相・現状・事実・実・現う・本当

じっさい-か【実際家】理論や形式などよりも、物事を現実的に処理することを好む人。また、それが巧みな人。実務家。

じつざい-きたい【実在気体】実際に存在する気体。気体分子がある程度の容積をもつため、理想気体で成立するボイルシャルルの法則には厳密に従わない。

じつざい-こんきょ【実在根拠】➡実在理由

じっ-さいし【十才子】中国、明代の10人の詩仙。洪武～永楽年間(1368～1424)では、林鴻・鄭定・王褒・唐泰・高棅・王恭・陳亮・王偁・周元・黄元。弘治～正徳年間(1488～1521)では、李夢陽・何景明・徐禎卿・辺貢・朱応登・顧璘・陳沂・鄭善夫・康海・王九思。

じつざい-せい【実在性】事物や事象が意識から独立して客観的に存在するありよう。➡観念性

じっさい-てき【実際的】〔形動〕現実に即した面を重んじて、理屈や感情などを排するさま。現実的。「一な人間」「一に処理する」

じっ-さいにち【十斎日】1か月のうち、諸天王が四天下を巡察するという10日間。この日に配当された仏名を念ずると、罪を滅し福を増すという。1日は定光仏、8日は薬師仏、14日は賢劫千仏、15日は阿弥陀仏、18日は観世音菩薩、23日は勢至菩薩、24日は地蔵菩薩、28日は毘盧遮那仏、29日は薬王菩薩、30日は釈迦牟尼仏。

じっさい-ふうたい【実際風袋】貨物の容器や包装物として使われた箱・袋・薦・俵などの実際の重量。

じつざい-りゆう【実在理由】ある事象が存在することの原因。実在根拠。存在理由。存在根拠。

じつざい-ろん【実在論】❶意識・主観を超えた独立の客観的実在を認め、このような実在をとらえることにおいて認識が成立すると説く立場。唯物論は物質を実在とし、客観的観念論は理念を実在とする。リアリズム。❷➤実念論

しっ-さく【失策¦失錯】〔名〕スル ❶するべきことを怠ること。また、しそこなうこと。やりそこない。「政策上の一をしでかす」❷(失策)野球で、エラー。
(類語)失敗・失態・過失・過誤・不覚・粗相・しくじり・間違い・へま・どじ・ぽか・ミス・エラー

じっ-さく【十作】鎌倉時代から室町時代にかけて活躍したとされる10人のすぐれた能面作家。ふつう、日光・弥勒・赤鶴・越智・石王兵衛・竜右衛門・夜叉・文蔵・小牛・徳若をいう。

じっ-さく【実作】〔名〕スル 芸術作品などを実際に作ること。「一しない評論家」「一者」

じっ-さつ【十刹】➤じっせつ(十刹)

しっ-し【疾視】〔名〕スル 憎しみをもって見ること。「スパルタ政府の、最も一する人物なり」〈竜渓・経国美談〉

しっ-し【嫉視】〔名〕スル ねたみ憎む気持ちで見ること。「同僚を一する」「一反目」(類語)憎む・嫌う・忌み嫌う・恨む・嫉む・呪う・嫌がる・厭う・憎悪する・嫌悪する・敵視する・仇視する・呪詛する・唾棄する・目の敵にする・白い目で見る

しっ-じ【悉地】《梵 Siddhiの音写。成就の意。「しっち」とも》仏語。真言の秘法を修めて成就した悟り。

しつ-じ【執事】❶貴族・富豪などの大家にあって、家事を監督する職。また、その人。❷㋐院の庁の長官。執事の別当。㋑内豎所や進物所で別当に次ぐ職。㋒摂関・親王家などの家司の長官。㋓鎌倉幕府の執権の異称。㋔鎌倉幕府の政所の次官。また、問注所の長官。㋕室町幕府初期の将軍の補佐役。また、鎌倉公方の補佐役。㋖室町幕府の政所・問注所の長官。㋗江戸幕府の若年寄の異称。❸キリスト教で、主教・司祭に次ぐ第3の聖職位。❹貴人などへの手紙の宛名の脇付けに用いる語。

じっ-し【十死】❶生きる見込みなく、きわめて危険なこと。死を免れない状態。「一に一生を得る」「この五六日しきりになやみ候て、既に一の体に相見え候」〈芭蕉書簡・元禄六年許六宛〉❷「十死日」の略。

じっ-し【十指】❶10本の指。また、特にきわだったものを数える数。「名士として一に数えられる」❷多くの人の指。

十指に余・る 10本の指で数えきれない。10以上である。「一・る功績」

十指の指す所 《「礼記」大学の「十目の視る所、十手の指す所、其れ厳なるかな」から》誰もが認めるところ。多くの人が正しいとすること。

じっ-し【実子】血を分けた自分の子。自然の血縁のある子。産みの子。

じっ-し【実姉】同じ父母から生まれた姉。実の姉。

じっ-し【実施】〔名〕スル 法律・計画などを実際に行うこと。「試験を一する」「一要綱」➡実践(用法)
(類語)施行・実行・実践・行動・躬行・励行・履行・執行・決行・敢行・断行・遂行・行う

じつ-じ【日時】➤にちじ(日時)

じつ-じ【実字】❶中国古典語法で、虚字・助字に対して、概念を表す文字。例えば、名詞・代名詞・形容詞・動詞のような働きをもつもの。❷形象あるものを表す漢字。天・地・山・川・草・木などの類。➡虚字

じつ-じ【実事】❶本当のこと。実際のこと。事実。「今聞得たる神託が、若し一にてあらんには」〈竜渓・経国美談〉❷(副詞的に用いて)本当に。まことに。「人目一面目なし」〈盛衰記・三四〉

じっし-いっしょう【十死一生】❶《「漢書」外戚

伝から』ほとんど助かる見込みがないこと。九死一生をさらに強めた語。❷「十死一生の日」の略。

じっしいっしょう-の-ひ【十死一生の日】「十死日」に同じ。

じつじかん-しょり【実時間処理】▶リアルタイム処理

しっ-しき【湿式】液体を用いて処理する方式。⇒乾式

しつ-じき【失食】食べ物がないこと。また、その人。欠食。「借銭の淵に首だけつかりて、一のゆく家多し」〈仮・浮世物語・一〉

しっしき-こうぞう【湿式構造】建築で、主要部のすべてが水と混合して用いる材料によってつくられる構造。⇒乾式構造

しっしき-たいようでんち【湿式太陽電池】▶色素増感型太陽電池

じっし-せっけい【実施設計】基本設計に基づいて、工事の実施および工費の内訳明細書の作成ができる段階まで、設計図書を明細化する設計作業。

しつじ-だい【執事代】鎌倉・室町幕府の職名。政所・問注所の執事に事故あるときその代理を務めた。

しっ-しっ【叱叱】〔感〕❶家畜などを追い進めるとき、また、追い払うときなどに発する語。❷騒がしいのを静めるときに発する語。

しつ-しつ【×瑟×瑟】〔ト・タル〕図〔形動タリ〕❶風が寂しく吹くさま。「楓葉荻花秋は一たる刀祢河あたりの渡船で」〈荷風・濹東綺譚〉❷波の立つさま。

しつ-じつ【質実】〔名・形動〕飾りけがなく、まじめなこと。質素で誠実なこと。また、そのさま。「一な(の)気風」「一剛健」

じっ-しつ【実質】❶実際に事物に備わっている内容や性質。「形式ばかりで一が伴わない」⇔形式。❷臓器の本来の生理機能を営む組織。⇒間質 (類語)内容

じっしつ-ぎょうむじゅんえき【実質業務純益】銀行などの金融機関が本業で得た利益を示す業務純益から、特殊な要因を取り除き、本業だけの利益をより厳密に見るための指標。業務純益から、国債等債券関係損益や信託勘定償却額を差し引く一方、一般貸倒引当金繰入額は利益として扱うため加算して算出する。

じっしつ-けいざいせいちょうりつ【実質経済成長率】国内で生産された製品・サービスを時価で示した名目国内総生産から物価変動分を除いた実質国内総生産の変化率。名目経済成長率から物価上昇率を差し引いたもの。内閣府が四半期および1年ごとに推計・発表する。景気動向や経済成長の目安となる指標。一時的な物価の上昇や下落に左右されないため、経済規模の実質的な変化を把握することができる。実質成長率。⇒経済成長率 (補説)物価上昇率が名目成長率を上回ると、名目成長率がプラスでも実質成長率はマイナスになる場合がある。一方、物価下落率が名目成長率の下落幅を上回ると、名目成長率がマイナスでも実質成長率はプラスになる場合がある。

じっしつ-こくないそうせいさん【実質国内総生産】一定期間に国内で生産された商品・サービスの合計額である国内総生産(GDP)を、基準年の価格で評価したもの。名目国内総生産(名目GDP)から物価の上昇・下落による影響を取り除いたもので、実質的な経済活動の規模を把握するために利用される。実質GDP。

じっしつ-こくみんしょとく【実質国民所得】基準年度からの物価の変動を修正した国民所得。

じっしつ-こようしゃほうしゅう【実質雇用者報酬】名目雇用者報酬をある特定の基準年の物価水準に換算したもの。経済活動の水準の変動や景気の動向を表す重要な指標の一つ。インフレやデフレによる物価変動の影響を除外して報酬水準の推移や購買力の変動を見るときに用いる。名目雇用者報酬から実質家計最終消費支出(帰属家賃を除く)を差し引いた値としても算出される。

しつしつ-ざ【×瑟×瑟座】仏像の台座の一。角形の材を井桁状に積み重ね、立面中央がしぼられた形にしたもの。磐石を象徴し、不動明王に用いられる。

じっしつ-ジーディーピー【実質GDP】▶実質国内総生産

じっしつ-じっこうかわせレート【実質実効為替レート】▶実効為替レート

じっしつ-じっこうレート【実質実効レート】▶実効為替レート

じっしつ-しゅぎ【実質主義】形式にとらわれず、実際の内容を重んじる考え方。

じっしつ-じゅんしさんがく【実質純資産額】生命保険会社の財務面での健全性を表す指標の一つ。保険契約者に保険金を支払った後に資産がどの程度残るのかを示すことから、保険会社の自己資本に近い意味合いを持つ。算定の際、有価証券や不動産は含み損益を考慮した時価ベースで評価。金融庁による監督処分の判断指標にも用いられる。

じっしつ-せいちょうりつ【実質成長率】「実質経済成長率」の略。

じっしつ-ちんぎん【実質賃金】名目賃金によって購入できる生活物資やサービスの量で表された賃金。通常、名目賃金指数を消費者物価指数で除した実質賃金指数で表される。⇒名目賃金

じっしつ-てき【実質的】〔形動〕❶外見よりも実際の内容が充実しているさま。また、実質を重んじるさま。「一な景品」⇔形式的。❷実質についていうさま。「一には収入が減っている」

じっしつ-とうや【実質陶冶】知識・技能などを、実際の生活や生産に即して授け、精神の実質的側面を豊かにはぐくもうとする教育。⇒形式陶冶

じっしつ-はん【実質犯】一定の行為のほかに結果の発生を必要とする犯罪。結果犯。⇒形式犯

じっしつ-ひ【実質秘】守秘義務によって保護される秘密の範囲に関する概念の一つ。公然と知られていない情報で、実質的に秘密として保護する必要があると認められるもの。⇒形式秘 (補説)最高裁判所は、実質秘を公務員の守秘義務の対象とする立場をとっている。

じっしつ-ほう【実質法】国際私法上の概念で、民法・商法のように法律関係を直接に規律する法。

じっし-とうきゅう【実視等級】肉眼または望遠鏡で見た天体の明るさから決めた等級。視等級。見掛けの等級。⇒絶対等級

じっし-び【十死日】暦注の一。すべてに大凶とする日。特に、戦闘・嫁取り・葬送に悪いとする。十死。十死一生。十死一生の日。

しっ-しゃ【▽膝射】小銃の射撃姿勢の一。片ひざを立てて座り、その上にひじをのせてする射撃。膝射ち。

じっ-しゃ【実写】〔名〕スル ❶実際の景色や状況を文章や絵に表現すること。「都会の風俗を一した小説」❷映画や写真などで、模型やセットを使わずに現実の出来事や風物を撮影すること。「一フィルム」❸漫画や物語などをアニメーションによらず、俳優を使って劇化、また映画化すること。「『20世紀少年』一版映画」

じっ-しゃ【実車】タクシーなどが、客を乗せて走ること。また、その状態。「賃走」などと表示される。「一率」⇒空車❶ ⇒迎車

じっ-しゃ【実者】悪鬼・悪霊などがそのまま姿を現して人を悩ますもの。⇔権者。

じっ-しゃ【実射】〔名〕スル 銃砲に実弾を込めて発射すること。実弾射撃。「一訓練」

じっ-しゃかい【実社会】観念的、理論的に考えられた社会に対して、現実の社会。実世間。

じっ-しゅ【十種】10の種類。

じつ-じゅ【実需】実際に消費する商品の需要。

じっ-しゅう【十宗】日本で流布した仏教の10の宗派。倶舎宗・成実宗・律宗・法相宗・三論宗・華厳宗・天台宗・真言宗の八宗に、禅宗・浄土宗の二宗を加えていう。

じっ-しゅう【実収】❶実際の収入。総収入から税金や必要経費などを差し引いた実際に手に入る金額。手取り。❷農作物の実際の収穫量。

(類語)(❶)手取り・収入・所得・入金・収益・実入り・入り・稼ぎ・現収・月収・年収・歳入・定収・インカム

じっ-しゅう【実習】〔名〕スル 講義などで学んだ技術や方法などを実地または実物にあたって学ぶこと。「病院で一する」「教育一」

(類語)演習・ゼミナール・フィールドワーク

じっしゅ-きょうぎ【十種競技】陸上競技で、男子の混成競技。第1日は100メートル走・走り幅跳び・砲丸投げ・走り高跳び・400メートル走、第2日は110メートルハードル・円盤投げ・棒高跳び・槍投げ・1500メートル走の順で10種目を一人で行い、総得点で順位を競う。デカスロン。⇒近代五種競技 ⇒五種競技 ⇒七種競技

じっしゅ-くよう【十種供養】華・香・瓔珞・抹香・塗香・焼香・繒蓋幢幡・衣服・伎楽・合掌の10種で仏を供養すること。

じっしゅ-こう【十種香｜十×炷香】▶じしゅこう(十種香)

しっ-しゅつ【×蟋×蟀】こおろぎ。

しつ-じゅん【湿潤】〔名・形動〕水分が多く湿っていること。湿気の多いこと。また、そのさま。「一な気候」(派生)しつじゅんさ〔名〕 (類語)高湿・多湿・低湿・ウエット

しつじゅん-だんねつげんりつ【湿潤断熱減率】水蒸気で飽和している空気塊が上昇し断熱膨張するときの、温度の低くなる割合。100メートルにつき0.5度ぐらい。

しつじゅん-ねつ【湿潤熱】固体表面に液体が接触したときに発生する熱。発熱量の測定から、粉体の表面積やその性質、混ざりやすさなどがわかる。浸漬熱。

しつじゅん-りょうほう【湿潤療法】すり傷や切り傷を水できれいに洗い、消毒せず被覆材で覆い、傷口が乾燥しないようにする治療法。モイストヒーリング。

しっ-しょう【失笑】〔名〕スル 思わず笑い出してしまうこと。おかしさのあまり噴き出すこと。「場違いな発言に一する」

失笑を買・う 愚かな言動のために笑われる。「的外れな発言をして一・う」

しっ-しょう【湿生】仏語。四生の一。湿気から生まれるもの。魚・蛇・カエルの類。

しっ-しょう【漆匠】うるし塗りの職人。塗師。

じっ-しょう【実正】㊀〔名・形動〕確かなこと。偽りやまちがいのないこと。また、そのさま。「いよいよ一と知れてから手を着けたい」〈鴎外・大塩平八郎〉㊁〔副〕実際に。本当に。まことに。「一それがしとの縁組はいやの」〈浄・凱陣八島〉

じっ-しょう【実証】〔名〕スル ❶確実な証拠。確証。「一のない仮説」❷確かな証拠をもって証明すること。事実によって明らかにすること。「推理の正しさを一する」❸漢方で、病状の一。邪気の亢進した状態。水毒・食毒・血毒などが体内に停滞することにより引き起こされる。⇒虚証

(類語)検証・論証・例証・証明・挙証・証言・証拠・証し・あかし・しるし・証左・証憑・徴憑・徴証・明証・確証・傍証・根拠・よりどころ・裏付け・ねた

じつ-じょう【実情｜実状】❶物事の実際の事情・情況。「被災地の一を調査する」❷(実情)偽りのない心情。真情。まごころ。「一を尽くす」

(類語)事情・実態・実況・実相・得体・現実・事実・実際・真実・真相・本当・有りのまま・有り様・実

じっしょう-じっけん【実証実験】新開発の製品・技術などを、実際の場面で使用し、実用化に向けての問題点を検証すること。「防災システムの一を開始する」

じっしょう-しゅぎ【実証主義】知識の対象を経験的事実に限り、その背後に超経験的実在を認めない立場。超越的思弁を排し、近代自然科学の方法を範とする。サン＝シモンが初めて用い、コントによって提唱された。実証論。

しっ-しょうちょう【失象徴】象徴的行為である言葉や身ぶりなどに対する理解を示さなくなる状

態。理解することができない失認と、行為することができない失行とがある。
じっしょう-てき【実証的】〔形動〕思考だけでなく、体験に基づく事実などによって結論づけられるさま。
じっしょう-ろん【実証論】►実証主義
しっ-しょく【失職】〔名〕スル 今まで就いていた職を失うこと。失業。「会社が倒産して―する」
類語 失業・解雇・馘首(かくしゅ)・首切り・くび・食い上げ・お払い箱・食いはぐれる・あぶれる
じっ-しょく【十職】►千家十職(せんけじっしょく)
じっ-しょく【実食】〔名〕スル（新発売の食品や、評判の、また有名店の料理などを）料金を払って実際に食べること。「―レポート」
しっしょ-しょう【失書症】知能や精神の障害や筋肉の運動障害はないのに、言葉を字で書き表すことができなくなる病的状態。
じっし-れんせい【実視連星】望遠鏡による観測で2個の恒星とわかる連星。シリウスなど。⇒連星
しっ-しん【失神｜失心】〔名〕スル 意識を失うこと。多くは、強い精神的ショックや肉体的打撃、あるいは脳貧血などによって起こる。気絶。「恐怖のあまり―する」類語 気絶・悶絶(もんぜつ)・人事不省
しっ-しん【湿×疹】かゆみを伴う、非伝染性の皮膚の炎症の総称。紅斑で始まり、丘疹を形成し、小水疱や膿疱(のうほう)をつくる。類語 汗疹(あせも)・にきび
じっ-しん【十身】仏語。華厳経に説く、仏・菩薩(ぼさつ)の得る十種の仏身。衆生身・国土身・業報身・声聞身・縁覚身・菩薩身・如来身・智身・法身・虚空身を解境の十仏、正覚仏・願仏・業報仏・住持仏・化仏・法界仏・心仏・三昧仏・性仏・如意仏を行境の十仏という。
じつ-しんし【実親子】血縁に基づく親と子。本当の親子。実の親子。
じっしん-すう【十進数】《decimal number》十進法で表した数。
じっしん-ぶんるいほう【十進分類法】図書分類法の一。分類記号にアラビア数字を用いる法。1876年、米国のメルビル＝デューイの創案。知識の範囲を主題別に九つの「類」に分け、総記類を加えて合計10の基礎「類」とし、それらをさらに10区分していく方法。デューイ十進分類法。
じっしん-ほう【十進法】《decimal number system》数の記数法の一。基数を10とし、0から9まで10個の数字を使い、10倍ごとに上の位に上げていく表し方。日常生活で最も使われている。
しっ-す【執す】〔動サ変〕❶深く心にかける。執心(しふしん)する。しゅうす。「わが心にも今ほどに―することなしと大事にしてこの態をすれば」〈花伝・七〉❷大切に扱う。「代々の家督に伝へて―せらるる重宝にて候ひけるを」〈太平記・九〉❸敬意を表す。「只今迄の慮外ども、御高免下さるべしと、地に跪(ひざまづ)き―すれば」〈浮・禁短気・四〉
しっ-すい【▽直▽歳】禅宗寺院で、伽藍(がらん)の修理、山林・田畑などの管理、作務(さむ)を管掌する役職。六知事の一。
じっ-すう【実数】❶実際の数。「参加者の―を調べる」❷有理数と無理数の総称。⇒虚数 類語 正味
じっすう-ぶ【実数部】►実部
しっ-する【叱する】〔動サ変〕文しっ・す〔サ変〕しかる。「堕落した心の状態を―・しても見た」〈花袋・田舎教師〉
しっ-する【失する】〔動サ変〕文しっ・す〔サ変〕❶なくす。失う。「機会を―・する」「面目を―・する」❷あるべきものや状態を欠いたりなくしたりする。「礼を―・した態度」「名を―・する」「均衡を―・する」❸（「…に失する」の形で）…すぎる、度を越している意を表す。「遅きに―・した感がある」
類語 失う・逃(に)がす・逃(のが)す・取り逃がす・逸する
しっ-せい【叱正】他人の書いた文章の欠点などを遠慮なく指摘して訂正させること。詩文の添削や批評を願うときに用いる語。「ご―を賜わる」
しっ-せい【叱声】しかる声。また、しかる言葉。「―が飛ぶ」
しっ-せい【失政】政治のやり方を誤ること。また、間違った政治。「―を重ねる」
しっ-せい【執政】❶国政を執り行うこと。また、その人。摂政・関白や明治時代の内閣総理大臣など。❷江戸時代、幕府の老中または各藩の家老のこと。❸《フランス consul》フランス第一共和制時代、執政政府の最高の政務官。
しっ-せい【湿生】植物が湿潤な場所に生育すること。⇔乾生。
しっ-せい【湿性】湿りけのある性質。水分の多い性質。また、湿りやすかったり、水分を必要としたりする性質。⇔乾性。
じっ-せい【日星】太陽と星。
じっ-せい【実勢】見せかけではない、実際の勢力。「土地の―価格」
じっ-せいかつ【実生活】現実に毎日営んでいる生活。実際の日常生活。「―に役立つ知識」
しっせい-かん【執政官】❶政治を執る役人。❷►コンスル
しっせい-しょう【失声症】声帯が振動しないために、声が出なくなる症状。腫瘍(しゅやう)や炎症によるもののほか、神経症の一症状の場合もある。
しっせい-しょくぶつ【湿生植物】水辺や湿原など、湿潤な所に生育する植物。アシ・ガマ・ミズバショウなど。湿地植物。⇒乾生植物
しっせい-せいふ【執政政府】►統領政府(とうりゃうせいふ)
じっせい-よきん【実勢預金】金融機関に預け入れられた預金の総額から、手形交換決済をまだ終えていない受入小切手・手形および政府外貨預金の合計額を差し引いた預金。
じっせい-レート【実勢レート】外国為替管理によって、公定されたり自由変動を制限されたりした外国為替相場に対し、為替の需給に応じて決まる一国通貨の適正な対外価値を示す相場。実勢為替相場。
しっせい-ろくまくえん【湿性×肋膜炎】胸膜腔に滲出(しんしゅつ)液のたまる症状のみられる胸膜炎のこと。⇒乾性肋膜炎
しっ-せき【叱責】〔名〕スル 他人の失敗などをしかりとがめること。「部下をきびしく―する」
類語 叱る・怒(いか)る・叱りつける・叱咤(しった)・譴責(けんせき)・一喝・大喝・お目玉・大目玉
しっ-せき【失跡】〔名〕スル 行方をくらますこと。また、行方が知れないこと。失踪(しっそう)。類語 蒸発・神隠し
じっ-せき【実跡｜実×蹟】物事が行われた確かな形跡。実際の跡形。
じっ-せき【実積】実際の面積、または体積。
じっ-せき【実績】実際に現れた功績、または成績。「研究者としての―を上げる」「―がある」
じっ-せけん【実世間】現実の世の中。実社会。
しつ-ぜつ【湿舌】天気図上で、暖かい湿った気流が舌状に進入している部分。前線などと結びついて大雨を降らせる。
じっ-せつ【十刹】臨済宗で、五山に次ぐ寺格の10寺院。日本でも、南宋の制に従って興国3＝康永元年(1342)に定めたが、その後変動があった。元中3＝至徳3年(1386)に、京都十刹の等持寺・臨川(りんせん)寺・真如寺・安国寺・宝幢(ほうどう)寺・普門寺・広覚寺・妙光寺・大徳寺・竜翔寺と、関東十刹（鎌倉十刹）の禅興寺・瑞泉(ずいせん)寺・東勝寺・万寿寺・大慶寺・興聖(こうしやう)寺・東漸寺・万福寺・法泉寺・長楽寺が定められた。じっさつ。
じっ-せつ【実説】作り話やうわさなどでなく、本当にあった話。事実ありのままの話。実話。
じっ-せん【実戦】演習などではない実地の戦い。実際の戦闘、または試合。「―の経験がない」
類語 交戦・対戦・決戦・応戦・抗戦・大戦・一戦・夜戦・白兵戦・前哨(ぜんしょう)戦
じっ-せん【実践】〔名〕スル ❶主義・理論などを実際に自分で行うこと。「理論を―に移す」❷哲学で、㋐人間の倫理的行為。アリストテレスの用法で、カントなどもこの意味で用いる。㋑人間が外界についてもっている自らの知識に基づき、これに働きかけて変革していく行為。マルクスとエンゲルスによって明らかにされた意味。
用法 **実践・実行・実施**――「計画を実践（実行・実施）する」のように、実際に行う意では相通じて用いられる。◆「実践」は理論・徳目などを、みずから実際に行う場合に多く使う。「理論と実践」「神の教えを実践する」など。◆「実行」は最も普通に使われるが、倫理的な事柄についてはあまり用いない。「親孝行の実践」に、「実行」を用いると不自然な感じになる。◆「実施」は、あらかじめ計画された事・行事などを実際に行う意で、「減税計画を実施する」「試験の実施期間」などと用いる。
類語 実行・履行・実施・施行(しこう)・執行・決行・敢行・断行・遂行・躬行(きゅうこう)・励行・行動・行う
じっ-せん【実線】幾何や製図などで、切れ目なく連続して引かれる線。
じっせん-きゅうこう【実践×躬行】〔名〕スル《「躬」はみずからの意》実際に自分自身で行うこと。
しつ-せんきょ【湿船×渠】►湿ドック
じっせん-じょしだいがく【実践女子大学】東京都日野市にある私立大学。明治32年(1899)創立の実践女学校に始まり、実践女子専門学校を経て、昭和24年(1949)新制大学として発足。
じっせん-しんがく【実践神学】キリスト教神学の一部門。教会固有の実践活動に関する理論および技術の学。牧会学・宣教学・説教学・礼拝学・教会法・教会教育学などを含む。応用神学。
じっせん-てき【実践的】〔形動〕自分で実地に行うさま。実行するさま。「理論の正しさを―に裏づける」
じっせん-てつがく【実践哲学】実践的な事柄を対象とする哲学。意志的行為の領域で、あるべきこと、または、なすべきことを規定する哲学で、狭義には倫理学・道徳哲学をさし、広義には政治・法律・経済・技術・芸術などの分野の哲学的考察を含む。また、通俗的には日常生活上の指針となる哲学をさす。⇒理論哲学
じつぜん-はんだん【実然判断】論理学で、判断の様相の一。主語と述語の関係が現実に成立することを示す判断。「sはpである」という形式をとる。確然判断。⇒必然判断 ⇒蓋然(がいぜん)判断
じっせん-りせい【実践理性】《ドイツ praktische Vernunft》カント哲学で、自律性をもち、経験的動機に依存せず、先天的な道徳法則によって意志を規定する理性。⇔理論理性。⇒純粋理性
じっせんりせい-の-ようせい【実践理性の要請】理論理性によっては証明できないが、道徳的実践における無条件的な命令を根拠づけるために、実践理性が不可欠のものとして承認せねばならない、自由、魂の不死、神の存在の三命題。
しっ-そ【質素】〔名・形動〕❶飾りけがないこと。質朴なこと。また、そのさま。「―な身なり」❷生活などがぜいたくでなく、つつましくて倹約なこと。また、そのさま。「―に暮らす」派生 しっそさ〔名〕
類語 簡素・つましい・地味・つづまやか
じっ-そ【実礎】►子房(しばう)
しっ-そう【失踪】〔名〕スル 行方をくらますこと。また、行方が知れないこと。失跡。「事件の後―する」
類語 失跡・蒸発・神隠し
しっ-そう【疾走】〔名〕スル 非常に速く走ること。「全力で―する」
類語 駆け足・疾駆・ダッシュ・快走・力走・早足・走る
しっ-そう【執奏】〔名〕スル 取り次いで奏上すること。また、その人。伝奏。「阿部の一族を残らず討ち取ったことを―してもらった」〈鴎外・阿部一族〉
しっ-そう【湿×瘡】►疥癬(かいせん)
しっ-そう【漆×瘡】うるしかぶれ。
じっ-そう【実相】❶実際のありさま。ありのままの姿。「社会の―」❷仏語。真実の本性。不変の理法。真如。法性(ほっしょう)。類語 現実・実際・実地・実情・実態・現状・事実・実在・実(まこと)・現(うつつ)・本当
じっ-そう【実装】❶装置などを構成する部品を、実際に取り付けること。❷コンピューターのハードウエアやソフトウエアに新たな機能を組み込むこと。インプリメント。インプリメンテーション。

じつ-ぞう【実像】ザウ ❶反射・屈折した光が、実際に交わって作る像。凸レンズや凹面鏡では焦点より外側に物体を置いたときに生じる。⇔虚像。❷人や物事の、表面的な名声・評判・うわさなどから知ることのできない本当の姿。「都会の虚像と―」⇔虚像。
類語 正体・実態・実情・実際

じっそう-いん【実相院】ジッサウヰン 京都市左京区にある単立の寺。もと天台宗寺門派の門跡寺院。開創は寛喜元年(1229)。開基は、鷹司兼基の子静基僧正。紙本墨書仮名文字遣(重文)のほか、多数の古記録・文書を所蔵。実相院門跡。岩倉門跡。

じっそう-かんにゅう【実相観入】ジッサウクワンニフ 斎藤茂吉が唱えた、短歌の写生理論。表面的な写生にとどまらず、対象に自己を投入して、自己と対象とが一つになった世界を具象的に写そうとするもの。

じっそうじ-あきお【実相寺昭雄】ジッサウジアキヲ［1937～2006］演出家・映画監督。東京の生まれ。テレビ番組「ウルトラマン」シリーズ、「怪奇大作戦」の演出で知られる。他にテレビコマーシャル・小説・オペラなどで幅広く活躍。監督をつとめた映画作品は「無常」「帝都物語」「屋根裏の散歩者」「姑獲鳥うぶめの夏」など。

しっそう-せんこく【失踪宣告】人の生死が一定期間(普通は7年、戦争や遭難など特別の危難にあった場合はその危難が去ってから1年)不明の状態が続いているとき、利害関係人の請求によって家庭裁判所が死亡したものとみなす宣告。

じっそう-むろ【実相無▽漏】ジツサウ 仏語。万物の真実の姿は、迷いを離れた清浄の境界きょうがいにあるということ。また、その境界。

しっ-そく【失速】［名］スル ❶飛行機が飛行中に、急速に速度を失う現象。主翼の迎え角が大きくなりすぎたとき、翼上面の気流が剝はがれて揚力が減ることから起こり、機首が下がり高度を失う。❷急に勢いをなくすこと。急速に活気を失うこと。「人気が―する」「国内経済の―」類語 減速・スピードダウン

しっ-そく【疾速】［名・形動］行動などが非常に速いこと。また、そのさま。「確実かつ―に対応する」

じっ-そく【実測】［名］スル 実際に測ること。実地の計測・測量。「天井までの高さを―する」類語 測定・観測・測る・計量・秤量しょうりょう・秤量ひょうりょう・計時・目測

じっそく-ず【実測図】ヅ 実測結果を製図したもの。

じっそく-せいぞんりつ【実測生存率】▶生存率

じっ-そん【実損】実質上の損失。
類語 損・損失・損害・損亡そんもう・欠損・差損・不利益・赤字・出血・持ち出し・採算割れ・実害・被害

じつ-ぞん【実存】［名］スル ❶実際にこの世に存在すること。現実に存在すること。実在。「―した人物」❷《existence》㋐スコラ哲学で、可能的存在である本質に対し、実現された個体的存在。現実的存在。㋑実存主義で、特に人間的実存をいう。独自な存在者として自己の存在に関心をもちつつ存在する人間の主体的なあり方。自覚存在。類語 現存・現在・厳存げんそん・存立・所在・既存・存ぞんする・在ある・居いる

じつぞん-しゅぎ【実存主義】《フランス existentialisme》人間の実存を哲学の中心におく思想的立場。合理主義・実証主義に対抗しておこり、20世紀、特に第二次大戦後に文学・芸術を含む思想運動として展開される。キルケゴール・ニーチェらに始まり、ヤスパース・ハイデッガー・マルセル・サルトルらが代表者。実存哲学。

じつぞん-てつがく【実存哲学】▶実存主義

じっそん-てんぽ【実損塡補】損害保険会社が保険金を支払う形式の一つ。保険会社が限度額の範囲内で、実際の損害額を保険金として支払うもの。➡比例塡補 ➡定額給付

しっ-た【叱×咤｜叱×咜】［名］スル 大声を張り上げてしかりつけること。また、しかりつけるようにして励ますこと。「見習いの職人を―する」「―激励」
類語 叱る・怒おこる・叱りつける・叱責・譴責けんせき・一喝・大喝・お目玉・大目玉

しった【悉達｜悉多】《梵 siddhārthaの音写「悉達多」の略。目的を達したという意》釈迦しゃかの出家以前の名。誕生したとき、一切の吉祥瑞相をそなえていたことからこの名がつけられた。

ジッダ〘Jidda〙サウジアラビア中西部の都市。紅海に臨み港湾を有す。同国第2の都市。7世紀半ば、イスラム教第3代正統カリフ、ウスマーンにより、イスラム教の聖地メッカ巡礼の海の玄関口として整備され、以降、ヒジャーズ地方の主要都市になった。人口、行政区280万(2004)。ジェッダ。

シッター〘sitter〙❶世話をする人。付き添いの人。❷「ベビーシッター」「シルバーシッター」などの略。

ジッター〘jitter〙電気信号の時間的な揺れを原因とする、映像や音楽の乱れ。

しっ-たい【失対】「失業対策」の略。「―事業」

しっ-たい【失態｜失体】失敗して体面を失うこと。また、面目を損なうようなしくじり。「―を演じる」
類語 失敗・失策・過失・過誤・不覚・粗相・しくじり・間違い・へま・どじ・ぽか・ミス・エラー

しっ-たい【▽膝退】ひざまずいたまま退くこと。

じっ-たい【十体】❶漢字の10種の書体。古文・大篆だいてん・籀文ちゅうぶん・小篆・八分はっぷん・隷書・章草・行書・飛白ひはく・草書。❷漢詩のすぐれた10種の風体。形似体・質気体・情理体・直置体・彫藻体・映帯体・飛動体・婉転えんてん体・清切体・青花体。❸和歌を歌体や様式から10種に分類したもの。藤原浜成の「歌経標式」、藤原定家の「毎月抄まいげつしょう」などにある。特に定家は有心うしん体を最も重視した。じってい。和歌十体。

じっ-たい【実体】❶そのものの本当の姿。実質。正体。「―のない想像上の人物」❷《ギリシャ ūsia; ラテン substantia; 英 substance》多様に変化してゆくものの根底にある持続的、自己同一的なもの。アリストテレスでは具体的個物、デカルトではそれ自身によって存在し、その存在のために他のなにものも必要としないもの、カントでは現象を認識するための範疇はんちゅうにすぎないとされた。➡属性 類語 本質・本体・内容

じっ-たい【実態】実際の状態。本当のありさま。実情。「経営の―を調べる」
類語 事情・実情・実況・実相・得体・現実・事実・実際・真実・真相・本当・有りのまま・有り様よう・実まこと

じったい-か【実体化】クワ《ドイツ Hypostasierung》哲学で、抽象的あるいは抽象的なものや単に思考のうちにあるものを客観的にある実体とすること。

じったい-きょう【実体鏡】キャウ ▶ステレオスコープ

じったい-けいざい【実体経済】商品やサービスの生産・販売や設備投資など、金銭に対する具体的な対価がともなう経済活動。その規模は、国内総生産(GDP)から物価変動の影響を除外した実質国内総生産によって示される。⇔資産経済。

じったい-けんびきょう【実体顕微鏡】ケンビキャウ 観察対象をそのままの形で観察するための顕微鏡。倍率は低倍率で、ふつう20倍ぐらいまで。小型で携帯できる。

じったい-しゃしん【実体写真】▶立体写真

じったい-ふりこ【実体振(り)子】剛体に軸を貫き、この軸を水平な軸受けで支えて振り子にしたもの。重力加速度の測定などに用いる。複振り子。物理振り子。

じったい-ほう【実体法】ハフ 権利・義務の発生・変更・消滅の要件などについて規定する法。民法・商法・刑法など。➡手続法

しったか-ぶり【知ったか振り】本当は知らないのに、いかにも知っているようなそぶりをすること。また、その人。知ったぶり。「―をする」類語 半可通

しっ-たつ【執達】［名］スル 上位の者の意向・命令などを下位の者に伝えること。通達。

しったつ-じょう【執達状】ジャウ《文書の終わりに「よって執達件くだんの如し」の句があるところから》御教書みぎょうしょ。

しったつ-り【執達吏】執行官の旧称。

しった-ぶり【知った振り】「知ったか振り」に同じ。「―をして、おりおりはじしめられてもかいるのつらへ水なり」〈魯文・安愚楽鍋〉

しったるた【悉達多】▶悉達しった

しったん【×悉▽曇】《梵 siddhaṃの音写。成就・吉祥の意》❶梵字の字母とそれが表す音声の総称。広義には摩多また(母音)と体文たいもん(子音)の総称として用いられるが、狭義には摩多の一二韻のみをさす。日本には天平年間(729～749)に中国を経てインドから伝えられた。❷「悉曇学」の略。

じつ-だん【実弾】❶本物の弾丸。実包。「―射撃」❷他人を買収するために使う現金。「選挙戦で―をばらまく」

しったん-がく【×悉▽曇学】梵語・梵字に関する研究部門。仏教渡来後、経典中の梵語の音訳語や陀羅尼だらにを理解するために、日本で始められた。特に、密教関係の学僧により大きな発展をみ、国語学史上にも多くの影響を与えた。悉曇。

しったんさんみつしょう【悉曇三密鈔】シッタンサンミッセウ 江戸前期の悉曇研究書。7巻。浄厳じょうごん著。天和2年(1682)刊。悉曇の音韻・文法、梵字の意義を説き、真言の教義に言及。

しったん-じもん【×悉▽曇字門】密教で、悉曇文字の42または50字のそれぞれに依託して、特殊な意義を表すこと。「阿」は不生不滅の意を表すとするなど。

しったん-しょう【×悉▽曇章】シャウ 悉曇の字母表。

しっ-ち【失地】❶敵に奪われた土地。❷他に奪われた勢力範囲。失った地位や地盤。「―回復」

しっち【×悉地】▶しっじ(悉地)

しっ-ち【×悉知】［名］スル ことごとく知ること。知りつくすこと。知悉ちしつ。「武蔵かねて金内の実直の性格を―しているゆえ」〈太宰・新釈諸国噺〉

しっ-ち【湿地】湿気が多く、じめじめしている土地。

じっ-ち【実地】❶物事が行われたり、行う予定になっていたりする場所。現場。「―調査」❷理論や説明だけでなく、実際にそのことを行うこと。また、そういう場面。「考えを―に移す」「―訓練」
類語（❶）現場・現地／（❷）現実・実際・実情・実態・実相・現状・事実・実在・実まこと・現うつつ・本当

じっ-ち【実×智】仏語。真実の智慧。絶対不変の真理を達観する根本智。⇔権智ごんち。

シッチェス〘Sitges〙スペイン北東部、バルセロナ近郊の観光保養地。バルセロナとタラゴナを結ぶ地中海に沿う海岸線、コスタドラダ(黄金海岸)に位置する。毎年10月にシッチェスカタロニア国際映画祭が開催される。

じっ-ちく【実竹】マダケ類の地下茎が断崖から空中に伸びて枝葉が生えたもの。普通の地下茎と異なり中空ではないので、印章・つえなどに用いる。宮城県松島地方に産する。

じっち-けんしょう【実地検証】犯罪や火災などの発生した現場に出かけて行う検証。

じっち-しけん【実地試験】❶製品の性能などを、実際に使用される場所や、状況下でためすこと。❷実際の場で、技能などをためす試験。筆記試験などに対していう。

しっち-しょくぶつ【湿地植物】▶湿生しっせい植物

しっち-そうげん【湿地草原】サウゲン 河岸・湖岸などの湿地に発達する草原。ヨシ・アゼスゲなどが主な植物。湿原しつげんと同義に用いることもある。

しっち-そうどう【質地騒動】サウドウ 江戸幕府が享保7年(1722)に発令した質流地禁止令を、自らに有利に解釈した質入れ農民らが、質地取り戻しなどを要求して起こした騒動。越後・出羽などで起こり、翌年幕府は禁止令を撤回した。

じっち-てんもんがく【実地天文学】天体の位置観測および天体観測機器に関する理論や技術、観測値の計算法などを研究する天文学の一分科。

じっち-とうさ【実地踏査】タフサ 現地に足を運んで調べること。

しっちゃか-めっちゃか［形動］物事が入り乱れているさま。めちゃくちゃ。「―な騒ぎ」

しっ-ちゃく【失着】囲碁で、まちがった手を打つこと。また転じて、しくじり。

じっ-ちゃく【実着】［名・形動］まじめで落ち着いていること。誠実でうわついたところがないこと。また、そのさま。着実。「―な主人が性質は、整然たるすべての様子にあらわれ」〈蘆花・思出の記〉

じっちゅう-はっく【十中八九】十のうちの八か九ま

で。副詞的にも用いる。ほとんど。おおかた。「―は大丈夫だろう」「―間違いない」〘類語〙大抵

しっ-ちょう【失調】テウ ❶物事の調子が狂うこと。❷調和を失うこと。つりあいがとれなくなること。「栄養―」「自律神経―」

しっ-ちょう【失聴】チャウ 聴力を失うこと。

しつ-ちょう【室長】チャウ 官庁・会社などで、室と名のつく部署のいちばん上位の者。「企画―」

しっ-ちょく【質直】〘名・形動〙じみでまじめなこと。また、そのさま。質朴。「―な人柄」

じっ-ちょく【実直】〘名・形動〙誠実でかげひなたのないこと。また、そのさま。律儀。実体じったい。「―を旨とする」「―な人柄」〘派生〙じっちょくさ〘名〙
〘類語〙謹厳・律儀・謹直・実体じったい・正直

しっ-ちん【七珍】「七宝しっぽう❶」に同じ。

シッチン〘ポルトガル setim〙▶シュチン

しっちん-まんぽう【七珍万宝】七宝とその他すべての宝物。しっちんまんぼう。

しっ-つい【失墜】〘名〙スル ❶名誉・権威などを失うこと。「会社の信用が―する」❷むだな出費。浪費。「肴買ひたる代物、―にまかりなり候」〈甲陽軍鑑・三〇〉❸不足すること。また、まちがいのあること。「これ観音の銭なれば、いづれも―なく返納し奉る」〈浮・永代蔵・一〉〘類語〙凋落ちょうらく・低落・失脚

しっ-つう【漆×桶】《うるしを入れたおけの意》真っ黒で何も見分けがつかないように、仏法について何もわからない僧。また、その原因である煩悩ぼんのうや妄執をさす。

じ-つづき【地続き】ヂ 土地が海洋に隔てられずに続いていること。「―の隣国」〘類語〙陸続き

しつっこ・い〘形〙「しつこい」の音変化。「―・くつきまとう」〘派生〙しつっこさ〘名〙

じっ-て【十手】江戸時代、捕吏が犯罪人を捕らえるのに用いた道具。長さ約45センチの鉄・真鍮しんちゅうなどの棒の手元に鉤かぎがあり、相手の刀を防いだり、攻撃に用いたりする。柄には総紐ふさひもがついていて、その色により所管の別を明らかにした。手木てぎ。じってい。

しってい〘副〙砧きぬたや槌を打つ音、機はたを織る音などを表す語。「砧きぬたに声の―、―、―からころ槌の音」〈浄・嫗山姥〉

じっ-てい【十体】▶じったい(十体)

じっ-てい【実体】〘名・形動〙まじめで正直なこと。また、そのさま。実直。「見たところ―な感心な青年せいねんであった」〈独歩・正直者〉〘類語〙律儀・謹直・謹厳・正直

じっ-てい【実弟】同じ父母から生まれた弟。

じってい-ほう【実定法】ハフ 慣習や立法のような人間の行為によってつくりだされ、一定の時代と社会において実効性をもっている法。制定法・慣習法・判例法など。人為法。⇔自然法。

シッティング-ブル〘Sitting Bull〙［1834ころ～1890］アメリカインディアン、スー族の首長。スー・シャイアン連合軍が、1876年にカスターが率いる第7騎兵隊を全滅させたとき、指導的立場にあった。

シッティング-ルーム〘sitting room〙客間兼用の居間のこと。英国風の言い方で、米国や日本ではリビングルームという。

じつ-てがた【実手形】融通手形に対し、実際の商取引に基づいて振り出され、その支払いに実質的な裏づけのある商業手形。

しつ-てき【質的】〘形動〙質しつに関するさま。質の面で。「製品の―向上」「―な変化」⇔量的。

じっ-てつ【十哲】《「哲」は知徳のすぐれている意》10人のすぐれた門人。孔門の十哲、蕉門の十哲、木門もくもんの十哲など。

しっ-てん【失点】❶競技や勝負などで点数を失うこと。また、失った点数。⇔得点。❷野球で、投手が登板中に相手チームに取られた得点の合計。➡自責点 ❸職務などの上で、失策・失敗とみなされる事柄。おちど。「任期中大きな―もなかった」

しつ-てん【質点】質量だけあって大きさのない点状の物体、すなわち抽象体。物体の運動や位置を考える際、物体をその重心に全質量が集まった点と見なしたもの。

しつ-でん【湿田】水はけが悪く、水がきれることのない田。➡乾田

しつてん-けい【質点系】いくつかの質点からなる力学系。

しつ-でんち【湿電池】液体のままの電解液を用いる電池。➡乾電池

しってん-ばっとう【七転八倒・七×顛八倒】テンバッタウ〘名〙スル ▶しちてんばっとう(七転八倒)

じつ-てんぽ【実店舗】実際に品物を並べて売っている店舗。現物を手にとることができる商店。オンラインショップに対していう。

しつてん-りきがく【質点力学】質点の運動または質点系に働く力を扱う力学。

しっ-と【嫉妬】〘名〙スル ❶自分よりすぐれている人をうらやみねたむこと。「他人の出世を―する」❷自分の愛する者の愛情が、他の人に向けられるのを恨み憎むこと。やきもち。悋気りんき。「夫の浮気相手に―する」〘類語〙羨うらやましい・ねたましい・焼き餅・ジェラシー・悋気りんき・おか焼き・法界悋気・妬心・羨む・羨望せんぼう・ねたむ・そねむ・やっかむ・妬く・焼ける

シット〘shit〙❶大便。くそ。❷失敗したり、うまくいかなかったりしたときに用いる語。くそったれ。

シット〘sit〙すわる、着席する、の意。「―イン(=抗議の座り込み)」

シッド〘El Cid〙［1043ころ～1099］中世スペインの英雄。本名、ロドリーゴ=ディーアス=デ=ビバール(Rodrigo Díaz de Vivar)。カスティリャ王アルフォンソ6世の不興を買って追放されたあと、手兵を率いてムーア人と戦い、バレンシアを奪回して、これを統治。死後、レコンキスタの英雄となり、スペイン最古の文学作品「わがシッドの歌」など多くの詩や小説の題材となった。エル=シッド。

しつ-ど【湿土】湿気の多い土。また、その土地。

しつ-ど【湿度】空気中に含まれている水蒸気の割合。空気の乾湿の程度を表すもので、ふつう相対湿度をさし、空気1立方メートル中に存在する水蒸気量(絶対湿度という)と、その温度における飽和水蒸気量との比を百分率で表す。

じっ-と〘副〙スル ❶動かないで、そのままの状態を保つさま。「家で―している」❷視線や心などを集中して、よく見たり考えたりするさま。つくづく。「相手の顔を―見つめる」「―考え込む」❸心を抑えてがまんするさま。「非難に―耐える」❹力をこめて、押したり引いたり踏んだりするさま。ぎゅっと。「陳平が高祖の足を―踏んだぞ」〈蒙求抄・四〉

ジッド〘Gide〙▶ジード

しっ-とう【失当】タウ〘名・形動〙道理に合わないこと。当を得ていないこと。また、そのさま。不当。「郎君問う所の人は少しく―なる無からんや」〈東海散士・佳人之奇遇〉

しっ-とう【失投】〘名〙スル 野球で、投手が打者に対して不用意な球を投げること。

しっ-とう【失透】ガラスが長時間加熱されると、結晶化が起こって不透明になり、もろくなる現象。

しっ-とう【執刀】タウ〘名〙スル《刀を手にする意から》外科手術や解剖などのためにメスを持つこと。手術や解剖を行うこと。「担当医が―する」

しっ-とう【執当】タウ 社寺などで庶務をつかさどる役職。

じつ-どう【実動】〘名〙スル 実際に機械や車両などを運転すること。また、実際に稼動すること。「―する台数」「―部隊」〘類語〙作動・稼働・起動

じつ-どう【実働】〘名〙スル 実際に仕事について働くこと。「―七時間」〘類語〙働く・労働・仕事・勤労・作業・労作・労務・労役・稼働・働き・勤務・勤続・勤め

シットウェル〘Sitwell〙㊀(Edith ～)［1887～1964］英国の女流詩人。弟らとともに詩の革新運動を展開。音楽のリズムを詩に生かした高踏的詩風で有名。作「ファサード」「黄金海岸の慣習」など。㊁(Osbert ～)［1892～1969］英国の詩人・小説家。㊀の弟。辛辣しんらつな風刺を特色とする。㊂(Sacheverell ～)［1897～1988］英国の詩人・美術評論家。㊀の弟。三姉弟のなかで、詩風はもっとも伝統的。

じつどう-じかん【実働時間】一定の勤務時間のうち休憩時間などを除いた、実際に働く時間。➡拘束時間

しっ-とく【失徳】道徳に外れること。徳に背いた行いをすること。また、その行い。

じっ-とく【十徳】❶10種の徳。また、多くの徳。❷《僧衣の「直綴じきとつ」の転という》室町時代、下級武士の着た、脇を縫った素襖すおうのこと。江戸時代には腰から下にひだをつけ、医師・儒者・絵師などの礼服となった。絹・紗しゃなどを用い、色は黒に限った。

じっとく【拾得】中国、唐代の僧。寒山とともに天台山国清寺こくせいじを訪れ、豊干ぶかんに師事。三者を三隠と称した。普賢菩薩ぼさつの化身とされ、禅画にも描かれる。➡寒山拾得

しつどく-しょう【失読症】シャウ 視覚または発声器官に異常がないのに、文字を理解することができない、または読むことのできない病的状態。➡ディスレクシア

じっとく-ナイフ【十徳ナイフ】▶アーミーナイフ

じっとく-よのばかま【十徳四▽幅×袴】十徳と四幅袴を着用した服装。犬追物いぬおうものの矢取り・犬引き、または馬の口取りや板輿いたごしをかく者などが用いた。

しつど-けい【湿度計】相対湿度を測定する装置。毛髪湿度計・乾湿球湿度計・露点湿度計などがある。

シットコム〘sitcom〙《situation comedyの略》登場人物や場面設定が固定されており、一話完結で連続放映されるコメディードラマ。

シット-スキー〘sit-ski〙▶チェアスキー

シット-スピン〘sit spin〙フィギュアスケートで、一定の地点で片足を前に伸ばし、他方の足を折り曲げてしゃがんだ姿勢のまま、その場所で回転する技。

しつ-ドック【湿ドック】陸地を掘削して水を引き入れ、水門を設けて仕切り、潮の干満や風波などに影響されずに貨客の積み卸しなどができるようにしたドック。湿船渠しつせんきょ。➡乾ドック

しっと-と〘副〙《「しとと」の音変化》❶物を押さえつけたり、たたきつけたりするさま。ぴしっと。「すっぱと切っては、―打ち付け」〈虎明狂・鱸庖丁〉❷物と物とが密着しているさま。ぴったりと。しっかりと。「要もと―して云ふも此の要」〈虎寛狂・末広がり〉❸男女間の情のこまやかなさま。しっぽりと。「―逢ふ瀬の波枕」〈浄・油地獄〉

しっと-ぶか・い【嫉妬深い】〘形〙文しっとぶか・し〘ク〙嫉妬心が強い。また、嫉妬しやすい。「―・い性質」

しっと-もうそう【嫉妬妄想】マウサウ 妄想の一。自分の配偶者・愛人などが、他人と愛情関係や性的関係をもっていると信じるもの。

しっとり〘副〙スル ❶軽く湿りけが行き渡っているさま。「―(と)ぬれた若草」❷静かに落ち着いて、好ましい趣のあるさま。「―(と)した感じの女性」

じっとり〘副〙スル ❶ひどく湿っているさま。「―(と)汗ばむ」❷落ち着いてしとやかなさま。しっとり。「―としたをなごがあったら、世話してくだんせ」〈滑・浮世風呂・四〉
〘類語〙じめじめ・じとじと・湿っぽい

しつ-ない【室内】部屋の中。家の内部。⇔室外。
〘類語〙屋内・インドア・家内かない・家内やうち

しつない-が【室内画】グワ 室内の情景を描いた絵画。17世紀オランダで、フェルメールらによって独立した絵画の主題として扱われるようになった。

しつない-がく【室内楽】少人数の独奏楽器による合奏音楽。弦楽四重奏・ピアノ三重奏など多くの形態がある。元来は教会・音楽会場以外の宮廷の一室などで演奏された音楽をさし、声楽の入ることもあった。チェンバーミュージック。

しつない-きょうぎ【室内競技】キャウギ 卓球・バドミントンなど、屋内で行う運動競技の総称。

しつない-そうしょく【室内装飾】サウショク 壁や床の材質、照明・家具の配置などを工夫して室内を整えること。

しつない-ゆうぎ【室内遊戯】イウギ 室内で行う遊び。将棋・双六すごろく・トランプなど。

じつ-に【実に】〘副〙❶感嘆の意をこめて、ある状態の程度のはなはだしいさまを表す。全く。本当に。まことに。「この料理は―うまい」❷強調、または驚嘆すべきことを述べるときに用いる。なんと。「この工事は

—一〇年の歳月を費やした」(類語)まさに・まさしく・本当に・事実・真実・実際・真に・とても・非常に

しつ-にん【失認】《ドイ Agnosie》種々の感覚に異常がみられないのに、人や物を認識することができない状態。大脳皮質の障害によって起こる。

しつ-ねん【失念】〔名〕スル ❶うっかり忘れること。ど忘れ。物忘れ。「約束を—して失礼しました」❷仏語。記憶をさまたげる心の作用。(類語)忘れる・忘却・忘失

じつ-ねん【実年】❶5、60歳の年齢層をさす語。昭和60年(1985)厚生省が公募して決めたもの。❷実際の年齢。実年齢。(類語)中年・熟年・中高年・初老

しつねん-かぶ【失念株】株式を購入または譲渡した場合に必要な名義書き換えを忘れた株。配当を受け取れず、株主総会での議決権もない。

じつ-ねんれい【実年齢】(見かけの年齢、偽りの年齢などに対して)生年月日から数えた年齢。実際の年齢。実年。➡精神年齢 ➡骨年齢

じつねん-ろん【実念論】中世スコラ学における実在論。カトリック教会の要求に合致した観念論で、プラトンのイデア論を継承し、普遍は個物に先立って実在すると考える立場。リアリズム。➡普遍論争

じつ-の【実の】〔連体〕❶本当の。真実の。「—話」❷血のつながりのある。「—親」

じつ-の-おや【実の親】►生みの親

じつの-ところ【実の所】〔副〕本当を言うと。打ち明けて言うと。実は。副詞的に用いる。「—拝見するのは初めてです」

しっぱ〔副〕よくしなうさま。「—と保って放つ矢が」〈浄・百合若大臣〉

じつ-は【実は】〔副〕事実を言えば。本当のところは。打ち明けて言うと。「—私が企てた事なのです」

じっ-ぱ【十派】❶臨済宗の10の流派。相国寺派・建仁寺派・南禅寺派・天竜寺派・建長寺派・東福寺派・大徳寺派・円覚寺派・永源寺派・妙心寺派。❷浄土真宗の10の流派。本願寺派(西本願寺)・大谷派(東本願寺)・高田派(専修寺)・仏光寺派・興正寺派・三門徒派(専照寺)・山元派(証誠寺)・誠照寺派・出雲路派(毫摂寺)・木辺派(錦織寺)。

シッパー〖shipper〗輸出業者。また、荷送り人。船積み人。船主。

ジッパー〖zipper〗ファスナーのこと。(類語)チャック

ジッパー-レグ〖zipper leg〗脚にフィットした細身のシルエットのパンツ。裾の脇にファスナーが付く。

しっ-ぱい【失敗】〔名〕スル 物事をやりそこなうこと。方法や目的を誤って良い結果が得られないこと。しくじること。「彼を起用したのは—だった」「入学試験に—する」「—作」(類語)失策・過失・過誤・失態・不覚・粗相・しくじり・間違い・へま・どじ・ぽか・ミス・エラー(目的を達することができないこと)不首尾・蹉跌・挫折・破綻(—する)しくじる・し損ずる・し損なう・やり損なう・抜かる・過つ・誤る・とちる

失敗は成功のもと　失敗すれば、その原因を反省し、方法や欠点を改めるので、かえってその後の成功につながることになる。失敗は成功の母。

しっ-ぱく【漆×箔】漆を塗った上に金箔・銀箔をつける技法。

じっぱ-ひとからげ【十把一▽絡げ】いろいろな種類のものを、区別なしにひとまとめにして扱うこと。また、一つ一つ取り上げるほどの価値がないものとしてひとまとめに扱うこと。「—にして考える」

しっ-ぱらい【▽尻払ひ｜▽後払ひ】《「しりはらい」の音変化》退却のとき、最後尾で敵を防ぐこと。また、その部隊。しんがり。あとおさえ。「仰せに従ひ立ち退き申さん、御—願ひあぐる」〈浄・忠臣蔵〉

じっ-ぱらみつ【十波羅蜜】六波羅蜜に、方便・願・力・智の四波羅蜜を加えたもの。

しっぱり〔副〕❶木の枝などがたわむさま。また、その音を表す語。「柳に雪降りて枝もたはむや—と」〈浄・吉岡染〉❷手落ちなく十分にするさま。しっかり。「たたみかけて切りつくるを、—と受けとめ」〈浄・滝口横笛〉❸強く身にこたえるさま。「あつつつつつつつ。—だ、—だ」〈滑・浮世風呂・三〉

じつ-ばりき【実馬力】►軸馬力

しっぱり-もの【しっぱり物】身に染みて、こたえること。「子供衆には、(湯が熱スギテ)ちと—でござりませう」〈滑・浮世風呂・前〉

しつ-ばん【湿板】写真感光板の一。コロジオンと沃化物との混合液をガラス板に塗り、これを硝酸銀の溶液に浸したもの。乾かないうちに撮影に使う。乾板が発明される前のもの。

じっぱん-うらがき【十判裏書】江戸時代、寺社奉行・勘定奉行・町奉行の三奉行10人の印が押してある評定所の目安裏書。

しっ-ぴ【失費】費やした金銭。「—がかさむ」(類語)支出・出金・出費・出銭・掛かり・費え・物入り・支払い・歳出

しっ-ぴ【漆皮】漆で塗り固めた皮革。

しっ-ぴ【×櫛比】〔名〕スル 櫛の歯のように、すきまなく並んでいること。「月の光は崖下の—した屋根屋根を照し」〈宮本・伸子〉(類語)並列・整列・堵列・行列・列立・林立

じっ-ぴ【実否】事実であるか事実でないか。本当かうそか。じっぷ。「姉は均平に—を糺そうともしず」〈秋声・縮図〉

じっ-ぴ【実費】実際に要した費用。手数料やもうけなどを含まない金額。「出張旅費の—を請求する」(類語)費用・掛かり・費え・入り・入り目・入り用・入用・入費・出費・用度・経費・コスト・雑費

しっ-ぴつ【執筆】〔名〕スル ❶文章を書くこと。「—を依頼する」「雑誌に連載小説を—している」❷書道で、筆の持ち方。❸香道で、聞き香などの競技のときに成績などを記録する役の人。(類語)書き物・文筆

ジッピング〖zipping〗《勢いよく進むこと、迅速にやることの意》ビデオで見たくない部分を早送りし、飛ばし見すること。➡ザッピング

しっ-ぷ【湿布】〔名〕スル 水・湯・薬液などに浸した布を当て、患部を温めたり冷やしたりする治療法。また、その当てる物。

シップ〖ship〗❶船。汽船。特に大型船。❷(船に積み込むから)商品を出荷すること。

じつ-ぶ【実部】複素数 z が $a+bi$ の形で表されるとき、その実数の項 a を指し、Re z と表される。一方、虚数の項 b は虚部といい、Im z と表される。実数部。

じっ-ぷ【実父】血のつながりのある父。本当の父親。

じっ-ぷ【実▽否】►じっぴ(実否)

ジップ〖ZIP〗《Zone Improvement Plan》郵便集配区域改善計画。米国の郵便番号制度。

ジップ〖ZIP〗コンピューターのファイルの圧縮・解凍形式の一。LHA(LZH形式)とともに広く普及している。圧縮ファイルにzipという拡張子がつくため、ZIP形式ともいう。

しっ-ぷう【疾風】❶速く激しく吹く風。はやて。❷風速毎秒8.0〜10.7メートルで、風力階級5の風。

疾風に勁草を知る　《「後漢書」王覇伝から》激しい風が吹いてはじめて丈夫な草が見分けられる。苦難にあってはじめて、その人の節操の堅さや意志の強さがわかるということ。

しっぷう-じんらい【疾風迅雷】激しく吹く風と激しい雷。事態の変化が急なこと、行動が迅速なことなどにたとえる。「—の進撃」

しっぷう-どとう【疾風怒×濤】❶激しく吹く風と、激しく打ち寄せる大波。❷►シュトゥルム-ウント-ドラング

しっぷう-もくう【×櫛風×沐雨】《「晋書」文帝紀から。風で髪をすき、雨でからだを洗うの意》風雨にさらされて苦労すること。さまざまな苦労をすることのたとえ。風に櫛り雨に沐う。

しつ-ぶか【湿深】〔名・形動ナリ〕《近世語》好色なこと。また、そのさまや人。「わたしが手を握るといふは、おえねえおまへも—な人だ」〈咄・無事志有意〉

しつ-ぶか-い【湿深い】〔形〕《近世語》❶湿気が多い。じめじめしている。「極楽は水辺にて—い所故、車しめり候ふにや」〈滑・見外白宇瑠璃・三〉❷色事にしつこい。多淫である。「そもそも米八が丹次郎に—くなせしは」〈人・辰巳園・三〉

シップキー-もん【シップキー門】《Shipquay Gate》英国、北アイルランド北西部の都市ロンドンデリーの市街を囲む城壁の門の一。北東に位置する。城壁は17世紀初め、プロテスタントの入植者により建造。ジェームズ2世とウィリアム3世の英国王位をめぐる争いの中で、1688年から翌年にかけてジェームズ2世の包囲を受けたことで知られる。➡ザ-ダイヤモンド

じっぷく-ちゃ【十服茶】►貢茶

ジップ-コード【ZIPコード】《ZIP code》米国の郵便番号。

シップス〖SIPS〗《strategic Internet professional service》インターネットに関わる事業を総合的に請け負う業者。新たにネットワークビジネスに参入しようとする企業に対し、コンサルティング、ウェブデザイン、システム開発・運用、マーケティングなどを行う。

じつ-ぶつ【実物】実際のもの。現物。「—そっくりの模型」(類語)本物・現物・オリジナル

じつぶつ-きょうじゅ【実物教授】►直観教授

じつぶつ-しさん【実物資産】土地・建物・機械・原材料・製品などの形で保有する資産。現金・預金・有価証券・貸出金などの金融資産に対していう。

じつぶつ-しじょう【実物市場】決済期日に実物と代金の受け渡しをすることによって決済する市場。➡清算市場

じつぶつ-だい【実物大】実物と同じ大きさであること。「—の写真」

じつぶつてきけいきじゅんかん-りろん【実物的景気循環理論】►リアルビジネスサイクル理論

じつぶつ-とりひき【実物取引】決済期日に実物と代金の受け渡しをすることによって決済する取引。現物取引。➡先物取引

ジップ-プラスフォー〖ZIP＋4〗《ZIP plus four》米国の郵便番号制で、従来の5桁に4桁を加え9桁としたもの。1981年2月より実施され、主に会社や事務用の郵便物に使用されている。

じつ-ぶん【実聞】直接、自分の耳で聞くこと。実際に聞くこと。また、その話。

しっ-ぺ【▽竹×篦】「しっぺい(竹篦)」の音変化。

しっ-ぺい【▽竹×篦】❶禅宗で、師家が参禅者の指導に用いる法具。長さ60センチ〜1メートル、幅3センチほどの、割り竹で作った弓状の棒。❷片手の人さし指と中指とをそろえて相手の手首を打つこと。しっぺ。

しっ-ぺい【疾病】やまい。病気。疾患。(類語)病気・病・疾患・患い・障り・病魔・持病

しっ-ぺい【執柄】❶政治上の権力を握ること。また、その人。❷摂政・関白の異称。

しっぺい-がえし【▽竹×篦返し】〔名〕スル《竹篦で打たれたのを、打ち返す意から》すぐに仕返しをすること。しっぺがえし。「—を食う」

しっぺい-け【執柄家】摂政・関白に任ぜられる家柄。摂家。

しっぺいたいさく-センター【疾病対策センター】►シー-ディー-シー(CDC)

しっぺいにゅういん-とくやく【疾病入院特約】生命保険における特約の一つ。病気治療のために、継続して一定の日数以上入院した場合に入院給付金が支払われるもの。

しっぺい-ほけん【疾病保険】傷病を保険事故として、療養の給付と傷病手当金の支給を約する保険。

しっぺいよぼう-かんりセンター【疾病予防管理センター】►シー-ディー-シー(CDC)

しっぺ-がえし【▽竹×篦返し】「しっぺいがえし」の音変化。「甘くみると手痛い—を食う」(類語)仕返し・報復・返報・復讐・お礼参り・敵討ち・仇討ち・雪辱

ジッヘル〖ドイ Sicherung〗〔名〕スル 登山で、確保❷の古い言い方。ビレー。

しつ-べん【執×鞭】❶むちをとること。❷むちで馬を

あつかうこと。また、その人。御者。

じっぺんしゃ-いっく【十返舎一九】［1765～1831］江戸後期の戯作者。駿河の人。本名、重田貞一。初め江戸に出て、のち大坂に行き、浄瑠璃の合作で文筆活動を始めた。江戸に戻り、洒落本・黄表紙などを書き、滑稽本「東海道中膝栗毛」で有名になった。他に人情本「清談峯初花」など。

しっ-ぽ【尻尾】《「しりお」の音変化》❶動物の尾、また、魚の尾びれ。「犬が一を振る」❷尾に似たもの。また、細長いものの末端。「行列の一に並ぶ」❸隠していたことやごまかしが現れる端緒。類語尾・尾っぽ

尻尾を出・す　《化けた狐や狸が尻尾を出して正体を見破られる意から》隠していたことやごまかしが露見する。ぼろを出す。

尻尾を掴つか・む　他人のごまかしや悪事の証拠などを押さえる。「犯人の一・む」

尻尾を振・る　力のある者に気に入られるように振る舞う。「上役に一・る」

尻尾を巻・く　立ち向かう気持ちをなくす。降参する。「一・いて逃げ出す」

しっ-ぽ【疾歩】速く歩くこと。はやあし。

しっぽ〔副〕❶十分ぬれるさま。しっとり。「一とやぬれかけ道者北時雨/余淋」〈貝おほひ〉❷情がこもって、しめやかなさま。しっぽり。「二人一と臥し給ふ台子だいの間の高遣戸たかやりど」〈浄・用明天王〉

じ-つぼ【地坪】ヂ 地面の坪数。➡建坪

じつ-ぼ【実母】血のつながりのある産みの母。類語生母・母

しつ-ぼう【失亡】バウ〔名〕スル うしなうこと。また、なくなること。亡失。「殆んど敗軍の兵士の如く、全く気力を一して」〈鉄腸・雪中梅〉

しつ-ぼう【失望】バウ〔名〕スル 期待がはずれてがっかりすること。また、その結果、希望を持てなくなること。「一の色を隠せない」「前途に一する」類語落胆・絶望・失意・幻滅・がっかり

しっ-ぽう【七宝】❶「しちほう(七宝)❶」に同じ。❷「七宝焼き」の略。❸「七宝繋つなぎ」の略。❹紋所の名。七宝文を図案化したもの。

じっ-ぽう【十方】パウ ❶東・西・南・北の四方、北東・南東・南西・北西の四隅と上・下の方角。❷あらゆる方面。すべての所。

じっ-ぽう【実包】パウ 火薬が込めてある弾丸。実弾。⇔空包。

じっ-ぽう【実法】❶(ジホ)仏語。永遠不変の実体としての存在。⇔仮法けほう。❷(ジッパ)㋐まじめなこと。篤実。律義。「一の者には物仰せにくければとて」〈盛衰記・一六〉㋑実際のようす。実体。「解体新書をつねに講じて、その一を人に示せしと」〈蘭学事始〉

しっぽう-インデン【七宝インデン】彩色した紋柄もんがらをつけたインデン。補説「七宝印伝」とも書く。

じっぽう-くう【十方空】ジッパウ 十方世界のすべてのものは本来みな空であるということ。

じっぽう-ぐれ【十方暮れ】ジッパウ ❶暦注の一。甲申きのえさるから癸巳みずのとみまでの10日間の称。この間は十方の気がふさがり、万事に凶とされる。❷空がどんよりと曇っていて暗いこと。途方に暮れることの形容にも用いる。「鞍坪に伝ふ涙の一、泣く泣く引かれ行く姿」〈浄・大経師〉

しっぽう-しょうごん【七宝▽荘厳】シャウゴン 七宝を用いて仏具・仏像などを飾ること。

じっぽう-じょうど【十方浄土】ジッパウジャウド 十方に無量無辺に存在する諸仏の浄土。十方土。十方仏土。

じっぽう-せかい【十方世界】ジッパウ 十方に存在するすべての世界。全世界。

じっぽう-だんな【十方旦那｜十方×檀那】ジッパウ ❶あちこちの檀家。方々の施主。「勧進帳をささげて、一をすすめありきける程に」〈平家・五〉❷方々の得意先。顧客。「十六年このかた、一の機嫌を取り」〈浄・宵庚申〉

しっぽう-つなぎ【七宝×繋ぎ】七宝文しっぽうもんをつなぎ合わせた文様。七宝。

しっぽう-ながし【七宝流し】七宝焼きの異称。

しっぽう-もん【七宝文】円周を円弧によって四等分した文様。これを基本として、さまざまの変形文様がある。

しっぽう-やき【七宝焼(き)】金属などの表面にガラス質の色釉いろぐすりを焼きつけて模様・絵などを表す装飾工芸。有線七宝・無線七宝・透明七宝などがある。七宝流し。エマーユ。

しつ-ぼく【質朴｜質×樸】〔名・形動〕性格がすなおで律義なこと。また、そのさま。純朴。素朴。「一な人」派生しつぼくさ〔名〕

しっ-ぽく【▽卓×袱】❶《卓の覆いの意》中国風の食卓。4脚で高さ1メートル弱。多くは朱塗りで周囲に紅白の紗綾さやを垂れる。しっぽく台。❷関西や信州で、そば・うどんにキノコ・かまぼこ・野菜などを入れて煮る料理。しっぽくうどん。しっぽこ。❸「卓袱料理」の略。

しっぽく-だい【▽卓×袱台】「卓袱しっぽく❶」に同じ。

しっぽく-りょうり【▽卓×袱料理】レウリ 中国料理に日本料理の手法を加えた長崎特有の料理。大きな器に料理を盛って食卓の中央に置く。

じつぼ-さん【実母散】漢方の家庭薬の一。産前産後・血の道・月経不順・つわりなどに用い、江戸中橋の木谷藤兵衛店を本家として広く流行した。

しっぽり〔副〕❶ぬれて十分に湿りけを含むさま。「春雨に一(と)ぬれる」❷男女の情愛のこまやかなさま。「一(と)語りあかす」❸落ち着いて静かなさま。しみじみ。「ひと精出してあとでの煙草。一と先づやりませうぞや」〈浄・盛衰記〉類語びしょびしょ・びしゃびしゃ・びちゃびちゃ・ぐっしょり・びっしょり・ぐしょぐしょ・しとど

じつ-まい【実米】►正米しょうまい

じつ-まい【実妹】同じ父母から生まれた妹。

じつ-みょう【実名】ミャウ ►じつめい(実名)

しつ-む【執務】〔名〕スル 業務についていること。また、事務を取り扱うこと。「午後五時まで一する」類語従事・従業・服務・就く・働く

しつ-む【湿霧】地上の物がしっとりとぬれるほどの大きな水滴からなる霧。⇔乾霧かんむ。

し-つ・む【▽為▽集む】〔動マ下二〕あれこれ取り集める。しあつむ。「去年こぞ今年の程に一・めさせ給へるもいみじう多かりし」〈栄花・衣の珠〉

じつ-む【実務】実際の具体的な仕事。「一に携わる」類語事務・業務・雑務・雑役・要務・特務・激務・急務

じつ-む【実夢】事実とぴったり合う夢。正夢まさゆめ。

じつむ-か【実務家】❶実務に携わる人。❷実際の事務を要領よくこなすことにたけている人。

しつむ-りつ【×悉無律】生体の神経線維や筋線維などの刺激に対する反応には、起きるか起きないかの二つしかないという法則。刺激が一定の大きさとなるまでは起こらずそれを超すと、刺激の大きさに無関係に同量の反応が起きる。全か無かの法則。

じ-つめ【地詰(め)】ヂ ❶►地押し ❷水に濡れると縮みやすい木綿などを、仕立てる前に布地に霧を吹き湿らせて縮めること。

じ-づめ【字詰(め)】1行または1枚に収める字数。

しつ-めい【失名】だれだか名前がわからないこと。

しつ-めい【失命】〔名〕スル 命を失うこと。死ぬこと。落命。

しつ-めい【失明】〔名〕スル 視力を失うこと。盲目になること。「事故で一する」

じつ-めい【実名】仮名・通称などに対して、本当の名前。本名ほんみょう。じつみょう。「一を伏せる」類語本名

じつ-めい【実銘｜実明】〔名・形動〕まじめで正直なこと。また、そのさま。実直。「中々温順おとなしやかな一な男だと云って」〈円朝・真景累ヶ淵〉

しつめい-し【失名氏】名前のわからない人を示すときなどに用いる語。なにがし。無名氏。「一の詩」

じつめい-しょうせつ【実名小説】セウセツ モデルとする人物を、実名のまま用いて作中人物とした小説。

じつ-もって【実▽以て】〔副〕物事の程度を強調する語。実に。まったく。「世の中は一不思議なもので御座りますよ」〈木下尚江・良人の自白〉類語全く

しつ-もん【質問】〔名〕スル わからないところや疑わしい点について問いただすこと。また、その内容。「一に答える」「先生に一する」類語問い・質疑・発問・借問しゃもん・試問・下問・諮問・問答・問題・疑問・聞く・問う・尋ねる・諮はかる・質ただす・問い質す・聞き質す・問い合わせる・聞き合わせる

しつもんけんさ-けん【質問検査権】国税庁・国税局・税務署の職員が、所得税に関する調査で必要な場合に、納税者などに質問し、帳簿書類等を検査する権限のこと。所得税法第234条の規定による。

しつもんし-ほう【質問紙法】ハフ 社会調査などで、調査事項を質問の形で記載した用紙を配布し、回答を集計・分析する方法。

しつもん-しゅいしょ【質問主意書】国会議員が国政に関して内閣に対する質問の趣旨を記し議長に提出する文書。議長から送付を受けた内閣は原則7日以内に答弁書を作り、閣議決定して回答する。

しつもん-つうこく【質問通告】国会の委員会審議などにおいて、質問者が事前に、質問の趣旨を政府に通告すること。答弁の準備をさせることが目的。地方議会などでも行われる。

じ-つや【地艶】ヂ 日本刀の地、すなわち鎬しのぎから刃までの間を研磨したあとの仕上げぐあい。

じつ-やく【実役】歌舞伎で、実事じつごとを演じる役。また、その役者。実事師。

しつ-ゆう【執友】イウ ❶手を取り合うくらい親しい友。同志。❷父の友人。

しつ-よう【執×拗】シフエウ〔形動〕図〔ナリ〕❶しつこいさま。「一につきまとう」❷自分の意見にいつまでもこだわりつづけるさま。えこじ。がんこ。「一に自説を主張する」派生しつようさ〔名〕類語くどい・しぶとい

じつ-よう【実用】実際に用いること。日常生活などの場で実際に役に立つこと。「一に供する」「一品」

じつ-よう【実葉】ジエフ シダ植物の胞子葉ほうしようのこと。

じつよう-えいせい【実用衛星】ヱイ 日常生活や産業に役立つことを目的とした衛星。通信衛星・気象衛星・地球観測衛星・放送衛星など。

じつよう-しゅぎ【実用主義】►プラグマティズム

じつよう-しょ【実用書】日常生活で役立つための技能・知識・情報などを主とした本。

じつよう-しんあん【実用新案】物品の形状・構造または組み合わせについて、産業上利用できる新規の考案をすること。出願によって登録を受けると実用新案権が得られる。

じつようしんあん-けん【実用新案権】産業財産権の一。実用新案法により、実用新案を登録した物品の製造・使用などを排他的に独占できる権利。存続期間は出願の日から10年。

じつようしんあん-ほう【実用新案法】ハフ 実用新案の考案者に一定期間の実用新案権を付与して考案の保護および利用を図り、産業の発展に寄与することを目的とする法律。昭和35年(1960)施行。

じつよう-たんい【実用単位】ヰ 絶対単位とは別に、具体的測定に便利なように設けた単位。馬力・国際温度目盛りなど。

じつよう-てき【実用的】〔形動〕実際の用に適するさま。実際に役に立つさま。「一な贈り物」

じ-づら【字面】❶文字の形や文字を並べたぐあい。また、それから受ける感じ。「この名前は一がよくない」❷語句または文章が表面的に示す意味。「一どおりの意味」❸活字に彫られている字の表面。

しつ-らい【失礼】「しつれい」に同じ。「先達は洗湯で御一つかまつりました」〈滑・七偏人・初〉

しつ-らい【失▽例】病気。不例。わずらい。「姑しゅうと御のお一御介抱の隙ひまなければ」〈浄・源頼家源実朝鎌倉三代記〉

しつ-らい【疾雷】急に激しく鳴り響く雷。迅雷。《季 夏》類語雷かみなり・雷いかずち・鳴る神・雷らい・雷鳴・雷電・天雷・急雷・迅雷じんらい・霹靂へきれき・雷公・遠雷・春雷・界雷・熱雷・落雷・稲妻いなずま・稲光いなびかり・電光・紫電しでん

疾雷耳を掩おおうに及ばず　《「六韜」竜韜・軍勢から》急に雷が鳴って耳をおおういとまがない。事態が急激で、対処するいとまがないことのたとえ。

しつらい【▽設い】しつらひ ❶「設しつらえ」に同じ。「テーブル一をする」❷(「室礼」「補理」とも書く)平安時代、宴・移

転・女御入内などの晴れの日に、寝殿の母屋や庇に調度類を配置して室内の装飾としたこと。

じつ-らい【日来】日ごろ。にちらい。

しつら・う【▽設ふ】㊀〔動ハ四〕「設える」に同じ。「御帳の西おもてに御座を―・ひて」〈紫式部日記〉㊁〔動ハ下二〕「しつらえる」の文語形。

しつらえ【▽設え】しつらえること。用意。準備。「客室の―が済む」

しつら・える【▽設える】〔動ア下一〕図しつら・ふ〔ハ下二〕《「しつらう」(四段)の下一段化》❶こしらえ設ける。備えつける。「庭に物置を―・える」「部屋に飾り棚を―・える」❷部屋などを整え、飾りつける。「洋風に―・えた客間」(類語)備える

しつらくえん【失楽園】《原題 Paradise Lost》ミルトンの長編叙事詩。1667年刊。旧約聖書の「創世記」に取材。アダムとイブの楽園追放を神とサタンとの争闘のうちに描き、人間の原罪と神の恩寵の問題を追求したもの。➡復楽園

しつ-らん【湿×爛】間擦疹の旧称。

じつ-り【実利】実際の利益や効用。実益。「虚名を捨てて―をとる」(類語)実益・利益・益・得・為・裨益・便益・メリット・得る所・一利

じつ-り【実理】日常生活の経験から得た道理。実際に即した理論。「―に従う」

じつり-しゅぎ【実利主義】現実的な利益を追求するものの考え方。功利主義。

しつ-りょう【室料】宿泊・集会などのため、一定時間借りる部屋の料金。部屋代。

しつ-りょう【質料】《ギリ hylē; ラテ materia; 英 matter》素材の意。アリストテレス以来、形相と相関的に用いられる。例えば、家の機能や構造上の形式が形相で、その素材となる木材は質料。ヒュレー。⇔形相。

しつ-りょう【質量】❶物体の慣性の大きさを示す量。または、重力を生じさせる原因となる量。相対性理論によれば、質量はエネルギーの一形態であるとされる。単位はキログラム、その他トン・カラット・匁など。❷物の重さ。重量。「このカメラの―は約1キロだ」

しつりょう-いん【質料因】アリストテレスの説いた四原因の一。事物が生成するための素材となるもの。➡形相因 ➡動力因 ➡目的因

しつりょう-けっそん【質量欠損】原子核を構成している陽子と中性子の質量の総和から、原子核の質量を引いた差。陽子と中性子とが原子核を構成するとき、結合エネルギーを得るため、ある程度の質量を失うことから生じる。

しつりょうこうど-かんけい【質量光度関係】恒星の質量と絶対等級(光度)の関係。光度は質量のほぼ3〜4乗に比例する。

しつりょうさよう-の-ほうそく【質量作用の法則】化学反応における重要な法則の一。化学平衡が成立しているとき、反応物質の各濃度の積と生成物質の各濃度の積との比は、一定温度のもとにおいては一定であるという法則。

しつりょう-じかりつ【質量磁化率】単位質量当たりの磁化率。ふつう1グラム当たりの磁化率で表される。

しつりょう-すう【質量数】原子核を構成している陽子と中性子の数の和。

しつりょう-スペクトル【質量スペクトル】質量分析器などで、イオンをその質量と電荷との比に応じて分け、大きさの順に並べたもの。

しつりょう-たんい【質量単位】質量をエネルギーの単位で表したもの。相対性理論によれば、静止した質量 m の物体は mc^2(cは光の速さ)のエネルギーで表される。

しつりょう-ちゅうしん【質量中心】物体の質量がその点に集中しているとみなせる点。物体が運動するとき、質点と同じ運動をし、重心と一致する。

しつりょう-ふくしゃ【質量×輻射】恒星の内部の非常に高温な所では、物質自体が燃焼して放射エネルギーに転換するという仮説。

しつりょうふへん-の-ほうそく【質量不変の法則】►質量保存の法則

しつりょう-ぶんせき【質量分析】加速したイオンが電場や磁場の中を通るときに、その電荷と質量との比に応じて進路が曲がることを利用した分析法。同位体の区別・定量などに用いられる。

しつりょうぶんせき-き【質量分析器】原子や分子の質量分析に用いる装置。イオンを直接写真乾板上に受けて記録する方式のもの。

しつりょうほぞん-の-ほうそく【質量保存の法則】化学反応の前と後で、反応にあずかる物質の質量の総和は変わらないという法則。1774年ごろ、ラボアジェが発見。質量不変の法則。

じつ-りょく【実力】❶実際に備えている能力。本当の力量。「―がつく」「―を発揮する」❷目的を果たすために実際の行為・行動で示される力。腕力・武力など。「―にうったえる」「―で排除する」(類語)腕っ節

じつりょく-こうし【実力行使】ある目的を達するために、話し合いによらず、武力や腕力などをもって実際の行動に出ること。特に、労働争議にあたり、ストライキなどを行うこと。

じつりょく-しゃ【実力者】ある社会での影響力や支配力を実際にもっている人。「党内の―」

じつりょく-しゅぎ【実力主義】年齢・性別・学歴などによらず、実際の能力や仕事の成果を重視して評価を決める考え方。

じつりょく-はん【実力犯】►強力犯

しつ-れい【失礼】㊀〔名・形動〕スル ❶他人に接する際の心得をわきまえていないこと。礼儀に欠けること。また、そのさま。失敬。「―なやつ」「先日は―しました」❷他人のもとを立ち去ることのていねいな言い方。「お先に―します」㊁〔感〕軽く謝るとき、人に何かたずねたり頼んだりするとき、また人と別れるときなどのあいさつの言葉。「―、ちょっと前を通してくださいませんか」「また近いうちに会おう、では―」

(用法)失礼・失敬・無礼――「人の足を踏んでおいて謝りもしないとは失礼な(失敬な・無礼な)やつだ」のように、礼儀を心得ないの意では相通じて用いる。◆「失礼」は、問いかけたり、わびたり、別れたりするときなど、礼儀に外れないために、もっとも普通に男女ともに用いる。また、相手が目上・同輩・目下だれにでも使える。「失礼ですが、山本さんでいらっしゃいますか」「お名前を読み間違えてたいへん失礼いたしました」「お先に失礼」など。◆「失敬」は、やや古い語で、主に男性が同輩・目下に対して使う。敬意の程度は「失礼」よりも軽く、「きのうは失敬した」「これで失敬するよ」などと用いる。◆「無礼」は古風な語で、目上に対して身分をわきまえないという意味合いを含む。「ご無礼いたします」「この無礼者」

(類語)㊀(❶)失敬・無礼・ぶしつけ・無作法・非礼・欠礼・不敬/(❷)失敬・さようなら・ごきげんよう・バイバイ

じつ-れい【実例】実際にあった事例。「―を挙げて説明する」(類語)例・一例・具体例・例証・たとえ・引き合い・ケース・例外・特例・用例

じつ-れき【実歴】❶身をもって経験したこと。実際に見聞きした事柄。「―の事を筆録して、遺忘に備うるは」〈中村訳・西国立志編〉❷偽りのない履歴。

しつ-れん【失恋】〔名〕スル 恋する思いが相手に通じなかったり、相手に拒絶されたりすること。

しつ-ろ【失路】進路を失うこと。失意におちいること。「もはや拓落―の人となった」〈藤村・家〉

じつ-ろく【実録】❶事実をありのままに記録したもの。❷編年史の形式の一。ある帝王1代の出来事を年を追って記録したもの。「文徳―」❸「実録物」の略。(類語)筆録・実記・手記・雑報・記事・ドキュメント

じつろくせんだいはぎ【実録先代萩】歌舞伎狂言「早苗鳥伊達聞書」の通称。

じつろくちゅうしんぐら【実録忠臣蔵】歌舞伎狂言。時代物。7幕。福地桜痴作、3世河竹新七補。明治23年(1890)東京歌舞伎座初演。忠臣蔵を実録ふうに脚色したもの。

じつろく-もの【実録物】小説・歌舞伎狂言などの一系統で、事実に虚構をまじえて興味本位につくられたもの。❶江戸時代、講釈師の口述を書き留めた講談台本などを書写した読み物。お家騒動物・捌き物・仇討ち物・武勇伝などがある。実録本。実録体小説。❷❶または直接講談をもとに脚色された歌舞伎狂言。明治初期から中期に盛行。

じつ-わ【実話】❶実際にあった話。事実談。❷実際にあった話をもとに書かれた読み物。「―小説」

し-て【仕手・▽為手】《「し」はサ変動詞「する」の連用形。「仕」は当て字》❶あることをする人。やりて。「世話の―がない」❷(ふつう「シテ」と書く)能・狂言の主人公の役。また、その演者。中入りのあるときは前ジテと後ジテとがあるが、同一役者が演じる。➡ワキ ➡ツレ ➡アド ❸(仕手)株式市場などで、投機によって大きな利益を得ることを目的として、大量の売買をする人。「―戦」(類語)主役

し-て〔接〕《動詞「する」の連用形＋接続助詞「て」から》前に述べた事柄を受けて、それに続けて言うことを導く語。そして。それで。「―ご用の趣きは」

して《動詞「する」の連用形＋接続助詞「て」から》㊀〔格助〕名詞、活用語の連体形、副詞・助詞などに付く。❶動作をともにする人数・範囲を表す。「みんな―考えよう」「もとより友とする人一人二人―行きけり」〈伊勢・九〉❷動作をさせられる人を表す。「私を―言わしめれば、その説明では承服しかねる」「楫取り―幣奉らするに、幣の東へ散れば」〈土佐〉❸(多く「にして」の形で)動作の行われる時間・空間を表す。「三〇歳に―独立する」「勝軍王と申す大王の前に―此を競ふ」〈今昔・一・九〉❹動作の手段・方法・材料などを表す。「そこなりける岩に、指の血―書きつけける」〈伊勢・二四〉㊁〔接助〕形容詞・形容動詞、一部の助動詞の連用形に付く。上代では接尾語「み」にも付く。❶上の事柄を受け、それと並ぶ事柄または推移する事柄へと続ける。「策を用いず―勝つ」❷「そのような状態で」の意で下へ続ける。「ばっと消ゆるが如く―失せにけり」〈平家・三〉❸理由・原因を表す。「これはにぶく―あやまちあるべし」〈徒然・一八五〉❹逆接を表す。「格子どもも、人はなく―開きぬ」〈竹取〉㊂〔副助〕副詞・助詞などに付いて、意味・語調を強める。「一瞬に―家が倒壊した」「先生から―あんな事をする」(補説)㊀❷は現代語や漢文訓読調の文体では、「をして」の形で用いられる。

しで【四手・▽垂】《動詞「し(垂)ず」の連用形から。「四手」は当て字》❶玉串や注連縄などにつけて垂らす紙。古くは木綿を用いた。➡〆の子 ❷白熊の毛で作った払子に似たもの。槍の柄につけて槍印とする。❸カバノキ科クマシデ属の落葉高木の総称。イヌシデ・アカシデ・クマシデなど。

し-で【死出】死んであの世へ行くこと。「―の門出」

シデ〖Side〗小アジアにあった古代都市。現在のトルコ南西部の都市アンタリヤの東約65キロメートルに位置する。紀元前7世紀にイオニア人が建設し、紀元前4世紀にアレクサンドロス3世に征服された。1世紀から2世紀にかけて古代ローマ帝国の植民地パンフィリア地方の主要都市として栄え、円形劇場、神殿などの遺跡がある。スィデ。

し-てい【子弟】子や弟。転じて、年少者。(類語)子供・子・子女・児女・愛児・子息・息男・息女・息子・娘・倅・子種・子宝・二世・お子さま・令息・令嬢・お坊っちゃん・お嬢さん・お嬢さま

し-てい【仕丁】►じちょう(仕丁)

し-てい【私邸】私的な生活のための、個人の邸宅。(類語)自宅・私宅・自家・拙宅・ねぐら

し-てい【使丁】雑用に従事する人。用務員。

し-てい【姉弟】姉と弟。(類語)兄弟・兄弟・姉妹・兄妹・弟妹・兄姉・同胞・はらから・連枝

し-てい【指定】〔名〕スル ❶人・時・所・事物などを特にそれとさして決めること。「―の時刻」「約束の場所を―する」❷行政官庁が法令によって特定の資格を与えること。「国定公園に―する」(類語)特定・限定・指名・名指し

し-てい【師弟】師匠と弟子。教師と生徒。「―愛」

師弟は三世 師弟の縁は前世・現世・来世の3世

につながる深い因縁で結ばれている意。
し-てい【紫庭】《「紫」は天帝の座の紫微垣の意》内裏。皇居。宮中。
し-てい【視程】大気の混濁の度合いを表す尺度の一。肉眼で目標物を見分けることのできる最大距離で、0(50メートル未満)〜9(50キロ以上)の階級に分ける。
し-てい【視▽聴】▶しちょう(視聴)
し-てい【×廝丁】▶しちょう(廝丁)
し-でい【紫泥】無釉で赤紫色または紫褐色の陶器。天青泥といわれる土を用いた、中国宜興窯のものが代表的。➡朱泥
じ-てい【次丁】律令制で、老丁および軽い身体障害のある男子。じちょう。
じ-てい【耳底】耳の底。耳の奥。「一に残る言葉」
じ-てい【自邸】自分の屋敷。
じ-てい【治定】《「ちてい」とも》国などをおさめ安定させること。世の中がおさまり安定すること。
シティー〖city〗㊀都市。都会。町。「一プランニング」㊁(City)《City of Londonの略》ロンドンの特別行政区域。銀行・保険・証券取引所などが集中し、国際金融・商業の中心地。
シティー-カー〖city car〗都市の交通難を解消するために研究されている1〜2人乗りの超小型車。
シティー-ガール《和 city＋girl》流行・ブランドなどに敏感な都会風な若い女の子。
シティー-コミューター《和 city＋commuter》主として都市内の移動や近郊からの通勤に使われる小型乗用車。
シティー-サイクル〖city cycle〗町乗りのための自転車。町中で近距離移動することに向く自転車。また、ママちゃりのこと。
シティー-ボーイ《和 city＋boy》都会風の感覚を身につけ、流行に敏感な若い男性。
シティー-ホール〖city hall〗市庁舎。
シティー-ポスト《和 city＋post》大都市での郵便局不足を解消するために、百貨店や旅行代理店などの商業施設内に設置された簡易郵便局の旧称。平成2年(1990)から東京都区部・横浜・名古屋・大阪で約20か所に設置されたが、同10年ごろからほとんどが廃止された。大都市型簡易郵便局。
シティー-ホテル《和 city＋hotel》都市の中心部にあるホテル。
シティーマネージャー-システム〖city manager system〗▶カウンシルマネージャーシステム
シティー-ライフ《和 city＋life》都市での生活。都会的な生活。(補説)英語ではurban life
してい-かいごりょうようがたいりょうしせつ【指定介護療養型医療施設】介護保険法に基づく介護保険施設の一。長期療養が必要な要介護者が入院する施設。療養病床をもつ病院・診療所が指定される。
してい-かいごろうじんふくししせつ【指定介護老人福祉施設】介護保険法に基づく介護保険施設の一。老人福祉法において特別養護老人ホームと呼ぶ施設のこと。介護老人福祉施設。➡特別養護老人ホーム
してい-かいなんかんけいにん【指定海難関係人】海難審判において、その審判を要請する理事官が海難の原因に関係すると判断した者のうち、海技免状などの受有者である受審人以外の者。例えば、船舶の所有者や設計者など。
してい-がっこう【指定学校】所轄の官庁で、その卒業生に対し特定の資格を認めた学校。指定校。
してい-かんせんしょう【指定感染症】感染症予防法による感染症の分類の一。すでに知られている感染症(感染症予防法の一類、二類、三類感染症等を除く)で、国民の健康に重大な影響があるとして、政府が政令で指定する感染症。一類〜三類感染症に準じて対応する。
してい-かんりしゃ【指定管理者】指定管理者制度において、地方公共団体から公の施設の管理を任される団体のこと。条例で定められた選任手続きを経て、地方議会の議決により決定される。株式会社・NPO法人など民間事業者も指定を受けられるが、法人・団体に限られ個人は認められない。
してい-かんりしゃ-せいど【指定管理者制度】体育館や図書館など地方公共団体が住民の福祉を増進する目的で設置した公の施設の管理運営を、地方公共団体が指定した民間事業者を含む法人・団体に行わせる制度。民間の活力を導入し自治体の経営改善を図る目的で、平成15年(2003)の地方自治法改正に伴い導入された。従来、公の施設の管理は地方公共団体や第三セクターなど外郭団体に限定されていたが、この制度により、民間企業・NPO法人・任意団体なども指定管理者として施設の管理運営を代行できるようになった。指定管理者は、条例に基づいて、施設の利用料金を収受・変更することができる。➡PFI
してい-ぎょぎょう【指定漁業】漁業法に基づき、農林水産大臣の許可を受けなければ行えない漁業。サケ・マス漁業、マグロはえなわ漁業など。➡許可漁業
してい-きんゆうきかん【指定金融機関】地方自治法に基づき、地方公共団体が公金の収納、支払いなどの事務の取り扱いを委託するために指定する金融機関。
してい-くうこうきのうしせつじぎょうしゃ【指定空港機能施設事業者】空港法に基づいて、羽田空港など国が管理する空港で、旅客・貨物・給油関連の施設(空港機能施設)を建設・運営する事業者。国土交通大臣が認定する。国に使用料を支払って用地を借り受け、施設を建設し、テナントに賃貸したり、利用料を徴収するなどして運営する。
してい-こう【指定校】▶指定学校
してい-こうきょうきかん【指定公共機関】国や地方公共団体と協力して緊急事態などに対処する機関。医療・電気・電気通信・放送・ガス・運送事業者などで、災害対策基本法・国民保護法・武力攻撃事態法などでそれぞれ指定されている。
してい-こうけんかんとくにん【指定後見監督人】後見人を指定する立場にある者が、遺言によって指定した未成年者の後見監督人。
してい-こうけんにん【指定後見人】未成年者に対して最後に親権を行使した者が、遺言で指定した後見人。
してい-こうぞうけいさんてきごうせいはんていきかん【指定構造計算適合性判定機関】▶構造計算適合性判定機関
してい-しょく【指定職】一般職の国家公務員のうち、職務内容や責任の重大さから特別の俸給表を適用される官職。事務次官、外局の長、大学の学長、病院の長など。
じ-ていすう【時定数】電気回路に電流を流しはじめてから定常電流になるまでの電流の変化速度を表す定数。定常電流になるまでの時間の目安となる。
してい-せき【指定席】その人のために定められた座席。
してい-でんせんびょう【指定伝染病】伝染病予防法により、法定伝染病に準じ、必要に応じて厚生大臣が指定した伝染病。平成11年(1999)感染症予防法施行により廃止。
してい-とし【指定都市】地方自治法の規定により、政令で指定された人口50万以上の市。区を設けられるなど、普通の市と異なる取り扱いが認められる。大阪・名古屋・京都・横浜・神戸・北九州・札幌・川崎・福岡・広島・仙台・千葉・さいたま・静岡・堺・新潟・浜松・岡山・相模原・熊本の20市(平成24年現在)。政令指定都市。自治指定都市。
していとし-しちょうかい【指定都市市長会】全国の指定都市の市長で構成される会。指定都市市長会議の開催や、大都市に共通する課題の調査・研究、国に対する政策提言などを行う。昭和23年(1948)に設置された五大市共同事務所から名称変更や参加都市の追加などを経て、平成15年(2003)発足。全国20の指定都市の市長からなる(平成24年現在)。
してい-ねだん【指定値段】▶指し値
してい-ひ【指定秘】▶形式秘
してい-めいがら【指定銘柄】信用取引銘柄のうちから各業種を代表し、市場性が大きく、市場の動向を敏感に反映する銘柄を各証券取引所が選んで指定したもの。特定銘柄に代わって昭和53年(1978)から平成3年(1991)まで実施され、特別な優遇措置がとられた。
しで-う-つ【しで打つ】〔動タ四〕砧を盛んに打つの意という。「鹿驚かすてふ引板の声、衣一・つ槌の音」〈梁塵秘抄・二〉
シテール-とう【シテール島】《Cythère》▶キティラ島
しで-おけ【四手×桶】指物の一。棹の先にとりつけた桶のへりに四手を垂らしたもの。
しで-おしき【四手折敷】指物の一。棹の先端に取り付けた折敷の縁に、紙を細く切って四手のように垂らしたもの。しでおりしき。
しで-がさ【四手×笠】指物の一。棹の先にとりつけた笠のへりに四手を垂らしたもの。
し-でか-す【仕出かす│▽為出かす】〔動サ五(四)〕ふつうでは考えられないような大きなことや大失敗をする。やらかす。やってのける。「とんでもないことを一・したものだ」「何を一・すかわからない」
して-かた【仕手方】能楽師のうち、シテ・シテヅレ・子方・地謡・後見などを専門に務める者。また、その家柄。観世・宝生・金春・金剛・喜多の五流がある。➡ワキ方 (補説)ふつう「シテ方」と書く。
して-かぶ【仕手株】仕手❸が好んで対象とし、投機的な売買の対象になりやすい株。
して-から-が〔連語〕(多く「…にしてからが」の形で)…でさえも。「親に一このありさまだ」
し-てき【指摘】〔名〕スル 大切な点や注意すべきこと、欠点や過失などを具体的に取り上げて指し示すこと。「弱点を一される」
し-てき【史的】〔形動〕歴史に関するさま。歴史的。「一な事実」
し-てき【私的】〔形動〕個人にかかわっているさま。おおやけでないさま。プライベート。「一な感情」⇔公的。
し-てき【詩的】〔形動〕詩のような趣のあるさま。「一な響きをもつ言葉」
じ-てき【自適】〔名〕スル 束縛を受けず心のおもむくままに伸び伸びと楽しむこと。「悠々一の生活を楽しむ」(類語)安逸・楽
じ-でき【地出来】その土地でできること。また、できたもの。「一の卵」
してき-げんざい【史的現在】過去の事実や歴史上の出来事を生き生きと描写するために、現在形を用いて述べること。歴史的現在。
してき-じち【私的自治】個人の私法上の法律関係を、個人の自由な意思に基づいて律すること。近代私法の一原理とされる。
してき-しもんきかん【私的諮問機関】国の行政機関や地方公共団体の執行機関に設けられる会合。外部の有識者や実務経験者を招いて、行政上の課題について議論・提言を行う。大臣や首長などの決裁により開催されるもので、法令に基づいて設置される審議会とは区別される。審議会と区別するため、懇談会・懇話会・考える会・検討委員会・事務局などの名称が用いられる。
してき-せいさい【私的制裁】▶私刑
してき-せいり【私的整理】破産法・民事再生法・会社更生法などの法的手続きによらずに、債権者と債務者の合意によって債権債務を処理する手続き。裁判所は介在せず、弁護士・司法書士などを通じて交渉する。法人の場合、事業の継続を図る再建型の手続きと会社を解体する清算型の手続きがある。任意整理。➡法的整理
してき-ねんきん【私的年金】民間の企業・団体

が行う企業年金・団体年金などと、個人が任意で加入する個人年金の総称。➡公的年金

してき-ゆいぶつろん【史的唯物論】《ドイツ historischer Materialismus》マルクス主義の歴史観。歴史の発展の原動力は、社会的生産における物質的生産力とそれに照応する生産関係とからなる社会の経済的構造にあるとする立場。その上に政治・法律・宗教・哲学・芸術などの制度や社会的意識形態が上部構造として形成され、やがてその生産関係は生産力の発展にとって桎梏しっこく(束縛するもの)となり、新しい、より高度の生産関係に変わるとされる。唯物史観。➡弁証法的唯物論

してきろくおんろくが-ほしょうきん【私的録音録画補償金】シテキロクオンロクグワホシヤウキン MDやDVDなど政令で指定されたデジタル機器・媒体で録音・録画する者が、私的な利用であっても著作権者に支払う義務のある補償金。機器やメディアの販売価格に上乗せされ、メーカーがまとめて補償金管理団体に支払っている。平成4年(1992)の著作権法改正によって導入。

して-ぐるま【四手車】指物の一。棹さおの先にとりつけた車の輪の周りに四手を垂らしたもの。

しで-こぶし【▽幣辛＝夷｜四手拳】モクレン科の落葉小高木。葉は長楕円形で、春、葉の開く前に紅がかった白色の大形の花をつける。中国の原産で、庭木にする。ひめこぶし。(季 春)

しで-ざくら【四手桜】ザイフリボクの別名。

しで-さんず【死出三▽途】ヅ《死出の山と三途の川の意》冥途への旅に出ること。死ぬこと。「一の御供こそ、何かは逃れ申さん」〈仮・恨の介・下〉

して-して〔接〕接続詞「して」を重ねて意味を強めた語。そうして。「一竹生島の様体ようだい語って聞かせい」〈虎明狂・ぬらぬら〉

しで-しゃじん【四手▽沙▽参】キキョウ科の多年草。山地に自生する。高さ0.6〜1メートル。夏から秋、紫色の花を総状に開く。花びらが四手を思わせる。

して-せん【仕手戦】株式市場で、ある銘柄をめぐって売り方と買い方が激しく競り合って大量の売買を行うこと。

し-てつ【私鉄】❶民間の企業が経営する鉄道。私営鉄道。民鉄。❷JR以外の鉄道。もともとはその前身である国鉄(日本国有鉄道)に対していう語だったが、民営化されてからも慣例として使われる。

じ-てっこう【磁鉄鉱】ジテツクワウ 鉄の酸化物からなる鉱物。黒色で光沢があり、強い磁性をもつ。等軸晶系。多くの火成岩に副成分鉱物として含まれ接触交代鉱床・砂鉱床などに産する。主要な鉄鉱石。マグネタイト。

して-づれ【仕手連れ】《「してつれ」とも》能で、シテに従属する助演的な役柄。また、その演者。シテ方が務める。単にツレともいう。補説 ふつう「シテヅレ」と書く。

シテ-とう【シテ島】タウ《Cité》パリの中心部、セーヌ川の中にある島。パリ発祥の地。ノートルダム寺院などの歴史的建物がある。

して-どの【仕手殿】近世、鹿子かのこ結いを作る女性。

シテ-ド-レスパス〖Cité de l'espace〗フランス南西部、アキテーヌ地方、オート-ガロンヌ県の都市ツールーズにある、宇宙開発についてのテーマパーク。航空・宇宙産業が盛んな同地に1997年に開園。アリアンロケットの実物大模型、ロシアの宇宙ステーション、ミュールの試作品のほか、プラネタリウムなどがある。

しで-の-たおさ【死出の田▽長】タヲサ《「しず(賤)のたおさ(田長)」の音変化とも、死出の山から飛び来るところからともいう》ホトトギスの別名。しでたおさ。「名のみ立つ一は今朝ぞなく庵あまたとうとまれぬれば」〈伊勢・四三〉

しで-の-たび【死出の旅】死出の山へ行くこと。冥途めいどへ行くこと。死ぬこと。類語 死ぬ

しで-の-やま【死出の山】人が死後に行く冥途めいどにあるという険しい山。

しで-の-やまじ【死出の山路】ヤマヂ 死出の山の険しい山道。「見し世にぞかくも言はましなげきなく一をいかで越ゆらむ」〈宇津保・国譲上〉

して-は〔連語〕(「…に」「…と」のあとに付いて)…の割には。…という条件を考えに入れると。「小学生に一ませている」

して-ばしら【仕手柱】能舞台で、本舞台の向かって左側奥の、橋懸かりと舞台とが接する所の柱。シテの動作の起点・終点になる。

しではら-きじゅうろう【幣原喜重郎】キヂユウラウ［1872〜1951］外交官・政治家。大阪の生まれ。ワシントン会議に全権委員として出席。四度外相を務め、対英米協調外交を推進した。第二次大戦後、東久邇内閣のあとを受けて組閣し、新憲法草案作成に尽力。➡吉田茂

しではら-やき【志手原焼】兵庫県三田さんだ市志手原から産した陶器。三田焼の先駆。宝暦・明和(1751〜1772)のころ、小西金兵衛の創始になり、青磁・染め付け・呉須赤絵・色絵などを焼いたという。

しで-ひも【四手×紐】包装用の平ひも。

しでます-しんとう【▽垂▽加神道】シンタウ ➤すいかしんとう(垂加神道)

して-また〔接〕《接続詞「して」＋接続詞「また」から》そしてまた。それから。ところで。現代では、やや形式ばった表現として用いられる。「一その後のなりゆきは」「『まづ下には、白小袖をめしませう』『一中には』」〈狂言記・烏帽子折〉

して-みる-と〔接〕先行の事柄の結果として、後続の事柄へ続くことを示す。そうしてみると。そうだとすると。してみれば。「一まちがいだったのか」

して-みれ-ば ❶〔接〕《❷の一語化》「してみると」に同じ。❷〔連語〕《動詞「する」(サ変)の連用形＋接続助詞「て」＋動詞「みる」の仮定形＋接続助詞「ば」》格助詞「に」「と」に付く。その立場になってみると。…にとって。「あの人に一反対するのは当然だ」

しで-むし【埋＝葬虫】甲虫目シデムシ科の昆虫の総称。体は扁平、前翅ぜんしはやや短く尾端が露出している。夜行性で、動物の腐肉などを食う。ヤマトモンシデムシ・クロシデムシ・モモブトシデムシなど。

して-やったり【▽為て▽遣ったり】〔連語〕《動詞「してやる」の連用形＋完了の助動詞「たり」》うまくやりおおせた。自分の思いどおりに事を運んでやった。

して-やら-れる【▽為て▽遣られる】〔連語〕《動詞「してやる」の未然形＋受け身の助動詞「れる」》相手の策略にはまってしまう。

して-や-る【▽為て▽遣る】〔動ラ五(四)〕❶思いどおりにうまくやりおおせる。うまくだまして思いどおりにする。「一ったりとほくそえむ」「まんまと一られる」❷だまし取る。「適々たまたま手にふれし銀子を一り」〈浮・一代男・二〉❸十分に食べる。くらう。食う。「こはだをむりりむりりとあたまから一りながら」〈滑・浮世風呂・前〉

シデロスタット〖siderostat〗時計仕掛けで動く1枚の鏡を用いて、日周運動で動く天体からの光を常に一定方向に送る装置。

しで-わ【四手輪】指物の一。棹さおの先にとりつけた輪の周りに四手を垂らしたもの。

し-てん【支店】本店とは別の場所にあって、その指揮・命令を受ける営業所。⇔本店。
類語 支社・支局・支所・支部・出張所・出店

し-てん【支点】てこや天秤てんびんなどの支えとなる、固定した点。➡力点 ➡作用点

し-てん【司天】天文博士てんもんはかせの唐名。

し-てん【四天】❶四時の天。春の蒼天そうてん、夏の昊天こうてん、秋の旻天びんてん、冬の上天のこと。❷「四天王してんのう❶」の略。

し-てん【死点】ピストンやポンプなどの往復機関で、連接棒とクランクが一直線となり、力が一時的に零となる点。思案点。デッドポイント。

し-てん【至点】夏至点と冬至点。➡分点

し-てん【始点】❶ひと続きの物事の始まる箇所。❷数学で、ベクトル$\overrightarrow{AB}$または向きを持った線分ABの点A。⇔終点。

し-てん【×祀典】祭りの儀式。また、それを記した書物。

し-てん【指点】〔名〕スル 指でさし示すこと。指示すること。「舟の方向を一せん」〈織田訳・花柳春話〉

し-てん【視点】❶視線の注がれるところ。❷物事を見たり考えたりする立場。観点。「一を変えて考える」「相手の一に立つ」❸透視図法で、画像と直角に交わる仮定の一点。対象を眺める位置。類語 視座

し-でん【史伝】❶歴史・伝記として伝えられた記録の総称。❷歴史上の事実に基づいた伝記。

し-でん【市電】市営の電車。また、市街を走る路面電車。

し-でん【私田】❶私有の田。個人所有の田地。❷律令制で、位田・職田しきでん・賜田しでん・口分田くぶんでん・墾田など、個人に給された田。⇔公田。

し-でん【師伝】師匠から、じきじきに伝授されること。また、伝授されたもの。「一の秘法」
類語 伝授・奥伝・奥許し・口授・口伝

し-でん【紫電】❶紫色の電光。❷鋭い目の光。また、研ぎ澄ました刃などの鋭い光。❸旧日本海軍の迎撃用戦闘機。昭和17年(1942)末に1号機を完成。その後、改良機の紫電改が同19年に完成し、第二次大戦末期の本土防衛に活躍した。
類語 雷かみなり・雷いかずち・鳴る神・雷らい・雷鳴・雷電・天雷・急雷・疾雷しつらい・迅雷じんらい・霹靂へきれき・雷公・遠雷・春雷・界雷・熱雷・落雷・稲妻いなずま・稲光いなびかり・電光

し-でん【賜田】律令制で、戦功や政治的功績があった者あるいは高位高官の者などに別勅によって与えられた田。別勅賜田。

じ-てん【地天】ヂ《梵 Pṛthivīの訳》もとは、大地をつかさどるインドの女神で、仏教の護教神となったもの。十二天の一。釈迦しゃかの成道じょうどうの時、地中から出現してその証人となったとされる。堅牢地神。

じ-てん【字典】漢和辞典や漢字字典など、語の表記単位である文字、特に漢字を登録した辞書。漢字を一定の順序に並べ、その発音・字源・意味・用法などを説明する。字書。字引じびき。もじてん。類語 字書・字引・辞書・辞典・レキシコン・ディクショナリー

じ-てん【次点】❶最高点の次の点数。また、その点数をとった人。❷入賞者や当選者の次にあたる得点・得票数。また、それを得た人。「選挙で一となる」❸万葉集の訓点の一。源順みなもとのしたごうら梨壺なしつぼの五人による古点からのち、仙覚が新点をつけるまでの、平安後期から鎌倉初期にかけてつけられた訓点。

じ-てん【自転】〔名〕スル ❶自分で回転すること。❷天体が、それ自身の内部にある軸の周りを回転する運動。➡公転

じ-てん【事典】百科事典や専門語辞典など、語を手がかりとして、それを名目とする事柄の内容を知らせる辞書。ことてん。類語 辞書・辞典

じ-てん【時点】時の流れの上で、ある一点またはある時期。「今の一では言明できない」「現一」
類語 時刻・時間・刻限・時分じぶん・頃合ころあい・頃おい

じ-てん【辞典】❶国語辞典・対訳辞典など、語の言語としての意味・用法と内容を示す辞書。言語辞書。字引じびき。ことばてん。❷「辞書❶」に同じ。類語 辞書・字書・字典・事典・レキシコン・ディクショナリー

じ-でん【寺田】奈良・平安時代、寺院の所有した不輸租田。仏事や寺院の経営などの費用に充てた。

じ-でん【自伝】自分で書いた自分自身の伝記。自叙伝。「一的小説」類語 自叙伝

しでん-いっせん【紫電一×閃】研ぎ澄ました刀をひと振りするときにひらめく鋭い光。転じて、事の火急なこと。

じでん-かん【磁電管】ジデンクワン ➤マグネトロン

してん-かんじょう【支店勘定】カンヂヤウ 簿記で、支店会計を独立させた場合、本支店間の貸借関係を処理するために、本店の帳簿に設ける勘定科目。

じてん-きょう【侍天教】ケウ 朝鮮の民間信仰。天道教(東学)の分派で、1856年に崔済愚が創始。一時衰退したが、1906年に李容九が再興。儒教・道教・シャーマニズムの習合したもので、天命を敬い、天道を明らかにし、天主に仕えることを教義とし、誠・敬・信の三義を道の体とした。

し-てんげ【四天下】「四州」に同じ。

してん-ざひょうけい【視点座標系】ザヘウケイ《viewing coordinate system》三次元グラフィックスの分野で用いられる座標系の一。三次元空間内におけ

る物体の位置や移動を表すために、視点を基準としたXYZ軸で座標系を定義する。ビューイング座標系。
じてん-じく【自転軸】天体が自転するときの回転軸。
じてん-しゃ【自転車】自分の足でペダルを踏むことによって車輪を回転させて走る乗り物。ふつうは二輪車。1810年代、ドイツ人ドライスの作った、地面を足で蹴って走る二輪車に始まるという。
じてんしゃ-きょうぎ【自転車競技】自転車を使用して、速さ・技術などを競う競技。競技場で行うトラックレース、道路で行うロードレースなどがある。
じてんしゃ-そうぎょう【自転車操業】《自転車は走るのをやめれば倒れてしまうところから》資金の借り入れと返済を繰り返しながらかろうじて操業を続けること。また、そのような経営状態。
じてんしゃ-そうごうほけん【自転車総合保険】自転車事故による自他の損害を塡補する保険。被保険者が運転する自転車による事故のほか、歩行者として自転車事故に遭った場合にも補償される。
じてんしゃ-びん【自転車便】自転車で書類などを配達する事業。車の渋滞の激しい都心部で人気がある。
じてん-しゅうき【自転周期】天体が1回の自転に要する時間。
してん-だい【司天台】❶陰陽寮の唐名。❷江戸中期に設置された天文台。元禄2年(1689)渋川春海が江戸本所の邸宅内に創設。延享3年(1746)幕府天文方の観測所として神田佐久間町に置かれ、のち、廃止・再興を経て浅草に移転。天保13年(1842)には飯田町九段坂上にも設置。
し-てんどう【四×顛倒】仏語。真の仏の智慧からみれば誤っている四つの考え。無常を常、苦を楽、無我を我、不浄を浄と思う凡夫のまちがった考え。また、涅槃の実相に対して、常を無常、楽を苦、我を無我、浄を不浄と誤り解すること。四倒。
してん-のう【四天王】《「してんおう」の連声》㊀仏教の四人の守護神。東方の持国天、南方の増長天、西方の広目天、北方の多聞天のこと。帝釈天に仕え、八部衆を支配する。甲冑をまとった武将の姿で表され、足下に邪鬼を踏まえて本尊を四方から囲んで配される。中国・朝鮮・日本で早くから四天王の護国信仰が広まり、法隆寺金堂木彫像・東大寺戒壇塑像など数多く造像された。四大天王。㊁ある部門や臣下・弟子などの中で、最もすぐれている者4人の称。碓井貞光・卜部季武・坂田金時・渡辺綱の頼光四天王など。
してんのう-ごうぎょうほう【四天王合行法】密教で、四天王を本尊として同一の壇で行う修法。災厄を祓い、福徳を招き、国土安穏を祈る。四天合行の法。
してんのう-じ【四天王寺】大阪市天王寺区にある和宗の総本山。もと天台宗。山号は荒陵山。聖徳太子の創建と伝える。四天王寺式伽藍配置をもち、承和3年(836)以降たびたび焼失、現在の伽藍は、第二次大戦後復興されたもの。寺宝に、扇面法華経冊子などがある。荒陵寺。御津寺。難波大寺。堀江寺。天王寺。
してんのうじ-しき【四天王寺式】伽藍配置の一方式で、南大門・中門・塔・金堂・講堂が南北に一直線上に並ぶもの。大阪の四天王寺などにみられ、飛鳥時代の代表的なもの。
してんのうじ-だいがく【四天王寺大学】大阪府羽曳野市にある私立大学。昭和42年(1967)に四天王寺女子大学として開学。同56年四天王寺国際仏教大学と改称、男女共学制となった。平成20年(2008)に現校名に改称した。
してんのう-じゅ【四天王樹】スギ・イチョウ・クスノキ・ケヤキの4種の大木のこと。
してん-の-ざ【四天の座】兜の鉢の前後左右の4か所に1個ずつ打った鋲。四天の星。四天の鋲。
してん-ばしら【四天柱】塔や正方形平面の堂の周囲の4本の柱。

し-と【仕途】仕官の道。官職への道。「―を求める」
し-と【司徒】中国、周の六卿の一。地官の長で戸籍・教育などをつかさどった。前漢では大司徒、後漢・唐では再び司徒となり、三公の一。
し-と【史都】歴史上の古跡の多い都市。「―鎌倉」
し-と【死都】住民が全滅してしまった都市。
しと【▽尿】小便。しとと。「この宮の御―にぬるるは、うれしきわざかな」〈紫式部日記〉
し-と【使徒】❶福音を伝えるためにイエス=キリストによって最初に選ばれた12人の弟子。ペテロ(シモン)・アンデレ・ヤコブ・ヨハネ・ピリポ・バルトロマイ・トマス・マタイ・アルパヨの子ヤコブ・タダイ・熱心党のシモン・イスカリオテのユダ。ユダ脱落後はマッテヤが選ばれた。パウロは復活のキリストから委任されたと伝える。十二使徒。❷神聖な目的に献身する人。「平和の―」
し-と【使途｜支途】金銭・物品などの使い道。支出した目的。「―不明の金」
[類語]使い先・使い方・用途・用
し-と【紫都】《「紫」は紫微垣のことで、天帝の座の意》天子の居所のある所。帝都。みやこ。
し-と【×緇徒】《「緇」は墨染めの衣の意》僧。僧侶。
しど《「為途」の意か》方法。やりよう。また、行動する上でのきまり。「しどを失う」「しどがない」「しどもなし」などの形で用いられる。➡しどない
しどもな・し ❶だらしない。「髪はいつ櫛の歯を入れしや、―・く乱れしを」〈浮・五人女・三〉❷幼くてたどたどしい。他愛ない。「かの玉章を見れば…、―・く、さはありながらと」〈浮・一代男・一〉
し-ど【四度】❶4回。四たび。よど。❷「四度加行」の略。
し-ど【示度】計器が示す目盛りの数。特に、気圧計が示す圧力の度合い。[類語]度
し-ど【×此土】仏語。この世。現世。
しど【志度】香川県さぬき市の地名。志度寺・平賀源内旧邸がある。
し-ど【私度】古代、官許を得ないで、得度して僧尼となること。自度。「―僧」
じ-ど【自度】❶仏語。利他の願を起こさないで、ただ自利の悟りのために修行すること。声聞・縁覚の二乗の智慧。❷「私度」に同じ。
じ-ど【磁土】磁器の原料となる良質の土や粘土。
し-とう【四倒】▶四顛倒
し-とう【市頭】まちなか。市中。
し-とう【死闘】〔名〕スル 死にものぐるいでたたかうこと。命がけのたたかい。「―を繰り広げる」
[類語]熱戦・激戦・激闘・血戦
し-とう【至当】〔名・形動〕きわめて当然であり、適切であること。きわめて妥当であること。また、そのさま。「―な(の)処置」「―な(の)見解」
[類語]正しい・適当・適切・適正・適確・妥当・穏当・尤も・相応・好適・頃合い・程合い・手頃
し-とう【私党】個人的な目的や利害関係で集まった党。私事のために組んだ徒党。⇔公党。
し-とう【私稲】律令制で、個人所有の稲。
し-とう【私闘】〔名〕スル 個人的な利害や恨みなどで争うこと。
し-とう【枝頭】えだの先端。「風は―を揺かして」〈漱石・虞美人草〉
し-とう【指頭】指の先。ゆびさき。
し-とう【紙灯】行灯のこと。
し-とう【紫藤】フジのこと。
し-どう【士道】武士の守り行うべき道義。武士道。
し-どう【四道】❶四つの道。四つの方面。❷仏語。煩悩を断って涅槃に達する4種の過程。すなわち、準備として修行をする加行道、直接煩悩を断ずる無間道、真理をさとる解脱道、さらにすぐれた境地に進む勝進道。❸律令制で、大学寮に設置された四つの学科。紀伝道・明経道・明法道・算道。❹連歌・俳諧における付合の四つの方法。添・従(随)・離(放)・逆。❺和歌で、本歌取りの四つの方法。古歌の一部を変えること、上・下句を逆につけること、その大意を詠むこと、言葉をかえて詠むこと。
し-どう【市道】❶市の区域内にある道路で、市長がその路線を認定したもの。❷商売の道。利益の追求をもっぱらにする商人の道。「―の交わり」
し-どう【至道】❶人のふみ行うべき最高の道。この上もないまことの道。❷その道の奥義。
し-どう【私道】❶私人が所有して、一般交通の用に供している道路。⇔公道。❷個人的なやり方。公明でないやり方。[類語]公道・国道
し-どう【始動】〔名〕スル ❶動きはじめること。また、動かしはじめること。「新体制が―する」❷特に、機械が動きはじめること。機械の運転をはじめること。「エンジンが―する」[類語]起動・スタート
し-どう【指導】〔名〕スル ある目的・方向に向かって教え導くこと。「演技の―にあたる」「―を受ける」「人を―する立場」「行政―」[類語]導き・教え・手引き・指南・教授・教育・訓育・教導・補導・善導・誘掖・鞭撻・手ほどき・教習・コーチ(―する)教える
し-どう【師道】人の師として守り行うべき道。
し-どう【×祠堂】❶祖先の霊を祭る所。御霊屋。持仏堂。❷寺の、檀家の位牌を納めておく堂。位牌堂。❸神仏を祭った小さな社。ほこら。[類語]神社・社・宮・神殿・神廟・社殿・廟宇・神宮・鎮守・祠・大社・稲荷・八幡・本社・摂社・末社
し-どう【紫銅】青銅。唐金。
し-どう【×斯道】❶学問や技芸などで、この道、この分野。「―の大家」❷《「論語」雍也から》孔子の説く、聖人の道。また、その教え。
し-どう【詩道】作詩の道。詩を究めてゆく道。
じ-とう【地頭】❶平安末期、所領を中央の権門勢家に寄進し、在地にあって荘園管理に当たった荘官。❷鎌倉幕府の職名。文治元年(1185)源頼朝が勅許を得て制度化。全国の荘園・公領に置かれ、土地の管理、租税の徴収、検断などの権限を持ったが、しだいに職域を越えた存在となり、室町時代には在地領主化が進行した。承久の乱以前のものを本補地頭、以後のものを新補地頭という。❸江戸時代、知行取りの旗本。また、各藩で知行地を与えられ、租税徴収の権を持っていた家臣。
じ-とう【寺塔】寺の塔。寺院にある塔。
じ-とう【自党】自分の属する党派。
じ-とう【侍読】天皇・東宮に仕え、学問を教授する学者。また、その職。後世は侍講という。じどく。
じ-とう【×珥×璫】耳朶に孔をあけてつける鼓状・漏斗状の耳飾り。中国漢代に盛行。
じ-どう【自動｜自働】❶他の力によらず、みずからの力で動くこと。特に、機械・装置についていう。「―ドア」❷特別に手を加えなくても自然にそうなること。「条約の―延長」「―消滅」❸「自動詞」の略。
じ-どう【児童】❶心身ともにまだ十分発達していない者。子供。特に、学校教育法で、満6〜12歳の学齢児童。❷児童福祉法で、満18歳未満の者。乳児・幼児・少年に分ける。[類語]子供・小児・子・小人・童・童・生徒・学生・学徒・学童・在校生・塾生・門下生・門生・弟子・教え子・スチューデント
じ-どう【侍童】貴人のそばに仕える少年。小姓。
じ-どう【慈童】㊀菊慈童のこと。㊁能面の一。品格の高い童子の面。「菊慈童」「枕慈童」に用いる。
しどう-あん【指導案】児童・生徒に対する学習指導の目的・方法・時間配分など具体的な計画案。学習指導案。
じどう-いいん【児童委員】児童および妊産婦の保護・保健などに関する援助・指導を行い、児童福祉司や社会福祉主事の職務に協力する者。児童福祉法に基づくもので、市町村に置かれ、民生委員がこの職を兼務する。
しどう-いりょうかん【指導医療官】診療報酬の請求内容を監査する、厚生労働省の医療技官。病院・診療所などの保険診療機関が市区町村や健康保険組合などの保険者に請求する診療報酬請求明細書(レセプト)を調査し、過剰診療や不正請求などの疑いがある場合は監査を行い、不正受給分の

返還を求める。昭和56年(1981)に設置され、各都道府県の厚生局事務所に配置される。医療Gメン。

じとう-うけ【地頭請け】鎌倉時代、地頭が荘園・国衙領の年貢を請け負うこと。地頭の年貢未進をめぐる紛争解決のため、荘園領主や国司が地頭に土地の管理を任せる代わりに一定額の年貢を請け負わせて収入の確保を図ったもの。地頭請所。

しとう-が【指頭画】指先やつめを筆の代わりに使って描く水墨画。中国に始まり、日本では池大雅らの南画家が得意とした。指画。

じどう-が【児童画】児童のかいた絵。

じどう-かい【児童会】小学校で、児童の自治活動のために設けられる組織。学校生活の充実と向上を目指す活動などを行う。中学校・高等学校での生徒会に当たる。

じどう-かいさつ【自動改札】磁気やICによって情報を書き込んだ切符や定期券を用い、その情報を読み取る装置を使って自動的に改札業務を行う方法。

じどう-かいしゅん【児童買春】《「かいしゅん」は「売春」と区別するための慣用的な読み方》児童(18歳未満の者)、売買春の仲介者、児童の保護者などに対して対償を供与またはその約束をし、児童と性交もしくは性交に類似する行為を行うこと。児童買春をした者、および児童買春の周旋・勧誘を行った者は、児童買春処罰法による処罰の対象となる。

じどうかいしゅん-しょばつほう【児童買春処罰法】《「児童買春、児童ポルノに係る行為等の処罰及び児童の保護等に関する法律」の通称。「かいしゅん」は「売春」と区別するための慣用的な読み方》児童買春・児童ポルノに関する行為等の処罰、およびこれらの行為により心身に有害な影響を受けた児童の保護措置等について定めた法律。児童を性的搾取・虐待から保護し、児童の権利を保護することを目的とする。平成11年(1999)施行。同法での児童とは18歳未満の者をいう。児童買春・児童ポルノ処罰法。児童買春・児童ポルノ禁止法。児童ポルノ法。

じどう-かき【自動火器】発射・装塡を自動的に行う火器。自動小銃・自動拳銃・機関銃などの総称。

じどう-がっき【自動楽器】演奏者にたよらず、機械で自動的に楽曲を演奏する楽器や装置。自動ピアノ・オルゴールなど。

しとう-かん【四等官】律令制で、諸官司の四等級の官。長官・次官・判官・主典のことで、官司によって用字が異なる。四部官。四分官。

しどう-き【始動機】内燃機関・電動機を始動させる装置。起動機。スターター。

じどう-き【児童期】幼児期の後で、6、7歳から12、3歳ごろまでの期間。知的能力が飛躍的に発達し、自律的な自我意識をもつ人格が形成されるようになる。学童期。

じどう-ぎゃくたい【児童虐待】親など保護者や、その同居人などが児童に虐待を加えること。暴力などによる身体的な虐待、食事を与えないなどのネグレクト、性的な虐待、言葉や態度による心理的な虐待など、児童の身体・精神に危害を加えたり、適切な保護・養育を行わないこと。➡児童虐待防止法

じどうぎゃくたい-ぼうしほう【児童虐待防止法】❶《「児童虐待の防止等に関する法律」の通称》児童への虐待を禁止し、虐待を受けた児童を早期に発見、保護して、自立を支援するための法律。児童の虐待事件多発を背景に、超党派の議員立法によって平成12年(2000)成立。保護者だけでなく、保護者以外の同居人による暴行も虐待と認めた。また、虐待の予防、被害児童の保護、自立支援に関する国および地方公共団体の責務と連携の強化も定められた。❷14歳未満の児童に対する虐待を防止し、これを保護・救済することを目的とした法律。児童の身売り、欠食児童や母子心中などの事件発生を背景に、昭和8年(1933)公布。戦後の児童福祉法の成立に伴い、同22年廃止。

し-とうきゅう【視等級】▶実視等級

しどう-きょうゆ【指導教諭】児童・生徒の教育のほか、教諭・職員への指導や助言も行う教諭。平成19年(2007)学校教育法の改正により新設。

しどう-きん【×祠堂金】祖霊の供養や祠堂建設などのため寺に寄進する金銭。祠堂銀。祠堂銭。

じどう-クラブ【児童クラブ】▶学童保育

じどう-げき【児童劇】児童のための劇。また、児童が中心になって演じる劇。日本では大正10年(1921)坪内逍遥によって提唱された。

しどうけん【志道軒】▶深井志道軒

じどう-けんじゅう【自動拳銃】引き金を引くと発射・装塡が自動的に行われる連発拳銃。

じどう-けんしょう【児童憲章】日本国憲法の精神に基づき、児童に対する正しい観念を確立し、すべての児童の幸福を図るために定められた憲章。昭和26年(1951)5月5日に制定。法的拘束力はない。

しどう-げんり【指導原理】ある行為や運動のよりどころとなる基本的な理論。

じどう-こうかんき【自動交換機】電話回線の選択・接続などの作業を、交換手の仲介なしに、自動的に行う機械設備。

じどう-こうざふりかえ【自動口座振替】公共料金などの支払いを委託された銀行が、支払人との契約によって期日に支払人の預金口座から料金などを引き落として、受取人の口座へ振り替える制度。自動振替。

じどう-こうしゅうそうしん【自動公衆送信】公衆送信のうち、公衆からの求めに応じて自動的に行うもの。平成10年(1998)1月に改正された著作権法に規定されるもので、インターネット上のサーバーに著作物を置いて、利用者が閲覧・ダウンロードすることによって、その著作物が送信されるような場合がこれにあたる。著作者には、公衆送信権とともに、自動公衆送信のための送信可能化権が認められている。

じとうこつばん-ふきんこう【児頭骨盤不均衡】▶児頭骨盤不適合

じとうこつばん-ふてきごう【児頭骨盤不適合】胎児の頭が母体の骨盤よりも大きいため、母体の骨盤を通過できず、経膣分娩できない状態。帝王切開により分娩する。児頭骨盤不均衡。

しどうこんなん-こう【指導困難校】(特に高等学校で)低学力で基礎的な生活習慣の習得にも問題のある生徒が多く、学習指導、生活指導全般にわたって教員が困難を感じている学校。教育困難校。課題集中校。底辺校。〔補説〕小中学校にも学級崩壊など同様の問題がある。

じどう-さんか【自動酸化】空気中の酸素により常温で生じる酸化反応。植物油や魚油などの食用油を放置しておくと品質が低下する現象。ゴム、プラスチック、油脂などの劣化の原因となるため、酸化防止剤が添加されることが多い。

しどうじ【志度寺｜志渡寺】浄瑠璃「花上野誉石碑」の四段目の通称。田宮坊太郎の乳母お辻が、わが身を捧げて、坊太郎の敵討ち成就を金毘羅権現に祈願する場面。歌舞伎では「しどでら」。

じどう-し【自動詞】動作主体の動作・作用が他に及ばないで、それ自身の働きとして述べられる動詞。「を」格の目的語をとることがない。「雨が降る」「花が咲く」の「降る」「咲く」などの類。⇔他動詞。

じとう-しき【地頭▽職】地頭としての職務およびそれに付随した権利・得分。

じどう-しき【自動式】機械や装置などで、自動的に作動する方式。「一のコーヒーミル」

じどう-じてんしゃ【自動自転車】▶オートバイ

じどう-しぼり【自動絞り】❶一眼レフカメラで、常時全開状態にある絞りが、シャッターを押すと自動的に定められた絞り値にセットされる方式。❷AEカメラで、シャッター速度を決めれば自動的に絞り値が算出される方式。➡AE

じどう-しゃ【自動車】原動機の動力によって車輪を回転させ、レールや架線を用いないで路上を走る車。〔類語〕乗り物・車両・車体・車

じどうしゃうんてんかしつちししょう-ざい【自動車運転過失致死傷罪】業務上過失致死傷等罪のうち、自動車の運転により人を死傷させる罪。➡危険運転致死傷罪

じどうしゃうんてんしゃ-そんがいばいしょうせきにんほけん【自動車運転者損害賠償責任保険】▶ドライバー保険

じどうしゃかんりしゃ-ばいしょうせきにんほけん【自動車管理者賠償責任保険】他人から預かった自動車を保管・管理している間に傷を付けてしまったり盗難されたりして、持ち主への賠償責任が生じた場合に保険金が支払われる自動車保険。駐車場管理者や整備工場などの事業者が対象となる。

じどうしゃ-きょうさい【自動車共済】自動車の所有・使用・管理に関連して生ずる損害を塡補する目的の共済。内容は各共済組合によって異なる。➡自動車保険

じどうしゃ-けんさしょう【自動車検査証】自動車が、国の定める保安基準に適合しているかを一定期間ごとに検査(車検)し、その検査に適合した場合に交付される公文書。自動車登録番号・車名・車台番号・自動車の種別・用途・型式・所有者の氏名・住所・使用者の氏名・住所・有効期間などが記載されており、自動車を運行させるときは携行が義務付けられている。車検証。

じどうしゃけんさ-どくりつぎょうせいほうじん【自動車検査独立行政法人】自動車が国の定める保安上または公害防止上の技術基準に適合するかどうかの審査業務などを行い、自動車の安全確保や環境の保全を図ることを目的として、平成14年(2002)に設立された国土交通省所管の独立行政法人。

じどうしゃじゅうりょう-ぜい【自動車重量税】自動車の重量に応じて課される国税。昭和46年(1971)自動車重量税法により創設。車検または使用の届け出に際し、納付する。一部が道路特定財源の自動車重量譲与税として地方に譲与され、道路関係の費用にあてられていたが、法改正により平成21年度(2009)から一般財源化された。➡道路整備事業財政特別措置法

じどうしゃしゅとく-ぜい【自動車取得税】自動車の取得に際し課税される地方税。昭和43年(1968)創設。道路特定財源の一つとして地方(特に市町村)の道路関係の財源となっていたが、法改正により平成21年度(2009)から一般財源化された。➡道路整備事業財政特別措置法

じどうしゃ-そうごうほけん【自動車総合保険】▶ピー-エー-ピー(PAP)

じどうしゃ-そんがいばいしょうせきにんほけん【自動車損害賠償責任保険】自動車の人身事故による被害者に支払う損害賠償費を塡補する目的の保険。自動車の保有者は加入しなければならない。昭和30年(1955)制定の自動車損害賠償保障法に規定。自賠責保険。

じどうしゃそんがいばいしょうほしょう-ほう【自動車損害賠償保障法】自動車(原動機付自転車を含む)の運行中に他人を死傷させてしまった場合の損害賠償を保障する制度を確立することにより、人身事故による被害者の保護を目的とする法律。昭和30年(1955)施行。この法律により、公道を走るすべての自動車・原動機付自転車に対して加入が義務付けられる自動車損害賠償責任保険の制度ができた。自賠法。➡自動車損害賠償責任保険

じどう-しゃだんき【自動遮断器】過大な電流が流れると、自動的に回路を遮断する装置。ヒューズ、ノーヒューズブレーカーなど。

じどうしゃ-でんわ【自動車電話】自動車の中に設置された電話。無線通信により、一般の電話と同じように走行中の車内から通話できる。

じどうしゃ-とうろくばんごうひょう【自動車登録番号標】道路運送車両法の規定に基づい

て登録自動車が表示するナンバープレートの正式名称。⇒車両番号標

じどうしゃノックスピーエム-ほう【自動車NOx・PM法】ハフ《「自動車から排出される窒素酸化物及び粒子状物質の特定地域における総量の削減等に関する特別措置法」の略称》窒素酸化物(NOx)や粒子状物質(PM)など自動車から排出される大気汚染物質の環境基準値達成および排出削減を目的として制定された法律。平成4年(1992)に首都圏・阪神圏を対象に制定された「自動車NOx法」を改正し、削減対象物質に粒子状物質を加え、指定地域を中京圏まで拡大したもの。平成13年(2001)成立。削減対象物質の基準値・排出ガス基準を満たさない車両の運行禁止・登録規制などが規定されている。

じどうしゃ-ばくだん【自動車爆弾】《car bomb》即製爆発装置(IED)の一つ。爆弾を搭載した車両を攻撃目標に接近させ、時限装置や遠隔装置などによって爆破する。人が直接操縦し、自爆テロに使用されることもある。車爆弾。車両爆弾。VBIED(vehicle-borne improvised explosive device)。

じどうしゃ-ほけん【自動車保険】自動車の所有・使用・管理に関連して生ずる損害を塡補ほする目的の保険。損害保険の中心的種目で、対人賠償保険・自損事故保険・搭乗者傷害保険・対物賠償保険・車両保険・無保険車傷害保険の6種類がある。

じどうしゃリサイクル-ほう【自動車リサイクル法】ハフ《「使用済自動車の再資源化等に関する法律」の通称》自動車の廃車時における適正処理と資源の有効利用、関係者の責務などについて定めた法律。循環型社会形成のため、廃棄物の減量、不法投棄防止、環境の保全を図る目的で成立。自動車製造会社や輸入・販売・解体などの関連事業者の役割と義務を規定しており、車の所有者にもリサイクル費用の支払いが義務づけられた。平成14年(2002)成立。段階的に施行され、同17年完全施行。⇒循環型社会形成推進基本法

しどう-しゅじ【指導主事】シダウ 教育委員会事務局に置かれる専門職員。教員に対して専門的な助言と指導を与えることを任務とする。

しどう-しょ【指導書】シダウ 教師が教科書に沿って教科指導を行う場合に参考とする図書。

しどう-しょうぐん【四道将軍】シダウシヤウグン 崇神天皇の時、四方に派遣されたと伝えられる四人の将軍。東海の武渟川別命たけぬなかわわけのみこと、北陸の大彦命おおびこのみこと、西道の吉備津彦命きびつひこのみこと、丹波の丹波道主命たにわのちぬしのみこと。

じどう-しょうじゅう【自動小銃】ジドウセウジユウ 発射・装塡そうてんが自動的に行われる連発小銃。

じどうしょうてん-カメラ【自動焦点カメラ】ジドウセウテン シャッターを押すと、自動的にレンズが動いて焦点が合うカメラ。オートフォーカスカメラ。AFカメラ。

じどう-しょっき【自動織機】ジドウ 水力・電力などを動力とし、縦糸切断のときの運転停止や横糸の供給などが自動的に行われる織機。

じどうじりつしえん-しせつ【児童自立支援施設】ジドウジリツシエンシセツ 児童福祉法に基づく児童の福祉施設の一。平成9年(1997)同法改正により教護院から名称変更。不良行為をした児童や将来不良行為をするおそれのある児童、および環境上の理由で生活指導を要する児童を入所させ、または保護者のもとから通わせて、社会生活に適応するよう指導を行い、その自立を支援することを目的とする施設。

じどう-しんごうき【自動信号機】ジドウシンガウキ 色・音・光などの一定の符号を自動的に発して交通規制を行う信号機。

じどう-しんどゆうせんエーイー【自動深度優先AE】ジドウシンドイウセン ⇒深度優先AE

じどう-しんりがく【児童心理学】児童の心理とその発達を研究する心理学。発達心理学の一分野。ふつう、乳幼児から児童期までを対象とする。

しとうず【下沓・襪】しとうず《「したぐつ」の音変化》古代以来、沓くつをはくときに用いる布帛ふはく製の履物。礼服らいふくには錦にしき、朝服には平絹を用いた。

じどう-せいぎょ【自動制御】機械や設備で温度・電流・回転速度などを目標値に等しくなるように自動的に制御すること。また、その機構。

しとう-せん【四当銭】シタウ ⇒四文銭しもんせん

じどうせんぱくしきべつ-そうち【自動船舶識別装置】ソウチ 船名・識別番号など船舶の固有情報と、位置・進路・速力などの航海情報を自動的に他の船舶や地上施設と交換し、安全で効率的な航海を支援するシステム。全ての客船、500トン以上の船舶、国際航海に従事する300トン以上の船舶に搭載が義務づけられている。船舶自動識別装置。AIS(automatic identification system)。

じどう-せんばん【自動旋盤】タレット旋盤を自動化したもので、素材を取り付けたあとは、刃物の交替、切り込み、送り、戻しなどから停止までの全作業を自動的に行う旋盤。大量生産に適する。

じどうそうじゅう-そうち【自動操縦装置】ジドウサウジユウサウチ 車両・船舶・航空機などの操作をコンピューターを用いて自動的に行う装置。

じどう-そうだんしょ【児童相談所】ジドウサウダンショ 児童福祉法に基づき、児童の福祉に関する事項について、相談や調査・判定、問題児童の指導・一時保護などの業務を行う都道府県や政令指定都市等の機関。児相。

じどうたいがいしき-じょさいどうき【自動体外式除細動器】ジドウタイグワイシキヂヨサイドウキ 心室細動を起こした人に取り付け、電気ショックを与えて心臓の働きを取り戻すための救命機器。平成17年(2005)から一般人の使用も認められ、機械の音声指示に従って操作する。空港や駅、スポーツ施設などに設置が広まっている。AED(Automated External Defibrillator)。⇒植え込み型除細動器

じどうだんかいろしゅつ-きのう【自動段階露出機能】⇒オートブラケティング

しどう-ち【祠堂地】シダウ ❶祠堂の建設敷地などのために寄進する土地。❷先祖の供養料として寺に寄付する土地。

じどうちゃくしんかきん-サービス【自動着信課金サービス】ジドウチヤクシンクワキン 電話の通話料金を着信側が自動的に支払うサービス。コレクトコールと異なり、オペレーターを通さず自動的に通話が開始される。NTTが提供するフリーダイヤルなどがある。

じどうちゅうしん-しゅぎ【児童中心主義】教育の目的・内容・方法などを児童の立場から決定しようとする教育上の立場。20世紀初頭、主として米国・ドイツで唱えられ、しだいに世界的な新教育の理念となった。

じどうちょうこう-ストロボ【自動調光ストロボ】ジドウテウクワウ ⇒オートストロボ

じどう-てあて【児童手当】児童手当法に基づき、児童を養育している者に支給される手当。所得が一定額以下で、小学校修了前(12歳到達後の最初の3月31日まで)の児童を養育する者が対象。平成22〜23年度(2010〜11)は子ども手当として支給され、同24年度は児童手当の名称に戻された。[補説]平成21年(2009)に政権与党となった民主党は子ども手当を創設。支給対象年齢を15歳に引き上げ、所得制限を撤廃、支給額も増額したが、ねじれ国会の中、同24年度は与野党間の合意により、所得制限が設けられ、児童手当の名称で支給される。しかし、対象年齢・支給額はそれまでの子ども手当と変わらず、当面は所得制限を超える世帯にも月額5000円が支給される。

じどうてあて-ほう【児童手当法】ハフ 児童手当の支給や財源について定めた法律。児童を養育している保護者に児童手当を支給することにより、家庭生活の安定に寄与し、次代の社会を担う児童の健全な育成や資質の向上に資することを目的とし、費用は国・都道府県・市区町村が3分の1ずつ負担する。⇒子ども手当法 [補説]平成24年(2012)の児童手当法改正により、国と地方(都道府県・市区町村)の費用負担割合は2：1となった。

じどう-てい【自動艇】⇒モーターボート

じどう-デイサービス【児童デイサービス】身体に障害のある児童や知的障害のある児童が昼間の一定時間、肢体不自由児施設などの児童福祉施設で、日常生活における基本的な動作の指導や集団生活への適応訓練などを受ける、日帰りの通所介護サービス。

じどう-てき【自動的】〘形動〙❶他の力によらず、自力で動くさま。「室温を—に調節する機械」❷特別に手を加えなくてもあることに伴って自然にそうなるさま。「—に契約が継続される」

じとう-てんのう【持統天皇】ヂトウテンワウ［645〜702］第41代の天皇。在位686〜697。天智天皇の第2皇女。名は鸕野讃良うののさらら。天武天皇の皇后となり、天皇の死後政務を執った。皇太子草壁皇子の死後、飛鳥浄御原宮あすかのきよみはらのみやで即位。のち、藤原京に遷都。文武天皇に譲位後、太上天皇として政務を補佐した。

じどう-でんわ【自動電話】交換手を要せず、ダイヤルまたはプッシュボタンで直接相手にかけられる電話。

しどう-どうき【示導動機】シダウ ⇒ライトモチーフ

じどう-にりんしゃ【自動二輪車】原動機を備えた二輪車で、総排気量が50ccを超えるもの。オートバイ。

じどうのけんり-じょうやく【児童の権利条約】デウヤク ⇒子供の権利条約

しどう-は【師堂派┊志道派】シダウ 平曲の流派の一。室町時代、一方いちかた流から分かれ、疋田仙一ひきたせんいちを祖として起こったもの。

じどうばいしゅん-しょばつほう【児童買春処罰法】ジドウバイシユンシヨバツハフ「児童買春処罰法じどうかいしゅんしょばつほう」に同じ。

じどう-はんばいき【自動販売機】硬貨・紙幣またはこれに代わるカードを差し入れると、自動的に目的の物品やサービスが得られる機械。

じどう-ピアノ【自動ピアノ】特殊な機械装置によって、演奏者なしで楽曲を演奏するピアノ。

しどう-ひょう【指導標】シダウヘウ 道路などに設置され、方角・地名・行程などを示す標識。

じどう-ふくげん【自動復元】⇒保険金額自動復元方式

じどうふくし-し【児童福祉司】児童福祉法に基づき、都道府県の児童相談所に配属される専門職員。児童および妊産婦の保護・保健などの福祉に関する事項について相談に応じ、必要な指導を行う。

じどうふくし-しせつ【児童福祉施設】平成9年(1997)に改正、翌年施行された児童福祉法に規定される施設。助産施設・乳児院・母子生活支援施設・保育所・児童厚生施設・児童養護施設・知的障害児施設・知的障害児通園施設・盲ろうあ児施設・肢体不自由児施設・重症心身障害児施設・情緒障害児短期治療施設・児童自立支援施設・児童家庭支援センターの14種がある。

じどうふくし-しんぎかい【児童福祉審議会】シンギクワイ 児童福祉法に基づき、児童・妊産婦および知的障害者の福祉に関する事項を調査・審議するため、都道府県・市町村に置かれる機関。

じどうふくし-ほう【児童福祉法】ハフ 児童の心身の健全な成長、生活の保障、愛護を理念として、その目的達成のために必要な諸制度を定めた法律。昭和23年(1948)施行。

しどう-ぶつ【祠堂物】シダウ 先祖の供養のため、寺に寄進する物品。

じどう-ぶんか【児童文化】ブンクワ 児童の健全な育成のために計画・構成された文化。文化財として、玩具・図書・音楽・映画など、施設として児童館・児童図書館・遊園地などがあるほか、児童自身による文化的活動もいう。

じどう-ぶんがく【児童文学】児童を読者対象とした文学の総称。童話・少年少女小説・童謡・児童劇など。

じどう-へんそくき【自動変速機】⇒エー-ティー(AT)

しどうほうがく【止動方角】シドウハウガク 狂言。太郎冠者が、咳払しわぶきいをすると暴れ、「止動方角」と唱えると鎮まる馬を借りてきて、わざと主人を落馬させる。

じどう-ポルノ【児童ポルノ】児童が関わる性的な行為等を視覚的に描写した画像。児童の定義は国

によって異なる。日本の児童福祉法・児童買春処罰法などでは18歳未満の者を児童と規定している。児童ポルノを頒布・販売または公然と陳列したり、そうした目的で児童ポルノを製造・所持・輸出入した者は、児童買春処罰法による処罰の対象となる。

じどうポルノ-ほう【児童ポルノ法】《「児童買春、児童ポルノに係る行為等の処罰及び児童の保護等に関する法律」の通称》▶児童買春処罰法

じどう-ほんやく【自動翻訳】〔名〕スル ▶機械翻訳

しどう-まい【×祠堂米】先祖の供養などのために寺院に喜捨する米。

じどう-まき【自動巻(き)】腕時計で、腕の動きで自動的にぜんまいが巻き上げられる機構。また、そうした時計。

じどう-めんえき【自動免疫】▶能動免疫

じどうようご-しせつ【児童養護施設】児童福祉法に基づく児童福祉施設の一。乳児を除く保護者のいない児童や虐待されている児童などを入所させて養護し、あわせてその自立を支援することを目的とする施設。虚弱児施設も含まれる。

しどう-ようりょう【指導要領】「学習指導要領」の略。

しどう-ようろく【指導要録】小・中・高等学校で、個々の児童・生徒の身体・学力・性向などの発達状況を継続的に記録する表簿。進学先には抄本を送り、原本は作成校に残す。保存期間20年。

じどう-りつ【自同律】▶同一原理

じどうりょうきんしゅうじゅ-システム【自動料金収受システム】▶イー-ティー-シー(ETC)

シトゥルブスケー-プレソ〖Štrbské pleso〗スロバキア北部の町。タトラ山地のふもと、標高1355メートルに位置し、タトラ電気鉄道の東端の駅がある。シトゥルバ湖を中心とする山岳保養地が広がり、同国有数のスキーリゾートとしても知られる。

じどうれっしゃうんてん-そうち【自動列車運転装置】▶エー-ティー-オー(ATO)

じどうれっしゃせいぎょ-そうち【自動列車制御装置】▶エー-ティー-シー(ATC)

じどうれっしゃていし-そうち【自動列車停止装置】▶エー-ティー-エス(ATS)

じどう-れんけつき【自動連結器】車両と車両を軽く押しつければ自動的に連結する器械。

じどう-ろうどう【児童労働】児童による労働。労働基準法は満15歳未満の児童の就労を原則として禁止している。

じどう-ろしゅつ【自動露出】《automatic exposure》▶エー-イー(AE)

シトカ〖Sitka〗米国アラスカ州の南東部にある都市。18世紀末にロシア人によって開かれ、毛皮の交易地として発展。

しとぎ【×粢｜×糈】水に浸した生米をつき砕いて、種々の形に固めた食物。神饌に用いるが、古代の米食法の一種といわれ、後世は、もち米を蒸して少しつき、卵形に丸めたものもいう。しとぎもち。

しとぎょうでん【使徒行伝】新約聖書の中で、四福音書に次ぐ5番目の文書。初代教会の歴史を伝えるが、ペテロの宣教、パウロの布教旅行などの記述が主要な内容となっている。使徒行録。

し-とく【四徳】❶《「易経」乾卦から》天地自然が万物を育てる四つの道。元(春で仁にあたる)・亨(夏で礼にあたる)・利(秋で義にあたる)・貞(冬で知にあたる)。❷《「礼記」昏義から》婦人のもつべき四つの徳。婦徳・婦言・婦功・婦容。四行。四教。❸《「書経」尭典から》聖王が備えたという四つの徳。欽・明・文・思。❹仏語。涅槃の四つの徳。常・楽・我・浄。❺西洋で、英知・勇気・節制・正義の四つの徳。❻儒教で、人のふみ行うべき四つの徳。孝・弟・忠・信。

し-とく【至徳】この上なく立派な徳。最高の徳。また、その徳を備えた人。

しとく【至徳】南北朝時代、北朝の後小松天皇の時の年号。1384年2月27日～1387年8月23日。

し-とく【私徳】自分一身だけに関する徳目。節約・勉強など。「宗教は一身の—に関係するのみにて」〈福沢・文明論之概略〉

し-とく【私×慝】人に知られない悪事。

し-とく【×舐×犢】《「後漢書」楊彪伝から》親牛が子牛を愛して舌でなめてやること。転じて、親が子をむやみにかわいがること。「—の愛」

し-とく【歯徳】《「歯」は年齢の意》年齢と徳行。また、年長で徳が高いこと。

し-どく【死毒｜×屍毒】動物の死体が細菌の作用などで分解するときにできる毒性物質。プトマイン。

じ-とく【自×涜】〔名〕スル「手淫」に同じ。

じ-とく【自得】〔名〕スル ❶自分の力で悟ること。自分自身で理解し、会得すること。「処世術を—する」❷自分自身で満足し、安んじること。また、得意になって、うぬぼれること。「—の色」❸自分の身に報いを受けること。「自業—」〖類語〗満足・満悦・充足・飽満・自足・会心・充足感・充実感・自己満足・本望・満ち足りる・心行く・安住する・甘んずる

じ-どく【侍読】▶じどう(侍読)

し-とくせい【私徳政】室町時代、幕府が発令した徳政令によらず、土一揆が実力で行った徳政。

しとく-の-みょうごう【至徳の名号】この上もなく高い徳のこもった名号。南無阿弥陀仏の名号をいう。

シトクロム〖cytochrome〗▶チトクロム

しど-けぎょう【四度▽加行】密教で、伝法灌頂を受ける前に行う、十八道法・金剛界法・胎蔵界法・護摩法の四つの修法。

しどけ-な・い〔形〕文しどけな・し〔ク〕❶服装や髪が乱れていて、だらしがない。むぞうさで、しまりがない。「—・い寝姿」❷うちとけた感じで、つくろわない。乱雑であるが、親しみを覚えて好ましい。「今様色の御衣ひき重ねて、—・き大君姿」〈源・行幸〉❸幼くて頼りない。分別が足りない。「母宮の、なほいとも若くおほどきて—・き御心にも」〈源・宿木〉〖派生〗しどけなげ〔形動〕しどけなさ〔名〕

し-と・げる【仕遂げる｜▽為遂げる】〔動ガ下一〕文しと・ぐ〔ガ下二〕物事を最後まで完全に行う。やり遂げる。しおおせる。「難事業を—・げる」

じ-どこ【地床】地面より低く作られた苗床。保温によい。

し-どころ【仕所｜▽為所】なすべき場合。するべき時。やりがいのあるところ。「ここが我慢の—だ」

しとさか-とうげ【志戸坂峠】《「しどざかとうげ」とも》鳥取県・岡山県の県境にある峠。標高581メートル。鳥取県八頭郡智頭町と岡山県英田郡西粟倉村の境に位置する。鳥取県内では最古の峠の一つ。かつては因幡街道の難所で駒帰峠ともいわれた。近世には参勤交代の道として利用され、現在、国道373号が通じる。

しど-し【四度使】▶四度の使

しど-じ【志度寺】香川県さぬき市にある真言宗の寺。山号は補陀落山。推古天皇33年(625)ころの開創と伝える。謡曲「海人」は当寺の縁起による。四国八十八箇所第86番札所。しどでら。

しと-しと　㊀〔副〕❶雨が静かに降るさま。「春雨が—(と)降る」❷物事をもの静かにするさま。しとやかなさま。しずしず。「娘の母親が、—とあがって来た」〈里見弴・多情仏心〉㊁〔形動〕湿っているさま。また、濡れているさま。「露に—に濡れて」〈左千夫・野菊の墓〉〖類語〗しょぼしょぼ・ぽつぽつ・ぱらぱら・ぱらぱら

じと-じと　㊀〔副〕スル 不快なほど湿気を含んでいるさま。じっとり。「長雨で畳が—(と)している」㊁〔形動〕㊀に同じ。「汗で—なシャツ」〖類語〗じめじめ・湿っぽい

しとしろん【詩と詩論】詩の雑誌。昭和3年(1928)創刊。安西冬衛・春山行夫・三好達治・北川冬彦ら芸術派詩人の拠点となった。また、欧米のモダニズム文学を紹介。同7年「文学」と改題、翌年終刊。

シトシン〖cytosine〗生体内に含まれるピリミジン塩基の一。核酸を構成する重要物質。化学式$C_4H_5ON_3$

しとしんじつ【詩と真実】《原題、ドイ Dichtung und Wahrheit》ゲーテの自叙伝。4部。1811～33年刊。幼年期から1775年に26歳でワイマールに出発するまでを回顧したもの。

しと-だち【▽章断ち】死霊が家に戻ってきて入るのを防ぐため、出棺のあと門戸に注連縄を引き渡すこと。また、その注連縄。

しと-だる【四斗×樽】酒などが4斗ほど入る大きな樽。現在ではふつう約3斗2升入りをいう。

しど-ちょうせい【視度調整】カメラのファインダーや双眼鏡の接眼部を、使用者の視力に合わせて度数を調整すること。視度調節。

しど-ちょうせつ【視度調節】▶視度調整

し-とつ【×緇×衲】《「緇」は黒色、「衲」は衣の意》❶黒い衣。僧衣。墨染めの衣。❷僧。僧侶。緇徒。

じとつ・く〔動カ五(四)〕ひどく湿りけを帯びる。じとじとする。「汗で下着が—・く」〖類語〗潤う・湿る・濡れる・湿す・濡らす・潤す・濡れそぼつ・湿気る・じめつく・そぼつ・そぼ濡れる・しょぼたれる

シドッチ〖Giovanni Battista Sidotti〗［1668～1715］イタリアのイエズス会士。宝永5年(1708)布教のため来日。捕らえられて江戸に送られ、新井白石の尋問を受けた。白石の「采覧異言」「西洋紀聞」はこの尋問をもとに著されたもの。シローテ。

しと-づつ【▽尿筒】竹筒で作った溲瓶。昔、貴人の外出時などに、従者に持たせた。こようづつ。

しと-と〔副〕❶動作などが勢いよく急であるさま。「政清が郎等太刀をぬき、立ちてまかりいで—うつ」〈保元・中〉❷優しく肩などを打つさま。「打ち解け思ひ晴らさうと—打ってぞ詫びしける」〈浄・堀川波鼓〉❸ぴったりとつくさま。密着するさま。「しっぽりと積るつらさを語らんと—寄れば」〈浄・出世景清〉

しとど【×鵐｜巫▽鳥】《古くは「しとと」》アオジ・ノジコ・ホオジロ・ホオアカなどの小鳥の古名。「丙子の朔乙酉に摂津の国白き—を貢る」〈天武紀・下〉

しとど〔副〕雨・汗・涙などで、ひどくぬれるさま。びっしょり。「大きな男は…汗で—になったまっかな額をなでた」〈有島・生れ出づる悩み〉〖類語〗びしょびしょ・びしゃびしゃ・びちゃびちゃ・ぐっしょり・しっぽり・ぐしょぐしょ

しとど-め【×鵐目】《形が鵐の目に似ているところから》金属・革・木などの製品にあけた穴の縁を飾る金具。刀の鞘の栗形・和琴・箏、その他の器物のひも通しの穴の縁などに用いる。

しどな・い〔形〕文しどな・し〔ク〕締まりがなく、だらしない。しどけない。「彼は—・くベッドの上に起直りけるが」〈紅葉・金色夜叉〉

シトニア-はんとう【シトニア半島】《Sithonia》ギリシャ北部、マケドニア地方南部のハルキディキ半島先端部にある半島。エーゲ海に向かって南東方向に延びる三つの半島のうち、中央に位置する。中心地はネオスマルマラス。西側のポルトカラスはワインの産地であるほか、高級リゾート地として知られる。シソニア半島。

シドニー〖Philip Sidney〗［1554～1586］英国の詩人・政治家・軍人。文武にすぐれ、ルネサンスの理想的人物像の典型とされた。小説「アルカディア」、ソネット集「アストロフェルとステラ」、「詩の擁護」など。

シドニー〖Sydney〗オーストラリア南東部の商工業・港湾都市。ニューサウスウェールズ州の州都で、同国最大・最古の都市。石炭・肉類・羊毛などを輸出。人口、行政区440万(2008)。

しど-にっしょう【×此土▽入▽聖】仏語。現世において証果を得ること。此土入聖得果。

しとね【×茵｜×褥】座るときや寝るときに下に敷く物。しきもの。ふとん。「草の—」

しとね-おや【▽育親】(中部地方で)里親のこと。

しど-の-かんぺい【四度の官幣】陰暦2月の祈年祭、6月・12月の月次祭、11月の新嘗祭の四度の祭りに、神祇官から奉る幣帛。よどのかんぺい。

しど-の-くもん【四度の▽公文】律令制で、四度の使が朝廷に持参する帳簿。大計帳・調帳・正税帳・朝集帳の四つ。よどのくもん。四度帳。

しど-の-しゅうろん【四度の宗論】浄土宗と他宗との間で四度行われた宗論。文治2年(1186)の大

原問答、文亀元年(1501)の薬師寺備後守びんごのかみ宿所における文亀真偽決、天正7年(1579)の安土宗論、慶長13年(1608)の江戸城における慶長虚実決。
しど-の-つかい【四度の使】つかひ 奈良・平安時代、国司が行政・財政の実態を朝廷に上申するため、四度の公文くもんを持参して上京させた使者。大帳使・正税使しょうぜい・貢調使・朝集使のこと。しどし。よどのつかい。
しど-はい【四度拝】再拝を二度繰り返すこと。四度拝むこと。神社や山陵などを拝するときの作法。両段再拝。
しとひとく-きん【使途秘匿金】法人による支出のうち、支出の相手方を帳簿に記載しないもの。金銭支出だけでなく、それ以外の資産の譲渡も対象となり、認定されれば、その支出分に対して通常の法人税・地方税に加えて40パーセントの税金が課される。相手方を意図的に隠す支出は、不正な裏金になりやすいため、制裁課税で防止する目的があり、従来の使途不明金よりも厳しい扱い。➡使途秘匿金課税
しとひとくきん-かぜい【使途秘匿金課税】クヮゼイ 使途秘匿金に特例的な税金を課す制度。使途秘匿金に認定された支出分には、通常の法人税・地方税に加えて、40パーセントの懲罰的な税金が課される。
しとみ【×蔀】❶平安時代から住宅や社寺建築において使われた、格子を取り付けた板戸。上部に蝶番ちょうつがいをつけ、外または内側に水平に釣り上げて開ける。しとみど。❷和船の舷側に立てて波しぶきや日光などを防ぐ板。平常は取り外しておく。しとみいた。❸築城で、城外から見え透くところを覆う、戸の類。❹町屋の前面にはめ込む横戸。2枚または3枚からなり、左右の柱の溝にはめる。昼は外しておく。しとみど。
しどみ【×樝】クサボケの別名。《季 花=春 実=秋》「さるほどに一咲く地のあをみけり/蛇笏」
しとみ-いた【×蔀板】►蔀❷
しとみ-がね【×蔀金】「蔀❶」の戸締まりに用いる掛けがね。
しとみ-づり【×蔀釣(り)】「蔀梁しとみばり」に同じ。
しとみ-ど【×蔀戸】❶「蔀❶」に同じ。❷「蔀❹」に同じ。
しとみ-ばし【×蔀橋】城郭で、横矢を防ぐため、側面を板で覆った橋。廊下橋。
しとみ-ばり【×蔀×梁】商店などの柱の上部に取り付けた大きな梁。内方に戸挟とはさみがあって、揚げ戸を収めておく用をする。蔀釣り。
しとみ-や【×蔀屋】「蔀❶」を立て回して囲った仮屋。「一より見渡したれば」〈弁内侍日記〉
し-と・む【仕留む】〔動マ下二〕「しとめる」の文語形。
しと・む【▽浸む】〔動マ四〕水などにつかる。また、水などがしみ込む。ひたる。「水一・まば、三頭さんづの上に乗りかかれ」〈平家・四〉
し-と・める【仕留める｜▽為留める】〔動マ下一〕図し-と・む〔マ下二〕狙った敵・獲物などを確実に殺す。打ち果たす。「一発でクマを一・めた」
しと-やか【▽淑やか】〔形動〕図〔ナリ〕性質や動作がもの静かで上品であるさま。また、つつしみ深いさま。「物言いの一なお嬢さん」「一に振る舞う」【派生】しとやかさ〔名〕
【類語】しおらしい・かわいい・愛いとおしい・愛いとしい・愛らしい・愛くるしい・あどけない・いじらしい・可愛らしい・めんこい・可憐かれん・キュート・いたいけ・慎ましい・遠慮深い・慎ましやか
しど-やき【志度焼】江戸時代、宝暦年間(1751～1764)に平賀源内が讃岐さぬき国志度(香川県さぬき市)で始めた交趾コーチ焼ふうの陶器。源内焼。
シトラス〖citrus〗「柑橘類かんきつるい」に同じ。
しとり【▽湿り】しめること。また、しめり。「地面には夜露の一が未だ乾かぬくらいで」〈秋声・黴〉
しどり【倭=文】《「しずおり」の音変化。古くは「しとり」》「しず」に同じ。
じ-とり【地取り】ヂ 能や狂言で、演者が次第❹を謡ったあと、地謡じうたいなどが低い声で棒読みのように同じ文句を繰り返すこと。また、その謡。
じ-どり【地取り】ヂ ❶家を建てるときなどに、地面の区画割りをすること。❷囲碁で、地を取ること。❸相撲で、自分の属する部屋の土俵でとるけいこ相撲。❹葬儀に用いる紙の造花。紙花しか。
じ-どり【地鳥｜地▽鶏】ヂ《「じとり」とも》❶土着の鶏のこと。その地方で品種化された鶏。❷(「地鳥」と書く)その土地でとれた鳥。「一の鴨かも」〈浮・胸算用・三〉
【補説】❶で、JAS法には、血統だけでなく、28日齢以降は平飼いであることと定められている。
じ-どり【自撮り】〔名〕スル デジタルカメラやカメラ付き携帯で、自分自身を撮影すること。静止画のほかに動画についてもいう。
じどり-ご【地取り碁】ヂドリ 囲碁で、攻め合いよりも地の囲い合いで勝負のつく対局。また、そういう棋風。
シトリン〖citrin〗ビタミンPの化学名。
シトリン〖citrine〗❶レモン色。淡黄色。❷►黄水晶
しと・る【▽湿る】〔動ラ五(四)〕しっとりとぬれる。しめりけを含む。しめる。「夜露に一・った娘の浴衣の袂たもとの中に」〈風葉・五反歩〉
しどろ〔形動〕図〔ナリ〕秩序なく乱れているさま。「姿も一に眠って居るクレオパトルを見たよう」〈荷風・ふらんす物語〉
しどろ-あし【しどろ足】よろよろとした足つき。ちどり足。「はっと気も消え立ちとまり進みかねたる一」〈浄・国性爺〉
しどろ-がい【しどろ貝】がひ スイショウガイ科の巻き貝。貝殻は紡錘形で、殻高約6センチ。殻口外唇が袖のように張り出す。縁がぎざぎざした蓋ふたを海底にひっかけてジグザグに歩く。本州中部以南に分布。
しどろ-もどろ〔形動〕図〔ナリ〕《「しどろ」を強めていう語》言葉の使い方や話の内容などが、とりとめなく、ひどく乱れたさま。「一に言いわけをする」「一な答え」
しとろ-やき【志戸呂焼】遠江とおとうみ国志戸呂から産した瀬戸焼ふうの陶器。寛永年間(1624～1644)小堀遠州の意匠を導入。遠州七窯えんしゅうしちようの一。
シトロン〖citron〗❶ミカン科の常緑小高木。花は淡紫色。実は長卵形でひだがあり、果肉は淡黄色で酸味が強い。果実は砂糖煮、果汁は飲料、果皮や葉は香料にする。インドの原産で、暖地に栽培される。丸仏手柑まるぶしゅかん。❷炭酸水にレモン汁を加えて作った清涼飲料水。《季 夏》
シドン〖Sidon〗古代フェニキアの都市国家。前13世紀ごろから地中海の海上権を握り、商工業が栄えたが、前1100年ごろのアッシリアによる破壊以後衰えた。現在のレバノンのサイダにあたる。
しな【支那】《王朝名の秦しんが西方に伝わりそれが変化したものという》外国人の中国に対する古い呼び名。
しな【品｜▽科｜▽階】❶(品)何かに使用する、形のあるもの。品物。「見舞いの一」「結構なお一」❷(品)商品。「良い一を安く売る」「一が豊富な店」「一ぞろえ」❸物の品質。「一が落ちる」❹材料や品質の良し悪しによって分けた種類。等級。「一分け」❺(科)ちょっとした媚こびを含んだ身ぶりやしぐさ。特に、女が男に見せるようす・態度についていう。「一をする」❻地位。身分。家柄。「人の一高く生まれぬれば」〈源・帚木〉❼人の品格。人柄。品位。「さぶらふ中に一心すぐれたる限りを選えりて」〈源・若菜上〉❽きざはし。階段。「御階みはしの中の一のほどに居給ひぬ」〈源・若菜上〉❾物事の事情、立場。「徳様も死なねばならぬ一なるが」〈浄・曽根崎〉【類語】(❶❷)物・品物・物品・金品・代物・製品・売り物・商品・売品・非売品・商い物/(❸❹)品質・品柄/(❺)嬌態きょうたい・媚態びたい
品無・し ❶品がない。下品だ。「心やすくうち棄てざまにもてなしたる、一・きことなり」〈源・常夏〉❷あいきょうがない。無愛想だ。「御手をじっとしめ給へば、一・くぴんと振り放し」〈浄・井筒業平〉
品好・し 上品である。体裁がよい。「まはれまはれ、一・くまはれ風車」〈浄・嫗山姥〉
科を作・る ❶なまめかしいしぐさをする。「一・ってにっこり笑いかける」❷上品なようすをする。体裁を整える。
しな【▽科】シナノキの別名。
しな〔接尾〕動詞の連用形に付いて、…するとき、…するついで、などの意を表す。「寝一に本を読む」「帰り一に初めて口をきいた」
し-ない【市内】市の区域内。まちの中。「一電話」㊥市外。【類語】町内・市中・近所
しない【竹-刀】しなひ《「撓しない竹の意》剣道で用いる竹製の刀。4本の割り竹を合わせ、切っ先に先革、手元に柄革つかがわをはめ、弦つると中ゆいで結び、柄革に鍔つばをつけたもの。【類語】竹光・木刀
しない【×撓い】しなひ ❶しなうこと。しなやかに曲線をなしていること。「釣り竿の一の具合」❷縦の一辺だけにしなわせたさおを入れた幟のぼりの指物さしもの。
じ-ない【地内】ヂ 一定の区画をしてある土地の中。
じ-ない【寺内】寺の境内。寺院の中。山内さんない。
【類語】山内・寺中・境内・神域・神苑しんえん
シナイア〖Sinaia〗《「シナヤ」とも》ルーマニア中央部の町。トランシルバニアアルプス山脈のブチェジ山中腹、標高約800メートルに位置する。スキー、登山、避暑のための観光保養地として知られる。17世紀創建のシナイア修道院、ルーマニア王カロル1世が建てたペレシュ城やペリショール城などの歴史的建造物のほか、作曲家エネスコの別荘がある。
シナイア-しゅうどういん【シナイア修道院】シウダウヰン《Mănăstirea Sinaia》ルーマニア中央部の町シナイアにある修道院。17世紀末、ワラキア公ミハイ=カンタクジノにより創建。名称はシナイ山にちなむ。17世紀末建立の旧教会と、19世紀半ばにルーマニア王カロル1世が建てた新教会(大教会)には、いずれも美しいフレスコ画が残っていることで知られる。また、19世紀末から20世紀初頭にかけて造られた鐘楼がある。シナイア僧院。シナヤ修道院。
しない-うち【竹-刀打ち】しなひ 竹刀で打ち合うこと。撃剣。剣道。
シナイ-さん【シナイ山】《Sinai》モーセが神ヤーウェから十戒を授けられた山。シナイ半島にあるとされる。
じない-ちょう【寺内町】ヂャウ 戦国時代、浄土真宗本願寺派などの寺院の境内に発達した集落。周りに土居を巡らし、濠ほりを掘って他宗派や領主の攻撃に備えた。大坂の石山本願寺、越前の吉崎などが有名。
しない-づる【竹-刀弦】しなひ 竹刀の背面に渡して、柄革つかがわと先革とをつなぐ弦。
シナイ-はんとう【シナイ半島】ハンタウ《Sinai》エジプトの北東部、紅海に突き出た三角形の半島。ほぼ全域が砂漠。
シナイ-もじ【シナイ文字】《Sinai inscriptions》1905年、シナイ半島南部で発見された初期アルファベット文字。前1700年ごろのもので、フェニキア文字の原型に近いものと推定されている。
しな・う【×撓う】しなふ〔動ワ五(ハ四)〕❶弾力があって、折れずに柔らかに曲がる。たわむ。しなる。「本の重さで棚板が一・う」「よく一・うからだ」❷従う。順応する。「水に一・うて渡せや渡せ」〈平家・四〉❸なよなよとする。「うち一・ひ寄りてそ妹はたはれてありける」〈万・一七三八〉
【用法】しなう・たわむ――「撓」の字が共通して当てられるように、「枝がしなう(たわむ)ほど実がなっている」など、ゆるやかに弧を描く意では相通じて用いられる。◆「しなう」は弾力があって復元し易い状態をいい、「よくしなうからだ」「むちをしなわせて脅おどかす」などと用いる。◆「たわむ」は重さや力に耐えられなくて曲がっている状態をいう。「本の重みで床がたわむ」また、「たわむことなく我が道を行く」のように、気力がおとろえるの意で使うことがある。この意は「しなう」にはない。
【類語】曲がる・反る・たわむ
しな-うす【品薄】〔名・形動〕需要に対して、商品の供給が不足していること。また、そのさま。品枯れ。「長雨で野菜が一になる」
しな-うちわ【支那団=扇】うちは 中国で産する団扇。籐とうの枠に絹などを張り、または絹や鳥の羽などで周囲を飾ったもの。
し-なおし【仕直し｜▽為直し】なほし しなおすこと。やりなおし。

じ-なおし【地直し】ぢなほし 裁断する前の布地に湿気を与えて地詰めをしたり、布目を正しくしたりすること。地伸ぢのし。

じ-なおし【字直し】じなほし 江戸中期に流行した、文字を直して絵にする遊び。

し-なお・す【仕直す┊▽為直す】しなほす〔動サ五(四)〕改めて同じ事をもう一度する。やりなおす。「掃除を—・す」「計算を—・す」

シナ-か【シナ花】シナクヮ キク科植物シナヨモギのつぼみを乾燥させたもの。回虫駆除薬サントニンの原料となる。キルギス共和国の原産。セメンシナ。

しな-がき【品書(き)】品物の名を書き並べたもの。品物の目録。品付け。「料理屋の—」(類語)献立・メニュー

しな-がく【支那学】中国の言語・宗教・文化・歴史などの文献を資料として研究する学問。18世紀にフランスで始まる。第二次大戦後、日本では中国学と改称。

しな-かず【品数】品物の数。また、品物の種類。「たくさんの—をそろえる」

しな-かたち【品形】人柄と姿かたち。「—こそ生まれつきたらめ」〈徒然・一〉

しなが-どり【▽息長鳥】㊀〔名〕カイツブリの古名。㊁〔枕〕❶雌雄が率ゐる(相率いる)意から、「猪名ゐな」の「猪ゐ」にかかる。「大き海にあらしな吹きそ—猪名の湊に舟泊はつるまで」〈万・一一八九〉❷水に潜って出てきたときの息をつぐ声から、「安房あは」にかかる。「—安房に継ぎたる梓弓」〈万・一七三八〉

しな-かばん【支那×鞄】《もと中国で作られたところから》木製で、多くは外側を白色の皮、または紙などで張り、中国風の櫃ひつの形をしたかばん。

しな-がら【品柄】品物の性質。品質。(類語)品質・品

しな-がれ【品枯れ】品物が市場に出回らないこと。品薄なこと。

しながわ【品川】しながは 東京都の区名。昭和22年(1947)荏原区を合併。江戸時代、東海道五十三次の第一宿駅。人口36.5万(2010)。

しな-がわ【品革】しながは 歯朶革しだがはの音変化。

しながわ-おどし【品革▽威】しながはをどし 品革を細く裁った緒で鎧よろひの札さねをおどすこと。また、そのおどした鎧。

しながわ-く【品川区】しながは ▶品川

しながわ-だいば【品川台場】しながは 江戸末期、幕府が江戸湾防備のため品川沖に設けた砲台。ペリー来航を契機に江川太郎左衛門が献策したもので、5基が完成した。御台場おだいば。

しながわ-はぎ【品川×萩】しながは マメ科の二年草。海岸に生え、高さ60〜70センチ。葉は3枚の小葉からなる複葉。夏、黄色の小花を総状につける。中国の原産。名は東京の品川に野生していたことによる。簱萩はたはぎ。

しながわ-まき【品川巻(き)】しながは 醤油しやうゆで味をつけた細長いせんべいに海苔のりを巻いたもの。名は海苔の産地品川にちなむ。

しながわ-やじろう【品川弥二郎】しながはやじらう［1843〜1900］政治家。長門ながとの人。松下村塾に学び、尊王攘夷運動に活躍。明治24年(1891)松方内閣の内相、翌年の総選挙で猛烈な選挙干渉を行って引責辞任。

じ-なき【地鳴き】ぢ 繁殖期の鳥のさえずりに対して、平常の鳴き方のこと。

じな-きょう【×耆那教】ジナケウ ▶ジャイナ教

しな-ぎれ【品切れ】商品がすっかり売れて在庫がなくなること。

しな-くだ・る【品下る】〔動ラ五(四)〕品格が落ちる。落ちぶれる。「いささか—・る所作といえる」「—・る言い方」

しな-くな〔副〕スル《「しなしな」と「くなくな」の混交した語。「しなぐな」とも》たわみしなうさま。また、手ごたえのないさま。くなくな。しなしな。「—した前垂がけの鶴さん」〈秋声・あらくれ〉

しな-ぐり【支那×栗】中国・朝鮮半島で栽培されるクリ。実の渋皮は取りやすい。甘栗。

じ-なげし【地▽長▽押】ぢ 柱の最下部をつないだ長押。地覆ぢふく長押。

シナゴーグ〖synagogue〗《集会の意》ユダヤ教の会堂。また、礼拝のためのユダヤ人の集会。

し-なごん【四納言】平安時代、一条天皇のころに、才芸の特にすぐれているといわれた四人の納言。権大納言藤原公任きんたふ・権中納言藤原斉信ただのぶ・権中納言源俊賢としかた・権中納言藤原行成ゆきなり。

しな-ざかる【▽階▽離る】〔枕〕幾重も山坂を隔てて遠く離れている意から、国名の「越こし」にかかる。「—越に五年いつとせ住み住みて」〈万・四二五〇〉

しな-さだめ【品定め】人や物の優劣やよしあしなどを批評し判定すること。品評。「雨夜の—」(類語)格付け

しな-し【支那脂】植物ナンキンハゼの果肉からとった脂肪。せっけん・ろうそくなどの原料にする。

し-なし【▽為×做し】態度やふるまい。「我が馴染にやさしき庄兵衛が—を私ひそかに喜びて酔し上に一層の元気づき」〈露伴・いさなとり〉

じ-なし【地梨】ぢ クサボケの別名。

じ-なし【地無し】ぢ 生地の全面にすきまなく縫い物・摺り箔・絞りなどの模様のある織物。また、その織物でできた衣服。

シナジー〖synergy〗❶筋肉などの共動作用。または、薬品などの相乗作用。❷経営戦略で各部門の相乗作用を活用した効果として利益を生みだすこと。

シナジェティック〖synergetic〗〔形動〕共働作用の。相助作用の。「—に各支店を運営する」

じなし-かのこ【地無し鹿の子】ぢ 生地の全面に鹿の子絞りを施した織物。

しなし-たり【▽為成したり】〔連語〕《動詞「しな(為成)す」の連用形「しなし」＋完了の助動詞「たり」》失敗したときに発する語。しそんじた。しまった。しくじった。「—たりと貫一は密に術無き拳を握れり」〈紅葉・金色夜叉〉

しな-しな〔副〕スル ❶弾力があって、しないたわむさま。「—(と)した柳の枝」❷動きが、なよなよとしているさま。「—(と)歩く」

しな-じな【品品】㊀〔名〕❶さまざまの品。「祝いの—」❷さまざまの種類。「三尺の御厨子一よろひに、—しつらひすゑて」〈源・紅葉賀〉❸さまざまな身分・家柄・階級。「その—やいかに」〈源・帚木〉㊁〔副〕種類がたくさんあるさま。いろいろ。「舎人どもの禄—賜はる」〈源・蛍〉

しなじな・し【品品し】〔形シク〕品格が高くすぐれている。上品である。「頭つき、容体ほそやかに—・しくきよらなるに」〈前田本夜の寝覚・一〉

しな-じへん【支那事変】日中戦争に対する当時の日本側の呼称。

しな・す【死なす】〔動サ五(四)〕死ぬようにする。死なせる。「餌を忘れて小鳥を—・してしまった」

し-な・す【▽為成す┊▽為×做す】〔動サ五(四)〕❶ある状態にする。また、こしらえる。「胸に蟠屈わだかまりなく淡然たんぜんと平日へいじつのごとく—・されては」〈露伴・五重塔〉「けがらひも一つに—・しためれば」〈かげろふ・上〉❷失敗する。しくじる。➡しなしたり

しなず-がい【死なず甲×斐┊▽不▽死▽甲×斐】しなずがひ〔形動〕《近世語》死なずにすんだのが幸いというほどの、ひどいしうちにあうさま。「あげくには—な目にあうて、一分いちぶんはすたった」〈浄・曽根崎〉

しなせ-ことば【▽為×做せ言葉】わざと丁寧に繕った言葉遣い。いきな言葉として、近世、花柳界や芸人社会で使われた。

じ-なぞ【字謎】漢字を偏・旁つくり・冠・脚などに分けたりして示し、その漢字を当てさせるもの。「人在二草木間一、日有二竹木傍一」を「茶箱」と解く類字の謎。

しな-そば【支那蕎＝麦】中華そばの古い言い方。

しな-ぞろえ【品×揃え】しなぞろへ 準備した品物の種類。また、商品の種類をいろいろと用意すること。「豊かな—」

しな-たつ【▽階立つ】〔枕〕地名「筑摩つくま」にかかる。語義未詳。「—筑摩さのかた息長おきながの遠智をちの小菅」〈万・三三二三〉

しな-だま【品玉】❶いくつもの玉や小刀などを空中に投げ上げては巧みに受け止める曲芸。たまとり。❷手品。

品玉も種たねから　手品も種があってはじめてできる。何事も材料がなければできないことのたとえ。

しなだま-し【品玉師】品玉の曲芸を演ずる者。品玉使い。品玉取り。

しなだま-つかい【品玉使い┊品玉遣い】つかひ「品玉師」に同じ。

しなだゆう【▽階だゆふ】しなだ〔枕〕「ささなみぢ」にかかる。語義未詳。「鳰鳥にほどりの潜かづき息づき—楽浪道ささなみぢをすくすくと我がいませばや」〈記・中・歌謡〉

しな-だれ【×撓垂れ】❶しなだれること。❷「草摺くさずり」の異称。❸「篠垂しのだれ」の異称。

しなだれ-かか・る【×撓垂れ掛(か)る】〔動ラ五(四)〕人にこびて寄りかかるようにする。また、力なさそうに寄りかかる。「背中に—・る」

しな-だ・れる【×撓垂れる】〔動ラ下一〕図しなだ・る〔ラ下二〕❶重みのためにしなって垂れ下がる。「雪で—・れた枝」❷「撓垂れ掛かる」に同じ。「恋人に—・れて歩く」

しな-ちく【支那竹】▶メンマ

しなチベット-しょご【支那チベット諸語】東アジアに分布し、声調などの共通特徴を有する諸言語の総称。中国語・チベット-ビルマ語群・タイ語群などを含む。

しな-ちりめん【支那▽縮×緬】中国で産する絹織物。生糸を用いて平織りにし、織ったあとで仕上げたもの。浙江せっこう省湖州が主産地。中国では縐紗しゅうさ。

しな-つ・く〔動カ四〕こびて甘えかかる。「わしゃ、こな様に惚ほれたわいのと—・きかかれば」〈浄・伊賀越〉

しな-づけ【品付け】「品書き」に同じ。

しなっこ-ら・し〔形シク〕物腰がやわらかい。やさしい。「其の用ならば俺が請け取っても済む事を、新参の清七ばかり—・しう物言うて」〈浄・浪花鑑〉

しなつひこ-の-みこと【級長津彦命】日本神話で、風の神。伊弉諾尊いざなきのみことの子。級長戸辺命しなとべのみこと。

しな-てる【▽級照る】〔枕〕《「しなでる」とも》「片足羽川かたしはがは」「片岡山」にかかる。語義未詳。「—片足羽川のさ丹塗りの大橋の上ゆ」〈万・一七四二〉

しなてる-や【▽級照るや】〔枕〕「片岡山」「鳰にほの湖」にかかる。語義未詳。「—片岡かたをか山に飯いひに餓うゑて」〈拾遺・哀傷〉

しなと-の-かぜ【▽科戸の風┊▽級▽長戸の風】《級長戸辺命しなとべのみこと(級長津彦命しなつひこのみこと)の名から》風の異称。「—の天の八重雲を吹き放つ事のごとく」〈祝詞・六月晦大祓〉

しなとべ-の-みこと【級長戸辺命】▶級長津彦命しなつひこのみこと

シナトラ〖Frank Sinatra〗［1915〜1998］米国の歌手・映画俳優。甘く柔らかな歌声で人気を博した。ヒット曲に「マイウェイ」「ニューヨークニューヨーク」など。俳優としては、映画「地上ここより永遠とわに」でアカデミー助演男優賞を受賞。他にも「踊る大紐育ニューヨーク」「上流社会」などに出演した。

シナトラ-ドクトリン〖Sinatra Doctrine〗世界経済を考えるとき、世界全体の利益を優先するのではなく、各国がそれぞれ独自の政策を取るという原則。フランク＝シナトラのヒット曲「マイウェイ」から、旧ソ連のゲラシモフ情報局長が命名。

しな-ぬの【▽科布】シナノキの樹皮の繊維で織った布。赤褐色で布目が粗く、水湿に耐える。労働着・漉こし袋・蚊帳かや・荷縄などに使った。信濃布しなのぬの。

しなの【信濃】旧国名の一。東山道に属し、現在の長野県にあたる。信州。

しなの-いも【▽信▽濃芋】ジャガイモの別名。

しなの-おいわけ【信濃追分】おひわけ 長野県の民謡。信州追分の宿で歌われた座敷歌。のち越後を経て北海道に伝わり、江差追分の母体となった。➡追分節

しなの-がき【▽信▽濃柿】カキノキ科の落葉高木。果実は小さく、枝にブドウの房のようにつく。未熟のものから渋をとるため、およびカキの台木とするため栽培され、信越地方から東北にかけて多い。小アジア地方の原産。千生せんなり柿。ぶどう柿。豆柿。(季 秋)

しなの-がわ【信濃川】がは 新潟・長野両県にまたが

る日本最長の川の、新潟県内での呼び名。長さ約367キロ。関東山地の甲武信岳(こぶし)に源を発し、越後平野を流れ、新潟市で日本海に注ぐ。上流を千曲(ちくま)川、犀(さい)川とよぶ。

しな-の-き【▽科の木】シナノキ科の落葉高木。日本の特産で、山地に自生。葉は心臓形。夏、黄色の香りの強い花をつける。材は器具や鉛筆に用い、樹皮の繊維で布・ロープなどを作る。しな。

しなの-きんばい【▽信▽濃金梅】キンポウゲ科の多年草。高山に生え、高さ約30センチ。キンバイソウに似ている。夏、黄金色の花びら状の萼(がく)をもつ花を開く。

しなの-じ【▽信▽濃路】(ぢ) ㊀信濃国の道。また、信濃国へ通じる道。㊁信濃地方。

しなの-つむぎ【▽信▽濃×紬】信濃産の紬。信州紬。

しなの-とくさ【▽信▽濃木=賊】信濃産のとくさ。「一本を―、椋(むく)の葉をもって七日七日づつみがいておぢゃる程に」〈虎明狂・末広がり〉

しなの-ぬの【▽信▽濃布】▶科布(しなぬの)

しなののぜんじ-ゆきなが【信濃前司行長】鎌倉初期の人。関白九条兼実の家司(けいし)であった中山行隆の子。徒然草の記述では平家物語の作者に擬されている。生没年未詳。

しなの-ふじ【信濃富士】黒姫山の異称。

しな-ばこ【品箱】釣り道具を入れる箱。しかけ箱。

しな-ばん【品番】「ひんばん(品番)」に同じ。

しな・びる【▽萎びる】〔動バ上一〕図しな・ぶ〔バ上二〕水分が失われて、張りのない縮んだ状態になる。衰えてみずみずしさを失う。「野菜が―・びる」「老人の―・びた顔」➡萎(しお)れる(用法)
(類語)しおれる・萎(な)える・枯れる・しぼむ・末枯(うらが)れる

しな・ぶ【▽萎ぶ】〔動バ上二〕「しなびる」の文語形。

しな-ぶくろ【▽科袋】科布(しなぬの)で作った袋。主に米穀などを入れるのに用いる。

シナプシス【synapsis】生物で、減数分裂の第1回分裂前期に、相同染色体が2本ずつ平行に並んで接着する現象。対合(ついごう)。

シナプス【synapse】ニューロン間の接合部。一つの神経細胞の軸索と、次の神経細胞の樹状突起との間に間隙があり、興奮を伝える部位。

しな-ぶれ【品触れ】〔名〕(スル) 警察が紛失品や盗品などの特徴を書き、質屋・古物商などに触れ示すこと。

しな-べ【品▽部】❶大化の改新前、特定の職能をもって朝廷に仕えた人々の集団。伴造(とものみやつこ)に率いられて一定期間朝廷に参勤して労務に従い、産物を献上した。大化の改新で大部分が公民となった。忌部(いんべ)・山部・鍛冶部(かぬちべ)など。ともべ。❷律令制で、諸官司に配属された特殊技術者の集団。ともべ。

しな-め【品目】品物の種類の名前。ひんもく。

しな-もじ【品文字】物が品の字の形のように三つ並んでいるさま。

しな-もち【品持ち】生鮮食料品などの品質が落ちずに、もとの状態が保たれること。「―がよい」

しな-もの【品物】人が使ったり食べたりするためのもの。しな。物品。「金ではなく―を贈る」「値段は高いが―はよい」(類語)物・品・物品・金品・代物・製品

しな-もの【品者】容姿の美しい女。美人。「都の水でみがき上げ娘盛りの―が」〈浄・先代萩〉

シナモン【cinnamon】❶クスノキ科の常緑高木。樹皮や精油に甘い芳香があり、香辛料として利用される。セイロン島の原産。セイロン肉桂。❷香辛料の一。❶の幹や根の表皮を乾かしたもの。独特の甘味と辛味とがある。

シナモン-シュガー【cinnamon sugar】シナモンの粉末と砂糖を合わせたもの。焼きリンゴ・フレンチトーストなどに使う。

シナヤ【Sinaia】▶シナイア

しな-やか〔形動〕図〔ナリ〕❶弾力があってよくしなうさま。「―な足腰」「―な枝」❷動きやようすがなめらかで柔らかなさま。「―な身のこなし」「―な革」❸姿態などがなよなよして上品なさま。たおやかなさま。「いと清げに―なる童(わらは)の、えならず装束(さうぞ)きたる」〈源・夢浮橋〉(派生)しなやかさ〔名〕
(類語)やわらかい・柔軟・柔らか

シナヤ-しゅうどういん【シナヤ修道院】(シウダウヰン)《Mănăstirea Sinaia》▶シナイア修道院

しな・ゆ【▽萎ゆ】〔動ヤ下二〕しおれる。しぼむ。「君に恋ひ―・えうらぶれ我が居れば秋風吹きて月傾きぬ」〈万・二二九八〉

し-なら・う【▽為習ふ】(ならふ)〔動ハ四〕❶いつも行う。しなれてじょうずになる。「よろづ右近ぞ空言を―・ひける」〈源・浮舟〉❷習う。学んで自分のものにする。「藤十郎と三右衛門と二人を一所にして―・はんと思ひ」〈役者論語・耳塵集〉

じ-ならし【地▽均し】(ぢ) ❶地面の高低やでこぼこをなくし、平らにすること。また、そのために使う道具類。❷あることをうまく進めるために、あらかじめ準備をしておくこと。「意見調整の―をする」

じ-なり【地▽形】(ぢ) 土地の形状。ちけい。「短冊形に長めな―だ」〈左千夫・春の潮〉

じ-なり【地鳴り】(ぢ) 地震などで地盤が振動して鳴り響くこと。また、その音。

シナリオ【scenario】❶映画・テレビなどの脚本。場面の構成や人物の動き・せりふなどを書き込んだもの。台本。❷計画を実現するための筋道。「連立政権への―」(類語)台本・脚本・戯曲・オリジナル

シナリオ-ライター【scenario writer】脚本を書く人。シナリオ作家。脚本家。

しな・る【×撓る】〔動ラ五(四)〕「しなう❶」に同じ。「櫓(ろ)を―・らせて力一杯漕ぐ」

し-な・れる【▽為慣れる|▽為×馴れる】〔動ラ下一〕図しな・る〔ラ下二〕することに慣れる。何度もしていて熟達・熟練する。「―・れた作業」

しな-ろうにん【支那浪人】(ラウニン)▶大陸浪人(たいりくろうにん)

じ-なわ【地縄】(ぢなは) 建築工事を始めるとき、敷地に建物の位置を示すために張り巡らす縄。

しな-わけ【品▽別け|品分け】〔名〕(スル) 品物を品質や種類別に分けること。「魚を―して並べる」
(類語)分ける・分類・類別

し-なん【四難】仏に出会い、仏法を信じるまでの4種の困難。値仏難・説法難・聞法難・信受難。

し-なん【至難】〔名・形動〕この上なくむずかしいこと。また、そのさま。「―のわざ」(類語)難しい・困難・難い

し-なん【指南】〔名〕(スル)《指南車が常に一定の方位を指示したところから》武術・芸能などを教え示すこと。指導すること。また、その人。「剣道を―する」
(類語)教育・指導・教授・手ほどき・教習・コーチ・訓育・薫育・教化・教学・文教・育英・教える・育てる・導く・仕付ける・仕込む

じ-なん【次男|▽二男】兄弟のうち2番目に生まれた男子。(類語)長子・次子・総領・初子(はつご)・初子(うい)・末っ子・長男・長女・次女・長兄・次兄・長姉

じ-なんきょく【磁南極】地球上で、磁針の伏角がマイナス90度になる地点。地球の南極とは一致しない。南磁極。

しなん-しゃ【指南車】車の上に人形が装置され、車が移動しても人形の手は常に南を指すように作られたもの。中国古代の黄帝の作とも周公の作ともいわれる。

しなん-じょ【指南所】武術・芸能などを指南する場所。教授所。しなんどころ。

シナントロプス-ペキネンシス【(ラテ) Sinanthropus pekinensis】北京(ペキン)原人の旧学名。➡北京原人 ➡ホモエレクトゥス

しなん-ばん【指南番】昔、幕府や大名などに仕えて、武芸などを教授した役。指南役。

しなん-やく【指南役】❶物事を指南する役。❷「指南番」に同じ。(類語)先生・師・師匠・師範・宗匠・師父・教師・教員・教諭・教授・教官・講師・ティーチャー・プロフェッサー・チューター・インストラクター・尊師・恩師・旧師・先師

しに【死に】㊀〔名〕❶死ぬこと。「生き―にかかわる」⇔生き。❷そのものがもつ効果が発揮されないまま終わること。「―金」❸囲碁で、相手の石に囲まれ二目以上できないこと。「―石」⇔生き。㊁〔接頭〕人をののしっていう語に付けて、ののしりの意をさらに強めていう。「―たわけ」「―畜生」

シニア【senior】年長者。上級生。上級者。「―クラス」⇔ジュニア。

ジニア【(ラテ) Zinnia】キク科ヒャクニチソウ属の植物の総称。

シニア-グラス《(和) senior＋glass》老眼鏡。(補説)英語では、farsighted eyeglasses

シニア-じゅうたく【シニア住宅】(ヂユウタク) 高齢者向けの集合住宅。診療施設も設けられ、食事や介護サービスも受けられる老人向けの住宅を、住宅・都市整備公団(現都市再生機構)が計画し、平成5(1993)年度から建設が始まった。

シニア-ソーシャルオフィサー【senior social officer】客船でパーティーやゲームのイベントを企画する首席航海士。

シニア-ツアー【senior tour】プロゴルフの満50歳以上の選手によるトーナメント。

しに-あと【死に後】死んだあと。特に、配偶者の死んだあと。死後(しご)。

シニア-パートナー【senior partner】合名会社や合資会社における共同経営者のこと。

シニア-ハイ-スクール【senior high school】米国の中等学校で、六・三・三制の10～12年級に当たるもの。日本の高等学校に相当。➡ジュニアハイスクール

シニア-レジデント【senior resident】▶レジデント

しに-いき【死に生き】❶死ぬことと生きること。生死。生き死に。❷死ぬこと。「―も出来かねまいと思へば、胸もふさがって」〈浄・氷の朔日〉

しに-いき【死に息】死期が近づいて絶え絶えにわずかに続く息。虫の息。

しに-いくさ【死に▽軍】死を覚悟したいくさ。決死の戦い。死闘。「もとより味方は―、思ひきったる事なれば」〈浄・吉野忠信〉

しに-いし【死に石】囲碁で、相手に囲まれて殺された石。また、打ったかいのない、むだ石。

しに-いそ・ぐ【死に急ぐ】〔動ガ五(四)〕死ななくともよいのにわざわざ死のうとする。「こんな軽装で冬山に登るのは―・ぐようなものだ」

しにいたるやまい【死に至る病】(シニイタルヤマヒ)《原題、(デンマ) Sygdommen til Døden》哲学書。キルケゴール著。1849年刊。絶望を死に至る病としてとらえ、神の前に自己を捨てる信仰によってのみこの絶望から脱することができると説いた。「新約聖書ヨハネ福音書」中の言葉に由来する。

しに-いちばい【死に一倍】親が死んで遺産が入ったら、元金を倍にして返すと約束して借金すること。また、その借金。「はや―三百目の借り手形」〈浮・一代男・一〉

しに-いでたち【死に▽出で立ち】「死に装束」に同じ。

しに-い・る【死に入る】〔動ラ四〕❶息が絶える。死ぬ。「―・る魂の、やがてこの御骸(から)にとまらなむと、思ほゆるも」〈源・御法〉❷死んだようになる。意識不明になる。気絶する。「夫の死するを見て悶絶して―・りぬ」〈今昔・二・三一〉

しに-うま【死に馬】死んだ馬。また、役に立たない馬をののしっていう語。

死に馬に蹴(け)られる 賭事(かけごと)などの際、回復が望めないような状態の相手から、大きな痛手を受けることのたとえ。

死に馬に鍼(はり) 何の効果もなく、むだであることのたとえ。死馬(しば)に鍼をさす。

死に馬に鍼(はり)をさす ▶死に馬に鍼

死に馬に鞭(むち)打つ 賭事(かけごと)などの際、回復が望めないような状態の相手に、さらに痛手を与えることのたとえ。

しに-え【死に絵】(ヱ) 浮世絵の一。役者や文人などの有名人が死んだとき、その似顔絵に生前の事績や法号・辞世などを添えて追善のために版行したもの。

しに-おく・れる【死に後れる|死に遅れる】〔動ラ

下一〕図しにおく・る〔ラ下二〕❶死ぬべき機会を逃して生きている。「―・れて生き恥をさらす」❷ほかの人が死んで、自分だけが生き残る。ある人に先に死なれる。「息子に―・れる」【類語】生き長らえる・生き延びる・生き残る・死に損なう・永らえる

しに-かえ・る【死に返る】〔動ラ四〕❶死んで再び生き返る。「恋するに死するものにあらませばあが身は千度ちたび―・らまし」〈万・二三九〇〉❷疲れきって、死にそうになる。「打出の浜に―・りて到りたれば」〈かげろふ・中〉❸連用形を副詞的に用いて、死ぬほど強くの意を表す。「―・り待つに命ぞ絶えぬべきなかなか何に頼みそめけむ」〈狭衣・二〉

しに-がお【死に顔】死んだときの顔つき。死人の顔つき。

しに-かか・る【死に掛(か)る｜死に懸(か)る】〔動ラ五(四)〕まさに死のうとしている。もうすこしで死にそうである。「おぼれて―・った」

しに-がくもん【死に学問】実際の生活に役立たない学問。

しに-かけ【死に掛け｜死に懸け】もう少しで死にそうなこと。瀕死ひんし。「―のところを助けられる」

しに-か・ける【死に掛ける｜死に懸ける】〔動カ下一〕図しにか・く〔カ下二〕今にも死にそうになる。死に瀕ひんする。「危うく―・けた」

しに-かた【死に方】❶死ぬ方法。❷死ぬときのようす。死にざま。死によう。「眠るような―」

しに-がね【死に金】❶蓄えるばかりで、活用されない金。❷使っても効果がなくて、むだになる金。⇔生き金。❸自分が死んだときの費用として、蓄えておく金。

しに-がみ【死に神】人を死に誘うという神。「―に取りつかれる」【類語】貧乏神・疫病神

シニカル〘cynical〙〘形動〙皮肉な態度をとるさま。冷笑的。嘲笑ちょうしょう的。シニック。「―な表現」

しに-かわ・る【死に変(わ)る】〔動ラ五(四)〕死んでほかのものに生まれ変わる。「女に―・りたい」

しに-ぎわ【死に際】まさに死のうとする時。死ぬまぎわ。いまわ。【類語】いまわ・往生際・死に目・断末魔・末期・臨終・終焉しゅうえん

し-にく【死肉｜×屍肉】死体の肉。

し-にく【歯肉】歯冠の根もとの部分を取り巻いている粘膜。歯齦しぎん。歯茎。

し-にく・い【▽為▽難い】〔形〕図しにく・し〔ク〕することがむずかしい。うまくすることができない。やりにくい。「当事者の前では話が―・い」

しにく-えん【歯肉炎】歯茎に起こる炎症。赤くはれ、出血することもある。歯齦炎しぎんえん。

しにく-こう【歯肉溝】歯の表面のエナメル質と歯肉との間にある溝状の隙間。健康な人で1～2ミリある。これが細菌などに破壊されて広がったものを歯周ポケットという。

しに-くち【死に口】口寄せの一。死者の霊が巫女みこなどに神懸かりして語ること。また、その言葉。

しに-ぐるい【死に狂ひ】死に物狂い。「腰刀を抜き持ちて、はねて係りて戦ひけり。―とぞ見えたりける」〈盛衰記・一五〉

ジニ-けいすう【ジニ係数】所得・資産分配の不平等度などを示す指標の一。係数は0と1の間の値をとり、値が1に近づくほど不平等度が高くなる。イタリアの統計学者ジニ(C.Gini)が提示。【補説】0.4が社会不安定化の警戒ラインとされる。

しに-げしょう【死に化粧】死者の顔に施す化粧。

しに-ごう【死に業】前世の悪業の報いとして死ぬこと。また、死にも値する罪業。「され共此の人―や来ざりけん」〈太平記・三二〉

しにごもり-まゆ【死に籠もり繭】蚕が繭を作る途中で死んだもの。また、その繭。

しに-ざま【死に様】❶死ぬときのようす。また、死んだようす。死によう。❷死にぎわ。「―に念仏申さぬ人はあれど」〈鶉衣・一徳弁〉

シニシズム〘cynicism〙❶ギリシャ哲学で、キニク学派がとった立場。❷社会の風潮・事象などを冷笑・無視する態度。冷笑主義。シニスム。

しに-しだい【死に次第】死ぬに任せ、見殺しにすること。勝手に死なせること。「十悪人のこの治兵衛、―とも捨て置かれず」〈浄・天の網島〉

しに-じたく【死に支度】死を前にしての準備。

しに-しょうぞく【死に装束】❶死者に着せる衣服。❷切腹するときの白装束。

し-に・す【仕似す｜▽為似す】〔動サ下二〕❶似せて物事をする。まねる。「かやうの万物の品々をよく―・せたらんは」〈花伝・六〉❷先祖代々の家業を受け継ぐ。「譲り状にて家督請け取り、―・せおかれし商売」〈浮・永代蔵・四〉❸仕事や商売を長年続けて得意や信用がある。資産をつくる。「親の時より次第に―・せたる見世にて」〈浮・織留・一〉

しに・す【死にす】〔動サ変〕死ぬ。「いさなとり海や―・する山や―・する死ぬれこそ海は潮干て山は枯すれ」〈万・三八五二〉

しに-すがた【死に姿】死ぬときの姿。また、死んだ人のようす。

しに-すじ【死に筋】《「売れ筋」に対する語》売れ行きが悪く、利益を生まない商品。

シニスム〘フランス cynisme〙▶シニシズム

し-にせ【老舗】《動詞「しにす(仕似す)」の連用形から》❶代々続いて同じ商売をしている格式・信用のある店。❷先祖代々の家業を守り継ぐこと。「かみは正直、商売は所柄なり、―なり」〈浄・天の網島〉

しに-ぜに【死に銭】「死に金」に同じ。

しに-ぞこない【死に損ない】❶死ぬべき時期を逃してしまうこと。また、その人。❷死なずに生き残っている人をののしっていう語。

しに-そこな・う【死に損なう】〔動ワ五(ハ四)〕❶死ぬべきときに死なないで生き残る。死のうとして死ねないでいる。「―・って生き恥をさらす」❷危うく死にかける。「交通事故で―・う」【類語】生き長らえる・生き延びる・生き残る・死に後れる・永らえる

しに-たい【死に体】❶相撲で、両者がほとんど同体に倒れたとき、つま先が上を向いて足の裏が返り、立ち直れないと判断された状態。⇔生き体。❷(比喩的に)個人や組織が支持基盤を失って倒れそうである状態をいう。「支持率低下と閣僚の辞任とで―の政権」「業績不振で―の会社」

しに-た・える【死に絶える】〔動ア下一〕図しにた・ゆ〔ヤ下二〕一家や一門、また民族がことごとく死んで血統がなくなる。また、同種の動物が全部死んでいなくなる。「一族は何年も前に―・えた」

しに-たわけ【死に▽戯け】「たわけ」を強め、人をののしっていう語。「三人の弟おととども、他の人の顔して、―と申しなし」〈浮・二十不孝・二〉

しに-ちょう【死に帳】払ってもらえる当てのない売掛金を記しておく帳面。「親方の確かに知らぬ売り掛けは―に付け捨て」〈浮・胸算用・三〉

シニック〘cynic〙〘形動〙「シニカル」に同じ。「―な態度」

しに-づら【死に面】死に顔。また、死人のような顔。

しに-でたち【死に出立ち】「死に出いで立ち」に同じ。「嫁入りする日は―、葬礼の儀式と聞く」〈浄・薩摩歌〉

しに-てんごう【死にてんがう】《「てんごう」は戯れの意》死ぬまねをすること。狂言自殺。「この忙しき中に、無用の―と存じた」〈浮・胸算用・二〉

しに-どき【死に時】死ぬ時。死ぬべき時。死ぬのにふさわしい時機。

しに-どこ【死に▽所｜死に▽処】「しにどころ」に同じ。

しに-どころ【死に所｜死に▽処】死ぬのにふさわしい場所や場合。しにどこ。【類語】死所・死に場・死地

しに-のこ・る【死に残る】〔動ラ四〕他の者が死んで、その人だけが生き残る。死に後れる。「―・る人あらば、我が忠戦を語って子孫に留むべし」〈太平記・九〉

しに-ば【死に場】❶死ぬ場所。死ぬべき場所。死にどころ。❷死ぬ場面。死の前後のようす。

しに-はじ【死に恥】死後に残る恥。「―をさらす」⇔生き恥。【類語】恥・不名誉・不面目・名折れ・面汚おもてよごし・赤恥・羞恥しゅうち・生き恥

しに-ばしょ【死に場所】「死に場」に同じ。

しにはだ-たち【死に▽膚断ち】国つ罪の一。死んだ人の肌を切り裂くこと。「国つ罪と、生き膚断ち、―」〈祝詞・六月晦大祓〉➡生き膚断ち

しに-は・てる【死に果てる】〔動タ下一〕図しには・つ〔タ下二〕❶完全に死んでしまう。命が尽きる。「一撃であえなく―・てた」❷ことごとく死ぬ。死に絶える。「子孫はみな―・てた」

しに-ばな【死に花】死に際の名誉。死後の名誉。

死に花を咲か・せる 立派に死んで、死後に誉れを残す。また、死んでかえって誉れが増す。

しに-びかり【死に光】死に際のりっぱなこと。また、死後に残る栄光。死に花。「―のして、折しも十月十五日、浄土は願ひのままに」〈浮・永代蔵・五〉

しに-びと【死に人】死んだ人。死者。しびと。「河原には―もふせりと見聞けど」〈かげろふ・中〉

シニフィアン〘フランス signifiant〙▶能記のうき

シニフィエ〘フランス signifié〙▶所記しょき

しに-ぼくろ【死に黒=子】人が死ぬ前にできるというほくろ。老年になってできるほくろをいう。

しに-み【死に身】❶死んだからだ。⇔生き身。❷いつ死んでもいいだけの覚悟を決めて、事に当たること。捨て身。「―になって働く」

しに-みず【死に水】死に際の人の唇をしめしてやる水。末期まつごの水。

死に水を取・る 死に際の人の唇を水でしめしてやる。転じて、臨終まで介抱する。「父の―・る」

しに-め【死に目】死に際。臨終。「親の―にあえない」【類語】いまわ・死に際・往生際・断末魔・末期・臨終・終焉しゅうえん

しに-もうけ【死に設け】死ぬ用意。死に支度。死に用意。「ただ―をせよと夢に見給ひければ」〈栄花・玉の飾り〉

しに-ものぐるい【死に物狂い】死ぬことも恐れないでがんばること。「―になって戦う」【類語】必死・命懸け・捨て身・懸命・大わらわ・躍起

シニャック〘Paul Signac〙[1863～1935]フランスの画家。新印象主義の代表者の一人。点描法を用いて、河や海港など水辺の風景を好んで描いた。

シニャフスキー〘Andrey Donatovich Sinyavskiy〙[1925～1997]ロシア(ソ連)の小説家・批評家。アブラム＝テルツの筆名によりフランスで発表した「社会主義リアリズムとは何か」でソ連の文学政策を批判したほか、「裁判が始まる」などの作品を出版したことにより、懲役刑を受けた。1973年フランスに亡命し、パリ大教授となる。ペレストロイカ以降は祖国でも評価された。小説に「審問」「おやすみなさい」など。

しに-やまい【死に病】命の助かる見込みのない病気。しにやみ。死病しびょう。「もしひょっと―受けたりとも」〈浄・氷の朔日〉

し-にゅう【市乳】市販されている飲用牛乳。

し-にょう【支×繞】漢字の繞にょうの一。「攲」「翅」などの「支」の称。えだにょう。

し-にょう【×屎尿】大便と小便。「―処理」【類語】糞尿ふんにょう・おわい

しに-よう【死に様】「しにざま❶」に同じ。

シニョーリ-ひろば【シニョーリ広場】《Piazza dei Signori》イタリア北東部の都市ベローナにある広場。古代ローマ時代の公共広場に起源し、当時はエルベ広場とあわせて一つの広場だった。周囲にはラジョーネ宮(現市庁舎)、スカラ家の館が立ち、ルネサンス様式の回廊に囲まれる。中央にはダンテの像がある。

しに-よく【死に欲】死ぬまぎわになってもまだ欲が深いこと。また、死ぬ時期が近づくに従ってますます欲が深くなること。

シニョリーア-きゅうでん【シニョリーア宮殿】《Palazzo Signoria》▶ベッキオ宮殿

シニョリーア-ひろば【シニョリーア広場】《Piazza della Signoria》イタリア中部、トスカーナ州の都市フィレンツェにある広場。中世以来フィレンツェの行政と文化の中心地だったベッキオ宮殿、ウフィツィ美術館に面し、ミケランジェロのダビデ像(複製)、ネプチューンの噴水などがある。15世紀末に宗教改革者サボナロ

ラが火刑に処されたことでも知られる。

シニョレリ〖Luca Signorelli〗［1445ころ〜1523］イタリアの画家。厳格な画面構成と力動的な人体表現で知られる。

シニョン〖フランス chignon〗女性の、後頭部に束ねた洋風の髷。渦巻き状に編み込んだり、輪形にねじり上げたりする。

しに-わかれ【死に別れ】死に別れること。死別。⇔生き別れ。

しに-わか・れる【死に別れる】〔動ラ下一〕図しにわか・る〔ラ下二〕一方が死に、他方が生き残って永久に別れることになる。死別する。「親と一・れる」類語死別・永訣・永別・永の別れ

し-にん【死人】死んだ人。しびと。死者。類語故人

死人に口無し 死人は無実の罪を着せられても釈明することができない。また、死人を証人に立てようとしても不可能である。

し-にん【視認】〔名〕スル 実際に目でみて確認すること。「機影を一する」

じ-にん【自任】〔名〕スル ❶自分で、そのことを自分の任務だと考えること。「御意見番をもって一する」❷自分の能力などが、それにふさわしいと思うこと。自負。「天才詩人だと一する」類語自負・矜持

じ-にん【自認】〔名〕スル 自分で認めること。「過失を一する」類語承認・同意・肯定・是認・容認・認容・公認・うべなう・うけがう・受け入れる・心得る

じ-にん【▽神人】中世、神社に奉仕し、その保護を得ることによって宗教的、身分的特権を有した者。国などの課役を免れ、また、神木・神輿を奉じて強訴を行ったりした。芸能民・商工業者のほか、武士や百姓の中にも神人となる者があった。神民。じんにん。➡犬神人

じ-にん【慈忍】慈悲と忍辱。慈悲の心をもって、忍耐すること。

じ-にん【辞任】〔名〕スル 就いていた任務・職務を、自分から申し出て辞めること。「議長を一する」類語辞職・退職・引退・退任・退役・退官・退陣・勇退・下野・リタイア・離れる

しぬ【×篠】《江戸時代に万葉仮名の「の」の読みを「ぬ」と誤読してできた語》「しの❶」に同じ。

し・ぬ【死ぬ】〔動ナ五〕図〔ナ四・ナ変〕《古くはナ行変格活用。室町時代ころからナ行四段活用が見られるようになり、江戸時代には二つの活用が並存。明治以降はナ行四段(五段)活用が一般的になったが、なお「死ぬる」「死ぬれ(ば)」などナ行変格活用が用いられることもある》❶命がなくなる。息が絶える。また、自ら命を断つ。「交通事故で一・ぬ」「世をはかなんで一・ぬ」「一・ぬか生きるかの大問題」「一・ぬほどの苦しみ」「一・んでも言えない」⇔生きる。❷そのもの本来の力や働きが果たされなかったり、うまく利用されなかったりする状態になる。活用されなくなる。「一・んだ金」❸そのものがもっている生命感や価値がなくなる。生き生きしたところが失われる。生気がなくなる。「陳列する場所を誤るとせっかくの絵も一・んでしまう」「目が一・んでいる」❹動きなどがなくなる。やむ。「風が一・ぬ」❺囲碁で、敵の石に囲まれて取られる。⇔生きる。❻野球で、アウトになる。「一塁で一・ぬ」⇔生きる。可能しねる 補説「死ぬ」の語尾は、完了の助動詞「ぬ」と同じなので、死んでしまうというのが原義。したがって平安時代までは助動詞「ぬ」は「死ぬ」に付くことがなかった。類語(❶)亡くなる・死する・没する・果てる・眠る・瞑する・逝く・斃れる・事切れる・身罷る・先立つ・旅立つ・死去する・死亡する・死没する・物故する・絶命する・絶息する・永眠する・瞑目する・逝去する・長逝する・永逝する・他界する・昇天する・往生する・落命する・急逝する・急死する・頓死する・横死する・憤死する・夭折する・夭逝する・息を引き取る・冷たくなる・敢えなくなる・世を去る・帰らぬ人となる・不帰の客となる・死出の旅に出る・亡き数に入る・召される・幽明境を異にする・黄泉の客となる・命を落とす（貴人が）卒去する・薨去する・薨ずる・お隠れになる（僧侶、聖者が）寂する・入寂する・入滅する・円寂する・遷化する

死ぬの生きるのという騒ぎ 死ぬとか死なないとか口走るような大げさな騒ぎ。また、生死にかかわるような深刻な騒ぎ。

死ぬ者貧乏 生きていれば、よい目を見ることもあるので、死んだ者がいちばん損であるということ。

死ぬる子は眉目よし 早く死ぬような子は、とかく顔だちが美しいものである。

死ねがな目抉ろ 死ねばよい、そうしたら目の玉をえぐり抜こう。強欲で残忍な気持ちをいう。

死んだ子の年を数える 言ったところでどうにもならない過去のことを後悔することのたとえ。

死んでの長者より生きての貧乏 死んで金持ちになるよりは貧乏でも生きているほうが幸せであるということ。

死んで花実が咲くものか 生きていてこそいい時もあるので、死んでしまえば、万事おしまいである。死んで花実が生るものか。

死んでも命のあるように 生きることに対する強い執着心を表していう言葉。多く、危機に際して、ややおどけていう。

死んでも死にきれない あまりに残念で、このままでは死ぬことができない。

じ-ぬき【地▽貫】柱の最下部に通した貫。

じ-ぬき【地▽緯】紋織物で、地組織を織り出す地色の横糸。じよこ。➡絵緯

し-ぬ・く【▽為抜く｜▽為▽貫く】〔動カ五(四)〕最後までする。「我慢を一・く」

じ-ぬし【地主】土地の所有者。じしゅ。

じぬし-がみ【地主神】各地の鎮守や屋敷神など、その土地や屋敷を守護する神。じぬしのかみ。

じぬし-しき【地主▽職】中世、荘園制下での領主としての権利・得分。じしゅしき。

じぬし-の-かみ【地主の神】►じぬしがみ

シヌック〖Chinook〗《「チヌーク」とも》アメリカのロッキー山脈東側に吹き下ろす乾燥した暖風。また、アメリカのワシントン・オレゴン両州の太平洋岸に吹く湿気を帯びた暖風。

し-ぬひ【私▽奴×婢】律令制で、官有の公奴婢に対して、私有の奴婢のこと。売買・譲渡の対象となり財物視されて、所有者の労働力となった。

しぬ・ぶ【×偲ぶ】〔動バ四〕❶《「しの(偲)ぶ」の音変化。上代は「しぬふ」》「しの(偲)ぶ〔一〕❶」に同じ。「瓜食めば子ども思ほゆ栗食めばまして一・はゆ〈万・八〇二〉❷《江戸時代に万葉仮名の「の」の読みを「ぬ」と誤読してできた語》「しの(偲)ぶ」に同じ。

じ-ぬり【地塗(り)】❶彩色画などで、下塗りをすること。❷蒔絵で、金銀などの粉を固着させるために漆を薄く下塗りすること。

しね 生まれつきの性質。本性。「生得一悪しきものなるにおいては〈どちりなきりしたん・一〇〉

しね【▽稲】いね。多く、他の語の下に付いて複合語で用いる。「荒一」「み一搗つく女の佳さ〈神楽・細波〉

シネ〖フランス ciné〗「シネマ」の略。「一フィルム」

シネカメラ〖cinecamera〗小型の映画撮影機。

シネクティクス〖synectics〗多様な分野の人が集まって自由に討論することによって問題の発見や解決を図る方法。創造工学。

シネ-コン 「シネマコンプレックス」の略。

シネ-サイン 《和 cine＋sign》ビルの外壁などにとりつけられた大型広告装置。多数の小電球からなり、動く画面を映し出す。

シネスコ 「シネマスコープ」の略。

シネスコ-サイズ 《「シネマスコープサイズ」の略》►シネマスコープ

じ-ねずみ【地×鼠】トガリネズミ科の哺乳類。体長8センチ、尾長6センチくらいで、灰褐色。ネズミに似るが、吻がとがる。ほぼ日本全域に分布し、森林・草地・畑などにすみ、昆虫・ミミズなどを食べる。夜行性。近縁種はヨーロッパ・アフリカ・アジアに分布。

じ-ねつ【地熱】《「ちねつ」とも》地下の岩石中に保有されている熱。主に放射性物質の崩壊によって発生する。

じねつ-はつでん【地熱発電】《「ちねつはつでん」とも》地下の高温・高圧の水蒸気を利用して蒸気タービンを回転させて発電する方式。

シネマ〖フランス cinéma〗映画。映画館。キネマ。➡シネマトグラフ 類語映画・キネマ・活動・幻灯・スライド・活動写真・銀幕・ムービー・フィルム・スクリーン・サイレント映画・無声映画・トーキー・アニメーション

シネマ-コンプレックス〖cinema complex〗複合映画館。一つの建物に映画館が複数併設されているもので、客の嗜好にきめ細かく対応できるなどの利点がある。欧米に多くみられたが、日本にも平成5年(1993)に導入されて以降、数が増えている。シネコン。

シネマ-スコープ〖CinemaScope〗ワイドスクリーン映画の一。特殊な円柱レンズを用いて横幅を圧縮して撮影した画像を、映写の際に横に拡大映写するもの。スクリーンの縦横の比率は1対2.35。1953年、米国で実用化。シネマスコープサイズ。シネスコ。商標名。

シネマスコープ-サイズ〖CinemaScope Size〗►シネマスコープ

シネマテーク〖フランス cinémathèque〗►フィルムライブラリー

シネマトグラフ〖フランス cinématographe〗映画の撮影と、その映写を兼ね備えた機械の名称。1895年、フランスのリュミエール兄弟が発明した。「映画」を意味する「シネマ」はこれに由来する。

シネマ-ベリテ〖フランス cinéma-vérité〗《「映画の真実」の意》1960年前後に起こった、フランスのドキュメンタリー映画の傾向。真実そのものを追求して、インタビュー形式を多く用いた。

シネラマ〖Cinerama〗ワイドスクリーン映画の一。3台のカメラで同時に撮影したフィルムを、3台の映写機で湾曲した横長のスクリーンに映写して、立体的な画面を得るもの。スクリーンの縦横の比率は1対2.88。1952年、米国で実用化。商標名。

シネラリア〖cineraria〗キク科の多年草。高さ40〜60センチ。葉は心臓形に近い卵形でフキに似る。冬から春に、紅・紫・白などの花を多数つける。カナリア諸島の原産。観賞用に温室で栽培される。蕗菊。蕗桜。サイネリア。(季 春)

し-ねん【思念】〔名〕スル 思い考えること。常に心に深く思っていること。「今後の身の振り方を一する」類語思い・思想・想念・念・気持ち・感懐・感想・所懐・胸懐・心懐・胸中・心中・心事・心情・心境・感慨・万感・偶感・考え・思考・思索・一存

じ-ねん【自然】❶(「に」や「と」を伴って副詞的に用いる)おのずからそうであること。ひとりでにそうなること。「一と浸み込んで来る光線の暖味」〈漱石・門〉❷仏語。人為を離れて、法の本性としてそうなること。❸少しも人為の加わらないこと。天然のままであること。「本尊は一湧出の地蔵尊とかや」〈地蔵菩薩霊験記・九〉

じねん-ご【自然×粳】《「じねんこ」とも》竹の実。白く米粒状で食用となる。ささみどり。竹米。「一の藪吹く風ぞあつかりし／野童」〈猿蓑〉

し-ねんごう【私年号】朝廷が正式に定めた年号に対し、民間で私的に用いた年号。主に中世後期の社寺・地方豪族などが用いた。異年号。偽年号。

じねんこじ【自然居士】謡曲。四番目物。観阿弥作。雲居寺造営のために説法をしていた自然居士が芸尽くしを披露して、人買いから少女を連れ戻す。

じねん-ごどう【自然悟道】仏語。師や他の教えに頼らないで、自らの修行によって本覚が開け、自然に道を悟ること。

し-ねんじょ【四念処】仏語。三十七道品の最初の修行法。身を不浄とする身念処、感受するものすべて苦とする受念処、心は無常とする心念処、法は無我であるとする法念処の四つをいう。

じねん-じょ【自然×薯】ヤマノイモの別名。(季 秋)「鵙高音一を掘る音低く／虚子」

じねん-じょう【自然生】ジネンジャウ ❶〔名〕ヤマノイモの別名。❷〔名・形動〕自然に生まれ出ること。人の手の加わっていないこと。また、そのさま。「―なる渋柿の一口に顔をしかめるおかし味」〈蘆花・思出の記〉

じねん-せき【自然石】▶しぜんせき(自然石)

じねん-ち【自然×智】仏語。その人間に生来備わっているすぐれた智慧。師の教えを受けないで、自然に悟りを開いた智。

じねん-どう【自然銅】▶しぜんどう(自然銅)

じねん-ばえ【自然生え】▶しぜんばえ(自然生え)

じねん-ほうに【自然法×爾】ジネンホフニ 仏語。❶もののありのままの姿が真理にのっとっていること。❷浄土真宗で、阿弥陀仏の本願のはからいの中に包まれていること。

しの【志野】「志野焼」の略。

しの【×篠】❶「篠竹しのだけ」に同じ。❷「篠笛」の略。❸紡績の中間過程で、不純物の除かれた繊維を長さをそろえて太いひも状にしたもの。

篠を束ねる　篠竹を束ねたように、多量の雨が激しく降るさまにいう語。しのをたばねる。

篠を突・く　篠竹を突き立てるように雨の勢いが強く激しいさまにいう語。しのつく。「―・く大雨」〔補説〕雨が静かに降るさまの意で使うのは誤り。

篠を乱・す　激しい雨に風が加わって荒れるさまにいう語。「―・す雨」

シノア〖フランス chinois〗▶シノワ

しの-いり【×篠入り】歌舞伎の下座音楽で、三味線の合方あいかたに篠笛の音を加えること。また、その下座音楽。述懐などの愁嘆場に奏される。篠入りの合方。

し-のう【子×嚢】シナウ 子嚢菌類の胞子嚢。有性生殖によって生じる袋状のもので、ふつう8個の子嚢胞子を生じる。

し-のう【司農】❶古代中国の官名。農政をつかさどった。➡大司農　❷宮内省の唐名。

し-のう【四能】4種の芸能。琴・棋・書・画のこと。

し-のう【詩×嚢】シナウ ❶詩の原稿を入れておく袋。❷詩人の、詩を生み出すもとになる思想や感情。「―を肥やす」

しのう-きん【志納金】シナフ― 拝観料として納める金銭のこと。

しのうきん-るい【子×嚢菌類】シナウキン― 真菌類の一群。体は菌糸からできていて、子嚢を形成し、中に子嚢胞子をつくる。コウジカビ・酵母菌や一般にカビとよばれるものの多くが含まれる。

しのう-くんれんし【視能訓練士】斜視・弱視の者に対し訓練・矯正を行い視力回復をはかる専門職。国家試験により免許が与えられる。

しのう-けい【司農×卿】宮内卿くないきょうの唐名。

し-のう-こう-しょう【士農工商】―コウシャウ 近世の身分制で、武士・農民・職人・商人。士を最上位とし、商を最下位とする。儒教的階級観念によって順位づけた言い方。基本的には支配階級である士と被支配階級である農・工・商を区別することで、農・工・商の間では上下関係はない。四民。

シノーペ〖Sinōpē〗トルコ北部の都市シノプの旧称。

しの-がき【×篠垣】篠竹で編んでつくった垣。

しの-がなもの【×篠金物】鉄の細長い板を篠竹のように縦に並べた金具。鎧よろいの籠手こてや脛当すねあてなどに用いる。

しのぎ　❶茶器の柄杓ひしゃくの部分の名。柄の螻蛄首けらくびより下の部分。❷茶道で、風炉ふろの灰を寄せるときの山の灰角はいかどのこと。

しのぎ【×凌ぎ】❶苦しい局面やつらいことを、なんとかもちこたえて切り抜けること。また、その方法・手段。「急場―」「退屈―」❷《「一時しのぎ」の意から》会葬者に出す食事。非時。

しのぎ【×鎬】❶刀剣で、刃と峰との間に刀身を貫いて走る稜線。鎬筋。❷部材の上端の中央を残し両側を低く削って、刀の背峰のようにした形。

鎬を削・る　激しく刀で切り合う。転じて、激しく争う。「二党が―・る激戦区」〔補説〕「凌ぎを削る」と書くのは誤り。

しのぎ-さがり【×鎬下がり】薙刀なぎなたなどで、鎬が切っ先よりやや下方の位置まであるもの。

しのぎ-じ【×鎬地】―ヂ 刀の鎬と峰の間の部分。磨き地。

しのぎ-すじ【×鎬筋】―スヂ ▶鎬❶

しのぎ-づくり【×鎬造(り)｜×鎬作(り)】日本刀の造り込みの一。刃と峰との中間よりやや峰よりに鎬をつけたもの。本造り。

しのぎ-ぼり【×鎬彫(り)】木材などの溝を、中央に鎬をつけて彫る方法。

しの・ぐ【×凌ぐ】〔動ガ五(四)〕❶押し分けて前に進む。乗り越えて進む。「波濤はとうを―・いで行く」❷困難や苦境などにじっと堪えて、なんとか切り抜ける。辛抱して乗り越える。また、防いで、堪え忍ぶ。「飢えを―・ぐ」「ピンチを―・ぐ」「風雨を―・ぐ」「日本の夏は―・ぎにくい」❸人を侮る。「何処どこまでも人を―・いだ仕打な薬売は」〈鏡花・高野聖〉❹能力・程度などが他のものを追い抜いて上に出る。他よりまさる。「壮者を―・ぐ元気」「前作を―・ぐ傑作」「山頂雲を―・ぐ」❺押し伏せる。おおいかぶさる。「高山の菅の葉―・ぎ降る雪の消ぬとか言はも恋の繁けく」〈万・一六五五〉〔可能〕しのげる 〔類語〕勝る・立ち勝る・凌駕りょうがする・長たける・越える・耐える・過ぎる・追い越す・追い抜く

じ-のこ【地の粉】ヂ― 生漆きうるしとまぜて漆器の下地に用いる粉末。焼いた粘土や瓦を砕いたもの。

し-の-こうしん【死の行進】―カウシン 戦争時、捕虜などを長距離の徒歩を強いて移送すること。第二次大戦中、日本軍がバターンで米軍捕虜に、サンダカンで豪・英軍捕虜に対して行ったとされる。デスマーチ。

し-のこ・す【仕残す｜▽為残す】〔動サ五(四)〕途中でやめてあとに残す。「まだ―・した仕事がある」

しの-ごて【×篠×籠手】鎧よろいの籠手こての一。篠金物しのがなものを取り付けたもの。

し-の-ご-の【四の五の】〔連語〕あれこれめんどうなことを言うさま。なんのかのと文句を言うさま。副詞的に用いる。つべこべ。➡四の五の言う

しのざき-しょうちく【×篠崎小竹】―セウチク［1781～1851］江戸後期の儒学者。大坂の人。名は弼ひつ。篠崎三島に師事、同家の養子となり、のち、江戸で古賀精里に学んだ。著「小竹斎詩鈔」など。

しの-ざさ【×篠×笹】「篠竹しのだけ」に同じ。

し-の-じ【しの字】女性の髪の結い方の一。髷まげの後ろの形が、横から見ると「し」の字に似ているところからいった。江戸時代、大名家などの下働きの女中などが結った。しの字上げ。しの字髷まげ。

じ-のし【地伸し｜地熨＝斗】ヂ―「地直じなおし」に同じ。

し-の-しょうにん【死の商人】―シャウニン 営利本位に兵器を製造・販売する業者や資本。中世ヨーロッパで、敵味方を問わず武器を売り込んだ商人をいった語。

しのしょうり【死の勝利】《原題、イタリア Il Trionfo della Morte》ダヌンツィオの長編小説。1894年刊。性愛の妄執と鬱屈うっくつから、恋人とともに断崖に身を投じるジョルジョの心理を描く。

しの-すがき【×篠×簀×掻き】篠竹を編んで作った簀子すのこ。たかすがき。

しの-すすき【×篠×薄】❶篠や薄すすき。また、篠竹の群がり生えたもの。「妹いもらがり我が行く道の―我し通はばなびけ篠原」〈万・一一二一〉❷まだ穂の出ない薄。「穂に出でぬ物思ふらし―招くたもとの露しげくして」〈源・宿木〉

しの-すだれ【×篠×簾】篠竹を編んで作った簾。

しの-すねあて【×篠×脛当て】鎧よろいの脛当ての一。篠金物しのがなものを取り付けたもの。しのたてすねあて。

し-の-ぜん【四の膳】▶よのぜん

し-の-せんじ【使の宣旨】検非違使けびいしまたは奉幣使の任命の際に下された宣旨。使の宣。使宣旨。

し-の-そうしん【志野宗信】室町中期の香道家。志野流の祖。磐城いわきの人。通称、三郎右衛門。三条西実隆に香道を学び、足利義政あしかがよしまさに仕えた。生没年未詳。

しのだ【信太｜信田】大阪府泉北郡にあった地名。現在は和泉市に含まれる。信太の森がある。

し-の-たいふ【史の大夫】大史だいしで、特に従五位下に叙せられた者。大夫の史。

しの-だけ【×篠竹】根笹の仲間の総称。細くて、群がって生える竹。篠しの。篠笹。

しのだ-ずし【▽信太×鮨】《狐の好物という油揚げを使うところから信太の森の狐伝説に結びつけていう》いなりずし。

しのだ-せつこ【篠田節子】［1955～　］小説家。東京の生まれ。恋愛もの、ホラー、ミステリー、SFなどのジャンルを超えた多彩なストーリー展開で、幅広い読者層を獲得する。「女たちのジハード」で直木賞受賞。他に「絹の変容」「ゴサインタン」「変身」など。

しのだ-づま【▽信太妻】浄瑠璃・歌舞伎・歌謡などの一系統で、信太の森の白狐びゃっこが葛くずの葉姫に化けて安部保名あべのやすなと契り一子をもうけたが、正体を知られて古巣に帰ったという伝説を主題としたもの。浄瑠璃「蘆屋道満大内鑑あしやどうまんおおうちかがみ」などがある。信太妻物。

しのたて-すねあて【×篠立て×脛当て】▶篠脛当しのすねあて

しのだ-の-もり【信太の森】大阪府和泉市の信太山にある森。葛くずの葉稲荷があり、信太の狐の伝説地。〔歌枕〕「時鳥いまや都へいづみなる―の明け方の声」〈新後拾遺・夏〉

しのだ-まき【▽信太巻(き)】《狐の好物という油揚げを使うところから信太の森の狐伝説に結びつけていう》油揚げを袋状にして野菜・魚介類などの具を詰めてかんぴょうで結び、煮て味をつけたもの。

しのだ-まさひろ【篠田正浩】［1931～　］映画監督。岐阜の生まれ。「恋の片道切符」で監督デビュー。「心中天網島てんのあみじま」の成功で高い評価を得る。代表作「乾いた花」「暗殺」「瀬戸内少年野球団」「少年時代」「写楽」など。

しのだ-やま【信太山】大阪府南西部、和泉市東部にある丘陵。標高50～80メートルの台地状の丘。北西麓にある葛くずの葉稲荷は信太妻伝説で知られ、神狐がまつられている。

しの-だれ【×篠垂｜×鎬垂】兜かぶとの八幡座はちまんざから、前後または左右に垂れた筋金。古くは剣形、近世では銀杏形いちょうなり・蜥蜴頭とかげがしらなどで、銀または白鑞しろめなどの装飾がある。しなだれ。

し-の-ちょう【使の庁】―チャウ 検非違使庁けびいしのちょうのこと。

しのづか-りゅう【×篠塚流】―リウ 日本舞踊の流派の一。文政(1818～1830)のころ、京都の篠塚文三郎が志賀山流・幸若舞こうわかまいなどを取り入れて創始。明治以後、井上流に押されて衰えた。

しの-つ・く【×篠突く】〔動カ五(四)〕篠竹を束ねたものが落ちてくるように、細いものが密に激しく飛んでくる。雨の激しく降るさまにいう。「―・く雨」〔補説〕雨が静かに降るさまの意で使うのは誤り。

しの-づけ【×篠漬(け)｜×罧】「柴漬ふしづけ❷」に同じ。

し-の-つづみ【四の鼓】古代の打楽器の一。雅楽で使われたもので、三の鼓より大型の細腰鼓さいようこ。

し-の-に【四の二】❶二つのさいころを振って、四と二とが同時に出ること。❷「六」をしゃれていう語。「新井の宿の馬方、本名は六蔵、替へ名は―」〈浄・百日曽我〉

しの-に〔副〕❶草木がぬれてなびくさま。また、心がしおれるさま。「秋の穂を―押しなべ置く露の消えかもしなまし恋ひつつあらずは」〈万・二二五六〉❷しきりに。「あふ事はかたのの里のささの庵いほ―露散る夜はの床かな」〈新古今・恋二〉

シノニム〖synonym〗同義語。同意語。類義語。⇔アントニム。〔類語〕同義語・類義語・類語

し-の-ね【羊＝蹄】ギシギシの古名。〈新撰字鏡〉

しののい【篠ノ井】しのの 長野市の地名。昭和34年(1959)市制。同41年長野市に合併。信越本線と篠ノ井線の分岐点として発達。

しののい-せん【篠ノ井線】しののゐ― 中央本線塩尻しおじりから松本を経て信越本線篠ノ井に至るJR線。明治33～35年(1900～1902)開業。全長66.7キロ。

しのの-に〔副〕びっしょりぬれているさま。しとどに。「聞きつやと君が問はせるほととぎす―濡れて此こゆ鳴き渡る」〈万・一九七七〉

しののめ【東＝雲】夜が明けようとして東の空が明る

くなってきたころ。あけがた。あけぼの。「―の空」

しののめ-ぐさ【東＝雲草】アサガオの別名。

しののめ-しんぶん【東雲新聞】明治21年(1888)大阪で創刊された自由民権派の新聞。中江兆民を主筆として人気を博した。同24年廃刊。

しののめ-ぶし【東雲節】明治後期の流行歌。名古屋の娼妓しょうぎ東雲の脱走事件を風刺したものとも、名古屋旭新地の東雲楼の娼妓のストライキから生まれたともいわれ、演歌師によって全国に広まった。

し-の-はい【死の灰】核爆弾の爆発や原子炉内の核分裂によって生じた、放射性微粒子の俗称。特に、ストロンチウム90やセシウム137は永く残留して造血臓器や生殖器官に重大な影響を及ぼす。昭和29年(1954)3月の第五福竜丸事件以後、一般に広まった。

し-の-はこ【▽尿の箱｜清＝器】便器。おまる。〈和名抄〉

しのば・し【×偲ばし】〔形シク〕《動詞「しの(偲)ぶ」の形容詞化》したわしい。忘れがたい。「言の葉のもし世にちらば―・しき昔の名こそとめまほしけれ」〈右京大夫集〉

しのばず-の-いけ【不忍池】東京都台東区、上野公園内の南西部にある池。周囲約2キロ。寛永寺建立の際に琵琶湖になぞらえて築いた弁天島がある。

しのば・せる【忍ばせる】〔動サ下一〕文しのば・す〔サ下二〕❶人に知られないよう隠し持つ。ひそかに入れておく。「懐に短刀を―・せる」❷目立たないように物事を行う。「足音を―・せて近づく」

しのは◦ゆ【×偲はゆ】〔連語〕《動詞「しの(偲)ふ」の未然形＋自発の助動詞「ゆ」》しのばれる。自然に思い出される。しぬはゆ。「大伴の高師たかしの浜の松が根を枕まくき寝ぬれど家し―◦ゆ」〈万・六六〉

しの-はら【×篠原】篠竹の生えている原。ささはら。

しのはら【篠原】㊀石川県加賀市の地名。寿永2年(1183)平家の軍勢が源義仲に敗れた篠原合戦の地。㊁滋賀県野洲やす市の地名。壇ノ浦合戦で捕らえられた平宗盛が斬られた地。㊂高知県南国市の地名。特別天然記念物の長尾鶏ながおどりの飼育地。

しのはら-てつお【篠原哲雄】[1962～　]映画監督。東京の生まれ。「月とキャベツ」で劇場映画監督デビュー。代表作「昭和歌謡大全集」「天国の本屋～恋火」「地下鉄に乗って」など。

しのび【忍び】❶隠れたりして、人目を避けること。人に知られないように、ひそかに物事をすること。➡お忍び　❷がまんすること。こらえること。❸「忍び歩き」に同じ。❹「忍びの術」の略。❺「忍びの者」の略。❻こそどろ。窃盗。(類語)(❶)お忍び・忍び歩き・微行

しのび-あい【忍び×逢い】男女が人目を避けてこっそりあうこと。密会。(類語)あいびき・密会・逢瀬おうせ

しのび-あ・う【忍び×逢う】〔動ワ五(ハ四)〕思いあう男女が、人目を避けて会う。

しのび-あし【忍び足】人に気づかれないように、そっと歩くこと。「抜き足差し足―」(類語)すり足

しのび-あみがさ【忍び編み×笠】遊里に通う者などが顔を隠すためにかぶった編み笠。しのびがさ。

しのび-ありき【忍び▽歩き】「しのびあるき」に同じ。「かかる―も難かるべきを、かかるついでならでは、えたちよらじ」〈源・蓬生〉

しのび-あり・く【忍び▽歩く】〔動カ四〕(貴人などが)他人に知られないように、こっそりと出歩く。「わりなく―・かむほども心づくしに」〈源・宿木〉

しのび-あるき【忍び歩き】身分の高い人などが、他人に知られないように隠れて出歩くこと。微行。おしのび。しのびありき。

しのび-い・る【忍び入る】〔動ラ五(四)〕人目につかないようにこっそりはいり込む。忍び込む。「敵地に―・る」

しのび-おとこ【忍び男】❶女が内緒で情を通じている男。隠し男。「一の方へでもまゐったのかと」〈鳩翁道話・三〉❷ひそかに売淫する男。「うるはしき―の若盛りなるを」〈浮・栄花一代男〉

しのび-おんな【忍び女】❶男が内緒で情を通じている女。隠し女。❷ひそかに売淫する女。私娼。「舟子の瀬枕、―ある所ぞかし」〈浮・一代男・三〉

しのび-がえし【忍び返し】盗賊や敵が忍び込むのを防ぐため、塀などの上に先端のとがった竹・木・鉄棒などを並べ立てたもの。

しのび-がき【忍び垣】垣の一種。高さ2メートルほどで上・中・下段に分かれ、上段を建仁寺垣、中段を葭よし作りとして透かし窓などを設け、下段は大竹の二つ割りを斜めに組み合わせたもの。

しのび-かご【忍び×駕▽籠】人目を忍んで駕籠に乗ること。また、その駕籠。特に、遊里通いにいう。

しのび-くぎ【忍び×釘】「隠し釘」に同じ。

しのび-ぐるま【忍び車】人目を避けて車に乗って行くこと。また、その車。「影恥づかしきわが姿、―を退ひく潮の」〈謡・松風〉

しのび-ごえ【忍び声】他人に聞こえないようにひそひそ話す声。しのびね。

しのび-ごと【忍び言】ひそひそ話。内緒話。さざめごと。「ありつる―どもの、御耳とまりつるや交りたりつらむ」〈狭衣・四〉

しのび-ごと【忍び事】他人に知られないようにする事柄。隠しごと。内緒ごと。「かかる御―により、山里の御歩ありきもゆくりかに思したつなりけり」〈源・総角〉

しのび-ごと【×誄】《「偲び言」の意。上代は「しのひこと」》死者の生前の功徳をたたえて哀悼の意を述べる言葉。誄詞るいし。るい。

しのび-ごま【忍び駒】三味線の駒の一種。脚の部分が長く、その両端を胴のふちにかけて用いる。弦の振動が胴皮に伝わらないので弱音になる。

しのび-こ・む【忍び込む】〔動マ五(四)〕こっそりと人目につかないようにして中に入る。忍び入る。「部屋に―・む」
(類語)入り込む・潜り込む・侵入する・潜入する

しのび-こ・む【忍び▽籠む】〔動マ下二〕深く包み隠す。「今まで―・められたりけるをなむ、かへりて後めたき心なりと思ひぬる」〈源・薄雲〉

しのび-さんじゅう【忍び三重】歌舞伎下座音楽の一。三味線のみで演奏する効果音楽で、暗やみでの静かな探り合いの場面などに用いる。ひぐらし三重。

しのび-じ【忍び路】人目に触れないように隠れ忍んで行くこと。また、その道。「―を雲ゐのよそにめぐらして」〈謡・蝉丸〉

しのび-しのび【忍び忍び】〔副〕人目を忍んで。「―帝の御妻めをさへあやまち給ひて」〈源・須磨〉

しのび-ずきん【忍び頭巾】忍び歩きのときかぶる頭巾。特に、遊里に通うときかぶる頭巾。

しのび-だ【忍び田｜▽陰び田】➤隠田おんでん

しのび-ぢょうちん【忍び▽提▽灯】❶貴人が夜忍んで外出するときに用いた替え紋付きの提灯。❷「強盗がんどう提灯」に同じ。

しのび-づま【忍び▽夫｜忍び妻】❶(忍び夫)人目を忍んで契った男。忍びの夫つま。「一帰らむ跡もしるからじ降らばなほ降れ東雲しののめの雪」〈頼政集〉❷(忍び妻)人目を忍んで契った女。忍びの妻つま。「―待つにぞ似たる郭公かたらふ声はなれぬものゆゑ」〈千五百番歌合・五〉

しのび-で【忍び手｜▽短手】《「しのびて」とも》音の出ないように打つ柏手かしわで。神式の葬祭で行う。

しのび-どころ【忍び所】❶隠れすむ所。人目を忍んで通う所。「いといたく色めき給ひて、通ひ給ふ―多く」〈源・紅梅〉❷懐かしく思い起こされる所。「ここら年経給へる御すみかの、いかでか―なくはあらむ」〈源・真木柱〉

しのび◦ない【忍びない】〔連語〕(多く「…にしのびない」の形で)がまんできない。たえられない。「捨てるには―◦ない」「聞くに―◦ない話」

しのび-なき【忍び泣き】〔名〕スル　声を抑えて泣くこと。人に知られないように泣くこと。

しのび-な・く【忍び泣く】〔動カ五(四)〕ひそかに泣く。人目をはばかって声を抑えて泣く。「枕に顔をうずめて―・く」

しのび-に【忍びに】〔副〕ひそかに。こっそり。「人を―相知りて、逢ひがたくありければ」〈古今・恋四・詞書〉

しのび-ね【忍び音】❶小声。また、ひそひそ声。「忍ち―にアッと叫びながら」〈二葉亭訳・あひびき〉❷忍び泣きの声。「―に泣く」❸ホトトギスの、声をひそめるような鳴き声。陰暦4月ごろの初音。「時鳥ほととぎす早もきなきて、―もらす」〈佐佐木信綱・夏は来ぬ〉

しのび-の-お【忍びの緒】❶兜かぶとの緒の近世の称。❷烏帽子えぼしの中につけて落ちないように髪に結ぶひも。

しのび-の-じゅつ【忍びの術】「忍術にんじゅつ」に同じ。

しのび-の-もの【忍びの者】「忍者にんじゃ」に同じ。

しのび-び【忍び火】音のしないように打つ切り火。

しのび-めつけ【忍び目付】武家時代、ひそかに各地を巡察し、事情を主家に報告した役。しのびまわり。

しのび-もとゆい【忍び元結】外部から見えないように結ぶ元結。

しのび-やか【忍びやか】〔形動〕文〔ナリ〕人目をはばかって、ひそかに行うさま。動作などが静かで、人目に立たないさま。「―な足音」「秋の―な訪れ」
(類語)こっそり・ひそか・そっと・内内うちうち・内内ないない・内密・内輪・内幕・内実うちみ・内緒・内分・内聞・内情・内実

しのび-やつ・す【忍び×窶す】〔動サ四〕人目を忍んで、目立たない姿になる。「馬四つ五つひかせていみじう―・したれど」〈源・玉鬘〉

しのび-よ・る【忍び寄る】〔動ラ五(四)〕気づかれないように、そっと近づく。「枕元にそっと―・る」「背後に―・る黒い影」「―・る秋の気配」

しのびよるこいはくせもの【忍夜恋曲者】歌舞伎舞踊。常磐津ときわず。宝田寿助作詞、5世岸沢式佐作曲。天保7年(1836)江戸市村座初演。平将門の娘、滝夜叉が遊女となって大宅太郎光国に近づき、色仕掛けで味方にしようとするが見破られ、妖術で闘う。通称「将門まさかど」。

しのび-わらい【忍び笑い】〔名〕スル　人に気づかれぬように、声を抑えて笑うこと。「くすくすと―する」

しの・ふ【×偲ふ】〔動ハ四〕➤しのぶ(偲ぶ)

しのぶ【忍】❶シノブ科の多年生のシダ。山中の岩や樹木に着生。根茎は褐色の鱗片りんぺんを密にかぶり、葉身は三角形で細かく裂ける。江戸時代から根や茎を丸めて釣り忍として観賞用にする。しのぶぐさ。(季 夏)「大岩にはえて一本―かな／鬼城」❷ノキシノブの別名。❸襲かさねの色目の名。表は薄い萌葱もえぎ、裏は青。秋に用いる。❹「忍髷しのぶわげ」の略。❺「忍摺しのぶずり」の略。「―のみだれやとうたがひ聞こゆることもありしかど」〈源・帚木〉

しのぶ【信夫】福島県北方にあった旧郡名。現在は福島市の一部。上代、今の伊達だて郡とともに信夫国を形成していた。

しの・ぶ【忍ぶ】《上代は上二段活用。平安時代になって「偲しのぶ」と混同し、四段にも活用》㊀〔動バ五(四)〕❶つらいことをがまんする。じっとこらえる。耐える。「恥を―・んで申し上げます」「不便を―・ぶ」❷自分の存在や行いを、人に気付かれないようにする。外から見えないようにして身を置く。隠れる。「人目を―・んで通う」「―・ぶ恋」「世を―・ぶ」「物陰に―・ぶ」(可能)しのべる　㊁〔動バ上二〕❶(現代語に残存したものとして、ふつう「…にしのびず」「…にしのびない」など打消しの語を伴った形で用いる)我慢してやりたい、捨てるに惜しい、といった気持ちを現したいのを押さえる。こらえる。「正視するに―・びず」「たっての願いを断るのは―・びないが」➡しのびない　❷㊀❶に同じ。「人目多み目こそ―・ぶれすくなくも心のうちにわが思はなくに」〈万・二九一一〉❸㊀❷に同じ。「惟光の朝臣、例の―・ぶる道はいつとなくいろひつかうまつる人なれば」〈源・松風〉(類語)(❶)こらえる・耐える・しのぐ・堪え忍ぶ・踏みこたえる・辛抱する・我慢する・忍耐する・隠忍する・忍従する・頑張る／(❷)潜ひそむ・伏ふせる・潜もぐる・紛まぎれる・紛れ込む・逃げ込む・潜伏せんぷくする・隠伏する・韜晦とうかいする・身を隠す・身を潜ひそめる・人目を盗む

しの・ぶ【×偲ぶ】《上代は「しのふ」で、ハ行四段活用。平安時代になって、「忍ぶ」(本来は上二段活用)と混同して「しのぶ」となり、上二段にも活用》㊀〔動バ

五(四)〗❶過ぎ去った物事や遠く離れている人・所などを懐かしい気持ちで思い出す。懐しむ。「故郷を―・ぶ」「先師を―・ぶ」❷心引かれて、思いをめぐらす。慕わしく思う。「人となりが―・ばれる」「人柄を―・ばせる住まい」❸物の美しさに感心し味わう。賞美する。「秋山の木の葉を見ては黄葉もみちをば取りてそ―・ふ」〈万・一六〉㊁〘動バ上二〙㊀❶に同じ。「なき人を―・ぶる宵のむら雨に」〈源・幻〉類語恋う・思う

シノプ〖Sinop〗トルコ北部、黒海沿岸の港湾都市。天然の良港を擁し、ヒッタイト人が築いた港に起源し、紀元前7世紀に古代ギリシャ人の植民都市シノーペになった。続いて、ポントス王国、古代ローマ帝国、ルームセルジューク朝などの支配を経て、15世紀半ばよりオスマン帝国領。紀元前以来の歴史をもつ城塞やセルジューク朝時代に建造されたイスラム寺院がある。キニク学派の哲学者ディオゲネス、ポントス王ミトリダテス6世の生地。スィノプ。

しのぶ-いし【忍ぶ石】擬化石の一。石灰岩・頁岩けつがんなどの割れ目に酸化マンガンなどが付着して、シダ類の化石のように見えるもの。

しの-ぶえ【×篠笛】篠竹を裸身のまま使った横笛。ふつう7指孔で、音域の高低により12の種類がある。長唄囃子ながうたばやし・歌舞伎下座音楽・祭囃子・里神楽・獅子舞ししまいなどに用いる。竹笛。しの。

しのぶ-かい【×偲ぶ会】シノブクワイ 密葬や家族葬の後、故人を偲び別れを惜しむために催す会。主催者、会の形式などに決まりはない。社葬・団体葬として催されることもある。お別れの会。

しのぶがおか【忍岡】しのぶがをか 東京都台東区の上野台地の異称。現在の上野公園一帯。

しのぶがおか-ぶんこ【忍岡文庫】しのぶがをか― 寛永7年(1630)林羅山が忍岡にあった自邸内に設けた文庫。明暦の大火で焼失。

しのぶ-ぐさ【忍草】❶シノブの別名。❷ノキシノブの別名。季秋「御廟年経てしのぶは何を―/芭蕉」❸「忘れ草」に同じ。

しのぶ-ぐさ【×偲ぶ▽種】《上代は「しのふくさ」》昔を懐かしむ種くさ。思い出のよすが。のちに「忍ぶ草」と混用した。「―はらへてましを行く水にみそぎてましを」〈万・九四八〉

シノプシス〖synopsis〗梗概こうがい。演劇・映画などのあらすじ。

しのぶ-ずり【忍×摺り|▽信夫×摺り】シノブの茎や葉の色素を布にすりつけて表したねじれたような模様。また、そのすり模様の衣服。昔、陸奥みちのくの国信夫しのぶ郡(福島県福島市)で産した。もじずり。しのぶもじずり。「その男、―の狩衣かりぎぬをなむ着たりける」〈伊勢・一〉

しのぶのやかしゅう【志濃夫廼舎歌集】しのぶのや― 江戸末期の私家集。5巻。橘曙覧たちばなのあけみの草稿を、その子の井手今滋いでいましげが編集したもの。明治11年(1878)刊。約860首の歌を年代順に配列。

しのぶ-まんじゅう【忍×饅▽頭】―マンヂユウ「春日野かすがの饅頭」に同じ。

しのぶ-もじずり【忍×捩×摺り|▽信夫×捩×摺り】―もぢずり「忍摺しのぶずり」に同じ。「みちのくの―誰ゆゑに乱れそめにし我ならなくに」〈伊勢・一〉

しのぶ-やま【信夫山】福島市北方の山。歌枕「―忍びて通ふ道もがな人の心のおくも見るべく」〈伊勢・一五〉

しのぶ-わげ【忍ぶ×髷】女性の髪形の一。頭上に髻もとどりを立て、毛先を二つに分けて両側に広げ、髷まげを作る。享保(1716〜1736)のころ、若女形中村千弥が「御所桜堀河夜討」の信夫しのぶの役に用いたかつらに始まり、一般にも広まった。

じ-の-ぶん【地の文】ヂ― 文章や語り物などで、会話以外の説明や叙述の部分をいう。

シノペ〖Sinope〗木星の第9衛星。パシファエなどと同じく木星から離れた軌道を、他の多くの惑星とは逆向きに回る。1914年に発見。名の由来はギリシャ神話の女神。非球形で平均直径は約40キロ。シノーペ。

しのべ-だけ【忍べ竹】❶ヤダケの別名。❷メダケの別名。

し-の-ぼう【師の坊】―バウ ❶師匠である僧。「一雪隠せっちんと見えて、雪隠にて声有り」〈咄・鹿の子餅〉❷寺子屋の師匠。「一此事をよしとは誉ほめ給はず」〈浮・胸算用・五〉

じ-のみ【地×蚤】ヂ― キボシマルトビムシの別名。ナス・ウリ・トマト畑に大発生することがある。

しの-め【×篠芽】❶「篠芽竹」の略。❷遅く生え、青くて味の苦い竹の子。〈和名抄〉

しのめ-だけ【×篠芽竹】ヤダケの別名。

しの-や【×篠屋】篠で屋根をふいた小屋。「旅人のかりの―に年暮れてけふ二年ふたとせに成りにけるかな」〈永久百首〉

しの-やき【志野焼】桃山時代に美濃国から産した陶器。茶器が多く、長石質で半透明の白釉はくゆうを厚く施したもの。釉うわぐすりの下に酸化鉄で文様を描く絵志野のほか、加飾法によって鼠ねずみ志野・紅志野などに分かれる。志野。

じ-のり【地乗り】ヂ― 馬術で、馬の足並みをそろえてゆっくり歩かせること。

しのり-がも【×晨×鳧】カモ目カモ科の鳥。全長43センチほどの海ガモ。雄は青・白・茶色の羽をもつ。北半球北部に分布。日本では冬鳥として北日本などでみられるが、少数は繁殖もしている。季冬

しの-りゅう【志野流】―リウ 香道の一流派。志野宗信を始祖とする。

シノロジー〖Sinology〗支那学のこと。

シノワ〖フランス chinois〗《「シノア」とも。中国の、の意》円錐形をした、網目の細かい金属製のこし器。スープやソースなどをこすためのもの。形が中国人クーリー(労働者)の帽子に似ていたことからの名。

シノワズリ〖フランス chinoiserie〗中国風の美術工芸品。また、それらを珍重する中国趣味。欧米人のエキゾチシズムを満たすものとして、18世紀、家具や陶器、壁紙などに中国的装飾を取り入れるのが流行した。

シノン〖Chinon〗フランス中西部、アンドル-エ-ロアール県、ロアール川の支流ビエンヌ川沿いの町。ロアールワインの代表的な産地として有名。ジャンヌ=ダルクがシャルル7世に謁見したというシノン城がある。

シノン-じょう【シノン城】―ジヤウ《Château de Chinon》フランス中西部の町、シノンにある城。ロアール川の支流ビエンヌ川の中州に位置する。10世紀の創建。12世紀にイングランド王ヘンリー2世により要塞化され、13世紀初頭、フランス王フィリップ2世が奪還し増改築した。現在、城門の一部と塔が建築当時のまま残っている。1429年、ジャンヌ=ダルクがシャルル7世に謁見し、イギリス軍からのオルレアンの奪回を進言したことで知られる。ロアール川流域の古城の一として、2000年に「シュリーシュルロアールとシャロンヌ間のロアール渓谷」の名称で世界遺産(文化遺産)に登録。

し-は【支派】本派から分かれた流派。支流。分派。

し-ば【司馬】❶中国、周の六卿の一。夏官の長で、官制・祭祀さいし・軍事をつかさどった。前漢には大司馬と称し、三公の一。❷掾じょうの唐名。

し-ば【死馬】死んだ馬。

死馬の骨ほね かつてはずばぬけていたが、今は価値のなくなってしまったもののたとえ。

死馬の骨ほねを五百金に買う 《「戦国策」燕策から》凡人をまず優遇しておけば、やがて賢者が自然と集まって来る。死馬の骨を買う。

しば【芝】❶イネ科の多年草。日当たりのよい地に密に生える。茎は強く、地面をはい、5月ごろ繊細な茎を出して紫色がかった穂をつける。庭園や土手に植えて芝生とする。芝草。❷芝生などとして植える葉の細い草。コウライシバ・ギョウギシバやブルーグラスなど。

しば【芝】東京都港区の地名。芝公園・増上寺・泉岳寺・東京タワーなどがある。もと東京市の区名。

しば【×柴】山野に生える小さい雑木の総称。また、それを折って薪や垣とするもの。そだ。しばき。

しば【斯波】㊀姓氏の一。㊁清和源氏。鎌倉中期、足利家氏が陸奥むつ斯波郡を領地としたのに始まる。嫡流は室町幕府の管領家となった。

し-ば【×駟馬】4頭立ての馬車。また、その馬車を引く4頭の馬。しめ。

駟馬も追う能あたわず 《「説苑ぜいえん」説叢から》一度口に出した言葉は、もう取り返しがつかない。言葉を慎むべきことのたとえ。駟も舌に及ばず。

シバ〖梵 Śiva〗ヒンズー教で、ブラフマー・ビシュヌ神とともに三神の一。破壊と創造をつかさどる神で、生殖器崇拝とも関係が深い。補説「湿婆」とも書く。⇒大自在天

しば【▽暫】〘副〙しばらく。「―させ給へと呼ばはったり」〈浄・先代萩〉

しば【×屢】〘語素〙動詞の上に付いて、動作・作用が何度も繰り返し行われる意を表す。しきりに。たびたび。多く「しばたたく」「しば立つ」「しば鳴く」「しば見る」などの形で用いる。「清き川原に千鳥―鳴く」〈万・九二五〉

じ-は【自派】自分が属している派。

じ-ば【地場】ヂ― ❶自分の住んでいる土地・地域。地元。❷証券取引所(金融商品取引所)の所在地。❸証券取引所(金融商品取引所)の所在地の周辺で営業している小規模の証券会社。また、それらの店に出入りする玄人客のこと。

じ-ば【磁場】▶磁界

ジバ〖JYVA〗《Japan Youth Volunteers Association》日本青年奉仕協会。若者のボランティア活動参加を支援するさまざまな事業を行う公益法人。昭和42年(1967)創設。平成21年(2009)解散。

ジハード〖アラビア jihād〗古典イスラム法で、イスラム共同体の防衛や拡大のための戦いをいう。元来の意味は、一定の目的に対する努力。聖戦と訳される。

シパーネット〖SIPRNet〗《Secret Internet Protocol Router Network》米国の国防総省が管理・運用する、TCP/IPを利用した専用コンピューターネットワーク。機密情報の伝送に使用され、国務省との間で情報を共有するために利用されていたが、2010年に米軍の攻撃を記録した動画や外交公電など機密情報を含む重要なデータが民間ウェブサイトのウィキリークスに流出する事件が発生。SIPRNetへのアクセス権を持つ米陸軍兵士が不正に情報を持ち出したのが原因とされる。機密IPルーターネットワーク。⇒ニパーネット(NIPRNet)

しば-あめ【×屢雨】断続的に降る雨。にわか雨。むらさめ。

し-はい【支配】〘名〙スル ❶ある地域や組織に勢力・権力を及ぼして、自分の意のままに動かせる状態に置くこと。「異民族の―から脱する」「諸国を―する」❷ある要因が人や物事に影響を及ぼして、その考えや行動を束縛すること。「先入観に―される」「物体は引力に―されている」❸仕事を配分したり、監督・指揮したりして、部下に仕事をさせること。「宇治の大臣おとど、成佐が弟子どもに―して、一日に三尺の地蔵菩薩の像を図絵し」〈著聞集・一三〉類語(❶)統治・君臨・制覇・制圧・征服・圧伏・管理・管轄・統轄・統御・統率・宰領さいりょう・監督・統制・取り締まり(―する)統すべる・制する・領する・握る・牛耳ぎゅうじる/(❷)束縛・拘束・規制・制約(―する)左右する・縛る

し-はい【四配】孔子廟こうしびょうに孔子と一緒に祭られている四人の聖賢。東に顔子・子思、西に曽子・孟子を配する。

し-はい【×弛廃】〘名〙スル ゆるみすたれること。行われなくなること。「己は縛せられても解き易い、脆弱なる索なわに対する、戒心を―させた」〈鷗外・青年〉

し-はい【紙背】❶紙の裏。特に、文書の裏。❷文章に示されないが、奥に隠されている意味。「眼光―に徹す」

し-はい【紙×牌】カルタなどの紙製のふだ。

し-はい【詩×牌】❶漢詩の会で用いる札。1枚に韻字一つずつを記して人々に配り、各自はその字を含む漢詩を即興で作る。❷詩カルタに用いる札。

し-はい【賜杯】❶臣下に杯をたまわること。また、その杯。特に、叙勲の際に授けられる杯。❷天皇・皇族などが競技・試合などの勝者に与える優勝杯。

しば-い【司馬懿】[179〜251]中国、三国時代の魏

の武将・政治家。河内(河南省)の人。字あざは仲達。魏の曹操・曹丕そうひに信任され、明帝により大将軍に任ぜられた。のち、曹爽そうそう・何晏かあんを殺して魏の政権をとり、孫の司馬炎が晋を建国する基礎を築いた。宣帝。

しば-い【芝居】ゐ ❶《❺などに由来》歌舞伎などの興行物。しばや。「—好き」「—通」❷役者などが演技をすること。また、その演技。「いい—をする」❸計画的に人をだますためのこしらえごと。狂言。「ひと—打つ」❹芝生に席を設けて座ること。また、芝生。「搦手からめては—の長酒盛さかもりにてさてやみぬ」〈太平記・九〉❺勧進の猿楽・曲舞くせまい・田楽などで、舞台と桟敷との間の芝生に設けた庶民の見物席。〈日葡〉❻歌舞伎など有料の興行物の見物席。特に桟敷に対して、大衆の見物席をいう。「舞の—で同じ莚むしろに居たる人」〈浮・織留・四〉

(…語)操り芝居・田舎芝居・大芝居・御伽おとぎ芝居・戯け芝居・女芝居・陰芝居・歌舞伎芝居・紙芝居・絡繰からくり芝居・草芝居・首掛け芝居・小こ芝居・子供芝居・薦こも張り芝居・猿芝居・地じ芝居・書生芝居・素人芝居・壮士芝居・旅芝居・辻つじ芝居・道化芝居・緞帳どんちょう芝居・人形芝居・初芝居・一人芝居・宮芝居・村芝居

(類語)演劇・劇・演技・ドラマ・プレー・テアトル

芝居を打・つ 人をだまそうとして作り事をしたり言ったりする。「味方につけるために—・つ」

じ-はい【耳×杯】中国で、戦国時代から唐代にかけて広く使われた飲食用の容器。左右に耳のような形の取っ手がついた楕円だえん形の深皿で、漆器・青銅器・玉器・土器などがある。
じ-はい【児輩】子供たち。子供ら。
じ-はい【時輩】その当時の人々。その時の仲間。
じ-ばい【地▽張い】ぢ《「じばり」の音変化》「地張じばり❶」に同じ。
じ-ばい【自賠】「自動車損害賠償責任保険」の略。
しばい-うた【芝居唄】しばゐ ❶歌舞伎の下座音楽として歌われる長唄・端唄はうた・小唄など。下座唄。❷元禄〜正徳(1688〜1716)ごろ、上方で歌舞伎の音楽として作られた地歌。
しばい-え【芝居絵】しばゐ 歌舞伎を題材にした絵画の総称。劇場・舞台面・役者などを描いた浮世絵に多い。
しはい-か【支配下】ある人や組織の勢力に服していること。また、その状態。「大国の—におかれた小国」
しはい-かいきゅう【支配階級】―カイキフ 政治的、経済的、社会的に勢力を持ち、国家や社会を支配している階級。
しばい-がかり【芝居掛(か)り】しばゐ〔名・形動〕芝居がかっていること。いかにも作り事めいていて、わざとらしいこと。また、そのさま。「—な式次第」
しばい-がか・る【芝居掛(か)る】しばゐ〔動ラ五(四)〕物の言い方や動作が芝居のような誇張した調子になる。いかにも大げさに振る舞う。「—・った口調」
じばい-がみ【地▽張い紙】ぢばひ 地張いに用いる、長方形の角を取った厚紙。縦18センチ・横12センチくらいで、しわの寄らないように布の表面をこするのに用いる。
しばい-ぎ【芝居気】しばゐ ❶何か事をたくらんで、人が驚くのをおもしろがる気質。しばいげ。しばいっけ。「—の多い人」❷人前をつくろう気持ち。❸芝居を演じる心構え。芝居ごころ。❹芝居を好む気持ち。芝居ごころ。
じばい-き【地▽張い木】ぢばひ 地張いのときに、布を板面に密着させてしわを伸ばすのに用いる、拍子木形の桜・樫かしなどの木片。
しばい-げ【芝居気】しばゐ「芝居気しばいぎ❶」に同じ。
しはい-けん【支配権】権利の客体を直接に支配して利益を享受しうる権利。物権・知的財産権など。
しばい-こ【芝居子】しばゐ 芝居の俳優。特に、歌舞伎の少年俳優。舞台子。「里の小娘をそそのかし、—に気をとられ」〈浮・一代男・五〉
しばい-ごころ【芝居心】しばゐ ❶「芝居気しばいぎ❸」に同じ。❷「芝居気しばいぎ❹」に同じ。「—のある人」
しばい-ごや【芝居小屋】しばゐ 歌舞伎などを興行する建物。劇場。(類語)劇場・シアター・小屋・定小屋
しはい-した【支配下】支配を受ける者。配下。部下。
しばい-じ・みる【芝居染みる】しばゐ〔動マ上一〕作り事めいている。芝居がかる。「—・みた振る舞い」
しはい-じょ【支配所】江戸幕府が遠国奉行・郡代・代官などを派遣して治めた領地。
じばいせき-ほけん【自賠責保険】「自動車損害賠償責任保険」の略。
しばい-たい【四倍体】▶よんばいたい(四倍体)
しばい-ぢゃや【芝居茶屋】しばゐ 劇場に付属して、観客の案内・食事・休憩などの世話をした茶屋。
しはい-にん【支配人】❶使用人の中で、営業主に代わって営業全般にわたる業務を取りしきる者。マネージャー。「ホテルの—」❷法律で、営業主によって選任され、その営業に関する一切の裁判上・裁判外の行為をする権限を持つ商業使用人。(類語)番頭
しば-いぬ【×柴犬】日本犬の一品種。小形で、毛色は褐色のものが多い。本来はキツネ・アナグマ用の猟犬だが、家庭犬としても重用される。しばけん。
しはい-の-ほうそく【支配の法則】―ハフソク ▶優劣の法則
しばい-ばなし【芝居×咄|芝居×噺】しばゐ ❶落語で、鳴り物や役者の声色こわいろを入れ、時には大道具・小道具なども使い、芝居そっくりに聞かせるもの。❷演劇、特に歌舞伎の演目や役者の評判などの話。
しばい-ばんづけ【芝居番付】しばゐ 歌舞伎などで、興行の宣伝、狂言の案内のために作られた印刷物。上演月日・場所・演目・配役・舞台面の絵などを記したもの。顔見世番付・辻番付・絵本番付などがある。
じばい-ほう【自賠法】―ハフ「自動車損害賠償保障法」の略称。
しばい-もの【芝居者】しばゐ ❶劇場に勤める人たちの総称。❷歌舞伎の俳優。役者。
しはい-もんじょ【紙背文書】▶裏文書うらもんじょ
しば-うち【芝打ち】❶幕やひもなどの垂れた先が地面に触れること。また、その幕やひも。❷尻繋しりがいの総ふさ。❸草摺くさずり・行縢むかばきなどの裾。
しばうち-だけ【芝打ち×長】先端が地面に触れるほど垂れていること。また、そのくらいの長さ。「厚総あつぶさの尻繋しりがい、只今染め出でたる如くなるを、—に懸け成し」〈太平記・一二〉
しばうら【芝浦】東京都港区の地名。東京港の一部をなす。芝の生えた海岸の意で、もと芝浜ともいった。
しばうら-こうぎょうだいがく【芝浦工業大学】―コウゲフダイガク 東京都江東区に本部がある私立大学。昭和2年(1927)創設の東京高等工商学校に始まり、芝浦工業専門学校を経て、同24年新制大学として発足。
じ-ばえ【地生え】ぢ その土地の生まれであること。また、その人。はえぬき。「今壱人は親から江戸の—にて」〈浮・永代蔵・二〉
しば-えい【司馬睿】[276〜322]中国、東晋の初代皇帝。在位317〜322。司馬懿しばいの曽孫。諡おくりなは元帝。琅邪王となり、西晋滅亡後、晋王朝を再興。琅邪出身の王氏の反乱を招き、乱中に病死。
しば-えび【芝海=老|芝×蝦】十脚目クルマエビ科のエビ。体長約15センチ。体色は淡青色で、濃青色の小斑点がある。東京湾など内湾にすむ。食用。
しば-えん【司馬炎】[236〜290]中国、西晋の初代皇帝。在位265〜290。司馬懿しばいの孫。字あざなは安世。廟号びょうごうは世祖。265年、魏の元帝の禅譲を受けて即位、都を洛陽に置き、国を晋と号した。280年、呉を滅ぼして天下を統一。武帝。
しば-おんこう【司馬温公】―ヲンコウ ▶司馬光しばこう
しば-がき【×柴垣】❶《上代は「しばかき」》柴を編んでつくった垣。しまがき。❷「柴垣節」の略。❸「柴垣踊り」の略。
しばがき-おどり【×柴垣踊(り)】―をどり 江戸初期に流行した踊り。柴垣節に合わせて、からだをくねらせ、手や胸を打ちながら踊ったもの。
しばがき-ぶし【×柴垣節】江戸初期の俗謡。承応・明暦年間(1652〜1658)ごろに流行。もとは北国の米つき歌とも、山の手の奴やっこたちの踊り歌ともいう。
しば-がみ【×柴神】峠や山道の入口などにあって、通行人の安全を守るという神。通る人が柴や草を手向ける風習がある。柴折り様。柴取り神。
しば-からど【×柴唐戸】庭の入り口に設ける両開きの戸。框かまちを煤竹すすだけで作り、上部の3分の1は割り竹をひし形に組んで藤づるで結び、下部は萩を縦に並べて煤竹の押し縁を当てたもの。
しば-かり【芝刈(り)】芝を刈ること。「—機」(季 夏)
しば-かり【×柴刈(り)】山野に自生する小さな雑木を刈り取ること。また、刈り取る人。「奉公初めは男が—、女が潮くみときまっている」〈鴎外・山椒大夫〉
しば-き【×柴木】「柴しば」に同じ。「小舟を借って、—を上に取り掩おおひ」〈古活字本保元・中〉
しばき-あ・げる〔動ガ下一〕棒や鞭などで、手ひどくたたいたり打ったりする。「しばしば曽田を—・げて内務教育をした男であった」〈野間・真空地帯〉
しばき-よしこ【芝木好子】[1914〜1991]小説家。東京の生まれ。本姓、大島。「青果の市」で芥川賞受賞。戦後、「洲崎すさきパラダイス」以下の連作で東京下町の特飲街を描く。他に自伝的三部作「湯葉」「隅田川」「丸の内八号館」など。
しはく【淄博】中国、山東省中部の工業都市。淄川しせん・博山の炭田のほか、ボーキサイト・石灰石などの鉱山もある。陶磁器・ガラスなどを産する。人口、行政区282万(2000)。ツーポー。
し-はく【紫×陌】都の街路。都の市街。「垣は—に隣となれども、大隠の市にも隔たり」〈鶉衣・隠居弁〉
し-はく【詞伯】詩文を巧みに作る人。詩文の大家。
し-はく【詩伯】詩を巧みに作る人。漢詩の大家。また、詩人を敬っていう語。
しば・く〔動カ五(四)〕棒などでたたく。ひっぱたく。「木枝で—・きながら往く」〈独歩訳・糸くず〉
じ-はく【自白】〔名〕スル ❶自分の秘密や犯した罪などを包み隠さずに言うこと。「カンニングを—する」❷㋐民事訴訟法上、当事者が相手方の主張する自己に不利な事実を認めること。また、その旨の陳述。㋑刑事訴訟法上、自己の犯罪事実を認める被疑者・被告人の供述。
(類語)自供・告白・白状・懺悔ざんげ・打ち明ける
じ-ばく【自縛】〔名〕スル ❶自分で自分を縛ること。❷自分の主張した意見にとらわれて、思うままに振る舞えない状態に陥ること。「自縄—」
じ-ばく【自爆】〔名〕スル ❶航空機・艦船・軍事施設などの機密を守り、敵の手に渡らないように爆薬を仕掛け味方の手で爆破すること。「—装置」❷爆薬を積んだ飛行機や自動車に乗って、また、自分の体に爆薬を巻き付けて敵陣に突っ込み爆発させること。テロの一手段。❸(保険業界で)社員が自分の、また家族や親戚の名で契約を結び保険料を負担すること。
しば-くさ【芝草】「芝」に同じ。
じばく-テロ【自爆テロ】自分の体に爆薬を付け、または爆薬を積んだ自動車などで目標に近づき、死を覚悟で爆発させる行為によるテロ。
しば-ぐり【×柴×栗】《「しばくり」とも》クリの一品種。山地に自生し、実は小粒だが味がよい。ささぐり。(季 秋)「—の一人はぢけて居たりけり/一茶」
じばく-れい【地縛霊】ぢバクレイ 心霊主義的な考えに基づいて、死亡した土地や建物などから離れずにいるとされる霊。⇒守護霊(補説)
しば-こう【司馬光】―クワウ [1019〜1086]中国、北宋の政治家・歴史家。涑水そくすい(山西省)の人。神宗のとき王安石の新法に反対して辞職。「資治通鑑しじつがん」の編纂へんさんに没頭。神宗没後に宰相となり、旧法の復活に尽力したが、8か月後に病死。司馬温公とも称される。
しば-こうえん【芝公園】―コウヱン 東京都港区にある公園。明治6年(1873)増上寺の境内の一部を開放して開園。東京タワーがある。

しば-こうかん【司馬江漢】ᵃ[1747～1818]江戸後期の洋風画家。江戸の人。本名、安藤吉次郎。別号、春波楼など。鈴木春信門下の浮世絵師となるが、のち写生体の漢画、美人画を描き、さらに平賀源内らの影響で洋風画に転じた。日本で最初のエッチングを制作、油彩による風景図も多数描いた。また、地動説など自然科学の紹介にも努め、随筆にもすぐれた。著「地球全図略説」「春波楼筆記」など。

しば-ざかな【芝魚│芝×肴】江戸の芝浦あたりの海でとれた小魚。新鮮・美味とされた。しばもの。「一もそれぞれに食ひ覚え」〈浮・永代蔵・三〉

しば-ざくら【芝桜】ハナシノブ科の多年草。高さ約10センチ。地をはうように密生し、葉は細長くかたい。春に淡桃・赤・白色などの花をつける。北アメリカの原産。モスフロックス。花爪草はなつめぐさ。(季 春)

しば-さし【×柴挿(し)│×柴指(し)】祭りの物忌みの際、そのしるしとして柴をさすこと。また、祭場の標示あるいは祭場の境を示すために立てる柴。

じば-さんぎょう【地場産業】特定の地域にその立地条件を生かして定着し、特産品を製造している産業。瀬戸の陶磁器、南部の鉄器など。

しばし【▽暫し】〔副〕《「しまし」の音変化》少しの間継続するさま。しばらく。「歓声は一続いた」「一の別れ」「待て一」(類語)暫しばらく

しば-しば〔副〕スル しきりにまばたきをするさま。「目を一させる」

しば-しば【×屢│×屢々】〔副〕同じ事が何度も重なって行われるさま。たびたび。「この種の事件は一起こる」➡度度たびたび(用法)
(類語)よく・度度・ちょくちょく・往往・ちょいちょい

しばしば-め【しばしば目】涙ぐんで目をしばたたくこと。また、その目つき。「せきあげせきあげ泣きければ、浄閑も一」〈浄・寿の門松〉

しば-しょうじょ【司馬相如】[前179～前117]中国、前漢の文人。成都(四川省)の人。字あざなは長卿。梁の孝王の客となって作った「子虚賦」が武帝の賞賛を受け、召されて宮廷詩人となった。漢代を代表する賦の第一人者で、ほかに「上林賦」「大人賦」などがある。富豪の娘卓文君との駆け落ちは有名。

しば-しろう【斯波四郎】[1910～1989]小説家。山口の生まれ。本姓、柴田。毎日新聞に入社、週刊誌の編集に従事。「山塔」で芥川賞受賞。他に「愛と死の森」「月曜日の憂鬱ゆううつ」「含羞がんしゅうの花」など。

しはす【師走】►しわす(師走)

シバス〖Sivas〗《「シワス」とも》トルコ中東部の都市。アナトリア高原の標高1300メートルの高地に位置する。古代ローマ時代はセバステまたはセバスティアと呼ばれ、交易の拠点として栄えた。1919年9月、のちに初代大統領となるケマル＝アタチュルクが祖国解放につながる国民会議を開いた場所として知られる。セルジュークトルコ時代に築かれたウルモスク、ギョク神学校、チフテの塔などが残っている。スィワス。スィバス。

しば-ずり【芝×摺】鎧よろいの草摺くさずりの最も下の板。

しば-せん【司馬遷】[前145ころ～前86ころ]中国、前漢の歴史家。夏陽(陝西せんせい省)の人。字あざなは子長。武帝の時、太史令となり、暦法の改革に参加。匈奴に降った李陵を弁護したため宮刑に処せられ、のち、父の司馬談しばたんの遺志を継いで「史記」を完成させた。太史公。

しば-ぜんこう【芝全交】[1750～1793]江戸後期の黄表紙作者。江戸の人。本名、山本藤十郎。遊里や歌舞伎に取材して、こっけいで洒脱に富んだ作品を著した。作「大悲千禄本だいひのせんろくほん」など。

しば-そのめ【斯波園女】[1664～1726]江戸中期の女流俳人。伊勢の人。医師の夫、斯波一有とともに芭蕉の門下。夫の没後、江戸に出て榎本其角えのもときかくらと交際。著「菊の塵」「鶴の杖」など。

しばた【新発田】新潟県北東部の市。室町時代は新発田氏、江戸時代は溝口氏の城下町。食品・衣料工業が行われる。人口10.1万(2010)。

じ-はだ【地肌│地▽膚】❶大地の表面。土の面。「一をむき出しにした山」❷生まれつきの皮膚。化粧などをしていない本来の肌。「一が黒い」「一のきれいな人」❸刀剣の身の表面。「板目肌の一」
(類語)素肌・皮膚・皮かわ・肌はだ・はだえ・肌膚きふ・上皮うわかわ・外皮がいひ・表皮ひょうひ・スキン

じ-ばた【地機】►躄機いざりばた

しば-だいじんぐう【芝大神宮】東京都港区芝大門にある神社。主祭神は天照大神・豊受大神。寛弘2年(1005)の創建と伝える。芝神明。

しばた-かついえ【柴田勝家】[1522～1583]安土桃山時代の武将。尾張の人。妻の小谷の方は織田信長の妹。信長第一の将として戦功があり、北陸の経営に当たった。本能寺の変後、豊臣秀吉に賤ヶ岳しずがたけで敗れ、越前北ノ庄で自刃。

しば-たかつね【斯波高経】[1305～1367]南北朝時代の武将。越前・若狭の守護。新田義貞を越前金崎城に攻め、藤島で滅ぼす。後に子の義将を管領として幕府の実権を握るが、佐々木高氏らの讒言ざんげんにより失脚。

しばた-きゅうおう【柴田鳩翁】[1783～1839]江戸後期の心学者。京都の人。名は亨。薩埵徳軒さったとくけんに心学を学び、のち、失明の身で諸国を巡講した。その筆録書「鳩翁道話」は心学道話の代表とされる。

しばた・く【▽瞬く】〔動カ五(四)〕「しばたたく」の音変化。「目を一・く」

しばた-けいた【柴田桂太】[1877～1949]植物学者。東京の生まれ。東大教授。植物の生理学的研究から生化学的研究への道を開いた。

しばた-し【新発田市】►新発田

しばた-しょう【柴田翔】[1935～]小説家・ドイツ文学者。東京の生まれ。「されどわれらが日々―」で芥川賞受賞。他に「贈る言葉」「鳥の影」など。評論に「ゲーテ『ファウスト』を読む」、訳書に「ファウスト」がある。

しばた-じょう【新発田城】新潟県新発田市にあった城。室町時代は新発田氏代々の城で、慶長3年(1598)から溝口秀勝が修築。のち、数度の火災にあい、現存の城門とやぐらは享保4年(1719)の火災後の建物。菖蒲あやめ城。浮舟城。

しばた-ぜしん【柴田是真】[1807～1891]幕末から明治の漆芸家・日本画家。江戸の人。通称、順蔵。蒔絵まきえに新境地を示したほか、和紙の上に色漆で描く独自の漆絵を創始。作「茨木童子図額」など。

しば-たた・く【×屢×叩く│▽瞬く】〔動カ五(四)〕《「しばだたく」とも》しきりにまばたきをする。目をぱちぱちさせる。「煙がしみて目を一・く」
(類語)瞬まばたく・瞬またたく・まじろぐ

しば-た・つ【×屢立つ】〔動タ四〕❶音がしきりに聞こえる。「堀江漕ぐ伊豆手の舟の梶つくめ音一・ちぬ水脈みおを速みかも」〈万・四四六〇〉❷波などがしきりに起こり立つ。「島風に一・つ波のやちかへり恨みても猶たのまるる哉」〈金葉・恋上〉

しば-たつと【司馬達等】古代の渡来人。継体天皇のときに来日。蘇我馬子そがのうまこと協力して仏教の興隆に努めた。仏師鞍作止利くらつくりのとりは、その孫。生没年未詳。

しばた-みなお【柴田南雄】[1916～1996]作曲家。東京の生まれ。東大卒。東京芸大教授。二十世紀音楽研究所を設立、前衛音楽のリーダーとして活躍した。十二音技法の歌曲「朝の歌」の他、「コンソート-オブ-オーケストラ」「追分節おいわけぶし考」「ゆく河の流れは絶えずして」などの作品がある。平成4年(1992)、文化功労者。

しばた-ゆうじ【柴田雄次】[1882～1980]化学者。東京の生まれ。東大教授、東京都立大総長、学士院院長。錯塩化学・分光化学・地球化学の研究で業績を残した。「金属錯塩の分光科学的研究」で学士院恩賜賞を受賞。昭和37年(1962)、文化功労者。

しばた-れんざぶろう【柴田錬三郎】[1917～1978]小説家。岡山の生まれ。本姓、斎藤。スピード感あふれる文体で、自由な発想の時代小説を数多く執筆。剣豪小説で絶大な人気を集めた。「イエスの裔すえ」で直木賞受賞。他に「眠狂四郎ねむりきょうしろう無頼控」「赤い影法師」など。

しば-たん【司馬談】[?～前110]中国、前漢の学者。司馬遷の父。太史令という暦官にあって歴史の編纂事業に着手したが、完成をみないで没した。「史記」は司馬遷が父の業を受け継いで成ったもの。

しば-ち【芝地】芝の生えている所。芝生。

じ-ばち【地蜂】クロスズメバチの別名。(季 春)

しはち-の-そうごう【四八の相好】「三十二相」に同じ。

し-はちへい【詩八病】漢詩を作るときに、避けなければならない八つの事柄。同じ平仄ひょうそくを重複する平頭へいとう・上尾・蜂腰ほうよう・鶴膝かくしつ、同韻字を重複しすぎる大韻・小韻、語頭子音を重複する旁紐ぼうちゅう・正紐のこと。中国、南北朝時代の梁りょうの沈約しんやくが唱えたといわれ、日本の歌論にも転用された。詩病。八病。

しば-ちょうず【×柴▽手▽水│芝▽手▽水】神仏を拝むときや山野で手水を使うとき、水の代わりに草や木の葉を用いること。➡空手水からちょうず

し-はつ【始発】❶列車・電車・路線バスなどでその日、最初に出発すること。また、その乗り物。「一に間に合う」「一列車」⇔終発。❷そこを列車などの運行の起点とすること。また、その駅。「東京一の寝台特急」「一駅」

し-は・つ【仕果つ│▽為果つ】〔動タ下二〕しおえる。やりとげる。「月々の御事ども一・て給てけり」〈栄花・衣の珠〉

じ-はつ【自発】❶外からの働きかけを受けてするのではなく、自然に行われること。また、自分から進んですること。❷文法で、動作が他からの作用に関係なく、自然に起こる意を表す言い方。動詞の未然形に、文語では「る」「らる」(古くは「ゆ」「らゆ」)、口語では助動詞「れる」「られる」などを付けて言い表す。

じ-ばつ【治罰】取り締まり罰すること。「悪侶一の官軍」〈平家・七〉

じはつ-かくぶんれつ【自発核分裂】中性子やその他の粒子の衝突を受けなくても自然に生じる核分裂。ウランやプルトニウムなどの質量数が非常に大きい同位体に見られる。自然核分裂。

しば-づけ【×柴漬(け)】❶ナス・キュウリ・ミョウガなどの薄切りと赤ジソの葉などを塩漬けにしたもの。京都大原の特産。❷冬、柴を束ねて川や湖などに沈めておき、それにすみついた魚を捕らえること。しのづけ。ふしづけ。

じはつ-じか【自発磁化】強磁性体が、外部からの磁界の作用を受けずに、自然に磁気を帯びること。

じはつ-せい【自発性】他からの影響・強制などではなく、自己の内部の原因によって行われること。「一を損なう」

じはつ-てき【自発的】〔形動〕物事を自分から進んで行うさま。「一な発言をする」(類語)積極的・能動的

じばつ-てき【自罰的】〔形動〕►内罰的ないばつてき

じはつてき-しつぎょう【自発的失業】労働者が現行の賃金水準では低すぎると考えて働くことを望まず、自発的に失業を選択している状態。

じはつてきたいしょうせい-の-やぶれ【自発的対称性の破れ】素粒子物理学などで論じられる現象の一つ。自然は対称性をもつとされてきたが、それがおのずから破られる場合があることをいう。この現象により、ビッグバン後の宇宙の生成について、矛盾なく論証することができる。昭和36年(1961)にこれについての理論を発表した南部陽一郎が、平成20年(2008)ノーベル物理学賞を受賞。対称性の自発的破れ。

しば-つなぎ【芝×繋ぎ】立ち木のない芝地などで、馬の両足を手綱で絡め、動かないようにすること。

し-はっぺい【詩八病】►しはちへい(詩八病)

しば-でんがく【芝田楽】舞台を作らずに、神社の社頭の庭で演じる田楽。

しば-ど【×柴戸】《「しばと」とも》柴を編んで作った戸。柴の戸。転じて、粗末な住居。

しばなき-どり【×屢鳴き鳥】鶏の別名。しばとり。

しば-な・く【×屢鳴く】〔動カ五(四)〕しきりに鳴く。

「鶯の—・く声も少許は媒せしならん」〈鴎外訳・ふた夜〉「かほ鳥の間なく—・く春の野に」〈万・三九七三〉

じ-ばなし【地×噺｜地×咄】ヂ 落語で、会話やしぐさによる通常の演出をとらず、叙述説明によって話を展開させるもの。

じ-ばなれ【地離れ】ヂ ❶川魚などが春になって川底から離れて泳ぐようになること。釣りでいう。❷地者じもの でなくなること。素人女でなくなること。

し-はに【▽底▽土】《「下し土はに」の意》地の底にある土。そこつち。「—は丹に黒きゆゑ」〈記・中・歌謡〉➡初土はつ

しば-に【芝煮】白身の小魚やエビなどを薄口醤油に少量の酒かみりんを加えて煮て、汁とともに食する煮物。または、その煮方。

しば-の-あみど【×柴の編み戸】「柴の戸」に同じ。「いにしへも夢になりにし事なれば—もひさしからじな」〈平家・灌頂〉

しば-の-いおり【×柴の×庵】いほり 柴で屋根をふいた庵。転じて、粗末な家。しばのいお。しばいお。「まばらなる—に旅寝して」〈新古今・冬〉

しば-の-と【×柴の戸｜×柴の▽門】柴を編んでつくった戸、または門。転じて粗末なすみか。柴の編み戸。柴の門かど。柴の枢とぼそ。柴の扉。「なごり猶寄せ帰る浪荒きを、—おしあけてながめおはします」〈源・明石〉

しば-の-とぼそ【×柴の▽枢】「柴の戸」に同じ。「山里の—は雪とぢて」〈玉葉集一〉

しばの-りつざん【柴野栗山】[1736〜1807]江戸中期の儒学者。讃岐さぬきの人。名は邦彦。後藤芝山こくざんに学び、江戸に出て昌平坂学問所の教官となった。のち、老中松平定信に寛政異学の禁を建議した。寛政の三助の一人。著「栗山文集」「雑字類編」など。

しば-はし【×柴橋】柴などの雑木でつくった橋。庭園の池などに架け渡す。

しば-はら【芝原】芝の生えている原。しばわら。

しば-ひき【芝引】❶覆輪ふくりんの一。刀の鞘尻さやじりの刃のほうにつけた金具。❷火縄銃の台座の先端。

しば-びと【×柴人】柴を刈る人。柴刈り。「—のすさみにもうたふ程の女とて」〈浮・一代男・二〉

しばび-の-かい【×柴火の会】クワイ 山野で柴を集めて火をたき、釜をかけて催す茶会。野点のだて。

しば-ふ【芝生】芝が一面に生えている所。また、庭などで芝が植えてある所。「—に寝そべる」

しば-ぶえ【×柴笛】シイ・カシなどの若葉を唇に当てて強く息を吹き、笛のように吹き鳴らすもの。

しば-ぶき【×柴×葺き】柴で屋根をふくこと。また、その屋根。

しば-ぶね【×柴舟】❶（「しばふね」とも）刈り取った柴を積んで運ぶ舟。❷❶をかたどり、表面にショウガ糖を塗ったせんべい。金沢の名菓。

しば-べや【×柴部屋】薪などをしまっておく小屋。「—にしのびて物の陰より覗けば」〈浮・一代男・七〉

しばまた【柴又】東京都葛飾かつしか区の地名。柴又帝釈天の門前町。

しばまた-たいしゃくてん【柴又帝釈天】東京都葛飾区にある日蓮宗の寺。山号は経栄山。正式名称は題経寺。寛永6年（1629）日忠が創建。日敬の中興。日蓮の作と伝えられる帝釈天たいしゃくてんを本尊とする。庚申こうしんの日が縁日（宵庚申）。

しば-み【芝見】草木に隠れて敵情を探ること。また、その者。忍び物見ものみ。ふせかまり。「白石若狭守は、敵もし夜討に寄するかと、—をつけて用心すれども」〈奥羽永慶軍記〉

しば-みる【×屢見る】〔動マ上一〕しばしば見る。たびたび見る。「あからひくしきたへの児こを—・みれば人妻故に我れ恋ひぬべし」〈万・一九九九〉

しば-むね【芝棟】花や芝を植えてある、かやぶき屋根の棟。植物の根で棟を補強する。

しば-や【芝屋｜芝▽居】しばい。また、しばい小屋。「貴様一人—へ行くなんて」〈漱石・明暗〉

しば-や【×柴屋】❶柴やたき木などを積んでおく小屋。❷柴で屋根をふいた家。柴ぶきの家。粗末な家。「くらぶ山かこふ—のうちまでも心をさめぬ所やはある」〈夫木・三〇〉

しば-やなぎ【×柴柳】ヤナギ科の落葉低木。中部以東の山地に自生。枝は水平に出て先が少し垂れる。4月ごろ、葉とともに花穂を出し、黄色の雄花と緑色の雌花とをつける。

しば-やま【芝山】❶芝の生えている山。❷庭園で、芝を植え込んだ築山。

しばやま【芝山】千葉県中北部の町。芝山古墳群がある。北部は成田国際空港の用地。

しば-やま【×柴山】小さい雑木の生えている山。

しばや-まち【柴屋町】江戸時代、今の滋賀県大津市長等ながらにあった遊女町。馬場町ばばちょう。

しばやま-まち【芝山町】▶芝山

しば-よしかど【斯波義廉】室町中期の武将。室町幕府の管領。斯波氏を継いで、越前・尾張・遠江とおとうみの守護職となった。のち、義敏と家督を争い、応仁の乱の一因を作った。生没年未詳。

しば-よしとし【斯波義敏】[1435〜1508]室町中期の武将。斯波義健よしたけの没後その養子となったが、重臣の朝倉・織田らと合わず、家督を退けられた。のち、義廉よしかどと家督を争い、応仁の乱の一因を作った。

しば-よしまさ【斯波義将】[1350〜1410]室町前期の武将。室町幕府の管領。足利義詮よしあきら・義満・義持の3代の将軍に仕え、幕府の基礎固めに尽力した。

じ-ばら【地腹】ヂ 子をはらんだりしていない、自然の状態の腹。常腹じょうばら。

じ-ばら【自腹】❶自分の腹。❷自分の持っている金銭。また、自分の金で払うこと。自分の負担。

自腹を切・る　必ずしも自分が負担する必要のない経費などを、自分の金で支払う。身銭を切る。「—・って会社の備品を買う」

し-はらい【支払い】しはらひ ❶品物やサービスなどに対して、金銭を払い渡すこと。「カードで—をする」「—を済ませる」❷金銭債務の履行として金銭を渡すこと。
[補説]国庫からの支払いにはもと「仕払い」の字を用いた。[類語]払い・払い込み・支弁・会計・勘定・支出・精算・清算・決済・お愛想あいそ・レジ・代金・お代

しはらい-かんじょう【支払勘定】しはらひカンヂャウ 簿記で、買掛金・支払手形などの債務を示す勘定の総称。商品の仕入れやサービスの提供を受けるというような通常の営業取引から発生する。買入債務。⇔受取勘定。

しはらいかんじょうだて-そうば【支払勘定建相場】しはらひカンヂャウだてサウば 外国為替相場の建て方の一。外国通貨一単位に対し、自国通貨いくらというように表示されるもの。邦貨建相場。⇔受取勘定建相場。

しはらいきょぜつ-しょうしょ【支払拒絶証書】しはらひキョゼツショウショ 拒絶証書の一。手形または小切手の所持人が支払呈示期間内に支払呈示をしたのに、支払いが拒絶された場合にそのことを証明する公正証書。

しはらい-さてい【支払査定】しはらひ 保険会社・共済組合などが客の請求を受け、支払うべき保険金の金額を調査決定すること。

しはらいじゅんび-せいど【支払準備制度】しはらひジュンビ ▶準備預金制度

しはらいじゅんび-りつ【支払準備率】しはらひジュンビ ▶預金準備率

しはらい-しょうけん【支払証券】しはらひ 金銭債務の履行のさいに、金銭に代えて渡すことができる証券で、一覧払いの手形・小切手の類。

しはらい-しょうだく【支払承諾】しはらひ 銀行など金融機関が取引先の依頼により、第三者に対する債務を保証し、または手形の引き受けをすること。また、その偶発債務を処理する勘定科目。

しはらい-ていし【支払停止】しはらひ 債務者が支払い不能であることを自ら表示する行為。これが証明されると破産原因となる。

しはらい-ていじ【支払呈示】しはらひ 手形・小切手の所持人が振出人・支払人などに証券を呈示して支払いを求める行為。

しはらい-てがた【支払手形】しはらひ 簿記で、通常の営業取引により、約束手形を振り出したり、為替手形の引き受けをしたりしたときに発生する手形債務。BP。B/P。⇔受取手形。

しはらい-でんぴょう【支払伝票】しはらひデンペウ 勘定科目・金額・支払先・摘要などの記入欄があり、現金の支払いをしたとき、その取引について記入・作成する伝票。出金伝票。

しはらい-にん【支払人】しはらひ ❶金銭を支払う人。❷為替手形・小切手上の金額を支払う者として振出人によって記載された者。

しはらい-ほしょう【支払保証】しはらひ 小切手の支払人が小切手上の金額の支払義務を確認して保証すること。

しはらい-めいれい【支払命令】しはらひ 督促手続において、金銭その他の代替物または有価証券の一定数量の給付を目的とする請求について、簡易裁判所が債権者の申し立てにより、債務者にその支払いを命じる裁判。

しはらい-ゆうよ【支払猶予】しはらひイウヨ ▶モラトリアム

しはらいようカードでんじてききろくふせいさくしゅつ-ざい【支払用カード電磁的記録不正作出罪】しはらひヨウカードデンジテキキロクフセイサクシュツザイ ▶支払用カード電磁的記録不正作出等罪

しはらいようカードでんじてききろくふせいさくしゅつじゅんび-ざい【支払用カード電磁的記録不正作出準備罪】しはらひヨウカードデンジテキキロクフセイサクシュツジュンビザイ 支払用カード電磁的記録不正作出等罪が挙げる行為をする目的で、他人のカードの記録を不正に取得したり、カード偽造の器機などを用意したりする罪。刑法第163条の4が禁じ、3年以下の懲役または50万円以下の罰金に処せられる。

しはらいようカードでんじてききろくふせいさくしゅつとう-ざい【支払用カード電磁的記録不正作出等罪】しはらひヨウカードデンジテキキロクフセイサクシュツトウザイ クレジットカードやキャッシュカードなどの電磁的記録を不正に作ったり供したりする罪。刑法第163条の2が禁じ、10年以下の懲役または100万円以下の罰金に処せられる。支払用カード電磁的記録不正作出罪。

しはらい-わたし【支払渡し】しはらひ《documents against payment》信用状なしの荷為替取引で、荷為替手形の送付を受けた輸入地の銀行が、輸入者に手形金の支払いと引き換えに船積み書類を引き渡す方法。D/P。⇔引受渡し。

し-はら・う【支払う】しはらふ〔動ワ五(ハ四)〕《「し」は動詞「す」の連用形。「支」は当て字》代金・料金を払い渡す。金銭の支払いをする。「ガス代を—・う」[可能]しはらえる [類語]払う・勘定

しばらく【暫】歌舞伎十八番の一。荒事あらごとの代表的演目。元禄10年（1697）江戸中村座の「参会名護屋」で初世市川団十郎が初演。毎年の顔見世狂言に使われた趣向で、明治以後に一幕物として独立した。

しばら-く【▽暫く｜×姑く｜須=臾】〔副〕スル《「しまらく」の音変化》❶すぐではないが、あまり時間がかからないさま。少しの間。しばし。「—お待ちください」「—して主人が現れた」❷時間的にある程度長く続くさま。当分。「好天は—続くだろう」「—は当地に滞在する」❸一時的であるさま。仮に。「その件は—おくとして」「—衣裳にたきものすと知りながら」〈徒然・八〉
[類語]（❶）暫しばし・少し・ちょっと・やや・一時いっとき・一頻ひとしきり・暫時ざんじ・少時しょうじ・寸時・須臾しゅゆ／（❸）当分・当面・当座・差し当たり

しばらく-ぶり【▽暫く振り】〔名・形動〕再び同じことになるまでに、かなりの時間を経ていること。また、そのさま。久しぶり。「—に友人と会う」「—の休日」
[類語]久し振り・久久・久方振り・久しい・しばらく

し-はらみつ【四波羅蜜】㊀仏語。涅槃ねはんに備わる四つの徳。常・楽・我・浄、すなわち、永遠であること、安穏であること、主体的であること、清浄であること。㊁金剛界曼荼羅まんだらで、大日如来に近侍している四人の女形の菩薩ぼさつ。東方の金剛波羅蜜（阿閦あしゅく仏能生の母）、南方の宝波羅蜜（宝生仏能生の母）、西

方の法波羅蜜(阿弥陀仏能生の母)、北方の業波羅蜜(不空成就仏能生の母)の総称。四波羅蜜菩薩。

しばり【縛り】❶縛ること。また、縛るもの。「亀の子―」❷制限。期限。くぎり。「高利かしより三月―とて十円かりし」〈一葉・大つごもり〉❸一度に全額を返済する約束で行う銀行の定期貸付金。❹寄席芸人仲間で、出番順の名。切りから二つ前をいう。❺将棋で、待ち駒をすること。

じ-ばり【地張り】❶型紙捺染なっせんで、捺染板の両面にのりをつけて乾かし、水または姫のりを薄くひいて、その上に捺染する絹や布をしわのできないように張りつけること。じばい。❷布に水をひいて伸子しん張りをし、布のしわをのばし、幅をそろえること。

しばり-あ・げる【縛り上げる】〔動ガ下一〕図しばりあ・ぐ〔ガ下二〕しっかりと縛る。縄などでぐるぐる巻きに縛る。「後ろ手に―・げる」

しばり-あみ【縛り網】巻き網の一。両側に付けた袖網そであみで魚群を中央の袋網に追い込んで捕る漁法。瀬戸内海のタイ漁のときなどに使用。

しば-りきゅう【芝離宮】東京都港区海岸一丁目にあった旧離宮。寛永年間(1624～1644)加藤嘉明かとうよしあきの創始、大久保氏・紀州家などの所有を経て、明治4年(1871)有栖川ありすがわ家控邸ひかえていとなる。同9年離宮、大正12年(1923)関東大震災により焼失、翌年東京市に下賜された。現在は、旧芝離宮恩賜庭園。

しばり-くび【縛り首】❶縄で首をしめて殺すこと。また、その刑。絞首刑。❷戦国・江戸時代の刑罰の一。麻縄で罪人を後ろ手にしばり、首を前に突き出させて切るもの。

しばり-つ・ける【縛り付ける】〔動カ下一〕図しばりつ・く〔カ下二〕❶ある物に縛って離れないようにする。くくりつける。「柱に―・ける」❷自由な行動をとることができない状態におく。「義理に―・けられる」

しばり-ぬき【縛り▽貫】床ゆかの束下つかしたなどをつなぐのに用いる貫。

しば-りょうたろう【司馬遼太郎】［1923～1996］小説家。大阪の生まれ。本名、福田定一ていいち。戦国時代や幕末などの変革期に題材をとった歴史小説を数多く執筆。広い読者層を得て、昭和を代表する人気作家となった。「梟ふくろうの城」で直木賞受賞。他に「竜馬がゆく」「国盗とり物語」「坂の上の雲」、紀行文「街道をゆく」など。平成5年(1993)文化勲章受章。

しば・る【縛る】〔動ラ五(四)〕❶縄やひもなどを巻きつけ、一つにまとめて結ぶ。また、動きが取れないようにひもや縄などで巻きつける。結わえる。くくる。「古新聞をひもで―・る」「後ろ手に―・る」❷自由にできないように制限する。束縛する。「規則で―・る」「時間に―・られる」➡括くくる用法 可能しばれる
類語(❶)結ぶ・結わえる・結う・くくりつける・取り結ぶ・縛り付ける・縛り上げる・繋つなぐ/(❷)束縛・拘束・支配・規制・制約

じ-ばれ【地腫れ】〘名〙スル 傷口やできものの周りの皮膚が、一面にはれること。「おできがうんで―している」

しば・れる〔動ラ下一〕きびしく冷え込む。また、凍る。東北・北海道地方でいう。「今夜は―・れる」
類語凍る・冷える・こごる・凍しみる・凍いてる・凍て付く・凍りつく・凍結・氷結・結氷・冷凍

し-はん【四半】❶四つに分けた一つ。4分の1。四半分。「―世紀」❷《幟半とも書く》武具の指物さしものの一。幅と長さを2対3の割合にしたのぼり。半のぼり。❸正方形に切った布。「―ノテノゴイ」〈日葡〉❹弓術で、2寸(約6センチ)四方の板の的。「弓をあそばすならば、―なりとも、円物なりとも、下げ針にでもあそばせ」〈虎明狂・八幡の前〉

し-はん【市販】〘名〙スル 市場・商店で普通に売ること。「来月から―される商品」「―薬」

し-はん【示範】模範を示すこと。垂範。

し-はん【死斑|×屍斑】死んだ人の皮膚に現れる、紫赤色あるいは紫青色の斑点。血液が自重で沈降するために生じ、下側となった部分に死後2、30分から現れ、6～10時間後には全面に及ぶ。その程度から死後経過時間や死因の推定が可能。

し-はん【私版】❶著者やその近親者などが、自費で出版すること。また、その書物。私家版。❷民間で出版すること。また、その図書。⇔官版。

し-はん【師範】❶人の手本となること。また、その人。模範。「世の―と仰がれる」❷学問・技芸を教える人。また、その資格。「柔道の―」❸「師範学校」の略。「女子―」類語師・師匠・先生・指南役・宗匠・師父・教師・教員・教諭・教授・教官・講師・ティーチャー・プロフェッサー・チューター・インストラクター・尊師・恩師・旧師・先師

し-はん【紫斑】❶紫色の斑紋。❷皮膚や粘膜の組織中に出血することによって起こる紫色の斑点。

し-はん【紫×瘢】傷が治ったあと、皮膚に残る紫色の跡。

し-ばん【師蛮】➤卍元師蛮まんげんしばん

し-ばん【×篩板|師板】篩管しかんの細胞の境界に相当する細胞壁。篩孔しこうとよぶ多数の小孔がある。

じ-はん【自反】〘名〙スル みずからの言動をかえりみること。自省。「落度はなきかと―し」〈蘆花・黒潮〉

じ-はん【自判】❶自分で印判を押したり花押かおうを書いたりすること。また、その印や花押。「自署―」❷歌合わせなどで、自作の歌や自分が関係した歌の判をすること。❸上級裁判所が原判決を取り消しまたは破棄したうえ、事件を原審に差し戻さずに、みずから判決をすること。「破棄―」

じ-はん【児斑】➤蒙古斑もうこはん

じ-はん【事犯】法令に違反し処罰されるべき行為。「交通―」「経済―」類語犯罪・犯行・有罪・余罪・微罪

じ-ばん【地盤】❶地面。地殻の表層部。「―がゆるい」❷建造物・工作物などを据える基礎となる土地。土台。「家の―を固める」❸活動するための足場。勢力範囲。根拠地。「組織の確固たる―を築く」補説選挙では、その議員を支持し投票する有権者の多い地域。また、後援会などの支持組織。「看板」「鞄」と合わせて「三ばん」という。❹物事が成り立つ基礎となるもの。「思想の形成される―」類語地所

ジバン〘ポルトガル gibão〙【襦袢】➤ジュバン

しはん-がっこう【師範学校】教員の養成を目的に設けられた旧制の学校。明治5年(1872)設立。のち、高等・尋常の2種に分け、小学校教員を養成する尋常師範学校をさすようになった。第二次大戦後は、学芸大学ないし国立大学の教員養成学部になっている。師範。

しはん-き【四半期】1年を四等分したその一つの期間。3か月間。

じはん-き【自販機】「自動販売機」の略。

しはんき-けっさん【四半期決算】1年を4期に分け、3か月ごとに企業が公表する決算。補説平成15年(2003)より全上場企業に義務づけられた。

ジパング〘イタリア Zipangu〙マルコ＝ポーロの「東方見聞録」で、日本をさすとされている地名。中国の東方1500海里にある黄金の島として紹介された。英語のジャパン(Japan)はこの語から転じたもの。類語日本・大和やまと・日の本・八洲国やしまぐに・大八洲おおやしま・秋津島・敷島・葦原あしはらの中つ国・豊葦原とよあしはら・瑞穂みずほの国・和国わこく・日東・東海・扶桑ふそう・神州・本邦・本朝

しはん-け【師範家】学問や技芸の口伝・秘事を代々受け継いで皇室や幕府の師範となった家。和歌では二条・冷泉れいぜい・京極・飛鳥井あすかい・三条西、蹴鞠けまりでは飛鳥井・難波・冷泉・綾小路、書では清水谷・持明院じみょういん、剣術では柳生やぎゅう・小野の各家など。

しはん-じき【四半敷(き)】石敷き・瓦敷きで、目地めじが縁に対して45度になるように斜めに敷いたもの。

しはん-せき【四半石】四半敷きにした石。

しはん-だい【師範代】師範に代わって学問・技芸などを教える人。「―を務める」

じばん-ちんか【地盤沈下】❶地表面が沈下する現象。地殻運動や堆積物たいせきぶつの収縮による自然沈下のほか、地下水の過剰揚水による地層の収縮から起こるものがある。❷(比喩的に)上向きであった勢いが衰えること。また、保持していた勢力が低下すること。「繊維業界の―が目立つ」「国際社会での―が懸念される」

しはん-びょう【紫斑病】皮膚や粘膜に斑状の内出血が起こり、赤紫色を呈する病気の総称。血小板の減少や機能異常、血管の病的変化などで起こる。

しはん-ぶん【四半分】四つに分けた一つ。4分の1。

じばん-ほしょうせいど【地盤保証制度】地盤調査・地盤補強工事の瑕疵かしによって住宅が沈下して傾いたり部分的に陥没するなどした場合、住宅事業者に対して、再発防止・補修・賠償などに必要な費用の一部が保険金として支払われる制度。住宅保証機関・会社が提供している。➡住宅保証機構

しばん-むし【死番虫】甲虫目シバンムシ科の昆虫の総称。体は小形で楕円形。古い家に多く、コツコツと小さな音を立てながら建材などを食い進む。フルホンシバンムシは古書を食害する。名は、英名のdeathwatch(死時計)を誤って死番と訳したもの。

し-ひ【市費】市の負担・支出する費用。市の経費。

し-ひ【私費】個人が負担・支出する費用。「―を投じる」「―留学」⇔官費/公費。類語自費

し-ひ【施肥】〘名〙スル ➤せひ(施肥)

し-ひ【詩碑】詩を刻み込んだ石碑。

しび【尸毘】《梵 Śiviの音写》釈迦しゃかが前世に菩薩ぼさつの修行をしていた時の名。鷹たかに追われた鴿はとを救うため、自分の肉を切り取って鷹に与えたという王。尸毘迦。尸毘王。

し-び【至微】非常に細かいこと。「人情の―を描くような繊細な筆がない」〈魯庵・「破垣」に就て〉

し-び【▽芝眉】他人の顔を敬っていう語。お顔。

し-び【紫微】《「紫微垣しびえん」の略》中国古代の天文学で、天を三垣さんえん二十八宿に分けた、その一。北極星を中心とした、小熊座・大熊座・竜座・カシオペヤ座などの星座群にあたり、天帝の住む場所とされた。転じて、天子・天位・宮廷を示す。紫微宮。

し-び【紫×薇】サルスベリの漢名。

しび【×篊】《「ひび(篊)」の音変化》「ひび❶」に同じ。

し-び【×鴟尾|×鵄尾|×蚩尾】古代の大建築で、大棟の両端につけた飾り。中国に源があり、形は鳥の尾または魚のようで、沓くつにも似ているところから沓形くつがたともいう。後世の鬼瓦・しゃちほこの祖型。

しび【×鮪】クロマグロ・キハダ・ビンナガの別名。

じ-ひ【自費】自分で負担・支出する費用。類語私費

じ-ひ【侍×婢】貴人の身近に仕える女性。侍女。

じ-ひ【慈悲】❶《「慈」は、梵 maitrī「悲」は、梵 karuṇāの訳》仏語。仏・菩薩ぼさつが人々をあわれみ、楽しみを与え、苦しみを取り除くこと。❷いつくしみ、あわれむこと。なさけ。類語恩愛・慈愛・いつくしみ

じ-び【×孳尾】鳥獣が交尾して子を産み育てること。

シビア〘severe〙〔形動〕非常に厳しいさま。過酷なさま。「―な批評」「―な条件」
類語手厳しい・痛烈・辛辣しんらつ・冷厳

じびいんこう-か【耳鼻咽喉科】耳・鼻・咽喉・食道などの病気を研究・治療する医学の分野。

シビウ〘Sibiu〙ルーマニア中央部の都市。ドイツ語名ヘルマンシュタット。トランシルバニア地方南部に位置する。12世紀末、ドイツのザクセン地方からの移住者により建設され、14世紀から15世紀にかけて、交易や商工業の中心地として発展。19世紀にトランシルバニア公国の首都となった。旧市街には、15世紀から19世紀にかけての商家に囲まれた大広場(ピアッツァマーレ)、ゴシック様式のシビウ大聖堂、オーストリア帝国の総督だったサミュエル＝ブルケンタールの邸宅(現在は博物館)がある。

シビウ-だいせいどう【シビウ大聖堂】《Catedrala Evanghelică din Sibiu》ルーマニア中央部の都市シビウの旧市街にあるルーテル派の大聖堂。14世紀から16世紀にかけて、ドイツのザクセン地方からの移住者により建造。高さ70メートル以上の尖塔のほか、バロック様式の祭壇、6000本もの管をもつパイプオルガンがある。シビウ福音教会。

じひ-え【慈悲▽衣】僧衣。袈裟けさ。

ジビエ〘フランス gibier〙ヤマウズラ・カモ・シカなどの野鳥獣のこと。主に狩猟シーズンに食べる。

しび-えん【紫微▽垣】ジエ ►紫微
しび-おう【尸毗王】ワウ ►尸毗
じび-か【耳鼻科】ジク 耳・鼻および口腔の病気を研究・治療する医学の分野。
じ-びき【地引き|地×曳き】ヂ ❶地引き網を引くこと。また、地引き網。❷家屋などを建築するにあたり、地ならし・地突きの際に行う儀式。地曳き祭り。
じ-びき【地弾き】ヂ 舞踊の伴奏の三味線を弾く人。
じ-びき【字引】❶「字典」に同じ。❷「辞典」に同じ。❸「辞書❶」に同じ。
字引と首っ引き 一語一語字引を引きながら、努力して読んだり調べたりするさま。
じびき-あみ【地引き網】ヂビ 引き網の一。魚を集める袋網、逃げ道を遮る両側の袖網と引き綱とからなる。沖合に張り、引き綱を引き、陸上に引き上げて捕る。地網。
じびき-がくもん【字引学問】一つ一つの文字や言葉を知っているだけで、活用することを知らない学問。深くはない表面的な知識。
じびき-ちょう【地引|帳】ヂビキチャウ 江戸時代、検地に先だって作成された帳簿。所在地・用途・持ち主などを1筆ごとに書き上げ、検地奉行に提出した。
じびき-まつり【地×曳き祭(り)】ヂビ ►地引き❷
しび・く〔動カ四〕重さをはかったり指先で触れたりして、それとなく調べる。「上使の袖へ差し入るれば、ちゃくと袂で一・いてみ」〈浄・先代萩〉
じひ-しゅっぱん【自費出版】自分で費用を負担して出版すること。
じひしん-ちょう【慈悲心鳥】テウ ジュウイチの別名。鳴き声を「慈悲心」と聞きなしていう。(季 夏)
しひ-せい【私費生】私費で修学する学生。自費生。⇔給費生。
しび-せい【紫微星】古代中国の天文学で、紫微に属する星。
じひ-せい【自費生】「私費生」に同じ。
じ-びた【地びた】ヂ「じべた」の音変化。「一に直に臥るのと違って」〈宙外・独行〉
しび-ちゅうだい【紫微中台】天平勝宝元年(749)皇后宮職を唐風に改称したもの。➡紫微内相
し-ひつ【史筆】歴史を書き記す筆。転じて、歴史を書く際の表現法や態度。
し-ひつ【紙筆】紙と筆。筆紙。「一に尽くせない」
し-ひつ【試筆|始筆】〔名〕スル 新年に初めて毛筆で文字を書くこと。書き初め。(季 新年)「青楼に酔ひて其角の一哉/鳴雪」
じ-ひつ【自筆】本人が自分で書くこと。また、本人が書いたもの。自書。直筆。「一の原稿」⇔代筆。
(類語)直筆・直書・自書・自記
シビック-トラスト〖Civic Trust〗市民活動基金。元来は、1957年に設立された、都市環境の保全や改善を目的とするイギリスの団体。土地や建物などを買い取って保存するナショナルトラストとは違い、集会やパンフレットで啓蒙活動をしながら、環境保全団体に助言や支援を行う。➡ナショナルトラスト
じひつしょうしょ-いごん【自筆証書遺言】ゴン 民法で規定されている普通方式の遺言の一つ。遺言者本人だけで作成できる遺言書。遺言の全文と日付を遺言者が自筆で書き、署名押印する。ワープロ・代筆・録音等によるものや、日付や訂正方法など書式に不備があるものは無効となる。遺言を執行する際には家庭裁判所の検認を受ける必要がある。➡公正証書遺言 ➡秘密証書遺言
しびと【死人】死んだ人。死者。しにん。(類語)故人
しびと-いろ【死人色】死人の青ざめた気味の悪い顔色。また、そのような血の気のない皮膚の色。土気色。
しびと-がえり【死人返り】ガヘリ 歌舞伎の立ち回りで、切られた役者が直立したままの姿勢からとんぼ返りをして倒れること。
しびと-かつぎ【死人担ぎ】棺桶をかつぐこと。また、そのかつぎ方。足を進行方向に向けてかつぐ。縁起が悪いかつぎ方とされる。
しびと-ばな【死人花】ヒガンバナの別名。
しび-ないしょう【紫微内相】ナイシャウ 紫微中台の長官。内外の兵事をつかさどった。天平宝字元年(757)に藤原仲麻呂が任ぜられたが、翌年仲麻呂が大保に任ぜられて廃絶。
じひ-にんにく【慈悲忍▽辱】仏語。慈悲の心をもって、どんな苦難にも耐えること。
じ-ひびき【地響き】ヂ ❶重い物が落ちたり動いたりしたときの音や震動が、地面を伝わって響いてくること。また、その響き。「一を立てて列車が通る」❷地震や噴火で、大地が鳴り響くこと。地鳴り。
じひ-ぶか・い【慈悲深い】〔形〕図じひぶか・し〔ク〕他をいつくしみあわれむ気持ちが深い。情け深い。「一・い僧」(類語)優しい・温かい・温か・温厚・寛厚・寛仁・親切・情け深い
しび-ぶし【×鮪節】マグロの身をかつお節と同じように製したもの。まぐろぶし。
しひゃくし-びょう【四百四病】ビャウ 仏語。人間がかかる一切の病気。人間のからだは地・水・火・風の四大が調和してできており、その調和が破れると、四大のそれぞれに百一病が起こり、合わせて四百四病と数えるもの。
四百四病の外 《四百四病のうちに入らないものの意》恋のやまい。恋煩い。
しひゃくよ-しゅう【四百余州】シウ 中国全土のこと。四百州。
し-ひょう【四表】ヘウ 四つの方角。四方。転じて、世の中。天下。「而して火熱は一に発散す」〈津田真道・明六雑誌一七〉
し-ひょう【死票】ヘウ 選挙で、当選者の決定に結びつかなかった票。落選候補に投じられた票。
し-ひょう【指標】ヘウ ❶物事を判断したり評価したりするための目じるしとなるもの。❷計算尺で、固定尺の上を左右へ移動させて目盛りを読む付属具。カーソル。遊標。❸数学で、正数の常用対数を整数と正の小数との和として表すときの整数部分。
(類語)指数・目印・印・目安・目当て・マーク・インデックス・バロメーター
し-ひょう【師表】ヘウ 世の人の模範・手本となること。また、その人。「後人の一となる」
し-ひょう【紙票】ヘウ 紙のふだ。カード。
し-ひょう【視標】ヘウ 測量で、測点に立てる標的。
し-びょう【死病】ビャウ かかったら必ず死ぬ病気。治る見込みのない病気。不治の病。しにやまい。
(類語)難病・業病・悪疾
し-びょう【詩病】ビャウ ►詩八病
じ-ひょう【次表】ヘウ 次に掲げてある図や表。
じ-ひょう【耳標】ヘウ 家畜の個体識別のために耳につける標識。
じ-ひょう【自評】ヒャウ〔名〕スル 自分で自分の作品などを批評すること。
じ-ひょう【時評】ヒャウ その時点での世間のいろいろな出来事について行う評論。「文芸一」
じ-ひょう【辞表】ヘウ 職を辞めたい旨を書いて出す文書。辞職願。「一を突きつける」「一を受理する」
じ-びょう【持病】ヂビャウ ❶なかなか治らず、常に、または時々起こる病気。宿痾。痼疾。「一の神経痛に苦しむ」❷身について直らない悪い癖。「一の癇癪が出る」(類語)(❶)病気・病・疾病・疾患・患い・障り・病魔/(❷)習癖・悪癖・奇癖
し-びょうし【四拍子】ビャウシ ❶能の囃子に用いる、笛・小鼓・大鼓・太鼓の4種の楽器。また、その演奏者。長唄などの囃子でもいう。❷音楽で、四つの拍を一つの単位とする拍子。ふつう、強・弱・中強・弱の配置をとる。よんびょうし。
じ-びょうし【地拍子】ヂビャウシ 謡曲で、詞章を一定のリズムに乗せるための方式。八拍子を基本とし、平ノリ・中ノリ・大ノリの三つの型がある。
しひょう-しゅ【指標種】シヘウ 特定の環境条件を成育に必要とする生物の種類。環境条件や環境汚染の程度を知るめやすになる。
しひょう-しょくぶつ【指標植物】シヘウ 生育地の特定の環境条件を知る指標となる植物。土壌中に重金属の多い所に密生するシダ植物のヘビノネゴザなど。
しひょう-めいがら【指標銘柄】シヘウ 国債の市場において、他の銘柄も含んだ全体の値動きを代表する銘柄。長期国債のうち、発行量や流通量が多いものが市場において自然に選ばれる。また、株式市場全体や特定の業種の銘柄の値動きをよく反映する銘柄。
しびら【×褶】衣服の上から裳のように、腰に巻きつけて着るひざ上までの衣。略儀のもので、主に下級の女房の間に用いられた。
しびり【×痺り】「しび(痺)れ」に同じ。「一が起こって、立ち居さへなりまらせぬ」〈虎明狂・痺り〉
シビリアン〖civilian〗❶一般市民。民間人。❷文官。文民。⇔武官。❸軍隊に所属している非戦闘員。(類語)文民
シビリアン-コントロール〖civilian control〗 職業軍人でない文民が、軍隊に対して最高の指揮権を持つこと。軍部の政治への介入を抑制し、民主政治を守るための原則。文民統制。
シビリアン-パワー〖civilian power〗軍事力ではなく、経済力と技術力を背景とした大国。民生大国。
シビリゼーション〖civilization〗《「シビライゼーション」とも》文明。文明化。
(類語)文明・文化・文物・文華・人文・人知・文運・開化
シビル〖civil〗多く複合語の形で用い、市民の、民間の、民間人の、の意を表す。「一ウォー」
しび・る【×痺る】〔動ラ下二〕「しびれる」の文語形。
しび・る【×痢る】〔動ラ四〕大小便などを少しずつもらす。また、物を少しずつ出す。「不器用な水鉄砲を見るやうに一・らずとも」〈洒・美地の蠣殻〉
シビル-ハンこく【シビルハン国】《Sibir》西シベリアのイルティシュ川中流域にあったウズベク族の国。1556年、クチュム＝ハンが建国。1600年イワン4世の軍に攻められ、滅亡。シベリアという地名の起源となった。シビル汗国。
シビル-ミニマム《和 civil＋minimum》地方自治体が住民のために備えなければならない、最低限の生活環境基準。
しびれ【×痺れ】しびれること。からだの全部または一部の正常な感覚が失われ、自由がきかなくなる状態。一時的な神経の圧迫や血行障害などによって起こることが多く、短時間で回復する。
痺れが切・れる 長く座っていたりしたために、足の感覚がなくなる。痺れを切らす。
痺れ京へ上れ しびれがきれたとき、それをなおそうとして唱えるまじない。
痺れを切ら・す ❶「痺れが切れる」に同じ。❷あまりに長く待たされて、我慢できなくなる。待ちきれなくなる。「なかなか来ないので一・して帰った」
しびれ-うなぎ【×痺×鰻】デンキウナギの別名。
しびれ-えい【×痺×鱝】エイ エイ目シビレエイ科の海水魚。浅海の砂泥底にすむ。全長約30センチ。体は扁平な円形、背面は褐色で不規則な暗色斑があり、体の中央に一対の発電器をもつ。南日本に分布。
しびれ-ぐすり【×痺れ薬】麻酔薬の俗称。
しびれ-なまず【×痺×鯰】ナマヅ デンキナマズの別名。
しびれ-ひめ【×痺れ姫】歌舞伎で、長時間すわったまま、せりふも動きもない姫の役。足がしびれてしまうところからいう。
しび・れる【×痺れる】〔動ラ下一〕図しび・る〔ラ下二〕❶からだの一部または全体の感覚が失われ、自由がきかなくなる。「正座して足が一・れる」❷電気などを感じてびりびりふるえる。「感電して一・れた」❸心を奪われてうっとりとする。強烈な刺激を受けて陶酔する。「ジャズ演奏に一・れる」(類語)麻痺る・攣る
し-ひん【四品】人の年齢による四つの区別。6歳以上を小、16歳以上を少、30歳以上を壮、50歳以上を老とする。
しひん【詩品】中国、六朝の梁の詩の評論書。3巻。鍾嶸が、前漢から梁初にいたる五言詩の作者122人を上中下の三段階にランクづけして批評したもの。「古今和歌集」の真名序に影響を与えた。

し-ひん【資×稟】生まれつきの素質・性質。

し-びん【×溲瓶┊▽尿瓶】《「しゅびん」の音変化》病人や老人が、寝たまま尿をするのに用いる器。

じ-びん【自×鬢】❶自分で自分の髪を結うこと。また、その髪。「あたまは―のくさたばね」〈魯文・安愚楽鍋〉❷能で、演者がかつらをつけずに、結ってある自分の髪のままで舞台に出たこと。

しひん-せき【×泗浜石】中国の泗水(しすい)の岸からとれるという石。硯(すずり)や磬(けい)を作るという。

じびん-もの【自×鬢物】シテが自鬢のままでつとめる能。シテが現在生存している男性として登場する場合に限られる。「望月」「鉢木(はちのき)」など。直面物(ひためんもの)。

し-ふ【四府】左右の近衛府・兵衛府の総称。

し-ふ【師父】❶師匠と父。❷父のように敬い親しむ師。「―と仰ぐ」〔類語〕先生・師・師匠・指南役・師範・宗匠・教師・教員・教諭・教授・教官・講師・ティーチャー・プロフェッサー・チューター・インストラクター・尊師・恩師・旧師・先師

し-ふ【師×傅】❶太師と太傅。帝王を助ける高官。❷貴人の子弟を養育し教え導く役の人。もりやく。

し-ふ【紙布】和紙を細く裁断し、よりをかけて作った紙糸で織った織物。また、縦糸に綿や絹の糸を用いたものもいう。夏の着物地・帯地などに用いられた。宮城県白石・静岡県熱海の産。紙布織。

し-ふ【詩賦】詩と賦。中国の韻文。「―の才」
〔類語〕詩・うた・詩歌・韻文・賦(ふ)・吟詠・ポエム・バース・詩編・叙情詩・叙事詩・定型詩・自由詩・バラード・ソネット・新体詩

シフ〖CIF〗▶シー-アイ-エフ(CIF)

し-ぶ【支部】本部の管理下にあって、本部から分かれて事務を取り扱う所。「地方―」⇔本部。
〔類語〕支社・支店・支局・支所・出張所・出店

し-ぶ【四分】❶10分の4。4割。また、100分の4。よんぶ。❷「しぶん(四分)」に同じ。❸律令制で、公廨稲(くがいとう)配分のとき、次官(すけ)が受けた4割の配分率。

し-ぶ【四部】❶四つの部分。❷「四部衆(しぶしゅ)」の略。❸中国で、書物を分類した四つの部門。経部・史部・子部・集部の総称。

し-ぶ【市部】市に属している地域。

し-ぶ【使部】律令制で、太政官や八省などの官庁の、雑役に使われた下級の役人。つかいべ。

しぶ【渋】❶渋い味。「―を抜く」❷「柿渋」の略。「―をひく」❸栗の実などの外皮の内側にある渋みをもった薄い皮。渋皮。❹物からしみ出る赤黒い液体。❺水などのあか。さび。水渋(みしぶ)。「―鮎(あゆ)(＝サビアユ)」❻割に合わないこと。また、それを不満とする気持ち。「まさかに―の出るやうな乱暴もして歩かぬが」〈伎・上野初花〉

渋が抜・ける　言動が洗練される。あかぬけする。「―・けて都会風になる」

渋を食・う　割に合わない目にあう。とがめを受ける。「船の内から―・って、縛られてもつまらねえ」〈滑・八笑人・五〉

し-ぶ【×篩部┊師部】植物の維管束を形成する、篩管を中心とする部分。ふつう篩管・篩部繊維・篩部柔組織・伴細胞からなり、同化物質の移動、植物体の支持、養分の貯蔵などの役割をもつ。ふるいぶ。

じ-ふ【▽二夫】二人の夫。にふ。

じ-ふ【自負】〔名〕(スル)　自分の才能・知識・業績などに自信と誇りを持つこと。「プロであると―している」
〔類語〕自任・矜持(きょうじ)

じ-ふ【慈父】いつくしみ深い父親。また、父親を敬愛していう語。
〔類語〕父・父親・男親・てて・てて親・お父さん・お父さま・おやじ・ちゃん・父じゃ人・乃父(だいふ)・阿父(あふ)・パパ

じ-ふ【辞賦】中国文学の様式の一。詩と散文との中間にあって、対句を連ね韻も踏むが、特に定まった規則はない。叙情的性格の強い辞と、叙事的な賦とに分けることもある。

じ-ふ【璽符】天子の印章。御璽(ぎょじ)。印璽。

ジフ〖GIF〗《graphics interchange format》画像データを保存するファイル形式の一。JPEGとともに、インターネットなどで一般的に用いられている。ギフ。

じ-ぶ【治部】(ヂ―)「治部省」の略。また、治部省の役人。

ジブ〖jib〗❶起重機などで、重量物を持ち上げるために、動力部から突き出されている腕。❷ヨットで、マストの前方に張る三角形の帆。

シファカ〖sifaka〗インドリ科の哺乳類。マダガスカル島特産の原猿類。樹上で生活するが、まれに地上を二足歩行で飛び跳ねながら移動する。➔ベローシファカ

ジフ-アニメーション【GIFアニメーション】▶アニメーションGIF

しぶ・い【渋い】〔形〕〔文〕しぶ・し〔ク〕❶渋柿を食べたときなどの、舌がしびれるような味である。「―・いお茶」❷はでではなく落ち着いた趣がある。じみであるが味わい深い。「―・い声」「―・い色のネクタイ」「目の付け所が―・い」❸不愉快そうな、または、不満そうなようすである。「―・い顔をする」❹金品を出すのを嫌がるようである。けちである。「―・い客」❺動きが滑らかでない。「湿気でふすまが―・くなる」〔派生〕しぶさ〔名〕〔類語〕(❶)苦い・えぐい・ほろ苦い/(❹)けち・吝嗇(りんしょく)・しみったれ・しわい・しょっぱい・細かい・みみっちい（けちな人）けちん坊・しわん坊・握り屋・締まり屋・吝嗇漢・守銭奴(しゅせんど)・倹約家・始末屋

しぶ-いた【四分板】厚み4分(約1.2センチ)の板。

しぶ-いち【四分一】❶一つのものを四つに割った一つ。4分の1。四半分。❷建築で、壁面の入り隅などに取り付ける細長い木。❸銅3、銀1の割合で作った日本固有の合金。装飾用。朧銀(おぼろぎん)。

しぶいち-の-いえ【四分一の家】(―いへ)《昔、大臣の邸宅は1町の定めであったところから》1町の4分の1の、狭い邸宅。「―にて大饗し給へる人なり」〈大鏡・時平〉

シフィリス〖syphilis〗梅毒。ジフィリス。

ジフィリス〖(ドイツ) Syphilis〗▶シフィリス

しぶ-いろ【渋色】柿渋のような茶褐色。うすがき色。「―の羽織」

し-ふう【士風】武士、または軍人としての考え方や行動。「剛健な―」

し-ふう【師風】師の学風や芸風。「―を継ぐ」

し-ふう【詩風】詩の作風。詩の傾向。

じ-ふう【時風】その時代の風潮・風習。時流。

シブースト〖(フランス) chiboust〗スポンジケーキやパイ生地の上に、カスタードとメレンゲを合わせたクリームをのせ、表面を焦がしたカラメルで覆った洋菓子。シブスト。

しぶ-うちわ【渋団=扇】(―うちは)表面に柿渋を塗った、じょうぶで実用的なうちわ。〔季 夏〕「何思ふ長雪隠(ながせっちん)の―/許六」

しぶえ-ちゅうさい【渋江抽斎】(―チウサイ)㊀[1805～1858]江戸後期の医者・儒者。江戸の人。名は全善。弘前藩医。医学を伊沢蘭軒、儒学を狩谷棭斎(かりやえきさい)らに学んだ。著「経籍訪古志」など。㊁森鷗外の史伝小説。大正5年(1916)発表。㊀の生涯や事蹟を描いたもの。

ジフェニル〖diphenyl〗▶ビフェニル

シフォン〖(フランス) chiffon〗ごく薄い平織りの絹織物で精練を施さないもの。ブラウス、スカーフ、ベールなどに用いられる。絹モスリン。

シフォン-ケーキ〖chiffon cake〗小麦粉に卵・砂糖・サラダ油を混ぜて練り、型に入れて焼いた洋菓子。スポンジケーキの一種で、アメリカで生まれた。シフォン(薄い平織りの絹織物)のような軽くふんわりとした食感であるところからの名という。

しぶ-おんぷ【四分音符】▶しぶんおんぷ(四分音符)

シフォン-ベルベット〖chiffon velvet〗地の薄い、けばの短い上質のベルベット。婦人服・ショールなどに使う。

シプカ〖Shipka〗ブルガリア中部、バルカン山脈にある村。ガブロボとカザンラクを結ぶシプカ峠は、1877年から78年にかけてロシアトルコ戦争の激戦地となった。この戦争で亡くなったロシア兵を追悼するために建てられたシプカ僧院がある。

しぶ-がき【渋柿】《古くは「しぶかき」とも》実が赤く熟しても渋みの抜けない柿。さわし柿や干し柿にして食用、また、柿渋の原料とする。〔季 秋〕「―の滅法生りし愚かさよ/たかし」

しぶ-かたびら【渋帷=子】柿渋を塗ったかたびら。

しぶ-がっしょう【四部合唱】(―ガッシャウ)四つの声部からなる合唱。ソプラノ・アルト・テノール・バスからなる混声四部合唱など。

しぶ-かっせんじょう【四部合戦状】(―カッセンジャウ)鎌倉時代に成立した四つの軍記物語。保元物語・平治物語・平家物語・承久記。

シプカ-とうげ【シプカ峠】(―たうげ)《Shipchenski prohod》ブルガリア中部、バルカン山脈の村シプカにある峠。ガブロボとカザンラクを南北に結ぶ。1877年から78年にかけてロシアトルコ戦争の激戦地となった。峠の最高地点には高さ32メートルの石造の記念碑「自由の碑」があり、内部は兵士の遺品などを展示する博物館になっている。

しぶ-がみ【渋紙】《「しぶかみ」とも》はり重ねた和紙に柿渋を塗って乾かしたもの。防寒・防水の衣類や部屋の敷物、荷物の包装などに用いる。

しぶがみ-いろ【渋紙色】渋紙のようなくすんだ赤色。「―の顔」

しぶかわ【渋川】(しぶかは)群馬県中央部の市。赤城山・榛名(はるな)山に東西を挟まれる。三国街道の宿場町・市場町として発達。伊香保温泉が有名。平成18年(2006)2月、北橘村・赤城村・子持村・小野上村・伊香保町と合併。人口8.3万(2010)。

しぶ-かわ【渋皮】(―かは)❶樹木や果実の表皮の内側にある薄い皮。タンニンを含んでいて渋い。あまかわ。❷あかじみてきたない肌。また、あか抜けのしない肌。しぶりかわ。

渋皮が剝(む)・ける　❶あか抜けして美しくなる。洗練される。「―・けたいい女」❷物事に慣れて巧みになる。

しぶかわ-かげすけ【渋川景佑】(しぶかは―)[1787～1856]江戸後期の暦学者。大坂の人。高橋至時(たかはしよしとき)の二男。天文方渋川正陽の養子となり、役職を継いだ。兄の高橋景保とともに「ラランデ暦書」を訳解、「新巧暦書」「新修五星法」を完成した。

しぶかわ-げんじ【渋川玄耳】(しぶかは―)[1872～1926]ジャーナリスト。佐賀の生まれ。本名、柳次郎。筆名、藪野椋十(やぶのむくじゅう)。新聞記者として活躍。著「藪野椋十東京見物」など。

しぶ-かわご【渋革▽籠】(―かはご)竹の網代(あじろ)の上を紙張りにし、柿渋を塗ったかご。

しぶかわ-し【渋川市】(しぶかは―)▶渋川

しぶかわ-しゅんかい【渋川春海】(しぶかは―)[1639～1715]江戸前期の暦学者。京都の人。安井算哲の子。はじめ安井算哲二世を名乗るが、のちに改姓。貞享元年(1684)平安時代以来の宣明暦を改定した貞享暦が採用され、初の幕府天文方に就任。しぶかわはるみ。

しぶかわ-はるみ【渋川春海】(しぶかは―)▶しぶかわしゅんかい(渋川春海)

しぶかわ-ばんごろう【渋川伴五郎】(しぶかはバンゴラウ)[1652～1704]江戸前期の柔術家。紀伊の人。名は義方。関口氏業(せきぐちうじなり)に学び、柔術渋川流を創始。

しぶかわ-ふとおり【渋川太織】(しぶかは―)群馬県渋川地方で産する平織物。縦糸に玉糸、横糸に熨斗(のし)糸などを使ったもの。

しぶかわ-りゅう【渋川流】(しぶかはリウ)柔術の一派。江戸時代、渋川伴五郎によって創始されたもの。

しぶ-かん【四部官┊四分官】(―クワン)▶四等官(しとうかん)

しぶ-き【渋木】ヤマモモの別名。

しぶき【▽繁吹き┊飛=沫】❶雨風が吹きつけること。また、その雨。「―が静かに窓に音を立てた」〈白鳥・泥人形〉❷水などが細かく飛び散ること。また、その水滴。飛沫(ひまつ)。「波の―が掛かる」〔類語〕水しぶき・水沫

しぶき【×蕺】ドクダミの古名。一説に、ギシギシの古名とも。〈和名抄〉

じ-ぶき【地×葺き】(ヂ―)屋根の葺き方の一。分割した屋根板に、地上でこけら板などを葺いておき、これを

棟に上げてつなぎ合わせる。
しぶき-あめ【▽繁吹き雨】激しく吹きつけて降る雨。
じぶ-きょう【治部×卿】ヂブキャウ 治部省の長官。おさむるつかさのかみ。
じ-ぶぎょう【地奉行】ヂブギャウ 鎌倉幕府・室町幕府の職名。鎌倉幕府では、鎌倉中の市政を担当。室町幕府では地方頭人じかたとうにんとよび、京都市政をつかさどった。
し-ふく【仕服|仕覆】茶入れを入れる袋。金襴きんらん・緞子どんす・間道かんとうなどの名物切ぎれで作る。茶入れ袋。
し-ふく【至福】この上もない幸せ。「一の時」
(類語)幸福・幸せ・幸い・幸さち・福・果報・冥利みょうり・多幸・多祥たしょう・万福まんぷく・浄福・清福・ハッピー
し-ふく【私服】❶制服に対して、個人の服。⇔官服。❷「私服刑事」の略。
し-ふく【私腹】自分の財産・利益。
(類語)私益・私利・我利・営利・名利
私腹を肥や・す　公の地位や立場を利用して、自分の財産を殖やす。「職権を濫用して一・す」
し-ふく【紙幅】❶紙のはば。❷あらかじめ定められた原稿などの枚数。「一が尽きる」❸書画を表装すること。また、その書画。
し-ふく【雌伏】〔名〕スル《雌鳥が雄鳥に従う意から》人に屈伏して従うこと。また、実力を養いながら活躍の機会をじっと待つこと。「一して時の至るを待つ」「一八年」⇔雄飛。
しぶ・く〔動カ四〕❶無理に連れて来る。引きずって来る。しょっぴく。「寝る時はもみくじで一・いて来い」〈浄・女楠〉❷誘いをかける。誘う。「幸ひあたりに人もなし、ちと一・いて見ませう」〈浄・西王母〉
しぶ・く【渋く】〔動カ四〕順調に進まなくなる。滞る。「高瀬舟一・くばかりにもみぢ葉の流れて下る大井川かな」〈新古今・冬〉
しぶ・く【▽繁吹く|▽重吹く】〔動カ五(四)〕❶雨まじりの風が吹きつける。また、激しい雨が吹きつけるように降る。「一・いてあたりがかすむ」❷しぶきが飛び散る。「血が一・く」
じ-ふく【地覆|地×輻|地伏】ヂ《「じぶく」とも》❶㋐門・建物などの最下部に、地面に接して取り付ける横木。また、家の入り口の敷居。㋑橋の高欄のいちばん下に取りつける横材。❷建物の土台。❸土地の質。地質。土質。❹人のもともとの性質や能力。素質。「子の五人や十人は一さへよければ年々にも出来ること」〈浄・冷泉節〉
じ-ふく【自服】茶席で、亭主が客に相伴して、自分で点たてた薄茶を自分で飲むこと。
じ-ふく【時服】❶四季の時候に合わせて着る衣服。時衣じい。❷毎年春と秋または夏と冬の2季に、朝廷や将軍などから諸臣に賜った衣服。
じふく-いし【地覆石】ヂフク 建物の出入り口や基壇の下部に、横に据えた石。
しふく-けいじ【私服刑事】制服でなく私服で勤務する刑事。
しぶ-くさ【渋草】ギシギシの古名。〈和名抄〉
しふくせんねん-せつ【至福千年説】▶千年王国説
しぶ-くち【渋口】皮肉。苦言。「一言ふも茶の湯者を聟むこに持ちたる身の習ひ」〈浄・鑓の権三〉
じふく-なげし【地覆▽長▽押】ヂフク「地長押じなげし」に同じ。
しぶ-く・る【渋くる】〔動ラ五(四)〕❶なめらかに動かない。また、ためらう。しぶる。「此間から一・って居たが」〈風葉・青春〉「目ガー・ル」〈日葡〉❷渋い味がする。「悪イ茶ヲ飲ウデロガー・ル」〈日葡〉
じぶく・る〔動ラ五(四)〕理屈をこね回す。ぶつぶつ文句を言う。無理を言ってすねる。「すねて一・ッて、大泣きに泣いて」〈二葉亭・平凡〉
ジブ-クレーン〖jib crane〗張り出したジブ(腕)の先端に荷物をつり下げて荷役を行うクレーン。
じ-ぶくろ【地袋】ヂ 違い棚の下などに、地板に接して設けた小さい袋戸棚。⇔天袋。
しぶ-ごのみ【渋好み】衣服や装身具などの、落ち着いた深みのあるものを好むこと。また、その人。
しぶさわ-えいいち【渋沢栄一】しぶさは［1840～1931］実業家。埼玉の生まれ。一橋家に仕えて幕臣となり、パリ万国博覧会幕府使節団に加わって渡欧。維新後、大蔵省官吏を経て第一国立銀行を設立。各種の会社の設立に参画し、実業界の指導的役割を果たした。
しぶさわ-けいぞう【渋沢敬三】しぶさはけいざう［1896～1963］実業家。東京の生まれ。栄一の孫。日本銀行総裁を経て、敗戦後、幣原しではら内閣の蔵相に就任。民俗学・生物学の学者としても知られ、常民文化研究所を主宰、多くの研究者を援助した。
しぶさわ-たつひこ【渋沢竜彦】しぶさは［1928～1987］仏文学者・小説家・評論家。東京の生まれ。本名、竜雄。サドやコクトーなどフランス文学の翻訳、研究のほか、評論・小説などに活躍。「唐草物語」で泉鏡花文学賞、「高丘親王航海記」で読売文学賞受賞。
しぶし【志布志】鹿児島県東端、志布志湾北岸にある市。江戸時代には貿易港として栄えた。白子しらす・縮緬雑魚ちりめんじゃこの水揚げが多い。平成18年(2006)1月、松山町・志布志町・有明町が合併して成立。人口3.3万(2010)。
ジプシー〖Gypsy〗▶ロマ
ジプシー-おんがく【ジプシー音楽】ジプシー(ロマ)特有の音楽。テンポの激しい変化、旋律の装飾、細かいリズムなどを特徴とする。ハンガリー・ロシア・スペインなどの民族音楽と影響しあっている。
ジプシー-スカート〖gypsy skirt〗スカートの一種で、ヨーロッパのジプシーの女性たちがはいていたスカート、あるいはそれをイメージしたもののこと。丈が長めでギャザーがたっぷり入ったものや、二段重ねや三段重ねのデザイン、また、フリルがたくさんついたものなどがある。
しぶし-し【志布志市】▶志布志
しぶ-したじ【渋下地】したぢ 漆器の素地きじに柿渋を塗って下塗りとしたもの。
しぶ-しぶ【渋渋】㊀〔副〕気が進まぬまま、しかたなく物事をするさま。嫌々ながら。「一(と)承諾する」㊁〔形動ナリ〕㊀に同じ。「童わらは一に法師になりにけり」〈宇治拾遺・五〉
し-ぶしゅ【四部衆】4種の仏弟子。比丘びく・比丘尼・優婆塞うばそく・優婆夷うばい。四衆。
じぶ-しょう【治部省】ヂブシャウ 律令制で、太政官だいじょうかん八省の一。姓氏のこと、五位以上の官人の継嗣・婚姻、祥瑞しょうずい・喪葬・国忌のこと、外国使臣の接待などをつかさどる。管轄下に雅楽寮・玄蕃寮げんばりょう・諸陵司・喪儀司がある。おさむるつかさ。
しぶし-わん【志布志湾】鹿児島県大隅半島の火崎ひざきと宮崎県南端の都井岬といみさきとの間の湾。亜熱帯植物の自生地がある。有明湾。
じふ-しん【自負心】自分の才能や仕事について自信を持ち、誇りに思う心。「一が強い」
しぶ-ずみ【渋墨】柿渋に灰墨はいずみをまぜ合わせた塗料。防腐剤として板塀などに塗る。
しぶ-せん【渋扇】「渋団扇しぶうちわ」に同じ。
しぶ-せん【渋煎】糊のりに柿渋をまぜて煮ること。また、その糊。
しぶ-せんい【×篩部繊維】ヰン 篩部の一部をなす繊維組織。篩管の外側にあって、細長い繊維細胞からなる。➡靭皮繊維じんぴせんい
し-ふぞう【四不像】ザウ《「不像」は中国語で似ていない意》偶蹄ぐうてい目シカ科の哺乳類。大形のシカで枝分かれした角をもつ。尾の先に長毛がある。野生種は明らかではないが、北京の南苑に飼われていたものは20世紀初頭に絶滅。その前にヨーロッパに持ち出されていたものが繁殖。名は中国の「蹄ひづめは牛に似て牛にあらず、頭は馬に似て馬にあらず、身は驢ろに似て驢にあらず、角は鹿しかに似て鹿にあらず」という伝承からという。
しぶ-ぞめ【渋染(め)】柿渋で染めること。また、その染め色や染めた物。
シフター〖shifter〗粉をふるう器具。底に金網を張った筒形の容器に、粉を攪拌かくはんする部分が組み込まれている。ハンドルを動かして粉をふるう。
しぶたみ【渋民】岩手県盛岡市の地名。旧村名。石川啄木いしかわたくぼくの郷里。
ジブチ〖Djibouti〗アフリカ北東部、紅海の入り口にある共和国。首都ジブチ。フランス領から1977年に独立。人口74万(2010)。
しぶ-ちゃ【渋茶】❶出しすぎて味が濃く渋くなった茶。❷味が渋いだけの下等な茶。
しぶ-ちん【渋ちん】物や金を出し惜しみする人。けちな人をいう俗な言葉。
し-ぶつ【四仏】㊀金光明経に説く、四方に位置する仏。東方の阿閦あしゅく、南方の宝相、西方の無量寿(阿弥陀)、北方の微妙声みみょうしょう。㊁密教で、大日如来の四方に位置する仏。金剛界では東方の阿閦、南方の宝生、西方の阿弥陀、北方の不空成就。胎蔵界では東方の宝幢ほうどう、南方の開敷華かいふけ、西方の無量寿、北方の天鼓雷音。
し-ぶつ【四×勿】《「論語」顔淵から》孔子が顔回に与えた視・聴・言・動についての四つの戒め。礼にあらざることを見たり、聞いたり、言ったり、行ったりしてはいけないという戒め。
し-ぶつ【死物】❶生命のないもの。活動しないもの。「文明は一に非ず」〈福沢・文明論之概略〉❷役に立たないもの。また、利用していないもの。「制度が一と化す」
し-ぶつ【私物】公のものでなく、個人の所有する物品・財貨。「一入れ」「一化」➡公物
じ-ぶつ【事物】❶さまざまな事柄や物。「事」に重点の置かれる「物事」に対して、「物」に重点が置かれる。❷訴訟にかかわる事件とその目的物。(類語)事・物事
じ-ぶつ【持仏】ヂ 守り本尊として居間に安置したり、身につけたりして常に信仰する仏像。念持仏。
(類語)仏像・本尊・石仏・金仏・木仏
じぶつきげん【事物紀原】中国の類書。原本は20巻217事、現行本は10巻1765事。宋の高丞撰。成立年未詳。事物を天文・地理・生物・風俗など55部門に分類し、名称や縁起の由来を古書に求めて記したもの。事物紀原集類。
しぶつ-きせい【死物寄生】生物が他の生物の死体・排泄物はいせつぶつなどを栄養源として生活すること。細菌や菌類に多くみられる。物質を分解し、自然界における物質の循環に大きな役割を果たす。腐生ふせい。⇔活物寄生。
しぶつ-さん【至仏山】群馬県北部、尾瀬ヶ原西端にある火山。標高2228メートル。北東の燧ひうちヶ岳とともに尾瀬のシンボル的存在。高山植物の宝庫。尾瀬国立公園に属する。至仏岳。
じぶつ-だな【持仏棚】ヂブツ 持仏を安置しておく棚。
しぶっ-つら【渋っ面】「しぶつら」の促音添加。
じぶつ-どう【持仏堂】ヂブツダウ 持仏や先祖の位牌いはいを安置しておく堂、または室。仏間。
しぶ-つら【渋面】《「しぶづら」とも》不満そうな顔つき。苦りきった顔。じゅうめん。しぶっつら。
ジプデック〖JIPDEC〗《Japan Institute for Promotion of Digital Economy and Community》日本情報経済社会推進協会。情報化環境整備の促進、情報信頼性確保の推進、電子商取引の推進、情報技術開発の促進、情報化人材の育成などを目的とする財団法人。昭和42年(1967)日本情報処理開発協会として設立。平成23年(2011)一般財団法人に移行し、現名称となる。➡プライバシーマーク
しぶ-てぬぐい【渋手拭い】てのごひ 渋染めの手ぬぐい。柿手ぬぐい。
ジフテリア〖diphtheria〗ジフテリア菌の感染によって起こる、主として呼吸器の粘膜が冒される感染症。菌の繁殖部位により、咽頭いんとうジフテリア・喉頭こうとうジフテリア・鼻ジフテリアなどの病型がある。心筋や末梢まっしょう神経が冒されることもある。感染症予防法の二類感染症の一。小児がかかりやすいが、予防接種の普及で減少。
ジフテリア-きん【ジフテリア菌】ジフテリアの病原菌。グラム陽性の桿菌かんきん。1883年、ドイツのクレープスが発見し84年にレフレルが純粋培養に成功。

ジフテリア-けっせい【ジフテリア血清】ジフテリア菌の外毒素で馬を免疫して得た血清。治療に用いる。ジフテリア抗毒素。
ジフテリアせい-けつまくえん【ジフテリア性結膜炎】ジフテリア菌による急性の結膜炎。
シフト〖shift〗〔名〕スル ❶位置を移動すること。状態や体制などを移行すること。「フレックスタイム制度に一させる」「一キー」「一レバー」❷野球で、特定の打者や攻撃に応じて野手の守備態勢を変化させること。またその守備態勢。❸車のギアを変えること。「2速から1速へ一する」❹交替勤務制。交代勤務時間。「アルバイトの一を組み直す」❺桁が移動すること。「10進法では1桁左に一すると10倍になる」(類語)移る
じ-ぶと【地太】ぢ 織地の糸の太いこと。また、太いもの。⇔地細ぢぼそ。
しぶと・い〔形〕図しぶと・し〔ク〕強情で臆するところがない。また、困難にあってもへこたれずねばり強い。「一・い奴だ、こらしめてやる」「一・くねばる」「一・い腫れ物」(派生)しぶとさ〔名〕(類語)しつこい・くどい・執拗しつよう
しぶ-とうげ【渋峠】たうげ 長野・群馬の県境にある峠。標高2172メートル。横手山(標高2307メートル)の北側を通り、古くは草津峠と呼ばれて物資交流の要路だった。昭和40年(1965)有料の志賀草津道路が開通、平成4年(1992)国道292号に組み込まれた。国道としては、わが国最高地点にある峠。
シフト-キー〖shift key〗コンピューターのキーボードのキーの一つで、大文字や小文字、数字や記号などの切り換えを行うもの。
シフト-ジス【シフトJIS】《Shift JIS》日本語の文字コードの体系。昭和57年(1982)にマイクロソフト、アスキー、三菱電機などが共同で開発。パソコン用の標準的な文字コードとして広く普及している。シフトJISコード。MS漢字コード。SJIS。➡EUC ➡ジス(JIS) ➡ユニコード
シフト-ジス-コード【シフトJISコード】《shift JIS code》►シフトJIS
シフト-ダウン《和 shift＋down》自動車の運転中に、高速ギアから低速ギアに切り換えること。
シフト-ドレス〖shift dress〗ウエストに切りかえのない、肩からまっすぐ垂れた感じの細身の婦人服。
しぶ-とり【渋取り】渋柿をつき砕いて、渋を抽出すること。(季 秋)
シフト-レンズ〖shift lens〗►PCレンズ
しぶ-なわ【渋縄】なは 柿渋、または柿渋色の漆を塗って丈夫にした縄。
じぶ-に【じぶ煮】鴨かもや鶏の肉に小麦粉をまぶし、季節の野菜などと醬油しょうゆ味の汁で煮た料理。金沢地方の郷土料理。じぶ鍋。加賀煮。(季 冬)
しぶ-ぬき【渋抜き】〔名〕スル 渋を抜くこと。特に、渋柿を温湯に浸したりエチルアルコールを吹きつけたりして渋味を抜くこと。また、渋を抜いた柿。
しぶ-ぬり【渋塗(り)】柿渋を塗ること。また、塗ったもの。
ジブノゴルスク〖Divnogorsk〗ロシア連邦中部、シベリア中南部の町。クラスノヤルスクの南東約40キロメートルに位置する。エニセイ川沿いに数キロメートルにわたって急峻きゅうしゅんな断崖が続いており、景勝地の一つとして知られる。
シフノスじん-の-ほうこ【シフノス人の宝庫】《Thisauros ton Sifnion》ギリシャ中部、パルナソス山麓の古代都市デルフォイにある宝庫。シフノス島の金鉱採掘で富を得た島民により献納された。イオニア式の建物で、玄関部分にあった2本のカリアティード(柱状の女性彫像)や破風のレリーフは、現在、遺跡の近くにあるデルフォイ博物館に展示されている。
シフノス-とう【シフノス島】タウ《Sifnos》ギリシャ南東部、エーゲ海に浮かぶ島。キクラデス諸島に属す。中心地はアポロニア。古代には金・銀を豊富に産した。現在は陶芸が盛ん。
しぶ-の-でし【四部の弟子】「四部衆しぶしゅ」に同じ。
しぶ-の-はかせ【四部の博士】律令制で、大学寮の明経道・紀伝道・明法道・算道4部門の博士のこと。

じ-ふぶき【地吹-雪】ぢ 地面に降り積もった雪が、風によって吹き上げられる現象。(季 冬)
しぶ-み【渋み┊渋味】❶渋い味。「一の強い茶」❷じみで深みのある趣。「一のある文章」
しぶみ-がわ【渋海川】がは 新潟県南部を流れる川。信濃川の一支流。長野県境の天水あまみず山(標高1088メートル)付近に源を発し、北流して長岡市で信濃川に合流する。長さ68.5キロ。流域は県下有数の豪雪地帯。
しぶ-めん【渋面】「しぶつら(渋面)」に同じ。
しぶや【渋谷】東京都の区名。東京副都心の一。明治神宮・国立代々木競技場・NHK放送センターなどがあり、渋谷駅付近は都内有数の繁華街。人口20.5万(2010)。
しぶや-く【渋谷区】►渋谷
しぶや-てんがい【渋谷天外】テンガイ［1906～1983］喜劇俳優・劇作家。2世。京都の生まれ。本名、渋谷一雄かずお。父は初世渋谷天外。筆名、館直志たてなおし。松竹新喜劇の発展に貢献した。作「桂春団治」など。
しぶや-みのる【渋谷実】［1907～1980］映画監督。東京の生まれ。「奥様に知らすべからず」で監督デビュー。風俗喜劇で手腕をふるい、人気を集めた。代表作「母と子」「自由学校」「てんやわんや」「現代人」など。
ジブラルタル〖Gibraltar〗イベリア半島の南部にある小半島で、英国の直轄植民地。1713年のユトレヒト条約以来、英国の要塞都市・軍港。スペインが領有を主張している。人口3万(2010)。
ジブラルタル-かいきょう【ジブラルタル海峡】カイキャウ ヨーロッパ大陸とアフリカ大陸の間にある海峡。地中海と大西洋を結ぶ軍事・交通の要地。ジブラルタルの岩山と対岸のアルミナ岬はギリシャ時代には「ヘラクレスの柱」とよばれ、アトラス神が天を支える柱といわれた。
し-ぶり【仕振り┊ˣ為振り】物事をする仕方。やりかた。しぐあい。「話の一が堂に入っている」
(類語)仕方・遣やり方・仕様しよう・遣やり様よう・方法・方式・流儀・遣やり口・伝てつ・致し方・手段・手口・メソッド・方途・機軸・定石・てだて・術すべ・方便・術計
しぶり【渋り】しぶること。滑らかに進行しないこと。「筆の一に汗ばみながら」〈啄木・葬列〉
しぶり-かわ【渋り皮】かは「しぶかわ」に同じ。「すこし一の取れたる女」〈浮・織留・五〉
シブリク-の-おか【シブリクの丘】をか《Sibrik domb》ハンガリー北部の町ビシェグラードにある丘。ドナウ川を一望でき、4世紀には古代ローマ帝国の国境防備のための駐屯地が置かれ、中世に要塞が築かれた。現在、要塞内部は地域の歴史や昔の人々の暮らしなどを紹介する博物館になっている。
しぶ-りつ【四部律】4種の戒律書。十誦じゅう律・四分律・僧祇そうぎ律・五分律。四律。
しぶり-ばら【渋り腹】《「しぶりはら」とも》便意は催すが、少量出るだけで排便の終わる感じがない状態。裏急後重りきゅうこうじゅう。
シプリペジウム〖ラテ Cypripedium〗ラン科アツモリソウ属植物の総称。園芸品種をさすことが多い。
しぶ・る【渋る】〔動ラ五(四)〕❶物事がすらすらと運ばなくなる。円滑に進まなくなる。「筆が一・る」「売れ行きが一・る」❷気が進まないようすをする。嫌がってなかなか実行しない。「出席を一・る」「返事を一・る」❸渋り腹で通じが悪くなる。「腹が一・る」(類語)ためらう
シブレット〖フランス ciboulette〗►チャイブ
しぶ-ろく【四分六】4対6の割合。4割と6割の割合。「一で何とか勝ちそうだ」
し-ふん【私憤】個人的な事柄でのいきどおり。個人としていだく怒り。「一を抱く」⇔公憤。
し-ふん【脂粉】❶紅とおしろい。「一の粧よそおいを凝らす」❷女性の化粧。
(類語)化粧・作り・お作り・拵こしらえ・美容・粉黛ふんたい・メーキャップ・メーク・薄化粧・厚化粧・寝化粧・若作り
し-ぶん【士分】武士の身分。「一に取り立てる」
し-ぶん【四分】〔名〕スル 四つに分けること。また、四つに分かれること。「りんごを一する」
し-ぶん【死文】❶条文だけがあって、実際の効力を失った法令や規則。空文。「一化した法律」❷内容や精神のこもらない文章。
し-ぶん【紫文】《紫式部が書いた文章の意》源氏物語のこと。
し-ぶん【ˣ斯文】《「論語」子罕から》この学問。この道。特に、儒教の学問や道徳をいう。
し-ぶん【詩文】詩と文章。漢詩と漢文。また、文学的作品。「一の才」(類語)詞藻
じ-ふん【自ˣ刎】〔名〕スル 自分で自分の首をはねて死ぬこと。自刎じけい。「一して果てる」
(類語)自殺・自決・自尽・自裁・自刃・自害・殉死
じ-ふん【自噴】〔名〕スル 石油や温泉などが自然に地下から噴き出ること。
じ-ぶん【耳聞】〔名〕スル 耳に聞くこと。また、聞いて得た知識。「屢々一する所なり」〈西村茂樹・日本道徳論〉
じ-ぶん【時分】❶おおよその時期・時刻。ころ。「そろそろ着く一だ」「若い一」❷適当な時期。ちょうどよいころあい。好機。「一を見はからって着手する」
(類語)時間・刻限・時点・頃合ころあい・頃おい
じ-ぶん【時文】❶その時代の文。また、当代に通用している文。❷中国で、その時代に一般に用いられている文体。特に明代の科挙の答案に用いられた文体、または、清末から民国にかけて行われた文体。
じ-ぶん【自分】〔代〕❶反射代名詞。その人自身。おのれ。「一を省みる」「一の出る幕はない」「君は一でそう言った」❷一人称の人代名詞。われ。わたくし。「一がうかがいます」
(類語)(❶)自身・自己・己おのれ・自らみずから・我われ・自分自身／(❷)私わたし・私わたくし・僕・俺おれ・わし・吾人ごじん・余よ・我が輩はい(謙譲)手前・不肖ふしょう・小生・愚生・迂生うせい
自分と ❶ひとりでに。自然と。「穏かな空が…一薄くなって行く所であった」〈漱石・門〉❷みずから進んで。「一自分の心を引締める」〈秋声・爛〉
自分ながら 自分のしたことを振り返って感心したりあきれたりする気持ちを表す。自分のことながら。われながら。「一よくやったと思う」
じぶん-あきない【自分商ひ】あきなひ ❶番頭や手代が、主人の指図を受けないで自分の判断で行う取引。「見るを見まねに、一を仕掛け」〈浮・永代蔵・一〉❷手代奉公を終え、独立して商売を行うこと。「鯉屋が手代、一に少しの米店出して」〈浮・永代蔵・五〉
しぶん-えん【四分円】ヱン 円を、互いに垂直な直径によって四等分したときの、その一つ一つ。
しぶん-おんぷ【四分音符】全音符の4分の1の長さを表す音符。しぶおんぷ。
じぶんかつせいぎょでんそう-ほうしき【時分割制御伝送方式】ハウシキ ►ピンポン伝送方式
じぶんかつ-そうほうこうでんそう【時分割双方向伝送】サウハウカウデンソウ ►ティー-ディー-ディー(TDD)
じぶんかつ-たげんせつぞく【時分割多元接続】►ティー-ディー-エム-エー(TDMA)
じぶんかつ-たじゅう【時分割多重】ヂュウ《time division multiplexing》►ティー-ディー-エム(TDM)
じぶん-かって【自分勝手】〔名・形動〕《「じぶんがって」とも》他人の事は考えず、自分の都合だけを考えること。また、そのさま。身勝手。手前勝手。「一な行動」(類語)勝手・わがまま・好き・得手勝手・好き勝手・気随・気任せ・ほしいまま・奔放・自由
じぶんかつ-ふくしん【時分割複信】►ティー-ディー-ディー(TDD)
じぶん-がみ【自分髪】髪結いに頼まないで自分で結った髪。
じぶん-がら【時分柄】㊀〔名〕その時分にふさわしいこと。時機に相応していること。時節柄。「定規通り一の口儀などあるべし」〈逍遥・当世書生気質〉㊁〔副〕ちょうどその時分にふさわしいさま。時分が時分だから。時節柄。「一おからだにお気をつけください」
しぶん-ぎ【四分儀】►象限儀しょうげんぎ
しぶんぎ-ざ【四分儀座】現存しない星座の一つ。

18世紀にフランスの天文学者J＝ラランドが設定。1928年に国際天文連盟(現国際天文学連合)が全天88星座を決定した際に廃止され、現在は竜座と牛飼座の一部になり、両星座の境界付近を輻射点とする四分儀座流星群にその名を残す。壁面四分儀座。

しぶんぎざ-りゅうせいぐん【四分儀座流星群】リュウセイグン 竜座と牛飼座の境界付近を輻射点とする流星群。名称は1928年に星座名として廃止された四分儀座(壁面四分儀座)に輻射点があったことに由来する。1月1日頃から1月5日頃にかけて見られ、1月4日頃に出現のピーク(極大)となる。母天体はマックホルツ彗星、ヘールボップ彗星、公転周期が短い小惑星などが候補に挙がっているが、確定されていない。ペルセウス座流星群、双子座流星群とともに、毎年多くの流星が安定して出現する三大流星群の一つとして知られる。竜座ざ流星群。

しぶん-ごれつ【四分五裂】〔名〕スル いくつにも分かれること。秩序をなくしてばらばらになること。「党内が―している」

じぶん-さがし【自分探し】それまでの自分の生き方、居場所を脱出して新しい自分の生き方、居場所を求めること。「―の旅に出る」

じぶん-じしん【自分自身】〔代〕反射代名詞。「自分❶」を強めていう語。自分みずから。「―の問題」(類語)自分・自己・己・自身

し-ぶんしょ【私文書】法律で、私人が作成した文書。私署証書。⇔公文書。

しぶんしょぎぞう-ざい【私文書偽造罪】シブンショギゾウザイ ▶私文書偽造等罪

しぶんしょぎぞうとう-ざい【私文書偽造等罪】シブンショギゾウトウザイ 他人の印章や署名を使用して、権利・義務に関わる私文書などを偽造・変造する罪。また、偽造した印章・署名で私文書を偽造する罪。刑法第159条が禁じ、3か月以上5年以下の懲役に処せられる。また、印章・署名のない私文書の偽造・変造の場合は、1年以下の懲役または10万円以下の罰金に処せられる。私文書偽造罪。(補説)この場合の私文書とは、契約書・借用証・念書・国家試験などの答案・交通違反切符のサインなど。

じふん-せい【自噴井】地下水が自然に地上に噴出する井戸。扇状地の末端、単斜構造や盆地構造の地域などにみられる。

じふん-せん【自噴泉】自然にわき出ている温泉。⇒動力泉

じぶん-そう【自分葬】ジブンソウ 死者が生前に自分の葬式の執行について指定しておく葬儀。家族葬、無宗教葬、音楽葬など。

じぶん-どき【時分時】その物事にふさわしい時刻。特に、毎日の定まった、食事の時刻。めしどき。「―にお伺いして申し訳ございません」

しふん-の-か【脂粉の香】紅やおしろいのにおい。女性の化粧のにおい。「―がただよう」

しふん-の-き【脂粉の気】女っけ。なまめかしさ。「―が立ち籠めている桟敷さじき」〈鴎外・余興〉

しふん-の-ちまた【脂粉の×巷】遊里。色町。

じぶん-の-はな【時分の花】能で、年齢の若さによって現れる、芸以前の一時的な面白さ。「三十以前の―なれ」〈花伝・一〉⇔真まことの花。

じぶん-ぶれ【時分触れ】集会・食事などの、時間を知らせて回ること。また、その役目。「―戻りに辛味さげて来る」〈柳多留・二〉

しぶん-ほう【四分法】シブンポウ ❶混合物などの平均試料を得るために4分割したものの二つをとって混合する方法。❷中国漢代に行われた太陰暦。古代ギリシャのカリポス法に相当。四分暦。

じぶん-めんきょ【自分免許】他人は認めないのに、自分だけが得意になっていること。ひとりよがり。「―の芸でおだてられているうちはよいが」〈谷崎・春琴抄〉

じぶん-もち【自分持(ち)】自分で支払いまたは負担をすること。自弁。

しぶんりつ【四分律】戒律聖典。60巻。後秦の仏陀耶舎ぶっだやしゃ訳。僧の日常生活の規則である律を整備・増補したもので、法蔵部で伝持。内容が4分されている。曇無徳どんむとく律。

しぶんりつ-しゅう【四分律宗】仏教の宗派の一。四分律をよりどころにして、唐代に南山の道宣が開いた。日本には天平勝宝6年(754)唐僧鑑真がんじんによって伝えられた。律宗。

じぶんるいしゅう【事文類聚】中国の類書。170巻。宋の祝穆しゅくぼく編。1246年成立。「芸文類聚」の体裁に倣い、古典の事物・詩文などを分類したもの。のちに元の富大用が新集36巻・外集15巻を、祝淵が遺集15巻を追加し、総計236巻。

しべ【×稭】わらの穂の芯しん。わらしべ。

しべ【×蕊／×蘂】❶雄しべと雌しべ。ずい。❷ひも・緒などのふさのもとにつける飾り。

シベ〖フランス civet〗フランス料理で、イノシシ・鹿・ウサギなどの赤ワイン煮込み。つなぎに、その動物の血を用いたりする。

し-へい【私兵】個人が自分の利益を守るために養成した、公の組織に属さない兵。

し-へい【私幣】天皇以外の貴族や一般から神社にささげる幣帛へいはく。⇒官幣 ⇒国幣

し-へい【使×聘】使いをやって安否あんぴを問うこと。また、使者を派遣して、贈り物をすること。

しへい【時平】「菅原伝授手習鑑」など浄瑠璃・歌舞伎の天神物に登場する敵役かたきやく。藤原時平ふじわらのときひらに擬した人物。

し-へい【紙幣】素材が紙片である貨幣。一般に政府紙幣や銀行券をいうが、狭義には政府紙幣をさす。さつ。(類語)札・札びら

し-へい【詩病】▶詩八病しはちへい

し-べい【紙幣】「紙花しか❶」に同じ。

じ-へい【寺兵】寺院が備えていた兵。僧兵。

じ-へい【自閉】統合失調症の主症状の一。現実または外界から遠ざかり、対人交渉を極力避け、願望や苦悩を抱いたまま、自己の内界に閉じ込もる状態。

じ-へい【時弊】その時代の悪習や弊害。

じ-へい【辞柄】口実。言いぐさ。「吾が誠実を致さんと云うに至っては、蓋けだし―無きにあらず」〈露伴・運命〉

じへい-しょう【自閉症】ジヘイショウ ❶幼児期に明らかになる広汎性発達障害の一つ。対人関係への無関心(社会性の障害)、言語・コミュニケーション障害、同一動作の繰り返し(こだわり行動)などを示す。原因は特定されていない。幼児自閉症。小児自閉症。自閉性障害。⇒自閉症スペクトラム ❷▶自閉

じへいしょう-スペクトラム【自閉症スペクトラム】ジヘイショウスペクトラム 広汎性発達障害のうち、高機能自閉症、低機能自閉症、アスペルガー症候群、特定不能の広汎性発達障害などでみられる対人関係やコミュニケーションの発達障害が、それぞれ独立した障害ではなく、自閉を核とする連続的なものであるとする概念。1980年代に、イギリスの児童精神科医のローナ＝ウィングが提案した。いずれの障害も、虹の光のように段階的に変化する連続体の中に包括されるとしている。

じへいせい-しょうがい【自閉性障害】ジヘイセイショウガイ ▶自閉症

しへいほんい-せいど【紙幣本位制度】シヘイホンイセイド 紙幣を本位貨幣とする制度。

し-へき【四壁】❶部屋の四方を取り巻いているかべ。❷家の周りの囲い。また、家のまわりに植えてある立木や竹。

し-へき【×嗜×癖】❶あるものを特別に好む性癖。❷タバコ・アルコール・覚醒剤などを連用し、やめると精神的・身体的に異常が現れる状態。アディクション。⇒薬物依存 (類語)性癖

し-へき【詩癖】詩作や詩の鑑賞を好むくせ。また、詩の作り方のくせ。

しへき-びき【四壁引き】江戸時代、検地のとき、屋敷の周囲に一定の余地を与えて、土地面積の測量の対象としなかったこと。四方引き。

じ-べた【地べた】ジベタ 土地の表面。地面のくだけた言い方。「―に寝ころぶ」(類語)地表・地上・地肌・陸上

しべつ【士別】《アイヌ語で、大きい川すなわち本流の意のシ-ペッから》北海道北部、名寄なよろ盆地南部の市。明治32年(1899)屯田兵とんでんへいが入植。米作中心の農業、畜産が盛ん。平成17年(2005)9月、朝日町と合併。人口2.2万(2010)。

し-べつ【死別】〔名〕スル しにわかれること。「幼いころに父に―した」⇔生別。
(類語)死に別れる・永訣えいけつ・永別・永の別れ

じ-べつ【辞別】別れの言葉を述べて去ること。いとまごい。

シペック〖CIPEC〗《フランス Conseil Intergouvernemental des Pays Exportateurs de Cuivre》銅輸出国政府間協議会。ザンビア、コンゴ民主共和国(旧ザイール)、チリ、ペルーの4か国が1967年に結成。

しべつ-し【士別市】▶士別

シベニク〖Šibenik〗クロアチア南部、ダルマチア地方の都市。アドリア海に注ぐクルカ川の河口に位置する。クロアチア人が築いた最古の町の一。15世紀初めから18世紀末までベネチア共和国の支配下に置かれ、オスマン帝国の侵攻に備えて16世紀に四つの要塞が築かれた。旧市街にはゴシック、ルネサンス様式の歴史的建造物があり、2000年には聖ヤコブ大聖堂が世界遺産(文化遺産)に登録された。

しべ-ぶとん【×稭布団】わらしべを中に入れた布団。わらぶとん。

しべ-ぼうき【×稭×箒】シベボウキ わらしべで作った手ぼうき。

シベリア〖Sibir'〗ロシア連邦のアジア大陸北半の地域。西はウラル山脈、東はベーリング海に及ぶ。気候は大陸的で冬の寒さは厳しく、ツンドラ(凍原)・タイガ(森林)地帯。天然資源に富む。(補説)「西比利亜」とも書く。

シベリア《語源未詳。「シベリヤ」とも》羊羹をカステラではさんだ洋風の菓子。羊羹の代わりに小豆餡を用いる場合もある。

シベリア-おうだんてつどう【シベリア横断鉄道】オウダンテツドウ ▶シベリア鉄道

シベリア-きだん【シベリア気団】冬季、シベリアに発生する寒冷で乾燥した気団。シベリア高気圧を形成する。

シベリア-こうきあつ【シベリア高気圧】コウキアツ 主として冬季にシベリア・モンゴル方面に現れる寒冷高気圧。強まると日本では北西の季節風が吹き出す。

シベリア-しゅっぺい【シベリア出兵】1918年ロシア革命に干渉するため、日・米両国を中心に英国・フランスの各国がチェコスロバキア軍捕虜救援の名目でシベリアに軍隊を送った事件。米・英・仏が撤兵したのちも日本は駐留を続けたが、国内外の非難により22年に撤兵。

シベリア-てつどう【シベリア鉄道】テツドウ ウラル地方のチェリャビンスクに発し、シベリア南部を東西に横断してウラジオストクに至る世界最長(全長7416キロ)の鉄道。1916年全通。現在では、その他の路線も含めたモスクワとウラジオストクとを結ぶ、全長約9300キロの鉄道をいう。シベリア横断鉄道。

シベリア-とくそほう【シベリア特措法】トクソホウ ▶戦後強制抑留者特別措置法

シベリア-とくべつそちほう【シベリア特別措置法】トクベツソチホウ ▶戦後強制抑留者特別措置法

シベリア-とら【シベリア虎】▶アムール虎

シベリア-よくりゅう【シベリア抑留】ヨクリュウ 第二次大戦終了時、中国東北地方・サハリン・千島でソ連の捕虜となった日本軍兵士・軍属がシベリア地方に連行され抑留されたこと。

シベリアン-ハスキー〖Siberian Husky〗犬の一品種。シベリア北東部原産で、そりを引くのに使われたりした。

シベリウス〖Jean Julius Christian Sibelius〗[1865～1957]フィンランドの作曲家。祖国の歴史・自然を基調に、民族主義的な独自の世界を確立した。交響詩「フィンランディア」「タピオラ」など。

シベリウス-こうえん【シベリウス公園】コウエン《Sibeliuksen Puisto》フィンランドの首都、ヘルシンキにある公園。同国の代表的作曲家、ヤン＝シベリウスの業

績を記念して造られた。女流彫刻家、エイラ＝ヒルトゥネンによるシベリウスの肖像彫刻とステンレスパイプのモニュメントがある。

ジベルニー〖Giverny〗フランス北西部、ノルマンディー地方の村。印象派の画家クロード＝モネが晩年を過ごした。有名な「睡蓮」の連作が描かれたモネの家と庭園や、モネに影響を受けたアメリカ人画家たちの作品を展示するアメリカンアート美術館がある。

ジベレリン〖gibberellin〗植物ホルモンの一。生長を強く促進する作用をもつ。稲の馬鹿苗病菌から発見。農業では発芽・生育の促進のほか、種なしブドウを作るのにも利用。ギベレリン。

し‐へん【四辺】❶あたり。近所。「―に気を配る」❷四方の境。四方の辺境。「―の防衛」❸図形の、四つの辺。[類語]辺り・周辺・近辺・周囲・まわり・近く・付近・界隈(かいわい)・近傍・一帯・辺(あた)

し‐へん【紙片】かみきれ。

し‐へん【詩編｜詩×篇】詩。詩を集めた書物。詩集。
[類語]詩・うた・詩歌・韻文・ポエム・バース・叙情詩・叙事詩・定型詩・自由詩・バラード・ソネット・新体詩

しへん【詩編｜詩篇】旧約聖書の1巻。神の栄光をたたえた詩150編からなる。約半分は前10世紀、ダビデの作とされるが明らかではない。

し‐べん【支弁｜支×辨】〔名〕(スル) 金銭を支払うこと。「公費で交通費を―する」

し‐べん【四弁｜四×辯】「四無礙弁(しむげべん)」の略。

し‐べん【至便】〔名・形動〕この上なく便利なこと。また、そのさま。「通勤に―な土地」
[類語]便利・重宝(ちょうほう)・有用・有益・簡便・軽便・好都合

し‐べん【思弁｜思×辨】〔名〕(スル)《(ギリシャ) theōriaの訳語》経験に頼らず、純粋な論理的思考だけで、物事を認識しようとすること。「―的な小説」

じ‐へん【事変】❶天変地異や突発的な騒動などの、非常の出来事。変事。❷警察力では抑えきれず、軍隊の出動を必要とする程に拡大した騒乱。❸宣戦布告なしに行われる国家間の戦闘行為。「満州―」[類語]変・有事・革命・戦争・非常・緊急・急難・異変・変事・珍事・ハプニング

じ‐へん【時変】時代の変化。時代の移り変わり。

じ‐べん【自弁｜自×辨】〔名〕(スル) 自分で費用を負担すること。「現地までの交通費は―してください」
[類語]手弁当・持ち・持ち出し

しへん‐けい【四辺形】四つの辺からなる多角形。四角形。[類語]四角・四角形・方形(ほうけい)・角形(かくがた)・升形(ますがた)・正方形・長方形・矩形(くけい)

じへん‐せい【磁変星】強い磁場をもち、その強さが時間的変化する星。スペクトル線に見られるゼーマン効果により、その存在が明らかになった。磁場の強さは数百ガウスから数万ガウス、数時間から数年の周期で変化するものが知られる。磁気変光星。

しべん‐てつがく【思弁哲学】思弁を主たる方法とする哲学。古代ギリシャ哲学・合理主義などはおおむねこの傾向にあるが、特にフィヒテ・シェリング・ヘーゲルの哲学を指すことが多い。

し‐ほ【師保】師として教えたり助けたりすること。また、その人。

し‐ほ【試歩】〔名〕(スル) 回復期の病人などが、足の訓練のためにためしに歩いてみること。足ならし。

し‐ほ【試補】官庁などで、ある官に任命されるまで、事務の見習いをする者。「外交官―」

し‐ぼ【私募】〔名〕(スル) 株式や公社債を発行する際、特定少数の投資家を対象に募集すること。⇔公募。

し‐ぼ【思慕】〔名〕(スル) 思いしたうこと。恋しく思うこと。「―の念をいだく」「亡き母を―する」
[類語]愛する・恋・恋愛・愛恋(あいれん)・愛・恋情(れんじょう)・恋慕(れんぼ)・眷恋(けんれん)・色恋(いろこい)・慕情(ぼじょう)・ラブ・アムール・ロマンス

しぼ【×皺】❶糸の縒(よ)り具合で、織物の表面に現れる凹凸。また、紙や皮革などの表面につけたしわ。❷烏帽子(えぼし)の表面につけたしわ。さび。

じ‐ぼ【字母】❶仮名・アルファベット・梵字(ぼんじ)など、単語をつづる表音文字の一つ一つの字。❷「母型(ぼけい)」に同じ。[類語]字・文字・邦字・ローマ字

じ‐ぼ【慈母】いつくしみ深い母親。また、母親を敬愛していう語。
[類語]賢母・聖母・母・母親・女親(おんなおや)・お母(かあ)さん・お母さま・おっかあ・お袋・母じゃ人・母じゃ・阿母(あぼ)・ママ

し‐ほう【子法】(シハフ) 他国の法を範として成立した法。⇔母法。➡継受法

し‐ほう【仕法】(シハフ) 物事を行う方法。しかた。「商いの―」

し‐ほう【司法】(シハフ) 国家の統治作用のうち、法を適用して争訟を解決する作用。法に基づいて行う民事・刑事および行政事件の裁判。[類語]立法・行政

し‐ほう【四方】(シハウ) ❶四つの方角。東西南北の方角。❷周囲。「―から救いの手がさしのべられた」「五里―」❸諸地方。諸国。天下。「―を治める」❹正方形の各辺。「―センチ―」❺四角。かくがた。❻四すみにくり形の穴のある、物をのせる台。❼近世、正方形の指物(さしもの)。[類語]八方・四方八方

し‐ほう【四宝】❶四つの宝。仏教では、金・銀・瑠璃(るり)・水晶をいう。❷筆記用具の四つ。筆・墨・硯(すずり)・紙。

し‐ほう【四法】❶(シハフ) 漢詩の作法上で展開の順序、起・承・転・結の四つ。❷(シホフ) 仏語。㋐仏が説いた教、教が表す道理である理、教による修行である行(ぎょう)、修行によって得る悟りとしての果の四つ。㋑浄土真宗に定める、教・行・信・証の四つの法。

し‐ほう【市報】市役所が市政に関する報告や案内などを載せて各家庭に配布する印刷物。

し‐ほう【死法】(シハフ) 実際に適用されない法律。効力がなくなった法律。

し‐ほう【至宝】この上なく大切な宝。「文壇の―」

し‐ほう【私法】(シハフ) 個人の権利・義務など市民相互の生活上の法律関係を規律する法の総称。民法・商法など。⇔公法。

し‐ほう【私報】❶ひそかに知らせること。また、その知らせ。内報。❷私的な知らせ。個人的な報告。❸官報・局報以外の電報。

し‐ほう【刺胞】(シハウ) クラゲ・イソギンチャクなど腔腸(こうちょう)動物に特有の器官。袋状で、中にある刺針・刺糸が刺激にあうと飛び出し毒液を発射する。えさを捕るときや防御の際に用いられる。

し‐ほう【師法】(シハフ) 人が従い守るべき事柄。また、師から教えられた事柄。

し‐ほう【嗣法】(シホフ) 法統を受け継ぐこと。弟子が師の法を継ぐこと。禅家でいう。

し‐ほう【詩法】(シハフ) 詩を作る方法。

し‐ほう【×諡法】(シハフ) おくりなの付け方。

し‐ぼう【子房】(シバウ) 被子植物の雌しべの基部にあり、膨らんで袋のようになっている部分。上は花柱に、下は花托につながる。中に胚珠(はいしゅ)があり、そこで受精が行われ、種子ができると熟して果実になる。花托との位置関係から子房上位・子房中位・子房下位に分けられる。実礎(じっそ)。

し‐ぼう【四望】(シバウ)〔名〕(スル) 四方を眺めること。また、四方の眺め。「―人なく、鬼気肌(はだえ)に逼(せま)って」〈漱石・吾輩は猫である〉

し‐ぼう【死亡】(シバウ)〔名〕(スル) 人が死ぬこと。死去。「事故で―する」「―届け」[類語]死ぬ・死する・死去・死没・永逝・長逝・永眠・往生・逝去・他界・物故・絶息・絶命・大往生・お陀仏・辞世・成仏・昇天・崩御・薨去(こうきょ)・卒去・瞑目(めいもく)・落命・急逝・夭折(ようせつ)・夭逝

し‐ぼう【志望】(シバウ)〔名〕(スル) 自分はこうなりたい、こうしたいと望むこと。また、その内容。「小説家―の青年」「外交官を―する」「―校」[類語]希望

し‐ぼう【脂肪】(シバウ) 脂肪酸とグリセリンのエステルのうち、常温で固体のもの。動物では皮下・筋肉・肝臓などに貯蔵され、エネルギー源となる。植物では主に種子に含まれる。[類語]脂肪油・油・油脂

し‐ぼう【資望】(シバウ) 家柄と人望。身分と名望。「―既に定まれり」〈田口・日本開化小史〉

じ‐ほう【寺宝】その寺に伝わる宝物。

じ‐ほう【次×鋒】剣道や柔道などの5人制の団体戦で、2番目に戦う人。➡先鋒 ➡中堅 ➡副将 ➡大将
[補説]戦う順番は自由なため、チーム内で最も強い者が先鋒や次鋒などを務めてもよい。

じ‐ほう【▽実法】(ジハフ)〔名・形動〕《「じっほう」の促音の無表記》まじめなこと。きちんとしていること。また、そのさま。律儀。じっぽう。「―に小さき丸髷をぞ結いける」〈一葉・うつせみ〉「―なる人のゆるぎ所あるまじきをとて」〈源・真木柱〉

じ‐ほう【時法】(ジハフ) 1日の時間を同じ間隔に分けて、これに1時間ごとの名称をつけるきまり。

じ‐ほう【時報】❶ラジオ・テレビ・電話などで、その時その時の正確な時刻を知らせること。また、それに用いる音。「正午の―」❷その時々の出来事を知らせること。また、その雑誌。「経済―」

じ‐ぼう【自暴】自分で自分の身を粗末にすること。「―を起こす」

し‐ほうい【四方位】(シハウヰ) 東・西・南・北の四つの方位。

しほう‐いいん【司法委員】(シハフヰヰン) 簡易裁判所が、民事事件の審理に立ち会わせて意見を聴き、また和解の勧告の補助をさせる民間人。毎年地方裁判所ごとに選任される。

しほう‐かいぼう【司法解剖】(シハフ‐) 犯罪に関係ある、またはその疑いのある死体について、死因・死後経過時間などを明らかにするため、資格のある鑑定人の行う解剖。➡行政解剖

しほう‐がき【仕法書】(シハフ‐) 商品注文の際、その品名・種類・形状などを明細に書いて送る書き付け。

しほう‐かそちいき【司法過疎地域】(シハフクワソチヰキ) 法律専門職に就く人が少ない地域。弁護士や司法書士の数が少ない地域のほかに、裁判所がなかったり、裁判官が常勤でなかったりして、地域住民の紛争解決に支障が生じている地域をいう。➡総合法律支援法

しぼうかた‐しょう【脂肪過多症】(シバウクワタシヤウ) 体内に異常な脂肪沈着がみられ、肥満した状態。

しほう‐がみ【四方髪】(シハウ‐)《髪を四方からかき上げて束ねるところから》総髪の異称。

しほう‐かん【司法官】(シハフクワン) 司法権を行使する公務員。ふつう、裁判官をさす。➡行政官

しぼう‐かん【脂肪肝】(シバウ‐) 肝臓に大量の脂肪が沈着した状態。また、その肝臓。栄養過多・アルコール過剰摂取・肥満・糖尿病などが要因となって起こり、肝硬変へ移行することも多い。

しほう‐かんけん【司法官憲】(シハフクワンケン) 司法に関する職務を行う公務員。憲法上、裁判官をさすが、広義では検察官・司法警察職員を含む。

しほうかん‐しほ【司法官試補】(シハフクワン‐) 旧制で、判事または検事となるために、裁判所または検事局に配属されて実務の習得にあたった者。判事試補と検事試補の総称。現在の司法修習生にあたる。

しほう‐かんちょう【司法官庁】(シハフクワンチヤウ) 司法権を行使する官庁。裁判所をさす。旧制では検事局などを含めて用いられた。

しほう‐きかん【司法機関】(シハフキクワン) 立法機関・行政機関に対して、司法を担当する機関。最高裁判所および下級裁判所がこれにあたる。

しほう‐きょう【司法×卿】(シハフキヤウ) 明治4年(1871)から、同18年の官制改革までの司法省長官の称。

しほう‐きょうじょ【司法共助】(シハフ‐) 裁判所が裁判事務について互いに補助すること。国内で行われる場合(国内司法共助)と外国との間で行われる場合(国際司法共助)とがある。

しほう‐ぎょうせい【司法行政】(シハフギヤウセイ) 司法を運営していくのに必要な事務的管理作用。裁判所の会計、裁判官その他の職員の任免など。司法権の自主独立を確保するため、最高裁判所を最上級機関として各裁判所が行う。

しほう‐ぎん【四宝銀】江戸幕府が正徳元年(1711)から翌年にかけて鋳造した丁銀と豆板銀。表面に4個の「宝」の字の極印を刻む。

しほう‐けいさつ【司法警察】(シハフ‐) 警察の活動のうち、犯罪の捜査および被疑者の逮捕、その他司法権の作用に基づいて行う活動。➡行政警察

しほう‐けいさついん【司法警察員】(シハフケイサツヰン) 司法警

察職員のうち、巡査部長以上の階級の者。

しほうけいさついん-めんぜんちょうしょ【司法警察員面前調書】司法警察員である巡査部長以上の警察官が記す調書。員面調書。三号書面。⇒検察官面前調書

しほうけいさつ-しょくいん【司法警察職員】刑事訴訟法上、検察官・検察事務官とならんで犯罪捜査の主体となる警察職員。巡査部長以上の司法警察員と司法巡査とに分かれる。

し-ほう・ける【▽為×惚ける】〔動カ下一〕《近世上方語》しくじる。失敗する。「江戸店(だな)さんざんに―・けて、京へのぼされける」〈浮・一代女・四〉

しほう-けん【司法権】国家の統治権のうち、司法を行う権能。日本国憲法では、最高裁判所および下級裁判所に属する。行政権・立法権とともに国家の三権を構成する。

しほう-けんしゅうじょ【司法研修所】最高裁判所のもとに置かれ、裁判官・裁判所職員の研究・修養ならびに司法修習生の修習に関する事務を取り扱う司法行政機関。

しぼう-こうこく【死亡広告】新聞に掲載される、人の死亡を知らせる広告。黒い縁取りをすることから、黒枠広告ともいう。

しぼう-こうたく【脂肪光沢】鉱物の、脂肪の塊がもつような光沢。蛋白石などにみられる。

しほう-ごし【四方×輿】手輿の一。輿に屋形をつけ、四方を吹き放しのままですだれを垂らしたもの。上皇・摂関・大臣以下、公卿・僧綱などの遠出のときに用いた。僧の用いた輿の破風は雨眉形、俗人のものは庵形であった。よほうごし。

しほう-こっか【司法国家】行政裁判所を設けず、行政事件をも含めて一切の事件を司法裁判所の管轄とする国家。英米法系の諸国にならって、現行憲法下の日本もこの形態をとっている。⇒行政国家

しほう-さいばんしょ【司法裁判所】司法権の行使に当たる裁判所。日本国憲法は行政裁判所を認めていないので、裁判所はすべてこれにあたる。

しぼう-さいぼう【脂肪細胞】多量の脂肪を含む細胞。脂肪組織を構成する。

しほう-ざし【四方差(し)】柱の四方から貫などを差し通して軸組を固めるもの。

しぼう-さん【脂肪酸】カルボキシル基を1個もち、炭素原子が鎖状に連結したカルボン酸の総称。一般式RCOOHで表され、飽和脂肪酸と不飽和脂肪酸とに大別される。

じぼう-じき【自暴自棄】〔名・形動〕《「孟子」離婁上の「自ら暴(そこな)う者は、ともに言(かた)ること有るべからず。自ら棄つる者は、ともに為すこと有るべからず」から》不満や失望などが原因で、やけになって自分の身を粗末に扱うこと。また、そのさま。「事業に失敗して―に陥る」〔類語〕やけ・破れかぶれ・やけくそ・やけっぱち・自棄・捨て鉢・八方破れ・ふてくされる

しほう-しけん【司法試験】裁判官・検察官・弁護士になるために必要な学識、およびその応用能力を判定することを目的とする国家試験。合格すれば司法修習生となる資格を得る。〔補説〕平成18年(2006)からは従来の司法試験のほかに、法科大学院修了者を対象とした司法試験が行われるようになり、前者を旧司法試験、後者を新司法試験と通称した。また同23年からは司法試験予備試験が実施され、その合格者には司法試験(新司法試験)の受験資格が与えられる。旧司法試験は同年を最後に廃止された。

しほうしけん-よびしけん【司法試験予備試験】司法試験の受験資格を判定するために法務省が行う試験。受験資格や受験回数の制限はなく、誰でも何度でも受験できる。平成23年(2011)から実施。予備試験。〔補説〕法科大学院修了者と同等の学識・応用能力・法律実務の基礎的素養を有するかどうかを判定するもので、短答式試験・論文式試験・口述試験があり、合格者は5年以内に3回まで司法試験を受験できる。

しぼう-しつ【脂肪質】❶脂肪を成分とする物質。❷脂肪の多い体質。

しほう-しぶつ【四方四仏】▶四仏

しほう-しゃ【×襲芳舎】平安京内裏五舎の一。内裏の西北隅、凝華舎の北の殿舎。後宮の局であるが、右大将の止宿所ともなった。しゅうほうしゃ。かみなりのつぼ。

しぼう-しゃ【四望車】牛車の一。車箱の周りにすだれを掛け、四方が眺められるようにしたもの。

しぼう-しゅ【脂肪腫】脂肪細胞が増殖してできる良性腫瘍。皮下や筋肉の間などに発生し、こぶのようになる。リポーマ(lipoma)。

しほう-しゅうしゅうせい【司法修習生】司法試験に合格し、裁判官・検察官・弁護士となるため、最高裁判所から命じられて司法研修所・裁判所・検察庁・弁護士会で法律実務を修習中の者。

しぼう-しゅし【脂肪種子】貯蔵物質として多量の脂肪を含む種子。ダイズ・ゴマ・アブラナなど。

しほう-しょう【司法省】❶明治4年(1871)に設置され、司法に関する行政事務を統轄した中央官庁。昭和22年(1947)廃止。法務省の前身。❷《department of justiceなどの訳語》外国の中央政府で司法行政を所管する省庁。「米国司法省」「中国司法部」など。

しほう-しょうめん【四方正面】❶東西南北の四方と自分が向かっている正面。四方八方。❷四方のどこから見ても正面として見えること。また、そのような建築物や彫刻など。❸能で、普通は舞台の前面を正面として舞うのに対して、前後左右の四方を正面として舞うこと。

しほう-しょし【司法書士】他人の嘱託を受けて、登記・供託・訴訟などに関し、裁判所・検察庁・法務局・地方法務局に提出する書類の作成を職業とする者。もと、代書人と称した。⇒行政書士 ⇒認定司法書士制度

しほう-じろ【四方白】兜の鉢の飾りの名。前後左右に白鑞または銀を張ったもの。

し-ほうじん【私法人】私的な目的(行政など公共の目的以外)のために設立される法人。その設立・管理などについて、国家による統制を加えられない。会社・公益社団法人・公益財団法人・協同組合など。⇒公法人

しぼう-しんだんしょ【死亡診断書】患者の死亡を確認して医師が作成する証明書。死亡証書。

しほうせいどかいかく-しんぎかい【司法制度改革審議会】司法制度の改革・基盤整備に関する基本的施策について調査・審議する目的で、平成11年(1999)7月から同13年7月まで内閣に設置された審議会。裁判員制度の導入、法科大学院・知的財産高等裁判所の設置、行政事件訴訟法などの改正、裁判外紛争解決手続の拡充、司法試験改革など幅広く提言。また、同審議会の提言に基づいて総合法律支援法が成立し、日本司法支援センター(法テラス)が設置された。

しぼう-せん【脂肪腺】▶皮脂腺

しぼうぞく-かごうぶつ【脂肪族化合物】鎖式化合物の異称。これに属する脂肪や脂肪酸が初めによく知られていたことによる名称。

しぼう-そしき【脂肪組織】主として脂肪細胞が多く集まっている結合組織。主に脊椎動物にみられ、臓器の周囲や皮下などにあって、外部の衝撃からの保護、栄養の貯蔵、保温などの働きをする。

し-ほうだい【仕放題】〔名・形動〕好きかってに、したいだけすること。また、そのさま。「わがままの―」「―なぜいたくをする」

しほう-だな【四方棚】▶よほうだな

しほう-ちく【四方竹】イネ科の竹。高さ5～6メートル。茎はやや丸みのある四角柱で、根元の節からとげ状の気根を出す。中国の原産で、暖かい地方で観賞用に栽培。方竹。四角竹。

しほう-どうぶつ【刺胞動物】腔腸動物の別名。

しほう-どり【四方取り】四方がみな平地で、敵の攻撃しやすい城。

しほう-とりひき【司法取引】米国に特有の制度で、刑事事件にかかわる検察官と弁護人との間で、軽い処分で決着をつけようとする方向でなされる取引のこと。裁判に要する時間と費用を節約する目的で行われる。

しほう-ながれ【四方流れ】四方に傾斜している屋根。方形造り・寄せ棟造りなどの屋根の類。

しほう-ぬき【四方▽貫】四方差しの一。柱の四方に同じ大きさの貫を通す方法。

しほう-ねんど【司法年度】司法事務の取り扱いについての年度。日本では、毎年1月1日から12月31日まで。

しぼうのかたまり【脂肪の塊】《原題、仏 Boule de Suif》モーパッサンの小説。1880年刊。普仏戦争中、占領下ルーアンから脱出する乗り合い馬車の乗客の「脂肪の塊」とよばれる人のよい娼婦を主人公に、同乗者たちの偽善性と卑劣さを描く。

しほう-の-ば【司法の場】《司法権を執行する場所の意》裁判のこと。「真相は―で明らかにせよ」

しほう-はい【四方拝】《近世は「しほうばい」とも》1月1日の早朝に行われる皇室祭祀。天皇が清涼殿の東庭に出て、属星・天地四方・山陵を拝し、五穀豊穣・天下太平を祈る。明治以降は神嘉殿で、皇大神宮・豊受大神宮・四方の神々を拝することに改められた。〔季 新年〕「一巣てても木々に風渡る/鳴雪」

しほう-はっぽう【四方八方】あらゆる方面。「うわさが―に広がる」〔類語〕四方・八方

しほう-びき【四方引き】▶四壁引き

しぼう-ひょう【死亡表】▶生命表

しぼう-ぶとり【脂肪太り】脂肪過多の、ぶくぶくして締まりのない太り方。

しぼう-フラグ【死亡フラグ】映画や小説などで、登場人物の死を暗示させる発言や行動。多く、典型的なストーリーによくある発言などを指していう。「戦地での恋人自慢はその兵士の―だ」⇒フラグ❸

しほう-べに【四方紅】鏡餅をのせる色紙で、四方を紅で縁取ったもの。天地四方を拝して災いを払い、一年の繁栄を祈願するものとされる。〔補説〕ない場合は、奉書紙で代用する。

しほう-ほう【司法法】司法制度および司法権の行使に関する法の総称。通常、裁判所法・民事訴訟法・刑事訴訟法などをいう。

しぼう-ほけん【死亡保険】生命保険の一。被保険者が死亡した場合に保険金が支払われる保険。⇒生存保険

しぼう-ゆ【脂肪油】油脂のうち、常温で液状をしている脂肪。大豆油・ごま油など。〔類語〕油脂・油

しぼう-りつ【死亡率】❶一定期間中に死亡した人の、総人口に対する割合。通常人口1000人当たりの人数、もしくはパーセントで表す。日本では10月1日からの1年間で計算。❷ある病気にかかった人に対する、その病気で死んだ人の割合。

しほう-りっそう【指方立相】浄土教で、阿弥陀仏の浄土が西方にあると指し示し、その浄土の種々な相を明らかにすること。しほうりゅうそう。

しぼ-がみ【×皺紙】縮緬のようにしわをつけた和紙。

し-ぼく【司牧】❶民を養い治めること。また、その人。地方長官の称。❷ローマカトリック教会・聖公会で、司祭が教会を管理し信徒を指導すること。

し-ぼく【四木】茶・桑・漆・楮の4種の木。江戸時代、三草とともに重要視され栽培された。しもく。

し-ぼく【紙墨】紙と墨。また、墨で書いた文書。

じ-ぼく【耳目】▶じもく(耳目)

し-ほけん【私保険】民間の会社が運営し、個人が任意で加入する保険。生命保険・損害保険など。⇒公営保険

しほ-こう【支保工】❶坑道やトンネルの掘削の際、岩盤が崩れないように支える仮設構造物。❷コンクリートの型枠で、打ち込まれたコンクリートからの圧力

を堰板せきいたを介して支持する部材。
し-ぼさつ【四菩薩】㊀人間界に最も縁の深い四菩薩。観音かんのん・弥勒みろく・普賢ふげん・文殊もんじゅ。㊁「法華経」涌出品ゆじゅつほんに説く、末世に現れて法華経を世に広める役割をもつ四菩薩。上行じょうぎょう・無辺行・浄行・安立行。㊂胎蔵界曼荼羅まんだらで、大日如来を取り囲む四菩薩。南東の普賢、南西の文殊、北西の観音、北東の弥勒。
ジホスゲン〖diphosgene〗ホスゲンに似た窒息性臭をもつ無色の液体。毒ガスとして利用。➡ホスゲン
しぼ-せん【子母銭】《青蚨せいふ(かげろう)の母と子の血を取ってそれぞれ別の銭に塗っておくと、一方の銭を使ってももう一方の銭を慕って飛び帰って来るという「捜神記」一三の故事から》銭ぜにのこと。
じ-ぼそ【地細】ヂ〘名・形動〙織物の地の糸が細いこと。また、そのさま。「—な布」⇔地太じぶと。
しぼ-ぞうし【私募増資】上場企業が適格機関投資家、または50名未満の特定の投資家に向けて新株を発行すること。➡公募増資
し-ぼち【▽新▽発▽意】《「しんぼち」の撥音の無表記》出家して間もない人。「かの国の前の守、—の、女むすめかしづきたる家、いといたしかし」〈源・若紫〉
し-ぼつ【死没｜死×歿】〘名〙スル 死ぬこと。死亡。
(類語)死ぬ・死する・死亡・死去・永逝・長逝・永眠・往生・逝去・他界・物故・絶息・絶命・大往生・お陀仏・辞世・成仏・昇天・崩御・薨去こうきょ・卒去・瞑目めいもく・落命・急逝・夭折ようせつ・夭逝
し-ほっかい【四法界】仏語。華厳宗で、全宇宙を現象と本体とからみて4種に類別したもの。事としての差別的現象界である事法界、理としての平等の本体界である理法界、現象界と本体界は一体不二であるとする理事無碍むげ法界、現象界の一々の現象そのままが絶対であるとする事事無碍法界。
シホテアリニ-さんみゃく【シホテアリニ山脈】《Sikhote Alin'》ロシア連邦東部、沿海地方からハバロフスク地方にまたがる山脈。日本海沿いに北東、南西方向にかけて、約1200キロメートルにわたって延びる。最高峰タルドキヤニ山(2077メートル)。シホテアリニ山脈中央部は、絶滅危惧種のアムールトラをはじめとする希少な野生動物の生息地として知られ、2001年に世界遺産(自然遺産)に登録された。シホテアリン山脈。
じぼ-ひょう【字母表】ヘウ 一つの言語に用いられる字母のすべてを、一定の順序に配列した表。アルファベットや五十音図などの類。
しぼ-む【▽萎む｜×凋む】〘動マ五(四)〙❶草花などが生気をなくしてしおれたり縮んだりする。「花が—・む」❷いっぱいにふくらんでいたものが張りを失い、縮む。「風船が—・む」❸好ましいものへの期待で大きくふくらんでいたものが、勢いを失って小さくなる。「気持ちが—・む」「夢が—・む」
(類語)(❶)しおれる・しなびる・萎える・枯れる・末枯うらがれる/(❷❸)縮む・すぼむ・すぼまる・つぼむ・つぼまる・つづまる・縮こまる・縮み上がる・すくむ・すくめる
しぼり【絞り｜搾り】❶しぼること。しぼりぐあい。「乳—」❷(絞り)「絞り染め」の略。「—の浴衣」❸(絞り)花びらなどで、絞り染めのように色がまだらに入りまじっているもの。❹(絞り)写真機などのレンズの光軸に中心を置く円形の穴で、レンズから入る光線の量を調節する装置。「—を開放にする」❺ ▶御お絞り
しぼり-あ・げる【絞り上げる｜搾り上げる】〘動ガ下一〙文しぼりあ・ぐ〘ガ下二〙❶すっかりしぼりおわる。完全にしぼる。「すべての洗濯物を—・げる」❷容赦せずに責める。「反省するよう徹底的に—・げる」❸強引に金品を出させ、取れるだけ取る。「国民から税金を—・げる」❹苦しげに声を張り上げる。「声を—・げて応援する」❺幕などをひもでくくりながら高く上げる。「映写幕を—・げる」
しぼり-かす【絞り×滓｜搾り×滓】必要な水分などをすっかり絞り取ったあとに残ったもの。「大豆の—」
しぼり-じる【絞り汁｜搾り汁】絞ってとり出した液。「レモンの—」
しぼり-ぞめ【絞り染(め)】染料が浸入しないように、布地の所どころを糸で固く縛り、染料の中に浸して白い染め残しをつくる染色法。また、その模様。括くくり染め。括し染め。纐纈こうけち。
しぼり-だし【絞り出し｜搾り出し】「チューブ❷」に同じ。「—の歯磨き」
しぼり-だ・す【絞り出す｜搾り出す】〘動サ五(四)〙❶強く押したりねじったりして、中に含まれているものを出す。「チューブの絵の具を—・す」❷なかなか出ない声や知恵などを、努力してやっと出す。「アイデアを—・す」「腹の底から声を—・す」
しぼり-ち【絞り値】「エフナンバー」に同じ。F値。
しぼり-ちゃきん【絞り茶巾】茶の湯の点前てまえで、冬の寒いときに、絞ったままで茶碗に仕組んで持ち出す茶巾。また、そのような点前の仕方。
しぼりちゆうせん-エーイー【絞り値優先AE】シボリチユウセン《aperture priority automatic exposure》▶絞り優先AE
しぼり-と・る【絞り取る｜搾り取る】〘動ラ五(四)〙❶しぼって、含まれている液体を外に出す。「果汁を—・る」❷金品などをすっかり取り上げる。絞り上げる。「なけなしの金を—・られる」
しぼり-ばなし【絞り放し】絞り染めのくくり糸をとったあと、縮んだままにしておくこと。また、その布。
しぼり-ぶき【絞り吹き】冶金やきん法の一。粗銅の中に含まれている銀をとるために、粗銅に鉛を加えて熱し、融点の低い鉛とともに銀を流出させる方法。
しぼり-ふくろじ【絞り袋地】フクロヂ 酒・醤油・砂糖などをしぼるのに用いる袋生地。木綿の単糸を縒よった縦糸・横糸を使って織った。また、初めから袋織にしたものもあった。
しぼり-べん【絞り弁｜絞り×瓣】円管などの中に円板を設け、それを開閉して流路を絞ることによって流体の量を調節する弁。ガソリンエンジンの気化器などに用いられる。スロットルバルブ。スロットル。
しぼり-もめん【絞り木綿】絞り染めにした木綿。
しぼり-もん【絞り紋】絞り染めで表した紋所。
しぼりゆうせん-エーイー【絞り優先AE】シボリユウセン《aperture priority automatic exposure》カメラの自動露出調整機構(AE)の一。シャッターボタンを押すか半押しにすると同時に、撮影者が設定した絞り値に対し、被写体の明るさに合わせて適正なシャッタースピードを算出する。撮影者の意図で絞り値を調節し、被写界深度を変える場合などに用いる。絞り値優先AE。
しぼ・る【絞る｜搾る】〘動ラ五(四)〙❶㋐水などが染み込んだ布などを強くねじって、水分を出す。「ぞうきんを—・る」「袖を—・る(＝ヒドク泣ク)」㋑強く押して締めつけたり、にぎったりして、そのものに含まれている水分や液を取り出す。「牛乳を—・る」「ぶどうを—・る」❷㋐簡単には出てこないものを努力して、また無理に出そうとする。「声を—・って応援する」「ない知恵を—・る」㋑無理に出させて取る。むごく取り立てる。しぼりとる。「膏血こうけつを—・る」❸(「油をしぼる」の略)ひどく責めたりしかったりする。厳しく鍛える。「こってり—・られる」「猛練習で徹底的に—・られた」❹(絞る)広がった状態のものを小さくする。㋐すぼめたり、くくって縮めたり、押し縮めて片寄せたりして、まとめる。「傘を—・る」「袋の口を—・る」「幕を—・る」㋑範囲を狭める。整理して、取り上げる範囲をごく小さく限定する。「捜査の網が—・られる」「問題点を—・る」「的を—・る」❺(絞る)㋐カメラのレンズの絞りを小さくする。㋑ラジオなどの音量を小さくする。「ボリュームを—・る」❻(絞る)弓を、力いっぱい十分に張る。引きしぼる。「弓を—・る」❼(絞る)相撲で、自分の腋わきに相手の腕を挟み、相手の重心を浮かせるようにして締めつける。「差し手を—・る」❽(絞る)絞り染めにする。(可能)しぼれる
(…句)油を絞る・膏血こうけつを絞る・袖そでを絞る・袂たもとを絞る・知恵を絞る・涙を絞る・脳味噌のうみそを絞る
(類語)しぼり上げる・引きしぼる・しぼり出す・しぼり取る
し-ほん【四本】1本の4倍。
し-ほん【四▽品】❶律令制で、親王の位階の第四位。❷臣下の四位しいの異称。また、四位に叙せられること。「位—の際きわを越えず」〈太平記・一〉
し-ほん【私本】自費で購入したり、自分で作ったりした本。個人の本。「—を図書館に寄贈する」
し-ほん【紙本】紙にかいた書画・文書もんじょ。➡絹本けんぽん
し-ほん【資本】❶商売や事業をするのに必要な基金。もとで。❷生産の3要素(労働・土地・資本)の一。新たな生産のために投入される、過去の生産活動が生みだした生産物のストック。❸資本制生産で、剰余価値を生むことによって自己増殖を行う価値の運動体。❹簿記で、企業の資産総額から負債総額を差し引いた純資産。自己資本。(類語)資本金・資金・元手・元金・財源・キャピタル・基金・ファンド
じ-ほん【地本】ヂ 江戸で出版された草双紙の類。上方下りの絵本などに対していう。
しほん-か【資本家】企業に資本を提供している者。経営を直接に担当している機能資本家と、単に利益の配分にあずかるだけの無機能資本家とに分類することもできる。
しほんか-かいきゅう【資本家階級】—カイキフ 生産手段を所有し、労働者を使って事業を行い、利潤を得る階級。ブルジョアジー。➡労働者階級
しほん-がかり【四本懸(か)り】蹴鞠けまりを行う場所の四隅に1本ずつ植える4種の木。東北隅の桜、東南隅の柳、西南隅の楓かえで、西北隅の松。
しほん-かんじょう【資本勘定】—カンヂヤウ ❶簿記で、資本金・資本準備金・利益準備金など資本に属する勘定の総称。❷国際収支項目のうち、国際間の資本取引によって生じる受け払いの関係を示す勘定。資本収支。
しほん-きん【資本金】❶何か事を行う場合の元手。❷出資者が企業に拠出した資金。以前は株式会社では、原則として発行済株式の発行価額の総額であり、商法上の法定資本にあたるものであったが、平成18年(2006)5月施行の会社法では、資本金の額は、原則として設立または株式の発行に際して株主となる者が当該株式会社に対して払い込みまたは給付をした財産の額とされている。(類語)資本・資金・元手・元金・財源・キャピタル・基金・ファンド
しほん-けいすう【資本係数】産出量一単位を生産するのに必要な最小の投入資本量。資本産出量比率。
しほん-こうせい【資本構成】企業が使用している総資本の構成内容のこと。総資本と自己資本の割合、自己資本と他人資本の割合など。
しほん-コスト【資本コスト】企業が調達した使用総資本について負担する費用。配当金・支払利息など。
しほん-ざい【資本財】過去の労働の生産物で、生産のために使用される財。原材料のような流動資本財と道具・機械・建物のような固定資本財とに分けられる。➡消費財
しほん-さんか【資本参加】他の企業との関係を強化するために、相手企業の株式を取得・保有するなどして、資本を拠出すること。広義では、出資比率にかかわらず他企業への出資金全般を指すが、狭義では、企業の買収(発行済み株式の2分の1超を保有)や、拒否権確保(同3分の1超を保有)まで至らない、低い出資比率の場合を指す。➡資本提携
しほん-しじょう【資本市場】—シヂャウ 金融市場のうち、企業の設備資金や長期運転資金などの取引が行われる市場。株式・社債などの証券市場をさすことが多いが、長期貸出金市場を含めていう場合もある。長期金融市場。
しほんしゅうやくてき-さんぎょう【資本集約的産業】シホンシフヤクテキサンゲフ 労働者一人当たりの設備など固定資産額が大きい産業。重化学工業など。➡労働集約的産業
しほん-しゅぎ【資本主義】封建制度に次いで現れ、産業革命によって確立された経済体制。生産手段を資本として私有する資本家が、自己の労働力以外に売るものを持たない労働者から労働力を商品

として買い、それを上回る価値を持つ商品を生産して利潤を得る経済構造。生産活動は利潤追求を原動力とする市場メカニズムによって運営される。キャピタリズム。

しほん-じゅんびきん【資本準備金】株式会社における法定準備金の一。資本取引を源泉とする剰余金のうち、株主の払込取引から生じたもの。

しほん-ちくせき【資本蓄積】剰余価値の一部を資本に転化し、生産規模を拡大していくこと。

しほん-ていけい【資本提携】企業が、他の企業とお互いの株式を持ち合い、協力関係を強化すること。相互の持ち合いを意味することが多いが、片方の企業のみが、もう一方の企業の株式を取得すること(資本参加)もある。一般に、企業の買収(発行済み株式の2分の1超を保有)や、拒否権確保(同3分の1超を保有)まで至らない、低い出資比率で資本関係を築くことを意味する。➡業務提携

しほん-とうひ【資本逃避】たうひ 通貨価値の下落、為替管理の強化、政治的不安などが予想される場合、その不利益を避けるため、自国通貨を通貨価値がより安定している他国の通貨に換えること。

しほん-とりひき【資本取引】❶企業会計で、損益発生以外の原因によって純資産の増減をもたらす取引。❷国際間の取引のうち、直接投資・延払信用・貿易信用・借款・証券投資など対外資産・負債の増減をもたらす取引。

しほん-ばしら【四本柱】相撲の土俵の四隅に立てた4本の柱。東は青、南は赤、西は白、北は黒の布を巻いた。また、その柱を背にして座った四人の検査役。現在は柱を廃止し、つり屋根にそれぞれの色のふさを下げる。

しほんばり-あみ【四本針編み】棒針4本を使って輪に編む編み方。セーター・靴下・手袋などを編むのに用いる。まる編み。

しほん-もろよりいと【四本▽諸×撚り糸】生糸2本を引きそろえて下縒よりをかけ、それを2本合わせて上縒りをした糸。片二本諸縒り糸。四つ諸。四本諸。

しほん-ゆしゅつ【資本輸出】利潤・利子・配当金などを求めて外国に資本を投下すること。海外子会社の設立、外国企業の買収、在外支店の設置などの直接投資と、外国証券の取得、外国企業への貸付などの間接投資とがある。

しほんろん【資本論】《原題、ドイ Das Kapital》経済学書。3巻。マルクスの主著。第1巻は1867年刊。第2巻と第3巻は、マルクスの死後にエンゲルスが遺稿を整理して85年と94年に刊行。史的唯物論を導きの糸としながら古典派経済学の批判的検討により、商品から地代に至る範疇はんちゅう規定と資本主義経済の運動法則を解明した。

し-ま【四魔】仏語。仏道修行の妨げとなる4種のもの。心身を悩まし乱す煩悩ぼんのう魔、身体の苦悩を生じる五蘊ごうん魔、生命を奪う死魔、善行を妨げる天魔。

し-ま【死魔】四魔の一。死を魔にたとえていう。

しま【志摩】㊀旧国名の一。東海道に属し、現在の三重県東部、志摩半島の鳥羽市、志摩市にあたる。志州。㊁三重県、志摩半島南東部の市。伊勢海老や鮑あわびなどの漁業や真珠養殖が盛ん。平成16年(2004)浜島はまじま町、大王だいおう町、志摩町、阿児あご町、磯部いそべ町が合併して成立。人口5.5万(2010)。

しま【島|×嶋】❶周囲が水で囲まれている陸地。「—へ渡る」「—国」❷庭の池や泉水の中にある築山。また、池や築山などがある庭。❸ある仲間内の勢力範囲。また、その土地。なわばり。「—を荒らす」❹近世の上方で、新町・島原以外の遊郭・色町。❺罪人の送られる島。特に近世では、八丈島・三宅島など。「—流し」❻手がかり・助けとなる物事。「取りつく—もない」【類語】(❶)島嶼とうしょ・諸島・群島・列島・アイランド/(❸)領域・領分・縄張り・テリトリー・範囲・枠

し-ま【×揣摩】〘名〙スル《「揣」「摩」は共におしはかる意》他人の気持ちなどを推量すること。「内部生活を忖度そんたくしたり—したりするのは」〈有島・生れ出づる悩み〉

し-ま【詩魔】詩心を刺激し、作詩の心を起こさせる不思議な力。

しま【×縞|島】❶2種以上の色糸を使って織り出した縦または横の筋。また、その織物。その筋模様の出し方で、縦縞・横縞・格子縞などという。❷縞織物の筋に似た模様。「腹に—のある魚」【類語】ストライプ

シマ〘sima〙地球内部の、シアルの下の層。地殻の玄武岩質層にほぼ相当する。古くはマントル物質をさしたこともある。珪素けいそ(Si)とマグネシウム(Mg)が多いことからいう。

しま〘接尾〙❶名詞、その他状態を表す語に付いて、そのようなようすであることを表す。さま。「思はぬに横—風のにふふかに覆ひ来ぬれば」〈万・九〇四〉❷時日を表す名詞に付いて、早々の意を表す。「正月—から馬だの牛だのと引き連れて」〈滑・浮世風呂・三〉

ジマ〘JIMA〙《Japan Institute of Management and Administration》日本経営管理協会。経営コンサルタントをおもな会員とする。経営管理士や各種専門管理士の資格を授与する。昭和30年(1955)設立。事務局は東京都千代田区。

しま-あい【×縞合(い)】あひ 縞模様の色合い。

しま-あおじ【島青×鵐】あをじ ホオジロ科の鳥。スズメ大。夏鳥として北海道の島や草原などで繁殖し、冬期東南アジアへ渡る。

しま-あじ【×縞味】あぢ カモ目カモ科の鳥。全長38センチくらい。まゆに白帯がある。ユーラシアの北部で繁殖。日本では冬にみられるが数は少ない。

しま-あじ【×縞×鯵】あぢ アジ科の海水魚。全長約1メートル。体は長楕円形で側扁が著しい。背部が青灰色、腹部は銀白色、体側に幅広い黄色の縦帯がある。分布の中心は熱帯海域で、日本では中部以南に産する。アジ類中の最高級魚で、夏に特に美味。

し-まい【仕舞】しまひ ❶能・芝居・舞踊などで、舞ったり、演技したりすること。❷能の略式演奏の一。囃子はやしを伴わず、面も装束もつけず、シテ一人が紋服・袴はかまで、謡だけを伴奏に能の特定の一部分を舞うもの。

し-まい【仕舞(い)|▽終い|▽了い】しまひ ❶物事が終わること。物事をやめること。「これで—にする」❷物事の終わりの部分。最後。「本を—まで読みとおす」「—にはみんな怒りだした」❸品物が売り切れてなくなること。「今日はいちごは—だ」❹化粧をすること。〈和英語林集成〉❺信用取引や清算取引で、転売または買い戻しによって、取引関係を精算すること。手仕舞てじまい。❻節季、特に年末の収支決算。「毎年の—には少しづつ足らず」〈浮・胸算用・四〉❼処置すること。始末。決着。「ちと処をかへ、堺の津に行き、—をせんはいかに」〈咄・醒睡笑・七〉➡じまい(仕舞い)

【類語】末・末尾・最終・ラスト・おしまい・終了・終結・終焉しゅうえん・終末・果てし・幕切れ・閉幕・幕・打ち止め・ちょん・完かん・了りょう・ジエンド・結末・結び・締め括くくり・結尾・掉尾とうび・掉尾ちょうび・終局・終幕・大詰め・土壇場どたんば・どん詰まり・エンディング・フィニッシュ・フィナーレ

仕舞いを付・ける ❶始末をつける。片をつける。❷江戸の遊里で、前もって揚げ代を払い、その遊女を買い切る約束をする。「十日ほども前から—・けずば、いつでもさしだらう」〈洒・甲駅新話〉

し-まい【姉妹】❶姉と妹。女のきょうだい。「三人—」❷同じ系統に属し、互いに類似点または共通点をもっている二つ以上のもの。「—品」「—校」

【類語】兄弟・兄弟けいてい・兄妹けいまい・姉弟してい・弟妹ていまい・兄姉けいし・同胞どうほう・はらから・連枝れんし

じ-まい【地米】ぢ その土地でとれた米。じごめ。

じ-まい【仕舞(い)】ぢまひ〘語素〙❶名詞に付いて、それを終える意を表す。「店—」「仕事—」❷動詞の未然形に打消しの助動詞「ず」を添えたものに付いて、(…しないで)終わってしまった、の意を表す。「行かず—」「言わず—」

しまい-うたい【仕舞謡】しまひうたひ 能で、「仕舞❷」を舞うときにうたう謡。

しまい-がた【四枚肩】ふつう二人で担ぐ駕籠かごを四人で担ぐこと。また、交替の担ぎ手が二人ついた駕籠。しまいかご。

しまい-がね【仕舞ひ金】しまひ 節季の支払いのための金。「頼みて売払ひ、—のたよりにいたさるべし」〈浮・文反古・一〉

しまい-ぎわ【仕舞(い)際】しまひぎは 終わりになろうとするとき。「作業の—」

しまい-ぐち【仕舞(い)口】しまひ 終わりのころ。終わり時分。

しまい-ご【姉妹語】同系統に属する言語を比喩ひゆ的にいった呼称。

しまい-こうぼう【▽終い弘法】しまひこうぼふ 京都市の東寺で12月21日に開かれる、その年最後の縁日。1月21日に開かれる「初弘法」とともに、多くの参詣者と多数の露店でにぎわう。

しまい-こ・む【仕舞(い)込む】しまひ〘動マ五(四)〙物を奥まった所へしまう。「物置に—・む」【類語】収める・入れる・仕舞う・蔵ぞうする・収蔵する・収納する・格納する・含む・包含する・収録する・収載する

しま-いさき【×縞×伊佐木】スズキ目シマイサキ科の海水魚。全長約20センチ。体は長楕円形で吻ふんがとがる。体色は灰青色で、体側に黒色の太い線が4本、細い線が3本、交互に走る。浮き袋で発音する。南日本に分布。食用。うたうたい。

しまい-せん【姉妹船】同じ構造・性能につくられた2隻以上の船。

しまい-そうしつ【島井宗室】しまゐ [1539〜1615]安土桃山時代の豪商・茶人。筑前の人。名は茂勝。号、虚白軒。酒屋・金融業を営み、富を築いた。茶を千利休に学び、豊臣秀吉に仕えて博多復興に尽力。

しまい-だいこ【仕舞(い)太鼓】しまひ ❶遊郭の大門を閉じる合図に鳴らした太鼓。三番太鼓。❷芝居などの興行物のその日の終わりに打った太鼓。打ち出し太鼓。

しまい-だな【仕舞ひ▽店】しまひ「しまいみせ❷」に同じ。「大門筋の—に、昔長持の目出度くも煙幾度かのがれしを」〈浮・諸艶大鑑・四〉

しまい-つ・く【仕舞ひ付く】しまひ〘動カ四〙始末がつく。きまりがつく。片がつく。「徳兵衛も—・かず、ことばなければ」〈浄・重井筒〉

しまい-つ・ける【仕舞ひ付ける】しまひ〘動カ下一〙《近世語》❶始末をつける。殺してしまう。「まづ這奴しゃつを—・けて、路銀を奪ひ」〈読・弓張月・後〉❷(「しまいつけた」の形で)失敗したときに言う語。しまった。しくじった。「いめえましい、—・けた」〈洒・穴可至子〉

しまい-どう【四枚胴】革または鉄板4枚を厚く重ねてじょうぶに作った鎧よろいの胴。

しまい-とし【姉妹都市】親善や文化交流を目的として特別の関係を結んだ、国を異にする都市と都市。友好都市。親善都市。

しまい-ばしら【仕舞柱】しまひ 近世初期の芝居小屋で、舞台端の柱のこと。ひいきの客から俳優に贈られた花(祝儀)などを挿しておいた柱。能舞台の目付柱めつけばしらにあたる。

しまい-ぶろ【仕舞(い)風呂】しまひ「仕舞い湯」に同じ。

しまい-へん【姉妹編】小説・戯曲・映画などで、内容・趣向などに関連性・共通性をもたせてつくられた作品。

しまい-みせ【仕舞(い)店】しまひ ❶店じまいや転業などに際して、在庫品を売る店。❷古道具屋。また、季節外れの物や売れ残りの物などを専門に扱う店。しまいだな。

しまい-もの【仕舞(い)物】しまひ 時節はずれの品物。売れ残りの品物。

しまい-ゆ【仕舞(い)湯】しまひ みんなが入りおわって、湯船の湯を落とすころの風呂。また、それに入ること。仕舞い風呂。

し-ま・う【仕舞う|▽終う|▽了う】しまふ〘動ワ五(ハ四)〙《「し」は動詞「す」の連用形》❶㋐続いていた物事を、そこで終わりにする。終業する。「仕事を—・う」㋑商売などをやめる。廃業する。たたむ。「営業不振で店を—・う」❷終わりになる。終わる。「予定より仕事が早く—・った」「今年は花見をせずに—・った」❸使用したもの、大切なものなどを元の場所や入れ物などの中に納める。かたづける。「夏物を—・う」「雛人形

を—・う」「胸のうちに—・っておく」❹信用取引や清算取引で、建玉(たてぎょく)を転売または買い戻すことによって取引を完了する。❺㋐ないようにする。なくする。「世の中には富(=富クジ)で身代を—・ふもあるから」〈黄・金生木〉㋑精算する。特に、年末の決算を済ます。「留守のうちに手廻しよく、内証—・ひ置きけるとうれしく」〈浮・胸算用・五〉㋒殺して結末をつける。「ほかに—・うてやる思案もあり」〈浮・二十不孝・一〉㋓遊里で、一定の時間や紋日に揚げ代を出して遊女を買い切る約束をする。「あしたあの八右衛門めが—・って下の舳(へさき)へ手めえを連れていくさうだ」〈洒・娼妓絹籭〉❻(補助動詞)主に動詞の連用形に接続助詞「て」を添えた語に付く。㋐その動作・行為が完了する、すっかりその状態になる意を表す。「早く食べて—・いなさい」「所帯染みて—・う」「あきれて—・う」㋑そのつもりでないのに、ある事態が実現する意を表す。「負けて—・った」「まずいところを見られて—・った」〔可能〕しまえる 〔類語〕収める・片付ける・畳む・入れる・仕舞い込む・蔵(ぞう)する・収蔵する・収納する・格納する・含む・包含する・収録する・収載する・整頓(せいとん)する・整理する・整える・始末する・かたす

仕舞って翁草(おきなぐさ)　「しまっておきな」の「おきな」に「翁」を掛けて続けた言葉遊び。

じま・う(ぢまふ)〔連語〕《接続助詞「て」が撥音便形やガイ音便形に付いて「で」になったものに、補助動詞「しま(仕舞)う」が付いたものの音変化》…(し)てしまう。「死ん—・う」「残りの酒をつい—・う」

しま-うしのした【×縞牛の舌】ササウシノシタ科の海水魚。全長約25センチ。両眼が体の右側にあり、有眼側は褐色の横縞が多数ある。食用。つるまき。

しま-うた【島唄】《「シマ唄」とも書く。「シマ」は集落の意という》奄美群島で歌われる民謡。唄の名手を「唄者(うたしゃ)」という。

しま-うちゅう【島宇宙】(ウチウ)《島のように大宇宙に散在しているところから》「銀河❷」に同じ。

しま-うま【×縞馬・×斑馬】奇蹄(きてい)目ウマ科の哺乳類の総称。アフリカに分布。体は白地に黒の縞模様があり、たてがみは立っている。グラントシマウマ・グレビーシマウマなど。ゼブラ。

しま-え【島絵】(ヱ)古く南方諸島から渡来した絵。また、出所のはっきりしない渡来画。

じ-まえ【自前】(ヂまへ)❶費用を自分で負担すること。自弁。自分持ち。「食費は—だ」「—の衣装」❷職人・芸者などが独立して営業すること。「—で稼ぐ」⇔抱(かか)え。

しま-おうごん【紫磨黄金】(ワウゴン)「紫磨金(しまごん)」に同じ。

しまおか-きちろう【島岡吉郎】(しまをかきちらう)［1911～1989］野球監督。長野の生まれ。昭和27年(1952)明大監督に就任。東京六大学リーグでは同校を通算15回の優勝に導き、多くの名選手を育て上げた。

しま-おくそく【×揣摩憶測・×揣摩臆測】〔名〕(スル)自分だけの判断で物事の状態や他人の心中などを推量すること。当て推量。「恐らくは—に過ぎないであろう」〈谷崎・春琴抄〉

しまお-としお【島尾敏雄】(しまをとしを)［1917～1986］小説家。横浜の生まれ。戦争体験を描いて作家としての地位を確立。超現実的な作風を示す一方、心因性疾患の妻との生活を描き、独自の世界を築いた。作「出発は遂に訪れず」「死の棘(とげ)」など。

しま-おり【×縞織(り)】「縞織物(しまおりもの)」の略。

しま-おりもの【×縞織物】縞模様を織り出した織物。縞物。縞織り。

しま-おろし【島×颪】島にある山から海に向かって吹き下ろす強い風。

しま-おんせん【四万温泉】(ヲンセン)群馬県北部、中之条町にある温泉群。四万川に沿ってあり、泉質は塩化物泉・硫酸塩泉など。伊香保・草津とともに上毛三湯の一。

しま-か【×縞蚊】カ科ヤブカ属シマカ亜属の昆虫の総称。体は黒色の地に白色の鱗片(りんぺん)が点散するものが多い。卵を1個ずつたまり水に生む。人畜の血を吸い、熱病を媒介する種もある。〔季 夏〕

しま-がえ【島替え】(がへ)江戸時代の刑罰の一。遠島の刑になった罪人がその島で再び罪を犯したとき、さらに遠い島に流したこと。

しま-がく・る【島隠る】㊀〔動ラ四〕島のかげに隠れる。また、島のかげに退避する。「わたつみの沖つ白波立ち来らし海人娘子(あまをとめ)ども—・る見ゆ」〈万・三五九七〉㊁〔動ラ下二〕㊀に同じ。「ほのぼのと明石の浦の朝霧に—・れ行く舟をしぞ思ふ」〈古今・羇旅〉

しま-がくれ【島隠れ】島に隠れて見えなくなること。また、島のかげ。「御舟に具してあらんとて、—なる所に具してとまりぬ」〈宇治拾遺・一〇〉

しま-かげ【島陰】❶島に隠れて見えない所。❷島の中で、岬などの陰になって風波を避けられる所。

しま-かげ【島影】島の姿。海上に見える島の形。

しま-がた【島形】山水の景色をまねた置物。島台。

しま-がに【×縞×蟹】タカアシガニの別名。

しま-がみしも【×縞上下・×縞×裃】縞地のかみしも。下には紋付きの衣服を着ることが多い。

しま-がら【×縞柄】縞の模様。「—のネクタイ」

し-まき【▽風巻(き)】《「し」は風の意》風が激しく吹き荒れること。また、その風。「雪—」〔季 冬〕「一くる雪の黒みや雲の間(あひ)/文草」

しま-ぎ【島木】鳥居の笠木(かさぎ)の下にあり、柱頭の上にのっている長い横材。

じ-まき【地×蒔き】(ヂ)蒔絵(まきゑ)で、文様以外の部分に金・銀・錫(すず)などの粉を蒔くこと。また、その蒔絵。沃懸(いかけ)地・梨子地・平目地などがある。

しまき-あかひこ【島木赤彦】［1876～1926］歌人。長野の生まれ。本名、久保田俊彦。伊藤左千夫に師事し、「アララギ」を編集。初め万葉風と写生とを強調、のち東洋的な象徴主義を目ざした。歌集「氷魚(ひを)」「太虚(たいきょ)集」「柿蔭(しいん)集」、歌論「歌道小見」など。

しまき-けんさく【島木健作】［1903～1945］小説家。北海道の生まれ。本名、朝倉菊雄。農民運動に参加。検挙され、転向後に作家生活に入る。作「癩」「生活の探求」「赤蛙」など。

しま-ぎり【×縞×桐】木目が糸のように細かい桐材。糸柾(いとまさ)の桐材。

し-ま・く【▽風巻く】〔動カ四〕《「し」は風の意》風が激しく吹きまくる。吹き荒れる。「伊吹の岳に雪—・くめり」〈山家集・中〉

しま・く【×繞く】〔動カ四〕とりまく。とりかこむ。「鯉は戦ひ勝ちぬれば、江に返り上りて、竹生島を—・きて居ぬ」〈今昔・三一・三六〉

じ-まく【字幕】❶映画・テレビなどで、題名・配役・説明などを文字で映し出した画面。タイトル。キャプション。❷特に外国映画などで、会話の翻訳を画面に映し出したもの。スーパーインポーズ。

しま-ぐに【島国】四方を海で囲まれている国。
〔類語〕海国

しまぐに-こんじょう【島国根性】(コンジャウ)他国と交流の少ない島国に住む国民にありがちな、視野が狭く閉鎖的でこせこせした性質や考え方。

じまく-ほうそう【字幕放送】(ハウソウ)▶文字放送

しま-こうじ【島耕二】(カウジ)［1901～1986］俳優・映画監督。長崎の生まれ。本名、鹿児島武彦。はじめ俳優として活躍、のち監督となり「風の又三郎」「次郎物語」など文芸作品の映画化に手腕を発揮する。戦後は娯楽作品を多く手がけた。代表作「銀座カンカン娘」「金色夜叉」「宇宙人東京に現わる」など。

しま-ことば【島言葉】その島で独自に用いられている言葉。

しま-ごん【紫磨金】紫色を帯びた純粋の黄金。紫磨黄金。紫金(しこん)。「体相威儀いつくしく、—の尊容は」〈栄花・玉の台〉

しま-さき【島崎・島先】島の海に突き出た所。また、築山などの池に突き出た所。「やい太郎冠者、あの—に見ゆる木は何ぢゃ」〈虎寛狂・萩大名〉

しまざき-とうそん【島崎藤村】［1872～1943］詩人・小説家。筑摩県馬籠村(のちの長野県神坂村。山口村など名称の変更を経て、現在は岐阜県中津川市)の生まれ。本名、春樹。北村透谷らの「文学界」創刊に参加。詩集「若菜集」を発表して、浪漫主義詩人として出発。小説「破戒」によって作家としての地位を確立、自然主義文学の先駆となる。ほかに詩集「落梅集」、小説「春」「家」「新生」「夜明け前」など。

しま-ざさ【×縞×笹】チゴザサの別名。

しま-ざらし【×縞×晒し・島×晒し】縞模様のあるさらし布。また、島でさらして作った布ともいう。

しま-し【志摩市】▶志摩㊂

しまし【▽暫し】〔副〕《上代語》「しばし」の古形。「奈呉の海に舟—貸せ沖に出でて波立ち来やと見て帰り来む」〈万・四〇三二〉

しまし-く【▽暫しく】〔副〕《上代語》「しまし」に同じ。「—もひとりありうるものにあれや島のむろの木離れてあるらむ」〈万・三六〇一〉

しましま【島々】長野県松本市西部の地名。上高地への入り口にあたり、北アルプス登山の中継点。

しま-じま【島島】たくさんの島。多くの島。

しまじ-もくらい【島地黙雷】(しまぢ)［1838～1911］浄土真宗本願寺派の僧。周防(すおう)の人。神仏分離、大教院廃止を主張、各宗独立に努力。また、日本赤十字社の創立などに活躍。著「仏教各宗綱要」「維摩経講義」など。

しま-じゅす【×縞×繻子】縞模様のある繻子(しゅす)。

します〔助動〕［しまさ(しませ)｜しまし｜します｜します｜しませ｜しませ(しまし)］《尊敬の助動詞「す」の連用形に尊敬の補助動詞「おはします」の付いた「せおはします」の音変化》四段・ナ変・ラ変動詞の未然形に付く。尊敬の意を表す。…なさる。お…になる。「くどい事を言は**します**」〈虎明狂・河原太郎〉〔補説〕中世から近世にかけて用いられた。

しま-ずり【島×摺り】島や岬などの景色を模様にしてすり出した布帛(ふはく)。

しま-せいいち【嶋清一】［1920～1945］野球選手。和歌山の生まれ。和歌山県立海草中学校(現和歌山県立向陽高等学校)野球部で投手として活躍。昭和14年(1939)第25回全国中等学校優勝野球大会(現全国高等学校野球選手権大会)で全5試合を完封勝利。準決勝、決勝では2試合連続ノーヒットノーランを達成した。明治大学に進学するも、学徒動員により、同20年インドシナ半島沖の海戦で戦死。

しま-そだち【島育ち】島で育ったこと。また、その人。

しまぞの-じゅんじろう【島薗順次郎】(ジュンジラウ)［1877～1937］医学者。和歌山の生まれ。京大・東大教授。脚気(かっけ)がビタミンBの欠乏によることを発見。

しま-ぞめ【×縞染(め)】白地に縞模様を染め出すこと。また、その布帛(ふはく)。

しまだ【島田】「島田髷(しまだまげ)」の略。

しまだ【島田】静岡県中部の市。もと東海道の宿場町で、大井川の渡し場として有名。木材の集散地。製材業が盛ん。牧之原市との境に静岡空港がある。平成17年(2005)に金谷町と合併、同20年に川根町を編入。人口10.0万(2010)。

しま-だい【島台】婚礼その他のめでたい儀式のときの飾り物。州浜の台の上に松竹梅を作り、これに尉(じょう)・姥(うば)を立たせ、鶴・亀などを配したもの。蓬萊山(ほうらいさん)をかたどったものといわれる。

しま-だい【×縞×鯛】(ダヒ)❶イシダイの別名。〔季 夏〕❷タイに似た形の、縞模様のある魚の俗称。特にタカノハダイをさす。

しまだ-かずお【島田一男】(かずを)［1907～1996］推理作家。京都の生まれ。満州日報の記者を経て、戦後作家活動に入る。新聞記者を主人公にした作品を多く書き、NHKテレビドラマ「事件記者」の原作・脚本を担当。他に「古墳殺人事件」「社会部記者」など。

しまだ-くずし【島田崩し】(くづし)島田まげを崩した髪形。島田まげの髷の余りを笄(こうがい)に巻きつけてまげの前に置くもの。多くは芸者の風俗で、また、忌中などにも結った。

しまだ-さぶろう【島田三郎】(サブラウ)［1852～1923］ジャーナリスト・政治家。静岡の生まれ。横浜毎日新聞主筆。のち官界に入ったが下野。明治15年(1882)立憲改進党の創立に参加。以後、衆議院議員。雄弁家として知られ、ジーメンス事件暴露などの議会演説は有名。

しまだ-し【島田市】▶島田

しまだ-せいじろう【島田清次郎】セイジ ラウ［1899〜1930］小説家。石川の生まれ。金沢商業中退。大正8年(1919)に刊行した長編小説「地上」がベストセラーとなったが、精神を病み療養中に病死した。

しまだ-ぜんすけ【島田善介】［1888〜1955］野球選手・指導者。栃木の生まれ。旧名、福田子之助。慶大の捕手として活躍し、明治44年(1911)米国遠征に参加。大正11年(1922)三田倶楽部クラブの一員として米国メジャーリーグ選抜チームを初めて破る。のち日本学生野球協会副会長を務めるなど、学生野球の発展に尽力。

しま-だな【島棚】❶違い棚の一種で、中央の棚板が左右の板よりも高くなるように棚を造り、その棚が二段に重なるもの。❷島の周縁に広がる、勾配こうばいの小さい海底。

しまだ-ばんこん【島田蕃根】［1827〜1907］幕末・明治期の仏教学者。周防すおうの人。初め、修験道教学院の住職。一切経の校勘に努力し、福田行誡ぎょうかいとともに縮刷大蔵経を刊行。

しまだ-まげ【島田×髷】日本髪の代表的な髪形。前髪と鬢髱びんたぼを突き出させて、まげを前後に長く大きく結ったもの。主に未婚女性が結う。花嫁の文金高島田をはじめ、締め付け島田・投げ島田など多くの種類がある。江戸初期、東海道島田宿の遊女の髪形から広まったという。しまだわげ。

しまだ-まさひこ【島田雅彦】［1961〜　］小説家。東京の生まれ。東京外大在学中に「優しいサヨクのための嬉遊曲」でデビュー、芥川賞候補となり日本のポストモダン文学の旗手として注目される。「夢遊王国のための音楽」で野間文芸新人賞、「彼岸先生」で泉鏡花文学賞を受賞。他に「天国が降ってくる」「僕は模造人間」「退廃姉妹」など。

しまだ-わげ【島田×髷】「しまだまげ」に同じ。

しまちどりつきのしらなみ【島衛月白浪】歌舞伎狂言。世話物。5幕。河竹黙阿弥作。明治14年(1881)東京新富座初演。主要人物がすべて盗人で、最後には全員が改心するという筋。白浪物の一つで散切物ざんぎりものの代表作。通称「島ちどり」。

しま-ちょう【×縞帳】チャウ ▶縞手本しまでほん

しま-ちりめん【×縞▽縮×緬】❶縞糸に山繭糸を用いた縮緬。山繭糸は染色しにくく、自然に染め分けられて縞が出る。山繭縮緬。❷《古くはすべて縞織りだったところから》御召縮緬おめしちりめんのこと。

し-まつ【始末】〔名・形動〕スル ❶物事の始めと終わり。始めから終わりまでの細かい事情、または成り行き。いきさつ。顛末てんまつ。「事の―を見守る」❷ある物事の最終的な状況。特に、よくない結果。「しまいには泣き出す―だ」「万事この―だ」❸物事の締めくくりをつけること。後片付けをすること。処理。「火の―」「―に困る」「店を―して田舎に帰る」❹浪費をしないように気をつけること。また、そのさま。倹約。「用紙を―して使う」「―な家で、ずいぶん遠く使いに出る時も交通費は出なかった」〈島木健作・生活の探求〉

類語 (❶)顛末てんまつ・経緯けいい・いきさつ・一部始終・次第・過程・プロセス／(❷)ありさま・次第・仕儀／(❸)整理・収拾・処理・処置・処分・片付ける・済ます・終える・上げる・仕上げる・こなす・やっつける・方かたを付ける・けりを付ける・畳む・整頓せいとんする・整える・仕舞う・収納する・かたす

始末に負え・ない　どうしようもない。処理できない。手に負えない。「―・ないいたずらっ子」

始末を付・ける　きちんと処理をする。締めくくりをつける。「もめごとの―・ける」

しまづ-いえひさ【島津家久】イヘヒサ［1576〜1638］安土桃山・江戸初期の武将。薩摩藩主。文禄の役・慶長の役に従軍。慶長14年(1609)琉球を平定して薩摩に帰属させた。

しまつ-がき【始末書(き)】「しまつしょ(始末書)」に同じ。

しまつ-ぎ【始末気】倹約しようという気持ち。「急に―を出し」〈二葉亭・平凡〉

しまつ-ごころ【始末心】倹約しようとする心。「よろづの―を捨てて、大焼だいやきする竈かまどを」〈浮・五人女・二〉

しまづ-しげひで【島津重豪】［1745〜1833］江戸後期の薩摩藩主。藩校や医学院の創設など文化事業を推進。債務解消のため調所広郷ずしょひろさとを登用して財政改革を図った。

しまつ-しょ【始末書】❶過ちをわびるために、事情を記して関係者に提出する書類。しまつがき。「―をとられる」❷公的責任を問われている者が、自己に関して問題になっている事柄の一部始終を記載して提出する文書。

しまっ-た【仕舞った】〔感〕《動詞「しまう」の連用形＋完了の助動詞「た」から》失敗したときに思わず発する語。「―、間に合わなかった」

しま-づたい【島伝い】ヅタヒ 船などで島から島へ伝って行くこと。「―に船を進める」

しまづ-たかひさ【島津貴久】［1514〜1571］戦国時代の武将。薩摩さつまの人。宗家を継いで薩摩・大隅おおすみを統一。外国との外交にも力を尽くした。

しまづ-ただよし【島津忠義】［1840〜1897］江戸末期の薩摩藩主。久光の長男。藩主斉彬なりあきらの死後家を継ぎ、父とともに藩の近代化に尽力。維新後、率先して版籍奉還した。のち、貴族院議員。

しま-づつみ【×縞包み】和紙の一。厚手で、反物などを包むのに用いる。

しまつ-とり【島つ鳥】《「しまつどり」とも》㊀〔名〕鵜うの古名。〈日葡〉㊁〔枕〕島の鳥の意で、「鵜う」に掛かる。「―鵜養うかひが伴ともは」〈万・四〇一一〉

しまづ-なりあきら【島津斉彬】［1809〜1858］江戸末期の薩摩藩主。早くから西洋文明に関心を抱き、開国・殖産興業を幕府に提言した。将軍継嗣問題にあたり、一橋慶喜ひとつばしよしのぶを擁立して井伊直弼いいなおすけと対立。藩内でも紡績機械・反射炉などを設置し、殖産を奨励した。

しまづ-ひさみつ【島津久光】［1817〜1887］江戸末期の政治家。薩摩さつまの人。斉彬なりあきらの異母弟。忠義の父。斉彬の死後、子の忠義が藩主となったのちは藩政の実権を握った。藩内尊攘そんじょう派を弾圧して公武合体に奔走。明治7年(1874)左大臣になったが、まもなく帰国して隠退。

しまづ-ひさもと【島津久基】［1891〜1949］国文学者。鹿児島の生まれ。東大教授。源氏物語や中世の説話・物語文学の研究に貢献した。著「対訳源氏物語講話」「義経伝説と文学」など。

しまつ-や【始末屋】❶常に節約を心がけて、むだをしない人。倹約家。しまりや。❷江戸時代、遊女屋で無銭遊興した客の代金取り立てを業とした者。「―と知らずお袋馳走をし」〈柳多留・九八〉 類語 けち・吝嗇りんしょく・しみったれ・しわい・渋い・しょっぱい・細かい・みみっちい (けちな人)けちん坊・しわん坊・握り屋・締まり屋・吝嗇漢・守銭奴しゅせんど・倹約家

しまづ-やすじろう【島津保次郎】ヤスジ ラウ［1897〜1945］映画監督。東京の生まれ。松竹を中心に展開した小市民映画ですぐれた業績を残した。代表作「隣の八重ちゃん」「お琴と佐助」など。

しまづ-よしひさ【島津義久】［1533〜1611］安土桃山時代の武将。薩摩さつまの人。貴久の子。法号、竜伯。薩摩・大隅おおすみ・日向ひゅうがの3国を領し、さらに諸大名を破ってほとんど九州全土を統一支配。豊臣秀吉の九州征伐で降伏。

しまづ-よしひろ【島津義弘】［1535〜1619］安土桃山時代の武将。薩摩さつまの人。法号、惟新いしん。兄義久とともに九州全土を統一。文禄の役・慶長の役で功をあげ、関ヶ原の戦いでは西軍につき、敗退。帰国して隠居した。

じ-まつり【地祭(り)】ヂ ▶地鎮祭じちんさい

しま-でほん【×縞手本】いろいろな縞織物の切れ端をはり並べた見本帳。縞帳。

しま-と【島▽門】島と島、または島と陸地の間の狭い水路。「大君の遠のみかどとあり通ふ―を見れば神代し思ほゆ」〈万・三〇四〉

しま-とうがらし【島唐辛子】タウガラシ トウガラシの一品種。南西諸島で栽培される。果実は小さめで3センチほどだが、辛味が強い。➡こおれえぐす

しま-どうふ【島豆腐】おもに沖縄県で作られる豆腐。大豆を絞る際に加熱しないなど、製法が一般の豆腐と異なる。大豆の味わいが濃厚。

しま-どじょう【×縞泥×鰌】ドヂャウ コイ目ドジョウ科の淡水魚。全長約15センチ。体は淡黄褐色で、体側に暗褐色の斑紋が並ぶ。水のきれいな川や湖の砂礫底されきていにすむ。(季 夏)

しま-ながし【島流し】❶罪人を島や辺鄙へんぴな土地に送った刑罰。流刑。流罪。遠島。❷遠い所や不便な所へ転勤させること。

しまなか-ゆうさく【嶋中雄作】［1887〜1949］出版業者。奈良の生まれ。中央公論社に入り、雑誌「婦人公論」を創刊。のち、中央公論社社長。

しまなみ-かいどう【しまなみ海道】カイダウ ▶瀬戸内しまなみ海道

しま-なんようすぎ【島南洋杉】ナンヤウスギ ナンヨウスギの別名。

しま-にんにく【紫磨忍▽辱】紫磨金しまごんの仏身は常に柔和で、忍辱の相を持っているということ。

しま-ぬけ【島抜け｜島▽脱け】〔名〕スル 島流しになった罪人が、その島をこっそり抜け出すこと。また、その罪人。島破り。

しま-ね【島根】《「ね」は接尾語》島。島国。「岩が根の荒き―に宿りする君」〈万・三六八八〉

しまね【島根】中国地方中央部の県。日本海に面する。もとの出雲いずも・石見いわみ・隠岐おきの3国を占める。県庁所在地は松江市。人口71.6万(2010)。

しまね-いかだいがく【島根医科大学】イクワ ダイガク 島根県出雲市にあった国立大学。昭和50年(1975)設置。平成15年(2003)島根大学と統合し、島根大学医学部となる。➡島根大学

しまね-けん【島根県】▶島根

しまね-けんりつだいがく【島根県立大学】島根県浜田市にある公立大学法人。平成12年(2000)に開学した。総合政策学部の単科大学。同19年、公立大学法人となる。

しま-ねずみ【×縞×鼠】シマリスの別名。

しまね-だいがく【島根大学】島根県松江市にある国立大学法人。松江高等学校・島根師範学校・島根青年師範学校を統合し、昭和24年(1949)新制大学として発足。同40年県立島根農科大学を併合。平成15年(2003)島根医科大学を統合し医学部とする。同16年国立大学法人となる。

しまね-はんとう【島根半島】ハンタウ 島根県北東部、日本海に臨む半島。東端の地蔵崎から西の日御碕ひのみさきまで長さ約65キロメートル、幅15〜20キロメートル。500メートル以下の通称北山と呼ばれる山地が主体。半島北部の海岸はリアス式海岸で変化に富み、湾奥に漁村が並ぶ。半島南部は中海なかうみ・松江平野・宍道しんじ湖・出雲いずも平野が並行してあり、農業が主。美保関みほのせきや日御碕など北部海岸は大山だいせん隠岐おき国立公園の一部。日御碕東の海面は島根半島海域公園となっている。

しまのうち【島之内】大阪市中央区の地名。船場せんばの南にあり、表堀川・道頓堀川・東横堀川・西横堀川に囲まれた地域。問屋が多い。

しま-のじこ【島野路子】ノヂコ ホオジロ科の鳥。全長14センチほど。雄は頭から背、のどが赤褐色、腹が黄色。雌は黄褐色に黒い縦斑がある。東部シベリアで繁殖し、日本では迷鳥。

しま-ばえ【×縞×蠅｜大=麻×蠅】バヘ ❶双翅そうし目シマバエ科のハエ。小形で、色彩や形状はさまざま。雑木林や水辺に多い。(季 夏)❷ニクバエの別名。

しま-はぶたえ【×縞羽二重】ハブタヘ 太糸や太い縒り糸で、縦縞・横縞または縦横縞を織り出した羽二重。

しまばら【島原】㊀長崎県南東部の市。江戸時代は松平氏の城下町。雲仙岳への入り口。市内各所に湧水がみられ、古くから水の都と呼ばれる。平成18年(2006)1月、有明町を編入。人口4.7万(2010)。㊁京都市下京区西部にあった、遊郭地。

しまばら-あまくさ-いっき【島原天草一揆】寛永14年(1637)から翌年にかけて、九州の島原・天草に起こったキリシタン信徒を主とする農民一揆いっき。幕府の禁教政策と領主の苛政かせいに対し、天草四郎時貞を頭かしらとする約4万の農民・浪人が原城にこもって頑強に抵抗、幕府軍によって4か月後に落城した。島原の乱。天草の乱。天草一揆。

しまばら-きょうげん【島原狂言】ーキャウゲン 明暦(1655〜1658)ころから寛文(1661〜1673)にかけて流行した、京都の島原遊郭を舞台とする傾城けいせい買いの様子を演じた歌舞伎狂言。のち京都では、歌舞伎狂言そのものを意味するようになった。島原歌舞伎。

しまばら-し【島原市】▶島原㊁

しまばら-じょう【島原城】ージャウ 長崎県島原市にあった城。有馬氏のあとの領主松倉重政が元和4年(1618)から寛永2年(1625)にかけて築城。のち、島原天草一揆で、一揆いっき勢の攻撃を受けた。明治7年(1874)の廃城令を受けて土地建物が売却・破壊されるが、昭和35年(1960)天守閣を復興。

しまばら-どうちゅう【島原道中】ーダウチュウ 京都にあった島原遊郭の年中行事。毎年4月21日に郭中の太夫が盛装し、揚屋あげや入りを様式化して練り歩いたもの。太夫道中。

しまばら-の-らん【島原の乱】▶島原天草一揆

しまばら-はんとう【島原半島】ーハンタウ 長崎県南東部に突き出た、雲仙岳を中心とする半島。有明海・島原湾・橘たちばな湾に囲まれる。

しまばら-もよう【島原模様】ーモヤウ 和服で、襟先から衽おくみ・前裾まえすそにかけて置いたはでな模様。京都島原の遊女の衣装から始まったという。千代田模様。島原褄づま模様。

しまばら-わん【島原湾】九州西部にある内湾。湾奥を有明海とよび、島原半島と熊本県の間をさすこともある。南方は宇土半島・天草諸島に限られる。

しま-はんとう【志摩半島】ーハンタウ 三重県東部にある半島。典型的なリアス式海岸。伊勢志摩国立公園の主要部。真珠養殖が盛ん。

しま-ひでのすけ【島秀之助】[1908〜1995]プロ野球選手・審判。兵庫の生まれ。法大で活躍後、昭和10年(1935)名古屋金鯱きんこ軍に入団。同13年に審判員に転向。2リーグ分立の同25年セリーグ初代審判部長に就任。審判員として通算2605試合に出場した。

しま-びと【島人】島に住んでいる人。島の住人。

しまひろ-やま【島広山】茨城県坂東市にあった地名。天慶年間(938〜947)平将門が平貞盛・藤原秀郷の軍と戦った地。

しま-ふくろう【島×梟】ーふくろふ フクロウ科の鳥。全長70センチくらい。全身褐色で黒い縞がある。北海道の森林にすむ。コタンクルカムイ。(季 冬)

しま-べ【島辺】《上代は「しまへ」》島のほとり。島の付近。「潮さゐに伊良虞いらごの一漕ぐ舟に」〈万・四二〉

しま-へび【×縞蛇】ナミヘビ科の爬虫はちゅう類。無毒。全長約1.5メートル。体は褐色で4本の黒褐色の縦縞がある。全身黒色のものはカラスヘビと呼ぶ。カエル・トカゲ・ネズミ・小鳥などを捕食。日本特産。(季 夏)

じ-まま【自×儘】〔名・形動〕周囲の事情など考えずに、自分の思うままに物事をすること。また、そのさま。わがまま。「一な生活」

しま-み【島×廻】❶島のまわり。「一には木末こぬれ花咲き」〈万・三九九一〉❷島のまわりをめぐること。島めぐり。「玉藻刈る辛荷の島に一する鵜うにしもあれや家思はざらむ」〈万・九四三〉

しま-みみず【×縞蚯=蚓】ツリミミズ科のミミズ。体長6〜18センチ。各環節に紫褐色の帯があるため全体に横縞模様を呈する。釣りのえさにする。きじ。(季 夏)

しまむら-ほうげつ【島村抱月】ーハウゲツ [1871〜1918]評論家・小説家・新劇運動家。島根の生まれ。本名、滝太郎。坪内逍遥とともに文芸協会を設立、「早稲田文学」を主宰し、自然主義文学運動に活躍。のち、松井須磨子と芸術座を組織し、西洋近代劇を紹介。著「新美辞学」「近代文芸之研究」など。

しま-め【×縞目】縞模様の、色と色との境目。

しま-めぐり【島巡り|島▽回り】❶島のまわりや島々を船で見てまわること。❷島の中をめぐって見て歩くこと。❸チュウサギの別名。

しま-めのう【×縞×瑪×瑙】ーメナウ 種々の色層の重なっている瑪瑙。研磨面に美しい模様が出る。オニックス。オニキス。

しま-もの【島物】❶南方諸島から渡来したもの。特に、天文(1532〜1555)以後渡ってきた美術品をいう。茶入れ・茶壺に多い。❷出所や素性などが不明なもの。えたいの知れないもの。「その曲節ふしは、平家とも舞とも謡とも知れぬ一なり」〈仮・東海道名所記・六〉

しま-もの【×縞物】「縞織物しまおりもの」に同じ。

しま-もめん【×縞木綿】縞を織り出した綿織物。

しま-もよう【×縞模様】ーモヤウ 長いいく筋かの線が列のように並んだ模様。縞。縞柄。

しま-もり【島守】島の番人。また、島の住人。

しま-やぶり【島破り】〔名〕スル「島抜け」に同じ。

しま-やま【島山】❶島にある山。全体が山である島。また、川の中の島のように見える山。❷庭園の池の中につくった、山の形をした島。築山。

しま-よし【×縞×葦】クサヨシの変種。葉に白い縦縞がある。リボングラス。縞萱しまがや。

しま-よしたけ【島義勇】[1822〜1874]江戸末期・明治初期の志士・政治家。佐賀藩士。通称団右衛門。戊辰ぼしん戦争で功を立て、秋田県令などを歴任。新政府の政策に反対して帰郷。明治7年(1874)江藤新平らと佐賀の乱を起こしたが捕らえられ斬首ざんしゅされた。

しまら-く【▽暫く】〔副〕「しばらく」の古形。「一は寝つつもあらむを」〈万・三四七一〉

しまり【締(ま)り】❶しまっていて緩みやあきのないこと。「ねじの一」❷からだつきや顔つきにたるんだところがなく、引きしまっていること。「一のない口もと」❸(「緊まり」とも書く)気持ちや態度、また、その場の状態や雰囲気などに緊張感があること。「一に欠ける試合ぶり」❹規律やけじめがあること。「一のある生活」❺戸などが閉じられること。「戸の一が悪い」❻むだな出費を抑えること。倹約。「家計の一がいい」❼しめくくり。結着。「一をつける」❽囲碁で、一隅を二つの石で協力して地を囲うように打つこと。

締まりがな・い 態度や心構えに緊張感がない。顔つきやからだつきなどが、きりっと引き締まっていない。「一・い顔」「一・い格好」「金に一・い」

しま-りす【×縞×栗×鼠】リス科の哺乳類。体は黄褐色で背に黒い縦縞が5本ある。木によく登るが、巣穴は地中に掘る。朝鮮半島からシベリアにかけて分布、日本では北海道の山地にすむ。愛玩あいがん用に飼育される。

しまり-ぞなえ【締(ま)り備え】ーぞなへ 軍陣の最後を取り締まること。また、そのために備える隊。殿軍。しんがり。あとおさえ。

しまり-ばめ【締(ま)り×嵌め】機械の嵌め合いで、嵌め合わす軸の径を穴の径よりも少し大きくしてある形式。

しまり-や【締(ま)り屋】倹約家。しまつや。または、けちんぼう。「一の女房」

(類語)けち・吝嗇りんしょく・しみったれ・しわい・渋い・しょっぱい・細かい・みみっちい(けちな人)けちん坊・しわん坊・握り屋・吝嗇漢・守銭奴しゅせんど・倹約家・始末屋

しまり-ゆき【締(ま)り雪】新雪の結晶が昇華によって氷の粒となったり、また、降り積もる雪の重みで全体が締まった状態となった積雪。

しま・る【絞まる】〔動ラ五(四)〕《「締まる」と同語源》首などが周りからきつく押さえつけられる。「マフラーで首が一・って苦しい」

しま・る【締(ま)る|閉(ま)る】〔動ラ五(四)〕❶固くひねったり、強く引っぱったりして緩みやあきのない状態になる。「帯が一・る」「瓶のふたがきちんと一・らない」❷からだつきや顔つきにたるんだところがなくなり引きしまる。「かたく一・った筋肉」「身の一・るような冷気」「一・った口もと」❸(「緊まる」とも書く)心や態度にすきがなく、しっかりする。その場の状態・ようすがぴりっとなる。緊張する。「最後まで一・っていこう」「彼がいると座が一・る」「一・らない話」❹生活態度がまじめになる。品行がよくなる。「さすがの遊蕩児も一・ってきた」❺むだな出費がなくなる。倹約・節約する。「こう物価高では一・らざるをえない」❻相場が堅調になる。「相場が一・ってきた」❼(閉まる)あいていた戸・門などがぴったりとじられる。「ドアは自動的に一・る」「カーテンが一・る」⇔開あく。❽(閉まる)その日の営業・業務が終了する。終業する。「店が一・る」「銀行は三時に一・る」⇔開あく。(類語)引き締まる

じ-まわり【地回り|地×廻り】ぢまはり ❶近郷から都市へ品物を回送してくること。また、その品物。「一の野菜」❷都市やその近郷を渡り歩いて商売すること。また、その人。「一の商人」❸都会の盛り場などをなわばりとしてぶらぶらすること。また、そうしたならず者。「一の不良も召集され」〈秋声・縮図〉(類語)ごろつき・やくざ・無頼漢・無法者・与太者・ごろ・ちんぴら・暴力団

し-まん【四×曼】「四種曼荼羅ししゅまんだら」の略。

じ-まん【自慢】〔名〕スル 自分で、自分に関係の深い物事を褒めて、他人に誇ること。「一ののど」「成績を一する」(派生)じまんげ〔形動〕

(類語)誇る・うぬぼれる・おのぼれる・思い上がる

自慢高慢馬鹿ばかのうち 自慢したり偉そうにしたりしている者は、ばか者と同類である。

じ-まん【持満】ぢー ❶弓道で、弓を十分に引き絞り、構えた状態でいること。❷用意を十分に調えて機会を待っていること。➡満を持する

じまん-がお【自慢顔】ーがほ 得意そうな顔つき。自慢らしい顔。(類語)得意・鼻高高・誇らか・誇らしい・鼻が高い・肩身が広い・得得とくとく・揚揚・時を得顔・したり顔・自慢げ・自慢たらしい・会心

しまん-そうそく【四×曼相即】ーサウソク「四曼不離しまんふり」に同じ。

じまん-たらし・い【自慢たらしい】〔形〕いかにも自分を誇るようである。「一・い話しっぷり」(類語)誇らしい・得意・鼻高高・誇らか・鼻が高い・肩身が広い・得得とくとく・揚揚・時を得顔・したり顔・自慢顔・自慢げ

しまんと【四万十】高知県南西部にある市。四万十川の中下流域を占める。イグサ・アオノリが特産。平成17年(2005)4月、中村市・西土佐村が合併して成立。人口3.6万(2010)。

しまんと-がわ【四万十川】ーがは 高知県の西部を流れる川。四国山地に源を発し、中流部で著しく蛇行し、四万十市の中村平野で土佐湾に注ぐ。清流として知られる。長さ約196キロ。渡川わたりがわ。

しまんと-し【四万十市】▶四万十

じまん-ばなし【自慢話】得意になって聞かせる話。

しまん-ふり【四×曼不離】仏語。四曼が互いに融通して離れないこと。四曼相即。

しまんろくせん-にち【四万六千日】7月10日の観世音菩薩の縁日。この日に参詣すると、四万六千日参詣したほどの功徳くどくがあるという。東京浅草寺では境内にほおずき市が立つ。(季 夏)「風鈴ふうりんの一の音/万太郎」

し-み【旨味】うまい味。よい味のするもの。美味。

し-み【至味】この上もなくよい味。また、その物。

しみ【衣=魚|紙=魚|蠹=魚】シミ目の昆虫の総称。体長約1センチ。体はやや細長く、魚を思わせ、腹端に3本の長毛をもつ。口はかむのに適する。湿潤な所にすみ、人家内にもみられ、書物・衣類など、のりのついたものを食害する。総尾類。しみむし。(季 夏)「逃るなり一の中にも親よ子よ/一茶」

しみ【染み】❶液体などが部分的にしみついて汚れること。また、その汚れ。「インクの一」「洋服の一を抜く」❷なかなか消えない過去のいやな記憶。また、消してしまいたいと思う不名誉な点。汚点。「心の一」「経歴に一がつく」❸顔などに生じる、褐色の色素沈着。肝斑かんぱん。

しみ【▽凍み】❶こおること。「一豆腐」❷寒さが厳しいこと。「今夜は少し一が強いようですな」〈山本有三・波〉

し-み【詩味】詩がもっている趣。また、詩的な味わ

い。詩趣。「—のある文章」

じ-み【地味】〔名・形動〕❶形や模様などにはなやかさがなく、目立たないこと。また、そのさま。「—な服装」「—づくり」⇔派手。❷性質や物の考え方・生活態度などが、飾り気がなくて控え目なこと。また、そのさま。質素。「—で目立たない生徒」「—な商売」「—に暮らす」⇔派手。❸▶ちみ(地味)
(類語)質素・簡素・控え目・つましい・つづまやか

じ-み【滋味】❶栄養があって味のいいこと。栄養豊富でおいしい食べ物。「—に富む料理」❷豊かで深い精神的な味わい。「—掬すべき作品」
(類語)美味・佳味・珍味

シミー〖shimmy〗自動車の車輪が左右に首を振るような異常振動。

シミーズ〖(フランス) chemise〗▶シュミーズ

しみ-い・る【染(み)入る・沁み入る】〔動ラ五(四)〕物の奥深くにじみ込む。また、心に深くしみこむ。「身に—・るような寒さ」「胸に—・る情景」

シミエン-こくりつこうえん【シミエン国立公園】《Simien National Park》エチオピア北部にある国立公園。エチオピア最高峰のラスダジャン山(標高4533メートル)がそびえるシミエン山地一帯を対象とする。ナイル川源流域に属し、「アフリカの天井」とも呼ばれる。1978年、世界遺産(自然遺産)に登録されたが、96年には密猟や人口の増加などによる生態系の破壊が指摘され、危機遺産リストに登録された。

しみ-かえ・る【染み返る・沁み反る】〔動ラ四〕❶色や香りなどが強くしみ込む。深くそまる。「丁字に黒むまで—・りたる一襲」〈狭衣・一〉❷深く心を打たれる。しみじみとする。「—・り給へる御声の山の鳥どもも驚かい給ふべし」〈浜松・三〉

しみ-こお・る【凍み氷る】〔動ラ四〕❶かたくこおる。こおりつく。「雪いたう積もりて—・りたる呉竹の枝に」〈狭衣・二〉❷こおりついたように感情が働かなくなる。気がひどくめいる。「身もきるるやうに、心も—・りて」〈宇治拾遺・八〉❸中世芸能の理念で、心を深く思い澄ましてしみじみした感じの極致を得ることをいう。「—・りて、静かに美しく出で来たるままに能をすれば」〈花鏡〉

しみ-こ・む【染(み)込む・沁み込む】〔動マ五(四)〕❶液体や気体、色などが物の中まで徐々に深くしみる。「味が—・むまで煮る」「においが—・む」❷心の奥底まで深く入り込み、消し去ることができなくなる。「不信感が—・んでいる」「—・んだ習慣」

じみ-こん【地味婚】俗に、結婚式や披露宴に費用をかけないこと。婚姻届を出すだけで、結婚式や披露宴を行わないことにもいう。⇔派手婚。

しみ-こんにゃく【凍み蒟蒻】▶こおりこんにゃく(凍り蒟蒻)

しみ-さ・ぶ【茂みさぶ】〔動バ上二〕こんもりと茂る。草木が繁茂する。「大和の青香具山は日の経の大き御門に春山と—・び立てり」〈万・五二〉

しみ-したたる・し【しみ舌たるし】〔形ク〕《「しみ」は強意の接頭語》性格や態度がねちねちしていて感じがよくない。しつこくていやらしい。「その行方に猶なづむと—・う取り廻せば」〈浄・宵庚申〉

しみ-じみ【染み染み・沁み沁み】〔副〕❶心の底から深く感じるさま。「世代の違いを—(と)感じる」「親の有難さが—(と)わかる」❷心を開いて対象と向き合うさま。「友と—(と)語り合う」❸じっと見るさま。「—(と)自分の顔を眺める」(類語)つくづく

しみ-しゅう【四味臭】麝香の異称。

しみ-しんじつ【しみ真実】〔副〕《「しみ」は強意の接頭語》本当に。まったく。心底。「—いやだ」〈滑・浮世風呂・二〉

し-みず【清水】地面や岩の間などからわき出るきれいに澄んだ水。(季 夏)「二人してむすべば濁る—哉/蕪村」(類語)泉・湧き水

しみず【清水】静岡市の区名。旧清水市・旧蒲原町・旧由比町域を占める。茶の輸出港として発展。三保の松原、日本平などの景勝地がある。

しみず【清水】㊀姓氏の一。㊁徳川御三卿の一。9代将軍徳川家重の子重好が、江戸城清水門内に屋敷を与えられたのに始まる。

しみず【清水】狂言。茶の水をくみに行かされた太郎冠者が、鬼に手桶を取られたと偽って帰り、手桶をさがしにいった主人を鬼に化けて脅すが、声で見破られる。

しみず-エスパルス【清水エスパルス】日本プロサッカーリーグのクラブチームの一。ホームタウンは静岡市。平成3年(1991)設立。同5年のJリーグ発足時から参加。(補説)「エスパルス」は清水(清水市、平成15年に静岡市に合併)・静岡・サッカーの頭文字のSと、英語の心臓の鼓動(pulse)をあわせた造語。

しみず-がき【清水垣】神社などの垣根で、丸太を支柱とし、横に竹を何段かに組み、間に細い竹を立てて棕櫚縄で結んだもの。

しみず-く【清水区】▶清水

しみず-くにお【清水邦夫】[1936～]劇作家・演出家・小説家。新潟の生まれ。劇団木冬社を創立、主宰。戯曲「真情あふるる軽薄さ」「狂人なおもて往生をとぐ」「わが魂は輝く水なり」など。小説「華やかな川、囚われの心」で芸術選奨受賞。

しみず-こん【清水崑】[1912～1974]漫画家。長崎の生まれ。本名、幸雄。岡本一平に師事し、挿絵画家として認められたのち、新聞に政治漫画を掲載。「週刊朝日」に連載された「かっぱ天国」が人気を集め、かっぱブームを起こした。

しみず-し【清水市】▶清水

しみず-たかし【清水多嘉示】[1897～1981]彫刻家。長野の生まれ。フランスに留学し、ブールデルに師事。

しみず-たつお【志水辰夫】[1936～]小説家。高知の生まれ。本名、川村光暁。公務員やフリーライター、編集者などを経て、40歳を前に作家へ転身。「飢えて狼」でデビュー。「背いて故郷」で日本推理作家協会賞受賞。他に「裂けて海峡」「帰りなん、いざ」「きのうの空」など。

しみず-とうげ【清水峠】新潟・群馬県境にある三国山脈を越える峠。地形が険しいために通行者が少なかった。標高1448メートル。

しみず-トンネル【清水トンネル】新潟・群馬県境にある上越線のループ式トンネル。清水峠の南にあり、谷川岳を貫く。昭和6年(1931)開通、長さ9702メートル。同42年新清水トンネルが開通して複線化が完成。長さ1万3500メートル。同56年には上越新幹線に大清水トンネル(長さ2万2221メートル)が開通。

しみず-のじろちょう【清水次郎長】[1820～1893]幕末から明治初期の侠客。駿河の人。本名、山本長五郎。米商から博徒となり、東海一の親分となった。また、富士山麓の開墾などの社会事業も行った。

しみず-はまおみ【清水浜臣】[1776～1824]江戸後期の歌人・国学者。江戸の人。号、泊洦舎。村田春海に国学を学び、古典の考証・注釈にすぐれ、王朝的情趣のある歌文を残した。著「泊洦舎文藻」「泊洦舎集」など。

しみず-ひろし【清水宏】[1903～1966]映画監督。静岡の生まれ。「峠の彼方」で監督デビュー。人情ものや、ドキュメンタリータッチで子供を描いた作品で高く評価された。代表作「有りがたうさん」「風の中の子供」「小原庄助さん」など。

しみず-むねはる【清水宗治】[1537～1582]戦国時代の武将。備中高松城主。羽柴秀吉の水攻めに敗れて自刃。

しみず-もとよし【清水基吉】[1918～2008]小説家・俳人。東京の生まれ。「雁立」で芥川賞受賞。他に「白河」「夫婦万歳」など。俳句は石田波郷に師事し、俳誌「鶴」に参加。俳誌「日矢」を創刊、主宰。句集に「冥府」「遊行」など。平成3年(1991)鎌倉文学館館長。

しみず-もん【清水門】江戸城内郭門の一。田安門の南東にあり、北の丸への出入り口。門内に御三卿清水家の屋敷があり、その表門として使われた。

しみ-だいこん【凍み大根】大根を適当な大きさに切って寒中に凍らせたあと、乾燥させたもの。

しみ-だ・す【染(み)出す・滲み出す】〔動サ五(四)〕液体が、覆っている物を通して表面に出てくる。染み出る。「シャツに汗が—・す」

しみ-たれ〔名・形動〕「しみったれ」に同じ。

しみ-た・れる〔動ラ下一〕❶「しみったれる❶」に同じ。「—・れた老父」〈露伴・いさなとり〉❷「しみったれる❷」に同じ。「脅迫されるような始末じゃ、—・れずには居られないよ」〈紅葉・多情多恨〉

じ-みち【地道】〔名・形動〕❶手堅く着実に物事をすること。地味でまじめなこと。また、そのさま。「—な努力をする」「—に働く」❷普通の速さで歩くこと。また、馬を普通の速さで進ませること。なみ足。「—に歩む馬に乗り」〈浮・栄花一代男〉➡早道 (派生)じみちさ〔名〕(類語)堅実・着実・堅気

しみ-つ・く【染(み)付く・沁み着く】〔動カ五(四)〕❶色やにおいなどが移りついて簡単にとれなくなる。すっかりしみこむ。「汚れが—・いて落ちない」❷癖になって、なかなか抜けなくなる。「貧乏性が—・く」❸心に深くついて離れなくなる。「三浦の太夫職花紫に色濃くも—・き」〈浮・禁短気・一〉

しみ-つ・く【凍み付く】〔動カ五(四)〕こおりついてかたくなる。「日陰の雪が—・く」

しみっ-たれ〔名・形動〕《「しみたれ」の促音添加》❶物惜しみすること。けちけちしていること。また、そういう人や、そのさま。「金に細かい—なやつ」❷こせこせして卑しいこと。また、そのさま。「—な考え」❸見た目や内容が、貧弱でみすぼらしいこと。安っぽいこと。また、そのさま。「—ななり」
(類語)けち・吝嗇・しわい・渋い・しょっぱい・細かい・みみっちい(けちな人)けちん坊・しわん坊・握り屋・締まり屋・吝嗇漢・守銭奴・倹約家・始末屋

しみっ-た・れる〔動ラ下一〕《「しみたれる」の促音添加》❶物惜しみをする。けちけちする。「御祝儀にそう—・れた真似もできない」❷こせこせする。卑しい考えを持つ。「—・れた根性」❸服装などが、みすぼらしい感じを与える。「—・れた格好」

しみ・でる【染(み)出る・滲み出る】〔動ダ下一〕「染み出す」に同じ。「包帯に血が—・でてくる」

しみ-どうふ【凍み豆腐】「凍り豆腐」に同じ。(季 冬)「—煮て佳き酒を尽しけり/秋桜子」

しみ-とお・る【染み透る・沁み透る】〔動ラ五(四)〕❶液体などが中まで深くしみこむ。「服の裏まで雨が—・る」❷心の奥まで深く感じる。骨身にこたえる。「親切が身に—・る」

しみ-に【茂みに】〔副〕すきまなくいっぱいに。「梅の花み山と—ありともやかくのみ君は見れど飽かにせむ」〈万・三九〇二〉

しみ-ぬき【染(み)抜き】〔名〕(スル)衣服などについたしみを薬品などで落とすこと。また、その薬品。

しみのすみかものがたり【しみのすみか物語】江戸後期の笑話集。2巻。石川雅望作。天保2年(1831)刊。宇治拾遺物語の体裁や文体をまねて、雅文体で記したこっけいな小話54話を収録。

しみ-ふか・し【染み深し・沁み深し】〔形ク〕香りなどが強くしみ込んでいる。深くしみとおっている。「もて馴らしたる移り香いと—・うなつかしくて」〈源・夕顔〉

ジミ-ヘン《「ジミ=ヘンドリックス」の略》▶ヘンドリックス

しみみ-に【茂みみに】〔副〕密に。ぎっしりと。「忘れ草垣も—植ゑたれど」〈万・三〇六二〉

しみ-むし【衣=魚虫】シミの別名。

しみ-もち【凍み餅】「凍り餅」に同じ。

し-みゃく【支脈】山脈・鉱脈・葉脈などで、主脈から分かれて出ている脈。

し-みゃく【死脈】❶死期が近づいた弱い脈拍。「—が打つ(=臨終ガ近イ)」❷鉱物が出なくなった鉱脈。

し-みゃく【翅脈】昆虫の翅にみられる脈。気管や神経を通すための中空のすじで、キチン膜が厚く、補強にも役立つ。分布のしかたが種・属によって違うの

で分類上重要。

じ-みゃく【自脈】自分の脈拍。また、自分で自分の脈をとって病状などを判断すること。

シミュラークル〘フランス simulacre〙❶影。面影。❷にせもの。まがいもの。模造品。

シミュルタネイスム〘フランス simultanéisme〙時間と空間の相互連関的な変化相を、同一画面に同時に表現しようとした美術上の主義。20世紀前半、フランスの画家ドローネーやイタリア未来派などが試みた。同時主義。

シミュレーション〘simulation〙〔名〕スル ❶ある現象を模擬的に現出すること。現実に想定される条件を取り入れて、実際に近い状況をつくり出すこと。模擬実験。「市場の開発を—する」「マーケティング—」❷コンピューターなどを使用して模擬的に実験を行うこと。実験内容を数式模型によって組み立て、これをコンピューター処理することによって実際の場合と同じ結果を得ようとするもの。❸サッカーで、反則の一。相手チームの選手から反則を受けたかのような演技をして、審判を欺くこと。

シミュレーション-ゲーム〘simulation game〙戦争やスポーツ、またビジネスや人生の進路選択などを素材にして、実際と同じような状況を設定し、その場その場の判断によって展開が変動するゲーム。ボード(盤)やコンピューターを使うものが多い。

シミュレーション-ソフト《simulation softwareから》コンピューターを使って模擬実験を行うためのプログラム。

シミュレーション-モデル〘simulation model〙広告計画のコンピューターモデル。与えられた条件によって最も効果的な広告計画が選べる。

シミュレーター〘simulator〙シミュレーションを行うための装置。飛行機・宇宙船などの操縦訓練・試験のため、実際の条件を再現できるようにしたもの。

シミュレート〘simulate〙〔名〕スル シミュレーションをすること。「ライバル店開業に伴う売上の変化を—する」

し-みょう【至妙】〔名・形動〕この上なく巧みなこと。また、そのさま。絶妙。「—の芸」

じみょう-いん【持明院】ヂミャウヰン ㊀京都市上京区にあった、藤原道長の曽孫基頼が邸内に建てた持仏堂の名。㊁姓氏の一。藤原北家道長流。藤原基頼の子通基が㊀を家名としたのに始まる。

じみょういん-とう【持明院統】ヂミャウヰン 鎌倉後期から南北朝時代にかけて、大覚寺統と皇位を争った後深草天皇の系統。南北朝時代は北朝として南朝と対立したが、元中9=明徳3年(1392)南朝を合わせ、以後皇位を継いだ。後深草天皇が譲位後、京都の持明院を御所としたのでこの名がある。➡大覚寺統

じみょういん-りゅう【持明院流】ヂミャウヰンリウ 和様書道の流派の一。世尊寺流の衰退後、門弟持明院基春(もとはる)が創始したもの。

しみら-に〔副〕一日じゅう間断なく。たえずひっきりなしに。しめらに。「あかねさす昼は—ぬばたまの夜はすがらに眠(い)も寝ずに」〈万・三二九七〉

シミリ〘simile〙直喩。明喩。➡メタファー

し・みる【染みる・×沁みる・▽浸みる・×滲みる】〔動マ上一〕文し・む〔マ上二〕❶液体や気体が他の物に移りついて、次第に深く広がる。また、にじんで汚れる。しむ。「味が—・みる」「匂いが—・みる」「汗の—・みた下着」❷液体や気体などの刺激を受けて痛みを感じる。しむ。「消毒薬が傷口に—・みる」「歯に—・みる」❸心にしみじみと感じる。しむ。「親切が身に—・みる」❹好ましくない気風の影響を受けて、その傾向をもつようになる。そまる。しむ。「悪習に—・みる」

用法 しみる・にじむ——「血のしみた(にじんだ)手ぬぐい」「汗のしみた(にじんだ)シャツ」のように、濡れて広がる意では相通じて用いられる。◆「しみる」は液体・気体・におい・味や外部からの刺激などが、内部にまで入りこむことで、「煙が目にしみる」「寒さが身にしみる」「煮物は味がしみるのに時間がかかる」「心にしみる音楽」などという。◆「にじむ」は、その部分から周囲へ広がる、また、内部から表面に出てくる意で、「絵の具の色がにじむ」「落ちた涙で字がにじむ」「涙で街灯がにじんで見える」「涙がにじみ出る」などと用いる。

類語 (❶)滲む(にじむ)・浸透/(❷)痛む・うずく・ずきずきする・しくしくする・ちくちくする・ひりひりする・ひりつく 慣用句 肝に染みる・骨に沁みる・骨身に沁みる・身に沁みる・目に染みる

し・みる【▽凍みる】〔動マ上一〕文し・む〔マ上二〕寒気が厳しくて、こおりつく。また、寒さが厳しくて、こおるように感じる。季冬「一・みる夜や物言ひかはす襖(ふすま)越し/紅緑」類語 凍る・凍(い)て付く・凍りつく・凍結・氷結・結氷・冷凍・こごる・しばれる・凍てる

じ・みる【染みる】〔接尾〕《動詞上一段型活用文じ・む(上二段型活用)》体言に付いて動詞をつくる。❶それがしみついて汚くなる意を表す。「油—・みる」「垢(あか)—・みる」❷そういうようす・状態に感じられるという意を表す。「世帯—・みる」「年寄り—・みる」補説 好ましくないことに言うことが多い。

しみ-わた・る【染(み)渡る・×沁み渡る】〔動ラ五(四)〕隅々までしみとおる。まんべんなくしみる。「酒が五臓六腑(ごぞうろっぷ)に—・る」

し-みん【士民】士族と平民。また、武士と庶民。

し-みん【四民】近世封建社会での、士・農・工・商の四つの身分・階級。転じて、あらゆる階層の人間。「一同等の今日とても地下(ぢげ)と雲上の等差(けじめ)が口惜し」〈露伴・風流仏〉類語 国民・人民・公民・市民・万民(ばんみん)・臣民・同胞・国人(こくじん)・国民(こくみん)・民(たみ)・民草(たみくさ)・億兆(おくちょう)・蒼生(そうせい)・蒼氓(そうぼう)・赤子(せきし)

し-みん【市民】❶市の住民。また、都市の住民。❷《citizen》近代社会を構成する自立的個人で、政治参加の主体となる者。公民。❸《フランス bourgeois》ブルジョア。類語 公民・国民・大衆・民衆・公衆・民(たみ)・庶民・平民・常民・人民・勤労者・生活者・一般人・市井(しせい)の人・世人(せじん)・俗衆・群衆・マス・万民(ばんみん)・四民・臣民・同胞・国人(こくじん)・国民(こくみん)・民草(たみくさ)・億兆(おくちょう)・蒼生(そうせい)・蒼氓(そうぼう)・赤子(せきし)

し-みん【私民】大化の改新以前、諸豪族に隷属した人民。改新後は朝廷に属する公民となった。

し-みん【×嗜眠】常に睡眠状態に陥っている状態。高熱、重病などのときにみられる。

しみん-うんどう【市民運動】一般市民が中心となった政治・社会運動。ふつう、特定の政党と無関係なものをいう。

しみん-かいきゅう【市民階級】ーカイキフ《フランス bourgeoisie》市民革命の担い手となって封建制を打破し、近代民主主義社会をつくり上げ、経済的には産業革命を推進して資本主義経済体制を確立した人々の総称。中産階級と同義に用いられることもある。ブルジョアジー。

しみん-かくめい【市民革命】新興の産業資本家を中心とする市民階級が封建制を打破して、政治的・経済的支配権を獲得し、近代資本主義社会への道を開いた社会変革。17世紀のイギリス革命、18世紀のフランス革命など。ブルジョア革命。

しみん-けん【市民権】❶国籍を有する国民または市民としての権利。人権。民権。公権。❷国民・市民としての行動・思想・財産の自由が保障され、国政に参加することのできる権利。❸一部にしか行われなかったものが、広く認められて一般化すること。「—を得つつある言葉」

しみん-しゃかい【市民社会】ーシャクワイ 市民階級が封建的身分制度や土地制度を打倒して実現した近代社会。法律の前での万人の自由と平等の保障を基礎として成立している。

しみん-ぜい【市民税】市が課する住民税。➡市町村民税

しみんせい-のうえん【×嗜眠性脳炎】ーナウエン 流行性脳炎の一。病原体はウイルスと推定され、高熱、四肢の不随意運動、嗜眠などの症状がある。近年はまれ。報告者の名からエコノモ脳炎ともいう。A型脳炎。眠り病。

しみん-せんそう【市民戦争】ーセンサウ 市民階級が市民的自由を求めて起こす国内戦争。

じみんぞくちゅうしん-しゅぎ【自民族中心主義】自分の属する民族・人種を美化し、他の民族・人種を排斥しようとする態度。エスノセントリズム。

しみん-だんたい【市民団体】市民運動などを行うために民間で結成された集団。

じみん-とう【自民党】ータウ「自由民主党」の略称。

しみん-のうえん【市民農園】ーノウエン 都市部の住民が、自家用の野菜生産やレクリエーションを目的として、市町村・農協・農家・NPO法人などから借りる小規模の畑。

しみん-びょうどう【四民平等】ービャウドウ 明治初期、維新政府が江戸時代の士農工商の身分制を廃止したときのスローガン、あるいはそのための一連の政策。これによって身分をこえた婚姻や職業・居住の自由などが認められた。

しみん-ファンド【市民ファンド】地域の住民・企業の出資を得て設立される基金。町造り、高齢者介護、学童保育など、その地域に必要なサービスを、行政よりも柔軟に提供するために設立されることが多い。

しみん-ほう【市民法】ーハフ ❶古代ローマで、ローマ市民にのみ適用された法。❷近代市民社会を規律する私法の体系。狭義には、民法をさす。➡社会法

しみん-ランナー【市民ランナー】実業団に所属したり専門的なトレーニングを受けたりせず、趣味でマラソンや駅伝などを楽しむランナー。

し-む【私務】私人の仕事。個人の事務。

シム〘SIM〙《subscriber identity module》➤シムカード

シム〘SIMM〙《single in-line memory module》コンピューターのメモリーの容量を増やすため、コンピューター内部に装着して使用する基板(メモリーモジュール)の規格の一。省スペース化に対応したDIMMの登場により使われなくなった。

し・む【占む】〔動マ下二〕「し(占)める」の文語形。

し・む【▽染む・×沁む・▽浸む・×滲む】㊀〔動マ五(四)〕❶「染みる」に同じ。「寒さが身に—・む」「花の香は散りにし枝にとまらねどうつらむ袖にあさく—・まめや」〈源・梅枝〉「吹きくる風も身に—・まず」〈平家・五〉❷色などに染まる。「蓮葉(はちすば)のにごりに—・まぬ心もてなにかは露を玉とあざむく」〈古今・夏〉❸深く心を寄せる。「我心ながら、いとかく人に—・む事はなきを」〈源・夕顔〉㊁〔動マ上二〕「し(染)みる」の文語形。㊂〔動マ下二〕「し(染)める」の文語形。

し・む【▽凍む】〔動マ上二〕「し(凍)みる」の文語形。

し・む【絞む】〔動マ下二〕「し(絞)める」の文語形。

し・む【締む】〔動マ下二〕「し(締)める」の文語形。

しむ〔助動〕[しめ|しめ|しむ|しむる|しむれ|しめよ]動詞および一部の助動詞の未然形に付く。❶使役の意を表す。…せる。…させる。「人を感動せ**しむる**こと、真なるかな」〈去来抄・先師評〉❷(多く「たまう」などの尊敬の意を表す語を伴って)尊敬の意を強める。…なさる。…あそばす。「やがて山崎にて出家せ**しめ**給ひて」〈大鏡・時平〉❸(謙譲の動詞とともに用いて)謙譲の意を強める。「家貧ならむ折は御寺に申し文を奉ら**しめむ**となむ」〈大鏡・道長上〉➡さす ➡させる ➡す ➡せる 補説 上代は❶の用法だけで、❷❸は平安時代に入って生じた。平安時代以降は、漢文訓読文に多く用いられる。中世では、「見る」「得る」などには「見せしむ」「得せしむ」の形をとる。口語形「しめる」。

しむ〔助動〕[○|しみ|しむ|しむ|○|○]《助動詞「しも」の音変化。室町時代語》四段・ナ変動詞の未然形に付く。軽い尊敬の意を表す。なさる。「かまいて火ばしとぼさ**しむ**な」〈四河入海・三〉➡しも〔助動詞〕

じ-む【寺務】❶寺の事務。寺院の運営に関する仕事。また、それを扱う僧。❷「寺務職」に同じ。

じ-む【事務】役所・会社などで、書類・帳簿の作成・処理など、主として机の上でする仕事。「会社で—を執る」「—を引き継ぐ」

類語 実務・業務・雑務・雑役・要務・特務・激務・急務

じ-む【時務】その時その時に応じた重要な仕事。そ

の時の急務。

ジム〘gym〙ボクシングやレスリングなどの練習場。また、選手の養成組織。(補説)gymnasiumの短縮形。

じ-む【染む】〔接尾〕►じみる

し-むい【四無畏】仏語。仏・菩薩が説法する際に抱く、畏れることのない4種の自信。仏では、一切智無畏・漏永尽無畏・説障道無畏・説尽苦道無畏、菩薩では、能持無畏・知根無畏・決疑無畏・答報無畏。

じむ-いん【事務員】会社・学校などで、事務の仕事に従事する人。事務職員。

シムーン〘simoon〙アラビア・シリア・アフリカなどの砂漠にみられる熱風。砂まじりの乾燥した強風で、春から夏にかけて発生する。

じむ-か【事務家】事務を執る人。また、事務に熟達した人。「進取の気象に富んだ若い―が店にすわった」〈藤村・家〉

シム-カード【SIMカード】《SIMはsubscriber identity moduleの略》携帯電話や携帯情報端末に差し込んで使用する、契約者情報を記録したICカード。

ジムカーナ〘gymkhana〙一定のコースを1台ずつ走り、時間を競う自動車レース。

じむ-かた【事務方】対外的な交渉を行う部署や担当者に対して、交渉に必要な資料の作成・整理といった事務作業を担当する部署、または、人。

じ-むかで【地百=足】ツツジ科の常緑小低木。本州中部以北の高山帯などに生える。高さ約10センチ。茎は地をはい、先端は上を向き、細長いうろこ状の葉を密につける。7月ごろ、釣鐘状の白い花を開く。

じむ-かん【事務官】国の行政機関で、一般の行政事務を担当する公務員。技官・教官その他特別の技能を要する職員。財務事務官・文部科学事務官など。(類語)官員・公務員・役人・官吏・吏員・公僕・国家公務員・地方公務員・武官・文官

じむ-かんり【事務管理】法律上の義務のない者が、他人のためにその事務を処理すること。例えば、隣人の留守中に集金に来たガス代を立て替える行為など。

じむ-きょく【事務局】議会や団体などの、事務を取り扱う部局。➡国連事務局

じ-むぐり【地▽潜】ナミヘビ科の爬虫類。日本特産の無毒の蛇。全長0.8～1.2メートル。背面は灰褐色または赤褐色で、腹面に黒斑が市松模様に並ぶ。胴部に小黒点が散在する。低山地の森林や耕地に多く、野ネズミなどを捕食する。じもぐり。

じむぐり-がえる【地▽潜×蛙】ヒメアマガエル科の両生類。頭は小さく、体はずんぐりしている。背面は青みを帯びた黄色で、頭と体の側面に淡黒色の斑紋がある。朝鮮半島に分布。じもぐりがえる。

し-むけ【仕向け】❶人への対し方。待遇。しうち。「冷たい―を受ける」❷商品などを先方にあてて送ること。発送。「品物の―を急ぐ」

しむけ-ち【仕向け地】商品・貨物などの送り先。注文品の発送先。

し-むげち【四無×礙×智】仏語。仏・菩薩のもつ4種の自由自在な理解能力と表現能力を智慧の面から示した言葉。教えに精通している法無礙智、教えの表す意味内容に精通している義無礙智、いろいろの言語に精通している辞無礙智、以上の3種をもって自在に説く楽説無礙智。理解力の面から四無礙解、表現力の面から四無礙弁ともいう。

し-むげべん【四無×礙弁】「四無礙智」に同じ。

し-む・ける【仕向ける】〔動カ下一〕文しむ・く〔カ下二〕❶あることをするよう、人に働きかける。「生徒が自分から研究するように―・ける」❷ある態度をもって、人に接する。待遇する。「つれなく―・ける」❸商品などを先方にあてて送る。発送する。「注文先に―・ける」(類語)(❶)仕掛ける・働きかける・持ちかける・畳みかける・仕組む・唆す・おだてる・教唆・指嗾/(❸)送る

じむ-さく【時務策】律令制で、進士の登用試験の一。課題を与えて国政上の問題を論じさせたもの。時務。

じ-むし【地虫】コガネムシ科の昆虫の幼虫の総称。体は乳白色または黄褐色の円筒形で、C字状に曲がる。頭は褐色。地中で植物の根などを食する。また、ケラなど地中にすむ昆虫をいうこともある。

じむ-じかん【事務次官】各省および国務大臣を長とする庁に置かれ、大臣を助け、省務または庁務を整理し、各部局および機関の事務を監督する一般職国家公務員の最高位の職。➡政務次官 (補説)官僚主導から政治主導への転換を掲げる民主党の鳩山由紀夫連立政権下で、事務次官会議や定例事務次官記者会見が廃止されたほか、平成22年(2010)2月には事務次官から部長までを同格として人事を一元管理する内閣人事局の新設を柱とする国家公務員法改正法案が閣議決定、国会に提出されたが、審議未了、廃案になった。

じむじかん-かいぎ【事務次官会議】週2回行われる閣議に備えるため、その前日に各府省の事務次官等を集めて開催されていた会議。閣議に諮る法案や人事などを事前に確認・調整する役割があったが、会議自体に法的な根拠がなく、官僚による政治支配の一因とも指摘されていた。平成21年(2009)の民主党連立内閣発足を契機に廃止された。事務次官等会議。

じむじかんとう-かいぎ【事務次官等会議】►事務次官会議

じむ-しき【寺務▽職】►じむしょく(寺務職)

じむ-しつ【事務室】事務を取り扱う部屋。

じむ-しょ【寺務所】寺務❶を取り扱う所。

じむ-しょ【事務所】事務を取り扱う所。オフィス。

じむ-しょうてい【事務章程】もと、官庁での事務手続きに関する規則をいった語。

じむ-しょく【寺務職】寺の事務を総轄する職。じむしき。

じむ-そうちょう【事務総長】国際連合や、日本の衆議院・参議院などで、事務を統括する最高職。➡国連事務総長

じむ-ちょう【事務長】❶学校・病院などで、事務員を指揮し、その事務を管理する職。また、その人。❷旅客機・商船などで、事務を取り扱う職。また、その人。パーサー。

じむ-てき【事務的】〔形動〕❶事務に関するさま。「―な問題」❷感情を交えず、型どおりに物事を処理するさま。「―なあいさつ」

シムド〘SIMD〙《single instruction multiple data》マイクロプロセッサーの処理方式の一。単一の命令で、複数のデータに対し同じ処理を行うことをいう。ふつうマルチメディア処理に利用される。

ジム-とも【ジム友】《「スポーツジム友達」の略》スポーツジムでの活動を通じてできた友達。

じむ-とりあつかい【事務取扱】官公庁や会社などで、役職者が職務を遂行できないとき、臨時にそれを代行すること。また、その人。

ジムナジウム〘gymnasium〙❶体育館。ジム。❷►ギムナジウム

じ-むね【地棟】棟木の下に、棟と平行に置く太い横木。

シムノン〘Georges Simenon〙[1903～1989]フランスの小説家。ベルギーの生まれ。推理小説・心理小説などで幅広く活躍。特に、メグレ警部を主人公とするシリーズは有名。

じむ-ふく【事務服】事務を執るときに着る目的で作られた衣服。

シム-フリー【SIMフリー】《SIM free》►SIMロックフリー

じむ-や【事務屋】❶事務を専門にとる人。技術者などに対して、揶揄したり卑下したりしていう語。❷政治的配慮や手腕に欠け、もっぱら事務的に物事を処理しようとする人。

シムラ〘Shimla〙インド北部、ヒマチャル-プラデシュ州の州都。避暑地。英国領時代は、夏季に政府機関が移された。

しむら-まさより【志村正順】[1913～2007]アナウンサー。東京の生まれ。昭和11年(1936)NHKに入局。スポーツ中継で活躍し、特に野球の実況では、解説者小西得郎との名コンビで人気を集めた。

し-むりょうしん【四無量心】仏語。仏が一切の衆生に対してもつ、無限で平等な4種の哀れみの心。慈無量心・悲無量心・喜無量心・捨無量心。

じむ-レベル【事務レベル】政策立案や外国との折衝などを、事務方が行っている段階。閣僚レベルでの協議・会合の前後に、細部にわたって実務的な交渉・調整を行う。

シム-ロック【SIMロック】《SIM lock》携帯電話の契約者情報を記録したSIMカードを、他の通信事業者の携帯電話で利用できないようにする制限のこと。

シムロック-フリー【SIMロックフリー】《SIM lock free》携帯電話の契約者情報を記録したSIMカードに、他の通信事業者の携帯電話で利用できないようにする制限(SIMロック)がかけられていないこと。SIMフリー。

しめ《尊敬の助動詞「しむ」の命令形》軽い敬意を含んだ命令や要求を表す。…なさい。「いやいやさやうにしてはおそからふ。いそひでゆかしめ」〈虎明狂・武悪〉➡しむ (補説)室町後期に用いられ、目下の者に対しても使われた。

しめ【注=連|▽標|七=五=三】《動詞「し(占)める」の連用形から》❶「注連縄」の略。❷領有の場所であることを示したり、出入りを禁止したりするための標識。くいを打ったり縄を張ったりする。「大伴の遠つ神祖の奥つ城はしるく―立て人の知るべく」〈万・四〇九六〉

標指さ・す　占有の標識をつける。「葛城の高間の草野はや知りて―・さましを今ぞ悔しき」〈万・一三三七〉

標結ゆ・う　占有を示す標識として、縄などをむすんで巡らす。また、草などをむすんで目印をつける。「浅茅原小野に―・ひ空言をいかなりと言ひて君をし待たむ」〈万・二四六六〉

しめ【締め|×〆】㊀〔名〕❶締めること。「―が甘い」❷金銭などの合計を出すこと。また、その数量。「帳簿の―をする」❸あれこれと飲食して、これで終わりとする食べ物。「―はラーメンで決まりだ」❹封書の封じ目に書く「〆」のしるし。㊁〔接尾〕助数詞。❶半紙などの2000枚の束を単位として数えるのに用いる。❷木綿・木材など束ねたものを数えるのに用いる。(類語)合計・総計・集計・トータル・延べ・計

し-め【×駟▽馬】►しば(駟馬)

しめ【×鴲】アトリ科の鳥。スズメよりやや大形。全体に薄茶色で、翼に白い横帯がある。くちばしが太い。ユーラシア北部に広く分布。日本では北海道で繁殖し、冬は各地でみられる。ひめ。(季 秋)

しめ-あけ【締め明け】音のしないようにそっとあけること。「ふすまをそっと―に」〈浄・嫗山姥〉

しめ-あ・げる【締(め)上げる】〔動ガ下一〕文しめあ・ぐ〔ガ下二〕❶力を込めてきつくしめる。「首を―・げる」❷だらけている状態を、きつくひきしめる。厳しく追及してこらしめる。「後輩を―・げる」(類語)責める・咎める・詰る・難ずる・嘖む・吊るし上げる・責め付ける・責め立てる・難じる・非難する・難詰する・面詰する・面責する・問責する・詰責する・叱責する・譴責する・弁難する・論難する・指弾する・追及する・詰問する

し-めい【氏名】氏と名。姓名。(類語)姓名・名前・人名・姓氏・姓・名字・氏・ファーストネーム・フルネーム・芳名・尊名・高名・貴名

しめい【四明】㊀「四明山」の略。㊁「四明ヶ岳」の略。

し-めい【死命】❶死ぬべきいのち。❷死ぬか生きるか。死ぬか生きるかの急所。「―を決する」

死命を制・する　相手の運命を左右するような急所を押さえる。「敵国の―・する」

し-めい【使命】❶使者として受けた命令。使者としての務め。「特別な―を帯びる」❷与えられた重大な務め。責任をもって果たさなければならない任務。「教師の―」(類語)責任・勤め・任・任務・義務・責務・本務・役目・

役やく・役儀・分ぶん・本分・職分・職責・責め・課業・日課
し-めい【指名】〔名〕スル 名をあげて、その人を指定すること。なざし。「―を受ける」「総理大臣を―する」
し-めい【指命】〔名〕スル 人名や任務などを指定して命じること。指令。
し-めい【詩名】詩人としての名声。
じ-めい【自明】〔名・形動〕特に証明などをしなくても、明らかであること。わかりきっていること。また、そのさま。「―の理」「選挙の結果は―だ」
(類語)明白・一目瞭然・判然・歴然・はっきり
しめい-が-だけ【四明ヶ岳】比叡山ひえいざんの東西に分かれた西の山頂。天台宗の聖地、中国の四明山にちなむ名。
しめい-かん【使命感】自分に課せられた任務を果たそうとする気概。「―に燃える」
しめいきょうそう-けいやく【指名競争契約】シメイキャウサウ― あらかじめ契約を結ぶことを希望する者をなるべく10人以上指定し、指定された者だけの間で競争させ、そのうち契約主体にとって最も有利な条件を提供する者を相手方として締結する競争契約。➡一般競争契約
しめい-きょうそうにゅうさつ【指名競争入札】―キャウサウニフサツ あらかじめ契約を結ぶことを希望する者を複数指定し、指定された業者にだけ入札させる制度。国および地方公共団体の契約は原則として指名競争入札ではなく、一般競争入札・企画競争入札によらなければならないとされる。
じめい-きん【自鳴琴】オルゴール。
しめい-けん【氏名権】自己の氏名の専用を他から侵害されない権利。人格権の一。侵害した者には、損害賠償を請求することができる。
しめい-さいけん【指名債権】債権者が特定している債権。一般の債権はすべてこれにあたる。
しめい-ざん【四明山】中国浙江せっこう省の東部、寧波ニンポーの西方にある山。古くからの霊山で、名は日月星辰に光を通じる山の意。寺院が多い。宋初、知礼がここで天台の教えを広めた。
しめいしょう【紫明抄】シメイセウ 鎌倉時代の源氏物語の注釈書。10巻。素寂著。永仁元年(1293)以前の成立。将軍久明親王に献上されたもの。
じめい-しょう【自鳴鐘】歯車仕掛けで自動的に鐘が鳴って時刻を知らせる時計。12世紀の末ごろ、日時計・砂時計に替わってヨーロッパで発明され、日本には室町時代に伝えられた。
しめい-しょうけん【指名証券】►記名証券
しめい-すいせん【指名推選】地方公共団体の議会において、議長・副議長などの選挙を行うに際し、議員に異議がないときに特定の候補者をあらかじめ指定して会議に諮り、全員の同意によってその者を当選人とする方法。
しめい-スト【指名スト】労働争議の戦術の一。闘争本部が特定の組合員や部署を指定してストライキを行わせるもの。
しめ-いた【▽〆板】縁側のかもいの上と軒桁のきげたとの間に張る横羽目板。
しめい-だしゃ【指名打者】野球で、投手の代わりに指名された打つだけの選手。日本ではプロ野球のパシフィックリーグが採用している。DH(designated hitter)。
しめい-てはい【指名手配】逮捕状の出ている被疑者の姓名を指示して、全国または他地区の捜査機関に逮捕を依頼すること。
しめい-てんこ【氏名点呼】氏名を順次に呼び上げて、在・不在などを調べること。
しめい-てんだい【四明天台】宋初の高僧知礼の学系を伝える中国天台宗の一派。山家さんげ派と称して山外さんがい派と対立。天台の正統派。四明学。
しめい-とうひょう【指名投票】―トウヘウ 総理大臣・大統領などを選出するとき、まずその候補者を決定するために行う投票。
しめい-にゅうさつ【指名入札】―ニフサツ あらかじめ指名しておいた者だけに入札を許可すること。
しめい-の-きょうほう【四明の教法】―ケウホフ《中国の四明山で知礼が天台の教えを広めたところから》天台宗の教え。
しめいひょうじ-けん【氏名表示権】シメイヘウジ― 著作者人格権の一。著作物の公表に際し、著作者の実名や変名を著作者名として表示するかどうかを決定する権利。著作権法第19条に規定される。
しめ-うり【占(め)売り|締(め)売り】江戸時代の商行為で、品物を買い占めて供給量を制限し、高値を設定して売り出すこと。
しめ-お【締(め)緒】―を 物を締めるためのひも。笠をかぶるときなどに締めるひも。
しめ-がい【占(め)買い|締(め)買い】―がひ 買い占めること。買い占め。
しめ-かざり【注=連飾り|▽標飾り|七=五=三飾り】正月などに、社殿や玄関にしめ縄を張って飾ること。また、その飾り。(季 新年)「女手に―打つ音きこゆ/草城」(類語)松飾り・門松
しめ-かす【▽搾め×滓|×〆×粕】豆やゴマ、また魚類などから、油をしぼったあとのかす。肥料にする。
しめ-がね【締(め)金】►尾錠びじょう
しめ-ぎ【締(め)木|▽搾め木】2枚の板の間に植物の種子などを挟んで、強く圧力をかけて油をしぼり取る木製の道具。身をしぼられるようなつらい状態のたとえにも用いる。「―にかけられる」
しめ-きり【締(め)切り|閉(め)切り】❶戸・窓などを、閉じたままにすること。また、閉じられたままの場所。「戸を―にする」「―の部屋」❷(締め切り)取り扱いを打ち切ること。また、その時日。あらかじめ決められた終了の期日。「受付は一〇時で―にする」「願書提出の―」❸(「〆切」とも書く)茶入れ・水指みずさし・建水の一種で、全体に糸で締めたような筋があるもの。口・底ともに広く、一般に鉄鉢に口を作り添えた形のもので、南蛮焼に多い。(類語)期日・期限
しめ-き・る【締(め)切る|閉(め)切る】〔動ラ五(四)〕❶戸・門・窓などを、全部しめる。また、完全にしめる。「部屋じゅうの窓を―・る」「バルブを―・る」❷戸や窓などを、長い間しめたままにしておく。「冬の間山小屋を―・る」❸(締め切る)申し込みなどを、決められた期限や定員で打ち切る。終わりにする。「願書は今度の土曜日で―・る」(類語)塞ぐ
しめ-ぐ【締(め)具】締めつけて物を固定するための道具。
しめ-くぎ【締め×釘】リベット。
しめ-くくり【締め▽括り】❶ひもなどでしっかり縛ること。❷管理・監督してまとめること。「事務の―」❸結末をつけること。まとめ。「話の―をつける」
(類語)(❷)総合・総括・統括・包括・統合・集約・集成・一括・統一/(❸)終わり・おしまい・終了・終結・終焉しゅうえん・終末・果てし・幕切れ・閉幕・幕・打ち止め・ちょん・完かん・了りょう・ジエンド
しめ-くく・る【締め▽括る】〔動ラ五(四)〕❶ひもなどでしっかりと締めて束ねる。「桶側おけがわをたがで―・る」❷仕事や人を管理・監督してうまくまとめる。「若い連中を―・る」❸物事に結末をつける。まとめる。「教訓的な言葉で話を―・る」(類語)折り合う・片付く・纏まとまる・纏める・折れる・譲歩する・妥協する・歩み寄る
しめ-こ【占(め)子】うさぎのこと。うさぎを飼う箱のことともいう。「味を―の喰初くいぞめに、そろそろ開化ひらけし西洋料理」〈魯文・安愚楽鍋〉
占め子の兎うさぎ うまくいったの意の「しめた」を兎を「絞める」に掛けたしゃれ。物事が思いどおりにうまく運んだときの言葉。しめこのうさうさ。
しめ-こみ【締(め)込み】力士が相撲をとるときに締めるまわし。(類語)褌ふんどし・回し・下帯
しめ-こ・む【締(め)込む】〔動マ五(四)〕❶帯などをきつく締める。「角帯をきりっと―・む」❷思う女を自分のものにする。「いい娘を―・んだなあ」〈伎・宇都宮紅葉釣衾〉❸物事がうまいぐあいに運ぶ。「自己じこの家の家名を付けた石塔があるから―・んだりと先づ掃除をし」〈滑・七偏人・五〉
しめ-ころ・す【絞(め)殺す】〔動サ五(四)〕首をしめて殺す。絞殺する。「鶏を―・す」
(類語)縊ひる・絞める・絞殺する・扼殺やくさつする・縊り殺す・縊くくる・縊死いし
しめ-ころも【▽染め衣】色を染めた衣。「―をまつぶさに取り装ひ」〈記・上・歌謡〉
しめ-さば【締め×鯖】サバを三枚におろし、塩を振って身を締め、塩を落として酢に浸し、さらに締めたもの。刺身や鮨すしだねに用いる。
しめし【示し】模範を見せて教えること。また、教え。教示。「神のお―」(類語)教え・諭し
示しがつか-ない 教えるためのよい例にならない。模範にならない。「他の社員への―・ない」
しめし【湿し】❶しめらすこと。❷湿りを取るため腰から下に巻く布。おしめ。「―のやうなるものを着せければ」〈散木集・六・詞書〉
しめ-じ【湿地|占地】―ぢ キシメジ科のキノコ。コナラなどの林に生え、白または灰色で傘の直径約6センチ、柄の高さ約9センチ。いくつも密着して発生することが多いのでセンボンシメジともいうが、柄の部分が多数合体している別種もあり、区別するためホンシメジともよぶ。「香りマツタケ、味シメジ」といわれるように、味がよく、代表的な食用キノコ。(季 秋)「篭朶ろうだを負ひ―の籠をくくり下げ/虚子」
しめし-あわ・す【示し合(わ)す】―あはす ㊀〔動サ五(四)〕「示し合わせる」に同じ。「友人と―・して塾を休む」㊁〔動サ下二〕「しめしあわせる」の文語形。
しめし-あわ・せる【示し合(わ)せる】―あはせる〔動サ下一〕文しめしあは・す〔サ下二〕❶前もってひそかに相談しておく。「兄弟で―・せて家を抜け出す」❷互いに合図をして知らせあう。「目で―・せる」
しめじ-が-はら【標茅原】しめぢ― 栃木市の北方にあった野原。〔歌枕〕「なほ頼め―のさせもぐさわが世の中にあらむかぎりは」〈新古今・釈教〉
しめし-ばい【湿し灰】―ばひ 茶の湯で、炉の炭点前すみてまえのときに炉中にまく灰。濡れ灰・木灰を番茶で練り、湿り気を含んだ程度にまで乾かしたもの。
しめ-しめ〔感〕《「しめ」は「しめた」の略》物事が自分の思ったとおりに運んで、ひそかに喜ぶときに発する語。「―、思いどおりになった」
しめ-じめ〔副〕❶しっとりとぬれるさま。「しぐれつつうつろふ見れば菊の花色を―降る雨にぞ有りける」〈源順集〉❷もの静かに沈んでいるさま。しんみり。「―と物語聞え給ふ」〈源・総角〉❸静かに心を打ち込んでいるさま。「此の侍従の君を年ごろ―と懸想しけれども、つれなかりけり」〈十訓抄・一〉
じめ-じめ〔副〕スル ❶湿気が多く不快なさま。「―(と)した土地」「下着が汗で―する」❷しめっぽくて陰気なさま。活気のないさま。「―(と)した話」
(類語)じとじと・じっとり
しめ・す【示す】〔動サ五(四)〕❶相手によくわかるように、出して見せたり、自分で何かをして見せたりする。「定期券を―・す」「身をもって―・す」❷指などでさして教える。「地図を出して―・す」❸計器・時計などが、ある目盛りを指す。「寒暖計が三〇度を―・す」❹考え・気持ち・反応などが相手に伝わるように、何かの方法で表して見せる。「誠意を―・す」「態度で―・す」「格段の進歩を―・す」❺ある現象が、物事の状態・傾向を表す。「気圧配置が今年の暖冬を―・している」❻さとし戒める。「宿の男などとの事は末の名の立つをひそかに―・し」〈浮・一代男・六〉(可能)しめせる
(類語)(❶)見せる・呈示する・提示する・開示する・明示する・表示する・掲げる/(❷)指す・指し示す・指示する/(❸)表す・見せる/(❹)見せる・表す
しめ・す【湿す】〔動サ五(四)〕❶水分を少し与える。しめらす。「ガーゼを―・して傷口をふく」「のどを―・す」❷筆に墨をつける。転じて、手紙を書く。「一筆―・しまいらせ候」❸水でぬらして火を消す。灯火などを消すことにもいう。「釣行灯つりあんどうの光をわざと―・して」〈浮・一代男・七〉
(類語)濡ぬれる・湿る・潤う・濡らす・潤す・濡れそぼつ・湿気る・潤む・じめつく・じとつく・そぼつ・そぼ濡れ

る・しょぼたれる・しょぼ濡れる・潮たれる

しめす-へん【示偏】漢字の偏の一。「社」「祠」などの「ネ」「示」の称。

しめ-た〔感〕《動詞「し(占)める」の連用形＋完了の助動詞「た」から》期待どおりうまくいって喜ぶときに発する語。しめしめ。「一、うまくいったぞ」

しめ-だいこ【締(め)太鼓】両側の皮面の縁にひもを通し、胴を挟んで締め上げた扁平な太鼓。台に置いて2本の桴で打つ。能・長唄・民俗芸能の囃子などに用いる。

しめ-だか【締(め)高｜×〆高】全体の数量の合計。合計した額。総計。締め。「売り上げの一を出す」

しめ-だし【締(め)出し｜閉(め)出し】しめだすこと。「遅刻して一を食う」「報道関係の一をする」

しめ-だ・す【締(め)出す｜閉(め)出す】〔動サ五(四)〕❶入り口を閉ざして中に入れないようにする。「帰りが遅くなって一・される」❷ある範囲内に立ち入らせない。退けて外に出す。また、ある組織内で活動できないようにする。「外国製品を一・す」「委員会から一・される」

シメチジン〘cimetidine〙胃酸分泌抑制を目的に胃潰瘍・十二指腸潰瘍の治療に用いる薬剤。

ジメチルグリオキシム〘dimethylglyoxime〙金属イオン用の分析試薬の一。無色の粉末性結晶。水には溶けず、エタノール・エーテルには溶ける。ニッケル・パラジウムなどの分析に用いられる。

し-めつ【死滅】〔名〕スル 死に絶えること。死んで滅びてしまうこと。絶滅。「ニホンオオカミは一した」

じ-めつ【自滅】〔名〕スル ❶自分のしたことが原因となって自分自身に悪い結果をもたらすこと。自分の失敗で敗れること。「エラーで一する」❷自然に滅びること。「一する人々の有様見よ」〈太平記・七〉

しめつ-かいゆう【死滅回遊】シメツカイユウ ▶無効分散

しめつ-かいゆうぎょ【死滅回遊魚】シメツカイユウギョ 初夏、黒潮に乗って日本の太平洋岸に来る熱帯魚の幼魚。房総半島以南に多い。チョウチョウウオ科の魚が多く、秋、水温が下がると死滅する。季節来遊魚。

じめ-つ・く〔動カ五(四)〕❶湿気を帯びてじめじめする。「長雨で畳が一・く」❷陰気になる。「不幸続きで気持ちが一・く」
（類語）濡れる・湿る・潤う・湿す・濡らす・潤す・濡れそぼつ・湿気る・潤む・じとつく・そぼつ・そぼ濡れる・しょぼたれる・しょぼ濡れる・潮たれる

しめ-つけ【締(め)付け】しめつけること。「ねじの一が弱い」「上役の一が厳しい」

しめつけ-しまだ【締付島田】たぼを張り出さないように締めつけて結う島田髷。江戸時代、天和から元禄ころに流行。

しめ-つ・ける【締(め)付ける】〔動カ下一〕図しめつ・く〔カ下二〕❶強く締める。きつく締める。「帯で一・けられて苦しい」「胸が一・けられるような悲しみ」❷精神的、物質的に圧迫する。束縛して苦しめる。「輸出規制で一・けられる」（類語）締める・引き締める

しめっ-ぽ・い【湿っぽい】〔形〕❶湿気が多く、じめじめしている。「乾ききらず一・い服」❷気分が沈んでいる。陰気くさい。「一・い話」（派生）しめっぽさ〔名〕

しめ-て【締めて｜×〆て】〔副〕全部合わせて。合計すると。都合。「一七万円の売り上げ」（類語）合わせて

しめ-なき【締め泣き】声を抑えて泣くこと。しのびなき。「一にないてゐる」〈鳩翁道話・一〉

しめ-なわ【注＝連縄｜▽標縄｜七＝五＝三縄】なは 神を祭る神聖な場所を他の場所と区別するために張る縄。また、新年の祝いなどのために家の入り口に張って悪気が家内に入らないようにしたもの。左撚りのわらに適当な間隔を置いて紙四手などを下げる。しめ。しりくめなわ。➡四手

しめ-の【▽標野】皇室や貴人が占有し、一般の者の立ち入りを禁じた野。禁野。「あかねさす紫野行き一行き野守は見ずや君が袖振る」〈万・二〇〉

しめ-のうち【▽標の内】❶しめ縄の張ってある内側。神社の境内や宮中など、立ち入り禁止の特定の領域内。⇔標の外。❷松の内。（季 新年）

しめ-のこ【×〆の子】注連縄に四手とともに付ける、わらの飾り。

しめ-のほか【▽標の外】❶しめ縄の張ってある外側。神社の境内や宮中など、立ち入り禁止の場所のそと。⇔標の内。❷男女の間が隔たっていること。「かう、一にはもてなし給はで」〈源・賢木〉

しめ-はずし【注＝連外し】正月のしめ飾りを取り外すこと。4日・7日・14日など、地方によって日は異なる。

しめ-もらい【注＝連×貰い】小正月の左義長で焼くために、他の家で外した門松やしめ飾りなどを子供が貰い集めること。（季 新年）「色里や朝寝の門の一/松浜」

しめ-やか〔形動〕図〔ナリ〕❶ひっそりと静かなさま。心静かに落ち着いているさま。「一に語り合う」❷気分が沈んでもの悲しげなさま。しんみりとしたさま。「通夜が一に行われる」❸女性の容姿・態度がしとやかなさま。「いとこめかしう一に、美しきさまし給へり」〈源・少女〉（派生）しめやかさ〔名〕（類語）しんみり・静か・密やか・静寂・静粛・静閑・閑静・閑散・閑寂・清閑・しじま・森閑・深深・森森・沈沈・寂寂・寂・寂然・寂然・寂寂・寂寂・闃・闃然・粛然

しめ-やき【締(め)焼(き)】▶焼き締め❶

しめ-や・ぐ〔動ガ四〕しんみりとふさぎ込む。「など惟成はいたう一・ぎたる」〈落窪・一〉

しめ-ゆう【▽染め木＝綿】染めた木綿。「肥人の額髪結へる一の染みにし心」〈万・二四九六〉

しめ-よ・せる【締(め)寄せる】〔動サ下一〕図しめよ・す〔サ下二〕締めて一つに寄せる。また、締めて近寄せる。「たこはいっかなはなれもやらずなおすいつきて一・せるうち」〈魯文・西洋道中膝栗毛〉

しめら・す【湿らす】〔動サ五(四)〕水分を含ませる。しめす。「のどを一・す」

しめら-に〔副〕「しみらに」に同じ。「あかねさす昼は一あしひきの八つ峰飛び越え」〈万・四一六六〉

しめり【湿り】❶しめること。水分を少し含んでいること。湿気。「乾燥剤で一を防ぐ」「手に一をくれる」❷雨が降ること。適度な量の雨。➡おしめり

しめり-け【湿り気】水分を少し含んでいる感じ。また、その水分。しっけ。（類語）湿気・水分・水気・湿度

しめり-ごえ【湿り声】涙声。また、悲しみに沈んだ声。

しめり-なき【湿り泣き】声も立てず、静かに泣くこと。忍び泣き。「一にぞ泣きゐたる」〈浄・曽根崎〉

しめり-ばん【湿り半】鎮火を知らせる半鐘。

し・める【占める】〔動マ下一〕図し・む〔マ下二〕❶あるもの・場所・位置・地位などを自分のものとする。占有する。「三賞を一人で一・める」「国際経済の中で重要な役割を一・める」「業界トップの座を一・める」「連番で座席を一・める」❷全体の中である割合をもつ。「賛成が過半数を一・める」「ビルの八割をテナントが一・める」❸(「味をしめる」の形で)体験して、うまみを知る。良さを知って、次を期待する。「一度味を一・めたらやめられない」❹《自分のものにするところから》食べる。「すき焼きを一・めたあとで、葱の湯どおしをあがってごろうじろ」〈魯文・安愚楽鍋〉❺ある才能・性質などを備える。「いとあはれと人の思ひぬべきさまを一・め給へる人柄なり」〈源・浮舟〉
（類語）占有・占領・占拠・領する

し・める【▽染める】〔動マ下一〕図し・む〔マ下二〕❶色にそまるようにする。また、においなどを深く入り込ませる。「煮一・める」「たき一・める」「香の紙のいみじう一・めたる」〈枕・三六〉❷深く感じ入れさせる。強く心を引かれる。「花の枝にいとど心を一・むるかな人のとがめむ香をばつつめど」〈源・梅枝〉

しめ・る【湿る】〔動ラ五(四)〕❶乾いていたものが水分を含んでぬれた感じになる。水気を帯びる。「夜露で一・った地面」「一・っている洗濯物」❷気がめいる。物思いに沈む。また、元気がなく沈んだ状態になる。振るわない。「一・って重苦しい雰囲気」「打線が一・って快音が聞かれない」❸勢いが弱まる。衰える。「やうやう風直り、雨の脚一・り」〈源・明石〉❹火が消える。「火一・りぬめり」〈かげろふ・下〉❺落ち着きがある。「人ざまも、いたう一・り、恥づかしげに」〈源・絵合〉
（類語）濡れる・潤う・湿す・濡らす・潤す・濡れそぼつ・湿気る・潤む・じめつく・じとつく・そぼつ・そぼ濡れる・しょぼたれる・しょぼ濡れる・潮たれる

し・める【絞める】〔動マ下一〕図し・む〔マ下二〕《「締める」と同語源》手やひもなどで強く押さえつけたり、巻きつけたりする。また、そのようにして殺す。「腕で相手の首を一・める」「鶏を一・める」

し・める【締める｜閉める】〔動マ下一〕図し・む〔マ下二〕❶強く引っ張ったりひねったりして、緩みのないようにする。「三味線の糸を一・める」「元栓を一・める」「ねじを一・める」❷長い布やひもなどを巻きつけて、緩まないように固く結ぶ。「帯を一・める」「ネクタイを一・める」❸強く押しつけてしぼる。「ダイズを一・めて油をとる」❹㋐(「緊める」とも書く)気持ち・態度などを緊張させる。また、管理を厳しくする。「気を一・めてかかる」「新入部員を一・める」「派を一・める存在」㋑懲らしめる。とっちめる。「餓鬼大将を一度一・めてやろう」❺出費を切り詰める。節約する。「交際費を一・める」「家計を一・める」❻物事のまとまったことを祝ってみんなで一緒に手を打ち合わせる。手打ちする。「最後に手を一・めていただきましょう」❼(「〆る」とも書く)そこまでを一区切りとして合計する。「売り上げを一・める」❽(「〆る」とも書く)あれこれ飲み食いして、終わりの食べ物とする。「鍋料理は雑炊で一・めよう」❾塩や酢で魚の身をひきしめる。「サバを酢で一・める」❿(閉める)あいていた窓や戸などをぴったりとじる。「雨戸を一・める」⇔開ける。⓫(閉める)その営業・業務を終了する。また、廃業する。「店を一・める」「窓口は五時に一・めます」⇔開ける。⓬取り決める。「胸中残さずうち明けて、評議を一・めむといふ間もあらせず」〈浄・忠臣蔵〉⓭契りを結ぶ。「一・めてはなれし身なりしを、また結びかへ行く旅の」〈浮・御前義経記・三〉➡閉じる（用法）
（一句）勝って兜の緒を締めよ・財布の紐を締める・箍を締める・手綱を締める・手を締める
（類語）締め付ける・引き締める・閉じる・閉ざす・ふさぐ・たてる・閉め切る・畳む

しめる〔助動〕［(しめ)｜しめ｜しめる｜しめる｜しめれ｜しめろ(しめよ)］《使役の助動詞「しむ」の口語形》用言や助動詞「なり」「たり」などの未然形に付く。荘重な文章や講演口調の言いまわしなどに用いられる。使役の意を表す。…せる。…させる。「私をして言わしめれば、それは事実ではないと思う」➡させる ➡せる

しめ-わざ【絞(め)技】柔道で、腕や脚または襟を用いて頸を絞める技。

し-めん【四面】❶四つの面。❷まわり。周囲。四方。「一の敵を討つ」❸平安・鎌倉時代、母屋の四方に庇をつけたもの。「わが家に一間一の堂をなん起てたる」〈今昔・二四・五〉（類語）まわり・四囲・辺り・周辺・近辺・四辺・周囲・近く・付近・界隈・近傍・一帯・辺

し-めん【死面】デスマスク。

し-めん【紙面】❶紙のおもて。紙の表面。❷手紙。書面。「詳細は後日一で報告します」❸新聞などの記事を印刷する面。また、その記事。「汚職の報道に一を割く」「高校野球が一をにぎわす」

し-めん【誌面】雑誌の、記事を掲載するページ。「多くの一を割いて特集する」

じ-めん【地面】❶土地の表面。地表。「でこぼこの一」❷土地。地所。「何ヘクタールもの一を所有する」（類語）地べた・地表・地上・地肌・土地・地所・用地・敷地・宅地・料地

じ-めん【字面】「じづら(字面)」に同じ。「聞き慣れない一に眼を御注ぎなさい」〈漱石・行人〉

じめん-し【地面師】他人の所有地を利用して詐欺を働く者。

じめん-ずく【自面▽尽く】〔名・形動ナリ〕面と向かって応対すること。また、そのさま。「一に頼むからは、雫ほどもこれにいつはりない」〈浄・淀鯉〉

しめん-そか【四面×楚歌】《楚の項羽が漢の高祖に敗れて、垓下で包囲されたとき、夜更けに四面の

漢軍が盛んに楚の歌をうたうのを聞き、楚の民がすでに漢に降伏したと思い絶望したという、「史記」項羽本紀の故事から》敵に囲まれて孤立し、助けがないこと。周囲の者が反対者ばかりであること。

しめん-たい【四面体】四つの平面で囲まれた立体。各平面は三角形となる。

しめん-どうこう【四面銅鉱】銅・鉄・アンチモンを含む硫化鉱物。金属光沢があり、黒色で、四面体結晶または塊状。等軸晶系。銀を含むものもある。

じめん-とりあげ【地面取(り)上げ】江戸時代、犯罪人の所有地を没収すること。年限を定め、満期後に返すこともあった。

じめん-もち【地面持(ち)】地所を所有すること。土地を多く持っていること。また、その人。土地持ち。

しも【下】❶ひと続きのものの末。また、いくつかに区別したものの終わりの部分。㋐川の下流。また、その流域。川下。「—へ漕ぎ下る」「—で釣る」⇔上。㋑時間的にあとと考えられるほう。現在に近いほう。後世。「上は太古の昔から—は現在ただ今まで」⇔上。㋒ある期間を二つに分けた場合のあとのほう。「—の半期」⇔上。㋓月の下旬。「寄席の—に出演する」㋔物事の終わりの部分。末の部分。「詳しくは—に記す」「—二桁は切り捨て」「—の巻」⇔上。㋕和歌の後半の2句。「—の句」⇔上。❷位置の低い所。また、低いと考えられる所。㋐下方に位置する所。下部。「—の田に水を落とす」「外のかたを見いだしたれば、堂は高くて—は谷と見えたり」〈かげろふ・中〉⇔上。㋑からだの腰から下の部分。また、特に陰部や尻をさすことが多く、それを話題にする下品さや、大小便に関する事柄をもいう。「—の病気」「話が—へ下る」「—の世話をする」「—半身」⇔上。㋒下位の座席。下座。末座。末席。「幹事役が—に控える」⇔上。㋓客間・座敷などに対して、台所・勝手などをさす語。⇔上。㋔舞台の、客席から見て左のほう。下手。「斬られた役者が—に引っ込む」⇔上。❸地位・身分の低い人。君主に対して、臣下・人民。雇い主に対して、使用人・召し使い。「—の者をいたわる」「夫を待つう塩梅、他に対するから—に臨む調子」〈紅葉・多情多恨〉「上は—に助けられ、—は上になびきて」〈源・帚木〉❹中心から離れた地。㋐都から離れた地。特に、京都から離れた地方。⇔上。㋑京都で、御所から離れた南の方角・地域。転じて一般に、南の方の意で地名などに用いる。「寺町通りの—にある家」「—京」⇔上。㋒他の地域で、より京都に遠いほう。昔の国名などで、ある国を二分したとき、都から見て遠いほう。「—関」「—つふさ(＝下総)」⇔上。㋓京都から見て、中国・四国・九州などの西国地方。特に、キリシタン関係書では九州をさす。❺格や価値が劣っているほう。「上中—の人」〈土佐〉❻㋐宮中や貴人の家で、女房が詰めている局。「腹を病みて、いとわりなければ、—に侍りつるを」〈源・空蝉〉㋑《下半身につけるところから》袴。「—ばかり着せてやらう」〈虎明狂・二人袴〉

(類語)下方・下・下手・下部・下半身・下座

しも【霜】❶氷点下に冷却した地面や地上の物体に、空気中の水蒸気が触れて昇華してできる氷の結晶。風の弱い、晴れた夜にできやすい。(季 冬)「—のふる夜を菅笠のゆくへ哉/竜之介」❷使用中の電気冷蔵庫の内側に付着する細かい氷。❸白髪をたとえていう語。「頭髪に—を交える」

(類語)薄霜・初霜・別れ霜・早霜・遅霜・霜柱

霜を履みて堅氷至る 《「易経」坤卦から》霜が降る時期を過ぎれば、やがて氷が硬く張る季節が来る。災難の小さな兆候を見逃がしていると、やがて必ず大きな災難に見舞われることのたとえ。

しも〔助動〕[しも(しま)|しも(しむ)|しも(しむ)|しも(しむ)|○|しめ]《尊敬の助動詞「しもう」の音変化》四段・ナ変動詞の未然形に付く。軽い尊敬の意を表す。…なさる。「斉王は張儀をにくま**しめ**ども、今、梁を伐うた**しも**は」〈史記抄・張儀伝〉➡さしも ➡しむ ➡しもう (補説)「せたまふ」の音変化形「しまう」が転じたもので、室町後期に用いられた。

し-も〔連語〕《副助詞「し」＋係助詞「も」》名詞、副詞、活用語の連用形および連体形、助詞などに付く。❶上の語を特に取り立てて強調する意を表す。それこそ…も。…もまあ。「だれ—が勝利を信じた」❷(打消しの語を伴って)㋐打ち消しの意を強める。…も。「いとかう—見えじとおぼししづむれど」〈源・桐壺〉㋑部分的に強く打ち消そうとする意を表す。必ずしも。あながち…も。「望みなきに—あらず」「死は前より—来たらず、かねて後ろにせまれり」〈徒然・一五五〉(補説)「おりしも」「まだしも」「かならずしも」などは一語の副詞として扱われる。

しも-あな【霜穴】くぼ地など、寒冷な空気が周囲から流れ込んでたまりやすく、霜のおりやすい所。

しもいち【下市】奈良県中西部、吉野郡の地名。吉野川と支流の秋野川沿いに発達した市場町。吉野川上流の上市に対する名。

しもいちだん-かつよう【下一段活用】動詞の活用形式の一。語形が五十音図の「エ」段の音(または、それに「る」「れ」「よ」「ろ」のついた形)だけで語形変化するもの。「イ」段だけに語形変化する上一段活用に対していう。文語では「蹴る」一語だけで、「け・け・ける・ける・けれ・けよ」と変化する。口語では、文語の下二段活用の動詞がすべて下一段となり、例えば、「越える」は、語尾が「え・え・える・える・えれ・えろ」のように変化する。他に「上げる」「受ける」「捨てる」など。(補説)(1)「蹴る」は口語では五段活用になっている。(2)五十音図の「ウ」の段を中心とし、「イ」の段を上一段、「イ・ウ」の段を上二段、「エ」の段を下一段、「ウ・エ」の段を下二段という。なお、活用語尾というときは「る」「れ」「よ」「ろ」の上の音についていう。

しもいち-ちょう【下市町】▶下市

し-もう【四×孟】四季それぞれのはじめ。孟春・孟夏・孟秋・孟冬をいう。

し-もう【刺毛】❶植物の表皮にあるとげ状の毛。イラクサなどにみられる。❷昆虫の体にある毛状の突起。また、ドクガなどの幼虫のもつ、毒腺につながるとげ状の毛。

しもう〔助動〕[しまは|しまひ(しまう)|しまふ|しまふ|しまへ|しまへ]《尊敬の助動詞「す」の連用形「せ」に補助動詞「たまふ」の付いた「せたまふ」の音変化》四段・ナ変動詞の未然形に付く。尊敬の意を表す。お…あそばす。お…なさる。「言ふまじいことを言は**しまう**たは知ら**しまう**たか」〈木盃余瀝〉

じ-もう【▽二毛】白髪まじりの頭髪。また、その年ごろの人。〈和英語林集成〉

し-もう・く【▽為設く】〔動カ下二〕用意する。しつらえる。「くだ物食ひ物—・けて」〈宇治拾遺・一〉

しもうさ【下総】旧国名の一。現在の千葉県北部と茨城県の南部にあたる。しもつふさ。

しもうさ-だいち【下総台地】千葉県中部から北部にかけて広がる洪積台地。高さは約30～40メートル。利根川をはさんで北側の常陸台地と合わせて常総台地とよばれる。台地西部は江戸川をはさんで東京都と接しているため、都市化が進んでいる。台地中央には成田国際空港がある。

しもう-た【仕▽舞うた】〔感〕(多く関西地方で)物事に失敗したときなどに発する語。しまった。「—、出遅れた」

しもうた-や【仕▽舞うた屋】「仕舞た屋」に同じ。「家は裕福な—のようで、意気な格子戸の門に」〈秋声・縮図〉

しも-うど【下▽人】▶しもびと

しも-おおい【霜覆い】「霜除け」に同じ。(季 冬)

しもおか-れんじょう【下岡蓮杖】[1823～1914]江戸末期から明治の写真家。伊豆下田の人。上野彦馬と並ぶ日本写真草創期の代表者で、文久2年(1862)横浜に写真館を開設、のち東京浅草に移った。

しも-おこし【霜起(こ)し】田畑を、その年二度目に耕すこと。

しも-おとこ【下男】下働きの男。げなん。

しも-おなご【下▽女】「しもおんな❶」に同じ。

しも-おんな【下女】❶召使いの女。げじょ。しもおなご。❷身分の低い女官。下臈。「—のきはは、さばかりうらやましきものはなし」〈枕・四七〉

しも-がかり【下掛(か)り】❶話がしもがかっていること。また、その話。❷能のシテ方五流のうち、金春・金剛、のちに喜多を加えた三流の称。当初、上掛かりの京都に対し、奈良に本拠を置いたからともいう。大和掛かり。➡上掛かり

しもがかり-ほうしょうりゅう【下掛宝生流】能のワキ方の流派の一。徳川家光の命で、下掛かりの金春座付きワキ方春藤流の春藤権七祐玄が、宝生座付きとなって立てた流儀。下宝生。脇宝生。

しも-がか・る【下掛(か)る】〔動ラ五(四)〕下半身にかかわる話になる。下品な方面に及ぶ。「—・った話」

しも-がこい【霜囲い】「霜除け」に同じ。(季 冬)「—めをとのごとくそれは牡丹/青邨」

しも-が-しも【下が下】最下級。げのげ。「—と人の思ひ捨てしすまひなれど」〈源・夕顔〉

しも-かぜ【霜風】霜の上を渡ってくる冷たい風。霜の降りそうな寒い風。「—が凍りついた、巌の角は針のような」〈鏡花・歌行灯〉

しも-がち【下勝ち】〔形動ナリ〕下の方ほど長く大きくなっているさま。「なほ—なる面やうは、大方おどろおどろしう長きなるべし」〈源・末摘花〉

しもかまがり-じま【下蒲刈島】広島県南部、瀬戸内海の芸予諸島中の島。呉市に属する。面積8平方キロメートル。ミカンの栽培が盛ん。三之瀬地区は古くから海上交通の要所として栄え、江戸時代には朝鮮通信使の宿舎が建てられた。本州とは安芸灘大橋(長さ1175メートル)で結ばれている。三之瀬瀬戸をはさんで東に上蒲刈島が位置し、蒲刈大橋で結ばれている。

しもがも【下鴨】京都市左京区の地名。賀茂川と高野川にはさまれた地域。

しもかも-おんせん【下賀茂温泉】静岡県伊豆半島南部にある温泉。泉質は塩化物泉。熱帯植物園がある。

しもがも-じんじゃ【下鴨神社】賀茂御祖神社の通称。

しも-がれ【霜枯れ】❶しもがれること。またその枯れた草木。(季 冬)「—の芭蕉を植ゑし発句塚/杉風」❷商売が暇で景気が悪いこと。「—の二月、八月」❸「霜枯れ時」の略。(類語)草枯れ・冬枯れ・立ち枯れ

しもがれ-どき【霜枯れ時】❶草木が霜に枯れてしまう時期。❷商売などの景気がよくない時期。

しもがれ-みつき【霜枯れ三月】年の暮れの、特に景気の悪い3か月。10月・11月・12月をいう。

しも-が・れる【霜枯れる】〔動ラ下一〕文しもが・る〔ラ下二〕草木が霜にあって枯れる。「—・れて荒涼とした野原」

しも-き【下期】会計年度などで、1年を2期に分けたときの後半の6か月。下半期。⇔上期。

しもきた-きゅうりょう【下北丘陵】青森県下北半島の東側にある丘陵。金津山(標高520メートル)・吹越烏帽子(508メートル)などの低山がある。

しもきた-はんとう【下北半島】青森県北東部に斧状に突出する半島。中央部は恐山山地で、北端の大間崎は本州最北端。

しもきたはんとう-こくていこうえん【下北半島国定公園】青森県の下北半島北西部の山地と断層海岸からなる国定公園。恐山・仏ヶ浦・大間崎・尻屋崎などがある。

しも-ぎょう【下京】㊀京都市の三条通り以南の地。㊁京都市の区の一。昭和4年(1929)中京区を分区、同30年南区を分区し、現在は四条通り以南八条通りまで、東は鴨川、西は西大路までの地域。

しもぎょう-く【下京区】▶下京㊁

し-もく【四木】▶しぼく(四木)

し-もく【指目】〔名〕スル 指さして見ること。注目すること。「重罪を犯せしが如くに、世人これを—し」〈中村訳・自由之理〉

し-もく【×撞木】「しゅもく」の音変化。「—を取りて振りまはして、打ちもやらで」〈宇治拾遺・一〉

じ-もく【耳目】❶耳と目。聞くことと見ること。見聞。

「一を広める」「一に触れる」❷多くの人々の注意。「世間の一を集める」❸ある人の目や耳となって、仕事を助けること。また、その人。「長官の一となって働く」〔類語〕見聞・見聞き

耳目に触・れる　見たり聞いたりする。「一・れるものすべて新鮮に感じた」

耳目を驚か・す　世の人々をびっくりさせる。世間に衝撃を与える。「一・す大事件」

耳目を属(しょく)・する　《「春秋左氏伝」成公二年から》目や耳をそばだてて、注意を集中する。

じ-もく【除目】(ヂ) 平安時代以降、大臣以外の諸官職を任命する朝廷の儀式。地方官を任命する春の県召(あがためし)の除目、京官を任命する秋の司召(つかさめし)の除目の二つのほか、臨時の除目もあった。除書。

じもくじ【甚目寺】愛知県あま市にある真言宗智山派の寺。山号は鳳凰山。推古天皇5年(597)伊勢の海士(あま)甚目竜麻呂(はだめたつまろ)が海中より観音像を得て創建したと伝える。

しも-くずれ【霜崩れ】(―くづれ) 霜柱がとけること。〔季冬〕

しも-くち【霜朽ち】しもやけ。また、ひび、あかぎれ。「一まじなはむ」〈かげろふ・中〉

しも-ぐち【下口】後ろにある出入り口。裏口。「局(つぼね)の一辺にたたずんで聞けば」〈平家・一〇〉

じもく-の-かん【耳目の官】(―クワン) ❶耳と目。聴覚・視覚の器官。❷監察をつかさどる官。

じもく-の-よく【耳目の欲】聞きたい見たいという欲望。外界の事物との接触を求める欲望。

しも-ぐもり【霜曇(り)】霜の置くような寒い夜や朝に空が曇ること。「或一に曇った朝」〈芥川・玄鶴山房〉

しも-けいし【下▽家司】《「しもげいし」とも》家司の中で下級の者。

しも-けし【霜消し】《霜の降りた夜の寒さを消す意から》酒を飲むこと。

しも・げる【霜げる】〔動ガ下一〕❶野菜などが寒気や霜などで凍って傷む。「一・げた大根」❷貧相になる。「小躯(こがら)で痩過ぎた所は、何と無く一・げている」〈紅葉・多情多恨〉

しもこうべ-ちょうりゅう【下河辺長流】(しもかうべちやうりう) [1627～1686]江戸前期の歌人・国学者。大和の人。歌道の伝統主義の打破を主張、万葉集の注釈・研究に新風を示した。著「万葉集管見」「林葉累塵集」「晩花集」。

しも-ごえ【下肥】人間の大小便を肥料にしたもの。

しも-ごしょ【下御所】将軍家または大臣家以上の公卿の家で、隠居した者が数人いる場合、その年の若い者。➡上(かみ)御所　➡中(なか)御所

しも-ざ【下座】❶人々が並んですわるとき、目下の者がすわる座席。末席。げざ。⇔上座(かみざ)。❷芝居の舞台で、客席から見て左の方。げざ。⇔上座。〔類語〕下座(げざ)・末席・末座・下(しも)・下手

しもさか【下坂】室町末期、近江(おうみ)国下坂(滋賀県大津市)に住んでいた刀工の一派。また、その製作した刀。のち、越前に移住。➡康継(やすつぐ)

しも-さき【霜先】霜の降りはじめるころ。陰暦10月ごろ。「干鮭(からざけ)は一の薬喰ひぞかし」〈浮・一代男・三〉

しもさき-の-きんぎん【霜先の金銀】陰暦10月ごろ、師走を控えて特に貴重に感じられる金銭。「一あだに使ふことなかれ」〈浮・胸算用・三〉

しも-さぶらい【下▽侍】(―さぶらひ) 清涼殿の殿上(てんじょう)の間の南にある、侍臣の詰め所。遊宴の場所でもあった。

しも-ざま【下様│下▽方】❶下の方。「狩衣の前、一にまくり入れてもゐるかし」〈能因本枕・二五〉⇔上様(かみざま)。❷身分・教養などの低い人々。しもじも。「一の人の物語は、耳驚く事のみあり」〈徒然・七三〉⇔上様(かみざま)。

しも-ざむらい【下侍】(―ざむらひ) 身分の低い侍。

しもざわ-かん【子母沢寛】(しもざはくわん) [1892～1968]小説家。北海道の生まれ。本名、梅谷松太郎。新聞記者を経て、大衆文学作家として活躍。作「新選組始末記」「国定忠治」「父子鷹」など。

しも-じも【下下】身分や地位の低い人々。庶民。

しも-じょちゅう【下女中】(―ヂヨチユウ) 台所などで雑用をする女中。⇔上女中(かみじょちゅう)。

しも-すがた【下姿】❶宮仕えする者が、さがってくつろいでいるときの服装。平安時代では直衣(のうし)、鎌倉時代では狩衣(かりぎぬ)・直垂(ひたたれ)着用の姿。褻(け)の姿。❷公家が武家の上下(かみしも)をつけた姿。

しもすわ【下諏訪】(しもすは) 長野県中央部、諏訪湖北岸の地名。精密機械工業が盛ん。諏訪大社の下社があり、上社のある上諏訪(諏訪市)に対する名。

しもすわ-おんせん【下諏訪温泉】(しもすはヲンセン) 長野県下諏訪にある温泉。泉質は単純温泉・塩化物泉・硫酸塩泉。

しもすわ-まち【下諏訪町】(しもすは) ▶下諏訪

しもせ-かやく【下瀬火薬】(―クワヤク) 明治21年(1888)下瀬雅允(まさちか)が創製した、ピクリン酸を主体とした黄色火薬。日露戦争で日本海軍が使用。

しも-せき【下席】寄席で、1か月の興行のうち、21日から30日までの興行。➡上席(かみせき)　➡中席(なかせき)

しも-そうじ【下掃除】(―サウヂ) 便所の掃除。

しもだ【下田】静岡県、伊豆半島の南東端にある市。近世以後、東西交通の要港。安政元年(1854)日米和親条約によって開港され、同6年横浜開港までアメリカ総領事館が置かれた。現在は観光都市。人口2.5万(2010)。

しも-だいかん【下代官】(―ダイクワン) 代官の次席。年貢の取り立てなどをつかさどった。げだいかん。

しも-だいどころ【下台所】貴族・富豪の家で、家臣・使用人などが食事を調えたり食事をしたりする台所。「一には朝飯を焼(た)き」〈浮・伝来記・一〉

しもだ-うたこ【下田歌子】[1854～1936]女子教育家。岐阜の生まれ。本名、鉐(せき)。歌才に富み、宮中に出仕して昭憲皇太后から歌子の名を賜った。華族女学校学監兼教授。実践女学校を創立。愛国婦人会会長。

しもだ-かげき【志茂田景樹】[1940～]小説家。静岡の生まれ。本名、下田忠男。推理小説を始めとして、ユーモア小説・歴史ものなど幅広い作品で人気を集める。「黄色い牙(きば)」で直木賞受賞。他に「やっとこ探偵」「汽笛一声」など。

しもだ-きょうやく【下田協約】(―ケフヤク) ▶下田条約㊀

しもだ-し【下田市】▶下田

しもだ-じょうやく【下田条約】(―デウヤク) ㊀安政元年(1854)日米和親条約の付録として、伊豆の下田と蝦夷地(えぞち)の箱館両港の開港と使用に関する細則を決めた条約。㊁安政4年(1857)アメリカ総領事ハリスと下田奉行との間で調印された、日米和親条約修補の条約。外国人居住権・領事裁判権などを規定。下田協約。㊂▶日露和親条約

しもた-せいじ【霜多正次】[1913～2003]小説家。沖縄の生まれ。旧姓、島袋。自らの戦争体験と戦中戦後の沖縄の実態を描く。日本民主主義文学同盟設立に尽力。作品に「沖縄島」「明けもどろ」など。

しも-だたみ【霜畳】地上一面に畳を敷いたように降りた霜。〔季冬〕

しもだて【下館】茨城県西部にあった市。もと石川氏の城下町。真岡(もおか)木綿、足袋(たび)底の産地。平成17年(2005)に関城(せきじょう)町・明野町・協和町と合併して筑西(ちくせい)市となった。➡筑西

しもだて-し【下館市】▶下館

しもだ-ぶぎょう【下田奉行】(―ブギヤウ) 江戸幕府の職名。遠国奉行の一。元和2年(1616)設置。老中の支配に属し、伊豆の下田港の警衛および出入船の監督を任とした。万延元年(1860)廃止。

しもた-や【仕▽舞た屋】《「しもうたや」の音変化》❶商店でない、普通の家。また、その家屋。「一風(ふう)の家」❷もと商店をしていたが、今はやめた家。

しも-だらい【下×盥】(―だらひ) ❶下半身につけるものを洗濯するたらい。❷下湯(しもゆ)に用いるたらい。

じ-もつ【寺物】寺に属する調度品や道具。

じ-もつ【持物】(ヂ) 仏像が手に持っている物。その諸尊の性格・働きを示す標幟(ひょうじ)で、観世音菩薩の水瓶、薬師如来の薬壺、不動明王の剣など。じぶつ。

しも-つ-え【下つ▽枝】下の枝。したえだ。しずえ。「中つ枝(え)の枝の末葉(うらば)は一に落ち触(ふ)らばへ」〈記・下・歌謡〉

しも-づかえ【下仕え】(―づかへ) 院の御所や親王家・摂家などに仕えて雑用を務めた女。

しも-つ-かた【下つ方】❶したの方。しもて。下方。⇔上(かみ)つ方。❷身分の低い人々。しもじも。「それより一は、ほどにつけつつ、時にあひ、したり顔なるも」〈徒然・一〉⇔上(かみ)つ方。❸京都で、内裏に遠い方。下京(しもぎょう)。「一の京極わたりなれば、人げ遠く」〈源・澪標〉⇔上(かみ)つ方。

しも-つき【霜月】陰暦11月の異称。霜降月。〔季冬〕「一や日まぜにしけて冬籠/去来」

しもつき-え【霜月会】(―ヱ) 11月24日の天台大師智顗(ちぎ)の忌日によせて、延暦寺で11月14日から10日間行われる法華十講。〔季冬〕

しもつき-かぐら【霜月神▽楽】湯立(ゆだて)神楽のうち、特に万物の生気が弱まるとされる陰暦11月ごろに行うもの。長野県飯田市の遠山祭、愛知県北設楽郡の花祭りなど。

しもつき-がゆ【霜月×粥】陰暦11月23～24日の大師講に炊く粥。多くは小豆や団子などを入れて炊く。追い出し粥。衣粥。

しもつき-まつり【霜月祭(り)】陰暦11月に行う民間の祭り。収穫祭や氏神(うじがみ)祭りが多く、祭日は地方によって異なる。〔季冬〕

しもつけ【下野】《「しもつけの(下毛野)」の略》[一]㊀旧国名の一。現在の栃木県。野州(やしゅう)。㊁栃木県中南部にある市。石橋・小金井は江戸時代は日光街道の宿場町として栄えた。平成18年(2006)1月、南河内町・石橋町・国分寺町が合併して成立。人口5.9万(2010)。[二]バラ科の落葉低木。山野に自生。高さ約1メートル。葉は長楕円形。夏、淡紅色の小花が群がり咲く。名は、下野の国で発見されたことにちなむ。繡線菊。木下野(きしもつけ)。〔季夏〕「一を地に並べけり植木売/青々」

しもつけ-し【下野市】▶下野[一]㊁

しもつけ-そう【下▽野草】(―サウ) バラ科の多年草。山地に自生し、高さ約60センチ。葉は羽状複葉で、先の小葉は手のひら状。夏、シモツケに似た淡紅色の小花を密生する。草下野(くさしもつけ)。〔季夏〕

しもつけの【下毛野】下野(しもつけ)の古称。

しも-つ-せ【下つ瀬】川下にある瀬。「一に小網(さで)さし渡す」〈万・三八〉⇔上(かみ)つ瀬。

しもつふさ【下総】「しもうさ(下総)」の古称。

しもつま【下妻】茨城県西部の市。鎌倉時代から城下町として発展、江戸時代には一時、天領として代官所が置かれ、水運の中継地として繁栄した。ナシ栽培や養豚が盛ん。平成18年(2006)1月、千代川村を編入。人口4.5万(2010)。

しもつま-し【下妻市】▶下妻

しも-つ-やみ【下つ闇】陰暦で、月の下旬の夜の闇。くだりやみ。「ともしする火串(ほぐし)の松も燃えつきて帰るに迷ふ一かな」〈千載・夏〉

しも-て【下手】❶下の方。下座(しもざ)の方。「一に座をとる」⇔上手(かみて)。❷川の流れていく方。下流。⇔上手(うわて・かみて)。❸芝居の舞台の、客席から見て左の方。⇔上手(かみて)。〔類語〕下方・下(した)・下(しも)・下座(げざ)・下座(しもざ)

しもと【×笞│×楚】《薹(しもと)で作るところから》昔、罪人を打つのに用いたむち。比喩的に、人を責める厳しい戒め。「心を鞭(むち)つ一」

しもと【×葼│×楉│細▽枝】長く伸びた若い小枝。「生ふ一この本山のましばにも告(の)らぬ妹が名かたに出でむかも」〈万・三四八八〉

じ-もと【地元】(ヂ) ❶そのことに直接関係ある土地。「一の意見を聞く」❷その人が居住している土地。また、その人の勢力範囲である土地。「一の候補者」〔類語〕土地・地(ち)・地方・当地・御当地・当所・現地・地(じ)

しも-どいや【下問屋】(―どひや) 近世、大坂にあって、西国・北国地方と取引した規模の小さな問屋。「上問屋一へ蓮葉女といふいたづら奉公つとめ」〈浮・娘気質・五〉➡上問屋(かみどいや)

しも-どおり【下通り】(―どほり) 市街などで、下(しも)にあたるほうにある街路。また、中心から離れた所にある街路。

⇔上通り。

しもと-がち【×葼勝ち】〔形動ナリ〕若い小枝が多く茂っているさま。「桃の木の若だちて、いとー にさし出でたる」〈枕・一四四〉

しも-どけ【霜解け┊霜▽融け】気温の上昇につれ、霜がとけること。「一道」《季 冬》「ーに葉を垂らしたる八ツ手かな/竜之介」

しもと-だな【×葼棚】しもとを組んで簀の子状に編み、脚をつけた棚。祭祀用の調度。

しもと-づくえ【×葼机】「葼棚」に同じ。

しもと-ゆう【×葼結ふ】〔枕〕刈り取ったしもとをカズラなどで結わえる意から、「かづら」にかかる。「一葛城山に降る雪の」〈古今・大歌所御歌〉

しも-とり【霜取り】電気冷蔵庫の内部についた霜を、熱作用などで取り去ること。「一装置」

しもなか-やさぶろう【下中弥三郎】[1878～1961]出版人・教育家。兵庫の生まれ。大正3年(1914)平凡社を創立、美術全集・百科事典などを刊行。同8年に日本最初の教員組合、啓明会を組織した。

しも-なげし【下▽長▽押】上下に設けられた長押のうち、下方のもの。⇔上長押。

しもにた【下仁田】群馬県南西部の地名。上信電鉄の終点で、妙義山・荒船山への基地。コンニャクやネギの栽培が盛ん。

しもにた-まち【下仁田町】▶下仁田

しもにだん-かつよう【下二段活用】文語動詞の活用形式の一。語形が五十音図の「エ・ウ」の二段の音(または、それに「る」「れ」「よ」のついた形)で語形変化するもの。例えば、「受く」の語尾が、「け・け・く・くる・くれ・けよ」と変化する類。他に、「得」「上ぐ」「捨つ」「経」「越ゆ」「植う」など。口語動詞では、基本形が「得る」「上げる」「捨てる」「経る」「越える」「植える」の形に変化し下一段活用になる。➡上二段活用

しも-ねた【下ねた】《「しも」は下半身の意。「ねた」は「たね(種)」を逆さ読みにした語》性や排泄に関する話題。

し-もの【仕物┊▽為物】❶すること。仕事。「こりゃよいーぢゃわい」〈伎・韓人漢文〉❷役に立つ物。「あれもよいーが有るいやい」〈虎寛狂・萩大名〉

じ-もの【地物】その土地で産した物。「一の梨」

じ-もの【地者】遊女などに対して、堅気の女。素人の女。地女。「女郎のは色事、一のは恋路と云ふ物だ」〈滑・浮世床・二〉

じ-もの〔接尾〕《形容詞語尾「じ」＋名詞「もの」から》名詞に付いて、…のようなもの(として)、…であるもの(として)などの意を表す。連用修飾句として用いられることが多い。「鳥一朝立ちいまして」〈万・二一〇〉「犬一道に伏してや命過ぎなむ」〈万・八八六〉

しも-の-く【下の句】❶短歌1首の第4句と第5句。⇔上の句。❷連歌・俳諧の七・七の短句。

しも-の-こえ【霜の声】霜の降りた夜の、冷たくさえてしんしんと更けゆく様子をいう語。《季 冬》「黙読の書に灯はふけてー/松宇」

シモノスペトラス-しゅうどういん【シモノスペトラス修道院】《Moni Simonos Petras》▶シモノペトラ修道院

しものせき【下関】《上関(山口県熊毛郡上関町)・中関(防府市)に対する称》山口県南西端の市。古くは赤間関(赤馬関)・馬関ともよばれた。壇ノ浦などの史跡がある。遠洋漁業の基地。関門トンネル・関門橋で門司と結ばれる。平成17年(2005)2月、豊浦郡4町と合併。人口28.1万(2010)。

しものせき-し【下関市】▶下関

しものせき-じょうやく【下関条約】明治28年(1895)日清戦争講和のため、山口県下関で清国の全権大使李鴻章と日本の全権大使伊藤博文・陸奥宗光との間で調印された条約。清国は朝鮮の独立、2億両の賠償金の支払い、遼東半島・台湾・澎湖列島の割譲などを承認。馬関条約。

しものせき-しりつだいがく【下関市立大学】山口県下関市にある市立大学。昭和31年(1956)創設の下関商業短期大学を母体に、同37年大学として発足。平成19年(2007)公立大学法人となる。

しも-の-たて【霜の▽経】霜を紅葉の錦を織る経糸にたとえて見たてていう語。「一露のぬきこそ弱からし山の錦の織ればかつ散る」〈古今・秋下〉

しも-の-ちょう【下之町】京都、島原遊郭内の町名。遊郭の西北の隅に位置する。

しも-の-とおか【下の十日】月の終わりの10日間。下旬。「年毎の六月一に人詣でて」〈仮・東海道名所記・六〉

シモノペトラ-しゅうどういん【シモノペトラ修道院】《Moni Simonopetra》ギリシャ北部、ハルキディキ半島にある東方正教会の聖地アトス山の修道院。半島南岸、海面から切り立った崖の上に建つ。13世紀に創設。度々火災に見舞われ、増改築が続けられている。近年、同修道院の聖歌隊によるビザンチン聖歌が広く知られる。シモノスペトラス修道院。

しも-の-まち【下の町】下手にある町。低い所にある町。したまち。しものちょう。⇔上の町。

しも-の-みや【下の宮】一つの神社で神殿・拝殿が2か所または3か所ある場合、下の方に位置する宮の呼び名。下宮。下社。

しも-の-や【下の屋】「下屋」に同じ。「物へだたりたるーにさぶらふ」〈源・明石〉

しも-の-ゆみはり【下の弓張り】満月から新月になる間の半月。下弦の月。「折節秋の始めの月は、一なり」〈平家・七〉

しも-の-よもぎ【霜の×蓬】霜にあって枯れている蓬。乱れた白髪のたとえ。「見るもうしむかふ鏡の秋の影おとろへまさるーは」〈続後拾遺・雑下〉

しも-ばしら【霜柱】❶冬の夜、土中の水分が地表にしみ出て凍結してできる、細い氷柱の集まり。関東地方の赤土にできやすい。《季 冬》「貧乏の庭の広さよー/虚子」❷シソ科の多年草。山地の木陰に生え、高さ約60センチ。秋、茎の上部の葉のわきから穂を出し、白い唇形の花を総状につける。冬に枯れた茎に氷柱ができる。雪寄せ草。

しも-はた【下機】《「しもばた」とも》主に木綿・麻布を織るのに用いる機。「一に木綿一端、これを織りおろして」〈浮・永代蔵・五〉➡上機

しも-ばら【霜腹】《「しもはら」とも》霜の降りるような寒い夜に冷えて起こる腹痛。〈日葡〉

しも-ばれ【霜腫れ】《「しもはれ」とも》しもやけのこと。〈日葡〉《季 冬》

しも-はんき【下半期】会計年度などで、1年を2期に分けた後半の6か月。下期。⇔上半期。

しも-はんしん【下半身】「かはんしん(下半身)」に同じ。⇔上半身。

しも-びと【下人】❶召使い。下女、または下男。「馬に乗りたる男どもら四人、一はあまたあり」〈かげろふ・下〉❷身分の卑しい人。また、地下人。「あやしきーのなかに、生ひ出で給へれば」〈源・常夏〉

しも-びより【霜日-和】霜が降りたあとの晴天。霜晴れ。《季 冬》

しも-ぶくれ【下膨れ┊下×脹れ】〔名・形動〕❶下の方がふくらんでいること。また、そのような形。❷顔の下の方、特に、ほおの辺りがふくらんでいること。また、そのようなさまや顔。「一な(の)顔」

しもふさ【下総】▶しもうさ

しも-ふり【霜降り】❶霜が降ること。霜の降りること。❷霜の降りたような白い斑点のある模様。特に織物で、白い繊維と色繊維を混紡した糸を用いて織ったもの。「一の学生服」❸牛肉で、赤身の中に脂肪が網の目のように入り込んでいるもの。霜降り肉。❹魚肉や鶏肉をさっと熱湯に通したり焼いたりしたあとすぐ冷水につけ、表面を霜の降りたように白くしたもの。湯ぶり。

しもふり-こくら【霜降り小倉】霜降り模様のある小倉木綿。学生の夏服などに用いた。

しもふり-づき【霜降り月】陰暦11月の異称。霜月。《季 冬》「後山へーの橋をふむ/蛇笏」

しもふり-まつ【霜降松】ゴヨウマツの変種。葉が緑白色で霜が降りたように見える。霜降り五葉。

しも-べ【下辺】《古くは「しもへ」》しもの方。特に、川の下流の辺り。「上辺には千鳥しば鳴くーにはかはづつま呼ぶ」〈万・九二〇〉⇔上辺。

しも-べ【下▽部┊▽僕】❶雑用に使われる者。召使い。「神のー」❷身分の低い者。「この魚…頭はーも食はず」〈徒然・一一九〉❸官に仕えて、雑役を勤めた下級の役人。「ーども参ってさがし奉れ」〈平家・四〉【類語】下働き・下男・下女・召使い・奴隷

しも-べや【下部屋】召使いなどの部屋。「これ縫ひ給はずは、ーにやりてこめ奉らむ」〈落窪・二〉

しも-ぼうし【下法師】雑役などに使われる身分の最も低い僧。中間法師。「弟子のーを呼びて、私語きて物へ遣はしつ」〈今昔・二八・一七〉

しもみ-ぐさ【霜見草】寒菊の別名。

しも-みち【霜道】❶霜の降りている道。❷傾斜地などの、冷気の流れ下る道筋。降霜が多い。

しも-む【下無】日本音楽の十二律の一。基音の壱越より四律高い音で、中国の十二律の姑洗、洋楽の嬰ヘ音にあたる。

しもむら-おさむ【下村脩】[1928～]生物学者。京都の生まれ。昭和37年(1962)オワンクラゲの発光の仕組みを解明し、その過程で発光物質イクオリンとGFP(緑色蛍光蛋白質)の抽出に成功。平成20年(2008)、ノーベル化学賞受賞。同年、文化功労者。同年、文化勲章受章。

しもむら-かいなん【下村海南】[1875～1957]政治家・ジャーナリスト。和歌山の生まれ。本名、宏。新聞記者として活躍後、貴族院議員となり、昭和20年(1945)鈴木内閣の国務相兼情報局総裁として、終戦の実現に努力した。著「終戦秘史」など。

しもむら-かんざん【下村観山】[1873～1930]日本画家。和歌山の生まれ。本名、晴三郎。狩野芳崖・橋本雅邦に師事。日本美術院の創立に参加。卓抜した技法により、伝統的画風を現代に生かした。作「白狐」「弱法師」など。

しもむら-こじん【下村湖人】[1884～1955]小説家・教育家。佐賀の生まれ。本名、虎六郎。教職を経て著述生活に入る。自伝的教養小説「次郎物語」で知られる。

しも-や【下屋】寝殿造りで、主殿の後ろにある召使いが住む建物。また、雑物を置く建物。しものや。

しも-やかた【下館】「下屋敷」に同じ。

しも-やけ【霜焼け】寒さのために皮膚の血管が麻痺し、赤紫色にはれたもの。凍瘡。霜腫れ。《季 冬》「一の手をかくしけり袖の中/虚子」

しも-やしき【下屋敷】江戸時代、本邸以外に江戸近郊に設けられた大名屋敷。しもやかた。したやしき。➡上屋敷 ➡中屋敷

しもやま-じけん【下山事件】昭和24年(1949)行方不明になっていた国鉄総裁下山定則が常磐線綾瀬駅付近で轢死体となって発見された事件。総裁が国鉄職員の大量整理案を発表し、労働組合が反対闘争を盛り上げていた最中のため、他殺か自殺かの議論を巻き起こし、労働運動に大きな打撃を与えた。事件は真相不明のまま捜査打ち切りとなった。

しも-ゆ【下湯】腰湯。また、下半身を洗うこと。

しも-よ【霜夜】空が晴れて霜の降りる寒い夜。《季 冬》「我骨のふとんにさはるー哉/蕪村」

しも-よけ【霜▽除け】冬、霜の害を防ぐために、こも・縄・わらなどで作物や樹木を覆うこと。また、その覆い。霜がこい。霜おおい。《季 冬》「母親をーにして寝た子かな/一茶」

しもよのかねじゅうじのつじうら【霜夜鐘十字辻筮】歌舞伎狂言。世話物。5幕。河竹黙阿弥作。明治13年(1880)東京新富座初演。天下のため恩師を討つが、妻に自害され、零落した士族の六浦正三郎は、恩師の子息の巡査によって救われ、和解して仏門に入る。

じ-もらい【地×貰い】土地の使用に先立って、土地の神からその土地をもらう儀式。開墾しようとする土地の四隅にくいを打ち、しめを張ったりする。

じ-もり【地盛(り)】「土盛り」に同じ。

しもり-づり【しもり釣(り)】大小の玉浮きを数個連結し、おもりでゆっくりと沈めて釣る方法。フナ・タナゴ・サヨリなどの釣りで行われる。

しも-りゅう【下流】ーリウ 茶道で、藪内(やぶのうち)流のこと。上京(かみぎょう)の千家を上流(かみりゅう)と呼んだことに対する名。藪内家が下京の六条にあったところからいう。

しも・る【▽沈る】〔動ラ四〕浸水して沈む。「舟は―・って」〈浄・自然居士〉

しも-われ【霜割れ】〔名〕スル 急激な寒気のために、樹木の表面に縦に割れ目が生じること。また、その割れ目。幹の表面が急に収縮するために起こる。

し-もん【四文】❶銭1文の4倍。❷安っぽいこと、少しばかりのことのたとえ。「狂歌や誹諧を―ばかりもする人や」〈滑・浮世床・初〉❸《四文銭の価値がわずかであったところから》軽々しいこと。軽率なこと。副詞的にも用いる。「何でも―と呑み込みやした」〈滑・八笑人・二〉❹「四文銭」の略。

四文と◦出る　軽々しく人の話に横から口を出す。「何でも―◦出たがるから不便(ふびん)だ」〈滑・浮世床・初〉

し-もん【四門】❶東西南北の四方の門。すべての門。❷内裏で、東西南北の四方にあった建春門・宜秋(ぎしゅう)門・建礼門・朔平門の総称。❸仏語。㋐密教の曼荼羅(まんだら)の四方に配された門。東の発心門、南の修行門、西の菩提(ぼだい)門、北の涅槃(ねはん)門。㋑天台宗で説く、真理に悟入するための四つの門。有門・空門・亦有亦空(やくうやくくう)門・非有非空門。

し-もん【死門】《この世からあの世へ入る関門の意から》死。死去。「―に及ぶ」「―に臨む」

し-もん【私門】❶個人の家。自分の一家。❷(朝廷に対して)臣下の家。❸権力のある家。権門。

し-もん【指紋】手の指先の、内側にある細い線がつくる紋様。形は弓状・渦状などがあり、人によって異なり一生不変なので、個人の識別や犯罪捜査などに利用される。「―をとる」

し-もん【師門】❶師の家。また、師。❷師の門下。

し-もん【試問】〔名〕スル 学力や知識などの程度を、問題を出してためすこと。また、その問題。「日本史について―する」「口頭―」〔類語〕試験・テスト・考査・考試・質問・発問・借問(しゃもん)・下問

し-もん【諮問】〔名〕スル 有識者または一定機関に、意見を求めること。諮詢(しじゅん)。「専門委員会に―する」
〔類語〕質疑・問い・質問・発問・設問・問答・問題・疑問

シモン〖Claude Simon〗[1913～2005]フランスの小説家。ヌーボーロマンを代表する一人。1985年ノーベル文学賞受賞。作「草」「フランドルへの道」など。

じ-もん【地紋¦地文】ヂー ❶織り方の組織や糸使いの変化によって織物の地に織り出した文様。特に、染めや刺繡などの生地の文様についていう。❷工芸品や証券などの印刷物で、地の模様。
〔類語〕模様・柄・文様・図柄・絵柄・図様・図案・紋(もん)・紋柄(もんがら)・文(あや)・文目(あやめ)・意匠・デザイン・パターン・プリント

じ-もん【寺門】㊀❶寺の門。また、寺。❷「寺門派」の略。㊁園城寺(おんじょうじ)(三井寺(みいでら))の異称。

じ-もん【耳門】❶耳の穴の口。❷くぐり戸。

じ-もん【自門】❶自分の一族。一門。❷自分の属する宗派、または寺。

じ-もん【自問】〔名〕スル 自分で自分の心に問いかけること。「間違っていないかと―する」

しもん-きかん【諮問機関】ーキクワン 行政庁の諮問に応じて、学識経験者などが審議・調査を行い、意見を答申する機関。「厚生労働省の―」

し-もんじ【指文字】指をいろいろな形に組み合わせて、文字の代わりにする符号。昔は寺院の儀式に使ったが、現在は聾唖(ろうあ)者の会話などに使用。

じもん-じとう【自問自答】ージタフ〔名〕スル 自分で問いかけ、自分で答えること。「心の中で何度も―する」

じもん-しゃ【地紋×紗】ヂモンー 透ける地に、糸をつめることで文様を織り出した紗。紋紗。

しもん-しんか【四門親家】親類の親類。縁者。

シモンズ〖Arthur William Symons〗[1865～1945]英国の詩人・批評家。イギリス象徴派の代表者。フランス象徴主義の紹介に尽力。詩集「昼と夜」、評論「文学における象徴主義運動」など。

シモンズ〖John Addington Symonds〗[1840～1893]英国の批評家。スイスに居住。著「ダンテ研究序説」「イタリアルネサンス史」など。

シモンズ-びょう【シモンズ病】ービヤウ 脳下垂体に生じた腫瘍(しゅよう)や炎症のため、脳下垂体前葉の機能が低下した病気。1914年にドイツの医師シモンズ(M.Simmonds)が発見。

しもん-せん【四文銭】1枚で4文に通用した銭。寛永通宝のうち明和5年(1768)以降に鋳造された真鍮(しんちゅう)銭と万延元年(1860)以降鋳造の精鉄銭、および文久3年(1863)以降鋳造の文久永宝の総称。裏に波紋があるので波銭(なみせん)ともいった。四文。四当銭。当四銭。

シモン-ド-モンフォール〖Simon de Montfort〗[1208ころ～1265]英国の貴族。フランス貴族出身。マグナカルタに再三違反したヘンリー3世に対して、貴族を組織して反乱を起こし、「オックスフォード条項」を認めさせて王権を制限した。1265年の議会に市民を参加させ、下院創設の道を開いた。

しもん-にんしょう【指紋認証】《fingerprint authentication》指紋のパターンを読み取り、個人を識別するバイオメトリックス認証の一。

じもん-は【寺門派】天台宗の一派。円珍を祖とし、総本山は滋賀県大津市の園城(おんじょう)寺。➡山門派

しもん-ほう【指紋法】ーハフ 指紋をその特徴によって分類し、個人を識別する方法。英国のハーシェルが始め、19世紀後半にゴルトンが完成。日本では、明治41年(1908)警察が採用し、犯罪の捜査や犯人の確定などに用いている。また、遺伝学・人類学の研究にも利用される。

しもん-や【四文屋】江戸末期、4文均一の食べ物や品物を売った大道商人。また、その店。

しもん-ゆうかん【四門遊観】ーイウクワン 釈迦(しゃか)が太子だったとき、王城の東西南北の4門から出遊して四つの出来事を見て出家の決意をしたこと。東門を出てつえにすがる老人を見て、生あれば老あるを悟り、西門を出て病人に会い、生あれば病あるを知り、南門を出て死人に会い、生あれば死あるを知り、北門を出て高徳の沙門(しゃもん)に会い、出家修行の志を立てたという。四門出遊。

しゃ【▽沙】数の単位。1の1億分の1。➡表「位」➡漢「さ(沙)」

しゃ【社】㊀〔名〕❶中国古代の地縁的結合社会を象徴する土地神。また、それをまつる場所。❷「会社」「新聞社」などの略。「―に帰る」㊁〔接尾〕助数詞。神社・会社など、「社」のつくものを数えるのに用いる。「三―で協定を結ぶ」➡漢「しゃ(社)」
〔類語〕会社・小社・弊社・当社・貴社・御社

しゃ【車】㊀〔名〕❶くるま。乗り物。「レッカー―」「はしご―」❷将棋で、「飛車」の略。㊁〔接尾〕助数詞。車両などを数えるのに用いる。「貨車五―」➡漢「しゃ(車)」

しゃ【舎】古代中国の軍制で、軍隊の1日の行程。30里とした。➡漢「しゃ(舎)」

しゃ【者】その道に通じた人。其者(それしゃ)。芸者。「桔梗染めの腰がはり、縞繻の帯、―ぢゃわいの」〈浄・油地獄〉➡漢「しゃ(者)」

しゃ【射】弓を射ること。また、弓を射る術。弓術。射芸。「―を能くする」➡漢「しゃ(射)」

しゃ【×紗】生糸を絡み織りにした織物。布帛(ふはく)面にすきまがあり、軽くて薄く、夏物の着尺(きじゃく)・羽織地とする。うすぎぬ。うすもの。紗織り。さ。〔季 夏〕➡漢「さ(紗)」

しゃ【赦】国家・皇室に吉凶の大事などがあったときに、朝廷や幕府などが、特に囚人の罪科を許したこと。➡漢「しゃ(赦)」

しゃ【斜】傾いていること。水平・垂直でないこと。ななめ。はす。➡漢「しゃ(斜)」〔類語〕斜め・斜(はす)・斜交(はすか)い

斜に構・える　❶剣道で、刀を斜めに構える。❷身構える。改まった態度をする。「風上へ―・え、糸のように目を細くして立ち竦んでいる」〈里見弴・多情仏心〉❸物事に正対しないで、皮肉やからかいなどの態度で臨む。「世間に対して―・える」〔補説〕この句の場合、「斜」を「ななめ」とは読まない。

しゃ【×汝】〔代〕二人称の人代名詞。相手を卑しめていう語。きさま。おまえ。「名のりて過ぎるほととぎす、―が父に似て、父に似ず」〈浄・寿の門松〉

しゃ　㊀〔感〕あざけりののしるとき、また、驚いたときなどに発する声。「―何程の事有らん」〈浄・矢口渡〉㊁〔接頭〕名詞、また副詞・動詞・形容詞などに付いて、卑しめののしる意を表す。「―面(つら)」「―首(くび)」「―まだるい」

し-や【子夜】子(ね)の刻。夜の12時。真夜中。

し-や【視野】❶外界の一点を凝視するとき、その点を中心として見える範囲。視力の及ぶ範囲。「―が開ける」「―を遮る」❷顕微鏡・望遠鏡・写真機などの、レンズで見ることのできる範囲。❸物事を考えたり判断したりする範囲。「―の狭い人」「国際的な―に立つ」〔類語〕視界・視角・眼界・展望・見通し

じゃ【邪】心がねじ曲がり正しくないこと。また、その人。よこしま。不正。「正は―を制す」⇔正。➡漢「じゃ(邪)」

じゃ【蛇】❶大きなヘビの総称。おろち。うわばみ。「鬼が住むか―が住むか」❷《「蛇之助」の略》大酒飲み。酒豪。「どちらへ似ても―の子孫」〈浄・淀鯉〉➡漢「じゃ(蛇)」

蛇が蚊を呑◦んだよう　少なすぎて腹の足しにならないことのたとえ。

蛇の道は蛇(へび)　同類のすることは、その方面の者にはすぐわかるというたとえ。〔補説〕この句の場合、「蛇の道」を「へびの道」とは読まない。

蛇は一寸にして人を呑◦む　蛇はわずか一寸ほどでも、人をのみ込もうとする気迫がある。すぐれた人は、幼いときから普通の人と違ったところがあるというたとえ。蛇は一寸にしてその気を得る。

じゃ ぢゃ〔接〕《「では」の音変化》❶前の事柄を受けて、あとの事柄が起こることを示す。それならば。じゃあ。「『私は行かない』『―、僕が行こう』」❷前の事柄と関係なく言葉を続けたり、話題を変えたりするときに用いる。それでは。じゃあ。「―、失礼します」〔補説〕「では」よりはくだけた場面に使われる。

じゃ ぢゃ〔助動〕[じゃろ(じゃら)|じゃ(じゃっ・で)|じゃ|じゃ(じゃる)|○|○|○]《連語「である」の音変化形「であ」がさらに音変化したもの》体言、活用語の連体形、準体助詞「の」などに付く。❶断定の意を表す。…である。…だ。「もうちと早く来るとよかったの**じゃ**が」〈横光・蠅〉❷(連体形の用法)認定する意を表す。…であると認める。「むむ、姉**ちゃ**人、これは幸ひぢゃ」〈伎・壬生大念仏〉❸(疑問語を受け、下に「知らぬ」を伴って)不明の意を表す。…であるかどうか。「どのあたりに有ること**ぢゃ**知らぬ」〈虎寛狂・三本柱〉❹(多く疑問語「何と」を受けて)反語の意を表す。…であろうか、いや、そうではない。「諸侍が何とその様なさもしい事をする物**ぢゃ**」〈虎寛狂・雁盗人〉❺(「てじゃ」「にじゃ」の形で)軽い敬意を表す。…(し)ておいでだ。「小春殿は二階に寝て**ぢゃ**」〈浄・天の網島〉➡だ〔補説〕室町後期以降の語。未然形「じゃら(じゃろ)」、連用形「じゃっ」、連体形「じゃる」の例は少ない。現代でも古風な口調や方言として、西日本を中心に「や」とも音変化して広く行われている。

じゃ知ら◦ぬ　(疑問を表す語を受けて)…であるか。…だかわからない。「その深い男は、誰―◦ぬが」〈浄・生玉心中〉

じゃ ぢゃ〔連語〕㊀《断定の助動詞「だ」の連用形に「は」の付いた「では」の音変化》連語「では㊀」に同じ。「それ―約束が違う」㊁《格助詞「で」に係助詞「は」の付いた「では」の音変化》連語「では㊁」に同じ。「今―誰も覚えていない」㊂《連語「ては」の転じた「では」の音変化》連語「ては」に同じ。「そんなに飲ん―体に悪い」〔補説〕「では」よりはくだけた場面に使われる。

じ-や【時夜】鶏が鳴いて、夜間の時刻を告げること。

シャー〖ペルシア shāh〗《王・支配者の意》古代イスラム時代のイランで、王の称号。

シャー〖shear〗《大きな鋏(はさみ)の意》金属板などを上下一対の刃物によって切断する工作機械。シヤリングマシン。截断(せつだん)機。剪断(せんだん)機。

ジャー〖jar〗❶口の広い水差し。瓶。❷口の広い魔法瓶式の容器。
じゃあ〔接〕接続詞「じゃ」に同じ。「みんなそろったか、一出掛けよう」「一、また明日」
じゃあ〔感〕呼びかけた相手の返事が否定的であるときに発する、狂言特有の語。何じゃ、だめか。「そこもとに末広がりは御ざらぬか。一。ここもとには無いさうな」〈虎寛狂・末広がり〉
じゃあ〔連語〕連語「じゃ」に同じ。「こんな事一困る」「死ん一おしまいだ」
シャーウッド〖Robert Emmet Sherwood〗[1896〜1955]米国の劇作家。反戦的な作品が多い。戯曲「ローマへの道」「白痴の喜び」、映画脚本「わが生涯の最良の年」など。
シャーウッド-の-もり【シャーウッドの森】《Sherwood Forest》英国イングランド中部の都市ノッチンガムの北郊に広がる森。ロビン＝フッドの伝説の舞台として知られる。ロビンとマリアンが結婚式を挙げたというセントメアリー教会や、集会に使ったとされるオークの大木がある。
ジャーキー〖jerky〗乾燥肉。「ビーフ一」
シャーク〖shark〗鮫。
じゃ-あく【邪悪】〔名・形動〕心がねじ曲がって悪いこと。また、そのさまやそのもの。奸悪。「一な心」
(派生)じゃあくさ〔名〕
(類語)奸悪・奸佞・陰険・性悪・悪辣
ジャーク〖jerk〗重量挙げ競技の一種目。胸上まで上げたバーベルを、両脚を前後に開くからだの反動で頭上に上げる。➡スナッチ
シャークスキン〖sharkskin〗❶鮫の皮。❷鮫の肌のように仕上げた、綾織りの毛織物。背広・コート地用。❸鮫の肌を思わせる、ざらざらした感じの人絹織物。夏の婦人服地用。
ジャーゴン〖jargon〗仲間うちにだけ通じる特殊用語。専門用語。職業用語。転じて、わけのわからない、ちんぷんかんぷんな言葉。
シャーシー〖chassis〗《「シャシー」「シャシ」とも》❶自動車の車台。➡ボディー ➡プラットホーム ❷ラジオ・テレビなどの部品を組み付ける金属製の台。
ジャージー〖jersey〗❶メリヤス編みの布地。細いうねがあって柔らかく、伸縮性に富む。❷❶の布地を使った、ラグビーなどで用いる運動着。❸家畜の牛の一品種。英国のジャージー島の原産。小形の乳牛で、乳汁は脂肪が多くバター製造に適する。
ジャージー-とう【ジャージー島】《Jersey》イギリス海峡のフランス沖、チャンネル諸島の島。イギリス領。日常語はフランス語。温暖な保養地。乳牛を飼育。英王室固有の属領で、英国の法律や税制は適用されない。人口9万(2010)。
しゃあ-しゃあ〔副〕❶厚かましくて、恥を恥とも思わないで平気でいるさま。「怒られても一(と)している」「いけー」❷水を注ぎかけたり、水が勢いよく流れ出たりする音を表す語。「一(と)シャワーを浴びる」(アクセント)❶はシャーシャー、❷はシャーシャー。(類語)いけしゃあしゃあ・けろりと・しれっと・ぬけぬけ・のめのめ・おめおめ
じゃあ-じゃあ〔副〕多量の水が勢いよく流れ出たり、水をたくさん注ぎかけたりする音を表す語。「水を一(と)かけて車を洗う」
シャー-ジャハーン〖Shāh Jahān〗[1592〜1666]インドのムガル帝国第5代の王。在位1628〜1658。帝国の全盛期を現出、タージマハル廟やデリーの宮殿などの壮麗な建築を残した。
ジャータカ【闍多迦】《梵 jātaka》古代インドの仏教説話の一。➡本生譚
しゃ-あつかい【車扱い】鉄道で、大量の貨物を、貨車1車を単位として貸し切り運送する取り扱い方法。貸し切り車扱い。貸し切り扱い。
しゃあ-つく〔名・形動〕ずうずうしくて恥を恥とも思わないこと。また、そのさま。「あんなずうずうしい一な耶蘇なんだもの」〈魯庵・くれの廿八日〉
ジャー-どうぶつほごく【ジャー動物保護区】《Dja Faunal Reserve》カメルーン南部にある自然保護区。ジャー川とその支流に取り囲まれた地理的条件により、人手の加わっていない熱帯雨林が広がる。絶滅が危惧されるニシローランドゴリラのほか、チンパンジーやマンドリルなどの霊長類が生息する。1987年、世界遺産(自然遺産)に登録された。
ジャーナリスティック〖journalistic〗〔形動〕❶ジャーナリストとして物事をとらえるさま。社会的な新しい問題・事件に敏感なさま。「一な視点」❷ジャーナリズムに取り上げられて、広く世間の関心を集めるさま。「一な話題」
ジャーナリスト〖journalist〗ジャーナリズムに関係をもつ人。新聞・雑誌などの編集者・記者など。
(類語)著作家・文筆家・ライター・コラムニスト・評論家
ジャーナリズム〖journalism〗新聞・雑誌・ラジオ・テレビなどにより、時事的な問題の報道・解説・批評などを伝達する活動の総称。また、その機関。
ジャーナル〖journal〗❶日刊の印刷物。日刊新聞。❷定期刊行物。雑誌・週刊誌など。❸軸受けの中に入っている軸部分。軸頸。
ジャーナル-じくうけ【ジャーナル軸受(け)】➤ラジアル軸受け
ジャーニー〖journey〗比較的長期の旅行。「センチメンタル一」
ジャーヒズ〖al-Jāḥiẓ〗[776〜869ころ]アラブ古典散文学の確立者。思想的には合理主義的な立場に立ち、バスラやバグダードで文筆活動を行った。著「けちんぼども」「動物の書」など。
シャー-ピン〖shear pin〗機械に過大な力がかかった場合、大切な部分が破損しないように、力の伝達部を、破断してもかまわないピンで結合しておくこと。
シャープ〖sharp〗〔名・形動〕❶鋭敏なさま。「一な切れ味」❷映像などが鮮明なさま。「一な画面」❸抜け目がないさま。鋭敏。「一な頭脳」❹「シャープペンシル」の略。❺音楽で、ある音を半音上げる記号。記号「♯」。嬰記号。嬰。⇔フラット。(補説)音楽のシャープ(嬰記号)「♯」はハッシュマーク「#」とは異なるが、便宜的にハッシュマークをシャープと呼ぶこともある。
(類語)鋭い・鋭利・先鋭・鋭敏・俊敏・明敏・敏・聡い・目聡い・利発・聡明・慧敏・犀利
シャーフィイー〖al-Shāfiʿī〗[767〜820]イスラム法学者。スンニー派四法学派の一であるシャーフィイー派の祖。古典イスラム法理論の大成者。
シャープール-いっせい【シャープール一世】《Shāpūr Ⅰ》ササン朝ペルシア第2代の王。在位241〜272。アルデシール1世の子。中央アジア・シリアに進出、260年にはローマ軍を破って皇帝ワレリアヌスを捕虜とし、またこれらの捕虜を使役してグンデシャプールのダムを建設。生没年未詳。
シャープナー〖sharpener〗鉛筆削り器。
シャープネス〖sharpness〗《鋭さの意》画像処理の方法の一。デジタルカメラなどの画像において輪郭を強調したり、逆に弱めて柔らかな印象にしたりすること。
シャープ-ペンシル《和 sharp＋pencil》鉛筆の芯を繰り出して使う筆記用具。シャーペン。
シャープ-レシオ〖Sharpe ratio〗《開発者William Sharpeの名から》投資のリスクに対するリターンの大きさを示す指標。過去の一定期間にポートフォリオがどれだけ安定して利益を上げたかを示すもので、投資信託などの運用実績の評価に広く用いられる。米国の経済学者ウィリアム＝シャープ(1990年ノーベル経済学賞受賞)が考案。過去の一定期間の収益率をリスク(価格変動の標準偏差)で割って求める。数値が高いほど、リスクに対して得られるリターンが大きく、投資効率がよいとされる。(補説)投資では一般に、リスクの高い(価格変動が大きい)資産に投資すると、高い収益を得られる可能性が高いとされる(ハイリスクハイリターン)。しかし、その反面、大きな損失を被る可能性も高く、リスクの高い投資対象で短期的に大きな収益が得られた場合、偶然が大きく作用したと考えられる。したがって、単純に収益率(価格上昇率)を比較するだけでは、必ずしも長期的に安定した収益を確保できる資産を選択できるとは限らない。シャープレシオは分母にリスクを置いて収益率を計算するため、運用の安定度と効率性の両面から投資対象資産を比較評価することができる。
シャーベット〖sherbet〗果汁にシロップ・香料をまぜて凍らせた氷菓子。(季 夏)
シャーベット-トーン《和 sherbet＋tone》シャーベットのような淡い色調。
シャー-ペン「シャープペンシル」の略。
シャーマニズム〖shamanism〗シャーマンを中心とする宗教現象。大きく脱魂型と憑依型の二つがあるとされる。北アジア・北欧・シベリア・モンゴル・中国・朝鮮・日本など世界各地に広く分布している。巫術。シャマニズム。
シャーマン〖shaman〗脱魂・憑依のような特異な心理状態で、神霊・祖霊などと直接に接触・交渉し、卜占・予言・治病などを行う呪術・宗教的職能者。シャマン。(類語)巫女・巫女・市子・いたこ・ゆた・口寄せ・かんなぎ
ジャーマン〖German〗❶ドイツ人。ドイツ語。❷多く複合語の形で用い、ドイツ風の、ドイツの、の意を表す。「一ソーセージ」
ジャーマン-アイリス《和 German＋iris》アヤメ科アヤメ属の多年草。ヨーロッパから西アジア原産の原種の交配から生じたもので、本来のジャーマンアイリスはその原種の一種。花色は紫・黄・白など多彩。
シャーマン-はんトラストほう【シャーマン反トラスト法】《Sherman Antitrust Act》1890年、米国で制定された最初の独占禁止法。主としてカルテルやトラストなどの独占的行為を禁止するために生まれた。米国の政治家J＝シャーマンが提案。
ジャーマン-ポテト《German potato saladから》ゆでたジャガイモを適当な大きさに切り、バター・オリーブオイルなどで炒め、かりっと炒めたベーコンとタマネギを加えて、塩・こしょうで味付けしたもの。
ジャーミア-エトヘム-ベウト〖Xhamia e Et'hem Beut〗アルバニアの首都チラナの中心部にあるイスラム寺院。スカンデルベグ広場に面する。チラナを創建したオスマン帝国の将軍スレイマン＝パシャの子孫により、18世紀末から19世紀にかけて建造。内部にはイスラム美術では珍しく、滝・橋・木々などを写実的に描いたフレスコ画がある。エゼムベイモスク。
ジャーミー〖アラビア camii〗《「マスジッド-アルジャーミー(金曜日モスク)」の略》毎週金曜日に集団礼拝を行うための、大きなマスジッド(モスク)。ジャミー。
ジャーミー〖Jāmī〗[1414〜1492]イランの神秘主義的詩人・学者。チムール帝国に仕えた、ペルシア文学古典時代の最後の大詩人といわれる。長編叙事詩「七つの王座」のほか、コーランの注釈や神秘主義者・詩人の列伝を残す。
ジャーム〖germ〗「胚芽」に同じ。
シャーリング〖shirring〗洋裁で、布を細かく縫い縮め装飾的なギャザーをつけること。また、そのギャザー。
シャール〖René Char〗[1907〜1988]フランスの詩人。初期はシュールレアリスムの活動に参加し、ブルトン・エリュアールとの共著「仕事を遅らせる」を発表。のち、第二次大戦中はレジスタンス運動を指導した。戦後は故郷の南仏に戻り、作品を発表し続けた。詩集「主なき槌」「失われた裸像」など。
ジャール〖JARL〗《Japan Amateur Radio League》一般社団法人日本アマチュア無線連盟。アマチュア無線家の団体。大正15年(1926)設立。
シャールバール〖Sárvár〗ハンガリー西部の町。ラーバ川沿いに位置する。五角形の中庭をもつナーダシュディ城があるほか、温泉地としても知られる。
シャールバール-じょう【シャールバール城】《Sárvári vár》➤ナーダシュディ城
シャー-ルフ〖Shah Rukh〗[1377〜1447]チムール帝国第3代の王。在位1409〜1447。帝国の繁栄をもたらし、また、学者・文人を保護した。
シャーレ〖ドイツ Schale〗ガラス製の、底の浅いふた付き容器。細菌培養などに用いる。ペトリ皿。

漢字項目　しゃ

【×叉・▽沙・砂・×紗】▶さ
【▽借】▶しゃく

写〔寫〕 学3　音**シャ**呉漢　訓**うつす、うつる**‖①ありのままにうつし取る。「写経・写実・写生/活写・手写・書写・謄写・筆写・描写・複写・模写」②物の像をスクリーンやフィルムに現し出す。「写真/映写・試写」

社〔社〕 学2　音**シャ**漢　訓**やしろ**‖①土地の神。「社祠(しゃし)・社稷(しゃしょく)」②神を祭る所。やしろ。「社寺/神社・村社・大社・末社」③組合や団体などの機関。「社中/会社・吟社・結社・公社・講社」④世の中。「社会・社交」⑤「会社」「新聞社」などの略。「社員・社説・社長/支社・商社・退社・入社・弊社」名付 あり・たか

車 学1　音**シャ**呉漢　訓**くるま**‖㊀〈シャ〉①軸を中心として回転するしかけ。「車輪/滑車・水車・拍車・風車・紡車」②回転する輪を用いた乗り物。「車庫・車体・車内・車両/貨車・汽車・乗車・新車・戦車・操車・単車・駐車・馬車・発車・自動車・寝台車」㊁〈くるま(ぐるま)〉「車椅子(いす)/糸車・肩車・手車・荷車・歯車」名付 くら・のり 難読 車前草(おおばこ)・山車(だし)・車楽(だんじり)・海盤車(ひとで)

舎 学5　音**シャ**呉漢　訓おく‖①家屋。建物。「駅舎・官舎・厩舎(きゅうしゃ)・校舎・獄舎・宿舎・精舎(しょうじゃ)・病舎・兵舎・茅舎(ぼうしゃ)・寄宿舎」②軍隊の一日の行程。「三舎」③「寄宿舎」の略。「舎監」④自分の身内を謙遜(けんそん)していう語。「舎兄・舎弟」⑤梵語の音写。「舎利」名付 いえ・や・やどる 難読 田舎(いなか)・舎密(セイミ)・舎人(とねり)・学舎(まなびや)

×**炙** 音シャ呉漢　セキ漢　訓あぶる‖①肉を火で焼く。あぶる。「燔炙(はんしゃ・はんせき)」②あぶり肉。「膾炙(かいしゃ)」③近づき親しむ。「親炙」

者〔者〕 学3　音**シャ**呉漢　訓**もの**‖㊀〈シャ〉①人。もの。「医者・隠者(いんじゃ)・縁者(えんじゃ)・患者(かんじゃ)・記者・業者・巧者・作者・死者・識者・勝者・打者・達者・長者(ちょうじゃ)・読者・武者」②物事。事柄。「後者・前者」③時間を表す語に付ける助字。「往者・来者」㊁〈もの〉「小者・偽者・若者・悪者」名付 ひさ・ひと 難読 陳者(のぶれば)・猛者(もさ)

×**洒** 音シャ呉　サイ呉漢　訓すすぐ、そそぐ‖㊀〈シャ〉洗ったようにさっぱりしている。「洒脱・洒落(しゃらく)/瀟洒(しょうしゃ)」㊁〈サイ〉水で洗い清める。すすぐ。そそぐ。「洒掃(さいそう)」難読 洒落(しゃれ)

×**娑** 音シャ慣　サ呉漢‖①衣がひるがえるさま。「婆娑(ばさ)」②梵語の音訳字。「娑婆(しゃば)」

射 学6　音**シャ**漢　訓**いる、うつ、さす**‖①矢や弾を発する。「射撃・射殺/騎射・掃射・速射・発射・乱射」②勢いよく出す。発する。「射出・射精/照射・注射・投射・日射・反射・噴射・放射」③ねらう。「射利・射幸心」名付 い・いり 難読 射干(しゃが)・射干玉(ぬばたま)

人**這** 音シャ慣　訓この、これ、はう‖この。これ。「這箇(しゃこ)・這般」補説 人名用漢字表(戸籍法)の字体は「這」。難読 這子(ほうこ)

捨 学6　音**シャ**呉漢　訓**すてる**‖①すてる。「捨象/取捨」②社寺や僧に寄進する。「喜捨」名付 いえ・えだ・すて

赦 音**シャ**呉漢　訓ゆるす‖罪をゆるす。「赦免/恩赦・大赦・特赦・容赦」

斜 音**シャ**漢　訓**ななめ**‖はす傾いている。ななめ。「斜影・斜光・斜線・斜面・斜陽/傾斜」難読 斜交(はすかい)

×**奢** 音シャ呉漢　訓おごる、おごり‖ぜいたくをする。おごり。「奢侈(しゃし)/華奢(かしゃ)・驕奢・豪奢」

煮〔煮〕 音**シャ**慣　訓**にる、にえる、にやす**‖㊀〈シャ〉にる。「煮沸」㊁〈に〉「煮物/雑煮(ぞうに)・佃煮(つくだに)」難読 煮凝(にこご)り・煮麺(にゅうめん)

遮 音**シャ**呉漢　訓**さえぎる**‖さえぎる。「遮光・遮断・遮蔽(しゃへい)」難読 遮莫(さもあらばあれ)

×**赭** 音シャ呉漢　訓あかつち、そお‖①あかつち。「赭土/代赭(たいしゃ)・暗赭色」②赤い。「赭顔」難読 真赭(まそお)

謝 学5　音**シャ**漢　訓**あやまる**‖①わびる。あやまる。「謝罪/陳謝」②ことわる。「謝絶」③礼を言う。「謝意・謝恩・謝礼/感謝・多謝・拝謝」④お礼やおわびを表す金品。「月謝・薄謝」⑤入れかわる。「新陳代謝」⑥(「藉(しゃ)」の代用字)いたわる。「慰謝料」

×**瀉** 音シャ呉漢　訓そそぐ‖①流れそそぐ。「瀉出/一瀉千里」②からだの外に流し出す。「瀉下・瀉血・瀉剤・瀉痢/水瀉・吐瀉」難読 沢瀉(おもだか)

×**藉** 音シャ漢　セキ漢　訓しく、かりる、かす‖㊀〈シャ〉①敷き物にする。「枕藉(ちんしゃ)」②かこつける。「藉口」③いたわる。「慰藉」補説 ③は「謝」を代用字とすることがある。㊁〈セキ〉踏みにじる。「狼藉(ろうぜき)」

漢字項目　じゃ

邪 音**ジャ**呉　ヤ呉漢　訓よこしま、や、か‖①正道と食い違うこと。ねじけている。よこしま。「邪悪・邪曲・邪慳(じゃけん)・邪心・邪推・邪道/正邪・破邪」②人に害を及ぼすもの。「邪鬼・邪魔/風邪(ふうじゃ)」難読 風邪(かぜ)

蛇 音**ジャ**呉　ダ慣　訓**へび**、くちなわ‖㊀〈ジャ〉①へび。「蛇身/大蛇・毒蛇」②へびの形に似たもの。「蛇口(じゃぐち)・蛇腹(じゃばら)」㊁〈ダ〉へび。「蛇蝎(だかつ)・蛇行・蛇足/長蛇・竜頭蛇尾」㊂〈へび〉「海蛇・毒蛇・錦蛇(にしきへび)」難読 蟒蛇(うわばみ)・大蛇(おろち)・赤楝蛇(やまかがし)

シャーロッキアン〖Sherlockian〗シャーロック=ホームズを主人公とする、コナン=ドイルの推理小説の愛好家・研究者。

シャーロック-ホームズ〖Sherlock Holmes〗▶ホームズ

シャーロッツビル〖Charlottesville〗米国バージニア州中央部にある大学都市。第3代大統領トマス=ジェファーソンが設計・設立したバージニア大学、自身が設計し生涯に渡り住み続けた邸宅「モンティチェロ」があり、どちらも世界遺産(文化遺産)に登録されている。

シャーロット-スクエア〖Charlotte Square〗▶シャーロット広場

シャーロットタウン〖Charlottetown〗カナダ南東部、プリンスエドワードアイランド州の都市。プリンスエドワード島の中部に位置し、同州の州都。ヒルスバラ湾に面する港湾都市で、古くから漁業と商業の中心地として発展。1864年、カナダ連邦成立に向けた会議が開かれたことで知られる。

シャーロット-ひろば【シャーロット広場】《Charlotte Square》英国スコットランドの首都エジンバラ、新市街西部にある広場。ジョージ朝時代の新たな都市計画に基づき、主に建築家ロバート=アダムの設計で造られた。周囲にはビュートハウスやジョージアンハウスなど、18世紀末から19世紀初頭にかけての建造物がある。これらジョージアン様式の新市街と、中世からの旧市街が、1995年、世界遺産(文化遺産)に登録された。シャーロットスクエア。

しゃ-あん【謝安】[320～385]中国、東晋の政治家。陽夏(河南省)の人。字(あざな)は安石。博識で行書をよくし、王羲之らと親交があった。前秦の苻堅(ふけん)が大軍を率いて侵攻したとき、弟の謝石や甥の謝玄とともにこれを淝水(ひすい)に迎え撃ち大勝した。

シャーン〖Ben Shahn〗[1898～1969]米国の画家。リトアニア生まれ。哀愁を帯びた画風が特徴で、批判的精神をもち、社会問題を好んで取り上げた。

しゃ-い【写意】東洋画で、外形を写すことを主とせず、画家の精神または対象の本質を表現すること。⇒形似(けいじ)

しゃ-い【▽差異】ちがい。さい。
　差異もな・し　たあいもない。らちもない。わけもない。「一・き夢の気がかり」〈浄・島原蛙合戦〉

しゃ-い【斜位】❶一方の眼をふさいで見たり、両眼でぼんやりと見たりするときに、物が二重に見える状態。眼位の異常によって起こる。両眼で見つめているときは、左右の視線が目標に集中し、物が一つに見えるため、気付かないことが多い。症状がなければ治療の必要はない。眼精疲労が強い場合はプリズム眼鏡で矯正する。❷胎児の位置が子宮内で斜めになっていること。

しゃ-い【謝意】❶感謝の気持ち。「御厚意に心から一を表します」❷自分の過ちをわびる気持ち。「一を表して辞任する」類語 感謝・拝謝・深謝・万謝・謝恩

シャイ〖shy〗〘形動〙内気であるさま。恥ずかしがりなさま。「うぶで一な性格」

じゃ-い【邪意】よこしまな心。邪心。「一のない顔色をみると」〈阿部知二・冬の宿〉

シャイアン〖Cheyenne〗米国ワイオミング州の州都。西部の牛放牧の根拠地として発展。毎年7月にフロンティアデーの催しがあり、ロデオが行われる。

ジャイアンツ〖Giants〗▶読売ジャイアンツ

ジャイアンツ-コーズウエー〖Giant's Causeway〗北アイルランド北端のコーズウエー海岸にある奇観。約8キロにわたって玄武岩の石柱がびっしりと並ぶもので、その数は4万本とも言われている。名称は「巨人の石道」の意で、現地に伝わる巨人伝説にちなむ。1986年「ジャイアンツコーズウエーとコーズウエー海岸」として世界遺産(自然遺産)に登録された。

ジャイアント〖giant〗巨人。また、巨大なもの。大きなもの。「一コーン」「一スラローム」
　類語 大男・巨人・巨漢・大人(たいじん)

ジャイアントインパクト-せつ【ジャイアントインパクト説】《giant impact theory》月の起源を説明する学説の一。誕生してまもない原始地球に火星ほどの大きさの天体が衝突し、飛び散った両天体のマントル物質が軌道上に集積し、月を形成したとする。

ジャイアント-キラー〖giant killer〗「大物食い」に同じ。

ジャイアント-キリング〖giant killing〗スポーツで、下位の者が上位の者を負かすこと。番狂わせ。

ジャイアント-ケルプ〖giant kelp〗米国カリフォルニア沖の東太平洋に繁茂する巨大海藻。褐藻類のオオウキモのほか、数種が知られている。葉状体は長さ50メートルにも達する。

ジャイアント-スラローム〖giant slalom〗▶大回転競技

ジャイアント-パンダ〖giant panda〗▶パンダ❶

ジャイカ〖JICA〗《Japan International Cooperation Agency》国際協力機構。外務省所管の独立行政法人の一つ。政府の開発途上国に対する支援や技術協力業務、青年海外協力隊事業、開発資金援助などを行う。昭和49年(1974)に特殊法人国際協力事業団として発足、平成15年(2003)新理事長を民間から迎え、独立行政法人国際協力機構となる。同20年10月、国際協力銀行(JBIC)から円借款部門を引き継いだ。

シャイツ【骰子】《中国語》マージャンで、さいころ。

シャイデマン〖Philipp Scheidemann〗[1865～1939]ドイツの政治家。社会民主党に所属。ドイツ革命に際して共和制の成立を宣言。共和国初代首相となったが、ベルサイユ条約に反対して辞職。ナチス政権成立で亡命。

ジャイナ-きょう【ジャイナ教】《梵 Jaina, Jinaは勝者の意》インドの宗教の一。開祖は、前6世紀ごろ、ほぼ釈迦(しゃか)と同時代のマハービーラ。ベーダ聖典の権威を否定、無神論で、アヒンサー(不殺生)をはじめとする禁戒・苦行の実践を説く。3世紀ごろ、白衣派と裸行派に分裂。商業者に信者が多い。耆那(ジャイナ)教。

シャイニー〖shiny〗《光輝くの意》ファッション用語で、ラメ・スパンコール・ビーズ加工など光沢のある素

材の総称。光沢のあるカラーのことをシャイニーカラーという。
ジャイフ〖JAIF〗《Japan Atomic Industrial Forum》一般社団法人日本原子力産業協会。昭和31年(1956)、日本原子力産業会議として設立。本部は東京都港区。
ジャイブ〖jive〗《ふざける、からかう、の意》スイングジャズやジャンプブルースなどにおいて、軽快でウイットに富んだものをさす。
ジャイプール〖Jaipur〗インド北西部、ラジャスタン州の州都。ジャイプール藩王国の首都として建設された計画都市。ハワマハール(風の宮殿)や18世紀の天文台がある。宝石・象牙細工が盛ん。人口、行政区232万(2001)。
シャイヨー-きゅう【シャイヨー宮】《Palais de Chaillot》フランス、パリ西部、セーヌ川右岸の丘にある施設。1937年、パリ万国博覧会の展示施設として建造。海洋博物館・国立劇場などの文化施設がある。
ジャイロ〖gyro〗「ジャイロコンパス」「ジャイロスコープ」の略。
ジャイロ-けいき【ジャイロ計器】ジャイロスコープの原理を応用した計器の総称。ジャイロコンパス・ジャイロパイロットなど。
ジャイロコプター〖gyrocopter〗小さい翼と推進用のジェットエンジンとを備えたヘリコプター。
ジャイロコンパス〖gyrocompass〗ジャイロスコープの原理を利用し、常に真北を指すように組み立てられた方位測定器。船舶などに用いられる。回転羅針儀。転輪羅針儀。
ジャイロスコープ〖gyroscope〗重心が中心にある円板状のこまを、互いに直交する三つの軸の周りに回転する金属環の内側に支え、こまが空間を自由に回転できるようにしたもの。高速回転させると回転軸は一定方向を保つ。ジャイロコンパスなどに用いる。回転儀。ジャイロ。
ジャイロスタビライザー〖gyrostabilizer〗ジャイロスコープを応用して、船舶や航空機の横揺れを防ぐ装置。ジャイロ安定機。
シャイロック〖Shylock〗シェークスピアの「ベニスの商人」に登場する強欲なユダヤ人高利貸し。
ジャイロパイロット〖gyropilot〗航空機・船舶で、ジャイロコンパスを利用して自動的に所定の進路を保持する装置。
ジャイロプレーン〖gyroplane〗オートジャイロのこと。
ジャイロ-ホライズン〖gyro horizon〗ジャイロスコープの原理を利用して、船舶・航空機・列車など動揺の激しいものの中で、人工的に正しい水平面をつくる装置。
しゃ-いん【社印】❶会社で公式に使用する印判。❷神社の印。
しゃ-いん【社員】❶会社の一員として勤務している人。❷社団法人の構成員。株式会社では株主とよばれる。(類語)職員・局員・所員・署員・行員・店員
しゃ-いん【車胤】中国、東晋の政治家。南平(湖北省)の人。字は武子。家が貧しかったため油を買えず、蛍を集めてその光で読書したという。孫康とともに「蛍雪の功」の故事で知られる。生没年未詳。
じゃ-いん【邪淫┊邪×婬】❶よこしまで、節度のないこと。❷仏語。五戒の一。配偶者でない者との性行為。また、してはならない性行為。
じゃいん-かい【邪淫戒】仏語。五戒の一。夫婦間以外の性行為や、夫婦間でも正常でない性行為を禁じたもの。
しゃいん-けん【社員権】社団法人を構成する社員が、法人に対して持つ包括的権利。共益権と自益権とに分けられる。株式会社における株主権がその典型。
しゃいん-そうかい【社員総会】社団法人の最高議決機関。社員全員によって構成される。株式会社では特に株主総会とよばれる。
しゃいんもちかぶ-せいど【社員持(ち)株制度】▶従業員持ち株制度
じゃ-う〔連語〕《接続助詞「て」が撥音便に付いて「で」になったものに、補助動詞「しま(仕舞)う」が付いたものの音変化》…(て)しまう。くだけた会話に使われる。「君に全部頼ん―・う」「もう飲ん―・った」➡じまう
シャウト〖shout〗〔名〕スル 叫ぶこと。特に、ポピュラー音楽やジャズなどで叫ぶように歌うこと。「ボーカルが派手に―する」
シャウプ-かんこく【シャウプ勧告】米国の経済学者シャウプ(C.S.Shaoup)を団長とする税制使節団が、昭和24年(1949)と同25年に日本の税制改革に関して出した勧告。直接税中心主義の徹底、地方税を独立税とするなどを主な内容とした。
シャウレイ〖Šiauliai〗リトアニア北部の都市。北西部リトアニアの経済・行政・文化の中心地。古くからラトビアとの交易が行われ、織物業・皮革産業で発展。第一次・第二次大戦で大きな被害を受けた。北東部にある十字架の丘は、同国を代表する巡礼地として知られる。
しゃ-うん【社運】会社の命運。会社の存亡・盛衰。「―を賭ける」
しゃえ【舎衛】釈迦在世のころ、中インドにあった国。舎衛城の南に祇園精舎があった。
しゃ-えい【写影】❶物の形を写すこと。また、写された影。❷写真をいう明治初期の語。「錦画を見る者あり。―を窺う者あり」〈川井景一・横浜新誌〉
しゃ-えい【舎営】〔名〕スル 軍隊が兵営以外の家屋で宿泊や休養をすること。野営・露営に対していう。
しゃ-えい【射影】〔名〕スル ❶物の影をある面に映すこと。また、その影。投影。❷数学で、平面A上の図形Fの各点と、平面外の一点Oとを結ぶ直線を引くことを、OからFを射影するという。また、こうしてできた図形を、Oを通らない任意の平面Bで切断し、最初の図形に対応する図形F′を得ることを、FをOからBへ射影するという。❸《projection》表計算ソフトなどのリレーショナルデータベースにおいて、表の中からある必要な列のみを抽出する操作。(類語)影
しゃ-えい【斜影】ななめに映る影。
しゃえい-きかがく【射影幾何学】射影という操作を施すことで図形の性質を研究する幾何学。
ジャエリ〖JAERI〗《Japan Atomic Energy Research Institute》▶日本原子力研究所
しゃ-えんすい【斜円×錐】円錐で、円の中心と頂点とを結ぶ線が、底面に斜めに交わるもの。
しゃ-えんちゅう【斜円柱】母線が底面と斜めに交わる円柱。
しゃ-おう【沙翁】▶さおう(沙翁)
しゃ-おく【社屋】会社の建物。
シャオシンチュー【紹興酒】《中国語》▶紹興酒
じゃ-おどり【蛇踊(り)】長崎市の諏訪神社のおくんち(長崎くんち)などで行われる民俗芸能。蛇腹胴の張り子の竜を、十数人が棒で支え持って、はやしながら練り回る。もと、中国から伝わったものという。
しゃ-おり【×紗織(り)】▶紗
しゃ-おん【遮音】〔名〕スル 外部の音が聞こえてこないように、また、音が外に漏れないようにさえぎること。「窓を閉めきって―する」「―効果」
しゃ-おん【謝恩】受けた恩に対する感謝の気持ちを表すこと。「―セール」(類語)感謝・拝謝・深謝・万謝
しゃおん-かい【謝恩会】感謝の意を伝えるために開かれる会。ふつう、卒業生が教師に感謝する目的で開く会をいう。
しゃおん-さい【謝恩祭】「酬恩祭」に同じ。
しゃおん-し【謝恩使】江戸時代に、琉球から王の代替わりごとに幕府に派遣した使節。➡慶賀使
しゃおん-もじ【写音文字】❶▶音声記号 ❷▶表音文字
しゃ-か【沙河】中国遼寧省南部を流れる、遼河の支流。日露戦争の沙河会戦の地。
しゃ-か【社歌】その会社の理想や精神などを盛り込んでつくられた歌。
しゃか【釈迦】《梵Śākyaの音写》㊀釈迦牟尼のこと。㊁❶古代インド、現在のネパール地方に住んでいた種族。釈迦㊀の出た種族。シャーキャ族。釈迦族。❷能面の一。仏を表す金泥塗りの大きな面。喜多流の「大会」で、大癋見の上に重ねて用いる。
釈迦に説法 知り尽くしている人にそのことを説く愚かさのたとえ。釈迦に経。
しゃ-か【×瀉下】〔名〕スル ❶水などをそそぎくだすこと。「前面の峭壁上より数条の水簾をー し」〈鉄腸・雪中梅〉❷下痢すること。
しゃ-が【車×駕】❶くるま。乗り物。❷天子が行幸の際に乗るくるま。❸天子の敬称。
しゃ-が【射▽干┊▽著×莪】アヤメ科の多年草。林下に群生し、高さ50〜60センチ。葉は剣状。5月ごろ、黄色い斑点のある白い花を咲かせる。種子はできない。胡蝶花。(季 夏)「墓所の水落つる小溝や―の花/碧梧桐」
ジャガ「ジャガ芋」の略。「肉―」「お―」
じゃ-が〔接〕《助動詞「じゃ」＋接続助詞「が」から》先に述べた内容と対立する事柄を述べる文を導く。だが。しかし。「打つ手はあった。―もう遅い」
ジャガー〖jaguar〗ネコ科の哺乳類。ヒョウに似るが、全体にずんぐりとして頭が大きく、斑紋も大形で、尾はやや短い。メキシコから南アメリカにかけての森林にすむ。アメリカ豹。アメリカ虎。
ジャカード〖jacquard〗ジャカード機で織られた紋織物。ジャカード織り。
ジャカード-き【ジャカード機】紋織物を織る機械の一。穴をあけた紋紙の操作により、複雑な文様が織り出せる。1804年、フランスのジャカール(J.M. Jacquard)が発明。ジャカール機。
シャガール〖Marc Chagall〗[1887〜1985]ロシア生まれのユダヤ系画家。エコール-ド-パリに属した。故郷への追想、ユダヤ特有の伝統への敬愛などをモチーフに、詩的に構成した幻想的画風で知られる。
ジャカール-き【ジャカール機】▶ジャカード機
しゃ-かい【▽沙界】仏語。ガンジス川の砂の数のように無量無数にある世界。
しゃ-かい【社会】《明治初期、福地源一郎によるsocietyの訳語》❶人間の共同生活の総称。また、広く、人間の集団としての営みや組織的な営みをいう。「―に奉仕する」「―参加」「―生活」「国際―」「縦―」❷人々が生活している、現実の世の中。世間。「―に重きをなす」「―に適応する」「―に出る」❸ある共通項によってくくられ、他から区別される人々の集まり。また、仲間意識をもって、みずからを他と区別する人々の集まり。「学者の―」「海外の日本人―」「上流―」❹共同で生活する同種の動物の集まりを❶になぞらえていう語。「ライオンの―」❺「社会科」の略。
(類語)(❶)ソサエティー・コミュニティー/(❷)世・世の中・世間・民間・巷間・市井・江湖・天下・世俗・俗世・世界・世上・人中・浮き世
しゃ-かい【射界】❶光の届く範囲。光のさす場所。「与三は角灯の―を避けて」〈木下尚江・良人の自白〉❷弾丸の届く範囲。射撃できる範囲。
しゃ-かい【捨戒】僧尼などが、受けた戒律を捨てて守らないこと。失戒。
しゃ-かい【遮戒】仏語。本来は悪ではないが、悪を行いやすくなるとして禁じた戒律。飲酒戒など。➡性戒
しゃ-がい【社外】❶会社の建物のそと。「―勤務」㊥社内。❷会社・結社の組織のそと。「―秘」㊥社内。❸神社のそと。㊥社内。
しゃ-がい【車外】列車や自動車の車両のそと。㊥車内。
しゃ-がい【車蓋】車の上の覆い。
しゃかい-あく【社会悪】社会の矛盾から発生して、災いを及ぼす害悪。貧困・差別・犯罪など。
しゃかい-いがく【社会医学】生活環境と健康との関係を研究する医学の一分野。環境医学・公害医学や保健衛生行政なども含まれる。➡臨床医学
しゃかい-いしき【社会意識】❶慣習・道徳・思

想・世論などにみられる、社会共通の意識。❷社会に対する関心や考え方。

しゃかい-うんどう【社会運動】シヤクワイ ウンドウ 社会問題の解決や、社会制度そのものの改良・変革を目的として行われる運動。

しゃかい-えいせいがく【社会衛生学】シヤクワイエイセイガク 国民の健康状態の改善、向上の方法を研究する衛生学の一分野。

しゃかい-か【社会化】シヤクワイクワ ❶社会が形成されていく過程。❷個人が、集団の構成員として必要な意識を身につけていく過程。❸生産手段などを、個人の所有・管理から社会の所有・管理へと変えること。

しゃかい-か【社会科】シヤクワイクワ 小学校・中学校・高等学校の教科の一。社会生活に関する基本的な知識・理解を与え、また、社会の成員として必要な資質を養成することを目的とする。昭和22年(1947)新学制の施行とともに新設。平成4年(1992)から小学校1・2年生では理科と合わせた生活科、同6年から高等学校では地理歴史科と公民科に再編された。社会。

しゃかい-かいはつ【社会開発】シヤクワイ 生産第一主義の経済開発を改めて、国民の生活環境の向上を図る総合策。

しゃかい-かいりょうしゅぎ【社会改良主義】シヤクワイカイリヤウシユギ 資本主義制度を維持しつつ、その欠陥を改良し、問題点を解決していこうとする立場または主張。➡改良主義

しゃかい-かがく【社会科学】シヤクワイクワガク 社会現象を研究の対象とする科学の総称。政治学・法律学・経済学・社会学・社会心理学・教育学・歴史学・民族学およびその他の関係諸科学。➡自然科学 ➡人文科学

しゃかい-がく【社会学】シヤクワイ《フラ sociologie》人間や集団の諸関係、特に社会の構造・機能などを研究対象とする社会科学の一分野。コントが命名した。

しゃかい-かくめい【社会革命】シヤクワイ 社会体制全般にわたる根本的な変革。

しゃかいかくめい-とう【社会革命党】シヤクワイカクメイタウ ロシア帝政時代の政党。1901年創立。ナロードニキの流れをくみ、専制の打倒と土地革命を目標とした。二月革命によって政権をになったが、十月革命後は左右に分裂して勢力を失った。略称はSRエスエル。

しゃかい-かてい【社会過程】シヤクワイクワテイ 社会生活の継続や変動の動態的経過。社会を構成する個人や集団の相互作用の過程。

じゃかい-がん【蛇灰岩】ジヤクワイ 白色の方解石と暗緑色の蛇紋石とからなる岩石。美しい縞模様をしたものは、飾り石にしたり壁や床にはったりする。

しゃかいかんけい-しほん【社会関係資本】シヤクワイクワンケイ ➤ソーシャルキャピタル

しゃかい-きぎょうか【社会起業家】シヤクワイキゲフカ 事業を通じて社会問題の改善を図るために起業する人。社会起業家が事業を始めることを社会的起業といい、興した会社は社会的企業と呼ばれる。マイクロクレジットと呼ばれる無担保少額融資を通じて貧困層の自立を支援するためグラミン銀行を設立したムハマド=ユヌスが典型的な例とされる。社会的起業家。ソーシャルアントレプレナー(social entrepreneur)。

しゃかい-ぎのう【社会技能】シヤクワイ ➤ソーシャルスキル

しゃかい-きょういく【社会教育】シヤクワイケウイク 学校教育以外に、主として青少年や成人を対象に行われる組織的な教育活動。➡学校教育 ➡家庭教育 ➡社会教育法

しゃかいきょういく-ほう【社会教育法】シヤクワイケウイクハフ 社会教育の振興のため、国や地方公共団体が遂行すべき任務や社会教育の助成に必要な措置を定める法律。昭和24年(1949)施行。

しゃかいきょうつう-しほん【社会共通資本】シヤクワイキヨウツウ ➤社会資本

しゃかい-きょうふ【社会恐怖】シヤクワイ ➤社交不安障害

しゃかい-けい【社会型】シヤクワイ 社会集団や社会関係の基礎的な類型。デュルケームの環節的社会と有機的社会、テニエスの共同社会と利益社会、スペンサーの軍事型社会と産業型社会など。社会類型。

しゃかいけいざい-こうせいたい【社会経済構成体】シヤクワイケイザイ 物質的生産力の一定の発展段階に照応する生産関係の総体と、これを土台とする社会の上部構造を総括的に把握する概念。史的唯物論の立場から社会発展の歴史的段階として、原始共同体・奴隷制社会・封建制社会・資本主義社会・共産主義社会の五つの構成体に区分される。経済的社会構成体。

しゃかいけいざいせいさんせい-ほんぶ【社会経済生産性本部】シヤクワイケイザイセイサンセイ ➤日本生産性本部

しゃかいけいたい-がく【社会形態学】シヤクワイケイタイ 土地の広狭、人口の量・密度・分布などの、社会の外部的形態を研究対象とする社会学の一分野。デュルケームらによって開拓された。

しゃかいけいやく-せつ【社会契約説】シヤクワイケイヤク 社会・国家は、それを構成する個人相互間の、自由意志に基づく契約により成立するという理論。主に17〜18世紀の英国・フランスで、ホッブズ・ロック・ルソーらによって主張された。民約論。契約説。国家契約説。

しゃかい-げき【社会劇】シヤクワイ 社会問題を主題とした演劇。登場人物の属する環境や階級などを重視して書かれたもの。イプセンの「人形の家」など。

しゃかい-けん【社会権】シヤクワイ 人間に値する生活を営むために国民が国家に対して保障を要求する権利。ワイマール憲法で初めて規定され、日本国憲法は、生存権、教育を受ける権利、勤労権、勤労者の団結権・団体交渉権などを規定している。

しゃかいけん-きやく【社会権規約】シヤクワイケン《「経済的、社会的及び文化的権利に関する国際規約」の略》1966年の国連総会で採択された国際人権規約の一。労働・社会保障・生活・教育などの経済的・社会的・文化的権利(社会権)を保障している。締約国政府は権利の完全な実現を漸進的に達成する義務を負う。日本は昭和54年(1979)に批准。国際人権A規約。〖補説〗2008年12月、経済的・社会的・文化的権利のいずれかを侵害され、国内で救済を受けられない人が、国連の社会権規約委員会に直接救済を求めることができる個人通報制度について規定した「社会権規約選択議定書案」が国連総会で採択され、翌年9月から各国が署名を開始。➡自由権規約

しゃかい-げんごがく【社会言語学】シヤクワイ《socio-linguistics》言語学の一分野。言語を社会的要因との関連で研究するもので、階級・職業・年齢・性別・人種などさまざまな社会層や場面の性質による言語の違いが主要な研究対象となる。言語社会学。

しゃかい-げんしょう【社会現象】シヤクワイゲンシヤウ ❶人間の社会生活や社会関係から生じる、経済・道徳・法律・宗教・芸術などのすべての現象。❷ある物事が社会全体に急速に浸透して影響を及ぼすこと。「90年代に―となったヒットドラマ」「―を巻き起こす」

しゃがい-こう【社外工】シヤグワイ 下請会社に雇用された労働者で、親会社に派遣されて就労する者。

しゃかい-こうがく【社会工学】シヤクワイ 社会科学の知識を総合して、工学的手法によって社会問題の解決方法を開発しようとする学問。

しゃかい-こうぞう【社会構造】シヤクワイコウザウ ある社会における人々の相互関係・相互作用の形態・態様・枠組。社会における制度や組織の総称。

しゃかい-し【社会史】シヤクワイ 歴史研究の一分野。従来の歴史学に対して、人間をとりまく生態系や環境を含むすべての日常生活を把握するために、自然科学・人類学・民俗学・人文地理学など隣接諸科学の方法・視点・成果を多面的にとりいれ、人間とその社会を深層から全体的・具体的に分析しようとするもの。フランスのアナール学派が主唱。➡アナール学派

しゃかい-し【社会死】シヤクワイ 医師の診断を仰ぐまでもなく、体の状態からだれが見ても判断できる死。法的な死は医師の死亡宣告によって確定するが、ミイラ化している、頭部の損傷が激しいなどで、蘇生が不可能と思われる状態をいう。〖補説〗救急隊員はこの状態の死体については、蘇生措置を施さず、救急搬送もしないでよいとされる。

しゃかい-じぎょう【社会事業】シヤクワイジゲフ 社会からの援助を必要とする人に対し、公私の団体が行う生活改善や保護・教化の組織的な事業。消極的な貧困者救済にとどまらず、積極的な福祉の向上を目ざす点で慈善事業と区別される。社会福祉事業。

しゃかい-しほん【社会資本】シヤクワイ 道路・港湾・上下水道・公園・公営住宅・病院・学校など、産業や生活の基盤となる公共施設のこと。社会的間接資本。社会共通資本。

しゃかいしほん-せいび【社会資本整備】シヤクワイシホン 国や地方公共団体が公共事業によって、道路・港湾・上下水道・公営住宅・病院・学校など産業や生活の基盤となる社会資本を整備すること。➡PFI 〖補説〗社会基盤の整備、経済成長の促進などの役割を担い、需要や雇用の創出、経済活性化などの効果が期待される一方、必要性の低い事業の存在・予算の硬直化・将来世代への負担転嫁などの課題が指摘されている。

しゃかいしほんせいびじぎょう-とくべつかいけい【社会資本整備事業特別会計】シヤクワイシホンセイビジゲフトクベツクワイケイ 治水や道路整備などの公共事業を管理するために設置された特別会計。国土交通省の所管。一般会計からの繰入金、地方公共団体等からの負担金などを主な財源として、治水、道路・港湾・空港整備、都市開発資金の貸し付けなどの事業を実施する。〖補説〗特別会計法に基づいて、平成20年(2008)に、道路整備・治水・港湾整備・空港整備・都市開発資金融通の5つの特別会計を統合して設置された。

しゃかい-しゅうろうセンター【社会就労センター】シヤクワイシウラウ 授産施設の新しい名称。平成7年(1995)に全国社会就労センター協議会が採用。略称はSELPセルプ(「自助自立」を意味する英語の「Self-Help」から作られた造語)。

しゃかい-しゅぎ【社会主義】シヤクワイ《socialism》❶生産手段の社会的共有・管理によって平等な社会を実現しようとする思想・運動。空想的社会主義・共産主義・社会民主主義など。❷マルクス主義で、資本主義から共産主義へと続く第一段階としての社会体制。各人は能力に応じて働き、働きに応じて分配を受けるとされる。1917年のロシア革命により、22年に世界初の社会主義国家としてソビエト社会主義共和国連邦が成立したが、硬直化した官僚体制への不満などから91年に崩壊した。

しゃかいしゅぎ-インターナショナル【社会主義インターナショナル】シヤクワイシユギ 1951年に結成された社会民主主義諸政党の国際組織。第二次大戦時に消滅した第二インターナショナルの流れをくむ。本部はロンドン。SI(Socialist International)。〖補説〗主な加盟政党:社会民主党㊂(日本)・労働党㊤㊂(イスラエル)・社会党㊤㊂(フランス)・社会民主党㊂(ドイツ)・労働党㊤㊀(英国)。

しゃかいしゅぎ-かくめい【社会主義革命】シヤクワイシユギ 社会主義の樹立を目ざす革命。➡プロレタリア革命

しゃかいしゅぎ-けんきゅうかい【社会主義研究会】シヤクワイシユギケンキウクワイ 明治31年(1898)安部磯雄・片山潜・幸徳秋水らを中心とし、社会主義理論の研究を目的として結成された団体。同33年社会主義協会に改組し、同37年解散。

しゃかいしゅぎしゃちんあつ-ほう【社会主義者鎮圧法】シヤクワイシユギシヤチンアツハフ 1878年、ドイツの宰相ビスマルクが社会主義団体を弾圧する目的で制定した法律。かえって社会主義者たちの団結を強める結果となり、1890年に廃止された。

しゃかいしゅぎしんずい【社会主義神髄】シヤクワイシユギシンズイ 評論。幸徳秋水著。明治36年(1903)刊。科学的社会主義の理論と運動を紹介したもので、明治期社会主義の理論的礎石となった。

しゃかいしゅぎ-リアリズム【社会主義リアリズム】シヤクワイシユギ 現実を革命的発展の観点からとらえ、それを歴史的、具体的に描写しようとするリアリズム。1934年、第1回ソビエト作家大会で採択された芸術

創造上の理論。

しゃかい-しょうせつ【社会小説】シヤクワイセウセツ 社会的・政治的問題を取り上げ、その矛盾や暗黒面を描いた小説。日本では、明治30年代前半に発表された内田魯庵うちだろあんの「くれの廿八日」「社会百面相」など。

しゃかい-じん【社会人】シヤクワイ- ❶実社会で働いている人。学生・生徒などに対していう。「一になる」「一一年生」❷社会の構成員としての個人。
(類語)大人・成人・一人前・勤労者

しゃかい-しんか【社会進化】シヤクワイシンクワ 社会が一定方向に向かって変動・発展していくこと。スペンサーの用語。

しゃかいじん-きそりょく【社会人基礎力】シヤクワイジン- 企業や組織の中で、多様な人々とともに仕事を行っていく上で必要となる基礎的な能力。経済産業省が提唱する産学連携による社会人基礎力育成プロジェクトの中心的な概念。「前に踏み出す力(アクション)」「考え抜く力(シンキング)」「チームで働く力(チームワーク)」の三つの能力によって評価される。企業の新卒者採用や人材教育のほか、大学教育にも取り入れられている。(補説)「前に踏み出す力」は主体性・働きかけ力・実行力、「考え抜く力」は課題発見力・計画力・創造力、「チームで働く力」は発信力・傾聴力・柔軟性・情況把握力・規律性・ストレスコントロール力といった要素に細分化される。

しゃかい-しんりがく【社会心理学】シヤクワイ- 人間の社会的意識や行動を、社会的環境や条件との関連で分析し理論化しようとする社会科学の一分野。

しゃかい-じんるいがく【社会人類学】シヤクワイ- 人類学の一分野。人類の文化的・社会的起源およびその発展を実証的に研究する学問。しばしば異なる社会との比較研究の形をとる。文化人類学ともいう。

しゃかい-せい【社会性】シヤクワイ- ❶集団を作り生活しようとする、人間の根本的性質。❷他人との関係など、社会生活を重視する性格。また、社会生活を営む素質・能力。「一のない人」❸広く社会に通じる性質。社会生活に関連する度合い。「一の強い文学」

しゃかい-せいぎ【社会正義】シヤクワイ- 人間が社会生活を営む上で、正しいとされる道理。

しゃかいせい-こんちゅう【社会性昆虫】シヤクワイセイ- 同種の個体が集団をなし、分業や個体間の協力の著しい昆虫。ミツバチ・アリ・シロアリなど。

しゃかい-せいさく【社会政策】シヤクワイ- 資本主義社会における労働問題に対して国家が行う諸政策。労使紛争の調停、社会保険、失業対策など。広くは、社会に発生した諸問題に対する政策。

しゃかい-せいど【社会制度】シヤクワイ- 社会組織のうちで、特に法や慣習によって確立したもの。

しゃかい-せいぶつがく【社会生物学】シヤクワイ- 動物社会学の新しい流れで、現代的な自然選択理論に基づき、動物の社会的な行動や現象を遺伝的な適応の面から研究する学問。利他行動や家族内対立関係などを探る。方法として集団遺伝学モデルや適応戦略分析、野外の動物観察データなどを用いる。

しゃかい-そしき【社会組織】シヤクワイ- 社会において、人々が何らかの目的をもってつくる一定の結びつきやきまり。また、そのように組織化された集団。

しゃかいたいしゅう-とう【社会大衆党】シヤクワイタイシユウタウ ❶昭和7年(1932)安部磯雄を党首に、社会民衆党・全国労農大衆党との合同により成立した政党。反資本・反共・反ファシズムの三反主義を掲げ勢力を伸ばしたが、しだいに右傾化。同15年解散。❷「沖縄社会大衆党」の略称。

しゃかい-たいせい【社会体制】シヤクワイ- ある社会を全体的に表した体制。民主主義体制・ファシズム体制・資本主義体制・社会主義体制・戦時体制など。

しゃかい-ちつじょ【社会秩序】シヤクワイ- 社会生活が混乱なく営まれている状態。また、そのために必要な社会の制度や仕組み。

しゃかい-ちょうさ【社会調査】シヤクワイテウサ 国勢調査・世論調査・市場調査など、社会または社会集団の状況を科学的に調べ、収集した資料を分析して社会の問題、動向を明らかにする手法。全数調査・サンプル調査・面接調査・アンケート調査などの調査方法がある。

しゃかいちょうさ-し【社会調査士】シヤクワイテウサー 世論調査などの社会調査に関する知識を有していることを示す資格。一般社団法人社会調査協会が認定する。資格を得るには、対象者のサンプリング方法・データ分析・統計学など社会調査の実践に必要な科目を同資格制度参加大学で履修し、所定の単位を取得したうえ大学を卒業する必要がある。より高度な知識を必須とする専門社会調査士の資格もある。

しゃかい-つうしんきょういく【社会通信教育】シヤクワイツウシンケウイク ▶通信教育

しゃかい-つうねん【社会通念】シヤクワイ- 社会一般に通用している常識または見解。法の解釈や裁判調停などにおいて、一つの判断基準として用いられる。

しゃかい-てき【社会的】シヤクワイ-〘形動〙社会に関係するさま。社会性があるさま。「一な活動」「一責任」

しゃかいてき-えいぎょうめんきょ【社会的営業免許】シヤクワイテキエイゲフメンキヨ 企業が営業活動を継続するには、社会に貢献する必要があるという考え方。企業が社会の役に立つことで、国や人々から存在意義を認められる。ソーシャルライセンス。

しゃかいてき-かんせつしほん【社会的間接資本】シヤクワイテキ- ▶社会資本

しゃかいてき-きぎょう【社会的企業】シヤクワイテキキゲフ 事業を通じて社会問題の改善を図ることを目的とする企業。採算性も考慮しながら組織的に社会的事業を展開することで、貢献範囲を広げることが可能となる。マイクロクレジットと呼ばれる無担保少額融資を通じて貧困層の自立を支援し、ノーベル平和賞を授与されたムハマド=ユヌスのグラミン銀行が典型例。

しゃかいてき-きぎょう【社会的起業】シヤクワイテキキゲフ 社会問題の改善を図るために事業を興すこと。そうした事業を興す人は社会起業家と呼ばれ、興した会社は社会的企業と呼ばれる。

しゃかいてき-きぎょうか【社会的起業家】シヤクワイテキキゲフカ ▶社会起業家

しゃかいてき-きょり【社会的距離】シヤクワイテキ- 個人と個人との間、集団と集団との間における親密性・親近性の程度。

しゃかいてき-きんゆう【社会的金融】シヤクワイテキ- 社会貢献を重視した金融サービスのこと。採算も考慮しながら、融資先を公益性の高い事業に限定するなど、金融を通じて社会の改善を目指す。マイクロクレジット・マイクロファイナンスなど。低利融資を通じて貧困層の自立を支援したグラミン銀行が典型例。

しゃかいてきこうどう-しょうがい【社会的行動障害】シヤクワイテキカウドウシヤウガイ 高次脳機能障害の一つ。事故や疾病で脳に損傷を受けた場合や、他の認知機能障害の二次的結果として起こる。欲求・感情を抑制する力やコミュニケーション能力・意欲が低下し、固執・依存・退行・抑鬱よくうつなどの行動や状態が見られる。

しゃかいてき-じじつ【社会的事実】シヤクワイテキ- 個人にとって外在的で、拘束を課すもの。法・道徳・宗教・流行など。デュルケームはこれを社会学固有の研究対象とした。

しゃかいてき-せいかく【社会的性格】シヤクワイテキ- 特定の集団や文化に属する人々が共通にもっている性格上の中心的諸特徴。共通の経験や欲求によって形成される。男(女)らしさ・職人気質・国民性など。

しゃかいてきせきにん-とうし【社会的責任投資】シヤクワイテキセキニンー 企業の社会的責任(CSR)を重視した投資。環境保護や人権保護などの社会的責任を果たそうとする企業を選別して投資すること。SRI(socially responsible investment)。➡エコファンド

しゃかいてき-そくしん【社会的促進】シヤクワイテキ- 集団で作業をすると、同じ仕事をする他者の存在が刺激となり、一人でやるよりも達成効果が増大する現象。

しゃかいてき-そんざい【社会的存在】シヤクワイテキ- 史的唯物論で、社会の経済的構造をなす生産関係の総体。これが土台であり、社会的意識を規定するものとされる。

しゃかいてき-にゅういん【社会的入院】シヤクワイテキニフキン 入院による治療の必要性が低くなっていながら、帰る家がない、引き取り手がいない、独居で家庭に介護者がいない、後遺症で動けないなどの理由で入院の続く状態。介護目的の高齢者や精神障害者の慢性的な長期入院についてもいう。病床数の不足、介護・医療保険などの面から社会的な問題になっている。➡療養病床 ➡介護療養型老人保健施設

しゃかいてき-ネットワーク【社会的ネットワーク】シヤクワイテキ- 家族・友人・同僚など、ある社会に属している個人と個人のつながり。ソーシャルネットワーク。

しゃかいてき-ひよう【社会的費用】シヤクワイテキ- 企業などによる私的経済活動の結果、第三者または社会全体が負担させられ、それを引き起こした経済主体には計上されない損失。公害・環境破壊など。ソーシャルコスト。社会原価。

しゃかいてき-ふてきおう【社会的不適応】シヤクワイテキ- 社会の一員として生活していくことがうまくできないこと。

しゃかい-とう【社会党】シヤクワイタウ ㊀社会主義または社会民主主義を主張する政党。㊁㊀「日本社会党」の略称。㊁フランスの政党。1969年に左派勢力が結集して成立。81年の大統領選挙でミッテランが勝利し与党となる。以降、たびたび保守党派とのコアビタシオン(保革共存)で政権を運営。国民運動連合とともに二大政党の一翼をになう。2012年の大統領選挙では、オランドがミッテラン以来の勝利を収めた。

しゃかい-とう【車会党】シヤクワイタウ 明治15年(1882)自由党員奥宮健之おくのみやけんしと車夫三浦亀吉を中心に結成された人力車夫の結社。(補説)「車界党」とも書く。

しゃかい-とうけい【社会統計】シヤクワイ- 社会現象に関する統計。人口統計・経済統計・文化統計など。

しゃかい-とうた【社会×淘汰】シヤクワイタウタ 社会的条件により、人間の寿命・出生率・死亡率が影響される現象。

しゃかい-どうとく【社会道徳】シヤクワイダウトク 人間が社会的生活を行う上で守るべき道徳。

しゃがい-とりしまりやく【社外取締役】シヤグワイ- 社内からではなく、会社とは利害関係のない、外部から選任された取締役。

しゃかい-なべ【社会鍋】シヤクワイ- 救世軍が歳末などに行う生活困窮者のための街頭募金運動。また、それに用いる鍋。慈善鍋。(季 冬)「伊達の娘がみて通りたる一/蛇笏」

しゃかい-の-ぼくたく【社会の木×鐸】シヤクワイ- 社会の人々を指導する人。

しゃかい-は【社会派】シヤクワイ- 現実の社会問題に重きをおく傾向。また、そのような人。「一の小説」「一の映画監督」

しゃかい-ファシズム【社会ファシズム】シヤクワイ- 第一次大戦後の社会民主主義が、社会主義を標榜しながら資本主義と妥協し、結果的にファシズムへの道を開いたとの認識から、社会民主主義に対してコミンテルンが与えた名称。

しゃかいふあん-しょうがい【社会不安障害】シヤクワイフアンシヤウガイ ▶社交不安障害

しゃかい-ふくし【社会福祉】シヤクワイ- 生活困窮者、身寄りのない老人・児童、身体障害者など、社会的弱者に対する公私の保護および援助。生活保護法・児童福祉法・母子及び寡婦福祉法・老人福祉法・身体障害者福祉法・知的障害者福祉法などによって国や地方公共団体が行うものや社会福祉法によって社会福祉法人が行うものなどがある。

しゃかいふくし-きょうぎかい【社会福祉協議会】シヤクワイフクシケフギクワイ 民間での社会福祉活動の推進を目的として、社会福祉法に基づいて設置される非営利の民間組織。社協。

しゃかいふくし-し【社会福祉士】シヤクワイフクシー 昭和62年(1987)に成立した「社会福祉士及び介護福祉士法」による国家資格。身体的・精神的な障害などのため日常生活に支障がある人に関する相談に応じ、援助を行う。

しゃかいふくしじぎょう-ほう【社会福祉事業法】

シャクワイフクシジギフハフ 社会福祉事業に関する基本事項を定め、公明かつ適正に事業が行われることを確保し、社会福祉の増進に資することを目的とする法律。昭和26年(1951)施行。平成12年(2000)社会福祉法に改題。

しゃかいふくし-しせつ【社会福祉施設】シャクワイフクシー 社会福祉法や、福祉六法(生活保護法・児童福祉法・母子及び寡婦福祉法・身体障害者福祉法・知的障害者福祉法・老人福祉法)をもとに作られた、社会福祉事業を行うための施設の総称。福祉施設。

しゃかいふくし-ほう【社会福祉法】シャクワイフクシハフ 福祉サービスの利用者の利益の保護、地域における社会福祉の推進を図るとともに、社会福祉事業の公明適切な実施の確保、社会福祉を目的とする事業の健全な発達を図り、もって社会福祉の増進に資することを目的とした法律。社会福祉事業法を改正、名称を変更して平成12年(2000)に公布。

しゃかいふくし-ほうじん【社会福祉法人】シャクワイフクシハフジン 社会福祉法の規定により、社会福祉事業を行うことを目的として設立された公益法人。都道府県知事や厚生労働大臣の認可を受け、設立の登記をすることによって成立する。

しゃかい-ふっき【社会復帰】シャクワイフクキ〔名〕スル 病気や事故で正常な社会活動ができなくなっていた人が、回復して再び社会で活動するようになること。

しゃかい-ぶんか【社会分化】シャクワイブンクワ 社会構造が単純で同質的な状態から、複雑で異質的な状態へと変化すること。

しゃかい-へんかく【社会変革】シャクワイ― 社会体制を計画的、意図的に変えること。改良主義的な穏健な方法と、革命的な過激な方法とがある。

しゃかい-べんきょう【社会勉強】シャクワイベンキャウ ❶ある期間、実社会で働いて、その仕組みや動き、他人との関わり方などを学ぶこと。「アルバイトは―にもなる」❷自分の知らない社会の仕組みや動きを学ぶこと。「銀行マンの―」

しゃかい-ほう【社会法】シャクワイハフ 個人的利益に基礎をおく市民法を、社会の公共的利益を優先する立場から修正する法の総称。労働法・経済法・社会福祉に関する法など。

しゃかい-ほうし【社会奉仕】シャクワイ― 社会の福祉のために個人的利害を考えないでする行為。

しゃかいほうし-めいれい【社会奉仕命令】シャクワイホウシー 罪を犯した者に対する刑制度において執行される刑の一。懲役・禁錮などの刑罰や罰金などに対する代替刑。社会の中で奉仕活動をさせることによって、受刑者の矯正・更生を図る。社会奉仕の内容は、道路清掃や公共施設の修理、社会福祉施設での介護・手伝いなどで、無報酬の労働作業である。(補説)1972年に英国で導入され、欧米など約30か国で採用。国によって、保護観察や執行猶予の条件、自由刑の代替、あるいは刑の一種として行われる。刑務所の過剰収容の緩和や、受刑者の社会復帰促進・再犯防止に効果が期待されている。日本でも更生保護法の特別遵守事項として社会貢献活動を課すことが検討されている(平成24年7月現在)。

しゃかい-ほけん【社会保険】シャクワイ― 国民の生活保障のため、疾病・老齢・負傷・失業・死亡など生活を脅かす事由が発生したとき、一定基準の給付を行う保険。医療保険・労働者災害補償保険・雇用保険・介護保険・年金保険など。

しゃかいほけん-じむしょ【社会保険事務所】シャクワイホケン― 旧社会保険庁の出先機関。各都道府県に設置された地方社会保険事務局の下部組織として年金事務を扱った。平成22年(2010)1月に社会保険庁が廃止され、日本年金機構が発足したことに伴い、同機構の年金事務所へ移行。

しゃかいほけん-しんりょうほうしゅうしはらい-ききん【社会保険診療報酬支払基金】シャクワイホケンシンレウホウシウシはらひ― 医療保険制度を円滑に運営するために設立された審査機関。昭和23年(1948)制定の社会保険診療報酬支払基金法により設立された民間法人。保険医療機関などから提出される被用者保険分に係るレセプトの審査および支払い、老人保健・退職者医療・介護保険関係業務に係る保険者拠出金の徴収、市町村への交付金交付などの業務を行う。診療報酬支払基金。

しゃかいほけん-ちょう【社会保険庁】シャクワイホケンチャウ 厚生省(現厚生労働省)の外局として昭和37年(1962)に設置。国民年金・厚生年金保険・政府管掌健康保険などの業務運営を担ってきたが、不正な事務処理や年金記録のずさんな管理が相次いで発覚し、平成19年(2007)の通常国会で解体・改革が決定。政府管掌健康保険の運営は同20年10月から協会けんぽとして全国健康保険協会に、公的年金の運営は同22年1月から日本年金機構に引き継がれた。

しゃかいほけん-びょういん【社会保険病院】シャクワイホケンビヤウヰン 政府管掌健康保険(現在の協会けんぽ)による保険診療を確保するため、主に昭和20年代に整備された医療施設。協会けんぽ加入者でなくても受診できる。全国社会保険協会連合会などが運営。全国に51施設あり、地域医療を担う役割を果たしている(平成24年7月現在)。平成20年(2008)10月、社会保険庁から年金・健康保険福祉施設整理機構(RFO)に移管された。社保病院。➡厚生年金病院

しゃかいほけん-りょう【社会保険料】シャクワイホケンレウ 社会保険の加入者が支払う保険料。健康保険・国民健康保険・長寿医療保険(後期高齢者医療保険)・介護保険・国民年金・国民年金基金・農業者年金・厚生年金・共済年金などの公的保険の保険料。雇用保険の被保険者として負担する労働保険料も社会保険料に含まれる。

しゃかいほけん-ろうむし【社会保険労務士】シャクワイホケンラウムシ 各種社会保険に関する提出書類の作成や提出、手続きの代行などの業務を行う者。国家試験がある。社労士。

しゃかい-ほしょう【社会保障】シャクワイホシャウ 国民の生存権を確保することを目的とする保障。日本では、社会保険(労災・失業・医療・年金・介護など)・公的扶助・社会福祉事業・公衆衛生などから構成されている。➡社会保障給付

しゃかいほしょう-きゅうふ【社会保障給付】シャクワイホシャウキフフ 失業・労働災害・医療・介護・老齢などを対象として社会保険や公的扶助、社会福祉事業などにより行われる給付。保険料や国や自治体などの公費でまかなわれ、生活保護のように全額公費負担のものもある。

しゃかいほしょう-こくみんかいぎ【社会保障国民会議】シャクワイホシャウコクミンクワイギ 社会保障のあり方を議論した会議。福田康夫内閣の閣議決定により平成20年(2008)1月に設置。民間の有識者委員で構成され、首相・厚労相なども参加。同年11月の本会議で最終報告を取りまとめた。

しゃかいほしょう-しんぎかい【社会保障審議会】シャクワイホシャウシンギクワイ 厚生労働省に設置された審議会の一つ。厚生労働相の諮問機関で、社会保障制度全般に関する基本事項や、各種の社会保障制度のあり方について審議・調査し、意見を答申する。(補説)平成13年(2001)の中央省庁再編に伴い社会保障関連の8つの審議会(人口問題審議会・厚生統計協議会・医療審議会・中央社会福祉審議会・身体障害者福祉審議会・中央児童福祉審議会・医療保険福祉審議会・年金審議会)を統合改組し設置された。統計・医療・福祉文化・介護給付費・医療保険保険料率などの分科会が置かれている。

しゃかいみんしゅう-とう【社会民衆党】シャクワイミンシユウタウ 大正15年(1926)労働農民党の左翼化に反対して結成された右派無産政党。昭和7年(1932)全国労農大衆党と合同し、社会大衆党に改組。

しゃかい-みんしゅしゅぎ【社会民主主義】シャクワイ― 革命的共産主義に対して、議会を通じて漸進的に社会の変革を実現しようとする改良主義的立場。ベルンシュタインが提唱。第二次大戦後の西欧ではこの立場をとる政党が多くなった。民主的社会主義といわれることもある。社民主義。社民。

しゃかいみんしゅ-とう【社会民主党】シャクワイミンシユタウ ㊀明治34年(1901)5月、片山潜・安部磯雄・幸徳秋水らによって創立された日本最初の社会主義政党。2日後に禁止された。㊁日本の政党。平成8年(1996)に日本社会党から改称。護憲・平和主義を標榜するが、かつての大政党の勢いはない。初代党首は村山富市。社民党。㊂《ドイツ Sozialdemokratische Partei Deutschlands》ドイツの政党。全ドイツ労働者同盟(1863年結成)とドイツ社会主義労働者党(75年結成)が合流し、90年に改称したもの。91年にマルクス主義的なエルフルト綱領を採択。第二インターナショナルの指導的地位を占めた。1918年の十一月革命後に政権を担当したが、ナチスによって非合法化。第二次大戦後の45年に再建。東ドイツでは社会主義統一党に合流、西ドイツでは社会民主主義の党となった。東西統一前にブラント・シュミットが、統一後はシュレーダーが首相となった。SPD(エスペーデー)。

しゃかいみんしゅ-れんごう【社会民主連合】シャクワイミンシユレンガフ 昭和53年(1978)日本社会党を離党した国会議員らが結成した政党。革新・中道連合政権を目ざして非自民非共産の各党間の橋渡し役を任じたが実現しなかった。平成5年(1993)細川連立政権に参加。翌年に解党し議員は社会党・日本新党・新党さきがけに散った。社民連。

しゃかい-めん【社会面】シャクワイ― 新聞で、社会の一般的な事件に関する記事を載せたページ。三面。

ジャガ-いも【ジャガ芋】《「ジャガタラ芋」の略》ナス科の多年草。高さ60センチ〜1メートル。6月ごろ、白色や淡紫色の花を開く。地下茎は肥大していくつもの塊状となり、良質のでんぷんに富み、食用。アンデス山脈の原産。日本へはジャカルタから渡来。琉球芋。馬鈴薯(ばれいしょ)。(季 秋)「かなしくて―を掘りさざめくも/波郷」

しゃかい-もんだい【社会問題】シャクワイ― 社会生活に支障をきたすような、社会の欠陥・矛盾・不合理から生じる各種の問題。労働問題・住宅問題・公害問題・失業問題・農村問題・青少年問題・婦人問題など。

しゃかいゆうきたい-せつ【社会有機体説】シャクワイイウキタイ― 社会を生物有機体の体制になぞらえて説明する社会理論。19世紀、フランスのコント、イギリスのスペンサーらによって主張された。

しゃかい-りっぽう【社会立法】シャクワイリッパフ 社会政策的な立場や方針に基づいて行われる立法。

しゃかい-りんり【社会倫理】シャクワイ― ❶社会における人と人との関係を定める道徳上の規範。➡個人倫理 ❷道徳の起源や評価を人間の社会的条件から説明する倫理学。

しゃかい-れんたいしゅぎ【社会連帯主義】シャクワイ― 社会の成員間における相互依存・相互扶助が社会生活の原理であり、義務であるとする思想。フランスのレオン＝ブルジョアが提唱した。

しゃか-が-たけ【釈迦ヶ岳】奈良県南部、大峰山脈の一峰。標高1800メートル。頂上に釈迦像がある。

しゃ-かく【写角】➡画角(がかく)

しゃ-かく【社格】❶国家が神社を待遇するうえで設けた格式。日本書紀の崇神天皇七年の条には天社(あまつやしろ)・国社(くにつやしろ)を定めたとあり、律令体制が整ってからは式内社・式外(しきげ)社・官幣社・国幣社および二十二社などの別があった。明治4年(1871)太政官布告により全国の神社は官社と諸社に大別された。前者には各大・中・小の官幣社と国幣社、および別格官幣社、後者には府県社・郷社・村社・無格社の区分があった。昭和21年(1946)神社の国家管理と社格制度は廃止。❷会社の、その業界での格づけ・ランク。

しゃ-かく【射角】打ち出した弾丸の射線と水平線とのなす角。

しゃ-かく【斜角】直角・平角以外の角。

しゃ-かく【斜格】ヨーロッパ諸語などの文法で、主格・呼格以外の格の総称。

しや-かく【視野角】❶《viewing angle》液晶テレビや液晶ディスプレーなどの画面を、正面ではなく上下左右にずれた位置から見るとき、大きく色調が変化し

たり画面の明るさが減じたりせず、正常に見える角度のこと。❷画角のこと。

しゃかく-きん【斜角筋】頸部けいぶにある筋肉。前・中・後の3筋があり、頸椎から起こり肋骨ろっこつにつく。

じゃ-かご【▽砂籠】生け花で、「蛇籠❶」に似せた竹や鋳物製の花留め。水盤に用いる。「蛇」の字を嫌って「砂」を当てたもの。

じゃ-かご【蛇籠】❶竹または鉄線で粗く円筒形に編んだかごに石を詰めたもの。河川の水流制御や護岸などに用いる。石籠いしかご。じゃこ。❷歌舞伎の「だんまり」などで、何人かの人物がそれぞれ前の人物の腰に右手を当て、引きとめる形で1列に並ぶ所作。

しゃか-さんぞん【▽釈×迦三尊】釈迦を中心として、左右に脇侍わきじの二菩薩ぼさつを配した仏像配置の形式。脇侍には文殊・普賢の二菩薩が多いが、薬王・薬上の二菩薩、禅宗の迦葉かしょう・阿難などがある。

じゃか-じゃか〔副〕楽器などがやかましく鳴る音を表す語。「ギターを―鳴らす」

しゃ-かしら【しゃ頭】頭をののしっていう語。「―をとりて打ちふせて」〈宇治拾遺・二〉

じゃか-すか〔副〕勢いよく物事をするさま。「―(と)金を使う」

ジャガタラ〘オランダ Jacatra〙❶インドネシアの首都ジャカルタの古称。また、近世、ジャワ島から日本に渡来した品物に冠したところから、ジャワ島のこと。❷❶「ジャガタラ芋」の略。❷「ジャガタラ縞」の略。〔補説〕「咬𠺕吧」とも書く。

ジャガタラ-いも【ジャガタラ芋】ジャガイモの別名。

ジャガタラ-じま【ジャガタラ×縞】江戸時代に、ジャワ島から渡来したという木綿の縞織物。

ジャガタラ-ずいせん【ジャガタラ水仙】アマリリスの別名。

ジャガタラ-ぶみ【ジャガタラ文】江戸初期、幕府の鎖国政策によってジャガタラに追放された在留欧人の日本人妻やその混血児たちが、日本の親類や知人に送ってきた手紙。

しゃ-かつ【▽沙喝】「沙弥喝食しゃみかつじき」の略。

じゃ-かつ【蛇×蝎】▶だかつ(蛇蝎)

しゃ-かっこう【斜滑降】シャクワクカウ スキーで、斜面をななめに滑降すること。➡直滑降

しゃかつら-りゅうおう【沙羯羅竜王】シャカツラリュウワウ ▶沙伽羅しゃから竜王

しゃか-どう【▽釈×迦堂】シャカダウ 釈迦の像を安置した堂。京都嵯峨さがの清涼寺のものなどが有名。

しゃか-にない【▽釈×迦担ひ】シャカになひ《仏像は後ろ向きに背負って持ち運ぶのを常としたところから》行き倒れの死人を運ぶとき、棺桶を後ろ向きに背負うこと。また、その背負い方。「いっそ行き倒れの―がましでおぢゃるは」〈浄・油地獄〉

しゃか-にょらい【釈迦如来】釈迦牟尼むにの尊称。

しゃかにょらいたんじょうえ【釈迦如来誕生会】シャカニョライタンジャウヱ 浄瑠璃。時代物。五段。近松門左衛門作。元禄8年(1695)大坂竹本座初演。釈迦の伝記に、さまざまな仏教説話を加えて脚色したもの。

しゃか-ねんぶつ【▽釈×迦念仏】❶「南無なむ釈迦牟尼仏むにぶつ」と唱和する念仏法会。京都の大報恩寺(俗称、千本釈迦堂)で毎年陰暦2月に行われた遺教経会ゆいきょうぎょうえの大念仏が有名。➡千本釈迦念仏 ❷真言宗で、涅槃会ねはんえに釈迦牟尼仏の名を唱えること。

しゃか-はっそう【▽釈×迦八相】シャカハッサウ 釈迦がこの世に出現して示した8種の相。降兜率ごうとそつ・入胎(托胎)・出胎・出家・降魔ごうま・成道じょうどう・転法輪・入滅。八相。八相成道。

しゃかはっそうやまとぶんこ【釈迦八相倭文庫】シャカハッサウやまとブンコ 合巻。58編。万亭応賀作。2世歌川豊国・2世歌川国貞・惺々暁斎せいせいぎょうさい画。弘化2～明治4年(1845～71)刊。釈迦が1代に示現した八相を平易な読み物に翻案したもの。

しゃか-ほう【▽釈×迦法】シャカホフ 密教で、釈迦如来を本尊として、障難・病患を除くために修する秘法。

しゃがみ-こ・む【しゃがみ込む】〔動マ五(四)〕しゃがんで、そのままの状態でいる。また、立っていられずに、しゃがんでしまう。「―・んで動かない」「貧血を起こして―・む」〔類語〕座り込む・へたり込む・うずくまる

しゃが・む〔動マ五(四)〕ひざを曲げ、腰を落として姿勢を低くする。「―・んで小石を拾う」〔可能〕しゃがめる ➡屈かがむ〔用法〕
〔類語〕かがむ・こごむ・かがめる・こごめる・うずくまる

しゃか-むに【釈迦牟尼】《梵 Śākya-muniの音写。釈迦族の聖者の意》仏教の開祖。世界三大聖者の一人。紀元前5世紀ごろ、インドの釈迦族の王子として誕生。29歳で宗教生活に入り、35歳で成道した。45年間の布教ののち、80歳の2月15日入滅。釈尊。釈迦如来。釈迦。

しゃかむに-ぶつ【釈迦牟尼仏】釈迦牟尼の尊称。

しゃがら-りゅうおう【沙伽羅竜王|沙羯羅竜王】シャガラリュウワウ《梵 Sāgaraの音写》八大竜王の一。仏法の守護神。海にすみ、水を支配するという。

ジャカランダ〘ラテン Jacaranda〙ノウゼンカズラ科ジャカランダ属の植物の総称。葉は羽状複葉。青色などの鐘形の花が円錐状に多数集まって咲く。熱帯アメリカに分布し、街路樹とされる。

しゃかりき　夢中になって何かに取り組むこと。「―になって働く」

ジャカルタ〘Jakarta|Djakarta〙インドネシア共和国の首都。ジャワ島北西岸に位置する。オランダ領時代にはバタビアと称した。同国の政治・商業・文化の中心地。人口、行政区882万(2005)。

しゃがれ-ごえ【×嗄れ声】こゑ「しわがれごえ」に同じ。

しゃが・れる【×嗄れる】〔動ラ下一〕「しわがれる」の音変化。「風邪で声が―・れる」

しゃ-かん【▽左官】サクワン ▶さかん(左官)

しゃ-かん【舎監】寄宿舎で、寄宿している学生・生徒の生活指導や監督をする人。

しゃ-がん【砂岩】▶さがん(砂岩)

しゃ-がん【斜眼】❶やぶにらみ。斜視。❷横目で見ること。

しゃ-がん【×赭顔】赤みがかった顔。あからがお。

じゃ-かん【蛇管】ジャクワン ❶表面積を大きくして吸熱・放熱作用の効果が上がるようにらせん状に作られた管。❷ホース。

しゃがん-かく【遮眼革】▶遮眼帯

しゃかん-きょり【車間距離】走行中の自動車と自動車との間で、安全のために保つ距離。

しゃがん-たい【遮眼帯】馬具の一。馬の目の外側に装着して視野をさえぎり、前方しか見えないようにするもの。遮眼革。ブリンカー。ブラインダー。

しゃがん-とう【遮眼灯】「強盗提灯がんどうぢょうちん」に同じ。

しゃ-き【社旗】その会社のしるしとする旗。

しゃ-き【射騎】弓術と馬術。射御しゃぎょ。

しゃ-き【斜×暉】ななめにさす夕日の光。

しゃ-ぎ【謝儀】感謝の気持ちを表すこと。また、そのための贈り物。謝礼。〔類語〕謝礼・お礼・礼

じゃ-き【邪気】❶人に害を与えようとする心。悪意。「―のない人」「無―」❷病気を起こす悪い気。悪気あっき。「―を払う」❸物の怪け。じゃけ。「はじめ歩み来たりつる物は―なり」〈著聞集・一〉

じゃ-き【邪鬼】❶たたりをする神。また、物の怪け。怨霊おんりょう。❷四天王像に踏まれている鬼。仏法を犯す邪神として懲らしめられ、苦悶の表情をみせる。

じ-やき【地焼(き)】ぢ ❶その土地で焼くこと。また、焼いたもの。「―の瓦」❷関西風の鰻うなぎの焼き方。白焼しらやきしたあと、ふかさずにそのままかば焼きにする。

じゃ-ぎ【邪偽】いつわること。〈日葡〉

じゃ-ぎ【邪義】誤った教義。正しくない見解。

シャギー〘shaggy〙❶毛足の長い、けば立った毛織物。婦人服・コートなどに用いる。❷「シャギーカット」の略。

ジャギー〘jaggy〙コンピューターの画面上で文字や画像を拡大表示した時、図形の縁に現れる階段状のギザギザのこと。ビットマップグラフィックスには生じるが、ベクトルグラフィックスには生じない。

しゃき-しゃき〔副〕スル ❶ものをかんだり切り刻んだりするときの、歯ざわりや切れ味がよいさま、また、その音を表す語。「新鮮な大根の―(と)した歯ざわり」❷活発で手際よく物事を行うさま。てきぱき。「―した性格」〔類語〕てきぱき・きびきび・はきはき

しゃきっ-と〔副〕スル ❶緩んだ気持ちなどが、引き締まるさま。また、姿勢や態度が引き締まっているさま。「風にあたって気分が―する」「年をとっても―している」❷軽い歯ごたえがあり、それでいて歯切れのよいさま。「―したセロリ」〔類語〕確かくしゃく・しゃっきり・しゃんと

しゃ-ぎぬ【×紗▽衣】紗でつくった衣服。

しゃき-ば・る〔動ラ四〕❶かたくなる。硬直する。こわばる。「かう―・った枝骨は、おろさざ桶へ這入るまい」〈浄・彦山権現〉❷ひきつけを起こす。「虫が知らして―・ったものであろ」〈浄・千本桜〉

しゃ-きゃく【斜脚】光や雨などがななめに降り注ぐこと。また、その光や雨など。「夫それ花は―の暖風に開けて」〈謡・鉄輪〉

しゃ-きゅう【砂丘】シャキウ ▶さきゅう(砂丘)

しゃ-ぎょ【射御】弓を射ることと、馬を御すること。弓術と馬術。

しゃ-きょう【写経】シャキャウ〔名〕スル 経文を書写すること。また、書写した経文。仏典の保存や仏典書写による功徳くどくなどを目的とする。

しゃ-きょう【社協】シャケフ ▶社会福祉協議会

しゃ-きょう【舎兄】シャキャウ「しゃけい(舎兄)」に同じ。〈日葡〉

しゃ-きょう【×蔗境】シャキャウ《「晋書」文苑伝から》談話・文章・景色などが次第におもしろくなってくるところ。晋の顧愷之こがいしが甘蔗を食う時、いつもまずい部分から食いはじめ、次第にうまい部分にうつったという故事による。佳境。

しゃ-ぎょう【社業】シャゲフ 会社の事業。「―繁栄を祈る」

じゃ-きょう【邪教】ジャケウ 誤った教えを説き、人を悪へ導く宗教。邪宗。〔類語〕異教・邪宗・邪法・外道

しや-きょうさく【視野狭×窄】シヤケフサク 視野が縁のほうから、あるいは不規則に欠けて狭くなる状態。緑内障・網膜剝離もうまくはくりなどでみられる。

しゃきょう-し【写経司】シャキャウシ 奈良時代、大規模に写経を行うため設けられた役所。のち、写経所と改称。

じゃ-きょく【邪曲】〔名・形動〕心がひねくれて、すなおでないこと。不正・不道徳であること。また、そのさま。よこしま。「端正なると、―なると、公平なると、自ら私すると」〈中村訳・西国立志編〉

しゃ-きょり【射距離】銃砲の、発射の起点と着弾点との水平距離。

しゃぎり　❶狂言の囃子はやしで、めでたく、にぎやかな気分を表す笛の節。❷民俗芸能で、風流ふりゅうの行列などが練っていく途中、笛・太鼓・鉦かねなどで奏する囃子。❸(「砂切」とも書く)歌舞伎囃子の一。太鼓・大太鼓・能管で一幕の終わるごとに奏される。最終幕の大切おおぎりには打たない。❹寄席で、中入りのときに打つ太鼓。口上のときの幕開きにも使う。

しゃぎ・る〔動ラ四〕❶歌舞伎で、しゃぎり❸を奏する。❷大声でわめく。どなる。「力みかへって顔まっかいに―・ってゐる体てい」〈浮・芝居気質・一〉❸打ち止めにする。終わりにする。「早く行って―・らせよう」〈伎・島衛月白浪〉

しゃ-きん【砂金】▶さきん(砂金)

しゃ-きん【謝金】謝礼の金銭。礼金。
〔類語〕礼・礼金・心付け・祝儀・チップ

しゃく【×勺|▽夕】❶尺貫法の容積の単位。1合の10分の1。約0.018リットル。せき。❷尺貫法の面積の単位。1坪の100分の1。約0.033平方メートル。❸登山の路程で、1合の10分の1。全行程の100分の1。
➡〔漢〕「しゃく(勺)」

しゃく【尺】❶〔名〕❶尺貫法の長さの基本単位。1寸の10倍。1丈の10分の1。1尺は、曲尺かねじゃくでは約30.3センチ、鯨尺では約37.9センチ。❷長さ。たけ。「―が足りない」「―を測る」❸物差し。さし。❷〔接尾〕《「隻せき」の借字》助数詞。魚などを数えるのに用いる。「腰に鮭の―二―なきやうはありなんや」〈宇治拾遺・一〉➡〔漢〕「しゃく(尺)」

尺も短き所あり寸も長き所あり　《「楚辞」卜居から》

尺でも短くて足りない場合があり、寸でも長すぎる場合がある。事柄によっては賢者も劣ることがあり、愚者が勝る場合もあるというたとえ。

尺を打・つ　「尺を取る」に同じ。

尺を取・る　物差しで長さを測る。尺を打つ。「反物の一・る」

尺を枉げて尋を直ぶ　《「孟子」滕文公下から》1尺を曲げてでも8尺をまっすぐにする意。大のためには小を犠牲にすることのたとえ。

しゃく【×杓】❶柄杓。❷セリ科の多年草。高さ約90センチ。葉は羽状複葉。5～7月ごろ、白い小花が集まって傘状に咲く。やまにんじん。➡漢「しゃく(杓)」

しゃく【×笏】束帯着用の際、右手に持つ細長い板。もとは備忘のため笏紙をはるためのものであったが、のちにはもっぱら威儀を整える具となった。木や象牙で作る。さく。こつ。［補説］「笏」の字音「コツ」が「骨」に通うのを避けて、長さが1尺ほどであるところから「尺」の音を借りて当てたもの。

しゃく【酌】酒を杯につぐこと。また、つぐ人。「一をする」「一を呼ぶ」「一する小しゅんを昵と視詰めて」〈小杉天外・初すがた〉➡漢「しゃく(酌)」
［類語］お酌・相酌・対酌・手酌・独酌

酌を取・る　宴席で酒の酌をする。「一・らせてまゐれや加賀の菊酒」〈田植草紙〉

しゃく【釈】❶文章や語句の意味の解釈。❷講釈・講談のこと。また、その演者。講釈師。❸㋐釈迦のこと。また、仏教に帰依したことを表すため僧が名の上につける姓。㋑真宗で、法名の上につける語。➡漢「しゃく(釈)」

しゃく【×錫】「錫杖」の略。➡漢「しゃく(錫)」

錫を飛ば・す　修行のため僧が各地を行脚する。

しゃく【爵】❶中国古代の温酒器。3本足の青銅器で、殷代から周代にかけて祭器として盛行した。❷中国古代の諸侯またはその臣の身分を表す称号。周代には、諸侯は公・侯・伯・子・男の五等、臣下は卿・大夫・士の三等があった。❸明治憲法で定められた華族の世襲的身分階級。公・侯・伯・子・男の五等があった。➡漢「しゃく(爵)」

しゃく【×癪】㊀〔名〕胸や腹が急に痙攣を起こして痛むこと。さしこみ。㊁〔名・形動〕腹が立つこと。不愉快で、腹立たしいこと。また、そのさま。「いちいち一なことを言う」［補説］「癪」は国字。［類語］腹立たしい・いまいましい・悔しい・口惜しい・恨めしい・心外

癪に障・る　腹が立つ。気に障る。癇に障る。「一・る態度」

癪を言・う　腹の立つことを口にする。「そっちはどうもさう一・ふから恨みだ」〈人・梅児誉美・三〉

し-やく【私約】私的な約束。内証の約束。

し-やく【試薬】化学分析・実験などで、化学反応を起こさせるために用いる化学薬品。

シャグ〖shag〗❶織物の毛羽。❷粗毛。

じゃく【弱】㊀〔名〕よわいこと。また、よわいもの。「こたつの目盛りを一にする」「一アルカリ性」⇔強。㊁〔接尾〕端数を切り上げたとき、数を表す語の下に付けて用いる。「五〇〇人一の聴衆」「二〇万円一の給料」⇔強。➡漢「じゃく(弱)」

じゃく【寂】㊀〔名〕❶仏語。仏道の修行により、生死を超越した悟りの境地に入ること。❷僧が死んだことを表す語。年月日の下に付けて用いる。「明治九年一」㊁〔ト・タル〕文〔形動タリ〕まったく音がしないさま。静まりかえっているさま。ひっそり。「一とした山寺の参道」➡漢「じゃく(寂)」［類語］没・卒

じ-やく【寺役】寺の仕事。また、それをする僧。「一の法師、貫ざしながら相渡して」〈浮・永代蔵・一〉

じ-やく【持薬】ヂ―常用している薬。また、用心のためにいつも持っている薬。

じ-やく【餌薬】養生のために用いる薬。薬餌。

ジャグ〖jug〗広口で取っ手付きの水差し。

しゃく-あく【▽積悪】▶せきあく(積悪)

しゃく-い【借位】―ヰ❶奈良・平安時代、位の低い者に一時的に授けられた高位の位階。高貴の人に謁見したり、外国へ派遣されたりする際に行われた。❷勅許を受けるまでの間、国司がその管内の神社に仮に授けた位階。

しゃく-い【爵位】―ヰ❶爵号と位階。❷爵の等級。➡爵❸

しゃく-いち【尺一】1尺1寸。せきいつ。

しゃくいち-もめん【尺一木綿】もと、輸出向けに織られた、鯨尺で幅1尺1寸(約41.7センチ)の白木綿。

しゃく・う【×杓う】シャクフ〔動ワ五(ハ四)〕すくう。しゃくる。「ひしゃくで水を一・う」［可能］しゃくえる

ジャクージ〖Jacuzzi〗《「ジャクジー」「ジャグジー」とも。元来は商標名》浴槽の壁面や床から気泡を勢いよく噴出させる泡風呂。大型入浴施設などに設置されるほか、家庭用のものもある。

じゃく-えんき【弱塩基】水溶液中での電離度の小さい塩基。アンモニア・ピリジン・水酸化アルミニウムなど。➡強塩基

じゃくおう-じ【▽石王寺】ジャクワウ―京都府の石王寺山から産する石。黒色で白糸紋があり、硯石とする。

じゃく-おん【弱音】よわい音。小さい音。また、音をよわくすること。「一ペダル」

じゃくおん-き【弱音器】楽器の音量を小さくしたり音色を変化させたりするための器具。主にバイオリンなどの弦楽器やトランペットなどの金管楽器に用いられる。ミュート。

しゃく-が【尺×蛾】鱗翅目シャクガ科の昆虫の総称。体は細く、翅の幅広いガ。ふつう夜行性で、灯火に飛来する。幼虫は尺取り虫。

しゃく-がみ【×笏紙】▶しゃくし(笏紙)

しゃくがん-じゅしん【釈眼儒心】釈迦の目と孔子の心。慈悲・仁愛の深いこと。

しゃく-ぎ【釈義】文章・語句や教えなどの意義を解釈し、説明すること。また、その内容。［類語］解釈・講釈・評釈・解義・義解・読解・釈する・解き明かす

しゃく-ぎん【借銀】銀子を借りること。また、借りた銀子。借金。〈日葡〉

しゃく-けん【借券】▶しゃっけん(借券)

しゃく-ご【赤後】赤口の次の日。

しゃく-ごう【×綽号】―ガウ あだな。渾号。

しゃく-ごう【爵号】―ガウ 爵の称号。

ジャクサ〖JAXA〗《Japan Aerospace Exploration Agency》独立行政法人宇宙航空研究開発機構。宇宙科学研究所(ISAS)、航空宇宙技術研究所(NAL)、宇宙開発事業団(NASDA)が統合して平成15年(2003)発足。宇宙航空分野の基礎研究から開発・利用までを一貫して行うための組織。本部を東京都調布市に置くほか、種子島宇宙センターなどの施設をもつ。

しゃく-ざい【借財】〔名〕スル 金を借りること。また、借りている金。借金。「一して事業を立て直す」［類語］借金・借銭・負債・借款・クレジット・借り・借りる

じゃく-さん【弱酸】水溶液中での電離度の小さい酸。炭酸・酢酸・硼酸・硫化水素など。➡強酸

しゃくさん-もめん【尺三木綿】鯨尺で幅1尺3寸(約49.3センチ)の厚地の白木綿。もと、台湾向けなどに愛知県・奈良県で織られた。

しゃく-し【×杓子】❶飯を盛ったり汁などをすくったりする道具。頭が丸く中くぼみの皿形で柄がついている。形・材質などから、木じゃくし・玉じゃくしなどという。一般に飯用のものは杓文字という。❷「杓子形」の略。❸飯盛り女。旅人相手の私娼。「みやげにもならぬ一を旅で買ひ」〈柳多留・四二〉
［類語］柄杓・茶杓・しゃもじ・お玉杓子

杓子で腹を切・る　できるはずがないこと、また、形式だけのことをするたとえ。すりこ木で腹を切る。

杓子は耳掻きにならず　大きいものが、必ずしも小さいものの代わりにはならないたとえ。

杓子を渡・す　《「杓子」は主婦権の象徴とみなされ

漢字項目　しゃく

【石┊赤┊昔┊×迹┊▽惜┊▽責】▶せき

人 **勺**　［音］シャク(漢)　［訓］くむ‖わずか。少量。「勺飲」［補説］平成22年(2010)常用漢字表から削除、人名用漢字に追加された。

尺　(学)6　［音］**シャク**(呉)　セキ(漢)　［訓］さし‖㊀〈シャク〉①長さの単位。一寸の一〇倍。「尺八・尺貫法」②ものさし。「尺度/曲尺・間尺・計算尺」③長さ。「検尺・現尺・縮尺・倍尺・間尺」㊁〈セキ〉①わずか。「尺寸・尺土/咫尺」②手紙。「尺書・尺牘」［名付］かね・さか・さく　［難読］短尺

× **杓**　［音］シャク(漢)　［訓］ひしゃく‖ひしゃく。「杓子/茶杓・柄杓」

人 **灼**　［音］シャク(呉)(漢)　［訓］やく‖①やく。やけつく。「灼熱/焼灼」②光り輝く。「灼灼」［補説］人名用漢字表(戸籍法)の字体は「灼」。

借　(学)4　［音］**シャク**(呉)　シャ(呉)(漢)　［訓］**かりる**‖㊀〈シャク〉①かりる。「借款・借金・借財・借用/寸借・前借・貸借・賃借・拝借」②ゆるす。「仮借」㊁〈シャ〉①こころみに。かりに。「借問」②かりる。「仮借」

酌　［音］**シャク**(呉)(漢)　［訓］**くむ**‖①酒をつぐ。くむ。「酌婦/対酌・独酌・媒酌・晩酌」②先方の意見や事情をくみとる。「酌量/参酌・斟酌」

釈〔釋〕　［音］**シャク**(呉)　［訓］とく、とける‖①固まりやしこりがばらばらに解ける。「釈然/稀釈・氷釈」②わかりにくい事柄や文章を解きほぐして述べる。「釈義・釈明/会釈・解釈・訓釈・語釈・講釈・注釈・評釈」③拘束していたものを解き放つ。「釈放/保釈」④釈迦のこと。「釈教・釈氏・釈尊」［名付］とき

× **綽**　［音］シャク(呉)(漢)　［訓］ゆるやか‖①ゆったりとしたさま。「綽綽・綽然・綽約」②あからさまでない。婉曲。「綽号・綽名」［難読］綽名

人 **錫**　［音］シャク(呉)　［訓］すず‖①金属の一。すず。「錫石」②僧の杖。「錫杖/挂錫・巡錫」［難読］錫蘭

爵　［音］**シャク**(漢)‖①スズメの形をした酒器。さかずき。「罰爵」②貴族の身分を示す位。「爵位/栄爵・襲爵・叙爵・人爵・男爵・天爵・伯爵」［名付］くら・たか

漢字項目　じゃく

【着】▶ちゃく

若　(学)6　［音］**ジャク**(漢)　**ニャク**(呉)　ニャ(呉)　［訓］**わかい、もしくは**、もし、ごとし‖㊀〈ジャク〉①わかい。「若年・若輩」②…のようだ。ごとし。「傍若無人」③形容の語を作る助字。「自若・瞠若」④いくらか。「若干」⑤若狭国。「若州」㊁〈ニャク〉わかい。「老若男女」㊂〈ニャ〉梵語の音訳字。「般若」㊃〈わか〉「若手・若者/年若」［名付］なお・まさ・よし・より・わか・わく　［難読］杜若・若干・若布・若人

弱　(学)2　［音］**ジャク**(漢)　ニャク(呉)　［訓］**よわい、よわる、よわまる、よわめる**、わかい‖㊀〈ジャク〉①よわい。「弱化・弱者・弱小・弱震・弱体・弱点/虚弱・強弱・衰弱・脆弱・惰弱・軟弱・柔弱・薄弱・微弱・病弱・貧弱・文弱・幼弱」②わかい。「弱冠・弱年・弱輩」㊁〈よわ〉「弱気・弱火/気弱・腰弱・年弱」［難読］弱竹

寂　［音］**ジャク**(呉)　**セキ**(漢)　［訓］**さび、さびしい、さびれる**‖㊀〈ジャク〉①ひっそりと静かなさま。さびしい。「寂寂・寂然・寂寞/閑寂・静寂・幽寂」②僧が死ぬこと。「示寂・入寂」㊁〈セキ〉㊀の①に同じ。「寂寂・寂然・寂寞・寂寥」［名付］しず・ちか・やす

人 **雀**　［音］ジャク(慣)　［訓］すずめ‖鳥の名。スズメ。「雀躍・雀羅/燕雀」［難読］金糸雀・四十雀・雀斑・雲雀・麻雀・山雀・葦雀

人 **惹**　［音］ジャク(漢)　［訓］ひく‖ひく。ひきつける。「惹起・惹句」

るところから》姑が嫁に家政を譲る。

しゃく-し【×笏紙】朝儀に際して執務の公卿・殿上人が、備忘のために儀式の内容・次第などを書いて、笏の裏にはりつけた紙。しゃくがみ。

しゃく-し【釈子】釈迦の弟子。また、出家して仏弟子となった者。僧侶。釈氏。

しゃく-し【釈氏】❶釈迦。❷「釈子」に同じ。

しゃく-し【釈師】「講釈師」の略。

しゃく-じ【借字】漢字のもつ意義にかかわらず、その音や訓を借用して書き表す方法。万葉仮名や梵語の音訳など。

じゃく-し【弱子】年少の子供。おさなご。

じゃく-し【弱志】意志が弱いこと。弱い意志。

じゃく-し【弱視】視力が弱いこと。眼鏡などで矯正することのできないものをいう。

しゃくし-あたり【×杓子当(た)り】❶杓子で盛りつける食べ物の量の多少。「一で給仕の動静を察るような」〈紅葉・多情多恨〉❷給仕をする人の、客に対する好意の度合い。「宿場宿場の飯盛さへ、一のわりいこちとら」〈人・梅児誉美・初〉

ジャクジー〖Jacuzzi〗▶ジャクージ

しゃくし-がい【×杓子貝】❶シャクシガイ科の二枚貝の総称。貝殻は白色、球形でよく膨らみ、後端が柄のように長く伸び、杓子状をしている。沿岸の水深50〜200メートルの海底にすむ。❷イタヤガイの別名。貝殻に柄をつけて杓子にするのでいう。

しゃくし-がた【×杓子形】しゃくしのような形。また、その形をしたもの。

しゃくし-かほう【×杓子果報】〔名・形動ナリ〕❶うまい食事に恵まれること。たくさんの食べ物の分け前にありつくこと。「かかに若菜をそろへさせ、一のわが身といふを」〈浮・織留・六〉❷よいものや、よい状態を得る好運に恵まれること。また、そのさま。「品川は一な大一座」〈柳多留・六〉

しゃく-しぎ【×杓×鴫｜尺×鷸】シギ科ダイシャクシギ属の鳥の総称。長いくちばしが下に曲がっている。ダイシャクシギ・チュウシャクシギ・コシャクシギなど。

しゃくし-じょうぎ【×杓子定規】〔名・形動〕《曲がっている杓子を定規代わりにすること、正しくない定規ではかることの意から》すべてのことを一つの標準や規則に当てはめて処置しようとする、融通のきかないやり方や態度。また、そのさま。「一な考え方」「一に扱う」

じゃく-じせい【弱磁性】常磁性および反磁性のこと。磁界内に置くと磁界と同方向または反対方向に磁化されるが、磁界を除くと磁気が消える性質。強磁性に対していう。

じゃく-しつ【弱質】体質・性質の弱いこと。弱い生まれつき。「我れ生来の一とて」〈一葉・別れ霜〉

しゃくし-づら【×杓子面】額とあごが出っ張っている、中くぼみの顔。

しゃくし-な【×杓子菜】タイサイの別名。葉の形が杓子状をしている。

しゃく-じめ【尺×〆】尺貫法の木材の体積の単位。1尺角で長さが2間のものの体積。地域によって差異があるが、ふつう約0.33立方メートル。

じゃく-しゃ【弱者】力の劣る者。弱い者。「一の立場に立つ」「一救済」⇔強者。〘類語〙弱虫・敗者・懦夫

シャクシャイン-の-たたかい【シャクシャインの戦い】寛文9年(1669)松前氏の収奪に対して、アイヌの首長シャクシャインが全蝦夷地のアイヌを糾合して起こした蜂起。和議の席上シャクシャインは殺害され、アイヌ側の敗北に終わった。

しゃく-しゃく【×灼×灼｜×爍×爍】〔ト・タル〕〔文〕〔形動タリ〕明るく照り輝くさま。「一たる少年の笑顔」

しゃく-しゃく【×綽×綽】〔ト・タル〕〔文〕〔形動タリ〕落ち着いてゆとりがあるさま。ゆったりとしてこせつかないさま。「余裕一たる態度」「手も汚さず汗も出さず、一として刈ってるが」〈左千夫・隣の嫁〉

じゃく-じゃく【寂寂】〔ト・タル〕〔文〕〔形動タリ〕❶ひっそりとして寂しいさま。「一たる無人の境に」〈荷風・ふらんす物語〉❷無心なさま。何も考えることのないさま。「心に妄想を払って、一としてぞ居たりける」〈太平記・二〇〉

しゃく-じゅ【▽積×聚】さしこみ。また、痛癪。癪。「腫物、一ははりをさす」〈仮・尤の双紙〉

じゃく-しゅう【若州】若狭の異称。

しゃくじゅう-せつ【▽積×聚説】インド哲学の宇宙論の一。無数に存在する地性・水性・火性・風性の4種の原子が結合・集積して世界が成立するとする多元論的世界観。サーンキヤ学派などの転変説に対するもので、最初ジャイナ教で唱えられ、のち、バイシェーシカ学派によって組織された。

しゃく-しょ【借書】借用の証書。借用証。

し-やくしょ【市役所】地方公共団体である市の市長・職員が、市の行政事務を取り扱う役所。市庁。

しゃく-じょ【×錫×紵】天皇が二親等以内の親族の服喪の際に着用する浅黒色の闕腋の袍。しゃくちょ。

じゃく-じょ【若女】男色と女色。じゃくにょ。「一両道を兼ねたる色道者」〈浮・禁短気・二〉

しゃく-じょう【借状】借用の証文。借用証書。「一も持って参った」〈虎寛狂・胸突〉

しゃく-じょう【×錫×杖】❶僧侶・修験者が持ち歩くつえ。頭部は塔婆形で数個の環がかけてあり、振ったり地面を強く突いたりして鳴らす。❷四箇法要の一。❶を楽器として用いる。また、そのときに唱える偈。❸祭文語りが歌に合わせて振り鳴らして調子をとるのに用いた具。❶の柄を短くしたもの。

じゃく-しょう【弱小】〔名・形動〕❶力が弱くて小さいこと。また、そのさま。「一な企業」「一球団」⇔強大。❷(「若少」とも書く)年が若いこと。未熟なこと。また、そのさま。弱年。年少。「一な(の)身」〘派生〙じゃくしょうさ〔名〕〘類語〙(❶)弱い／(❷)若い・年若・年弱・年少・年下・弱年・弱齢

じゃくしょう【寂照】[964〜1034]平安中期の天台宗の僧。京都の人。俗名、大江定基。文章博士となったが、妻を失って出家。長保5年(1003)入宋し、杭州(浙江省)で没した。「寂昭」とも書く。

じゃく-じょう【寂静】〔名・形動〕❶ひっそりとしてもの静かなこと。また、そのさま。静寂。「洞窟の中の夜の一のうちに、こだまする迄になった」〈菊池寛・恩讐の彼方に〉❷仏語。煩悩を離れ、苦しみを去った解脱の境地。涅槃。

しゃくじょう-そう【×錫×杖草】イチヤクソウ科の多年生の腐生植物。山地の陰湿地に生え、高さ約20センチ。全体が淡黄褐色で、葉は鱗片状。夏、淡黄白色のつり鐘形の花をつける。錫杖花。

しゃくし-わたし【×杓子渡し】▶箆渡し

しゃく-じん【石神】「いしがみ」に同じ。

じゃく-しん【弱震】地震の強さの旧階級。家が揺れ、戸や障子ががたがたし、つるした電灯や容器内の水面の動くのがわかる程度とされ、震度3にあたった。➡震度

じゃく・す【着す】〔動サ変〕執着する。「その愛欲に一・して仏法をも信せず」〈今昔・一・一八〉

しゃく・する【釈する】〔動サ変〕〔文〕しゃく・す〔サ変〕意味を解き明かす。「般若心経を一・する」〘類語〙解釈・釈義・講釈・評釈・解義・義解・読解・解き明かす

じゃく・する【寂する】〔動サ変〕〔文〕じゃく・す〔サ変〕僧侶が死ぬ。入寂する。「住職は昨年一・した」〘類語〙入寂・入滅・円寂・遷化・大往生・お陀仏

じゃ-くずれ【蛇崩れ】川岸やがけなどの土砂がゆるんで崩れること。また、その崩れた所。

しゃく-すん【尺寸】《1尺と1寸の意から》わずかばかりのこと。せきすん。

しゃくせき-し【赤石脂】酸化鉄を含む陶土。漢方で止血・止瀉薬などに用いる。

しゃくぜつ-じん【赤舌神】陰陽道で、太歳西門の番神、または第3の羅刹神のこと。

しゃくぜつ-にち【赤舌日】陰陽道で、6日ごとにめぐってくるという凶日。

しゃく-せん【借銭】借りた金銭。借金。借財。「家屋敷を一のかたにおく」

しゃく-ぜん【▽積善】▶せきぜん(積善)

しゃく-ぜん【×灼然】〔ト・タル〕〔文〕〔形動タリ〕輝くさま。また、明らかなさま。著しいさま。「人情をば一として見えしむるを我が小説家の務めとするなり」〈逍遥・小説神髄〉

しゃく-ぜん【釈然】〔ト・タル〕〔文〕〔形動タリ〕疑いや迷いが解けてすっきりするさま。せきぜん。しゃくねん。「説明を聞いてもまだ一としない」

しゃく-ぜん【×綽然】〔ト・タル〕〔文〕〔形動タリ〕ゆったりとして余裕のあるさま。綽々。悠然。「許多の著作を成就して一として余地ありしなれ」〈中村訳・西国立志編〉

じゃく-ぜん【寂然】〔ト・タル〕〔文〕〔形動タリ〕▶じゃくねん(寂然)

しゃくせん-こい【借銭乞ひ】借金取り。「一山のごとし」〈浮・胸算用・一〉

しゃく-そう【×錫僧】法会のとき、偈を唱え、錫杖を振る役の僧。

じゃく-そつ【弱卒】弱い兵士。頼りにならない部下。「勇将のもとに一なし」

しゃく-そん【釈尊】釈迦の尊称。

ジャクソン〖Andrew Jackson〗[1767〜1845]米国の政治家・軍人。第7代大統領。在任1829〜1837。農民や中小企業家の擁護、選挙権の拡大などジャクソニアンデモクラシーとよばれる民主主義政策を推進したが、インディアンの迫害、黒人奴隷制の容認などで批判された。➡バン・ビューレン

ジャクソン〖Mahalia Jackson〗[1911〜1972]米国の歌手。ゴスペルソングの女王といわれた。

ジャクソン〖Michael Jackson〗[1958〜2009]米国の歌手・ダンサー。1966年、実兄4人とともにジャクソンファイブとしてデビュー。優れた歌唱力とダンスで人気を得る。71年よりソロ活動を開始。「スリラー」「バッド」など世界的なヒット曲を次々と生み出し、20世紀末のポピュラー音楽を代表する人物となった。

ジャクソンがた-てんかん【ジャクソン型×癲×癇】《Jacksonian epilepsy》後天的に起こる症候性癲癇。身体の一部から始まった痙攣が、徐々に全身に広がる。英国の神経学者ジャクソンが初めて記載した。

ジャクソンホール-かいぎ【ジャクソンホール会議】米国ワイオミング州ジャクソンホールで毎年開催される経済政策シンポジウムの通称。カンザスシティー連邦準備銀行が主催し、世界各国から中央銀行総裁・政治家・学者・エコノミストが参加する。ジャクソンホールはワイオミング州北西部に位置する景勝地で、グランドティトン国立公園やイエローストーン国立公園への拠点となっている。

ジャグダ〖JAGDA〗《Japan Graphic Designers Association》社団法人日本グラフィックデザイナー協会。グラフィックデザイナーの全国組織。昭和53年(1978)設立。

しゃく-たい【借貸】❶かしかり。貸借。❷奈良・平安時代、官稲を無利息で貸与したこと。窮民救済や勧農のために行った。賑貸。仮貸。➡出挙

しゃく-だい【釈台】講談師の前に置く台。

じゃく-たい【弱体】〔名・形動〕❶弱いからだ。❷組織としての体制や体質が弱いこと。また、そのさま。「一な営業部門」〘派生〙じゃくたいさ〔名〕〘類語〙弱い・ひ弱・弱小・脆弱・軟弱

じゃくたい-か【弱体化】〔名〕スル 組織などの力が衰えること。「チームが一する」〘類語〙衰弱・弱化・衰微・衰退・疲弊・萎靡・凋落・低落・劣化

しゃく-たいげ【赤帯下】月経が不規則に長期間にわたってあるもの。長血。

しゃく-たく【借宅】家を借りること。また、借りた家。借家。

しゃく-たて【×杓立て】茶の湯で、柄杓を立てる道具。柄杓立て。

しゃく-ち【尺地】▶せきち(尺地)

しゃく-ち【借地】〔名〕スル 土地を借りること。また、借りた土地。「一して家を建てる」

じゃ-ぐち【蛇口】水道管の流出口などに取り付け、水量を調節する金属製の器具。〘類語〙カラン・タップ

じゃくち-きょう【寂地峡】山口県東部、寂地山に源を発した錦川の支流宇佐川最上流の寂地川が刻む峡谷。十八滝と呼ばれる長さ3.5キロの犬戻峡と5か所の滝が連続して落下する長さ1キロの竜ヶ岳峡の2峡谷からなる。西中国山地国定公園の一部。

しゃくち-けん【借地権】建物の所有を目的とする地上権または土地の賃借権。

じゃくち-さん【寂地山】山口県東部、島根県との境にある山。県最高峰で、標高1337メートル。西中国山地の主峰。山頂付近はカタクリの群生地、また全山ブナの原生林で、寂地スギが混生。寂地峡は渓谷美にすぐれる。西中国山地国定公園に属する。

しゃくちしゃくや-ちょうていほう【借地借家調停法】借地・借家関係の紛争について、裁判所または調停委員会の調停で解決することを目的として大正11年(1922)に制定された法律。昭和26年(1951)に廃止され、民事調停法に吸収された。

しゃくちしゃくや-ほう【借地借家法】借地権および建物の賃貸借契約の更新などについて規定するとともに、借地条件の変更などの裁判手続きに関する事項を定める法律。平成3年(1991)借地法・借家法を統合・改正して制定。

しゃくちしゃっか-ほう【借地借家法】▶しゃくちしゃくやほう(借地借家法)

しゃくち-ほう【借地法】借地関係について借地人の権利保護を目的とした法律。大正10年(1921)制定。平成3年(1991)借地借家法に吸収され廃止。

じゃくちゅう【若冲】㊀▶伊藤若冲 ㊁▶海北若冲

しゃく-ちょ【×錫×紵】▶しゃくじょ(錫紵)

しゃく-ちょうくう【釈迢空】折口信夫の号。

しゃく-ちん【借賃】物を借りるために支払う金銭。借り賃。

しゃく-づえ【尺×杖】建築の際などに用いる大形の物差し。長さ1～2間ほどの角材に、1尺ごとの目盛りをつけたもの。間竿などの類。

じゃく-てき【弱敵】弱い敵。弱い相手。

しゃく-てつ【尺鉄】▶せきてつ(尺鉄)

しゃく-てん【釈典】《「釈氏の経典」の意》仏典。

しゃく-てん【釈×奠】▶せきてん(釈奠)

じゃく-てん【弱点】❶十分でない点。欠点。「この機械には―がある」❷後ろ暗いところ。弱み。「政敵の―を握る」➡欠点〔用法〕
〔類語〕ウイークポイント・短所・急所・泣き所・弱み

じゃく-でん【弱電】主として通信・家庭電気用品などを扱う部門の通称。「―業界」⇔強電。

じゃく-でんかいしつ【弱電解質】水に溶けたときの電解度が小さい電解質。アニリン・酢酸・アンモニアなど。➡強電解質

しゃく-ど【尺度】❶物の長さを測る道具。ものさし。❷長さ。寸法。「―を測る」❸計量の標準。また、判断・評価などの基準。「合否判定の―を決める」
〔類語〕物差し・定規・基準・標準・水準・規準・レベル

しゃく-とう【▽積塔┊石塔】❶供養などのため、石を積み塔の形にしたもの。せきとう。❷「積塔会」の略。

しゃく-どう【赤銅】銅に金3～4パーセント、銀約1パーセントを加えた銅合金。硫酸銅・酢酸銅などの水溶液中で煮沸すると、紫がかった黒色の美しい色彩を示すので、日本では古くから紫金・烏金などとよばれ重用された。

じゃく-どう【若道】《「じゃく」は「若衆道」の「若」を音読したもの》男が少年を愛すること。男色。にゃくどう。「女道のいやしく―の華奢なる道を問答し」〈仮・田夫物語〉

しゃくどう-いろ【赤銅色】赤銅のような色。黄みがかった暗い赤茶色。「―に日焼けした顔」

しゃくとう-え【▽積塔会】陰暦2月16日に、検校・勾当・座頭などの盲人が、京都高倉綾小路の清聚庵に集まり、盲人の守り神である雨夜尊を祭って酒宴を催し、平曲を語った法会。当日、勾当三人が四条河原に出て、石を積み重ねて雨夜尊を供養したところからの名。〔季 春〕

しゃくどう-づくり【赤銅造り】赤銅で器具などに装飾すること。また、そのもの。「―の太刀」

しゃく-どく【尺×牘】▶せきとく(尺牘)

じゃく-どく【弱毒】毒性の弱いもの。また、弱めたもの。「―生ポリオワクチン」

じゃく-どくせい【弱毒性】ウイルスなどの病原体によって感染症が発症したとき、重症化させる能力が弱いこと。インフルエンザの場合は、感染が肺などの呼吸器にとどまるもの。一般的な季節性インフルエンザは弱毒性に分類される。最初は弱毒性でも突然変異により強毒性に変わることがある。➡ビルレンス

じゃくどくせい-とりインフルエンザウイルス【弱毒性鳥インフルエンザウイルス】H5型、H7型の鳥インフルエンザウイルスのうち、致死率の低いものを指す。日本の家畜伝染病予防法ではH5型、H7型のすべての鳥インフルエンザウイルスを高病原性と定義しており、致死率に大きな差がみられるために、強毒性・弱毒性などと呼び分けている。➡強毒性鳥インフルエンザウイルス

しゃく-とり【尺取】「尺取虫」の略。〔季 夏〕「―や夏天の雲のうごくなし/楸邨」

しゃく-とり【酌取り】酒席で酒の酌をすること。また、その人。

しゃくとり-むし【尺取虫】シャクガの幼虫。細長い芋虫で、腹脚が二対しかないので、人が親指と人さし指で尺をとるような進み方をする。静止すると枯れ枝に似る。土瓶わり。すんとりむし。おぎむし。〔季 夏〕「一尺とり失せて酒剰さず/桂郎」

しゃく-なが【尺長】一定の寸法より長く作ること。また、そのように作ったもの。ながもの。「―の帯」

しゃくなげ【石南▽花┊石×楠▽花】ツツジ科シャクナゲ属の常緑低木の総称。深山の渓谷沿いに自生。葉は大形の長楕円形で、裏面に赤褐色の毛が密生する。5、6月ごろ、紅紫色の花をつける。ツクシシャクナゲ・アズマシャクナゲ・ハクサンシャクナゲなど。学名、Rhododendron。〔季 春〕「―や朝の大気は高嶺より/水巴」

じゃくにく-きょうしょく【弱肉強食】《韓愈「送浮屠文暢師序」による語。弱い者の肉が強い者の食料となる意から》弱者が強者の犠牲になること。強い者が弱い者を餌食にして栄えること。

しゃく-にち【赤日】「赤口」に同じ。

しゃくにほんぎ【釈日本紀】日本書紀の注釈書。28巻。卜部懐賢著。鎌倉末期の成立。それまでの書紀研究を集大成したもの。

しゃく-にん【酌人】酒の席で酌をする人。酌取り。

じ-やくにん【地役人】❶江戸時代、奉行・郡代・代官などが任地で採用した役人。❷明治時代以降、東京府下の伊豆諸島で島の行政をつかさどった判任官待遇の役人。

しゃく-ねつ【×灼熱】〔名〕スル ❶金属などを焼いて熱くすること。また、焼けて熱くなること。「―した鉄を打って鍛える」❷焼けつくように熱いこと。「―の太陽」❸物事の程度が最高潮であること。はげしく情熱をもやすこと。「―の恋」「没我的な、―した美しさだ」〈中島敦・悟浄歎異〉

じゃく-ねん【若年┊弱年】年齢が若いこと。また、その人。「―層」「―労働者」
〔類語〕弱齢・若少・弱冠・年少・若い・ヤング

じゃく-ねん【寂念】仏語。雑念を取り去った静かな心。

じゃく-ねん【寂然】〘ト・タル〙〔文〕〔形動タリ〕❶ひっそりとして静かなさま。寂しいさま。せきぜん。「院は―として人もないようであった」〈露伴・連環記〉❷煩悩を去って、心が静かであるさま。「―と黙考の体なりし時も」〈宙外・ありのすさび〉〔類語〕寂しい・寂然・寂寥・寂寞・索莫・落莫・蕭然・寥寥・荒涼

じゃくねんせい-にんちしょう【若年性認知症】65歳未満で発症する認知症の総称。アルツハイマー病・脳血管障害・ピック病などで起こる。

じゃくねんはっしょう-インスリンひいぞんせいとうにょうびょう【若年発症インスリン非依存性糖尿病】▶エム-オー-ディー-ワイ(MODY)

じゃくねんはっしょうがた-とうにょうびょう【若年発症型糖尿病】▶一型糖尿病

じゃくねんはっしょう-せいじんがたとうにょうびょう【若年発症成人型糖尿病】▶エム-オー-ディー-ワイ(MODY)

じゃくねん-もの【若年者】年の若い者。年が若く、物事に未熟な者。若輩。

しゃく-の-うし【尺の牛】牛で、前脚の地に接している部分からたてがみの下端までを測った体高が4尺あるもの。牛の大きさは4尺が標準とされ、4尺5寸であれば尺5寸と表現された。

しゃく-の-き【×笏の木】イチイの別名。

しゃく-の-たね【×癪の種】腹の立つ原因。

しゃく-の-ひ【赤の日】「赤口」に同じ。

しゃく-の-むし【×癪の虫】からだの中にいて、癪を起こすと考えられる虫。転じて、腹を立てること。また、その原因となる事柄。「―がおこる」

しゃく-ば【借馬】馬を借りること。また、その馬。

しゃく-ば【釈場】講談を興行する寄席。講釈場。

じゃく-はい【若輩┊弱輩】〔名・形動〕❶年が若い者。❷未熟で経験の浅いこと。また、そのさま。自分を卑下していう語。他人に用いれば軽蔑の意になる。「―な自分は嫂の涙を眼の前に見て」〈漱石・行人〉〔類語〕若造・青二才・新参・未成年

じゃくはい-もの【若輩者】若輩の人。未熟者。

じゃく-はく【弱拍】音楽の拍で、強勢を受けない部分。二拍子の第2拍など。上拍。⇔強拍。

しゃく-はち【尺八】❶管の上端を斜めに削り取って作った歌口に直接唇を当てて吹く縦笛。普通は竹製。中国で唐代初期に創作されたという。日本には古代尺八・一節切・普化尺八などがあるが、ふつう使用されるのは普化尺八で、指孔五つ、長さ1尺8寸(約54.5センチ)を標準管とし、短管・長管がある。❷書画に用いる紙・絹などの幅1尺8寸のもの。❸竹製の花器の一。一重切りで、長さ1尺8寸の中央よりやや下に節をとったもの。利休作に始まる。❹《❶の吹奏方法の連想から》男性器に対する口唇による刺激。フェラチオ。

じゃく-はん【×雀斑】そばかすのこと。

ジャグ-バンド〘jug band〙20世紀初頭に、米国南部の黒人間に起こった、代用楽器を使う楽団。空きびん・カズーなどが主要楽器。

しゃ-くび【しゃ首】首をののしっていう語。そくび。「―切りて、犬にかひてん」〈宇治拾遺・一〇〉

しゃく-びょうし【×笏拍子┊尺拍子】神楽や催馬楽などで用いる打楽器。長さ約36センチの笏を縦に二つに割ったもの。主唱者が両手に持って打ち合わせる。さくほうし。

しゃく-ふ【酌婦】酒場・料理屋や宴会などの席で、酒の酌をする女。また、それをよそおった売春婦。

しゃく-ぶく【▽折伏】〔名〕スル 仏語。悪人・悪法を打ち砕き、迷いを覚まさせること。摂受と共に衆生を仏法に導く手段。「邪教の徒を―する」

しゃくぶく-もん【▽折伏門】折伏によって人を帰依させる法門。

じゃく-へい【弱兵】弱い兵。弱卒。「長州の―等屑ならずと侮慢して」〈染崎延房・近世紀聞〉

しゃく-ほう【釈放】〔名〕スル ❶拘束を解いて自由にすること。❷刑事法で、適法な事由に基づき、刑事施設に収容されている受刑者・被疑者・被告人などの身柄の拘束を解くこと。「被疑者を―する」
〔類語〕放免・保釈

しゃく-ほう【爵封】爵位と封邑。身分と領地。

しゃく-ぼん【釈梵】帝釈天と梵天。

しゃく-ま【借間】〔名〕スル 部屋を借りること。また、借りた部屋。間借り。「学校の近くに―する」

しゃ-ぐま【▽赤熊┊×赭熊】❶赤く染めたヤクの尾の毛。また、それに似た赤い髪の毛。払子やかつら、兜の飾りなどに用いる。➡黒熊 ➡白熊 ❷縮

れ毛で作った入れ髪。また、それを用いて結った日本髪。赤熊髷(しゃぐま)。❸(赤熊)オキナグサの別名。

しゃくまかえんろん【釈摩訶衍論】「大乗起信論」の注釈書。10巻。竜樹著、筏提摩多(ばつだいまた)訳とされるが、7～8世紀ごろ中国・朝鮮で成立したともいわれる。日本では真言宗で重要な書とした。釈論。

じゃく-まく【寂×寞】㊀〔名・形動〕ひっそりしていてさびしいこと。また、そのさま。せきばく。「何となく斯う—な瞑想に耽って居るようで」〈藤村・破戒〉㊁〔ト・タル〕図〔形動タリ〕さびしく、静かなさま。「路上の小砂利が—とした光の中に」〈二葉亭訳・片恋〉

しゃくみ【▽曲見】《動詞「しゃくむ」の連用形から》能面の一。中年の女を表す面で、狂女物などに用いる。顔の中央がしゃくれて見えるところからいう。

しゃく-みょう【釈名】ミャウ 仏教の経論を解釈するとき、題目の意義を説き明かすこと。

しゃくみょう【釈名】シャクミャウ 中国の辞書。8巻。後漢末の劉熙(りゅうき)著。事物の名を27種に分類し、語源を説明したもの。1巻本、4巻本がある。逸雅。

しゃく-む〔動マ五(四)〕《「しゃく(杓)」の動詞化という》中央がくぼむ。しゃくれる。「答のない口元が結んだまま—・んで」〈漱石・虞美人草〉

しゃく-めい【釈明】〔名〕スル 自分の立場や考えを説明して、誤解や非難を解き、理解を求めること。「事故原因について—する」【類語】弁解・弁明・言い訳・申し訳・言い開き・申し開き・言い逃れ・言い抜け

しゃくめい-けん【釈明権】裁判所が、訴訟の内容を明確にさせるために、当事者に法律上・事実上の事項について質問して陳述の補充・訂正の機会を与え、または立証を促す権限。発問権。

じゃく-めつ【寂滅】〔名〕スル《梵 nirvāṇaの訳。音写は涅槃(ねはん)》❶仏語。煩悩(ぼんのう)の境地を離れ、悟りの境地に入ること。涅槃。❷消滅すること。死ぬこと。「八十一歳にしてクシナガラという所に—した」〈賢治・ビジテリアン大祭〉【類語】遷化(せんげ)・涅槃(ねはん)・示寂・入寂・入定・入滅

じゃくめつ-いらく【寂滅為楽】ヰラク 仏語。涅槃(ねはん)の境地に至って、初めて真の安楽を得ることができるということ。

じゃくめつ-どうじょう【寂滅道場】ダウヂャウ 釈迦が悟りを開いたという、仏法修行の道場。

じゃく-めんやく【弱綿薬】窒素含有量が12パーセント程度のニトロセルロース。無煙火薬・ダイナマイトなどの製造原料。

じゃく-もく【寂黙】仏語。❶静かに瞑想(めいそう)し、無言でいること。❷煩悩(ぼんのう)が静まること。静寂。❸牟尼(むに)の漢訳。釈迦(しゃか)の尊称。

しゃく-もち【×癪持(ち)】癪が持病であること。また、その人。

しゃく-もん【借問】〔名〕スル ►しゃもん(借問)

しゃく-もん【×迹門】天台宗で、法華経28品のうち、序品(じょほん)から安楽行品までの前半14品の称。⇔本門

しゃく-もん【釈文】仏教の経論を解釈した文句。

しゃく-もん【釈門】釈迦の門流。仏門。僧侶。

しゃく-や【借家｜借屋】〔名〕スル 家を他人から借りること。また、借りた家。しゃっか。「転勤先で—する」「—住まい」

借家栄えて母屋(おもや)倒れる 恩恵を受けたほうが盛んになり、施したほうが落ちぶれることのたとえ。

しゃくや-うけじょう【借家請状】ウケジャウ 江戸時代、家を借りるとき、借家人と保証人が連判して家主に提出する証文。身元や支払い能力などについて保証したもの。店請状(たなうけじょう)。

しゃく-やく【×芍薬】ボタン科の多年草。高さ約60センチ。葉は複葉。初夏、大形の紅・白色などのボタンに似た花を開く。漢方で根を乾かして鎮痙(ちんけい)・鎮痛薬とする。アジア大陸北東部の原産。品種も多い。顔佳草(かおよぐさ)。夷草(えびすぐさ)。(季 夏)「—や枕の下の銭減りゆく／波郷」

しゃく-やく【×綽約｜×婥約】〔ト・タル〕図〔形動タリ〕姿がしなやかで優しいさま。たおやかなさま。「—たる風姿」〈東海散士・佳人之奇遇〉

じゃく-やく【×雀躍】〔名〕スル こおどりして喜ぶこと。「欣喜(きんき)—」「突然の天候のこの変化に歓声をあげて—している」〈横光・旅愁〉

しゃくや-にん【借家人】家主から家を借りて住む人。店子(たなこ)。

しゃくやにんばいしょうせきにんたんぽ-とくやく【借家人賠償責任担保特約】シャクヤニンバイシャウセキニンタンポトクヤク 火災保険における特約の一つ。賃貸住宅の賃借人が過失により火災などを起こし、その借用する部屋に損害を与えた場合、貸主に対する法律上の損害賠償責任を負うことによって被った損害について保険金が支払われる。【補説】賃借人の失火が故意または重大な過失でなければ隣近所に対して賠償責任は負わないが、貸主に対しては賠償責任が発生する。

しゃくや-ほう【借家法】ハフ 借家人の権利の保護を目的とした法律。大正10年(1921)制定。平成3年(1991)借地借家法に吸収され廃止。

しゃく-よう【借用】〔名〕スル 借りて使うこと。使うために借りること。「資料を—する」
【類語】借りる・拝借・寸借・恩借・賃借

しゃくよう-ご【借用語】もともとは他の言語から取り入れられた語ではあっても、その言語に同化し、全く日常語化してしまっているような語。日本語における「さけ(鮭)」(アイヌ語)「だんな(旦那)」(サンスクリット)「きせる(煙管)」(カンボジア語)などの類。

しゃくよう-しょうしょ【借用証書】金銭・物品などの借用を証明する証書。借用証。

じゃく-ら【×雀羅】スズメなどの小鳥を捕らえる網。とりあみ。⇒門前雀羅を張る

ジャグラー〖juggler〗❶ボールなどの小道具を手先で扱う細かい芸を見せる人。曲芸師。❷ぺてん師。詐欺師。

しゃく-らん【借覧】〔名〕スル 書物などを借りて読むこと。「一する事を得た、故ドクトル・北畠義一郎の遺書」〈芥川・開化の殺人〉

じゃくらん-はん【×雀卵斑】そばかすのこと。

しゃくり【▽決り】《「さくり」の音変化》❶中がくぼむように削ること。しゃくること。❷おだてること。そそのかし操ること。「是もやっぱり—かと気で気をとり直しては」〈洒・籬の花〉

しゃく-り【赤痢】►せきり(赤痢)

しゃくり【×噦り｜吃=逆】《「さくり」の音変化》❶「しゃっくり」に同じ。❷しゃくりあげること。

しゃくり-あ・げる【×噦り上げる】〔動ガ下一〕図しゃくりあ・ぐ〔ガ下二〕声や息を何度も激しく吸い上げるようにして泣く。「肩を震わせて—・げる」
【類語】泣きじゃくる・泣き叫ぶ・泣く・噎(むせ)ぶ・啜(すす)り上げる・咳(せ)き上げる・哭(こく)する・歔欷(きょき)する・嗚咽(おえつ)する・慟哭(どうこく)する・号泣する・号哭(ごうこく)する・涙に噎ぶ

しゃくり-づり【▽決り釣(り)】さおを上下にしゃくりながら、えさを躍らせて釣る方法。タイの船釣りなど。

しゃくり-なき【×噦り泣き】〔名〕スル しゃくりあげて泣くこと。「しかられて—する」

しゃく-りょう【借料】レウ 物品を借りて支払う料金。借り賃。

しゃく-りょう【酌量】リャウ〔名〕スル 事情をくみ取って、処置・処罰などに手ごころを加えること。斟酌(しんしゃく)。「情状を—する」

しゃくりょう-げんけい【酌量減軽】シャクリャウ 刑事裁判で、裁判官が犯罪の情状を酌量して、刑を減軽すること。裁判上の減軽。

ジャグリング〖juggling〗玉や輪、ナイフなどを巧みに投げたり受けたりする曲芸。

しゃく・る【▽決る｜×抉る｜×杓る｜×刳る】《「さくる」の音変化》㊀〔動ラ五(四)〕❶中がくぼむように、えぐる。「シャベルで砂を—・る」❷すくうようにして上げる。しゃくう。「船底の水を—・る」❸あごを前に出して頭部をやや後ろに引く。「あごを—・る」❹すくうようにして動かす。あやつる。「つり糸を—・る」❺そそのかす。おだてる。「作さんも誰かに—・られたと見えて、来なくなってしまうし」〈魯文・安愚楽鍋〉【可能】しゃくれる ㊁〔動ラ下二〕「しゃくれる」の文語形。

しゃく・る【×噦る】〔動ラ五(四)〕《「さくる」の音変化》❶しゃっくりをする。❷しゃくり泣きをする。「声はいつしか—・って…涙がほろほろこぼれて来た」〈蘆花・思出の記〉

シャクルトン〖Ernest Henry Shackleton〗[1874～1922]英国の探検家。スコットの南極探検隊に参加。のち自ら探検隊を組織し、1909年に当時の最南限地に到達した。

じゃく-れい【若齢｜弱齢】年齢が若いこと。若年。
【類語】若年・若少・弱冠・年少・若い・ヤング

しゃく・れる【▽決れる｜×杓れる】〔動ラ下一〕図しゃく・る〔ラ下二〕まん中がくぼみになっている。中くぼみで先が突き出ている。「—・れた顔」

じゃくれん【寂蓮】[1139ころ～1202]平安後期・鎌倉初期の歌人・僧。俗名、藤原定長。俊成の養子、のち出家。新古今集撰者の一人となったが、撰なかばで没。歌集に「寂蓮法師集」。

じゃく-ろ【▽石×榴｜×柘×榴】「ざくろ」に同じ。

しゃく-ろく【尺六】1尺6寸(約48.5センチ)の幅や長さ。また、その幅や長さのあるもの。「—の板」

しゃく-ろく【爵×禄】爵位と俸禄。

しゃくろく-ほうこう【爵×禄封侯】東洋画の画題の一。雀(すずめ)・鹿(しか)・蜂(はち)・猿を一図に描くもの。雀は爵、鹿は禄、蜂は封、猿猴(えんこう)は侯に音が通じるので、立身出世を祝ったもの。

しゃくろん【釈論】「釈摩訶衍論(しゃくまかえんろん)」の略。

しゃ-くん【社訓】その会社で、社員が守るべき基本的な指針として定めてあること。

シャクンタラー〖梵 Śakuntalā〗古代インドの詩人カーリダーサの戯曲。7幕。4、5世紀ごろ成立。古代叙事詩「マハーバーラタ」などの中の伝説を脚色したもの。サンスクリット文学の傑作とされる。

しゃ-け【社家】❶世襲神職の家柄。初め神社専従の奉仕者だったものが、職業として世襲されるようになった。明治4年(1871)に廃止。社司家。❷神主(かんぬし)。

しゃ-け【捨家】仏門に入ること。出家。捨身。

しゃけ【×鮭】「さけ(鮭)」に同じ。

じゃ-け【邪気】物の怪(け)。また、病気。じゃき。「御—の久しくおこらせ給はざりつるを」〈源・浮舟〉

しゃ-けい【舎兄】実の兄。自分の兄。家兄。しゃきょう。⇔舎弟。【類語】家兄・実兄・愚兄

しゃ-けい【斜径】ななめに通じている小道。

しゃ-けい【斜傾】斜めに傾くこと。傾斜。

しゃ-けい【斜×頸】くびが一方に傾いている状態。最も多いのは先天性の筋性斜頸で、胎児期にくびの筋肉の一部にひきつりができて起こることが多い。

しゃ-げい【射芸】弓を射る技。弓術。

じゃ-けい【邪計】よこしまなはかりごと。悪だくみ。奸計(かんけい)。

ジャケ-がい【ジャケ買い】ガヒ《「ジャケ」は「ジャケット」の略》レコード・CD・本などのカバーの印象が気に入って買うこと。ジャケット買い。

しゃ-げき【射撃】〔名〕スル ❶銃砲から弾丸を発射すること。銃砲でねらい撃つこと。「一斉に—する」「—開始」❷「射撃競技」の略。
【類語】狙撃・銃撃・発射・発砲・実射・乱射・速射・掃射

しゃげきかんせい-そうち【射撃管制装置】シャゲキクワンセイサウチ 目標に対して、射撃の方位・角度などを照準し、指示する装置。レーダー・コンピューターなどを組み合わせて作る。火器射撃統制装置。

しゃげき-きょうぎ【射撃競技】キャウギ 銃を用いて標的を撃つ競技。クレー射撃とライフル射撃とに大別される。オリンピックの正式種目。

しゃけ-しんとう【社家神道】シンタウ ❶社家で伝承する特色ある神道。それぞれ固有の教え・儀礼をもつ。❷伊勢神道の異称。

しゃ-けつ【×瀉血】〔名〕スル 病気の治療のため、血液の一定量を取り除くこと。血液中の有毒物質を除いたり、一時的に血圧を下げたりする目的で行われたが、最近では交換輸血の場合以外には行われない。血抜き。

しゃ-げつ【斜月】❶斜めに照らす月。西に没しようとする月。❷香の名。質は伽羅(きゃら)。

ジャケツ《jacketから》❶袖の長い毛糸編みの上着。(季 冬)「一の端のどをつつみて花とひらく/草田男」❷「ジャケット❶」の古い言い方。

じゃけつ-いばら【蛇結茨】マメ科の蔓性の落葉低木。山地や河原に生える。枝にとげをもち、葉は羽状複葉。初夏、黄色の花が多数開き、果実はさや状になる。種子は有毒であるが、漢方で雲実といい、マラリアや下痢に用いる。名は、茎がとぐろを巻くように見えるのに由来。河原藤。

ジャケット〖jacket〗❶洋服で、腰丈程度の上着の総称。スーツ・背広の上着を単独で用いた場合にもいう。❷レコード・本などの覆い。カバー。❸ボイラーやスチームパイプの、熱の放散を防ぐ被覆物。

ジャケット-がい【ジャケット買い】▶ジャケ買い

しゃけ-ぶぎょう【社家奉行】室町幕府の職名。神官の人事や神社に関する訴訟などをつかさどった。

じゃけら【邪気乱】〔名・形動ナリ〕《語源未詳。「邪気乱」は当て字》取るに足りないこと。また、そのさま。「狂言は…一なる事を、しんにすべし」〈わらんべ草〉

しゃ-けん【車券】競輪などで、勝者を予想して買い、的中すれば払戻金を得ることができる券。

しゃ-けん【車検】道路運送車両法によって義務づけられている、自動車の性能などの検査。「一証」

しゃ-けん【煮繭】繰糸の際の繭糸のほぐれをよくするために、あらかじめ繭を湯などで煮ておく処理。

しゃ-げん【謝玄】［343～388］中国、東晋の武将。謝安の甥。字は幼度。謝安の推薦で建武将軍となり、383年の淝水の戦いで、謝安・謝石とともに前秦の苻堅の大軍を壊滅させた。

じゃ-けん【邪見】〔名・形動〕❶よこしまな見方・考え方。不正な心。❷仏語。因果の道理を無視する誤った考え方。五見・十悪の一。❸「邪険」に同じ。「一に蹴る」〈露伴・付焼刃〉

じゃ-けん【邪険｜邪×慳】〔名・形動〕相手の気持ちをくみ取ろうとせずに、意地悪くむごい扱いをすること。また、そのさま。邪見。「一に突っ放す」
(類語)意地悪・冷淡・突っ慳貪・ぶっきら棒

しゃけん-しょう【車検証】▶自動車検査証

じゃけん-の-つの【邪見の角】無慈悲で気性がかどだっていることを角にたとえた語。「可愛い子を殺さば、一も折れうかと」〈浄・艶狩剣本地〉

じゃけん-の-やいば【邪見の▽刃】よこしまな考えが人を害することを刃物にたとえた語。「無慚の切先に一」〈浄・井筒業平〉

しゃ-こ【車庫】自動車・電車・汽車などの車両を収容するための建物、または場所。「一入れ」「一証明」

しゃ-こ【×硨×磲】❶「硨磲貝」の略。❷七宝の一。シャコガイの貝殻。

しゃ-こ【×蝦×蛄｜青＝竜＝蝦】シャコ科の甲殻類。浅海の泥底にすむ。体長約15センチ。エビに似るが、平たく、腹部が幅広い。第2胸脚はカマキリのような捕脚になっている。北海道以南に分布。鮨種とする。(季 夏)「先生の馬に似し歯や一を食ふ/禅寺洞」
蝦蛄で鯛を釣る わずかな元手で大きな利益を得ることのたとえ。また、わずかな贈り物をして高価な返礼を受けることのたとえ。海老で鯛を釣る。

しゃ-こ【×鷓×鴣】キジ科シャコ属の鳥の総称。茶褐色の羽毛をもつものが多く、コジュケイに似る。約40種がアフリカ・アジア・ヨーロッパに分布。

しゃ-こ【×這×箇】〔代〕これ。これら。この。「一の消息を瞥見し得たるに」〈河上肇・貧乏物語〉(補説)宋の時代に、「これ」「この」の意味を「遮個」「適箇」と書いたが、この「遮」「適」の草書体を「這」と混同したことから生じた語。

じゃ-こ【蛇▽籠】「じゃかご(蛇籠)❶」に同じ。

じゃ-こ【雑＝魚】「ざこ」に同じ。「だし一」

しゃ-こう【社交】人と人とのつきあい。世間での交際。「一のうまい人」「一場」(類語)付き合い・交わり・人付き合い・交際・交友・行き来

しゃ-こう【車行】〔名〕スル ❶車に乗って行くこと。「僅十分たらずの一ながら」〈里見弴・安城家の兄弟〉❷車が進むこと。

しゃ-こう【砂鉱】▶さこう(砂鉱)

しゃ-こう【射光】光を発すること。また、その光。「青い一の一点を見上げたまま」〈白秋・白猫〉

しゃ-こう【射幸｜射×倖】偶然に得られる成功や利益を当てにすること。「一行為」

しゃ-こう【斜光】斜めにさし込む光線。カメラやビデオカメラの撮影においては、立体感と質感を出しやすい光とされる。

しゃ-こう【斜行】〔名〕スル 斜めに進むこと。

しゃ-こう【斜坑】坑口から地下へ斜めに掘った坑道。

しゃ-こう【斜×巷】《狭斜の巷の意から》いろまち。遊里。

しゃ-こう【斜高】正角錐の頂点から底面の一辺に下ろした垂線の長さ。直円錐・柱体などでは母線の長さ。

しゃ-こう【遮光】〔名〕スル 光をさえぎること。光が内へさし込んだり、外へ漏れたりしないようにすること。「ブラインドで一する」「一幕」

しゃ-こう【×藉口】〔名〕スル 何かにかこつけること。口実をもうけて言いわけすること。「道理らしい言草に一して」〈二葉亭・其面影〉

しゃ-ごう【社号】❶神社の称号。大神宮・神宮・宮・神社・社などがある。❷会社の称号。

じゃ-こう【蛇行】〔名〕スル ▶だこう(蛇行)

じゃ-こう【×麝香】香料の一。ジャコウジカの分泌物を乾燥したもの。漢方では興奮・強心・鎮痙薬などに用いる。マスク。ムスク。四味臭。

じゃこう-あげは【×麝香揚羽】アゲハチョウ科の昆虫。翅はやや幅狭く、後ろ翅の突起が長くて黒色。雄は独特のにおいを出す。幼虫はウマノスズクサ科植物を食う。北海道・青森を除く日本各地に分布。(季 春)

じゃこう-いぬ【×麝香犬】ジャコウジカの別名。

じゃこう-うし【×麝香牛】ウシ科の哺乳類。一見、小形の野牛に似るが、分類上は羊やカモシカに近い。交尾期の雄は顔の臭腺から麝香に似たにおいを出す。アラスカ・カナダ北部からグリーンランドにかけてのツンドラ地帯にすむ。

じゃこう-えんどう【×麝香×豌豆】スイートピーの別名。

しゃこう-か【社交家】人とのつきあいが広く積極的で、つきあい方のじょうずな人。

しゃこう-かい【社交界】上流階級の、または著名な人々が集まって交際する社会。「一にデビューする」「一の花形」

しゃこう-けいやく【射×倖契約】賭博や富くじなど、偶然の利益を得ることを目的とする契約。射幸性が強いものは、民法上は公序良俗違反として無効になり、刑法上も犯罪となる。

しゃこう-さいばい【遮光栽培】菊などの短日植物を早く開花させるために、植え床を黒い寒冷紗などで覆い、日照時間を短くする栽培法。シェード栽培。

じゃこう-じか【×麝香鹿】偶蹄目ジャコウジカ科の哺乳類。小形のシカで、雌雄とも角がない。雄は上あごの犬歯が長く、口の外から見える。下腹部に麝香腺がある。ネパール地方から中国・朝鮮半島にかけての森林にすむ。➡麝香

じゃこう-じゅう【×麝香獣】ジャコウジカ・ジャコウネコなど、麝香を出す獣の総称。

しゃこう-じれい【社交辞令】つきあいをうまく進めるための儀礼的なほめ言葉やあいさつ。外交辞令。「単なる一に過ぎない」(類語)お愛想・空世辞・リップサービス・世辞・おべっか・べんちゃら

しゃこう-しん【射幸心｜射×倖心】まぐれ当たりによる利益を願う気持ち。「一をあおる」

しゃこう-せい【社交性】❶人とのつきあいが好きな、また、じょうずな性質。「一に富む」「一に欠ける」❷個人が集まって社会をつくろうとする人間の特性。

じゃこう-せん【×麝香腺】ジャコウジカやジャコウネコの、麝香を分泌する腺。麝香嚢の中に開口している。

じゃこう-そう【×麝香草】シソ科の多年草。山地の木陰に生え、茎は高さ0.6～1メートル。晩夏、数個の淡紅紫色の花を開く。茎や葉に強い香りがある。(季 秋)「ただ細く径を天に入る一/楸邨」

しゃこう-ダンス【社交ダンス】男女二人が一組になって音楽に合わせて踊るダンス。ワルツ・タンゴ・フォックストロット・ルンバなどの踊り方がある。ソーシャルダンス。ソシアルダンス。

しゃこう-てき【社交的】〔形動〕人とのつきあいに積極的で、つきあい方のじょうずなさま。「一な性格」「一な人」

じゃこう-なでしこ【×麝香×撫子】カーネーションの別名。

じゃこう-ねこ【×麝香猫】食肉目ジャコウネコ科の哺乳類。体形はイタチに似て、吻が長く、毛色は灰黄褐色で黒斑が並び、長い尾には白と黒の輪模様がある。下腹部に麝香腺をもつ。夜行性。東南アジアに分布。

じゃこう-ねずみ【×麝香×鼠】トガリネズミ科の哺乳類。ジネズミに似て、吻が長い。体側の臭腺から悪臭を出す。東南アジアに分布。日本では鹿児島・沖縄などでみられる。

じゃこう-のう【×麝香×嚢】ジャコウジカの雄の生殖器の近くにあって、麝香腺からの分泌液を入れておく袋状のもの。鶏卵大で、繁殖期にだけみられ、麝香の原料にされる。ジャコウネコでは雌雄ともあり、霊猫香の原料にされる。

じゃこう-の-ま【×麝香の間】❶宮中の一室の名。表御殿の中にある。❷京都御所の一室の名。小御所の廊下の左にあり、将軍が参内したとき、ここに祇候した。

じゃこうのま-しこう【×麝香の間×祇候】旧制で、華族・親任官および維新に功労のあった者に与えられた資格。麝香の間に祇候し、天皇の相手などをした。

じゃこう-ひつじ【×麝香羊】ジャコウウシの別名。

しゃこうふあん-しょうがい【社交不安障害】人前で意見を述べたり電話を掛けたり、目上の人や初対面の人と話すような場合に、普通以上に強い不安や緊張を感じ、また、そのような場面を避けようとして社会生活に適合できなくなる障害。社会恐怖。社会不安障害。SAD(social anxiety disorder)。➡不安障害

しゃこう-ふく【社交服】社交を目的とした宴会やダンスパーティーなどで着る服。男性は燕尾服・タキシード・モーニング・ディレクターズスーツ、女性はイブニングドレス・カクテルドレスや和服の訪問着など。

しゃこう-ほうしき【斜坑方式】斜坑を中心に採炭・採鉱を行う方式。

じゃこう-ぼね【×麝香骨】扇の骨を丁子・沈香などで煮て、芳香をこめたもの。

じゃこう-ゆ【×麝香油】麝香入りの芳香油。

しゃこう-ようり【斜交葉理】▶クロスラミナ

じゃこう-れんりそう【×麝香連理草】スイートピーの別名。

しゃこ-がい【×硨×磲貝】シャコガイ科の二枚貝の総称。貝殻は一般に大きく、二枚貝中最大のオオジャコガイは殻長1メートル、重さ200キロ以上に達する。殻は扇形で、波状に湾曲する。珊瑚礁にすみ、外套膜の間に微小な藻類を共生させているので体色は藻類によって変化する。肉は食用、殻は水盤・置物などにされる。

しゃ-こく【社告】会社・新聞社などが一般の人に向けて出す知らせ。「新聞休刊日の一」

じゃ-ごけ【蛇×苔】ジャゴケ科のコケ植物。長さ約10センチ。表面に六角形の区画模様があり、蛇のうろこに似る。雌雄異株。

しゃこたん-はんとう【積丹半島】北海道西部、日本海に突出した半島。海食崖が発達し、ニセコ積丹小樽海岸国定公園の一部。

しゃこたん-みさき【積丹岬】北海道西部、日本海

に突出した岬。積丹半島の北端にあり、海食地形で知られる。西に神威(かむい)岬がある。

じゃ-こつ【蛇骨】❶ヘビの骨。❷《色が白くヘビの骨に似ているところから》珪華(けいか)のこと。

じゃこ-てん【じゃこ天 雑=魚天】愛媛県宇和島の郷土料理。沿岸で獲れた小魚のすり身を油で揚げたもの。

しゃこば-サボテン【×蝦×蛄葉サボテン】サボテン科の多年草。平たい楕円形の茎が節で接してつながる。カニバサボテンに似るが、茎の先端がとがらず角ばっており、花は左右相称。南アメリカの原産で、温室で観賞用に栽培される。しゃこサボテン。クリスマスカクタス。(季 冬)

ジャコバン-しゅうどういん【ジャコバン修道院】《Ensemble Conventuel des Jacobins de Toulouse》フランス南西部、ミディ-ピレネー地方、オート-ガロンヌ県の都市、ツールーズにある13世紀に建造されたゴシック様式の修道院。ドミニコ会が最初に建てた修道院として知られる。

ジャコバン-は【ジャコバン派】《フランス Jacobins》パリのジャコバン修道院内に本部を置いた、フランス革命期の急進的な政治党派。マラー・ダントン・ロベスピエールらを指導者としてジロンド派と対立、1793年から独裁体制をとり恐怖政治を行ったが、94年のテルミドールの反動で瓦解。ジャコバン党。

ジャコビニ-すいせい【ジャコビニ×彗星】▶ジャコビニツィナー彗星

ジャコビニツィナー-すいせい【ジャコビニツィナー×彗星】1900年12月、フランスのミシェル=ジャコビニが発見し、13年にドイツのエルンスト=ツィナーが再発見した彗星。ジャコビニ流星群の母天体として知られる。公転周期は6.6年。85年、NASA(米国航空宇宙局)とESA(欧州宇宙機関)による彗星探査機ICEが尾の部分を通過し、組成などを直接観測した。ジャコビニ彗星。

ジャコビニ-りゅうせいぐん【ジャコビニ流星群】竜座のγ(ガンマ)星付近を輻射点とする流星群。10月8日から10日頃にかけて見られる。母天体はジャコビニツィナー彗星。1933年、46年に流星雨として観測され、年により流星の出現数が大きく変化する。

ジャコブ〖François Jacob〗[1920～]フランスの分子遺伝学者。モノーとともに、たんぱく質生成の遺伝的制御を解析し、オペロン説を提唱した。1965年ノーベル生理学医学賞受賞。著「生命の論理」。

ジャコボ〖Đakovo〗クロアチア北東部、スラボニア地方の町。同地方きっての宗教建築として知られるジャコボ大聖堂がある。毎夏、民俗舞踊のフェスティバルが開催される。

しゃこ-ほう【車庫法】《「自動車の保管場所の確保等に関する法律」の通称》▶保管場所法

ジャコボ-だいせいどう【ジャコボ大聖堂】《Đakovačka katedrala》クロアチア北東部、スラボニア地方の町ジャコボにあるネオロマネスク様式の大聖堂。19世紀後半に大司教ストロスマエルにより建造。同地方きっての宗教建築として知られる。

しゃこ-まんりき【×蝦×蛄万力】C字形の鉄材にねじを装置した、締めつけ用工具。海老(えび)万力。

ジャコメッティ〖Alberto Giacometti〗[1901～1966]スイスの彫刻家・画家。シュールレアリスム運動に参加。針金のように細長く単純な人体構成により、人間の実存的な不安と孤独を表現した。

シャコンヌ〖フランス chaconne〗バロック時代の器楽形式の一。緩やかで荘重な三拍子のリズムを特徴とする変奏曲。

しゃ-ざ【謝座】朝廷の饗宴に際して、参列の群臣が殿上(てんじょう)に着座する感謝の意を表して行う拝礼。

しゃ-さい【社債】株式会社が広く一般から長期資金を調達するために発行する債務証券。確定利付証券で、償還が義務づけられている。特定の金融機関が発行する金融債と事業会社が発行する事業債などがあるが、通常は事業債をさす。

しゃ-さい【車載】荷物などを車に積むこと。

しゃ-ざい【赦罪】罪を許すこと。〈和英語林集成〉

しゃ-ざい【謝罪】〔名〕スル 罪や過ちをわびること。「被害者に—する」「—広告」(類語)謝る・謝する・わび・わび言・平謝り・陳謝・わびる・多謝・恐縮

しゃ-ざい【×瀉剤】下剤。くだしぐすり。

じ-やさい【地野菜】ヂ その地方特産の野菜。桜島大根・練馬大根・京菜・広島菜・野沢菜など。

しゃさい-き【車載器】自動車内に設置し、車外との通信に使う電子機器。ETC車載器など。

しゃさい-けん【社債券】社債を表示する有価証券。

しゃさい-とりょう【車載斗量】《「呉志」呉王権伝・注から。車に載せなければ運べず、一斗枡(ます)を使わないと量りきれない、の意》数が非常に多いこと。転じて、多数いるが、みな平凡でとりえがないこと。

しゃ-さつ【射殺】〔名〕スル 銃や弓などでうち殺すこと。「逃げた猛獣を—する」(類語)銃殺・撃ち殺す・仕留める・射止める

しゃ-さん【社参】神社に参詣すること。宮参り。神もうで。「朝暮に—し」〈都鄙問答・二〉

しゃ-し【社司】❶神社で、神に仕え、社務を執る者。神職。神官。神主(かんぬし)。やしろのつかさ。❷旧制で、神職の職名。府県社・郷社の社掌(しゃしょう)の上の位で、祭祀(さいし)・庶務を管理した。昭和21年(1946)廃止。

しゃ-し【社史】その会社の歴史。また、それを記したもの。「—を編纂(へんさん)する」(類語)社歴

しゃ-し【社×祠】やしろ。ほこら。

しゃし【車師】中国の漢から北魏(ほくぎ)の時代に天山山脈東部にあった国。トルファン盆地に車師前国、その北方に車師後国があった。5世紀半ばころ滅亡。

しゃ-し【砂×嘴】▶さし(砂嘴)

しゃ-し【斜視】❶眼筋の異常により、一方の目が物を直視しているとき、他方の目が別方向を向いている状態。斜眼。やぶにらみ。❷横目で見ること。流し目を使うこと。「竊(ひそ)かにベンタドアを—す」〈織田訳・花柳春話〉

しゃ-し【×奢×侈】〔名・形動〕度を過ぎてぜいたくなこと。身分不相応に金を費やすこと。また、そのさま。「—に流れる」「—な生活」(類語)贅沢(ぜいたく)・おごり・贅・驕奢(きょうしゃ)・豪奢(ごうしゃ)・豪勢・華奢(かしゃ)・驕侈(きょうし)

シャシ〖chassis〗▶シャーシー

しゃ-じ【写字】文字を書き写すこと。

しゃ-じ【社寺】神社と仏寺。寺社。

しゃじ【×匙】「さじ」の音変化。「お—で食べる」

しゃ-じ【謝辞】❶感謝の意を表す言葉。「来賓への—」❷非をわびる言葉。「被害者に—を述べる」(類語)礼・お礼・謝意

じゃ-し【邪×侈】よこしまな心を持ち、おごりたかぶること。

じゃ-し【邪視】❶物事を正面からとらえないで、ねじけて見ること。❷《evil eye》にらむだけで他人に害を与えたり不幸をもたらしたりするといわれる人の気味の悪い目つき。悪魔の目。

シャシー〖chassis〗▶シャーシー

ジャジー〖jazzy〗〔形動〕ジャズ音楽を思わせるさま。ジャズ風の。「—なサウンド」

しゃ-じく【車軸】ヂク ❶車両の車輪を取り付けるための軸。車輪の軸。心棒。❷雨脚が車の心棒ほど太い雨。また、大雨の降ること。「七日七夜の大風—ののち」〈浮・新可笑記・三〉

車軸を流・す 車軸のような太い雨脚の雨が降る。大雨の降るようすをいう。車軸を降らす。車軸をくだす。「雨—・すがごとく切子かな/万太郎」

しゃじく-そう【車軸草】シャヂクサウ マメ科の多年草。本州中部の高原に生え、茎は高さ約30センチ。葉は手のひら状の複葉で、5枚の小葉からなる。夏から秋に、茎の先に淡紅紫色の小花を扇形に並べてつける。

しゃじく-も【車軸藻】シャヂク シャジクモ植物の総称。

しゃじくも-しょくぶつ【車軸藻植物】シャヂク 藻類の一群。淡水に産する。外形はスギナに似て、茎状部にある節から枝が放射状に伸びる。緑藻植物に含めて分類されることもある。輪藻(りんそう)類。

しゃじ-じょうち【社寺上地】ジャウチ 明治4年(1871)明治政府が境内以外の神社・寺院の朱印地・除地をすべて返納させたこと。また、その土地。

しゃし-ぜい【×奢×侈税】ぜいたくの範囲と認められる物品・サービスに課せられる間接税。

しゃじ-せい【写字生】❶写字を職とする人。❷明治初年の大学校などの書記で、公文や書史を書き写した判任官。

しゃ-しつ【車室】電車・列車の客室。「比較的込み合わない—の一隅に」〈漱石・明暗〉

しゃ-じつ【写実】〔名〕スル 物事をありのままに描写すること。「現代風俗を克明に—する」

しゃ-じつ【社日】「しゃにち(社日)」に同じ。「—には来歳の農を無事にと云って」〈蒙求抄・五〉

しゃ-じつ【斜日】西に傾いた太陽。夕日。入り日。また、その時刻。斜陽。

しゃじつ-しゅぎ【写実主義】現実をあるがままに再現しようとする芸術上の立場。特に、ロマン主義への反動として、19世紀中ごろにフランスを中心として興った思潮をさす。文学ではフロベール、絵画ではクールベなどが代表的。リアリズム。

しゃじつ-しょうせつ【写実小説】セウセツ 写実主義の立場によって書かれた小説。

しゃじつ-てき【写実的】〔形動〕現実を、主観をまじえずありのままに表現しようとするさま。リアリスティック。「—な筆致」

しゃ-しゃ【×洒×洒】〔ト・タル〕〔文〕〔形動タリ〕❶あっさりして、こだわりのないさま。「故意(わざ)と—とした顔つきを扮(よそお)って」〈里見弴・多情仏心〉❷さっぱりして、こぎれいなさま。「—たる広告画が目につく」〈荷風・ふらんす物語〉

じゃじゃ-うま【じゃじゃ馬】❶人になかなか慣れないあばれ馬。❷性質が激しく、わがままで好き勝手に振る舞う女性。「—娘」

しゃ-しゃく【車借】中世、京都周辺で、荷車を用いて物資を輸送した運送業者。⇒馬借(ばしゃく)

じゃじゃ-ば・る【じゃじゃ張る】〔動ラ五(四)〕他人の意見を聞き入れないで、だだをこねる。「帰る帰ると—・れども」〈逍遥・当世書生気質〉

しゃしゃ-らくらく【×洒×洒落落】〔ト・タル〕〔文〕〔形動タリ〕性質や言動がさっぱりして、物事にこだわらないさま。「—として愛すべく尊ぶべき少女であって見れば」〈二葉亭・浮雲〉

しゃしゃり-でる【しゃしゃり出る】〔動ダ下一〕厚かましくでしゃばる。「—・でて、あれこれ言う」
(類語)出過ぎる・出しゃばる・差し出る・口を出す

しゃしゃんぼ【南=燭】ツツジ科の常緑小高木。初夏、壺形の白色の小花を総状につける。果実は球形で小さく、黒紫色に熟し、食用。わくらは。さしぶ。ささんぼう。

しゃ-しゅ【×叉手】❶仏教で、合掌に次ぐ礼法。礼拝のとき、握った右手を左手でおおい、またはその逆をし、胸に当てる。❷両手の指と指を組み合わせること。「—してじっしりと落ち着き」〈洒・里靍風語〉

しゃ-しゅ【社主】会社・結社の持ち主や代表者。

しゃ-しゅ【車首】自動車の前部。

しゃ-しゅ【車種】自動車・鉄道車両などの、用途や型などで分けた種類。「新型—の発表」

しゃ-しゅ【射手】❶弓を射る人。いて。❷銃を撃つ人。射撃手。

しゃ-しゅ【謝酒】朝廷の饗宴で、群臣が酒杯を賜ることを感謝し、再拝して酒杯を受ける作法。しゃす。

じゃ-しゅう【邪宗】❶人心を惑わす、有害な宗教。邪教。❷江戸時代、キリシタン宗をさしていう。邪宗門。⇒キリシタン (類語)異教・邪教・邪法・外道

じゃ-しゅう【邪執】ジフ 正しくない執着心。邪念。「—を対治し、異見を掃蕩するの勧め」〈太平記・二四〉

じゃしゅう-もん【邪宗門】「邪宗❷」に同じ。

じゃしゅうもん【邪宗門】北原白秋の第1詩集。明治42年(1909)刊。官能的で異国情緒にあふれた象徴詩を収める。

しゃ-しゅつ【写出】〔名〕スル 文章で描写し、表現すること。「強いて有る可からざるの人情を—するの類に

非らず」〈織田訳・花柳春話附録〉

しゃ-しゅつ【射出】〔名〕スル ❶矢・弾丸などをうち出すこと。発射。❷水などを、細い口から勢いよく噴き出させること。また、噴き出すこと。「型の中にプラスチックを一する」❸中央の一点から諸方向にまっすぐ出ること。放射。「光線が一する」

しゃ-しゅつ【×瀉出】〔名〕スル 流れ出ること。流し出すこと。「汚水を一す」〈村田文夫・西洋聞見録〉

しゃ-じゅつ【射術】弓で矢を射る技術。弓術。

じゃ-じゅつ【邪術】❶不正な方法。また、幻術。魔法。❷人類学などで、呪術の一分類。意図的に他人に災いを及ぼすためのまじない。

しゃしゅつ-き【射出機】▶カタパルト

しゃしゅつ-ずい【射出髄】植物の、放射組織。

しゃしゅつ-せいけい【射出成型】プラスチック成型法の一。主に熱可塑性樹脂に用い、加熱により流動化したプラスチックを冷たい金型内に射出して成型する。

しゃしゅつ-どう【射出瞳】《exit pupil》カメラのレンズなどの光学系における、接眼部を通過した光束の太さ。絞りよりも後方にあるレンズが作り出す、開口絞りの像の大きさのこと。しゃしゅつひとみ。

しゃしゅつ-ひとみ【射出瞳】▶しゃしゅつどう(射出瞳)

しゃ-しょ【赦書】赦免の書状。赦状。

しゃ-しょう【写象】《ド Vorstellung》心に浮かんでくる具象的な考え。知覚に基づいて意識にあらわれる客観的内容。表象。

しゃ-しょう【写照】実際の姿や形を写しとること。また、写しとったもの。肖像画。

しゃ-しょう【社章】会社・結社の記章や紋章。

しゃ-しょう【社掌】旧制で、神職の職名。府県社・郷社で社司の下に属し、村社・無格社では祭祀をつかさどり、庶務を管理した。

しゃ-しょう【車掌】電車・汽車・バスなどに乗って、旅客・荷物などの車内の事務を取り扱う者。

しゃ-しょう【捨象】〔名〕スル 事物または表象からある要素・側面・性質を抽象するとき、他の要素・側面・性質を度外視すること。➡抽象

しゃ-しょう【遮障】〔名〕スル さえぎって、進むのを妨げること。「些々たる資格の一する所となりて」〈雪嶺・偽悪醜日本人〉

しゃ-じょう【写場】写真を撮影する設備のある場所。また、写真館。フォトスタジオ。

しゃ-じょう【車上】車の上。また、車に乗っていること。「一の人となる」

しゃ-じょう【車乗】《「乗」も車の意》くるま。車両。また、車に乗ること。「諸の金銀及び象馬一等の宝を以て」〈今昔・一・一〉

しゃ-じょう【射場】❶弓を射る場所。矢場。弓場。いば。❷鉄砲の射撃を行う場所。射撃場。

しゃ-じょう【赦状】❶刑罰を許すことを記した書状。赦免状。赦書。❷大赦・特赦を命じる書状。

しゃ-じょう【謝状】❶謝礼の書状。感謝を述べる手紙。礼状。❷わびを述べた手紙。わび状。

じゃ-しょう【邪正】よこしまなことと正しいこと。不正と正。悪と善。正邪。「政を正して一を教へ」〈太平記・四〇〉

しゃじょう-あらし【車上荒(ら)し】駐車中の自動車から金品を盗むこと。

じゃしょう-いちにょ【邪正一如】仏語。邪と正とはもとを正せば一つの心から出ていて、結局同一のものであるということ。善悪不二。

しゃ-しょく【写植】「写真植字」の略。

しゃ-しょく【社×稷】❶古代中国で、天子や諸侯が祭った土地の神(社)と五穀の神(稷)。❷朝廷または国家。「一の危機」❸朝廷または国家の尊崇する神。「宗廟一の神の照らさせ給ふやうを」〈愚管抄・七〉

社稷墟となる 《「淮南子」人間訓から》社稷が祭られず、祭場が荒地になる。国家が滅びる。

しゃ-しょく【×赭色】赤褐色。あかつち色。

しゃしょく-の-しん【社×稷の臣】《「礼記」檀弓下から》国家の危急存亡のとき、その危難を一身に引き受けて、事に当たる臣。国家の重臣。

シャシリック〘ロシア shashlïk〙ロシア料理の一。羊肉の串焼き。

しゃ-しん【写真】❶光・放射線・粒子線などのエネルギーを用い、視覚的に識別できる画像として記録すること。また、それによって記録したもの。一般には スチールカメラで写した映像のことで、被写体の像をレンズを通して感光材料(フィルム)の上に固定した画像や、デジタルカメラで撮影してメモリーに記録した画像データのことをいう。またさらに、そのフィルムやデータを使って印画紙に焼き付けたり印刷物にしたり、デジタルデータの場合は、ディスプレーなどで表示したりした画像のこと。❷ありのままを写しとること。写実。「文章を綴るに当たりて…一を本意として綴らんは非なり」〈逍遥・小説神髄〉❸《「活動写真」の略》映画。類語(❶)印画・光画・陽画・陰画・フォトグラフ

しゃ-しん【捨身】❶供養や衆生救済などのために、自分の身を捨てること。「一成道」❷修行または供養のため、俗界の欲望を捨てて仏門に入ること。出家。

しゃ-じん【▽沙▽参】ツリガネニンジンの別名。

しゃ-じん【社人】▶しゃにん(社人)

しゃ-じん【舎人】❶召使い。家来。家人。❷「とねり(舎人)」を音読みにした語。

しゃ-じん【砂仁】ハナミョウガなどの種子塊。漢方で健胃薬などに用いる。縮砂。

しゃ-じん【砂塵・▽沙塵】▶さじん(砂塵)

じゃ-しん【邪心】よこしまな心。悪心。

じゃ-しん【邪神】邪悪な神。悪神。「悪鬼一」

じゃ-しん【蛇心】蛇のように執念深くて陰険な心。

じゃ-しん【蛇身】蛇のからだ。蛇体。

しゃしん-うつり【写真写り】写真に撮ったときの写りぐあい。「一のよい顔」

しゃしん-おうじょう【捨身往生】入水・焼身などにより、生命を投げ出すことを功徳として、極楽浄土に生まれかわろうとすること。

しゃしん-おうはん【写真凹版】▶グラビア

しゃしん-おり【写真織(り)】縦糸に白、横糸に白または黒を用いて、織り目の濃淡で風景・人物・花鳥などを写真のように織り出した紋織物。皿敷き・壁掛けなどにする。

しゃしん-か【写真家】報道・芸術などのための、写真を撮ることを専門または趣味とする人。

しゃしん-かん【写真館】記念写真・証明書用写真などの撮影をするスタジオをもつ店。

しゃじん-かん【舎人監】▶とねりのつかさ

しゃしん-かんぱん【写真乾板】▶乾板

しゃしん-き【写真機】写真を撮影するための光学器械。一般に、レンズ・シャッター・絞りなどと、フィルムなどを入れる暗箱部分からなる。デジタルカメラでは、フィルムの代わりにCCDなどのイメージセンサーが置かれる。カメラ。

しゃしん-きょう【写真鏡】❶写真機の古称。❷レンズを通して、すりガラスに映像を結ばせるようにした暗箱。天体観測や絵を描くために用いられた。

しゃしん-くよう【捨身供養】仏道修行のために、わが身を捨てて供養すること。

しゃしん-じゅつ【写真術】写真に関する撮影・作製などの方法、または技術。

しゃしん-じょうどう【捨身成道】身命をなげうって成仏・得道すること。

しゃしん-しょくじ【写真植字】活字を使わずに、文字・数字・記号などを植字し、印画紙やフィルムに撮影して文字組版を作ること。写植。

しゃしんしょくじ-き【写真植字機】写真植字のための機械。ネガまたはポジに作られた文字盤から文字を選び出し、1字ずつ写真操作によってフィルムや印画紙上に感光させ、印刷の版下を作る。レンズにより拡大・縮小・変形ができる。

しゃしん-せいはん【写真製版】写真を応用して印刷用の版を製作する方法。文字・絵画などの原稿を撮影してネガまたはポジを作り、感光性のある版材に焼き付け、凸版・平版・凹版・グラビア版などを作る。

しゃしん-そくりょう【写真測量】撮影した写真から、対象物の位置・大きさ・形状などを判定・測量すること。空中写真測量・地上写真測量などがある。

しゃしん-ぞめ【写真染(め)】感光性の薬剤を塗布した布に光学的方法で画像を写し、そのまま、または他の薬剤を用いて発色させて染色する方法。

しゃしん-たて【写真立て】写真を入れて、机の上などに立てて飾るための額縁。フォトフレーム。

しゃしん-ちょう【写真帳】写真をはっておくための帳面。アルバム。

しゃしん-でんそう【写真電送】写真・絵画などを電気信号に変えて遠方に電送し、受信側でこれを組み立て、原図どおりの像をフィルムまたは印画紙上に焼きつけること。

しゃしん-てんちょうとう【写真天頂筒】天頂付近を通過する恒星を写真によって観測し、時刻と緯度を測定する特殊な望遠鏡。筒は鉛直に固定してあり、水平に180度回転できるレンズ・水銀反射盤・写真乾板からなる。

しゃしん-でんぽう【写真電報】写真電送によって写真・書画・文章などを遠隔地に送り、これを再現する仕組みの電報。

しゃしん-とうきゅう【写真等級】写真乾板に撮影した星の黒さを調べて光の強さを知り、等級に換算したもの。写真は肉眼より青色の方に強く感じるので、星の色によって実視等級と異なる値になる。

しゃしん-どうばん【写真銅版】銅板を版材とした写真製版。

しゃしん-とっぱん【写真凸版】写真版の一。銅板・亜鉛板などに感光材を塗布し、これに影像を焼きつけ、酸で腐食させて作る凸版。

しゃしん-にゅうざい【写真乳剤】▶感光乳剤

しゃしん-の-ぎょう【捨身の行】報恩・得果のため、身体を犠牲にして仏道を求める修行。

しゃしん-ばん【写真版】写真製版で作った印刷版。通常は原稿の濃淡を網点の多少で表した網目版をいう。

しゃしん-はんてい【写真判定】競技、特に競馬・競輪などで、スリットカメラで撮影した写真を用いて勝負の判定をすること。

じゃしん-ぶっこう【蛇心仏口】執念深く陰険な心を持ちながら、口先だけは仏のように親切なこと。

しゃしん-へいはん【写真平版】写真製版によって製版した平版。プロセス平版。

しゃしん-レンズ【写真レンズ】写真撮影に用いるレンズ。普通、収差を補正するために数枚のレンズを組み合わせてある。画角と焦点距離とにより標準・望遠・広角・魚眼などの別がある。

しゃ-す【謝す】㊀〔動サ五〕「しゃ(謝)する」(サ変)の五段化。「非礼を一・そうとしない」㊁〔動サ変〕「しゃ(謝)する」の文語形。

ジャス〘JAS〙《Japanese Agricultural Standard》日本農林規格。昭和25年(1950)制定の「農林物資の規格化及び品質表示の適正化に関する法律」(JAS法)に基づき、農林物資の品質の改善、取引の単純公正化、生産・消費の合理化を図って制定された規格。一般JAS規格・特定JAS規格・有機JAS規格・生産情報公表JAS規格などがある。該当するものにはジャスマークが標示できる。JAS規格。

▷ **JASマークの種類**

▨JASマーク：品位・成分・性能など、品質についての一般JAS規格を満たす食品や林産物につけるマーク。品質によって「特級」「上級」「標準」の等級を示すことができるものもある。

▨特定JASマーク：特別な生産・製造方法についての特定JAS規格を満たす食品などにつけるマーク。熟成ハム・ソーセージ、手延べ干し麺、地鶏肉などが対象。

▨有機JASマーク：禁止された農薬・化学肥料を使用しない、有機飼料を与える、食品添加物の使用を

控えるなどの有機JAS規格を満たす農作物・畜産物・加工食品などにつけるマーク。
▨生産情報公表JASマーク：生産情報公表JAS規格を満たす方法で、給餌や動物用医薬品の投与などの情報が公表されている牛肉や豚肉、原材料や製造過程などの情報が公表されている加工食品（豆腐など）につけるマーク。
▨定温管理流通JASマーク：製造から販売までの流通行程を一貫して一定温度を保って流通させる加工食品（弁当類）につけるマーク。

ジャス〖JAS〗《Japan-America Society》日米協会。日米両国間の相互理解を深め、友好関係を促進していくために設立された団体。大正6年（1917）創立。

ジャズ〖jazz〗19世紀末から20世紀にかけて、米国南部で黒人の民俗音楽と白人のヨーロッパ音楽とが融合してできた音楽。オフビートの独特のリズム感、即興演奏などが特徴。ディキシーランドジャズ・スイングジャズ・モダンジャズ・フリージャズなどさまざまなスタイルがある。

しゃ-すい【×灑水｜×洒水】《水を注ぐ意》密教で、加持した香水(こうずい)を注いで煩悩(ぼんのう)・垢穢(くえ)を除く、きよめの儀礼。また、その香水。

じゃ-すい【邪推】〔名〕(スル) 他人の心意を悪く推量すること。ひがんで、自分に悪意をもっていると疑ってかかること。「妻の行動を―する」
(類語)憶測・悪推量(わるずいりょう)・思い過ごし・勘ぐる

しゃすい-き【×灑水器】仏具の一。灑水に用いる香水を入れた器。

じゃすい-ぶか・い【邪推深い】〔形〕図じゃすいぶか・し〔ク〕邪推の念が深い。「―・く詮索する」

しゃず-き【写図器】(シャズ キ)►パンタグラフ❷

ジャス-きかく【JAS規格】►ジャス（JAS）

ジャズ-きっさ【ジャズ喫茶】ジャズを聞きながら飲食を楽しむ喫茶店。生演奏のできるスペースを備える店もある。

ジャズ-スポット〖jazz spot〗生演奏によるジャズ音楽を聞かせることを目的とした飲食店。

ジヤスターゼ〖(ドイツ) Diastase〗►ジアスターゼ

ジャスダック〖JASDAQ〗㊀大阪証券取引所が運営する新興企業向け証券市場。昭和51年（1976）に日本店頭証券株式会社として設立。店頭市場として未上場の株式を扱った。平成13年（2001）株式会社ジャスダックに改称、同16年に証券取引所免許を取得して株式会社ジャスダック証券取引所となる。22年に大阪証券取引所に吸収合併されヘラクレス㊂やNEOと市場統合を行った。JQ。㊁「ジャスダック証券取引所」の略称。㊂《Japan Securities Dealers Association Quotation System》㊀の前身である日本店頭証券株式会社や株式会社ジャスダックが運用していた、株式店頭市場売買システム。平成3年（1991）に導入、同13年に新JASDAQシステムに移行。➡ナスダック

ジャスダック-しょうけんとりひきじょ【ジャスダック証券取引所】《Jasdaq Securities Exchange, Inc.》ジャスダック㊀の前身である証券取引所。平成22年（2010）に大阪証券取引所に吸収合併された。

ジャスダック-ネオ〖JASDAQ NEO〗►ネオ（NEO）

シャスタ-デージー〖Shasta daisy〗キク科の多年草。米国で作られた園芸品種。高さ60～90センチ。夏、中央が黄色で周囲が白い頭状花をつける。

ジャズ-ダンス〖jazz dance〗ジャズのリズムに合わせて踊るダンス。日本では、昭和50年代から普及。

ジャスティス〖justice〗❶正義。公正。❷裁判。

ジャスティファイ〖justify〗〔名〕(スル) 正当化すること。「自己の行為を―する」

ジャスティフィケーション〖justification〗►均等割り付け

ジャスト〖just〗ちょうど。きっかり。「一二時―」(類語)丁度・きっかり・かっきり・きっちり・ぴったり・ちょっきり

ジャストインタイム-ほうしき【ジャストインタイム方式】(ハウシキ)《just-in-time system》生産時の無駄を排除することで、必要なときに必要なものを必要なだけ生産する方式。現在ではポス（POS）システムを利用する流通業者にも応用されている。➡ポス（POS）

ジャスト-サイズ《和 just＋size》ちょうどいい寸法・容量であること。特に、衣服が身体にぴたりと合う大きさであること。「4人家族に―のマンション」「若いころは―だったデニム」

ジャスト-フィット〖just fit〗ぴったり合うこと。また、その様子。

ジャストプロ〖JASTPRO〗《Japan Association for Simplification of International Trade Procedures》日本貿易関係手続簡易化協会。貿易手続と書類作成処理の合理化のため設立された財団法人。昭和49年（1974）設立。本部は東京都中央区。

ジャスト-ミート〔名〕(スル)《和 just＋meet》タイミングよく、物事の中心をとらえること。特に、野球で、投球に対して打者がバットの芯(しん)で球の中心をとらえ打つこと。「速球を―して外野席まで運ぶ」

ジャスパー〖jasper〗►碧玉(へきぎょく)

ジャスパー〖Jasper〗カナダ、アルバータ州西部の町。ジャスパー国立公園内にあり、カナディアンロッキーの観光拠点として知られる。

ジャスパー-こくりつこうえん【ジャスパー国立公園】(コクリツコウヱン)《Jasper National Park》カナダ、アルバータ州西部にある同国最大の国立公園。カナディアンロッキー最大の氷河湖、マリーン湖やイデスキャベル山のエンジェル氷河などがある。1984年、周辺の国立・州立公園などとともに、「カナディアンロッキー山脈自然公園群」の名で世界遺産（自然遺産）に登録。

ジャズ-バンド〖jazz band〗ジャズを演奏するために編成された楽団。

ジャス-ほう【JAS法】(ハフ)《「農林物資の規格化及び品質表示の適正化に関する法律」の通称》農林物資の品質の改善、取引の単純公正化、生産・消費の合理化を図り、農林物資の品質に関する適正な表示を定めた法律。昭和25年（1950）成立。飲食料品が一定の品質であることや特別な生産方法で作られていることを保証するJAS規格制度と、原材料・原産地など品質に関する一定の表示を義務付ける品質表示基準制度とからなる。品質表示義務は平成11年（1999）の法改正で定められた。➡食品表示

ジャス-マーク〖JAS mark〗品位・成分・性能など、品質についての一般JAS規格を満たす食品や林産物につける印。➡ジャス（JAS）

ジャスミン〖jasmine〗❶モクセイ科ジャスミン属の植物の総称。低木状・蔓(つる)状のものが多く、200種ほどあり、亜熱帯・熱帯地方に多い。花は白・黄色のものが多く、夏に咲き、筒形で香りがある。ソケイ・マツリカ・オウバイなど。(季 夏) ❷ジャスミン属植物の花から抽出した香油。

ジャスミン-ちゃ【ジャスミン茶】中国の緑茶に乾燥させたジャスミン（茉莉花(まつりか)）の花を混ぜた茶。湯を注ぐと芳香が漂う。

ジャスミン-ティー〖jasmine tea〗►ジャスミン茶

ジャズメン〖jazzmen〗ジャズの演奏家。

ジャスラック〖JASRAC〗《Japanese Society for Rights of Authors, Composers and Publishers》日本および海外の音楽について、作詞者・作曲者・音楽出版者が持つ音楽著作権を管理する団体。昭和14年（1939）設立。日本音楽著作権協会。

しゃ・する【謝する】〔動サ変〕図しゃ・す〔サ変〕《古くは「じゃする」とも》❶あやまる。わびる。「失礼を―・する」❷感謝する。礼を言う。「厚意に―・する」❸ことわる。謝絶する。「申し出を―・する」❹いとまごいをして立ち去る。辞去する。「恩師のもとを―・する」❺とり除く。払い落とす。「亡魂の恨みを―・すべし」〈太平記・一一〉(類語)断る・謝る・わびる・陳謝・多謝

しゃ・する【×瀉する】〔動サ変〕図しゃ・す〔サ変〕くだる。下痢をする。また、食物などを吐き出す。「腹冷え―・すること水の如し」〈新聞雑誌三七〉

しゃ-ぜ【社是】会社や結社の経営上の方針・主張。また、それを表す言葉。

しゃ-せい【写生】〔名〕(スル) 景色や事物のありさまを見たままに写し取ること。絵のほかに、短歌・俳句・文章についてもいう。スケッチ。「梅の花を―する」「―旅行」(類語)スケッチ・写す・描(えが)く・描(か)く・描写・模写・素描・寸描・活写・直写

しゃ-せい【射精】〔名〕(スル) 性的興奮が最高に達したとき、男性性器から精液が射出されること。

じゃ-せい【邪正】►じゃしょう（邪正）

じゃ-せい【蛇性】蛇の性質。蛇のような性質。

しゃせい-が【写生画】(グワ) 目前の実物・実景を写生した絵。スケッチ。

しゃせい-かん【射精管】(クワン) 男性性器の一部で、精液を射出する管。前立腺内を通る、精管末端の細く短い部分。

しゃせい-せつ【写生説】正岡子規の唱えた俳句・短歌の方法論。絵画の理論を移入し、実物・実景をありのままに具象的に写し取ること。子規以後、俳句では河東碧梧桐(かわひがしへきごとう)・高浜虚子ら、短歌では伊藤左千夫・長塚節(ながつかたかし)・斎藤茂吉らによって理論的追求が行われ、散文では写生文として適応された。

しゃせい-ぶん【写生文】正岡子規の写生説に基づいて書かれた散文。高浜虚子・伊藤左千夫・長塚節(ながつかたかし)・夏目漱石・寺田寅彦(てらだとらひこ)らにより、小説・随筆などに生かされた。

しゃ-せき【砂石｜▽沙石】砂や小石。させき。「大風―ヲ飛バス」〈和英語林集成〉

しゃ-せき【×赭石】土状の赤鉄鉱。精製して深紅色の顔料として用いる。中国山西省代県に産するものが有名なので、代赭石(たいしゃせき)ともいう。

しゃ-せき【謝石】[327～388]中国、東晋の武将。陽夏（河南省）の人。謝安の弟。字(あざな)は石奴。征討大都督として、383年の淝水(ひすい)の戦いで甥の謝玄とともに前秦の苻堅(ふけん)の大軍を壊滅させた。

しゃせきしゅう【沙石集】(シャセキシフ) 鎌倉時代の仏教説話集。10巻。無住一円著。弘安6年（1283）成立。霊験談・高僧伝のほか、文芸談・笑話も収録。仏教思想史上だけでなく、国文学上も貴重。させきしゅう。

しゃ-せつ【社説】新聞・雑誌などで、その社の責任ある意見および主張として載せる論説。

しゃ-ぜつ【謝絶】〔名〕(スル) 相手の申し入れを断ること。「要求を―する」「面会―」
(類語)辞退・固辞・拒絶・拒否・遠慮・一蹴・拝辞・峻拒(しゅんきょ)

じゃ-せつ【邪説】有害で正しくない説。異端の説。

ジャセット〖JACET〗《Japan Association of College English Teachers》大学英語教育学会。語学教育研究所の大学部会を前身とし昭和37年（1962）発足。英語教育の改善と発展を目的とする。

しゃ-せん【社線】民間の会社が経営する鉄道・バスなどの路線。会社線。

しゃ-せん【車線】自動車走行用に、道路上に車1台分の幅で作られた区分。「片側二―の道」「―変更」

しゃ-せん【射線】射撃を行う際の、銃砲身の軸の延長線。

しゃ-せん【斜線】ななめになっている線。一つの直線または平面に、ななめに交わる直線。

しゃ-ぜん【×洒然】〔ト・タル〕図〔形動タリ〕あっさりしていて、物事にこだわらないさま。「父はそう言ったなり―としていた」〈漱石・行人〉

しゃぜん-し【車前子】オオバコの種子。漢方で消炎・利尿・鎮咳(ちんがい)剤などに用いる。

しゃせん-せいげん【斜線制限】都市計画区域内で、建物の高さを制限する規定の一。建物の凸部と、前面道路の反対側の境界線とを斜めに結ぶ線が、一定の勾配(こうばい)以下であることを規定する。勾配は通例1.5。

しゃぜん-そう【車前草】(サウ) オオバコの別名。

しゃ-そ【社×鼠】人がみだりに手を出すことのできない神殿に巣くうネズミ。君側の奸臣(かんしん)をたとえていう語。「城狐(じょうこ)―」

しゃ-そう【社倉】(サウ) 中国で、凶作・端境期に備えて、官民共同管理で社（集落）に設けた穀物倉庫。隋の文帝が各社に置かせた義倉に始まる。明代にはベト

ナム・朝鮮・日本にも導入され、江戸時代に広島・岡山などの諸藩で実施された。

しゃ-そう【社葬】会社が施主として行う葬儀。

しゃ-そう【社僧】神仏習合の時代に、神宮寺にいて仏事をつかさどった僧。別当・検校・勾当などの階級があり、神職の上位にいて権力を振るったこともある。奈良末期に始まり、明治元年(1868)廃止。宮僧。

しゃ-そう【社×叢】神社の森。

しゃ-そう【車窓】列車・電車・自動車などの窓。

しゃ-そう【×莎草】❶ハマスゲの漢名。❷カヤツリグサの別名。

しゃ-ぞう【写像】❶対象物をあるがままに写して描き出すこと。「人生の精確なる―ということを」〈抱月・文芸上の自然主義〉❷物体から出た光線が鏡やレンズなどによって反射または屈折されたのち、集合して再びつくられる像。❸数学で、二つの集合A、Bがあって、Aの各要素aにBの一つの要素bを対応させる規則fをAからBへの写像といい、$f:a \to b$と書く。

しゃ-そうり【斜層理】▶クロスラミナ

しゃ-そく【社則】会社の規則。

ジャタ〖JATA〗《Japan Association of Travel Agents》日本旅行業協会。昭和34年(1959)国際旅行業者協会として発足、同50年改称。

ジャタ〖JATA〗《Japan Anti-Tuberculosis Association》▶結核予防会

しゃ-たい【車体】車台の上にあって乗客や荷物をのせる部分。また、車の外形全体。ボディー。
(類語)車台・車両・車・ボディー・シャーシー

しゃ-たい【斜体】❶欧文活字で、左右いずれかに傾斜した書体。イタリック・スクリプトなど。❷写真植字などで、正体に対し、右肩上がりや左肩上がりに変形させた書体。

しゃ-だい【車台】❶汽車や電車・自動車などの車体を支えている鉄製の台枠。シャーシー。❷車両の数。「辻待ちの馬車も自動車も、働く―が少なくて」〈佐藤春夫・晶子曼陀羅〉

じゃ-たい【蛇体】蛇のからだ。蛇の姿・形。

しゃたい-こうこく【車体広告】バスや電車、タクシーなどの車体に描かれた広告。➡ラッピング広告

しゃだい-ばんごう【車台番号】自動車・原動機付自転車の車台に刻印される、その車両固有の番号。所有者が変わっても、その車が解体されるまで番号は変わらない。フレームナンバー。

しゃ-たく【社宅】社員やその家族を住まわせるために、会社が所有し管理する住宅。
(類語)寄宿舎・宿舎・寮・独身寮・官舎・飯場・学寮

しゃ-たく【舎宅】住居としての建物。家。「夫婦と名づけ、―を構へて共に住みき」〈神皇正統記・序〉

しゃ-だつ【×洒脱】〔名・形動〕俗気がなく、さっぱりしていること。あかぬけしていること。また、そのさま。「―な人柄」「軽妙―」(派生)しゃだつさ〔名〕
(類語)洒楽・軽妙・飄逸・飄飄・粋

じゃ-だま【蛇▽卵】チオシアン酸水銀を固めたもの。点火すると分解して容積を増し、炎と煙の中から褐色の灰が蛇のようにうねり出てくる。「ファラオの蛇」ともよばれ、花火に利用される。

しゃ-だん【社団】❶一定の目的をもった人の集団で、団体としての組織をもち、社会上1個の単一体として存在するもの。➡財団 ❷「社団法人」の略。

しゃ-だん【社壇】❶神を祭ってある所。社殿。❷中国で、土地の神を祭る祭壇として土を盛り、上を平らにした所。

しゃ-だん【遮断】〔名〕スル 流れをさえぎり止めること。さえぎって、他の動き・作用などが及ばないようにすること。「交通を―する」「外部の騒音を―する」(類語)遮蔽・閉鎖・封鎖・閉塞・塞ぐ

しゃだん-き【遮断器】電気回路を開閉し、電流を遮断する装置。回路を流れている通常の電流を遮断したり、事故・故障で生じる過大な電流を自動的に遮断するために使用する。サーキットブレーカー。CB(circuit breaker)。

しゃだん-き【遮断機】踏切で、列車の通過時に人や車などの交通を遮断する設備。

しゃ-だんそう【斜断層】まわりの地層の走向と斜交する走向の断層。

しゃだん-ほう【遮断法】文章の表現技法の一。感情が高揚したことを表すため、文を中断する手法。

しゃだん-ほうじん【社団法人】一定の目的をもった人の集団(社団)で、権利・義務の主体となることができる法律上の資格(法人格)を認められたもの。一定の要件を満たすことで設立できる一般社団法人、公益法人として認定を受けた公益社団法人、営利を目的とする営利社団法人がある。➡財団法人

しゃ-ち【社地】神社の領有する地域。神域。

しゃ-ち【車地】重い物を引っ張ったり持ち上げたりするために、綱をかけて巻き上げる大きな轆轤。絞車。車盤。

しゃち【×鯱】❶マイルカ科の哺乳類。体長約7メートルのハクジラ。背は黒、腹は白色。雄の背びれは大きく、直立する。性質は獰猛で、イカ・魚類のほかアザラシ・アシカ・イルカ類、時には群れで鯨などを襲う。さかまた。❷「しゃちほこ」の略。(補説)「鯱」は国字。

じゃ-ち【邪知|邪×智】悪事に働く知恵。悪知恵。奸知。「―にたける」

しゃち-がわら【×鯱瓦】「鯱瓦」に同じ。

しゃちこ-ば・る【×鯱張る】〔動ラ五(四)〕「しゃちほこばる」の音変化。「緊張して―・る」

しゃちばり-かえ・る【×鯱張り▽反る】〔動ラ四〕「鯱張る」に同じ。「血まぶれの剣ひっさげ、―・って帰りけり」〈浄・今国性爺〉

しゃち-ば・る【×鯱張る】〔動ラ四〕「しゃちほこばる」に同じ。「我等はあとにと―・って居た」〈浄・忠臣蔵〉

しゃち-ほこ【×鯱】❶想像上の、魚に似た海獣。頭は虎に似て背に鋭いとげがあり、尾は空に向かって反り返る。❷城などの屋根の大棟の両端につける❶をかたどった金属製・瓦製などの飾り物。火よけのまじないとされ、鴟尾が、後世、形を変えたものともいわれる。しゃち。(補説)「鯱」は国字。

しゃちほこ-が【×鯱×蛾|天=社×蛾】鱗翅目シャチホコガ科の昆虫。翅の開張が約5.5センチのガで暗茶褐色。まるみのある翅をもつ。幼虫は静止するときに体の両端を持ち上げ、しゃちほこのような姿勢をとる。食草は、クリ・コナラなど広葉樹の葉。

しゃちほこ-がわら【×鯱瓦】城郭・楼門などの棟飾りに用いるしゃちほこ形をした瓦。しゃちがわら。

しゃちほこ-だち【×鯱立ち】〔名〕スル ❶さかだち。しゃっちょこだち。❷全力を尽くすこと。しゃっちょこだち。「―しても追いつかない」

しゃちほこ-ば・る【×鯱張る】〔動ラ五(四)〕❶鯱のようにいかめしく構えた態度をとる。しゃちこばる。しゃっちょこばる。「―・って訓辞を垂れる」❷緊張してかたくなる。しゃちこばる。しゃっちょこばる。「―・ってお辞儀をする」

しゃち-まき【×鯱巻(き)】❶棒状のものに長いものを巻きつけて全体をぐるぐる巻きにすること。❷縮緬などを湯熨斗をして仕上げるときの工程で、蒸気を当てながら木の軸棒に布を巻きつけていくこと。

しゃ-ちゅう【社中】❶会社の建物のなか。また、会社の内部。社内。❷組合・結社などの仲間。❸邦楽などで、同門の仲間。

しゃ-ちゅう【車中】列車や自動車のなか。車内。「―一泊」

しゃちゅう-だん【車中談】政治家などが旅先の車中で記者などに発表する非公式の談話。

しゃ-ちょう【社長】会社の業務執行の最高責任者。会社代表の権限をもつ。(類語)社主・代表取締役・代表・取締役・経営者・CEO・COO

しゃ-ちょう【赦帳】江戸時代、寛永寺または増上寺で幕府が大法会を行うとき、受刑者の親類から両寺に赦免願いを提出し、両寺がその人名や申し出事項を記載して寺社奉行に提出した帳簿。赦免すべき者に対しては、法会の場に召し出して赦免した。

しゃ-ちょう【謝朓】[464～499]中国、南朝の斉の詩人。陽夏(河南省)の人。字は玄暉。宣城の太守であったので謝宣城とよばれ、同族の詩人である謝霊運に対して小謝ともよばれた。

しゃちょう-きょう【斜張橋】橋脚上に設けた塔からケーブルを斜めに張って橋桁をつった形式の橋。横浜ベイブリッジなど。

しゃ-ちょうせき【斜長石】長石の一。アルミニウム・カルシウム・ナトリウムなどを含む珪酸塩で、カルシウム・ナトリウム両主成分が種々の割合でまじった固溶体。灰長石・中性長石・曹長石など。ふつう白色の柱状結晶で双晶をなす。三斜晶系。たいていの岩石中に存在し、最も重要な造岩鉱物。

しゃちら-ごわ・い〔形〕《近世上方語》こわばってかたい。しゃちほこばっている。「―・い皮袴」〈浄・反魂香〉

しゃちら-さんぼう〔副〕手当たりしだい。めちゃくちゃに。「旦那の掛けも何もかも、―近づき中に痛手を負はせ」〈浄・氷の朔日〉

しゃっ〔接頭〕《「しゃ」の促音添加》接頭語「しゃ」を強めていう語。名詞に付いて、卑しめののしる意を表す。「―つら(面)」「―こうべ(頭)」

シャツ〖shirt〗❶西洋風の、上半身に着る肌着。❷肌着の上に着る西洋風の衣服。ワイシャツ・ポロシャツなど。(補説)「襯衣」とも書く。

しゃつ【▽奴】〔代〕三人称の人代名詞。第三者をののしっていう語。あいつ。きゃつ。やつ。「―ここへ引き寄せよ」〈平家・二〉

シャツ-ウエスト〖shirt waist〗形においても、裁断においても、男性のシャツと同じような女性用ブラウス。また、前がワイシャツ形になったワンピース。

しゃっ-か【借家】▶しゃくや(借家)

シャッカ〖Sciacca〗イタリア南部、シチリア島、シチリア自治州の町。同島南西部、地中海を望む高台の斜面に広がり、港がある。紀元前5世紀に古代ギリシャ人により温泉が開かれ、現在も温泉保養地として知られる。陶器の生産も盛ん。

じゃっ-か【弱化】〔名〕スル 勢力・強度などがしだいによわくなること。また、よわくすること。弱体化。「投手力が―する」

シャツ-ガーター〖shirt garter〗長めのシャツの袖をちょうどよい長さにするための留め具。両端が生地をはさむ金具になっている。

しゃっ-かい【釈解】解き明かすこと。解釈。

しゃっ-かく【尺角】断面が1尺(約30.3センチ)四方の材木。

しゃっ-かく【尺×蠖】シャクトリムシの別名。

尺蠖の屈めるは伸びんがため 《「易経」繋辞下から》将来の成功のために一時の不遇に耐えることのたとえ。

しゃっか-にん【借家人】▶しゃくやにん(借家人)

ジャッカル〖jackal〗イヌ科の哺乳類。オオカミに似るが、小形で口先が細く耳が大きい。体毛は赤褐色ないし黄褐色。夜、群れをなして死肉をあさる。タイからアフリカにかけて分布し、インドジャッカル・金色ジャッカルともいう。広義には、セグロジャッカルなどを含めた4種の総称。

しゃっ-かん【借款】政府や公的機関の国際的な長期資金の貸借。広義には民間借款も含む。

じゃっ-かん【若干】《「干」を「一」と「十」に分解して、一の若く十の若しの意から》はっきりしないが、それほど多くはない数量を表す。いくらか。少しばかり。多少。「―の金を借りる」「―問題がある」「―名」➡多少(用法)
(類語)幾らか・幾分・少し・少ない・ちょっと・なけなし

じゃっ-かん【弱冠】❶《「礼記」曲礼上の「二十を弱と曰ひて冠す」から》男子20歳のこと。❷年が若いこと。「―二七歳で代議士に当選した」
(類語)(❶)志学・破瓜・而立・不惑・知命・耳順・華甲・還暦・古希・致仕・喜寿・傘寿・米寿・卒寿・白寿・厄年/(❷)若年・弱齢・若少・年少・ヤング

しゃっかん-さい【借換債】《「かりかえさい」と

も》▶借換(かりかえ)公債

しゃっかん-ほう【尺貫法】シヤククワンハフ 日本古来の度量衡法。長さの単位を尺、容積の単位を升、質量の単位を貫とする。明治以降メートル法と併用されてきたが、昭和34年(1959)原則として廃止され、同41年以後メートル法に統一。➡メートル法 ➡国際単位系

しゃっ-き【×癪気】シヤクキ 癪(しゃく)の病気。しゃっけ。

じゃっ-き【×惹起】ジヤクキ〔名〕スル 事件・問題などをひきおこすこと。「独立問題が民族紛争を—する」
(類語)招く・もたらす・引き起こす・生む・将来・招来・誘発・誘起・解発

ジャッキ〖jack〗小さい力で重い物を垂直に持ち上げる機械装置。ねじ・歯車・油圧などを利用するもので、主に人力によって動かす。自動車修理や家屋の移転のときなどに使用する。扛重機(こうじゅうき)。

じゃっ-きゅう【若朽】ジヤクキウ《「老朽」からの造語》若いのに気力に欠け、役に立たないこと。また、その人。

しゃっきょう【石橋】シヤクケウ 謡曲。五番目物。寂昭法師が入唐して清涼山の石橋に行くと、童子が現れ、橋のいわれを語って消える。やがて、文殊菩薩(もんじゅぼさつ)に仕える獅子(しし)が現れて牡丹(ぼたん)の花に狂い舞う。

しゃっ-きょう【釈教】シヤクケウ ❶釈迦(しゃか)の教え。仏教のこと。❷和歌・連歌・俳諧で、仏教に関係のある題材を詠んだ歌や句。

しゃっきょう-か【釈教歌】シヤクケウ 仏教に関する和歌。また、仏教思想に基づいて詠まれた歌。勅撰集の部立てとしては、後拾遺集に釈教としてみえるのが最初で、千載集以後は1巻として独立する。

しゃっきょう-もの【石橋物】シヤクケウ 歌舞伎舞踊の一系統で、能の「石橋」に取材したもの。「相生獅子(あいおいじし)」「執着獅子(しゅうじゃくじし)」「連獅子」「鏡獅子」など。獅子物。

しゃっきり〔副〕スル ぴんと張っているさま。気持ち・態度・姿勢などがしっかりしているさま。「—(と)背筋を伸ばす」「もっと—しなさい」
(類語)確(しっか)り・しゃきっと・しゃんと

しゃっ-きん【借金】シヤクキン〔名〕スル ❶金銭を借りること。また、借りた金銭。借財。借銭。「—で首が回らない」「—を踏み倒す」「—して車を買う」❷(比喩的に)野球などのリーグ戦で、負けた数が勝った数を上回っているときの、その差。⇔貯金❷。
(類語)負債・借銭・借財・借款(しゃっかん)・クレジット・ローン
借金を質(しち)に置・く ❶借金しか質草にできないほど貧乏する。❷無理な金銭の工面をする。「欲しいとなれば—・いても買おうという骨董好きだ」

しゃっきん-とう【借金党】シヤクキンタウ ▶困民党(こんみんとう)

しゃっきん-とり【借金取り】シヤクキン 借金を取り立てに来ること。また、その人。

しゃっ-く【赤口】シヤク ▶しゃっこう(赤口)

じゃっ-く【×惹句】ジヤク 人の心をひきつける短い文句。特に広告文などで、誇張してうたい上げた文句。キャッチフレーズ。

ジャック〖jack〗❶トランプの絵札の一。廷臣または兵士を表すもの。❷電気を接続するための差し込み口。「ヘッドホン—」❸▶ジャッキ

ジャック-オ-ランタン〖jack-o'-lantern〗カボチャのちょうちん。ハロウィーンに、カボチャの中身をくり抜き、目・口・鼻をあけ、中にろうそくなどをともして子供が遊ぶもの。➡ハロウィーン

ジャッククール-きゅうでん【ジャッククール宮殿】《Palais Jacques-Cœur》フランス中部、シェル県の都市、ブールジュにあるゴシック様式の宮殿。15世紀にフランス中世の大商人、ジャック=クールが地中海貿易で財を成して築いた。

ジャックナイフ〖jackknife〗❶折り畳み式の大型ナイフ。海軍ナイフ。❷飛び込み競技で、からだをまっすぐに伸ばして踏み切り、空中で手先と足先を接近させるように身体を折り、再びまっすぐに伸ばす飛び込み方。えび型飛び込み。

ジャックナイフ-げんしょう【ジャックナイフ現象】ゲンシヤウ トレーラー式のトラックやバスなどで、急激なハンドル操作をしたときに後ろのトレーラーユニットが前の車両を押して、ジャックナイフ形に折れ曲がる現象。

ジャックフルーツ〖jackfruit〗クワ科の小高木。インド・マライ半島原産。果実は30〜80センチ、若い果実を蒸し焼きにして食べる。種子の周りの果肉は甘く生食される。和名パラミツ。

ジャック-ポット〖jackpot〗❶スロットマシンなどギャンブルでの大当たり。❷ポーカーで、ジャック2枚以上の手ができるまで積み立てられる賭け金。また、クイズなどで正解者が出るまで積み立てられる懸賞金。

しゃっくり【×噦り｜吃=逆】〔名〕スル《「しゃくり」の音変化》横隔膜の痙攣(けいれん)により、急に空気が吸い込まれ声門が開いて音を発する現象。ほぼ一定の間隔で繰り返し起こるが、自然に治る場合が多い。

ジャッグル〖juggle〗〔名〕スル 野球で、捕球の際、球を確実に握れず、グラブの中でなん度か弾ませること。「—して一瞬ひやりとする」

しゃっく-るいとく【▽積功累徳】シヤク 仏語。修行に励み、功徳を積み重ねること。

しゃっ-くん【借訓】シヤク 漢字を万葉仮名として用いて表記するとき、その漢字に固定した訓を、表記しようとする語に当てて用いるもの。副助詞「だに」を「谷」、形容詞「なつかし」を「夏樫」と書く類。

しゃっ-け【釈家】シヤク ❶仏道を修行する者。僧侶。仏家。❷経論の文義を注釈する僧。

しゃっ-け【×癪気】シヤク ▶しゃっき(癪気)

しゃっ-けい【借景】シヤク 造園技法の一。庭園外の山や樹木などの風景を、庭を形成する背景として取り入れたもの。京都修学院離宮庭園などが知られる。

じゃっ-けい【若契】ジヤク 男色関係を結ぶこと。若衆道(わかしゅどう)の契り。「一浅からずして、毎夜逢ふといふとも、子をはらむといふ事なく」〈浮・禁短気・二〉

しゃっ-けん【借券】シヤク 古文書の一様式。米穀・金銭などの借用に際し、借り主が貸し主に交付した証文。借書。借用状。借用証文。

じゃっ-けん【弱肩】ジヤク 野球などで、球を投げる力が弱いこと。

しゃっ-こう【赤口】シヤク 暦注の六曜の一。大凶の日だが、正午だけは吉とされる。赤口日。しゃっく。

しゃっこう【赤光】シヤククワウ 斎藤茂吉の第1歌集。大正2年(1913)刊。万葉調の中に近代的情緒をもつ作品は歌壇に大きな影響を与えた。

しゃっ-こう【釈講】シヤクカウ 意義を説明して聞かせること。講釈。

じゃっ-こう【弱行】ジヤクカウ 実行力が弱いこと。「薄志—」

じゃっ-こう【寂光】ジヤククワウ 仏語。❶安らかで、静かな光。真理の寂静とその智慧の働きとしての光照。理・智の二徳を表す。❷「寂光土」の略。

じゃっこう-いん【寂光院】ジヤククワウヰン 京都市左京区大原にある天台宗の尼寺。山号は清香山。創建は聖徳太子というが、空海説や良忍説もある。壇ノ浦での平家滅亡後、安徳天皇の母建礼門院が入寺、高倉・安徳両天皇の冥福を祈った所。

じゃっこう-じょうど【寂光浄土】ジヤククワウジヤウド「常寂光土(じょうじゃっこうど)」に同じ。

じゃっこう-ど【寂光土】ジヤククワウ「常寂光土」の略。

じゃっこう-の-みやこ【寂光の都】ジヤククワウ 寂光浄土の異称。

じゃっ-こく【弱国】ジヤク 国力の弱い国。(類語)小国

しゃっ-こつ【尺骨】シヤク ひじから手首まである2本の前腕骨のうち、小指側にある長管状骨。平行する橈骨(とうこつ)よりも長い。

しゃっ-こつ【×灼骨】シヤク ▶ト骨(ぼっこつ)

ジャッジ〖judge〗〔名〕スル ❶判決を下すこと。判断すること。審判。判定。「公正に—する」❷競技の進行や勝敗の判定などをする審判員。また、その判定。ボクシングやレスリングではレフェリーに次ぐ副審をいう。

ジャッジ-フラッグ〖judge flag〗柔道・レスリングの試合で、勝負判定の際、副審が挙げる旗。

ジャッジ-ペーパー〖judge paper〗ボクシングやレスリングで、ジャッジが試合進行中に競技者のポイントを書き留めておく判定用紙。

ジャッジメント〖judgment〗審判を下すこと。判断。判定。また、判決。

ジャッジ-ランプ〖judge lamp〗レスリングで、ポイントを示す赤・青のランプ。

シャッセ〖フランス chassé〗社交ダンスで、クイック-クイック-スローのリズムに合わせて開・閉・開の三つのステップを行うこと。

ジャッソ〖JASSO〗《Japan Student Services Organization》▶日本学生支援機構

シャッター〖shutter〗❶防犯・防火などのため窓や入り口に取り付ける金属製の巻き上げ式の扉。よろい戸。「—を下ろす」❷カメラで、撮影するときにだけ開き、必要な露光量をフィルムに与える装置。デジタルカメラでは、フィルムの代わりにCCDなどのイメージセンサーに受光させる装置。「—を切る」➡CCD ❸映画撮影機・映写機のレンズの先にあって、回転するフィルムを一こまずつ感光・映写させる遮光装置。

シャッター-しょうてんがい【シャッター商店街】シヤウテンガイ ▶シャッター通り

シャッター-スピード〖shutter speed〗カメラのシャッターが開いている時間。単位は秒を用い、ふつう数秒から4000分の1秒程度の幅で調整することができる。

シャッターそくどゆうせん-エーイー【シャッター速度優先AE】イウセン《shutter priority automatic exposure》カメラの自動露出調整機構(AE)の一。シャッターボタンを押すか半押しにすると同時に、撮影者が設定したシャッター速度に対し、被写体の明るさに合わせて適正な絞り値を算出する。撮影者の意図でシャッター速度を短くし、動きの速い被写体を撮影したり、逆に低速シャッターで流し撮りしたりする場合などに用いる。シャッタースピード優先AE。

シャッター-タイムラグ〖shutter time lag〗オートフォーカス機能をもつカメラにおける、シャッターボタンを押してから実際に撮影されるまでの時間。ピントが合うまでの時間を含むため、合焦状態でシャッターを押すレリーズタイムラグとは一般的に区別される。シャッターラグ。

シャッター-チャンス〖shutter chance〗動いている被写体を撮影するときに、シャッターを切るのに最もよい瞬間。「—を逃す」

シャッター-どおり【シャッター通り】ドホリ 駅前や市街地にある、衰退した商店街。シャッターを下ろし、営業をしていない店舗が多く並ぶさまをいったもの。シャッター商店街。

シャッター-ボタン〖shutter button〗カメラのシャッターを切るときに押すボタン。

シャッター-ラグ〖shutter lag〗▶シャッタータイムラグ

しゃっちょこ【×鯱】「しゃちほこ」の音変化。

しゃっちょこ-だち【×鯱立ち】〔名〕スル「しゃちほこだち」の音変化。「そんな大金は—しても工面できない」

しゃっちょこ-ば・る【×鯱張る】〔動ラ五(四)〕「しゃちほこばる」の音変化。「あまり—・らずに楽にしなさい」

しゃっ-つら【しゃっ面】《「しゃっ」は接頭語》他人をののしって、その顔をいう語。しゃつら。「悪々敷(にくにくしき)叔母の—」〈二葉亭・浮雲〉

シャット〖shut〗閉じること。閉鎖。

シャットアウト〖shutout〗〔名〕スル ❶閉め出すこと。「関係者以外は—する」❷野球で、相手方に得点させずに勝つこと。完封。零封。「強力打線を—する」❸▶ロックアウト (類語)閉め出し・排斥・排他

シャットダウン〖shutdown〗コンピューターを使用した後に、システムを停止する操作のこと。物理的に電源を切ることとは異なる。

シャットル〖shuttle〗▶シャトル

しゃつ-ばら【▽奴▽輩】〔代〕《「ばら」は複数を表す接尾語》多くの人をののしっていう語。あいつら。きゃつら。やつら。「一々に—射ころせ」〈平家・一一〉

ジャッピー〖jappie〗《ヤッピー(yuppie)をもじった造語》ニューヨークなどで、一流企業に勤務する仕事熱心な日本人。

ジャップ〖Jap〗英語で、日本人を卑しめていう語。

シャツ-ブラウス《和 shirt＋blouse》男性のワイシャ

ツに似た婦人用ブラウス。
シャッフル〘shuffle〙〘名〙スル トランプなどのカードを切ること。順番をばらばらにして混ぜること。
シャッフル-ボード〘shuffleboard〙直径18センチ、重さ400グラムの円盤を長さ2メートル程度の先端が二またになった棒(キュー)で押し出し、前方にある三角形の得点エリアに入れるのを争う競技。各自4個の円盤を持ち、交互にシュートを行う。15世紀イギリスの貴族のゲームを起源とする。
シャッポ《フランス chapeauから》帽子。特に、つばのある帽子。シャポー。
シャッポを脱・ぐ　脱帽する。降参する。兜(かぶと)を脱ぐ。「あの男の頑固さには、さすがの私も―・ぐよ」
しゃつ-め【▽奴め】〘代〙《「め」はののしりの意を表す接尾語》三人称の人代名詞。「しゃつ」を強めていう語。あいつめ。きゃつめ。やつめ。「―共にのがすな」〈浄・国性爺〉
しゃ-つら【しゃ面】《「しゃ」は接頭語》「しゃっつら」に同じ。「物履(は)きながら―をむづむづと踏まれける」〈平家・二〉
しゃ-てい【舎弟】❶自分の弟。実の弟。また、弟分。「―がお世話になっております」⇔舎兄。❷他人の弟。「―は幾つになられた」〈本庄陸男・石狩川〉
[類語]愚弟・小弟
しゃ-てい【射程】❶銃砲の、発射の起点と着弾点との水平距離。弾丸が届く最大距離。「目標が―に入る」「―距離」❷届きうる範囲。「政権を―に入れる」
しゃ-てき【射的】❶的に向かって銃・弓などを発射すること。❷空気銃にコルクの弾丸をつめ、人形・おもちゃ・タバコなどを的にして撃つ遊び。
しゃてき-ば【射的場】射的を行うために設けた場所または施設。しゃじょう。しゃてきじょう。
しゃ-てつ【車×轍】車の通った跡。車輪の跡。わだち。
しゃ-てつ【砂鉄】►さてつ(砂鉄)
しゃてつ-ばせき【車×轍馬跡】車や馬の通り過ぎた跡。天子などの巡遊した跡。
しゃ-でん【社田】神社に付属する田地。神田(しんでん)。
しゃ-でん【社殿】❶神社の建造物のこと。本殿・幣殿・拝殿・神楽殿など。❷(「鈔天」「社天」とも書く)歌舞伎下座音楽の一。太鼓と銅鑼(どら)の縁を打ち合わせる鳴り物で、時代物の花見の場などに用いる。
しゃ-でん【射田】奈良・平安時代、射技練習の費用に充てるために、諸衛府(えふ)にあてがい置かれた不輸租田。射騎田。
しゃ-ど【砂土】►さど(砂土)
しゃ-ど【斜度】斜面の傾斜の角度。「最大―」
しゃ-ど【×赭土】酸化鉄を含んで赤褐色をした土。良質のものは着色料として利用。あかつち。
じゃと-いうて ぢや〔接〕《助動詞「じゃ」+助詞「と」+動詞「いう」のウ音便形+助詞「て」から》ある事柄を認めたうえで、それが通らないことを述べるときに用いる。だからといって。ではあるが。「苦々しいことぢゃ。―行かずには居られぬ」〈虎寛狂・戦〉
しゃ-とう【社頭】社殿の前。「―にぬかずく」
しゃ-とう【斜塔】タフ 傾き斜めになった塔。「ピサの―」
しゃ-どう【車道】ダウ 道路で、車両が通行するように定められた部分。⇒歩道 ⇒人道
[類語]道(みち)・道路・舗道(ほどう)・路上・ロード・ルート
じゃ-どう【邪道】ダウ 正当でない方法。本筋から外れたやり方。また、よこしまな道。「金さえもうかればいいというやり方は―だ」「―に落ちる」
シャトー〘フランス château〙❶城。宮殿。また、館(やかた)。大邸宅。❷フランスで、ワインを醸造・貯蔵する建物のあるブドウ園。もと、ボルドー地方で、荘園の所有するブドウ畑をいったもの。
シャドー〘shadow〙❶影。陰影。❷「アイシャドー」の略。
シャドー-キャビネット〘shadow cabinet〙►影(かげ)の内閣
シャドー-ストライプ〘shadow stripe〙糸の縒(よ)りの方向を右縒りのものと左縒りのものを組み合わせることによって縞柄にしたもの。
シャトー-ディフ〘Château d'If〙►イフ城
シャトー-ヌフ-デュ-パプ〘Châteauneuf-du-Pape〙フランス南部、ボークリューズ県の都市、アビニョンの近郊の村。フランス語で「法王の新しい館」を意味し、かつてローマ法王の別荘があったことに由来する。同名のワインの産地として有名。
シャトーブリアン〘フランス chateaubriand〙ヒレ肉の最上の部位。また、それを網あるいは鉄板の上で焼いた料理。作家シャトーブリアンのコックが工夫したという。
シャトーブリアン〘François René de Chateaubriand〙[1768〜1848]フランスの小説家・政治家。ロマン主義文学の先駆者。代表作「キリスト教精髄」、小説「アタラ」「ルネ」、自伝「墓の彼方の回想」など。
シャドー-プレー《和 shadow + play》実際の試合を想定しながら、いろいろの守備や攻撃の動作を練習すること。[補説]英語では、影絵芝居の意。
シャドーボクシング〘shadowboxing〙ボクシングの練習法で、相手がいるものと想定して攻撃や防御をひとりで練習すること。
シャドー-マスク〘shadow mask〙カラーテレビ用ブラウン管の蛍光面の内側に置かれた、多数の小さな穴のある金属板。三原色に対応する三つの電子線がこの小さな穴を通過するとき、発色する蛍光体に的確に当たるようにする。
シャドー-ワーク〘shadow work〙家事労働などのように、人間生活に不可欠なものでありながら対価の支払われない労働。
シャトー-ワイン〘château wine〙フランスのボルドー産で、シャトーの名の付いた、高級ワインの総称。⇒シャトー❷
じゃ-どく【蛇毒】ある種の蛇がもつ毒。
シャトル〘shuttle〙❶織機の杼(ひ)。シャットル。❷バス・列車などの定期往復便。「空港への―バス」❸「シャトルコック」の略。❹「スペースシャトル」の略。
シャトル-がいこう【シャトル外交】グワイカウ 両当事国の間を頻繁に行き来して合意を形成する外交交渉。往復外交。
シャトルコック〘shuttlecock〙バドミントンで用いる羽根。半球のコルクに鳥の羽をつけたもの。シャトル。
シャトル-バス〘shuttle bus〙ホテルと空港などを結んで走る近距離往復バス。
しゃ-な【遮那｜舎那】「毘盧遮那仏(びるしゃなぶつ)」の略。[補説]顕教では「舎那」、密教では「遮那」と表す。
ジャナ〘JANA〙《Jamahiriya News Agency》ジャマヒリヤ通信。リビアの国営通信社。1964年設立。本部はトリポリ。
しゃ-ない【社内】❶会社の建物の内部。「―にいる」⇔社外。❷会社の組織の内部。「―結婚」⇔社外。❸神社の境内。社殿の中。⇔社外。
しゃ-ない【車内】自動車・列車などの中。車中。「―禁煙」「―販売」⇔車外。
しゃない-こうこく【車内広告】クワウコク 電車やバスなどの中に掲示される広告。
しゃない-ブログ【社内ブログ】►イントラブログ
しゃない-ほう【社内報】企業が従業員とその関係者を対象に発行する刊行物。企業活動の動向や経営方針などを内容とする。
しゃない-ポータル【社内ポータル】《corporate portal》►企業情報ポータル
しゃない-よきん【社内預金】使用者が労働者の委託を受けて、給与の一部を貯蓄として受け入れ管理する制度。また、その金。
しゃない-りゅうほ【社内留保】リウホ ►内部留保
しゃな-おう【遮那王】ワウ 源義経の幼名。
しゃな-きょうしゅ【遮那教主】ケウ 真言両部の教主である毘盧遮那仏(びるしゃなぶつ)、すなわち大日如来(だいにちにょらい)。
じゃ-なくて ぢや〔連語〕《連語「じゃ」+形容詞「ない」の連用形+接続助詞「て」》体言およびある種の助詞に付く。ある事柄・動作を否定し、別の事柄・動作を肯定しようとする意を表す。…ではなくて。「僕は和食―洋食にします」[補説]くだけた会話で用いられ、「じゃあなくて」となることもある。また、応答の語として感動詞的に用いられることもある。
しゃ-なぐ・る〘動ラ四〙《「しゃ」は接頭語》手荒に払いのける。かきむしる。かなぐる。「耳をとらまへて―・ればし」〈浄・富士見西行〉
しゃな-ごう【遮那業】ゴフ 日本の天台宗で、密教の学業のこと。最澄が山家学生式(さんげがくしょうしき)において、止観業(しかんごう)に対して設けた。
しゃな-しゃな〘副〙「しゃなりしゃなり」に同じ。「美人ぶってニチャニチャー」〈魯庵・社会百面相〉
しゃな-ぶつ【遮那仏】「毘盧遮那仏(びるしゃなぶつ)」の略。
しゃなら-しゃなら〘副〙「しゃなりしゃなり」に同じ。「小娘のくせに―として」〈蘆花・思出の記〉
しゃなり-ごえ【しゃなり声】ごゑ わめき声。どなり声。「また阿房(あほう)めが―」〈浄・忠臣蔵〉
しゃなり-しゃなり〘副〙身のこなしをしなやかにし、気取って歩くさま。しゃなしゃな。しゃならしゃなら。「盛装した女性が―(と)出てくる」[類語]すたすた・てくてく・えっちらおっちら・とぼとぼ・のこのこ・よちよち
しゃにく-さい【謝肉祭】「カーニバル❶」に同じ。(季 春)「遊楽の夜を蒸す翳(かげ)に―/蛇笏」
しゃにくさい-げき【謝肉祭劇】中世末期、ドイツなど欧州の諸都市で、謝肉祭に行われた仮装軽演劇。主に商工業者によって作劇・上演された。
ジャニコロ-の-おか【ジャニコロの丘】をか《Colle Gianicolo》イタリアの首都ローマにある丘。トラステベレ地区西側に位置する。頂上の広場には、イタリア王国統一に貢献したジュゼッペ=ガリバルディの騎馬像と統一運動で命を落とした兵士の記念碑がある。
しゃ-にち【社日】《「社」は土地の神の意》雑節の一。春分と秋分に最も近い戊(つちのえ)の日。この日、土地の神を祭る。春の社日を春社といって五穀の種子を供えて豊作を祈り、秋の社日を秋社といって初穂を供えて収穫を感謝する。しゃじつ。(季 春)
しゃに-むに【遮二無二】〘副〙ほかの事を考えず、ただひたすらに。がむしゃらに。「目標へ―突進する」
ジャニュアリー〘January｜Jan.〙1月。
じゃに-よって ぢや〔接〕《助動詞「じゃ」+助詞「に」+動詞「よる」+助詞「て」から》先に述べた事柄によって帰結することを述べる文を導く。であるから。「―、あれが何を云おうとも、滅多に腹は立てまいぞ」〈綺堂・修禅寺物語〉
しゃ-にん【社人】神社に仕えて末端の社務に従事する神職。しゃじん。
ジャネ〘Pierre Janet〙[1859〜1947]フランスの心理学者・精神医学者。ノイローゼやヒステリーに関する独自の理論を展開し、フロイトらに影響を与えた。著作に「ヒステリーの精神状態」など。
じゃ-ねい【邪×佞】不正な心をもちながら、人にへつらうこと。また、その人。
しゃ-ねつ【遮熱】〘名〙スル 外部の熱が入り込まないように、また、熱が外に漏れないようにさえぎること。
シャネラー《和 Chanel + er》服飾ブランドのシャネルを愛好し、上着から小物にいたるまでシャネルの商品でコーディネートしている人。⇒シャネル
シャネル〘Gabrielle Chanel〙[1883〜1971]フランスの服飾デザイナー。第一次大戦後、シンプルで着やすいドレスを考案して新しい女性らしさの概念を打ち出した。いわゆるシャネルスーツのほかに、香水の発売でも知られる。通称ココ=シャネル。
シャネル-スーツ〘Chanel suit〙フランスのデザイナー、ココ=シャネルがデザインした女性用スーツ。機能性を備えたカーディガンスーツ。⇒シャネルルック
シャネル-ルック〘Chanel look〙フランスのデザイナー、ココ=シャネルがデザインした服を模したスタイルのこと。シャネルスーツと呼ばれる、襟なしのカーディガン型ジャケットとタイトスカートの組み合わせに、キルティングされた、長い鎖つきの革使いのバッグをポイントにしたスタイルが代表的。
シャネル-レングス〘Chanel length〙ひざを隠す程度のスカートの長さのこと。フランスのデザイナー、ココ=シャネルが1919年に発表したもので、オーソ

ドックスなスカート丈の一つとして見直されている。

じゃ‐ねん【邪念】❶悪意やたくらみを秘めた、よこしまな考え。邪心。「―を抱く」「―のない顔」❷心の迷いから来る妄想。雑念。「―を払う」
類語 雑念・俗念・雑感

しゃのく【車匿】《梵 Chandakaの音写》前5世紀ごろのインドの僧。釈迦(しゃか)が王城を後にして出家したとき、その馬を引いたという。釈迦の没後、阿難について修行し、阿羅漢となったといわれる。

じゃ‐の‐すけ【蛇×之助】《「古事記」にある、須佐之男命(すさのおのみこと)が八岐大蛇(やまたのおろち)に酒を飲ませて退治したという伝説から》大酒飲みのこと。「一谷(いちや)の―さまというて…大上戸」〈浮・色三味線・四〉

じゃ‐の‐すし【蛇の×鮨】❶富山地方で作られていた松波鮨のこと。❷ありそうもない珍奇なもののたとえ。「―、鬼の角細工、何をしたればとて売れまじき事にあらず」〈浮・永代蔵・二〉

じゃ‐の‐ひげ【蛇の×鬚】ユリ科の常緑多年草。葉は細長く、叢生(そうせい)する。初夏、葉の間から花茎を出し、淡紫色の小花をつけ、秋に青黒い実をつける。実はよく弾むので、弾み玉とよばれる。根の肥大部を漢方で麦門冬(ばくもんどう)といい、滋養・鎮咳(ちんがい)薬とする。尉(じょう)がひげ。竜のひげ。〔季 実＝冬｜花＝夏〕「―に実のなってゐし子供かな／草田男」

じゃ‐の‐め【蛇の目】❶ヘビの目。また、それに似た、意地悪く冷酷そうな目。❷ヘビの目のように太い輪の形をした図形。また、その形の紋所の名。❸「蛇の目傘」の略。❹「蛇の目回し」の略。

蛇の目を灰汁(あく)で洗・う 鋭い蛇(じゃ)の目をさらに灰汁で洗う。善悪を明らかにする、また、物事を明白にするたとえ。「何もかも申し上げたら、明(あか)さ暗さが―・うた様になるであらう」〈伎・幼稚子敵討〉

じゃのめ‐がさ【蛇の目傘】石突(いしづき)を中心に、中を白く周辺を黒・紺・赤などで太く輪状に塗って、蛇の目模様を表した紙製の雨傘。江戸時代から広く用いられた。蛇の目のからかさ。類語 傘・唐傘・番傘

じゃのめ‐そう【蛇の目草】(サウ) ハルシャギクの別名。

じゃのめ‐ちょう【蛇の目×蝶】(テフ) ❶ジャノメチョウ科の昆虫。黒褐色のチョウで、前翅(まえばね)に2個、後ろ翅に1個の眼状紋がある。草原にすみ、幼虫の食草はススキ・スズメノカタビラなど。❷鱗翅(りんし)目ジャノメチョウ科の昆虫の総称。多くは褐色で、翅に円形の紋がある。樹間を好んで飛ぶ。ベニヒカゲ・コノマチョウなど。〔季 春〕

じゃのめ‐の‐すな【蛇の目の砂】土俵の外側に、約20センチ幅で敷いた砂。踏み越しや踏み切りをわかりやすくするためのもの。

じゃのめ‐まわし【蛇の目回し】(マハシ) 劇場で、同心円の大小二つの回り舞台。また、その外周の部分だけを回すこと。幕末期に考案されたが、現在の歌舞伎劇場では用いない。

シャノン〖Claude Elwood Shannon〗[1916～2001]米国の電気工学者・数学者。マサチューセッツ工科大教授。「通信理論の数学的基礎」で情報伝送の数学的処理を体系化し、情報理論の創始者となる。情報量の単位ビットの概念を導入したことでも有名。

しゃ‐ば【車馬】車と馬。乗り物。「―通行止め」

しゃば【×娑婆】《梵 sahāの音写。忍土・堪忍土などと訳す》❶仏語。釈迦が衆生(しゅじょう)を救い教化する、この世界。煩悩(ぼんのう)や苦しみの多いこの世。現世。娑婆世界。❷刑務所・兵営などにいる人たちが、外の自由な世界をさしていう語。「―の空気」「―に出る」
類語 世間・俗世間・俗世・塵界(じんかい)・この世・うつし世・現世・地上・人界・下界・此岸(しがん)・苦界・肉界・人間界・世界

娑婆で見た弥三郎 知っている人なのに、知らないふりをすること。弥三郎は、弥次郎・弥十郎などともいう。「この世の人とも思はれず、―殿の御礼」〈浮・一代男・七〉

シャバ〖Shaba〗コンゴ民主共和国、カタンガ州の旧称。

ジャバ〖Java〗米国サン‐マイクロシステムズ(現オラクル)社が開発したインターネット用のプログラミング言語。オペレーティングシステムやパソコンの機種に関係なく利用でき、動画・音声データ用のプログラムやインターネット上で使うワープロなどのソフトを開発することができる。

ジャバ〖Java〗▶ジャワ

ジャバ‐アプレット〖Java applet〗Java言語で記述された小規模なプログラム。インターネットなどのコンピューターネットワークを通じてダウンロードされ、ブラウザーで実行される。

しゃば‐いらい【×娑婆以来】久しぶりに会ったときに使うあいさつの語。江戸時代、通人仲間で用いた。また、特に遊郭内で知人に出会ったときにも用いた。「一是(いちぜ)は是はとそり返り」〈柳多留・三〉

ジャバ‐かそうマシン【ジャバ仮想マシン】(カサウ) ▶ジャバブイエム(Java VM)

しゃばく‐じょう【射爆場】(ヂヤウ) 軍隊などが射撃・爆撃の演習をするための場所。

しゃば‐け【×娑婆気】現世に執着する心。世俗的な名誉や利益を求める心。しゃばき。しゃばっけ。「―を起こす」「―が抜けない」類語 俗気・俗情

ジャバ‐サーブレット〖Java servlet〗▶サーブレット

ジャバスクリプト〖JavaScript〗米国サン‐マイクロシステムズ(現オラクル)社と米国ネットスケープ‐コミュニケーションズ(現AOL)社が開発したスクリプト言語。インターネットでの利用に適したオブジェクト指向の簡易プログラミング言語。JS。

しゃば‐せかい【×娑婆世界】「娑婆❶」に同じ。「―の思ひ出にとて」〈平家・三〉

ジャバダ〖JAVADA〗《Japan Vocational Ability Development Association》▶中央職業能力開発協会

しゃば‐だい【車馬代】交通費。また、その名目で出す謝礼。くるま代。車馬賃。

ジャバチップ〖JavaChip〗Java言語のバイトコードを直接実行するための専用マイクロプロセッサー。米国サン‐マイクロエレクトロニクス(現オラクル)社が開発。

しゃば‐ちん【車馬賃】「車馬代」に同じ。

しゃばっ‐け【×娑婆っ気】▶しゃばけ(娑婆気)

シャハト〖Hjalmar Schacht〗[1877～1970]ドイツの財政家・銀行家。1923年、通貨委員としてインフレの収拾に活躍。国立銀行総裁・経済相を歴任したが、ナチス政権の軍備拡張政策に反対して辞任。第二次大戦後、戦犯として裁かれたが無罪。

ジャパナイズ〖Japanize〗日本風にする。日本人流にする。

ジャパナイゼーション〖Japanization〗日本のようにすること。日本化。

じゃはな‐のぼる【謝花昇】[1865～1908]自由民権運動家。沖縄の生まれ。東大卒業後、沖縄県庁に就職。開墾地問題などで奈良原繁知事と対立し辞職。その後、知事の暴政批判と参政権獲得運動を展開した。

ジャパニーズ〖Japanese〗日本人。日本語。また、日本風。日本式。「―スマイル」

ジャパニーズ‐モダン〖Japanese modern〗現代の工芸・室内装飾の分野で、伝統的な日本のデザインを要素として用いた作品。また、そのような様式。

ジャバニカ‐まい【ジャバニカ米】《Javanica rice》短粒のジャポニカ米と長粒のインディカ米の中間型の米。大形で幅が広い。

ジャパニメーション〖Japanimation〗《Japan＋animationから》日本製のアニメーションの、海外での呼称。

ジャパニング〖Japaning〗日本の生活文化が外国社会に広まり、浸透している状態。

ジャパネスク〖Japanesque〗日本風。外国人の目に異国情趣が強く感じられる純日本的な雰囲気。

ジャパノロジー〖Japanology〗日本を総合的にとらえることを目的とする学問。日本学。日本研究。

ジャパノロジスト〖Japanologist〗日本研究家。日本学者。日本通。

ジャバ‐バイトコード〖Java byte code〗▶バイトコード

ジャバ‐ブイ‐エム〖Java VM〗《Java virtual machine》Javaで開発されたアプリケーションやアプレットを実行するためのソフトウエアのこと。ジャバ仮想マシン。JVM。

しゃば‐ふさぎ【×娑婆塞ぎ】生きているというだけで、なんの役にも立たないこと。また、その人。しゃばふさげ。「娌子(よめご)にあかるる身となり、一日も―」〈浮・織留・一〉

ジャパゆき‐さん《Japan＋行く＋さん から》日本へ出稼ぎに来る外国人女性の呼称。かつて日本から南方へ出稼ぎにいった女性たちをさす「からゆきさん」をもじった言葉。⇒唐行(からゆ)き

じゃ‐ばら【蛇腹】《蛇の腹のような形状・模様の意》❶組み立て式カメラや引き伸ばし機で、レンズと本体とをつなぐ、遮光性で折りたたみ式の伸縮自在の部分。❷建物の軒や壁の最上部などに帯状に巡らした、刳形(くりかた)のある突出部分。❸衣服や帽子の装飾としてつける波状のテープ。❹アコーディオン・提灯(ちょうちん)などの胴体の、伸縮する部分。❺「蛇腹糸」の略。❻「蛇腹伏せ」の略。

じゃばら‐いと【蛇腹糸】縒(よ)りを強くかけた糸を2本合わせてさらに縒りをかけた糸。縫い紋の縁などに用いる。

じゃばら‐ぎり【蛇腹切り】キュウリの表裏に斜めの細かい切れ目を入れること。また、そのように切ったもの。見た目が蛇腹のようになる。

じゃばら‐ぬい【蛇腹縫い】(ぬひ) ▶蛇腹伏せ

じゃばら‐ぶせ【蛇腹伏せ】革や布の合わせ目で、伏せ組みの代わりに蛇腹糸を伏せ縫いにした縫い方。蛇腹縫い。

しゃ‐はん【×這般】《「這」は、中国宋代の俗語で「此」の意》(多く「の」を伴って)これら。この辺。このたび。今般。「―の事情により」

しゃ‐ばん【車盤】▶車地(しゃち)

ジャパン〖Japan〗㊀英語で、日本の称。⇒ジパング ㊁(japan)漆(うるし)。漆器(しっき)。

ジャパン‐クロニクル〖Japan Chronicle〗日刊英字新聞。明治24年(1891)英国人R＝ヤングが神戸で創刊、昭和15年(1940)「ジャパンタイムズ」に合併。

ジャパン‐タイムズ〖The Japan Times〗㊀日本の代表的な日刊英字新聞。日本の政治的立場や実情を海外に伝えることを目的として明治30年(1897)山田季治らが創刊。昭和18年(1943)「ニッポンタイムズ」と改称したが、同31年に原紙名に復帰。㊁幕末から明治初期にかけての週刊英字新聞。慶応元年(1865)ごろ、横浜で英国人リッカビーが創刊。明治11年(1878)廃刊。

ジャハンナム〖アラビア jahannam〗▶地獄❸

ジャパンナレッジ〖JapanKnowledge〗インターネット上で利用できるデータベースの有料サービスの一。日本語・外国語・百科・人名など各種辞典・事典を中心に、叢書(そうしょ)や地図、音声・動画などの資料が閲覧できるほか、各コンテンツを一括検索する機能「ワンルック」を備える。ネットアドバンスが平成13年(2001)より運営。JK。

シャバンヌ〖Édouard Chavannes〗[1865～1918]フランスの中国学者。歴史・考古学・仏教・美術・碑文を実証的に研究。「史記」などを翻訳。

ジャパン‐バッシング〖Japan bashing〗米国や欧州諸国による日本たたき。袋だたきのように日本を経済面・政治面で攻撃すること。特に、日本の経済が巨大となり、日米間の経済摩擦が激化するにつれて、米国内、特に議会の内外で表面化した現象。

ジャパン‐パッシング《和 Japan＋passing》欧米の政府や企業などからの日本に対する関心が低いこと。アジア経済に占める日本の存在感が90年代ごろから低下し、外交や投資などの相手として中国など、他のアジア諸国を重視するようになったこと。

ジャパン‐プラットフォーム〖Japan Platform〗

紛争や災害が起こった際に、すみやかに有効な援助を提供できるよう、NGO・政府・財界が手を結んで設立した人道支援のための国際組織。平成12年(2000)に発足。JPF。

ジャパン-プレミアム〖Japan premium〗日本の金融機関が海外で資金調達を行う際に、海外の金融機関よりも高く要求される割り増し金利。

ジャパン-マネー〖Japan money〗海外の資産や人材などを獲得するために投資される日本の金。

しゃ-ひ【社費】❶会社が支出する費用。会社の費用。「一で接待する」❷神社の費用。

しゃ-ひ【舎費】寄宿舎などを維持するために、そこに住む人が支払う費用。

しゃ-び【×奢×靡】身のほどを過ぎたぜいたく。「一を極むれども」〈織田訳・花柳春話〉

じゃ-ひ【邪飛】野球で、ファウルフライ。

じゃ-び【蛇皮】《「じゃひ」とも》❶蛇の表皮。❷「蛇皮線」の略。

ジャピア〖JAPIA〗《Japan Auto Parts Industries Association》一般社団法人日本自動車部品工業会。自動車部品産業の業界団体。昭和44年(1969)発足。

シャビー〖shabby〗〔形動〕みすぼらしいさま。また、古めかしいさま。「一なインテリア」「一ルック」

シャビー-ルック〖shabby look〗故意にみすぼらしくぼろぼろの感じを出したファッション。

ジャピオ〖JAPIO〗《Japan Patent Information Organization》一般財団法人日本特許情報機構。産業財産権に関する情報を提供する。昭和60年(1985)設立。本部は東京都江東区。

じゃび-せん【蛇皮線】《胴に蛇の皮を張るところから》沖縄の三線の本土での俗称。室町末に本土に伝わり、改造されて三味線となる。

ジャピック〖JAPIC〗《Japan Project-Industry Council》日本プロジェクト産業協議会。鉄鋼・建設・銀行・商社などの企業によって構成される社団法人。国土交通省・経済産業省共管。都市開発・道路整備などの重点プロジェクトを取り上げて推進し、社会資本整備の推進を図ることを目的とする。昭和54年(1979)設立。

しゃ-びょう【×瀉▽瓶|写▽瓶】《瓶の水を他の瓶にそっくり移す意》師が弟子に仏法の奥義をもれなく伝授すること。

しゃ-ひょうしん【謝冰心】[1900〜1999]中国の女流作家。福建省閩侯の人。本名、婉瑩。冰心は筆名。米国に留学。第二次大戦中は昆明に移り、作品を発表。戦後の一時期、日本に滞在。小説「超人」、児童文学「タオ=チーの夏休み日記」など。シエ=ピンシン。

しゃ-ひん【社賓】その会社の大切な客分として扱われる人。〘類語〙賓客・来賓・主賓・貴賓・ゲスト

シャビング〖shoving〗ボクシングで、相手の攻撃を手や腕で払いのけること。

しゃ-ふ【写譜】〔名〕スル 楽譜を書き写すこと。

しゃ-ふ【車夫】人力車を引く人。車引き。

しゃぶ 覚醒剤のこと。
〘類語〙ヒロポン・スピード・エス・アイス

ジャフ〖JAF〗《Japan Automobile Federation》►ジェー-エー-エフ(JAF)

ジャブ〖jab〗ボクシングで、相手の顔面やボディーを連続して細かく打つこと。

しゃ-ふう【社風】その会社に特有の気風。

しゃ-ふく【車幅】自動車などの幅員。車体のはば。

しゃふく-とう【車幅灯】自動車で、夜間通行の際などに、相手に車幅をわからせるために、車体の前面と後面のそれぞれ左右につける小さいランプ。

しゃぶ-しゃぶ 薄切りにした牛肉を、鍋の熱湯にさっとくぐらせて、たれをつけて食べる料理。

じゃぶ-じゃぶ〔副〕❶水をかき回したり、水につかって歩いたりするときの音や、そのさまを表す語。ざぶざぶ。「一(と)洗濯する」「浅瀬を一(と)渡る」❷勢いよくかけるさま。また、その音を表す語。「ソースを一(と)かける」❸金銭が大量に動くさま。「株で一(と)もうける」「税金を一(と)投入する」

しゃ-ふつ【煮沸】〔名〕スル 水などを火にかけて煮立たせること。「消毒のために一する」〘類語〙煮立つ・煮え立つ・煮え返る・煮え繰り返る・煮えたぎる

シャフツベリ〖Anthony Ashley Cooper Shaftesbury〗㊀(1st Earl of 〜)[1621〜1683]英国の政治家。下院に入り、クロムウェルに反対して王政復古に努めた。復古後、枢密顧問官・伯爵・大法官となるが、のちに解任。陰謀に参加し、大逆罪に問われ、オランダに亡命。㊁(3rd Earl of 〜)[1671〜1713]英国の道徳哲学者。㊀の孫。善と美の一致を説き、人間本性の中に道徳の契機を求める道徳哲学を唱えた。著「人間、風習、意見、時代の特徴」など。㊂(7th Earl of 〜)[1801〜1885]英国の社会改革運動家。下院に入り、トーリー党に所属。産業革命後の労働者の待遇改善に努力し、労働立法の制定などに尽くした。

シャフティ〖Shakhtï〗ロシア連邦南西部、ロストフ州の都市。ドネツ丘陵南東部に位置し、ドネツ炭田の採炭地の一つとして知られる。1920年までの旧称はアレクサンドロフスクグルシェフスキー。

シャフト〖shaft〗❶機械で、動力伝導用に使う、棒状の回転部品。軸。❷ゴルフクラブの柄の部分。

シャフハウゼン〖Schaffhausen〗スイス最北部、シャフハウゼン州の州都。ライン川右岸に位置する。下流側にヨーロッパ随一の規模を誇るライン滝があり、船荷の積替え地として栄えた。近代には水力発電を利用して、工業が発展。旧市街には大聖堂やムノート城塞をはじめ、歴史的建造物が数多く残る。

シャブリ〖ʃ̃ chablis〗フランス、ブルゴーニュ地方シャブリ地区産の白ワイン。辛口。

しゃぶり-つ・く【しゃぶり付く】〔動カ五(四)〕❶口で吸いついて離さないようにする。「赤ん坊が乳首に一・く」❷離れないようにしっかりしがみつく。むしゃぶりつく。「一・いて泣きたいような気もしたのであったが」〈秋声・爛〉

しゃぶ・る〔動ラ五(四)〕口の中に入れてなめたり、吸ったりする。「飴を一・る」「指を一・る」〘可能〙しゃぶれる 〘類語〙舐める・舐る・吸う

シャブロル〖Claude Chabrol〗[1930〜2010]フランスの映画監督。「美しきセルジュ」で監督デビュー。「いとこ同志」がベルリン国際映画祭の金熊賞を受賞し、ヌーベルバーグの旗手として注目された。作「二重の鍵」「主婦マリーがしたこと」など。

しゃ-へい【遮蔽】〔名〕スル ❶覆いを掛けたりして、人目や光線などからさえぎること。「日光からフィルムを一する」「一幕」❷物理学で、空間のある部分を電界・磁界など外部の力の場の影響から遮断すること。磁気遮蔽・電気遮蔽など。シールド。

しゃへい-かくほう【捨閉閣×抛】❶浄土宗の開祖法然が、阿弥陀仏以外の仏に対する功徳行を捨て、閉じ、自力を閣き、抛って念仏に帰せよと説いたもの。念仏以外の自力の修行を排撃したものとして、日蓮が浄土宗批判の標語とした。❷捨てることを修飾していう語。「有難き道を一と捨つるはいかに」〈浮・禁短気・二〉

しゃへい-ぶつ【遮蔽物】おおいさえぎる役目をするもの。

じゃ-へき【邪×僻】〔名・形動ナリ〕よこしまで、ひねくれていること。また、そのさま。「賢者多く一に障られ候へ共」〈芭蕉書簡・元禄三年乙州宛〉

しゃべ-くり【×喋くり】❶(切れ目なく)しゃべること。❷二人が掛け合いでおもしろおかしい話をして客を笑わせる話芸。しゃべくり漫才。

しゃべ-く・る【×喋くる】〔動ラ五(四)〕「しゃべる」の俗な言い方。さかんにしゃべる。「ぺちゃくちゃ一・る」

しゃ-べつ【▽差別】❶「さべつ(差別)」に同じ。「世のために益あることは躊躇うことなく為し、絶えて彼此の一なし」〈樗牛・滝口入道〉❷仏語。万物の本体が一如平等であるのに対し、その万物に高下・善悪などの特殊相があること。

しゃべつ-かい【▽差別界】仏語。差別のある現象界。この世。➡平等界

ジャペック〖JAPEC〗《オペック(OPEC。石油輸出国機構)のOを、ジャパンのJAで置き換えたもの》円高や貿易黒字で金持ちになった日本を、オイルダラーで潤った産油国になぞらえていう語。

しゃべり【×喋り】しゃべること。また、よくしゃべること。「一のうまいタレント」➡おしゃべり

しゃべり-て【×喋り手】しゃべる人。よくしゃべる人。

ジャベリン〖javelin〗陸上競技で、槍投げ競技用の槍。➡槍投げ

シャベル〖shovel〗土砂・石炭・雪などをすくったり掘り起こしたりするのに用いる、さじ状の道具。ショベル。➡スコップ 〘補説〙スコップはシャベルより小型のものをいうことが多いが、地方によって逆の場合もある。また、土を掘りやすくするために先が尖っているものをシャベル、雪かきをするための先がまっすぐなものをスコップという場合もある。あるいは、土などを掘る際に、足で踏んで掘り下げるための足踏みがついているものをシャベル、ついていないものをスコップといって区別する場合もある。

しゃべ・る【×喋る】〔動ラ五(四)〕❶物を言う。話す。「一言も一・らない」「君のことをうっかり一・ってしまった」❷口数多く話す。口に任せてぺらぺら話す。「よく一・る人だ」〘可能〙しゃべれる
〘類語〙言う・語る・話す・述べる・言い出す・発言する・口を利く・口に出す・口にする・吐く・漏らす・口走る・抜かす・ほざく・うそぶく・物言う・伝える・告げる・物語る・打ち明ける・明かす・説明する・述懐する・告白する・口外する・他言する (尊敬)おっしゃる・仰せられる・宣う (謙譲)申し上げる・申す・言上する

ジャベル-すい【ジャベル水】《ʃ̃ eau de Javel》次亜塩素酸塩の水溶液。漂白・殺菌剤。1785年ごろ、ジャベル(当時パリ郊外)で発見された。

シャペロン〖ʃ̃ chaperon〗❶社交界に初めて出る若い女性に付き添う、介添えの女性。❷オリンピック女子選手村で、世話係の女性職員。シャプロン。

シャペロン〖chaperone〗ほかのたんぱく質が酵素・神経伝達物質・ホルモンなどの機能を発揮するために必要な立体構造を形成するフォールディングと呼ばれる過程を助けるたんぱく質の総称。〘補説〙名称は、フランス語のシャペロン(介添えの女性)から。

しゃ-へん【斜辺】❶傾斜している辺。❷直角三角形の、直角に対する辺。

ジャボ〖ʃ̃ jabot〗婦人服の襟から胸にかけてつけたレースなどのひだ飾り。もとは男性用シャツの胸元のひだ飾り。

しゃ-ほう【射法】弓・鉄砲をうつ方法・技術。

しゃ-ほう【斜方】「斜方形」の略。

じゃ-ほう【邪法】人を惑わし、世間に害を与えるような教え。邪道。また、魔法。
〘類語〙邪教・邪宗・邪道・外道・異教

じゃ-ぼう【邪謀】悪だくみ。奸計。

しゃほう-きせき【斜方輝石】斜方晶系に属する輝石の総称。頑火輝石・紫蘇輝石など。

しゃほう-けい【斜方形】「菱形」に同じ。

しゃほう-しょうけい【斜方晶系】結晶系の一。長さの異なる3本の結晶軸が互いに直交するもの。直方晶系。

しゃ-ぼうとく【謝枋得】[1226〜1289]中国、南宋の政治家。弋陽(江西省)の人。字は君直。号は畳山。元との戦いに敗れて捕らえられたが節を曲げず、絶食死した。著「文章軌範」。

シャポー〖ʃ̃ chapeau〗►シャッポ

シャボテン ►サボテン

ジャポニカ〖Japonica〗❶欧米人の間における日本趣味。日本画や浮世絵などを飾ったりする趣味。❷動植物や物品の名称に用いて、日本の、の意を表す。「カメリアー」「エンサイクロペディアー」

ジャポニカ-まい【ジャポニカ米】《Japonica rice》日本で多く栽培されている米。短粒で、炊くと粘りけがある。

ジャポニスム〖フラ ンス japonisme〗西欧美術における日本美術の影響。19世紀半ば以降、印象派の絵画やアールヌーボーの工芸などに顕著にみられる。

ジャポネズリー〖フラ ンス japonaiserie〗日本趣味。19世紀後半以降の欧米で成立した日本美術への興味、関心。また、浮世絵・書画などの美術品収集や、これを模倣した欧米人の作品。➡ジャポニスム

しゃほ-びょういん【社保病院】「社会保険病院」の略称。

しゃ-ほん【写本】手書きによって本を写すこと。また、その書写された本。日本では、写経がその始まり。➡刊本 ➡版本 (類語)刊本・版本・稿本・拓本

シャボン〖ポルト ガル sabão〗石鹸(せっけん)。

じゃぼん〔副〕勢いよく水中に飛び込んだり、物が水中に落ちたりするときの音を表す語。じゃぶん。「プールに―と入る」

シャボン-だま【シャボン玉】石鹸水をストローなどの管の先につけ、他の端から軽く吹くとできる気泡。日光に当たると美しい色彩を見せ、空中を漂い浮かぶ。また、現れてはすぐ消える、はかないもののたとえにも用いる。(季 春)

じゃ-ま【邪魔】〔名・形動〕スル《❸が原義》❶妨げること。また、妨げとなるものや、そのさま。「―な物をかたづける」「勉強を―する」❷(「お邪魔する」の形で)訪問すること。「今晩お―してよろしいでしょうか」❸仏語。仏道修行の妨げをする悪魔。

(類語)(❶)妨害・阻害(そがい)・掣肘(せいちゅう)・干渉・横槍(よこやり)・障害・支障・障壁・障(さわ)り・邪魔だて

邪魔が入(はい)・る　さまたげになることが起こる。

邪魔を入(い)・れる　じゃまをする。さまたげる。

ジャマ〖JAMA〗《Japan Automobile Manufacturers Association》日本自動車工業会。日本の自動車製造メーカーの団体。自動車工業会と日本小型自動車工業会が合併して昭和42年(1967)設立。

じ-やま【地山】盛土(もりど)・表土・堆積(たいせき)物に対し、それらに隠されている自然のままの地盤。

ジャマー〖jammer〗妨害物。邪魔者。また、妨害電波発信機。

ジャマイカ〖Jamaica〗キューバ島南東の、カリブ海にあるジャマイカ島を占める国。英連邦の一。首都キングストン。「カリブ海の女王」とよばれる保養地。コーヒー・砂糖・ボーキサイトを産出。面積約1万1000平方キロ。人口285万(2010)。ハマイカ。(補説)「牙買加」とも書く。

しゃ-まく【×紗幕】紗のような薄い布地で作られた幕。照明の位置により幕の内側が見えたり見えなかったりするので、演劇の舞台などに用いられる。

じゃま-くさ・い【邪魔臭い】〔形〕文じゃまくさ・し〔ク〕ひどく邪魔である。邪魔になっていやである。「―・いので置いてきた」

しゃます〔助動〕[○|しゃまし|しゃます|○|しゃませ|しゃませ]《尊敬の助動詞「しゃる」に丁寧の助動詞「ます」の付いた「しゃれ(り)ます」の音変化。近世、主に上方で用いられた語》四段・ナ変動詞の未然形に付く。丁寧の意を伴った尊敬の意を表す。なさいます。「お乳母にさう言は**しゃませ**」〈浄・浪花鑑〉➡しゃんす

じゃま-だて【邪魔立て】〔名〕スル　わざと邪魔をすること。「よけいな―しないでくれ」

(類語)妨害・横槍(よこやり)・干渉・手出し・口出し・容喙(ようかい)

しゃ-まだる・い【しゃ間▽怠い】〔形〕《「しゃ」は接頭語。近世上方語》てぬるい。まだるっこい。「―・い、さいぜんに惣兵衛め斬りそこなうたも女房ゆゑ」〈浄・淀鯉〉

じゃまっ-け【邪魔っ気】〔形動〕うるさく邪魔になるさま。「玄関先に全く―な置物だ」

じゃ-まで〔連語〕《断定の助動詞「じゃ」＋終助詞「まで」》文末に用いて、自分の言葉を強調したり、相手に確認を求めたりする意を表す。…だな。…だね。…だよ。「身どもがやうな、物覚えのある者は、叱者(しかりもの)―」〈虎明狂・鬮罪人〉

じゃま-もの【邪魔者┊邪魔物】障害となるもの。「途中で―が入る」「―扱い」

じゃ-まん【邪慢】仏語。徳がないのにあるとうぬぼれること。よこしまな慢心。

しゃ-み【三味】「三味線」の略。さみ。「―の音(ね)」「―を弾く」

しゃみ【▽沙▽弥】《梵 śrāmaṇeraの音写》仏門に入り、髪をそって十戒を受けた初心の男子。修行未熟な僧。さみ。➡沙弥尼

沙弥から長老にはなれぬ　物事には順序があって、一足飛びには上に進めないことのたとえ。

じゃ-み《動詞「じゃみる」の連用形から。途中でだめになること、また、くず物の意》ヘラブナ釣りで、目的外の餌をつつく小魚をいう。「―がうるさい」

しゃみ-かっしき【▽沙▽弥喝▽食】禅宗や律宗の寺院で、食事の案内をする沙弥。沙弥で喝食の服を着ている者。沙喝。

しゃみ-じっかい【▽沙▽弥十戒】▶十戒(じっかい)❶㋐

しゃみ-せん【三味線】❶日本の弦楽器の一。四角形で扁平な木製の胴の両面に猫または犬の皮を張り、胴を貫通してのびる棹(さお)に3本の弦を張ったもの。ふつう、いちょう形の撥(ばち)で弾く。棹の太さによって太棹・中棹・細棹に分けられ、調弦法は本調子・二上り・三下りなどがある。中国の三弦が起源とされ、永禄年間(1558〜1570)に琉球経由で渡来した楽器に日本独自の改良を加えたもので、近世・近代の代表的邦楽器。三弦。さみせん。❷勝負事などで、相手の裏をかくために見せかけの言動をとること。「あれは彼一流の―だよ」

三味線を弾(ひ)・く　相手の言うのに調子を合わせて適当に応対する。また、事実でないことを言ってごまかす。「そらとぼけて―・く」

しゃみせん-いと【三味線糸】三味線の弦に用いる糸。絹糸をよって黄色に染め、糊(のり)で固めたもの。

しゃみせん-うた【三味線歌】三味線を伴奏にしてうたう歌。地歌・長唄・荻江節(おぎえぶし)・端唄(はうた)・うた沢・小唄などの歌い物と浄瑠璃などの語り物がある。

しゃみせん-がい【三味線貝】腕足綱シャミセンガイ科の触手動物。背腹に2枚の薄い殻をもち、殻の後端から長い肉柄を出す。本州・四国・九州沿岸の海底に穴を掘ってすむ。

しゃみせん-ぐさ【三味線草】ナズナの別名。

しゃみせん-ごま【三味線駒】三味線の弦と胴皮の間に挟んで、弦の振動を胴皮に伝えるもの。水牛の角や象牙・べっこうなどで作る。

しゃみせん-どう【三味線胴】三味線の胴。花梨(かりん)・欅(けやき)などの少し湾曲した4枚の木片を四角に組み合わせて扁平な枠をつくり、両面に猫または犬の皮を張ったもの。

シャミッソー〖Adelbert von Chamisso〗[1781〜1838]ドイツの詩人・植物学者。フランス亡命貴族の子。ロマン派の一人。小説「ペーター＝シュレミールの不思議な話」、詩「女の愛と生涯」など。

しゃみ-に【▽沙▽弥尼】《梵 śrāmaṇerikāの音写》仏門に入り、髪をそって十戒を受けた初心の女子。修行未熟な尼僧。沙尼(しゃに)。➡沙弥

しゃみ-まんせい【沙弥満誓】▶満誓(まんせい)

じゃ・みる〔動マ上一〕《近世語》事が途中でだめになる。おじゃんになる。また、おじゃんにする。「この相談は―・みる筈なり」〈風来六部集・里のをだ巻評〉

ジャミング〖jamming〗❶宣伝放送などを電波によって妨害すること。また、妨害電波。❷ロッククライミングで、岸壁の割れ目などに手足などを押し込んで支点にする技術。

しゃみん-しゅぎ【社民主義】「社会民主主義」に同じ。

しゃみん-とう【社民党】「社会民主党」の略称。

しゃみん-れん【社民連】「社会民主連合」の略称。

しゃ-む【社務】❶神社の事務。❷会社の事務。❸「社務職(しゃむしき)」の略。

(類語)公務・国務・政務・法務・税務・軍務・商務・庶務・財務・外務・労務・教務・学務・会務・宗務

シャム〖Siam〗タイ国の旧称。シャムロ。(補説)暹国と羅国が合したので「暹羅」とも書く。

ジャム〖jam〗果実に砂糖を加えて煮詰めた保存食品。多く、イチゴ・リンゴ・ミカン・ブドウ・アンズ・木イチゴ類などを用いる。コンフィチュール。

ジャム〖jam〗《詰め込む、押し込むの意から》コピー機やプリンターの内部で用紙が詰まること。ペーパージャム。

ジャム〖Francis Jammes〗[1868〜1938]フランスの詩人。田園の風物・人々を平明にうたった。詩集「夜明けの鐘から夕べの鐘まで」「キリスト教徒の農事詩」など。

シャム-がわ【シャム革】江戸時代、タイから渡来した革。主に足袋・武具などに用いられた。

シャム-ご【シャム語】▶タイ語

じゃ-むし【蛇虫】ゴカイ科の環形動物。体長約90センチになる大形のゴカイで、内湾の泥底中にすむ。東北・北海道に分布し、5、6月の生殖期にはいぼ足が大きく変形し、夜間に海面を生殖群泳する。

ジャムシェドプール〖Jamshedpur〗インド北東部、ジャールカンド州南部の重工業都市。鉄鋼業が盛ん。人口、行政区57万、都市圏110万(2001)。

しゃむ-しき【社務▽職】神職の長として神社の事務を取り扱った人。石清水(いわしみず)・松尾・平野・住吉の諸社に置かれた。しゃむしょく。

しゃむ-しょ【社務所】神社の事務を取り扱う所。

ジャムステック〖JAMSTEC〗《Japan Agency for Marine-Earth Science and Technology》▶海洋研究開発機構

ジャム-セッション〖jam session〗ジャズの演奏家たちが集まって、自分たちの楽しみのために行う即興的な演奏。

シャム-そうせいじ【シャム双生児】身体の一部が結合した奇形の一卵性双生児。1811年にシャムで生まれた、胸部結合の兄弟が有名になり、一般的名称になった。

シャム-ぞめ【シャム染(め)】▶更紗(サラサ)染め

シャム-ねこ【シャム猫】家猫の一品種。体はほっそりとし、短毛で灰白色。長い尾や脚・耳・鼻先が暗褐色など濃い色で、目は青。原種はシャムの王宮で飼育されていたといわれる。

ジャム-パン《和 jam＋pão(ポルトガル)》中にジャムを入れた菓子パン。

シャム-ポケット〖sham pocket〗《shamは、まがいもの・偽物の意》装飾のためのポケット。物を入れる実用性はない。

シャムロ「シャム」に同じ。(補説)「暹羅」とも書く。

シャムロ-けい【シャムロ鶏】シャモの旧称。

しゃ-メ【写メ】〔名〕スル「写メール」の略。また、写メールや類似のサービスを用いて、電子メールに画像を添付して送信すること。

しゃ-めい【社名】会社や結社・神社など、社と称するものの名称。「―入りの封筒」

しゃ-めい【社命】会社が社員に出す命令。

しゃ-メール【写メール】カメラ付きの携帯電話で撮影した画像を、電子メールに添付して送信できるソフトバンクモバイルのサービス。商標名。写メ。

ジャメ-ビュ〖フラ ンス jamais vu〗未視感。日常見なれたものを初めて見たと感じる体験。統合失調症や癲癇(てんかん)でみられる。➡デジャビュ

しゃ-めん【射面】銃砲の射線を含む垂直平面。

しゃ-めん【赦免】〔名〕スル　罪や過ちを許すこと。「疑いが晴れて―される」(類語)免罪・宥免(ゆうめん)・放免・容赦

しゃ-めん【斜面】傾斜している面。「山の―」

(類語)坂・傾斜・勾配・山肌・スロープ

しゃめん-じょう【赦免状】赦免の旨を記した書状。赦状。許し状。

しゃめん-ばいよう【斜面培養】寒天などを試験管中で斜めに固まらせ、その表面に細菌を培養すること。

シャモ《アイヌ語》アイヌが日本人をさしていった語。和人。

シャモ【軍鶏】《シャムロから》鶏の一品種。首が長く、くちばしが鋭い。足は太く、大きなけづめをもつ。闘鶏に用いられ、現在は肉用ともする。名は江戸初

期にシャムから渡来したことにちなむ。シャムロ鶏。ぐんけい。

シャモア〘フランス chamois〙ウシ科の哺乳類。ニホンカモシカに近縁で、体形はヤギに似る。夏毛は黄褐色、冬毛は黒褐色。ヨーロッパ中南部から小アジアにかけての山岳地帯の岩場で生活。

しゃ-もじ【杓文字】《「しゃくし(杓子)」の後半を略して「文字」を付けた女性語》汁や飯などをすくうのに用いる木製などの道具。めしじゃくし。

しゃ-もつ【謝物】謝礼として贈る品物。礼物。「相当の一を取て貸す」〈福沢・福翁自伝〉

シャモット〘フランス chamotte〙耐火煉瓦の材料。耐火粘土をセ氏1300～1400度に加熱したのち、砕いて細かい粒にしたもの。

シャモニー〘Chamonix〙フランス南東部の地名。モンブラン北麓にあり、登山基地。1924年の第1回冬季オリンピック開催地。シャモニーモンブラン。

シャモニー-モンブラン〘Chamonix-Mont-Blanc〙▶シャモニー

しゃもん【沙門】《梵 śramaṇaの音写。勤息と訳す》僧となって仏法を修める人。桑門。さもん。

しゃ-もん【借問】〘名〙スル ためしに問うこと。ちょっと尋ねてみること。しゃくもん。「一す、君は如何だ」〈蘆花・不如帰〉 類語 質問・発問・質疑・問い質す・聞き質す・問う・尋ねる・聞く

しゃ-もん【斜文】斜線のような綾。斜線のような模様。

じゃ-もん【蛇紋】ヘビの胴体にある、まだらの模様。

しゃもん-おり【斜文織(り)】縦糸と横糸が交差する点が斜めの方向に並ぶ織り方。強さにおいて平織りに劣るが、光沢と伸縮性にすぐれる。サージ・ギャバジンなど。綾織り。

じゃもん-がん【蛇紋岩】蛇紋石を主成分とする岩石。暗緑色ないし緑色で、すべすべした感じがある。橄欖岩や輝岩が変質してできる。肥料の原料、装飾石材とする。

じゃもん-せき【蛇紋石】マグネシウムの含水珪酸塩鉱物。緑色で滑らかな鉱物。単斜晶系。橄欖石や輝石が水と反応して生成。

ジャヤ〘Jaya〙インドネシア、ニューギニア島を東西に走るマオケ山脈の主峰。オセアニアの最高峰で、標高5030メートル。赤道付近に位置するが、氷河や万年雪がみられる。旧称、カルステンツピラミッド。

しゃ-やく【瀉薬】大便を下すための薬。下剤。

じゃやなぎ【蛇柳】歌舞伎十八番の一。金井三笑作。宝暦13年(1763)江戸中村座で、「百千鳥大磯流通」の三番目として4世市川団十郎が初演。昭和22年(1947)川尻清潭の脚本で復活。

しゃ-ゆう【社友】❶社員以外で、その会社に関係があり、社員待遇を受けている人。❷同じ会社や結社に属している友人や仲間。

しゃ-よ【車輿】❶車と輿。❷牛車などの箱。

しゃ-よう【社用】❶会社の用事。❷神社の用務。

しゃ-よう【斜陽】❶西に傾いた太陽。また、その光。夕日。夕陽。斜日。❷勢威・富貴などが衰亡に向かっていること。没落しつつあること。「一産業」 類語 入り日・夕日・西日・落日・落陽・夕影・残光

しゃよう【斜陽】太宰治の小説。昭和22年(1947)発表。第二次大戦後の没落貴族として伊豆の山荘で母と暮らす娘かず子の、古いものへの反逆の生活と心情を描く。

しゃよう-ぞく【社用族】《「斜陽族」の語呂合わせ》社用の名目で飲食・遊興などに社費を乱費する者。

しゃよう-ぞく【斜陽族】第二次大戦後、世の中の急激な変化により没落した上流階級の人々。没落階級。 補説 太宰治の小説「斜陽」から生まれた語。

じゃ-よく【邪欲┊邪慾】❶道徳に反した不正な欲望。❷みだらな欲望。淫欲。「一のとりことなる」

しゃら【洒落】〘名・形動ナリ〙❶物事にこだわらず、さっぱりしているさま。しゃれているさま。いき。「傾城といへるものは…一なる風情をおもてにし」〈仮・可笑記・三〉❷しゃらくさいさま。生意気。「一な丁稚上がりめ」〈浄・曽根崎〉❸遊女。近世、越前でいう。「此所に名高き一には」〈浮・三代男・三〉

しゃら【娑羅┊沙羅】▶さら(沙羅)

じゃ-らい【射礼】主に平安時代に宮中で行われた年中行事。正月17日に豊楽院または建礼門の前で、天皇臨席のもとに親王以下五位以上および六衛府の官人が参加して射技を披露したもの。終了後には宴が開かれ、禄を賜った。大射。

しゃらく【写楽】▶東洲斎写楽

しゃ-らく【洒落┊灑落】〘名・形動〙物事にこだわらず、さっぱりしていること。また、そのさま。洒々落々。「一な人柄」「一でありながら神経質に生れ付いた彼の気合を」〈漱石・明暗〉 類語 淡淡・洒洒落落

しゃら-くさ・い【洒落臭い】〘形〙文 しゃらくさ・し〘ク〙しゃれたまねをする。小生意気だ。「素人のくせに一・いことを言う」 類語 利いた風・生意気・こざかしい・小生意気・ちょこ才

じゃら-くら〘副〙スル なまめかしく戯れあうさま。でれでれ。じゃらじゃら。「白粉を塗って一されては虫唾が走る」〈魯庵・社会百面相〉

じゃら・ける【戯ける】〘動カ下一〙たわむれる。ふざける。じゃれる。「若しも一・けたこといわば唯は置かぬ」〈露伴・いさなとり〉

しゃら-ごえ【洒落声】はしゃいでわめく声。「女房が一、響き渡りて」〈浮・新色五巻書・二〉

しゃら-しゃら〘副〙スル ❶布などがすれ合う音を表す語。「甲斐絹裏の一する羽織をとって」〈左千夫・春の潮〉❷鈴や鎖などが触れ合う音を表す語。「一シャンシャン鈴つけたお馬にゆられて」〈雨情・雨降りお月さん〉❸雪駄などの履物で歩くときの音を表す語。「雪駄の音の一と」〈浄・寿の門松〉

じゃら-じゃら〘副〙スル ❶金属などの硬くて小さい物がたくさん触れ合ってたてる音を表す語。「ポケットの小銭を一させる」❷なまめかしく、いやらしい感じがするさま。だらしなく戯れかかるさま。でれでれ。「一としなだれかかる」「人前で一する」❸べらべらと無駄口をたたくさま。「若い手代をとらへては一とてんがう口」〈浮・娘気質・三〉

しゃら-じゅ【娑羅樹】▶さらじゅ(娑羅樹)

じゃら・す【戯らす】〘動サ五(四)〙じゃれるようにする。じゃれさせる。「猫を一・す」

しゃら-そうじゅ【娑羅双樹】▶さらそうじゅ(娑羅双樹)

ジャラ-タランガ〘ヒンディー jala-taraṅga〙インドの旋律打楽器。大小18個ほどの陶製の椀に水を入れて調律し、2本の細い棒でたたく。

じゃら-つ・く〘動カ五(四)〙❶小さな金属片などが触れ合ってじゃらじゃら音を立てる。「小銭をポケットで一・かせる」❷なまめかしい振る舞いをする。男女が、でれでれとじゃれあう。「人の心まかせなるやうに一・きて」〈浮・一代女・一〉❸たわむれる。ふざける。じゃれる。「路次にて禿どち一・くか、よそ見などして来る時は」〈色道大鏡・四〉

しゃら-どけ【しゃら解け】「しゃらほどけ」に同じ。「髪一に帯しどけなく」〈浮・丹前能・二〉

しゃら-の-き【娑羅の樹】❶「さらじゅ(娑羅樹)」に同じ。❷ナツツバキの別名。

しゃら-ほどけ【しゃら解け】結んだ帯やひもが自然に緩み解けること。しゃらどけ。「かけてもかけても手がはづれ、結んだ縄も一」〈浄・千本桜〉

シャラモン-とう【シャラモン塔】《Salamon-torony》ハンガリー北部の町ビシェグラードにある塔。13世紀半ば、ドナウ川を一望する場所に建造され、航路監視などに使用された。名称は、王位継承争いに敗れたハンガリー王アンドラーシ1世の息子シャラモンが幽閉されたことに由来する。

しゃら-りん【娑羅林】▶さらりん(娑羅林)

しゃり【舎利】《梵 śarīraの音写。身骨と訳す》❶仏や聖者の遺骨。特に釈迦の遺骨をさし、塔に納めて供養する。仏舎利。❷火葬にしたあとの遺骨。「お一になって砂に埋まっちゃやそれっきりだからな」〈中勘助・鳥の物語〉❸《形が❶に似ているところから》白い米粒。また、米飯。白飯。「すし種も一もいい」「銀一」❹蚕の病気の一。糸状菌(カビ)におかされ、白く硬くなって死ぬもの。

舎利が甲になる　とてもありえないことのたとえ。甲が舎利になる。

しゃり【舎利】謡曲。五番目物。旅の僧が京都東山の泉涌寺で仏舎利を拝んでいると、足疾鬼が舎利を奪って飛び去るが、韋駄天が取り返す。

しゃ-り【射利】手段を選ばないで、ただ利益を得ようと考えること。また、偶然の利益をあてにすること。「敢て一の計にあらず、聊か我が開化を助くるの微意なりと」〈新聞雑誌五七〉

しゃ-り【這裏】《「這」は「此」の意》このうち。この間。「むかっ腹をたててぷんぷんするのでも一の消息は会得できる」〈漱石・吾輩は猫である〉

しゃ-り【瀉痢】はらくだし。下痢。

じゃり【砂利】❶小石。また、小石に砂のまじったもの。ざり。「一道」「玉一」「一トラ」❷《劇場・見世物小屋などで見物の子供をさしていったところから》子供。❸《小石や白砂を敷きつめたところから》江戸時代、奉行所の一区画で、町人・百姓などが着座する所。 類語 (❶)石・小石・石ころ・石くれ・礫・砂礫・玉砂利・砂/(❷)餓鬼・子供

ジャリ〘Alfred Jarry〙[1873～1907]フランスの劇作家・詩人。象徴主義の影響を受け、戯曲「ユビュ王」はシュールレアリスムの先駆とされる。

シャリアピン〘Fyodor Ivanovich Shalyapin〙[1873～1938]ロシアのバス歌手。独学で声楽を習得。幅広く深い声量と独特な演技力で知られる。

シャリアピン-ステーキ　すりおろしたタマネギ・ニンニクを薄くたたいたステーキ肉にまぶして焼き、タマネギのみじん切りをいためてソースとして添えた料理。昭和11年(1936)来日した歌手のシャリアピンが帝国ホテルで注文して作らせたことから、この名がある。

シャリーア〘アラビア sharī'ah〙《「シャリア」とも》イスラム法。イスラム教徒が守るべき儀礼的日常的生活規範。コーランを基に、9～10世紀にほぼ成立。現代ではさまざまに改革され、その適用は国によって異なる。聖法。

しゃり-え【舎利会】仏舎利を供養する法要。舎利講。舎利講会。

しゃり-えん【瀉痢塩┊瀉利塩】マグネシウムの含水硫酸塩鉱物。ふつう硫酸マグネシウムの七水和物をいう。下剤・媒染剤などに使用。

しゃ-りき【車力】大八車などを引いて荷物を運搬することを職業とする人。また、その車。「一は縄を解いて、荷物を庭口から縁側へと運び入れる」〈花袋・田舎教師〉

しゃり-こう【舎利講】▶舎利会

しゃり-こうえ【舎利講会】▶舎利会

しゃり-こうべ【髑髏】「されこうべ」に同じ。〈日葡〉

しゃり-しゃり〘副〙スル 固くて薄いものが触れ合って立てる音を表す語。また、固くて薄いものをかみくだいたり、連続的に切ったりする際の感触を表す語。「一(と)して歯ざわりのいい漬物」

じゃり-じゃり㊀〘副〙スル 細かくかたい粒状のものがきしる音、また、手ざわり・舌ざわりのざらざらした感じを表す語。「船底が一(と)小石をかむ」「あごをなでると、不精ひげが一(と)する」㊁〘形動〙文〘ナリ〙細かくかたい粒状のものに触れて、荒く感じるさま。「砂で口の中が一だ」

しゃり-だけ【斜里岳】北海道東部、阿寒・摩周火山群と知床連山の間にある火山。標高1547メートル。

しゃりっ-と〘副〙布地の肌ざわりや食物の歯ごたえが、柔らかい中に快い抵抗感を含んでいるさま。「リンゴを一かむ」

しゃり-でん【舎利殿】仏舎利を安置した建物。一般に方形で、中央に舎利塔を置く。

しゃり-とう【舎利塔】仏舎利を納める塔。仏塔を意味するが、中国・日本などでは室内に安置する仏塔形の小型工芸品をさすことも多い。後世、水晶珠など小粒の硬い石を納め、仏舎利と同様に尊崇した。

じゃり-ば【砂利場】㊀砂利を置く場所。砂利置場。また、砂利を取る場所。㊁《江戸城本丸天守台造築の際に砂利を採ったところから》江戸浅草田町1丁目(現在の東京都台東区浅草5丁目)付近のこと。新吉原の遊里への道すじ。ざりば。

しゃり-ばて【舎利ばて】《「舎利」は米の意》登山など長時間の運動の途中で急に力が抜け、動けなくなる現象。肝臓・筋肉に貯えられたグリコーゲンが消費し尽くされて起こるという。ぶどう糖など甘いものをとると直る。(補説)登山者の用語。サイクリング、マラソンなどでは「ハンガーノック(hunger knock)」という。

しゃり-ぶくろ【舎利袋】携行できる大きさの、仏舎利を入れる袋。

シャリベツ【舎利別】《(オランダ)siroopの音訳から》白砂糖を煮詰めた濃厚な液。シロップ。「―と氷水で清新なうまい飲みものになった」〈野上・真知子〉

しゃり-ほう【舎利法】密教で、仏舎利を本尊として行う修法。

しゃりほつ【舎利弗】《(梵)Śāriputraの音写。身子などと訳す》釈迦十大弟子の一人。十六羅漢の一。インドのマガダ国に生まれ、釈迦に師事し、その布教を助けた。智慧第一と称される。舎利子。

しゃ-りゅう【者流】名詞に付いて、接尾語的に用い、その種類の者であることを表す。その仲間の者。その連中。「漢学―」「長袖―」

しゃ-りょう【社領】神社の領地。社地。神領。

しゃ-りょう【車両｜車×輛】車輪のついた乗り物の総称。また、特に汽車・電車など鉄道の貨車・客車。「前の―がすいている」「―故障」「大型―」
(類語)乗り物・車・車体・箱

しゃ-りょう【斜×稜】角錐の側面と側面とが交わる線。

しゃりょうかがくきょうていほけん-とくやく【車両価額協定保険特約】自動車保険における特約の一つ。被保険自動車と同一の用途・車種・車名および同程度の消耗度の車の市場販売価格相当額を車両保険金額とするもの。被保険自動車が損害を受けた場合には、車両保険金額を限度として保険金が支払われる。通常は車両保険を付ける場合に自動的に適用。

しゃりょうきけんげんていたんぽ-とくやく【車両危険限定担保特約】自動車保険における特約の一つ。火災や爆発・盗難・落書き・浸水・飛来物などとの衝突などによる損害を補償する車両保険の特約で、補償の範囲を災難に限定することで保険料が割安になる。限定A。

しゃりょうしんかほけん-とくやく【車両新価保険特約】自動車保険における特約の一つ。新車購入後一定期間内(多くは初回の車検時まで)に生じた車両事故によって、被保険自動車が全損または新車価格の50パーセント以上の損害を受けた場合、代替車両の購入代金を被保険自動車の新車価格を限度に補償する。新車特約。

しゃりょうぜんそんじしょひようほけんきん-とくやく【車両全損時諸費用保険金特約】自動車保険における特約の一つ。自動車事故により被保険自動車が全損した場合、自動車の買い替えにともなう諸費用を補うものとして、車両保険金額の一定割合(多くは1割、20万円上限)が車両保険金額に上乗せして支払われる。

しゃりょうとうさいがた-クレーン【車両搭載型クレーン】▶ユニック車

しゃりょうばんごう-ひょう【車両番号標】道路運送車両法の規定に基づいて登録自動車以外の自動車(軽自動車・自動二輪車・小型特殊自動車)が表示するナンバープレートの正式名称。➡自動車登録番号標

しゃりょう-ほけん【車両保険】自動車保険で、車両が事故や火災・盗難などで受けた損害を補償する保険。

しゃりょうりょうりつ-クラス【車両料率クラス】自動車の車両保険の保険料を算出するための基準として設定された区分。過去に起こした事故の頻度・規模や、その際に保険会社がどの程度の保険金を支払ったのかなどを考慮し、車種を型・年式・グレードなどによって9段階に区分したもの。事故を起こしやすい車や修理費が高い車は料率が高くなり、保険料も上がる。料率クラス。

しゃ-りん【車輪】❶車の輪。また、車。❷俳優が舞台を一生懸命に務めること。転じて、休むことなく一生懸命に物事をすること。大車輪。「―になって、万事万端の世話を焼いた」〈芥川・枯野抄〉

しゃりん-せき【車輪石】古墳時代の碧玉製の腕輪形宝器。弥生時代の貝製腕輪に起源をもつ。

しゃりん-どめ【車輪止(め)】鉄道で、車両の逸走を防ぐためにレール上に渡して固定した車止め。

しゃりんのした【車輪の下】《原題、(ドイツ)Unterm Rad》ヘルマン=ヘッセの小説。1906年刊。大人たちの無理解と過酷な教育制度に押しつぶされる少年ハンスの悲劇を描いた自伝的作品。

しゃりん-ばい【車輪梅】バラ科の常緑低木。本州南西部・九州の海岸に自生。葉は長楕円形で、枝の上部にほぼ輪状に密生する。5月ごろ、枝先に梅に似た白花が群がって咲く。実は黒紫色。樹皮から大島紬の染料をとる。たちしゃりんばい。

しゃ・る【×曝る】〔動ラ下二〕「さる」の音変化。「白く―・れたる頭なり」〈盛衰記・一九〉

しゃる〔助動〕《尊敬の助動詞「せ」に尊敬の助動詞「らる」の付いた「せらる」の音変化。近世語》四段・ナ変動詞の未然形に付いて、尊敬の意を表す。なさる。「かか様の死な**しゃれ**ぬ様にして下され」〈浄・阿波鳴渡〉➡さしゃる (補説)もと下二段型活用「しゃれ・しゃれ・○・○・しゃるれ・○」で、のちに四段型活用「しゃら・しゃり(しゃっ)・しゃる・しゃる・しゃれ・しゃい(しゃれ)」となる。「きさまの着物も、薄綿になっては夫限だと思は**っしゃい**」〈滑・浮世風呂・前〉のように上接する動詞語尾との間に促音が加わり、「っしゃる」となることもある。

し-や・る【▽為▽遣る】〔動ラ四〕❶滞りなくしおえる。「物望みなる人など、ひまなくまうづるを見る程に行ひも―・らず」〈枕・一二〇〉❷して送る。してやる。「古郷に返す文したためて、はかなき言伝など―・るなり」〈奥の細道〉

じゃ・る【▽戯る】〔動ラ下二〕「じゃれる」の文語形。

シャルコー-かんせつ【シャルコー関節】《Charcot joint》神経障害による関節の障害で、糖尿病・脊髄癆・脊髄空洞症などで起こる。関節が腫れ、変形するが、痛みを感じない。

シャルジャ〖Sharjah〗アラブ首長国連邦を構成する7首長国の一つ。ドバイ東隣の主要部とオマーン湾岸の飛び地からなる。シャルージャ。

シャルダン〖Jean-Baptiste Siméon Chardin〗[1699～1779]フランスの画家。穏やかな色彩と迫真的な造形力により、市民生活や静物を詩情豊かに描いた。

ジャルディーニ-ナクソス〖Giardini Naxos〗イタリア南部、シチリア島、シチリア自治州の町。イオニア海に面し、タオルミーナ岬とスキゾ岬の間に位置する。紀元前8世紀に築かれた古代ギリシャの植民都市は同島最古とされる。当時の城壁・塔・門・神殿などの遺跡がある。小さな漁師町だったが、近年は庶民的な海岸保養地として知られる。

シャルドネ〖(フランス)chardonay〗白ワイン用のブドウの品種名。名前の由来はフランス、ブルゴーニュのマコネ地方の村名(Chardonay)からで、各地で上質白ワイン用に栽培されている。

シャルトル〖Chartres〗フランス、パリの南西にある商業都市。4世紀以来、司教都市。

シャルトル-だいせいどう【シャルトル大聖堂】シャルトルにある教会堂。再建・修復を繰り返し、13世紀中ごろ、ほぼ現在の形に築造。フランスゴシックの代表的な建築で、彫刻・ステンドグラスでも有名。

シャルドンヌ〖Jacques Chardonne〗[1884～1968]フランスの小説家。夫婦愛の問題を追求した。作「祝婚歌」「エバ」「感情的宿命」など。

シャルドンネ〖Hilaire Bernigaud de Chardonnet〗[1839～1924]フランスの化学者・工業家。人造絹糸を創製した。

シャルナク〖Siarnaq〗▶シアルナク

シャル-フォン-ベル〖Schall von Bell〗▶アダム=シャール

シャルマイ〖(ドイツ) Schalmei〗▶ショーム

シャルマン〖(フランス) charmant〗〔形動〕魅力的。魅惑的。チャーミング。「―な夜会服」

シャルムーズ〖(フランス) charmeuse〗表は斜文織り、裏はしゅす織りの織物。柔らかで光沢があり、カクテルドレスやイブニングドレスなどに用いる。

シャルル〖Charles〗フランス王。㊀(5世)[1337～1380]在位1364～1380。名将デュ=ゲクランを起用してイギリス軍と戦い、旧占領地の大半を奪回。財政を再建して王国の集権化に努め、また学芸を奨励した。賢明王。㊁(7世)[1403～1461]在位1422～1461。国土の大部分をイギリスに占領されたが、ジャンヌ=ダルクのオルレアン救出から攻勢に転じ、カレーを除く全国土を回復して百年戦争を終結させた。勝利王。㊂(9世)[1550～1574]在位1560～1574。アンリ2世の子。10歳で即位。宗教の内乱が続き、母カトリーヌの指導によるサンバルテルミーの虐殺に同意。その自責により死を早めた。㊃(10世)[1757～1836]在位1824～1830。ルイ16世・18世の弟。フランス革命で英国に亡命。ナポレオン没落後に帰国。即位後は反動的諸政策を行ったが、1830年の七月革命で退位、イタリアで没。

シャルル〖Jacques Alexandre César Charles〗[1746～1823]フランスの物理学者。水素気球を考案し、自らこれを操縦。1787年に気体についての「シャルルの法則」を発見。

シャルル-ドルレアン〖Charles d'Orléans〗[1394～1465]フランスの詩人。シャルル6世の甥。百年戦争末期にイギリス軍の捕虜となり、25年間の幽閉生活を送った。詩集「牢獄の歌」など。

シャルル-の-ほうそく【シャルルの法則】▶ゲイ=リュサックの法則

シャルルビル-メジエール〖Charleville-Mézières〗フランス北東部、アルデンヌ県の都市。同県の県都。ミューズ川を挟む双子都市だったシャルルビルとメジエールが、周辺の町を含め1966年に合併。国立の人形劇学校があり、3年毎に世界人形劇場フェスティバルが開催されるなど、「人形劇の町」として知られる。19世紀の詩人ランボーの生地。

シャルルボワ〖Charlevoix〗カナダ、ケベック州、州都ケベックの近郊にある観光・保養地。避暑や紅葉を目的とする観光客が訪れる。多くの芸術家が移り住む町、ベ-サン-ポール、セントローレンス川に浮かぶクードル島などがある。シャルルボア。

シャルルマーニュ〖Charlemagne〗▶カール㊀

シャルルロア〖Charleroi〗ベルギー南西部の工業都市。重化学工業が盛ん。シャールロア。

シャルロッテンブルク-きゅうでん【シャルロッテンブルク宮殿】《Schloß Charlottenburg》ドイツの首都、ベルリンにある宮殿。ブランデンブルク選帝侯(後の初代プロイセン王)フリードリヒ1世が、妃のゾフィー=シャルロッテのために夏の離宮として建造。1695年から1790年にかけて、何度か増改築をして現在の姿になった。1943年のベルリン大空襲により大きな被害を受けたが、戦後に修復。他の宮殿とともに、「ポツダムとベルリンの宮殿群と公園群」として世界遺産(文化遺産)に登録されている。

シャルロット〖(フランス) charlotte〗底部が少しすぼまった円柱形の型(シャルロット)を用いて固めた菓子。同じ型を用いて焼いた料理や、ケーキの周りにビスケットを貼り付けたものもいう。

シャルワール〖shalwar〗トルコからパキスタンに及ぶ地方で見られる、ゆったりしたズボン。男女ともに用い、足首のところで細くなっている。

しゃれ【×洒▽落】《動詞「しゃれる」の連用形から。「洒

落」は当て字》❶その場に興を添えるために言う、気のきいた文句。ある文句をもじったり、同音や似た音の言葉に掛けて言ったりする。地口じぐち・警句の類。「一を飛ばす」「一が通じる」「駄一」❷戯れにすること。冗談事。「こんないたずらは一にならない」❸(多く「お洒落」の形で用いる)気のきいた身なりをすること。華やかに装うこと。「お一をして出かける」「一者」➡おしゃれ ❹今風で、あかぬけていること。「風雅でもなく、一でなく」〈浄・忠臣蔵〉
(類語)軽口・冗談・ジョーク・駄洒落だじゃれ・諧謔かいぎゃく

じゃれ【▽戯れ】《「ざれ」の音変化》ふざけること。また、ふざけて言うこと。冗談。ざれごと。「今のは何も皆一ぢゃ」〈浄・堀川波鼓〉

しゃ-れい【射礼】▶じゃらい(射礼)

しゃ-れい【赦令】赦免、または特赦・大赦の命令。

しゃ-れい【謝礼】〔名〕スル 感謝の気持ちを表すための言葉や金品。また、その金品を贈ること。「一を届ける」「講師に一する」「一金」
(類語)礼・謝辞・礼物・志・寸志

しゃ-れいうん【謝霊運】[385〜433]中国、南朝の宋の詩人。陽夏(河南省)の人。永嘉太守・侍中などを歴任。のち、反逆を疑われ、広州で処刑された。江南の自然美を精緻な表現によって山水詩にうたった。

しゃれ-いた【×曝れ板】日光や風雨に長時間さらされて、木目が浮き出た板。風流なものとして珍重された。されいた。「寝間と思ふ長押なげしの上に一の額かけて、好色庵としるせり」〈浮・一代女・一〉

シャレード〖charade〗言葉当て遊び。ジェスチャーゲーム。

しゃれ-おんな【×洒▽落女・▽白女】をんな ❶おしゃれに凝る女性。しゃれた身なりをする女性。❷江戸時代、風呂屋などにいて、客を取った私娼。湯女ゆなの類。「柴屋町より一呼び寄せ」〈浮・永代蔵・二〉

しゃれ-がい【×曝れ貝】がひ 水に長時間洗いさらされた貝。されがい。「たとへば骨を砕かれて、身は一の蜆しじみ川、底の水屑みくずとならばなれ」〈浄・曽根崎〉

しゃ-れき【社歴】❶会社創立以来の歴史。❷個人が入社してからの経歴・年数。「一一〇年」(類語)社史

しゃ-れき【砂×礫】▶されき(砂礫)

しゃれ-こうべ【髑=髏】かうべ「されこうべ」に同じ。

しゃれ-こ・む【×洒▽落込む】〔動マ五(四)〕❶念入りにおしゃれをする。めかしこむ。「一・んで出かける」❷ふだんあまりしないような気のきいたことをする。「豪華客船でヨーロッパ旅行と一・む」

しゃ-れつ【車列】目的地に向けて隊を組んで進む車の列。同じ方向に走る車の列。また、同じ方角を向いて停車している車の列。「一に割り込む」「信号待ちの一に突っ込む」

しゃ-れつ【車裂】「車裂くるまざき」に同じ。

じゃれ-つ・く【▽戯れ付く】〔動カ五(四)〕子供や動物などがなれて、たわむれまつわりつく。甘えて、ふざけかかる。「子犬が一・く」

しゃれっ-け【×洒▽落っ気】❶服装などでおしゃれをしようという気持ち。「年ごろなのに一のない娘」❷気のきいた言動で、周囲の人を驚かせたり笑わせたりしようという気持ち。「一たっぷりの人」(類語)遊び心・茶目っ気・ウイット・エスプリ・芝居気・ダンディズム

しゃれ-のめ・す【×洒▽落のめす】〔動サ五(四)〕❶度を越してしゃれを言う。何でも冗談にしてしまう。終始しゃれを言い続ける。「まじめな話を一・すな」❷大いにおしゃれをする。「柄にもなく手綺麗に一・して」〈里見弴・多情仏心〉

しゃれ-ふう【×洒▽落風】松尾芭蕉の没後、江戸を中心に榎本其角えのもときかくが始めた俳諧の流派。都会趣味で、しゃれ・奇抜・機知を主とする。➡化鳥けちょう風

しゃれ-ぼん【×洒▽落本】江戸中期から後期にかけて、主に江戸で流行した遊里文学。通・うがちを主題に、遊里の内部や遊女・遊客の言動を、会話を主にして写実的に描いたもの。寛政の改革で、風俗壊乱を理由に一時禁止された。ふつう、書型は半紙四つ折りの小形本。山東京伝の「通言総籬つうげんそうまがき」「傾城買四十八手」などが代表作。蒟蒻本こんにゃくぼん。小本こほん。

しゃれ-もの【×洒▽落者】❶服装・動作・言語などが洗練されている人。粋人。❷気のきいた服装や化粧をする人。おしゃれに凝る人。❸こっけいな言動で人を笑わせる人。

しゃ・れる【×洒▽落る】〔動ラ下一〕《動詞「しゃ(曝)る」の意からの派生という。「洒落」は当て字》❶服装や髪形などに気を使って身を飾る。おしゃれをする。「一・れて新年会に出かける」❷気がきいている。あか抜けしている。「一・れた店を出す」「この柄はなかなか一・れている」❸しゃれを言う。「一・れたつもりが通じなかった」❹生意気である。差し出がましいことをする。「一・れたまねをしやがる」(類語)(❷)垢抜あかけ る・瀟洒しょうしゃ・粋・小粋・シック・ハイカラ・ハイセンス・洗練・ソフィスティケート

じゃ・れる【▽戯れる】〔動ラ下一〕図じゃ・る〔ラ下二〕《「ざれる」の音変化》ふざけたわむれる。まつわりついてたわむれる。「子猫がまりに一・れる」
(類語)戯たわむれる・ふざける・はしゃぐ・いちゃつく

じゃ-れん【邪恋】人としての道に外れた恋。

しゃ-レンズ【視野レンズ】接眼レンズを構成するレンズのうち、最も眼から遠いレンズ。対物レンズからの光を集光する役割をもつ。逆に眼に近いレンズを対眼レンズという。

じゃ-ろ【邪路】よこしまな道。邪道。

ジャロ〖JARO〗《Japan Advertising Review Organization》公益社団法人日本広告審査機構。広告主・新聞社・出版社・放送会社・広告会社・広告制作会社など広告に関わる企業が参加する民間の広告自主規制機関。昭和49年(1974)設立。

シャロット〖shallot〗西洋野菜エシャロットの英語名。

シャロレー〖フランス charolais〗家畜の牛の一品種。フランス、シャロレー地方の原産の肉用種。発育が早く大形で、肉は脂肪が少なく赤身が多い。

じゃ-ろん【邪論】人を惑わすまちがった論。邪説。

ジャワ〖Java〗《「ジャバ」とも》インドネシア共和国の中心をなす島。17世紀からオランダが領有、第二次大戦中は日本軍が占領した。ジャワ原人の発見地。面積12万1000平方キロ。(補説)「爪哇」とも書く。

シャワー〖shower〗❶じょうろ状の噴出口から湯や水を注ぎかける装置。また、その湯や水。(季 夏)❷高エネルギーの粒子が物質層に入射してその原子と衝突、次々と二次粒子を発生させる現象。

シャワー-カーテン《和 shower＋curtain》シャワー使用時の水の飛散を防ぐために、浴槽やバスルームに吊り下げる防水カーテン。

シャワー-クライム《和 shower＋climb》川の源流にさかのぼる沢登り。

シャワー-こうか【シャワー効果】カウクワ デパートで、上階の施設を充実させ、店舗全体の売り上げ増加につなげる販売方法。屋上に人気の高いガーデニングショップを配置する、最上階のレストラン街を充実させる、催事会場を上階に配置するなどで、上から下への流れをつくり、ついで買いをねらうもの。➡噴水効果

シャワー-ジェル〖shower gel〗浴用液体石鹸。ボディーシャンプー。ボディージェル。

シャワー-トイレ《和 shower＋toiletから》紙でふくかわりに、温水シャワーで洗って、温風で乾かす方式の便器。

シャワー-プルーフ〖showerproof〗毛織物に防水加工を施したもの。➡ウォータープルーフ

ジャワ-げんじん【ジャワ原人】▶ピテカントロプス

ジャワ-ご【ジャワ語】マレー-ポリネシア語族のインドネシア語派に属する言語。ジャワ島を中心に分布し、9世紀からの文献をもつ。

ジャワ-さい【ジャワ×犀】ウマ科の哺乳類。東南アジアに分布。体高1.5〜1.7メートル。体重約1400キロ。絶滅の危険がある。

ジャワ-サラサ〖ポルトガル Java saraça〗ジャワ特産の蝋ろう防染のサラサ。草花模様や幾何学的模様のものが多い。バティック。

シャン《ドイツ schön(美しい、の意)から》美しいこと。また、美人。もと、旧制高等学校生の学生語。「実に一ねえ。清岡先生の奥様よ」〈荷風・つゆのあとさき〉➡ウンシャン (類語)美人・佳人・美女・麗人・別嬪べっぴん・名花・小町・マドンナ・色女・大和撫子やまとなでしこ・美少女

ジャン「ジャンパー」の略。「革一」「スター」

ジャンカ-かたさ【ジャンカ硬さ】木材の硬さ(硬度)の示し方の一。押し込み硬さの一種で、11.28ミリメートルの鋼球を試料表面に半分まで押し込んだとき(圧痕面積は100平方ミリメートル相当)の荷重で表す。ジャンカ硬度。

ジャンカ-こうど【ジャンカ硬度】カウド ▶ジャンカ硬さ

シャンカラ〖Śaṅkara〗[700ころ〜750ころ]インドの哲学者。ベーダーンタ学派の理論家で、不二一元ふにいちげん派の開祖。著「ブラフマ-スートラ注解」など。

じゃんがら 長崎県平戸島で行われる民俗芸能。笛・鉦かね・太鼓の囃子はやしによる、盆の豊年踊り。

じゃんがら-ねんぶつ【じゃんがら念仏】福島県いわき市付近一帯で、8月15日ごろ行われる民俗芸能。念仏踊りの一種で、腰につけた太鼓を打つ数人を中にして、鉦かねを打つ数人が円陣をつくって踊る。

ジャンキー〖junkie〗麻薬中毒患者。転じて、何かに夢中になっている人。「ビデオ一」

シャンキング〖shanking〗〔名〕スル スポーツの準備運動の一つ。ごく軽くひざを上げるか、上げない程度に走ること。ジョギングよりもさらにゆるく走る。

シャンク〖shank〗❶すね。脚。また、道具の柄え。❷ゴルフで、アイアンクラブの頭部と柄の接続部。また、その部分で打ってしまうミスショット。

ジャンク〖junk〗《元来はジャワ語で船の意》中国の沿岸や河川などで用いられている伝統的な木造帆船の総称。多数の水密隔壁により船内が縦横に仕切られ、角形の船首と蛇腹式の帆をもつのが特徴。(補説)「戎克」とも書く。

ジャンク〖junk〗❶下らない、役に立たないもの。がらくた。廃品。「一市いち」❷動作未確認のコンピューター関連部品。主に廃棄されたコンピューターや周辺機器、中古品などから取り出すため、非常に安価だが、メーカーの正式な保証を受けることができない。ジャンク品。ジャンクパーツ。

ジャンク-アーチスト〖junk artist〗廃品を素材として作品を作る芸術家。➡ジャンクアート

ジャンク-アート〖junk art〗廃品、特に物質文明が生み出す大量生産品の廃物や壊れた機械の部品などで構成される芸術。

シャンクー【香菇】《中国語》干しシイタケ。

ジャンク-さい【ジャンク債】▶ジャンクボンド

ジャンク-ジュエリー〖junk jewelry〗にせ物の宝石・アクセサリーのこと。ジャンクストーン。

ジャンクション〖junction〗❶連結。接合。❷高速道路などの合流地点。また、その地点で相互に連結する立体交差部分。

ジャンク-フード〖junk food〗即席麺めんやスナック菓子など多種・大量に生産されている食品。また、高カロリーだが、栄養価が低く、添加物の多い食品。

ジャンク-ボンド〖junk bond〗元利金の回収の確実性が低い(格付けBB以下)債券。低い格付けなので、ハイリスクハイリターンであり、レバレッジドバイアウトの資金調達手段などに活用される。

ジャンク-メール〖junk mail〗▶迷惑メール

ジャン-クリストフ〖Jean-Christophe〗ロマン=ロランの長編小説。10巻。1904〜1912年刊。ベートーベンをモデルにしたといわれる作曲家ジャン=クリストフを主人公に、その精神的成長を描く。

ジャングリッシュ〖Janglish〗日本人式の英語。(補説)Japanese Englishとjangle(騒々しい音を出す)とを合成した造語。

シャングリラ〖Shangri-la〗理想郷。桃源郷。英国の作家ヒルトンの小説「失われた地平線」(1933年刊)に描かれた理想郷の名による。

ジャングル〖jungle〗常緑樹・蔓性つるせい植物などが絡み合うように密生した森林。一般には熱帯降雨林をいう。密林。(類語)森・森林・密林・山林・原生林

ジャングル-ジム〖jungle gym〗公園・運動場など

に置く、金属管を縦・横に一定の間隔で組み上げてつくった、幼児や児童用の固定遊具。

ジャングルブック〖The Jungle Book〗キップリングの長編小説。1894〜1895年刊。正・続あわせて15編からなり、8編はオオカミに育てられた少年モーグリがジャングルで動物仲間との交渉の中で成長していく姿を描く。

じゃん-けん〔名〕スル 片手で、石(ぐう)・紙(ぱあ)・はさみ(ちょき)のいずれかの形を同時に出し合って勝負を決めること。また、その遊び。石ははさみに、はさみは紙に、紙は石に勝つ。石拳。じゃんけんぽん。➡拳❷ (補説)「両拳」の中国語音からともいう。

じゃんけん-ぽい「じゃんけんぽん」に同じ。

じゃんけん-ぽん ❶じゃんけんをするときの掛け声。じゃんけんぽい。「―、あいこでしょ」❷「じゃんけん」に同じ。

じゃん-こ 天然痘にかかったあとのあばた。また、あばたのある者。

ジャン-コード【JANコード】《Japanese Article Number Code》日本工業規格制定の標準商品表示。バーコードとして商品などに表示される。13桁の標準タイプと8桁の短縮タイプがある。JANコードは日本での呼称で、欧州ではEAN(European Article Number)コード、米国・カナダではUPC(Universal Product Code)と呼ばれ、互いに互換性がある。

じゃんこ-づら【じゃんこ面】あばたづら。いもがお。〈和英語林集成〉

じゃん-じゃか〔副〕❶音楽などをやかましく響かせるさま。じゃかじゃか。「楽隊が―やっている」❷仕事などを、どんどんとはかどらせるさま。「―金をかせぐ」

しゃん-しゃん〔副〕スル ❶鈴などが続けて鳴る音を表す語。「―(と)鈴を鳴らして馬車が通る」❷大ぜいの人がそろって手を打つ音や、そのさまを表す語。「では、めでたく―と手を締めましょう」❸肉体的に衰えを見せず、元気で活動しているさま。「年の割りには―している」❹仕事を手順よく処理するさま。「一片づける」❺湯が沸き立つさま。「据風呂も―、かかり湯取って加減見て」〈浄・丹波与作〉

じゃん-じゃん ㊀〔副〕❶半鐘などが激しく続いて鳴る音を表す語。「早鐘を―(と)打ち鳴らす」❷物事が盛んな勢いでたてつづけに行われるさま。次から次へ盛んに起こるさま。どんどん。「今夜はごちそうするから―飲もう」「抗議の電話が―かかる」㊁〔名〕❶半鐘。❷物事が終わりになること。おじゃん。「たちまち川のなかへすぽんとおっこちて―よ」〈滑・八笑人・三〉

しゃんしゃん-たいかい【しゃんしゃん大会】《「しゃんしゃん」は手締めの音を表す》すべての議題が異議もなく採決され、短時間で終了する大会。形式的に行われるものに対して言うことが多い。

しゃん-す《「相思」の唐音から》(長崎地方で)恋人。情人。「あんたの―は神変来たばいな」〈民謡・ぶらぶら節〉

しゃんす〔助動〕〔しゃんせ｜しゃんし｜しゃんす｜しゃんす｜しゃんすれ｜しゃんせ〕《尊敬・丁寧の助動詞「しゃます」の音変化》四段・ナ変動詞の未然形に付いて、丁寧の意を伴った尊敬の意を表す。なさいます。「明日は疾うから礼に出さしゃんせ」〈浄・油地獄〉(補説)主として近世期、上方で遊里を中心に行われた女性語。➡さしゃんす ➡さんす

ジャン-スカ「ジャンパースカート」の略。

ジャンスキー〖jansky〗電波天文学の分野で用いられる電波強度の単位。米国の電波技術者カール＝ジャンスキーの名に由来する。1ジャンスキーは、1平方メートル当たりに1ヘルツ当たりのエネルギー流量が10^{-26}ワットであるときの電波強度で定義される。記号Jyを用いて、$1Jy=10^{-26}W/m^2Hz$と表される。

ジャンスキー〖Karl Guthe Jansky〗[1905〜1950]米国の電波技術者。1932年、銀河系中心部から電波が放射されていることを発見した。

ジャンセニスム〖フランス jansénisme〗17〜18世紀、フランスから興り、ヨーロッパのカトリック教会に論争を巻き起こした教派、およびその神学。オランダの神学者ヤンセン(1585〜1638)の、アウグスティヌス研究に基づく恩恵論に由来する。イエズス会と対立。のち、ローマ教皇により禁圧された。

シャン-ゼリゼ〖Champs-Élysées〗フランス、パリのドゴール広場(旧称エトワール広場)からコンコルド広場に通じる街路。高級商店街、公園がある。

ジャン-そう【ジャン荘】《「ジャン」は「マージャン(麻雀)」の略。「雀荘」とも書く》マージャンをする場所を提供する店。マージャン荘。

シャンソニエ〖フランス chansonnier〗パリのモンマルトルの小劇場などで、ユーモアや風刺に富んだ歌をきかせる男性シャンソン歌手。女性はシャンソニエール。

シャンソン〖フランス chanson〗❶中世吟遊詩人の歌謡以来の、フランス世俗歌曲の総称。❷フランスのポピュラーソング。人生の哀歓などを歌ったものが多く、歌手の個性的な表現が特色。

ジャン-たく【ジャン卓】《「ジャン」は「マージャン(麻雀)」の略。「雀卓」とも書く》マージャンをするための正四角形の台。雀台。

ジャンダルム〖フランス gendarme〗《憲兵の意》登山用語。主峰の前にそびえ立つ岩峰。前衛峰。

シャンタン〖shantung〗縦糸に生糸、横糸に玉糸や紬紡糸を用いた、つむぎ風の平織り絹地。綿・化繊でも作られ、張りと光沢があり、ドレスや夏服などに用いられる。元来は中国の山東で作蚕糸を用いて織られた織物。山東絹。

シャンツァイ【香菜】《中国語》セリ科の香辛野菜、コエンドロのこと。中国料理の薬味として多く用いられる。芫荽(イエンスイ)。コリアンダー。香菜。チャイニーズパセリ。

シャンツェ〖ドイツ Schanze〗スキーのジャンプ台。助走路・踏み切り台・着陸斜面からなる。飛躍台。

シャンティイ〖フランス chantilly〗泡立てた生クリーム。また、それを用いたソース・料理・菓子などの名に付けたりもする。フランスのシャンティイ城で考案されたことに由来する。「―ソース」◆地名別項。

シャンティイ〖Chantilly〗フランス中北部、イル-ド-フランス地域圏、オアーズ県の都市。パリの北方約40キロにあり、ノネット川に面する。コンデ公の居城だったルネサンス様式のシャンティイ城があることで有名。

シャンティイ-じょう【シャンティイ城】《Château de Chantilly》フランス中北部の都市シャンティイにあるルネサンス様式の城。16世紀に建造されたプチシャトーと19世紀に再建されたグランシャトーから成る。ラファエロやプーサンの絵画、「ベリー公のいとも豪華なる時祷書」をはじめ、城主だったコンデ公のコレクションを所蔵する美術館がある。

シャンデリア〖chandelier〗洋間の天井からつり下げる装飾的な照明器具。ガラスなどの台に多くの電球を組み合わせたものが多い。

シャンデルナゴル〖Chandernagor〗インド北東部、コルカタの北にある都市。フーグリ川沿岸に位置する。1673年にフランスの植民地となり、1954年、インドに返還。チャンデルナゴル。

シャント〖shunt〗回路の中の二点を導線でつないで作った回路。分路。もとの回路を主路という。

しゃん-と〔副〕スル ❶物事がきちんと整っているさま。ちゃんと。「箸函に―納めて」〈紅葉・二人女房〉❷姿勢や態度などがだらけていないで、きちんとしているさま。「背筋を伸ばして―立ちなさい」「めそめそしていないで―しなさい」❸衰えを見せず、元気で活発にしているさま。「高齢なのに―している」❹確かに。きっぱりと。しかと。「―短う通ひやむが、此の道の粋」〈浮・禁短気・四〉(類語)きちんと・ちゃんと・確り

シャン-ド-マルス-こうえん【シャンドマルス公園】《Parc du Champ-de-Mars》フランス、パリ西部にある公園。セーヌ川左岸に面しエッフェル塔が建っており、イエナ橋を挟む対岸にシャイヨー宮がある。19世紀後半、4度万国博覧会の会場になった。

シャンドン-きょうかい【シャンドン教会】《Shandon Church》►セントアン教会

ジャンヌ-ダルク〖Jeanne d'Arc〗[1412〜1431]フランスの愛国者。ドンレミ村の農家の娘。救国の神託を受けたと信じ、シャルル7世に上申していれられ、イギリス軍を破ってオルレアンの包囲を解いた。のち、イギリス軍に捕らえられ、ルーアンで異端として火刑に処せられたが、1920年にローマ教皇庁により聖女に列せられた。オルレアンの乙女。

ジャンヌダルク-きょうかい【ジャンヌダルク教会】《Église Sainte-Jeanne-d'Arc》フランス北西部、ノルマンディー地方、セーヌ-マリチーム県の都市ルーアンにある教会。15世紀の百年戦争でフランスの勝利に寄与したジャンヌ＝ダルクを祭る。1979年、火刑に処された旧市場広場に建てられた。聖ジャンヌ-ダルク教会。

ジャンパー〖jumper〗陸上競技やスキーなどの跳躍競技の選手。ジャンプ競技者。

ジャンパー〖jumper〗❶運動用・作業用の、ゆったりした上着。防寒・防水にも着用する。ジャンバー。❷「ジャンパースカート」の略。(補説)語源は英語の方言jump(短いコートの意)に-erの付いたもの。
(類語)ブルゾン・ウインドブレーカー・パーカ・ヤッケ・アノラック・ジャケット

ジャンパー-スイッチ〖jumper switch〗電子機器のスイッチの一。ジャンパーピンと呼ばれる小さな部品で、信号ピンの結線を制御する。

ジャンパー-スカート《和 jumper＋skirt》ブラウスなどの上に着る、チョッキとスカートとが一続きになった形の婦人服。

シャンパーニュ〖Champagne〗㊀►シャンパーニュ-アルデンヌ ㊁►シャンパン

シャンパーニュ-アルデンヌ〖Champagne-Ardenne〗フランス北東部の地方。ブドウ栽培とシャンパンの生産が盛んで、マルヌ県のランスはその集散地。他にアルデンヌ県・オーブ県・オート-マルヌ県がある。地方政府所在地はシャロン-アン-シャンパーニュ。

ジャンパー-ひざ【ジャンパー膝】《jumper's knee》スポーツによる障害の一。野球ひじと同様、同じ運動の過度の反復により関節の近くの腱に起こる炎症。

ジャンパー-ピン〖jumper pin〗ジャンパースイッチの結線で、信号のオンとオフを制御する小さな部品。ジャンパープラグ。ジャンパーブロック。ショートピン。

ジャンパー-プラグ〖jumper plug〗►ジャンパーピン

ジャンパー-ブロック〖jumper block〗►ジャンパーピン

シャンハイ【上海】揚子江河口にある、中国最大の商工業都市。中央政府直轄の特別市。宋代から貿易港として発達。1842年の南京条約によって開港、英・米・日・仏各国の租界がつくられ、外国資本の中国進出の拠点となった。第二次大戦後は総合的工業地として発展。人口、行政区1778万(2005)。

シャンハイ-がに【上海×蟹】イワガニ科の小型のカニ。チュウゴクモクズガニ(中国藻屑蟹)ともいう。食用で中国長江流域・朝鮮半島などで産し、特に中国江蘇省陽澄湖産が最高とされる。旬は10月から11月。養殖もされる。美味。

シャンハイ-きしゃ【上海汽車】中国の自動車会社グループ。1958年設立。第一汽車・東風汽車とともに中国の国有三大自動車会社グループの一つに数えられる。ドイツのフォルクスワーゲンや米国のゼネラルモーターズとの合弁会社をもつ。SAIC(Shanghai Automotive Industry Corporation)。上海集団。上海汽車工業集団総公司。

シャンハイきしゃこうぎょうしゅうだん-そうコンス【上海汽車工業集団総公司】►上海汽車

シャンハイ-きょうりょくきこう【上海協力機構】2001年、上海で開かれた中国・ロシア・カザフスタン・キルギスタン・タジキスタン・ウズベキスタンの首脳会議を元に設置された常設機構。事務局は北京。SCO(Shanghai Cooperation Organization)。

シャンハイ-じへん【上海事変】昭和7年(1932)1月、満州事変から世界の目をそらすため、日本の軍部が中国、上海で起こした日中両軍の衝突事件。中

国軍の頑強な抵抗にあい、5月に停戦協定締結。

シャンハイ-しゅうだん【上海集団】ｼｬﾝﾊｲｼﾞｭｳﾀﾞﾝ ▶上海汽車

シャンハイ-りょうり【上海料理】ｼｬﾝﾊｲﾘｮｳﾘ 中国の上海一帯で発達した料理。上海蟹を使った料理が代表で、甘く濃厚な味付けが特徴。➡中国料理

ジャン-パウル〖Jean Paul〗[1763〜1825]ドイツの小説家。本名、ヨハン=パウル=フリードリヒ=リヒター(Johann Paul Friedrich Richter)。理性的な機知と奔放な想像力を融合させた作風により、古典主義とロマン主義の間に独自の位置を占めた。作「ヘスペルス」「巨人」「生意気ざかり」など。

ジャンバラヤ〖jambalaya〗米国南部のクレオール料理の一つ。鶏肉・エビ・ハム・トマト・ピーマンなどの入った炊きこみ御飯。

ジャン-バルジャン〖Jean Valjean〗ユゴーの小説「レ・ミゼラブル」の主人公。

シャンパン〖ﾌﾗﾝｽ champagne〗《「シャンペン」とも》フランスのシャンパーニュ地方原産の発泡性ぶどう酒。白ぶどう酒に古酒・シロップを加えて二度目の発酵をさせ、3年後におりを除いて同質のぶどう酒や糖液を補充し、5年以上熟成させたもの。栓を抜くとポンと音がし、祝宴などに用いられる。(補説)「三鞭酒」とも書く。

シャンパン-クーラー〖champagne cooler〗シャンパンを瓶のまま冷やすための容器。バケツ形で主として金属製だが木製もある。中に氷と水を入れ、瓶を沈めて冷やす。

シャンパン-ミュージック〖champagne music〗《「シャンペンミュージック」とも》食事の際に演奏される、気楽な軽い音楽。

シャンピニョン〖ﾌﾗﾝｽ champignon〗キノコのこと。特に、マッシュルームをさす。

ジャンピング〖jumping〗❶跳躍すること。❷登山用具の一。ハンマーを用いて岩壁に穴をうがつ錐。

ジャンピング-サーブ《和 jumping＋serve》バレーボールなどで、ボールを高く上げ、同時にジャンプしながら打つサーブ。ジャンプサーブ。

ジャンピング-スキー〖jumping ski〗ジャンプ専用のスキー。安定を保つため長さ・重さ・幅が大きく、滑走面には数本の溝が刻まれている。

ジャンピング-ビーン〖jumping bean〗メキシコ原産のトウダイグサ科の植物の種子。中に小さな蛾の幼虫が入っており、種子がはねる。

ジャンプ〖jump〗〔名〕ｽﾙ ❶跳ぶこと。跳躍。「―して捕球する」「崖から―する」❷跳び越えること。「馬が生垣を―する」❸一足跳びに他所に移ること。また、飛ばして進むこと。「最終章に―する」❹陸上競技やスキーの跳躍種目。➡ジャンプ競技 ❺フィギュアスケート・ジャンプ競技❷などで、採点要素の一つ。「―の得点がよくない」(類語)跳ぶ・跳ねる・跳躍・ダイブ

シャンプー〖shampoo〗〔名〕ｽﾙ 頭髪を洗うこと。洗髪。また、洗髪剤。「―してドライヤーをかける」

ジャンプ-きょうぎ【ジャンプ競技】ｼﾞｬﾝﾌﾟｷｮｳｷﾞ ❶陸上競技の、走り高跳び・棒高跳び・走り幅跳び・三段跳びの総称。❷スキーの、ノルディック種目の一。競技場の長さによって五段階に分かれ、飛行距離とフォームとを競う。複合競技と区別するため、純ジャンプともいう。

ジャンプ-コンビネーション〖jump combination〗▶コンビネーションジャンプ

ジャンプ-サーブ〖jump serve〗▶ジャンピングサーブ

ジャンプ-シート〖jump seat〗自動車や飛行機の折り畳み式補助席。

ジャンプスーツ〖jumpsuit〗落下傘部隊員の服装に似た、上下一続きの婦人服。

ジャンプ-だい【ジャンプ台】▶シャンツェ

ジャンプ-ブルース〖jump blues〗1940年代に流行した、管楽器のアンサンブルを加えたリズミカルなブルース音楽の一形態。ジャズの影響が大きく、また、以後のリズムアンドブルースに影響を与えた。

ジャンプ-ボール〖jump ball〗バスケットボールで、審判が向かい合って立つ二人の選手の間にボールを高くあげ、選手はそのボールをジャンプして手でタッチし、自分のチームのボールにしようとするプレー。

シャンブルズ〖Shambles〗英国イングランド北東部の都市ヨークにある石畳の細い通り。中世の木骨造りの建物が両脇に並ぶ。階が上がるにつれ軒がせり出しているのは、中世から近世にかけて、軒下に肉を吊り下げて売っていた名残だという。現在は美術品や工芸品を売る店が多い。

シャンブレー〖chambray〗縦糸は色糸、横糸は白糸で平織りにした織物。霜降り・縞柄が多い。綿のほか、混紡のものもある。

シャンベリ〖Chambéry〗フランス東部、ローヌ-アルプ地方、サボア県の都市。同県の県都。フランスとイタリアを結ぶ交通の要衝であり、工業が盛ん。13世紀末から16世紀のフランス併合以前まで、サボア公国の首都が置かれた。サボア公の宮殿や思想家ジャン=ジャック=ルソーの館がある。

シャンペン〖ﾌﾗﾝｽ champagne〗▶シャンパン

シャンペン-サイダー〖champagne cider〗明治時代のサイダーの商品名。ラムネを高級化した商品に用いた。

ジャンボ〖jumbo〗〔名・形動〕❶巨大なこと。巨大なさま。また、そういうもの。「―な景品」「―サイズ」❷「ジャンボジェット」の略。❸鑿岩機を載せた台車。特に、台車に取り付けた腕木の上に鑿岩機を載せた坑道掘進装置。ドリルジャンボ。(補説)かつて英米で見世物になった巨象の名にちなむ。もとはスワヒリ語で「こんにちは」の意。(類語)ビッグ・ジャイアント・グランド・スーパー・ハイパー

シャンボール〖Chambord〗フランス中部、ロアール川南岸の地名。16世紀に造られたシャンボール城があり、現在は博物館となっている。

ジャンポール-ゴルチエ〖Jean-Paul Gaultier〗▶ゴルチエ

シャンボール-じょう【シャンボール城】ｼﾞｬｳ《Château de Chambord》フランス中部、シャンボールにある城。フランス王フランソワ1世の狩猟のための離宮として16世紀に建造。フランスルネサンス様式の代表的な城館建築として知られる。ロアール川流域の古城のうち最大の規模を誇り、2000年に「シュリーシュルロアールとシャロンヌ間のロアール渓谷」の名称で世界遺産(文化遺産)に登録された。

ジャンボ-サイズ〖jumbo size〗❶一般に、特大サイズのこと。❷写真で、サービスサイズ。自動拡大焼き付け機で、露光・現像・仕上げまで処理する印画。トリミングなどはできないが、高速処理が可能なため、コストが安いのが特徴。L判。E判。

ジャンボ-ジェット〖jumbo jet〗ジェット輸送機のうち、乗客定員400人以上の大型のもの。転じて、ボーイング747型旅客機の愛称。

ジャンボ-タクシー《和 jumbo＋taxi》九人乗りのタクシー。大都市圏で、郊外駅と団地間を結ぶ深夜バスのタクシー版として運行。地方では、過疎地域でのバスの代替輸送機関として運行されている。

ジャンボリー〖jamboree〗《にぎやかな宴会の意》ボーイスカウトのキャンプ大会。

シャンポリオン〖Jean-François Champollion〗[1790〜1832]フランスのエジプト学者。ロゼッタ石により古代エジプト文字の解読に成功。文法書・辞書を著し、エジプト学の父と称される。

ジャンル〖ﾌﾗﾝｽ genre〗種類。領域。特に、文芸・芸術作品の様式・形態上の分類についていう。(類語)種類・領域・分野・範疇・カテゴリー・タイプ・フィールド

シャンルウルファ〖Şanlıurfa〗トルコ南東部の都市。通称ウルファ。シリアとの国境付近に位置する。アレクサンドロス大王に命名され、紀元前よりエデッサと呼ばれた。預言者アブラハムの生誕地と聖なる魚の池は、イスラム教の聖地として知られる。ヒッタイト帝国以来の歴史をもつシャンルウルファ城がある。

シャンルウルファ-じょう【シャンルウルファ城】ｼﾞｬｳ《Şanlıurfa Kalesi》トルコ南東部の都市シャンルウルファにある城跡。市街を見下ろす丘の上に位置する。ヒッタイト帝国時代に築かれた城に起源し、紀元前2世紀から紀元後3世紀頃に建てられた石柱が残っている。現在の城壁は9世紀にアッバース朝により建てられた。ウルファ城。

しゅ【主】❶自分が仕える人。主人。❷国家や家、また集団などのかしらとなる人。「一が一なら家来も家来」❸中心となること。また、そのもの。「住民が―になって活動する」「情報交換を―とした会合」(対)従。❹キリスト教で、神、またはキリスト。➡主たる ➡主として ➡(漢)「しゅ(主)」(類語)中心・軸・要・柱・中軸・枢軸・主軸・主体・主力・基幹・根幹・中枢・中核

主辱めらるれば臣死す　《「史記」越王勾践世家の范蠡の言葉から》主君が辱めを受ければ、臣は命を投げ出して恥をすすがねばならない。

しゅ【守】❶「国守」「守護」などの略。❷律令制で、位署などの際、官が位よりも高いときに位階と官職の間に書き添える語。「従三位―大納言」(対)行。➡(漢)「しゅ(守)」

しゅ【朱】❶黄ばんだ赤色。❷黄色みを帯びた赤色の顔料。天然には辰砂として産し、成分は硫化水銀。朱肉や漆の着色、油絵の具などに用いる。❸「朱肉」の略。❹「朱墨」の略。❺朱墨で歌や俳句などに点をつけたり、添削したりした書き入れ。「―を請う」❻▶しゅ(銖) ➡(漢)「しゅ(朱)」(類語)赤・赤色・紅色・紅・紅・真紅・鮮紅・緋・朱・丹・茜色・薔薇色・小豆色・臙脂・暗紅色・唐紅・レッド・スカーレット・バーミリオン・マゼンタ

朱に交われば赤くなる　人は交わる友達によって、善悪どちらにも感化される。

朱を入・れる　朱筆で、訂正・書き入れ・添削などをする。「ゲラ刷りに―・れる」

朱を注・ぐ　恥じらいや怒りなどで、顔全体が真っ赤になるようすのたとえ。「満面に―・ぐ」

しゅ【取】仏語。十二因縁の一。執着心を起こすことで、煩悩の異名。➡(漢)「しゅ(取)」

しゅ【首】㊀〔名〕主だった者。かしら。㊁〔接尾〕助数詞。漢詩や和歌を数えるのに用いる。「律詩三―」「返し歌一―」➡(漢)「しゅ(首)」

しゅ【▽株】㊀〔名〕切り倒した木などの、あとに残った根元。かぶ。きりかぶ。㊁〔接尾〕助数詞。立ち木の数を数えるのに用いる。「老梅一―」➡(漢)「しゅ(株)」

株を削り根を掘る　《「戦国策」秦策から》災いの原因などを、残すところなくすべて取り除く。

しゅ【酒】さけ。「ご―を頂戴する」「ラム―」➡(漢)「しゅ(酒)」

しゅ【衆】㊀〔名〕「しゅう(衆)㊀」に同じ。「若い―」㊁〔接尾〕「しゅう(衆)㊁」に同じ。「女房―」➡(漢)「しゅう(衆)」

しゅ【種】❶一定の基準によって分類・類別したもの。種類。たぐい。「この―の食べ物は苦手だ」❷生物分類学上の基本単位。属の下位。共通する形態的特徴をもち、他の個体群との形態の不連続性、交配および生殖質の合体の不能、地理的分布の相違などによって区別できる個体群。種を細分するときは亜種・変種・品種を用いる。❸「種概念」の略。➡(漢)「しゅ(種)」(類語)種類・類・たぐい

しゅ【×銖｜朱】❶重さの単位。大宝令で、1両の24分の1。❷江戸時代の貨幣の単位。1両の16分の1。1分の4分の1。銀目の3匁7分5厘。❸利率の単位。1割の10分の1。分。歩。

しゅ【趣】仏語。衆生が自己のつくった業によっておもむく世界。六趣。➡(漢)「しゅ(趣)」

し-ゆ【脂油】❶脂肪のうち、常温で液状になるもの。脂肪油。❷脂肪と油。

じゅ【寿】❶命の長いこと。長生き。長命。「―を養う」❷長命の場合の年齢。「百歳の―を保つ」❸祝いの言葉や贈り物。「喜びの余り…千金を―にしたとか」〈芥川・秋山図〉➡(漢)「じゅ(寿)」

寿を上・る　《「史記」封禅書から》長寿であるようにと祝う。

じゅ【受】仏語。❶十二因縁の一。幼少年期の、苦・

楽などを知覚する位。❷五蘊ごうんの一。外界のものを受け入れる心のはたらき。➡漢「じゅ(受)」

じゅ【呪】❶他人に災いが生じるように神に願うこと。のろい。呪詛じゅそ。❷自分の災いを取り除くために神仏に願うこと。呪術じゅじゅつ。まじない。❸仏語。陀羅尼だらに。真言しんごん。➡漢「じゅ(呪)」

じゅ【従】位階を上下に分けたもののうち、下の階級の称。「一五位」⇔正しょう。

じゅ【×頌】《梵 gāthāの訳》梵語ぼんごやパーリ語の詩体の一。仏教では仏・菩薩ぼさつの功徳くどくや思想などを述べた詩句をいい、漢訳されたものはふつう四言・五言の形をとる。偈げ。「一を唱える」「一偈」

じゅ【×綬】❶古代中国で、官職を表す印を身につけるのに用いた組みひも。官位によって色を異にした。❷古代、礼服らいふく着用のとき、胸の下に垂らした帯。白地に種々の色を組み合わせて、平緒ひらおのように組んだもの。❸勲章・褒章・記章などを身につけるために用いるひも。大綬・中綬・小綬・略綬の4種がある。➡漢「じゅ(綬)」

綬を解と・く 《印綬を解き去る意》官職をやめる。役人が退職する。⇔綬を結ぶ。

綬を結・ぶ 《印綬を結ぶ意》官職に就く。役人になる。⇔綬を解く。

じゅ【儒】❶孔子を祖とする思想。儒学。儒教。「一を学ぶ」❷儒者。儒学者。➡漢「じゅ(儒)」

じゅ【樹】立ち木。木。樹木。「青白き花開いて一に満つ」〈蘆花・自然と人生〉➡漢「じゅ(樹)」

シュア〖sure〗〘形動〙信頼できるさま。確かなさま。「一な治療法」「一なバッティング」

シュアー〖sure〗〘形動〙▶シュア

しゅ-あく【首悪】悪人のかしら。元凶。

しゅ-い【主位】ヰ❶主たるものが占める位置。物事の中心としての地位。「対人関係の円滑を一に置く」「一概念」⇔客位きゃくい。❷(客に対して)主人のいる下座の方向。⇔客位。

しゅ-い【主意】❶主要な意図。中心となる考え方。主眼。主旨。「論文の一を読み取る」❷おもな意味や考え。趣意。「然しそうすれば私がKを無理に引張って来た一が立たなくなる丈だけです」〈漱石・こゝろ〉❸意志を、理知や感情よりも重くみること。⇔主情/主知。❹主君の意向や意志。「一に背く」「一を汲む」(類語)意味・意図・趣意・趣旨・真意・ねらい・訳わけ

しゅ-い【朱衣】朱色の衣服。四位・五位の官人が着用した。あけごろも。

しゅ-い【首位】ヰ第一の地位。順位の最上位。第1位。「クラスの一を占める」「一打者」
(類語)一位・一等・一番・先頭・トップ

しゅ-い【趣意】物事をなすときの考えやねらい。また、言わんとする意味。趣旨。「会合の一を説明する」「学問の一を記して…一冊を綴りしかば」〈福沢・学問のすゝめ〉(類語)趣旨・意図・主意・真意・ねらい・訳わけ

し-ゆい【思×惟】〘名〙スル❶仏語。対象を心に浮かべてよく考えること。また、浄土の荘厳しょうごんを明らかに見ること。❷「しい(思惟)」に同じ。「つくづく静かに一すれば」〈露伴・二日物語〉

じゅ-い【寿衣】死者に着せる着物。経帷子きょうかたびら。

じゅ-い【受遺】ヰ遺産や遺物を受けること。遺贈を受けること。

じゅ-い【呪医】呪術的方法で病気の診断や治療を行う者。

じゅ-い【授衣】《「詩経」豳風ひんぷう・七月の「七月火流る、九月衣を授く」から》❶冬着の準備をすること。冬の用意をすること。❷陰暦9月の異称。

じゅ-い【儒医】儒者と医者を兼ねている人。

じゅ-い【樹医】樹木の診断や治療を行う技術者。➡樹木医

じゅい-しゃ【受遺者】ヰ遺贈を受ける者として、遺言によって指定された人。

しゅい-しゅぎ【主意主義】《voluntarism》❶哲学で、世界の根本原理を意志に認める立場。ショーペンハウアーの哲学など。⇔主知主義。❷心理学で、欲望・欲求などを含めて、広義の意志を人間心理の根本原理とする説。ブントに代表される。⇔主知主義/主情主義。

しゅい-しょ【趣意書】物事を行おうとする際に、その趣旨を書き記した文書。

しゅ-いそん【朱彝尊】[1629〜1709]中国、清初の文学者・考証学者。秀水(浙江せっこう省)の人。字あざなは錫鬯せきちょう。号は竹垞ちくた。経学と史学の考証に通じ、「明史」編纂へんさんに参加。著「経義考」「曝書ばくしょ亭集」など。

しゅい-だしゃ【首位打者】ヰ▶リーディングヒッター

しゅ-いつ【主一】心を一つの事に集中させること。専一であること。

しゅいつ-むてき【主一無適】《「論語集注」学而から》宋の程朱学における修養説。心を一つの事に集中させ、ほかにそらさないこと。

しゅ-いろ【朱色】黄色みを帯びた赤色。朱の色。しゅしょく。

しゅ-いん【手印】❶手の指で印を結ぶこと。また、その指の形。仏・菩薩ぼさつの悟りの内容や誓いを象徴する。契印。印。❷手の形を押してしるしとしたもの。てがた。❸自分でした署名または捺印なついん。また、自筆の文書。

しゅ-いん【手淫】手などで自分の性器を刺激して性的快感を得る行為。自慰。自涜じとく。マスターベーション。オナニー。

しゅ-いん【主因】ある結果を生じさせる、おもな原因。「発病の一を究明する」⇔従因。

しゅ-いん【朱印】❶朱肉を使って押した印。特に、戦国時代以後、将軍や武将が公文書に押したもの。御朱印。❷「朱印状」の略。

しゅ-いん【修因】仏語。悟りを得るため、実践修行すること。

しゅ-いん【酒淫｜酒×婬】酒と色事。酒色。

じゅ-いん【▽入院】ヰン〘名〙スル❶「にゅういん(入院)」に同じ。「病院に病者一の規則」〈魯文・西洋道中膝栗毛〉❷僧が住職となって寺に入ること。「本年ことし二月の末に帰寂きじゃくして後住が一せしかば」〈魯文・高橋阿伝夜叉譚〉

じゅ-いん【呪印】仏語。真言陀羅尼と印契いんげい。口に呪文を唱え、手に印を結ぶこと。

じゅ-いん【樹陰｜樹×蔭】樹木のつくる日陰。こかげ。「一に憩う」(類語)葉陰・木陰・緑陰

しゅいん-かんか【修因感果】クワンクワ仏語。修行によって悟りを得ること。修因得果。

しゅいん-じょう【朱印状】ジャウ朱印を押した書状。特に、戦国時代以後、将軍や武将が所領安堵あんど・海外渡航許可などの際に発行した公文書で、花押かおうの代わりに朱印を押したもの。御朱印。

しゅいん-せん【朱印船】近世初期、朱印状を受けて外国との貿易に従事した船。豊臣秀吉の朱印状を携えた南蛮貿易船に始まったが、鎖国により全面的に禁止された。御朱印船。しゅいんぶね。

しゅいん-ち【朱印地】江戸時代、朱印状によって所有を認められたり下付されたりした寺社領。御朱印地。証文地。

しゅう【▽主】《「しゅ」の音変化》主人。主君。「一の気に入らぬからといって」〈鷗外・阿部一族〉(補説)江戸時代以前の表記は「しう」がほとんど。

主を取・る 新しい主人に仕える。「無心なる一・りあはすとも、半季の事なれば」〈浮・織留・五〉

しゅう【囚】シウ❶とらわれること。また、その者。捕虜。とりこ。❷獄舎にとらわれた者。囚人。罪人。めしゅうど。➡漢「しゅう(囚)」

しゅう【州｜×洲】シウ㊀〘名〙❶米国・オーストラリアなどの連邦国家を構成する行政区画。「一の法律」「一政府」❷日本で古くから用いた地域単位としての国くに。「甲州」「上州」など。❸古代中国の行政区画の一。漢の武帝が郡県の上に13州を置いたのに始まる。のち、しだいに細分化されて郡との差がなくなり、近代になって廃止。❹地球上の地を大陸で区分していう称。「五大一」「大洋一」㊁〘接尾〙近世、人名などに付いて、親愛の意を表す。「何、野や一には手管なしとや」〈浮・禁短気・二〉➡漢「しゅう(州)」

しゅう【秀】シウ❶すぐれていること。また、その人。❷成績などの段階を示す語。最もすぐれていることを表す。「一・優・良・可」➡漢「しゅう(秀)」

しゅう【周】シウ㊀〘名〙数学で、図形を囲む閉じた曲線または折れ線。また、その長さ。円の場合は円周という。㊁〘接尾〙助数詞。あるもののまわりをまわる回数を数えるのに用いる。「トラックを三一する」➡漢「しゅう(周)」(類語)まわり・周囲・周縁・周辺・ぐるり・周回

しゅう【周】シウ㊀中国古代の王朝。前12世紀末に、文王の子武王が殷いんを滅ぼして建国。都を鎬京こうけいに置き、封建体制をしき、華北中原を支配したが、第13代平王の時(前771年)西方の犬戎けんじゅうの攻略を受けて東遷し、都を洛邑らくゆう(洛陽)に移した。以後、王朝はしだいに衰微。前256年(一説に前249年)秦しんに滅ぼされた。東遷以前を西周、以後を東周といい、東周の約500年は春秋戦国時代にあたる。㊁唐の則天武后が建てた王朝。武周。➡後周こうしゅう ➡北周

しゅう【宗】❶教説の中心となる根本的な趣旨。宗旨。❷ある教義を奉じている信者の一団。宗門。宗派。❸仏教の論理学である因明いんみょうで、命題。主張。➡漢「しゅう(宗)」

しゅう【臭】シウ❶悪いにおい。くささ。「ガソリン一」❷名詞、特に職業・身分などを表す語の下に付いて、それに特有のいやな感じを表す。くささ。「官僚一」「ブルジョアー」「インテリー」➡漢「しゅう(臭)」

しゅう【執】シフ物事を深く思い込んで、それにとらわれること。執着の心。執念。「かかればこそは、何事にも一は留めじと思ふ世なれ」〈源・横笛〉➡漢「しつ(執)」

しゅう【週】シウ日曜日から土曜日までの7日を1期とした時間の単位。➡漢「しゅう(週)」(類語)週間・週日

しゅう【衆】㊀〘名〙❶多くの人。大ぜいの人。衆人。「一に先んずる」❷人数の多いこと。集団。「一を頼んで事を起こす」⇔寡か。❸ある集団を形づくる人々。しゅ。「若い一」「近在の一」❹「所ところの衆」の略。㊁〘接尾〙人を表す名詞に付いて、複数の人を尊敬や親愛の意を込めて言い表す。古くは単数の人にも用いた。しゅ。「旦那一」「観客一」➡漢「しゅう(衆)」

しゅう【集】シフ詩歌・文章・絵・写真などを集めた書物。また、レコードやテープなどについてもいう。「一に収めた佳作」➡漢「しゅう(集)」

しゅう【醜】シウ〘名・形動〙❶みにくいこと。また、そのさま。「日本服には美な運動も見えるけれど一な運動も見える」〈子規・墨汁一滴〉❷はじ。「一を天下にさらす」➡漢「しゅう(醜)」

シュー〖Eugène Sue〗[1804〜1857]フランスの小説家。本名、マリ=ジョゼフ=シュー(Marie-Joseph Sue)。新聞小説「パリの秘密」で名声を得た。ほかに「さまよえるユダヤ人」など。

しゆう【子有】シイウ[前522〜前489]中国、春秋時代の学者。孔門十哲の一人。魯ろ(山東省)の人。姓は冉ぜん、名は求。学をもって季康子に仕えた。冉有。

しゆう【子游】シイウ[前506〜?]中国、春秋時代の学者。孔門十哲の一人。呉(江蘇省)の人。姓は言げん、名は偃えん。魯ろに仕えて武城の長官となる。

し-ゆう【四友】イウ❶画題となる四つの花。雪の降るころに咲く玉椿・蝋梅ろうばい・水仙・山茶花さざんか。また、梅・松・竹・蘭らん。❷四つの文房具。筆・墨・紙・硯すずり。

し-ゆう【市有】イウ市が所有していること。「一地」

し-ゆう【市×邑】イフ都会。都市。町。「廃すたりし一はふたたび起こりました」〈内村・デンマルク国の話〉

し-ゆう【死友】イウ死んだ友人。また、死をともにしようと誓い合うほどの親友。

し-ゆう【私有】イウ〘名〙スル公共のものでなく、私人が所有していること。個人の所有。「山林を一する」「一物」⇔公有。(類語)国有・公有・民有・官有

し-ゆう【私×邑】イフ個人が所有している領地。

し-ゆう【師友】イウ❶先生と友人。「よき一に恵まれる」❷先生として尊敬するほどの友人。「西洋で僕の一にしていた学者」〈鷗外・百物語〉

しゆう【蚩尤】シイウ中国の伝説上の人物。黄帝と戦い、濃霧を起こして苦しめたが、指南車を作って方位を測定した黄帝に涿鹿たくろくで敗れたという。

漢字項目 しゅ

【修┊衆】▶しゅう
【▽須】▶す
【×撞】▶どう
【▽輸】▶ゆ

手 学1 音シュ(呉) ス(呉) 訓て、た ‖ ㊀〈シュ〉①て。「握手・義手・挙手・触手・繊手・双手・徒手・入手・拍手・落手」②手でする。手ずから。「手記・手技・手芸・手交・手写・手術・手動」③手わざ。腕前。「手段・手腕/悪手・凡手・魔手・妙手」④仕事や役割りをもつ人。「歌手・国手・射手・助手・選手・敵手・投手・名手」㊁〈て(で)〉「手柄・手順・手錠・手配(てはい)/相手・勝手・柏手(かしわで)・後手(ごて)・仕手・素手(すで)・把手(とって)・深手(ふかで)・山手・若手」㊂〈た〉「手綱」 難読 上手(じょうず)・手弱女(たおやめ)・手水(ちょうず)・手斧(ちょうな)・手数入(でずいり)・下手(へた)・御手洗(みたらし)・右手(めて)・左手(ゆんで)・弓手(ゆんで)

主 学3 音シュ(漢) ス(呉) 訓ぬし、おも、あるじ ‖ ㊀〈シュ〉①家に控えて客をもてなす人。「主客・主人」②支配・所有関係の中心となる人。「主従/君主・戸主・社主・船主・亭主・店主・当主・藩主・盟主・喪主(もしゅ)・領主」③キリスト教で、神・キリストのこと。「天主」④中心となる。中心となって事をする。「主演・主義・主権・主宰・主催・主旨・主将・主題・主張・主導・主要・主力/民主」⑤はたらきかける側。「主格・主観・主語・主体/自主」㊁〈ス〉仏教で、寺のかしら。「座主・坊主(ぼうず)・法主(ほっす)」㊂〈ぬし〉「株主・神主・地主・名主・荷主・家主」 名付 かず・つかさ・もり 難読 主計(かずえ)・主典(さかん)・主帳(さかん)・主政(じょう)・主税(ちから)・主殿(とのも・とのもり)・主水(もんど・もいとり)

守 学3 音シュ(呉) ス(呉) 訓まもる、もり、かみ ‖ ㊀〈シュ〉①まもる。まもり。「守旧・守護・守備/看守・固守・攻守・死守・遵守・鎮守(ちんじゅ)・保守・墨守」②地方長官。「国守・太守」㊁〈ス〉まもる。「留守(るす)」㊂〈もり〉「守役/子守・関守」 名付 え・さね・ま・もれ 難読 守宮(やもり)

朱 音シュ(漢) 訓あか、あけ ‖ ①黄をおびた赤色。「朱唇・朱筆」②朱色の顔料。「朱印・朱肉/皆朱・堆朱(ついしゅ)」 名付 あけみ・あや 難読 朱欒(ザボン)・朱雀(すざく・すじゃく)・朱鷺(とき)

取 学3 音シュ(漢) 訓とる ‖ とる。つかみとる。手に入れる。「取材・取捨・取得/看取・詐取・採取・搾取・進取・摂取・奪取・聴取・略取」 名付 とり

狩 音シュ(呉) 訓かる、かり ‖ 鳥獣をかり立てて捕まえる。かり。「狩猟」 名付 もり 難読 狩座(かりくら)・狩人(かりゅうど)

首 学2 音シュ(呉) 訓くび、こうべ、かしら、しるし、はじめ、おびと ‖ ㊀〈シュ〉①頭。「首級・首足/鳩首(きゅうしゅ)・頓首(とんしゅ)・馬首」②頭と胴の間の部分。くび。「縊首(いしゅ)・絞首」③いちばん始め。さき。第一位。「首位・首相・首席・首都/巻首・期首・船首」④上に立つ人。かしら。「首脳/元首・党首・頭首」⑤詩歌を数える語。「百人一首」⑥罪を白状する。「自首」㊁〈くび〉「首筋・首輪/足首・乳首(ちくび)・手首・生首・寝首」 名付 おぶと・かみ・さき 難読 匕首(あいくち)・首途(かどで)・螻蛄首(けらくび)

▽**株** 学6 音シュ(漢) 訓かぶ、くいぜ ‖ ㊀〈シュ〉①木の切りかぶ。くいぜ。「守株」②根のついた草や木。「雌雄異株」㊁〈かぶ〉「株価・株主/親株・子株・新株・根株・古株」 名付 もと・より

殊 音シュ(漢) ジュ(呉) 訓こと ‖ 普通とは違っている。特に。ことに。「殊遇・殊勲・殊勝/特殊」 名付 よし

珠 音シュ(呉)(漢) 訓たま ‖ ①貝の中にできる丸い玉。「珠玉/真珠(しんじゅ)」②真珠に似た丸い粒。「珠算/念珠(ねんじゅ)・連珠(れんじゅ)」 名付 み 難読 擬宝珠(ぎぼし・ぎぼうし)・数珠(じゅず・ずず)

酒 学3 音シュ(呉) 訓さけ、さか、ささ ‖ ㊀〈シュ〉さけ。「酒宴・酒気・酒肴(しゅこう)/飲酒・禁酒・清酒・節酒・濁酒・斗酒・美酒・薬酒・洋酒」㊁〈さけ(ざけ)〉「酒癖/甘酒・地酒・寝酒」㊂〈さか〉「酒手・酒場・酒屋」 名付 み 難読 三鞭酒(シャンペン)・濁酒(どぶろく)・麦酒(ビール)・神酒(みき)・老酒(ラオチュー)

×**娶** 音シュ(漢) 訓めとる ‖ 嫁をもらう。めとる。「嫁娶(かしゅ)」

腫 音シュ(呉) 訓はれる、はらす ‖ 体の組織の一部がはれる。はれもの。むくみ。「腫脹(しゅちょう)・腫物(しゅもつ)・腫瘍(しゅよう)/癌腫(がんしゅ)・筋腫・水腫・肉腫・浮腫」

種 学4 音シュ(呉) 訓たね、くさ ‖ ㊀〈シュ〉①植物のたね。生み殖やすもと。「種子・種皮・種畜/断種・播種(はしゅ)」②たねをまく。植えつける。「種痘/接種」③共通の性質によって分類されるもの。「種族・種目・種類/一種・各種・機種・職種・人種・多種・同種・品種」④生物の区分けの一。属の下。「種名/亜種」㊁〈たね(だね)〉「種馬・種本/子種・火種・物種」 名付 おさ・かず・ぐさ・しげ・ふさ 難読 種種(くさぐさ)・下種(げす)

趣 音シュ(漢) 訓おもむき、おもむく ‖ ①心の向かうところ。めざすところ。考え。「趣意・趣向・趣旨/意趣」②おもむき。あじわい。「趣味/雅趣・興趣・詩趣・情趣・風趣・妙趣・野趣」③仏教で、衆生が輪廻(りんね)の間に行って住む世界。「三悪趣」 名付 とし

漢字項目 じゅ

【▽入】▶にゅう
【就┊×聚】▶しゅう

×**戍** 音ジュ(慣) 訓まもる ‖ 国境を守る。「戍卒/衛戍・征戍」 補説 「戌(じゅつ・いぬ)」「戊(ぼ・つちのえ)」は別字。

寿〔壽〕 音ジュ(呉) 訓ことぶき、ことぶく、ことほぐ ‖ ①長生きする。長命。「福寿」②いのち。とし。「寿命/延寿・喜寿・聖寿・長寿・天寿・白寿」③長命の祝い。「寿賀」④祝いの言葉を述べる。ことほぐ。「寿詞」 名付 いき・かず・たもつ・つね・とし・としなが・なが・のぶ・ひさ・ひさし・ひで・ひろし・ほぎ・やすし・よし 難読 寿司(すし)・寿詞(よごと)

受 学3 音ジュ(慣) 訓うける、うかる ‖ うけとる。うけ入れる。うける。「受験・受賞・受信・受諾・受注・受容・受領・受話器/甘受・享受・授受・納受・拝受・傍受」 名付 うく・うけ・おさ・しげ・つぐ

呪 音ジュ(慣) 訓のろう、まじなう、まじない ‖ ①のろう。のろい。「呪詛(じゅそ)」②まじなう。まじない。「呪術・呪縛・呪物・呪文(じゅもん)」 補説 「咒」は異体字。

授 学5 音ジュ(呉) 訓さずける、さずかる ‖ 手わたす。さずける。「授戒・授業・授受・授賞・授乳・授与/教授・口授(こうじゅ・くじゅ)・神授・親授・天授・伝授」

×**綬** 音ジュ(呉) ‖ 官印や勲章・記章などを下げるひも。くみひも。「印綬・紫綬・藍綬(らんじゅ)」

需 音ジュ(慣) 訓もとめる ‖ 必要とする。もとめ。「需給・需要/応需・軍需・実需・特需・必需・民需」 名付 まち・みつ・もと・もとめ

×**豎** 音ジュ(呉) 訓たつ ‖ ①たつ。たてる。「豎立」②子供。また、小姓。小役人。「豎子・豎吏/二豎」

儒 音ジュ(漢) ‖ ①孔子の教え。また、その教えを奉ずる学者。「儒家・儒学・儒教・儒者/坑儒・碩儒(せきじゅ)・宋儒(そうじゅ)・俗儒・大儒・腐儒」②背が低い。「侏儒(しゅじゅ)」 名付 はか・ひと・みち・やす・よし 難読 儒艮(じゅごん)

樹 学6 音ジュ(呉) 訓き、たてる、たつ ‖ ①木。立ち木。「樹脂・樹木/果樹・植樹・大樹・風樹・緑樹・老樹・街路樹」②たてる。「樹立」 名付 いつき・しげ・たつき・な・みき・むら 難読 公孫樹(いちょう)・鴨脚樹(いちょう)・樸樹(むくのき)

×**孺** 音ジュ(漢) ‖ 乳飲み子。幼な子。おさない。「孺子」

し-ゆう【詩友】シイウ 詩を作る上での友人・仲間。

し-ゆう【雌雄】❶めすとおす。「ひなの―を見分ける」❷すぐれていることと劣っていること。勝ちと負け。優劣。勝敗。「―を争う」 類語 (❶)男女・性・両性/(❷)勝負・勝ち負け・勝敗・輸贏(しゅえい)

雌雄を決・する 《「史記」項羽本紀から》戦って、勝敗を決める。決着をつける。「この一戦に―・する」

じゅう【十┊拾】ジフ ❶数の名。9の次の数。とお。と。そ。❷十番目。第十。 補説 「拾」は、金銭に関する文書などで間違いを防ぐため、「十」の代わりに特に用いる。 ➔漢「じゅう(十)」 類語 一・二・三・四・五・六・七・八・九・百・千・万・億・兆・ゼロ・零・一つ・二つ・三つ・四つ・五つ・六つ・七つ・八つ・九つ・十(とお)

十に八九(はっく) 「十中八九(じっちゅうはっく)」に同じ。「自分の門生だから、―は秘(かく)すですもの」〈鏡花・婦系図〉

十の一二(いちに) ほんのわずか。十に一二。

じゅう【中】ヂユウ [一]〔名〕ある期間のうちのある時。「此(こん)―付け(＝手紙)をよこした女(あま)よ」〈滑・浮世床・初〉[二]〔接尾〕名詞に付いて、その語の示す範囲全体にわたるという意を表す。❶期間を表す語に付いて、その間ずっとという意を表す。「一日―」「一年―」❷空間・範囲を表す語に付いて、その区域、あるいはその範囲全体にわたる意を表す。「世界―」「日本―」❸集団を表す語に付いて、その集団の成員のすべての意を表す。「学校―」「親戚―」

じゅう【×什】ジフ ❶10。10人。10家。また、10を単位としたもの。❷「詩経」の雅と頌(しょう)の各10編。また、単に漢詩10編。❸詩歌。また、詩編。「時折の―をこの篇の作者のところへ」〈佐藤春夫・晶子曼陀羅〉 ➔漢「じゅう(什)」

じゅう【×戎】古代、中国で、西方にいた異民族に対する呼称。 ➔漢「じゅう(戎)」

じゅう【住】ヂユウ すむこと。また、そのすみか。すまい。「衣食―」 ➔漢「じゅう(住)」

じゅう【▽柱】ヂユウ 琵琶の部分名称。胴の上部の細い頸(くび)の部分につけられた数個のフレット。弦を支え、左手でその上を押さえて調音する。ちゅう。じ。

じゅう【柔】ジウ やわらかいこと。また、そのもの。「外―内剛」 ➔漢「じゅう(柔)」

柔も亦(また)茹(くら)わず剛も亦吐(は)かず 《「詩経」大雅・烝民から》弱い者でも侮らず、強い者でも恐れない。

柔能(よ)く剛を制す 《「三略」上略から》しなやかなものは、かたくて強いものの鋭い矛先を巧みにそらして、結局は勝利を得る。転じて、柔弱なものが、かえって剛強なものに勝つ。

じゅう【重】ヂユウ [一]〔名〕❶「重箱」の略。「お―」❷段階。位。「面白き位より上に、心にも覚えず、あっと云ふ―あるべし」〈花鏡〉❸(他の語の上について)㋐一般的なものより重いことを表す。「―金属」「―機関銃」㋑程度がはなはだしいことを表す。「―過失」「―加算税」[二]〔接頭〕❶同位体のうち、普通より質量の大きいほうのもの、または、それを含む化合物であることを表す。「―水素」「―水」❷酸の1分子中に、中心原子が2個以上含まれていることを表す。「―クロム酸カリウム」❸酸性塩であることを表す。現在は用いない。「―炭酸ソーダ」[三]〔接尾〕助数詞。重なったものを数えるのに用いる。「二―三―」 ➔漢「じゅう(重)」

じゅう【従】中心に対して、付属的なもの。「内容が主で形式は―だ」⇔主。 ➔漢「じゅう(従)」

じゅう【銃】弾丸を発射する装置をもつ小型の武器。砲に対して、口径の小さい拳銃・小銃・機関銃などの総称。また、それに似た形・用途のもの。「―を構える」「水中―」 ➔漢「じゅう(銃)」
類語 鉄砲・銃器・飛び道具・ピストル・短銃・拳銃・はじき・小銃・ライフル・猟銃・機関銃・機関砲

じゅう【獣】ジウ けもの。けだもの。全身が毛で覆われて

いる哺乳動物。➡漢「じゅう(獣)」 類語 けもの・けだもの・獣類・畜類・畜生・野獣・アニマル・ビースト

獣を逐う者は目に太山を見ず 《「淮南子」説林訓から》利益を得ようと夢中になっている者は、周囲の情勢に気づかないことのたとえ。鹿を逐う者は山を見ず。

ジュー〖Jew〗英語で、ユダヤ人を卑しめていう語。

じ-ゆう【自由】〔名・形動〕❶自分の意のままに振る舞うことができること。また、そのさま。「一な時間をもつ」「車を一にあやつる」「一の身」❷勝手気ままなこと。わがまま。❸《freedom》哲学で、消極的には他から強制・拘束・妨害などを受けないことをいい、積極的には自主的、主体的に自己自身の本性に従うことをいう。つまり、「…からの自由」と「…への自由」をさす。❹法律の範囲内で許容される随意の行為。派生 じゆうさ〔名〕 類語 (❶)自在・随意・任意・存分・不羈・勝手・気まま・心任せ・気随・気任せ・ほしいまま・奔放・フリー・フリーダム・リバティー

自由か死か 《Give me liberty, or give me death》アメリカ独立戦争の指導者パトリック=ヘンリーがバージニアの下院で行った演説の中の言葉。私に自由を与えよ、しからずんば死を与えよ。

じ-ゆう【事由】❶事柄の生じた理由・原因。事のわけ。「一のいかんにかかわらず遅延は認めない」❷法律で、理由または原因となっている事実。 類語 原因・理由・謂われ・訳・ゆえん・由・故・曰く・所由・もと・種・事・事柄・因・因由

しゅうあ【周阿】[?〜1377ころ]南北朝時代の連歌師。二条良基・救済とともに連歌の三賢人の一人。歌論書「知連抄」など。

じゅう-あ【重×痾】重い病気。大病。重病。「一身を纏うて暫くも離れず」〈中村訳・西国立志編〉

しゅう-あく【醜悪】〔名・形動〕容姿がみにくいこと。行いや心がけなどが卑劣で嫌らしいこと。また、そのさま。「一な争い」 派生 しゅうあくさ〔名〕

じゅう-あく【十悪】❶仏語。身・口・意の三業がつくる10種の罪悪。殺生・偸盗・邪淫・妄語・綺語・悪口・両舌・貪欲・瞋恚・邪見の総称。十悪業。十不善業。➡十善 ❷古代中国で、特に重く罰せられた10種の罪。謀反・謀大逆・謀叛・悪逆・不道・大不敬・不孝・不睦・不義・内乱の総称。

じゅうあく-ごう【十悪業】「十悪❶」に同じ。

しゅう-あけ【週明け】新しい週が始まること。ふつう、月曜日をさす。

しゅう-あし【週足】蝋燭足の一種。1週間ごとの相場の動きを表した図表。

しゅう-あしらい【▽主あしらひ】主人として待遇や応答をすること。「どうなされかうなされの一が聞こえぬ」〈浄・歌念仏〉

じゅう-あつ【重圧】〔名〕スル 強い力で圧迫すること。強くおさえつけること。また、その力。「権力の一に屈する」「一する畏怖の下に」〈梶井・温泉〉

しゅう-あふ【周亜夫】[?〜前143]中国、前漢の武将。沛(江蘇省)の人。周勃の子。匈奴との戦いで功績をあげ、景帝の時、呉楚七国の乱を鎮圧して丞相となったが、讒言により獄死した。

しゅう-い【囚衣】囚人の着る衣服。囚人服。獄衣。「制服を一の如く感じ」〈白鳥・何処へ〉

しゅう-い【周囲】❶もののまわり。ぐるり。また、周辺。「一を木でかこまれた家」❷まわりの長さ。外周。「一五キロの島」❸円周の長さ。❹まわりの人や事物。「子供は一の影響を受けやすい」

類語 周辺・ぐるり・周縁・周・周回・辺り・四辺・まわり

しゅう-い【拾遺】㊀❶漏れ落ちたものをひろって補うこと。また、そうしてつくったもの。❷《「じゅうい」とも》侍従の唐名。❸中国で、君主を助けて、その過失をいさめ補うこと。また、その官。拾遺補闕。㊁「拾遺和歌集」の略称。類語 補遺・補筆・増補

しゅう-い【秋意】秋の気配。秋の風情。(季 秋)

類語 秋気・秋色・秋興・秋声

しゅう-い【衆意】多くの人々の意見・意向。

しゅう-い【愁意】うれい悲しむ心。

しゅう-い【×繡衣】刺繡を施した美しい衣服。

じゅう-い【×戎×夷】《もと、漢文化の中心の「中華」に対して周辺の民族を軽蔑して呼んだ語》文化のおくれた民族。えびす。夷狄。

じゅう-い【×戎衣】戦争に行くときの衣服。軍服。「自らの血と返り血とで、一は重く」〈中島敦・李陵〉

じゅう-い【重囲】いくえにも取り囲むこと。また、その囲み。「敵の一に陥る」

じゅう-い【従位】位階で、同一等級を二つに分けたうちの下の位。正位の下の位。⇔正位。

じゅう-い【×絨衣】ラシャで作られた衣服。

じゅう-い【獣医】家畜の病気を診断・治療する医師。国家試験に合格し農林水産大臣の免許を受ける。獣医師。

しゆう-いか【雌雄異花】雌花と雄花の別があること。また、同一株内に雌花と雄花とが着生すること。

じゅうい-がく【獣医学】家畜の病気の治療および衛生に関する学理・技術を研究する学問。

じゅう-いぎし【従威儀師】法会の際、威儀師の指示に従って種々の威儀をただす役目の僧。

しゅういぐそう【拾遺愚草】鎌倉時代の私家集。4巻。藤原定家自撰。建保4年(1216)3巻成立、天福元年(1233)までに増補。上・中・下巻と員外雑歌からなり、3800余首を収める。六家集の一。

じゆう-いし【自由意志】他から強制・拘束・妨害などを受けないで、行動や選択を自発的に決定しうる意志。「君の一で決めたらよい」

しゆう-いしゅ【雌雄異▽株】単性花をつける植物で、雌花と雄花を別々の個体につけること。また、その植物。イチョウ・ソテツ・アサなど。雌雄別株。

しゅういしゅう【拾遺集】「拾遺和歌集」の略称。

しゆう-いじゅく【雌雄異熟】雄花と雌花とで開花時期が異なる現象。

しゅういしょう【拾遺抄】平安中期の私撰和歌集。10巻。藤原公任の撰。長徳2〜3年(996〜997)ごろ成立。拾遺和歌集の母体となったもので、約590首の歌を収録。

しゆう-いたい【雌雄異体】動物で、雌と雄が別々の個体で、明瞭に区別されること。

じゅういち【十一】カッコウ科の鳥。全長約32センチ。頭・背は黒っぽい灰色、腹は赤褐色。日本では夏鳥で、他の鳥の巣に托卵する。名は鳴き声に由来。慈悲心鳥。(季 夏)「一の遠のく十も一の音も/爽雨」 補説「十一」とも当てて書く。

じゅう-いち【×什一】古代中国の井田法で、徴収する収穫の10分の1の地租。転じて、土地にかける税。

じゅういち-がつ【十一月】1年の11番目の月。しもふりづき。しもつき。(季 冬)「あたたかき一もすみにけり/草田男」

じゅういちがつ-かくめい【十一月革命】㊀➤十月革命 ㊁➤ドイツ革命

じゅういちがつ-じけん【十一月事件】昭和9年(1934)11月、陸軍皇道派青年将校と士官学校生徒がクーデターを企てたとして検挙された事件。軍法会議において証拠不十分として不起訴になった。士官学校事件。

じゅういちめん-かんぜおん【十一面観世音】観音菩薩の大悲の働きが多面的なことから生み出された変化観音。六観音・七観音の一。顔(頭)が11あり、前三面を菩薩面、左三面を瞋面、右三面を狗牙上出面、後ろ一面を大笑面とし、頂上に一仏面を配するのが一般的。十一面観音。

じゅういちめんかんぜおん-ほう【十一面観世音法】密教で、十一面観世音を本尊として、除病・滅罪・求福・息災などを祈る修法。

じゅういちめん-かんのん【十一面観音】「十一面観世音」に同じ。

じゅういちや-ぎさぶろう【十一谷義三郎】[1897〜1937]小説家。神戸の生まれ。「文芸時代」同人。新感覚派の一人。作「唐人お吉」「神風連」など。

しゅう-いつ【秀逸】〔名・形動〕他のものよりぬきんでてすぐれていること。また、そのさま。「一を極める」「一な作品」 類語 傑出・出色・屈指・抜群・卓抜・卓越

じゅう-いつ【充×溢】〔名〕スル 満ちあふれること。「闘志が一する」「気力一」 類語 横溢・充満・充実・充足

ジューイッシュ-ノーズ〖Jewish nose〗ユダヤ人特有の鼻の形、鼻梁がこぶのように一段高くなっている鼻。

じゆう-いみん【自由移民】個人が、その自由意志によって外国に移住すること。経費などの面で国家の保護や干渉を受けない。

しゅういわかしゅう【拾遺和歌集】平安中期の勅撰和歌集。八代集の第三。20巻。撰者未詳。寛弘2〜4年(1005〜07)ごろ成立。拾遺抄を増補したものといわれる。万葉集・古今集・後撰集時代のものが大部分で、約1350首を収録。拾遺集。

しゅう-いん【秋陰】秋の曇った天気。(季 秋)

しゅう-いん【衆院】「衆議院」の略。

しゅういん【集韻】中国の韻書。10巻。宋の仁宗の勅命により、丁度らが撰。1039年または66年成立。5万3千余字を206韻に分け、「広韻」を増補・改訂したもの。

じゅう-いん【充員】〔名〕スル 人員を補充すること。また、その人員。「不足の人数を一する」

じゅう-いん【従因】間接的な原因。⇔主因。

シュウィンガー〖Julian Seymour Schwinger〗[1918〜1994]米国の物理学者。相対論的場の量子論の定式化を完成した。1965年にR=P=ファインマン・朝永振一郎とともにノーベル物理学賞を受賞。

しゅういん-じょう【集印×帖】社寺・名所・旧跡などを訪れた記念に、そこに備えてある印を押して、その印影を集める帳面。

しゅういん-せん【衆院選】「衆議院議員総選挙」の略。➡総選挙

しゅう-う【秋雨】秋に降る雨。あきさめ。

類語 秋雨・秋霖・秋時雨

しゅう-う【×驟雨】急にどっと降りだして、しばらくするとやんでしまう雨。にわか雨。夕立。(季 夏)「地下鉄道一に濡れし人乗り来る/誓子」

類語 俄か雨・通り雨・夕立・時雨・村雨・スコール

しゅう-うん【舟運】舟による交通や輸送。

しゅう-うん【秋雲】秋の晴れた空に漂う雲。(季 秋)「一の厚きところは山に触る/梵」

しゅう-うん【愁雲】うれいを感じさせる雲。転じて、うれいや悲しみのある心境のたとえ。「渠が胸には一片の一凝って動かず」〈独歩・わかれ〉

しゅう-え【集会】➤衆会

しゅう-えい【秀英】〔名・形動〕才能などが、他にひいでてすぐれていること。また、そういう人や、そのさま。「クレオンブリュダス王は天質一にして」〈竜渓・経国美談〉

しゅう-えい【修営】建物をつくること。造営。また、修繕すること。

しゅう-えい【終映】〔名〕スル 映画館などで、その回またはその日の映写が終わること。「一時間」

しゅう-えい【集英】才能あるすぐれた人材を集めること。また、その集められた人材。

じゅう-えいきごう【重×嬰記号】音楽で、変化記号の一。ある音を半音ずつ2回、すなわち全音高めるための✕の記号。ダブルシャープ。

じゆう-えいぎょう【自由営業】官庁などの認可や許可を受ける必要がなく、自由に行える営業。

じゅう-えいそう【重営倉】旧日本陸軍の懲罰の一。営倉の重いもので、日数は1日以上30日以内。

シュウェービッシュ-ハル〖Schwäbisch Hall〗ドイツ中南部、バーデン-ビュルテンベルク州の都市。紀元前より製塩が行われ、12世紀の神聖ローマ帝国時代に銀貨鋳造で発展。旧市街のマルクト広場には、15世紀から16世紀にかけて建造された聖ミヒャエル教会や16世紀初頭の噴水、18世紀のバロック様式の市庁舎など、歴史的建造物が数多く残る。ハル。

シュウェーリン〖Schwerin〗ドイツ北東部、メクレンブルク-フォアポンメルン州の都市。同州の州都。19

漢字項目 しゅう

【祝】▶しゅく
【執】▶しつ

囚 音シュウ(シウ)漢 訓とらえる、とらわれる ‖ ①罪人をつかまえて獄に入れる。「囚人/幽囚」②囚人。捕虜。「女囚・俘囚(ふしゅう)・虜囚・死刑囚」難読 囚獄(ひとや)

収〔收〕 学6 音シュウ(シウ)漢 訓おさめる、おさまる ‖ ①取り入れる。取りこむ。おさめる。「収益・収穫・収入・収容・収録・収賄/回収・吸収・徴収・撤収・買収・領収」②取りまとめる。まとまる。「収拾・収束」③とり押さえる。「収監/押収」④引きしまる。「収縮・収斂(しゅうれん)」⑤手に入る金銭。取り高。「収支/月収・減収・増収・年収」名付 おさむ・かず・さね・すすむ・なお・なか・のぶ・もと・もり・もろ

州 学3 音シュウ(シウ)漢 訓す ‖ ㊀〈シュウ〉①川の中などに土砂が積もってできた島。す。なかす。「州渚(しゅうしょ)・州嶼(しゅうしょ)」②大陸。「欧州・豪州・六大州」③くに。「紀州・九州・信州・神州・長州・本州」④米国などの行政区画の一。「州都・州議会/加州」㊁〈す〉「砂州(さす)・座州・中州・三角州」補説「州」と「洲」は通用字。訓の「す」は呉音に由来。名付 くに 難読 八州(やしま)

舟 音シュウ(シウ)漢 訓ふね、ふな ‖ ㊀〈シュウ〉ふね。「舟運・舟行・舟航・舟艇/漁舟・軽舟・孤舟・同舟・呑舟(どんしゅう)」㊁〈ふね(ぶね)〉「小舟(こぶね・おぶね)・笹舟(ささぶね)・方舟(はこぶね)・丸木舟」㊂〈ふな〉「舟唄・舟人」名付 のり

秀 音シュウ(シウ)漢 訓ひいでる、ほ ‖ 他より抜きん出る。ひときわすぐれる。「秀逸・秀才・秀作・秀抜/閨秀(けいしゅう)・俊秀・優秀」名付 さかえ・しげる・すえ・ひいず・ひで・ひでし・ほず・ほら・みつ・みのる・よし

周 学4 音シュウ(シウ)漢 訓まわり、あまねし ‖ ①すみずみまで行き渡る。あまねく。「周知・周到・周密」②まわる。まわり。「周囲・周縁・周回・周期・周旋・周年・周辺・周遊/一周・円周・外周・半周」③あわてる。「周章」④中国古代の王朝名。「周易(しゅうえき)/西周・東周」名付 あまね・いたる・かた・かぬ・かね・ただ・ちか・ちかし・なり・のり・ひろし・まこと 難読 周章(あわ)てる

宗 学6 音シュウ慣 ソウ漢 訓むね、たっとぶ ‖ ㊀〈シュウ〉一派をなす教義。また、それを奉ずる団体。「宗教・宗派/改宗・邪宗・禅宗・他宗・八宗」㊁〈ソウ〉①祖先を祭る所。「宗廟(そうびょう)」②同族の中心。本家。「宗家・宗族/皇宗・祖宗」③中心としてたっとぶ。たっとばれる人。「宗主・宗匠/詩宗・儒宗・大宗」名付 かず・たかし・とき・とし・のり・ひろ・もと

拾 学3 音シュウ(シフ)漢 ジュウ(ジフ)呉 訓ひろう ‖ ㊀〈シュウ〉ひろう。「拾遺・拾得/収拾」㊁〈ジュウ〉数字「十」の大字。「拾万円」名付 とお・ひろ

人**洲** 音シュウ(シウ)漢 訓す ‖ ①す。なかす。「洲嶼(しゅうしょ)」②大陸。「欧洲」補説「州」と通用。名付 くに

秋 学2 音シュウ(シウ)漢 訓あき、とき ‖ ㊀〈シュウ〉①あき。「秋季・秋風・秋分・秋冷/昨秋・初秋・仲秋・麦秋・晩秋・立秋・涼秋」②年。年月。「春秋(しゅんじゅう)・千秋」㊁〈あき〉「秋風・秋口・秋雨(あきさめ)/出来秋」補説「烁」「龝」は異体字。名付 あきら・おさむ・とし・みのる 難読 秋刀魚(さんま)

臭〔臭〕 音シュウ(シウ)漢 訓くさい、におう、におい ‖ ①におい。特に、いやなにおい。くさい。「臭気・臭味/悪臭・異臭・汚臭・激臭・口臭・体臭・銅臭・腐臭・防臭・無臭」②それらしい感じ。「俗臭・和臭・役人臭」③臭素のこと。「臭化銀」難読 狐臭(わきが)・腋臭(わきが)

×**酋** 音シュウ(シウ)漢 ‖ おさ。かしら。「酋長」

修 学5 音シュウ(シウ)漢 シュ呉 訓おさめる、おさまる ‖ ㊀〈シュウ〉①あやをつけて形よく見せる。「修辞・修飾」②手を加えてなおす。「修正・修繕・修築・修理/改修・補修」③人格をみがく。学問・技芸を身につける。「修学・修身・修道・修得・修養/研修・自修・専修(せんしゅう)・必修・履修」④関係をうまく保つ。「修好」⑤資料をまとめて書物に仕上げる。「修史/監修・撰修(せんしゅう)・編修」㊁〈シュ〉学業、特に仏道をおさめる。「修行・修法(しゅほう・ずほう)・修験道/専修(せんじゅ)」名付 あつむ・おさ・おさむ・さね・なお・なが・ながき・ながし・のぶ・のり・ひさ・まさ・みち・もと・もろ・やす・よし・よしみ

袖 音シュウ(シウ)漢 訓そで ‖ ㊀〈シュウ〉そで。「袖珍/鎧袖(がいしゅう)・長袖・領袖」㊁〈そで〉「袖裏・袖口/角袖(かくそで)・片袖・小袖・筒袖・長袖・半袖」

終 学3 音シュウ漢 訓おわる、おえる、つい、ついに ‖ ①おわる。おえる。おわり。「終焉(しゅうえん)・終演・終業・終局・終結・終始・終戦・終盤・終了/始終・有終・臨終」②おわりまで。「終日・終生・終夜」③いちばんあと。「終電」名付 つき・のち 難読 終日(ひねもす)・終夜(よもすがら)

羞 音シュウ(シウ)漢 訓はじる、はずかしい、はじ、はずかしめる ‖ ①食物をそなえすすめる。ごちそう。「時羞・膳羞」②はじる。はじ。はじらい。「羞恥/含羞・嬌羞(きょうしゅう)」

習 学3 音シュウ(シフ)漢 ジュウ(ジフ)呉 訓ならう、ならわし ‖ ①繰り返して行って身につける。ならう。なれる。「習作・習字・習熟・習得/演習・温習・学習・既習・講習・自習・実習・復習・練習」②繰り返し行ってきた事柄。ならわし。「習慣・習性/悪習・因習・慣習・奇習・常習・俗習・風習」名付 しげ 難読 近習(きんじゅ)

人**脩** 音シュウ(シウ)漢 訓おさめる ‖ ①干し肉。「束脩」②おさめる。「脩飭(しゅうちょく)」名付 おさ・おさむ・さね・すけ・なお・なが・のぶ・はる・もろ

週 学2 音シュウ(シウ)漢 ‖ 七日間で一めぐりする時間の単位。「週刊・週間・週休・週給・週日・週末/隔週・今週・先週・毎週・来週」

就 学6 音シュウ(シウ)漢 ジュ呉 訓つく、つける、なる、なす ‖ ㊀〈シュウ〉つきしたがう。その事に取りかかる。つく。「就学・就業・就航・就職・就寝・就任・就労/去就」㊁〈ジュ〉出来あがる。しとげる。「成就(じょうじゅ)」名付 なり・ゆき 難読 就令(たとい)・就使(たとい)・就中(なかんずく)

衆 学6 音シュウ漢 シュ呉 ‖ ㊀〈シュウ〉①人数が多い。「衆寡」②多くの人々。「衆知・衆目/観衆・群衆・公衆・聴衆・民衆」③衆議院のこと。「衆参両院」㊁〈シュ〉多い。多くの人々。「衆生(しゅじょう)・衆徒」補説「眾」は古字。名付 とも・ひろ・もり・もろ 難読 下衆(げす)

集 学3 音シュウ(シフ)漢 訓あつまる、あつめる、つどう ‖ ①あつまる。あつめる。「集荷・集会・集金・集計・集合・集団・集中/雲集・群集・結集・採集・収集・召集・徴集・編集・募集・密集」②あつめたもの。詩文をあつめて作った本。「歌集・画集・詩集・選集・全集・文集・論集」名付 あい・い・ため・ち・ちか・つどい

愁 音シュウ(シウ)漢 訓うれえる、うれい ‖ うれえる。うれい。「愁傷・愁色・愁訴・愁眉(しゅうび)/哀愁・郷愁・春愁・悲愁・幽愁・憂愁・旅愁」

酬 音シュウ(シウ)漢 訓むくいる、むくい ‖ ①客に杯を返す。「献酬」②それ相応のお返しをする。「応酬・報酬」③返事。「貴酬」名付 あつ

×**聚** 音シュウ慣 ジュ呉 訓あつまる、あつめる ‖ ①多くのものを一所に集める。あつまる。「聚斂(しゅうれん)/類聚(るいじゅう・るいじゅ)」②家の集まった所。「聚落(しゅうらく・じゅらく)」

人**蒐** 音シュウ(シウ)漢 訓あつめる ‖ 寄せ集める。「蒐荷・蒐集」

人**輯** 音シュウ(シフ)漢 訓あつめる ‖ 材料を集めてまとめる。「輯録/編輯」

人**繍** 音シュウ(シウ)漢 訓ぬいとり ‖ 模様や文字を糸で縫い込む。ぬいとり。「繍帳/錦繍・刺繍」補説 人名用漢字表(戸籍法)の字体は「繡」。

醜 音シュウ(シウ)漢 訓みにくい、しこ ‖ 姿や行いが悪くて不快感を与える。みにくい。「醜悪・醜怪・醜状・醜態・醜聞/美醜」名付 むね 難読 醜名(しこな)

蹴 音シュウ(シウ)慣 訓ける ‖ ける。「蹴鞠(しゅうきく)・蹴球/一蹴」

襲 音シュウ(シフ)漢 訓おそう、かさね ‖ ㊀〈シュウ〉①おそいかかる。「襲撃・襲来/奇襲・逆襲・急襲・強襲・空襲・夜襲・来襲」②あとを引きつぐ。「襲名/因襲・承襲・世襲・踏襲」㊁〈かさね(がさね)〉「下襲」名付 そ・つぎ・より 難読 熊襲(くまそ)

×**讐** 音シュウ(シウ)漢 訓あだ ‖ ①あだ。かたき。「讐敵/怨讐(えんしゅう・おんしゅう)・恩讐・復讐」②二人で読み比べて字句の誤りを正す。「讐校」補説「讎」は異体字。

漢字項目 じゅう-1

【中】▶ちゅう
【拾】▶しゅう
【×紐】▶ちゅう
【▽頭】▶とう

十 学1 音ジュウ(ジフ)呉 ジッ慣 訓とお、と、そ ‖ ㊀〈ジュウ〉①数の名。とお。「十両・十二支/数十・五十音」②十番目。「十月」③とたび。「十念」④全部そろっている。「十全・十分」㊁〈ジッ〉とお。とたび。「十回・十干・十指・十中八九」補説「ジッ」は「ジュウ(ジフ)」の入声(にっしょう)音pの変化したもの。平成22年(2010)に見直しが行われた常用漢字本表では、備考欄で「ジュッ」の読みも認められている。㊂〈とお〉「十日(とおか)」㊃〈と〉「十重二十重(とえはたえ)・十月十日(とつきとおか)・十人十色(じゅうにんといろ)」名付 かず・しげ・ただ・とみ・ひさし・みつ・みつる 難読 十六夜(いざよい)・十八番(おはこ)・十姉妹(じゅうしまつ)・十露盤(そろばん)・九十九(つくも)・二十(はたち)・二十歳(はたち)・二十日(はつか)・三十日(みそか)

×**什** 音ジュウ(ジフ)呉 ‖ ①軍や隣組の組織で、十人一組の単位。「什伍(じゅうご)」②ふだん用いる器物。「什器・什具・什物(じゅうもつ)/家什」③一〇編でひとまとまりの詩歌。詩編。「佳什(かじゅう)・篇什(へんじゅう)」難読 什麼生(そもさん)

汁 音ジュウ(ジフ)慣 訓しる ‖ ㊀〈ジュウ〉しる。「液汁・果汁・胆汁・肉汁・乳汁・膿汁(のうじゅう)・墨汁・一汁一菜」㊁〈しる(じる)〉「汁粉(しるこ)・汁物/煮汁・鼻汁・味噌汁(みそしる)」難読 灰汁(あく)・豆汁(ご)・苦汁(にがり)

充 音ジュウ慣 訓あてる、みちる、みたす ‖ ①中身がいっぱい詰まる。みちる。みたす。「充血・充実・充足・充電・充満/拡充」②足りないところに詰めこむ。あてる。「充填(じゅうてん)・充当/補充」名付 あつ・たかし・まこと・み・みち・みつ・みつる 難読 充行扶持(あてがいぶち)

×**戎** 音ジュウ漢 訓えびす ‖ ①兵器。また、戦争。「戎衣・戎馬」②古代中国で、西方の異民族の称。えびす。「戎夷/西戎」難読 戎克(ジャンク)

住 学3 音ジュウ(ヂュウ)慣 訓すむ、すまう ‖ ①すむ。すまい。「住居・住所・住宅・住民/

漢字項目 じゅう-2

安住・移住・永住・居住・在住・定住・衣食住」②とどまる。「行住坐臥ぎょうじゅうざが」③住職。「住持/後住」(名付)おき・すみ・もち・よし

柔 音**ジュウ**(ジウ)漢 **ニュウ**(ニウ)慣 訓**やわらか、やわらかい**、やわら ‖ ㊀〈ジュウ〉①やわらかい。しなやかで弱い。「柔軟/優柔不断」②心がやさしい。おだやか。「柔順/温柔・外柔内剛」③やわらげる。「懐柔」④武術・武道の一。やわら。「柔術・柔道」㊁〈ニュウ〉①しなやかで弱い。「柔弱」②心がやさしい。「柔和」(名付)とお・なり・やす・やわ・よし

重 学3 音**ジュウ**(チュウ)慣 **チョウ**漢 訓**え、おもい、かさねる、かさなる** ‖ ㊀〈ジュウ〉①目方がおもい。「重量・重力・重金属/加重・荷重・体重・比重」②程度がはなはだしい。容易でない。「重罪・重傷・重税・重責・重体・重篤・重労働」③大切である。大切にする。おもんじる。「重視・重大・重鎮・重点・重役・重要」④軽々しくしない。おもおもしい。「重厚/厳重」⑤かさなる。かさねる。「重婚・重箱じゅうばこ・重版・重訳/多重」㊁〈チョウ〉①おもい。「軽重・輜重しちょう」②大切にする。おもんじる。「重宝/貴重・自重・尊重・珍重」③軽々しくしない。「慎重・鄭重ていちょう」④かさなる。「重畳・重複・重陽/九重」㊂〈え〉「幾重いくえ・二重ふたえ・十重二十重とえはたえ」㊃〈おも〉「重荷/気重・身重」(名付)あつ・あつし・いかし・おもし・かさぬ・かず・かたし・しげ・しげし・しげる・のぶ・ふさ (難読)重石おもし・重籐しげどう

従〔從〕 学6 音**ジュウ**慣 **ショウ**漢 **ジュ**呉 訓**したがう、したがえる**、より ‖ ㊀〈ジュウ〉①後について行く。つきしたがう。「従軍・従者/侍従・臣従・随従・追従」②つきしたがう者。また、中心的なものに対する付属的な地位。「従犯/主従」③逆らわず言うなりになる。したがう。「従順・従属/屈従・三従・忍従・服従・面従・盲従」④事にたずさわる。「従事・従業員/専従」⑤親族の名称に付けて、それより親等が遠いことを表す。「従孫・従弟・従姉妹・従祖父」⑥ある時を起点としてそれから。「従前・従来」㊁〈ショウ〉①つきしたがう。「扈従こしょう・追従」②縦たて。「合従がっしょう」③ゆったりする。「従容」㊂〈ジュ〉主たる官位に次ぐもの。「従三位じゅさんみ」(名付)しげ・つぐ (難読)従兄いとこ・従弟いとこ・従姉いとこ・従妹いとこ・従兄弟いとこ・従姉妹いとこ

渋〔澁〕 音**ジュウ**(ジフ)慣 訓**しぶ、しぶい、しぶる** ‖ ㊀〈ジュウ〉①なめらかに進まない。しぶる。「渋滞/晦渋かいじゅう・難渋」②しぶい。にがにがしい。「渋面/苦渋」㊁〈しぶ〉「渋柿しぶがき・渋紙・渋渋/茶渋」(補説)「澀」は「澁」の異体字。

×**絨** 音ジュウ漢 ‖ ①厚い毛織物。「絨毯じゅうたん」②軟らかい糸。「絨毛」(難読)天鵞絨ビロード

銃 音**ジュウ**慣 訓つつ ‖ 弾丸を発射する小型の武器。「銃火・銃撃・銃口・銃身・銃傷・銃弾・銃砲/拳銃けんじゅう・小銃・短銃・猟銃・機関銃」(名付)かね

獣〔獸〕 音**ジュウ**(ジウ)慣 訓**けもの**、けだもの ‖ ㊀〈ジュウ〉①けもの。「獣医・獣類/怪獣・海獣・鳥獣・百獣・猛獣・野獣」②けもののように見さかいのないさま。「獣行・獣心・獣欲」㊁〈けもの〉「獣道」

縦〔縱〕 学6 音**ジュウ**慣 ショウ漢 訓**たて**、ほしいまま、たとい、よしや ‖ ㊀〈ジュウ〉①たて。「縦横・縦走・縦断」②思う存分にする。ほしいまま。「縦覧/操縦・放縦」㊁〈ショウ〉ほしいまま。「放縦」㊂〈たて〉「縦軸・縦笛」(名付)なお (難読)縦令たとい・たとえ

×**蹂** 音ジュウ(ジウ)漢 訓ふむ ‖ 踏みにじる。「蹂躙じゅうりん」

49年から90年まで旧東ドイツに属した。12世紀にハインリヒ獅子公が征服して司教座が置かれ、14世紀にメクレンブルク公領となった。第二次大戦後に工業化が進んだ。シュウェーリン湖をはじめ多くの湖に囲まれ、風光明媚な観光地としても知られる。

しゅう-えき【囚役】シウ－ 囚人に課せられる労役。

しゅう-えき【収益】シウ－ 事業などによって利益を得ること。また、その利益。「―をあげる」
(類語)利益・儲もうけ・利・益・利潤・収入・得・利得・利沢・黒字・得分・実益・益金・利金・純利・純益・差益・利鞘りざや・マージン・ゲイン・プロフィット

しゅう-えき【周易】シウ－ 古代中国の三易の一。周代に生まれた易。また、「易経」のこと。

しゅう-えき【就役】シウ－〔名〕スル ❶役務・苦役などにつくこと。❷新造の艦船が任務につくこと。

じゅう-えき【汁液】ジフ－ 植物などから自然にしみ出たり、しぼりとったりした液。しる。液汁。
(類語)液・液体・液汁・しる・つゆ・流動物・流動体

じゅう-えき【重液】ヂユウ－ 純水より比重の大きい液。また、二つ以上の液の比重を比べたときに、その大きい方の液。鉱物や結晶粉末などの比重を測ったり、混合物を分離したりするのに用いる。四塩化炭素・ローバッハ溶液など。➡軽液

じゅう-えき【獣疫】ジウ－ 獣類のかかる疫病。特に、家畜の伝染病。

しゅうえき-かんげんほう【収益還元法】シウエキクワンゲンハフ 土地・建物など不動産の適正価格を算出する方法の一。その不動産の生む純収益を還元利回りで割った数字。➡還元利回り

しゅうえき-しさん【収益資産】シウエキ－ 収益を生じる資産。特に、銀行の収益源泉になる資産。貸出金・コールローン・有価証券など。

しゅうえき-ぜい【収益税】シウエキ－ 収得税の一。財産または営業を課税物件とし、それから生じる収益を税源として課する租税。地租・家屋税・営業税など。

じゆう-エネルギー【自由エネルギー】ジイウ－ 物体のもつ内部エネルギーのうち、仕事に変わりうるエネルギー。物体の熱力学状態を表す量の一つで、内部エネルギーからその絶対濃度とエントロピーとの積を引いたもの。

シューエル〖Anna Sewell〗[1820〜1878]英国の女流小説家。唯一の作品「黒馬物語」は児童文学の古典的作品として知られる。

しゅう-えん【周延】シウ－ 形式論理学で、命題がそこに含まれる概念の外延全部に主張されていること。例えば、「すべての人は動物である」において、「人」は周延されているが「動物」は周延されていない。また、「すべての人は植物ではない」においては、「人」も「植物」も周延されている。周布。拡充。

しゅう-えん【周縁】シウ－ もののまわり。ふち。「大都会の―部」(類語)周辺・ぐるり・周囲・周・周回

しゅう-えん【終×焉】生命が終わること。死を迎えること。また、その時。臨終。最期。末期まつご。比喩的にも用いる。「―の地」「近代の―」(類語)いまわ・死に際・往生際・死に目・断末魔・末期・臨終・終わり・おしまい

しゅう-えん【終演】〔名〕スル 演劇や演奏などで、その回またはその日の上演が終わりになること。はね。「午後九時に―する」⇔開演。
(類語)閉幕・打ち出し・はね・幕・ちょん

しゅう-えん【就園】シウエン〔名〕スル 幼稚園に入って教育を受けること。「―率」

しゅう-えん【衆怨】－エン 多くの人々のうらみ。「―の帰する所独君主一人の身に止ればなり」〈津田真道訳・泰西国法論〉

じゅう-えん【重縁】ヂユウ－ ❶親戚しんせきまたは婚姻の関係にある家と重ねて婚姻・縁組を行うこと。また、その相手の家。❷深い因縁のあること。前世と現世の縁がかさなったもの。「他人同士親子となるは、よくよく他生の―と」〈浄・油地獄〉

じゆう-えん【自由円】ジイウエン 対外取引を原則禁止としていた旧外為法(外国為替及び外国貿易管理法)のもとで、外貨と自由に交換できた円。昭和35年(1960)為替自由化の一環として設けられたもので、非居住者(外国人)が合法的に得た円を日本の外国為替公認銀行に預金している自由円勘定に限って認められていた。

しゅう-お【羞悪】シウヲ 自分や他人の不善を恥じ、憎む心。「―の念に堪えずして」〈露伴・風流魔〉

しゅう-おう【週央】シウアウ 1週間の半ば。週初・週末に対していう。

じゅう-おう【十王】ジフワウ 冥土めいどで、亡者を裁く10人の王。秦広しんこう王・初江王・宋帝そうたい王・五官王・閻魔えんま王・変成王・泰山王・平等王・都市王・五道転輪王。亡者は順次に各王の裁きを受け、来世の場所を定められるという。

じゅう-おう【縦横|従横】－ワウ〔名・形動〕❶たてとよこ。また、南北と東西。「市街を―に貫く通り」❷あらゆる方面。四方八方。「国内を―に走る鉄道」❸思いのままに振る舞うこと。また、そのさま。自由自在。「―に活躍する」「才気―」❹合従がっしょうと連衡れんこう。

じゅうおう-か【縦横家】ジユウワウ－ ❶中国、戦国時代の諸子百家の一。合従や連衡を説いた一学派。蘇秦そしんや張儀など。しょうおうか。➡合従 ➡連衡 ❷両者の中間に立って方策を立てる人。策士。

じゅうおう-がく【縦横学】ジユウワウ－ 縦横家の説いた外交上の政策や学問。

じゅうおう-の-ちょう【十王の庁】ジフワウ－チヤウ 十王の居所。冥土めいど。

じゅうおう-ひ【縦横比】ジユウワウ－ ▶アスペクト比

じゅうおう-むげ【縦横無×礙】ジユウワウ－〔名・形動〕どの方面にも妨げになるもののないこと。物事が自由自在にできること。また、そのさま。「―な(の)境地」

じゅうおう-むじん【縦横無尽】ジユウワウ－〔名・形動〕どの方面にも限りがないこと。物事を思う存分にすること。また、そのさま。「―な(の)活躍ぶり」
(類語)縦横・自由自在・存分・思うまま

しゅう-おもい【▽主思い】－おもひ 主人のためを思うこと。主人を大切にすること。また、その人。

じゅう-おん【重恩】ヂユウ－ かさなる恩恵。厚い恩義。ちょうおん。

しゅうおん-あん【酬恩庵】シウオン－ 京都府綴喜つづき郡田辺町薪たきぎにある臨済宗大徳寺派の寺。山号は霊瑞山。鎌倉後期に南浦紹明なんぽじょうみょう開山の妙勝寺を、康正2年(1456)に一休宗純が再興、入寂した所。一休の木像や画像がある。薪寺。一休寺。薪の一休寺。

しゅうおん-き【集音機】シフオン－ 微弱な音を録音するとき、音波を放物面で反射させ、焦点に置いたマイクロホンでとらえて電流に変え、音を拡大する装置。

しゅうおん-さい【酬恩祭】シウオン－ 古ユダヤ教の祭祀さいし。神の恵みに感謝して動物の犠牲を捧げ、神との交わりを確かなものとするために行われた。

しゅう-おんらい【周恩来】シウ－ [1898〜1976]中国の政治家。江蘇省淮安わいあんの人。日本に留学後、天津で五・四運動に参加。のち、パリ留学中に中国共産党フランス支部を組織。第二次大戦中は国共合作・抗日統一戦線結成に活躍。中華人民共和国成立後は国務院総理として敏腕を振るった。チョウ＝エンライ。

しゅう-か【秀歌】シウ－ すぐれた和歌。「万葉―」

しゅう-か【秋果】シウクワ 秋に熟すくだもの。(季 秋)

しゅう-か【臭化】シウクワ 臭素と化合すること。また、臭化物であること。

しゅう-か【衆寡】－クワ 多数と少数。
衆寡敵せず 多数と少数では相手にならない。少数では多数にかなわない。寡は衆に敵せず。

しゅう-か【集荷】シフ－・【×蒐荷】シウ－〔名〕スル 各地の産物を集めること。種々の産物が市場などに集まること。また、その荷。「近郊の野菜を―する」「―場」

しゅう-か【集貨】シフクワ〔名〕スル 貨物や商品を集めること。また、集まること。また、その貨物や商品。「展示会場に商品を―する」「―駅」

しゅう-か【×繍花】シウクワ ❶花模様の刺繍。❷中国の陶磁器の装飾技法の一。型押しや絞り出しで精細な文様を表すもの。

［自由形］自由形水泳の種目別世界記録・日本記録（長水路記録 2012年8月現在）

		記録	更新日	選手名(国籍)
50メートル				
世界記録	男子	20秒91	2009年12月18日	セザール=シエロフィーリョ(ブラジル)
	女子	23秒73	2009年8月2日	ブリッタ=シュテフェン(ドイツ)
日本記録	男子	22秒11	2010年4月14日 2011年9月2日	岸田真幸 塩浦慎理
	女子	25秒14	2001年4月21日	源純夏
100メートル				
世界記録	男子	46秒91	2009年7月30日	セザール=シエロフィーリョ(ブラジル)
	女子	52秒07	2009年7月31日	ブリッタ=シュテフェン(ドイツ)
日本記録	男子	48秒49	2009年12月8日	藤井拓郎
	女子	54秒00	2012年4月6日	上田春佳
200メートル				
世界記録	男子	1分42秒00	2009年7月28日	ポール=ビーデルマン(ドイツ)
	女子	1分52秒98	2009年7月29日	フェデリカ=ペレグリニ(イタリア)
日本記録	男子	1分45秒24	2009年7月28日	内田翔
	女子	1分57秒37	2011年4月9日	上田春佳
400メートル				
世界記録	男子	3分40秒07	2009年7月26日	ポール=ビーデルマン(ドイツ)
	女子	3分59秒15	2009年7月26日	フェデリカ=ペレグリニ(イタリア)
日本記録	男子	3分44秒99	2009年4月18日	松田丈志
	女子	4分5秒19	2007年3月25日	柴田亜衣
800メートル				
世界記録	男子	7分32秒12	2009年7月29日	張琳(中国)
	女子	8分14秒10	2008年8月16日	レベッカ=アドリントン(英国)
日本記録	男子	7分49秒65	2009年4月19日	松田丈志
	女子	8分23秒68	2004年4月23日	山田沙知子
1500メートル				
世界記録	男子	14分31秒02	2012年8月4日	孫楊(中国)
	女子	15分42秒54	2007年6月17日	ケイト=ジーグラー(米国)
日本記録	男子	14分57秒12	2011年7月30日	宮本陽輔
	女子	15分58秒55	2007年3月27日	柴田亜衣

じゅう-か【住家】ヂユウ— すまい。すみか。住居。
(類語)家・うち・家屋・屋舎(おくしゃ)・住宅・住居・家宅・私宅・居宅・自宅・居(きょ)・宅・住まい・住みか・ねぐら・宿(やど)

じゅう-か【重科】ヂユウクワ ❶重い罪科。重罪。❷重い刑罰。重刑。

じゅう-か【銃火】—クワ ❶銃器の射撃のときに出る火。❷銃器による射撃・攻撃。「—を浴びせる」
(類語)戦火・砲火・口火(くちび)

じゅう-か【銃架】小銃などを立てかけておく台。

じゅう-か【自由化】ジイウクワ 国家の統制や管理を撤廃すること。特に、外国為替・貿易などの対外取引に対する規制をなくすこと。

じゅう-か【自由花】ジイウクワ 型にとらわれず、作意の赴くまま、自由に挿した生け花。

じゅう-か【自由科】ジイウクワ ▶七自由科(しちじゆうか)

じゅう-が【自由画】ジイウグワ 子供の個性や創造性を尊重し、欲するままに描かせる絵画。大正期の美術教育運動で山本鼎(やまもとかなえ)が提唱した。

しゅう-かい【周回】シウクワイ〔名〕スル ❶そのまわりをまわること。そこを巡ること。また、そのひとまわり。「地球を—する軌道」「—遅れのランナー」❷まわり。周囲。「—数キロの森林」(類語)周辺・周囲・周縁・周・ぐるり

しゅう-かい【拾×芥】シフ—《「漢書」夏侯勝伝から》ちりやあくたを拾うこと。転じて、たやすく手に入れること。

しゅう-かい【終会】—クワイ 会議・会合などを終えること。また、最後の会議・会合。

しゅう-かい【集会】シフクワイ〔名〕スル 多くの人が、共通の目的をもって、ある場所に集まること。また、その集まり。「—結社の自由」「公園で—する」(類語)会・会合・寄り合い・集まり・集い・まどい・ミーティング

しゅう-かい【集塊】シフクワイ 多くの物が集まってできた、かたまり。

しゅう-かい【醜怪】シウクワイ〔名・形動〕並外れてみにくいこと。また、そのさま。「—極まりない金権政治」「—な容貌(ようぼう)」(派生)しゅうかいさ〔名〕

しゅう-がい【臭骸】シウ— ❶悪臭を放つ死体。「みじめな—をさらして塹壕(ざんごう)の埋め草になるに過ぎないまでも」〈寅彦・連句雑俎〉❷汚れたからだ。

じゅう-がい【獣害】ジウ— イノシシやシカ、クマ、サル、ネズミなどの動物による被害。「農作物の—対策」

しゅうかい-がん【集塊岩】シフクワイ— 火山砕屑岩(さいせつがん)の一。火山噴出物が固まってできた岩石。

しゅうがいしょう【拾芥抄】シフガイセウ 南北朝時代の百科便覧。3巻。洞院公賢(とういんきんかた)撰、玄孫の実熙(さねひろ)増補。歳時・文学・風俗・諸芸・官位・典礼など99部に分け、漢文で簡略に記述。拾芥略要抄。

しゅうかい-じょうれい【集会条例】シフクワイデウレイ 明治13年(1880)政府が自由民権運動を弾圧するために制定した法令。集会・結社を厳しく規制したもので、のち、「集会及政社法」、さらに「治安警察法」に引き継がれた。

しゅう-かいどう【秋海×棠】シウカイダウ シュウカイドウ科の多年草。ベゴニアの仲間で、高さ約60センチ。秋、紅色の花が下垂して咲く。葉の付け根に小さいむかごをつけて増える。中国の原産で、庭園に植えられる。(季 秋)「臥して見る—の木末かな/子規」

じゆう-かいとうほう【自由回答法】ジイウクワイタフハフ アンケート調査で、質問だけを用意し、回答は自由に記入してもらう方法。➡プリコード法

しゅうかい-の-じゆう【集会の自由】シフクワイ—ジイウ 多数の人が共通の目的をもち一定の場所に集合する自由。憲法の保障する基本的人権の一。➡結社の自由

しゅうか-エチル【臭化エチル】シウクワ— エチルアルコールに臭化水銀と硫酸とを加えてつくる、無色の液体。有機合成のエチル化剤、麻酔剤などに用いる。化学式C_2H_5Br

じゅうかがく-こうぎょう【重化学工業】ヂユウクワガクコウゲフ 鉄鋼・機械工業などの重工業と、合成樹脂・肥料・合成繊維などの化学工業との総称。

しゅうか-カリ【臭化カリ】シウクワ— 臭化カリウムの俗称。

しゅうか-カリウム【臭化カリウム】シウクワ— 水酸化カリウムの水溶液に臭素を作用させてできる無色の結晶。水によく溶け、写真用定着剤・鎮静剤・化学試薬などに用いる。化学式KBr ブロムカリ。臭剝(しゅうボツ)。

じゅう-かき【重火器】ヂユウクワキ 重機関銃・自動砲・大隊砲・連隊砲など、重量の大きい火器の総称。➡軽火器

しゆう-かぎあんごうほうしき【私有鍵暗号方式】シイウかぎアンガウハウシキ ▶共通鍵暗号

しゅうか-ぎん【臭化銀】シウクワ— 硝酸銀の水溶液に臭化アルカリの水溶液を加えてできる淡黄色の粉末。水に溶けず、チオ硫酸ナトリウム水溶液に溶ける。光に当たると銀を遊離して黒色になる。写真用感光材料に用いる。化学式AgBr

しゅう-かく【収穫】シウクワク〔名〕スル ❶農作物をとりいれること。また、とりいれたもの。「—が多い」「—の秋」「米を—する」❷何かをすることで得られた成果。「たいした—もなく取材から帰る」(類語)(❶)刈り入れ・取り入れ/(❷)実り・成果・結果・結実

しゅう-かく【臭覚】シウ—「嗅覚(きゅうかく)」に同じ。

しゅう-かく【衆客】多数の客人。また、多数の人。「此夜—を招いて」〈織田訳・花柳春話〉

しゅう-がく【宗学】各宗門の教義について研究する学問。

しゅう-がく【修学】シウ—〔名〕スル 学問をおさめること。学んで知識を得ること。しゅがく。「子弟を英国で—させる」「—資金」(類語)学修・勉強・学習・勉学・研鑽(けんさん)・勤学・研学・修業(しゅうぎょう)・学ぶ

しゅう-がく【習学】シフ—〔名〕スル 知識などをまなんで身につけること。学習。「其余暇を以て法蘭西語、以太利語を—し」〈中村訳・西国立志編〉

しゅう-がく【就学】シウ—〔名〕スル 学校に入って教育を受けること。また、在学していること。ふつう、義務教育についていう。(類語)入学・通学・在学・進学

じゅう-かく【縦隔】胸腔内の中央にあり、左右の二つの肺を隔てている部分。前方に胸骨、後方に胸椎体があり、下方は横隔膜でふさがれる。

しゅうがく-いん【修学院】シウガクヰン ▶修学院(しゅがくいん)離宮

しゅうがくえんじょ-せいど【就学援助制度】シウガクヱンジヨ— 公立の小中学校に通う児童・生徒で経済的理由から就学費用を負担できない者に、給食費・学用品費・修学旅行費などを援助する制度。生活保護家庭のほか、市町村が独自に基準を設けて援助する。

しゅうかく-き【収穫期】シウクワク— 農作物を収穫する時期。とりいれどき。

しゅうがく-ぎむ【就学義務】シウガク— 学齢児童・生徒を、その保護者が、義務教育を施すため学校に就学させる義務。

じゅう-かくし【重核子】ヂユウクワク— ▶ハイペロン

しゅうがく-せい【就学生】シウガク— 入国管理法で規定されていた外国人の在留資格の一。平成22年(2010)の改正法施行以前は、日本語学校や専修学校などに在籍する学生を就学生、大学・短大などに在籍する学生を留学生として区別していた。➡研修生

しゅうかくていげん-の-ほうそく【収穫逓減の法則】シウクワクテイゲン—ハフソク 一定の土地からの収穫量は、資本・労働の投入量の増大に応じてある点までは増加するが、その点を超えるとしだいに減少するという法則。

しゅうがくてき-ちりょう【集学的治療】シフガクテキチレウ 外科的治療・内科的治療・放射線治療など複数の治療法を組み合わせて行う治療法。

しゅうがく-ねんれい【就学年齢】シウガク— 学齢の開始する年齢。現行法では満6歳。

しゅうがく-ビザ【就学ビザ】シウガク— 日本の高等学校、専修学校の高等課程、各種学校などで学ぼうとする外国人に認められた在留資格。大学などで学ぶための留学ビザとは別のものであったが、平成22年(2010)7月以降、資格更新時に留学ビザに一本化。

しゅうがく-めんじょ【就学免除】シウガクメンヂヨ 学齢児童・生徒が、病弱・発育不全その他やむをえない事由のために就学困難と認められた場合、就学義務を猶予または免除すること。保護者の申請により、教育委員会が決定する。

しゅうがく-りつ【就学率】シウガク— 学齢児童・生徒の総数に対する就学者の百分率。

しゅうがく-りょこう【修学旅行】シウガクリヨカウ 児童・生徒が文化・産業などの重要地を実地に見聞して知識や情操を深めるため、教師が引率して行う旅行。

じゅう-かさんぜい【重加算税】ヂユウ— 国税における加算税の一。納税者が課税標準や税額の計算の基礎となるべき事実を隠したり偽ったりして納税申告を

した場合に課される税。
じゅう-かしつ【重過失】ヂュウクワシツ 注意義務違反の程度の大きい過失。人が当然払うべき注意をはなはだしく欠くこと。重大な過失。➡軽過失
しゅうか-すいそ【臭化水素】シウクワ 活性炭を触媒にし水素と臭素とを直接作用させて得られる、刺激臭のある無色の気体。水溶液は臭化水素酸とよばれ、強い一塩基酸。医薬品や臭化物の原料にする。化学式HBr
じゅうか-ぜい【従価税】課税物件の価格を基準にして税率が定められている租税。➡従量税
じゆう-がた【自由形｜自由型】ジイウ 競泳種目の一。どの泳ぎ方を用いて泳いでもよいが、競技では最も速く泳げるクロールが普通。フリースタイル。➡表P.1703
しゅう-かつ【就活】シウクワツ「就職活動」の略。
じゅう-がつ【十月】ジフグワツ 1年の10番目の月。神無月(かみなづき・かんなづき)。(季 秋)「一の風雨明けゆく雨蛙/秋桜子」
十月の木(こ)の葉髪(はがみ) 陰暦10月の木の葉が散るころに、頭髪がよく抜け落ちるということ。
じゅうがつ-かくめい【十月革命】ジフグワツ 1917年11月7日(ロシア暦10月25日)ロシアに起こった革命。二月革命後のケレンスキー臨時政府をボリシェビキが倒して、レーニンを首班とするソビエト政府を樹立、世界最初の社会主義国家建設の出発点となった。十一月革命。➡ロシア革命
じゆうがっこう【自由学校】ジイウガクカウ 獅子文六の小説。昭和25年(1950)発表。終戦後の社会や道徳のゆがみを風刺した作品。「とんでもハップン」「ネバー好き」の流行語を生んだ。
じゅうがつ-じけん【十月事件】ジフグワツ 昭和6年(1931)10月、満州事変に呼応して桜会の幹部将校橋本欣五郎や民間右翼の大川周明らが企てたクーデター未遂事件。
じゆう-かって【自由勝手】ジイウ〔名・形動〕勝手気ままなこと。また、そのさま。「一な振る舞い」
しゅうか-ぶつ【臭化物】シウクワ 臭素と、それより陽性の元素との化合物。臭化カリウム・臭化銀など。
しゅうか-へいげつ【羞花閉月】シウクワ《花も恥じらい、月も隠れる意》容姿のすぐれて美しい女性をたとえていう語。羞月閉花。➡沈魚落雁(ちんぎょらくがん)
じゆう-がまし・い【自由がましい】ジイウ〔形〕いかにも勝手である。わがままである。「一・うござりますがお早くお願ひ申します」〈伎・覗機関〉
じゅうかりんさん-せっかい【重過×燐酸石灰】ヂュウクワリンサンセキクワイ 燐鉱石を燐酸で処理して作った燐酸肥料。有効燐酸分は過燐酸石灰の2、3倍あり、燐酸肥料中で最大。
しゅう-かん【収監】シウ〔名〕スル ❶監獄に収容すること。❷刑事事件の被疑者・被告人や刑が確定した人を、拘置所や刑務所などの刑事施設に収容すること。監獄法の改廃により「監獄」の呼称が「刑事施設」に改められ、現在は「収容」という。
(類語)投獄・拘禁・禁錮・禁獄・幽閉
しゅう-かん【秋官】シウクワン ❶中国、周代の六官の一。訴訟・刑罰をつかさどる司法官。❷刑部(ぎょうぶ)省の唐名。
しゅう-かん【終刊】〔名〕スル 継続していた刊行物の刊行を終えること。また、最終の刊行物。
しゅう-かん【終巻】‥クワン 数冊からなる書籍などの最終の巻。また、その書物の最後の巻。⇔首巻。
しゅう-かん【習慣】シフクワン ❶長い間繰り返し行ううちに、そうするのがきまりのようになったこと。「早寝早起きの一」❷その国やその地方の人々のあいだで、普通に行われる物事のやり方。社会的なしきたり。ならわし。慣習。「盆暮れに贈り物をする一がある」❸心理学で、学習によって後天的に獲得され、反復によって固定化された個人の行動様式。
(用法)**習慣・慣習**——「土地の習慣(慣習)に従う」「これまでの習慣(慣習)を破る」など、ならわし・しきたりの意では相通じて用いられる。◆「習慣」は「毎朝のジョギングを習慣にしている」「イスラム教徒の女性はベールをつける習慣がある」など、個人的な事柄にも、社会的な事柄にも使う。◆「慣習」は「村の慣習として、祭りの当番は持ち回りにする」「慣習法」など、社会的に行われているものをいう。◆類似の語「しきたり」「ならわし」は、「町のしきたり」「世のならわし」のように「慣習」とほぼ同じ意。
(類語)習い・習性・習癖・くせ・慣習・俗習・風習
習慣は自然の如(ごと)し 《「孔子家語」七十二弟子解から》習慣は深く身について、天性のようになる。
習慣は第二の天性なり 習慣の力は大きなもので、生まれつきの性質と変わらないほど日常の行動に影響を及ぼす。
しゅう-かん【週刊】シウ 雑誌・新聞などを1週間ごとに発刊すること。また、その刊行物。ウイークリー。
しゅう-かん【週間】シウ ❶1週のあいだである7日間。「一天気予報」➡週 ❷特別な行事などを行う7日間。「交通安全一」(類語)週・週日・ウイーク
しゅう-かん【醜漢】シウ ❶恥ずべき行為をする男。「殆んど郷党の歯(よわい)ひするを恥じる一だ」〈魯庵・社会百面相〉❷容貌(ようぼう)のみにくい男。
じゅう-かん【重患】ヂュウクワン 重い病気。重病。また、その患者。「一の病棟」(類語)大病・重病・重症・大患
じゅう-かん【獣×姦】ジウ 動物が相手の性行為。
じゅう-かん【縦貫】〔名〕スル 縦につらぬきとおること。また、南北に通じること。「本州を一する道路」「一鉄道」(類語)縦走・縦断
じゅう-がん【銃丸】‥グワン 銃の弾丸。銃弾。
じゅう-がん【銃眼】敵を射撃したり監視したりするため、防壁・装甲板などにあけた穴。
じゅう-かんきょう【住環境】ヂュウクワンキャウ すまいの快適さなどに影響を及ぼす周囲の状況。
しゅうかん-し【週刊紙】シウカン 1週間に1回発行される新聞。専門紙が多い。
しゅうかん-し【週刊誌】シウカン 1週間に1回発行される雑誌。時事問題のほか雑多な種類の記事を載せ、実用性・娯楽性を兼ねるものが多い。
しゅうかん-しょう【臭汗症】シウカンシヤウ わきの下、陰部、耳の穴などのアポクリン腺から悪臭のある汗を分泌する疾患。わきがなど。
しゅうかん-じょう【収監状】シウカンジヤウ 裁判で刑が確定した被告人を刑事施設に拘禁するために検察官が発する令状。現在は「収容状」という。
しゅうかん-せい【習慣性】シフクワン 何度も繰り返して起こったり行ったりする傾向。「一流産」
しゅうかん-りゅうざん【習慣流産】シフクワンリウザン 3回以上連続して流産すること。原因はさまざま。
しゅう-き【州旗】シウ アメリカ合衆国やカナダなどの、州を代表する旗。
しゅう-き【周忌】シウ 人の死後、毎年回ってくる同月同日の忌日。➡回忌 (類語)回忌・年忌
しゅう-き【周期】シウ 循環して起こる現象や動作が、ひと回りして前と同じ状態になるまでの時間・期間。「月経の一」「地球の自転一」(類語)期間・サイクル
しゅう-き【宗規】宗教上の規律。各宗派の規約。
しゅう-き【秋気】シウ 秋の気配。秋らしい感じ。(季 秋)「奥入瀬(おいらせ)の水に樹にたつ一かな/冬葉」
(類語)秋色・秋意・秋興・秋声
しゅう-き【秋季】シウ 秋の季節。「一大運動会」
しゅう-き【秋期】シウ 秋の期間。「一株主総会」
(類語)秋季・秋
しゅう-き【臭気】シウ くさいにおい。いやなにおい。悪臭。比喩的にも用いる。「鼻をつく一」「一芬々(ふんぷん)たる学者気どり」(類語)臭み・悪臭・異臭・激臭・腐臭
しゅう-き【終期】❶ある物事のおわる時期。❷法律で、その時が到来することによって法律行為の効力が消滅する期限。⇔始期。(類語)末期・晩期
しゅう-き【習気】シフ 身にしみついた習慣。「東花坊のこの性行上の一を」〈芥川・枯野抄〉
しゅう-ぎ【宗義】その宗門・宗派の教義。
しゅう-ぎ【宗儀】宗教上の儀式、また、儀礼。
しゅう-ぎ【祝儀】シウ ❶祝いの儀式。特に、婚礼。❷祝意を表すために贈る金銭や品物。❸祝いのあいさつ。祝意を表すための言葉や歌など。「一を述べる」❹芸人・芸者・職人やその他サービスをしてくれた人に与える心づけ。はな。チップ。「一をはずむ」
(類語)(❷)祝い・祝い物・内祝い・引き出物・はなむけ・餞別(せんべつ)/(❹)心付け・チップ・おひねり
しゅう-ぎ【修技】シウ 技芸・技術を習うこと。
しゅう-ぎ【衆議】多人数で評議・相談すること。また、多人数の意見。「一に諮る」「一一決」
しゅう-ぎ【集義】シフ 義を積み重ねること。善行を積むこと。積善。
しゅう-ぎ【集議】シフ 集まって評議すること。「徒党を禁ずるの法を設けて人の一を妨げ」〈福沢・文明論之概略〉
じゅう-き【×什器】ジフ 日常使用する器具・家具類。什物(じゅうもつ)。什具。(類語)家具・家財・指物(さしもの)・什物
じゅう-き【×戎器】戦争に使用する器具・器械。刀剣・銃砲・爆発物の類。武器。兵器。
じゅうき【重喜】ヂュウキ 狂言。新発意(しんぼち)の重喜が、師の住持の頭をそることになるが、師の訓戒を曲解して竹の先に剃刀(かみそり)をくくりつけてそるうち、師の鼻をそぎ落としてしまう。
じゅう-き【重器】ヂュウ ❶貴重な器物。大切な宝物。重宝。ちょうき。「家伝来の一」❷重要な役目。重要な人物。ちょうき。
じゅう-き【重機】ヂュウ ❶重工業に用いる機械。❷「重機関銃」の略。
じゅう-き【銃器】小銃・拳銃・機関銃などの総称。
(類語)鉄砲・銃・飛び道具・ピストル・短銃・拳銃・はじき・小銃・ライフル・猟銃・機関銃・機関砲
じゅう-ぎ【十義】ジフ《「礼記」礼運から》儒教で説く、それぞれの立場にある人のふみ行うべき10の道徳。父の慈、子の孝、兄の良、弟の弟(てい)(年長者に従うこと)、夫の義、婦の聴(人の言葉を聞き入れること)、長の恵、幼の順、君の仁、臣の忠。
シュー-キーパー〖shoe keeper〗靴の保形のために、靴の形につくられた、木・金属・合成樹脂などの詰め物。シュートリー。
しゅうぎ-いん【衆議院】‥ヰン ❶日本国憲法のもとで、参議院とともに国会を構成する両院の一。解散のあることが参議院と異なるが、法律の再議決、予算の先議・議決、条約の承認などについて優越した地位を有する。➡参議院 ❷明治憲法下で、貴族院とともに帝国議会を構成した一院。
(類語)国会・議会・議院・両院・二院・参議院
しゅうぎ-いん【集議院】シフギヰン 明治2年(1869)公議所の後身として設置された議政機関。太政官が提出した議案を審議した。同6年廃止。
しゅうぎいん-ぎいん【衆議院議員】シユウギヰンギヰン 衆議院を構成する議員。定数は480名。比例代表制で180名、小選挙区制で300名が公選される。任期は4年であるが、衆議院解散の場合は、任期満了前に資格を失う。被選挙権は満25歳以上。代議士。➡参議院議員 ➡総選挙
しゅうぎいんぎいん-そうせんきょ【衆議院議員総選挙】シユウギヰンギヰン ►総選挙
しゅうぎ-うた【祝儀歌｜祝儀唄】シウ ❶民謡で、祝いのときにうたわれる歌。嫁入り歌・長持歌・木遣り歌など。祝い歌。❷芸妓(げいぎ)が宴席に呼ばれて、最初に祝儀としてうたう歌。座付き歌。座付き。
しゅうき-うんどう【周期運動】シウキ 一定時間ごとに同一の状態を繰り返す運動。単振動・円運動など。
じゅうギガビット-イーサネット【10ギガビットイーサネット】ジフ《10Gigabit Ethernet》伝送速度が1Gbpsのイーサネット規格の総称。10GbE。
じゅう-きかんじゅう【重機関銃】ヂュウキクワンジュウ 重量の比較的大きい、数人で扱う機関銃。命中精度が高く、長時間の連続射撃が可能。重機。➡軽機関銃
しゅうき-かんすう【周期関数】シウキクワンスウ 周期的に変動する関数。関数$f(x)$のうちで、すべてのxに対して$f(x+k)=f(x)$となる正の定数kがあるとき、$f(x)$を、kを周期とする周期関数であるという。三角関数など。
じゆう-ききゅう【自由気球】ジイウキキウ 地上につながず、気流のままに浮かばせる気球。観測・探検・娯楽などに用いられる。

[周期表] 元素の周期表　(日本化学会原子量専門委員会による)

原子番号	元素記号[注1]
元素名	
原子量[注2] (2012)	

注1:元素記号の右肩の「*」はその元素には安定同位体が存在しないことを示す。そのような元素については放射性同位体の質量数の一例を(　)内に示した。ただし、Bi、Th、Pa、Uについては天然で特定の同位体組成を示すので原子量が与えられる。
注2:この周期表には最新の原子量(原子量表2012)が示されている。原子量は単一の数値あるいは変動範囲で示されている。原子量が範囲で示されている10元素には複数の安定同位体が存在し、その組成が天然において大きく変動するため単一の数値で原子量が与えられない。その他の74元素については、原子量の不確かさは示された数値の最後の桁にある。
備考:原子番号104番以降の超アクチノイドの周期表の位置は暫定的である。

周期＼族	1	2	3	4	5	6	7	8	9	10	11	12	13	14	15	16	17	18	族／周期
1	1 H 水素 1.00784~ 1.00811																	2 He ヘリウム 4.002602	1
2	3 Li リチウム 6.938~ 6.997	4 Be ベリリウム 9.012182											5 B ホウ素 10.806~ 10.821	6 C 炭素 12.0096~ 12.0116	7 N 窒素 14.00643~ 14.00728	8 O 酸素 15.99903~ 15.99977	9 F フッ素 18.9984032	10 Ne ネオン 20.1797	2
3	11 Na ナトリウム 22.98976928	12 Mg マグネシウム 24.3050											13 Al アルミニウム 26.9815386	14 Si ケイ素 28.084~ 28.086	15 P リン 30.973762	16 S 硫黄 32.059~ 32.076	17 Cl 塩素 35.446~ 35.457	18 Ar アルゴン 39.948	3
4	19 K カリウム 39.0983	20 Ca カルシウム 40.078	21 Sc スカンジウム 44.955912	22 Ti チタン 47.867	23 V バナジウム 50.9415	24 Cr クロム 51.9961	25 Mn マンガン 54.938045	26 Fe 鉄 55.845	27 Co コバルト 58.933195	28 Ni ニッケル 58.6934	29 Cu 銅 63.546	30 Zn 亜鉛 65.38	31 Ga ガリウム 69.723	32 Ge ゲルマニウム 72.63	33 As ヒ素 74.92160	34 Se セレン 78.96	35 Br 臭素 79.904	36 Kr クリプトン 83.798	4
5	37 Rb ルビジウム 85.4678	38 Sr ストロンチウム 87.62	39 Y イットリウム 88.90585	40 Zr ジルコニウム 91.224	41 Nb ニオブ 92.90638	42 Mo モリブデン 95.96	43 Tc* テクネチウム (99)	44 Ru ルテニウム 101.07	45 Rh ロジウム 102.90550	46 Pd パラジウム 106.42	47 Ag 銀 107.8682	48 Cd カドミウム 112.411	49 In インジウム 114.818	50 Sn スズ 118.710	51 Sb アンチモン 121.760	52 Te テルル 127.60	53 I ヨウ素 126.90447	54 Xe キセノン 131.293	5
6	55 Cs セシウム 132.9054519	56 Ba バリウム 137.327	57～71 ランタノイド	72 Hf ハフニウム 178.49	73 Ta タンタル 180.94788	74 W タングステン 183.84	75 Re レニウム 186.207	76 Os オスミウム 190.23	77 Ir イリジウム 192.217	78 Pt 白金 195.084	79 Au 金 196.966569	80 Hg 水銀 200.59	81 Tl タリウム 204.382~ 204.385	82 Pb 鉛 207.2	83 Bi* ビスマス 208.98040	84 Po* ポロニウム (210)	85 At* アスタチン (210)	86 Rn* ラドン (222)	6
7	87 Fr* フランシウム (223)	88 Ra* ラジウム (226)	89～103 アクチノイド	104 Rf* ラザホージウム (267)	105 Db* ドブニウム (268)	106 Sg* シーボーギウム (271)	107 Bh* ボーリウム (272)	108 Hs* ハッシウム (277)	109 Mt* マイトネリウム (276)	110 Ds* ダームスタチウム (281)	111 Rg* レントゲニウム (280)	112 Cn* コペルニシウム (285)	113 Uut* ウンウントリウム (284)	114 Fl* フレロビウム (289)	115 Uup* ウンウンペンチウム (288)	116 Lv* リバモリウム (293)		118 Uuo* ウンウンオクチウム (294)	7
		ランタノイド	57 La ランタン 138.90547	58 Ce セリウム 140.116	59 Pr プラセオジム 140.90765	60 Nd ネオジム 144.242	61 Pm* プロメチウム (145)	62 Sm サマリウム 150.36	63 Eu ユウロピウム 151.964	64 Gd ガドリニウム 157.25	65 Tb テルビウム 158.92535	66 Dy ジスプロシウム 162.500	67 Ho ホルミウム 164.93032	68 Er エルビウム 167.259	69 Tm ツリウム 168.93421	70 Yb イッテルビウム 173.054	71 Lu ルテチウム 174.9668		
		アクチノイド	89 Ac* アクチニウム (227)	90 Th* トリウム 232.03806	91 Pa* プロトアクチニウム 231.03588	92 U* ウラン 238.02891	93 Np* ネプツニウム (237)	94 Pu* プルトニウム (239)	95 Am* アメリシウム (243)	96 Cm* キュリウム (247)	97 Bk* バークリウム (247)	98 Cf* カリホルニウム (252)	99 Es* アインスタイニウム (252)	100 Fm* フェルミウム (257)	101 Md* メンデレビウム (258)	102 No* ノーベリウム (259)	103 Lr* ローレンシウム (262)		

しゅう-きく【蹴×鞠】シウ ▶けまり

しゅうき-こうれいさい【秋季皇霊祭】シウキクワウレイサイ 旧制の大祭の一。毎年秋分の日に、天皇が皇霊殿で歴代の天皇・皇后・皇親の霊を祭る儀式。今はこの日を「秋分の日」とし、国民の祝日の一。

しゅうきしすう-きせい【臭気指数規制】シウキシスウ 悪臭の排出を規制する手法の一。さまざまな原因物質の混合した水や空気を、人の鼻で感じられなくなるまで薄めたときの倍率によって算出した指数に基づき規制する。

しゅうき-すいせい【周期×彗星】シウキ 太陽を焦点の一つとして楕円軌道を描き、一定の周期で太陽に近づく彗星。離心率は1未満。公転周期が200年以上の場合は長周期彗星、200年より短い場合は短周期彗星という。⇔非周期彗星。

しゅうき-せんべつ【臭気選別】シウキ においを手がかりに、同じにおいが付いた物や追跡・捜索対象者を探し出す能力。警察犬に必要な能力の一つで、警察犬の審査・競技会では、仮想犯人のにおいを嗅がせ、約10メートル離れた台の上から同じにおいの付いた布片を持ってこさせる。

しゅうぎ-ぢょうちん【祝儀▽提▽灯】シウギヂヤウチン ❶箱提灯の一種。畳めば全部ふたの中に収まるように作られ、下ぶたにろうそくの出し入れができる開閉自在の穴がある。❷江戸時代の劇場で、顔見世興行の前に看板の出そろうまで、木戸の右手の上窓に景気づけるためにつるした長提灯。赤字で役者の定紋と名前を書いたもの。

しゅう-きつ【臭×橘】シウ カラタチの別名。

しゅうき-てき【周期的】シウキ〘形動〙同じことが、ほぼ一定の時間を置いて繰り返されるさま。「一な出血」「一な寒波の到来」

しゅうぎ-とうさい【衆議統裁】会議で、出席者が各自意見を述べたあと多数決を採らないで、委員長や議長が裁断を下すこと。

しゅうき-どめ【臭気止(め)】シウキ 不快な臭気を消すこと。また、そのための薬剤や装置。

しゅうき-ぬき【臭気抜き】シウキ 便所などの臭気を抜くための排気装置。

じゅうき-ネット【住基ネット】ヂユウキ《「住民基本台帳ネットワークシステム」の略》市区町村が作成、管理する住民基本台帳をネットワークで結び、全国どこでも本人確認を可能にする方式。住民票の4情報(住所、氏名、生年月日、性別)と住民票コード(11桁)で管理する。行政の住民サービスの合理化、向上が図れるという。平成15年(2003)8月より本格的に稼働。〘補説〙本人情報の漏洩(ろうえい)があり得るとして接続を拒否している自治体もある。

しゅうぎ-の-いし【祝儀の石】シウギ 結婚式のある家に、打ち固める意味で近所の者などが投げ込む小石。➡石打ち❷

しゅうぎ-ばな【祝儀花】シウギ めでたい席に生ける花。常緑樹、特に松などが用いられる。

しゅうぎ-はん【衆議判】▶しゅぎはん(衆議判)

しゅうき-はんていし【臭気判定士】シウキ 悪臭防止法に基づき、嗅覚測定法(機械測定ではなく、人の鼻でひとつのまとまった臭気として判定する方法)の実施にあたる国家資格。測定者の選定、試料の採取、試験の実施、結果のまとめなどを管理・統括する。この結果をもとに、市町村が悪臭を出す事業者に対して改善勧告や改善命令を行う。

しゅうき-ひょう【周期表】シウキヘウ 周期律に基づいて元素を配列した表。初めは原子量の順に並べたが、現在では原子番号順に改められている。並べ方によって短周期型と長周期型とがある。縦の配列を族、横の配列を周期という。元素周期表。周期律表。➡表

じゅう-きぶく【重忌服】ヂユウ 喪に服している期間中に、新たな近親者の死去で喪が重なること。

しゅうぎ-ぶくろ【祝儀袋】シウギ 祝いや心付けとして金銭などを入れるための紙袋。

じゅうき-ほう【住基法】ヂユウキハフ「住民基本台帳法」の略称。

しゅう-きゃく【集客】シフ〘名〙スル 客を集めること。また、客が集まること。「一する魅力を作る」「一力」

しゅう-きゅう【秋宮】シウ《「長秋宮」の略》「あきのみや」に同じ。

しゅう-きゅう【週休】シウキウ 1週間のうちに決まってある休日。「一二日制」

しゅう-きゅう【週給】シウキフ 1週間を単位として支払われる給料。〘類語〙年俸・月給・日給・時給

しゅう-きゅう【蹴球】シウキウ 革製のボールを足でけって勝負を争う競技。ア式蹴球(サッカー)・ラ式蹴球(ラグビー)・米式蹴球(アメリカンフットボール)などがある。普通にはサッカーをさす。

じゅう-ぎゅう【十牛】ジフギウ 禅宗で、悟りの境地に至るまでの階程を示す便宜として、牛と牧童との関係に託して設けた10の段階。尋牛・見跡・見牛・得牛・牧牛(ぼくご)・騎牛帰家・忘牛存人・人牛倶忘・返本還源(へんぽんげんげん)・入鄽垂手(にってんすいしゅ)。これを図と頌(じゅ)によって示したものを十牛図という。

しゅうきゅう-でん【×賙急田】シウキフ 奈良・平安時代、不作の年の人民救済の目的で諸国に設けられた不輸租田。

しゅう-ぎょ【集魚】シフ 魚群を漁船や網の方へ誘い集めること。

じゅう-きょ【住居】ヂユウ〘名〙スル 住んでいること。また、その場所や家。すまい。すみか。「一を定める」「一専用地域」〘類語〙住宅・住まい・住みか・住所・居所(きょしょ)・居所(いどころ)・家・うち・家屋・屋舎(おくしゃ)・住家(じゅうか)・家宅・居宅・居(きょ)・宅・ねぐら　(尊敬)お宅・尊宅・尊堂・高堂・貴宅　(謙譲)拙宅・弊宅・陋宅(ろうたく)・陋居・陋屋(ろうおく)・寓居(ぐうきょ)

しゅう-きょう【州境】シウキヤウ 州と州の境。州ざかい。

しゅう-きょう【舟橋】シウケウ 多くの舟を浮かべて上に板を張り、通行できるようにした橋。ふなばし。

しゅう-きょう【宗教】ーケウ《religion》神・仏などの超越的存在や、聖なるものにかかわる人間の営み。古代から現代に至るまで、世界各地にさまざまな形態のものがみられる。➡原始宗教 ➡民族宗教 ➡世界宗教　〘類語〙宗門・宗旨・信教・信仰・信心・敬神・崇拝・尊信・渇仰(かつごう)・帰依(きえ)・入信・狂信

しゅう-きょう【秋×蛩】シウ コオロギの別名。「小鳥来り遊び、一また吟ず」〈蘆花・自然と人生〉

しゅう-きょう【秋興】シウ 秋のおもしろさ。秋の興趣。〘季 秋〙「一を恣(ほしいまま)にす山一日/月斗」

しゅう-ぎょう【秋暁】シウゲウ 秋の夜明け方。〘季 秋〙「一や胸に明けゆくものの影/楸邨」

しゅう-ぎょう【修業】シウゲフ〘名〙スル 学術・技芸などを学

んで身につけること。また、その分野で規定される課程または年限を済ますこと。しゅぎょう。「高校の課程を―する」「―証書」[類語]学ぶ・学習・勉学・研鑽・勤学・研学・修業・修練

しゅう-ぎょう【終業】〔名〕スル ❶その日の業務を終えること。仕事が終わりになること。「会社は五時半で―する」⇔始業。❷学校で1学期、または1学年の授業を終えること。「―式」⇔始業。

しゅう-ぎょう【習業】〔名〕スル 学問・技芸などをならうこと。「お国から―に来る寄宿生」〈滝井・無限抱擁〉

しゅう-ぎょう【就業】〔名〕スル ❶その日の業務に従事すること。仕事に取りかかること。「毎朝定時に―する」❷職業につくこと。
[類語]就職・就任・就役・就労・従事・従業

しゅう-ぎょう【醜業】 いかがわしく、卑しい職業。特に、売春をいう。

じゅう-ぎょう【従業】〔名〕スル 業務に従事すること。ある仕事に携わること。
[類語]従事・服務・執務・就業

じゅう-ぎょう【獣形】 ❶けものの形。❷「獣形幔」の略。

じゆう-ぎょう【自由業】 一定の雇用関係によらず、時間に束縛されないで、独立して営む職業。多くは特別な技能・技術・知識に基づく専門的職業で、芸術家・芸能人・医師・弁護士・会計士・文筆業など。自由職業。

じゆう-きょういく【自由教育】 ❶個性を尊重し、自由に才能が伸びるように、児童の自発的な活動を重んじる教育。❷政治・宗教・職業などの束縛から離れて、人間としての資質・教養を高めるために行う教育。

じゅうぎょう-いん【従業員】 雇われて、ある業務に従事している人。

じゅうぎょういんえんじょ-プログラム【従業員援助プログラム】 ▶イー-エー-ピー(EAP)

じゅうぎょういんかぶしきしょゆう-せいど【従業員株式所有制度】 ▶従業員持ち株制度

じゅうぎょういん-くみあい【従業員組合】 企業内の従業員だけで組織する労働組合。企業内組合。

じゅうぎょういんしえん-プログラム【従業員支援プログラム】 ▶イー-エー-ピー(EAP)

じゅうぎょういんたいしょくしょとくほしょう-ほう【従業員退職所得保障法】 ▶エリサ法

じゅうぎょういん-もちかぶ【従業員持(ち)株】 従業員が持っている、自社の株。➡従業員持ち株制度

じゅうぎょういんもちかぶ-せいど【従業員持(ち)株制度】 社員が自分の勤める会社の株式を購入する制度。多くの場合、社員で構成される持株会が購入するため、個人では少額の出資でも可能。会社にとっては安定株主の確保と、社員のロイヤリティー(帰属意識)を向上できるなどのメリットが見込まれる。社員持ち株制度。イソップ(ESOP)。

しゅうきょう-おんがく【宗教音楽】 ❶宗教儀式に伴って発達した音楽。キリスト教のグレゴリオ聖歌・ミサ曲、仏教の声明など。❷宗教的題材による演奏会用音楽。レクイエムやオラトリオなど。

しゅうきょう-か【宗教家】 ❶教義を修得したり修行を積んだりして、布教活動や教団・施設の管轄などを務めとする人。❷宗教に深い知識を持ち、信仰のあつい人。

しゅうきょう-が【宗教画】 宗教上の目的で描かれた絵画。礼拝図像や、宗教に関連した人物・事跡・伝説などを題材としたもの。

しゅうきょう-かいかく【宗教改革】 ❶教団や信仰共同体の教義・組織を改革したり、その本源に復帰することによって再形成を図ろうとしたりすること。❷16世紀のヨーロッパで展開された一連のキリスト教改革運動。1517年、ルターが「九五か条の意見書」を発表し、信仰のよりどころを聖書にのみ求めてローマ教皇の免罪符販売と教会の腐敗とを攻撃したことに始まり、たちまち全ヨーロッパに波及して、多くの紛争をひき起こした。

しゅうきょう-かいぎ【宗教会議】 ▶公会議

しゅうきょう-がく【宗教学】 宗教現象を客観的に研究し、宗教一般の本質や構造に迫ることを目的とする学問。ヨーロッパでは19世紀、日本では20世紀になって本格的な研究が始まった。宗教心理学・宗教社会学・宗教民族学・宗教史・宗教哲学などの分野がある。

しゅうきょう-かつどう【宗教活動】 宗教的理念・動機に基づく活動。布教・伝道や宗教的な意味を帯びる社会福祉活動など。

しゅうきょう-きしだん【宗教騎士団】 十字軍時代に、騎士道精神と修道院精神との結合を目ざし、聖地巡礼の守護を主任務として結成された修道会。テンプル騎士団・ヨハネ騎士団・ドイツ騎士団などがあり、対異教徒戦や辺地の開拓に活躍した。騎士修道会。

しゅうぎょう-きそく【就業規則】 使用者が職場での労働者の労働条件や服務規律などについて定めた規則。労働基準法により、常時10人以上の労働者を使用する使用者はこれを作成し、行政官庁に届け出る義務がある。

しゅうきょう-きょういく【宗教教育】 宗教的情操や信仰心を養うことを目的とする教育。日本の場合、国公立学校が特定の宗派の宗教教育を行うことを禁止しているが、私立学校では自由参加の形態でこれを行うことを認められている。

しゅうきょう-ぎれい【宗教儀礼】 信仰対象とのかかわり合いを集団的規模で、一定の形式に従って行う宗教的行為。礼拝・祈祷など種々の儀式を含む。

しゅうきょう-げき【宗教劇】 宗教の儀式として行われる演劇。また、教典の内容や聖人の言行など、宗教的題材を扱った演劇。キリスト教の受難劇・降誕祭劇など。

しゅうぎょうこうぞう-きほんちょうさ【就業構造基本調査】 国民の就業実態に関する統計調査。有業率・産業別就業構造・雇用形態などについて全国および各都道府県別の基礎資料を得ることを目的に、総務省統計局が実施している。第1回調査は昭和31年(1956)。同56年までは概ね3年ごと、以降は5年ごとに行われている。平成20年(2008)7月に発表された「平成19年調査」には、非正規雇用・若年無業者・高齢者雇用など近年の雇用問題に関するデータが多く掲載されている。

しゅうきょう-さいばん【宗教裁判】 中世半ばから近世にかけて、異端者やキリスト教批判者に対してローマ-カトリック教会や皇帝・君主が行った裁判。異端禁圧が中心であった。異端審問。

しゅうきょう-し【宗教史】 宗教現象の歴史的展開を研究する学問。各宗教の歴史を扱う特殊宗教史と、それらの相互連関から一般的因果律を求める一般宗教史とがある。

しゅうきょうじぎょう-きょうかい【宗教事業協会】 ▶アイ-オー-アール(IOR)

しゅうきょう-しゃかいがく【宗教社会学】 宗教現象を社会学的側面から研究する学問。宗教の社会的機能、宗教と他の社会制度との相互関係などを分析する。デュルケームやマックス=ウェーバーによって確立された。

しゅうきょう-しん【宗教心】 神や仏などを認め、その畏敬から生じる敬虔な気持ち。

しゅうぎょう-じんこう【就業人口】 収入を伴う職業に従事している人口。休業者を含める場合もある。

しゅうきょう-しんりがく【宗教心理学】 個人・集団・人種など、さまざまなレベルでの宗教現象の心理的側面を実証的に研究する学問。

しゅうきょう-せい【宗教性】 人間が持っている宗教に関係する感情や性質。また、宗教が有する独自の性質。

しゅうきょう-せんそう【宗教戦争】 宗教上の問題に起因する戦争。一般には、宗教改革後の16～17世紀、ヨーロッパにおけるカトリックとプロテスタントとの対立抗争によって起こった国内的、国際的戦争をさす。ユグノー戦争・オランダ独立戦争・三十年戦争など。

じゆう-きょうそう【自由競争】 ❶他から制限または束縛を一切受けず、各自が自由に他と競争すること。❷国家などによる干渉や規制なしに、市場において多数の生産者と需要者の間で自由に行われる利潤追求の競争。

しゅうきょう-だんたい【宗教団体】 同じ宗教に属する人々によって構成され、教義の宣布、儀式の執行、信者の教化などを目的とする団体。宗派・教派・教団ならびに神社・寺院・教会など。

しゅうきょうだんたい-ほう【宗教団体法】 昭和15年(1940)に施行された法律。教団の統合と教理の国家主義的修正を図ったもの。第二次大戦後廃止。

しゅうぎょう-てあて【就業手当】 雇用保険法に規定される就職促進給付の就業促進手当の一。雇用保険の被保険者が失業した後、基本手当の支給日数を一定以上残して常用雇用以外の職に就いた場合に、その就業日数に対して支給される。

しゅうきょう-てつがく【宗教哲学】 広義の宗教学の領域の一。人間の理性・直観・精神のうえに立つ哲学的思弁によって、宗教一般の本質・意義を探る学問。信仰の立場から研究する神学とは区別される。

しゅうぎょう-ふ【醜業婦】 売春婦。

しゅうきょう-ほうじん【宗教法人】 宗教法人法により、法人として認められた宗教団体。公益法人の一種。

しゅうきょうほうじん-ほう【宗教法人法】 憲法で保障された信教の自由の理念の具体化として、昭和26年(1951)に施行された法律。同法により宗教団体は法律上の権利・義務を有する法人格を得て宗教法人となる。

じゅうぎょう-まん【獣形×幔】 平安時代、即位・朝賀など大儀のとき、大極殿(のち紫宸殿)の前面軒下に張り渡した幕。白綾の幕の中央に金色の太陽を、左右に瑞雲・竜虎・麒麟・獅子・天馬などを5色の糸で刺繍したもの。獣形の帽額。

しゅうきょう-みんぞくがく【宗教民族学】 宗教学の分野の一。主に未開民族の宗教現象を、心理学・文化史・社会学・人類学などの方法で研究するもの。宗教人類学。

しゅうぎょう-りつ【就業率】 15歳以上の人口の中で、実際に働いている人の割合。百分率で表す。全国約4万世帯の15歳以上の世帯員約10万人を対象として、総務省統計局が毎月算出。➡労働力調査

じゆう-ぎょぎょう【自由漁業】 漁業法による官庁の許可や免許を必要とせず、自由に行うことのできる漁業。漁業の多くは許可制となっているので、表層の釣り程度がこれに相当。

しゅう-きょく【終曲】 交響曲・協奏曲・組曲など、多楽章形式の楽曲の最終楽章。また、オペラの各幕の最後の曲。フィナーレ。

しゅう-きょく【終局】 ❶碁・将棋を打ちおわること。❷物事の結末がつくこと。しまい。終結。「騒乱が―を迎える」[類語](❶)投了・終盤/(❷)終焉・結末・大詰め・終末・終結・終わり・最後・終い・おしまい・終了・幕切れ・掉尾・掉尾・終幕・土壇場・ラスト・エンディング・フィニッシュ・フィナーレ

しゅう-きょく【終極】 物事の最後。果て。最終。「―の目的」[類語]極み・至り・極・究極・極致・極点・最後

しゅう-きょく【×褶曲】・【×皺曲】〔名〕スル 平らな地層が地殻内部のひずみによって横圧力を受け、しわを寄せたように波形に曲がること。また、その状態。「―作用」

しゅうきょく-か【周極渦】 ▶極渦

しゅうきょく-さいばん【終局裁判】ある訴訟の全部または一部を終了させる裁判。民事訴訟法上の訴状却下命令・終局判決、刑事訴訟法上の有罪・無罪・免訴・公訴棄却などの裁判。

しゅうきょく-さんみゃく【褶曲山脈】シュウキョクサンミャク 地層の褶曲によってできた山脈。ヒマラヤ山脈・アルプス山脈など。

しゅうぎょくしゅう【拾玉集】シフギョクシフ 室町前期の私家集。5巻または7巻(流布本)。慈円の詠歌を尊円法親王が編。正平元=貞和2年(1346)成立。歌数約5900首。仏教的色彩の濃い歌が多い。六家集の一。しゅぎょくしゅう。

しゅうきょく-せい【周極星】シウキョク 日周運動によって地平線下に沈むことのない恒星。

しゅうきょく-はんけつ【終局判決】民事訴訟で、ある審級の事件の全部または一部を完結する判決。➡中間判決

じゅうきょ-し【住居址】ヂュウキョ 住居の遺構。洞窟どうくつ・竪穴たてあな住居・平地住居の跡など。

じゅうきょ-ちいき【住居地域】ヂュウキョチイキ 平成4年(1992)改正前の都市計画法により、主として住居の環境を保護するために定められた用途地域の区分の一種。現在は「第一種住居地域」「第二種住居地域」「準住居地域」に類別される。(補説)改正前の旧「第一種住居専用地域」は第一種低層住居専用地域・第二種低層住居専用地域、旧「第二種住居専用地域」は第一種中高層住居専用地域・第二種中高層住居専用地域に類別されている。

しゅうぎょ-とう【集魚灯】シフギョ 夜間に魚類を誘い集めて捕獲するための灯火。もとはかがり火を用いたが、最近は蛍光灯を使用。イカ・サバ・イワシ・アジなどの漁に用いる。

じゅうきょとうしんにゅう-ざい【住居等侵入罪】ヂュウキョトウシンニフザイ 正当な理由なしに他人の住居・建造物・船舶に立ち入る罪。また、退去するよう求められても応じない罪。刑法第130条が禁じ、3年以下の懲役または10万円以下の罰金に処せられる。家宅侵入罪。

じゅうきょ-の-ふかしん【住居の不可侵】ヂュウキョ 居住者の承諾なしに、その住居への侵入や捜索は許されないということ。基本的人権の一つで、憲法で保障されている。

しゅうき-りつ【周期律】シウキ 元素を原子番号の順に並べると、性質のよく似た元素が周期的に現れるという法則。1869年、ロシアのメンデレーエフとドイツのマイヤーが発見。元素周期律。

しゅうきりつ-ひょう【周期律表】シウキリツヘウ ►周期表

しゅうきレプトスピラ-びょう【秋季レプトスピラ病】シウキ─ビャウ レプトスピラ病の一。症状はやや軽く、8～10月に流行する。病原体が野ネズミに媒介されるため、地方的に流行することが多く、秋疫あきやみ・作州熱・七日疫などの俗称がある。

しゅうぎわしょ【集義和書】シフギ 江戸時代の随想録。16巻。熊沢蕃山著。寛文12年(1672)刊。蕃山の思想・学問を問答形式によって論じた書。「集義外書」とともに蕃山の主著。

しゅう-きん【囚禁】シウ〔名〕スル 捕らえて獄中に禁錮すること。囚繋しゅうけい。

しゅう-きん【秋瑾】シウ［1875～1907］中国、清末の女性革命家。浙江せっこう省紹興の人。日本留学中に中国革命同盟会に入り、帰国して革命運動に従事。浙江で武装蜂起を計画したが、発覚して処刑。チウ＝チン。

しゅう-きん【秋錦】シウ 金魚の一品種。ランチュウとオランダシシガシラとの交配によって作られたもの。

しゅう-きん【集金】シフ〔名〕スル 受け取るべき金銭を集めること。また、集めた金銭。「一に回る」
(類語)徴集・取り立て・募金・カンパ・勧進

しゅう-きん【銹菌】シウ ►銹病菌さびびょうきん

しゅう-きん【鋳金】シウ ►ちゅうきん(鋳金)

しゅう-きん【鰍筋】シウ 中国料理で使う、鯨筋。鯨肉中の筋を淡水に浸して粘膜などを除き、引き伸ばしながら日干しにしたもの。

しゅう-ぎん【秀吟】シウ すぐれた詩歌。

しゅう-ぎん【愁吟】シウ 悩み嘆くこと。呻吟しんぎん。「氏人うぢびとの一を慰めせしめんとす」〈太平記・一五〉

じゅう-きんこ【重禁錮|重禁固】ヂュウ 旧刑法に規定されていた軽罪の主刑の一。刑期は11日以上5年以下。一定の場所に留置し、定役に服させる点で軽禁錮と異なる。現行刑法の有期懲役に相当。

じゅうきん-しゅぎ【重金主義】ヂュウキン 《bullionism》金銀を唯一の富と見なし、金銀貨・金銀地金の輸出を制限・禁止した初期重商主義の経済思想。また、それに基づく政策。

じゅう-きんぞく【重金属】ヂュウ 比重の比較的大きい金属。比重4～5以上のもの。金・白金・鉄・銅・鉛など。↔軽金属。(類語)軽金属・金属・貴金属・卑金属

しゅう-く【秀句】シウ ❶すぐれた俳句。また、詩歌などのすぐれた句。名句。❷掛け詞や縁語などを巧みに使ったしゃれ。口合い・地口じぐち・語呂合わせなどの類。❸詩歌・文章などで、巧みな縁語や掛け詞を使った気のきいた句。すく。「一ならねど、ただ詞づかひおもしろく続けつれば」〈無名抄〉(類語)名句・秀吟

しゅう-く【愁苦】シウ 思い悩んで苦しむこと。

しゅう-ぐ【衆愚】多くの愚かな人々。

じゅう-く【重苦】ヂュウ 重い苦しみ。耐えがたい苦しみ。「極貧―にあえぐ」

じゅう-ぐ【什具】ジフ 日常使う道具や家具。什器。

じゅう-ぐ【戎具】軍事用の器具。兵器。戎器。

しゅうくがらかさ【秀句傘】シウクがらかさ 狂言。しゃれのうまい男を召し抱えた大名が、傘についてのしゃれがわからず、怒ったり、なんでも感心したりする。

しゅうぐ-せいじ【衆愚政治】セイヂ 自覚のない無知な民衆による政治。ペリクレス死後のアテネの民主政治の堕落を批判していった語。

じゅうく-どよう【十九土用】ジフク 19日間ある土用。土用は普通は18日間であるが、その間に、すべてに凶である没日もつにちがあるときは、19日間とした。夏の土用の場合は特に暑さが厳しいという。

ジュークボックス〖jukebox〗硬貨を入れて選択ボタンを押すと自動的にレコードがかかり、好きな曲が聴ける装置。

じゅうく-もん【十九文】ジフク《十九文屋で売る品物の意》とるに足りない、価値のないもの。安物。「其弟子どもがたんとあれど、どれとっても―」〈胆大小心録〉

じゅうくもん-や【十九文屋】ジフクモン 江戸時代、小間物や雑貨を19文均一で売った安物店。十九文店みせ。

シュー-クリーム《フランス chou à la crèmeから。シューはキャベツの意で、形が似ているところからいう》小麦粉・卵・バターなどをまぜて焼いた軽い皮を作り、中にクリームを詰めた洋菓子。

シュークルート〖フランス choucroute〗❶「ザウアークラウト」に同じ。❷ザウアークラウトをソーセージやベーコン、豚のすね肉などとともに煮て、ゆでたジャガイモをつけ合わせた、フランス東部アルザス地方の料理。

じゅう-クロムさん【重クロム酸】ヂュウ 二にクロム酸の俗称。

じゅうクロムさん-カリウム【重クロム酸カリウム】ヂュウ─ 二クロム酸カリウムの俗称。

じゅうクロムさん-ナトリウム【重クロム酸ナトリウム】ヂュウ─ 二クロム酸ナトリウムの俗称。

じゅう-ぐん【従軍】〔名〕スル 軍隊に所属または従属して戦地へ行くこと。「カメラマンとして―する」

じゅうぐん-きしゃ【従軍記者】軍隊に従って戦地に行き、そこの状況を報道する新聞・雑誌・放送などの記者。

じゅうぐん-きしょう【従軍記章】キシャウ 旧軍隊で、従軍した軍人・軍属に帰国後与えられた記章。

しゅう-げ【集解】シフ ある書物などについての解釈を多く集めてまとめること。また、その書物。

しゅう-けい【秋刑】シウ《「秋」は刑罰をつかさどる秋官の意》刑罰。仕置き。「たとひ―の下もとに死にて…苔にうづまるとも」〈太平記・四〉

しゅう-けい【秋景】シウ 秋の景色。秋の眺め。秋色。

しゅう-けい【修景】シウ ❶雄大な景色。❷都市計画・道路計画などで、自然の美しさを損なわないように風景を整備すること。「一保存」

しゅう-けい【集計】シフ〔名〕スル 数を寄せ集めて合計すること。また、その合計した数。「各営業所の売上げを―する」(類語)合計・総計・トータル・締め・延べ・計

しゅう-けい【遒勁】シウ 書画・文章などの、筆勢が力強いこと。

じゅう-けい【重刑】ヂュウ 重い刑罰。重科。

じゅうけい【重慶】ヂュウケイ 中国中部にある商工業都市。四川省に属していたが1997年に直轄市となった。揚子江・嘉陵江かりょうこうの合流点にあり、古くから交通の要地。日中戦争当時は国民政府の臨時の首都。人口、行政区969万(2000)。チョンチン。

じゅう-けい【従兄】年上の、男のいとこ。↔従弟。

じゅう-けい【銃刑】銃殺にする刑罰。銃殺刑。

じゆう-けい【自由刑】ジイウ 生命刑・財産刑に対し、自由の剝奪はくだつを内容とする刑。現行刑法上、懲役・禁錮・拘留の3種がある。

じゆう-けいざい【自由経済】ジイウ 各経済主体の活動が各々の自由意志に任され、国家などによる干渉や規制を受けない経済体制。

じゅう-けいてい【従兄弟】男のいとこ。

じゆうけいやく-せんしゅ【自由契約選手】ジイウケイヤク プロ野球の所属球団から選手契約を無条件で解除された選手。どの球団とも自由に契約ができる。フリーエージェント。

しゅう-げき【襲撃】シフ〔名〕スル 襲いかかること。不意をついて攻めること。「背後から―する」
(類語)攻撃・急襲・強襲・突撃・進撃・進攻・侵攻・攻略・迫撃・挟み撃ち・挟撃・追い撃ち・追撃・アタック

じゅう-げき【銃撃】〔名〕スル 機関銃・小銃などの銃器で攻撃すること。「高所から―される」「一戦」
(類語)射撃・発射・発砲・実射・乱射・速射・掃射

じゆう-げきじょう【自由劇場】ジイウゲキヂャウ ㊀1887年、フランスのアントワーヌがパリに創設した劇団。イプセン・ストリンドベリ・トルストイらの戯曲を上演、近代劇運動の出発点となった。㊁明治42年(1909)小山内薫おさないかおる・2世市川左団次らが近代劇の研究・上演を目的として結成した劇団。同年第1回試演。大正8年(1919)以後自然消滅。

しゅう-けつ【終決】〔名〕スル 物事に決まりがついて終わること。(類語)終わる・おしまい・終了・終結・終焉しゅうえん・終末・果てし・幕切れ・閉幕・幕・打ち止め・ちょん・完かん・了りょう・ジエンド

しゅう-けつ【終結】〔名〕スル ❶物事が終わりになること。決着がつくこと。終わり。「事態がようやく―した」❷►結論❷ (類語)終息・終わり・終わる・済む・おしまい・終了・終焉しゅうえん・終末・果てし・幕切れ・閉幕・幕・打ち止め・ちょん・完かん・了りょう・ジエンド

しゅう-けつ【集結】シフ〔名〕スル 1か所に集めること。また、集まること。結集。「戦力を国境に―する」
(類語)集合・結集・糾合

しゅう-げつ【秋月】シウ 秋の夜の月。「春花―」

じゅう-けつ【充血】〔名〕スル 体の一部で動脈末梢の血管が拡張し、その部位に通常より多く血液の集まっている状態。赤く見え、温度も高い。➡鬱血うっけつ
(類語)血走る・鬱血

じゅうけつ-きゅうちゅう【住血吸虫】ヂュウケツキフチュウ 吸虫綱住血吸虫科の寄生虫の総称。雌雄異体。人・牛・羊などの肝臓・血管内などに寄生。中間宿主は巻き貝類。日本住血吸虫など。

じゆう-けっこん【自由結婚】ジイウ「自由婚姻」に同じ。「娘が猶まだ女学校に在る時分―で出来て了ったのだ」〈魯庵・社会百面相〉

しゅうけつ-しゅくしゅ【終結宿主】内部寄生虫が成体になったときに寄生する生物。中間宿主に対していう。終宿主。

しゅう-けん【集権】シフ 権力を1か所に集めること。「中央―政治」↔分権。

しゅう-げん【祝言】シウ ❶祝いの言葉。賀詞。祝詞。祝辞。「一を述べる」❷祝い。祝儀。「年始の―」❸結婚式。婚礼。「吉日を選んで―を挙げる」「仮―」❹日本音楽で、祝意を表す曲。ふつう、番組の初めか

終わりに演奏する。雅楽の「長慶子」、浄瑠璃の「梵天国」などのほか、三番叟物の義太夫節・長唄・清元などにある。祝言音曲。❺「祝言能」の略。(類語)結婚式・ウエディング・婚礼・婚儀・華燭の典

じゅう-けん【重圏】二重の圏点。二重丸。「「二月三日の四字に―を施したるを」〈鷗外訳・即興詩人〉

じゅう-けん【銃剣】❶銃と剣。また、武器の総称。❷銃の先につける剣。ふだんは鞘に収め腰につけていて、突撃や接近戦のときに装着する。また、その剣をつけた小銃。(類語)剣・剣ぎ・刀剣・短刀・短剣・白刃・抜き身・真剣

じゆう-けん【自由権】個人の自由が国家権力によって侵害されることのない権利。日本国憲法の保障している、思想・良心・言論・集会・結社・信教・学問・居住・移転・職業選択の自由など。自由権的基本権。➡基本的人権

じゅう-げん【重言】❶同じ意味の語を重ねた言い方。「豌豆豆」「半紙の紙」「馬から落馬する」など。じゅうごん。❷同字を重ねた熟語。「堂堂」「隆隆」など。畳字。畳語。

じゅうげん-えんぎ【十玄縁起】《「十玄縁起無礙法門」の略》華厳宗の教説。一切万有が互いに果てしなく自在に相即し融通していることを10の方面から説いた教え。十玄門。

じゆうけん-きやく【自由権規約】《「市民的及び政治的権利に関する国際規約」の略称》1966年の国連総会で採択された国際人権規約の一つ。身体の自由と安全、移動の自由、思想・良心の自由、差別の禁止、法の下の平等などの市民的・政治的権利(自由権)を保障している。日本は昭和54年(1979)に批准。国際人権B規約。➡社会権規約 (補説)自由権規約には、自由権を侵害され、国内で救済を受けられない人が、国連の自由権規約委員会に直接救済を求めることができる個人通報制度について規定した「第1選択議定書」と、死刑制度廃止について規定した「第2選択議定書」がある。日本は、自国の司法権の独立に影響が及ぶ可能性があるなどの理由から、これらの選択議定書は批准していない。

じゆう-けんきゅう【自由研究】小学校などで、主に夏休みなどの長期休暇中に生徒に与える宿題の一。自分で題目を見つけ、図書館などで調べて報告をまとめる。

じゅうけん-じゅつ【銃剣術】❶銃剣を装着した小銃で、敵を刺殺する術。❷防具をつけ、長さ約1.7メートルの木銃で相手と突き合う武術。

じゅう-げんそ【十元素】高等植物の生育に必要な10種の元素。炭素・酸素・水素・窒素・硫黄・燐・カリウム・カルシウム・マグネシウム・鉄。

しゅうけん-でん【集賢殿】中国、唐代の官署。中書省に属し、典籍の編集・発行、散逸した図書の探索などを任務とした。宋代には集賢院と改称。

しゅうげん-のう【祝言能】翁付き五番立てなどの正式な能の会の最後に、五番目物のあとに演じる祝福の能。脇能の後半部分を演じるが、めでたい能が五番目物のときは付け加えない。

じゅうげん-もん【十玄門】▶十玄縁起

しゅう-こ【終古】歳月のきわまりないこと。長い年月。永遠。「運命は一重の壁に思う人を―に隔てると共に」〈漱石・虞美人草〉

しゅう-こ【集古】古い物を集めること。「―館」

じゅう-こ【住戸】マンションのような集合住宅の一戸一戸。

じゅう-ご【×什×伍】❶軍隊で、10人または5人の兵士の組み合わせ。また、その隊伍。❷古代中国で、連帯責任を負う隣保組織。五家を伍とし、二伍(一〇家)を什とした。

じゅう-ご【銃後】❶戦場の後方。直接戦闘に携わっていないが、間接的に何かの形で戦争に参加している一般国民。「―の守り」❷銃を執る人。武器を扱う将兵、また、その精神をいう。「露軍も亦ステッセル将軍以下―の勇士が」〈桜井忠温・銃後〉

しゅう-こう【舟行】〔名〕スル ❶舟が通行すること。「―が滞る」❷舟に乗って行くこと。舟旅。また、舟遊び。「今日は―し明日は山行し」〈織田訳・花柳春話〉

しゅう-こう【舟航】〔名〕スル 舟に乗って行くこと。航海。「離島へ―する便がある」(類語)運航・通航・航行・航海・周航・就航・巡航・回航・直航

しゅう-こう【周公】中国、周の政治家。文王の子。名は旦。兄の武王を助けて殷を滅ぼし、武王の死後、幼少の成王を助けて王族の反乱を鎮圧。また、洛邑(洛陽)を建設するなど周王室の基礎を固めた。礼楽・制度を定めたといわれる。儒家の尊崇する聖人の一人。生没年未詳。

しゅう-こう【周航】〔名〕スル 船で方々を巡ること。船でひと巡りすること。「湾内を―する観光船」(類語)巡航・運航・通航・航行・航海・舟航・就航

しゅう-こう【秋光】秋の景色。また、秋の日ざし。秋色。(季 秋)

しゅう-こう【秋耕】秋の収穫後、田畑を耕すこと。(季 秋)「―やあらはの墓に手向花/秋桜子」

しゅう-こう【修好｜修交】〔名〕スル 親しく交わること。特に、国家と国家とが親しく交流すること。「―条約」(類語)親善・善隣・和親・和・親和・宥和・協和

しゅう-こう【終講】継続してきた講義を終わりにすること。また、講義の最終回。

しゅう-こう【就航】〔名〕スル ❶船舶や航空機が初めて航路につくこと。「世界最大のタンカーは明日―する」❷船舶や航空機がその航路で運行されていること。「現在―している船」(類語)運航・通航・航行・航海・航空・舟航・進航・周航・巡航・回航・直航

しゅう-こう【衆口】多くの人の言うところ。世間の評判。しゅこう。「―の一致するところ」

衆口金を鑠かす　《「国語」周語下から》多くの人の言葉、特に悪口が重なると、恐るべき結果を招くことのたとえ。讒言の恐ろしさをいう言葉。

しゅう-こう【集光】〔名〕スル レンズや反射鏡を用いて、光線を1か所または一方向に集めること。

しゅう-こう【醜行】恥ずべき行為。また、男女間のみだらな行い。「人の眼をくらますために―を演じるなら」〈横光・旅愁〉(類語)愚行・非行・乱行・乱倫

しゅう-こう【×讐校】二人が相対して、原本と対照して書物の誤りを正すこと。

しゅう-ごう【秋×毫】《秋に抜け替わった、獣のきわめて細い毛の意から》きわめて小さいこと。微細なこと。わずかなこと。いささか。「―も誤ることがない」「―の微に至るまでも原品と差うことなく摸さんと」〈露伴・風流魔〉

しゅう-ごう【習合】異なる教義などを折衷すること。「神仏―」

しゅう-ごう【集合】・【×聚合】〔名〕スル ❶1か所に集まること。また、集めること。「駅前に八時に―する」「森羅万象を―して自在に己れの材料と為し」〈鉄腸・花間鶯〉⇔解散。❷数学の基本概念の一。物の集まりで、個々の物がその集まりの中に属するかどうか、かつ、その集まりの中の二つの物が等しいかどうかが明確に判定できるものをいう。個々の物を元または要素という。(類語)集結・結集・参集・蝟集

じゅう-こう【住×劫】仏語。四劫の第二。人類が世界に安住する時期。

じゅう-こう【重厚】〔名・形動〕人や事物の性質・状態などが重々しくて落ち着いていること。どっしりしていること。また、そのさま。ちょうこう。「―な人柄」「―な作品」(派生)じゅうこうさ〔名〕

じゅう-こう【銃口】小銃や拳銃などの先端部にある、弾丸を発射する筒口。筒先。「―を向ける」(類語)砲門・砲口

じゅう-こう【獣行】けだもののような行為。人間にあるまじき行い。また、性欲を満足させるだけの、愛情を伴わない性行為。

じゆう-こう【自由港】中継貿易や加工貿易の発展を図るため、全域または一定区域に限り、自国の関税法を適用しないで外国貨物の自由な出入を認める港。香港・シンガポール・ハンブルクなど。自由貿易港。フリーポート。

じゅう-ごう【十号】仏に対する10種の称号。如来・応供・正遍知・明行足・善逝・世間解・無上士・調御丈夫・天人師・仏世尊。または如来を総名とし、仏世尊を仏・世尊と分けることもある。如来十号。仏十号。

じゅう-ごう【重合】〔名〕スル 一種類またはそれ以上の単位物質の分子が、二つ以上化学的に結合して、もとのものより分子の大きい化合物をつくること。付加重合・共重合・縮重合など。

しゅうごう-か【集合果】▶複果

しゅうごう-がいねん【集合概念】なんらかの類似点をもつ成員からなる集合を全体としてさす概念。例えば、人類・聴衆・星座など。➡個別概念

しゅうこう-き【集光器】光線を必要な場所または方向に集める装置。集光レンズ・集光鏡など。

しゅうこう-きょう【集光鏡】光線の方向を曲げて、一点に収束させたり、必要な方向に集めたりする凹面反射鏡。

じゅう-こうぎょう【重工業】容積のわりに重量のある財貨を生産する工業。鉄鋼業・造船業・車両製造業・機械器具製造業など。⇔軽工業。(類語)工業・手工業・軽工業

しゅうごう-ご【×輯合語】▶抱合語

しゅうごう-ざいさん【集合財産】特定の目的のために、多数の主体に属する財産を集合した独立財産。組合財産・共同相続財産など。

しゅうごう-じごく【衆合地獄】▶しゅごうじごく(衆合地獄)

しゅうごう-じゅうたく【集合住宅】1棟の建物の中に複数の住居がある形式の住宅。壁や床によって区切られ、それぞれ独立している。

しゅうごう-しんとう【習合神道】神道に儒教・仏教などの教義を習合してできた神道。

じゅう-こうぞう【柔構造】構築物にある程度の変形能力を与え、振動固有周期を長くして、作用する地震の力の影響を小さくするようにした耐震構造。超高層建築に適用する。➡剛構造

しゅうごう-ぞく【集合族】その各要素が集合であるような集合。集合の集合。

じゅうごう-たい【重合体】重合によって生じた化合物。ポリマー。

しゅうごうてき-はんざい【集合的犯罪】多数の者が集まり、同一の目的に向かって共同して一定の行為をする犯罪。内乱罪・騒乱罪など。集合犯。

しゅうごうてき-むいしき【集合的無意識】ユングの用語。個人の経験による無意識より深く、同じ種族や民族あるいは人類などに共通して伝えられている無意識。普遍的無意識。集団的無意識。

しゅうこうてん【周口店】中国、北京南西にある遺跡。北京原人の発見地。チョウコウティエン。

しゅうごう-とう【集香湯】昔、寺院で糞を出す前にふるまった薬湯。苦参・肉桂・甘草・白朮・蜀黍などの粉末を調合したもの。

じゆう-こうどう【自由行動】他からの命令や統制によらない、各自の自由な行動。「旅行先で―をとる」

しゅうごう-はん【集合犯】▶集合的犯罪

しゅうごう-ひょうしょう【集合表象】フランスの社会学者デュルケームの概念の一。集団生活がつくりあげる表象。個々人の意識において形成される個人表象と質的に異なり、個人に対して拘束力をもつ。宗教・道徳・思想・知識など。表象。社会表象。集団表象。

しゅうごう-ぶつ【集合物】❶個々の物が集まって成り立っている物。❷法律で、個々の物が集合して経済的に一つの価値を有し、取引上も一体として取り扱われる物。工場とその中の機械など。

じゅう-こうぶつ【重鉱物】砂質の堆積物や堆積岩中に含まれる、比重2.8以上の鉱物。黒雲母・輝石・柘榴石など。

しゅうごう-めいし【集合名詞】西欧語での名詞の分類の一。民衆・家族など、二つ以上の同種の

ものを一つのまとまりとしてとらえた名詞。英語などでは、形の上から単数とみたり、意味的に複数として扱ったりする。
しゅうこう-レンズ【集光レンズ】シフクワウ 光学器械で、光を1か所または一方向に集めるためのレンズ、またはレンズ系。映写機・投光器などに用いられる。コンデンサーレンズ。
じゆう-こうろ【自由航路】ジイウカウロ 政府からの指定その他の制限を受けることなく、法規の範囲内で、船主が自由に選定し、配船できる航路。
しゅうごう-ろん【集合論】シフガフ 数学の一部門で、集合の性質を研究する学問。19世紀末、ドイツのゲオルク＝カントルが創始。
じゅうごかげつ-よさん【十五箇月予算】ジフゴカゲツ 会計年度(4月から翌年3月)の原則を外し、1月から3月までに執行するその年度の補正予算と、翌年度予算の計15カ月分を一体的に編成すること。(補説)補正予算で行う公共事業・中小企業対策などを継続的に執行することで景気対策として効果があるとされ、1990年代から繰り返し編成された。11月に補正予算が編成される場合は「17カ月予算」と呼ばれる。
しゅう-ごく【囚獄】シウ 囚人を入れておく獄舎。牢獄(ろうごく)。牢屋。牢。
じゅう-こく【×戎国】未開の国。えびすの国。
じゅう-こく【重刻】ヂュウ〔名〕スル「重版」に同じ。
じゅう-こく【縦谷】褶曲(しゅうきょく)山脈の走向と平行する谷。浸食に弱い地層の部分が浸食されて谷となったもの。⇔横谷(おうこく)。
しゅうごく-し【囚獄司】シウゴク 律令制で、刑部(ぎょうぶ)省に属し、獄舎や犯罪人の処刑をつかさどった役所。ひとやのつかさ。
じゅう-こくせき【重国籍】ヂュウ ▶二重国籍
じゅうご-ごそう【十語五草】ジフゴ 10種の物語と5種の草紙。竹取物語・宇津保物語・世継物語・弥世継(いやよつぎ)物語・続世継物語・増鏡・栄花物語・狭衣物語・水鏡・伊勢物語の10種の物語と、徒然草・枕草子・四季物語・御傍(おそば)の記・御湯殿の記の5書。嫁入りの具として棚に飾るものとされた。
しゅうこじっしゅ【集古十種】シフコジフ 江戸時代の古宝物図録集。85巻。松平定信編。谷文晁(たにぶんちょう)らの画。寛政12年(1800)ごろ成立。碑銘・鐘銘・兵器・銅器・楽器・文房・印章・扁額・肖像・古書画の10種、約2000点を模写し、その寸法・特色・所在などを記したもの。
じゅうご-しゅう【十五宗】ジフゴ 仏教の15の宗派。十宗に、大念仏宗(融通念仏宗)・一向宗(浄土真宗)・時宗・日蓮宗・雑宗(ざっしゅう)の五宗を加えた称。
じゅうご-だいじ【十五大寺】ジフゴ 奈良を中心とする15の大寺院。東大寺・興福寺・元興寺・大安寺・薬師寺・西大寺・法隆寺・新薬師寺・太后寺・不退寺・京法華寺・超昇寺・招提寺・宗鏡寺・弘福寺(川原寺)。また、東大寺・興福寺・薬師寺・元興寺・大安寺・西大寺・法隆寺・弘福寺・新薬師寺・本元興寺・招提寺・東寺・西寺・四天王寺・崇福寺とするなどの説がある。
しゅう-こつ【収骨】シウ〔名〕スル ❶火葬後、壺などに骨を収めること。❷戦地などに放置された戦死者の遺骨を、埋葬するために集めること。
じゅうごにち-がゆ【十五日×粥】ジフゴニチ 正月15日の朝に食べる小豆粥。一年中の邪気を払うとされる。望(もち)の粥。あずきがゆ。(季 新年)
じゅうごねん-せんそう【十五年戦争】ジフゴネンセンサウ 昭和6年(1931)から同20年まで足かけ15年間にわたる日本の対外戦争の称。満州事変・日中戦争・太平洋戦争は、相互に密接、不可分な、ひとつづきの戦争であるという認識から生まれた呼称。
じゅうご-の-はる【十五の春】ジフゴ 中学校を卒業し、高等学校に入学する時期。(補説)昭和30年代後半、高校全入運動とともに広まった言葉。「十五の春は泣かせない」は当時京都府知事だった蜷川虎三がとなえたスローガン。
じゅうごパーセント-ルール【十五パーセントルール】ジフゴ 外貨建て資産の時価評価に関する日本の税法上の規定。外国為替相場の変動(円高)により、期末時点の為替レートで換算した外貨建て資産の時価が簿価よりも低くなり、含み損の割合が対時価で15パーセント以上に達した場合に、含み損分を損失として計上できる。併せて期末時点の時価を簿価とする評価替えを行う。
じゅうごビット-カラー【15ビットカラー】ジフゴ《15bit color》コンピューターのディスプレーで表示する色に関するモードの一。1画素当たり15ビットの色情報をもち、3万2768色を表現できる。16ビットカラーと合わせてハイカラーと呼ばれる。
じゅうご-や【十五夜】ジフゴ ❶陰暦15日の夜。三五(さんご)の夕べ。満月の夜。❷陰暦8月15日の夜。仲秋の名月の夜で、酒宴を催し、詩歌を詠む習わしがあり、また、月見団子・芋・豆・栗などを盛り、ススキや秋の草花を飾って月を祭る。仲秋。芋名月。(季 秋)「一やすすきかざして童達/鬼城」
しゅう-ごろし【▽主殺し】主人または主君を殺すこと。また、殺した者。江戸時代では、親殺し以上に凶悪な大罪とされた。
じゅう-こん【重根】ヂュウ 方程式の根のうちで、等しいものが二つ以上あるときの根。二つが等しい二重根、三つが等しい三重根など。
じゅう-こん【重婚】ヂュウ〔名〕スル 配偶者のある者が重ねて婚姻すること。民法で禁止され、刑法上は処罰の原因となる。➡重婚罪
じゅう-ごん【重言】ヂュウ ▶じゅうげん(重言)❶
じゆう-こんいん【自由婚姻】ジイウ 当事者二人の合意だけで成立する婚姻。民法旧規定では男子は30歳以上、女子は25歳以上に認めたが、現行民法では男女とも20歳以上の成年に認める。自由結婚。
しゅうこんごう-じん【執金剛神】シフコンガウ 手に金剛杵(こんごうしょ)を持ち、仏法を守護する夜叉神(やしゃしん)。本来は一つの神格であるが、日本では多く二神一対として寺門の左右に置かれる。一般に半裸の力士形で、仁王ともいう。金剛神。金剛力士。密迹(みっしゃく)金剛。執金剛。持金剛。しっこんごうじん。➡金剛力士
じゅうこん-ざい【重婚罪】ヂュウコン 配偶者のある者が重ねて婚姻をする罪。刑法第184条が禁じ、2年以下の懲役に処せられる。重婚を持ちかけた者だけでなく、それに応じて婚姻をした者もこの罪にあたる。(補説)片方が法律婚であっても、もう一方が内縁関係など入籍を伴わない場合、本罪は成立しない。戸籍制度のもと、重婚になる婚姻届は受理されないので、本罪による摘発は、離婚届の偽造などを伴う場合以外ほとんどない。
しゅう-さ【収差】シウ《aberration》レンズなどで物体の像を作るとき、光線が一点に集まらず、像がぼやけたり、ゆがんだりすること。球面収差・色収差・非点収差・歪曲収差・コマなど。
じゅう-ざ【従座｜従×坐】他人の罪にかかわり合いになって、罪に処せられること。連座。
じゅう-ざ【銃座】射撃をするとき、銃を据える台。
ジューサー〖juicer〗果物・野菜の汁を絞り出す器具。材料をすり下ろす型、圧搾する型などがある。
しゅう-さい【収載】シウ〔名〕スル 書物や資料などにのせること。収録。「作家の全作品を一した全集」
(類語)収録・集録・載録・採録・所収・収める
しゅう-さい【秀才】シウ ❶非常にすぐれた学問的才能。また、その持ち主。❷中国で、科挙の試験科目の一。のち、科挙に応じる者および合格者をさすようになった。また、明・清時代には府・州・県学の在学生を称した。❸律令制の官吏登用試験科目の一。また、その試験に合格した者。
(類語)英才・俊才・天才・才人・才子・俊英・偉才・奇才・鬼才・才女・才媛・才物・異能
しゅう-さい【周歳】シウ まる1年。満1年。周年。
しゅう-さい【終歳】一年中。年中。「一胸痛を患(うれ)うるが如く」〈福沢・学問のすゝめ〉
しゅう-ざい【秋材】シウ 木の年輪のうち、夏から秋の終わりにかけてできた部分。春材に比べて材質が堅く緻密(ちみつ)。⇔春材。
しゅう-ざい【集材】シフ〔名〕スル 伐採した木材を一定の場所に集めること。
じゅう-ざい【重罪】ヂュウ ❶重い罪。重大な罪。重科。❷旧刑法で、死刑・無期刑以下9種の刑にあたる罪。➡違警罪 ➡軽罪 (類語)大罪
じゆう-ざい【自由財】ジイウ 存在量がきわめて豊富で希少性をもたず、売買の対象とならない財。空気・海水など。⇔経済財。
しゆう-ざいさん【私有財産】シイウ 個人または私的集団の所有する財産。原則として所有者は自由に使用し、収益をあげ、また、処分することができる。
しゆうざいさん-せいど【私有財産制度】シイウザイサン 生産手段にまで及ぶすべての財産の私有を法律上保障する制度。資本主義社会の基礎をなしている。
しゅう-さいぼう【臭細胞】シウサイバウ ▶嗅細胞(きゅうさいぼう)
じゅう-さいぼう【柔細胞】ジウサイバウ 植物体の柔組織を構成する細胞。細胞壁は薄い。
じゆう-さいりょう【自由裁量】ジイウサイリヤウ 法の拘束に対して一定の範囲内で行政庁の自由な判断や行為が許されること。
じゅう-ざかな【重×肴】ヂュウ 重箱に詰めた酒のさかな。「一輛には樽、折、一」〈浮・一代男・八〉
しゅう-さく【秀作】シウ 非常にすぐれた出来の作品。優秀な作品。(類語)傑作・名作・名編・佳作・佳編・佳品・珠玉・上作・労作・力作・雄編・大作
しゅう-さく【習作】シフ〔名〕スル 文芸・音楽・絵画・彫刻などで、練習のために作品をつくること。また、その作品。エチュード。「少女像を粘土で一する」
しゅう-さくじん【周作人】シウ [1885〜1967]中国の文学者・小説家。浙江(せっこう)省紹興の人。魯迅(ろじん)の弟。筆名は、遐寿(かじゅ)・啓明・知堂など。日本に留学し、西洋文学を研究。帰国後、評論活動を展開し、人民共和国成立後は主に翻訳に従事。著「雨天の書」「瓜豆(かとう)集」「魯迅の故家」など。チョウ＝ツオレン。
しゅう-さつ【集札】シフ〔名〕スル 鉄道などで、降車する乗客の切符を回収すること。「改札口で一する」
しゅう-さつ【愁殺】シウ〔名〕スル 非常に嘆き悲しむこと。また、非常に嘆き悲しませること。しゅうさい。「水遠く山長く人を一す」〈露伴・露団々〉
じゅう-さつ【重刷】ヂュウ〔名〕スル 出版物を増し刷りすること。また、その印刷物。増刷。
じゅう-さつ【重殺】ヂュウ〔名〕スル 野球で、ダブルプレー。併殺。
じゅう-さつ【銃殺】〔名〕スル ❶銃で撃ち殺すこと。「害獣を一する」❷死刑執行の方法として、小銃で撃ち殺すこと。(類語)射殺・撃ち殺す・撃ち止める
じゅうさ-にち【十▽三日】ジフサ 江戸時代、煤(すす)払いをすることになっていた、陰暦12月13日のこと。じゅうさんにち。「毎年煤払は極月(ごくげつ)一に定めて」〈浮・胸算用・一〉
しゅう-さん【秋蚕】シウ ▶あきご
しゅう-さん【衆参】衆議院と参議院。「一両院」
しゅう-さん【集散】シフ・【×聚散】シュ〔名〕スル ❶集まったり散ったりすること。「離合一」❷生産地から集めた品物を消費地へ送り出すこと。「穀類を一する」
(類語)離合
しゅう-さん【×蓚酸】シウ 最も簡単な二価カルボン酸。カルボキシル基が2個結合したもの。水によく溶ける無色の結晶。カタバミなどの植物中にカリウム塩・カルシウム塩として広く存在。染料の原料、分析試薬、漂白剤などに用いる。化学式$(COOH)_2$
じゅう-さん【重三】ヂュウ 双六(すごろく)で、二つの賽(さい)の目がともに三と出ること。朱三。ちょうさん。
しゅうさん-か【衆賛歌】▶コラール
じゅうさんか【従参加】▶補助参加
じゅうさん-かいき【十三回忌】ジフサンクワイキ 人の死後満12年、数えて13年目の忌日。また、その日に行う法事。十三年忌。
じゅうさん-かいだん【十三階段】ジフサン《階段の段数が13であるところから》絞首台の異称。
しゅうさん-かじょ【集散花序】シフサンクワジョ 有限花序のう

ち、花軸の先端に花がつき、その下から枝が出て花をつけることを繰り返すもの。狭義には岐散花序をいう。

じゅうさん-がつ【十三月】❶《12月の翌月の意》正月の異称。1月。❷ひと月の13倍。13か月。

十三月なる顔付き　《1年が13か月もあるように思っている顔つきとも、いつも正月のような顔つきともいう》のんきな顔つき。「工商の家に—かまへ、貧乏花盛り待つは今の事なるべし」〈浮・永代蔵・五〉

じゅうさん-がね【十三鐘】奈良の法相宗菩提院で、明け七つ(午前4時頃)と暮れ六つ(午後6時頃)の時に、両方の時の数を合わせて13ついた鐘の音。13歳で鹿殺しの罪に問われた子を弔うための鐘という俗説がある。

しゅうさん-き【周産期】妊娠満28週、または胎児の体重が1000グラムに達したときから、出生後1週間までの期間。周生期。

しゅうさんき-いりょう【周産期医療】周産期とその前後の期間の母子に生じがちな突発的な事態に対応するための、産科と新生児科とを統合した医療。➡周産期母子医療センター

しゅうさんき-しんきんしょう【周産期心筋症】心疾患の既往歴のない女性が出産前後に突然発症する原因不明の心筋疾患。妊娠中から分娩後5か月以内に心不全の症状が現れる。息切れ・咳・全身のむくみ・倦怠感などの症状が続く場合は、早めに受診することが望ましい。産褥心筋症。

しゅうさんき-ぼしいりょうセンター【周産期母子医療センター】周産期の母体・胎児・新生児に生じる突発的な事態に、24時間態勢で対応する緊急医療施設。産科・新生児科のほかに、内科・外科・精神科などが連携して医療を行う。新生児集中治療室(NICU)を9床以上、母体胎児集中治療室(MFICU)を6床以上備え、極めて高度な周産期医療を行うことのできる総合周産期母子医療センターと、基準を満たしていないが比較的高度な周産期医療を行うことのできる地域周産期母子医療センターとがある。いずれも都道府県が指定する。

じゅうさん-ぎょう【十三経】中国における儒家の基本的な書物13種。「周易(易経)」「尚書(書経)」「毛詩(詩経)」「周礼」「儀礼」「礼記」「春秋左氏伝」「春秋公羊伝」「春秋穀梁伝」「論語」「孝経」「爾雅」「孟子」で、宋代に定められた。

しゅうさんき-れんけい-びょういん【周産期連携病院】地域の診療所や周産期母子医療センターと連携して、中程度のリスクのある妊産婦に対応する二次救急医療機関。周産期緊急医療体制の充実を図るため、平成21年(2009)に東京都が制度を創設。帝王切開などの産科手術や合併症のある妊婦の母子管理などを行う診療体制を備え、24時間体制で休日・夜間も救急患者の受け入れが可能な病院を都が指定する。よりリスクが高く重症な場合は、MFICUやNICUなどを備えた周産期母子医療センターで対応する。

しゅうざん-ぐんとう【舟山群島】中国浙江省北東部、東シナ海にある群島。沿岸は好漁場で、漁業・水産加工業が盛ん。最大の島は舟山島で、面積約523平方キロ。チョウシャン-チュンタオ。

じゅうさん-こ【十三湖】青森県津軽半島西部にある潟湖。中世から近世にかけて、十三湊(のちに「じゅうさんみなと」)とよばれる港として栄えた。十三潟。

じゅうさん-しゅう【十三宗】❶日本仏教の13の宗派の総称。華厳宗・法相宗・律宗・天台宗・真言宗・浄土宗・臨済宗・曹洞宗・浄土真宗・日蓮宗・時宗・融通念仏宗・黄檗宗。❷中国仏教の13の宗派。毘曇宗・成実宗・律宗・三論宗・涅槃宗・地論宗・浄土宗・禅宗・摂論宗・天台宗・華厳宗・法相宗・真言宗。

しゅうさん-しゅぎ【集産主義】生産手段を国有ないし公有とし、共同管理とすることを経済原理とする主張。コレクティビズム。

じゅうさんぞく-みつぶせ【十三束三伏せ】こぶし13握りの幅に指3本の幅を加えた長さ。また、その長さの矢。普通の矢が十二束であるのに対して、長い矢。

じゅうさんだい-しゅう【十三代集】二十一代集のうち、初めの八代集を除いた勅撰和歌集。鎌倉・室町時代にできた、新勅撰・続後撰・続古今・続拾遺・新後撰・玉葉・続千載・続後拾遺・風雅・新千載・新拾遺・新後拾遺・新続古今の13集。

しゅうさん-ち【集散地】生産地から産物を集めて、これを消費地へ送り出す所。「米の—」

じゅうさん-づか【十三塚】峠道や村境などに、数個または十数個に及ぶ塚が並んでいるもの。そのうちの一つが特に大きく、これを大将塚・将軍塚と呼んだり、戦士の一団が埋められているなどと伝えるものが多いが、実体は未詳。

じゅうさん-ななつ【十三七つ】《お月さまいくつ、十三七つ、まだ年あ若いな」というわらべ歌から》十三夜の七つ時(4時ごろ)の、出たばかりの月のことで、まだ若いの意。

じゅうさん-ぶつ【十三仏】年忌追善に際し、初七日から三十三回忌までの13回に配当して供養する仏・菩薩。南北朝時代に成立した信仰。

じゆう-ざんまい【自由三昧】〔名・形動ナリ〕勝手気ままにすること。自分の気の向くままに自由に振る舞うこと。また、そのさま。自由勝手。「自由ざんめえに取り替へ引っ替へ買ひ立てるし」〈滑・浮世風呂・三〉

じゅうさん-まいり【十三参り】京都地方で、陰暦3月13日(現在は4月13日)に、13歳の少年・少女が知恵を授かるため、嵯峨法輪寺の虚空蔵に参詣すること。もとは境内で売っている13品の菓子を買い、虚空蔵に供えたのち、家に持ち帰って家じゅうの者に食べさせた。帰途、渡月橋を渡るときに振り返ると授かった知恵がなくなるという。福島県など他地方にもみられる。知恵参り。知恵もらい。(季 春)「かこまれて—橋渡る/野風呂」

じゅうさん-めいか【十三名家】公家の中で、大納言まで昇進できる家柄。日野・広橋・烏丸・柳原・竹屋・裏松・甘露寺・葉室・勧修寺・万里小路・清閑寺・中御門・坊城の各家の総称。十三家。

じゅうさん-もんぜき【十三門跡】13の主要な門跡寺院。天台宗の輪王寺・妙法院・聖護院・照高院・青蓮院・梶井宮(三千院)・曼殊院・毘沙門堂・円満院、真言宗の仁和寺・大覚寺・勧修寺、浄土宗の知恩院。

じゅうさん-もんぱ【十三門派】❶日本の禅宗の、13の宗派。臨済宗の建仁寺・永源寺・建長寺・東福寺・円覚寺・南禅寺・大徳寺・妙心寺・天竜寺・相国寺・仏通寺・万福寺の各派と、曹洞宗の永平寺派。❷「十三宗❶」に同じ。

じゅうさん-や【十三夜】❶陰暦13日の夜。❷陰暦9月13日の夜。8月の十五夜に次いで月が美しいとされ、「後の月」という。十五夜の月を芋名月というのに対し豆名月・栗名月ともいう。(季 秋)「泊る気でひとり来ませり—/蕪村」

じゅうさんや【十三夜】樋口一葉の小説。明治28年(1895)発表。不幸な結婚をしたお関を通し、封建的な社会の矛盾を女性の立場から描く。

じゅうさん-り【十三里】《「栗(九里)より(四里)うまい」のしゃれ》さつまいも。また、焼き芋。

しゅう-し【収支】収入と支出。「—が合う」「—決算」(類語)出納・収入・採算・財務・経理・会計・やりくり

収支償わ・ず　収入より支出が多く損失が出る。

しゅう-し【舟子】船頭。ふなびと。ふなこ。

しゅう-し【舟師】《「師」は軍隊》水軍。海軍。

しゅう-し【宗旨】❶宗門の信仰内容の主旨として説くところ。ある宗教の教えの中心教義。「—を説く」❷一つの宗教の中の流派。宗門。宗派。❸自分の主義・主張・趣味。好みのやり方や考え方。「—に合わない」(類語)宗教・宗門・宗派・教義・信条

宗旨を変・える　信仰する宗教・宗派を変える。転じて、今までの主義・主張・職業などを捨て、別の方面に進む。「ビール党から日本酒党に—・える」

しゅう-し【祝詞】祝いの言葉。祝辞。しゅくし。「末広に—を籠めて」〈一葉・うもれ木〉

しゅう-し【秋思】秋に感じるものさびしい思い。(季 秋)「山塊にゆく雲しろむ—かな/蛇笏」

しゅう-し【修士】学位の一。大学院に2年から4年以内在学して所定の単位を修得し、修士論文の審査、最終試験に合格した者に与えられる称号。マスター。➡博士❶

しゅう-し【修史】歴史書を編修すること。

しゅう-し【終止】〔名〕(スル)❶物事が終わること。終わり。しまい。❷楽曲・楽章などの終わりの部分で、終止感を表す定型的な和音の進行部分。また、その形。カデンツ。

(類語)(❶)終了・完了・完結・結了・終結・終決・終息・閉幕・終わる・済む・片付く・上がる・引ける・跳ねる

しゅう-し【終始】〔名〕(スル)❶物事の始めと終わり。「—のけじめをつける」❷同じ態度・状態・内容などが、始めから終わりまで続くこと。「自己弁護に—する答弁」❸始めから終わりまで全部。始終。多く副詞的に用いる。「論理的に—を貫く発言」「—積極的に攻める」(類語)貫く・徹する・一貫・貫徹・ずっと・常に・絶えず・常時・常常・いつも・始終

しゅう-し【愁死】うれえ悲しんで死ぬこと。「我遂に謫居に—して、帰る事を得じ」〈太平記・一〉

しゅう-し【愁思】思いわずらうこと。心配すること。また、悲しい物思い。「断然—を絶て疾病の源を招く勿れ」〈織田訳・花柳春話〉

しゅう-し【×螽×斯】❶キリギリスの漢名。❷イナゴの別名。❸《イナゴは群集し、数多く産卵するところから》子孫が繁栄すること。

しゅう-じ【修治】〔名〕(スル)手を加えてなおすこと。しゅうち。「この産業は—せざれば価値を生ぜず」〈中村訳・西国立志編〉

しゅう-じ【修辞】言葉を美しく巧みに用いて効果的に表現すること。また、その技術。レトリック。

(類語)レトリック・文飾・言い回し・言葉の綾

しゅう-じ【習字】文字を正しく、美しく書く練習。もと、小・中学校における国語科の一分野。現在では書写といい、硬筆と毛筆とによって指導される。

(類語)手習い・書道・書

しゅう-じ【集字】〔名〕(スル)❶題字などに使うために、古人の書跡や古い版本などから必要な文字をあつめること。❷詩・賦を作るために、古い詩文に用いられている語句をあつめること。

しゅう-じ【×種子】《梵 bījaの訳》仏語。法相宗で、人の心の主体である阿頼耶識にそなわっていて、一切の現象を生じる可能性のこと。➡しゅじ(種子)

じゅう-し【重四】双六で、二つの賽の目がともに四と出ること。朱四。ちょうし。

じゅう-し【重視】〔名〕(スル)重要なものとして注目すること。「実績を—する」⇔軽視。

(類語)重要視・尊重・重んずる・重きを置く

じゅう-し【従士】❶供をする武士。供の侍。供侍。❷古代ゲルマンの主従制度で、有力者に付き従って奉仕する自由民。

じゅう-し【従姉】年上の、女のいとこ。⇔従妹。

じゅう-し【獣脂】獣類からとった脂肪。

じゅう-し【縦恣】〔名〕(スル)好きかってにふるまうこと。

じゆう-し【自由市】►自由都市

じゆう-し【自由詩】伝統的な詩の韻律・形式にとらわれず、自由な内容や形式で作る詩。ホイットマンの詩集「草の葉」がその先駆的な作品とされる。日本では、川路柳虹の口語自由詩に始まる。➡定型詩 (類語)詩・うた・詩歌・韻文・詩賦・賦・吟詠・ポエム・バース・詩編・叙情詩・叙事詩・定型詩・バラード・ソネット・新体詩

じゅう-じ【十地】菩薩が修行しなければならない52の段階のうち、第41位から第50位までの階位。華厳経では、歓喜地・離垢地・発光地・焔慧地・難勝地・現前地・遠行地・不動地・善慧地・法雲地。ほかに、声聞や縁覚の十地などがある。

じゅう-じ【十字】❶10個の文字。❷十の字の形。十文字。❸キリスト教徒が、キリストが受難にあった十字架になぞらえて、祈祷の際に手で描く十字の形。❹十字形に並んで見える星座。北半球では白鳥座、南半球では南十字座。❺検地の用具。材木で、縦横ともに1尺2寸(約36センチ)くらいの十字形に切り組み、中央に水縄を入れるくぼみを刻んだもの。これを田の中央に張ってある水縄に当てて角度を測量する。❻「十字餅」に同じ。「踏馬勢子などの輩を召して、各一を賜ふ」〈吾妻鏡・一三〉

十字架を背負・う 耐えがたい苦難、重い負担、消えることのない罪などをいつまでも身に持ち続ける。「裏切り者としての一・う」

十字を切・る キリスト教徒が神に祈るとき、手で胸の上に十字形を描く。「ひざまずいて一・る」

じゅう-じ【住持】〔名〕スル ❶一寺の主僧を務めること。また、その僧。住持職。住職。❷仏の教えをかたく守ること。「仏法を一する」(類語)住職・方丈

じゅう-じ【従事】〔名〕スル もっぱらその仕事に携わること。「研究に一する」(類語)従業・服務・執務・就く・働く

ジューシー〖juicy〗〔形動〕水分が多いさま。果汁が豊かなさま。「一なフルーツ」

しゅうし-いっかん【終始一貫】〔名〕スル 態度・状態などが、始めから終わりまでずっと変わらないこと。「一して主張を曲げない」

じゅう-ジー-ビー-イー〖10GbE〗《10Gbit Ethernet》▶10ギガビットイーサネット

じゅうじ-か【十字火】「十字砲火」に同じ。

じゅうじ-か【十字花】離弁花の一。4枚の花びらが十字状に配列するもの。ナズナ・ダイコンなどアブラナ科植物にみられる。

じゅうじ-か【十字架】❶木を十字形に組み、罪人を磔にするときに用いた処刑道具。❷《イエスが磔にされたところから》キリスト教を象徴する十字形のしるし。贖罪の犠牲、罪や死に対する勝利、また苦難を表す。早くから礼拝の対象とされた。クロス。クルス。❸罪の意識や課せられた苦難などをたとえていう語。「重い一となって背中にのしかかる」

じゅうじ-がい【十字街】街路が交差して十字形をしている所。四つ辻。十字路。

しゅうし-がえ【宗旨変え|宗旨替え】〔名〕スル ❶信仰していた宗教・宗派を捨てて、別の宗教・宗派にかえること。❷それまでの主義・主張・趣味などをかえて、他の方面に転じること。「一してワインを飲み始める」

じゅうじか-か【十字花科】アブラナ科の旧称。

しゅうじ-がく【修辞学】修辞に関する法則や表現方法を研究する学問。美辞学。レトリック。

しゅうし-かてい【修士課程】大学院で、修士の学位を与える課程。マスターコース。博士前期課程。➡博士課程

じゅうじか-の-おか【十字架の丘】《Kryžių kalnas》リトアニア北部の都市シャウレイの北東約12キロメートルにある巡礼地。リトアニア独立戦争の死者や、旧ソ連による圧制とシベリア流刑の犠牲者を悼むため、約5万本ともいわれる大小の十字架が建てられている。2001年に「リトアニアの十字架の手工芸とその象徴」の名称で、ユネスコの無形文化遺産に登録された。

しゅうじ-かん【集治監】《「しゅうちかん」とも》明治12～36年(1879～1903)の間、徒刑・流刑・終身懲役などの囚人を拘禁していた刑事施設の名称。以後は監獄とよばれるようになった。

しゅうしき-ざくら【秋色桜】東京の上野公園清水堂のそばにあるしだれ桜。秋色女が13歳の時に作った句「井戸端の桜あぶなし酒の酔」によって名所になったという。(季 春)

しゅうしき-じょ【秋色女】[1669～1725]江戸中期の女流俳人。江戸の人。名はあき。別号、菊后亭。夫の寒玉とともに榎本其角に学んだ。

しゅうし-きょく【修史局】東大史料編纂所の、明治8年(1875)から同10年までの称。

じゅうじ-ぐつわ【十字轡】▶十文字轡

じゅうじ-ぐん【十字軍】11世紀末から13世紀にかけて、聖地エルサレムをイスラム教徒から奪回するため、前後8回にわたり行われた西欧キリスト教徒による遠征。信仰上の動機や教皇権拡大の意図などのほか、やがて東方貿易の利益など種々の動機が絡むようになった。結局、目的は達成されなかったが、イスラム文化との接触は西欧人の視野を拡大したほか、都市の成長や貨幣経済の発展などは、中世封建社会崩壊のきっかけとなった。

しゅうし-けい【終止形】活用形の一。用言・助動詞の活用の第三段の形で、普通に文を終止するのに用いられる。活用する語の基本の形と考えられ、一般に辞書の見出しなどに用いられる。

じゅうし-けい【十四経】漢方で、人体を流れている気血の循環系を14に分けた経絡の称。正経十二経に任脈・督脈の二つを加えたもの。

じゅうじ-けんすい【十字懸垂】体操競技のつり輪で、からだを垂直に保ったまま両手を横に広げ、十字形になって静止する懸垂。

じゅうじ-ざ【十字座】▶南十字座

じゆう-じざい【自由自在】〔形動〕図〔ナリ〕思いのままにするさま。思いのままにできるさま。「一にスキーを操る」

じゅうし-じ【十四事】江戸時代、最も重んじられた14種の武芸。射・騎・棒・刀・抜刀・撃剣・薙刀・鎌・槍・鉄砲・石火箭・火箭・捕縛・拳。

じゆう-しじょう【自由市場】自由な意志・行動から生じる経済活動上の利点を主張する自由主義の思想に基づく経済活動および市場。すべての取引・売買がそれを望む者の意志・自発性によって行われるとする。政府や権力の介入を排除または最小限にとどめ、個人の自由な経済活動によって取引が行われる市場では、需要と供給の調整が最も効率よく行われ、利益を最大化するとされる。この利益には、個人的な利益だけではなく、国家経済や社会福祉上の利益なども含まれる。フリーマーケット。

しゅうし-しょうもん【宗旨証文】▶寺請状

じゅうじ-せき【十字石】鉄・アルミニウムを含む含水珪酸塩鉱物。単斜晶系。暗褐色の柱状結晶で、十字形の双晶をなすものが多い。

じゆう-しそう【自由思想】自由主義の思想。

じゆうしそう-か【自由思想家】❶教会や聖書の権威にとらわれず、理性的見地から神を考察した17、8世紀のヨーロッパの理神論者たち。コリンズの「自由思想論」から、この名称が有名になった。❷一般に、権威や教条に拘束されず自由に考える思想家。

しゅうし-そうしょう【収支相償】公益法人が行う公益目的事業について、収入がその実施に要する適正な費用を超えてはならないという、公益法人認定法の規定。➡公益法人

じゅうじ-たい【十字帯】包帯の巻き方で、胸部または背部で十字形に交わるように巻くもの。

しゅうし-ちがい【宗旨違い】❶信仰する宗旨が違うこと。❷主義・主張、また職業・専門などが違っていること。

じゅうしち-かいき【十七回忌】死後満16年、数えて17年目の忌日。また、その日に行う法事。

じゅうしち-げん【十七弦|十七絃】17本の弦をもつ箏。大正10年(1921)宮城道雄が考案。従来の箏をひと回り大きくした外形で、ふつう低音伴奏楽器として用いる。

じゅうしち-し【十七史】中国の歴代の正史17書の総称。史記・漢書・後漢書・三国志・晋書・宋書・南斉書・梁書・陳書・魏書・北斉書・周書・隋書・南史・北史・新唐書・新五代史。これに宋史を加えて十八史ともいう。

じゅうしちじょう-けんぽう【十七条憲法】▶憲法十七条

じゅうしち-でん【十七殿】内裏にあった17の主要な宮殿。紫宸殿・仁寿殿・承香殿・常寧殿・貞観殿・春興殿・宜陽殿・綾綺殿・温明殿・麗景殿・宣耀殿・安福殿・校書殿・清涼殿・後涼殿・弘徽殿・登花殿。

じゅうしち-もじ【十七文字】《五・七・五の17字であるところから》俳句のこと。(類語)俳句・俳諧・句

じゅうしち-や【十七夜】❶陰暦17日の夜。❷陰暦8月17日の月。立ち待ち月。(季 秋)

じゅうしち-や【十七屋】《陰暦十七夜の立ち待ち月を「忽ち着き」ともじって》江戸日本橋室町にあった飛脚屋。

しゅう-じつ【秋日】秋の日。また、秋の季節。

しゅう-じつ【終日】1日中。朝から晩まで。まる1日。ひねもす。「一机に向かう」(類語)ひねもす・日がな一日

しゅう-じつ【週日】❶1週の日数。7日。❷1週間のうち、日曜以外の日。また、そこからさらに土曜を除いた日。平日。ウイークデー。

じゅう-じつ【充実】〔名〕スル 必要なものが十分に備わること。中身がいっぱいに満ちていること。「設備を一させる」「内容の一した試合」

しゅうじつ-だいがく【就実大学】岡山市にある私立大学。昭和54年(1979)に就実女子大学として開学。平成15年(2003)に現校名に改称した。

じゅうしつ-ゆ【重質油】アスファルトや重油などが得られる、比重が大きく粘りけの強い原油。➡軽質油

しゅうし-てがた【宗旨手形】▶寺請状

じゅうじ-とうりつ【十字倒立】体操競技のつり輪で、両腕を広く横に開き、十字形に倒立すること。

しゅうし-にんべつあらため【宗旨人別改】▶宗門改

しゅうし-にんべつちょう【宗旨人別帳】▶宗門人別帳

じゅうじ-の-みょうごう【十字の名号】浄土論にある「帰命尽十方無碍光如来」という十字の、阿弥陀仏の名号。十字名号。

じゅうじ-びしゃ【十字飛車】将棋で、飛車を遠く、縦にも横にも利かせること。また、その飛車。

しゅうし-ふ【終止符】❶欧文などで、文の終わりに打つ符号。ピリオド。❷音楽で、曲の終わりを示す符号。❸物事の終わり。結着。結末。

終止符を打・つ 終わりにする。結末をつける。ピリオドを打つ。「長かった独身生活に一・つ」

しゅうじ-ほう【修辞法】修辞に関する法則や、修辞の方法。

じゅうじ-ほうか【十字砲火】左右から十字に交差するようにはげしく飛びかう砲火。十字火。

しゅうし-ぼき【収支簿記】すべての取引を現金取引に見たて、収入を借方に、支出を貸方に記入して処理する簿記法。

じゅう-しまい【従姉妹】女のいとこ。

じゅう-しまつ【十姉^妹】カエデチョウ科の鳥。スズメより小形。中国で、コシジロキンパラ(ダンドク)を改良してつくられたといわれる飼い鳥。羽色は褐色と白色のまだらのものが多く、純白のものもある。丈夫で飼いやすく、よく繁殖する。

じゅうじ-もち【十字餅】《「十」の字を、災いを除き幸いを招くまじないとして、祝儀の贈り物の蒸し餅の上に紅色で書くところから》蒸し餅・まんじゅうの異称。

しゅう-しゃ【舟車】ふねと、くるま。舟や車。

しゅう-しゃ【秋社】秋の社日。(季 秋)「唐黍の風や一の戻り人/露月」

しゅう-しゃ【終車】電車・バスなどの路線で、その日の最後に走る車。

じゅう-しゃ【従者】主人の供をする者。供の者。供人。ずさ。じゅしゃ。

じゅう-しゃ【縦射】前後に重なって並ぶ敵や、行軍隊形の敵を縦貫するように射撃すること。

しゅう-しゃく【襲爵】〔名〕スル 先代の爵位を受け継ぐこと。

しゅう-じゃく【執着】〔名〕スル ▶しゅうちゃく(執着)

じゅう-じゃく【柔弱】〔名・形動〕「にゅうじゃく(柔

弱)」に同じ。「如何にも温和で、幾らか―な処もあって」〈二葉亭訳・片恋〉

しゅうじゃくじし【執着獅子】歌舞伎舞踊。長唄。本名題「英執着獅子(はなぶさしゅうちゃくじし)」。初世杵屋弥三郎作曲。宝暦4年(1754)江戸中村座で初世中村富十郎が初演。石橋(しゃっきょう)物の一。

しゅう-しゅ【袖手】〔名〕スル ❶両手をそでの中に入れていること。ふところで。❷労を惜しんで、自分からは手を下さないこと。拱手(きょうしゅ)。「―シテカイリミズ」〈和英語林集成〉

しゅう-じゅ【収受】〔名〕スル 金品などを受け取っておさめること。特に、不正に金品などを受け取ること。刑法上、収賄罪・盗品譲受け等罪を構成する要素となる行為。「賄賂(わいろ)を―する」(類語)領収・受領・査収・接受・受理・受納・受給・受贈・頂戴(ちょうだい)・拝領・拝受・受け取る・貰(もら)う・押し頂く・受ける・収める・譲り受ける・貰い受ける・授かる・頂く・賜(たま)わる・申し受ける

じゅう-しゅ【銃手】銃の撃ち手。射撃手。

しゅう-しゅう【収拾】〔名〕スル ❶ひろい集めること。「貨物を―せん為に岩礁に残り居り」〈中村訳・西国立志編〉❷混乱をおさめ、状態を整えること。「事態の―がつかない」「難局を―する」「―策」
(類語)収束・対処・対応・始末・後始末・尻拭い

しゅう-しゅう【収集|×蒐集】〔名〕スル ❶寄せ集めること。「ごみの―日」❷趣味・研究などのために集めること。また、そのもの。コレクション。「資料を―する」「切手の―家」(類語)採集・採取

しゅう-しゅう【舟×楫】❶ふねとかじ。また、ふね。❷ふねで運ぶこと。水運。「―の便」

しゅう-しゅう【秋収】秋の取り入れ。秋の収穫。

しゅう-しゅう【修習】学問・技能などをならって身につけること。「司法―生」

しゅう-しゅう【集×輯】〔名〕スル いろいろ集めて編集すること。「民話を―する」

しゅう-しゅう【習習】〔ト・タル〕図〔形動タリ〕風がそよそよと吹くさま。「―たる谷風は落花を捲き」〈菊亭香水・世路日記〉

しゅう-しゅう【×啾×啾】〔ト・タル〕図〔形動タリ〕小声でしくしくと泣くさま。「遥に―たる、婦人の哭声あり」〈竜渓・経国美談〉

しゅう-じゅう【▽主従】主君と家来。しゅじゅう。
主従は三世(さんぜ) 「主従(しゅじゅう)は三世」に同じ。

しゅう-じゅう【羞渋】〔名〕スル 恥じらって、態度や口調がはきはきしないこと。「―して言う能わざるなり」〈服部誠一訳・春窓綺話〉

しゅう-じゅう【集住】〔名〕スル 人々が一定の場所に集まり住むこと。「外国人―都市」

じゅう-じゅう〔副〕肉・野菜などを、油で炒めたり焼いたりするときの音を表す語。「―(と)焼きあがったステーキ」

じゅう-じゅう【重重】㊀〔副〕❶同じことを何度も繰り返すさま。かさねがさね。「―の不始末、なにとぞお許しください」❷十分であるさま。よくよく。「―承知の上のことです」㊁〔名〕❶幾重にもかさなっていること。また、その各層。「塔の―に火を付けけるが」〈太平記・二一〉❷段階。「同じ上手なりとも、そのうちにて―あるべし」〈花伝・三〉

しゅうしゅう-きょう【収集狂】むやみにものを集めたがる病的な性質。また、その人。コレクトマニア。

じゅう-じゅうきん【十重禁】▶十重禁戒

じゅう-じゅうきんかい【十重禁戒】仏道修行のうえで、菩薩(ぼさつ)の守らなければならない10の重要な戒律。顕教では、梵網経に説く、不殺・不盗・不淫・不妄語・不酤酒・不説四衆過・不自讃毀他・不慳惜加毀・不瞋心不受悔・不謗三宝の十戒。密教では、無畏三蔵禅要によれば、不退菩提心・不謗三宝・不捨三宝三乗経・不疑大乗教・不発菩提心者令退・不未発菩提心者起二乗心・不対小乗人説深大乗・不起邪見・不説於外道妙戒・不損害無利益衆生の十戒。十重禁。十重。十戒。

じゅうじゅうしんろん【十住心論】平安時代の仏教書。10巻。空海著。天長7年(830)成立と推定される。「大日経」住心品の思想に基づいて、真言行者の住心(菩提心(ぼだいしん))の展開を10の段階に整理し、諸宗批判とともに真言宗の最もすぐれていることを述べたもの。秘密曼荼羅(まんだら)十住心論。

じゅうじゅう-だな【重重棚】床の間や書院などの脇(わき)に取り付けた重ね棚。地板から鴨居(かもい)までを棚板で何段にも仕切り、各段に小襖(こぶすま)をつけたもの。

じゅうじゅうびばしゃろん【十住毘婆沙論】大乗論書。17巻。竜樹著。梵本やチベット語訳はなく、鳩摩羅什(くまらじゅう)の漢訳が現存。「華厳経」十地品の大意を要約し、解釈を加えたもの。

しゅうしゅう-へき【収集癖】むやみにものを集めたがるくせ。

じゆう-しゅぎ【自由主義】個人の権利や自由を基本として、社会のあらゆる領域における個人の自由な活動を重んずる思想的立場。ロック・ルソー・アダム=スミスらがその代表。17、18世紀の市民革命の成立と、資本主義の興隆とともに発達。本来は国家の規制・干渉を最小限にとどめる自由放任主義の立場を唱えたが、20世紀以降は大資本に対する労働者や消費者の社会的自由を重視し、富の再配分を是認する思想も包含する。リベラリズム。

しゅう-しゅく【収縮】〔名〕スル ひきしまって小さくなること。ちぢむこと。また、ちぢめること。「血管が―する」(類語)萎縮・縮小・縮み・緊縮・収斂(しゅうれん)・凝縮・圧縮

しゅう-じゅく【習熟】〔名〕スル そのことに十分に慣れ、じょうずになること。熟達。「運転技術に―する」「―度」(類語)上達・熟練・熟達・円熟・老練

しゅうしゅくき-けつあつ【収縮期血圧】心臓が収縮したときの血圧。血液が心臓から全身に送り出された状態で、血圧が最も高くなるため、最高血圧とも呼ばれる。血圧値は血管の硬さ(血管抵抗)と血液量(心拍出量)によって決まる。血液の粘度が高くなったり、血管が硬化したりすると、血液が流れにくくなり、血管壁にかかる圧力が高くなる。収縮期血圧の正常値は100〜140mmHgとされ、140mmHg以上で高血圧と診断される。最大血圧。➡拡張期血圧

じゅう-しゅくごう【重縮合】▶縮重合(しゅくじゅうごう)

しゅうじゅくどべつ-がくしゅう【習熟度別学習】生徒の学力の差に応じて班に分け、少人数を対象に生徒の程度に合わせて行う授業。多く数学(算数)・英語で実施。習熟度別授業。

しゅうじゅくどべつ-じゅぎょう【習熟度別授業】▶習熟度別学習

しゅうしゅく-ほう【収縮胞】淡水産の原生動物にみられる空胞。収縮・拡張を繰り返し、体内の老廃物の排泄(はいせつ)、浸透圧の調節作用を行う。

しゅう-じゅじん【周樹人】魯迅(ろじん)の本名。

しゅう-しゅつ【秀出】〔名〕スル 他と比べて一段とすぐれていること。ぬきんでること。傑出。

じゅう-しゅつ【重出】〔名〕スル 文章などで、同じ事柄が重複して出ること。ちょうしゅつ。「記事が―する」

じゅう-じゅつ【柔術】徒手で打つ・突く・蹴る・投げる・組み伏せるなどの方法によって相手を攻撃し、また防御する日本古来の武術。やわら。➡柔道
(類語)柔道・柔ら

しゅうしゅ-ぼうかん【袖手傍観】〔名〕スル ある事態を目にしながら、成り行きに任せて眺めていること。拱手(きょうしゅ)傍観。

じゅう-じゅん【柔順】〔名・形動〕性質・態度などがすなおでおとなしいこと。また、そのさま。温順。「素朴で―な人々」(派生)じゅうじゅんさ〔名〕(類語)大人しい・素直・温順・従順・温柔・温良・順良・穏和・おだやか・物静か・おとなしやか・控えめ・内気・優しい

じゅう-じゅん【従順】〔名・形動〕性質・態度などがすなおで、人に逆らわないこと。おとなしくて人の言うことをよく聞くこと。また、そのさま。「権力には―である」「―な部下」(派生)じゅうじゅんさ〔名〕(類語)大人しい・温順・柔順・温柔・温良・順良・素直・穏和・おだやか・物静か・おとなしやか・控えめ・内気・優しい

じゅう-じゅんようかん【重巡洋艦】大型の巡洋艦。基準排水量1万トン以上、主砲の口径20.3センチ(8インチ)以下のものをいう。旧日本海軍では一等巡洋艦と称した。重巡。

しゅう-しょ【州×渚|×洲×渚】州(す)の水際。

しゅう-しょ【州×嶼|×洲×嶼】州(す)と島。

しゅうしょ【周書】中国の二十四史の一。北周の歴史を記した書。唐の太宗の勅命により、令狐徳棻(れいことくふん)らが撰。本紀8巻、列伝42巻の全50巻。北周書。後周書。

しゅう-しょ【週初】1週間の初め。

しゅう-しょ【衆庶】一般の人々。庶民。「国の文明は…―の向う所を示し」〈福沢・学問のすゝめ〉

しゅう-しょ【集書】・【×蒐書】〔名〕スル 稀覯(きこう)本・古典籍などの書物を大量に集めること。また、その集めたもの。「―家」

しゅう-しょ【愁緒】嘆き悲しむ心。悲しみの心。「心中の―を述べて」〈太平記・一〇〉

しゅう-じょ【修女】修道女。

しゅう-じょ【醜女】顔のみにくい女。しこめ。
(類語)不美人・ぶおんな・しこめ・醜婦・悪女・ぶす・おかちめんこ・おたふく・おかめ

じゅう-しょ【住所|住処】❶住んでいる場所。❷法律で、各人の生活の本拠である場所。法人の場合は、その主たる事務所の所在地。➡居所(きょしょ)
(類語)居所(きょしょ)・住居(じゅうきょ)・居住地・現住所・現住地・居所(いどころ)・住(す)まい・所番地(ところばんち)・番地・所書き・アドレス

しゅう-しょう【周章】あわてふためくこと。うろたえること。「あの―ぶりは何か変だ」(類語)うろたえる・まごつく・面食らう・狼狽(ろうばい)する・慌てる・騒ぐ

しゅう-しょう【秋宵】秋のよい。秋の夜。(季 秋)

しゅう-しょう【終宵】一晩中。夜通し。終夜。

しゅう-しょう【終章】最後の章。
(類語)結末・エンディング・エピローグ

しゅう-しょう【就床】〔名〕スル 寝床に入ること。就寝。「一〇時に―する」⇔起床。(類語)就寝・就眠・寝る

しゅう-しょう【愁傷】〔名〕スル ❶嘆き悲しむこと。また、その悲しみ。「生き残った妻子の―は」〈二葉亭・浮雲〉❷相手を気の毒に思うこと。「誠にお―でのう」〈円朝・真景累ヶ淵〉➡御愁傷様(ごしゅうしょうさま)
(類語)哀悼・追悼・哀惜

しゅう-しょう【×聚訟】言い争ってまとまりがつかないこと。「一疑獄に―し」〈西周訳・万国公法〉

しゅう-じょう【宗乗】自宗の教義。もと禅宗で、禅門の宗義や禅の極致をいった語。他の教えを余乗といって区別した。

しゅう-じょう【衆情】多くの人々の感情。

しゅう-じょう【醜状】みにくい状態。見苦しいありさま。醜態。「金権政治の―を暴く」

じゅう-しょう【重症】病気や、その症状がおもいこと。また、おもい病気・症状。比喩的にも用いる。「今度の失恋は相当―らしい」⇔軽症。
(類語)重体・重病・大病・重患・大患

じゅう-しょう【重唱】〔名〕スル 二つ以上の声部を、それぞれ一人ずつが担当して歌うこと。二重唱・四重唱など。連唱。

じゅう-しょう【重傷】程度の重いきず。また、大けが。ふかで。「事故で―を負う」⇔軽傷。
(類語)痛手・深手・致命傷・怪我

じゅう-しょう【重障】仏語。仏果を求めるのに障害となる重い罪業(ざいごう)。十悪・五逆の類。

じゅう-しょう【重賞】厚く賞すること。また、その賞。大変な褒美。高額な賞金。

じゅう-しょう【銃床】小銃などで、銃身を支える部分。ふつう木製で、前床・銃把・床尾からなる。

じゅう-しょう【銃傷】「銃創(じゅうそう)」に同じ。

じゅう-じょう【十乗】「十乗観法」の略。

じゅうしょう-か【重症化】〔名〕スル 病気がおもくなること。症状がひどくなること。「虫歯を放置して―する」

しゅうじょう-かいぼん【舟状海盆】▶トラフ❶

じゅうしょう-がくは【重商学派】重商主義を唱えた学派。

じゅうじょう-かんぽう【十乗観法】天台宗

で、悟りの境地に至るために行われる10種の観法。観不思議境・起慈悲心(発真正菩提心)・巧ぎょう安止観(善巧安心止観)・破法遍・識通塞しきつうそく・修道品(道品調適)・対治助開(助道対治)・知次位・能安忍・無法愛(離法愛)。

じゅうしょうきゅうせい-こきゅうきしょうこうぐん【重症急性呼吸器症候群】ヂユウシヤウキフセイコキフキシヤウコウグン《Severe Acute Respiratory Syndrome》▶サーズ(SARS)

じゅうしょう-きんむりょくしょう【重症筋無力症】ヂユウシヤウキンムリヨクシヤウ 運動神経からの興奮が筋肉にうまく伝わらず、脱力状態となる病気。初め眼筋に障害が現れ、進行すると四肢に広がり、呼吸筋が麻痺することもある。神経と筋との接合に自己免疫による異常があるために起こる。厚生労働省の特定疾患に指定。

じゅうしょう-しゅぎ【重商主義】ヂユウシヤウ― 16世紀末から18世紀にかけて西ヨーロッパ諸国において支配的であった経済思想とそれに基づく政策。自国の輸出産業を保護育成し、貿易差額によって資本を蓄積して国富を増大させようとするもの。イギリスのトマス＝マンらが代表。フランスではコルベールによって推進された。

じゅうしょう-せき【重晶石】ヂユウシヤウ― 硫酸バリウムからなる鉱物。無色ないし白色、灰・黄・緑・褐色などもある。ガラス光沢があり、透明もしくは半透明の板状・柱状の結晶。斜方晶系。比重が大きい(4.5)ことから命名。バリウムの原料、白色顔料、紙・ゴムなどの増量剤として利用。

じゅうしょう-レース【重賞レース】ヂユウシヤウ― 競馬で、特に高額の賞金をかけて行われるレース。重賞競走。

しゅうしょう-ろうばい【周章×狼×狽】シウシヤウラウバイ〔名〕スル あわてふためくこと。うろたえ騒ぐこと。「詰問されて―する」

しゅう-しょく【秋色】シウ― 秋の景色。秋の気配。秋らしい趣。(季 秋) (類語)秋気・秋意

しゅう-しょく【修飾】シウ―〔名〕スル ❶美しく飾ること。よく見せるために上辺を飾ること。「過大に―して話す」❷文法で、ある語句が他の語句の意味を限定したり詳しくしたりすること。(類語)飾り・装飾・潤色・文飾

しゅう-しょく【就職】シウ―〔名〕スル 職業につくこと。新しく職を得て勤めること。「地元の企業に―する」「―試験」(類語)就任・就役・就労・就業

しゅう-しょく【愁色】シウ― うれいに沈んだ顔つき。悲しそうなようす。

しゅう-しょく【襲職】シフ―〔名〕スル 職務を受け継ぐこと。

しゅう-じょく【就×褥】シウ―〔名〕スル ❶寝床に入って寝ること。「部屋へ下りて―いたせ」〈逍遥訳・自由太刀余波鋭鋒〉❷病気で床についていること。(類語)寝る

じゅう-しょく【住職】ヂユウ― 寺の長である僧。住持。(類語)住持・方丈

じゅう-しょく【重職】ヂユウ― 責任の重い重要な職務。また、その職にある人。(類語)要職・名誉職

しゅうしょくあんていしきんゆうし-せいど【就職安定資金融資制度】シウショクアンテイシキンユウシ― 雇用失業情勢の悪化に対処するために、厚生労働省が平成20年(2008)12月から同22年9月までの間実施した離職者援助策。解雇・雇い止めなど事業主の都合で離職し、社員寮から退去するなどして住居を失った人に対して、公共職業安定所が相談窓口となり、労働金庫から住居入居初期費用などを貸し付けた。

しゅうしょく-かつどう【就職活動】シウショククワツドウ 大学新卒者を主とする求職活動。希望する企業・職種を選び、説明会に出て、会社訪問、履歴書などを提出し、筆記・面接試験を受け、内定を得るという一連の活動のこと。就活。

じゆう-しょくぎょう【自由職業】ジイウショクゲフ ▶自由業

しゅうしょく-きょうてい【就職協定】シウショクケフテイ 大学・短大などの新卒者採用開始時期に関する学校・企業間の取り決め。昭和28年(1953)に文部省(現、文部科学省)主催の「就職問題懇談会」で学生の推薦開始日を申し合わせたのが始まり。優秀な学生を獲得するため協定日以前に内定を出す「青田買い」が横行し、協定の有効性が疑問視されるようになり、平成9年(1997)に廃止された。以降は、大学の場合、3年次での就職活動が一般化している。就職活動の長期化による学業への影響も指摘されており、就職協定の復活を含めた新たなルールづくりの必要性が検討されている。

しゅうしょく-ぐち【就職口】シウショク― 勤めることのできる先。勤め口。

しゅうしょく-ご【修飾語】シウショク― 文の成分の一。ある語句の概念内容、または陳述の態度について意味を限定するもの(語・連語または文節についていう)。体言を修飾するものを連体修飾語(形容詞的修飾語)、用言を修飾するものを連用修飾語(副詞的修飾語)という。

しゅうしょくそくしん-きゅうふ【就職促進給付】シウショクソクシンキフフ 雇用保険法に規定される失業等給付の一つ。失業者の再就職の促進と支援が目的。就業促進手当(就業手当・再就職手当など)・移転費・広域求職活動費がある。

しゅうしょく-なん【就職難】シウショク― 社会の経済状態が不振であるため、就職希望者に比べて需要が少なく、なかなか職が得られないこと。

しゅう-じょし【終助詞】助詞の種類の一。種々の語に付き、文の終わりにあってその文を完結させ、希望・禁止・詠嘆・感動・強意などの意を添える助詞。現代語では、「か(かい)」「かしら」「な」「ぞ」「ぜ」「とも」「の」「わ」「や」など。古語では「か(かな)」「てしか(てしかな)」「にしか(にしかな)」「もが(もがな)」「かし」「な」「そ」「なむ」「ばや」など。

じゅうしょち-ほう【住所地法】ヂユウショチハフ 当事者の住所の存在する国で行われている法律。国際私法上、準拠法の一つとして認められている。

じゅうしょ-ふてい【住所不定】ヂユウショ― 住所が転々と変わって一定しないこと。

じゅうしょ-ろく【住所録】ヂユウショ― 友人・知人・取引先などの住所を書き記しておく帳簿。

しゅうし-りつ【収支率】シウシ― 一定の収入をあげるための費用の割合。「―七〇パーセント」

じゅうじ-ろ【十字路】ジフジ― 十字に交わっている道路。また、その場所。四つ辻。(類語)四つ辻・四つ角・交差点・三叉路さんさろ・丁字路・追分・曲がり角

しゅう-しん【修身】シウ― ❶身を正しくおさめて、立派な行いをするように努めること。❷旧制の小・中学校などの教科の一。教育勅語をよりどころとする道徳教育を授けたもの。

修身斉家治国平天下せいかちこくへいてんか 《「礼記」大学から》天下を治めるには、まず自分の行いを正しくし、次に家庭をととのえ、次に国家を治め、そして天下を平和にすべきである。

しゅう-しん【執心】シフ―〔名〕スル ❶ある物事に心を引かれて、それにこだわること。また、その心。執着。「金に―する」❷(多く「御執心」の形で)異性などに深く思いをかけることをひやかしの意をこめていう語。「ひどく彼女に御―だ」

(類語)頓着・執着・固執・偏執・我執・囚とらわれる

しゅう-しん【終身】命を終えるまでの間。生涯。一生。終生。「―独身を通す」(類語)終生・畢生ひっせい・一生・生涯・一生涯・人生・一世・一代・今生・ライフ

しゅう-しん【終審】審級制度における最終の審理。また、その裁判所。三審制のもとでは第三審。

しゅう-しん【就寝】シウ―〔名〕スル 眠りにつくこと。寝ること。「毎晩一〇時には―する」

(類語)就眠・就床・寝る・寝しんに就く・床に就く

しゅう-しん【衆心】多くの人々の心。「――人いちにんを逐おうて移るという状かたちで」〈紅葉・二人女房〉

衆心城しろを成す 《「国語」周語下から》多くの人が心を合わせれば、城のように堅固になる。

しゅう-じん【囚人】シウ― ❶獄につながれている者。❷刑務所・拘置所などの刑事施設に収容されている受刑者・被疑者・被告人などを意味する古い用語。➡既決囚 ➡未決囚 (補説)平成7年(1995)の刑法改正に伴い、「囚人」という語は法律上では用いられなくなった。(類語)受刑者・男囚・女囚・服役者・服役囚・獄囚・死刑囚・流人

しゅう-じん【舟人】シウ― ふねを操る人。ふなびと。

しゅう-じん【衆人】大勢の人。「―の注目を集める」(類語)世人・万人・諸人・大方

しゅう-じん【集×塵】シフヂン 細かいちりなどを1か所に集めること。

じゅう-しん【十身】ジフ― ▶じっしん(十身)

じゅう-しん【重心】ヂユウ― ❶物事の中心となる点。均衡を保つはたらきをするもの。「―を置く」❷物体の各部に働く重力をただ一つの力で代表させるとき、それが作用する点。質量中心。「―が低い」❸数学で、図形上に一様に質量を分布させたときの質量中心。三角形では頂点と各対辺との中点を結ぶ3本の線分の交点。(類語)中心点・重点・ウエート・重み・重き

重心を取・る つりあいを保って安定させる。バランスを取る。

じゅう-しん【重臣】ヂユウ― 重要な職務にある臣下。身分の高いおもだった家来。

じゅう-しん【従心】《「論語」為政の「七十にして心の欲するところに従えども矩のりをこえず」から》70歳のこと。

じゅう-しん【従臣】つきしたがう臣下。供の家来。

じゅう-しん【銃身】発射された弾丸が通る、小火器の鋼製の円筒部分。

じゅう-しん【獣心】ジウ― けもののように、道理をわきまえない残忍な心。「人面―」

じゅう-しん【獣身】ジウ― ❶けもののような姿。また、けもののようなたくましいからだ。「先ず―を成して後に人心を養う」〈福沢・福翁自伝〉❷首から下がけものの形をしていること。「人面―像」

じゅう-じん【縦陣】―ヂン 艦隊などで、各艦を縦に一直線に並べた陣形。⇔横陣。

じゅう-じん【柔×靱】ジウ―〔形動〕文〔ナリ〕しなやかで、しかも強いさま。「しんは―でいくら噛んでも噛みきれない」〈中勘助・銀の匙〉

じゅうしん-かいぎ【重臣会議】ヂユウシンクワイギ 第二次大戦前、内大臣を補佐して後継首相の選定などを行った会議。五・一五事件後、元老西園寺公望の勧告で設置。法的根拠はなく、首相経験者・枢密院議長などで構成された。

じゅうしん-かいせん【重信回線】ヂユウシンクワイセン 二つの通信回路を用いて新たに構成される通信回線。

しゅうしん-かん【終身官】―クワン 懲戒処分または刑事判決によるほかは、終身その官を失わない官吏。退職し職務の担任がなくなったのちも、死亡するまで官名を保有する。現行法上は認められていない。

しゅうじん-かんし【衆人環視】―クワンシ 大勢の人々が周囲をとりかこむようにして見ていること。「―の中で暴漢に襲われる」

しゅうじん-き【集×塵機】シフヂン― 気体中に浮遊する粉塵などを集めて取り除く装置。サイクロンなど機械式のものと静電気を利用するものとがある。

しゅうしん-ぎいん【終身議員】―ギヰン 明治憲法下で、自ら辞職しないかぎり、終身在職できた議員。貴族院議員のうち、皇族・公侯爵の議員と、勲功や学識経験により勅選された議員。

しゅうしん-けい【終身刑】無期限で、人が生涯服する自由刑。無期懲役と無期禁錮とがある。

しゅうしん-こよう【終身雇用】企業などが、正規に採用した労働者を、特別な場合以外は解雇しないで定年まで雇用すること。年功序列型賃金などとともに日本の雇用制度の特色とされた。「―制」

しゅうしん-さいばんしょ【終審裁判所】終審としての裁判をする裁判所。原則として最高裁判所。

じゅう-しんじょう【重申状】ヂユウシンジヤウ ▶重訴状じゅうそじょう

じゆうしんしょう-しゅぎ【自由心証主義】ジイウシンショウ― 裁判に必要な事実の認定について、証拠の評価を裁判官の判断にゆだねるという考え方。日本の民事・刑事裁判では、この主義を採用。➡法定証拠主義 (補説)日本の裁判員裁判では、裁判官と同様にそれぞれの裁判員も証拠の証明力を自由に評価することができる。

しゅうしん-たてものちんたいしゃく【終身建物賃貸借】高齢者向けの建物の賃貸借で、賃借人が死ぬまで契約が継続し、死亡時に契約が終了する旨の特約が付いた契約。住居はバリアフリー化されていることが条件。高齢者居住法に規定される契約制度。

じゆう-しんどう【自由振動】振動体に外力が作用しない、復元力のみによる振動。復元力がつり合いの位置からの変位に比例する場合、単振動になる。振動系に抵抗がある場合の減衰振動を含めることもある。

しゅうしん-ねんきん【終身年金】年金受取人が死亡するまで給付される年金。

しゅうしん-ほけん【終身保険】死亡保険の一。被保険者の死亡するまで契約が存続し、死亡したときに保険金が支払われる生命保険。➡定期保険

じゆう-しんりょう【自由診療】《「保険診療」に対し》公的医療保険制度の枠外の診療を受けること。保険適用外の新薬、最先端の医療を受けられるが費用は自費となる。保険外診療。➡混合診療

シューズ〖shoes〗靴。短靴。「ジョギング—」(類語)靴・短靴・長靴・雨靴・編み上げ靴・ブーツ・軍靴・スパイク・パンプス・ハイヒール・ローヒール

ジュース〖deuce〗《「デュース」とも》テニス・卓球・バレーボールなどで、ゲームやセットに勝つために必要な得点より1ポイント少なくて双方が同点の状態。一方が2ポイント連取すれば勝敗が決まる。

ジュース〖juice〗果物や野菜の絞り汁。果汁。また、それを薄めて砂糖などを加えた清涼飲料水。食品の表示基準では果汁100パーセントのものをいう。

しゅう-すい【秋水】❶秋のころの澄みきった水。秋の水。(季 秋)「一に石の柱や浮見堂/虚子」❷曇りのない、よく研ぎ澄ました刀。「三尺の—」

じゅう-すい【重水】重水素原子または重酸素原子を含む水。一般には重水素(ジュウテリウム)と酸素とからなる水をいい、原子炉の中性子減速材に用いられる。

じゆう-すい【自由水】❶「自由地下水」に同じ。❷結合水に対し、自由に移動できる通常の水。

しゅうすい-こう【集水溝】雨水や生活排水を集めて流す溝。

じゅう-すいそ【重水素】水素の同位体で、質量数2の水素。ジュウテリウム。デューテリウム。➡軽水素

じゅうすいそ-ランプ【重水素ランプ】► 水素放電管

じゅうすい-ろ【重水炉】重水を濃縮し、減速材として使う原子炉。天然ウランまたは濃縮度の低いウランを燃料として使用できる利点がある。HWR(heavy water reactor)。

じゅう-すう【十数】〔語素〕単位を表す語の上に付いたり、助数詞を伴ったりして、それが10以上20未満であることを表す。「—メートル」「—人」

しゅう-すじ【主筋】❶主君または主人の血筋。また、その血筋を引く人。❷主君または主人に近い関係にあること。また、その関係にある人。

ジュース-スタンド〖juice stand〗ミキサーやジューサーを備え、その場で果物や野菜のジュースを作って飲ませる店。

ジューズ-ハープ〖jew's harp〗►口琴

しゅう-する【修する】〔動サ変〕文しう・す〔サ変〕❶学問・技術などを身につける。おさめる。しゅする。「学を—する」❷整えて正しくする。「身を—する」「文章を—する」❸こわれたところを直す。修理する。「伽藍を—する」❹仏事などを執り行う。しゅする。「法要を—する」❺飾る。修飾する。「外見を—する」(類語)修める・学ぶ・習う・教わる

しゅう-する【執する】〔動サ変〕文しふ・す〔サ変〕深く心にかける。とらわれる。執着する。しっする。「あらゆる詩人の虚栄心は…後代に残ることに—している」〈芥川・文芸的な、余りに文芸的な〉

じゅう-する【住する】〔動サ変〕文ぢゅう・す〔サ変〕❶住まう。住む。「辺土に—する」❷ある状態に長くとどまる。「無法に—して放逸無慚無理無体に暴れ立て」〈露伴・五重塔〉❸執着する。かかずらう。「思はずも欲心に—する」〈曽我・六〉

しゅう-せい【宗制】❶宗教上の諸制度。❷一宗門の制度。

しゅう-せい【秋声】風雨や木の葉のそよぎなどの音に感じられる秋の気配。秋の声。(季 秋)「一や石ころ二つよるところ/鬼城」

しゅう-せい【秋晴】あきばれ。

しゅう-せい【修正】〔名〕スル 不十分・不適当と思われるところを改め直すこと。「文章の誤りを—する」「一案」「軌道—」(類語)直す・繕う・修繕・修理・修復・改修・手直し・直し・手入れ

しゅう-せい【修成】〔名〕スル 修正して完成させること。直して仕上げること。

しゅう-せい【修整】〔名〕スル ❶よくない点や出来の悪いところを整え直すこと。❷写真で、原板・印画の傷を消したり、画像に手を加えたりすること。レタッチ。「見合い用の写真を—する」

しゅう-せい【終生｜終世】生命の終わるまでの間。一生。副詞的にも用いる。「—の友」「—忘れない」(類語)終身・畢生・一生・生涯・一生涯・人生・一世・一代・今生・ライフ

しゅう-せい【習性】❶後天的に習慣が性質となったもの。習癖。「サラリーマンの—」❷同種の動物に一般的にみられる行動の特性。「冬眠する—」(類語)性質・特性・習慣・常習・病みつき

しゅう-せい【衆星】多くの星。「—も光なきにあらねど月の明かなるには」〈露伴・風流魔〉

しゅう-せい【集成】〔名〕スル たくさんのものを集めて、一つにまとめあげること。また、まとめたもの。集大成。「民話を—して出版する」(類語)総合・総括・統括・包括・一括・統合・統一・集約・締め括り

しゅう-せい【×銹×錆】金属がさびること。さび。

しゅう-せい【醜声】不名誉なうわさ。恥ずべき評判。醜聞。「品行敗れ風俗崩れ—四方に聞えたり」〈田口・日本開化小史〉

しゅう-ぜい【収税】〔名〕スル 税金を取り立てること。徴税。

じゅう-せい【重星】肉眼では1個に見えるが、望遠鏡では2個以上に見える恒星。2個の恒星からなる二重星が多い。相互に遠く離れていても方向が一致しているために接近して見えるものと、距離が近くて引力を及ぼし合っている連星とがある。

じゅう-せい【銃声】銃を発射したときに出る音。(類語)砲声・筒音

じゅう-せい【獣性】❶獣類のもつ性質。❷人間のもつ、肉体的欲望などの動物的な性質。また、人間の凶暴・残忍な一面。「—をむき出しにする」

じゅう-ぜい【重税】負担の重い税金。苛税。(類語)血税・酷税・苛税

じゅうせい-いでん【従性遺伝】性染色体上に遺伝子がないが、一方の性に限って現れる遺伝。対立遺伝子の優劣が雄と雌で異なることによる。

じゅうせいかつ-きほんほう【住生活基本法】住生活の安定の確保・向上により、国民生活の安定向上・社会福祉の増進を図り、国民経済の健全な発展に寄与することを目的とする法律。平成18年(2006)6月施行。国の住宅政策が量の確保から質の向上へ転換したことに伴い、従来の住宅建設計画法に代わるものとして制定された。社会資産としての良質な住宅ストックの形成、良好な居住環境の整備、住宅流通の円滑化、居住の安定確保などの指針が示されている。➡長期優良住宅 ➡二百年住宅

しゅうぜい-かんり【収税官吏】税務署や税関の役人。

しゅうせい-ざい【集成材】多数の板材・角材を接着剤で接合して作った木材。薄板を接着した合板と区別していう。

しゅうせい-しほんしゅぎ【修正資本主義】資本主義が必然的に生み出す階級対立・恐慌・失業などの矛盾を、体制そのものを変革することなく、部分的な修正によって緩和しようとする立場。

しゅうせい-しゅぎ【修正主義】《revisionism》❶マルクス主義を修正し、その革命的要素を取り去り、議会主義・社会改良主義を主張する立場。19世紀末から20世紀初めにかけてドイツに起こった思想で、ベルンシュタインがその代表。修正マルクス主義。❷一般に、マルクス主義をその国情や新情勢に即応して実践しようとする立場を、マルクス主義の正統派を自認する立場から批判していう語。

しゅうせい-しんこく【修正申告】所得税や法人税等の確定申告をした後で、税額を過少に申告したことが判明した場合に、訂正して申告を行うこと。誤りに自ら気付いて自主的に修正申告を行う場合は過少申告加算税が課されないが、税務署の調査を受けてから行う場合や、税務署側が正しい税額に訂正する更正処分の場合は、過少申告加算税または重加算税が課される。

しゅうせい-は【修成派】「神道修成派」の略。

しゅうせい-パッチ【修正パッチ】《modification patch》►パッチ(patch)

しゅうせい-プログラム【修正プログラム】《modification program》►パッチ(patch)

しゅうせい-マルクスしゅぎ【修正マルクス主義】►修正主義❶

しゅうせい-よさん【修正予算】補正予算の一。予算成立後に生じた事由に基づいて、予算に追加以外の変更を加える場合に作成する予算。

じゆう-せかい【自由世界】第二次大戦後、資本主義諸国が、社会主義諸国に対して自らの陣営に所属する諸国を総括した名称。自由主義世界。自由主義陣営。

しゅう-せき【終夕】よもすがら。終宵。終夜。

しゅう-せき【就籍】〔名〕スル 出生届けを怠ったときや戸籍の記載もれなどによる無籍者が、届け出をして戸籍に記載されること。

しゅう-せき【集積】〔名〕スル 集めて積み上げること。また、集まって積み重なること。「滞貨を—する」(類語)堆積・蓄積・溜める

じゅう-せき【重石】灰重石・マンガン重石・鉄マンガン重石など、タングステン酸塩鉱物の総称。

じゅう-せき【重責】重大な責任。「—を果たす」(類語)責任・責務・義務・任務・本務・使命・職責・責め・務め・文責・言責

しゅうせき-かいろ【集積回路】トランジスターやダイオード・抵抗・コンデンサーなどの多数の回路素子を、1個の基板に組み込んだ超小型の電子回路。IC(integrated circuit)。

しゅうせききょか-しんぱん【就籍許可審判】日本人でありながら何らかの理由で戸籍に記載されていない人が、戸籍をつくる手続きの過程で家庭裁判所の審判をうけること。就籍を望む地域を管轄する家庭裁判所に就籍許可の審判を申し立て、許可がおりてから10日以内に就籍届を提出する。中国残留孤児や記憶喪失者などがこの制度によって日本国籍を取得している。

しゅうせき-てん【集積点】位相空間の部分集合Mにおいて、点Pのどんな近傍をとっても、その中にP以外のMの点が少なくとも一つ含まれている点。

しゅう-せつ【衆説】多くの人々の意見。「国論と唱え—と称するものは」〈福沢・文明論之概略〉

しゅう-ぜつ【秀絶】〔名・形動〕特別にすぐれていること。また、そのさま。秀逸。「—な作品」

しゅう-ぜつ【愁絶】悲しみに堪えないこと。

じゅう-せつ【重説】〔名〕スル 繰り返して説くこと。「教義を—する」

しゅう-せん【舟船】ふね。船舶。

しゅう-せん【周旋】〔名〕スル ❶売買・交渉などで、当事者間に立って世話をすること。とりもち。なかだち。斡旋。「下宿を—する」❷事をとり行うために動きまわること。面倒をみること。「生肉をな、一斤ばかり持参いたすんで、至極の正味を—いたいてくれ」〈魯文・安愚楽鍋〉❸国際法上、国際紛争を平和的に

解決するため、第三国が外部から紛争当事国の交渉をとりもって援助すること。❹ぐるぐると回ること。めぐりあるくこと。周遊。「ひろく所々を―して」〈洒・雑文穿袋〉 類語 世話・斡旋・口添え・口入れ・取り持ち・口利き・仲立ち・肝煎きもいり・紹介・仲介

しゅう-せん【秋扇】 シウ 秋になって使われなくなった扇。寵ちょうを失った女性のたとえ。➡秋の扇

しゅう-せん【秋×蝉】 シウ 秋になって鳴く蝉せみ。秋の蝉。(季 秋)「一のなきしづみたる雲の中/蛇笏」

しゅう-せん【臭腺】 シウ 動物のもつ、強いにおいの液を分泌する腺。スカンクの肛門腺、シカの眼下腺、カメムシの後胸腺など。悪臭腺。臭液腺。

しゅう-せん【修×撰】 シウ〔名〕スル ❶文書を整え作ること。特に、史書を編集・撰述すること。編纂へんさん。「国史を―する」❷中国で、史書の編述をつかさどる官。❸明治初期の修史局の職員。

しゅう-せん【終戦】 戦争が終わること。特に、太平洋戦争の終結をいうことが多い。⇔開戦。

しゅう-せん【集線】 シフ LANなどの通信用の回線を集めてつなぐこと。「―装置(＝ハブ)」

しゅう-せん【×鞦×韆】 シウ ぶらんこ。(季 春)

しゅう-ぜん【修善】 シウ〔名〕スル 善行を積むこと。

しゅう-ぜん【修繕】 シウ〔名〕スル 壊れたり悪くなったりしたところを繕い直すこと。修理。「古い型でもまだ―がきく」「屋根を―する」 類語 直す・繕う・修理・修復・改修・修正・手直し・直し・手入れ

しゅう-ぜん【衆善】 多くの善事。多くの善人。「実に一百行の根基にして」〈中村訳・西国立志編〉

しゅう-ぜん【愁然】 シウ〔ト・タル〕図〔形動タリ〕うれいに沈むさま。「西に傾く日影を―と見送って苦悩に堪えぬ様であったが」〈独歩・運命論者〉

じゅう-せん【縦線】 ❶たての線。たてせん。⇔横線おうせん。❷楽譜で、小節を区切る垂直線。小節線。

じゅう-ぜん【十全】 ジフ〔名・形動〕❶少しも欠けたところがないこと。十分に整っていて、危なげのないこと。また、そのさま。万全。「―を期して念を入れる」「―な(の)備え」❷概念または判断が、その表す対象と完全に相応すること。 類語 完全・十分・完璧かんぺき・万全・両全・満点・金甌無欠きんおうむけつ・完全無欠・百パーセント・パーフェクト・全まったい・文句なし

じゅう-ぜん【十善】 ジフ 仏語。十悪を犯さないこと。不殺生・不偸盗ふちゅうとう・不邪淫・不妄語・不両舌・不悪口ふあっく・不綺語ふきご・不貪欲ふとんよく・不瞋恚ふしんい・不邪見。

じゅうぜん【柔然】 ジウゼン 4～6世紀、モンゴル高原に栄えたモンゴル系遊牧民族。また、その国家。族長の社崙しゃろんが君主の称号である可汗を名のった5世紀前半が最盛期で、北魏と対立。555年、突厥とっけつに滅ぼされた。蠕蠕ぜんぜん。芮芮ぜいぜい。茹茹じょじょ。

じゅう-ぜん【従前】 今より前。これまで。以前。「―の方式」「―どおり」

じゅう-ぜん【×糅然】 ジウ〔ト・タル〕図〔形動タリ〕入りまじるさま。ごちゃごちゃしているさま。「粗雑な文句ばかりが―としてちらかっている」〈芥川・戯作三昧〉

じゅうぜん-かい【十善戒】 ジフゼン 十善を守るための戒律。十戒。

しゅうせん-きねんび【終戦記念日】 昭和20年(1945)8月15日に第二次大戦が終結したことを記念する日。同57年、この日を「戦没者を追悼し平和を祈念する日」とすることが閣議決定された。(季 秋)

しゅうせん-ぎょう【周旋業】 シウセン 不動産売買や雇い人の口入れ、見合いの仲介などの周旋を業とすること。

じゅう-ぜんじ【十禅師】 ジフ ㊀知徳にすぐれた僧を10人選んで宮中の内道場に仕えさせたもの。内供奉ないぐぶに任ぜられた。㊁日吉ひえ山王七社権現の一。瓊瓊杵尊ににぎのみことを権現とみていう称。国常立尊くにのとこたちのみことから数えて第10の神にあたり、地蔵菩薩ぼさつの垂迹すいじゃくとされる。

じゅう-せんしゃ【重戦車】 ヂュウ 大口径の火砲を搭載した、通常40トン以上の戦車。旧日本陸軍では、重量がおよそ25トン以上の大型戦車。

しゅうせん-そうち【集線装置】 シフセンサウチ ►ハブ❸

じゅうぜん-ていおう【十善帝王】 ジフゼンテイワウ「十善の君」に同じ。

じゅうぜん-の-きみ【十善の君】 ジフゼン《仁王経に、前世で十善を行った果報として今生には王者に生まれると説くところから》天子。帝王。天皇。十善の主あるじ。十善の天子。十善帝王。

じゅうぜん-の-くらい【十善の位】 ジフゼン―くらゐ 天子・天皇の位。十善の王位。十善の天位。

じゆう-せんぱく【自由船舶】 ジイウ 国際法上、交戦国によって捕獲・没収されないとされる中立国の船舶。

じゅうぜん-ばんじょう【十善万乗】 ジフゼン《十善の徳と万乗の富の意から》天子の位。

しゅうせん-ぶぎょう【舟船奉行】 シウセンブギャウ 鎌倉時代、船舶のことをつかさどった職。

じゅうぜんほうご【十善法語】 ジフゼンホフゴ 江戸時代の法語集。12巻。慈雲尊者飲光おんこう著。十善戒の意味内容および功徳くどくを説いたもの。口語体・文語体の2種があり、口語体本は文政7年(1824)刊。

しゅうせん-や【周旋屋】 シウセン 周旋業を営む人。また、その家。

しゅう-そ【宗祖】 一つの宗教・宗派を興した人。開祖。祖師。

しゅう-そ【臭素】 シウ ハロゲン族元素の一。単体は常温で赤褐色の液体で、揮発しやすく、刺激臭があり、有毒。天然には単体として存在せず、臭化物として広く分布。工業的には海水を原料とし、塩素を吹き込んで遊離させて製する。臭化物の製造や酸化剤に、化合物は写真感光材料や医薬に使われる。元素記号Br　原子番号35。原子量79.90。ブロム。

しゅう-そ【愁訴】 シウ〔名〕スル ❶つらい事情を明かして嘆き訴えること。また、その訴え。「一の声」❷患者が訴える症状。➡不定ふてい愁訴 類語 訴える・直訴・直願・嘆願・哀訴・哀願・泣訴・泣き付く・掻かき口説くどく

じゅう-そ【重×祚】 ヂュウ〔名〕スル「ちょうそ(重祚)」に同じ。

しゅう-そう【周×匝】 シウサフ〔名・形動〕❶まわりをとりまくこと。また、そのまわり。めぐり。❷すみずみまでゆきわたること。周到。「未だ―なる方法手段を画定したるに非ず」〈小林雄七郎・薩長土肥〉

しゅう-そう【秋爽】 シウサウ 秋の空気が澄明で気持ちのよいこと。さわやか。爽涼。「―の気」(季 秋)

しゅう-そう【秋霜】 シウサウ ❶秋の霜。(季 秋)「一の降らむばかりの衾ふすまかな/石鼎」❷《霜の降りたさまから》白髪しらが。❸《秋の霜が草木を枯らすところから》刑罰・権威の厳しさや意志の堅さなどのたとえ。❹《霜のように光るところから》刀剣。特に、鋭く光る刀剣。

しゅう-そう【就巣】 シウサウ〔名〕スル 鳥が卵をかえすために巣について卵を抱くこと。

しゅう-そう【衆僧】 多くの僧侶。衆徒。

しゅう-ぞう【収蔵】 シウザウ〔名〕スル ❶取り入れてしまっておくこと。「書画骨董こっとうを―する」「―庫」❷収穫した農作物を貯蔵すること。 類語 所蔵・収納・格納・貯蔵・蓄蔵・架蔵・収める・仕舞う・仕舞い込む・蔵ぞうする

しゅう-ぞう【修造】 シウザウ〔名〕スル ►しゅぞう(修造)

じゅう-そう【住僧】 ヂュウ その寺に住んでいる僧。

じゅう-そう【重奏】 ヂュウ〔名〕スル 二つ以上の声部を、それぞれ一人ずつが楽器で担当して演奏すること。二重奏・三重奏・四重奏など。アンサンブル。

じゅう-そう【重曹】 ヂュウサウ《「重炭酸ソーダ(曹達)」の略》炭酸水素ナトリウムのこと。

じゅう-そう【重創】 ヂュウサウ 重いきず。ふかで。重傷。

じゅう-そう【重葬】 ヂュウサウ すでに埋葬されている同一の場所に、重ねて埋葬すること。

じゅう-そう【重層】 ヂュウ 幾重にも層になって重なること。「―構造」 類語 多重・重畳・十重二十重

じゅう-そう【銃創】 ヂュウサウ 銃弾で撃たれてできた傷。鉄砲傷。銃傷。「貫通―」

じゅう-そう【銃×槍】 ヂュウサウ ❶銃と槍。❷先端に剣をつけた銃。銃剣。

じゅう-そう【縦走】〔名〕スル ❶縦または南北に貫き通って連なること。「半島を―する道路」❷登山で、尾根伝いにいくつかの山頂を通って歩くこと。「北アルプスを―する」 類語 縦貫・縦断

じゆう-そう【自由葬】 ジイウサウ 宗教、慣習などに基づく葬儀の形式を離れ、死者本人、遺族の希望に従って営まれる葬式。例えば、音楽の演奏の流れる中で参列者は死者に別れを告げる式など。

じゅうそう-せん【重曹泉】 ヂュウサウ「ナトリウム炭酸水素塩泉」に同じ。

じゆうそうぞく-しゅぎ【自由相続主義】 ジイウサウゾク― だれを相続人にするかを被相続人の自由意志に任せる立法主義。近代において、相続が主として財産相続となるに及んで認められた。英米法系に多い。

じゅうそう-てき【重層的】 ヂュウソウ〔形動〕いくつもの層にかさなっているさま。「文化の―な構造」

しゅうそう-れつじつ【秋霜烈日】 シウサウ《秋の厳しい霜と夏の烈はげしい日の意から》❶刑罰・権威・志操などが厳しくおごそかであることのたとえ。「―の裁定」❷検察官記章の通称。また、そのデザイン。太陽の四方を菊の白い花弁と金色の葉が取り巻くもので、これを烈日と霜に見立てる。

しゅうそ-か【臭素価】 シウソ 石油などに含まれる不飽和成分の量を示す値。試料100グラム中の不飽和成分に付加する臭素のグラム数で表す。

しゅう-そく【収束】 シウ〔名〕スル ❶分裂・混乱していたものが、まとまって収まりがつくこと。また、収まりをつけること。「事態の―を図る」「争議が―する」❷数学で、ある値に限りなく近づくこと。収斂しゅうれん。⇔発散。㋐ある無限数列が、ある値にいくらでも近づくこと。㋑数列の項が、ある値に限りなく近づくこと。㋒級数の途中までの和が、ある値にいくらでも近い値をとること。❸多くの光線が一点に集まること。収斂。集束。❹海洋学で、流線が周囲から一点に向かって集まること。収斂。 類語 収まり・収斂・収拾・落ち着く

しゅう-そく【終息・終×熄】〔名〕スル 物事が終わって、やむこと。「蔓延まんえんしていた悪疫が―する」 類語 終結・終了・完了・完結・結了・終決・終止・閉幕・終わる・済む・片付く・上がる・引ける・跳ねる・幕になる・幕を閉じる・ちょんになる・けりが付く・方かたが付く

しゅう-そく【集束】 シフ〔名〕スル「収束❸」に同じ。

しゅう-ぞく【州俗】 シウ その土地の風俗。国ぶり。

しゅう-ぞく【習俗】 シフ ある地域やある社会で昔から伝わっている風俗や習慣。風習。ならわし。 類語 風俗・風習・習慣・習わし・しきたり

しゅう-ぞく【衆俗】 多くの俗人。一般大衆。

じゅう-そく【充足】〔名〕スル 十分に補い満たすこと。また、満ち足りること。「精神の―を求める」「人員を―する」「―感」 類語 満足・満悦・飽満・自足・自得・会心・本望・充足感・充実感・自己満足・満ち足りる・心行く・堪能たんのうする・満喫する

じゅう-そく【充塞】〔名〕スル 満ちふさがること。いっぱいになって余地がなくなること。

じゅう-ぞく【従属】〔名〕スル ❶権力や威力のあるものに依存して、それにつき従うこと。「大国に―する」❷主要な事柄に対して、それに付随または支配される関係にあること。「規約改正に―する諸手続き」 類語 隷属・隷従・依存・事大

じゅうぞく-えいよう【従属栄養】 ―エイヤウ 他の生物の作った有機物を利用して生活する栄養形式。無機物だけでは生活できない動物や、葉緑素をもたない植物・細菌にみられる。有機栄養。⇔独立栄養。

じゅうぞく-がいしゃ【従属会社】 ―グワイシャ 株式所有・貸し付け・取引などを通じて他の会社に従属している会社。子会社など。

じゅうぞく-かんけい【従属関係】 ―クワンケイ ❶論理学で、上位概念に対する下位概念の関係。例えば、動物という概念は生物という概念に従属する。❷身分上、政治上のつながりなどにおいて、他のものに拘束されている関係。

じゅうぞく-こく【従属国】 ❶法制上は独立国であるが、政治的、経済的に他国の事実上の支配下にある国。❷宗主国そうしゅこくの国内法に基づいて、外交関係の一部は自ら処理するが、他の部分は宗主国によって処理される国家。トルコが宗主国であった第一次大戦前のエジプトや、1908年までのブルガリアなど。付

庸国。類語属国・衛星国・保護国・植民地・自治領・属領・租界・居留地

じゅうぞく-じんこう【従属人口】人口統計で、14歳までの年少人口と65歳以上の老年人口を合計した人口。従属人口以外の人口は生産年齢人口という。

じゅうぞく-せつ【従属節】複文で、主節に対して、主格・述格・連体修飾格・連用修飾格・独立格に立つ節をいう。「彼女が正直なのは有名な話だ」の「彼女が正直なのは」の部分が主格の従属節である。

しゅう-そくど【終速度】▶終端速度

じゅうぞく-はん【従属犯】正犯に従属して成立する犯罪。教唆犯および従犯。加担犯。

じゅうぞく-へんすう【従属変数】独立変数の変化に応じて変わる数。関数$y=f(x)$においては、変数xのとる値によって定まる変数yをさす。

じゅうそくりゆう-の-げんり【充足理由の原理】《ラテ principium rationis sufficientis》論理学で、思考の原理の一。十分な理由なくしてはいかなる事実も成立せず、いかなる判断も真ではないという原理。ライプニッツによって提唱された。充足理由律。充足律。理由律。理由の原理。➡思考の原理

じゅうそくりゆう-りつ【充足理由律】▶充足理由の原理

しゅうそく-レンズ【収束レンズ】凸レンズなど、光線を収束することのできるレンズ。収斂レンズ。

しゅうそ-し【臭素紙】▶ブロマイド紙

じゅう-そしき【柔組織】❶植物体で、柔細胞からなる組織。茎や根の皮層や髄、葉肉や果肉、地下茎の貯蔵組織など、植物体の最も多くの部分を占める。❷動物の肝臓・腎臓などの器官の内部を占める多液質の組織。実質組織。

じゅう-そじょう【重訴状】鎌倉・室町時代、訴人(原告)が論人(被告)の陳状に対して重ねて提出した訴状。重申状。

しゅうそ-しん【臭素×疹】臭素またはその塩類を服用したためにできる暗褐紅色の発疹。

しゅうそ-すい【臭素水】臭素の水溶液。飽和溶液は約3パーセントの臭素を含み、赤褐色。試薬に用いる。

じゅう-そつ【従卒】将校に専属して、身の回りの世話などをする兵卒。将校当番兵。従兵。

じゅう-そふ【従祖父】❶父母の従兄弟。いとこおじ。❷祖父の兄弟。

じゅう-そぼ【従祖母】❶従祖父の妻。いとこおば。❷祖父の姉妹。

しゅう-そん【集村】村落の一形態で、人家が1か所に集まって村落をつくっているもの。⇔散村。

じゅう-そん【従孫】兄弟または姉妹の孫。

しゅう-た【衆多】数の多いこと。多数。あまた。「一の児童は皆々帰り去りける」〈竜渓・経国美談〉

じゅう-だ【柔×懦】〔名・形動〕気が弱く意気地のないこと。また、そのさま。柔弱。「一な性格」

シューター【shooter】❶射撃手。❷球技でシュートの上手な人。また、シュートする選手。

シューター《chuteの日本式のなまり》▶シュート

しゅう-たい【宗体】宗門の根本的教義。宗義の本旨。しゅうてい。

しゅう-たい【醜態｜醜体】見苦しい態度・行動。恥ずべき状態。「一をさらす」「一を演じる」

じゅう-たい【重体｜重態】病気や負傷の程度がひどく、生命に危険があること。「一に陥る」類語重篤・危篤・瀕死

じゅう-たい【×紐帯】▶ちゅうたい(紐帯)

じゅう-たい【渋滞】〔名〕スル 物事がとどこおってすらすらと進まないこと。つかえて流れないこと。「事務が一する」「交通一」類語停滞・難航・難渋・停頓・横ばい・足踏み・とどまる

じゅう-たい【銃隊】小銃を主要武器とした部隊。

じゅう-たい【獣帯】▶黄道帯

じゅう-たい【縦隊】縦に長く並んだ隊形。「三列一に並ぶ」⇔横隊。

じゅう-だい【十代】❶10の世代。「一前からの商家」❷10番目の代。「一将軍家治」❸10歳から19歳までの年齢。10歳代。また、その年齢の人。ティーンエージャー。

じゅう-だい【重大】〔名・形動〕❶事柄が普通でなく、大変な結果や影響をもたらすような状態であること。また、そのさま。重要。「事の一を感じる」「一な局面」「一発表」❷軽々しく扱えない、大切な事柄であること。また、そのさま。「一な役割」❸重く大きいさま。「一なる舟車を自由に進退す可し」〈福沢・学問のすゝめ〉派生じゅうだいさ〔名〕類語大事・重要・肝要

じゅう-だい【重代】❶先祖代々伝わっていること。また、そのもの。累代。「一の家宝」「一の田地」❷先祖伝来の宝物。特に、刀剣をいう。❸何代も代を重ねること。代々伝えること。「初心を忘れずして、初心を一すべし」〈花鏡〉類語家伝・伝家

じゅうだい-け【重代家】伊勢神宮の神官で、代々禰宜に任命される家柄。近世以降は、内宮では薗田・中川・佐八・藤波・世木・井面・沢田の七氏、外宮では松木・檜垣・宮後・河崎・久志本・佐久目の六氏となる。神宮家。譜代家。

じゅうだい-し【重大視】〔名〕スル ある事柄を重大なこととみなすこと。重視。重要視。「今度の事故を一する」

じゅう-だいじ【十大寺】延暦17年(798)に定められた10の官寺。大安寺・元興寺・弘福寺(川原寺)・薬師寺・四天王寺・興福寺・法隆寺・崇福寺・東大寺・西大寺。

じゅうだい-しゅう【十代集】八代集に、鎌倉時代の2集(新勅撰和歌集・続後撰和歌集)を加えた10の勅撰和歌集。

しゅう-たいせい【集大成】〔名〕スル 多くのものを集めて、一つのまとまったものにすること。また、そのもの。集成。「多年の研究を一する」

じゅうだい-せいひんじこ【重大製品事故】消費生活用製品の欠陥により発生する製品事故のうち、消費者に重大な危害を与えるもの。死亡・重傷病(全治30日以上)・後遺障害・一酸化炭素中毒・火災などを伴う製品事故が発生した場合、消費生活用製品安全法の規定により、製造業者等の事業者は事故に関する情報を収集し消費者に提供するとともに、主務大臣に報告する義務を負う。重大製品事故に関する情報は消費者庁から公表される(平成21年8月までは経済産業省が公表)。

じゅうだいせいひんじこ-ほうこくこうひょうせいど【重大製品事故報告・公表制度】製品の欠陥によって生じる死亡・重疾病・火災などの重大な事故から消費者を守るために設けられた制度。製造・輸入業者に対して、重大製品事故の発生を知った日から10日以内に事故情報を消費者庁に報告することなどを義務付けている。同庁はこれを公表し、事故の調査や原因の分析を行う。平成19年(2007)の消費生活用製品安全法改正で導入。

じゅうだい-でし【十大弟子】釈迦の10人の高弟。智慧第一の舎利弗、神通第一の目犍連、頭陀第一の摩訶迦葉、天眼第一の阿那律、解空第一の須菩提、説法第一の富楼那、論義第一の迦旃延、持律第一の優婆離、密行第一の羅睺羅、多聞第一の阿難陀。

しゅう-だおし【▽主倒し】《「しゅうたおし」とも》主人に迷惑や損害をかけること。また、その人。「不断隙で暮らすは一」〈浮・一代女・一〉

じゅう-たく【住宅】❶人が住むための家。住居。すまい。すみか。「一地」「公営一」❷すみかとすること。住みつくこと。「六条の三筋町に一しけり」〈色道大鏡・一三〉類語住居・住まい・住みか・家・うち・家屋・屋舎・住家・家宅・私宅・居宅・自宅・居・宅・ねぐら・巣・宿・ハウス・お宅・尊宅・尊堂・高堂・貴宅・拙宅・弊宅・陋宅・陋居・陋屋・寓居

じゅうたくあきち-わりびき【住宅空地割引】火災保険契約において、建物の周囲に所定の条件に合致する空地がある場合に適用される保険料の割引。住宅物件空地割引。

じゅうたく-エコポイント【住宅エコポイント】国の省エネ基準を満たす住宅を新築したりリフォームを行った場合に発行されたポイント。また、その制度。取得したポイントは商品との交換、環境団体への寄付、追加工事の費用などに使うことができた。住宅版エコポイント。➡エコポイント 補説平成22年(2010)に導入され翌年7月着工分まで対象だったが、同年10月から約1年間「復興支援・住宅エコポイント」として再開された。後者では東日本大震災被災地でのエコ住宅の新築に2倍のポイントが発行された。

じゅうたく-がい【住宅街】住宅が多く集まっている地域。「高級一」

じゅうたくかさい-ほけん【住宅火災保険】火災、落雷、破裂、爆発、暴風雨、雹などによる損害を塡補する目的の保険。住居専用の建物と、その建物に収容される家財が保険の対象となる。水災や盗難などの場合は補償の対象外。

じゅうたくかしたんぽせきにん-ほけん【住宅×瑕×疵担保責任保険】新築住宅に瑕疵があった場合、住宅事業者が負担する補修費用などを補塡する制度。住宅瑕疵担保履行法に基づいて、住宅保証機構など国土交通省の指定を受けた保険法人が提供する。補説建設業者・宅建業者などの住宅事業者が保険法人と契約を締結し、住宅の構造耐力上主要な部分や雨水の浸入を防止する部分の瑕疵に起因する損害が生じた場合、補修費用が保険でカバーされる。住宅事業者が倒産した場合は、住宅の発注者・買い主が保険法人から2000万円までの補修費用の支払いを受けることができる。

じゅうたくかしたんぽりこう-ほう【住宅×瑕×疵担保履行法】《「特定住宅瑕疵担保責任の履行の確保等に関する法律」の通称》新築住宅の購入者を保護するため、建設業者・宅建業者などの住宅事業者に対して、瑕疵担保責任を確実に履行できるよう資力確保措置を義務付けることなどを定めた法律。平成19年(2007)制定。住宅業者は、同21年10月1日以降に引き渡す新築住宅について、住宅瑕疵担保責任保険に加入するか瑕疵担保保証金を供託しなければならない。補説平成12年(2000)施行の品確法により新築住宅の売り主は瑕疵担保責任を負うこととされているが、同17年に発生した耐震強度偽装問題(構造計算書偽装問題)を契機に、売り主が倒産するなどして瑕疵担保責任を果たさない場合、住宅購入者が多額の費用負担を抱えるなど不安定な状態に置かれることが明らかになり、住宅購入者の利益保護を図るために同法が制定された。

じゅうたくかんせい-ほしょうせいど【住宅完成保証制度】住宅を建築中に建設業者が倒産するなどして工事が中断した場合、前払い金の損失や工事の引き継ぎにより増える費用などを一定の範囲内で保証する保険制度。住宅保証機関・会社が提供している。➡住宅保証機構

じゅうたく-きんゆうこうこ【住宅金融公庫】個人住宅建設や購入に必要な資金を長期かつ低利で融資することを目的とした政府金融機関。昭和25年(1950)に設立。平成19年(2007)3月に廃止。業務は同年4月に設立された独立行政法人住宅金融支援機構に引き継がれた。

じゅうたくきんゆうこうこゆうしじゅうたくとうかさいほけん-とくやく【住宅金融公庫融資住宅等火災保険特約】住宅金融公庫(今の住宅金融支援機構)が融資を行う際に債務者に対して加入を義務付ける火災保険の特約。火災保険の保険金請求権に質権を設定させることによって債権保全を図るもの。現在は住宅金融支援機構に引き継がれ、住宅金融支援機構特約火災保険となっている。補説他の公的融資機関でも同様の特約がある。

じゅうたくきんゆうしえん-きこう【住宅金融支援機構】住宅金融市場における安定的な

資金供給を支援し、住生活向上への貢献をめざす独立行政法人。国土交通省と財務省が所管する。民間金融機関による長期・固定金利の住宅ローンの供給を支援する証券化支援業務、民間住宅ローンの供給を促進する住宅融資保険業務、政策上重要で民間金融機関では対応が困難な融資業務、住宅関連の情報提供などを行う。平成19年(2007)4月設立。同年3月に廃止された住宅金融公庫の業務を引継ぐ。本店は東京都文京区。JHF(Japan Housing Finance Agency)。

じゅうたくしきんかしつけ-ほけん【住宅資金貸付保険】ヂュウタクシキンカシツケホケン 企業・共済組合・互助会などが、その従業員や共済組合員などに貸し付けた住宅資金貸付金について、従業員や組合員が債務を履行しない場合に、企業や共済組合などの被る損害を塡補する目的の保険。

じゅうたくそうごう-ほけん【住宅総合保険】ヂュウタクソウガフ 火災・落雷など火災保険の対象になる損害に加え、自動車の飛び込みや航空機の墜落など建物の外からの物体の落下・飛来・衝突、盗難、水災、騒擾による損害などを塡補する目的の保険。住居専用の建物と、その建物に収容される家財が保険の対象となる。

じゅうたく-ち【住宅地】ヂュウタク 住宅を作るための土地。また、住宅の集まっている地域。「一開発」「新興一」

じゅうたく-てんじじょう【住宅展示場】ヂュウタクテンジヂャウ モデルハウスを展示している場所。住宅メーカーが自社の物件を展示する単体住宅展示場と、広い敷地内に、複数の住宅メーカーの物件がまとめて展示される総合住宅展示場とがある。

じゅうたくとしせいび-こうだん【住宅・都市整備公団】ヂュウタクトシセイビ 都市地域における住宅建設・宅地供給・都市環境整備・再開発などの事業を行うことを目的として設立された特殊法人。昭和56年(1981)日本住宅公団と宅地開発公団とを統合・改組して発足。平成11年(1999)都市基盤整備公団に改組後、同16年地域振興整備公団の地方都市開発整備部門ほかと統合し、独立行政法人都市再生機構となった。

じゅうたく-なん【住宅難】ヂュウタク 宅地・住宅が不足し、住宅費がかさむため、住む家を得るのが困難なこと。

じゅうたくひんしつかくほ-そくしんほう【住宅品質確保促進法】ヂュウタクヒンシツカクホソクシンハフ《「住宅の品質確保の促進等に関する法律」の通称》▶品確法

じゅうたくほしょう-きこう【住宅保証機構】ヂュウタクホショウ 住宅瑕疵担保責任保険の業務を行う保険法人の一。他に地盤保証制度・住宅完成保証制度の運営など、住宅の性能に関する保証および関連事業を行う。昭和55年(1980)任意団体の性能保証住宅登録機構として発足し、同57年財団法人となる。平成20年(2008)住宅瑕疵担保責任保険法人に指定。同24年株式会社に移行。

じゅうたくゆうし-ほけん【住宅融資保険】ヂュウタクユウシ 金融機関が住宅ローンなどの貸し倒れに備えて住宅金融支援機構と結ぶ保険契約。金融機関は、機構に保険料を支払う代わりに、顧客のローンの返済が滞るなどした際は機構から保険金を受け取ることができ、その分の債権が機構に移る仕組み。金融機関のリスクが減少し、融資が円滑に行われる。ローン利用者は直接的には保険料を負担しない。

じゅうたくようぼうさいきき-わりびき【住宅用防災機器割引】ヂュウタクヨウバウサイキキ 火災保険の契約に際し、火災警報器・スプリンクラーなどの防災機器が設置されている場合に適用される保険料の割引。（補説）平成18年(2006)6月より、新築住宅への住宅用防災機器設置が義務化された。

じゅうたく-ローン【住宅ローン】ヂュウタク 住宅の建設・購入・改良などのため、銀行・信用金庫・保険会社・住宅金融専門会社などが行う資金貸付。通常、民間金融機関の住宅金融をさすが、広義には、住宅金融支援機構などの公的なものを含める。

じゅうたくローン-げんぜい【住宅ローン減税】ヂュウタク 住宅ローンを利用して住宅を取得(新築・増改築)した場合に適用される減税制度の総称。昭和53年(1978)に「ローン控除制度」として創設され、同61年の「住宅取得促進税制」、平成11年(1999)の「住宅ローン控除制度」、同13年の「新住宅ローン減税制度」と、経済情勢にあわせて創設・改正されてきた。新住宅ローン減税制度は、住宅ローンの年末残高の一部が所得税額から控除される。数度の改正を経て延長・拡充され、2013年まで適用される(平成24年7月現在)。

じゅうたくローンたんぽ-しょうけん【住宅ローン担保証券】ヂュウタク 不動産担保証券の一種で、住宅ローン債権を証券化したもの。日本では、住宅金融支援機構や銀行が住宅ローンを担保にして発行する証券。金融機関にとって返済が長年にわたる住宅ローンを途中で現金化できる利点がある。RMBS(residential mortgage-backed securities)。⇨サブプライムローン

じゅうたくローン-ほしょうほけん【住宅ローン保証保険】ヂュウタク 金融機関から住宅ローン融資を受ける個人が債務を履行しないことによる金融機関の損害を塡補する目的の保険。

しゅう-だつ【収奪】シウ〔名〕スル 奪い取ること。強制的に取り上げること。「占領軍が土地を一する」（類語）奪う・取る・取り上げる・吸い取る・掠め取る・ぶったくる・ふんだくる・横取り・強奪・略取・略奪

しゅう-たん【愁嘆・愁×歎】シウ〔名〕スル ❶なげき悲しむこと。悲嘆。「わが身の悲運を一する」❷「愁嘆場」の略。（類語）悲しみ・悲嘆・傷心・痛哭・哀傷・感傷・痛嘆・嗟嘆・嘆息・長嘆・嘆く・悲しむ・愁える・託つ・嘆ずる

しゅう-だん【終段】演劇や映画の終わりの部分。

しゅう-だん【集団】シフ ❶人や動物、また、ものが集まってひとかたまりになること。また、その集まり。群れ。「一で登校する」「野生馬が一をつくる」「一生活」❷なんらかの相互関係によって結ばれている人々の集まり。「政治一」「演劇一」（類語）グループ・集まり・組織・団体・仲間・一群・一団・一行・隊・組・班・チーム・パーティー・サークル・クラブ・サロン

じゅう-たん【×絨×毯・×絨×緞】床の敷物などに使う厚い毛織物の総称。そのうち、竪機を使った手織りの高級品は緞通とよんで区別し、ふつう、機械織りのものをさす。カーペット。（季 冬）

じゅう-たん【獣炭】ジウ ❶昔、粉炭を練って獣の形に作ったもの。中に香を入れてたくのに使った。❷活性炭の一。動物の血・骨などを乾留して得られる炭素質の物質。脱色剤などとして使用。

じゅう-だん【十段】ジフ ❶柔道・空手などでの最高段位。❷囲碁の七大タイトルの一。昭和37年(1962)創設。十段戦の勝者がタイトルを手にする。（補説）昭和35年(1960)に創設された将棋の十段は、同62年に廃止され竜王が創設された。

じゅう-だん【銃弾】銃の弾丸。鉄砲のたま。（類語）弾丸・鉄砲玉・砲弾・砲丸・散弾・実弾・凶弾・流れ弾

じゅう-だん【縦断】〔名〕スル ❶縦の方向に断ち切ること。⇔横断。❷縦または南北の方向に通り抜けること。「大陸を一する」「一飛行」⇔横断。

しゅうだん-あんぜんほしょう【集団安全保障】シフダンアンゼンホシャウ 国家の安全を、一国の軍備拡張や他国との軍事同盟に求めず、多数の国々が協同して相互に保障しようとする制度。国際連合の基本的理念の一。集団保障。

しゅうだんあんぜんほしょうじょうやく-きこう【集団安全保障条約機構】シフダンアンゼンホシャウデウヤク ▶シー-エス-ティー-オー(CSTO)

しゅうだん-いしき【集団意識】シフダン ❶ある集団に共に帰属しているという自覚的意識。❷ある集団に共通する意識。

しゅうだん-いでんがく【集団遺伝学】シフダンヰデンガク 生物の集団または集団相互の間に起こる遺伝的な変化を研究する学問分野。遺伝子型の分布・変遷・変化の要因などを統計的に調査し、進化要因などを研究する。

しゅうだん-がくしゅう【集団学習】シフダンガクシフ 共同作業を通じて集団のもつ相互作用を利用し、学習効果を高めようとする教育方法。

しゅうだん-げこう【集団下校】シフダンゲカウ 小学校の児童が、自宅のある地域ごとにグループを作り、一緒に下校すること。犯罪・交通事故の防止や、台風などの災害が発生した際の安全確保などのために行われる。⇨集団登校

しゅうだん-けんしん【集団検診】シフダン 学校・会社や地域社会などを単位に、そこに所属する人を対象として病気の有無を調べる健康診断。

しゅうだんごうかんとう-ざい【集団強×姦等罪】シフダンガウカントウ 二人以上の者が共同で強姦罪・準強姦罪にあたる行為をする罪。刑法第178条の2が禁じ、4年以上の有期懲役に処せられる。単独犯による強姦罪などは親告罪だが、本罪は被害者の訴えがなくとも検察官が起訴できる。集団強姦罪。

しゅうだん-こん【集団婚】シフダン 複数の男子と複数の女子とが、互いに対等の資格で同時に婚姻関係にある婚姻形態。モーガンが、「古代社会」で乱婚に次ぐ原始的婚姻形態として推測したが、その事実は認められていない。群婚。

じゅうたんさん-ソーダ【重炭酸ソーダ】ヂュウタンサン ▶重曹

じゅうたんさん-ナトリウム【重炭酸ナトリウム】ヂュウタンサン 炭酸水素ナトリウムの通称。

しゅうだん-しどう【集団指導】シフダンシダウ ❶集団の各成員が一つの目標に向かって共同して学習する状態の中で行われる指導。❷重要な方針の決定を複数の幹部の合議によって行うもの。共産主義における政治指導原則の一。

しゅうだん-しゅうしょく【集団就職】シフダンシウショク 地方の中学・高校卒業生が、集団で都会の会社や商店などに就職すること。（季 春）

しゅうだん-しんりりょうほう【集団心理療法】シフダンシンリレウハフ ▶グループ療法

じゅうだん-せん【十段戦】ジフダン 囲碁の七大タイトル戦の一。昭和36年(1961)創設。タイトル保持者とトーナメント戦優勝者が五番勝負で対戦し、勝者が十段のタイトルを手にする。連続10期以上タイトルを獲得した棋士は現役で、連続5期または通算10期獲得した棋士は現役で60歳以上に達したときまたは引退時に、名誉十段を名乗ることができる。

しゅうだん-そかい【集団疎開】シフダン 集団で疎開すること。第二次大戦中の学童疎開を言うことが多い。⇨縁故疎開

しゅうたん-そくど【終端速度】加速度運動をしていた物体が摩擦抵抗などを受けて、最終的に一定の大きさになった時の速度。重力を受けて大気中を落下する雨滴の速度などを指す。終速度。

しゅうだん-そしょう【集団訴訟】シフダン ▶クラスアクション

しゅうたん-ていこう【終端抵抗】テイカウ ▶ターミネーター❷

しゅうだんてき-かねつしゅざい【集団的過熱取材】シフダンテキクワネツシュザイ ▶メディアスクラム

しゅうだんてき-じえいけん【集団的自衛権】シフダンテキジヱイ 国連憲章第51条で加盟国に認められている自衛権の一。ある国が武力攻撃を受けた場合、これと密接な関係にある他国が共同して防衛にあたる権利。⇨個別的自衛権（補説）日本は主権国として国連憲章の上では「個別的または集団的自衛の固有の権利」(第51条)を有しているが、日本国憲法は、戦争の放棄と戦力・交戦権の否認を定めている(第9条)。政府は憲法第9条について、「自衛のための必要最小限度の武力の行使は認められている」と解釈し、日本の自衛権については、「個別的自衛権は行使できるが、集団的自衛権は憲法の容認する自衛権の限界を超える」との見解を示している。

しゅうだん-とうこう【集団登校】シフダンタウカウ 小学校の児童が、自宅のある地域ごとにグループを作り、一緒に

登校すること。犯罪・交通事故の防止などを目的として行われる。⇒集団下校

しゅうだんとうし-スキーム【集団投資スキーム】多数の投資者から資金を集めて事業・投資を行い、その収益を出資者に分配する仕組み。投資信託やヘッジファンドなどがこれにあたる。

しゅうだん-のうじょう【集団農場】多人数が土地を協同で管理・経営し、集団的に農業生産を行う農場。ソ連のコルホーズなど。

しゅうたん-ば【愁嘆場】芝居で、登場人物が嘆き悲しむ所作のある場面。転じて、実生活上の悲劇的な局面にもいう。愁嘆。「一を演じる」

じゅうたん-ばくげき【×絨×毯爆撃】ある地域に絨毯を敷きつめるように、すきまなく一面に爆撃すること。カーペットボミング。

しゅうだん-ひょうしょう【集団表象】▶集合表象

しゅうだん-ほしょう【集団保障】「集団安全保障」の略。

じゅうだん-めん【縦断面】物体を縦に切断したときに得られる切り口の平面。⇔横断面。

しゅうだん-りきがく【集団力学】▶グループ-ダイナミックス

しゅうだん-りょうほう【集団療法】《group therapy》患者と治療者からなる小集団をつくり、談話などの相互作用を活用して行う精神療法。

しゅう-ち【周知】〔名〕スル 世間一般に広く知れ渡っていること。また、広く知らせること。「一の事実」「一の通り」「運動の趣旨を社会に一させる」
（類語）通達・示達・下達・徹底・広報・アナウンス・知らせる・知れ渡る・人口に膾炙する・既知・公然

しゅう-ち【羞恥】恥ずかしいと思うこと。恥じらい。「一を覚える」（類語）恥・不名誉・不面目・名折れ・面汚し・赤恥・生き恥・死に恥

しゅう-ち【衆知｜衆×智】多くの人々の知恵。衆人の知恵。「一を集める」（類語）英知・人知・知恵・知

しゆう-ち【私有地】個人の所有する土地。

じゆう-ちかすい【自由地下水】地表に最も近い不透水層の上に存在する地下水。その表面が地下水面となる。自由水。不圧水。

しゅうち-かん【集治監】▶しゅうじかん(集治監)

しゅう-ちく【修竹】長くのびた竹。「一叢の一が、そよりと夕風を受けて」〈漱石・草枕〉

しゅう-ちく【修築】〔名〕スル 家・橋・堤防などを繕い直すこと。「天守閣を一する」

じゅう-ちく【獣畜】野獣と家畜。けだもの。

しゅうち-しん【羞恥心】恥ずかしく感じる気持ち。「一のない人」

しゅう-ちゃく【収着】吸収と吸着が同時に行われること。気体が固体の表面に吸着されると同時に吸収されて固溶体または化合物をつくる現象。

しゅう-ちゃく【祝着】〔名・形動〕喜び祝うこと。うれしく思うこと。満足に思うこと。また、そのさま。「無事ご帰国の由、一に存じます」

しゅう-ちゃく【執着】〔名〕スル《「しゅうじゃく」とも》一つのことに心をとらわれて、そこから離れられないこと。「金に一する」「一心」
（類語）頓着・固執・執心・偏執・我執・囚われる

しゅう-ちゃく【終着】列車など交通機関が、ある路線の最後の駅に着くこと。終点に着くこと。

しゅうちゃく-えき【終着駅】❶鉄道のある路線の最後の駅。また、その列車・電車などが最後に到着する駅。終点。❷最後にたどり着いたところ。「人生の一」

しゅう-ちゅう【舟中】❶舟の中。❷一つの舟に乗り合わせた人々。

しゅう-ちゅう【集中】〔名〕スル ❶1か所に集めること。また、集まること。「精神を一する」「質問が一する」❷ある作品集や文集の中。「この描写は一の圧巻だ」（類語）集結・結集・集合・密集

しゅう-ちゅう【集注】〔名〕スル ❶1か所に集めそそぐこと。また、集まりそそぐこと。集中。「彼らの生活の最大関心は罪の問題に一するところまできた」〈倉田・愛と認識との出発〉❷(「集註」とも書く)多くの注釈を集めた本。しっちゅう。「論語一」

しゅうちゅう-ごうう【集中豪雨】局地的に、比較的短時間に多量に降る強い雨。昭和28年(1953)ごろから新聞などで使われはじめ、しだいに気象用語として定着した。

しゅうちゅう-こうげき【集中攻撃】〔名〕スル 1か所に目標を定め、そこだけを攻撃すること。

しゅうちゅうしょう【袖中抄】平安末期の歌学書。20巻。顕昭著。文治年間(1185〜1190)ごろの成立。万葉集から堀河百首ごろまでの歌集・歌合わせから約300の難解な歌語を抄出・解釈したもの。

しゅうちゅう-しんけいけい【集中神経系】脳・脊髄や神経節などの中枢神経と、その他の末梢神経とに分化している神経系。脊椎動物などにみられる。⇒散在神経系

しゅうちゅう-しんり【集中審理】刑事事件の第一審の裁判で、審理を計画的、集中的、継続的に行うこと。当事者に十分準備させた上で、可能なかぎり公判期日を継続させて審理するもの。継続審理。

しゅうちゅう-せいさん【集中生産】不況期などに効率のよい工場に生産を集中し、原価の引き下げを図ること。

しゅうちゅうちりょう-しつ【集中治療室】▶アイ-シー-ユー(ICU)

しゅうちゅう-データしょり【集中データ処理】分散しているデータを1か所のコンピューターに送って総合的に処理する方式。IDP。

しゅうちゅう-てきこく【舟中敵国】《「史記」呉起伝から》味方であっても敵になることがあること。

しゅうちゅう-とざん【集中登山】幾組かのパーティーが、それぞれ別のルートをとって一つの山に登る登山の方式。

しゅうちゅうはいじょ-ほう【集中排除法】「過度経済力集中排除法」の略。

じゅうちゅう-はっく【十中八九】▶じっちゅうはっく(十中八九)

しゅうちゅう-ほうか【集中砲火】❶一つの目標に砲撃を集中すること。❷ある一点に非難や批判を集中的に向けること。「批判の一を浴びせる」

しゅう-ちょう【×酋長】集団の中心となる指導者。特に、未開の部族などの長をイメージして用いられた語。

しゅう-ちょう【愁腸】うれえ悲しむ心。愁心。

しゅう-ちょう【×繡帳】刺繡が施されているとばり。「天寿国曼荼羅一」

しゅう-ちょう【×繡腸】《にしきの心の意》詩文の才に富んでいること。豊かな詩情。「錦心一」

しゅう-ちん【袖珍】そでに入るくらいに小型なもの。ポケット型のもの。「一版の単語集」

じゅう-ちん【重鎮】《おもしの意から》ある社会・分野で重きをなす人物。「財界の一」
（類語）実力者・大物・大家・大御所

じゅう-ちんじょう【重陳状】鎌倉・室町時代、訴人(原告)の重訴状に対して、さらに論人(被告)が提出した答状。二答状。三答状。

しゅうちん-ばん【×聚珍版】《中国清朝で、四庫全書の善本を活字版にするとき乾隆帝からこの名を賜ったところから》活字版。

しゅうちん-ぼん【袖珍本】そでに入れて携えられるくらいの小型の本。ポケット型の本。袖珍版。

じゅう-ついほう【重追放】江戸時代の刑罰の一。追放刑の中で最も重いもの。関所破り・強訴ごうそを企てた者などに科した。田畑・家屋敷を没収し、庶民は犯罪地・住国・江戸10里四方に住むことを禁じ、武士の場合は、犯罪地・住国および関八州・京都付近・東海道街道筋などにも立ち入り禁止とした。⇒軽追放 ⇒中追放

じゅうつう-ざい【縦通材】船舶・航空機などで、船体や機体の前後の方向に通して使ってある重要な補強材。船舶の場合には竜骨ともいう。

じゅう-づめ【重詰(め)】重箱に料理などを詰めること。また、詰めた料理。（季 新年）

シューツリー〖shoetree〗▶シュートリー

しゅう-てい【舟艇】ランチなど、小型の船。

しゅう-てい【宗体】▶しゅうたい(宗体)

しゅう-てい【修定】〔名〕スル 書物の字句などを修正し校定すること。「別本に照らし、一する」

しゅう-てい【修訂】〔名〕スル 書物などの誤りを正し、欠けたところを補うこと。「初版本を一する」
（類語）改訂・訂正・修正・補訂・補綴・校訂・勘校・訂する・正す・手直し・手を入れる・手を加える

じゅう-てい【重訂】〔名〕スル 書物などの誤りを、再び訂正すること。「研究の進歩に従って一する」

じゅう-てい【従弟】年下の、男のいとこ。⇔従兄。

じゅう-ていおん【重低音】通常耳にする20〜30ヘルツの低音に対し、それ以下の低音。音というより振動として感じられる。スピーカーにいう。

シューティング〖shooting〗❶射撃すること。「一ゲーム」❷サッカーなどで、シュートすること。

シューティング-ガード〖shooting guard〗バスケットボールのポジションの一つ。司令塔として各選手に指示を出し、ゲームメイクをこなす役割。SG。

シューティング-ゲーム《和 shooting＋game》コンピューターゲームの一種で、宇宙船や戦闘機を画面上で操作し、レーザー光線やミサイルを撃って敵を破壊しながら進んでいくもの。

しゅう-てき【衆敵】多くの敵。大勢の敵。

しゅう-てき【×讐敵】恨みのある相手。仇敵。かたき。「獣のごとき憎悪と一のごとき怨恨」〈倉田・愛と認識との出発〉

じゅう-てき【×戎×狄｜×戎×翟】《古代中国で、西方の蛮人を戎、北方の蛮人を狄といったところから》辺境の民族や外国人を卑しんでいう語。戎夷。

じゅう-てき【獣的】〔形動〕人間が、理性を忘れて本能に任せて振る舞うさま。動物的。「その愛し方が、たまたま一な感じを与える事は」〈志賀・邦子〉

ジュウテリウム〖deuterium〗《「デューテリウム」とも》重水素。

しゅう-てん【周天】太陽・月・星などが天球上の軌道を1周すること。

しゅう-てん【宗典】一つの宗教・宗派の根本教義・信条を述べた典籍。一宗のよりどころとする経典。

しゅう-てん【秋天】秋の空。秋空。（季 秋）「富士一墓は小さく死は易し／草田男」

しゅう-てん【終点】❶物事の終わりのところ。特に、ある路線の終わる地点や、ある路線を走る列車・電車・バスなどが最後に行き着く駅・停留所。「東海道本線の一」⇔起点。❷数学で、ベクトル$\overrightarrow{AB}$または向きをもった線分ABの点B。⇔始点。（類語）最果て・極地

しゅう-でん【終電】「終電車」の略。

しゅう-でん【集電】〔名〕スル 外部から電流を取り入れること。

じゅう-てん【充塡】〔名〕スル 欠けているところや空いているところに、ものを詰めてふさぐこと。「銃に弾丸を一する」（類語）塞ぐ・詰める・埋める・補充・補塡・塡補・穴埋め

じゅう-てん【重点】❶物事のいちばん大切なところ。最も力を注ぐ部分。「語学に一を置いて勉強する」❷「踊り字」に同じ。（類語）主眼・眼目・軸足・立脚点・立脚地・力点・中心点・中心・主力・重き・要点・要所・ポイント・キーポイント・急所・つぼ

じゅう-でん【充電】〔名〕スル ❶蓄電池・蓄電器に外部から電流を流し、電気エネルギーを蓄えること。⇔放電。❷人が次に行う物事に備えて、活力を蓄えること。「休暇を取って一する」（類語）蓄電・チャージ

しゅうでん-か【集電靴】レールの外側に敷かれた第三軌条から車体に電流を取り入れる装置。日本では地下鉄などで使用。

じゅうでん-き【充電器】蓄電池の充電用器具。特に、交流電源からの交流電圧を充電用の直流電圧に変える装置。

じゅう-でんき【重電機】発電機・電動機・変圧

器などのような重量の大きい電気機器。[⇔]軽電機。

じゅうてん-こうしょう【充塡鉱床】―クワウシヤウ 岩層内の割れ目や空隙に有用成分が沈殿して形成された鉱床。裂罅充塡鉱床。

じゅうてん-ざい【充塡剤】ある物質に、老化防止・補強などの目的で加えられる化学物質。ゴムからタイヤを製造する際に強度を得るために加えられるカーボンなど。フィラー。

しゅうでん-し【集電子】シフデンシ 交流電動機などの回転軸に取り付け、外部から回転コイルに、または回転コイルから外部に電流を導く、絶縁した真鍮または鉄の金属環。スリップリング。

じゆう-でんし【自由電子】ジイウ― 真空中や金属内部を自由に動いて、電気や熱の伝導役をする電子。

しゅう-でんしゃ【終電車】その日のダイヤの最後に運行される電車。最終電車。終電。

じゅうてん-しゅぎ【重点主義】ヂユウテン― 特に重要なところに、集中的に力を注ぐ考え方ややり方。「一の受験勉強」

じゆうでんし-レーザー【自由電子レーザー】ジイウデンシ― ほぼ光速に加速した自由電子を、アンジュレーターという磁石が多数並ぶ装置で蛇行させ、放射光を発生・増幅するレーザー。原子や分子の誘導放出によるレーザーと異なり、光(電磁波)の波長を遠赤外線、可視光、紫外線、軟X線まで自由に変えられる。波長1ナノメートル以下のX線を発生するX線自由電子レーザーの研究が進められている。FEL(free electron laser)。

しゅうでん-そうち【集電装置】シフデンサウチ 電車などの運動部分と、架線などの固定部分との間で電力を伝達する装置。トロリーポール・パンタグラフなど。

じゅうでん-ち【充電池】《rechargeable battery》▶蓄電池

じゅうてん-てき【重点的】ヂユウテン―〔形動〕最も重要だと思うところに力を集中するさま。「水質を一に調査する」

しゅう-と【囚徒】シウ― 牢獄に入っている罪人。囚人。

しゅう-と【州都】シウ― アメリカ合衆国などの州の政庁がある都市。

しゅう-と【宗徒】ある宗教・宗派の信徒。信者。
[類語]信者・信徒・教徒・門徒

しゅう-と【衆徒】▶しゅと(衆徒)

しゅうと【×舅 ×姑】しうと ❶(舅)夫または妻の父。しゅうとおや。❷(姑)「しゅうとめ(姑)」に同じ。[補説]「舅」「姑」は、配偶者の父母に対する呼びかけには使わない。また、配偶者の父母のことを他人に話すときには「お」を付けない。相手、または話題になっている人の「舅」「姑」については「お」を付けて「お舅」「お姑」と言う。[類語](❶)父・義父・養父・まま父・継父・岳父/(❷)母・義母・養母・まま母

シュート〖chute〗❶穀物・郵便物・屑などを上から下へ滑り落とすための装置。「ダストー」❷旅客機の緊急脱出装置。[補説]❷は、英語ではescape chute

シュート〖shoot〗〔名〕スル ❶サッカー・ホッケー・バスケットボールなどで、ゴール目がけてボールを蹴ったり投げたりすること。❷野球で、投手の投球が打者の近くで投手の利き腕側に曲がること。また、その球。❸木の幹や根元から伸びた若い枝。

ジュート〖jute〗ツナソの繊維。袋・ズックなどに用いる。

じゅう-ど【重土】ヂユウ― ❶酸化バリウムの異称。❷▶重粘土

じゅう-ど【重度】ヂユウ― 程度が重いこと。特に、症状の度合いがはなはだしいこと。「一の火傷」[⇔]軽度。

じゆう-ど【自由度】ジイウ― 一つの系の変形しうる度合い。ある物理系の運動状態または平衡状態を表すのに必要な、任意に独立に変化させることができるものの数。例えば、空間を自由に運動する剛体の自由度は、直交座標系での自由度3と回転の自由度とで計6である。➡相律

しゅうと-いり【×舅入り】しうと― 婚礼後、舅が婿の家を訪れる儀式。

しゅう-とう【周到】シウタウ〔名・形動〕手落ちがなく、すべてに行き届いていること。また、そのさま。「一な計画を立てる」「用意一」[派生]しゅうとうさ〔名〕
[類語]念入り・入念・丹念・綿密・丁寧

しゅう-どう【修道】シウダウ ❶道義をおさめること。❷宗教・学問・芸道などを学び、身につけること。

しゅう-どう【就働】シウ―〔名〕スル 仕事に就いていること。就労。

しゅう-どう【衆道】―ダウ ▶しゅどう(衆道)

じゅう-とう【充当】―タウ〔名〕スル ❶人員や金品を、ある目的や用途にあてること。「賞与は大口の出費に一する」❷債務者が同一の債権者に対して数個の債務を負担している場合に、債務者の弁済がその全部の債務を消滅させるに十分でないとき、どの債務の弁済にあてるかを定めること。

じゅう-とう【充棟】棟木にとどくほど蔵書が多いこと。➡汗牛充棟

じゅう-とう【重盗】ヂユウタウ 野球で、ダブルスチール。

じゆう-とう【自由党】ジイウタウ ㊀明治14年(1881)板垣退助を中心に結成された政党。フランス流急進的自由主義を唱えた。同17年解散。㊁大同団結運動ののち、明治23年(1890)に大井憲太郎らが㊀を再興した政党。第1回総選挙後、大同倶楽部・愛国公党と合同して立憲自由党を結成、翌年自由党に改称。同31年進歩党と合同し憲政党に改組。㊂昭和20年(1945)鳩山一郎を総裁に日本自由党として発足した政党。鳩山の公職追放後、吉田茂が総裁となり第一次吉田内閣を組織。のちに民主自由党と改称。同25年民主党㊀の連立派を併せて自由党となり、同30年に日本民主党と合同して自由民主党となる。㊃平成6年(1994)4月、細川護熙内閣の退陣後、自由民主党の渡辺美智雄を非自民政権の首相にするため、先行して同党を離党した議員らが結成した政党。結局、渡辺の参加を得られず新生党の羽田孜内閣の連立与党となり、同年12月新進党結成により解散。㊄平成10年(1998)に新進党の分党に伴い小沢一郎らが結成した保守政党。同11年1月自由民主党と連立政権を組織。同年10月公明党が加わると、翌12年自由党は連立政権を離脱。この際、離脱に反対した議員が保守党を旗揚げし分裂。同15年民主党㊃との合併に伴い解散。㊅《Liberal party》英国の政党。ホイッグ党を前身として、1830年代に同党の急進派を中心として改称。保守党と交互に政権を担当したが、労働党の進出などで第一次大戦後は衰退。20世紀末に自由民主党となった。

じゅう-どう【柔道】ジウダウ 日本古来の柔術諸流派をもとに、明治15年(1882)嘉納治五郎によって創始された格闘技。心身を鍛錬修養し、青少年の教育に貢献することを目的とした。技は、投げ技・固め技・当て身技の3部門から成る。第二次大戦後、スポーツとして世界的に普及。[類語]柔術・柔ら

しゅうどう-いん【修道院】シウダウヰン キリスト教で、修道士や修道女が一定の戒律のもとに共同生活を営む場所。[類語]僧院

しゅうどう-かい【修道会】シウダウクワイ カトリック教会によって認可された修道団体。祈りと労働に専心する修道会と院外での布教・教育・慈善などに携わる修道会に大別され、前者にベネディクト会・シトー会、後者にドミニコ会・フランシスコ会・イエズス会などがある。

しゅうどう-し【修道士】シウダウ― キリスト教で、清貧・貞潔・服従の三つの修道誓願を立て、修道院に共同生活をする男性。修道僧。

じゅうどう-じく【従動軸】―ヂク 駆動軸から歯車や継手などで伝動される動力によって回転する軸。

しゅう-どうしゅ【雌雄同▽株】単性花をつける植物で、雌花と雄花とを同一の個体につけること。また、その植物。カボチャ・キュウリ・マツなど。

しゅうどう-じょ【修道女】シウダウヂヨ キリスト教で、清貧・貞潔・服従の三つの修道誓願を立て、修道院内に共同生活をする女性。修道尼。[類語]尼・尼僧・シスター

じゅうとうじんしん-ぞう【獣頭人身像】ジウトウジンシンザウ トラなどの獣類の頭に人間の身体を持つ画像や彫像。

じゅうどう-せいふく【柔道整復】ジウダウ― 柔道の経験や知識に基づいて、捻挫・脱臼・骨折・打撲・肉離れなどの応急的な回復を行うこと。柔道整復師法に基づく免許を受けた柔道整復師のみが行える。[補説]捻挫・脱臼・骨折・打撲・肉離れについては健康保険請求が可能。

じゅうどうせいふく-し【柔道整復師】ジウダウセイフク― 柔道整復を業とするために、柔道整復師法に基づく免許を取得した者。[補説]接骨医、整骨医、ほねつぎなどの通称で呼ばれることがある。

しゅう-とうた【雌雄×淘汰】―タウタ シカの角、鳥の飾り羽、ライオンのたてがみなどは、異性による配偶者の選択に有効な形質として発達したとする説。ダーウィンが初めて提唱。

しゅう-どうたい【雌雄同体】動物で、正常な状態で同一個体内に雌雄両性の形質がみられること。両性腺をもつカタツムリ、卵巣と精巣とをもつミミズなど。

じゅうとう-ほう【銃刀法】ジユウタウハフ「銃砲刀剣類所持等取締法」の略称。

しゅうと-おや【×舅親】しうと―「舅❶」に同じ。

しゅう-とく【収得】シウ―〔名〕スル 自分の所有物とすること。「株式を一する」

しゅう-とく【拾得】シフ―〔名〕スル ❶落とし物を拾うこと。「定期券を一する」❷法律で、遺失物の占有を所有者以外の他人が取得すること。
[類語]獲得・取得・収得・入手

しゅう-とく【修得】シウ―〔名〕スル 学問・技芸などを学んで会得すること。「柔道の技を一する」[類語]習得

しゅう-とく【▽宿徳】シウ―〔名・形動ナリ〕《「しゅくとく」の音変化という》❶僧などが修行して、人徳のあること。また、その人や、そのさま。「気遠げなる一の僧都僧正の際は」〈源・橋姫〉❷落ち着いて威厳のあること。重々しく、どっしりしていること。また、そのさま。「一にものものしき御さまかたち、あな清げ、今ぞ盛りと」〈増鏡・老のなみ〉

しゅう-とく【習得】シフ―〔名〕スル 学問・技芸などを、習って覚えること。「運転技術を一する」
[類語]修得・会得・体得・マスター・覚える・つかむ・のみこむ・身に付ける

じゅう-とく【重篤】ヂユウ― 病状が非常に重いこと。

しゅうとく-かんねん【習得観念】シフトククワンネン 哲学で、経験によって後天的に得られる観念。ロックがデカルトの生得観念説に反対して説いた。

しゅうとくごちじょうこうしとう-ざい【収得後知情行使等罪】シウトクゴチジヤウカウシトウ― 貨幣・紙幣などを受け取った後で偽造の物と知り、あえてそれを使ったり他人に渡したりする罪。刑法第152条が禁じ、使った額面の3倍以下(最低2001円)の罰金または科料に処せられる。収得後知情行使罪。

しゅうとく-ざい【収得罪】シウトク― ▶偽造通貨等収得罪

しゅうとく-しゃ【拾得者】シフトク― 遺失物を拾得した人。

しゅうとく-ぜい【収得税】シウトク― 個人または法人が一定期間に得る収入に対して課される租税。所得税と収益税とがある。

しゅうとく-ぶつ【拾得物】シフトク― 拾得した遺失物。

しゅうと-ご【×舅御 ×姑御】しうと― 舅・姑を敬っていう語。

じゅうどこういしょうがい-とくやく【重度後遺障害特約】ヂユウドコウヰシヤウガイ― 自動車保険における特約の一つ。交通事故によって要介護状態になったとき、障害の度合いに応じて保険金が支払われる。障害の度合いは発行される障害者手帳により判断される。

じゆう-とし【自由都市】ジイウ― 神聖ローマ帝国などで教会や封建諸侯に属さず、皇帝や国王に市政や商取引の自由を与えられた都市。ドイツのリューベック・ブレーメン・ハンブルク、フランスのコルマルなど。帝国自由都市。また、帝国の影響力から完全に脱した中世イタリアのベネチアやフィレンツェなどの都市国家。自由市。コミューン。

じゅうどしっぺいほしょう-とくやく【重度疾病保障特約】ヂユウドシッペイホシヤウ― 生命保険における特約の一つ。癌・心筋梗塞・脳卒中および慢性疾患である肝臓病・腎臓病・糖尿病・高血圧症になったとき給付金が

支払われる。
じゅうど-すい【重土水】水酸化バリウムの水溶液の通称。強アルカリで、中和滴定の試薬に用いる。バリタ水。
しゅう-とつ【臭突】悪臭を外部に出すための、煙突形の装置。
じゅう-とっき【柔突起】「絨毛❶」に同じ。
シュート-ブロック《block the shootから》バスケットボールで、相手のシュートをジャンプして阻止すること。
シュート-ボクシング〖shoot boxing〗日本生まれの総合立ち技格闘技。手にグローブ、脛に脛当てを付け、打つ、蹴る、投げる、立ったままでの関節技で戦う。
しゅうと-め【⁽ˣ⁾姑】夫または妻の母。しゅうと。➡舅〔補説〕
〔類語〕母・義母・養母・まま母
姑の涙汁 《姑は嫁に対して同情の涙をめったに流さない意から》非常に少ないもののたとえ。
姑の場ふさがり 姑は若夫婦にとってじゃまになるということ。
姑の前の見せ麻小笥 《姑のいる前でだけ、嫁が麻小笥を出して苧績の夜なべをして見せる意から》嫁が姑の前で働き者らしく振る舞うこと。また、人前で働き者らしく振る舞うことのたとえ。
しゅうとめ-ざり【ˣ姑去り】姑のさしがねで嫁を追い出すこと。「嫁を憎んで一にしたと」〈浄・宵庚申〉
シュードラ〖梵 śūdra〗インドのバルナ（四種姓）で、最下位の身分。隷属民で、上位の三バルナに奉仕するものとされた。シュダラ。スードラ。➡カースト〔補説〕「首陀羅」「首陀」とも書く。
ジュート-ライナー〖jute liner〗故紙を原料とし、段ボールの表層に用いられる平板紙。
しゅう-どり【ᵛ主取り】新たに主人に仕えること。武士などが主君に召し抱えられること。
シュートリー〖shoetree〗《「シューツリー」とも》靴の型くずれを防ぐために中に入れる金属製または木製の足型。
じゅう-トン【重トン】「重量トン」の略。
しゅう-とんい【周敦頤】［1017〜1073］中国、北宋の思想家。営道（湖南省）の人。字は茂叔。号、濂渓。「太極図説」を著し、朱子学に影響を与えた。また「通書」で、道徳的価値の究極としての誠を強調。
しゅうなん【周南】山口県南東部、瀬戸内海に面する市。平成15年（2003）、徳山市、新南陽市、熊毛町、鹿野町が合併して成立。
じゅう-なん【柔軟】〔形動〕〔文〕〔ナリ〕❶やわらかく、しなやかなさま。「一な身のこなし」❷一つの立場や考え方にこだわらず、その場に応じた処置・判断のできるさま。「一な態度」「一に対応する」〔派生〕じゅうなんさ〔名〕〔類語〕柔らか・しなやか・ソフト
しゅうなん-ざん【終南山】中国、陝西省の西安の南東にある山。古来、詩によく詠まれた。南山。チョンナン-シャン。
しゅうなん-し【周南市】➤周南
じゅうなん-せい【柔軟性】❶やわらかく、しなやかな性質。「関節の一を高める体操」❷その場に応じた適切な判断ができること。さまざまな状況に対応できること。「一のある思考」「一を備えた組織」
じゅうなんせい-メカニズム【柔軟性メカニズム】➤京都メカニズム
じゅうなん-たいそう【柔軟体操】各関節の動かせる範囲を広げ、からだの柔軟性を高めるための徒手体操。
じゅうに-いんねん【十二因縁】仏語。人間が過去（前世）・現在（現世）・未来（来世）の三界を流転する輪廻のようすを説明した12の因果関係。無明・行の過去の二因、識・名色・六処・触・受の現在の五果、愛・取・有の現在の三因、生・老死の未来の二果の称。十二縁門。十二縁起。十二牽連。
じゅうにいんねん-えまき【十二因縁絵巻】鎌倉時代の絵巻。1巻。仏教の十二因縁を説話風に表したもの。
じゅうに-うん【十二運】九星で、12年で一巡する吉凶の運勢。胎・養・長・沐・官・臨・帝・衰・病・死・墓・絶の12で、胎から帝までの7年を吉、衰から絶までの5年を凶とする。江戸時代に暦にのせられ、前の7年を有卦、後の5年を無卦とした。
じゅうにおん-おんかい【十二音音階】12の半音からなる音階。すべての12音を平等に扱い、幹音と派生音の区別をしない。
じゅうにおん-おんがく【十二音音楽】無調音楽を理論的に徹底化し、1オクターブの中にある12の音に平等の価値を与えるように組織的に作られた音楽。20世紀初頭に、シェーンベルクとその弟子によって確立された。ドデカフォニー。
じゅうに-かい【十二階】㊀➤冠位十二階 ㊁凌雲閣の通称。
じゅうに-がつ【十二月】1年の12番目の月。最後の月。師走。極月。臘月。〔季 冬〕「一上野の北は静かなり／子規」
じゅうにがつ-とう【十二月党】➤デカブリスト
じゅうに-から【十二ˣ雀】コガラの別名。
じゅうに-きゅう【十二宮】➤黄道十二宮
じゅう-にく【獣肉】けものの肉。特に、イノシシなど野生動物の肉。
じゅうに-けい【十二経】漢方で、六臓六腑を巡って気血の流れている12の経脈。肺経から始まり、大腸経・胃経・脾経・心経・小腸経・膀胱経・腎経・心包経・三焦経・胆経を経て肝経から再び肺経に戻り、全体が一つの流れになる。十二経絡。
じゅうにげつ-けん【十二月建】十二支を1年の12の月に配当したもの。正月は寅、2月は卯、3月は辰、4月は巳、5月は午、6月は未、7月は申、8月は酉、9月は戌、10月は亥、11月は子、12月は丑。
じゅうに-けんれん【十二ˣ牽連】➤十二因縁
じゅうに-こ【十二湖】青森県南西部にある、大小33の湖沼群の総称。白神岳の山麓北に位置し、ブナの原生林中に点在する。湖沼の総面積は314平方キロメートルで、10平方キロメートル以上の湖沼が12ある。最大は「王池」。西の「八景の池」からは大断崖が見られ、「日本キャニオン」と呼ばれている。津軽国定公園に属する。
じゅうに-こう【十二光】阿弥陀仏の光明を12の功徳に分けてたたえる呼び名。無量光・無辺光・無碍光・無対光・燄王光・清浄光・歓喜光・智慧光・不断光・難思光・無称光・超日月光。
じゅうにこう-ぶつ【十二光仏】十二光をもつ阿弥陀仏の異称。無量光仏。
じゅうに-し【十二支】暦法で、子・丑・寅・卯・辰・巳・午・未・申・酉・戌・亥の称。これらを12の動物にあてはめて、日本では、ね（鼠）・うし（牛）・とら（虎）・う（兎）・たつ（竜）・み（蛇）・うま（馬）・ひつじ（羊）・さる（猿）・とり（鶏）・いぬ（犬）・い（猪）とよぶ。時刻や方角を表すのに用い、また、十干と組み合わせて年や日を表す。➡十干
じゅうにし-ちょう【十二指腸】胃に続く小腸の最初の部分。人間では約30センチ、指を12本並べた長さというのでこの名がある。そのほぼ中央部に総胆管・膵管が一緒に開口しており、胆汁や膵液が分泌される。
じゅうにしちょう-かいよう【十二指腸潰瘍】十二指腸に生じる消化性の潰瘍。空腹時のみぞおち部の痛みや胸焼け・下血などの症状がある。胃潰瘍と合わせて胃・十二指腸潰瘍、消化性潰瘍などとよぶ。
じゅうにしちょう-ちゅう【十二指腸虫】ズビニ鉤虫の別名。
じゅうに-しと【十二使徒】➤使徒
じゅうに-じょうがん【十二上願】➤十二大願
じゅうにしょ-ごんげん【十二所権現】熊野三社に祭る12の権現。三所権現、五所王子（小守の宮・児の宮・聖の宮・禅師の宮・若王子）、四所明神（一万の宮との宮は十万の宮・勧請十五所・飛行夜叉・米持金剛童子）のこと。
じゅうに-じんしょう【十二神将】薬師如来の12の誓願に応じ、薬師経を読誦する者を守護する12の夜叉大将。諸仏の化身とされ、12刻に配される。日本の造像では天平時代の新薬師寺塑像が最古。平安時代以降、頭上に十二支の動物をつけたものが現れるが、諸仏と結びつけるについては諸説がある。十二神明。十二神明王。
じゅうにしん-ほう【十二進法】数の表記法の一。0から11までの12個の数字を用い、12ずつまとめて上の位に上げていく表し方。時間などを表すのに用いられる方法。
じゅうにそく-みつぶせ【十二束三伏せ】こぶし12握りの幅に指3本の幅を加えた長さ。また、その長さの矢。「小兵といふぢゃう一、弓はつよし」〈平家・一一〉
じゅうに-だいがん【十二大願】薬師如来の12の誓願。光明普照・随意成弁・施無尽物・安立大乗・具戒清浄・諸根具足・除病安楽・転女得仏・安立正見・苦悩解脱・飽食安楽・美衣満足。十二上願。
じゅうにだん【十二段】㊀「十二段草子」の略。㊁浄瑠璃。時代物。五段。近松門左衛門作。元禄3年（1690）大坂竹本座初演。「十二段草子」に、謡曲「鞍馬天狗」「張良」「熊坂」「隅田川」などを加えて脚色したもの。㊂歌舞伎舞踊。富本。のち清元に改調。本名題「十二段君が色音」。初世桜田治助作詞、名見崎徳治作曲。安永9年（1780）江戸市村座初演。㊃長唄。5世杵屋六三郎作曲。嘉永3年（1850）発表。「十二段草子」を題材に、上下二段に作曲したもの。
じゅうにだんぞうし【十二段草子】古浄瑠璃。作者未詳。室町中期以後に成立した御伽草子による語り物で、牛若丸と浄瑠璃姫との恋物語を脚色したもの。近世初期に流行し、以後、この種の語り物を浄瑠璃と称するようになった。浄瑠璃姫物語。浄瑠璃物語。浄瑠璃十二段。浄瑠璃十二段草子。
じゅう-にち【重日】暦注の一。巳の日と亥の日。陽に陽が重なり、陰に陰が重なる日で、善事も悪事も重なるといい、忌み事にはこの日を避ける。
じゅうに-ちょうし【十二調子】➤十二律
じゅうに-ちょく【十二直】暦注の一。暦の日の下に記し吉凶を示したもの。建・除・満・平・定・執・破・危・成・収・開・閉の12語。建除。建除十二段。建除十二辰。
じゅうに-てん【十二天】仏教を守護する12の天尊。四方・四維の八天、上・下の二天、日・月の二天のこと。帝釈天（東）・火天（南東）・焔摩天（南）・羅刹天（南西）・水天（西）・風天（北西）・毘沙門天（北）・伊舎那天（北東）、梵天（上）・地天（下）、日天（日）・月天（月）。
じゅうにてん-ぐ【十二天供】密教で、壇の中央に四臂の不動尊を安置し、その周囲に十二天を配置して行う修法。
じゅうに-とう【十二灯】➤十二銅
じゅうに-どう【十二銅】江戸時代、神仏への灯明代などとして、1年の月数にちなんで包んだ12文の賽銭。十二灯。
じゅうにどうばん-ほう【十二銅板法】➤十二表法
じゅうにどう-ひょう【十二銅表】➤十二表法
じゅうに-とき【十二時】一昼夜。今の2時間を一時として、卯・辰・巳・午・未・申の昼の六時に、酉・戌・亥・子・丑・寅の夜の六時を加えたもの。じゅうにじ。
じゅうに-ひとえ【十二ᵛ単】❶女房装束の中世・近世における俗称。単の上に数多くの袿を重ねて着たことからいう。❷シソ科の多年草。原野に生え、高さ約15センチ。全体に白い毛が密生し、葉は白緑色で縁にぎざぎざがある。4、5月ごろ淡紫色

の唇形の小花が多数輪生して咲く。(季 春)「汝なにやる━という草を/虚子」

じゅうにひょう-ほう【十二表法】前450年ごろ制定された、古代ローマ最古の法典。法知識を独占する貴族と平民との闘争の結果、旧来の慣習法を成文化したもの。のちのローマ法の基礎をなす。12枚の板に記されて公示されたことからこの名がつけられた。十二銅表。十二銅板法。

じゅうにぶ-きょう【十二部経】►十二分経

じゅうに-ぶん【十二分】〔名・形動〕十分すぎるほどたっぷりしていること。また、そのさま。「━に利益を上げる」(類語)十分・存分・フル・一杯・たくさん・多く・数数・多数・数多・無数・多量・大量・大勢・あまた・多多・いくらも・いくらでも・ざらに・ごろごろ・どっさり・たっぷり・豊富に・ふんだんに・腐るほど・ごまんと・わんさと・しこたま・たんまり・うんと・たんと・仰山・なみなみ・しっかり・がっつり

じゅうにぶん-きょう【十二分経】仏教経典を12に分類した呼び名。修多羅(契経)・祇夜(応頌)・伽陀(諷頌)・和伽羅那(授記)・優陀那(無問自説)・尼陀那(因縁)・阿波陀那(譬喩)・伊帝曰多伽(本事)・闍陀伽(本生)・毘仏略(方広・方等)・阿浮陀達磨(未曽有)・優婆提舎(論議)。初めの三つは経文の体裁から、残りの九つは内容から分けたもの。十二部経。

じゅうに-もん【十二門】平安京大内裏の外郭の12の門。東面の陽明門・待賢門・郁芳門、南面の美福門・朱雀門・皇嘉門、西面の談天門・藻壁門・殷富門、北面の安嘉門・偉鑒門・達智門。

じゅうにもんろん【十二門論】インド古代の仏教書。1巻。竜樹著。409年に、鳩摩羅什が漢訳。大乗仏教の空観の理を12章に分けて解説したもの。三論の一で、三論宗の根本聖典。

しゅう-にゅう【収入】金銭や物品を他から収め入れて自分の所有とすること。また、その金品。「安定した━を得る」「臨時━」⇔支出。
(類語)所得・入金・収益・実入り・入り・稼ぎ・実収・現収・月収・年収・定収・歳入・インカム

しゅうにゅう-いんし【収入印紙】国庫の収入となる租税・手数料その他の収納金の徴収のために、財務省が発行する証票。

しゅうにゅう-でんぴょう【収入伝票】「収納伝票」に同じ。

しゅうにゅうほしょう-ほけん【収入保障保険】被保険者が死亡または高度障害状態になったとき、受取人が契約で保障された給付金を、一時金ではなく定期的に分割して受け取る保険。

しゅうにゅう-やく【収入役】市町村などの会計事務をつかさどる公務員。市町村長が議会の同意を得て選任した特別職で、任期は4年。都道府県に置かれる出納長に相当する。平成19年(2007)地方自治法の改正で廃止。一般職の会計管理者が置かれるようになった。

じゅう-にょぜ【十如是】仏語。天台宗で、法華経方便品に基づき、一切の存在を相・性・体・力・作・因・縁・果・報・本末究竟の10方面から説くもの。十如。如是。

じゅうに-りつ【十二律】中国や日本の音楽の12の標準楽音。1オクターブ間に約半音間隔で12音が配される。基音を長さ9寸(約27センチ)の律管の音とする。中国では、黄鐘を基音とし、大呂・太簇・夾鐘・姑洗・仲呂・蕤賓・林鐘・夷則・南呂・無射・応鐘。日本では、壱越を基音とし、断金・平調・勝絶・下無・双調・鳧鐘・黄鐘・鸞鏡・盤渉・神仙・上無。十二調子。

じゅうにるい-しょう【十二類生】仏語。生まれ方によって衆生を12に分けたもの。胎生・卵生・湿生・化生の四生に、有色・無色・有想・無想・非有色・非無色・非有想・非無想を加えたもの。

じゅうに-れっこく【十二列国】►春秋十二列国

しゅう-にん【就任】〔名〕スル ある任務・職務につくこと。「取締役に━する」(類語)就職・就役・就労・就業

じゅう-にん【十人】人数が10であること。とたり。
十人寄れば十国の者 大勢の人が集まれば、それぞれが違った国の出身で、風俗・習慣・話題などが別々であるということ。

じゅう-にん【住人】その家、またはその土地に住んでいる人。「隣家の━」(類語)住民

じゅう-にん【重任】〔名〕スル ❶重要な職務・任務。大任。「━を果たす」❷任期が終わったのち、同じ職務・任務に続いて就くこと。ちょうにん。

じゅうにん-ぐみ【十人組】❶安土桃山時代から江戸初期にかけて、近隣10戸を単位とした自治組織。❷►十人両替

じゅうにん-といろ【十人十色】考え方や好みなどが各人それぞれに違っていること。「━の服装」

じゅうにん-なみ【十人並(み)】〔名・形動〕顔だち・能力などが、人よりすぐれてもいないが、劣ってもいないこと。また、そのさま。人並み。
(類語)普通・一般・一般的・尋常・標準・標準的・平均的・平凡・凡庸・並み・世間並み

じゆう-にんよう【自由任用】公務員の任用の際、なんらの法的資格を要せず、任命権者が自由に適任者を任用すること。国家公務員法で一部の特別職に限り適用される。

じゅうにん-りょうがえ【十人両替】江戸時代、大坂で、両替屋仲間の統制や、幕府公金の出納、金銀相場の支配などにあたった10人の大両替屋。十人組。

しゅうね・い【執▽念い】〔形〕図しふね・し〔ク〕《「しゅうねん(執念)」の形容詞化》執着心が強い。執念深い。しつこい。「死というものが━・くつきまつわって」〈有島・生れ出づる悩み〉

しゅう-ねん【周年】❶まる1年。また、一周忌。❷数を表す語について、年数の経過を数えるのに用いる語。まる…年。「創立一五一━」(類語)年次・年々・歳

しゅう-ねん【執念】ある一つのことを深く思いつめる心。執着してそこから動かない心。「━をもってやり遂げる」「━を燃やす」(類語)信念・一念・執着心

しゅう-ねん【終年】❶年の初めから終わりまでの間。一年中。❷死ぬまでの間。終身。一生。

じゅう-ねん【十年】1年の10倍。また、長い年月。
十年一日 長い年月の間、何の変化もなく同じ状態であること。「━のごとく平凡な生活が続く」
十年一昔 世の中は移り変わりが激しく、10年もたつともう昔のこととなってしまう。また、歳月の流れを、10年をひと区切りとして考えること。

じゅう-ねん【十念】仏語。❶仏・法・僧・戒・施・天・休息・安般・身非常・死の十について念ずること。十随念。❷阿弥陀仏の相好を10度観想すること。また、「南無阿弥陀仏」の名号を10度唱えること。❸浄土宗で、導師が信者に「南無阿弥陀仏」の名号を唱え授けて仏縁を得させること。「━を授ける」

じゅうねん-しょうみょう【十念称名】「南無阿弥陀仏」の名号を10度唱えること。

じゅうねん-ど【重粘土】多量の粘土を含んでいて、粘性が強く、耕作しにくい土壌。日本では北海道北部の洪積台地に分布。重土。

しゅうねん-ぶか・い【執念深い】〔形〕図しふねんぶか・し〔ク〕執念の度が強い。しつこく思い込んで、あきらめが悪い。「━・くつけねらう」

しゅう-のう【収納】〔名〕スル ❶中に入れて、しまっておくこと。「たんすに衣類を━する」「━家具」❷現金や品物などを受け取っておさめること。国または地方公共団体の会計では、現金を受領することをいう。「国庫に━する」❸農作物などを取り入れること。
(類語)収蔵・格納・所蔵・収める・入れる・仕舞う・仕舞い込む・蔵する・片付ける・かたす・整頓・整理

しゅう-のう【終脳】►端脳

しゅう-のう【就農】〔名〕スル 仕事として農業をはじめること。「━者」

じゅう-のう【十能】炭火を入れて持ち運ぶ道具。金属製の容器に木の柄をつけたもの。じゅうの。(季 冬)

じゅうのう-がくは【重農学派】重農主義を唱える学派。

じゅうのう-しゅぎ【重農主義】18世紀後半、フランスのケネーなどの経済学者によって主張された経済思想および経済理論とそれに基づく政策。重商主義に反対し、国家の富の源泉は農業生産だけから生じるとした。フィジオクラシー。

しゅうのうだいこう-サービス【収納代行サービス】公共料金などの支払いの受け付けを、収納機関にかわってコンビニエンスストアなどの代行業者が取り扱うサービス。銀行のATMやオンラインバンキングなどで支払うこともできる。昭和62年(1987)に大手コンビニのセブンイレブンが東京電力と提携したのが最初。平成15年(2003)からは地方税や国民健康保険料の納付も可能になった。金融庁は同20年に収納代行サービスへの法規制を検討していたが、業界の強い反対で見送りとなった。

しゅうのう-でんぴょう【収納伝票】現金の収納取引を記入するための伝票。収入伝票。

じゅう-の-かた【柔の形】柔道の基礎的な形。嘉納治五郎の考案。切る・打つ・突くの攻撃に対する防御の方法を柔の理によって緩やかな動作の形としたもの。昇段審査の際に評定される。防御の方法。

じゅう-の-しま【十の島】《江戸時代、ひらがなの「あほ」を分解して「あ」は「十の」、「ほ」は「しま」と読めるところから》あほう。ばか。

じゆうのじんみん【自由の人民】《イタ Popolo della Libertà》イタリアの保守勢力による政党連合。2008年にフォルツァ-イタリアと国民同盟が合流して結成。前者は解散したが、後者は政党組織を残している。同年の総選挙で勝利し、党首のベルルスコーニが3度目の首相就任を果たした。PdL。(補説)日本の報道では他に、自由の国民・自由国民・自由の民などと訳されることがある。

じゆう-の-めがみ【自由の女神】ニューヨーク港内リバティー(旧称ベドロー)島にある女神像。米国の独立100周年を記念して、フランス国民が贈呈したもので、1886年に落成。正式名は「世界を照らす自由」で、右手にたいまつ、左手に独立宣言を持つ。像の高さは約46メートルで、台を含めると93メートルに達する。1984年、世界遺産(文化遺産)に登録された。

じゆうのり【自由之理】J=S=ミルの「On Liberty」の訳書。中村正直訳。明治5年(1872)刊。当時の自由民権運動に影響を及ぼした。

しゅう-は【周波】周期的に繰り返される同じ波形の振動の一循環。

しゅう-は【宗派】❶同一宗教の中での分派。❷芸事などで、傾向を同じくする流派。流儀。

しゅう-は【秋波】❶美人の涼しい目もと。また、女性のこびを含んだ目つき。流し目。色目。❷秋のころの澄んだ波。
秋波を送・る 異性の関心をひこうとして色目を使う。こびを送る。「向かい側の男性に━・る」

シューバ〔ロシア shuba〕毛皮製の防寒用オーバー。

じゅう-は【銃把】銃床の一部で、射撃の際に引き金を引く手で握る部分。

じゅう-は【縦波】「たてなみ(縦波)」に同じ。

じゅう-ば【×戎馬】戦争に使用する馬。軍馬。

しゅう-はい【集配】〔名〕スル 郵便物や荷物などを、集めたり配ったりすること。「宅配便を━する」

シューパイ【数牌】《中国語》マージャン牌で、万子牌・索子牌・筒子牌の3種の総称。

じゆう-はいぎょう【自由廃業】もと、娼妓取締規則や芸妓営業取締規則によって、娼妓や芸妓が、抱え主の同意なしに自由意志によって廃業したこと。

しゅう-ばく【就縛】〔名〕スル 罪人としてつかまり、しばられること。比喩的にも用いる。「━の恥をさらす」「画風の魅力に━される」

じゅう-ばく【重爆】「重爆撃機」の略。

じゅう-ばくげきき【重爆撃機】爆弾の搭載量が大きく、航続距離も長大な大型爆撃機。重爆。

じゅう-ばこ【重箱】料理を詰める箱形のふた付き容器。二重・三重・五重と重ねて用いる。漆塗りが多く、蒔絵を施したものもある。お重。

重箱の隅は杓子で払え　ささいなことは細かく干渉したりせんさくしたりしないで大目にみるべきであるというたとえ。

重箱の隅を楊枝でほじくる　非常に細かいことまで問題にして、口うるさく言うことのたとえ。重箱の隅をつつく。楊枝で重箱の隅をほじくる。補説「重箱の角を」とするのは誤り。

じゅうばこ-づら【重箱面】重箱のように四角な顔。角顔。

じゅうばこ-よみ【重箱読み】2字またはそれ以上の漢字で表記されている語を、「重箱」(「じゅう」は音読み、「ばこ」は訓読み)のように、上を音、下を訓で読む読み方。「縁組」「献立」など。⇔湯桶読み。

じゆう-ばし【自由橋】《Szabadság híd》ハンガリーの首都ブダペストを流れるドナウ川に架かる橋。西岸のブダ地区と東岸のペスト地区を結び、エルジェーベト橋の南側に位置する。1896年、ハンガリー王国の建国1000年を記念して建造。オーストリア皇帝フランツ＝ヨーゼフ(ハンガリー王フェレンツ＝ヨージェフ)自らが工事を完了する最後のリベットを打ち込んだことから、フェレンツ＝ヨージェフ橋と呼ばれていたが、第二次大戦後に修復された際、現名称に改称。

しゅう-バス【終バス】その日のダイヤの最後に運行されるバス。

しゅうは-すう【周波数】《frequency》交流電波・音波など、周期的変化をする現象が1秒間に何回繰り返されるかを示す数。単位はヘルツ。振動数。

しゅうはすう-たいいき【周波数帯域】《bandwidth》▶帯域幅

しゅうはすうぶんかつ-そうほうこうでんそう【周波数分割双方向伝送】▶エフ-ディー-ディー(FDD)

しゅうはすうぶんかつ-たげんせつぞく【周波数分割多元接続】▶エフ-ディー-エム-エー(FDMA)

しゅうはすう-ぶんかつたじゅう【周波数分割多重】▶エフ-ディー-エム(FDM)

しゅうはすうぶんかつ-ふくしん【周波数分割複信】▶エフ-ディー-ディー(FDD)

しゅうはすうへんかん-じょ【周波数変換所】電力会社が供給する電力の周波数を変換する施設。東日本で50ヘルツ、西日本で60ヘルツで供給されている周波数を、それぞれ他方の周波数に変換することができる。電力を相互に融通するためには、周波数を変換する必要があり、静岡県の佐久間周波数変換所・東清水変電所、長野県の新信濃変電所が稼働している。補説日本では、明治時代に東京でドイツ製の50ヘルツの発電機、大阪で米国製の60ヘルツの発電機をそれぞれ導入したことから、東西で異なる周波数の電力が供給されている。

しゅうはすうへんかん-パススルーほうしき【周波数変換パススルー方式】CATVで地上デジタルテレビ放送を伝送する方式の一。受信した電波を放送周波数とは異なる周波数に変換して再送信する。⇒同一周波数パススルー方式

しゅうはすう-へんちょう【周波数変調】電波の周波数を、信号波の振幅に応じて変化させる通信方式。振幅変調に比べて雑音が少ない。ラジオのFM放送、テレビ放送の音声送信などに利用。FM。

しゅうはすう-べんべつき【周波数弁別器】周波数変調のなされた電波から原信号波を検出するため、いったん振幅変調に直して検出する検波器。

じゅうはち-かい【十八界】仏語。眼・耳・鼻・舌・身・意の六根と、その対象となる色・声・香・味・触・法の六境と、六根が六境を認識する眼識・耳識・鼻識・舌識・身識・意識の六識のこと。十八境界。

じゅうはち-がくし【十八学士】唐の太宗が閻立本に像を描かせ、褚亮に賛を作らせた18人の文学館学士。杜如晦・房玄齢・于志寧・蘇世長・薛収・褚亮・姚思廉・陸徳明・孔穎達・李玄道・李守素・虞世南・蔡允恭・顔相時・許敬宗・薛元敬・蓋文達・蘇勖をいう。薛収の死後、劉孝孫を補った。

じゅうはち-がゆ【十八粥】陰暦正月18日に、元三大師の供養につくる小豆粥。(季 新年)

じゅうはち-きん【十八金】合金で、純金の含有量が全重量の24分の18であること。また、その合金。

じゅうはち-ささげ【十八豇豆】ジュウロクササゲの別名。

じゅうはち-しゅう【十八宗】日本仏教の18の宗派。三論宗・法相宗・華厳宗・律宗・倶舎宗・成実宗・天台宗・真言宗・融通念仏宗・浄土宗・臨済宗・曹洞宗・真宗・日蓮宗・時宗・普化宗・黄檗宗・修験宗の各宗。

じゅうはち-だいし【十八大師】朝廷から大師号を贈られた18人の高僧。天台宗の伝教(最澄)・慈覚(円仁)・智証(円珍)・慈慧(良源)・慈摂(真盛)・慈眼(天海)、真言宗の弘法(空海)・道興(実慧)・法光(真雅)・本覚(益信)・理源(聖宝)・興教(覚鑁)・月輪(俊芿)、浄土真宗の見真(親鸞)・慧灯(蓮如)、曹洞宗の承陽(道元)、浄土宗の円光(源空)、融通念仏宗の聖応(良忍)の各大師。

じゅうはち-だいつう【十八大通】《「十八」は概数》安永・天明(1772〜1789)のころ、江戸の遊里などではでに振る舞い、通人をもって任じた町人。浅草蔵前の札差や市中の豪商などが多く、大口屋暁雨・大黒屋秀民・桂川周甫などがいる。

じゅうはち-だんりん【十八檀林】「関東十八檀林」の略。

じゅうはち-の-きみ【十八の公】「十八公」に同じ。

じゅうはち-ばん【十八番】❶「歌舞伎十八番」の略。❷その人のいちばん得意とすること。得意の芸。おはこ。類語おはこ・売り物・お家芸・お株・お手の物・得意・特技・得手・達者・専売特許

じゅうはち-もつ【十八物】大乗の僧尼が常に身辺に備えるべき18種の具。楊枝・澡豆(豆の粉で作った洗い粉)・三衣・瓶・鉢・坐具・錫杖・香炉・漉水嚢・手巾・刀子・火燧(火打ち石)・鑷子(鼻毛抜き)・縄床・経・律・仏像・菩薩像。十八種物。

じゅうはち-らかん【十八羅漢】十六羅漢に、慶友・賓頭盧、または大迦葉・軍徒鉢歎を加えたもの。経典により差異がある。

しゅう-はつ【終発】その日の最終の発車。また、その列車・電車・バスなど。⇔始発。

しゅう-ばつ【舟筏】舟といかだ。また、舟。

しゅう-ばつ【秀抜】〔名・形動〕他よりぬきんでてすぐれていること。また、そのさま。「—な作品」派生しゅうばつさ〔名〕

しゅう-ばつ【修祓】▶しゅばつ(修祓)

じゅう-ばつ【重罰】重い罰。厳罰。重刑。

じゅうはっ-こう【十八公】《「松」の字を分解すると、「十」「八」「公」となるところから》松の別名。「—のよそほひ、千秋の緑をなして」〈謡・高砂〉

じゅうはっしりゃく【十八史略】中国の歴史読本。元の曽先之撰。史記から新五代史までの17正史に宋史を加えた18史を取捨選択して編纂した入門書。日本には室町中期に伝来。

じゅうはっ-ぱん【十八般】昔、中国で行われた18種の武芸。矛・鎚・弓・弩・銃・鞭・簡・棒・剣・鏈・杈・斧・鉞・戈・戟・牌・鎗・楊のこと。転じて、武芸全般の意。

しゅう-ばん【終板】運動神経の末端が筋に接続する部分。特殊な構造をしている。

しゅう-ばん【終盤】❶囲碁・将棋で、勝負が終わりに近づいた寄せの段階。また、その局面。⇒序盤 ⇒中盤 ❷長期間行われる物事が終わりに近づく時期または段階。「ペナントレースもそろそろ—に入った」

しゅう-ばん【週番】1週間ごとに交代でする勤務や当番。また、それに当たる人。

じゅう-はん【重犯】〔名〕スル ❶重い犯罪。また、それを犯した者。❷二度以上重ねて罪を犯すこと。また、犯した者。類語再犯・累犯

じゅう-はん【重板】江戸時代、他の本屋の出版物をひそかに出版すること。また、その本。偽版。

じゅう-はん【重版】〔名〕スル 既刊の書物を、同じ版で増刷すること。また、その本。重刻。⇒再版 類語復刊・再刊・再版・復刻・翻刻・影印

じゅう-はん【従犯】共犯の一。正犯を幇助する罪。刑は正犯の刑に照らして減軽される。幇助犯。

じゅう-はん【縦帆】帆船の船首と船尾を結ぶ線に沿って、帆柱の片側に張られる帆。三角型の帆が多く、操帆作業が容易で、風上への逆走性能にすぐれ、小型船に多い。スクーナーがその典型。⇔横帆。

じゅうばん-ぎり【十番切り｜十番斬り】❶果たし合いで10人を斬り倒すこと。特に、曽我兄弟が父のかたきを討ち取ったのち、10人の敵を斬り倒したこと。❷曽我兄弟の十番斬りを扱った脚本や演劇など。幸若舞曲が最初で、のち、能の「夜討曽我」や歌舞伎・浄瑠璃にも取り入れられた。

じゅうばん-じたて【十番仕立て】乗馬に向くように、襠を高く、裾を広く作った袴。今日の男袴の源流。十番馬乗袴。十番。補説江戸の麻布十番町に住んでいた馬乗りが考案したからという。

しゅうばん-せん【終盤戦】終盤の戦い。戦いの終わりごろ。「選挙運動も—に入る」

しゅう-び【秀眉】形の整った美しいまゆ。主に男性についていう。

しゅう-び【秀美】〔名・形動〕他よりもすぐれて美しいこと。また、そのさま。「気候暢和にし風景—なりと雖ども」〈村田文夫・西洋聞見録〉

しゅう-び【周備】必要な条件がすべてにわたり備わっていること。完備。

しゅう-び【終尾】物事の終わり。しまい。終末。

しゅう-び【愁眉】心配のためにしかめるまゆ。心配そうな顔つき。

愁眉を開く　心配がなくなって、ほっとした顔つきになる。「無事下山の報に—・く」

しゅう-び【醜美】醜いことと美しいこと。また、醜女と美女。美醜。

じゅう-ひ【柔皮】しなやかなかわ。

じゅう-ひ【獣皮】けもののかわ。

じゅう-び【充備】〔名〕スル 十分に調えること。また、調っていること。装備などが十分であること。

じゅう-び【柔媚】〔名・形動〕なまめかしいこと。こびへつらうこと。また、そのさま。「—に近い懶さを表わしている」〈芥川・芭蕉雑記〉

じゅうび-おうもく【縦鼻横目】《鼻が縦につき、目が横に切れているところから》人間。人類。

じゆうびじゅつか-きょうかい【自由美術家協会】自由美術協会の旧称。

じゆうびじゅつ-きょうかい【自由美術協会】美術団体。昭和12年(1937)前衛美術の推進を目的に、長谷川三郎・浜口陽三・山口薫らが自由美術家協会として結成。同39年、現名に改称。

しゅう-ひょう【週評】週ごとに、その1週間の出来事や発表された作品などについてする批評。

しゅう-ひょう【衆評】❶世間一般の人たちの批評。大衆の間での評判。世評。❷多数の人々による話し合い。大衆の評定。「奈何なる策をか施さんと稍や—に暨ぶにぞ」〈染崎延房・近世紀聞〉

しゅう-ひょう【集票】〔名〕スル ❶投票用紙や調査票などを取り集めること。❷選挙前に票をかきあつめること。

じゅう-びょう【重病】重い病気。大病。
類語大病・重症・重患・大患

しゅう-ふ【囚俘】とりこ。俘囚。捕虜。

しゅう-ふ【醜夫】顔の醜い男。醜男。

しゅう-ふ【醜婦】顔の醜い女。醜女。しこめ。
類語不美人・ぶおんな・しこめ・醜女・悪女・ぶす

シューブ〘ドイツ Schub〙《シューブとも》病状が急速に悪化・拡大をみせること。肺結核で多くみられる。急性増悪。

じゅう-ふ【従父】父の兄弟。おじ。

じゅうぶ-いち【十分一】ジフブ イチ ❶10分の1。「恨みも異見も一明けて言はれぬ百千万」〈浄・歌祭文〉❷「十分一銀じゅうぶいちぎん」の略。

じゅうぶいち-ぎん【十分一銀】ジフブ イチ ❶江戸時代、結婚・就職・借金などの世話をした際に受け取る手数料。ふつう、持参金・給料・借金などの10分の1。じゅうぶいち。「一出いだして、嫁呼ぶかたへ遣はしけるは」〈浮・永代蔵・一〉❷江戸時代、領主が領内の交通要所で商人から徴収した税金。通過する商品の価格の10分の1が通例。じゅうぶいち。ぶいち。

シューフィッター〘shoefitter〙靴の専門店・デパートなどの靴売り場で、客の足のサイズ・形にぴったり合う靴を選ぶことを専門にしている人。

しゅう-ふう【宗風】❶仏教で、一宗の風儀。❷一派の家元。

しゅう-ふう【秋風】シウ 秋に吹く風。あきかぜ。

しゅうふう-さくばく【秋風索漠】シウフウ〔ト・タル〕図〘形動タリ〙秋風が吹いて草木が生気を失い、うら寂しくなるさま。また、盛んだった昔の面影もなく、ひっそりとしてわびしいさま。「一として訪れる人もない」

しゅうふうらく【秋風楽】シウフウ 雅楽。唐楽。盤渉ばんしき調の中曲。舞は四人舞。現在は曲・舞ともに廃絶。

しゅう-ふく【修復┊修覆】シウ〔名〕スル ❶建造物などの、傷んだ箇所を直して、もとのようにすること。しゅふく。「本堂を一する」❷破綻をきたした関係を元通りに戻すこと。「友好関係を一する」類語 直す・繕う・修繕・修理・改修・修正・手直し・直し・手入れ

じゅう-ふく【重複】ヂュウ〔名〕スル「ちょうふく(重複)」に同じ。「一して申し込む」

じゅう-ぶく【重服】ヂュウ 重い服喪。父母の喪。また、その時に着る服。重喪じゅうそう。「御子の儀なれば、一を着させ給ひけり」〈神皇正統紀・鳥羽〉⇒軽服きょうぶく

しゅうふくじん-いしょく【修復腎移植】シウフクジン ▶病気腎移植

じゅうふ-けい【従父兄】父方で、年上の男のいとこ。従兄。

しゅう-ふつ【修×祓】シウ〔名〕スル ▶しゅばつ(修祓)

しゅう-ぶつ【×繡仏】シウ 仏像を刺繡で表したもの。縫い仏ぼとけ。

じゅう-ぶつ【重物】ヂュウ ▶じゅうもつ(重物)

じゅう-ぶつ【従物】法律で、ある物(主物)の継続的な利用に供するため、それに付属させる他の物。家屋に対する畳、金庫に対する鍵など。⇔主物。

しゅう-ふつかい【周仏海】シウ〔1897〜1948〕中国の政治家。湖南省の人。日本留学後、国民党中央執行委員。のち、汪兆銘とともに重慶を脱出して南京政府の樹立に参加。第二次大戦後、戦犯として逮捕され、獄死。チョウ-フォウハイ。

じゅうふ-てい【従父弟】父方で、年下の男のいとこ。従弟。

じゆう-フランス【自由フランス】ジイウ 第二次世界大戦中、フランスがナチスドイツに占領された際、ドゴールがロンドンで樹立した亡命政権。フランス国内のレジスタンス運動を国外から支援する一方、自由フランス軍を結成し、アフリカで枢軸国やフランス本国のビシー政府軍と交戦。ノルマンディー上陸作戦にも参加し、インドシナ半島で太平洋戦争に参戦した。

しゅうぶん【周文】シウ 室町中期の画僧。字あざなは天章。号、越渓。相国寺の僧で、のち室町幕府の御用絵師となる。生没年未詳。詩画軸の形式および日本水墨画の様式の確立に大きな役割を果たし、雪舟・宗湛らはその弟子。

しゅう-ぶん【秋分】シウ 二十四節気の一。9月23日ごろ。秋の彼岸の中日にあたる。この日、太陽の中心が秋分点を通過し、日の出・日の入りは真東・真西になり、昼夜の長さが等しくなる。《季 秋》⇔春分。

しゅう-ぶん【修文】シウ〔名〕スル ❶学問や芸術を身につけること。❷礼儀や法度はっとを整えること。

しゅう-ぶん【醜聞】シウ その人の名誉や人格を傷つけるような、よくないうわさ。男女関係や金銭に関する評判など。スキャンダル。類語 スキャンダル・醜名

じゅう-ぶん【十分】ジフ・【充分】ジュウ ㊀〔名〕スル (十分)10に等分すること。「一の一」「利益を一して配る」㊁〘形動〙満ち足りて不足のないさま。充実して完全であるさま。「一な休養」「一に整う」㊂〔副〕❶思い残すところのないさま。思うまま。「一楽しむ」「一注意する」❷必要なだけ、またはそれ以上あるさま。「まだ一使える」「隣町まで五キロは一ある」

類語 (㊁)満足・十全・十二分・フル/(㊂❶)存分に・思うさま・良く・みっちり・みっしり・篤とくと・万万ばんばん/(❷)たっぷり・優ゆうに・たくさん・たんと・ごまんと・わんさと・うんと・ふんだん・なみなみ・一杯・しっかり・がっつり

じゅう-ぶん【重文】ヂュウ ❶主語と述語をもつ関係が二つ以上並列的に含まれる文。「冬が去り、春が来る」など。⇒単文 ⇒複文 ❷「重要文化財」の略。

しゅうぶんいんりゃく【聚分韻略】シュウブンインリャク 鎌倉時代の韻書。5巻。虎関師錬こかんしれん著。嘉元4年(1306)の自序。漢字を韻により分類し、乾坤けんこん・時候など12門に類別、各語を簡単に説明したもの。

じゅうぶん-じょうけん【十分条件】ジフブンデウケン 命題「AならばB」が成り立つとき、AはBであるための十分条件という。⇔必要条件。

しゅうぶん-そう【秋分草】シウブンサウ キク科の多年草。山地の木陰に生え、高さ50〜100センチ。細長い枝に披針形の葉が互生する。夏から秋、淡黄緑色の頭状花をつける。

しゅうぶん-だいがく【修文大学】シウブン 愛知県一宮市にある私立大学。平成20年(2008)に開学した。健康栄養学部の単科大学。

しゅうぶん-てん【秋分点】シウブン 天の赤道と黄道との交点のうち、太陽が赤道をその北側から南側へ通過する点。

じゅうぶんのいち-ぜい【十分の一税】ジフブンノイチ 中世のヨーロッパで、教会がその教区の農民から収穫物の10分の1を徴収した税。のちには世俗領主も取り立てるようになった。

しゅうぶん-の-ひ【秋分の日】シウブン 国民の祝日の一。9月23日ごろ。秋分にあたり、祖先を敬い、なくなった人々をしのぶ日。もとの秋季皇霊祭。《季 秋》

しゅうぶん-は【周文派】シウブン 周文の様式を受け継いだ画家たちの一派。周文に続いては宗湛・岳翁蔵丘らがおり、雪舟もこの影響を受けている。

しゅう-へい【州兵】シウ ❶アメリカ合衆国の各州に置かれている軍隊。予備軍としての性格をもち、戦時には正規軍に編入される。❷古代中国で、周の各州に置かれていた軍隊。

じゅう-へい【従兵】「従卒じゅうそつ」に同じ。

じゅう-へいきん【重×屛禁】ヂュウ 懲罰の一。⇒屛禁

しゅう-へき【周壁】シウ 建物などのまわりの壁。

しゅう-へき【習癖】シフ 習慣となっているくせ。身についた、よくないくせ。「夜ふかしの一がある」

類語 悪癖・持病・奇癖

しゅう-へき【×皺×襞】シウ・【×褶×襞】シフ ひだ。また、ひだ状のもの。衣服のしわ、山のひだなど。

シューベルト〘Franz Peter Schubert〙〔1797〜1828〕オーストリアの作曲家。初期ロマン派を代表するドイツ歌曲作曲家で、詩と音楽の内的、芸術的融合を果たした。作品に連作歌曲「美しき水車小屋の娘」「冬の旅」、「未完成交響曲」、ピアノ五重奏曲「鱒ます」など。

しゅう-へん【周辺】シウ ❶あるもののまわり。あるものをとりまく部分。「都市の一」❷ある物事に隣接して、それと関連をもっている物事。「一の事情を考慮する」❸数学で、円または多角形の外側の線。

類語 ぐるり・まわり・周囲・周縁・周・周回・辺り・近辺・四辺・近く・付近・界隈かいわい・近傍・一帯・辺へん

しゅう-へん【終編┊終×篇】書物の終わりの編。

しゅう-べん【舟弁┊舟×瓣】シウ 蝶形花ちょうけいかで、下方にある2枚の花びら。2枚で舟形をなすのでいう。竜骨弁。

じゅう-へん【縦×扁】〔名〕スル 魚類などの体が上下(背腹)方向に押しつぶされたように平たい形をしていること。

じゅう-べん【重弁┊重×瓣】ヂュウ 花びらがその種本来の枚数以上に多くなっているもの。雄しべが花びらに変化することが多く、バラなどにみられる。八重咲き。複弁。⇔単弁。

じゅうべん-か【重弁花】ヂュウベンクワ 重弁の花。八重咲きの花。

しゅうへん-きき【周辺機器】シウヘン ▶周辺装置

じゅう-へんきごう【重変記号】ヂュウヘンキガウ 音楽で、変化記号の一。ある音を半音ずつ2回、すなわち全音低めるための♭♭の記号。ダブルフラット。

しゅうへん-げんこう【周辺減光】シウヘンゲンクワウ カメラのレンズなどの光学系において、光軸(レンズの中心軸)から周辺部へ離れるに従い光量が減り暗くなる性質のこと。

しゅうへん-こうりょう【周辺光量】シウヘンクワウリヤウ カメラのレンズなどの光学系における、光軸(レンズの中心軸)周辺部の明るさのこと。一般に周辺部に行くに従い暗くなる。

しゅうへん-し【周辺視】シウヘン 視野の周辺部についての視力。ある一点を凝視したとき、その周囲の部分を見る機能で、色覚は弱くなるが、弱い光を見る力はかえって強いといわれる。

しゅうへん-じたい【周辺事態】シウヘン 日本の周辺に発生し、そのまま放置すれば日本に対する直接の武力攻撃に至る恐れのあるような事態をいう。補説 平成11年(1999)制定の周辺事態法(通称)による新語。周辺がどこを指すかは示されていないが、朝鮮半島・台湾海峡が想定されているという。

しゅうへんじたい-ほう【周辺事態法】シウヘンジタイハフ《「周辺事態に際して我が国の平和及び安全を確保するための措置に関する法律」の略称》日本の周辺地域で平和と安全に重要な影響を与える武力紛争などが発生した時に、日米安全保障条約を効果的に運用し、日本の平和と安全に役立てるのを目的とする法律。米軍への後方支援活動を合法化し、自衛隊が日本の領土の外で活動することが可能になった。平成11年(1999)成立。周辺事態安全確保法。

じゅうべん-じゅうぎ【十便十宜】ジフベンジフギ 画題の一。中国、清の文人李笠翁(李漁)が、山居にはそれぞれ10の便と宜とがあるとうたった詩を主題としたもの。池大雅いけのたいが・与謝蕪村合作の画帖が有名。

しゅうへん-しょうじょう【周辺症状】シウヘンシヤウジヤウ ある疾患の中核症状に対して、二次的に現れる症状。認知症の場合、不安・鬱うつ状態・妄想・幻覚・徘徊・失禁・暴力・譫妄せんもうなど。認知症の周辺症状は、患者の性格・環境・人間関係など多様な要因が関連して起こる。BPSD(behavioral and psychological symptoms of dementia)。

しゅうへん-じん【周辺人】シウヘン ▶マージナルマン

しゅうへん-そうち【周辺装置】シウヘンサウチ《peripheral equipment》コンピューターで、中央処理装置とのデータのやり取りを行う外部装置。入力装置としてキーボードやマウス、出力装置としてディスプレーやプリンター、外部記憶装置として磁気ディスク装置や光ディスク装置などがある。周辺機器。ペリフェラル。

しゅう-ほ【修補】シウ〔名〕スル 修理。補修。「この機器を一せんと欲し」〈中村訳・西国立志編〉

しゅう-ほ【襲歩】シフ 馬術・競馬などで、馬を最大速力で走らせること。

じゅう-ほ【充補】〔名〕スル 不足分・欠員などを補うこと。補充。

じゅう-ぼ【従母】母の姉妹。母方のおば。

じゅう-ぼいん【重母音】ヂュウ ▶二重にじゅう母音

しゅう-ほう【州邦】シウハウ 国。州。

しゅう-ほう【秀峰】シウ 高く美しくそびえる山。

しゅう-ほう【宗法】ホフ 宗門の法規。宗規。

しゅう-ほう【週報】シウ 1週間ごとにする報告・通知。毎週定期的に発行する刊行物。

しゅう-ほう【衆芳】ハウ 多くの、よいかおりの花。

しゅう-ぼう【衆望】バウ 大勢の人たちから寄せられる

期待・信頼。「―にこたえる」

しゅう-ぼう【醜貌】みにくい容貌。

じゅう-ほう【什宝】家宝として秘蔵する器物。什物。

じゅう-ほう【重宝】貴重な宝物。

重宝を懐く者は夜行せず《「戦国策」秦策から》貴重な品物を持っている者は夜歩いてはいけない。大きな目的を抱く者は、その身を大切にすべきであるというたとえ。

じゅう-ほう【重砲】口径の大きい大砲。強力な砲弾の威力をもち、長距離の射撃が可能。⇔軽砲。

じゅう-ほう【銃砲】小銃と大砲。また、銃器。「―店」

じゆう-ぼうえき【自由貿易】国家が輸出入品の禁止・制限、関税賦課・為替管理・輸出奨励金などの規制、および保護・奨励を加えない貿易。➡保護貿易 ➡管理貿易

じゆうぼうえき-きょうてい【自由貿易協定】地域間または国との間で、関税や量的制限などの貿易障壁を相互に撤廃し、自由に貿易を行うことによって相互の利益を図ることを目的とする取り決め。代表的なものに米国、カナダ、メキシコの間で1994年に発効した北米自由貿易協定(NAFTA)などがある。FTA(free trade agreement)。➡経済連携協定(EPA) ➡経済統合協定(EIA)

じゆうぼうえき-けん【自由貿易圏】►自由貿易地域❶

じゆうぼうえき-こう【自由貿易港】►自由港

じゆうぼうえき-ちいき【自由貿易地域】❶関税や輸入数量制限などの貿易障壁を相互に撤廃した国や地域の集団。ASEAN自由貿易地域(AFTA)・北米自由貿易協定(NAFTA)・欧州経済領域(EEA)など。自由貿易圏。FTA(free trade area)。❷輸入した貨物を、通関手続きを経ることなく保管し、加工・製造・展示等を行うことができる一定の区域。貿易や外国企業の誘致促進のため国が指定。港湾や空港に隣接して設置され、域内に立地する企業は税制上の優遇措置などを受ける。輸出加工区(EPZ：export processing zone)、保税加工区(BPZ：bonded processing zone)、自由港(free port)などと呼ばれるものもある。FTZ(free trade zone)。(補説)日本では、沖縄県の那覇市に自由貿易地域を、うるま市に特別自由貿易地域を設置。

しゅうほう-しゃ【襲芳舎】►しほうしゃ(襲芳舎)

じゆう-ほうそうだん【自由法曹団】大正10年(1921)神戸の労働争議弾圧に対する調査と抗議運動を契機に結成された弁護士の団体。労働者・農民・勤労市民の権利の擁護をその活動方針とする。

じゆう-ぼうちょう【自由膨張】物体が外部に対して仕事をせずに膨張すること。たとえば、真空中に気体を拡散させる場合、気体には外部から何ら圧力がかかっていないため仕事をしたことにはならず、自由膨張とみなされる。また、内部エネルギーは一定に保たれ、温度変化もない。

しゅうほう-どう【秋芳洞】山口県西部、秋吉台の地下100メートルに広がる鍾乳洞。特別天然記念物に指定されている。あきよしどう。

じゅうほうとうけんるいしょじとう-とりしまりほう【銃砲刀剣類所持等取締法】銃砲・刀剣類の所持などについての取り締まりと罰則とを定めた法律。昭和33年(1958)施行。銃刀法。

じゆう-ほうにん【自由放任】各人の思いのままに任せて、干渉・束縛・統制などをしないこと。「子供の―はよくない」

じゆうほうにん-しゅぎ【自由放任主義】❶各自の自由に任せて、いっさい干渉しない考え方や立場。❷経済については国家による統制や干渉を排除し、個人の自由な利益追求活動に任せるべきであるとする経済政策上の主義。18世紀に、フランスの重農主義者およびイギリスのアダム＝スミスによって主張された。レッセ-フェール。

しゅうほう-みょうちょう【宗峰妙超】[1282～1337]鎌倉後期の臨済宗の僧。播磨の人。南浦紹明に学び、大徳寺を創建。花園上皇・後醍醐天皇に信任された。著「語録」「仮名法語」「祥雲夜話」。興禅大灯国師。高照正灯国師。

じゆう-ほうろん【自由法論】法は固定した概念にとらわれるべきものでなく、条理や社会的現実面に即するように、自由に運用されるべきであるとする主張。19世紀末から20世紀初めにかけて、ドイツやフランスなどで、従来の概念法学に対する反動として起こった革新的な法学の方法論。自由法学。

シューホーン〖shoehorn〗靴べら。

じゅう-ぼく【従僕】男の召使い。下男。下僕。

しゅう-ぼつ【周勃】[?～前169]中国、前漢の政治家。沛(江蘇省)の人。高祖に従って戦功をあげ、のち、文帝を擁立して漢の王室の安定に功があった。

しゅう-ポツ【臭ポツ】臭化カリウムの俗称。(補説)「臭剝」とも書く。「剝」はカリウムの別名ポタシウムの当て字「剝荅叟母」から。

シューボックス-がた【シューボックス型】《シューボックスは、shoebox》箱型で客席前方にステージがある、コンサートホールの伝統的な形式。

じゅう-ぼん【重犯】「じゅうはん(重犯)」に同じ。「コレマターナレバ、ナゼニ逃ガサウゾ」〈天草本伊曽保・狼と羊の譬〉

シューマイ【焼売】《中国語》中国料理の点心の一。豚のひき肉、ネギ・ニンニクなどのみじん切りを、小麦粉で作った皮に包んで蒸したもの。

じゅう-まい【従妹】年下の、女のいとこ。⇔従姉。

じゅうまい-め【十枚目】相撲で、十両の異称。

しゅう-まく【終幕】❶演劇の最後の一幕。❷演劇が終わること。芝居がはねること。終演。閉幕。❸物事が終わること。また、その終わりの場面。終局。「十余年にわたる訴訟事件が―を迎える」
(類語)終わり・おしまい・終了・終結・終焉・終末・果てし・幕切れ・閉幕・幕・打ち止め・ちょん・完・了・ジエンド・終い・最後・最終・結末・結び・締め括り・結尾・末尾・掉尾・掉尾・終局・大詰め・土壇場・どん詰まり・末・大切り・大団円・ラスト・エンディング・フィニッシュ・フィナーレ

しゅう-まつ【終末】物事が最後に行きつくところ。おわり。しまい。「事件の―」「世界の―」(類語)終わり・最後・おしまい・終了・終結・終局・終焉・結末・果てし・大詰め・幕切れ・閉幕・幕・完・了・ジエンド

しゅう-まつ【週末】1週間の終わりころ。金・土曜から日曜日にかけてのころ。ウイークエンド。

しゅうまつ-いりょう【終末医療】重い病気の末期で不治と判断されたとき、治療よりも患者の心身の苦痛を和らげ、穏やかに日々を過ごせるように配慮する療養法。終末期医療。ターミナルケア。➡クオリティーオブライフ

しゅうまつ-かん【終末観】►終末論

しゅうまつき-いりょう【終末期医療】「終末医療」に同じ。

しゅうまつ-きぎょう【週末起業】週末や退勤後の空いた時間を利用して、自分の望む事業を始めること。インターネット利用の事業が多い。

しゅうまつ-しょりじょう【終末処理場】►下水処理場

しゅうまつ-どけい【終末時-計】《doomsday clock》核戦争によって人類が滅亡するまでの時間を象徴的に表す時計。滅亡時刻を零時とし、残されている時間を分で表す。1947年に米国の科学誌に初めて掲載された。シカゴ大学にある。世界終末時計。➡環境危機時計

シューマッハー〖Kurt Schumacher〗[1895～1952]ドイツの政治家。社会民主党国会議員としてヒトラー政権を批判し、投獄された。第二次大戦後は同党再建に尽力し、1946年から委員長を務めた。

しゅうまつ-ろん【終末論】人間と世界の終末についての宗教思想。現世の悪に対して、世界の窮極的破滅、最後の審判、人類の復活、理想世界の実現などを説く。ユダヤ教・キリスト教に顕著。終末観。

シューマン〖Robert Alexander Schumann〗[1810～1856]ドイツの作曲家。繊細かつ色彩豊かな和声によってドイツロマン派を代表。多くのピアノ曲・歌曲を作曲した。また、批評活動も行い、ショパン・ブラームスを紹介。作品に4曲の交響曲のほか、ピアノ曲「子供の情景」、連作歌曲「詩人の恋」など。

じゅう-まん【充満】〔名〕スル ❶一定の空間などに、あるものがいっぱいにみちること。「煙が室内に―する」「民衆の間に不平が―する」❷満ち足りること。満足。「子息の昇進、天下の執権、この―のありさまに」〈愚管抄・五〉❸腹いっぱいになること。満腹。「其方へ参り、斎をもたべ、一致いてはござれども」〈虎寛狂・布施無経〉(類語)充溢・満杯・充実・満員

じゅうまんおく-ど【十万億土】❶仏語。この世から極楽へ行くまでの間にあるという無数の仏土。❷転じて、極楽浄土。

シューマン-プラン〖Schuman Plan〗フランス外相R＝シューマンが1950年に発表した石炭および鉄鋼の共同管理構想。フランス・ドイツを中心に西ヨーロッパ諸国に提唱し、参加を求めた。シューマン宣言。➡ECSC

シューマン-りょういき【シューマン領域】波長120～190ナノメートル程度の紫外線。人体に影響を与える近紫外線のUVCに含まれる。写真乾板で記録できる紫外線のうち、最も波長が短い。ドイツの物理学者ビクトル＝シューマンが発見した。

しゅう-み【臭味】❶人に不快感を与えるにおい。臭み。臭気。❷いかにもそのものらしい、身についた嫌な感じ。「官僚の―がぷんぷんとしている」

しゅうみつ【宗密】[780～841]中国、唐代の僧。華厳宗第五祖。果州(四川省)・西充の人。禅と華厳とを統合した教禅一致を唱えた。著「原人論」「禅源諸詮集都序」。圭峰大師。すみつ。

しゅう-みつ【周密】〔名・形動〕注意が隅々にまで行き届いていること。また、そのさま。「―をきわめた計画」「―な配慮」(派生)しゅうみつさ〔名〕

しゅう-みん【州民】州の人民。くにのたみ。

しゅう-みん【就眠】〔名〕スル ねむりにつくこと。また、ねむっていること。「―時間」
(類語)就寝・就床・睡眠・寝る・快眠・安眠・眠り・寝ね・睡臥・熟睡・熟眠・昏睡・居眠り・ねんね

じゅう-みん【住民】ある一定の地域内に居住している人。(類語)住人

じゆう-みん【自由民】他人の強制を受けない自由な人民。特に、古代社会の奴隷身分以外の者をさす。

しゅうみん-うんどう【就眠運動】葉や花が昼夜の明暗に合わせて行う周期的な運動。光の強さが刺激となって起こる膨圧運動や生長運動。チューリップの花の開閉、インゲンマメの葉の下垂など。睡眠運動。昼夜運動。

じゅうみん-うんどう【住民運動】地域住民が職業や階層をこえて結集し、その地域にかかわる問題を解決するために行う運動。

じゅうみん-かんさせいきゅう【住民監査請求】地方公共団体の執行機関または職員による財務会計上の違法・不当な行為について、住民が監査委員に対して監査を求め、必要な措置を講じることを請求すること。

じゅうみん-きほんだいちょう【住民基本台帳】市町村が、住民全体の住民票を世帯ごとに編成して作成した台帳。➡住基ネット

じゅうみんきほんだいちょう-じんこういどう-ほうこく【住民基本台帳人口移動報告】►人口移動報告

じゅうみんきほんだいちょう-ネットワーク【住民基本台帳ネットワーク】►住基ネット

じゅうみんきほんだいちょう-ネットワークシステム【住民基本台帳ネットワークシステム】►住基ネット

じゅうみんきほんだいちょう-ほう【住民基本台帳法】市町村および特別区において、住

民の居住関係の公証、選挙人名簿の登録、その他住民に関する記録を正確かつ統一的に行う住民基本台帳の運用について定めた法律。昭和42年(1967)施行。平成21年(2009)7月改正され、同24年から外国人住民も日本人と同様に住民基本台帳が作成される。

じゆうみんけん-うんどう【自由民権運動】ジイウミンケン― 明治前期、藩閥政治に反対して国民の自由と権利を要求した政治運動。明治7年(1874)の板垣退助らによる民撰議院設立建白書の提出に始まり、国会の開設を要求する運動として全国的に広がった。のち、自由党・立憲改進党が結成され、組織的な運動を展開したが、福島事件・秩父事件などが鎮圧されるなかで衰退していった。

じゆうみんけん-しそう【自由民権思想】ジイウミンケンシサウ ▶自由民権論

じゆうみんけん-ろん【自由民権論】ジイウミンケン― 人間は本来自由であり、平等に政治に参加する権利を持っているとする政治思想。自由民権運動の理論的支柱となった。イギリスの功利主義、フランスの民権思想などの影響が大きい。自由民権思想。

じゅうみん-さんか【住民参加】ヂユウミン― 国・地方公共団体・企業が企画する事業について、計画策定の当初から関係する住民が参加すること。住民参画。

じゆうみんしゅ-とう【自由民主党】ジイウミンシユタウ ㊀昭和30年(1955)自由党と日本民主党が合同して結成した保守政党。初代総裁は鳩山一郎。以降、財界の利益を代表しつつ、福祉や社会保障の拡充などにも努めて長く政権を担当。平成5年(1993)に下野するが、翌年に政権に復帰。小泉純一郎政権のころから新自由主義の政策に転換を図るも、派閥政治や官僚との癒着体質が国民の支持を失い、同21年の総選挙で民主党㊃に大敗し、再び下野した。自民党。㊁ドイツの中道右派政党。1948年設立。以来、キリスト教民主同盟か社会民主党のどちらかと組み、連立与党である期間が長い。FDP。エフデーペー。㊂イギリスの中道政党。かつての二大政党の一翼ながら衰退していた自由党が、労働党を離脱した社会民主党と1988年に合同し、社会自由民主党として結成。翌年に改称。小選挙区制のため得票率の割に議席数は伸び悩むが、2010年に保守党と連立しキャメロン政権の与党となった。

じゆうみんしゅとう-そうむかい【自由民主党総務会】ジイウミンシユタウソウムクワイ 自由民主党の党運営や国会活動における重要事項を審議する機関。31名の総務で構成される。党大会、両院議員総会の次に重要な意思決定機関。総務会長は幹事長、政策調査会長とともに党三役と呼ばれる。

じゅうみん-ぜい【住民税】ヂユウミン― 地方税の一。地方公共団体がその区域内に住所・事務所などをもつ個人・法人に対して課す租税。道府県民税(および都民税)と市町村民税(および特別区民税)とがある。

じゅうみん-そしょう【住民訴訟】ヂユウミン― 地方公共団体の違法・不当な公金の支出などに対して、住民がその是正を求めて起こす訴訟。住民監査請求による措置に不服があるときに提起できる。

じゅうみん-とうひょう【住民投票】ヂユウミントウヘウ 地方公共団体における直接民主制の方式の一。地方公共団体が、一定の事項の可否をその地域の住民の投票によって決定する制度。議会の解散請求、議員・長の解職請求や、特定の地方公共団体だけに適用される特別法を制定する場合などに行われる。

じゅうみん-とうろく【住民登録】ヂユウミン― 市区町村の住民をその住所地の住民票に登録し、その居住関係を明らかにする制度。昭和26年(1951)制定の住民登録法により設けられ、同42年に住民基本台帳法による制度に改められた。

じゅうみん-ひょう【住民票】ヂユウミンヘウ 市区町村の住民について個人を単位とし、氏名・生年月日・性別・世帯主との続柄・住所・本籍などの事項を記載する公簿。世帯ごとに編成して住民基本台帳を作成する。

しゅう-む【宗務】宗教上の事務。宗教・宗派の運営に関する仕事。

しゅう-めい【▽主命】主人・主君の命令。しゅめい。

しゅう-めい【羞明】シウ― まぶしいこと。まぶしさ。また、異常にまぶしさを感じる病的な状態。「鈍い頭痛がしていて、目に―を感じる」〈鴎外・青年〉

しゅう-めい【醜名】シウ― よくないうわさ。不名誉な評判。醜聞。「―を流す」

しゅう-めい【襲名】シフ―〔名〕スル 親や師匠などの名前を受け継いで自分の名とすること。「六代目菊五郎を―する」「―披露」㊎類語㊎親譲り・世襲

しゅうめい-ぎく【秋明菊┊秋冥菊】シウメイ― キンポウゲ科の多年草。高さ約70センチ。葉は3枚の小葉からなる複葉。秋、淡紅紫色の菊に似た花を開く。中国の原産。観賞用に栽培される。秋牡丹。貴船菊きぶねぎく。〔季 秋〕

しゅうめい-だいがく【秀明大学】シウメイ― 千葉県八千代市にある私立大学。昭和63年(1988)八千代国際大学として開学。平成10年(1998)現校名に改称。

じゅう-めん【渋面】ジフ― しぶい表情。不愉快そうなにがにがしい顔つき。しかめっつら。「―を作る」

しゅう-もう【衆盲】シユ― 多くの盲人。群盲。

衆盲象ぞうを模もす「群盲象を評す」に同じ。

じゅう-もう【柔毛】ジウ― やわらかい毛。和毛にこげ。

じゅう-もう【×絨毛】❶小腸粘膜面にある、細かい突起。表面積を増大させ、栄養素を効果的に吸収する。柔突起。❷哺乳類の胎盤と子宮壁との接触面にある突起。酸素や栄養素の交換が行われる。

じゅう-もう【獣毛】ジウ― けものの体毛。

しゅう-もく【衆目】多くの人の見る目。多くの人の観察。十目。「彼が人格者であることは―の一致するところだ」「―を集める」「―を驚かす」
㊎類語㊎十目・人目ひと・衆目・耳目・俗眼

じゅう-もく【十目】ジフ― 多くの人の見る目。衆目。

十目の視みる所十手じっしゅの指す所《「礼記」大学から》大勢の人が一致して認めること。

しゅう-もち【▽主持(ち)】主人や主君に仕える身分。また、その人。

じゅう-もつ【×什物】ジフ― ❶日常使っている器具類。什器。❷代々伝わる宝物。秘蔵の宝。什宝。
㊎類語㊎家具・家財・指し物・什器

じゅう-もつ【重物】ヂユウ― 貴重な品物。大切な物品。

しゅう-もん【宗門】❶同一宗教の中での分派。宗派。宗旨。❷禅宗で、自宗を自賛していう言葉。禅門。㊎類語㊎宗教・宗旨・宗派・教派

しゅう-もん【愁×悶】シウ― 嘆き苦しむこと。「この時大いに失望し、一特ことに深く」〈中村訳・西国立志編〉

じゅう-もん【十文】ジフ― ❶1文の10倍。❷江戸時代、上方で、街頭に立つ最下級の娼婦の値段。また、その娼婦。惣嫁そうか。十文色じゅうもんいろ。「定まりの―にて、各別のほり出しあり」〈浮・一代女・六〉

しゅうもん-あらため【宗門改】江戸幕府がキリシタン信仰を禁止するために設けた制度。家ごと、個人ごとに仏教信者であることを檀那寺に証明させたもの。寛永17年(1640)幕府直轄領に宗門改役を置き、宗門人別帳を作り、その後、諸藩にも実施させた。明治6年(1873)に廃止。宗旨人別改。

しゅうもんあらため-ちょう【宗門改帳】―チヤウ ▶宗門人別帳

しゅうもんあらため-やく【宗門改役】江戸幕府の職名。宗門改のことをつかさどった。宗旨改役。宗門改。

じゅうもん-いろ【十文色】ジフモン― 「十文❷」に同じ。「―も出て来るは、南無三宝日が暮れると」〈浄・冥途の飛脚〉

しゅうもん-うけあい【宗門請合】―うけあひ 江戸時代、檀那寺で当人がキリスト教徒でもそのほか禁制の宗派の信者でもないことを証明したこと。

じゅう-もんじ【十文字】ジフ― ❶十の字の形。縦横に交わった形。「―に交差する道」❷前後左右に動きまわるようす。「外は―に風が吹いていた」〈漱石・行人〉❸「十文字轡ぐつわ」の略。❹「十文字槍」の略。

じゅうもんじがくえん-じょしだいがく【十文字学園女子大学】ジフモンジガクヱンヂヨシダイガク 埼玉県新座にいざ市にある私立大学。平成8年(1996)の開設。

じゅうもんじ-ぐつわ【十文字×轡】ジフモンジ― 鏡板の輪の中に筋金を十文字に入れた鉄のくつわ。十字ぐつわ。十文字。

じゅうもんじ-しだ【十文字羊=歯】ジフモンジ― オシダ科の多年生のシダ。山林に生え、高さ約50センチ。葉身は羽状に分かれ、基部に近い羽片だけが横に大きく伸びてさらに羽状に分かれ、十字形になる。撞木しゅもく羊歯。

じゅうもんじ-やり【十文字×槍】ジフモンジ― 穂先の下部に左右の枝刃を出して、十文字形をした槍。十文字。

じゅうもん-せん【十文銭】ジフモン― 宝永5年(1708)に発行された宝永通宝のこと。1枚で10文に通用した。大銭。当十文。

しゅうもんにんべつ-ちょう【宗門人別帳】―チヤウ 江戸時代、宗門改に基づいて作成された帳簿。同時に戸籍簿としての役割も果たした。宗旨人別帳。

じゅうもん-は【×什門派】ジフモン― 顕本法華宗けんぽんほっけしゅうの旧称。

じゅうもん-もり【十文盛り】ジフモン― 盛り切り10文の一膳飯いちぜんめし、または酒。「―を買ひましたが」〈伎・壬生大念仏〉

しゅう-や【秋夜】シウ― 秋の夜。〔季 秋〕「永劫の如し―を点滴す／草城」

しゅう-や【終夜】一晩中。よどおし。よもすがら。「―高熱が続く」「―運転」「―営業」㊎類語㊎夜通し・夜もすがら

じゅう-や【十夜】ジフ― 浄土宗の寺で、陰暦10月5日の夜半から15日朝まで10昼夜の間、絶えず念仏を唱える行事。現在は10月12日夜から15日早朝までの3昼夜に短縮されている。京都の真如堂のものが有名。お十夜。十夜念仏。十夜法要。〔季 冬〕「門前に知る人もある―かな／虚子」

しゅう-やく【集約】シフ―〔名〕スル 物事を整理して、一つにまとめること。「調査結果を―する」「反論はこの一点に―される」㊎類語㊎総合・総括・統括・包括・統合・統一・一括・集成・締め括り

じゅう-やく【十薬】ジフ― ❶ドクダミの別名。〔季 夏〕「―を抜きすてし香につきあたる／汀女」❷ドクダミの花期の地上部を乾燥させたもの。民間療法で、利尿・解毒薬などに用いる。

じゅう-やく【重役】ヂユウ― ❶責任の重い役目・役職。大役たいやく。「―を仰せつかる」❷株式会社の取締役・監査役など役員の総称。「―会議」❸徳川幕府や諸大名家の重要な役。老中・若年寄・家老など。
㊎類語㊎取締役・役員・理事・顧問・監査役・相談役

じゅう-やく【重訳】ヂユウ―〔名〕スル 原語から直接に翻訳するのでなく、一度他の外国語に翻訳されたものを通して翻訳すること。また、その翻訳したもの。ちょうやく。「グリム童話を英語訳から―する」

しゅうやく-のうぎょう【集約農業】シフヤクノウゲフ 一定面積の土地に多量の資本・労働を投下して、土地を高度に利用する農業経営。㊦粗放農業。

しゅうやく-ゆうずい【集×葯雄×蕊】シフヤク― 一つの花の中の、全部の雄しべの葯の部分が合着して管状となったもの。キク科植物にみられる。

しゅうや-とう【終夜灯】一晩中つけておく灯火。

しゅう-ゆ【周瑜】シウ―［175～210］中国、三国時代の呉の武将。字あざなは公瑾こうきん。廬江舒(安徽あんき省)の人。孫権に従い、赤壁の戦いで魏の曹操の大軍を破った。

じゅう-ゆ【重油】ヂユウ― ❶原油から揮発油・灯油・軽油などを分留したあとの、残りの高沸点の油。黒色で粘度が高く、比重0.9～1.0。真空蒸留すると潤滑油・アスファルトが得られる。ディーゼル機関・大型ボイラーなどの燃料に使用。❷コールタールから得られるクレオソート油。

しゅう-ゆう【舟遊】シウイウ〔名〕スル 舟に乗って遊ぶこと。ふなあそび。「長良川で―する」

しゅう-ゆう【周遊】シウイウ〔名〕スル 各地を旅行してまわること。「ヨーロッパを―する」㊎類語㊎回遊・漫遊・遊覧・旅行・旅ろ・遠出・行旅こうりょ・客旅かくりょ・羇旅きりょ・旅路たびじ・道中どうちゅう・旅歩き・トラベル・ツアー・トリップ

しゅうゆう-かい【萩友会】シウイウクワイ 東北大学卒業生の

［重要文化的景観］選定地一覧

名称	所在地	選定年
近江八幡の水郷	滋賀県近江八幡市	平成18年(2006)
一関本寺の農村景観	岩手県一関市	平成18年(2006)
アイヌの伝統と近代開拓による沙流川流域の文化的景観	北海道沙流郡平取町	平成19年(2007)
遊子水荷浦の段畑	愛媛県宇和島市	平成19年(2007)
遠野 荒川高原牧場	岩手県遠野市	平成20年(2008)
高島市海津・西浜・知内の水辺景観	滋賀県高島市	平成20年(2008)
小鹿田焼の里	大分県日田市	平成20年(2008)
蕨野の棚田	佐賀県唐津市	平成20年(2008)
通潤用水と白糸台地の棚田景観	熊本県上益城郡山都町	平成20年(2008)
宇治の文化的景観	京都府宇治市	平成21年(2009)
四万十川流域の文化的景観　源流域の山村	高知県高岡郡津野町	平成21年(2009)
四万十川流域の文化的景観　上流域の山村と棚田	高知県高岡郡梼原町	平成21年(2009)
四万十川流域の文化的景観　上流域の農山村と流通・往来	高知県高岡郡中土佐町	平成21年(2009)
四万十川流域の文化的景観　中流域の農山村と流通・往来	高知県高岡郡四万十町	平成21年(2009)
四万十川流域の文化的景観　下流域の生業と流通・往来	高知県四万十市	平成21年(2009)
金沢の文化的景観 城下町の伝統と文化	石川県金沢市	平成22年(2010)
姨捨の棚田	長野県千曲市	平成22年(2010)
樫原の棚田	徳島県勝浦郡上勝町	平成22年(2010)
平戸島の文化的景観	長崎県平戸市	平成22年(2010)
高島市針江・霜降の水辺景観	滋賀県高島市	平成22年(2010)
田染荘小崎の農村景観	大分県豊後高田市	平成22年(2010)
久礼の港と漁師町の景観	高知県高岡郡中土佐町	平成23年(2011)
小値賀諸島の文化的景観	長崎県北松浦郡小値賀町	平成23年(2011)
天草市﨑津の漁村景観	熊本県天草市	平成23年(2011)
利根川・渡良瀬川合流域の水場景観	群馬県邑楽郡板倉町	平成23年(2011)
佐渡西三川の砂金山由来の農山村景観	新潟県佐渡市	平成23年(2011)
奥飛鳥の文化的景観	奈良県高市郡明日香村	平成23年(2011)
佐世保市黒島の文化的景観	長崎県佐世保市	平成23年(2011)
五島市久賀島の文化的景観	長崎県五島市	平成23年(2011)
新上五島町北魚目の文化的景観	長崎県南松浦郡新上五島町	平成24年(2012)

同窓会。

しゅうゆう-けん【周遊券】シウイウー 割引乗車券の一。指定の地域を周遊して出発地に帰る人のためのもの。国鉄(現JR)が昭和30年(1955)から平成10年(1998)まで発行した。

じゅうゆ-きかん【重油機関】ヂユウユキクワン ▶ディーゼル機関

しゅうゆ-れい【終油礼】「病者(びょうしゃ)の塗油」の旧称。

しゅう-よう【収用】シウー〘名〙スル ❶取り上げて使うこと。❷国・公共団体などが、公共の目的のために、土地などの特定物の所有権その他の権利を、所有者などの損失を補償することを条件として、強制的に取得すること。「道路の拡張のために土地を―する」

しゅう-よう【収容】シウー〘名〙スル 人や物を一定の場所や施設に入れること。「被災者を―する」「―人員」「―能力」

しゅう-よう【周揚】シウヤウ［1908〜1989］中国の文芸評論家。湖南省の人。本名、周起応。「国防文学」を提唱し魯迅(ろじん)らと対立、整風運動では理論的指導者として活躍する。文化大革命で失脚するが、のちに復活した。チョウ゠ヤン。

しゅう-よう【秋陽】シウヤウ 秋の陽光。秋の日ざし。

しゅう-よう【修養】シウヤウ〘名〙スル 知識を高め、品性を磨き、自己の人格形成につとめること。「刻苦勉励して―を積む」「精神を―する」(類語)修行・修業・修まる

しゅう-よう【愁容】シウー 心配そうな表情。うれいがお。

しゅう-よう【襲用】シフー〘名〙スル 従来の方法・形式などをそのまま受け継いで用いること。踏襲。「前代の技法を―する」

じゅう-よう【充用】〘名〙スル 足りないところにあてて用いること。「寄付金を会館建設資金に―する」(類語)利用・使用・活用・転用・流用・援用・適用

じゅう-よう【重用】ヂユー〘名〙スル 人を重要な職務や地位につかせて用いること。ちょうよう。

じゅう-よう【重要】ヂユウエウ〘名・形動〙物事の根本・本質・成否などに大きくかかわること。きわめて大切であること。また、そのさま。「戦略上―な地域」「―性」(派生)じゅうようさ〘名〙(類語)大事(だいじ)・大切・肝要・肝心・本丸・一丁目一番地・貴重・高貴・得難い・貴い

しゅうよう-いいんかい【収用委員会】シウヨウヰヰンクワイ 道路や鉄道など公共用地の取得を目指す国や自治体と地権者との利害を公正中立な立場で調整し、和解を進めたり収用裁決を下したりする権限を持つ行政委員会。土地収用法および地方自治法に基づき、各都道府県に置かれる。委員は7名で知事が任命する。任期は3年。

しゅうよう-がえ【収容替え┆収容換え】シウヨウがへ ADSLを利用する際に、電話回線経路を切り替えること。電話回線の一部に光ケーブルが使用されている場合、既存のメタルケーブル回線に切り替えたり、干渉を受けて通信品質を落とす可能性があるISDN回線から遠く離れた回線に切り替えたりすることを指す。

じゅうよう-かがくぎじゅつししりょう【重要科学技術史資料】ヂユウエウクワガクギジユツシシレウ 科学技術の発達史上で重要な役割を果たしたり、生活・経済に大きな影響を与えた技術資料について、次世代に引き継ぐべきものとして国立科学博物館が登録・保護する文化財。平成20年(2008)から登録開始。現存最古の変圧器、国産商用第1号の白黒テレビ、東海道新幹線開通時の車両などが登録されている。愛称は未来技術遺産。

じゅうよう-こうわん【重要港湾】ヂユウエウカウワン 国際海上輸送網や国内海上輸送網の拠点となる港湾として政令で定めるもの。港湾法に定義される。

じゅうようさんぎょうとうせい-ほう【重要産業統制法】ヂユウエウサンゲフトウセイハフ 昭和恐慌下、産業合理化のため重要産業のカルテル化を強めるために制定された法律。昭和6年(1931)公布。同16年失効。

じゅうよう-さんこうにん【重要参考人】ヂユウエウサンカウニン 犯罪について重要な情報をもっているとして、捜査の対象となっている者。

じゅうよう-し【重要視】ヂユウエウー〘名〙スル その人やその物事を重要であると認めること。重視。「―すべき問題」

じゅう-ようし【重陽子】ヂユウヤウシ 重水素(ジュウテリウム)の原子核。陽子1個と中性子1個とからなる。デューテロン。

じゅうようじこう-せつめい【重要事項説明】ヂユウエウジカウー 土地・建物の売買・賃貸の契約前に、物件の状況、取引条件などについての客に対する詳しい説明。国の認定する宅地建物取引主任者が主任証を見せ、口頭と書面で説明することが義務づけられている。宅地建物取引業法に規定される。(補説)平成19年(2007)から、建築士についても、設計受託時に建築主に対する重要事項説明が義務づけられた。

しゅうよう-じょ【収容所】シウヨウー 特定の目的で人や動物を収容しておく所。「捕虜―」「野犬―」

しゅうよう-じょう【収容状】シウヨウジヤウ 裁判で刑が確定した被告人を刑事施設に拘禁するために検察官が発する令状。死刑・懲役・禁錮・拘留の言い渡しを受けた時点で拘留されていない被告人が、検察官の呼び出しに応じないときや、逃亡のおそれがあるときなどに発付される。(補説)かつては「収監状」といったが、監獄法の改廃に伴い「監獄」の呼称が「刑事施設」に改められたのに伴い、現在は「収容状」という。

じゅうようせいさく-かいぎ【重要政策会議】ヂユウエウセイサククワイギ 内閣および内閣総理大臣を補佐・支援する体制を強化するため、内閣府に設置される会議。平成13年(2001)の中央省庁等改革で内閣の機能強化を図るため、経済財政諮問会議・総合科学技術会議・中央防災会議・男女共同参画会議が設置された。重要政策に関する会議。(補説)経済財政諮問会議は自由民主党森喜朗内閣時代に発足。小泉純一郎内閣時代に公共事業費削減・郵政民営化・政府系金融機関改革など、小泉構造改革を推進する司令塔の役割を果たしたが、安倍晋三内閣以降は影響力が低下。平成21年(2009)9月の鳩山由紀夫内閣発足に伴い活動を終えた。民主党政権下では国家戦略室が予算の骨格を策定し、行政刷新会議が「事業仕分け」を行い予算の無駄を削減する。

じゅうようせいさくにかんする-かいぎ【重要政策に関する会議】ヂユウエウセイサクにクワンするクワイギ ▶重要政策会議

じゅうよう-びじゅつひん【重要美術品】ヂユウエウー 昭和8年(1933)公布の「重要美術品等の保存に関する法律」で認定された準国宝級の美術品。同25年の文化財保護法の制定により廃止。

じゅうよう-ぶんかざい【重要文化財】ヂユウエウブンクワザイ 昭和25年(1950)に制定された文化財保護法による有形文化財のうち、重要として文部科学大臣が指定したもの。特に文化史的価値の高いものは国宝に指定。重文。

じゅうようぶんかてき-けいかん【重要文化的景観】ヂユウエウブンクワテキケイクワン 文化的景観の中でも特に重要であるとして、国が選定する文化財。文化財保護法に基づいて選定・保護され、景観に変化を及ぼす行為については文化庁に届け出なければならない。➔表

じゅうよう-むけいぶんかざい【重要無形文化財】ヂユウエウムケイブンクワザイ 無形文化財のうち、重要なものとして文部科学大臣が指定したもの。➔無形文化財

じゅうよう-むけいみんぞくぶんかざい【重要無形民俗文化財】ヂユウエウムケイミンゾクブンクワザイ 民俗文化財の中でも特に重要なものであるとして、国が指定する無形の文化財。風俗慣習・民俗技術・民俗芸能を対象とし、秋田のなまはげ、富山の菅笠(すげがさ)製作技術、愛知の三河万歳などが指定されている。

じゅうよう-ゆうけいみんぞくぶんかざい【重要有形民俗文化財】ヂユウエウイウケイミンゾクブンクワザイ 民俗文化財の中でも特に重要なものであるとして、国が指定する有形の文化財。漁労・農耕用具、生活用品、芸能舞台など、風俗習慣や民俗芸能などに用いられる物品が対象となる。

じゅうよく【十翼】ジフヨク「易経」の解釈書。経の本文を補翼する10編の書の意で、彖伝(たんでん)(上・下)、象伝(しょうでん)(上・下)、繋辞伝(けいじでん)(上・下)、文言伝、説卦伝(せっかでん)、序卦伝(じょかでん)、雑卦伝の10編からなる。孔子の著とされてきたが、成立は戦国時代から秦・漢代のころ。

じゅう-よく【獣欲】ジウー 動物的な欲望。特に、抑えのきかない性欲をいう。

じゅうよっか-としこし【十四日年越し】ジフよっかー 陰暦正月15日を小正月といい、その前日の14日を年越しとして祝うこと。(季 新年)

しゅう-らい【習礼】シフー 重要な儀式の前に予行をすること。「白馬(あおうま)の節会の―ありけり」〈著聞集・三〉

しゅう-らい【襲来】シフー〘名〙スル ❶激しい勢いでおそいかかってくること。来襲。「敵機が―する」「蒙古(もうこ)―」❷古くから受け継ぐこと。「久く―せる門閥の弊を廃し」〈田口・日本開化小史〉(類語)来襲

じゅう-らい【従来】以前から今まで。これまで。従前。

「一の方式」「一定説とされてきた学説」
(類語)古来・旧来

しゅう-らく【集落】・【×聚落】❶人が集まり住んでいる所。人家が集まっている所。村落。❷地理学で、住居の集まりの総称。村落と都市に分ける。❸生物学で、同類の細菌またはカビが、固形培養基に形成する集団。コロニー。
(類語)村・村落・農村・漁村・山村

しゅうらく-いせき【集落遺跡】集落の跡。旧石器時代の移住生活の暮らしの跡から、古代から近世に至る町や村の跡までを含む。

しゅうらく-えいのう【集落営農】農村の集落を単位として、農地の合理的利用、機械・施設の共同利用、共同作業を行って生産コストを下げ、また、専業農家、兼業農家、女性・高齢者の役割分担を明確にして意欲を高める農業形態。

しゅうらくしえんいん-せいど【集落支援員制度】人口減少や高齢化が深刻な集落を、地域の事情に詳しい相談員が巡回し、集落の維持・活性化を図る制度。総務省が平成20年(2008)に創設。

じゅう-らせつにょ【十羅刹女】法華経に説かれる10人の羅刹女。初め、人の精気を奪う鬼女であったが、のちに鬼子母神らとともに仏の説法に接し、法華行者を守る神女となった。藍婆・毘藍婆・曲歯・華歯・黒歯・多髪・無厭足・持瓔珞・皐諦・奪一切衆生精気。十羅刹。

じゆう-らっか【自由落下】物体が空気の摩擦や抵抗などの影響を受けずに、重力の働きだけによって落下する現象。真空中での落下。

しゅう-らん【収×攬】〔名〕スル 人の心などをとらえて手中におさめること。「人心を一する」

しゅう-らん【周覧】〔名〕スル めぐり見ること。見てまわること。「琵琶湖を一する」

しゅう-らん【秋▽嵐】秋の山にたちこめるもや。

じゅう-らん【縦覧】〔名〕スル 自由に見ること。思うままに見てまわること。しょうらん。「一随意」

しゅう-り【修理】〔名〕スル 壊れたり傷んだりした部分に手を加えて、再び使用できるようにすること。修繕。「時計を一に出す」「車を一する」(類語)直す・繕う・修繕・修復・改修・修正・手直し・直し・手入れ

じゅう-り【重利】❶大きな利益。❷「複利」に同じ。

しゅう-りつ【収率】化学的手法によって原料物質から目的の物質を取り出すとき、理論的に取り出せると仮定した量と実際に得られた量との割合。ふつう百分率で表す。工業的には歩止まりともいう。

しゅう-りつ【州立】州が設立し、また経営していること。また、そのもの。「一大学」

じゆう-りつ【自由律】短歌・俳句の様式の一。従来の31音・17音の形式にとらわれずに自由な音律で表現しようとするもの。短歌では前田夕暮、俳句では荻原井泉水・河東碧梧桐らが提唱。

しゅう-りゅう【周流】〔名〕スル ❶水などがめぐり流れること。「覆樋を通じてニール河の水を引き、此室を一せしむ」〈青木輔清訳・万国奇談〉❷めぐり歩くこと。周遊。「一横行の人民も其居を定め」〈福沢・文明論之概略〉

じゅう-りゅうし【重粒子】▶バリオン

しゅう-りょ【囚虜】敵にとらわれること。また、その人。虜囚。捕虜。

しゅう-りょ【醜虜】❶敵国人・外国人を卑しめていう語。「一の胆を寒からしむだの」〈漱石・趣味の遺伝〉❷捕虜を卑しめていう語。

じゅう-りょ【住侶】その寺に住む僧侶。住僧。

しゅう-りょう【収量】収穫した農作物などの分量。「一〇アール当たりの一」

しゅう-りょう【秋涼】❶秋になって感じるすずしさ。また、秋のすずしい風。「一の候」(季 秋)❷陰暦8月の異称。

しゅう-りょう【修了】〔名〕スル 学業などの一定の課程を終えること。「全課程を一する」「一証書」(類語)卒業・卒・卒園

しゅう-りょう【終了】〔名〕スル 物事がすっかりおわること。また、おえること。「式典を一する」「試合一」(⇔)開始。(類語)完了・完結・終わり・終わる・済む・おしまい・終結・終焉・終末・果てし・幕切れ・閉幕・幕・打ち止め・ちょん・完・了・ジエンド

じゅう-りょう【十両】❶1両の10倍。❷《近世、年に十両の給金をもらったところから》相撲で、前頭の次位、幕下の上位。関取としての待遇を受ける。十枚目。

じゅう-りょう【十陵】平安時代以降、朝廷が特に尊重し、荷前の使いを派遣した天智・光仁・桓武天皇など10の陵墓。年代によって異同がある。

じゅう-りょう【重量】❶物の重さ。目方。「規定の一を超える」「一をはかる」❷目方が重いこと。「一貨物」「一級」❸「重さ❷」に同じ。
(類語)重さ・目方・ウエート・重み・体重・重心

じゅう-りょう【従良】❶上代、賤民を解放し、良民とすること。❷芸者・娼妓などが請け出されて、人の妻になること。

じゅう-りょう【銃猟】銃を使って行う狩猟。

じゅうりょう-あげ【重量挙げ】バーベルを両手で頭上に差し上げて、その重さを競う競技。スナッチ・ジャークの2種目がある。重量を増しながら3回ずつ試技し、最高記録を合計して順位を決定する。ウエートリフティング。

じゅうりょうかきん-じょうげんせい【従量課金上限制】▶キャップ制

じゅうりょう-かん【重量感】いかにも重みのある感じ。「一のある家具」

じゅうりょう-きゅう【重量級】❶同類の中で特に重量・容量の大きいもの。「一のタンカー」「一のアプリケーション」❷ボクシング・レスリング・柔道など体重別で試合を行う格闘技で、最も体重のある競技者の階級。(補説)プロとアマチュア、競技の種類、選手権大会の規模などによって体重の下限は異なる。❸(比喩的に)強い力を持つと認められている人などをいう。大物。「一の政治家を特使として派遣する」

じゅうりょう-キログラム【重量キログラム】▶キログラム重

じゅうりょう-グラム【重量グラム】▶グラム重

じゅうりょう-せい【重量制】スポーツで、競技者の体重別に階級を分け、同じ階級の者どうしが試合をする制度。ボクシング・レスリング・重量挙げなどで行う。ウエート制。

じゅうりょう-せい【従量制】《measured rate》インターネットの接続や携帯電話などの通信サービスで用いられる料金システムの一。利用時間やデータ通信量に応じて課金すること。(補説)料金システムとしてはほかに利用時間やデータ通信量によらずに一定の料金を課す定額制、一定の利用時間やデータ通信量に達するまでは定額で、それを超過した時間に応じて課金する定額従量制(半従量制)などがある。

じゅうりょう-ぜい【従量税】課税物件の数量(重量・個数・容積・面積など)を標準として税率を決定する租税。➡従価税

じゅうりょう-トン【重量トン】▶載貨重量トン数

じゅうりょう-ひん【重量品】重量によって運賃を計算する貨物。石炭・鉱石・鉄材など、容積の割に重い物に適用される。

じゅうりょう-ぶんせき【重量分析】定量分析の一。一定重量の試料から目的成分を分離し、その重量を測定して含有量を計算する方法。

しゅう-りょく【衆力】多くの人の力。

じゅう-りょく【重力】地球上の物体が地球から受ける引力で、物体の重さの原因となっている力。地球の万有引力と地球自転による遠心力との合力。

じゅうりょく-いじょう【重力異常】地球物理学、測地学において、地球を楕円体とみなした場合に緯度から理論的に求められる標準重力と、実際の重力の実測値の間に見られるずれ。

じゅうりょく-かそくど【重力加速度】物体を自由落下させたとき、重力によって生じる加速度。毎秒毎秒約9.8メートルの割合で起きる速度変化。

じゅうりょく-キログラム【重力キログラム】▶キログラム重

じゅうりょく-グラム【重力グラム】▶グラム重

じゅうりょく-けい【重力計】重力の加速度を測定する装置。

じゅうりょく-さんらん【重力散乱】重力の小さい天体が、近傍を大きい天体が通過することで慣性軌道から離れること。太陽系では、外惑星軌道近くの小惑星などが外惑星の通過に伴い、軌道を乱されて太陽に引き込まれたり、逆に太陽系外縁にあるとされるオールトの雲や太陽系外にはじき出されたりする。

じゅうりょく-し【重力子】▶グラビトン

じゅうりょく-しつりょう【重力質量】ある物体に作用する重力と、基準物体(例えば分銅)に作用する重力との比較によって決める質量。天秤によって決める質量。

じゅうりょく-ダム【重力ダム】ダム自体の重量によって水圧・地震などの外力に耐える構造のコンクリートダム。

じゅうりょく-たんいけい【重力単位系】基本単位として、長さ・時間・重力を用いる単位系。重力が場所によって異なるため厳密なものではないが、実用的なので工学部門で用いられる。

じゅうりょく-たんこう【重力探鉱】▶重力探査

じゅうりょく-たんさ【重力探査】重力を測定して、地質構造や地下資源の存在を調査する方法。主に石油・天然ガスなどの探査に利用。重力探鉱。

じゅうりょく-ていすう【重力定数】▶万有引力定数

じゅうりょく-は【重力波】❶重力場の変化によって生じ、光速で伝わる波動。アインシュタインが一般相対性理論の重力場についての方程式から予測。1974年、連星パルサーの公転周期の変化からその存在が間接的に確認された。重力波はまだ直接的な検出には成功していないが、ブラックホールの形成、連星パルサーや連星ブラックホールの合体、非対称な超新星爆発などを起源とする重力波を捉える試みが進められている。➡重力波検出器❷流体の表面の上下動に対して、復元力として重力が作用するために起こる波。

じゅうりょく-ば【重力場】重力の作用する空間。

じゅうりょく-マイクロレンズこうか【重力マイクロレンズ効果】▶マイクロレンズ効果

じゅうりょく-レンズ【重力レンズ】《gravitational lens》巨大な重力をもつ天体が光の経路を曲げ、レンズのようなはたらきをする現象。アインシュタインの一般相対性理論から導かれる現象で、宇宙の極めて遠方にあるクエーサーからの光が、途中の銀河・銀河団など大きな重力をもつ天体のそばを通ると、クエーサーの像が拡大されたり、二つ、三つ、多いもので六つに分離して見えたりする。円環状もしくは弧状に見える像はアインシュタインリングと呼ばれる。また、遠方の天体の見かけの明るさが増すマイクロレンズ効果も同様の仕組みで起こる。

じゅうりょくレンズ-こうか【重力レンズ効果】▶重力レンズ

しゅう-りん【秋×霖】秋の初めに降り続く雨。秋の長雨。秋雨。(季 秋)「一や雫を軒の糸車/桂郎」

しゆう-りん【私有林】個人の所有する森林。

じゅう-りん【従輪】機関車の動輪の後ろに並んでいるやや小形の車輪。

じゅう-りん【×蹂×躙|×蹂×蹸】〔名〕スル ふみにじること。暴力・強権などをもって他を侵害すること。「弱小国の領土を一する」「人権一」

ジューリング-ひふえん【ジューリング皮膚炎】《Duhring's dermatitis ジューリングはアメリカの皮膚科医の名》慢性の皮膚疾患の一。全身の皮膚に小水疱ないしは水疱が発生する。中年男子に多く、ひどい掻痒のため睡眠障害や体重減少をきたすことがある。ジューリング疱疹状皮膚炎。

しゅうりん-ぜんせん【秋×霖前線】▶秋雨前線

シュール〘フランス sur〙《「超」の意》㊀〔名〕「シュールレアリスム」の略。「一の詩人」㊁〔形動〕表現や発想が非日常的・超現実的であるさま。「一な建築物」

ジュール〘Győr〙《「ジェール」「ジョール」とも》ハンガリー北西部の都市。ドナウ川の支流ラーバ川沿いに位置する。11世紀にハンガリー王イシュトバーン1世により司教座が置かれ、交易の拠点として栄えた。旧市街にはジュール大聖堂、ジュールバレエ団の本拠地として知られるキシュファルディ劇場、20世紀ハンガリーを代表する彫刻家ボルショシュ=ミクローシュの美術館などがある。

ジュール〘James Prescott Joule〙[1818～1889] 英国の物理学者。「ジュールトムソン効果」「ジュールの法則」を発見。

ジュール〘joule〙国際単位系(SI)の仕事量・エネルギー・熱量の単位。1ジュールは1ニュートンの力が物体を1メートル動かすときの仕事量。J=P=ジュールの名にちなむ。記号J

しゅう-るい【醜類】悪人の仲間。

じゅう-るい【従類】一族・家来の総称。眷属。「一どもの家など一々に焼き払ひつ」〈今昔・二五・一〉

じゅう-るい【獣類】けだものの類。けもの類。
〔類語〕けだもの・獣・野獣・動物・獣・畜類・畜生・百獣・鳥獣・禽獣・アニマル

しゅ-うるし【朱漆】朱色の漆。透漆に朱や弁柄(ベンガラ)を混ぜてつくる。あかうるし。

シュールストレミング〘スウェーデン Surströmming〙スウェーデンでつくられる発酵食品の一。塩漬けにしたニシンを缶詰にしたもので、強烈な臭気がある。密閉後も発酵が進むため、ガスが発生して缶がふくらんだ状態になることが多い。

ジュール-だいせいどう【ジュール大聖堂】《Győri bazilika》ハンガリー北西部の都市ジュールの旧市街にあるカトリック教会の大聖堂。11世紀にロマネスク様式で建造。モンゴル人来襲後にゴシック様式で改築され、二つの礼拝堂が加わった。内部には中世ハンガリーにおける金細工の傑作とされる聖ラースローの胸像や、オーストリア出身の画家フランツ=アントン=マウルベルチによるフレスコ画がある。ジェール大聖堂。ジョール大聖堂。

ジュール-トムソン-こうか【ジュールトムソン効果】圧縮した気体を細孔から噴出させて急に膨張させると、気体の温度が変化する現象。常温では、ほとんどの気体は温度が下がる。気体の液化に利用する。1861年、ジュールとトムソン(W.Thomson)が実験で確認した。

ジュール-ねつ【ジュール熱】導体内を電流が流れるとき、電気抵抗によってその導体内に発生する熱。

ジュール-の-ほうそく【ジュールの法則】導線に電流を通したとき、一定時間に発生する熱量は電気抵抗および電流の強さの2乗に比例するという法則。1840年にジュールが発見。

シュールレアリスム〘フランス surréalisme〙20世紀を代表する芸術思潮の一。1924年に刊行されたブルトンの「シュールレアリスム宣言」に始まる。ダダイスムの思想を受け継ぎつつフロイトの深層心理学の影響を受け、非合理的なものや意識下の世界を追求、芸術の革新を企てた。ブルトンのほかに文学のアラゴン・エリュアール、美術のエルンスト・ミロ・ダリなどが代表的。超現実主義。シュールリアリズム。シュール。

シューレ〘ドイツ Schule〙❶学校。❷学派。流派。

しゅう-れい【秀麗】〔名・形動〕他のものより一段とりっぱで美しいこと。また、そのさま。「富士の一な姿」「眉目一」〔派生〕しゅうれいさ〔名〕
〔類語〕綺麗・麗しい・美しい・端麗・美麗・流麗・壮麗・見目好い・見目麗しい・端整・佳麗

しゅうれい【周礼】▶しゅらい(周礼)

しゅう-れい【秋冷】秋になって肌に感じられる冷ややかさ。また、その冷気。「一の候」〔季 秋〕「紫陽花に一いたる信濃かな/久女」

しゅう-れつ【醜劣】〔名・形動〕みにくくて程度の低いこと。また、そのさま。「一な行為」

じゅう-れつ【縦列】たてに並ぶこと。たてに並んだ列。↔横列。

じゅう-れつ【縦裂】〔名〕スル たてに裂けること。また、その裂け目。「ザクロの実が一する」

しゅう-れっしゃ【終列車】その日のダイヤの最後に走る列車。最終列車。

しゅう-れん【収×斂】〔名〕スル ❶縮むこと。引き締まること。また、縮めること。収縮。「血管を一させる」❷一つにまとまること。また、まとめること。集約。「意見が一される」❸租税などを取り立てること。❹生物学で、系統の異なる生物同士が、近似した形質をもつ方向へと進化する現象。相近。❺「収束❷❸」の旧称。

しゅう-れん【修練|修錬】〔名〕スル 人格・学問・技芸などが向上するように、心身を厳しく鍛えること。「一が足りない」「一を積む」「武道を一する」〔類語〕鍛練・勉強・学習・勉学・研鑽・勤学・研修・研学・修学・修行・修業・修業・習練・稽古

しゅう-れん【習練】〔名〕スル よく練習すること。「書写を一する」〔類語〕鍛練・修行・修業・修業・修練・稽古・練習・訓練・特訓・トレーニング・学業・勉強・学習・研鑽・修学

しゅう-れん【×聚×斂】❶集めて収めること。❷「収斂❸」に同じ。
聚斂の臣あらんより寧ろ盗臣あれ《「礼記」大学から》重税を取り立てて人民を苦しめる家臣よりは、主家の財をかすめ取って私腹を肥やす家臣のほうが、まだしも害は少ないということ。

じゅう-れん【重連】機関車を2両連結にすること。多く、急勾配の区間で行われる。3両連結は三重連という。

じゆう-れんあい【自由恋愛】男女が自分の意志でする恋愛。自由な恋愛がよくないこととされていた時代に用いられた語。

しゅうれん-かさい【収×斂火災】日なたに置いたガラス鉢やペットボトルなどが凸レンズの働きをし、またステンレス製のボウルなどが凹面鏡の働きをして、太陽光が一点に集まり発火することが原因で起こる火災。

しゅう-れんけい【周濂渓】▶周敦頤

じゆう-れんごう【自由連合】平成6年(1994)衆院議員の徳田虎雄が結成した保守政党。保守系の無所属議員や小会派との離合集散を繰り返す。同18年、徳田の次男で参院議員の毅が離党して議席を失った。

しゅうれん-ざい【収×斂剤】皮膚または粘膜のたんぱく質と結合して被膜を形成し、細胞膜の透過性を低下させる薬剤。酸化亜鉛・硫酸アルミニウム・タンニン酸など。

しゅうれん-しんか【収×斂進化】魚類のサメと哺乳類のイルカのように全く系統の違う動物が、似たような体形を持つようになること。食物や環境に由来するといわれる。

じゆう-れんそう【自由連想】ある言葉を与えられたとき、その言葉から心に浮かぶ考えを自由に連想していくこと。精神分析では、心の中のしこり(コンプレックス)を見つけるために用いる。

しゅうれん-レンズ【収×斂レンズ】▶収束レンズ

しゅう-ろ【舟路】ふねの通る道。ふなじ。

しゅう-ろ【袖炉】携帯用の香炉。袖香炉。

しゅう-ろう【就労】〔名〕スル 仕事につくこと。仕事を始めること。また、仕事をしていること。「九時三〇分に一する」「一人員」〔類語〕就職・就任・就役・就業・働く

しゅう-ろう【醜×陋】〔名・形動〕みにくく卑しいこと。また、そのさま。「この一な情痴の世界をこえて」〈秋声・仮装人物〉

じゅう-ろうどう【重労働】からだを激しく使ってする労働。きつい肉体労働。
〔類語〕肉体労働・力仕事・手仕事・荒仕事・作業

じゆう-ろうどうしゃ【自由労働者】一定の雇用関係や職場・職種などを持たず、臨時の仕事に従事する労働者。日雇い労働者など。

しゅう-ろく【収録】〔名〕スル ❶作品や記事を書物・雑誌・新聞などに取り入れて載せること。「全集に処女作を一する」「現場写真を一する」❷録画・録音をすること。「番組をビデオに一する」
〔類語〕採録・集録・載録・収載・所収・収める

しゅう-ろく【集録|×輯録】〔名〕スル 集めて記録すること。また、その記録。「各地の伝説を一する」
〔類語〕収録・採録・載録・収載

じゅう-ろく【十六】❶10に6を加えた数。❷《平敦盛が16歳で戦死したところから》能面の一。年少の公達の亡霊に用いる。❸「十六豇豆」の略。

じゅう-ろく【重×禄】多額の俸禄。

じゅうろく-ささげ【十六豇=豆|十六大=角=豆】ササゲの一品種。さやが30～80センチにもなり、種子が10～18個入っている。ながささげ。十八ささげ。〔季 秋〕

じゅうろく-しゃ【十六社】平安時代、祈年祭・祈雨などのために奉幣を定められた、山城・大和の神社。伊勢・石清水・賀茂・松尾・平野・稲荷・春日・大原野・大神・石上・大和・広瀬・竜田・住吉・丹生・貴船の16社。

じゅうろくしん-すう【十六進数】▶十六進法

じゅうろくしん-ほう【十六進法】16を基数とする位取り記数法。0から9までの10個の数字に加え、10進法の10、11、12、13、14、15に対してそれぞれアルファベットのA、B、C、D、E、Fを割り当てる。

じゅうろく-ぜんじん【十六善神】般若経の誦持者を守護する16の夜叉神。十二神将と四大天王。

じゅうろくビット-カラー【16ビットカラー】《16bit color》コンピューターのディスプレーで表示する色に関するモードの一。1画素当たり16ビットの色情報をもち、最大6万5536色を表現できる。15ビットカラーと合わせてハイカラーと呼ばれる。

じゅうろくビット-パソコン【16ビットパソコン】《16bit personal computerから》CPUに8086や80286などの16ビットのマイクロプロセッサーを搭載したパーソナルコンピューター。1980年代に登場した。

じゅうろく-ミリ【十六ミリ】16ミリメートル幅のフィルム。また、それを用いる撮影機・映写機。

じゅうろく-むさし【十六六指|十六武×蔵】紙製の盤の中央に親石1個を置き、その周囲に16個の子石を並べ、勝負を争う遊戯。親石は2個の子石の間に入れば、その両方を取ることができ、子石は親石を盤の隅に追い詰めれば勝ちとなる。牛追いにっさ。すすがり。弁慶むさし。むさし。〔季 新年〕「幼きと遊ぶ一かな/虚子」

じゅうろく-や【十六夜】陰暦8月16日の夜。また、その夜の月。いざよい。既望。〔季 秋〕

じゅうろく-らかん【十六羅漢】釈迦の命により、この世に長くいて正法を守り、衆生を導く16人の大阿羅漢。賓度羅跋羅堕闍・迦諾迦伐蹉・迦諾迦跋釐堕闍・蘇頻陀・諾距羅・跋陀羅・迦理迦・伐闍羅弗多羅・戍博迦・半托迦・羅怙羅・那伽犀那・因掲陀・伐那婆斯・阿氏多・注荼半吒迦。

じゅうろっこくしゅんじゅう【十六国春秋】中国の史書。北魏の崔鴻撰。五胡十六国の歴史を記したもの。散逸し、現行の100巻本は明代の屠喬孫と項琳との偽作とされる。

しゅう-ろん【宗論】❶宗門の教義に関する論議。❷宗派の間で、その真偽・優劣を争う論争。

しゅうろん【宗論】狂言。浄土宗と法華宗の僧が相手の宗旨をけなし、自分の宗旨を褒めて言い争ううちに、互いの念仏と題目を取り違えてしまう。

しゅう-ろん【修論】《「修士論文」の略》大学院の修士課程を終えるときに提出する論文。

しゅう-ろん【衆論】多くの人の言うところ。多くの人の意見。「一が一致する」

しゅう-わい【収賄】〔名〕スル 賄賂を受け取ること。↔贈賄。〔類語〕裏金・賄賂・まいない・袖の下・鼻

薬・リベート・コミッション・贈賄
しゅう-わい【醜×穢】〘名・形動〙みにくくけがらわしいこと。また、そのさま。しゅうかい。「学生の品行も随分一なりしと」〈逍遥・当世書生気質〉
しゅうわい-ざい【収賄罪】公務員が、その職務に関して賄賂を受け取ったり、賄賂の要求や約束をする罪。請託を受けなくても成立する。刑法第197条第1項が禁じ、5年以下の懲役に処せられる。単純収賄罪。(補説)状況や立場などの違いにより、受託収賄罪、事前収賄罪、第三者供賄罪、加重収賄罪、事後収賄罪、斡旋収賄罪などにあたることもある。
じゅう-わく【十惑】仏語。貪・瞋・痴・慢・疑・見の6煩悩のうちの見を、有身見・辺執見・邪見・見取見・戒禁取見に分けて数えた10の煩悩。
じゅう-わり【十割】1割の10倍。100パーセント。
じゅうわり-そば【十割蕎麦】そば粉だけで作ったそば。➡二八蕎麦 (補説)ふつうは小麦粉・鶏卵・山芋などをつなぎとして入れる。
ジューン〖June｜Jun.〗6月。
ジューン-ブライド〖June bride〗6月の花嫁。6月はローマ神話の女神で結婚と女性の守護神ユーノー(ジュノー)の月とされ、この月に結婚する女性は幸福になると伝えられる。
しゅ-え【修×慧】仏語。三慧の一。実践修行によって得られる知慧。
しゅ-え【衆会｜▽集会】❶多人数が集まること。しゅうかい。「諸天の一の大衆に充つるに」〈今昔・三・二九〉❷衆徒・僧などが会合すること。また、その集まり。しゅうえ。「衆徒講堂の庭に一して」〈義経記・五〉
じゅ-え【受▽衣】禅宗で、弟子が師から法を受け継いだしるしとして、僧衣を受けて着ること。伝衣。
しゅ-えい【守衛】〘名〙スル ❶守ること。見張ること。また、その人。警固。「当日尾州でも禁門を一したと」〈藤村・夜明け前〉❷官庁・会社・学校・工場などで、出入り口の監視や敷地・建物内の警備に当たる職。また、その人。❸旧衆議院・貴族院で院内の警備・看視に当たった職員。今の衛視。
(類語)番人・門衛・門番・看守
しゅ-えい【▽輸×贏】《「輸」は負ける、「贏」は勝つ意。慣用読みで「ゆえい」とも》かちまけ。勝敗。勝負。「碁盤に対して一を争う最中」〈鉄腸・花間鶯〉
じゅえい【寿永】平安末期、安徳天皇・後鳥羽天皇の時の年号。1182年5月27日～1184年4月16日。
じゅ-えい【樹影】物に映る樹木の姿。また、樹木がつくるかげ。こかげ。
じゅ-えき【受益】利益を受けること。
じゅ-えき【樹液】❶立ち木の幹などから分泌する液。❷樹木の中に含まれている、養分となる液。
じゅえき-しゃ【受益者】ある行為または事件によって利益を受ける者。
じゅえきしゃ-ふたんきん【受益者負担金】特定の公共事業に必要な経費に充てるため、その事業から特別の利益を受ける者に一定限度内で負担させる金銭。特別賦金。
じゅえき-しょうけん【受益証券】証券投資信託と貸付信託の受益権を表示した証券。広義には、信託契約上の受益権を表示した証券一般をいう。
ジュエラー〖jeweler〗❶宝石職人。宝石細工人。❷宝石商。貴金属商。
ジュエリー〖jewelry〗宝石類。一般には貴金属・宝石類を加工した装身具。
ジュエル〖jewel〗宝石。
しゅ-えん【主演】〘名〙スル 演劇・映画で、主役を演じること。また、その人。「人気女優が一する」「一男優」(⇔)助演。(類語)出演・共演・助演・独演・競演・好演・熱演・演ずる
しゅ-えん【酒宴】人々が集まり酒を酌み交わして楽しむ会。酒盛り。宴会。「送別の一を張る」(類語)酒盛り
しゅ-えん【衆縁】仏語。この世のさまざまな因縁。
じゅ-えん【寿宴】長寿を祝う宴。賀宴。
しゅ-おう【手押】拇印。つめいん。
ジュオー〖Léon Jouhaux〗[1879～1954]フランスの労働運動指導者。1909年からフランスの労働総同盟書記長。労使協調主義を唱え、第二次大戦後、共産党の影響力が増大したため脱退し、労働組合「労働者の力」を結成。49年に国際自由労連の創設に参加。51年、ノーベル平和賞受賞。
しゅ-おん【主音】音階の第1音。音階の基礎となる音で、「ハ長調」のように各調はこの主音の音名をとってよばれる。主調音。キーノート。
しゅ-おん【主恩】主人や主君から受けた恩。
しゅ-おん【殊恩】特別に受けた厚い恩義。格別の恩。「一に浴して拝謝する者」〈福沢・福翁百話〉
しゅ-おんせい【主音声】テレビ放送やDVDなどの映像媒体において、通常、再生されている音声。副音声に対していう。
しゅ-か【主家】主君・主人の家。しゅけ。
しゅ-か【朱夏】《五行思想で、赤色を夏に配するところから》夏の異称。(季 夏)
しゅ-か【首夏】❶夏の初め。初夏。「一に及んで尽く田舎の別業に行き」〈織田訳・花柳春話〉❷陰暦4月の異称。(季 夏)「一の家朝に深夜に貨車轟き/波郷」
しゅ-か【酒家】❶酒を売る店、または飲ませる店。さかや。❷酒飲み。上戸。酒客。
(類語)酒好き・酒飲み・のんべえ・飲み助・酒豪・飲んだくれ・大酒家・飲み手・大酒飲み・酒客・酒仙
しゅ-が【主我】何事も自分を第一に考えて他を顧みないこと。利己。「一的な考え方」
しゅ-が【珠芽】零余子のこと。たまめ。
じゅ-か【儒家】儒者の家。また、儒者。じゅけ。➡儒学
じゅ-か【樹下】樹木の下。じゅげ。
じゅ-か【樹果】樹木の果実。「牛董ニュートンの一の墜つるを見て」〈中村訳・西国立志編〉
じゅ-が【寿賀】長寿の祝い。賀寿。
シュガー〖sugar〗砂糖。
シュガー-アップル〖sugar apple〗バンレイシ科の半落葉性高木。アメリカ熱帯地方原産で、果樹として栽植される。高さ5～7メートル。果実は球形で表面にいぼがあり、黄緑色を帯びる。
シュガー-コート〖sugar-coat〗❶薬や菓子などの糖衣。❷難しい事柄を、表現をやさしくしたり、具体例を使ったりして分かりやすくすること。
シュガー-スポット〖sugar spot〗バナナが成熟するにつれて皮に生じる褐色または黒色の斑点。
シュガー-ビート〖sugar beet〗►砂糖大根
シュガー-ボウル〖Sugar Bowl〗米国のカレッジフットボールのボウルゲームの一つ。毎年1月1日またはその前後に、ルイジアナ州ニューオーリンズで行われる。南西部の有力リーグ、サウスイースタンカンファレンスの優勝校が招待され、他の優秀チームと対戦する。ルイジアナ州の特産品シュガー(砂糖)にちなむ名。➡ボウルゲーム
シュガーレス〖sugarless〗砂糖が加えられていないこと。
しゅ-かい【首×魁】❶かしら。特に悪事・謀反などの首謀者。張本人。「騒乱の一」❷さきがけをすること。また、そのもの。先駆。
しゅ-かい【酒海】❶昔の、酒を入れる容器。「大筒一据ゑ並べ、謡、酒盛り、舞あそび」〈虎明狂・鎧〉❷元旦に、西本願寺法主が宗祖親鸞の像の前に酒肴を供える儀式。東本願寺では御献杯という。
しゅ-がい【酒害】酒の飲みすぎから起こる害。アルコール中毒や、それが原因となって起こる精神障害・高血圧・内臓障害など。
じゅ-かい【受戒】〘名〙スル 出家または在家の信者が、仏の定めたそれぞれの戒律を受けること。
じゅ-かい【授戒】〘名〙スル 仏門に入る者に師僧が戒律を授けること。
じゅ-かい【樹海】広い範囲に樹木が繁茂し、見下ろすと海のように見える所。「富士山麓の一」
(類語)森林・樹林・密林・原始林・原生林・ジャングル
じゅかい-え【授戒会】在家の信者に対する授戒のための法会。真宗以外で行う。
しゅ-がいねん【種概念】論理学で、ある概念の外延のうちに別の概念の外延が含まれる場合、前の上位概念に対して後の下位概念をいう。例えば、「生物」に対する「動物」の類。➡類概念
しゅ-がき【朱書(き)】❶朱で書くこと。しゅしょ。❷楊弓で、200矢のうち50矢以上100矢まで的に命中すること。また、その射手。命中させた者の名を朱で書いたところからいう。
しゅ-かく【主客】❶主人と客。しゅきゃく。❷主なものと、それに関係のあるつけたりのもの。しゅきゃく。「一処を易える」❸文法で、主語と客語。❹哲学で、主観と客観。主体と客体。❺昔、中国で外国からの賓客を接待する役の者。(類語)主従
しゅ-かく【主格】文法で、文や句の中で名詞・代名詞などが述語に対して、その作用・性状の本体を表しているときの語格。現代日本語ではふつう、助詞「が」が主格を示すのに用いられる。
しゅ-かく【酒客】酒飲み。酒ずき。上戸。「酒屋の主人必ずしも一に非ず」〈福沢・学問のすゝめ〉
(類語)酒好き・酒飲み・のんべえ・飲み助・酒豪・飲んだくれ・大酒家・飲み手・大酒飲み・酒家・酒仙
しゅ-かく【種核】種子の種皮につつまれた中身。胚乳と胚。
しゅ-がく【朱学】►朱子学
しゅ-がく【修学】❶「しゅうがく(修学)」に同じ。❷世渡りの工夫・才覚。「ゆづり銀三百貫目ありしを、一あしく次第に減りて」〈浮・懐硯・五〉
じゅ-がく【儒学】中国古代の儒家思想を基本にした学問。孔子の唱えた倫理政治規範を体系化し、四書五経の経典を備え、長く中国の学問の中心となった。自己の倫理的修養による人格育成から最高道徳「仁」への到達を目ざし、また、礼楽刑政を講じて経国済民の道を説く。のち、朱子学・陽明学として展開。日本には4、5世紀ごろに「論語」が伝来したと伝えられ、日本文化に多大の影響を与えた。儒教。
しゅがくいん-りきゅう【修学院離宮】京都市左京区の比叡山西麓にある離宮。旧後水尾上皇山荘。上・中・下の各茶屋に分かれ、庭園美で知られる。しゅうがくいんりきゅう。
しゅがく-しゃ【修学者】学問を修めている者。また、修めた者。「常陸坊海尊とて一なり」〈義経記・五〉
しゅかく-てんとう【主客転倒｜主客×顛倒】〘名〙スル 主と客の力関係が逆になること。物事の軽重・本末などを取り違えること。「一した議論」
しゅかく-ほうしんのう【守覚法親王】[1150～1202]平安末期から鎌倉初期の僧。後白河天皇の第2皇子。仁和寺第6世となる。和歌・書道にすぐれた。著「北院御室御集」「野月鈔」など。
しゅ-がさ【朱傘】地紙を朱色に染めた長柄の差し傘。戸外の法会や儀式などで、導師などに後ろから差しかざして日よけ用とする。また、室町時代には貴人にも用いた。しゅがらかさ。
しゅが-しゅぎ【主我主義】►利己主義
じゅか-しんとう【儒家神道】江戸時代の儒学者によって主張された神道説。神仏習合に対抗し、儒教的枠組から神道を位置づけたもの。林羅山・中江藤樹・山鹿素行・山崎闇斎らが唱えた。
じゅか-せきじょう【樹下石上】《樹木の下と石の上の意から》山野・路傍などに露宿すること。修行者や僧侶の境遇などをいう。じゅげせきじょう。
じゅかびじん-ず【樹下美人図】樹下に美人がたたずむさまを描いた風俗図。中国唐代に盛行し、正倉院蔵の鳥毛立女屏風もその一例。
シュカブラ〖ノルウェー skavla〗►スカブラ
しゅ-がらかさ【朱▽傘】「朱傘」に同じ。
しゅかわ-みなと【朱川湊人】[1963～]小説家。大阪の生まれ。都市伝説を扱った幻想的なホラー小説は「現代の新しい怪談」として幅広い読者層を得る。「花まんま」で直木賞受賞。他に「白い部屋で月の歌を」「さよならの空」「フクロウ男」など。
しゅ-かん【手簡｜手×翰】てがみ。書簡。書状。
(類語)手紙・書簡・書信・書状・書面・紙面・信書・私

信・私書・書上・状・一書・手書・親書・書札・尺牘・書牘・雁書・消息・便り・文・玉章・レター・封書・郵便

しゅ-かん【主幹】ある仕事を中心となって行いまとめていく人。「編集―」

しゅ-かん【主管】〔名〕スル 主導的な立場に立ってある仕事を管理すること。また、その人。「労働行政を―する」(類語)管理・監理・監督・統轄・総轄・管轄・管掌・掌理・所管・取り締まり・マネージメント・分轄・直轄・所轄・支配・つかさどる

しゅ-かん【主観】《subject》❶ラテン語のsubjectum(下に置かれたもの)に由来し、スコラ哲学以来、18世紀ごろまでは性質・状態・作用を担う基体を意味した。近世以後は認識し行為する人間存在の中心である自我をいう。特にカントでは、先験的意識としての主観が設定された。⇔客観。➡主体 ❷その人ひとりのものの見方。「できるだけ―を排して評価する」⇔客観。

しゅ-かん【首巻】❶全集など数巻からなる書物の、最初の巻。初巻。第1巻。⇔終巻。❷書物や巻物の初めの部分。巻頭。巻首。(類語)巻頭

しゅ-かん【酒間】酒を飲んでいる間。酒宴の間。「―喋々銭を語らざれば」〈福沢・福翁百話〉

しゅ-がん【主眼】主要な目的。また、主要な点。かなめ。眼目。「実用化に研究の―を置く」
(類語)重点・眼目・軸足・立脚点・立脚地・力点・主力・重き・重視・要点・要所・要・ポイント・要領・大要・キーポイント・急所・つぼ

しゅ-がん【朱顔】赤い顔。赤ら顔。

じゅ-かん【入棺】〔名〕スル ➤にゅうかん(入棺)

じゅ-かん【受灌】灌頂を受けること。

じゅ-かん【儒官】儒学をもって公務に就いている者。また、公の機関で儒学を教授する者。

じゅ-かん【樹冠】樹木の上部の、枝・葉の茂っている部分。

じゅ-かん【樹間】木と木との間。このま。

じゅ-かん【樹幹】樹木のみき。

じゅ-がん【入眼】❶新作の仏像などに開眼をすること。開眼。じゅげん。❷叙位や除目のときに、位階だけを記した位記や官職だけを書いた文書に、氏名を書き入れて完成させること。じゅげん。❸物事が成就すること。完了。「女人此の国をば―すと申し伝へたるは」〈愚管抄・三〉

じゅ-がん【呪願】《「しゅがん」とも》法会または食事の時に、施主の願意を述べ、幸福などを祈ること。また、その祈願の文章。

じゅかん-か【樹冠火】森林火災の一つ。林床の雑草・落葉・低木などが燃える地表火から広がることが多い。樹冠が燃え、樹木全体が炎に包まれる。スギ、ヒノキ、アカマツなどの針葉樹が起こしやすく、広葉樹林ではあまりみられない。炎の高さは20～30メートルに達し、勢いも強い。風によって飛び火し、延焼が拡大することもしばしばみられる。消火は非常に困難で、被害も甚大になる。➡樹幹火

じゅかん-か【樹幹火】森林火災の一つ。樹木の幹が燃える火災で、林床の雑草・落葉・低木などが燃える地表火からしばしば発生する。針葉樹の老木、空洞になった樹木が燃えることが多い。長時間にわたって燃え続け、消火は困難である。➡樹冠火

しゅかん-かちせつ【主観価値説】価値学説の一。財の価値は人々が主観的に判断する効用によって決まるとする。オーストリア学派によって提唱された。効用価値説。

しゅかん-きょうゆ【主幹教諭】児童・生徒の教育のほか、校長・副校長・教頭の補佐も行う教諭。平成19年(2007)学校教育法の改正により新設。

しゅ-かんじ【主幹事】株式会社が株式や社債などの有価証券の募集・売り出しを行う際に、有価証券を引き受ける複数の幹事証券会社のうち主導的な役割を果たす証券会社。新規株式公開(IPO)の場合は、株式発行会社が行う資本政策の策定・内部管理体制の整備・上場申請書類の作成などについて助言・指導を行う。また企業内容の審査や、証券取引所・財務局等との折衝・調整なども行い、公開価格の決定にも関与する。主幹事証券会社。

じゅがん-し【呪願師】法会のとき、呪願文を読む僧。七僧の一。

しゅかんじ-しょうけんがいしゃ【主幹事証券会社】➤主幹事

しゅかん-しゅぎ【主観主義】❶哲学で、真理や価値の基準を主観のうちにのみ帰して、それらの客観性を認めない立場。⇔客観主義。❷客観的諸条件を無視して、自己の主観的判断にのみ依拠する態度。⇔客観主義。❸刑法理論で、刑事責任の根拠を主として犯人の意思または性格に求める立場。⇔客観主義。

しゅかん-せい【主観性】主観的であること。主観に依存する性質。⇔客観性。

ジュガンティーヤ-しんでん【ジュガンティーヤ神殿】《Ġgantija》マルタ共和国のゴゾ島にある先史時代の巨石神殿。紀元前3600年から3200年頃にかけて建造。石灰岩を積み上げた高さ8メートルの壁をもつ神殿のほか、渦巻きやヘビなどが彫刻された石や、動物のいけにえを洗うための石がある。1980年と92年に、マルタ島のイムナイドラ・スコルバ・タハジュラット・タルシーン・ハジャーイムとともに「マルタの巨石神殿」として世界遺産(文化遺産)に登録。

しゅかん-てき【主観的】〔形動〕❶表象・判断が、個々の人間や、人間間の心理的性質に依存しているさま。⇔客観的。❷自分ひとりのものの見方・感じ方によっているさま。「―な考え」⇔客観的。
(類語)感覚的・個人的・私的・感情的・観念的

しゅかんてき-かんねんろん【主観的観念論】哲学で、世界ないし一切の事物の客観的な存在を否定し、それらを個人的主観の意識内容もしくは自我の働きの所産と考える立場。バークリーやフィヒテなどに代表される。➡客観的観念論

しゅかんてき-ひひょう【主観的批評】芸術作品などに対して、主観的になされる批評。印象批評・鑑賞批評など。

しゅ-かんぱん【主甲板】艦船で、上甲板の下の最も広い甲板。

じゅがん-もん【呪願文】呪願の内容を書いた文。

しゅ-き【手記】〔名〕スル ❶自分で書き記すこと。また、その文書。手書き。❷自分の体験やそれに基づく感想を自分で文章に書いたもの。「遭難者の―」
(類語)記録・実録・実記・記事・ドキュメント

しゅ-き【手旗】手に持つ小旗。てばた。

しゅ-き【朱器】❶朱塗りの器具。❷藤原氏の重宝。藤原冬嗣以来、代々の氏の長者に相伝された器類。朱器台盤。

しゅ-き【朱熹】[1130～1200]中国、南宋の思想家。婺源(江西省)の人。字は元晦・仲晦。号は紫陽・晦庵など。諡は文公。北宋の周敦頤らの思想を継承・発展させ、倫理学・政治学・宇宙論にまで及ぶ体系的な哲学を完成し、後世に大きな影響を与えた。著「四書集注」「近思録」「周易本義」「晦庵先生朱文公文集」など。➡朱子学

しゅ-き【酒気】❶酒のにおい。「無遠慮に―を吐きかける」❷酒の酔い。「―を帯びる」「―をさます」
(類語)酔い・微醺・微酔・酩酊・酔眼・酔眼朦朧

しゅ-き【酒旗】酒屋のしるしとして店頭に立てた旗。さかばた。昔の中国の風俗。「入日をまねく―の春風/一鉄」〈談林十百韻〉

しゅ-き【酒器】酒を飲むための器。杯・徳利など。
(類語)食器・茶器

しゅ-ぎ【手技】編物やマッサージなど、手でするわざ。てわざ。

しゅ-ぎ【主義】❶持ちつづけている考え・方針・態度など。「それが僕の―だ」「完全―」「菜食―」❷思想・学説・芸術理論などにおける一定の立場。イズム。「実存―」「自然―文学」❸特定の原理に基づく社会体制・制度など。「資本―」(類語)方針・建前・信条・路線・イデオロギー・モットー・指針・思想・理念・信念・哲学・人生観・世界観・思潮・イズム・精神

しゅ-ぎ【衆議】「しゅうぎ(衆議)」に同じ。〈日葡〉

じゅ-き【受寄】寄託を引き受けること。

じゅ-き【授記】《梵vyākaraṇaの訳。区別・分析・発展の意》仏語。仏が、弟子に対して未来世の証果、特に成仏の証言を与えること。

しゅ-きおく【主記憶】➤主記憶装置

しゅ-きおくそうち【主記憶装置】コンピューターの中央処理装置が直接高速で情報の読み書きができる記憶装置。処理される情報、直接実行させるプログラム、演算される出力情報が記憶されており、記憶素子にはIC・LSIなどが使われる。メーンメモリー。主メモリー。内部記憶装置。

しゅきおび-うんてん【酒気帯び運転】酒を飲み身体にアルコールを保有する状態で自動車などを運転すること。道路交通法で禁止されており、違反者は運転免許取り消しの行政処分を受ける。➡酒酔い運転 (補説)呼気1リットル中のアルコール濃度が0.15ミリグラム以上0.25ミリグラム未満の場合と、0.25ミリグラム以上の場合とで罰則が異なる。

しゅぎ-しゃ【主義者】特定の主義を有する人。特に、社会主義者・共産主義者・無政府主義者などをさす古い言い方。

じゅき-しゃ【受寄者】寄託によって物の保管を引き受ける者。

しゅぎ-はん【衆議判】❶歌合わせで、歌の優劣を判者に任せず、左右の方人が論議し合って決めること。❷合議で優劣・採否などを決めること。「女郎の物好き、重ねて―にて極むべし」〈浮・敗毒散・三〉

じゅき-ぶつ【受寄物】受寄者が保管している財物。

しゅ-きゃく【主客】❶客のうちの主だった人。主賓。❷➤しゅかく(主客)

しゅ-きゃく【主脚】航空機の降着装置の一部で、機体の重心付近に取り付けられた左右2本の緩衝支柱と車輪。離着陸時と地上滑走中には機体重量の大部分を支える。水上機にはフロートがつく。

しゅ-きゅう【守旧】昔からの習慣・制度などを守ること。保守。

しゅ-きゅう【守宮】ヤモリの別名。

しゅ-きゅう【首級】《中国の戦国時代、秦の法で、敵の首を一つ取ると1階級上がったところから》討ち取った首。しるし。「敵将の―を挙げる」

しゅ-ぎゅう【種牛】たねうし。

じゅ-きゅう【受給】〔名〕スル 給与・配給などを受けること。「年金を―する」
(類語)貰う・押し頂く・受ける・受け取る・収める・収受・受納・受領・受贈・譲り受ける・貰い受ける・授かる・頂く・賜る・頂戴・拝領・拝受・申し受ける

じゅ-きゅう【需求】〔名〕スル 要求すること。また、その要求。

じゅ-きゅう【需給】需要と供給。需供。「―の均衡を図る」

じゅきゅう-ギャップ【需給ギャップ】一国の経済全体の総需要と供給力の差。総需要は実際の国内総生産(GDP)と同じであり、供給力は国内の労働力や製造設備などから推計される。需給ギャップがマイナスという場合、需要よりも供給力が多い状態を指し、企業の設備・人員が過剰で、物余りの状態になっていることを示す。GDPギャップ。生産ギャップ。

じゅきゅう-そうば【需給相場】景気動向や人気に関係なく、もっぱら市場の需給関係だけで動く相場。

じゅきゅうちょうせい-けいやく【需給調整契約】電力の大口消費者(大規模製造業者など)に、電力需給が逼迫した際の消費を抑えるよう求める契約。契約者は、操業の一時停止などをする見返りとして、平常時の電気料金の割引きなどを受ける。

しゅきゅう-は【守旧派】㊀《㊁が原義》昔からの習慣・制度などを守る勢力。保守派。「―が巻き返しで改革が後退する」⇔改革派。㊁朝鮮の李朝末期、清国と結んで封建体制の維持をはかった保守勢力。

1882年の壬午じんごの変以後、開化派(独立党)を抑え、日清戦争まで政権を維持した。

しゅ-ぎょ【狩漁】鳥獣をとることと魚をとること。かりと、すなどり。漁猟。

じゅ-ぎょ【▽入御】▶にゅうぎょ(入御)

しゅ-きょう【主教】シュケウ ギリシャ正教会やイギリス国教会などの高位聖職。ローマカトリック教会の司教にあたる。いくつかの教会を包括する教区を管轄。➡大主教

しゅ-きょう【▽足恭】▶すうきょう(足恭)

しゅ-きょう【酒狂】シュキャウ 酒に酔って狂うこと。また、その性癖。酒乱。

しゅ-きょう【酒興】❶酒を飲んで楽しむこと。また、その楽しい気分。「陶々然として—を発し」〈紅葉・金色夜叉〉❷酒宴の座興。

しゅ-ぎょう【主業】シュゲフ おもな業務。本来の仕事。

しゅ-ぎょう【修行】シュギャウ〔名〕スル ❶悟りをめざして心身浄化を習い修めること。仏道に努めること。❷托鉢たくはつ・巡礼して歩くこと。「全国を—する」❸学問や技芸を磨くため、努力して学ぶこと。「弓道を—する」「武者—」類語 修業・修養・修める

しゅ-ぎょう【修業】シュゲフ〔名〕スル 学問や技芸を習い、身につけること。しゅうぎょう。「—中の身」「師のもとで—する」「花嫁—」類語 修行・修養・勉強・学習・勉学・研鑽けんさん・勤学・研修・研学・修学・修業しゅうぎょう・修練・習練・稽古けいこ・学業・復習・学ぶ・修める

しゅ-ぎょう【▽執行】シュギャウ〔名〕スル ❶仏事・政治・事務などをとり行うこと。しっこう。❷寺院で、上首として諸務を執行する僧職。

じゅ-きょう【▽入興】興に入ること。興に乗ること。ひどくおもしろがること。「かの卿聞かれて、—せられけるとなん」〈著聞集・一六〉

じゅ-きょう【×誦経】ジュキャウ〔名〕スル 経文を声を出して読むこと。また、そらんじて唱えること。ずきょう。「朝に夕に—する」

じゅ-きょう【需供】需要と供給。需給。

じゅ-きょう【儒教】ジュケウ 孔子が唱えた道徳・教理を体系化したもの。その学問内容を儒学という。儒教は、その国家教学としての規範性・体系性を強調した称。➡儒学

じゅ-ぎょう【受業】ジュゲフ〔名〕スル 学問・技芸の教えを受けること。受教。

じゅ-ぎょう【授業】ジュゲフ〔名〕スル 学校などで、学問や技芸を教え授けること。「国語の—を受ける」「教科書なしで—する」「—時間」類語 講義・レクチャー・レッスン

しゅぎょう-い【修行位】シュギャウヰ 僧位として設けられた二色九階のうち、下四階の称。修行法師位・修行満位・修行住位・修行入位。

しゅきょう-ざ【主教座】シュケウザ ギリシャ正教やイギリス国教会などで、主教または大主教が執務するための座席。カテドラル(主教座聖堂)内に設置される。ローマカトリック教会の司教座にあたる。➡カテドラル

しゅきょうざ-せいどう【主教座聖堂】シュケウザセイダウ ▶カテドラル

しゅぎょう-じゃ【修行者】シュギャウジャ ❶仏道の修行をする人。❷仏道修行のため托鉢たくはつしてまわる僧。行者。❸武芸を修行する人。

じゅぎょう-ひょうか【授業評価】ジュゲフヒャウカ 教師の行う授業について学生・生徒による評価。評価方法は、項目別の段階評価、記述式、両者の併用など。

じゅぎょう-りょう【授業料】ジュゲフレウ 学校などに、授業を受けるために納める費用。

しゅ-ぎょく【珠玉】❶海から産する玉と、山から産する玉。真珠と宝石。たま。「金銀—を飾る」❷美しいもの、りっぱなもののたとえ。特に、詩文などのすぐれたものを賞していう。「—の短編」

珠玉の瓦礫がれきに在るが如ごとし《晋書 王衍伝から》珠玉が瓦礫がれきや小石の中にまじっているように、りっぱな人物がつまらない人々の中にまじっていることのたとえ。

しゅぎょくしゅう【拾玉集】シフギョクシフ ▶しゅうぎょくしゅう(拾玉集)

しゅ-きん【手巾】❶手をふくための布切れ。手ぬぐい、またはハンカチ。てふき。「せきあえぬ涙に—を濡らしつるを」〈鷗外・舞姫〉❷「手巾帯」の略。

しゅ-きん【主筋】鉄筋コンクリート造りの柱や梁はりに入れて、その建物の荷重を負担する鉄筋。主鉄筋。

しゅきん-おび【手巾帯】手ぬぐいのような、長さ5尺(約1.9メートル)ほどの布を帯にしたもの。主に僧尼が用い、衣の上から巻いて前で結んだ。

しゅく【×夙】江戸時代、畿内に多く居住し、賤民視された人々。天皇の御陵番である守戸しゅこのなまりともいうが未詳。夙の者。➡漢「しゅく(夙)」

しゅく【×柷】中国古代の打楽器。上方が下方より開いた、中空の方形の木箱で、上板の中央部に円孔があり、そこに挿入した木の棒で底や側板を打って音を出す。雅楽の奏楽開始の合図に用いた。

しゅく【祝】祝うこと。多く、名詞に冠して、その事柄を祝う意を表す。「一開店」「一御入学」➡漢「しゅく(祝)」

しゅく【宿】㊀〔名〕❶泊まること。また、その場所。やどや。旅館。❷宿場。宿駅。「間あいの—」❸星座。星宿。㊁〔接尾〕助数詞。旅の宿りを数えるのに用いる。「一—一飯」➡漢「しゅく(宿)」

しゅく【×粥】❶かゆ。❷禅寺で、朝食のこと。

しゅ-く【衆苦】多くの苦しみ。多くの人の苦しみ。しゅうく。「富貴、栄禄は—の本なり」〈今昔・二・三二〉

しゅく【粛】〔ト・タル〕文〔形動タリ〕(多く「粛として」の形で用いる)❶静まり返っているさま。「場内—として声なし」❷つつしみかしこまるさま。「—として襟を正す」➡漢「しゅく(粛)」

しゅ-ぐ【手具】新体操競技などで演技中手に持つ用具。ボール・なわ・輪・帯状布・棍棒こんぼうなど。

じゅ-く【受苦】苦しみを受けること。

じゅく【塾】❶年少者に学問・技芸を教える私設の小規模な学舎。「—に通う」「珠算—」❷勉学する生徒の寄宿舎。➡漢「じゅく(塾)」類語 学習塾・予備校・学校・学園・学院・学窓がくそう・学舎・学び舎や・学堂・教えの庭・学びの庭・学府・スクール (尊敬)貴校・御校

しゅく-あ【宿×痾】長い間治らない病気。持病。痼疾こしつ。宿疾。宿病。「—に悩む」

しゅく-あく【宿悪】❶過去に犯した悪事。また、以前から重ねてきた悪事。旧悪。❷仏語。前世で犯した悪事。↔宿善。

じゅく-あん【熟案】〔名〕スル よくよく思案すること。熟考。「篤とくと—致候処」〈染崎延房・近世紀聞〉

しゅく-い【祝意】喜び祝う気持ち。祝いの心。賀意。「—を表する」

しゅく-い【宿衣】▶しゅくえ(宿衣)

しゅく-い【宿意】❶前々から持ちつづけてきた考え。年来の希望や志。「—がかなう」❷かねてから抱いている恨み。宿怨しゅくえん。宿恨。「—を晴らす」
類語 (2)恨み・怨恨えんこん・怨嗟えんさ・意趣・私怨しえん・遺恨いこん・怨念おんねん・宿怨しゅくえん・宿恨・積怨せきえん・旧怨きゅうえん・仇あだ・憎しみ・復讐心ふくしゅうしん・逆恨み・恨めしい

しゅく-いり【宿入り】宿所・宿場に入ること。「その時は小室節の最中、—にうたひて」〈浮・一代男・五〉

しゅく-いん【宿因】仏語。現世に影響を及ぼす前世の行為。前世の因縁。宿縁。すくいん。

しゅく-いん【宿院】シュクヰン 寺の宿泊所。僧坊。また、宿坊。すくいん。「住み馴れた—の生活に対する未練と」〈谷崎・二人の稚児〉

しゅく-いんめい【祝允明】[1460～1526]中国、明代の文人・書家。長州(江蘇省)の人。字あざなは希哲。号、枝山。詩にすぐれ、また能筆家として知られる。

しゅく-う【宿雨】❶連日降りつづく雨。ながあめ。霖雨りんう。❷前夜からの雨。

しゅ-ぐう【殊遇】他より特別によい待遇。

しゅく-うん【宿運】前世から定まっている運命。宿命。類語 宿命・定め・運命・運・運勢・命運・天運・天命・巡り合わせ・回り合わせ・星回り・命数・暦数・時運・因縁

しゅく-え【宿▽衣】内裏だいりに宿直する時の略服。直衣のうし・衣冠・狩衣かりぎぬ・水干の類。宿直装束とのいしょうぞく。しゅくい。

漢字項目 しゅく

×夙 音シュク(呉)(漢) 訓つとに ‖ ①昔から。早い時期から。つとに。「夙志・夙成」②朝早く。「夙夜」名付 あさ・つと・とし・はや

叔 音シュク(呉)(漢) ‖ ①父・母の年下のきょうだい。「叔父・叔母」②兄弟の序列で三番目。「伯仲叔季」名付 はじめ・よし 難読 叔父おじ・叔母おば

祝〔祝〕 学4 音シュク(呉)(漢) シュウ(シウ)(漢) 訓いわう、はふり、ほぐ ‖ ㊀〈シュク〉①いわう。いわい。「祝宴・祝賀・祝辞・祝日・祝杯・祝福・祝勝会/慶祝・奉祝」②のりとをあげる。神に祈る。「祝祷しゅくとう」③神主。神官。はふり。「巫祝ふしゅく」㊁〈シュウ〉いわい。「祝儀・祝言」名付 い・いわい・とき・のり・はじめ・ほう・よし 難読 酒祝ほかい・祝詞のりと・祝部はふりべ

宿 学3 音シュク(漢) スク(呉) 訓やど、やどる、やどす ‖ ㊀〈シュク〉①一時的に寝泊まりする所。やど。「宿駅/下宿・旅宿」②寝泊まりする。やどる。「宿舎・宿直・宿泊/寄宿・止宿・露宿」③以前からの。長く持ち続けている。「宿痾しゅくあ・宿願・宿敵・宿弊」④年功を積んだ。「宿徳・宿老」⑤前世からの。「宿縁・宿世しゅくせ・すくせ・宿命」⑥星座。「星宿・二十八宿」㊁〈やど〉「宿屋/定宿じょうやど」名付 いえ・おる・すみ 難読 宿直とのい・宿酔ふつかよい

淑 音シュク(呉)(漢) 訓しとやか ‖ ①しとやか。よい。「淑女/貞淑」②よいと思い、慕う。「私淑」名付 きよ・きよし・すえ・すみ・とし・ひで・ふかし・よ・よし

粛〔肅〕 音シュク(呉)(漢) 訓つつしむ ‖ ①心・規律などを引き締める。つつしむ。「粛啓・粛正・粛清・粛党/自粛」②身が引き締まるほど厳しい。「粛殺/厳粛」③物音を立てない。「静粛」名付 かく・かた・かね・きよし・すすむ・すみ・ただ・たり・とし・はや・まさ

縮 学6 音シュク(呉)(漢) 訓ちぢむ、ちぢまる、ちぢめる、ちぢれる、ちぢらす ‖ ①ちぢむ。ちぢめる。「縮小・縮図/凝縮・緊縮・収縮・伸縮・短縮・濃縮」②心がいじける。「畏縮いしゅく・恐縮」名付 おさむ・なお 難読 縮緬ちりめん

漢字項目 じゅく

塾 音ジュク(呉) ‖ 私設の学舎。「塾生・塾長・塾頭/家塾・義塾・私塾・村塾」名付 いえ

熟 学6 音ジュク(呉) 訓うれる、にる、にえる、なれる、こなれる、つらつら ‖ ①よく煮る。煮える。「半熟」②果物や作物などがうれる。十分に成長する。「熟柿じゅくし/完熟・成熟・早熟・晩熟・豊熟・爛熟らんじゅく」③物事に十分なれる。「熟達・熟練/円熟・慣熟・習熟・老熟」④十分に。よくよく。「熟考・熟視・熟睡・熟読・熟慮」難読 熟寝うまい・晩熟おくて・熟なれ鮨ずし・熟蝦夷にきえみし

しゅく-えい【宿営】〔名〕スル ❶軍隊が営所に宿泊すること。また、その営所。陣営。❷出動した部隊が兵営外で宿泊すること。

しゅく-えい【宿衛】シュクヱイ〔名〕スル 宿直して護衛すること。また、その人。「百日交代にて鎌倉に—するの例も」〈福沢・文明論之概略〉

しゅく-えき【宿駅】街道の要所で、旅人の宿泊や、荷物運搬の人馬を中継ぎする設備のあった所。鎌倉時代以降発達した。宿場。しゅく。

しゅく-えん【祝宴】祝いの宴会。賀宴。「—を張る」
類語 盛宴・饗宴

しゅく-えん【祝×筵】祝宴の座席。また、祝宴。「—に親戚故旧が寄り集まった」〈鷗外・安井夫人〉

しゅく-えん【宿怨】—エン かねてからの恨み。年来の恨み。旧怨。宿恨。宿意。「—を晴らす」
類語 恨み・怨恨えんこん・怨嗟えんさ・意趣・私怨しえん・遺恨いこん・怨念おんねん・宿意・宿恨・積怨せきえん・旧怨きゅうえん・仇あだ・憎しみ・復讐心ふくしゅうしん・逆恨み・恨めしい

しゅく-えん【宿縁】仏語。前世からの因縁。宿世すくせの縁。宿因。すくえん。
(類語)因縁・契り・奇縁・機縁・腐れ縁・悪縁

しゅく-おくり【宿送り】宿駅から宿駅へと順に送ること。宿継しゅくつぎ。

シュクオル〖Scuol〗スイス東部、グラウビュンデン州の村。イン川に沿ったエンガディン谷に位置する。スグラフィットというエンガディン地方の伝統的な技法で壁を装飾した建物が多い。ローマ時代から知られる温泉がある。スキーリゾートとしても知られる。

しゅく-か【祝歌】祝いの歌。「一を奏する」

しゅく-が【祝賀】〘名〙スル めでたいこととして喜び祝うこと。「優勝を一する」「一会」(類語)祝い・賀・よろこび

しゅく-がく【宿学】多年にわたって業績のある学者。前々から名声が高く、尊敬されている学者。

しゅく-がく【粛学】〘名〙スル 学内の人事や機構を粛正すること。特に、日中戦争下、進歩的な学者などを大学から追放したときに用いられた語。

じゅく-かく【熟客】▶じゅっかく(熟客)

しゅく-かご【宿×駕▽籠】江戸時代、旅人を乗せて、宿場の間を行き来した粗末な駕籠。雲助くもすけ駕籠。

しゅく-かん【宿官】▶しゅっかん(宿官)

しゅく-がん【宿願】❶前々から抱いていた願い。かねてからの願望。宿望。「一を果たす」❷仏語。前世に起こした誓願。(類語)念願・悲願・本懐・本願

しゅく-き【淑気】新春のめでたくなごやかな雰囲気。(季 新年)「いんぎんにことづてたのむ一かな/蛇笏」

じゅく-ぎ【熟議】〘名〙スル 十分に論議を尽くすこと。「一したうえの結論」

しゅく-ぐん【粛軍】軍の規律を粛正すること。特に二・二六事件後の旧日本陸軍内で、大規模な人事異動により統制派が皇道派を一掃したことをさす。

しゅく-けい【粛啓】《つつしんで申し上げる、の意》手紙の書きだしに用いる語。謹啓。粛呈。

じゅく-けい【熟計】〘名〙スル ▶じゅっけい(熟計)

しゅく-げん【縮減】〘名〙スル ちぢめたり、へらしたりすること。特に、計画・予算などの規模を小さくすること。「開発計画を一する」

じゅく-ご【熟語】❶2字またはそれ以上の漢字で書かれる漢語。熟字。「幸福」「美女」など。❷二つまたはそれ以上の単語が合わさって、一つの単語として用いられるようになったもの。複合語。合成語。❸慣用によって、特定の意味に用いられるようになった語句。慣用句。成句。イディオム。「気が抜ける」「油を売る」などの類。(類語)熟字・漢語・複合語・語・単語・連語・語句・イディオム

しゅく-こう【×夙興】▶しゅっこう(夙興)

しゅく-ごう【宿業】仏語。現世で報いとしてこうむる、前世に行った善悪の行為。すくごう。

しゅく-ごう【縮合】同種または異種の2分子から、水・アルコールなどのような簡単な分子を分離して新たな化合物をつくる反応。

しゅくごう-じゅうごう【縮合重合】▶縮重合

しゅく-こん【宿根】▶しゅっこん(宿根)

じゅく-こん【熟根】▶じゅっこん(熟根)

しゅく-さい【祝祭】❶あることを祝う祭り。❷祝いと祭り。祝日と祭日。

しゅく-さい【宿債】❶年来の負債。❷仏語。前世からの負債。まだつぐなわれていない前世の悪業。

しゅく-ざい【宿罪】❶仏語。前世で犯した罪。❷▶原罪

しゅくさい-じつ【祝祭日】旧制で、国が定めた祝日、または祭日。現在では「国民の祝日」という。➡祭日 ➡祝日 (類語)祝日・祭日・旗日・佳節・物日・縁日

しゅく-さつ【宿札】「やどふだ❶」に同じ。

しゅく-さつ【粛殺】〘名〙スル 厳しい秋気が草木を枯らすこと。「秋ノ気ワモノヲ一スル」〈和英語林集成〉

しゅく-さつ【縮刷】〘名〙スル 版の大きさを初めのものより小さく縮めて印刷すること。また、その印刷物。「原本を一する」

じゅく-さつ【熟察】〘名〙スル 十分に考えて判断すること。深く見きわめること。「事物の性質を精査一し」〈雪嶺・真善美日本人〉

しゅくさつ-ばん【縮刷版】印刷物などで、元版を縮小して印刷したもの。「新聞の一」

じゅく-さん【熟蚕】蚕の幼虫が十分に成長し、桑を食べるのをやめて繭を作りはじめる時期に達したもの。体は飴色あめいろに見える。

しゅく-し【×夙志】幼少・若年のころからの志。

しゅく-し【祝詞】❶神に祈る言葉。のりと。❷祝いの言葉。祝辞。「新年の一を述べる」

しゅく-し【宿志】かねてから抱いていた志。「一を達して」〈菊亭香水・世路日記〉

しゅく-し【宿紙】一度文字を書いて使用した紙をすき返して再生した薄墨色の紙。すくし。➡薄墨紙うすずみがみ ➡紙屋紙かんやがみ

しゅく-じ【祝辞】祝いの言葉。祝詞。「一を述べる」

じゅく-し【熟思】〘名〙スル 十分に考えをめぐらすこと。深く考えること。熟考。熟慮。「此理を一し、情理の間に得失を考察し」〈織田訳・花柳春話〉

じゅく-し【熟▽柿】よく熟して柔らかくなったカキの実。ずくし。じゅくしがき。(季 秋)「切株におきてまったき一かな/蛇笏」

じゅく-し【熟紙】すいてから加工を施した紙。雲母きらや礬水どうさを引いたり、染色したりしたものなど。

じゅく-し【熟視】〘名〙スル つくづくと見ること。じっと見つめること。凝視。「手に取って一する」
(類語)凝視・虎視・見る

じゅく-じ【熟字】2字以上の漢字を合わせて一つのまとまった意味を表すもの。また、それに用いる字。

しゅく-じき【宿食】「しゅくしょく(宿食)」に同じ。〈日葡〉

じゅく-しき【熟識】〘名〙スル ❶十分に知りつくすこと。熟知。「その做なすところの事を一する為の方法なり」〈中村訳・自由之理〉❷よく知っている人。親しい人。

じゅくし-くさ・い【熟▽柿臭い】〘形〙〘文〙じゅくしくさ・し〘ク〙熟柿のようなにおいがする。酒に酔った人の息のにおいを形容する語。「一・い息を吐きかけられる」

じゅくじ-くん【熟字訓】2字以上の熟字を訓読みすること。「昨日きのう」「大人おとな」「五月雨さみだれ」など。

じゅくし-しゅぎ【熟▽柿主義】熟した柿の実が自然に落ちるのを待つように、気長にその時機の到来を待つ主義。

しゅく-しつ【宿疾】「宿痾しゅくあ」に同じ。

しゅく-じつ【祝日】祝いの日。めでたい日。特に、国が定めた祝いの日。➡国民の祝日
(類語)祭日・祝祭日・旗日・佳節・物日・縁日

しゅく-しゃ【宿舎】❶宿泊する建物。やど。「各国選手の一」「国民一」❷公務員などに提供される住宅。「公務員一」(類語)宿所・寮・寄宿舎・社宅・飯場・学寮

しゅく-しゃ【縮写】〘名〙スル もとの大きさよりも小さく縮めて写すこと。また、そのもの。「原図をページ内に収まるように一する」

しゅく-しゃ【縮砂】ショウガ科の多年草。高さ1～2メートル。葉は披針ひしん形で大きく、互生する。純白で強い芳香をもつ花を穂状につける。種子塊を漢方で健胃薬などに用いる。東南アジアに分布。

じゅく-しゃ【塾舎】❶塾の建物。❷塾生の寄宿舎。

しゅく-しゃく【縮尺】〘名〙スル 地図や設計図を、実物より縮めて描くこと。また、その縮小する場合の一定の比率。ふつう、分子を1とする分数、または比の形で示す。「一〇〇分の一に一した見取図」

しゅく-しゅ【宿主】寄生生物に寄生される側の動物や植物。寄主きしゅ。やどぬし。

しゅく-しゅう【宿執】❶かねてからの確執。年来の恨み。❷仏語。前世から心に執着して離れない善悪の性質。

しゅく-しゅう【宿習】《「しゅくじゅう」とも》仏語。前世からの習慣や習性。

しゅく-じゅう【縮重】▶縮退❷

しゅく-じゅう【縮×絨】〘名〙スル 毛織物の仕上げの工程で、組織を緻密ちみつにし、また毛端を絡ませてフェルト状にすること。石鹸せっけん溶液やアルカリ性溶液で湿らせ、圧力や摩擦を加えて収縮させる。メルトン・フラノ・ラシャなどに行う。

しゅくしゅう-かいほつ【宿執開発】仏語。前世での善根・功徳が現世に実を結ぶこと。

しゅく-じゅうごう【縮重合】縮合を繰り返して高分子化合物を生成する反応。縮合重合。重縮合。

しゅく-しゅく【粛粛】〘ト・タル〙〘文〙〘形動タリ〙❶ひっそりと静まっているさま。「鞭声一夜河を過わたる」「わが血潮は、一と動くにも拘らず音なくして」〈漱石・虞美人草〉❷おごそかなさま。厳粛なさま。「数十頭の乗馬隊が一と進んで行くのは絵のごとく」〈火野・麦と兵隊〉❸つつしみうやまうさま。「上帝英傑を下して国人を救うと信じ…日夜一として之を俟まてりき」〈雪嶺・真善美日本人〉(類語)厳粛・厳然・おごそか

じゅく-じゅく〘副〙スル「じくじく」に同じ。「傷口が膿うんで一(と)している」

しゅく-しょ【宿所┊宿処】❶宿泊する所。やど。❷住む家。すまい。「小さき家の侍るが、わらはが一なり」〈読・弓張月・残〉(類語)宿舎

しゅく-じょ【淑女】しとやかで上品な女性。品格の高い女性。レディー。「紳士一」(類語)レディー・貴婦人

じゅく-じょ【熟女】30歳代から50歳代の成熟した色気の漂う女性。

しゅく-しょう【祝勝】・【祝×捷】勝利を祝うこと。「一会」

しゅく-しょう【宿将】経験に富んだ、すぐれた将軍。老練な武将。また、老練な人。

しゅく-しょう【縮小】〘名〙スル 縮まって小さくなること。また、縮めて小さくすること。「五分の一に一した模型」「軍備を一する」⇔拡大。(類語)収縮・短縮・凝縮・圧縮・濃縮・縮約・縮める・約つづめる・切り詰める

しゅくしょう-かい【祝勝会】・【祝×捷会】勝利を祝うための集まり。「優勝一」

しゅくしょう-かいしゃく【縮小解釈】法の解釈において、文字や文章の通常の意味より狭く解釈すること。➡拡張解釈

じゅくじょう-こうか【×粥状硬化】動脈壁に粥かゆ状の塊ができて内腔が狭くなる状態。動脈硬化症の最も多い病型。アテローム硬化。

しゅくしょう-さいせいさん【縮小再生産】再生産が従来よりも小さい規模で反復されること。不況・戦争・災害などの際に起こる。➡拡大再生産 ➡単純再生産

しゅくしょうめいれい-セットコンピューター【縮小命令セットコンピューター】《reduced instruction set computer》▶リスク(RISC)

しゅく-しょく【宿食】食べた物が消化しないで胃の中にたまること。また、その食べ物。しゅくじき。「四百四種の病は一を根本と為す」〈雑談集・四〉

しゅく-しん【祝▽聖】《「しん(聖)」は唐音》禅宗の寺院で、天皇の寿命無窮を祝い祈ること。天皇誕生日および毎月の1日と15日に行う。

しゅくしん【粛慎┊▽息慎┊×稷慎】中国古代の東北方の民族の名。中国の古典にみえ、春秋戦国時代以来、東北辺境外に住んだと伝えるが実態は不明。みしはせ。

しゅく-じん【淑人】❶善良な人。❷美人。

しゅくしんのう-ぜんき【粛親王善耆】[1866～1922]中国、清の政治家。清朝皇族。清末政界の高官を歴任。辛亥しんがい革命に際しては恭親王とともに清朝存続に尽力した。満蒙独立運動に活躍した川島浪速の養女芳子の父。スーチンワン＝シャンチー。

しゅく・す【祝す】■〘動サ五〙「しゅく(祝)する」(サ変)の五段化。「今夜は優勝を一・そう」■〘動サ変〙「しゅく(祝)する」の文語形。

しゅく-ず【縮図】❶原形の寸法を一定比で縮小して描いた図。❷現実の様相を、規模を小さくして端的に表したもの。「社会の一」
(類語)(❷)ミニチュア・象徴・比喩・戯画・カリカチュア

しゅくず【縮図】徳田秋声の小説。昭和16年(1941)発表。当局の圧迫により中絶し未完。芸者置屋の銀子の半生を描く自然主義文学の傑作。

じゅく・す【熟す】■〘動サ五〙「じゅく(熟)する」(サ変)

の五段化。「さくらんぼの—・すころ」「まだ機が—・さない」⊟〔動サ変〕「じゅく(熟)する」の文語形。
しゅく-すい【宿酔】「二日酔ふつかよい」に同じ。
しゅく-すい【×菽水】豆と水。きわめて粗末な食べ物、また貧しい生活をいう。「—の奴やっこに御恩ごおんをかへし奉るべし」〈読・雨月・菊花の約〉
菽水の歓かん《「礼記」檀弓下から》貧しい生活をしながらも、親に孝養を尽くして喜ばせること。
じゅく-すい【熟睡】〔名〕スル ぐっすりとよく眠ること。熟眠。うまい。「—したので寝起きがいい」
(類語)熟眠・白河夜船・睡眠・寝る・快眠・安眠・眠り・寝ね・就眠・睡臥すいが・居眠り・ねんね
しゅくず-き【縮図器】シュクヅ 図面を一定の比に縮小または拡大して描く製図器具。パントグラフ。
しゅくず-ほう【縮図法】シュクヅハフ 製図において、縮小した寸法の図面を描く方法。
しゅく・する【祝する】〔動サ変〕図しゅく・す〔サ変〕いわう。ことほぐ。「優勝を—・する」
しゅく・する【宿する】〔動サ変〕図しゅく・す〔サ変〕宿泊する。やどる。泊まる。「知人宅に—・する」
じゅく・する【熟する】〔動サ変〕図じゅく・す〔サ変〕❶果実などが十分に実る。うれる。「桃の実が—・する」❷ある物事をするのに、ちょうどよい時期になる。また、ととのって十分な状態になる。「機が—・するのを待つ」「革新の機運が—・する」❸技芸などに慣れてじょうずになる。上達する。熟練する。「タイピングに—・する」「演技が—・する」❹ある新奇な言葉が多くの人に使われ、一般に通用するようになる。「その言い方はまだ—・してはいない」
(類語)熟うれる・熟なれる・熟成する・熟うむ
しゅく-せ【宿世】▶すくせ(宿世)
しゅく-せい【×夙成】幼時から学業などができあがり、大人びること。早熟。早成。「少年—は、往々才智発達の徴候にあらずして」〈中村訳・西国立志編〉
しゅく-せい【叔斉】中国、殷いん末の伝説的人物。伯夷はくいの弟。➡伯夷
しゅく-せい【祝聖】叙階じょかいの旧称。
しゅく-せい【粛正】〔名〕スル 厳しく取り締まって不正を除き去ること。「綱紀を—する」
しゅく-せい【粛清】〔名〕スル 厳しく取り締まって、不純・不正なものを除き、整え清めること。特に、独裁政党などで、一体性を保つために反対派を追放すること。「反対派を—する」「血の—」
しゅく-せい【粛静】静かにつつしんでいること。また、静まりかえっていること。静粛。
じゅく-せい【塾生】塾で学ぶ学生・生徒。塾に寄宿している学生・生徒。
(類語)生徒・学生・学徒・学童・在校生・門下生・門生・弟子・教え子・スチューデント・児童・園児
じゅく-せい【熟成】〔名〕スル ❶成熟して十分なころあいに達すること。「機運が—する」❷魚肉・獣肉などが酵素の作用により分解され、特殊な風味・うまみが出ること。発酵を終えたあとそのままにし、さらに味をならすこともある。なれ。「味噌が—する」❸物質を適当な温度などの条件のもとに長時間置いて、ゆっくりと化学変化を起こさせること。
(類語)熟うれる・熟なれる・熟うむ・熟する
しゅく-せき【×夙昔】昔から今までの間。以前から。宿昔しゅくせき。「己が—の不平は」〈透谷・三日幻境〉
しゅく-せき【宿昔】昔から今までの間。従来。また、むかし。以前。「—青雲の志を達するは乱世に在り」〈福沢・福翁自伝〉
しゅく-せつ【宿雪】日数を経てまだ消えないで残っている雪。残雪。
しゅく-ぜん【宿善】仏語。前世で行ったよい行為。前世で積んだ善根。しゅうぜん。⇔宿悪。
しゅく-ぜん【×倏然】〔ト・タル〕図〔形動タリ〕急であるさま。にわかなさま。「戦争は大鵬の翼を収むる如く—として已やみぬ」〈蘆花・不如帰〉
しゅく-ぜん【粛然】〔ト・タル〕図〔形動タリ〕❶なんの物音も聞こえず静かなさま。また、静かで行儀正しいさま。「—として声なし」「—として諸人の議論を聞き居る内にも」〈鉄腸・花間鶯〉❷おごそかで整ったさま。「—とそびえているその姿には、…神秘が宿っている」〈有島・生れ出づる悩み〉❸真剣な気持ちで受け止め、つつしみかしこまるさま。「衣袴いこを正して先ず—とする」〈風葉・下士官〉
(類語)静か・密ひそやか・しめやか・静寂・静粛・静閑・閑静・閑散・閑寂・清閑・しじま・森閑・深深しんしん・森森しんしん・沈沈ちんちん・寂せき・寂じゃく・寂然せきぜん・寂然じゃくねん・寂寂せきせき・寂寂じゃくじゃく・閴げき・閴然げきぜん
しゅくせん-りょう【縮線×綾】横糸の一部を浮かせて文様を織り出した単色の紋織物。
しゅく-そう【宿草】シュクサウ ▶宿根草しゅっこんそう
しゅく-そん【宿存】《「しゅくぞん」とも》萼がく・花柱などが花期を過ぎても落ちないで残ること。また、葉が冬を通してなお生存すること。
しゅくそん-がく【宿存×萼】花が枯れ落ちたあとも枯れずに残る萼。カキ・バラ・ナスなどにみられる。
しゅく-そんつう【叔孫通】中国、前漢の儒者。号、稷嗣君。薛せつ(山東省)の人。高祖・恵帝に仕え、漢の諸儀法を制定。武帝のときの儒教国教化の基礎をつくった。生没年未詳。
しゅく-たい【縮退】❶恐れて退くこと。❷量子力学で、一つの系に、同じエネルギーに対応する状態が二つ以上存在すること。その系に、ある種の対称性があることを意味する。縮重。
しゅく-だい【宿題】❶家庭でやってくるべきものとして教師が児童・生徒に課する、学習上の課題。「夏休みの—」❷解決が後日に持ち越された課題。「その件は今後の—にする」
しゅく-だく【宿諾】《「論語」顔淵の「子路、諾を宿とどむること無し」から》一度承諾したことをぐずぐず引き延ばして実行しないこと。
じゅく-たつ【熟達】〔名〕スル 熟練して上達すること。「機械操作に—する」
(類語)上達・熟練・円熟・習熟・老練
じゅく-だん【熟談】〔名〕スル ❶納得がいくように十分話し合うこと。「—して決める」❷話し合って紛争などの折り合いをつけること。示談。和談。
しゅく-ち【縮地】《「神仙伝」壺公の故事から》仙術によって土地を縮めて距離を短くすること。「—の術までもなく、宏麗の家、離れ離れに四ツ聳えしは」〈露伴・露団々〉
じゅく-ち【熟地】❶よく様子を知っている土地。❷肥沃な土地。〈日葡〉
じゅく-ち【熟知】〔名〕スル 細かなところまでよく知っていること。詳しく知っていること。「—の間柄」「その件ならすでに—している」
しゅく-ちょう【宿鳥】シュクテウ 寝ている鳥。ねぐらの鳥。〈日葡〉
じゅく-ちょう【塾長】ジュクチャウ 塾の長。塾頭。
しゅく-ちょく【宿直】〔名〕スル 会社・工場・学校などで、勤務者が交替で泊まり込み、夜の警備に当たること。また、その人。「—員」「—室」
(類語)当直・日直・夜直・泊まり・泊まり番・週番
しゅく-ちん【宿賃】家の借り賃。家賃やちん。また、旅館の宿泊料。やどちん。「親代よりその—にて世を暮せし人」〈浮・織留・二〉
じゅく-つう【熟通】詳しくその事柄に通じていること。精通。
しゅく-つぎ【宿継ぎ｜宿次ぎ】❶人馬を入れ替えながら、宿場から宿場へ荷物などを順に送ること。郵伝。駅送。逓送ていそう。❷宿場。宿駅。
しゅくつぎ-てがた【宿継ぎ手形】関所の通行許可証。古くは過書・路次手形・関所切手・通り手形などといい、江戸時代には関所手形・関手形といった。
しゅく-てい【宿×酲】ふつかよい。宿酔。「翌朝の—は言う可らざるの苦痛なり」〈福沢・福翁百話〉
しゅく-てい【粛呈】謹んで差し上げること。手紙の冒頭に用いる語。
しゅく-てき【宿敵】かねてからの敵。年来の敵。
(類語)相手・敵てき・敵かたき・ライバル・好敵手・仇敵・難敵
しゅく-てつ【叔×姪】叔父おじと、姪めいまたは甥おい。
しゅく-てん【祝典】祝いの儀式。「—をあげる」
(類語)栄典・祝儀・式・祭典・祭礼・祭儀・大祭・大儀・大礼・大典・典礼・盛儀・儀式・式典
しゅく-でん【祝電】祝いの電報。「—を打つ」
じゅく-でん【熟田】よく耕して、手入れのゆきとどいている田。
しゅく-とう【祝×祷】シュクタウ ❶神官を通じて神に祈ること。❷キリスト教で、司祭や牧師が礼拝式などの儀式の終わりに会衆のために行う祝福の祈り。
しゅく-とう【粛党】シュクタウ〔名〕スル 政党などの内部の腐敗・混乱を正して秩序を回復すること。
じゅく-とう【塾頭】塾の責任者。塾長。
しゅく-とく【宿徳】❶仏語。前世で行った福徳。宿福。❷▶しゅうとく(宿徳)❶ ❸▶しゅうとく(宿徳)❷
しゅく-とく【淑徳】女性のしとやかで貞淑な徳。
じゅく-どく【熟読】〔名〕スル 文章の意味をよく考えながらじっくり読むこと。「名作を—する」(類語)精読・味読
じゅくどく-がんみ【熟読玩味】ジュクドクグワンミ〔名〕スル 詩文をよく読み、その意味を十分に味わうこと。
しゅくとく-だいがく【淑徳大学】千葉市にある私立大学。昭和40年(1965)社会福祉系の単科大学として開学。
しゅくと-して【粛として】〔連語〕▶粛しゅく
しゅく-ねん【宿年】積もる年月。積年。多年。
じゅく-ねん【熟年】人生の中で、成熟した年代。1970年ごろにつくられた語で、はじめ老年の意、次いで中高年の意で用いられるようになった。「—層」
(類語)中年・実年・中高年・初老
しゅく-の-もの【×夙の者】「夙しゅく」に同じ。
しゅく-ば【宿場】江戸時代、街道の要所要所にあり、旅行者の宿泊・休息のための宿屋・茶屋や、人馬の継ぎ立てをする設備をもった所。宿駅。しゅく。
しゅく-はい【祝杯｜祝×盃】祝いのために酌む杯。「—をあげる」(類語)乾杯
しゅく-はく【叔伯】叔父と伯父。おじ。
しゅく-はく【宿泊】〔名〕スル 自宅以外の所に泊まること。「親類の家に—する」「—所」
(類語)泊まる・寝泊まり・外泊・野宿・素泊まり・旅宿・投宿・止宿・旅寝・仮寝・宿る・合宿
しゅく-はく【粛白】謹んで申し上げること。手紙の冒頭に用いる語。
しゅく-ばく【×菽麦】豆と麦。
菽麦を弁ぜず《「春秋左伝」成公一八年から》豆と麦との区別もできない。まことに愚かで、物事の区別もつかないことのたとえ。
しゅくば-じょろう【宿場女郎】ヂョラウ 宿場にいた下等な遊女。飯盛めしもり女郎。
じゅく-ばた【熟畑】よく耕して、手入れのゆきとどいている畑。
しゅく-はつ【祝髪】〔名〕スル《「祝」は短く切る意》髪を切り落とすこと。出家したしるしに頭髪をそること。剃髪ていはつ。「程済ていさい即ち御意に従いて—しまいらす」〈露伴・運命〉
しゅくば-まち【宿場町】宿場を中心に街道沿いに発展した町。多く、中世以来の宿駅が帯状に発達した。
しゅく-はん【縮版】書物などの印刷の版面を縮小すること。また、その書物。縮刷。
じゅく-ばん【熟×蕃】❶教化され、帰順した原住の人々。⇔生蕃せいばん。❷第二次大戦前の日本統治時代、台湾の高山族(高砂族)のうち、漢民族に同化していたものをさして用いた語。
じゅく-ひ【熟否】❶果実・穀物などの、熟すことと熟さないこと。❷事に慣れていることと慣れていないこと。「運転技術の—」
しゅく-びょう【宿病】シュクビャウ 「宿痾しゅくあ」に同じ。
じゅく-びょう【熟苗】ジュクベウ 移植するのに適当な状態に生育した苗。
しゅく-ふ【叔父】父母の弟。おじ。
しゅく-ふく【祝福】〔名〕スル ❶幸福を喜び祝うこと。また、幸福を祈ること。「結婚を—する」「前途を—する」❷キリスト教で、神の恵みが与えられること。また、神から与えられる恵み。

しゅく-ふく【宿福】仏語。前世になされた善行によって得られる福徳。
しゅく-ぶん【祝文】❶神に祈る文。しゅくもん。❷祝賀の意を述べた文。
しゅく-へい【宿弊】古くから続いている弊害。年来の悪習。「一を一掃する」(類語)旧弊・積弊・流弊
しゅくへい-せん【縮閉線】▶エボリュート
しゅく-べつ【祝別】カトリック教会で、神への奉仕にあてるために人または物を区別して聖とすること。また、その祈り・儀式。一時的区別であることが聖別と異なる。
しゅく-べん【宿便】排出されないで大腸や直腸内に長い間たまっている大便。
じゅく-べん【塾弁】学習塾に通う子供が、主に夕食として持参する弁当。
しゅく-ぼ【叔母】父母の妹。おば。
しゅく-ほう【祝砲】祝意を表すために撃つ空砲。礼砲。(対)弔砲。(類語)空砲・礼砲・弔砲
しゅく-ほう【宿報】仏語。前世で行った善悪の行為による報い。前世の果報。すくほう。
しゅく-ぼう【宿坊｜宿房】❶他寺の僧や参詣人が泊まる、寺の宿舎。宿院。❷寺院で、僧の住まいとなっている建物。僧坊。❸潔斎のために神官がこもる建物。斎殿。❹檀徒が、自分の所属する寺または住持をさしていう語。❺男女のとりもちをし、また密会に用いられる宿。色宿。
しゅく-ぼう【宿望】前々からの望み。かねてからの念願。宿志。宿願。しゅくもう。「一を遂げる」
しゅく-ぼう【宿謀】以前からのたくらみ。
しゅく-ぼく【宿墨】すったのち一夜を経た墨汁。
しゅく-みょう【宿命】❶仏語。前世における善悪・苦楽などの状態。❷▶しゅくめい(宿命)
じゅく-みん【熟眠】〔名〕スル ぐっすり眠ること。熟睡。「枕を高くして一する」(類語)熟睡・白河夜船・睡眠・寝る・快眠・安眠・眠り・寝ね・就眠・睡臥・居眠り
しゅく-めい【宿命】生まれる前の世から定まっている人間の運命。宿運。しゅくみょう。「海に生きる一にある」「つらい一を負う」(類語)宿運・定め・運命・運・運勢・命運・天運・天命・巡り合わせ・回り合わせ・星回り・命数・暦数・時運・因縁
しゅくめい-てき【宿命的】〔形動〕もともとそう定まっていて、それを変えるのは不可能であるように思われるさま。「一な出会い」
しゅくめい-ろん【宿命論】▶運命論
しゅく-もう【宿望】「しゅくぼう(宿望)」に同じ。「某儀明日年来の一相達し候て」〈鷗外・興津弥五右衛門の遺書〉
しゅく-や【×夙夜】❶朝早くから夜遅くまで。明け暮れ。一日中。「一心を尽し」〈染崎延房・近世紀聞〉❷朝から晩まで、同じように過ごすこと。「覇陵の風に一して、別れを夢裡の花に慕ふ」〈太平記・二一〉❸朝早く出仕し、夜遅くまで仕えること。「これその一の労を賞ぜらるる所の由」〈折たく柴の記・中〉
しゅく-やく【縮約】〔名〕スル 規模を小さくして簡約なものにすること。また、そのもの。「二〇巻の資料集を五巻に一する」「一版」(類語)縮める・約める・詰める・切り詰める・短縮する・狭める・縮小する・圧縮する
しゅく-やくにん【宿役人】江戸時代、五街道などの宿駅で、人馬継ぎ立てや休泊などの業務に従事した役人。
しゅく-ゆう【祝融】㊀中国古代神話上の帝王。赤帝と号したという。一説に、帝嚳のときの火官。のちに火神。夏をつかさどる神、南方の神、南海の神ともされる。㊁火災のこと。「屢一に奪はれて架上蕭然たり」〈北越雪譜・二〉
(類語)(㊁)火事・火災・火難・出火・失火・炎上・大火・小火・自火・近火・急火・怪火・不審火・回禄
しゅくゆう-の-わざわい【祝融の災い】火事。火事の災難。
しゅく-よう【宿曜】▶すくよう(宿曜)
ジュグラー-じゅんかん【ジュグラー循環】景気循環の一。9〜10年を周期とする中期循環。フランスの経済学者ジュグラー(J. C. Juglar)が1862年に発表。ジュグラーの波。主循環。設備投資循環。
ジュグラー-の-なみ【ジュグラーの波】《Juglar cycles》「ジュグラー循環」に同じ。
じゅく-らん【熟覧】〔名〕スル 念を入れて詳しく見ること。「通達を一する」
じゅく-らん【熟×爛】〔名〕スル くだものなどが形がくずれるほど熟しきること。転じて、物事が極度に成熟すること。爛熟。「文学が一する」
しゅく-りつ【縮率】製図などで、描かれている図形の大きさの、実物の大きさに対する割合。縮小比。
じゅく-りょ【熟慮】〔名〕スル よくよく考えること。いろいろなことを考えに入れて、念入りに検討すること。熟考。「一のすえ決意する」「さらに一されたい」(類語)熟考・一考・黙考
しゅく-りょう【宿料】宿泊料。やどちん。
しゅくりょう-こつ【叔梁紇】中国、春秋時代末の武将。孔子の父。魯(山東省)の人。顔氏の娘の徴在との間に孔子をもうけ、孔子が3歳のときに没したという。生没年未詳。
じゅくりょ-だんこう【熟慮断行】〔名〕スル よく考えたうえで思いきって事を行うこと。
じゅくりょ-の-ふ【熟慮の府】(衆議院の審議を経た法案を、更に熟慮を重ねて審議する立場にあることから)参議院の異称。再考の府。
じゅく-れん【熟練】〔名・形動〕スル 物事に慣れて、手際よくじょうずにできること。また、そのさま。「一を要する仕事」「一した技能」
(類語)上達・熟達・円熟・習熟・老練
じゅくれん-こう【熟練工】ある技能に熟練している工員。
じゅく-ろ【熟路】歩き慣れて、ようすをよく知っている道。「敵は爰彼所の一に依って防ぎけるゆゑ」〈読・唐錦・四〉
しゅく-ろう【宿老】❶年老いて経験を積んだ老巧な人。耆宿。「財界の一」❷武家の重臣。鎌倉・室町幕府の評定衆・引付衆や、江戸幕府の老中、諸大名の家老など。❸江戸時代、町内の取り締まりに当たった町内の年寄役。
じゅく-わ【熟和】〔名〕スル ❶よくこなれること。よく消化すること。❷和やかにむつみ合うこと。「家内よく一するものは」〈福沢・学問のすゝめ〉
しゅく-わり【宿割(り)】多人数で泊まるとき、宿所を割り当てること。また、その役。やどわり。
しゅ-くん【主君】自分の仕えている君。君主。
しゅ-くん【殊勲】特にすぐれたいさお。格別の功績。「一を立てる」「一賞」(類語)功・功績・功労・手柄
じゅ-くん【受勲】勲章を受けること。受章。
しゅ-け【主家】▶しゅか(主家)
じゅ-げ【従下】位階で、同じ位の上下のうち下にあるもの。従五位下の類。
じゅ-げ【×頌×偈】「偈」に同じ。
じゅ-げ【樹下】「じゅか(樹下)」に同じ。
しゅ-けい【主刑】独立して科することのできる刑。現行刑法上、死刑・懲役・禁錮・罰金・拘留・科料の6種。➡付加刑
しゅ-けい【主計】❶会計を司ること。また、その役。会計官。❷軍隊で、会計・給与などを取り扱う軍人。
しゅ-げい【手芸】手先でする技芸。刺繍・編物・人形作りなど。「一品」(類語)仕立て・裁縫・縫い物・針仕事・繕い物・編み物・刺繍
しゅ-げい【種芸】〔名〕スル 作物や草木を植えつけること。「多く洋芋を一す」〈村田文夫・西洋聞見録〉
じゅ-けい【受刑】〔名〕スル 犯した罪に対して、刑の執行を受けること。(類語)服役・服罪・下獄・処刑
じゅ-けい【×綬鶏】キジ科ジュケイ属の鳥の総称。鶏大で、赤・灰・褐色などの地に白や灰色の斑点がある。雄は頭部に肉質の突起や、のどに肉垂れをもつ。中国からヒマラヤにかけ5種が分布。吐綬鶏。
じゅ-けい【樹形】樹木の幹・枝などがつくりだす外形。樹木の種類によってほぼ決まっているが、環境条件により変化がある。
しゅけい-きょく【主計局】財務省の内局の一。国の予算の編成、その執行の監督、決算の作成などを行う。
じゅけい-しゃ【受刑者】確定判決に基づいて刑の執行を受けている者。(類語)囚人・男囚・女囚
じゅけいしゃいそう-じょうやく【受刑者移送条約】《「刑を言い渡された者の移送に関する条約」の略称》欧州評議会(CE)が1983年に作成し、1985年に発効された多国間条約。条約締結国間で受刑者を相互に母国へ移送することができる。海外で服役する受刑者に母国で刑に服す機会を与え、社会復帰を円滑に進めることを目的とするが、外国人受刑者の増加を抑制するねらいもある。日本は平成15年(2003)に加入。国内法として国際受刑者移送法を制定している。(補説)日本政府は同条約に非加入の中国に対して2国間での受刑者移送条約の締結協議を申し入れている。犯罪人引き渡し条約とあわせて実務者協議を行っている。
じゅけいしゃしょぐう-ほう【受刑者処遇法】平成17年(2005)に制定され翌年施行された「刑事施設及び受刑者の処遇等に関する法律」の通称。同18年改正に伴い「刑事収容施設及び被収容者等の処遇に関する法律」(刑事収容施設法)に改題された。
しゅげいしゅち-いん【綜芸種智院】《「綜芸」は顕・密両教と儒教、「種智」は菩提心の意》天長5年(828)空海が京都九条に設立した日本最初の私塾。庶民の教育を目的とし、儒教・仏教などを教えた。空海の死後まもなく廃絶。
しゅけい-ぼ【主計簿】国の一般会計の歳入・歳出に関して財務省に備える帳簿。予算額・調定済額、その他の出納事項を記入する。
しゅけい-りょう【主計寮】▶かずえりょう
しゅけい-るい【×蛛形類】▶ちゅけいるい(蛛形類)
しゅけいれつ-せい【主系列星】ヘルツシュプルング-ラッセル図(HR図)で、左上から右下へかけて帯状に分布する星の集合を主系列といい、主系列にある個々の星をいう。最も普通の恒星で、太陽・シリウスなどはこれに属する。矮星。➡矮星
じゅげ-せきじょう【樹下石上】▶じゅかせきじょう(樹下石上)
じゅげ-ぜん【樹下禅】頭陀行の一。大樹の下に座して瞑想すること。樹下坐。
しゅ-げた【主桁】❶橋の荷重を支える桁。桁橋で、水平方向に渡した桁。❷航空機の主翼で、翼に働く荷重、特に曲げ荷重を支える桁。
しゅ-けつ【取穴】からだのつぼを取ること。経穴の場所を見つけること。
じゅげむ【寿限無】《寿命が限りないの意》落語。子供の幸福を願って住職にいろいろ書いてもらった名前を全部つけてしまい、「寿限無寿限無」に始まる長い名前となったおかしさを主題とする。
しゅ-けん【主権】❶国民および領土を統治する国家の権力。統治権。❷国家が他国からの干渉を受けずに独自の意思決定を行う権利。国家主権。❸国家の政治を最終的に決定する権利。「国民一」
(類語)国権・政権・覇権・主導権
しゅ-けん【朱圏】文字のわきに朱墨でつけた圏点。
しゅ-げん【修験】❶山野や霊山・霊地で苦行を積み、霊験のある法力を身につけること。❷「修験者」の略。❸「修験道」の略。
じゅ-けん【受検】〔名〕スル 検査・検定を受けること。
じゅ-けん【受験】〔名〕スル 試験を受けること。「大学を一する」「一シーズン」(季 春)(類語)試験・考査・考試・試問・入試・テスト・オーディション
じゅ-けん【授権】〔名〕スル 一定の資格・権利・権限などを特定の人に与えること。特に、代理権を授与すること。
じゅ-げん【▽入眼】▶じゅがん(入眼)
じゅ-げん【呪言】▶じゅごん(呪言)
じゅけん-こうい【授権行為】代理権を発生させる本人と代理人との間の法律行為。

しゅけん-こく【主権国】❶主権を完全に行使できる国家。❷ある事件に対して、主権を行使しうる当事国。

しゅけん-ざいみん【主権在民】主権が国民にあること。日本国憲法は前文で宣言している。国民主権。(類語)民主

じゅけん-しほん【授権資本】定款ていかんに定められている株式会社が発行する株式の総数。会社の設立に際して発行する株式の数は授権資本の4分の1以上で、残りは株主総会の決議によることなく、取締役会の決定だけで発行することができる。

しゅけん-しゃ【主権者】国家の主権を有する者。明治憲法下での天皇、日本国憲法下での国民。

しゅげん-じゃ【修験者】修験道の行者。多くは髪をそらず、半僧半俗の姿に兜巾ときんをいただき、篠懸すずかけ・結い袈裟げさを掛け、笈おいを負い、念珠や法螺ほらを持ち、脛巾はばきをつけ、錫杖しゃくじょうや金剛杖を突いて山野を巡る。山伏。験者げんざ・げんじゃ。
(類語)雲水・旅僧・行脚僧・虚無僧・山伏・雲衲うんのう・普化僧・薦僧こもそう・行者・梵論ぼろ・遍路

しゅげん-しゅう【修験宗】「修験道」に同じ。

しゅ-げんしょう【朱元璋】シュ ユアンチャン［1328～1398］中国、明朝初代の皇帝。在位1368～1398。廟号は太祖。在位年号により洪武帝ともいう。紅巾こうきん軍の一兵卒から身を起こし、華中を支配。続いて元軍を追って全国を統一。明朝300年の基をつくった。

じゅけん-せんそう【受験戦争】ーセンサウ 高学歴を求め激しい進学競争が起こっている状態。

しゅげん-どう【修験道】ーダウ 日本古来の山岳信仰と、仏教の密教、道教などが結びついて平安末期に成立した宗教。役えんの行者ぎょうじゃを初祖とする。霊験を得るための山中の修行と加持・祈祷きとう・呪術儀礼を主とする。室町期には、真言系の三宝院流(当山派)と天台系の聖護院流(本山派)の二派に分かれた。

じゅけん-りょう【受験料】ーレウ 受験するために納める手数料。

しゅ-こ【手鼓】►柄太鼓えだいこ

しゅ-こ【守戸】上代以降、天皇陵の守護・清掃に従事した御陵番。

しゅ-こ【酒戸】律令制で、造酒司みきのつかさに属する戸。

しゅ-こ【酒庫】酒の貯蔵庫。さかぐら。

しゅ-こ【酒×壺】酒を入れるつぼ。さかつぼ。

しゅ-ご【主語】❶文の成分の一。文において、述語の示す動作・作用・属性などの主体を表す部分。「鳥が鳴く」「山が高い」「彼は学生だ」という文で、「何が」に当たる部分をいう。日本語では、主語がなくても文として成立する。❷論理学で、ある対象について何らかの主張をする判断(命題)において、主張がなされる当の対象。例えば、「犬は哺乳類である」における犬。主辞。⇔述語。

しゅ-ご【守護】〔名〕スル ❶まもること。「国家を一する」❷鎌倉幕府・室町幕府の職名。文治元年(1185)源頼朝が勅許を得て国ごとに有力御家人を任命して設置。軍事・警察権を中心に、諸国の治安・警備に当たった。室町時代に至り、しだいに領国支配を進め、守護大名とよばれるようになった。守護職。すご。
(類語)❶保護・守る・庇かばう・擁護・庇護ひご・防護・ガード・警護・警衛・護衛

じゅ-ごい【従五位】ーヰ ❶位階の一。正五位の下、正六位の上。❷《明治初年、成人すると従五位を授与したところから》華族の嫡男。

しゅご-いし【守護石】日本式庭園で、景色の中心となる石。しゅごせき。

しゅ-こう【手工】❶手先を使ってする工芸。❷小・中学校の旧教科の一。現在の小学校の工作、中学校の技術にあたる。(類語)工作・細工

しゅ-こう【手交】ーカウ〔名〕スル 直接に相手に渡すこと。手渡しすること。「決議書を一する」

しゅ-こう【手稿】ーカウ 手書きの原稿。また、写本。

しゅ-こう【主公】❶主人。また、主君。「一の言真に然るや」〈織田訳・花柳春話〉❷物語などの主人公。「滑稽の小説には是等の種類の一を用いて」〈逍遥・小説神髄〉

しゅ-こう【首功】❶戦場で敵の首をとった手柄。❷第一の手柄。「事成るの日に之を一と為したるも」〈福沢・文明論之概略〉

しゅ-こう【首肯】〔名〕スル うなずくこと。納得し、賛成すること。「一しかねる意見」

しゅ-こう【殊功】特にすぐれた功績。殊勲。

しゅ-こう【珠孔】種子植物の胚珠はいしゅの先端にある小さい穴。受精のとき、花粉管がここを通って胚嚢はいのうに達する。

しゅ-こう【珠江】ーカウ 中国南部の大河。雲貴高原を東流する、長さ約1960キロの西江を主流とし、北江・東江とともに広州付近で大きなデルタを形成し、南シナ海に注ぐ。粤えつ江。チュー-チアン。

しゅ-こう【酒×肴】ーカウ 酒と肴さかな。また、酒の肴。「一を調える」(類語)料理・菜さい・おかず・膳ぜん・膳部・食膳・ご馳走ちそう・佳肴かこう・調味・ディッシュ

しゅ-こう【趣向】ーカウ〔名〕スル ❶おもむき。意向。趣意。「いつもとは一の異なるパーティー」❷味わいやおもしろみが出るように工夫すること。また、その工夫。「一を凝こらす」「夫れから袴の股立を取て進退に都合の好いように一して」〈福沢・福翁自伝〉❸歌舞伎・浄瑠璃で、戯曲の背景となる類型的な「世界❺」に対して、戯曲に新しい変化を与えるための工夫。❹俳諧で、句の構想。(類語)新機軸・創意

しゅ-ごう【酒豪】ーガウ 酒に強い人。大酒飲み。
(類語)酒飲み・のんべえ・飲み助・飲んだくれ・酒好き・大酒家・飲み手・大酒飲み・酒客・酒家・酒仙

しゅ-ごう【衆合】ーガフ「衆合地獄」の略。

じゅ-こう【受講】ーカウ〔名〕スル 講義や講習を受けること。「東洋史の講座を一する」「一者」

じゅこう【珠光】ジュクワウ ►村田珠光むらたじゅこう

じゅ-こう【樹高】ーカウ 樹木の高さ。地面から樹冠の先端までの高さ。

じゅ-ごう【▽准后】「准三后じゅさんごう」の略。➡准三宮じゅさんぐう

しゅ-こうぎょう【手工業】ーコウゲフ 簡単な道具を使い、主として手作業の熟練によって行われる小規模な工業。➡機械工業 (類語)工業・軽工業・重工業

しゅご-うけ【守護請】室町時代、守護が国衙こくが領・荘園の年貢を一定額で請け負った制度。武士の侵略に苦しむ荘園領主・知行国主が、守護にその経営を一任する代わりに一定の年貢の確保を図ったもの。

しゅ-こうげい【手工芸】手先による工芸。「一品」

しゅごう-じごく【衆合地獄】シュゴフヂゴク 八大地獄の第三。殺生・偸盗ちゅうとう・邪淫を犯した者の落ちる所。牛頭ごず・馬頭めずに追い立てられて罪人が山に入ると、山や大石が両側から迫って押しつぶされるなどの苦を受けるという。石割り地獄。

しゅこう-しょ【主工署】律令制で、春宮坊とうぐうぼうに属し、土木・造作、および銅鉄などの造り物のことをつかさどった役所。

じゅこう-せいじ【珠光青磁】ジュクワウー《村田珠光がこの様式の茶碗を好んだと伝えられるところから》内外面に猫掻き手といわれる櫛目くしめ文様があり、淡黄褐色または灰緑色を呈する青磁。主に中国産で、茶碗のほかに鉢・花入れなどがある。

じゅこう-ちょう【授口帳】ーチャウ 律令制で、口分田くぶんでんの班給を受ける人員を書き上げた人別帳。

じゅこう-どんす【珠光×緞子】ジュクワウー《珠光が足利義政から拝領したものという》名物切めいぶつぎれの一。縹はなだ色の地に、渋い萌黄もえぎ色で唐草と竜および宝尽くしを細かく織り出した緞子。

じゅこう-ばつ【受光伐】ジュクワウー 日当たりをよくして木の生長を盛んにするため、森林を切り透かすこと。

しゅこう-りょう【酒×肴料】シュカウレウ ❶酒肴を振る舞う代わりに出す祝儀の金。❷宴席などに招待されたとき、返礼に包む金。

シュコーデル〖Shkodër〗アルバニア北部の湖港都市。中世のロザファ要塞遺跡がある。スクタリ。シュコドラ。シュコダル。

シュコーフィア-ロカ〖Škofja Loka〗スロベニア中西部の町。セルシュチツァ川とポリャンシュニツァ川の合流点に位置する。神聖ローマ皇帝オットー2世から同地の司教に土地を与えられたことに起源。中世には水運の要所として栄えた。2度の大地震で被害を受けたが、中世の面影を残す古い街並みが残る。

シュコーフィアロカ-じょう【シュコーフィアロカ城】ージャウ《Škofjeloški grad》スロベニア中西部の町シュコーフィアロカにある城。14世紀に町の防備を目的として建造。16世紀初めの地震で大きな被害を受け、後に再建された。現在は町の歴史や文化に関する博物館として利用されている。

ジュコーフスキー〖Vasiliy Andreevich Zhukovskiy〗［1783～1852］ロシアの詩人。ロシア-ロマン主義の代表者の一人で、西欧の詩の翻訳紹介などで有名。作「リュドミーラ」など。

しゅこく-しき【主穀式】畑作中心の農法で、禾穀かこく類の作付けと休閑とを組み合わせた、ふつう3年2作の耕作方法。休閑輪圃りんぽ式。

しゅこし【酒胡子】雅楽。唐楽。壱越いちこつ調または双調そうじょうで古楽の小曲。現在は新楽で奏し、舞はない。唐の人が酒を飲むときに奏したという。酒公子。酔公子。すこし。

しゅご-し【守護使】中世、守護から派遣されて、その領国で検断、判決の強制執行、段銭たんせんの徴収などに当たった臨時の使者。守護所使。しゅごつかい。

しゅご-しき【守護▽職】守護の職。また、その権利・得分。しゅごしょく。

しゅご-しん【守護神】個人や集団を守護し、安全と繁栄をもたらすとされる神。まもりがみ。しゅごじん。

しゅご-せいじん【守護聖人】カトリック教会で、個人・職業・身分・聖堂・都市・国家などについて、その保護者、代祷だいとう者として敬われている聖人。

しゅご-だい【守護代】中世、任国に赴いて守護の職務を代行した人。守護代官。

しゅご-だいみょう【守護大名】ーダイミャウ 室町時代、任国に勢力を張って領国支配を進めた守護。吏僚的性格の強い鎌倉時代の守護とは区別される。

シュコダル-こ【シュコダル湖】《Skadarsko jezero》モンテネグロとアルバニアの国境にある湖。バルカン半島の湖の中で最大で、面積は季節により370平方キロメートルから530平方キロメートルの間で変動する。モンテネグロ側はヨーロッパ随一の水鳥の保護区であり、ラムサール条約の登録湿地でもある。

しゅ-こつ【手骨】手首から指先までの骨。手根骨・中手骨・指骨で構成される。

シュコツィアン-どうくつぐん【シュコツィアン洞窟群】《Škocjan》スロベニア南西部のクラス(カルスト)地方にある洞窟群。最大規模の洞窟は長さ5キロメートル、幅230メートル。鍾乳洞しょうにゅうどうが発達し、多数の地底湖や滝などがみられる。1986年、世界遺産(自然遺産)に登録された。シュコツィアン鍾乳洞。

しゅご-ふにゅう【守護不入】ーニフ 中世、守護使がその地域に立ち入って段銭たんせん徴収や罪人逮捕をするのを禁止すること。寺社・権勢家の荘園の特権であった。守護使不入。

しゅご-れい【守護霊】心霊主義的な考えに基づいて、人に付き添い、その人を見守っているとされる霊。
(補説)心霊研究家浅野和三郎(1874～1937)が英語「guardian spirit」の訳語として提唱した語。背後霊・地縛霊なども守護霊に伴って作られた語という。

しゅ-こん【主根】種子の胚はいの幼根がそのまま伸びて太くなった根。周囲に側根を出す。双子葉植物・裸子植物にみられる。おもね。直根。

しゅ-こん【種根】❶植物の種子が発芽するときに初めに出る根。種子根。❷生まれ。素性。「師光は阿波の国の者、一田舎者なりけり」〈盛衰記・四〉

しゅ-こん【×鬚根】►ひげね

じゅ-こん【▽入魂】親しく交際していること。懇意。昵懇じっこん。

じゅ-ごん【呪言】まじないに唱える言葉。じゅげん。

じゅ-ごん【呪▽禁】まじないを唱えて物の怪けなどの災いをはらうこと。

じゅごん【儒×艮】海牛目ジュゴン科の哺乳類。全長

約3メートル。海草を食う。前肢はひれ状で、後肢は退化。水平で三日月形の尾びれをもつ。乳頭が胸にあるため、哺乳する姿から人魚に擬せられることがある。紅海・インド洋からオーストラリア北部に至る熱帯の海に少数が分布する。沖縄にも現れ、天然記念物。ざんのいお。

しゅこんごう-じん【執金剛神】シュコンガウ― ►しゅうこんごうじん(執金剛神)

しゅこん-こつ【手根骨】手骨のうち、手首のところにある骨。8個の小骨からなる。

じゅごん-し【呪▽禁師】律令制で、典薬寮の職員。呪禁によって病気の治療などをする。呪師。

じゅごん-はかせ【呪▽禁博士】律令制で、典薬寮に所属し、呪禁を教授した職。

しゅ-さ【主査】主になって調査・審査をすること。また、その役目の人。「卒業論文の―」

しゅ-さ【主鎖】鎖式化合物の主要な炭素鎖。一般に、炭素数が最大となる幹にあたる部分を指す。

しゅ-さ【酒×皶┊酒×皻】鼻が赤くなる病的状態。毛細血管が拡張して赤くみえる赤鼻程度のものから、紅色の丘疹や膿疱が毛穴にできる酒皶性痤瘡、さらにこぶのようにはれた鼻瘤腫(ざくろ鼻)などがある。

しゅ-さ【種差】論理学で、同一の類に属する多くの種において、ある種に特有で、それを他のすべての種から区別する特性。例えば、「動物」という類において、「人間」を他のすべての動物から区別する場合、「人間」に特有の「理性」など。

しゅ-ざ【朱座】中世から近世、朱や朱墨などの製造・販売を独占する特権をもった商人の座。

しゅ-ざ【首座】❶いちばん上位の席。首席。❷最上位の席に着く資格のある人。❸ ►しゅそ(首座)
(類語)首席・首班

しゅ-ざ【酒座】酒宴の席。酒盛りの場。

しゅ-さい【主宰】〔名〕スル 人々の上に立って全体をまとめること。団体・結社などを、中心となって運営すること。また、その人。「劇団を―する」

しゅ-さい【主祭】祭事をつかさどること。また、その人。

しゅ-さい【主菜】献立の中で主となる総菜。メーンディッシュ。

しゅ-さい【主裁】主となってきりもりすること。また、その人。「苟も家庭の―たるものが」〈木下尚江・良人の自白〉

しゅ-さい【主催】〔名〕スル 中心となって会合や行事などを行うこと。また、その人や団体・機関。「新聞社が―するスポーツ大会」「―者」
(類語)開催・挙行・共催・執行

しゅ-さい【守歳】大みそかに夜明かしして新年を迎えること。(季 冬)

しゅ-さい【首歳】年の始め。年頭。

しゅ-ざい【主材】主となる素材や材料。また、中心となる題材。「アクリルを―とした家具」「小説の―」

しゅ-ざい【主剤】調合の主となる薬剤。主薬。

しゅ-ざい【取材】〔名〕スル 芸術作品や報道記事の題材・材料を、ある物事や事件などから取り集めること。「神話に―した作品」「師走の街を―する」

しゅ-ざい【首罪】斬首に値する罪。罪のうちで最も重いもの。斬罪。

じゅ-さい【儒祭】儒教の儀礼に基づいて行う祭事。

しゅ-さつ【手冊】手控えの帳面。手帳。

しゅ-さつ【手札】❶自筆の手紙。❷名刺。

しゅ-ざや【朱×鞘】刀のさやの朱塗りのもの。

しゅ-さん【朱三】「重三」に同じ。「三四の目をば重三、重四とこそ言ふべきに、―、朱四と言ふことはいかに」〈平治・上〉

しゅ-さん【酒×盞】さかずき。酒杯。

しゅ-ざん【珠算】そろばんで行う計算。たまざん。

じゅ-さん【授産】失業者・貧困者などに仕事を与え、生計を立てさせること。⇒授産所

じゅさんぐう【▽准三宮】平安時代以降、皇族・大臣や功労ある公卿などを優遇するために設けた称号。太皇太后宮・皇太后宮・皇后宮の三宮に準じて、年官・年爵・封戸を給したもの。のちには名誉称号となり、江戸末期まで存続。准三后。准后。

じゅ-さんごう【▽准三后】►准三宮

じゅさん-しせつ【授産施設】►授産所

じゅさん-じょ【授産所】生活困窮者・身体障害者などで就業能力の限られている者に対し、就労または技能の修得のために必要な機会および便宜を与える施設。生活保護法・社会福祉法などにより、地方公共団体・社会福祉法人などが設置。障害者自立支援法の施行に伴い、授産施設は同法に基づく就労支援施設に移行した。⇒社会就労センター

しゅ-さんち【主産地】その物の主要な産地。
(類語)原産地・産地・本場

しゅ-さんぶつ【主産物】その土地の主要な産物。

しゅ-し【手指】手のゆび。「―は汚穢に染むとも」〈中村訳・西国立志編〉

しゅ-し【主司】❶取り締まる役。❷昔、中国で、科挙の試験官。

しゅ-し【主旨】考え・文章・話などの、中心となる事柄。主意。「論文の―をつかむ」(類語)趣旨・大綱・趣意

しゅ-し【朱子】朱熹の尊称。

しゅ-し【朱四】「重四」に同じ。

しゅ-し【洙泗】㊀中国山東省曲阜県を流れる泗水と、その支流の洙水。流域で孔子が弟子たちに道を講じた。㊁孔子の学問。また、その学統。

しゅ-し【殊死】死ぬ覚悟で物事を行うこと。決死。「我将士―して戦い」〈東海散士・佳人之奇遇〉

しゅ-し【酒司】►さけのつかさ❷

しゅ-し【酒×巵】さかずき。酒杯。

しゅ-し【酒×肆】酒を売る店。また、酒を飲ませる店。さかや。

しゅ-し【種子】種子植物で、受精した胚珠が成熟して休眠状態になったもの。発芽して次の植物体になる胚と、胚の養分を貯蔵している胚乳、およびそれらを包む種皮からなる。たね。(類語)種

しゅ-し【×銖×錙】「錙銖」に同じ。「―の利を争いながら」〈河上肇・貧乏物語〉

しゅ-し【趣旨】❶事を行うにあたっての、もとにある考えや主なねらい。趣意。「会社設立の―を述べる」❷文章や話などで、言おうとする事柄。趣意。「話の―が伝わらない」(類語)主旨・大綱・趣意・内容

しゅ-じ【主事】❶ある仕事を主として取り扱うこと。また、その人。❷官庁・学校などで、その長の命を受けて一定の業務を管理する職。また、その人。「指導―」❸禅宗で、僧職の監寺・維那・典座・直歳の総称。

しゅ-じ【主治】ヂ 主となって治療に当たること。

しゅ-じ【主辞】►主語❷

しゅ-じ【朱字】❶朱で書いた文字。❷印章で、文字の部分を凸形に彫って、文字が朱色に出るようにしたもの。⇔白字

しゅ-じ【種子】密教で、仏・菩薩の象徴として書き表す梵字。種字。種子字。⇒しゅうじ(種子)

じゅ-し【寿詞】祝いの気持ちを述べた言葉や文章、また、詩歌。よごと。

じゅ-し【呪師】《「しゅし」とも》❶まじないをする職。呪禁師。❷法会に際して、加持祈祷など密教的な行法をする僧。法呪師。ずし。❸法会のあとなどに❷の行う行法の威力をわかりやすく演技で示す者。寺院に属する猿楽法師が担当した。呪師猿楽。のろんじ。ずし。

じゅ-し【×豎子┊×孺子】❶子供。童子。❷年若い者や未熟な者をさげすんでいう語。若造。青二才。「後代の―の悪作劇に定めし苦い顔をしたことであろう」〈芥川・芭蕉雑記〉(類語)子供・青二才・小僧っ子・洟垂らし・世間知らず・ひよこ・ねんね

豎子教うべし 《「史記」留公世家から》この子供は見所があり、教える値うちがあるの意。

豎子の名を成さす 《「史記」孫子伝から》つまらない敵に手柄を立てさせる。見下げていた相手に負けたことを悔やむ言葉。

じゅ-し【樹枝】樹木のえだ。

じゅ-し【樹脂】植物、特に針葉樹から分泌される混合物質。空気中で一部の成分が気化して固まる性質がある。松やになど。琥珀はこれが化石化したもの。合成樹脂に対し、天然樹脂ともよぶ。

しゅじ-い【主治医】シュヂ― ❶共同で病人の治療に当たる医師の中で、中心になる医師。❷かかりつけの医者。

しゅし-がく【朱子学】中国、南宋の朱熹が大成した新しい儒学。理気説を基本に、人の本性は理であり善であるが、気質の清濁により聖と凡の別があるとし、敬を忘れず行を慎んで外界の事物の理を窮めて知を磨き、人格・学問を完成する実践道徳を唱えた。日本では江戸幕府から官学として保護された。程朱学。宋学。道学。朱学。

しゅしがく-は【朱子学派】朱子学を主張した学者の一派。日本では藤原惺窩・林羅山・木下順庵・新井白石・室鳩巣・柴野栗山・山崎闇斎ら。

じゅし-かこう【樹脂加工】繊維や紙などに合成樹脂をしみ込ませ、縮みにくく、しわになりにくくする加工。

じゅ-しき【授▽職】修行を積んだ行者に、阿闍梨の職位を授けること。授職灌頂。

じゅしき-かんじょう【授▽職×灌頂】―クワンヂャウ ►伝法灌頂

しゅしき-ぼん【手識本】著者自筆の識語が書き添えられている本。

しゅ-じく【主軸】―ヂク ❶いくつかの軸の中で、中心になる軸。転じて、物事を行う際、その中心となる人や組織。また、中心となる事柄。「チームの―をになう打者」❷原動機からじかに動力を伝える軸。シャフト。❸数学で、二次曲線または二次曲面の対称軸。❹物理学で、1列に並ぶ光学系の、それぞれのレンズの中心を結ぶ直線。❺生物学で、軸性をもつ生物体の基本的な軸。左右相称動物の頭尾軸、放射相対の動物や高等植物の上下軸など。
(類語)中心・主・軸・要・柱・中軸・枢軸・主体・主力・基幹・根幹・中枢・中核

しゅじく-うけ【主軸受(け)】シュヂク― 主軸❷を支える機械部品。モーターなどの軸が、なめらかに回転するように支持するもの。

しゅじ-げさ【種子×袈×裟】仏語。三衣の種子である三字を縫い込んだり、書いたりした袈裟。

じゅし-こうたく【樹脂光沢】―クワウタク 鉱物の、樹脂のような光沢。硫黄・琥珀などにみられる。

しゅしごるい【朱子語類】中国の思想書。140巻。宋の黎靖徳編。1270年成立。朱熹の死後、朱熹とその門人との問答を集め、部門別に分類したもの。朱熹の思想を知る貴重な資料。

しゅし-しょくぶつ【種子植物】植物界の一門。種子で増える植物。被子植物と裸子植物の2亜門に分ける。顕花植物。

しゅ-じせい【朱自清】[1898～1948]中国の詩人・散文作家。清華大教授。本名、朱自華。江蘇省の人。長詩「毀滅」で広く知られる。のち、散文や中国古典文学の研究に転じた。詩集「蹤跡」、散文「背影」など。チュー＝ツーチン。

じゅし-せっけん【樹脂石×鹸】―セキケン 松やになどの樹脂を水酸化ナトリウム(苛性ソーダ)水溶液とともに煮沸して作ったせっけん。主に製紙の際のインクのにじみ止めとして使用。

しゅ-じつ【手実】律令制で、計帳作成のために、毎年6月にその家族の人数・年齢・性別などを記して、戸主から国司に提出させた申告書。

しゅ-じつ【主日】キリスト教で、日曜日のこと。⇒安息日

じゅし-どう【樹脂道】―ダウ 樹脂の分泌道となる、細胞間のすきま。マツ科・セリ科植物などにみられる。樹脂溝。

じゅし-ばしり【呪師走り】《「じゅしはしり」とも》❶呪師❸によって演じられた芸能。平安中期から鎌倉中期にかけて盛行。曲芸・早業的な演技が中心で、敏速な動きが多かったのでこの称がある。ずしばしり。

❷能の翁おきなの特殊演出の一。奈良興福寺の薪能たきぎのうの行事の初めに春日大社で行われる。呪師走りの翁。ずしばしり。
じゅし-び【受死日】▶黒日くろび
しゅ-しゃ【手写】〔名〕スル 手で書き写すこと。自分で書写すること。「古文献を一する」「一本」
類語 写す・書き写す・書き取る・転記する・謄写する・筆写する・書写する・臨写する・透写する・なぞる・トレースする・転写する・拓本
しゅ-しゃ【朱砂】▶辰砂しんしゃ❶
しゅ-しゃ【取捨｜取舎】〔名〕スル 取り上げて用いることと、捨てて用いないこと。必要なものを選んで不要なものを捨てること。「材料を一する」
類語 選ぶ・選よる・選える・篩ふるう・選択・選定・選考・選別・セレクト・ピックアップ・より分ける・すぐる
しゅ-しゃ【趣舎｜×趨舎】進むことと止まること。進退。
じゅ-しゃ【従者】▶じゅうしゃ(従者)
じゅ-しゃ【儒者】❶儒学を修めた人。儒学を講じる人。儒学者。❷江戸幕府の職名。若年寄に属し、将軍に儒学の経典を進講し、文学のことをつかさどった。数人いたが、林家は特別で、代々その任にあった。儒官。ずさ。
しゅじゃか-の【朱雀野】中世以降、京都が荒廃した時の、田野となった朱雀大路あたりの呼称。しゅじゃくの。すじゃかの。
しゅ-じゃく【朱×雀】▶すざく(朱雀)
じゅ-しゃく【授爵】〔名〕スル 爵位をさずけること。また、さずかること。
じゅしゃ-すてば【儒者捨場】東京都文京区大塚5丁目にある大塚先儒墓所の俗称。室鳩巣むろきゅうそうなど江戸時代の高名な儒学者の墓がある。
しゅしゃ-せんたく【取捨選択】〔名〕スル 必要なものを選び取り、不要なものを捨てること。「情報を一する」
しゅ-しゅ【守▽株｜▽株守】〔名〕スル いたずらに古い習慣を守って、時に応じた物事の処理ができないこと。兎うさぎが走って来て木の切り株に当たって死んだのを見た宋の農民が、仕事を投げ捨てて毎日切り株を見張ったものの、ついに兎は捕れなかったという「韓非子」の故事による。株くいを守る。「一主義一学説を一するは」〈魯庵・社会百面相〉
シュシュ〘フランス chouchou〙筒状の布にゴムを通し、輪にしたもの。女性が髪を束ねるのに使う。布の色や形などバラエティーに富む。
しゅ-じゅ【×侏儒｜朱儒】❶背丈が並み外れて低い人。こびと。❷見識のない人をあざけっていう語。
しゅ-じゅ【種種】〔名・形動〕《古く「しゅしゅ」とも》数多くの種類があること。また、そのさま。副詞的にも用いる。さまざま。とりどり。いろいろ。「一な(の)やり方」「治療を一試みる」類語 各種・諸種・いろいろ・さまざま・多様・多種・多彩・数数・いろんな・とりどり
じゅし-ゆ【樹脂油】松やになどの樹脂を乾留して製した精油。特異臭のある無色の液体。
じゅ-じゅ【授受】〔名〕スル さずけることと受け取ること。受け渡し。「金品を一する」
じゅ-じゅ【×誦呪】仏事で陀羅尼だらになどを唱えること。
しゅ-じゅう【主従】❶主となるものと従となるもの。「事柄の一を見分ける」❷主人と従者。主君と家来。しゅうじゅう。「一の関係を結ぶ」類語 主客
主従は三世さんぜ 主従の間柄には、現在だけでなく過去・未来にもわたる深い因縁があるものだということ。➡親子は一世 ➡夫婦は二世
しゅじゅ-ざった【種種雑多】〔名・形動〕異質のものが多く入り交じっていること。また、そのさま。「一な知識」
しゅじゅ-しょう【×侏儒症】シャウ▶小人こびと症
しゅじゅ-そう【種種相】サウ いろいろな姿、また、ようす。
しゅ-しゅつ【▽輸出】▶ゆしゅつ(輸出)
しゅ-じゅつ【手術】〔名〕スル ❶医者がメスなどを用い、患部を切開したり切断・摘出したりして回復させる治療法。オペ。❷物事を大幅に改めること。「旧来の機構に大一を施す」❸手段。方法。「何卒して一を用い」〈竜渓・経国美談〉
類語 加療・治療・診療・療治・手当て・施療
じゅ-じゅつ【呪術】神や精霊などの超自然的力や神秘的な力に働きかけ、種々の願望をかなえようとする行為、および信念。まじない・魔法・魔術など。
類語 魔法・魔術・妖術・幻術・まじない
じゅじゅつ-し【呪術師】呪術を行う者。呪医・シャーマン・祭司などを兼ねることが多い。呪師。
しゅじゅつ-だい【手術台】手術❶の際に、患者が横たわる台。
しゅじゅつ-とくやく【手術特約】生命保険における特約の一つ。事故・災害または疾病によって所定の手術を受けた場合、給付金が支払われる。
しゅじゅん-き【手準器】三脚を使わず、手に持ったまま使用する簡便な水準器。
しゅ-しゅんすい【朱舜水】[1600〜1682]中国、明末清初の儒学者。余姚よよう(浙江省)の人。名は之瑜しゆ。字あざなは魯璵ろよ。明王朝復興運動に従ったが失敗。1659年日本に亡命・帰化。徳川光圀みつくにに招かれ、水戸学に大きな影響を与えた。著「朱舜水先生文集」。
しゅ-しょ【手書】〔名〕スル ❶自分の手で書くこと。また、書いたもの。❷自筆の手紙。親書。類語 (❷)手紙・書簡・書信・書状・書面・紙面・信書・私信・私書・書じょ状・一書・親書・手簡・書札しょさつ・尺牘せきとく・書牘しょとく・雁書がんしょ・消息・便り・文ふみ・玉章ぎょくしょう・レター・封書
しゅ-しょ【手署】〔名〕スル 自分の手で自分の氏名を書くこと。自署。「契約書に一する」
しゅ-しょ【朱書】〔名〕スル 赤い字で書くこと。また、書いたもの。朱書き。「要点を一する」
しゅ-しょ【首書】「頭書かしらがき❶」に同じ。
じゅ-しょ【儒書】儒学に関する書物。
しゅ-しょう【手抄】セウ〔名〕スル 書物などから自分で書き抜くこと。また、書き抜いたもの。
しゅ-しょう【手掌】シャウ てのひら。たなごころ。
しゅ-しょう【手詔】セウ 天子が自ら書いたみことのり。
しゅ-しょう【主将】シャウ ❶全軍を指揮する大将。首将。❷競技で、チームを統率する人。キャプテン。
類語 (❶)大将・将軍/(❷)キャプテン・キャップ・大将
しゅ-しょう【主唱】シャウ〔名〕スル 意見・主張などを、中心となってとなえること。「条約改正を一する」
類語 提唱・首唱・唱道・唱導
しゅ-しょう【首相】シャウ《内閣の首席の大臣の意》内閣総理大臣の通称。
類語 内閣総理大臣・総理大臣・総理・宰相
しゅ-しょう【首将】シャウ「主将❶」に同じ。
しゅ-しょう【首唱】シャウ〔名〕スル いちばん先に言い出すこと。「殖産興業を一する」類語 提唱・主唱・唱道
しゅ-しょう【修正】シャウ「修正会しゅしょうえ」の略。
しゅ-しょう【酒×觴】シャウ さかずき。酒杯。
しゅ-しょう【種性】シャウ 仏語。修行する人の素質。悟りを開く種となる素質。
しゅ-しょう【殊勝】〔形動〕〔文〕〔ナリ〕❶とりわけすぐれているさま。格別。「相談したれど別に一なる分別も出でず」〈露伴・五重塔〉❷心がけや行動などが感心なさま。けなげであるさま。「親に心配をかけまいとする一な気持ち」「いやに一なことを言う」❸神々しいさま。心打たれるさま。「いつもよりも一しほ今日は一には覚えぬか」〈虎明狂・釣針〉派生 しゅしょうがる〔動ラ五〕しゅしょうさ〔名〕類語 健気・神妙・奇特
しゅ-じょう【主上】ジャウ《古くは「しゅしょう」》天皇を敬っていう語。至尊。
しゅ-じょう【主情】ジャウ 理性や意志よりも、感情や情緒などを中心とすること。「一的なものの見方」⇔主意/主知。
しゅ-じょう【朱錠】ヂャウ「朱墨しゅずみ」に同じ。
しゅ-じょう【×拄×杖｜手×杖】ヂャウ つえ。特に、禅僧が行脚あんぎゃのときに用いるつえ。ちゅうじょう。
しゅ-じょう【衆生】ジャウ《梵 sattvaの訳。音写は薩埵》仏語。生命のあるものすべて。特に、人間をいう。有情うじょう。類語 動物・生き物・生類しょうるい・有情うじょう・生きとし生けるもの
じゅ-しょう【受章】シャウ〔名〕スル 勲章などを受けること。「文化勲章を一する」⇔授章。
じゅ-しょう【受傷】シャウ 事故で、傷をうけること。
じゅ-しょう【受賞】シャウ〔名〕スル 賞をうけること。「アカデミー賞を一する」⇔授賞。
じゅ-しょう【授章】シャウ〔名〕スル 勲章などをさずけること。「文化勲章を一される」「一式」⇔受章。
じゅ-しょう【授賞】シャウ〔名〕スル 賞を授与すること。「優秀作品に一する」「一式」⇔受賞。
じゅ-しょう【×綬章】シャウ 功績を表彰して与えられる、ひものついた記章。「菊花大一」
じゅ-しょう【樹×梢】セウ 樹木のこずえ。木梢もくしょう。「夕日は一をかすめて」〈漱石・草枕〉
じゅ-じょう【樹上】ジャウ 樹木の上。
しゅしょう-え【修正会】シュシャウヱ 毎年正月に諸宗の寺院で行われる法会。その年の吉祥を祈るもの。すしょうえ。
しゅじょう-かい【衆生界】シュジャウ 仏語。衆生の住む迷いの世界。人間界。
しゅしょう-がお【殊勝顔】がほ 殊勝な顔つき。神妙な表情。
しゅじょう-さいど【衆生済度】シュジャウ 仏語。迷いの苦しみから衆生を救って、悟りの世界に渡し導くこと。
じゅじょう-さいぼう【樹状細胞】ジュジャウサイバウ 樹状突起を持つ細胞。抗原提示細胞として機能する免疫細胞の一つ。体内に侵入したウイルスなどの抗原を取り込んで、T細胞に抗原の情報を伝達し、免疫反応を開始させる。DC(dendritic cell)。
しゅしょう-しじ【首相指示】シュシャウ▶総理大臣指示
しゅしょうしめい-せんきょ【首相指名選挙】シュシャウシメイ▶首班指名選挙
しゅじょう-しゅぎ【主情主義】シュジャウ 哲学・倫理学・教育学・文芸などで、知性よりも感情や情緒の優越性を主張する立場。⇔主意主義/主知主義。
しゅしょう-しょ【主×漿署】シュシャウ 律令制で、東宮坊に属し、坊中の粥かゆ・飲料・菓子のことなどをつかさどった役所。のちに主膳監しゅぜんげんに併合。
しゅしょう-たかんしょう【手掌多汗症】シュシャウタカンシャウ▶掌蹠多汗症しょうせきたかんしょう
じゅじょう-とっき【樹状突起】ジュジャウ 神経細胞にある突起のうち、軸索以外の短く木枝分かれしたもの。興奮伝達を受け、電気信号に変える機能をもつ。
しゅしょう-ほさかん【首相補佐官】シュシャウホサクワン▶内閣総理大臣補佐官
しゅ-しょうめい【種小名】セウメイ 生物の二名法による学名で、属名のあとに付ける名称。その種の特徴を表し、ラテン語化した形容詞を用いる。
しゅ-しょうわくせいたい【主小惑星帯】セウワクセイタイ▶小惑星帯
しゅ-しょく【手×燭】手に持つ明かり。てしょく。
しゅ-しょく【主色】❶全体の色彩の基調をなす色。基色。❷色の中で基本的なもの。ふつう赤・橙だいだい・黄・緑・青・紫の6色、または藍を加えた7色。
しゅ-しょく【主食】日常の食事で、主となる食べ物。米飯・パンなど。⇔副食。
しゅ-しょく【朱色】朱の色。しゅいろ。
しゅ-しょく【殊色】女性のすぐれた容貌ようぼう。
しゅ-しょく【酒色】飲酒と色事。「一におぼれる」
しゅ-しょく【酒食】〔名〕スル 酒を飲み、物を食べること。酒と食物。「かの牛店ぎゅうてんにて一していたるに」〈魯文・西洋道中膝栗毛〉類語 飲食・飲み食い
しゅしょ-しょ【主書署】律令制で、東宮坊に属し、東宮に書籍・薬品・筆硯ひっけんの類を供進することをつかさどった役所。
じゅじ-りつ【受磁率】▶磁化率
じゅじ-れき【授時暦】1280年、中国元代の郭守敬が作製した太陰太陽暦。天文観測を基礎に1年を365.2425日とした。中国の暦法中最もすぐれたもので、日本の貞享暦のもとにもなった。
しゅ-しん【主神】❶祭られている祭神の中で、中心となる神。❷律令制で、大宰府だざいふに置かれた祭祀さい

官の職名。管内の諸社の祭祀をつかさどった。かむづかさ。しゅじん。

しゅ-しん【主審】❶競技の審判員の中で、主となって審判する人。⇔副審。❷野球で、球審。➡線審 ➡塁審

しゅ-しん【朱唇｜朱×脣】赤いくちびる。特に、口紅を塗った女性のくちびる。紅唇。「翠黛すいたいは新月を画し、一は桃花を点し」〈織田訳・花柳春話〉

しゅ-しん【珠心】種子植物の胚珠はいしゅの中心にある組織。珠皮に包まれ、内部に胚嚢はいのうができる。

しゅ-しん【酒神】❶酒の神。ローマ神話のバッカスなど。❷酒に強い人。

しゅ-じん【主人】❶家の長。一家のぬし。また、店のぬし。あるじ。「隣家の一」「老舗しにせの一」❷自分の仕える人。雇い主など。「一の不興を買う」❸妻が他人に対して夫をさしていう語。「一は出張しております」❹客を迎えてもてなす立場の人。「一役をつとめる」
〘類語〙(❶)店主・あるじ・おやじ・マスター/(❷)あるじ・主/(❸)夫・亭主・旦那・ハズ・夫君・宅・内の人・宿六

じゅ-しん【受信】〔名〕スル ❶電信・電波などを受けること。「衛星放送を一する」「メールを一する」「一料」⇔送信/発信。❷電報または郵便物を受け取ること。「速達を一する」⇔発信。〘類語〙着信・着電・傍受

じゅ-しん【受診】〔名〕スル 医師の診察を受けること。「診療所で一する」〘類語〙診察・診断・見立て・検診・検査

じゅ-しん【樹心】樹木の幹や枝のしん。

じゅしん-き【受信機｜受信器】発信された電波や振動電流を受信して、必要に応じて情報を取り出す装置。ラジオ・テレビなど。⇔送信機。

しゅじん-こう【主人公】❶事件や小説・劇などの中心人物。ヒーローまたはヒロイン。「悲劇の一」❷「主人❶」の敬称。「どこか山国の人にも近い感じのする一が…迎えてくれる」〈藤村・夜明け前〉
〘類語〙ヒーロー・ヒロイン・主役・中心人物・主ぬし・張本人

しゅしん-こうし【朱唇×皓歯】カウシ 赤いくちびると白い歯。美人を形容する語。

しゅしん-し【主神司】古代、斎宮寮に属し、伊勢神宮の内院・神殿に関する一切の神事をつかさどった役所。いつきのみやのかみづかさ。

じゅしん-しゅぎ【受信主義】►到達主義

しゅしん-ちょう【守×辰丁】チャウ 律令制で、陰陽寮おんようりょうの職員。漏刻の番をし、鐘を鳴らして時刻を知らせた。時守ときもり。

しゅ-しんどう【主振動】潮汐によって変化する潮位のこと。➡副振動

じゅしん-にん【受信人】他からの電信・電報・郵便物などを受け取る人。⇔発信人。

じゅしん-にん【受審人】海難審判において、その審判を要請する理事官が海難の原因に関係すると判断した者のうち、船長・機関担当・通信担当などの海技士、小型船舶操縦士など海技免状を持つ乗組員や、水先人免許を持つ水先人のこと。これ以外を指定海難関係人という。

しゅじん-もち【主人持(ち)】仕えている主人があること。また、その人。しゅうもち。

しゅ-じんもん【主尋問】交互尋問において、証人の取り調べを請求した当事者が最初に行う尋問。直接尋問。

じゅしん-りょう【受信料】レウ 一般には、通信・放送を受信する者が支払う料金。特に日本では、NHKが視聴者から取り立てる料金。

じゅしん-レベル【受信レベル】►アンテナレベル

しゅ-す【×繻子｜朱子】繻子織りにした織物。帯地・半襟・洋服地などに用いられる。サテン。

しゅ-・す【▽呪す】〔動サ変〕《「じゅす」とも》のろう。まじないをする。「外道また虚空に向かって且しばらく一・したるに」〈太平記・二四〉

じゅ-ず【数珠】仏・菩薩を礼拝するときに手に掛ける仏具で、小さい玉をつないだ輪。玉の数は通常108個あり、百八煩悩を除くためといわれる。また、宗派によって数を54や27などに減らしたものもある。念珠。ずず。

しゅ-すい【主帥】❶軍隊の主将。❷律令制で、軍団の部隊長。❸律令制で、衛府えふの下級職員。

しゅ-すい【取水】〔名〕スル 河川などから水を取り入れること。「貯水池から一する」

じゅ-すい【▽入水】〔名〕スル 水中に身を投げて自殺すること。みなげ。にゅうすい。「一して果てる」

しゅすい-こう【取水口】河川などから水を上水道や農業用水路に導き入れる所。また、その設備。取り入れ口。

しゅすい-し【主水司】律令制で、宮内省に属し、宮中の飲料水や醤ひしお・粥かゆ・氷室ひむろのことなどをつかさどった役所。もいとりのつかさ。もんどのつかさ。

しゅすい-ぜき【取水×堰】水位を上げて用水路に水を取り入れるために、川などに横切って設ける堰。取水ダム。

しゅすい-とう【取水塔】タフ 貯水池・河川などに設けられた、取水口のある塔。

しゅす-おり【×繻子織(り)】縦糸と横糸とが交差する点が連続することなく、縦糸または横糸だけが表に現れるような織り方。また、その織物。一般に縦糸の浮きが多く、斜文織りよりさらに光沢がある。

じゅずかけ-ばと【数珠掛×鳩】ハト科の鳥。全身薄茶色で、くびの後ろに黒褐色の輪模様がある。古くから世界的に広く飼われていた家禽かきんで、原産地は北アフリカとされる。

じゅず-だま【数珠玉】❶数珠に作る玉。ずずだま。❷イネ科の多年草。水辺に生え、高さ約1メートル。葉は細長く縁がざらつく。初秋、葉の付け根に雌花と雄花の穂を出す。実は緑色から黒色に変わる。唐麦。つしだま。じゅずこ。ずずこ。ずずだま。《季 秋》「一や野川ここより北へ急せく/波郷」

じゅず-つなぎ【数珠×繋ぎ】糸でつないだ数珠玉のように、多くの人や物をひとつなぎにすること。また、そのようなようす。ずずつなぎ。「道路が渋滞して車が一になる」

じゅずね-の-き【数珠根の木】アカネ科の常緑小低木。関東南部以西の暖地に生え、高さ約50センチ。枝にとげがある。葉は卵形で先がとがり、つやがある。春、葉の付け根に白花をつける。

しゅす-びん【×繻子×鬢】❶江戸時代、毛筋を透かさないでなでつけた、繻子のようにつやのある鬢。❷《繻子の頭巾ずきんをかぶっていたところから》江戸時代、比丘尼びくにの姿をした売春婦。

しゅ-ずみ【朱墨】朱粉を膠にかわで固めた墨。赤墨。朱錠。しゅぼく。

じゅず-も【数珠藻】ネンジュモの別名。

しゅす-らん【×繻子×蘭】ラン科の常緑多年草。暖地の林に生える。高さ約15センチ。根茎は地をはい、節から根を出す。葉は長楕円形で暗紫緑色を帯び、ビロード状のつやがあり、中央脈は白い。夏、淡褐色の小花を総状につける。ビロード蘭。

しゅ・する【修する】〔動サ変〕図しゅ・す〔サ変〕❶おさめる。修練する。しゅうする。「仏道を一・する」❷なおす。修繕する。しゅうする。「船を一・するを名として」〈条野有人・近世紀聞〉

じゅ・する【呪する】〔動サ変〕図じゅ・す〔サ変〕《「しゅする」とも》まじないを唱える。「ぐらぐらと家が揺らめいた。私は陀羅尼だらにを一・した」〈鏡花・高野聖〉

じゅ・する【×誦する】〔動サ変〕図じゅ・す〔サ変〕詩歌・経文などを節ふしをつけて唱える。誦ずする。ずする。「経を一・する」〘類語〙唱える・吟ずる

しゅ-せい【主政】律令制で、郡司の第三等官。

しゅ-せい【主星】連星のうち明るいほうの恒星。⇔伴星。

しゅ-せい【守成】〔名〕スル 創業者のあとを受け継いで、その事業を固め守ること。「家業を一する」

しゅ-せい【守勢】❶敵の攻撃から身を守る態勢。「一に立つ」⇔攻勢。❷守備に当たる勢力・軍勢。
〘類語〙劣勢

しゅ-せい【首星】「アルファ星」に同じ。

しゅ-せい【酒精】エチルアルコールのこと。

しゅ-せい【種姓】►すじょう(種姓)

しゅ-ぜい【主税】「主税寮」の略。

しゅ-ぜい【酒税】酒類に対して課される間接消費税。製造者・引取人を納税義務者とするが、実際は消費者が負担する。

じゅ-せい【寿星】❶老人星ろうじんせいの異称。❷馬の眉間みけんにあるつむじ。

じゅ-せい【受精】〔名〕スル 雌性生殖細胞の卵に雄性生殖細胞の精子が融合し、両者のもつ核が合体すること。

じゅ-せい【授精】精子を卵に結合させること。媒精。「人工一」

じゅ-せい【樹勢】樹木の生長する勢い。

しゅせい-いんりょう【酒精飲料】レウ エチルアルコールを含んだ飲料の総称。アルコール飲料。

しゅぜい-きょく【主税局】財務省の内局の一。国税の見積もり・割り当てなどに関する業務を行う。

しゅ-せいけつ【朱世傑】中国元代初期の数学者。字あざなは漢卿。号は松庭。正負の数の四則や平面図形の求積、算木を用いて行う天元術(代数)などを明らかにし、江戸時代の和算に大きな影響を与えた。著「算学啓蒙」「四元玉鑑」。生没年未詳。

しゅせい-ざい【酒精剤】揮発性医薬品をエチルアルコール、またはエチルアルコールと水の混液で溶かした液剤。内用及び外用に用いられる。

じゅせい-とう【寿星桃】タウ カラモモの別名。

じゅせい-のう【受精×嚢】ナウ 扁形へんけい動物・節足動物などの雌の生殖器官の一部。雄の生殖器官から受け取った精子を、受精のときまで貯蔵しておく小さな袋状の部分。

しゅせい-はっこう【酒精発酵】ハツカウ ►アルコール発酵

しゅ-せいぶん【主成分】ある物質を構成している成分のうちの主なもの。

しゅせい-ぶん【酒精分】酒類や化学薬品などのアルコール分。

しゅぜい-ほう【酒税法】ハフ 酒類の分類、それぞれの税率、納税、製造免許、販売免許等について定めた法律。昭和28年(1953)施行、平成18年(2006)改正。
〘補説〙税金は価格に加算され、消費者が負担する。

じゅせい-まく【受精膜】受精直後に卵のまわりに形成され、卵表面全体を覆う膜。海産動物や両生類にみられる。

じゅせい-らん【受精卵】受精を終えた卵。ふつう、個体発生を開始する。

じゅせいらん-しんだん【受精卵診断】►着床前ちゃくしょうぜん診断

しゅぜい-りょう【主税寮】レウ 律令制で、民部省に属し、諸国の田租でんそや米穀類の倉庫の出納などをつかさどった役所。ちからりょう。ちからのつかさ。

しゅ-せき【手跡｜手×蹟】文字の書きぶり。筆跡。
〘類語〙字・書体・筆跡・墨跡・手て・筆の跡・水茎の跡

しゅ-せき【主席】❶《第一の席の意から》国家・政党など、公式の組織・機関を代表する最高責任者。「中国共産党中央軍事委員会一」❷主人の席。

しゅ-せき【首席】第1位の席次。また、その人。「一で卒業する」「一代表」〘類語〙首班・首座

しゅ-せき【酒石】ぶどう酒製造の際、発酵が進むと容器内に生成する沈殿物。主成分は酒石酸水素カリウム。酒石酸の製造原料。

しゅ-せき【酒席】酒宴の席。酒盛りの場。
〘類語〙宴席・お座敷

しゅせき-えい【酒石英】酒石を再結晶させたもの。比較的純粋な酒石酸水素カリウム。酸味のある白色の結晶。

しゅせき-さん【酒石酸】ブドウなどの果実に存在する有機二塩基酸。無色の柱状結晶で、水溶液には快い酸味がある。清涼飲料水や製菓、染色などに用いる。化学式$C_4H_6O_6$

しゅ-せつ【主節】複文で、それだけで独立した文になれる節。従属節を従えている。

しゅ-せつ【守節】節操を守ること。

しゅ-せん【主戦】❶戦争することを主張すること。

「一論」❷チーム・軍隊などの主力となって戦うこと。「一投手」

しゅ-せん【守戦】❶守ることと戦うこと。「一両様の構え」❷防ぎ守って敵と戦うこと。防戦。

しゅ-せん【酒仙】世俗の事にとらわれず、酒をこの上なく好み楽しむ人。また、酒に非常に強い人。
(類語)酒好き・酒飲み・のんべえ・飲み助・酒豪・飲んだくれ・大酒家・飲み手・大酒飲み・酒客・酒家

しゅせん【酒泉】中国甘粛省の商業都市。古来より西域との交通の要衝で、前漢の武帝の時、西域四郡の一つとして酒泉郡が置かれた。付近には、北魏から唐代にかけての仏教遺跡、文殊山石窟寺院がある。

しゅ-せん【酒戦】酒の飲みくらべをすること。

しゅ-せん【酒×饌】酒と食べ物。酒肴(しゅこう)。

しゅ-せん【▽集銭】互いに金を出し合うこと。また、その金。

しゅ-ぜん【主膳】❶宮内庁管理部大膳課の職員。食品の調達、食器の管理、会食時の準備などをつかさどる。❷律令制で、宮中の膳部のことをつかさどった職。かしわで。

しゅ-ぜん【修善】仏語。善行を積むこと。

しゅ-ぜん【修禅】座禅や観法を修めること。修禅定(しゅぜんじょう)。

しゅ-ぜん【×鬚×髯】あごひげと、ほおひげ。ひげ。
(類語)髭(ひげ)・口髭・顎鬚(あごひげ)・頬髯(ほおひげ)・ちょび髭・無精髭

じゅ-せん【受洗】〔名〕(スル) キリスト教で、洗礼を受けること。「二〇歳で一した」

じゅ-せん【▽鋳銭】銭を鋳ること。ちゅうせん。

じゅ-せん【鷲山】「霊鷲山(りょうじゅせん)」の略。

じゅ-ぜん【受禅】〔名〕(スル)《「禅」は天子が位を譲る意》先帝から帝位を譲られて即位すること。⇒禅譲

しゅぜん-げん【主膳▽監】律令制で、東宮坊に属し、坊中の膳部をつかさどった役所。みこのかしわでのつかさ。しゅぜんかん。

しゅせん-ざけ【▽集銭酒】皆で金を出し合い買う酒。「天目に、御器(ごき)一一両二分の取替を」〈浄・薩摩歌〉

しゅせん-し【主船司】律令制で、兵部省に属し、公私の船舶や船具などを管理した役所。

しゅぜんじ【修善寺】㊀静岡県、伊豆市の地名。桂川の渓谷に沿う温泉町。修禅寺や、空海が掘ったという独鈷(とっこ)ノ湯がある。㊁「修善寺紙」の略。

しゅぜん-じ【修禅寺】静岡県伊豆市にある曹洞宗の寺。山号は肖廬(しょうろ)山。延暦年間(782～806)空海の弟子杲隣(ごうりん)の創建と伝える。鎌倉時代に真言宗から臨済宗となり、戦国時代、北条早雲によって隆渓繁紹が入り、曹洞宗に改めた。源範頼・頼家が幽閉・殺害された寺。

じゅせん-し【▽鋳銭司】▶ちゅうせんし(鋳銭司)

じゅせん-じ【鷲山寺】千葉県茂原市鷲巣にある法華宗(本門流)の大本山。山号は長国山。開創は建治3年(1277)、開基は小早川内記、開山は日弁。

しゅぜんじ-がみ【修善寺紙】伊豆市修善寺で産する和紙。薄紅色で横に筋がある。修善寺。

しゅぜんじものがたり【修禅寺物語】岡本綺堂の戯曲。一幕三場。明治44年(1911)発表、同年初演。源頼家の命で作った面に、頼家の運命を暗示する死相が現れた話を通して、伊豆の面(おもて)作り師夜叉王(やしゃおう)の名人気質を描く。

しゅせん-だし【▽集銭出し】互いに銭を出し合って飲食すること。「あたま数よみて、飲むも飲まぬも七文づつの一」〈浮・五人女・一〉

しゅ-ぜんちゅう【朱全忠】[852～912]中国、五代後梁の初代皇帝。在位907～912。名は温。廟号は太祖。碭山(とうざん)(江蘇省)の人。黄巣の賊徒から立身し、唐の節度使となる。のち、哀帝を擁立、907年、譲位させて梁を建国したが、子の友珪に殺された。

しゅせん-ど【守銭奴】金をため込むことばかりに執心する、けちな人。(類語)けちん坊・しわん坊・握り屋・締まり屋・吝嗇漢(りんしょくかん)・倹約家・始末屋

しゅせんど【守銭奴】《原題、(フランス) L'Avare》モリエールの戯曲。5幕。1668年初演。守銭奴アルパゴンが息子や娘に金のための結婚をさせ、自分は息子の恋人と再婚しようとして引き起こす、こっけいな騒動を描いた喜劇。

しゅ-そ【主訴】患者が医者に申し立てる症状のうちの、主要なもの。

しゅ-そ【首▽座】《「そ(座)」は唐音》禅宗の寺で、修行僧のうち第一の位の者。

しゅ-そ【首×鼠】《穴から首を出して辺りのようすをうかがっている鼠(ねずみ)の意から》どうすべきか心を決めかねていること。ぐずぐずしていて態度が決まらないこと。

じゅ-そ【受訴】〔名〕(スル) 訴訟を受理すること。

じゅ-そ【呪×詛｜呪×咀】〔名〕(スル)《古くは「しゅそ」》神仏や悪霊などに祈願して相手に災いが及ぶようにすること。のろうこと。「身の不運を一する」(類語)呪い・憎む・嫌う・忌み嫌う・恨む・嫉(そね)む・呪(のろ)う・嫌がる・厭(いと)う・憎悪する・嫌悪する・敵視する・仇視(きゅうし)する・嫉視(しっし)する・唾棄(だき)する・目の敵(かたき)にする・白い目で見る

しゅ-そう【酒槽】(シュサウ) 酒をしぼる桶。また、しぼった酒を蓄えておく桶。さかぶね。

しゅ-ぞう【修造】(シウザウ)〔名〕(スル) 神社や寺などを繕い直すこと。修理。修復。しゅうぞう。

しゅ-ぞう【酒造】(シュザウ) 酒をつくること。造酒。「一家」

じゅ-そう【儒葬】(ジュサウ) 儒教の儀式に基づく葬式。

じゅ-そう【樹霜】(ジュサウ) 大気中の水蒸気が昇華して樹木などに付着した、氷の結晶。霧氷の一種。(季 冬)

じゅ-ぞう【寿像】(ジュザウ) その人の存命中につくっておく肖像彫刻・肖像画。

じゅ-ぞう【寿蔵】(ジュザウ) 生前に自分でつくっておく墓。寿冢(じゅちょう)。

じゅ-ぞう【受像】(ジュザウ)〔名〕(スル) テレビ電波を受けて受信機が画面に像を作ること。また、その像。⇔送像。

じゅ-ぞう【受贈】〔名〕(スル) 寄贈されたものを受け入れること。「児童図書を一する」
(類語)貰(もら)う・押し頂く・受ける・受け取る・収める・収受・受納・受領・受給・譲り受ける・貰い受ける・授かる・頂く・賜(たまわ)る・頂戴(ちょうだい)・拝領・拝受・申し受ける

じゅぞう-かん【受像管】(ジュザウクワン) テレビ受像用の電子管。ふつう、ブラウン管をさす。

じゅぞう-き【受像機】(ジュザウ) テレビの受像に用いられる装置。

しゅぞう-す【修造主】(シウザウ) 禅家の僧職で、建物の修造を監督する者。

しゅぞう-ぜい【酒造税】(シュザウ) 明治29年(1896)の酒造税法によって、酒類の製造者に課された税。昭和15年(1940)酒税に改められた。

じゅぞう-とうばん【×鷲像×纛×幡】(ジュザウタウバン) ワシの像を描いた纛幡。平安時代、即位式のとき、衛門府の軍旗として会昌門外の陣頭に立てた。

しゅ-そく【手足】❶手と足。てあし。❷ある人のために、手足のように働く者。配下の者。部下。「社長の一となる」

手足を措(お)く所(ところ)なし 《「論語」子路から》安心して身を置く場所がない。不安でたまらない。

しゅ-そく【首足】❶首と足。❷首から足まで。身体。

首足処(ところ)を異(こと)にす 《「史記」孔子世家から》切られて、首と足とが別々になる。斬首(ざんしゅ)の刑や腰斬刑に処せられる。

しゅ-ぞく【殊俗】変わった珍しい風俗や習慣。また、その国。外国。

しゅ-ぞく【種族｜種属】❶動物や植物で、同じ部類に属するもの。❷同一言語・同質の文化を共有する比較的小さな民族的集団。部族。❸天文学で、星を場所・年齢・HR(ヘルツシュプルング ラッセル)図などの違いにより分類したもの。散開星団で代表される銀河の腕の部分に存在する若い星が種族Ⅰ、球状星団で代表される銀河の中核部などに存在する古い星が種族Ⅱ。
(類語)(❷)人種・民族・部族

しゅぞくほぞん-ほんのう【種族保存本能】生物が自己の種族を存続させようとする行動または原動力となるもの。

じゅそ-さいばんしょ【受訴裁判所】ある民事事件に関し、判決手続きが将来係属する、または現に係属している、あるいは過去に係属した裁判所。

ジュソ-しゅうどういん【ジュソ修道院】(シウダウヰン) ▶ユソ修道院

じゅ-そつ【×戍卒】国境やとりでなどを守備する兵卒。番兵。戍兵。

しゅそ-りょうたん【首×鼠両端】(リャウタン)《「史記」灌夫伝から》「首鼠」に同じ。「一を持す」

しゅだ【首×陀｜▽須×陀】「首陀羅(しゅだら)」の略。

シュターデ〘Stade〙ドイツ北部、ニーダーザクセン州の工業都市。エルベ川の支流シュウィンゲ川沿いに位置し、中世には河港都市として栄えた。13世紀にハンザ同盟に加盟。三十年戦争の後、17世紀後半から18世紀初めまでスウェーデンの支配下に置かれた。市庁舎や木組み造りの民家をはじめ、歴史的建造物が数多く残っている。

しゅ-たい【主体】❶自覚や意志に基づいて行動したり作用を他に及ぼしたりするもの。「動作の一」⇔客体。❷物事を構成するうえで中心となっているもの。「食餌療法を一に種々の治療を行う」「市民一の祭典」❸《語源の(ギリシャ)hypokeimenōnは、根底にあるもの、基体の意》哲学で、他に作用などを及ぼす当のもの。認識論では主観と同義。個人的、実践的、歴史的、社会的、身体的な自我の働きが強調される場合、この主体という言葉が用いられる。⇒主観
(類語)主部・本体・中心・主(しゅ)・軸(じく)・要(かなめ)・柱(はしら)・中軸・枢軸・主軸・主力・基幹・根幹・中枢・中核

しゅ-だい【主題】❶中心となる題目・問題。❷芸術作品で、作者の主張の中心となる思想内容。テーマ。❸楽曲を特徴づけ、展開させる核となる楽想。テーマ。(類語)トピック・題目・論題・本題・テーマ・題材

しゅ-だい【首題】❶文書などの初めに書いてある題目。❷経典の初めに書かれた語句。経の題名。首題名字(しゅだいみょうじ)。

じゅ-たい【受胎】〔名〕(スル) 身ごもること。妊娠。懐妊。
(類語)妊娠・懐妊・懐胎・身重

じゅ-たい【樹帯】山を取り巻いて、同じくらいの高さの木が帯状に茂っている所。

じゅ-だい【▽入内】〔名〕(スル) 皇后・中宮・女御になる人が、儀礼を整えて正式に内裏に入ること。

シュタイア〘Steyr〙オーストリア、オーバーエスターライヒ州の工業都市。自動車工業が盛ん。中世の面影を残す旧市街には、市庁舎やマリエン教会をはじめ、歴史的建造物が数多く残る。

しゅだい-か【主題歌】「テーマソング」に同じ。「映画の一」

しゅだい-きょく【主題曲】「テーマミュージック」に同じ。「テレビドラマの一」

シュタイクアイゼン〘(ドイツ) Steigeisen〙▶アイゼン

じゅたい-こくち【受胎告知】大天使ガブリエルが、処女マリアにキリストの懐妊を告げたこと。カトリック教会では、これを記念して3月25日を祝日とする。聖告。(季 春)

しゅたい-せい【主体性】自分の意志・判断で行動しようとする態度。「一のない人」「一をもって仕事に取り組む」

じゅたい-ちょうせつ【受胎調節】(テウセツ) 受胎を計画的に制限し、妊娠を調節すること。

しゅたい-てき【主体的】〔形動〕自分の意志・判断に基づいて行動するさま。「一な行動」

シュタイナー〘Rudolf Steiner〙[1861～1925]ドイツの思想家。オーストリアの生まれ。子供の自発性を尊重したバルドルフ学校を設立し、自由主義教育の流れを受けたシュタイナー教育を提唱・実践した。

シュタイナー-きょういく【シュタイナー教育】(ケウイク) ドイツの哲学者・教育学者ルドルフ=シュタイナーが提唱・実践した教育。シュタイナーが1919年にシュトゥットガルトに開いた自由学校に始まる。1920年代の自由主義教育の流れを受けた、子供の自主性を尊重した教育。

シュタイナウ〘Steinau〙ドイツ中部、ヘッセン州の都市。正式名称はシュタイナウ-アン-デア-シュトラーセ。キンツィヒ川沿いに位置する。グリム兄弟が少年時代を過ごした地として知られ、グリム兄弟についての

博物館や人形劇の劇場などがある。メルヘン街道沿いの都市の一。

シュタイン〘Heinrich Friedrich Karl, Reichsfreiherr vom und zum Stein〙[1757～1831]プロイセンの政治家。ナポレオン支配の時代に農奴制廃止・国民皆兵制・行財政改革に尽力し、ドイツ近代化の基礎をつくった。

シュタイン〘Lorenz von Stein〙[1815～1890]ドイツの法学者・社会学者。国家の社会政策による資本主義の発展を主張。渡欧した伊藤博文に憲法・行政法を講義したことで知られる。

シュタイン-アム-ライン〘Stein am Rhein〙スイス最北部、シャフハウゼン州、ライン川沿いの町。旧市街には、聖ゲオルグ修道院や壁画がある市庁舎をはじめ、中世の面影を残す歴史的建造物が数多くある。町の北側の高台にあるホーエンクリンゲン城は展望地として知られる。

シュタインホフ-きょうかい【シュタインホフ教会】《Kirche am Steinhof》▶アムシュタインホフ教会

シュタウディンガー〘Hermann Staudinger〙[1881～1965]ドイツの化学者。天然の高分子化合物の構造を解明し、プラスチック時代への道を開いた。1953年、ノーベル化学賞受賞。

しゅだおん【▽須×陀×洹】《梵 srota-āpannaの音写。流れに入る意。預流(よる)と訳す》仏語。煩悩を脱して聖者の境地に入った位。四果(しか)の第一。

しゅ-たく【手沢】❶長く使っている間に、手のあぶらがついて自然に出たつや。転じて、故人が身近において愛用したもの。❷「手沢本」の略。(類語)手垢(てあか)

しゅ-たく【手拓】拓本をとること。また、拓本。

じゅ-たく【受託】〘名〙スル 頼まれて引き受けること。また、頼まれて金銭や物品を預かること。

じゅ-だく【受諾】〘名〙スル 相手からの提案・申し入れなどを受け入れること。「降伏勧告を―する」(類語)受け入れる・聞き入れる・聞き届ける・認める・承認・承諾・受け付ける・心得る・応じる・承る・承服・黙認・公認・自認・約諾・快諾・内諾・甘受・オーケー・受容・承知

じゅたく-さいばんかん【受託裁判官】裁判所間の共助として他の裁判所から嘱託を受け、自己の所属する裁判所の管轄内で、証拠調べ・尋問・和解・押収・捜索などの処理をする裁判官。

じゅたく-さいばんしょ【受託裁判所】他の裁判所から嘱託を受け、その管轄内での証拠調べ・尋問・送達などを行う裁判所。

じゅたく-しゃ【受託者】❶委託を受けた者。❷信託法による信託を受け、信託財産の管理や処分を行う者。

じゅたく-しゅうわいざい【受託収賄罪】公務員が特定の職務行為を行うよう、または行うべき職務をしないよう依頼(請託)され、収賄罪が定める行為を行うこと。刑法第197条第1項が禁じ、7年以下の懲役に処せられる。

じゅたく-しんたくがいしゃ【受託信託会社】特定目的信託において、特定資産の保有者(オリジネーター)から債権や不動産などの資産の拠出を受けて、受益証券を発行する信託会社。原委託者であるオリジネーターは受益証券を販売することにより一般投資家から広く資金を調達することができる。

じゅたく-ばいばい【受託売買】他人から委託を受け、自己の名で行う売買。問屋(といや)営業がこれにあたる。

じゅたく-はんばい【受託販売】他人から委託を受け、委託者の計算で、自己の名で物品を販売すること。

しゅたく-ぼん【手沢本】❶故人愛用の書。遺愛の書物。❷ある人が書き入れなどして大切にしている本。

しゅだつ【須達】《梵 Sudatta》釈迦(しゃか)の時代、中インド舎衛城の長者。波斯匿(はしのく)王の大臣。釈迦に帰依し、祇園精舎を献じた。給孤独(ぎっこどく)。須達多(しゅだった)。すだつ。

シュタムラー〘Rudolf Stammler〙[1856～1938]ドイツの法哲学者。新カント学派の法哲学を樹立。著「経済と法」「法哲学教科書」など。

しゅたら【修多羅】《梵 sūtraの音写。線・ひも・糸の意》❶経文。経典。契経(かいきょう)。❷十二分経の一。散文で教理を説いたもの。契経。❸袈裟(けさ)の装飾として垂らす、白赤4筋の組みひも。

しゅだら【首×陀羅】《梵 s'ūdraの音写》▶シュードラ

しゅ-たる【主たる】〘連体〙おもな。主要な。「―目的」「―原因」

シュタルク〘Johannes Stark〙[1874～1957]ドイツの物理学者。水素スペクトル線についてのシュタルク効果を発見し、量子理論の発展に貢献。1919年、ノーベル物理学賞受賞。著「原子力学の原理」。

シュタルク-こうか【シュタルク効果】光を出している物質に強い電界をかけると、そのスペクトル線が数本に分裂する現象。1913年にシュタルクが発見。

しゅ-だん【手段】ある事を実現させるためにとる方法。てだて。「―を講じる」「目的のためには―を選ばない」「強硬―」「生産―」(類語)仕方・方法・やり方・仕様・致し方・手口・やり口・伝・メソッド・方途・機軸・定石・てだて・方式・術・方便・術計

(用法)**手段・方法**――「患者の生命を救うための手段(方法)を考える」「相手に自分の意志を伝える有効な手段(方法)」など、目的を実現するためのやり方の意では相通じて用いられる。◆「生産の手段」というと、原料・道具・建物などをさし、それらを使って物を生産するやり方が「方法」となる。「強行手段に訴える」といえば、交渉を一方的に打ち切ったり、武力を用いたりすることで、これを「強硬方法に訴える」とは普通はいわない。◆手段は具体的な行為・方策をさし、「方法」は一つ一つの手段を総合して効果的に動かすやり方をさすといえる。◆類似の語「手だて」は、「もはやほかに手だてはない」のように、やり方の意で用いられる。

しゅ-だん【手談】《言葉を交わすことなくただ手を動かすところから》碁を打つこと。囲碁。「浮世を離れし―のわざ」〈浄・国性爺〉

シュタンス〘Stans〙スイス中部、ニトワルデン準州の州都。町の中央部に15世紀から18世紀にかけて建造された邸宅、教会、修道院などの歴史的建造物が残っている。展望地として有名な標高1898メートルの山、シュタンザーホルンの山頂までケーブルカーとロープウエーで結ばれる。

しゅ-ち【主知】知性・理性などの知の機能を、他の感情や意志の機能より上位に置くこと。⇔主意/主情。

しゅ-ち【殊×智】きわだってすぐれた知恵。「固より―にして異心なり」〈東海散士・佳人之奇遇〉

しゅ-ち【趣致】おもむき。風情(ふぜい)。「―に富む」

ジュチ〘Jūchi〙[1172～1224ころ]キプチャク-ハン国の始祖。チンギス=ハンの長子。南ロシア征討中に病死。第2子バトゥがハン国を創始。朮赤。

しゅちいん-だいがく【種智院大学】京都市南区にある私立大学。明治38年(1905)創設の京都専門学校を母体に、昭和24年(1949)新制大学として発足。

しゅ-ちく【種畜】繁殖用または品種改良のために飼育される家畜。種牛・種馬など。

しゅちく-ぼくじょう【種畜牧場】家畜と家禽の増殖・改良を図るため、優良な種畜・種鶏を生産・飼育した施設。農林水産省の組織で、全国に10か所以上あったが、平成2年(1990)家畜改良センターに改組。同13年独立行政法人に移行した。

しゅち-しゅぎ【主知主義】❶感情や意志よりも知性・理性の働きに優位を認める立場。主知説。⇔主意主義/主情主義。㋐認識論で、真理は理性によって合理的に把握されるとする立場。㋑形而上学で、世界の根本原理を知的・理性的なものとする立場。㋒倫理学で、行為を律する道徳的原理を知性や理性のうちに求める立場。㋓心理学で、すべての心理的現象を知的な要素から説明しようとする立場。❷文芸史で、知性を重んじる立場。

しゅち-せつ【主知説】▶主知主義

しゅち-にくりん【酒池肉林】《「史記」殷本紀の「酒を以て池となし、肉を懸けて林となす」から》酒や食べ物がふんだんにある、贅(ぜい)を極めた酒宴。

しゅ-ちゅう【手中】手の中。また、所有・支配の範囲内。「決定権は―にある」「敵の―に落ちる」(類語)掌中

手中に収(おさ)・める 自分のものとする。「勝利を―・める」

手中に落(お)・ちる その人の所有となる。その人の思い通りになる。「悪漢たちの―・ちる」

しゅ-ちゅう【主柱】建築物を支える中心の柱。転じて、全体を支える最も重要なもの。「国づくりの―は教育である」

じゅ-ちゅう【受注｜受×註】〘名〙スル 注文を受けること。「鉄道会社から車両を―する」⇔発注。

しゅちゅう-か【酒中花】ヤマブキの茎の髄などで、花・鳥などの小さな形を作り、杯や杯洗などに浮かべると、開くようにしたもの。(季 夏)

じゅちゅう-ちょうせい【受注調整】競争入札で談合を行う業者グループが、全体の年間発注額や各社の規模などを考慮した上で、各社の受注額が予定通りになるように案件を振り分ける行為。各入札で、受注予定の会社をあらかじめ決めておき、その会社が入札参加者の最低価格で応札するよう事前に調整を行う。結果として、公正な競争が妨げられる。

しゅ-ちょ【主著】その人の著作のうち主なもの。

しゅ-ちょう【主帳】律令制で、諸国の郡または軍団に置かれ、文書の起草・受理をつかさどった職。

しゅ-ちょう【主張】〘名〙スル 自分の意見や持論を他に認めさせようとして、強く言い張ること。また、その意見や持論。「―を通す」「自説を―する」(類語)力説・強調・叫ぶ・強弁・意見・見解・説・論・所説・所論・持説・持論・私見・私意・私考・所思・所見・考え・見方・オピニオン (尊敬)貴意・高見 (謙譲)愚見・卑見・私見・管見

しゅ-ちょう【主徴】❶おもな症状。❷おもな特徴。「西欧文化の―」

しゅ-ちょう【主潮】❶潮の主な流れ。❷ある時代または社会で主流になっている思想の傾向。(類語)思潮・通念

しゅ-ちょう【主調】❶楽曲の基礎をなす調。基調。❷作品・言説などの中心をなす調子・色調。基調。「青を―とした画面」

しゅちょう【朱鳥】飛鳥(あすか)時代、天武天皇晩年の時の年号。686年7月20日改元。同年9月、天皇が没して以後、しばらくして用いられなくなった。すちょう。あかみとり。

しゅ-ちょう【首長】❶集団・組織を統率する長。かしら。おさ。「部族の―」❷行政機関の独任制の長官。特に、内閣の代表者としての内閣総理大臣。都道府県知事・市町村長などをさすこともある。くびちょう。❸カタールやクウェート、またアラブ首長国連邦を構成する各首長国の元首の称。アラビア語の「アミール」の和訳。

しゅ-ちょう【腫×脹】〘名〙スル 炎症などが原因で、からだの組織や器官の一部がはれ上がること。

しゅちょう-おん【主調音】▶主音

しゅちょう-ずきん【首丁頭巾】中世、僧または法師武者が戦いのときにかぶった頭巾。麻布製。黒布をくくり、後方を広げて、1か所を綴じたもの。出張頭巾。

しゅちょう-せい【首長制】議員と首長とを別々の選挙で選び、両者の牽制(けんせい)と均衡のうちに公正な政治の実現をはかる制度。米国の大統領制が該当する。日本では地方公共団体で採用されている。

しゅちょう-れい【首長令】イギリス国王をイギリス国教会の唯一最高の首長と定めた法律。1534年、ヘンリー8世が議会の協賛を得て発布。イギリス国教会のローマ教会からの分離を明確にした。国王至上法。

しゅ-ちょく【手勅】天皇の直筆による勅書。手詔。

シュチン〘ポルトガル setim｜オランダ satijin〙繻子地(しゅすじ)に2色以上の横糸を使って、模様を織り出した地質の厚い絹織物。帯地・袋物・袈裟(けさ)などに使う。シチン。シッチン。(補説)「繻珍」「朱珍」とも書く。また、唐音語「七糸緞(しちん)」の略ともいう。

しゅつ【出】❶その土地・家系などから出ること。生まれ。出身。「藤原氏の―」❷そこから出ること。また、出るもの。❸出来のよいこと。「稽古、安心をなさば、などか、一不出の其のゆゑを知らざらん」〈拾玉得花〉➔漢「しゅつ(出)」

じゅつ【×朮】キク科のオケラなどの根茎を乾燥したもの。漢方で健胃・利尿・鎮痛などに用いる。白朮(びゃくじゅつ)・蒼朮(そうじゅつ)がある。

じゅつ【述】❶述べること。また、述べたもの。「フェノロサー」❷漢文の文体の一。人の言行を記述したもの。❸「述語」の略。「主―の関係」➔漢「じゅつ(述)」

じゅつ【術】❶人が身につける特別の技。技術。「剣の―」❷手段。方法。てだて。すべ。「もはや施す―もなし」❸策略。計略。はかりごと。たくらみ。「―をめぐらす」❹人知をこえた不思議なわざ。忍術・魔術・妖術など。「透視の―」「奇怪な―をつかう」➔漢「じゅつ(術)」類語 方法・仕方・遣(や)り方・仕様(しよう)・遣(や)り様(よう)・方式・流儀・遣(や)り口・伝(つて)・手段・手口・メソッド・方途・定石・てだて・方便・術計

しゅつ-いき【出域】[名]スル その区域や水域から出ること。「領海から―する」⇔入域。

しゅつ-いん【出院】[名]スル ❶「登院」に同じ。「―すれども議論決す可きの機なければ」〈織田訳・花柳春話〉❷「退院❶」に同じ。「―のとき袴羽織でわざわざ見舞に来た話をして」〈漱石・行人〉

しゅつ-えき【出液】植物の茎を切ると、切り口から水が出る現象。溢泌(いっぴつ)。

しゅつエジプトき【出エジプト記】《Exodus》旧約聖書中の一書。モーセ五書の一。エジプトに居留したイスラエル人がモーセに率いられて、圧政のエジプトから脱出し、シナイ山に至るまでを記す。モーセに与えられた十戒は後半に述べられる。

しゅつ-えん【出×捐】[名]スル ❶金品を出して人を救うこと。「医薬品を―する」❷当事者の一方が自分の意思で、財産上の損失をし、他方に利益を得させること。

しゅつ-えん【出演】[名]スル 演劇・映画・テレビなどに出て演技をすること。「大作に―する」「―者」類語 演ずる・主演・共演・助演・独演・競演・好演・熱演

しゅっ-か【出火】[名]スル 火災を起こすこと。火事が出ること。「調理場から―する」「―原因」
類語 発火・点火・着火・引火・火事・火災・火難・失火・炎上・大火・小火(ぼや)・自火・近火・急火・怪火・不審火(び)・祝融(しゅくゆう)・回禄(かいろく)

しゅっ-か【出荷】[名]スル 荷を積み出すこと。特に、商品を市場に出すこと。「全国各地へ―する」

しゅつ-が【出芽】[名]スル ❶植物が芽を出すこと。芽が出ること。発芽。「春先に一斉に―する」❷▸芽生生殖(がせいせいしょく)❸植物体の軸に分岐が生じ、新しい軸の原基が形成されること。

しゅつ-が【出×駕】貴人が駕籠(かご)や車で外出すること。また、貴人の外出。おでまし。

しゅっ-かい【出会】[名]スル であうこと。であい。邂逅(かいこう)。「我は実に此問題に―したのである」〈木下尚江・良人の自白〉類語 会う・出会う・出くわす・行き合う・巡り合う・邂逅(かいこう)する・遭遇する・鉢合わせする・来合わせる・再会する・一期一会

じゅっ-かい【述懐】[名]スル《古くは「しゅっかい」》❶思いをのべること。「心境を―する」❷過去の出来事や思い出などをのべること。「事件当時のようすを―する」❸恨み言をのべること。愚痴や不平を言うこと。「女どもも花見にやらぬと申して―致す程に」〈虎明狂・猿座頭〉類語 話す・語る・述べる・物語る・打ち明ける・明かす・告白する・口にする・吐く・漏らす

じゅっかい-ぼうこう【述懐奉公】不平・不満をもらしながらする奉公。「―身を持たず」〈毛吹草・二〉

しゅっ-かく【出格】格式からはみだすこと。破格。「―の御引き立てを蒙(こうむ)り」〈鷗外・興津弥五右衛門の遺書〉

じゅっ-かく【熟客】いつも来る客。なじみの客。じゅくかく。「―とともに来た無学の貴介子弟などは」〈鷗外・魚玄機〉

しゅっか-くみあい【出荷組合】農・漁・林業などの中小生産者が、出荷に伴う経費削減、販売の合理化、品質の維持などの目的で組織する組合。

しゅっ-かん【出棺】[名]スル 葬式のとき、死者を納めた棺を家から送り出すこと。

しゅっ-かん【出×檻|出監】檻(おり)から出ること。また、監獄から出ること。「旦那が―をした迹で静岡へ護送せられやしたから」〈鉄腸・花間鶯〉

しゅっ-かん【宿官】平安時代、受領(ずりょう)に任ぜられる資格のある者が、欠員がないため仮に任ぜられる権守(ごんのかみ)・権介(ごんのすけ)などの称。やどりのつかさ。

しゅつ-がん【出願】[名]スル 願書を出すこと。また、ある機関に対して、認可・許可などを願い出ること。「特許を―する」類語 申請・依願・願う

しゅっかん-ほう【出管法】▸入国管理法

しゅっ-き【宿忌】忌日前夜の仏事。逮夜(たいや)。

しゅっ-きょ【出挙】▸すいこ(出挙)

しゅっ-きょ【▽卒去】▸そっきょ(卒去)

しゅつ-ぎょ【出御】[名]スル 天皇・皇后、また、将軍などを敬って、その外出、また、目下の者の前に出ることをいう語。おでまし。「皇帝が―する」類語 顔出し・出席・列席・臨席・参列・参会・出場・出頭・臨場・親臨

しゅつ-ぎょ【出漁】▸しゅつりょう(出漁)

しゅっ-きょう【出京】[名]スル ❶地方から都へ出ること。特に、東京へ出ること。上京。「陳情に―する」❷都を離れて地方へ行くこと。

しゅっ-きょう【出郷】[名]スル 故郷を離れて他の土地へ行くこと。「勉学の道を志して―する」

しゅっ-きん【出金】[名]スル 金銭を出すこと。また、その金銭。出銀。「経費として―する」「―伝票」⇔入金。類語 支出・出費・出銭(でせん)・失費・掛かり・費(つい)え・物入り・支払い・歳出

しゅっ-きん【出勤】[名]スル 勤めにでること。勤務先へでかけること。「毎朝九時に―する」「休日―」⇔退勤。類語 出社・登庁・出所

しゅつ-ぎん【出銀】[名]スル「出金(しゅっきん)」に同じ。「之を此挙の為に―したる会社に分つときは」〈村田文夫・西洋聞見録〉

じゅっ-くう【▽自▽由っくう】[名・形動]《近世語》勝手気ままであること。また、そのさま。わがまま。「冬が来れば夏がいいと言ふし、人間といふものは―なことばっかり言ふものよ」〈滑・浮世風呂・二〉

しゅつ-ぐん【出軍】戦場に軍隊を送ること。また、軍隊に従って戦場に出ること。「檄を列国に伝え、其の―を促せり」〈竜渓・経国美談〉

しゅつ-ぐん【出群】群を抜いていること。他にぬきんでてすぐれていること。抜群。

しゅっ-け【出家】[名]スル 世俗の生活を捨て、僧となって仏道を修行すること。また、その人。「俗世を厭い―する」⇔在家(ざいけ)。類語 僧・僧侶・坊主・坊さん・御坊・お寺さん・僧家・沙門・法師・比丘(びく)

しゅっ-けい【粛啓】▸しゅくけい(粛啓)

じゅっ-けい【術計】はかりごと。計略。「―が尽きる」「敵の―に陥る」
類語 術策・計略・策謀・策略・はかりごと・企み

じゅっ-けい【熟計】よく計画を練ること。また、その計画。「願わくば幕下に於ても宜しく―在らせられよと」〈染崎延房・近世紀聞〉

しゅっけ-おち【出家落ち】僧が堕落すること。また、還俗(げんぞく)すること。また、その僧。

しゅつ-げき【出撃】[名]スル 敵を攻撃するために陣地・基地を出ること。「一斉に―する」「―命令」
類語 攻撃・進撃・突撃・進攻・侵攻・攻勢・征伐(せいばつ)・総攻撃・襲撃・急襲・強襲・アタック

しゅっけ-ぐかい【出家具戒】仏門に入って、僧尼となるための具足戒を受けること。

しゅっ-けつ【出欠】出席と欠席。「―をとる」
類語 欠勤・欠席・病欠・欠場

しゅっ-けつ【出血】[名]スル ❶血液が血管の外に流れ出ること。外出血や内出血、喀血(かっけつ)・吐血・下血・血尿などがある。「傷口から―する」「―多量」❷損害をこうむること。犠牲を払うこと。「―サービス」
類語 (❶)内出血・溢血(いっけつ)・鼻血/(❷)損・不利益・損失・損害・損亡(そんもう)・欠損・実損・差損・赤字・持ち出し・採算割れ・実害

しゅっけつ-じゅちゅう【出血受注】原価を割った価格で注文を受けること。

しゅっけ-とくど【出家得度】仏門に入り、官府から下付される許可証(度牒(どちょう))を受けて僧尼になること。現今は、寺に入り剃髪(ていはつ)の式を挙げることをいう。

しゅっけとそのでし【出家とその弟子】倉田百三の戯曲。6幕13場。大正5年(1916)発表。親鸞(しんらん)の子の善鸞と弟子の唯円の信仰と恋愛問題を通して、「歎異抄」の教えを戯曲化したもの。

しゅつ-げん【出現】[名]スル ❶あらわれでること。隠れていたものや見えなかったものなどが、姿をあらわすこと。「救世主が―する」「新技術の―」❷天体が、他の天体による食(しょく)または掩蔽(えんぺい)状態から、再び見えてくること。出離。類語 現れ・発現・現出・実現・発祥・再現・輩出・現れる・誕生

しゅっ-こ【出庫】[名]スル ❶倉庫や蔵から品物を出すこと。くらだし。「商品を―する」「―伝票」⇔入庫。❷バス・電車などが車庫から出ること。車両を車庫から出すこと。「―時間」⇔入庫。

じゅつ-ご【述語】❶文の成分の一。主語について、その動作・作用・性質・状態などを叙述するもの。「鳥が鳴く」「山が高い」「彼は学生だ」の「鳴く」「高い」「学生だ」の類。❷論理学で、判断(命題)において、主語について何か主張されている概念。例えば、「犬は哺乳類である」における哺乳類。賓概念。賓辞。⇔主語。

じゅつ-ご【術後】手術したあと。「―の経過」

じゅつ-ご【術語】学問・技術などの専門分野で、特に限定された意味で用いられる語。専門用語。学術語。テクニカルターム。

しゅっ-こう【出向】[名]スル でむくこと。命令を受けて、籍をもとのところに置いたまま、他の役所や会社などで勤務につくこと。「子会社へ―する」補説 人事異動としての出向は、出向元の事業主と何らかの関係を保ちながら出向先の事業主との間に新たな雇用契約を結んで継続的に勤務することで、在籍型

漢字項目 しゅつ

【▽卒】▸そつ

出 学1 音シュツ(漢) スイ(呉)(漢) 訓でる、だす、いず、いだす ‖ ㊀〈シュツ〉①内から外へでる。だす。「出火・出荷・出願・出血・出港・出世・出入・出発・出版・出力/案出・外出・救出・支出・進出・退出・脱出・提出・摘出・転出・搬出・輸出・流出」②現れる。「出現/現出・百出・頻出・露出」③生まれる。「出自・出生(しゅっしょう・しゅっせい)・出身/嫡出」④抜きんでる。「出色/傑出」⑤ある場所におもむく。「出演・出勤・出社・出場・出席」㊁〈スイ〉だす。「出師・出納(すいとう)」㊂〈で〉「出口・出先・出窓/家出・死出・早出・人出・船出」名付 いずる・で 難読 出雲(いずも)・出(い)で座(ま)し・出来(しゅったい)・出会(でくわ)す・見出(みいだ)す

漢字項目 じゅつ

×戌 音ジュツ(慣) 訓いぬ ‖ 十二支の11番目。いぬ。「戊戌(ぼじゅつ)」補説「戍(じゅ)・(まも)」「戊(ぼ)・(つちのえ)」は別字。

述 学5 音ジュツ(慣) 訓のべる ‖ ①のべる。のべたもの。「述懐・述語・述作/記述・口述・叙述・詳述・前述・著述・陳述・論述」②前人の事績を受け継ぎ伝える。「紹述・祖述」名付 あきら・とも・のぶ・のぶる・のり

×恤 音ジュツ(慣) 訓あわれむ ‖ ①憂える。心配する。「憂恤」②あわれむ。困っている人に金品を贈る。「恤兵/救恤・賑恤(しんじゅつ)・仁恤・優恤」

術 学5 音ジュツ(慣) 訓すべ、わざ ‖ ①方法。手段。すべ。「術策・術数/仁術・戦術・秘術」②わざ。技芸。「学術・奇術・技術・芸術・剣術・算術・手術・忍術・馬術・美術・魔術・話術」名付 てだて・みち・やす・やすし

出向と移籍型出向がある。
[類語]派遣・派出・差遣

しゅっ-こう【出校】シュツカウ〔名〕スル ❶学校にでかけること。登校。「一日」❷校正刷りを出すこと。また、校正刷りが出ること。「印刷所に―を急がせる」

しゅっ-こう【出航】シュツカウ〔名〕スル 船や飛行機が出発すること。「大阪へ向けて―する」[類語]出帆・出船(しゅっせん)・出港・船出・出船(でふね)・抜錨(ばつびょう)・解纜(かいらん)

しゅっ-こう【出港】シュツカウ〔名〕スル 船が港を出ること。「横浜を―する」⇔入港。[類語]出帆・出船(しゅっせん)・出航・船出・出船(でふね)・抜錨(ばつびょう)・解纜(かいらん)

しゅっ-こう【出稿】シュツカウ〔名〕スル ❶原稿を印刷所などに出すこと。❷新聞や雑誌に広告を載せること。

しゅっ-こう【出講】シュツカウ〔名〕スル 他校などに出向いて講義をすること。また、講義のために出向くこと。「非常勤講師として―する」

しゅっ-こう【×夙興】シュクコウ 朝早く起きること。

じゅっ-こう【熟考】ジュクカウ〔名〕スル 念を入れてよく考えること。熟慮。「―を重ねる」「―した上での行動」
[類語]熟慮・一考・黙考

じゅっ-こう【熟荒】ジュククワウ 豊年で米価が下がり、かえって農民が困窮すること。

しゅっ-こく【出国】〔名〕スル 国を出ること。外国へ行くこと。「ひそかに―する」「―手続き」⇔入国。

しゅつ-ごく【出獄】〔名〕スル 囚人が釈放されて刑務所や拘置所から出ること。「刑期を終えて―する」⇔入獄。

しゅっこく-めいれい【出国命令】出入国管理及び難民認定法(入国管理法)に基づく措置の一つで、定められた期間をこえて滞在する不法残留者に対して出国を命じること。オーバーステイ(不法残留)している外国人が、帰国を希望して自ら入国管理局に出頭した場合、過去に犯罪で処分されていないなど、一定の要件を満たす者に出国命令書が交付され、出国後1年間日本に再入国することができなくなる。要件を満たさない場合、身柄を拘束され、強制的に退去させられる。この場合は長期にわたり(5年～無期限)再入国することができない。

しゅっ-こつ【×倏×忽・×儵×忽】シュクコツ〔ト・タル〕[文][形動タリ]時間がきわめて短いさま。たちまち。「焼酎(しょうちゅう)で赤くなった顔に―として満足げな微笑を浮べ」〈火野・糞尿譚〉

じゅつご-ろんり【述語論理】記号論理学の一部門。命題内部の論理構造である主語と述語の関係「すべての主語は…である」「ある主語は…である」などを、論理記号(全称∀・存在∃など)によって記号化して研究するもの。➡命題論理

しゅっ-こん【宿恨】シュクコン かねてから抱きつづけてきた恨み。積年の恨み。宿怨(しゅくえん)。宿意。
[類語]恨み・怨恨(えんこん)・怨嗟(えんさ)・意趣・私怨(しえん)・遺恨(いこん)・怨念(おんねん)・宿意・宿怨(しゅくえん)・積怨(せきえん)・旧怨(きゅうえん)・仇(あだ)・憎しみ・復讐心(ふくしゅうしん)・逆恨み・恨めしい

しゅっ-こん【宿根】シュクコン ❶仏語。前世から持っているとされる能力や素質。❷「宿根草」の略。

じゅっ-こん【▽入魂】〔名・形動〕親密であること。また、そのさま。じゅこん。「―な(の)間柄」

じゅっ-こん【熟根】ジュクコン 生まれ。素性。「―いやしき下﨟なり」〈平家・一〉

しゅっこん-そう【宿根草】シュクコンサウ 冬に地上部は枯れて地下部が休眠状態で越冬し、春に再び生長・開花する多年草。宿草(しゅくそう)。

しゅっ-さ【出差】月の黄経に現れる周期的な摂動の一。太陽の摂動によるものでは最大のもので、振幅は1.27度、周期は31.812日。

しゅつ-ざ【出座】貴人がその席に出ること。

じゅっ-さく【述作】〔名〕スル ❶書きあらわすこと。また、その作品。著述。著作。❷先人の言説を伝え述べることと、自分で新しく説をなすこと。
[類語]著書・著・著作・著述・著す

じゅっ-さく【術策】はかりごと。術計。策謀。「―を弄(ろう)する」[類語]陰謀・策略・計略・作戦・謀略・はかりごと・企み・画策・策動・権謀・謀計・奸策(かんさく)・詭計(きけい)・深謀・遠謀・深慮・悪だくみ・わな・機略

しゅっ-さつ【出札】〔名〕スル 乗車券・入場券などを売ること。「窓口で―する」「―口」

しゅっ-さん【出産】〔名〕スル ❶子が生まれること。また、子を産むこと。「男子を―する」❷産物ができること。産物をつくること。産出。「一地」
[類語]産む・産み落とす・分娩(ぶんべん)・お産・安産・難産・初産(ういざん)・初産(しょざん)・初産(はつざん)・生(な)す・産する・身二つになる・腹を痛める・産卵

しゅつ-ざん【出山】《「しゅっさん」とも》❶山を出ること。❷僧が、今まで修行していた寺を出ること。

しゅっさん-きゅうか【出産休暇】シュッサンキウカ 女性労働者の出産のために保障されている休暇。労働基準法上、原則として産後8週間であるが、産前6週間も請求できる。産休。

しゅつさんぞうきしゅう【出三蔵記集】シュツサンザウキシフ 中国梁(りょう)代の仏教書。15巻。僧祐(そうゆう)編。最古の経典目録で、梁代までに翻訳された経典の序や後記を集録し、訳経者の伝記を付けたもの。今はない道安の「綜理衆経目録」を引用。出三蔵記。僧祐録。

しゅつざん-の-しゃか【出山の▽釈×迦】6年の苦行を終えたのち、さらに真の悟りを求めて雪山を出る釈迦。画題として描かれる。

しゅっさん-よていび【出産予定日】▶分娩予定日

しゅっさん-りつ【出産率】▶出生率(しゅっしょうりつ)

しゅっ-し【出仕】〔名〕スル ❶勤めに出ること。特に、役所などに勤めること。仕官すること。「官庁に―する」❷明治初年、官庁の試補。のち、事務の忙しいとき、臨時に置いた員外官。

しゅっ-し【出資】〔名〕スル 資金を出すこと。特に、事業を営むための資金として、金銭その他の財産または労務・信用を会社または組合にだすこと。「公益事業に―する」「―金」「―者」[類語]投資・融資・投下

しゅつ-じ【出自】❶人の、生まれ。事物の出どころなどにもいう。「蕪村の―を尋ねる」❷文化人類学で、個人が出生と同時に組み込まれる、特定の祖先を共通にする集団を決定する原理。[類語]生まれ・出身・出・出所・お里・身分・貴賤(きせん)・尊卑・家格・門地・家柄

じゅつ-し【術士】❶はかりごとの巧みな人。策士。❷方術に通じた人。方士。

ジュッジ-こくりつちょうるいほごく【ジュッジ国立鳥類保護区】コクリツテウルイホゴク《Djoudj》セネガルの北西部にある鳥類保護区。セネガル川河口の三角州に広がる湿地で、ヨーロッパや東アフリカから、オオフラミンゴやモモイロペリカンなど300万羽もの渡り鳥が飛来し越冬する。1977年、ラムサール条約に登録。81年、世界遺産(自然遺産)に登録。外来種の水草が繁殖し生態系への悪影響が懸念されており、たびたび危機遺産リストに登録されている。

しゅっし-せん【出糸腺】クモの腹端にある分泌腺。その分泌物が体外に出て空気に触れるとクモの糸となる。紡績腺。糸腺。

しゅっし-とっき【出糸突起】クモの腹端にある突起。出糸腺が開口しており、ふつう三対ある。紡績突起。糸器。

しゅっし-ほう【出資法】ハフ《「出資の受入れ、預り金及び金利等の取締りに関する法律」の通称》貸金業者などを規制することを目的として、出資金の受け入れを制限し、浮き貸し・高金利などを取り締まる法律。昭和29年(1954)制定。➡グレーゾーン金利

しゅっ-しゃ【出社】〔名〕スル 会社に出勤すること。「午前九時に―する」「―時間」⇔退社。
[類語]出勤・登庁・出所

じゅつ-しゃ【術者】手術や治療をほどこす人。また、魔術・忍術・占いなどを行う人。「催眠術の―」

しゅっ-しゅっ〔副〕❶蒸気などが勢いよく断続的に吹き出る音を表す語。「汽車が―(と)走る」❷勢いよく摩擦するさま。「靴を―(と)磨く」

しゅっ-しょ【出所|出処】〔名〕スル ❶物事の出てきたところ。出どころ。「―不明の情報」「資金の―を究明する」❷生まれたところ。出生地。❸(出所)事務所・研究所など、所と呼ばれるところに出勤すること。「定刻に―する」❹(出所)刑期を終えて刑務所を出ること。「仮釈放で―する」❺(出処)官に仕えることと民間にいること。去就。[類語]出勤・出社・登庁

しゅっ-しょう【出生】シュツシャウ〔名〕スル ❶うまれでること。人がうまれること。しゅっせい。❷ある土地・境遇・家柄の生まれであること。「―の秘密」[類語]誕生・生誕・降誕・生まれる・産する・生(せい)を享(う)ける・産声(うぶごえ)を上げる・呱呱(ここ)の声を上げる・生まれ落ちる・孵(かえ)る

しゅつ-じょう【出定】ジャウ 仏語。禅定(ぜんじょう)から、もとの平常の状態にもどること。⇔入定。

しゅつ-じょう【出場】ヂャウ〔名〕スル ❶その場所に出ること。❷競技会などに参加すること。「野球大会に―する」⇔欠場。❸消防車・救急車が現場におもむくこと。出動。「一体制」❹改札口・出入り口などを通って、場内・構内から外へ出ること。[類語]顔出し・出席・列席・臨席・参列・参会・出頭・臨場・親臨・出御

しゅっしょう-がいしょう【出生外傷】シュッシャウグワイシャウ《birth trauma》精神分析の用語。出生時に母胎を離れることによって受けると考えられる新生児の深刻な体験。神経症的不安の原型とされる。

しゅつじょうこうご【出定後語】シュツヂャウゴゴ 江戸中期の仏教書。2巻。富永仲基(とみながなかもと)著。延享2年(1745)刊。仏典を歴史的に研究し、それらが釈迦の直説(じきせつ)でなく、あとから追加されて成立したものとして、大乗仏教を否定した。

しゅつじょうしょうご【出定笑語】シュツヂャウセウゴ 江戸中期の思想書。3巻、付録3巻。平田篤胤著。文化8年(1811)成立。仏教の成立から、日本渡来などを説き、仏教思想とその受容者たちを論難したもの。

しゅっしょうぜん-しんだん【出生前診断】シュッシャウゼン― 母親の胎内にいる胎児について障害や異常の有無を診断すること。超音波やMRIなどによる画像診断、羊水検査、胎児鏡による診断などを併用する。➡着床前診断

しゅっしょう-ち【出生地】シュッシャウ― 出生した土地。しゅっせいち。

しゅっしょうち-しゅぎ【出生地主義】シュッシャウ― 出生による国籍の取得に関して、父母の国籍を問わず、子の出生地の国籍を与えるという主義。生地主義。➡血統主義

しゅっしょう-とどけ【出生届(け)】シュッシャウ― 人の出生後14日以内に、医師・助産師などの作成した出生証明書を添えて、父・母などから出生地の市区町村長に出す届け。

しゅっしょう-りつ【出生率】シュッシャウ― 一定期間の出生数の、人口に対する割合。一般に、人口1000人当たりの、1年間の出生児数の割合をいう。日本では毎年10月1日現在の人口を基準とする。死産を含む場合は出産率という。

しゅっ-しょく【出色】他より目立って優れていること。「―の出来栄え」[類語]傑出・秀逸・屈指・抜群・心憎い

しゅっしょ-しんたい【出処進退】出て官途にあることと、退いて民間にあること。役職にとどまることと役職を辞すること。身の振り方。「―を明らかにする」

しゅっ-しん【出身】❶その土地・身分などの生まれであること。その学校・団体などから出ていること。「九州の―」「民間―の閣僚」「―校」❷官に挙げ用いられること。出世すること。「名利を志し―を宗として」〈沙石集・一○〉[類語]生まれ・出・出自・出所・お里

しゅつ-じん【出陣】ヂン〔名〕スル 戦い・試合に出ること。戦場へ向かうこと。「選挙戦に―する」「学徒―」
[類語]出征・遠征・従軍

しゅつ-じん【出×塵】ヂン 俗世間の汚れから逃れること。出家して僧となること。

しゅつじん-しき【出陣式】シュツヂン― ❶武家時代、出陣に際して行われた儀式。大将が具足姿で床几に腰をかけ、打ち鮑(あわび)・搗(か)ち栗・昆布の3種を肴に三献をくんだ。❷何か事を始めるにあたり成功・勝利を祈念して行う儀式。「体育大会への―」

しゅっ-す【▽卒す】〔動サ変〕死ぬ。特に、皇親および四位・五位の人の死についていう。「直広参田中朝

臣足麿—·す〈続紀·文武〉[類語]崩ずる·薨ずる·寂する

しゅっ-すい【出水】〔名〕スル ❶水が出ること。また、その水。「トンネル内に—する」❷洪水になること。でみず。「台風による—」[類語]氾濫·洪水·大水·鉄砲水

しゅっ-すい【出穂】稲·麦などの穂が出ること。「—期」

しゅっすい-かん【出水管】二枚貝の2本の水管のうち、外側にあり、えらを通った水が出ていく管。入水管より細く長い。

しゅっすいきけん-ざい【出水危険罪】堤防を決壊させたり水門を破壊するなどして、洪水を引き起こす罪。刑法第123条が禁じ、2年以下の懲役もしくは禁錮または20万円以下の罰金に処せられる。⇒水利妨害罪

じゅっ-すう【術数】❶はかりごと。たくらみ。「権謀—」「猿知恵から割り出した—」〈漱石·吾輩は猫である〉❷陰陽·卜占·観相などの術の総称。

しゅっ-せ【出世】〔名〕スル ❶社会的に高い身分·地位を得ること。「—して親を喜ばす」「立身—」❷この世に生まれ出ること。「先づ老子—し、次孔子出」〈雑談集·九〉❸仏語。㋐仏が衆生を救うためこの世に現れること。しゅっせい。㋑俗世間を離れて仏道に入ること。また、その人。出家。㋒比叡山で、公卿の子弟の出家したもの。㋓禅寺の住持となること。特に、紫衣を賜り、師号を受け、あるいは勅宣を蒙って官寺の住持となること。[類語]利達·立身·功名·立身出世·成り上がり·栄進·昇進·昇格·昇任·栄達·昇級·昇段·栄転·累進·特進·格上げ·進む

しゅっ-せい【出生】〔名〕スル ⇒しゅっしょう(出生)

しゅっ-せい【出征】〔名〕スル 軍隊に加わり戦地に行くこと。「学徒が—する」「—軍人」[類語]出陣·遠征·従軍

しゅっ-せい【出精】〔名〕スル 精を出して努めること。精励。「君が今の様に—して下されば」〈漱石·坊っちゃん〉[類語]勉強·精励·精勤·恪勤

しゅっせい-ねびき【出精値引き】〔名〕スル 見積書の明細に使われることのある項目の一つ。経費の見積を出した側が、自らの努力によって値引きしたことを表す項目。例えば、100万円の予算に対して見積額が110万となったときに、値引きの明細を出さずに、出精値引き10万として数字を丸める場合などにも用いる。

しゅっせ-うお【出世魚】成長するにつれて名が変わる魚。ボラではハク、スバシリ·オボコ、イナ、ボラ、トドと呼び名が変わる。スズキではセイゴ、フッコ、スズキ。ブリの場合、関東地方ではワカシ、イナダ、ワラサ、ブリ、関西地方ではツバス、ハマチ、メジロ、ブリ。

しゅっせかげきよ【出世景清】浄瑠璃。時代物。五段。近松門左衛門作。貞享2年(1685)大坂竹本座初演。幸若舞曲「景清」や謡曲「景清」「大仏供養」などをもとに脚色。近松が初世竹本義太夫のために書いた最初の作品。浄瑠璃史では、これ以前を古浄瑠璃、以後を当流浄瑠璃または新浄瑠璃とよぶ。

しゅっせ-がしら【出世頭】同じ仲間の中で最も出世した人。また、いちばん早く出世した人。

しゅっ-せき【出席】〔名〕スル 会合や学校の授業などに出ること。「クラス会に—する」「—簿」⇔欠席。[類語]列席·臨席·顔出し·参列·参会·出場·出頭·臨場·親臨·出御

しゅっせき-ていし【出席停止】❶授業や会議の出席をさし止めること。❷地方議会議員に対する懲罰の一。議会への出席を一定期間停止するもの。⇒登院停止

しゅっ-せけん【出世間】❶仏語。俗世間の煩悩から脱して悟りの境界に入ること。出世。❷世間の俗事から離れて超然としていること。

しゅっせ-さく【出世作】世間に認められるきっかけとなった作品。

しゅっせ-しゃ【出世者】❶世を捨てて仏道に入った者。出家。僧侶。❷持仏堂などの法事を勤める僧。「数輩の童形、—、坊官、侍僧に至るまで」〈平家·七〉

しゅっせ-しょうもん【出世証文】出世して返済できるようになった時に返済することを記した借用証書。

しゅっせ-の-ほんがい【出世の本懐】釈迦がこの世に生まれ出た真の目的。衆生を救済し悟りに導くこととされる。

しゅっせ-ばらい【出世払い】出世または成功してから借金を返済すること。また、その約束。

しゅっせ-りきし【出世力士】相撲で、新弟子のうち前相撲に合格した者。次の場所で序の口となり、初めてその名が番付に載る。

ジュッセルドルフ【Düsseldorf】⇒デュッセルドルフ

しゅっ-せん【出船】〔名〕スル 船が港を出ること。ふなで。でふね。[類語]出帆·出港·出航·船出·出船·抜錨·解纜

じゅつ-ぜん【術前】手術をする前。

しゅっ-そ【出訴】〔名〕スル 訴え出ること。提訴。

しゅっ-そう【出走】〔名〕スル ❶出て行ってしまうこと。出奔。❷競走などに出場すること。「ダービーに—する」

しゅつ-ぞく【出俗】俗世間から離れること。俗事から超越すること。脱俗。

しゅっ-たい【出▽来】〔名〕スル《「しゅつらい」の音変化》❶事件が起こること。「珍事が—する」❷物事ができあがること。「近日中に—」[類語]突発·勃発·起こる·起きる·持ち上がる·偶発·始まる

しゅつ-だい【出題】〔名〕スル ❶問題を出すこと。「クイズ番組に—する」❷詩歌の題を出すこと。

しゅっ-たつ【出立】〔名〕スル ❶旅に出発すること。「払暁のうちに—する」❷物事を始めること。「此仮定から—すれば」〈漱石·趣味の遺伝〉

しゅったつ-てん【出立点】出発する地点や位置。また、物事をしはじめるよりどころ。出発点。「—が既に反抗的でしたから」〈漱石·こゝろ〉

しゅっ-たん【出炭】〔名〕スル ❶石炭を産出すること。「—量」❷木炭を生産すること。

じゅっ-ちゅう【術中】相手の仕掛けたわな。計略。

術中に陥る　計略にひっかかる。「まんまと敵の—·る」

しゅっ-ちょう【出張】〔名〕スル 会社·役所などの仕事で、他の地域·場所に臨時に派遣されること。「米国に—する」「—手当」

しゅっ-ちょう【出超】「輸出超過」の略。⇔入超。

しゅっちょう-こうせい【出張校正】著者·編集者などが印刷所へ出向いて行う校正。

しゅっちょう-じょ【出張所】❶役所や会社などの出先の事務所。❷㋐私法上、営業上の取引活動が行われる場所。営業所と異なり、独立性をもたない。㋑地方自治法上、市区町村長の権限に属する事務を分掌する出先機関。[類語]支社·支店·支所·支部·支局·出店

しゅっちょう-ずきん【出張頭巾】⇒首丁頭巾

しゅっ-ちん【出陳】〔名〕スル 展覧会などに所蔵品や作品を出して陳列すること。「かの『因果経絵巻』などの—を見に行った時」〈長与·竹沢先生と云ふ人〉

シュッツ【Heinrich Schütz】[1585～1672]ドイツの作曲家。イタリアに留学し、帰国後はプロテスタント教会音楽を多く作曲した。

しゅっ-てい【出廷】〔名〕スル 法廷にでること。「証人として—する」

じゅっ-てき【×怵×惕】おそれあやぶむこと。「—惻隠の心」

しゅっ-てん【出典】故事·成語、引用文、また引用された語句などの出所である書物。典拠。「—をさがす」「—を明示する」[類語]出所·ソース

しゅっ-てん【出店】〔名〕スル 店を出すこと。「学園祭に—する」[補説]「でみせ」と読めば別語。

しゅっ-てん【出展】〔名〕スル 展示会や展覧会などに出品すること。「バラ展に—する」

しゅっ-と【出途】❶旅立ち。門出。出立。❷費用や資金の出どころ。「金の—を止めて以来、竹三郎はいよいよ狂暴になって」〈康成·田舎芝居〉

しゅつ-ど【出土】〔名〕スル 遺物や遺跡が土の中から出ること。「土器が—する」

しゅっ-とう【出頭】〔名〕スル ❶本人がその場所、特に役所·警察などに出向くこと。「裁判所に—する」❷他よりぬきんでること。特に、寵愛を受けて立身出世すること。また、その人。「主君の気に入りて、知行をとり—しけるほどに」〈仮·浮世物語·一〉❸政務の要職にあること。また、その人。「鎌倉殿の—を鼻にかけ」〈浄·盛衰記〉[類語]出向く·参る·参上·参向·推参

しゅつ-どう【出動】〔名〕スル 軍隊·消防隊などが、活動するために出向くこと。「除雪車が—する」[類語]出発·スタート

しゅっとう-がろう【出頭家老】家老のうちで権勢のある者。一番家老。

しゅっとう-にん【出頭人】❶その場所に出頭した人。❷室町時代から江戸初期にかけて、幕府または大名の家で、主君の側にあって政務に参与する者。三管領·四職·奉行·老臣など。出頭衆。❸主君の寵愛を得て権勢をふるっている者。「又男盛りの—、しかも色を好みけるが」〈浮·織留·三〉

しゅっとう-めいれい【出頭命令】裁判所が被告人に対して、指定の場所に出頭を命じること。正当な理由がなくてこれに応じないときは、勾引することができる。

しゅつど-ひん【出土品】土中から出てきたもの。遺跡などから発掘された遺物や美術品など。⇒伝世品

じゅつ-な·い【術無い】〔形〕文じゅつな·し〔ク〕施すすべがない。また、どうしようもなく、せつない。「金策に追われ—·く家を処分する」「—·イ目ニアッタ」〈和英語林集成〉[派生]じゅつながる〔動ラ五〕じゅつなげ〔形動〕じゅつなさ〔名〕

しゅつ-にゅう【出入】〔名〕スル 出ることと入ること。でいり。ではいり。また、出すことと入れること。だしいれ。「金銭の—を記録する」「船舶が港に—する」[類語]出入り·出入り·出し入れ

しゅつにゅうこう-ぜい【出入港税】一定の港を出入りする貨物に対して課する税。

しゅつにゅう-こく【出入国】出国と入国。

しゅつにゅうこく-カード【出入国カード】外国人が、その国に入国またはその国から出国する際に、提出を義務づけられる用紙。氏名、国籍、国内滞在中の住所などを記入する。

しゅつにゅうこくかんりおよびなんみんにんてい-ほう【出入国管理及び難民認定法】⇒入国管理法

しゅつにゅうこくかんり-ほう【出入国管理法】⇒入国管理法

しゅつにゅうこくかんり-れい【出入国管理令】日本に出入国するすべての人の公正な管理を行うことを目的とした政令。昭和26年(1951)公布。同57年日本が「難民の地位に関する条約」「難民の地位に関する議定書」を締結したのに伴い、「出入国管理及び難民認定法(通称、入国管理法)」に改正·改称された。⇒入国管理法

しゅつ-のう【出納】❶「すいとう(出納)」に同じ。❷平安時代、蔵人所·有力公家などで、雑事をつかさどり、雑具の出し入れに当たった職。

しゅつ-ば【出馬】〔名〕スル ❶馬に乗って出かけること。特に、戦場に出向くこと。❷地位の高い人などが、その場に出向いて事に臨むこと。「社長自身が—して交渉に応じる」❸選挙に立候補すること。「参院選に—する」[類語]立候補

しゅつ-ばい【出梅】梅雨の終わる日。梅雨明け。⇔入梅。

しゅっ-ぱつ【出発】〔名〕スル ❶目的地に向かって出かけること。出立。「朝五時に山小屋を—する」❷物事を始めること。また、その始まり。「新会社として—する」[類語]スタート·門出·旅立ち·出動

しゅっぱつ-てん【出発点】❶出発する地点。❷物事を始める最初の時点。新たに事を始めた地点。「新しい人生の—」

しゅっ-ぱん【出帆】〔名〕スル 船が港を出ること。出港。「東京港を—する」[類語]出船·出港·出航·船出·出船·抜錨·解纜

しゅっ-ぱん【出版】〔名〕スル 印刷その他の方法により、書籍・雑誌などを製作して販売または頒布すること。「児童書を―する」「自費―」「―社」
類語 上梓(じょうし)・上木(じょうぼく)・版行・刊行・発刊・公刊・印行・発行・発兌(はつだ)・刊

しゅっぱん-けいさつ【出版警察】出版物の取り締まりを目的とする警察。明治憲法下の公安警察の一部分として、出版法・新聞紙法などの法令に基づいて行われた。第二次大戦後に廃止。

しゅっぱん-けいやく【出版契約】著作権者が出版者に著作物の出版を一任し、出版者がその出版の義務を負う契約。広義には、委託出版・自費出版などを含めた出版に関する契約の総称。

しゅっぱん-けん【出版権】❶ある著作物を出版できる独占的、排他的権利。❷著作権法で、出版者が著作権者から設定を受け、著作物を独占的に複製し発売・頒布することができる排他的権利。

しゅっぱん-しゃ【出版社】書籍や雑誌などを製作する会社。

しゅっぱん-じょうれい【出版条例】ーデウレイ 明治2年(1869)に公布された出版取り締まりの法令。事前に官憲へ届け出て許可を得ることを出版の条件とした。同26年、出版法に引き継がれた。

しゅっぱん-の-じゆう【出版の自由】ージイウ 思想・意見を図書や雑誌などに印刷し、出版・発表する自由。日本国憲法第21条で、表現の自由の一部として保障されている。

しゅっぱん-ぶつ【出版物】出版された書物や絵画・写真など。刊行物。

しゅっぱん-ほう【出版法】ーハフ 新聞および定期刊行雑誌以外の普通出版物の取り締まりを目的とした法律。明治26年(1893)制定、昭和24年(1949)廃止。

しゅっ-ぴ【出費】〔名〕スル 費用をだすこと。また、その費用。「―がかさむ」「趣味に―する」 類語 支出・失費・歳出・費用・掛かり・費(つい)え・入(い)り・入(い)り目・入(い)り用・入用(にゅうよう)・入費(にゅうひ)・用度・経費・実費・コスト・雑費

しゅっ-ぴん【出品】〔名〕スル 展覧会・陳列場などに、作品・物品を出すこと。「博覧会に―する」

しゅっ-ぷ【出府】〔名〕スル 地方から都に出ること。特に、江戸時代、武家が江戸に出ること。「此上は東京(とうけい)に―して」〈魯文・高橋阿伝夜叉譚〉

じゅつ-ぶ【述部】文の成分の一。主語または主部に対して陳述・説明をする部分で、述語とそれを修飾する語からなるもの。⇔主部。

しゅっ-ぷう【出風】能楽で、芸の力が外部に現れて、観客の目にはっきりわかる風体。世阿弥の用語。

ジュップ-キュロット〖フランス jupe-culotte〗《jupeは、スカートの意》半ズボン風のスカートのこと。キュロットスカート。

しゅっ-ぺい【出兵】〔名〕スル 戦争などに、軍隊を派遣すること。派兵。⇔撤兵(てっぺい)。 類語 派兵

じゅっ-ぺい【×恤兵】物品を送って、戦地の兵士を慰問すること。「―金」

しゅつ-ぼつ【出没】〔名〕スル 現れたり隠れたりすること。どこからともなく姿を現しては、またいなくなること。「空き巣が―する」 類語 見え隠れ

しゅっ-ぽん【出奔】〔名〕スル ❶逃げだして行方をくらますこと。逐電(ちくでん)。「親に逆らって郷里を―する」❷江戸時代、徒士(かち)以上の武士の失踪(しっそう)をいう。
類語 家出・駆け落ち・逐電・どろん

しゅつ-もん【出門】〔名〕スル 門を通って外に出ること。外出のために門を出ること。

しゅつ-もん【出問】〔名〕スル 試験問題を出すこと。出題。「世界情勢について―する」「―傾向」

しゅつ-やく【出役】❶役目のために出張すること。また、その役人。「尚政府よりも…外(ほか)九人海岸見分(けんぶん)として―あり」〈条野有人・近世紀聞〉❷江戸時代、本役を持っている者が臨時に他の役を兼ねること。また、その役。

しゅつ-ゆう【出遊】ーイウ〔名〕スル ❶戸外に出て野山に遊ぶこと。「将軍家の―のおりの休憩所として」〈秋声・あらくれ〉❷他郷に遊学すること。

しゅつ-らい【出来】出てくること。起こること。現れること。「天地―セシヨリコノカタ」〈ロドリゲス日本大文典〉➡しゅったい

しゅつ-らん【出藍】《「荀子」勧学の「青はこれを藍(あい)より取りて藍より青し」から》そこから生まれたものが、そのもとのものよりもすぐれていること。弟子が師にまさることにいう。

しゅつらん-の-ほまれ【出藍の誉れ】弟子がその師よりもすぐれていること。➡青は藍(あい)より出(い)でて藍より青し

しゅつ-り【出離】仏語。迷いを離れて解脱の境地に達すること。仏門に入ること。

しゅつり-しょうじ【出離生死】ーシヤウジ 仏語。悟りを開いて、生死の苦海から脱すること。涅槃(ねはん)の境地に入ること。

しゅつ-りょう【出猟】ーレフ〔名〕スル 狩猟にでること。

しゅつ-りょう【出漁】ーレフ〔名〕スル 漁にでること。
類語 漁・漁労・密漁・入漁・漁獲

しゅつ-りょく【出力】〔名〕スル ある装置・機構が入力を変換・処理して外部へエネルギー・仕事を送り出すこと。また、そのエネルギーや仕事。例えば、発電機が提供する電力、オーディオ装置が出す音声、コンピューターから読み出す情報など。アウトプット。⇔入力。

しゅつりょく-がそすう【出力画素数】ーグワソスウ ▶記録画素数

しゅつりょく-そうち【出力装置】ーサウチ《output device》コンピューターが処理した情報を出力するために使われるディスプレーやプリンターなどの周辺装置。

しゅつりょく-デバイス【出力デバイス】《output device》▶出力装置

しゅつ-るい【出塁】〔名〕スル 野球で、打者が安打や四死球などで塁に出ること。「先頭打者が―する」

しゅつ-ろ【出×廬】〔名〕スル 引退して世俗を離れていた人が、再び官職などに就くこと。「足下(そこ)は既に孔明―の年配に達しおる」〈魯庵・社会百面相〉

しゅつ-ろう【出×牢】ーラウ 許されて牢を出ること。出獄。⇔入牢(じゅろう)。

ジュテ〖フランス jeté〗バレエで、片足を前や横に投げ出し、その方向に軽く飛ぶこと。軸足で踏み切り、投げ出した足で着地する。➡グランジュテ

しゅ-でい【朱泥】鉄分の多い粘土を焼いてつくる赤褐色の無釉(むゆう)陶器。中国、明代に、煎茶の流行に伴って宜興窯(ぎこうよう)で創始された。急須・湯呑みを主とし、日本では常滑(とこなめ)・伊部(いんべ)・四日市などで産する。➡紫泥(しでい) ➡白泥(はくでい)

シュティール〖ドイツ Stil〗❶様式。流儀。スタイル。❷文体。

シュティフター〖Adalbert Stifter〗[1805〜1868]オーストリアの小説家。精密な自然描写のうちに人間性の問題を追究した。作「石さまざま」「晩夏」など。

シュティムング〖ドイツ Stimmung〗気分。気持ち。

シュティルナー〖Max Stirner〗[1806〜1856]ドイツの哲学者。本名、ヨハン＝カスパール＝シュミット(Johann Kaspar Schmidt)。ヘーゲル左派に属し、一切の外的権威を排斥して自我のみが実在であり、権威をもつとする徹底した個人主義を主張、家族・社会・国家を否定する独特の無政府主義に到達した。著「唯一者とその所有」。スチルネル。

ジュテーム〖フランス je t'aime〗〔感〕愛しています。英語の "I love you." に当たる。

ジュデッカ-とう【ジュデッカ島】ータウ《Isola della Giudecca》イタリア北東部、ベネト州の都市ベネチアの潟(かた)にある島。本島の南、ジュデッカ運河を挟んだ対岸に位置する。16世紀にアンドレア＝パラディオの設計で建造されたレデントーレ教会があり、毎年夏に多数の花火を打ち上げるレデントーレ祭が催されることで知られる。

シュテッフル〖Steffl〗「シュテファン大聖堂」の、ウィーン市民による愛称。

シュテッヘルベルク〖Stechelberg〗スイス中部、ベルン州、ベルナーオーバーラントの町。ラウターブルンネン谷の谷底に位置する。シュタウプバッハやトゥリュンメルバッハの滝への観光拠点。

シュテファン-だいせいどう【シュテファン大聖堂】ーダイセイダウ《Stephansdom》オーストリアの首都、ウィーンの旧市街中心部にある同国を代表するゴシック様式の大聖堂。12世紀の創建。13世紀に火災で倒壊し、ロマネスク様式で再建。14世紀から15世紀にかけて、内陣や身廊(しんろう)がゴシック様式に改築された。正面入口部分にのみ、最も古いロマネスク様式の面影が残る。ウィーン大司教座のカテドラル(司教座聖堂)で、地下にはカタコンブがある。2001年に世界遺産(文化遺産)に登録された「ウィーン歴史地区」の中心的な歴史的建造物。市民には愛称でシュテッフルとも呼ばれる。シュテファン寺院。

シュテファンボルツマン-の-ほうそく【シュテファンボルツマンの法則】ーハフソク 黒体からの熱放射(黒体放射)に関する法則。単位面積から単位時間当たりに黒体から放射されるエネルギーの総量は、黒体の温度の4乗に比例するというもの。1879年、オーストリアの物理学者J＝シュテファンが実験から見出し、84年にL＝ボルツマンが理論的に導出した。シュテファンボルツマンの放射法則。

シュテム〖ドイツ Stemm〗スキーの先端をつけたまま、後端をV字形に押し開くこと。回転や速度調節に用いる技術。

シュテム-ウェーデルン〖ドイツ Stemmwedeln〗スキーで、シュテムによるウェーデルン(連続小回り回転)。

シュテムクリスチャニア〖ドイツ Stemmkristiania〗スキーで、回転の際、山側のスキーの後端を押し出し、回転が始まったら両スキーを揃えて回転する技術。

シュテム-ターン《和 Stemm(ドイツ)＋turn》スキーで、スキー板を逆V字形に押し開いて制動をかけながら回転のきっかけをつくり、回転を始めたらスキーを元のようにそろえて滑る方法。シュテムボーゲン。

シュテムボーゲン〖ドイツ Stemmbogen〗▶シュテムターン

シュテルン〖Otto Stern〗[1888〜1969]米国の物理学者。ドイツ生まれ。ナチスに反対して1933年渡米、39年に帰化した。量子力学の基礎的実験分野で貢献。43年、ノーベル物理学賞受賞。

シュテルンゲルラッハ-の-じっけん【シュテルンゲルラッハの実験】1922年、ドイツのオットー＝シュテルンとワルター＝ゲルラッハが銀の原子線を用いて行った実験。加熱して蒸発させた銀粒子のビームに垂直な方向に磁場をかけると、ビームが2本に分かれることを示した。この実験により、銀が量子化された磁気モーメントをもつことがわかり、後にスピンという概念を導く契機となった。

シュテルンベルク-きゅうでん【シュテルンベルク宮殿】《Šternberský Palác》チェコの首都プラハの中心部、プラハ城西側正門前にあるルネサンス様式の宮殿。18世紀初め、シュテルンベルク伯により建造。現在は国立美術館の一部門として、デューラー、レンブラント、ルーベンス、ゴヤ、ブリューゲルなど、ヨーロッパの著名な画家の作品を展示。

しゅ-てん【主典】❶▶さかん(主典) ❷官幣社・国幣社で、禰宜(ねぎ)の下にあって、祭儀や庶務を執行した判任官待遇の神職。

しゅ-てん【主点】❶主要な点。要点。❷光学器械の光軸上で、像の倍率が1となる共役点。

しゅ-てん【朱点】❶朱でしるされた点。❷経典や漢籍に朱でしるされた訓点。

しゅ-てん【酒店】酒を販売する店。また、飲ませる店。さかや。

しゅ-でん【主殿】❶屋敷内の中心となる建物。❷主殿寮(とのもりょう)の下級役人。とのもり。

しゅ-でん【守殿】▶御守殿(ごしゅでん)

じゅ-でん【受電】〔名〕スル ❶電報を受けること。❷電力を受けること。⇔送電。

しゅでん-しょ【主殿署】▶とのもりづかさ(主殿署)

しゅてん-だい【主典代】平安時代、院の庁で出納をつかさどった官。「代」は、朝廷の官と区別するためのもの。

しゅでん-づくり【主殿造(り)】室町時代の初期の書院造で、出入口として門廊を設けたもの。

しゅてん-どうじ【酒呑童子｜酒顛童子】丹波の大江山に住んでいたという伝説上の鬼の頭目。都に出ては婦女・財宝を奪ったので、勅命により、源頼光が四天王を率いて退治したという。御伽草子・絵巻・謡曲・古浄瑠璃・歌舞伎などの題材となっている。

しゅでん-りょう【主殿寮】レウ ❶ ▶とのもりょう(主殿寮)❶ ❷明治時代、宮内省の一局で、宮殿の監守・警備の任に当たった役所。

しゅ-と【主都】中心都市。大都市。

しゅ-と【首途】❶旅に出ること。旅立ち。かどで。「一を見送る」❷物事が始まること。また、始めること。かどで。「新生活の一を祝する」

しゅ-と【首都】その国の中央政府のある都市。首府。(類語)首府・都

しゅ-と【酒徒】酒を飲む仲間。また、酒好きの人。

しゅ-と【衆徒】❶平安時代以後、諸大寺に止宿していた多くの僧。のちには僧兵をもいう。衆僧。僧徒。しゅうと。❷特に、中世、奈良興福寺の僧兵。

しゅ-とう【手刀】タウ 空手で、親指を曲げて他の4指を伸ばして密着させた形。手のひらの外側を刀のように用い、相手の急所を攻撃したり、あるいは防御したりするのに用いる。

しゅ-とう【手灯】仏道修行の難行苦行の一。手に脂燭しそくを掲げたり、手のひらに油をためて灯心をともしたりすること。また、その灯火。

しゅ-とう【手×套】タウ 手袋。(類語)手袋・軍手・ミトン

手套を脱・す　手袋を脱ぐ。見せかけをやめて、本来の力を示すことのたとえ。

しゅ-とう【朱耷】タフ 八大山人はちだいさんじんの通称。

しゅ-とう【酒盗】タウ《肴さかなにすると酒量が増すというところから》カツオの内臓の塩辛。

しゅ-とう【種痘】痘瘡とうそうに対する免疫をつくるための予防接種。1796年、英国の医師ジェンナーが発明。牛痘を用いる。植え疱瘡ぼうそう。(季 春)

しゅ-どう【手動】機械などを動力を用いないで手で動かすこと。「一ブレーキ」「一式」

しゅ-どう【主動】中心になって行動すること。主となって働くこと。「一的な立場」

しゅ-どう【主導】ダウ〔名〕スル 中心となって他を導くこと。「若手が大会の運営を一する」(類語)引っ張る

しゅ-どう【朱銅】銅器の表面に表した鮮明な朱色の斑文はんもん。幕末・明治初期の佐渡の鋳金ちゅうきん家、本間琢斎の創始。松炭で熱して研磨した銅器を胆礬たんばん酢に浸し、鉄漿てっしょうを塗って生じさせる。

しゅ-どう【修道】ダウ ❶仏道を修行すること。❷仏語。三道の第2の位。見道で悟った真理を、具体的な事象の上で反復して観察する段階。

しゅ-どう【衆道】ダウ《「若衆道わかしゅどう」の略》男色。しゅうどう。

じゅ-とう【寿塔】タフ 生前に建てておく塔婆。

じゅ-とう【授刀】タウ 刀を授けること。

じゅ-とう【樹頭】樹木のてっぺん。木の頂。

じゅ-どう【受動】他からの動作・作用を受けること。他から働きかけられること。受け身。⇔能動。

じゅ-どう【儒道】ダウ ❶儒学または儒教の道。❷儒教と道教。

しゅとう-ウイルス【種痘ウイルス】天然痘ワクチンの製造に使用されるウイルス。天然痘ウイルスと同じオルソポックスウイルス属の牛痘ウイルスやワクシニアウイルスなどを弱毒化したもの。遺伝子組み換え技術により、種痘ウイルスを利用した、C型肝炎など他の感染症の治療用ワクチンの開発が進められている。

じゅとう-えい【授刀衛】ジュタウ 近衛府このえふの旧称。

じゅどう-きつえん【受動喫煙】他人の吸ったタバコの煙を周囲の人が吸わされること。火を付けたまま放置されたタバコの煙(副流煙)は、特に有害物質が多い。不本意喫煙。間接喫煙。⇨コチニン

じゅどうきつえんぼうし-じょうれい【受動喫煙防止条例】ジュドウキツエンバウシデウレイ《「神奈川県公共的施設における受動喫煙防止条例」の略称》神奈川県が全国に先がけて成立させた、禁煙・分煙を奨励する、罰則付きの条例。平成22年(2010)4月施行。学校・映画館・金融機関等では、喫煙所を除いて全面禁煙が義務付けられ、娯楽施設や比較的大きな飲食店等では、施設管理者が禁煙か分煙を選択し、必要な措置を講ずる。屋内禁煙条例。禁煙条例。⇨路上喫煙禁止条例

しゅどう-けん【主導権】シユダウ 主となって物事を動かし進めることができる力。イニシアチブ。「一を握る」(類語)主権・国権・政権・覇権

じゅどう-じつげつ【寿同日月】文人画の画題の一。日・月・波・桃を一図に描き、長寿を祝う。

しゅどう-しぼり【手動絞り】▶マニュアル絞り

じゅどう-せい【受動性】他からの働きかけを受け入れる性質。

じゅどう-たい【受動態】文法で、他からの動作・作用を受ける対象を主語に立てた場合に、その述語の動詞がとる形式。所相。受身。⇔能動態。

シュトゥットガルト〖Stuttgart〗ドイツ南西部の工業都市。バーデン-ビュルテンベルク州の州都。もとビュルテンベルク王国の首都。自動車工業・出版などが盛ん。シュツットガルト。

じゅどう-てき【受動的】〔形動〕他から動作・作用を及ぼされるさま。自分の意志からでなく、他に動かされてするさま。「一な態度」⇔能動的。

じゅとうとねり-りょう【授刀舎=人寮】ジュタウトネリレウ 慶雲4年(707)帯刀して宮中警護に当たるため創設された役所。一時廃され、授刀衛として復活。授刀寮。

シュトゥバイタール〖Stubaital〗オーストリア、チロル州の谷。州都インスブルックから車や鉄道で約1時間のところに位置し、夏でもスキーを楽しめる氷河スキー場があることで知られる。フルプメス、ノイシュティフト、ムッターベルクアルムなどの村がある。

しゅとう-ぶん【主×祷文】シユタウ ▶主しゅの祈り

じゅどう-めんえき【受動免疫】他の生体にできた抗体を投与することによって得られる免疫。予防注射やジフテリア・破傷風の血清療法はこれを利用したもの。

じゅどう-ゆそう【受動輸送】細胞膜内外の濃度勾配に従って物質が移動すること。

シュトゥルム-ウント-ドラング〖ドイツ Sturm und Drang〗18世紀後半、若き日のゲーテ・シラーなどを中心にドイツで興った文学革新運動。理性偏重の啓蒙けいもう主義に反対し、感情の自由と人間性の解放とを強調した。クリンガーの同名の戯曲に由来する名称。疾風怒濤しっぷうどとう。

シュトーレン〖ドイツ Stollen〗乾果やナッツ類が入った、細長く堅めのドイツのクリスマス用の菓子パン。

しゅ-とく【主徳】▶元徳げんとく

しゅ-とく【朱徳】[1886〜1976]中国の軍人・革命家。四川省儀隴ぎろうの人。1927年南昌蜂起を指導。翌年井崗山で毛沢東と合流し紅軍第四軍を創設。抗日戦争中は八路軍総司令。中華人民共和国成立後は国家副主席・全国人民代表大会常務委員長。チュー=トー。

しゅ-とく【取得】〔名〕スル 手に入れること。ある資格・権利・物品などを自分のものとして得ること。「免許を一する」(類語)獲得・入手・拾得・既得

しゅ-どく【酒毒】飲酒の害毒。また、酒の害毒。

しゅとく-げんか【取得原価】資産を購入によって取得した場合に購入代価に付随費用を加算して算定された価額。また資産を企業が自ら製作して取得した場合には、原価計算基準によって算定された実際製造原価。時価に対して用いられる。取得価額。

しゅとく-じこう【取得時効】ジカウ 時効の一。一定期間継続して他人の物を占有する者に所有権を与え、または他人の所有権以外の財産権を事実上行使する者にその権利を与える制度。民法第162条に規定された権利。⇨消滅時効

しゅと-けん【首都圏】首都とその周辺を含む地域。日本では、首都圏整備法の定める区域。東京都・千葉県・埼玉県・神奈川県・茨城県・栃木県・群馬県・山梨県の全域で、東京駅を中心に半径約150キロの区域とされる。

しゅとこうそくどうろ-かぶしきがいしゃ【首都高速道路株式会社】シュトカウソクダウロカブシキグワイシャ《Metropolitan Expressway Company Limited》道路関係四公団の民営化に伴って成立した特殊会社。高速道路株式会社法及び日本道路公団等民営化関係法施行法などに基づいて、平成17年(2005)10月に設立された。首都高速道路の改築・維持・修繕といった管理運営事業や、新規道路建設事業などを行う。⇨日本道路公団 (補説)道路施設や債務は独立行政法人日本高速道路保有・債務返済機構が保有する。会社は機構と協定を結んで施設を借り受け運営し、賃貸料を支払う上下分離方式が取られる。新規に建設した高速道路なども、施設と債務を機構が保有する。

しゅとこうそく-どうろこうだん【首都高速道路公団】シュトカウソクダウロコウダン 首都高速道路公団法に基づいて、首都高速道路および関連施設の建設・管理を統括した特殊法人。昭和34年(1959)設立。平成17年(2005)民営化され、業務は首都高速道路株式会社が引き継いだ。⇨道路関係四公団

しゅと-して【主として】〔副〕おもに。もっぱら。物事の重点・大勢を述べるときに用いる。「会員は一四、五〇代の男性だ」(類語)主に・専ら・ひとえに・一に

しゅとだいがく-とうきょう【首都大学東京】トウキヤウ 東京都八王子市南大沢に本部がある公立大学。東京都立大学・都立科学技術大学・都立保健科学大学・都立短期大学を統合して平成5年(1993)に発足。都市教養・都市環境・システムデザイン・健康福祉の4学部を持つ。教員の評価制、任期制、給与の年俸化を導入。同17年公立大学法人となる。(補説)東京都知事石原慎太郎の公約を基に実現。

シュトックハウゼン〖Karlheinz Stockhausen〗[1928〜2007]ドイツの作曲家。メシアン・ミヨーらに師事。音楽に偶然性・空間性の概念を導入し、電子音楽において前衛的な作品を発表した。

ジュドバル-ひろば【ジュドバル広場】《Place du Jeu de Balle》ベルギーの首都、ブリュッセルの中心部、マロル地区にある広場。ブリュッセルの中でも最も庶民的な地域として知られ、毎日開かれる骨董市が有名。

シュトラウス〖David Friedrich Strauss〗[1808〜1874]ドイツの哲学者・神学者。ヘーゲル哲学の影響を強く受け、神秘的、超自然的なものを排斥する立場から聖書批判を行い、福音書の内容を神話とする「イエスの生涯」を書いた。

シュトラウス〖Richard Georg Strauss〗[1864〜1949]ドイツの作曲家・指揮者。ドイツ後期ロマン派の代表者。リストやワグナーの影響を基礎に、官能的・色彩的な独自の境地を開いた。作品に交響詩「英雄の生涯」「ドン=ファン」、オペラ「ばらの騎士」など。

シュトラウス〖Strauss〗㊀(Johann Baptist〜)[1804〜1849]オーストリアの作曲家。ウィーンで楽団を組織、ウィンナワルツの基礎を築く。ワルツの父と称される。作品に「ローレライ」「ラデツキー行進曲」など。㊁(Johann〜)[1825〜1899]オーストリアの作曲家。㊀の長男。ウィンナワルツを芸術作品にまで向上させ、約500曲もの作品を残した。ワルツ王と称される。作品に「美しく青きドナウ」「ウィーンの森の物語」、オペレッタ「ジプシー男爵」「こうもり」など。

シュトラスブルガー〖Eduard Strasburger〗[1844〜1912]ドイツの植物学者。ポーランドの生まれ。植物の受精・生殖器官・細胞分裂に関する研究に功績。著「受精及び細胞分裂」。

シュトラスブルク〖Strassburg〗ストラスブールのドイツ語名。

シュトラルズント〖Stralsund〗ドイツ北東部、メクレンブルク-フォアポンメルン州の港湾都市。シュトラルズント海峡をはさんでリューゲン島に面する。1949年から90年まで旧東ドイツに属した。13世紀にハンザ同盟に加盟。ゴシック様式のマリエン教会、ニコライ

教会、市庁舎をはじめ、中世の面影を色濃く残す煉瓦造りの歴史的建造物がある。2002年、同じくバルト海沿岸のハンザ同盟都市ウィスマールとともに、「シュトラルズントとウィスマールの歴史地区」の名称で世界遺産(文化遺産)に登録された。

シュトルム〘Theodor Storm〙[1817～1888]ドイツの詩人・小説家。弁護士・判事としての職のかたわら、北ドイツの陰鬱な自然を背景に、叙情詩から出発して後期には叙事的・写実的な小説を書いた。小説「みずうみ」「白馬の騎士」など。

シュトルム-ウント-ドラング〘ドイツ Sturm und Drang〙▶シュトゥルムウントドラング

シュトレーゼマン〘Gustav Stresemann〙[1878～1929]ドイツの政治家。第一次大戦後ドイツ人民党を結成。1923年、首相となって通貨安定・経済再建に尽力。その後は歴代内閣の外相として協調外交を推進し、ロカルノ条約締結・国際連盟加入を実現した。26年、ノーベル平和賞受賞。

シュトロハイム〘Erich von Stroheim〙[1885～1957]米国の映画監督・俳優。オーストリア出身。映画におけるリアリズムの開拓者とされる。監督作に「アルプス颪」「愚なる妻」「グリード」など。出演作にジャン=ルノワール監督の「大いなる幻影」、ビリー=ワイルダー監督の「サンセット大通り」など。

シュナップス〘schnapps〙スカンジナビア産の蒸留酒。ジャガイモや穀類、果物などを原料とする。スナップス。

じゅ-なん【受難】〔名〕スル ❶苦難・災難を受けること。「水害・冷害と続いた農民―の年」❷キリスト教用語。イエス=キリストが十字架にかけられて受けた苦難。
[類語]遭難

じゅなん-きょく【受難曲】キリストの受難を主題にした音楽。バッハの「マタイ受難曲」など。パッション。

じゅなん-げき【受難劇】キリストの受難を中心に、その生涯などを脚色した宗教劇。13～16世紀ごろ、欧州各地で祝祭などに上演された。

じゅなん-せつ【受難節】カトリック教会では、四旬節最後の、受難の主日に始まる2週間。プロテスタントでは、棕櫚の主日から復活日前日までの1週間。福音書に従ってキリストの受難を記念する各種行事が行われ、あとに復活祭が続く。受難週。(季 春)

シュナントニッチ-いせき【シュナントニッチ遺跡】《Xunantunich》中央アメリカ、ベリーズの西部の町、サンイグナシオの南西約10キロメートルにあるマヤ文明の遺跡。9世紀頃に最盛期を迎えたとされる。

ジュニア〘junior〙❶年少者。また、下級生。「一版の名作集」「―クラス」⇔シニア。❷英米などで、父と子が同名のとき、姓名の下に付けて子であることを示す語。Jr.と略記する。「ロバート=ダウニー=―」❸息子。2世。「政界・財界でも―の進出が目立つ」
[類語](❸)息子・せがれ・子息・こせがれ

ジュニア-カレッジ〘junior college〙❶米国の2年課程の大学。❷日本の短期大学の俗称。

ジュニア-ハイ-スクール〘junior high school〙米国で、20世紀初めから発達した下級中等学校。日本の中学校にあたる。

ジュニア-レジデント〘junior resident〙初期臨床研修医。➡レジデント

しゅに-え【修二会】「修二月会」の略。(季 春)

しゅにがつ-え【修二月会】陰暦2月に行われる法会。奈良東大寺で陰暦2月1日から14日まで(現在は3月)行うものが有名で、お水取りはその13日の儀式。修二会。

しゅ-にく【朱肉】朱色の印肉。

しゅ-にく【酒肉】酒と肉。さけさかな。酒肴。

じゅ-にく【受肉】神が人の形をとって現れること。キリスト教では、神の子キリストがイエスという人間性をとって、この地上に生まれたこと。

シュニッツェル〘ドイツ Schnitzel〙薄切りにした牛肉や豚肉のカツレツ。

シュニッツラー〘Arthur Schnitzler〙[1862～1931]オーストリアの小説家・劇作家。精緻な心理分析で、退廃的、享楽的な男女の姿を描いた。戯曲「アナトール」「輪舞」、小説「テレーゼ」など。

しゅ-にゅう【▽輸入】〔名〕スル「ゆにゅう(輸入)」に同じ。「武器を―する」〈鉄腸・南洋の大波瀾〉

じゅ-にゅう【授乳】〔名〕スル 乳児に乳を飲ませること。「三時間おきに―する」[類語]哺乳

じゅにゅう-き【授乳期】分娩後から離乳までの、乳児に乳を与える期間。

しゅ-にん【主任】その任務を中心になって行う人。また、その任務の担当者の中で上席の人。「数学科の―」「警備―」[類語]デスク・プロデューサー・コミッショナー・コーディネーター

じゅ-にん【受任】〔名〕スル ❶任務・任命を受けること。❷委任契約により、一定の事務を処理する義務を負うこと。

じゅ-にん【受忍】不利益や迷惑をこうむっても、耐え忍んでがまんすること。

しゅにん-かいごしえんせんもんいん【主任介護支援専門員】介護支援専門員の業務について十分な知識・経験をもつ介護支援専門員で、ケアマネージメントを適切かつ円滑に提供するために必要な知識・技術を修得した者。平成18年度(2006)に新設された職種。原則として介護支援専門員の実務経験が5年以上あり、所定の専門研修課程を修了した者。介護保険サービスや他の保健・医療サービスを提供する者との連絡調整、他の介護支援専門員に対する助言・指導などを行う。地域包括支援センターは、担当区域の介護保険第1号被保険者(65歳以上の人)の数に応じて主任介護支援専門員を配置する必要がある。主任ケアマネージャー。

じゅにん-ぎむ【受忍義務】土地の所有者・占有者などが、国・都道府県が行う保安施設に関する事業や土木事業などの目的での土地への立ち入りや一時使用を拒否したり妨げたりしてはならない義務。

しゅにん-ケアマネージャー【主任ケアマネージャー】▶主任介護支援専門員

じゅにん-げんど【受忍限度】社会生活を営むうえで、騒音・振動などの被害の程度が、社会通念上がまんできるとされる範囲。これを超えると加害者が違法とされることがある。

じゅにん-こく【受任国】第一次大戦後、国際連盟の委任を受けて委任統治地域の統治を行った国。国際連合の信託統治国に相当。

しゅにん-の-だいじん【主任の大臣】特定の行政事務を分担・管理する国務大臣。内閣総理大臣および各省庁の大臣。⇔無任所大臣。[補説]内閣総理大臣は内閣府の主任の大臣であるとともに、内閣官房・安全保障会議・地球温暖化対策推進本部など特定の法律に基づいて内閣や内閣府に設置される機関の主任の大臣を務める。

しゅにん-べんごにん【主任弁護人】被告人に数人の弁護人がいるとき、主任として指定される一人の弁護人。弁護活動の統制を行う。

しゅ-ぬり【朱塗(り)】朱色に塗ること。また、塗ったもの。「―の椀」「―の鳥居」

ジュネ〘Jean Genet〙[1910～1986]フランスの小説家・劇作家・詩人。泥棒、男娼、放浪生活をしながら作品を書き、悪や汚れを鋭い感受性と多彩な言語表現で聖性に転化させた。のち、前衛的な不条理劇の戯曲を発表。小説「花のノートルダム」「泥棒日記」など。

ジュネーブ〘Genève〙スイス西端、レマン湖畔にある都市。時計製造が盛ん。銀行が多く、また赤十字国際委員会・国際労働機関(ILO)などの国際機関が置かれ、1920～46年には国際連盟の、現在は国際連合ヨーロッパ本部の所在地。ジャン=J=ルソーの生地。16世紀にはジャン=カルバンの宗教改革の中心地となった。[補説]「寿府」とも書く。

ジュネーブ-かいぎ【ジュネーブ会議】㊀1863～64年、赤十字社創立者アンリ=デュナンの提唱で、戦地の傷病者救護に関して開かれた国際会議。㊁第一次大戦後、ジュネーブで開かれた軍縮会議。➡ジュネーブ軍縮会議㊀ ㊂1954年、インドシナの休戦、朝鮮半島の統一について、イギリス・アメリカ・フランス・ソ連・中国・南北ベトナム・ラオス・カンボジアが参加して開かれた国際会議。その結果、インドシナ休戦協定が成立。➡インドシナ戦争

ジュネーブ-ぐんしゅくかいぎ【ジュネーブ軍縮会議】㊀1927年、主力艦の制限を決定したワシントン会議に続いて、巡洋艦以下の艦艇の制限を目的として開かれた国際会議。イタリア・フランスの不参加、アメリカ・イギリス・日本の対立で失敗に終わった。㊁1932年、国際連盟の主催で軍備の縮小・制限を目的として開かれた国際会議。六十数か国が参加したが、日本・ドイツの連盟脱退で成果のないまま流会した。㊂国際連合の枠外における軍縮交渉の場として設けられた常設機関。唯一の多数国間軍縮交渉機関で、事務局はジュネーブに置かれる。1960年に設立された10か国軍縮委員会を前身とし、加盟国の増加と名称変更を経て84年から軍縮会議となる。2012年現在の加盟国は65か国。日本は1969年に加盟。CD(Conference on Disarmament)。

ジュネーブ-じょうやく【ジュネーブ条約】戦時における傷病者と捕虜に関する国際条約。1864年にジュネーブで結ばれた、戦地での傷病兵の救護と救護者の中立性保護のための条約に始まる。現在の条約は1949年に締結された、第一条約(戦地にある軍隊の傷病者の状態の改善)、第二条約(海上にある軍隊の傷病者、難船者の状態の改善)、第三条約(捕虜の待遇)、第四条約(戦時における文民の保護)の4条約と、77年の2つの議定書から成る。[補説]普通には第三条約をさしていう。

シュネーベルク〘Schneeberg〙オーストリア、ウィーンの南西約60キロメートルにある山。標高2075メートル。アルプス山系の北端に位置し、同州で最も標高が高い。19世紀末に操業の登山鉄道がある。

ジュネット〘JUNET〙《Japanese University NETwork》日本国内の大学や研究機関を結ぶコンピューターネットワーク。日本におけるインターネットの起源に相当する。昭和59年(1984)、東京工業大学、慶応義塾大学、東京大学を接続して運用実験が始まり、後にTCP/IP接続によるインターネットが普及し、平成6年(1994)に実質的な運営を停止した。

しゅ-の-いのり【主の祈り】イエス=キリストが弟子たちに教えた祈祷で、キリスト教会の礼拝において祈りの基準とされる。新約聖書「マタイによる福音書」第6章9節～13節、および「ルカによる福音書」第11章2節～4節に記される。主祷文。

しゅ-のう【主脳】重要な部分。主眼。「此式が演説の―なんだから」〈漱石・吾輩は猫である〉

しゅ-のう【▽収納】「しゅうのう(収納)」に同じ。〈色葉字類抄〉

しゅ-のう【首脳】組織や団体の中心にいて指導的な役割を果たす人。「各国の―が集まる」「―会談」「―陣」[類語]幹部・要人・重鎮・元老

じゅ-のう【受納】〔名〕スル 贈り物の金品などを、受け取って納め入れること。「報奨金を―する」
[類語]受け取る・領収・受領・査収・収受・接受・受理・受給・受贈・頂戴・拝領・拝受・貰う・押し頂く・受ける・収める・譲り受ける・貰い受ける・授かる・頂く・賜る・申し受ける

しゅのう-はんたい【酒×嚢飯袋】酒の袋と飯の袋。生涯を無為に送る人のたとえ。

しゅのう-ぶ【首脳部】組織内の中心になる部署や人たち。幹部。「党の―」

ジュノー〘Juneau〙米国アラスカ州南東部の港湾都市。同州の州都。不凍港で、サケ漁などが盛ん。

ジュノー〘Juno〙㊀ローマ神話で、最高神ユピテル(ジュピター)の妃ユノーの英語名。➡ヘラ ㊁小惑星の一。1804年に発見。名の由来はローマ神話の女神。直径247キロメートル。軌道長半径は2.7天文単位。公転周期は約4.4年。1958年、小惑星として初めて掩蔽が観測された。ユノー。

シュノーケリング〘snorkeling〙シュノーケルを付

けて水面や水中を遊泳し、魚や水中の光景を眺めて楽しむこと。

シュノーケル〘snorkel｜ドイツ Schnorchel〙《「スノーケル」とも》❶第二次大戦中にドイツが開発した潜水艦用の通風・排気装置。これによって潜航中でもディーゼルエンジンの作動が可能になった。❷スキンダイビングに用いる呼吸器具。潜水のとき下端を口にくわえ、上端を水面に出して呼吸を行うもの。

しゅ-の-かべ【種の壁】種の異なる生物の間では、生殖や感染症の伝播などが起こりにくいこと。

しゅのきげん【種の起源】《原題On the Origin of Species by Means of Natural Selection》生物学書。ダーウィン著。1859年初版。生物は自然淘汰によって適者が生存し、それが蓄積されて進化すると唱えたもの。進化論の最も重要な古典。

しゅのしょうてん-きょうかい【主の昇天教会】ロシア《Tserkov' Vozneseniya》▶ボズネセーニエ教会

しゅ-の-ばんさん【主の晩×餐】▶最後の晩餐

しゅ-の-ひ【主の日】キリスト教で、日曜日のこと。

シュノンソー-じょう【シュノンソー城】フランス《Château de Chenonceau》フランス中部、シュノンソーにある城。15世紀の城塞の名残である独立塔、16世紀に建てられた初期ルネサンス様式の棟、シェル川に架かる橋に建てられた3層の回廊をもつ棟で構成される。フランス王アンリ2世の寵妾ディアヌ=ド=ポアチエ、正妃カトリーヌ=ド=メディシスら、16世紀の創建以来、代々女性が城主だったため、「6人の女の城」と呼ばれる。ロアール川流域の古城の一として、2000年に「シュリーシュルロアールとシャロンヌ間のロアール渓谷」の名称で世界遺産(文化遺産)に登録。

しゅ-は【手把】長い柄の先端に短い歯を数多くつけた農具具。土くれを砕き、地をならし、種まき後の土かけなどに使う。こまざらい。

しゅ-ば【種馬】種つけ用の牡馬。たねうま。

シュバーベン〘Schwaben〙ドイツ南部、バイエルン州南西部の地方名。中心都市アウグスブルク。

しゅ-はい【手背】手の甲。「娘は軽く我一を敲き」〈鷗外訳・即興詩人〉

しゅ-はい【酒杯｜酒×盃】さかずき。「一を傾ける」
(類語)杯・杯・玉杯・金杯・銀杯・猪口・ぐい飲み

じゅ-はい【受配】〔名〕スル 配達・配当・配給などを受けること。

シュパイエル〘Speyer〙ドイツ南西部、ラインラント-プファルツ州の都市。古くから同地方における宗教、商業の中心地として発展。4世紀に司教座が置かれ、11世紀にシュパイエル大聖堂が建造された。宗教改革問題をめぐり、1526年と29年に帝国議会(シュパイエル国会)が開かれたことで知られる。シュパイヤー。

シュパイエル-だいせいどう【シュパイエル大聖堂】ドイツ《Speyer Dom》ドイツ南西部、ラインラント-プファルツ州の都市、シュパイエルにある大聖堂。1030年、神聖ローマ皇帝コンラート2世の命により建造開始。地下聖堂にはコンラート2世をはじめ、歴代の皇帝や皇后が埋葬されている。世界最大級の規模を誇るロマネスク様式の聖堂として知られ、1981年世界遺産(文化遺産)に登録された。シュパイヤー大聖堂。

しゅ-ばいしん【朱買臣】[?～前109]中国、前漢の政治家。呉県(江蘇省)の人。家が貧しく、薪を売りながら独学。武帝に見いだされて会稽太守となり、丞相長史まで出世した。大器晩成のたとえにされる。

シュバイツァー〘Albert Schweitzer〙[1875～1965]フランスの神学者・哲学者・医師。ドイツ領だったアルザスの生まれ。1913年に仏領コンゴ(現ガボン共和国)のランバレネに渡り、医療と伝道に献身。バッハ研究家・オルガン奏者としても有名。52年、ノーベル平和賞受賞。シュワイツァー。

シュパイヤー〘Speyer〙▶シュパイエル

シュパイヤー-だいせいどう【シュパイヤー大聖堂】ドイツ《Speyer Dom》▶シュパイエル大聖堂

しゅ-はく【手×搏】武術などで、互いに、素手でまたは短い武器を持って、相手とわたり合うこと。

じゅ-ばく【呪縛】〔名〕スル まじないをかけて動けなくすること。心理的な強制によって、人の自由を束縛すること。「一されたかのように身動きできない」「一を解く」

しゅばし-こう【朱×嘴×鸛】コウノトリの亜種。コウノトリより小形で、全長約1メートル。くちばしが赤い。ヨーロッパに分布、冬はアフリカに渡る。人家の屋上や煙突に営巣し、人間の赤ん坊を運んでくるという伝説で知られる。あかはしこう。

しゅ-ばつ【主伐】伐採期に達した樹木を切ること。

しゅ-ばつ【修×祓】神道で、祓えを行うこと。しゅうばつ。しゅうふつ。

シュパリーチェク〘Špalíček〙チェコ西部の都市ヘプの旧市街中心部のイジーポジェブラド王広場を取り巻く建物の名称。13世紀にゴシック様式で建てられ、赤い瓦屋根と色とりどりの外壁をもつ。近世にはユダヤ商人の店として使われた。

シュバリエ〘フランス chevalier〙騎士。また、レジオンドヌール勲章などの階級の一つ。

シュバルツバルト〘Schwarzwald〙《黒い森の意》ドイツ南西部の山地。長さ約160キロ、最高地点は1493メートルのフェルトベルク山。針葉樹の密林に覆われ、温泉・鉱泉が豊富。シュワルツワルト。

しゅ-はん【主犯】二人以上の者による犯罪行為の中心となった者。

しゅ-はん【首班】第一の席次。首席。特に、内閣総理大臣。「一指名」(類語)首席・首座

しゅ-はん【酒飯】酒と飯。酒食。「一も日本の器にていだせり」〈魯文・西洋道中膝栗毛〉

ジュバン〘ポルトガル gibão〙【襦袢】和服用の下着。ひとえの短い衣。肌着。ジバン。「肌一」「長一」(補説)「ジュバン」は「ジバン」の当て字「襦袢」の字音に引かれた発音という。

しゅはんしめい-せんきょ【首班指名選挙】日本国憲法第67条の定めにより、国会で内閣総理大臣を指名するための選挙。衆議院・参議院それぞれが国会議員の中から指名し、両院の被指名者が異なる場合は衆議院の指名が優越とされる。内閣総理大臣指名選挙。首相指名選挙。

しゅ-ひ【守秘】〔名〕スル 秘密を守ること。「職務上一すべき事柄」

しゅ-ひ【珠皮】種子植物の胚珠の外側にあって珠心を包む組織。1層のものと内外2層からなるものとがあり、胚珠が種子になると種皮になる。

しゅ-ひ【種皮】種子の外側を包んでいる皮。珠皮が発達したもの。

しゅ-ひ【種肥】まいた種に施す肥料。たねごえ。

しゅ-び【守備】〔名〕スル ❶敵の攻撃に対して味方を守るべく備えること。「要塞を一する」「一隊」❷競技などで、自分の領域を守り、相手に得点を与えないようにすること。「九回裏の一につく」(対)攻撃。

しゅ-び【首尾】〔名〕スル《首と尾、頭と尾の意から》❶始めと終わり。始めから終わりまで。終始。「一を整える」❷物事の成り行きや結果。「事の一を説明する」「一は上々」❸物事がうまくまとまるように処理すること。「会えるようにうまく一してやる」(類語)始末・次第・結果・結末・帰結・帰趨・帰着・成り行き・仕儀・成果・帰する

しゅ-び【×麈尾】《「麈」は大きな鹿の意》仏具。払子のこと。大鹿の尾の動きに従って、他の鹿の群れが動くところから、他が従うという意を寓して、その尾にかたどって作られたという。しゅみ。

じゅ-ひ【樹皮】樹木の表皮。最外層にある死んだ組織の集まりで、コルク形成層ができると外側に押し出され、内部と遮断されて、やがてはげ落ちる。
(類語)木肌・木皮・靭皮

シュピーツ〘Spiez〙スイス中西部、ベルン州、ベルナーオーバーラントにある町。トゥーン湖の南岸に面する。町の南にそびえる標高2362メートルのニーセン山のほか、中世に建造された城や教会がある。アルプスを臨む湖畔のリゾート地としても有名。

しゅび-いっかん【首尾一貫】〔名〕スル 方針や考え方などが始めから終わりまで変わらないで、筋が通っていること。「一した論理」

しゅ-びき【朱引き】❶朱で線を引くこと。また、その線。❷江戸時代、江戸の府内と府外とを地図に朱線を引いて区別したもの。❸漢籍を読む際に、国名・地名・人名・書名などを普通名詞と区別するため、字の左右や中央に朱線を引くこと。また、その線。

しゅひ-ぎむ【守秘義務】公務員のほか、医師・弁護士など一定の者に課せられる、業務上の秘密を守る義務。

しゅひぎむ-けいやく【守秘義務契約】「秘密保持契約」に同じ。

ジュピター〘Jupiter〙㊀ローマ神話で、最高神ユピテルの英語名。▶ゼウス ㊁モーツァルト作曲の交響曲第41番ハ長調の通称。1788年作。気宇壮大な楽想にちなんで名付けられた。㊂木星。

しゅ-ひつ【手筆】❶自分の手で書くこと。また、その筆跡。自筆。❷著書。

しゅ-ひつ【主筆】新聞社・雑誌社などで、首席の記者として社説・論説などの主要な記事を担当する人。

しゅ-ひつ【朱筆】❶朱墨で書き入れや修正などをするのに使う筆。しゅふで。❷朱でする書き入れや修正。あか。「校閲者の一」

朱筆を入・れる 朱で書き入れや訂正などをする。朱を入れる。朱筆を加える。「原稿に一・れる」

しゅ-ひつ【▽執筆】❶公文書類の記録役。書き手。書記。❷叙位・除目を執り行い、記録する役。❸鎌倉幕府の訴訟機関である引付で、判決書などの文書の起草・作成をつかさどった役。執筆奉行。❹連歌・俳諧の会席で、宗匠の指図に従い、連衆の出す句を懐紙に記載する役。進行係の役目もする。

シュビッタース〘Kurt Schwitters〙[1887～1948]ドイツの芸術家。ダダイスムの運動に参加。雑多な素材による独自のコラージュ作品を作り、素材とした印刷物の断片の文字から、それらをメルツと呼んだ。▶メルツバウ

シュピッテラー〘Carl Spitteler〙[1845～1924]スイスの詩人・小説家。ギリシャ神話を題材として、スケールの大きな叙事詩を書いた。1919年、ノーベル文学賞受賞。叙事詩「オリンピアの春」、小説「コンラート中尉」など。

しゅび-てき【守備的】〔形動〕スポーツで、攻撃よりも守備に重点をおくさま。「一な試合運び」(対)攻撃的。

しゅびてき-ミッドフィールダー【守備的ミッドフィールダー】▶ディフェンシブハーフ

ジュピテル〘Jupiter〙ルーマニア南東部、黒海に面する海岸保養地。マンガリアの北約4キロメートルに位置する。社会主義政権下の1970年代に開発され、近隣のネプトゥン・オリンプ・アウロラ・ベヌス・サトゥルヌとともに、同国有数の保養地群を形成する。

しゅび-の-まつ【首尾の松】江戸時代、浅草蔵前の隅田川のほとりにあった松。吉原通いの舟の目印になった。

じゅひ-ふ【樹皮布】樹皮を水に浸して柔らかくし、木槌で打ち伸ばして作った布。

しゅ-びょう【種苗】❶植物のたねとなえ。❷栽培漁業で、稚魚のこと。「一放流」

じゅ-ひょう【樹氷】およそ氷点下5度以下に冷却した水蒸気や過冷却の水滴が、樹木などに吹きつけられ凍結してできた氷。気泡を多く含むため白色不透明で、もろい。霧氷の一。(季冬)

しゅび-よく【首尾良く】〔副〕物事が都合よく運ぶさま。うまいぐあいに。「交渉が一まとまる」

シュピリ〘Johanna Spyri〙▶スピリ

ジュビリー〘jubilee〙25年、50年などの節目に行われる記念祭。

シュピルベルク-じょう【シュピルベルク城】チェコ《Hrad Špilberk》チェコ東部の都市ブルノの旧市街にある城跡。13世紀、ボヘミア国王プジェミスル=オタカル2世が建造したゴシック様式の城砦に起源し、17世紀にバロック様式の堅固な建物に改築。17世紀から20世紀にかけて監獄として使われ、第二次大戦中はナチス-ドイツが数多くのチェコ人を収容したこと

で知られる。当時の監獄内の様子を公開するほか、ブルノ市博物館を併設する。スピルベルグ城。
ジュビロ-いわた【ジュビロ磐田】日本プロサッカーリーグのクラブチームの一。ホームタウンは静岡県磐田市。昭和47年(1972)、ヤマハ発動機サッカー部として発足。平成6年(1994)にJリーグに参加。〔補説〕「ジュビロ(jubilo)」はポルトガル語、スペイン語で歓喜の意。
しゅ-ひん【主賓】❶客の中で最も主だった人。正客しょうきゃく。「—として招かれる」「—の挨拶」❷主人と客人。主客。〔類語〕賓客・貴賓・来賓・国賓・公賓・社賓
しゅ-びん【×溲瓶】《唐音》「しびん(溲瓶)」に同じ。「寝室中に—を備えて」〈村田文夫・西洋聞見録〉
じゅ-ひん【需品】入用な物品。需要品。必需品。
しゅ-ふ【主夫】家事を切り盛りする夫。「専業—」
しゅ-ふ【主婦】一家の家事の切り盛りをする女性。「専業—」〔類語〕おかみ・おかみさん
しゅ-ふ【首府】「首都」に同じ。
しゅ-ぶ【主部】❶主要な部分。「エンジンの—」「論文の—」❷文の構成上、主語とその修飾語からできている部分。⇔述部。〔類語〕主体・本体
しゅ-ぶ【首部】物事のはじめの部分。頭部。
じゅ-ふ【呪符】種々の災難を退け、幸いをもたらすとされる物体。奇石・骨・お札など多様。護符。お守り。
じゅ-ふ【授付┊授賦】〔名〕スル さずけあたえること。付与。「夫れ人の性命たる天より—する者にして」〈新聞雑誌四三〉
シュプール〘ドイツ Spur〙スキーで滑ったときに雪上に残る跡。「新雪に鮮やかな—を描く」〔季 冬〕
しゅ-ふく【首服】❶犯した罪を白状すること。また特に、親告罪の犯人が告訴権者に対して自己の犯罪を告白し、その告訴にゆだねること。刑が減軽されうる。❷「元服げんぷく」に同じ。
しゅ-ふく【修復┊修覆】〔名〕スル「しゅうふく(修復)」に同じ。「車をば、折しも軌道の—すとて」〈鷗外・有楽門〉
しゅ-ふく【修福】❶死後の冥福を祈って、仏事法要を営むこと。❷幸福や利益などの福徳をもたらす善行を積むこと。「過去の戒善—の功に依って」〈盛衰記・四八〉
じゅ-ふく【寿福】長命で幸福なこと。福寿。
じゅふく-じ【寿福寺】鎌倉市扇ヶ谷おうぎがやつにある臨済宗建長寺派の寺。山号は亀谷山。開創は正治2年(1200)、開基は北条政子、開山は栄西。鎌倉五山の第三位。寺宝に木造地蔵菩薩像・喫茶養生記がある。源実朝・北条政子の墓と伝える五輪塔がある。
しゅふ-けん【主婦権】主婦がもつ家政上の権限。特に、古い家族制度で家長の妻がもっていた家事の管理・運営に関する権限。
しゅ-ぶつ【主物】法律で、その常用に供するために、従物が付属させられている物。畳・建具に対する家屋など。⇔従物。
じゅ-ぶつ【呪物】超自然的な霊威や呪力をもつとされて神聖視される物。庶物。
じゅ-ぶつ【儒仏】儒教と仏教。「—の道」
じゅぶつ-すうはい【呪物崇拝】呪物が人間に禍福をもたらすと信じて儀礼の対象とすること。未開宗教によくみられる現象。庶物崇拝。フェティシズム。
しゅ-ふで【朱筆】「しゅひつ(朱筆)❶」に同じ。
ジュブナイル〘juvenile〙❶少年少女。また、少年少女向けであること。「—小説家」❷児童向きの読み物。
シュプヒル-いせき【シュプヒル遺跡】〘Xpujil〙メキシコ東部、ユカタン半島西部の都市、カンペチェの南約210キロメートルにあるマヤ文明古典期の遺跡。一列に並んだ三つの塔があり、神々のレリーフが刻まれている。
シュプランガー〘Eduard Spranger〙[1882〜1963]ドイツの哲学者・教育学者。ディルタイの影響を受け、精神科学的心理学によって文化哲学・教育学に学問的基礎を与えようと努めた。著「生の諸形式」など。
シュプレヒコール〘ドイツ Sprechchor〙❶舞台で、一つのせりふを多人数が声をそろえて朗誦すること。❷集会やデモなどで、参加者がいっせいにスローガンを唱えること。「—が起こる」
シュプレマティスム〘フランス suprématisme〙《「シュプレマティズム」とも》1913年ごろロシアで起こった芸術運動。抽象芸術の一流派で、単純な幾何学模様による造形を行った。内面性や精神性を表現するカンディンスキーらの「熱い抽象」に対して、「冷たい抽象」と呼ばれることもある。代表的な作家にマレービチがいる。絶対主義。
しゅふ-れんごうかい【主婦連合会】昭和23年(1948)奥むめおを中心に結成された婦人団体の連合体。消費者の権利・利益を守る活動を中心に、政治・社会問題にも女性の立場から取り組んでいる。主婦連。
しゅ-ぶん【主文】❶文章中の主な部分。❷法律で、判決の結論の部分。判決主文。
しゅ-ぶん【守文】君主が、始祖の残した法律・制度を守って国を治めること。「天下を覆さん事も—の道も叶ふまじき程を」〈太平記・三五〉
じゅ-ふん【受粉】〔名〕スル 雄しべの花粉が雌しべの先端につくこと。その結果として受精が行われる。
じゅ-ふん【授粉】〔名〕スル 花粉を人の手で雌しべの柱頭につけること。人工授粉。
しゅぶん-きん【朱文金】金魚の一品種。三色出目金とフナ尾の和金およびフナを自由交配させたもの。目は突き出していない。体色は赤・青・黄・白・黒色などがまじり合う。
シュブング〘ドイツ Schwung〙スキーで、回転のときのかかとの押し出し技術。または、その際の手や腰、ひざの振り込み運動。
しゅ-へい【手兵】手元に置いて直接率いている部下の兵士。手勢てぜい。「—をもって奇襲をかける」
しゅ-へい【守兵】守備に当たる兵士。
しゅへい-しょ【主兵署】律令制で、東宮坊に属し、兵器・儀仗ぎじょうのことをつかさどった役所。
シュペーマン〘Hans Spemann〙[1869〜1941]ドイツの動物学者。イモリの胚はいの形成体の作用を発見し、実験発生学に功績を残した。1935年、ノーベル生理学医学賞受賞。
しゅ-へき【酒癖】❶酒に酔うと現れる癖。特に、悪い癖。さけくせ。❷酒を飲む癖。
しゅ-べつ【種別】〔名〕スル 種類・種目によって区別すること。また、その区別。「標本を—する」
シュペリオリティー-コンプレックス〘superiority complex〙►スペリオリティーコンプレックス
シュベルニー-じょう【シュベルニー城】《Château de Cheverny》フランス中部、ロアール-エ-シェル県、シュベルニーにある城。17世紀前半に建造され、左右対称の均整の取れた外観で知られる。アンリ4世の天蓋付きベッドや17世紀フランドルのタペストリーなどを所蔵。ロアール川流域の古城の一として、2000年に「シュリーシュルロアールとシャロンヌ間のロアール渓谷」の名称で世界遺産(文化遺産)に登録。
シュペングラー〘Oswald Spengler〙[1880〜1936]ドイツの哲学者。形態学的方法論を世界史に応用し、歴史上の諸文化の有機体的生成・没落を説いた。主著「西洋の没落」は、第一次大戦後の危機意識に符合し、大きな反響を呼んだ。
しゅ-ほ【酒保】《酒を売る人の意から》兵営内や軍艦内で、日用品・飲食物などを扱う売店。
しゅ-ほ【酒舗】酒を売る店。また、酒を飲ませる店。さかや。「例の—で一杯傾けて」〈漱石・倫敦塔〉
しゅ-ぼ【手簿】メモ用の帳面。手帳。「—を把とりて導者の言を記せり」〈鷗外訳・即興詩人〉
しゅ-ぼ【主簿】❶帳簿をつかさどる人。❷諸国国司の目さかんの唐名。❸中国の官名。中央および郡県の属官で、帳簿を受け持ち、庶務を統轄した。
しゅ-ぼ【酒母】清酒醸造のときの発酵のたね。こうじに水と蒸し米とをまぜ、酵母を加えて培養したもの。酒造では酛もとという。
しゅ-ほう【手法】物事のやり方。特に、芸術作品などをつくるうえでの表現方法。技法。「写実的な—」「新—を用いる」〔類語〕画法・描法・技術・方法
しゅ-ほう【主峰】一つの山脈または山塊中で、最も高い山。
しゅ-ほう【主砲】❶軍艦に装備した砲の中で、最も口径の大きい砲。❷野球などで、攻撃の中心となる強打者。「敗因は—の不振」「—のアタッカー」
しゅ-ほう【修法】密教で行う加持祈祷かじきとうの法。壇を設けて本尊を安置し、護摩をたき、手に印を結び、口に真言を唱え、心に観念をこらし本尊と一体化することによって、目的とする願いを達成しようとするもの。目的により息災法・増益ぞうやく法・降伏ごうぶく法などがある。本尊には大日如来・不動明王のほか諸尊があり、法式にも差異がある。すほう。ずほう。
しゅ-ぼう【首謀┊主謀】中心になって陰謀・悪事を企てること。また、その人。「—者」
しゅ-ぼう【酒坊┊酒房】酒を売る店。また、酒を飲ませる店。さかや。「裏通りの—」
じゅ-ほう【受法】弟子の僧が師から法を受けること。
じゅ-ほう【呪法】❶密教で、呪文を唱えるなどして行う修法。❷呪術。
しゅほう-づけ【種方付け】薬の調合材料・分量・方法などを書くこと。また、その書きつけ。処方。処方箋しょほうせん。「彼に—いたさせ、いづれも吟味の上、御薬調合さすべし」〈浮・伝来記・五〉
しゅ-ぼく【主僕】主人と召使い。主従。
じゅ-ぼく【▽入木】《中国の書家王羲之おうぎしが書いた字は筆勢が強く、墨が木に3分の深さにまでしみ込んでいたという故事から》書跡。墨跡。
じゅ-ぼく【儒墨】儒教と墨子の教え。
じゅぼく-どう【▽入木道】書道のこと。
しゅぼだい【須菩提】《梵 Subhūtiの音写。善現・空生などと訳す》釈迦十大弟子の一人。給孤独ぎっこどく長者の甥おいといわれる。争うことがなかったところから無諍むじょう第一、空の理解の深かったことから解空げくう第一と称された。スブーティ。
しゅ-ぼば【種×牡馬】種馬として用いられる雄の馬。特に、優秀な競走馬の血統を伝えるための種馬をいう。多くはレースで優れた成績を収めた馬がなる。サイアー。スタリオン。
しゅ-まつ【朱抹】〔名〕スル 朱筆で文字を塗り消すこと。「訂正後、前の文章を—する」
ジュマヤ-ジャーミヤ〘Dzhumaya dzhamiya〙ブルガリア中南部の都市プロブディフの旧市街、ジュマヤ広場にあるイスラム寺院。14世紀末、オスマン帝国皇帝ムラト1世の治世下において、教会跡地に建造された。ジュマヤモスク。
ジュマヤ-ひろば【ジュマヤ広場】《Ploshtad Dzhumaya》ブルガリア中南部の都市プロブディフの旧市街にある広場。14世紀、オスマン帝国時代に築かれたイスラム寺院ジュマヤジャーミヤがあるほか、地下に古代ローマ時代の競技場の遺跡がある。
ジュマヤ-モスク〘Dzhumaya Mosque〙►ジュマヤジャーミヤ
シュマリエスケトプリツェ〘Šmarjeske Toplice〙スロベニア南部の町。ノボメストの北東郊外に位置する。古くから、炭酸泉の温泉地として知られる。
しゅまりない-こ【朱鞠内湖】北海道北部にある人造湖。石狩川支流の雨竜川上流に造られたダム湖。面積23.7平方キロメートル。
シュマルイェトナ-さん【シュマルイェトナ山】《Šmarjetna gora》スロベニア北西部の都市クラーニの西郊にある山。標高646メートル。頂上には14世紀創建の聖マルガリータ教会があり、クラーニの市街を見下ろす展望地として知られる。
ジュマルクズク〘Cumalıkızık〙トルコ北西部の村。ブルサの東約10キロメートル、ウル山(ウルダー)北麓に位置する。オスマン帝国時代から受け継がれる、伝統的な家並みが残っていることで知られる。
シュマルナ-さん【シュマルナ山】《Šmarna Gora》スロベニアの首都リュブリャーナの郊外にある山。中心街より北西約9キロメートルに位置する。標高669

メートル、676メートルの二つの峰をもつ。

しゅみ【須弥】「須弥山しゅみせん」の略。

しゅ-み【趣味】❶仕事・職業としてでなく、個人が楽しみとしている事柄。「一は読書です」「一と実益を兼ねる」「多一」❷どういうものに美しさやおもしろさを感じるかという、その人の感覚のあり方。好みの傾向。「一の悪い飾り付け」「少女一」❸物事のもっている味わい。おもむき。情趣。「さびた眺望ながめで、また一種の一が有る」〈二葉亭・浮雲〉 類語 (❶)道楽・無趣味/(❷)好み・嗜好しこう・愛好・同好・横好き・悪趣味

しゅ-み【×麈▽尾】►しゅび(麈尾)

シュミーズ〘フランス chemise〙婦人用の緩やかな下着。多く、袖なしで、ひもで肩からつり、胸からひざの辺りまでを覆う。シミーズ。

シュミーダー-ばんごう【シュミーダー番号】ゴウ 1950年、ドイツの音楽学者シュミーダーが出版したJ=S=バッハの作品目録の番号。現在バッハの作品番号として使われている。バッハ作品主題目録番号。BWV(ドイツ Bach-Werke-Verzeichnis)。

しゅみ-ざ【▽須▽弥座】❶►須弥壇しゅみだん ❷八幡座はちまんざの異称。

シュミゼット〘フランス chemisette〙麻・モスリンなど薄手の生地で作られた袖そでなしの短いブラウス。刺繍ししゅう・タック・フリルなどの飾りがついたものが多い。

しゅみ-せん【須弥山】《梵 Sumeruの音写。妙高山みょうこうせんと訳す》古代インドの世界観が仏教に取り入れられたもので、世界の中心にそびえるという高山。この山を中心に七重に山が取り巻き、山と山との間に七つの海があり、いちばん外側の海を鉄囲山てっちせんが囲む。この外海の四方に四大州が広がり、その南の州に人間が住むとする。頂上は帝釈天たいしゃくてんの地で、四天王や諸天が階層を異にして住み、日月が周囲を回転するという。蘇迷盧そめいろ。

しゅみ-だん【▽須▽弥壇】仏像を安置する台座。須弥山をかたどったものという。一般に四角形で、重層式。仏の座。須弥座。

シュミット〘Carl Schmitt〙[1888～1985]ドイツの政治学者・公法学者。全体主義的国家論を提唱し、ナチスに理論的基礎を与えた。政治的なものの本質が友と敵との対立にあるとする、友敵理論でも知られる。著「政治的なものの概念」「政治神学」など。

シュミット〘Helmut Schmidt〙[1918～]ドイツの政治家。第二次大戦に参加。1946年社会民主党(SPD)に入党。69年ブラント政権で国防相・経済相・蔵相を歴任。ブラントが辞任した74年、西ドイツ首相に就任。82年首相を辞任。その後も「OBサミット」などで国際的に幅広く活躍した。➡コール

シュミット-カメラ〘Schmidt camera〙ドイツのハンブルク天文台のB=シュミットが1930年に考案した反射望遠鏡。球面反射鏡と、特殊な断面をもつ補正レンズとからなる。視野が明るく、広範囲を鮮明に撮影することができ、星座・彗星すいせい・人工衛星の撮影に使用。

シュミットボン〘Wilhelm Schmidtbonn〙[1876～1952]ドイツの劇作家・小説家。郷土のライン川下流域を舞台に、自然への親近感と素朴な人間愛を詩情豊かに描いた。戯曲「街の子」、小説「流れのほとりに生まれて」など。

シュミネ〘フランス cheminée〙❶暖炉。また、暖炉の飾り棚。マントルピース。❷►チムニー

しゅ-みゃく【主脈】❶山脈・鉱脈・水脈などの中心となるもの。❷植物の葉の最も太い葉脈。葉身中央を縦に走るものが多い。

じゅ-みょう【寿命】ミャウ ❶生命の存続する期間。特に、あらかじめ決められたものとして考えられる命の長さ。命数。「一が延びる」「一が尽きる」「平均一」❷物の使用に耐える期間。また、その限界。「電池の一」「機械に一が来る」 類語 天寿・天命・命脈・余命

シュミレーション ►シミュレーション

シュミレーター ►シミュレーター

しゅ-む【主務】主にその事務・任務に当たること。また、その人。

しゅ-む【▽染む】〔動マ四〕《「しむ」の音変化》❶しみる。刺激を受けて痛む。「朝嵐が身に一・んで、さうさうといたしたが」〈伎・伊賀越〉❷盛んになる。佳境に入る。「今宵ほど咄はなしの一・んだ事もなければ」〈浮・万金丹・三〉❸陰気になる。沈んでくる。「どうやらお座敷が一・んできたさかい」〈滑・膝栗毛・八〉❹みすぼらしくなる。けちくさくなる。地味である。「そないに垢あかじみた、一・んだなりしてぢゃさかい」〈滑・膝栗毛・八〉

しゅむ-かんちょう【主務官庁】クヮンチャウ ある行政事務を主管する行政官庁。

シュムシュ-とう【シュムシュ島】タウ《Shumshu》千島列島最北端の島。クリル海峡を隔ててカムチャツカ半島に対する。第二次大戦後はソ連(現ロシア連邦)が管轄。シムシュ島。 補説「占守島」とも書く。

しゅむ-だいじん【主務大臣】ある行政事務を主管する各省の大臣。例えば、教育の主務大臣は文部科学大臣。

しゅ-め【主▽馬】❶「主馬署」の略。❷「主馬寮」の略。

しゅ-めい【主命】主人・主君の命令。しゅうめい。 類語 言い付け・命めい・令れい・指令・下命・指示・指図さしず・号令・発令・沙汰さた・君命・上意・達し・威令・厳令・厳命

しゅ-めい【種名】生物学上の種に与えられた名。

じゅ-めい【受命】〔名〕スル ❶命令を受けること。❷天命を受けて天子となること。

じゅめい-さいばんかん【受命裁判官】クヮン 裁判所および裁判長により指名され、証拠調べ・証人尋問・準備手続きなど一定事項について訴訟行為をする、合議体の裁判所の構成員である裁判官。

じゅめい-せつ【受命説】中国古代の政治思想の一。天命を受けた天子が天帝にかわって国家を治めるのが正しい統治のありかたであるとする説。統治者が善政を行わないときには、天の命はあらたまって他の天子に移り(革命)、国家の制度も変わる(改制)とされる。

シュメイナス〘Chemainus〙カナダ、ブリティッシュコロンビア州の州都、ビクトリアの北西約70キロメートルにある町。製材業で発展したが、町唯一の製材工場が閉鎖。それを機に、町の歴史を描いた壁画で町おこしに成功したことで知られる。

じゅめい-の-きみ【受命の君】天の命を受けて帝王になった人。

しゅめい-もん【修明門】平安京内裏外郭門の一。南面し、建礼門の西にあった。右馬うまの陣。右廂僻仗門うしょうへいじょうもん。すめいもん。

しゅめい-もんいん【修明門院】ヰン [1182～1264]後鳥羽天皇の妃。順徳天皇の母。父は藤原範季。名は初め範子、親子、のち重子。承久じょうきゅうの乱後、尼となり、法名を法性覚といった。

シュメール〘Sumer〙古代バビロニア南部の地名。また、そこに住む民族。前3000年ごろに都市国家を建設、楔形くさびがた文字・青銅器を発明した。スメル。

シュメール-ご【シュメール語】シュメール人によって、前18世紀ごろまで用いられた言語。

シュメール-もじ【シュメール文字】シュメール人の用いた最古の楔形くさびがた文字。

シュメグ〘Sümeg〙ハンガリー西部の町。バコニ山脈南西麓に位置する。同国最大級、かつ保存状態もよいシュメグ城がある。16世紀半ば、オスマン帝国の侵攻でベスプレームから同地に司教区が移設され、司教館・教区教会・フランチェスコ修道会の教会などが残る。

シュメグ-じょう【シュメグ城】ジャウ《Sümegi vár》ハンガリー西部の町シュメグにある城。標高約270メートルの丘の上に建つ。13世紀、ハンガリー王ベーラ4世の時代に建造。16世紀半ば、オスマン帝国の包囲軍を撃退したことで知られる。ハプスブルク帝国軍により破壊されたが、1960年代に再建。毎年8月に馬上槍試合などが行われる中世城祭りが催される。

しゅめ-しょ【主▽馬署】律令制で東宮坊に属し、皇太子の乗馬・乗具をつかさどった役所。うまのつかさ。

しゅ-メモリー【主メモリー】《main memory》►主記憶装置

しゅめ-りょう【主▽馬寮】レウ 旧宮内省の一部局。馬車・牧場・輸送に関する事務をつかさどった。

シュメン〘Shumen〙ブルガリア北東部の都市。トラキア人や古代ローマ帝国の要塞に起源し、第一次ブルガリア帝国シメオン1世の時代に文化・宗教の中心地として栄えた。オスマン帝国時代のイスラム寺院トンブルジャーミヤ、歴史博物館、シュメン要塞などがある。タバコ・ビール・皮革製品の製造が盛ん。シューメン。

シュメン-ようさい【シュメン要塞】エウサイ《Shumenska krepost》ブルガリア北東部の都市シュメンにある要塞。市街南西部の高台に位置する。トラキア人や古代ローマ帝国が築いた要塞に起源し、第一次ブルガリア帝国時代に整備された。オスマン帝国時代に一部が破壊されたが、同国における中世の要塞の中では比較的保存状態がよいことで知られる。シューメン要塞。

しゅ-もう【朱蒙】高句麗こうくりの始祖とされる王。

しゅ-もう【衆盲】マウ「しゅうもう(衆盲)」に同じ。〈日葡〉

しゅ-もく【種目】種類分けした、一つ一つの項目。また、その名称。「オリンピックの競技一」 類語 細目・条項・条目・品目・部類・部門

しゅ-もく【×撞木】❶仏具の一。鐘・鉦しょうこ・磬けいを打ち鳴らす丁字形の棒。かねたたき。しもく。❷《形が❶に似ているところから》突棒つくぼうの異称。

じゅ-もく【樹木】地面に生えている木の総称。立ち木。「一が茂る」 類語 木・植物・草木そうもく・草木くさき・本草ほんぞう・緑樹りょくじゅ・プラント

じゅもく-い【樹木医】樹木の診断や治療を行う専門の技術者。日本緑化センターの認定する民間資格で、天然記念物となるような巨木・古木や、街路樹、森林・緑地などの保全を行う。

しゅもく-がい【×撞木貝】ガヒ シュモクアオリガイ科の二枚貝。潮間帯下の岩礁に足糸そくしで付着する。貝殻は丁字形で、殻長約15センチ、黄白色。本州中部以南に分布。撞木がき。

しゅもく-がた【×撞木形】撞木のような形。丁字形。

じゅもく-げんかい【樹木限界】►高木こうぼく限界

しゅもく-ざめ【×撞木×鮫】ネズミザメ目シュモクザメ科の海水魚の総称。頭部が左右に突き出て丁字形をし、その両端に目がある。魚食性で、性質は荒い。世界に9種、日本近海に3種が分布。かせぶか。

しゅもく-ざや【×撞木×鞘】槍の鞘さやで、丁字形に作ったもの。

じゅもく-すうはい【樹木崇拝】特定の樹木を神聖視する宗教形態。大樹・美樹・老樹などのほか、杉・松・樫かしなどが崇拝される場合もある。

じゅもく-そう【樹木葬】サウ 遺骨を直接地中に埋葬し、目印に木を植える方式。自然葬の一。

しゅもく-づえ【×撞木×杖】ヅヱ 握りが丁字形になっている杖。かせづえ。

しゅもく-まち【撞木町】《町並みが撞木の形をしていたところから》江戸時代、京都伏見にあった遊郭のこと。

しゅ-もつ【腫物】はれもの。できもの。

シュモラー〘Gustav von Schmoller〙[1838～1917]ドイツの経済学者。新歴史学派の代表者で、社会政策学会を設立し、指導的役割を果たした。また、「シュモラー年報」を創刊。著「国民経済学原論」など。

しゅ-もん【手紋】「手理しゅり」に同じ。

しゅ-もん【朱門】❶朱塗りの門。❷《門を朱塗りにしたところから》富貴の人の家。「一に三千の客かくを養はずんば」〈虎明狂・鶏泣〉

じゅ-もん【呪文】❶修験道・陰陽おんよう道などで唱えるまじないの文句。➡呪じゅ ❷呪術的効果を望んで唱える言葉。一定のきまり文句の反復が多い。「あやしげな一を唱える」

じゅ-もん【×頌文】経や論の文章の終わりの部分にある、仏の功徳をほめたたえる韻文。偈げの文。偈。

じゅ-もん【儒門】❶儒者の家柄。❷儒者の仲間。

しゅ-やく【主役】❶劇・映画などの主人公の役。また、それを演じる人。❷ある事柄における主要な役割・役目。また、それをつとめる人。「歴史の一をになう」「パーティーの一」 類語 シテ

しゅ-やく【主薬】医薬品または調剤した薬の中で、

主成分となる薬剤。主剤。

しゅ-やく【主×鑰・主×鎰】律令制で、中務省の内蔵寮および大蔵省の職員で、物品の出納をつかさどった役。

しゅ-やく【酒薬】中国酒の醸造に用いるこうじの一種。砕いた米などに水を加えて球状にかため、菌を培養させたもの。用いる水に漢方薬の成分を抽出させるのでこの名がある。

じゅ-やく【呪薬】未開社会で、神秘的な力をもち、病気や付などを治すと信じられている物質。

しゅ-ゆ【×茱×萸】ゴシュユの別名。

しゅ-ゆ【▽須×臾】短い時間。しばらくの間。ほんの少しの間。「一も忘れず」「一の命」(類語)暫く

しゅ-ゆう【酒友】飲み友達。飲み仲間。

しゅ-ゆうぎゅう【種雄牛】食肉用、乳用とそれぞれの目的にかなった優れた遺伝子を持つ雄牛。各地の種雄牛センターなどに登録され、人工授精に使われる。

じゅゆう-しん【受▽用身】仏語。仏の三身の一。悟りによって得た法を自ら楽しみ、また、他の人々にその法を施し楽しませる仏身。前者を自受用身、後者を他受用身という。

しゅゆ-せつ【×茱×萸節】陰暦9月9日の節句。中国では昔、この日に茱萸の実を袋に入れて山に登り、茱萸の実を頭にさして、菊花酒を飲み、邪気を払ったという。

シュユンベキ-とう【シュユンベキ塔】《Bashnya Syuyumbike》ロシア連邦、タタールスタン共和国の首都カザンのクレムリン(カザンクレムリン)にある塔。17世紀頃の建造とされる。高さ58メートル。名称は、塔から身を投げたというカザンハン国最後の妃の名に由来する。2000年に「カザンクレムリンの歴史的建造物群」の名称で世界遺産(文化遺産)に登録。

しゅ-よ【手×輿】「たごし(手輿)」に同じ。

じゅ-よ【▽入×輿】〔名〕スル 身分の高い人が嫁入りすること。輿入れ。にゅうよ。

じゅ-よ【授与】〔名〕スル さずけあたえること。「勲章を一される」「一式」(類語)供与・提供・恵与・与える・呉れる・遣る・下さる・授ける・恵む・施す・あげる・差し上げる・賜る・供する

しゅ-よう【主用】❶主君または主人の用事。しゅうよう。「一で上京する」❷主要な用事。

しゅ-よう【主要】〔名・形動〕いろいろある中で特に大切なこと。また、そのさま。「一なメンバー」「一な事項」「世界の一都市」

(類語)主・主・大事・重要・大切・肝心・肝心要・肝要・切要・緊要・喫緊・重大・須要・必須・不可欠

しゅ-よう【▽須要】〔名・形動〕なくてはならないこと。どうしても必要なこと。また、そのさま。必須。すよう。「一な(の)件」「一な(の)物資」(類語)大事・必要・入り用・所要・入用・要用・必需・不可欠・要る・必要

しゅ-よう【腫瘍】身体の一部の組織や細胞が、病的に増殖したもの。ほとんどの場合、増殖した細胞がはれ物をつくるが、白血病のように塊をつくらないものもある。筋腫・脂肪腫などの良性腫瘍と、癌腫・肉腫などの悪性腫瘍とがある。

じゅ-よう【寿×夭】長寿と夭折。

じゅ-よう【受用】〔名〕スル 受け入れて用いること。また、受け入れて味わい楽しむこと。「これを一すること酔いたる人の水を飲むらんようなり」〈鷗外訳・即興詩人〉

じゅ-よう【受容】〔名〕スル 受け入れて、とりこむこと。「外国文化を一する」(類語)認める・承認・同意・肯定・うべなう・うけがう・是認・容認・認容・受け入れる・聞き入れる・聞き届ける・承諾・受諾・応じる・甘受

じゅ-よう【需用】必要な物を求めて用いること。

じゅ-よう【需要】❶もとめること。いりよう。「人々の一に応じる」❷家計・企業などの経済主体が市場において購入しようとする欲求。購買力に裏づけられたものをいう。⇔供給。

(類語)特需・民需・官需・外需・内需・軍需

じゅ-よう【樹葉】樹木の葉。

じゅよう-インフレーション【需要インフレーション】総需要が総供給に対して相対的に増加し、超過需要をもたらす場合に生じるインフレーション。

しゅよう-かぶぬし【主要株主】議決権のある株式のうち、10パーセント以上を所有する株主。➡筆頭株主

じゅよう-カルテル【需要カルテル】生産設備や原材料の購入および労働者の雇用条件などについて行われる企業間のカルテル。

じゅよう-き【受容器】動物体の、刺激を感受する細胞や器官。外界からの刺激を受ける外受容器と、体内で発生する刺激を受ける内受容器とに分けることもある。レセプター。

じゅよう-き【需要期】商品の需要の高まる時期。

しゅようきぎょう-たんきけいざいかんそく-ちょうさ【主要企業短期経済観測調査】►日銀短観

じゅようきょうきゅう-の-ほうそく【需要供給の法則】競争市場において、ある商品の価格はその商品の需要と供給の関係で決まるという法則。超過需要が正ならば価格が上昇し、負ならば価格が下落する。

しゅようけいざいこく-フォーラム【主要経済国フォーラム】《『エネルギーと気候に関する主要経済国フォーラム」の通称》地球温暖化対策について話し合う多国間会合。前身の主要排出国会議を引き継ぐ形で、2009年に米国大統領オバマが立ち上げた。G8、EU、中国、インド、ブラジルなど温室効果ガスの排出量が多い国が参加する。MEF(Major Economies Forum)。

しゅようこく-しゅのうかいぎ【主要国首脳会議】►サミット

しゅよう-ざん【首陽山】中国山西省の西南部にある山。周の武王をいさめた伯夷・叔斉が隠棲し餓死した山として知られる。

しゅよう-し【主×鷹司】律令制で、兵部省に属し、遊猟のために飼育するタカや犬の調習をつかさどった役所。たかつかさ。

しゅようしちかこく-ざいむしょう-ちゅうおうぎんこうそうさいかいぎ【主要七箇国財務相・中央銀行総裁会議】►ジー-セブン(G7)❶

しゅようせんしんこく-しゅのうかいぎ【主要先進国首脳会議】►サミット

じゅよう-たい【受容体】《receptor》細胞表面にあり、細胞外の物質や光を選択的に受容する物質の総称。光受容体・ホルモン受容体・抗原受容体など。レセプター。

しゅよう-てん【主要点】❶欠かせない大事なところ。❷光学で、主点・節点・焦点の総称。

じゅようてん-しき【樹葉点式】東洋画で、樹葉・水草などを墨点で描く技法。清代の画法書「芥子園画伝」に、介字点・松葉点・梅花点など36種が挙げられている。

しゅよう-どう【主要動】地震の際、初期微動を感じたあとに来る大きな震動。S波の到着で生じる。遠距離地震では、表面波による震幅の非常に大きいものをいうこともある。

しゅようとしのこうどりようち-ちかどうこうほうこく【主要都市の高度利用地地価動向報告】►地価LOOKレポート

しゅよう-ないか【腫瘍内科】悪性腫瘍の診断と、種々の制癌剤などを使用した化学療法を専門とする内科。

しゅようはいしゅつこく-かいぎ【主要排出国会議】《『エネルギー安全保障と気候変動に関する主要経済国会合」の通称》地球温暖化問題について話し合う多国間会合。2007年に米国大統領ブッシュの呼びかけで開始。G8、EU、中国、インド、ブラジルなど温室効果ガスの排出量が多い国が参加し、計5回の会合を開催した後、2009年から主要経済国フォーラムへ移行した。MEM(Major Economies Meeting)。

しゅようはちかこく-しゅのうかいぎ【主要八箇国首脳会議】►サミット

しゅよう-ぼ【主要簿】簿記で、勘定組織に基づいて企業における一切の取引を記録・計算する帳簿。仕訳帳と総勘定元帳とからなる。➡補助簿

しゅよう-マーカー【腫瘍マーカー】《tumor marker》悪性腫瘍から高い特異性をもって産生されるが、正常細胞や良質疾患ではほとんどみられない物質。それらの血中濃度や尿中濃度を調べることで腫瘍の有無や場所の診断に用いられ、癌などの早期発見、臨床経過の追跡、予後の判定などに役立つ。ただし、偽陰性、偽陽性の場合もあり、診断の確定はできない。

しゅ-よく【手浴】部分浴の一。手首または肘から先を湯に浸して血行を促す温浴法。てよく。

しゅ-よく【主翼】航空機の翼のうち、全重量を支える揚力を発生させる大きな翼。

しゅら【修羅】㊀「阿修羅」の略。㊁❶「修羅道」の略。❷醜い争いや果てしのない闘い、また激しい感情のあらわれなどのたとえ。❸大石・大木などを運搬する道具。そりの一種。修羅車。

修羅を燃や・す　《阿修羅は嫉妬・執着の心が強いところから》激しく嫉妬する。激しく恨み怒る。

ジュラ〖Jura〗フランス・スイス国境に沿って伸びる石灰岩の褶曲山脈。アルプス造山運動によって生じた。ユラ。ジュラ山脈。

シュラーフ「シュラーフザック」の略。

シュラーフザック〖ドイツ Schlafsack〗寝袋。スリーピングバッグ。シュラーフ。

しゅらい【周礼】中国の儒教教典の一。三礼の一。周公の作と伝えられるが、成立は戦国時代以降。周王朝の官制を天地春夏秋冬の六官に分けて記述したもの。そのうち冬官は失われたため「考工記」で補われている。周官。

しゅ-らい【修礼】儀式などの予行演習をすること。「此の月は内侍所の御神楽。かねて一もあるべし」〈浄・妹背山〉

しゅ-らい【▽集礼】《近世上方語》諸雑費。特に、遊里で揚代以外の種々の出費。「夜見世の間は、揚げ女郎の一を増す」〈色道大鏡・一三〉

じゅ-らい【▽入来】〔名〕スル 他人が来訪することを敬っていう語。おいで。来駕。光来。にゅうらい。「よくこそ御一下されたれ」〈露伴・新浦島〉

ジュライ〖July〗Jul.〗7月。

シュライエルマッハー〖Friedrich Ernst Daniel Schleiermacher〗[1768〜1834]ドイツの神学者・哲学者。19世紀におけるプロテスタント神学の第一人者とされる。宗教を哲学と道徳から区別して宇宙の直観と感情の領域とみなし、その本質は無限者に対する絶対依存の感情にあると説いた。著「宗教論」「キリスト教的信仰」など。

シュライデン〖Matthias Jakob Schleiden〗[1804〜1881]ドイツの植物学者。シュワンと協力して、生物の細胞説を提唱した先駆者。著「科学的植物学」。

シュラウド〖shroud〗《「覆い」「経帷子」の意》原子炉の炉心の隔壁。

しゅら-おうぎ【修羅扇】❶波に日輪と月を描いた黒骨の軍扇。武者扇。❷能で、修羅物に用いる扇。表裏ともに金地・黒骨の中啓で、波に日輪を描く。

しゅら-かい【修羅界】「阿修羅道」に同じ。

ジュラ-き【ジュラ紀】地質時代の区分の一。中生代を三分した場合の2番目の時代。2億1200万年前から1億4300万年前まで。アンモナイト・爬虫類が栄え、大形恐竜・始祖鳥が出現。植物では裸子植物が繁栄。名は、この時代の地層が発達しているジュラ山脈にちなむ。

じゅ-らく【▽入×洛】〔名〕スル 京都に入ること。特に、貴人が都に入ること。にゅうらく。「明朝一仕まつる由きこえ候」〈古活字本保元・上〉

じゅ-らく【×聚落】人の集まり住む村。集落。

じゅらく【聚楽】「聚楽第」の略。

じゅらく-だい【聚楽第】豊臣秀吉が京都に造営し

た邸宅。天正15年(1587)落成。翌年、後陽成天皇の行幸を仰ぎ、諸大名に秀吉の威力を示した。のち、養子秀次の居所となったが、秀次滅亡後破壊された。大徳寺唐門・西本願寺飛雲閣はその遺構。聚楽城。じゅらくてい。

しゅら-くつ【修羅窟】阿修羅王あしゅらの住む石窟。

じゅらく-つち【ˣ聚楽土】黄褐色の上塗り用壁土。数寄屋すき建築に好んで用いられる。聚楽第跡付近からとれたのでこの名がある。

じゅらく-やき【ˣ聚楽焼(き)】▶楽焼らくやき

ジュラ-けい【ジュラ系】ジュラ紀に形成された地層。

しゅら-ごと【修羅事】能で、修羅物の演技。また、その演目。

ジュラ-さんみゃく【ジュラ山脈】▶ジュラ

しゅら-じょう【修羅場】ヂャウ ❶阿修羅あしゅらと帝釈天たいしゃくてんとが戦う場所。❷「しゅらば(修羅場)❶」に同じ。

シュラスコ〖ポルトガル churrasco〗ブラジル料理の一。牛や羊の肉塊を塩で調味し、大串に刺して焼き、焼けたところから切り取って食べる。

しゅら-でたち【修羅出立ち】修羅道への旅装束。死に装束。「思ふ願ひがかなはずは、西所川原か舟岡へすぐに飛ばうと思ふ気で、わたしがための一」〈浄・反魂香〉

しゅら-どう【修羅道】ダウ「阿修羅道あしゅらどう」の略。

ジュラ-とう【ジュラ島】タウ《Isle of Jura》英国スコットランド西岸、インナーヘブリディーズ諸島の南部の島。アイラ島のすぐ北に位置し、定期航路で結ばれる。中心となる村は東部のクレイグハウス。島で唯一のモルトウイスキーの蒸留所がある。

しゅら-の-ちまた【修羅のˣ巷】激しい戦闘や闘争の行われる場所。「のどかな村が―と化す」

しゅら-の-もうしゅう【修羅の妄執】マウシフ 修羅道におちた者が現世に抱く執念。

しゅら-ば【修羅場】❶血みどろの激しい戦いや争いの行われる場所。しゅらじょう。「―をくぐりぬける」❷人形浄瑠璃・歌舞伎・講談などで、激しい戦いや争いの演じられる場面。

しゅら-ばやし【修羅ˣ囃子】歌舞伎下座音楽の一。武芸の試合などの立ち回り、道場や武家屋敷庭前の幕開きなどに用いる大鼓・小鼓の鳴り物。水打ち。しらばやし。

しゅら-もの【修羅物】能の分類の一。多くは源平の戦いで、シテである戦死した武将が亡霊として現れ、戦いのありさまを語り、死後に落ちた修羅道の苦しみを語るもの。「八島」「頼政」など。五番立ての演能では2番目に置かれる。二番目物。修羅能。

ジュラルミン〖duralumin〗アルミニウムに銅を約4パーセント、マグネシウム・マンガンを各約0.5パーセントなどを加えた軽合金。強度・加工性などにすぐれ、航空機・自動車などの構造材などに使用。

しゅ-らん【朱ˣ蘭】シラン(紫蘭)の別名。

しゅ-らん【酒乱】酒に酔うと人が変わったようになり、暴れること。また、そのような性癖の人。
(類語)酒癖・笑い上戸・泣き上戸

しゅ-らん【種卵】ひなをかえすために使う卵。たねたまご。

しゅ-り【手理】手のひらの筋。てすじ。手紋。

しゅ-り【手裏┊手ˣ裡】手の内。手中。掌中。「―に収める」

しゅ-り【ˣ侏離】❶古代中国で、西方の異民族の音楽のこと。❷異民族の言葉を卑しめていう語。また、音声が聞こえるだけで、その意味が全く通じないこと。「俗言は―の声多く」〈逍遥・小説神髄〉

しゅり【首里】沖縄県那覇市東部の地名。旧琉球王朝の首都。旧首里市で、昭和29年(1954)那覇市に合併。

しゅ-り【修理】❶「しゅうり(修理)」に同じ。「一ヲ加ユル」〈日葡〉❷「修理職しゅりしき」の略。

しゅ-り【珠履】玉で飾ったりっぱな履物。「蝶衣を纏まとうて―を穿うがたば」〈鏡花・高野聖〉

じゅ-り【受理】〘名〙スル 提出された願書・届け・訴状などを受け取って処理すること。「婚姻届を―する」
(類語)受け取る・受領・領収・査収・収受・接受・受納

ジュリアス-シーザー〖Julius Caesar〗シェークスピアの戯曲。5幕。1599年ごろ成立。ローマの執政官シーザーの殺害を中心に、ブルータス・アントニーなどの葛藤かっとうを描いたもの。

ジュリアン-アルプス〖Julian Alps〗ユリスケアルプスの英語名。

ジュリアン-ソレル〖Julien Sorel〗スタンダールの小説「赤と黒」の主人公の青年。出世の野心に燃えて上流社会に進出するが、やがて自滅する。野心ある青年の象徴とされる。

シュリービジャヤ〖梵 Śrī Vijaya〗スマトラ島のパレンバンを中心として、マレー族が建てた王国。7世紀後半に成立し、海上貿易の中心地として栄えたが、11世紀以後衰退。大乗仏教が信仰された。室利仏誓。室利仏逝。三仏斉。

シュリーマン〖Heinrich Schliemann〗[1822〜1890]ドイツの考古学者。ホメロスの詩を史実を歌ったと信じて、トロイアの遺跡を発見。また、ミケーネ・ティリンスを発掘し、エーゲ文明の存在を明らかにした。著、自叙伝「古代への情熱」など。

シュリーレン-ほう【シュリーレン法】ハフ《ドイツ Schlierenmethode》透明媒質中の屈折率のわずかな相違を利用して、物質の状態を光学的に観測する方法。高温気体の上昇するさまや、圧縮音波、ガラスの内部構造などの観測に用いる。

ジュリエット〖Juliet〗天王星の第11衛星。1986年にボイジャー2号の接近によって発見された。名の由来はシェークスピアの「ロミオとジュリエット」のヒロイン。天王星に6番目に近い軌道を公転する。細長い形状で長径が150キロ、短径が75キロ。平均表面温度はセ氏マイナス209度以下。

しゅりきゅうじょう-し【修理宮城使】シュリキュウジャウシ 平安時代以降、宮城の外郭などの修理・造営をつかさどった令外りょうげの官。

しゅ-りく【朱陸】中国南宋の儒学者、朱熹しゅきと陸象山りくしょうざんの並称。

しゅり-けん【手裏剣】手に取って敵に投げつける武器。主として小刀こがたなを用いたが、近世になって釘形・十字形などさまざまな形状のものが使用された。
(類語)刀・剣けん・剣つるぎ・刀剣・太刀たち・大刀だいとう・名刀・宝刀・軍刀・牛刀・日本刀・サーベル・銃剣・真剣

しゅり-しき【修理ˇ職】平安時代、宮中などの修理・造営をつかさどった令外りょうげの官。おさめつくるつかさ。すりしき。

しゅり-じょう【首里城】ジャウ 沖縄県那覇市にある旧琉球王城。15世紀から19世紀まで尚氏の居城であった。昭和20年(1945)の沖縄戦で灰燼に帰したが、その後、守礼門・正殿などが復元された。平成12年(2000)復元前から残る城壁の一部などが「琉球王国のグスク及び関連遺産群」の一つとして世界遺産(文化遺産)に登録された。

ジュリスト〖jurist〗裁判官や弁護士などの法律の専門家。また、法学者。

じゅ-りつ【ˣ竪立】〘名〙スル まっすぐに正しく立つこと。「自ら―するの志」〈中村訳・西国立志編〉

じゅ-りつ【樹立】〘名〙スル しっかりと立つこと。また、しっかりとうちたてること。「世界新記録を―する」「国交―」(類語)確立

シュリック〖Moritz Schlick〗[1882〜1936]ドイツ生まれの哲学者。ウィーン学団の創設者の一人。マッハ主義を受け継いで論理実証主義を唱えた。著「一般認識論」「倫理学考」など。

しゅり-の-だいぶ【修理大夫】修理職しゅりしきの長官。

しゅりはんどく【周利槃特】《梵 Cūḍapanthaka》釈迦しゃかの弟子の一人。生来愚鈍で愚路とよばれたが、のちに大悟したという。

しゅ-りゅう【主流】リウ ❶支流が集まってできた、川の大きな流れ。本流。❷思想・学問・様式などの中心となる傾向。「現在の世界では自由経済が―となりつつある」❸集団・組織のなかで中心を占める流派・派閥。「一派と反―派」(類語)本流・直流

しゅ-りゅう【腫ˣ瘤】リウ はれもの。こぶ。

しゅりゅう-えん【主流煙】シュリウエン 喫煙者が、タバコから直接吸い込む煙。⇨副流煙

しゅ-りゅうだん【手ˣ榴弾】リウダン 手で投げる小型の爆弾。手投げ弾。てりゅうだん。

しゅ-りょう【主領】リャウ「首領」に同じ。

しゅ-りょう【朱料】レウ 俳諧の宗匠が、門人の句に点をつけて受け取る礼金。点料。

しゅ-りょう【狩猟】レフ〘名〙スル 山野の鳥獣を銃・網・わななどを使って捕らえること。狩り。猟。

しゅ-りょう【首領】リャウ 一つの仲間の長。かしら。頭目。親分。多く、悪党に対していう。「盗賊の―」
(類語)親方・親分・親玉・棟梁とうりょう・頭目・ボス・ドン

しゅ-りょう【酒量】リャウ 飲んだ酒の量。また、飲める酒の限界の分量。「―を過ごす」「―が上がる」

しゅ-りょう【衆寮】レウ 禅寺で、僧堂のほかに、衆僧のために設けられた寮舎。僧が看経かんきんしたり、説法を聞いたり、あるいは喫茶などを行う場所。看読寮。

じゅ-りょう【寿陵】生前につくっておく自分の墓。長寿を招くなど縁起がよいものとされる。

じゅ-りょう【受領】リャウ〘名〙スル ❶物や金を受け取ること。「会費を―する」❷▶ずりょう(受領) ❸江戸時代、優秀と認められた職人・芸人などが栄誉として国名を付した一種の官位を名のることを許されること。また、その人。竹本筑後掾ちくごのじょうなど。(類語)受け取る・貰もらう・押し頂く・受ける・収める・譲り受ける・貰い受ける・授かる・頂く・賜たまわる・頂戴ちょうだい・拝領・拝受・受理・受給・受贈・領収・査収・収受・接受・受納

じゅ-りょう【受療】レウ〘名〙スル 診療を受けること。

じゅりょう-がみ【受領神】ジュリャウ 受領ずりょうに任ぜられ、憑物つきものがついて人が変わったように高慢になり、いばりちらすこと。また、その心。「鎌倉殿に―つき給はずは、よも忘れ給はじ」〈平家・一二〉

しゅりょう-き【狩猟期】シュレフ 1年のうちで、狩猟が許可される期間。原則として、北海道は10月1日から翌年1月31日、本州以南では11月15日から翌年2月15日まで。猟期。狩猟期間。

しゅりょう-きかん【狩猟期間】シュレフ ▶狩猟期

しゅりょう-ぎれい【狩猟儀礼】シュレフ 狩猟に際して行われる儀礼で、豊猟を祈願したり、獲物を神に感謝したりするもの。矢開き・血祭り・毛祭りなど。

しゅりょうごん-いん【首楞厳院】ヰン 比叡山延暦寺横川よかわ中堂の異称。嘉祥元年(848)に円仁えんにんが創建。数度の火災にあい、昭和46年(1971)再建。

しゅりょうごん-ぎょう【首楞厳経】ギャウ ㊀「首楞厳三昧経」の略称。2または3巻。4〜5世紀に鳩摩羅什くまらじゅうが漢訳。仏が堅意菩薩の請いに応じて、頓証菩提とんしょうぼだいの法として首楞厳三昧を説いたもの。㊁「大仏頂如来密因修証了義諸菩薩万行首楞厳経」の略称。10巻。般刺密帝はらみったい訳。禅法の要義を説いたもの。

しゅ-りょうしすう【主量子数】リャウシスウ 定常状態にある原子における、電子のエネルギーを特徴づける量子数。主量子数nは1以上の整数で表される。

じゅりょう-しょう【受領証】ジュリャウ 受領したことを認める証書。うけとり。(類語)受け取り・領収書・レシート

じゅりょう-ちたい【受領遅滞】ジュリャウ 債務者が債務の弁済の提供をしたのに、債権者がその受領を拒否すること、または受領することができないこと。債権者遅滞。

しゅりょう-ちょうじゅう【狩猟鳥獣】シュレフテウジウ 鳥獣保護法によって、捕獲することのできる鳥獣。鳥類はキジ・ヤマドリ・コジュケイ・マガモ・ゴイサギ・スズメなど、獣類はクマ・イノシシ・キツネ・タヌキ・ノウサギなど。

しゅりょう-ほう【狩猟法】シュレフハフ《「鳥獣保護及狩猟ニ関スル法律」の通称》鳥獣の乱獲を防ぎ、その保護・繁殖や有害鳥獣の駆除および危険の予防を図ることによって、生活環境の改善、農林水産業の振興を目的とする法律。大正8年(1919)施行。平成14年(2002)、全面改正とともに「鳥獣の保護及び狩猟の適正化に関する法律(通称、鳥獣保護法)」と名称変更した。⇨鳥獣保護法

じゅりょう-ぼん【寿量品】ジュリャウ「法華経」二十八品中

の第十六如来寿量品。釈迦が久遠の昔から未来永劫にわたって存在する仏として描かれている。

しゅりょう-めんきょ【狩猟免許】シュリョウ 鳥獣保護法による、一定の狩猟を行うことができる免許。

しゅりょう-もん【狩猟文】シュリョウ 狩猟のようすを文様化したもの。正倉院の「狩猟文錦」や法隆寺の「獅子狩文錦」に見られる。

しゅ-りょく【主力】❶出せる力のうちのおもな部分。おもな力。「語学に一を注ぐ」❷中心となって力を発揮するもの。主要な戦力・勢力。「チームの一選手」「当社の一商品」
(類語)中心・主・軸・要(かなめ)・柱・主軸・主体・中枢・中核・核・コア・メーン

じゅ-りょく【呪力】まじない、またはのろいの力。呪術の基礎をなす超自然的・非人格的な力。

しゅりょく-かん【主力艦】攻撃力・防御力に最もすぐれた軍艦。特に、戦艦をさす。

じゅ-りん【儒林】儒学者の仲間。

じゅ-りん【樹林】植物群系の一。木本植物が密に生えている群落。高木林・低木林に分けられる。高木層・低木層・草本層・コケ層など、多層構造をなす。熱帯降雨林・照葉樹林・針葉樹林など。(類語)樹海

じゅりんがいし【儒林外史】ジュリン ガイシ 中国、清代の長編小説。呉敬梓(ごけいし)作。55回。科挙をめぐる士大夫たちの行動を描き、当時の社会を風刺したもの。

シュリンク〘shrink〙縮むこと。萎縮すること。

シュリンク-レザー〘shrink leather〙表面に細かい縮みじわをつけた(シュリンク加工)なめし革のこと。

シュリンゲ〘ドイツ Schlinge〙細引きなどでつくった輪。多く登山で用いる。

シュリンプ〘shrimp〙小形のエビ。

しゅ-るい【酒類】酒の種類。日本の酒税法では、発泡性酒類・醸造酒類・蒸留酒類および混成酒類の4種類に分類する。

しゅ-るい【種類】ある基準でみて性質・形態などが共通するものを分類し、それぞれのまとまりとしたもの。「どういう一の本ですか」「蝶は非常に一が多い」
(類語)種・品種・範疇(はんちゅう)・類・たぐい・ジャンル

しゅるい-かぶ【種類株】利益配当が優先する、議決権がまったくない、議決権が制限されるなど、普通株とは内容の異なる株式。種類株式。

しゅるい-かぶしき【種類株式】▶種類株

しゅるい-さいけん【種類債権】一定の種類と分量だけを定め、その引き渡しを目的とする債権。米10キロ、ビール10ダースなど、どこにあるか特定できない物の引き渡しを請求する債権。不特定物債権。

しゅるい-そうごうけんきゅうじょ【酒類総合研究所】シュルイソウゴウ ケンキュウジョ 酒類の高度な分析や鑑定、酒類の品質評価、酒類や酒類業に関する研究・調査などを行う研究機関。国立の醸造研究所を改組して、平成13年(2001)に財務省所管の独立行政法人となる。

シュルーズベリー〘Shrewsbury〙英国イングランド西部の都市。セバーン川沿いに位置する。旧市街には11世紀創建のシュルーズベリー修道院やチューダー朝様式の伝統的な民家などが数多く残っている。東約20キロメートルのところに、世界遺産(文化遺産)に登録されたアイアンブリッジ峡谷がある。

シュルーズベリー-しゅうどういん【シュルーズベリー修道院】シュウドウ イン《Shrewsbury Abbey》英国イングランド西部の都市シュルーズベリーにある修道院。11世紀にベネディクト会の修道院として創建。16世紀にヘンリー8世による修道院解散令により閉鎖。エリス=ピーターズの推理小説「修道士カドフェル」の舞台。

ジュルジュ〘Giurgiu〙ルーマニア南部の都市。ドナウ川を挟んでブルガリアと国境を接する。6世紀、東ローマ帝国のユスティニアヌス1世により植民都市テオドラポリスが建設された。15世紀になると、オスマン帝国の支配の下、交易の拠点として栄えた。1860年代、首都ブカレストとの間にルーマニア王国初の鉄道路線が開通。社会主義政権下の1950年代には、対岸の都市ルセとの間に友好記念橋が建設された。

シュルタン〘フランス sultan〙▶スルターン

シュルツ〘Bruno Schulz〙[1892～1942]ポーランドのユダヤ系作家。実験的な手法を用いて、幻想的な独自の世界を描いた。ゲシュタポにより射殺されたが、生前に発表した短編集「肉桂色の店」「クレプシドラ-サナトリウム」が残されている。

シュルデシュティ〘Șurdești〙ルーマニア北部、マラムレシュ地方の村。18世紀に建造された東方典礼カトリック教会の聖大天使聖堂があり、1999年に「マラムレシュ地方の木造聖堂群」の一つとして世界遺産(文化遺産)に登録された。スルデシュティ。

シュルンス〘Schruns〙オーストリア、フォアアールベルク州の町。州都ブレゲンツの南南東約45キロメートル、モンタフォンの谷に位置する。スキーリゾートとして知られる。米国の作家、ヘミングウェイが1925年から1926年にかけて滞在した。

シュルント〘ドイツ Schrund〙▶ベルクシュルント

ジュレ〘フランス gelée〙▶ゼリー

しゅ-れい【主鈴】律令制で、中務(なかつかさ)省に属し、駅鈴・伝符や内印の押捺(おうなつ)などをつかさどった役。すずのつかさ。

じゅ-れい【寿齢】長い命。長命。長寿。

じゅ-れい【樹齢】樹木の年齢。

しゅれい-もん【守礼門】沖縄県那覇市の旧首里城大手にある門。尚清王時代(1527～1555)に創建。「守礼之邦」の額が掲げられていたことから名づけられた。

シュレーゲル〘Schlegel〙㊀(August Wilhelm von～)[1767～1845]ドイツの批評家。㊁の兄。弟らと「アテネーウム」誌を刊行、ロマン主義理論の基礎を築いた。シェークスピアの翻訳でも活躍。著「劇芸術および文学関係講演集」。㊁(Friedrich von～)[1772～1829]ドイツの批評家・哲学者・言語学者。㊀の弟。初期ロマン主義の理論的指導者。また、サンスクリットの比較言語学的研究でも知られる。論文「インド人の言語と知恵」、小説「ルチンデ」。

シュレーゲル-あおがえる【シュレーゲル青×蛙】あおがえる アオガエル科の両生類。体長4～6センチ。体色は黄緑色から暗褐色まで変化し、斑紋は現れない。水田周辺に多く、泡状の卵塊を地中に産みつける。名は、シーボルトが日本で収集した標本を研究した、オランダの学者シュレーゲル(H.Schlegel)にちなむ。

シュレースウィヒ-ホルシュタイン〘Schleswig-Holstein〙ドイツ北部の州。州都キール。古来デンマークとの係争地で、1866年の普墺(ふおう)戦争でプロイセンに併合。第一次大戦後、シュレースウィヒの北部はデンマークに帰属。

シュレーダー〘Gerhard Schröder〙[1944～]ドイツの政治家。弁護士。1963年社会民主党(SPD)に入党。98年連邦議会選挙でSPDを勝利に導き、コールを辞任させて16年ぶりに政権交代を果たし、ドイツ連邦共和国の第7代連邦首相に就任。2005年10月の総選挙で敗れ辞任した。➡メルケル

シュレーディンガー〘Erwin Schrödinger〙[1887～1961]オーストリアの物理学者。波動力学の研究で量子力学論の発展に貢献。1933年、ディラックとともにノーベル物理学賞受賞。著「波動力学についての研究」。

シュレーディンガー-の-ねこ【シュレーディンガーの猫】オーストリアの物理学者、E=シュレーディンガーが考案した量子力学に関する思考実験。ラジウムがα(アルファ)粒子を放出すると毒ガスが発生する装置を猫とともに箱に収め、α崩壊の半減期を経過した後に猫の生死を問うもの。半減期を迎えた時点でラジウム原子核が崩壊してα粒子を放出する確率は50パーセントであり、量子力学的には崩壊していない状態と崩壊している状態は1対1の重ね合わせの状態にある。一方、これを猫の生死と結びつけると、生きている状態と死んでいる状態を1対1の比率で重ね合わせた状態にあると解釈される。量子力学的な効果を巨視的な現象に結びつける際に生じる奇妙さを指摘したものとして知られる。

シュレーディンガー-の-はどうほうていしき【シュレーディンガーの波動方程式】ハドウホウ テイシキ ▶シュレーディンガー方程式

シュレーディンガー-ほうていしき【シュレーディンガー方程式】ホウテイ シキ 量子力学的な状態を表す波動関数の時間的変化を規定する微分方程式。量子力学の基礎となるもの。シュレーディンガーの波動方程式。

シュレーマン-いっせい【シュレーマン一世】▶スレイマン一世

シュレジエン〘ドイツ Schlesien〙シロンスクのドイツ語名。

シュレッダー〘shredder〙不要になった文書などを細かく裁断する機械。

シュレッダー-ダスト〘shredder dust〙廃棄された自動車や家電などの工業製品を工業用シュレッダーで粉砕し、鉄などの再利用資源を回収した後に残る、ガラス・ゴム・樹脂などの破片。従来、産業廃棄物として防水施設のない処分場に埋め立てられてきたが、水銀・鉛・PCB・カドミウムなど有害物質の流出が問題になり、産業界も対策に取り組んでいる。

シュレッド〘shred〙細かく切ること。寸断すること。

シュレッド-チーズ〘shred cheese〙ナチュラルチーズを細かく切ったもの。主にピザなどの料理に使われる。

しゅ-れん【手練】〘名〙スル 熟練した手際。よく慣れてじょうずな手並み。また、よく練習すること。「一の早業」「琵琶の上手なりしが、又三味線をも一し」〈田口・日本開化小史〉

しゅ-れん【珠×簾】玉で飾った美しいすだれ。たますだれ。

シュレンディ〘Xlendi〙マルタ共和国のゴゾ島南西岸、シュレンディ湾に面する町。ホテル、レストランなどが多く、北岸のマルサルフォルンとともに、海岸保養地として知られる。シレンディ。

しゅ-ろ【手炉】手をあぶるための小火鉢。手あぶり。(季冬)「彫金の花鳥ぬくもる一たまふ/爽雨」

しゅ-ろ【朱×鷺】トキの別名。

しゅ-ろ【×棕×櫚|×棕×梠】❶ヤシ科の常緑高木。高さは5メートル以上になり、幹は直立し、枝がなく、麻のような毛で覆われる。頂上に群生する葉は長い柄をもち、手のひら状で大きい。雌雄異株。5、6月ごろ、淡黄色の小花を多数つけ、のち、青黒色で球形の実を結ぶ。南九州の原産。材を書斎・亭などの柱や器物に、毛状の棕櫚皮を縄・たわし・ほうきなどに、葉を帽子・敷物・うちわなどの材料に用いる。わじゅろ。すろ。(季 花=夏)❷紋所の名。❶の葉の開いた形を図案化したもの。

しゅ-ろう【酒楼】料理屋。料理茶屋。

しゅ-ろう【▽鐘楼】「しょうろう(鐘楼)」に同じ。「一の影が何となくさびしく」〈花袋・田舎教師〉

じゅ-ろう【▽入×牢】ジュラウ〘名〙スル 牢に入れられること。また、牢に入ること。にゅうろう。「以前其の子分のことで一しまして」〈鉄腸・花間鶯〉(対)出牢。

じゅ-ろう【寿老】ジュラウ 命が長いこと。長生きの人。

じゅろうじん【寿老人】ジュラウジン 中国の伝説中の人物。宋代、元祐年間(1086～1093)の人で、頭が長く白髪、団扇(うちわ)と巻物をつけた杖(つえ)とを持ち、鹿や鶴を連れていたといわれる。日本では七福神の一。長寿を授けるという。南極老人。

しゅろ-がさ【×棕×櫚×笠】さらした棕櫚の葉3、4枚を合わせて作る薩摩(さつま)産のかぶり笠。元禄(1688～1704)のころに流行。一説に、檳榔(びんろう)の葉で作るともいう。

しゅ-ろく【手録】自分の手で記録すること。また、その記録。手記。

しゅろ-げ【×棕×櫚毛】棕櫚の葉柄が幹についている部分の、茶色の繊維。

しゅろ-そう【×棕×櫚草】サウ ユリ科の多年草。山地の林下に生え、高さ約60センチ。葉は細長い。下部には古い葉が棕櫚の毛のように残る。夏、黒紫色の花を多数つける。根茎は有毒。

しゅろ-ちく【×棕×櫚竹】ヤシ科の常緑低木。高さ約3メートルに達する。幹の先に葉が7、8枚つき、葉は

手のひら状。雌雄異株。夏、葉の付け根に黄色の小花を多数つける。南中国の原産で、江戸時代に渡来し、観賞用に栽培される。

しゅろ-なわ【×棕×櫚縄】ナハ 棕櫚の毛をより合わせて作る縄。

しゅろ-ぼうき【×棕×櫚×箒】バウキ 棕櫚の毛を束ねて作ったほうき。

ジュロメーター〖durometer〗▶デュロメーター

しゅ-わ【手話】主として耳や口の不自由な人が手を使ってする話。手と腕の動きやその形・位置によって概念を表し、意思を伝達する。➡手話通訳士

シュワーツ〖Schwaz〗オーストリア、チロル州の都市。中世に銀の産出で発展。当時、ヨーロッパ最大の産出量を誇った。銀の採掘で繁栄したフッガー家による館や教会がある。

ジュワー-びん【ジュワー瓶】▶デュワー瓶

シュワーベ-の-ほうそく【シュワーベの法則】ハフソク 1868年、ドイツの統計学者シュワーベ(H.Schwabe)が提示した法則。所得が多くなれば住居費、特に家賃の支出額は多くなるが、家計支出額全体に占める割合は小さくなるというもの。➡エンゲルの法則

しゅ-わおん【主和音】音階の主音を根音としてつくられた三和音。ハ長調のハ・ホ・トの和音など。

じゅわ-き【受話器】電話機の受信用の音声再生装置。電気エネルギーとして流れた音声を音響エネルギーに変換する。レシーバー。⇔送話器。

しゅ-わく【修惑】仏語。修道によって断じられる煩悩。思惑しわく。

シュワゲリナ〖ラテ Schwagerina〗古生代の石炭紀・二畳紀の石灰岩中に化石として発見される紡錘虫。

しゅわ-つうやく【手話通訳】手話を使って聴覚障害者と健聴者のコミュニケーションを仲介すること。また、それを行う人。異なる音声言語や手話言語(国際手話・フランス手話・イギリス手話・アメリカ手話・日本手話・韓国手話など)を翻訳してコミュニケーションを仲介すること。また、それを行う人。➡手話通訳士

しゅわつうやく-し【手話通訳士】社会福祉法人聴力障害者情報文化センターが実施する手話通訳技能認定試験に合格し、手話通訳士の登録を行った者、およびその資格名称。厚生労働大臣認定資格。手話技術によって、聴覚障害者と健聴者(聴覚に障害のない人)が円滑にコミュニケーションをはかれるように支援する。

シュワルツワルト〖Schwarzwald〗▶シュバルツバルト

しゅ-わん【手腕】物事をうまく処理していく能力。腕まえ。「―を買われる」「政治的―」〔類語〕腕・腕前・手並み・技・手の内・妙手・手際・手練・凄腕すごうで・技術

シュワン〖Theodor Schwann〗[1810〜1882]ドイツの動物生理学者。胃液のペプシン、神経のシュワン鞘しょうを発見。また、生物体の構造ではシュライデンとともに細胞説を提唱。

しゅわん-か【手腕家】手腕のある人。やり手。「業界きっての―」

シュワン-しょう【シュワン×鞘】セウ 神経鞘の別名。

しゅん【旬】㊀〔名〕❶魚介類や蔬菜そさい・果物などの、最も味のよい出盛りの時期。「―の魚」「たけのこの―」❷物事を行うのに最も適した時期。「紅葉狩りの―」❸古代、宮中で行われた年中行事の一。天皇が紫宸殿ししんでんに出御、臣下に酒を賜り、政務を聞く儀式。もとは毎月1日・11日・16日・21日に行われたが、平安中期以後は4月と10月の1日だけとなった。4月を孟夏もうかの旬、10月を孟冬もうとうの旬といい、合わせて二孟の旬という。このほか、朔旦さくたん冬至の旬など、臨時の旬もあった。㊁〔形動〕評判になっているさま。また、最新であるさま。「もっとも―な話題」➡[漢]「じゅん(旬)」〔類語〕盛り・最盛期・盛期・盛時・花

しゅん【×皴】❶しわ。ひだ。「麻の葉のような―のある鞍馬の沓脱」〈鴎外・青年〉❷➡皴法しゅんぽう

しゅん【舜】中国太古の伝説上の聖天子。五帝の一人。姓は虞ぐ(有虞)、名は重華ちょうか。尭ぎょう帝の信任を得て摂政となる。尭帝の没後位を譲り受けて天子となり、治水に功のあった宰相の禹うに禅譲したという。尭と並んで代表的な聖帝で、儒家に尊崇された。➡[漢]「しゅん(舜)」

しゅん〔副〕しょげかえって声も出ないさま。元気をなくして沈んでいるさま。「こっぴどくしかられて―となる」

じゅん【旬】❶10日。特に、1か月を3分した、それぞれの10日間。➡上旬 ➡中旬 ➡下旬 ❷10年を1期とした称。「齢よわい七―を迎える」➡[漢]「じゅん(旬)」

じゅん【巡】㊀〔名〕「巡爵じゅんしゃく」に同じ。「蔵人の―に参河みかわの守かみに任ず」〈今昔・一九・二〉㊁〔接尾〕助数詞。ひとまわりした回数を表すのに用いる。「打席が一―する」➡[漢]「じゅん(巡)」

じゅん【順】〔名・形動〕❶ある基準に従った、物事の配列。順序。順番。「―を追って話す」❷物事の行われる段取りが正当・順当であること。理にかなっていること。また、そのさま。「お年寄りには席を譲るのが―だ」⇔逆。❸素直でおとなしいこと。また、そのさま。「―な若者」「女人は―を以て道とす」〈十善法語・五〉➡[漢]「じゅん(順)」〔類語〕順序・順番・番・順位・序列・席順・配列・オーダー

順を追おう 順番にしたがって事を進める。順序どおりにする。「―って説明する」

じゅん【×醇】〔名・形動〕❶まじりけのない濃厚な酒。❷まじりけのないこと。また、そのさま。純粋。「―なる詩境に入らしむるのは」〈漱石・草枕〉➡[漢]「じゅん(醇)」〔類語〕純正・純一・純良・至純・純・無垢むく・無雑むざつ・真正・生きっ粋(連体修飾語として)純然たる・醇乎じゅんこたる

じゅん【純】㊀〔形動〕図〔ナリ〕まじりけや偽りのないさま。人柄や気持ちがすなおで、けがれたところがないさま。「―な心」「―な男」㊁〔ト・タル〕図〔形動タリ〕㊀に同じ。「―たる天保てんぽう度の人間だから」〈逍遥・当世書生気質〉㊂〔接頭〕名詞や形容動詞に付いて、そのものだけ、また、その状態だけで、他の要素がまじらない意を表す。「―日本ふう」「―客観的な報告」➡[漢]「じゅん(純)」〔類語〕純粋・純正・純一・純良・至純・醇じゅん・無垢むく・無雑むざつ・真正・生きっ粋(連体修飾語として)純然たる・醇乎じゅんこたる

じゅん【準│准】〔接頭〕名詞に付いて、それに次ぐものであること、それに近いもの、あるいはそれに近い取り扱いを受けることなどを表す。「―優勝」「―会員」➡[漢]「じゅん(準・准)」

じゅん-あい【純愛】純粋な愛情。特に、男女間のひたむきな愛情。「―を貫く」「―ドラマ」

じゅん-あんてい【準安定】❶量子力学で、原子・分子・イオンなどの励起状態が長時間続いている状態。❷物質の相転移が本来起こるべき温度を超えても前の相に滞まっている状態。過熱・過冷却など。

しゅん-い【俊異│×儁異】才知がすぐれていて普通の人と異なること。また、その人。「俗は―を悪み世は奇才を忌む」〈東海散士・佳人之奇遇〉

しゅん-い【春衣】春に着る衣服。春服。春着。

しゅん-い【春意】❶春めく気配。また、春ののどかな気分。〔季 春〕「窓の枝揺るるは―動くなり/風生」❷男女間の欲情。色欲。

じゅん-い【准尉】ヰ 軍人および自衛官の階級の一。曹長の上、少尉(自衛官では三尉)の下。旧日本陸軍では、将校ではないが敬礼・服装などは士官に準じる。准士官。

じゅん-い【順位】ヰ 一定の基準によって上下あるいはあとさきの関係で順に並べられるときの、それぞれの位置。「―をつける」「―が下がる」「優先―」〔類語〕順序・順・順番・序列・席順・配列・オーダー

じゅん-い【準依│遵依】〔名〕スル それをよりどころにして従うこと。準由。「法規に―する」

じゅん-い【×鶉衣】《子夏は貧しく、着ている衣服が破れていたのを鶉にたとえた「荀子」大略の故事から》継ぎはぎだらけの衣。みすぼらしい衣服。弊衣。うずらごろも。

じゅんい-せい【順位制】ジュンヰ 動物の集団の中で、個体間の闘争によって相互の優劣の順位が決まり、それによって全体が秩序づけられること。

しゅん-いつ【俊逸】学問・才能などが人にぬきんでてすぐれていること。また、その人。

じゅん-いつ【純一】〔名・形動〕まじりけがないこと。飾りけや、うそ偽りがないこと。また、そのさま。「―な人柄」〔派生〕じゅんいつさ〔名〕〔類語〕純粋・純正・純良・至純・純・醇じゅん・無垢むく・無雑むざつ・真正・生きっ粋(連体修飾語として)純然たる・醇乎じゅんこたる

じゅんいつ-むざつ【純一無雑】〔名・形動〕まじりけがないこと。いちずでうそ偽りのないこと。また、そのさま。「―な(の)心境」「彼は雨の中に、百合の中に…―に平和な生命を見出した」〈漱石・それから〉

じゅん-いにん【準委任】ヰニン 法律行為でない事務の処理を委託する契約。委任の規定が準用される。

しゅんいん-しゅうだ【春×蚓秋蛇】シウダ《「晋書」王羲之伝賛から》春のミミズや秋のヘビのように、字も行も、うねうねと曲がりくねっていること。字がへたなことのたとえ。

しゅん-う【春雨】春に降る雨。春の雨。はるさめ。

じゅん-うち【順打ち】四国八十八箇所巡礼で、徳島県鳴門市の第1番札所霊山寺りょうぜんじを出発して四国を右回りに、香川県さぬき市の第88番札所大窪寺へと巡ること。➡逆打ち

しゅん-うん【春雲】春の雲。「桃は咲かねど、一日を―籠めて」〈蘆花・自然と人生〉

しゅんえ【俊恵】シュンヱ [1113〜?]平安末期の歌人。東大寺の僧。源俊頼の子。通称大夫公たいふのきみ。白川の自坊歌林苑で歌会・歌合わせを主催。鴨長明に歌を教えた。家集に「林葉和歌集」がある。

しゅん-えい【俊英】学問・才能などが人より秀でていること。また、その人。「門下の―」〔類語〕英才・秀才・俊才・天才・才人・才子・偉才・奇才・鬼才・才女・才媛・才物・異能

じゅん-えき【純益】総収益から総費用を差し引いた純粋の利益。純収益。〔類語〕純利・利益・益・儲もうけ・利・利潤・得・利得・利沢・黒字・得分・実益・益金・利金・差益・利鞘りざや・マージン・ゲイン

じゅん-えつ【巡閲】〔名〕スル 巡回して実状を調べること。「長官みずから―する」

じゅん-えつ【荀悦】[148〜209]中国、後漢の学者。潁川えいせん(河南省)の人。曹操に招かれて黄門侍郎となり、献帝に講義した。著に「漢書」を簡略にした編年体の「漢紀」、「申鑒しんかん」がある。

しゅん-えん【旬宴】旬しゅん❸のときに催される宴。

しゅん-えん【春怨】ヱン 若い女性が春の気配に感じてもの思いにふけること。また、恋に嘆くこと。

じゅん-えん【巡演】〔名〕スル 各地を上演してまわること。「ヨーロッパ各国を―する」

じゅん-えん【順延】〔名〕スル 順繰りに期日を延ばしていくこと。「都合により工事を―する」「雨天―」〔類語〕延期・日延べ・延長・猶予・伸びる

じゅん-えん【順縁】❶仏語。仏道に入る善事としての縁。仏道に入る縁となる善事。⇔逆縁。❷年をとった者から順に死ぬこと。⇔逆縁。

しゅん-おう【春×鶯】アウ《連声れんじょうで「しゅんのう」とも》春を告げるウグイス。

じゅん-おう【順応】〔名〕スル ▶じゅんのう(順応)

しゅんおうでん【春鶯囀】シュンアウテン ▶しゅんのうでん(春鶯囀)

しゅんおく-みょうは【春屋妙葩】シュンヲクメウハ [1311〜1388]南北朝時代の臨済宗の僧。甲斐の人。伯父の夢窓疎石に参禅。天竜寺・南禅寺などの住持を経て、初代僧録司となった。足利義満の政治的顧問の立場にあり、相国寺建立に協力。また、五山版の刊行に努めた。著「雲門一曲」など。智覚普明国師。

じゅん-おくり【順送り】順を追って次へ送ること。「会報を―に回す」「日程を―にする」

じゅん-おん【純音】単一の振動数で、完全な正弦波形を描く音。音叉おんさや真空管発振器などの音の類。単純音。

しゅん-か【春歌】❶春の歌。❷性的なことを露骨に表現した歌。

しゅん-か【春×霞】春のかすみ。はるがすみ。

しゅん-か【×蕣花】クワ ムクゲの花。

しゅん-が【春画】ﾝｸﾞﾜ 男女の情交のようすを描いた絵。笑い絵。枕絵(まくらえ)。

じゅん-か【純化】ｸﾞﾜ〔名〕ｽﾙ ❶まじりけを除いて純粋にすること。また、邪心などをなくすこと。醇化。「不純物を除いて成分を―する」「精神を―する」❷複雑なものを単純にすること。単純化。
(類語)清める・浄化・精製

じゅん-か【順化｜×馴化】ｸﾞﾜ〔名〕ｽﾙ 生物が、異なった環境、特に気候の異なった土地に移された場合、しだいにその環境に適応するような体質に変わること。「寒冷地の気候に―する」

じゅん-か【×醇化】ｸﾞﾜ〔名〕ｽﾙ ❶手厚く教え導くこと。「大衆を―する」❷不純な部分を捨てて、純粋にすること。純化。「真と人と合して――一致せる時」〈漱石・三四郎〉(類語)感化・教化・徳化・文教

じゅん-が【×醇雅】〔名・形動〕純粋で優雅なこと。飾り気がなく、みやびやかなこと。また、そのさま。「―な風格」

しゅん-かい【×悛改】〔名〕ｽﾙ 過去のあやまちを悔い改めること。改悛。

じゅん-かい【巡回｜巡×廻】ｸﾜｲ〔名〕ｽﾙ ❶ある目的のために、各地を順次に移動すること。「一公演」❷ある一定区域内を次から次へと見て回ること。「巡査が街を―する」(類語)(❶)巡行・巡歴・遍歴・行脚・遊行/(❷)見回り・パトロール・巡邏(じゅんら)・巡見

じゅん-かいききどう【準回帰軌道】ｸﾜｲｷｷﾀﾞｳ 人工衛星がとる軌道の一。1日に地球を数回周り、数日に1回、同一地域の上空を通過する。元の位置に戻るまでの日数を回帰日数という。極軌道またはそれに近い軌道をとり、長期的かつ定期的に同一地域の観測を行う地球観測衛星などの軌道として利用される。

じゅんかいじょうちょう-けんさ【巡回冗長検査】ｼﾞｭﾝｸﾜｲｼﾞﾖｳﾁﾔｳ ▶シー・アール・シー(CRC)

じゅんかい-としょかん【巡回図書館】ｼﾞｭﾝｸﾜｲﾄｼﾖｸﾜﾝ 自動車に図書を積み、定期的に各地を巡回して貸し出しをする公共図書館サービス。巡回文庫。移動図書館。

じゅんかい-ぶんこ【巡回文庫】ｼﾞｭﾝｸﾜｲ 「巡回図書館」に同じ。

しゅん-がく【×峻岳】高くて険しい山。

しゅんか-しゅうげつ【春花秋月】ｼｭﾝｸﾜｼｳｹﾞﾂ 春の花と秋の月。四季折々の自然の美のたとえ。「―をめでる」

しゅん-か-しゅう-とう【春夏秋冬】ｼｳ 1年の、四つの季節。四季。(類語)季節・時季・時節・時候・候・四季・四時(しじ)・折節(おりふし)・シーズン

しゅんかしゅうとう【春夏秋冬】ｼｭﾝｶｼｳﾄｳ 正岡子規を中心とする日本派の代表的句集。4冊。明治34年(1901)子規編の春の部を発刊。夏の部以下は、同36年までに高浜虚子・河東碧梧桐(かわひがしへきごとう)共編で刊。

しゅんか-しょり【春化処理】ｼｭﾝｸﾜ 植物の生長期に、低温の時期を与えることによって、花芽の形成を促進する方法。秋まき小麦の種子を低温にさらすと、春にまいても収穫ができる。バーナリゼーション。ヤロビザーチヤ。➡ヤロビ農法

じゅん-かつ【潤滑】ｸﾜﾂ〔名・形動〕潤いがあって、動きの滑らかなこと。また、そのさま。「機械の作動を―にする油」「―な人間関係」

じゅんかつ-ざい【潤滑剤】ｼﾞｭﾝｸﾜﾂ 機械の回転部などに塗って摩擦を少なくし、摩擦熱や摩耗を防ぐ物質。潤滑油・グリースなど。ルブリカント。

じゅんかつ-ゆ【潤滑油】ｼﾞｭﾝｸﾜﾂ ❶機械の接触部の摩擦を少なくするために用いる油。❷物事が円滑に運ばれる仲立ちとなるもののたとえ。「労使間の―となる」

しゅんか-もん【春華門｜春花門】ｼｭﾝｸﾜ 平安京内裏外郭門の一。南面の東端にあり、中央の建礼門を挟んで修明(しゅめい)門に対する。左馬寮(さまりょう)の陣。

しゅんか-もんいん【春華門院】ｼｭﾝｸﾜﾓﾝｲﾝ［1195～1211］後鳥羽天皇の第1皇女。名は昇子。母は九条兼実の娘宜秋門院任子。承元2年(1208)順徳天皇の准母となった。

ジュンガル〖Jungar〗モンゴル民族の一派オイラートの一部族。17～18世紀に栄え、天山南路・北路一帯を支配したが、1758年、清に滅ぼされた。準部。ジュンガル部。ズンガル。(補説)「準噶爾」とも書く。

ジュンガル-ハン〖Jungar Khan〗モンゴル系民族ジュンガルの首長。➡ジュンガル

ジュンガル-ぼんち【ジュンガル盆地】中央アジア、天山・アルタイ両山脈間の盆地。中国新疆(しんきょう)ウイグル自治区の北部にある。天山北路が通る東西交通の要地で、古くから交易都市が発達した。中心都市ウルムチ。ズンガリア盆地。

しゅんかん【俊寛】ｼｭﾝｸﾜﾝ ㊀[1143～1179]平安末期の真言宗の僧。鹿ヶ谷(ししがだに)の山荘で藤原成親・成経父子や平康頼らと平清盛討伐の密議をしていたのが発覚して流島となり、鬼界ヶ島で没した。㊁謡曲。四番目物。喜多流では「鬼界島」。平家物語に取材。鬼界ヶ島に流されている俊寛はかつての仲間の成経・康頼が赦免されるのを悲しく見送る。

しゅん-かん【春官】ｸﾜﾝ ❶中国、周代の官職。六官(りっかん)の一つで、王を補佐して祭典や礼法をつかさどった。❷治部省(じぶしょう)の唐名。

しゅん-かん【春寒】立春からあとのぶり返した寒さ。はるさむ。余寒。「一料峭(りょうしょう)(=春風ガマダ肌ニ冷タク感ジラレルコト)の候」(季 春)
(類語)余寒・花冷え・梅雨寒

しゅん-かん【×筍×羹｜×筍干｜×筍干】❶普茶料理の一。季節の野菜などを盛り込んだ煮物料理。❷鹿児島県の郷土料理。筍(たけのこ)・塩豚(古くはイノシシ)・野菜を合わせて煮る春の祝い料理。❸食器の一。飯茶碗より大きく、ふつう羹(あつもの)を入れるのに用いる。ふたは木製の塗り物。

しゅん-かん【瞬間】《またたきをする間の意》きわめて短い時間。またたく間。また、何かをした、そのとたん。「声を聞いた―子どものころを思い出した」「決定的―」(類語)一瞬・瞬時・刹那(せつな)・とっさ

じゅん-かん【旬刊】新聞・雑誌などを定期的に10日ごとに刊行すること。また、その刊行物。

じゅん-かん【旬間】行事などを行うために、特に区切られた10日間。「交通安全―」

じゅん-かん【循環】ｸﾜﾝ〔名〕ｽﾙ ❶ひとめぐりして、もとへ戻ることを繰り返すこと。「市内―バス」❷血液やリンパが体内をめぐること。「血液が―する」
(類語)巡り・回転・一巡・一周・繰り返す

循環端(はし)無きが如(ごと)し《「孫子」兵勢から》物事はぐるぐる回っていて、どこが初めでどこが終わりなどと決められないということ。

じゅん-かん【順観】ｸﾜﾝ 十二縁起や四諦(したい)の法などを、順序に従って観ずること。

じゅんかんがたしゃかいけいせいすいしん-きほんほう【循環型社会形成推進基本法】ｼﾞｭﾝｸﾜﾝｶﾞﾀｼﾔｸﾜｲｹｲｾｲｽｲｼﾝｷﾎﾝﾊﾌ 環境基本法の理念に則り、循環型社会をつくるための基本原則を定めた法律。国、地方公共団体、事業者及び国民の役割・責務を明記し、循環型社会形成推進基本計画を策定するなどし、循環型社会形成を推進する。平成12年(2002)成立。本法では、リデュース(廃棄物の発生抑制)→リユース(再使用)→リサイクル(再生利用)→熱回収→適正処分という処理の優先順位を明確にし、廃棄物等のうち有用なものを循環資源とした。製品の生産者は製品の再利用や処理についても責任を負うという拡大生産者責任の原則が規定された。➡廃棄物処理法 ➡資源有効利用促進法 ➡家電リサイクル法 ➡グリーン購入法 ➡建設リサイクル法 ➡自動車リサイクル法 ➡食品リサイクル法 ➡容器包装リサイクル法
(補説)この法律において「循環型社会」とは、環境への負荷ができる限り少ない以下のような社会をいう。廃棄物の発生を抑え(リデュース)、使用済製品がリユース・リサイクル・熱回収等により循環資源として適正に循環的に利用され、循環的な利用が行われないものについては適正に処分され、天然資源の消費が抑制される社会である。

じゅんかん-かてい【循環過程】ｼﾞｭﾝｸﾜﾝｸﾜﾃｲ ある状態が変化したあと、再びもとの状態に戻るまでの一連の過程。特に熱力学で、気体の温度・圧力・体積などの変化がもとの状態に戻るまでの過程。

じゅんかん-き【循環器】ｼﾞｭﾝｸﾜﾝ 全身に血液やリンパを流通させる器官。高等動物では心臓・血管・リンパ管などで、栄養物・ホルモン・酸素などを体内の各組織に運び、また同時に老廃物を体内の各部から集める。

じゅんかん-けい【循環系】ｼﾞｭﾝｸﾜﾝ 血液やリンパを全身に循環させる器官の集まり。心臓・血管系、リンパ管系などをいう。脈管系。

しゅんかん-こう【瞬間光】ｸﾜｳ 写真撮影に用いる、瞬間的に発せられる光。フラッシュなどをいう。➡定常光

じゅん-かんごし【准看護師】都道府県知事の免許を受け、医師や看護師の指示のもとに、患者の看護および診療の補助をする専門職。➡看護師

じゅん-かんごふ【准看護婦】女性准看護師の旧称。➡准看護師

じゅんかん-しょうがい【循環障害】ｼﾞｭﾝｸﾜﾝｼﾔｳｶﾞｲ 血液やリンパの循環が阻害されることにより臓器や組織に障害が生じること。充血・鬱血・虚血・出血・血栓症・塞栓症・梗塞・高血圧・浮腫・脱水症など。

じゅんかん-しょうすう【循環小数】ｼﾞｭﾝｸﾜﾝｾｳｽｳ 小数点以下がどこまでも続く無限小数のうちで、ある位以下が同じ数字の列で繰り返されるもの。例えば0.2315315315…。これは$0.2\dot{3}1\dot{5}$で表す。

しゅんかんそうずしまものがたり【俊寛僧都島物語】ｼｭﾝｸﾜﾝｿｳﾂﾞｼﾏﾓﾉｶﾞﾀﾘ 読本。8巻。曲亭馬琴作。文化5年(1808)刊。俊寛と義経にまつわる伝説を題材とし、俊寛を鬼一法眼に仕立てたもの。

じゅんかん-ていぎ【循環定義】ｼﾞｭﾝｸﾜﾝ 論理学で、定義されるべき名辞が、これと同語か同じ意味の語によって定義されること。このような定義は、その名辞の内包を決めることができないので不当とされる。

じゅんかん-とりひき【循環取引】ｼﾞｭﾝｸﾜﾝ A社からB社へ、さらにC社へと次々に商品を書類上だけで売買し、最後はまたA社へ戻る取引。売買手数料はA社の負担となる。不正とされるが、売上を水増しすることで、増資・融資など資金調達に有利になるとされる。

しゅんかん-ふうそく【瞬間風速】絶えず変動している風速の瞬間的な値。

じゅんかん-ぶっしょく【循環物色】ｼﾞｭﾝｸﾜﾝ 投資家の買い意欲の集まる株式が次々に移り変わっていくこと。

しゅんかん-マーケティング【瞬間マーケティング】《flash marketing》▶フラッシュマーケティング

しゅんかん-ゆわかしき【瞬間湯沸(か)し器】❶水道の水を出すと同時にガスバーナーが点火し、すぐに湯が出るようにした器具。❷怒りっぽい人をたとえていう語。

じゅんかん-ろんぽう【循環論法】ｼﾞｭﾝｸﾜﾝﾛﾝﾊﾟﾌ 論理学で、論点先取の虚偽の一。証明すべき結論を前提に用いる論法。循環論証。

しゅん-き【春気】春の気配。また、春の気候。

しゅん-き【春季】春の季節。「一大運動会」

しゅん-き【春期】春の時期。「一集団検診」

しゅん-き【春機】異性に対する性的な欲情。性欲。

じゅん-き【順気】❶順調な気候。❷順調な気分。「香附子(こうぶし)などにて血をひらき、―の御療治然るべし」〈浄・冷泉節〉

じゅん-き【準規】よりどころとして従うべききまり。

じゅん-ぎ【順義】❶道義に従うこと。「かく世を遁(のが)れ身を捨てて、山に入るは―ならずや」〈謡・高野物狂〉❷(多く「義理順義」の形で)世間に対する義理。「世の中の、義理―を知るが最後、貧乏神が乗り移る」〈浄・傾城酒呑童子〉

じゅん-ぎ【準擬】他のものを手本にしてまねること。また、仮に他のものに見立てること。「太玄経と云へるは、悉皆周易―して、作ると云ふか」〈中華若木詩抄・下〉

じゅん-キーきょく【準キー局】民放のネットワークにおいて、キー局に準じた地位の放送局。一般に大阪府の局がこれにあたり、独自制作の番組をキー局を含めた各局に供給することも多い。

しゅん-ぎく【春菊】キク科の一年草または二年草。

高さは20〜60センチ。葉は深い切れ込みがあり、柔らかい。夏から秋に黄あるいは白色の頭状花を開く。香りが高く、食用として栽培される。菊菜。(季 春)「夕支度一摘んで胡麻擂って/時彦」

しゅんき-こうれいさい【春季皇霊祭】旧制の大祭の一。毎年、春分の日に、宮中の皇霊殿で天皇が歴代の天皇・皇后・皇親の霊を祭る儀式。今はこの日を「春分の日」とし、国民の祝日の一つとする。(季 春)

じゅん-きそ【準起訴】公務員の職権濫用罪について、検察官が不起訴処分にしたとき、告訴・告発をした人の請求によって裁判所が事件を審判に付すること。起訴と同一の効果を生ずる。

じゅん-きっさ【純喫茶】酒類のメニューを扱っていない喫茶店。

しゅんき-はつどうき【春機発動期】▻思春期

じゅん-ぎゃく【順逆】❶正しい順序と逆の順序。❷道理に従うことと、そむくこと。「一の理をわきまえる」❸恭順と反逆。❹仏語。順縁と逆縁。

しゅん-きゅう【春宮】❶皇太子の住む宮殿。また、皇太子。とうぐう。❷春の神の宮殿。

しゅん-きゅう【春窮】晩春、麦の収穫期前に米などが不足すること。春の端境期。(季 春)「一のあまり剃刀研ぎにけり/桂郎」

じゅん-きゅう【巡給】平安時代、親王に賜った年給の一。序列、または年齢の順に従って、年ごとに順番に給せられた。

じゅん-きゅう【準急】《「準急行列車」の略》急行列車よりやや停車駅の数の多い列車。

しゅん-きょ【×峻拒】〔名〕スル きっぱりと拒むこと。厳しい態度で断ること。「立候補の要請を一された」(類語)蹴る・断る・拒む・否む・辞する・謝する・謝絶する・拒絶する・拒否する・辞退する・固辞する・遠慮する・一蹴する・拝辞する・退ける・撥ね付ける・突っ撥ねる・不承知・難色

じゅん-きょ【準拠】〔名〕スル あるものをよりどころとしてそれに従うこと。また、そのよりどころ。「史実に一した小説」(類語)依拠・立脚・準ずる・則る・則する・従う

じゅん-きょ【×鶉居】《「荘子」天地から。ウズラの巣は一定していないとされたところから》人の住居の定まらないこと。また、一時的な住まい。

しゅん-きょう【春興】❶春のおもしろみ。春の興趣。(季 春)❷江戸時代、新年に俳諧の会を催し、一門の作品を印刷して、知人間で贈答したもの。

しゅん-ぎょう【春暁】春の明け方。(季 春)「一や水ほとばしり瓦斯燃ゆる/汀女」

じゅん-きょう【殉教】〔名〕スル 自らの信仰のために生命をささげること。「一者」(類語)殉職・殉難・玉砕

じゅん-きょう【順境】物事が都合よく運んでいる境遇。「一のうちに育つ」⇔逆境。

じゅん-ぎょう【巡業】〔名〕スル 各地を興行して回ること。「東北一円を一する」「地方一」(類語)どさ回り・旅回り

じゅん-ぎょう【遵行】室町時代、守護が幕府執政者からの命を受けて下に伝えること。

じゅん-きょういん【準教員¦准教員】旧制の小学校で、本科正教員を補助した教員。

じゅん-きょうじゅ【准教授】大学、高等専門学校の教員の職階の一。従来の助教授に当たる。平成17年(2005)の学校教育法改正で改称。同19年4月施行。

じゅんぎょう-じょう【遵行状】室町時代、将軍の命を受けた守護がその命令の実施を守護代に、また守護代が代官に下達した文書。

じゅん-きょうせいわいせつざい【準強制×猥×褻罪】人の心神喪失や抵抗ができないことに乗じて、または暴行・脅迫によらずこれらの状態にして猥褻な行為をする罪。刑法第178条第1項が禁じ、6か月以上10年以下の懲役に処せられる。

しゅんきょう-でん【春興殿】▻しゅんこうでん(春興殿)

じゅん-きょうゆう【準共有】数人が共同して所有権以外の財産権を所有すること。地上権・抵当権・特許権・著作権などについて生ずる。

漢字項目 しゅん

【旬】▻じゅん

俊 音**シュン**(呉)(漢)‖才知がとび抜けてすぐれている。才知のすぐれた人。「俊傑・俊才・俊秀・俊敏・俊髦/英俊」(名付)すぐる・たかし・とし・まさる・よし

春 (学)2　音**シュン**(呉)(漢)　訓**はる**‖㊀〈シュン〉①はる。「春季・春日・春宵/初春・惜春・早春・晩春・陽春・来春・立春」②正月。「賀春・迎春・新春」③若く血気盛んな年ごろ。「回春・青春」④男女の愛欲。性欲。「春画・春機・春情・春本/売春」⑤年月。「春秋」㊁〈はる〉「春雨/小春・初春」(名付)あずま・あつ・かす・かず・す・とき (難読)春日・春宮

人**峻** 音シュン(呉)(漢)‖①山が高くけわしい。「峻険/急峻・険峻」②非常に厳しい。「峻拒・峻烈」(名付)たか・たかし・ちか・とし・みち・みね

×**悛** 音シュン(呉)(漢)　訓あらためる‖過ちを悔い改める。「改悛」

×**浚** 音シュン(呉)(漢)　訓さらう‖水底の土砂を掘って深くする。さらう。「浚渫」

人**竣** 音シュン(呉)(漢)‖工事が終わる。「竣工・竣成」

人**舜** 音シュン(呉)(漢)‖中国古代の伝説上の聖天子の名。「尭舜」(名付)きよ・とし・ひとし・みつ・よし

人**駿** 音シュン(呉)(漢)　スン(慣)‖㊀〈シュン〉①足の速い良馬。足が速い。「駿足・駿馬」②(「俊」と通用)すぐれている。「駿才」㊁〈スン〉駿河国。「駿州・駿府」(名付)たかし・とし・はやお・はやし

瞬 音**シュン**(呉)(漢)　訓**またたく**‖まばたきをする。また、それほどの短い時間。「瞬間・瞬時・瞬息/一瞬」

×**蠢** 音シュン(呉)(漢)　訓うごめく‖虫がうごめく。「蠢動」

漢字項目 じゅん

旬 音**ジュン**(呉)　**シュン**(漢)‖①一〇日間。「旬刊/下旬・初旬・上旬・中旬」②一〇年。または、一〇か月。「旬月・旬年」(名付)ただ・とき・ひとし・ひら・まさ

巡 音**ジュン**(呉)　訓**めぐる**‖①回り歩く。めぐる。「巡業・巡航・巡礼/一巡・歴巡」②視察して回る。「巡査・巡察・巡視・巡狩」③ためらう。「逡巡」(名付)みつ・ゆき (難読)お巡りさん

人**洵** 音ジュン(呉)　シュン(漢)　訓まこと‖まことに。本当に。「洵美」(名付)のぶ

盾 音**ジュン**(呉)　訓**たて**‖敵の攻撃から身を隠す武具。たて。「矛盾」

准 音**ジュン**(慣)　訓なぞらえる‖①主たるものになぞらえる。準ずる。「准尉・准看護婦」②ゆるす。承認する。「批准」(名付)のり (難読)准后・准三宮

殉 音**ジュン**(呉)‖①主人の死を追って死ぬ。「殉死」②大事なもののために命を捨てる。「殉教・殉職・殉難」

純 (学)6　音**ジュン**(呉)‖まじりけがない。「純益・純情・純真・純粋・純然・純毛・純良/至純・清純・単純・不純」(名付)あつ・あつし・あや・いたる・いと・きよし・すなお・すみ・つな・とう・まこと・よし

人**隼** 音ジュン(慣)　シュン(呉)(漢)　訓はやぶさ‖鳥の名。ハヤブサ。「鷹隼」(名付)とし・はや・はやし (難読)隼人

人**惇** 音ジュン(呉)　トン(呉)(漢)　訓あつい、まこと‖手厚い。まごころがある。ねんごろ。「惇厚・惇朴」(名付)あつ・あつし・すなお・とし

人**淳** 音ジュン(呉)‖人情に厚い。飾りけなく素直である。「淳風・淳朴」(名付)あき・あつ・あつし・きよ・きよし・すな・すなお・ただし・とし・ぬ・まこと・よし

循 音**ジュン**(呉)　訓したがう‖①決まったルールにしたがう。よる。「循守・循吏/因循」②あちこちとめぐる。「循環」(名付)みつ・ゆき・よし

人**閏** 音ジュン(漢)　訓うるう‖㊀〈ジュン〉①うるう。「閏月・閏年」②正統でない天子の位。「閏統/正閏」㊁〈うるう〉「閏月・閏年」

順 (学)4　音**ジュン**(呉)　訓したがう‖①相手に付き従う。「順応/帰順・恭順」②人に逆らわない。すなお。「温順・柔順・従順」③筋道に従って進むこと。物事の次第。「順位・順順・順序・順番/逆順・席順・打順・筆順」④障りがない。都合がよい。「順境・順調・順当/不順」(名付)あや・あり・おさ・おさむ・かず・しげ・す・すなお・とし・なお・のぶ・のり・はじめ・まさ・みち・みつ・むね・もと・やす・ゆき・よし・より

準 (学)5　音**ジュン**(慣)　訓みずもり、なぞらえる‖①水平を計る道具。みずもり。「準縄/平準・水準器」②物事をはかるよりどころ。「基準・規準・照準・標準」③なぞらえる。のっとる。「準拠・準則・準備・準法・準用」④正式に似た扱いをする。「準急・準星」(名付)とし・ならう・のり・ひとし (難読)水準

人**詢** 音ジュン(慣)　訓とう、はかる‖問いたずねる。相談する。はかる。「諮詢」(名付)まこと

人**馴** 音ジュン(呉)　訓なれる、ならす‖言いつけにおとなしく従う。なれる。ならす。「馴化・馴行・馴致・馴擾・馴養」(名付)なれ・よし (難読)馴鹿・馴染み

潤 音**ジュン**(漢)　訓**うるおう、うるおす、うるむ**‖①うるおう。うるおす。「潤筆/湿潤・浸潤・豊潤」②つやをつける。「潤色」③もうけ。「利潤」(名付)うる・うるう・さかえ・ひろ・ひろし・まさる・ます・みつ

人**諄** 音ジュン(慣)　訓ねんごろ‖じっくりと教えさとす。ねんごろ。丁寧。「諄諄」(名付)あつ・いたる・さね・しげ・とも・のぶ・まこと

遵 音**ジュン**(慣)　訓したがう‖筋道を外れない。規則に従う。「遵守・遵法」(名付)ちか・のぶ・ゆき・より

人**醇** 音ジュン(呉)‖①薄めていない、よく熟した酒。「醇酒/芳醇」②まじりけがない。「醇化・醇乎」③人情に厚い。手厚い。「醇厚・醇風」(名付)あつ・あつし

じゅんきょ-しゅうだん【準拠集団】《reference group》個人が自己の行動や立場を評価する際に、その基準となるようなグループのこと。照準集団。

じゅん-きょせい【準巨星】恒星のうち、巨星に準ずる星。主系列星よりやや明るく、巨星へ進化する中間段階に位置する。水素の核融合がほぼ終了し、中心部分にヘリウムが集まっていると考えられる。代表的な準巨星として、小犬座のプロキオン、南十字座のアクルックスがある。

じゅんきょ-ほう【準拠法】国際私法によって、ある法律関係を規律するものとして選択・適用される法。

じゅん-きん【純金】まじり物のない金。金無垢。二十四金。

じゅん-ぎん【純銀】まじり物のない銀。銀無垢。

しゅんきんしょう【春琴抄】谷崎潤一郎の小説。昭和8年(1933)発表。美貌で盲目の琴三弦師匠、春琴に仕える弟子の佐助の愛と献身を描く。

じゅん-きんちさん【準禁治産】心神耗弱者および浪費者、すなわち意思能力が不十分なため、利害関係をもつ重要な法律行為をする場合に不利益を受けやすい者や、前後の見境なく財産を浪費したり借財をしたりする癖がある者に対して、保佐人の同意なしに財産上の行為をすることを禁じた制度。平成12年(2000)民法の改正とともに廃止され、成年

後見制度へと移行した。➡禁治産 ➡準禁治産者

じゅんきんちさん-しゃ【準禁治産者】心神耗弱者および浪費者で、家庭裁判所から準禁治産の宣告を受けた者。平成12年(2000)の準禁治産制度廃止、成年後見制度への移行により、浪費者を対象から外して被保佐人と改称。

じゅんきん-つみたて【純金積立】純金を対象にした積立投資。月3000円程度から始めることが可能。毎月一定の金額を購入に充てることで、金相場の値下がり時は多めに、値上がり時は少なめに購入することになり、平均購入価格を低めに抑えることできる。金自体は利子を生まないため、一般的な投資とは異なるが、戦争などの有事に値上がりする特徴がある。

しゅん-ぐ【蠢愚】〔名・形動〕無知で愚かなこと。また、そのさま。「我心身の働を拡て達す可きの目的を達せざるものはこれを一と云う可きなり」〈福沢・学問のすゝめ〉

じゅん-くにもち【准国持】室町・江戸時代、大名のうちで領地・家格または席次が国持衆に次ぐもの。准国持衆。

じゅん-ぐり【順繰り】順序を追っていくこと。順番に従って、次々に行うこと。「一に席を詰める」
〔類語〕順順に・逐次・順次・次次に

じゅん-げ【巡化】僧が諸国を巡り歩き、説法し教化すること。

しゅん-けい【春景】春の景色。春光。春色。〔季 春〕
〔類語〕景色・山色・水色・白砂青松・野色・野景・柳暗花明・煙景・秋景・雪景・夕景・夕景・暮景・晩景・夜景

しゅんけい【春慶】㊀室町時代の漆工。和泉国堺の人。春慶塗を創始。生没年未詳。㊁鎌倉時代の尾張国瀬戸の陶工、加藤景正の法号。㊂❶「春慶塗」の略。❷「春慶焼」の略。

しゅん-げい【狻猊】獅子の別名。彫り物などで、玉を持つ姿を意匠として用いた。さんげい。

じゅん-けい【巡警】〔名〕スル 巡回して警戒すること。「師走の街を一する」

じゅん-けい【純系】すべての遺伝子についてホモである個体から、自家受精や近親交配を繰り返すことによって作り出される、遺伝型が均一な子孫をつくる個体群。➡近交系

じゅん-けい【純計】計算・集計などで、重複した分を除いた総計。「一をまとめる」

じゅん-けい【荀卿】荀子の尊称。

じゅん-けい【閏刑】武士・僧侶など特定の身分の者、または婦女・老幼者・身障者などに対して、本刑の代わりに科した寛大な刑。律令制のもとでは、官吏の免官、僧侶の還俗など。江戸時代には、武士の閉門、婦女の剃髪など。

じゅんけい-せつ【純系説】デンマークの生物学者ヨハンセンが唱えた遺伝学上の学説。生物の集団が純系になってしまうと、選択は無効になり、ダーウィンの選択説が成立しなくなるというもの。近代遺伝学に大きな影響を与えた。

しゅんけい-で【春慶手】法号を春慶と称した加藤景正の作といわれる瀬戸茶入れ。

しゅんけい-ぬり【春慶塗】漆塗りの技法の一。木地を黄または赤に着色し、透漆を上塗りして木目が見えるように仕上げたもの。和泉国堺の漆工春慶の考案。のち全国で作られ、それぞれ産地名を冠してよばれるようになった。今日では能代春慶・飛騨春慶などが代表的。

じゅんけい-ぶんり【純系分離】雑種性の農作物の品種から純系を分離して取り出すこと。育種に有効な方法とされる。

しゅんけい-やき【春慶焼】茶褐色の素地に黄色の釉をまだらにかけて焼いた陶器。法号を春慶と称した加藤景正の創始と伝える。

じゅんけい-よさん【純計予算】収入を得るのに要する経費を収入から控除し、支出に伴って生じる収入を支出から控除して、純収支を歳入・歳出予算に計上する方式の予算。➡総計予算

じゅんけい-りゅう【順慶流】《山崎の合戦のとき、筒井順慶が明智光秀と羽柴(豊臣)秀吉とにふたまたをかけ、形勢をうかがったすえ秀吉に味方した故事から》有利なほうにつこうと、対立する両者の形勢をうかがうこと。

しゅん-げざい【峻下剤】下剤のうち、作用の強いもの。➡緩下剤

しゅん-けつ【俊傑】才知などが常人よりすぐれていること。また、その人。「一門の一」〔類語〕傑物・傑士・傑人・人傑・英傑・怪傑・偉人・大人物・逸材・大物・女傑・大器・巨星・巨人・英雄・ヒーロー

しゅん-げつ【春月】❶春の夜の月。おぼろ月。〔季 春〕「一や印金堂の木の間より/蕪村」❷春の季節。

じゅん-けつ【純血】同種の動物の雌雄間に生まれたもの。純粋な血統。「一を保つ」「一種」

じゅん-けつ【純潔】〔名・形動〕❶けがれがなく心が清らかなこと。また、そのさま。「一な精神」❷異性との性的なまじわりがなく心身が清らかなこと。「一を守る」〔派生〕じゅんけつさ〔名〕〔類語〕潔白・清純・高潔・廉直・清廉・廉潔・貞潔・綺麗・清い・清らか・清潔・清浄・清浄・清澄・清冽・清麗・無垢

じゅん-げつ【旬月】❶10日間、あるいは、1か月。転じて、わずかな日数。「一の間に迫る」❷10か月。「はや一を経る」

じゅん-げつ【閏月】「うるうづき」に同じ。

じゅん-けっしょう【準決勝】競技で、決勝戦の出場資格を決める試合。セミファイナル。

じゅん-けっしょう【準結晶】周期性はないが、高い秩序性の原子配列を有する固体物質。結晶とも非晶質(アモルファス)とも異なる新たな秩序構造として知られ、1984年に発見された。また、二次元における平面充填として、ペンローズタイルが知られる。

じゅん-けつぞく【準血族】▶法定血族

しゅん-けん【春暄】春の日の暖かさ。春暖。

しゅん-けん【峻険｜峻嶮】〔名・形動〕❶山などの高く険しいこと。また、そのさま。「一な山並み」❷態度などがきびしくて、近寄りがたいこと。また、そのさま。「一な老学者」〔類語〕険阻・険峻・急峻・険しい

しゅん-げん【俊彦】才能のすぐれた男子。

しゅん-げん【峻厳】〔名・形動〕非常にきびしいこと。また、そのさま。「一な態度で臨む」〔類語〕厳しい・きつい・厳格・厳重・厳酷・厳正・冷厳・峻烈・苛酷・酷・容赦ない・仮借ない・険しい・鋭い

じゅん-けん【巡見】〔名〕スル ある目的をもって見て回ること。「各地を一して歩く」

じゅん-けん【巡検】〔名〕スル 見回って調べること。「消灯時に宿舎内を一する」
〔類語〕検査・点検・見回り

じゅん-けん【純絹】「正絹」に同じ。

じゅん-げん【純減】一定期間内の純粋減少部分。

じゅん-げんきんしゅうし【純現金収支】▶フリーキャッシュフロー

じゅんげん-ごう【順現業】仏語。三時業の一。現世でつくった善業・悪業のうち、その報いを現世で受けるもの。

じゅん-げんこうはん【準現行犯】刑事訴訟法上、凶器を所持し、または身体や衣服に犯罪の証跡がある者など、罪を犯し終えてから間がないと明らかに認められるとき、現行犯とみなされるもの。逮捕状なしに逮捕できる。

じゅんけん-し【巡見使】江戸幕府が諸国に派遣し、地方の政情・民情の視察にあたらせていた役人。

じゅんけん-し【巡検使】鎌倉時代、幕府の命を受けて諸国を巡回し、政情・民情や作物の豊凶を視察した臨時の職。

じゅん-こ【純乎｜醇乎】〔ト・タル〕図〔形動タリ〕全くまじりけのないさま。「元義の歌は一たる万葉調なり」〈子規・墨汁一滴〉
〔類語〕純粋・純正・純一・純良・至純・純・醇・無垢・無雑・真正・生っ粋（連体修飾語として）純然たる

しゅん-こう【春光】春の日の光。春の日ざし。また、春の景色。〔季 春〕「一や蘆にも見えて波一重/石鼎」

しゅん-こう【春郊】のどかな春の郊外。春の野。「一日一に遊ぶ」〔季 春〕

しゅん-こう【春耕】春に田畑を耕すこと。〔季 春〕「一の田や少年も個の数に/竜太」

しゅん-こう【竣工｜竣功】〔名〕スル 建築工事や土木工事が終了すること。落成。「新社屋が一する」「一式」〔類語〕完工・落成

しゅん-ごう【俊豪】才知が常人よりすぐれていること。また、その人。

じゅん-こう【巡行】〔名〕スル ❶各地を巡り歩くこと。「視察のため各府県を一する」❷祭礼などのとき、御輿や行列が、一定のコースを順に回ること。お練り。〔類語〕巡回・巡歴・遍歴・行脚・遊行・旅行

じゅん-こう【巡幸】〔名〕スル 天皇が各地を見回って歩くこと。

じゅん-こう【巡航】〔名〕スル ❶船舶などがあちこちを回ること。「瀬戸内の島々を一する」「一船」❷ある二地点間の飛行で、一定の高度と速度を維持しながら飛行を継続している状態。〔類語〕運航・通航・航行・航海・舟航・進航・周航・就航・回航・直航

じゅん-こう【准后】▶じゅごう(准后)

じゅん-こう【順光】《「順光線」の略》写真で、カメラの方向から被写体の方向へさす光線。⇔逆光。

じゅん-こう【順行】〔名〕スル ❶順序に従って逆らわずに進んでいくこと。逆らわずに行うこと。「時代の流れに一する」⇔逆行。❷地球から見て、惑星などが天球上を西から東へ向かって動く視運動。⇔逆行。❸惑星や小惑星の運動のように、地球の公転と同じ方向に動く天体の軌道運動。⇔逆行。

じゅん-こう【順講】❶順番に講義すること。輪講。❷邦楽の一中節で、おさらいのこと。

じゅん-こう【準行｜准行】〔名〕スル 法規や前例などにしたがって行うこと。「本文の条々広く士庶人に通じ一するも可なるべし」〈公議所日誌〉

じゅん-こう【遵行】〔名〕スル 命令・きまりなどに従って行うこと。「藩の士人の能くこれを一するものは少い」〈鷗外・渋江抽斎〉

じゅん-こう【醇厚｜淳厚】〔名・形動〕人柄などが素朴で、人情にあついこと。また、そのさま。「人心一なるを以て」〈大槻修二・日本教育史略〉

じゅんこう-えいせい【順行衛星】公転方向が惑星の公転と同方向の衛星。太陽系の衛星の大部分が含まれる。⇔逆行衛星。

じゅんこう-かいちょう【巡行開帳】各地を巡って秘仏を開帳すること。出開帳。

じゅん-ごうかんざい【準強姦罪】女性の心神喪失や抵抗ができないことに乗じて、または暴行・脅迫によらずこれらの状態にして姦淫する罪。刑法第178条第2項が禁じ、3年以上の有期懲役に処せられる。〔補説〕睡眠や、酒・薬物による昏睡状態にある女性、知的障害や性的知識の乏しい女性をだまして性交する場合などに適用される。

じゅん-こうぎょうちいき【準工業地域】都市計画法で定められた用途地域の一つ。主として環境悪化をもたらすおそれのない工業の利便性を増進するために定められる地域。火災や有害物排出などの危険が少ない軽工業の工場のほか、住宅・店舗なども建設できる。

じゅん-こうこく【準抗告】❶刑事訴訟法上、裁判官が行った一定の裁判、または検察官などの行った一定の処分に対して、不服のある者が申し立てる取り消しまたは変更の請求。❷民事訴訟法上、受命裁判官または受託裁判官の裁判に不服のある当事者が、受訴裁判所に異議を申し立てること。

じゅんこうせいじょう-てんたい【準恒星状天体】▶クエーサー

じゅん-こうせん【順光線】「順光」に同じ。

じゅんこう-そくど【巡航速度】船舶や航空機がなるべく少ない燃料消費で、できるだけ長距離または長時間航行できる、経済的で効率のよい速度。

しゅんこうでん【春香伝】朝鮮の唱劇(歌劇)。18世紀末の成立という。知事の息子李夢竜

と妓生の娘春香とが苦難を乗り越えて結ばれる恋愛物語。俗謡をもとにした小説を脚色したもの。
しゅんこう-でん【春興殿】平安京内裏十七殿の一。紫宸殿の南東、日華門の南にあり、安福殿と対する。武具などを置いた。のち、神鏡を置いて内侍所ともなる。しゅんきょうでん。
じゅん-ごうとう【準強盗】強盗と同じに扱われる犯罪。事後強盗罪と昏酔強盗罪がある。
じゅんこう-ミサイル【巡航ミサイル】ジェットエンジンを推進力とする誘導ミサイル。低空を飛ぶためレーダーで捕らえにくい。
じゅんこう-よくせい【順向抑制】ある事柄を学習し、次に別の学習をしたとき、先の学習が、後続の学習を妨害する現象。⇔逆向抑制。
しゅん-こく【×峻酷¦×峻刻】〔名・形動〕非常に厳しく、情けも容赦もないこと。また、そのさま。「小江は甲斐から―に調べられた」〈志賀・赤西蠣太〉
しゅん-こく【瞬刻】ごくわずかの時間。瞬時。
じゅん-こく【殉国】国家のために身命を捨てて尽くすこと。「―の士」
じゅん-こく【純黒】〔名・形動〕まっくろ。「―な(の)髪」
じゅん-こくしゅ【准国主】江戸時代、国持大名に次ぐ家格の大名。国持並み。
じゅんご-ごう【順後業】仏語。三時業の一。現世でつくった善業・悪業のうち、その報いを次の次の世以後に受けるもの。
じゅん-さ【巡査】❶警察官の階級の一。巡査部長の下で最下位。❷一般に、警察官。〘補説〙明治5年(1872)司法省に警察行政が移ってからの称。明治初年は邏卒といった。〘類語〙刑事・機動隊・SP・婦警
しゅん-さい【旬祭】毎月1日・11日・21日に、宮中の賢所・神殿・皇霊殿で行われる祭典。
しゅん-さい【俊才¦×駿才】並みはずれてすぐれた才能。また、その持ち主。「門下の―」
〘類語〙秀才・英才・天才・才人・才子・俊英・偉才・奇才・鬼才・才女・才媛・才物・異能
しゅん-ざい【春材】木材の、春の生長が盛んなときに形成される、組織が粗大で軟弱な部分。⇔秋材。
じゅん-さい【×蓴菜】スイレン科の水生の多年草。池沼に生え、葉は長さ約10センチの楕円形で長い柄をもち、水面に浮かぶ。若芽や新葉は表面に寒天様の粘液を多く分泌する。5、6月ごろの若芽・若葉は食用となり、珍重される。ぬなわ。〘季 夏〙「―を里人知らぬ古江かな/乙字」
じゅん-ざいごう【順罪業】仏語。罪業に応じて、報いがやってくること。
じゅん-さぎざい【準詐欺罪】判断能力の低い未成年者や、心神耗弱の人をだまして財物を奪い取る罪。また、同様にして、自己または第三者に不法な財産的利益を得させる罪。刑法第248条が禁じ、10年以下の懲役に処せられる。
じゅん-さく【旬×朔】❶10日とついたち。❷10日間。
じゅんさ-ちゅうざいしょ【巡査駐在所】警察署の下部機構として、主に都市部以外の地域に設置され、受け持ち区域内に駐在する巡査が警察事務を取り扱う所。駐在所。
じゅんさ-ちょう【巡査長】巡査の階級に属する警察官のうちで、実務の指導および勤務の調整を行う者の職名。
じゅん-さつ【巡察】〔名〕スル 見回って事情を調査すること。「被災地を―する」〘類語〙査察・視察
じゅんさつ-し【巡察使】❶律令制で、太政官に属し、臨時に設置された官。諸国を巡り、国司・郡司の治績を調査し、人民の生活状態を視察して復命・上奏した。めぐりみるつかさ。❷明治初期、東北地方に置かれた監督官。
じゅんさ-はしゅつしょ【巡査派出所】警察署の下部機構として設置され、巡査が交替で勤務し、警察事務を取り扱う所。平成6年(1994)交番に名称変更。
じゅんさ-ぶちょう【巡査部長】警察官の階級の一。巡査の上位、警部補の下位。
じゅん-ざや【順×鞘】❶株式相場で、当然高くてよい銘柄が高く、当然安くてよい銘柄が安いこと。⇔逆鞘。❷市中銀行の貸出金利が中央銀行の基準割引率および基準貸付利率(公定歩合)を上回った場合、およびその差。⇔逆鞘。❸資金が調達時よりも運用利回りによって上回り、利益が出る状態。⇔逆鞘。
しゅん-さん【春蚕】「はるご(春蚕)」に同じ。
じゅん-さんぐう【准三宮】▶じゅさんぐう(准三宮)
じゅん-さんごう【准三后】▶准三宮
しゅんさん-しゅんしょう【旬産旬消】露地栽培の農産物などを、旬の時期に消費すること。暖房に燃料を使うハウス栽培よりも、生産段階での二酸化炭素排出量が少なく、環境への負荷を減らすことができるという考え方にもとづく。➡地産地消
しゅん-し【俊士】❶才知のすぐれた人。❷平安前期、文章生の試験を受けた者の中で、秀才に次ぐ成績の者の称。
しゅん-し【春思】春に生じる心持ち。春の思い。春心。〘季 春〙
しゅん-じ【瞬時】またたく間。ほんのわずかな時間。瞬間。「―も忘れることのない面影」
〘類語〙瞬間・一瞬・刹那・とっさ
しゅん-じ【×蠢×爾】〔ト・タル〕〔文〕〔形動タリ〕小さな虫がうごめくさま。転じて、取るに足りない者たちがうようよと集まり騒ぐさま。「実に―たる野獣の域を脱却し」〈秋水・社会主義神髄〉
じゅん-し【旬試】▶旬の試
じゅん-し【巡視】〔名〕スル 警戒・監督などのために見回ること。「構内を―する」
じゅん-し【殉死】〔名〕スル 主君が死亡したときに、臣下があとを追って自殺すること。
〘類語〙自殺・自決・自尽・自裁・自刃・自刎・自害
じゅん-し【荀子】㊀[前313ころ～前238ころ]中国、戦国時代の趙の思想家。名は況。荀卿と尊称される。斉の祭酒となり、のち楚の春申君に仕えた。孟子の性善説に対し、性悪説を唱えた。㊁中国、戦国時代の思想書。20巻。32編。㊀の著。性悪説の立場から、礼法による道徳の維持を説いたもの。
じゅん-じ【順次】❶(副詞的に用いて)順序に従って物事をするさま。順々。順繰り。「一番から―面接する」❷仏語。この世の次の世。来世。❸年齢の順序に従い、親が死んでから死ぬこと。「誓吾を先立てて、―の孝をもっぱらにし」〈太平記・一〇〉
〘類語〙順順に・順繰りに・逐次・次次に
じゅんじ-アクセス【順次アクセス】《sequential access》▶シーケンシャルアクセス
じゅん-しかん【准士官】旧日本陸海軍の階級で、尉官と下士官の間の位。下士官から昇進した下級幹部で、陸軍の准尉、海軍の兵曹長がこれにあたり、士官待遇を受けた。
じゅんじ-ごう【順次業】「順生業」に同じ。
じゅん-じこはさん【準自己破産】倒産会社の役員の申し立てにより行われる、破産法に基づいた破産手続きのこと。➡自己破産 ➡第三者破産
じゅん-しさん【純資産】資産総額から負債総額を差し引いた残額。純財産。正味財産。
じゅんしさん-ざんだか【純資産残高】投資信託の運用総額。投資家による購入・解約に伴う資金流出入と、運用結果によって増減する。投資信託の人気を示す指標の一つ。
じゅんし-せん【巡視船】海上保安庁に属し、警備・救難などのために日本近海を巡視する船舶。
しゅん-じつ【春日】春の日。はるび。また、春の日ざし。〘季 春〙「―を鉄骨のなかに見て帰る/誓子」
春日遅遅 《「詩経」豳風・七月から》春の日のうららかでのどかなさま。また、春の日のおだやかで暮れるのが遅いさま。〘季 春〙
じゅん-じつ【旬日】10日間。10日くらいの日数。「―を経ずして連絡が入る」
しゅん-しゃ【春社】春の社日。〘季 春〙
じゅん-しゃく【巡×錫】〔名〕スル《錫杖を持って巡行する意》僧が、各地をめぐり歩いて教えを広めること。「―して説法を続ける」
じゅん-しゃく【巡爵】平安時代以後、六位の蔵人のうち、6年以上在任した最上席者が五位に叙せられること。巡。
じゅん-ジャンプ【純ジャンプ】スキーのジャンプ競技。複合競技で行われるジャンプと区別するための称。
じゅん-しゅ【巡狩¦巡守】古代中国で、天子が諸国を巡視したこと。
じゅん-しゅ【巡酒】順々に主人となり酒宴を催すこと。また、酒を回し飲みすること。「日ごとに寄り合ひ寄り合ひ、―をしてぞなぐさみける」〈平家・七〉
じゅん-しゅ【循守】〔名〕スル「遵守」に同じ。
じゅん-しゅ【順修】仏語。迷った見解を捨てて、真理にかなうように修行すること。⇔逆修。
じゅん-しゅ【遵守¦順守】〔名〕スル 法律や道徳・習慣を守り、従うこと。循守。「古い伝統を―する」
〘類語〙守る・厳守・遵法・墨守
じゅん-しゅ【×醇酒】濃厚な濁り酒。また、まじりけのない酒。
じゅん-じゅ【純儒¦×醇儒】孔子の教えを純粋に修めた学者。真の儒者。
しゅん-しゅう【俊秀】才知にすぐれていること。また、その人。俊英。俊才。「学会の―」
〘類語〙精鋭・英俊・俊英
しゅん-しゅう【春愁】春の季節に、なんとなくわびしく気持ちがふさぐこと。春の愁い。〘季 春〙「―のかぎりを躑躅燃えにけり/秋桜子」
しゅん-じゅう【春秋】❶春と秋。「―の彼岸会」❷年月。また、1年。「幾―を経る」❸年齢。とし。「いたずらに―を重ねる」❹《史書の「春秋」から》歴史書。
春秋高し 《「戦国策」秦策から》高齢である。➡春秋に富む
春秋に富・む 年が若く、将来が長い。➡春秋高し
春秋鼎に盛んなり 《「漢書」賈誼伝から》壮年である。働き盛りである。
しゅんじゅう【春秋】㊀中国、春秋時代の歴史書。五経の一。魯(山東省)の史官の遺した記録に孔子が加筆し、自らの思想を託したといわれる。魯の隠公元年(前722)から哀公14年(前481)までの12公、242年間の編年体の記録。のちに、孔子が加筆した意図を解釈し、あるいはその記事を補うために公羊伝・穀梁伝・左氏伝の春秋三伝が作られた。㊁「春秋時代」の略。
じゅん-じゅう【順従¦遵従】〔名〕スル さからわず、素直に従うこと。従順。「唯甘じて勅命の儘に―するを真誠の臣道なりと説き」〈加藤弘之・国体新論〉
じゅん-じゅうきょちいき【準住居地域】都市計画法で定められた用途地域の一つ。道路沿道の特性に適した業務の利便性を増進しながら、住居の環境を保護するために定められる地域。住宅のほか、1万平方メートル以下の店舗・事務所、小規模の倉庫、住環境を悪化させない小規模工場などの建設が認められる。
しゅんじゅうくようでん【春秋公羊伝】「春秋」の注釈書。11巻。公羊高の著と伝えられる。春秋三伝の一。儒教的政治や倫理を「春秋」の表現に即して解釈している。公羊伝。
しゅんじゅうこくりょうでん【春秋穀梁伝】「春秋」の注釈書。12巻。魯の穀梁赤の著と伝えられる。春秋三伝の一。形式は「公羊伝」に近いが、思想的には法家的色彩が濃い。穀梁伝。
しゅんじゅう-ざ【春秋座】大正9年(1920)演劇革新を目ざした2世市川猿之助を中心に結成された劇団。昭和6年(1931)まで数回公演。
しゅんじゅうさしでん【春秋左氏伝】「春秋」の注釈書。30巻。魯の左丘明の著と伝えられる。春秋三伝の一。歴史的記事に富み、説話や逸話を多く集め、また、礼制に詳しく国家興亡の理を説く。左伝。左氏伝。
しゅんじゅう-さんでん【春秋三伝】「春秋」についての3種の注釈書、左氏伝・穀梁伝・公羊伝の総称。
しゅんじゅう-じだい【春秋時代】《魯の年代

記「春秋」に記載された時代の意》中国古代、周の洛陽への遷都(前770年)から晋の太夫韓・魏・趙の三氏が諸侯に列する(前403年)までの約360年間。周王室の権威が次第に衰え、諸侯は互いに対立・抗争を繰り返し、小国を併合した有力諸侯が出現。異民族の中国侵入も相次いだ。「春秋」に記載された期間は前722年から前481年までだが、史家はその前後を含めていう。

しゅんじゅう-じゅうにれっこく【春秋十二列国】中国、春秋時代の12の国。すなわち、魯・衛・晋・鄭・曹・蔡・燕・斉・陳・宋・楚・秦。十二列国。

しゅんじゅうせんごく-じだい【春秋戦国時代】春秋時代と、その次の戦国時代。周の東遷(前770年)から秦の始皇帝による天下統一(前221年)までの約550年間。春秋戦国。

しゅんじゅう-の-ひっぽう【春秋の筆法】《「春秋」の文章には、孔子の正邪の判断が加えられているところから》事実を述べるのに、価値判断を入れて書く書き方。特に、間接的原因を結果に直接結びつけて厳しく批判する仕方。

じゅん-じゅく【純熟¦淳熟】〔名〕スル ❶よくなれること。「気候の変換に一せる家畜」〈雪嶺・真善美日本人〉❷なれ親しむこと。和やかになること。「女どもおのづから一して無用の争ひをくやみ」〈浮・桜陰比事・一〉❸機が熟すること。「高慶、忽ちに一して、平家の一族追討のために上洛せしむる手あはせに」〈平家・一一〉

しゅんじゅけんぴしょう【春樹顕秘抄】室町末期の語学書。1巻。著者未詳。「てにをは」の意義用法を説いた「姉小路式」の増補。

しゅんじゅ-ぼうん【春樹暮雲】《杜甫「春日憶李白」に「渭北春天の樹、江東日暮の雲」とあり、長安(渭北)に住まう杜甫が、はるか遠く揚子江付近(江東)を旅する友人李白を思ったところから》遠く離れている友を思う心の切実なことを表す語。暮雲春樹。渭樹江雲。「一の情」

しゅん-しゅん【×蠢×蠢】〔ト・タル〕図〔形動タリ〕❶虫などがうごめくさま。「一として御玉杓子の如く動いて居たものは」〈漱石・趣味の遺伝〉❷おろかで無知なさま。また、そうした人が秩序なく動きまわるさま。「一たる凡俗の徒輩」〈谷崎・神童〉

しゅん-しゅん〔副〕やかんなどの湯が沸き立つ音を表す語。「鉄瓶に一(と)湯が沸いている」

しゅん-じゅん【×逡×巡】〔名〕スル 決断できないで、ぐずぐずすること。しりごみすること。ためらい。「大学に進むべきか否か一する」「遅疑一」
(類語)躊躇・ためらい・猶予・遅疑・二の足を踏む

じゅん-じゅん【順順】(多く「に」を伴って副詞的に用いる)順序を追ってすること。順次。「一に仕事をかたづける」(類語)順繰りに・逐次・順次・次次に

じゅん-じゅん【×恂×恂】〔ト・タル〕図〔形動タリ〕まことのあるさま。まじめなさま。「其の家居するや一として儒者の如く」〈露伴・運命〉

じゅん-じゅん【循循】〔ト・タル〕図〔形動タリ〕❶順序に従うさま。秩序のあるさま。❷ものにとらわれないで物事を行うさま。「唯一と歩いて行けば、目的地には達せられるのだ」〈蘆花・思出の記〉

じゅん-じゅん【×諄×諄】〔ト・タル〕図〔形動タリ〕よくわかるように繰り返し教えさとすさま。「一と説いて聞かせる」

じゅんじゅん-けっしょう【準準決勝】競技で、準決勝に進出する資格を決める試合。

しゅん-しょ【春初】春のはじめ。春首。

じゅん-じょ【順序】❶ある基準に従った並び方。また、その位置。順番。「一が狂う」「一よく並ぶ」❷物事を行う手順。段取り。「まず上司に相談するのが一だ」「一を踏む」
(類語)(❶)順・順番・順位・序列・席順・配列・オーダー/(❷)次第・序次・手順・段取り・段階・手続き・筋道

しゅん-しょう【春宵】春の夜。春の宵。(季 春)「一や藷の一葉がつくる闇/万太郎」
春宵一刻値千金 《蘇軾「春夜」から》花は香り、月はおぼろな春の夜の一時は、まことに趣が深く、千金にも換えがたい。

しゅん-しょう【×峻×峭】〔形動〕図〔ナリ〕❶山などが高くけわしいさま。「一な鋭峰」❷きびしいさま。また、けだかくすぐれているさま。「禅の機鋒は一なもので」〈漱石・吾輩は猫である〉

しゅんじょう【俊芿】[1166〜1227]鎌倉初期の律宗の僧。肥後の人。字は我禅。号、不可棄。入宋し、二千余巻の典籍を請来。諸宗を兼学し、戒律の復活に尽力した。京都泉涌寺の開山。大興正法国師。

しゅん-じょう【春情】❶春らしいようす。春めいてきた雰囲気。はるごころ。春意。(季 春)❷色情。春機。「一を催す」

じゅん-しょう【准将】米国などの軍人の階級の一。少将の下位、大佐の上位。代将。

じゅん-じょう【殉情】感情のおもむくままに自分をゆだねること。「一の人は歌うことにこそ繊かに慰めはあれ」〈佐藤春夫・殉情詩集〉

じゅん-じょう【純情】〔名・形動〕純真で邪心のない心。また、その心をもっているさま。「一な少年」「一可憐」(派生)じゅんじょうさ〔名〕(類語)ナイーブ・純真

じゅん-じょう【準縄】《「準」は水盛り、「縄」はすみなわの意》おきて。てほん。規則。「規矩一」「渠等が製作物を規矩する一は何ぞや」〈魯庵・「破垣」発売停止に就き当路者及江湖に告ぐ〉

じゅんしょう-ごう【順生業】仏語。三時業の一。現世でつくった善悪の業のうち、その報いを次の世で受けるもの。順次業。

じゅんじょうししゅう【殉情詩集】佐藤春夫の第1詩集。大正10年(1921)刊。五・七、七・五の文語調を用いた叙情詩23編を収録。

じゅん-しょうすう【純小数】小数のうちで、0.1や0.02のように整数部分を含まない小数。真小数。⇔帯小数。

じゅん-しょうひたいしゃく【準消費貸借】消費貸借契約によらない契約によって発生した債務を、消費貸借契約に切り替えること。例えば、商品の売買代金の支払いが困難になった債務者が、債権者の合意のうえで、買掛金(債権者にとっては売掛金)を借入金(債権者にとっては貸付金)として契約し直すこと。

しゅんじょう-ぼう【俊乗房】重源の号。

しゅんしょう-まきえ【春正×蒔絵】江戸前期の京都の蒔絵師山本春正が創始し、その子孫が受け伝えて制作した蒔絵。精巧優美な作風。

しゅん-しょく【春色】❶春の景色。春景。また、春の気配。「一濃い山々」(季 春)❷なまめかしい姿やようす。「芸者は新橋の精選と見えて。流石に一も見える」〈紅葉・二人女房〉

じゅん-しょく【殉職】〔名〕スル 職責を果たそうとして命を失うこと。「銃弾を浴びて一した刑事」
(類語)殉難・殉教・玉砕

じゅん-しょく【純色】一つの色相の中で彩度のいちばん高い鮮やかな色。

じゅん-しょく【潤色】〔名〕スル ❶色をつけ光沢を加えること。❷表面をつくろい飾ったり事実を誇張したりしておもしろくすること。「一を加える」「事件を一して伝える」❸天の恵み。また、幸運。「あはれ一やと、悦び勇まぬ者はなし」〈太平記・一〇〉(類語)脚色

しゅんしょくうめごよみ【春色梅児誉美】人情本。4編12冊。為永春水作。天保3〜4年(1832〜33)刊。美男子丹次郎と、二人の深川芸者米八、仇吉との恋を描く。人情本の代表作。

しゅんしょくたつみのその【春色辰巳園】人情本。4編12冊。為永春水作。天保4〜6年(1833〜35)刊。「春色梅児誉美」の続編で、米八と仇吉の恋争いと和解とを描く。

じゅんじょ-すう【順序数】自然数の機能のうち、物の順序・順番を示すときに使う数。序数。番号数。オーディナル数。➡基数

じゅんじょ-だ・つ【順序立つ】〔動タ五(四)〕一定の順序に筋道が立つ。「一・った話をする」

じゅんじょ-だ・てる【順序立てる】〔動タ下一〕一定の順序に筋道を立てる。「一・てて述べる」

じゅんじょ-ふどう【順序不同】並べ方に一定の基準がないこと。名前などを書き並べる際の但し書きに用いる語。順不同。

じゅん・じる【殉じる】〔動ザ上一〕「じゅん(殉)ずる」(サ変)の上一段化。「職に一・じる」

じゅん・じる【準じる¦准じる】〔動ザ上一〕「じゅん(準)ずる」(サ変)の上一段化。「先例に一・じる」

しゅん-しん【春心】❶春に心の中に生じる思い。春思。❷好色な気持ち。春情。

しゅん-しん【春信】❶春の訪れ。❷春の花が咲いたことを知らせる便り。花信。花便り。

じゅん-しん【純真】〔名・形動〕心にけがれのないこと。邪心がなく清らかなこと。また、そのさま。「子供の一な心」(派生)じゅんしんさ〔名〕(類語)純情・純粋

じゅんしんがくえん-だいがく【純真学園大学】福岡市南区にある私立大学。平成23年(2011)開学。

しゅんしん-くん【春申君】[?〜前238]中国、戦国時代の楚の宰相。姓は黄。名は歇。食客三千余人を養い、権勢は楚王をしのいだという。斉の孟嘗君、趙の平原君、魏の信陵君とともに戦国の四君の一人。

じゅんしんのう-さいほう【醇親王載灃】[1883〜1951]中国、清の皇族。光緒帝の弟。義和団事件の謝罪使として渡独。長子の溥儀が宣統帝として即位後、摂政となり、清朝の延命に尽くしたが、辛亥革命で引退。

しゅん-すい【春水】春になって氷や雪がとけて流れる水。(季 春)「一や四条五条の橋の下/蕪村」

じゅん-すい【純水】不純物のきわめて少ない水。イオン交換樹脂処理などによって得られる。

じゅん-すい【純粋】〔名・形動〕❶まじりけのないこと。雑多なものがまじっていないこと。また、そのさま。「一な(の)アルコール」「一な(の)秋田犬」❷邪念や私欲のないこと。気持ちに打算や掛け引きのないこと。また、そのさま。「少年の頃の一な気持ち」「一な愛」❸そのことだけをいちずに行うこと。ひたむきなこと。また、そのさま。「学問に対する一な情熱」「一に真理を追い求める」❹哲学で、外的、偶然的なものを含まず、それ自体の内的な普遍性・必然性をさす。❺学問で、応用を考えず理論だけを追究する分野。純粋数学・純粋法学など。(派生)じゅんすいさ〔名〕
(類語)(❶)純正・純一・純良・至純・醇乎・無垢・無雑・真正・生っ粋(連体修飾語として)純然たる・醇乎たる/(❷)純真・純・無心・無垢

じゅんすい-がいねん【純粋概念】《ドイ reiner Begriff》カント哲学で、経験を交えないアプリオリな概念。

じゅんすい-けいけん【純粋経験】哲学で、反省を含まず、主観・客観が区別される以前の直接に与えられた経験。W=ジェームズ・西田幾多郎らの哲学にみられる。

じゅんすい-けいざいがく【純粋経済学】経済的社会制度などは与えられたものとして問わず、純粋に経済現象だけを抽出して研究しようとする近代経済学の一。ワルラスに始まる。

じゅんすい-し【純粋詩】《フランス poésie pure》経験・教訓などのあらゆる散文的要素を排した詩。マラルメ・バレリーらが提唱。

じゅんすい-ばいよう【純粋培養】〔名〕スル ❶細菌・カビなどを、他の種類を混在させない状態で、一種類だけ培養すること。❷子供を社会の悪い面から隔離して成育させること。「一されたお坊ちゃん」❸(比喩的に)新卒で就職した企業・団体に定年まで勤め続けること。また、幼稚園や小学校から大学まで系列校に在学し、卒業後もその学校に定年まで勤めていること。(補説)他の社会を知らず視野の狭いことを皮肉るのに使うこともある。

じゅんすい-ぶっしつ【純粋物質】▶純物質

じゅんすい-もちかぶがいしゃ【純粋持(ち)株会社】グループ各社の株式を所有することにより、それらの会社の事業活動を支配することを主事

業とする会社。利益は株式の配当による。平成9年(1997)の独占禁止法改正により解禁。➡持株会社

じゅんすい-りせい【純粋理性】《ドイツ reine Vernunft》カント哲学で、最広義には、経験から独立した先天的認識能力および先天的意志能力。広義には、経験を可能ならしめる先天的認識能力。狭義には、概念・判断・推論の能力。最狭義には、推論の能力。➡実践理性

じゅんすいりせいひはん【純粋理性批判】《原題、ドイツ Kritik der reinen Vernunft》哲学書。カント著。1781年刊。人間の認識能力の本性と限界を究明した書で、人間理性が認識しうるのは、我々に現れる限りにおける対象つまり現象だけで、その背後に存在すると想定される対象そのもの即ち物自体は不可知であるとする。

じゅん・ずる【殉ずる】〔動サ変〕文じゅん・ず〔サ変〕❶主君などの死を追って死ぬ。殉死する。「亡君に―・ずる」❷ある人に義理立てして、同じ行動をとる。「辞任した大臣に―・ずる」❸ある物事のために命を投げ捨てて尽くす。「信仰に―・ずる」

じゅん・ずる【準ずる｜准ずる】〔動サ変〕文じゅん・ず〔サ変〕❶あるものを基準にしてそれにならう。また、あるものと同様の資格で扱う。「処置は前例に―・ずる」「待遇は正会員に―・ずる」❷あるものを基準にしてそれに見合った扱いをする。「経験年数に―・じて手当を出す」
類語 従う・因る・準拠・立脚・則る・則する・依拠

しゅん-せい【×竣成】〔名〕スル 大規模な建築物などができ上がること。竣工。「連絡橋が―する」

しゅんぜい【俊成】▶藤原俊成

じゅん-せい【純正】〔名・形動〕❶純粋で正しいこと。まじりけがなく、本来のものであること。また、そのさま。「―な理想」「―食品」❷応用や実利には及ばないで、もっぱら理論を主とすること。「―経済学」
類語 方正・中正・適正・真正・フェア・純粋・純一・純良・至純・純・醇乎・無垢・無雑・生一本・純然・醇乎

じゅん-せい【×淳正】〔名・形動〕飾りけがなく正しいこと。また、そのさま。「真の開化と申すものは…自ら風俗も―になるもので」〈加藤弘之・真政大意〉

じゅん-せい【準正】嫡出でない子が、その父母の婚姻・認知によって嫡出子の身分を取得すること。

じゅん-せい【準星】▶クエーサー

じゅんせい-かがく【純正化学】化学の基礎的研究部門である理論化学・無機化学・有機化学などの総称。応用化学に対していう。

しゅんぜいただのり【俊成忠度｜俊成忠則】謡曲。二番目物。金春以外の各流。一ノ谷の合戦で平忠度を討った岡部六弥太が忠度の短冊を持って藤原俊成を訪れると、忠度の霊が現れて自分の歌が読み人知らずとされた恨みを語る。

じゅんせい-ちょう【純正調】音階中の各音の音程関係を整数比とし、和音の協和度を高くした音律。純正律。

じゅんせいちょう-オルガン【純正調オルガン】純正調による演奏の可能なオルガン。明治22年(1889)田中正平がドイツで発明。

しゅんぜい-の-むすめ【俊成女】▶藤原俊成女

じゅんせい-は【順世派】《梵 Lokāyataの訳》仏教以前から存在した、インドの唯物論の一派。地・水・火・風の四大を認め、精神の存在を認めず、現世主義・快楽主義を主張した。ローカーヤタ派。

じゅんせい-りつ【純正律】▶純正調

しゅん-せつ【春雪】春になって降る雪。春の雪。季 春「一三日祭の如く過ぎにけり/波郷」

しゅん-せつ【春節】中国、台湾などで旧暦の正月のこと。新暦の正月よりも盛大に祝う。

しゅん-せつ【×浚×渫】〔名〕スル 海底・河床などの土砂を、水深を深くするために掘削すること。「運河を―する」「―工事」

じゅん-せつ【順接】〔名〕スル 二つの文または句の接続のしかたで、前件が後件の順当な原因・理由などになっているもの。「風が吹けば桶屋がもうかる」の「ば」や、「材料がない。だから期日までにはできない」の「だから」のような助詞・接続詞を用いて示される。⇔逆接。

しゅんせつ-き【×浚×渫機】河川・港湾の土砂などを浚渫する機械。起重機によるすくい上げ式、ポンプによる吸い上げ式などがある。

じゅん-せっしょう【准摂政】平安時代の臨時の職名。摂政でない臣に、叙位・除目などの政務を摂政に準じた資格で行うように命じたもの。

しゅんせつ-せん【×浚×渫船】浚渫機を備えた船。土砂を吸い上げるポンプ浚渫船、ひしゃく形のディッパーでかき上げるディッパー船などがある。ドレッジャー。

じゅん-ぜつめつきぐ【準絶滅危惧】レッドリストで、生物の種を絶滅の危険性の高さによって分類したカテゴリー項目の一つ。現時点での絶滅危険度は小さいが、生息条件の変化によっては、より危険度の高い絶滅危惧に移行する可能性のある種のこと。NT(Near Threatened)。補説 以前は「希少種」として分類。

しゅん-ぜん【春前】春のはじめ。春さき。

じゅん-せん【準線】楕円・双曲線・放物線で、曲線上の点から焦点に至る距離との比が一定であるような定直線。

じゅん-ぜん【純然】〔ト・タル〕文〔形動タリ〕❶まじりけのないさま。「―たる在来種」❷まさしくそれに相違ないさま。「―たる違法行為」
類語 純粋・純正・純一・純良・至純・純・醇乎・無垢・無雑・真正・生一本・醇乎

じゅん-せんゆう【準占有】自己のためにする意思で、物以外の財産権を行使すること。占有に関する規定が準用される。

じゅん-そ【×淳素】〔名・形動ナリ〕《「しゅんそ」とも》すなおで飾りけがないこと。また、そのさま。淳朴。「世を―に返し」〈平治・上〉

しゅん-そう【春草】春に芽を出す草。春の草。季 春「―は足の短き犬に萌ゆ/草田男」

じゅん-そう【順走】〔名〕スル ヨットや帆船などが順風を受けて帆走すること。

じゅん-ぞう【純増】一定期間内の純粋増加部分。

しゅん-そく【俊足】❶才知のすぐれた人。俊才。俊秀。「学会の―」❷「駿足❷」に同じ。

しゅん-そく【×駿足】❶足の速い馬。しゅんめ。❷足の速いこと。また、その人。俊足。「―を誇る選手」「―をとばして追いつく」類語 快足・健脚

しゅん-そく【瞬息】《1回またたきをし、息をする間の意》わずかの時間。瞬間。「―の間」

じゅん-そく【準則】規則にのっとること。また、よりどころとすべき規則。「―を定める」

じゅん-ぞく【×醇俗｜×淳俗】❶人情にあつく、世間ずれしていない風俗。純朴な風俗。❷純粋なことと雑駁なこと。また、上品なことと低俗なこと。

じゅんそく-しゅぎ【準則主義】法律で一定の要件を定めておき、それを備えた社団または財団が設立されたときはただちに法人格を認める主義。日本では、会社・労働組合などがこの主義による。

じゅん-そんえき【純損益】簿記で、一定期間における総収益と総費用との差額。➡税引後当期純損益

じゅん-そんしつ【純損失】一定期間の総収益から、その期の負担に属する総費用を控除した差額がマイナスになる場合の金額。➡税引後当期純損失

じゅん-たいげん【準体言】体言以外で、文中において体言と同じはたらきをしている語句。「行くがいい」「苦しきに耐える」の「行く」「苦しき」など。

じゅんたい-じょし【準体助詞】助詞の種類の一。種々の語に付いてある意味を添え、それの付いた語句を全体として体言と同じ働きをもつものとする。ほとんどが格助詞からの転用。「私のがない」「きれいなのがほしい」「行くのをやめる」の「の」や、「三〇キロからの重さ」「こうなったからは一歩もひけない」「向こうに着いてからが心配だ」の「から」など。

じゅん-だいじん【准大臣】平安時代、大臣に準ずる称号。内大臣の下、大納言の上の待遇を受けた。大臣に昇進すべきもので、大臣に欠員のないとき、その人を優遇するために置かれた。儀同三司。

じゅん-たく【潤沢】〔名・形動〕❶ものが豊富にあること。また、そのさま。「―な資金」❷しっとりとしてつやのあるさま。うるおいのあるさま。また、つややうるおい。「―を帯びた黒髪」「―な瞳」類語 一杯・豊富

じゅん-たつ【順達】〔名〕スル《「じゅんだつ」とも》廻状などを順送りすること。

しゅん-だん【春暖】春の暖かな陽気。春の快い暖かさ。「―の候」季 春 類語 小春・常春

じゅん-ち【×馴致】〔名〕スル なれさせること。なじませること。また、徐々にある状態になっていくこと。「悲しみを―して思想の一組織を得た」〈小林秀雄・無常といふ事〉

じゅんち-てい【順治帝】[1638～1661]中国、清朝の第3代皇帝。在位1643～1661。名は福臨。廟号は世祖。太宗の第9子。燕京(北京)に遷都、明の残存勢力を鎮定して全土の統一に努め、清朝の中国支配の基礎を固めた。

じゅん-ちゅう【純忠】いちずに主君のために尽くすこと。誠忠。

しゅん-ちょう【春鳥】ウグイスの別名。

じゅん-ちょう【順潮】〔名・形動〕❶潮の流れに従って進むこと。⇔逆潮。❷「順調」に同じ。「恐らくこの縁談は―に運んだであろう」〈谷崎・細雪〉

じゅん-ちょう【順調】〔名・形動〕物事が調子よく運ぶこと。とどこおりなくはかどること。また、そのさま。順潮。「―な売れゆき」「経過は―だ」派生 じゅんちょうさ〔名〕類語 快調・好調・スムーズ

しゅんちょうしゅう【春鳥集】蒲原有明の第3詩集。明治38年(1905)刊。日本近代詩に象徴詩の新風を吹き込んだ。

じゅん-ちょく【純直】〔名・形動〕正直ですなおなこと。また、そのさま。「国民の意望を―に代表するが如し」〈利光鶴松・政党評判記〉

シュンツ【順子】《中国語》マージャンで、同じ種類の数牌3個の数が連続する組み合わせ。

じゅん-つうか【準通貨】解約すると現金通貨や預金通貨となり、決済手段として使用できる金融資産。定期預金・定期積金などの定期性預金のこと。マネーストック統計では、定期預金・据置貯金・定期積金・外貨預金の合計。

じゅん-て【順手】鉄棒・平行棒などで、手の甲を上にして上から握る握り方。順手握り。⇔逆手/逆手。

しゅん-でい【春泥】春の、雪解けや霜解けなどによってできたぬかるみ。季 春「―を人罵りてゆく門辺/虚子」

じゅん-てい【順帝】㊀[115～144]中国、後漢の第8代皇帝。在位125～144。名は保。安帝の子。㊁[1320～1370]中国、元最後(第10代)の皇帝。在位1333～1370。名はトゴン＝テムル。権臣バヤンらに政権を任せたため国内が乱れ、明の太祖に都を追われて病死した。

じゅんでい【准×胝】《梵 caṇḍiの音写。清浄と訳す》「准胝観音」の略。

じゅんでい-かんのん【准胝観音｜准提観音】六観音、または七観音の一。ふつうは三目一八臂の像に表す。除災・治病・延命・求児の諸願をかなえるという。

じゅんでい-ほう【准×胝法】密教で、准胝観音を本尊として、除災・治病・延命・求児などを祈願する修法。

しゅんでいらく【春庭楽】雅楽。唐楽。双調で新楽の中曲。舞は蛮絵装束の四人舞。立太子の式、春の節会に舞った。舞楽で春庭楽を2回繰り返して舞うときは、春庭花という。

じゅん-てき【順適】〔名〕スル ❶相手に合わせて逆らわないこと。❷気候などに順応すること。「土地気候に―したる従来の家畜」〈雪嶺・真善美日本人〉

じゅん-てき【準的】まと。めあて。めど。標準。「府

県は藩政の一にもなる可きを〈新聞雑誌四〉

じゅん-てん【順天】《「易経」大有卦から》天の道に従って背かないこと。

しゅんてん-おう【舜天王】シユンテンワウ［1166〜1237］琉球の王。名は尊敦そんとん。源為朝の落胤らくいんと伝えられる。1187年王となり、在位51年という。

じゅん-てんちょう【準天頂】ーテンチヤウ 天頂付近のこと。➡準天頂軌道 ➡準天頂衛星 ➡準天頂衛星システム

じゅんてんちょう-えいせい【準天頂衛星】ジユンテンチヤウエイ 準天頂軌道をとる人工衛星。地球上のある地点から見ると、天頂付近に長時間とどまって見える。➡準天頂衛星システム

じゅんてんちょうえいせい-システム【準天頂衛星システム】ジユンテンチヤウエイセイ 準天頂軌道をとる複数の人工衛星を協調して動作させる運用方式。衛星コンステレーションの一種。日本の緯度であれば、通常3機の衛星を用いることで、ビル陰の影響が少ない天頂近くに順次衛星を配することができ、GPSや通信・放送に利用できる。QZSS(quasi-zenith satellite system)。

じゅんてんちょう-きどう【準天頂軌道】ジユンテンチヤウキダウ 人工衛星がとる軌道の一。地球の自転と同じ周期で公転する同期軌道のうち、適切な軌道要素をもたせ、地上の一地点の天頂付近に長時間とどまって見える軌道のこと。地球上からは数字の「8」のように見えるため、8の字軌道とも呼ばれる。静止軌道の場合、赤道上空の一点に静止して見え、日本のような中緯度または高緯度の地域では低空に位置するため、ビル陰などによる通信の不具合が生じやすい。一方、準天頂軌道の場合、複数の衛星を協調して動作する準天頂衛星システムとして利用することで、中緯度または高緯度においても、天頂付近に位置するいずれかの衛星との通信が常時可能となる。

じゅんてんどう-だいがく【順天堂大学】ジユンテンダウ 東京都文京区に本部がある私立大学。明治6年(1873)に佐藤尚中が東京下谷に開いた順天堂を起源とし、順天堂医学専門学校を経て、昭和21年(1946)に順天堂医科大学となり、同26年新制大学に移行。

じゅん-ど【純度】品質の純粋さの度合い。「一の高い金」

じゅん-といや【準問屋】ーとひや 自己の名をもって、他人のために物品の販売・買い入れ・物品運送以外の行為をすることを業とする者。例えば、出版・広告・保険契約などの取り次ぎをする者。

しゅん-とう【春灯】春の夜のともしび。（季 春）「一や衣桁に明日の晴の帯／風生」

しゅんとう【春登】［1769〜1836］江戸後期の国学者。時宗じしゅうの僧。武蔵あるいは甲斐の人。音韻学に通じた。著「万葉用字格」「五十音摘要」など。

しゅん-とう【春闘】《「春季闘争」の略》毎年春に労働組合が、賃金引き上げなど労働条件改善の要求を掲げて行う全国的な共同闘争。昭和30年(1955)に始まる。（季 春）「一妥結トランペットに吹き込む息／斌雄」（類語）労働争議・闘争・争議

しゅん-どう【俊童】才知のすぐれた子供。

しゅん-どう【×蠢動】〔名〕スル ❶虫などがうごめくこと。また、物がもぞもぞ動くこと。「全く人間も他の動物と同様に…地上で一してるんだね」〈葉山・海に生くる人々〉❷つまらないもの、力のないものなどが騒ぎ動くこと。「不満分子が一している」（類語）動き・運動・行動・生動・躍動・活動・活躍・奔走・動く・動き回る

じゅん-とう【×閏統】正統でない系統、また血筋。

じゅん-とう【順当】ーダウ〔名・形動〕順序や道理のうえからみて適当であること。また、そのさま。「一な判定」「一に勝ち進む」

じゅん-どう【順道】ーダウ〔名・形動ナリ〕❶順当な道すじであること。また、そのさま。「路は一なれども宿の逆川さかと云ふ処に泊る」〈海道記〉❷順当な道理であること。また、そのさま。「何か差し置きお盃を頂戴致すが一なれど」〈浄・近江源氏〉

じゅんどうき-きどう【準同期軌道】ーキダウ 人工衛星がとる軌道の一。地球の自転に対して半分の周期で公転し、平均高度は約2000キロメートルで中軌道をとる。地上の一地点からは天球面上で常に同じルートを通る。多数の人工衛星を協調して動作させる衛星コンステレーションにより、GPS衛星に利用される。

じゅんどう-しゃ【殉道者】ジユンダウ 教義や道義に徹し、そのために命を投げ出した者。

しゅんどう-りゅう【春藤流】ーリウ 能楽ワキ方の流派の一。流祖は春藤六郎次郎とされるが、異説もある。金春座付きとして栄えたが、明治以後衰えて、昭和20年(1945)廃絶。

しゅん-とく【俊徳】すぐれた高い徳。大徳。高徳。

じゅん-とく【順徳】❶道理に従う徳。❷徳に従ってすなおなこと。

じゅんとく-てんのう【順徳天皇】ーテンワウ［1197〜1242］第84代天皇。在位1210〜1221。後鳥羽天皇の第3皇子。名は守成もりなり。承久の乱に敗れて佐渡に流され、同地で没。和歌に秀で、歌集「順徳院御集」、歌学書「八雲御抄」などがある。

しゅんとくまる【俊徳丸】謡曲「弱法師よろぼし」の主人公。讒言ざんげんにより、家を追われて諸国を流浪し、盲目の乞食こじきになる。説経節「しんとく丸」、浄瑠璃「摂州合邦辻せっしゅうがっぽうがつじ」などにも脚色。

じゅん-どり【順撮り】〔名〕スル 映画やドラマなどの撮影で、シナリオの冒頭から順を追って撮影を進める方法。ふつうは、経費節約や出演者の都合などから、同じロケーションでの撮影をまとめて行うことが多いが、俳優が役作りをするのに有効だとしてこの手法をとる監督もいる。

じゅん-トンすう【純トン数】船舶の総トン数から機関室・船員室など積載貨物・船客に関係のない容積を差し引いたもので、貨客の搭載に利用できる容積をトン単位で表すもの。記号NT 登簿トン数。ネットトン数。➡トン❷ ➡総トン数

じゅんな-いん【淳和院】ジユンワヰン 京都市右京区にあった、淳和天皇の離宮。のち、寺となり、淳和院を寺号とし、源氏の長者が別当を兼ねた。

じゅんなしょうがくりょういん-の-べっとう【×淳▽和奨学両院の別当】ジユンワシヤウガクリヤウヰンーベツタウ 淳和院と奨学院との別当。もと両院それぞれ別当を置き、源氏の公卿で上位の者が命じられたが、のち、久我氏の世襲となった。室町時代、3代将軍足利義満が源氏の長者として両院別当となってからは、足利氏および徳川氏累代の将軍が将軍宣下せんげとともにこの称を継ぎ、明治維新に及んだ。

じゅんな-てんのう【淳和天皇】ジユンワテンワウ［786〜840］第53代天皇。在位823〜833。桓武天皇の第3皇子。名は大伴。律令制再建に努め、また漢詩に長じた。「経国集」「令義解りょうのぎげ」などを作らせた。

じゅん-なん【殉難】〔名〕スル 国家や宗教などにかかわる危難のために、身を犠牲にすること。「一の士」（類語）殉職・殉教・玉砕

じゅんにょ【准如】［1577〜1630］安土桃山から江戸初期にかけての僧。浄土真宗本願寺派第12世。西本願寺の開祖。顕如の第4子。徳川家康の建立した東本願寺に長兄教如が入ったことから、東西本願寺の対立が起こった。

じゅんにん-てんのう【淳仁天皇】ーテンワウ［733〜765］第47代天皇。在位758〜764。舎人親王とねりしんのうの第7王子。名は大炊おおい。重用した藤原仲麻呂の道鏡排斥が失敗に終わり廃位、淡路に流された。淡路廃帝。

じゅん-ねん【旬年】10年。10か年。

じゅん-ねん【×閏年】「うるうどし」に同じ。

じゅん-のう【順応】ーオウ〔名〕スル《「じゅんおう」の連声れんじょう》❶環境や境遇の変化に従って性質や行動がそれに合うように変わること。「新しい生活に一する」「一性」❷外界からの刺激に対して、感覚器官が慣れていくこと。「明暗一」（類語）適合・適応

しゅんのうでん【春鶯囀】シユンアウデン《「しゅんおうでん」の連声れんじょう》雅楽。唐楽。壱越いちこつ調の大曲。六人または四人舞。唐の高宗がウグイスの声を模して作らせたという。天長宝寿楽。天寿楽。

じゅん-の-し【旬の試】律令制の国学・大学で、10日ごとに学生に課した試験。旬試。

じゅん-の-まい【順の舞】ーまひ 席にいる者が順に舞をまうこと。また、その舞。「我を覚えぬ程の酔のまぎれに一の芸づくし」〈浮・桜陰比事・一〉

じゅん-の-みねいり【順の峰入り】修験道の行者が大峰入りをするときに、熊野から入って吉野に出ること。聖護院の天台系本山派の入山の仕方。（季 夏）⇔逆の峰入り。

しゅん-ば【×駿馬】▶しゅんめ(駿馬)

じゅん-ぱい【巡拝】〔名〕スル 各地の社寺を参拝して回ること。「秩父の観音霊場を一する」

じゅん-ぱい【順杯│巡杯】宴席で、順々に酒杯を回すこと。また、その杯。

じゅん-ぱく【純白】〔名・形動〕❶まじりけのない白色。また、まっしろなさま。「一な(の)ウエディングドレス」❷けがれがなく清らかなこと。また、そのさま。「一な心」（類語）白・白色はくしょく・白妙しろたえ・雪白せっぱく・雪色せっしょく・乳色ちちいろ・乳白色にゅうはくしょく・ミルク色・灰白色かいはくしょく・象牙色ぞうげいろ・ホワイト・オフホワイト・アイボリー・真っ白

しゅん-はずれ【旬外れ】ーはづれ 時期や季節に合わないこと。季節はずれ。時期はずれ。「一の果物」

しゅん-ばつ【俊抜】〔名・形動〕才知などが、他より目立ってすぐれていること。また、そのさま。「一な才覚」

しゅん-ばつ【×峻抜】〔名・形動〕山などが高くそびえていること。転じて、他よりとびぬけてすぐれていること。また、そのさま。「統率力の一な人」

しゅんぱつ-りょく【瞬発力】瞬間的に作動する筋肉の力。瞬間的に発揮できる手足のばねの力。「一のある短距離走者」

じゅん-ばり【順張り】取引で、相場のよいときに買い、悪いときに売ること。⇔逆張り。

しゅん-ぱん【×峻坂】険しい坂。険坂。

じゅん-ばん【順番】順序に従って代わる代わるそのことに当たること。また、その順序。「一を待つ」（類語）順序・順・番・順位・席順・席次・序列・配列

しゅん-ぴ【春肥】春にほどこす肥料。はるごえ。

じゅん-び【純美】〔名・形動〕まじりけがなく美しいこと。純粋な美しさ。また、そのさま。醇美じゅんび。

じゅん-び【準備】〔名〕スル 物事をする前に、あらかじめ必要なものをそろえたり態勢を整えたりして用意をすること。「実験の一を進める」「心の一」「会議資料を一する」「一万端ととのう」「下一」

（用法）準備・用意――「食事の準備(用意)が整った」「外出の準備(用意)をする」「研究発表の準備(用意)をする」など、前もって整える意では、相通じて用いられる。◆「準備」は、「大会の準備をする」といえば、必要な物をそろえるだけでなく、そのための組織を運営することをも含み、総合的であるといえる。◆「用意」は「大地震にそなえて十分な用意をする」「当日は上履を御用意ください」のように、必要なものを前もってそろえておくことに意味の重点がある。◆類似の語「支度」は、必要な物をそろえる具体的な行動をする意に用い、「支度金」は必要品を買いととのえる金銭であり、「食事の支度をする」は、材料をそろえて調理することである。

（類語）用意・支度・備え・設け・手配・手配り・手回し・手筈てはず・手当て・段取り・膳立ぜんだて・道具立て・下拵したごしらえ・下準備・態勢

じゅん-び【×醇美│×淳美】〔名・形動〕❶人情がこまやかで、素朴な美しさがあること。また、そのさま。「一な風俗」❷「純美」に同じ。

じゅんび-きん【準備金】❶なんらかの目的に充てるために準備しておく金。❷株式会社における資本準備金と利益準備金、および相互会社における損失塡補てんぽ準備金。➡法定準備金

じゅんび-しょめん【準備書面】民事訴訟において、当事者が口頭弁論で陳述しようとする事項を記載し、あらかじめ裁判所に提出する書面。

じゅん-ぴつ【潤筆】《筆をぬらす意から》書や絵をかくこと。

じゅんぴつ-りょう【潤筆料】ーレウ 書画をかいたことに対する謝礼の金品。

じゅんび-てつづき【準備手続(き)】裁判の集中審理を可能にするため、口頭弁論または公判の準備として裁判官の面前で当事者が争点・証拠の整理などをする手続き。

じゅん-ひぶ【順日歩】株式の信用取引・貸借取引で、融資残高が貸株残高よりも多いときに、融資を受けている買い方が支払う日歩。[反]逆日歩。

じゅんびよきん-せいど【準備預金制度】金融政策手段の一。中央銀行は市中金融機関に対し、預金などの一定割合(預金準備率)を準備預金として預けることを義務づけている。これは昭和32年(1957)制定の「準備預金制度に関する法律」によって定められており、中央銀行はこの預金準備率を操作することによって市中の資金量の調整を図る。支払準備制度。

しゅん-びん【俊敏】〘名・形動〙才知がすぐれていて判断や行動がすばやいこと。また、そのさま。「一な新聞記者」[派生]しゅんびんさ〘名〙[類語]鋭敏・機敏・明敏・敏・賢い・鋭い・聡い・目聡い・賢しい・過敏・敏感・炯眼・利口・利発・聡明・怜悧・慧敏・穎悟・英明・賢明・犀利・シャープ

じゅん-ぶ【巡撫】❶各地を回って人心を鎮め安んずること。❷中国の地方長官。明代初期には臨時の官であったが、のちには各省に置かれ、管下の民政・軍事をつかさどった。清代には総督と同等の資格をもち、皇帝に直属した。巡行撫民に基づく名称。

じゅん-ぶ【準部】▶ジュンガル

しゅん-ぷう【春風】春の風。春の穏やかな風。はるかぜ。[季 春]

じゅん-ぷう【順風】自分の進む方向、特に、船の進む方向に吹く風。追い風。[反]逆風。

順風に帆を上げる　追い風のときに帆をあげて出帆する。万事好都合にいくことをいう。

じゅん-ぷう【醇風｜淳風】人情がこまやかで素朴な風習。良風。

しゅんぷう-たいとう【春風駘蕩】〘ト・タル〙[文]〘形動タリ〙❶春風がのどかに吹くさま。「一たる穏やかな日和」❷物事に動じないで余裕のあるさま。ゆったりとのんびりしているさま。「一たる大人」[類語]のどか・おだやか・うららか

しゅんぷうてい-りゅうきょう【春風亭柳橋】[1899〜1979]落語家。初世。東京の生まれ。本名、渡辺金太郎。昭和5年(1930)柳家金語楼らと日本芸術協会を設立。古典落語をラジオで紹介した。

じゅんぷう-びぞく【醇風美俗】すなおで人情の厚い、美しい風俗・風習。「一の土地柄」

じゅんぷう-まんぱん【順風満帆】追い風を受け、帆がいっぱいにふくらむこと。転じて、物事が順調に思いどおりに運ぶことのたとえ。「一の人生」[補説]この語の場合、「帆」を「ほ」とは読まない。

しゅん-ぷく【春服】春または正月の衣服。春着。[季 春]「人形の一人の前に立つ／青畝」

じゅん-ぷく【順服】素直に従うこと。また、つき従わせること。「野蛮を一するに用うる専制は」〈永峰秀樹訳・代議政体〉

じゅん-ぶっしつ【純物質】単一の成分からなる物質。単体や化合物のように化学的に均質で一定の組成をもつものを指す。2種以上のものがまざった混合物に対比される。純粋物質。

しゅん-ぶん【春分】二十四節気の一。3月21日ごろ。この日、太陽は真東から出て真西に入り、昼夜の長さがほぼ等しい。春の彼岸の中日にあたる。[季 春][反]秋分。

じゅん-ぶん【純分】金銀貨や地金に含まれている純金や純銀の分量。

じゅん-ぶんがく【純文学】❶大衆文学に対して、純粋な芸術性を目的とする文学。❷広義の文学に対し、詩歌・小説・戯曲など美的感覚に重点を置く文学。主として明治時代に用いられた語。

じゅん-ぶんしょ【準文書】目印や識別のため、文書によらず符号などで書かれたもの。境界標・図面・割符など。

しゅんぶん-てん【春分点】天の赤道と黄道との交点のうち、太陽が赤道をその南側から北側へ通過する点。

しゅんぶん-の-ひ【春分の日】国民の祝日の一。春分にあたり、自然をたたえ、生物をいつくしむ日。もとの春季皇霊祭にあたる。[季 春]

じゅん-へいげん【準平原】長期の浸食作用のため、地表の起伏がなくなり、平原状となった地形。

シュンペーター〖Joseph Alois Schumpeter〗[1883〜1950]オーストリアの経済学者。1932年米国に移住。計量経済学会の創立者の一人で、その会長や米国経済学会会長を務め、企業者による新機軸(イノベーション)を中心とする独自の経済発展理論を展開。著「経済発展の理論」「景気循環論」「資本主義・社会主義・民主主義」「経済分析の歴史」など。

しゅん-べつ【峻別】〘名〙スル 厳しくはっきりと区別すること。また、その区別。「公私を一する」

じゅん-ぼ【准母】天皇の生母と同等の地位を与えられた女性。内親王の場合が多く、一般に皇后または女院の称号を与えられる。

しゅん-ぼう【俊髦】《「髦」は髪の中の太く長い毛の意》衆にぬきんでてすぐれた人。俊英。

しゅん-ぼう【春坊】春宮坊の唐名。

しゅん-ぼう【春望】春の眺め。春の景色。

しゅん-ぽう【峻峰】高くけわしい峰。峻嶺。

しゅん-ぽう【皴法】山水画の技法の一。墨のタッチにより岩石や山岳の量感・質感を表すもの。雨点皴・斧劈皴・披麻皴など、種類が多い。

じゅん-ぽう【旬報】10日ごとに出す報告。また、10日ごとに刊行される雑誌・新聞など。

じゅん-ぽう【巡方】❶正方形のこと。❷束帯着用の際、袍の腰に締める石帯の銙が正方形のもの。➡丸鞆

じゅん-ぽう【準法】法律や規則にのっとること。また、それに基づいて事を行うこと。

じゅん-ぽう【遵奉】〘名〙スル 法律・命令・教えなどを尊重して、これに従うこと。「遺命を一する」[類語]守る・厳守・遵守・遵法

じゅん-ぽう【遵法｜順法】法の指示するところを尊重し、きまりを守って行動すること。「一精神」[類語]守る・厳守・遵守

じゅんぽう-とうそう【遵法闘争】労働者の争議行為の一。法律や規則を文字通りに順守することによって、合法的に業務を渋滞させること。サボタージュやストライキと同様の効果がある。主として争議行為の禁止されている公務員などが行う。

じゅんぽう-の-おび【巡方の帯】石帯の銙の部分が方形をしている帯。

しゅん-ぼく【瞬目】まばたきをする少しの間。しゅんもく。「滅亡を一の中に得たる事」〈太平記・一一〉

じゅん-ぼく【純朴｜醇朴｜淳朴】〘名・形動〙かざりけがなく素直なこと。人情が厚くて素朴なこと。また、そのさま。「一な人柄」「地方の一な風習」[派生]じゅんぼくさ〘名〙[類語]素朴・木訥・質朴・質実・真率

しゅん-ぽん【春本】男女の情交のさまを扇情的に描写した本。猥本。

しゅん-まい【俊邁】〘名・形動〙才知がすぐれていること。また、そのさまやその人。英邁。「天資一」

じゅんまい-しゅ【純米酒】清酒のうち、米と米麹と水だけで造ったもの。

しゅん-まく【瞬膜】目の角膜とまぶたとの間にある薄膜。伸縮する半透明のひだで、必要時に角膜上を覆って保護する。鳥類・両生類・爬虫類・サメ類ではよく発達し、哺乳類では退化している。

じゅん-み【醇味】こくのある酒の味。美酒の味。「前後左右を忘却して、酔い入りたるが如き一を嘗む」〈抱月・囚はれたる文芸〉

しゅん-みん【春眠】春の夜の快い眠り。春の眠り。[季 春]「一をむさぼりて悔なかりけり／万太郎」

春眠暁を覚えず　《孟浩然「春暁」から》春の夜はまことに眠り心地がいいので、朝が来たことにも気付かず、つい寝過ごしてしまう。

しゅん-む【春夢】春の夜の夢。また、人生のはかなさのたとえ。「栄光も一場の一でしかない」

しゅん-め【駿馬】足の速い優れた馬。しゅんば。

じゅん-めいじん【準名人】もと、囲碁・将棋で八段の人のこと。半名人。

じゅん-めん【純綿】まじりもののない綿糸。また、その綿糸で織った布地。「一の肌着」

じゅん-もう【純毛】まじりもののない毛糸。また、その毛糸で織った織物。「一のセーター」

しゅん-もく【瞬目】❶まばたき。❷「しゅんぼく(瞬目)」に同じ。〈日葡〉

じゅん-もんぜき【准門跡】門跡に準ずる寺格の寺院。本願寺・仏光寺・専修寺など。脇門跡。

じゅん-もんだい【順問題】《direct problemの訳語》ある現象に着目し、原因(入力)から結果や応答(出力)を推定する解析方法。現象を支配する方程式や数理モデルがあるとし、その解を得ることを指す。[反]逆問題。

しゅん-や【春夜】春の夜。春宵。[季 春]「一の街見んと玻璃拭く蝶の形に／白虹」

しゅん-ゆう【春遊】野外に出かけて春を楽しむこと。[季 春]

じゅん-ゆう【巡遊】〘名〙スル 各地を巡り歩くこと。「東北地方を一する」[類語]旅行

じゅん-よ【旬余】10日余り。10日以上。

じゅん-よ【閏余】1年間の実際の日時が、暦の上の1年より余分にあること。

しゅん-よう【春容】春の景色。春景。[季 春]

しゅん-よう【春陽】春の陽光。春の日ざし。また、春の時節。[季 春]

じゅん-よう【準用】〘名〙スル ❶ある物事を標準として適用すること。「社員の就業規則を嘱託に一する」❷ある事項に関する規定を、他の類似の事項に必要な変更を加えて当てはめること。例えば、民法上の売買の規定を他の有償契約に当てはめるなど。

じゅん-よう【馴養】動物を飼いならして育てること。

じゅん-よう【遵用】〘名〙スル 前例に従ってそのとおりに行うこと。踏襲すること。「常習の馴致する所、方今は次の条規を一せり」〈西周訳・万国公法〉

しゅんよう-かい【春陽会】美術団体。大正11年(1922)旧日本美術院洋画部会員の小杉放庵らが梅原竜三郎・岸田劉生らを迎えて結成。翌年より毎年春に公募展を開く。

じゅんよう-かん【巡洋艦】軍艦の一。戦艦に比べ攻撃力・防御力は劣るが速力が速い。大きさ・主砲の口径により、重巡洋艦と軽巡洋艦とに分ける。

じゅんよう-ざいせいさいけんだんたい【準用財政再建団体】▶財政再建団体

じゅん-ようし【順養子】❶弟が実兄の養子となること。また、その養子。❷ある家の養子となった者が、その家の弟を自分の養子とすること。また、その養子。

じゅんよう-せんかん【巡洋戦艦】軍艦の一。防御力では戦艦に劣るが、攻撃力はほぼ等しく速力ははるかに速い。

じゅん-よびだし【順呼(び)出し】《sequential access》▶シーケンシャルアクセス

じゅん-ら【巡邏】〘名〙スル ❶見回って警戒すること。見回り。「暮れの町を一する」❷江戸末期、江戸市中を巡回警備した役人。邏卒。

しゅん-らい【春雷】春に鳴る雷。多くの場合、寒冷前線の通過に伴う。[季 春]「一の鳴り過ぐるなり湾の上／虚子」[類語]雷・雷・鳴る神・雷・雷鳴・雷電・天雷・急雷・疾雷・迅雷・霹靂・雷公・遠雷・界雷・熱雷・落雷・稲妻・稲光・電光・紫電

しゅん-らん【春蘭】ラン科の多年草。山野に自生し、高さ約20センチ。暗緑色の細長い葉が束生する。早春、淡黄緑色で紅紫色の斑点のある花を1個開く。観賞用に栽培。花を塩漬けにして桜湯のように用いる。ほくろ。[季 春]「一の花とりすつる雲の中／蛇笏」[補説]中国でいう春蘭は別種。

春蘭秋菊(しゅんらんしゅうぎく)倶(とも)に廃すべからず 《「旧唐書」裴子余伝から。春蘭も秋菊もともに趣があって美しく見捨てがたいの意》どちらもすぐれていて甲乙がつけにくいことのたとえ。
じゅん‐らん【巡覧】〔名〕(スル) 各地を見て回ること。「富士五湖を—する」
じゅん‐り【純利】「純益」に同じ。「—が少ない」
じゅん‐り【純理】純粋の理論・学理。
[類語]理論・セオリー・原理・プリンシプル・公理・定理・論理・理(り)・理合(りあい)・道理・事理・条理・理法・ロジック
じゅん‐り【循吏】規則に忠実で仕事熱心な役人。
じゅん‐りえき【純利益】一定期間の総収益から、その期の負担に属する費用を控除した金額。⇒税引後当期純利益
じゅん‐りつ【準率】準拠すべき割合。
じゅん‐りゅう【順流】(ーリウ)〔名〕(スル) ❶水が順路に従って流れていくこと。また、その流れ。❷水の流れに従って下ること。転じて、世の移り変わりに身をまかせること。「いかだで—する」
じゅん‐りょう【純良】(ーリャウ)〔名・形動〕❶まじりけがなく質がよいこと。また、そのさま。「—なバター」❷性質が純粋で善良なこと。また、そのさま。「—な人柄」[派生]じゅんりょうさ〔名〕[類語]純粋・純正・純一・至純・純・醇(じゅん)・無垢(むく)・無雑(むざつ)・真正・生(き)っ粋・純然・醇乎(じゅんこ)・良い・良質・上質・上等・優良・佳良・良好・見事・立派
じゅん‐りょう【純量】(ーリャウ)総重量から容器などの目方を差し引いた目方。正味の重量。「—をはかる」
じゅん‐りょう【×淳良|×醇良】(ーリャウ)〔名・形動〕すなおで善良なこと。また、そのさま。「—な若者」
じゅん‐りょう【順良】(ーリャウ)〔名・形動〕おとなしくてすなおであること。また、そのさま。「—な生徒」[類語]大人しい・温順・柔順・従順・温柔・温良・素直・穏和・おだやか・物静か・おとなしやか・控えめ・内気
じゅん‐りょう【×馴良】(ーリャウ)〔名・形動〕従順ですなおなこと。また、そのさま。「—な動物」
しゅん‐りん【春×霖】春、3月から4月にかけて降る長雨。なたねづゆ。(季 春)
じゅん‐りん【純林】一種類の樹木だけからなる森林。単純林。
じゅん‐りん【×楯×鱗】サメ・エイ類にみられるうろこ。真皮から突出した象牙質をエナメル質が覆い、構造は歯と似る。サメでは密生して鮫肌(さめはだ)となるが、エイでは散在する。
じゅん‐る【順流】仏語。生死・輪廻の流れに従い、悟りへの道にそむくこと。⇒逆流(ぎゃくる)
しゅん‐れい【×峻×厲】〔名・形動〕気性などが厳しく激しいこと。また、そのさま。「苛酷—な師」
しゅん‐れい【×峻×嶺】険しく高い峰。峻峰(しゅんぽう)。
[類語]高峰・高嶺・奇峰
じゅん‐れい【巡礼|順礼】〔名〕(スル) 聖地や霊場を巡拝する旅によって、信仰を深め、特別の恩寵(おんちょう)にあずかろうとすること。また、その人。イスラム教徒のメッカ巡礼、ユダヤ教徒・キリスト教徒のエルサレム巡礼、日本の四国八十八箇所・西国三十三所の札所(ふだしょ)巡りなど。「白装束で—するお遍路さん」
じゅん‐れい【準例|准例】先例にならうこと。また、その先例。
じゅんれい‐うた【巡礼歌】巡礼が霊場や寺などを巡拝するときに歌う御詠歌。西国三十三所を詠んだものが最も古い。御詠歌。
じゅん‐れき【巡歴】〔名〕(スル) 諸所を巡り歩くこと。「奈良の史跡を—する」[類語]巡行・巡回・遍歴・行脚・遊行・歩く・旅行・ぶらつく・ほっつく・散歩・散策・逍遥(しょうよう)・漫歩・漫遊・跋渉(ばっしょう)
しゅん‐れつ【×峻烈】〔名・形動〕非常に厳しく激しいこと。また、そのさま。「—な風土」「—な批判」[派生]しゅんれつさ〔名〕[類語]過酷・苛烈・厳しい・鋭い・激しい・きつい・厳格・厳重・厳酷・厳正・冷厳・峻厳(しゅんげん)・苛酷(かこく)・酷(こく)・容赦(ようしゃ)ない・仮借(かしゃく)ない
じゅん‐れつ【順列】❶順序に従って並べること。❷数学において、n個のものからr個を取り出し、順序を決めて1列に並べたもの。その総数を$_nP_r$で表すと、$_nP_r=n(n-1)(n-2)\cdots(n-r+1)$となる。
じゅんれつ‐くみあわせ【順列組(み)合(わ)せ】(ーくみあはせ) 数学で、順列と組み合わせ。
しゅん‐れん【春×聯】中国で、正月を祝うめでたい詩文を書いた赤い色の紙。門の両側や入り口の戸などにはりつける。
しゅん‐ろ【×峻路】険しい道。険阻(けんそ)な坂道。険路。「—にあえぐ」
じゅん‐ろ【順路】❶順序よく進めるように定めた道筋。道順。「—に従って見学する」❷正しい道理にかなっていること。「兄は正直—の武士」〈浄・孕常盤〉
じゅん‐ろく【×馴▽鹿】トナカイのこと。
じゅん‐わくせい【準惑星】《dwarf planet》太陽を公転する天体で、惑星の定義を満たさないもののうち比較的大型なもの。2006年に国際天文学連合(IAU)が設けた新しい分類で、これにより長らく惑星とされていた冥王星が準惑星とされた。惑星は(1)太陽を公転し、(2)自己重力で球形となっていて、(3)衛星以外の他天体を引力で取り込んだり逆に重力散乱で遠ざけたりしたため、公転軌道近くには他天体がないもの、と定義づけられたが、準惑星はこの(3)を満たさない。矮小惑星。矮惑星。[補説]国際天文学連合では、2012年現在、冥王星・エリス・ケレス・マケマケ・ハウメアの5つを準惑星としている。
しょ【×杵】金剛杵(こんごうしょ)のこと。
しょ【書】㊀❶毛筆で文字を書くこと。また、その書き方。書道。「—を習う」❷書かれた文字。筆跡。「空海の—」❸書物。本。「—をひもとく」「万巻の—」❹手紙。書簡。「—をしたためる」㊁「書経」の略。⇒[漢]「しょ(書)」[類語]㊀(❸)本・書物・書籍・図書・書冊・巻・ブック・文献/(❹)手紙・書簡・書信・書状・書面・紙面・信書・私信・私書・状・一書・手書・親書・手簡・書札(しょさつ)・尺牘(せきとく)・書牘(しょとく)・雁書(がんしょ)・消息・便り・文(ふみ)・玉章(ぎょくしょう)・レター・封書・はがき・絵はがき・郵便
書は以(もっ)て姓名を記するに足るのみ 《「史記」項羽本紀から》字を書くことは、自分の姓名が書ける程度で十分であり、それ以上深く学ぶ必要はない。学問を学ぶより兵法を覚えるほうが英雄になる道であるということ。
書を校するは塵(ちり)を掃(はら)うが如(ごと)し 《「夢渓筆談」雑誌二から》文書を校合(きょうごう)する作業は、塵を払ってもまたすぐ積もるように、何度やっても完全に仕上げることは困難である。どんなに念を入れて校正をしても誤りはなくならないということ。
しょ【暑】❶暑いこと。暑い時節。また、その暑さ。「—を避ける」(季 夏)「熱き茶をふくみつつ—に堪へてをり/虚子」⇔寒。❷二十四節気の小暑と大暑の時期。暦の上で立秋(8月8日ごろ)までの約30日間。また、夏の土用の18日間の称。⇔寒。⇒[漢]「しょ(暑)」
しょ【×疏】経典の注釈。また、その書物。そ。⇒[漢]「そ(疏)」
しょ【署】❶「消防署」「税務署」などの略。❷特に「警察署」の略。「—まで連行する」⇒[漢]「しょ(署)」
[類語]省・庁・局・課・セクション
しょ【緒】物事の糸口。はじめ。ちょ。⇒[漢]「しょ(緒)」
[類語]糸口・端緒・端
緒に就・く 物事に着手する。着手した物事の見通しがついて軌道に乗りだす。緒(ちょ)に就く。「事業はまだ—・いたばかりだ」[補説]「おにつく」と読むのは誤り。
しょ〔接頭〕動詞・形容詞に付いて、その意味を強める。「—びく」「—むずかしい」
しょ【所】〔接尾〕場所の数を表すのに用いる。「西国三十三—」「一か—」⇒[漢]「しょ(所)」
し‐よ【施与】⇒せよ(施与)
し‐よ【詩余】中国の韻文の一体である詞(し)のこと。
し‐よ【賜与】〔名〕(スル) 身分の高い者が目下の者に金品を与えること。「褒賞を—する」[類語]与える
じょ【女】(ヂョ)㊀〔名〕❶おんな。女性。婦人。また、むすめ。❷二十八宿の一。北方の第三宿。うるきぼし。女宿。今の水瓶(みずがめ)座中の西部をさす。㊁〔接尾〕女性の名や号に付けて用いる。「千代—」「秋色(しゅうしき)—」⇒[漢]「じょ(女)」
じょ【序】❶物事の順序。物事の秩序。「長幼の—」❷物事の始まり。発端。また、初めの部分。糸口。❸書物や詩文の初めに書き添える文。序言。「恩師に—を乞う」「—を寄せる」⇔跋(ばつ)。❹「序詞(じょことば)」に同じ。❺舞楽や能などで、1曲全体または1曲中の舞などを序・破・急の三つに分けた場合、その最初の部分。⇒序破急 ❻歌舞伎や浄瑠璃で、各作品・各段の最初の場。また、1日の最初の上演狂言。序幕。大序。❼地歌・箏曲(そうきょく)で、手事(てごと)の初めの部分。まくら。⇒[漢]「じょ(序)」[類語]序文・はしがき・前書き・序言・緒言・序章・前付け・前置き・前文・プロローグ
じょ【×恕】他人の立場や心情を察すること。また、その気持ち。思いやり。⇒[漢]「じょ(恕)」
じょ【除】(ヂョ) 割ること。割り算。除法。「加減乗—」⇒[漢]「じょ(除)」
じ‐よ【自余|×爾余】このほか。そのほか。「—の問題は省く」[類語]その他・余
自余に混ぜ・ず 他とは紛れようがない。並々でない。「—・ヌ人」〈日葡〉
じ‐よ【時余】1時間余り。「待つこと—に及ぶ」
ショア‐かたさ【ショア硬さ】工業材料をはじめとする物質の硬さ(硬度)の示し方の一。反発硬さの一種であり、球状の小さなダイヤモンドを埋め込んだ鋼製ハンマーを、一定の高さから試料表面に落とし、跳ね上がる高さで示す。単位はHSまたはHs。1906年に米国のA=F=ショアが考案。ショア硬度。
しょ‐あく【諸悪】いろいろの悪事や悪行。また、多くの悪い現象や出来事。「—の根源を断つ」
しょあく‐まくさ【諸悪×莫作】仏語。諸悪をしてはいけないということ。七仏通戒の偈(げ)の初句。
ショア‐こうど【ショア硬度】(ーカウド)⇒ショア硬さ
しょ‐あたり【暑▽中り】「暑気中(あた)り」に同じ。
しょ‐あん【書案】❶書きもの机。文机(ふづくえ)。❷文書の草案。下書き。また、文書。
しょ‐い【初位】(ーヰ)❶律令制で、最下位の位階。八位の下で、大初位・少初位があり、それぞれを上・下に分ける。そい。❷仏語。三乗の修行の最初の段階。
しょ‐い【初意】最初の考えや意見。「—どおりに事を進める」
しょ‐い【所為】(ーヰ)❶しわざ。振る舞い。「自分の—に対しては…徳義上の責任を負うのが当然だとすれば」〈漱石・それから〉❷そうなった原因・理由。せい。「暴政は必ずしも暴君暴吏の—のみに非ず」〈福沢・学問のすゝめ〉[類語]所業・仕業
しょ‐い【書意】書かれたものに盛り込まれている趣旨。「—をくみとる」
じょ‐い【女医】(ヂョ)❶女性の医師。❷⇒にょい(女医)
じょ‐い【叙位】(ーヰ)❶位階を授けること。❷平安時代以後、正月5日ごろ、宮中で五位以上の位階を授けた儀式。臨時の叙位に対して、例の叙位ともいう。
じょ‐い【徐渭】(ーヰ)[1521〜1593]中国明代の文人・画家。紹興(浙江(せっこう)省)の人。字(あざな)は文清、のち文長。号、青藤など。詩・書・画・にすぐれ、戯曲でも活躍。
しょい‐あげ【▽背▽負い揚げ|▽背▽負い上げ】(しょひー)「帯揚げ」に同じ。
しょい‐こ【▽背▽負い子】(しょひー)荷物をくくりつけて背負うための、木製や金属製の長方形の枠。せおいばしご。
しょい‐ご【▽背▽負い▽籠】(しょひー)ひもをつけて背負うようにしたかご。しょいかご。
しょい‐こみ【▽背▽負い込み】(しょひー)めんどうなことや迷惑なことなどを引き受けること。
しょい‐こ・む【▽背▽負い込む】(しょひー)〔動マ五(四)〕❶たくさん背負う。「重い荷物を—・んで出かける」❷厄介な物事や負債などを心ならずも引き受ける。「友人の借金を—・む」[類語]抱え込む
ジョイス《James Augustine Joyce》[1882〜1941]アイルランドの小説家。「内的独白」や「意識の流れ」という手法を用い、さらに言語の前衛的実験によって人間の内面を追求し、20世紀文学に多大の影響を与えた。作「ダブリン市民」「若き芸術家の肖像」「ユリシーズ」など。

漢字項目 しょ

【×沮┊×疏】▶そ

▽**且** [音]ショ[慣]　シャ[呉][漢]　[訓]**かつ**、しばらく‖しばらく。とりあえず。「苟且(こうしょ)」[難読]苟且(かりそめ)

処〔處〕 [学]6　[音]**ショ**[漢]　[訓]おる、おく、ところ‖①ある場所に身をおく。おる。「処世」②世の中に出ないで家にいる。「処士・処女/出処」③物事をしかるべく取りさばく。「処刑・処断・処置・処罰・処分・処方・処理/善処・対処」④ところ。場所。「処処/死処・随処」[名付]おき・さだむ・すみ・ふさ・やす [難読]在り処(か)・何処(いずこ)・何処(どこ)・彼処(かしこ)・彼処(あそこ)・此処(ここ)・住み処(か)・止め処(ど)

初 [学]4　[音]**ショ**[漢]　[訓]**はじめ、はじめて、はつ、うい、そめる**、うぶ‖㊀〈ショ〉①物事のはじめ。はじめの時期・段階。「初夏・初期・初級・初志・初旬・初心・初代・初頭・初年・初歩/最初・太初・当初・年初」②その時はじめて。経験上はじめての。「初学・初見・初婚・初任・初対面」㊁〈はつ〉「初恋・初耳・初雪」㊂〈うい〉「初陣」[名付]もと

所 [学]3　[音]**ショ**[呉]　[訓]**ところ**‖㊀〈ショ〉①何かが行われるところ。何かがあるところ。場所。地点。箇所。「急所・居所・近所・死所・地所・住所・寝所・随所・短所・長所・屯所・配所・便所・墓所・名所・要所」②特定の業務を行う施設。「所長/開所・支所・入所・役所・刑務所・研究所」③動作・行為を表す語に冠して「…するところ」「…するもの」の意を示す。「所感・所在・所産・所信・所属・所得・所有・所要」㊁〈ところ(どころ)〉「居所・米所・台所・見所・紋所」[名付]ど・のぶ [難読]彼所(あそこ)・所有(あらゆる)・在り所(か)・所謂(いわゆる)・此所(ここ)・所為(せい)・其所(そこ)・何所(どこ)・臥し所(ど)・政所(まんどころ)・所以(ゆえん)・余所(よそ)・他所(よそ)

書 [学]2　[音]**ショ**[呉][漢]　[訓]**かく**、ふみ‖①文字をかきしるす。「書記・書写/朱書・浄書・大書・代書・板書」②一定のかき方でかいた文字。「書画・書道/楷書(かいしょ)・草書・篆書(てんしょ)」③事柄をかきつけたもの。文書や手紙。「書簡・書類/遺書・願書・証書・信書・投書・封書・返書・密書」④本。書物。「書籍・書店・書物/古書・司書・辞書・叢書(そうしょ)・蔵書・著書・図書・読書・洋書」⑤「書経」のこと。「詩書」[名付]のぶ・のり・ひさ・ふむ・ふん

人**渚〔渚〕** [音]ショ[呉][漢]　[訓]なぎさ‖波打ちぎわ。なぎさ。「汀渚(ていしょ)」[補説]「渚」「渚」ともに人名用漢字。

庶 [音]**ショ**[呉][漢]　[訓]こいねがう‖①一般の人。もろびと。「庶民/士庶・衆庶」②もろもろの。いろいろな。雑多な。「庶政・庶務」③正妻でない女性から生まれた子。「庶子・庶出」④こいねがう。「庶幾」[名付]ちか・もり・もろ [難読]庶幾(こいねが)う

暑〔暑〕 [学]3　[音]**ショ**[呉][漢]　[訓]**あつい**‖①あつい。あつさ。「暑気/炎暑・寒暑・向暑・酷暑・残暑・避暑・猛暑」②あつい季節。「暑中/小暑・大暑」[名付]あつ・なつ

×**黍** [音]ショ[呉][漢]　[訓]きび‖㊀〈ショ〉穀物の名。キビ。モチキビ。「黍稷(しょしょく)」㊁〈きび〉「砂糖黍(さとうきび)」

署〔署〕 [学]6　[音]**ショ**[漢]‖①人員を配置する。割り振られた役目。「部署」②役所。「署員・署長/官署・分署・本署・警察署」③書きつける。「署名/自署・連署」

緒〔緒〕 [音]**ショ**[漢]　**チョ**[慣]　[訓]**お**、いとぐち‖㊀〈ショ〉①物事のはじまり。発端。いとぐち。「緒言・緒戦・緒論/端緒・由緒」②ある事から引き起こされる思い。「情緒・心緒」㊁〈チョ〉㊀に同じ。「緒言/情緒」㊂〈お〉ひも・糸の類。「鼻緒」[名付]つぐ

×**蔗** [音]ショ[慣]　シャ[呉][漢]‖草の名。サトウキビ。「蔗境(しゃきょう)・蔗糖(しょとう)/甘蔗(かんしゃ・かんしょ)」[難読]甘蔗(さとうきび)

諸〔諸〕 [学]6　[音]**ショ**[漢]　[訓]もろ、もろもろ、これ‖㊀〈ショ〉多くの。もろもろの。「諸君・諸侯・諸国・諸派・諸般」㊁〈もろ〉「諸手・諸肌」[名付]つら・もり

人**曙** [音]ショ[漢]　[訓]あけぼの‖あけぼの。明けがた。「曙光・曙色」[名付]あきら・あけ

×**薯** [音]ショ[漢]　ジョ[呉]　[訓]いも‖ヤマノイモ。また広く、イモ。「薯蕷(しょよ)/甘薯・自然薯(じねんじょ)・馬鈴薯」[難読]仏掌薯(つくねいも)・薯蕷(やまのいも)

×**藷** [音]ショ[漢]　[訓]いも‖イモ。サツマイモ。「甘藷(かんしょ)」[難読]甘藷(さつまいも)

漢字項目 じょ

【×薯】▶しょ

女 [学]1　[音]**ジョ**(チョ)[漢]　**ニョ**[呉]　**ニョウ**[慣]　[訓]**おんな、め**‖㊀〈ジョ〉①おんな。「女医・女王・女子・女性・女流/悪女・才女・侍女・淑女・男女・老女」②むすめ。「女婿/皇女(おうじょ・こうじょ)・次女・息女・養女」㊁〈ニョ〉おんな。「女性(にょしょう)/信女・天女・善男善女・老若男女(ろうにゃくなんにょ)」㊂〈ニョウ〉おんな。「女房」㊃〈おんな〉「女手/雪女」㊄〈め〉「女神/乙女(おとめ)」[名付]こ・たか・よし [難読]貴女(あなた)・海女(あま)・郎女(いらつめ)・采女(うねめ)・女将(おかみ)・女郎花(おみなえし)・女形(おやま)・瞽女(ごぜ)・女衒(ぜげん)・手弱女(たおやめ)・巫女(みこ)・皇女(みこ)・湯女(ゆな)

如 [音]**ジョ**[漢]　**ニョ**[呉]　[訓]ごとし、しく、もし‖㊀〈ジョ〉①そのとおり。…のごとく。「如上」②状態を表す語に添えて調子を助ける語。「晏如(あんじょ)・欠如・突如・躍如・鞠躬如(きっきゅうじょ)」㊁〈ニョ〉そのとおり。そのまま。…のごとく。「如実・如法・如来・如是我聞(にょぜがもん)/一如・真如・不如意」[名付]いく・すけ・なお・もと・ゆき・よし [難読]如何(いかが)・(いかに)・(どう)・如何(いか)なる・如何(いか)に・如月(きさらぎ)・不如(しかず)・莫如(しくはなし)・不如帰(ほととぎす)

人**汝** [音]ジョ[漢]　[訓]なんじ、なれ、いまし‖二人称の人代名詞。なんじ。「爾汝(じじょ)」

助 [学]3　[音]**ジョ**[呉]　[訓]**たすける、たすかる、すけ**、すける‖㊀〈ジョ〉①たすける。たすけ。「助言・助産・助成・助長・助命・助力/一助・援助・救助・互助・賛助・自助・神助・内助・扶助・補助」②主となるものの添えとして働く。「助監督・助教授・助詞・助辞・助手・助動詞・助役」㊁〈すけ〉「助太刀/雲助・三助・甚助・福助」[名付]たすく・ひろ・ます

序 [学]5　[音]**ジョ**[呉]　[訓]ついで‖①ある基準に従った並び。「序列/花序・公序・次序・順序・秩序」②書物のはしがき。はしがきをつける。「序文/自序・小序」③物事のいとぐち。最初の部分。「序曲・序説・序奏・序盤・序幕・序論」④中国古代の学校。「庠序(しょうじょ)」[名付]つき・つぐ・つね・のぶ・ひさし

×**抒** [音]ジョ[呉]　[訓]のべる‖思いをのべる。「抒情」[補説]「叙」を代用字とすることがある。

叙〔敍〕 [音]**ジョ**[呉]　[訓]のべる‖①順序立てて述べる。「叙景・叙事・叙述/自叙・直叙・倒叙・平叙」②官位を授ける。「叙位・叙勲・叙任/昇叙・追叙」③(「抒」の代用字)思いを述べる。「叙情」[名付]のぶ・みつ

徐 [音]**ジョ**[呉]　[訓]おもむろ‖ゆっくりしている。おもむろ。「徐行・徐徐/緩徐」[名付]やす・ゆき

人**恕** [音]ジョ[慣]　[訓]ゆるす‖①相手を思いやって許す。「寛恕・宥恕(ゆうじょ)・諒恕(りょうじょ)」②思いやり。同情。「仁恕・忠恕」[名付]くに・しのぶ・ただし・のり・はかる・ひろ・ひろし・ひろむ・みち・もろ・ゆき・よし

除 [学]6　[音]**ジョ**(チョ)[呉]　**ジ**(ヂ)[慣]　[訓]**のぞく**‖㊀〈ジョ〉①取りのぞく。「除外・除去・除籍・除雪・除幕・除名/加除・解除・駆除・控除・削除・切除・排除・免除」②古いものを捨てて新しいものに移る。「除夜」③新しい官職につける。「除官」④割り算をする。割り算。「除数・除法/乗除」㊁〈ジ〉①のぞく。「掃除」②官職につける。「除目」[名付]きよ・さる・のき

×**絮** [音]ジョ[慣]　[訓]わた‖①わた。真綿。草木のわた毛。「柳絮」②長く続くさま。「絮説」

×**鋤** [音]ジョ[呉]　[訓]すき、すく‖①農具の一。すき。「鋤簾(じょれん)」②田畑をすく。「耕鋤」

ジョイ-スティック〘joystick〙ゲームコントローラーの一。通常、前後左右に動かして位置や方向を指定するスティック(棒)と各種ボタンを備える。

ジョイセフ〘JOICFP〙《Japanese Organization for International Cooperation in Family Planning》家族計画国際協力財団。開発途上国に対して、人口及び家族計画・母子保健を含むリプロダクティブ・ヘルス/ライツに関する研究の助成や必要な援助を行う。昭和43年(1968)設立。本部は東京都新宿区。

しょ-いちねん【初一念】初めに心に決めた覚悟。最初の決心。初志。「―を貫く」

しょい-なげ【▽背▽負い投げ】しょひ「せおいなげ」に同じ。

背負い投げを食・う　相手を信じていたのに、最後のところでだまされたり裏切られたりしてひどい目にあう。

ジョイフル-トレイン《和 joyful＋train》お座敷列車やヨーロッパ風列車など、斬新なスタイルや豪華設備をもつJR各社の列車の総称。

しょ-いり【初入り】茶事で、客が初座の茶席に入ること。手水(ちょうず)を使い、床・釜・炉または風炉を拝見する。初座入り。➡後入(ごい)り

しょ-いん【所員】ゾキ 事務所・研究所など「所」と名のつく所に勤務する人。

しょ-いん【書音】音信。消息。手紙。「久々ー ヲ通ゼヌ」〈日葡〉

しょ-いん【書院】ゾキ《中国で、昔、講学所のこと》❶▶付(つけ)書院 ❷書斎。もとは寺院の僧侶の私室をいい、室町時代以降、武家・公家の邸の居間兼書斎の称となった。❸書院造りにした座敷。武家では儀式や接客に用いた。位置によって表書院・奥書院、構造によって黒書院・白書院などの名がある。❹中国の唐代、役所に付属した書庫、また、書籍編纂所。❺中国の宋代以降に発達した私立学校。❻出版社。書店。

しょ-いん【書淫】読書にふけること。非常に書物が好きなこと。また、その人。

しょ-いん【署員】ゾキ 税務署・警察署など「署」と名のつく役所に勤務する人。

じょ-いん【女陰】ヂヨ 女性の陰部。

ジョイン〘join〙❶加わること。❷数学で、和集合のこと。

ショインカ〘Wole Soyinka〙[1934〜　]ナイジェリアの劇作家・詩人・小説家。西欧演劇の枠組みにアフリカの伝統を融合させた、実験的な演劇を生み出した。軍事政権を批判して英国に亡命したが、のちに帰国。1986年、ノーベル文学賞受賞。作「湿地に住まう者」「森の舞台」「アノミーの季節」など。

しょいん-がまえ【書院構え】シヨヰンがまへ「付(つけ)書院」に同じ。

しょいん-し【書院紙】シヨヰシー 美濃紙の異称。書院造りの明かり障子に用いたところからいう。

しょいん-だな【書院棚】シヨヰシー ▶付(つけ)書院

しょいん-づくり【書院造(り)】シヨヰシー 室町時代に始まり桃山時代に完成した武家住宅の様式。基本として座敷に、床の間・違い棚・付(つけ)書院・帳台構えを設備するもの。銀閣寺(慈照寺)の足利義政の書斎であった東求堂同仁斎は、ほぼその形式が整った現存最古の例。

ジョイント〘joint〙〔名〕スル ❶パイプなどの接合部分。継ぎ目。また、接合用部品。❷連携すること。提携。「家電メーカーがーして広告を出す」

ジョイント-アド〘joint ad〙複数企業が共同で広告を出稿すること。新聞や雑誌でよく実施されるが、共通テーマが設定されることが多い。

しょいん-どこ【書院床】▶付け書院

ジョイント-コンサート〖joint concert〗複数の演奏家や音楽グループがいっしょに行うコンサート。

ジョイント-フォース〖joint force〗統合部隊。特定の任務・作戦のために陸海空の各軍部隊を一指揮官の下に編合した部隊。

ジョイント-ベンチャー〖joint-venture〗大規模な建設工事を、複数の企業が共同で請け負うために一時的に作る組織。共同企業体。JV。

しょいん-ばん【書院番】江戸幕府の職名。若年寄に属し、江戸城の警護、将軍外出時の護衛などの任にあたった。初め4組、のち10組程度で、各組に番頭・組頭・組衆・与力・同心を置いた。御書院番。

しょいん-ぼん【初印本】同一の版木で印刷を重ねたもののうち、最初に刷られた版本。

しょいん-まど【書院窓】付け書院に設けた窓。明かり障子を立てる。

しょう【小】❶小さいこと。重要さの程度の少ないこと。また、そのもの。「大は一を兼ねる」「一宇宙」「一企業」⇔大。❷1か月の日数が、陰暦で30日、陽暦では31日に満たない月。「一の月」⇔大。❸田畑の面積の単位。太閤検地以前は120歩(約4アール)、以後は100歩(約3.3アール)。❹「小学校」の略。「一・中・高・大」❺名詞の上に付く。㋐似ているが規模の小さいものである意を表す。「一京都」㋑同名の父子のうち、息子のほうを表す。「一デュマ」⇔大。➡漢「しょう(小)」

小の虫を殺して大の虫を助ける　小さなことは犠牲にしても、重要なことを守る。小を捨てて大に就く。大の虫を生かして小の虫を殺す。

小を捨てて大に就く　「小の虫を殺して大の虫を助ける」に同じ。

しょう【升】尺貫法の容量の単位。1升は1斗の10分の1。1合の10倍。約1.8リットル。「一一瓶」➡漢「しょう(升)」

しょう【少＝輔】律令制で、諸省の次官で、大輔の下に位するもの。しょうゆう。すないすけ。補説 歴史的仮名遣いは「せうふ」の音変化した「せふ」とする説もある。

しょう【兄＝鷹】《小の意か》雄のタカ。雄よりも大きい雌のタカを弟鷹というのに対する。「物怖ぢしたる鳥の一やうの物のやうなるは」〈源・夕霧〉

しょう【正】㊀〔名〕❶本当であること。「つくろいなき一の処」〈一葉・ゆく雲〉❷律令制で、諸司の長官。❸位階を上下に分けたもののうち、上の階級の称。「一一位」⇔従。❹ふつう、時間や量を示す語の上に付いて、きっちりその時間や量であることを表す。「一八時」「一一合」㊁〔名・形動ナリ〕そっくりそのままであること。また、そのさま。「姑婆の口まねは、あの婆に一だよ」〈滑・浮世風呂・二〉➡漢「しょう(正)」

しょう【生】㊀〔名〕❶いのち。生命。生きていること。「この世に一を受く」「一ある者は必ず死す」❷なまのもの。特に、現金をいう。「帯ぢゃ名が立つ、一でたもれ」〈浄・歌軍法〉❸生まれ。素姓。「一が入聟だのに」〈滑・浮世風呂・三〉㊁〔名・形動ナリ〕あるものとそっくりなこと。また、そういうさま。「目つきや口もとがおとっさんに一だねえ」〈人・娘節用・三〉➡漢「しょう(生)」

生を変・える　生まれ変わる。「一・へずに地獄の責めにあひぬ」〈浮・二十不孝・二〉

生を隔・つ　あの世とこの世とに別れる。死別する。「只一・てたるが如くにぞ思召されける」〈保元・下〉

しょう【匠】すぐれた技術をもつ人。古くは、特に、木工職人をさす。たくみ。〈和英語林集成〉➡漢「しょう(匠)」

しょう【床┊×牀】㊀〔名〕室内の板を張った所。ゆか。「一に臥せる」㊁〔接尾〕助数詞。病院などで病人用のベッド数を数えるのに用いる。➡漢「しょう(床・牀)」

しょう【抄┊×鈔】❶長い文章などの一部を書き出すこと。また、そのもの。ぬきがき。「徒然草一」❷古典などの難解な語句を抜き出して注釈すること。また、その書物。「湖月一」「毛詩一」❸尺貫法の容積の単位。1抄は1勺の10分の1。約1.8ミリリットル。➡漢「しょう(抄・鈔)」

しょう【声】❶こえ。また、言葉。❷漢字や日本語のアクセント。また、それを示すために漢字やかなの四隅などに打つ点。➡四声 ➡声点 ❸発音の強弱・高低。抑揚。「文字の一を分かつ事」〈花鏡〉➡漢「せい(声)」

しょう【×妾】㊀〔名〕めかけ。そばめ。㊁〔代〕一人称の人代名詞。女性が自分をへりくだって言う語。わらわ。「一は一層学芸に心を籠め」〈福田英子・妾の半生涯〉➡漢「しょう(妾)」

しょう【姓】氏。名字。せい。「一はむばらになむありける」〈大和・一四七〉➡漢「せい(姓)」

しょう【性】❶生まれつきの性質。もって生まれた性分。「一が合う」「凝り一」❷そのもののもともとのたち。本来の性質・品質。「荒れ一」「冷え一」❸根性。たましい。性根。「一も骨もぬけてうんざりしてしまう」〈中勘助・銀の匙〉❹陰陽道で、木・火・土・金・水の五行を人の生まれた年月日に配したもの。これによって吉凶を占う。❺仏語。あらゆるものが生来備えていて、外からの影響によって変わることのない本質。本性。自性。❻習性。ならい。「はづさうはづさうと思うたが一に成り」〈浄・鎌田兵衛〉➡漢「せい(性)」
類語 性分・たち・性格・気性・性向・性情・気質・性質・気立て・人柄・心柄・心根・心性・品性・資性・資質・個性・人格・キャラクター・パーソナリティー

性が合・う　お互いの性格が合う。気が合う。馬が合う。「彼とは一・う」

性が抜・ける　本来の性質・形状などが失われる。「帯も一・けた博多とメリンスの腹合せと云う服装」〈小杉天外・魔風恋風〉

性に合・う　その人の性格や好みに合う。「この仕事は、僕の一・っている」

しょう【承】漢詩の絶句で、承句。「起一転結」➡漢「しょう(承)」

しょう【相】君主を助けて政治を行う職。宰相。大臣。➡漢「そう(相)」

しょう【省】❶明治2年(1869)の官制改革で設けられた政府の中央行政機関。その後、内閣制度に受け継がれ、現在は法務・外務・財務・文部科学・厚生労働・農林水産・経済産業・国土交通・総務・環境・防衛の11省。大臣を長とする。❷律令制で、太政官に属した中央官庁の称。中務・式部・治部・民部・兵部・刑部・大蔵・宮内の八省。❸中国で、古代の中央政府または中央官庁。❹中国の行政区画の一。地方行政区画のうち最上位のもの。元代に始まり現在に至る。➡漢「せい(省)」

しょう【▽荘┊庄】❶奈良時代、生産物を貯蔵する倉を中心として周辺に園地を配した一区画。❷「荘園」に同じ。❸昔の荘園の名を残した土地の名称。「五箇の一」❹日本の植民地であった時代の台湾の行政区画の一。街より小さく、社より大きい。➡漢「そう(荘)」「しょう(庄)」

しょう【将】❶軍隊を率い指揮する者。将帥。「一軍の一」❷軍人の階級の一。将官。❸自衛官の階級の一。最高位の階級で、陸将・海将・空将があり、諸外国軍や旧日本陸海軍の大将・中将に相当する。❹律令制の近衛府の官名。大将・中将・少将があった。➡漢「しょう(将)」

将を射んと欲すれば先ず馬を射よ　《敵の大将を射ようと思うなら、まずその乗っている馬を射て、その後にその者を射よの意から》大きな目的を達するには、それに直接あたるより、周辺のものからかたづけていくのが早道である。

しょう【症】病気の性質・状態。症状。「脈管臃脹の一を患うるものありければ」〈中村訳・西国立志編〉➡漢「しょう(症)」

しょう【祥】❶めでたいこと。また、その前ぶれ。吉兆。瑞兆。❷吉凶の前兆。「飢饉ノ一」〈和英語林集成〉❸一周忌(小祥)と三周忌(大祥)との称。➡漢「しょう(祥)」

しょう【称】❶よびな。呼称。「コハダはコノシロの若魚の一だ」❷ほまれ。名声。評判。「幻の名酒の一がある」➡漢「しょう(称)」類語 名前・名・名称・呼び名・称呼・称号・称え・名目・名義・ネーム

しょう【商】㊀❶あきない。また、あきんど。「士農工一」❷ある数や式を零以外の他の数や式で割って得られた結果の数や式。⇔積。❸中国・日本音楽の階名の一。五声の第2音。㊁古代中国の王朝、殷のこと。➡漢「しょう(商)」

しょう【章】❶文章や楽曲などの全体の構成の中で、大きく分けた区分。「一を改める」❷ひとまとまりの文章。❸しるし。記章。「会員の一」❹古代中国の文体の名。上奏文の一様式。❺古代中国の暦で、19年のこと。➡漢「しょう(章)」

章を断ち義を取る　詩文の一部分を取り出して、原文の前後関係にこだわらずに、その部分の意味だけを使うこと。断章取義。

しょう【×笙】雅楽に用いる管楽器の一。匏の上に17本の長短の竹管を環状に立てたもので、竹管の根元に簧、下方側面に指孔がある。匏の側面の吹き口から吹いたり吸ったりして鳴らす。奈良時代に唐から伝来。笙の笛。鳳笙。鳳管。そう。➡漢「しょう(笙)」

しょう【勝】㊀〔名〕景色のすぐれていること。また、その地。「山水の一を探る」㊁〔接尾〕助数詞。試合・勝負などで、勝った回数を数えるのに用いる。「二一一敗」⇔敗。➡漢「しょう(勝)」

しょう【掌】てのひら。たなごころ。➡漢「しょう(掌)」

掌を反・す　▶たなごころをかえす

掌を指・す　▶たなごころをさす

しょう【証】❶証拠。「もって後日の一とす」❷仏語。正法を修得して真理を悟ること。悟りを得ること。❸漢方で、病状、症状のこと。➡漢「しょう(証)」
類語 証拠・証明・あかし・しるし・証左・証憑・徴憑・徴証・明証・確証・実証・傍証・根拠・よりどころ

しょう【詔】天子の命令を直接伝える文書。みことのり。詔書。➡漢「しょう(詔)」

しょう【象】❶かたち。ありさま。「満目凡て大陸の一を示す」〈独歩・愛弟通信〉❷易に表れた形。占形。➡漢「しょう(象)」

しょう【×鉦】❶中国・日本・東南アジアなどで用いられる打楽器。銅または銅合金製の平たい円盤状。撞木や桴で打つ。日本には雅楽用の鉦鼓、下座音楽や祭礼囃子用の摺鉦、念仏踊りやご詠歌に用いる伏鉦などがある。かね。❷仏具の一。読経・念仏などのおり、撞木で打ち鳴らす丸い青銅製のたたきがね。鉦鼓。

しょう【×頌】❶人の徳や物の美などをほめたたえること。また、ほめたたえた言葉や詩文。❷「詩経」の六義の一。宗廟で、祖先の徳をたたえる詩歌。❸キリスト教で、神をたたえる歌。頌栄。➡漢「しょう(頌)」

しょう【×漿】米を煮た汁。おもゆ。➡漢「しょう(漿)」

漿を乞いて酒を得る　《「遊仙窟」から》希望したもの以上のよいものを得るたとえ。水を乞いて酒を得る。

しょう【衝】❶必ず通る道や地点。要所。「水陸交通の一にある都市」❷大事な任務。「外交の一にあたる」❸外惑星が地球を挟んで太陽と正反対の方向に来ること。惑星の黄経と太陽の黄経との差が180度になること。このとき外惑星は地球に最も近づく。➡合 ➡漢「しょう(衝)」類語 要衝・要地

しょ-う【諸有】仏語。❶あらゆるものみな。諸法。❷《「有」は有情としての存在・生存の意》生命のあるものの生存の状態に種々あること。主として二十五有の迷いの境界をいう。

しょう【▽請】❶願い望むこと。また、招くこと。招き。「長者の一を得て行き給ひけるが」〈太平記・三五〉❷古代、律の規定による刑法上の特典。五位以上の貴族などに適用された。➡漢「せい(請)」

しょう【賞】功績をあげた者に与える褒美。また、そのしるしの金品。「一を受ける」「ノーベル一」⇔罰。➡漢「しょう(賞)」類語 大賞・グランプリ

【上】▶じょう
【井|正|生|声|姓|性|青|政|星|省|清|▽聖|精|▽請】▶せい
【相|▽荘|装】▶そう
【従|▽縦】▶じゅう

小 学1 音ショウ(セウ)呉漢 訓**ちいさい、こ、お**、さ ‖ ㊀〈ショウ〉①ちいさい。「小心・小刀・小児(しょうに)/狭小・群小・弱小・縮小・大小・微小・矮小(わいしょう)」②少し。わずか。「小異・小康・小成・小知」③とるにたりない。「小身・小臣」④自分や、自分に関することを謙遜(けんそん)していう語。「小社・小生・小弟」㊁〈こ〉「小粋(こいき)・小型・小雨(こさめ)・小銭・小鳥」㊂〈お〉「小川」難読 小豆(あずき)・小路(こうじ)・小女子(こうなご)・小筒(ささえ)・小石(さざれいし)・小夜(さよ)・小火(ぼや)

升 音ショウ呉漢 訓**ます**、のぼる ‖ ㊀〈ショウ〉①容量の単位。一〇合。「一升」②のぼる。「升堂」③穀物が実る。転じて、世の中がよく治まる。「升平」補説 ②③は「昇」と通用する。㊁〈ます〉「升酒・升目」補説「枡(ます)」は国字。名付 たか・のり・みのる・ゆき

少 学2 音ショウ(セウ)呉漢 訓**すくない、すこし** ‖ ①すくない。すこし。「少額・少少・少数・少量/希少・僅少・軽少・減少・些少(さしょう)・多少」②しばらく。「少憩・少時」③年が若い。「少女・少壮・少年/年少・幼少・老少」④官職で、下位のもの。「少尉・少佐・少納言」名付 お・すく・つぎ・まさ・まれ 難読 少女(おとめ)・少領(すけ)

召 音ショウ(セウ)呉漢 訓**めす** ‖ 上位者が目下の者を呼び寄せる。「召喚・召還・召集・召致/応召」名付 めし・よし・よぶ 難読 召人(めしゅうど)

匠 音ショウ(シャウ)漢 訓たくみ ‖ ①大工。細工師。職人。「匠人/工匠・巧匠・石匠・刀匠・番匠(ばんじょう)・木匠」②技芸に長じた人。学問・芸術で一家をなす人。「学匠・楽匠・巨匠・師匠・宗匠」③新しいものを作り出す工夫。アイデア。「意匠」名付 なる 難読 内匠(たくみ)

人**庄** 音ショウ(シャウ)呉 ソウ(サウ)漢 ‖ 荘園(しょうえん)。「庄司(しょうじ)・庄屋(しょうや)」補説 もと「荘」の俗字。名付 まさ

床 音ショウ(シャウ)呉 訓**とこ、ゆか** ‖ ㊀〈ショウ〉①寝どこ。寝台。「臥床(がしょう)・起床・就床・病床・臨床」②腰かけ。「床几(しょうぎ)」③苗どこ。「温床」④物の支えとなる部分。底部。土台。「火床・花床・河床・鉱床・銃床・道床」㊁〈とこ(どこ)〉「床屋/川床・寝床」㊂〈ゆか〉「床板・床下/高床」補説「牀」は本字。

抄 音ショウ(セウ)呉 訓すくう、すく ‖ ①すくい取る。かすめ取る。「抄掠(しょうりゃく)」②書き写す。「手抄」③抜き書きする。抜き書き。「抄出・抄本・抄訳・抄録/詩抄」④注釈書。「抄物(しょうもの)」⑤紙をすく。「抄紙・抄造」補説 ①〜④は「鈔」と通用する。

肖 音ショウ(セウ)呉漢 訓にる、あやかる ‖ もとのものに似る。似せる。「肖似・肖像/不肖」名付 あえ・あゆ・あれ・すえ・たか・のり・ゆき

×**妾** 音ショウ(セフ)呉漢 訓めかけ、わらわ ‖ めかけ。「妾宅/愛妾・妻妾・侍妾・蓄妾・婢妾(ひしょう)」

尚 音ショウ(シャウ)漢 訓たっとぶ、とうとぶ、なお ‖ ①重んじる。たっとぶ。「尚古・尚歯・尚武/好尚」②格が高い。「高尚」③久しい。「尚書」④まだ。なお。「尚早」名付 さね・たか・たかし・なか・なり・ひさ・ひさし・まさ・まし・ます・よし・より 難読 和尚(おしょう)

承 学5 音ショウ漢 訓**うけたまわる**、うける ‖ ①前のものを受け継ぐ。「承句・承継・承前/継承・口承・相承・伝承」②相手の意向を受け入れる。「承諾・承知・承認・承服/拝承・了承・不承不承(ふしょうぶしょう)」名付 うけ・こと・すけ・つぎ・つぐ・よし

招 学5 音ショウ(セウ)呉漢 訓**まねく** ‖ 呼び寄せる。まねく。「招請・招待・招致・招聘(しょうへい)」名付 あき・あきら

昇 音ショウ呉漢 訓**のぼる** ‖ ①上にあがって行く。「昇降・昇天・昇竜/上昇」②上の官位・等級に進む。「昇格・昇級・昇給・昇進・昇段・昇任」③世の中がよく治まる。「昇平」名付 かみ・すすむ・のぼり・のり

人**昌** 音ショウ(シャウ)呉漢 訓さかん、あきらか ‖ ①盛ん。栄える。「昌運・昌盛/繁昌・隆昌」②明らか。美しい。「昌言」名付 あき・あきら・あつ・さかえ・すけ・まさ・まさし・まさる・ます・よ・よし

松 学4 音ショウ漢 訓**まつ** ‖ ㊀〈ショウ〉木の名。マツ。「松柏(しょうはく)・松籟(しょうらい)・松露・松竹梅/青松・老松」㊁〈まつ〉「松風・松原/門松」名付 ときわ・ます 難読 松魚(かつお)・落葉松(からまつ)・松明(たいまつ)・杜松(ねず)・松毬(まつかさ)・海松(みる)・水松(みる)

沼 音ショウ(セウ)呉漢 訓**ぬま** ‖ ㊀〈ショウ〉ぬま。「沼沢/湖沼」㊁〈ぬま〉「沼地/泥沼」

×**牀** 音ショウ(シャウ)慣 訓ゆか ‖ 寝台。長椅子。「牀几(しょうぎ)/臥牀(がしょう)」

昭 学3 音ショウ(セウ)呉漢 ‖ ①明るく照らすさま。明らか。明らかにする。「昭昭・昭然」②世の中が明るく治まる。「昭代」名付 あき・あきら・いか・てる・はる

人**哨** 音ショウ(セウ)呉漢 ‖ 見張りをする。見張り番。「哨戒・哨兵/前哨・歩哨・立哨」補説 人名用漢字表(戸籍法)の字体は「哨」。

宵 音ショウ(セウ)呉漢 訓**よい** ‖ ㊀〈ショウ〉①夜。「終宵・徹宵」②よいのうち。「秋宵・春宵・良宵」㊁〈よい〉「宵闇(よいやみ)/今宵(こよい)」

将〔將〕 学6 音ショウ(シャウ)漢 訓まさに、はた ‖ ①軍を統率する長。「将棋・将軍・将校・将兵/王将・主将・智将(ちしょう)・敗将・武将・勇将」②軍隊の階級に用いる語。「将官/空将・少将・中将」③引き連れる。もたらす。「将来」④これから…しようとする。「将来」名付 すけ・すすむ・たすく・ただし・たもつ・のぶ・ひとし・まさ・もち・ゆき 難読 女将(おかみ)・将曹(さかん)・将監(じょう)

×**悄** 音ショウ(セウ)呉漢 訓しおれる ‖ しょんぼりする。しおれる。「悄悄・悄然」難読 悄気(しょげ)る

消 学3 音ショウ(セウ)呉漢 訓**きえる、けす** ‖ ①きえてなくなる。なくす。けす。「消火・消化・消耗(しょうこう・しょうもう)・消失・消息・消毒・消費・消滅/解消・費消・抹消・霧消」②月日を送る。過ごす。「消光」③気落ちする。「消魂・消沈」④控え目にする。「消極」⑤(「銷」の代用字)しのぐ。「消夏・消暑」難読 魂消(たまげ)る・雪消(ゆきげ)

症 音ショウ(シャウ)呉 ‖ ①病気の性質や状態。「症候・症状/炎症・軽症・重症・難症・病症」②特定の症状の現れる病気。「既往症・狭心症・後遺症・不眠症」

祥〔祥〕 音ショウ(シャウ)漢 訓さち、きざし ‖ ①めでたいこと。さいわい。「清祥・多祥・不祥事」②めでたいことの前触れ。きざし。「嘉祥・瑞祥・発祥」③忌み明けの祭り。「祥月(しょうつき)/小祥・大祥」名付 あきら・さか・さき・さむ・ただ・なが・やす・よし

称〔稱〕 音ショウ呉漢 訓たたえる、となえる、はかる ‖ ①ほめあげる。たたえる。「称賛・称美・称揚」②となえる。呼ぶ。呼び名。「称呼・称号・称名(しょうみょう)/愛称・仮称・改称・敬称・古称・呼称・公称・詐称・自称・総称・通称・人称・美称・併称・名称・略称」③はかりで量る。「称量」④左右がつりあう。「相称・対称」名付 あぐ・かみ・な・のり・みつ・よし

笑 学4 音ショウ(セウ)呉漢 訓**わらう、えむ** ‖ ①わらう。わらい。「笑殺・笑止・笑声・笑柄/一笑・苦笑・哄笑・失笑・大笑・談笑・嘲笑(ちょうしょう)・爆笑・微笑・冷笑」②わらわせる。おかしい。「笑話」③謙遜(けんそん)を表す語。「笑納・笑覧」名付 え・えみ 難読 可笑(おか)しい・微笑(ほほえ)む

×**陞** 音ショウ呉漢 訓のぼる ‖ 地位が上がる。「陞叙・陞進」補説「昇」と通用する。名付 すすむ・のり

商 学3 音ショウ(シャウ)呉漢 訓**あきなう**、はかる ‖ ①あきなう。あきない。「商業・商魂・商店・商人・商売・商品/行商・通商」②あきんど。商人。「画商・巨商・豪商・紳商・政商・隊商・貿易商」③相談する。はかる。「商議・商量/会商・協商」④星座の名。さそり座。「参商(しんしょう)」⑤古代中国の王朝、殷の自称。「殷商」名付 あき・あつ・ひさ 難読 商人(あきんど)

唱 学4 音ショウ(シャウ)呉漢 訓**となえる**、うたう ‖ ①人に先立って言う。「唱道・唱和/首唱・提唱・夫唱婦随」②声高く呼ばわる。「三唱・復唱」③節をつけてうたう。「唱歌/愛唱・歌唱・合唱・絶唱・独唱・輪唱」④(「誦」の代用字)そらんじる。「暗唱」名付 うた

×**娼** 音ショウ(シャウ)呉漢 ‖ 歌舞を演じて客を楽しませる女。また、売春をする女。「娼家・娼妓(しょうぎ)・娼婦/街娼・公娼・私娼」難読 敵娼(あいかた)

人**捷** 音ショウ(セフ)呉漢 訓かつ、はやい ‖ ①戦いに勝つ。勝ちいくさ。「捷報/戦捷・大捷」②動きが速い。すばやい。「軽捷・敏捷」③ちかみち。「捷径」名付 さとし・すぐる・とし・はや・まさる

人**梢** 音ショウ(セウ)呉 訓こずえ ‖ ①枝の先。こずえ。「梢頭」②物の先端。「末梢」名付 すえ・たか

渉〔涉〕 音ショウ(セフ)漢 訓わたる ‖ ①水のある所を歩いて渡る。「渉禽類(しょうきんるい)/徒渉・跋渉(ばっしょう)」②あちこち歩き回る。「渉猟」③かかわる。関係する。「渉外/干渉・交渉」名付 さだ・たか・ただ・わたり

章 学3 音ショウ(シャウ)呉漢 訓あや ‖ ①文字でつづった文。「玉章・詞章・断章・文章」②資格・身分などを示すしるし。「印章・記章・勲章・校章・褒章・帽章・喪章(もしょう)・紋章・腕章」③文や音楽の一区切り。「章句・章節/楽章・終章・序章」④箇条書きにした法令。「憲章・典章」補説 原義は、はっきりとしたあや・しるし。名付 あき・あきら・き・たか・とし・のり・ふさ・ふみ・ゆき 難読 周章(あわ)てる・章魚(たこ)・玉章(たまずさ)

人**笙** 音ショウ(シャウ)呉 ‖ 楽器の名。しょうのふえ。「笙歌」

紹 音ショウ(セウ)漢 訓つぐ ‖ ①受けつぐ。「紹述」②間をとりもつ。「紹介」名付 あき・つぎ

訟 音ショウ漢 訓うったえる ‖ 裁判で是非を争う。うったえる。「訴訟・争訟」

勝 学3 音ショウ呉漢 訓**かつ、まさる**、すぐれる、たえる ‖ ①相手を負かす。かつ。「勝因・勝算・勝敗・勝負・勝利/圧勝・完勝・決勝・辛勝・戦勝・必勝・優勝・連勝」②すぐれる。「健勝・殊勝・清勝」③景色・地形がすぐれている。すぐれた景色。「勝地/奇勝・形勝・景勝・絶勝・探勝・名勝」名付 かち・すぐる・すぐろ・とう・のり・まさ・ます・よし

掌 音ショウ(シャウ)呉漢 訓たなごころ、たなうら、てのひら、つかさどる ‖ ①てのひら。「掌握・掌中/合掌・熊掌(ゆうしょう)・落掌」②職務として担当する。つかさどる。「管掌・兼掌・車掌・職掌・分掌」③手に持つ。「鞅掌(おうしょう)」名付 なか 難読 仙人掌(サボテン)・掌侍(じょう)

晶 音ショウ(シャウ)呉 ‖ ①きらきらと輝く。「晶晶」②原子が規則正しい配置をとった鉱物

の形。「結晶・水晶」名付あき・あきら・てる・まさ

×**椒** 音ショウ(セウ)呉漢 訓はじかみ ‖ ①木の名。サンショウ。「胡椒・山椒」②皇后の御殿。「椒房」

焼〔燒〕 学4 音ショウ(セウ)呉漢 訓やく、やける ‖ やく。やける。「焼却・焼香・焼死・焼失・焼身・焼尽・焼成/延焼・全焼・燃焼・類焼」難読焼売シューマイ

焦 音ショウ(セウ)呉漢 訓こげる、こがす、こがれる、あせる ‖ ①こげる。こがす。「焦点・焦土・焦熱・焦眉しょうび」②いらだつ。あせる。「焦心・焦躁しょうそう・焦慮」

硝 音ショウ(セウ)呉漢 ‖ ①鉱石の一。硝石。「硝酸」②火薬。「硝煙」難読硝子ガラス

粧 音ショウ(シャウ)呉 ソウ(サウ)漢 訓よそおう ‖ 顔かたちを整える。「化粧・盛粧せいしょう・美粧」

人**翔** 音ショウ(シャウ)漢 訓かける、とぶ ‖ 羽を広げて飛ぶ。空高く飛ぶ。「滑翔・飛翔」

人**菖** 音ショウ(シャウ)呉漢 ‖ 草の名。「菖蒲しょうぶ/石菖」難読菖蒲あやめ

証〔證〕 学5 音ショウ呉漢 訓あかす、あかし ‖ ①確かな根拠に基づいて事実を明らかにする。あかす。「証言・証人・証明/検証・考証・実証・認証・論証」②事実を明らかにするもの。あかし。「証左・証跡/引証・確証・反証・物証・傍証」③証明のための文書。「証券・証書/学生証・免許証」④仏教で、悟り。「証果/内証ないしょう」補説「証」と「證」はもと別字で、「証」はいさめる意を表した。名付あきら・つぐ・み 難読内証ないしょ

詔 音ショウ(セウ)呉漢 訓みことのり ‖ 天子の命令。みことのり。「詔書・詔勅/聖詔・大詔」名付のり

象 学4 音ショウ(シャウ)漢 ゾウ(ザウ)呉 訓かたどる ‖ ㊀〈ショウ〉①物の形。目に見えるすがた。「印象・気象・具象・形象・現象・事象・心象・対象・万象」②物の形をかたどる。「象形・象徴」㊁〈ゾウ〉①動物の名。ゾウ。「象牙ぞうげ/巨象」②物の形。「有象無象うぞうむぞう」名付かた・きさ・たか・のり 難読椿象かめむし・海象セイウチ

×**鈔** 音ショウ(セウ)呉 ‖ ①かすめとる。「鈔略」②写しとる。写し。抜き書き。「鈔本・鈔録」

傷 学6 音ショウ(シャウ)呉漢 訓きず、いたむ、いためる ‖ ㊀〈ショウ〉①きず。けが。「傷病/外傷・軽傷・死傷・重傷・創傷・凍傷・負傷」②きずをつける。そこなう。「傷害/殺傷・食傷・損傷・中傷・刃傷にんじょう」③心をいためる。つらく思う。「傷心/哀傷・感傷・愁傷・悲傷」㊁〈きず〉「傷口/手傷・生傷・古傷」難読火傷やけど

奨〔奬〕 音ショウ(シャウ)漢 訓すすめる ‖ すすめる。助けはげます。「奨学・奨励/勧奨・推奨・報奨」名付すすむ・つとむ

照 学4 音ショウ(セウ)呉漢 訓てる、てらす、てれる ‖ ①光がすみずみまで届く。てる。てらす。「照射・照明・照覧/遍照へんじょう・探照灯」②日の光。「残照・晩照・返照」③照らし合わせる。「照応・照会・照合・照準/観照・参照・対照」④写真に写す。写真。「照影/小照」名付あき・あきら・あり・てり・とし・のぶ・みつ

詳 音ショウ(シャウ)漢 訓くわしい、つまびらか ‖ ①細かいところまで行き届いている。くわしい。「詳解・詳細・詳述・詳報・詳密・詳論」②くわしく調べがついている。「不詳・未詳」名付つま・みつ

人**頌** 音ショウ漢 ジュ呉 訓ほめる ‖ ㊀〈ショウ〉①ほめたたえる。人の徳や功績をたたえる言葉・詩文。「頌歌・頌詞・頌辞・頌徳/賀頌」②「詩経」の六義りくぎの一。「商頌」㊁〈ジュ〉ほめたたえる歌。「偈頌げじゅ」名付うた・おと・つぐ・のぶ・よむ

人**嘗** 音ショウ(シャウ)漢 ジョウ(ジャウ)呉 訓なめる、かつて ‖ ①味をみる。なめる。「臥薪嘗胆がしんしょうたん」②試してみる。「嘗試」③秋、新穀を神に供える祭。「大嘗祭だいじょうさい」補説「甞」は異体字。名付ふる 難読大嘗おおなめ祭・神嘗祭かんなめさい・新嘗祭にいなめさい

彰 音ショウ(シャウ)呉漢 訓あらわす ‖ はっきりと目立つように表す。「彰徳/顕彰・表彰」名付あき・あきら・ただ・てる

人**裳** 音ショウ(シャウ)漢 訓も、もすそ ‖ ㊀〈ショウ〉下半身に着るスカート状の衣類。「衣裳・霓裳げいしょう」㊁〈も〉「裳裾もすそ/玉裳たまも」

×**誦** 音ショウ漢 ジュ呉 訓となえる、そらんじる ‖ ㊀〈ショウ〉①声を出して読む。となえる。「愛誦・詠誦・口誦・読誦・朗誦」②暗記して読む。そらんじる。「暗誦」㊁〈ジュ〉お経をとなえる。「読誦・念誦・諷誦ふじゅ・ふうじゅ」名付すみ 難読誦経ずきょう

障 学6 音ショウ(シャウ)呉漢 訓さわる ‖ ①じゃまをする。じゃま。さしさわり。「障害/故障・罪障・支障・万障・魔障」②隔てさえぎるもの。「障子・障壁」③防ぐ。「保障」難読障泥あおり・泥障あおり・気障きざ・内障そこひ

×**廠** 音ショウ(シャウ)呉漢 ‖ 壁仕切りのない、ただっ広い建物。「廠舎/工廠・船廠・兵器廠」

×**憔** 音ショウ(セウ)漢 訓やつれる ‖ やつれる。「憔悴しょうすい」

憧 音ショウ漢 ドウ慣 訓あこがれる ‖ あこがれる。「憧憬しょうけい・どうけい」

×**漿** 音ショウ(シャウ)漢 ‖ とろりとした液状のもの。汁。「漿液・漿果/岩漿・血漿・脳漿」

衝 音ショウ漢 訓つく ‖ ①突き当たる。つく。「衝撃・衝天・衝動・衝突/緩衝・折衝」②重要な所。「要衝」補説原義は、町を突き抜ける大通り、交通の要所の意。名付つぎ・みち・もり・ゆく 難読衝立ついたて

賞 学4 音ショウ(シャウ)呉漢 訓めでる、ほめる ‖ ①功績・善行などをほめる。「賞賛・賞辞・賞揚/激賞・推賞・嘆賞・信賞必罰」②功績・善行などに対して与えられる金品。ほうび。「賞金・賞杯・賞品・賞与/恩賞・懸賞・受賞・授賞・大賞・特賞・入賞・副賞」③すぐれた点を楽しみ味わう。「賞翫しょうがん・賞味/観賞・鑑賞」名付たか・たかし・よし

×**銷** 音ショウ(セウ)呉漢 ‖ ①金属をとかす。とける。「銷金」②消える。消す。「銷夏・銷却」

×**霄** 音ショウ(セウ)呉漢 ‖ 大空。はるかな天。「霄漢・霄壌」難読凌霄花のうぜんかずら

×**嘯** 音ショウ(セウ)呉漢 訓うそぶく ‖ ①口をすぼめて声を出す。うそぶく。「嘯風/吟嘯・長嘯」②ほえる。うなる。「海嘯・虎嘯こしょう」

×**樵** 音ショウ(セウ)漢 訓こる、きこり ‖ たきぎを切り出す。きこり。「樵歌・樵夫」難読木樵きこり

人**蕉** 音ショウ(セウ)呉漢 ‖ ①植物の名。バショウ。「芭蕉」②松尾芭蕉ばしょうのこと。「蕉風・蕉門」

×**踵** 音ショウ漢 訓かかと、くびす、きびす ‖ かかと。「接踵・旋踵」

償 音ショウ(シャウ)漢 訓つぐなう ‖ 損失に見合うものを返す。つぐなう。「償還・償却・償金/代償・賠償・弁償・補償・報償・無償・有償」

×**檣** 音ショウ(シャウ)漢 訓ほばしら ‖ 帆柱ほばしら。マスト。「檣灯/船檣・帆檣」

×**牆** 音ショウ(シャウ)漢 訓かき ‖ 土や石でつくった垣根。土塀。「牆壁/門牆」補説「墻」は異体字。

礁 音ショウ(セウ)呉漢 ‖ 水面に見え隠れする石。隠れ岩。「暗礁・環礁・岩礁・漁礁・座礁・離礁・珊瑚さんご礁」

×**聳** 音ショウ漢 訓そびえる、そばだつ、そびやかす ‖ ①そびえ立つ。そばだつ。「聳峙しょうじ・聳立」②おそれて立ちすくむ。おそれる。「聳動」

×**蕭** 音ショウ(セウ)呉漢 ‖ ①草の名。ヨモギの一種。「蕭艾しょうがい」②ものさびしい。「蕭蕭・蕭条・蕭然」

人**醤** 音ショウ(シャウ)漢 訓ひしお ‖ ①肉の塩辛。「肉醤」②調味料の一種。「醤油」難読醤蝦あみ 補説人名用漢字表(戸籍法)の字体は「醬」。

×**鍾** 音ショウ漢 訓あつめる ‖ ①あつまる。あつめる。「鍾愛」②かね。つりがね。「鍾乳洞」

×**蹤** 音ショウ漢 訓あと ‖ 足あと。「蹤跡/先蹤・追蹤」

鐘 音ショウ漢 シュ呉 訓かね ‖ ㊀〈ショウ〉①つりがね。「鐘声・鐘楼/暁鐘・警鐘・古鐘・時鐘・半鐘・晩鐘・梵鐘ぼんしょう」②打楽器の一。かね。「鐘鼓/編鐘」③時計。また、時刻。「一点鐘・自鳴鐘」㊁〈かね(がね)〉「大鐘・早鐘」名付あつむ 難読黄鐘おうしき

漢字項目 じょう−1

【成 盛 静】►せい
【定】►てい

上 学1 音ジョウ(ジャウ)呉 ショウ(シャウ)漢 訓うえ、うわ、かみ、あげる、あがる、のぼる、のぼせる、のぼす ‖ ㊀〈ジョウ〉①位置がうえ。高いほう。「上空・上体・上段/屋上・海上・机上・頭上・地上・頂上・天上・路上」②時間・順序が先のほう。「上刻・上述・上旬・上代・上編/如上・同上」③価値・程度がうえ。すぐれている。「上位・上策・上質・上手じょうず・上等・上品/極上・最上・至上」④地位・身分が高い。上の人。「上意・上官・上司・上覧/主上・長上・下剋上げこくじょう」⑤ある場所の範囲を漠然とさす語。「史上・紙上・身上・世上・席上・途上」⑥ある事柄を取り出して範囲を限定する語。「規則上・教育上・都合上」⑦上のほう、高いほうへ移動する。あがる。のぼる。「上昇・上陸/炎上・逆上・向上・参上・浮上・北上」⑧上の人・機関に申し出る。たてまつる。差し出す。「上告・上書・上訴・上納/運上・啓上・献上・進上・奏上・返上」⑨中央の地に出る。「上京・上洛」⑩おおやけの場に出す。のぼす。のせる。「上映・上演・上場・上程」⑪漢字音の四声の一。「上声じょうしょう」⑫上野こうずけ国。「上越・上州」㊁〈ショウ〉うえ。「上下しょうか・上人しょうにん/身上」㊂〈うえ〉「上様・上下うえした/坂上・父上・年上・真上」㊃〈うわ〉「上役・上調子」㊄〈かみ〉「上下かみしも・上半期/風上・川上」名付うら・え・すすむ・たか・たかし・ひさ・ほず・まさ 難読上手うまい・上総かずさ・上野こうずけ・逆上のぼせる・上枝ほつえ

丈 音ジョウ(ヂャウ)呉 訓たけ、だけ ‖ ㊀〈ジョウ〉①長さの単位。一尺の一〇倍。「丈六/千丈・万丈ばんじょう・方丈」②背が高い。「丈夫じょうふ」③じょうぶ。しっかりしている。「頑丈・気丈」④長老に対する敬称。「丈人/岳丈」㊁〈たけ(だけ)〉「着丈・背丈・身丈・威丈高いたけだか」名付とも・ひろ・ます 難読丈夫ますらお

冗 音ジョウ漢 ‖ ①よけいな。むだ。余分。「冗員・冗談・冗費」②むだが多く締まりがない。くだくだしい。「冗長・冗漫/煩冗」補説「宂」は本字。

×**仗** 音ジョウ(ヂャウ)呉 ‖ ①柄の長い武器。「儀仗・兵仗」②宮殿の護衛。「仗身」名付より・よる

人**丞** 音ジョウ呉 訓たすける ‖ 補佐する。たすける。「丞相」名付すけ・すすむ

漢字項目 じょう-2

条〔條〕 学5 音ジョウ(デウ)呉 訓すじ ‖ ①木の細い枝。「枝条・柳条」②すじ。すじ状のもの。「条痕じょうこん/軌条・索条・線条・鉄条・発条はつじょう」③縦横に区切った道筋。「条坊・条里制」④秩序立った筋道。「条理」⑤一筋ずつ書き並べた文。「条件・条項・条文・条約・条例/箇条・教条・玉条・信条・前条・逐条」⑥事柄。「別条」⑦「條」(さなだひも)の代用字。「条虫」名付え・えだ・なが 難読条彫すじぼり・条播すじまき・発条ばね

人**杖** 音ジョウ(チャウ)呉 訓つえ ‖ ①つえ。「戒杖・鳩杖きゅうじょう・錫杖しゃくじょう」②棒で打つ。「杖刑」名付き・もち 難読虎杖いたどり・毬杖ぎっちょう

状〔狀〕 学5 音ジョウ(ジャウ)呉 ‖ ①物の形・すがた。「液状・管状・環状・球状・形状・波状」②物事の様子。「状況・状態/異状・窮状・行状ぎょうじょう・原状・現状・罪状・実状・情状・性状・敵状・名状・病状」③様子や次第を記した文書。「賀状・回状・書状・賞状・訴状・免状・令状・礼状・連判状」名付かた・のり

人**帖** 音ジョウ(デフ)慣 チョウ(テフ)漢 ‖ ㊀〈ジョウ〉①帳面。冊子。「画帖」②習字の手本。折り本。「帖子/法帖・墨帖」㊁〈チョウ〉帳面。「手帖」

乗〔乘〕 学3 音ジョウ呉 訓のる、のせる ‖ ①乗り物にのる。「乗員・乗客・乗降・乗車・乗馬・乗用/騎乗・搭乗・同乗・分乗」②乗り物。また、兵車。「下乗げじょう・一天万乗」③よい機会として利用する。「便乗」④掛け算をする。掛け算。「乗除・乗数・乗法/三乗・相乗・累乗」⑤記録。歴史書。「史乗・日乗・野乗」⑥仏の教え。「小乗・上乗・大乗」名付あき・しげ・のり

城 学6 音ジョウ(ジャウ)呉 セイ漢 訓しろ ‖ ㊀〈ジョウ〉①城壁を巡らした町。天子や王の居所。都市。「城市/王城・宮城・都城」②防備のために堅固に築いた建造物。しろ。とりで。「城塞・城主/牙城・居城・古城・築城・長城・本城・名城・落城・籠城ろうじょう」③山城やましろ国。「城州」㊁〈セイ〉しろ。「傾城けいせい」㊂〈しろ(じろ)〉「城跡/出城・根城」名付き・くに・さね・しげ・なり・むら 難読磐城いわき・奥津城おくつき・葛城かつらぎ

浄〔淨〕 音ジョウ(ジャウ)呉 訓きよい、きよめる ‖ ①汚れがなく清らか。「浄化・浄財・浄書・浄土・浄福/清浄・不浄」②清める。「浄瑠・浄水場/自浄・洗浄」名付きよ・きよし・しず

▽**娘** 音ジョウ(ヂャウ)漢 訓むすめ ‖ ㊀〈ジョウ〉①少女。女子。「娘子軍」②母。「爺娘やじょう」㊁〈むすめ〉「娘心/生娘きむすめ・箱入り娘・愛娘まなむすめ」難読姑娘クーニャン

剰〔剩〕 音ジョウ呉 訓あまる、あまつさえ ‖ あまる。あまり。「剰余/過剰・余剰」名付のり・ます

常 学5 音ジョウ(ジャウ)呉 訓つね、とこ、とわ、とこしえ ‖ ㊀〈ジョウ〉①いつも変わらない。いつも同じ状態が続くこと。「常時・常任・常備・常用・常緑樹/経常・恒常・通常・日常・非常・平常・無常」②特別でない。普通の。「常識・常人/異常・尋常・正常」③いつも変わることのない道徳。「五常・綱常」④常陸ひたち国。「常州・常磐じょうばん」㊁〈とこ〉「常夏・常夜」名付つら・とき・ときわ・のぶ・ひさ・ひさし 難読常磐ときわ・常陸ひたち

情 学5 音ジョウ(ジャウ)呉 セイ漢 訓なさけ ‖ ㊀〈ジョウ〉①物事に感じて起こる心の動き。気持ち。「情熱・情念/感情・苦情・激情・私情・純情・叙情・心情・表情」②思いやり。なさけ。「温情・厚情・同情・人情・薄情・非情・友情」③異性を慕う心。男女の愛。「情交・情死・情事・情欲/色情・恋情」④物事の実際のありさま。「情況・情景・情状・情勢・情報/下情・国情・事情・実情・政情・陳情・敵情・内情」⑤そのものから感じられるおもむき。味わい。「情趣/詩情・余情・旅情」㊁〈セイ〉おもむき。「風情ふぜい」名付さね・もと

場 学2 音ジョウ(ヂャウ)呉 訓ば ‖ ㊀〈ジョウ〉①何かが行われる所。「場外・場内・場裏/会場・開場・漁場・劇場・式場・出場・戦場・退場・登場・道場・農場・満場・浴場・来場・試験場」②ひとしきり。一回。「一場」㊁〈ば〉「場合・場所・場面/足場・市場・急場・職場・相場・立場・墓場・本場」難読弓場ゆば

畳〔疊〕 音ジョウ(デフ)呉 訓たたむ、たたみ ‖ ㊀〈ジョウ〉同じものが重なる。「畳韻・畳句・畳語/重畳」㊁〈たたみ(だたみ)〉「畳表/青畳・石畳」名付あき 難読畳紙たとうがみ

蒸 学6 音ジョウ慣 訓むす、むれる、むらす ‖ ①熱気・湯気が立ち上る。「蒸気・蒸暑・蒸発」②蒸気で熱する。「燻蒸くんじょう」③多い。もろもろ。「蒸民」難読蒸籠せいろう

縄〔繩〕 音ジョウ呉 訓なわ ‖ ㊀〈ジョウ〉①なわ。「縄文/結縄・捕縄」②大工道具の一。すみなわ。また、正しさの規準。「縄尺/準縄」㊁〈なわ〉「腰縄・泥縄」名付ただ・つぐ・つな・なお・のり・まさ

壌〔壤〕 音ジョウ(ジャウ)漢 訓つち ‖ ①耕作に適した土。「土壌」②国土。大地。「雲壌・天壌」

嬢〔孃〕 音ジョウ(ヂャウ)漢 ‖ ①未婚の女性。むすめ。「愛嬢・貴嬢・令嬢・老嬢」②母。「爺嬢やじょう」

錠 音ジョウ(チャウ)呉 ‖ ①戸締まりなどに用いる金具。「錠前じょうまえ/施錠・手錠・尾錠びじょう」②粒状に固めたもの。「錠剤/糖衣錠」補説①は日本での用法。

×**擾** 音ジョウ(ゼウ)漢 ‖ 入りみだれる。みだす。騒がしい。「擾擾・擾乱/騒擾・紛擾」

人**穣〔穰〕** 音ジョウ(ジャウ)漢 ‖ 穀物が豊かに実る。「豊穣」補説「穣」「穰」ともに人名用漢字。名付おさむ・しげ・みのる・ゆたか

×**攘** 音ジョウ(ジャウ)漢 訓はらう ‖ 払いのける。払い除く。「攘夷じょうい・竜攘虎搏りゅうじょうこはく」

譲〔讓〕 音ジョウ(ジャウ)漢 訓ゆずる ‖ ①ゆずり与える。「譲位・譲渡・譲歩・譲与/委譲・割譲・互譲・禅譲・分譲」②へりくだる。「敬譲・謙譲・礼譲」③なじる。「責譲」名付うや・せむ・のり・まさ・よし

醸〔釀〕 音ジョウ(ヂャウ)漢 訓かもす ‖ ①酒を造る。かもす。「醸成・醸造/吟醸」②酒。「佳醸」

×**饒** 音ジョウ(ゼウ)漢 ニョウ(ネウ)呉 訓ゆたか ‖ 有り余るほど多い。ゆたか。「饒舌/肥饒・富饒・豊饒」名付あつし・とも・にぎ

しょう【礁】セウ 浅い海底の隆起部。岩礁・サンゴ礁などがある。➡漢「しょう(礁)」

しょう【×醤】シャウ 麦・こうじ・豆・米などをねかせてから、塩をまぜて作った調味料ないし嘗物なめもの。味噌・醤油の原体。ひしお。➡漢「しょう(醤)」

しょう【×鍾】中国、漢代に用いられた酒壺さかつぼ。青銅製で、横断面が丸いもの。➡漢「しょう(鍾)」

しょう【×簫】セウ 中国の管楽器で、縦笛の一種。複数の竹管を束ねた排簫はいしょうと、単管の洞簫どうしょうとがある。

しょう【鐘】❶つるして打ち鳴らすかねの総称。梵鐘ぼんしょう・半鐘など。❷中国古代の打楽器。青銅製のつり鐘で、下底部が弧状に切れ上がっている。音階をなす一組のものを編鐘という。➡漢「しょう(鐘)」

しょ・う【▽背▽負う】しょふ〔動ワ五(ハ四)〕《「せおう」の音変化》❶背中に担ぐ。せおう。「荷物を―・って歩く」❷厄介なこと、迷惑なことなどを引き受ける。「重大な責任を―・わされた」❸(「しょってる」の形で用いて)思い上がる。うぬぼれる。「ハンサムだと思うなんて、―・ってるね」可能しょえる

背負って立・つ ある組織や団体の中心となり、その活動・発展のささえとなる。また、全責任を一人で負う。「会社を―・つ」

し-よう【子葉】エフ 種子が発芽して最初に出る葉。胚はいの一部分で、普通の葉と形の異なるものが多く、単子葉植物では1枚、双子葉植物では2枚のものが多い。

し-よう【止揚】ヤウ〔名〕スル ▶アウフヘーベン

し-よう【仕様】ヤウ《「し」は動詞「す」の連用形》❶物事をする方法。しかた。やりかた。「まだほかに―があるだろう」❷機械類や建築物などの構造や内容。「―の一部を変更する」

類語仕方・方法・遣やり方・仕振り・遣やり様よう・方式・流儀・遣やり口・伝でん・致し方・手段・手口・メソッド・方途・機軸・定石・てだて・術・方便・術計

仕様がな・い ❶うまい方法がない。「自分でするより―・い」❷始末におえない。「―・い怠け者だ」補説現在では多く「しょうがない」と発音される。

仕様がなければ茗荷みょうがある 「仕様がない」の「しようが」に「生姜しょうが」を掛けた言葉遊び。

仕様もな・い くだらない。ばかばかしい。「―・いこと」補説多く「しょうもない」と発音される。

し-よう【史要】エウ 歴史の要点。また、それを記したもの。「国語―」

し-よう【至要】エウ〔名・形動〕非常に大切なこと。また、そのさま。「―な議案を優先審議する」

し-よう【私用】〔名〕スル ❶私事に用いること。「社用封筒を―する」「―電話」⇔公用。❷自分個人の用事。私事。「―で早退する」⇔公用。

類語小用こよう・小用しょうよう・雑用・雑事・野暮用・公用・用

し-よう【私×傭】私人が雇うこと。また、私人に雇われること。

し-よう【使用】〔名〕スル 人や物を使うこと。「会議室を―するには許可がいる」「ストロボの―は御遠慮ください」類語利用・活用・運用・行使・使役しえき・所用・盗用・悪用・転用・流用・通用・試用・引用・援用・適用・逆用・誤用・乱用・愛用・常用・応用・善用

し-よう【枝葉】エフ ❶樹木の枝と葉。えだは。❷物事の本質にかかわりのない部分。主要でない部分。「―の問題にこだわる」

類語端・些事さじ・小事・細事・末節・枝葉末節

し-よう【姿容】顔かたちや姿。みめかたち。容姿。

し-よう【施用】〔名〕スル 目的に当てはめて使用すること。「その後、この道理を普く百事に―することに進むなり」〈中村訳・自由之理〉

し-よう【試用】〔名〕スル ためしに使ってみること。「新薬を―する」

し-よう【資用】必要とする経費。費用。

し-よう【飼養】ヤウ〔名〕スル 動物に食料を与えて養い育てること。「家畜を―する」類語飼育・育てる

じょう【上】ジヤウ ㊀〔名〕❶質の程度・価値・等級・序列などが高いこと。標準よりすぐれていること。また、その記号にも使う。「中の―の生活」「握りずしの―をたのむ」⇔下。❷本を2冊または3冊に分けたときの、第1冊。上巻。「―の巻」⇔下。❸「上声じょうしょう」に同じ。❹進物などの包み紙に書く語。「奉る」「差し上げます」の意。㊁〔接尾〕名詞に付いて、…に関して、…の面で、…の上で、などの意を表す。「一身―の都合」「経済―の理由」「行きがかり―そうせざるを得なかった」➡漢「じょう(上)」

じょう【丈】ヂヤウ ㊀〔名〕❶尺貫法の長さの単位。10尺。1丈は、かね尺で約3.03メートル、鯨尺で約3.79メートル。❷たけ。長さ。「―の短い反物」❸「杖じょう❷」に同じ。㊁〔接尾〕❶歌舞伎俳優などの芸名に付けて、敬意を表す。「尾上菊五郎―」❷男性の名前の下に付けて、尊敬の意を表す。「これ新兵衛―」〈浄・いろは蔵三組盃〉➡漢「じょう(丈)」

じょう【×丞】律令制で、省の第三等官。➡判官じょう ➡漢「じょう(丞)」

じょう【判＝官】律令制で、四等官の第三位。庁内の取り締まり、主典の作る文案の審査、宿直の割り当てなどをつかさどった。官司により用字が異なる。

じょう【条】㊀〔名〕❶箇条書きにした一つ一つの項目。条項。「一を追って審議する」❷…のこと。…の件。「先般お申し越しの一、承知いたしました」❸接続助詞的用法。㋐…によって。…の故に。現代文では候文の手紙などに用いる。「殊勝に候一、差し許すべく候」㋑(「とは言い条」の形で)…ものの。…ても。「天候のせいとは言い一配達が遅れて申し訳ない」❹古代の都城区画。➡条坊 ❺古代の土地区画。➡条里制 ㊁〔接尾〕❶細長いものを数えるのに用いる。「帯一一」「一一の川」❷いくつかに分かれた事項の数を数えるのに用いる。「十七一の憲法」「第一一」➡漢「じょう(条)」

じょう【×杖】❶律の五刑の一。つえで罪人を打つ刑。その数60回から100回まで10回刻みの5等級に分かれ、笞より重く、徒より軽い。杖刑。杖罪。❷中世、田地の面積の単位。1杖は1段の5分の1で72歩。丈。➡漢「じょう(杖)」

じょう【状】㊀〔名〕❶実際のありさま。すがた・かたちや、なりゆき。「混乱の一をつぶさに報告する」❷手紙。書状。「貴兄よりの一拝受致しました」㊁〔接尾〕名詞に付いて、…のような形である、…に似たようすである、などの意を表す。「釣り鐘一の花」「クリーム一」➡漢「じょう(状)」〔類語〕手紙・書簡・書信・書状・書面・紙面・信書・私信・私書・書・一書・手書・親書・手簡・書札・尺牘・書牘・雁書・消息・便り・文・玉章・レター・封書・はがき・絵はがき・郵便

じょう【定】㊀〔名〕❶それと決まっていること。また、いつもそうすること。「『ろおれんぞ』のいる方へ眼づかいをするが一であった」〈芥川・奉教人の死〉❷確かなこと。真実。「嗅も嘗められたというが一かや」〈逍遥・役の行者〉❸(修飾する語を受けて)その通りであること。「案の一」❹仏語。精神を集中して心を乱さないこと。三昧。禅定。❺弓の弦の中心を麻で巻いて太くし矢筈をかけるところ。さぐり。❻(限度・範囲の意から転じて、接続助詞的に用いて)…であるものの。…とはいうものの。「小兵といふ一十二束三伏弓は強し」〈平家・一一〉㊁〔副〕必ず。きっと。「一、千年万年の齢をたもち」〈虎寛狂・松脂〉➡漢「てい(定)」

定に入・る　精神を統一して、何事にも気持を動かされない境地にはいる。「一・って、宿命通を得て過現を見給ふに」〈太平記・二〉

じょう【×帖】㊀〔名〕折り本。折り手本。また、屏風など折り本ふうに仕立てたもの。㊁〔接尾〕助数詞。❶折り本・屏風・盾や僧の袈裟などを数えるのに用いる。「宇治十一」❷幕を二張りずつまとめて数えるのに用いる。「天幕五一」❸紙・海苔などをひとまとめにして数えるのに用いる。美濃紙は48枚、半紙は20枚、ちり紙は100枚、海苔は10枚を1帖とする。❹「畳」に同じ。「六一間」➡漢「じょう(帖)」

じょう【乗】㊀〔名〕❶掛け算。乗法。「加減一除」❷史書。歴史。❸乗り物。「古へ屈産の一、項羽が騅」〈太平記・一三〉㊁〔接尾〕助数詞。❶同じ数を掛け合わせる回数を示す語。「二の二一」❷車の数を数えるのに用いる。「千一の兵車」➡漢「じょう(乗)」

じょう【城】とりで。しろ。城郭。「一の内より石弓はづしかけたりければ」〈平家・二〉➡漢「じょう(城)」

じょう【▽尉】❶老翁。おきな。特に能で、老翁の役。また、それに用いる能面。⇔姥。❷炭火の白い灰となったもの。「あらかた一になりかけた炭火」〈里見弴・安城家の兄弟〉❸律令制で、衛府・検非違使の第三等官。➡判官

じょう【情】❶物に感じて動く心の働き。感情。「憂国の一」「好悪の一」「知一意」❷他人に対する思いやりの気持ち。なさけ。人情。「一の深い人」「一にもろい」❸まごころ。誠意。❹意地。❺男女間の愛情。また、情欲。「夫婦の一」「一を交わす」❻事情。いきさつ。「一を明かす」❼おもむき。味わい。趣味。➡漢「じょう(情)」〔類語〕(❶)感情・心情・情動・情操・情感・情緒・情緒・情調・情念・喜怒哀楽・気分・気持ち・気・気色・機嫌・感じ/(❷)人情・情け

情が移・る　接しているうちに、相手に情愛を寄せるようになる。また、ある物事に気持ちが溶け込む。

情が強・い　意地っ張りである。強情である。

情を立・てる　義理立てする。誠意を示す。「男に一・てる」

情を通・ずる　❶敵にひそかに事情を知らせる。内通する。「ライバル会社と一・ずる」❷夫婦ではない男女がひそかに肉体関係を持つ。私通する。

情を張・る　意地を張る。「一・って拒みつづける」

じょう【場】場所。会場。➡漢「じょう(場)」

じょう【×掾】❶律令制で、国司の第三等官。➡判官 ❷近世以降、主として浄瑠璃の太夫に与えられた称号。大掾・掾・少掾の3階級があり、当人1代に限る。「竹本筑後一」

じょう【×諚】貴人・主君の命令。仰せ。➡御諚「御曹子の御一とも覚え候はね」〈保元・中〉

じょう【嬢｜▽娘】㊀〔名〕未婚の女性。むすめ。代名詞のように用いることが多い。「一ちゃん」「お一さん」㊁〔接尾〕❶未婚の女性の氏名に付けて、敬称として用いる。「中村春子一」❷職業を表す語に付けて、その職にたずさわっている女性であることを表す。「アナウンス一」「受付一」➡漢「じょう(嬢)」
〔類語〕ミス・マドモワゼル・ミズ

じょう【錠】・【▽鎖｜×鏁】㊀〔名〕❶他人に開けられないように、ドア・引き出し・金庫などに取り付け、鍵で開閉する装置。「一を掛ける」「一をはずす」❷(錠)錠剤。「ビタミン一」〔補説〕❶は本来「鎖」であるが、後世「錠」の字を当てるようになった。㊁〔接尾〕(錠)助数詞。錠剤の数を数えるのに用いる。「食後二一ずつ服用する」アクセント㊀❶はジョー、㊀❷はジョー。➡漢「じょう(錠)」〔類語〕錠前・鍵・キー・南京錠・合い鍵

錠を下ろ・す　❶しっかりと鍵を掛ける。「金庫の一・す」❷他を受け入れず、かたくなになる。「心に一・す」

じょう【畳】〔接尾〕助数詞。たたみの数を数えるのに用いる。「六一の部屋」「千一敷」➡漢「じょう(畳)」

じ-よう【次葉】書籍などで、次にある紙。また、次のページ。「一の図を参照せよ」

じ-よう【自用】〔名〕スル ❶自分が使うこと。自家用とすること。「米を作って一する」❷自分の用事。私用。「主用がなければ一を足し」〈円朝・怪談牡丹灯籠〉❸他人の意見を聞き入れないで、かってに振る舞うこと。「彼の光賢愚にして一を好むものなれども」〈地蔵菩薩霊験記・三〉

じ-よう【時様】その時代のはやりの風習。「衣服欧州大陸の一を帯び」〈織田訳・花柳春話〉

じ-よう【滋養】からだの栄養となること。また、そのもの。「一をとる」「一物」〔類語〕栄養・養分

しょう-あい【性合(い)】❶性質。たち。「一が異なる」❷互いの性格がよく合うこと。相性のよいこと。「一のよい夫婦」❸貨幣の、純金または純銀と混和物との割合。貨幣の品位。「一のよい金」

しょう-あい【×鍾愛】〔名〕スル《「鍾」は集める意》たいそう好きこのむこと。大切にしてかわいがること。「一すること大方ならず」〈谷崎・春琴抄〉

じょう-あい【情合(い)】思いやりや愛情。「兄の声の中に何時にない一を感じました」〈芥川・雛〉

じょう-あい【情愛】いつくしみ愛する気持ち。深く愛する心。なさけ。愛情。「夫婦の一」〔類語〕愛着

しょうあい-ぞめ【正藍染(め)】熱を加えないで自然に発酵させた藍液を用いて行う藍染め。

しょう-あく【小悪】小さな悪事。⇔大悪。

しょう-あく【性悪】▶せいあく(性悪)

しょう-あく【掌握】〔名〕スル《手ににぎる意》自分の思いどおりにすること。全面的に自分の支配下に置くこと。「政権を一する」「部下を一する」
〔類語〕握る・押さえる・制する・確保・保持・支配・独占・占有・手中に収める・我が物にする

しょう-アジア【小アジア】《Asia Minor》アジアの西端にあり、トルコの大半部を占める、地中海と黒海に挟まれた半島。アナトリア。

しょうあみ【正×阿▽弥】鐔工の一派。また、その手になる鐔。室町末期に京で興り、初期のものは古正阿弥という。伊予・阿波・会津ほか各地に分派が生じ、鉄地に金象眼を施した作品が多い。

しょう-あん【小安｜少安】❶少し安らかなこと。しばらく安心であること。「一を得る」❷小成に満足して大志のないこと。「一に安んずる」

しょう-あん【小×庵】小さないおり。狭い草庵。

しょうあん【正安】鎌倉後期、後伏見天皇・後二条天皇の時の年号。1299年4月25日～1302年11月21日。

しょうあん【承安】《「じょうあん」とも》平安末期、高倉天皇の時の年号。1171年4月21日～1175年7月28日。

しょう-あん【硝安】硝酸アンモニウムの、工業製品としての略称。

しょうアンティル-しょとう【小アンティル諸島】《Lesser Antilles》西インド諸島のうち、バージン諸島から南アメリカ大陸北東岸までの間に点在するカリブ海の小島群。火山島が多い。バルバドス・トリニダード-トバゴのほか、アメリカ・イギリス・オランダ・フランス領の島々がある。➡大アンティル諸島

しょうあん-でん【小安殿】▶こやすみどの

しょうあん-ばくやく【硝安爆薬】硝酸アンモニウムを基剤とする爆薬。ふつうは少量のニトロ化合物を加えた炭鉱用爆薬をいう。

しょう-あん-ほう【消安法】「消費生活用製品安全法」の略称。

しょうあんゆざい-ばくやく【硝安油剤爆薬】▶アンホ(ANFO)

しょう-い【小異】少しの違い。「大同一」
〔類語〕違い・相違・異同・誤差・差異・大同小異

小異を捨てて大同に就く　少しくらいの意見の違いがあっても、大ぜいの支持する意見に従う。

しょう-い【少尉】軍隊の階級で、尉官の最下位。

しょう-い【正位】❶位階で、同一等級を二つに分けたうちの上位のもの。従位の上の位。⇔従位。❷悟りによって確立した位。仏教用語であるが、歌論・能楽論などにも用いられる。

しょうい【松意】▶田代松意

しょう-い【称唯】▶いしょう(称唯)

しょう-い【焼×夷】焼き払うこと。

しょう-い【傷×痍】❶からだに受けた傷。けが。❷心に受けた痛手。「一未だ癒えず」〔類語〕怪我

じょう-い【上衣】上に着る衣服。うわぎ。

じょう-い【上位】順位・地位・位置が上であること。「一の入賞者」⇔下位。〔類語〕上手・上手・上部・上方・高み・優位・優越・高位・上席

じょう-い【上医】診断や治療の上手な医者。

上医は国を医す　《「国語」晋語から》すぐれた医者は、国の疾病である戦乱や弊風などを救うのが仕事であって、個人の病気を治すのはその次である。

じょう-い【上意】❶主君・支配者の意見、または命令。⇔下意。❷江戸時代の将軍の命令。〔類語〕命令・言い付け・命・令・指令・下命・指示・指図・号令・発令・沙汰・主命・君命・達し・威令・厳令・厳命

じょう-い【浄衣】▶じょうえ(浄衣)

じょう-い【常衣】平常に着る衣服。ふだん着。

じょう-い【常居】家の中で、家族がいつもいる部屋。居間。

じょう-い【情意】思い。気持ち。「一相通じる」

じょう-い【×諚意】貴人または上官の命令の趣旨。仰せの趣。「上より自殺せよと一あらば逃るるに便なけれど」〈逍遥・桐一葉〉

じょう-い【×攘×夷】外敵を追い払って国内に入れないこと。➡攘夷論

じょう-い【譲位】〔名〕スル　天皇や君主がその位を譲ること。

じょうい-うち【上意討ち】主君の命を受けて、罪人を討つこと。

じょうい-がいねん【上位概念】論理学で、二

つの概念が外延に関して包括・被包括の関係にあるとき、包括するほうの概念。例えば、動物や植物に対する生物。高級概念。⊖下位概念。

じょうい-かたつ【上意下達】上位の者や上層部の命令・意向を、下に伝えること。⊖下意上達。補説この語の場合、「下」を「げ」とは読まない。

しょうい-かんしょく【宵衣×旰食】《「唐書」劉蕡伝から》夜がまだ明けきらぬうちに起きて衣服を着け、夜遅く食事をとること。天子が政治に精励することをいう。宵旰。

じょう-いき【浄域】❶神聖な地域。社寺の境内。また、宗教上の霊地。❷極楽浄土。浄土。

しょうい-ぐんじん【傷×痍軍人】戦闘や公務で負傷した軍人。

じょうい-ごかん【上位互換】機能や性能で上位に位置付けられるソフトウエアなどの製品が、下位の既存製品のデータやファイルを扱えること。

しょうい-ざい【焼×夷剤】爆弾や火炎放射器などに詰めて、敵兵を焼殺したり、陣地や施設などを焼き払ったりするのに使う薬剤。黄燐・揮発油・テルミットなど。

じょうい-しぼう【上位子房】花びら・萼(がく)のつく位置より上にある子房。アブラナ・イネなど。子房上位。

しょうい-だん【焼×夷弾】敵の建造物や陣地を焼くことを目的とした砲弾や爆弾。可燃性の高い焼夷剤と少量の炸薬(さくやく)を充填(じゅうてん)する。黄燐(おうりん)焼夷弾・油脂焼夷弾・エレクトロン焼夷弾などがある。

しょう-いち【小一】小学校の一年生のこと。小学一年生。

しょう-いちい【正一位】❶諸王および諸臣に与えられる最高位の位階。❷明治以前、神社に与えられた最高位の神位。また、特に稲荷神社のこと。

しょういちこくしかなほうご【聖一国師仮名法語】鎌倉時代の法語集。1巻。聖一国師円爾弁円(えんにべんえん)著。虎関師錬(こかんしれん)編。上堂・小参のほか、偈頌(げじゅ)や書簡を収録。聖一国師東福禅寺語録。

しょういち-プロブレム【小一プロブレム】小学校入学直後の児童に見られる問題行動。授業中に落ち着いて話を聞くことができず、騒いだり、歩き回り、注意されると感情的になるなどして、集団行動がとれず、学校生活に適応できない。制約の少ない幼稚園・保育園と規則の多い小学校の環境の格差、家庭教育の欠落・不足による基本的生活習慣・自制心の獲得の遅れなどが原因とされる。

じょうい-とうごう【情意投合】〔名〕スル　互いに思うこと、考えていることが通じ合うこと。

じょうい-ろん【×攘×夷論】江戸末期、外国との通商に反対し、外国を撃退して鎖国を通そうとする排外思想。のちに尊王論と合流して討幕運動の主潮をなした。

しょう-いん【小引】短い序文。小序。

しょう-いん【小飲】〔名〕スル　小人数で酒盛りをすること。小宴。小酌。「共に『カイ』楼に―す」〈柳北・航西日乗〉

しょう-いん【正因】仏語。物事の直接的な原因。⊖縁因。

しょう-いん【正員】❶正規の職員。正官。➡権官(ごんかん) ❷中世、代官に対する本人の称。

しょう-いん【正院】▶せいいん(正院)

しょう-いん【承×允】〔名〕スル　聞き入れ承知すること。「薬材を秤量せんことを勧めければ、卯格林(ヴァーグリン)これを―せり」〈中村訳・西国立志編〉

しょう-いん【承引】〔名〕スル　承知して引き受けること。承諾。「会長就任の要請を―する」類語承知・了承・了解・承諾・承認・承服・納得・同意・受諾・応諾・許諾・受け入れる・聞き入れる・うべなう・うけがう・がえんずる・諾する・応ずる・引き受ける・承(うけたまわ)る

しょう-いん【招引】招き寄せること。「直冬を左兵衛督の方へぞ―せられける」〈太平記・二六〉

しょう-いん【松韻】松に吹く風の音。松籟(しょうらい)。

しょう-いん【省印】❶内閣各省の印章。❷律令制における各省の印章。

しょう-いん【勝因】❶勝利の原因。⊖敗因。❷仏語。すぐれた因縁。善果をもたらす善因。

しょう-いん【証印】〔名〕スル　証明するために押す印。また、それを押すこと。「許可書に―する」
類語捨て印・契印・割り印・検印・消印・烙印(らくいん)・合い判・朱印・合い印・連判・調印

しょう-いん【▽請印】律令制で、公文書に内印または外印を捺印する儀式。

じょう-いん【上院】上下両院で構成される議会の一院。日本では、明治憲法下の貴族院、現在の参議院がこれにあたる。米国などの連邦国家では、各州の代表で組織。⊖下院。

じょう-いん【冗員】むだな人員。

じょう-いん【定印】密教で、定に入っていることを示す印相(いんそう)。両手をへその下で重ねる形。

じょう-いん【乗員】船舶・列車・航空機などに乗り組み、任務に就いている者。乗組員。乗務員。

じょう-いん【剰員】余分の人員。余った人員。

じょう-いん【畳韻】❶韻が同じ漢字2字を重ねること。また、その熟語。「辟易(へきえき)」「艱難(かんなん)」などの類。❷同じ韻で詩を作ること。

しょう-いんしん【小陰唇】女性の外部生殖器の一部。大陰唇の内側のひだで、左右にある。

しょういん-じんじゃ【松陰神社】㊀東京都世田谷区にある神社。祭神は吉田松陰。明治15年(1882)松陰が葬られた地に創建。㊁山口県萩市にある神社。祭神は吉田松陰。明治40年(1907)松陰の誕生地に創建。

しょういん-だいがく【松蔭大学】神奈川県厚木市にある私立大学。平成12年(2000)松蔭女子大学として開学。同16年男女共学となり現校名に改称。

しょう-う【小雨】少し降る雨。こさめ。
類語霧雨・小雨(こさめ)・糠雨(ぬかあめ)・小糠雨

しょう-う【生有】仏語。四有(しう)の一。衆生(しゅじょう)がどこかに生まれる瞬間。

しょう-う【▽請雨】雨が降るように神仏に祈ること。雨乞い。

じょう-うち【常打ち】〔名〕スル　一定の場所で、きまった演劇や芸能が興行されること。

しょう-うちゅう【小宇宙】❶人間のこと。人間と宇宙とに類比関係があると考える立場から、宇宙を大宇宙としたのに対していう。ミクロコスモス。❷▶銀河❷

しょう-うつし【生写し】❶「いきうつし❶」に同じ。「きりやうは故人の路考(ろかう)を―」〈人・梅児誉美・三〉❷「いきうつし❷」に同じ。「根付の―は公輸子(こうゆし)が工(たく)に勝り」〈洒・風俗問答〉

しょううつしあさがおばなし【生写朝顔話】浄瑠璃。時代物。15段。山田案山子(やまだのかかし)(近松徳叟(ちかまつとくそう))遺稿、翠松園主人校補。天保3年(1832)初演。講釈師司馬芝叟(しばしそう)の長話「蕣(あさがお)」を脚色したもの。今日、人形浄瑠璃・歌舞伎とも深雪(みゆき)と宮城阿曽次郎(のちに駒沢次郎左衛門)との情話を中心に上演している。生写朝顔日記。朝顔日記。

しょうう-ほう【▽請雨法】密教で、日照りのとき、諸大竜王を勧請(かんじょう)して降雨を祈る修法。請雨経法。

しょう-うん【×昌運】栄えゆく運。盛運。隆運。

しょう-うん【祥雲】めでたい雲。吉兆の雲。瑞雲(ずいうん)。「瑞気(ずいき)―」

しょう-うん【商運】商売上の運。

しょう-うん【勝運】勝負に強い運。勝ち運。「―に恵まれる」

じょううん-ぶし【浄雲節】▶薩摩節(さつまぶし)(浄瑠璃)

しょう-え【正絵】実際の織物の模様と同一の大きさ・色彩で描いた下絵図。

じょう-え【定×慧】互いにかかわり合って仏道を成就させる関係にある、禅定と智慧。

じょう-え【浄▽衣】《清浄な衣服の意》❶白布または生絹(すずし)で仕立てた狩衣(かりぎぬ)形の衣服。神事・祭祀(さいし)などに着用。❷僧が着る白い衣服。

じょう-え【浄×慧】仏語。清浄な智慧。煩悩(ぼんのう)に曇らされない、悟りの智慧。

じょう-え【浄×穢】清浄なものと、けがれたもの。また、浄土と穢土。

しょう-えい【省営】内閣の省が経営すること。もとの鉄道省の経営による事業など。

しょう-えい【唱詠】詩歌を吟ずること。吟詠。

しょう-えい【照映】〔名〕スル　照り映えること。照り輝くこと。「偉業は古今に―する」

しょう-えい【照影】❶映った影。❷写真・絵画による肖像。

しょう-えい【×誦詠】詩歌・文章などを声に出して読むこと。詠誦。

しょう-えい【障×翳】覆いかざすこと。かざして光や風雨を防ぐこと。また、覆いかざすもの。

しょう-えい【×觴詠】《「觴」はさかずきをさす意》酒を飲み、詩歌を吟詠すること。

じょう-えい【上映】〔名〕スル　映画をうつして観客に見せること。「話題作が―される」「好評―中」
類語映写・投影・映す・試写・クローズアップ・大写し

じょうえい【貞永】鎌倉前期、後堀河天皇・四条天皇の時の年号。1232年4月2日～1233年4月15日。

じょうえい-しきもく【貞永式目】▶御成敗式目(ごせいばいしきもく)

しょう-えき【小駅】❶小さな鉄道駅。❷小さな宿場。

しょう-えき【×漿液】粘性物質を含まない、比較的さらさらした透明な分泌液。胃液などの消化液、漿膜からの分泌液など。

しょう-えき【×瘴疫】瘴気に当たって起こるとされた流行性の熱病。

じょう-えき【定役】▶ていえき(定役)

しょうえき-ち【承役地】地役権の設定によって、要役地の利用価値を増すために供される土地。要役地のために通路となる土地など。

しょうえき-まく【×漿液膜】▶漿膜(しょうまく)❸

じょう-えつ【上越】㊀上野(こうずけ)と越後(えちご)。㊁新潟県南西部の地域名。かつて、越後を都に近い方から上越後・中越後・下越後と呼んだ時の南部地方の略称。現在、上越市を中心とする頸城(くびき)地方をいう。➡中越　➡下越　㊂新潟県南西部の市。昭和46年(1971)、高田・直江津両市の合併で成立。高田はもと松平氏の城下町、直江津はその外港として発達。市西部に春日山城跡、日本スキー発祥地の金谷山(かなやさん)スキー場などがある。平成17年(2005)1月に周辺13町村を編入。人口20.4万(2010)。

じょう-えつ【上謁】❶自分の姓名を告げて面会を求めること。❷目上の人に面会すること。

じょうえつ-きょういくだいがく【上越教育大学】新潟県上越市にある国立大学法人。教員養成を目的として昭和53年(1978)開学。平成16年(2004)国立大学法人となる。

じょうえつ-し【上越市】▶上越㊂

じょうえつ-しんかんせん【上越新幹線】大宮と新潟を結ぶ新幹線。高崎線・上越線等に並走する。昭和57年(1982)開業。列車は平成3年(1991)東京まで直通。運行列車は「とき」「たにがわ」。全長303.6キロ。

▷ **上越新幹線の駅**
東京―上野―大宮―熊谷―本庄早稲田―高崎―上毛高原―越後湯沢―浦佐―長岡―燕三条―新潟
[注]越後湯沢―ガーラ湯沢の支線もある

じょうえつ-せん【上越線】高崎線高崎から信越本線宮内に至るJR線。昭和6年(1931)開通。本州中央部山岳地帯を横断、清水トンネル・新清水トンネルがある。全長162.6キロ。

じょう-えど【常江戸】大名またはその家臣が、参勤交代をせずに、常に江戸に在勤すること。また、その大名や家臣。常府。

しょう-エネ【省エネ】「省エネルギー」の略。

しょうエネ-ほう【省エネ法】《「エネルギーの使用の合理化に関する法律」の通称》燃料資源を有効に利用するため、工場・事業場などにおけるエネルギー使用の合理化を目的として定められた法律。昭和40～50年代のオイルショックを契機として昭和54年

(1979)に施行された。平成20年(2008)の改正により、それまで工場・事業場ごとに行っていたエネルギー管理を企業全体で行うことが義務付けられた。省エネルギー法。
しょうエネ-ラベル【省エネラベル】シャウ エネルギー消費機器の省エネ性能を表示するラベル。ECCJ(省エネルギーセンター)が情報を提供。平成12年(2000)8月にJIS規格として導入された。ラベルには国の目標値を達成しているかどうか、省エネ基準の達成率、達成目標年度、エネルギー消費効率などの情報が記載。省エネ型製品の普及・促進を目的とし、エアコン・テレビ・冷蔵庫・パソコンなど18品目に表示。
しょう-エネルギー【省エネルギー】シャウ 石油・電力・ガスなどのエネルギーを効率的に使用し、その消費量を節約すること。省エネ。
しょうエネルギー-ほう【省エネルギー法】シャウ…ハフ ▶省エネ法
しょうエネ-ルック【省エネルック】シャウ 第二次オイルショック(昭和54年)の影響を受け、省エネルギーのために提唱された夏用の紳士服。ジャケットを半袖にしたスーツなどを大平首相らが着用し、政府主導で進められたが、定着しなかった。➡クールビズ
じょうえ-ふに【浄×穢不二】ジャウヱ 仏語。清浄な悟りと不浄な煩悩とは対立するものと思われるが、真如の上では差別がなく同一であること。
しょう-えん【小円】セウヱン 数学で、球を、中心を通らない平面で切ったときの切り口の円。
しょう-えん【小宴】セウ 小人数の宴会。また、自分の主催する宴会をへりくだっていう語。
しょう-えん【小園】セウヱン 小さい庭園。小さい菜園。
しょう-えん【招宴】セウ 宴会に招くこと。また、人を招待して催す宴会。「—にあずかる」
しょう-えん【松煙|松×烟】❶松を燃やすときに立ちのぼる煙。また、たいまつの煙。❷樹脂に富んだ松などを不完全燃焼させて作った煤(すす)。黒色顔料として印刷インクや靴墨などに用いる。❸「松煙墨」の略。❹墨(すみ)の異称。「国司—を積みて、御前に置きたりけり」〈著聞集・三〉
しょう-えん【▽荘園|×庄園】シャウヱン ❶奈良時代から戦国時代にかけて存在した中央貴族や寺社による私的大土地所有の形態。また、その私有地。個人が開墾したり、他人からの寄進により大きくなった。鎌倉末期以後、武士に侵害されて衰え、応仁の乱および太閤検地(たいこうけんち)で消滅。荘。そうえん。➡寄進地系荘園 ➡自墾地系荘園 ❷中世、ヨーロッパに一般的に現れた、封建的領主権の性格をもつ土地所有形態および領主支配の単位。領主直営地、および領主がある種の特権をもって賦役を課する農民保有地からなる。❸中国で、貴族・寺院・武人・官僚・豪族などの大土地所有形態。唐代以降発達した。
しょう-えん【消炎】セウ 炎症を消し去ること。
しょう-えん【硝煙|硝×烟】セウ 火薬の発火によって生じる煙。(類語)砲煙
しょう-えん【×瘴煙|×瘴×烟】シャウ 瘴気を含んだもや。悪気や毒気を含んだもや。「一立てる、深き池沼に囲まれたる大牢獄」〈鴎外訳・即興詩人〉
しょう-えん【蕭衍】セウ ▶武帝(ぶてい)㊂
じょう-えん【上演】ジャウ〔名〕スル 観客に見せるために劇などを舞台で演じること。「新作を—する」(類語)公演
じょう-えん【情炎】ジャウ 激しく燃え上がる欲情。「—に身を焦がす」
じょう-えん【情縁】ジャウ 男女の間をつなぐ縁。「友の言に従いて、この—を断たんと約しき」〈鴎外・舞姫〉
じょうえんかほう-ふん【上円下方墳】ジャウヱンカハウ 方形の上に円形を重ねた墳丘をもつ古墳。7世紀後半に発達。天智天皇陵がその例。
しょうえん-ざい【消炎剤】セウエン 炎症をしずめる薬剤。副腎皮質ホルモン剤などの消炎酵素剤、消炎鎮痛剤がある。抗炎症剤。
しょう-えんじ【生×臙脂】シャウ 江戸時代に中国から渡来した鮮やかな紅色の染料。エンジムシの一種が寄生した樹脂から採取し、絵画の彩色や友禅染・更紗染(さらさぞめ)などに用いる。臙脂。
しょうえん-ずみ【松煙墨】松の枝や根を燃やして得たすすをにかわで固めてつくった墨。➡油煙墨
しょうえんせいり-れい【▽荘園整理令】シャウヱンセイリ 平安時代、荘園の増加を抑えるために出された法令。延喜2年(902)以降たびたび発令されたが、十分な効果はあがらなかった。
しょうえん-だんう【硝煙弾雨】セウエン 火薬の煙が立ちこめ、弾丸が雨のように飛ぶこと。激しい戦場の光景の形容。砲煙弾雨。「—をくぐり抜ける」
しょうえん-はんのう【硝煙反応】セウエンハンオウ 銃を発射した際に手や着衣などに付着した硝煙を検査するために、ジフェニルアミンで紫色に発色させるなどの化学反応。鑑識法の一として犯罪捜査などに用いる。
しょう-えん-ぼ【声縁×菩】シャウ 声聞(しょうもん)と縁覚(えんがく)と菩薩(ぼさつ)。
しょうえん-ほう【消炎法】セウエンハフ 炎症を治す方法。全身には消炎剤、局部には罨法(あんぽう)などが用いられる。
しょうおう【正応】シャウオウ 鎌倉後期、伏見天皇の時の年号。1288年4月28日〜1293年8月5日。
しょうおう【承応】《「じょうおう」とも》江戸前期、後光明天皇・後西天皇の時の年号。1652年9月18日〜1655年4月13日。
しょうおう【松翁】ショウヲウ 室町時代の隠士。説話集「吉野拾遺」の編者といわれる。生没年未詳。
しょう-おう【商鞅】シャウアウ [?〜前338]中国、戦国時代の政治家。衛の公子。秦の孝公に仕え、法家的改革を断行して秦を富強にし、商に封ぜられたが、強圧的な改革と厳しい信賞必罰の政策が旧貴族の反発を買い、孝公の死後、車裂きの刑に処せられた。商君。
しょう-おう【照応】セウ〔名〕スル 二つのものが互いに関連し、対応すること。特に、文章の前と後の文句が互いに対応していること。「首尾が—する」
しょう-おう【蕉翁】セウヲウ 松尾芭蕉を敬っていう語。
じょう-おう【▽女王】ヂョワウ ▶じょおう(女王)
じょうおう【貞応】ヂャウオウ 鎌倉前期、後堀河天皇の時の年号。1222年4月13日〜1224年11月20日。
じょうおう【紹鴎】ゼウオウ ▶武野紹鴎(たけのじょうおう)
じょうおう-しがらき【▽紹×鴎▽信▽楽】ゼウオウ 武野紹鴎が好んで焼かせた信楽焼の茶陶。
じょうおう-だな【▽紹×鴎棚】ゼウオウ 茶の湯に用いる棚の一。武野紹鴎の好みと伝える、炉専用の大きな棚。檜(ひのき)材の春慶塗で、下に2枚引きのふすまのある地袋がつき、その上に4本柱で天板がのる。
しょう-おく【小屋】セウヲク ❶小さな家。こや。❷自分の家をへりくだっていう語。
じょう-おく【場屋】ヂャウヲク ❶昔、中国で、官吏採用試験を行った場所。挙場。❷芝居小屋。演芸場。
しょう-おん【小音】セウ 小さい音。小さい声。
しょう-おん【小恩|少恩】セウ わずかな恩恵。また、恩恵の少ないこと。
しょう-おん【消音】セウ 雑音や爆音などを消すこと。音が外に聞こえないようにすること。
じょう-おん【上音】ジャウ ❶高い調子の声。高声。❷ある発音体の発する音のうち、基音よりも振動数の多い音。倍音など。
じょう-おん【常温】ジャウヲン ❶常に一定した温度。恒温。「—を保つ」❷熱したり冷やしたりしない自然な温度。ふつう、セ氏15度をいう。「—では液体の物質」「—で六〇日保存可能」❸一年中の平均温度。(類語)定温・恒温
じょう-おん【畳音】デフ 同じ音または音節が重なって、一つの語となったもの。「みみ」「たたく」「めきめき」など。
じょうおん-かこう【常温加工】ジャウヲン ▶冷間加工
しょうおん-き【消音器】セウオン ❶内燃機関などの排気音を小さくする装置。マフラー。❷銃砲の発射音などを減少させる装置。サイレンサー。
しょう-か【上下】シャウ〔名〕スル ❶うえとした。じょうげ。❷身分の高い人と低い人。統治者と人民。「尚—長少の義理人情を重んじ」〈福沢・福翁百話〉❸あがることとさがること。あがりさがり。あげさげ。「結論の価値を—しやすい思索家」〈漱石・三四郎〉❹意見や言葉をやりとりすること。「彼は倦まずに其等の人と議論を—した」〈虚子・柿二つ〉
しょう-か【小火】セウクワ ❶わずかな火。小さな火。❷ごく一部だけの火事。ぼや。(類語)火事・小火(ぼや)
しょう-か【小花】セウクワ ❶小さい花。❷多数の小さい花が密集して1個の大きな花のように見える場合、それを構成する一つ一つの花。菊などでみられる。
しょう-か【小家】セウ 小さい家。また、貧しい家。
しょう-か【小×舸】セウ 小さい早舟。小早(こばや)。
しょう-か【小過】セウクワ わずかな過失。
しょう-か【小暇】セウ わずかのひま。寸暇。(類語)暇・いとま・空き・閑暇・小閑(しょうかん)・寸暇・寸閑・余暇(よか)
しょう-か【小×瑕】セウ 小さなきず。また、少しのあやまちや欠点。「他人の—をとがめる」
しょう-か【升×遐|昇×遐】〔名〕スル《はるかな天に昇る意から》天子や貴人が死ぬこと。登遐。昇霞。「昔高帝—したまう時」〈露伴・運命〉
しょうか【正嘉】シャウ 鎌倉中期、後深草天皇の時の年号。1257年3月14日〜1259年3月26日。
しょう-か【生花】シャウクワ 華道の池坊で、生花(せいか)のこと。立花(りっか)を簡略化した小花(しょうか)であるとして「しょうか」と呼ぶ。
しょう-か【生家】シャウ ▶せいか(生家)
しょう-か【昇華】クワ〔名〕スル ❶固体が、液体を経ないで直接気体になること。また、気体が直接固体になること。樟脳(しょうのう)・ナフタリン・ドライアイスなどでみられる。❷物事が一段上の状態に高められること。「作品への執念が芸術に—される」❸精神分析の用語。性的エネルギーが、性目的とは異なる学問・芸術・宗教などの活動に置換されること。(類語)蒸発・気化
しょう-か【松火】クワ たいまつ。
しょう-か【▽荘家|×庄家】シャウ ▶しょうけ(荘家)
しょう-か【将家】シャウ 武将の家柄。武家。「—の出」
しょう-か【消化】セウクワ〔名〕スル ❶生体が体内で食物を吸収しやすい形に変化させること。また、その過程。多くの動物では消化管内で、消化器の運動(物理的消化)、消化液の作用(化学的消化)、腸内細菌の作用(生物学的消化)などによって行われる。「—のいい食べ物」「よくかまないと—に悪い」❷理論や知識などをよく理解して自分のものとして身につけること。「本の内容を—する」❸たまった仕事や商品をさばくこと。「国内市場では—しきれない過剰在庫」「スケジュールを—する」❹形がなくなって他のものに変化すること。「人の魂気…火尽き烟となって空にのぼり、気とともに—して」〈読・英草紙・三〉(類語)こなれ
しょう-か【消火】セウクワ〔名〕スル 火を消すこと。火事を消すこと。「消防車が出動して—する」「—活動」(類語)消防・火消し・消す
しょう-か【消夏|×銷夏】セウ 夏の暑さをしのぐこと。「—法」(類語)消暑・暑さしのぎ・暑気払い
しょう-か【商科】シャウクワ 商業に関する学問・学科。また、商科大学・大学商学部。「—を出た人」
しょう-か【商家】シャウ 商人の家。商店。「—に嫁ぐ」
しょう-か【唱歌】シャウ〔名〕スル《古くは「しょうが」》❶歌をうたうこと。また、その歌曲・歌詞。「戯れかかって、詩吟するやら—するやら」〈二葉亭・浮雲〉❷明治の学制以降昭和16年(1941)までの学校教育における音楽教育の教科名。また、その学習活動や歌曲。「小学—」「文部省—」❸琴・琵琶などの旋律を口で唱えること。「法皇御感の余り、時々は—せさせおはしましける」〈盛衰記・一八〉
しょう-か【×娼家】シャウ 娼婦を置いて客をとる家。遊女屋。女郎屋。妓楼(ぎろう)。
しょう-か【×笙歌】シャウ《古くは「しょうが」》笙に合わせて歌うこと。また、その歌。せいか。
しょう-か【硝化】セウクワ ❶アンモニアが微生物によって酸化され、亜硝酸塩や硝酸塩に変化すること。❷化合物中にニトロ基を導入する反応。
しょう-か【証果】クワ 仏語。修行により悟りの果を得ること。また、その得た悟り。
しょう-か【証歌】語句・用語法などの証拠となる歌。根拠として引用する歌。

しょう‐か【×頌歌】❶ほめたたえる歌。賛歌。❷ ►オード

しょうか【彰化】ｼﾔｳｸﾜ 台湾中西部の都市。八卦山の山頂に大仏がある。チャンホワ。

しょう‐か【×漿果】ｼﾔｳｸﾜ 液果えきかの旧称。

しょう‐か【×樵歌】ｾｳ 木こりのうたう歌。

しょう‐か【×牆下】ｼﾔｳ 垣根のもと。

しょう‐か【蕭何】ｾｳ［?〜前193］中国、前漢の宰相。沛はい(江蘇省)の人。諡おくりなは文終。高祖劉邦りゅうほうに仕え、秦の法制をもとに九章律を作って漢王朝の基礎を固めた。韓信・張良とともに三傑と称された。

しょう‐か【紫陽花】ｼﾔｳ アジサイの別名。

しょうが《語源未詳。歴史的仮名遣いは「せうが」とすることもあるが不明》多く「しょうがには」の形で接続助詞的に用いられる。…した以上は。…したからには。「石地蔵と生れ付た―には」〈二葉亭・浮雲〉

しょう‐が【小我】ｾｳ ❶仏語。凡夫の我。また、個人的な狭い範囲に閉じこもった自我。「―にとらわれる」⇔大我。❷インド哲学で、差別界の自我。他と区別した自我。⇔大我。

しょうが【小雅】ｾｳ 詩経の分類の一。六義りくぎの一つである雅を、大雅とともに構成する。周王朝の儀式・祭祀・宴席などでうたわれた、短い民謡風な歌74編を収める。

しょう‐が【生×薑｜生×姜｜×薑】ｼﾔｳ ❶ショウガ科の多年草。地下茎は辛味と香気とがあり、食用・香辛料にする。茎は高さ30〜60センチで笹のような葉を左右2列に出す。暖地では夏から秋にかけて花茎を伸ばし、紫色の地に黄色の斑点のある花を開くが、日本ではあまり咲かない。また漢方では生姜しょうきょうといい、発汗・健胃薬とする。はじかみ。くれのはじかみ。つちはじかみ。(季 秋)「朝川の―を洗ふ匂かな/子規」❷《根茎の形が握った手に似ているところから》けちな人。「お前のやうなあたじけねえ人を―と申します」〈滑・浮世風呂・四〉

じょう‐か【上下】ｼﾞｬｳ ❶上と下。また、上級と下級。じょうげ。❷二院制議会で、上院と下院。「―両院」

じょう‐か【条下】ﾃﾞｳ 文章の、そのことに該当する部分。「彼はこの―で地の球形説に対して」〈寅彦・ルクレチウスと科学〉

じょう‐か【城下】ｼﾞｬｳ ❶城の下。城のそば。❷城下町。

じょう‐か【浄化】ｼﾞｬｳｸﾜ〔名〕ｽﾙ ❶きれいにすること。清浄にすること。「空気を―する」❷心身の罪やけがれを取り除くこと。社会の悪弊などを除いて、あるべき状態にすること。「腐敗した政治を―する」❸ある地域から他民族を排し、民族構成を単一化すること。➡エスニッククレンジング ❹ ►カタルシス

(類語)清める・純化

じょう‐か【浄火】ｼﾞｬｳｸﾜ 神聖な火。神仏にささげるけがれのない火。

じょう‐か【情火】ｼﾞｬｳｸﾜ 火が燃えるように激しく高ぶる情欲。「―に身を焦がす」

じょう‐か【情歌】ｼﾞｬｳ ❶恋の思いを詠んだ歌。恋歌。❷都々逸どどいつの異称。

じょう‐か【醸家】ｼﾞｬｳ 酒・醤油しょうゆなどを醸造する家。

じょう‐が【嫦娥】ｼﾞｬｳ 中国、古代の伝説上の人物で、月に住む仙女。羿げいの妻で、夫が西王母からもらい受けた不死の薬を盗んで飲み、月に入ったといわれる。姮娥こうが。転じて、月の異称。

しょう‐かい【小会】ｾｳｸﾜｲ 小人数の会合。ささやかな集会。

しょう‐かい【性戒】ｼﾔｳ 仏語。在家・出家を問わず、行為それ自身が本質的に罪悪であるとして禁じた戒律。殺生戒・偸盗ちゅうとう戒・邪淫戒・妄語戒など。

しょう‐かい【性海】ｼﾔｳ 仏語。真如の世界。真如を深く広い海にたとえた語。

しょう‐かい【×哨戒】ｾｳ〔名〕ｽﾙ 敵の襲撃を警戒して、軍艦や飛行機で見張りをすること。「領空を―する」「―飛行」

しょう‐かい【商会】ｼﾔｳｸﾜｲ 商業上の組織。多く、会社・商店の名につけて用いる。(類語)会社・企業・社しゃ・カンパニー・コーポレーション・貴社・御社・小社・弊社

しょう‐かい【商界】ｼﾔｳ 商業の社会。商業界。

しょう‐かい【紹介】ｾｳ〔名〕ｽﾙ ❶未知の人どうしの間に入って引き合わせること。仲立ち。「知人の―で就職する」「友人を家族に―する」「自己―」❷知られていない物事を世間に広く教え知らせること。「雑誌で―された店」「日本文化を海外に―する」「新刊―」

(類語)引き合わせる・世話・取り持ち・口利き・口入れ・口添え・仲立ち・肝煎きもいり・斡旋あっせん・周旋・仲介

しょう‐かい【焼塊】ｾｳｸﾜｲ ►クリンカー

しょう‐かい【照会】ｾｳｸﾜｲ〔名〕ｽﾙ 問い合わせて確かめること。「身元を勤め先に―する」

(類語)参照・参考・参看・参酌・リファレンス

しょう‐かい【詳解】ｼﾔｳ〔名〕ｽﾙ 詳しく解釈し、説明すること。また、そのもの。「近代史を―する」「平家物語―」(類語)明解・例解・訳解

しょう‐がい【少×艾】ｾｳ《「艾」は、美しい意》若くて美しい女。

しょう‐がい【生害】ｼﾔｳ〔名〕ｽﾙ 自殺すること。自害。「信長の嫌疑のために―した」〈鷗外・佐橋甚五郎〉

しょう‐がい【生涯】ｼﾔｳ ❶この世に生きている間。一生の間。終生。副詞的にも用いる。「教育に―をささげる」「―忘れられない出来事」❷一生のうち、ある事に関係した期間。「政治家としての―」❸いのち。生命。「一二賭ケテ」〈日葡〉 (類語)一生・一生涯・人生・一世・一代・今生・一期いちご・終生・畢生ひっせい・終身・ライフ

しょう‐がい【渉外】ｾﾌｸﾞﾜｲ ❶外部と連絡・交渉すること。「―係」❷ある法律事項が、国内だけでなく外国にも関係すること。

しょう‐がい【勝概】すぐれた景色。勝景。「こたび尋ねし―こそは」〈鷗外訳・即興詩人〉

しょう‐がい【傷害】ｼﾔｳ〔名〕ｽﾙ 傷つけること。けがをさせること。「―を負わせる」「―事件」「無辜むこの外人を―する者あらば」〈東海散士・佳人之奇遇〉

(類語)傷付ける・刃傷にんじょう

しょう‐がい【障害｜障×碍｜障×礙】ｼﾔｳ〔名〕ｽﾙ ❶さまたげること。また、あることをするのに、さまたげとなるものや状況。しょうげ。「旧弊が改革の―になる」「―を乗り越える」「電波―」「立憲公議の美政を組織せんと欲せば、之を―し是を非難し」〈東海散士・佳人之奇遇〉❷個人的な原因や、社会的な環境により、心や身体上の機能が十分に働かず、活動に制限があること。「胃腸―」「言語―」❸「障害競走」の略。

じょう‐かい【上界】ｼﾞｬｳ ❶仏語。㋐天上の世界。天上界。下界に対していう。㋑色界と無色界。欲界に対していう。❷数学で、実数の集合のどの数よりも小でない数。

じょう‐かい【上階】ｼﾞｬｳ ❶建物の上のほうの階。❷位階で、上下階のあるうちの上の階。

じょう‐かい【浄戒】ｼﾞｬｳ 仏語。仏によって制せられた、清浄で正しい戒。

じょう‐かい【浄界】ｼﾞｬｳ ❶清浄な地域。寺院・霊地など。❷清浄な世界。浄土。

じょう‐かい【常会】ｼﾞｬｳｸﾜｲ ❶(「定会」とも書く)時期を決めて開く会合。定期的な会合。❷「通常国会」に同じ。

じょう‐かい【情懐】ｼﾞｬｳｸﾜｲ 心の中に思うこと。所懐。「捨て去る時には、かえって生じなかった―に利休をひき入れた」〈野上・秀吉と利休〉

じょう‐がい【城外】ｼﾞｬｳｸﾞﾜｲ ❶城の外。⇔城内。❷城の外へ出て行くこと。都から外へ出て行くこと。「―やし給へりし」〈大鏡・道長下〉

じょう‐がい【場外】ﾁﾞｬｳｸﾞﾜｲ ある場所や会場の外。「聴衆が―にあふれる」「―ホームラン」⇔場内。

(類語)野外・屋外・戸外・野天・露天

しょうがい‐いちじきん【障害一時金】ｼﾔｳｶﾞｲ ❶通勤災害に対して給付される労災保険のうち障害給付の一つ。障害の程度が比較的軽い場合(厚生労働省令で定める障害等級の第8級〜第14級)に支給される。❷軍人・軍属・準軍属として在職中に公務により受傷・罹病し一定程度の障害を負った人に対して国が支給する一時金。

じょうがい‐かぶ【場外株】ﾁﾞｬｳｸﾞﾜｲ 証券取引所(金融商品取引所)で取引されていない株。

しょうかい‐き【×哨戒機】ｾｳｶｲ 一定の区域を受け持って、敵襲の警戒、味方部隊の援護、潜水艦など敵艦船の探知・攻撃、情報の収集などを行う飛行機。

しょうがい‐きそねんきん【障害基礎年金】ｼﾔｳｶﾞｲ 心身に障害を受け、一定の受給要件を満たした人に給付される国民年金。障害の程度により1級と2級とがある。国民年金に未加入であったり、保険料の滞納などがあると給付されない場合がある。子供がある場合はその分が加算される。また、国民年金に加入前、20歳未満で障害を受け、その状態が続いている人にも給付される。➡公的年金 ➡障害厚生年金 ➡障害共済年金 (補説)同じ国民年金の老齢基礎年金(老齢年金)・遺族基礎年金(遺族年金)と併称するときなどに、単に「障害年金」ということもある。

しょうがい‐きゅうふ【障害給付】ｼﾔｳｶﾞｲｷﾌ 通勤災害に対して給付される労災保険の一つ。傷病が治癒した後、一定の障害が残った場合、障害の程度に応じて、障害年金または障害一時金が支給される。また、障害の程度に応じて、障害特別支給金・障害特別年金・障害特別一時金なども支給される。業務災害の場合は障害補償給付という。

しょうかい‐きょう【昇開橋】ｼﾔｳｶｲｹｳ 可動橋の一。大型船舶の通行の際に橋桁はしげたを上昇させて通路を開くようにしたもの。

しょうがい‐きょういく【生涯教育】ｼﾔｳｶﾞｲｹｳｲｸ 生涯にわたって学習や教育の機会が備えられるべきだとする考え方。また、学校・社会・家庭を包括するその教育。受益者の側からは、生涯学習。

しょうがい‐きょうさいねんきん【障害共済年金】ｼﾔｳｶﾞｲ 共済年金に加入している組合員が在職中に傷病によって障害を受けたときに給付される年金。仕組みは障害厚生年金とほぼ同じ。➡障害基礎年金 ➡退職共済年金 ➡遺族共済年金

しょうがい‐きょうそう【障害競走】ｼﾔｳｶﾞｲｷﾔｳｿｳ 馬術競技・競馬で、走路途中に土塁・柵さくなどの障害物を設けて行う競走。

しょうかい‐げんご【照会言語】ｾｳｸﾜｲ《query language》データベースの操作に用いられる言語。データの照会、抽出、条件検索、並べ替えなどのほか、データベースの管理や制御を行えるものもある。代表的なものにSQLがある。問い合わせ言語。

しょうがい‐こうせいねんきん【障害厚生年金】ｼﾔｳｶﾞｲ 厚生年金に加入している人が在職中に傷病によって障害を受けたときに給付される年金。障害の程度により1級から3級まであり、3級に該当しない場合でも傷病手当金という一時金が給付されることがある。1級と2級の給付条件は障害基礎年金と同じで、それに加算される2階建て給付となる。➡老齢厚生年金 ➡遺族厚生年金

しょうがい‐ざい【傷害罪】ｼﾔｳｶﾞｲ 他人の身体に故意に損傷を与える罪。刑法第204条が禁じ、15年以下の懲役または50万円以下の罰金に処せられる。➡暴行罪

しょうがい‐しほう【渉外私法】ｾﾌｸﾞﾜｲｼﾊﾌ 国際私法のこと。

しょうがい‐しゃ【障害者】ｼﾔｳｶﾞｲ 身体障害・知的障害・精神障害(発達障害を含む)その他の心身の機能の障害があり、障害および社会的障壁によって継続的に日常生活や社会生活に相当な制限を受ける状態にある人。(補説)「社会的障壁」とは、障害がある人にとって日常生活や社会生活を営む上で障壁となるような社会における事物・制度・慣行・観念その他一切のものをいう。

しょうがいしゃ‐きほんほう【障害者基本法】ｼﾔｳｶﾞｲｼﾔｷﾎﾝﾊﾌ 障害者の自立及び社会参加を支援する施策に関する基本理念を定めた法律。昭和45年(1970)制定の心身障害者対策基本法を改正して平成5年(1993)成立。同16年大幅改正。障害者に対して障害を理由として差別することや、その他の権利利益を侵害する行為をしてはならないと定める。また、国や地方自治体に障害者のための施策に関する基本計画の策定を義務づけている。➡障害者自立支援法

しょうがいしゃぎゃくたいぼうし‐ほう【障害者虐

待防止法】シヤウガイシヤギヤクタイバウシハフ《「障害者虐待の防止、障害者の養護者に対する支援等に関する法律」の通称》家庭・福祉施設・職場等での障害者に対する虐待の防止を目的とする法律。平成23年(2011)成立。同24年10月施行。養護者・施設職員・職場の上司による身体的・心理的・性的・経済的虐待や放置といった行為が障害者虐待にあたり、発見した人は市町村や都道府県に通報しなければならない。対応窓口として各地方自治体に市町村障害者虐待防止センターや都道府県障害者権利擁護センターが設置され、市町村は家庭に立ち入り調査を行うことができる。

しょうがいしゃ-こうじょ【障害者控除】シヤウガイシヤコウヂヨ 納税者自身または控除対象の配偶者や扶養親族が障害者である場合に適用される所得控除。障害の程度などに応じて一定の金額が所得から控除され、所得税・住民税が軽減される。

しょうがいしゃこようそくしん-ほう【障害者雇用促進法】シヤウガイシヤコヨウソクシンハフ《「障害者の雇用の促進等に関する法律」の略称》障害者の職業リハビリテーションや雇用・在宅就業の促進について定めた法律。民間企業・国・地方公共団体に一定割合の障害者を雇用することなどを義務付けている。昭和35年(1960)施行。➡障害者雇用率

しょうがいしゃこよう-のうふきんせいど【障害者雇用納付金制度】シヤウガイシヤコヨウナフフキンセイド 法定の障害者雇用率を達成していない事業主から徴収する納付金。常用雇用者が200人(2015年度からは100人)を超す企業が対象。納付金を財源として、障害者を多く雇用している企業に調整金・報奨金が支給される。

しょうがいしゃ-こようりつ【障害者雇用率】シヤウガイシヤー 常用雇用者数に対する障害者の割合。障害者雇用促進法に基づいて、民間企業・国・地方公共団体は所定の割合以上の障害者を雇用することが義務付けられている。法定雇用率。(補説)法定の障害者雇用率は、民間企業が1.8パーセント、都道府県等の教育委員会が2.0パーセント、特殊法人・国・地方公共団体が2.1パーセント。一人未満の端数は切り捨てて計算するため、常用労働者数が55人以下の民間企業の法定雇用障害者数は0人となる。

しょうがいしゃ-しゅうぎょうせいかつしえんセンター【障害者就業・生活支援センター】シヤウガイシヤシウゲフセイクワツシエン— 障害者の職業的自立を図るために、地域の関係機関と連携しながら、就職に向けた準備や職場に適応・定着するための支援、日常生活や地域生活に関する助言などを行う施設。障害者雇用促進法に基づいて、都道府県知事が指定した社会福祉法人・NPO法人などが運営する。

しょうがいしゃ-しょくぎょうカウンセラー【障害者職業カウンセラー】シヤウガイシヤショクゲフ— 障害者に対する職業リハビリテーションに従事する、高齢・障害・求職者雇用支援機構の専門職員。障害者雇用促進法に基づいて障害者職業センターに配置され、職業能力の評価、職業選択の相談、就業に向けた訓練・講習などを行う。また、障害者を雇用する事業主に対して、相談・情報提供・助言などの支援を行う。

しょうがいしゃ-しょくぎょうセンター【障害者職業センター】シヤウガイシヤショクゲフ— 障害者の職業的自立を促進・支援するため、高齢・障害・求職者雇用支援機構が設置・運営する施設。障害者雇用促進法に基づいて、職業リハビリテーションの実施・助言・援助などを行う。障害者職業総合センター・広域障害者職業センター・地域障害者職業センターの3種類がある。

しょうがいしゃ-しょくぎょうそうごうセンター【障害者職業総合センター】シヤウガイシヤショクゲフソウガフ— 高齢・障害・求職者雇用支援機構が設置・運営する障害者職業センターの一。職業リハビリテーション関係施設の中核機関として、調査研究・支援技術の開発・人材育成などを行う。

しょうがいしゃ-しょくぎょうのうりょくかいはつこう【障害者職業能力開発校】シヤウガイシヤショクゲフノウリヨクカイハツカウ 障害者を対象に、障害の特性に応じた職業訓練を行う公共職業能力開発施設。職業能力開発促進法に基づいて国・都道府県が設置するもので、全国に19校ある。

しょうがいしゃじりつしえん-ほう【障害者自立支援法】シヤウガイシヤジリツシエンハフ 障害の種類(身体障害・知的障害・発達障害を含む精神障害)により差のあった福祉サービスをまとめて共通の制度にし、障害者・障害児が地域で自立して生活できるよう支援事業を充実するための法律。小泉改革の一環として平成17年(2005)成立、同18年4月施行された。(補説)平成24年(2012)6月の法改正により、2013年4月1日より「障害者の日常生活及び社会生活を総合的に支援するための法律」(障害者総合支援法)に改題される。この改正により難病患者等も障害福祉サービスの給付対象となる。

しょうがいしゃだんたいむけ-ゆうびんわりびきせいど【障害者団体向け郵便割引制度】シヤウガイシヤダンタイむけイウビンわりびきセイド ►心身障害者用低料第三種郵便物

しょうがいしゃ-マーク【障害者マーク】シヤウガイシヤー「身体障害者標識」の通称。

しょうがいしゃ-ゆうびん【障害者郵便】シヤウガイシヤイウビン ►心身障害者用低料第三種郵便物

しょうかい-じょう【紹介状】セウカイジヤウ ある人を紹介するから会ってほしいと頼む書状。

しょうがい-しょうひ【生涯消費】シヤウガイセウヒ 人が生涯に消費する金額。

しょう-かいせき【蔣介石】シヤウ— [1887〜1975]中国の政治家。中華民国総統。浙江(せっこう)省奉化(ほうか)の人。字(あざな)は中正。孫文に師事し、黄埔(こうほ)軍官学校を創設、革命軍を養成して北伐を成功させた。のち、国民政府主席となり、反共政策を推進。抗日戦争では国共合作により共産党と協力したが、第二次大戦後、国共内戦に敗れ、1949年台湾に退いた。チアン＝チエシー。

しょうが-いち【生×薑市】シヤウガ— 東京都港区にある芝大神宮で、毎年9月11日から21日までの祭礼に開かれる生薑を売る市。目腐れ市。(季 秋)

じょうが-いちごう【嫦娥一号】ジヤウガイチガウ 中国初の月探査機。2003年に始まった中国の月探査、嫦娥計画の第一段階として、07年10月に打ち上げられた。高度約200キロメートルの月周回軌道から、月面の3次元画像の取得、元素の分布調査、表面を覆うレゴリスの厚さの調査などを行った。09年3月、月面に制御落下し、運用を完了した。

しょうがい-ちし【傷害致死】シヤウガイ— 暴行または傷害の結果として人を死に至らせること。「—罪」

しょうがいちし-ざい【傷害致死罪】シヤウガイチシ— 他人の身体を傷害することにより死なせる罪。刑法第205条が禁じ、3年以上の有期懲役に処せられる。

しょうがい-とくやく【傷害特約】シヤウガイ— 生命保険における特約の一つ。不慮の事故により事故の日から180日以内に死亡した場合や、一定の指定伝染病により死亡した場合、保険金が上乗せして支払われる。また、不慮の事故により所定の身体障害状態になったときは、障害給付金が支払われる。

じょうがい-とりひき【場外取引】ヂヤウグワイ— ►取引所外取引

しょう-がいねん【小概念】セウ— 論理学で、定言的三段論法において、結論の主語となる概念。小名辞。

しょうがい-ねんきん【障害年金】シヤウガイ— ❶国民年金・厚生年金保険や各種共済組合などから、心身に障害を受け、一定の受給要件を満たす人に給付される年金。公的年金は2階建て方式といわれ、受給資格のある全国民に給付される障害基礎年金(1階部分)と、賃金報酬に比例して給付される障害厚生年金・障害共済年金(2階部分)とがある。❷特に、国民年金の「障害基礎年金」のこと。同じ国民年金の老齢年金(老齢基礎年金)・遺族年金(遺族基礎年金)と併称するときに用いる語。❸通勤災害に対して給付される労災保険のうち障害給付の一つ。障害の程度が重い場合(厚生労働省令で定める障害等級の第1級〜第7級)に支給される。➡障害給付 ❹軍人・軍属・準軍属として在職中に公務により受傷・罹病し一定程度の障害を負った人に対して国が支給する年金。

しょうかい-は【小会派】セウクワイ— 議会で、小人数の党派。

じょうがい-ばけん【場外馬券】ヂヤウグワイ— 競馬場以外の特定の場所で発売される馬券。

しょうがいひよう-ほけんきん【傷害費用保険金】シヤウガイヒヨウ— 火災保険などで、事故により被保険者が傷害を負ったり死亡した場合に保険金額の一定の範囲内で補償する保険金。

しょうがいぶつ-きょうそう【障害物競走】シヤウガイブツキヤウソウ 走路に種々の障害物を置き、それらを越えて速さを競う競技。陸上競技では、距離3000メートルの間に28個の障害物と7個の水濠(すいごう)を設置して行う。オリンピック種目。SC(steeplechase)。

しょうかい-ヘリ【×哨戒ヘリ】セウカイ— 「哨戒ヘリコプター」の略。

しょうかい-ヘリコプター【×哨戒ヘリコプター】セウカイ— 哨戒機と同様に上空から哨戒活動を行うヘリコプター。ヘリコプターの特性を生かし、哨戒機には難しい警戒活動を行う。哨戒ヘリ。

しょうがい-ほけん【傷害保険】シヤウガイ— 人保険の一。被保険者が急激かつ偶然な外来の事故によって身体に傷害を被った場合に、一定金額の保険金が給付される保険。

しょうがい-ほしょう【障害補償】シヤウガイホシヤウ 災害補償の一。業務上の負傷・疾病による身体上の障害に対して、使用者が労働者に行う補償。

しょうがいほしょう-いじちきん【障害補償一時金】シヤウガイホシヤウ— 業務災害に対して給付される労災保険のうち障害補償給付の一つ。障害の程度が比較的軽い場合(厚生労働省令で定める障害等級の第8級〜第14級)に支給される。

しょうがいほしょう-きゅうふ【障害補償給付】シヤウガイホシヤウキフ 業務災害に対して給付される労災保険の一。傷病が治癒した後、一定の障害が残った場合、障害の程度に応じて、障害補償年金または障害補償一時金が支給される。また、障害の程度に応じて、障害特別支給金・障害特別年金・障害特別一時金なども支給される。通勤災害の場合は障害給付という。

しょうがいほしょう-ねんきん【障害補償年金】シヤウガイホシヤウ— 業務災害に対して給付される労災保険のうち、障害補償給付の一つ。障害の程度が重い場合(厚生労働省令で定める障害等級の第1級〜第7級)に支給される。

じょうかい-ぼん【浄海▽坊】ジヤウカイ— ❶ジョウカイボン科の昆虫。体長1.5センチほどで黄褐色。カミキリに似て細長いが前翅は柔らかい。4〜8月ごろにみられ、花の蜜や小昆虫をえさにする。❷ジョウカイボン科の昆虫の総称。じょうかい。

しょうがい-みすい【障害未遂】シヤウガイ— 犯人が犯罪の実行に着手したが、外部的な障害のために遂げられなかった場合をいう。刑が減軽されることが多い。➡中止未遂

しょうかい-よていはけん【紹介予定派遣】セウカイ— 派遣先企業において一定期間就労したのち、その企業と派遣された労働者双方が合意した場合に正社員や契約社員などの直接雇用形態に切りかえることを前提とした労働者派遣。派遣先の企業は6か月以内にその労働者の採否を決めなければならない。

じょうがい-らんとう【場外乱闘】ヂヤウグワイ— ❶プロレスリングなどで、リング外に出た選手同士が格闘を続けること。❷(比喩的に)議会・委員会などの議場ではなく、テレビ・週刊誌などを舞台に議論を交わすこと。

しょうか-えき【消化液】セウクワ— 消化腺から消化管内に分泌され消化作用に関与する液体。消化酵素を含む唾液(だえき)・胃液・膵液(すいえき)などと、消化酵素を含まないが脂肪の消化を助長する胆汁がある。

しょうかがた-プリンター【昇×華型プリンター】ショウクワがた— 《dye sublimation printer》インクリボンに熱を加えて染料を昇華し、用紙に付着させる熱転写プリンターの一。微妙な階調を表現できるため、写真の印刷などに用いられる。

しょうか-かん【消化管】セウクワクワン 摂取した食物を消化し、栄養を吸収する管。哺乳類では口腔・咽頭(いんとう)・食

道・胃・小腸・大腸に区別される。
しょうかかん-かんしつしゅよう【消化管間質腫瘍】胃・小腸など消化管の粘膜下の間質に発生する腫瘍。細胞の増殖に関与するKITたんぱく質の異常によって、細胞の増殖が亢進することにより起こる。症状に応じて手術により摘出する。切除できない場合は、分子標的治療薬のイマチニブ(商品名グリベック)により腫瘍細胞の増殖を抑制する。GIST(Gastrointestinal stromal tumor)。
しょうかかん-ホルモン【消化管ホルモン】消化管で生成され、内分泌されるホルモン。セクレチン・ガストリン・コレシストキニン-パンクレオザイミンなど。消化液の分泌、消化管の運動などを調節する。
しょう-かき【小火器】銃砲類のなかで、比較的火力の小さいもの。小銃・軽機関銃など。軽火器。
しょうか-き【消化器】体内に入った食物の消化・吸収を行う器官。消化管と消化腺・肝臓が含まれる。消化器官。
しょうか-き【消火器】初期火災の消火に用いる、小型で可搬式の器具。多くは金属製で円筒形、中に詰めた消火用薬剤を噴出させる。
しょう-がき【仕様書(き)】❶物事のしかたの順序を記した文章。しようしょ。❷工事・工作などの内容・手順を図などを入れて説明した書面。しようしょ。
しょう-かく【昇格】〔名〕スル 格式や階級などが上がること。また、上げること。格上げ。「課から部に―する」㊀降格。(類語)昇進・昇任・昇級・昇段・栄達・栄進・栄転・出世・立身・累進・特進・格上げ・利達
しょう-かく【省画】漢字の字画を省いて書くこと。また、その文字。「銅」を「同」、「和」を「禾」とする類。
しょう-かく【照角】光線が入射するとき、入射方向と境界面がなす角度。入射角の余角。
しょう-がく【小学】❶「小学校」の略。「――年生」❷古代中国、夏・殷・周3代の学校で、8歳以上の児童を教育したところ。進退・洒掃・造字などを教えた。❸《❷で主として文字構成の基本を教えたところから》漢字の形・音・義に関する研究。
しょうがく【小学】中国宋代に、朱熹の門人劉子澄が編集した初学者用の教科書。全6巻。1187年成立。日常の礼儀作法や格言・善行などを古今の書から集めたもの。江戸時代に用いられた。
しょう-がく【小額】小さい単位の金額。㊀高額。
しょう-がく【少額】少しの金額。わずかな金額。「―の補償金」㊀多額。(類語)低額・小口
しょう-がく【正覚】《「無上等正覚」の略》仏語。真の悟り。仏の悟り。等正覚。
しょう-がく【昇楽】「昇り楽」に同じ。
しょうがく【松岳】㊀朝鮮半島北部、開城市の北にある山。㊁朝鮮民主主義人民共和国の都市、開城の古称の一。松都ともいった。
しょう-がく【商学】商業に関する学問の総称。「―部」
しょう-がく【奨学】学問や学術研究を奨励すること。「―生」
じょう-かく【上客】▶じょうきゃく(上客)
じょう-かく【定格】〔名・形動ナリ〕❶格式を正しく守ること。かたくるしいこと。また、そのさま。「そんな―なことを言はず」〈伎・夢物語盧生容画〉❷一定のきまり。「天地気中の機関定理―ある事奇々妙々」〈北越雪譜・初〉
じょう-かく【乗客】▶じょうきゃく(乗客)
じょう-かく【城郭|城×廓】❶城の周囲に設けた囲い。城壁。「―を巡らす」❷城と外囲い。❸外敵を防ぐための防御施設。とりで。「天然の―」
じょう-かく【城閣】城の物見。城楼。また、城。
じょう-かく【▽娘核|嬢核】細胞分裂における核分裂でできた二つの核。もとの核を母核とよぶのに対していう。
じょう-かく【常客】▶じょうきゃく(常客)
じょう-がく【上顎】うわあご。㊀下顎。
じょう-がく【定額】❶きまった額。ある一定の数。ていがく。「唐船の数定まりぬれば、―の外に来たれる船をば積み戻しといひて」〈折たく柴の記・下〉❷「定額僧」に同じ。「浄蔵―を御祈の師にておはす」〈大鏡・良相〉
しょうがく-いん【奨学院】平安時代の大学別曹の一。元慶5年(881)在原行平が設置した私設学寮。諸王・同族子弟を教育し、平安末期には衰えたが、形式上の別当職は江戸時代まで存続。大学南曹。
じょうがく-おん【上顎音】▶硬口蓋音
しょうがく-かきん【少額課金】▶マイクロペイメント
しょうがく-きん【奨学金】❶すぐれた学術研究を助けるため、研究者に与えられる金。❷奨学制度で、貸与または給付される学資金。
しょうがく-けっさい【少額決済】▶マイクロペイメント
じょうがく-こつ【上顎骨】頭蓋骨で、上あごをつくる左右一対の骨。下顎骨とともに口腔を形成し、内部に広い上顎洞がある。
じょうがく-じ【定額寺】平安時代、朝廷が特に数を限り官寺に準じて制定した寺。私寺の乱造を防ぎ統制を強めるために制定したもので、官稲を受けた。
しょうがく-しへい【小額紙幣】額面金額の小さい紙幣。
しょうがく-しょうか【小学唱歌】小学校の音楽教育に用いられた唱歌。文部省著作の教科書に集められた「文部省唱歌」が中心。
しょうがくしょうかしゅう【小学唱歌集】唱歌集。3編。文部省音楽取調掛編。明治14～17年(1881～1884)刊。「蝶々」「蛍の光」「仰げば尊し」「庭の千草」などを収録。
しょうがく-せい【小学生】小学校に在学する子供。➡児童
しょう-がくせい【章学誠】[1738～1801]中国、清代の学者。会稽(浙江省)の人。字は実斎。史書の重要性を強調する独自の史学方法論を確立し、後世に影響を与えた。著「文史通義」「校讐通義」など。
しょうがく-せいど【奨学制度】❶学術研究を奨励するために、研究者に研究費や賞金を与える制度。❷優秀でありながら経済的理由で修学が困難な学生・生徒に学資金を貸与または給付して援助する制度。育英制度。
じょうがく-そう【定額僧】平安時代、諸官寺に員数を定めて置かれ、朝廷より供料をうけた僧。
しょうがく-そしょう【少額訴訟】民事訴訟のうち、60万円以下の金銭の支払を求める訴えについて、原則として1回の審理で判決まで行う特別な訴訟手続き。即時解決を目指すため、証拠書類や証人は、審理当日にその場ですぐに調べられるものに限られる。判決や和解の内容に相手が従わない場合は、強制執行を申し立てることができる。判決に不服がある場合は、異議を申し立てることができるが、控訴することはできない。少額訴訟手続きの利用回数は、一人につき同じ裁判所で年間10回までに制限されている。
じょうかく-とし【城郭都市】周囲を城壁で取り囲んだ都市。中国や古代・中世のヨーロッパに多くみられる。
しょうがく-ぼう【正覚坊】❶アオウミガメの別名。❷大酒飲み。
じょうが-けいかく【嫦娥計画】中国の月探査計画。2007年10月に最初の探査機嫦娥1号が打ち上げられ、続いて10年10月に嫦娥2号の打ち上げに成功し、両機とも月周回軌道からの月面観測を行った。将来的に月面着陸、サンプルリターンなどを無人で行う予定。
しょうか-こう【松花江】中国東北地方の川。長白山脈の白頭山に源を発し、ロシア連邦国境に至って黒竜江(アムール川)に注ぐ。長さ約1960キロ。スンガリー。ソンホワ-チアン。
しょうか-こうそ【消化酵素】消化を促進する酵素の総称。消化液中に含まれ、食物中の炭水化物・たんぱく質・脂肪などを加水分解し、消化管から吸収されやすい形に変える作用がある。アミラーゼ・ペプシン・リパーゼなど。
しょうか-さいきん【硝化細菌】アンモニアを亜硝酸塩に、あるいは亜硝酸塩を硝酸塩に酸化し、その際に生ずるエネルギーによって生活する、一群の土壌細菌。
じょうがさき-かいがん【城ヶ崎海岸】静岡県伊豆半島東岸、伊東市南部にあるリアス式海岸。大室山の火山活動による溶岩流でできた溶岩台地の先端部にある。海食崖が発達し、門脇吊り橋・伊豆海洋公園など観光地が多い。
しょうが-ざけ【生×薑酒】ショウガをすりおろして熱くした酒にまぜたもの。防寒または風邪薬に用いる。しょうがしゅ。(季冬)「月旦を草する灯下―/蝶衣」
しょうか-じあい【消化試合】❶リーグ制のプロスポーツで、全日程終了前に優勝チームが決定したあとに残る試合。緊迫感を欠き、観客も少ない。❷選挙などで、有力な対立候補もなく決定当日までの日程を過ごすだけの状態をいう。
じょう-が-しま【城ヶ島】神奈川県三浦市にある島。三浦半島の三崎港と城ヶ島大橋で結ばれる。
しょうが-ず【生×薑酢】二杯酢または三杯酢にショウガの汁を加えたもの。
しょうかせい-かいよう【消化性潰瘍】胃液が粘膜を消化するために起こる潰瘍。胃潰瘍と十二指腸潰瘍のこと。
しょうか-せん【松果腺】▶松果体
しょうか-せん【消化腺】消化液を分泌する腺。唾液腺・胃腺・腸腺および膵臓の外分泌部など。
しょうか-せん【消火栓】消火用に設けられた水道の給水栓。
しょうか-せんいそ【硝化繊維素】▶ニトロセルロース
じょうか-そう【浄化槽】❶河川・湖沼の水や地下水を浄化して、飲料水とするための水槽。❷下水処理場につながらない地域で、水洗便所の汚物を分解・消毒するための装置。
しょうかそん-じゅく【松下村塾】江戸末期、長門萩にあった私塾。吉田松陰の叔父玉木文之進の家塾を、安政3年(1856)から松陰が主宰、高杉晋作・伊藤博文ら明治維新に活躍した多くの人材を養成。
じょう-かた【城方】▶八坂流
しょうか-たい【松果体】脊椎動物の脳梁の後端上部から突出している松かさ状の小器官。生体リズムに関係するといわれる。松果腺。
しょう-かち【消▽渇|×痟×瘍】❶のどがかわいて、小便が出なくなる病気。かちのやまい。❷婦人の淋病。〈和名抄〉
しよう-かち【使用価値】人間のなんらかの欲望を満足させる物の有用性。➡交換価値
しょう-がち【正▽月】「しょうがつ(正月)」に同じ。〈日葡〉
しょう-かつ【小括】〔名〕スル (「総括」に対して)全体の内の、ある部分についてとりまとめて締めくくること。「本章の―」「上半期を―する」(補説)多用されるようになったのは比較的近年と思われる。
しょう-かつ【生活】〔名〕スル 「せいかつ(生活)」に同じ。「―、人事、伎能、学問等」〈徒然・七五〉
しょう-かつ【消渇】「しょうかち(消渇)」に同じ。〈日葡〉
しょう-がつ【正月】❶1年の最初の月。1月。むつき。また、年の初めを祝う行事が行われる期間。「盆と―が一緒に来たよう」「―気分が抜けない」「寝―」(季新年)「―の太陽襁褓もて翳る/誓子」❷楽しく喜ばしいこと。「目の―をさせてもらった」
(類語)(❶)一月・新年・新春・初春・初春・孟春・春・年始・年初・松の内・睦月・陽春
正月は冥土の旅の一里塚 ▶門松は冥土の旅の一里塚
しょうがつ-うお【正月魚】▶年取り魚

しょうがつ-おくり【正月送り】シャウグヮツ ▶松納め

しょうがつ-がい【正月買ひ】シャウグヮツガヒ 正月の遊女買い。祝儀など多額の費用がかかる。「一の大大尽、太夫様より付け届け」〈浄・阿波の鳴門〉

しょうがつ-かざり【正月飾り】シャウグヮツ 正月を祝って家の内外に飾るもの。門松・しめ飾り・鏡餅など。

しょう-がっく【小学区】セウガク ❶明治5年(1872)の学制で定められた学校設置および教育行政の単位区画。1中学区を210区分したもので、それぞれ小学校が設置される予定だった。❷公立高等学校の通学区域で、1学区1校の小規模なもの。

しょうが-づけ【生×薑漬(け)】シャウガ ショウガの根茎を薄切りにして砂糖、あるいは甘酢や味噌に漬けたもの。

しょう-かっこ【小括弧】セウクワツコ ▶丸括弧

しょう-がっこう【小学校】セウガクカウ 義務教育の第一段階で、初等普通教育を施す学校。修業年限は6年。学齢に達した満6歳から満12歳までの児童の就学が、学校教育法によって義務づけられている。(補説)小学校の名称は、明治5年(1872)の学制発布に始まるが、昭和16年(1941)から22年までは国民学校と称された。

しょうがっこう-れい【小学校令】セウガクカウ 旧制の小学校教育に関する基本的法令。明治19年(1886)学校令の一部として制定。その後、数回改正され、昭和16年(1941)国民学校令の制定により廃止。

しょうがつ-こそで【正月小袖】シャウグヮツ 正月の晴れ着として着る小袖。(季 新年)「老いてだに嬉し一かな/信徳」

しょうがつ-ことば【正月言葉】シャウグヮツ ❶正月の祝いの言葉。また、正月に使う縁起のよい言葉。海鼠(なまこ)を「俵子(たわらご)」、鼠(ねずみ)を「嫁が君」という類。❷体裁のよい言葉。「あとからはげる一」〈浄・忠臣蔵〉

しょうがつ-ごや【正月小屋】シャウグヮツ 小正月に少年たちが泊まり込み、その後に焼く仮小屋。東日本に多い風習。どんどん小屋。雪小屋。さいと小屋。

しょうがつ-じまい【正月仕舞ひ】シャウグヮツジマヒ《「しょうがつしまい」とも》年末に、正月を迎える支度をすること。「それぞれの一、餅つかぬ宿もなく」〈浮・永代蔵・四〉

しょうがつ-ぬのこ【正月布子】シャウグヮツ 正月の晴れ着として着る布子。「一した者と同じやうに口をきくな」〈浮・胸算用・四〉

しょうがつ-はじめ【正月始め】シャウグヮツ 12月13日(または8日)に、正月を迎える準備を始めること。また、その日。すす払い、門松迎えなどをする。正月事始め。正月起こし。十三日祝。

しょうがつ-もの【正月物】シャウグヮツ 正月を迎える用意の品物。特に、正月用の晴れ着。「一を拵(こしら)へたいにも隙(ひま)がなし」〈滑・浮世床・二〉

しょうがつ-や【正月屋】シャウグヮツ 江戸時代、汁粉・雑煮などを売った行商人。

しょうかどう【松花堂】ショウクワダウ ㊀松花堂昭乗(しょうかどうしょうじょう)のこと。㊁松花堂昭乗が晩年に京都に営んだ草庵。

しょうが-とう【生×薑糖】シャウガタウ ショウガの汁を入れて板状に固めた砂糖菓子。

しょうかどう-しょうじょう【松花堂昭乗】ショウクワダウセウジョウ [1584〜1639]江戸初期の僧・書画家。和泉国堺の人。号、惺々翁・空識。松花堂は晩年の号。男山石清水八幡宮滝本坊の住職。真言密教を修め、阿闍梨(あじゃり)法印となる。書は寛永の三筆の一人で、御家流・大師流を学び、松花堂流を創始。また、枯淡な趣の水墨画を多く描いた。

しょうかどう-べんとう【松花堂弁当】ショウクワダウ 松花堂昭乗が考案したという弁当。中に十字形の仕切りがあり、縁高でかぶせ蓋(ぶた)のある器に盛り付ける。料理の味が、仕切りによって他に移らない。

しょうかどう-りゅう【松花堂流】ショウクワダウリウ 和様書道の流派の一。松花堂昭乗を祖とする。滝本流。式部卿流。

しょう-カトー【小カトー】セウ ▶カトー㊁

じょうが-にごう【嫦娥二号】ジャウガ 中国の月探査機。中国の月探査機。中国の月探査、嫦娥計画の第一段階である嫦娥1号に続いて、2010年10月に打ち上げられた。嫦娥1号の予備機を元に開発され、より高性能のカメラを搭載。最高解像度は7メートルであり、日本のかぐやと同程度の性能をもつ。高度約100キロメートルの月周回軌道から観測を行い、月面に向けて衝突体を発射する予定。

しょうか-ねつ【昇華熱】ショウクワ 物質が昇華するときに吸収または放出する熱量。

じょうかの-ちかい【城下の▽盟】ジャウカノチカヒ《「春秋左伝」桓公一二年から》敵に首都まで攻め入られてする、屈辱的な降伏の約束。じょうかのめい。

じょう-が-ひげ【▽尉が×髭】ジャウ ジャノヒゲの別名。

しょう-かぶ【正株】シャウ ▶実株(じつかぶ)

しょうか-ふう【正花風】シャウクワ 能で、世阿弥が九段階に分けたうちの第四位(中三位の第一)の芸格。多くを極め、花を身につけた芸境。➡九位(くい)

しょうか-ふりょう【消化不良】セウクワフリャウ ❶消化能力が低下し十分な消化が行われなくなること。疲労・暴飲・暴食や有毒物・腐敗物を食べたりすることなどが原因。胃痛・嘔吐(おうと)・下痢(げり)などを起こす。❷知識などをよく理解できないで、自分のものとして身に付けられないこと。「情報量が多過ぎて一を起こす」

しょうかぼうがい-ざい【消火妨害罪】セウクワバウガイ 火災の際に、消火用の器具の隠匿・損壊、その他の方法で消火活動を妨げる罪。刑法第114条が禁じ、1年以上10年以下の懲役に処せられる。鎮火妨害罪。

じょうか-まち【城下町】ジャウカ 戦国時代から江戸時代にかけて、大名の居城を中心に発達した市街。

じょう-がみ【▽尉髪】ジャウ 能の仮髪(かつら)の一。黄灰色の毛で大きな髷(まげ)を結い、髻(もとどり)の先が面の額をおおうもの。老翁の役に用いる。

しょうが-みそ【生×薑味×噌】シャウガ ショウガをすりおろして練り味噌とまぜたもの。寒気を防ぎ、からだを暖める。(季 冬)

しょうか-めん【硝化綿】セウクワ ▶ニトロセルロース

しょうか-やく【消化薬】セウクワ 食物の消化を助ける薬。消化酵素に、胃酸分泌を促進する苦味剤、あるいは胃酸を中和する制酸薬を併用する。

しょうが-ゆ【生×薑湯】シャウガ ショウガをすりおろして砂糖をまぜ、熱湯を注いだ飲み物。発汗剤として用いる。(季 冬)「一や生きて五十の咽喉(のど)仏/友二」

しょう-カロリー【小カロリー】セウ ▶カロリー❶

しょう-がわ【庄川】シャウガハ 岐阜県、烏帽子岳付近に源を発し、北流して砺波(となみ)平野に入り、射水(いみず)市で富山湾に注ぐ川。ダムが多い。長さ115キロ。

しょうがわ-きょう【庄川峡】シャウガハケフ 富山県南西部、庄川中流にある峡谷。ふつう小牧ダム付近から祖山(そやま)付近までのおよそ12キロメートルを指す。V字形に深く刻まれた渓谷美をつくる。

しょう-かん【小官】セウクワン ㊀〔名〕地位の低い官吏。微官。⇔大官。㊁〔代〕一人称の人代名詞。官吏が自分を謙遜していう語。「一の不徳の致すところ」(類語)属吏・下僚・属僚・属官・小吏・下役・俗吏・小役人

しょう-かん【小寒】セウ 二十四節気の一。1月5日ごろ。このころ、寒さがやや厳しくなる。(季 冬)「一やふるさとよりの餅一荷/月草」

小寒の氷(こおり)大寒(だいかん)に解(と)く 小寒よりも大寒のほうがかえって暖かいこと。物事が必ずしも順序どおりにいかないことのたとえ。

しょう-かん【小閑｜少閑】セウ わずかのひま。小暇。「一を得る」(類語)暇・いとま・閑暇・寸暇・寸閑・余暇(よか)

しょう-かん【小感】セウ ちょっと感じたこと。ちょっとした感想。寸感。「折々の一を書きとめる」

しょう-かん【召喚】セウクワン〔名〕スル 人を呼び出すこと。特に、裁判所が被告人・証人・鑑定人などに対し、一定の日時に裁判所その他の場所に出頭を命ずること。「証人として一される」(類語)呼び出し・呼ぶ

しょう-かん【召還】セウクワン〔名〕スル 呼び戻すこと。特に、派遣した外交使節や外交官を本国に帰還させること。「特使を一する」

しょう-かん【招喚】セウクワン〔名〕スル 招き呼ぶこと。また、呼び出すこと。「国野を第三局へ一の上段々吟味になり」〈鉄腸・花間鶯〉

しょう-かん【相看】シャウ 面会。対面。相見(しょうけん)。「常に御一候ひて御法談候ふべし」〈太平記・二六〉

しょう-かん【▽荘官｜庄官】シャウクワン ❶荘園領主から任命され、荘園内の年貢の取り立て、治安維持などをつかさどった職。初め領主側から派遣されたが、のち在地の豪族が任命されるようになった。荘司。❷江戸時代、村落の長。庄屋。名主(なぬし)。肝煎(きもいり)。

しょう-かん【×哨艦】セウ 敵の攻撃に備え、哨戒の任に当たる軍艦。

しょう-かん【宵×旰】セウ 「宵衣旰食(しょういかんしょく)」の略。

しょう-かん【将官】シャウクワン 軍人の階級で、大将・中将・少将の総称。

しょう-かん【消閑】セウ ひまをつぶすこと。退屈しのぎ。「読書を車中の一の具とする」

しょう-かん【消感】セウ 無線通信などで、電波が届かなくなること。受信できなくなること。⇔入感。

しょう-かん【商館】シャウクワン 商人が営業をする建物。特に、外国商人の営業所。「長崎出島のオランダ一」

しょう-かん【×娼館】シャウクワン 遊女屋。娼家。

しょう-かん【掌管】シャウクワン〔名〕スル つかさどり管理すること。管掌。「医薬の事を一し」〈竜渓・経国美談〉

しょう-かん【傷寒】シャウ 漢方で、体外の環境変化により経絡がおかされた状態。腸チフスの類をさす。

しょう-かん【照鑑】セウ〔名〕スル 神仏、天皇などが明らかに見ること。照覧。「神々の一するところ」

しょう-かん【賞鑑】シャウ 書画・骨董(こっとう)などを鑑賞し、鑑定すること。

しょう-かん【×霄漢】セウ 大空。天空。

しょう-かん【償還】シャウクワン〔名〕スル ❶返却すること。「僕(=従僕)の吾が財を私し、債主に一せざりしことを知り」〈中村訳・西国立志編〉❷金銭債務を弁済すること。「国債を一する」(類語)償却・完済

しょう-かん【×檣×竿】シャウ 帆柱。マスト。「碧波の上に、一の林立せるを弁ず」〈鴎外訳・即興詩人〉

しよう-かん【使用感】商品などを使ったときの感じ。「新製品の一」

しょう-がん【賞×翫｜賞玩】シャウグワン〔名〕スル《近世までは「しょうかん」》❶そのもののよさを楽しむこと。珍重すること。「書画を一する」❷味のよさを楽しむこと。賞味すること。「旬の味覚を一する」❸尊重すること。「方式に拘らず時の宜しきに従うを一すべき事なり」〈子規・墨汁一滴〉(類語)賞味・玩味

じょう-かん【上官】ジャウクワン ❶上級の官職。また、その人。❷▶政官(じょうかん)❶(類語)上司・上役

じょう-かん【上×澣｜上×浣】ジャウクワン 月の初めの10日間。上旬。➡中澣 ➡下澣

じょう-かん【上×燗】ジャウ 程よい酒の燗。

じょう-かん【冗官】ジョウクワン むだな官職。無用の官吏。

じょう-かん【条款】デウクワン 箇条。条項。くだり。

じょう-かん【乗艦】〔名〕スル 軍艦に乗り込むこと。また、乗り込んでいる軍艦。

じょう-かん【常関】ジャウクワン 中国、清代の税関。内国貿易の関税を徴収した所。

じょう-かん【情感】ジャウ ❶物事に接したときに心にわき起こる感情。また、人の心に訴えるような、しみじみした感じ。「一あふれる詩」「一をこめて歌う」❷「感情」に同じ。「人心の正邪清濁、喜怒哀楽の一に至るまでも」〈福沢・福翁百話〉(類語)感情・情(じょう)・心情・情緒(じょうちょ)・情緒(じょうしょ)・情調・情操・情念・情動・喜怒哀楽・気分・気(き)・気色(きしょく)・機嫌(きげん)・気持ち・感じ・エモーション

じょうがん【貞観】ヂャウグワン ㊀平安前期、清和天皇・陽成天皇の時の年号。859年4月15日〜877年4月16日。㊁中国、唐の太宗の時の年号。627〜649年。

じょう-がん【▽政官】ジャウグワン《「しょうかん」とも》❶(「上官」とも書く)太政官(だいじょうかん)の職員。特に、弁・少納言・外記・史生などをさす。❷「太政官(だいじょうかん)」の略。

じょう-がん【情願】ジャウグワン ❶実情を述べて願い出ること。嘆願。「空しく後日の冀望(きぼう)を大にして今日の一を失するが如し」〈織田訳・花柳春話〉❷監獄の在監者が、処遇に関して不服のある場合に、事情を述べて救済を願い出ること。

しょうかん-かぶしき【償還株式】シャウクワン 会社の利益によって消却されることが予定されている株式。一

時的な資金調達に用いられる。

しょうかん-ききん【償還基金】シャウクワン ▶減債基金

じょうがん-きゃくしき【貞観格式】ヂャウグワン 弘仁11年(820)以後の格式を、藤原良相のち藤原氏宗らが編纂へんさんしたもの。格は貞観11年(869)、式は貞観13年(871)に成立。格12巻、式20巻。

じょうがんじ-がわ【常願寺川】ジャウグワンジガハ 富山県中央東部を流れ富山湾に注ぐ川。長さ56キロ。中新川なかにいかわ郡立山町千寿ヶ原で真まかわ川と称名しょうみょう川が合流した地点からの名称。真川は立山連峰の薬師岳西斜面に源を発し、称名川は雄山おやま山(標高3003メートル)に源を発する。下流で和田川と小口おぐち川を合流。上流から中流は段丘が発達、下流は扇状地となっている。

じょうがん-じだい【貞観時代】ヂャウグワン 主として日本美術史における時代区分の一。➡弘仁貞観時代

しょう-かんしゅう【商慣習】シャウクワンシフ 商業上のしきたり。商取引上の慣習。

しょうかんしゅう-ほう【商慣習法】シャウクワンシフハフ 商取引に関する慣習で、法としての性質をもつもの。商法の重要な法源で、民法に優先して適用される。

しょうかん-じょう【召喚状】セウクワンジャウ 呼び出し状。特に、裁判所が被告人・証人などを召喚するときに発する令状。

じょうがんせいよう【貞観政要】ヂャウグワンセイエウ 中国、唐の太宗と家臣たちとの政治上の議論を集大成し、分類した書。10巻。唐の呉兢ごきょう撰。720年以降成立。治道の規範書として歴代皇帝の必読書とされ、日本でも広く読まれた。

しょう-かんぜおん【聖観世音|正観世音】シャウクワンゼオン 「聖観音しょうかんのん」に同じ。

じよう-かんちょう【滋養×浣腸】ジヤウクワンチャウ ぶどう糖などの栄養素を含む溶液を肛門から注入して直腸や大腸壁から吸収させること。

じょうがん-でん【貞観殿】ヂャウグワン 平安京内裏十七殿の一。内裏中央の北端にあり、常寧殿の北に位置した。皇后宮の正庁で、後宮の事務をつかさどった。御匣殿みくしげどの。

じょうがん-の-ち【▽貞観の治】ヂャウグワン 中国、唐の太宗の治世。賢臣・名将に補佐され、官制の整備、領土の拡大、学芸の奨励により、国力を充実させた。

しょう-かんのん【聖観音|正観音】シャウクワンオン 六観音・七観音の一。本来の姿の観音のことで、変化へんげの観音と区別して聖の字を冠する。大慈悲を円満な相に表し、宝冠中に無量寿仏を有し、蓮華れんげを持つ姿などに表す。聖観世音。

しょうかんのん-ほう【聖観音法】シャウクワンオンホフ 密教で、聖観音を本尊として祈祷きとうする修法。

じょう-かんぱん【上甲板】ジャウ 船舶の甲板のうち最上部にあるもの。じょうこうはん。

しょうかんろん【傷寒論】シャウカン 中国後漢の医学書。22編、113方。張機(張仲景)の著した「傷寒雑病論」の、傷寒に関する部分を後代に再編したもの。「黄帝内経」の熱病論を発展させ、臨床経験を生かし、症状に応じた治療を行う方法を確立した。

しょう-き【小気】セウ〔名・形動〕気の小さいこと。また、そのさま。小心。小胆。「正直一の左中将や、腕白の藤吉や」〈蘆花・思出の記〉

しょう-き【小器】セウ ❶小さいうつわ。⇔大器。❷度量が小さいこと。小人物。⇔大器。〔類語〕小量・けち

しょう-き【小機|少機】セウ 仏語。小乗の教えしか理解できない劣った資質。また、その者。声聞しょうもん・縁覚えんがくの類。⇔大機だいき。

しょう-き【正気】シャウ 正常な心。確かな意識。「一を失う」「一に返る」「一の沙汰さたとは思えない」〔類語〕意識・正体・人心地・人心

しょう-き【正忌|祥忌】シャウ 「祥月しょうつき命日」に同じ。

しょう-き【正機】シャウ 仏語。仏の教えや救いを受ける資質をもつ人々。「悪人一」

しょう-き【匠気】シャウ 好評を得ようとする気持ち。芸術家などが、自分の作品の出来栄えを見せびらかそうとする気どり。「作品に一が見える」

しょう-き【抄記】セウ〔名〕スル 書き抜くこと。また、書き抜いたもの。抄録。「要点を一する」

しょう-き【沼気】セウ 沼などで、有機物の腐敗・発酵によって生成する気体。メタンを主成分とする。

しょう-き【相器】シャウ 宰相にふさわしい、りっぱな器量。また、その人物。

しょう-き【将器】シャウ 将軍となるにふさわしい器量。また、その人物。

しょう-き【祥気】シャウ めでたいけはい。瑞気ずいき。

しょう-き【笑気】セウ 一酸化二窒素(亜酸化窒素)のこと。麻酔用に使われ、吸うと顔がひきつれて笑った顔に見えるところからいう。

しょう-き【商機】シャウ ❶商売上のよい機会、または機略。「一をのがす」❷商売上の機密。

しょう-き【勝機】戦争・勝負などで、相手を打ち負かせる機会。「一を見いだす」「一を逸する」

しょう-き【掌記】シャウ ❶事務の記録や文書の作成にあたること。また、その役。右筆ゆうひつ。書記。❷明治初期に設けられた修史館の職員。史料の収集・分類や図書の管理などをつかさどった判任官。

しょう-き【詳記】シャウ〔名〕スル くわしく書き記すこと。また、その記録。「事の経緯を一する」

しょう-き【×瘴気】シャウ 熱病を起こさせるという山川の毒気。「造りざま、小きながら三層四層ならぬはなし。こは一を恐るればなり」〈鴎外訳・即興詩人〉

しょう-き【鍾馗】[一]㊀中国で、疫病神を追い払い、魔を除くという神。目が大きく、あごひげが濃く、緑色の衣装に黒い冠、長い靴をはき、剣を抜いて疫病神をつかむ姿にかたどられる。玄宗皇帝の夢に現れ、皇帝の病気を治したという進士鍾馗の伝説に基づく。日本では、その像を端午の節句ののぼりに描き、また五月人形に作る。㊁謡曲。五番目物。金春禅竹作という。唐土終南山のふもとに住む者が都に上るために旅に出ると、㊀の霊が現れて鬼神を退治し、国土を鎮める誓願を示す。[二]旧日本陸軍の二式戦闘機の異称。昭和15年(1940)に初飛行。主として本土防空にあたった。

しょう-ぎ【小×妓】セウ 年が若く、まだ一人前でない芸妓。半玉はんぎょく。雛妓すうぎ。

しょう-ぎ【小技】セウ ちょっとしたわざ。こわざ。

しょう-ぎ【小義】セウ ちょっとした義理。

しょう-ぎ【小儀】セウ 朝廷の儀式のうち、小規模なもの。告朔こうさく・除目じもく・踏歌とうか・賭弓のりゆみ・相撲すまいの節会せちえの類。➡大儀 ➡中儀

しょう-ぎ【床×几|×牀×几|将×几】シャウ ❶脚を打ち違いに組み、尻の当たる部分に革や布を張った折り畳み式の腰掛け。陣中・狩り場・儀式などで用いられた。❷数人掛けられる程度の横長に作った簡単な腰掛け台。〔補説〕「几」は「机」と書くこともある。

しょう-ぎ【省議】シャウ 内閣の各省の会議。また、その議決。

しょう-ぎ【将棋|将×棊】シャウ 室内遊戯の一。縦横各9列の盤上に各20枚の駒を並べて二人が相対し、互いに一手ずつ動かして相手の王将を詰めたほうを勝ちとするもの。攻め取った相手の駒は自分のものとして使用できる。インドに起こり、中国を経て奈良時代に日本に伝来したという。盤の目の数、駒の数などによって大将棋・中将棋・小将棋などの別があり、現在のものは小将棋から発達した。➡将棋の駒 〔補説〕将棋をすることを「将棋を指す」と言う。囲碁は、「(囲)碁を打つ」と言う。

しょう-ぎ【商議】シャウ〔名〕スル 相談し合うこと。協議。評議。「他人と大事を一し」〈中村訳・西国立志編〉〔類語〕合議・協議・評議・評定ひょうじょう・会議・相談・談合・示談・打ち合わせ・話し合い

しょう-ぎ【×娼×妓|×倡×妓】シャウ ❶宴席で歌をうたったり舞をまったりして客の相手をした女。❷特定の地域内で公認されて売春をした女。公娼。

しょう-ぎ【勝義】《梵 paramārthaの訳》仏語。最もすぐれた道理。第一義。

しょう-ぎ【証義】❶最勝会・法華会・維摩会ゆいまえなどの法会の論義問答である竪義りゅうぎで、解答の可否を批判し判定する役。証誠しょうじょう。証義者。❷経典翻訳のとき、訳語の可否を判定する役。

じょう-き【上気】ジャウ〔名〕スル ❶顔に血が上ってのぼせること。のぼせて顔を赤くすること。「熱気で一した顔」❷頭に血が上って興奮し、自分を見失うこと。逆上すること。「一の沙汰ならば容赦もせん」〈樗牛・滝口入道〉〔類語〕興奮・熱狂・熱中・高揚・感奮・激発・激昂げきこう・逆上・エキサイト・フィーバー (一する)高ぶる・のぼせる・激する・かっとなる・いきり立つ・逸はやり立つ・わくわくする・ぞくぞくする・どきどきする

じょう-き【上記】ジャウ ある記事の上、または前に書いてあること。また、その文句。「集合時間は一のとおり」⇔下記。

じょう-き【上機】ジャウ 仏語。悟りを開くことができる最上の能力。最上の機根。上機根。上根。

じょう-き【×仗旗】ヂャウ 元日や即位などの儀式に大極殿または紫宸殿ししんでんの庭上に立てた旗。日像幢にちぞうとう・月像幢・四神旗など。

じょう-き【条規】デウ 条文の規定・規則。〔類語〕規則・法律・決まり・定め・規定・規程・定則・規約・約束・規準・規矩準縄きくじゅんじょう・規律・ルール・コード・本則・総則・通則・細則・付則・概則・おきて

じょう-き【定器|常器】ヂャウ・ジャウ《「じょうぎ」とも》❶日常用いる器。特に飯などを食べるのにいつも用いる椀わんなど。御器ごき。「家内上下の一どもを、侍従誂へんといふを聞いて」〈咄・醒睡笑・六〉❷飯などを盛って仏前に供える器。「我にあたへし飯を一ながら御机の上にさし置きて」〈地蔵菩薩霊験記・三〉

じょう-き【乗機】飛行機に乗ること。また、その人の乗る飛行機。

じょう-き【浄机|浄×几】ジャウ ちりなどがなく、清らかで気持ちのよい机。「明窓一」

じょう-き【常軌】ジャウ つねにふみ行うべき道。普通のやり方や考え方。常道。「一を失った行動」

常軌を逸いっ・する 普通と違った、常識外れの言動をとる。「一・した振る舞い」

じょう-き【常規】ジャウ 普通一般の規則。また、標準。

じょう-き【蒸気|蒸汽】❶液体の蒸発や固体の昇華によって生じる気体。❷「水蒸気」に同じ。「やかんから一が立ち上る」❸「蒸気機関車」「蒸気船」の略。〔類語〕水蒸気・スチーム

じょう-き【縄規】❶墨縄すみなわとぶんまわし。❷きまり。規則。

じょう-ぎ【上議】ジャウ 議題に取り上げること。

じょう-ぎ【×仗議|×仗儀】ヂャウ 内裏の陣の座に公卿が集まって行った、政務についての評議。陣の定さだめ。陣定じんのさだめ。陣議。「この二人一のありけるを立ち聞きて」〈愚管抄・四〉

じょう-ぎ【定規|定木】ヂャウ ❶物を裁断したり、線を引いたりするのにあてがって使う器具。三角定規・T字定規・雲形定規などがある。❷物事の標準。手本。模範。「自分の一で他人をはかる」「杓子しゃくし一」〔類語〕(❶)物差し・差し・尺・度器・スケール・ルーラー・曲尺かねじゃく・矩差かねさし・差し金・巻き尺・メジャー/(❷)基準・尺度・物差し・目安・拠より所・規準・標準

じょう-ぎ【×帖木】デフ 「定規縁じょうぎぶち」に同じ。

じょう-ぎ【情偽】ジャウ ❶まことと、いつわり。「またよしやその間に一があるとしても」〈鴎外・最後の一句〉❷ありのままのようす。「人間日常の一をして読者の心胸に了然としてまた事実に相違せる考思なからしむるにあり」〈逍遥・小説神髄〉

じょう-ぎ【情義】ジャウ 人情と義理。「一を欠く」「一の間往々過ちを生ずるに」〈織田訳・花柳春話〉

じょう-ぎ【情×誼|情義|情宜】ジャウ 人とつきあう上での人情や誠意。「一に厚い人」

じょうき-あつ【蒸気圧】一定温度で液体または固体と平衡状態にある蒸気の圧力。ふつうは飽和蒸気圧をさす。

じょうきあつ-おんどけい【蒸気圧温度計】ーヲンドケイ 液体と熱平衡状態にある飽和蒸気の圧力測定により温度を決定する温度計。ヘリウム3が0.65ケルビンから3.2ケルビン、ヘリウム4が1.25ケルビンから5ケルビンまでが国際温度目盛りの標準温度計として採用

されている。

しょうぎ-いん【商議員】研究所や財団法人などで、重要事項の諮問機関を構成する者。

じょう-ぎいん【常議員】常設の評議員。

じょうき-がま【蒸気×罐】▶ボイラー

しよう-きかん【試用期間】従業員を採用する場合に、本採用の前に試験的に一定期間働かせて職業能力をためしてみる期間。見習期間。

じょうき-きかん【蒸気機関】蒸気の圧力を利用して動力を得る熱機関。高圧の蒸気をシリンダー内に導き、その圧力でピストンを往復運動させる。

じょうき-きかんしゃ【蒸気機関車】蒸気機関を、動力として走行する機関車。動輪の数によってB型(二軸)、C型(三軸・旅客列車用)、D型(四軸・貨物列車用)などに分けられる。SL。

しょう-きぎょう【小企業】小規模の企業。

じょうき-ぎり【蒸気霧】安定した冷たい空気が暖かい水面上にあるとき、水面から蒸発した水蒸気が凝結してできる霧。蒸発霧。

しょう-きく【松菊】松と菊。

松菊猶存す 《陶淵明「帰去来辞」の「三径荒に就けども、松菊猶存す」から》隠者の住居の荒れ果てた庭にも、緑変わらぬ松と清らかな香りの菊はまだ残っている。隠遁生活にも昔の知己がいること、また、乱世にも節操の高い志士が存在することのたとえ。

じょう-きげん【上機嫌】〔名・形動〕非常に機嫌がよいこと。また、そのさま。「一な声で話す」

しょう-きこう【小気候】広がりが10キロ程度以下の狭い地域内にみられる気候。地形・高度・土地利用の状態などに左右される。➡大気候 ➡中気候

じょう-きこん【上機根】❶「上根」に同じ。❷根気のあること。〈日葡〉

じょうぎ-ざ【定規座】南天の小星座。蠍座の南にあり、7月中旬の午後8時ごろ、南の地平線上に一部が現れる。学名 Norma

しょうぎ-さし【将棋指(し)】将棋を指すことを職業とする人。棋士。

じょうき-せん【蒸気船】蒸気機関・蒸気タービンの動力で外輪やスクリューを回して航行する船。汽船。

じょうき-タービン【蒸気タービン】高温・高圧の蒸気をノズルから羽根車に噴射して回転させ、その回転をプロペラ軸に伝える原動機関。重量が軽くて高馬力を出せるが、燃料消費量は大きい。船舶、火力発電、工場の大出力原動機に使用。

しょうぎ-たい【彰義隊】慶応4年(1868)2月、徳川慶喜の恭順を喜ばない旧幕臣が結成した団体。江戸開城後、上野の寛永寺に立てこもって明治新政府に反抗したが、5月、大村益次郎の率いる政府軍に壊滅させられた。一部は榎本武揚と旧幕府の軍艦で逃亡、箱館戦争に参加した。

しょうぎ-だおし【将棋倒し】❶将棋の駒を間を置いて並べ、一端を倒して、次々に残りの駒を倒す遊び。❷次々に折り重なって倒れること。また、一端から崩れはじめて全体にまで及ぶこと。「電車が急停止し、乗客が一になる」(類語)横転・転倒・転覆・横倒し

しょう-きち【小吉】おみくじなどで、少し縁起のよいこと。

じょうき-つい【蒸気×槌】▶蒸気ハンマー

しょうき-づ・く【正気付く】〔動カ五(四)〕意識が正常な状態に戻る。「耳もとで名を呼ばれてやっと一・いた」

じょう-きどう【上気道】呼吸器系の鼻腔・咽頭・喉頭などの総称。⇔下気道。

しょうぎ-どころ【将棋所】江戸時代、碁所と並び、将棋をもって幕府に仕えた家柄。大橋本家・同分家・伊藤家の三家が世襲。

しょうぎ-の-こま【将棋の駒】将棋に用いる駒。双方各20個。一組は、王将1、金将・銀将・桂馬・香車各2、飛車・角行各1、歩兵9からなる。

しょうぎ-ばん【将棋盤】将棋の駒を並べて指す盤。縦横各9列、計81のますを設けたもの。縦列を「筋」、横列を「段」という。

じょうき-ハンマー【蒸気ハンマー】蒸気圧でハンマーを上下させて材料を鍛造する機械。鋼塊の鍛錬に用いる。蒸気槌。スチームハンマー。

しょうき-ひげ【×鍾×馗×髯】鍾馗のようにほおからあごにかけて生えた濃いひげ。

じょうぎ-ぶち【定規縁】両開き戸や引き分け戸で、閉じたとき戸の合わせ目が透かないように縦に取り付けた細い木。帖木。

しょう-きぼ【小規模】〔名・形動〕物の構成・構造などが小さいこと。また、そのさま。「一な噴火」

しょうきぼ-きぎょう【小規模企業】規模の小さい企業。従業員数が製造業で20人以下、商業・サービス業で5人以下の企業。

しょうきぼじぎょうしゃけいえいかいぜんしきん-ゆうしせいど【小規模事業者経営改善資金融資制度】経営基盤が脆弱な小規模事業者を対象に、日本政策金融公庫が資金を低利で貸し出す制度。経済産業省の施策。従業員数が20人以下(商業・サービス業は5人以下)の企業が対象で、担保・保証人とも不要。マル経融資制度。(補説)平成21年(2009)4月、自民党政府による経済危機対策に同融資制度の拡充が盛り込まれ、融資限度額が1000万円から1500万円に引き上げられ、返済期間も延長された。

しょうきぼ-とくにんこう【小規模特認校】小中学校の通学区域の弾力的運用の一つとして、生徒数の少ない小中学校で通学区域の制限を外し、自由な通学を認めた学校。

じょうき-ポンプ【蒸気ポンプ】❶蒸気機関を動力源とするポンプ。❷特に、明治・大正時代に用いられた消防用のポンプ。

しょう-きゃく【正客】❶客の中で、いちばん主な客。主賓。❷茶会における最上位の客。

しょう-きゃく【招客】客を招くこと。また、招いた客。

しょう-きゃく【消却|×銷却】〔名〕(スル)❶消してなくすこと。消去。「名簿から名前を一する」❷使ってなくすこと。消費。「半年で予算を一する」❸借金などを返すこと。「負債を一年で一する」(類語)(❶)消去・削除・抹消・抹殺・隠滅・消除・除去・消す

しょう-きゃく【掌客】賓客の接待に当たる官。中国周代に設けられ、日本では奈良・平安時代の臨時の職。

しょう-きゃく【焼却】〔名〕(スル) 焼き捨てること。「不要書類を一する」「一炉」

しょう-きゃく【償却】〔名〕(スル)❶借金などをすっかり返すこと。償還。「借用金を一する」❷「減価償却」の略。「一資産」(類語)償還・完済

じょう-きゃく【上客】《古くは「しょうきゃく」とも》❶上座に就くべき、主だった客。❷商売上での大切な、ありがたい客。上得意。(類語)得意

じょう-きゃく【乗客】船舶・航空機・列車などに乗る客。また、乗っている客。じょうかく。「一名簿」(類語)旅客・船客・パッセンジャー・客・顧客

じょう-きゃく【常客】店によく来るなじみの客。常連。(類語)常連・馴染み・得意・顧客・上得意・常得意・上客

しょうきゃく-し【掌客使】奈良・平安時代、大饗のとき、出席の貴人を迎えて、前駆をつとめた役。

しょう-きゅう【小休】少し休むこと。小休止。

しょうきゅう【承久】▶じょうきゅう(承久)

しょう-きゅう【昇級】〔名〕(スル) 等級が上がること。「書道で二級から一級に一する」(類語)進む・栄進・昇進・昇格・昇任・昇段・累進・特進

しょう-きゅう【昇給】〔名〕(スル) 給料が上がること。「毎年四月に一する」「定期一」⇔降給。

じょう-きゅう【上級】段階・等級などが高いこと。(類語)高度・高等・高級

じょうきゅう【承久】鎌倉初期、順徳天皇・仲恭天皇・後堀河天皇の時の年号。1219年4月12日〜1222年4月13日。

じょう-きゅう【常久】いつまでも変わらずに続くこと。恒久。「造化は一不変なれども…人間の心は千々に異なるなり」〈透谷・内部生命論〉

じょうきゅう-かっくうき【上級滑空機】▶ソアラー

じょうきゅう-かんちょう【上級官庁】同一の系統に属する下級官庁に対し、指揮・監督する権限をもっている官庁。税務署に対する国税局、国税局に対する国税庁など。

じょうきゅうき【承久記】鎌倉時代の軍記物語。2巻。作者未詳。鎌倉中期の成立か。承久の乱の経過を記し、論評を加えたもの。「承久兵乱記」「承久軍物語」などの異本がある。

じょうきゅう-さいばんしょ【上級裁判所】上級審の裁判所。第一審の地方裁判所に対し、控訴審にあたる高等裁判所など。

しょう-きゅうし【小休止】〔名〕(スル) 少し休むこと。こやすみ。小休。「仕事の途中で一する」

(類語)ひと休み・少憩・休む・休らう・憩う・くつろぐ・休息する・休憩する・一服する・一息入れる・息をつく

しょう-きゅうし【小臼歯】犬歯と大臼歯の間にある臼歯。人間では上下左右に各2本ずつ、合計8本ある。初め乳歯として生じのちに永久歯に生え変わる。前臼歯。

じょうきゅう-しん【上級審】審級関係において、下位に対して上位にある裁判所。また、その審判。

じょうきゅう-せい【上級生】上の学年の生徒。⇔下級生。

しょうきゅうせい-ていしきそせい-ひんけつ【小球性低色素性貧血】赤血球の大きさが通常より小さく、赤血球に含まれるヘモグロビンの濃度が減少している貧血。鉄欠乏性貧血・鉄芽球性貧血・サラセミアなどでみられる。➡正球性正色素性貧血

しょうきゅうせい-ひんけつ【小球性貧血】貧血の分類の一つ。赤血球が通常よりも小さくなっている貧血。小球性低色素性貧血となることが多い。➡正球性貧血 ➡大球性貧血

しょうきゅう-の-とり【傷弓の鳥】《「戦国策」楚策から》一度弓矢で傷つけられた鳥は、弓の弦音を聞くだけでおそれおののく意から、前の事に懲りて、あとの事を極端に警戒する人のたとえ。

じょうきゅう-の-らん【承久の乱】承久3年(1221)後鳥羽上皇が鎌倉幕府打倒の兵を挙げ、幕府に鎮圧された事件。後鳥羽・土御門・順徳の三上皇が配流され、朝廷方の公卿・武士の所領は没収された。乱ののち、朝廷監視のため六波羅探題を置くなど、幕府の絶対的優位が確立した。承久の変。

しょう-きょ【少許】少ないこと。少しばかり。

しょう-きょ【松×炬】たいまつ。

しょう-きょ【消去】〔名〕(スル)❶消えてなくなること。また、消してなくすこと。「不安が一する」「テープの音声を一する」❷数学で、いくつかの未知数を含むいくつかの方程式から、未知数の数を減らすために、特定の未知数を他の未知数に置き換え、その未知数を含まない方程式を導くこと。

(類語)消却・抹消・削除・除去・消除・消す

しょう-ぎょ【松魚】カツオの別名。

しょう-ぎょ【×椒魚】サンショウウオの別名。

しょう-ぎょ【×樵漁】木を切ることと魚を捕ること。また、木こりと漁師。

じょう-きょ【常居】いつもそこにいること。また、ふだん住んでいる所。

しょう-きょう【小経】阿弥陀経のこと。無量寿経を大経というのに対する称。

しょうきょう【正慶】鎌倉末期、光厳天皇の時の年号。1332年4月28日〜1333年5月25日。しょうけい。

しょう-きょう【生×薑|生×姜】ショウガの根茎。漢方で健胃・鎮嘔・発汗剤などに用いる。

しょう-きょう【声境】仏語。五境・六境の一。聴覚の対象となるもの。

しょう-きょう【商況】商売の状況。取引の動き。(類語)市況・景気・景況・商状・気配・売れ行き・金回り

しょう-きょう【×惝×怳】〔名〕(スル)❶驚きのあまり、ぼんやりすること。心を奪われること。❷がっかりす

ること。失望すること。「そんなに憧憬したり—したり」〈漱石・吾輩は猫である〉

しょう-きょう【勝境】景色のよい場所。勝地。

しょう-ぎょう【正行】仏語。❶仏教の実践修行としての正しい行い。❷浄土門で、往生を可能にする、読誦・観察・礼拝・称名・讃歎供養の五つ。称名を特に正定業とし、他を助業とする。

しょう-ぎょう【正教】❶「聖教」に同じ。❷正しい教え。

しょう-ぎょう【商業】生産者と需要者の間に立って商品を売買し、利益を得ることを目的とする事業。具体的には卸売商・小売商のような商品売買業者の活動をさすが、このほかに運送業・倉庫業・金融業・保険業・広告宣伝業などを含めて広く考える立場もある。(類語)売り買い・売買・取引・商売・商い・小商い・商事・交易・流通・流通産業・営業・営利事業・経営・商行為・ビジネス・外商・外交・セールス

しょう-ぎょう【▽聖行】菩薩の修する、戒・定・慧の三学。

しょう-ぎょう【▽聖教】釈迦の説いた教え。また、仏教の経典。正教。

じょう-きょう【上京】〔名〕スル 地方で暮らす人が都に行くこと。特に東京へ行くこと。「息子に会いに—する」(類語)上り・上洛

じょう-きょう【上×卿】▶しょうけい(上卿)

じょう-きょう【状況｜情況】移り変わる物事の、その時々のありさま。「—を見きわめる」「周囲の—」(類語)様子・状態・情勢・形勢・有様・動静・様相・気配・模様・態様・具合・概況・容体・調子

じょうきょう【貞享】江戸前期、霊元天皇・東山天皇の時の年号。1684年2月21日〜1688年9月30日。

じょう-きょう【常況】ふだんのありさま。

じょう-ぎょう【浄行】仏語。清浄な行い。特に、淫欲をつつしむこと。

じょう-ぎょう【常行】❶ふだんの行い。❷仏語。怠りなく、常に修行をすること。

じょう-ぎょう【常業】日常の業務。「其一調練の暇、其宜きを謀て演習せしむ可し」〈阪谷素・明六雑誌四一〉

しょうぎょう-えんげき【商業演劇】営利を目的として上演される演劇。主として大劇場で行われる演劇。

しょうぎょう-かいぎしょ【商業会議所】商工会議所の旧称。明治23年(1890)商業会議所条例により設置され、昭和2年(1927)商工会議所と改称。

しょうぎょう-がく【商業学】商業に関する学問。商品流通・商業経営、および経済活動全体にかかわる運送・倉庫・金融・保険・証券などについて研究する。

しょうぎょう-かくめい【商業革命】15世紀末のアメリカ大陸発見と東インド航路開拓とを契機として起きた、世界貿易の構造の大変革。これにより、それまで地中海商業圏に局限されていた商業がアメリカ・アジア・アフリカへと広がった。

しょうぎょう-がっこう【商業学校】旧制の実業学校の一。商業に関する中等程度の教育を施した。

しょうぎょう-ぎんこう【商業銀行】短期の預金を集め、その資金を手形割引のような短期の貸し出しに運用することを主な業務とする銀行。英国で18世紀以降典型的な形で発達した。日本では、普通銀行と同義に解する場合もある。

しょうぎょう-きんゆう【商業金融】商品の売買に必要な資金を融資する短期金融。手形割引や手形貸付によって行われる。

しょうぎょう-けいご【商業敬語】飲食店・サービス業などの従業員の使う過剰な、また、誤った敬語表現をいう。広告などにもみられる。「ご利用していただけます」「ご注文は以上でよろしかったでしょうか」「こちら、(ラーメン)のほうになります」「いらっしゃいませ、こんばんは、ようこそ」など。

しょうぎょう-こうとうがっこう【商業高等学校】商業課程を中心に据えた高等学校。商高。

じょうぎょう-ざんまい【常行三昧】天台宗で、四種三昧の一。90日間を1期とし、堂内に安置された阿弥陀仏のまわりを常に歩行し、その仏名を唱え、心に仏を念ずる行法。般舟三昧。仏立三昧。

しょう-ぎょうじ【小行事｜少行事】法会などで、大行事を助けて寺務をつかさどる僧職。

じょうきょうしき【貞享式】「芭蕉翁廿五箇条」の異称。

しょうぎょう-しせつ【商業施設】商業を目的とした施設。特に、デパートやショッピングセンターなど、比較的大型の小売店をさす。➡複合商業施設

しょうぎょう-しほん【商業資本】社会的総資本のうちで流通過程にあり、産業資本から独立して自立化した資本。商品取扱資本と貨幣取扱資本に分類される。

しょうぎょうしゃ-しょうひょう【商業者商標】▶プライベートブランド

しょうぎょう-しゅぎ【商業主義】▶営利主義

しょう-きょうしょう【小協商】《フランス Petite Entente》第一次大戦後の1920年、チェコスロバキア・ルーマニア・ユーゴスラビアの3国間に結ばれた政治同盟。ベルサイユ体制を維持するため、フランスの強力な支援を受けたが、39年、ナチスによるチェコスロバキア解体によって崩壊。

しょうぎょう-しょうけん【商業証券】商取引に利用される有価証券。手形・小切手・貨物引換証・倉庫証券・船荷証券・商品券など。

じょうきょう-しょうこ【状況証拠】証言や文書・物件によらず、犯罪事実を間接的に推測させる証拠。

しょうぎょう-しようにん【商業使用人】特定の商人に従属し、営業主を代理して対外的な営業取引に従事する者。支配人・番頭・手代など。

じょうぎょう-じりつ【浄行持律】仏語。みだらな心を抑えて清浄な身を保ち、戒律を固く守ること。

しょうぎょう-しんよう【商業信用】商取引を行う業者間で授受される信用。掛け売買など。

しょうぎょう-しんようじょう【商業信用状】貿易取引の決済のために、輸入者の依頼によってその取引銀行が発行する信用状。一定の条件により、手形の引き受けまたは支払いを保証するもの。

しょうぎょう-ちいき【商業地域】都市計画法で定められた用途地域の一つ。主として商業その他の業務の利便を増進するために定める地域。敷地の高度利用が認められるが、防災的な構造および設備が課される。

しょうぎょう-ちょうぼ【商業帳簿】商法の規定により、商人が営業上の財産および損益の状況を明らかにするために作成・保存する会計帳簿および貸借対照表。株式会社の場合には、会社法により、会計帳簿の作成・保存が義務づけられている。

しょうぎょう-てがた【商業手形】売買その他の商取引に基づいて、代金決済のために振り出された手形。約束手形と為替手形とがある。商品手形。➡融通手形

しょうぎょうてき-のうぎょう【商業的農業】生産物を商品として販売することを目的とする農業。特に、園芸・畜産・養蚕など、生産物の商品化率の高い農業。

しょうぎょう-デザイン【商業デザイン】商品の販売を促進することを目的としたデザイン。特に、ポスターや新聞雑誌などの広告図案、ショーウインドーのディスプレーなど。

しょうきょう-でん【承香殿】平安京内裏十七殿の一。内裏中央、仁寿殿の北にあり、内宴・御遊などが行われた。しょうこうでん。そきょうでん。

しょう-きょうと【小京都】京都に類似した特色を持つ地方の小都市。多くは山に囲まれていて、寺社、特に五重塔があり、地域の中央を川が流れる。➡小江戸

じょうぎょう-どう【常行堂】常行三昧を修する堂。阿弥陀堂。常行三昧堂。

しょうぎょう-とうき【商業登記】商法および会社法の規定により、商人の営業に関する一定の事項を登記所の商業登記簿に登記すること。また、その登記。商号・支配人・合名会社・株式会社・外国会社など9種の商業登記簿がある。

しょうぎょう-とし【商業都市】商業によって繁栄・発展してきた都市。

しょうぎょうのじょ【聖教序】唐の太宗が玄奘の訳した仏典に付した序文などを、僧懐仁が王羲之の行書から文字を集めて石碑に彫ったもの。王羲之の行書を最も正しく伝えるものとして有名。

じょうきょう-はんだん【状況判断】状況を把握すること。また、それに基づいてどう対処したらよいか判断すること。「—を誤る」

しょうぎょう-びじゅつ【商業美術】商業上の目的で制作される美術。広告・デザインなど。

しょうぎょう-ほうそう【商業放送】▶民間放送

しょうぎょう-ぼき【商業簿記】商業、特に商品売買業に適用される簿記。

じょうぎょう-ぼさつ【上行菩薩】釈迦が法華経を説いたとき、末法の世に出てこの経を広めるように依頼した四人の菩薩の一人。日蓮は自らを上行菩薩の後身と称した。

しょうぎょうようふどうさんローンたんぽ-しょうけん【商業用不動産ローン担保証券】オフィスビル・ホテル・ショッピングモール・賃貸マンションなどの商業用不動産に対する融資(債権)を一括し、それを担保として発行される証券化商品の総称。投資家は融資の返済を原資とする元利払いを受ける。CMBS(commercial mortgage-backed securities)。➡不動産担保証券

しょうぎょう-りょう【▽聖教量】仏語。古来の伝承説や聖賢の言葉。聖言量。

じょうきょう-れき【▽貞享暦】貞享元年(1684)に宣明暦に代わって採用され、翌年から宝暦4年(1754)まで用いられた太陰太陽暦。渋川春海が中国の授時暦を参考として作った、日本人の手になる最初の暦。

しょう-きょく【小曲】❶短い楽曲。また、小さな詩。⇔大曲。❷雅楽で、規模・格式から楽曲を大・中・小に分けたうちの小規模・低格式の曲。

しょう-きょく【消極】〔名・形動〕❶自分から進んで行動したり、意見を述べたりしないこと。また、そのさま。「そうして君の—な哲学を聞かされて驚いた」〈漱石・それから〉⇔積極。❷電気や磁気の陰極。(派生)しょうきょくさ〔名〕

じょう-きょく【上局】慶応4年(1868)の政体書により、議政官内に設置された立法機関。

じょう-きょく【浄曲】浄瑠璃、特に義太夫節のこと。

じょうき-よく【蒸気浴】❶蒸気で温浴すること。蒸し風呂など。❷水蒸気などを用いて加熱すること。また、その装置。引火性の液体などを容器に入れたまま一定温度を保って加熱できる。乾燥・蒸留などに用いる。

しょうきょく-ざい【消極剤】電池などの分極を防ぐために用いる物質。電池の使用によって乾電池の陽極上に発生する水素を酸化するために用いる二酸化マンガンなど。減極剤。復極剤。

しょうきょく-ざいさん【消極財産】財産のうち、借金などの債務。⇔積極財産。

しょうきょくさい-てんいち【松旭斎天一】[1853〜1912]奇術師。越前の生まれ。本名牧野八之助、のち服部松旭と名乗る。西洋奇術を日本に紹介し、地方興行ののち浅草に進出、以後国内外で大成功をおさめた。

しょうきょくさい-てんかつ【松旭斎天勝】[1886〜1944]女性奇術師。東京生まれ。本名、中井かつ。初世松旭斎天一の弟子となり、欧米を巡業。天一の死後、一座を結成し、近代奇術の代表者として活躍。

しょうきょく-そんがい【消極損害】事故にあわなければ被害者が将来得るはずだったと予想される利益。休業損害などがこれにあたる。➡積極損害

しょうきょく-てき【消極的】〘形動〙自分から進んで物事をしないさま。引っ込みがちなさま。また、否定的であるさま。「一な態度」「提案に一な回答をする」⇔積極的。〘類語〙弱腰・弱気・引っ込み思案・遠慮がち・控えめ・受動的・退嬰的たいえいてき・微温的・パッシブ・ネガティブ

しょうきょだく-けいやく【使用許諾契約】《product license agreement》▶ソフトウエア使用許諾契約

しょうきょ-ほう【消去法】❶連立方程式の標準的な解法。いくつかの未知数を順に消去していき、最後に未知数1個を含む方程式を導いて解く方法。さかのぼって他の未知数の解も得る。❷複数の物事の中から何かを選び出す際に、条件に合わないものを除外していき、残ったものを採用する方法。

じょう-きら【常×綺羅】いつもよい着物を着ていること。また、その着物。「毎日もー一を張って贅沢に暮していた」〈魯庵・社会百面相〉

しょうき-らん【×鍾×馗×蘭】❶ラン科の多年草。深山の木陰に生える腐生植物。高さ10〜30センチ。茎は赤みがかった白色で、葉は退化してうろこ状。夏、淡紅紫色の香りのある花が集まって開く。❷ヒガンバナ科の多年草。暖地に自生。高さ約60センチ。葉は広い線形でつやがあり、秋に出て翌年の夏に枯れる。秋、葉が出る前に濃黄色の花を5〜10個輪状につける。鍾馗水仙。〘季 秋〙

しょう-きん【小斤】律令制における重さの単位。16両を1小斤とし、大斤の3分の1にあたる。主に薬品などの計量に用いられた。⇔大斤。

しょう-きん【小×禽】小鳥。

しょう-きん【正金】❶正貨幣としての金銀貨幣。補助貨幣である紙幣に対していう。❷現金。「一で支払う」

しょう-きん【奨金】物事を奨励するために出す金銭。奨励金。

しょう-きん【賞金】賞として与える金銭。「一をかせぐ」「一を出す」〘類語〙褒美・報賞・賞品・景品

しょう-きん【×銷金】❶金属を溶かすこと。また、溶かした金属。❷金銭を浪費すること。

しょう-きん【償金】他人やその所有物に与えた損害のつぐないとして支払う金銭。賠償金。

じょう-きん【上金】純度の高い金。上質の金。

じょう-きん【剰金】余った金銭。残金。剰余金。

じょう-きん【常勤】〘名〙スル 臨時でなく、原則として毎日一定の時間、勤務すること。「二名の社員が一している」

〘類語〙フルタイム・常任・専任

じょうきん【紹瑾】▶瑩山紹瑾けいざんじょうきん

じょう-ぎん【上銀】純度の高い銀。上質の銀。「銀かねは奥の戸棚に一が五百目余り」〈浄・油地獄〉

しょうきん-ぎんこう【正金銀行】「横浜正金銀行」の略称。

しょうきん-るい【渉×禽類】長い脚で浅い水辺を歩き回ってえさをとる鳥。ツル・コウノトリ・サギ・シギ・チドリなど。

しょう-く【小区】明治初期の地方行政区画の一。大区をさらにいくつかに区分したもの。長として戸長を置いた。

しょう-く【少工¦小工】律令制で、木工寮もくりょう・修理職しゅりしき・大宰府の職員。大工の下に属し、建物の修理などをつかさどった。

しょう-く【生苦】仏語。四苦の一。生まれることの苦しみ。

しょう-く【承句】漢詩の絶句で、起句の意をうけて詠む句。すなわち、第2句。承。▶起承転結

しょう-く【×悚×懼】恐れおののくこと。

しょう-く【章句】❶文章の大きなまとまりと小さなまとまり。章と句。❷文章の段落。〘類語〙文章・文ぶん・書き物・一文いちぶん・散文・文言ぶんげん・編章・詞章・詞藻・文辞・文藻・文体・文面・フレーズ・語句・字句

しょう-く【勝区】景色のすぐれた所。勝地。勝境。

しょう-ぐ【笑具】笑いのたね。お笑いぐさ。

しょう-ぐ【▽聖供】神仏または聖人への供米くまい・供物。

じょう-く【上×矩】外惑星が太陽と90度離れて東に見えること。日没時に南中すること。東方矩。⇔下矩かく。▶矩

じょう-く【冗句】❶不必要な文句。むだな文句。冗文じょうぶん。「一を省く」❷《jokeにかけていう語》おどけた文句。冗談。

じょう-く【定句】連歌で、型にはまった平凡でつまらない句。

じょう-く【畳句】文章や詩で、同一の句を重ねて用いる手法。また、その句。

じょう-く【縄×矩】❶墨縄すみなわと差し金。❷標準。規律。

じょう-ぐ【乗具】乗馬の用具。手綱・鞍など。馬具。

しょう-くう【生空】仏語。衆生しゅじょうは五蘊ごうんが仮に和合して成ったもので、実体がないという考え方。衆生空。我空。人空。

しょう-くう【性空】仏語。一切の存在の本性としての実体が空であること。

しょうくう【性空】[910〜1007]平安中期の天台宗の僧。京都の人。36歳で出家し、霧島山や筑前の背振山で修行。播磨はりまの書写山に円教寺を開いた。書写上人。

しょうくう【証空】[1177〜1247]鎌倉前期の浄土宗の僧。西山派の祖。14歳で出家し、法然に師事、念仏や天台教義にも通じた。のち、西山の善峰寺に住み、浄土教を宣揚した。著「観門要義鈔」など。善慧坊。

しょう-ぐう【正宮】一つの神社の本社。分社・摂社・末社に対していう。本宮。

しょう-ぐう【賞遇】❶よい待遇。❷かつて刑務所などで、改悛かいしゅんの情の認められる受刑者に賞として与えた優遇。面会や信書発送の回数を増やしたり、肌着の自弁や作業の変更を許すことなど。平成17年(2005)の監獄法改正時に廃止。現行の刑事収容施設法では、人命救助や災害時の応急用務で功労があった場合に賞金・賞品の授与などを行う褒賞の規定がある。

じょう-くう【上空】空の上の方。また、ある地点の上にある空。「一に舞いあがる」「東京の一」

〘類語〙空・天・天空・天穹てんきゅう・穹窿きゅうりゅう・蒼穹そうきゅう・太虚たいきょ・上天・天球・青空・青天井・宙ちゅう・空くう・空中・虚空こくう・中空ちゅうくう・中天・大空

じょう-ぐう【上宮】一つの神社に複数の社やしろがあるとき、位置が最も上方または奥にある社。上社かみやしろ。かみのみや。▶中宮 ▶下宮

しょう-ぐうじ【少宮司】❶元慶5年(881)伊勢神宮に置かれた職員。大宮司の次で、これを補佐した。のち熱田・鹿島・宇佐・阿蘇の諸社にも置かれた。❷明治4年(1871)伊勢神宮や各官・国幣大社に置かれた神職の職階。❸神宮司庁の職員の職階。

じょうぐうしょうとくほうおうていせつ【上宮聖徳法王帝説】《「帝説」は「たいせつ」とも》聖徳太子に関する系譜・伝記などを集成した記録。1巻。編者未詳。平安中期の成立といわれ、記紀に対して異説を含み、古代史の貴重な史料とされる。法王帝説。

じょうく-うた【畳句歌】1首の中に同じ語句を重ねて詠んだ歌。「月月に月見る月は多けれど月見る月はこの月の月」「明あけ明や明明明や明明や明明明や明明や月」などの類。

じょうぐう-たいし【上宮太子】聖徳太子の異称。

しょうくう-とう【照空灯】夜間、上空を飛ぶ敵の飛行機を探し出すための照明灯。

じょう-くくり【上▽括り】指貫さしぬきまたは狩袴かりばかまなどの裾をひざの下でくくること。非常の際に行う。⇔下括げくくり。

じょう-ぐち【錠口】❶錠を取り付けた箇所。❷将軍・大名などの邸宅で、表と奥との境にあった出入り口。内外から錠がおろされていた。御錠口。❸江戸幕府の職名。大奥の錠口を守衛した女中。錠口番。

しょう-くぶん【小区分】〘名〙スル 区分けしたものを、さらに小さく分けること。また、その区分け。

じょうぐ-ぼだい【上▽求×菩▽提】仏語。菩薩ぼさつが、上に向かって悟りを求めること。⇔下化衆生げけしゅじょう。

しょうくん【昭君】謡曲。五番目物。胡国へ嫁いだ王昭君と、胡国の王の呼韓邪単于こかんやぜんうの亡霊が鏡に映って、公滿ほうの里の老父母に対面する。

しょう-くん【湘君】中国、湘江の伝説上の女神。尭ぎょう帝の二人の娘で、姉を娥皇・妹を女英といい、共に舜の妃となったが、舜が没すると、悲しんで湘江に身を投げて水神となったという。

しょう-くん【賞勲】勲功を賞すること。

しょう-ぐん【小郡】古代の郡の大きさによる等級のうち、最小のもの。50戸を1里として、2里または3里を小郡とした。

しょう-ぐん【将軍】❶一軍を指揮して出征する大将のこと。「鎮東一」❷「征夷大将軍せいいたいしょうぐん」の略。❸将官、特に大将の俗称。「乃木一」〘類語〙大将・主将

しょう-ぐん【勝軍】軍隊が戦って勝つこと。また、その軍勢。

しょう-ぐん【晶群】鉱物の小さな結晶が岩の割れ目に多数密集して一塊となっているもの。

しょう-ぐん【湘軍】中国の清末、太平天国の乱の鎮圧のために曽国藩が組織した義勇軍。主に湖南省湘郷県出身者(湘人)で編成された。湘勇。

しょう-ぐん【蕭軍】[1907〜1988]中国の小説家。遼寧省義県の人。本名は劉鴻霖りゅうこうりん。蕭軍は筆名。満州事変後、ハルビンで文学活動に入り、魯迅ろじんに認められて「八月の村」を出版。日中戦争中は延安で活躍したが、共産党から批判を受けた。ほかに「五月の鉱山」「過去の年代」など。シアオ＝チュン。

しょうぐん-おび【将軍帯】昔、武官が礼服着用の際に用いた、金銀の装飾のある帯。

しょうくん-きょく【賞勲局】勲位・勲章・褒章など、栄典に関する事項をつかさどる官庁。明治9年(1876)設置。第二次大戦後、総理府賞勲部に改組、昭和39年(1964)総理府賞勲局となり、平成13年(2001)以降は内閣府賞勲局。

しょうぐん-け【将軍家】征夷大将軍に任じられる家柄。また、征夷大将軍。

しょうぐん-じぞう【勝軍地蔵】地蔵菩薩の一。これに念ずれば、戦いに勝ち、宿業・飢饉ききんなどを免れるといわれ、鎌倉時代以降に武家に信仰された。甲冑かっちゅうを身につけ、武器を持った姿で表す。

しょうぐん-しょく【将軍職】征夷大将軍としての職。

しょうぐん-せんげ【将軍宣下】朝廷が宣旨せんじを下して、征夷大将軍を任命すること。建久3年(1192)源頼朝を任じた時に始まる。

しょうぐん-づか【将軍塚】京都市東山区華頂山上にある塚。桓武天皇が平安遷都にあたり、8尺の土偶に鉄甲をつけ、弓矢を持たせて埋めたと伝える。

しょう-け【▽荘家¦×庄家】❶荘園を管理するために荘園内に置かれた建物。❷荘園領主のこと。

しょう-げ【生気】❶陰陽道おんようどうでいう吉の方角。正月を子ねとして十二支を順次に12か月に配当し、これを八卦はっけの方位に当てて、その人のその年の吉凶を定める。生気の方かた。❷「生気の色」の略。

しょう-げ【障×礙¦障×碍】障害。妨げ。仏教では、悟りの障害となるものをいう。「最も一の少き運動の道は必らず螺旋的なり」〈露伴・日ぐらし物語〉

じょう-げ【上下】〘名〙スル ❶㋐高い所と低い所。高い方と低い方。「乱気流で機体が一に揺れる」「棚を一に仕切る」㋑あげたりさげたりすること。あがったりさがったりすること。「手旗を一する」「一するエレベーターが見えるビル」❷衣服で、上半身用のものと下半身用のもの。洋服ではスーツ、和服では裃かみしもをさすことが多い。「紺の一にレジメンタルのネクタイ」「一がちぐはぐな服装」❸本など、ひとまとまりの内容をもつものを二つに分けた、始めのほうと後のほう。「一の巻をまとめて買う」❹地位・身分・年齢などの、上位と下位。また、その人。「一関係にうるさい職場」「一の別なくもてなす」❺数値の高いほうと低いほう。また、数値が高くなったり低くなったりすること。「得点の一に開きがある」「相場が激しく一する」❻川上と

川下を行き来すること。のぼりくだり。「利根川を―する船」❼鉄道や道路などの、都へ向かう方と都から離れる方。また、それぞれの方向へ行き来すること。のぼりくだり。「東名高速を―する車」「―線」❽行きと帰り。往復。「一人乗一挺(いっちょう)誂(あつら)えて来てお呉れ、浜町まで―」〈二葉亭・浮雲〉❾ことばのやりとり。討論。問答。「その論を―し給ひ」〈折たく柴の記・下〉
(類語)上下(うえした)・上下(かみしも)・上げ下げ・上げ下ろし・アップダウン

しょう-けい【上×卿】シャウケイ《「じょうけい」とも》❶朝廷の諸行事・会議などの執行の責任者として指名された公卿(くぎょう)。列席した公卿中の首席の者が選ばれた。❷記録所の長官。❸公卿(くぎょう)の異称。

しょう-けい【小径|小×逕】セウ 細い道。こみち。
(類語)小道・細道・小路・路地

しょう-けい【小計】セウ〔名〕スル 全体の中のある部分の合計を出すこと。また、その合計。➡総計

しょう-けい【小経】セウ ❶経書を分量により大・中・小に分けたとき、分量の少ないもの。易経・書経・春秋公羊伝・春秋穀梁伝をさす。➡大経 ➡中経 ❷奈良・平安時代の学制で、周易・尚書のこと。

しょう-けい【小景】セウ ❶印象に残っている、ちょっとした眺め。「湖畔―」❷規模の小さい風景画。

しょう-けい【少憩|小憩】セウ〔名〕スル わずかの間休むこと。小休止。小休み。「疲れたので―する」
(類語)ひと休み・小休止・休む・休らう・憩(いこ)う・くつろぐ・休息する・休憩する・一服する・一息入れる

しょうけい【正慶】シャウキャウ ➤しょうきょう(正慶)

しょう-けい【承継】〔名〕スル 前の代からのものを受け継ぐこと。継承。「権利を―する」「伝統を―する」
(類語)相続・相承・継承・踏襲

しょうけい【祥啓】シャウケイ 室町中期の画僧。字(あざな)は賢江。号、貧楽斎。祥啓は諱(いみな)。建長寺の書記を務めたことから啓書記ともよばれる。芸阿弥に水墨画を学び、山水画にすぐれた。生没年未詳。

しょう-けい【祥慶】シャウケイ〔名・形動〕よろこびごと。めでたいこと。吉祥。吉兆。また、そのさま。「吾人の来世を極めて明論する所の音曲は…―なる歓楽をなす」〈ファン＝カステール訳・彼日氏教授論〉

しょう-けい【商計】シャウケイ ❶なすべき事柄をあれこれと考えること。商量。❷商売上のかけひき。商略。

しょう-けい【×捷径|×捷×逕】セフ ❶目的地に早く行ける道。近道。❷目的を達するてっとり早い方法。早道。近道。「立身の―として」〈蘆花・不如帰〉

しょう-けい【勝形】地勢・地形がよいこと。形勝。

しょう-けい【勝景】すぐれた景色。絶景。(類語)美景・佳景・絶景・奇勝・絶勝・形勝・景勝・山紫水明

しょう-けい【晶系】シャウ 結晶系。「等軸―」

しょう-けい【象形】シャウ ❶物の形を写して図形化すること。❷漢字の六書(りくしょ)の一。物の形をかたどった漢字の作り方。「木」「日」「月」「鳥」「魚」などの類。

しょう-けい【憧憬】〔名〕スル《慣用読みで「どうけい」とも》あこがれること。あこがれの気持ち。「西欧の絵画に―する」(類語)あこがれ

しょうげい【聖冏】シャウゲイ[1341～1420]室町前期の浄土宗の僧。常陸(ひたち)の人。号、酉蓮社了誉(ゆうれんしゃりょうよ)。通称、三日月上人。神道・儒教なども学び、晩年に江戸小石川に伝通院を創建した。著「伝通記糅鈔(でんずうきにゅうしょう)」など。

じょう-けい【上計】ジャウ すぐれた計画。上策。

じょう-けい【上×卿】ジャウ ➤しょうけい(上卿)

じょう-けい【上啓】ジャウ ❶目上の者に対して申し上げること。啓上。❷臣下が皇太子・皇后・皇太后・太皇太后に申し上げること。また、その文書。

じょう-けい【上掲】ジャウ 上に掲げること。前に述べること。前掲。「―の表」

じょう-けい【×杖刑】ヂャウ ➤杖(じょう)❶

じょうけい【定慶】ヂャウケイ 鎌倉時代の慶派の仏師。㊀大仏師法師定慶。鎌倉前期に活躍。作、興福寺東金堂の維摩居士(ゆいまこじ)像、同寺の梵天・帝釈天像など。生没年未詳。㊁肥後法眼定慶。鎌倉前期から中期に活躍。作、大報恩寺の准胝(じゅんてい)観音像、鞍馬寺の聖観音像など。生没年未詳。㊂越前法橋(ほっきょう)定慶。鎌倉後期に活躍。伝存作品はないが、法隆寺新堂の日光・月光菩薩像などの修理に従事したことが知られる。生没年未詳。

じょうけい【貞慶】ヂャウケイ[1155～1213]平安末期から鎌倉初期の法相(ほっそう)宗の僧。初め興福寺に入り、のち、海住山寺に住持した。戒律を厳守し、旧仏教の改革を提唱。法相宗の中興と称された。著「愚迷発心集」など。笠置上人。解脱上人。

じょう-けい【常経】ジャウ 常に変わらない道。常に守るべきおきて。

じょう-けい【情景|状景】ジャウ 心にある感じを起こさせる光景や場面。「幼いころの―を思い浮かべる」

じょう-けい【場景】ヂャウ ある場面でのものごとのありさま。その場の光景。「犯行の―を再現する」

しょうけい-か【鐘形花】合弁花の一。花びらがほぼ全長にわたって癒合し、つり鐘状をしているもの。キキョウ・ホタルブクロなど。

しょうけいがくいん-だいがく【尚絅学院大学】シャウケイガクヰン 宮城県名取市にある私立大学。平成15年(2003)の開設。総合人間科学部の単科大学。同19年に大学院を設置した。

しょう-けいこく【蒋経国】シャウ[1910～1988]中国の政治家・軍人。浙江(せっこう)省奉化の人。蒋介石の長子。モスクワで共産党に入党。帰国後、父と和解し、台湾国民政府の要職を歴任、1978年総統に就任。チアン＝チンクオ。

しょうけい-しっこうぶん【承継執行文】シッカウ 執行当事者に承継があったとき、承継人の氏名を表示して付与される執行文。強制執行にあたって、執行当事者の変更を明らかにするために作成される。

しょうけい-しゅとく【承継取得】売買・相続などのように、他人の持っていた権利に基づいて、ある権利を取得すること。継受取得。➡原始取得

しょうけい-だいがく【尚絅大学】シャウケイ 熊本市にある私立大学。昭和50年(1975)開設。

しょうけい-もじ【象形文字】シャウケイ 物の形を点や線で表してできた文字。古代エジプトのヒエログリフや、漢字のうち象形によって形成された文字の類。形象文字。

しょうけい-もん【昭慶門】セウケイ 平安京大内裏朝堂院二十五門のうち、北面の外門。永福門と嘉喜門との間にある。

しょう-げき【小隙】セウ ❶わずかなすきま。❷ちょっとした仲たがい。

しょう-げき【少外記】セウ 律令制で、外記のうちの下位の職。➡外記

しょう-げき【笑劇】セウ ➤ファルス

しょう-げき【衝撃】❶瞬間的に大きな力を物体に加えること。また、その力。「衝突時の―を吸収する」❷意外な出来事などによって強く心を揺り動かされること。また、その心の動き。ショック。「―が走る」「世界に強い―を与えた事件」(類語)ショック・打撃・電撃・インパクト・センセーション

しょうげき-かじゅう【衝撃荷重】カヂュウ 短時間に急激に加えられる荷重。

しょうげき-けんりゅうけい【衝撃検流計】ケンリウケイ 放電現象やインパルス状の電流など、短時間に流れる電流の時間積分量(通過電気量)を計測する検流計。弾動検流計。

しょうげき-しけん【衝撃試験】金属材料試験の一。材料の粘り強さ・もろさを調べるためのもの。急速に衝撃を与えて試験材を壊し、破壊に要したエネルギーを測定する。

しょう-げきじょう【小劇場】セウゲキヂャウ 規模の小さい劇場。多く実験的・前衛的な演劇を上演する場となる。

しょうげきじょう-うんどう【小劇場運動】セウゲキヂャウ 19世紀末から20世紀初めに起こった演劇運動。多く小劇場により、演劇を商業主義から解放し、演劇本来の芸術性の確立を目ざした。1960年代にも盛行。

しょうげき-せきえい【衝撃石英】隕石の衝突孔付近に見られる石英。衝突地点の岩石に含まれていた物質が高温・高圧により溶融・飛散することで生成し、特徴的な縞状の構造が見られる。

しょうげき-タービン【衝撃タービン】➤衝動タービン

しょうげき-てき【衝撃的】〔形動〕心を強く動かされるさま。「―な事件が起きる」

しょうげき-でんりゅう【衝撃電流】デンリウ ➤インパルス

しょうげき-は【衝撃波】音速以上の速さで伝わる強烈な圧力変化の波。爆発による圧縮波や航空機が音速を超える際に発生する弾頭波など。

じょうげ-こう【上下向】ジャウゲカウ 都へのぼることと都からくだること。上洛と下向。「今度の道中―の間笛を吹かじ」〈義経記・七〉

しょう-けつ【×猖×獗】シャウ〔名〕スル 悪い物事がはびこり、勢いを増すこと。猛威をふるうこと。「コレラが―を極める」「秋から流行している悪性の感冒は未だ―していた」〈宮本・伸子〉(類語)流行・蔓延(まんえん)

しょう-けつ【焼結】セウ 粉末や粒状の集合体を押し固め、その材料の融点以下の温度で熱すると密着して固結する現象。

じょう-けつ【城×闕】ジャウ ❶中国で、宮城の門外の両側に設けた台。また、その城門。❷皇城。宮城。

じょう-けつ【浄血】ジャウ 病毒などのない、きれいな血。また、血をきれいにすること。「―作用」

じょうげ-づけ【上下付け】ジャウゲ 雑俳の一。題の2字の仮名を句の初めと終わりに付けて句を作るもの。「つる。つき影ぞまた一段と見事なりける」の類。

しょうけつ-ごうきん【焼結合金】セウケツガフキン 金属粉末を焼結して得られる合金。タングステンと銅などの融解しにくいものの合金、高融点の材料を用いる超硬合金、多孔(たこう)性を利用した合金など。

しょうげつどう-こりゅう【松月堂古流】ショウゲツダウコリウ 生け花の流派の一。安永(1772～1781)のころに是心軒一露(ぜしんけんいちろ)が創始。

じょうげ-どう【上下動】ジャウゲ 地震などで、垂直方向の震動。⇔水平動。

じょうげ-の-いろ【生気の色】ジャウゲ 生気の方向を考慮して定めた衣服の色。東に青、南に赤を用いるなど。

じょう・ける〔動カ下一〕《歴史的仮名遣いは未詳》ふざける。たわむれる。「なんだなこの子は、―・けなさんなといふに」〈滑・浮世床・初〉

しょう-けん【小見】セウ 浅い考え。視野の狭い見方。また、自分の見解をへりくだっていう語。

しょう-けん【小圏】セウ ❶小さな圏点。❷小さな圏内。小さな領域。

しょう-けん【小験】セウ《「しょうげん」とも》少し効きめがあること。「―ヲ得ル」〈日葡〉

しょう-けん【召見】セウ〔名〕スル 目上の人が呼び寄せて対面すること。引見。「未央宮(びおうきゅう)の武台殿に―された李陵は」〈中島敦・李陵〉

しょう-けん【正見】シャウ 仏語。八正道の一。正しく真実を見ること。四諦(したい)の道理を正しくとらえた見解。

しょう-けん【正絹】シャウ 絹だけからなる糸。また、その織物。本絹。純絹。「―のネクタイ」

しょう-けん【相見】シャウ〔名〕スル 会うこと。対面すること。「面と向き合ったままお秀に―しようとした」〈漱石・明暗〉

しょう-けん【消遣|×銷遣】セウ〔名〕スル 心の憂さを消し去ること。うさばらし。「―の具」

しょう-けん【商圏】シャウ ある商店・商店街などが商取引を行う地域的範囲。商勢圏。

しょう-けん【商権】シャウ 商業上の権利。

しょう-けん【証見】「証験(しょうけん)」に同じ。

しょう-けん【証券】財産法上の権利・義務に関する記載のされた紙片。有価証券と証拠証券とがある。

しょう-けん【証験】《「しょうげん」とも》証拠となるしるし。あかし。証見。

しょう-けん【請見】シャウ 謁見を請うこと。貴人に面会を願うこと。請謁。せいけん。

しょう-げん【小弦|小×絃】セウ 琴・琵琶(びわ)などの弦楽器の細い糸。また、細い糸を張った弦楽器。

しょうげん【正元】シャウゲン 鎌倉中期、後深草天皇・亀山

天皇の時の年号。1259年3月26日〜1260年4月13日。
しょう-げん【正舷】釣り船で、舳先。
しょうげん【承元】《「じょうげん」とも》鎌倉初期、土御門天皇・順徳天皇の時の年号。1207年10月25日〜1211年3月9日。
しょう-げん【昌言】道理にかなった良い言葉。善言。
しょう-げん【荘厳】►しょうごん(荘厳)
しょう-げん【将監】近衛府の判官。
しょう-げん【笑言】笑いながら話すこと。また、その言葉。笑語。
しょう-げん【証言】〔名〕スル ❶ある事柄の証明となるように、体験した事実を話すこと。また、その話。「マスコミに事故の有り様を―する」❷法廷などで証人が供述すること。(類語)検証・論証・実証・例証・証明・挙証・立証・証ぁかし・裏付け・裏書き・裏打ち・証する・裏付ける・明かす・証拠立てる
しょう-げん【象限】❶平面を直交する二直線で仕切ってできる四つの部分の一つ一つ。❷円の4分の1。四分円。
しょう-げん【詳言】〔名〕スル 詳しく述べること。詳説。「以下に反対理由を―する」
しょう-げん【彰顕】明らかにあらわれること。また、明らかにあらわすこと。
じょう-けん【上件】前に述べた事柄。前述。
じょう-けん【上繭】製糸原料として合格したまゆ。普通繭ともいい、不合格のものは選除繭という。
じょう-けん【条件】❶約束や決定をする際に、その内容に関しての前提や制約となる事柄。「―をのむ」「―をつける」「一日だけという―で借りる」「―のいい会社」❷ある物事が成立・実現するために必要な、または充分な事柄。「いつ倒産してもおかしくない―がそろっている」「一定の―を満たす物件」「―が整う」❸法律行為の効力の発生または消滅を、発生するかどうか不確定な将来の事実にかからせる付款。また、その事実。「入学したら学費を出す」などがこれにあたる。(類語)(❶❸)箇条・条項・限定・制約／(❷)前提・与件・要件・要素
じょう-けん【常見】仏語。世界やすべての存在を永久不変として、人の死後も我は消滅しないとする見方。物事に執着する、誤った考えとされた。
じょう-けん【常憲】常に守るべきおきて。
じょう-げん【上元】三元の一。陰暦正月15日の称。この日、小豆がゆを食べると一年中の災いを避けられるとされる。(季 新年) ➡中元 ➡下元
じょう-げん【上弦】新月から満月に至る間の半月。太陽の90度東にあり、月の西半分が輝く。日没時に南中し、真夜中に弦を上にして沈む。(季 秋) ⇔下弦。(類語)半月・弦月・弓張り月
じょう-げん【上限】❶上の方の限界。「免税額の―を引き上げる」⇔下限。❷時代の古いほうの限界。「近世の―を安土桃山時代とする」❸数学で、㋐上界のうちで最小の数。もとの集合に対していう。㋑定積分で、積分区間上の限界。上端。⇔下限。
じょう-げん【状元】昔、中国で、進士の試験に首席で合格した者。転じて、合格者・及第者。
じょうげん【貞元】平安中期、円融天皇の時の年号。976年7月13日〜978年11月29日。
じょう-げん【鄭玄】►ていげん(鄭玄)
しょうけん-アナリスト【証券アナリスト】《security analyst》「セキュリティーアナリスト」に同じ。
しょうけん-か【証券化】〔名〕スル 企業や金融機関が保有する債権・不動産などの資産を信託銀行や特定目的会社に譲渡し、この資産をもとにして有価証券(資産担保証券)を発行すること。これによって資産の流動性が高くなる。証券化する資産の違いから不動産担保証券、債務担保証券などと分類する。
しょうけん-がいしゃ【証券会社】金融商品取引法に基づき、内閣総理大臣の登録を受けて金融商品取引業を営む会社(金融商品取引業者)。投資家に投資信託・債券投資・株式投資などの商品の説明と販売を行い、分配金や償還金の支払いを行う。➡投資信託会社
しょうげん-ぎ【象限儀】18世紀の終わりごろまで天体の高度観測に用いられた器械。円周の4分の1の目盛り環に0度から90度を目盛り、これに円の中心を通る照準尺を取り付け、回転できるようにしたもの。四分儀。
しょうけん-ぎょう【証券業】証券市場において行われる有価証券の自己売買、委託売買、引き受け・売り出し、募集または売り出しの取り扱い業務などをいう。(補説)平成19年(2007)に証券取引法が金融商品取引法に改正されたことに伴い、証券業は金融商品取引業に改称、業務の範囲が拡大された。
しょうげん-きょぜつけん【証言拒絶権】証人が一定の事項に関して証言を拒絶できる権利。自己または近親者が刑事訴追や有罪判決を受けるおそれのある場合、または業務上の守秘義務がある場合に認められる。証言拒否権。
しょうけんきんゆう-がいしゃ【証券金融会社】証券取引所(金融商品取引所)会員の証券会社に対し、信用取引の決済に必要な金銭または有価証券を貸し付ける貸借取引貸付を基本業務とし、そのほかに公社債貸付・一般貸付などの業務も行う証券金融専門機関。
じょうげん-きんり【上限金利】法律で定められた金利の上限。(補説)平成18年(2006)に貸金業法等が改正され、同22年6月に完全施行される以前、貸金業者は出資法の旧上限金利(年29.2パーセント)と利息制限法の上限金利(年15〜20パーセント)の間のいわゆるグレーゾーン金利で貸し付けを行い、問題視されていた。施行後は出資法の上限金利は20パーセントに引き下げられ、利息制限法との上限金利の差は解消された。
しょうけん-こうざ【証券口座】株式や投資信託などを取引するために、証券会社に開く口座。インターネットを通じても開設できる。
しょうけん-こうたいごう【昭憲皇太后】［1850〜1914］明治天皇の皇后。一条忠香の娘。名は美子。産業奨励・女子教育に尽力。和歌に堪能。歌集「昭憲皇太后御集」。
しょうけん-コード【証券コード】証券取引所に上場している株式の銘柄ごとに付けられた番号や記号。日本では、証券コード協議会によって4桁の番号が割り振られる。上1桁の数字はその企業の業種を示す。1000番台は上2桁目も業種によって異なる。(補説)上場企業の増加により、業種と異なるコードを与えられる銘柄もある。海外の取引所では1字から4字のアルファベットからなるコードが一般的。➡ティッカー-シンボル
じょうけん-しき【条件式】プログラミング言語やデータベースソフトの検索などで用いられる条件指定のための論理式。数値の大小、文字列の一致・不一致を判断する演算子で構成される。
じょうけん-しげき【条件刺激】訓練前には特に反応を引き起こさないが、条件付け訓練の結果、初めて不随意的反応を引き起こす刺激。
しょうけん-しじょう【証券市場】有価証券の発行が行われる発行市場と、それが流通する流通市場との総称。狭義には、証券取引所(金融商品取引所)をさすこともある。
じょうげん-せつ【上元節】►元宵節
しょうけん-だいこう【証券代行】株式の名義の書き換え、配当金の支払い、新株発行、株主総会の招集通知など、会社の株式事務を事業会社に代わって行う業務。現在、信託銀行と証券代行会社とが行っている。
しょうけん-ちゅうかいぎょう【証券仲介業】証券会社から委託された事業会社や個人および銀行が、顧客から受けた株式や債券の売買注文を証券会社に取り次ぐ仕組み。内閣総理大臣の登録を受ける。平成16年(2004)導入。同19年に証券取引法が金融商品取引法に改正されたことに伴い、証券仲介業は金融商品仲介業に名称が変更され、業務の範囲が拡大された。
じょうけん-つき【条件付(き)】ある事柄に条件がついていること。「―で受け入れる」
じょうけんつき-しほん【条件付(き)資本】►コンティンジェント-キャピタル
じょうけん-づけ【条件付け】特定の条件反射や条件反応を起こすように訓練すること。
しょうけんとうししんたく-ほう【証券投資信託法】投資信託法の旧称。昭和26年(1951)施行。
じょうけん-とうそう【条件闘争】労働争議などで、組合側が一定の条件を示して、それが獲得できたら争議を解決するという方針で、闘争もしくは交渉を進めること。
しょうけんとりひき-いいんかい【証券取引委員会】米国政府の独立機関。証券取引所法に基づいて1934年設置。投資家の保護を目的とし、広範な権限を有する。SEC(Securities and Exchange Commission)。
しょうけん-とりひきじょ【証券取引所】証券取引法に基づき、有価証券の売買取引を行うのに必要な市場を開設することを目的として設立された組織。平成19年(2007)証券取引法の改正施行に伴い、法律上の名称は金融商品取引所と定められたが、各取引所は従来と同様の名称を使用することができる。証取。➡金融商品取引所
しょうけんとりひき-しんぎかい【証券取引審議会】証券取引法に基づいて昭和27年(1952)に設置された、旧大蔵省の付属機関。有価証券の発行および売買、その他の取引に関する重要事項について調査・審議を行った。平成12年(2000)金融庁に移管され、翌年、所掌分野は金融庁の金融審議会金融分科会に引き継がれた。
しょうけんとりひきとう-かんしいいんかい【証券取引等監視委員会】証券市場での公平、公正な取引の維持を目的として設置された独立の機関。平成4年(1992)発足。大蔵省、金融監督庁を経て、現在は金融庁に所属。委員長と委員2名、事務局からなる。金融商品取引法などに基づいて、毎日の市場の監視、証券会社の検査、インサイダー取引、相場操縦、損失補塡などの調査、告発を行う。SESC(Securities and Exchange Surveillance Commission)。
しょうけんとりひき-ほう【証券取引法】有価証券の発行・売買その他の取引を公正にし、その流通を円滑にすることによって、国民経済の適切な運営と投資者の保護に資することを目的として制定された法律。昭和23年(1948)施行。平成18年(2006)改正されて名称が金融商品取引法に変わる。➡金融商品取引法
じょうけん-はんしゃ【条件反射】ある反射を起こさせる刺激と、それとは無関係な第2の刺激を同時に与えることを繰り返すと、ついには第2の刺激だけで初めと同じ反射を起こす現象。犬にえさとベルの音を同時に与えつづけると、ついにはベルの音だけで唾液や胃液が分泌されることなど。ソ連の生理学者パブロフが発見した。➡無条件反射
じょうけん-はんのう【条件反応】条件反射と同じく、個体の行動の上に後天的に形づくられる反応。犬に「お手」といって、前足を出したときに限ってえさをやることを続けると、ついには「お手」といっただけで前足を出すようになることなど。
しょうけんひきうけ-ぎょうしゃ【証券引受業者】►アンダーライター
しょうけんほあんたいさく-しえんセンター【証券保安対策支援センター】金融商品取引や金融商品市場から反社会的勢力の排除を目的とする組織。日本証券業協会が平成21年(2009)に設置。警察と連携し、暴力団・総会屋などに関する情報の収集・データベース化・提供などを行う。
じょうけん-ほう【条件法】英語・フランス語などで、動詞の法の一。主として事実に反する仮定的条件を表す条件節に対する帰結節中で用いられる法。

しょうけんほかんふりかえ-きこう【証券保管振替機構】シヨウケンホクワンふりかへー 証券保管振替制度のもと、証券会社などから預託された株券の保管・振替処理を一元管理するために設立された機関。昭和59年(1984)財団法人として設立、平成14年(2002)株式会社となる。日本で唯一の保管振替機関。通称、ほふり(保振)。➡株券電子化

しょうけんほかんふりかえ-せいど【証券保管振替制度】シヨウケンホクワンふりかへー 株主から預託された株券を証券保管振替機構が電子化して保管し、株式の売買による名義変更などの振替業務を機構が一元管理する制度。平成21年(2009)の株券電子化後は株式等振替制度に移行した。

しょう-けんみ【小検見】セウ ▶こけみ(小検見)

しょう-こ【小戸】セウ ①小さい家。また、貧しい家。②酒をあまり飲めない人。下戸(げこ)。

しょう-こ【小×姑】セウ 夫の妹。

しょう-こ【小故】セウ ささいな事件。また、ささいな理由。

しょう-こ【小鼓】セウ 小さなつづみ。こつづみ。

しょう-こ【召呼┊招呼】セウ〔名〕スル まねきよぶこと。呼び寄せること。「暫くにしてアリスを―す」〈織田訳・花柳春話〉

しょう-こ【尚古】シヤウ 昔の文物や制度にあこがれ、これらを尊ぶこと。「―趣味」

しょう-こ【沼湖】セウ ぬまと、みずうみ。湖沼。

しょう-こ【▽荘庫┊×庄庫】シヤウ ▶荘倉(しょうそう)

しょう-こ【称呼】〔名〕スル ①物事の呼び方。呼び名。呼称。②名前を呼ぶこと。(類語)名前・名(な)・名称・称(しょう)・称号・称(とな)え・名目・名義・ネーム・ネーミング

しょう-こ【商×賈┊商×估┊商×沽】シヤウ ①商売。あきない。②商人。あきんど。また、商店。「随分―は時によりていつわりをも構え候もの故」〈露伴・風流魔〉

しょう-こ【証拠】①事実・真実を明らかにする根拠となるもの。あかし。しるし。「―を残す」「動かぬ―」「論より―」②要証事実の存否について裁判官が判断を下す根拠となる資料。(類語)(①)証(しょう)・あかし・しるし・証左・証憑(しょうひょう)・徴憑(ちょうひょう)・徴証・明証・確証・実証・傍証・根拠・よりどころ・裏付け・ねた

しょう-こ【照顧】セウ〔名〕スル 行いを反省して一つ一つ確かめること。「脚下―」「三年ごとに択ばるる保人、これを―すべしとなり」〈中村訳・西国立志編〉

しょう-こ【×鉦鼓】シヤウ ①《「しょうご」とも》雅楽に用いる打楽器の一。青銅または黄銅製の皿形のもので、釣り枠につるして凹面を2本の桴(ばち)で打つ。大(おお)鉦鼓・釣(つり)鉦鼓・荷(にない)鉦鼓の3種があり、普通には釣鉦鼓をさす。②仏家で、勤行(ごんぎょう)のときなどにたたく円形青銅製のかね。③軍中で合図などに用いた、たたきがねと太鼓。

しょう-こ【×簫鼓】セウ 簫とつづみ。笛と太鼓。

しょう-こ【鐘鼓】かねと、たいこ。

しょう-ご【小語】セウ〔名〕スル ①短い話をすること。また、その言葉。寸話。②小さい声で話すこと。「忽ち口を乙が耳に寄せて低声―す」〈服部誠一・東京新繁昌記〉

しょう-ご【正午】シヤウ 昼の12時。この時刻に太陽が子午線を通過する。(類語)昼

しょう-ご【笑語】セウ〔名〕スル ①笑いながら話をすること。笑言。②わらいばなし。笑話。

しょう-ご【証悟】仏語。悟りを開くこと。

じょう-こ【上戸】ジヤウ 律令制で、大戸・上戸・中戸・下戸の四等戸の第二。一戸に6、7人の正丁がいる戸。

じょう-こ【上古】ジヤウ《古くは「しょうこ」》①大昔。②日本史、特に文学史の時代区分の一。文献の存する限りで最も古い時代。ふつう、大化の改新のころまでをいう。(類語)大昔・太古・古代・上代

じょう-こ【×杖鼓】ヂヤウ ▶チャング

じょう-ご【上午】ジヤウ 昼まえ。午前。⇔下午(かご)。

じょう-ご【上戸】ジヤウ《人数の多い家、すなわち婚礼に用いる酒の瓶数の多い家の意からか》①酒の好きな人。また、酒が好きで、たくさん飲める人。酒飲み。⇔下戸(げこ)。②他の語の下に付いて複合語をつくり、酒に酔うとよく出る癖の状態を表す。日常の癖についていう場合もある。「笑い―」「泣き―」(類語)辛党・左利き・左党・両刀遣い

じょう-ご【冗語┊剰語】むだな言葉。よけいな言葉。また、むだ話。「―を省く」

じょう-ご【常語】ジヤウ ①ふだん使っている言葉。話し言葉。「古語は…芭蕉一派が―との調和を試み十分に成功したる者」〈子規・俳人蕪村〉②いつもきまって言う言葉。常套(じょうとう)語。

じょう-ご【情語】ジヤウ 情のこもった言葉。

じょう-ご【畳五】デフ ▶でっく(畳五)

じょう-ご【畳語】デフ 同じ単語または語根を重ねて一語とした複合語。意味を強めたり、事物の複数を示したり、動作や作用の反復・継続などを表したりする。「我々」「泣き泣き」「またまた」「はやばや」「知らず知らず」などの類。

じょう-ご【漏＝斗】ジヤウ《上戸(じょうご)の意で、酒をよく吸い込むところからという》口の狭い容器に液体を注ぎ込む用具。らっぱのような形で、細い先を瓶などの口に差し込み、上から液体を流し入れる。ろうと。

しょうご-いん【聖護院】シヤウゴヰン ㊀京都市左京区にある本山修験宗の総本山。もと天台宗寺門派三門跡の一。円珍の開創と伝える。寛治4年(1090)白河上皇の勅願により増誉が中興し、現寺号に改称。のち後白河法皇の皇子静恵法親王が入寺して、宮門跡となり、園城寺長吏・熊野三山別当職を兼ねる。室町時代から天台宗修験道の山伏を統轄。昭和37年(1962)本山修験宗を設立。㊁京都市左京区の地名。聖護院がある。

しょうごいん-かぶら【▽聖護院×蕪】シヤウゴヰン― カブの一品種。根は扁平で柔らかい。千枚漬けの材料とする。原産地は京都の聖護院。

しょうごいん-だいこん【▽聖護院大根】シヤウゴヰン― ダイコンの一品種。根は丸みを帯びて大きく、柔らかくて甘い。原産地は京都の聖護院。

しょうこいんめつとう-ざい【証拠隠滅等罪】他人の刑事事件に関する証拠を、隠したり破壊したりする罪。また、偽造・変造された物を証拠として使う罪。刑法第104条が禁じ、2年以下の懲役または20万円以下の罰金に処せられる。(補説)証拠が関係する事件の被疑者本人やその親族がこの行為を行っても、本罪は成立しない。この場合の被疑者は、真犯人だけでなく無実の被疑者も含む。平成7年(1995)の刑法改正以前は「証憑湮滅(しょうひょういんめつ)罪」といった。

しょう-こう【小功】セウ ①小さな功名・功績。②古代中国の喪服の一。織り目の細かな麻布で作り、5か月の喪に用いた。➡大功

しょう-こう【小考】セウカウ〔名〕スル ちょっと考えること。また、自分の考えや論をへりくだっていう語。

しょう-こう【小×劫】セウコフ 仏語。きわめて長い時間をいう単位。人間の寿命が8万歳から100年ごとに1歳を減じて10歳になるまでの間、または10歳から100年ごとに1歳を増して8万歳になるまでの間。また、両者を合わせて一小劫ともする。

しょう-こう【小×巷】セウカウ 狭い路地。小路(こうじ)。

しょう-こう【小康】セウカウ ①事態がしばらくの間、収まっていること。「国境紛争は―を保っている」②悪化の方向にあった病状が治まって、安定した状態になること。「病気は―を得た」「―状態」(類語)安定・平穏・平静・平らか・安泰・平安・安寧(あんねい)・安穏(あんのん)・安心・大丈夫

しょう-こう【小稿】セウカウ 自分の書いた原稿をへりくだっていう語。(類語)拙稿

しょうこう【少皞┊少昊】セウカウ 古代中国の伝説上の帝王。金天氏。後世、秋をつかさどる神とされた。

しょう-こう【昇×汞】塩化水銀(Ⅱ)のこと。

しょう-こう【昇降┊升降】―カウ〔名〕スル ①のぼることとおりること。上がることと下がること。「エスカレーターで―する」②盛んになることと衰えること。盛衰。(類語)昇り降り・上(のぼ)り下(くだ)り・上がり下がり

しょう-こう【相公】シヤウ ①宰相の敬称。②参議の唐名。

しょう-こう【将校】シヤウカウ《「校」は陣中の仕切り。昔、中国で指揮官はこの仕切りの中から号令を下したところから》①士卒を指揮・統率する武官。②軍隊で、少尉以上の武官。

しょう-こう【消光】セウクワウ〔名〕スル ①月日を送ること。日を過ごすこと。消日。現在では多く、手紙文で自分側について用いる。「小生、無事―致しております」「空く遨遊に―するに堪えざればなり」〈織田訳・花柳春話〉②鉱物を偏光顕微鏡で観察するとき、上下のニコルの振動方向と、鉱物内の光の振動方向とが一致したときに、暗黒になる現象。(類語)過ごす・送る・費やす・暮らす・明かし暮らす・明け暮れる

しょう-こう【消耗】セウカウ〔名〕スル 「しょうもう(消耗)」に同じ。「次第に―して行くより外には何の事実も認められなかった」〈漱石・道草〉「勢を―する季節の変化を見るまでは」〈長塚・土〉

しょう-こう【症候】シヤウ 病気のとき現れる、種々の肉体的・精神的な異常。「自分では外部には何の―もない積りでいるけれど」〈三重吉・小鳥の巣〉

しょう-こう【商工】シヤウ 商業と工業。また、商人と職人。

しょう-こう【商高】シヤウカウ 「商業高等学校」の略。

しょう-こう【商港】シヤウカウ 商業取引の盛んな港。船客の乗降、貨物の積み下ろしの設備があり、多くは貿易の拠点となる。(類語)港・港湾・波止場(はとば)・船着き場・船泊まり・桟橋・埠頭(ふとう)・岸壁(がんぺき)・築港・海港・河港(かこう)・津(つ)・漁港・軍港・ハーバー・ポート

しょう-こう【×惝×恍】シヤウクワウ ▶しょうきょう(惝恍)

しょうこう【紹興】セウコウ 中国浙江(せっこう)省北部の商工業都市。会稽山の北にある。魯迅(ろじん)の生地。紹興酒の産地。人口、行政区63万(2000)。シャオシン。

しょう-こう【湘江】シヤウカウ 中国湖南省を流れる川。南嶺(なんれい)に発し、北流して洞庭湖に注ぐ。長さ817キロ。湘水。シアン-チアン。

しょう-こう【焼香】セウカウ〔名〕スル 香をたくこと。特に、仏や死者に対して香をたいて拝むこと。焚香(ふんこう)。「霊前で―する」

しょう-こう【×猩紅】シヤウ 黒みを帯びた鮮やかな紅色。猩猩緋(しょうじょうひ)。

しょう-こう【照校】セウカウ〔名〕スル 文章などを照らし合わせて確かめること。「書類を―する」

しょう-こう【×韶光】セウクワウ うららかな春の光。また、のどかな春景色。

しょう-こう【蕭紅】セウ［1911〜1942］中国の女性作家。本名、張廼瑩(ちょうだいえい)。黒竜江省の生まれ。蕭軍の妻で、のちに離婚。魯迅(ろじん)に認められ、その援助によって「生死場」を刊行した。他の作品に「呼蘭河伝」など。シアオ＝ホン。

しょう-ごう【正業】シヤウゴフ 仏語。①正しい行い。清浄な生活をすること。八正道の一。②「正定業(しょうじょうごう)」の略。⇔助業。

しょう-ごう【承合】―ガフ〔名〕スル 問い合わせて知ること。

しょう-ごう【称号】―ガウ 呼び名。特に、身分・資格などを表す呼び名。「人間国宝の―を贈られる」(類語)名前・名(な)・名称・呼び名・称(しょう)・呼称・称呼・称(とな)え・名目・名義・ネーム・ネーミング

しょう-ごう【商号】シヤウガウ 商人が営業上、自己を表示するために用いる名称。

しょう-ごう【照合】セウガフ〔名〕スル 照らし合わせて確かめること。「書類を原簿と―する」(類語)対照・対比

じょう-こう【上皇】ジヤウクワウ 天皇が位を退いてからの尊称。太上(だいじょう)天皇。下居(おりい)の帝(みかど)。

じょう-こう【上綱】ジヤウカウ《「じょうごう」とも》僧綱(そうごう)のうち、上位の者。

じょう-こう【成×劫】ジヤウコフ《「じょうごう」とも》仏語。四劫(しこう)の第一。この世界に、山河などの自然と生物とが生まれ出る時期。最初の劫。

じょう-こう【条項】デウカウ 箇条書きにしたものの、一つ一つの項目。箇条。「人権に関する憲法の―」(類語)項目・細目・条目・箇条

じょう-こう【乗降】―カウ〔名〕スル 乗り物にのることとおりること。のりおり。「―する人の数」「―客」

じょう-こう【常香】ジヤウカウ 仏前に供えて常にたいておく香。不断香。

じょう-こう【情交】ジヤウカウ〔名〕スル ①心を許した交際。

親しい交際。「一倍々厚からしむるも」〈織田訳・花柳春話〉❷男女の親密な交際。また、男女の肉体的な交わり。「一を結ぶ」
(類語)交際・交接・交合・性交・セックス

じょう-こう【情好】 親密な仲。よしみ。

じょう-こう【襄公】 [?〜637]中国、春秋時代の宋の王。⇒宋襄の仁

じょう-ごう【上合】 「外合」に同じ。⇔下合。

じょう-ごう【成功】 《公事をつとめて、功を成す意》平安中期以降に盛んになった売官制度。私財を朝廷に寄付して造宮・造寺などを行った者が、その功によって官位を授けられるもの。

じょう-ごう【成業】 ❶学業などをなしとげること。せいぎょう。❷律令制で、大学寮の学生がその課程を終え、試験に合格すること。得業。

じょう-ごう【定業】 仏語。❶前世から定まっている善悪の業報。決定業。❷念仏四業の一。座禅によって精神を集中し、仏を観ずること。

じょう-ごう【長行】 経典の文章のうち、散文で書かれた部分。⇒偈

じょう-ごう【乗号】 乗法を表す記号。「×」の記号。

じょう-ごう【浄業】 仏語。❶清浄な正業。善業。❷浄土往生のための正業、すなわち念仏。

しょうこうあんれい-さんみゃく【小興安嶺山脈】 中国東北地方、黒竜江省北部を北西から南東に走る山脈。東興安嶺。

しょう-こうい【商行為】 営利のために行われる行為。商法では、絶対的商行為・営業的商行為・付属的商行為に分けられている。(類語)商業・商売・ビジネス・営業・営利事業・外商・外交・セールス

しょうこう-かいぎしょ【商工会議所】 商工会議所法に基づき、市など一定地区内の商工業者によって組織される自由会員制の非営利法人。商工会議所としての意見の公表・具申・建議、調査研究、証明・鑑定・検査、技術や技能の普及・検定、取引の仲介・あっせんなどを行う。中央機関は日本商工会議所。

しょうこう-かん【彰考館】 寛文12年(1672)水戸藩主徳川光圀が江戸小石川の藩邸内に設けた「大日本史」の編纂局の名称。現在、水戸偕楽園近くの彰考館徳川博物館に諸資料を保存。

しょうこう-き【昇降機】 ▶エレベーター

しょうこう-ぎょう【商工業】 商業と工業。

しょうこう-ぐち【昇降口】 のぼりおりするための階段のある出入り口。

しょうこう-くみあい【商工組合】 中小企業団体の組織に関する法律に基づき、1または2以上の都道府県の区域を地区として、その地区内の中小企業者によって組織される非営利法人。経営の安定・合理化事業などを行う。

しょうこうくみあい-ちゅうおうきんこ【商工組合中央金庫】 主として中小規模の事業者を構成員とする団体に対する金融の円滑を図るため、昭和11年(1936)商工組合中央金庫法に基づいて設立された、総合金融機能を持つ政府金融機関。政府と中小企業等協同組合・協業組合・商工組合などが出資。所属団体とその構成員などに対する貸し付け、手形割引、為替業務、商工債券の発行、国債窓口販売などを行う。平成20年(2008)10月の政府金融機関改革により、株式会社商工組合中央金庫に移行。商工中金。

しょうこうくみあいちゅうおうきんこ-ほう【商工組合中央金庫法】 商工組合中央金庫の目的・業務・財務会計等について定めた法律。昭和11年(1936)制定。同行の株式会社化に伴い平成20年(2008)に廃止され、株式会社商工組合中央金庫法が制定された。

しょうこう-ぐん【症候群】 同時に起こる一群の症候。シンドローム。「ネフローゼー」「頸腕ー」

しょうこう-けい【昇降計】 航空機で、1、2メートルほどのごくわずかな高度変化、すなわち昇降状態を検知する計器。

じょうこう-けっちょう【上行結腸】 大腸の主要部分である結腸の一部。右下腹部にある盲腸から上へ向かい、右上腹部で左に曲がり、横行結腸へつながる部分

しょうごう-けん【商号権】 商号に関する権利。他人の妨害を受けることなく自由に商号を使用できる権利(商号使用権)と、他人が不正競争の目的で同一または類似の商号を使用することを排除できる権利(商号専用権)とがある。

しょうこう-さいけん【商工債券】 商工組合中央金庫が業務資金調達のために発行する債券。利付債と割引債とがある。

しょうこうし【小公子】 《原題、Little Lord Fauntleroy》バーネットの児童小説。1886年刊。米国生まれの少年セドリックが英国に住む祖父の伯爵に引き取られ、その純真さで祖父の愛をよびさまし、伯爵家を継ぐ。明治23年(1890)から同25年にかけて若松賤子が翻訳。

しょうこう-じ【勝興寺】 富山県高岡市にある浄土真宗本願寺派の寺。山号は雲竜山。開創年代は文明3年(1471)、蓮如が開いた二山御坊が前身。戦国時代は北陸地方の一向一揆の拠点となった。

しょう-こうじ【蒋光慈】 [1901〜1931]中国の詩人・小説家。本名、蒋光赤。安徽省の人。五・四運動に参加、のち太陽社を興し革命文学を提唱。詩集「新夢」「中国を哀しむ」、小説「咆える大地」など。チャン=コワンツー。

じょうこう-じ【浄興寺】 新潟県上越市にある浄土真宗浄興寺派の本山。山号は観喜踊躍山。常陸国笠間にあった親鸞の草庵が起源で、正保3年(1646)現在地に移転。

しょうこう-しゅ【紹興酒】 中国の代表的な醸造酒。蒸したもち米と小麦こうじ、酒薬を原料として製する。紹興で産出したのでいう。これを長期間貯蔵したものを老酒という。シャオシンチュー。

しょうこうじょ【小公女】 《原題A Little Princess》バーネットの児童小説。1888年刊。寄宿学校で学ぶ少女セーラが父の死と破産にあい、はじめての世間の冷たさに直面しながらも謙虚で誠実な生き方を貫いて、父の友人に見い出される。

しょうこう-しょう【商工省】 商工業・鉱業・交易などの事務を管掌した内閣各省の一。大正14年(1925)農商務省が農林・商工の二省に分割されて設置。昭和18年(1943)農商省と軍需省に改編されたが同20年復活、同24年通商産業省に改組された。

じょうこう-しん【城隍神】 中国で、都市を守護する神。三国時代に始まり、宋代には盛んに信仰された。祭神は時代・地域によりさまざまで、土地神・冥界神としても民衆に親しまれ、説話も多い。

しょうこう-すい【昇汞水】 昇汞に食塩を加えて水に溶かしたもの。毒性が強く、かつて消毒液として使用。

しょうこう-せき【召公奭】 中国、周代初期の宰相。文王の子、武帝の弟。成王の即位後、陝西を治め、のち、召に封ぜられ、燕の始祖となったといわれる。生没年未詳。

しょう-こうせつ【邵康節】 [1011〜1077]中国、北宋の学者。共城(河南省)の人。名は雍。字は尭夫。神秘的宇宙観・自然哲学を説き、朱熹らに影響を与えた。著「観物内外篇」「皇極経世」など。

じょうこう-せん【常光線】 光が方解石などを通過して二方向に分かれて屈折したとき、屈折の法則に従っているほうの光線。⇔異常光線。

しょうこう-だ【昇降舵】 航空機の水平尾翼の水平安定板の後方に取り付けられている翼面。操縦桿の操作によって上下に動き、機首の上げ下げや縦の安定を制御する。

しょうこう-ちゅうきん【商工中金】 「商工組合中央金庫」の略称。

しょうこう-てん【昇交点】 天球上の交点のうち、天体が黄道の南から北に通過する点。⇔降交点。

しょうごう-でんきょく【照合電極】 ▶基準電極

しょうこう-てんのう【称光天皇】 [1401〜1428]第101代天皇。在位1412〜1428。後小松天皇の第1皇子。名は実仁。皇嗣がなかったため、弟の後花園天皇が位を継いだ。

しょうこう-ねつ【猩紅熱】 溶血性連鎖球菌によって起こる感染症。のどが痛み、急に高熱を出し、全身に発疹が現れる。小児に多く、治療にはペニシリンが有効。以前は、法定伝染病・学校伝染病の一つであったが、ペニシリンで治療すれば軽症で治ることが多いことから、溶連菌感染症という病名で在宅治療を行うのが普通となり、現在では猩紅熱という病名で法的な規制は受けない。

しょうこうはつ【衝口発】 江戸後期の史論。1巻。藤貞幹著。天明元年(1781)刊。神代の年数への疑問など、日本古代史の諸問題を論考したもの。本居宣長の「鉗狂人」は、本書への反論。

じょう-こうはん【上甲板】 ▶じょうかんぱん(上甲板)

じょうこう-ばん【常香盤】 常香をたくための香炉。香が燃えつきると糸が切れ、鈴が落ちて知らせるようになっている。

じょうこうみょう-じ【浄光明寺】 ㊀神奈川県鎌倉市にある真言宗泉涌寺派の寺。山号は泉谷山。開創は建長3年(1251)、開基は北条長時、開山は真阿。当初は真言・天台・華厳・律の四宗兼学。鎌倉公方の祈願所で、足利氏の帰依を受けた。㊁鹿児島市上竜尾町にある時宗の寺。山号は松峯山。開創は文治2年(1186)、開基は島津忠久と伝えるが、弘安7年(1284)島津久経が再興、開山は覚阿。西郷隆盛・桐野利秋らの墓がある。

しょう-こうり【小行李】 旧日本陸軍で、直接戦闘に必要な弾薬などを運んだ部隊。

しょうこう-ローン【商工ローン】 ▶事業者金融

しょうこ-かいじ【証拠開示】 刑事裁判の当事者双方が、証拠調べ開始前に、その手持ちの証拠を相手方に示すこと。特に、検察官が被告人・弁護人側に対して行うもの。

しょうこ-がため【証拠固め】 主張の根拠を確かなものにするため、証拠となる事物を十分にそろえること。

しょうこ-きん【証拠金】 契約の成立・履行を確実にするために、当事者の一方が相手方に担保として提供する金銭。株式申込証拠金・委託証拠金など。

しょう-こく【小国】 国土が狭い国。また、国力の振るわない国。(類語)弱国

しょう-こく【小=国=鶏】 鶏の一品種。遣唐使によって平安時代にもたらされ、観賞用に普及し、他の日本鶏の品種の作出に関与した。天然記念物。

しょう-こく【相国】 《国政を相ける人の意》❶中国で、宰相のこと。❷太政大臣・左大臣・右大臣の唐名。

しょう-ご-く【正五九】 「正五九月」の略。

しょう-ごく【生国】 《古くは「しょうこく」》生まれた国。生まれた故郷。(類語)故郷・郷里・ふるさと・郷土・国・田舎・在所・国もと・郷党・郷国・家郷・生地

しょう-ごく【訟獄】 うったえごと。訴訟。「一の為めに非常の不利を被むるが如き感覚」〈島田三郎・条約改正論〉

じょう-こく【上告】 [名](スル) 訴訟法上、控訴審の判決に対し、憲法解釈の誤りなどを理由に、その変更を求めるための上訴。例外的には、控訴審の省略される跳躍上告があり、また高等裁判所が第一審裁判所の場合にも上告することができる。
(類語)訴訟・起訴・上訴・控訴・抗告・提訴・反訴・訴える

じょう-こく【上刻】 昔、一刻(2時間)を上・中・下に三等分したうちの最初の時刻。「午の一」

じょう-こく【上国】 ❶都に近い国々。❷律令制で、面積や人口などによって諸国を大・上・中・下の四等級に分けたうちの、第二位の国。山城・摂津など30余国。❸都へ上ること。上京。「一のみぎりは、さいさい待ち入」〈咄・きのふはけふ・下〉

じょう-こく【譲国】 天皇が位を譲ること。譲位。みくにゆずり。

しょうごく-がつ【正五九月】 陰暦の正月・5

月・9月の称。忌むべき月として、結婚などを避けたり厄払いのために神仏に参詣したりした。

じょうこく-きかん【上告期間】ジャウコク 上告をすることのできる期間。民事訴訟では判決の送達のあった日から、刑事訴訟では判決が言い渡された日から、それぞれ14日間とされる。

じょうこく-さいばんしょ【上告裁判所】ジャウコク 上告審となる裁判所。通常は最高裁判所だが、民事訴訟では第一審が簡易裁判所のときは高等裁判所。

しょうこく-じ【相国寺】シヤウコク 京都市上京区にある臨済宗相国寺派の大本山。正式寺名は相国承天禅寺。山号は万年山。開創は弘和3年＝永徳3年(1383)、開基は足利義満、開山は春屋妙葩しゅんおくみょうはだが、師の夢窓疎石が第1世。京都五山の第二位。戦国時代以来たびたび火災にあい、現存の本堂は慶長10年(1605)豊臣秀頼が再建したもの。境内に藤原惺窩ふじわらせいかの墓がある。

しょうこくじ-は【相国寺派】シヤウコク 臨済宗の一派。相国寺を本山とする。

じょうこく-しゅいしょ【上告趣意書】ジャウコク 刑事訴訟で高等裁判所の判決に不服があり、上告の申し立てをする際に、その理由を明示して最高裁判所に提出する書面。➡上告理由書

じょうこく-しん【上告審】ジャウコク 上告事件を審理する裁判所の審級。原則として第三審。

じょう-こくだい【定石代】ヂヤウ 江戸時代、石代納のときの換算米価。一定地域での米穀市場の平均相場に準拠して決められた。

しょう-こくみん【少国民】セウ 年少の国民。少年少女。第二次大戦中、小学校が国民学校と改められていたころに用いられた語。

じょうこく-りゆうしょ【上告理由書】ジャウコク リイウ 民事訴訟で控訴審の判決に不服があり上告する際、上告状に上告理由を記載しなかった場合に、所定の期日以内に上告理由を記載して原裁判所(控訴審裁判所)に提出する書面。➡上告趣意書

しょうこ-こうべん【証拠抗弁】カウ 民事訴訟で、当事者の一方が相手方の提出する証拠に対して、証拠能力や証明力のないことなどを理由として却下を求め、またはその証拠調べの不採用を求める陳述。

じょうこ-しゃそ【城×狐社×鼠】ジャウコ 《「晋書」謝鯤伝から。城にすむ狐きつねと社やしろにすむ鼠ねずみを除くためには、城や社を壊さなければならず、手を下しがたいところから》主君のそばに仕えている、よこしまな家来。また、それが除きにくいことのたとえ。

しょうこ-しゅぎ【尚古主義】シヤウコ 古い時代の文物・制度などを尊び、これを模範としてならおうとする考え方。

しょうこ-しょるい【証拠書類】刑事訴訟で、記載内容だけが証拠となる書面。取り調べの方式は朗読で足りる。

しょうこ-しらべ【証拠調べ】裁判所が証拠方法を取り調べてその内容を把握し、心証を形成すること。証人や鑑定人などの尋問・聴取、証拠書類や証拠物の閲読・検査など。

しょうこ-だて【証拠立て】証拠を示して事実を証明すること。

しょうこ-だ・てる【証拠立てる】〔動タ下一〕図しょうこだ・つ〔タ下二〕証拠を挙げて確かであることを示す。「犯行を—・てる遺留品が見つかる」(類語)証明・立証・実証・例証・論証・検証・挙証・証言・証あかし・裏付け・裏書き・裏打ち・証しょうする・裏付ける・明かす

しょう-こつ【性骨】シヤウ もって生まれた資質。特に、技芸・運動の素質。また、個性。「口伝の上に—を加へて心を入るること」〈徒然・二一九〉

しょう-こつ【掌骨】シヤウ「中手骨ちゅうしゅこつ」に同じ。

しょう-こつ【焼骨】セウ〔名〕スル 遺体を焼いて骨にすること。また、その骨。遺骨。

しょう-こつ【×踵骨】足根骨の中で最も大きい、不正四角形の骨。かかとの突出はこの骨の隆起による。くびすの骨。跟骨こんこつ。

しょう-こと【しょう事】せう《「為せむ事」から転じた「為う事」の音変化》なすべき方法。しかた。多く「しょうことが(も)ない」の形で用いる。「おれの子に生まれたのは運じゃ。—がない」〈鴎外・阿部一族〉

しょうこと-な・い【しょう事無い】せうこと〔形〕図せうことな・し〔ク〕なすべき手段がない。致し方ない。せんかたない。「誘われて—・く出席する」

しょうこと-なし【しょう事無し】せうこと どうしたらいいのか、適当な方法が見つからないこと。多く「に」を伴って用いる。「頼まれて—に承諾する」

しょうこ-のうりょく【証拠能力】訴訟手続きにおいて、証拠方法として用いることのできる適格。刑事訴訟法では、自白・伝聞証拠などについて一定の制限がある。

しょうご-の-ちゃじ【正午の茶事】シヤウ 茶事七式の一。正午から始め、会席・濃い茶・薄茶などをひととおり出すもの。

しょうこ-ぶつ【証拠物】民事訴訟法上、証拠方法としての文書および検証物。刑事訴訟法上は、物的証拠のうち証拠書類以外のもの。証拠物件。物証。

しょうこ-ぶっけん【証拠物件】►証拠物

じょうご-ほう【冗語法】ハフ 論理的には不必要な語句を付け加える表現法。無意識によるものと、強調その他修辞的効果のためのものとがある。

しょうこ-ほうほう【証拠方法】ハウハフ 裁判官が事実認定の資料とするために取り調べることができる人や物。証人・鑑定人・文書・検証物など。

しょうこ-ほぜん【証拠保全】民事訴訟法上、正規の証拠調べの時期まで猶予していては、その証拠方法の使用が不可能または困難になる場合に、本案の手続きに先だって行われる証拠調べの手続き。刑事訴訟法にも同様の手続きがある。

じょう-ごや【定小屋】ヂヤウ ❶演劇や見世物などの興行場として常設してある小屋。❷ある俳優や芸人などが、きまって出演する劇場・演芸場。
(類語)定席・小屋・芝居小屋・劇場・シアター

しょう-こり【性懲り】シヤウ 心の底から懲りること。懲り懲りすること。

性懲りもな・い 同じ過ちを繰り返しても、一向に改めない。「—・く賭事に手を出す」「—・い人だ」

しょうこ-りょく【証拠力】民事訴訟で、証拠が裁判官の心証を左右しうる効果。「証拠能力」とは異なる。証明力。

じょう-ごわ【情▽強】ジヤウ〔名・形動〕意地っ張りで、自分の主張を容易に変えないこと。また、そういう人や、そのさま。強情。「なんて—な奴なんだ」

じょう-ごわ・し【情▽強し】ジヤウ〔形ク〕強情である。頑強である。「情心でおいらたちがやさしく聞けば、—・く知らぬと言やあしかたがねえ」〈人・梅児誉美・後〉

しょう-こん【小根】セウ 仏語。小乗の教えを信じるのにふさわしい機根。小機。

しょう-こん【正紺】シヤウ 天然の藍で染めた紺色。化学染料で染めた紺色に対する名称。

しょう-こん【性根】シヤウ 一つのことを最後までなしとげる気力。根気。根性。「—が尽きる」

しょう-こん【招魂】セウ 死者の霊をまねいて祭ったり鎮めたりすること。

しょう-こん【消魂／×銷魂】セウ ❶驚きや悲しみのあまり、気力を失うこと。「彼かの—も、此この怨恨も」〈蘆花・不如帰〉❷我を忘れて物事にふけること。

しょう-こん【商魂】シヤウ 商売をうまくやって、もうけようとする気構え。「—たくましい売り込み」(類語)商売気

しょう-こん【焼痕】セウ 焼けた跡。焼け跡。

しょう-こん【傷痕】シヤウ きずあと。「戦争の—がなまなましい」(類語)傷跡・トラウマ

しょう-こん【使用痕】遺跡から発掘された道具類の表面に残る、それが使われたときに付いた傷跡。

しょう-ごん【▽荘厳】シヤウ 一〔名〕スル ❶智慧・福徳・相好などで浄土や仏の身を飾ること。❷仏像や仏堂を、天蓋・幢幡どうばん・瓔珞ようらくなどでおごそかに飾ること。また、その物。二〔名・形動〕►そうごん(荘厳)

じょう-こん【上根】ジヤウ 一〔名〕仏語。仏道を修める性質・能力がすぐれていること。上機根。「—上智」➡中根 ➡下根げこん 二〔名・形動ナリ〕根気のいいこと。また、そのさま。「さてもこなたは—な事ぢゃ」〈咄・御前男・五〉

じょう-こん【条痕】デウ ❶筋目となってついた跡。❷白色の素焼きの磁器に鉱物をすりつけて生じさせた筋。その上につく鉱物の微粉の色によって鉱物の鑑定を行う。❸銃砲から発射された弾丸に残る銃身内部の旋条の跡。銃によって異なる。

じょう-こん【定根】ヂヤウ 仏語。五根の一。禅定ぜんじょう。

じょう-こん【乗根】►累乗根るいじょうこん

じょうごん【浄厳】ジヤウゴン［1639〜1702］江戸中期の真言宗の僧。河内かわちの人。俗姓、上田氏。字あざなは覚彦かくげん。江戸時代の梵学ぼんがくの復興に功績があった。5代将軍徳川綱吉の帰依を受け、江戸湯島に霊雲寺を建立。著「悉曇三密鈔しったんさんみつしょう」など。

しょうこん-さい【招魂祭】セウコン ❶死者の霊を招いて行う祭り。❷招魂社の祭り。各地の護国神社で行われる。東京の靖国神社で行われる春季大祭・秋季大祭をさしていうこともある。(季 春)「春も早や—のころの雨／風生」

しょうこん-しゃ【招魂社】セウコン 明治維新前後から国家のために殉難した人の霊を祭る神社。各地に建てられ、昭和14年(1939)護国神社と改称した。➡護国神社 ➡靖国神社

しょうこん-ぶんがく【傷痕文学】シヤウコン 中国で1977年から79年ごろにかけて書かれた、文化大革命の悲惨さを描く一連の文学作品。盧新華の「傷痕」に基づく名称。劉心武の「班主任」などがある。

しょうこん-ゆ【松根油】松の根株や枝を乾留して得られる油。テレビン油やパイン油を含む。

しょうごん-りょう【▽聖言量】シヤウゴンリヤウ ►聖教量しょうきょうりょう

しょう-さ【小差】セウ わずかの違い。すこしの差。「—で惜敗した」⇔大差。(類語)僅差きんさ・紙一重

しょう-さ【少佐】セウ 軍人の階級の一。佐官の最下位で、中佐の下、大尉の上。

しょう-さ【将佐】シヤウ ❶将官と佐官。また、高級武官の総称。❷近衛府の中将・少将、衛門佐えもんのすけ・兵衛佐ひょうえのすけなどの総称。

しょう-さ【勝差】競技で、得点・勝ち数の差。

しょう-さ【証左】事実を明らかにするよりどころとなるもの。証拠。「—を示す」(類語)証拠・証しょう・あかし・しるし・証憑しょうひょう・徴憑ちょうひょう・徴証・明証・確証・実証・傍証・根拠・よりどころ・裏付け・ねた

しょう-さ【照査】セウ〔名〕スル 照らし合わせて調べること。「書類を—する」

しょう-ざ【正座】シヤウ 正客しょうきゃくの座。正面の座席。

じょう-ざ【上座】ジヤウ ❶《古くは「しょうざ」》上位の席。上席。かみざ。⇔下座げざ。❷修行を積み、教団を指導する地位の僧。❸三綱さんごうの一。年長・有徳で、寺内の僧を監督し、事務を統括する役僧。❹禅宗で、相手の僧を敬っていう語。❺曹洞宗の僧階の一。出家得度後に入衆にっしゅしたもの。(類語)上席・上かみ・上手

じょう-ざ【×仗座】ヂヤウ ►陣の座

じょう-ざ【定座／定×坐】ヂヤウ ❶仏語。座して禅定ぜんじょうに入ること。❷連歌・連句で、二大景物とされる月・花を詠むことに決められた句の位置。例えば、百韻の初表しょおもて7句目を月の定座、歌仙初裏の11句目、名残の裏5句目を花の定座とするなど。

じょう-ざ【常座／常×坐】ジヤウ ❶能舞台で、シテが演技をするときに、動作の起点・終点となる場所。シテ柱の内側の斜め前方。名乗り座。❷仏語。修行の一つとして、長時間すわっていること。

しょう-さい【小才】セウ わずかな才能。こさい。

しょう-さい【小祭】セウ ❶皇室の祭祀さいしで、歳旦祭、賢所御神楽かしこどころみかぐら、先帝以前3代の例祭、先后の例祭、歴代天皇の式年祭など。❷神宮およびその他の神社で行う大・中祭以外の祭祀。

しょう-さい【小斎】セウ ❶少量の食事。❷カトリック教会で、キリストの苦難をしのぶために定めた、肉食をしない日。日本では、毎金曜日、灰の水曜日。

しょう-さい【商才】シヤウ 商売をするのに適した才能。「—にたける」

しょう-さい【詳細】〘名・形動〙細部に至るまでくわしいこと。また、そのさま。「—なメモ」「—に調べる」類語 精細・明細・精巧・巧緻(こうち)・詳しい・細かい・詳密・克明・つまびらか・事細か・子細に・具(つぶさ)に

しょう-ざい【×漿剤】アラビアゴム・サレップ根・でんぷんなど粘液質のものを水で溶かしてのり状にした薬液。

じょう-さい【上裁】❶上奏されたものに対する天皇の裁可。勅裁。❷身分の高い人が行う裁決。「一なれば力及ばず」〈太平記・三六〉

じょうさい【定斎】桃山時代、大坂の薬種商村田定斎が明人の薬法を伝えてつくり始めたという煎(せん)じ薬。夏期の諸病に効能があったという。じょさい。

じょう-さい【乗載】〘名〙スル 車や船などに人や貨物を積み込むこと。「軍兵を—したる三艘のボート」〈独歩・愛弟通信〉

じょう-さい【城西】城の西方。都の西側。また、その地域。じょうせい。

じょう-さい【城塞｜城×砦】城ととりで。また、城やとりで。「—を築く」

じょう-さい【常斎】❶常に精進潔斎すること。❷施主の家へ行き、読経などをして中食の供養を受ける僧。お斎(とき)坊主。

じょう-ざい【×杖罪】▶杖(じょう)❶

じょう-ざい【浄財】寺社や慈善事業などに寄付する金銭。「—を募る」

じょう-ざい【浄罪】罪をつぐない清めること。

じょう-ざい【常在】〘名〙スル いつもそこに存在すること。「連絡員を—させる」

じょう-ざい【錠剤】医薬品を一定の形状に圧縮して服用しやすくしたもの。

じょうさい-こくさいだいがく【城西国際大学】千葉県東金市に本部を置く私立大学。平成4年(1992)に開学した。

じょうざい-せんじょう【常在戦場】いつでも戦場にいる心構えで事をなせという心得を示す語。

じょうさい-だいがく【城西大学】埼玉県坂戸市にある私立大学。昭和40年(1965)の開設。昭和52年(1977)に大学院を設置した。

しょうさい-ふぐ【▽潮際河=豚｜▽潮▽前河=豚】フグ科の海水魚。全長約35センチ。体の表面は滑らか。内臓は猛毒、肉は弱毒。東北地方以南に分布。

じょう-さいぼう【嬢細胞｜▽娘細胞】細胞分裂で生じた2個の新しい細胞。分裂前のものを母細胞(ぼさいぼう)とよぶのに対していう。

じょうさい-もん【上西門】平安京大内裏外郭門の一。西面し、殷富門(いんぷもん)の北にあり、上東門に対する。築地を切り抜いただけで屋根がない。

じょうさい-や【定斎屋】定斎の行商人。夏季に、薬箱を天秤(てんびん)で担ぎ、その引き出しの鐶(かん)の音をさせながら売り歩いた。定斎売り。じょさいや。

じょうざい-りょうじゅせん【常在霊×鷲▽山】「法華経」寿量品の自我偈(げ)にある語。釈迦(しゃか)の寿命は永遠であり、常に霊鷲山にあって説法を続けているということ。

しょう-さき【正先】能舞台で、正面の前方。白洲梯子(しらすばしご)に近い辺りをいう。正面先。

しょう-さく【小策】浅知恵で考えた、つまらない策略。小細工。「—を弄する」

しょう-さく【匠作】修理職(しゅりしき)の唐名。

しょう-さく【商策】商取引に関する策略。

しょう-さく【×蕭索】〘ト・タル〙図〘形動タリ〙もの寂しいさま。うらぶれた感じのするさま。蕭条。「その—とした踏切の柵の向うに」〈芥川・蜜柑〉

じょう-さく【上作】❶物の出来がすぐれていて、よいこと。上出来。「彼の絵としては—のほうだ」⇔下作(げさく)。❷農作物の収穫量が多いこと。豊作。「今年は米が—だ」

じょう-さく【上策】❶すぐれた考えや策略。良策。「この際あきらめるのが—だ」⇔下策。❷上位の者に意見を書いた文書を提出すること。上表。

じょう-さく【城柵】城の周囲にめぐらせた柵。また、城やとりで。

じょう-さく【縄索】《「縄」は細いなわ、「索」は太いなわの意》なわ。つな。

しょうさく-でん【正作田】中世、荘園において荘官・地頭などが直営した田地のこと。用作。

じょうざ-ざんまい【常×坐三昧】天台宗でいう四種三昧の一。90日を1期とし、静かに仏前に独座して、精神を統一し法界を観ずること。

じょう-さし【状差(し)】柱や壁に掛けて、受け取った手紙・はがきなどを入れておくもの。

じょうざ-せき【上座石】庭園の築山(つきやま)の上に据える、平たく厚い石。観音石。

しょう-さつ【小冊】小型の薄い書物。小冊子。

しょう-さつ【省札】▶民部省札

しょう-さつ【省察】〘名〙スル ▶せいさつ(省察)

しょう-さつ【笑殺】〘名〙スル ❶大いに笑わせること。また、あざわらうこと。「愚問を発して散々—された」❷笑うだけで全く問題にしないこと。一笑に付すこと。「提案は簡単に—された」

しょう-さつ【焼殺】〘名〙スル 焼き殺すこと。

しょう-さつ【照察】物事の本質や当否などをはっきりと見抜くこと。洞察。明察。

しょう-さつ【詳察】〘名〙スル くわしく観察すること。「教育の現状を—する」

しょう-さつ【×蕭×颯】〘形動タリ〙ものさびしく秋風が吹くさま。「宸襟(しんきん)を—たる寂寞の中に悩まさる」〈太平記・一八〉

しょう-さつ【×蕭殺】〘ト・タル〙図〘形動タリ〙ものさびしいさま。特に、秋の末の、草木が枯れてもの寂しいさま。「—として一糸の生気も認めぬ枯色の…芝生は」〈風葉・下士官〉「君前には—たる気が漂うた」〈菊池寛・忠直卿行状記〉類語 寂莫(せきばく)・寂寥(せきりょう)・索漠(さくばく)・落莫(らくばく)・蕭然(しょうぜん)・蕭蕭(しょうしょう)・蕭条(しょうじょう)・寥寥(りょうりょう)・寂しい

しょう-さっし【小冊子】小型でページ数の少ない書物。小冊。類語 小冊・パンフレット・ブックレット

じょうざ-ぶ【上座部】仏滅の100年後に教団が二つに分裂したうちの保守派。また、それがさらに分裂してできた諸部派の総称。南アジア諸国の仏教はこの流れをくむ。

じょう-さま【上様】「うえさま」に同じ。

しょう-さん【小参】禅宗で、住持が随時・随処で衆僧に対して説法すること。⇨大参

しょう-さん【小産｜消産】流産。「どうした食ひ合はせで—いたし」〈浮・禁短気・四〉

しょう-さん【生産】《「しょうざん」とも》❶子を生むこと。また、子が生まれること。出産。「—より成人に至るまで終に物言ふ事なし」〈盛衰記・二四〉❷暮らしのために働くこと。「明くれば公事に逼(せ)められ暮るれば—に哀しむ」〈地蔵菩薩霊験記・一〇〉

しょう-さん【消散】〘名〙スル 消えてなくなること。また、散らしてなくすこと。「霧が—する」「不安を—させる」類語 消滅・消失・雲散霧消・立ち消え・消える・消す・雲散・離散・四散・散る・払拭・霧散・散逸・飛散・消去・消却・消除・ぬぐい去る・掻(か)き消す

しょう-さん【称賛｜称×讃】・【賞賛｜賞×讃】〘名〙スル 褒めたたえること。「—の的(まと)」「—すべき行為」類語 賛美・礼賛・称揚・称美・推賞・嘉賞(かしょう)・詠嘆・喝采・感嘆・賞嘆・感服・賛嘆・嘆称・絶賛・三嘆・激賞・褒める・たたえる・愛(め)でる・嘉(よみ)する・褒めたたえる・賞する・称する・賛する・持て囃(はや)す・持ち上げる

しょう-さん【勝算】相手に勝てる見込み。勝ち目。「—のある試合」類語 勝ち目・成算

しょう-さん【硝酸】無色で発煙性をもつ液体。通常は水溶液をさす。強い酸化剤で、多くの金属を溶かし、有機化合物を硝化する。工業的にはアンモニアを酸化して製する。肥料・火薬・染料や硝酸塩などの製造原料に使用。化学式HNO_3

しょう-さん【×樟蚕】▶くすさん(樟蚕)

しょう-さん【×蕭散】〘名・形動〙静かでものさびしいこと。また、そのさま。「水に臨んだ柳並木はまだ枯れがれとして、—な感じを与える」〈藤村・家〉

じょう-さん【定散】仏語。定心と散心。瞑想(めいそう)の境地における精神統一と、執着から離れることのない日常的な心。

じょう-さん【蒸散】〘名〙スル 植物体内の水分が体表から水蒸気として排出される現象。葉の気孔で行われるが、クチクラ蒸散もわずかにみられる。

じょう-ざん【乗算】掛け算。乗法。⇔除算。

じょう-ざん【常山】㊀中国、恒山の異称。天子巡狩の故地。㊁ユキノシタ科の落葉低木。楕円形の葉が対生する。6、7月ごろ、青い花をつける。漢方で根を常山、若枝を蜀漆(しょくしつ)といい解熱・催吐剤に用い、またマラリアの薬にする。中国・ヒマラヤ・インド・ジャワの山野に自生。常山紫陽花(あじさい)。

常山の蛇勢(だせい)《常山にすむ蛇は、首を打たれれば尾が助け、尾を打たれれば首が、胴を打たれれば首と尾とが一致して助けたという、「孫子」九地の故事から》❶先陣・後陣、左翼・右翼が相応じて攻撃・防御に協力し、敵に乗ずるすきを与えないような陣法。❷文章で、首尾照応して各部分がすきなく、叙述が引き締まっていること。

しょうさん-アンモニウム【硝酸アンモニウム】硝酸をアンモニアで中和して得られる化合物。潮解性のある白色の結晶。窒素肥料・爆薬・寒剤などに利用。化学式NH_4NO_3　硝安。

しょうさん-エステル【硝酸エステル】硝酸とアルコールから得られるエステル。多く爆薬として用いられる。ニトログリセリン・ニトロセルロースなど。

しょうさん-えん【硝酸塩】金属やその酸化物、炭酸塩などを硝酸に溶かして得られる化合物。水に溶けるものが多い。

しょうさん-カリウム【硝酸カリウム】炭酸カリウムを硝酸に溶かして得られる、無色の結晶。天然には硝石として産出。黒色火薬・マッチ・花火・肥料などに利用。化学式KNO_3　煙硝。

しょうさん-カルシウム【硝酸カルシウム】炭酸カルシウムを硝酸に溶かした液から得られる無色で潮解性のある結晶。石灰質土壌中で微生物の作用により窒素化合物が硝化するときにも生ずる。肥料・硝酸塩・花火の製造に使用。化学式$Ca(NO_3)_2$

じょうざんきだん【常山紀談】江戸中期の随筆。正編25巻。湯浅常山著。原形は元文4年(1739)成立。完成は明和7年(1770)とされ、その後拾遺4巻と付録1巻が加えられる。戦国時代から江戸初期までの名将・傑物の言行を伝えた史談集。

しょうさん-きん【硝酸菌】亜硝酸を酸化して硝酸に変える働きをもつ土壌細菌。亜硝酸菌とともに存在し、土中の窒素循環に重要な役割をもつ。

しょうさん-ぎん【硝酸銀】銀を硝酸に溶かして得られる無色透明な板状結晶。水によく溶け、銀イオンの試薬として常用されるほか、感光乳剤製造や銀めっき、医薬品などに使用。化学式$AgNO_3$

じょうざんけい【定山渓】札幌市南区、豊平川上流にある温泉町。泉質は塩化物泉。慶応2年(1866)僧定山が開いたという。

しょう-さんさい【小三災】仏語。3種の災厄。⇨三災

しょうざん-しこう【商山四皓】中国秦代末期、乱世を避けて陝西(せんせい)省商山に入った東園公・綺里季・夏黄公・甪里(ろくり)先生の四人の隠士。みな鬚眉(しゅび)が皓白(こうはく)の老人であったのでいう。画題とされる。

しょうさんじょうどきょう【称讃浄土経】経典の名。1巻。唐の玄奘(げんじょう)訳。「阿弥陀経」の別訳。称讃浄土仏摂受経。

しょうさん-セルロース【硝酸セルロース】▶ニトロセルロース

しょうさん-せんいそ【硝酸繊維素】▶ニトロセルロース

しょうさん-てつ【硝酸鉄】鉄の硝酸塩。❶硝酸鉄(Ⅱ)(硝酸第一鉄)。六水和物または九水和物が普通。淡黄色の結晶。化学式$Fe(NO_3)_2$ ❷硝酸鉄(Ⅲ)(硝酸第二鉄)。六水和物または九水和物が普通。淡紫色の結晶。媒染剤・なめし剤などに用いる。化学式$Fe(NO_3)_3$

しょうさん-どう【硝酸銅】酸化銅を硝酸に溶かして得られる深青色の結晶。三水和物または六水和物が普通。酸化剤として用いる。化学式 $Cu(NO_3)_2$

しょうさん-ナトリウム【硝酸ナトリウム】ナトリウムの硝酸塩鉱物。水に溶けやすい無色の結晶。チリなどの南アメリカ太平洋沿岸に大量に産したので、チリ硝石とよぶ。肥料・化学薬品に用いる。

じょうざん-やき【常山焼】明治9年(1876)新潟県佐渡の三浦常山が無名異焼を改良して創始した陶器。朱泥・紫泥系で、茶器が多い。

しょう-し【小子】㊀〔名〕❶子供。❷律令制で、4歳以上16歳以下の男子の称。㊁〔代〕❶一人称の人代名詞。自分をへりくだっていう語。小生。「一近頃閑暇の折柄」〈逍遥・当世書生気質〉❷二人称の人代名詞。目上の者や師匠が目下の者や弟子をいう語。「先生曰く、一しるせ、我その語を伝へん」〈洒・雑文穿袋〉

しょう-し【小史】❶簡単にまとめた歴史。略史。「日本開化一」❷作家などが自分の筆名・雅号の下につける語。「紅葉一」❸中国、周代の官職で、書き役。書記。

しょう-し【小×祀】律令制で、神事の前1日間を斎戒して行う祭祀。相嘗の祭・鎮魂祭・鎮花祭・道饗の祭の類。➡大祀 ➡中祀

しょう-し【小師】❶仏語。具足戒を受けてから10年たたない者。❷自分の師を、他に対してへりくだっていう語。「としごろ孝道をば、一につけまゐらせたる事にて候」〈著聞集・一五〉

しょう-し【小×疵】小さなきず。また、ちょっとした欠点や過失。「逸品の一を惜しむ」

しょう-し【小×祠】小さなほこら。小さな社。

しょう-し【小詞】《particle》西欧語で品詞の一として立てられることがあるもの。接続詞・副詞・前置詞などの不変化の語をいい、また、接頭辞・接尾辞をさすこともある。

しょう-し【小誌】❶小さな雑誌。小型の雑誌。❷発行者が自分たちの雑誌をへりくだっていう語。

しょう-し【少子】❶生まれる子供の数が少ないこと。「一化」❷いちばん年の若い子。末子。

しょう-し【少史】律令制で、神祇官・太政官の主典のうち、大史の下に位するもの。

しょう-し【正子】真夜中。午前零時。太陽が地平線下で子午線を通過する時刻。

しょう-し【抄紙】紙をすくこと。かみすき。

しょう-し【尚氏】琉球王国の王統。15世紀初頭に尚巴志が沖縄本島を統一(第1尚氏)、1470年新王朝に代わり(第2尚氏)、以後、中国と島津氏に属して明治まで続いた。

しょう-し【尚歯】《「礼記」祭義から。「歯」は年齢の意》老人を尊敬すること。敬老。

しょう-し【松子】まつかさ。まつぼっくり。

しょう-し【松脂】「まつやに」に同じ。

しょう-し【省試】❶律令制で、式部省が大学・国学から推挙された者に対して行った官吏任用試験。❷中国の唐・宋時代、尚書省礼部で郷試の及第者に課された官吏登用試験。及第者を貢士という。後世の会試にあたる。

しょう-し【将士】将軍と兵卒。将校と兵士。

しょう-し【笑止】〔名・形動〕《「勝事」からか》❶ばかばかしいこと。おかしいこと。また、そのさま。「一の至り」「一の沙汰」「一なことを言う」❷気の毒に思うこと。また、そのさま。「老の歩みの見る目一に」〈露伴・五重塔〉❸困っていること。また、そのさま。「あら一や、この御文の様も、頼み少なう見えて候」〈謡・熊野〉❹恥ずかしく思うこと。また、そのさま。「ほんにまあわしとした事が、始めての付け合ひになめたらしい、おおー」〈浄・嫩軍記〉(類語)おかしい・噴飯物

しょうし【商子】中国、戦国時代の法家の書。秦の商鞅とその後の法家の政治・兵学論をまとめたもの。全29編のうち24編が現存。商君書。

しょう-し【晶子】ガラス質の火山岩に含まれる微細な結晶粒。

しょう-し【焼死】〔名〕スル 焼け死ぬこと。「火事に逃げ遅れて一する」「一者」

しょう-し【焦思】〔名〕スル あせって、心を悩ますこと。焦慮。「遅々たる進歩に一する」

しょう-し【硝子】ガラス。

しょう-し【証紙】代金・手数料などを支払ったことや品質・数量などを証明するために、商品や書類にはりつける紙。「所定の一をはる」「酒税一」

しょう-し【詔使】古代、詔書を諸国・諸司に伝達した使者。

しょう-し【×頌詞】功績を褒めたたえる言葉。頌辞。(類語)褒め言葉・賞詞・賞辞・賛辞・頌辞

しょう-し【×頌詩】功績を褒めたたえる詩。

しょう-し【×嘗試】〔名〕スル《なめて食物の味をたしかめる意から》ためしてみること。経験してみること。「人民一旦其自由を得て之を一する」〈箕作麟祥・明六雑誌一四〉

しょう-し【賞詞】褒め言葉。賞辞。(類語)賞辞・賛辞・頌詞・頌辞

しょう-し【賞賜】〔名〕スル 功績などを賞して物を与えること。また、そのもの。「十五歳にして銀の匾円を一せらる」〈中村訳・西国立志編〉

しょう-じ【小字】❶小さい文字。細かい文字。❷幼時の呼び名。幼名。

しょう-じ【小事】取るにたりない事柄。ささいな事柄。「大事の前の一」(類語)些事・細事・枝葉・末節

小事は大事 小事もいいかげんにすると大事になるから、疎かにしてはいけない。

しょう-じ【小路】狭い道。こみち。こうじ。

しょう-じ【少時】❶幼少のころ。幼時。「予は一より予が従妹たる今の本多子爵夫人…を愛したり」〈芥川・開化の殺人〉❷しばらくの間。暫時。副詞的にも用いる。「一も忘れることがない」(類語)暫く・一寸・一時・一時・一時・ひとしきり・暫時

しょう-じ【正士】菩薩の異称。大士。

しょうじ【正治】鎌倉初期、土御門天皇の時の年号。1199年4月27日～1201年2月13日。

しょう-じ【正時】一時零分零秒のように分や秒の端数のつかない時刻。「毎一発の特急電車」

しょう-じ【生死】《「しょうし」とも》❶生きることと死ぬこと。生と死。「一を共にする」❷仏語。衆生が生まれては死に、死んでは生まれる苦しみ・迷いの世界。輪廻。❸死ぬこと。死。「一の到来ただ今にもやあらん」〈徒然・四一〉

生死即涅槃 悟った仏智から見れば、生死の迷いの境界そのままが、不生不滅の涅槃の境界であるということ。煩悩即菩提。

生死を離る 悟りを開いて煩悩を捨て、生死流転を繰り返す世界から脱する。生死を出ず。

しょう-じ【床子】昔、宮中などで用いた腰掛け。板に脚をつけた机のような形で、寄りかかりがなく、敷物を敷いて使用した。

しょう-じ【肖似】〔名〕スル よく似ていること。酷似。「少なくも一していると多数の人に思わせるような何物か」〈寅彦・量的と質的と統計的と〉(類語)似る・似寄る・似つく・似通う・通う・相通ずる・類する・紛う・類似する・相似する・近似する・酷似する

しょう-じ【姓氏】➡せいし(姓氏)

しょう-じ【尚侍】《「しょうし」とも》❶明治・大正時代の、宮中女官の最高の官名。❷➡ないしのかみ(尚侍)

しょう-じ【承仕】➡じょうじ(承仕)

しょう-じ【昭示】〔名〕スル あきらかに示すこと。明示。

しょう-じ【▽荘司|×庄司】➡荘官❶

しょう-じ【消磁】《degauss》交流電流や熱などによって、磁性体の磁化を消し去ること。特に、強磁性体の残留磁気を消すこと。CRTディスプレーやテレビのブラウン管で、地磁気や周囲にあるスピーカーなどの影響を取り去る機能もさす。デガウス。

しょう-じ【商事】❶商業・商売に関する事柄。❷商法によって規定されるべき事項。❸「商事会社」の略。(類語)商業・商売

しょう-じ【勝事】《「しょうし」とも》❶あまり見られぬほどすばらしいこと。「ことがらも希代の一にてありき」〈後鳥羽院御口伝〉❷異常な出来事。「この事、天下においてことなる一なれば、公卿僉議あり」〈平家・一〉

しょう-じ【掌侍】❶明治以後の宮中女官の階級の一。明治2年(1869)10月12日、四人を置くことを定めた。❷➡ないしのじょう(掌侍)

しょう-じ【粧次】女性あての手紙の脇付けに用いる語。

しょう-じ【×頌辞】功績を褒めたたえる言葉。頌詞。(類語)褒め言葉・賞詞・賞辞・頌詞・賛辞

しょう-じ【精▽進】「しょうじん」の撥音の無表記。「長き一も始めたる人、山寺にこもれり」〈かげろふ・中〉

しょう-じ【障子】❶室内の仕切りや外気を防ぐのに用いる建具の総称。明かり障子・ついたて・ふすまなど。近年は、格子に組んだ木の枠に白紙を張った明かり障子をいう。そうじ。(季冬)「あさがほの枯蔓うつる一かな／万太郎」❷鼻中隔の俗称。鼻の二つの穴の間の仕切り。(類語)襖・建具

しょう-じ【賞辞】褒め言葉。賞詞。「一を贈る」(類語)褒め言葉・賞詞・賛辞・頌詞・頌辞

しょう-じ【×霎時】しばらくの間。ちょっとの間。暫時。副詞的にも用いる。「一樹林の傍に駐屯せし中」〈竜渓・経国美談〉

しょう-じ【×聳×峙】〔名〕スル 山などが高くそびえたつこと。「一する峻峰」

じょう-し【上士】❶徳があり、すぐれた人。❷身分の高い武士。⇔下士。❸菩薩の異称。

じょう-し【上×巳】五節句の一。陰暦3月の最初の巳の日。のちに3月3日。古く、宮中ではこの日に曲水の宴が行われた。また、民間では女児の祝い日としてひな祭りをするようになった。桃の節句。ひなの節句。重三。じょうみ。(季春)

じょう-し【上司】❶その人より役職が上位の人。上役。「一の許可を得る」❷その官庁の上級の官庁。❸荘園制で、現地で実務にあたる下司に対し、在京の荘官。預かり所。(類語)上役・上官

じょう-し【上使】❶朝廷・主家などの上級者から上意伝達のため派遣される使者。❷江戸幕府から諸大名などに上意伝達のために派遣した使者。先方の身分に応じて、老中・奏者番・高家・小姓・使い番などが任ぜられた。

じょう-し【上肢】人間の腕や手。上腕・前腕・手を含めていう。⇔下肢。

じょう-し【上×厠】〔名〕スル 便所にはいること。「便意を催し、一す」〈百閒・百鬼園随筆〉

じょう-し【上×梓】〔名〕スル《梓の木を版木に用いたところから》❶文字などを版木に刻むこと。❷書物を出版すること。「論文を一する」(類語)出版・発行・上木・版行・刊行・発刊・公刊・印行・発兌・刊

じょう-し【状師】他人の訴訟の代理を仕事とする人。代言人や弁護士の類。

じょう-し【状紙】手紙を書く紙。半切り紙。

じょう-し【×帖子】横に長い1枚の紙を折り畳んでつくった本。折り手本。折り本。

じょう-し【×帖試】❶中国、唐代の官吏登用試験の一。経書の文章の前後を紙で覆い隠して1行だけを示し、そのうち、3字を隠して、隠した文字を答えさせたもの。❷日本の律令制で、❶にならって大学・国学の学生に対して行われた試験。

じょう-し【城市】❶《城壁に囲まれた市街の意から》都会。❷城のある町。城下町。

じょう-し【城×址|城×趾】しろあと。城跡。

じょう-し【▽娘子|嬢子】❶むすめ。少女。❷おんな。婦人。また、他人の妻。

じょう-し【剰指】手足の指が5本より多いこと。

じょう-し【情史】恋愛を題材にした実録や小説。

じょう-し【情死】〔名〕スル 愛し合っている男女が、合意の上で一緒に死ぬこと。心中。

じょう-し【情思】思い。心持ち。特に、恋しい思い。恋心。「人耳多くして一を吐露する能わざるを以

て」〈織田訳・花柳春話附録〉

じょう-し【情詩】恋愛・恋情を詠んだ詩歌。

じょう-じ【冗字】むだな文字。不必要な文字。

じょう-じ【定時】▶ていじ(定時)

じょう-じ【▽承仕】《「しょうじ」とも》❶仙洞・摂家・寺院などの雑役を務めた者。僧形で妻帯は随意であった。承仕法師。❷禅寺で、鐘をつく役目の僧。❸室町幕府の職名。将軍の宿所や殿中の装飾などを管理した僧形の者。

じょうじ【貞治】南北朝時代、北朝の後光厳天皇の時の年号。1362年9月23日～1368年2月18日。

じょう-じ【常事】❶きまっている事柄。❷あたりまえのこと。日常のこと。「視る者は一として怪まざるに於ては」〈魯庵・「破垣」に就て〉

じょう-じ【常時】ふだん。平生。いつも。副詞的にも用いる。「一の警戒」「一五名が待機する」
(類語)始終・不断・常に・絶えず・いつも・常常・終始

じょう-じ【情事】恋愛に関する事柄。夫婦ではない男女の肉体関係。いろごと。「一を重ねる」

じょう-じ【畳字】❶同じ漢字やかなを繰り返したもの。また、そのときに用いる「堂々」「各々」「あゝ」の「々」「ゝ」などのおどり字のこと。❷古辞書で意味分類した部門の一つ。漢字熟語をあげる。色葉字類抄などにみられる。

しょうじ-あげ【精▽進揚(げ)】「しょうじんあげ(精進揚げ)」に同じ。

しょうじ-い・れる【▽請じ入れる】・【招じ入れる】〔動ラ下一〕図しやうじい・る〔ラ下二〕人を家の中や室内に招き入れる。「客を座敷に一・れる」

しょうじ-え【障子絵】襖障子や衝立障子などに描いた絵。

しょうし-か【少子化】出生率の低下に伴い、総人口に占める子供の数が少なくなること。統計的には、合計特殊出生率(女性が一生の間に産む子供の数)が人口置換水準(長期的に人口が増減しない水準)に達しない状態が続くこと。(補説)日本では昭和48年(1973)の第2次ベビーブームを最後のピークとして出生率が低下しはじめ、同50年以降、人口の安定に必要な水準を下回った状態にある。これを受け、平成15年(2003)に少子化社会対策基本法が成立・施行された。

しょうし-かい【尚歯会】㊀❶老人を尊敬し、その高齢を祝うために催す宴。もと中国の風習で、唐の白楽天が行ったのが最初。しょうしえ。❷老人を集めて娯楽などを行う会。敬老会。㊁江戸後期、紀州藩儒官の遠藤勝助が主宰し、渡辺崋山・高野長英らが参加した洋学研究の会。蛮社の獄で壊滅。

しょうじ-がいしゃ【商事会社】商行為をすることを業とする目的で設立された会社。➡民事会社

しょうし-がお【笑止顔】❶気の毒だと思っている顔つき。「それは笑止の御事かな、一して言ひければ」〈仮・竹斎・下〉❷笑いだしそうな顔つき。「をかしさ堪へ笑ひを殺す一」〈浄・寿の門松〉

しょうじ-かおる【庄司薫】[1937～]小説家。東京の生まれ。本名、福田章二。主人公の告白文体で綴られた自分探しの物語「赤頭巾ちゃん気をつけて」で芥川賞受賞。他に「喪失」「さよなら快傑黒頭巾」「白鳥の歌なんか聞えない」など。

しょうしかしゃかいたいさく-きほんほう【少子化社会対策基本法】少子化に対処する施策を総合的に推進するために制定された法律。平成15年(2003)成立。雇用環境の整備、保育サービス等の充実、地域社会における子育て支援体制の整備などの基本的施策、および内閣府に少子化社会対策会議を設置することを定めている。

しょうじ-がみ【障子紙】障子を張るのに用いる紙。

しょうし-が・る【笑止がる】〔動ラ四〕❶困りきる。「今朝からの酒の醒める程一・れば」〈浮・禁短気・一〉❷気の毒に思う。「ともどもに一・ってくれう人が、其のごとくに笑ふといふことが有る物か」〈続狂言記・飛越新発意〉

じょうし-かん【娘子関】中国、河北省と山西省との境の関所。石家荘の西方の太行山脈中にあり、古来、軍事・交通上の要地。ろうしかん。

しょうし-き【抄紙機】紙をすく機械。一般に、金網で湿紙をこし取るワイヤ部、ロールの間で絞るプレス部、および乾燥部からなる。紙すき機。

しょう-しき【声色】仏語。聴覚・視覚など感覚の対象となるもの、すなわち六境のこと。六塵。

しょう-しき【鍾子期】中国、春秋時代の楚の人。琴の名人伯牙の音楽の理解者として知られ、その死後、伯牙は琴の糸を切って生涯演奏しなかったといわれる。生没年未詳。➡知音

しょう-じき【小食】〔名・形動〕❶「しょうしょく(小食)」に同じ。「一ナ人」〈日葡〉❷禅宗で、かゆのこと。点心。〈書言字考節用集〉

しょう-じき【正直】㊀〔名・形動〕正しくて、うそや偽りのないこと。また、そのさま。「一なところ自信がない」「一に非を認める」「一者」㊁〔名〕❶おもりを糸で垂らして柱などの傾きを調べる道具。❷桶屋などの職人などが用いる1メートルくらいの大きな鉋。木のほうをのせて削る。㊂〔副〕見せかけやごまかしではないさま。率直なさま。本当のところ。「その計画は一不可能だ」(派生)しょうじきさ〔名〕
(類語)(㊀)実直・実体・誠実・真率・善良・朴直・律儀・真っ直ぐ・真っ正直・馬鹿正直・善良

正直の頭に神宿る 正直な人には、おのずから神の加護がある。

正直は一生の宝 人間の真の幸福は正直によってもたらされるもので、正直は一生を通じて大切に守るべき宝である。

正直者が馬鹿を見る 悪賢い者がずるく立ち回って得をするのに反し、正直な者はかえってひどい目にあう。世の中が乱れて、正しい事がなかなか通らないことをいう。正直者が損をする。

じょう-しき【定式】定まった儀式。また、きまったやり方。ていしき。「父の身分はやっと藩主に一の謁見が出来ると云うのですから」〈福沢・福翁自伝〉(類語)型

じょう-しき【常式】❶きまった方式。常の方式。❷平常。ふだん。常時。いつもどおり。現代では東北・北陸地方などで、副詞的に用いる。「明日は一行く」

じょう-しき【常識】一般の社会人が共通にもつ、またもつべき普通の知識・意見や判断力。「一がない人」「一に欠けた振る舞い」「一外れ」(補説)common senseの訳語として明治時代から普及。(類語)通念・良識・思慮・分別・知識・教養・心得・コモンセンス

じょう-しき【情識】〔名・形動ナリ〕❶仏語。心。迷いの心。❷強情であること。また、そのさま。頑固。「稽古はつよかれ、一はなかれとなり」〈花伝・序〉

じょう-じき【浄食】戒律の定めるところにかなった食物。

しょうじき-いっぺん【正直一遍】〔名・形動〕ただ正直であるだけで、人よりすぐれた才能や働きがないこと。また、そのさま。「一では通用しない」「一な人」

じょうしき-がくは【常識学派】常識哲学を説いた学派。スコットランド学派。

しょうじき-しゃほうべん【正直捨方便】《「法華経」方便品から》「法華経」は釈迦が正しく真実を示した経であって、方便の教えではないということ。また、方便を捨ててまっすぐに法を説くこと。

じょうしき-てつがく【常識哲学】18世紀、スコットランドに興ったイギリス啓蒙哲学の一派。バークリーの主観的観念論やヒュームの懐疑論に反対し、数学・論理学の公理、因果法則、外界の実在、自我の存在、善悪の区別などを人間の本性上自明な根本原理とし、これを常識の原理と名づけてあらゆる道理の基礎とした。T=リードおよびその学派(常識学派)に始まる。

じょうしき-まく【定式幕】歌舞伎舞台の正式な引き幕。右から萌黄・柿・黒の3色の縦縞模様があるもの。昔は、各座で色や配色順が異なった。江戸に起こり、明治期に上方へ伝播。狂言幕。

(類語)緞帳・黒幕・揚げ幕・引き幕

しょうじ-きん【正字金】江戸幕府が安政6年(1859)に発行した小判および一分判金の総称。裏に「正」の字の極印がある。

じょうし-きん【上肢筋】上肢の運動にたずさわる筋肉の総称。

じょうし-ぐん【▽娘子軍】《中国、唐の平陽公主の率いた女性だけの軍隊の名から》❶女性だけで組織した軍隊。❷女性の一団。「今春も町内の一が、市庁へ押し寄せて」〈徳永・太陽のない街〉

しょう-しげん【省資源】地球上の資源を保護するため、物資やエネルギーの消費を減らすこと。昭和48年(1973)第一次石油危機ごろからの用語。

しょうじ-こ【精進湖】山梨県中南部にある富士五湖のうち最も小さい湖。面積0.7平方キロメートル。湖面標高900メートル。

じょうし-こ【上仕子｜上×鉋】仕上げに用いるかんな。➡荒仕子 ➡中仕子

しょうじ-こうし【障子格子】障子の骨組みのような、横長の格子模様。

じょうし-こつ【上肢骨】上肢を形づくる骨の総称。左右各一対の鎖骨・肩甲骨および上腕骨・前腕骨・手骨の総称。

しょうじ-さだお【東海林さだお】[1937～]漫画家。東京の生まれ。本名、庄司禎雄。サラリーマンの生活を描いたユーモアあふれる漫画で多くの読者を得る。軽妙な語り口でつづった食に関するエッセーも人気が高い。代表作「ショージ君」「アサッテ君」、エッセー「丸かじり」シリーズなど。

しょうし・し【笑止し】〔形ク〕《名詞「笑止」の形容詞化》❶気の毒である。いたましい。「信玄公の氏政をさげすみ給ふと一・く存ずるなり」〈甲陽軍鑑・三二〉❷滑稽である。おかしい。「神ぞ一・いせんさく」〈仮・成田山分身不動〉

しょうじ-じ【勝持寺】京都市西京区大原野にある天台宗の寺。山号は小塩山。役小角の創建で、のち最澄が再興と伝える。仁寿年間(851～854)文徳天皇が大原野神社の別当寺として復興させ、大原院勝持寺と改めた。桜の木が多いので花の寺とよばれる。

しょうじじっそうぎ【声字実相義】平安前期の仏教書。1巻。空海著。成立年未詳。音声と文字とは、そのまま真理を表すとする密教の考え方を述べたもの。声字義。

しょうじ-じょうや【生死▽長夜】仏語。生死を繰り返す迷いの尽きないことを、長い夜の夢にたとえていう語。生死の闇。

しょう-じしん【小地震】マグニチュード3以上5未満の規模の地震。微小地震と中地震の中間にあたる。➡マグニチュード

じょう-じせい【常磁性】物質を磁界内に置くと、磁界と同じ方向に磁化され、磁界を除くと磁気が消える性質。➡反磁性

じょうじせい-たい【常磁性体】常磁性をもつ物質。酸素・一酸化炭素や遷移金属など。

じょうじ-せつぞく【常時接続】パソコンなどがインターネットなどのコンピューターネットワークに常に接続された状態、またはそれを実現するサービス形態のこと。

しょうし-せんばん【笑止千万】〔形動〕図〔ナリ〕❶非常にこっけいなさま。「一な話」❷たいそう気の毒なさま。「さても不慮なる事一」〈浮・万金丹・二〉

しょうし-たい【硝子体】眼球の水晶体・毛様体の後方から網膜の前面までを満たすゼリー様の物質。ガラス体。

じょうし-たい【上肢帯】腕および手を支える骨格。肩甲骨・鎖骨からなる。肩甲帯。肩帯。

しょうじ-たろう【東海林太郎】[1898～1972]歌手。秋田の生まれ。南満州鉄道社員から転身し、「赤城の子守唄」「野崎小唄」などのヒット曲を残した。直立不動で歌う姿は有名。

しょう-しつ【消失｜×銷失】〔名〕スル 物が消えてな

くなること。また、今まで有効だったものが、その効力などを失うこと。「権利が—する」〔類語〕消滅・消散・雲散霧消・立ち消え・霧散・離散・四散・飛散・散逸・散る
しょう‐しつ【晶質】シャウ 固体のときは結晶質で、溶液中では膠質こう(コロイド)にならない物質。無機塩類や庶糖など。クリスタロイド。⇔膠質。
しょう‐しつ【焼失】セウ〔名〕スル《古くは「じょうしつ」とも》焼けてなくなること。「貴重な文化遺産が—する」
しょう‐しつ【傷疾】シャウ 傷つくことと病気になること。また、負傷者と病者。
しょう‐しつ【詳×悉】シャウ〔名・形動〕スル 非常にくわしくて漏れのないこと。詳細に述べること。また、そのさま。「懇到—なる者に命じ、飽まで説諭せば」〈公議所日誌一五〉「前に—するが如く」〈フェノロサ・美術真説〉
しょう‐しつ【×蕭×瑟】セウ 一〔名・形動〕秋風が寂しく吹くこと。また、そのさま。「—なる林の裏う、幽冷なる池の上に」〈漱石・幻影の盾〉二〔ト・タル〕図〔形動タリ〕一に同じ。「—たる秋光の浜に立てば」〈蘆花・不如帰〉
しょう‐じつ【消日】セウ たいしたこともせずその日を過ごすこと。消光。「それが疲れて来ると、字義どおりの—になった」〈志賀・暗夜行路〉
じょう‐しつ【上質】ジャウ〔名・形動〕品質が上等であること。また、そのさま。「—な(の)皮革」〔類語〕上等・良質・良い・優良・佳良・純良・良好・見事・立派・上上
じょう‐しつ【丈室】ヂャウ《1丈四方の部屋の意》寺の住職の部屋。方丈。
じょう‐じつ【上日】ジャウ ❶月の第1日。ついたち。❷▶じょうにち(上日)
じょう‐じつ【成実】ジャウ「成実宗」の略。
じょう‐じつ【定日】ヂャウ 前もって決めてある日。じょうにち。「三、八ハ剣術ノ—」〈和英語林集成〉
じょう‐じつ【常日】ジャウ ふだんの日。平生ぜい。
じょう‐じつ【情実】ジャウ ❶個人的な利害・感情がからんで公平な取扱いができない関係や状態。「—を交える」「—にとらわれない」「—を排する」❷実際のありさま。実情。「諸国の—を問い」〈藤村・夜明け前〉❸偽りのない気持ち。まごころ。「—互に相通じて怨望嫉妬の念は忽ち消散せざるを得ず」〈福沢・学問のすゝめ〉
じょうしつ‐し【上質紙】ジャウシツ 砕木パルプを含まず、化学パルプだけで作った紙。書籍印刷などに使用。
じょうじつ‐しゅう【成実宗】ジャウジツ「成実論」に基づく仏教の一派。412年鳩摩羅什くまらじゅうが成実論を漢訳後流布して研究され、梁りょう代に隆盛となった。のち、日本に伝えられ、南都六宗の一とされたが、のち三論宗の付宗とされ、独立した一宗とはならなかった。
じょうしつせい‐ひんぱくしょう【上室性頻拍症】ジャウシツセイヒンパクシャウ ▶発作性上室性頻拍
しょうしつ‐ほう【詳×悉法】シャウシツハフ 修辞法の一。事物のありのままを綿密に叙述する方法。
じょうじつろん【成実論】ジャウジツ 仏教論書。16巻または20巻。インドの訶梨跋摩かりばつま著。鳩摩羅什くまらじゅう訳。一切皆空を説き、また四諦したいの真実義を明らかにした。成実宗の根本教典。
しょうじ‐の‐いた【障子の板】シャウジ 大鎧おおよろいの肩上わたがみの上に立てた半月形の鉄板。袖の冠板かむりいたの板が首に当たるのを防ぐもの。
しょうじ‐の‐うみ【生死の海】シャウジ「生死の苦海くがい」に同じ。
しょうじ‐の‐くがい【生死の苦海】シャウジ 輪廻転生りんねてんしょうの限りない苦しみを、海にたとえていう語。欲界・色界・無色界の三界さんがいをさす。生死の海。
じょうし‐の‐はらえ【上×巳の×祓】ジャウシノハラヘ 平安時代、上巳の日に、川辺で行った祓。じょうみのはらえ。
しょうじ‐の‐やみ【生死の闇】シャウジ 悟ることができず、生死流転るてんを繰り返す迷いの世界を闇にたとえた語。
じょう‐しばい【定芝居】ヂャウシバヰ・**【常芝居】**ジャウシバヰ その場所で常に興行している芝居。常打ちの芝居。「橋ひとつ南へ渡れば—のあるに」〈浮・男色大鑑・七〉
しょうじ‐ばいばい【商事売買】シャウジ 当事者の双方もしくは一方にとって商行為である売買。
じょうじ‐はん【常事犯】ジャウジ 政治犯や国事犯以外の普通の犯罪。
じょうじ‐ほうし【承仕法師】ホフシ「承仕じょうじ❶」に同じ。
しょう‐しみん【小市民】セウ《フランス petit bourgeois》資本家階級と無産階級との中間に位置する人々。小規模の生産手段を所有し自らも労働する、自営の商工業者や自営農民のこと。中産階級・中間階級ともよばれる。プチブル。
しょうじ‐むじょう【生死無常】シャウジムジャウ 仏語。人生ははかなく、無常であるということ。
しょう‐しゃ【小社】セウ ❶小さな会社。また、自分が勤務している会社をへりくだっていう語。❷小さな神社。❸古く、神社の社格を大・中・小に分けたうちの最下位の神社。❹明治以後の神社制度で、官幣小社・国幣小社のこと。〔類語〕(❶)社・弊社・本社
しょう‐しゃ【小舎】セウ 小さな家。こや。
しょう‐しゃ【少者】セウ 若者。年少者。
しょう‐しゃ【抄写】セウ〔名〕スル 文章の一部分を書き写すこと。「独り読み得るのみならず、これを—して」〈中村訳・西国立志編〉
しょう‐しゃ【×哨舎】セウ 警戒や見張りをする兵が詰めている小屋。
しょう‐しゃ【商社】シャウ 輸出入貿易を業務の中心にした商業を営む会社。
しょう‐しゃ【勝者】勝負・競争などに勝った者。勝利者。⇔敗者。〔類語〕覇者・ウイナー
しょう‐しゃ【傷者】シャウ 傷を負った人。負傷者。
しょう‐しゃ【照射】セウ〔名〕スル ❶日光などが照らすこと。「—時間」❷治療のために赤外線や放射線を当てること。ふつうX線・α線・γ線などについていう。「X線を—して胸部のレントゲン写真をとる」〔類語〕照らす・照明・投光・放射
しょう‐しゃ【×廠舎】シャウ 軍隊が演習先などで仮設する、四方に囲いのない簡略なつくりの小屋。
しょう‐しゃ【×瀟×洒｜×瀟×灑】セウ 一〔形動〕図〔ナリ〕すっきりとあか抜けしているさま。俗っぽくなくしゃれているさま。「—な身なり」「—な洋館」二〔ト・タル〕図〔形動タリ〕一に同じ。「稍肉落ちて—たる姿ではあるが」〈菊池寛・忠直卿行状記〉
しよう‐しゃ【使用者】❶人または物を使用する人。❷労働契約の一方の当事者で、労務の提供を受け、賃金を支払う者。やといぬし。雇用主。〔類語〕(❶)ユーザー/(❷)雇用者・雇用主・雇い主・事業主
しょう‐じゃ【生者】シャウ 生命のあるもの。生きているもの。せいじゃ。
しょう‐じゃ【▽盛者】シャウ ▶じょうしゃ(盛者)
しょう‐じゃ【▽聖者】シャウ 煩悩ぼんのうをぬぐい去り、正しい智慧を得た人。聖人。せいじゃ。
しょう‐じゃ【精舎】シャウ《梵 vihāraの訳》僧が仏道を修行する所。寺院。寺。
じょう‐しゃ【乗車】〔名〕スル ❶鉄道・バスなどに乗ること。「始発駅から—する」「整列—」⇔下車/降車。❷ある人が乗る車。「—の手配をする」〔類語〕乗船・搭乗
じょう‐しゃ【浄写】ジャウ〔名〕スル きれいに書き写すこと。浄書。清書。「草稿を—する」
じょう‐しゃ【盛者】ジャウ《「しょうじゃ」「しょうしゃ」とも》勢力の強いもの。勢いの盛んなもの。
じよう‐しゃ【自用車】自家用の車。自家用車。「西洋人のおおぜい乗った—らしいのが」〈寅彦・あひると猿〉
じょう‐じゃ【定者】ヂャウ 大法会だいほうえの行道ぎょうどうのとき、香炉を持って前を行く役僧。じょうざ。
しょうしゃ‐きょく【尚舎局】シャウシャ 主殿寮とのもりょうの唐名。
しょう‐しゃく【小酌】セウ〔名〕スル ❶小人数の宴会。小宴。「花の大紳士と三つ鼎がなえになって—を催していた」〈魯庵・破垣〉❷少し酒を飲むこと。軽く一杯やること。
しょう‐しゃく【焼×灼】セウ〔名〕スル 焼くこと。特に、病気の組織を電気や薬品で焼いて治療すること。
しょう‐しゃく【▽摂▽折】セフ 摂受しょうじゅと折伏しゃくぶく。
しょう‐しゃく【照尺】セウ 小銃などの銃身の手前の方に取り付ける照準装置。照門・遊標・表尺板からなり、先端の照星と合わせて用いる。
しょう‐じゃく【小弱】セウ〔名・形動〕❶小さくて弱いこと。また、そのさま。弱小。「—な国」❷年若いこと。幼いこと。また、そのさま。弱小。「一人は—にして水に溺る」〈漂荒紀事・一〉
じょう‐しゃく【丈尺】ヂャウ《「じょうじゃく」とも》❶長さ。たけ。寸法。❷長さ1丈の物差し。
じょう‐しゃく【縄尺】❶墨縄と物差し。❷物事をはかる標準。
じょうしゃ‐ぐち【乗車口】駅、または乗り物の、乗車する客の専用の入り口。⇔降車口。
じょうしゃ‐けん【乗車券】鉄道・バスなどの交通機関が発行する切符。普通乗車券・回数乗車券・定期乗車券などがある。乗車切符。
しょうしゃ‐しょくひん【照射食品】セウシャ 殺菌・殺虫・発芽抑制などのために放射線を照射した食品。法律で規制されており、日本では、昭和47年(1972)ジャガイモの発芽防止用の許可が最初。
しょうしゃ‐せんりょう【照射線量】セウシャセンリャウ 物質に照射されたX線やγ線の量。単位はクーロン。旧単位はレントゲン。
じょう‐じゃっこうど【常寂光土】ジャウジャククワウド 天台宗で説く四土の一。法身の住んでいる浄土。真理そのものを世界としてとらえた、一切の浄土の根源的な絶対界。寂光土。寂光浄土。
じょうしゃ‐ひっすい【盛者必衰】ジャウシャ 無常なこの世では、栄花を極めている者も必ず衰えるときがあるということ。「娑羅双樹しゃらそうじゅの花の色、—のことはりを表す」〈平家・一〉
しょうじゃ‐ひつめつ【生者必滅】シャウジャ 無常なこの世では、生命あるものは必ず死ぬときが来るということ。「—、会者定離えしゃじょうり」
じょうしゃ‐りつ【乗車率】鉄道車両や路線バスなどで、乗車定員を100として実際に乗っている人の割合。乗車効率。➡混雑率〔補説〕新幹線などの指定席・自由席では座席数を定員とする。通勤車両では座席と吊り革が全部使われ、扉付近に数人が立っている状態を定員とする。
しょう‐しゅ【性種】シャウ 仏語。人間の生まれながらの本性。衆生しゅじょうの本性。
しょう‐しゅ【唱首】シャウ まっ先に言い出すこと。また、先頭に立って人々を教え導く人。首唱者。「されば我この新教を用い、国人の—となるか」〈中村訳・自由之理〉
しょう‐しゅ【×椒酒】セウ サンショウの実とカシワの葉を入れた酒。元日に服用して長寿を祈願する。
しょう‐しゅ【焼酒】セウ 中国や朝鮮半島産の蒸留酒の一。うるち米・もち米、またはコーリャン・雑穀などを原料として醸造し、蒸留したもの。
しょう‐しゅ【▽摂取】セフ「摂取せっしゅ」に同じ。「念仏の人を—して浄土に帰せしむるなり」〈三帖和讃〉
しょう‐しゅ【×嘯×聚】セウ〔名〕スル 人々を呼び集めること。また、呼びあって集まること。嘯集しょうしゅう。「且土蛮の—する所、鬼魅の巓屯てんとんする所」〈東海散士・佳人之奇遇〉
しょう‐じゅ【小×綬】セウ 綬の最も小さいもの。勲章の旭日小綬章などや各種褒章を身につけるのに用いる。
しょう‐じゅ【小樹】セウ 小さい木。小木。
しょう‐じゅ【消受】セウ〔名〕スル 受けること。すっかり受け取ること。「今よりその福を—し給わんことを」〈鷗外訳・即興詩人〉
しょう‐じゅ【▽摂受】セフ 仏語。衆生しゅじょうの善を受け入れ、収めとって導くこと。➡折伏しゃくぶく
しょう‐じゅ【▽聖衆】シャウ 極楽浄土の諸菩薩ぼさつ。また、菩薩や声聞しょうもん・縁覚えんがくあるいは比丘びくなど、多くの聖者の集まり。
しょう‐じゅ【×誦×呪】▶じゅじゅ(誦呪)
しょう‐じゅ【×顳×顬】セフ こめかみ。
じょう‐しゅ【上首】ジャウ 一座の衆僧中の指導的中心人物。集団の長。
じょう‐しゅ【上酒】ジャウ 品質の上等な酒。
じょう‐しゅ【城主】ジャウ ❶城のあるじ。❷江戸時代、国持と准国主以外で、城を持っていた大名。
じょう‐しゅ【城守】ジャウ〔名〕スル ❶城に立てこもって守ること。また、その人。「斯る有様を以て—せば、我が糧は尽るの時有るも」〈竜渓・経国美談〉❷城持ちの大名。

じょう-しゅ【常主】ジャウー きまった主人。

じょう-しゅ【情趣】ジャウー しみじみと落ち着いた気分やおもむき。「古都の―を味わう」類語 情緒・興趣・情味

じょう-しゅ【醸酒】ヂャウー〔名〕スル 原料を発酵させて酒をつくること。また、つくった酒。

じょう-じゅ【上寿】ジャウー 寿命が長いこと。また、寿命を上・中・下の三段階に分けた、最も上の段階。100歳、または120歳のこと。「不老不死の―を保てり」〈太平記・一三〉

じょう-じゅ【成就】ジャウー〔名〕スル 物事を成し遂げること。また、願いなどがかなうこと。「悲願を―する」「大願―」類語 達成・実現・完遂・大成・適(かな)う

しょう-しゅう【小集】セウシフ 小人数の集まり。小会。「今日は誰が家に何の―とか云うて出て行くもあり」〈露伴・日ぐらし物語〉

しょう-しゅう【召集】セウシフ〔名〕スル ❶呼び出して集めること。「非番の署員を―する」❷国会の会期を開始させる行為。国会議員に対して、一定の期日に各議院に集会することを命ずること。天皇の国事行為として内閣の助言と承認によって行われる。「国会を―する」❸戦時・事変に際し、在郷軍人・国民兵などを軍隊に呼び出し集めること。類語 召致・召喚・徴集

しょう-しゅう【招集】セウシフ〔名〕スル ❶人を招き集めること。「関係者を―し会議を開く」「―をかける」❷地方公共団体の議会、社団法人の社員総会、株式会社の株主総会・取締役会などで、合議体を成立させるため、その構成員に集合を求めること。類語 招く・呼ぶ

しょう-しゅう【消臭】セウシウ 悪臭をなくすこと。「―剤」

しょう-しゅう【商秋】シャウシウ《五音(ごいん)の「商」は四季では秋にあたるところから》秋の異称。「―の候」

しょう-しゅう【唱酬】シャウシウ 互いに詩歌・文章を作って、やりとりすること。唱和。

しょう-しゅう【×誦習】ーシフ〔名〕スル 書物などを、口に出して繰り返し読むこと。「経典を―する」

しょう-しゅう【×嘯集】セウシフ〔名〕スル 「嘯聚(しょうしゅ)」に同じ。「闔国(こうこく)の人民、涕(なみだ)を揮(ふる)て―し」〈東海散士・佳人之奇遇〉

しょう-じゅう【小銃】セウー 個人携帯用の小火器。歩兵銃・騎銃・自動小銃などの総称。

しょう-じゅう【小獣】セウジウ 小さいけもの。

じょう-しゅう【上州】ジャウシウ 上野(こうずけ)国の異称。

じょう-しゅう【城州】ジャウシウ 山城(やましろ)国の異称。

じょう-しゅう【常州】ジャウシウ 常陸(ひたち)国の異称。

じょう-しゅう【常習】ジャウシフ〔名〕スル ふだん習慣的にしていること。また、癖のようになっている行い。現代では多く、好ましくない事にいう。「無断欠勤の―者」「覚醒剤を―している」類語 習性・習癖・悪癖・病みつき

じょう-じゅう【定住】ヂャウヂユウ〔名〕スル ▶ていじゅう(定住)

じょう-じゅう【常住】ジャウヂユウ〔名〕スル ❶仏語。永遠不変なこと。変化しないで常に存在すること。⇔無常。❷いつもそこに住んでいること。「一〇年来この地に―している」❸ふだん。いつも。日常。副詞的にも用いる。「―の食事」「―仕事のことが頭から離れない」類語 (❷)永住・定住・安住・在住・居住

しょう-じゅう-い-めつ【生住異滅】シャウヂユウー 仏語。万物が生じ、とどまり、変わり、消滅するという四つの姿。四相。

しよう-しゅうえき【使用収益】ーシウエキ 目的物を自ら使用したり、それによって利益を得ること。

しようしゅうえき-けん【使用収益権】シヨウシウエキー 物を用法に従って使用し、それによって収益を得る権利。用益権。

しょう-しゅうかん【商習慣】シャウシフクワン 商業上の取引についての習慣。商慣習。

しょうしゅう-ざい【消臭剤】セウシウー いやな臭いを消す薬品。よい香りで悪臭を押さえ込む方式、悪臭成分を分解する方式などがある。

じょうじゅう-ざが【常住×坐×臥】ジャウヂユウザグワ《「行住(ぎょうじゅう)坐臥」と混同して用いられるようになった語》すわっているときも横になっているときも、いつも。また、ふだん。平生。副詞的にも用いる。「―忘れない」「―心掛けていること」

じょうしゅうとばく-ざい【常習賭博罪】ジャウシフトバクー 常習的に賭博をする罪。刑法第186条1項が禁じ、3年以下の懲役に処せられる。

じょうしゅう-はん【常習犯】ジャウシフー ❶一定の犯罪を反復して行う習癖のある者が犯す罪。また、その人。常習賭博(とばく)・常習強窃盗・常習暴行傷害などは、刑の加重が定められている。慣行犯。❷好ましくないことをいつも繰り返す者。「遅刻の―」

じょうじゅう-ふだん【常住不断】ジャウヂユウー 常に続いていて絶え間のないこと。いつも。「―の精進」

じょうじゅう-ふめつ【常住不滅】ジャウヂユウー 常に変わらず、永遠に滅びないこと。「―の真理」

じょうしゅうるいはん-せっとうざい【常習累犯窃盗罪】ジャウシフルイハンセツタウザイ 窃盗罪・窃盗未遂罪にあたる行為を常習的にする罪。過去10年間に3回以上これらの罪で懲役刑を受けた者が、新たに罪を犯すと成立し、3年以上の有期懲役に処せられる。補説 刑法上の規定ではなく、昭和5年(1930)施行の関連法「盗犯等ノ防止及処分ニ関スル法律」による規定。

しょうしゅう-れい【召集令】セウシフー ❶人を集めるための命令。❷「召集令状」の略。

しょうしゅう-れいじょう【召集令状】セウシフレイジャウ 在郷軍人・国民兵などを召集する命令文書。旧日本軍の令状には赤い紙を使ったので、俗に赤紙(あかがみ)といった。

じょうじゅ-えん【成趣園】ジャウシユヱン ▶水前寺公園

じょう-しゅく【定宿】ヂャウー「じょうやど」に同じ。

しょうじゅ-こつ【×顳×顬骨】セフジユー ▶側頭骨(そくとうこつ)

じょうじゅ-しすう【成就指数】ジャウジユー ▶エー-キュー(AQ)

しょう-しゅつ【抄出┊×鈔出】セウー〔名〕スル 必要なところを抜き出して書くこと。また、そのもの。抜き書き。「議事録から問題の箇所を―する」類語 抜粋・抄録

しょう-しゅつ【×妾出】セフー めかけの子として生まれること。また、その人。妾腹。庶出。

しょう-しゅつ【晶出】シャウー 液体から結晶が析出すること。

しょう-じゅつ【称述】〔名〕スル ❶述べること。言うこと。「其極を建て訓を垂るるの旨明々―を待たず」〈吉岡徳明・開化本論〉❷言葉でたたえること。頌述(しょうじゅつ)。

しょう-じゅつ【紹述】セウー〔名〕スル 先人の業を受け継いで、それに従って行うこと。「先賢の遺業を―する」

しょう-じゅつ【詳述】シャウー〔名〕スル くわしく述べること。「事の経緯を―する」類語 具陳・縷述(るじゅつ)

じょう-じゅつ【上述】ジャウー〔名〕スル 以上に述べたこと。また、すぐ前のところで述べたこと。前述。「理由は―したとおり」

じょう-じゅつ【×杖術】ヂャウー 杖(つえ)をもって敵を制する武術。江戸初期に創始され、代表的流派としては、神道夢想流・東軍流・源氏天流などがある。第二次大戦後は杖道(じょうどう)と呼ぶ。

しょうじゅつ-きん【賞×恤金】シャウジユツー 警察官・自衛官・消防職員などが殉職または公務で負傷した場合、その功績をたたえて遺族や本人に与えられる金銭。

じょう-しゅび【上首尾】ジャウー〔名・形動〕物事がうまい具合に運ぶこと。都合よくいってよい結果を得ること。また、そのさま。「話し合いは―に終わる」「結果は―だ」⇔不首尾。

しょうじゅ-もん【▽摂受門】セフジユー 摂受によって人々を正法(しょうぼう)に帰依させる法門。

しょうじゅ-らいごう【▽聖衆来▽迎】シャウジユライガウ 極楽浄土の諸菩薩(ぼさつ)が、仏とともに臨終の際に死者を迎えに来ること。

しょうじゅらいごう-じ【聖衆来迎寺】シャウジユライガウー 滋賀県大津市比叡辻にある天台宗の寺。山号は紫雲山。開創は延暦9年(790)、開山は最澄。初め地蔵教院と称したが、長保3年(1001)源信によって現在の寺名に改められ、念仏道場となる。織田信長の焼き打ちの難を免れたため、多数の寺宝を所蔵。

しょう-しゅん【小春】セウー 陰暦10月の異称。こはる。「―の候」

しょう-しゅん【×峭×峻】セウー 山などの高くけわしいこと。険峻。

しょう-しゅん【×頌春】新春を褒めたたえること。多く年賀状などで用いる語。賀春。

しょう-じゅん【昇順】コンピューターで、あるデータを並べ替える際、値が小さい順に並べること。文字列の場合、文字コードが小さい順となる。逆の順番に並べることを降順、並べ替えのことをソートという。

しょう-じゅん【焼準】セウー ▶焼き準(なら)し

しょう-じゅん【照準】セウー〔名〕スル ❶射撃で、弾丸が目標に命中するようにねらいを定めること。また、一般にねらいを定めること。「―を定める」「県大会に―を合わせる」「正確に―する」❷規準に照らすこと。「大蔵省の布達に―して」〈地方官会議日誌一〇〉

じょうしゅん【成俊】ジャウシユン 南北朝時代の学僧。万葉集を研究して、定家仮名遣いの誤りを指摘、歴史的仮名遣いの基礎をつくった。生没年未詳。

じょう-じゅん【上旬】ジャウー 月の1日から10日までの10日間。初旬。上澣(じょうかん)。➡下旬 ➡中旬

しょう-じゅんかん【小循環】セウジユンクワン ▶肺循環(はいじゅんかん)

しょうじゅん-き【照準器┊照準機】セウジユンー 爆撃・銃砲撃のねらいを定めるための装置。

しょう-しょ【小暑】セウー 二十四節気の一。7月7日ごろ。このころから暑気が強くなる。(季 夏)「部屋ぬちへ―の風の蝶ふたたび/爽雨」

しょう-しょ【召書】セウー 人を召し出す書類。めしぶみ。

しょう-しょ【抄書┊×鈔書】セウー 書物から一部を書き抜くこと。抜き書き。また、それをまとめたもの。

しょう-しょ【尚書】シャウー《古くは「じょうじょ」とも》❶弁官の唐名。❷中国の官名。秦(しん)代に設置され、初めは天子の文書の授受をつかさどる小官だったが、しだいに地位が上がり、唐〜明代には六部の長官となった。

しょうしょ【尚書】シャウショ《尚(とうと)ぶべき書の意から》書経(しょきょう)の異称。漢以降、宋代まで用いられた呼称。

しょう-しょ【消暑┊×銷暑】セウー 暑気を取り除くこと。暑さしのぎ。消夏。「―法」類語 消夏・暑気払い

しょう-しょ【証書】❶ある事実を証明するための文書。公正証書・私署証書などがある。「卒業―」「借用―」❷「証券」に同じ。類語 証明書・証文・念書・一札

しょう-しょ【詔書】セウー ❶天皇が発する公文書。日本国憲法下では、国会の召集、衆議院の解散、総選挙の施行の公示など、天皇の国事行為の形式として用いられている。❷律令制で、天皇の詔(みことのり)を記した文書。改元などの臨時の大事の際に発せられた。➡宣命(せんみょう) ➡勅旨 ➡勅書

しよう-しょ【仕様書】シャウー「仕様書き」に同じ。

しょう-じょ【小女】セウヂヨ ❶年のいかない娘。童女。❷律令制で、4歳以上、16歳以下の女子の称。

しょう-じょ【小序】セウー ❶短い序文。短い前書き。❷詩経の各編のはじめにおかれた小文。

しょう-じょ【少女】セウヂヨ ❶年少の女子。ふつう7歳前後から18歳前後までの、成年に達しない女子をさす。おとめ。「多感な―時代」「文学―」❷律令制で、17歳以上、20歳(のち21歳)以下の女子の称。類語 (❶)女の子・女子(じょし)・子女・女子(おなご)・娘・小娘・女児・童女(どうじょ)・乙女(おとめ)・乙女子(おとめご)・ガール・ギャル

しょう-じょ【生所】シャウー《「しょうしょ」とも》❶仏語。人が来世を送る場所。❷生まれた場所。生地。〈日葡〉

しょう-じょ【昇叙┊×陞叙】〔名〕スル 現在より上級の官職や位階を授けられること。「正(しょう)一位に―される」

しょう-じょ【×庠序】シャウー《郷校を中国周代では「庠」、殷(いん)代では「序」といったところから》学校。「宜しく―を興し、教育を盛にすべし」〈小川為治・開化問答〉

しょう-じょ【消除】セウヂヨ〔名〕スル 消し去ること。また、消えてなくなること。除去。「その痕跡決して―せらるべからず」〈中村訳・西国立志編〉類語 消す・消去・除去・消却・消散・払拭(ふっしょく)・ぬぐい去る

しょう-じょ【×娼女┊×倡女】シャウヂヨ 遊女。妓女。

じょう-しょ【上所】ジャウー 手紙などのあて名の上部に「進上」「謹上」などと書くこと。あげどころ。

じょう-しょ【上書】ジャウー〔名〕スル 官庁や主君・貴人などに意見を述べた書状を差し出すこと。また、その書状。上疏(じょうそ)。「住宅政策について―する」

じょう-しょ【浄書】〔名〕スル 下書きなどをきれいに書きなおすこと。また、その書きなおしたもの。清書。浄写。「原稿を一する」

じょう-しょ【常所】いつも住んでいる所。「居に一なく食に常品なし」〈福沢・文明論之概略〉

じょう-しょ【情緒】「じょうちょ(情緒)」に同じ。「下町一」

じょう-しょ【蒸暑】むし暑いこと。溽暑。

じょう-じょ【乗除】〔名〕スル 掛け算と割り算。乗法と除法。「加減一」「一して数値を出す」

しょう-しょう【小×哨】軍隊がある場所にとどまるとき、警戒を任務とする部隊の一。主要な道路・地点を警戒するために、前方あるいは側方の要点に配置される小隊以下の兵力の部隊。

しょう-しょう【小照】❶小さな肖像画・人物写真。❷自分の肖像画をへりくだっていう語。

しょう-しょう【少小】年が若いこと。年少。

しょう-しょう【少少｜小小】㊀〔名〕❶わずかの分量・数量。「一の塩を入れる」❷特に取り立てるほどでもない程度。「一のことは大目に見る」㊁〔副〕❶分量・程度が少しであるさま。少しばかり。いくらか。ちょっと。「お金が一足りない」「もう一お詰めください」❷ほんのしばらく。ちょっとの間。「一お待ちください」[類語]ちょっと・ちょっぴり・やや・少し・いくらか

しょう-しょう【少将】❶軍人の階級の一。将官の最下位。中将の下、大佐の上。❷律令制で、左右近衛府の次官で、中将の下の位。すないすけ。

しょう-しょう【将相】将軍と宰相。

しょう-しょう【×蕭×牆】君臣の会見する所に設けた囲い。転じて、内輪。一族。また、国内。「禍既に一の中より出て」〈太平記・九〉

しょう-しょう【瀟湘】中国湖南省、瀟水と湘水が洞庭湖に注ぐあたりの地方。

しょう-しょう【彰彰｜章章】〔形動タリ〕明らかなさま。「一として毫釐ももたがはざるを見よ」〈読・双蝶記・五〉

しょう-しょう【昭昭｜照照】〔ト・タル〕図〔形動タリ〕明るく輝くさま。また、明らかなさま。「神典に挙げて一たるにして、疑うべきにあらず」〈加藤弘之・国体新論〉

しょう-しょう【×悚×悚｜×竦×竦】〔ト・タル〕図〔形動タリ〕《「悚」「竦」はともに、おそれる、すくむの意》ぞっとするほど恐ろしいさま。悚然。

しょう-しょう【×悄×悄】〔ト・タル〕図〔形動タリ〕❶元気がなく、うちしおれているさま。悄然。「一として引き返す」❷静かでもの寂しいさま。

しょう-しょう【晶晶】〔ト・タル〕図〔形動タリ〕きらきらと輝くさま。「日色一として到らぬ隈なし」〈蘆花・自然と人生〉

しょう-しょう【×蕭×蕭】〔ト・タル〕図〔形動タリ〕❶もの寂しく感じられるさま。「一たる晩秋の野」❷雨や風の音などがもの寂しいさま。「一たる夜雨の音を聞きつつ」〈芥川・開化の殺人〉[類語]寂莫・寂寥・索漠・落莫・蕭然・蕭条・蕭殺・寥寥

しょう-しょう【×瀟×瀟】〔ト・タル〕図〔形動タリ〕風雨の激しいさま。「朝来雨一たりしが」〈蘆花・自然と人生〉

しょう-じょう【小乗】《「乗」は車・乗り物の意。転じて、人を解脱に導く教えのこと》仏語。後期仏教の二大流派の一。大乗に比して、自己の悟りを第一とする教え。大乗側からの貶称。インド・ビルマ・タイなどがこの系統に属する。⇔大乗。

しょう-じょう【少判官】律令制で、判官のうち、大判官の下位の官。

しょう-じょう【召状】人を召し出す書状。めしぶみ。めしじょう。

しょう-じょう【正定】仏語。八正道の一。正しい瞑想。正しい禅定。精神を統一して心を安定させ、迷いのない清浄な境地に入ること。

しょう-じょう【×丞相】▶じょうしょう(丞相)

しょう-じょう【床上】ゆかの上。また、とこの上。

しょう-じょう【招状】人を招く書状。招待状。

しょう-じょう【招▽請】▶しょうせい(招請)

しょう-じょう【症状】病気やけがの状態。病気などによる肉体的、精神的な異状。「自覚一」[類語]病状・容態・病態

しょう-じょう【商状】商取引の状況。商況。[類語]景気・景況・市況・商況・気配・売れ行き・金回り

しょう-じょう【清浄】〔名・形動〕❶清らかでけがれのないこと。また、そのさま。せいじょう。「一な(の)心」❷仏語。煩悩や私欲・罪悪などがなく、心の清らかなこと。「六根一」

しょう-じょう【掌上】手のひらの上。手の上。

掌上に運らす　《「孟子」公孫丑から》手のひらの上で物を転がすことから転じて、自由にあやつる、思いのままに行う。

しょう-じょう【掌状】指を開いた手のひらの形。

しょう-じょう【×猩×猩】❶オランウータンの別名。❷想像上の動物。オランウータンに似るが、顔と足は人に似て髪は赤く長く垂れ、よく酒を飲むという。❸酒の好きな人。大酒飲み。❹能面の一。童子の顔を赤く彩色した面。「猩猩」などに用いる。❺歌舞伎の隈取りの一。薄い赤地にまゆや目の下などを紅でくまどるもの。

しょうじょう【猩猩】㊀謡曲。五番目物。庭訓抄などに取材。孝行の徳により、富貴となった唐土の高風の前に猩猩が現れ、酒をくみ交わして舞をまい、くめども尽きない酒壺を与える。㊁㊀に取材した長唄・地歌・一中節などの曲。

しょう-じょう【証状】ある事実を証明するための文書。証書。

しょう-じょう【証▽誠】《「しょうしょう」とも》仏語。❶真実であると証明すること。❷「証義❶」に同じ。

しょう-じょう【▽聖浄】聖道門と浄土門。聖浄二門。

しょう-じょう【賞状】すぐれた行いがあった人や優秀な成績をあげた人に、それをほめたたえる言葉を書き記して与える書状。「一を授与する」[類語]褒状

しょう-じょう【×霄×壌】《「霄」は空、「壌」は大地の意》天と地。

しょう-じょう【鐘状】つり鐘のような形。

しょう-じょう【×蕭条】〔ト・タル〕図〔形動タリ〕ひっそりともの寂しいさま。「一たる十一月の浜辺には人影一つなく」〈長与・青銅の基督〉[類語]寂莫・寂寥・索漠・落莫・蕭然・蕭蕭・蕭殺・寥寥

じょう-しょう【上生】仏語。極楽に往生するものの能力を九つに分けた九品で、上品・中品・下品の3階級のそれぞれ上位。

じょう-しょう【上声】❶漢字の四声の一。尻上がりに高く発音するもの。じょうせい。❷日本漢字音や国語アクセントの声調で、高く平らに発音するもの。

じょう-しょう【上姓】❶家柄や身分の尊いこと。また、その人。高貴の出身。❷外国から帰化した人でなく、生来の日本人の姓。

じょう-しょう【上昇】〔名〕スル より高い位置、高い程度に向かってゆくこと。上がってゆくこと。「物価の一」「気温が一する」「一志向」⇔下降／低下。[類語]上る・上がる

じょう-しょう【上衝】漢方で、上気すること。

じょう-しょう【×丞相】《「丞」も「相」もともに助ける意。古くは「しょうじょう」》❶古代中国で、天子をたすけて国務を執った大臣。戦国時代から設けられた。宰相。❷大臣の唐名。

じょう-しょう【条章】❶箇条書きの文章。❷箇条書きの文章の大区分と小区分。条と章。

じょう-しょう【城将】城を守る大将。

じょう-しょう【城障】敵の侵入・攻撃を防ぐための城壁や堤防など。「朔北に築いた一もたちまち破壊される」〈中島敦・李陵〉

じょう-しょう【城×牆】城の垣。城壁。

じょう-しょう【常勝】戦うたびに勝つこと。いつも勝つこと。「一を誇るチーム」[類語]百戦百勝・不敗・全勝

じょう-しょう【縄床】縄を張ってつくった粗末な腰掛け。主に禅僧が座禅のときに用いた。

じょう-じょう【上上】〔名・形動〕この上なくよいこと。非常によいこと。また、そのさま。上乗。「一の出来とは言いがたい」「首尾は一だ」[類語]良質・上質・上等・優良・佳良・純良・良好・見事・立派・結構

じょう-じょう【上乗】〔名・形動〕❶この上なくすぐれていること。また、そのさま。上々。「一の出来栄え」❷仏語。最上の乗り物、すなわち教えである、大乗のこと。[類語]結構・良い・良質・上質・上等・優良・佳良・純良・良好・見事・立派・上上

じょう-じょう【上場】〔名〕スル ❶劇などを上演すること。「一幕物を一する」❷特定の株式・債券銘柄や特定の商品を、証券取引所(金融商品取引所)または商品取引所の市場において、売買取引の対象とすること。

じょう-じょう【条条】㊀〔名〕一つ一つの条項。個々の箇条。「右の一を厳守すること」㊁〔ト・タル〕図〔形動タリ〕草木の枝が乱れ茂っているさま。「柳一として風に騒ぐ」「柳亸れて一の烟を欄に吹き込む程の雨の日である」〈漱石・虞美人草〉

じょう-じょう【常常】ふだん。つねづね。

常常綺羅の晴れ着なし　ふだん、着飾っているために、いざというときに着る晴れ着がない。

じょう-じょう【常情】人間として普通の感情。「慎む心になるが一であろう」〈紅葉・二人女房〉

じょう-じょう【情状】❶実際の事情。実情。「一を考慮する」❷刑事訴追を行うかどうかの判断や刑の量定にあたって、斟酌される事情。通常、犯人の性格・年齢・境遇など。

じょう-じょう【冗冗】〔ト・タル〕図〔形動タリ〕❶話などが長くてくどいさま。「一たる弁舌」❷入り乱れているさま。「紛々一」

じょう-じょう【畳畳】〔ト・タル〕図〔形動タリ〕いく重にも重なり合うさま。「一たる峻峰」

じょう-じょう【×嫋×嫋｜×裊×裊】〔ト・タル〕図〔形動タリ〕❶風がそよそよと吹くさま。「薫風一として菜花黄波を揚ぐ」〈織田訳・花柳春話〉❷長くしなやかなさま。「一と裾を引きながら」〈秋声・仮装人物〉❸音声が細く長く、尾を引くように響くさま。「余韻一たる笛の音」[類語]颯颯・春風駘蕩

じょう-じょう【×擾×擾】〔ト・タル〕図〔形動タリ〕乱れて落ち着かないさま。ごたごたするさま。「文を求むる者、銭を乞う者、一として絶えざりき」〈秋水・兆民先生〉

じょう-じょう【×穣×穣】〔ト・タル〕図〔形動タリ〕穀物が豊かに実るさま。「一たる田園」

しょうじょう-あし【×猩×猩足】花台・置物台などの脚を装飾的に曲線状としたもの。鷺足と猫足の中間の高さのものをいう。

しょうじょう-いし【清浄石】手水鉢のそばに据えておく石。のぞき石。

しょうじょう-えび【×猩×猩×蝦】十脚目オキエビ科の甲殻類。体長約8センチのエビ。全身朱紅色。第1・第2歩脚ははさみ状になっている。深海産で、日本では駿河湾にすむ。

しょうじょう-か【鐘状花】▶鐘形花

しょうじょう-がい【×猩×猩貝】ウミギクガイ科の二枚貝。貝殻は球形で厚く、殻長約10センチ。緋紅色で、殻表は長短さまざまの針状、棒状の突起で覆われる。暖・熱帯の海岸の岩礁に左殻の殻頂部で固着する。

じょうじょう-がいしゃ【上場会社】証券取引所(金融商品取引所)で株式が売買されている会社。上場企業。

しょうじょう-かざん【鐘状火山】▶溶岩円頂丘

じょうじょう-かぶ【上場株】証券取引所(金融商品取引所)に上場されている株式。

じょうじょう-かんてい【情状鑑定】犯罪者について、犯罪の動機や原因を本人の性格や知能、さらに生いたちにまでさかのぼり分析すること。臨床心理士や精神科医が担当し、面接や心理テストを行い鑑定する。量刑判断の参考にされる。➡精神鑑定

しょうしょう-き【小祥忌】一周忌。小祥。➡大祥忌

じょうじょう-きぎょう【上場企業】▶上場会

社

じょうじょう-きち【上上吉】ジヤウジヤウ― ❶芸事・役者などの位付けで、最上のもの。元禄期(1688〜1704)の役者評判記で用い、のちには至・極・功などを付けて、さらに上位を示した。❷この上なく縁起のよいこと。じょうじょうきつ。

しょうじょう-きょう【小乗経】セウジヨウキヤウ 小乗仏教の経典。北伝仏教の四阿含(あごん)経、南伝仏教の五ニカーヤなど、四諦・十二因縁を説いたもの。

じょうしょう-きりゅう【上昇気流】ジヤウシヨウキリウ 上方に向かう空気の流れ。上昇すると温度が下がるので、水蒸気が凝結して雲を生じ、雨を降らせる原因になる。

じょう-しょうぐん【上将軍】ジヤウシヤウグン 上級の大将軍。全軍の総大将。「これに―の宣旨をぞ下されける」〈太平記・三七〉

じょうしょう-ぐん【常勝軍】ジヤウシヨウ― ㊀戦うごとに勝つ軍隊。㊁中国で、太平天国の乱を鎮圧するため、1860年にアメリカ人ウォードが編成した、外国人と中国人との混成義勇軍。イギリス人ゴードンの指揮で、乱の鎮圧に大きく貢献した。64年、解散。

しょうじょうけ-いん【清浄華院】シヤウジヤウケヰン 京都市上京区にある寺。浄土宗四大本山の一。貞観2年(860)清和天皇の勅願によって、禁裏内道場として創建。開山は円仁。のち、法然が入り浄土宗となった。天正年間(1573〜1592)現在地に移転。浄華院。

しょう-しょうけん【向象賢】シヤウシヤウケン [1617〜1675]琉球王国の政治家。向象賢は唐名。羽地朝秀(はねじちょうしゅう)ともいう。王族の出身といわれ、尚貞王の摂政をつとめた。琉球最初の史書「中山王鑑」を編纂(へんさん)。

しょうじょう-こう【×猩×猩講】シヤウジヤウ― 大酒飲みの寄り合い。「長崎の港にして―を結び」〈浮・二十不孝・五〉

しょうじょう-ごう【正定業】シヤウヂヤウゴフ 浄土教で、阿弥陀仏の名号を唱えること。それが必ず極楽往生を保証する行為であるところからいう。

しょうじょうこう-じ【清浄光寺】シヤウジヤウクワウ― 神奈川県藤沢市にある時宗(じしゅう)の総本山。山号は藤沢(とうたく)山。開創は正中2年(1325)、開山は呑海(どんかい)。境内には上杉禅秀の乱の死者を弔う敵味方供養塔がある。藤沢道場。藤沢寺。遊行(ゆぎょう)寺。

しょうじょう-こぞう【×猩×猩小僧】シヤウジヤウ― 玩具の一。猩猩の形をした小さな人形。飴細工(あめざいく)または浮き人形に作る。また、猩猩が壺の中から出た形に作り、下の台に挿した笛を吹くと、人形が回転する装置のものもある。

しょうじょう-じ【勝常寺】シヨウジヤウ― 福島県河沼郡湯川村にある真言宗豊山派の寺。山号は瑠璃光山。開創は大同2年(807)、開山は徳一と伝える。薬師如来像は国宝、薬師堂は重文。会津五薬師の中央薬師。

しょうじょう-じ【証誠寺】シヨウジヤウ― ㊀福井県鯖江(さばえ)市横越町にある真宗山元派の本山。越前四本山の一。山号は山元山。親鸞(しんらん)が越後へ配流の途中山元庄で布教し、そのあとに、子の善鸞が住したと伝える。文明7年(1475)8世の道性が現在地に移した。横越本山。㊁千葉県木更津市にある浄土真宗本願寺派の寺。山号は護念山。創建は慶長年間(1596〜1615)という。境内に童謡碑と狸塚がある。

じょうしょう-じ【誠照寺】ジヤウセウ― 福井県鯖江(さばえ)市本町にある真宗誠照寺派の本山。越前四本山の一。山号は上野山。親鸞(しんらん)が越後への配流の途中、初めて越前で説法をした所と伝え、ここに如覚が弘安2年(1279)堂宇を建立、真照寺と称した。のち、後花園天皇の勅願所となり誠照寺と改めた。鯖江御堂。

じょうじょう-しゃくりょう【情状酌量】ジヤウジヤウシヤクリヤウ〔名〕スル 刑事裁判において、同情すべき犯罪の情状をくみ取って、裁判官の裁量により刑を減軽すること。「―する余地がある」

しょうじょう-しゅ【正定×聚】シヤウヂヤウ― 必ず仏となることの決まった聖者。不退転の菩薩(ぼさつ)たち。真宗では、他力真実の信心を得た者をいう。

じょうじょう-しょうにん【情状証人】ジヤウジヤウ― 刑事事件の裁判で、刑の量定にあたって斟酌(しんしゃく)すべき事情を述べるために公判廷に出廷する証人。弁護側の場合、被告人の家族や知人などが寛大な処分を求めて被告人に有利な事情を述べ、検察側の場合、被害者や遺族が量刑に反映されるよう被害感情を強く訴えることが多い。

しょうじょう-しん【清浄心】シヤウジヤウ― 妄念を払い去った清らかな心。

じょう-しょうじん【常精進】ジヤウシヤウジン 常に精進を行うこと。一定の期間行う精進に対していう。

しょうじょう-すげ【×猩×猩×菅】シヤウジヤウ― カヤツリグサ科の多年草。山地に生え、高さ約60センチ。夏に葉の間から茎が伸び、赤褐色の花穂をつける。

しょうじょう-せぜ【生生世世】シヤウジヤウ―《「しょうじょうせせ」とも》生まれ変わり死に変わって経る多くの世。未来永劫(みらいえいごう)。「一国主大名などに再びとは生まれまじきぞ」〈菊池寛・忠直卿行状記〉

しょうじょう-そう【×猩×猩草】シヤウジヤウサウ トウダイグサ科の一年草。高さ約70センチ。葉は形が変化しやすく、線形から円形まである。茎の先の葉には赤い斑点が多く、その中央に黄緑色の小花が集まってつく。北アメリカの原産。〔季 夏〕

しょうじょう-だんそう【衝上断層】シヨウジヤウ― ❶「逆断層」に同じ。❷上盤がゆるい角度で下盤の上にずり上がった状態の断層。45度以下のものをいう。

しょうじょう-てき【小乗的】セウジヨウ―〔形動〕視野が狭く、卑近なことにとらわれすぎるさま。「―なものの見方」

じょうじょう-とうししんたく【上場投資信託】ジヤウヂヤウ―《「株価指数連動型上場投資信託」の略》▶イー-ティー-エフ(ETF)

しょうじょう-とんぼ【×猩×猩蜻=蛉】シヤウジヤウ― トンボ科の昆虫。雄は全体に鮮やかな赤色、雌は橙(だいだい)色。夏、池沼に普通に見られる。本州以南、アジア東部の熱帯に広く分布。〔季 秋〕

しょうしょう-の-うれえ【×蕭×牆の▽患え】セウシヤウ―うれへ《「韓非子」用人から》一家の内部に起こるもめごと。うちわもめ。蕭牆の禍(わざわい)。

しょうじょう-の-さ【×霄壌の差】セウジヤウ― 天と地との隔たりのような、大きな違い。雲泥(うんでい)の差。

しょうじょう-のみ【×猩×猩飲み】シヤウジヤウ― 猩猩が酒を飲むように、多量の酒を一気に飲むこと。また、その人。「朝日の出るまで―と」〈浮・諸艶大鑑・一〉

しょうしょう-の-わざわい【×蕭×牆の▽禍】セウシヤウ―わざはひ「蕭牆の患(うれ)え」に同じ。

じょうじょう-はいし【上場廃止】ジヤウヂヤウ― 上場している株式が、証券取引所(金融商品取引所)の上場適格要件を満たさないなどの理由で売買されなくなること。企業自らが廃止を希望する場合もある。通常廃止対象の株式は、一般投資家に周知徹底するために監理銘柄・整理銘柄などの指定割当を受ける。

しょうじょう-ばえ【×猩×猩×蠅】シヤウジヤウばへ 双翅(そうし)目ショウジョウバエ科の昆虫の総称。ごく小形で、発酵した果物やきのこに集まる。世界中に広く分布し、種類も多い。キイロショウジョウバエは遺伝学の実験材料に用いられる。〔季 夏〕

しょうじょう-ばかま【×猩×猩×袴】シヤウジヤウ― ユリ科の常緑多年草。山地に自生。高さ約20センチ。披針(ひしん)形の葉を多数根生する。春、葉の間から花茎を出し、紅紫色の花を総状につける。〔季 春〕「城山は―ばかりかな/節子」

しょうしょう-はっけい【瀟湘八景】セウシヤウ― 中国湖南省、瀟湘地方の八つの景勝。山市晴嵐・漁村夕照・遠浦帰帆・瀟湘夜雨・煙寺晩鐘・洞庭秋月・平沙落雁・江天暮雪をいう。北宋の宋迪(そうてき)がこれを描き、画題によく用いられる。日本の近江八景・金沢八景はこれに倣ったもの。

しょうじょう-ひ【×猩×猩×緋】シヤウジヤウ― やや青みを帯びた鮮やかな深紅色。また、その色に染めた舶来の毛織物。「―の陣羽織」

しょう-じょうふ【小丈夫】セウヂヤウフ ❶小柄な男。❷器量の狭い人物。小人物。

しょうじょう-ふくよう【掌状複葉】シヤウジヤウフクエフ 植物の複葉の一。葉柄の先端に数枚の小葉が放射状についたもの。アケビ・ウコギなどの葉。

しょうじょう-ぶっきょう【小乗仏教】セウジヨウブッケウ 小乗のこと。呼称としては明治以後、用いられるようになった。

しょうじょう-ぼく【×猩×猩木】シヤウジヤウ― ポインセチアの別名。

しょうじょう-みゃく【掌状脈】シヤウジヤウ― 植物の葉身の基部から葉脈が放射状に走るもの。カエデ・ヤツデなどにみられる。

しよう-しょうめい【使用証明】退職する労働者の請求に応じて使用者が発行する証明書。その労働者の使用期間・賃金・地位・職種について記載する。

じょうじょう-めいがら【上場銘柄】ジヤウヂヤウ― 上場審査基準を満たし、株式が証券取引所(金融商品取引所)で公開・売買されている企業の株式。東証・大証・名証には、第1部市場と第2部市場とがあり、それぞれ1部上場銘柄、2部上場銘柄という。

しょうじょう-よう【掌状葉】シヤウジヤウエフ 掌状に裂けた葉。

しょうじょう-るてん【生生流転】シヤウジヤウ― 万物が限りなく生まれ変わり死に変わって、いつまでも変化しつづけること。せいせいるてん。

しょうじょ-かげき【少女歌劇】セウヂヨ― 女性だけで演じられる日本独特の音楽劇。明治45年(1912)日本橋の白木屋呉服店で公演された少女歌劇が最初とされ、以後宝塚少女歌劇・松竹少女歌劇などが人気を博したが、現在は宝塚歌劇団だけが残る。

しょうしょ-かしつけ【証書貸付】借主に借用証書を差し入れさせて行う貸付。長期の担保付貸付などの場合に行われる。

しょうしょぎぞうとう-ざい【詔書偽造等罪】セウショギザウトウ― 御璽(ぎょじ)・国璽・御名を使用して詔書などの文書を偽造・変造する罪。また、偽造した御璽などで詔書などを偽造する罪。刑法第154条が禁じ、無期または3年以上の懲役に処せられる。詔書偽造罪。

しょう-しょく【小食|少食】セウ―〔名・形動〕食べる分量が少ないこと。また、そのさま。こしょく。「からだに似合わず―な人」「―家」⇔大食。

小食は長生きのしるし 大食をせず養生すれば長生きできるということ。

しょう-しょく【小職】セウ― ㊀〔名〕地位の低い官職。㊁〔代〕官職についている人が自分をへりくだっていう語。小官。

しょう-しょく【粧飾】シヤウ―〔名〕スル 美しくよそおうこと。飾ること。装飾。「期日に至り散士盛服―して車を駆り」〈東海散士・佳人之奇遇〉

じょう-しょく【上職】ジヤウ― ❶上位の職員。うわやく。❷高位の職。また、その職にある人。〈日葡〉❸遊里で、遊女の最上位の太夫職(たゆうしょく)のこと。

じょう-しょく【常食】ジヤウ―〔名〕スル 日常的に食事として食べていること。また、その食べ物。「米を―する民族」

じょう-しょく【常職】ジヤウ― 一定の職務・職業。定職。「―に就く」

じょうしょさ-ち【成所作×智】ジヤウシヨサ― 仏語。四智または五智の一。仏が自他のなすべきことを成就せしめる智慧(ちえ)。

しょうじょ-しゅみ【少女趣味】セウヂヨ― 思春期の女性に共通してみられる好み。感傷的で甘美な情緒を好む傾向をいう。

しょうしょ-しょう【尚書省】シヤウシヨシヤウ ❶太政官(だいじょうかん)の唐名。❷中国、唐代の三省の一。中央の行政機関として六部を統轄した。

じょうしょ-てんめん【情緒×纏綿】ジヤウショ―「じょうちょてんめん(情緒纏綿)」に同じ。

しょうじ-りんね【生死輪×廻】シヤウジリンヱ「生死(しょうじ)❷」に同じ。

しょう・じる【生じる】シヤウじる〔動ザ上一〕「しょう(生)ずる」(サ変)の上一段化。「義務が―・じる」

しょう・じる【招じる】セウじる〔動ザ上一〕「しょう(招)ずる」(サ変)の上一段化。「自宅に―・じる」

しょう・じる【▽請じる】シヤウじる〔動ザ上一〕「しょう(請)ずる」(サ変)の上一段化。「客を座敷に―・じる」

じょう・じる【乗じる】〔動ザ上一〕「じょうずる」(サ変)の上一段化。「弱みに―・じる」

しょうし-るい【×鞘×翅類】セウ ▶甲虫

しょうじ-るてん【生死流転】シャウ ジ 仏語。衆生が、生死を繰り返し、はてしなく三界六道の迷界をめぐること。

しょう-しん【小心】セウ〔名・形動〕❶気が小さくて臆病なこと。また、そのさま。「一な人」❷細かいことにまでよく気を配ること。また、そのさま。細心。(派生)しょうしんさ〔名〕(類語)弱気・気弱・大人しい・こわがり・怯懦・怯弱・意気地なし・臆病・小胆・肝が小さい・肝っ玉が小さい

しょう-しん【小臣】セウ 身分の低い臣。また、臣下が自分をへりくだっていう語。

しょう-しん【小身】セウ 身分が低いこと。俸禄の少ない身分。また、その人。⇔大身。

しょう-しん【少進】セウ《「しょうじん」とも》律令制で、大膳職・修理職・京職・中宮職・春宮坊などの判官で、大進の下に位するもの。

しょう-しん【正信】シャウ 正しい信仰。

しょう-しん【正真】シャウ《古くは「しょうじん」》偽りのないこと。本物であること。真正。「一の黄金」

しょう-しん【昇進｜×陞進】〔名〕スル《古くは「しょうじん」とも》職務上の地位、官位などが上がること。「課長に一する」(類語)昇格・昇任・栄達・栄進・昇級・栄転・出世・立身・累進・特進・格上げ・利達

しょう-しん【焼身】セウ〔名〕スル 自分のからだを火で焼くこと。

しょう-しん【焦心】セウ〔名〕スル 心をいらだたせること。思い悩みあせること。また、その気持ち。「事業の不振に一する」

しょう-しん【傷心】シャウ〔名〕スル 心にいたでを受けて悲しい思いに沈むこと。また、悲しみに傷ついた心。「一の日々を送る」「友の死に一する」
(類語)悲しみ・悲嘆・愁嘆・痛哭・哀傷・感傷

しょう-しん【詳審】シャウ〔名・形動ナリ〕くわしいこと。細かいところにまでゆきとどくこと。また、そのさま。「幾たび討論しても一ならず」〈蘭学階梯〉

しょう-しん【衝心】脚気の症状が悪化して心臓の機能が弱り、呼吸が困難になること。脚気衝心。

しょう-じん【小人】セウ ❶幼少の人。子供。しょうにん。⇔大人。❷身長の低い人。また、からだが並みはずれて小さい人。❸度量や品性に欠けている人。小人物。「一の腹は満ち易し」⇔大人。❹身分の低い人。「一の家の女つつしみて身をもて」〈十訓抄・五〉❺男色の相手をする少年。若衆。「一のもてあそび七百二十五人」〈浮・一代男・一〉(類語)匹夫

小人閑居して不善をなす《「礼記」大学から》つまらない人間が暇でいると、ろくなことをしない。

小人窮すれば斯に濫す《「論語」衛霊公から》徳のない品性の卑しい人は、困窮すると自暴自棄になり悪事を行う。

小人罪無し玉を懐いて罪有り《「春秋左伝」桓公一〇年から》つまらない人間でも、本来のままなら罪を犯すことはないのに、身分不相応の財宝を持つと罪を犯すようになる。

小人の過つや必ず文る《「論語」子張から》品性の卑しい人は、過失を犯しても改めようとせず、きっと言い訳をしてごまかそうとする。

小人の勇《「荀子」栄辱から》つまらない人間の、思慮の浅い、軽はずみの勇気。

しょう-じん【生身】シャウ 仏語。❶仏・菩薩が、衆生済度のため、父母の体内に宿ってこの世に生まれ出ること。また、その身。仏の化身。❷父母より生まれた身体。生まれながらの身体。

しょう-じん【匠人】シャウ 職人。大工。たくみ。

しょう-じん【承×塵】 屋根裏から落ちるちりなどを防ぐため、部屋の上方に板・布・むしろなどを張ったもの。

しょう-じん【消尽】セウ〔名〕スル すっかり使い果たすこと。「体力を一する」(類語)消費・消耗

しょう-じん【焼尽】セウ〔名〕スル 残らず焼けてしまうこと。焼けてなくなること。また、焼きつくすこと。「戦火で全市が一する」

しょう-じん【精進】シャウ〔名〕スル ❶雑念を去り、仏道修行に専心すること。❷一定の期間行いを慎み身を清めること。❸肉食を断って菜食をすること。❹一つのことに精神を集中して励むこと。一生懸命に努力すること。「研究に一する」
(類語)専心・専念・精励・勉強・勉励・刻苦・粉骨砕身

じょう-しん【上申】ジャウ〔名〕スル 意見を上の者に申し述べること。具申。「改革案を一する」「一書」
(類語)建議・献策・具申・献言・進言・答申

じょう-しん【上伸】ジャウ〔名〕スル 相場が上がっていくこと。「ドル相場が一する気配」

じょう-しん【上唇】ジャウ ❶うわくちびる。⇔下唇。❷昆虫の口器の一部。大あごを前方から覆う板状の小片。❸唇形花の上方の部分。⇔下唇。

じょう-しん【上進】ジャウ〔名〕スル 地位・程度が上がること。向上。「次第次第に一して」〈福沢・福翁自伝〉

じょう-しん【×仗身】ヂャウ 奈良時代、五位以上の人につけられた護衛の官。

じょう-しん【定心】ヂャウ ❶禅定に入っている心。心を一つの対象に統一して乱さないこと。❷ふだんの心。平生のときの心。「よくよく心にかけて、一に持つべし」〈花鏡〉

じょう-じん【丈人】ヂャウ ❶年寄りを敬っていう語。❷妻の父。岳父。

じょうじん【成尋】ジャウ[1011〜1081]平安後期の天台宗の僧。藤原佐理の子。62歳で入宋し各寺を巡礼。訳経場の監事となり、経典を日本へ送った。宋で没。宋の神宗から善慧大師の号を受けた。

じょう-じん【常人】ジャウ 才能や考え方などが普通の人。並みの人。じょうにん。「一には理解し難い」

じょう-じん【情人】ジャウ 恋愛関係にある人。情事の相手。愛人。いろ。じょうにん。(類語)恋人・愛人・いろ

しょうじん-あけ【精進明け】シャウジン 精進潔斎の期間が終わり、ふだんの生活にかえること。精進落ち。精進落とし。

しょうじん-あげ【精進揚(げ)】シャウジン 野菜類の揚げ物。野菜のテンプラ。➡テンプラ

じょうじんあじゃりのははのしゅう【成尋阿闍梨母集】ジャウジンアジャリのははのシフ 平安後期の日記を兼ねた家集。2巻。成尋の母の作。延久5年(1073)ごろ成立。成尋の入宋であとに残った老母が、子に別れた悲しみを書きつづったもの。

じょう-しん-えつ【上信越】ジャウシンヱツ 上野・信濃・越後の3か国の総称。群馬・長野・新潟の3県にまたがる地域。

じょうしんえつこうげん-こくりつこうえん【上信越高原国立公園】ジャウシンヱツカウゲンコクリツコウヱン 新潟・群馬・長野3県にまたがる国立公園。谷川岳・志賀高原・白根山・浅間山・菅平および戸隠・妙高高原一帯。温泉が多い。

しょうじん-おち【精進落ち】シャウジン「精進明け」に同じ。

しょうじん-おとし【精進落(と)し】シャウジン「精進明け」に同じ。

しょうじん-がため【精進固め】シャウジン 盆や彼岸の、精進する期間の前に、魚肉類を食べておくこと。

しょうじん-がに【精進×蟹】シャウジン 十脚目イワガニ科の甲殻類。岩礁にすむ。甲幅約5センチ。全体に暗赤紫色で、甲の前側縁に4個ののこぎり歯状の突起がある。食用。

しょうしん-ぎ【正真木】シャウシン 庭園などで、景観の中心になるように植えた1本の大木。

しょうしん-げ【正信×偈】シャウシン 親鸞の著「教行信証」の行巻にある正信念仏偈のこと。弥陀・釈迦・七祖の教えを述べたもので、真宗では和讃とともに読誦する。

しょうじん-けっさい【精進潔斎】シャウジン〔名〕スル 肉食を断ち、行いを慎んで身を清めること。「一して祈願する」

じょう-しんこ【上×糝粉｜上新粉】ジャウ うるち米を原料にした上質の粉。和菓子や蒸し菓子の材料。

しょうじん-こく【小人国】セウジン こびとが住んでいるという想像上の国。「ガリバー旅行記」などに描かれる。

じょうしん-じ【浄真寺】ジャウシン 東京都世田谷区にある浄土宗の寺。山号は九品山。開創は延宝6年(1678)、開山は珂碩。芝増上寺の別院。九品仏。

しょうしん-じさつ【焼身自殺】セウシン〔名〕スル 自分のからだを火で焼いて自殺すること。

しょうじん-しょう【小人症】セウジンシャウ ▶こびとしょう(小人症)

しょうしん-しょうめい【正真正銘】シャウシンシャウメイ《古くは「しょうじんしょうめい」》うそ偽りの全くないこと。本物であること。「一のダイヤモンド」「一、間違いはない」

しょうしんじょたんじょう-だいせいどう【生神女誕生大聖堂】シャウシンヂョタンジャウダイセイダウ《Saborna Crkva Rođenja Presvete Bogorodice》ボスニア-ヘルツェゴビナの首都サラエボの旧市街にある、同国最大のセルビア正教会の大聖堂。19世紀後半の建造。サラエボ大聖堂。サボルナ教会。

しょうしんじょふくいん-だいせいどう【生神女福音大聖堂】シャウシンヂョフクインダイセイダウ《Kathedrikos Naos Evaggelismos tis Theotokou》アテネの中心部にあるギリシャ正教の大聖堂。アテネおよび全ギリシャの主教座聖堂として知られる。19世紀半ば、ギリシャ国王オソン(オットー)1世と王妃アマリアにより建造された。大統領の宣誓式をはじめ、国家の重要な式典が催される。ミトロポレオス大聖堂。ミトロポリス大聖堂。

じょうじん-たいほ【常人逮捕】ジャウジン 現行犯に限り、警察官等以外の普通の人でも犯人を逮捕できること。私人逮捕。

しょうじん-なます【精進×膾】シャウジン 魚介類を用いないで、野菜や果物を材料にしてつくったなます。

しょうしんねんぶつ-げ【正信念仏×偈】シャウシンネンブツ「正信偈」に同じ。

しょうじん-ばら【精進腹】シャウジン 精進物ばかりを食べている腹。粗食して栄養物をとっていない腹。「朝夕の豆腐売りさへ稀に、なほ一のどこやら物淋しく」〈浮・一代男・二〉

しょうじん-び【精進日】シャウジン 祖先の忌日など、精進をすべき一定の日。斎日。

しょうじん-ふくさ【精進×袱×紗】シャウジン 仏事の贈り物などに用いるふくさ。白・浅葱色などに定紋または蓮華の模様などをつける。

しょう-じんぶつ【小人物】セウ 心が狭く思慮の浅い人。品性の劣っている人。小人。

しょうしん-ぶん【小心文】セウシン 漢文で、字句・修辞などに細かい注意を払い、十分に練った文章。⇔放胆文。

しょうじん-まげ【精進×髷】シャウジン 女性の髪型の一。葬列に加わるときなどのもので、多くはつぶし島田。不幸髷。泣き島田。死去髷。

しょうしん-もの【小心者】セウシン 気の小さい、臆病な人。

しょうしん-もの【小身者】セウシン 地位が低く、禄が少ない人。小身人。

しょうじん-もの【精進物】シャウジン 野菜や穀物などを主とする、肉類を使わない食べ物。⇔生臭物。

しょうじん-や【精進屋】シャウジン ❶祭りや参詣の前に、心身を清めるためにこもる建物。❷精進料理・精神揚げなどを商う店。

しょうじん-やど【精進宿】シャウジン (近畿地方などで)葬式のときに、会葬者に出す食事をつくる家。死によってけがれた喪家の火を忌み、近隣の家で調理する。

しょうしん-よくよく【小心翼翼】セウシン〔ト・タル〕図〔形動タリ〕《「詩経」大雅・大明から》❶気が小さく、いつもびくびくしているさま。「一として相手の顔色をうかがう」❷細かいことにまで気を配り、慎み深くするさま。「一謹で守らざる可らず」〈福沢・学問のすゝめ〉

しょうじん-りょうり【精進料理】シャウジンレウリ 魚介類や肉類を用いず、穀物・野菜などを主とする料理。殺生を戒める大乗仏教の考え方に由来。⇔生臭料理。

しょう・す【称す】㊀〔動サ五〕「しょう(称)する」(サ変)の五段化。「仮に彼をAと一・そう」㊁〔動サ変〕「しょう(称)する」の文語形。

しょう‐ず【小豆】セウヅ アズキの別名。

じょう‐ず【上手】ジヤウズ〔名・形動〕❶物事のやり方が巧みで、手際のよいこと。また、そのさまやその人。「字を―に書く」「テニスの―な人」「時間の使い方が―だ」「聞き―」「三国一の舞いの―」⇔下手へた。❷口先で人のごきげんをとるのがうまいこと。また、そのさまやその口先だけの言葉。おじょうず。「―を言う」「まあ―な人だこと」派生じょうずさ〔名〕
類語(❶)(形動用法で)うまい・巧たくみ・達者・器用・巧妙・巧者・堪能たんのう・得手えて・得意・絶妙・老巧
上手の手から水が漏れる　どんなに上手な人でも、ときには失敗することがあるというたとえ。
上手の猫が爪つめを隠す　本当に能力のある者は、それをひけらかすようなことはしないたとえ。能ある鷹たかは爪を隠す。

じょう‐ず【上図】ジヤウヅ 上に掲げてある図。「―参照」

じょう‐ず【上▽種・上▽衆】ジヤウズ 身分のよい人。貴人。上臈じょうろう。「―の所にうち出でたるに、傍ら痛からぬ文かな」〈宇津保・祭の使〉

じょう・ず【成ず】ジヤウず〔動サ変〕なる。できる。また、成し遂げる。成就する。「無上菩提を―・じて一切衆生を度せむと思ふ」〈今昔・五・七〉

しょう‐すい【小水・少水】セウスイ ❶少しばかりの水。わずかな水。❷(小水)小便。「お―を取る」
類語(❷)小便・尿・おしっこ
小水石を穿うがつ　少しの水でも絶えず流れつづければ、ついには石をすり減らし、穴をあける。怠らず励めば、どんな困難なことでもやり遂げることができるというたとえ。
小水の魚うお　わずかしかない水にすむ魚。人の死が間近いことのたとえ。

しょう‐すい【小穂】セウスイ イネ科・カヤツリグサ科植物の花穂で、花序の最小の単位となる穂状の枝。

しょう‐すい【将帥】シヤウスイ 軍隊を率いて、指揮する大将。「一軍の―」

しょう‐すい【湘水】シヤウスイ ▶湘江しょうこう

しょう‐すい【×憔×悴・×顦×顇】セウスイ〔名〕スル 心配や疲労・病気のためにやせ衰えること。「―した顔」
類語痩やせる・細る・痩せ細る・痩こける・痩せこける・痩せさらばえる・窶やつれる・肉が落ちる・ほっそりする・スリムになる・スマートになる

しょう‐ずい【祥×瑞】シヤウズイ 縁起のよい前兆。吉兆。
類語幸先・吉相・瑞相・瑞兆・瑞祥・吉兆・瑞光

じょう‐すい【上水】ジヤウスイ ❶飲料などとして管や溝を通して供給されるきれいな水。⇔下水げすい。❷❶を導く水路。上水道。「江戸の三―(=神田上水・玉川上水・千川上水)」

じょう‐すい【浄水】ジヤウスイ ❶清らかな水。けがれのない水。❷神社で手を洗い清める水。❸濾過ろかしたり消毒したりした清浄な水。

じょうすいおせん‐ざい【浄水汚染罪】ジヤウスイヲセンザイ 飲用の浄水を汚染して使用できなくする罪。刑法第142条が禁じ、6か月以下の懲役または10万円以下の罰金に処せられる。補説本罪は、非毒物による井戸や泉などの汚染が対象。水道水の汚染は、より刑の重い水道汚染罪となる。毒物による汚染は浄水毒物等混入罪が成立する。

じょうすいおせんちししょう‐ざい【浄水汚染致死傷罪】ジヤウスイヲセンチシシヤウザイ ▶浄水汚染等致死傷罪

じょうすいおせんとうちししょう‐ざい【浄水汚染等致死傷罪】ジヤウスイヲセントウチシシヤウザイ 浄水汚染罪・水道汚染罪・浄水毒物等混入罪が挙げる行為で、人を死傷させる罪。刑法第145条が禁じ、通常の傷害罪などより重い刑が科せられる。浄水汚染等致死罪。浄水汚染等致傷罪。浄水汚染致死罪。浄水汚染致傷罪。浄水汚染致死傷罪。

じょうすい‐き【浄水器】ジヤウスイキ 水道水に残る塩素や有機物などを除く器具。蛇口に直結する型、据え置き型、ポット型などがある。

じょうすいき【盛衰記】ジヤウスイキ ▶源平盛衰記げんぺいじょうすいき

じょうすい‐じょう【浄水場】ジヤウスイヂヤウ 水源から取り入れた水を浄化して、飲料に適する安全な水質に処理する施設。沈殿池・濾過池ろかち・浄水池などからなる。

じょうすい‐ち【浄水池】ジヤウスイチ 浄水場で、濾過池ろかちから出てくる浄水を蓄えておく池。類語貯水池・溜め池

じょうすい‐どう【上水道】ジヤウスイダウ 飲料その他に用いる上水を供給するための施設。水道。

じょうすいどくぶつとうこんにゅう‐ざい【浄水毒物等混入罪】ジヤウスイドクブツトウコンニフザイ 飲用の浄水に毒物を混入する罪。刑法第144条が禁じ、3年以下の懲役に処せられる。浄水毒物混入罪。補説本罪は井戸や泉への毒物混入が対象。水道などへの毒物混入は、より刑の重い水道毒物等混入罪となる(146条)。

しょう‐すう【小数】セウスウ ❶1より小さい正の実数。❷整数でない実数を、小数点を用いて十進法で表した数。0.1のように整数部分を含まないものを純小数、1.23のように整数部分を含むものを帯小数という。

しょう‐すう【少数】セウスウ 数が少ないこと。「賛成が―で否決された」⇔多数。

しょう‐すう【象数】シヤウスウ 易で、それぞれの卦けが象徴する形と、その卦が示す六爻りっこうのもつ数理。

じょう‐すう【乗数】掛け算で、掛けるほうの数。$a \times b$ の b。

じょう‐すう【常数】ジヤウスウ ❶きまった数量。一定の数。❷「定数ていすう」に同じ。

しょうすう‐いけん【少数意見】セウスウ ❶合議体の評決もしくは表決で多数を占め得なかった意見。❷最高裁判所の裁判の評議において、多数を占めなかった裁判官の意見。➡多数意見

しょうすう‐かぶぬしけん【少数株主権】セウスウ 一人または複数の株主の持株数を合算して、発行済株式総数の一定割合または一定数以上の株式を保有することを要件として行使できる株主権。多数派株主の専横を制し、少数株主の利益を保護するために認められている。株主総会招集請求権、取締役・監査役・清算人の解任請求権、会計帳簿閲覧権など。

しょうすうかぶぬし‐もちぶん【少数株主持(ち)分】セウスウカブぬしもちぶん 連結子会社の純資産のうち、親会社以外の少数株主が所有する部分のこと。連結財務諸表で使用される勘定科目の一つ。

じょうすう‐こうか【乗数効果】―カウクワ 経済現象において、投資や政府支出などの経済量の変化が他の経済量に波及的に変化をもたらし、最終的にはもとの何倍かの変化を生み出す効果。

しょうすう‐せいえい【少数精鋭】セウスウ 人数は少ないが、すぐれた者だけをそろえること。「―主義」

しょうすう‐だいひょうせい【少数代表制】セウスウダイヘウセイ 多数派による議席独占を防止して、少数派にもある程度の議席を得させることを目的とする選挙制度。定数の範囲内であれば、得票数の少ない候補者も選出される可能性が高くなる。定数よりも少ない人数の候補者名を記入させるなどの方式がある。⇔多数代表制。

しょうすう‐てん【小数点】セウスウ 小数を表すとき、整数の一位と小数第一位の間につける点。「―以下」

しょうすう‐とう【少数党】セウスウタウ 議会で、議席の少ない政党。

しょうすう‐は【少数派】セウスウ 属する人数の少ないほうの派。「煙草を吸う人の方が―になった」⇔多数派。

しょうすう‐みんぞく【少数民族】セウスウ 複数の民族によって構成される国家の中で、相対的に人口が少ない民族。多くの場合、多数派民族とは文化・言語・宗教を異にするため、偏見と差別の対象となりやすい。

しょうすう‐よとう【少数与党】セウスウヨタウ 議院内閣制をとる国で、政権を担う与党が議会の過半数の議席を獲得していない状態。

しょうずか‐の‐ばば【▽三▽途河の▽婆】シヤウヅカ― 三途さんずの川辺で、亡者もうじゃの衣服をはぎ取るという老女。奪衣婆だつえば。

しょう‐スキピオ【小スキピオ】セウ― ▶スキピオ㊁

しょう‐ずく【小豆×蔻】セウヅク インド・セイロン島で栽培されるショウガ科植物のエレタリアの果実。➡カルダモン

じょう‐すけごう【定助郷】ヂヤウスケガウ 江戸時代、宿駅の常備人馬が不足した際に、その補充を常時義務づけられた近隣の郷村。定助。

じょうず‐ごかし【上手ごかし】ジヤウズ― 口先がうまく、へつらって相手に親切らしく見せかけ取り入ること。おためごかし。「手並みに怖おぢて―、食はぬ食はぬ」〈浄・今国性爺〉

しようずみ‐かくねんりょう【使用済(み)核燃料】―ネンレウ 原子力発電所で燃料として使用した後に残る核物質。燃え残りのウランと、プルトニウム、廃棄物からなり、その処理が問題になっている。

じょうず‐めか・し【上▽衆めかし】ジヤウズ―〔形シク〕貴人らしく見えるさま。「さこそ―・しくもてなししづめたれど」〈夜の寝覚・一〉

じょうず‐め・く【上▽衆めく】ジヤウズ―〔動カ四〕貴人らしく、上品で尊く感じられる。「やむごとなき人にいたうおとるまじう―・きたり」〈源・明石〉

じょうず‐もの【上手者】ジヤウズ― お世辞が巧みで、如才なく立ち回る人。

しょう・する【抄する・×鈔する】セウする〔動サ変〕文せう・す〔サ変〕❶紙をすく。「和紙を―・する」❷古典などの一部を抜き出して注釈を加える。「注にあれども―・するぞ」〈史記抄・游侠伝〉❸資料から書き抜いて本をつくる。「延喜の御時に古今―・せられし折」〈大鏡・昔物語〉

しょう・する【消する・×銷する】セウする〔動サ変〕文せう・す〔サ変〕❶消える。また、消す。「山高くして雪―・せず」「この恨みを―・するすべなし」❷日時を過ごす。暮らす。「酒を飲のんで日を―・するのみ」〈秋水・兆民先生〉

しょう・する【称する】〔動サ変〕文しょう・す〔サ変〕❶名乗る。名づけて言う。「自ら名人と―・する」「論文と―・するほどのものではない」❷口実として言う。偽って言う。「病気だと―・して会社を休む」❸ほめたたえる。「その功績を―・する」類語(❶)名乗る・称となえる・呼ぶ/(❸)褒める・たたえる・愛めでる・嘉よみする・賞する・賛する・持て囃はやす・持ち上げる・称賛する・称美する・称揚する・推賞する・嘉賞かしょうする

しょう・する【証する】〔動サ変〕文しょう・す〔サ変〕《「しょうずる」とも》❶証拠立ててはっきりさせる。証明する。「無実を―・するに足る事実」❷確かであると請け合う。保証する。「生命の安全は―・しがたい」❸仏の教えにより真理を体得する。悟りをひらく。「肉身に三昧を―・じて、慈氏の下生を待つ」〈平家・一〇〉類語証明・立証・実証・例証・論証・検証・挙証・証言・証あかし・裏付け・裏書き・裏打ち・明かす

しょう・する【×頌する】〔動サ変〕文しょう・す〔サ変〕文章や言葉で人の功績などをほめたたえる。「我心の中には姫が徳を―・する念おもい満ちたり」〈鷗外訳・即興詩人〉類語賞する・賛する・称する

しょう・する【×誦する】〔動サ変〕文しょう・す〔サ変〕詩や経文などを声を出して読む。唱える。「藤村の詩を―・する」

しょう・する【賞する】シヤウする〔動サ変〕文しやう・す〔サ変〕❶ほめたたえる。「永年勤続につき、これを―・する」❷美しいものや趣の深いものを見て楽しむ。観賞する。「千曲川の眺望は…ほしいままに―・することができる」〈藤村・千曲川のスケッチ〉類語賛する・頌しょうする・褒める・たたえる・愛めでる・嘉よみする・褒めたたえる・称する・持て囃はやす・持ち上げる・称賛する・称美する・称揚する・推賞する・嘉賞かしょうする

しょう・ずる【生ずる】シヤウずる〔動サ変〕文しやう・ず〔サ変〕❶植物などがはえる。「新芽が―・ずる」「かびが―・ずる」❷新しく何かが起こったりできたりする。今までなかった物事・状態が発生する。「不都合が―・ずる」「接合部に亀裂が―・ずる」❸ある物事・状態を新たにつくる。起こす。発生させる。「無から有を―・ずる」「疑惑を―・ずる」
類語現れる・生まれる・生む・生み出す・作り出す・創出する・創造する・起こる・出来る・始まる・起きる・兆きざす・発する・生起する・発生する・湧く

しょう・ずる【招ずる】セウずる〔動サ変〕文せう・ず〔サ変〕まねく。また、まねき入れる。「自宅に―・じて酒肴を供

する」〔類語〕招く・呼ぶ・招待する・請ずる

しょう-ずる【請ずる】〔動サ変〕〔文〕しゃう・ず〔サ変〕❶客として来てもらう。またある目的のために頼んで来てもらう。「町から医者を━・ずる」❷案内して招き入れる。「客を茶の間に━・ずる」
〔類語〕招く・呼ぶ・招ずる・招待する・招請する

じょう-ずる【乗ずる】〔動サ変〕〔文〕じょう・ず〔サ変〕❶乗り物などに、乗る。「一漁人あり艇に━・じて来る」〈田口・日本開化小史〉❷好機として逃さず利用する。つけこむ。つけいる。「混乱に━・じて行方をくらます」「相手の弱みに━・ずる」❸勢いにまかせる。おもむくままにする。「興に━・じて歌いまくる」「勝ちに━・じて攻めまくる」❹掛け算をする。かける。「七に五を━・ずる」〔対〕除する。

しょうスンダ-れっとう【小スンダ列島】《Lesser Sunda》インドネシア南東部、バリ島からティモール島に至る列島。火山が多い。

じょうぜ【常是】江戸時代の銀座役人の世襲名。初代の湯浅作兵衛は徳川家康の命により銀改役となり、大黒常是の名を与えられた。のち、代々その名を世襲し、銀貨に「常是」「宝」の文字や大黒天像を極印し、包封の特権をもった。

しょう-せい【小成】わずかばかりの成功。小事を成しとげること。「━に安んずる」

しょう-せい【招請】〔名〕スル 頼んで来てもらうこと。招き迎えること。しょうじょう。「━を受ける」「講師を━する」〔類語〕招く・呼ぶ・招待・招来・招聘・招致

しょう-せい【昌世】栄えている世。平和に治まっている世。昌代。

しょう-せい【昌盛】盛んなこと。栄えること。「貿易ようやく━を極む」〈逍遥・内地雑居未来之夢〉

しょう-せい【将星】❶昔、中国で、大将に見たてられた大星。❷将軍。大将。「陸海の━相集う」
将星隕つ《蜀の諸葛孔明が五丈原で死んだとき、大星が陣中に落ちたという「蜀書」諸葛亮伝の故事から》将軍が陣中で死ぬ。英雄・偉人が死ぬ。

しょう-せい【称制】❶中国で、皇帝が幼少のときに皇太后が政務を行うこと。❷古代日本で、天皇が在位していないときに、皇后・皇太子などが臨時に政務を行うこと。

しょう-せい【笑声】笑い声。「━が起こる」

しょう-せい【商勢】商取引の状況。商況。

しょう-せい【勝勢】勝ちそうな形勢。また、勝った勢い。「━に乗じて一気に総攻撃をかける」〔対〕敗勢。

しょう-せい【焼成】〔名〕スル 原料を高熱で焼いて性質に変化を生じさせること。粘土を窯で加熱して石質にするなど。

しょう-せい【焦性】加熱によって水を失った化合物であること。物質名に付けて用いる。ピロ。

しょう-せい【象声】▶形声

しょう-せい【照星】小銃などの銃身の先端にある突起状の照準装置。照尺と合わせて用いる。

しょう-せい【鐘声】鳴り響く鐘の音。

しょう-せい【小生】〔代〕一人称の人代名詞。男性が自分をへりくだっていう語。多く、手紙文に用いる。「━もつつがなく日々を過ごしております」〔補説〕ふつう、自分と同等か、目下の人に対して使うものとされる。〔類語〕不肖・愚生・迂生・小弟・手前・拙者・自分・私・私・僕・俺・わし・吾人・余・我が輩

しょう-ぜい【小勢】少しの人数。こぜい。

しょう-ぜい【正税】律令制で、正倉に貯蔵された官稲。毎年出挙し、利稲を国・郡行政の財源に充てた。大税。おおちから。

じょう-せい【上世】おおむかし。上代。上古。

じょう-せい【上声】▶じょうしょう(上声)❶

じょう-せい【上製】つくりが普通より上等であること。また、そのもの。〔対〕並製。〔類語〕特製

じょう-せい【城西】▶じょうさい(城西)

じょう-せい【情性】❶人情と性質。性情。心。❷感情の働き。

じょう-せい【情勢｜状勢】変化していく物事の、その時々のようす。今、物事がどのように動いていて、今後どうなっていきそうかという、状況の流れや方向。「緊迫した━にある」「国際━」「━判断」
〔類語〕様子・状態・状況・形勢・有様・動静・様相・気配・模様・様態・態様・具合・概況・容体・調子

じょう-せい【醸成】〔名〕スル ❶原料を発酵させて酒や醤油などをつくること。醸造。「酒を━する」❷ある状態・気運などを徐々につくり出すこと。「不穏な空気が━されつつある」〔類語〕醸造・吟醸・醸す

しょうせい-えん【渉成園】▶枳殻邸

しょうせい-こん【招婿婚】▶婿入り婚

じょうせい-だき【常清滝】広島県北部、三次市作木町にある滝。江の川の支流作木川の支流の断崖にかかり、高さ126メートルの名瀑。滝は3段からなり、上から下に荒波の滝(36メートル)、白糸の滝(69メートル)、玉水の滝(21メートル)と名付けられている。落差の割に滝壺がほとんど発達していない。県の自然環境保全地域に指定されている。

しょうぜい-ちょう【正税帳】律令制で、各国の国司が1年間の正税の出納を記入して中央政府へ報告した決算帳簿。大税帳。税帳。

しょうぜいちょう-し【正税帳使】律令制で、四度の使いの一。毎年、諸国から正税帳を中央政府へ提出した使者。正税使。税帳使。

しようせい-ビタミン【脂溶性ビタミン】油脂に溶けるビタミン。ビタミンA・D・E・Kなど。必要以上に摂取すると体内に蓄積し、ビタミン過剰症を起こすことがある。油溶性ビタミン。

しょうせい-ぶどうさん【焦性葡萄酸】▶ピルビン酸

じょうせい-ぼん【上製本】本格的な製本のしかたによって製本した本。表紙が堅く、多く背が丸い。本製本。

しょうせい-もっしょくしさん【焦性没食子酸】▶ピロガロール

しょうせい-りんぴ【焼成燐肥】燐鉱石に各種の添加剤を加え、焼成処理することによって燐酸分を可溶性にしたもの。燐酸肥料として広く用いられる。

しょう-せき【硝石】硝酸カリウムの俗称。

しょう-せき【証跡】後々の証拠となるような痕跡。「━もないものを捕縛して」〈鉄腸・花間鶯〉

しょう-せき【蹤跡】〔名〕スル ❶事が行われたあと。事跡。踪跡。❷あとを追うこと。追跡。また、行方。踪跡。「その党の出没進退、甚だ密にして、━しがたく」〈中村訳・西国立志編〉

じょう-せき【上席】❶その場所で、上位とされる席。上座。かみざ。「主賓を━に据える」❷階級・等級や席次が上位であること。「━の検事」
〔類語〕上座・上座・上手・上手・上手・上部・上方・高み・上位・優位・優越・高位

じょう-せき【定石｜定跡】❶(定石)囲碁で、昔から研究されてきて最善とされる、きまった石の打ち方。❷(定跡)将棋で、昔から研究されてきて最善とされる、きまった指し方。❸物事をするときの、最上とされる方法・手順。「━を踏んだ捜査手順」
〔類語〕形・仕方・方法・遣り方・仕振り・仕様・遣り様・方式・流儀・遣り口・伝・致し方・手段・手口・メソッド・方途・機軸・てだて・術・方便・術計

じょう-せき【定席】❶座る人がいつもきまっている席。「━につく」❷常設の寄席。「講談の━」❸常客として行く家。行きつけの家。
〔類語〕席・座・座席・場席・空席・客席・座所・シート

じょう-せき【乗積】数を掛け合わせて得た数値または式。積。

じょう-せき【城跡｜城蹟】しろあと。城址。

しょうせき-たかんしょう【掌蹠多汗症】手のひらや足の裏に、日常生活に不便を感じるほど大量の汗をかく病気。ストレスや緊張に関係なく発汗するのが特徴。交感神経の機能亢進が原因とされる。治療法は、神経遮断薬や外用制汗剤による薬物療法、心理療法、胸部交感神経遮断手術など。手掌多汗症。

しょうせき-のうほうしょう【掌蹠膿疱症】手のひらや足の裏に水疱や膿疱ができる皮膚病。水虫に似るが菌は検出されない。

しょう-せつ【小雪】二十四節気の一。11月22日ごろ。〔季冬〕「━や古りしだれたる糸桜/蛇笏」

しょう-せつ【小節】❶文章などの、小さな区切り。❷楽曲の拍子に基づいて、譜面の上で縦線と縦線とで区切られた部分。❸《「節」は節操の意》ちょっとした義理。「━にこだわって大義を忘れる」

しょう-せつ【小説】❶《坪内逍遥がnovelに当てた訳語》文学の一形式。特に近代文学の一ジャンルで、詩や戯曲に対していう。作者の構想のもとに、作中の人物・事件などを通して、現代の、または理想の人間や社会の姿などを、興味ある虚構の物語として散文体で表現した作品。❷《「漢書」芸文志から》市中で口頭によって語られた話を記述した文章。稗史。〔類語〕(❶)物語・作り話・創作・フィクション・ノベル・ロマン・話・叙事・ストーリー・お話・虚構・説話・口碑・伝え話・昔話・民話・伝説・言い伝え

しょう-せつ【承接】前の部分を受けて後へ続けること。

しょう-せつ【消雪】〔名〕スル 人工的に雪をとかすこと。「━装置」

しょう-せつ【章節】長い文章などの章や節の区切り。

しょう-せつ【勝絶】日本音楽の十二律の一。基音の壱越より三律高い音で、中国の十二律の夾鐘、洋楽のへ音にあたる。

しょう-せつ【詳説】〔名〕スル ある事柄をくわしく説明すること。また、くわしい説明。細説。「これについては以下に━する」〔類語〕詳論・細論

しょう-ぜつ【勝絶】〔名・形動ナリ〕❶景色や味わいなどのきわめてすぐれていること。また、そのさま。「振舞の菜に醤出たり。風味ことに━なり」〈咄・醒睡笑・七〉❷▶しょうせつ(勝絶)

しょう-ぜつ【峭絶】㊀〔形動〕〔文〕〔ナリ〕高く険しく切り立つさま。「四壁━なる断崖を成し」〈志賀重昂・日本風景論〉㊁〔名〕非常に険しい山。「直に潙山の━に行きて」〈正法眼蔵・行持・下〉

じょう-せつ【定説】❶「ていせつ(定説)」に同じ。「━を承り満足申して候」〈謡・山姥〉❷疑いのないこと。決まっていること。「夜明けなば生き死にの━隠れあるまじと」〈浄・万年草〉

じょう-せつ【浄刹】❶清浄な国土。浄土。❷清浄な寺院。また、その境内。

じょう-せつ【常設】〔名〕スル 時期を限らず、いつも設けておくこと。また、いつも設けてあること。「━の委員会」「━されている展示場」

じょう-ぜつ【饒舌】〔名・形動〕やたらにしゃべること。また、そのさま。おしゃべり。多弁。「酔うと━になる」「━な人」〔派生〕じょうぜつさ〔名〕
〔類語〕口まめ・多弁・おしゃべり

しょうせつ-か【小説家】❶小説を書くことを職業としている人。作家。❷中国古代の諸子百家の一。小さな巷説を拾い集め、伝えた。
〔類語〕(❶)作家・文学者・文士・文豪・文人

しょう-せっかい【消石灰】水酸化カルシウムの俗称。

じょうせつ-かん【常設館】映画や演劇などを常に上映・興行している施設。「洋画の━」

しょう-せっこう【焼石膏】▶焼き石膏

じょうせつ-こくさいしほうさいばんしょ【常設国際司法裁判所】国際連盟規約に基づいて、1921年オランダのハーグに設立された国際裁判所。国際連合が成立したのちは国際司法裁判所に受け継がれた。

しょうせつしんずい【小説神髄】坪内逍遥の文学理論書。2巻。明治18～19年(1885～1886)刊。近代文学最初の組織的文学論。心理観察と客観的態度の尊重を説いた。

しょうせつ-せん【小節線】▶縦線❷

じょうせつ-ちゅうさいさいばんしょ【常設仲裁

裁判所】ジャウセツ 1899年の国際紛争平和的処理条約に基づいて、1901年オランダのハーグに設立された国際仲裁裁判所。加盟国が各4人以下の裁判官を任命し、その全体を裁判所裁判官とする。

じょうぜ-づつみ【常是包】ジャウゼ 江戸時代、大黒常是家が規定の様式で包封した丁銀・豆板銀のこと。諸大名から将軍への献上、将軍からの下賜などの儀礼用に、また、代官所から幕府への貢納などに使われた。銀包。

じょうせつ-てん【常設展】ジャウセツ 美術館・博物館などで、期限を設けず、いつも見ることができる展示。多くはその施設の所蔵品で構成される。➡企画展

しよう-せっとう【使用窃盗】ーセツタウ 他人の物を一時無断で使用して、あとで返還する行為。窃盗罪が成立する場合がある。

じょうせつ-もく【常節目】ジャウセツ かつて広義の貧歯目のうち、脊椎せきつい の関節が正常なセンザンコウ・ツチブタをさした分類名。現在は有鱗ゆうりん目と管歯目に分類される。

じょうぜ-ほう【常是宝】ジャウゼ 江戸時代、銀座で鋳造した銀貨幣の称。「常是」「宝」の極印が打たれたところからいう。

しょう-せん【小戦】セウ 小さな戦い。こぜりあい。

しょう-せん【小鮮】セウ 小さい魚。こざかな。「一群がりて水を攪かすれば」〈蘆花・自然と人生〉

しょう-せん【省銭】シャウ 江戸時代、100文に満たない銭を100文に通用させたもの。省百しょうひゃく。➡九六銭くろくぜに

しょう-せん【省線】シャウ ❶もと鉄道省(運輸省)の管理に属した鉄道線。❷《「省線電車」の略》国電の旧称。

しょう-せん【×哨船】セウ 見張りの船。

しょう-せん【商船】シャウ 旅客・貨物などを運送する目的で使用される船舶。客船・貨物船・貨客船など。

しょう-せん【商戦】シャウ 商売上の競争。商売合戦。「歳末一もたけなわ」

しょう-ぜん【小善】セウ ちょっとした善行。

しょう-ぜん【生前】シャウ ❶「せいぜん(生前)」に同じ。「一の面目此上や候べき」〈樗牛・滝口入道〉❷生まれる以前。〈日葡〉

しょう-ぜん【性善】シャウ 天台宗の教義で、衆生しゅじょうが本来備えもっている本性としての善。

しょう-ぜん【承前】前の文章を受けて続いていること。また、続きものの文章の初めなどに書く語。

しょう-ぜん【昭然】セウ〔形動タリ〕明らかなさま。「その霊は生ける時よりも一として」〈北越雪譜・二〉

しょう-ぜん【×悚然｜×竦然】〔ト・タル〕図〔形動タリ〕ひどく恐れるさま。ぞっとしてすくむさま。「一として立ちすくむ」「此の暁の眺矚ながめに撲うたれて、覚えず一たる者ありき」〈紅葉・金色夜叉〉

しょう-ぜん【×悄然】セウ〔ト・タル〕図〔形動タリ〕❶元気がなく、うちしおれているさま。しょんぼり。「一たる後ろ姿」「一としてうつむく」❷ひっそりと静かなさま。「一として声なし」〈太平記・三七〉

しょう-ぜん【×聳然】〔ト・タル〕図〔形動タリ〕❶高くそびえるさま。「霊峰一として立つ」❷恐れつつしむさま。「一として傾聴する」

しょう-ぜん【×蕭然】セウ〔ト・タル〕図〔形動タリ〕もの寂しいさま。「万山の樹木枝を震うの音か、一たる音山谷に起こり」〈蘆花・自然と人生〉

(類語)寂莫せきばく・寂寥せきりょう・索漠さくばく・落莫らくばく・蕭蕭しょうしょう・蕭条しょうじょう・蕭殺しょうさつ・寥寥りょうりょう・寂しい

しょう-ぜん【×鏘然】シャウ〔ト・タル〕図〔形動タリ〕玉や鈴などの鳴るさま。また、水の音がさらさらと美しく聞こえるさま。「号鈴一として護門の狗吠くはい旅亭に聞え」〈織田訳・花柳春話〉

じょう-せん【上船】ジャウ〔名〕スル ❶船に乗ること。乗船。↔下船。❷船から岸へあがること。「身共はここより一いたす。かしこの岸に船よせさうらへ」〈滑・七偏人・二〉

じょう-せん【上×僊｜上仙】ジャウ ❶天に昇って仙人になること。❷貴人の死を敬っていう語。❸仙人のうちで、すぐれた者。

じょう-せん【成選】ジャウ ➤せいせん(成選)

じょう-せん【条線】デウ 鉱物の結晶面に発達している平行な筋。黄鉄鉱・水晶・黄玉などに著しい。

じょう-せん【定先】ヂャウ 囲碁で、一方がいつも先手で対局する手合割てあいわり。➡互い先

じょう-せん【乗船】〔名〕スル ❶船に乗り込むこと。上船。「神戸港から一する」↔下船。❷その人が乗っている船。「殿下の御一に陪乗する」(類語)上船・搭乗

じょう-せん【剰銭】余った金銭。また、釣り銭。

じょう-せん【情宣】ジャウ《「情報宣伝」の略》労働組合・政党などが行う、情報収集と内外への宣伝。「一活動」

しょうせん-がっこう【商船学校】シャウセンガクカウ 船員を養成するため、航海や機関に関する知識・技術を授けた旧制の学校。

しょうせん-きょう【昇仙峡】ーケフ 山梨県中北部、笛吹川支流の荒川の峡谷。奇岩が多く、紅葉の名所。御岳みたけ昇仙峡。

しょう-せんきょく【小選挙区】セウ 1選挙区から1名の議員を選出する制度の選挙区。死票が多くなり、多数党に有利になるとされる。日本では、公職選挙法制定以前の明治23年(1890)の第1回衆議院議員総選挙から同31年の第6回総選挙までと、大正9年(1920)の第14回と同13年の第15回総選挙で小選挙区制が導入された。また公職選挙法の制定以後は、平成6年(1994)の法律改正により、総選挙で小選挙区比例代表並立制が採用された。英国・米国などでも採用。「一制」➡大選挙区 ➡中選挙区

しょうせんきょくひれいだいひょう-へいりつせい【小選挙区比例代表並立制】セウセンキョクヒレイダイヘウヘイリツセイ 小選挙区制と比例代表制とを組み合わせ、一定数の議員をそれぞれの制度で別々に選挙する制度。平成6年(1994)の公職選挙法改正により、従来の中選挙区制に代わって、衆議院議員総選挙に採用。定数480人のうち、小選挙区制で300人、全国を11の選挙区(ブロック)に分けた比例代表制で180人を選出する。

しょう-せんぐう【正遷宮｜上遷宮】シャウ 神社の改築・修繕が完了して、神体を仮殿かりどのから新殿に遷座すること。➡仮殿かりどの遷宮

しょうぜん-げん【将然言】シャウゼン 国文法でいう未然形の古い言い方。東条義門の用語。

しょうせん-こう【昭宣公】セウセン ➤藤原基経ふじわらのもとつね

しょう-せんじ【小宣旨】セウ ➤こせんじ(小宣旨)

じょう-せんしょくたい【常染色体】ジャウ 性染色体以外の染色体。雌雄で数・形・大きさに差がない。

じょうせんしょくたい-ゆうせいいでん【常染色体優性遺伝】ジャウセンショクタイイウセイヰデン 常染色体上にある優性遺伝子によって形質が発現する遺伝。常染色体性優性遺伝。

じょうせんしょくたい-れっせいいでん【常染色体劣性遺伝】ジャウセンショクタイレッセイヰデン 常染色体上にある劣性遺伝子によって形質が発現する遺伝。常染色体性劣性遺伝。

しょう-せんせかい【小千世界】セウ 仏語。須弥山しゅみせんを中心に、九山八海や地獄から天上界までを含めて一世界とし、これを一千集めた世界。➡大千世界

しょう-ぜんてい【小前提】セウ 論理学で、三段論法において小概念を含む前提。

しょう-そ【訟訴】うったえること。訴訟。

しょう-そ【勝訴】〔名〕スル 訴訟に勝つこと。有利な判決を受けること。「原告側が一する」↔敗訴。

しょう-そ【×蕭疎】セウ ㊀〔形動〕図〔ナリ〕まばらでもの寂しいさま。「枯柳一にして」〈鉄腸・花間鶯〉㊁〔ト・タル〕図〔形動タリ〕㊀に同じ。「小草の一たる磽确の丘」〈菊池大麓訳・修辞及華文〉

じょう-そ【上×疏】ジャウ〔名〕スル 事情や意見を書いた書状を主君・上官などに差し出すこと。また、その書状。上書。「民意を一する」

じょう-そ【上訴】ジャウ〔名〕スル ❶上の者に訴えること。❷未確定の裁判について上級裁判所にその再審理を求める不服申し立て方法。控訴・上告・抗告の3種類がある。これによって裁判の確定が妨げられ、事件は上級審に係属する。

(類語)訴訟・起訴・控訴・抗告・上告・提訴・反訴

しょう-そう【少壮】セウサウ〔名・形動〕若くて意気盛んなこと。また、そのさま。「一の実業家」

(類語)若い・血気盛り・若盛り

少壮幾時ぞ 《前漢の武帝「秋風辞」から》人生は、若くて元気なときは非常に短く、すぐに老いのときが来る。

しょう-そう【正倉】シャウサウ 律令時代、中央・地方の諸官司や寺院などに設置され、正税稲・宝物などを保管した倉庫。

しょう-そう【尚早】シャウサウ そのことをするにはまだ早すぎること。「時期一」

しょう-そう【性相】シャウサウ ❶仏語。本体と現象。❷➤しょうぞう(性相)

しょう-そう【▽荘倉｜庄倉】シャウサウ 荘園で、米穀などの貢納物を蓄えた倉庫。荘庫。

しょう-そう【将曹】シャウサウ 近衛府このえふの主典さかん。

しょう-そう【章草】シャウサウ 漢字の書体の一。隷書から草書への過渡的な性格をもつ書体。前漢の元帝のとき史游しゆうが書いた字書「急就章」の書体から出たものとも、後漢の章帝のとき杜度とどが章奏(奏上文)に用いたのが始まりともいう。

しょう-そう【晶相】シャウサウ 同一物質の結晶で、結晶面の組み合わせの違いによって生じる異なる外形。例えば塩化ナトリウムでは立方体と立方八面体があり、晶相が異なる。

しょう-そう【焦燥｜焦×躁】セウサウ〔名〕スル いらいらすること。あせること。「事業の失敗に一する」「一感」

(類語)苛いら立ち・焦り・焦慮

しょう-そう【▽聖僧】シャウ ❶聖者として尊敬される高僧。❷禅院の僧堂の本尊。中央に安置してある仏像のことで、多くは文殊菩薩もんじゅぼさつ。

しょう-そう【▽請奏】シャウ 平安時代、公事くじの際に、用度物の下付などを太政官だいじょうかんに申請すること。うけそう。

しょう-そう【▽請僧】シャウ 法会ほうえなどに僧を招くこと。また、招かれた僧。「一みな威儀いつくしうして参りたる」〈栄花・玉の飾り〉

しょう-ぞう【正像】シャウザウ 仏語。正法と像法。

しょう-ぞう【抄造】セウザウ〔名〕スル 紙の原料をすいて紙を製造すること。「コウゾから和紙を一する」

しょう-ぞう【肖像】セウザウ 人の姿や顔を写した絵・写真・彫刻などの像。

しょう-ぞう【尚蔵】シャウザウ 蔵司ぞうしの長官。

しょう-ぞう【性相】シャウザウ 唯識ゆいしき・倶舎くしゃの教学。性相学しょうぞうがく。

じょう-そう【上奏】ジャウ〔名〕スル ❶天皇に意見や事情などを申し上げること。奏上。「民情を一する」❷明治憲法下で、官庁・議院などが天皇に希望または意見を奏聞そうもんしたこと。

じょう-そう【上層】ジャウ ❶幾重にも重なってできているものの上の方の部分。↔下層。❷社会などの中で、上の方の階級・階層。「会社の一部の意見」❸高い建造物の上の方にある階。(類語)(❶)高層/(❷)アッパークラス・上部・上級・高級・上流

じょうそう【丈草】ヂャウサウ ➤内藤丈草ないとうじょうそう

じょう-そう【定相】ヂャウサウ 仏語。一定のかたち。常住不変の相。「またいかにすべしとも一なし」〈正法眼蔵随聞記・五〉

じょうそう【常総】ジャウ ㊀常陸ひたち国と下総しもうさ国との併称。㊁茨城県南西部、鬼怒川下流にある市。江戸時代には水運で栄えた。平成18年(2006)1月、水海道みつかいどう市が石下町を編入して改称。人口6.5万(2010)。

じょう-そう【情想】ジャウサウ 感情と思想。「一詩歌現われて此際の一を詠じ」〈独歩・独歩吟〉

じょう-そう【情操】ジャウサウ 美しいもの、すぐれたものに接して感動する、情感豊かな心。道徳的・芸術的・宗教的など、社会的価値をもった複雑な感情。「一を養う」「美的一」(類語)感情・情じょう・情感・心情・情緒じょうちょ・情緒じょうしょ・情調・情念・情動・喜怒哀楽・気分・気き・気色きしょく・機嫌きげん・気持ち・感じ・エモーション

じょうぞう【浄蔵】ジヤウ ザウ ㊀「法華経」妙荘厳王本事品に説く薬王菩薩の前身。過去世において光明荘厳国の王子として生まれ、父王の邪見を哀れみ、仏道を修し神通力を得て、ついに仏道に向かわせたという。㊁[891〜964]平安中期の天台宗の僧。三善清行(きよゆき)の子。宇多法皇の弟子。諸高山を遊歴修行し、平将門(たいらのまさかど)の乱にあたっては大威徳法を修した。

じょう-ぞう【醸造】ヂヤウ ザウ〔名〕スル 発酵作用を応用して、酒類・醤油・味噌などを製造すること。「精選された原料から―された銘酒」【類語】醸成・吟醸・醸す

じょうそう-いく【条桑育】デウ サウ《「条」は枝の意》蚕に、枝についた桑の葉を与えて飼育する方法。

しょうそう-いん【正倉院】シヤウ サウ ヰン ㊀奈良市東大寺大仏殿の西北にある宝庫。天平時代の建造で、校倉(あぜ)造りの北倉・南倉を、板倉である中倉がつなぐ。宝物には、聖武天皇の遺愛品や東大寺の文書・寺宝などのほか、ペルシアおよびアジア各地の遺品も含まれ、東洋美術の粋を伝える。現在は宮内庁の所管。㊁正倉およびその敷地の一郭。正蔵院。

じょうそう-うん【上層雲】ジヤウ ソウ 対流圏の上層に発生する雲。温帯地方では5〜13キロの高さに現れる雲。巻雲・巻積雲・巻層雲など。➡中層雲 ➡下層雲

しょうぞう-が【肖像画】セウ ザウ 特定の人物の肖像を描いた絵。

じょうそう-かいきゅう【上層階級】ジヤウ ソウ カイ キフ 社会的・経済的に上の方であるとみなされる階級。上流階級。

じょうそう-きょういく【情操教育】ジヤウ サウ ケウ イク 情操の豊かで健全な育成を目的とする教育。

しょうぞう-けん【肖像権】セウ ザウ 自分の顔や姿をみだりに他人に撮影・描写・公表などされない権利。人格権の一つとして認められている。

じょうそう-し【常総市】ジヤウ ソウ ▶常総㊁

じょうぞう-しゅ【醸造酒】ヂヤウ ザウ 穀類や果実を原料とし、これを発酵させてつくった酒。日本酒・ビール・ぶどう酒など。➡蒸留酒【類語】蒸留酒・混成酒・合成酒

じょうぞう-す【醸造酢】ヂヤウ ザウ 穀類や果実を発酵させてつくった食酢。米酢・バルサミコ酢などがある。

じょうそう-だいち【常総台地】ジヤウ ソウ 関東平野の東部に広がる洪積台地。利根川をはさんで茨城県側の常陸(ひたち)台地と千葉県側の下総(しもうさ)台地とに分かれる。陸稲・麦・イモ・マメなどの畑作が盛ん。

しょうぞう-まつ【正像末】シヤウ ザウ 仏語。正法と像法と末法。釈迦(しゃか)入滅後、仏教の流布・弘通(ぐずう)から、漸次衰退に及ぶ過程を三つに時代区分したもの。三時。

しょうぞう-りつぶん【正蔵率分】シヤウ ザウ 平安時代、大蔵省に納める調・庸などの10分の2を正蔵率分堂に別納して非常時に備えた制度。

しょうぞうりつぶん-どう【正蔵率分堂】シヤウ ザウ リツ ブン ダウ 平安時代、正蔵率分によって納入したものを蓄えた建物。率分堂。正蔵率分所。

しょう-そく【消息】セウ〔名〕スル《「消」は陰気のなくなること。「息」は陽気の生じること》❶人や物事の、その時々のありさま。動静。状況。事情。「その後の―を尋ねる」「政界の―に通じている」❷状況や用件などを手紙などで知らせること。また、その手紙や連絡。音信。音沙汰。たより。「―を交わす」「漁船が―を絶つ」「彼女は、短くとも殆(ほと)んど毎日―してよこした」〈有島・宣言〉❸消えることと生じること。衰えることと盛んになること。盛衰。「一、窮通、皆運有り」〈菅家文草・四〉❹他家を訪れて、来意を告げ、案内をこうこと。しょうそこ。「月あかき夜、人の来て、一言はせたるに」〈和泉式部続集・詞書〉【類語】(❷)手紙・書簡・書信・書状・書面・紙面・信書・私信・私書・書(しょ)・状・一書・手書・親書・手簡・書札(しょさつ)・尺牘(せきとく)・書牘(しょとく)・雁書(がんしょ)・便り・文(ふみ)・玉章(ぎょくしょう)・レター・封書・はがき・絵はがき・郵便・連絡・一報・音信(いんしん)・音信(おんしん)・通信・コンタクト

消息を絶・つ　消息が分からなくなる。行方不明になる。「冬山で―・つ」

しょう-ぞく【小賊】セウ こそどろ。

しょう-ぞく【晶族】シヤウ 結晶を、それがもつ対称の要素の組み合わせによって分類したもの。32通りある。結晶族。

しょう-ぞく【晶×簇】シヤウ 「晶洞(しょうどう)」に同じ。

しょう-ぞく【装束】シヤウ ❶衣服を身に着けること。装うこと。また、その衣服。装い。いでたち。多く、衣冠・束帯など、特別な場に合わせたものについていう。「旅の―」「白―」「四人は孔雀(くじゃく)の―す」〈宇津保・楼上下〉❷家屋・道具などを飾りつけたり整えて支度したりすること。しつらえ。また、その装飾品。「御車の―解きて」〈かげろふ・中〉【類語】(❶)衣服・衣類・着物・着衣・被服・衣装・衣・お召物・衣料・ドレス・洋品

しょう-ぞ・く【装▽束く】シヤウ〔動カ四〕《名詞「しょうぞく(装束)」の動詞化》装束を着ける。よそおう。そうぞく。「いと細やかになよよと―・きて」〈源・浮舟〉

じょう-そく【上足】ジヤウ ❶弟子の中ですぐれた者。高弟。高足。「慶運、静弁、兼好など云ひし―も」〈正徹物語・下〉❷良い馬。駿馬(しゅんめ)。「此の橋で―を騎(の)ってみたい」〈洒・仕懸文庫〉

じょう-そく【常則】ジヤウ 定まったやり方。変わらない規則。「これあ人情だ。同時に処世の―だよ」〈啄木・我等の一団と彼〉

じょう-ぞく【上×蔟／上×簇】ジヤウ 成熟した蚕を、繭を作らせるため、蔟(まぶし)に移し入れること。あがり。【季 夏】「炉火美しく―の夜に入るも／静塔」

しょうそく-おうらい【消息往来】セウソク ワウ ライ 手紙の慣例語句を集めた往来物の一。寺子屋の消息文の教科書。

しょうぞく-おさめ【装束納め】シヤウゾク ヲサメ 能で、夏にはふつう装束能を演じないので、その直前に装束能のし納めをすること。また、その催し。

しょうそく-ぎょう【消息経】セウソク キヤウ 平安時代以後、追善供養のために故人の手紙を集めて、これに経文を書いたり刷ったりしたもの。

しょうそく-し【消息子】セウ ソク ❶耳かき。❷食道・尿道・子宮などに挿し込んで用いる、細い管状の医療器具。ゾンデ。

しょうぞく-し【装束司】シヤウ ゾク 古代、大嘗祭(だいじょうさい)・御禊(ごけい)・行幸・大葬などの大きな儀式の際に、その設営をつかさどった臨時の職。

しょうそく-すじ【消息筋】セウソク スヂ ある方面の事情に詳しい人々や関係機関。「政界の―によれば」

しょうそく-つう【消息通】セウ ソク ある方面の事情に詳しいこと。また、その人。「角界の―」

しょうぞく-の-いえ【装束の家】シヤウゾク ノ イヘ 代々、朝廷の服飾のことをつかさどった家。三条・大炊御門(おおいのみかど)・山科(やましな)の三家が有名。

しょうぞく-のう【装束能】シヤウ ゾク 正式な装束を着けて演ずる能。➡袴能(はかまのう)

しょうぞく-の-かさ【装束の傘】シヤウ ゾク 貴族が装束を着けて外出するときに、従者に持たせた端折(つまおり)傘。しょうぞくのからかさ。

しょうぞく-はじめ【装束始め】シヤウ ゾク ❶装束を初めて着けること。また、その儀式。❷能で、夏に袴能(はかまのう)で演じていたのを、秋になって装束能で初めて演ずること。また、その催し。

しょうぞく-びな【装束×雛】シヤウ ゾク 装束を着けた雛人形。男雛に太刀がなく、女雛に天冠がない。

しょうそく-ぶん【消息文】セウ ソク 手紙。手紙の文章。

しょう-そく-むしょう【生即無生】シヤウソク ムシヤウ 仏語。三論宗で、世間一般に生じるというその生も、実は因縁によって生じる仮の生であり、無生の生であるということ。また、浄土教で、浄土に生じるというその生も、浄土が無生の世界であるので、無生の生であるということ。

しょう-ソクラテスがくは【小ソクラテス学派】セウ ソクラテスの弟子たちの創始した学派のうち、ソクラテスの主知主義を継承したメガラ学派とエリス学派、実行主義を継承したキニク学派、幸福主義を継承したキュレネ学派をいう。

じょうそ-けん【上訴権】ジヤウ 訴訟当事者が上訴できる訴訟法上の権利。

しょう-そこ【消▽息】セウ ❶「しょうそく(消息)❷」に同じ。「忘れで―し給へ」〈大和・六四〉❷「しょうそく(消息)❹」に同じ。「開けむとならば、ただ入りねかし。―を言はむに、よかなりとは誰か言はむと」〈枕・八〉❸「しょうそく(消息)❶」に同じ。「かの一宿(ひとやど)の主人(あるじ)が荘(いへ)に立ち寄りて、僧が―を尋ね給ふ」〈読・雨月・青頭巾〉

しょうそこ-あわせ【消▽息合(わ)せ】セウソコ アハセ 物合わせの一。持ち寄った手紙の文章を比較し、その優劣を競う遊戯。しょうそくあわせ。

しょうそこ-が・る【消▽息がる】セウ ソコ〔動ラ四〕文通したがる。便りをしようと思う。「好いたる田舎人ども、心かけ―・る、いと多かり」〈源・玉鬘〉

しょうそこ-ぶみ【消▽息文】セウ ソコ 「しょうそくぶん(消息文)」に同じ。「いと清げに、―にも、仮字(かな)といふ物を書きまぜず」〈源・帚木〉

しょう-そつ【将卒】シヤウ 将校と兵卒。将兵。

しょう-そん【焼損】セウ〔名〕スル 焼けて壊れること。また、焼いて壊すこと。「戦災で市街地が―する」

しょうぞん【正尊】シヤウ 謡曲。四番目物。観世弥次郎長俊作。平家物語などに取材。義経を討つために上洛した土佐坊正尊が、捕らえられて起請文(きしょうもん)を読んで弁解し、改めて夜討ちをかけるが失敗する。

じょう-そん【×仍孫】《「仍」は、重なるの意》自分から7代後の子孫。玄孫の曽孫(そうそん)。

しょうそんがい-めんせき【小損害免責】セウソン ガイ 保険契約において、一定額または率に達しない損害については保険会社は塡補の責任を負わないという特約制度。少額の損害まですべて塡補しようとすると、損害の調査・支払い費用がかさんで保険料が高額になってしまうので、それを防止するための制度。

じょう-た【冗多】〔名・形動〕言葉などがくどくて、むだが多いこと。また、そのさま。「―な文章」

じょう-た【×饒多】ゼウ〔形動〕図〔ナリ〕非常に豊かなさま。きわめて多いさま。「―な物資」

しょう-たい【小隊】セウ ❶小人数の隊。❷軍隊編制上の一単位。約30〜80名で構成され、3ないし4小隊で中隊を編制する。

しょう-たい【小×腿】セウ ふくらはぎのこと。➡大腿

しょう-たい【正体】シヤウ《古くは「しょうだい」》❶隠されているそのもの本来の姿。本体。「―を現す」「―不明の怪人物」❷正常に意識が働いているときのようす。正気。「―もなく眠る」❸(「御正体」の形で)神仏の本体。神体。「御―をば取りて本宮にゐてたてまつりて」〈今昔・三一・一〉【類語】(❶)本体・本性・実像／(❷)意識・正気・人心地・人心

しょう-たい【招待】セウ・【▽請待】シヤウ〔名〕スル《古くは「しょうだい」》客を招いてもてなすこと。催しなどに客として招くこと。また、人にわざわざ来てもらうこと。「祝賀会に―される」「―券」

【類語】招く・呼ぶ・招聘(しょうへい)・招請・招来・招集・召集

しょうたい【昌泰】シヤウ 平安前期、醍醐天皇の時の年号。898年4月26日〜901年7月15日。

しょう-たい【晶帯】シヤウ 互いの稜が平行になっている一群の結晶面。

しょう-だい【招▽提】セウ《梵 caturdiśaの音写「招闘提奢」の略。四方の意》仏教で、寺院。道場。「五山第二の―なれば」〈太平記・四〇〉

しょう-だい【昭代】セウ よく治まっていて、栄えている世の中。太平の世。めでたい世。「明治の―に生れて来たのは誰だろう」〈漱石・吾輩は猫である〉

しょう-だい【商大】シヤウ《「商科大学」の略》商科に関する単科大学。

しょう-だい【唱題】シヤウ 経の題目を唱えること。特に日蓮宗で、「南無妙法蓮華経」と唱えること。

しょう-だい【章台】シヤウ ㊀中国、長安市内西南部にあった楼台の名。また、その楼台のあった宮殿の名。㊁《㊀の下が花柳街であったところから》繁華街。また、遊郭。「―に登るの驕者、黄金を礫(つぶて)のごとく」〈洒・廓宇久為寿〉

しょう-だい【掌大】シヤウ 手のひらほどの大きさ。転じて、物や場所の小さいことのたとえ。「―の葉」

じょう-たい【上体】ジヤウ 人間のからだの腰から上の部分。上半身。「―を曲げる」「―を起こす」

じょう-たい【上×腿】ジヤウ 人間の脚の、ひざから上の部分。もも。大腿。㊥下腿。

じょう-たい【状態|情態】 人や物事の、ある時点でのありさま。「危険な―」「昏睡―」「健康―」
(類語)有り様・様子・動静・様相・模様・態様・様態・具合・状況・概況・情勢・形勢・容体・気配・調子

じょう-たい【常体】 ❶普通の状態にあるからだ。「寝ていれば、殆ど―に近い。ただ枕を離れると、ふらふらする」〈漱石・三四郎〉❷文末に「だ」「である」を用いた口語の文体。⇔敬体。

じょう-たい【常態】 平常の状態。「―に復する」

じょう-だい【上代】 ❶おおむかし。古代。上古。❷日本史、特に文学史での時代区分の一。主として奈良時代をさす。(類語)大昔・太古・古代・上古

じょう-だい【城代】 ❶城主の代わりに城を守り、政務を代行する者。❷江戸幕府の職名。大坂城・駿府城に常置され、その守護および政務を管掌した。❸「城代家老」の略。

じょうだい-かよう【上代歌謡】 古事記・日本書紀・風土記など、上代の文献に収められている歌謡。なお、万葉集にも歌謡的性格の歌は多い。

じょうだい-がろう【城代家老】 江戸時代、城持ち大名の留守中、城主に代わって城を守り、政務をつかさどった家老。

じょうだい-ご【上代語】 上代の言語、また、単語。国語史では、文献的に資料の得られる6世紀末から奈良時代までのそれをいう。

じょうたい-しき【状態式】 ▶状態方程式

しよう-たいしゃく【使用貸借】 当事者の一方が相手方からある物を無償で借りて、使用・収益したのちに返還する契約。

しょうたい-じょう【招待状】 招待する旨を記した書状。

じょう-だいじょうみゃく【上大静脈】 頭部・頸部・両上肢および胸部などからの血液の集まる静脈幹。右心房に注ぐ。

しょうだいじょうろん【摂大乗論】 大乗論書。北インドの無着著。後魏の仏陀扇多訳2巻、梁の真諦訳3巻、唐の玄奘訳3巻、隋の達摩笈多訳があり、チベット語訳もある。唯識説に基づき、大乗仏教全体を整然と組織だてて示したもの。摂論宗の根本聖典とされた。

じょうたい-ず【状態図】 ある物質または混合物の状態を示すため、圧力・温度を変数にとって、気相・液相・固相間の平衡関係を図示したもの。

じょうだい-ぞめ【上代染(め)】 赤・青などいろいろに塗った京都東山の高台寺の格天井の図柄を模した色染め模様。太閤染め。高台寺染め。高台染め。

じょうだい-とくしゅかなづかい【上代特殊仮名遣い】 奈良時代およびそれ以前の万葉仮名文献において、エキケコソトノヒヘミメヨロ(古事記ではモ)およびその濁音の合計20(あるいは21)の音節の万葉仮名による表記に、2類の使い分けがあること。このうちエはア行・ヤ行の別であるが、エ以外についてはそれぞれの発音に2種の別があるとされ、その書き分けを一般に甲類・乙類と称する。江戸時代に本居宣長が気づき、その弟子の石塚竜麿によって実例の収集整理が行われたが、近代になって橋本進吉の研究により、しだいにその本質が明らかにされるに至った。

じょうたい-はん【状態犯】 一定の法益侵害の発生後に違法状態が存続していても、それが別罪とはならないもの。例えば、窃盗犯人が盗品を壊しても、窃盗罪のほかに器物損壊罪は成立しない。➡継続犯 ➡即時犯

じょうだい-ぶんがく【上代文学】 古代文学のうち、太古から奈良時代までの文学。古事記・日本書紀・風土記などにみえる神話・伝説・歌謡などの口承文学から、万葉集・祝詞・宣命などの記載文学まで、種々の形態がある。

じょうたい-ほうていしき【状態方程式】 物質の状態を温度・圧力・体積などの変数として表す式。理想気体ではボイルシャルルの法則が代表例。実在気体ではファン=デル=ワールスの式などがある。状態式。

しょうだい-やき【小代焼】 肥後国玉名郡(熊本県玉名市)の小代山麓から産した陶器。細川忠利の肥後移封に伴って豊前から来た牝小路源七と葛城八左衛門が開窯したのに始まる。日用雑器を主に、茶器も製した。加藤清正が文禄・慶長の役後に朝鮮から連れ帰った陶工に始まるとの説もある。

じょうだい-よう【上代様】 平安中期に完成した和様の書風。小野道風・藤原佐理・藤原行成らに代表される。

じょうたい-りょう【状態量】 物質や場で、状態が定まれば一定の値をとる巨視的な量。温度・圧力・体積・密度・エントロピー・内部エネルギー・自由エネルギーなど。

しょうたいれい【小戴礼】 「礼記」の異称。

しょう-たく【×妾宅】 めかけを住まわせる家。

しょう-たく【沼沢】 ❶ぬまとさわ。「一地帯」❷沼よりも浅く、水深1メートル以下で、アシなどの挺水植物が繁茂する所。(類語)沢・沼・池・湖・湖沼・泥沼

しょう-だく【承諾】 〔名〕スル《古くは「じょうだく」》相手の意見・希望・要求などを聞いて、受け入れること。「上司の―を得る」「依頼を―する」
(類語)受け入れる・聞き入れる・聞き届ける・認める・受け付ける・心得る・応じる・承る・承知・承認・受諾・承服・黙認・公認・自認・約諾・快諾・内諾・甘受・オーケー・受容

しょうだく-さつじん【承諾殺人】 本人の承諾を得て殺すこと。同意殺人罪となる。➡嘱託殺人

しょうたく-しょくぶつ【沼沢植物】 部分的に水でおおわれた湿地帯に生える植物。ガマ・イ・アシなどのほか、ウキクサ・サンショウモなどもある。狭義には抽水植物をさす。

じょう-たつ【上達】 〔名〕スル❶《古くは「しょうたつ」》技芸・技術などがよく身につき、進歩すること。「英会話が―する」❷下の者の意見などが君主や上位の官に知られること。「下意―」⇔下達。
(類語)(❶)進歩・向上・熟練・熟達・円熟・習熟・老練

じょう-だま【上玉】 《「じょうたま」とも》❶上等の宝石。❷上等の品物。❸美人をいう俗語。

しょう-たん【小胆】 〔名・形動〕気が小さいこと。度胸がないこと。度量が狭いこと。また、そのさま。小心。「優柔で―な男」⇔大胆。
(類語)弱気・気弱・怯懦・怯弱・意気地なし・小心・臆病・肝が小さい・肝っ玉が小さい

しょう-たん【称嘆|称×歎】・【賞嘆|賞×歎】 〔名〕スル 感心してほめたたえること。嘆称。嘆賞。「作品を―する」(類語)喝采・感嘆・詠嘆・感服・賛嘆・嘆称・称賛・絶賛・三嘆・礼賛・激賞・賛美・称揚

しょう-たん【傷嘆|傷×歎】 〔名〕スル 悲しみなげくこと。悲嘆。

しょう-たん【×嘗胆】 ▶臥薪嘗胆

しょう-だん【昇段】 〔名〕スル 武道や囲碁・将棋などで、段位が上がること。「二段に―する」「―試験」
(類語)昇進・昇格・昇級・格上げ

しょう-だん【笑談】 〔名〕スル❶なごやかに、楽しく語り合うこと。談笑。「家族で―する」❷笑い話。

しょう-だん【商談】 商売上の話し合い。取引に関する相談。「―がまとまる」(類語)用談

しょう-だん【章段】 長い文章の中のひと区切り。文章の段落。(類語)段落・段・パラグラフ・章・節

じょう-たん【上端】 ❶上の方の端。⇔下端。❷▶上限❸❹

じょう-だん【上段】 ❶複数の段があるうちの上の方の段。「押し入れの―」➡中段 ➡下段 ❷かみざ。上席。「客を―に案内する」❸剣道・槍術などで、刀・槍を頭上に高く振りかざして構えること。「―の構え」「大―」➡中段 ➡下段 ❹「上段の間」に同じ。

じょう-だん【冗談】 〔名・形動〕❶遊びでいう言葉。ふざけた内容の話。「―を交わす」「―を真に受ける」❷たわむれにすること。また、そのさま。いたずら。「―が過ぎる」「―な女どもだ。みんな着物をかぶってくるは」〈滑・膝栗毛・六〉(類語)ジョーク・軽口・洒落・駄洒落・諧謔・ギャグ・ユーモア

冗談から駒が出る 《「瓢箪から駒が出る」のもじり》冗談に言ったことが本当になる。

冗談じゃない 冗談にもそんなことを言ったりしたりするな。とんでもない。「―、誘った私が払います」

冗談を飛ば・す 冗談を言い放つ。次々に冗談を言う。「調子よく―・して人を笑わせる」

じょう-だん【常談】 ❶ありふれた話。日常の話。❷「冗談❶」に同じ。「―をいってるうちに、自分でも空々しくなって」〈山本有三・波〉

じょうだん-ぐち【冗談口】 おどけた物言い。ふざけた言葉。むだぐち。「―をたたく」

じょうだん-ごと【冗談事】 ふざけてすること。あそびごと。「もはや―では済まされない」

しょうだんちよう【樵談治要】 室町中期の政道意見書。1巻。一条兼良著。文明12年(1480)成立。将軍足利義尚の諮問に答えたもの。

じょうだん-の-ま【上段の間】 書院造りで、下段の間に続いて、框の高さだけ床を高くした座敷。主君が家臣と対面した所。上段。

しょう-ち【小知】 少しの知行。わずかな扶持。「昔は―も取れる者なりしが」〈浮・武家義理・五〉

しょう-ち【小知|小×智】 少しばかりの知恵。あさはかな知恵。

小知は亡国の端 あさはかな知恵は国をほろぼすきっかけとなるということ。

小智は菩提の妨げ 小智のある者は、かえってそれが妨げとなり、悟りを開くことができない。

しょう-ち【召致】 〔名〕スル 呼び寄せること。「関係者を―する」(類語)呼ぶ・招待・招聘・招請・招致

しょう-ち【生地】 生まれた土地。せいち。

しょう-ち【承知】 〔名〕スル❶事情などを知ること。また、知っていること。わかっていること。「無理を―でお願いする」「君の言うことなど百も―だ」「事の経緯を―しておきたい」❷依頼・要求などを聞き入れること。承諾。「申し出の件、確かに―した」❸相手の事情などを理解して許すこと。多く下に打消しの語を伴って用いる。「この次からは―しないぞ」
(類語)(❶)存知・聞知・合点・了解・了知・認識(―する)知る・聞き知る・心得る・弁える・分かる(尊敬)ご存じ・ご案内(謙譲)存ずる/(❷)了承・了解・承諾・承認・承引・承服・納得・同意・受諾・応諾・許諾・オーケー(―する)受け入れる・聞き入れる・うべなう・うけがう・がえんずる・諾する・応ずる・引き受ける・首を縦に振る(謙譲)承る/(❸)勘弁・堪忍・容赦

しょう-ち【招致】 〔名〕スル 招き寄せること。招いて来てもらうこと。招聘。「冬季五輪を―する」
(類語)誘致・招く・呼ぶ

しょう-ち【沼池】 ぬまと、いけ。池沼。

しょう-ち【勝地】 ❶景色のよい所。景勝の地。❷地勢にすぐれた土地。

勝地定主無し 《白居易「遊雲居寺贈穆三十六地主」から》すばらしい景色にはきまった持ち主などないのであるから、好きなだけ眺めて楽しめばよい。

しょう-ち【詳知】 〔名〕スル くわしく知ること。「未だ其蹤跡を―するを得ず」〈織田訳・花柳春話〉

じょう-ち【上地】 ❶よい土地。❷(「上知」とも書く)「あげち」に同じ。

じょう-ち【上知|上×智】 ❶すぐれた知恵。また、すぐれた知恵をもつ人。⇔下愚。❷《ギリシア sophiā》真の知恵。キリスト教では神をおそれることをもって真の知恵とする。

上知と下愚とは移らず 《「論語」陽貨から》最上の知者は悪い境遇にあっても堕落せず、最下の愚者は、どんなによい境遇にあっても向上しない。

じょう-ち【城地】 城と領地。また、城下。「今にも官軍―に逼らば」〈染崎延房・近世紀聞〉

じょう-ち【浄地】 ❶清浄な土地。寺院などがある土地。❷寺院で、塩・醤油など僧の食料を置く所。

じょう-ち【常置】 〔名〕スル いつでも対応できるよう

設けておくこと。「電話相談室を―する」

じょう-ち【情致】おもむき。情趣。

じょう-ち【情痴】愛欲のために理性を失うこと。痴情。

しょう-ちく【小竹】❶小さい竹。また、笹。❷尺八の古称。

しょう-ちく-ばい【松竹梅】㊁松と竹と梅。❶三つとも寒さに耐えるところから、歳寒の三友とよび、めでたいものとして慶事に使われる。❷ウナギ屋で長時間待たされることを「待つ(松)だけ(竹)うめ(梅)え」と洒落ていう語。補説かつてウナギの蒲焼きは客の注文を受けてから魚を割き、焼くので時間がかかった。㊁㊀地歌・箏曲。江戸末期に大坂の三橋勾当が作曲。梅に鶯、松に鶴、竹に月を配した歌詞で、にぎやかな手事がある。㊁長唄。「室咲松竹梅」「君が代松竹梅」などの通称。2世杵屋正次郎作曲の「室咲松竹梅」が最も流行。㊂河東節。4世山彦河良作曲。文政10年(1827)初演。謡曲「老松」の詞章に竹と梅の詞を添え、郭の気分を出した御祝儀物。

じょうち-じ【浄智寺】神奈川県鎌倉市山ノ内にある臨済宗円覚寺派の寺。山号は金峰山。弘安6年(1283)北条宗政の三回忌に建立。開山は兀庵普寧・大休正念・南州宏海。鎌倉五山の第四位。

しょうち-ずく【承知尽く】互いに承知のうえであること。納得ずく。

じょうち-だいがく【上智大学】東京都千代田区に本部がある私立大学。明治44年(1911)イエズス会が創設した上智学院に始まる。昭和3年(1928)旧制大学となり、同23年新制大学に移行。

しょうち-の-すけ【承知之助】承知しているということ、引き受けたということを人名になぞらえていう語。「おっと合点―だ」

しょうち-の-まく【承知の幕】《江戸時代、役者の間で使われた語から》承知していること。「『あい、そんならざっとやらかしておくれ。垢はよらずといいよ』『おっと―さ』〈滑・浮世風呂・三〉

しょう-ちゃく【正嫡】▶せいてき(正嫡)

しょう-ちゃく【勝着】囲碁で、勝ちの決め手となった石の置き方。㊥敗着。

じょう-ちゃく【蒸着】〔名〕スル 真空中で金属などを加熱・蒸発させ、その蒸気を他の物質の表面に薄い膜として付着させること。真空蒸着。

しょうちゃん-ぼう【正ちゃん帽】毛糸で編んで、頂に毛糸の玉をつけた帽子。大正12年(1923)ころ、樺島勝一の漫画「正チャンの冒険」の主人公がかぶっていたところから流行した。

しょう-ちゅう【正中】▶しょうなか(正中)

しょうちゅう【正中】鎌倉後期、後醍醐天皇の時の年号。1324年12月9日～1326年4月26日。

しょう-ちゅう【笑中】笑っている心の内。

笑中に刀あり　《「旧唐書」李義府伝から》うわべは優しそうであるが、内心は陰険で、人を傷つけ陥れようとしていることのたとえ。笑中に刃を研ぐ。

笑中に刃を研ぐ　▶笑中に刀あり

しょう-ちゅう【掌中】❶てのひらの中。❷自分のものとして自由にできる範囲内。また、その中にあること。手中。「実権を―に収める」類語手中

掌中の珠　手の中の珠。最も大切にしているもの。特に、最愛の子。「娘を―といつくしみ育てる」

しょう-ちゅう【焼酎】日本固有の蒸留酒。酒かす・みりんかすを蒸留したものと、穀類やサツマイモを発酵させたもろみを蒸留したものとがある。アルコール分20～50パーセント。米焼酎・芋焼酎・麦焼酎・泡盛など多くの種類がある。季夏「汗垂れて彼の飲む―豚の肝臓/波郷」補説酒税法では、連続式蒸留機で蒸留した甲類と、単式蒸留機で蒸留した乙類に分類される。➡甲類焼酎 ➡乙類焼酎

じょう-ちゅう【条虫・絛虫】条虫綱の扁形動物の総称。すべて寄生性。体は扁平でひも状。前端部以外は細かく分かれた体節からなる。瓜実条虫・有鉤条虫・無鉤条虫など。さなだむし。

じょう-ちゅう【城中】しろのなか。城内。

じょう-ちゅう【常駐】〔名〕スル ❶いつも駐在・駐屯していること。「係員を―させる」❷コンピューターで、プログラムやデータが内部記憶装置(メモリー)の一定の場所に常にあること。類語駐在・駐箚・在留

じょう-ちゅう【蟯虫】▶ぎょうちゅう(蟯虫)

しょうちゅう-おつるい【焼酎乙類】▶乙類焼酎

しょうちゅう-こうるい【焼酎甲類】▶甲類焼酎

じょうちゅう-ソフト【常駐ソフト】コンピューターのオペレーティングシステムと同時に自動的に起動し、常時動き続けているソフトウエア。ウイルス対策ソフトや日本語入力システムのほか、デーモンのようにメモリーに常駐しているものも含めることがある。常駐プログラム。TSRプログラム。

しょうちゅう-の-へん【正中の変】正中元年(1324)後醍醐天皇が側近の日野資朝・日野俊基らと鎌倉幕府討伐を企てた政変。計画が事前に漏れて失敗し、資朝は佐渡に配流ののち殺されたが、天皇は無関係であると釈明して事なきを得た。

しょうちゅう-び【焼酎火】焼酎やアルコールを布きれに浸してともした火。歌舞伎で狐火や幽霊の出る場面などに用いる。

じょうちゅう-プログラム【常駐プログラム】▶常駐ソフト

しょう-ちょ【小著】❶小さな著作。ページ数の少ない書物。❷自分の著作をへりくだっていう語。

じょう-ちょ【情緒】《「じょうしょ」の慣用読み》❶事に触れて起こるさまざまの微妙な感情。また、その感情を起こさせる特殊な雰囲気。「―豊かな作品」「異国の―があふれる」「下町―」❷「情動」に同じ。「―不安定」類語情緒・情趣・興趣・情味・滋味・気分・情・情感・心情・情調・情操・情念・喜怒哀楽・気・気色・気持ち・感じ・エモーション

しょう-ちょう【小腸】腸のうち、胃の幽門から盲腸の前までの消化管。十二指腸・空腸・回腸に分けられる。消化、栄養素の吸収を行う。

しょう-ちょう【少丁】▶しょうてい(少丁)

しょう-ちょう【少長】年少者と年長者。

しょう-ちょう【正丁】▶せいてい(正丁)

しょうちょう【正長】室町中期、称光天皇・後花園天皇の時の年号。1428年4月27日～1429年9月5日。

しょう-ちょう【匠丁】▶しょうてい(匠丁)

しょう-ちょう【抄帳】平安時代、諸国からの調庸物などに対して発行した返抄(受領証)の台帳。

しょう-ちょう【省庁】財務省・厚生労働省のように名称に「省」のつく役所と、国務大臣を長とするか特命担当大臣が置かれる金融庁のように「庁」のつく役所の総称。「各―の代表者」「関係―」➡中央省庁

しょう-ちょう【消長】〔名〕スル 勢いが衰えたり盛んになったりすること。盛衰。「文明の―」「国力が―する」類語浮沈・起伏・栄枯盛衰・七転び八起き

しょう-ちょう【商調】商の音を主音とする音階。中国の中世の俗楽に用いられたが廃絶。日本の雅楽の呂旋音階に似ているとされる。

しょう-ちょう【証徴】まちがいないと保証・証明すること。また、そのしるし。あかし。「かく紙幣と正金の間に生ずる処の差は紙幣下落の―にして」〈神田孝平・明六雑誌二六〉

しょう-ちょう【象徴】〔名〕スル 抽象的な思想・観念・事物などを、具体的な事物によって理解しやすい形で表すこと。また、その表現に用いられたもの。シンボル。「平和の―」「現代を―する出来事」類語表徴・表象・シンボル・比喩・形容・寓意・縮図

じょう-ちょう【上長】年齢・地位が上であること。また、その人。長上。「―の指示を仰ぐ」類語目上

じょう-ちょう【冗長】〔名・形動〕文章・話などが、むだが多くて長いこと。また、そのさま。「話が―に流れる」「―な論文」派生じょうちょうさ〔名〕類語冗漫・長たらしい・長長しい・便便

じょうちょう【定朝】[?～1057]平安中期の仏師。康尚の子。法成寺の造仏の功により、仏師として初めて法橋に叙せられ、のち法眼にまで進んだ。その優美な様式は定朝様または和様とよばれ、長く日本の仏像彫刻の規範とされた。寄木造りの技法を大成。天喜元年(1053)作の平等院鳳凰堂阿弥陀如来像が残る。

じょう-ちょう【情調】❶そのものからにじみ出る、特別の趣。「エキゾチックな―がある」❷ものに触れて起こる感情。「芭蕉の―のトレモロを如実に表現した詩語である」〈芥川・芭蕉雑記〉類語気分・情・情感・心情・情緒・情緒・情操・情念・情動・喜怒哀楽・気・気色・気持ち・感じ・エモーション

じょう-ちょう【場長】試験場・農場など、名称に「場」とつく施設の長。

じょう-ちょうかん【上長官】自分の上位にある官吏・軍人。上司。

しょうちょう-し【象徴詩】象徴主義の立場から書かれた詩。

しょうちょう-しゅぎ【象徴主義】《フランス symbolisme》自然主義や高踏派の客観的表現に対し、内面的な世界を象徴的に表現しようとする芸術思潮。19世紀末、フランスに興った象徴派の詩を始まりとする。サンボリスム。シンボリズム。表象主義。

しょうちょう-てき【象徴的】〔形動〕ある物事を象徴するさま。「民意を表す―な意見」

しょうちょう-てんのうせい【象徴天皇制】日本国憲法に規定された天皇制。天皇は日本国および日本国民統合の象徴であり、国政に関する権能を有しないとされる。

じょうちょう-ど【冗長度】情報理論で、伝達される情報に含まれる余分な部分の割合。データ通信の際、送信した情報をそのまま正しく受信できるようにするため、本来伝達すべき情報以外にその誤りをチェックするために付加する余分な情報をさす。リダンダンシー。

しょうちょう-の-つちいっき【正長の土一揆】正長元年(1428)畿内一帯に起きた徳政一揆。近江の馬借の蜂起に始まり、酒屋・土倉などを襲って私徳政を行った。

しょうちょう-は【象徴派】《フランス symbolistes》象徴主義に属する詩人の一派。言語のもつ音楽的・映像的な側面に着目し、直接にはつかみにくい想念の世界を暗示的に表現しようとした。ボードレールを先駆者とし、マラルメ・ベルレーヌ・ランボーらが継承。日本には上田敏の訳詩によって紹介され、蒲原有明・北原白秋・三木露風・萩原朔太郎らに影響を与えた。サンボリスト。

しょうちょう-りゅう【小腸瘤】▶骨盤臓器脱

しょう-ちょく【詔勅】詔書・勅書など、天皇の意思を表示する文書の総称。

じょう-ちょく【常直】〔名〕スル 毎日宿直すること。また、その人。「保安要員が―する」

じょうちょ-てんめん【情緒纏綿】〔ト・タル〕文〔形動タリ〕情緒が深くこまやかなさま。情緒が心にまつわりついて離れないさま。「―たる恋愛小説」「―とした下町のたたずまい」

じょうち-りん【上地林】江戸時代に社寺に属した林野で、明治時代になって政府に上納したもの。

しょう-ちん【昇沈】〔名〕スル 昇ることと沈むこと。勢いが盛んになることと衰えること。盛衰。「かく―廃起するは、極善の事に非ず」〈中村訳・自由之理〉

しょう-ちん【消沈・銷沈】〔名〕スル 消えうせること。また、気力などが衰えてしまうこと。「もくろみがはずれて―する」「意気―」類語塞ぐ・塞がる・沈む・滅入る・曇る・鬱する・鬱屈する・鬱結する・しょげる・しょげ返る・ふさぎこむ

ジョウツァイタイ【韮菜苔】《中国語》中国原産のニラの一品種。開花する前の花茎をいため物として利用する。

じょう-つう【上通】〔名〕スル 下の者の意思などが上の者に伝わること。「下意が―するよう努める」

じょう-つう【状通】手紙を送ること。また、その書

面。「吉田の兼好を師範と頼み日々の―」〈浄・忠臣蔵〉

しょう-つき【祥月】一周忌以後において、故人の死去した月と同じ月。

しょうつき-めいにち【祥月命日】一周忌以降の、故人の死んだ月日と同じ月日。(類語)忌日・命日

じょうっ-ぱり【情っ張り】〔名・形動〕「じょうはり」の音変化。「―な(の)子供」

じょう-づめ【定詰(め)】〔名〕スル ❶いつも一定の場所に詰めて勤務すること。また、その人。❷江戸時代、大名・旗本・藩士などが、一定期間江戸に滞在して勤務すること。

じょう-づめ【常詰(め)】その場所にいつも詰めていること。また、その人。

しょう-てい【小弟|少弟】㊀〔名〕幼い弟。また、自分の弟をへりくだっていう語。「―をどうぞよろしく」㊁〔代〕(小弟)一人称の人代名詞。年長者に対して、自分をへりくだっていう語。(類語)(㊀)愚弟・舎弟/(㊁)小生・不肖・愚生・手前・拙者

しょう-てい【小亭】小さなあずまや。ちん。「牡丹樹下の―に酒を呼んで」〈魯庵・社会百面相〉

しょう-てい【小艇】小さい船。こぶね。

しょう-てい【少丁】大宝令制で、17歳以上20歳以下の男子。正丁の4分の1の税を負担した。養老令では中男という。しょうちょう。

しょう-てい【正丁】▶せいてい(正丁)

しょう-てい【匠丁】奈良・平安時代、飛騨国から徴用された正丁の木工。その役務の代わりに庸・調が免除された。しょうちょう。

しょう-てい【章程】❶規則・法式を箇条書きにしたもの。おきて。規程。❷事務執行上の細則。

しょう-てい【訟廷|訟庭】裁判をする所。法廷。「夫の民法の―に於て」〈津田真道・明六雑誌七〉

しょう-てい【掌底】手のひら。柔道などで、当て身技に用いる部位としての名称。

しょう-てい【鐘×鼎】つりがねと、かなえ。

しょう-でい【障泥】▶あおり(障泥)

じょう-てい【上丁】❶陰暦2月の最初の丁の日。❷孔子をまつる、陰暦2月と8月の最初の丁の日。

じょう-てい【上底】台形の平行な2辺のうち、上の辺。角錐台・円錐台では、上方の底面。⇔下底。

じょう-てい【上帝】❶天上にあって万物を主宰する者。天の神。天帝。また、地上の主宰者である天子。❷キリスト教の造物主。天主。エホバ。ヤーウェ。

じょう-てい【上程】〔名〕スル 議案などを会議にかけること。「改正案が―される」

じょうてい-かい【上帝会】中国、清末の宗教的秘密結社。1847年、洪秀全が広西省桂平県で組織。上帝❷を唯一神として崇拝する。太平天国の前身となった。拝上帝会。

しょうてい-きんすい【松亭金水】[1797～1862]江戸後期の読本・人情本作者。江戸の人。本名、中村経年または保定。別号、積翠道人など。作に、人情本「閑情末摘花」など。

しょうてい-づくり【▽聖帝造(り)】▶日吉造り

しょうてい-ぶん【鐘×鼎文】中国古代、殷・周時代の鐘鼎の銘に書かれている古文。金文。

しょう-てき【小敵|少敵】弱い敵。また、小人数の敵。⇔大敵。

じょう-でき【上出来】〔名・形動〕出来映えや物事の結果などがすぐれていること。また、そのさま。「やっつけ仕事にしては―な内容だ」

しょうてつ【正徹】[1381～1459]室町前期の歌人・禅僧。備中の人。字は清巌。号、松月・招月。東福寺の書記を務めたことから徹書記ともいう。歌を冷泉為尹・今川了俊に学び、藤原定家を崇拝し、新古今風の夢幻的で余情をたたえた歌を詠じた。家集「草根集」、歌論書「正徹物語」など。

しょう-てっこう【沼鉄鉱】沼地・冷泉などに堆積した多孔質の褐鉄鉱。化学的な沈殿や、細菌の作用で生じる。

しょうてつものがたり【正徹物語】室町前期の歌論書。2巻。正徹著。文安5～宝徳2年(1448～50)ごろの成立。藤原定家への傾倒が強く、和歌に関する識見を随筆ふうにつづったもの。

じょうて-もの【上手物】精巧に作られた高価な工芸品。⇔下手物。

しょう-デュマ【小デュマ】▶デュマ㊁

しょう-てん【小店】❶小さい店。こみせ。❷自分の店をへりくだっていう語。

しょう-てん【小×篆】漢字の書体の一。秦代に李斯が大篆を簡略化して作る。秦篆。➡篆書

しょう-てん【少典】律令制で、大宰府の主典で大典の下に位するもの。

しょう-てん【声点】漢字の四声を表すために、漢字の四隅、またはその中間につけられる点。中国に始まり、日本でも用いられる。漢字の四隅のうち、左下は平声、左上は上声、右上は去声、右下は入声を示す。のち、アクセントを示すために仮名にもつけられるようになった。声符。

しょう-てん【昇天】〔名〕スル ❶天高くのぼること。「旭日―の勢い」❷キリスト教で、イエス=キリストが復活後40日目に天にのぼったこと。転じて、人が死んでその魂が天にのぼること。「安らかに―する」(類語)(❷)死ぬ・死亡・死去・死没・逝去・長逝・永逝・永眠・往生・他界・物故・絶息・絶命・お陀仏・辞世・成仏・崩御・薨去・卒去・瞑目・落命

しょう-てん【商店】商品を売る店。「―街」(類語)店・店屋・店舗・ストア・ショップ

しょう-てん【掌典】❶典籍または儀式をつかさどること。❷祭祀のことをつかさどる宮内省式部職の職員。

しょう-てん【焦点】❶レンズや球面鏡で、光軸に平行な入射光線が集中する一点。または入射光線が発散する場合、発散の原点と考えられる点。太陽の光を凸レンズで集めると、この点に置いた黒い紙が焦げるところからいう。❷楕円・双曲線・放物線を、定点と定直線からの比が一定である点の軌跡として位置づけるときの、定点。❸人々の注意や関心の集まるところ。また、物事のいちばん重要な点。「話の―を絞る」(類語)中心・重点・ピント

焦点を絞る 注意や関心を、一点に集中させる。

しょう-てん【衝天】天をつくこと。気力や勢いが盛んなことにいう。「―の勢い」「意気―」(類語)盛ん・旺盛・軒昂

しょう-てん【賞典】❶褒美として与えられるもの。❷賞与に関する規定。

しょう-でん【小伝】簡単な伝記。略伝。

しょう-でん【召電】人を呼び寄せるための電報。「本国からの―で急ぎ帰国する」

しょう-でん【承伝】受け継いで伝えること。伝承。

しょう-でん【招電】人を招待するための電報。

しょう-でん【昇殿】〔名〕スル ❶許されて神社の社殿に昇ること。❷平安時代以降、五位以上の者および六位の蔵人が、家格や功績によって宮中の清涼殿にある殿上の間に昇ることを許されたこと。➡地下 ➡殿上人

しょう-でん【省電】《「省線電車」の略》「省線❷」に同じ。

しょう-でん【聖天】▶歓喜天

しょう-でん【詳伝】経歴・業績などをくわしく書いた伝記。「創業者の―」⇔略伝。

じょう-てん【上天】❶そら。天。天上。⇔下土。❷天上界の中ですぐれている方の天。⇔下天。❸天帝。上帝。「ペロピダスの武術の勝りしにや、将た―の祐けにや」〈竜渓・経国美談〉❹天にのぼること。昇天。❺四天の一。冬の天。(類語)(❶)天・天空・天穹・穹窿・蒼穹・太虚・天球・青空・青天井・宙・空・空中・虚空・中空・中天・上空

じょう-でん【上田】地味が肥え、収穫の多い田。⇔下田。

じょう-でん【定田】中世、荘園・国衙領で、年貢や公事の対象となる田地。⇔除田。

じょう-でん【乗田|剰田】❶律令制で、位田・職田・口分田・賜田・墾田などに割り当てたあとの余剰の田地。請願した耕作者に貸与し、収穫の5分の1を太政官に納めさせた。❷中国、春秋時代に魯の国で家畜の飼育をつかさどった官の名。

しょうてん-いどう【焦点移動】カメラのピント位置がずれてしまうこと。ピントを合わせた後に絞りを変えたり、ズームレンズの焦点距離を変えたりすると生じることがある。

しょうてん-がい【商店街】商店が多く立ち並ぶ通りや地域。「駅前―」

しょうてん-ガラス【焦点ガラス】▶ピントグラス

しょう-でんき【焦電気】▶パイロ電気

じょう-てんき【上天気】よく晴れたいい天気。(類語)快晴・晴れ・日本晴れ・晴天・好天・炎天

しょうてんきょう【小天橋】京都府北西部、京丹後市にある砂州。久美浜湾口にあり、日本海に臨む白砂青松の景勝地。夏は海水浴場・キャンプ場としてにぎわう。山陰海岸国立公園に属する。名の由来は、砂州が天橋立に似ていることから。

しょうてん-きょり【焦点距離】レンズまたは球面鏡の中心である主点から焦点までの距離。

しょうでん-ぐ【▽聖天供】聖天を本尊として、除災・富貴を祈る修法。歓喜天供。しょうてんくう。

しょうでん-こうか【焦電効果】パイロ電気を発生する現象。温度センサーなどに応用。

しょうでん-じけん【昭電事件】昭和電工社長、日野原節三の復興金融金庫からの融資に関する贈収賄事件。昭和23年(1948)政府高官や閣僚の逮捕にまで及び、芦田内閣の総辞職をもたらした。昭電疑獄。

しょうてん-しんど【焦点深度】カメラなどで、焦点を中心に鮮明な像を結ぶと考えられる光軸上の範囲。

しょう-てんち【小天地】❶小さく限られた一つの世界。広大な宇宙に対して人間界をいう。❷小さくはあるが、それなりにまとまりをもつ空間。狭く限られた社会。「大学という―に安住する」

じょう-でんどう【常伝導|常電導】超伝導を示さない状態。電気抵抗を伴う通常の電気伝導を示す。超伝導体が転移温度以上にある時も常伝導状態という。常伝導状態。

じょう-でんどうたい【常伝導体|常電導体】超伝導を示さない物質。電気抵抗を伴う通常の電気伝導を示す物質や転移温度以上にある超伝導体をさす。

しょうてん-び【昇天日】イエス=キリストの昇天を記念する日。復活日後40日目の木曜日。主の昇天。昇天祭。(季 夏)

しょうでん-ぶし【正伝節】上方浄瑠璃の流派の一。初世宮古路薗八の門から出た春富士正伝が始めたもの。宝暦(1751～1764)のころ、京坂地方に流行。

しょうてん-ほう【商店法】商店などの使用人保護を目的とした法律。休日や閉店時刻などを規定。昭和13年(1938)制定、同22年労働基準法の施行により廃止。

しょうてん-めん【焦点面】レンズや球面鏡で、入射光線が集中する焦点を通り、光軸に垂直な平面。焦平面。

しょうてん-ろく【賞典×禄】明治維新の際、倒幕に功績のあった公卿・大名・士族に家禄のほかに賞与として賜った禄。永世禄・終身禄・年限禄の3種。明治9年(1876)廃止。

しょうと【▽兄▽人】《「せひと」の音変化》❶女からみて同腹の兄または弟をいう語。「故母御息所の御―の律師」〈源・賢木〉❷兄にあたる人。「公世の二位の―に、良覚僧正と聞こえしは」〈徒然・四五〉

しょう-と【省都】中国の省の首都。➡省❹

しょう-と【商都】商業の中心となる都市。

しょうど ❶《「せんど(先途)」の変化した語か。その場合、歴史的仮名遣いは「せうど」》目的とする所。目当て。「常闇に何の―は見えねども」〈浄・大経師〉❷正体。とらえ所。「どうせ味噌べったり焼き生姜といふ

男だから、一はなしさ」〈滑・膝栗毛・三〉

しょう-ど【焼土】セウー 地質の改良、消毒などのために土壌を焼くこと。

しょう-ど【焦土】セウー ❶焼けて黒くなった土。❷家屋・草木などが焼けて跡形もない土地。焼け野原。

焦土と化・す 建物などがすっかり焼け落ちて跡形もなくなる。焦土に帰す。「被災した市街地が一面一・す」

しょう-ど【照度】セウー 光に照らされている面の明るさの度合い。単位面積が、単位時間に受ける光の量で表す。単位はルクス。

じょうと【上都】ジヤウト 中国、元の都城の一。フビライが造営し、1260年ここで即位した。大都(現在の北京(ペキン))ができてからは夏の都となった。内モンゴル自治区多倫(ドロン)北西に残る遺跡は、2012年に世界遺産(文化遺産)に登録された。開平府。

じょう-と【譲渡】ジヤウー〘名〙スル 権利・財産、法律上の地位などを、他人にゆずりわたすこと。「借地権を一する」(類語)譲る・譲り渡す・譲与・分譲・委譲・明け渡す・手放す・引き渡す

じょう-ど【浄土】ジヤウー ❶仏語。一切の煩悩(ぼんのう)やけがれを離れた、清浄な国土。仏の住む世界。特に、阿弥陀仏の住む極楽浄土。西方浄土。「欣求(ごんぐ)一」⇔穢土(えど)。❷「浄土宗」の略。
(類語)楽園・楽天地・楽土・極楽・天国・パラダイス

じょう-ど【常度】ジヤウー ❶変わらないきまり。「軍行の一を変じなば、後陣は必ず混乱すべし」〈中村訳・西国立志編〉❷日常の態度。ふだんのようす。

じょう-ど【壌土】ジヤウー ❶土。土壌。❷粘土の割合が25～37.5パーセントの土壌。作物栽培に最も適する。(類語)土地・土・大地・地・土壌

しょう-ドイツしゅぎ【小ドイツ主義】19世紀中ごろ、プロイセンを中心にドイツの政治的統一を図ろうとした立場。オーストリアを中心に置こうとする大ドイツ主義と対立、普墺(ふおう)戦争を経てドイツ帝国の成立により実現した。

しょう-とう【上▽童】シヤウー「殿上童(てんじょうわらわ)❶」に同じ。「中宮の御方に候はせ給ふ女房のめしつかひける一」〈平家・六〉

しょう-とう【小刀】セウタウ 小さい刀。特に、脇差。

しょう-とう【小党】セウタウ 人数の少ない政党。勢力の弱い党派。

しょう-とう【小島】セウタウ 小さい島。こじま。

しょう-とう【正当】シヤウタウ〘名・形動〙❶道理にかなっていること。また、そのさま。せいとう。「一にも一にも百まんだら頼みによこして貰って行った嫁の親」〈一葉・十三夜〉❷正直でまじめなこと。実直。信実。「お前はちいさい時から一な人で」〈円朝・怪談牡丹灯籠〉❸ちょうど忌日にあたること。「一の日誦経の後、牌前に備へ」〈続明烏・冬〉

しょう-とう【正統】シヤウー「せいとう(正統)」に同じ。「頼政卿は、…源氏嫡嫡の一」〈平家・一〉

しょう-とう【昇等｜×陞等】等級が上がること。昇級。「例の一の一件はまだ何(ど)ちらとも決まらないか」〈逍遥・細君〉

しょう-とう【昇騰】〘名〙スル ❶高く上がること。「泡とは、圧迫する水の圧力を突き破って一する気力である」〈横光・上海〉❷物価が高くなること。

しょう-とう【松×濤】ータウ 松の梢を渡る風の音を波の音にたとえていう語。松籟(しょうらい)。

しょう-とう【消灯】セウー〘名〙スル あかりをけすこと。「一〇時には一する」「一時間」⇔点灯。

しょう-とう【×梢頭】セウー こずえの先端。

しょう-とう【×檣灯】シヤウー 夜間の航行で、船の前方のマストに掲げ、船の前面を示す白色光の灯火。

しょう-とう【×檣頭】シヤウー 帆柱の先。マストの頂(いただき)。

しょう-どう【小童｜少童】セウー ❶年少の男子。❷子供の召使い。使い走りの少年。「嘗て自ら棉磨の工場に在りて一たりしとき」〈中村訳・西国立志編〉

しょう-どう【小道】セウダウ ❶細い道。こみち。❷ささいな道義。❸人のふみ行うべき道を大道というのに対し、農・医・占など実際的な技芸の道。

しょう-どう【正堂】シヤウダウ 禅寺で、住職の居室。方丈。

しょう-どう【正道】シヤウダウ〘名・形動〙❶道義的に正しい道。せいどう。❷すなおで正しいこと。また、そのさま。「一潔白」「えこひいきなしに一に申さうなら」〈伎・毛抜〉

しょう-どう【称道】ーダウ〘名〙スル いい唱えること。唱道。「茫乎(ぼうこ)として美術美術と一し居るに過ぎざるなり」〈雪嶺・偽悪醜日本人〉

しょう-どう【商道】シヤウダウ 商業人として守るべき道。商業上の道徳。「一に反する」

しょう-どう【唱道】シヤウダウ〘名〙スル ある思想や主張を人に先立って唱えること。「新説を一する」

しょう-どう【唱導】シヤウダウ〘名〙スル ❶ある思想・主張を唱えて人を導くこと。「平和運動を一する」❷経文を唱えて教えを説き、人を仏道に導き入れること。❸「唱導師」の略。(類語)補導・善導・教導・指導

しょう-どう【章動】シヤウー 太陽や月の引力により地球の自転軸は歳差運動をするが、この引力の大きさは絶えず変化するため、自転軸が微小な揺れを周期的に起こす現象。大きいものの周期は18.6年で、古代中国暦で19年間を1章としたことによる語。

しょう-どう【晶洞】シヤウー 岩石・鉱脈などの内部の空洞。内壁にはしばしば自形(じけい)の結晶が群生している。晶簇(しょうぞく)。

しょう-どう【×竦動】つつしみかしこまること。また、恐れて身を縮めること。「あの家にいた時にふと起した一を再び起して」〈白鳥・人生恐怖図〉

しょう-どう【▽聖道】シヤウダウ 仏語。❶仏の教え。また、悟りを開く道。仏道。❷「聖道門」の略。❸法相・三論・天台・真言宗などの聖道門の僧。

しょう-どう【衝動】❶外から強い力や刺激を受けて心を動かすこと。❷動作または行為を行おうとする抑えにくい内部的な欲求。目的が完遂することによって消滅する。「叫びたい一に駆られる」「一を抑える」

しょう-どう【×聳動】〘名〙スル 驚かし動揺させること。また、恐れ動揺すること。「世間の耳目を一させた疑獄事件に連坐して」〈荷風・つゆのあとさき〉

しょう-どう【鐘堂】ーダウ 鐘つき堂。鐘楼。

じょう-とう【上棟】ジヤウー「棟上(むねあげ)」に同じ。

じょう-とう【上等】ジヤウー〘名・形動〙❶物の品質や出来ばえなどが、すぐれてよいこと。また、そのさま。優秀。「一な品」「マラソンで一〇着に入れば一だ」⇔下等。❷等級が上であること。等級が上のもの。「船賃は一にて十円か十五円」〈福沢・福翁自伝〉(派生)じょうとうさ〘名〙(類語)上質・良質・優良・佳良・純良・良好・見事・立派・上上・上乗・結構・良い

じょう-とう【上騰】ジヤウー〘名〙スル ❶高く上がること。立ちのぼること。「烟は次第に一し」〈永峰秀樹訳・暴夜物語〉❷物価が高くなること。騰貴。昇騰。「地価が一する」

じょう-とう【城東】ジヤウー 城の東の方。都の東側。また、その地域。

じょうとう【城東】ジヤウトウ ㊀大阪市東部の区名。昭和18年(1943)旭・東成両区から分区して成立、同49年東半部は鶴見区となる。㊁もと東京市の区名。昭和7年(1932)亀戸・大島・砂の3町によって成立。同22年深川区と合併して江東区となる。

じょう-とう【城頭】ジヤウー 城のそば。また、城の上。「昨日杖を此の一に曳いて」〈啄木・葬列〉

じょう-とう【常灯】ジヤウー ❶神仏の前に絶えずともしておく灯火。みあかし。常灯明。❷街路や辻などに終夜ともしておく灯火。常夜灯。

じょう-とう【常×套】ジヤウタウ きまりきった、または、ありふれたやり方。「一の手法」(類語)常軌・常道

じよう-とう【滋養糖】ジヤウタウ でんぷんを糊化(こか)し、酵素で糖化した粉末状の麦芽糖製剤。消化不良症の乳児などに用いた。

じょう-どう【上堂】ジヤウダウ〘名〙スル ❶禅宗で、住持または導師が法堂(はっとう)に上がって説法をすること。❷禅宗で、食事のために僧堂に上がること。❸禅寺座敷の上段の間。

じょう-どう【成道】ジヤウダウ〘名〙スル 仏語。菩薩(ぼさつ)が修行して悟りを開き、仏となること。特に、釈迦(しゃか)が仏になったこと。成仏得道。

じょう-どう【×杖道】ヂヤウダウ ▶杖術(じょうじゅつ)

じょう-どう【常道】ジヤウダウ ❶つねに人間が守るべき道。「一を踏みはずす」❷だれもがとる普通のやり方。一般の原則にかなったやり方。「商売の一」
(類語)常軌・常套(じょうとう)・型(かた)

じょう-どう【情動】ジヤウー 恐怖・驚き・怒り・悲しみ・喜びなどの感情で、急激で一時的なもの。情緒。(類語)感情・情(じょう)・情感・心情・情調・情操・情念・喜怒哀楽・気分・気(き)・気色(きしょく)・機嫌(きげん)・気持ち・感じ・エモーション

じょうどう-え【成道会】ジヤウダウエ 毎年12月8日、釈迦(しゃか)の成道の日を記念して行う法会。臘八会(ろうはちえ)。(季 冬)

しょうどう-がい【衝動買い】ーがひ〘名〙スル 買う予定はないのに、商品を見ているうちにほしくなって買ってしまうこと。

じょうどう-きょく【常動曲】ジヤウドウー 始めから終わりまで速い動きの同一音型が休みなく続く曲。無窮動(むきゅうどう)。

じょうとう-く【城東区】ジヤウトウー ▶城東

じょうとう-く【常×套句】ジヤウタウー ある場合にいつもきまって使う文句。決まり文句。

じょうとう-ご【常×套語】ジヤウタウー ある場合にいつもきまって使う言葉。

しょうとう-じ【正灯寺】シヤウトウー 東京都台東区にある臨済宗妙心寺派の寺。山号は東陽山。昔は紅葉の名所で、その見物を口実にして近所の吉原遊郭に遊ぶ客が多かった。

しょうどう-し【唱導師】シヤウダウー ❶説経をして人々を仏道に導く人。❷法会で、進行の中心となり、先んじて読経し、他の僧を導く僧。導師。

じょうとう-しき【上棟式】ジヤウトウー 家屋建造の際、棟木を上げるにあたり、大工の棟梁(とうりょう)などが神を祭り、新屋の安全を祈る儀式。棟上げ式。建前(たてまえ)。上棟祭。

じょうとう-しゅだん【常×套手段】ジヤウタウー 同じような場合にいつもきまって使う手段。常用手段。

しょうとう-しょう【小頭症】セウトウシヤウ 頭部が異常に小さい病気。先天性、あるいは妊娠中の風疹などによる後天性の原因で、脳の欠損・変性・発育不全が生じ、頭部が小さいままになる。➡狭頭症(きょうとうしょう)

じょうどう-しょう【常同症】ジヤウドウシヤウ 自閉症や知的遅滞、統合失調症などに顕著に現れる症状で、同じ行為・言語・姿勢などを長時間にわたって反復・持続するもの。常同行動。

じょうとう-しょうがく【上等小学】ジヤウトウセウガク 明治5年(1872)の学制で設置された小学校。4年制で、下等小学の上に置かれた。➡下等小学

じょう-とうしょうがく【成等正覚】ジヤウトウシヤウガク 仏語。菩薩(ぼさつ)が、仏の悟りである等正覚を成就すること。迷いを去って完全な悟りを開くこと。

しょうとうしょこく-れんごう【小島×嶼国連合】セウタウシヨコクレンガフ ▶エー-オー-エス-アイ-エス(AOSIS)

しょうどう-すいしゃ【衝動水車】ノズルから噴出させた水を羽根車のバケットに当て、その衝撃で回す水車。ペルトン水車など。

じょうとう-すいへい【上等水兵】ジヤウトウー 旧日本海軍における水兵科の兵の4階級の一。昭和17年(1942)に、それまでの二等水兵を改称してこう呼び、水兵長(元の一等水兵)の下で一等水兵(元の三等水兵)の上となった。

しょう-どうせい【蕭道成】セウダウセイ[427～482]中国、南斉の初代皇帝。在位479～482。諡号(しごう)は高帝、廟号は太祖。宋の順帝を廃して自立し、国号を斉とした。

じょうとう-せん【上棟銭】ジヤウトウー 上棟式のときに、上棟を祝ってまく銭。棟上(むねあげ)銭。

じょうとう-せん【×杖頭銭】ヂヤウトウー《晋の阮修(げんしゅう)がいつも杖(つえ)の頭に百文の銭をかけ、酒屋に寄って飲んだという「晋書」阮修伝の故事から》酒代の百文。

じょうとう-せん【城東線】ジヤウトウー JR西日本の大阪・天王寺間の旧称。明治28年(1895)開通。昭和36年(1961)大阪環状線の一部となる。

しょうどう-タービン【衝動タービン】ノズルから出る膨張蒸気の高速噴流を回転羽根に当てて回すタービン。

じょうどう-だつりょくほっさ【情動脱力発作】ジヤウドウー

ナルコレプシーの症状の一。感情の強まったときに体の力が抜け、支えられなくなる。通常は一瞬のことで、意識は正常。カタプレキシー。

しょうどう-つばめ【小洞×燕】スズメ目ツバメ科の鳥。スズメより小形。背は褐色、腹は白く、胸に茶色い帯がある。ほぼ世界中に分布。日本では夏鳥で、北海道でがけに巣穴を掘って繁殖する。

しょうどう-てき【衝動的】〘形動〙心をつき動かされるままに、善悪などの判断もせず行動に移してしまうさま。「一な犯行」「一に買ってしまう」

じょう-と-うば【▽尉と×姥】能の衣装をつけた老夫婦が、熊手とほうきで松の落ち葉をかき寄せる姿。人形・絵画・彫刻などにされ、婚礼・ひな祭りなどの祝いに用いられる。謡曲の「高砂」に基づく。

じょうとう-へい【上等兵】旧日本陸軍の兵の階級の一。兵長の下、一等兵の上。旧海軍では上等水兵。

じょうとう-へいそう【上等兵曹】旧日本海軍における水兵科下士官の最上位の階級。昭和17年(1942)に、それまでの一等兵曹を改称してこう呼び、准士官の兵曹長の下で一等兵曹(元の二等兵曹)の上となった。旧陸軍の曹長に相当する。

じょう-とうみょう【常灯明】「常灯❶」に同じ。

しょうどう-もん【▽聖道門】仏語。自ら修行して現世において悟りに到達しようとする自力の宗門。また、その教え。特に、真言・天台の二宗。自力門。➡浄土門

じょうとう-もん【上東門】平安京大内裏外郭門の一。東面し、陽明門の北にあって、上西門に対する。築地を切り抜いただけで屋根がない。

じょうとう-もんいん【上東門院】[988〜1074]一条天皇の中宮藤原彰子の院号。藤原道長の娘。後一条・後朱雀天皇の母。紫式部・和泉式部ら多くの才媛が仕えた。

じょうと-うらがき【譲渡裏書】手形・小切手などの指図証券上の権利を譲渡するための裏書。通常裏書。

しょうとう-らんがく【焦頭×爛額】《「漢書」霍光伝から》火災の予防を考えた者を賞しないで、消火のため頭髪を焦がし、額にやけどをした者に賞を与えること。根本よりも末端を重視するたとえ。

しょう-とうるい【少糖類】炭水化物のうち、単糖類が2〜10個くらい結合した糖類の総称。オリゴ糖。単糖類の数により、二糖類・三糖類などという。さまざまな種類があり、砂糖よりもカロリーが低いので清涼飲料の甘味料に使われる。また、人間の消化管で消化されにくいものは、腸内細菌の栄養分となってビフィズス菌などを増やすとして注目されている。

じょうど-おうじょう【浄土往生】死後、仏や菩薩の住む浄土に生まれかわること。

しょうど-がいこう【焦土外交】敵の攻撃を受けて国が焦土と化しても、あくまで国策を遂行するという外交。満州事変当時に、内田康哉外相が帝国議会で述べた語に基づく。

じょうど-が-はま【浄土ヶ浜】岩手県東部、宮古市の北東にある海岸。白色の石英粗面岩からなり、海食作用で断崖・入り江・洞穴など変化に富んだ地形をつくっている。陸中海岸国立公園の一中心で、代表的観光地。地名の由来は、江戸時代に宮古山常安寺の僧がこの地の景色を見て「さながら浄土のようだ」と感嘆したことからといわれる。

じょう-とき【常▽斎】・【定▽斎】檀家などできまった日時に読経に来る僧に出す食事。「今日は一を下さるる方がござある」〈虎明狂・東西迷〉

じょうど-きょう【浄土教】仏語。極楽浄土に往生することを説く教え。阿弥陀仏の誓いを信じ、念仏して死後に極楽浄土に生まれることを願う教え。浄土宗・浄土真宗・時宗・融通念仏宗など。

しょうとく【正徳】江戸中期、中御門天皇の時の年号。1711年4月25日〜1716年6月22日。

しょう-とく【生得】❶生まれながらにしてそういう性質を持っていること。生まれつき。せいとく。「一の人のよさ」❷(副詞的に用いて)生まれつき。もともと。「一頑固な人」(類語)生まれ付き・生まれながら・生来・先天的・天性・天賦・天稟・天分・天資・稟性

しょうとく【承徳】中国河北省の都市。旧熱河省省都。清朝の避暑のための離宮などが残る。チョントー。

しょうとく【承徳】《「じょうとく」とも》平安後期、堀河天皇の時の年号。1097年11月21日〜1099年8月28日。

しょう-とく【▽所得】得をすること。もうけること。「これにかへてんやと言ひければ、玉のぬしの男、一したりと思ひけるに」〈宇治拾遺・一四〉

しょう-とく【証得】〘名〙スル ❶真理などを悟ること。体得すること。「此便法を一し得ざる時」〈漱石・野分〉❷悟ってもいないのに、悟ったとうぬぼれること。「一してわれは気色したる歌よみ給ふな」〈無名抄〉

しょう-とく【×頌徳】徳をたたえること。「一碑」

しょう-とく【彰徳】徳行を広く世に知らせること。また、世間に知れ渡っている徳行。

しょう-どく【消毒】〘名〙スル 薬品・熱・紫外線などによって、病原菌を殺すこと。「食器を一する」(類語)毒消し・解毒・殺菌

しょう-どく【×誦読】〘名〙スル 書物などを声を出して読み上げること。読誦。「論語を一する」

じょうとく【常徳】中国湖南省北部、洞庭湖西方の商工業都市。水陸交通の要地。チャントー。

しょうどく-い【消毒衣】医師・看護師などが着る、消毒をした白衣。

じょう-とくい【上得意】得意客の中でも、特に多くもうけさせてくれるよい客。「店いちばんの一」

じょう-とくい【常得意】いつもその店をひいきにして利用してくれる客。(類語)得意・常連・上得意

しょうとく-きゅう【昌徳宮】韓国、ソウル市にある宮殿。1405年、太宗が李王家の離宮として創建。後苑は朝鮮の造園芸術の粋を集めたもの。1997年、世界遺産(文化遺産)に登録。チャンドックン。

しょうとく-きんぎん【正徳金銀】江戸幕府が正徳4年(1714)に発行した金貨と銀貨。元禄時代の悪貨を是正するため作られたもので、金貨は小判と一分判金、銀貨は丁銀と豆板銀とがある。

しょうどく-ざい【消毒剤】「消毒薬」に同じ。

しょうとく-しんれい【正徳新例】江戸幕府による長崎貿易制限のための諸規定の総称。正徳5年(1715)発令。金・銀・銅の海外流出と密貿易防止のため、船数・貿易額を制限したもの。海舶互市新例。長崎新例。

しょうとく-たいし【聖徳太子】[574〜622]用明天皇の皇子。名は厩戸皇子。豊聡耳皇子・上宮太子ともいう。叔母推古天皇の摂政として内政・外交に尽力。冠位十二階・憲法十七条を制定して集権的官僚国家の基礎をつくり、遣隋使を派遣し大陸文化の導入に努めた。また、「三経義疏」を著し、法隆寺・四天王寺などを建立して仏教の興隆に尽くした。

しょうとく-てんのう【称徳天皇】[718〜770]第48代天皇。在位764〜770。孝謙天皇の重祚。重用した道鏡の専横が甚だしく、宇佐八幡神託事件を起こした。

しょうとく-の-ち【正徳の治】正徳年間、将軍徳川家宣・家継のもとで新井白石が推進した文治政治。

しょうとく-の-むくい【生得の報い】前世での善悪の行為に対する応報として、人が生まれながらに負う現世での運命。

しょうどく-やく【消毒薬】消毒に使用する薬剤。エタノール・石炭酸・ホルマリン・クレゾール・ヨードチンキ・逆性石鹸・クロルヘキシジンなど。消毒剤。

しょうど-けい【照度計】照度を測定する計器。ルクスメーター。

じょうど-ごそ【浄土五祖】浄土教で重んじる、中国の五人の高僧。曇鸞・道綽・善導・懐感・少康。

じょうど-さんぶきょう【浄土三部経】浄土宗・浄土真宗などで最も重んじる三種の経典。無量寿経・観無量寿経・阿弥陀経。

じょうど-じ【浄土寺】㊀広島県尾道市にある真言宗泉涌寺派の大本山。山号は転法輪山。聖徳太子の創建と伝える。徳治元年(1306)西大寺の定証が中興、江戸中期から真言宗となる。本堂・多宝塔は国宝。㊁兵庫県小野市にある高野山真言宗の寺。山号は極楽山。聖武天皇の勅願により行基が開創。広渡寺と称したが荒廃し、鎌倉初期に東大寺の播磨別所として重源が再興、現寺号に改めた。阿弥陀三尊像・浄土堂は国宝。

しょうど-しま【小豆島】香川県北東部、瀬戸内海東部の島。淡路島に次ぐ内海第2の大島。奇岩の多い寒霞渓がある。湯船山腹から湧出する水は貴重な水源。醤油醸造、オリーブ栽培、花崗岩の採石、そうめんの製造が行われる。壺井栄の小説「二十四の瞳」の舞台。面積153平方キロメートル。

じょうど-しゅう【浄土宗】平安末期、法然上人源空を宗祖とする浄土教の一派。浄土三部経を所依の聖典とするが、特に観無量寿経を重視して、専修念仏によって極楽浄土への往生を宗旨とする。総本山は京都の知恩院。

じょうと-しょとく【譲渡所得】所得税法上の所得の種類の一。資産の譲渡による所得。

じょうど-しんしゅう【浄土真宗】浄土宗の開祖である法然の弟子の親鸞を開祖とする浄土教の一派。浄土三部経を所依の経典とするが、特に無量寿経により阿弥陀仏の本願の信心を重視し、称名念仏は仏恩報謝の行であるとするのを宗旨とする。真宗。門徒宗。一向宗。

じょうど-すごろく【浄土▽双六】絵双六の一。江戸時代に流行したもので、南閻浮洲を振り出しに浄土を上がりとする。賽には「南・無・分・身・諸・仏」の6字を刻み、悪い目を振ると地獄に落ち、よい目を振ると浄土に至る。

じょうとせいげん-がいしゃ【譲渡制限会社】►非公開会社

じょうとせい-よきん【譲渡性預金】►シー-ディー(CD)

じょうとせい-よきんしょうしょ【譲渡性預金証書】►シー-ディー(CD)

しょうど-せんじゅつ【焦土戦術】退却に際して、敵に利用されないように、あらゆる施設や資材などを焼却・破壊する戦術。

じょうどせんねん-しゅう【浄土専念宗】浄土宗の異称。

じょうと-たんぽ【譲渡担保】担保の目的である財産権をいったん債権者に譲渡し、債務者が債務を弁済したときに返還するという形式の債権の物的担保制度。民法上規定はないが、判例によって認められ、実務上用いられている。

しょう-とつ【衝突】〘名〙スル ❶突き当たること。ぶつかること。「電柱に一する」「一事故」❷相反する立場・利害などがぶつかって争いとなること。「意見の一がみられる」「国境で軍隊が一する」(類語)当たる・ぶつかる・突き当たる・行き当たる・鉢合わせ・激突・接触・摩擦・軋轢・対立・戦う・争う・渡り合う

しょうとつあんぜんボディー-わりびき【衝突安全ボディー割引】自動車保険の保険料の割引。契約に際し、被保険車の車体が所定の衝突安全基準を満たした衝撃吸収ボディーである場合に適用される。

じょうど-の-あるじ【浄土の▽主】極楽浄土の主である仏、すなわち阿弥陀仏。

じょうど-はっそ【浄土八祖】浄土宗鎮西派で、浄土教の正統を継承したとする八人の高僧。インドの馬鳴・竜樹・世親、中国の菩提流支・曇鸞・道綽・善導、日本の源空(法然)。

じょうど-へんそう【浄土変相】浄土における仏や荘厳のさまを描いた図絵。浄土変ともいい、阿弥陀浄土変・弥勒浄土変・霊山浄土変などがある。浄土曼荼羅。

じょうど-まんだら【浄土×曼×荼羅】浄土変相図のこと。

じょうど-もん【浄土門】阿弥陀仏の広大な誓いを信じ、念仏して極楽浄土に往生することを説く、他力の教え。浄土宗・浄土真宗・時宗・融通念仏宗など。他力門。➡聖道門

しょう-とり【証取】「証券取引所」の略。

しょうトリアノン-きゅうでん【小トリアノン宮殿】《Petit Trianon》フランス北部ベルサイユにある、ベルサイユ宮殿の離宮の一。18世紀にルイ15世が寵姫ポンパドール夫人のために建てたが、完成前に夫人は死去。のちルイ16世が王妃マリー＝アントワネットに与え、イギリス式の庭園にはアモーとよばれる農村の小集落を模したものが造られた。プチトリアノン。

しょう-とりひき【商取引】商業上の売買の行為。「―が成立する」

しょう-どん【焼鈍】►焼き鈍なし

しょう-な【小×儺】追儺の儀式で、鬼を追いながら大儺に従って内裏を駆け回る子供。➡追儺

しょうない【庄内】㊀山形県北西部の地域名。庄内平野を中心とし、酒田・鶴岡両市がある。最上川が流れ、米の産地として知られる。名は、中世に大泉氏の所領を大泉荘内といったことによる。㊁山形県北西部、東田川郡の地名。庄内㊀の中部にあり、余目駅で羽越本線と陸羽西線が接続する。

じょう-ない【城内】城の内部。城中。また、城壁に囲まれた内部の地域。⇔城外。

じょう-ない【場内】一定の場所の中。会場の内部。「―放送」⇔場外。

しょうない-おばこ【庄内おばこ】山形県庄内地方の民謡。農家の縄ない歌として近世初期に生まれたという。

しょうない-がわ【庄内川】愛知県西部を流れる川。岐阜県恵那市の山地に発し、名古屋市の北部から西縁部を流れ、伊勢湾に注ぐ。岐阜県内では土岐川とよばれる。

しょう-ないき【少内記】律令制で、内記のうち、下位の官職。➡内記

しょうない-はんとう【荘内半島】香川県北西部、瀬戸内海に突出した半島。三豊市に属する。長さ約12キロメートル、幅3～4キロメートル。最高峰の紫雲出山(標高352メートル)には讃岐岩が産出する。浦島太郎伝説地の一つで、生地の生里、玉手箱を開けた箱浦、晩年をすごした仁老浜など浦島太郎に関する地名が多い。三崎半島。

しょうない-へいや【庄内平野】山形県北西部、日本海に面する沖積平野。県内最大の平坦地で、最上川が流れ、庄内米で知られる日本有数の米作地帯となっている。中心都市は酒田市・鶴岡市。

しょう-なか【正中】能舞台の中央の位置。しょうちゅう。

しょう-なごん【少納言】律令制で、太政官の判官。外記を率いて官印の管理や太政官の事務をつかさどり、侍従を兼ねた。すないものもうし。すないものもうすつかさ。

しょうなごん-きょく【少納言局】律令制で、少納言が外記とともに構成した太政官内の事務局。

じょう-なし【情無し】〔名・形動〕思いやりのないこと。また、そのさまやその人。「―な(の)男」

しょう-なん【小難】❶ちょっとした災難。⇔大難。❷ちょっとした欠点。商品などについていう。

しょうなん【昭南】第二次大戦中、日本が占領中のシンガポールにつけた名称。

しょうなん【湘南】㊀《相模国南部の意の「相南」を、中国の「湘南」にちなんで書き換えたもの》神奈川県南部の相模湾沿岸一帯の地。葉山・逗子・鎌倉・茅ヶ崎・大磯・平塚などがある。温暖な気候と風景に恵まれた観光保養地・住宅地。「―の海岸」㊁中国の湖南省を流れる湘江の南の地方。

じょう-なん【城南】城の南方。都の南側。また、その地域。

じょうなん【城南】福岡市の区名。昭和57年(1982)西区の東部が分区して成立。

しょうなん-かいがん【湘南海岸】神奈川県南部、相模湾に面した海岸。鎌倉市から茅ヶ崎市柳島海岸にかけての砂浜地帯。その間に湘南観光地の中心江の島がある。夏、海水浴場としてにぎわうほか、サーフィンの最適地として知られる。

じょうなん-く【城南区】►城南

しょう-なんこう【小楠公】楠木正成を大楠公と呼ぶのに対し、その子正行をいう敬称。

しょうなん-こうかだいがく【湘南工科大学】神奈川県藤沢市に本部を置く私立大学。昭和38年(1963)相模工業大学として開学。平成2年(1990)現校名に改称した。工学部の単科大学。

じょうなん-じ【城南寺】京都市伏見区にあった寺。永暦元年(1160)以前の創建とされ、白河上皇の鳥羽殿の遺跡に造られたといわれる。

じょうなんじ-まつり【城南寺祭】昔、城南寺で行われた祭礼。平安末期から鎌倉初期には盛大に行われ、競べ馬なども催された。のち、寺は荒廃し、祭りは真幡寸神社(現在の城南宮)の城南宮神幸祭として受け継がれた。城南祭。城南神祭。餅祭り。

しょうなん-だいら【湘南平】神奈川県南部、平塚市にある高麗山公園の一部。山頂平坦部で、高さ180メートル。桜の名所で、ハイキングコースともなっている。北に大山・丹沢山地、東に江の島・三浦半島・房総半島、西に富士・箱根、南に相模灘から大島を望むことができる。

しょうなん-ベルマーレ【湘南ベルマーレ】日本プロサッカーリーグのクラブチームの一。ホームタウンは神奈川県南部の7市3町。昭和43年(1968)、栃木県のクラブチームとして発足し、平成5年(1993)に平塚市に移転。翌年、ベルマーレ平塚としてJリーグに参加。同12年に現名称に改め、ホームタウンを拡大した。〔補説〕「ベルマーレ」はラテン語のベラム(美しい)とマーレ(海)をあわせた造語。

しょう-に【小児】子供。しょうじ。〔類語〕子供・児童・子・小人・童・童・童・学童・童子・幼子・幼童・ちびっこ・わっぱ・こわっぱ・小僧・餓鬼・少年

しょう-に【少弐】律令制で、大宰府の次官のうち、下位のもの。大弐の下で庶務をつかさどった。のちに世襲となり、氏の名となった。すないすけ。

しょうに-か【小児科】小児の内科的な病気を専門に扱う医学の分野。

しょうにか-い【小児科医】小児科を専門とする医師。

しょうにきほうかいせい-しょうがい【小児期崩壊性障害】広汎性発達障害の一種。成長に伴って獲得した言語・対人行動・運動機能・排便機能などが、ある時期を境に退行していく疾患。併せて対人関係への無関心、同一動作の繰り返しなど自閉症の症状を示す。2歳くらいまでは正常な発達があり、10歳までにさまざまな機能障害が生じる場合が多い。

じょう-にく【上肉】食肉店などで、上等の肉。

しょうに-じへいしょう【小児自閉症】►自閉症

しょうに-しゅうちゅうちりょうしつ【小児集中治療室】►ピー-アイ-シー-ユー(PICU)

しょうに-ぜんそく【小児×喘息】小児の気管支喘息。

しょう-にち【正日】《「正忌日」の略》❶死後49日目の日。四十九日。なななぬか。「御法事など過ぎぬれど、―まではなほ籠もりおはす」〈源・葵〉❷一周忌の当日。「九日は御―にて、御覧ずるもいとあはれなり」〈栄花・浅緑〉

じょう-にち【上日】古代、官人の出勤した日。また、その日に出勤すること。じょうじつ。

じょう-にち【定日】「じょうじつ(定日)」に同じ。「これより、いよいよ正月二十日を太夫出世の―とす」〈色道大鏡・三〉

じょうにち-じ【上日寺】富山県氷見市にある高野山真言宗の寺。山号は朝日山。開創は天武10年(681)と伝える。上日寺観音とよばれる本尊の千手観音は太田浜に漂着したもので、戦国時代から前田利長らの帰依を受け、祈雨の修法で信仰を集めた。

しょうに-びょう【小児病】❶小児に特有な病気の総称。ジフテリア・はしか・百日ぜきなど。小児疾患。❷考え方や行動が幼稚で、極端に走りやすい性向。「左翼―」

しょうに-まひ【小児麻×痺】小児期に起こり、あとに四肢などの運動障害を残す病気。急性灰白髄炎(ポリオ)と脳性麻痺(脳性小児麻痺)とがあり、特に前者を単に小児麻痺ということも多い。この両者はまったく別の病気である。

しょうにまんせいとくてい-しっかん【小児慢性特定疾患】18歳未満の慢性疾患のうち、厚生労働省が特に定めたもの。治療が長期にわたるため保護者の経済的な負担が大きいとして、医療費が公費で負担される。糖尿病・膠原病・先天性代謝異常など。➡特定疾患

しょう-にゅう【証入】仏語。正しい智慧によって真意を悟ること。証得。悟入。

しょうにゅう-せき【×鍾乳石】鍾乳洞の天井からつらら状に下がった、白色や灰色の沈殿物。石灰岩の割れ目を雨水や地下水が通るとき、炭酸カルシウムを溶かして流れ、それが沈殿・成長したもの。

しょうにゅう-たい【×鍾乳体】植物の細胞壁の一部が、炭酸カルシウムなどの沈着によって塊になり、細胞内に突出したもの。クワ・イラクサなどにみられる。房状体。

しょうにゅう-どう【×鍾乳洞】石灰岩の割れ目から入った雨水や地下水の溶解作用によってできた洞窟。洞窟内は地下水が流れ、天井からは鍾乳石、下には石筍が立ち並ぶことが多い。石灰洞。

しょうにょう-まく【×漿尿膜】鳥類や爬虫類の、卵殻の直下に広がる、漿膜と尿膜とが一部で癒着した膜。血管が発達してくることにより胚の呼吸を可能にする。尿漿膜。

しょう-にん【上人】❶知徳を備えている、すぐれた僧。❷「法橋上人位」の略。➡法橋　❸浄土宗・日蓮宗・時宗で、僧の敬称。「日蓮―」「親鸞―」❹寺院の住職。〔類語〕和尚・大師・阿闍梨・三蔵・猊下

しょう-にん【小人】子供。入場料・運賃などで小学生以下のものをいう。➡大人　➡中人
〔類語〕子供・子・小児・児童・学童・童・童・童・童子・幼子・幼童・ちびっこ・わっぱ・こわっぱ・小僧・餓鬼・少年

しょう-にん【承認】〔名〕スル　❶そのことが正当または事実であると認めること。「相手の所有権を―する」❷よしとして、認め許すこと。聞き入れること。「知事の―を得て認可される」❸国家・政府・交戦団体などの国際法上の地位を認めること。「国連に―された国」〔類語〕承諾・受諾・受容・許可・承知・承服・黙認・公認・自認・納諾・快諾・内諾・甘受・オーケー・受け入れる・聞き入れる・聞き届ける・認める・受け付ける・心得る・応じる・承る

しょう-にん【昇任・×陞任】〔名〕スル　現職より上位の職に任命されること。「部長に―する」⇔降任。
〔類語〕昇進・昇格・栄達・栄進・昇級・栄転・出世・立身・累進・特進・格上げ・利達

しょう-にん【商人】❶商業を営む人。あきんど。「御用―」❷商法上、自己の名をもって商行為をなすことを業とする者。〔類語〕商売人・あきんど

しょう-にん【証人】❶ある事実を証明する人。ある事を証明するために事実を述べる人。「遺言書の作成に―として立ち会う」❷ある人の身元・人柄などを保証する人。保証人。❸裁判所その他の機関から、自己の知ることのできた事実を供述するよう命じられた第三者。「―を喚問する」❹江戸時代、幕府が人質の意味をもって、江戸屋敷に居住させた大名の妻子。

しょう-にん【▽聖人】《梵 ārya の訳》❶智慧が広大で、慈悲深い人。❷徳の高い僧。また、高僧の尊称。上人。〔類語〕名僧・高僧・聖・生き仏

しよう-にん【使用人】❶人や物を使用する人。使用者。❷他人に雇われて働く人。
じょう-にん【上人】ジヤウー 身分の高い人。また、道理のよくわかっている人。「一は彼を呼んで才子となすも、下人は却て之を嫌忌す」〈織田訳・花柳春話〉
じょう-にん【浄人】ジヤウー 在俗のままで寺に住み、僧たちに仕える者。また、寺で働く人。
じょう-にん【常人】ジヤウー ▶じょうじん(常人)
じょう-にん【常任】ジヤウー いつもその任務に就いていること。「一指揮者」
じょう-にん【情人】ジヤウー ▶じょうじん(情人)
じょうにん-いいん【常任委員】ジヤウニンヰヰン ❶常にその任務を担当する委員。「生徒会の一」❷国会の常任委員会に所属する委員。政党各会派の議員数によって割り当て選任される。
じょうにん-いいんかい【常任委員会】ジヤウニンヰヰンクワイ 常時設置されている委員会。特に国会の衆・参両議院に置かれる常設の委員会。本会議で審議する案件の予備審査を行うための機関で、両院に17ずつある。内閣委員会・安全保障委員会・予算委員会など。
しょうにんいはく-ざい【証人威迫罪】ショウニンヰハクー ▶証人等威迫罪
しょうにん-かんもん【証人喚問】ークワンモン 裁判所や国の機関などが、事実を問いただすために証人を呼び出すこと。特に、衆参両議院に認められている国政調査権に基づき、両院が国政に関する重要な事柄について証人を呼び出し、証言・記録の提出を求めること。(補説)参考人招致とは異なり、正当な理由なく出頭や証言・記録の提出を拒否した場合、禁錮または罰金が科される。また、偽の証言をすると偽証罪に問われることがある。
しょうにん-こんじょう【商人根性】シヤウニンコンジヤウ 商人に特有な、営利・損得に敏感な気風。あきんど気質(かたぎ)。
しょうにん-じんもん【証人尋問】証人による証言を求める訴訟手続き。
しょう-にんずう【少人数】セウー 人数の少ないこと。また、わずかな人数。しょうにんず。⇔多人数。
しょうにん-テスト【承認テスト】《acceptance test》▶受け入れテスト
しょうにんとういはく-ざい【証人等威迫罪】ショウニントウヰハクー 刑事事件の捜査や裁判に必要な証人やその親族に、事件に関して、正当な理由なく面会を頼み込んだり脅したりする罪。刑法第105条の2が禁じ、1年以下の懲役または20万円以下の罰金に処せられる。証人威迫罪。
しょうにん-ぶぎょう【証人奉行】ーブギヤウ 室町幕府の職名。裁判が公平に行われるように訴訟人の対決に立ち会った役。
じょうにん-りじこく【常任理事国】ジヤウニンー 国際連合の安全保障理事会の理事国の地位を恒久的に有する国。米国・英国・ロシア・フランス・中国の5か国。安全保障理事会において拒否権を行使することができる。➡非常任理事国
しょう-ね【性根】シヤウー ❶その人の根本の心構え。心の持ち方。根性(こんじょう)。こころね。「一を据えてかかる」「一の腐ったやつ」「一を入れかえる」❷確かな心。正気。「暫し一も付かざりしが」〈浄・松風村雨〉❸物事のかなめとなるところ。本質。「ばからしきほどあどけなきが、恋の一といふべきか」〈人・梅児誉美・初〉❹情人。また、情事。「大方外にいい一ができたんべい」〈洒・田舎談義〉(類語)根性・心根・気心
しょうねい-おう【尚寧王】シヤウネイワウ［1564〜1620］琉球の王。第2尚氏王統の第7代。慶長14年(1609)薩摩(さつま)の島津軍の侵略によって捕虜となり、2年間の抑留ののち帰国。島津氏による琉球支配を恥じ、王家の墓へ入ることを拒む遺言を残したという。
じょうねい-でん【常寧殿】ジヤウネイー 平安京内裏十七殿の一。貞観殿の南、承香殿(じょうきょうでん)の北にあった。皇后・女御の居所で、五節舞(ごせちのまい)も行われた。五節殿。后町(きさいまち)。
じょう-ねだん【定値段】ヂヤウー 定められている売り値。定価(ていか)。「いや是は一でござりますさかい」〈滑・続膝栗毛・初〉
しょう-ねつ【焦熱】セウー ❶焦げつくように熱いこと。また、その熱さ。「一の砂漠」❷「焦熱地獄」の略。
(類語)熱・温熱・火熱(かねつ)・炎熱・熱気・温気(うんき)・熱(いき)れ・熱(ほと)り
じょう-ねつ【情熱】ジヤウー ある物事に向かって気持ちが燃え立つこと。また、その気持ち。熱情。「研究に一を燃やす」「サッカーに一を傾ける」「一家」
(類語)熱情・激情・狂熱・熱
じょう-ねつ【蒸熱】蒸し暑いこと。蒸暑。「時方に三月、一我が盛夏の如し」〈東海散士・佳人之奇遇〉
しょうねつ-じごく【焦熱地獄】セウネツヂゴク 八大地獄の第六。五戒を破り、かつ邪見の者が落ちる所。猛火に責め苦しめられるという。炎熱地獄。
しょう-ねん【少年】セウー ❶年が若い人。特に、年少の男子。ふつう、7、8歳くらいから15、6歳くらいまでをいう。「一の心」「一時代」❷少年法などでは満20歳に満たない者。児童福祉法では小学校就学から満18歳に達するまでの者。いずれも男子と女子を含んでいう。(類語)(❶)男の子・童子(どうじ)・少童(しょうどう)・小僧・小童(こわっぱ)・坊や・男子・男児・ボーイ/(❷)未成年・年少者・子供・ティーンエージャー・ティーン
少年老(お)い易(やす)く学(がく)成(な)り難(がた)し 《朱熹「偶成」から。「一寸の光陰軽んず可からず」と続く》若いと思っているうちにすぐ年をとってしまうが学問はなかなか成就しない。寸暇を惜しんで勉強せよということ。
少年よ大志を抱(いだ)け 《Boys, be ambitious.》米国人クラーク博士が、札幌農学校の教頭を辞して日本を去るにあたって、教え子たちに贈った言葉。若者は大きな志を持って世に出よという意。
しょう-ねん【正念】シヤウー ❶仏語。八正道の一。物事の本質をあるがままに心にとどめ、常に真理を求める心を忘れないこと。正しい思念。❷極楽往生を信じて疑わないこと。一心に念仏すること。❸雑念を去った安らかな心。「十方の仏を礼し奉り一にして慈氏菩薩を念じ奉り給ふ間」〈今昔・六〉❹本心。正気。「其の後狂気、一を失ふが如しと云々」〈明月記〉
しょう-ねん【生年】シヤウー 生まれてから経過した年数。とし。年齢。せいねん。「時に一三五歳」
しょう-ねん【称念】仏語。❶称名と念仏。口に仏の名を唱え、心に仏を念ずること。❷南無阿弥陀仏と唱えること。
じょう-ねん【情念】ジヤウー 感情が刺激されて生ずる想念。抑えがたい愛憎の感情。「一の炎を燃やす」
(類語)感情・情(じょう)・情感・心情・情緒(じょうしょ)・情緒(じょうちょ)・情調・情操・情動・喜怒哀楽・気分・気(き)・気色(きしょく)・機嫌(きげん)・気持ち・感じ・エモーション・パトス
しょうねん-いん【少年院】セウネンヰン 家庭裁判所から保護処分として送られる者及び少年法第56条第3項の規定により少年院において刑の執行を受ける者を収容し、矯正教育を授ける施設。法務大臣の管理下に置かれ、初等少年院・中等少年院・特別少年院・医療少年院がある。矯正院の後身で、昭和23年(1948)の少年院法で定められた。
しょうねんいん-ほう【少年院法】セウネンヰンハフ 少年院・少年鑑別所の設置・種類・管理、および収容者の処遇・教育などの基本原則を規定する法律。昭和23年(1948)成立。少年犯罪の低年齢化・凶悪化にともなって平成19年(2007)に改正。少年院送致年齢が14歳以上から「おおむね12歳以上」に引き下げられた。
しょうねん-かんべつしょ【少年鑑別所】セウネンー 家庭裁判所から観護措置として送られる少年を収容し、家庭裁判所が行う調査・審判や保護処分の執行のため、医学・心理学などの専門的知識に基づいて少年の資質の鑑別を行う施設。法務大臣の管理下にある。
しょうねん-き【少年期】セウネンー 少年の時期。一般に、児童期の後半をいう。
しょうねん-きょうごいん【少年教護院】セウネンケウゴヰン 教護院(現在の児童自立支援施設)の旧称。感化院が昭和8年(1933)少年教護法に基づき改称されたもの。
しょうねん-けいむしょ【少年刑務所】セウネンー 16歳以上20歳未満の少年で、懲役または禁錮の言い渡しを受けた者を収容し矯正するための刑務所。
しょうねん-こうくうへい【少年航空兵】セウネンカウクウヘイ 旧日本陸軍で、徴兵年齢以前の者を対象にした志願制による航空兵。海軍では飛行予科練習生(予科練)があった。
しょうねんしんぱん-しょ【少年審判所】セウネンー 旧少年法の規定により、少年の保護処分をつかさどった機関。昭和24年(1949)に家庭裁判所が設置されて廃止。
しょうねんしんぱん-せいど【少年審判制度】セウネンシンパンー 非行を犯した、また犯すおそれのある少年を対象とし、刑事手続きによらないで教育的配慮による処遇を決める裁判制度。
じょうねん-だけ【常念岳】ジヤウネンー 長野県西部、飛騨(ひだ)山脈中部にある槍ヶ岳や穂高岳の前山をなす常念山脈の主峰。標高2857メートル。
しょうねん-だん【少年団】セウネンー 集団的な諸活動を通して、少年男女の精神・身体を鍛練することを目的とする団体。ボーイスカウトなど。
しょうねん-ば【正念場¦性念場】シヤウネンー ❶歌舞伎・人形浄瑠璃などで、1曲・1場の最も大切な見せ場。性根場(しょうねば)。❷真価を表すべき最も大事なところ。ここぞという大切な場面。「交渉は一を迎える」
(類語)見せ場・ハイライト・触り・見せ所
しょうねん-はんざい【少年犯罪】セウネンー 20歳未満の少年の犯す犯罪。少年法が適用される。
じょう-ねんぶつ【常念仏】ジヤウー ❶絶え間なく念仏を唱えること。また、その念仏。不断念仏。❷一定の期間を定め、念仏法要を営むこと。また、その念仏。不断念仏。❸歌舞伎下座音楽の一。心中・道行きなどの寂しい場面に用いる、鉦(しょう)の音の入った下座唄。今日では用いない。
しょうねん-ほう【少年法】セウネンハフ 罪を犯した少年、罪を犯すおそれのある少年などを対象とし、性格の矯正や環境の調整などの保護処分の要件や手続きについて規定した法律。大正11年(1922)制定。昭和23年(1948)の全面改正に際し、少年の刑事事件と、少年の福祉を害する成人の刑事事件について特別の措置を定めた。平成12年(2000)と同19年に厳格化の方向で改正された。
しょうの【庄野】シヤウノ 三重県鈴鹿市の地名。もと東海道五十三次の宿駅。
しょう-のう【小脳】セウナウ 大脳の後下部にある、中枢神経系の一部。主に体の平衡、運動機能の調節をつかさどる。鳥類・哺乳類によく発達。➡脳❶
しょう-のう【小農】セウー わずかな田畑を持ち、家族の労働力だけで農業経営を行う小規模な農業。また、その農民。⇔大農。
しょう-のう【笑納】セウナフ〔名〕スル 人に贈り物をするとき、つまらない物ですが笑ってお納めくださいという気持ちを込めて用いる語。「別便にてお送りしました品、ご一ください」
しょう-のう【×樟脳】シヤウナウ 特異な芳香のある無色透明の板状結晶。昇華しやすい。水に溶けず、アルコールなどの有機溶媒に溶ける。クスノキの木片を水蒸気蒸留して製する。セルロイドや無煙火薬の製造原料、香料・防虫剤・医薬品などに用いる。分子式$C_{10}H_{16}O$　カンフル。
じょう-のう【上納】ジヤウナフ〔名〕スル ❶政府などに金品を納めること。「一金」❷年貢米。年貢。(類語)納入・納付・納金・入金・払い込む・予納・前納・全納・分納
しょうのう-せい【×樟脳精】シヤウナウー カンフルチンキ。
しょうのう-だま【×樟脳玉】シヤウナウー 樟脳を玉状にしたもの。水に浮かべて点火しても消えたり熱くなったりしないので、明治頃まで子供の玩具にされた。
しょうのう-なんこう【×樟脳軟×膏】シヤウナウナンカウ 樟脳をゴマ油・牛脂などで練った白色の軟膏。打撲傷などに用いる。カンフル軟膏。
しょうのう-の-き【×樟脳の▽樹】シヤウナウー クスノキの別名。
しょうのう-び【×樟脳火】シヤウナウー 樟脳を燃やした青い火。近世歌舞伎で、狐火(きつねび)や人魂(ひとだま)などに用いた。

しょうのう-ゆ【×樟脳油】シャウナウ 樟脳を蒸留・分離した残りの油。黄褐色の液体。これをさらに精留して白油(片脳油)・赤油・藍油(らんゆ)を得る。防虫防臭剤・香料・医薬品などの原料にする。

しょうの-えいじ【庄野英二】シャウノ［1915～1993］児童文学作家。山口の生まれ。芥川賞作家庄野潤三の兄。坪田譲治に師事。長編童話「星の牧場」のほか、童話集「雲の中のにじ」「アルファベット群島」、エッセー集「ロッテルダムの灯(ひ)」など。

しょう-の-こと【×箏の琴】シャウ「箏(そう)」に同じ。

じょう-の-ざ【×仗の座】ヂャウ ▶陣(じん)の座

しょうの-じゅんぞう【庄野潤三】シャウノジュンザウ［1921～2009］小説家。大阪の生まれ。児童文学作家庄野英二の弟。「第三の新人」の一人。「プールサイド小景」で芥川賞受賞。家庭のささやかな日常を描き続ける。他に「静物」「夕べの雲」「絵合せ」など。芸術院会員。

しょう-の-つき【小の月】セウ 1か月の日数が、陽暦で30日以下の月。陰暦では29日以下の月。陽暦では、2・4・6・9・11月。小(しょう)。⇔大の月。

しょう-の-ふえ【×笙の笛】シャウ「笙(しょう)」に同じ。

じょう-の-ゆみ【定の弓】ヂャウ 仏語。定(禅定)と慧(え)(智慧(ちえ))とを一対のものとして、慧の矢に対し、定を弓にたとえたもの。

しょうの-よりこ【笙野頼子】シャウノ［1956～　］小説家。三重の生まれ。本姓、市川。「タイムスリップ・コンビナート」で芥川賞受賞。他に「なにもしてない」「二百回忌」「幽界森娘異聞」「金毘羅」など。

しょう-は【小波】セウ 小さな波。

しょう-は【小派】セウ 小人数の党派。小さな流派。

しょう-は【小破】セウ〔名〕スル 少し破損すること。「接触事故で船体が一する」➡中破 ➡大破

しょうは【召波】セウ ▶黒柳召波(くろやなぎしょうは)

しょう-は【消波】セウ 海岸などに寄せる波の力を分散あるいは消失させること。「一堤」「一ブロック」

しょう-は【×翔破】シャウ〔名〕スル 鳥や飛行機などが、かなり長い距離を飛びとおすこと。「パリまで無着陸で一する」

しょう-は【照破】セウ〔名〕スル 仏が広大な智慧(ちえ)の光で無明(むみょう)の闇を明らかに照らすこと。「梵天の大光明が、…人天三界を一した」〈啄木・葬列〉

じょう-は【条×播】デウ 畑に平行なすじ状の畝を作り、そこに一定の間隔で種をまくこと。すじまき。

じょうは【紹巴】セウ ▶里村紹巴(さとむらじょうは)

じょう-ば【上馬】ジャウ すぐれた馬。よい馬。良馬。

じょう-ば【乗馬】❶馬に乗ること。「一クラブ」❷乗用の馬。のりうま。「愛用の一」(類語)(❶)騎馬・騎乗

しょう-はい【小輩】セウ ❶身分の低い者。禄高の少ない者。小身者。❷つまらない人物。小人物。

しょう-はい【招×牌】セウ 看板のこと。

しょう-はい【勝敗】勝つことと負けること。勝ち負け。勝負。「一の分かれ目」「一は時の運」
(類語)勝ち負け・雌雄・勝負・輸贏(ゆえい)

しょう-はい【賞杯・賞×盃】シャウ 善行・功労のあった者、競技・コンクールの優勝者などに、賞として与える金属製の置き物。多く両手で持つようになっている。カップ。「一を授与される」(類語)トロフィー・カップ

しょう-はい【賞×牌】シャウ 競技の入賞者などに賞として与える記章。メダル。「一を手渡す」

しょう-ばい【商売】シャウ〔名〕スル ❶利益をあげる目的で物を売り買いすること。あきない。「数軒の支店を持って一している」「客一」「一繁盛」❷生活の基盤になっている仕事。職業。「本を書くのが一だ」「因果な一だ」❸芸者・遊女などの仕事。水商売。
(類語)(❶)売り買い・商(あきな)い・小商い・営業・売買・取引・商業・商事・ビジネス・営利事業・経営・商行為・業務・外商・外交・セールス/(❷)職業・仕事・稼業・生業(せいぎょう)・なりわい・飯の種

しょうばい-あがり【商売上(が)り】シャウバイ 以前に芸者・遊女・茶屋女などをしていた者。

しょうばい-おうらい【商売往来】シャウバイワウライ 往来物の一。江戸時代、商売に関係した事柄を書いたもの。

しょうばい-おんな【商売女】シャウバイをんな 芸者や遊女などの仕事をする女。

しょうばい-かたぎ【商売気=質】シャウバイ 商人に特有の気質。金銭上の利害に鋭敏な気質。

しょうばい-がたき【商売敵】シャウバイ 商売上の競争相手。同業間の競争者。

しょうばい-がら【商売柄】シャウバイ ❶商売または職業の種類・種別。❷その商売・職業につく者の特性。「コメディアンという一に似合わず無口だ」❸(副詞的に用いて)その職業・商売をしている立場上、当然のことであるさま。「一目が高い」

しょうばい-ぎ【商売気】シャウバイ ❶商売に対する損得を考えて物事を処理しようとする態度。「一のない人」「一を出す」❷その職業人が持つ特有な関心。職業意識。「一が出てついメモを取る」(類語)商魂

しょうばい-にん【商売人】シャウバイ ❶商売をしている人。商人。あきんど。また、商売の上手な人。❷その仕事の専門家。くろうと。❸芸者など水商売の女。
(類語)商人・あきんど

しょうばい-はんじょう【商売繁盛】シャウバイハンジャウ 商いがうまくゆき、大いに利益を得ること。「一の秘訣(ひけつ)」

しょうばい-むき【商売向き】シャウバイ ❶商売に関する事柄。商売方。「一に通じている」❷商売に適すること。また、その性質。「一の土地」

しょうばい-や【商売屋】シャウバイ ❶商売をする家。商家。❷料理屋・待合・芸者屋など、水商売の家。

しょうはく【肖柏】セウ ▶牡丹花肖柏(ぼたんかしょうはく)

しょう-はく【松×柏】❶松とコノテガシワ。常緑樹。ときわ木。❷《常緑樹は一年じゅう葉の色が変わらないところから》節を守って変えないことのたとえ。「一の操」

しょう-はく【商舶】シャウ 商船。「一往来し葡萄牙大に富を致す」〈村田文夫・西洋聞見録〉

しょう-はく【衝迫】心の中にわきおこる強い欲求。衝動。「戯曲でも作ろうとすると、一ばかりでは成功せられそうにない」〈鷗外・灰燼〉

しょうはく【蕭白】セウ ▶曽我蕭白(そがしょうはく)

じょう-はく【上白】ジャウ ❶上等の白米。「一の飯」❷❶でつくった上質の酒。❸「上白糖」の略。

じょう-はく【上×膊】ジャウ 上腕。⇔下膊(かはく)。
(類語)二の腕・上腕

しょうばくきぶん【松漠紀聞】南宋の洪皓(こうこう)が、金(きん)に使して唐の松漠郡督府の故地冷山に15年間抑留されたときの見聞記。2巻。紹興(1131～1162)末年ごろ刊。

じょうはく-こつ【上×膊骨】ジャウハク 上腕骨の旧称。

じょう-はくとう【上白糖】ジャウハクタウ 上質の白砂糖。一般に白砂糖とよばれているもの。➡三盆(さんぼん)

じょう-ばこ【状箱】ジャウ ❶手紙や書類などを入れておく箱。ふばこ。❷昔、書状を入れて使いに持たせた、木製の箱。ふばこ。

じょう-ばさみ【状挟み】ジャウ 書類・手紙などを、散逸しないようにはさんでおく金具。

しょう-はさん【小破産】セウ 破産手続きの開始が決定したとき、または破産手続き中に、破産財団に属する財産の額が100万円に満たないと認められた破産。

しょう-はちまん【正八幡】シャウ「正八幡大菩薩」の略。「一も照覧あれ」

しょう-はちまんぐう【正八幡宮】シャウ もと、大隅(おおすみ)の一の宮である鹿児島神宮の異称。のちには宇佐神宮・石清水八幡宮などにもいう。

しょうはちまん-だいぼさつ【正八幡大菩薩】シャウ 八幡神に贈られた菩薩号。

しょう-ばつ【賞罰】シャウ 褒めることと罰すること。賞と罰。「一なし」

しょう-ばつ【×聳抜】〔名〕スル 高くそびえ立つこと。聳秀(しょうしゅう)。「一する鋭峰」

じょう-はつ【蒸発】〔名〕スル ❶液体がその表面から気化する現象。「水分が一する」❷人がいつの間にかその場からいなくなること。また、人が家を出て行方不明になること。「突然妻が一する」
(類語)(❶)気化・昇華/(❷)失踪(しっそう)・失跡・神隠し

じょうはつ-き【蒸発器】種々の水溶液から水分を気化して除去する装置。

じょうはつ-ぎり【蒸発霧】▶蒸気霧(じょうきぎり)

じょうはつ-けい【蒸発計】水の蒸発量を測定する気象観測用の装置。円筒容器内の水位の変化を測定して蒸発量を求める。

じょうはつ-ざら【蒸発皿】化学実験で、溶液を加熱濃縮または蒸発乾固させるのに用いる浅い皿。磁製のほか金属製・ガラス製・石英製などがある。

じょう-はっさん【蒸発散】土壌面からの水の蒸発と、植物からの水の発散。地上面からの大気中への水の移動をさす。

じょうはつ-ねつ【蒸発熱】▶気化熱(きかねつ)

じょうはつ-りょう【蒸発量】リャウ 蒸発する液体の量。

しょうは-てい【消波堤】セウ 海岸を守るために海岸線に沿って設けられる構造物。波のエネルギーを弱めることによって、海食崖の浸食や砂浜の後退を防ぐ。

じょうはな【城端】ジャウはな 富山県南砺(なんと)市の地名。砺波(となみ)平野の南端にあり、JR城端線の終点。善徳寺の門前町として発達。

じょう-はなうるし【上花漆】ジャウ 上等な花漆。生漆(きうるし)にまぜる油に黒漆油を用いたもの。

じょうば-はじめ【乗馬初め】将軍や男子が初めて馬に乗る儀式。また、中世、将軍が、多くは正月2日に、その年初めて馬に乗る儀式。

じょうば-ふく【乗馬服】乗馬用の服。馬に乗りやすいように上着の後ろに割れ目があり、ズボンはももの部分が緩く、膝から下は密着するように細くしたもの。

しょうは-ブロック【消波ブロック】セウ 消波のために海岸などに設置されたコンクリートブロック。波消しブロック。4本の足からなるテトラポッド(商標名)が一般的だが、6本や8本足、中空の三角錐(すい)や立方体のものもある。

しょうばら【庄原】シャウばら 広島県北東部の市。比婆(ひば)牛の飼育が盛ん。天然記念物の山内逆断層帯がある。平成17年(2005)3月、周辺6町と合併。人口4.0万(2010)。

しょうばら-し【庄原市】シャウばら ▶庄原

じょう-はり【浄×玻璃】ジャウ ❶曇りなく透き通った水晶またはガラス。❷「浄玻璃の鏡」の略。

じょう-はり【情張り】ジャウ〔名・形動〕《「じょうばり」とも》強情を張ること。また、そのさまやその人。意地っ張り。情ごわ。「一なやつ」「一者」

情張りは棒の下　強情を張る者は人に棒で打たれるような目にあいやすいということで、素直にするほうが得であるというたとえ。

じょうはり-の-かがみ【浄×玻璃の鏡】ジャウ 仏語。地獄の閻魔(えんま)の庁にあって、死者の生前の善悪の行為を映し出すという鏡。転じて、鋭い眼識。「大蔵のお局さまの、一にかかり」〈逍遥・桐一葉〉

しょう-はん【小藩】セウ ❶領地の石高の少ない藩。❷慶応4年(1868)禄高で諸藩を3区分したうちの、1万石以上9万石未満の藩。明治3年(1870)に改めて5万石未満とした。➡大藩 ➡中藩

しょう-ばん【相伴】シャウ〔名〕スル ❶連れ立って行くこと。また、その連れの人。「貴公子仲間の斐誠がいつもいっしょに来る。それに今一人の一があって」〈鷗外・魚玄機〉❷饗応の座に正客の連れとして同席し、もてなしを受けること。または、人の相手をつとめて一緒に飲み食いをすること。また、その人。「社長のお一で宴席に出る」「今日は私がお一させていただきます」❸他とのつり合いや行きがかりで利益を受けること。また、他の人の行動に付き合うこと。「お土産のお一にあずかった」「友人に一して映画を見にいく」

しょう-ばん【鐘板】「雲版(うんぱん)❶」に同じ。

しよう-ばん【試用版】▶体験版

じょう-はん【上半】ジャウ ある物を二つに分けたときの、上半分、または、前半分。「一部」⇔下半(かはん)。

じょう-はん【上阪】ジャウ〔名〕スル 地方から大阪に行くこと。「商用で一する」

じょう-ばん【上番】ジャウ 軍隊などで、当番勤務に就くこと。⇔下番(かばん)。

じょう-ばん【定番】❶常に番をすること。また、その人。❷江戸幕府の職名。二条城・大坂城・駿府城に一定期間駐在して城を警護する役。➡加番

じょう-ばん【定盤】❶表面を水平で平滑になるように作った鋳鉄製の平面盤。機械工作で、工作物をその上にのせて芯出し・けがき・組み立てなどを正確に行うのに用いる。❷塗師・蒔絵師などが漆の調合に用いる箱形の台。引き出しがあり、用具を入れる。❸鋳物や石膏細工などの底の水平を検査するのに用いる平らな鉄の板。

じょう-ばん【城番】❶城郭守衛のために置く兵士。番手衆。在番衆。❷江戸幕府の職名。大坂城・駿府城において、城代の下で城を守った。

じょう-ばん【常磐】㊀常陸国と磐城国の併称。㊁福島県南東部の旧市名。常磐炭田の中心であった。昭和41年(1966)いわき市に合併。➡いわき

じょうはん-かく【上反角】飛行機の翼の、翼端にいくに従い水平面から上方に上がっている角度。横揺れ安定性を向上させ、自動的に水平姿勢に戻す作用をする。

しょうばん-さんごるい【床板×珊×瑚類】古生代に栄えた腔腸動物の一群。群体を形成し、細い管状の体壁と、床板とよぶ水平の仕切り板をもつ。クサリサンゴなど。

じょうばん-し【常磐市】▶常磐㊁

じょうばん-じどうしゃどう【常磐自動車道】自動車専用高速道路の一。東京から柏・土浦・水戸・いわき・相馬の各市を経て仙台市に至る路線。

しょうばん-しゅう【相伴衆】室町時代、宴席などに将軍の相伴役として伺候した者。山名・一色・細川・畠山・赤松・佐々木などの諸家から選ばれた。しょうばんしゅ。

しょうばん-じょう【証判状】鎌倉・室町時代、勲功または着到などに対して、大将や奉行から承認の判を受けた文書。一見状。

じょう-はんしん【上半身】からだの、腰から上の部分。かみはんしん。⇔下半身。

じょうばん-せん【常磐線】東北本線日暮里から水戸を経て宮城県岩沼に至るJR線。明治30年(1897)全通。全長343.1キロ。

しょうはんたい-たいとう【小反対対当】論理学で、対当関係の一。主語と述語は同じであるが質(肯定・否定)を異にする二つの特称判断の真偽関係。

じょうばんたんこう-ぶし【常磐炭坑節】茨城・福島両県にまたがる常磐炭田地方で歌われた民謡。明治以降、坑夫の移動とともに全国に広まった。鉱山節。

じょうばん-たんでん【常磐炭田】福島・茨城両県にまたがる炭田。中心はいわき市。かつては筑豊・石狩に次ぐ大炭田。昭和51年(1976)に閉山。

しょう-ひ【消費】〔名〕スル❶使ってなくすこと。金銭・物質・エネルギー・時間などについていう。「ガスを―する」「―電力」❷人が欲望を満たすために、財貨・サービスを使うこと。「個人―」[類語](❶)費消・消耗・消尽・消却 (―する)費やす・使う

しょう-び【床尾】小銃などの、銃床の末端部で、射撃のとき、肩に当てる部分。

しょう-び【称美】・【賞美】〔名〕スル❶ほめたたえること。賛美。「武勇を―する」❷美しさ、うまさなどを心から味わうこと。「紅葉を―する」
[類語]褒める・たたえる・愛でる・嘉する・褒めたたえる・賞する・称する・賛する・持て囃す・持ち上げる・称賛する・称揚する・推賞する・嘉賞する

しょう-び【焼尾】中国で、唐代に進士に及第したときの祝宴。転じて、平安時代、官職についたとき酒宴を開くこと。

しょう-び【焦尾】❶「焦尾琴」の略。❷琴の尾端の名称。

しょう-び【焦眉】《眉を焦がすほど、火が身近に迫っている意から》危険が迫っていること。差し迫った状況にあること。「―の問題」

しょう-び【×薔×薇】ばら。いばら。そうび。(季 夏)

しょう-び【×鍾美】美を一身に集めること。大勢いる中で一人だけが際立って美しいこと。

じょう-ひ【上皮】動植物の体表面や動物の体内の器官内表面などをおおっている細胞層。うわかわ。

じょう-ひ【冗費】むだな費用。「―を節減する」
[類語]無駄遣い・浪費・濫費・散財・空費・徒費・使い込む・不経済

じょう-び【状日】飛脚が手紙を持って到着することに定められている日。「操綿、塩、酒は江戸棚の―を見合はせ」〈浮・永代蔵・二〉

じょう-び【常備】〔名〕スル いつも用意しておくこと。「非常食を―しておく」[類語]完備・予備

しょうひ-インフレ【消費インフレ】需要インフレーションの一種で、消費支出の急増によって生じる一般物価水準の継続的上昇。

しょうびがくえん-だいがく【尚美学園大学】埼玉県川越市にある私立大学。尚美高等音楽学院を基盤として、平成12年(2000)に開設した。

しょうひ-きげん【消費期限】特に食品について、定められた方法により保存した場合において、腐敗・変敗その他の品質の劣化に伴い安全性を欠くこととなるおそれがないと認められる期限を示す年月日。食品衛生法やJAS法(日本農林規格法)などに規定され、品質が劣化しやすい弁当・総菜・生菓子・食肉などに表示が義務づけられている。➡賞味期限

しょうひ-きたく【消費寄託】寄託を受ける者が受寄物を消費して、これと同種・同等・同量の物を返還すればよい寄託。銀行預金など。不規則寄託。

じょう-びきゃく【定飛脚】一定の地点間を、日を定めて往復した飛脚。

しょうび-きん【焦尾琴】《後漢の蔡邕が桐を焼く音をきいて良材であることを知り、その桐材で尾部の焦げたままの琴の名器を作ったという「後漢書」蔡邕伝の故事から》琴の異称。

しょうひ-くみあい【消費組合】明治33年(1900)の旧産業組合法による協同組合の一。昭和23年(1948)消費生活協同組合に改組。

じょうび-ぐん【常備軍】国家が平時から常設している軍隊。[類語]正規軍・レギュラーアーミー・スタンディングアーミー

じょう-びけし【定火消し】江戸幕府の職名。若年寄の支配に属し、江戸市中の消防にあたった。万治元年(1658)4組を設置、のち、10組となった。十人火消し。寄合火消し。火消し役。

しょうひ-ざい【消費財】経済財のうち、人の欲望を直接に満たす財。➡生産財 ➡資本財

じょうひさいぼう-ぞうしょくいんし【上皮細胞増殖因子】▶上皮成長因子

じょうひさいぼうぞうしょくいんし-じゅようたい【上皮細胞増殖因子受容体】▶上皮成長因子受容体

ショウ-ビジネス〖show business〗▶ショービジネス

しょうひ-しゃ【消費者】❶商品・サービスを消費する人。➡生産者❶ ❷生態系で、生産者である植物に依存して生活する生物。直接に緑色植物を食べる草食動物を第一次消費者、草食動物を食べる肉食動物を第二次消費者とよぶ。➡生産者❷ ➡分解者

しょうひしゃあんぜん-ほう【消費者安全法】消費者庁の設置に伴い、消費者の生活における安全を確保するために制定された法律。平成21年(2009)施行。消費者事故の発生を防止するため、国や地方公共団体の責務、首相による基本方針の策定、消費生活センターの設置、消費者事故に関する情報の集約・注意喚起等について規定する。安全法。

しょうひしゃ-いいんかい【消費者委員会】消費者庁の発足に伴い、平成21年(2009)に内閣府の下に設置された第三者機関。首相が任命した10名以内の有識者で構成される。関係各省庁による消費者行政を監視し、問題があれば首相や担当大臣に建議するなど、消費者問題に関するチェック機能を果たす。

しょうひしゃ-かかく【消費者価格】消費者が商品を入手したりサービスを受けたりする段階での価格。

しょうひしゃ-きほんほう【消費者基本法】消費者の利益を保護・増進するための行政的施策を規定し、国民の消費生活の安定・向上を確保することを目的とする法律。昭和43年(1968)「消費者保護基本法」として施行、平成16年(2004)の大幅な改正とともに現在の名称に改められた。

しょうひしゃ-きんゆう【消費者金融】❶消費者の信用(返済能力・返済意思・担保などがあること)に基づいて、個人に対して金銭を貸し付けること。消費者信用の一。ローン。消費者ローン。➡事業者金融 ❷❶を業として行う貸金業者。貸金業法に基づいて財務局・都道府県への登録が必要。➡闇金融

しょうひしゃけいやく-ほう【消費者契約法】不当な契約から消費者を守るための法律。消費者と事業者との契約について、不適正な勧誘・販売方法や消費者の利益を不当に損なう契約事項があれば、消費者は契約を取り消すことができる。平成12年(2000)5月公布、翌年4月施行。同18年の改正で消費者団体訴訟制度が導入され、広範囲の被害に対しては、一定の認定を受けた消費者団体(適格消費者団体)が代表して事業者に差し止め請求などを行使できるようになった。

しょうひしゃ-じこ【消費者事故】安全性を欠く製品・施設・サービスの使用によって消費者の生命・身体に被害が生じた事故。消費者安全法により、消費者事故の発生に関する情報を得た行政機関・地方公共団体・国民生活センターの長は、被害の拡大や類似事故の発生が想定される場合、内閣総理大臣に通知しなければならない。

しょうひしゃ-しんよう【消費者信用】消費者を対象とした信用供与。消費者の信用(支払いや返済の能力・意思および担保などがあること)に基づいて締結される契約で、後払いで商品を販売する販売信用(クレジット)と、金銭を貸し付ける消費者金融(ローン)がある。

しょうひしゃ-せいせいメディア【消費者生成メディア】▶シー-ジー-エム(CGM)

しょうひしゃ-センター【消費者センター】▶消費生活センター

しょうひしゃたいど-しすう【消費者態度指数】消費者の景気の動きに対する意識を示す指標。内閣府が消費動向調査の一部として今後半年間の「暮らし向き」「収入の増え方」「雇用環境」「耐久消費財の買い時判断」について調査して数値化し、毎月発表する。50以上なら良くなるとされる。

しょうひしゃだんたい-そしょうせいど【消費者団体訴訟制度】消費者契約法に違反する被害が生じた際に、個人に代わって認定を受けた消費者団体(適格消費者団体)が不特定多数を代表して行為差し止め請求などを行使できる制度。平成18年(2006)成立の改正消費者契約法で導入された。

しょうひしゃ-ちょう【消費者庁】消費者が購入した商品・サービスによって被害・不利益を受ける消費者問題への対応を一元化することを目的として、平成21年(2009)に発足した行政機関。内閣府の外局の一。以前は、対象となる商品や事案ごとに、農林水産省・厚生労働省・経済産業省・国土交通省などが個別に対応していたが、各省の協力も得ながら同庁に集約を図り、消費者の利益の増進を目指す。併せて、消費者委員会が内閣府に設置された。

しょうひしゃ-はっしんがたメディア【消費者発信型メディア】▶シー-ジー-エム(CGM)

しょうひしゃぶっか-しすう【消費者物価指数】消費者が購入する商品・サービスの価格変動を示す指数。総務省統計局が作成し、毎月発表している。CPI(consumer price index)。

しょうひしゃ-べいか【消費者米価】消費者が

小売商から米を購入するときの価格。

しょうひしゃほご-きほんほう【消費者保護基本法】セウヒシヤホゴキホンハフ ▶消費者基本法

しょうひしゃ-ホットライン【消費者ホットライン】セウヒシヤー 消費生活に関する相談を受け付ける全国共通の電話番号。音声案内に従って郵便番号などを入力すると、最寄りの消費生活センターなどに転送される。悪質商法による被害、訪問販売・通信販売などの事業者とのトラブル、産地偽装・虚偽広告など不適切な表示に伴う問題、安全性を欠く製品やサービスによる被害などについて相談することができる。消費者庁が平成21年(2009)9月から試験的に開始し、翌年1月から全国で実施されている。(補説)電話番号0570-064-370(全国共通)。「ゼロ・ゴー・ナナ・ゼロ守ろうよ、みんなを」と覚える。

しょうひしゃ-ローン【消費者ローン】セウヒシヤー ▶消費者金融

じょうひ-しょうたい【上皮小体】ジヤウヒセウタイ ▶副甲状腺(ふくこうじょうせん)

しょうび-すい【×薔×薇水】シヤウビー 香料の一。バラの花びらからとった油と蒸留水との混合物を濾過(ろか)した淡黄色の透明液。

しょうひ-ぜい【消費税】セウヒー ❶消費に対して課される租税。特定の物品・サービスを課税対象とする個別消費税と、原則としてすべての物品・サービスを課税対象とする一般消費税とに分けられる。また、納税義務者と担税者とが一致して消費者であることが予定されている直接消費税と、納税義務者が事業者であって租税負担の消費者への転嫁が予定されている間接消費税とに分けられる。❷平成元年(1989)に日本で施行された租税。一般消費税であり、間接消費税であって、帳簿上の記録から税額を計算する。(補説)❷で、施行当初税率は3パーセントですべて国税であったが、平成9年(1997)地方消費税が導入され、国税4パーセント＋地方消費税1パーセント(国税の25パーセントと規定)の計5パーセントとなる。2014年より税率が8パーセントとなる予定。

しょうひせいかつ-きょうどうくみあい【消費生活協同組合】セウヒセイクワツケフドウくみあひ 消費生活協同組合法による協同組合。地域による組合と職域による組合とがあり、組合員のために、生活に必要な物資の購入・加工・生産を行う事業、協同施設を設けて利用させる事業、生活改善・文化向上・共済を図る事業などを行う。生活協同組合。生協。コープ。

しょうひせいかつきょうどうくみあい-れんごうかい【消費生活協同組合連合会】セウヒセイクワツケフドウくみあひレンガフクワイ ▶生活協同組合連合会

しょうひせいかつ-センター【消費生活センター】セウヒセイクワツー 商品に対する苦情の受付処理、商品テスト、商品情報の提供、消費者教育などに当たる専門相談員を配置した施設。各地方公共団体が設置する行政機関で、自治体により「消費者センター」「消費生活総合センター」など、名称はさまざま。

しょうひせいかつようせいひん-あんぜんほう【消費生活用製品安全法】セウヒセイクワツヨウセイヒンアンゼンハフ 一般向けの製品による危害を防ぐため、国が事故情報を集めて提供することなどを定めた法律。昭和49年(1974)施行。平成18年(2006)改正で、死亡・負傷・疾病・後遺障害・一酸化炭素中毒・火災を重大事故に指定し、製品の欠陥が原因と判明してから10日以内の報告を製造業者に義務づけた。同19年の改正では、経年劣化により危険が生じるおそれがある場合には、標準使用期間・点検期間等を表示する長期使用製品安全点検・表示制度が創設された。消安法。

しょうひ-せいこう【消費性向】セウヒセイカウ 所得に対する消費の割合。平均消費性向と限界消費性向とに分けられる。➡貯蓄性向

しょうひぜい-そうがくひょうじ【消費税総額表示】セウヒゼイソウガクヘウジ 消費税を含んだ価格(本体価格と消費税の合計)を表示する方式。平成16年(2004)4月1日から法律で義務づけられた。総額表示。内税方式。➡外税方式

じょうひ-せいちょういんし【上皮成長因子】ジヤウヒセイチヤウインシ 上皮(皮膚・粘膜など)の細胞の増殖を調節する機能を持つたんぱく質。細胞の表面にある上皮成長因子受容体(EGFR)と結合して、受容体のチロシンキナーゼを活性化する。表皮成長因子。上皮細胞増殖因子。EGF(epidermal growth factor; epithelial growth factor)。

じょうひせいちょういんし-じゅようたい【上皮成長因子受容体】ジヤウヒセイチヤウインシー 上皮細胞の表面にある受容体の一つ。上皮成長因子(EGF)と結合すると、チロシンキナーゼが活性化し、細胞の増殖を促す信号を伝達する。上皮成長因子受容体の遺伝子の変異は、さまざまな癌(がん)や腫瘍の原因となる。表皮成長因子受容体。上皮細胞増殖因子受容体。EGFR(epidermal growth factor receptor ; epithelial growth factor receptor)。

じょうひ-そしき【上皮組織】ジヤウヒー 動物の体表面、または体内の器官内表面をおおう細胞層を構成する組織。形態・機能などにより、扁平(へんぺい)上皮・円柱上皮や生殖上皮・繊毛上皮などに分けられる。

しょうひ-たいしゃく【消費貸借】セウヒー 借り主が金銭その他の代替物を貸し主から受け取り、これと同種・同等・同量の物を返還することを約する契約。金銭の貸借がその典型。

じょう-びたき【▽尉×鶲】ヒタキ科ツグミ亜科の鳥。スズメ大。雄は頭が灰色、顔と背が黒く、腹・腰・尾が赤褐色。雌は茶色。翼に白斑があるので紋付き鳥ともいわれる。シベリアで繁殖し、日本では冬鳥。(季 秋)

しょう-ひつ【少×弼】セウー 律令制で、弾正台(だんじょうだい)の次官(すけ)。正五位下相当。すないすけ。

しょう-ひつ【正筆】シヤウー ❶その人の筆跡。真筆。❷筆などで直接に書いたもの。肉筆。

しょう-ひつ【省筆】シヤウー〔名〕スル ❶文章を書くとき、語句を省略したり細かいところは触れずにすませたりすること。省文(せいぶん)。せいひつ。「これよりは一する」❷漢字の点画を省略して書くこと。省文(せいぶん)。せいひつ。「一せず、すべて正字で書く」

じょう-びったりジヤウー〔副〕《「じょう」は「常」か。「定」ならば歴史的仮名遣いは「ヂヤウ」》しじゅう。いつも。つねづね。「以前だったら、毎日のように…一になったに違いない」〈万太郎・春泥〉

しょう-ピット【小ピット】セウー ▶ピット(Pitt)㊁

じょう-びとう【上尾筒】ジヤウー 鳥の尾羽の付け根の上面を覆っている羽。クジャク・ケツァールなどではこの羽が長い。

しょうひどうこう-ちょうさ【消費動向調査】セウヒドウカウテウサ 内閣府が毎月実施・公表する、景気に関する統計調査。「暮らし向き」「収入の増え方」「雇用環境」「耐久消費財の買い時判断」などの項目について、今後半年間の見通しを各世帯に5段階評価で尋ね、消費者態度指数を算出。指数が50以上なら良好と判断される。また、3か月ごとに、旅行や趣味などへの支出に関する調査も併せて行われる。

しょうひ-とし【消費都市】セウヒー 鉱工業の生産活動が少なく、生産に直接関与しない機能や施設が大部分を占めている都市。政治都市・宗教都市・観光都市など。➡生産都市

しょうび-の-きゅう【焦眉の急】セウビーキフ 危険がひどく迫っていること。状況が切迫していること。「一を告げる事態」

しょう-ピピン【小ピピン】セウー ▶ピピン㊁

じょうび-へいえき【常備兵役】ジヤウビー 現役と予備役の総称。

じょうび-やく【常備薬】ジヤウビー ふだんから用意しておく薬品。

しょうび-ゆ【×薔×薇油】シヤウビー ▶ばらゆ(薔薇油)

しょう-ひょう【商標】シヤウヘウ 事業者が自己の取り扱う商品・役務(サービス)を他人の商品・役務と識別するために、商品について使用する文字・図形・記号などの標識。この標識を商標法では標章という。商品に表示する標識を「トレードマーク」(TM)、役務に表示する標識を「サービスマーク」(SM)という。また、立体標章も商標として扱われる。「登録一」(類語)登録商標・トレードマーク・サービスマーク・ブランド・銘柄・銘

しょう-ひょう【章票】シヤウヘウ しるし。標識。「名誉の一」

しょう-ひょう【証票】ーヘウ ある事を証明するための札や書き付け。「金銭受領の一」

しょう-ひょう【証×憑】❶事実を証明する根拠となるもの。証拠。❷裁判所や捜査機関が刑罰を判断するのに必要な一切の資料。証拠物件だけでなく、証人や参考人なども含む。(類語)証拠・証(しょう)・あかし・しるし・証左・徴憑(ちょうひょう)・徴証・明証・確証・実証・傍証・根拠・よりどころ・裏付け・ねた

しょう-ひょう【賞表】シヤウヘウ 善行・功績などをほめて表し示すこと。また、その賞状。表彰。

しょう-びょう【傷病】シヤウビヤウ けがや病気。

じょう-ひょう【上▽平】ジヤウヒヤウ ❶漢字の四声で、平声(ひょうしょう)30韻のうち、前半の東・冬・江・支・微・魚・虞・斉・佳・灰・真・文・元・寒・刪の15韻。上平声。➡下平(かひょう) ❷中国語の四声で第一声のこと。音が高く平らかに伸びる。

じょう-ひょう【上表】ジヤウヘウ《古くは「しょうひょう」》❶上に掲げてある表。「一を参照せよ」❷意見を書いた文書を、君主に奉ること。また、その文書。「時に中納言、農務(なりはひ)を妨げむことを恐り、一して諫を立つ」〈霊異記・上〉❸辞表を提出すること。「内大臣をば一せらる」〈平家・六〉

しょうひょういんめつ-ざい【証×憑×湮滅罪】▶証拠隠滅等罪

しょうひょう-けん【商標権】シヤウヘウー 一定の商品について登録した商標を独占的・排他的に使用できる権利。

しょうびょう-てあて【傷病手当】シヤウビヤウー ❶雇用保険法に規定される求職者給付の一つ。雇用保険の被保険者が失業した際、求職の申し込みをした後に生じた病気または怪我(けが)が原因で15日以上働けない場合に給付される。雇用保険の基本手当は働くことができる人を対象にしているため、病気や怪我が原因で働くことができない場合は基本手当の代わりに傷病手当が支給される。❷船員が職務上のことで負傷したり病気になったりしたときに、船員法に基づき、船舶所有者から支給される手当。

しょうびょう-てあてきん【傷病手当金】シヤウビヤウー 健康保険などの被保険者が、業務上でない負傷や病気のために就業できなくなったときに支給される手当金。保険給付の一つで、本人およびその家族の生活費として支給される。

しょうびょう-ねんきん【傷病年金】シヤウビヤウー 通勤災害に対して給付される労災保険の一つ。療養給付を受けている労働者が、療養開始後1年6か月経過しても治癒せず、一定の障害の状態が続いている場合に支給される。また、障害の程度により傷病特別支給金・傷病特別年金が支給される。業務災害の場合は傷病補償年金という。

しょうびょう-へい【傷病兵】シヤウビヤウー 負傷したり病気にかかったりした兵士。

しょうひょう-ほう【商標法】シヤウヘウハフ 商標を保護することによって、商標を使用する者の業務上の信用の維持を図り、需要者の利益を保護することを目的とする法律。昭和35年(1960)施行。

しょうびょうほしょう-ねんきん【傷病補償年金】シヤウビヤウホシヤウー 業務災害に対して給付される労災保険の一つ。療養補償給付を受けている労働者が、療養開始後1年6か月経過しても治癒せず、一定の障害の状態が続いている場合に支給される。また、障害の程度により傷病特別支給金・傷病特別年金が支給される。通勤災害の場合は傷病年金という。

じょう・びる【上びる】ジヤウびる〔動バ上一〕上品になる。上等になる。「げびる」に対していう。「かやうに次第に物が一・びては」〈浮・立身大福帳〉

しょう-ひん【小品】セウー ❶絵画・彫刻・音楽などで、規模の小さい作品。❷「小品文」の略。

しょう-ひん【商品】シヤウー 売るための品物。販売を目的とする財およびサービス。「一を陳列する」「目玉一」「キャラクター一」(類語)売り物・売品・品・製品・商い物

しょう-ひん【賞品】シヤウー コンクール・競技などで成績

の良かった人に賞として与える品物。
類語 景品・褒美・賞金・報賞

しょう-びん【翡▽翠】カワセミ科の鳥のこと。特に、カワセミの別名。〈季 夏〉

じょう-ひん【上品】㊀〔名〕品質のよいこと。また、高級品。「―だけを扱う老舗」⇔下品。㊁〔形動〕〔文〕〔ナリ〕品格のあるさま。品のよいさま。また、味などの洗練されているさま。「―な立ち居振る舞い」「―な味」「―に着こなす」⇔下品。〔派生〕じょうひんさ〔名〕
類語 高尚・典雅・気高い

じょう-ひん【上賓】上等の客。上客。

しょうひん-かいてんりつ【商品回転率】一定期間（通常1年）に商品が何回転したかを示す比率。その期間の売上原価を商品平均在庫高で除して求める。比率が大きいほど販売効率がよい。

しょうひん-かへい【商品貨幣】財貨自体を貨幣として用いるもの。貝殻・獣皮・家畜・穀物・布帛など。物品貨幣。自然貨幣。

しょうひん-かんじょう【商品勘定】簿記で、商品の仕入れ・売上を処理する勘定。仕入れを借方に、売上を貸方に記入する。貸方には原価で記入する方法と売価で記入する方法とがある。

しょうひん-きって【商品切手】▶商品券

しょうひん-けん【商品券】百貨店や事業協同組合が、自己の取り扱う商品・サービスを券面に記載した価額に達するまで給付する旨を約束して発行する一覧払いの無記名有価証券。商品切手。

しょうひん-さくもつ【商品作物】▶換金作物

しょうひん-せいさん【商品生産】交換・販売を目的に行われる財・サービスの生産。

しょうひん-てがた【商品手形】▶商業手形

しょうひん-とりひきじょ【商品取引所】商品取引所法に基づき、一種または数種の商品の先物取引を行うために必要な市場を開設することを主な目的として設立された会員組織の法人。繊維・食品・ゴムが伝統的上場商品で、東京・大阪・名古屋・横浜・神戸などで開設。コモディティーエクスチェンジ。

しょうひん-バスケット【商品バスケット】《commodity basket》国際商品相場指数。金を含む一次産品の市況を一括して、指数化したもの。1987年秋、ベーカー米財務長官が、これを主要経済指標の一つに加えようとIMF総会で提案した。趣旨はインフレの早期警戒のため、その価格先行性を買ったもの。

じょうひん-ぶ・る【上品振る】〔動ラ五（四）〕上品であるようなふりをする。「―・ったしゃべり方」

しょうひん-ぶん【小品文】❶日常生活で目に触れた事柄をスケッチふうに描写したり、折々の感想をまとめたりした、気のきいた短い文章。小品。❷中国で、明代中期以降行われた短い評論・随筆・紀行文などの総称。類語 エッセー・随想・随筆

しょうひん-もくろく【商品目録】商品の名称・性質・種類・数量・単価などを細かに記した営業用のパンフレット。カタログ。

しょう-ふ【小婦】❶「少婦」に同じ。❷正妻を大婦というのに対して、妾。そばめ。小星。「大婦有れども子なき故に―を寵愛す」〈三国伝記・一〉

しょう-ふ【少婦】年若い女。むすめ。また、若い嫁。「熟豆を売るの―」〈西周・明六雑誌四〇〉

しょう-ふ【正×麩】小麦粉をこね、水中でもみ洗いして麩をとるときに沈殿したでんぷん。煮て繊維工業用ののりにする。小麦でんぷん。糵麩。

しょう-ふ【生×麩】「なまふ」に同じ。

しょう-ふ【声符】▶声点

しょう-ふ【相府】大臣の唐名。

しょう-ふ【×娼婦】売春婦。

しょう-ふ【×樵夫】きこり。そまびと。

しょう-ぶ【尚武】武道・武勇を重んじること。

しょう-ぶ【勝負】〔名〕スル ❶勝ち負け。勝敗。「―を争う」「一気に―をつける」❷勝ち負けを決めようとして争うこと。「―の世界に生きる」「ここ一番の―に出る」「力の差がありすぎて―にならない」「実力で―する」
類語（❶）勝ち負け・勝敗・雌雄・輸贏／（❷）戦い・対戦・決戦・対決・対局・手合わせ・競争・競合・角逐・競り合い・競技・プレー・競う・戦う・争う・張り合う・対抗する

勝負は時の運　勝ち負けはその時の運によるもので、力の強い者が必ず勝つとは限らない。

しょう-ぶ【×菖×蒲】❶サトイモ科の多年草。池のそばに群生する。高さ約70センチ。地下茎は太く、赤みを帯びた白色。葉は剣状で中央脈が目立ち、厚く、香りがある。初夏、扁平で葉のような茎の中ほどに、淡黄色の多数の小花を円柱状につける。端午の節句に用い、また根茎は漢方で健胃薬にする。あやめ。あやめぐさ。〈季 夏〉「夜蛙の声となりゆく―かな／秋桜子」❷アヤメ科のハナショウブの別名。

じょう-ふ【上布】夏の衣服に用いる高級な麻織物。薩摩上布・越後上布など。〈季 夏〉「うち透きて男の肌白―／たかし」

じょう-ふ【丈夫】《「じょうぶ」とも。中国の周の制度で1丈（約2メートル）を男子の身長としたところから》りっぱな男。ますらお。「堂々たる―」「偉―」
類語 男・男性・男子・野郎・雄・男児・おのこ・壮丁・士・ますらお・紳士・殿方・ジェントルマン

じょう-ふ【定府】江戸時代、幕府の役職にある大名やその家臣が、参勤交代をせずに江戸に常住すること。

じょう-ふ【城府】《中国で、都市の周囲に城壁をめぐらしたところから》❶都市の外囲い。とりで。❷都市。❸隔て。しきり。

城府を設け・ず　《「宋史」傅尭兪伝から》人と打ち解けた付き合いをするたとえ。

じょう-ふ【情夫】女の情人である男。いろおとこ。また、内縁関係にある男。類語 男・間夫・間男・紐

じょう-ふ【情婦】男の情人である女。いろおんな。また、内縁関係にある女。類語 女・妾・手掛け・二号

じょう-ふ【×饒富】〔名・形動〕豊かなこと。また、そのさま。富饒。「身上の―になる所から自然に世の中が和合して」〈小川為治・開化問答〉

じょう-ぶ【上部】上の部分。上の方。「―組織」⇔下部。類語 上手・上手・上方・高み・上位・優位・優越・高位・上席

じょう-ぶ【丈夫】㊀〔形動〕〔文〕〔ナリ〕❶健康に恵まれているさま。達者。「―で、病気ひとつしたことがない」「からだが―な子」❷物が、しっかりしていて壊れにくいさま。「―なひも」「値段の割に―な靴」❸確かなさま。確実。「何十年でも此所に留めませと―なる言ひ渡し」〈浮・歌三味線・一〉〔派生〕じょうぶさ〔名〕㊁〔名〕▶じょうふ（丈夫）
類語 ㊀（❶）達者・健康・壮健・強壮・強健・頑健・元気・無事・息災・健全・健勝・矍鑠・健やか・まめ・タフ／（❷）堅固・強堅・頑丈・堅牢・強靭

しょうぶ-あわせ【×菖×蒲合（わ）せ】▶根合わせ

しょうぶ-いろ【×菖×蒲色】ショウブの花のような色。鮮やかな青紫色。

しょう-ふう【正風】❶物事の、あるべき正しい姿。❷「正風体」に同じ。❸「蕉風」に同じ。

しょう-ふう【松風】松に吹く風。松籟。松韻。まつかぜ。

しょう-ふう【商風】《「商」は秋の意》秋風。

しょう-ふう【×蕉風】松尾芭蕉およびその門流の俳風。寂・撓り・細み・軽みを重んじて幽玄・閑寂の境地を求め、連句の付合には、移り・響き・匂い・位などの象徴的手法を用い、俳諧を真の詩文芸として発展させた。正風。

しょうぶ-うち【×菖×蒲打ち】端午の節句に行われた男の子の遊び。ショウブの葉を編んで縄状にし、地面にたたきつけて大きな音の出たものを勝ち、または切れたほうを負けとした。菖蒲叩き。〈季 夏〉「御城下やここの辻にも―／水巴」

しょうふう-てい【正風体】❶正しい風体。特に歌学で、伝統的な作風による品格の高い歌体。しょうふうたい。❷近世の俳諧で、正しい俳風・風体。主として蕉風についていう。しょうふうたい。

しょうぶ-うらない【×菖×蒲占い】占いの一。端午の節句に、ショウブを結んで「思うこと軒のあやめにこと問わんかなわばかけよささがにの糸」と唱えて、そのショウブにクモが網を張れば思うことがかなうしるしであるとした。あやめのうら。

しょうふう-ろうげつ【×嘯風弄月】《風にうそぶき、月をもてあそぶの意》天地自然の風物を友として、詩歌・風流を楽しむこと。

しょうぶ-がさね【×菖×蒲▽襲】「あやめがさね」に同じ。

しょうぶ-がた【×菖×蒲形】❶ショウブの葉の形に似ていること。特に、刀身についていう。❷馬具の名。銀面の上部につけて、馬の額に当てるもの。あやめがた。

しょうぶ-がたな【×菖×蒲刀】「あやめがたな」に同じ。

しょうぶ-かぶと【×菖×蒲×兜】❶端午の節句にショウブで兜の形に作ったもの。❷端午の節句に飾る兜。〈季 夏〉

しょうぶ-がわ【×菖×蒲革】《「しょうぶかわ」とも》❶型染めの藍革の一。地を藍で染め、ショウブの葉や花の文様を白く染め抜いたシカのなめし革。「菖蒲」の音が「尚武」に通じるところから、多く武具に用いた。❷❶に似せて染めた布地。下級武士の袴地などに用いた。❸江戸時代、足軽・見付番・若党などのこと。

じょうふきょう【常不軽】㊀「法華経」常不軽菩薩品に出てくる菩薩。人はみな成仏するとして、会う人ごとに軽んずることなく礼拝したという。常不軽菩薩。㊁「法華経」常不軽菩薩品の中で、常不軽菩薩が説いた24字の語を唱え、人々を礼拝して巡り歩く修行。また、その人。不軽。

しょうぶ-きり【×菖×蒲切り】昔、端午の節句に、男の子が印地打ちをしたあとで、菖蒲刀で切り合った遊び。

しょう-ふく【小腹】したはら。下腹部。

しょう-ふく【×妾腹】めかけの腹から生まれたこと。また、その子。めかけばら。

しょう-ふく【尚復】平安時代、天皇や東宮の読書始めの式で、侍読が教授したところを復習した役。また、その人。都講。

しょう-ふく【承服｜承伏】〔名〕スル《古くは「しょうぶく」「じょうふく」とも》相手の言うことを承知してそれに従うこと。「とても―しかねる条件」
類語 承知・了承・了解・承諾・承認・承引・納得・同意・受諾・応諾・許諾・オーケー・受け入れる・聞き入れる・うべなう・うけがう・がえんずる・諾する・応ずる・引き受ける・首を縦に振る・承諾する・認める

しょう-ふく【×懾服｜×懾伏｜×慴伏】〔名〕スル 勢いに恐れてひれ伏すこと。「ぼくには―した竜王なぞ見えてこない」〈小林秀雄・実朝〉

じょう-ふく【条幅】画仙紙の半切にかかれた書画を軸物にしたもの。➡堂幅

じょう-ふく【浄福】清らかな幸福。仏教を信ずることによって受ける幸福。類語 幸せ・幸・福・果報・冥利・多幸・多祥・万福・至福・清福・ハッピー

じょう-ふく【常服】❶ふだん着。❷江戸時代、武士が出仕の際に常用する麻上下。

じょう-ぶく【▽調伏】▶ちょうぶく（調伏）

しょうふく-じ【聖福寺】福岡市博多区にある臨済宗妙心寺派の寺。山号は安国山。建久6年（1195）源頼朝の寄進により建立。開山は栄西。日本最初の禅道場。寺宝に大鑑禅師画像・朝鮮鐘など。

じょうふく-じ【常福寺】茨城県那珂市にある浄土宗の寺。山号は草地山。開創は延元年間（1336～1340）、開基は佐竹義敦、開山は成阿了実。関東十八檀林の一。

しょうふくてい-しょかく【笑福亭松鶴】落語家。㊀（5世）［1884～1950］大阪の生まれ。本名、竹内梅之助。上方落語の保存と復興に努めた。漫才人気に対抗して、雑誌「上方はなし」を刊行。㊁（6世）

[1918～1986]大阪の生まれ。本名、竹内日出男。㊁の子。上方落語の復興に尽力、現在の隆盛に導いた。当たり芸に「らくだ」「天王寺詣り」など。
じょう-ぶくろ【状袋】ジャウ 手紙や書類などを入れる紙の袋。封筒。
しょうぶ-くわがた【×菖×蒲×鍬形】シャウブクハガタ 兜かぶとの鍬形で、上端がショウブの葉のように鋭くとがったもの。
じょうぶ-こうぞう【上部構造】ジャウブコウザウ《ドイ Überbau》史的唯物論の基本概念。社会の経済的土台(下部構造)の上に形成される政治・法律・宗教・道徳・芸術などの意識形態(イデオロギー)と、それに対応する制度・組織。下部構造による制約を受けるとともに反作用を及ぼすとされる。➡下部構造
しょうぶ-ごと【勝負事】勝ち負けを争う行為。特に、かけごと、ばくちをいう。
しょうぶ-ざけ【×菖×蒲酒】シャウブザケ「あやめざけ」に同じ。(季 夏)「くちつけてすみわたりけり—/蛇笏」
しょうぶ-し【勝負師】❶ばくちうち。また、棋士など勝ち負けを競うことを職とする人。❷失敗する危険のある物事でも、大胆に行える人。「天性の—」
しょうぶ-ずく【勝負▽尽く】ヅク 勝ち負けによって、決着をつけること。「人と人との—、命を捨てば易かりなんと」〈浄・兜軍記〉
しょう-ふだ【正札】シャウ 掛け値なしの値段を書いて商品につけた札。「—販売」
じょうぶ-だいがく【上武大学】ジャウブ 群馬県伊勢崎市にある私立大学。昭和43年(1968)の開設。平成9年(1997)大学院を設置した。
しょうふだ-つき【正札付き】シャウフダ ❶正札のついていること。また、その商品。札付き。❷世間で定評のあること。また、その人や物。多く悪い意味に用いる。札付き。「—の大悪党」
しょうぶ-だま【勝負球】野球で、投手が打者との勝負を決するために投げる球。通常は、最も得意とする球。転じて、最も得意とする技などのたとえ。
じょう-ふだん【常不断】ジャウ そのことが絶えないこと。始終。「課長さんの所とこへも—御機嫌伺いにお出でなさるという事たから」〈二葉亭・浮雲〉
しょう-ぶつ【正物】シャウ ❶本当のもの。ほんもの。「—のその男が、阿媽港か何処かへ上陸している中に」〈芥川・煙草と悪魔〉❷現物。実物。
しょう-ぶつ【生仏】シャウ 仏語。衆生しゅじょうと仏陀。人間と仏。迷える者と悟れる者。
じょう-ぶつ【成仏】ジャウ〔名〕スル 仏語。❶煩悩ぼんのうを断ち、無上の悟りを開くこと。❷死んで、この世に未練を残さず仏となること。また、死ぬこと。「安らかに—する」類語 ❷死ぬ・死亡・死去・死没・永逝・長逝・永眠・往生・逝去・他界・物故・絶息・絶命・大往生・お陀仏・辞世・昇天・崩御・薨去こうきょ・卒去・瞑目めいもく・落命・急逝・夭折ようせつ・夭逝
しょうぶつ-いちにょ【生仏一如】シャウブツ 仏語。迷いの衆生しゅじょうと悟りの仏とが、その本性においてはまったく同一であるということ。生仏一体。生仏不二。
しょうぶ-づくり【×菖×蒲造(り)】シャウブ 日本刀の造り込みの一。刀身がショウブの葉の形に似たもの。鎬しのぎは高く、横手はない。
しょうぶ-づつみ【×菖×蒲包み】シャウブ 端午の節句に、ショウブを包むのに用いた熨斗のし形の折り紙。
じょうぶつ-とくだつ【成仏得脱】ジャウブツ 仏道修行の結果悟ることができて、煩悩ぼんのうから脱すること。また、死んでこの世の苦しみから解放されること。
しょうぶ-て【勝負手】囲碁・将棋で、勝ち負けをその一手にかけた大事な着手。「—に出る」
しょうぶ-どころ【勝負所】勝ち負けの決まる大事な場面・局面。「ここが—と一気に攻める」
しょうぶ-なし【勝負無し】勝ち負けが決まらず、引き分けになること。
しょうぶ-ねあわせ【×菖×蒲根合(わ)せ】シャウブネアハセ ➡根合わせ
しょうぶ-ふく【勝負服】❶競馬で、レースに出る騎手が着るユニホーム(上着のみ)。色・柄は馬主が登録する。補説 競輪選手のレース用ジャージーをもいう。❷交際する男女が、相手の気を引こうとして着る衣服。「浴衣は最高の—」
しょう-ぶぶん【小部分】セウ わずかな部分。全体の一部分。
じょう-ぶみ【状文】ジャウ 手紙。書状。ふみ。「—の通ひも、片陰に忍び道をつけて」〈浮・男色大鑑・一〉
しょうぶ-ゆ【×菖×蒲湯】シャウブ 5月5日の節句の日、邪気を払うために、ショウブの根や葉を入れて沸かす風呂。(季 夏)「—を出てかんばしき女かな/草城」
しょう-プリニウス【小プリニウス】セウ ➡プリニウス㊁
しょう-ブルジョア【小ブルジョア】セウ ➡プチブルジョア
しょう-ふん【小×忿|小憤】セウ わずかな憤り。
しょう-ふん【小紛】セウ 小さないざこざ。
しょう-ふん【×嘗×糞】シャウ《呉に敗れた越王勾践こうせんが、呉王の糞を嘗なめてその病気はじきに治るだろうと予言したという「呉越春秋」勾践入臣外伝の故事から》恥も外聞も捨てて、人にへつらうことのたとえ。
しょう-ぶん【小分|少分】セウ ❶小さく分けること。また、少しの部分。少しの量。一部分。「仏は御弟子その数多かり。我に—を分け給ふべし」〈今昔・一・一〇〉❷身分の低いこと。また、その人。「—なる人と見ますれば、結句たしなみ、心安やすく振ぶりせず」〈難波鉦・三〉
しょう-ぶん【小文】セウ ❶ごく短い文章。❷自分の文章をへりくだっていう語。「—にご高評を賜る」
しょう-ぶん【性分】シャウ 生まれつきの性質。天性。たち。「曲がったことのできない—」「やりかたが—に合わない」類語 性さが・たち・性格・性向・性情・気質・気性きしょう・気立て・人柄・心柄こころがら・心根こころね・心性しんせい・品性・資性・資質・個性・人格・キャラクター・パーソナリティー
じょう-ぶん【上分】ジャウ ❶上のほうの部分。〈日葡〉❷古代・中世、神仏に対する貢納物。❸中世、年貢・所当のこと。「—米」
じょう-ぶん【上文】ジャウ 前に記した文言。前文。
じょう-ぶん【上聞】ジャウ 天皇や君主の耳に入れること。天皇や君主の耳に入ること。「—に達する」
じょう-ぶん【冗文】むだが多く長たらしい文章。
じょう-ぶん【条文】デウ 法令・条約などを箇条書きにした文。「憲法の—」
じよう-ぶん【滋養分】ジヤウ 飲食物に含まれている、身体の栄養となる成分。栄養分。
しようぶんしょとう-ききざい【私用文書等毀棄罪】権利・義務に関する他人の文書や電磁的記録を破棄する罪。刑法第259条が禁じ、5年以下の懲役に処せられる。親告罪の一つ。
じょう-ふんべつ【上分別】ジャウ 最上の分別。最もよい判断。「ここは静観するのが—というものだ」
しょうへい【正平】シャウヘイ 南北朝時代、南朝の後村上天皇・長慶天皇の時の年号。1346年12月8日～1370年7月24日。
しょうへい【承平】➡じょうへい(承平)
しょう-へい【招×聘】セウ〔名〕スル 礼を尽くして人を招くこと。「—に応じる」「講師を—する」類語 迎える・呼ぶ
しょう-へい【昇平|升平】世の中が平和でよく治まっていること。「—の世」
しょう-へい【×昌平】シャウ 国家の勢いが盛んで、世の中が平和なこと。太平。昇平。
類語 平和・和平・太平・安寧・静寧・ピース
しょうへい【昌平】シャウヘイ 中国山東省曲阜県の郷の名。孔子の生地。東京湯島の孔子廟こうしびょうがある昌平坂の名はこれに由来する。
しょう-へい【×哨兵】セウ 見張りの兵士。歩哨。
類語 歩哨・衛兵・番兵・衛卒
しょう-へい【将兵】シャウ 将校と兵士。将士。
しょう-へい【笑柄】セウ 笑いの種になるもの。お笑いぐさ。「一種の茶番狂言として永く世人の—たらんとす」〈利光鶴松・政党評判記〉
しょう-へい【唱平】シャウ 平安時代、節会せちえのときなどに、杯をすすめて長生を祝ったこと。
しょう-へい【傷兵】シャウ 負傷した兵士。負傷兵。
しょう-へい【障×屏】シャウ ❶障子と屏風びょうぶ。❷しきり。へだて。
しょう-へい【障蔽】シャウ 覆い隠すこと。さえぎること。また、そのもの。しきり。へだて。
じょうへい【承平】《「しょうへい」とも》平安前期、朱雀すざく天皇の時の年号。931年4月26日～938年5月22日。
じょう-へい【城兵】ジャウ 城を守る兵士。
しょうへい-が【障×屏画】シャウヘイグワ 障壁画と屏風びょうぶ絵の総称。
しょうへい-がわ【正平革】シャウヘイガハ 染め革の一。獅子しし・牡丹ぼたん・唐草などの文様を配した中に「正平六年六月一日」の文字を染め出した革。征西将軍懐良かねよし親王が、正平6年(1351)肥後国八代やつしろの革工に命じて染めさせたものといわれ、武具などに用いられた。八代革。御免革。正平御免革。
しょうへい-こう【昌平黌】シャウヘイクワウ ➡昌平坂学問所
しょうへい-ごめんがわ【正平御免革】シャウヘイゴメンガハ ➡正平革
しょうへいざか-がくもんじょ【昌平坂学問所】シャウヘイザカ 江戸幕府の学問所。寛永7年(1630)林羅山が設立した私塾に始まり、元禄3年(1690)将軍徳川綱吉の命により湯島に移転、寛政の改革のとき幕府直轄の学問所となった。朱子学を正学として幕臣・藩士などの教育にあたった。明治維新後に昌平学校、次いで大学校と改称したが、明治4年(1871)閉鎖。昌平黌こう。
じょうへい-そう【常平倉】ジャウヘイサウ 奈良時代、穀物の価格の変動を防ぐために、穀類を貯蔵した官営の倉。豊年で安価のときに買い入れ、凶年で高価のときに放出して価格の調節を図った。江戸時代にも水戸・会津・土佐・薩摩さつまなどの諸藩に置かれた。
しょうへい-ぞめ【正平染(め)】シャウヘイ 正平革の文様を取り入れた染め方。
じょうへいてんぎょう-の-らん【承平天慶の乱】ジョウヘイテンギャウ 承平・天慶年間(931～947)に起こった、平将門たいらのまさかどの反乱と藤原純友ふじわらのすみともの反乱。将門は関東に勢力を伸ばしたが、天慶3年(940)敗死、純友は瀬戸内海で反乱を起こしたが、天慶4年(941)敗死。律令国家の崩壊と地方武士の台頭とを象徴した事件。天慶の乱。
しょうへい-ばん【×昌平版】シャウヘイ 昌平坂学問所で翻刻した漢籍。
しょう-へいめん【焦平面】セウ ➡焦点面
しょうへい-もん【正平紋|×昌平紋】シャウヘイ ➡切り付け紋
しょう-へいりん【章炳麟】シャウ [1869～1936]中国、清末・民国初の思想家。余杭よこう(浙江せっこう省)の人。字あざなは枚叔ばいしゅく。号、太炎。漢民族による民族主義革命を主張。孫文・黄興こうこうと並んで革命三尊と称されたが、のちに彼らと対立。辛亥しんがい革命後は学問著述に専念した。著「章氏叢書」「太炎文録続編」など。チャン=ピンリン。
しょう-へき【×峭壁】セウ 切り立った険しいがけ。
しょう-へき【障壁】シャウ ❶へだてや仕切りのための壁。❷妨げるもの。じゃま。「外交の—を取り除く」
しょう-へき【×牆壁|×墻壁】シャウ ❶垣根と壁。囲い。❷隔てるもの。へだて。「此一銭五厘が二人の間の—になって」〈漱石・坊っちゃん〉
しょう-べき【昇×冪】多項式で、ある文字に関して次数の低い項から順に並べること。⇔降冪。
じょう-へき【城壁】ジャウ 城の周囲の壁や塀。
じょう-べき【乗×冪】「累乗るいじょう」に同じ。
しょうへき-が【障壁画】シャウヘキグワ 襖ふすま・衝立ついたてなどに描いた障子絵、床の間・違い棚や長押なげしの上の壁などに貼はりつけた壁貼付はりつけ絵などの総称。広義には障屏しょうへい画と同義に用いられる。
しょう-べつ【小別】セウ〔名〕スル 全体を小さく分けること。また、分けたもの。細別。こわけ。「種類ごとに—する」⇔大別。
しょう-へん【小片】セウ 小さなかけら。切れはし。
類語 かけら・破片・一片
しょう-へん【小変】セウ ❶わずかな変化。❷ちょっとした事件。小さな事変。
しょう-へん【小編|小×篇】セウ 短い作品。短編。

しょう-へん【×爿偏】漢字の偏の一。「牀」「牆」などの「爿」の称。

しょう-へん【掌編｜掌×篇】ごく短い文芸作品。

しょう-べん【小便】〔名〕スル ❶老廃物として腎臓で血液中から濾過され、尿管から膀胱にたまり、尿道を経て体外に排出される液体。また、それを排出すること。尿。ゆばり。小用。小水。「一に立つ」「寝一」「立ち一」「一小僧」❷いったん約束した売買を一方的にとりやめること。「契約を一されてはたまらない」(類語)小水・尿・おしっこ

　小便一町糞一里　《小便のときは1町遅れ、大便のときは1里遅れる意から》歩いて旅などをするとき、大小便のために同行者に遅れることをいう。

しょう-べん【少弁｜少×辨】律令制で、太政官の判官である弁官のうちの、中弁の次位。すないおおともい。

じょう-へん【上編｜上×篇】書物などで、上・下、または上・中・下と分けられたうちの最初の編。

じょうべん【浄弁｜浄辨】[?〜1356?]鎌倉・南北朝時代の歌人。天台宗の僧。青蓮院の執当法師。慶運の父。和歌を二条為世に学び、頓阿・慶運・兼好とともに和歌四天王と称された。

しょうべん-くさ・い【小便臭い】〔形〕(文)せうべんくさ・し〔ク〕❶小便のにおいがする。「一・い場末の映画館」❷《いかにもおむつの小便のにおいがしそうだという意から》子供っぽい。未熟である。青くさい。「一・いたわごとを聞かされる」

しょうべん-ぐみ【小便組】近世、支度金を受けて妾奉公に出ておいて、わざと寝小便をして縁を切らせるように仕向ける、一種の詐欺行為。また、そういう行為をする女。

しょうべん-こぞう【小便小僧】《Manneken-Pis》ベルギーの首都、ブリュッセルの中心部、ブラバント州庁舎近くにある、放尿する少年を模した彫像。1619年、彫刻家ジェローム＝デュケノワが製作。2度の盗難に遭う。由来には諸説あるが、ブリュッセルを包囲した敵軍が城壁を爆破しようとした際、少年が導火線に小便をかけて火を消し、町を救ったという伝説が知られている。マヌカンピス。マネケンピス。

しょうへん-しょうせつ【掌編小説】短編小説よりさらに短い形式の小説。掌の小説。中河与一が命名した語。

しょうべん-たご【小便担＝桶】肥料用の糞便を入れて田畑などに担いで行く桶。こえたご。

しょうべん-だめ【小便×溜め】小便をためておくために土中に埋めた壺または桶。

しょうべん-つぼ【小便×壺】❶小便をするために、土中にいけておく壺。❷「溲瓶」に同じ。

しょうべん-ぶくろ【小便袋】❶放尿に備えて、股の間にとりつけておくゴム製などの袋。❷膀胱のこと。

しょうべん-むよう【小便無用】ここで立ち小便をしてはいけない、の意で、塀などにはり紙や看板などで示す語。

しょう-ほ【小補】少しだけ補い助けること。

しょう-ほ【将補】自衛官の階級の一。陸将補・海将補・空将補の略。将の下、一佐の上。

しょう-ほ【商舗】品物を売る店。商店。

しょう-ぼ【召募】〔名〕スル 募集すること。呼び集めること。「兵勇を一せしが」〈竜渓・経国美談〉

じょう-ほ【常歩】一番ゆっくりした、馬の歩き方。並み足。

じょう-ほ【譲歩】〔名〕スル《他の人に道を譲るの意から》自分の意見や主張を押さえて相手の意向に従ったり妥協したりすること。「一を求める」「価格をもうこれ以上一するわけにはいかない」(類語)妥協・折れる・折り合う・歩み寄る・纏まる

しょう-ほう【小邦】小さい国。小国。「新興の一を以て、屡々其の大兵に抗敵し」〈竜渓・経国美談〉

しょうほう【正保】江戸初期、後光明天皇の時の年号。1644年12月16日〜1648年2月15日。しょうほ。

しょう-ほう【正報】仏語。過去世で行った善悪の行為の報いとして受ける、衆生の身心。(対)依報。

しょう-ほう【生報】仏語。三報の一。現世で行った善悪の行為によって、来世で受ける苦楽の果報。順生業。

しょう-ほう【尚方】中国漢代の宮廷機関の一。天子の使用する器物を製作する工官。

しょうほう【承保】《「じょうほう」とも》平安後期、白河天皇の時の年号。1074年8月23日〜1077年11月17日。しょうほ。

しょう-ほう【商法】❶商売の仕方。あきない。「悪徳一」❷㋐企業を対象とし、その活動に関して規制する法規の全体。㋑商事に関する基本的な法典。明治32年(1899)施行。総則・商行為・海商の3編からなる。商法典。

しょう-ほう【唱法】歌の歌い方。

しょう-ほう【勝報】・【×捷報】勝利の知らせ。「一に沸く」

しょう-ほう【詳報】詳しい知らせ。詳しい報告。「一が待たれる」

しょう-ぼう【小房】小さい部屋。小部屋。

しょう-ぼう【正法】仏語。❶正しい教え、すなわち仏法。❷三時の一。仏の教えがよく保たれ、正しい修行によって悟りが得られる時代。仏滅後500年または1000年の間。正法の時。正法時。

　正法に奇特無し　正法に不思議な利益などはなく、奇特のあるのはむしろ邪教である。正法に不思議なし。

しょう-ぼう【消亡】〔名〕スル 消えてなくなること。消滅。「方今英吉利のライトと云う語は、法律の義は全く一して」〈西村茂樹・明六雑誌四二〉

しょう-ぼう【消防】❶火事を消し、延焼を防ぎ、また、火災・水害の警戒・予防などをすること。❷「消防士」「消防団」などの略。(類語)消火・火消し・消す

しょう-ぼう【焼亡】〔名〕スル 焼けてなくなること。焼失。しょうもう。「大火で神社仏閣が一する」

しょうぼう【聖宝】[832〜909]平安初期の真言宗の僧。大和の人。諸国を遊歴して修行し、後世、修験道の中興と称された。醍醐寺・東大寺東南院などを建立。東密小野流の祖。諡号、理源大師。

じょう-ほう【上方】上のほう。(対)下方。(類語)上・高み・上・上手・上手・上部・上位・優位・優越・高位・上席

じょう-ほう【定法】こういう場合にはこうするものと、決まっているやり方。また、公に決まっている規則。「事を一どおりに進める」(類語)型

じょう-ほう【乗法】二つ以上の数や式を掛け合わせて、積を求める計算法。掛け算。(対)除法。

じょう-ほう【城×堡】城ととりで。また、敵を防ぐための構造物。じょうほ。

じょう-ほう【常法】❶ある場面には必ず通用される規則。一定のきまり。「長崎表での蘭館への出入は一があって」〈菊池寛・蘭学事始〉❷いつも使う手段・方法。「腹痛で遅刻は彼の一だ」

じょう-ほう【情報】❶ある物事の内容や事情についての知らせ。インフォメーション。「事件についての一を得る」「一を流す」「一を交換する」「一がもれる」「極秘一」❷文字・数字などの記号やシンボルの媒体によって伝達され、受け手に状況に対する知識や適切な判断を生じさせるもの。「一時代」❸生体系が働くための指令や信号。神経系の神経情報、内分泌系のホルモン情報、遺伝情報など。(類語)インフォメーション・データ・ノウハウ

じょう-ぼう【条坊】❶町の道すじ。まちすじ。❷古代、都城の市街区画。平城京・平安京においては、朱雀大路によって左京・右京に分け、南北に走る大路によりそれぞれを四坊に、東西に走る大路により九条に分け、碁盤の目のように区画した。

じょう-ぼう【状貌】顔かたち。容貌。

じょう-ぼう【浄房】便所のこと。かわや。

しょうぼう-い【消防衣】消防活動のときに着る衣服。

じょうほうかいじ-ぎむ【情報開示義務】重要性の高い情報を、定められた形式により開示する義務のこと。具体的には、有価証券などの金融商品や、政治資金団体や資金管理団体などにおける政治資金の受領と経費支出、米国での特許の出願などで、必要な情報の開示が法律などにより義務付けられている。義務への違反に対して罰則を設けることで、情報の適切な開示を促し、犯罪などを未然に防ぐ目的がある。

じょうほう-かがく【情報科学】《informatics》情報の収集・整理・蓄積・処理などを体系的に研究する学問。特に、コンピューターの利用技術を研究する計算機科学をいう。情報処理科学。コンピューターサイエンス。

じょうほうかがくげいじゅつ-だいがくいんだいがく【情報科学芸術大学院大学】岐阜県大垣市にある公立大学院大学。平成13年(2001)に岐阜県が開設した。メディア表現研究科がある。

じょうほう-かくさ【情報格差】▶デジタルデバイド

じょうほう-かくめい【情報革命】コンピューターの発達によって多種多様な情報を処理・利用できるようになり、その結果もたらされた社会変革。コンピューター革命。

じょうほうか-しゃかい【情報化社会】物や資本などにかわって知識や情報に価値が置かれ、情報の生産・収集・伝達・処理を中心として社会・経済が発展していく社会。情報社会。

じょうほう-かでん【情報家電】コンピューターネットワークを通じた通信機能を有する家電製品のこと。

しょうぼう-かん【消防官】消防任務に従事する消防吏員。地方公務員。

じょうほう-きかん【情報機関】❶外国や国内に関する情報の収集・分析などを行う国家機関。日本の内閣調査室、米国のCIAなど。諜報機関。❷交戦国に対するスパイ活動を行う機関。諜報機関。

しょうぼうきゅうじょ-きどうぶたい【消防救助機動部隊】大規模な災害や事故などに対応する東京消防庁の専門部隊。救助・救急活動に必要とされる特殊な車両・資機材を備え、高度な技術を有する隊員で構成される。阪神・淡路大震災を教訓として平成8年(1996)に創設された。通称、ハイパーレスキュー隊。

じょうほう-きょく【情報局】《「内閣情報局」の略》昭和15年(1940)に設置され、第二次大戦中、情報の収集・宣伝・言論統制などにあたった中央情報機関。同20年廃止。

しょうぼう-ぐみ【消防組】明治3年(1870)消防機関として市町村に設けられた組合。警察権に属し、組頭・小頭・消防手で組織されていた。昭和14年(1939)警防団に改組。現在の消防団に相当する。

じょうほう-げん【情報源】情報を提供してくれる人。情報を手に入れる経路。ニュースソース。

じょうほう-けんさく【情報検索】《information retrieval》大量の情報を整理して蓄積し、必要に応じて取り出すこと。コンピューターの記憶装置内に蓄積された情報を端末装置などから目的別に取り出すこと。IR。

しょうぼう-げんぞう【正法眼蔵】一切のものを明らかにし、包み込んでいる、正しい教え。仏法。◆書名別項。

しょうぼうげんぞう【正法眼蔵】㊀中国、南宋時代の大慧宗杲の法語集。6巻。1147年成立。俗称、大慧正法眼蔵。㊁鎌倉時代の法語集。95巻。寛喜3〜建長5年(1231〜1253)成立。宗門の規則・行儀・坐禅弁道など520編からなる、曹洞宗の根本聖典。永平正法眼蔵。

しょうぼうげんぞうずいもんき【正法眼蔵随聞記】鎌倉時代の法語集。6巻。道元の法語を、弟子懐奘が記録した書。嘉禎年間(1235〜1238)の成立。

じょうほう-こうかい【情報公開】行政機関な

どが保有している情報を、国民が知りたいときに自由に知ることができるようにすること。

じょうほうこうかい-ほう【情報公開法】《行政機関の保有する情報の公開に関する法律」の通称》行政文書の開示を請求する、国民の権利について定め、行政機関が保有する情報の原則公開を義務づけた法律。平成11年(1999)制定、同13年施行。個人情報や、法人等の事業に関する情報、開示することで国や公共の安全・秩序に支障を及ぼすおそれのある情報などは同法の対象外となる。

じょうほうこうかんよう-ふごう【情報交換用符号】情報処理およびデータ伝送で、システム相互間の情報のやり取りに用いられる標準符号。

じょうほう-こうしき【乗法公式】多項式の積を和の形に直す公式。多項式を展開するときに使う。平方の公式：$(a+b)^2=a^2+2ab+b^2$、和と差の積の公式：$(a+b)(a-b)=a^2-b^2$、たすきがけの公式：$(ax+b)(cx+d)=acx^2+(ad+bc)x+bd$など。➡確率の乗法定理

じょうほう-コミュニティー【情報コミュニティー】政府内の複数の情報機関の活動を調整し、情報を一元化する機関。日本の情報コミュニティーは、内閣情報調査室・警察庁・公安調査庁・外務省・防衛省、および財務省・金融庁・経済産業省・海上保安庁などの情報担当者によって構成される。インテリジェンスコミュニティー。

じょうほう-コンセント【情報コンセント】《information wall socket》企業や大学、研究機関などの建物内部において、LANなどのコンピューターネットワークに簡単に接続できるよう、壁などに設けられた接続口のこと。

じょうほう-さんぎょう【情報産業】情報の収集・加工処理・検索・提供などを業務とする産業の総称。広義には出版・新聞・放送・広告を含むが、一般的にはコンピューター関連産業をいう。

しょう-ほうし【小胞子】大小の胞子があるときの、小さいほうの胞子。イワヒバ・ミズニラ・サンショウモなどのシダ類にみられ、発芽すると雄性の前葉体になる。種子植物の花粉はこれに相当。

しょうぼう-し【消防士】❶消防官。❷消防吏員の最下位の階級。また、その階級にある人。

しょうぼう-じ【正法寺】㊀京都市東山区にある時宗国阿派の寺。山号は霊鷲山。開創は延暦年間(782～806)、開基は最澄で霊山寺と称した。弘和3年=永徳3年(1383)国阿が入寺して時宗国阿派の本山とし、正法寺と改めた。㊁岩間寺の正称。㊂岩手県奥州市にある曹洞宗の寺。山号は大梅拈華山。開創は正平3年=貞和4年(1348)、開山は無底良韶。江戸時代に至るまで、永平寺・総持寺とともに曹洞宗第3の本寺。奥の正法寺。

しょうぼう-じ【正法時】「正法❷」に同じ。

じょうほう-し【情報誌】各種の情報を掲載した雑誌。分野を限定して情報を集めたものが多い。「住宅—」「就職—」「音楽—」

しょうぼう-じどうしゃ【消防自動車】消火・人命救助などに必要な機材や装置のある自動車の総称。消火用ポンプ・ホース・はしご・投光器などを装備したポンプ自動車のほか、化学・排煙・照明・無線・救援自動車その他がある。消防車。

じょうほう-じゃくしゃ【情報弱者】マスコミ報道やインターネットなどに触れる機会が少なく、情報の入手に不利な環境にいる人。また、情報の真偽の判断に慣れていない人。➡デジタルデバイド

じょうほうしゅうしゅう-えいせい【情報収集衛星】外交・防衛などの安全保障や大規模災害などの危機管理に必要な情報の収集を目的とする日本の人工衛星。平成10年(1998)、北朝鮮によるテポドン発射をきっかけに導入され、内閣衛星情報センターが運用を担当している。IGS(Information Gathering Satellite)。

じょうほう-しゅうせい【上方修正】〔名〕スル従来の予測や計画よりも高い数値に設定し直すこと。また特に、企業が年度途中で、年間の業績見通しを当初の予想よりも高く見直すこと。「3月期連結業績予想を—する」⇔下方修正。

しょうぼう-しょ【消防署】市町村および特別区に置かれる消防を担当する機関。一般に消防本部の下に置かれる。

じょうほう-しょうざい【情報商材】主にインターネットを通じて売買される、金儲けの方法などの情報。投資やギャンブルの必勝法やネットビジネスの成功術などと称するが、有用な情報かどうかは購入するまで分からないのでトラブルも多い。

じょうほう-しょり【情報処理】❶与えられた情報から目的に添った情報を導き出すこと。❷コンピューターを使用して行う処理一般のこと。

じょうほうしょりぎじゅつしゃ-しけん【情報処理技術者試験】情報処理に関する国家試験の総称。経済産業省主管の独立行政法人情報処理推進機構の情報処理技術者試験センターによって行われる。ITEE(Information Technology Engineers Examination)。(補説)平成21年度(2009)から実施されている試験区分では、その難易度により4段階に分類される。

▷
スキルレベル1	ITパスポート試験(IP)
スキルレベル2	基本情報技術者試験(FE)
スキルレベル3	応用情報技術者試験(AP)
スキルレベル4	ITストラテジスト試験(ST)、システムアーキテクト試験(SA)、プロジェクトマネージャ試験(PM)、ネットワークスペシャリスト試験(NW)、データベーススペシャリスト試験(DB)、エンベデッドシステムスペシャリスト試験(ES)、情報セキュリティスペシャリスト試験(SC)、ITサービスマネージャ試験(SM)、システム監査技術者試験(AU)

じょうほうしょり-しんこうじぎょうきょうかい【情報処理振興事業協会】独立行政法人情報処理推進機構(IPA)の前身。平成16年(2004)1月、「情報処理の促進に関する法律」により、同機構に業務を継承。

じょうほうしょりすいしん-きこう【情報処理推進機構】昭和45年(1970)に設立された情報処理振興事業協会を改組し、平成16年(2004)に新たに発足した経済産業省所管の独立行政法人。情報処理システムの信頼性・安全性に関する基盤整備、ソフトウエア開発などの技術発展と人材育成などを目的とする。IPA(Information-technology Promotion Agency, Japan)。

じょうほうしょり-そうち【情報処理装置】情報処理を行う装置。コンピューターのこと。

じょうほうしょりそうちとうでんぱしょうがいじしゅきせい-きょうぎかい【情報処理装置等電波障害自主規制協議会】►ブイ-シー-シー-アイ(VCCI)

じょうほう-スーパーハイウエー【情報スーパーハイウエー】《Information Superhighway》米国が提唱した光ファイバーなどを使った高速・大容量の情報通信網のこと。全米規模の高度化された情報通信の基礎的なインフラとして整備することを目指している。

じょうほうセキュリティーマネージメント-システム【情報セキュリティーマネージメントシステム】►アイ-エス-エム-エス(ISMS)

じょうほうセキュリティ-だいがくいんだいがく【情報セキュリティ大学院大学】横浜市神奈川区にある私立大学院大学。平成16年(2004)の開設。

じょうほうせんりゃくとうかつ-やくいん【情報戦略統括役員】►シー-アイ-オー(CIO)

じょうほう-そうさ【情報操作】ある意図または目的をもって情報に手を加えること。また、そのことによって人または大衆をある方向に導こうとすること。

しょうほう-たい【小胞体】動植物の細胞質中に網目状にある膜状構造の細胞小器官。細胞内の物質輸送の機能をもつ。表面にリボゾームが多数付着している粗面小胞体と、付着していない滑面小胞体とがある。

しょうぼう-だん【消防団】市町村の自治的な消防機関。消防組の後身で、昭和22年(1947)の消防団令により発足。

しょうぼう-ちょう【消防庁】㊀総務省の外局の一。消防に関する基準の立案、消防技術の研究、自治体の消防事務の指導などを行う。FDMA(Fire and Disaster Management Agency)。㊁《「東京消防庁」の略》東京都の特別区が連合して設置する消防機関。

しょうぼう-ちょう【消防長】市町村が設置する消防本部の長。消防に関する事務を統括し、消防職員を指揮・監督する。

じょうほう-つう【情報通】ある分野の情報を詳しく知っていること。また、その人。

じょうほうつうしんけんきゅう-きこう【情報通信研究機構】情報通信技術の研究開発、情報通信分野の事業支援などを行う独立行政法人。平成16年(2004)、通信総合研究所(CRL)と通信・放送機構(TAO)が統合して設立。本部は東京都小金井市。NICT(National Institute of Information and Communications Technology)。

しょう-ほうてい【小法廷】最高裁判所の15人の裁判官のうちの5人によって構成される合議体。第一小法廷・第二小法廷・第三小法廷の3つがある。定足数は3人。➡大法廷

しょうぼう-てい【消防艇】船舶や港湾施設などの消火や救助活動などをする小型の船。

じょうほう-ていり【乗法定理】►確率の乗法定理

しょう-ほうてん【商法典】►商法❷㋑

じょうほう-ハブ【情報ハブ】《ハブ(hub)は、中心・拠点の意》大容量・高速の情報通信ネットワークが整備され、多くの情報が集まり、発信されるような国際的な情報通信の拠点。

じょうほう-ぶそく【情報不足】❶判断したり、行動したりするために必要な知識が十分に集まっていないこと。❷レッドリストやレッドデータブックで、生物の種を絶滅の危険性の高さによって分類したカテゴリー項目の一。絶滅の危険性を評価するための情報が不足している種のこと。DD(Data Deficient)。

しょうぼう-ほう【消防法】火災から国民の生命・身体・財産を保護するとともに、火災・地震などの災害による被害を軽減することにより、社会秩序を保持し、公共の福祉を増進することを目的として定められた法律。火災の予防・警戒・調査、消防設備、消火活動、救急業務、危険物の取り扱いなどについて規定している。昭和23年(1948)制定。

しょうぼう-ポンプ【消防ポンプ】火災を消すためのポンプ。消火ポンプ。

じょうほう-もう【情報網】情報を探り、収集するために多方面に設けた組織。「—を張り巡らす」

しょうぼう-りつ【正法律】江戸時代、延享・寛政の間、真言宗の慈雲が唱えた真言律宗。

じょうほう-リテラシー【情報リテラシー】《information literacy》情報を十分に使いこなせる能力。大量の情報の中から必要なものを収集し、分析・活用するための知識や技能のこと。メディアリテラシーやコンピューターリテラシーとほぼ同義に用いられることもある。

じょうほう-りろん【情報理論】❶狭義には、通信理論において、1948年、シャノンやウィーナーらによって展開された通信モデルとそのシステム理論。これにより、情報は確率論的に定量化されるようになった。❷広義には、シャノンのモデルに基づき、動物や人間のコミュニケーションをも定量的に取り扱おうとするサイバネティックスの一分科。

しょう-ぼく【小僕】年の若い下男。また、身分の卑しい男。

しょう-ぼく【昭×穆】中国の宗廟での霊位の席次。太祖を中央とし、向かって右に2世・4世・6世

などを並べて昭とよび、左に3世・5世・7世などを並べて穆とよぶ。

しょう-ぼく【焦墨】 膠気のない枯れた墨。これで書くと筆のかすれを生じる。また、その技法。乾墨。

じょう-ほく【城北】 城の北の方。都の北側。また、その地域。

じょう-ぼく【上木】〔名〕スル 書物を印刷するため版木に彫ること。また、書物を出版すること。上梓。「篤胤先生の古史伝を伊那の有志が—しているように聞いていますが」〈藤村・夜明け前〉 類語 出版・上梓・版行・刊行・発刊・公刊・印行・発行・発兌・刊

じょう-ぼく【縄墨】 ❶すみなわ。❷守るべき規準。規則。また、標準。「彼らは—の規矩を厭離するの思想こそあれ」〈藤村・春〉

じょう-ほくめん【上北面】《「しょうほくめん」とも》北面の武士のうち、四位または五位の者。⇒下北面

ジョウホワン【韮黄】《中国語》ニラを軟白栽培したもの。葉を全部切り取り、光を完全に遮断して作る。ニラ特有のにおいは薄く、甘味がある。

しょう-ほん【小本】 小形の本。こほん。

しょう-ほん【正本】 ❶根拠となる原本。❷歌舞伎の上演用脚本。役者のせりふや動作、大道具・小道具・衣装・音楽などを詳しく書いた筆写本。台帳。根本。❸浄瑠璃・説経節・長唄などの詞章に曲節の譜を記入した版本。❹太夫使用の原本と仮名遣いや節付けが同じ浄瑠璃本。❺►せいほん(正本)

しょう-ほん【抄本|×鈔本】 ❶原本のある一部分を書き抜いたもの。「源氏物語の—」❷歌集や漢籍の注釈書。❸(抄本)原本となる書類の一部を抜粋した文書。戸籍抄本・登記簿抄本など。⇒謄本

しょう-ほん【証本】 証拠や根拠となる書物。

しょう-ぼん【生盆】 ►生き御霊

じょう-ぼん【上▽品】 ❶仏語。極楽往生の人の機根による差異を分けた九品の、上位3階級の総称。上品上生・上品中生・上品下生が含まれる。❷一級品。上等なもの。「発句は頭よりすらすらと言ひくだし来るを—とす」〈去来抄・修行〉

しょうほんじたて【正本製】 合巻。12編。柳亭種彦作、歌川国貞画。文化12～天保2年(1815～1831)刊。お染久松・夕霧伊左衛門など歌舞伎で有名な題材7話を、歌舞伎正本の形で書いた草双紙。

じょうぼん-じょうしょう【上▽品上生】 ❶仏語。九品の最高位。❷最高のランクにあるもの。最上級品。「—の歌も、下品下生の歌も、人丸の御歌ならずや」〈戴恩記〉

じょうぼん-のう【浄飯王】《梵 Śuddhodanaの訳》前6世紀ごろの中インドの加毘羅衛の国王。釈迦牟尼の父。妃は拘利族の王女摩耶。

じょうぼん-れんだい【上▽品×蓮台】 極楽浄土にあって、上品の人の化生する、七宝池の蓮のうてな。極楽の上級の所。

じょうぼんれんだい-じ【上品蓮台寺】 京都市北区にある真言宗智山派の寺。山号は蓮華金宝山。聖徳太子の創建と伝える。所蔵の絵因果経は国宝。地蔵院。蓮台寺。十二坊。蓮華院。

しょう-ま【升麻】 サラシナショウマの根茎。漢方で解熱・発汗・解毒薬として用いる。

しょう-ま【消磨】〔名〕スル ❶すり減ること。すり減ってなくなること。「気力が—する」❷すり減らすこと。また、時間などをついやすこと。「精神を—する」「いたずらに歳月を—する」

しょう-まい【小妹|少妹】 ㊀〔名〕幼い妹。また、自分の妹をへりくだっていう語。㊁〔代〕(小妹)一人称の人代名詞。手紙などで、若い女性が自分をへりくだっていう語。

しょう-まい【正米】 ❶現在ある米。現物の米。❷取引市場で、実際に取引される米。実米。⇔空米

しょう-まい【×舂米】 ❶米を臼でつくこと。また、ついて白くした米。つきよね。❷奈良・平安時代、諸国で脱穀して京都に輸送し、大炊寮や内蔵寮に納めた米。

じょう-まい【上米】 上等の米。

じょう-まい【城米】 城中に貯蔵した米。特に、江戸幕府が、直轄地や譜代の諸藩に命じて、凶作・飢饉・軍事に備えるため、蓄えさせた米穀。

しょうまい-しじょう【正米市場】 米の現物取引を行っていた市場。明治17年(1884)東京の深川に開設されたものが最初。第二次大戦の戦時統制下で廃止された。

しょうまい-とりひき【正米取引】 米の現物取引。

じょう-まえ【錠前】 戸やふたなど、開けたてする所につけて、他人が勝手に開けられないようにする金具。錠。「—をおろす」「—屋」 類語 錠・ロック・鍵・キー・南京錠

しょうま-きょう【照魔鏡】 悪魔の本性を照らし出すという鏡。転じて、社会や人物の隠れた本体を写し出すもの。「政界と財界の癒着をあばく—」

しょう-まく【×漿膜】 ❶爬虫類・鳥類・哺乳類の胚膜のうち、外側の膜。❷昆虫の胚の外表面を覆う細胞層。❸脊椎動物の体腔の内面や臓器の表面を覆う、漿液を分泌する薄い膜。腹膜・胸膜など。

しょう-マゼランうん【小マゼラン雲】 南天の巨嘴鳥座にある棒渦巻き銀河。距離20万光年。⇒マゼラン雲

しょう-マゼランせいうん【小マゼラン星雲】 ►小マゼラン雲

しょう-まっせつ【枝葉末節】 中心から外れた事柄。本質的でない、取るに足りない事柄。「—にとらわれて大局を見失う」 類語 些事・小事・細事

しょうまる-とうげ【正丸峠】 埼玉県南西部、秩父郡横瀬町と飯能市との境にある峠。江戸時代は秩父絹の輸送路。

じょう-まわり【定×廻り】 江戸時代、町奉行所配下の同心で、江戸市中を巡回した者。定町廻り。

しょう-まん【小満】 二十四節気の一。5月21日ごろ。草木が茂って天地に満ち始める意。季夏「—や後れし麦の山畑/圭岳」

しょうまん【勝鬘】 ㊀「勝鬘夫人」に同じ。㊁「勝鬘経」の略。

じょう-まん【上慢】 仏語。十分な境地に達しないのに達したと慢心を起こし、おごり高ぶること。増上慢。

じょう-まん【冗漫】〔名・形動〕表現に締まりがなくてむだが多いこと。また、そのさま。「—な文章」 派生 じょうまんさ〔名〕 類語 冗長・長たらしい・長長しい・便便

しょうまん-ぎょう【勝鬘経】 大乗経典。1巻。宋の求那跋陀羅訳。勝鬘夫人が仏陀の威神力を受けて一乗真実の道理と如来蔵法身について説き、仏陀が賞賛してそれを是認する形をとる経典。在家得道の信仰を示した経典として重要。勝鬘師子吼一乗大方便方広経。

しょうまんぎょうぎしょ【勝鬘経義疏】 勝鬘経の注釈書。1巻。三経義疏の一で、聖徳太子著と伝えられる。成立年未詳。

しょうまん-ぶにん【勝鬘夫人】《梵 Śrīmālā》インド舎衛国の波斯匿王の娘。阿踰闍国の王に嫁した。父に勧められ深く仏法に帰依したので、仏が示現し説法したという。その内容が勝鬘経とされる。

しょうまん-まいり【勝×鬘参り】 勝鬘愛染会に参詣すること。愛染参り。季夏

しょう-み【正味】 ❶余分なものを取り除いた、物の本当の中身。「—の少ない果物」❷風袋を除いた、商品だけの目方。「—一キログラム」❸実質的な数量。「昼休みを除いて、—八時間働いた」❹掛け値のない値段。また、仕入れの値段。正味値段。「—で売る」❺表面に現れない、隠された本当のところ。「—を言わねば事実談にならぬから」〈福沢・福翁自伝〉 類語 (❶)内容・内訳・品目・コンテンツ/(❸)実数

しょう-み【笑味】〔名〕スル 食べ物を他人に贈るときなどに、粗末な品ですがお笑い草にひとつ召し上がって下さい、という謙遜の気持ちを込めていう語。「ご—ください」

しょう-み【賞味】〔名〕スル 食べ物のおいしさをよく味わって食べること。「郷土料理を—する」 類語 賞翫・玩味・食べる

じょう-み【上×巳】 ►じょうし(上巳)

じょう-み【情味】 ❶物のおもむき・おもしろみ。情趣。「—豊かな夏祭り」❷やさしい心遣い。人間らしいあたたかみ。人情味。「—のあるもてなし」「—に欠ける人」 類語 (❶)情緒・情趣・興趣・滋味/(❷)人情味・人間味・情け

しょうみ-きげん【賞味期限】 定められた方法により保存した場合において、期待されるすべての品質の保持が十分に可能であると認められる期限を示す年月日(3か月を超す場合は年月)。食品衛生法やJAS法(日本農林規格法)などに規定され、品質が比較的劣化しにくい、スナック菓子・冷凍食品・乳製品・缶詰・清涼飲料水などに表示が義務づけられている。製造元がおいしく食べられることを保証する期限で、それを過ぎても品質が保たれている場合もある。⇒消費期限

しょうみしゅうにゅう-ほけんりょう【正味収入保険料】 損害保険会社が受け取る保険料のうち、自社で引き受けるリスクに対応する保険料。損害保険会社の業績・売上規模を示す指標となる。保険契約者から受け取った保険料から、保険契約者に払い戻した解約返戻金、および積立型保険の貯蓄部分の保険料を控除し、さらに再保険料を加減(他の保険会社から受け取った受再保険料から他の保険会社に支払った出再保険料を差し引く)したもの。

じょう-みせ【定店】 ある場所に定住して、一定の商品を売る店。「往来絶えざる浅草通行。御蔵前に—の、名も高旗の牛肉鍋」〈魯文・安愚楽鍋〉

しょう-みつ【詳密】〔名・形動〕くわしく細かいこと。よく行き届いて、もれがないこと。また、そのさま。「—な経過報告」 派生 しょうみつさ〔名〕 類語 詳しい・細かい・詳細・精細・明細・克明・つまびらか・事細か・子細に・具さに・逐一・細大漏らさず

じょう-みとり【定見取】 江戸時代、開墾・埋め立てなどに多額の費用を要した田畑に、年々の豊凶による増減のない、軽い年貢を永久に課したこと。

じょうみね-さん【城峰山】 埼玉県西部、秩父市・皆野町・神川町の境にある山。標高1038メートル。秩父古生層のチャートからなる。北斜面にはコナラ・ヤマツツジの群落が見られ、山頂近くに城峰神社奥宮がある。名の由来は平将門の弟御厨三郎将平の城があったということから。

しょうみ-ばりき【正味馬力】 内燃機関などで、実際に利用することができる有効な仕事量。動力を取り出す軸における出力の総和で表される。軸出力。軸馬力。制動馬力。

じょう-みゃく【静脈】 末梢の毛細血管網から血液を心臓に向けて送る血管。小・中静脈を経て上下の大静脈となり、心臓に戻る。動脈に比べて壁が薄く、中静脈以降には弁があって逆流を防ぐ。⇒動脈 類語 血管・毛細血管

じょうみゃく-けつ【静脈血】 静脈内を流れる血液。体の各組織から受け取った老廃物や炭酸ガスを多量に含み、ヘモグロビンが酸素と結合していないため暗赤色を示す。高等動物では肺動脈にも流れる。

じょうみゃく-ちゅうしゃ【静脈注射】 静脈内に薬液を入れる注射。血行を介して速やかに全身に行きわたる。静注。

じょうみゃく-どちょう【静脈怒張】 静脈が拡張・鬱滞して、膨れあがって見える状態。

じょうみゃく-にんしょう【静脈認証】 手のひらや指を通る静脈の形状をあらかじめ登録しておき、本人確認に利用する方法。静脈の形状は人により異なり、体内にあるので偽造されにくい。キャッシュカード・入退室管理装置などに実用化。

じょうみゃく-べん【静脈弁】 静脈の血管壁にある弁。四肢に多く、心臓に戻る血液の逆流を防いでいる。

じょうみゃく-りゅう【静脈×瘤】 静脈の一部の壁が異常に拡張し膨れあがっているもの。下肢に現

れるものや、肝硬変の際に食道壁に生ずるものなどがある。

しょう-みょう【小名】❶鎌倉・室町時代、規模の小さい在地領主。❷江戸時代、大名のうち、比較的領地の少ない者の称。

しょう-みょう【正命】仏語。八正道の一。清浄な正しい生活をすること。

しょう-みょう【声明】《梵 śabda-vidyāの訳》❶古代インドの五明の一。文字・音韻・語法などを研究する学問。❷仏教の経文を朗唱する声楽の総称。インドに起こり、中国を経て日本に伝来した。法要儀式に応じて種々の別を生じ、また宗派によってその歌唱法が相違するが、天台声明と真言声明とがその母体となっている。声明の曲節は平曲・謡曲・浄瑠璃・浪花節・民謡などに大きな影響を与えた。梵唄。

しょう-みょう【称名】・【唱名】〔名〕スル 仏を心中に念じ、その名を声に出して唱えること。「南無阿弥陀仏」などと唱えること。

じょう-みょう【定命】仏語。❶前世の因縁によって定まる人の寿命。❷住劫中の定まっている寿命。最長は8万歳、最短は10歳という。

じょうみょう【浄名】維摩の漢訳。

じょう-みょう【常命】人間の普通の寿命。

しょうみょう-ごえ【声明声】声明を唱える声。また、そのような声。

しょうみょう-し【声明師】声明に精通している僧。

しょうみょう-じ【称名寺】横浜市金沢区にある真言律宗の寺。山号は金沢山。文応元年(1260)北条実時が母の菩提を弔うために建立した持仏堂に始まり、文永4年(1267)審海を開山として招いて真言律宗とした。実時は境内に金沢文庫を設立、関東地方の南都仏教の拠点として栄えた。

じょうみょう-じ【浄妙寺】神奈川県鎌倉市にある臨済宗建長寺派の寺。山号は稲荷山。開創は文治4年(1188)、開基は足利義兼、開山は退耕行勇。鎌倉五山の第五位。初め極楽寺と称し、密教寺院であったが、正嘉年間(1257～1259)月峯了然が入寺して禅寺とした。

しょうみょう-だき【称名滝】富山県東部、中新川郡立山町を流れる称名川にある滝。弥陀ヶ原の台地をV字状に浸食し、約350メートル落下する。その規模は日本一といわれる。滝は4段に分かれ、最も下の滝は高さ約126メートルに達する。国の名勝・天然記念物に指定されている。

しょう-みん【小民】一般の人々。人民。庶民。

じょう-みん【×烝民】《「烝」は、もろもろの意》多くの人民。万民。民衆。

じょう-みん【常民】❶普通一般の民。庶民。❷民俗を伝承し保持している基層文化の担い手としての階層。民俗学者柳田国男が、folkまたは、ドイ Volkにあたる語として用いた語。〘類語〙大衆・民衆・公衆・民草・庶民・平民・人民・市民・勤労者・生活者・一般人・市井人・世人・俗衆・群衆・マス

しょう-む【省務】各省の事務。

しょう-む【商務】商業上の用務。商業の事務。

しょう-む【×瘴霧】毒気を含む霧。「地獄に火焔の海、一の沼あるは」〈鷗外訳・即興詩人〉

じょう-む【乗務】〔名〕スル 電車・バス・航空機などの交通機関に乗って、運転その他の職務につくこと。「車掌として一する」

じょう-む【常務】❶日常の業務。「一に精励する」❷「常務取締役」の略。

じょうむ-いん【乗務員】電車・バス・航空機などの交通機関に乗って、車内・機内で職務を行う人。運転士・車掌・操縦士・スチュワーデスなど。

しょうむいんしょかん【商務印書館】中国、上海で1897年に設立された出版社。多数の辞典・叢書などを刊行、また、中国古典の復刻、外国図書の翻訳出版などを行い、学術・文化に貢献。現在、中国・香港・台湾などに分かれて活動している。

しょうむ-かん【商務官】海外の大公使館・領事館に駐在して、通商・外交の事務を担当する官吏。

しょうむ-けんじ【訟務検事】国を当事者とする民事訴訟や行政訴訟を担当する検事。法務省および法務局・地方法務局の訟務部門に所属し、国の代理人として訴訟活動を行う。〘補説〙検察官のほかに、判検交流によって裁判所から出向した裁判官や、任期を定めて任用された弁護士も訟務検事を務めている。

しょうむ-てんのう【聖武天皇】［701～756］第45代天皇。在位724～749。文武天皇の第1皇子。名は首。藤原不比等の娘光明子を皇后とした。仏教を保護し、東大寺のほかに、諸国に国分寺・国分尼寺を建立。遺品は正倉院御物として現存。

じょうむ-とりしまりやく【常務取締役】会社の取締役のうち、社長を補佐して会社の業務執行にあたる取締役。実業界での名称で、一般に専務取締役の下位におかれる。常務。

しょう-め【正目】入れ物や包みなどの目方を除いた中身だけの目方。正味。「一一〇〇グラム」

じょう-め【上▽馬】すぐれた馬。駿馬。「一の多かる御館かな、武者の館とぞ覚えたる」〈梁塵秘抄・二〉

じょう-め【乗▽馬】▶じょうば(乗馬)

しょう-めい【召命】《ラテ vocatio religiosa》キリスト教で、神の恵みによって神に呼び出されること。伝道者としての使命を与えられること。

しょう-めい【正銘】《正しい「銘」がある意》偽りなくそのとおりのものであること。ほんもの。「正真一」「世というものの味も香料無の一なるところが分るなり」〈露伴・辻浄瑠璃〉

しょう-めい【松明】「たいまつ」に同じ。

しょう-めい【焦×螟】・【×蟭×螟】《「列子」湯問から》蚊のまつげに巣くうという、想像上の微小な虫。転じて、ごく小さなもの。

しょう-めい【証明】〔名〕スル ❶ある物事や判断の真偽を、証拠を挙げて明らかにすること。「身の潔白を一する」「本人であることを一する書類」「身分一」「印鑑一」❷数学および論理学で、真であると認められているいくつかの命題(公理)から、ある命題が正しいことを論理的に導くこと。論証。❸訴訟法上、当事者が事実の存否について、裁判官に確信を抱かせること。または、これに基づき裁判官が確信を得た状態。➡疎明 〘類語〙(❶)立証・実証・例証・論証・検証・挙証・証言・証・裏付け・裏書き・裏打ち (一する)証する・裏付ける・明かす・証拠立てる

しょう-めい【詔命】《古くは「じょうめい」》天皇の命令。勅命。みことのり。

しょう-めい【照明】〔名〕スル ❶光で照らして明るくすること。特に、電灯などの人工的な光で明るくすること。また、その光。「部屋の一が暗い」「探照灯で一する」「一器具」❷舞台や撮影の効果を高めるために光を当てること。また、その光。「一効果」〘類語〙照らす・照射・投光

じょう-めい【上命】天子・国家の命令。

しょう-めいじ【小名辞】▶小概念

しょうめい-たいし【昭明太子】［501～531］中国、六朝梁の武帝蕭衍の長子。本名は統、字は徳施。昭明は諡。文学を好み、中国最初の詩文集「文選」の編者として知られる。

しょうめい-だん【照明弾】火砲から発射、または、航空機から投下する照明用の弾丸。夜間の探索・戦闘・合図などの目的で使用される。

しょうめい-とう【照明灯】広場・建築物などを照らすあかり。

しょう-めいにち【正命日】人の死んだ月日と同じ月日。祥月命日。正忌。

しょうめい-もん【承明門】平安京内裏内郭十二門の一。南面中央の正門で、建礼門に対する。

しょうめい-もんいん【承明門院】［1171～1257］後鳥羽天皇の後宮源在子の院号。土御門天皇の母。母高倉範子は離婚後土御門通親に再嫁、在子も通親に養われ、のち、通親は外戚として権勢を振るった。

しょうめい-りょく【証明力】証拠が裁判官の心証に及ぼす力。民事訴訟では「証拠力」ともいう。証拠価値。

しょう-めつ【生滅】〔名〕スル 生まれることと死ぬこと。生ずることと消えてなくなること。「万物は一する」

しょう-めつ【消滅】〔名〕スル 消えてなくなること。それまで存在していたものがなくなってしまうこと。「相続の権利が一する」「自然一」
〘類語〙消える・消失・消散・雲散・離散・四散・霧散・散逸・飛散

しょう-めつ【焼滅】〔名〕スル 焼いてなくすこと。また、焼けてなくなること。「仏像を堀江に投じ、寺塔を一す」〈田口・日本開化小史〉

しょうめつきき-げんご【消滅危機言語】話者が極めて少なく、近い将来に消滅するおそれのある言語。ユネスコが調査をしており、日本ではアイヌ語や八重山諸島の八重山語、八丈島の八丈語などが指摘されている。

しょうめつ-じこう【消滅時効】時効の一。権利を行使しない状態が一定期間継続した場合、その権利を消滅させる制度。所有権以外の財産権について認められている。➡取得時効

しょうめつ-めつい【生滅滅×已】仏語。「涅槃経」の偈の一句。生じ滅するといった移り変わりがやむこと。しょうめつめっち。

しょう-めん【正面】❶物の前の面。建築物などの表の側。おもて。「一から出入りする」「一玄関」❷正しく向き合っている方向。まっすぐ前。「一を向く」「一に見える建物」❸物事にまともに対すること。避けたりしないで、直接立ち向かうこと。「問題に一から取り組む」❹相撲で、土俵の北側の席。➡向こう正面 ❺能舞台で、中央から前の目付柱と脇柱との間の所、およびその外縁の観客席。正先。➡能舞台 ➡中正面 ➡脇正面 〘類語〙(❶)表・表側・前面・表面・外面・ファサード/(❷)真ん前・前方・向かい・真向かい・真向き・真っ向・まとも・真正面

正面を切る ❶相手とまっすぐ向かい合う。改まった態度をとる。「一・って杯を差し出す」❷遠慮なしに、直接はっきりと行動する。「一・って反対しにくい」

じょう-めん【上面】物の上を向いた面。上になっている側の面。⇔下面。〘類語〙表面・表・面・面・上面・上側・界面・表層

じょう-めん【定免】《「免」は年貢の賦課率のこと》江戸時代の徴税法の一。過去5年・10年・20年間などの田租額を平均して租額を定め、一定の期間内はその年の豊凶に関係なく、定額を徴収したこと。風水害などで損害が著しいときは、破免という処置をとって減税した。➡検見

じょう-めん【▽尉面】能面で、老翁の相を表すもの。ふつう、翁の面と悪尉の面以外の小尉・阿古父尉・朝倉尉・三光尉・笑尉などの面をいう。

しょうめん-こんごう【青面金剛】帝釈天の使者の金剛童子。身体は青色で、六臂または二臂、四臂、目は赤くて三眼で、怒りの形相をとる。病魔を退散させる威力があるとする。後世、道家の説が加わり、庚申待ちの本尊とする。せいめんこんごう。

しょうめん-しょうとつ【正面衝突】〔名〕スル ❶真正面からぶつかり合うこと。「車どうしが一する」❷真っ向から対立して争うこと。「意見が一する」

しょうめん-ず【正面図】立面図の一つで、物体を正面から水平に見た図。

しょうめん-せんばん【正面旋盤】主に正面削り加工を行う旋盤。大きな工作物取り付け用の面板をもち、刃物が主軸と直角方向に広範囲に動き、平面を削る。

しょうめん-そうび【正面装備】自衛隊用語。戦車・戦闘機・護衛艦など、戦闘に直接使用される兵器・装備の総称。

しょう-もう【消耗】〔名〕スル《「しょうこう(消耗)」の慣用読み》❶使って減らすこと。また、使って減ること。「電力を一する」❷体力や気力を使い果たすこと。「神経を一する作業」〘類語〙損耗・減損・減・消費

しょう-もう【焼亡】《古くは「じょうもう」》「しょうぼう(焼亡)」に同じ。「ある時には内裏に―あるにも」〈今昔・二四・二四〉

しょう-もう【×睫毛】まつげ。

じょう-もう【上毛】「上毛野」の略称。上野国の地域。

じょうもう-さんざん【上毛三山】群馬県にある赤城山・榛名山・妙義山。

しょうもう-せん【消耗戦】❶人命や兵器・物資などを損失を無視して大量に投入する戦争。❷赤字覚悟の販売競争、力を消耗するだけで効果の上がらない争いなどを例えていう。「携帯業界は新機種投入と値下げ競争という―に突入した」「豪雨を押しての試合は、失策、四死球が続く―となった」

しょうもう-ひん【消耗品】使うにつれて減ったりなくなったりする品物。紙・石油など。

じょう-もく【条目】箇条書きにした法令・規則。また、その一つ一つの項目。「―ごとに検討する」
(類語)項目・細目・条項・種目・品目

しょう-もつ【抄物】❶抜き書きしたもの。書き写したもの。また、詩作や歌作の参考書で、そのような形のもの。❷▶しょうもの(抄物)

しょうもつ-がき【抄物書(き)】❶仏書などで、漢字の字画を省略して書いたもの。「菩薩」を「井」、「醍醐」を「酉酉」、「縁覚(覺)」を「ヨヨ」とする類。省文。❷心覚え。速記などのための記録書。略書。

しょう-もの【抄物】室町時代から江戸初期、五山の僧侶や学者などによってなされた漢籍・仏典・国書の講義記録や注釈書の総称。本文の語釈・通釈が主で、室町時代の国語資料として貴重。「論語抄」「史記抄」「碧巌録抄」「日本書紀抄」などのように、原典名に「抄」を付した書名が多い。しょうもつ。

じょう-もの【上物】上等の品物。「―のタイ」
(類語)絶品・珍品・逸品

じょう-もの【▽尉物】能で、シテが尉面をつけて老翁の姿で登場するもの。

しよう-もよう【仕様模様】《「模様」は強意のためつけられた語》方法。手段。「人手を頼むまでもなく、―も有るべき事」〈浄・先代萩〉

しょう-もん【正文】写しや控えに対して、もとになる文書。正式の文書。原本。

しょう-もん【声聞】《梵 śrāvakaの訳。教えを聞く者の意》仏語。仏弟子のこと。釈迦の入滅後は、四諦の理を観じて阿羅漢となることを理想とした修行者。大乗仏教からは自己の悟りのみを求める者として批判された。

しょう-もん【松門】❶吉田松陰の門下。❷松が自然に門の形をしているもの。また、松の木のある門。「―独り閉ぢて、年月を送り」〈謡・景清〉

しょう-もん【相門】大臣・宰相の家柄。

しょう-もん【将門】大将の家柄。将軍の一門。

しょう-もん【唱門】「唱門師」の略。

しょう-もん【掌紋】手のひら全体にある皮膚の隆起線。指紋同様に万人不同で一生変わらない。

しょう-もん【証文】証拠となる文書。特に、金品の貸借や約束事を証明する文書。証書。「借金の―」
(類語)証書・証明書・念書・一札

証文の出し後れ　証文を差し出すべき時機を失する意から、手遅れでなんの効力もないことのたとえ。

証文を巻・く　▶巻く⑪

しょう-もん【照門】小銃などの照準装置の一。照尺の一部で、照星と合わせてねらいを定める。

しょう-もん【×蕉門】松尾芭蕉の一門。

じょう-もん【定紋】家々で定まっている正式の紋。表紋。また、個人がきまって用いる紋。

じょう-もん【城門】城の門。城の出入り口。

じょう-もん【縄文】撚りひもを、押しつけたり転がしたりしてつけた土器の文様。

しょうもん-かい【声聞界】仏語。十界の一。声聞の境界。

しょうもんき【将門記】平安中期の軍記物語。1巻。作者未詳。天慶3年(940)平将門の乱後まもなく成立。乱の経緯を、変体漢文で記述。のちの軍記物の先駆とされる。まさかどき。

しょうもん-じ【声聞師】▶唱門師

しょうもん-じ【唱門師】中世、祈祷・卜占や祝福芸能を業とした下級の陰陽師。室町時代には奈良興福寺に座が結成されたほか、京都など各地に存在し、曲舞・猿楽などの芸能を行ったが、江戸時代には賤民化した。声聞師。しょうもじ。しょもじ。

じょうもんしき-どき【縄文式土器】▶縄文土器

じょうもん-じだい【縄文時代】縄文文化の時代。旧石器時代に続き、1万2、3000年前に始まったという。草創・早・前・中・後・晩期に大別される。2300〜2400年前に弥生時代に移行した。

しょうもん-じょう【声聞乗】仏語。二乗・三乗の一。自己の悟りのみを目的とする声聞のために説かれた教え。➡縁覚乗

じょうもん-すぎ【縄文杉】鹿児島県屋久島に自生する屋久杉の巨木。幹回り16メートル余、高さ25メートル余、樹齢推定4000年以上。➡世界遺産

しょうもん-そう【声聞僧】自己の悟りのみを求めて修行する小乗の僧。

しょうもん-ち【証文地】▶朱印地

じょうもん-どき【縄文土器】縄文文化の土器。縄文をもつものが多いところからの命名。セ氏600〜800度程度で焼成した赤・暗褐色の軟質土器で、深鍋を主要な器とし、複雑な形の器も少数伴う。口が幾山かの起伏をもつ波状口縁の存在も特徴的。縄文式土器。

しょうもん-の-じってつ【蕉門の十哲】芭蕉門下の10人のすぐれた俳人。ふつう、榎本其角(宝井其角)・服部嵐雪・向井去来・内藤丈草・杉山杉風・志太野坡・越智越人・立花北枝・森川許六・各務支考をいうが、異説もある。蕉門十哲。

じょうもん-ぶんか【縄文文化】日本列島において、旧石器時代の文化に続く、食料採集に基づいた文化。木の実や貝を集め、狩りや魚とりなどに生活の基礎をおき、若干の栽培も行ったらしい。打製・磨製石器や土器を用い、竪穴住居を住まいとした。主に東・北日本の落葉広葉樹林帯で栄えた。

しょう-や【×庄屋¦▽荘屋】江戸時代、村落の長。地方三役の最上位。年貢納入責任をもち、村の自治一般をつかさどった。主に関西での呼称で、関東では名主、北陸・東北では肝煎と称した。

じょう-や【▽長夜】▶ちょうや(長夜)

じょう-や【常夜】❶夜の間じゅうある現象や状態が続くこと。❷夜のような暗さが昼間も続くこと。「いづくあてどの五月闇、―と目もくれて」〈浄・賀古教信〉

しょうや-きょく【小夜曲】セレナーデ。さよきょく。

しょう-やく【生薬】植物・動物・鉱物などを、そのまま、または簡単な処理をして医薬品あるいは医薬原料に供するもの。西欧生薬・和漢薬・民間薬などに分けられる。きぐすり。せいやく。

しょう-やく【抄訳】〔名〕スル　原文のところどころを抜き出して翻訳すること。また、その訳文。「児童向けに―した世界文学全集」⇔全訳/完訳。

しょう-やく【硝薬】火薬。(類語)弾薬・爆薬

じょう-やく【上薬】中国古代に、漢方で、薬の性質から定めた区別の一。多量に長期に服用しても副作用がなく、不老長寿の効果があるとされた薬。

じょう-やく【条約】国家間または国家と国際機関との間の文書による合意。協約・規約・憲章・協定・取り決め・宣言・覚書・議定書などの名称が用いられることもある。日本では、内閣が条約の締結権を有するが、事前または事後に国会の承認を得なければならない。

じょう-やく【定約】とりきめ。約定。

じょうやく-かいせい【条約改正】明治期における、江戸幕府が諸外国と結んだ不平等条約の改正事業。明治27年(1894)治外法権撤廃に成功(第一次条約改正)、同44年関税自主権を回復(第二次条約改正)した。

じょうやくていやくこく-かいぎ【条約締約国会議】▶コップ(COP)

しょうや-けん【×庄屋拳】▶藤八拳

じょう-やど【上宿】上等の宿屋。

じょう-やど【定宿】・【常宿】❶いつもきまって泊まる宿屋。❷いつもきまって遊興する茶屋。「―をきはめ、大臣と言はるるほどの人」〈浮・一代男・五〉❸高級な遊女が揚屋の中にもつ専用の部屋。「市橋が―、八畳敷の金の間は」〈浮・好色盛衰記〉

じょう-やとい【常雇い】❶臨時雇いに対して、長期にわたって雇われている人。常傭。❷雇いつけの人。「―の園丁」

じょうや-とう【常夜灯】夜の間じゅうつけておく灯火。常灯。

じょうや-なべ【常夜鍋】《毎晩食べても飽きないというところからの名》豚肉とほうれん草(または小松菜)、白菜などを用いた鍋料理。具をさっと煮てポン酢で食す。

しょう-ゆ【×醤油】日本独特の調味料。小麦・大豆を原料とする麹に食塩水を加え、発酵させて絞った液体。濃い口醤油・薄口醤油・たまり醤油・再仕込み醤油(甘露醤油)・白醤油などがある。むらさき。したじ。

じょう-ゆ【上諭】❶君主のさとし。❷旧憲法下で、法律・勅令・条約・予算などを公布するとき、その冒頭に記され天皇の裁可を示す文章。

じょうゆいしきろん【成唯識論】世親の「唯識三十頌」について、護法らインド十大論師が施した注釈を集大成したもの。玄奘が漢訳して10巻に収めた。法相宗の中心的論書。

しょう-ゆう【小勇】血気にはやった、つまらない勇気。「いたずらに―に走る」⇔大勇。

しょう-ゆう【少×輔】▶しょう(少輔)

しょう-ゆう【尚友】《「孟子」万章下から》昔の書物を読んで、すぐれた古人を友とすること。

しょう-ゆう【消憂】うれいを消すこと。気晴らし。うさ晴らし。

しょう-ゆう【湘勇】中国清末、太平天国平定のため、1853年に曽国藩が郷里の湖南省湘郷県で組織した義勇軍。鎮圧の主力となったが、南京占領後に解散。

しょう-ゆう【▽縦遊】〔名〕スル　気のむくままに遊ぶこと。気ままに諸方をめぐり歩くこと。「恣意―する者あること少し」〈川井景一・横浜新誌〉

じょう-ゆう【上×游】川上。上流。また、その辺りの土地。

じょう-ゆう【城×邑】城壁にかこまれた町。転じて、人家の多い土地。都会。みやこ。

じょう-ゆう【情由】事の理由。事情。

しょうゆうき【小右記】平安中期の公卿、小野宮右大臣藤原実資の日記。天元元年(978)から長元5年(1032)にかけての、藤原氏最盛期の政治・社会・儀式などを記述。当時の宮廷の実情を知るための重要な史料。野府記。小記。おうき。

しょう-ゆうせい【小遊星】▶小惑星

しょうゆ-かす【×醤油×粕】醤油諸味を搾った粕。牛の配合飼料などに使う。

しょうゆ-の-み【×醤油の実】醤油の諸味。

しょうゆ-もろみ【×醤油▽諸味】醤油の原料を合わせて発酵させたもの。

しょう-よ【称誉】・【賞誉】〔名〕スル　ほめたたえること。「この童子力を極めてこれを作りければ、大いに―せられ」〈中村訳・西国立志編〉

しょう-よ【賞与】❶役所や企業などで、夏季・年末などに職員・従業員に給与とは別に支給する金銭。ボーナス。❷功労に対して、ほうびとして金品を与えること。また、その金品。「―金」
(類語)ボーナス・一時金

じょう-よ【丈余】1丈(約3メートル)を超えていること。1丈あまり。1丈以上。「―の仁王像」

じょう-よ【乗×輿】❶天子の乗り物。❷天子の敬称。

❸輿などの乗り物。

じょう‐よ【剰余】❶あまり。余分。「一物資」❷割り算のあまり。割りきれないで残った数。(類語)余り・残り・余計・残余・余剰・余分・端数・おこぼれ

じょう‐よ【譲与】〔名〕スル 財産・権利などを対価なしで他人に与えること。「所有権を一する」

しょう‐よう【小用】❶ちょっとした用事。こよう。「一で外出する」❷小便をしに行くことを婉曲にいう語。こよう。「一に立つ」
(類語)小用・雑用・雑事・野暮用・私用・公用

しょう‐よう【小×恙】《「恙」は、やまいの意》ちょっとした病気。

しょう‐よう【小葉】❶小さい葉。❷植物の複葉を構成する小さい葉片。❸ヒカゲノカズラやイワヒバ類の葉。多くは針状か鱗片状。❹いくつかの小片によって構成される動物器官の、一小片。肺や肝臓などの小片。

しょう‐よう【邵雍】▶邵康節

しょう‐よう【称揚】・【賞揚】〔名〕スル ほめたたえること。称賛。「善行を一する」(類語)称賛・詠嘆・喝采・感嘆・賞嘆・感服・賛嘆・嘆称・絶賛・三嘆・礼賛・激賞・賛美・称美・推賞・嘉賞・褒める・嘉する・賞する・称する・賛する・持て囃す

しょう‐よう【商用】❶商売上の用事。「一で上京する」❷商売上用いること。

しょう‐よう【×徜×徉|×倘×佯|×倡×佯】〔名〕スル 気ままに歩き回ること。逍遥。「春風に吹かれながら一する年少の男女がある」〈魯庵・社会百面相〉

しょう‐よう【×逍×遥】〔名〕スル 気ままにあちこちを歩き回ること。そぞろ歩き。散歩。「郊外を一する」
(類語)歩く・ぶらつく・ほっつく・散歩・散策・漫歩・漫遊・巡歴・行脚・跋渉

しょう‐よう【×慫×慂】〔名〕スル そうするように誘って、しきりに勧めること。「今日牧師が来て、突然僕に転居を一した」〈有島・宣言〉

しょう‐よう【▽請用】〔名〕スル 加持・祈祷などをしてもらうために、僧・修験者などを招くこと。

しょう‐よう【賞用】〔名〕スル ほめながら使うこと。「時代物の腕時計を一する」

しょう‐よう【鍾繇】[151〜230]中国、三国の魏の書家。潁川(河南省)の人。字は元常。太傅の官に至ったところから、鍾太傅ともよばれる。八分・楷書・行書をよくした。

しょう‐よう【従容|▽縦容】〔ト・タル〕図〔形動タリ〕ゆったりと落ち着いているさま。危急の場合にも、慌てて騒いだり焦ったりしないさま。「一として死に就く」「一たる立ち居振る舞い」

じょう‐よう【冗用】❶むだな用事。「一に追われる」❷むだな費用。「一を省く」

じょう‐よう【乗用】〔名〕スル 人が乗るために用いること。「一の馬」「仕事で一する車」

じょうよう【城陽】京都府南部の市。住宅都市。青谷梅林がある。宇治茶や金銀糸を特産。人口8.0万(2010)。

じょう‐よう【常用】〔名〕スル ❶日常使用すること。「一している万年筆」❷かなりの日数にわたって、続けて使うこと。「睡眠薬を一する」(類語)愛用・日用・乱用

じょう‐よう【常×傭】〔名〕スル 常に雇っておくこと。雇いつけていること。また、その雇われる人。常雇い。「一の職人」

じょう‐よう【畳用】〔名〕スル 同じ語句などを数多く使用すること。重ねて使用すること。「曖昧なる形容詞を一して」〈上田敏・美術の翫賞〉

しょうよう‐がくは【×逍×遥学派】アリストテレスの開いた学校リュケイオンに学んだ弟子の総称。アリストテレスが学校の歩廊(ペリパトス)を逍遥しながら講義したところから、ペリパトス学派ともいう。➡アリストテレス

じょうようがた‐はけん【常用型派遣】労働者派遣の形態の一つ。派遣会社が常時雇用している派遣労働者を派遣する。派遣期間が終了しても派遣会社と労働者の雇用関係は継続する。派遣先が未定の期間も派遣会社から給与が支払われるため、登録型派遣に比べて賃金・雇用が安定している。常用型派遣を行う事業者は、厚生労働省に届け出るだけでよい。特定労働者派遣。特定派遣。

じょうようがた‐はけんじぎょう【常用型派遣事業】▶特定労働者派遣事業

じょうよう‐かんじ【常用漢字】❶大正12年(1923)文部省臨時国語調査会が発表した日常語一般に使用される1962字の漢字とその略字154字。❷内閣告示の「常用漢字表」にあげられた漢字。一般の社会生活で漢字を使用する際の目安として示されている。方針や採用字種の検討などは文化審議会が行う。昭和56年(1981)、それまでの「当用漢字表」に新たに95字が追加され、1945字として告示。さらに平成22年(2010)11月30日に196字を追加、5字を削除した2136字の「改定常用漢字表」が告示された。➡当用漢字 ➡巻末付録「常用漢字一覧」

じょうようかんじ‐ひょう【常用漢字表】常用漢字を示した表。漢字の字体・音訓・語例を示した「本表」と、当て字や熟字訓を示した「付表」からなる。昭和56年(1981)告示、平成22年(2010)改定。

じょうよう‐きんぞく【常用金属】▶ベースメタル

じょうようこよう‐ろうどうしゃ【常用雇用労働者】雇用契約の形式を問わず、期間の定めなく雇用されている労働者、あるいは有期雇用の契約を繰り返し更新し1年以上継続して雇用されている労働者、および採用時から1年以上継続して雇用されると見込まれる労働者をいう。また、特定労働者派遣事業で派遣される労働者。➡常用労働者

じょうよう‐し【城陽市】▶城陽

じょうよう‐じ【常用時】日常一般に使われている時間の示し方。平均して太陽が真南に位置する時を正午とする。➡天文時

しょうよう‐しゃ【昭陽舎】平安京内裏五舎の一。南北2棟で、温明殿の北、麗景殿の東にあった。女官の詰め所。庭前にナシが植えてあったので、梨壺ともいう。

じょうよう‐しゃ【乗用車】人が乗るために使う自動車。トラック・バスなどに対していう。「小型一」

じょうよう‐しゅだん【常用手段】「常套手段」に同じ。

しょうよう‐じゅりん【照葉樹林】常緑広葉樹のうちで、葉のクチクラ層が発達して光沢があるシイ・クスノキ・ツバキなどを優占種とする樹林。東アジアの亜熱帯から暖温帯にかけて最も広く分布。

しょうようじゅりん‐ぶんか【照葉樹林文化】照葉樹林地帯に共通してみられる文化要素によって特色づけられる文化。最大の特徴は、イモ類とアワ・キビ・ヒエ・ソバなどの雑穀の焼き畑耕作。ヒマラヤ山麓から東南アジア、中国南部を経て西日本にかけて分布。

じょうよう‐じん【上陽人】《「上陽」は唐代、洛陽の宮城内にあった宮殿の名》上陽宮にいた宮女。楊貴妃が玄宗皇帝の寵愛を一身に集めたため、他の宮女が不遇な一生を送ったところから、女性、特に宮女の不遇をたとえる語として用いられる。

しょうようせい‐はいえん【小葉性肺炎】▶気管支肺炎

じょうよう‐だいし【承陽大師】道元の諡号。

じょうよう‐たいすう【常用対数】数学で、底が10である対数。➡自然対数

しょうよう‐ぶん【商用文】商業上の用件に用いる、一定の型の文章。

じょうよう‐まんじゅう【×薯×蕷×饅▽頭】「しょよまんじゅう(薯蕷饅頭)」に同じ。(補説)「上用饅頭」とも書く。

じょうよう‐ろうどうしゃ【常用労働者】期間を定めずに雇用されている労働者。厚生労働省の毎月勤労統計調査では、「期間を定めずに、または1か月を超える期間を定めて雇われている者」「日々また1か月以内の期間を定めて雇われている者のうち、調査期間の前2か月にそれぞれ18日以上雇われている者」と定義され、理事・重役などの役員や事業主の家族でも、常時勤務して、一般の労働者と同じ給与規則で毎月給与が支払われている者も常用労働者に含まれる。常用労働者のうち、1日の所定労働時間または1週間の所定労働日数が短いパートタイム労働者を除いた労働者を一般労働者という。常用雇用者。➡常用雇用労働者

じょうよ‐かち【剰余価値】資本の生産過程で、労働者の労働力の価値(賃金)を超えて生み出される価値のこと。これが資本家に搾取され、利潤・利子・地代などの源泉となる。マルクス経済学の基本概念。

じょうよ‐きん【剰余金】❶株式会社の貸借対照表で、資本の部を構成する一つの区分。❷保険事業を営む相互会社の純利益。

しょう‐よく【小欲|少欲】欲が少ないこと。わずかな欲。寡欲。

しょう‐よく【声欲】仏語。五欲の一。音楽や歌謡など、耳にこころよい音や声を聞きたがる欲望。

じょう‐よく【情欲|情×慾】❶男女間の肉体的な欲望。色情。色欲。「一をそそる」❷だれもがもっている世俗的な欲望。「痛きものを遠ざけ甘きものを取るは人の一なり」〈福沢・学問のすゝめ〉
(類語)性欲・愛欲・色欲・肉欲・淫欲

しょうよく‐ちそく【小欲知足】欲が少なく、わずかなもので満足すること。

じょうよ‐ぜい【譲与税】国税として徴収した租税を、地方公共団体に財源として譲与するもの。地方譲与税。

じょうよ‐ていり【剰余定理】▶因数定理

じょうよ‐まんじゅう【×薯×蕷×饅▽頭】▶しょよまんじゅう(薯蕷饅頭)

じょうよ‐ろうどう【剰余労働】労働日のうち、労働者が必要労働時間を超えて行う労働部分。剰余価値を生み出す。不払労働。

しょ‐うら【初裏】連歌・連句を書きつける懐紙の1枚目の裏側。すなわち、2ページ目。百韻では14句、歌仙では12句を書き記す。➡初表

しょう‐ら【松×蘿】❶サルオガセの漢名。❷松の木に絡まる蔓。男女の契りの固いことのたとえに用いる。「一の契り色深く」〈盛衰記・三九〉

しょう‐らい【生来】「せいらい(生来)」に同じ。

しょう‐らい【性来】「せいらい(性来)」に同じ。「一構わない性分だから」〈漱石・坊っちゃん〉

しょう‐らい【招来】〔名〕スル ❶人を招いて来るようにさせること。「外国から研究者を一する」❷「将来❸」に同じ。「不備な説明が錯誤を一する」
(類語)(❶)招く・呼ぶ・招致・招聘・招待

しょう‐らい【松×籟】松の梢に吹く風。また、その音。松韻。松濤。

しょう‐らい【将来】〔名〕スル ❶《将に来らんとする時の意》これから先。未来。前途。副詞的にも用いる。「一の日本」「一を期待する」「一のある若者」「一医者になりたい」❷引き連れてくること。特に、外国など他の土地から持ってくること。「中国から一した書物」❸ある状態や結果を招くこと。招来。「物価の値上がりを一する」 アク❶はショーライ、❷❸はショーライ。
(用法)将来・未来――「将来(未来)への夢」「明るい将来(未来)」のように、現在よりあとのことについていう場合には共通して用いられる。◇「私は将来、弁護士になりたい」に「未来」は使わない。また、「二〇〇年後の未来を空想する」に「将来」は使いにくい。10年後ぐらいならば「将来」と言うほうが普通。「未来」は「将来」よりも非現実的な遠い先という感じが強い。◇「近い将来」とは言うが、「近い未来」とはあまり言わない。「近未来」は新造語。◇類似の語に「今後」がある。「今後」は先のことを言うより、「今後の課題」「今後気をつけます」のように「今から」という意である。「今後しっかり勉強して大学に入りたい」の「今後」は大学に入ることでなく、勉強することにかかっている。
(類語)(❶)今後・未来・末・行く末・末末・先先・後後・前途・向後・自今・来たる/(❸)招く・もたらす・持ち来す・来す・引き起こす・生む・招来する・誘発する・惹

起じゃうする

しょう-らい【▽請来】シャウライ〔名〕スル 仏像・経典などを請い受け外国から持って来ること。「インドから—した経典」

じょう-らい【上来】ジャウライ 今まで述べたこと。以上にあげたこと。「—記述してきたところを要約すれば」

しょうらい-すいけいじんこう【将来推計人口】シャウライ― 国連や各国政府が推計した将来の人口。日本では直近の国勢調査による人口数を基に、出生率や死亡率などを考慮して推計し、国立社会保障・人口問題研究所がほぼ5年ごとに作成、公表する。

しょうらい-せい【将来性】シャウライ― 将来、発展・成功するであろうという見込み。「—のある事業」「—を買われる」

しょう-らかし・い【性らかしい】シャウ―〔形〕《室町時代の語》取り立てていうだけの価値がある。素性正しい。りっぱである。「私の事でござれば、別に—・いものでもござらぬ」〈虎寛狂・素襖落〉

じょう-らく【上×洛】ジャウ―〔名〕スル《古くは「しょうらく」》地方から京都へ行くこと。「東山道を経て—する」

じょう-らく【常楽】ジャウ― 仏語。常住不変で苦がなく、楽であること。

じょうらく-え【常楽会】ジャウラクヱ 釈迦しゃかの入滅の日といわれる陰暦2月15日に、興福寺・四天王寺・金剛峰寺などで行う涅槃会ねはんゑ。(季 春)「遺教経マイクにかかり—／風生」

じょう-らく-が-じょう【常楽我浄】ジャウラクガジャウ 仏語。❶涅槃ねはんの四徳。常住不変の常、安楽で苦を離れた楽、自在で障りとなるもののない我、迷いがなく無垢むくで清浄である浄。転じて、極楽浄土にいるように何の心配もなく、のどかな生活にいう。❷凡夫が万物の真相に反して、無常を常、苦を楽、無我を我、不浄を浄と思うこと。四顛倒してんだう。

じょうらく-じ【常楽寺】ジャウラク― ㊀長野県上田市にある天台宗の寺。山号は金剛山。開創は天長2年(825)、開山は円仁えんにんと伝える。北向観音は古来、厄除けの観音として有名。㊁滋賀県湖南市にある天台宗の寺。山号は阿星あせい山。開創は和銅年間(708～715)、開山は良弁らうべん。当初は法相宗。本堂・三重塔は国宝。西寺。

しょう-らん【笑覧】セウ―〔名〕スル 笑いながら見ること。自分の物を他人に見てもらうことをへりくだっていう語。「おひまな折に御—ください」

しょう-らん【焦×爛｜×燋×爛】セウ―〔名〕スル 焼けただれること。

しょう-らん【照覧】セウ―〔名〕スル ❶明らかに見ること。はっきりと見ること。❷神仏が御覧になること。「神々も—したまえ」

しょう-らん【詳覧】シャウ― くわしく見ること。ていねいに目を通すこと。

しょう-らん【▽縦覧】「じゅうらん(縦覧)」に同じ。〈和英語林集成〉

じょう-らん【上覧】ジャウ―〔名〕スル 天皇や将軍など、身分の高い人が御覧になること。

じょう-らん【×擾乱】ゼウ―〔名〕スル 入り乱れて騒ぐこと。また、秩序をかき乱すこと。騒乱。「三味線の音で…談話は—されてしまった」〈寅彦・路傍の草〉

(類語)暴動・騒擾・騒乱

じょうらん-ずもう【上覧相-撲】ジャウランずまふ 将軍の前で行われた相撲。

しょうらん-ろう【翔鸞楼】シャウラン― 平安京大内裏の八省院の四楼の一。応天門外の西南方に突き出た楼で、方四間、屋背に鴟尾しびがあり、東の栖鳳楼せいほうろうに対する。西楼。

しょう-り【小吏】セウ― 地位の低い役人。小役人。

(類語)属吏・下僚・属僚・属官・小官・下役・俗吏

しょう-り【小利】セウ― わずかな利益。「—を捨てて大利に付くべし」

小利大損だいそん　わずかな利益を得ようとして、そのためにかえって大きな損を招くこと。

しょう-り【商利】シャウ― 商売上の利益。「—にさとい」

しょう-り【勝利】ショウ―・【×捷利】セフ―〔名〕スル ❶戦いや争いなどで、相手に勝つこと。「決勝戦で—を得る」「賃金闘争に—する」⇔敗北。❷(勝利)仏語。すぐれた利益りやく。「亡者の追善には何事か—多き」〈徒然・二二二〉(補説)❶で、サ変動詞「勝利する」は昭和40年代前半、学生運動が盛んになる中、学園内の立て看板や活動家のアジ演説で使われるようになった。当時は非難されたが、後に一般化した。

(類語)勝ち・ウイン・ビクトリー

しょう-り【掌理】シャウ―〔名〕スル ある仕事を担当してとりまとめること。「会計事務を—する」

(類語)管理・監理・監督・統轄・総轄・管轄・管掌・主管・所管・取り締まり・マネージメント

しょう-り【掌×裡｜掌裏】シャウ― 手のひらの中。掌中。「実権は彼の—にある」

しょう-り【×燮理】セフ― ❶調和させること。❷宰相として国をよく治めること。「相公も—の暇いとまには、時々読書をもなさるがよろしゅうございましょう」〈鴎外・魚玄機〉

じょう-り【条里】デウ― 土地の区画。市街や耕地などの区画。

じょう-り【条理】デウ― 物事の筋道。道理。「—を立てて説明する」「—にかなう裁決」(類語)理り・理屈りくつ・事理・論理・理屈・筋・筋道・道筋・辻褄つじつま・理路・ロジック

じょう-り【定離】ヂャウ― 必ず別れること。また、そのような定め。「会者えしゃ—」

じょう-り【▽草履】ザウ―「ぞうり(草履)」に同じ。〈日葡〉

じょう-り【常理】ジャウ― 変わることのない道理。

じょう-り【情理】ジャウ― ❶人情と道理。「—を兼ね備えたはからい」❷事情と道理。物事の筋道。

情理を尽く・す　当事者の気持ちをよくくみ取り、同時に道理にかなうようにする。「—・した説得」

じょう-り【場×裡｜場裏】ヂャウ― その物事の行われる範囲内。「販売競争—に打って出る」「国際—」

じょう-りき【定力】ヂャウ― 仏語。五力の一。禅定ぜんぢゃうによってそなわる力。心を乱されない力。禅定力。

しょうりき-まつたろう【正力松太郎】シャウリキまつタラウ［1885～1969］実業家・政治家。富山の生まれ。大正13年(1924)虎ノ門事件の責任を取って警視庁警務部長を辞任。同年読売新聞の社長となる。昭和9年(1934)プロ野球球団巨人軍の前身に当たる大日本東京野球倶楽部クラブを発足。同27年日本テレビを設立。政界にも進出し、科学技術庁長官などを務めた。

しょう-りく【商陸】シャウ― ヤマゴボウの漢名。

じょう-りく【上陸】ジャウ―〔名〕スル ❶船や海から陸に上がること。「岸に—する」「台風が紀伊半島に—する」(補説)国際線航空機で国内空港に降り立ち、入国することも「上陸」という。❷外国の文物が渡来すること。また、海外の資本などが進出してくること。「ラップ音楽が日本に—」「外資系の保険会社が相次いで—する」

しょうりく-こん【商陸根】シャウ― ヤマゴボウの根を裂いて乾燥させた生薬。漢方で利尿剤などに用いる。

じょうりくよう-しゅうてい【上陸用舟艇】ジャウリクヨウシウテイ 上陸作戦で用いる、輸送用の舟艇。

じょうり-せい【条里制】デウリ― 古代の土地区画法。6町(約654メートル)の幅で碁盤目状に区画し、東西の列を条、南北の列を里とした。また、6町四方の一区画を里とよび、里はさらに1町間隔で縦横に区切って36の坪とし、何国何郡何条何里何坪とよんで土地の位置を表した。

しょうり-だてん【勝利打点】プロ野球で、その試合の勝利を決定づける得点をもたらした打者に与えられる記録。

しょう-りつ【×峭立】セウ―〔名〕スル 険しく切り立ってそびえていること。「アルビオンの—せる白石巌は」〈中村訳・西国立志編〉

しょう-りつ【勝率】試合などに勝った割合。「—が五割を割る」

しょう-りつ【×聳立】〔名〕スル まわりの物よりもひときわ高くそびえ立つこと。「—する雄峰」(類語)聳そびえる・そそり立つ・そばだつ・屹立きつりつ・切り立つ・対峙たいじする

じょう-りつ【乗率】掛ける率。「低い—の利息」

じょう-りつ【縄律】きまり。規則。

しょうり-とうしゅ【勝利投手】▶勝ち投手

しょうりのせいぼ-きょうかい【勝利の聖母教会】《Knisja tal-Vitorja》マルタ共和国の首都バレッタにある教会。16世紀半ばに建造され、バレッタ最古の建造物として知られる。17世紀にファサードがバロック様式に改築された。聖ヨハネ大聖堂が造られるまで、マルタ騎士団の団長ジャン＝パリゾ＝デ＝ラ＝バレットの遺体が埋葬されていた。

しょうりゃく【正暦】シャウリャク 平安中期、一条天皇の時の年号。990年11月7日～995年2月22日。

しょう-りゃく【抄略｜抄×掠】セウ―〔名〕スル かすめ奪うこと。略奪。「敵国を—し、去歳の不遜の挙動を懲らせしを以て満足し」〈竜渓・経国美談〉

しょうりゃく【承暦】《「じょうりゃく」とも》平安後期、白河天皇の時の年号。1077年11月17日～1081年2月10日。

しょう-りゃく【省略】シャウ―〔名〕スル 簡単にするために一部を取り除くこと。せいりゃく。「説明を—する」「前文—」(類語)略す・省く・間引く・はしょる

しょう-りゃく【商略】シャウ― 商売上の策略。商売の駆け引き。「—にたける」

じょう-りゃく【上略】ジャウ―〔名〕スル 文章や語句の前の部分を省くこと。前略。➡中略 ➡下略

しょうりゃく-ざん【省略算】シャウリャク― 近似値を求めるときに、その誤差を許される範囲内にとどめることを条件として、計算の手数を簡単にする方法。略算。

しょうりゃく-ほう【省略法】シャウリャクハフ 修辞法の一。章句を簡潔にして、言外の陰影・余韻などを読者に感じ取らせようとする方法。「花は桜木、人は武士」の類。

しょう-りゅう【小流】セウリウ 小さな流れ。小川。

しょう-りゅう【小粒】セウリフ 小さい粒。こつぶ。

しょう-りゅう【昇竜】空に昇っていく竜。勢いのよいさまにたとえる。昇り竜。「新党は—の勢いだ」

しょう-りゅう【青竜】シャウ― ▶せいりょう(青竜)

しょう-りゅう【紹隆】セウ―《「じょうりゅう」とも》先人の事業を受け継いで、さらに盛んにすること。「仏法—の為にあらざる間」〈太平記・一七〉

じょう-りゅう【上流】ジャウリウ ❶川の流れの、源に近い方。また、源に近い部分。かわかみ。⇔下流。❷社会的地位・生活程度などの高い階級。「—家庭」⇔下流。(類語)(❶)川上／(❷)上層

じょう-りゅう【蒸留｜蒸×溜｜蒸×餾】―リウ〔名〕スル 液体を沸騰するまで加熱あるいは減圧して蒸発させ、その蒸気を冷やして再び液体にすること。液体の精製、混合液体の分離などに用いる。「天然水を—する」

じょうりゅう-かいきゅう【上流階級】ジャウリウカイキフ 経済力・地位・教養の点で、社会の上層にある人々によって構成されている階級。

じょうりゅう-き【蒸留器】ジョウリウ― 液体を蒸留して、純粋なものを得る装置。

しょうりゅう-ぎょ【昇流魚】ショウリウ―「遡河魚そかぎょ」に同じ。⇔降流魚かうりうぎょ。

じょうりゅう-こうてい【上流工程】ジャウリウ―《upper process》情報システムの開発工程のうち、その初期段階のこと。必要となる要件の分析、実装すべき機能の定義、仕様の決定などを含む。➡下流工程

じょうりゅう-しゃかい【上流社会】ジャウリウシャクワイ 上流階級の人たちによって構成されている社会。ハイソサエティー。(類語)ハイソサエティー・社交界

じょうりゅう-しゅ【蒸留酒】ジョウリウ― 醸造酒・醸造かすなどをさらに蒸留してつくる、アルコール分が多く、味の強烈な酒。ウイスキー・ブランデー・ウオツカ・ラム・テキーラ・ジン・焼酎しょうちゅうなど。➡醸造酒

じょうりゅう-すい【蒸留水】ジョウリウ― 蒸留によって精製した水。溶解物を含まない、無色透明・無味無臭の液体。

しょうりゅう-どう【昇竜洞】鹿児島県、沖永良部おきのえらぶ島西部にある鍾乳洞。知名ちな町住吉に位置する。島の最高峰大山おおやま(標高240メートル)の中腹にあり、主洞・支洞合わせて全長3500メートル以上。鍾乳石・石柱・石筍せきじゅん・石灰華などが発達している。県指定天然記念物。奄美あまみ群島国定公園の一部。

しょうりゅう-ろう【蒼竜楼】シャウリュウ― 平安京大内裏の朝堂院にあった四楼の一。大極殿の東南に位置し、

白虎楼と相対していた。左楼。東楼。そうりょうろう。
しょう-りょ【焦慮】〔名〕スル あせっていらだつこと。いらいらと気をもむこと。また、その気持ち。焦心。「一に駆られる」「事業の不振に一する」 類語 焦燥
しょう-りょう【小量 少量】〔名・形動〕❶わずかな分量。「一の塩」⇔大量/多量。❷（小量）度量が狭いこと。また、そのさま。狭量。「一な人物」⇔大量。類語（❶）微量・少し・少ない／（❷）小器・けち・みみっちい・いじましい・せせこましい・狡辛い・さもしい・せこい・陋劣・低劣・姑息・けつの穴が小さい
しょう-りょう【少領】律令制で、郡司の次官。すけのみやつこ。
しょう-りょう【生霊】「生き霊」に同じ。
しょう-りょう【承領】・【承了】〔名〕スル 聞き入れること。承知すること。了承。「辞職の事は…之を一せり」〈新聞雑誌一〇・附録〉
しょう-りょう【将領】軍を指揮する人。将帥。将軍。
しょう-りょう【称量 ×秤量】〔名〕スル《「称」「秤」は、はかる意。「秤量」は慣用読みで「ひょうりょう」とも》はかりにかけて、重量をはかること。転じて、事物の多少・軽重などを考え合わせること。「両者の立場を一する」 類語 計る・測定・計測・計量・実測・目測
しょう-りょう【商量】〔名〕スル いろいろ考えて推しはかること。「あらゆる返事は、…相手と自分を一して、臨機に湧いて来るのが」〈漱石・それから〉
しょう-りょう【渉猟】〔名〕スル ❶広くあちこち歩きまわって、さがし求めること。「山野を一する」❷調査・研究などのために、たくさんの書物や文書を読みあさること。「内外の文献を一する」
しょう-りょう【清涼】仏語。清く、さわやかなこと。浄土や悟りなどの絶対の境地をいう語。
しょう-りょう【精霊 聖霊】❶死者の霊魂。みたま。❷「精霊祭り」の略。季 秋「一に戻り合せつ十年ぶり／丈草」 類語 霊・魂魄・み霊・神霊・祖霊・霊魂・尊霊・亡魂・魂
しょう-りょう【×鷦×鷯】ミソサザイの別名。
鷦鷯深林に巣くうも一枝に過ぎず《「荘子」逍遥遊から》ミソサザイは林に巣をつくるが、必要なのはただ1本の枝である。人は自分の分に安んじるべきであるというたとえ。
しょう-りょう【×蕭×寥】〔ト・タル〕文〔形動タリ〕ひっそりとして、もの寂しいさま。「一とした共同墓地に、風が吹き荒んで」〈徳永・太陽のない街〉
しよう-りょう【使用料】❶使用したことに対して支払う金銭。「水道の一」❷国や地方公共団体が、その財産および公の施設の使用者から徴収する金銭。国公立学校の授業料、動物園の入園料など。
じょう-りょう【丈量】土地の面積を測量すること。
しょうりょう-うま【精霊馬】▶牛馬❷
しょうりょう-え【精霊会】❶▶盂蘭盆 ❷（「聖霊会」と書く）陰暦2月22日の聖徳太子の忌日に、法隆寺・四天王寺などで行われる法会。現在は4月12日に行われる。上宮太子会。季 春
しょうりょう-おくり【精霊送り】盂蘭盆の終わる日に、送り火をたいて精霊が帰るのを送ること。たまおくり。
しょうりょう-かへい【称量貨幣】目方をはかり、その重量によって交換価値を計算して使用する貨幣。江戸時代の丁銀・豆板銀、中国で清代に用いられた馬蹄銀の類。秤量貨幣。➡計数貨幣
しょうりょう-じ【清涼寺】▶せいりょうじ（清涼寺）
しょうりょうしゅう【性霊集】平安初期の漢詩文集。10巻。空海の詩・碑文・願文などを弟子の真済が集成。承和2年（835）ころ成立。のちに末尾3巻が散逸したが、承暦3年（1079）済暹が逸文を集めて「続性霊集補闕鈔」として補集。遍照発揮性霊集。せいれいしゅう。
しょうりょう-だな【精霊棚】盂蘭盆に、先祖の精霊を迎えるために用意する棚。位牌を安置し、季節の野菜・果物などを供える。たまだな。季 秋
しょうりょう-とんぼ【精霊蜻=蛉】精霊祭りのころ現れるトンボ類の俗称。ウスバキトンボをさすことが多い。
しょうりょう-ながし【精霊流し】盆の終わりの15日の夕方か16日の早朝に、精霊を送り返すため、供物をわらや木で作った舟に乗せて川や海に流す行事。灯籠を流すこともある。しょうろながし。季 秋
しょうりょう-ばった【精霊×蝗】バッタ科の昆虫。体は細長く、頭部は長三角形に突き出し、前翅の先がとがる。雌は体長約8センチ、雄は約4センチ。飛ぶときにキチキチという音を出す。草原にすむ。きちきちばった。こめつきばった。季 秋
しょうりょうばった-もどき【擬=精=霊=蝗】バッタ科の昆虫。ショウリョウバッタに似るが小形で、発音しない。草原にすむ。
しょうりょう-ぶね【精霊舟】精霊流しに用いる、麦わら・木などで作った舟。盆舟。季 秋「ひたすらに一のすすみけり／禅寺洞」
しょうりょう-まつり【精霊祭（り）】▶盂蘭盆
しょうりょう-むかえ【精霊迎え】盂蘭盆の初日に、迎え火をたいて精霊が帰ってくるのを迎えること。たまむかえ。季 秋
しょうりょう-めし【精霊飯】▶盆竈
しょう-りょく【省力】機械化・共同化などによって作業の手間や労力をはぶくこと。「一化」
じょう-りょく【常緑】植物の葉が一年中緑であること。
じょうりょく-じゅ【常緑樹】1年以上落葉せず、しかも交代に新葉をつけるので、いつも緑葉をもつ樹木。➡落葉樹 類語 常磐木
しょうりょく-のうぎょう【省力農業】機械化・共同化などにより、労働力を節約して行う農業。
しょう-りょこう【小旅行】家から近い行楽地に日帰りで出かけたり、数日滞在したりする程度の、ちょっとした旅行。「同じ旅館に泊っている留学生が一から戻って来て」〈藤村・新生〉
しょう-りん【照臨】〔名〕スル《太陽や月が下界を照らす意から》❶神仏が人々を見守ること。照覧。「大神高天原に御して世界に一す」〈服部誠一・東京新繁昌記〉❷君主が国土・人民を統治すること。君臨。❸貴人の訪問・臨席などを敬っていう語。
じょう-りん【上林】㊀「上林苑」に同じ。㊁《上林苑の果実の意から》くだもの。果実。酒を下若というのに対する語。
じょうりん-えん【上林苑】中国、長安の西方にあった大庭園。秦の始皇帝が創設し、漢の武帝が拡張した。周囲約150キロに及び、内に苑36、宮12、観25を設け、世界の珍獣・奇草を集めたという。
しょうりん-じ【少林寺】中国河南省登封県の嵩山の西、少室山北麓にある寺。496年、北魏の孝文帝が創建。菩提達磨が面壁九年の座禅を行った故事で有名。
しょうりん-じ【聖林寺】奈良県桜井市にある真言宗の寺。山号は霊園山。和銅5年（712）藤原鎌足の子定慧が創建、建久年間（1190～1199）再興と伝える。元禄年間（1688～1704）に文春が子安延命地蔵菩薩を安置、その霊験により有名になる。十一面観音像は国宝。
しょうりんじ-けんぽう【少林寺拳法】初代宗道臣が昭和22年（1947）中国の拳法を整理・再編して創始した拳法の一派。正しくは日本少林寺拳法といい、香川県多度津町の金剛禅総本山少林寺に伝承される。6世紀初頭、禅僧の修行法として菩提達磨が座禅とともにインドから中国嵩山の少林寺に伝えたものが初めといわれる。
しょうりん-はくえん【松林伯円】［1832～1905］講釈師。2世。常陸の人。鼠小僧など白浪物を得意とし、「泥棒伯円」と称された。
しょう-るい【生類】命のあるもの。いきもの。類語 動物・有情・衆生・生きとし生けるもの
じょう-るい【城塁】とりで。しろ。「一を築く」
しょうるいあわれみ-の-れい【生類憐みの令】江戸中期、5代将軍徳川綱吉が発布した殺生禁断の令。貞享2年（1685）以後しばしば発令。特に犬を大切にし、犯す者は厳罰に処した。綱吉の死後、廃止。
じょう-るり【浄瑠璃】❶仏語。清浄で透明な瑠璃（青金石）。また、清浄なもののたとえ。❷語り物の一。室町中期から、琵琶や扇拍子の伴奏で座頭が語っていた牛若丸と浄瑠璃姫の恋物語に始まるとされる。のちに伴奏に三味線を使うようになり、題材・曲節両面で多様に展開、江戸初期には人形操りと結び、人形浄瑠璃芝居を成立させた。初めは金平節・播磨節・嘉太夫節などの古浄瑠璃が盛行。貞享元年（1684）竹本義太夫が大坂に竹本座を設けて義太夫節を語り始め、近松門左衛門と組んで人気を博し、ここに浄瑠璃は義太夫節の異称ともなった。のち、河東節・一中・宮薗節・常磐津節・富本・清元・新内節などの各流派が派生した。浄瑠璃節。
じょうるり-かたり【浄瑠璃語り】浄瑠璃を語ることを職業にする人。浄瑠璃太夫。
じょうるり-かんばん【浄瑠璃看板】江戸時代の歌舞伎劇場で、浄瑠璃の名題や太夫・三味線・配役などを書いた看板。
じょうるり-きょうげん【浄瑠璃狂言】❶浄瑠璃に合わせて演じられる人形芝居。人形浄瑠璃芝居。浄瑠璃芝居。❷人形浄瑠璃を歌舞伎狂言になおしたもの。義太夫狂言。丸本物。義太夫物。浄瑠璃芝居。
じょうるり-ざ【浄瑠璃座】人形浄瑠璃芝居を興行する一座。また、その劇場。
じょうるり-じ【浄瑠璃寺】京都府木津川市加茂町西小にある真言律宗の寺。山号は小田原山。開創には諸説がある。永承2年（1047）本願義明が本堂を建立、のち保元2年（1157）に移築され、このころ9体の阿弥陀如来像が安置された。本堂や三重の塔など多数の国宝のほか、吉祥天立像なども有名。九体寺。九品寺。
じょうるり-しばい【浄瑠璃芝居】「浄瑠璃狂言」に同じ。
じょうるり-せかい【浄瑠璃世界】仏語。東方にあるという薬師如来の浄土。瑠璃を大地として、建物・用具はすべて七宝造りで、多くの菩薩が住むとされる。瑠璃の浄土。
じょうるり-たゆう【浄瑠璃太▽夫】「浄瑠璃語り」に同じ。
じょうるり-ひめ【浄瑠璃姫】室町時代の語り物の登場人物で、三河国矢矧の長者の娘。仏教の浄瑠璃世界を統率する薬師如来の申し子。牛若丸との情話が「十二段草子」などに脚色され、語り物「浄瑠璃」の起源となった。浄瑠璃御前。
じょうるりひめものがたり【浄瑠璃姫物語】「十二段草子」の別名。
じょうるり-ぼん【浄瑠璃本】浄瑠璃の詞章を記した本。狭義には、古浄瑠璃や義太夫節の丸本をいう。
しょう-れい【省令】各省大臣が、主任の事務について発する命令。執行命令と委任命令とがある。類語 政令・条例
しょう-れい【症例】病気・けがなどの、症状の例。
しょう-れい【奨励】〔名〕スル ある事柄を、よいこととして、それをするように人に強く勧めること。「貯蓄を一する」 類語 勧奨
しょう-れい【×瘴×癘】特殊の気候や風土によって起こる伝染性の熱病。マラリアなど。「一の地」
じょう-れい【条令】箇条書きの形式をとる法令。条例。「軍隊の一」 類語 法律
じょう-れい【条例】❶地方公共団体がその自治権に基づき、法令の範囲内で議会の議決によって制定する法。「騒音防止一」❷「条令」に同じ。
類語 政令・省令
じょう-れい【定例】▶ていれい（定例）
じょう-れい【常例】いつものきまったやり方。いつ

もきまってすること。ならわし。類語例・習い・習わし・仕来り・慣行・慣例・定例・通例

しょうれい-きん【奨励金】特定の事業を保護・奨励するために国や団体が交付する金銭。補助金・助成金・給付金など。

しょう-れつ【勝劣】❶すぐれていることと劣っていること。優劣。「一定めがたい」❷「勝劣派」の略。

しょうれつ-は【勝劣派】日蓮宗の一派。「法華経」の後半の本門がすぐれ、前半の迹門が劣ると説く。法華宗本門流・法華宗陣門流・顕本法華宗・本門法華宗・法華宗真門流・日蓮正宗などがある。➡一致派

しょう-れん【青×蓮】「青蓮華」の略。

じょう-れん【常連】・【定連】❶その興行場・遊戯場・飲食店などに、いつも来る客。常客。「画廊の一となる」❷いつも連れだって一緒に行動する仲間。「一と応援に出かける」類語(❶)得意・顧客・常客・馴染み・上得意・常得意・上客／(❷)仲間・同輩・朋輩・同僚・同志・同人・友・メート・同士・一味・一派・徒党・味方・翰林・盟友・同腹・相手

しょうれん-いん【青蓮院】京都市東山区粟田口にある天台宗の寺。天台三門跡寺院の一。比叡山東塔南谷にあった青蓮坊が12代行玄のとき、青蓮院となったのに始まる。仁平3年(1153)鳥羽院が本坊のほかに白川坊舎を建て、皇子覚快法親王が入寺して以来門跡寺院となる。以後、多くの天台座主を当院から出した。粟田御所。

しょうれんいん-りゅう【青×蓮院流】和様書道の流派の一。伏見天皇の皇子、青蓮院尊円法親王が創始。流麗・平明な書体。江戸時代には御家流と称され、朝廷・幕府などの公文書に用いられたほか、一般庶民にまで広く流布した。尊円流。粟田流。粟田口流。

しょう-れんぎょう【小連×翹】オトギリソウの別名。

しょう-れんげ【青×蓮華】青色の蓮華。仏・菩薩の目にたとえる。しょうれん。

しょうれん-の-まなこ【青×蓮の眼】仏の眼のこと。

しょう-ろ【正路】〔名・形動ナリ〕❶人のふみ行うべき正しい道理。正道。せいろ。「一を忘れて、あらぬ方におもむくを」〈毎月抄〉❷正直なこと。また、そのさま。「一ナ人」〈日葡〉「所に一なる地頭なくば」〈咄・醒睡笑・八〉

しょう-ろ【松露】❶ショウロ科のキノコ。4、5月ごろ、海岸の松林の砂地に生える。球状または塊状で、直径約2センチ。外側は淡黄色、内部は熟すと褐色。未熟で白いものを食用にする。季春「松風や人は月下に一を掘る／竜之介」❷松の葉に置く露。

しょう-ろ【×捷路】ちかみち。捷径。「一が通じる」「優勝への一」

しょう-ろ【衝路】❶敵の攻めてくる道筋。❷物事の集まり合う所。大事な所。要路。要衝。

じょう-ろ【▽女▽郎】《「じょろう」の音変化》❶遊女。おいらん。「一の寝巻姿よろしく」〈逍遥・当世書生気質〉❷おんな。女性。「一のお子は兎角爺親の可愛がるものさ」〈滑・浮世風呂・二〉

じょうろ【如雨露】《ポルトjorro(水の噴出)からか》植木などに水をやるのに使う道具。じょろ。季夏

しょう-ろう【少老】若年寄の異称。

しょう-ろう【×娼楼】女郎屋。青楼。妓楼。

しょう-ろう【×檣楼】艦船のマストの上部にある、物見の台。

しょう-ろう【鐘楼】寺院の境内にある、梵鐘をつるす建造物。かねつき堂。しゅろう。

じょう-ろう【上×臈】《「臈」は僧侶の夏安居の修行の回数を数える語》❶修行の年功を積んだ高僧。⇔下臈。❷地位・身分の高い人。⇔下臈。「右衛門督殿の上に着き給ふ一は一人もおはせざりつるものを」〈平治・上〉❸「上臈女房」の略。「あるなかの一なれど、おほやけに世をしづめ、久しう仕うまつりたる人の女なり」〈宇津保・国譲下〉❹身分の高い女性。貴婦人。「やごとなき一の」〈謡・紅葉狩〉❺江戸時代、大奥に仕えた上級の御殿女中をさす職名。❻女性。特に、若い女性。「わかい一のおやさしい、年寄りと思し召し、嫁子ならぬ介抱」〈浄・冥途の飛脚〉❼遊女。女郎。「われあまた一を持ちて候ふ中に」〈謡・班女〉

じょうろう-にょうぼう【上×臈女房】身分の高い女官。御匣殿、尚侍、二位・三位の典侍、また、大臣の娘または孫娘で禁色を許された女房など。

じょうろう-の-ずいじん【上×臈の随身】天皇より賜る随身のうち、近衛府の官人と番長。近衛舎人を下臈の随身というのに対する。➡番長

しょう-ろう-びょう-し【生老病死】仏語。避けることのできないこの世での人間の4種の苦悩。生まれること、老いること、病気をすること、死ぬこと。四苦。

じょうろ-きょう【上路橋】通路が主構造の上側にある形式の橋。ラーメン橋など。➡下路橋

しょう-ろく【小×禄・少×禄】わずかの禄高。微禄。「一の身」⇔大禄。

しょう-ろく【抄録】〔名〕スル 原文から必要な部分だけを書き抜くこと。抜き書き。類語抜粋・抄出

しょう-ろく【▽摂×籙】▶せつろく(摂籙)

しょう-ろく【詳録】〔名〕スル くわしく記録すること。また、その記録。「会議の内容を一する」

しょう-ろく【賞×禄】賞として与えられる禄。

じょう-ろく【丈六】❶《釈迦の身長が1丈6尺(約4.85メートル)あったというところから》1丈6尺。また、その高さの仏像。座像の場合は半分の8尺に作るが、それも丈六といい、また、丈六より大きいものを大仏という。❷《丈六の仏像が、多く結跏趺坐の姿であるところから》あぐらをかくこと。「襞積もあらぬ袴の膝を一に組みて」〈紅葉・金色夜叉〉

じょう-ろく【定六】江戸時代、江戸・大坂間を6日で往来した町飛脚のこと。

じょう-ろく【畳六】・【▽調六】・【▽重六】双六で、二つの賽の目が、ともに六と出ること。じゅうろく。ちょうろく。「このはらまれ給へるみこ、男におはしますべくは、一出でこ」〈大鏡・師輔〉

しょう-ロシア【小ロシア】ウクライナの旧称。

しょう-ろっぽう【小六法】六法全書の、判型の小さいもの。商標名。

しょう-ろん【小論】❶小規模の論文。ある事柄について、簡略に論点をしぼって書いた短い論文。❷自分の論文・論説などをへりくだっていう語。

しょう-ろん【詳論】〔名〕スル くわしく論じること。また、その論。「例証を挙げて一する」類語細論・詳説

じょう-ろん【×諍論】言い争うこと。論争。「人と一を好むことなかれ」〈正法眼蔵随聞記・六〉

しょう-わ【小話】ちょっとした短い話。こばなし。「野鳥観察の一を載せる」

しょうわ【正和】鎌倉後期、花園天皇の時の年号。1312年3月20日～1317年2月3日。

しょうわ【昭和】《「書経」尭典の「百姓昭明にして、万邦を協和す」から》昭和天皇の時の年号。1926年12月25日～1989年1月7日。

しょうわ【昭和】名古屋市東部の区名。昭和12年(1937)中区の一部に広路村を加えて区制、同30年に天白村を合併、同50年、天白区を分離。

しょう-わ【消和】酸化カルシウム(生石灰)に水を加えると、発熱して粉末状の水酸化カルシウム(消石灰)を生成する現象。

しょう-わ【笑話】❶こっけいな話。わらいばなし。❷談笑すること。「衆客又来集し一頗る聒すし」〈織田訳・花柳春話〉

しょう-わ【唱和】〔名〕スル ❶一人がまず唱え、続いて他の多くの人たちが同じ言葉を唱えること。「万歳を一する」❷一方の作った詩歌に答えて、他方が詩歌を作ること。

じょう-わ【冗話】むだばなし。冗談。

じょうわ【承和】《「しょうわ」とも》平安初期、仁明天皇の時の年号。834年1月3日～848年6月13日。

じょうわ【貞和】南北朝時代、北朝の光明天皇・崇光天皇の時の年号。1345年10月21日～1350年2月27日。

じょう-わ【情話】❶情のこもった話。真情を語る話。「親子の間にどんな一があったか、それは知らぬ」〈蘆花・思出の記〉❷男女の恋愛の話。「悲恋一」❸男女のむつごと。「西洋の小説を読むたびに、…男女の一が、あまりに露骨で」〈漱石・それから〉

しょうわ-いしん【昭和維新】昭和初期に軍部・右翼が国家改造をめざして掲げたスローガン。元老・重臣・政党・財閥を排除し、天皇中心の政治体制樹立を企図した。明治維新になぞらえた語。

しょうわ-おんがくだいがく【昭和音楽大学】川崎市麻生区にある私立大学。昭和59年(1984)に開設。

しょうわ-きち【昭和基地】南極大陸、リュツォホルム湾東部の東オングル島にある日本の観測基地。昭和32年(1957)第一次観測隊が建設。

しょうわ-きょうこう【昭和恐慌】昭和5年(1930)から翌年にかけて日本で起こった恐慌。前年、ニューヨークのウォール街に始まったパニックがたちまち波及し、日本経済は危機的状態に陥った。

しょうわ-く【昭和区】▶昭和

しょう-わくせい【小惑星】太陽を公転する惑星・準惑星より小さい天体(太陽系小天体)のうち、ガスなどの放出が観測されないもの。多くが火星と木星の軌道間にあるが、水星軌道の内側や、海王星軌道外のカイパーベルトにもある。30万個以上が発見されており、最大のもので直径約2000キロ。アステロイド。小遊星。

しょうわくせい-たい【小惑星帯】太陽系の火星と木星の軌道の間にある小惑星が多数存在する帯状の領域。小惑星が集中する他の領域と区別するため、主小惑星帯またはメーンベルトと呼ぶこともある。アステロイドベルト。

しょうわ-げんろく【昭和元×禄】高度経済成長期の天下太平、奢侈安逸の時代をさした語。昭和39年(1964)に、福田赳夫が言い出した語。

しょうわ-じょしだいがく【昭和女子大学】東京都世田谷区にある私立大学。大正9年(1920)創設の日本女子高等学院に始まり、日本女子専門学校を経て、昭和24年(1949)新制大学として発足。

しょうわ-しんざん【昭和新山】北海道南西部、洞爺湖南岸の有珠山東麓に、昭和18～20年(1943～1945)の活動で生じた小火山。畑地が隆起した屋根山と溶岩円頂丘からなる。標高398メートル。

しょうわ-だいがく【昭和大学】東京都品川区に本部のある私立大学。昭和3年(1928)創設の昭和医学専門学校に始まり、同21年に昭和医科大学に昇格。同27年、新制大学に移行。

しょうわ-てんのう【昭和天皇】[1901～1989]第124代天皇。在位1926～1989。大正天皇の第1皇子。名は裕仁。大日本帝国憲法下では唯一の主権者として統治権を総攬したが、第二次大戦後、神格化を否定する「人間宣言」を発表、日本国憲法成立で、日本国および日本国民統合の象徴となった。生物学の研究でも知られる。

しょうわ-の-ひ【昭和の日】国民の祝日の一。4月29日。激動の日々を経て、復興を遂げた昭和の時代を顧み、国の将来に思いをいたす日。平成17年(2005)に制定され、同19年から施行された。昭和天皇誕生日にあたる。

じょうわ-の-へん【承和の変】承和9年(842)伴健岑・橘逸勢らが謀反を企てたとして、二人が流罪となり、仁明天皇の皇太子恒貞親王が廃された事件。藤原良房の陰謀といわれ、事件後、良房の甥の道康親王が皇太子となった。

しょうわ-やっかだいがく【昭和薬科大学】東京都町田市にある私立大学。昭和5年(1930)創設の昭和女子薬学専門学校を母体に、同24年、昭和女子薬科大学として発足。翌年男女共学となり、現校名に改称。

しょうわらく【承和楽】雅楽。唐楽。壱越調で新楽の中曲。舞は四人舞。大戸清上作曲。三島

武蔵(みしまのたけくら)が作舞したという。冬明楽(とうめいらく)。

しょう-わる【性悪】〔名・形動〕❶性質の悪いこと。また、そのさまや、その人。「—な人間」「—な病気」❷浮気であること。また、そのさまや、その人。「ことさら旦那は—」〈浮・一代女・三〉
(類語)奸悪(かんあく)・邪悪・奸佞(かんねい)・陰険・悪辣(あくらつ)

じょう-わん【上腕】腕の、肩とひじの間の部分。上膊(じょうはく)。二の腕。(類語)二の腕・上膊

じょうわん-こつ【上腕骨】上肢骨のうち、肩からひじまでの管状骨。上部は肩甲骨と肩関節をつくり、下部は前腕骨と肘(ちゅう)関節をつくる。上膊骨(じょうはくこつ)。

じょうわん-さんとうきん【上腕三頭筋】上腕の後ろ側の大きな筋肉。肩甲骨・上腕骨・尺骨についており、肘(ちゅう)関節を伸展させ、手関節を内転および伸展させる。

じょうわん-にとうきん【上腕二頭筋】上腕の前側の大きな筋肉。肩甲骨と橈骨(とうこつ)とについており、肘(ちゅう)関節を屈曲させ、力こぶとなり、また手を外旋させる。

しょ-うん【×曙雲】あけぼのの雲。あかつきの雲。

しょ-え【初会】仏語。菩薩(ぼさつ)が悟りを開いたのち、仏として最初に説法する集会。

しょ-え【所依】仏語。教理などのよりどころ。

しょ-え【諸▽衛】平安時代、左右近衛府・左右兵衛府・左右衛門府の総称。

しょ-えん【初演】〔名〕スル 初めて上演・演奏すること。「この戯曲は一九四九年に—された」「本邦—」

しょ-えん【初縁】初めての縁組み。初婚。

しょ-えん【所演】ある俳優・劇団などによって上演されること。「世界的テナー—のオペラ」

しょ-えん【所縁】❶仏語。認識の主観である心に、精神作用を起こさせる客観。⇔能縁。❷ゆかり。知るべ。「両親に—の地」

しょ-えん【書▽院】►しょいん(書院)

しょ-えん【諸縁】仏語。いろいろの因縁。

じょ-えん【助演】〔名〕スル 演劇・映画などで、脇役として主役の演技を助けて演じること。また、その人。「ベテラン俳優が—する映画」「—男優賞」⇔主演。
(類語)出演・主演・共演・独演・競演・好演・熱演

しょえんおおかがみ【諸艶大鑑】浮世草子。8巻。井原西鶴作。貞享元年(1684)刊。「好色一代男」の主人公世之介の子世伝が、諸国の遊里の表裏を、くにという女から聞き書きした形で述べたもの。別名「好色二代男」。

ショー〖George Bernard Shaw〗[1856～1950]英国の劇作家・批評家。フェビアン協会に参加。風刺と機知に富んだ辛辣(しんらつ)な作品で、英国近代劇を確立した。戯曲「人と超人」「ピグマリオン」「聖女ジョーン」などのほか、社会主義や芸術についての評論が多い。1925年、ノーベル文学賞受賞。バーナード＝ショー。

ショー〖show〗❶舞台芸能などの見世物。特に、音楽・舞踊を中心とした、視覚的要素の強い芸能。「ミュージカル—」「トーク—」❷展示会。「ファッション—」❸興行。「チャリティー—」「ロード—」(類語)興行・見せ物

ジョー〖jaw〗あご。

ショー-アップ〖show up〗〔名〕スル 放送番組や催し物などで、視聴者や客の関心を引くため趣向をこらすこと。「新製品の発表会を—する」

しょ-おう【諸王】❶多くの王。諸国の王。❷親王の宣下がなく、また、臣籍にも入らない皇子・皇孫。

じょ-おう【女王】❶女性の王。「ビクトリア—」❷王の后(きさき)。❸内親王の宣下のない皇族の女性。❹皇族で、3世以下の嫡男系嫡出の女性。旧皇室典範では5世以下の皇族の女性。❺その分野で最も実力または人気のある女性。「社交界の—」「銀幕の—」
(類語)女帝・クイーン

じょおう-あり【女王×蟻】アリ集団における真正の雌。結婚飛行後、地上で翅(はね)を落とし、隠れ場を見つけて小室を作り、産卵し、新たなアリ集団をつくる。(季 夏)

ショー-ウインドー〖show window〗商店・デパートなどの飾り窓。陳列窓。(類語)飾り窓

じょおう-ばち【女王蜂】ミツバチ・スズメバチなど社会生活を営むハチの群れの一成員で、産卵能力をもつ雌バチ。一般に体が大きく、ふつう一巣に1匹しかいない。(季 夏)

ジョーカー〖joker〗❶しゃれや冗談をいつも言う人。道化者。❷トランプで、道化師の絵などが描いてある番外の札。最高の切り札、または手元にない札の代用として使う。ばば。

しょ-おく【書屋】❶多くの書物を置いて、読書や勉学に用いる家や部屋。書斎。❷書店。❸文人や蔵書家が自分の家の雅号に用いる語。正岡子規の「獺祭(だっさい)書屋」など。(類語)書斎・書房・書院

ジョーク〖joke〗冗談。しゃれ。「—を飛ばす」
(類語)冗談・軽口・洒落(しゃれ)・駄洒落・諧謔(かいぎゃく)

ジョー-クラッシャー〖jaw crusher〗砕石機の一。あごのように1枚を固定し、1枚を可動にした破砕板の間で、鉱石・岩石などを粗砕きする。

ショーグン-ボンド〖shogun bond〗国際機関や外国政府など日本の非居住者が、日本国内で外貨建てで発行する債券。➡円建て債 ➡サムライボンド

ショーグン-マネー〖shogun money〗日本から米国に投資されている円のこと。

ショーケース〖showcase〗商品の陳列棚。陳列ケース。

ジョージ〖George〗英国王。㊀(1世)[1660～1727]在位1714～1727。ドイツのハノーバーの選帝侯であったが、迎えられて英国王位に就き、ハノーバー朝を創始。英語を知らずハノーバーにこもることが多かったので、国政は内閣と議会にゆだねられ、責任内閣制が発達した。㊁(3世)[1738～1820]在位1760～1820。君権拡大を図り、国政の指導に当たったが、米国の独立を招くなど失政が多かった。㊂(5世)[1865～1936]在位1910～1936。エドワード7世の子。第一次大戦中、王家付属のドイツ系爵位・称号を廃し、ウィンザー家を創立。立憲君主として国民に敬愛された。㊃(6世)[1895～1952]在位1936～1952。5世の次男。兄エドワード8世の退位により即位。エリザベス2世の父。第一次大戦に海軍士官として従軍。第二次大戦前後には国際親善に努めて英国の国際的地位の安定に努力した。

ジョージア〖Georgia〗米国南東部、大西洋岸の州。州都アトランタ。独立13州の一。綿花・テレビン油などを産する。➡表「アメリカ合衆国」

ジョージ-あきやま【ジョージ秋山】[1943～　]漫画家。栃木の生まれ。本名、秋山勇二。少年向けのギャグ漫画で人気を得たが、一方で陰惨な内容・過激な描写の作品を描き問題視もされた。その後は独特な道徳観の青年向け漫画で支持される。代表作「アシュラ」「銭ゲバ」「浮浪雲(はぐれぐも)」など。

ジョージアン-ハウス〖The Georgian House〗英国スコットランドの首都エジンバラ、新市街西部にある建物。シャーロット広場の北側に位置し、18世紀末、ジョージ朝時代の新たな都市計画に基づき、主に建築家ロバート＝アダムの設計で造られた。現在はナショナルトラストが管理し、建造当時の市民生活の様子を再現している。

ジョージタウン〖Georgetown〗㊀ガイアナ協同共和国の首都。港湾都市。英国領時代にジョージ3世にちなんで命名された。人口、行政区13万(2002)。㊁米国の首都ワシントン北西部の一地区。ワシントンに併合される前は独立した都市だった。英国植民地時代の建造物やワシントン大聖堂がある。

ジョージ-ひろば【ジョージ広場】《George Square》英国スコットランド西岸の都市グラスゴーの中心部にある広場。名称はジョージ3世にちなむ。19世紀に建てられた市庁舎をはじめ、ビクトリア様式の歴史的建造物に囲まれ、ビクトリア女王と夫アルバート、詩人ロバート＝バーンズ、蒸気機関を発明したジェームズ＝ワットらの彫像がある。

ジョーゼット〖Georgette〗縦糸・横糸とも強撚糸(きょうねんし)を用いた、薄手で縮みのある絹布。ウールや化繊のものもあり、夏の婦人服などに用いる。フランスの服地商ジョーゼット夫人にちなむ名。もと商標名。

ショーツ〖shorts〗❶ひざ上までの短いズボン。ショートパンツ。❷婦人用の短い下ばき。
(類語)ブルーマー・ズロース・パンティー

ショート〖short〗〔名〕スル ❶物の長さ・距離・時間・期間などが短いこと。「—ストーリー」「—リリーフ」⇔ロング。❷電気回路の電位差のある端子を、故意または過失で接触させること。短絡。ショートサーキット。「配線盤が—する」❸野球で、遊撃。また、遊撃手。ショートストップ。❹卓球で、コートに接近して位置し、相手の打球のバウンド直後にその球勢を利用して打ち返す打法。❺ゴルフで、ボールが目標の手前で止まること。「パットが—する」⇔オーバー。❻「ショートスカート」「ショートヘア」「ショートタイム」などの略。

ショート-アイアン〖short iron〗ゴルフのクラブで、7～9番のアイアンやピッチングウェッジなど、近距離に用いるものの総称。➡ミドルアイアン ➡ロングアイアン

ショートカット〖shortcut〗〔名〕スル ❶近道をすること。また、近道。「—して裏道を行く」❷襟足から2、3センチ以内にカットした女性の短い髪形。❸米国マイクロソフト社のOS(オペレーティングシステム)で使用される、特定のファイルやフォルダーの分身のように機能するアイコン。デスクトップなどに配置しておき、これをダブルクリックすると、関連付けられたファイルやフォルダーが開く。Mac OSのエイリアス、UNIX系OSのリンクもほぼ同様の役割をもつ。また、スマートホンやタブレット型端末における類似の機能をさすこともある。ショートカットアイコン。(補説)❷は日本語での用法。

ショートカット-キー〖shortcut key〗コンピューターで、キーボードの複数のキーを組み合わせて入力することにより、ディスプレー上のメニューから選択することなしに、特定の機能を実行させるキーの総称。キーボードショートカット。

ショート-カバー〖short cover〗空売りの買い戻し。ショートセル(短期見越し売却、空売り)の逆の動き。株式・穀物、近年では原油スポットものに見られる。

ショートケーキ〖shortcake〗スポンジケーキの台に、泡立てた生クリームとイチゴなどの果物をあしらった洋菓子。

ショート-サーキット〖short circuit〗►ショート❷

ショート-ショート〖short-short〗気のきいた落ちのあるごく短い小説。

ショート-スカート〖short skirt〗ひざ丈前後の丈の短いスカート。

ショート-スキー〖short ski〗►ファンスキー

ショート-ステイ〖short-stay〗介護保険における要介護・要支援者への居宅サービスの一。特別養護老人ホームなどに短期入所し日常生活の介護などを受ける短期入所生活介護と、介護老人保健施設などに短期入所し医学的管理下で介護などを受ける短期入所療養介護に分けられる。また、障害者自立支援法においては、要件を満たす障害者・障害児が障害者支援施設などに短期入所して介護などを受けるサービス。➡デイサービス ➡デイケア

ショートストップ〖shortstop〗►ショート❸

ショート-ストローク〖short stroke〗テニスで、返球されたボールをネットに近い場所から相手コートの前方に距離を短く打つこと。

ショート-スリーパー〖short sleeper〗1日の睡眠時間が6時間未満で足りる人のこと。➡ロングスリーパー

ショート-セル〖short sell〗金融商品などの取引で、空売りのこと。ショートセリング。

ショート-ターミズム〖short-termism〗短期志向。経営者が長期的視点に立たずに企業経営を行うこと。

ショート-タイム〖short time〗操業短縮。

ショート-トラック《short track raceから》1周が111.12メートルの、通常より小さい室内リンクで行うスピードスケート競技。1992年の冬季五輪から正式種目に採用された。

ショート-ドリンクス〖short drinks〗調製後、時間をかけずに飲む、洋風の混合した飲料の総称。ほと

んどのカクテルがこれに入る。⇔ロングドリンクス。
ショート-トン〖short ton〗▶トン❶㋒
ショートニング〖shortening〗製菓・製パンなどの際、口当たりを軽くするために加える油脂製品。植物油に水素添加を行って固形にしたものが主材。
ショート-バウンド〖short bound〗〔名〕スル 野球などで、ボールが地面に落ちてから小さく強く弾むこと。「送球が一する」
ショート-パス〖short pass〗球技で、ボールを近くにいる味方へ送ること。
ショート-パスタ《和 short＋pasta(ｲﾀ)》マカロニのほか、ファルファッレ(蝶)・コンキリエ(貝)・ロテッレ(車輪)・ペンネ(ペン先)など、短いパスタのこと。⇒ロングパスタ
ショート-パンツ〖short pants〗ひざ丈前後の半ズボン。ショーツ。
ショート-パント〖short punt〗ラグビーで、接近した相手の頭上を越すくらいの距離の短いパントキック。
ショート-ピン〖short pin〗▶ジャンパーピン
ショート-プラグ〖short plug〗▶ジャンパーピン
ショート-プログラム〖short program〗フィギュアスケート競技の種目の一。男女シングルの場合、ジャンプ・スピン・ステップなど7種類の規定の要素を、音楽に合わせて規定時間内にまとめるもの。SP。⇒フリースケーティング
ショート-ヘア〖short hair〗短い髪の毛。また、女性の短い髪形の総称。⇔ロングヘア。
ショート-ホール〖short hole〗ゴルフで、ホールの距離に応じて定められた基準打数が3のホール。⇒ミドルホール ⇒ロングホール
ショートホーン〖Shorthorn〗牛の一品種。英国原産の肉用の短角牛。
ショート-ポジション〖short position〗《shortは、現物不足の意》金融資産を売っている状態。先物で売付の予約を行っている状態。売り持ち。空売り。⇒ロングポジション
ショートメッセージ-サービス〖short message service〗▶エス-エム-エス(SMS)
ショート-リブ〖short ribs〗牛肉の部位名。リブ(背ロース)の骨付きの細い部分。焼き肉・煮込みなどにする。
ショート-リリーフ《和 short＋relief》❶野球で、短い回数だけ投げる救援投手。❷転じて、短期間の代行者、交替者。
ショー-パブ《和 show pub》飲食をしながら、歌・踊り・コントなどのショーが楽しめるパブ。
ショー-ビジネス〖show business〗演劇・映画・音楽など娯楽的な興行に関係のある仕事。
ショー-ビズ〖show biz〗「ショービジネス」の略。
ショービニスム〖ﾌﾗﾝｽ chauvinisme〗《ナポレオン1世を熱狂的に崇拝したフランスの兵士の名Chauvinから》狂信的、排外的な愛国主義。盲目的愛国主義。⇒ジンゴイズム
ショーファー〖chauffeur〗自家用車の運転手。おかかえの運転手。
ショーペンハウアー〖Arthur Schopenhauer〗[1788〜1860]ドイツの哲学者。世界は自我の表象であり、その根底にはたらく盲目的な生存意志は絶えず満たされない欲望を追求するために人生は苦になると説き、この苦を免れるには意志否定によるほかはないと主張した。主著「意志と表象としての世界」。ショーペンハウエル。
ショーボート〖showboat〗小さい舞台を備え、河川・湖などを回遊して、客に演芸を見せた汽船。ミシシッピ川のものが有名であった。
ショーマン〖showman〗❶興行師。❷芸人。❸場当たりをねらう人。
ショーマンシップ〖showmanship〗見物客を喜ばせようとする芸人としての心掛け。
ショーム〖shawm〗12〜17世紀のヨーロッパで用いられた木管楽器の一種。ダブルリードを有し、近東のスルナーイなどを起源とする。シャルマイ。

しょ-おもて【初表】連歌・連句を書きつける懐紙の1枚目の表側。百韻では発句ほっくから第8句まで、歌仙では第6句までを書き記す。⇒初裏しょうら
ショーモンシュルロアール-じょう【ショーモンシュルロアール城】ジャウ《Château de Chaumont-sur-Loire》フランス中西部の町、ショーモンシュルロアールにある城。10世紀頃、ロアール川沿いの高台に要塞として建てられた。その後、15世紀から16世紀にかけて、アンボアーズ家シャルル1世と息子シャルル2世により、ルネサンス様式の城に改築。フランス王アンリ2世の正妃カトリーヌ＝ド＝メディスが買い取り、アンリ2世の寵妾ちょうしょうディアヌ＝ド＝ポアチエをシュノンソー城から追い出して、この城に住まわせた。ロアール川流域の古城の一として、2000年に「シュリーシュルロアールとシャロンヌ間のロアール渓谷」の名称で世界遺産(文化遺産)に登録された。ショーモン城。
しょ-おり【初折】ヲリ 連歌・連句を書きつける懐紙の最初の一折ひとおり。横に二つに折り、折り目を下にして、その表裏に書く。
ショール〖shawl〗女性用の肩掛け。防寒・装飾などに用いる。(季 冬)「郷愁の一をしかとかきあはせ／万太郎」(類語)肩掛け・ストール
ジョール〖Győr〗▶ジュール
ショールーム〖showroom〗商品の展示室。
ショール-カラー〖shawl collar〗ショールを掛けたような形の襟。へちま襟。
ショーレム〖Gershom Gerhard Scholem〗[1897〜1982]イスラエルの思想家。ドイツのベルリンに生まれる。ユダヤ神秘主義研究の第一人者。また、親友だったベンヤミンの書簡集を編纂へんさんしたことでも知られる。著「ユダヤ神秘主義」など。
ショーロ〖ﾎﾟﾙﾄｶﾞﾙ choro〗ブラジルの軽音楽の一。19世紀から都会で流行し、ギターとフルートを中心とする即興的演奏に特色がある。
ジョーロ▶じょうろ
ショーロホフ〖Mikhail Aleksandrovich Sholokhov〗[1905〜1984]ソ連の小説家。革命前後の内戦と階級闘争に取材した大作を発表。1965年ノーベル文学賞受賞。小説「静かなドン」「開かれた処女地」など。
じょ-おん【助音】朗詠などで、歌う人を助けて、声を添えて歌うこと。雅楽などで、奏する人を助けて、あとについて同じ楽器を奏すること。また、その歌う人や奏する人。じょいん。
ジョーンズ〖Daniel Jones〗[1881〜1967]英国の音声学者。ジョーンズ式音声表記法を作った。著「英語発音辞典」「英語音声学概論」など。
ジョーンズ〖Hank Jones〗[1918〜2010]米国のジャズピアニスト。本名、ヘンリー＝ジョーンズ(Henry Jones)。1950年代のジャズ黄金期とされる時代から晩年まで長く活躍した。
しょ-か【初夏】❶夏のはじめ。はつなつ。(季 夏)「建ちてすぐ薪割る水辺一の家／月舟」❷陰暦4月の異称。(類語)初夏はつなつ・孟夏
しょ-か【所課】クヮ 課せられること。割り当てられること。また、そのもの。「大納言入道負けになりて、一いかめしくせられたりけるとぞ」〈徒然・一三五〉
しょ-か【書架】本を並べて置く棚。本棚。(類語)本棚・書棚・本箱・本立て
しょ-か【書家】❶文字を書くのが巧みな人。能書家。❷書道の専門家。書道家。
しょ-か【暑夏】暑さのきびしい夏。
しょ-か【諸夏】古く中国で、四方の夷狄いてきに対して、中国本土、またそこの諸侯の国々をいう語。
しょ-か【諸家】❶多くの家。多くの家門。しょけ。❷多くのいろいろな人。特に、その道の専門家・研究者として認められている人々。「一の意見を聞く」
しょ-が【書画】グヮ 書と絵画。「一骨董こっとう」
じょか【女媧】ヂョクヮ 中国古代神話上の女神。人首蛇体。伏羲ふっきと夫婦、また、兄妹ともされ、人類の創造主とする伝承もある。一説に、三皇の一人。泥をこねて人間をつくり、天が崩れそうになったとき、5色の石を練って天を補修したという。

じょ-か【序歌】❶序詞じょし❷を用いて整えた和歌。❷本の序文に代える歌。
ジョガー〖jogger〗ジョギングをする人。
ジョガーズ-ニー〖jogger's knee〗長距離ランニングによる膝ひざの使いすぎで膝関節が摩耗し、痛みが慢性化したり関節に水がたまったりするスポーツ障害。陸上長距離選手に多いが、ジョギングをする一般人の間にも増えている。ランナーズニー。
しょ-かい【初会】クヮイ ❶ある人と初めて顔を合わせること。初対面。❷初めての会合。❸取引所で、月の最初の立会。発会はっかい。❹娼妓しょうぎがある客に初めて会い、相方となること。また、その客。⇒裏うら
しょ-かい【初回】クヮイ 最初の回。第1回。
しょ-かい【所懐】クヮイ 心に思っている事柄。思うところ。所感。「一を述べる」(類語)感想・所存・考え・想念・思念・念ねん・気持ち・感懐・胸懐・心懐・胸中・心中しんちゅう・心事・心情・心境・感慨・万感・偶感・思考・思索
しょ-がい【書外】グヮイ 書面に記した以外の事柄。「一の意をくみとる」
じょ-かい【女戒】ヂョ 女色に関するいましめ。
じょ-かい【女×誡】ヂョ 女性が守るべきいましめ。
じょ-かい【叙階】カトリック教会で、助祭・司祭・司教などの聖職位を授けること。また、按手あんしゅによって聖別するその儀式。叙階の秘跡。祝聖。⇒按手礼
じょ-かい【×舒懐】クヮイ 思いを述べること。述懐。
じょ-がい【除外】ヂョグヮイ〔名〕スル その範囲には入らないものとして取りのけること。除くこと。「幼児は料金の対象から一する」「一例」(類語)オミット
じょ-がい【除害】ヂョ 害になるものを除くこと。「有毒ガスを一する」
しょ-がかり【諸掛(か)り】❶いろいろの費用。❷商品を仕入れる際、仕入原価以外に要する諸種の費用。仕入手数料・引取運賃・運送保険料など。
しょ-かく【書閣】❶書斎。書庫。❷書棚。本棚。
しょ-がく【初学】ある分野の学問を初めて学ぶこと。また、学問というものに初めて接すること。また、その人。「一者」
しょ-がく【所学】学問をすること。学問。「一乗一味の法門は、三塔さんたふ、三井の一なり」〈盛衰記・一六〉
しょ-がく【諸学】いろいろの分野の学問。「一に通暁する」
じょ-かく【除角】ヂョ 牛・ヤギなどの角つのを取り除くこと。これにより性質がおとなしくなる。
じょ-がく【女学】ヂョ 女子の修めるべき学問。また、女子の学校。「追い追いと一もお取り建ての時勢に向かって」〈藤村・夜明け前〉
じょ-がく【女楽】ヂョ ❶奈良・平安時代、内教坊ないきょうぼうの妓女ぎじょたちによって行われた雅楽。❷酒宴の席に出て、楽舞をする女性。うたいめ。「賢者をまねき、一をさけ、沈酔を禁じ」〈古活字本保元・下〉
じょがくざっし【女学雑誌】ヂョガクザッシ 婦人雑誌。明治18年(1885)7月創刊、同37年2月、526号で廃刊。初め近藤賢三、24号から巌本善治が編集。キリスト教に基づく女性啓蒙誌であったが、北村透谷・島崎藤村らが執筆し、のちの「文学界」の母体となった。
じょ-がくせい【女学生】ヂョ ❶旧制の高等女学校の生徒。❷女子の学生・生徒。
じょがく-の-はい【女楽の拝】ヂョガク 豊明節会とよのあかりのせちえのとき、群臣が女楽拝見のお礼を申し上げた儀式。
しょ-かつ【所轄】〔名〕スル ある範囲を管轄すること。「一の警察署」「各省庁が一する機関」(類語)管理・管掌・統轄・分轄・総轄・直轄・所管
じょ-がっこう【女学校】ヂョガクカウ ❶女子のための学校。❷旧制の高等女学校。
しょかつ-こうめい【諸葛孔明】▶諸葛亮しょかつりょう
しょかつ-さい【諸葛菜】アブラナ科の一年草。高さ30〜60センチ。根は白くまっすぐ伸び、葉はダイコンに似る。3〜5月、藤色の4弁花を総状につける。中国の原産で江戸時代に渡来。むらさきはなな。はなだいこん。(季 春)「足元にともるむらさき一／時彦」
しょかつ-りょう【諸葛亮】リャウ [181〜234]中国三国

時代の、蜀漢しょっかんの丞相。琅邪ろうや(山東省)の人。字あざなは孔明。劉備りゅうびに仕え、赤壁の戦いで魏ぎの曹操を破った。劉備没後、その子劉禅を補佐、出師すいしの表を奉って漢中に出陣、五丈原で魏軍と対陣中に没した。

しょ-かん【初刊】最初の刊行。また、その刊行物。「一本」

しょ-かん【初巻】ｸﾜﾝ 全集や叢書などの最初の巻。

しょ-かん【初感】「初感染」の略。

しょ-かん【所感】❶事に触れて心に感じた事柄。感想。「一を述べる」「年頭一」❷仏語。行為が結果としてもたらすもの。(類語)(❶)所懐・所存・想念・思念・念おもい・気持ち・感懐・胸懐・心懐・胸中・心中しんちゅう・心事・心情・心境・感慨・万感・偶感・思考・思索・一存

しょ-かん【所管】ｸﾜﾝ〔名〕ｽﾙ ある範囲の事務をそこの責任・権限で管理すること。また、その範囲。「文部科学省が一する事項」「一大臣」

(類語)管理・管轄・管掌・統轄・分轄・総轄・直轄・所轄

しょ-かん【書×函】❶手紙を入れる箱。❷書物を入れる箱。書筺しょきょう。

しょ-かん【書巻】ｸﾜﾝ 書物。書籍。

しょ-かん【書簡┊書×翰】手紙。書状。「一をしたためる」(類語)封書・はがき・書信・書面・紙面・信書・私信・私書・状・一書・手書・親書・手簡・書札しょさつ・尺牘せきとく・書牘しょとく・雁書がんしょ・消息・便り・文ふみ・玉章ぎょくしょう・レター

しょ-かん【暑寒】暑さと寒さ。寒暑。

しょ-かん【諸官】ｸﾜﾝ 多くの官人。官人かんにんたち。

しょ-がん【所願】ｸﾞﾜﾝ 神仏に願っている事柄。願い。「一成就」

じょ-かん【女官】ﾆｮｸﾜﾝ 宮中に仕える女性。にょかん。にょうかん。

じょ-かん【女監】ﾁﾞｮ 女囚を収容する監房・獄舎。

じょ-かん【女鑑】ﾁﾞｮ 女性の手本。女のかがみ。

じょ-かん【叙官】ｸﾜﾝ 官に任ずること。任官。

じょ-かんさ【除感作】ﾁﾞｮ ▶脱感作だつかんさ

しょかん-し【書簡紙】手紙を書くための紙。

しょ-かんせん【初感染】伝染性の病原体に初めて感染すること。二次感染に対していう。初感。

しょかん-せん【書簡箋】手紙を書くための用紙。便箋びんせん。

しょかんたい-しょうせつ【書簡体小説】ｾｳｾﾂ 手紙の形式で構成されている小説。ゲーテの「若きウェルテルの悩み」、ラクロの「危険な関係」など。

しょかん-ちょう【所管庁】ｼｮｸﾜﾝﾁｬｳ その行政事務を取り扱っている官庁。

じょ-かんとく【助監督】監督の助手。多く映画で、監督の補助をする人。

しょかん-ひら【暑寒平】縦糸に絹糸、横糸に麻糸を用いて織った男物の袴はかま地。夏冬ともに用いたのでいう。

しょかん-ぶん【書簡文】手紙に用いられる文章。時候のあいさつや敬語表現などに特色がある。古くは、変体漢文、中世以降は候文そうろうぶんが用いられた。

しょかんべつ-だけ【暑寒別岳】北海道中西部、増毛ましけ山地最高峰の山。標高1492メートル。暑寒別天売焼尻国定公園に属する。

しょかんべつてうりやぎしり-こくていこうえん【暑寒別天売焼尻国定公園】ｺｸﾃｲｺｳｴﾝ 北海道の中北部、暑寒別岳・雨竜沼うりゅうぬま湿原・天売島・焼尻島などからなる国定公園。高山植物・山地型湿原が特色。平成2年(1990)指定。

しょ-き【初期】ある物事の初めの時期。始まって間のないころ。「一の作品」「明治一」

(類語)当初・初頭・始期・頭あたま・はじめ

しょ-き【初×虧】日食または月食で、太陽または月が欠けはじめること。また、その時刻。第一接触。

しょ-き【所記】❶書物や文書に書かれている事柄。書きしるすところ。「前条一の論説果して是ならば」〈福沢・学問のすゝめ〉❷ソシュールの用語。能記のうきとともに言語記号を構成する要素。言語記号によって意味される内容。シニフィエ。➡能記

しょ-き【所期】〔名〕ｽﾙ 期待すること。また、期待するところ。しょご。「一した目標を上回る」

しょ-き【書×几┊書机】つくえ。ふづくえ。書案。

しょき【書紀】「日本書紀」の略。

しょ-き【書記】❶文字・文章を書きしるすこと。「一能力」❷文書の作成、議事の記録などに当たる役。「会議で一をつとめる」❸「書記官」に同じ。❹政党・労働組合などの書記局の構成員。(類語)(❶)筆記・記

しょ-き【庶幾】〔名〕ｽﾙ 心から願うこと。「縁に遇えば則すなわち庸愚ようぐも大道を一し」〈露伴・二日物語〉

(類語)願う・希こいねがう・望む・求める・欲する・念ずる・念願する・願望する・希求する・希望する・切望する・切願する・熱望する・熱願する

しょ-き【暑気】夏の暑さ。「一を払う」(季 夏)

(類語)暑さ・猛暑・酷暑・極暑・激暑・厳暑・炎暑・大暑・暑熱・炎熱・酷熱・温気・向暑・残暑

しょ-き【署記】姓名を書きしるすこと。署名。

しょぎ【書儀】中国、宋の司馬光の撰で、「儀礼」に基づいて公文書や手紙などの書式を記した書。10巻。司馬書儀。

じょ-き【徐熙】中国五代南唐の画家。鐘陵(江西省)の人。花鳥画をよくし、墨の濃淡を主体に淡彩を添える手法により、孫(一説には子)の徐崇嗣じょすうしとともに徐氏体の創始者とされる。生没年未詳。

しょき-あたり【暑気▽中り】夏の暑さのためにからだをこわすこと。あつさあたり。(季 夏)「古妻の遠まなざしや一/草城」

しょき-か【初期化】ｸﾜ〔名〕ｽﾙ ❶コンピューターで、ディスクやメモリーの記録内容を消去し、使い始めの状態にすること。イニシャライズ。❷ハードディスクやCD-ROM、メモリーカードなどの記憶媒体を、オペレーティングシステムや情報機器などによる利用が可能な状態にすること。➡フォーマット❷ ❸皮膚などの採取しやすい体細胞を、幹細胞と同じくさまざまな細胞に分化・増殖する能力をもつ状態にすること。iPS細胞の場合、数種類の遺伝子を導入することで初期化する。またiPS細胞を介さずに特殊な培養条件の下で幹細胞を作成する技術はダイレクトリプログラミングとよばれ、研究が進められている。

しょき-かん【書記官】ｸﾜﾝ ❶旧制で、内閣・各省・都道府県庁・貴族院・衆議院などにおいて、長官を補佐して文書の作成や審案などの事務を職務としていた高等官。❷「裁判所書記官」の略。❸外交官の一。外交事務に従事する者。

しょき-きょく【書記局】政党・労働組合などで、執行委員会に従属し、その日常活動の実務を処理する機関。

しょき-じかりつ【初期磁化率】ｸﾜﾘﾂ ▶初磁化率

しょき-しょうか【初期消火】ｾｳｸﾜ 出火の初期段階で火事を消し止めること。屋内の出火の場合は、天井に燃え移ると消火が困難になるため、床などが燃えているうちに、また、ふすま・カーテンに燃え移ってすぐに火を消し止めること。

しょき-じょうけん【初期条件】ﾃﾞｳｹﾝ ❶物理量が時間とともに変化する場合、時刻が零のときに与えられる物理的諸条件。例えば、放物線の初速度、高温物体に対する周囲の温度など。❷数学で、微分方程式において独立変数が特定の値をとるときの解の値。

じょき-じょき〔副〕はさみなどで勢いよく物を切るさま。また、その音を表す語。「髪を一(と)刈る」

(類語)ざくり・ざっくり・ばっさり・ちょん・ざくざく・すっぱり

しょき-せい【書記生】《「外務書記生」の略》大使館・公使館・領事館などで庶務に従う職員。

しょき-せってい【初期設定】ソフトウエアやハードウエアで、ユーザーが何も変更を加えていない出荷時の状態。また、出荷時に設定されている一般的な機能や動作条件。イニシャルセッティング。デフォルト。

しょき-ちょう【書記長】ﾁｬｳ ❶政党・労働組合などで、書記局の長。❷旧制で、大審院・控訴院の書記課の長であった高等官。

しょき-ばらい【暑気払い】ﾊﾞﾗﾋ《「しょきはらい」とも》夏の暑さを払いのけること。暑さよけのための方法を講じること。(季 夏)「お仕着せの一にて候ぞ/友二」

しょき-びどう【初期微動】地震波のうち、最初にP波の到達によって生ずる地震動。振幅が小さく周期も短い。継続時間は震源までの距離にほぼ比例する。➡主要動

じょ-きゃく【除却】ﾁﾞｮ〔名〕ｽﾙ 取りのぞくこと。「同盟より一せられんとする」〈竜渓・経国美談〉

しょ-きゅう【初級】ｷﾌ 能力や技能など、上達していくもののの、いちばん初めの等級。最も低い等級。「一英会話」「一コース」

しょ-きゅう【初球】ｷｳ 野球で、投手が登板して、最初に投げるボール。また、投手が各打者に対して投げる最初のボール。第1球。

しょ-きゅう【初給】ｷﾌ ❶その職について初めて受け取る給料。❷「初任給」に同じ。

しょ-きゅう【書×笈】ｷﾌ 書物を入れて背負って運ぶための箱。

しょ-きゅう【×雎×鳩】ｷｳ ミサゴの別名。

しょ-きゅう【×蹠球】ｷｳ ▶肉球

じょ-きゅう【女給】ﾁﾞｮｷﾌ カフェ・バー・キャバレーなどで、客の接待に当たった女性。

(類語)給仕・ウエートレス・ホステス・仲居

しょ-きょ【所拠】よりどころ。根拠。

じょ-きょ【除去】ﾁﾞｮ〔名〕ｽﾙ じゃまなものをのぞき去ること。取りのけること。「障害物を一する」

(類語)撤去・排除・削除

しょ-きょう【書協】ｹﾌ 社団法人「日本書籍出版協会」の略称。

しょきょう【書経】ｼﾖｷﾔｳ 中国の経書。五経の一。20巻、58編。孔子の編といわれる。尭ぎょう・舜しゅんから周までの政論・政教を集めたもの。もと「書」「尚書」。宋代から「書経」とよばれる。秦の焚書ふんしょで散逸、前漢の伏生ふくせいの口伝「今文きんぶん尚書」と、孔子の旧宅で壁中から発見された「古文尚書」との二系統があったが、現在「古文」とされている「書経」は東晋の梅賾ばいさくの偽作。

しょ-きょう【書×筐】ｷﾔｳ・【書×篋】ｹﾌ 書物を入れる箱。書函しょかん。

しょ-きょう【×蔗境】ｷﾔｳ ▶しゃきょう(蔗境)

しょ-ぎょう【所業】ｹﾞﾌ・【所行】ｷﾞﾔｳ 行い。しわざ。多く、好ましくないことにいう。「許しがたい一」

(類語)所為・仕業・行動・行おこない・振る舞い・行為・挙きょ・言動・言行げんこう・行状ぎょうじょう・行跡ぎょうせき・沙汰

しょ-ぎょう【諸行】ｷﾞﾔｳ 仏語。❶因縁の和合によってつくられる、この世の一切の事物・現象。万有。万物。❷一切の善の行為。悟りに至るためのすべての善行。❸浄土教で、念仏以外のすべての修行。

じょ-きょう【助教】ｹｳ ❶大学、高等専門学校の教員の職階の一。准教授の下。平成17年(2005)の学校教育法改正で新設。「専攻分野について、教育上、研究上又は実務上の知識及び能力を有する者であって、学生を教授し、その研究を指導し、又は研究に従事する」と規定される。同19年4月施行。➡助手❷教授・教諭を補佐する役。また、その人。「舌氏始め郷塾にありて一たり」〈中村訳・西国立志編〉❸律令制の大学寮の官の一。博士を助けて教授や課試に当たった。定員2名。正七位下相当官。助博士すけはかせ。

しょぎょう-おうじょう【諸行往生】ｼﾖｷﾞﾔｳﾜｳｼﾞﾔｳ 念仏以外の修行によって往生すること。法然の弟子の長西などが説いた。➡念仏往生

しょきょう-こんこう【諸教混×淆】ｼﾖｹｳｺﾝｶｳ シンクレティズムのこと。

じょ-きょうじゅ【助教授】ｹｳｼﾞﾕ 大学・高等専門学校などの教授に次ぐ職階。また、その人。学校教育法の改正で平成19年(2007)4月より准教授となった。

しょぎょう-むじょう【諸行無常】ｼﾖｷﾞﾔｳﾑｼﾞﾔｳ 仏教の根本主張である三法印の一。世の中の一切のものは常に変化し生滅して、永久不変なものはないということ。

しょぎょうむじょう-げ【諸行無常×偈】ｼﾖｷﾞﾔｳﾑｼﾞﾔｳ 涅槃経ねはんぎょうにある4句の偈。諸行無常・是生滅法・生滅滅已・寂滅為楽のこと。釈迦しゃかが過去世に雪山せっせん童子として修行中、羅刹らせつに姿を変えた帝釈天からこの偈の前半を聞いて感動し、後半を聞くために我が身を捨てたという。いろは歌はこの偈の意を詠んだ

ものという。雪山偈。

じょ-きょうゆ【助教諭】小・中・高等学校で、教諭の職務を助ける職。また、その人。

じょ-きょく【序曲】❶㋐オペラ・オラトリオ・バレエ音楽などの最初に演奏される器楽曲。主要部への導入の役割を果たす。㋑19世紀以降、1楽章形式の独立した管弦楽曲。ブラームスの「大学祝典序曲」など。❷物事の始まりを示す事柄。「物語の—」

しょき-りんしょうけんしゅう【初期臨床研修】医師免許取得者を対象とする臨床研修。医師法により、診療に従事しようとする医師は、大学病院または厚生労働大臣の指定する病院で2年間以上の臨床研修を受けることが義務付けられている。医師として必要な姿勢・態度、専門分野に限らず日常の一般的な診療に適切に対応できる基本的な診療能力を身につけることが目的。研修医は指導医のもとで診療にあたる。内科・救急部門・地域医療の3科目が必修、さらに外科・麻酔科・小児科・産婦人科・精神科から2科目を選択する。初期臨床研修医はジュニアレジデント・スーパーローテーターなどと呼ばれる。➡医師臨床研修制度 ➡後期臨床研修制度 (補説)医師の臨床研修は、以前は努力義務だったが、平成16年(2004)に見直され、義務化された。

じょ-きん【除菌】〔名〕スル 細菌を取り除くこと。「風呂場を—する」「—効果」

ジョギング〖jogging〗ゆっくりと走ること。健康維持や体力増進のために行う軽いランニング。

ジョギング-シューズ〖jogging shoes〗ジョギング用の靴。着地時のショックを吸収するため、本底2層構造のスポンジソールを用いているのが特徴。

ジョギング-パンツ〖jogging pants〗ジョギング用のパンツのこと。

しょ-く【初句】❶和歌・俳句などのはじめの句。第1句。❷漢詩、特に絶句の起句。

しょく【卓】《唐音》❶仏前に置き、香華を供える机。茶の湯にも用いる。❷食卓。

しょく【食】❶食べること。「—が細い」「—を断つ」❷食べ物。「—に飢える」「低カロリー—」❸食事。また、その回数を数える語。「三—昼寝付き」❹扶持米。食禄。➡漢「しょく(食)」(類語)飯・御飯・腹拵え

食が進・む 食欲が盛んで、たくさん食べられる。「体調がよく—・む」

食が細・い 少食である。「夏ばてで、—・くなる」

食が細・る 食欲があまりなく、少ししか食べられない。「心労のあまり—・る」

食を願わば器物 食べ物をもらおうとするならば、まずそれを入れる器を用意しなければならない。物事には準備が必要であるということ。

しょく【食・蝕】ある天体の全部または一部を、他の天体が覆い隠す現象。日食・月食のほか、星食(掩蔽)、惑星による衛星の食、連星における食などもいう。➡漢「しょく(食・蝕)」

しょく【続】「ぞく(続)」に同じ。

しょく【蜀】中国の地名・国名。㊀現在の四川省、特に成都付近の古称。㊁三国時代の王朝。➡蜀漢 ㊂五代十国の王朝。➡前蜀 ➡後蜀

しょく【軾・式】昔、中国で、車の前に設けた横木。車中で敬礼するときに手をついたところ。

しょく【嘱】仕事などを頼みゆだねること。依頼。「—に応じる」➡漢「しょく(嘱)」

しょく【燭】❶ともしび。あかり。「—を取る」❷光度の単位。日本では昭和26年(1951)以来、同36年カンデラを採用するまで用いられた。1燭は1.0067カンデラ。燭光。➡漢「しょく(燭)」

しょく【職】❶担当する務め。また、その地位。職務。「会長の—につく」「管理—」❷生活を支えるための仕事。職業。「—を探す」「—を失う」❸身についた技術。技能。「手に—をつける」➡職として ➡漢「しょく(職)」(類語)職業・仕事・生業・なりわい・商売・家業・稼業・ビジネス

職を奉・ずる その仕事に従事することをへりくだっていう言葉。多く官職にいう。「官途に—・ずる」

しょく【鐲】古代中国の、金属製軍楽器の一。鐸に似た形で、行軍のときに打ち鳴らした。

しょく【贖】古代・中世の刑法上の特典。犯罪者の身分に応じて、銅や布・稲などを納めることで罪を許されたもの。ぞく。➡漢「しょく(贖)」

しょく【俗】〔名・形動ナリ〕「ぞく(俗)」に同じ。「姿悪くは、いづれも—なるべし」〈花鏡〉

しょく【色】〔接尾〕助数詞。色数を数えるのに用いる。「三—かけ合わせ」「二四—の色鉛筆」「三—刷り」➡漢「しょく(色)」

し-よく【私欲・私慾】自分一人の利益だけを考える気持ち。「—を去る」「私利—」(類語)利欲・我欲・欲

し-よく【嗜欲・嗜慾】あることを好み、欲するままにそれをしようと思う心。「世外の功名心のために、流俗の—を遠ざけている」〈漱石・三四郎〉

じょく【褥・蓐】柔らかい敷物。しとね。

じ-よく【耳翼】みみたぶ。耳殻。

ジョグ〖jog〗陸上競技で、ゆっくり走ること。競走前のウオーミングアップとして行う。現在は一般に健康法として広く行われている。ジョギング。

じょく-あく【濁悪】仏語。五濁と十悪。けがれと悪とに満ちていること。「—の末世」

しょく-あたり【食中り】暴飲暴食したり、有毒物質を含んだ食物などを食べたりして、腹痛・下痢・嘔吐などを催すこと。食中毒。(類語)食中毒・食傷・中毒

しょく-あん【職安】「公共職業安定所」の略。

しょく-い【即位】➡そくい(即位)

しょく-い【職位】官職と官位。

じょく-い【蓐医・褥医】産科の医者。産科医。

しょく-いき【職域】職業や職務の範囲。受け持つ仕事の領域。また、職業上の持ち場。職場。「他の—を侵す」「女性の多い—」

しょくいき-ほけん【職域保険】会社員・公務員・船員とその扶養家族を対象とする社会保険。健康保険(組合健保・協会けんぽ)・厚生年金・労災保険・雇用保険・共済組合・船員保険など。被用者保険。➡地域保険

しょく-いく【食育】食に関する教育。食料の生産方法やバランスのよい摂取方法、食品の選び方、食卓や食器などの食環境を整える方法、さらに食に関する文化など、広い視野から食について教育すること。(補説)平成17年(2005)7月、食育基本法が施行された。

しょく-いん【職印】責任ある職にいる者が職務上用いる、その職名を刻んだ印。

しょく-いん【職員】官公庁・会社・学校などに籍を置き、ある職務を担当する人。「研究所の—」「—室」(類語)局員・所員・署員・社員・行員・店員

じょく-いん【褥茵・蓐茵】しとね。敷物。「軽羅—の上に楽しむべきにあらずとて」〈太平記・二七〉

しょくいん-かいぎ【職員会議】官公庁や小中高校などの職員が行う会議。

しょくいん-だんたい【職員団体】現業職員など特定の職員を除く一般職の公務員が、勤務条件の改善などを目的として結成する団体。労働組合に相当するが、勤務条件の改善やそれに付帯する福利厚生的活動に関するものを除き、交渉権・争議権は認められていない。

しょくいん-ろく【職員録】国家の官職に就いている者の、官職・氏名などを記載した名簿。

しょ-ぐう【処遇】〔名〕スル 人をある立場から評価して、それに相応した取り扱いをすること。また、その取り扱い方。「経歴に見合った—を受ける」「顧問として—する」➡待遇(用法) (類語)待遇・知遇・礼遇・優遇・厚遇・優待・歓待

しょく-え【触穢】死穢・弔喪・産穢・月経などのけがれに触れること。昔は、けがれに触れた人は一定期間、神事を行ったり宮中へ参内したりすることができなかった。そくえ。

しょく-えい【燭影】ともし火に照らされて映る物の影。また、ともし火の光。火影。

しょく-えつ【食悦】食べたいと思うものを食べて喜ぶこと。また、その喜び。食道楽。「のぞみ次第の—さすべし」〈浮・置土産・一〉

しょく-えん【食塩】食用として精製された塩。主成分は塩化ナトリウム。また、塩化ナトリウムのこと。

しょくえん-せん【食塩泉】「塩化物泉」に同じ。

しょくえん-ちゅうしゃ【食塩注射】体液を補充するため生理的食塩水を注射すること。塩水注射。

しょく-おう【食凹】➡腐食孔

しょく-おや【職親】年少者が就職するとき、その者に家族がいなかったり、保護者に生活能力がなかったりした場合、それに代わって保証人になる人。

しょく-がい【食害・蝕害】〔名〕スル 昆虫やネズミなどが、植物・木材などを食い荒らすこと。また、その害。「いなごが田を—する」

しょく-がたき【職敵】同業の者どうしが、互いに負けまいとして張り合うこと。また、その相手。商売がたき。

しょくか-の-がく【稷下の学】中国、戦国時代、斉に興った諸子の学。斉の都臨淄に集まった思想家・弁士たちなどによって、それまで行われていたさまざまな諸思想が総合され、多くの独自な思想グループを形成していった。稷下とは、臨淄の稷門のあたりの意。

しょくが-ばえ【食蚜蠅】ヒラタアブの別名。幼虫がアブラムシなどを食うところからいう。

しょく-かん【蜀漢】➡しょっかん(蜀漢)

しょく-がん【食玩】《「食品玩具」の略》菓子、飲料などのおまけとして付く玩具。人形、カード、バッジなど種々ある。➡玩菓 (補説)子供だけでなく大人のコレクションの対象にもなっており、大量に買って食品は捨てるなどの行為が問題になっている。

しょく-き【食気】食欲。くいけ。「三四日立っても未だ十分に—が出来ぬ様だ」〈鉄腸・雪中梅〉

しょく-ぎ【職蟻】「働き蟻」に同じ。

しょく-ぎょう【職業】生計を維持するために、人が日常従事する仕事。生業。職。「教師を—とする」「—につく」「家の—を継ぐ」「—に貴賤なし」(類語)職・仕事・生業・業・なりわい・商売・渡世・家業・稼業・ビジネス

しょくぎょう-あんていじょ【職業安定所】「公共職業安定所」の略。

しょくぎょうあんてい-ほう【職業安定法】各人の能力に適した職業につく機会を与えることによって、産業に必要な労働力を充足し、職業の安定と経済の興隆を図ることを目的とする法律。昭和22年(1947)施行。職安法。

しょくぎょう-いしき【職業意識】自分の職業に対してもつ意識や自覚。また、その職業の人に特有の見方・考え方。「—が低い」

しょくぎょう-きょういく【職業教育】職業につくために必要な知識・技術を修得させる教育。通常は、高等学校の職業課程をさすが、広義では中学校の技術・家庭科、大学などの専門教育をもいう。

しょくぎょう-ぐんじん【職業軍人】徴兵された軍人に対して、職業として軍務に服している人。

しょくぎょう-くんれんじょ【職業訓練所】職業に従事するのに必要な技能を訓練する施設。公共職業訓練所・事業内職業訓練所がある。

しょくぎょうくんれんせいさいがい-しょうがいほけん【職業訓練生災害傷害保険】公共職業訓練所・職業能力開発総合大学校に在籍する訓練生または事業主などが行う認定職業訓練の訓練生を被保険者とし、訓練中および通学途上の事故により傷害を被った場合に負う損害を塡補する目的の保険。保険契約者は中央職業能力開発協会に限る。

しょくぎょう-しどう【職業指導】職業の選択に必要な知識・技術の教授、各人の適性の検査、就職指導などを目的とした教育活動。

しょくぎょう-しょうかいじょ【職業紹介所】公共職業安定所の前身。大正10年(1921)制定の職業紹介法により設置。

しょくぎょう-せいじか【職業政治家】職業として政治活動に専念する人。副業をもたず、政治のみにたずさわる政治家。

しょくぎょうせんたく-の-じゆう【職業選択の自由】ショクゲフセンタクノジイウ 自分の従事したい職業を任意に選択する自由。日本国憲法第22条で保障されている。

しょくぎょう-だんたい【職業団体】ショクゲフ 同じ職業の者が組織する団体。弁護士会・医師会など。

しょくぎょう-てきせいけんさ【職業適性検査】ショクゲフ 個人がどのような職業に適した資質・能力をもっているかを調べる検査。どの職業に適性をもつかを判定する一般職業適性検査と、特定の職種に対する適性を判定する特殊職業適性検査とがある。

しょくぎょうのうりょくかいはつ-そうごうだいがっこう【職業能力開発総合大学校】ショクゲフノウリヨクカイハツソウガフダイガクカウ 神奈川県相模原市にある、職業訓練指導員の養成および職業能力開発に関する調査・研究を目的とする教育研究機関。厚生労働省所管。昭和36年(1961)設置の中央職業訓練所を同40年職業訓練大学校に改称、さらに平成5年(1993)職業能力開発大学校と改称。同11年東京職業能力開発短期大学校・研修研究センターを統合して現名に改称。東京職業能力開発短期大学校は職業能力開発総合大学校東京校に、研修研究センターは能力開発研究センターに、それぞれ改組・改称された。補説 同校卒業者の9割以上が職業訓練指導とは関連のない民間企業に就職していることが会計検査院により指摘され、平成20年(2008)に指導員養成業務の廃止の方針が決定した。

しょくぎょうのうりょくかいはつ-そくしんほう【職業能力開発促進法】ショクゲフノウリヨクカイハツソクシンハフ 職業訓練・職業能力検定の内容を充実させることによって、労働者の職業能力を向上させ、職業の安定を図るために定められた法律。昭和33年(1958)に職業訓練法として制定され、同60年の改正で現名称に改称。

しょくぎょうのうりょくけいせい-システム【職業能力形成システム】ショクゲフノウリヨクケイセイ ►ジョブカード制度

しょくぎょう-びょう【職業病】ショクゲフビヤウ ❶職業の労働条件・環境などによって起こる障害。騒音による難聴、手を使うことによる頸肩腕(けいけんわん)障害、化学物質を扱うことによる中毒など。❷俗に、ふだんから出てしまう職業上のくせや習慣。

しょくぎょう-ふじん【職業婦人】ショクゲフ 職業についている女性。

しょくぎょうべつ-くみあい【職業別組合】ショクゲフベツくみあひ 同一職業・職種に従事する労働者によって、産業や企業の枠を越えて横断的に組織された労働組合。組合運動の初期に熟練労働者により組織され、排他的な傾向が強かった。職能別組合。クラフトユニオン。

しょくぎょう-やきゅう【職業野球】ショクゲフヤキウ プロ野球のこと。

しょくぎょう-リハビリテーション【職業リハビリテーション】ショクゲフ 障害者が自立した職業生活を送ることができるように、職業指導・職業訓練・職業紹介などの支援を行うこと。障害者雇用促進法に基づき、公共職業安定所、障害者職業センター、障害者就業・生活支援センター・障害者職業能力開発校などが、医療・保健福祉等の関係機関と連携して実施している。

しょく-ぎれ【初句切れ】短歌の第1句で意味が切れること。一句切れ。

しょく-け【食気】食欲。くいけ。「―がない」

じょく-げつ【×蓐月】出産予定の月。産み月。臨月。

しょく-げん【食言】〘名〙スル《一度口から出した言葉を、また口に入れてしまう意》前に言ったことと違うことを言ったりしたりすること。約束を破ること。「―して野党の糾弾を受ける」「―行為」

しょく-げん【飾言】言葉を体裁よく飾ること。また、その言葉。「どういう角度から見ても、完全な悪だ。―の余地はない」〈中島敦・李陵〉

しょく-げん【嘱言】❶ことづて。ことづけ。伝言。❷後事を頼むこと。また、その言葉。

しょくげんしょう【職原抄】シヨクゲンセウ 南北朝時代の有職(ゆうそく)書。2巻。北畠親房著。興国元=暦応3年(1340)成立。日本の官職の沿革を漢文で記述。

しょく-ご【食後】食事のあと。⇔食前。

漢字項目 しょく

【▽属｜▽続】►ぞく

色 学2 音ショク漢　シキ呉　訓いろ ‖ ㊀〈ショク〉①いろ。「寒色・原色・染色・着色・配色・白色・発色・変色」②感情の現れた顔の様子。顔いろ。「顔色・気色・喜色・愁色・生色・難色・憂色・令色」③女性の美しい顔かたち。「国色・才色・容色」④男女間の情欲。セックス。「漁色・好色・酒色・男色(だんしょく・なんしょく)・売色」⑤ものの様子。おもむき。「異色・古色・秋色・出色・潤色・遜色(そんしょく)・特色・敗色・暮色・国際色」㊁〈シキ〉①いろ。「色感・色彩・色紙・色素・色調/禁色(きんじき)・金色(こんじき)・彩色」②顔いろ。「気色(けしき)」③セックス。「色情・色魔・色欲」④ものの様子。「景色(けしき)」⑤形に現れた一切のもの。物質的存在。「色界・色心・色即是空(しきそくぜくう)」㊂〈いろ〉「色糸・色気/毛色・茶色・音色(ねいろ)・旗色」名付 しこ

拭 音ショク漢　シキ呉　訓ふく、ぬぐう ‖ ㊀〈ショク〉汚れをふき清める。ぬぐう。「拭浄/払拭(ふっしょく)」㊁〈シキ〉ふき清める。「清拭(せいしき)」

食 学2 音ショク漢　ジキ呉　訓くう、くらう、たべる、はむ ‖ ㊀〈ショク〉①たべる。「食事・食欲・食料/飲食・菜食・試食・少食・草食・徒食・馬食・偏食・捕食・飽食」②食事。「食膳/給食・欠食・減食・粗食・昼食・定食・夜食・和食」③たべもの。「主食・副食・糧食」④扶持(ふち)。俸給。「食禄」⑤くいこむ。欠ける。「月食・浸食・日食・腐食」㊁〈ジキ〉①たべる。食事。「悪食・飲食(おんじき)・乞食(こじき・こつじき)・中食・木食(もくじき)」②たべもの。「餌食(えじき)」③扶持。「食封(じきふ)」補説「喰」は国字。名付 あき・あきら・うけ・くら・け・みけ 難読 食(は)み出る・片食(かたけ)

植 学3 音ショク漢　訓うえる、うわる ‖ ①草木をうえる。うえつける。「植樹・植毛・植林/移植・扶植」②草木の総称。「植物/腐植土」③開拓のために人を移住させる。「植民/入植」④活字を版に組み込む。「植字/誤植」補説 ③は「殖」と通用する。名付 たね・なお

殖 音ショク漢　訓ふえる、ふやす ‖ ①もとのものから次々とふえる。ふやす。「殖財・殖産/貨殖・生殖・増殖・繁殖・養殖・利殖」②ふやし蓄えたもの。「学殖」③土地を開拓するため人を移住させる。「殖民/拓殖」補説 ③は「植」と通用する。名付 え・しげる・たね・なか・のぶ・ます・もち

飾 音ショク漢　訓かざる ‖ ①かざる。かざり。「虚飾・修飾・装飾・服飾・粉飾・文飾」②髪かざり。髪。「復飾・落飾」補説「餝」は異体字。名付 あきら・よし

触〔觸〕 音ショク漢　訓ふれる、さわる ‖ ①物にふれる。「触診・触発/接触・抵触・一触即発」②物にふれて感じる。「触角・触手/感触」

×**蝕** 音ショク漢　訓むしばむ ‖ ①むしばむ。侵す。「蝕害/海蝕・浸蝕」②太陽や月が欠ける現象。「蝕甚/月蝕・日蝕」補説 ①②とも「食」と通用。

嘱〔囑〕 音ショク漢 ‖ ①ものを頼む。「嘱託/依嘱・委嘱・付嘱」②目をつける。「嘱望・嘱目」

人**燭** 音ショク漢　ソク呉　訓ともしび ‖ 灯火。ともしび。「燭台/華燭・銀燭・紙燭(しそく)・手燭(てしょく)・蝋燭(ろうそく)」

織 学5 音ショク漢　シキ呉　訓おる ‖ ㊀〈ショク〉①機で布をおる。「織機・織布/機織・交織・混織・製織・染織・紡織」②織田氏のこと。「織豊時代」㊁〈シキ〉おる。組み立てる。「組織」名付 おり

職 学5 音ショク漢　シキ呉 ‖ ㊀〈ショク〉①本分として担当すべき役目や任務。「職員・職掌・職責・職務/汚職・解職・官職・劇職・辞職・重職・殉職・神職・聖職・奉職・役職・要職・名誉職」②暮らしのためにする仕事。「職業・職場(しょくば)/求職・座職・失職・就職・定職・転職・内職・無職」③手先を使う仕事。「職工・職人/手職(てしょく)・畳職(たたみしょく)」㊁〈シキ〉律令制で、省の下の役所の名。「修理職(しゅりしき)」名付 つね・もと・よし・より 難読 有職(ゆうそく)

×**贖** 音ショク漢　訓あがなう ‖ 刑罰を免れるため金品を差し出す。あがなう。「贖罪」

漢字項目 じょく

【▽濁】►だく

辱 音ジョク漢　ニク呉　訓はずかしめる、はじる、はじ、かたじけない、かたじけなくする ‖ ①体面を傷つけ、くじけた気持ちにさせる。はずかしめ。はじ。「栄辱・汚辱・屈辱・国辱・雪辱・恥辱・侮辱」②相手から好意を受けることをへりくだっていう語。「辱交・辱知・辱友」難読 忍辱(にんにく)

しょくこう-ら【×蜀紅×螺】ショクコウラ科の巻き貝。貝殻は球卵形で、殻高約7センチ。殻表に縦肋(じゅうろく)が並び、モザイク模様がある。大きな足をもち、刺激によって自切する。本州中部以南の暖海に分布。

しょくこきんしゅう【続古今集】ショクコキンシフ「続古今和歌集」の略。

しょくこきんわかしゅう【続古今和歌集】ショクコキンワカシフ 鎌倉時代の勅撰和歌集。20巻。正元元年(1259)後嵯峨院の院宣により藤原為家・基家・家良・行家・光俊が撰し、文永2年(1265)成立。仮名序・真名序があり、歌数約1900首。続古今集。

しょくご-けっとうち【食後血糖値】ケツタウチ 血液中のぶどう糖濃度を表す血糖値のうち、食後2時間(食べ始めから2時間後)の血糖値のこと。糖代謝機能の判定指標の一つで、140mg/dl未満が正常値。空腹時血糖値やHbA1cとともに糖尿病の血糖コントロールの評価指標として用いられる。

しょくご-こうけっとう【食後高血糖】カウケツタウ 食後に血糖値が急上昇し、食事から2時間後に測定した食後血糖値が140mg/dlを上回る場合をいう。食後血糖値が200mg/dlを超えると糖尿病と診断される。空腹時血糖値が正常であっても食後高血糖である場合、動脈硬化が進行する可能性が高く、脳卒中や心筋梗塞になるリスクが高まるため、「かくれ糖尿病」ともいわれる。

しょくご-しゅ【食後酒】►ディジェスチフ

しょくごしゅういわかしゅう【続後拾遺和歌集】ショクゴシフヰワカシフ 鎌倉時代の勅撰和歌集。20巻。元亨3年(1323)後醍醐(ごだいご)天皇の勅により、二条(藤原)為藤・為定が撰し、嘉暦元年(1326)成立。歌数約1350首。代表歌人は藤原俊成・定家、後醍醐天皇など。続後拾遺集。

しょくごせんわかしゅう【続後撰和歌集】ショクゴセンワカシフ 鎌倉時代の勅撰和歌集。20巻。宝治2年(1248)後嵯峨(さが)院の院宣により、藤原為家が撰し、建長3年(1251)成立。歌数約1370首。新古今時代の歌人の歌を多く収録。続後撰集。

しょく-さい【植栽】〘名〙スル 草木を植えること。また、その草木。「街路樹として―する」

しょく-ざい【食材】料理の材料。「季節の―を使った料理」「―図典」

しょく-ざい【殖財】財貨をふやすこと。

しょく-ざい【×贖罪】〘名〙スル ❶善行を積んだり金品を出したりするなどの実際の行動によって、自分の犯した罪や過失を償うこと。罪滅ぼし。「奉仕活動によって―する」❷キリスト教用語。神の子キリストが十字架にかかって犠牲の死を遂げることによって、人類の罪を償い、救いをもたらしたという教義。キリスト教とその教義の中心。罪のあがない。補説「とくざい」と読むのは誤り。類語 罪滅ぼし・贖(あがな)い・償い

しょくざい-の-ひ【×贖罪の日】ユダヤ教で、ユダヤ暦の正月10日、大祭司がみずからと全国民のため

に贖罪の儀式を行った日。現在は、悔い改めと神のゆるしを求める祈りの日。ヨーム-キップール。

しょくざい-の-ひつじ【×贖罪の羊】旧約聖書では、犠牲として神に捧げられる羊。人類の罪を身代わりとして負う象徴とされた。新約聖書では、自己を犠牲にして人類の罪を負ったキリストをさす。

しょく-さいぼう【食細胞】食作用をもつ細胞の総称。高等動物では、細菌や異物、老朽細胞などを取り込んで消化する機能をもつ白血球の好中球、マクロファージなどがある。貪食細胞。

しょくさい-りん【植栽林】植林してつくった森林。

しょく-さよう【食作用】食細胞が細菌や異物を細胞内へ取り込んで処理する働き。食菌作用。

しょく-さん【殖産】❶その国や地方の生産物をふやすこと。産業を盛んにすること。❷個人の財産をふやすこと。

しょくさん-こうぎょう【殖産興業】生産をふやし、産業を盛んにすること。

しょくさんじん【蜀山人】大田南畝の別号。

しょく-し【食思】食欲。食気。

しょく-し【食指】人さし指。

食指が動・く《鄭の子公が人さし指が動いたのを見て、ごちそうにありつける前兆であると言ったという、「春秋左伝」宣公四年の故事から》食欲が起こる。転じて、ある物事に対し欲望や興味が生じる。「条件を聞いて思わず―・いた」(補説)「食欲をそそる」との混同で、「食指をそそる」とするのは誤り。

しょく-し【触肢】昆虫・クモなどの口のまわりにあるひげ。口器の一部で、触角とは位置が異なる。触鬚。

しょく-し【職司】職務として担当する役目。職掌。

しょく-し【×贖死】金品を出して償い、死罪を免れること。

しょく-じ【食事】〔名〕スル 栄養をとるために、習慣的に毎日何度か物を食べること。また、その食べ物。「―をとる」「忙しくて―するひまもない」
(類語)御飯・飯・食・腹拵え

しょく-じ【食時】❶食事をする時間。食事どき。時分どき。❷辰の刻の異称。

しょく-じ【食餌】食べ物。「―療法」

しょく-じ【植字】〔名〕スル 活版印刷で、拾った活字を、原稿に指定してある体裁に並べて組むこと。ちょくじ。「原稿どおり―する」「―工」

しょく-じ【職事】▶しきじ(職事)

しょくじせっしゅ-きじゅん【食事摂取基準】《「栄養所要量」の新しい名称で、平成17年(2005)から使用》厚生労働省が5年ごとに発表する、日本人が健康を維持・増進するために摂取する各栄養素やエネルギーの基準量。栄養素については、推定平均必要量・推奨量・目安量・耐容上限量・目標量の5段階が示されている。

しょく-しつ【職質】〔名〕スル「職務質問」の略。

しょくし-ないしんのう【式子内親王】▶しきしないしんのう(式子内親王)

しょくじ-ミーティング【食事ミーティング】食事をとりながらする会合。リラックスした雰囲気で自由な意見が交わせることから、企業での会議や交流会、政治家と市民の意見交換会などに利用される。時間帯によりランチミーティング、ディナーミーティングなどと呼ばれる。

しょく-しゃ【職者】故事を知っている人。有職故実に詳しい人。

ジョクジャカルタ〘Djokjakarta〙インドネシア、ジャワ島中部の商業都市。18世紀イスラム土侯国のマタラム王国の首都。銀細工・ジャワサラサを産する。近郊にボロブドゥール遺跡がある。

しょく-しゅ【触手】無脊椎動物の口の周囲にある小突起。感覚細胞が多く分布し、触覚や捕食の働きをする。

触手を伸ば・す　欲しいものを得ようとして働きかける。「輸出業に―・す」

しょく-しゅ【触×鬚】▶触肢

しょく-しゅ【職種】職業・職務の種類。「人気の―」
(類語)業種

しょく-じゅ【植樹】〔名〕スル 樹木を植えること。「誕生記念に―する」「―祭」(類語)造林・植林

しょく-じゅう【職住】職場と住居。「―近接」

しょくしゅういわかしゅう【続拾遺和歌集】鎌倉時代の勅撰和歌集。20巻。建治2年(1276)亀山院の院宣により、藤原為氏が撰し、弘安元年(1278)成立。歌数約1460首。代表歌人は藤原為家・定家・俊成など。続拾遺集。

しょくじゆうはつせい-ねつさんせい【食事誘発性熱産生】摂食後に起こる代謝の活発化をいう。食物をとると、体内で栄養素が分解、一部が熱として消費され代謝量が増える。食事誘発性熱産生は1日の消費エネルギーの約1割とされる。DIT (diet induced thermogenesis)。➡基礎代謝

しょくじゅ-ぞうりん【植樹造林】林業で、苗木を植え付けて森林をつくる方法。人工造林。

しょくしゅ-どうぶつ【触手動物】無脊椎動物の一門。触手が口の周囲を冠状に囲む。消化管はU字形に曲がり、肛門は触手冠の外側に開く。コケムシ類・腕足類・ホウキムシ類の3綱に分けられる。

しょくしゅべつ-ちんぎん【職種別賃金】事務・営業・製造・研究などの職種別に定めた賃金。職種によって賃金水準が異なる。欧米諸国では一般的な賃金制度で、日本でも導入が進んでいる。

しょく-しょ【飾緒】武官が正装のときに、右肩から胸の前に垂らす飾りひも。金と銀の区別がある。一般には参謀懸章という。しょくちょ。

しょく-しょ【×蜀×黍】モロコシの別名。

しょく-じょ【織女】❶機を織る女。はたおりめ。❷「織女星」の略。(季秋)

じょく-しょ【×溽暑】❶蒸し暑いこと。(季夏)「庭山は埃汚れの―かな/圭岳」❷陰暦6月の異称。

しょく-しょう【食傷】〔名〕スル ❶同じ食べ物が続いて食べ飽きること。「いくら好物でも、こう続いては―してしまう」❷同じことに何度も接し、飽き飽きして嫌になること。「この種の議論には―している」❸食あたりを起こすこと。「野猪をくって―をしたと書いてあるじゃアないか」〈逍遥・当世書生気質〉
(類語)(❶❷)飽きる・倦む・倦怠・飽き飽き・うんざり・退屈・鼻に付く・げんなり・懲り懲り・辟易・閉口・まっぴら/(❸)食中り・食中毒・中毒

しょく-しょう【織匠】織物師。おりこ。

しょく-しょう【職掌】担当している仕事。職務。
(類語)職務・職分

しょく-じょう【拭浄】〔名〕スル ぬぐい清めること。ふき清めること。

じょく-しょう【×褥傷 ‖ ×蓐傷】▶褥瘡

しょくしょう-がら【職掌柄】その職業・職務の関係上。副詞的にも用いる。役目柄。「―乗り物には強い」

しょく-しょく【×喞×喞】〔ト・タル〕文〔形動タリ〕虫のしきりに鳴くさま。また、悲しみ嘆くさま。「―たる寒虫は夜霜に苦んで戸上に鳴く」〈菊亭香水・世路日記〉

じょく-しょく【×褥食 ‖ ×蓐食】朝早く外出するときなどに、寝床の中で食事をすること。

しょくじょ-せい【織女星】琴座のα星ベガの異称。1年に一度7月7日の夜、天の川の対岸にある牽牛星と会うという七夕伝説がある。たなばたつめ。織り姫星。(季秋)

しょくじ-りょうほう【食餌療法】食事の成分・量などを調節することによって、病気の治療をはかり、あるいは病気の臓器を守り健康管理をはかること。糖尿病・腎臓病・高血圧症などで行われる。

しょく-しん【触診】〔名〕スル 医師が手や指で患者の身体に触って診断すること。また、その方法。「腹部を―する」

しょく-じん【食人】人肉を食うこと。➡カニバリズム

しょく-じん【食尽 ‖ ×蝕甚】日食または月食で、太陽や月が最も大きく欠けた状態。また、その時刻。

しょく-じん【×燭×燼】ろうそくの燃えさし。

しょく-じん【織×紝】布を織ること。はたおり。

しょくじん-しゅ【食人種】食人の慣習をもつ人種。人食い人種。

しょく-す【食酢】《「しょくず」とも》食用にする酢。醸造酢と合成酢とがある。

しょく・す【食す】㊀〔動サ五〕「しょく(食)する」(サ変)の五段化。「米飯を―・す習慣」㊁〔動サ変〕「しょく(食)する」の文語形。

しょく・する【食する】〔動サ変〕文しょく・す〔サ変〕❶食べる。食う。「好んで肉類を―・する」❷生計を立てる。口を糊する。「今より何人に寄りてか―・せん」〈織田訳・花柳春話〉(類語)食べる・食らう・食う・頂く・召し上がる・突つく・味わう・啄む

しょく・する【▽属する】〔動サ変〕文しょく・す〔サ変〕❶ある勢力に従う。所属する。ぞくする。「政党に―・する」❷望みを託す。嘱する。「最後の望みを―・する」❸ずっと同じような状態が続く。「程無く静謐に―・して、一天下又泰平に帰せしかば」〈太平記・一五〉

しょく・する【×蝕する ‖ 食する】〔動サ変〕文しょく・す〔サ変〕ある天体が他の天体によって覆い隠されて見えなくなる。また、他の天体を覆い隠して見えなくする。「地球が月を―・する」

しょく・する【嘱する】〔動サ変〕文しょく・す〔サ変〕❶ゆだねる。また、望みを託す。「後事を―・する」「青少年の未来に―・するところ大である」❷伝言する。ことづける。「手紙を―・する」
(類語)頼む・託する・委ねる・任せる・預ける・委託する・依託する・委嘱する・依嘱する・嘱託する

しょくすん-の-し【×燭寸の詩】《王子良が学士を集めて作詩させたという「南史」王僧孺伝の故事から》詩才を試すために、ろうそくが1寸燃える間に詩を作らせること。また、その詩。

じょく-せ【▽濁世】仏教で、濁り汚れた世の中。末世。だくせ。(類語)末世・末の世

しょく-せい【食性】動物の、食物の種類、捕食方法などの習性。狭義には食物の種類をいい、肉食性・草食性・雑食性などに分け、またその種類の範囲により広食性・狭食性、単食性・多食性に分けることもある。

しょく-せい【食青】食品に色をつけるための青い色素。

しょく-せい【植生】ある場所に生育している植物の集団。植物群落。

しょく-せい【職制】❶職場での職務の分担に関する制度。❷会社や工場などで、労働者を管理する役付きの職員。管理職。また、その職に就いている人。

しょく-せいかつ【食生活】生活のうちで、食べる方面に関する事柄。「―の改善」

しょくせい-ず【植生図】植物群落の分布を地図上に示したもの。

しょく-せき【職責】職務上の責任。「―を果たす」
(類語)責任・勤め・任・任務・義務・責務・本務・使命・役目・役・役儀・分・本分・職分・責め

しょく-せつ【触接】〔名〕スル ❶物と物とが触れ合うこと。他の人や物と交流をもつこと。接触。「現在生活と文芸との―関繋する事情」〈片上天弦・人生観上の自然主義〉❷情勢をさぐるために敵に近づくこと。
(類語)触れる・接する・触れ合う・触る・擦る

しょく-せん【食×饌】膳に取りそろえた食べ物。膳部。

しょく-ぜん【食前】❶食事をする前。「―酒」⇔食後。❷食事をする席の前。

しょく-ぜん【食膳】食べ物をのせる膳。また、膳にのせた食べ物。「―に上せる」「―をにぎわす」
(類語)膳・料理・菜・おかず・膳部・ご馳走・佳肴・酒肴・ディッシュ

しょく-ぜん【色然】〔ト・タル〕文〔形動タリ〕驚きや怒りで顔色を変えるさま。「―として曰く」〈織田訳・花柳春話〉

しょくせんざいわかしゅう【続千載和歌集】鎌倉時代の勅撰和歌集。20巻。文保2年(1318)後宇多院の院宣により、二条(藤原)為世が撰し、元応2年(1320)成立。歌数約2150首。代表歌人は藤原為氏・定家、二条為世など。続千載集。

しょくぜん-しゅ【食前酒】▶アペリチフ

しょくぜん-ほうじょう【食前方丈】《「孟子」尽心下から》食事をするとき、ごちそうを膳(ぜん)の前に1丈四方いっぱいに並べること。きわめてぜいたくな食事。

しょく-そう【食草】昆虫がえさとする特定の植物。モンシロチョウではキャベツなど、アゲハではミカンやカラタチ、オオムラサキではエノキ。

しょく-ぞう【食像｜×蝕像】結晶を酸その他の薬品溶液中に入れたときに、溶解によってその結晶面に生じる腐食像。

じょく-そう【×褥草｜×蓐草】家畜小屋に敷く枯れ草やわら。

じょく-そう【×褥×瘡｜×蓐×瘡】長い間病床についていたために、骨の突出部の皮膚や皮下組織が圧迫されて壊死(えし)に陥った状態。腰や仙骨部・肩甲骨部・かかと・ひじ・後頭部などに生じやすい。床ずれ。褥傷(じょくしょう)。

しょく-たい【食滞】〔名〕スル 食べた物が消化されないで胃にたまっていること。食もたれ。

しょく-だい【食台】食事用の台。食卓。

しょく-だい【×燭台】室内照明器具の一。蝋燭(ろうそく)を立てて火をともす台。蝋燭立て。

しょく-たく【食卓】食事用のテーブル。食台。「—につく」「—を囲む」

しょく-たく【嘱託｜▽属託】〔名〕スル ❶仕事を頼んで任せること。委嘱。「資料収集を—する」❷正式の雇用関係や任命によらないで、ある業務に従事することを依頼すること。また、その依頼された人やその身分。

(類語)委嘱・委任・付託・委託・依託・依嘱・頼む・預ける・託する・嘱(しょく)する・委(ゆだ)ねる・任せる

しょくたく-い【嘱託医】行政機関・医療機関・介護施設などの委嘱を受けて診察治療をする医師。

しょくたく-えん【食卓塩】精製塩に湿気止めとして炭酸マグネシウムを加えたもの。結晶が細かくさらさらとしている。(補説)成分は塩化ナトリウム99パーセント以上、炭酸マグネシウム0.4パーセント。

しょくたく-けいさつけん【嘱託警察犬】一般家庭や民間施設が飼育・訓練・所有する警察犬。警察の要請を受けて、指導手(訓練士)とともに事件捜査等に出動する。都道府県警察が毎年審査を行い、優秀な犬を選考する。嘱託犬。➡直轄警察犬

しょくたく-けん【嘱託犬】▶嘱託警察犬

しょくたく-さつじん【嘱託殺人】本人から依頼されて殺すこと。自殺関与罪となる。➡承諾殺人

しょくたく-しゃいん【嘱託社員】非正社員の一。多く、定年退職後に、同じ職場で有期の労働契約を結んで働く社員をいう。

しょ-くち【初口】始まり。はじめ。いとぐち。

しょ-くち【諸口】❶いろいろの項目・口座。❷簿記で、仕訳(しわけ)をするときに借方または貸方の勘定科目が二つ以上になっていること。

じょく-ち【辱知】《知をかたじけなくする意》知り合いであることを、へりくだっていう語。辱交。「—の間柄」

じょく-ちゅう【×褥中｜×蓐中】ふとんの中。また、床に就いていること。病中。「産後の—に其始末を聞いて」〈漱石・門〉

しょくちゅう-しょくぶつ【食虫植物】昆虫などの小動物を捕らえて消化吸収する植物。葉が変形した捕虫葉をもつ。葉に粘液を出す腺毛(せんもう)があるモウセンゴケ・ムシトリスミレ、葉の一部が袋状になり、底に落ちた虫を消化液で消化するウツボカズラ、虫が触れると葉を閉じるハエジゴクなど。食肉植物。

しょく-ちゅうどく【食中毒】有毒物質の含まれた飲食物を摂取したことによって起こる中毒の総称。嘔吐(おうと)・腹痛・下痢などの症状がある。腸炎ビブリオ・ぶどう球菌・サルモネラ菌・病原大腸菌・ボツリヌス菌などによる細菌性のもの、キノコ・フグなどの自然毒によるもの、青酸・鉛・水銀などの化学物質によるものに分けられる。食あたり。食品中毒。

(類語)食中(しょくあた)り・食傷・中毒

しょくちゅう-るい【食虫類】食虫目の哺乳類の総称。モグラ・トガリネズミ・ハリネズミなどで、虫を主食とする。哺乳類の原始的な形態をとどめる一群で、オーストラリアと南アメリカ中・南部を除く全世界に分布。

しょく-ちょう【×蜀鳥】ホトトギスの別名。

しょく-ちょう【職長】職場の長。職工の長。

しょく-つう【食通】料理の味や知識について詳しいこと。また、その人。(類語)グルメ・美食家・食い道楽

しょく-てん【触点】体表の感覚点のうち、特に触覚・圧覚の受容器が存在する場所。

しょく-でん【職田】▶しきでん(職田)

しょく-ど【×埴土】粘土分を50パーセント以上含む土。排水や通気性が悪く、耕作には適さない。

しょく-とう【×唧筒】ポンプのこと。

しょく-どう【食堂】❶食事をするように設備された部屋。ダイニングルーム。❷いろいろな料理を出して客に食事をさせる店。手軽に食事のできる店をいうことが多い。「大衆—」(類語)(❶)ダイニングルーム/(❷)料亭・料理屋・レストラン

しょく-どう【食道】咽頭(いんとう)から胃に至る間の管状の消化器官。口に入れた食べ物を胃に送る通路。

しょく-どう【×贖銅】古代の律における贖罪制度の一。実刑の代わりに銅を納めさせること。また、その銅。

しょくどう-アカラシア【食道アカラシア】▶アカラシア

しょくどう-がん【食道×癌】食道に発生する癌。気管と接する部分や胃の入り口近くに発生することが多い。

しょくどう-きょう【食道鏡】管の先端にレンズをつけた医療器具で、口から食道内に入れ、光を当てて内部を検査するもの。

しょくどう-きょうさく【食道狭×窄】食道の一部が狭くなった状態。食物を飲み込むときの障害や嘔吐(おうと)などの症状がある。癌(がん)、潰瘍(かいよう)の瘢痕(はんこん)などによって起こる。

しょくどう-しゃ【食堂車】鉄道で、飲食物を提供する設備をもつ客車。

しょくどう-はっせい【食道発声】癌(がん)などで喉頭(こうとう)を摘出した場合に、飲み込んだ空気の逆流により食道上部を振動させて行う発声法。

しょく-どく【触読】〔名〕スル 点字などを指先で触ったり、なぞったりして読むこと。

しょくと-して【職として】〔連語〕主として。おもに。もっぱら。「其移る所以は—国内に流行する法教と学問とに由る」〈津田真道・明六雑誌三〉

しょく-にく【食肉】❶動物の肉を食うこと。肉食。❷人間が食用にする肉。牛肉・豚肉・鳥肉など。ふつう魚肉は含まない。

しょくにく-じゅう【食肉獣】肉食を主とする獣。

しょくにく-しょくぶつ【食肉植物】▶食虫植物

しょくにく-せい【食肉性】「肉食性」に同じ。

しょくにく-るい【食肉類】食肉目の哺乳類の総称。イヌ・ネコ・クマ・パンダ・アライグマ・イタチ・ジャコウネコ・ハイエナの8科約240種がある。犬歯が発達し、あごのかむ力が強く、他の動物を獲物とし、指には鋭い鉤爪(かぎづめ)をもち、聴覚・視覚・嗅覚(きゅうかく)ともにすぐれる。大部分は肉を主食とする。人為的に移入したものを除けばオーストラリア・ニューギニア・ニュージーランド・南極大陸には生息しない。

しょくにほんぎ【続日本紀】平安初期の歴史書。六国史(りっこくし)の第二。40巻。菅野真道(すがののまみち)・藤原継縄(ふじわらのつぐただ)らの編。延暦16年(797)成立。文武天皇即位の文武元年(697)から桓武天皇の延暦10年(791)までを、漢文の編年体で記述。続紀。

しょくにほんこうき【続日本後紀】平安前期の歴史書。六国史(りっこくし)の第四。20巻。藤原良房・藤原良相・伴善男らの撰。貞観11年(869)成立。仁明天皇の治世(833〜50)18年間を、漢文の編年体で記述。続後紀。

しょく-にん【職人】自分の技能によって物を作ることを職業とする人。大工・左官・表具師など。

しょくにん-うたあわせ【職人歌合(わ)せ】歌合わせの一。大工・鍛冶(かじ)などの職人の生態を主題とした狂歌ふうの和歌を、歌合わせの形式にして、その優劣を論じたもの。

しょくにん-かたぎ【職人気=質】職人に特有の気質。自分の技能を信じて誇りとし、納得できるまで念入りに仕事をする実直な性質。

しょくにん-げい【職人芸】専門的な修練を十分積んではじめてできる、巧みな技芸。また、そのできばえ。

しょくにんづくし-え【職人尽(く)し絵】さまざまな職人の仕事やその風俗を描き集めた絵画。鎌倉後期以降「東北院職人歌合」など職人の歌合わせに仮託した絵巻物が作られたが、桃山時代から江戸初期の近世風俗画の興隆に伴って画帖(がじょう)・屏風(びょうぶ)絵などが流行した。

じょく-ねつ【×溽熱】蒸し暑いこと。溽暑。

しょく-ねん【食年】太陽が、天球上の黄道と白道との二交点のうちの片方を通過してから、再びそこを通過するまでの時間。約346.62日。日食・月食の周期を示す。起こる可能性の周期は0.5食年。

しょく-のう【職能】❶職務を遂行する能力。❷社会や組織の中でその職業が受け持つ一定の役割。❸物事がその機構の中で果たす役割。「文法上の—」

じょく-のう【×耨農】《「耨」は鍬(くわ)の意》土地を耕すだけで肥料を用いない、原始的な農業。

しょくのう-きゅう【職能給】職員各自の職務遂行能力をあらかじめ定めた序列に当てはめ、その序列にしたがって賃金を定める方式。

しょくのう-だいひょうせい【職能代表制】職業別団体から代表者を議会に送る代議制度。ワイマール憲法下のドイツの経済会議や、第二次大戦後のフランスの経済社会評議会などがその典型。➡地域代表制

しょくのうべつ-くみあい【職能別組合】▶職業別組合

しょく-の-さんどう【蜀の桟道】中国四川省北部、剣閣から北へ、陝西(せんせい)省の南部に通じる険しい道。蜀と長安を結ぶ交通の難所として知られた。

しょく-ば【職場】職業として働く場所。会社・工場などで、執務・作業をする場所。「—環境」「—結婚」

(類語)仕事場・勤め先・勤め口・勤務先

しょく-ばい【触媒】化学反応の前後でそれ自身は変化しないが、反応の速度を変化させる物質。水素と酸素から水を生じさせる際の白金黒(はっきんこく)など。反応を速くする触媒を正触媒、遅くする触媒を負触媒という。

しょくばい-どく【触媒毒】微量の存在で、触媒の作用が著しく減少するか、まったく失われてしまうような物質。アンモニア合成反応における酸化鉄触媒の作用を減退させる硫黄分など。

しょく-はつ【触発】〔名〕スル ❶物に触れて、発動・発射したり爆発したりすること。「魚雷が—する」❷なんらかの刺激を与えて、行動の意欲を起こさせること。「友人の研究に—される」

しょくはつ-きらい【触発機雷】艦船が接触すると爆発する機雷。

しょく-パン【食パン】特別の味付けをしないで箱型に入れて焼いたパン。

しょく-ひ【食費】食事にかかる費用。「—がかさむ」

(類語)食事代・食い扶持(ぶち)

しょく-ひ【植皮】〔名〕スル けが・やけどなどで欠損・変形した部分の皮膚に、健康な皮膚を移植すること。「やけどの跡に—する」「—術」

しょく-ひ【植被】植物が生えておおっていること。植生(しょくせい)。「—率」

しょく-ひん【食品】人が食用にする品物の総称。直接料理の材料としたり、そのまま食べたりすることができる食用の品。飲食品。「生鮮—」「—売り場」

(類語)食料・食べ物・食糧・食物・食い物・糧食・糧

しょくひんあんぜん-いいんかい【食品安全委員会】食品の摂取や、添加物、農薬、動物用医療品、化学物質・汚染物質、肥料・飼料などによる健康への影響を科学的知見に基づき中立公正に評価する機関。7人の委員から構成され、その下に専門調査会を設置する。審議は原則公開。食品安全基

本法に基づき平成15年(2003)7月に設置。内閣府に所属。

しょくひんあんぜん-きほんほう【食品安全基本法】ーキホンハフ 食品の安全性を確保するために制定された法律。平成15年(2003)施行。内閣府の下に、食品安全委員会の設置を定める。牛海綿状脳症(BSE)や遺伝子組み換え食品の流通など、食の安全に関する社会不安を背景に制定された。

しょくひん-いやくひん-きょく【食品医薬品局】▶エフ-ディー-エー(FDA)

しょくひんえいせいかんし-いん【食品衛生監視員】ショクヒンエイセイカンシキン 食中毒など食品衛生上の危害を防止するために、食品衛生法に基づいて、営業施設等への立入検査や食品衛生に関する指導を行う、国や地方自治体等行政機関の職員。国の食品衛生監視員は、港湾や空港の検疫所で輸入食品の監視指導、および地方厚生局で総合衛生管理製造過程の承認などの業務を行う。地方自治体の食品衛生監視員は、保健所などで地域の営業施設等への監視指導を行う。

しょくひんえいせい-ほう【食品衛生法】ショクヒンエイセイハフ 飲食によって起こる衛生上の危害の発生を防止し、公衆衛生の向上・増進を目的とする法律。食品および添加物・器具・容器包装・表示・広告・検査・営業などについて規定している。昭和23年(1948)施行。

しょくひん-がんぐ【食品玩具】ーグワング ▶食玩

しょくひん-こうがい【食品公害】広く流通している食品を摂取することによって健康が害される公害。

しょくひん-ジーメン【食品Gメン】「食品表示Gメン」の略。

しょくひん-しょうしゃ【食品照射】ーセウシャ 殺菌・殺虫・発芽止めのために食品に放射線を浴びせること。日本ではジャガイモの芽止めに使用。

しょくひん-ちゅうどく【食品中毒】▶食中毒

しょくひん-テロ【食品テロ】《「テロ」は「テロリズム」の略》政治的目的を達成するために、意図的に食品に毒物などを混入して、多くの人々に被害を与えたり社会的不安をあおったりする行為。➲フードディフェンス

しょくひん-てんかぶつ【食品添加物】食品の製造過程で加工や保存などの目的で食品に使用する化学物質。食品衛生法により成分や使用基準などが定められている。

しょくひん-ひょうじ【食品表示】ーヘウジ 食品に関するさまざまな情報を消費者に知らせるための表示。生鮮食品については名称・原産地、該当する場合は養殖などを、加工食品については品名・原材料名・内容量・賞味期限・保存方法・製造者などを一括して表示する。JAS法・食品衛生法・景品表示法・薬事法・健康増進法・計量法など、複数の法律により義務づけられている。

しょくひんひょうじ-ジーメン【食品表示Gメン】ショクヒンヘウジー 不適正な食品表示を調査・是正するために、農林水産省の本省、地方農政局および地方農政事務所の表示・規格課などに配置されている職員の通称。全国に約2000名が配属されている。日常的に小売店を巡回したり、消費者からの情報や内部告発をもとに立入検査を行い、食品表示が日本農林規格(JAS)法に違反している場合は、製造・流通業者や生産者に対して是正するよう指示・指導を行う。➲食品表示特別Gメン ➲JASジャス

しょくひんひょうじ-とくべつジーメン【食品表示特別Gメン】ショクヒンヘウジー 食品表示偽装への監視体制を強化するため、農林水産省が平成20年度(2008)に新設した調査官の通称。正式名称は表示・規格特別調査官。日本農林規格(JAS)法に基づいて食品表示違反を取り締まる約2000人の農水省職員(食品表示Gメン)の中から20人が選抜され、東京・大阪・福岡の地方農政局に配置されている。広域案件や重要案件などに機動的に対応する。➲JASジャス

しょくひん-ぼうぎょ【食品防御】ーバウギョ ▶フードディフェンス

しょくひんリサイクル-ほう【食品リサイクル法】ーハフ《「食品循環資源の再生利用等の促進に関する法律」の通称》食品廃棄物を減らし、再生利用を促すための基本事項を定めた法律。食品循環資源(食品廃棄物等のうち有用なもの)の再生利用(飼料・肥料など)及び熱回収、廃棄物の発生抑制と減量を図り、国、地方公共団体、食品関連事業者、消費者の役割と責務を規定する。平成13年(2001)施行。➲循環型社会形成推進基本法

しょくひん-ロス【食品ロス】食べられる状態であるにもかかわらず廃棄される食品。小売店での売れ残り・期限切れ、製造過程で発生する規格外品、飲食店や家庭での食べ残し・食材の余りなどが主な原因。〔補説〕日本で年間約1900万トン排出される食品廃棄物のうち500万〜900万トンが食品ロスとされる(「平成17年度食品ロス統計調査」等に基づく農林水産省総合食料局の試算より)。

しょく-ふ【織布】織った布。

じょく-ふ【×褥婦】出産後間もなく、まだ産褥にある女性。産婦。

しょく-ふく【職服】❶職務上着ることを決められている制服。「警察官の―」❷作業服。労働服。

しょく-ふつ【拭払】〔名〕スル ぬぐいさること。払拭ふっしょく。「すべての疑念が―された」

しょく-ぶつ【食物】「しょくもつ(食物)」に同じ。「酒ガ無ウテワーバカリワサノミ望マシウモナイ」〈天草本伊曽保・女人と大酒を飲む夫〉

しょく-ぶつ【植物】生物を大きく二大別した場合の、動物に対する一群。木や草、藻類など。一般に、1か所に固定して暮らし、細胞壁をもち、光合成を行って主に空気や水から養分をとって生きている生物。種子植物・シダ植物・コケ植物・緑藻植物・紅藻植物などに分類される。

〔類語〕草木そうもく・くさき・本草ほんぞう・樹木じゅもく・緑みどり・プラント

しょく-ぶつ【×贖物】罪を償うために差し出す物。あがないもの。ぞくぶつ。

しょくぶつ-ウイルス【植物ウイルス】植物の体内に入って増殖するウイルス。リボ核たんぱく質からなり、結晶となりやすい。タバコモザイクウイルスなど。

しょくぶつ-えん【植物園】ーヱン 植物の研究および知識の普及を目的に、種々の植物を収集・栽培・展示する施設。

しょくぶつ-えんき【植物塩基】▶アルカロイド

しょくぶつ-かい【植物界】❶植物の世界。❷生物を大別する、分類学上の最高の単位。植物の総称。動物界に対する。

しょくぶつ-がく【植物学】植物を対象とする自然科学。植物の形態・発生・生理・生態・分布・分類・遺伝などを研究する。

しょくぶつ-がん【植物岩】生物岩の一。植物が堆積し、石化してできた岩石。石炭・珪藻土けいそうどなど。

しょくぶつ-きょく【植物極】後生動物の卵の主軸によって定まる二つの極の一。端黄卵ではここに卵黄が多く、全割卵ではここが内胚葉になる。➲動物極

しょくぶつ-くけい【植物区系】世界各地の植物相の特性を比較して、それぞれの特徴をもつ地域に分けたもの。全北区・旧熱帯区・新熱帯区・オーストラリア区・ケープ区・南極区の六つに分けることが多い。

しょくぶつ-ぐんらく【植物群落】ある場所で一つのまとまりをもって生活している、幾種類かの植物の集まり。群落。

しょくぶつ-こうじょう【植物工場】ーコウヂャウ ▶野菜工場

しょくぶつ-しつ【植物質】植物体を構成している物質。また、そうした物質を含んでいること。

しょくぶつ-しゃかいがく【植物社会学】ーシャクワイガク 植物生態学の一分野。植物集団の種構成・構造・遷移、環境との関係などについて研究する。

しょくぶつ-じょうたい【植物状態】ージャウタイ 脳の機能障害によって、呼吸・循環・消化機能は正常に近いが、意思の疎通や自力での移動・食事・排泄ができず、目で物を追っても認識せず、声は出すが意味のある発語ができないなどの状態が3か月以上続くこと。遷延性意識障害。持続的意識障害。

しょくぶつ-すうはい【植物崇拝】特定の樹木・森・草などに霊が宿っていると信じ、これを信仰・崇拝すること。また、その祭儀。

しょくぶつ-せい【植物性】植物体に特有の性質であること。植物から得られるものであること。

しょくぶつせい-きかん【植物性器官】ーキクワン 動物体で、呼吸・循環・消化・吸収・排出・代謝・生殖などにかかわる器官。植物にも共通の機能であるところからいう。

しょくぶつせい-しょくひん【植物性食品】植物体に存在する食品。穀類・芋・豆・野菜・果実・キノコ・海藻類などと、これらの加工食品。一般にビタミンや無機質が豊富。➲動物性食品

しょくぶつせい-しんけい【植物性神経】自分の意志に関係なく体の機能を調節している自律神経のこと。植物と共通の機能を支配するという意でいう。

しょくぶつせい-せんりょう【植物性染料】ーセンレウ 植物の花・果実・葉・樹皮・根などの色素から抽出される天然の染料。藍あい・茜あかねなど。植物染料。

しょくぶつせい-たんぱくしつ【植物性×蛋白質】植物体に存在するたんぱく質。➲動物性蛋白質

しょくぶつせい-ひりょう【植物性肥料】ーヒレウ 植物を原料とした肥料。土地の改良に役立つ。米ぬか・油かす・緑肥など。植物質肥料。

しょくぶつ-せんい【植物繊維】ーセンヰ 植物から得られる繊維の総称。主成分はセルロース。綿などの種子毛繊維、ミツマタ・コウゾなどの靭皮じんぴ繊維、マニラ麻などの葉繊維、木材繊維などがある。

しょくぶつ-そう【植物相】ーサウ 一定の区域内に分布する植物の種類。フローラ。フロラ。

しょくぶつ-ぞうげ【植物象牙】ーザウゲ ゾウゲヤシなどの種子の胚乳はいにゅう。白色で堅く象牙に似ており、ボタンや彫刻材料にする。

しょくぶつ-たい【植物帯】植物の垂直的な分布帯。植物相や相観によって低地帯・山地帯・亜高山帯・高山帯などに、また森林の代表種によってクリ帯・ブナ帯などに分類。

しょくぶつ-ちりがく【植物地理学】植物の種類・群落などの分布や、分布の原因、植生の成立過程などを地理的・地史的な環境との関係で研究する学問。

しょくぶつ-にんげん【植物人間】脳の損傷などにより植物状態となった患者。

しょくぶつ-プランクトン【植物プランクトン】プランクトンとして生活する植物。葉緑素などをもつ藻類で、光合成による独立栄養を営む。水界における第一次生産者として物質循環上重要な役割を果たす。

しょくぶつぼうえき-かん【植物防疫官】ショクブツバウエキクワン ▶防疫官

しょくぶつ-ホルモン【植物ホルモン】高等植物の体内で合成され、生理的機能を調節する有機化合物。合成場所から体内を移動し、形態形成や生長を促進または抑制する作用をする。オーキシン・ジベレリン・開花ホルモンなど。また人工的に合成して農作物の増産・品質改良などに使用する。

しょくぶつ-ゆ【植物油】植物の種子や果実からとった油。亜麻仁油あまにゆ・ごま油・つばき油・菜種油・大豆油など。植物性油。

しょくぶつ-ゆ【植物湯】草木の葉や実などを入れた風呂。菖蒲湯しょうぶゆや柚湯ゆずゆのほか、モモの葉やイチジクの葉、バラの花なども多く使われる。

しょくぶつゆ-インク【植物油インク】《「植物油インキ」とも》石油系溶剤の代わりに植物油を使用した印刷用インク。大豆油のほか、ヤシ油、パーム油、亜麻仁油あまに、桐油とうゆ、米ぬか油などが使われる。紙との分離が容易でリサイクルしやすい、生分解性に優れるなどの特徴がある。VOI(vegetable oil ink)。

しょく-ぶん【食分】日食または月食で、太陽や月の欠けた部分の割合を示す量。欠けた部分の最大の幅と太陽や月の直径との比で表す。

しょく-ぶん【職分】❶その職についている者がしなければならない仕事。「―を全うする」「―を果たす」「画家の―」❷各人がそれぞれの立場で力を尽くし

てなすべき務め。本分。「学問とは…人たる者の一を知ることなり」〈福沢・学問のすゝめ〉
(類語)職務・職掌・勤め・任(にん)・任務・義務・責任・責務・本務・使命・役目・役(やく)・役儀・分(ぶん)・本分・職責・責め

しょくふんせい-こがねむし【食×糞性黄金虫】▶糞虫

しょく-べに【食紅】食品に赤い色をつけるために用いる色素。食用紅。

しょく-へん【食偏】漢字の偏の一。「飲」「餅」などの「𩙿」「飠」の称。

しょく-へんこうせい【食変光星】連星をなす二つの恒星の食現象により、周期的に見かけの明るさの変わるもの。アルゴルなど。食連星。➡連星 ➡変光星

しょく-ほう【食封】▶じきふ(食封)

しょく-ほう【食俸】扶持(ふち)。食禄(しょくろく)。

しょく-ほう【触法】法律に違反すること。法律に触れる行為をすること。

しょく-ほう【職蜂】「働き蜂(ばち)」に同じ。

しょく-ぼう【嘱望┊▽属望】〔名〕スル 人の前途・将来に望みをかけること。期待すること。「将来を一されている若手社員」

しょくほう-じだい【織豊時代】織田信長と豊臣秀吉の時代。近世初頭にあたり、江戸時代に続く。➡安土桃山時代

しょくほう-しょうねん【触法少年】刑罰法令に触れる行為をして警察に補導された14歳未満の者。児童福祉法上の措置にまかされるが、家庭裁判所の審判に付される場合もある。➡非行少年

しょくまんようしゅう【続万葉集】古今集の真名序に名がでてくる歌集。諸家集や古歌を集めたもので、古今集編集の資料といわれる。

しょく-み【食味】食べ物の味。食べたときのあじわい。「一のよい魚」

しょく-みん【植民┊殖民】〔名〕スル ある国の国民または団体が、本国に従属する関係に置かれた地域に移住・定住して、経済活動や開拓活動などをすること。また、その移住民。

しょくみん-せいさく【植民政策】植民地の統治・経営に関する政策。

しょくみん-ち【植民地】ある国からの移住者によって経済的に開発され、その国の新領土となって本国に従属する地域。武力によって獲得された領土についてもいう。(類語)衛星国・属国・従属国・保護国・自治領・属領・租界・居留地

しょく-む【職務】その人が担当している仕事。役目。つとめ。「一を怠る」「一柄」(類語)職分・職掌・勤め・任(にん)・任務・義務・責任・責務・本務・使命・役目・役(やく)・役儀・分(ぶん)・本分・職責・責め

しょくむ-きゅう【職務給】職務の種類・内容などに応じて支給される賃金。

しょくむ-きょうようざい【職務強要罪】公務員に特定の職務をするよう、もしくはしないよう暴行・脅迫する罪。また、公務員に辞職するよう暴行・脅迫する罪。刑法第95条第2項が禁じ、3年以下の懲役もしくは禁錮または50万円以下の罰金に処せられる。

しょくむ-けんげん【職務権限】官公庁、大企業等で役職に応じて認められた権限。また特に、公務員が、その職務を執行する権限。「臨時職員採用の一は各本部長にある」

しょくむ-しつもん【職務質問】〔名〕スル 警察官職務執行法に基づき、警察官が、挙動の不審な者や他人の犯罪事実を知っていると認められる者を呼び止めて質問すること。職質。

しょくむ-はんざい【職務犯罪】公務員がその職務上の義務に反して犯す罪。職権濫用罪・収賄罪など。

しょくむ-ぶんせき【職務分析】特定の職務の遂行に必要とされる知識・経験・能力や作業環境などを明らかにし、職務の内容を明確にするための分析。職務給の決定、人員の採用・配置・教育訓練などのために行われる。

しょくむ-めいれい【職務命令】上司が部下の公務員に対して職務を指揮するために発する命令。訓令・通達のほか、口頭による命令など。

しょく-めい【▽続命】生き長らえること。存命。

しょく-めい【職名】職業・職務の名称。

じょく-めい【辱命】ありがたい命令。また、命令をありがたく受けること。

しょくめい-る【▽続命×縷】「薬玉(くすだま)❶」に同じ。

しょく-もう【植毛】〔名〕スル 毛を植えつけること。「ブラシに一する」「一術」

しょく-もく【嘱目┊▽属目】〔名〕スル ❶今後どうなるか、関心や期待をもって見守ること。「将来を一される」❷目を向けること。「満場衆員の、最も一する所は」〈竜渓・経国美談〉❸俳諧で、指定された題でなく即興的に目に触れたものを詠むこと。

しょく-もたれ【食×靠れ】〔名〕スル 食べた物がよく消化せず胃にとどまっていること。また、そのような不快感。食滞(しょくたい)。「一する食物」

しょく-もつ【食物】食べ物。生物が食べてからだの栄養とするもの。

しょくもつ-アレルギー【食物アレルギー】特定の食物を摂取した際に起こるアレルギー症状。(補説)食品衛生法では、原材料にエビ、カニ、小麦、ソバ、卵、乳(牛乳・乳製品など)、落花生の7品目いずれかが含まれる場合は表示を義務づけている。さらに、アワビ、イカ、イクラ、オレンジ、キウイフルーツ、牛肉、クルミ、サケ、サバ、大豆、鶏肉、バナナ、豚肉、マツタケ、モモ、ヤマイモ、リンゴ、ゼラチンの18品目についても、表示を推奨するとしている。

しょくもついそんせいうんどうゆうはつ-アナフィラキシー【食物依存性運動誘発アナフィラキシー】小麦製品や甲殻類など特定の食物を摂取した後に運動をすることで発症するアナフィラキシー。じんましんなどの皮膚症状、下痢・嘔吐などの消化器症状を起こし、重症になると呼吸困難・血圧低下・意識消失などを伴い、死亡する場合もある。10代の男性に多く見られる。発症の予防には、原因食物を摂取してから2時間(可能なら4時間)運動を控える必要があるとされる。原因食物を摂らなければ必ずしも運動を控える必要はない。

しょくもつ-せんい【食物繊維】食物成分の中で、人の消化酵素では消化できないものの総称。植物繊維のセルロース、ペクチン・リグニン・アルギン酸など。整腸作用や各種の効用がある。

しょくもつ-れんさ【食物連鎖】自然界における生物が、食う食われるの関係で鎖状につながっていること。植物は草食動物に、草食動物は肉食動物に食われる。

しょく-もん【織文】織物の模様。また、模様のある織物。

しょくもんずえ【織文図会】江戸後期の有職故実書。6巻。松岡辰方(ときかた)著。享和元年(1801)刊。装束の色目や文様を図解したもの。のち、本間百里が増補して、「装束織文図会」と改題し、文化14〜文政8年(1817〜1825)に刊行。

しょく-やしき【職屋敷】近世、京都に置かれた盲人の自治的な統轄機関。全国の盲人を管理・監督し、官位などの事務を取り扱った。

しょく-やすみ【食休み】〔名〕スル 食後に休息をとること。「二〇分ほど一する」

しょく-ゆう【食×邑】知行所(ちぎょうしょ)。采邑(さいゆう)。領地。「いずれも同じ美濃の国内に居所を置き、一をわかち与えられている」〈藤村・夜明け前〉

しょく-ゆう【職由】〔名〕スル 主としてそれを根拠とすること。「其開化が其異同に一すというが如きは」〈雪嶺・真善美日本人〉

しょく-ゆう【×贖×宥】カトリック教会で、信徒が果たすべき罪の償いを、キリストと諸聖人の功徳によって教会が免除すること。免償。

じょく-ゆう【辱友】《交誼(こうぎ)を辱(かたじけな)くする友の意》目上の友に対して自分をへりくだっていう語。

しょく-よう【食用】食べ物として用いること。また、その食べ物。「一になる」

しょくよう-あなつばめ【食用穴×燕】巣を中国料理で食用とするアナツバメ。ジャワ・マレー諸島などに分布。食巣燕。

しょくよう-か【食用花】▶エディブルフラワー

しょくよう-がえる【食用×蛙】ウシガエルの別名。

しょくよう-かたつむり【食用蝸=牛】食用にするカタツムリ。フランス料理に用いるエスカルゴ。

しょくよう-ぎく【食用菊】花弁を食用とする菊。苦みのない、香りのよい品種を用いる。おひたしや酢の物などにして賞味。料理菊。

しょくよう-きん【食用菌】食用にするキノコ。シイタケ・マツタケ・シメジ・エノキタケなど。

しょくよう-さくもつ【食用作物】食用にするために栽培している作物。穀類・野菜・果実など。栄養作物。

しょくよう-しきそ【食用色素】飲食物の着色に用いる色素。クチナシ・ウコンなどからとる天然色素と、タール系の合成着色料とがある。

しょく-ようじょう【食養生】健康保持や体質改善のため、体質・体調に応じて栄養を考えた食事をとったり節制したりすること。くいようじょう。

しょく-よく【食欲┊食×慾】何かを食べたいと思う欲望。食い気。「一がわく」「一をそそる」「一不振」(類語)食い気・食い意地

しょくよく-いじょう【食欲異常】食欲に、無食欲・偏食・拒食・過食・多食などの量的異常や、異味症などの質的異常を示すこと。

しょくよく-おうせい【食欲旺盛】〔名・形動〕食欲があり、たくさん食べること。また、そのさま。

しょくよつぎ【続世継】「今鏡(いまかがみ)」の通称。

しょく-らい【触雷】〔名〕スル 船が機雷に触れること。「航行中に一する危険がある」

じょく-らん【▽濁乱┊▽濁濫】仏語。悪がはびこって人を惑わせ、世が乱れること。だくらん。

しょく-りょう【食料】❶食用にする物。食べ物。❷食事の費用。また、生活費。「宿銭一の借り越しこそあれ」〈露伴・いさなとり〉
(類語)食品・食べ物・食糧・食物・食い物・糧食・糧

しょく-りょう【食糧】食用とする物。食物。糧食。特に、米・麦などの主食物をさす。「三日分の一」「一援助」

しょくりょう-あんぜんほしょう【食料安全保障】《「食糧安全保障」とも書く》すべての人が常に健康で活動的な生活を送るために必要な、安全で栄養に富んだ食料を得られるようにすること。凶作、産出国の輸出制限など不測の場合にも、国が良質の食料の安定した供給を保障すること。(補説)食料・農業・農村基本法の第2条で、食料の安定供給の確保について規定している。

しょくりょう-あんぜんほしょう【食糧安全保障】▶食料安全保障

しょくりょうかんり-せいど【食糧管理制度】食糧管理法に基づき、米・麦などの主要食糧について国が管理し、その需給と価格の調整、ならびに流通の規制を行う制度。平成7年(1995)、同法の廃止により食糧制度に移行。食管制度。➡食糧制度

しょくりょうかんり-とくべつかいけい【食糧管理特別会計】食糧の買い上げ、売り渡し、配給などを円滑に処理するため、一般会計と区別して設けた特別会計。食管会計。

しょくりょうかんり-ほう【食糧管理法】国民の食糧の確保および国民経済の安定を図るために食糧を管理し、その需給・価格の調整、流通の規制を行うことを目的とする法律。昭和17年(1942)施行。平成7年(1995)、「主要食糧の需給及び価格の安定に関する法律(通称、食糧法)」の施行に伴い廃止。食管法。➡食糧法

しょくりょう-ぎんこう【食糧銀行】▶フードバンク

しょくりょうじきゅう-りつ【食料自給率】国内で消費される食料のうち、国内の生産で供給される食料の割合。品目別自給率(米・麦などの品目別に自給率を重量から算出)・総合食料自給率(自給率をカロリーまたは金額から算出)などの種類があ

る。➡地産地消 ➡フードマイレージ

しょくりょう-せいど【食糧制度】ショクリョウセイド 食糧法に基づき、米・麦などの主要食糧の流通の安定をはかる制度。従来の食糧管理制度とは異なり、農家が自由に米などを販売することができる。平成7年(1995)より実施。同16年に施行された食糧法の改正ではさらに規制が緩和され、流通の自由化が進んだ。

しょくりょう-ちょう【食糧庁】ショクリャウチャウ 農林水産省の外局の一。国民の主要食糧の管理、主要食糧を主な原料とする飲食料品の生産・流通・消費の調整などを行う。昭和24年(1949)設置。

しょくりょう-ひん【食料品】ショクレウ 食料とする品物。食品。普通は、肉類・野菜類・果実類など主食品以外のものをさす。「一店」

しょくりょう-ほう【食糧法】ショクリャウハフ《「主要食糧の需給及び価格の安定に関する法律」の通称》米・麦など日本国内における主要食糧の流通の安定をはかる法律。従来の食糧管理法とは異なり、政府米主体の管理ではなく、民間による流通米を主体とした管理・調整を行う。平成7年(1995)施行。同16年の改正では規制が大幅に緩和され、計画流通米と計画外流通米の区分が廃止された。➡民間流通米

しょくりょう-メーデー【食糧メーデー】ショクリャウ 昭和21年(1946)5月19日、皇居前広場で行われた飯米獲得人民大会の通称。深刻な食糧不足の中で25万人が参加、人民民主政府樹立を要求したが、翌日のマッカーサーの「暴民デモ許さず」との声明で運動は鎮静化した。

しょく-りん【植林】〔名〕スル 山や野に苗木を植えて林に育てること。「杉を一する」(季 春)(類語)造林・植樹

しょく-るい【×燭涙】蝋燭ろうそくから溶けてしたたる蝋を、流れる涙にたとえていう語。「いとど心細く一ながるる表二階」〈一葉・別れ霜〉

じょく-れい【×縟礼】必要以上にわずらわしい礼儀作法。「繁文一」

しょく-れき【職歴】それまで就いてきた職業についての経歴。(類語)履歴・経歴・前歴・略歴・過去・学歴

しょく-れんせい【食連星】➤食変光星しょくへんこうせい

しょく-ろう【▽続労】ショクラウ ➤ぞくろう(続労)

しょく-ろう【×贖労】ショクラウ ➤ぞくろう(贖労)

しょく-ろく【食×禄】武士が幕府・大名などに仕えて得た給与。知行ちぎょう。扶持ふち。俸禄ほうろく。

しょ-くん【諸君】主に男性が、対等かそれ以下の多数の相手に対して、親しみを込めていう語。きみたち。みなさん。「ここで一に一言注意しておく」「満場の紳士淑女一」(類語)諸子・諸氏・諸賢・諸兄・諸姉

しょ-ぐん【諸軍】多くの軍隊、兵士。「一の総大将は諸隊を移動する権あり」〈柳河春三編・万国新話〉

じょ-くん【女訓】ヂョ 女性のための戒めや教訓。

じょ-くん【叙勲】国家や公共事業に功労のあった人に勲等を授け、勲章を与えること。➡褒章ほうしょう

しょ-け【所化】❶仏・菩薩ぼさつなどにより教化きょうけされること。また、教化を受ける者。↔能化のうけ。❷教化すべき世界。衆生世間をいう。❸師の教えを受けている、修行中の僧。弟子。また広く、寺に勤める役僧。❹ばけもの。「有常も疑はしく狐狸の一かと、暫しが程こそ紛ひつれ」〈浄・井筒業平〉

しょ-け【庶家】庶子の系統の家。分家。↔嫡家ちゃっけ。

しょ-け【諸家】➤しょか(諸家)

しょ-けい【処刑】〔名〕スル 刑に処すること。特に、死刑に処すること。「犯罪者を一する」「一台」

しょ-けい【初経】初めての月経。初潮しょちょう。

しょ-けい【書契】❶文字で書きしるしたもの。また、文字。❷証拠に用いる書きつけ。

しょ-けい【書×痙】字を書こうとすると痛み・痙攣けいれんなどが起こって書けなくなる状態。字を書く人にみられる職業病。書字痙攣。

しょ-けい【書×檠】《「檠」は灯火ともしびを立ての意》読書のためのあかり。書灯。

しょ-けい【庶兄】妾腹の兄。

しょ-けい【諸兄】男性が、多くの男性を親しみや敬意を込めていう語。代名詞的にも用いる。諸氏。「大方の一の賛同を得たい」「読者一」

(類語)諸君・諸子・諸氏・諸賢・諸姉

しょ-げい【書芸】書によって表現される芸術。

しょ-げい【諸芸】いろいろの芸道。「一に秀でる」

じょ-けい【女系】ヂョ 女子だけで継承していく系統。また、母方の血筋。「一家族」↔男系。

じょ-けい【叙景】風景を文章に書き表すこと。「一にすぐれた小品」(類語)叙情・叙事・叙述・描写

じょけい-しん【女系親】ヂョケイ 母方の血統の親族。

じょけい-にち【除刑日】ヂョケイ 江戸時代、重要な祝祭日や将軍の忌日など、刑罰の執行を行わないことに定めた日。除日じょにち。

じょけい-ぶん【叙景文】風景を書き表した文章。

しょげ-かえ・る【×悄気返る】シャゲかへる〔動ラ五(四)〕すっかりしょげてしまう。しょげこむ。「大金を落として一・る」(類語)塞ぐ・塞ふさがる・結ぼれる・沈む・滅入めいる・曇る・鬱うっする・鬱屈うっくつする・鬱結うっけつする・消沈する・しょげる・ふさぎこむ

しょげ-こ・む【×悄気込む】〔動マ五(四)〕「悄気返る」に同じ。「重なる失敗に一・む」

しょ-けつ【処決】〔名〕スル ❶きっぱりと処置を決めること。「昨年来の懸案を一する」❷自分の進退・生死の覚悟を決めること。「銘々此の場を立ち退いて、然るべく一せられい」〈鷗外・大塩平八郎〉

しょ-げつ【初月】❶初めの月。1月。正月。❷第1回の月。❸陰暦で、その月に初めて出る月。新月。みかづき。

しょ-げつ【庶×孽】妾腹の子。庶子。

しょ-げつ【暑月】暑い季節。夏。(季 夏)

じょ-けつ【女傑】ヂョ しっかりした気性とすぐれた知恵をもち、実行力に富んだ女性。女丈夫じょじょうふ。

(類語)女丈夫・英傑・傑物・傑士・傑人・人傑・俊傑・怪傑・偉人・大人物・逸材・大物・大器・巨星・巨人・英雄・ヒーロー・老雄・群雄・奸雄かんゆう・両雄・風雲児・雄

じょ-げつ【如月】陰暦2月の異称。きさらぎ。

じょ-げつ【除月】ヂョ 陰暦12月の異称。

しょ・げる【×悄気る】〔動ガ下一〕失敗や失望でがっかりして、元気がなくなる。しゅんとなる。「先生にしかられて一・げる」(類語)ふさぐ・めいる・しょげ返る・ふさぎこむ・塞ふさがる・結ぼれる・沈む・曇る・鬱うっする・鬱屈うっくつする・鬱結うっけつする・消沈する

しょ-けん【初見】❶初めて見ること。また、初めて会うこと。初対面。「一の客」❷その楽譜を初めて見て、ただちに歌い、または演奏すること。「一でピアノを弾く」

しょ-けん【所見】❶見た事柄。見た結果の判断や意見。「医師の一によれば」❷ある事についての意見、考え。「一を述べる」

(類語)意見・見解・主張・説・論・所説・所論・持説・持論・私見・私意・私考・所思・考え・見方・オピニオン(尊敬)貴意・高見 (謙譲)愚見・卑見・私見・管見

しょ-けん【書見】〔名〕スル 書物を読むこと。読書。「一台」「とんと先刻から一していたような面相かおつきをして」〈二葉亭・浮雲〉(類語)読書

しょ-けん【諸賢】❶多くの賢人。❷多くの人々に対して敬意を込めて呼ぶ語。代名詞的にも用いる。みなさん。「一のご健康を祈る」

(類語)諸君・諸子・諸氏・諸兄・諸姉

しょ-げん【初弦】陰暦で、上旬の弓形の月。上弦。

しょ-げん【緒言】《慣用読みで「ちょげん」とも》❶論説の糸口。「無異安全の一終って」〈織田訳・花柳春話〉❷前書き。はしがき。序文。(類語)序・序言・序章・前付け・前置き・前文・プロローグ

しょ-げん【諸元】機械の、寸法・重量などの諸要素。

しょ-げん【諸×彦】《「彦」はすぐれた男性の意》❶多くのすぐれた人。❷主に男性が、多くの男性に対して敬意を込めていう語。多く、手紙などで用いる。みなさん。「海内かいだいの一に告ぐ」

じょ-けん【女権】ヂョ 女性の権利。特に、政治上・社会上・法律上の権利にいう。「一拡張」

じょ-げん【助言】〔名〕スル 助けになるような意見や言葉を、そばから言ってやること。また、その言葉。助語。じょごん。「友人として一する」(類語)教示・訓示

じょ-げん【序言】前書き。はしがき。緒言。序文。

(類語)序・序章・前付け・前置き・前文・プロローグ

しょげんこじ【書言故事】中国の類書。12巻。宋の胡継宗の撰。古来の有名な故事成語を十二支に分類し、解釈を加えたもの。

じょけん-はんけつ【除権判決】ヂョケン 公示催告手続きにおいて、一定期日までに権利または請求の届け出がないとき、催告申立人の利益になるように権利関係を変更する判決。手形・株券など有価証券を紛失したとき、その証券を無効と宣言する判決など。

しょ-こ【書庫】書物を収めておく部屋・建物。

しょ-こ【書×賈】書籍を商う人。書籍商。

じ-よこ【地▽緯】ヂ ➤じぬき(地緯)

じょ-ご【助語】❶「助言じょげん」に同じ。❷「助辞❶」に同じ。❸「助字」に同じ。

しょ-こう【初更】カウ 五更の第一。およそ現在の午後7時または8時から2時間をいう。一更。戌いぬの刻。甲夜こうや。

しょ-こう【初校】カウ 最初の校正。また、その校正刷り。

しょ-こう【初項】カウ 数学で、数列や級数の最初の項。第1項。

しょ-こう【諸公】❶国政に携わる身分の高い人々。「大臣一のご列席をいただく」❷多くの人々を敬意を込めていう語。代名詞的にも用いる。みなさん。「ご出席の一の賛意を得たい」

しょ-こう【諸侯】❶近世、諸大名をいう。❷古代中国で、天子から封土を受け、その封土内の人民を支配していた人。❸封建時代のヨーロッパで、一定の支配地と臣下をもった領主階級。

しょ-こう【×曙光】クワウ ❶夜明けに、東の空にさしてくる太陽の光。暁光。❷物事の前途に見えはじめた明るいきざし。「解決の一が見えはじめた」(類語)(❶)旭光きょっこう/(❷)希望・望み・期待・光明こうみょう・光・ホープ

しょ-ごう【初号】ガウ ❶新聞や雑誌など、継続して出されるものの最初の号。第1号。創刊号。❷「初号活字」の略。

じょ-こう【女工】ヂョ 明治以降第二次大戦まで工場で働く女性の労働者をいった語。女子工員。

(類語)工員・職工・男工

じょ-こう【女功｜女紅】ヂョ 女性の手仕事。機織り・裁縫など。

じょ-こう【女皇】ヂョクヮウ 女性の皇帝。女帝。

じょ-こう【徐行】カウ〔名〕スル 電車や自動車などが、速力を落としてゆっくりと進むこと。「安全確認のため一する」「一運転」(類語)緩行

じょ-ごう【助業】ゴフ 仏語。正行しょうぎょうのうち、称名(正定業)を除いた他の行ぎょうをいう。↔正業しょうごう。

じょ-ごう【除号】ヂョガウ 除法を表す記号。「÷」の記号。

じょこうあいし【女工哀史】ヂョコウアイシ 細井和喜蔵の記録文学。大正14年(1925)刊。紡績工場に働く女工の過酷な労働条件と虐待の実態を描いたもの。

じょこう-えき【除光液】ヂョクヮウ 爪つめに塗ったエナメルを取り除く溶剤。除去液。エナメルリムーバー。

しょごう-かつじ【初号活字】ショガウクワツジ 号数活字の中で最大のもの。42ポイントに相当。

じょ-こうけい【徐光啓】クワウケイ［1562～1633］中国明の科学者。上海の人。字あざなは子先。洗礼名はパウロ。マテオ＝リッチから西洋の科学技術を学び、中国に紹介。編著に「農政全書」、編訳に「崇禎すうてい暦書」、訳に「幾何学原本」など。

しょこう-せい【×蹠行性】ショカウ 哺乳類の歩行の形式の一。足の裏全面を地につけて歩く歩き方。ヒト・サル・クマ・ウサギなどにみられる。

じょ-こうそ【助酵素】カウソ ➤補酵素

じょこう-ば【女功場】ヂョコウ ❶女子の仕事場。❷明治初期の女子教育機関の一。簡易な読み書きや裁縫・礼法などを教えたもの。にょこうば。❸芸妓・舞妓に、行儀作法などを教えた所。にょこうば。

ジョコーソ〘イタリア giocoso〙音楽で、発想標語の一つ。「おどけて、こっけいに、快活に」などの意。

しょ-こく【初刻】初版。

しょ-こく【諸国】多くの国々。いろいろな国。「一を行脚する」「近隣一」(類語)列国・各国

しょ-こつ【×蹠骨】中足骨ちゅうそくこつの旧称。せっこつ。

じょ-こつ【×鋤骨】頭蓋骨の中で鼻中隔の一部をなす骨。哺乳類では鋤状。

しょこつ-がわ【渚滑川】北海道北東部にある川。北見山地の南部、天塩岳に源を発し紋別市でオホーツク海に注ぐ。長さ84キロ。

じょ-ことば【序▽詞】▶じょし(序詞)❷

ショコラ〘フランス chocolat〙チョコレート。ココア。

ショコラ-ショー〘フランス chocolat chaud〙▶ホットチョコレート

ショコラティエ〘フランス chocolatier〙チョコレートを使って菓子を作る専門の職人。

しょ-こん【初婚】初めての結婚。

じょ-ごん【助言】〔名〕スル「じょげん(助言)」に同じ。「仕事に手下は使わうが―は頼むまい」〈露伴・五重塔〉

しょ-さ【所作】❶行い。振る舞い。しわざ。「一日の―を日記に記す」❷身のこなし。しぐさ。また、演技の動作。「大げさな―をする」「役者の―」❸「所作事」の略。❹仏語。身・口・意の三業が発動すること。能作に対していう。❺仕事。職業。「常に畋猟、漁捕を以て―とする国なり」〈今昔・三・二六〉
(類語)振り・身振り・しぐさ・アクション・素振り・思わせ振り・風・様子・体・格好・演技・ジェスチャー・ポーズ

しょ-ざ【初座】正式の茶事の前半部分。炭点前・懐石があり、最後に菓子が出る。そのあと、客は中立ちする。➡後座

じょ-さ【除沙】蚕の糞や食い残しの桑などを取り除くこと。

しょ-さい【所載】新聞・雑誌などに掲載されていること。「本誌二月号―の対談」
(類語)掲載・登載・満載・連載・転載・訳載

しょ-さい【書斎】個人の家で、読書や書き物をするための部屋。書室。(類語)書屋

しょ-さい【書債】書かなければならないのに書かずにいる手紙の返事や原稿・揮毫など。

しょ-ざい【所在】❶物事が存在する所。ありか。また、人が居る場所。「責任の―をはっきりさせる」「犯人の―は不明です」❷すること。行為。仕事。「―がなくて退屈している」❸身分。地位。境遇。「―こそ出女なれ、お大名へも知られた関の小まんがてて親を」〈浄・丹波与作〉
(類語)ありか・居所・居場所

じょ-さい【如才|如▽在】〔名・形動〕《❷が原義》❶気を使わないために生じた手落ちがあること。また、そのさま。手抜かり。多く、下に否定の語を伴って用いる。「お前に―は有るまいけれど」〈一葉・十三夜〉「これは御―でございます」〈滑・膝栗毛・二〉❷《「論語」八佾の「祭ること在すが如くし、神を祭ること神在すが如くす」から》(如在)眼前に神・主君などがいるかのように、謹みかしこまること。にょざい。「日を逐うて―の霊殿を仰ぐ」〈謡・松尾〉(補説)「さい」は「在」の漢音。誤って「如才」とも書いた。

如才が無・い 気がきいて、抜かりがない。如才ない。「―・い応対」

じょ-さい【助祭】カトリック教会の聖職者の位の一。司祭の次の位。

しょ-さいいん【初斎院】卜定された斎王が潔斎のために野の宮にこもるまで、宮城内に便利な地を定め、仮に移り住んだ所。

しょざいこくがいいそうもくてきゆうかい-ざい【所在国外移送目的誘拐罪】▶所在国外移送目的略取及び誘拐罪

しょざいこくがいいそうもくてきりゃくしゅおよびゆうかい-ざい【所在国外移送目的略取及び誘拐罪】日本国外に連れて行くため、人を力ずくで連れ去ったり誘拐したりする行為。刑法第226条が禁じ、2年以上の有期懲役に処せられる。所在国外移送目的略取罪。所在国外移送目的誘拐罪。国外移送略取罪。国外移送誘拐罪。

しょざいこくがいいそうもくてきりゃくしゅ-ざい【所在国外移送目的略取罪】▶所在国外移送目的略取及び誘拐罪

しょざい-ち【所在地】人や物が存在する土地。「県庁―」

しょざいち-ほう【所在地法】物の所在する土地の法律。国際私法で、物権関係の準拠法として認められる。

じょ-さいどう【除細動】心臓の拍動異常の原因となる心室細動・心房細動を抑えて、正常な調律に戻す治療法。電気刺激や薬剤を用いて行う。

しょざい-な・い【所在無い】〔形〕文しょざいな・し〔ク〕することがなくて退屈だ。手持ちぶさただ。「―・く週刊誌をめくる」(派生)しょざいなげ〔形動〕しょざいなさ〔名〕(類語)退屈・手持ち無沙汰・持て余す

じょさい-な・い【如才無い|如▽在無い】〔形〕文じょさいな・し〔ク〕気がきいていて、抜かりがない。「―・く受け答えをする」(派生)じょさいなさ〔名〕

しょざいふめいこうれいしゃ-もんだい【所在不明高齢者問題】戸籍は存在するのに所在を確認できない長寿高齢者が多数存在している問題。平成22年(2010)、当時東京都で最高齢の男性が30年以上前に死亡していた事件をきっかけに、全国で同様の問題が生じていることが判明した。(補説)同年の法務省の調査によると、現住所を確認できない100歳以上の高齢者は全国で23万4354人。そのうち120歳以上が7万7118人、150歳以上884人。

じょ-さいぼう【助細胞】被子植物の胚嚢の中の、卵細胞の両隣にある小さい細胞。助胎細胞。

じょさい-や【▽定斎屋】▶じょうさいや(定斎屋)

しょ-さく【諸作】いろいろな作品や著作。

しょさ-く・る【所作繰る】〔動ラ四〕ある仕事や動作をする。特に、念仏を唱えて数珠を繰る。「みせに出て―・りてゐらるる所へ」〈浮・親仁形気・二〉

しょさ-ごと【所作事】歌舞伎の舞台で演じられる舞踊または舞踊劇。長唄を伴奏とするものをさし、常磐津・清元など浄瑠璃を使う場合は浄瑠璃所作事という。振事。景事。

しょさ-し【所作師】所作事にすぐれた役者。

しょさ-だて【所作立て】歌舞伎の立ち回りのうち、特に様式化・舞踊化された律動的なもの。歌舞伎舞踊の中で行われる。「落人」の勘平と花四天の立ち回りなど。

しょ-さつ【初刷】「初刷り」に同じ。

しょ-さつ【書冊】書物。書籍。本。
(類語)本・書物・書籍・図書・書・巻・ブック・文献

しょ-さつ【書札】書き物。書き付け。また、手紙。書状。(類語)手紙・書簡・書信・書状・書面・紙面・信書・私信・私書・書・状・一書・手書・親書・手簡・尺牘・書牘・雁書・消息・便り・文・玉章・レター・封書・はがき・絵はがき・郵便

しょさつ-れい【書札礼】平安時代以降、書状の書体・形式などに関するきまり。官位・家格などによって文言を変えたり、真・行・草の書き方を異にするなどの心得。弘安8年(1285)の「弘安礼節」で公家様式が確立され、武家でも室町時代に整備された。

しょさ-ぶたい【所作舞台】歌舞伎で、所作事または特定の場面のとき、足のすべり具合をよくし、また足拍子がよく響くように、舞台や花道上に長方形のヒノキ板を敷きつめて設けた低い二重舞台。置き舞台。敷舞台。

しょ-さん【初三】月の初めの第3日目。また、月の初めの3日間。

しょ-さん【初参】初めて仕えること。また、初めて参加すること。新参。「これ二人共に…―の儀なるが故なり」〈折たく柴の記・上〉

しょ-さん【所産】ある事の結果として生み出されたもの。作り出したもの。「努力の―」

しょ-さん【書算】書道と算術。

しょ-ざん【初産】初めて子を産むこと。最初のお産。ういざん。はつざん。(類語)初産・初産・産む・生み落とす・出産・分娩・お産・安産・難産・生す・産する・身二つになる・腹を痛める

しょ-ざん【諸山】❶あちこちの多くの山。❷あちこちの多くの寺。また、いろいろの宗派。

じょ-さん【助産】❶分娩を助け、産婦・新生児の世話をすること。❷産業を助成すること。「―事業」

じょ-さん【除算】割り算。除法。⇔乗算。

じょさん-いん【助産院】助産師が運営する、出産のための施設。医療法では助産所という名称を使用している。

じょさん-し【助産師】出産を助け、妊産婦や新生児の保健指導を行う専門職。助産師国家試験及び看護師国家試験に合格し、厚生労働大臣の免許を受けた女性が行う。助産婦。産婆。

じょさん-じょ【助産所】▶助産院

しょさん-の-つき【初三の月】みかづき。新月。

じょさん-ぷ【助産婦】助産師の旧称。
(類語)産婆・取り上げ婆

しょ-し【処士】民間にあって、仕官しない人。処子。

しょ-し【処子】❶未婚の女性。おとめ。処女。「今一人の妹は猶―なり」〈鷗外訳・即興詩人〉❷「処士」に同じ。

しょ-し【初志】初めに思い立った希望や考え。最初の志。「―を貫徹する」(類語)初心

しょ-し【所司】❶官庁の役人。㋐鎌倉幕府の侍所の次官。㋑室町幕府の侍所の長官。❷僧侶の職名の一。上座・寺主・維那の三綱の称。

しょ-し【所志】こころざしていること。こうしようと思っていること。「―に背く」

しょ-し【所思】心の中で思っている事柄。思うところ。考え。所懐。「ここに―の一端を述べる」
(類語)意見・考え・見解・主張・説・論・所説・所論・持説・持論・私見・私意・私考・所見・見方・オピニオン(尊敬)貴意・高見(謙譲)愚見・卑見・私見・管見

しょ-し【書司】後宮十二司の一。書籍・文房具などのことを取り扱った。ふみのつかさ。

しょ-し【書史】❶書物。書籍。❷書物の歴史。❸書道の歴史。❹経書と史籍。

しょ-し【書紙】文字を書く紙。書き付け。書札。「―につくさず」〈平家・一一〉

しょ-し【書×肆】書物を出版したり、また、売ったりする店。書店。本屋。

しょ-し【書誌】❶書物。書籍。図書。❷特定の人あるいは題目についての文献の目録。❸書物の体裁・内容・成立の事情など。また、それらについての記述。(類語)カタログ・目録

しょ-し【庶子】❶庶出の子。妾の産んだ子。❷民法旧規定で、父が認知した私生児。現行民法ではこの名称は廃止され、父が認知した子、また認知を受けていない子をも含めて「嫡出でない子」という。⇔嫡子。❸古代・中世、嫡子以外の実子。(類語)私生子

しょ-し【諸士】多くのさむらい。

しょ-し【諸子】❶多くの人々を親しみや敬意を込めていう語。同等または、それ以下の人々をさしていう。代名詞的にも用いる。諸君。「学生―」❷中国周代の官名。諸侯の世子の教育などをつかさどったもの。❸「諸子百家」の略。
(類語)諸君・諸氏・諸賢・諸兄・諸姉

しょ-し【諸氏】多くの人々を敬意を込めていう語。代名詞的にも用いる。「―の活躍を期待する」

しょ-し【諸司】多くの役所。また、その役人。百司。「―の下人どもの、したり顔に、なれたるもをかし」〈徒然・二三〉

しょ-し【諸姉】多くの女性を敬意を込めていう語。代名詞的にも用いる。「―のご尽力に感謝します」
(類語)諸君・諸子・諸氏・諸賢・諸兄

しょ-じ【初地】仏語。十地の第一位。菩薩の十地では歓喜地をいう。

しょ-じ【所持】〔名〕スル ❶身につけて持っていること。「大金を―する」「―品」❷法律で、物を事実上支配していると認められる状態。➡所有(用法)
(類語)有する・所有・保有・所蔵・現有・領有

しょ-じ【書字】文字を書くこと。また、書いた字。

しょ-じ【諸事|庶事】多くのさまざまな事柄。いろいろな事。「―万端調える」

じょ-し【女士】昔、中国で、教養のある高徳の女性。

じょ-し【女子】ヂョニ ❶おんなのこ。むすめ。⇔男子。❷女性。おんな。「一学生」⇔男子。
（類語）(❶)女児・少女・乙女・子女・ガール・ギャル/(❷)婦人・婦女・婦女子・ウーマン・あま・おなご・女史
女子と小人(しょうじん)とは養い難(がた)し 《「論語」陽貨から》女性と徳のない人間とは、近づけると図に乗るし、遠ざければ怨むので、扱いにくいものである。

じょ-し【女史】ヂョニ《昔、中国で、記録の事務を扱った女官の称から》❶社会的地位や名声のある女性を敬意を込めていう語。また、その女性の名前に添えて敬意を表す語。❷昔、文書の事務を扱った女官。
（類語）女・女性・女子・婦女・婦女子・おなご・おみな・たおやめ・あま・雌・婦人・女人(にょにん)・女人(にょにん)・ウーマン

じょ-し【助士】交通機関などで、業務の正式の担当者を補助する職種。また、その人。助手。「運転一」

じょ-し【助詞】品詞の一。付属語のうち、活用のないもの。常に、自立語または自立語に付属語の付いたものに付属し、その語句と他の語句との関係を示したり、陳述に一定の意味を加えたりする。格助詞・副助詞・係助詞・接続助詞・終助詞・間投助詞(さらに準体助詞・並立助詞その他)などに分類される。古くから助動詞あるいは接尾語などとともに「てにをは」とよばれた。

じょ-し【序詞】❶序としての文章。前書き。はしがき。序文。❷和歌や擬古文などで、意味上または音声上の連想から、ある語句を導き出すために前に置く言葉。枕詞(まくらことば)は1句(5音)を基準とし、音数の制約があるが、序詞は2句以上にわたり制限がない。例えば「あしひきの山鳥の尾のしだりをの長長し夜をひとりかもねむ」〈人麻呂集〉の歌で、はじめの3句の部分は「長長し」の序詞である。じょことば。❸演劇などで、開幕のときに述べたり歌ったりする前口上(まえこうじょう)。観客に内容を暗示したり、幕前の経過を報告したりするのに用いる。プロローグ。

じょ-し【序詩】序として添えられた詩。

じょ-し【叙賜】〔名〕スル 位階や勲等などを授け、勲章や年金などを与えること。

じょ-じ【女児】ヂョニ おんなのこ。女子。⇔男児。
（類語）娘・少女・乙女・子女・ガール・ギャル

じょ-じ【助字】漢文で、名詞・動詞・形容詞などのいわゆる実字・虚字を助ける語をいう。断定・詠嘆・疑問などを表す「也」「矣」「乎」や、前置詞の「於」「与」、疑問詞の「何」「誰」などがある。助辞。虚字。

じょ-じ【助辞】❶助詞。また、助詞・助動詞の総称。❷ ▶じょじ(助字)

じょ-じ【序次】物事の順序。次第。「一を踏む」

じょ-じ【叙事】事実や事件を、ありのままに述べ記すこと。また、その述べ記したもの。➡叙情
（類語）叙述・叙情・叙景・物語・話(はなし)・ストーリー・お話・作り話・虚構・フィクション・説話・小説・口碑(こうひ)・伝え話・昔話・民話・伝説・言い伝え

じょしえいよう-だいがく【女子栄養大学】ヂョシエイヤウ 埼玉県坂戸市にある私立大学。昭和36年(1961)の開学。栄養学の単科女子大学。

じょし-かい【女子会】ヂョシクワイ 女性だけの飲み会や昼食会など、遊びや趣味の会をいう。「一に使えるお店を探す」

しょし-がく【書誌学】図書を研究対象とする学問。図書の成立・発展や内容・分類などに関する一般的研究と、図書の起源・印刷・製本・形態などについての考証的研究とがある。ビブリオグラフィー。

じょし-がくしゅういん【女子学習院】ヂョシガクシフヰン 皇族・華族の女子の教育を目的として設置されていた宮内省所管の学校。明治18年(1885)華族女学校として設立、同39年学習院に合併、大正7年(1918)女子学習院として独立。第二次大戦後、学習院に統合され、私立学校となった。

しょ-じかりつ【初磁化率】ニジクワリツ 磁化曲線において、消磁状態から磁界を加えたとき、磁界の強さが零付近(磁化曲線の原点付近)の磁化率。一定値をとり、磁界と磁化の間に可逆的な関係が成り立っている。さらに磁界を強めると磁気飽和に達する。初期磁化率。

しょ-しき【所▽職】中世、荘園の本所職・名主職、寺社の別当職、鋳物師職などの職務。のち、物権化し、相続・質入れ・売買などの対象となった。

しょ-しき【書式】❶証書・願書・届け書などのきまった書き方。「履歴書の一」❷パソコンで作成する文書や表の、画面表示および印字する際に指定する形式。文字数・行数・余白・印字位置など。

しょ-しき【諸式｜諸色】❶必要ないろいろの品物。「一万端を調えて待つ」❷品物の値段。物価。「一が高くなる」

じょ-しき【女色】ヂョニ ▶じょしょく(女色)

しょ-じく【書軸】ヂク 書を書いた掛け物。書幅。

じょし-こうとうしはんがっこう【女子高等師範学校】ヂョシカウトウシハンガクカウ 高等女学校などの女子教員を養成した旧制の国立専門学校。現在のお茶の水女子大学・奈良女子大学の前身。女高師。

じょしさべつてっぱい-いいんかい【女子差別撤廃委員会】ヂョシサベツテツパイヰヰンクワイ 女子差別撤廃条約の実施状況を監視するために設置された国連の機関。締約国からの報告を受け検討し、提案・勧告等を行う。女性差別撤廃委員会。CEDAWセダ(Committee on the Elimination of Discrimination against Women)。

じょしさべつてっぱい-じょうやく【女子差別撤廃条約】ヂョシサベツテツパイデウヤク《「女子に対するあらゆる形態の差別の撤廃に関する条約」の通称》女子に対するあらゆる差別の撤廃を基本理念とし、政治的・経済的・社会的活動などにおける差別を撤廃するために締約国が適切な措置をとることを求める条約。1979年の国連総会で採択され、81年に発効。日本は昭和60年(1985)に批准した。女性差別撤廃条約。
（補説）1999年の国連総会で、同条約に定められた権利を侵害され、国内で救済を受けられない個人または集団が、国連の女子差別撤廃委員会に直接救済を求めることができる個人通報制度などについて規定した選択議定書が採択され、2000年に発効した。日本は、司法権の独立および国内の司法制度との間において問題を生じる懸念があるとして、選択議定書は批准していない。

じょしさべつてっぱいじょうやく-せんたくぎていしょ【女子差別撤廃条約選択議定書】ヂョシサベツテツパイデウヤク ▶選択議定書

じょじ-し【叙事詩】叙情詩・劇詩とともに詩の三大部門の一。歴史的事件、英雄の事跡、神話などを題材に、民族または国民共同の意識を仮託した長大な韻文。「イリアス」「オデュッセイア」「ニーベルンゲンの歌」など。エピック。（類語）詩・うた・詩歌・韻文・詩賦(しふ)・賦(ふ)・吟詠・ポエム・バース・詩編・叙情詩・定型詩・自由詩・バラード・ソネット・新体詩

じょし-しはんがっこう【女子師範学校】ヂョシシハンガクカウ 小学校・国民学校の女子教員を養成した旧制の国公立学校。東京をはじめ、各府県に設置。

しょし-じゅんせい【庶子準正】民法旧規定で、庶子がその父母の婚姻によって嫡出子としての身分を取得すること。

じょししんず【女史箴図】ヂョシシンヅ 東晋の顧愷之(こがいし)筆の画巻。西晋の張華が宮中の女官に心得を説くためにまとめた「女子箴」をもとに、一節ごとに絵で表したもの。大英博物館に初唐の模本が伝わる。

じょし-せんもんがっこう【女子専門学校】ヂョシセンモンガクカウ 旧制の専門学校の一。高等女学校の卒業生を対象とし、修業年限3年以上。学制改革により新制大学となった。女専。

しょし-だい【所司代】❶室町幕府で、侍所(さむらいどころ)の長官の代行を務めた役人。❷ ▶京都所司代

じょし-たい【徐氏体】中国の花鳥画の一様式。徐熙(じょき)・徐崇嗣(じょすうし)に始まるもので、没骨(もっこつ)の技法を特色とする野趣に富む画風。野逸体(やいつたい)。➡黄氏(こうし)体

じょじ-たい【叙事体】主観や批評を避けて、事実をありのままに述べることを主とする文体。

じょし-だいがく【女子大学】ヂョシダイガク 女子を対象として教育を行う大学。女子大。

じょしだい-せい【女子大生】ヂョシダイ ❶女子大学の学生。❷女子の大学生。

しょ-しちにち【初七日】❶「しょなのか(初七日)」に同じ。❷初めの7日間。〈日葡〉

しょ-しつ【書室】書斎。「私ひそかにアリスの一を窺(うかが)えば」〈織田訳・花柳春話〉

しょ-しつ【暑湿】暑くて、じめじめしていること。暑気と湿気。

しょ-じつ【初日】▶しょにち(初日)

じょ-しつ【除湿】ヂョニ〔名〕スル 湿気を取り除くこと。「室内を一する」「一器」

じょ-じつ【除日】ヂョニ《旧年を除く日の意》おおみそか。おおつごもり。

じょじてき-えんげき【叙事的演劇】《ドイ Episches Theater》ブレヒトが提唱した演劇理論。観客の感性に訴えるような従来の演劇に対し、距離をもって批判的に観察・認識させようとする演劇の方法。叙事詩的演劇。

しょし-でん【諸司田】奈良・平安時代、諸司の経費にあてるために支給された不輸租田。

じょしパートタイマー-ほけん【女子パートタイマー保険】ヂョシ 女性のパートタイム労働者を被保険者とし、就業中および通勤途中の事故で負った傷害を填補する目的の保険。そのほか、携行品の損害や傷害事故によって入院した際のホームヘルパー雇い入れ費用なども補償される。

しょし-はっと【諸士法度】江戸幕府が旗本・御家人の統制のために定めた法令。寛永9年(1632)に発布され、同12年に整備された。旗本法度。

じょし-びじゅつだいがく【女子美術大学】ヂョシ 神奈川県相模原市にある私立大学。明治33年(1900)創設の女子美術学校に始まり、女子美術専門学校を経て、昭和24年(1949)新制大学として発足。

しょし-ひゃっか【諸子百家】ニヒャクカ 中国、春秋戦国時代に現れた多くの思想家およびその学派の総称。儒家(孔子・孟子)・道家(老子・荘子)・墨家(ぼっか)(墨子)・法家(管仲・商鞅(しょうおう))・名家(公孫竜)・兵家(孫子・呉子)・縦横家(蘇秦(そしん)・張儀)・陰陽家・雑家・農家・小説家など。

じょじ-ぶん【叙事文】叙事体で書かれた文章。歴史・記録・報告などの文章。

じょじ-ほう【序次法】ニハフ 文章表現法の一。近いものから遠いものへ、やさしいものから難しいものへというように、順序よく述べていくもの。

じょじほんぎいちらん【助辞本義一覧】江戸後期の語学書。2巻。橘守部著。天保9年(1838)刊。本居宣長の「てにをは紐鏡(ひもかがみ)」「詞の玉緒(たまのお)」を補正し、音義説によって「てにをは」を論じたもの。

じょ-しま【徐志摩】[1897～1931]中国の詩人。海寧(浙江(せっこう)省)の人。英、米両国で政治・経済のほかに近代詩などを学び、帰国後、「詩鐫(しせん)」「新月」を刊行し、新詩運動に尽力。新月派の代表的詩人。「志摩の詩」「翡冷翠(フィレンツェ)の一夜」など。シュイ＝チーモー。

しょ-し・める〔動マ下一〕《「せしめる」の音変化》❶取って自分のものにする。「何ぞまた一・めるつもりか」〈滑・膝栗毛・五〉❷捕らえる。「どろぼうを一・めて、縄をひねるがごとし」〈洒・契情実之巻後編・跋〉

しょ-しゃ【書写】〔名〕スル ❶書き写すこと。筆写。「経典を一する」❷小・中学校の国語科の科目の一。文字を正確に書くことを目的とする。（類語）写す・筆写・謄写・透写・転写・拓本・書き取る・書き写す・転記する・手写する・臨写する・なぞる・トレースする

しょ-しゃ【諸社】❶多くの神社。❷もと、官社に対して、府県社・郷社・村社などの総称。

しょ-しゃ【諸車】いろいろの種類の車。

しょ-じゃく【書▽籍】「しょせき(書籍)」に同じ。「毫も一の価値を解して居らん」〈漱石・吾輩は猫である〉

じょ-しゃく【叙爵】❶爵位を授けられること。❷律令制で、六位から従五位下に叙せられること。

じょ-しゃく【除▽籍】ヂョニ ▶じょせき(除籍)

しょじゃく-かん【書籍館】ニクワン 東京都文京区の湯

島聖堂内にあった図書館。明治5年(1872)文部省が創設。国立国会図書館支部上野図書館の前身。
しょしゃ-ざん【書写山】兵庫県姫路市にある山。山頂に円教寺えんぎょうじがあり、「西の比叡山」とよばれる。
しょしゃ-でら【書写寺】円教寺えんぎょうじの異称。
しょしゃねぎかんぬし-はっと【諸社ˣ禰宜神主法度】江戸幕府が寛文5年(1665)に制定した神社を統制するための法令。全国の神社に対し、社領の売買禁止などのほか、吉田神道を正統としてその統制に服することを義務づけた。
しょ-しゅ【諸種】いろいろの種類。種々。(類語)各種・さまざま・多様・多種・多彩・数数・いろんな・とりどり
じょ-しゅ【助手】❶仕事の手助けをする人。❷大学で教授・准教授・助教の職務を助ける職。また、その人。学校教育法では「その所属する組織における教育研究の円滑な実施に必要な業務に従事する」と規定。(類語)(❶)助役・副使・アシスタント・片腕・助っ人
しょ-しゅう【初秋】シウ ❶秋の初め。はつあき。(季 秋)❷陰暦7月の異称。孟秋もうしゅう。(類語)早秋・新秋
しょ-しゅう【所収】シウ 作品などが、その本や全集に収められていること。「本全集第三巻一」
しょ-しゅう【諸宗】いろいろの宗派、または、宗旨。多く、仏教でいう。
しょ-じゅう【所従】❶家来。従者。「大国あまた給はって、子息一朝恩にほこれり」〈平家・一〉❷中世、主人に隷属し、労働や雑役に従った下級の従者。下人。「この十余年妻子、一餓死させぬ」〈平治・中〉
じょ-しゅう【女囚】ヂョシウ 女の囚人。
じょしゅう【徐州】ジョシウ 中国江蘇省北西部の都市。津浦しんぽ、隴海ろうかい両鉄道の交差する要地。1938年に日中の大会戦が行われ、48年には内戦において人民解放軍が国民党軍に勝利した所。人口、行政区168万(2000)。シュイチョウ。
じょ-しゅう【除臭】ヂョシウ「消臭」に同じ。「一効果」
しょしゅう-さん【初秋蚕】シヨシウサン 7月下旬から8月上旬に掃き立てをする蚕。(季 秋)
しょしゅうじいん-はっと【諸宗寺院法度】シヨシユウジヰン ►寺院法度
じょしゅ-せき【助手席】自動車で、運転席の隣の席。(補説)昭和初期、円タクの運転見習い兼客引きである助手の席であったことから。
しょ-しゅつ【初出】〔名〕スル 初めて出ること。最初に現れること。「室町時代に一したと思われる言葉」
しょ-しゅつ【所出】❶人の生まれた所。生まれ。❷でどころ。「うわさの一を明らかにする」
しょ-しゅつ【庶出】本妻以外の女性から生まれること。妾腹。⇔嫡出ちゃくしゅつ。
じょ-じゅつ【叙述】〔名〕スル 物事について順を追って述べること。また、その述べたもの。「事件をありのままに一する」(類語)記述・叙事・描写
しょ-しゅん【初春】❶春の初め。はつはる。(季 春)「枯枝に一の雨の玉円かか/虚子」❷陰暦正月の異称。孟春もうしゅん。(類語)春先・早春・孟春・正月・一月・新年・新春・春ᵎ・年始・年初・松の内・睦月むつき・陽春
しょ-じゅん【初旬】月の初めの10日間。上旬。
しょ-しょ【処暑】二十四節気の一。8月23日ごろ。暑さが落ち着く時期の意。(季 秋)「鳰にほの子のこゑする一の淡海あふみかな/澄雄」
しょ-しょ【所所¦処処】あちらこちら。ここかしこ。「一に人が立っている」
しょ-しょ【諸所¦諸処】いろいろな場所。あちこち。方々。「会場の一で歓声があがる」(類語)各地・隅隅
しょ-じょ【処女】ヂョ ❶《家に処おる女の意》未婚の女性。性交の経験のない女性。きむすめ。❷ふつう他の漢語の上に付いて、複合語の形で用いる。㋐人がまだだれも足を踏み入れていない意を表す。「一雪」㋑その人・物にとって初めての経験である意を表す。「一出版」(類語)バージン・生娘
しょ-じょ【ˣ沮ˣ洳】❶土地が低くて水はけが悪く、いつもじめじめしていること。また、その土地。「寺内の墓地は半ば水に浸されて一の地となり」〈鷗外・寿阿弥の手紙〉❷牢獄ろうごく。獄屋。
じょ-しょ【除書】ヂョ ►除目じもく
じょ-じょ【徐徐】〔ト・タル〕文〔形動タリ〕❶挙動が落ち着いてゆったりしているさま。「坐に復しアリスに向いて一と説き起こして曰く」〈織田訳・花柳春話〉❷進行や変化がゆっくりしているさま。「従前の通りの歩調で一と進んで居る」〈虚子・俳諧師〉
しょ-しょう【所生】シヤウ ►しょせい(所生)
しょ-しょう【所掌】シヤウ 法令によって、ある事務が特定の機関の職務に属するものと定められていること。「一の事務を遂行する」
しょ-しょう【書証】裁判で、文書の記載内容である思想・意味が証拠資料とされるもの。(類語)物証・人証・傍証・反証・偽証
しょ-しょう【諸将】シヤウ 多くの将軍・大将。
しょ-じょう【書状】ジヤウ 手紙。書簡。(類語)書信・書面・紙面・信書・私信・私書・書ˢ・状・一書・手書・親書・手簡・書札しょさつ・尺牘せきとく・書牘しょとく・雁書がんしょ・消息・便り・文ふみ・玉章ぎょくしょう・レター・封書・はがき・絵はがき・郵便
しょ-じょう【諸嬢】ヂヤウ 多くの未婚女性を敬意を込めていう語。代名詞的にも用いる。
じょ-しょう【女将】ヂヨシヤウ ►おかみ(御上)❸
じょ-しょう【序章】シヤウ 小説・論文などの、本題に入る前に前置きとして置かれた文章。(類語)序・序文・はしがき・前書き・序言・緒言・前付け・前置き・前文・プロローグ
じょ-しょう【叙唱】シヤウ ►レチタティーボ
じょ-じょう【如上】ジヤウ 前に述べたとおり。上述。前述。「一の経緯をたどり、今日に至る」
じょ-じょう【叙上】ジヤウ 前に述べたこと。上述。前述。「一の方法」
じょ-じょう【叙情¦ˣ抒情】ジヤウ 自分の感情を述べ表すこと。⇒叙事(類語)叙景・叙事
じょじょう-し【叙情詩】ジヨジヤウ 叙事詩・劇詩とともに詩の三大部門の一。作者の感情や情緒を表現した詩。リリック。(類語)詩・うた・詩歌・韻文・詩賦しふ・賦ふ・吟詠・ポエム・バース・詩編・叙事詩・定型詩・自由詩・バラード・ソネット・新体詩
しょじょう-じしゃ【書状侍者】シヨジヤウ 禅宗で、師や長老の近くに侍して、往復文書の事務に当たる僧。内記。内史。
じょじょうしょうきょくしゅう【抒情小曲集】ジヨジヤウセウキヨクシフ 室生犀星むろうさいせいの第2詩集。大正7年(1918)刊。若き日の哀感や故郷への思いなどを叙情的にうたった文語自由詩94編を収める。
じょ-じょうふ【女丈夫】ヂヨヂヤウフ《「じょじょうぶ」とも》気性が強くしっかりしている女性。女傑。
じょじょう-ぶん【叙情文】ジヨジヤウ 自分の感情などを表現した文章。
しょじょ-かいたい【処女懐胎】シヨヂヨクワイタイ キリスト教で、聖マリアが処女のまま、聖霊によってイエス＝キリストを懐妊したこと。
しょじょ-きゅう【処女宮】シヨヂヨ 黄道十二宮の第6宮。乙女座おとめざに相当するが、歳差のため春分点が移動し、現在は獅子座ししざから乙女座の西境にわたる範囲。太陽は8月24日ごろこの宮に入る。
しょ-しょく【所職】「しょしき(所職)」に同じ。
しょ-しょく【ˣ黍ˣ稷】モチキビとウルチキビ。転じて、五穀。
じょ-しょく【女色】ヂヨ ❶女の容色。女の色香。にょしょく。「一に迷う」❷男が女と交わす情事。いろごと。にょしょく。「一におぼれる」
じょしょく-だん【助色団】染料などで、発色団と組になって、深くて濃い色を出す原子団。アミノ基・カルボキシル基など。
しょじょ-こうかい【処女航海】シヨヂヨカウカイ 新造された船にとっての最初の航海。
しょじょ-さく【処女作】シヨヂヨ 初めて制作した、または世に発表した作品。
しょじょ-せいしょく【処女生殖】シヨヂヨ ►単為生殖たんいせいしょく
しょじょ-ち【処女地】シヨヂヨ ❶まだ開墾されていない土地。❷研究・調査などで、まだ手がつけられていない分野。
じょじょ-に【徐徐に】〔副〕少しずつ進行したり変化したりするさま。「新体制に一に移行する」(類語)だんだん・次第に・おいおい・漸次・次第次第に・歩一歩・一歩一歩・着着ちゃくちゃく・日に日に・日増しに・漸ようやく
しょじょ-ほう【処女峰】シヨヂヨ まだ人が一度も登頂したことのない山。
しょしょ-ほうぼう【所所方方】ハウバウ あちこちの場所や方角。各所各方面。「一に旅をする」
しょじょ-まく【処女膜】シヨヂヨ 女性の膣口部ちつこうぶにある薄い膜。
しょじょ-りん【処女林】シヨヂヨ 自然のままの森林。原生林。
じょし-りょく【女子力】ヂヨシ きらきらと輝いた生き方をしている女性が持つ力。女性が自らの生き方を演出する力。また、女性が自分の綺麗さ、センスの良さを目立たせて存在を示す力。
しょ-しん【初心】〔名・形動〕❶最初に思い立ったときの純真な気持ち。初志。「一を貫く」❷物事の習い始めであること。また、そのさま。初学。「はがきに二句か三句認めあるは…一なる人の必ずする事なり」〈子規・墨汁一滴〉❸物事に慣れていないこと。世慣れていないこと。また、そのさま。うぶ。「かれは自分の一なことを女に見破られまいとして」〈花袋・田舎教師〉❹仏教で、初めて悟りを求める心を発すること。また、その人。
初心忘るべからず 《世阿弥の「花鏡」にある言葉》習い始めのころの謙虚で真剣な気持ちを忘れてはならない。
しょ-しん【初診】初めての診察。「一料」
しょ-しん【初審】裁判で、最初の審級による審判。第一審。
しょ-しん【所信】信じている事柄。信ずるところ。「一を述べる」「一表明」
しょ-しん【書信】書面による音信。たより。手紙。(類語)手紙・書簡・書状・書面・信書・私信・私書・書ˢ・状・一書・手書・親書・手簡・書札しょさつ・尺牘せきとく・書牘しょとく・雁書がんしょ・消息・便り・文ふみ・玉章ぎょくしょう・レター
しょ-しん【諸臣】多くの家臣たち。群臣。
しょ-じん【庶人】世間一般の人々。庶民。衆人。しょにん。
しょ-じん【諸人】►しょにん(諸人)
じょ-しん【女神】ヂヨ 女性の神。めがみ。
じょしん【女真】ヂヨシン 中国東北地方東部から沿海州を原住地とするツングース系民族。10世紀以降遼りょうの支配を受けたが、1115年、完顔ワンヤン部の阿骨打アクダが諸部族を統一して金を建国。華北に進出て南宋と対峙たいじしたが、1234年、蒙古に滅ぼされた。明末の17世紀には、建州女真のヌルハチが後金(のち清)を建て、満州族による中国支配の基礎を築いた。女直。
じょ-じん【女人】ヂヨ 女性。おんな。にょにん。(類語)女・女性・女子・婦女・婦女子・おなご・おみな・たおやめ・あま・女史・雌・婦人・女人にょにん・ウーマン
しょしんうんてんしゃ-ひょうしき【初心運転者標識】ヘウシキ 運転者が自動車免許取得1年以内であることを示すために、車体の前後に付けるマーク。矢羽根形を黒で縁取りして中央より左側を黄色、右側を緑色に塗ったもの。道路交通法に基づく標識で、対象者には標示義務がある。昭和47年(1972)導入。初心者マーク。若葉マーク。⇒高齢運転者標識 ⇒身体障害者標識 ⇒聴覚障害者標識
じょじん-き【除ˣ塵機】ヂヨヂン くず繊維やぼろの中にまじっているちり・ほこり・砂などをふるい除く機械。回転円筒の周囲につけた針で繊維をほぐしながら扇風機で吹き飛ばすもの。
じょじん-き【除ˣ燼器】ヂヨヂン 工場や蒸気機関などの煙突の先に目の細かい鉄の網を取り付け、すすなどが飛び散るのを防ぐ装置。
じょしん-ご【女真語】ヂヨシン 女真族の言語。ツングース語に属する。独自の文字である女真文字をもつ。
しょしん-しゃ【初心者】その道に入ったばかりで、まだ未熟な者。習い始め、あるいは覚えたての人。(類語)ビギナー・新米・新入り・駆け出し

しょしんしゃ-マーク【初心者マーク】「初心運転者標識」の通称。

じょしん-もじ【女真文字】ジョシン 女真語の文字。12世紀に作られた。大字と小字とがあり、漢字や契丹きったん文字を基本としたものがあるが、まだ完全には解読されていない。

しょしん-もの【初心者】世慣れない人。うぶな人。

しょ-す【処す】㊀〔動サ五〕「しょ(処)する」(サ変)の五段化。「刑に—・さない」㊁〔動サ変〕「しょ(処)する」の文語形。

じょ-す【序す】㊀〔動サ五〕「じょ(序)する」(サ変)の五段化。「巻頭に—・す」㊁〔動サ変〕「じょ(序)する」の文語形。

じょ-す【叙す】㊀〔動サ五〕「じょ(叙)する」(サ変)の五段化。「勲三等に—・す」㊁〔動サ変〕「じょ(叙)する」の文語形。

じょ-すい【除水】ヂョ 水を除くこと。排水。

じょすい-かい【如水会】ニョスイ 一橋大学卒業生の同窓会。社団法人。

じょ-すう【序数】物の順序を表す数。順序数。

じょ-すう【除数】ヂョ 割り算で、割るほうの数。$a \div b$のb。

じょ-すうし【助数詞】接尾語の一。数量を表す語につけて、数えられる物の性質や形状などを示す。「ひとつ・ふたつ」の「つ」、「一本・二本」の「本」、「一枚・二枚」の「枚」などの類。

じょ-すうし【序数詞】数詞の一。物事の順序を表すもの。「第一・第二」「一番目・二番目」などの類。⇔基数詞。

ジョスカン-デ-プレ〖Josquin des Prés〗[1440ころ～1521]ルネサンス期のフランドルの作曲家。ミサ曲をはじめ、さまざまな分野の作品を残した。

ショスタコビチ〖Dmitriy Dmitrievich Shostakovich〗[1906～1975]ソ連の作曲家。グラズノフらに師事。当局から批判を受けて作風を変えつつ、常にソ連音楽界の第一線で活躍。作品に、15曲の交響曲、弦楽四重奏曲のほかオラトリオ「森の歌」など。

しょ-ずみ【初炭】茶の湯で、三炭さんずみの一。茶事の際に、亭主が行う最初の炭手前。風炉の季節には懐石のあと、炉の季節には客が初座入りし主客があいさつしたあとすぐに行う。

しょ-ずり【初刷(り)】書籍など印刷物を初めて印刷すること。また、その印刷物。第一刷り。初刷しょさつ。
類語 初版・新版

しょ-する【処する】〔動サ変〕文しょ・す〔サ変〕❶ある情況に身を置いて、それに応じた行動をとる。「世に—・する術」「難局に—・する」❷㋐事を取りさばく。処置する。「事を—・する」㋑その刑罰を与える。「厳罰に—・する」類語 扱う・切り回す・取り扱う・計らう・さばく・こなす・取りさばく・律する

しょ-する【書する】〔動サ変〕文しょ・す〔サ変〕文字や文章を書く。「年頭の所信を—・して送る」

しょ-する【署する】〔動サ変〕文しょ・す〔サ変〕署名する。「合意書に双方の代表の名を—・する」

じょ-する【序する】〔動サ変〕文じょ・す〔サ変〕はしがきや序文を書く。「我ながら肝を潰して此書の巻端に—・するものは」〈二葉亭・浮雲〉

じょ-する【叙する】〔動サ変〕文じょ・す〔サ変〕❶爵位・勲等などを授ける。「勲一等に—・する」❷文章や詩歌に述べ表す。「事の経緯を—・する」

じょ-する【×恕する】〔動サ変〕文じょ・す〔サ変〕思いやりの心で罪や過ちを許す。「罪を—・する」

じょ-する【除する】ヂョする〔動サ変〕文ぢょ・す〔サ変〕❶《旧官を除いて新官に任ずる意》官職に就かせる。❷取り去る。のぞく。「雑草を—・する」❸割り算をする。割る。「六を三で—・する」⇔乗ずる。

しょ-せい【処世】世間と交わってうまく生活していくこと。世渡り。「—の道」「—にたける」
類語 世渡り・渡世・世過ぎ・身過ぎ

しょ-せい【初世】「初代」に同じ。「—市川団十郎」

しょ-せい【初生】❶初めてこの世に生まれ出ること。また、生まれたばかりであること。❷初めて生ずること。「仏法—の時」

しょ-せい【所生】❶生みの親。また、出生地。しょしょう。❷生んだ子。また、生み出したもの。しょしょう。「—の子を養育し」〈福沢・福翁百話〉

しょ-せい【所▽済】租税を納めること。また、納めた租税。

しょ-せい【書生】❶学問を身につけるために勉強をしている人。勉学中の若者。学生。❷他家に世話になって、家事を手伝いながら勉学する者。

しょ-せい【書聖】書道の名人を敬っていう語。

しょ-せい【諸生】多くの学問をする者たち。多くの学生や門弟。

しょ-せい【諸政｜庶政】各方面の政治。政治全般。

じょ-せい【女生】ヂョ 女子の生徒。女生徒。⇔男生。「男生でも—でも千早先生の言うことをきかぬ者は一人もありません」〈啄木・足跡〉

じょ-せい【女声】ヂョ 声楽で、女性の受け持つ声部。ソプラノ・アルトなど。「—合唱」⇔男声。

じょ-せい【女性】ヂョ ❶おんな。婦人。女子。一般には、成人した女をいう。「—の社会進出がめざましい」「—編集者」⇔男性。❷インド-ヨーロッパ語系の文法で、名詞・代名詞・形容詞などの性の区別の一。男性・中性に対する。

用法 女性・婦人——「女性(婦人)の地位の向上」「女性(婦人)解放運動」など相通じて用いられる場合もある。◇「女性」は江戸時代までは「にょしょう」と読んだ。「じょせい」となったのは明治以降で、欧州語系の文法用語の、男性・中性・女性としてまず使われるようになったといわれる。◇「婦人」は古くからの語で、成人した女性、また人妻の意であった。多く文章語として用いられたが、明治以降は男と同等の社会的存在としての女を意味する語として使われるようになった。◇「女性」「婦人」の複合語は多く慣用によるものであり、互いに言い換えることのむずかしいものが多い。「女性的」「女性ホルモン」「婦人科(病)」「婦人警官」など。◇現在では「婦人」という語も女性差別を表す語であるとして、「女性」に言い換える傾向がある。東京都生活文化局の「婦人青少年部婦人計画課」は「女性青少年部女性計画課」と名称変更を行った。◇これらは、「女性(じょせい)」という語が最もあたらしく、かつ文法用語・学術用語として使われて、中立的であるからといえよう。

類語 女・女子・婦人・婦女・婦女子・ウーマン・あま・おなご・女史・雌

じょ-せい【女婿｜女×壻】ヂョ 娘の夫。むすめむこ。
類語 婿・入り婿・婿養子・娘婿

じょ-せい【助成】〔名〕スル 研究や事業が発展し完成するよう援助すること。「産業開発を—する」
類語 支援・後援・援助・バックアップ・フォロー・賛助

じょ-せい【助勢】〔名〕スル 力を添えて援助すること。また、その人。加勢。「弱いほうに—する」
類語 助力・助ける・助ける・手伝う・手助け・助力・幇助ほうじょ・加勢・助太刀すけだち・力添え・協力・援助・応援・支援・後押し・守もり立てる・バックアップ・フォロー・力を貸す・手を貸す・肩を貸す・補助・補佐

じょせいかいほう-うんどう【女性解放運動】ヂョセイカイホウ 女性を不当な社会的束縛から解放し、女性に対する差別や不平等を解消しようとする運動。現代におけるものはウーマンリブとして知られる。WLM (Women's Liberation Movement)。

じょせい-がく【女性学】ヂョセイ《women's studies》男性の視点から構築された既存の学問を、女性の視点からとらえ直そうとする新しい学問。1970年代に、アメリカの女性解放運動の中から生まれたもの。

じょせいかつやくど-しすう【女性活躍度指数】ヂョセイクワツヤクド ▶ジェンダーエンパワーメント指数

しょせい-くん【処世訓】処世の上で役に立つ教え。

じょせい-ご【女性語】ヂョセイ 日本語に多くみられる、女性特有の言い回しや言葉。現代語では感動詞の「あら」「まあ」、終助詞の「わ」や、「だわ」「のよ」など。古くは、室町時代ごろからみられる宮中などでの女房詞や、江戸時代の遊女語など特殊な社会で発生した女性専用の言葉をいう。

じょせいさべつてっぱい-いいんかい【女性差別撤廃委員会】ヂョセイサベツテッパイヰヰンクワイ ▶女子差別撤廃委員会

じょせいさべつてっぱい-じょうやく【女性差別撤廃条約】ヂョセイサベツテッパイデウヤク ▶女子差別撤廃条約

しょせい-じ【初生児】「新生児しんせいじ」に同じ。

じょせい-し【女性誌】ヂョセイ 主に女性をターゲットに編集された雑誌。

じょせいしっぺいにゅういん-とくやく【女性疾病入院特約】ヂョセイシッペイニフヰン 生命保険における特約の一つ。乳癌・子宮癌・子宮筋腫・卵巣腫瘍など、女性特有の疾病で入院した場合に入院給付金が支払われる。

しょせい-しばい【書生芝居】しばゐ ▶壮士芝居

しょせい-じゅつ【処世術】巧みな世渡りの方法。

じょ-せいしょう【徐世昌】ヂョセイシヤウ[1855～1939]中国、清末・民国初期の政治家。天津てんしん(河北省)の人。字あざなは菊人きくじん。1918年、安徽あんき派と奉天派に推されて大総統に就任、革命派との和議を策したが失敗。22年直隷派の圧力で辞任。シュイ＝シーチャン。

しょせいじん-の-しゅくじつ【諸聖人の祝日】《All Saints' Day》カトリック教会で、天国にある諸聖人を記念する祝日。毎年11月1日。諸聖徒日。万聖節。(季 秋)

しょせいっ-ぽ【書生っぽ】書生を軽んじていう語。しょせっぽ。

じょせい-てき【女性的】ヂョセイ〔形動〕いかにも女性らしいさま。やわらかな美しさ・優しさなど、女性を特徴づけるものと考えられている様子や性質・態度にいう。「—な顔だち」「—な性格の男」

じょ-せいと【女生徒】ヂョ 女の生徒。

しょせい-ばおり【書生羽織】普通より丈の長い羽織。明治中期以後、書生が用いて一般にも流行した。

しょせい-びな【初生×雛】卵から出てきたばかりの鶏のひな。体内には栄養源となる卵黄が残存し、餌えさを与えなくてもよく、輸送ができる。

しょせい-ぶし【書生節】明治6年(1873)ごろからはやりだした流行歌。「書生書生と軽蔑するな、末は太政官のお役人」が原歌。

しょせい-べや【書生部屋】「書生❷」のために充てられた部屋。多く玄関のわきに設けられた。

じょせい-ホルモン【女性ホルモン】ヂョセイ ▶雌性しせいホルモン

しょせい-ろん【書生論】理論や理想に走って、現実をわきまえない議論。

しょ-せき【書▽尺】手紙。書状。書簡。

しょ-せき【書跡｜書×蹟】書いた文字の跡。筆跡。

しょ-せき【書籍】書物。本。図書。しょじゃく。
類語 本・書物・図書・書冊・書・巻・ブック・文献

じょ-せき【除夕】ヂョ おおみそかの夜。除夜。

じょ-せき【除斥】ヂョ〔名〕スル ❶取り除くこと。除外すること。「及ぶ可く限り其弊害を—するにあり」〈利光鶴松・政党評判記〉❷裁判官・裁判所書記官などが、事件やその当事者と特殊な関係にある場合に、裁判の公正を期するため、その事件の職務執行ができないものとすること。➡回避 ➡忌避 ❸法人の清算などの場合に、一定期間内に届け出や申し出をしない債権者を弁済・配当から除外すること。

じょ-せき【除籍】ヂョ〔名〕スル ❶学籍・戸籍などから名前を除くこと。❷平安時代、殿上人てんじょうびとが罪科や勅勘によって昇殿を停止されること。日給の簡ふだを除いて、名を外した。じょしゃく。

じょせき-きかん【除斥期間】ヂョセキ ❶一定の権利について法律上認められている存続期間。その期間が経過すると権利は消滅する。遺失物の回復請求権、婚姻・縁組の取消権、買い主の担保責任追求権など。❷清算手続きで、債権者に債権の申し出をさせる一定の期間。

しょせき-こづつみ【書籍小包】書籍・雑誌などを送るための小包。一般の荷物より割安になる。平成10年(1998)にカタログ小包と統合されて冊子小包(現名称ゆうメール)となった。

じょせき-ぼ【除籍簿】ヂョセキ 死亡、結婚、本籍を移すなどで空白となった戸籍を戸籍簿から取り除いて別

に集めた公文書。保存期間は平成22年(2010)の戸籍法の改正により、従来の80年から150年に伸長。

しょ-せつ【所説】意見・主張として述べている事柄。説くところ。説。「先学の一を引用する」(類語)説・定説・学説・意見・見解・主張・論・所論・持説・持論・所思・所見・考え・見方・オピニオン (尊敬)貴意・高見

しょ-せつ【諸説】いろいろな説・意見。または、うわさ。「一が入り乱れる」「巷間こうかんに一が飛び交う」

じょせつ【如拙】室町時代の画僧。相国寺の僧で周文の師と伝える。初期水墨画壇の中心人物の一人。代表作「瓢鮎図ひょうねんず」。生没年未詳。

じょ-せつ【序説】本論・本題に入る前の、前置きの論説。序論。(類語)序論・イントロダクション

じょ-せつ【叙説】〔名〕スル 順序を立てて述べ説くこと。「今この問題について一するいとまはない」

じょ-せつ【除雪】ヂョ〔名〕スル 降り積もった雪を取り除くこと。「線路を一する」「一作業」(季 冬)
(類語)雪掻かき・雪下ろし

じょ-せつ【×絮雪】《絮じょが雪のように飛び散る意》柳の花のこと。柳絮りゅうじょ。

じょ-せつ【×絮説】〔名〕スル くどくどと説明すること。縷説るせつ。「今さら一するまでもない」

じょせつ-しゃ【除雪車】ヂョセ 鉄道線路上または道路上の積雪を取り除く車両。ラッセル式・ロータリー式・広幅式・かき寄せ式などの種類がある。(季 冬)

しょせつ-ふんぷん【諸説紛紛】〔ト・タル〕図〔形動タリ〕いろいろな説やうわさが入り乱れて、真相が明らかでないさま。「一として原因がつかめない」

しょせっ-ぽ【書▽生っぽ】「しょせいっぽ」の音変化。「ホンの世間知らずの一だ」〈近松秋江・別れた妻に送る手紙〉

ジョゼフィーヌ〘Marie Joséphe Rose Tascher de la Pagerie, Joséphine de Beauharnais〙[1763〜1814]ナポレオン1世の最初の妻。西インド諸島マルチニーク島生まれ。パリでボーアルネ子爵と結婚。フランス革命で夫の刑死後、1796年にナポレオンと再婚。皇后となったが、1809年、離婚。ジョゼフィン。

ジョセフソン〘Brian David Josephson〙[1940〜]英国の理論物理学者。超伝導体どうしのトンネル効果についての現象を理論的に予言し、超伝導の本体を明らかにした。

ジョセフソン-こうか【ジョセフソン効果】―カウクワ 薄い絶縁膜を挟んで二つの超伝導体を接合すると、トンネル効果によって絶縁膜を通して、まったく電気抵抗を受けない超伝導電流を生じる現象。

ジョセフソン-そし【ジョセフソン素子】ジョセフソン効果を利用した低温で動作するスイッチング素子。スーパーコンピューター用の超高速回路素子として開発研究されている。

しょ-せん【所詮】㊀〔名〕❶最後に落ち着くところ。「せっかく鳥に生まれて来ても、…なんの一もないことじゃぞ」〈賢治・二十六夜〉❷仏語。経文などによって表される内容。能詮のうせんに対していう。㊁〔副〕❶最後に行き着くところを述べるときに用いる。どうこう言っても結局は。つまるところ。多く、否定的な意味の語句を伴って用いる。「一かなわぬ夢」「生意気を言っても、一は子供だ」❷(命令・意志を表す語句を伴って)こうなったうえは。それでは。「一こなたの念仏をば留め候ふべし」〈謡・隅田川〉(類語)つまり・要するに・矢張り・畢竟ひっきょう・どの道・何れにしても・結句・遂ついに・とどの詰まり・帰するところ・詮ずるところ・いずれ・どうせ

しょ-せん【緒戦】《慣用読みで「ちょせん」とも》❶始まったばかりのころの戦争。❷試合や勝負の第1回目。「一を勝利で飾る」

じょ-せん【女専】ヂョ「女子専門学校」の略。

じょ-せん【除染】ヂョ〔名〕スル 施設や機器・着衣などが放射性物質や有害化学物質などによって汚染された際に、薬品などを使ってそれを取り除くこと。「一剤を噴霧する」「一シャワーを浴びる」

しょ-ぜんてん【初禅天】仏語。四禅天の最初の段階。初禅を修して生まれる天。この天はまた梵衆天ぼんしゅてん・梵輔天ぼんほてん・大梵天の三天に分かれる。

しょせん-な・し【所詮無し】〔形ク〕しかたがない。かいがない。「この児、歌をのみすきて、一・き物なり」〈沙石集・五本〉

しょ-そ【初祖】家系・宗派・流派などの初代。

しょ-そ【書×疏】手紙。書状。

しょ-そう【所相】―サウ「受け身❹」に同じ。↔能相。

しょ-そう【書窓】―サウ 書斎の窓。また、書斎。

しょ-そう【書▽箱】―サウ 書物を入れるはこ。本箱。

しょ-そう【諸相】―サウ いろいろな姿や様子。「現代風俗の一」

しょ-ぞう【所蔵】―ザウ〔名〕スル 自分の所有物としてしまってあること。また、そのもの。「某美術館に一する名品」➡所有(用法)
(類語)有する・所有・所持・保有・収蔵

じょ-そう【女装】ヂョサウ〔名〕スル 男が女の姿をすること。また、その装い。「一して仮装大会に参加する」

じょ-そう【助走】〔名〕スル 陸上競技の跳躍や投擲とうてき、体操競技の跳馬などで、踏み切りや投擲の位置まで勢いをつけるために走ること。「一距離」

じょ-そう【助奏】►オブリガート

じょ-そう【序奏】楽曲で、主要部を導入する役割の部分。イントロダクション。導入部。

じょ-そう【除草】ヂョサウ〔名〕スル 雑草を取り除くこと。草とり。(季 夏)

じょ-そう【除喪】ヂョサウ 喪に服している期間が終わって喪服を脱ぐこと。除服。いみあけ。

じょ-そう【除霜】ヂョサウ〔名〕スル ❶霜の害を防ぐため、植物などに覆いを掛けること。しもよけ。❷電気冷蔵庫の霜取り。(類語)防水・防風・風防・防暑・防寒・防雪・防湿・防砂・防潮・防臭・防腐・防毒・防食・防疫・防縮・防空・防火

じょそう-き【除草器|除草機】ヂョサウ― 除草に使用する器機。(季 夏)「一を押して空知そらちの老父かな/風生」

じょそう-ざい【除草剤】ヂョサウ― 雑草の生育を防除するための薬剤。2,4-Dにーヨンディー、CNP(クロルニトロフェン)、シメトリンなど。

しょ-そく【初速】物体が動きはじめたときの最初の速さ。「銃弾の一」(類語)出足

しょ-ぞく【所属】〔名〕スル 個人や事物などが、ある団体・組織にその一員・一部として加わっていること。「テニス部に一する」(類語)直属・配属・専属・帰属

じょ-ぞく【除族】ヂョ 華族・士族の者がその身分を除かれて平民とされること。

しょ-そくど【初速度】物体が動きだす最初の時点でもっている速度。

しょ-そん【所損】損をすること。損失。「利得と一と比較すれば概して儲が多かりしかば」〈逍遥・当世書生気質〉

しょ-そん【書損】書きそこなうこと。また、そのもの。書き損じ。

しょ-ぞん【所存】心に思うところ。考え。「精いっぱい努力する一です」
(類語)感想・所感・所懐・考え・思い・想念・思念・念ねん・気持ち・感懐・胸懐・心懐・胸中・心中しんちゅう・心事・心情・心境・感慨・万感・偶感・思考・思索・一存

じょそん-だんぴ【女尊男卑】ヂョソン― 女性を男性より尊いとすること。また、そのような社会習慣。↔男尊女卑。

しょぞん-の-ほか【所存の外】考えていたこととは違っていること。意外であること。また、残念であること。「御見参に入らず一に候」〈申楽談儀〉

しょ-た【諸他】他のいろいろの物事。

しょ-たい【所体】►しょてい(所体)

しょ-たい【所帯|▽世帯】《身に帯びているものの意》❶一家を構えて独立した生計を営むこと。また、そのくらし向き。せたい。「一が苦しい」❷住居や生計を同じくする人たちの集合体。せたい。「女一」「大一」「一数」❸所持している財産・領土や、ついている官職など。「一所職を帯する程の人の」〈平家・三〉(類語)家・家庭・内・ホーム・マイホーム・一家・家内・我が家・スイートホーム・ファミリー・家族・お宅・おいえ・おうち・貴家

所帯を持・つ 一家を構えて、独立した生計を営む。また、結婚して家庭をつくる。

しょ-たい【書体】❶字体を基本とした文字の体裁。漢字の楷書・行書・草書・篆書てんしょ・隷書など。活字では、明朝みんちょう体・清朝せいちょう体・宋朝体などや、欧文でのローマン・イタリックなど。➡活字書体 ❷文字の書きぶり。書風。「一にくせがある」(類語)筆致・書風・字・筆跡・手跡・墨跡・手て・筆の跡・水茎の跡

しょ-だい【初代】❶家系・芸道などで、一家を立てた最初の人。また、その人の代。❷その職務に初めて就任した人。第1代。「一の校長」(類語)始祖・元祖

じょ-たい【女体】ヂョ 女性のからだ。にょたい。

じょ-たい【除隊】ヂョ〔名〕スル 兵役を解かれること。「満期で一する」↔入隊。

じょ-だい【序題|序代】(多く漢詩・和歌などの)序文。はしがき。序言。序。「その日の一はやがて貫之のぬしこそは仕うまつり給ひしか」〈大鏡・道長下〉

しょたい-くずし【所帯崩し】―クヅシ 一度持った所帯を解消して、わかれること。また、その人。「乳呑子を背負った一の上さん」〈風葉・青春〉

しょたい-くずれ【所帯崩れ】―クヅレ 結婚した女性が所帯じみてきて新婚当初の魅力を失うこと。「一のない若々しい母親」

しょたい-じ・みる【所帯染みる】〔動マ上一〕考え方、態度などが、所帯持ち特有の生活臭を帯びて、はつらつとした感じがなくなる。「子供がいるのに一・みたところがない」

しょたい-どうぐ【所帯道具】―ダウグ 一家を構えて暮らすのに必要な道具類。たんすや台所道具など。

しょたい-ぬし【所帯主】所帯の中心になる人。せたいぬし。

しょ-だいぶ【諸大夫】❶四位または五位の位階を授けられた者の総称。❷親王・摂政・関白・大臣家などの家司けいしに補せられた者で、四位・五位まで昇進した地下人じげにん。❸武家で、五位相当の者。

しょ-たいめん【初対面】それまで会ったことのない人と初めて顔を合わせること。「一のあいさつ」

しょたい-もち【所帯持(ち)】❶所帯を構えて生計を営む人。❷家計のやりくり。「一がいい女房」

しょたい-やつれ【所帯×窶れ】〔名〕スル 家計のやりくりや家事などで苦労が絶えず、やつれた様子になること。

じょ-だし【序出し】書き出し。発端。まえおき。

しょ-だち【初太-刀】太刀で、最初に切りつけるひと振り。

しょ-だな【書棚】書物をのせる棚。本棚。書架。
(類語)本棚・書架・本箱・本立て

しょ-たん【所短】劣っている所。短所。↔所長。「片眼以て其一を見せしめなば」〈福沢・文明論之概略〉

しょ-だん【処断】〔名〕スル さばいて、はっきり結論を出すこと。きっぱりと決定し処理すること。「一を下す」「事件の責任者を一する」

しょ-だん【初段】❶最初の段階。❷武道・囲碁・将棋などで、最下位の段位。また、その段位を得た人。

じょ-たん【助炭】枠に和紙を張ったもので、火持ちをよくするため、火鉢などを覆う道具。(季 冬)

しょだん-けい【処断刑】法定刑に法律上または裁判上の加重・減軽をする必要のある場合に、加減例を適用して裁定される刑。宣告刑はこの範囲内で言い渡される。

しょ-ち【処置】〔名〕スル ❶その場や状況に応じた判断をし手だてを講じて、物事に始末をつけること。「適切に一する」❷傷や病気の手当てをすること。「虫歯を一する」「応急一」➡処分しょぶん(用法)
(類語)処理・処分・始末

しょ-ち【所知】❶知っている事柄。知られていること。「一撃に一を亡ぼうと云って喜んだ」〈漱石・行人〉❷領有し、支配していること。また、その土地。所領。そち。

しょ-ち【書痴】❶読書ばかりしていて、世の中のことにうとい人。❷書物の収集に熱中している人。ビブリオマニア。

じょ-ち【除地】ヂョ 江戸時代、領主により年貢免除の特権を与えられた土地。よけち。

しょち-いり【所知入り】❶所領を受けた大名・武士などが、初めてその所領に入ること。くにいり。❷歌

舞伎下座音楽の一。殿様の出入りなどに用いる、三味線3挺で演奏する合方。

しょち-しつ【処置室】病院で、診察室とは別に、身体計測、超音波などによる各種の検査や、採血・点滴など、治療上の処置をする部屋。

しょ-ちつ【書×帙】❶和本を包み保護する布張りの覆い。帙。❷書物。本。

しょち-なし【処置無し】〘名・形動〙どうすることもできないこと。始末におえないこと。また、そのさま。「万策尽きた一な状態」〘類語〙駄目

しょ-ちゃく【庶嫡】庶出子と嫡出子。妾腹の子と正妻の子。また、家督をつぐ子とその他の実子。

しょ-ちゅう【書中】書籍・文書・手紙文の中。また、そこに書いてある文句。「一の趣承知致しました」

しょ-ちゅう【書×厨】❶本箱。書棚。❷《「南斉書」陸澄伝から》ただ読書するだけで、その知識を活用する才能のない人。

しょ-ちゅう【暑中】夏の暑さの厳しい期間。特に、夏の土用の18日間。

じょ-ちゅう【女中】❶よその家に雇われて家事の手伝いなどをする女性。現在は「お手伝いさん」という。❷旅館・料理屋で、客への給仕や雑用に当たる女性。❸婦人を敬っていう語。御婦人。❹近世、宮仕えをしている女性。または、武家の殿中に奉公している女性。御殿女中。奥女中。〘類語〙お手伝いさん・メード・家政婦・派出婦・ねえや・ハウスキーパー

じょ-ちゅう【除虫】〘名〙スル 害虫を除き去ること。駆虫。

しょちゅう-うかがい【暑中伺(い)】「暑中見舞い」に同じ。

じょちゅう-ぎく【除虫菊】キク科の多年草。高さ約60センチ。夏、白色で中央が黄色の頭状花をつける。花はピレトリンを多く含み、乾かし粉末にして蚊取り線香や農業用の殺虫剤の原料にする。バルカン半島の原産。のみとりぎく。しろばなむしよけぎく。〘季 夏〙「一島山ちかみ艀来る/桂郎」

しょちゅう-きゅうか【暑中休暇】夏期休暇。夏休み。〘季 夏〙

しょ-ちゅう-ご【初中後】物事の初め・中ごろ・終わりの三段階。中世の芸道、文芸論などで使った用語。「拍子は一へわたるべし」〈花鏡〉

じょちゅう-ことば【女中▽詞】近世、宮中や将軍家などに仕える女性たちの用いた独特の言葉。

じょちゅう-べや【女中部屋】奉公人である女性が寝起きする部屋。

しょちゅう-みまい【暑中見舞(い)】暑中に、親戚・知人などへ安否を尋ねること。また、その手紙。暑中伺い。〘季 夏〙「腐りたる一の卵かな/子規」

しょ-ちょう【初潮】初めての月経。初経。

しょ-ちょう【所長】❶研究所・出張所など、所とよばれる施設の長。❷長じている点。長所。⇔所短。「互に其一を採らずして却て其所短を学ぶ者多し」〈福沢・文明論之概略〉

しょ-ちょう【署長】警察署・税務署など、署とよばれる役所の長。

じょ-ちょう【助長】〘名〙スル ❶力を添えて、ある物事の成長や発展を助けること。また、ある傾向をより著しくさせること。「国際交流を一する」❷《苗を早く生長させようと思った宋の人が苗を引き抜いて枯らしてしまったという「孟子」公孫丑上の故事から》不必要な力添えをして、かえって害すること。〘類語〙荷担・助ける

じょちょく【女直】▶女真

しょ-ちんじょう【初陳状】鎌倉・室町時代の訴訟で、訴人(原告)の最初の訴状に対して、論人(被告)が提出する最初の答弁書。初答状。

しょっ〘接頭〙《「しょ」の促音添加》動詞に付いて、その意味を強める。「一ぴく」「一つくばう」

しょ-つう【初通】初めて手紙をやること。最初の手紙。「一よりして文章命も取るほどに」〈浮・一代女・一〉

しょっ-か【食貨】❶飲食物と貨幣。食物と財貨。❷経済。

しょっ-か【殖貨】財貨をふやすこと。貨殖。

しょっ-か【×燭火】ともしび。あかり。灯火。

しょっ-かい【職階】役所や会社などで、職務内容や責任の度合いなどによって定められた階級。〘類語〙位・地位・格・位置・ポスト・ポジション・椅子・肩書き・役職・役付き・席・等級・序列・官位・官等・階級・身分・グレード・ランク

しょっかい-きゅう【職階給】職階制に基づいて決められる給与。また、その方式。

しょっかい-せい【職階制】大規模な経営組織体で、職務全体を職務の種類および複雑さと責任の度合いによって体系的に分類・整理する計画、またはその制度。

しょっ-かく【食客】❶客の待遇で抱えておく人。しょっきゃく。❷他人の家に居着いて食わせてもらっている人。居候。しょっきゃく。〘類語〙寄食・寄寓

しょっ-かく【触角】昆虫などの節足動物の頭部にある触覚および嗅覚にあずかる器官。形状は糸状・こん棒状・くし状など種類によって異なる。

しょっ-かく【触覚】物に触れたときに生じる感覚。

しょっかく-きかん【触覚器官】接触の刺激を感受する器官。脊椎動物の皮膚に分布する触点、無脊椎動物の触角・触手など。触覚器。触官。

しょっかく-けい【触覚計】皮膚の触覚をはかる計器。コンパスに似た形をし、触れた二点を区別して感知できる最短距離を測定する。

しょっか-し【食貨志】中国の正史の分類の一。経済に関する記録。

しょっ-かん【食間】❶食事と食事との間。「一に服用」❷食事をしている間。食事中。

しょっ-かん【食感】食物を口の中に入れたときに、口の中や喉などで受ける感じ。歯触り、舌触り、喉越しなど。

しょっ-かん【蜀漢】中国、三国の一。正式の国号は漢。後漢滅亡後の221年、蜀(四川)地方を中心に漢の景帝の後裔である劉備が建てた国。都は成都。263年、魏に滅ぼされた。蜀。

しょっ-かん【触官】▶触覚器官

しょっ-かん【触感】物に触れたとき手や肌で受ける感じ。感触。「ごわごわした一」

しょっ-かん【職官】職務と官位。職と官。

しょっかん-け【職官家】昔の官職を専門に研究することを世襲している家。また、その人。有職家。

しょっかん-せいど【食管制度】「食糧管理制度」の略。

しょっかん-ほう【食管法】「食糧管理法」の略。

しょっ-き【食気】▶しょくき(食気)

しょっ-き【食既|×蝕既】日食または月食で、太陽または月が完全に欠けてしまう時。皆既食の始まる瞬間。第二接触。

しょっ-き【食器】食事に使う容器・器具。茶碗・皿・はしなど。「一棚」〘類語〙茶器・酒器

しょっき【続紀】「続日本紀」の略称。

しょっ-き【織機】布を織る機械。手織機・力織機などの別がある。機。機織機。おりき。

ジョッキ《jugから》主にビールを飲むための、柄のついた大形のコップ。〘類語〙コップ・タンブラー・グラス

ジョッキー〘jockey〙競馬の騎手。

しょっ-きゃく【食客】▶しょっかく(食客)

しょっ-きゅう【職級】職階制による官職分類で、最小の単位。職務の複雑さや責任の度合いが同等の官職群。

しょっ-きゅう【職給】職務に対して支払われる給料。

しょっ-きり【初っ切り】相撲で、前夜祭や花相撲、地方巡業などの余興に行う滑稽みのある相撲。

しょっ-きん【×蜀錦】「蜀江の錦」に同じ。

しょっ-きん【×贖金】罪をつぐなうために出す金銭。また、損害を賠償するために支払う金。

ショッキング〘shocking〙〘形動〙思いも寄らないことで、心に強い衝撃を受けるさま。「一な事件」

ショッキング-ピンク《和 shocking＋pink》強い印象を与える鮮明なピンク色。服飾や絵画などに使われる。

しょっきん-さよう【食菌作用】▶食作用

ショック〘shock〙❶人体や物が受ける物理的な衝撃。「一に強い時計」❷予期しない事態にあい、心が動揺すること。衝撃。「一を受ける」❸血液の循環などが急に阻害され、生命が危険な状態となること。「一死」〘類語〙衝撃・打撃・電撃・センセーション

ショック-アブソーバー〘shock absorber〙機械的な衝撃を吸収する装置。自動車では、車台ばねの跳ね返りを抑制して振動の減衰を早める装置。衝撃吸収装置。

ショックウエーブ〘Shockwave〙米国マクロメディア社(現アドビシステムズ社)が開発した、ブラウザー上でマルチメディアデータを再生するためのソフト。

しょ-づくえ【書机】座敷などに座って読書や書き物に使う机。ふづくえ。

ショック-りょうほう【ショック療法】《shock therapy》❶精神障害の治療法の一種。統合失調症や鬱病の患者に対し、ある種の衝撃ないし身体的ストレスを与えることによって症状の緩解をはかる方法。現在では使用頻度は減少しつつある。❷(比喩的に)無気力な、沈滞した状況にある人に強い刺激を与えて奮起させ、活力を取り戻させる方策をいう。「残業禁止という一で能率向上を図る」

ショックレー〘William Bradford Schockley〙[1910〜1989]米国の物理学者。英国の生まれ。半導体物理学を確立し、接合型トランジスタを発明。1956年、J＝バーディーン、W＝H＝ブラッテンとともにノーベル物理学賞受賞。著「半導体物理学」など。

しょっ-け【食気】▶しょくけ(食気)

しょっ-けい【食鶏】食肉用の鶏。食肉用に飼育される若鶏と、採卵の終わった親鶏とがある。

しょっ-けん【食券】食堂などで、それと引き換えに飲食物を提供する券。

しょっ-けん【×蜀犬】中国の蜀(四川省)地方にすむ犬。

蜀犬日に吠ゆ　《蜀は山地で雨の降ることが多く、太陽の出ている時間は少ないので、日が出ると犬が怪しんでほえるという柳宗元の「答韋中立論師道書」によることわざから》無知のために、あたりまえのことに疑いを抱くたとえ。見識の狭い人が賢人のすぐれた言行を疑い、非難するたとえ。

しょっ-けん【職権】職務を行ううえで与えられている権限。公の機関や公務員などがその地位や資格に基づいて一定の行為をなしうる権限およびその範囲。〘類語〙権限

しょっけん-あっせん【職権×斡旋】労働争議が発生したときに、労働委員会の会長の職権によって行われる斡旋。

しょっけん-しゅぎ【職権主義】訴訟法上、当事者よりも裁判所に主導権を認め、裁判所に権限を集中する主義。⇒当事者主義

しょっけん-ほご【職権保護】生活保護を必要とする人が生死にかかわるような差し迫った状況にあるときは、本人の申請を待たずに市町村長が職権で保護を開始すること。生活保護法第25条の規定に基づく。〘補説〙生活保護を受けるには、原則として本人の申請が必要。なお、児童福祉法にも職権による児童の一時保護の規定がある。

しょっけん-めいれい【職権命令】明治憲法下で、法律や勅令に基づいて行政機関が発した省令などの命令。

しょっけん-らんよう【職権濫用】公務員が職務上の権限を越えたり、悪用したりすること。

しょっ-こう【食孔】▶腐食孔

しょっ-こう【蜀江】㊀中国(四川省)蜀の成都付近を流れる川。揚子江上流の一部。㊁「蜀江の錦」の略。

しょっ-こう【×燭光】❶ともし火の明かり。灯火。❷「燭❷」に同じ。

しょっ-こう【織工】織物製造に従事する工員。

しょっ‐こう【職工】ショク コウ ❶工場の労働者。工員。❷手工業に従事する人。職人。類語工員・男工・女工

じょっ‐こう【辱交】ジョク カウ その人と交際があることをへりくだっていう語。辱知じょく ち。

しょっこう‐ぎゆうかい【職工義友会】ショクコウギ イウクワイ 明治30年(1897)高野房太郎・沢田半之助らが労働組合の結成をめざして組織した団体。同年、労働組合期成会に改組。

しょっこうじじょう【職工事情】ショクコウ ジジヤウ 農商務省が工場法立案の基礎資料として作成した、工場の労働事情調査報告書。明治36年(1903)刊。当時の厳しい労働実態を詳細に記録している。

しょっこう‐の‐にしき【×蜀江の錦】ショク カウ ❶《蜀江の水で糸を染めて織ったと伝えられるところから》古代中国の蜀の成都産の精巧な錦。緋地に黄・藍・緑などを交えて、連珠円または格子内に花文・獣文・鳥文などを配した文様のもの。また、主に明代に織られた、八角形の四方に正方形を連ね、中に花文・竜文などを配した文様のもの。蜀錦しょっ きん。❷京都の西陣などで、蜀江文を模して織り出した錦。

しょっこう‐もん【×蜀江文】ショク カウ 蜀江の錦の模様の文様。

しょっ‐こん【×蜀魂】ショク コン《蜀の望帝の魂が化してこの鳥になったという伝説から》ホトトギスの別名。蜀魄しょく はく。蜀鳥。

しょっ‐ちゅう〔副〕《「初中後しょちゅうご」の音変化か》いつも。しじゅう。「一遅刻をする」類語のべつ・絶え間ない

しょっ‐つる【▽塩▽汁】❶調味料の一。イワシ・ハタハタなどを塩漬けにし、魚の成分が溶け合ってどろどろになった汁をこしたもの。秋田特産の魚醬油うおじょうゆ。❷「しょっつるなべ」の略。(季 冬)

しょっつる‐なべ【▽塩▽汁鍋】鍋料理の一。ハタハタなど白身の魚や豆腐・野菜などをしょっつるで味つけしたもの。秋田県の郷土料理。しょっつる貝焼かやき。(季 冬)

しょっ‐てる【▽背▽負ってる】〔連語〕▶しょ(背負)う❸

ショット〖shot〗❶銃などを発砲すること。射撃。❷ゴルフなどで、ボールを打つこと。打球。❸バスケットボールで、シュートのこと。❹映画・テレビ撮影で、カメラが回転し始めてから止まるまでの一操作。また、その撮影されたひと続きの画像。カット。❺生きのままのアルコール飲料。また、その一杯。「一バー」

ジョット〖Giotto di Bondone〗[1266ころ～1337]イタリアの画家。奥行きのある空間と劇的な人間像の表出で中世末期の生硬な定型を脱し、ルネサンスへ至る絵画の新境地を開いた。彫刻・建築でも活躍。

ショットガン〖shotgun〗▶散弾銃さんだんじゅう

ショットガン‐フォーメーション〖shotgun formation〗アメリカンフットボールの攻撃用フォーメーション。クオーターバックがセンターから5～7ヤード離れた地点でスナップを受け、四～五人のパスレシーバーが、散弾のように散らばって展開するもの。

ショットガン‐ほう【ショットガン法】ハフ《shotgun type cloningから》染色体DNA全体から得た断片すべてをベクターにつないでクローン化し、その中から目的の遺伝子を探す方法。

ショットキー‐ダイオード〖Schottky diode〗金属と半導体とを接触させた構造で、接触面に整流作用をもつダイオード。高速・高周波での動作が可能で、マイクロ波帯での変調器や高周波検波器などに利用。ドイツの物理学者W＝ショットキーが発見した理論に基づく。

ショット‐グラス〖shot glass〗ウイスキーやリキュールをストレートで飲むための小さなグラス。

ジョット‐の‐しょうろう【ジョットの鐘楼】〖Campanile di Giotto〗イタリア中部の都市フィレンツェ、サンタマリア‐デル‐フィオーレ大聖堂の隣にあるゴシック様式の鐘楼。高さ約85メートル。1334年にジョットの設計により着工。彼の死後、アンドレア＝ピサーノとフランチェスコ＝タレンティが工事を引き継いで1359年に完成した。大聖堂と同様に、白、赤、緑の大理石を用いている。

ショット‐バー《和 shot＋bar》ウイスキーなどの酒類をグラス1杯単位で飲ませる酒場。

ショット‐ピーニング〖shot peening〗ショットとよぶ鋼製小粒子を強く吹きつけて、ばねなどの金属表面を冷間加工し、硬化させる処理法。

ショットブラスト‐き【ショットブラスト機】《shot-blast machine》多数の小さな鋼球を、遠心ファンによって放射して工作物などの表面に当てる機械。鋳物表面の砂落としなどに用いる。

ジョッパーズ〖jodhpurs〗乗馬ズボンの一。腰からひざまでがふくらみ、ひざ下が細くぴったりしているもの。

ジョッパー‐ブーツ〖jodhpur boots〗乗馬用の半長靴。ジョッパーシューズ。

しょっぱ‐い【▽塩っぱい】〔形〕❶塩味が濃い。塩辛い。「一・い漬物」❷勘定高い。けちである。「一・いおやじ」❸困惑や嫌悪で顔をしかめるさま。「一・い顔をする」派生しょっぱさ〔名〕

類語(❶)塩辛い・からい・辛口・辛め (舌に辛みを感じるさま)ぴりっと・ぴりりと・ぴりぴり・ひりひり/(❷)けち・吝嗇りんしょく・しみったれ・しわい・渋い・細かい・みみっちい (けちな人)けちん坊・しわん坊・握り屋・締まり屋・吝嗇漢・守銭奴しゅせんど・倹約家・始末屋

しょっ‐ぱな【初っ▽端】物事のはじめ。最初。類語序の口・皮切り・口開け・はな・はじめ

じょっ‐ぱり〔名・形動〕(青森、岩手県で)意地を張ること。また、そのさまや、そのような人。意地っ張り。強情っ張り。「一な人」

しょっ‐ぴ・く〔動カ五(四)〕「しょびく」の音変化。「警察に一・かれる」類語捕まえる・捕る・捕らえる・引っ捕らえる・取り押さえる・生け捕る・召し捕る・搦からめ取る・引っ括くくる・捕とらまえる・捕獲する・拿捕だほする・捕縛する・逮捕する・検束する・検挙する・挙げる・ぱくる

ショッピング〖shopping〗〔名〕スル 買い物。買い物をすること。「銀座で一を楽しむ」

ショッピング‐アディクション〖shopping addiction〗買い物依存症。ストレスを衝動的な買い物で発散するケースが多い。

ショッピング‐カート〖shopping cart〗スーパーマーケットなどで、買い物を入れて運ぶための手押し車。

ショッピング‐センター〖shopping center〗1か所であらゆる買い物ができるように、多数の小売店によって計画的につくられた商店街。SC。

ショッピングバッグ‐レディー〖shopping-bag lady〗買い物袋に全財産を入れて持ち歩く女性の浮浪者。バッグレディー。

ショッピング‐モール〖shopping mall〗遊歩道のある商店街。

ショップ〖shop〗商店。小売店。「フルーツ一」「ファンシー一」

ショップガール〖shopgirl〗百貨店などの女子店員。売り子。

ショップ‐せい【ショップ制】労使間の協定により、労働組合の組合員資格と従業員資格を関係させる制度。クローズドショップ・ユニオンショップなどがある。

ショップ‐プランナー《和 shop＋planner》店舗のインテリアのデザインや、商品の構成・陳列などの指導・助言を行う人。

ジョッフル〖Joseph Jacques Césaire Joffre〗[1852～1931]フランスの軍人。元帥。第一次大戦中、マルヌの戦いを勝利に導いた。

しょ‐て【初手】❶物事をするはじめ。最初。しょっぱな。「一から意気込む」❷囲碁・将棋で、最初の手。

しょ‐てい【所体】なりふり。体裁。みなり。風体。しょたい。

しょ‐てい【所定】決められていること。決まっていること。「一の期日までに提出する」類語既定・確定・本決まり・内定・暫定・未定・予定・決定

じょ‐てい【女帝】ヂヨ 女性の皇帝。にょてい。類語女王・クイーン

しょ‐てき【庶▽嫡】▶しょちゃく(庶嫡)

しょ‐てっぺん【初▽天辺】❶いちばん高いところ。頂上。最上。てっぺん。❷最初。しょっぱな。初手しょて。「何でもから一に、おれがさかづきをさしておいた」〈滑・膝栗毛・五〉

しょて‐ゆるし【初手許し】学問・芸道・技芸などの伝授で、最初の段階の免許。初許し。

しょ‐てん【所天】仰ぎ敬う人。人民からは君主、子からは親、妻からは夫をいう。

しょ‐てん【書店】書物を売る店。また、物を出版する店。本屋。類語本屋・書房・書林・書肆しょし

しょ‐てん【書展】書道の展覧会。

しょ‐てん【暑天】夏の暑い日。暑い天気。炎天。

しょ‐てん【諸天】仏語。❶多くの天上界。欲界六天・色界十八天・無色界四天をあわせた三界二十八天の総称。❷天上界にあって仏法を守護する諸神。

しょ‐てん【諸点】多くのいろいろな箇所。

しょ‐てん【×曙天】明け方の空。暁天ぎょうてん。

しょ‐でん【初伝】❶最初の伝来。❷学問・芸道などで、最初に伝授される段階のもの。初級の伝授。

しょ‐でん【初電】❶その日の始発電車。❷あることについての最初の電報。

しょ‐でん【所伝】文書や口伝えによって、古くから伝えられてきたこと。また、物が代々伝わってきたこと。「一によれば」「当家一の古文書」

しょ‐でん【書伝】❶書経の伝統的な注釈書。❷古人が書き残した書物。また、その注釈書など。「徒いたずらに一を学びて、其の母を養はず」〈霊異記・上〉

じょ‐でん【除田】ヂヨ 荘園制下で、課税の対象とならない田地。荒田・寺田・神田など。⇔定田じょうでん。

じょ‐てんいん【女店員】ヂヨテン ヰン 女子の店員。

しょてん‐さんぼう【諸天三宝】❶天界の諸神と、仏・法・僧の三宝。❷「諸天三宝にかけて」の意の誓いの言葉。必ず、きっとの意。「道理が立たずば、一、言葉の下に討って捨つるぞ」〈浄・西王母〉

しょ‐と【書×蠹】❶書物の紙を食い荒らす虫。しみ。❷読書するだけで、その知識を活用できない人を、あざけっていう語。

しょ‐ど【初度】物事の第1回目。初回。最初。

しょ‐とう【初冬】❶冬の初め。はつふゆ。(季 冬)❷陰暦10月の異称。孟冬もうとう。

しょ‐とう【初唐】タウ 中国、唐代の文学史を4期に区分した、その第1期。唐初の618年から、玄宗の即位前年(712)までの約100年。前代の南朝風の繊弱な宮廷詩の影響も残るが、律詩の定型が完成され、次の盛唐期を準備した。詩人に、初唐四傑と称される王勃おうぼつ・楊炯ようけい・盧照鄰ろしょうりん・駱賓王らくひんのうらがいる。➡盛唐 ➡中唐 ➡晩唐

しょ‐とう【初等】学問・教育などの最初の段階・等級。初級。類語初歩・第一歩

しょ‐とう【初頭】ある時代・時期の初めのころ。「今世紀の一」類語当初・初期・始期・頭初とうしょ・はじめ

しょ‐とう【所当】タウ ❶中世、割り当てられて官または領主に納める物品。❷相当すること。適当。「一の罪科おこなはれん上は」〈平家・二〉

しょ‐とう【書刀】タウ ❶古代中国で、文字を書くための竹簡を削るのに用いた刀。❷紙を切る小刀。紙切り小刀。ペーパーナイフ。

しょ‐とう【書×套】タウ 書物を包む覆い。書帙しょちつ。

しょ‐とう【×蔗糖】タウ サトウキビ・サトウダイコンなどから抽出される糖。ぶどう糖と果糖とが結合した二糖類。化学式$C_{12}H_{22}O_{11}$　サッカロース。

しょ‐とう【諸島】タウ 多くの島。また、一定の範囲内に散在している多くの島々。「伊豆一」類語島・群島・列島・島嶼とうしょ・アイランド

しょ‐とう【諸等】種々の等級。

しょ‐どう【初動】❶最初に起こす行動や動作。❷地震の、初期微動。

しょ‐どう【所動】他から働きかけられること。受け身。受動。「真の純粋経験とは単に一的ではなく」〈西田・善の研究〉⇔能動。

しょ‐どう【書堂】ダウ 読書のための部屋。書斎。「一に帷いを下し、終日書を読み」〈織田訳・花柳春話〉

しょ‐どう【書道】ダウ 毛筆によって書の美を表そうとする芸術。中国で古くから発達。日本に伝来し、平安時代に草仮名がつくられたことと相まって独自の発展を遂げ、世尊寺流・持明院流・定家流・青蓮院しょうれんいん

院流などの流派が生じた。〔類語〕習字
しょ-どう【諸道】ｼｮﾀﾞｳ ❶いろいろな学芸・芸道。諸芸。「―に通じた人」❷いろいろのこと。万事。
じょ-どう【女童】ﾁﾞｮ 女の子供。童女。
しょとう-かんすう【初等関数】ｸﾜﾝｽｳ 微分積分学で、基本的であると考えられる関数。代数関数と三角関数・指数関数・対数関数など。
しょとう-きょういく【初等教育】ｹｳｲｸ 初歩的・基本的な普通教育。日本では、小学校における教育をさす。
じょ-どうし【助動詞】品詞の一。付属語のうち、活用のあるもの。用言や他の助動詞について叙述を助けたり、体言、その他の語について叙述の意味を加えたりする働きをする。
しょ-とうじょう【初答状】ｼｮﾀﾌ ｼﾞﾔｳ ▶初陳状しょちんじょう
しょとう-しょうねんいん【初等少年院】ｾｳﾈﾝｷﾞﾝ 心身に著しい故障のない、おおむね12歳以上16歳未満の者を収容する少年院。
しょ-とうすう【諸等数】▶複名数
しょとう-すうがく【初等数学】数学の初等の部門。ふつう、算術・二次方程式までの代数学、ユークリッド幾何学・平面三角法などをいう。
しょどう-そうさ【初動捜査】ｻｳｻ 捜査の段階で、最初のもの。事件発覚直後の捜査活動。
しょとう-ふつうきょういく【初等普通教育】ｹｳｲｸ「初等教育」に同じ。
しょ-とく【所得】❶その身に得ること。また、得たもの。「其落付を品性と教育からのみ来た―とは見做し得なかった」〈漱石・彼岸過迄〉❷一定期間に、個人・法人が勤労・事業・資産などによって得た収入からそれを得るのに要した経費を控除した残りの純収入。「課税―」〔類語〕収入・稼ぎ・実入り・定収・入金・収益・入り・実収・現収・月収・年収・歳入・インカム
しょ-とく【書×牘】手紙。書簡。書状。〔類語〕書信・書面・紙面・信書・私信・私書・書上・状・一書・手書・親書・手簡・書札・尺牘・雁書・消息・便り・文・玉章・レター・封書・はがき・絵はがき・郵便
しょ-とく【諸徳】❶さまざまな徳。❷多くの徳の高い僧。
じょ-とく【女徳】ﾁﾞｮ 女性に備っている徳性。また、女性として身につけておくべき徳。婦徳。
じょ-どく【除毒】ﾁﾞｮ〔名〕ｽﾙ 毒を取り除くこと。「フグの―処理」「汚染された水を―する」
しょとく-こうか【所得効果】ｶｳｸﾜ 所得の変化が各財の需要に及ぼす影響。
しょとく-こうじょ【所得控除】ｺｳﾁﾞｮ 課税所得金額を算出するにあたり、所得金額から一定の金額を控除すること。基礎控除・扶養控除・社会保険料控除など。
しょとく-さいぶんぱい【所得再分配】▶富の再分配
しょとく-ぜい【所得税】個人の所得に対して課される国税。
しょとくぜい-ほう【所得税法】ﾊﾌ 所得税について定めた法律。明治20年(1887)制定。昭和15年(1940)に法人税法が所得税法から独立。➡租税法
しょとく-たい【書×牘体】手紙に用いる文体。日本では候文体そうろうぶんたい。書簡体。
しょとく-だいたいりつ【所得代替率】公的年金の給付水準を示す数値。モデル世帯(夫婦二人)の年金月額が現役世代の男性の平均月収の何パーセントになるかで示す。例えば、平成21年(2009)現在、現役世代男性の平均月収約35万8000円に対しモデル世帯の年金額は22万3000円で所得代替率は62.3パーセントになる。
しょとく-ぶん【書×牘文】書牘体の文章。書簡文。
しょとくほしょう-ほけん【所得補償保険】ｼﾔｳ 自営業者・個人事業者・サラリーマンなど、労働により収入を得ている者が、病気やけがにより働けなくなった場合、収入の減少を塡補するための保険。労働によって収入を得ている人が対象になるので、無職の人や年金生活者、また、利子・配当・不動産所得によって生計を立てている者は対象外。➡収入保障保険
しょ-ない【署内】警察署・税務署・消防署など、「署」のつく機関・建物などの内部。
ジョナ-ゴールド〖Jonah Gold〗アメリカ原産のリンゴの一品種。紅玉とゴールデンデリシャスの交配により作り出された。甘酸っぱく果肉は緻密。
しょ-なぬか【初七日】「しょなのか(初七日)」に同じ。
しょ-なのか【初七日】《「しょなぬか」の音変化》人の死んだ日を含めて、数えて7日目の日。また、その日に営む法要。しょしちにち。しょなぬか。
じょな-め・く〔動カ四〕なまめかしい様子をする。はでに飾りたてる。「やまとことばで―・く御姫様方」〈滑・阿多福仮面〉
じょ-なん【女難】ﾁﾞｮ 男性が女性に好かれることによって身に受ける災難。女禍。「―の相」
〔類語〕火難・剣難・盗難
じょ-にだん【序二段】相撲で、三段目の次位、最下位の序の口より一段上。
しょ-にち【初日】演劇・相撲などの興行物や展覧会などの最初の日。しょじつ。
初日が◦出る　相撲で、負け続けていた力士が初めて勝つ。初日を出す。「夏場所五日目に―◦出る」
しょ-にゅう【初乳】分娩ぶんべん後の数日間に分泌される乳。たんぱく質・脂肪・ミネラルや免疫物質を含む。
しょ-にゅうひ【諸入費】ﾆﾌﾋ 必要ないろいろの費用。諸費用。
しょ-にん〔名・形動〕《近世江戸語》意地の悪いこと。薄情なこと。また、そのさま。「おためごかしな―な奴はおつき合はねえ」〈洒・仲街艶談〉
しょ-にん【初任】初めて官職に任ぜられること。初めて就職すること。
しょ-にん【庶人】▶しょじん(庶人)
しょ-にん【諸人】多くのいろいろな人。しょじん。
じょ-にん【叙任】〔名〕ｽﾙ 位階を授け、官職に任ずること。「一等官に―せられる」
しょにん-きゅう【初任給】ｷﾌ 初めて任官された人や就職した人に支給される給料。また、その金額。初給。
しょ-ねつ【暑熱】夏の暑さ。炎暑。炎熱。〔季 夏〕〔類語〕猛暑・暑気・酷暑・極暑・激暑・厳暑・炎暑・大暑・暑さ・炎熱・酷熱・温気うんき・向暑・残暑
しょ-ねん【初年】❶物事の初めの1年。第1年。❷ある年代の初めのころ。「明治の―」
しょ-ねん【初念】初めに心に決めたこと。初一念。初志。「―を貫く」
しょ-ねん【所念】心に思っていること。所懐。
しょねんじ-きょういく【初年次教育】ｹｳｲｸ 大学入学直後の学生を対象に行われる導入期教育。レポートの書き方、ディベート、文献資料の検索、教職員とのコミュニケーションなど大学での学問に必要な知識や技術、大学生に求められる常識・生活態度などを身につけるためのプログラムが組まれている。1970年代に米国の高等教育機関で導入され、日本でも多くの大学が採用している。
しょねん-へい【初年兵】旧陸軍で、入隊してから1年未満の兵。
じょ-の-くち【序の口】❶物事の始まったばかりのところ。「暑さはほんの―だ」❷相撲で、いちばん下に記される地位。序二段の下。
〔類語〕しょっぱな・皮切り・口開け・はな
じょ-の-まい【序の舞】ﾏﾋ ❶能の舞事まいごとの一。初めに序の部分がある静かで典雅な舞。また、その囃子はやし。笛地に大鼓・小鼓および太鼓ではやす。三番目物のシテの優美な女性などが舞う。❷歌舞伎下座音楽の一。時代物の貴人の邸の場などで、人物の出入りやせりふの間に用いる静かな鳴り物。大鼓・小鼓・太鼓ではやす。
しょ-は【諸派】いろいろな党派・流派・分派。特に、大きな党に対して、小さな党派をまとめてよぶ称。
しょ-ば【所場】《「ばしょ(場所)」を逆さ読みにした語》場所。露店商などが商売をする場所。「―代」
ジョバー〖jobber〗証券取引所(金融商品取引所)において、売買注文に買い(売り)向かう業者。証券取引所の場内仲買人。
しょ-はい【書肺】クモ類に特有な呼吸器官。腹部にあり、葉状のものが重なってできている。肺書。
しょ-はかせ【書博士】律令制で、大学寮の職員。書法を教授した。ふみのはかせ。
じょ-は-きゅう【序破急】ｷﾌ ❶雅楽で、楽曲を構成する三つの楽章。初部の「序」は緩徐で拍子に合わず、中間部の「破」は緩徐で拍子に合い、終部の「急」は急速で拍子に合う。❷芸能における速度の3区分。「序」はゆっくり、「破」は中間、「急」は速く。講談などの話のテンポ、邦楽などの演奏のテンポなどにいう。❸芸能における演出上の3区分。「序」は事なくすらすらと、「破」は変化に富ませ、「急」は短く軽快に演ずる。能・舞踊などでいう。❹能や浄瑠璃などで、脚本構成上の3区分。「序」は導入部、「破」は展開部、「急」は結末部。❺能などで、番組編成上の3区分。五番立ての番組で、脇能を「序」、二番・三番・四番目を「破」、五番目を「急」とする。❻連歌・俳諧で、一巻ひとまきの運びを規制した形式・原理。「序」は無事に静かに、「破」は曲折に富んでおもしろく、「急」はさらさらと軽くつけ終わるべしとするもの。❼すべての物事の、始め・中なか・終わり。物事の展開してゆく流れ。「話に―の変化をつける」
じょは-すいみん【徐波睡眠】睡眠状態で、脳波に大きくゆるやかな波が現れる深い眠り。
しょ-はつ【初発】❶初めて発すること。物事の起こりはじめ。しょほつ。「真に其―の出所を詳にす可らず」〈福沢・文明論之概略〉❷電車などの、始発。
〔類語〕一番・第一・真っ先・最初・先頭・いの一番・トップ・初め・一次・原初・嚆矢こうし・手始め・事始め・まず
しょ-ばつ【処罰】〔名〕ｽﾙ 罪に相当する罰を加えること。罰すること。「違反者を―する」
〔類語〕成敗・制裁・厳罰・仕置き・懲戒
じょ-ばつ【除伐】ﾁﾞｮ 幼齢林の手入れとして、不要な樹木を切り除くこと。
しょ-はん【初犯】初めて罪を犯すこと。また、初めて犯した罪。➡再犯 ➡累犯
しょ-はん【初版】刊行された書物の最初の版。また、その本。第1版。「―本」〔類語〕新版・初刷り
しょ-はん【諸般】いろいろの事柄。さまざま。種々。「―の事情を考慮する」〔類語〕万般・百般
しょ-ばん【初番】初めの番。順番の初め。〈日葡〉
しょ-ばん【諸×蕃】古代、氏族を類別した呼称の一。中国・朝鮮から渡来したと称する諸氏。秦はた氏・漢あや氏・百済くだら氏など。蕃別。➡皇別 ➡神別
ショパン〖Fryderyk Franciszek Chopin〗[1810～1849]ポーランドの作曲家・ピアニスト。独特なピアノ書法による華麗で優雅な旋律で、独創的境地を開き、ピアノの詩人とよばれる。作品にポーランド民族音楽の特質を生かしたポロネーズやマズルカのほか、ピアノソナタ・前奏曲・練習曲・夜想曲など。
じょ-ばん【序盤】❶囲碁・将棋で、対局開始後の、碁では布石、将棋では駒組みの段階。また、その局面。➡中盤 ➡終盤 ❷ひと続きの物事のはじめの段階。「選挙戦は―を迎えたばかりだ」➡中盤 ➡終盤
しょばんし【諸蕃志】中国の地理書。2巻。南宋の趙汝适ちょうじょかつ撰。1225年ごろ成立。東南アジア・インド・西南アジア・アフリカなどの諸国について、地理・社会・風俗・物産や通商などを述べている。
しょ-ひ【書皮】《「本の表紙」の意》書店で、本のカバーとして掛けてくれる紙。日本だけの習慣という。ブックカバー。
しょ-ひ【諸費】いろいろな費用。さまざまな経費。諸入費。「―がかさむ」
しょ-ぴ・く〔動カ五(四)〕《「そび(誘)く」の音変化か》❶無理やりに引っ張って連れて行く。しょっぴく。「五歳いつつばかりの女の子を―・くようにして」〈風葉・青春〉❷犯人などを警察へ連行する。しょっぴく。「すりを―・く」
しょ-ひつ【初筆】❶物を書く場合の、最初の一筆。❷「しょふで(初筆)」に同じ。
じょ-ひつ【助筆】他人の文章に文辞を加えて、文章を直すこと。加筆。
じょひ-の-り【除比の理】ﾁﾞｮ 比例式に関する定理の一。$a:b=c:d$が成り立つとき、$(a-b):b=(c-d):d$

も成り立つということ。
しょ-ひょう【書票】 ►蔵書票
しょ-ひょう【書評】 書物について、その内容を紹介・批評した文章。
しょ-びょう【諸病】 いろいろな病気。万病。
じょ-びらき【序開き】 ❶物事の始まり。発端。「日本の外交の一でこそあれ」〈福沢・福翁自伝〉 ❷江戸時代の歌舞伎で、三番叟・脇狂言の次に演じられた一番目狂言の最初の一幕。本筋と無関係な短い喜劇で、下級役者が演じた。
しょ-びん【初便】 ❶初めて出した、または受け取った便り。❷航空機・船舶などが、ある航路に初めて出航すること。「日中航路の一」
しょふ【書譜】 中国、唐代の書論。孫過庭著。著者真跡と伝えられ、草書の手本として珍重される。
ジョブ〖job〗❶仕事。「一ローテーション」❷コンピューターにおける作業の単位。一連のプログラムのうちで、一つのまとまりとして処理される業務。
しょ-ふう【書風】 文字の書きぶり。主に毛筆で書かれたものをいう。書体。類語 筆致・書体
ジョブ-エンリッチメント〖job enrichment〗職務充実。F=ハーズバーグが提唱した従業員のモチベーションを上げるための職務再設計に関する概念。仕事自体の質を充実させ、責任・権限や自由裁量を持たせるなど職務内容の拡大を意味する。
ジョブ-カード〖job card〗求職者が、キャリアコンサルタントに相談して作成する文書。職務経歴・学習歴・訓練歴・免許・資格・職業能力証明書などからなる。コンサルタントによる客観的な評価で求職活動を円滑に進めるのがねらい。平成20年(2008)より導入。➡ジョブカード制度 補説 政府の「成長力底上げ戦略」の一環。
ジョブカード-せいど【ジョブカード制度】《「職業能力形成システム」の通称》企業現場・教育機関などで実践的な職業訓練を受け、修了証(職業能力証明書)を得て、これらを就職活動などに活用する制度。労働人口が減少する中、さまざまな事情で職業能力を形成する機会に恵まれなかった人が、より高い資格・能力を身につけることで、安定的な雇用を確保できるようにするもの。平成20年(2008)より導入。
しょ-ふく【初伏】 三伏の一。夏至ののち、三度目の庚の日。➡中伏 ➡末伏
しょ-ふく【書幅】 書を掛け物としたもの。書軸。
じょ-ぶく【除服】 喪の期間が終わって、喪服を脱ぐこと。また、喪が明けること。いみあけ。
ジョブ-コントロール〖job control〗コンピューターを利用するとき、プログラムの実行手順や、周辺機器の接続状況などをユーザーが指示すること。
ジョブ-シェアリング〖job-sharing〗一人分の仕事を、特定の複数の労働者で分担し、全体の成果から評価を受ける制度。主に正社員の勤務形態を多様化し、女性や高齢者など、より多くの労働者に雇用機会を与えるために行われる。➡ワークシェアリング
しょ-ふつ【煮沸】〔名〕スル ►しゃふつ(煮沸)
しょ-ぶつ【諸仏】 いろいろの仏。
しょ-ぶつ【諸物｜庶物】 ❶いろいろな物。さまざまの事物。「一に心を配る」❷呪物。「一崇拝」
しょぶつるいさん【庶物類纂】 江戸時代の本草学書。1000巻。稲生若水著の362巻本に、丹羽正伯らが638巻を追加し、延享4年(1747)成立。中国の古典籍などから、動物・植物・鉱物についての記事を集め、分類して実物により検証したもの。
しょ-ふで【初筆】 ❶いちばん初めに書き記すこと。❷一番であること。第一であること。筆頭。「(赤十字社支部ニ)村の一に入社ったのさ」〈木下尚江・良人の自白〉 ❸歌舞伎の番付や看板に一座の俳優の名を列記するとき、いちばん初めに書き出す俳優。また、その地位。書き出し。➡留筆
ジョブ-ホッピング〖job-hopping〗少しでもいい条件を求めて、職場を転々と変えること。
ジョプリン〖Scott Joplin〗[1868～1917]米国のピアニスト・作曲家。ジャズの源となったラグタイムピアノの代表的人物。作品に「メイプルリーフ-ラグ」など。
ジョブ-ローテーション〖job rotation〗計画的異動。社員の職場を定期的に変え、さまざまな職務を経験させることによってマンネリズムを避けながら、社員の職能を高め、企業として将来必要な人材、各種の専門家・技術者の育成を図る制度。
ショプロン〖Sopron〗ハンガリー北西部の町。ドイツ語名エーデンブルク。オーストリアとの国境近くに位置する。古代ローマ時代よりスクラバンティアとよばれ、交通の要衝として栄えた。オスマン帝国に攻撃されなかったため、他のオスマン帝国領から移住者が集まり発展。17世紀に大火に見舞われたが、のちにバロック様式で再建された建造物が数多く残っている。ケークフランコシュという赤ワインの産地として有名。作曲家フランツ=リストの生地。
しょ-ぶん【処分】〔名〕スル ❶取り扱いを決めて物事の決まりをつけること。処理。「書生下女を差図して家事を一し」〈鉄腸・花間鶯〉 ❷規則・規約などを破った者に罰を加えること。処罰。「一を受ける」「違反者を厳重に一する」「懲戒一」❸不要なものや余分なものなどを、捨てる、売り払う、消滅させる、など適当な方法で始末すること。「古いノートを一する」「家を一する」❹㋐公法上、具体的事実や行為について、行政権または司法権を作用させる行為。行政処分・強制処分・保護処分など。㋑私法上、処分行為のこと。
用法 処分・処理・処置――「処分(処理・処置)の方法を考える」のように、物や物事の扱いを決める意では相通じて用いられる。◇「処分」を人に対して使う場合は、「停職処分とする」のように違反・違法行為をした者に罰を加えること。物についていう場合は捨てたり手放したりする意で、「古い家具を処分した」のように用いる。これらは「処理」「処置」では置き換えられない。◇「処理」は「種なしぶどうはホルモン剤で処理される」「汚水処理」「事故の処理が終る」のように物に対して何等かの手を加え、それまでとは違った形にしたり、片づけたりすることで、人に対しては使わない。◇「処置」は「処理」と似ているが、「処理」より一時的で、その当座の扱い、当面の手当ての意が強い。また、物にだけでなく、人にも使うことができる。「けがの応急処置をする」「罹災者には緊急保護の処置を取った」などの場合、「処分」「処理」では置き換えられない。
じょ-ぶん【序文｜叙文】 書物の初めに、著作や出版の趣旨などを書き記した文章。はしがき。序。
類語 序・はしがき・前書き・序言・緒言・序章・前付け・前置き・前文・プロローグ
しょぶんけん-しゅぎ【処分権主義】 民事訴訟において、当事者が自ら訴訟の解決を図り、訴訟を処分することができるとする主義。例えば、訴えの取り下げ、裁判上の和解などができること。
しょぶん-こうい【処分行為】 財産の現状または性質を変更したり、家の売買などのように財産権の法律上の変動を生じさせたりする行為。➡管理行為
しょぶん-のうりょく【処分能力】 物または権利の処分をすることができる法律上の能力。
しょ-へき【書癖】 ❶本を読みたがる癖。読書を好む性癖。❷本を買い集める癖。書籍の収集癖。❸文字の書き癖。筆ぐせ。
ショベル〖shovel〗►シャベル
ショベル-ローダー〖shovel loader〗車両前方にパワーショベルを備え、土砂などの積み込みに用いる作業車。
しょ-へん【初編｜初篇】 いくつかの編からなる書物の初めの一編。
しょ-へん【所変】 神仏や鬼・霊などがこの世に姿をかえて現れること。また、その姿。化現。「鬼神の一なども見顕されけるとかや」〈十訓抄・六〉
しょ-へん【諸辺】 いろいろの方面・場所・分野。
しょ-べん【処弁｜処辨】〔名〕スル 方針を決めて取り計らうこと。処理すること。「一切の事を、一するの全権を、委任せり」〈竜渓・経国美談〉
じょ-へんすう【助変数】 ►媒介変数
しょ-ほ【初歩】 学問・技術・芸事などの習いはじめ。初学。手はじめ。「ドイツ語を一から学ぶ」
類語 初等・第一歩・基本・大本・基礎・いろは・ABC・根本・根幹・中心・根底・基・土台・下地
しょ-ほ【書舗｜書鋪】 書物を売る店。書店。本屋。書肆。
じょ-ほ【徐歩】〔名〕スル ❶静かにゆっくりと歩くこと。「路傍の草花を観賞しながら一し去る時」〈織田訳・花柳春話〉 ❷昔、節会の際の作法。足を普通に交互に踏み出して静かに重々しく歩く歩き方。
しょぼ-い〔形〕元気がなく、さえない。貧相である。みすぼらしい。ぱっとしない。「一・い顔をするな」「一・い服装」「中身のない一・い小説」
しょ-ほう【処方】〔名〕スル ❶物事を処理する方法。処法。てだて。❷医師が患者の病状に応じて、薬の調合と服用法を指示すること。「解熱剤を一する」
類語 調剤・調合・調薬・配剤
しょ-ほう【書法】 ❶漢字・仮名などの文字の書き方。筆法。❷文章の書き方。文章表現の特徴。文体。❸記号などの、書き表し方。「楽譜の一」
しょ-ほう【諸方】 さまざまな方面・場所。あちこち。ほうぼう。「一に古寺をたずね歩く」
しょ-ほう【諸法】 仏語。この世に存在する有形・無形の一切のもの。万法。万有。諸有。
しょ-ぼう【書房】 ❶書斎。❷書店。本屋。
じょ-ほう【助法】 中国、殷・周代の土地制度。井田法で1区当たり70畝を9区に分け、外部の8区を私田として8家に分給し、中央の公田を8家に協力耕作させ、その収穫を官に納入させる制度。
じょ-ほう【叙法】 ❶言い表し方。文章などの叙述の方法。❷叙位の方法。位階を授けるやり方。❸《mood》「法❻」に同じ。
じょ-ほう【除法】 ある数や式を零以外の他の数や式で割って商を求める計算法。割り算。⇔乗法。
しょほう-かんさ【処方監査】 医師が処方した薬剤が適切かどうか、薬剤師が処方箋を確認すること。薬剤師法第24条に「薬剤師は、処方せん中に疑わしい点があるときは、その処方せんを交付した医師、歯科医師又は獣医師に問い合わせて、その疑わしい点を確かめた後でなければ、これによって調剤してはならない」と規定されている。➡疑義照会 補説 薬剤師は調剤や薬剤の提供を行う場合、処方監査として、処方箋の記載事項(患者の氏名・性別・年齢・医薬品名・剤形・用法・用量・投与期間など)や、患者情報・薬歴に基づく処方内容(重複投与・投与禁忌・相互作用・アレルギー・副作用など)の確認を行うことが求められている。
しょほう-じっそう【諸法実相】 仏語。あらゆる事物・現象がそのまま真実の姿であるということ。
しょほう-せん【処方箋】 医師が、患者に投与する薬について薬剤師に与える指示書。
しょほう-やく【処方薬】 ►医療用医薬品
じょほう-やく【徐放薬】 内容成分が徐々に放出されて効果が持続するように作られた薬剤。
ジョホール〖Johore〗マレーシア西部の州。州都ジョホールバール。ジョホール海峡をはさみ、対岸にシンガポールがある。
じょ-ぼく【如木】《「じょもく」とも》のりを強くきかした装束。また、のちに転じて、勅使行列のときに白張りを着、立て烏帽子・紅袴をつけて帯剣し、履・傘などを持って公卿の供をした雑色。「金銀を展べたる一の雑色」〈太平記・二四〉
しょぼくな-い〔形〕文しょぼくな・し〔ク〕《「ない」は意味を強める接尾語》雨や露にぬれて哀れな感じである。転じて、みじめな感じがするさま。「伸子は、一瞬間前の一・い自分を忘れた」〈宮本・伸子〉
しょぼ-く・れる〔動ラ下一〕元気がなく、みじめなようすである。「一・れた格好」
しょぼ-しょぼ〔副〕スル ❶雨があまり激しくなく降りつづくさま。「雨が一(と)降り続く」❷疲れなどで、目をはっきりあけられず、しきりにまばたきをするさま。「眠くて目が一(と)する」❸力が衰えて、見るからにわびし

そうなさま。「—(と)した後ろ姿」
(類語)しとしと・ぼつぼつ・ぱらぱら・ばらばら・ざあざあ
しょぼ-た・れる〔動ラ下一〕❶「しょぼ濡ぬれる」に同じ。「傘も差さずに、—・れて歩く」❷生気がなく、しょんぼりする。意気消沈する。しょぼくれる。「しかられて—・れる」❸服装などがみすぼらしく見える。「—・れた、よれよれのコート」(類語)濡れる・湿る・潤う・湿す・濡らす・潤す・濡れそぼつ・湿気る・潤む・じめつく・じとつく・そぼつ・そぼ濡れる・潮たれる
しょ-ほつ【初発】►しょはつ(初発)❶
しょぼ-つ・く〔動カ五(四)〕❶雨がしょぼしょぼと降る。「霧雨の—・く日」❷目がしょぼしょぼする。「疲れた目を—・かせる」
しょ-ほっしん【初発心】初めて菩提ぼだいを求める心を起こして仏門に入ること。「高尾殿の替りに死せしお幾が為の—」〈浄・先代萩〉
しょほ-てき【初歩的】〔形動〕学問・芸道・技術などで、習得が初期の段階にあるさま。「—な質問」
しょぼ-ぬ・れる【しょぼ×濡れる】〔動ラ下一〕図しょぼぬ・る〔ラ下二〕雨などに、隅々までぬれる。そぼぬれる。「むらさめに—・れて歩く」(類語)湿る・潤う・湿す・濡らす・潤す・濡れそぼつ・湿気る・潤む・じめつく・じとつく・そぼつ・しょぼたれる・潮たれる
しょ-ほん【諸本】同一の作品で、改変や誤記などによって異なる箇所のある、写本・刊本の総称。
じょ-ほん【序▽品】《「品」は章の意。「じょぼん」とも》❶経典の前書きの部分。その経典の因縁・成立などを記した章。❷「法華経」二十八品のうちの第一品。釈迦しゃかが「法華経」開説の理由を述べた章。
しょぼん-と〔副〕スル 元気をなくして、弱々しく寂しげに見えるさま。「しかられて—している」
しょ-まい【×糈米】神に供えるために洗い清めた白米。くましね。かしよね。洗米。
しょ-まく【初幕】芝居の最初の幕。第一幕。
じょ-まく【序幕】❶芝居の最初の幕。❷物事の始まったばかりのところ。「大会の—を飾る大熱戦」
じょまく-しき【除幕式】ヂョマク— 銅像・記念碑などが完成したとき、掛けてある幕を取り除いて公開する、祝いの儀式。
じょ-みゃく【徐脈】心臓の拍動の緩やかなもの。ふつう、1分間の脈拍数が60以下の場合をいう。➡頻脈
じょみゃくせい-ふせいみゃく【徐脈性不整脈】心拍数が遅くなる不整脈。1分間に50回以下となるものをいう。心臓を一定のリズムで拍動させる電気刺激を発生する洞結節の異常によって生じる洞不全症候群(洞徐脈・洞停止・洞房ブロックなど)と、洞結節で発生した電気刺激が心室に伝わらなくなる房室ブロックがある。症状によってペースメーカー(PM)による治療が必要となる場合がある。➡頻脈性不整脈
しょ-みん【庶民】世間一般の人々。特別な地位・財産などのない普通の人々。「—の文化」「—の暮らし」(類語)大衆・民衆・公衆・マス・平民・民草たみくさ・常民・人民・市民・勤労者・生活者・一般人・市井しせいの人・世人せじん・俗衆・群衆
しょみん-かいきゅう【庶民階級】—カイキフ 特別の地位や権力などをもたない一般の人々。一般大衆。
しょみん-ぎんこう【庶民銀行】—ギンカウ 質屋のこと。一六いちろく銀行。
しょみん-きんゆう【庶民金融】個人に対して行う小口の金融。
しょみん-てき【庶民的】〔形動〕❶庶民の生活に合っているさま。「—な店」❷気質・言動などが、庶民のそれに近いさま。「—な人柄」
しょ-む【処務】事務の処理。また、処理すべき事務。「—規定」
しょ-む【所務】❶つとめ。役目。❷中世、職務またはそれに伴う得分。
しょ-む【庶務】種々雑多な事務。「—係」
しょ-む【署務】警察署・税務署など、「署」という呼び名の役所の事務。
しょむ-さた【所務沙汰】鎌倉・室町時代、所領問題に関する訴訟の裁判。
しょ-むずかし・い【しょ難しい】—むづかしい〔形〕《「しょ」は強意の接頭語。近世江戸語》いやにむずかしい。しちめんどうくさい。「なぜまた、そんな—・い事を言ったもんだらう」〈滑・浮世床・初〉
しょむ-わけ【所務分け】遺産分配。かたみわけ。「—の大法は、たとへば千貫目の身代なれば、惣領そうりやうに四百貫目、居宅に付けて渡し」〈浮・胸算用・二〉
しょ-めい【書名】書物の題名。本の名。「—索引」(類語)題名・題・題目・題号・標題・表題・内題・作品名・書目・編目・タイトル
しょ-めい【署名】〔名〕スル 本人が自分の名を書類などに書くこと。また、その書かれたもの。「契約書に—する」(類語)記名・サイン・落款らっかん
じょ-めい【助命】命を助けること。「—を嘆願する」
じょ-めい【除名】ヂョ—〔名〕スル ❶名簿などから、その名前を除き去ること。団体などで、その構成員としての資格を奪うこと。「会費の滞納者を—する」「—処分」❷古代、律に定めた付加刑。重罪を犯した官人の位階・勲等を6年間剥奪した。
(類語)追放・放逐・破門・排斥・排他・シャットアウト
しょめい-うんどう【署名運動】ある特定の問題に関する主張・意見について、多数の者から署名を集めることで、理解を広め、問題に対する意思決定に影響を与えようとする運動。
しょめい-きじ【署名記事】新聞や雑誌で、執筆者の名前を記載した記事やコラム。
しょめい-だいり【署名代理】代理人が代理権に基づき、本人の署名をすること。
じょめい-てんのう【舒明天皇】—テンワウ［593〜641］第34代の天皇。在位629〜641。名は田村皇子・息長足日広額尊おきながたらしひひろぬかのみこと。敏達天皇の孫。蘇我蝦夷そがのえみしらに擁立されて即位。飛鳥あすか岡本宮に遷都。
しょめい-なついん【署名×捺印】本人みずからが自分の氏名を書いて、自分の印を押すこと。
しょめい-び【初鳴日】ウグイス・ヒバリ・ツクツクボウシなどの鳥や昆虫が初めて鳴く日。季節の移り変わりを知る手掛かりとされる。
しょ-めん【書面】❶文書・手紙などに書かれてあること。文面。❷手紙。文書。書類。「—で知らせる」
(類語)(❷)手紙・書簡・書信・書状・信書・私信・私書・書しょ・状・一書・手書・親書・手簡・書札しょさつ・尺牘せきとく・書牘しょとく・雁書がんしょ・消息・便り・文ふみ・玉章たまずさ・レター
じょ-めん【除免】ヂョ— ❶「免除」に同じ。❷律令制で、重罪を犯した官人から官位・勲等を剝奪する刑。除名・免官などの総称。
しょめん-けいやく【書面契約】書面の作成を成立の要件とする契約。
しょめん-しんり【書面審理】裁判所が訴訟の審理を口頭によらず、書面によって行うこと。裁判所以外の行政官庁が書面の提出を求めて判断を下す場合にもいう。
しょめんしんり-しゅぎ【書面審理主義】訴訟の審理において、当事者および裁判所の訴訟行為、特に弁論・証拠調べが書面によることを必要とする主義。書面主義。➡口頭主義
じょ-も【除喪】ヂョ—「じょそう(除喪)」に同じ。
しょ-もう【所望】—マウ〔名〕スル ある物がほしい、またこうしてほしいと、望むこと。「茶を一杯—する」
(類語)希望・求める
じょもう-ざい【除毛剤】ヂョモウ— ►脱毛剤だつもうざい
しょ-もく【書目】❶書物の目録。図書目録。❷書物の題名。書名。(類語)題・題目・題号・標題・表題・内題・作品名・編目・タイトル
しょ-もつ【書物】本。書籍。
(類語)本・書籍・図書・書冊・書・巻・ブック・文献
しょもつ-げい【書物芸】書物によって習得した芸。実際の役には立たない芸。
しょもつ-ぶぎょう【書物奉行】—ブギャウ 江戸幕府の職名。若年寄に属し、紅葉山文庫の図書の保管・出納や写本の作成などを担当した。
しょ-や【初夜】❶新婚夫婦として迎える最初の夜。❷六時の一。戌いぬの刻。現在の午後8時ごろ。宵の口。また、その時刻に行う勤行ごんぎょう。そや。❸夕刻から夜半までをいう語。古くは、前日の夜半からその日の朝までをいった。〈日葡〉
じょ-や【除夜】ヂョ—《除日じょじつの夜の意》1年の最後の夜。大晦日おおみそかの夜。除夕じょせき。(季冬)「—の妻白鳥のごと湯浴ゆあみをり/澄雄」(類語)大みそか・大つごもり
しょ-やく【初訳】初めての翻訳。「本邦—」
しょ-やく【所役】❶役目としていること。つとめ。所務。❷古代から近世、田租以外の課役。
しょ-やく【諸役】❶いろいろの役目。❷武家時代の、いろいろの雑税。
じょ-やく【助役】❶市町村・特別区などで、長を補佐し、その職務を代理した特別職の地方公務員。平成19年(2007)地方自治法の改正により廃止され、副市町村長制度に移行。❷鉄道の職制で、駅長などを補佐する職。また、その職員。
(類語)副使・助手・アシスタント・片腕・助っ人
しょやく-ごめん【諸役御免】江戸時代、武家の御用を務めた町人や特別の家柄の者が、すべての課役を免除されたこと。
しょや-けん【初夜権】昔、結婚の際、領主・聖職者・長老などが新郎よりも先に新婦と交わることを公認されていた権利。
じょや-の-かね【除夜の鐘】ヂョヤ— 除夜の12時をはさんで、寺々で鐘をつくこと。また、その音。108の煩悩ぼんのうを除去し新年を迎える意味を込めて108回つく。百八の鐘。(季冬)「妻はまだ何かしてをり—/草城」
しょ-ゆう【所由】—イウ ❶基づくところ。物事のよってきたるところ。ゆえん。❷中国で唐代に、官物の出納をつかさどった官。(類語)理由・謂いわれ・訳・由・故・曰いわく・事由
しょ-ゆう【所有】—イウ〔名〕スル 自分のものとして持っていること。また、そのもの。「多大な財産を—する」「父の—する土地」
(用法)所有・所持・所蔵——「田中氏所有(所持・所蔵)の古写本」など、単に持つ意では相通じて用いられる。◆「彼は山林を所有している」「これが私の所有するカメラです」のように、大小にかかわらず、自分の物として持っていることが「所有」である。多く財産的な価値のある物についていい、「高級車を所有している」とはいえても、「菓子を一袋所有している」などとはいいにくい。◆「所持」は一般には身につけて持っていることか、どこかに保管していることで、「所持品を検査する」「盗品所持の罪」などという。◆「所蔵」は所有する物を大切にしまいこんでいることで、「彼は国宝級の名画を所蔵している」など。
(類語)有する・所持・保有・所蔵・現有・領有
じょ-ゆう【女優】ヂョイウ 女性の俳優。女役者。⇔男優。
じょ-ゆう【除雄】ヂョイウ 自花受粉を防ぐため、花の雄性機能を除く操作。つぼみから雄しべを取り除く方法、熱処理をして花粉の機能を失わせる方法など。
しょゆう-かく【所有格】ショイウ—《possessive case》英文法などで、所有・所属関係などを表す名詞・代名詞などの格。John's desk, my townなどの類。➡属格ぞっかく
じょゆう-げき【女優劇】ヂョイウ— 女優だけで演ずる劇。特に、明治末期から昭和初期にかけての帝国劇場付属技芸学校(女優養成所)の研究生による演劇をさす。
しょゆう-けん【所有権】ショイウ— 物を全面的に支配する物権。法令の制限内で、目的物を自由に使用・収益・処分できる権利。
しょゆう-しゃ【所有者】ショイウ— 所有している人。所有権のある人。所有主。
しょゆう-ぶつ【所有物】ショイウ— 所有しているもの。所有権のある物件。
じょゆう-まげ【女優×髷】ヂョイウ— 女性の髪形で、ひさし髪の入れ毛を取り去って膨らませ、七三または四六に分けて襟元で結んだ束髪。新劇の女優が始め、大正初期に流行した。
しょ-ゆるし【初許し】「初手しょて許し」に同じ。
しょ-よ【所与】❶他から与えられること。また、そのもの。特に、解決されるべき問題の前提として与えられたもの。与件。「—の条件」❷哲学で、思考の働きに先立ち、意識に直接与えられている内容。❸心理学

で、感覚に与えられているもの。類語 条件・与件
しょ-よ【緒余】はみ出た一部。使い残した余り。
しょ-よ【×薯×蕷】《「じょよ」とも》ナガイモまたはヤマノイモの別名。
しょ-よう【初葉】ｴﾌ ❶ある時代を3分したうちの初めの一時期。「明治の―」➡中葉 ➡末葉 ❷書物の最初の1枚。
しょ-よう【初陽】ﾔｳ ❶朝日。日の出。❷春のはじめ。また、陰暦正月の異称。
しょ-よう【所用】❶用いること。用いるもの。❷用事。用件。「―のため外出する」類語 用事・用件・用向き・用・急用・使用・利用・運用・活用・盗用・悪用・転用・流用・通用・愛用・引用・援用・応用・逆用・供用・誤用・充用・試用・常用・善用・適用・乱用
しょ-よう【所要】ｴｳ あることをするのに必要とすること。必要とされるもの。「―の手続きをとる」類語 必須・入り用・入用・要用・必需・須要じゅよう・不可欠・要よう
じょ-よう【×汝窯】ｴｳ 中国河南省臨汝県にあった宋代の陶窯。すぐれた青磁を産した。臨汝窯。
しょよ-かん【×薯×蕷×羹】ヤマノイモの根をすって寒天と小麦粉をまぜ、砂糖を加えて蒸した菓子。
しょよ-まんじゅう【×薯×蕷×饅×頭】ﾏﾝヂｭウ《「薯蕷」はヤマノイモのこと》ヤマノイモの根をすってしん粉と砂糖を加えたものを皮とし、あんを包んで蒸したまんじゅう。じょうよまんじゅう。じょうようまんじゅう。
じょらいし【如儡子】[1603?～1674]江戸前期の仮名草子作者。本名、斎藤親盛。山形最上家に仕えたが浪人となり、江戸で医者を業とし、著作の筆をとった。著「可笑記」「百八町記」など。にょらいし。
しょ-り【処理】〔名〕ｽﾙ 物事を取りさばいて始末をつけること。「事務を手早く―する」「事後―」「熱―」➡処分しょぶん 用法
類語 処置・処分・始末・扱う・片付ける・済ます・終える・上げる・仕上げる・こなす・やっつける・料理する・解決する・方かたを付ける・けりを付ける・畳む
しょ-り【×胥吏】下級の役人。小役人。小吏。
しょ-り【書吏】❶庶務を担当する官吏。書記。❷律令制で、親王家と三位以上の人に仕えた家司けいしの下役。文案の作成や記録をつかさどった。
しょ-り【×黍離】《「詩経」王風の詩「黍離」が、荒れ果てた古都をうたったとされるところから》滅亡した国の都のあとにキビが生い茂って荒れはてた光景。世の栄枯盛衰を嘆く語。「―の嘆き」
ジョリオ-キュリー〖Joliot-Curie〗㊀(Jean Frédéric～)[1900～1958]フランスの物理学者。パリ出身。キュリー夫妻の長女イレーヌと結婚し、協力して研究を進め、ポロニウムのαアルファ線を用いて人工放射能を発見。1935年夫妻でノーベル化学賞受賞。第二次大戦中はナチスへの抵抗運動に参加、戦後は世界平和擁護会議議長などを務めた。㊁(Irène～)[1897～1956]フランスの物理学者。キュリー夫妻の娘で、㊀の妻。1935年「人工放射性元素の研究」で夫フレデリックとともにノーベル化学賞受賞。
じょ-りき【助力】➤じょりょく(助力)
じょり-じょり〔副〕髪やひげなどを剃そる音を表す語。「―(と)襟足を剃る」
しょ-りゅう【庶流】ﾘｳ ❶庶子の系統。庶族。庶系。❷本家から分かれた家柄。分家。別家。
しょ-りゅう【諸流】ﾘｳ ❶多くの水の流れ。❷いろいろの流派。
じょ-りゅう【女流】ﾁﾖﾘｳ 女性。婦人。女性の芸術家や技術家などにいう。「―画家」類語 閨秀けいしゅう
じょりゅう-ぶんがく【女流文学】ﾁﾖﾘｳ 女性作家の書いた文学。閨秀けいしゅう文学。
しょ-りょう【初涼】ﾘﾔｳ 初秋の涼しさ。新涼。季 秋
しょ-りょう【所領】ﾘﾔｳ 領有している土地。領地。
しょ-りょう【諸陵】多くのみささぎ。あちらこちらの御陵。
しょりょう-し【諸陵司】律令制で、治部省に属し、代々の天皇・皇族の陵墓の管理や記録などをつかさどった役所。
しょりょう-ぶ【書陵部】宮内庁の一部局。もとの図書寮ずしょりょうと諸陵寮とが合併したもので、皇統譜・図書の保管や陵墓の管理などをつかさどる。
しょりょう-やく【所領役】ｼﾖﾘﾔｳ ➤知行役ちぎょうやく
しょりょう-りょう【諸陵寮】ﾚｳ ❶天平元年(729)諸陵司を改めたもの。❷明治2年(1869)神祇官じんぎかん中に設置され、陵墓の管理を担当した役所。のち、宮内省に移籍。
じょ-りょく【助力】〔名〕ｽﾙ 他の人の進めている仕事や活動などに力を貸すこと。手助け。じょりき。「―を惜しまない」「金銭面から―する」類語 助勢・助たすける・助すける・手伝う・幇助ほうじょ・加勢・助太刀すけだち・力添え・協力・援助・応援・支援・後押し・守もり立てる・バックアップ・フォロー・手を貸す・肩を貸す・補助・補佐
しょ-りん【書林】❶書物がたくさんある所。❷書店。本屋。書房。
じょりん-もく【如輪木｜如×鱗目】うろこや輪のようなあやのある木目もく。
しょ-るい【書類】文書・書き付けなどの総称。特に、事務や記録などに関する書き付け。「重要―」
類語 文書・公文書・私文書
じょ-るい【女類】ﾁﾖ 女性たち。「魚類、―は口にもかけず」〈浄・薩摩歌〉
しょるい-そうけん【書類送検】〔名〕ｽﾙ 犯罪容疑者の身柄を拘束することなく、事件に関する調書だけを検察庁に送ること。「容疑者を―する」
ジョルジョーネ〖Giorgione〗[1477ころ～1510]イタリアの画家。盛期ルネサンス、ベネチア派の代表者の一人。人物と自然とを一体となし、情趣に富む詩的な作品を残した。作「三人の哲学者」「眠れるビーナス」など。
ショルダー〖shoulder〗❶肩。また、洋服の肩の部分。❷肩肉。「―ベーコン」❸「ショルダーバッグ」の略。
ショルダー-サーフィン〖shoulder surfing〗➤ショルダーハッキング
ショルダー-チェッキング〖shoulder checking〗アイスホッケーで、肩を突き出した形で相手に体当たりすること。
ショルダー-ハッキング〖shoulder hacking〗他人がパスワードや暗証番号を入力しているところを、肩越しに盗み見ること。セキュリティー上重要な情報を人的手段で不正に入手するソーシャルエンジニアリングの一。ショルダーハック。ショルダーサーフィン。
ショルダー-ハック〖shoulder hack〗➤ショルダーハッキング
ショルダー-バッグ〖shoulder bag〗肩に掛ける型のハンドバッグや小型カバン。
ショルダー-パッド〖shoulder pad〗肩の線を美しく見せるために、上着やコートなどの洋服の肩の下に入れる布製の詰めもの。
ショレア〖ﾗﾃﾝ Shorea〗フタバガキ科の常緑高木。熱帯雨林の主要構成樹種。材はラワンと呼ばれる。
しょ-れい【書例】願書・届け書などの書き方。書式。
しょ-れい【諸礼】❶いろいろの礼式・作法。❷江戸時代、小笠原流の礼式のこと。❸江戸時代、親王・摂家をはじめ、門跡・寺僧・社人・医師などが贄にえを勢力家に差し出して、私的に行った年始の礼。
じょ-れい【女礼】ﾁﾖ 女性として心得ておくべき礼儀作法。女礼式。
ジョレス〖Jean Léon Jaurès〗[1859～1914]フランスの政治家・社会主義者。1904年、ユマニテ紙を創刊し、統一社会党結成に尽力。第一次大戦の危機にあたって反戦運動を展開し、開戦直前に国粋主義者に暗殺された。著「社会主義的フランス革命史」など。
じょ-れつ【序列】❶順序をつけて並べること。また、順に並ぶこと。❷一定の基準に従って並べた順序。きまった順序。「―をつける」「年功―」類語 順序・順・順番・順位・席順・席次・配列・番・オーダー
じょれつ-か【序列化】ｸﾜ〔名〕ｽﾙ 物事に順番をつけること。優劣を決めること。「入学難易度による―が進む」
じょ-れん【如×簾】食器にかぶせる、アシの茎を編んで作った小さなすだれ。
じょ-れん【×鋤×簾】土砂・ごみなどをかき寄せる用具。長い柄の先に、竹で編んだ箕み、または歯をきざんだ鉄板を取り付けたもの。
じょ-ろ【女▽郎】ﾁﾖ「じょろう(女郎)」の音変化。「もしお淋しかあ、―さんがたでもおよびなさりませ」〈滑・膝栗毛・四〉
じょろ【如露】「じょうろ(如雨露)」に同じ。
しょ-ろう【初老】ﾗｳ ❶中年を過ぎ、老年に入りかけた年ごろ。「―の紳士」❷もと、40歳の異称。
しょ-ろう【所労】ﾗｳ 疲れ。病気。「―のため休養する」類語 疲労・疲れ・くたびれ・倦怠けんたい・疲弊・疲憊ひはい・困憊こんぱい・困弊こんぺい・過労
じょ-ろう【女郎】ﾁﾖﾗｳ《「じょうろう(上臈)」の音変化か》㊀〔名〕❶遊郭で、遊客と枕をともにした女。遊女。おいらん。娼妓しょうぎ。じょろ。❷若い女。また、一般に女性。婦人。じょろ。「都めきたる―の、二十二、三なるが」〈浮・諸国ばなし・二〉❸大名の奥向きに勤める女房や局つぼね。「さる大名の北の御方に召し使はれて、日の目もつひに見給はぬ―たちや」〈浮・一代男・四〉㊁〔接尾〕女性の名前に付けて、軽い敬意や親密の情を表す。「これ申しおふぢ―、迎ひに来ました」〈浄・堀川波鼓〉
女郎に誠があれば晦日みそかに月が出る 《陰暦では晦日に月が出ないところから》遊女が誠意をもって接するはずがないことのたとえ。
女郎の千枚起請せんまいきしょう 《女郎は何人もの客に愛情を誓う証文を渡すところから》信用できないことのたとえ。傾城けいせいに誠まことなし。
じょ-ろう【助老】ﾗｳ 老僧が座禅のときにひじをついて休む台。脇息きょうそくに似たもの。また、あごをのせる小さいつえにもいう。
じょろう-あがり【女郎上(が)り】ﾁﾖﾗｳ もと遊女で、今は堅気の生活をする女。遊女上がり。
じょろう-かい【女郎買い】ﾁﾖﾗｳｶﾞﾋ 女郎を揚げて遊ぶこと。
じょろう-ぐも【女郎蜘＝蛛】ﾁﾖﾗｳ ❶コガネグモ科のクモ。体長は雌が25ミリ、雄が7ミリくらい。雌は腹部には黄色や青黒色の縞があり、側面後方に紅色の斑点をもつ。雄は黄褐色で地味。樹間などに大きな三重の網を張る。本州以南に分布。❷コガネグモのこと。季 夏
じょろう-ぐるい【女郎狂い】ﾁﾖﾗｳｸﾞﾙﾋ 遊女に夢中になって、せっせと通うこと。
じょろう-しゅ【女郎衆】ﾁﾖﾗｳ ❶女性たち。婦人たち。じょろしゅ。「替はりに風ふうのよい―を置いて見せ給へ」〈浮・織留・五〉❷遊女たち。じょろしゅ。「ただあそばせる―はないのさ」〈黄・見徳一炊夢〉
じょろう-や【女郎屋】ﾁﾖﾗｳ 遊女を抱えておき、客を取らせることを商売とした家。遊女屋。じょろや。
じょろ-かい【女▽郎買い】ﾁﾖﾛｶﾞﾋ「じょろうかい」に同じ。
しょ-ろく【書録】書いて記録すること。また、その書き物。記録。
しょ-ろく【書×簏】❶《「簏」は竹で編んだ、書物や衣類を入れる箱》本箱。書棚。❷《「晋書」劉柳伝から》多読するだけで少しも理解しない者。
じょろ-しゅ【女▽郎衆】ﾁﾖﾛ「じょろうしゅ」の音変化。「お客のうそは引かして女房にしよ、―のうそは惚れました」〈滑・浮世風呂・三〉
しょ-ろん【所論】論ずるところ。論じ主張している内容。類語 意見・見解・主張・説・論・所説・持説・持論・私見・私意・私考・所思・所見・考え・見方・オピニオン （尊敬）貴意・高見 （謙譲）愚見・卑見・私見・管見
しょ-ろん【書論】❶書物に書いてある議論。❷書道・書法に関する議論。
しょ-ろん【緒論】《慣用読みで「ちょろん」とも》「序論」に同じ。
じょ-ろん【序論】論文などで、本論への導入部分として最初に述べられる論説。緒論しょろん。
類語 序説・イントロダクション
しょ-わけ【諸訳｜諸分け】❶いろいろな事情。特に、男女間の込み入った事情。「―心得た粋人」❷こまごまとした箇条。特に、遊里でのしきたりや作法。

「上八軒の茶屋あそびの—ならでは知らずや」〈浮・一代女・二〉❸いろいろの費用。特に遊興のための諸雑費。「この内二匁ぶんはいつぞやの—」〈浮・永代蔵・一〉

ジョン〖John〗[1167〜1216]英国王。在位1199〜1216。対仏戦に敗れて大陸内英領の大半を失い、ローマ教皇インノケンティウス3世からは破門され、さらに重税を課したため貴族の離反を招いて1215年マグナカルタ(大憲章)を承認。欠地王。

ジョンおう-の-しろ【ジョン王の城】《King John's Castle》▶リムリック城

ションガウアー〖Martin Schongauer〗[1450?〜1491]ドイツの画家・版画家。ドイツ後期ゴシック絵画の代表者。また、初めて本格的な銅版画活動を行った画家で、デューラーなどに大きな影響を与えた。

しょんがえ〘感〙民謡で、一節の終わりにつける囃子詞ことば。しょんがい。しょんがいな。

しょんがえ-ぶし【しょんがえ節】流行歌の一。一節の最後に「しょんがえ」という囃子詞ことばをつける。江戸初期から明治時代まで歌詞・曲調を変えてうたわれた。

じょんがら-ぶし【じょんがら節】▶津軽つがるじょんがら節

シヨン-じょう【シヨン城】《Château de Chillon》スイス西部、ボー州の都市、モントルー郊外、レマン湖上にある城。9世紀にアルプス南北を結ぶ街道の関所として建造。後にサボイア家の居城となり、14世紀初頭に改築されて現在の姿になった。英国の詩人、バイロンの叙事詩「シヨンの虜囚」の題材となったことで知られる。

しょんずい【▽祥×瑞】中国明末の崇禎すうてい年間(1628〜1644)、日本の茶人の注文により景徳鎮窯で作られたといわれる染め付け磁器。精白の素地きじに、鮮やかな青藍色で模様を施す。「五良大甫呉祥瑞造」の銘があるところからつけられた名称。明末から清初にかけて焼かれた。

ジョンズタウン-じょう【ジョンズタウン城】《Johnstown Castle》アイルランド東部、ウェックスフォード州の港町ウェックスフォードの近郊にある城。19世紀に建造されたゴシック様式風の城で、美しいイタリア式庭園があることで知られる。中世の農民の暮らしを紹介するアイルランド農業博物館を併設。

ジョンソン〖Andrew Johnson〗[1808〜1875]米国の政治家。第17代大統領。在任1865〜1869。テネシー州知事・上院議員・副大統領などを歴任。リンカーン暗殺により大統領に就任。➡グラント

ジョンソン〖Ben Jonson〗[1572〜1637]英国の劇作家・詩人。気質喜劇の伝統を確立、また宮廷仮面劇も書いた。喜劇「十人十色」「ボルポーネ」「錬金術師」など。

ジョンソン〖Lyndon Baines Johnson〗[1908〜1973]米国の政治家。第36代大統領。在任1963〜1969。民主党㊞。1960年の党大会でケネディと大統領候補を争って敗れ、副大統領となった。のち、ケネディ暗殺により大統領に昇格。ケネディの政策を引き継いで福祉政策を推進。一方でベトナム戦争の泥沼化を招いた。➡ニクソン

ジョンソン〖Samuel Johnson〗[1709〜1784]英国の詩人・批評家。独力で「英語辞典」を完成。詩「欲望のむなしさ」、伝記「詩人伝」など。

ジョンソン-ざつおん【ジョンソン雑音】▶熱雑音

ジョンソンナイキスト-ざつおん【ジョンソンナイキスト雑音】▶熱雑音

ジョンソンナイキスト-ノイズ〖Johnson-Nyquist noise〗▶熱雑音

ジョンソン-ノイズ〖Johnson noise〗▶熱雑音

ジョンデイ-かせきそうこくていこうえん【ジョンデイ化石層国定公園】《John Day Fossil Beds National Monument》米国オレゴン州中北部にある国定公園。5400万年前から600万年前までの化石を含む連続する地層が発見されている。気候変動と動植物の進化の関係を探る上で重要な化石層として知られる。

ジョン-ドウ〖John Doe〗❶《名無しの権兵衛の意》名前がわからない人。また、はっきりとは名のらないときに用いる語。❷訴訟で、本名が不明、本名を出したくないなどの場合に男性の名前めかして用いる語。

ジョン-ブル〖John Bull〗典型的な英国人。また、英国人のあだ名。18世紀の英国の作家アーバスノット作の寓話「ジョンブル物語」から出た語。➡アンクルサム ➡マリアンヌ

しょん-べん【▽小便】〘名〙スル「しょうべん(小便)」に同じ。

しょんぼり〘副〙スル 元気がなく、さびしそうなさま。「試合に負けて—(と)帰る」「—(と)した後ろ姿」
〘類語〙ぽつねんと・悄然しょうぜん

ジョン-まんじろう【ジョン万次郎】▶中浜万次郎なかはままんじろう

しら【白】㊀〘名〙❶他の語の上に付いて複合語をつくる。㋐白色である意を表す。「—雲」「—菊」㋑色や味などを加えていない、生地のままである意を表す。「—木」「—焼き」㋒純粋である意を表す。「—真剣」㋓うまくごまかしたり、とぼけたりする意を表す。「—とぼけ」❷知らないこと。無関係であること。「—を言う」❸善良を装っている無頼の徒。「折から向ふへ万八が、—ども引き連れ走り寄る」〈浄・河原達引〉㊁〘名・形動ナリ〙❶作り飾らないこと。また、そのさま。「はたらきのねえ生まれつきで、三文の工面もむづかしうござりやすと、—でいふ方がいい」〈洒・二筋道〉❷まじめで正直なこと。また、その人やそのさま。「—な事をいうて悦ばす仕掛けを工夫せらるべし」〈浮・禁短気・五〉

白を切・る わざと知らないふりをする。しらばくれる。「見たこともないと、あくまで—・る」

シラー〖Johann Christoph Friedrich von Schiller〗[1759〜1805]ドイツの詩人・劇作家。戯曲「群盗」「たくらみと恋」などにより、シュトゥルム-ウント-ドラングの時代から出発。カント哲学および美学の研究を経て、ゲーテと並ぶドイツ古典主義文学の代表者となった。ほかに詩「歓喜に寄す」、歴史劇「ワレンシュタイン」「オルレアンの少女」「ウィルヘルム=テル」、論文「素朴と情感の文学」など。シルレル。

しら-あえ【白▽和え｜白×韲え】豆腐・白ごま・白味噌をすりまぜて味をつけ、こんにゃく・野菜などをあえた料理。

しら-あお【白青】❶染め色の名。白みを帯びた青。薄い緑色。しろあお。❷襲かさねの色目の名。表裏ともに薄い緑色。しろあお。

しら-あお【白×襖】表裏ともに白の狩衣かりぎぬ。しろあお。

しら-あかげ【白赤毛】馬の毛色の名。薄い栗毛。しろあかげ。

しら-あしげ【白×葦毛】馬の毛色の名。白毛の多くまじった葦毛。しろあしげ。

しら-あや【白×綾】白絹の綾織物。

しらあや-おどし【白×綾▽威】鎧よろいの威の一。白綾を細かく畳んでおどしたもの。

しら-あり【白×蟻】「しろあり」に同じ。

しら-あわ【白泡｜白×沫】白い泡。しろあわ。

白泡嚙か ま・す 馬の口から白い泡を吹かせる。馬を勇むようにさせること。「白瓦毛かわらげなる馬の太く逞しきに、—・せて」〈太平記・二九〉

じ-らい【地雷】地中に埋め、その上を通る人や戦車などを爆破する装置の爆薬。地雷火。

じ-らい【×爾来】〘副〙それからのち。それ以来。「—友好関係を保っている」
〘類語〙その後・以降・以来・爾後・以後・あと・向こう

しらい-きょうじ【白井喬二】[1889〜1980]小説家。横浜の生まれ。本名、井上義道。斬新ざんしんな時代小説で文壇に登場。のち雑誌「大衆文芸」を創刊、大衆小説の普及・高揚に努めた。作「新撰組」「富士に立つ影」など。

じらいきんし-こくさいキャンペーン【地雷禁止国際キャンペーン】対人地雷の製造・使用禁止を目指すNGOの国際的連合体。1992年に6団体で発足。2012年現在、90以上の国から数千の団体が参加している。対人地雷禁止条約(オタワ条約)の成立に貢献。97年ノーベル平和賞を受賞。同組織はクラスター爆弾の廃絶も訴えている。ICBL(International Campaign to Ban Landmines)。

しらい-ごんぱち【白井権八】[?〜1679]江戸初期の鳥取藩の武士。本名、平井権八。江戸の遊女小紫に迷い、辻斬つじぎりをして処刑された。歌舞伎・浄瑠璃などに脚色され、特に歌舞伎では幡随院長兵衛がからんで登場することが多い。

しらいし-いちろう【白石一郎】[1931〜2004]小説家。朝鮮の生まれ。一文の父。博多で文筆活動に専念し、九州の海を舞台にした海洋歴史小説を執筆した。「海狼かいろう伝」で直木賞受賞。他に「怒濤のごとく」「戦鬼たちの海」「十時半睡事件帖」シリーズなど。

しらいし-かずふみ【白石一文】[1958〜]小説家。福岡の生まれ。一郎の子。昭和58年(1983)文芸春秋に入社、編集部員などを経て平成15年(2003)に退社し、文筆生活に入る。同22年に「ほかならぬ人へ」で直木賞を受賞し、初の親子受賞となった。他に「どれくらいの愛情」「この胸に深々と突き刺さる矢を抜け」など。

しらいし-かつみ【白石勝巳】[1918〜2000]プロ野球選手・監督。広島の生まれ。旧名、敏男。巨人の遊撃手として千葉茂・水原茂とともに鉄壁の内野陣を組み第1期黄金時代を築いた。2リーグ分立の昭和25年(1950)新球団広島に移籍。のち監督も務め、広島球団を育て上げた。

しらいし-じま【白石島】岡山県の南西部、笠岡諸島にある島。鎧岩よろいいわなど巨岩奇岩が多い景勝地。盆に行われる白石踊りを伝承。

しら-いた【白板】❶塗料を施していない、白木の板。❷魚のすり身を板にのせて蒸し上げてつくるかまぼこ。焼かないので白く仕上がる。

しら-いと【白糸】❶色を染めつけてない糸。白い糸。❷滝の細い落水や白髪など、白くて細いもののたとえ。「滝の—」❸《近世語》「素麺そうめん」をいう女性語。

しらいと-おどし【白糸▽威】鎧よろいの威の一。白い糸でおどしたもの。しろいとおどし。

しらいと-そう【白糸草】ユリ科の多年草。山地の木陰に生え、高さ20〜35センチ。葉は根の際きわに放射状につく。初夏、白い糸状の花を穂状につける。

しらいと-の【白糸の】〘枕〙「絶ゆ」「くる」などにかかる。「—絶ゆべき仲にあらねども」〈千穎集〉「—くるしや何に乱れそめけん」〈新続古今・恋二〉

しらいと-の-たき【白糸の滝】㊀山形県最上郡戸沢村の、最上川峡谷にある滝。㊁長野県北佐久郡軽井沢町、浅間山東麓の湯川にある滝。㊂静岡県富士宮市、富士川支流の芝川にかかる滝。高さ約26メートル、幅約130メートル。名勝・天然記念物。

しらいと-もち【白糸餅】ねじって、白糸の束の形に作ったしん粉餅。瘦やせ馬。

しらいと-わっぷせいど【白糸割符制度】▶糸割符

しらい-まつじろう【白井松次郎】[1877〜1951]実業家。京都の生まれ。弟の大谷竹次郎とともに松竹合名会社・松竹キネマを創立。歌舞伎座・大阪歌舞伎座・文楽座など多くの劇場を経営するなど、演劇・映画界で広く活躍。

しらい-みつたろう【白井光太郎】[1863〜1932]植物学者。福井の生まれ。本草学を研究。また、日本の植物病理学の開拓者。著「植物病理学論考」「日本博物学年表」など。

じらいや【自来也｜児雷也】読本・草双紙・歌舞伎などに登場する人物。蝦蟇がまの妖術を使い、神出鬼没の活躍をする。中国、宋の沈俶撰しんしゅくせんの説話集「諧史」に現れる怪盗の我来也を翻案したもの。

しら・う〘動ハ四〙(他の動詞の連用形に付いて)互いに…し合う。しろう。「いと深からずともなだらかなるほどにあひ—・はむ人もがな」〈源・末摘花〉

しら-うお【白魚】サケ目シラウオ科の海水魚。内湾にすみ2〜4月に川を上って産卵する。全長約10センチ。体は細長く、頭部が扁平で胴から尾にかけて側扁し、腹面に2列の黒点が並ぶ。半透明で、死後

は白色不透明になる。冬に美味。シロウオとは別種。女性の白く細い指にたとえていう。「一のような指」(季 春)「雨に獲し一の嵩哀れなり/秋桜子」

しら-うすよう【白薄様】「しろうすよう」に同じ。

しら-うめ【白梅】❶白色の花をつける梅。はくばい。(季 春)「一に明る夜ばかりとなりにけり/蕪村」❷襲の色目の名。表は白、裏は紅。11月から2月まで用いる。ひとえうめ。

しらうめがくえん-だいがく【白梅学園大学】東京都小平市にある私立大学。白梅学園短期大学を改組して、平成17年(2005)に開設した。子ども学部の単科大学。

しら-え【白絵】彩色していない絵。墨の線だけで描いた絵。土佐派の絵などにいう。

しら-お【白魚】「しらうお」の音変化。「一の小骨も抜いて食いそうなすました女めが」〈露伴・寝耳鉄砲〉

しらお【白雄】▶加舎白雄

しらおい【白老】北海道南西部、胆振総合振興局の地名。ポロト湖畔にアイヌ集落がある。

しらおい-ちょう【白老町】▶白老

しら-か【白香】麻やコウゾの類を細かに裂いて白髪のようにして束ねたもの。神事に用いた。「奥山のさかきの枝に一付け木綿とり付けて」〈万・三七九〉

しら-が【白髪】《上代は「しらか」か》❶色素がなくなったために白くなった髪。はくはつ。「一が増える」「若一」❷昔、幼児の髪置きの祝いに長命を祈って用いたかぶり物。すが糸・麻苧・真綿などで白髪の垂れた形に作る。しらがわた。❸婚礼の祝いの贈り物に用いる麻または白絹の束。❹白い絹糸。

しらが-あたま【白髪頭】髪が全体に白髪となった頭。また、その人。白頭。

しらが・う〔動ハ四〕(他の動詞の連用形に付いて用いられる)❶わざと知れるようにする。目立つように振る舞う。「童一人ぞとどまりて、見え一・ひ歩きける」〈平中・二二〉❷争ってする。「羅刹、奪ひ一・ひて、これを破り食ひけり」〈宇治拾遺・六〉

しらが-かつら【白髪鬘】芝居に用いる白髪のかつら。

しら-かげ【白鹿毛】馬の毛色の名。全体が黄色がかった淡褐色で、脚に白毛がまじっているもの。木綿鹿毛。しろかげ。

しらが-ごけ【白髪苔|白髪蘚】シラガゴケ科のコケ植物の総称。山地の腐木や岩の上に群生する。高さ約5センチ。雌雄異株。葉はひげ状で白みがかった緑色。庭園などに用いる。オキナゴケ・オオシラガゴケなど。

しらが-こぶ【白髪昆布】とろろこぶの一。昆布の中心の白い部分を厚く重ねて圧縮し、側面を白髪状に細く削った昆布。しらがこんぶ。

しら-がさね【白重ね|白襲】❶白地の薄物で仕立てられた半臂・下襲に白の帷子や単を重ねて着ること。しろがさね。(季 夏)❷襲の色目の名。表裏とも白。また、表裏とも白い下襲。盛夏に用いるほか、陰暦4月・10月の更衣に用いる。しろがさね。

しら-かし【白樫|白橿】ブナ科の常緑高木。山地に自生。葉はやや細長く、裏面は灰白色。4月ごろ、尾状の雄花と苞に覆われた雌花とがつき、秋にどんぐりがなる。材を器具に用いる。防風用に植える。名は材が白いことによるが、樹皮が黒いことからクロカシともいう。くまかし。

しら-かす【白糟|白酵】白い酒かす。特に、これを溶かした白酒・甘酒の類。

しら-か・す【白かす】〔動サ四〕興をさます。しらけさせる。「人を一・し、その座をさますなり」〈十訓抄・二〉

しらが-ぞめ【白髪染(め)】白髪を黒などに染めること。また、その薬剤。

しらが-たろう【白髪太郎】クスサンの幼虫で、体に白い長毛が密生した大形の毛虫。くりけむし。しなのたろう。

しら-がなもの【白金物】「しろがなもの」に同じ。

しらが-の-やく【白髪の役】髪置きの祝いのとき、白髪❷をかぶせる役目。また、その人。

しら-かば【白樺】カバノキ科の落葉高木。高原・山地の日当りのよい所に生える。樹皮は白くて薄く、はがれやすい。葉は菱形または三角形。4月ごろ、暗紅色の雄花と紅緑色の雌花とが尾状につく。材は細工物に用いられる。かんば。かば。しらかんば。(季 花=春)「一の咲くとは知らず岳を見る/秋桜子」

しらかば【白樺】文芸雑誌。明治43年(1910)4月創刊、大正12年(1923)8月廃刊。同人は武者小路実篤・志賀直哉・里見弴・有島武郎・有島生馬・長与善郎ら。

しらかば-こ【白樺湖】長野県茅野市北部、蓼科山西麓にある人造湖。昭和19年(1944)灌漑用として作られたが、スケート場や行楽地として発展。

しらかば-は【白樺派】日本近代文学の一派。雑誌「白樺」によった文学者・美術家の集団をいう。人道主義・理想主義・個性尊重などを唱えて自然主義に抗し、大正期の文壇の中心的な存在となった。また、西洋美術に関心を示し、後期印象派などを紹介。

しらかば-ゆ【白樺油】白樺の樹皮を蒸留して作った油。一種の芳香があり、化粧品などの原料にする。

しらが-ひげ【白髪髭】白いひげ。しらひげ。

しら-かべ【白壁】❶漆喰で白く上塗りした壁。しろかべ。「一造り」❷豆腐の異称。

しらかべ-づくり【白壁造(り)】建物の外側を白壁に造ること。また、その建物。

しらが-まじり【白髪交じり】黒い髪に白髪がまじっていること。斑白。ごましお。

しら-かみ【白紙】❶色の白い紙。❷何も書かれていない紙。はくし。

しら-かみ【白髪】白い髪。しらが。しろかみ。

しらかみ-さんち【白神山地】青森・秋田県境の山地。最高峰は向白神岳で標高1243メートル。ブナの原生林が広く残り、クマゲラやイヌワシなどが生息。平成5年(1993)世界遺産(自然遺産)に登録。

しらかみ-だけ【白神岳】青森県南西部にある山。標高1235メートル。青森・秋田両県境に広がる白神山地にあり、花崗岩類で構成されている。高山性植物が豊富。山の北麓に十二湖がある。

しらかみ-てがた【白紙手形】借り主の押印のみがあり、後日、貸し主が金額などを記入するようにした借用証書。江戸時代に行われ、幕府はこれを厳禁した。

しらかみ-みさき【白神岬】北海道、渡島半島南西端の岬。付近に青函トンネルの基点がある。

しらが-やま【白髪山】高知県北部、長岡郡本山町北東部にある山。四国山地中央部に位置する。標高1470メートル。物部川の源流にあたる。ヒノキの自然林は、魚梁瀬のスギ林とともにかつての土佐藩の重要な財源だった。現在は林野庁の保護林(白髪山林木遺伝資源保存林)。国有林の標高1000メートル以上の地域は剣山国定公園。

しら-かゆ【白粥】白米だけの粥。(類語)粥・重湯

しらかわ【白川|白河】㊀京都市北東部を流れる白川流域の地名。平安時代に藤原氏の別邸白河殿があった。㊁(白河)福島県南部の市。もと松平氏の城下町。南湖公園、南端には白河関跡がある。平成17年(2005)11月、表郷村・東村・大信村と合併。人口6.5万(2010)。㊂(白川)熊本県中部を流れる川。阿蘇山に源を発し、熊本平野を西流して熊本市で島原湾に注ぐ。長さ74キロ。

しらかわ-いし【白川石|白河石】❶京都市左京区北白川から産する黒雲母花崗岩の石材名。墓石・石灯籠・建築などに使用。❷(白河石)福島県白河から産する安山岩の石材名。土木・建築などに使用。

しらかわ-ごう【白川郷】岐阜県北西部、大野郡荘川村(現高山市)・白川村一帯の称。大家族制の住居である合掌造りの民家があることで知られる。平成7年(1995)「白川郷・五箇山の合掌造り集落」の名で世界遺産(文化遺産)に登録された。➡五箇山

しらかわ-し【白河市】▶しらかわ㊁

しらかわ-じょう【白河城】福島県白河市にあった城。鎌倉時代に結城親朝が築城。寛永6年(1629)から9年にかけ丹羽長重が大改修。戊辰戦争で主戦場となり落城。小峰城。

しらかわ-てんのう【白河天皇】[1053〜1129]第72代天皇。在位1072〜1086。後三条天皇の第1皇子。名は貞仁。譲位後も、堀河、鳥羽、崇徳天皇の3代にわたって43年間院政を行った。深く仏教に帰依し、社寺参詣もしきりに行った。法名、融覚。

しらかわ-どの【白河殿】京都市左京区にあった白河法皇の御所。藤原良房の山荘。のち、この地に法勝寺が建てられた。

しらかわ-の-せき【白河の関】福島県白河市にあった古代の関所。勿来の関・念珠ヶ関とともに奥州三関の一。(歌枕)「都をば霞とともにたちしかど秋風ぞ吹く一」〈後拾遺・羇旅〉

しらかわ-ひでき【白川英樹】[1936〜　]化学者。東京の生まれ。導電性プラスチックを開発。平成12年(2000)、共同研究者のヒーガー、マクダイアミッドとともにノーベル化学賞受賞。同年、文化勲章受章。

しらかわ-よしのり【白川義則】[1868〜1932]軍人。陸軍大将・元帥。愛媛の生まれ。昭和7年(1932)上海事変のため上海派遣軍司令官となり、同地の天長節祝賀会場で爆弾により重傷を負い、1か月後死去。

しらかわ-よふね【白川夜船|白河夜船】《京都を見てきたふりをする者が、京の白河のことを聞かれて、川の名だと思い、夜、船で通ったから知らないと答えたという話によるという》❶熟睡していて何も知らないこと。何も気がつかないほどよく寝入っているさま。「こんなにきれいなけしきを一で通っちゃ損だからね」〈長与・竹沢先生と云ふ人〉❷知ったかぶり。

しらかわ-らくおう【白河楽翁】松平定信の異称。

しら-かわらげ【白川原毛】馬の毛色の名。川原毛のたてがみの白みを帯びているもの。しろかわらげ。

しら-かんば【白樺】シラカバの別名。

しら-き【白木】❶皮をはぎ、削っただけで、何も塗ってない木。「一の柱」❷トウダイグサ科の落葉小高木。本州以西の山地に自生。葉は広卵形。6月ごろ、枝先に総状花序をつくり、上部に多数の黄色の雄花、下部に数個の雌花をつける。種子の油を灯油・塗料などに用いた。白い材を細工物などに用いる。❸「白木弓」の略。

しらぎ【新羅】古代朝鮮の王国名。4世紀中ごろ、朝鮮半島南東部、辰韓12国を斯盧国が統一して建国。7世紀後半、唐と結んで百済・高句麗を滅ぼし、668年、朝鮮全土最初の統一国家となった。都は慶州。律令や仏教文化など大陸の制度・文物を移入し、中央集権的統治を行ったが、935年、高麗の王建に滅ぼされた。しんら。

しらぎ-がく【新羅楽】三韓楽の一。上代に新羅から日本に伝来した楽舞。楽器は新羅琴・笛などを用いたが、平安時代に高麗楽に編入された。

しら-ぎく【白菊】❶白い花の咲く菊。しろぎく。(季 秋)❷襲の色目の名。表は白、裏は蘇芳。秋に用いる。

しらき-ごし【白木輿】❶親王・摂家・清華・大臣以上が使用した白木造りの輿。しらこし。❷葬儀のとき、棺をのせる白木造りの輿。しらこし。

しらぎ-ごと【新羅琴】新羅楽の主要楽器として伝来した12弦の箏。長さ約5尺(約1.5メートル)。今日の朝鮮の伽倻琴。正倉院に奈良時代のものが伝存する。

しら-きちょうめん【白几帳面】〔名・形動〕ひどくきまじめなこと。また、そのさま。「一な人」

しらき-づくり【白木造り|白木作り】木地のままの材でつくること。また、そのもの。「一の家具」

しら-ぎぬ【白絹】染めてない白地の絹。しろぎぬ。

しらき-の-ねんぶつ【白木の念仏】自力をまじえない他力の念仏を白木にたとえたもの。法然の弟子証空の言葉。

しらき-ゆみ【白木弓】削ったままの、漆を塗らない白木の弓。しらきのゆみ。

し-らく【至楽】この上もなく楽しいこと。「人間一の事

にして並びに真理に違わざるものならしめば」〈逍遥・小説神髄〉

しら-く【刺絡|刺×胳】漢方で、瀉血(しゃけつ)法の一。皮下の小静脈を刺して悪い血を流し去ること。

シラク〖Jacques Chirac〗[1932～]フランスの保守政治家。ジスカール-デスタン、ミッテラン政権で首相を務め、パリ市長も兼務。のちに大統領に就任、2期務めた。在任1995～2007。➡サルコジ

しら・く【白く】〔動カ下二〕「しらける」の文語形。

しら・ぐ〔動ガ下二〕打つ。たたく。「神人白杖(しらづえ)をもって、かの聖がうなじを―・げ」〈平家・一〉

しら・ぐ【▽精ぐ】〔動ガ下二〕「しらげる」の文語形。

シラクーザ〖Siracusa〗►シラクサ

シラクーザ-だいせいどう【シラクーザ大聖堂】《Duomo di Siracusa》►シラクサ大聖堂

シラクサ〖Siracusa〗イタリア、シチリア島南東部のイオニア海に臨む商工業・港湾都市。前8世紀にギリシャ人が植民市として建設し、繁栄。アルキメデスの生地。史跡が多い。近郊のパンタリカにある岩壁の墓地遺跡とともに、2005年、世界遺産(文化遺産)に登録された。シラクーザ。

シラクサ-だいせいどう【シラクサ大聖堂】《Duomo di Siracusa》イタリア南部、シチリア島、シチリア自治州の都市シラクサの旧市街(オルティージャ島)にある大聖堂。紀元前5世紀の古代ギリシャの神殿の柱を使い、7世紀に創建。18世紀にバロック様式のファサードが造られた。内部にはノルマン朝時代のモザイクがある。シラクーザ大聖堂。

しら-くち【獼猴桃】サルナシの古名。〈和名抄〉

しら-くび【白首】「しろくび(白首)」に同じ。

しら-くぼ【白×癬】「しらくも(白癬)」に同じ。

しら-くも【白雲】白く見える雲。はくうん。しろくも。

しら-くも【白×癬|白禿=瘡】小児の頭部に、大小の円形の白色落屑(らくせつ)面ができる皮膚病。白癬(はくせん)菌が感染して起こる。かゆみがあり、毛髪が脱落する。頭部白癬。しらくぼ。

しらくも-の【白雲の】〔枕〕白雲の立ち、または絶える意から、「たつ」「絶ゆ」に掛かる。「―竜田(たつた)の山の滝の上の」〈万・一七四七〉「―絶えにし妹(いも)をあぜせろと」〈万・三五一七〉

しら-くら【白▽黒】《「しろくろ」の音変化》とやかく言われる理由。「へん、そりゃあねえ。そこにかけちゃあ―なし」〈滑・浮世床・初〉

しら-くりげ【白×栗毛】馬の毛色の名。栗毛の色が薄くて黄ばんで見えるもの。しろくりげ。

しらけ【白け】興ざめなこと。また、何事にも関心・感動をもたないこと。「―の時代」

しらげ【▽精げ】玄米をついて精白すること。また、精白した米。

しら-げいしゃ【白芸者】客に色を売らない芸者。「―母はうるさくつきまとひ」〈柳多留・二一〉

しらげ-うた【▽後▽挙歌】《「しりあげうた」の音変化》上代歌謡の歌曲上の名称。歌句の末節を声上がりにうたう歌という。一説に、新羅歌(しらぎうた)、また、玄米を精白する際の作業歌の意とする。

しらげ-かんな【▽精げ×鉋】仕上用の刃の薄い鉋。

しらげ-よね【▽精げ▽米】ついて白くした米。しらげ。〈和名抄〉

しら・ける【白ける】〔動カ下一〕文しら・く〔カ下二〕❶白くなる。色があせて白っぽくなる。「壁紙が―・ける」❷興がさめて気まずい雰囲気になる。「座が―・ける」❸具合が悪くなる。きまりが悪くなる。「実方は―・けて逃げにけり」〈十訓抄・八〉❹明らかにする。また、包み隠さず話す。打ち明ける。「頭から物ごと―・けて語りぬ」〈浮・一代男・二〉
[類語](❶)白む・白茶ける/(❷)興醒(きょうざ)め・興醒まし

しら・げる【▽精げる|白げる】〔動ガ下一〕文しら・ぐ〔ガ下二〕❶玄米をついて白くする。精白する。「玄米を―・げる」❷細工物などを磨いて仕上げをする。「婆あさんが倅の長次郎に―・げさせて持って来た、小さい木札に」〈鷗外・青年〉

しら-こ【白子】❶雄の魚の腹にある乳白色をした精巣。タラ・アンコウなどのものは食用にする。❷先天的にメラニン色素が欠乏していて、皮膚・粘膜・頭髪などが白色である個体。アルビノ。しろこ。

しら-ごえ【白声|▽素声】《「しらこえ」とも》❶平曲で、節をつけずに朗読するように語ること。❷能で、乱拍子(らんびょうし)の小鼓や懺法(せんぽう)の太鼓を打つときに発する掛け声。❸日本芸能の発声法の一。一種のしわがれ声で、祭文・浪花節・浄瑠璃などの語り物で用いられる。❹りきんで出すかんだかい声。「講釈師の黄色なる声、玉子玉子の―」〈根無草・四〉

しら-ごかし　しらじらしく振る舞うこと。しらばくれること。「捻(ひね)って出だせし鼻紙の、―こそ笑止なれ」〈浄・二枚絵草紙〉

しら-ごしらえ【白×拵え】矢の白箆(しらの)に白羽をつける作り方。また、その矢。

しらこ-ばと【白子×鳩】ハト目ハト科の鳥。全身白みがかった淡褐色で、くびの後ろに黒い輪模様がある。南ヨーロッパ・北アフリカから南アジアに分布。日本では埼玉県に生息し、天然記念物。

しら-さぎ【白×鷺】サギ科の鳥のうち、全身白色のものの総称。コサギ・チュウサギ・ダイサギなど。はくろ。(季 夏)「一の佇(た)つとき細き草掴(つか)み/かな女」

しらさき-かいがん【白崎海岸】和歌山県中西部、日高郡由良町にあるリアス式海岸。紀伊水道に面して約1キロメートル続く。石灰岩の白い奇岩が散在して海に突出する景勝地。

しらさぎ-じょう【白鷺城】姫路城の異称。

しら-さや【白×鞘】《「しらざや」とも》白木作りの刀の鞘。

しら-じ【白地】❶紙・布などの、まだ書いたり染めたりせず、白いままのもの。しろじ。❷きむすめ。処女。「―の娘ども、傾国の風俗を見習ひ」〈風俗文選・百花譜〉

しら-じ【白×瓷】・【▽素地】❶陶器や瓦(かわら)などの、まだ焼かれないもの。生素地(きじ)。また、素焼きのもの。❷《素焼きであるところから》すり鉢。

しらじ-けいほう【白地刑法】一定の刑罰だけを法律で規定し、罪となる行為の具体的内容は他の法令に譲っている刑罰法規。空白刑法。白地刑罰法規。空白刑罰法規。

しら-しげどう【白▽重×籐】重籐の弓の一。黒漆を塗った上に籐を巻いた部分が最も多いもの。

しらじ-こぎって【白地小切手】要件の全部または一部を空白にし、後日その空白にした要件を取得者に補充させる意思で振り出した小切手。

しらじしき-うらがき【白地式裏書】被裏書人の表示をせずにされる裏書。➡記名式裏書

しらじ-てがた【白地手形】手形行為者が要件の全部または一部を空白にしたまま署名し、後日その空白にした要件を取得者に補充させる意思で流通においた手形。

しらじ-ひきうけ【白地引受】白地手形に引受人として署名すること。

しらじ-ふりだし【白地振出】振出人が自分の署名だけをして白地手形・白地小切手を振り出すこと。

しら-しぼり【白搾り|白絞り】❶白ごまの種子を加熱しないでしぼった、上質の油。しろしぼり。⇔黒搾り。❷《「お染久松」の油屋お染の縁で、多く、「知る」に掛けて用いる》知らぬこと、知らぬ人の意。「親達ゃ夢にも―」〈伎・色読販〉

しらし-め・す【知らしめす】〔動サ四〕《連語「し(知)らす」の連用形＋尊敬の意の補助動詞「めす」。上代に用いられ、平安時代以降は、多く「しろしめす」に変化した》お治めになる。しろしめす。「天(あめ)の下―・しける皇祖(すめろき)の」〈万・四〇九八〉

しらしめ-ゆ【白絞め油】大豆油・ごま油・綿実油などの精製油。本来は菜種を加熱しないで採油した、色の薄い油をいう。

しら-じら【白白】〔副〕《「しらしら」とも》❶夜が明けて、だんだん明るくなっていくさま。「―と夜が明ける」❷色の白いさま。また、白く見えるさま。「闇にくちなしの花が―(と)浮かぶ」❸平気でしらばくれたり、見え透いたことを言ったりするさま。「―と言い訳をする」❹興ざめなさま。「慇懃(いんぎん)無礼な扱いに―とした気持ちになる」

しらじら-あけ【白白明け】《「しらしらあけ」とも》夜が明けようとして、空が次第に白くなりはじめること。また、そのころ。「夜の―に風に吹き曝(さら)されながら」〈谷崎・春琴抄〉

しらじら-し・い【白白しい】〔形〕文しらじら・し〔シク〕❶白く見えるさま。また、はっきりと見えるさま。「―・い月の光」「よそにふる物とこそ見め白雪の―・しくも思ほゆるかな」〈重之集〉❷興ざめなさま。「―・い空気が流れる」❸うそであったり、本心でなかったりすることが、見え透いているさま。「―・いお世辞」「―・くうそ八百を並べたてる」❹知っていながら知らないふりをするさま。「―・く初対面のあいさつをする」[派生]しらじらしさ〔名〕[類語]空空しい

しら-す【白子】❶カタクチイワシ・マイワシ・イカナゴ・ウナギ・アユなどの稚魚。体は透明。❷「白子干し」の略。

しら-す【白州|白×洲】❶白い砂の州。❷邸宅の玄関先や庭園などで、白い砂や小石の敷いてある所。❸能舞台と観客席との間の、砂利を敷きつめた所。❹《庭に白い砂利が敷かれていたところから》江戸時代、奉行所の裁きを受ける庶民が控えた場所。また転じて、奉行所・法廷。おしらす。

しら-す【白▽砂】鹿児島・宮崎両県にまたがり広く分布する、白色で孔隙(こうげき)に富む火山噴出物。鹿児島湾北端部の姶良(あいら)カルデラ形成時の軽石などで、広い台地をつくっている。

しら・す【知らす】㊀〔動サ五(四)〕「知らせる」に同じ。「手紙で―・された」㊁〔動サ下二〕「しらせる」の文語形。

しら◦す【知らす|▽領らす】〔連語〕《動詞「し(知)る」の未然形＋上代の尊敬の助動詞「す」》「知る」の尊敬語。お治めになる。統治なさる。ご支配になる。「皇祖(すめろき)の神の命の御代重ね天(あま)の日継(ひつぎ)と―◦し来る君の御代御代」〈万・四〇九四〉

しら-ず【白酢】白のすりごまに豆腐・砂糖・酢・塩を加え、だし汁でのばしたもの。野菜などのあえ物に用いる。

しら-ず【知らず|▽不▽知】〔連語〕❶(「…はしらず」の形で)問題にしないでおく、さておいてなどの意を表す。「明日は―、ともかく今日のことを考えよう」❷(他の語の下に付いて)気にしないさま、それがないと思えるさまを表す。「怖いもの―」「天井―」❸(文頭に用いて)以下のことはどうだかわからないがという意を表す。「―、生まれ死ぬる人いづかたより来たりていづかたへか去る」〈方丈記〉

じら・す【▽焦らす】〔動サ五(四)〕相手に期待をもたせながらそのことをしないで、いらいらした気持ちにさせる。じれさせる。「―・して教えない」

しらす-うなぎ【白子×鰻】春先に海から川に入るウナギの幼魚。体は5センチ前後で細くて透明。はりうなぎ。

しらすか【白須賀】静岡県西端、湖西市の地名。もと東海道の宿駅で、遠州灘を望む汐見坂がある。

しらず-がお【知らず顔】「知らぬ顔」に同じ。

しら-すげ【白×菅】カヤツリグサ科の多年草。湿った林に生え、高さ30～60センチ。地上茎は三角柱で、白みを帯びた葉をつける。夏、茎の頂に淡緑色の雄花の穂を、その下に数個の雌花の穂をつける。

しらすげ-の【白×菅の】〔枕〕スゲの名所である「真野(まの)」に掛かる。「―真野の榛原(はりはら)手折りて行かむ」〈万・二八〇〉

しらず-しらず【知らず知らず|知らず▽識らず】〔副〕それと意識せずに、いつのまにかある行動をしたり、ある状態になっていたりするさま。「―話に引き込まれていた」[類語]思わず・思わず知らず・うっかり・つい・無意識・ひょっと

しらす-じろう【白洲次郎】[1902～1985]政治家・実業家。兵庫の生まれ。正子の夫。企業役員などを経て、第二次大戦後は吉田茂の側近としてGHQとの折衝などに当たる。昭和23年(1948)貿易庁初代長官、同26年サンフランシスコ講和会議全権委員顧問。吉田退陣後は再び実業家として活躍。

しらす-だいち【白砂台地】《多く「シラス台地」と書く》九州南部、鹿児島県を中心に分布する、しらすで

おおわれた台地。台地上には、霧島山、桜島などからの火山灰が厚さ数メートル堆積している。
しら-すな【白砂】白い砂。はくさ。
しらすな-やま【白砂山】群馬・新潟・長野の県境にある山。三国山脈の最高峰。標高2140メートル。東は三国峠、西は志賀高原、北は佐武流山(2192メートル)に続く。しろすなやま。
しらす-ばしご【白×洲×梯子】能舞台で、正面にある三段の階段。江戸時代、当日の奉行が役者に開演を命じたり、見物の大名から役者に褒美を渡したりするときなどに用いた。きざはし。
しらす-ぼし【白子干し｜白子▽乾し】主にカタクチイワシの稚魚を塩ゆでにして干した食品。(季 春)
しらす-まさこ【白洲正子】[1910〜1998]随筆家。東京の生まれ。次郎の妻。幼少より能を習い、当時は女人禁制とされていた能舞台に女性演者として初めて立った。「能面」「かくれ里」で読売文学賞を二度受賞。能のほか、古美術や古典文学に関する著作が多い。
しら-ずみ【白炭】「しろずみ」に同じ。
しら-ずみ【白墨】「しろずみ」に同じ。
しら-すり【白▽磨り】白くみがくこと。「三十六差いたる一の銀筈の大中黒の矢に」〈太平記・六〉
しらせ【知らせ｜▽報せ】❶知らせること。また、その内容。通知。「合格の一を待つ」「悪い一が届く」❷何か事が起こるような兆し。前兆。「不吉な一」「虫の一」❸歌舞伎で、幕開きや舞台転換などのとき、その合図に打つ拍子木。(類語)通知・案内・通告・通達・通牒・報・告知・連絡・インフォメーション
しらせ-のぶ【白瀬矗】[1861〜1946]探検家。陸軍中尉。秋田の生まれ。明治45年(1912)、日本人として初めて南極大陸に上陸、1月29日に南緯80度5分、西経156度37分の地点まで進んだが、南極点には達しなかった。その地点を大和雪原と命名。
しらせ-ぶみ【知らせ文】先方に知らせるために送る書面。通知書。報告書。
しら・せる【知らせる｜▽報せる】〔動サ下一〕図しら・す〔サ下二〕❶他の人が知るようにする。言葉やその他の手段で伝える。「手紙で無事を一・せる」「事件を一・せる」「虫が一・せる」❷身にしみて分からせる。思い知らせる。「この恨みを一・せずにおくものか」
(用法)しらせる・つげる――「時を知らせる(告げる)鐘の音」など、知るようにする意では、相通じて用いられる。◆「知らせる」は、「電話で事故を知らせる」のように一方的な伝達で受け手の意志を問題としないこともあるが、知りたいと思っている相手に伝える場合にも用いられる。「心配していた家族に無事を知らせた」「近況を知らせてください」など。◆「告げる」は情報よりも意志とか命令などを相手に伝える意が強い。この場合相手は個人でも、不特定の人々でもよい。「三日以内に立ち退くように告げた」「いとまを告げる」◆類似の語に「報ずる」がある。「報ずる」は、ふつう多くの人々に、何らかの情報を伝える場合に用いる。「ニュースが首相の外遊を報じた」
(類語)告げる・伝える・報ずる・宣する・知らす・触れる・教える・示す・教示する・示教する・指教する・助言する・入れ知恵する・言い送る・申し送る・達する・伝達する・通知する・連絡する・通告する・通達する・下達する・令達する・口達する・通ずる・コミュニケートする・取り次ぐ・伝言する・話す
しら-た【白太】❶材の色が白い杉。❷木材の樹皮に近い白い部分。辺材。㊀赤身。
しら-だいしゅ【白大衆】官位のない下級の僧。しらだいす。「一・神人・宮仕・専当みちみちて、いくらといふ数を知らず」〈平家・一〉
しら-たえ【白▽妙｜白×栲】「しろたえ」に同じ。「仏すらみかどかしこみ一の波かきわけて来ませるものを」〈日本紀竟宴和歌〉
しら-たか【白×鷹】白色のタカ。特に、羽毛の白いオオタカ。
しら-たき【白滝】❶白布を垂らしたように流水の落ちる滝。❷白いこんにゃく粉をこねて湯の中に細く突き出して固めた食品。
しら-たず【白田▽鶴】「白鶴」に同じ。
しらたにうんすい-きょう【白谷雲水峡】鹿児島県、屋久島北東部にある渓谷。宮之浦川の支流、白谷川上流の標高600〜700メートル付近に位置する。推定樹齢3000年の弥生杉をはじめとする屋久杉や、花崗岩の間を流れ落ちる滝などが見られる景勝地。面積4.24平方キロメートルの自然休養林がある。
しら-たま【白玉】❶白色の玉。特に真珠をいう。❷白玉粉を水でこね、小さく丸めてゆでた白い団子。冷やして砂糖をかけたり、冷たい砂糖水に入れたりして食べる。(季 夏)「一にとけのこりたる砂糖かな/虚子」❸「白玉椿」の略。
しらたま-こ【白玉粉】精白したもち米の粉。寒中の水でさらして作ったものは寒ざらし粉ともいう。
(類語)米粉・米粉・糝粉
しらたま-つばき【白玉×椿】白い花が咲く椿。たまつばき。
しらたま-の【白玉の】〔枕〕白玉を貫く緒の意から、「を」を含む地名「緒絶えの橋」「姨捨山」などにかかる。「一緒絶えの橋の名もつらし」〈続後撰・恋四〉
しらたま-の-き【白玉の木】ツツジ科の常緑小低木。高山に生え、高さ10〜30センチ。葉は長楕円形で小さく、つやがある。7月ごろ、数個のつり鐘状の白い花が咲く。実は丸くて白い。
しらたま-ひめ【白玉姫】霞の異称。
しらたま-ゆり【白玉百＝合】カノコユリの変種で、花が純白色のもの。おきなゆり。
し-らち【仕×埒｜▽為×埒】《為て埒を明ける意》処置して決着をつけること。しまつ。「その一は、どうつけてくれる」〈万太郎・春泥〉
しら-ち【白血】白帯下のこと。
しら-ちゃ【白茶】❶白みがかった茶色。ごく薄い茶色。❷「しろちゃ」に同じ。
しらちゃ・ける【白茶ける】〔動カ下一〕色があせて白っぽくなる。しらっちゃける。「一・けた服」
しら-つか【白▽柄】白糸または白い鮫皮を巻いた刀の柄。また、その刀。しろつか。
しらつか-ぐみ【白▽柄組】江戸前期、用いる刀を白柄にするなど、好んで変わった姿をした旗本奴の集団の俗称。水野十郎左衛門を盟主として江戸市中を横行していたが、貞享3年(1686)に幕府により処断された。
しら-つきげ【白月毛】馬の毛色の名。白みがかった月毛。しろつきげ。
しら-つち【白土】❶色の白い土。❷陶土。❸白色のしっくい。
しらっ-と〔副〕しらけたさま。「一した表情」
しらっ-ぱく・れる〔動ラ下一〕「しらばくれる」のくだけた言い方。「一・れてもいずれはばれる」
しら-つゆ【白露】草木に置いて、白く光って見える露。(季 秋)
しらつゆ-の【白露の】〔枕〕露が置く意から、また、露が玉をなす意から、「おく」「たま」にかかる。「一起くとは嘆き寝とはしのばむ」〈古今・恋一〉
しら-つる【白鶴】羽が白いツル。特に、ソデグロヅルのこと。しらたず。
しら-つるばみ【白×橡】白っぽい、つるばみ色。鈍色の薄いもの。青白橡と赤白橡の2種がある。しろつるばみ。
しら-と【白×砥】白色の砥石。粗砥と合わせ砥の間に用いる。愛媛県宇和島の特産。伊予砥。
しらと-さんぺい【白土三平】[1932〜　]漫画家。東京の生まれ。本名、岡本登。忍者ものを中心とする歴史漫画が絶大な人気を集めた。代表作「忍者武芸帳」「カムイ伝」「サスケ」など。
しらとほふ〔枕〕地名「小新田山」「新治」にかかる。かかり方未詳。「一小新田山の守る山の」〈万・三四三六〉
しら-とり【白鳥】カモメやハクチョウなど羽毛が白い鳥。しろとり。「一はかなしからずや空の青海のあをにも染まずただよふ」〈牧水・海の声〉
しらとり-くらきち【白鳥庫吉】[1865〜1942]東洋史学者。千葉の生まれ。東大教授。近代的東洋史学を確立。北アジア・中央アジア諸民族の歴史を研究。東洋文庫の創設に尽力。著「西域史研究」「日本語の系統」。
しらとり-の【白鳥の】〔枕〕白い鳥である鷺の意から、また、白い鳥が飛ぶ意から、「鷺」「飛ぶ」にかかる。「一鷺坂山の松かげに」〈万・一六八七〉
しらとり-の-みささぎ【白鳥陵】日本武尊の墓。死んで白鳥になったという伝説から名づけられた。伊勢国能褒野の陵、大和国琴弾原の陵、河内国旧市邑の陵の3か所をいう。
しら-なみ【白波｜白▽浪】❶泡立って白く見える波。❷《「後漢書」霊帝紀から。黄巾の乱の残党で、略奪をはたらいた白波賊を訓読みしたもの》盗賊。どろぼう。
しらなみごにんおとこ【白浪五人男】歌舞伎狂言「青砥稿花紅彩画」の通称。
しらなみごにんおんな【白浪五人女】歌舞伎狂言「処女評判善悪鏡」の通称。
しらなみ-の【白波の】〔枕〕「白波」との関連から、「いちしろし」「よる」「かへる」などにかかる。「一いちしろく出でぬ人の知るべく」〈万・三〇二三〉
しらなみ-もの【白▽浪物】盗賊を主人公とした歌舞伎・講談などの総称。「白浪五人男」など。幕末期に流行し、河竹黙阿弥はその代表的作者。白浪狂言。
しら-に【白煮】醤油を使わず、材料を白く煮上げること。また、その煮上げたもの。「蓮根の一」
しら-に【知らに】〔連語〕《動詞「し(知)る」の未然形に打消しの助動詞「ず」の古い連用形「に」の付いたもの》知らないで。知らないので。「たまきはる命惜しけどせむすべのたどきを一かくしてや荒し男すらに嘆き伏せらむ」〈万・三九六二〉
しら-にぎて【白▽和▽幣】《古くは「しらにきて」「しらにきで」とも》カジノキの皮の繊維で織った白布のにぎて。「榊の枝に一、青和幣を取り懸けて」〈太平記・三九〉
しらぬ-い【▽不▽知▽火】九州の有明海や八代海で、夜間無数の光が明滅する現象。漁船の漁火が異常屈折によって光像を作るために起こる。八朔(陰暦8月1日)ごろの月のない夜に多くみられる。(季 秋)「一の見えぬ芒にうずくまり/久女」
しらぬい【白縫】〔枕〕地名「筑紫」にかかる。「一筑紫の国に泣く子なす」〈万・七九四〉(補説)上代特殊仮名遣いが異なるので「不知火」とは別。
しらぬい-かい【不知火海】八代海の別称。
しらぬい-がた【▽不▽知▽火型】横綱の土俵入りの型の一。第8代横綱の不知火諾右衛門と、その弟子である第11代横綱の不知火光右衛門とが考案したもので、四股のあとでからだをせり上げるときに、両腕を左右いっぱいに広げる。➡雲竜型
しらぬい-こうえもん【不知火光右衛門】[1825〜1879]幕末の力士。第11代横綱。肥後の人。本名、原野峰松。師である第8代横綱不知火諾右衛門と、横綱の土俵入りの型である不知火型を考案した。➡雲竜久吉(第10代横綱) ➡陣幕久五郎(第12代横綱)
しらぬい-だくえもん【不知火諾右衛門】[1801〜1854]江戸後期の力士。第8代横綱。肥後の人。本名、近久信次。肥後藩の抱え力士。弟子の第11代横綱不知火光右衛門と、横綱の土俵入りの型、不知火型を考案。➡稲妻雷五郎(第7代横綱) ➡秀ノ山雷五郎(第9代横綱)
しらぬいものがたり【白縫譚｜白縫物語】㊀合巻。90編。柳下亭種員・2世柳亭種彦・柳水亭種清の合作。歌川豊国ら画。嘉永2〜明治18年(1849〜85)刊。大友宗麟の娘の若菜姫(白縫)の復讐物語を中心とした長編。㊁(しらぬひ譚)歌舞伎狂言。時代物。8幕。河竹黙阿弥作。嘉永6年(1853)江戸河原崎座初演。㊀の第14編までを脚色したもの。
しらぬ-がお【知らぬ顔】〔名・形動〕知っている

のに知らない振りをすること。また、そのさま。しらずがお。しらんかお。「―に横を通り抜ける」

知らぬ顔の半兵衛(はんべえ) そ知らぬようすをして少しもとりあわない冷淡な者を人名のように呼んだもの。「―を決め込む」

しらぬか-きゅうりょう【白糠丘陵】(キウリョウ) 北海道南東部にある丘陵。十勝総合振興局と釧路総合振興局の境界を南北に連なる。農林業が主。

しらぬ-ぞんぜぬ【知らぬ存ぜぬ】〔連語〕まったく知らないということ。「責任者なのだから、―では通らない」

しらぬ-ひ【▽不▽知火】►しらぬい(不知火)

しらぬ-よ【知らぬ世】〔連語〕❶過去。昔。「―の夢の行くへも尋ねみん物いひかはせ軒の橘」〈藤川五百首〉❷死んだのちの世。来世。「―の深き煙(けぶり)も晴れぬらん雲ゐる寺を出づる光に」〈夫木・三四〉❸見知らぬ土地。遠い所。「覚えぬ罪に当り侍りて、―にまどひ侍りしを」〈源・朝顔〉

しら-ぬり【白塗り】銀めっきをすること。一説に、白土などで白く塗ること。また、そのもの。「をちこちに鳥踏み立て―の小鈴もゆらに」〈万・四一五四〉

しら-ね【白根】植物の茎や根の、地中にある白い部分。しろね。

しらね-あおい【白根×葵】(アフヒ) キンポウゲ目シラネアオイ科の多年草。深山の樹下に生え、高さ約40センチ。葉は手のひら状に裂け、互生する。夏、紫色の花びら状をした萼(がく)をもつ花を1個開く。日光白根山に多い。はるふよう。やまふよう。（季 夏）「一咲けりといふよ山彦も／秋桜子」

しらね-さん【白根山】㊀栃木・群馬県境にある火山。北西麓には丸沼・菅沼があり、日光国立公園に属する。標高2578メートル。日光白根。㊁群馬県北西部、長野県境近くにある活火山。山腹に万座・草津などの温泉郷がある。上信越高原国立公園に属する。2160メートル。南接の本白根山(もとしらねさん)(2171メートル)を含むこともある。草津白根。㊂山梨・静岡両県にまたがる赤石山脈北部の北岳(3193メートル)・間(あい)ノ岳(3189メートル)・農鳥(のうとり)岳(3026メートル)の総称。北岳は富士山に次ぐ高峰。白峰山。白根三山。甲斐(かい)白根。

しらね-せんきゅう【白根川×芎】セリ科の多年草。山あいの川辺に生え、高さ約1.5メートル。葉は複葉で細かく裂ける。秋、白い花が傘状に集まって咲く。すずかぜり。

しらね-にんじん【白根人▽参】セリ科の多年草。高山の日当たりのよい地に生え、高さ10～30センチ。地下茎は太く、短い。葉は複葉で細かく裂ける。夏、白い小花が集まって咲く。

しら-の【白×箆】篠竹(しのだけ)を、焦がしたり漆(うるし)を塗ったりしない矢柄(やがら)。しろの。「柄(がら)は―に、山鳥の羽をあはせはぎに」〈保元・上〉

シラノ-ド-ベルジュラック〘Cyrano de Bergerac〙㊀[1619～1655]フランスの小説家・劇作家・自由思想家。軍人として勇名を馳せたが負傷して退役、文筆生活に入った。その生涯はロスタン作の戯曲によって伝説化された。小説「月世界旅行記」、喜劇「衒学(げんがく)者愚弄」など。㊁ロスタンの戯曲。5幕。1897年初演。㊀をモデルにした大鼻で醜男の剣客シラノの、従妹ロクサーヌへの悲恋を描いたもの。

しら-は【白刃】鞘(さや)から抜いた刀。抜き身。白刃(はくじん)。

しら-は【白羽】矢の羽の白いもの。ふつう、タカの羽を用いる。

白羽の矢が立・つ 《人身御供(ひとみごくう)を求める神が、その望む少女の家の屋根に人知れずしるしの白羽の矢を立てるという俗説から》多くの中から犠牲者として選び出される。また、一般に多くの中から特に選び出される。「社長候補として―・った」(補説)文化庁が発表した平成17年度「国語に関する世論調査」では、「美術館建設の候補地として、この村に白羽の矢が当たった」という言い方が「気になる」と答えた人が58.3パーセント、「気にならない」と答えた人が35.3パーセントという結果が出ている。

しら-は【白歯】❶白い歯。❷《昔、歯を黒く染めた既婚の女性に対して》未婚の女性。処女。「―で家に居るではなし、余故(よそ)へ縁附いていた所で」〈紅葉・二人女房〉

しら-はい【白灰】(ハヒ) 白い灰水。灰汁(あく)。上水(うわみず)を布地の汚れ落としや染色に用いる。

しら-はえ【白南=風】梅雨が明ける6月末ごろから吹く南風。しろはえ。（季 夏）⇨黒南風(くろはえ)

しら-はぎ【白×萩】❶白い花の咲くハギ。ミヤギノハギの変種といわれるシロバナハギなど。（季 秋）「―のしきりに露をこぼしけり／子規」❷ヌマトラノオの異称。

しら-ばく・れる〔動ラ下一〕知っていて知らないさまを装う。しらばっくれる。「わざと―・れて言う」

(類語)知らんぷり・頬被(ほおかぶ)り・かまとと・とぼける・そらとぼける・しらを切る

しら-ばけ【白化け】〔名・形動〕《近世語》❶わざとありのままに言うこと。また、そのさま。「只―に放下師までも品玉とる種の行所をさきへ見せ」〈浮・織留・一〉❷そらぞらしく化けること。そらとぼけること。また、そのさま。「一の贋(にせ)若君」〈浄・甲賀三郎〉❸あけすけにいうこと。また、そのさま。「かう―にぶちまけたら」〈伎・青砥稿〉

シラバス〘syllabus〙講義の摘要。講義要目。学年あるいは学期中の授業・講義の計画や内容の概略を各時限ごとに記したもの。

しら-はた【白旗】❶白色の旗。降伏や戦意のないことを示すときなどに用いる。しろはた。「―を振りかざす」❷昔、平氏の赤旗に対して源氏が用いた旗。しろはた。

しら-はだ【白肌｜白▽膚】❶色白の肌。❷「しろなまず」に同じ。

しらはた-いっき【白旗一揆】室町時代、北武蔵・上野(こうずけ)の源氏の在地中小武士によって組織された武士団。別府・久下(くげ)・高麗(こま)氏などで構成され、白旗を旗印としたのでこの名がある。

しら-ばっく・れる〔動ラ下一〕「しらばくれる」に同じ。「―・れてもわかっているんだぞ」

しら-はま【白浜】砂で白く見える浜。白砂の浜。

しらはま【白浜】㊀千葉県、房総半島南端の地名。太平洋に面する観光地。野島崎灯台がある。花卉(かき)栽培が盛ん。㊁静岡県下田市の地名。伊豆半島南部にあり相模灘(さがみなだ)に面する。海水浴場として知られる。㊂和歌山県南西部、西牟婁(にしむろ)郡の地名。太平洋に面する。温泉が多く、湯崎温泉は古来より牟婁の湯として知られた。古称、白良浜(しららはま)。

しらはま-ちょう【白浜町】(チャウ) ►白浜㊂

しらはま-なみ【白浜波】白浜に打ち寄せる波。「たくひれの―の寄りもあへず荒ぶる妹に恋ひつつぞ居る」〈万・二八二二〉

しら-ば・む【白ばむ】〔動マ四〕白みを帯びる。しろばむ。「浪の上に―・みたる小さき物見ゆ」〈今昔・一九・二九〉

しら-ばやし【白×囃子】「修羅囃子(しゅらばやし)」のなまった言い方。

しら-はり【白張り】❶糊(のり)をこわく張った白い布の狩衣(かりぎぬ)。雑色(ぞうしき)などが着た。白張り装束。小張り。はくちょう。❷白い紙を張ったままであること。また、そのもの。「―の傘」❸「白張り提灯(ぢょうちん)」の略。

しらはり-ぢょうちん【白張り▽提▽灯】(ヂャウチン) 白紙を張っただけで、油をひいたり字や絵をかいたりしてない提灯。葬礼に用いる。しろぢょうちん。

しら-ひげ【白×髭｜白×鬚】白いひげ。

しらひげ【白髭｜白鬚】謡曲。脇能物。宝生以外の各流。勅使が近江(おうみ)の白鬚明神に参詣すると、明神・天女・竜神が現れ、比叡山の縁起を語る。

しらひげ-じんじゃ【白鬚神社】㊀滋賀県高島市にある神社。祭神は猿田彦神。比良明神。白鬚明神。㊁東京都墨田区にある神社。天暦5年(951)慈恵大師が、㊀の白鬚明神を勧請(かんじょう)して創建。

しらひげ-そう【白×髭草】(サウ) ユキノシタ科の多年草。山地に自生し、高さ15～30センチ。根際から柄の長い心臓形の葉を多数出す。夏、花びらの縁がひげ状に深く裂けた白い花を1個開く。

しらひげ-みょうじん【白鬚明神】(ミャウジン) ►白鬚神社㊀

しら-びそ【白×檜▽曽】マツ科の常緑高木。山地に広く自生。樹皮は灰色で滑らか。葉は線形で裏面が白く、小枝に2列に密生する。6月ごろ、雄花と雌花とがつき、球果は青紫色。材は建築・器具・パルプなどに利用。しらべ。

しら-びと【▽素人】「しろうと」に同じ。「ただの―が強盗とみづから名乗りて」〈著聞集・一二〉

しら-ひめ【白姫】冬をつかさどる女神。

しら-ひも【白×紐】白いひも。

しら-びょうし【白拍子】(ビャウシ) ❶(「素拍子」とも書く)雅楽や声明(しょうみょう)で、笏(しゃく)拍子や扇拍子だけで歌うこと。❷平安末期から鎌倉時代にかけて流行した歌舞。また、それを演じる遊女。今様などを歌い、水干・立烏帽子(たてえぼし)・佩刀(はいとう)の男装で舞ったので男舞といわれた。のちの曲舞(くせまい)などに影響を与えたほか、能にも取り入れられた。❸江戸時代、遊女のこと。

しら-ふ【白▽斑】白色の斑点。白色のまだら。「枕づくつま屋の内にとぐら結ひ据ゑてそ我(あ)が飼ふ真―の鷹」〈万・四一五四〉

しら-ふ【素=面｜白=面】酒に酔っていない、ふだんの状態。「―では言いにくい話」(類語)素面(すめん)

しら・ぶ【調ぶ】〔動バ下二〕「しらべる」の文語形。

ジラフ〘giraffe〙「キリン(麒麟)❶」のこと。

しら-ふじ【白藤】(ヂ) ❶ヤマフジの一品種。花は白色。しろふじ。（季 春）❷襲(かさね)の色目の名。表は薄紫、裏は濃紫。3、4月ごろ用いる。

しらふじ-いろ【白藤色】(フヂ) 白藤❶の花のような色。ごく淡い紫色。

しら-ふじょう【しら不浄】(フジャウ) 《「しら」は産屋(うぶや)のこと》沖縄・奄美(あまみ)群島で、出産の忌みのこと。

シラブル〘syllable〙音節。

しら-べ【白×檜】シラビソの別名。

しらべ【調べ】❶必要な情報を得るためにいろいろ調べること。調査。❷不都合な点がないかどうか確かめること。点検。❸事実を知るために問いただすこと。尋問。「警察の―を受ける」❹音楽を奏すること。また、その音楽。「琵琶(びわ)の―」❺旋律。「単調な―」❻音律を合わせ整えること。❼音楽や詩歌などを通して感じられる情緒や調子。「妙なる―」❽「調べの緒」の略。(類語)調子・音調・音律・調性・音階・音程・音高・トーン・拍子・拍(はく)・律動・乗り・リズム・テンポ

しらべ-あ・げる【調べ上げる】〔動ガ下一〕(文)しらべあ・ぐ〔ガ下二〕徹底的に調べる。最後まで調べる。「居所を―・げる」

しらべ-いと【調べ糸】錘(つむ)にかけて糸繰り車の周囲にまといつけ、車の回転とともに、錘を動かすための糸。

しらべ-おび【調べ帯】機械などで、二つの車輪にかけ渡して一方の回転を他方に伝えるための帯状のもの。ベルト。ちょうたい。

しらべ-がくしゅう【調べ学習】(ガクシフ) 生徒が課題について、図書館を利用したり、聞き取り調査をしたりして結果をまとめること。総合学習の一形態。

しらべ-がわ【調べ革】(ガハ) 皮革製の調べ帯。

しらべ-ぐるま【調べ車】►ベルト車

しらべ-の-お【調べの緒】(ヲ) 鼓の両面の革と胴とを固定する麻ひも。鼓を打つときに、締めたり緩めたりして調子を整える。

しらべ-もの【調べ物】❶疑問や不確かなことを調べること。調査。「―をする」❷►段物(だんもの)❺

しら・べる【調べる】〔動バ下一〕(文)しら・ぶ〔バ下二〕❶わからないことや不確かなことを、いろいろな方法で確かめる。調査する。研究する。「渡り鳥の生態を―・べる」「電話帳で番号を―・べる」❷不都合な点や異常・ごまかしなどがないか、実物に当たって確かめる。検査する。点検する。「所持品を―・べる」「帳簿を―・べる」「故障がないかどうか、エンジンを―・べる」❸罪状などをはっきりさせるために、あれこれと問いただす。とりしらべる。「重要参考人として―・べる」❹音楽を演奏する。「琴を―・べる」❺いろいろに音を出して、音律を合わせ整える。調子を合わせる。「次の『紀文大尽』に出る夫人が三味線を―・べている」〈三島・純白の夜〉❻調子に乗る。「わづかに聞き得

たることをば、我もとより知りたることのやうに、こと人にも語り—・ぶるもいとにくし」〈枕・二八〉 類語 (❶)探る・洗う・当たる・探査する・踏査する・精査する・詮索する・探索する・分析する/(❷)検する・閲する・改める・検分する・吟味する・実検する・臨検する・検閲する・査閲する・監査する・チェックする/(❸)糺す・尋問する・審問する・査問する・詮議する・審理する

しら-ほ【白帆】船に張った白い帆。

しら-ほし【白星】兜の星の、表を銀で包んだもの。

しら-ぼし【白干し｜白▽乾し】魚肉や野菜を、塩に漬けず、そのまま干すこと。また、そのもの。「鮭の—なでう事かあらん、鮎の—は、まゐらぬかは」〈徒然・一八二〉

しら-ほね【白骨】うるしなどを塗っていない扇の骨や鞍。

しらほね-おんせん【白骨温泉】長野県松本市西部、乗鞍岳の麓にある温泉。泉質は炭酸水素塩泉・硫黄泉。

しらま-か・す【白まかす】〔動サ四〕❶興をさまさせる。「山里の心の夢に惑ひ居れば吹き—・す風の音かな」〈山家集・下〉❷勢いをくじく。しりごみをさせる。しらます。「矢種を惜しまず散々に射ける間、寄せ手少し射—・されて」〈太平記・八〉

しらまき-ゆみ【白巻弓】黒塗りの弓に白い籐を巻いたもの。流鏑馬に用いる。しらまゆみ。

しらま・す【白ます】〔動サ四〕「しらまかす❷」に同じ。「楯も鎧もこらへずして、さんざんに射—・さる」〈平家・一一〉

しら-まなご【白真▽砂】白いまさご。白砂。「一三津の赤土の色に出でて言はなくのみそ我が恋ふらくは」〈万・二七二五〉

しら-まゆみ【白真弓｜白×檀弓】■〔名〕❶マユミで作った白木の丸木弓。❷「白巻弓」に同じ。■〔枕〕弓を張る・射る・引くなどの意から、「はる」「い」「いる」「ひ」「ひく」「かへる」などにかかる。「—いま春山に行く雲の」〈万・一九二三〉「—かへるさ急ぐ人の別れ路」〈玉葉集・恋二〉

しらみ【×虱｜×蝨】シラミ目の昆虫の総称。体は微小で扁平。腹部は大きく、頭部・胸部は小さく、翅はない。吸う口をもち、人畜の吸血害虫。アタマジラミ・ヒトジラミ・イヌジラミなど。《季 夏》

虱の皮を千枚に剥ぐ きわめてけちなこと。非常に貪欲であることのたとえ。

虱の皮を槍で剥ぐ 小さな事を処理するのに大げさに行うことのたとえ。

虱をひねって当世の務を談ず 《「晋書」王猛載記から》人前を恐れぬ態度で時世や政治を論じる。また、傍若無人に振る舞う。

しらみず-あみだどう【白水阿弥陀堂】福島県いわき市内郷白水町にある真言宗願成寺の阿弥陀堂の通称。永暦元年(1160)国守岩城(平)則道の後室徳尼(藤原秀衡の妹)が亡夫を追善するために独立仏堂として建立。3間四方の方形造りで、平安後期の阿弥陀堂形式を代表する遺構。

しらみ-つぶし【×虱潰し】物事を片端から一つ一つ落ちのないように処理すること。「一軒一軒—にあたる」

類語 洗いざらい・くまなく・根こそぎ・残らず・すべて

しらみね【白峰】石川県白山市、白山山麓の地名。重要文化財指定の小倉家など古い民家がある。

しらみね-さん【白峰山】香川県坂出市東部の山。標高337メートル。山腹に白峰寺、崇徳天皇陵がある。白峰。

しらみね-じ【白峰寺】香川県坂出市にある真言宗御室派の寺。山号は綾松山。開創は弘仁2年(811)、開山は空海または円珍というが未詳。四国八十八箇所第81番札所。

しらみね-じんぐう【白峰神宮】京都市上京区にある神社。旧官幣大社。祭神は崇徳天皇・淳仁天皇。初め、讃岐の白峰に廟を創建、白峰大権現と称したが、明治元年(1868)現在地へ遷座した。白峰宮。

しらみ-ばえ【×虱×蠅】双翅目シラミバエ科のハエの総称。体は小形で扁平。翅は退化的で、鳥類や哺乳類に外部寄生する。馬・牛などの吸血害虫のウマシラミバエが代表種。

しらみ-ひも【×虱×紐】江戸芝金杉通3丁目の鍋屋源兵衛の店で売り出したシラミよけのひも。布のひもに薬を塗ったもの。

しらみ-ぼん【×虱本】《細字で、字体がシラミのように見えるところから》江戸前期、明暦(1655～1658)から天和(1681～1684)ごろに京坂で出版された絵入り浄瑠璃本。

しら・む【白む】〔動マ五(四)〕❶白くなる。特に、夜が明けて空やあたりが薄明るくなる。「東の空が—・む」「半ば—・みたる髪」〈鷗外・舞姫〉❷興がさめる。しらける。「座が—・む」❸衰える。「晴明が土御門の家に、老い—・みたる老僧来りぬ」〈宇治拾遺・一一〉❹技術・能力がさがる。楽器などの調子が悪くなる。「(琴ニ)手触れで久しくなりにけるに、音も—・まず」〈宇津保・俊蔭〉❺勢いがくじける。負けそうになる。「山名が兵ども進みかねて少し—・うてぞ見えたりける」〈太平記・三二〉❻色が取れる。「(鼻ニ付ケタ紅ガ)さらにこそ—・まね」〈源・末摘花〉 類語 白ばむ・白ける

しら・む【調む】〔動マ下二〕「調べる」に同じ。「秋の名残を惜しみ、琵琶を—・めて」〈平家・五〉

しら-むし【白虫】シラミのこと。「ふところより—をとり出だして」〈続古事談・五〉

しら-むし【白蒸(し)】小豆を加えないもち米だけの白いこわ飯。不祝儀用。

しら-め【白目｜白▽眼】「しろめ(白目)」に同じ。「御目は—にて臥し給へり」〈竹取〉

しら-も【白藻】オゴノリ科の紅藻。低潮線以下の岩上に生え、円柱状で長さ15～30センチ、二また状に分かれ、枝には小さな枝がよく出る。寒天の原料とする。そうな。《季 春》

しら-やき【白焼(き)】❶魚などを、何もつけずに焼くこと。また、その焼いたもの。すやき。「うなぎの—」❷魚などを焦げ目をつけずに焼くこと。また、その焼いたもの。❸ ▶素焼き❷

しらやなぎ-しゅうこ【白柳秀湖】[1884～1950] 評論家・小説家。静岡の生まれ。本名、武司。堺利彦・幸徳秋水らの影響を受けて平民社に参加したが、のち転向。小説「駅夫日記」、評論「鉄火石火」「財界太平記」など。

しら-やま【白山】「白山」の古称。〔歌枕〕「よそにのみ恋ひやわたらむ—の雪みるべくもあらぬわが身は」〈古今・離別〉

しら-やまぎく【白山菊】キク科の多年草。山地に生え、高さ約1.5メートル。葉は長い心臓形で毛がある。夏から秋、周囲が白く中央が黄色い頭状花をつける。若苗をむこなといい食用にする。東風菜。

しらやまひめ-じんじゃ【白山比咩神社】石川県白山市にある神社。祭神は白山比咩大神(菊理媛神)・伊邪那岐神・伊邪那美神。全国白山神社の総本社。白山山頂に奥宮がある。白山本「神皇正統記」(重要文化財)を所蔵。通称、白山さん。加賀国一の宮。

しら-ゆ【白湯】水をわかしただけで何もまぜてない湯。さゆ。

しら-ゆう【白木=綿】白色の木綿。

しらゆう-ばな【白木=綿花】白木綿を花に見立てた言い方。波や水の白さのたとえとして用いられる。「山高み—に落ち激つ滝の河内は見れど飽かぬかも」〈万・九〇九〉

しら-ゆき【白雪】真っ白な雪。はくせつ。

しらゆきひめ【白雪姫】《原題、ドイツ Schneewittchen》グリム童話の一。また、その主人公。雪のように白い王女の白雪姫は、彼女を殺そうとする継母から逃れて、七人の小人にかくまわれたところを、毒リンゴで殺されるが、王子の力でよみがえり、その妃となる。

しら-ゆり【白百=合】花の白いユリ。白いユリの花。《季 夏》

しらゆり-じょしだいがく【白百合女子大学】東京都調布市にある私立大学。昭和25年(1950)開学の白百合短期大学を改組して、同40年に開設された。文学部の単科大学。

しら-らか【白らか】〔形動ナリ〕色が非常に白く、はっきりしているさま。しろらか。「色—なる男の小さやかなる立ちたり」〈今昔・二九・三〉

し-らん【▽芝×蘭】❶レイシとフジバカマ。転じて、香りがよい草。❷性質・才能・人徳のすぐれた人のたとえ。「—の友」

し-らん【紫×蘭】ラン科の多年草。湿ったがけなどに生え、高さ約50センチ。葉は長楕円形で、互生する。初夏、紅紫色の花を開く。塊茎を漢方で白及といい止血薬にする。観賞用に栽培。朱蘭。《季 夏》「ゆふかぜのしじにーの一トむしろ/万太郎」

シラン〖silane〗珪素の水素化物の総称。一般式 Si_nH_{2n+2} で表され、モノシラン・ジシラン・トリシラン・テトラシランなどがある。ふつうはモノシランをさし、悪臭をもつ無色の気体で有毒、空気中で自然発火する。半導体用の高純度珪素の製造原料。シランガス。

しら-ん〔連語〕《動詞「し(知)る」の未然形に打消しの助動詞「ず」の連体形の付いた「しらぬ」の音変化。終助詞的に用いる》疑問語に呼応して、疑問の意を表す。「川岸の問屋へ仕切を取りに出る筈だが、なぜ来ねえ—」〈滑・浮世風呂・三〉 ➡かしらん

しらん-かい【芝蘭会】京都大学医学部卒業生の同窓会。明治39年(1906)発足、昭和30年(1955)に社団法人となる。平成23年(2011)、一般社団法人に移行。➡有信会

しらん-かお【知らん顔】〔名〕スル 知らぬ顔。知らんぷり。「あいさつしても—される」

シラン-ガス〖silane gas〗▶シラン

しらん-どう【芝蘭堂】大槻玄沢が天明6年(1786)江戸本材木町に開いた家塾。当時の蘭学研究の中心となった。

しらん-の-か【▽芝×蘭の化】《「孔子家語」六本から》よい友人と交わることによって受けるよい感化。

しらん-ぷり【知らん振り】〔名〕スル《「しらぬふり」の音変化》知っているのに知らないようなそぶりをすること。知らないふり。「—して通り過ぎる」

類語 頰被り・かまとと・とぼける・しらばくれる・そらとぼける・しらを切る

し-り【支離】分かれ離れること。ばらばらになること。「字句の—を顧ず専ら了解し易きを主とし」〈新聞雑誌四五〉

し-り【止痢】下痢を止めること。止瀉。「—作用」

しり【尻｜×臀｜▽後】■〔名〕❶人や動物の胴体の後部で、肛門の付近の肉づきの豊かなところ。けつ。おいど。臀部。❷動く人や物の後ろ。あと。後方。「行進の—について歩く」❸物事の一番あと。終わりの部分。しまい。最後。「ことばの—」「—から二番目の成績」❹物の、最も後ろの部分。最後部。「—の切れたわらぞうり」❺本・末のある長い物の、末の部分。末端。「縄の—を持つ」❻容器の外側の底の部分。また、果物の底部。「鍋の—」❼着物の裾。❽物事や行為の結果。結果として生じた事態。また、事件の余波。とばっちり。「その責任を持ち込んで来る—はなかった」〈徳永・太陽のない街〉 補説 他の語の下に付いて複合語をつくるときは一般に「じり」となる。■〔接尾〕助数詞。矢羽に用いる鳥の羽を数えるのに用いる。尾羽を用いるところからの語。大鷲は14枚、小鷲は12枚、鷹は10枚で一尻という。「鷲の羽百—、よき馬三疋」〈義経記・二〉

(…尻)(じり)脂尻・糸尻・押っ立て尻・織り尻・仮名尻・川尻・為替尻・勘定尻・木尻・口尻・鞍尻・交換尻・湖尻・言葉尻・賽尻・財布尻・鞘尻・地尻・瀬尻・台尻・檀尻・帳尻・月尻・出尻・どん尻・長尻・鍋尻・沼尻・半尻・貿易尻・幕尻・眉尻・目尻・矢尻

類語 最後・けつ・殿・どん尻・最後尾・末尾・末

尻が暖ま・る 同じ場所に長い間いて、そこに落ち着く。「段々—・ると増長して」〈円朝・真景累ヶ淵〉

尻が重・い めんどうがって、なかなか動こうとしない。また、物事をするのに、動作がにぶい。「何をするのも—・い」

尻が軽・い ❶気軽に物事を始める。また、動作が

活発・軽快である。❷行いが軽々しい。軽はずみである。❸女性が浮気である。

尻が来る　他から苦情などを持ち込まれる。また、人のした、好ましくない物事の処理が、身に振り掛かってくる。「客をふるので出先からお一来たり」〈秋声・縮図〉

尻がこそばゆ・い　場違いで落ち着かない。気恥ずかしくて居心地が悪い。「皆に注目されて一・い」

尻が据わ・る　一つの所に身を落ち着けて物事をする。「一つ会社に一・らないようでは困る」(補説)「尻が座る」と書くのは誤り。

尻が長・い　人の家を訪ねて長く話し込み、なかなか帰らない。長居(ながい)をする。「一・い客」

尻から抜・ける　見聞してもすぐに忘れてしまう。尻抜けである。「学問は一・けるほたるかな」〈蕪村句集〉

尻が割・れる　隠し事や悪事が露見する。ばれる。「すぐに一・れてしまいそうな嘘」

尻に敷・く　妻が自分の意に夫を従わせて、思うままに振る舞う。「亭主を一・く」

尻に付・く　人の後ろについていく。人の配下につく。尻に立つ。「人の一・いて悪口を言う」

尻に火が付・く　事態が差し迫って、追いつめられた状態になる。「納期が迫りとうとう一・いた」

尻に帆(ほ)を掛・ける　慌てて逃げ去る。「悪事が露見し一・けて逃げる」

尻も結ばぬ糸　《端を結ばない縫い糸の意から》締めくくりがないこと、しまりのないことのたとえ。

尻を上・げる　座っていた所から立ち上がる。訪問先から帰ろうとする。「客がようやく一・げる」

尻を押・す　後ろから援助する。また、けしかける。「選挙に出馬した知人の一・す」

尻を落ち着・ける　ある場所にゆっくりとどまる。腰を落ち着ける。「実家に一・ける」

尻を絡(から)・げる　着物の後ろの裾をまくり上げて、その端を帯などに挟む。「一・げて踊る」

尻を据・える　何かをじっくりと行うために、その場所に落ち着く。一つの所に落ち着いて、長くとどまる。「じっくりと一・えて将来のことを考える」

尻を叩(たた)・く　やる気を起こすように励ます。また、早くするように催促する。しりをひっぱたく。「一・かれてやっと行政側が動く」

尻を拭(ぬぐ)・う　人の失敗や不始末の後始末をする。尻ぬぐいをする。「子供の不始末の一・う」

尻を端折(はしょ)・る　❶着物の端を折って帯に挟む。尻をからげる。「一・って歩く」❷話や文章のしまいのところを略して簡単にする。「話の一・る」

尻を捲(ま)く・る　急に態度を変え、けんか腰になる。居直る。けつを捲る。「客にどなられた店員が一・って食ってかかる」

尻を持ち込・む　関係者に問題を持ち込み責任を問い、解決を迫る。「仲人に夫婦喧嘩(げんか)の一・む」

尻を割・る　隠していた秘密や悪事を暴露する。「一・ってやろう、余(おれ)は彼奴が余所の園で蜜柑を窃(ぬす)んでいる所を見た」〈二葉亭・めぐりあひ〉

し-り【至理】まことにもっともな道理。至極(しごく)の道理。

し-り【私利】自分のための利益。個人的な利益。「一をむさぼる」「一私欲」⇔公利。
(類語)私益・我利・私腹・営利・名利

じ-り【自利】❶自分の利益。❷仏語。自力の修行によってその功徳・利益を自分一人で受け取ること。

じ-り【事理】❶事の筋道。道理。「一明白」❷仏語。事と理。すなわち、外相(げそう)である相対的差別の現象と、その本体である絶対平等の真理。(類語)理(り)・理(ことわり)・道理・条理・理屈・筋・筋道・辻褄(つじつま)・理路・ロジック

シリア〖Syria〗㊀西アジア、地中海東岸の、現在のシリア・レバノン・イスラエル・ヨルダンなどにまたがる地域名。前312年シリア王国が成立、ローマの統治を経て、7世紀にはウマイヤ朝の中心地となる。16世紀から第一次大戦まではオスマン帝国の属領、1920年フランスの委任統治領となる。㊁西アジアの共和国。首都ダマスカス。国土の南部がシリア砂漠。1944年にフランス委任統治領から独立。58年、エジプトと統合しアラブ連合共和国を形成したが、61年離脱。正式名称はシリア-アラブ共和国。人口2220万(2010)。スーリーヤー。(補説)「叙利亜」とも書く。

しり-あい【知(り)合(い)】ーあひ 互いに相手を知っていること。また、その相手。知人。「長年の一」(類語)知己

しり-あ・う【知(り)合う】ーあふ〔動ワ五(ハ四)〕互いに相手のことを知っている。知り合いになる。「サークルで一・う」「仕事を通して一・う」

しり-あがり【尻上(が)り】❶後ろまたは終わりのほうが上がっていること。「横書きの字が一に並ぶ」⇔尻下がり。❷物事の状態があとになるほどよくなっていくこと。「一に調子が出る」⇔尻下がり。❸言葉のあとのほうの音調が高くなること。「一に物を言う」⇔尻下がり。❹鉄棒で、上半身を折り曲げて臀部(でんぶ)から上がる運動。さかあがり。

しりあげ-むし【▽挙▽尾虫】❶シリアゲムシ科の昆虫。体は黄褐色で翅(はね)の端に黒色紋がある。山地に普通にみられる。❷シリアゲムシ目シリアゲムシ科の昆虫の総称。翅は4枚同形で細長い。雄は尾端にはさみをもち、サソリのように上げている。

しり-あし【▽後足┆尻足】あと足。うしろ足。「鹿の一を取りて肩に引き掛けて」〈今昔・二三・二三〉

シリアス〖serious〗〔形動〕❶きわめてまじめなさま。本格的なさま。「一に考える」「一なドラマ」❷事態などの深刻なさま。「一な情況」

シリアス-ドラマ〖serious drama〗映画・放送で、人間や社会の諸問題とまじめに取り組んだドラマ。

しり-あて【尻当て】衣服などの尻に当たる部分に、補強のためにつける布。居敷当て。

シリアル〖cereals〗❶穀物。穀類。❷朝食用の穀物加工品のこと。オートミール・コーンフレークスがその代表。ビタミンや植物繊維などを加えたものもある。

シリアル-インターフェース〖serial interface〗コンピューターと周辺機器の接続において、一つの回線を使って1ビットずつ順番に送るデータ転送を用いたインターフェース、またはコネクターのこと。➡シリアル伝送

シリアル-エーティーエー【シリアルATA】《serial ATA》コンピューターとハードディスクを接続するインターフェース規格の一。Ultra ATAに採用されていたパラレル伝送をシリアル伝送に変更した拡張仕様。転送速度は150Mbps以上。

シリアル-キラー〖serial killer〗連続殺人者。連続殺人犯。

シリアル-てんそう【シリアル転送】▶シリアル伝送

シリアル-でんそう【シリアル伝送】《serial transmission》データ通信で、一つの回線を使って情報を1ビットずつ順番に送る方式。伝送速度は遅いが、コストが安い。コンピューターと周辺機器の接続に使われるシリアルインターフェースの規格として、シリアルポートなどがある。シリアル転送。直列伝送。⇔パラレル伝送。

シリアル-ナンバー〖serial number〗《「通し番号」の意》連続した製品番号。特に、コンピューターのソフトウエア製品に対し、各パッケージに割り当てられた固有の識別番号。ユーザー登録や違法コピー防止に用いられる。プロダクトID。プロダクトキー。CDキー。シリアル番号。

シリアル-ばんごう【シリアル番号】ーバンガウ ▶シリアルナンバー

シリアル-プリンター〖serial printer〗文字・数字などを1文字、または1ドットずつ順次に印刷するプリンターの総称。インクジェットプリンター、ドットインパクトプリンター、熱転写プリンターなどがある。ページ単位で印刷を行う方式のものはページプリンターと呼ばれる。

シリアル-ポート〖serial port〗パソコン本体と周辺機器を接続するためのコネクター規格の一つ。一つの回線を使ってデータを1ビットずつ順番に送るシリアル伝送方式を採用。プリンターやモデムなどを接続するRS-232Cなどがある。

シリアル-マウス〖serial mouse〗コンピューターのシリアルポートに接続して使うマウス。シリアル伝送を採用。

しり-い【尻居】ーゐ 尻もちをつくこと。「猪熊の爺(おぢ)は、一に倒れて」〈芥川・偸盗〉

シリー-しょとう【シリー諸島】ーシヨタウ《Isles of Scilly》英国イングランド南西部、コーンウォール半島の沖合、大西洋上の諸島。大小約140の島々で構成され、有人島は五つ。主島セントメアリーズ島のほか、トレスコ島、セントアグネス島などがある。花卉(かき)、野菜の生産が盛ん。温暖な気候のため、海岸保養地としても知られる。本土のペンザンスと連絡航路で結ばれる。

シリーズ〖series〗❶ある主旨のもとに企画された傾向の似た一連の事物。双書などの出版物、テレビやラジオの連続番組など。❷一定期間連続して行われる野球の試合など。「日本一」❸電気の直列。
(類語)一続き・続き物・一連・連続

シリーズ-アド〖series ad〗同一テーマで異なった表現の広告を連続して実施すること。

しりう-ご・つ【▽後▽言つ】〔動タ四〕▶しりゅうごつ

しりう-ごと【▽後言】▶しりゅうごと

シリウス〖ラテン Sirius〗大犬座のα(アルファ)星。光度マイナス1.5等、全天で最も明るい。距離8.6光年。実視連星で、伴星は最初に発見された白色矮星(わいせい)。古代エジプトでナイル川氾濫(はんらん)を前触れした星として有名。中国名、天狼星(てんろうせい)。

しり-うた・ぐ【×踞ぐ】〔動ガ下二〕《「尻打ち上ぐ」の意》腰をかける。腰をおろす。しゃがむ。「明王胡床に一・げて」〈欽明紀〉

しりうち-まつり【尻打ち祭】富山市婦中(ふちゅう)町鵜坂(うさか)の鵜坂神社で、6月16日(もと陰暦5月16日)に行われる祭り。神官が婦女にその年に関係した男の数を言わせ、その数だけサカキのつえで女の尻を打つ。笞(しもと)祭り。(季 夏)

しり-うと【知▽人】▶しりゅうと

しり-うま【尻馬】❶他の人が乗っている馬の後ろ。また、前を行く馬の後ろ。❷人の言動に便乗して事を行うこと。「一に付く」

尻馬に乗・る　分別もなく他人の言動に同調して、軽はずみなことをする。人のあとについて、調子に乗ってそのまねをする。「一・って騒ぐ」

しり-え【▽後▽方┆▽後】ーへ ❶後ろのほう。後方。「万丈の山千仞(せんじん)の谷前に聳(そび)え一に支(さそ)う」〈鳥居忱・箱根八里〉❷競技や物合わせをするときの右のほうの組。「上の女房、前一と装束(さうぞ)き分けたり」〈源・絵合〉
(類語)後・後ろ・後方・背後・後部・後面・直後

しりえ-ざま【▽後▽方様】しりへー 後ろのほう。後ろ向き。「一にゐざり退(しぞ)きて」〈源・行幸〉

しりえ-で【▽後▽方手】しりへー 手を後ろのほうに回すこと。後ろ手。「一に縛り、大きなる木に縛りつけたり」〈宇津保・藤原の君〉

ジリエロン〖Jules Gilliéron〗[1854〜1926]フランスの言語学者。スイスの生まれ。言語地理学の創始者。音韻法則に例外なしとする「青年文法学派」の説に反対し、音韻変化の規則性を否定した。著「フランス言語図巻」など。

しり-お【尻尾】ーを 動物の尾。しっぽ。

しり-おし【尻押し】〔名〕スル ❶後ろから人の尻を押してやること。また、その人。❷背後にいて人を援助すること。また、その人。あと押し。

じり-おし【じり押し】❶じりじりと少しずつ押すこと。❷物事を粘り強く進めること。「一の説得」

しり-おも【尻重】〔名・形動〕めんどうがって、容易に動こうとしないこと。また、そのさま。「一な人」

シリカ〖silica〗二酸化珪素(にさんかけいそ)。無定形二酸化珪素をいうことが多い。

しり-がい【尻×繋┆×鞦】《「しりがき」の音変化》❶馬具の一。㋐馬の尾の下から後輪(しずわ)の四緒手(しおで)につなげる緒。㋑面繋(おもがい)・胸繋(むながい)および㋐の総称。三繋(さんがい)。押掛(おしかけ)。❷牛の胸から尻にかけて取り付け、車の轅(ながえ)を固定させる緒。

しり-がお【知り顔】ーがほ〔名・形動ナリ〕よく知っているような顔つき。また、そのようなさま。知ったふう。「女御は、秋のあはれを一に答へきこえてけるも悔しう恥づかしと」〈源・薄雲〉

シリカ-ガラス〖silica glass〗石英ガラス。二酸化珪素を主成分としたガラス。耐熱用器具・紫外線透過用光学機器・精密ばねなどに用いられる。

しり-がき【鞦】「しりがい」に同じ。〈名義抄〉

しり-かくし【尻隠し】❶自分の失敗や悪事を覆い隠すこと。❷ズボンの尻にあるポケット。

シリカ-ゲル〖silica gel｜ドイツ Silikagel〗珪酸が部分的に脱水してゲル化したもの。吸着力が強い無色または白色の固体。吸着剤・乾燥剤・脱水剤などに使用。組成式は$SiO_2 \cdot nH_2O$

シリカ-コーティング〖silica coating〗▶シリカコート

シリカ-コート〖silica coat〗ノングレア加工法の一。二酸化珪素(シリカ)の微細な粉末を表面に吹き付け、外光を乱反射させることで映り込みを抑える。低コストなため、かつてCRTディスプレーによく利用された。シリカコーティング。

シリカ-スケール〖silica scale〗ボイラーやパイプの壁に付く、二酸化珪素(シリカ)の湯あか。

しり-かせ【尻枷】唐鍬の、牛馬につなぐ部分。

しり-がな【尻仮名】捨て仮名のこと。また、送り仮名のこと。

シリカ-パージ〖silica purge〗ボイラーを始動させるとき、水をあふれ出させて水中の二酸化珪素(シリカ)の濃度を下げること。

しり-からげ【尻絡げ】〔名〕スル 着物の後ろの裾をまくり上げて、その端を帯に挟むこと。尻はしょり。「―して駆け出す」

しり-がる【尻軽】〔名・形動〕❶動作の活発なこと。また、そのさま。❷落ち着きがなく、行動の軽々しいこと。また、そのさま。「―な振る舞いは慎め」❸女の浮気なこと。また、そのさま。
(類語)はすっぱ・おてんば・おきゃん

しり-かわ【尻皮】山仕事や登山をする人が、尻に敷くために、腰に下げている敷き皮。腰皮。

じ-りき【地力】その人が持っている本来の力。実力。「―を発揮する」

じ-りき【自力】❶自分ひとりの力。じりょく。「―で脱出する」(対)他力。❷仏語。自分だけの力で修行し悟りを得ようとすること。(対)他力。(類語)独力・自助

じ-りき【事力】律令時代、国司や大宰帥などの地方官に与えられ、雑役や職分田の耕作に従事した者。じりょく。

じりき-えこう【自力回向】仏語。自分の力で修めた功徳を、自分の悟りを得る手だてとすること。

じりき-きょう【自力教】仏語。自分の力によって修行し悟りを得ようとする聖道門の教え。自力門。(対)他力教。

じりき-こうせい【自力更生】他の力を頼らず、自分の力によって立ちなおること。

じりき-しゅう【自力宗】仏語。自分の力によって修行し悟りを得るのを建て前とする宗派。禅宗・真言宗・天台宗など。(対)他力宗。

じりき-ねんぶつ【自力念仏】仏語。阿弥陀仏の本願の力によらず、自分の力で往生を遂げようという心で唱える念仏。(対)他力念仏。

じりき-もん【自力門】「自力教」に同じ。

しり-きり【尻切り】「尻切れ」に同じ。「―草履」

しり-きれ【尻切れ】❶後ろのほうが切れていること。中途半端なこと。しりきり。「話が―に終わる」❷「尻切れ草履」の略。❸「尻切れ半纏」の略。

しりきれ-ぞうり【尻切れ草履】❶かかとに当たる部分がなく、後ろのほうが切れたように見える短い草履。足半。しりきれ。❷はき古して、かかとの部分が切れてしまっている草履。

しりきれ-とんぼ【尻切れ蜻蛉】物事が中途で切れて、完結しないことのたとえ。「話が―になる」

しりきれ-ばんてん【尻切れ半纏】腰の辺りまでしかない、たけの短い半纏。しりきりばんてん。しりきれ。

しり-くせ【尻癖】❶大小便を漏らす癖。屁をよく放つ癖。❷性的にみだらな癖。浮気をする癖。

しり-くち【後口｜尻口】❶《「しりぐち」とも》牛車などの後方の出入り口。「尼の車、―より水晶の数珠、薄墨の裳、袈裟、衣、いといみじくて、簾はあげず」〈枕・二七八〉❷後ろと前。あとと先。「一首尾つづまらぬ答なり」〈一字般若〉

しりくべ-なわ【注連縄】「しりくめなわ」に同じ。「小家の門の―」〈土佐〉

しりくめ-なわ【注連縄｜尻久米縄】《端を編んだまま、切らないでおく縄の意》上代、神聖な場所を区切るしるしとして引き渡す縄。のち、神前に引き、また、新年の飾りとする。しめなわ。しりくべなわ。「―をその御後方に引き渡して」〈記・上〉

しりくらい-かんのん【尻暗い観音】・【尻食らい観音】困ったときは観音を念じても、事情がよくなると恩を忘れて、あとのことをかまわないこと。陰暦18日から23日までの六観音の縁日のあと、だんだん闇夜になるのを「尻暗い」といい、それがののしりことばの「尻食らえ」と音が通じるところから、観音などくそでも食らえという意に解したもの。尻食らえ観音。

しり-くらえ【尻食らへ】〔名・形動ナリ〕人の言動などをののしっていう語。または、恩をあだで返し、あとを顧みないこと。また、そのさま。「いかに野郎とて―な仕うちぞかし」〈浮・世間猿〉

しり-げ【尻毛】尻に生えている毛。
尻毛を抜・く 他人が油断しているすきにつけ込んで、不意に事をしでかす。

しり-げ【知り気】いかにも知っているようなようす。「我を笑ふとは―もなくて」〈著聞集・一六〉

しり-げた【尻桁】尻。また、その出っ張った部分。「―に掛けたる端紫の鹿の子帯」〈浮・一代女・四〉

しりげた-おび【尻桁帯】下の方でゆるく締めた帯。

しりけん-いもり【尻剣井守】有尾目イモリ科の両生類。全長11〜14センチ。背の正中線の隆起が著しく、尾も側扁して長く、剣の形に似る。背は暗褐色、腹は黄・橙または赤色の地に黒斑がある。奄美大島・沖縄島・渡嘉敷島に分布。

しり-ごえ【尻声】❶声の終わりの部分。「笑いの―が憂愁の響きを遺して去る光景の」〈露伴・五重塔〉❷あとを引くような声。「物うりの―高く名乗りすて」〈寅彦・映画時代〉❸名前などの下に付ける言葉。「いつとなく我になって、様といふ―もなく」〈浮・一代男・二〉

シリコーン〖silicone〗珪素と酸素との分子鎖–Si–O–Si–を骨格とし、この珪素にメチル基などが結合した珪素有機化合物の重合体。耐熱性・電気絶縁性にすぐれる。

シリコーン-オイル〖silicone oil〗▶シリコーン油

シリコーン-ゴム《和 silicone＋gom(オランダ)》比較的重合度の高いシリコーンが主成分の弾性体。高温での絶縁材・パッキングなどに使用。珪素ゴム。

シリコーン-じゅし【シリコーン樹脂】三次元の網状構造をもつ樹脂状のシリコーン。電気絶縁材料・耐熱塗料・接着剤などに用い、酸素をよく通すので人工腎臓やコンタクトレンズなどにも利用。珪素樹脂。

シリコーン-ゆ【シリコーン油】比較的重合度の低いシリコーンで、油状のもの。水をはじく性質がある。潤滑油・変圧器油・防水剤などに使用。

しり-こそばゆ・い【尻こそばゆい】〔形〕(文)しりこそばゆ・し〔ク〕てれくさかったりきまり悪かったりして、落ち着いて座っていられない。しりこそばい。「褒められて―・い」(類語)うら恥ずかしい・気恥ずかしい・小恥ずかしい・きまり悪い・恥ずかしい・ばつが悪い・照れ臭い・面映ゆい・こそばゆい

しり-こた・う【尻答ふ】〔動ハ下二〕矢が命中したような感じがする。「二人ながら一度に射たりければ、箭の―・ふと聞きけるままに」〈今昔・二七・三七〉

しりこ-だま【尻子玉】肛門の所にあると考えられた玉。河童が好んで抜くといわれたもの。

しり-こぶた【尻臀】尻の左右に分かれた肉付きの豊かな部分。しりこぶら。しりたぶら。「肩先―、弓手の太もも馬手の足首」〈浄・会稽山〉

しり-ごみ【尻込み｜後込み】〔名〕スル ❶おじけて、あとじさりすること。「滝口をのぞこうとして思わず―した」❷気後れしてためらうこと。ぐずぐずすること。「危険な仕事と聞いて―する」(類語)躊躇・逡巡・ためらい・ひるむ・たじろぐ・たじたじ

しり-ご・む【尻込む｜後込む】〔動マ五(四)〕しりごみをする。ためらう。「いざ実行となると―・む人が多かった」

シリコン〖silicon〗「珪素」に同じ。

シリコン-アイランド《和 Silicon＋Island》九州のこと。九州に半導体工場が多いことから、アメリカのシリコンバレーにならって、このように呼んだもの。

シリコン-ウエハー〖silicon wafer〗シリコン単結晶を0.5ミリ程度の厚さにスライス、研磨したシリコン基板。

シリコン-オーディオ〖silicon audio〗▶シリコンオーディオプレーヤー

シリコン-オーディオプレーヤー〖silicon audio player〗デジタルオーディオプレーヤーの一。記憶装置にメモリーカードやフラッシュメモリーなどの不揮発性メモリーを用いる。動画再生に対応したものもある。シリコンオーディオ。シリコンプレーヤー。➡HDDオーディオプレーヤー

シリコンカーバイド-せんい【シリコンカーバイド繊維】《silicon carbide fiber》炭化珪素繊維。珪素を含む有機高分子化合物。耐熱性・強度などにすぐれる。

シリコン-クロス〖silicon cloth〗シリコンを含ませた柔らかい布。楽器や家具などの汚れを拭き取るのに使う。

シリコン-サイクル〖silicon cycle〗半導体市場の好不況の波。

シリコン-チップ〖silicon chip〗シリコンウエハー上に同時に大量に作製される数ミリ角の集積回路素子。

シリコン-ディスク〖silicon disk〗▶半導体ディスク

シリコン-トランジスタ〖silicon transistor〗珪素を素材としたトランジスタ。ゲルマニウムトランジスタに比べて温度特性がよく、高温にも耐える。

シリコン-バレー〖Silicon Valley〗米国サンフランシスコ市の南方にあるサンノゼ・サンタクララ付近一帯の通称。半導体企業が集中しているのでいう。

シリコン-フォレスト〖Silicon Forest〗アメリカ、カリフォルニア州のシリコンバレーにならって、日本企業誘致をてこにハイテク(高度先端技術)産業基地づくりを進めるオレゴン州の森林地帯をいう。

シリコン-プレーヤー〖silicon player〗▶シリコンオーディオプレーヤー

しり-ざい【止痢剤】下痢を止める薬。止瀉剤。

しり-さがり【尻下(が)り】❶後ろまたは終わりのほうが下がっていること。「―の字」(対)尻上がり。❷物事の状態があとになるほど悪くなっていくこと。「景気が―に悪くなる」(対)尻上がり。❸言葉のあとのほうの音調が低くなること。「―のアクセント」(対)尻上がり。❹前向きのまま後ろに下がること。あとじさりすること。

しり-さき【尻前｜後前】位置・方向・時間などの前後。あとさき。「やうやう日も暮がたになりぬ。―見れば、人ひとりも見えずなりぬ」〈宇治拾遺・一三〉

しり-ざし【尻差し】❶尻のようす・格好。「馬の振る舞ひ、おもだち、―、足つきなどの」〈宇治拾遺・七〉❷(「尻刺し」とも書く)しんばり棒。しんざし。「雨戸に―をして」〈浮・一代男・二〉

しり-ざや【尻鞘】雨露から保護するために、太刀の鞘を覆う毛皮の袋。豹・虎・熊・鹿・猪などの毛皮で作り、遠行・戦陣などの際に用いた。毛鞘。しざや。しんざや。

じり-じり〔副〕スル《「ぢりぢり」とも表記》❶ゆっくりとわずかずつ確実に進み迫ったり退いたりするさま。じわじわ。「首位に―(と)迫る」❷いらだたしい気持ちがつのって落ち着かなくなるさま。「なかなか電車が来なくて―する」❸太陽が焼けつくように強く照りつけるさま。「真夏の太陽が―(と)照りつける」❹油などの焼ける音を表す。「鰯の油が―と垂れて青い焰が立った」〈長塚・土〉❺ベルなどの鳴る音を表す。「始業のベルが―(と)鳴る」

類語 かりかり・いらいら・やきもき・むしゃくしゃ

シリストラ〖Silistra〗ブルガリア北東部の都市。旧称ドルスタル。ドナウ川を挟んでルーマニアと国境を接する。古代ローマ時代に国境防備の拠点として築かれたドゥロストルムに起源する。一時期キエフ大公国に占領されたが、10世紀に東ローマ帝国が奪還。続いて、第二次ブルガリア帝国、オスマン帝国領となった。第二次バルカン戦争後にルーマニアに編入され、1940年よりブルガリア領。西方16キロに、世界遺産(自然遺産)に登録されたスレバルナ自然保護区がある。

しり-すぼまり【尻×窄まり】〔名・形動〕❶口の方が広く、底の方が小さくなっていること。また、そのもの。しりすぼみ。しりすぼり。「一な(の)土器」❷はじめの勢いが、終わりになるにしたがって衰えてくること。しりすぼみ。「人気が一になる」類語 減退・後退・下火・退潮・下り坂・廃頽・落ち目・左前・不振

しり-すぼみ【尻×窄み】「尻窄まり」に同じ。

しり-ぞ・く【退く】㊀〔動カ五(四)〕❶後方へ下がる。後ろへのく。あとじさる。「大またで三歩一・く」⇔進む。❷㋐貴人・目上の人の前を離れて出て行く。退出する。また、その場所から去る。「御前を一・く」「控えの間に一・いて待つ」㋑試合などで、敗れてそこからいなくなる。「初戦で一・く」❸官職などを辞める。引退する。「現役を一・く」「政界から一・く」❹(多く「しりぞいて」の形で用いる)置かれている状況を離れる。「一歩一・いて考える」❺譲歩する。引き下がる。「自説を固持して一歩も一・かない」㊁〔動カ下二〕「しりぞける」の文語形。類語 退く・去る・下がる・退く・立ち去る・立ち退く・引き下がる・引き上げる・引き取る・引き払う・引っ込む・辞去する・離れる

しり-ぞ・ける【退ける・斥ける】〔動カ下一〕文しりぞ・く〔カ下二〕❶後方へ下がらせる。引き下がらせる。その場所から遠ざける。「通訳を一・けて会談する」❷こちらに向かって来るものを負かしたり、寄せつけず追い返したりする。撃退する。「攻め来る敵を一・ける」「凡打に一・ける」「誘惑を一・ける」❸申入れ・主張などを受け入れないで、拒む。「審議会の勧告を一・ける」「控訴を一・ける判決」❹職や地位を辞めさせる。「反対派を役員から一・ける」

類語 (❸)断る・拒む・はねつける・突っぱねる・否む・辞する・謝する・謝絶する・拒絶する・拒否する・辞退する・固辞する・遠慮する・一蹴する・不承知・難色・拝辞する・蹴る・峻拒する/(❹)免ずる・降ろす

しり-だか【尻高】言葉の終わりの方の調子が高くなること。「一の語調」

じり-だか【じり高】株式などの相場がしだいに高くなっていくこと。⇔じり安。

しり-だこ【尻胼胝・胼胝】❶猿の尻の、皮が厚くて毛のない部分。❷いつも座っているために、尻にできるたこ。

しり-たたき【尻×叩き】嫁が婚家に初めて入るとき、若者などが門口に立ち、わら束やたいまつで嫁の尻をたたく習俗。嫁の多産を願って行われた。

しり-たぶ【尻×臀】「しりこぶた」に同じ。

しり-たぶら【尻×臀】「しりこぶた」に同じ。

し-りつ【市立】市が設立し、管理・維持すること。また、その施設。いちりつ。「一小学校」「一図書館」

し-りつ【私立】❶個人や民間団体が設立し、管理・維持すること。また、その施設。わたくしりつ。❷「私立学校」の略。「一に進学する」

じ-りつ【×而立】《「論語」為政の「三十にして立つ」から》30歳のこと。

類語 志学・破瓜・弱冠・不惑・知命・耳順・華甲・還暦・古希・致仕・喜寿・傘寿・米寿・卒寿・白寿・厄年

じ-りつ【自立】〔名〕スル 他への従属から離れて独り立ちすること。他からの支配や助力を受けずに、存在すること。「精神的に一する」

類語 独立・自活・一本立ち・独り立ち・独り歩き

じ-りつ【自律】❶他からの支配・制約などを受けずに、自分自身で立てた規範に従って行動すること。「一の精神を養う」⇔他律。❷カントの道徳哲学で、感性の自然的欲望などに拘束されず、自らの意志によって普遍的道徳法則を立て、これに従うこと。⇔他律。類語 自立・自主・自由・独立

じ-りつ【侍立】〔名〕スル 身分の高い人や神聖な物のそばなどにつき従って立つこと。「近親の者は骨壺の傍に一していた」〈里見弴・安城家の兄弟〉

じ-りつ【持律】仏語。戒律を固く守ること。持戒。

しりつ-がっこう【私立学校】私立学校法に基づき、学校法人が設置する学校。国立・公立の学校に対していう。私立。私学。

しりつがっこう-ほう【私立学校法】私立学校の自主性を重んじ、その公共性を高め、健全な発達を図るための法律。昭和25年(1950)施行。

しり-つき【尻付き・後付き】❶尻の形。尻の格好。❷人の後ろに付き従うこと。また、その人。

しり-つけ【尻付け・後付け】❶「しづけ(尻付け)」に同じ。❷人々のあとについていること。「何となう一して勢の中にあひまじり」〈平治・中〉

じりつ-げきだん【自立劇団】職業的な劇団に対して、勤労者が職場などで自主的に組織している劇団。

じりつ-ご【自立語】国文法での語の分類の一。単独でも文節を構成することのできる単語。付属語に対する。名詞・代名詞・動詞・形容詞・形容動詞・副詞・連体詞・接続詞・感動詞の類。詞。⇔付属語。

じりつしえん-ほう【自立支援法】「障害者自立支援法」の略。

じりつしえんほけんきんたんぽ-とくやく【自立支援保険金担保特約】自動車保険における特約の一つ。交通事故により、被保険者とその家族または事故の被害者が後遺傷害を被った場合、社会復帰・自立を目的としてリハビリテーション訓練を受けたり、外出を容易にする福祉機器の購入にかかった費用を補償する。

じりつ-しん【自立心】他の力や支配を受けないで、自力で物事をやっていこうとする心構え。「一を養う」

じりつ-しんけい【自律神経】脊椎動物の末梢神経の一。意志とは無関係に作用する神経で、消化器・血管系・内分泌腺・生殖器などの不随意器官の機能を促進または抑制し調節する。交感神経と副交感神経とからなる。植物性神経。

じりつしんけいしっちょう-しょう【自律神経失調症】自律神経の均衡が乱れて、種々の症状を示す病気。頭痛・めまい・微熱・疲労感・不眠・息切れ・胸苦しさ・食欲不振・冷え・発汗異常・便秘・下痢・嘔吐・性機能障害など症状はさまざま。

しりつ-だいがく【市立大学】市立の大学。市大。

しりつ-だいがく【私立大学】私立の大学。私大。

しりつだいがくとうけいじょうひ-ほじょきん【私立大学等経常費補助金】私立大学・高等専門学校などの教育と研究条件の維持向上、学生の経済負担の軽減、経営の健全化を目的に交付される、国からの補助金。教職員の給与、教育・研究の経費に当てる一般補助と、生涯学習時代の社会人教育、学習方法の多様化などの特定の分野や課程に対応する特別補助とがある。私学助成金。

しりつ-たんてい【私立探偵】報酬を受け、依頼に応じて、ある人の身元や動静などを秘密に調査し報告することを業とする人。

じりつてき-ろうどうじかんせいど【自律的労働時間制度】特定の業種、一定以上の年収のホワイトカラー労働者は、労働時間を自分で自由に定めることができるとする制度。賃金は、労働時間ではなく、成果に応じて決定される。米国などで採用されている。ホワイトカラーエグゼンプション。

しりっ-ぱしょり【尻っ端折り】「しりはしょり」の音変化。

しりっ-ぱね【尻っ跳ね・後っ跳ね】❶物の後ろの方が上がること。❷後ろの方に泥を跳ね上げること。また、跳ね上げた泥。

じりつぶんさんがた-むせんネットワーク【自立分散型無線ネットワーク】►アドホックネットワーク

しりっ-ぺた【尻っぺた】「しりべた」の音変化。

しりっ-ぽ【尻っぽ】「しっぽ」に同じ。「豚の一」

しり-つぼみ【尻×窄み】「尻窄まり」に同じ。

シリトー〖Alan Sillitoe〗[1928〜2010]英国の小説家。下層労働者階級の生活感情や意識を描いた「土曜の夜と日曜の朝」で認められた。ほかに「長距離ランナーの孤独」など。

しり-とり【尻取り】❶前の人の言った語の最後の一音を取って、それで始まる新しい語を次々に言い続けていく言葉の遊び。「くり・りす・すみ…」など。❷前の詩歌や文句の終わりの言葉を、次の句の頭に置いて次々に言い続けていく文字つなぎの遊び。「お正月は宝船、宝船には七福神、神功皇后武の内、内田は剣菱七つ梅、梅松桜の菅原で…」など。

しり-ぬ・く【知(り)抜く】〔動カ五(四)〕ある事について、何から何までよく知っている。知りつくす。「政界の事情を一・いている男」

しり-ぬぐい【尻拭い】〔名〕スル ❶尻をふくこと。❷他人の失敗などの後始末をすること。「子供の借金の一をする」

しり-ぬけ【尻抜け】❶見たり聞いたりしたことをすぐ忘れてしまうこと。また、その人。❷物事の結末がきちんとしていないこと。しめくくりのないこと。❸結果に手ぬかりのあること。「一の法案」

しりぬけ-ユニオン【尻抜けユニオン】ユニオンショップ制で、労働組合の脱退者や被除名者を使用者が解雇するという規定が、労使協約に載っていないもの。

しり-はしおり【尻端折り】►しりはしょり

しり-はしょり【尻端折り】〔名〕スル《「しりばしょり」とも》着物の裾を外側に折り上げて、その端を帯に挟むこと。しりっぱしょり。しりからげ。

しり-びと【知り人】知っている人。知り合い。

しり-びれ【×臀×鰭】魚類の肛門の後方にあるひれ。

じり-ひん【じり貧】❶じりじりと貧しくなること。また、じりじりと良くない状況に落ち込むこと。「一状態」❷►じり安　類語 貧乏・どか貧・貧困・貧窮・貧苦・窮乏・困窮・困乏・困苦・生活苦・貧・赤貧・極貧・清貧・貧寒・素寒貧・不如意・文無し

しりぶか-がし【尻深×樫】ブナ科の常緑高木。暖地に生え、樹皮は暗色。葉は長楕円形。秋の終わりに、枝の上部に雄花が穂状に集まって咲き、雌花はその下につく。実はどんぐりで、底部がくぼんでいる。

シリフケ〖Silifke〗トルコ南部の都市。ギョクス川沿いに位置する。紀元前3世紀、セレウコス朝シリアのセレウコス1世によって建設され、かつてはその名を冠しセレウキアと呼ばれた。その後、古代ローマ帝国、東ローマ帝国の支配の下で発展。原始キリスト教の聖地アヤテクラ、シリフケ城などがある。

シリフケ-じょう【シリフケ城】《Silifke Kalesi》トルコ南部の都市にある城塞跡。ヘレニズム、古代ローマ時代に築かれ、東ローマ帝国時代に再建。市街を見下ろす丘の上に位置し、展望地として知られる。

しり-ふり【尻振り】尻を振り動かすこと。

しり-ぶり【後振り】後ろ姿。「里人の見る目恥づかしさぶるこにさどはす君が宮出一」〈万・四一〇八〉

しりべし【後志】㊀北海道の旧国名。現在の後志総合振興局の大半部と檜山振興局の一部。㊁北海道西部の総合振興局。後志国の大半部と胆振国の一部にあたる。明治43年(1910)小樽・岩内・寿都の三支庁を合併して設置。局所在地は倶知安町。

しりべし-しちょう【後志支庁】後志総合振興局の旧称。

しりべし-そうごうしんこうきょく【後志総合振興局】►後志㊁

しりべしとしべつ-がわ【後志利別川】北海道南西部を流れる川。内浦湾に近い長万部岳に源を発し、日本海に注ぐ。長さ80キロ。流域は温帯気候の北限。十勝川支流の利別川と区別するため、名に「後志」がつけられた。

しりべし-やま【後方羊蹄山】羊蹄山の旧称。

しり-べた【尻べた】尻の左右にある肉付きの豊かな部分。しりっぺた。

しりべつ-がわ【尻別川】北海道南西部を流れる

川。支笏湖西岸にある標高1046メートルのフレ岳に源を発し、日本海に注ぐ。長さ126キロ。

しり-ぼね【尻骨｜×臆】尻の骨。

しり-まい【尻舞ひ】人のあとについて物事をすること。尻馬に乗ること。「大場三郎が―して、迷ひありき給ふを」〈盛衰記・二〇〉

しり-みや【尻宮】隠された支障があってあとになって生ずる苦情。「どこからも―の来る気遣はないによって」〈円朝・真景累ヶ淵〉

しり-め【尻目｜▽後目】❶顔は前方を向いたまま、目だけを動かして、後ろの方を見ること。また、その目つき。「そっと―に見る」❷（「…をしりめに」の形で）その場のようすをちらっと見てあとは構わず自分の行動を進めるさま。「同僚の慰留を―に会社をやめた」

尻目に懸・ける ❶人を見下し、さげすむさまや無視する態度などにいう。問題にしない。「人を―・ける」❷媚びた目つきをする。「薫が―・けられ、奥州にうなづかせ」〈浮・一代男・七〉

しりめ-づかい【尻目遣い】尻目に見ること。無視すること、また、媚びや恥じらいを含んだ目つきで見ることにいう。「―に行き過ぎる」

しり-めつれつ【支離滅裂】〔名・形動〕物事に一貫性がなく、ばらばらで、まとまりのないこと。また、そのさま。「―な話」

しり-もち【尻持ち】陰で助けること。また、その人。後ろだて。「―の太郎は去んだ」〈浄・布引滝〉

しり-もち【尻餅】❶後ろに倒れて尻を地面に打ちつけること。「滑って―をつく」❷子供の初めての誕生日を祝ってつく餅。初めての誕生日より前に立って歩いた子供は早く家を出て行くといって、この餅を背負わせてわざと倒したりする。❸喜んで小躍りすること。「一休聞こしめし、善哉善哉とて―ついて喜び給ひて」〈咄・一休咄・一〉

し-りゃく【史略】簡単に書き記した歴史。また、その書。

じりゃく【治暦】平安中期、後冷泉天皇・後三条天皇の時の年号。1065年8月2日～1069年4月13日。ちりゃく。

しりやけ-いか【尻焼烏＝賊】コウイカ科の頭足類。胴の後端の尾腺から赤褐色の液を出す。東京湾・富山湾以南に分布。食用。はりなしこういか。しりくさり。

しりや-ざき【尻屋崎】青森県、下北半島北東端にある岬。石灰岩の海食台が続き、暗礁が多い。

じり-やす【じり安】株式などの相場がしだいに安くなっていくこと。じり貧。⇔じり高。

し-りゅう【支流】❶本流に流れ込む川。また、本流から分かれ出た川。⇔本流。❷大もとから分かれた系統。分派。❸本家から分かれた系統。分家。
類語（❶）分流／（❷❸）分流・分派・分家・分かれ・傍流・傍系・枝・門流・チェーン

し-りゅう【×緇流】《「緇」は墨染めの衣の意》僧侶の社会。

じ-りゅう【自流】❶自分だけの特有のやり方。自己流。我流。❷自分の所属する流派。

じ-りゅう【時流】その時代の社会一般の風潮や、思想の傾向。「―に乗る」「―を超えた作品」
類語 風潮・時代色・流行・はやり・時好・好尚・トレンド・モード・ファッション・ブーム

しりゅう-ご・つ【▽後▽言つ】〔動タ四〕《「しりゅうごと（後言）」の動詞化》陰口を言う。しりうごつ。「めざましき女の宿世かなと、おのがじしは―・ちけり」〈源・若菜下〉

しりゅう-ごと【▽後言】《「しりえ（後方）ごと」の音変化》その人のいない所でうわさをすること。陰口。しりうごと。「折々聞こえさせ給ふなる御―をも、喜び聞こえ給ふめる」〈源・蜻蛉〉

しりゅうと【▽知▽人】《「しりひと」の音変化》知人。知り合い。「―はもち給はぬか」〈平家・五〉

し-りょ【思慮】〔名〕スル 注意深く心を働かせて考えること。また、その考え。おもんぱかり。「―が浅い」「―に欠ける言動」類語 分別・考え・常識・通念・良識・知識・教養・心得・コモンセンス

し-りょ【師旅】《古代中国の軍制で、500人を旅、5旅を師としたところから》軍隊。また、戦争。

し-りょう【史料】歴史研究の材料となる文献や遺物などの総称。類語 資料

し-りょう【死霊】死者の霊魂。また、死者の怨霊。しれい。⇔生き霊。類語 怨霊・悪霊・物の怪

し-りょう【私領】❶古代・中世、地方官人や有力農民などの個人の所有地。私有地。⇔公領。❷江戸時代、幕府の直轄地に対して、大名・旗本・御家人の領地。

し-りょう【思量】・【思料】〔名〕スル いろいろと思いをめぐらし考えること。思いはかること。「とりとめのない、―にふけりだした」〈芥川・芋粥〉

し-りょう【紙料】パルプなどを調合・溶解した、紙にすく直前の材料。

し-りょう【詩料】詩歌の題材。詩材。

し-りょう【試料】検査・分析などに用いる材料。

し-りょう【資料】研究・調査の基礎となる材料。
類語 史料・材料・データ

し-りょう【資糧】資金と食糧。資粮。

し-りょう【飼料】家畜に与えるえさ。
類語 餌・餌・飼い葉・秣・擂り餌・生き餌

じ-りょう【寺領】寺の所有する領地。

しりょう-さくもつ【飼料作物】家畜の飼料とするために栽培される作物。燕麦・ビートなど。

しりょう-ず【指了図】将棋を指しおわったときの駒の位置を表した図。

しりょう-へんさんじょ【史料編纂所】東京大学に付置する研究所。日本史の史料の研究および編集・出版を目的とする。明治2年（1869）創設の史料編輯国史校正局に始まり、修史局・修史館を経て、現在、大日本史料・大日本古文書・大日本古記録などを出版。

し-りょく【死力】死んでもいいという覚悟で出す力。ありったけの力。必死の力。「―を尽くす」

し-りょく【視力】物を見る目の能力。外界の物体の位置や形状などを認識する目の能力。「―検査」

し-りょく【資力】事業を始めるときなど、必要な資金を出せる能力。財力。「店を出すだけの―がない」

じ-りょく【自力】►じりき（自力）❶

じ-りょく【事力】►じりき（事力）

じ-りょく【磁力】磁極間で引き合う力や斥け合う力。広義には電流と磁石、電流と電流との間に働く力など。磁気力。

じりょく-きゅうさい【自力救済】権利者が、公権力の力を借りずに自らの実力で権利を実現すること。原則として違法行為であるが、盗まれた品物を犯人から奪い返すことなどは許される。自救行為。

じりょく-けい【磁力計】磁界の強さを測定する装置。小さい磁石を細い線でつり、それにつけた鏡で磁針の回転角を測る。

しりょく-しょうがい【視力障害】近視・遠視・乱視などの屈折異常、調節機能の異常、視野狭窄などで視力が低下している状態。

じりょく-せん【磁力線】磁石の正極から負極へ向かう作用曲線。曲線上の各点での接線方向が磁界の方向と一致する。磁気力線。

じりょくせん-さいけつごう【磁力線再結合】►磁気リコネクション

しりょく-ひょう【視力表】視力を測定するために用いる表。測定距離を5メートルとし、0.1から2.0までを12段階に分けた視標を順に配列したもの。試視力表。

しりょ-ぶか・い【思慮深い】〔形〕文しりょぶか・し〔ク〕物事を注意深く、十分に考えるさま。「軽薄そうに見えてなかなか―・い性格だ」

しり-よわ【尻弱】〔名・形動ナリ〕気が弱いこと。また、そのさま。「理屈をこね、根性骨道礼なく、底意地きたなく、―に臆病なり」〈仮・浮世物語・三〉

じり-りた【自利利他】仏語。自らの悟りのために修行し努力することと、他の人の救済のために尽くすこと。この二つを共に完全に行うことを大乗の理想とする。自益益他。自行化他。自他。

しり-わ【▽後輪｜尻輪】「しずわ」に同じ。「鞍の前輪より、鎧の前後の草摺を―かけて、矢先三寸余りぞ射通したる」〈古活字本保元・中〉

し-りん【支輪｜枝輪】建築で、軒の斗栱部分や折り上げ天井で、斜めに立ち上がって並列している弧状またはS字状の材。

し-りん【史林】歴史書のこと。

し-りん【四輪】仏語。❶大地、すなわち須弥山の下にあって世界を支えているという4種の大円輪。下から空輪・風輪・水輪・金輪。❷転輪王の感得する金・銀・銅・鉄の4種の輪宝。

し-りん【四隣】❶前後左右の家や人。「牛肉注文の声が―の寂寞を破る」〈漱石・吾輩は猫である〉❷隣り合った周囲の国々。類語（❶）近所・町内・隣組・向こう三軒両隣・隣近所／（❷）隣国・隣邦・近国

し-りん【糸×綸】《「礼記」緇衣の「王の言は糸の如く、其の出づるや綸の如し」から》みことのり。綸言。

し-りん【紫×燐】燐の同素体の一。赤燐をセ氏550度で長時間熱すると得られる。セ氏416度で昇華する。空気中では安定で燐光を発しない。無毒。純粋なものは紫色。

し-りん【詞林】❶詩文を多く集めた書。❷詩人・文人の仲間。文壇。❸辞書。

し-りん【歯輪】はぐるま。

し-りん【詩林】❶詩を集めた書物。❷詩人が多く集まっている所。また、詩人の仲間。

し-りん【×緇林】《「緇」は墨染めの衣の意》多くの僧。また、僧侶の集まっている所。寺院。「銽を―に落す（＝出家スル）」〈性霊集・五〉

じ-りん【地輪】❶仏語。四輪の一の金輪のこと。❷密教で、五大の一の地大のこと。

じ-りん【字林】漢字を集めて解釈した書物。字書。

じ-りん【辞林】言葉を集めて解釈した書物。辞書。辞典。

しりん-おう【四輪王】古代インドの理想的な国王、金輪王・銀輪王・銅輪王・鉄輪王のこと。4種の転輪王。

シリング〘ドイツ Schilling〙オーストリアの旧通貨単位。1シリングは100グロシェンに相当した。2002年1月（銀行間取引は1999年1月）、EU（欧州連合）の単一通貨ユーロ導入以降は廃止。

シリング〘shilling〙❶英国で行われていた補助通貨単位。ポンドの20分の1、12旧ペンスに相当した。1971年に廃止。❷ケニア・タンザニア・ウガンダ・ソマリアの通貨単位。1シリングは100セント。

シリンジ〘syringe〙❶注射器の筒。❷霧吹きを使って、観葉植物の葉に水分を与えること。

しりん-しゃ【四輪車】車輪が四つある車。よんりんしゃ。

シリンダー〘cylinder〙❶円筒。❷内燃機関・蒸気機関・水力機関などの主要部分で、流体を密閉した円筒形の容器。中をピストンが往復運動する。気筒。❸印刷機などの、回転する円筒形の部分。❹コンピューターなどのハードディスクにデータを記録する際の管理区分、または記録単位のこと。

シリンダー-じょう【シリンダー錠】鍵を差し込む本体部分が円筒状をしている錠。シリンダーロック。

シリンダー-シルエット〘cylinder silhouette〙服飾で、丸い筒状の、上から下までほっそりしたストレートなシルエットのこと。

シリンダー-ゆ【シリンダー油】蒸気機関のシリンダーの潤滑油として用いられる精製鉱油。

シリンドリカル-レンズ〘cylindrical lens〙►円柱レンズ

しる【汁】❶物からしみ出させ、または絞りとった液体。「レモンの―」❷だし・調味料などで味をつけた料理用の液。❸すまし汁・味噌汁などの汁物。つゆ。❹自分が独り占めしたり、他人の努力や犠牲のおかげで受けたりする利益。「うまい―を吸う」
類語 つゆ・液・液体・液汁・汁液・流動物・流動体

しる【×醨】薄い酒。もそろ。〈和名抄〉

シル〘sill〙地層面に平行に貫入した、ほぼ水平な板状の火成岩体。➡岩床

し・る【知る】㊀〘動ラ五(四)〙❶物事の存在・発生などを確かにそうだと認める。認識する。「おのれの非を—・る」「ニュースで事件を—・った」❷気づく。感じとる。「昨夜の地震は—・らなかった」「—・らずに通り過ぎる」❸物事の状態・内容・価値などを理解する。把握する。さとる。「物のよしあしを—・っている」「世界の人口はどのくらいか—・っていますか」❹忘れずに覚えている。記憶する。また、物事に通じている。「昔を—・っている人」「内部の事情をよく—・っている者の犯行らしい」❺経験する。体験して身につける。「酒の味を—・る」「世の中の苦労を—・らない」❻学んで、また、慣れて覚える。「フランス語なら、少し—・っている」❼付き合いがある。知り合いである。面識がある。「—・っている人に会う」「—・った顔ばかり」❽(多く、打消しや反語を伴って用いる)そのことにかかわって責任を持つ。関知する。「私の—・ったことではない」❾(「領る」「治る」とも書く)㋐領有する。所有する。「春日の里に—・るよしして」〈伊勢・一〉㋑支配する。治める。「汝が御子やつひに—・らむと雁は卵(こ)産(む)らし」〈記・下・歌謡〉❿世話をする。「また—・る人もなくて漂はむことのあはれに避(さ)りがたうおぼえ侍りしかば」〈源・柏木〉[可能]しれる ㊁〘動ラ下二〙「し(知)れる」の文語形。

[…句]過ちを観(み)て斯(ここ)に仁を知る・井の中の蛙(かわず)大海を知らず・いざ知らず・衣食足りて礼節を知る・一を聞いて十を知る・一葉落ちて天下の秋を知る・一丁字(いっていじ)を識(し)らず・易者身の上知らず・燕雀(えんじゃく)安(いずく)んぞ鴻鵠(こうこく)の志を知らんや・男を知る・親の心子知らず・女を知る・嘉肴(かこう)ありと雖(いえど)も食らわずんばその旨(うま)きを知らず・歌人は居ながらにして名所を知る・臭い物身知らず・怖いもの知らず・疾風に勁草(けいそう)を知る・倉廩(そうりん)実(み)ちて礼節を知る・誰(たれ)か烏(からす)の雌雄(しゆう)を知らんや・手の舞い足の踏む所を知らず・天知る、地知る、我知る、子(し)知る・天命を知る・年寒くして松柏(しょうはく)の凋(しぼ)むに後るるを知る・情けを知る・汝(なんじ)自らを知れ・恥を知る・世に知られる・論語読みの論語知らず・我が身を抓(つね)って人の痛さを知れ

[類語]分かる・解する・取る・受け取る・とらえる・学ぶ・理解・把握・解釈・承知・認識・判断

知らざあ言って聞かせやしょう　歌舞伎「青砥稿花紅彩画(あおとぞうしはなのにしきえ)」(通称「白浪五人男」)第3幕、浜松屋店先の場で、弁天小僧菊之助が居直って正体を明かす長ぜりふの冒頭。

知らざるを知らずと為(な)す是(これ)知るなり　《「論語」為政から》知らない事は、知らないと自覚すること、これが本当の知るということである。

知らぬが仏(ほとけ)　知れば腹も立つが、知らないから仏のように平静でいられる。また、本人だけが知らないで平然としているのを、あざけっていう語。

知らぬは亭主ばかりなり　妻の不貞を周囲の者は知っていて、夫だけが気づかないこと。また、当人だけが知らないで平気でいることのたとえ。

知らぬ仏(ほとけ)より馴染(なじ)みの鬼(おに)　疎遠な人よりは、懇意にしている人のほうがまさるということ。

知る人ぞ知る　広く知られてはいないが、ある一部の人にはその存在が非常によく知られている。

知る者は言わず言う者は知らず　《「老子」56章から》物事をよく知り抜いている人はみだりに口に出して言わないが、よく知らぬ者はかえって軽々しくしゃべるものである。

知る由(よし)も無(な)・い　知るための、手段も手がかりもない。「真相を—・い」

し・る【▽痴る】〘動ラ下二〙「し(痴)れる」の文語形。

しる-あめ【汁×飴】みずあめ。

じ-るい【地類】ヂ—❶同族・親族の一種。古い分家や遠い親類などを含めた地縁のある家々。地親類(じしんるい)。合地(あいじ)。地分かれ。地名字(じみょうじ)。❷地上にある万物。ちるい。「天衆(てんじゅ)—も影向(ようごう)をたれ」〈平家・四〉

じ-るい【字類】漢字・漢語を分類してまとめたもの。字書。

じるいしょう【字類抄】ジルイセウ「色葉(いろは)字類抄」の略。

シルエット〘フランス silhouette〙《極端な倹約策を行った18世紀のフランスの蔵相Silhouetteの名からという》❶横顔などの輪郭を描いて、中を黒く塗りつぶした絵。影絵。❷後方から光が当たって浮かび上がった風景や人物などの輪郭。

[類語](❶)影・影法師・陰影・投影/(❷)輪郭・線

しるかけ-めし【汁掛(け)飯】味噌汁などをかけた飯。

しる-かゆ【汁×粥】水分が多く、軟らかい飯。かゆ。⇔固粥(かたかゆ)。

ジルカロイ〘zircaloy〙ジルコニウム合金の一。原子炉の燃料被覆管・炉心材料用として米国で1952年に開発。

シル-がわ【シル川】—ガハ ▶シルダリア

シルキー〘silky〙〘形動〙絹のようにすべすべして光沢があるさま。「—な肌触り」「—加工」

シルク〘silk〙絹。絹糸。絹布。「—のスカーフ」

しるく【▽著く】〘副〙《形容詞「しる(著)し」の連用形から》はっきり見えるさま。「さまざまな色を重ねた袖口が、夜目にも—こぼれ出して来た」〈谷崎・少将滋幹の母〉

シルク-ウール〘silk wool〙混紡織物の一種。シルクとウールの繊維を混ぜてお互いの長所を生かしたもの。

シルクスクリーン〘silkscreen〙1960年代以降、芸術の大衆化とともに盛んになった印刷技法。木・金属などの枠に絹などの織り目の細かいスクリーンを張り、それを通して版の下に置いた素材にインクか絵の具を直接刷る。セリグラフィー。

シルクスクリーン-いんさつ【シルクスクリーン印刷】▶スクリーン印刷

シルク-ハット〘silk hat〙男子の礼装用帽子。頂が平らな円筒形の帽子で、両端がやや反り上がった狭い縁がつく。絹仕上げでつやがあり、黒色が正式。トップハット。[類語]被り物・帽子・山高帽子・中折れ・鳥打ち帽・ハンチング・かんかん帽・ベレー・ボンネット

シルク-プリント《silk printingから》絹の布地に柄(がら)を捺染(なっせん)したもの。

シルク-プロテイン〘silk protein〙絹に含まれる、たんぱく質。化粧品・食品・繊維製品などに広く使われる。

シルク-ロード〘Silk Road〙中央アジアを横断する古代の東西交通路の称。中国から、タリム盆地周縁のオアシス都市を経由し、パミール高原を経て西アジアとを結ぶ道で、モンゴル帝国が支配するまで東西の文物の交流に大きな役割を果たした。絹(シルク)が中国からこの道を通って西方に運ばれたところから、ドイツの地理学者リヒトホーフェンが命名。絹の道。

しる-け【汁気】物、特に飲食物に含まれている水分。また、その度合い。水け。「—の多い果物」

しるけ-く【▽著けく】《形容詞「しる(著)し」のク語法》いちじるしいこと。「神奈備(かなび)の浅篠原(あさしのはら)の愛(うるは)しみ我(あ)が思ふ君が声の—」〈万・二七七四〉

シルケジ〘Sirkeci〙トルコ北西部の都市イスタンブール、旧市街の一地区。オリエント急行の終着駅として知られた国鉄シルケジ駅があり、観光客向けのホテルなどが多い。

シルケット〘silkete〙綿糸や綿布を濃アルカリ溶液で処理し、表面に絹に似た光沢を与えたもの。

しる-けんり【知る権利】国民が国の政治や行政についての情報を知ることのできる権利。民主主義国家での国民の基本的権利として、言論・報道の自由や情報公開法制化の基盤となるもの。

しる-こ【汁粉】小豆あんを汁状にし砂糖を加えて煮たものに焼き餅(もち)や白玉団子などを入れた食物。御膳(ごぜん)汁粉・田舎汁粉など。汁粉餅。

しる-こう【汁講】来客は各自飯を持参し、主人は汁だけを振る舞う会食。汁会。

ジルコニア〘zirconia〙二酸化ジルコニウム。ダイヤモンドに似た宝石として合成される。化学式ZrO_2

ジルコニウム〘zirconium〙チタン族元素の一。単体は銀白色の硬い金属。粉末は空気中で発火しやすい。熱中性子の吸収が金属中最小なので原子炉材料に、また合金材料などにも用いられる。元素記号Zr　原子番号40。原子量91.22。

ジルコン〘zircon〙ジルコニウムの珪酸塩(けいさんえん)鉱物。純粋なものは無色透明だが、青・緑・赤・黄・褐色、半透明のものなどがあり、柱状結晶。正方晶系。美しいものは宝石にする。風信子鉱(ふうしんしこう)。

しるし【印┆▽標┆▽証】❶他と紛れないための心覚えや、他人に合図するために、形や色などで表したもの。目じるし。「非常口の—」「持ち物に—をつける」❷抽象的なものを表すための具体的な形。㋐ある概念を象徴するもの。「平和の—の鳩」「純潔の—の白い衣装」㋑(証)ある事実を証明するもの。証拠になるもの。「見学した—にスタンプを押す」㋒(証)気持ちを形に表したもの。「感謝の—に記念品を贈る」「お近付きの—におひとついかがですか」❸所属・家柄などを表すもの。記章・旗・紋所など。「会員の—」❹(「璽」とも書く)㋐官印。印綬。押し手。「未だ—及び公財を動かさしめず」〈今昔・一〇・三〉㋑三種の神器の一である、八尺瓊勾玉(やさかにのまがたま)。神璽(しんじ)。「今天皇のみ—を上(たてまつ)るべし」〈允恭紀〉❺結納(ゆいのう)。「—を厚く調へて送り納(い)れ、良き日をとりて婚儀(ことぶき)を催しけり」〈読・雨月・吉備津の釜〉

[…語](じるし)合い印・家印・糸印・馬印・笠標(かさじるし)・風標(かざじるし)・木印・袖標(そでじるし)・爪(つま)印・苗標(なえじるし)・荷印・墓標(はかじるし)・旗印・船(ふな)印・星印・無印・目印・矢印・槍(やり)印

[類語]記号・符号・目印・マーク・標識・指標・略号・目盛り・証拠・証(しょう)・あかし・証左・証憑(しょうひょう)・徴憑(ちょうひょう)・徴証・根拠・よりどころ・裏付け・ねた

しるし【▽首┆首＝級】《「印」と同語源》討ち取った首。しゅきゅう。

首をあ・げる　敵を倒し、その首を切り取る。「敵の大将の—・げる」

しるし【▽徴┆▽験】《「印」と同語源》❶(徴)何事かの起こる前触れ。きざし。前兆。「異変の起こる—」❷(験)㋐神仏の現す霊験。御利益(ごりやく)。「祈念の—が現れる」㋑効果。ききめ。効能。「養生の—が見えてきた」[類語]効(き)き目・効果・成果・効(こう)・実効・効験・効能・効力・効用・甲斐(かい)・霊験・験・作用

しる・し〘形ク〙《「しる(汁)」の形容詞化か。「じるし」とも》❶水っぽい。「—・き物釜底の食(めし)」〈浮・好色盛衰記・三〉❷道がぬかっている。「道の—・き時は、返しもだちを取るべし」〈宗五大草紙〉

しる・し【▽著し】〘形ク〙❶はっきりしている。際立っている。しろし。「大伴の遠つ神祖(かむおや)の奥つ城(き)は—・く標(しめ)立て人の知るべく」〈万・四〇九六〉❷(多く「…もしるく」の形で)聞いたこと思ったことなどが、はっきり形に現れるさま。「さればよと思ふも—・くをかしうて」〈枕・二七七〉

じるし【印】〘接尾〙人名や事物名の後半を略した形に付いて、その人や事物を遠まわしに言い表すのに用いる。「丹—にかかるとまことに愚智だよ」〈人・梅児誉美・後〉

しる-しお【汁塩】—シホ うるおい。つや。色気。「七十に片足ふみこんで、—のある身でもなし」〈浄・加増曽我〉

しるし-つけ【印付け┆▽標付け】用布の上に、裁ち縫いに必要な目印をつけること。

しるし-の-おび【▽標の帯】懐妊を祝って、そのしるしに結ぶ帯。5か月めの吉日に妊婦が腹に締めた。いわた帯。「かの恥ぢ給ふ—の引き結ばれたるほどなど」〈源・宿木〉

しるし-の-すぎ【▽験の杉┆▽標の杉】❶杉の葉を集めて丸くし、酒屋の軒にかけてしるしとしたもの。さかばやし。❷伏見の稲荷神社にある神木の杉。参詣者がその枝を折って帰り、久しく枯れなければ願いが成就するとされた。「御堂の方より、すは、稲荷より賜はる—よとて」〈更級〉

しるし-の-たち【▽標の太‐刀】古代、出征のとき、天皇から将軍に与えられた任命のしるしの太刀。節刀(せっとう)。しるしのつるぎ。

しるし-の-たのみ【▽証の頼み】結納品。「婚礼を調(ととの)へ、—を運ばせ」〈浮・伝来記・二〉

しるし-の-みはこ【▽璽の▽御×筥】三種の神器の一つである神璽(しんじ)(八尺瓊勾玉(やさかにのまがたま))を納めておく箱。また、その神璽。宝剣とともに清涼殿の夜御殿

誦殿(よるのおとど)の御帳の中、天皇の枕上の二階棚の上に安置した。しるしのはこ。

しるし-ばかり【印ばかり|▽標ばかり】〔連語〕《「ばかり」は副助詞》ある事を形に示すだけで、内容はわずかであること。少しばかり。「—のお礼ですが、お納めください」

しるし-ばた【印旗|▽標旗】❶目じるしに立てる旗。旗じるし。❷しるしをつけた旗。

しるし-ばり【印針|▽標針】和針のうち、太さ・長さを数で示し、布地・用途による使い分けを示した針。例えば、三ノ二は3番目の太さ、1寸2分の長さで、木綿の縫いに適する。

しるし-ばんてん【印半×纏|印半天】襟や背などに屋号・家紋などを染め抜いた半纏。主に職人や商家の使用人が着用する。法被(はっぴ)。

しるし-ふだ【印×榜|▽標×榜】目じるしとして立てる立て札。

しるし-ぶみ【▽伝|▽記|▽文|▽史】❶記録。また、文書。「皇后の崩年—に載すること無し」〈宣化紀〉❷文学と史学。「天皇仏の法(のり)を信(う)け給はずして—を愛(めぐ)み給ふ」〈敏達紀〉

しる・す【▽印す|▽標す】〔動サ五(四)〕《「記(しる)す」と同語源》❶しるしをつける。目じるしとする。また、形跡を残す。「点検済みの符号を—・す」「足跡を—・す」「第一歩を—・す」❷(「徴す」とも書く)前兆を示す。兆(きざ)しを現す。「新(あら)たしき年の初めに豊の年—・すとならし雪の降れるは」〈万・三九二五〉

しる・す【記す|▽誌す|▽識す】〔動サ五(四)〕❶文字や文章などを書きつける。書きとめる。記録する。「氏名を—・す」「感想を—・す」❷記憶にしっかりととどめる。忘れないようによく覚えておく。「今日の喜びを胸に—・す」➡書く〔用法〕〔可能〕しるせる
〔類語〕書く・したためる・書き表す・書き立てる・記する

シルスタニ-いせき【シルスタニ遺跡】《Sillustani》ペルー南部、アンデス山脈の中央にあるチチカカ湖畔の町、プノの北西約30キロメートルにある遺跡。先インカ時代からインカ時代にかけてつくられた円柱形の墓が数多く残されている。

シルス-マリア〖Sils-Maria〗スイス東部、グラウビュンデン州、上エンガディン地方の村。イン川に沿ったエンガディン谷の上流部、シルス湖に面する。19世紀末に哲学者フリードリヒ＝ニーチェが夏を過ごしたことで知られる。フェックス谷へのハイキングの拠点。

ジルソン〖Étienne Gilson〗[1884～1978]フランスの哲学者。中世哲学の価値を再評価し、中世暗黒時代観を訂正した。ネオ-トミスムの思想家としても知られる。著「中世哲学の精神」「デカルト方法叙説研究」「絵画と現実」など。

シル-ダリア〖Sïr-Dar'ya〗《ダリアはトルコ語で川の意》中央アジア、ウズベキスタン東部からカザフスタン南部を流れて、アラル海に注ぐ川。天山山脈に源を発する。長さ2210キロ。シル川。シルダリヤ。

シルダリア-がわ【シルダリア川】➤シルダリア

シルト〖silt〗砂と粘土との中間の大きさをもつ砕屑物(さいせつぶつ)。地質学では粒径16分の1～256分の1ミリのものをいう。沈泥。

シルト-がん【シルト岩】シルトの固結したもの。泥岩のうち粗粒のもの。

ジルト-とう【ジルト島】《Sylt》ドイツの最北端、北海にある島。北フリジア諸島に属する。本土とは全長約11キロメートルのヒンデンブルクダムという築堤で結ばれる。中心地はウェスターラント。海岸保養地として知られ、海水浴客などが数多く訪れる。海鳥やアザラシが集まる自然保護地域もある。ズィルト島。

シルトホルン〖Schilthorn〗スイス中部、ベルン州、ベルナーオーバーラントにある展望地。標高2970メートル。アイガー、メンヒ、ユングフラウの三峰を望む。ミューレンとロープウエーで結ばれる。

しる-なます【汁×鱠】魚の切り身を入れた汁。

しる-の-もち【汁の餅】出産のとき、産婦の実家から贈る餅。乳がよく出るというので味噌汁にして食べる。力餅。

しる-の-もの【汁の物】「汁物」に同じ。

ジルバ《jitterbugから》米国南部発祥の、4分の4拍子の速いテンポのダンス。男女が組み合わないで踊る。

シルバー〖silver〗❶銀。また、銀製品。❷銀色。❸多く複合語の形で用い、高齢者の、高齢者のための、の意を表す。「—世代」「—ライフ」「—パス」

シルバー-ウイーク《和 silver＋week》秋にある大型連休のこと。9月23日(秋分の日)前後または11月3日(文化の日)前後が連休になる場合をさす。春のゴールデンウイークに対していう。SW。

シルバー-ウエディング〖silver wedding〗「銀婚式」に同じ。

シルバー-エージ《和 silver＋age 「シルバーエイジ」とも》高齢者層。老年層。

シルバー-エキストラ《和 silver＋extra》会社や役所を定年退職した後、映画・テレビの時代劇やドラマのエキストラとして働く人。➡シルバーモデル

シルバー-オンライン《和 silver＋on-line》一人暮らしの老人のための緊急連絡用の自動通報装置。玄関とトイレのドアに連動した装置をつけておき、帰宅後12時間たってもトイレのドアが開かないときに、自動的に福祉電話に異常を伝える。

シルバー-カー《和 silver＋car》ショッピングカーによく似た歩行補助車の通称。ショッピングカーの手さげ袋にあたる部分が、固い椅子のようになっており、荷物を入れることもできるし、疲れた場合は腰掛けにもなる。足の弱い高齢者には、つえ代わりにもなる。

シルバー-グレー〖silver gray〗銀灰色。銀ねずみ色。「—の髪」

シルバー-サービス《和 silver＋service》高齢者向けの各種福祉活動。

シルバー-さんぎょう【シルバー産業】高齢者層を対象とする産業。有料老人ホーム、老人会の旅行の企画・案内、老人向け保険、介護用品の製造・販売など。

シルバー-シート《和 silver＋seat》電車・バスなどで、老人やからだの不自由な人のための優先座席。

シルバー-シッター《和 silver＋sitter》家族の世話を受けられない高齢者の介護を職業とする人。

シルバーじんざい-センター【シルバー人材センター】労働意欲をもつ高年齢者に対して、地域社会の臨時的、短期的な仕事についての情報を提供する組織。昭和61年(1986)の高年齢者雇用安定法によって法制化された。

シルバーじんざいセンター-だんたいしょうがいほけん【シルバー人材センター団体傷害保険】シルバー人材センターを保険契約者、そこに登録された会員全員を被保険者とし、シルバー人材センターの仕事に従事中、または住居との往復中の事故により傷害を負った場合の損害を塡補する目的の保険。

シルバー-ストーン《和 silver＋stone》アルミニウムの地金の上に、特殊弗素(ふっそ)樹脂を焼き付け加工した調理器具。こびりつきが少ないのが特徴。

シルバー-ハウジング《和 silver＋housing》60歳以上の高齢者や障害者などの生活に配慮した公営住宅と日常生活支援サービスを併せて提供する、高齢者世帯向けの公的賃貸住宅供給事業。地方公共団体・都市再生機構がバリアフリー仕様の公的賃貸住宅を供給し、市区町村の委託を受けた生活援助員(ライフサポートアドバイザー)が生活指導・相談・安否確認・一時的な家事援助・緊急時対応などの日常生活支援サービスを提供する。高齢者が自立した生活を送れるように配慮されている。

シルバー-パス《和 silver＋pass》高齢者向けに発行される、乗り物などの無料パス。

シルバー-バック〖silver back〗成熟した雄のゴリラの背に灰色の毛が鞍(くら)形に発達した状態。

シルバー-パワー《和 silver＋power》高齢者の勢力。高齢者たちが自分たちの権利などを主張すること。〔補説〕英語ではgray power

シルバー-ピア《和 silver＋utopiaから》ケア付き高齢者集合住宅。

シルバー-ビジネス《和 silver＋business》高齢者層を対象とした商売。高齢化社会の到来に伴い、企業も診療所付きのマンションを売り出したり、一人暮らしのお年寄りに栄養を考えた食事を届けるなどの、さまざまなサービス事業を展開している。

シルバー-フォックス〖silver fox〗銀狐。また、その毛皮。

シルバー-ホテル《和 silver＋hotel》高齢者宿泊用ホテル。ふろ・廊下に手すりをつけたり、車椅子でも楽に動けるように部屋を広くしたり、医師や看護人が24時間態勢で待機していたり、食事のメニューを高齢者向けにするなど、設備やサービスに特別の配慮をしている。

シルバー-ホン《和 silver＋phone》ひとり暮らしの高齢者や難聴者用に開発された電話機。緊急連絡が容易にできたり、音量や音質の調節ができたりする。

シルバー-マーク《和 silver＋mark》❶70歳以上の高齢者ドライバーの安全を確保するために、初心者用の若葉マークのように車体に貼付(ちょうふ)されるマーク。❷厚生労働省所管の一般社団法人「シルバーサービス振興会」が、高齢者向き在宅介護などのシルバーサービスのうち、一定基準を満たしているものに対して交付するマーク。

シルバー-マーケット《和 silver＋market》高齢者市場。➡シルバー産業

シルバー-メタリック《和 silver＋metallic》金属的な銀色の光沢を放つさま。自動車などの塗装に多く用いられる言葉。

シルバー-モデル《和 silver＋model》モデルを職業とする中高年齢者。➡シルバーエキストラ

シルバーライト〖Silverlight〗ウェブ上で高画質の動画やアニメーションを再生したり、対話的な操作性を高めたりする拡張機能を提供するプラグイン。またはそれらのウェブアプリケーションを開発するためのアプリケーションフレームワークのこと。米国マイクロソフト社が開発したもので、Windows、Mac OSに対応する。複数の異なるブラウザー上で動作するマルチプラットホームであり、著作権保護のためのDRMを実装する。

シルバー-ライフ《和 silver＋life》老後の生活。

シルバー-ローン《和 silver＋loan》60歳以上の高齢者を対象とするローン。年金を担保にするものと住宅を担保にするものがある。➡年金担保融資

シルバー-ロボティクス《和 silver＋robotics》老人看護を作動目的とする、ロボット工学内の一分野。

シルバカーヌ-しゅうどういん【シルバカーヌ修道院】《Abbaye de Silvacane》フランス南東部、プロバンス地方の町ラ-ロックダンテロンにある、ロマネスク様式のシトー会修道院。12世紀から13世紀にかけて建造された。セナンク修道院、ルトロネ修道院と共に、「プロバンスの三姉妹」と称される。

ジルバブ〖アラビア jilbab〗イスラム教徒の女性が髪や顔などを覆うためのスカーフ。

シルバプラーナ〖Silvaplana〗スイス東部、グラウビュンデン州、サンモリッツ近郊の上エンガディン地方の村。イン川に沿ったエンガディン谷の上流部に位置する。シルバプラーナ湖に面し、南方にベルニーナアルプスを望む風光明媚の地として知られる。

しる-ひと【知る人】〔連語〕❶知人。知り合い。「—のない旅先の地」❷愛する人。愛人。「ふせといふ釆女は、典薬の頭重雅が—なりけり」〈枕・二七八〉❸情趣を解する人。「君ならで誰にか見せむ梅の花色をも香をも—ぞしる」〈古今・春上〉

シルヒャーワイン-かいどう【シルヒャーワイン街道】《Schilcherweinstraße》オーストリア、シュタイアーマルク州南部のワイン産地の通称。シルヒャーというロゼワインの産地として知られる。ドイチランツベルク、シュタインツ、リギストなどの産地を結ぶ。街道沿いにはワイン醸造所やレストランが多い。

シル-ブ-プレ〖フランス s'il vous plaît〗〔感〕お願いします。人に何かを頼む際の言葉。

しる-べ【知る辺】知っている人。知り合い。「―を頼る」「―のない土地」

しる-べ【▽導｜▽標】❶道案内をすること。また、その人やそのもの。「道―」❷知識などを得るための手引きをすること。また、その人やそのもの。「英語学習の―」「御―につきて、文よみ歌学ばん」〈読・春雨・目ひとつの神〉

しるべ-がお【▽導顔】ガホ 案内するような顔つき。「あかなくにまだ夜をこめて帰るさの―なる月も恨めし」〈続後拾遺・恋三〉

ジルベスター-コンサート《和 Silvester(ドイツ)＋concert；Silvesterは、大晦日の意》大晦日の夜から、新年の朝にかけて催される、年越しの音楽会。

しるまし【▽怪｜▽徴】奇怪な前兆。不吉な前触れ。「今是の―を視るに、甚だかしこし」〈仁徳紀〉

シルミオーネ〖Sirmione〗イタリア北部、ロンバルディア州の町。ガルダ湖南岸の半島状の場所に位置し、デセンツァーノ-デル-ガルダと並ぶガルダ湖の観光拠点の一。古代ローマ時代から温泉保養地として知られるほか、13世紀建造のスカラ家の要塞がある。

シルミン〖Silumin〗鋳物用のアルミニウム合金。珪素けいそ10〜14パーセント、そのほか微量の金属を含む。

シルム《朝鮮語》朝鮮民族の伝統的格闘技。韓国相撲。

しる-もの【汁物】汁を主にした料理。吸い物・味噌汁など。しるのもの。つゆもの。

シルリア-き【シルリア紀】►シルル紀

シルル-き【シルル紀】《Silurian period》地質時代の区分の一。古生代を6分した場合の第3番目の時代で、オルドビス紀に続く時代。4億4600万年前から4億1600万年前まで。海中では筆石ふでいし・珊瑚さんご・三葉虫が栄え、陸上では下等なシダ類が出現した。ゴトランド紀。シルリア紀。

シルル-けい【シルル系】《Silurian system》シルル紀に形成された地層。シルリア系。

シルレル〖Schiller〗►シラー

しる-わん【汁×椀】汁物などを盛る椀。

じれ【▽焦れ】じれること。じれったく思うこと。また、その気持ち。「―がおさまる」

ジレ〖フランス gilet〗❶丈が短めの袖なしの胴着。チョッキ。ベスト。❷装飾的な前飾りをつけた婦人用胴着。上着の下に着て、ブラウスに見せかけるもの。

し-れい【司令】〔名〕スル ❶軍隊や艦隊、また、消防などで、ある部署を指揮すること。また、その人。❷海軍や海上自衛隊で、一隊を指揮する職。また、その職にある者。

し-れい【死霊】「しりょう(死霊)」に同じ。

し-れい【使令】〔名〕スル ❶指図して使うこと。「吾輩こそ、これ等を降伏し―するの主人なれ」〈中村訳・西国立志編〉❷使われる人。召し使い。

し-れい【指令】〔名〕スル ❶指揮・命令すること。また、その命令。「撤退を―する」❷行政官庁などで、上級の機関から下級の機関に出す通達・命令。
(類語)命令・命・号令・言い付け・令れい・下命・指示・指図さしず・発令・沙汰さた・主命・君命・上意・達し・威令・厳令・厳命・命ずる

し-れい【×砥×礪】〔名〕スル ❶砥石といし。❷研ぎ磨くこと。努め励むこと。ていれい。「人の志向は、自ら知るの良心に原もとづき、品行を―し」〈中村訳・西国立志編〉

じ-れい【事例】❶前例となる事実。❷具体的な実例。ケース。「ある―を調査する」
(類語)例・ケース・実例・類例・用例

じ-れい【時令】❶一年中の行事。年中行事。❷時節。時候。

じ-れい【辞令】❶官職・役職などの任免の際、その旨を書いて本人に渡す文書。「―が出る」❷人と応対するときの形式的な言葉やあいさつ。「外交―」❸文章上の言葉遣い。文章のあや。「―の妙を極める」

しれい-かん【司令官】クワン 軍隊や自衛隊などで、大規模な部隊や艦隊を指揮・統率する職。また、その職にある者。

じれい-けんきゅうほう【事例研究法】ケンキウハフ ►ケーススタディー

じれい-しんどう【自励振動】振動体それ自体の運動によって、振動的ではない外力からエネルギーを取り込むことで起こる振動。振幅は増大または減衰せずに持続する。擦弦楽器の弦や木管楽器のリードの振動、航空機のフラッターなどに見られる。

しれい-すうはい【死霊崇拝】死者の霊に対する恐怖や畏怖の念。また、それに基づいて行われる儀礼・祭祀さいし。

しれい-ちょうかん【司令長官】チャウクワン ❶旧日本海軍で、天皇に直属して艦隊・鎮守府などの指揮・統率に当たった職。❷司令官の指揮するいくつかの部隊を統合・指揮する職名。また、その職にある者。「連合艦隊―」

しれい-とう【司令塔】タフ ❶軍艦などで、艦長・司令官が指揮を執る塔。❷組織全体の指揮を執る部署や人のたとえ。「選挙戦を支えた―」「プロジェクトチームの―」「合同対策本部が災害復旧の―となる」❸チーム戦を行うスポーツで、チームの要となって試合を組み立てる中心選手。サッカーのミッドフィールダー、アメリカンフットボールのクオーターバック、ラグビーのスタンドオフ、バレーボールのセッター、バスケットボールのポイントガードなど。守備の要となる野球のキャッチャーのこともいう。リンクマン。ゲームメーカー。

しれい-ぶ【司令部】司令官が職務を行う場所。

ジレー〖フランス gilet〗►ジレ

しれ-がま・し【▽痴れがまし】〔形シク〕ばかげている。ばからしい。「かうのみ―・しうて、出で入らむもあやしければ」〈源・夕霧〉

じ-れき【事歴】物事がこれまでたどってきた道すじ。物事の来歴。

じ-れきせい【地×瀝青】ヂ ►アスファルト

しれ-ごと【▽痴れ言】取るに足りないばかげた言葉。たわごと。「―をぬかす」(類語)たわ言・無駄口・愚痴・寝言・ざれ言・妄言・うわごと

しれ-ごと【▽痴れ事】愚かなこと。ばかげたこと。

じれ-こ・む【▽焦れ込む】〔動マ五(四)〕ひどくいらだってくる。もどかしくてじれてくる。「要領の得ない話に―・む」

シレジア〖Silesia〗シロンスクの英語名。

しれ-じれ【▽痴れ▽痴れ】〔副〕《「しれしれ」とも》いかにもとぼけているさま。また、おろかにみえるさま。「須藤は―笑って居る」〈蘆花・黒潮〉

じれ-じれ〔副〕スル いらだたしいさま。じりじり。「松原などを通る電気汽車の鈍のろいのに―しながら」〈秋声・爛〉

しれじれ・し【▽痴れ▽痴れし】〔形シク〕❶いかにもばかげている。愚かしい。「かう世づかぬまで―・しきうしろやすさなども」〈源・夕霧〉❷そらとぼけている。そらぞらしい。しらじらしい。「ともかくも言はで、―・しう笑みて走りにけり」〈枕・一三八〉

しれた-こと【知れた事】〔連語〕「知れる❹」に同じ。「そんなことは昔から―だ」

し-れつ【歯列】歯並び。歯なみ。

し-れつ【×熾烈】〔名・形動〕《「熾」は火勢の盛んである意》勢いが盛んで激しいこと。また、そのさま。「―をきわめる商戦」「―な戦い」(派生)しれつさ〔名〕
(類語)凄すさまじい・強烈・猛烈・激烈・苛烈かれつ・激甚・急激・峻烈しゅんれつ・激越・矯激きょうげき・ドラスチック

しれつ-きょうせい【歯列矯正】ケウセイ よくない歯並びを直すこと。矯正装置が使われる。

じれった・い【▽焦れったい】〔形〕(文)じれった・し〔ク〕物事がなかなか思うようにならないので、いらいらして気持ちが落ち着かない。はがゆい。もどかしい。「―・くて見ていられない」「もたもたして―・いやつだ」(派生)じれったがる〔動ラ五〕じれったげ〔形動〕じれったさ〔名〕
(用法)じれったい・はがゆい――「一向にはかどらなくてじれったい(はがゆい)」「自分の気持ちが伝わらなくて、何ともじれったい(はがゆい)」のように、思うようにならなくて、いらいらする意では相通じて用いられる。◆「じれったい」は、その気持ちの生じる状況に対し、自分では手の出しようがなく、いらだたしい思いがつのる場合に多く使われる。「私が行ければいいのだが、ほんとうにじれったい」◆「はがゆい」は、他の人のすることを見て、何をしているのだといらだたしく思う場合に多く使われる。「一度の失敗であきらめるとは、はがゆい人だ」◆類似の語「もどかしい」は古くからの語で、「じれったい」「はがゆい」と同じように使うが、文章語的である。「上着を着るのももどかしく部屋を飛び出した」のように、心がせいて何をする時間も惜しいの意は他の二語にはない。
(類語)もどかしい・苛立たしい・歯がゆい・まだるっこい・回りくどい

じれった-むすび【じれった結び】江戸末期からの女性の髪形で、櫛巻き風のもの。庶民の女性が洗髪のあとなどに無造作に結った。

ジレッタント〖英・フランス dilettante〗►ディレッタント

しれっ-と〔副〕スル 平然としているさま。けろっとしているさま。「うそがばれても―している」
(類語)平気・平静・冷静・事も無げ・平ちゃら・平気の平左・無頓着むとんちゃく・大丈夫・悠然・泰然・自若じじゃく・平然・冷然・恬然てんぜん・けろりと・しゃあしゃあ・ぬけぬけ・のめのめ・おめおめ・事ともせず・何のその・何処どこ吹く風・屁への河童かっぱ・痛くも痒かゆくもない

しれとこ-こくりつこうえん【知床国立公園】コクリツコウヱン 北海道北東部、知床半島を中心とする国立公園。火山・海食崖があり、オジロワシ・トドなどが生息。昭和39年(1964)指定。平成17年(2005)「知床」の名で世界遺産(自然遺産)に登録された。

しれとこ-ごこ【知床五湖】北海道北東部、知床半島のほぼ中央にある湖群。湿地と原生林に囲まれた一湖から五湖と呼ばれる五つの湖が点在する。最大の湖は二湖、最小は五湖。各湖の水は、湖底の岩を伝って半島の断崖にしみ出ていると言われる。付近一帯は知床国立公園に属し、世界遺産に登録されている。

しれとこ-とうげ【知床峠】タウゲ 北海道北東部、知床半島中央部にある峠。西岸の斜里町ウトロと東岸の羅臼町とを結ぶ横断道路の最高地点。標高738メートルで眺望がよい。原始樹林・高山植物の群落がある。

しれとこ-はんとう【知床半島】ハンタウ 北海道北東部、オホーツク海に突出する半島。知床岳・硫黄岳・羅臼らうす岳など火山が多い。先端に知床岬がある。「知床」はアイヌ語シリエトク(岬の意)から。平成17年(2005)「知床」の名で世界遺産(自然遺産)に登録。

しれとこ-みさき【知床岬】北海道北東部、知床半島の突端にある岬。オホーツク海に面し、周囲は断崖。船で海上からのみ望むことができる。付近一帯は知床国立公園に属し、世界遺産に登録されている。

シレネ〖ラテン Silene〗ナデシコ科シレネ属の植物の総称。ムシトリナデシコなどが含まれる。

しれ-びと【▽痴れ人】愚かな人。しれもの。

しれ-もの【▽痴れ者】❶愚かな者。ばか者。❷手に負えない者。乱暴なもてあまし者。❸その道に打ち込んでいる者。その道のしたたか者。「我がものならば着せてやりたい好みのあるにと―が随分頼まれもせぬ詮議を蔭では為べきに」〈露伴・五重塔〉
(類語)愚人・愚物・痴人・愚か者・愚者

し・れる【知れる】〔動ラ下一〕(文)し・る〔ラ下二〕❶他の人の知るところとなる。知られる。「名の―・れた人」「親に―・れては困る」❷知ることができる。自然にわかる。判明する。「気心の―・れた人」「行方が―・れない」「あんなことをするなんて、気が―・れない」❸大したことではないとわかる。それほどではないと見当がつく。「たかが―・れている」「一人の力なんて―・れたものだ」「集まるとしたって―・れた数だ」❹(「しれたこと」の形で)わかりきっていて言うまでもない。「―・れたことよ」「金がないのは―・れたことだ」❺(「どんなに…かしれない」などの形で)予想がつかないほど甚だしい、の意を表す。「どんなに心配したか―・れない」「どれほど待ち望んでいるか―・れない」➡かも知れない

し・れる【▽痴れる】〔動ラ下一〕(文)し・る〔ラ下二〕❶何かに心を奪われて、正気を失う。頭の働きが鈍る。ぼける。「酒に酔い―・れる」「心地、ただ―・れに―・

れて〈竹取〉❷いたずら好きである。ふざける。「さても―・れたる御坊かな」〈浮・織留・二〉

じ・れる【焦れる】〔動ラ下一〕物事が思うように進行しないために、いらいらと落ち着かない状態になる。「店員が来ないので―・れて店を出る」
類語 苛立つ・苛つく

しれ-わた・る【知れ渡る】〔動ラ五(四)〕人々に広く知られるようになる。「世間に―・った話」

しれん【師錬】▶虎関師錬

し-れん【試練｜試煉】信仰・決心のかたさや実力などを厳しくためすこと。また、その時に受ける苦難。「厳しい―を受ける」「―に耐える」類語 苦しみ・苦難・苦痛・四苦八苦・七転八倒・いばら

じ-れんが【地連歌】連歌で、特に趣向を凝らさず、軽く作った句。無文の句。

シレンディ〖Xlendi〗▶シュレンディ

ジレンマ〖dilemma〗《「ディレンマ」とも》❶二つの相反する事柄の板挟みになること。「―に陥る」❷論理学で、二つの仮言的判断を大前提とし、その判断を小前提で選言的に肯定または否定して結論を導き出す三段論法。例えば、「城にとどまれば焼き殺される。城から出れば切り殺される」「城にとどまるか、城から出るかよりほかに道はない」「故に、いずれにしても殺される」の類。両刀論法。類語 ずれ・食い違い・行き違い・矛盾・齟齬・撞着・自家撞着・牴牾・二律背反・背反・背理・不整合・不一致・扞格・対立・相克・相反する・食い違う

しろ【子路】[前543〜前481]中国、春秋時代の人。孔門十哲の一人。魯の人。姓は仲、名は由。武勇にすぐれ、孔子によく仕えたが、衛の内乱で殺された。季路。

し-ろ【支路】本道から分かれた道。わかれみち。えだみち。

しろ【代】❶代わりをするもの。代用。「霊―」「丹がついたり、金銀の箔がついたりした木を、道ばたにつみ重ねて、薪の―に売っていた」〈芥川・羅生門〉❷ある物の代わりとして出される品や金銭。「飲み―」「身の―」「これを―に言訳して、と結構な御宝を」〈鏡花・草迷宮〉❸材料となるもの。「雪―水」❹何かをするための部分や場所。「糊―」「縫い―」❺田。田地。「―をかく」「苗―」❻上代・中世、田地の面積を測るのに用いた単位。1段の50分の1。

しろ【白】❶雪のような色。物がすべての光線を一様に反射することによって、目に感じられる色。「―のワイシャツ」❷碁石の白いほうの石。また、白い石を持つほう。⇔黒。❸紅白試合などで、白い色をしるしにするほうの側。「赤勝て、―勝て」❹何も書き入れてないこと。また、そこに何も印刷してないこと。空白。「答案用紙はまだ―だ」❺犯罪の事実がないものと認められること。また、その人。潔白。無罪。「筆跡鑑定から―と出た」⇔黒。❻ブタの腸管を串ざしにしたもので焼き鳥の一種。
類語 (❶)白色・白妙・純白・雪白・雪色・乳色・乳白色・ミルク色・灰白色・象牙色・ホワイト・オフホワイト・アイボリー・真っ白

しろ【城】❶敵襲を防ぐための軍事施設。古代には朝鮮・蝦夷対策のために築かれ、中世には自然の要害を利用した山城が発達したが、このころのものは堀・土塁・柵などを巡らした簡単な施設であった。戦国時代以降、政治・経済の中心地として平野に臨む小高い丘や平地に築かれて城下町が形成され、施設も天守を中心とした堅固なものとなった。き。じょう。「―を明け渡す」❷他人の入って来られない自分だけの領域。「自分の―に閉じこもる」
類語 とりで・城郭・出城・シャトー

じ-ろ【地炉】地上の炉。または床を切って設けた炉。いろり。

しろ-あい【白藍】❶薄い藍色。しらあい。❷インジゴを亜鉛末で還元して得られる白色の粉末。空気にさらすと酸化して藍色に発色する。藍染めに用いる。はくらん。

しろ-あお【白青】「しらあお(白青)」に同じ。

しろ-あお【白襖】「しらあお(白襖)」に同じ。

しろ-あかげ【白赤毛】「しらあかげ」に同じ。

しろ-あがり【白上(が)り】染色で、紺地や黒地などに模様を白く染め抜くこと。白上げ。

しろ-あげ【白上げ】「白上がり」に同じ。

しろ-あしげ【白葦毛】「しらあしげ」に同じ。

しろ-あじさし【白鰺刺】チドリ目カモメ科の鳥。全長約30センチ。全身白色。熱帯の海岸に分布。

しろ-あずき【白小豆】アズキの一品種。種子は白色でわずかに褐色を帯びる。白あんや洗い粉などにする。

しろ-あと【城跡｜城址】城のあった跡。城址。

しろ-あぶら【白油】白ごまから製する油。しらしぼり。

しろ-あめ【白飴】水飴を何度も引き伸ばし、細かい気泡を入れて白くした固飴。

しろ-あり【白蟻】シロアリ目の昆虫の総称。系統的にはゴキブリに近縁。不完全変態をする。体長3.5〜7.5ミリ、柔軟で乳白色。社会性昆虫の一つで、女王アリ・王アリ・働きアリ・兵アリの階級がある。木材を食い、家屋などに大害を与える。ヤマトシロアリ・イエシロアリなど。等翅類。季 夏

しろ-あわ【白泡｜白沫】「しらあわ」に同じ。

しろ-あん【白餡】白小豆・白いんげんなどを煮てこしたものに甘味料を加えて作った餡。

しろい【白井】千葉県北西部の市。下総台地上に位置し、ナシの栽培が盛ん。北総鉄道が通じ、住宅地化が進む。人口6.0万(2010)。

しろ・い【白い】〔形〕文しろ・し〔ク〕❶雪のような色をしている。白色である。「ベンチを―・く塗る」❷潔白である。無罪である。「―・いか黒いか、出るところへ出て決めよう」❸どの色にも染めてない。また、何も書き込みがない。「―・いままのカンバス」❹明るい。鮮やかである。「まいて、日なと―・くなれば」〈宇津保・祭の使〉❺経験に乏しい。野暮である。「是見よがしに膝枕しながら、目を細めてじゃらじゃら言ひたがるは、いかう前方な―・い人と心得べし」〈浮・禁短気・五〉派生 しろさ〔名〕類語 白白・白っぽい

白い大陸　《白氷に覆われているところから》南極大陸。

白い歯を見・せる　笑顔を見せる。「―・せてあいさつする」

白い目で見る　冷淡な、悪意のこもった目で人を見る。白眼視する。「世間から―見られる」

白い物　❶雪。「―がちらちらしてきた」❷しらが。「頭に―がまじる」❸おしろい。しろきもの。

しろい-かくめいか【白い革命家】保守的立場から強権的に改革を断行しようとする政治指導者のこと。白色革命家。補説 米国の元国務長官キッシンジャーがドイツのビスマルクに関する著書『White Revolutionary: Reflections on Bismarck』(1968年刊)で使用した表現。ビスマルクは、鉄血政策によってドイツ統一を実現させるとともに、巧みな外交手腕で近隣諸国と同盟関係を結び、ビスマルク体制と呼ばれる比較的安定した国際関係を構築した。このように権力の側から改革を成し遂げたビスマルクを、赤旗に象徴される共産主義革命と対比して、白い革命家と表現した。

しろい-し【白井市】▶白井

しろ-いし【白石】白い色の石。特に白い碁石。しらいし。

しろいし【白石】㊀宮城県南部の市。もと伊達藩家老片倉氏の城下町。良質の和紙の産地。人口3.7万(2010)。㊁札幌市東部の区名。平成元年(1989)厚別区を分区。

しろいし-がわ【白石川】宮城県南部を流れる川。蔵王連峰に源を発し、柴田郡柴田町で阿武隈川に合流する。長さ64キロ。下流に渓谷美を誇る碧玉渓がある。

しろいし-く【白石区】▶白石㊁

しろいし-し【白石市】▶白石㊀

しろいし-ぼんち【白石盆地】宮城県南部に広がる盆地。蔵王連峰と阿武隈山系に囲まれ、中心都市は白石市。

しろ-いと【白糸】染めてない白い糸。しらいと。

しろい-とう【白い塔】《Lefkos Pyrgos》ギリシャ北部の港湾都市テッサロニキにある塔。高さ35メートル。テルマイコス湾を望む港に建つ。15世紀にベネチア人が築いた城塞の一部であり、オスマン帝国時代は牢獄として使われた。現在はビザンチン美術の博物館になっている。ホワイトタワー。

しろいと-おどし【白糸威】▶しらいとおどし

しろ-いるか【白海豚】クジラ目イッカク科の哺乳類。北極海やベーリング海など寒帯の海に分布する。体長約5メートルで全身白色、吻は丸い。高く澄んだ鳴き声を出すため、海のカナリアとも呼ばれる。シロクジラ。ベルーガ。

しろいろ-じぎょうせんじゅうしゃ【白色事業専従者】白色申告を行う個人事業主と生計を一にする配偶者や15歳以上の親族で、年間6か月以上その事業にもっぱら従事している人。

しろいろ-しんこく【白色申告】所得税・法人税の申告のうち、青色申告以外のもの。白色の用紙を用いる。はくしょくしんこく。

し-ろう【屍蠟】蠟のように変化した死体。死体が長時間、水中または湿った地中にあったときなどに、体内の脂肪が脂肪酸となり、さらに蠟状になって、死体を原形に保つ。

し-ろう【脂漏】皮脂腺の分泌が過剰な状態。青春期後に鼻や頭部にみられる油性脂漏と、「ふけ」と一般によぶ乾性脂漏とに大別される。皮脂漏。

し-ろう【資粮】「資糧」に同じ。

しろ・う〔動ハ四〕(他の動詞の連用形に付いて)互いに…し合う。しらう。「験あらん僧達、祈り心みられよなど言ひ―・ひて」〈徒然・五四〉

じ-ろう【地牢】地下に設けた牢。地下牢。

じ-ろう【地蠟】天然に産出する蠟状の有機物。常温では半固体。ろうそくなどの原料とする。

じ-ろう【次郎｜二郎】❶2番目に生まれた男の子。次男。また、次男の名に用いる。❷男女を問わず、2番目の子。「―の女子は大和の人の嫁に迎へられて」〈読・雨月・蛇性の婬〉

じ-ろう【耳漏】中耳、また、外耳道の一部が化膿した際に耳から膿が出ること。耳垂れ。

じ-ろう【耳聾】耳が聞こえないこと。

じ-ろう【侍郎】古代中国の官名。秦・漢代には宮門の守衛をつかさどる職。唐代では中書省・門下省の長官。その後は、六部の次官の称。

じ-ろう【痔瘻】肛門の周囲に管状の穴があき、膿などの出る痔疾の一種。蓮痔。穴痔。➡瘻孔

しろ-うお【素魚｜白魚】ハゼ科の海水魚。内湾にすみ、春、川に入って産卵する。全長約5センチ。体色は半透明で死ぬと白くなる。西日本では産卵期に漁獲する。特に福岡市室見川での「踊り食い」は有名。シラウオは別種。いさざ。ぎゃふ。季 春

じろう-がき【次郎柿】カキの一品種。実は扁平でやや角ばり、果肉は粗いが甘い。静岡県の原産。季 秋

しろ-うさぎ【白兎】❶全身白色の飼いウサギ。❷冬に白色になった野生のウサギ。ユキウサギ・ノウサギの北方型など。

じろう-しゅ【治聾酒】立春から5番目の戊の日に、土地の神に供える酒。また、この日に飲む酒。この日に酒を飲むと耳の障害が治るという。季 春「―の酔ふほどもなくさめにけり／鬼城」

しろ-うすよう【白薄様】❶白い薄手の鳥の子紙。しらうすよう。❷殿上人などが五節の舞のときにうたった歌謡の一。「白薄様・こぜんじの紙」の文句で始まる。しらうすよう。

しろ-うと【素人】《「しろひと(白人)」の音変化》❶その事に経験が浅く、未熟な人。その道で必要な技能や知識をもっていない人。また、その事を職業・専門としていない人。「―とは思えぬみごとな芸」「―考え」⇔玄人。❷芸者・娼妓などの商売で客の相手をする女性に対して、一般の女性。堅気の女性。⇔玄人。❸近世、上方で、私娼のこと。「かくとはいかで―の、田舎の客に揚げられて」〈浄・油地獄〉類語 アマチュ

ア・アマ・ノンプロ・とうしろう

しろうと-きょうげん【素人狂言】「素人芝居」に同じ。

しろうと-くさ・い【素人臭い】〔形〕図しろうとくさ・し〔ク〕いかにも素人らしいようすである。未熟である。すれていない。「―・い店」

しろうと-げい【素人芸】本職でない、余技としての芸。また、素人の未熟な芸。

しろうと-げしゅく【素人下宿】普通の家庭で人を下宿させること。また、その家。

しろうと-ざいく【素人細工】素人が趣味としてする細工。また、未熟な細工。

しろうと-しばい【素人芝居】素人が余興として演ずる芝居。素人狂言。

しろうと-すじ【素人筋】取引市場で、相場に経験が浅く、事情にうとい一般投資家のこと。

しろうと-ばなれ【素人離れ】〔名〕スル 素人らしくなく、専門家のようにすぐれてうまいこと。「―した腕前」

しろうと-め【素人目】専門家でない者の見方。門外漢の評価や見解。「―にも偽物だとわかる」

しろうと-や【素人屋】❶客商売をしていない堅気の人の家。❷「素人下宿」に同じ。

しろうと-わかり【素人分(か)り】素人でもよくわかること。「―のいい話」

じろう-の-ついたち【次郎の朔日】《元日から起算して二度目の朔日の意》(東日本で)2月1日の称。一日ひと正月。初朔日はつついたち。(季 春) ➡太郎の朔日

しろ-うま【白馬】❶毛色の白い馬。はくば。あおうま。❷濁り酒。どぶろく。「わるくすると―の一盃いっぺいもひっかけられねえんだが」〈蘆花・黒潮〉

しろうま-だけ【白馬岳】長野・富山県境、飛騨山脈北部の後立山うしろたてやま連峰の高峰。標高2932メートル。杓子しゃくし岳・鑓やりヶ岳とともに白馬三山とよばれる。大雪渓やお花畑がある。白馬山はくばさん。

しろ-うり【白瓜】ウリ科の蔓性つるせいの一年草。マクワウリの変種。実は緑白色の長楕円形で長さ20〜30センチ、熟すと白くなる。畑に栽培され、奈良漬などにする。あさうり。あおうり。つけうり。(季 夏)

しろ-うるし【白漆】白色の色漆。透き漆に二酸化チタニウムなどの顔料をまぜてつくる。

しろ-うんも【白雲母】雲母の一。ガラス光沢または真珠光沢があり、無色または白色透明。六角板状の結晶で、薄くはがれる。単斜晶系。ペグマタイト中のものは大形で、電気絶縁材料に利用。

しろ-えび【白蝦】シバエビの別名。

しろ-えり【白襟】衣服の襟の白いもの。

しろえり-もんつき【白襟紋付】女性の和服の正式の礼装。白襟の襦袢じゅばんの上に、黒紋付きの長衣を重ね着するもの。

しろ-えんどう【白豌豆】エンドウの一品種。花と種子が白色。

シローテ〔Sidotti〕►シドッチ

ジローナ〔Girona〕スペイン北東部、カタルーニャ州の都市。テル川支流オニャル川が市中を流れる。フランス国境に近く、古くから戦略上の要地。16世紀から17世紀にかけて要塞都市化が進み、19世紀初頭にナポレオン軍に包囲攻撃を7か月間受けた。城壁に囲まれた旧市街には、14世紀から16世紀にかけて建造された大聖堂をはじめ、歴史的建造物が数多く残っている。地中海岸の海浜保養地、コスタブラバの玄関口。スペイン語名ヘロナ。

シローネ〔Ignazio Silone〕[1900〜1978]イタリアの小説家。イタリア共産党の創設に参加。反ファシズムの立場を貫いてスイスに亡命し、地方農民の窮状を告発する作品を発表した。作「フォンタマーラ」「パンと葡萄酒」など。

しろ-おび【白帯】❶白色の帯。❷柔道・空手道などで、段位のない者が締める白色の帯。また、その人。

ジロール〔フランス girolle〕アンズタケ科のきのこ。色は黄色っぽく、先が漏斗状に開き、肉厚で香りがよい。和名アンズタケ。

しろ-が・う【代替ふ】〔動ハ下二〕《「しろかう」とも》かねに代える。しろなす。「小袖を町へいだし、―・へて」〈伽・唐糸さうし〉

しろ-かが【白加賀】純白の加賀絹。本羽二重よりは劣るとされた。

しろ-かき【代搔き】田植えのために、田に水を入れて土を砕いてかきならす作業。田搔き。(季 夏)

しろ-がき【白柿】干して白く粉をふいた柿。(季 秋)

しろ-かげ【白鹿毛】「しらかげ」に同じ。

しろ-がさね【白重ね｜白襲】「しらがさね」に同じ。

しろ-がしら【白頭】能で、白毛のかしら。劫こうを経た老体・神体・鬼畜などに用いる。➡赤頭 ➡黒頭

ジロカステル〔Gjirokastër〕►ジロカストラ

ジロカストラ〔Gjirokastra〕アルバニア南部の都市。ドリノ川沿いに位置する。共産主義時代の指導者エンベル=ホッジャ、同国を代表する小説家イスマイル=カダレの生地。市街を見下ろす丘の上にオスマン帝国時代に造られたジロカストラ城がある。また、「クラ」と呼ばれる石造りの家並みで知られ、2005年に世界遺産(文化遺産)に登録。2008年に中南部の都市ベラトも加わり拡大登録された。ジロカステル。ギロカスタル。ギロカストラ。

しろ-がすり【白飛白｜白絣】白地に藍や黒でかすり模様を表した織物。(季 夏)「妻なしに似て四十なる―／秀野」

しろ-がなもの【白金物】甲冑かっちゅうなどにつける、銀製または銀めっき製の金具。

しろ-がね【銀】《白金の意。古くは「しろかね」》❶銀ぎん。「―の杯」❷銀色。しろがねいろ。「冬山は一面―の世界だ」❸銀泥ぎんでい。❹銀糸。❺銀の貨幣。銀貨。「一分小判や―に翼のあるがごとくなり」〈浄・冥途の飛脚〉

しろがね-いろ【銀色】銀のように白く光る色。ぎんいろ。「―の月」(類語)銀色・白銀・いぶし銀

しろがね-し【銀師】銀細工の職人。

しろかね-そう【白銀草】キンポウゲ科の多年草。山地の日陰に生える。高さ12センチほど。根茎は白く、地をはう。葉は複葉。夏、白い花びら状の萼がくをもつ花をつける。つるしろかねそう。

しろがね-づくり【銀作り】銀でつくったり装飾したりしたもの。「―の太刀」

しろ-かべ【白壁】「しらかべ❶」に同じ。

しろ-がまえ【城構え】城を築くこと。また、城の構造。

しろ-かみ【白髪】白い頭髪。しらが。しらかみ。「降る雪の―までに大君に仕へ奉まつれば貴くもあるか」〈万・三九二二〉

しろ-かみこ【白紙子】柿渋を塗ってない白地の紙子。主に律宗の僧または好事家が着る。

しろ-かもめ【白鷗】カモメ科の鳥。全長73センチほどの大形のカモメ。全身白色。北極圏で繁殖。日本では冬鳥として北日本の沿岸でみられる。

しろ-がらす【白烏】白い羽のカラス。ありえないことのたとえ。「海の底にすむ―」〈虎明狂・膏薬煉〉

しろ-かわ【白皮｜白革】❶白い皮革。しらかわ。❷コウゾの皮を水で漂白し、乾燥させたもの。和紙の原料。

しろ-かわらげ【白川原毛】「しらかわらげ」に同じ。

しろ-き【白木】❶樹皮をむいた木材。➡黒木 ❷杉・ヒノキなど材質の白い木材。

しろ-き【白酒】新嘗祭にいなめさいや大嘗祭だいじょうさいなどで、黒酒くろきとともに神前に供える白い酒。醸造にあたり、クサギの焼き灰を加えないものをいう。➡黒酒

しろ-ぎく【白菊】「しらぎく❶」に同じ。

しろ-きくらげ【白木耳】キクラゲ科のきのこ。倒木などに生え、半透明のゼリー状の塊をつくる。中国では古くから不老長寿の薬として珍重。乾燥させたものを銀耳と呼ぶ。

しろ-ぎつね【白狐】❶白い毛をしたキツネ。びゃっこ。❷ホッキョクギツネの別名。

しろ-きぬ【白衣】《「しろぎぬ」とも》❶染めてない白い衣服。びゃくえ。白装束。「女房の―など、この度たびは冬にて、浮文、固文、織物、唐綾など、すべていはむかたなし」〈栄花・初花〉❷墨染めの衣を着ている僧に対して、一般の人。俗人。「家を出でし人も―も相まじはりてつかへ奉るに」〈続紀宣命〉

しろ-ぎぬ【白絹】「しらぎぬ」に同じ。

しろきや【城木屋】浄瑠璃「恋娘昔八丈こいむすめむかしはちじょう」の四段目の通称。また、それを移した新内節の通称。

しろ-きわ【白際】江戸時代の女官や御殿女中などの化粧法。髪の生えぎわに墨で線を描き、その内側に白粉おしろいを塗ってぼかすもの。

し-ろく【尸禄】仕事をしないで、ただ俸禄を受けること。「臣のみだりに受くるを―とす」〈神皇正統記・後醍醐〉

し-ろく【四六】❶4と6。また、4分と6分。「―の割合で分ける」❷4と6を掛けた数。24。❸「四六判」の略。❹「四六文」の略。

し-ろく【四緑】九星の一。五行ごぎょうでは木に属し、東南とする。

しろ・ぐ〔動ガ五(四)〕《古くは「しろく」》小さく動く。わずかに動く。他の語に付いて複合語をつくる。「まじろぐ」「身じろぐ」など。

しろ-ぐくり【白括り】くくった部分が白く仕上がる絞り染め。

しろくじ-ちゅう【四六時中】一日中。また、日夜。いつも。昔の「二六時じ」を今の24時制に直していったもの。「―仕事のことが頭を離れない」(類語)始終

しろ-くじゃく【白孔雀】インドクジャクの白色化した飼養品種。全身が白色。

しろ-くじら【白鯨】❶白色の鯨。❷コククジラからとった鯨ひげ。白い色で美しく、かご目に編んで、汗衫かざみや袋物などにする。❸►しろいるか

しろ-ぐち【白口】ニベ科の海水魚。全長約40センチに達し、銀白色の光沢がある。頭部に大きな耳石じせきをもつ。かまぼこの材料。いしもち。ぐち。くち。(季 夏)

しろ-ぐつわ【白轡】磨き込んで白く光っている轡。「白葦毛しろあしげなる老馬に、かがみ鞍置き、―はげ」〈平家・九〉

しろく-の-がま【四六の蝦蟇】茨城県の筑波山の山麓さんろくにすむという、前足の指が4本、後足の指が6本のガマガエル。これから蝦蟇の油をとるという。

しろく-ばん【四六判】❶紙の原紙寸法の規格の一。788ミリ×1091ミリ。❷書籍の寸法の旧規格の一。❶の原紙を32裁した188ミリ×130ミリ。現規格のB6判よりやや大きい。

しろ-くび【白首】《おしろいを首筋に濃く塗りつけた人の意》下等な売春婦。しらくび。

しろく-ぶん【四六文】漢文の文体の一。4字または6字の句を基本とし、対句を用いて句調を整え、典故を多用した華麗な文章。中国で六朝りくちょうから唐にかけて流行。日本では奈良・平安時代の漢文に多く用いられた。四六駢儷べんれい体。駢儷体。駢体文。駢文。

しろく-べんれいたい【四六駢儷体】►四六文

しろ-くま【白熊】ホッキョクグマの別名。

しろく-みせ【四六店｜四六見世】《揚げ代が夜は400文、昼は600文であったところから》天明・寛政のころ、江戸にあった下等の娼家しょうか。

しろ-くら【白鞍｜銀鞍】鞍の前輪まえわ・後輪しずわの表面を銀で張り包んだもの。しらくら。

しろ-くりげ【白栗毛】「しらくりげ」に同じ。

しろ-くれない【白紅】水引で、長さの半分を白く、他の半分を紅に染めたもの。紅白の水引。

しろ-くろ【白黒】〔名〕スル ❶白色と黒色。こくびゃく。❷映画や写真などで、画面が白と黒の濃淡だけで表されていること。また、その映画や写真。モノクローム。「―テレビ」❸物事の是非。善悪。正しいか正しくないか。また、罪がないか罪があるか。「―をはっきりさせる」❹(「目を白黒させる」の形で)驚いたり苦しんだりする時の目のようすをいう。「餅もちがのどにつかえて目を―させる」

白黒にな・る 入り乱れる。混乱する。「―・って追うつまくっつ」〈狂言記拾遺・双六僧〉

しろくろ-にちがぞう【白黒二値画像】►バイナリー画像

しろ-げ【白毛】馬の毛色の一。毛の色の白いもの。

しろ-こ【白子】「しらこ❷」に同じ。

シロゴイノ〖Sirogojno〗セルビア西部の村。ズラティボル山地の高原地帯に位置する。郷土の伝統的な集落を復元した野外博物館があり、観光地として知られる。

しろ-こうじ【白×麹】ニウジ米で製した、乳白色の麹。

しろ-ごし【白×輿】「白木輿しらきごし」に同じ。

しろ-こしょう【白×胡×椒】ニコシヤウ完熟したコショウの実の外皮を取り去り乾燥させたもの。辛みが少なく、おだやかな芳香がある。ホワイトペッパー。

しろ-こそで【白小袖】白無地の小袖。しろむく。

しろ-ごま【白×胡麻】❶種子の白いゴマ。❷《形が白ごまに似ているところから》白い読点のこと。読点の輪郭を線で書き表した記号。古く、読点「、」よりも大きな区切りを表す記号として用いた。しろごま点。

しろ-ごめ【白米】ついて白くした米。はくまい。

しろ-ざ【白×藜】アカザ科の一年草。アカザに似るが、若葉が灰緑色。しろあかざ。

しろ-さい【白×犀】サイ科の哺乳類。サイでは最大で、体高2メートル、体重3.6トンに達する。体は灰色で、角は2本あり、口先は地上の草を食べるのに適して横に広い。アフリカに分布。

じろざえもん-びな【次×郎左×衛門×雛】ジロザエモン江戸時代中ごろ、京都の人形師、雛屋次郎左衛門が作り出した雛人形。優雅なおもむきの内裏雛。

しろ-ざくら【白桜】❶襲かさねの色目の名。表は白、裏は白あるいは赤または紫。春に用いる。❷ミヤマザクラの別名。❸イヌザクラの別名。

しろ-ざけ【白酒】蒸したもち米にこうじ・みりん・しょうちゅうなどを加えて作った、白くて濃い、特有の香気がある甘い酒。ひな祭りなどに飲む。山川酒やまかわざけ。(季 春)「―や玉の杯―つづつ/鬼城」

しろ-ざけ【白×鮭】サケの別名。

しろ-さつま【白×薩摩】白っぽい土を使い、無色の釉うわぐすりで仕上げた薩摩焼。表面に貫乳かんにゅうが表れる。古くは藩主など上流階級が使用した。白もん。➡黒薩摩

しろ-ざとう【白砂糖】ザタウ精製した白色の砂糖。

しろ-さやまき【白×鞘巻】《「しろざやまき」とも》銀の金具で飾った鞘巻。

しろ-さんご【白×珊×瑚】サンゴ科の腔腸こうちょう動物。樹枝状の群体をつくる。骨軸は白色。深海底に産し、装飾品の材料にする。

しろ-サントメ【白サントメ】純白色のサントメ革。また、それを模した革。

しろ-し【▽著し】〔形ク〕《「しろ(白)し」と同語源》「しる(著)し」に同じ。「又―・く院がたへ参るよしを言ひて」〈保元・上〉

しろ-じ【白地】ヂ❶布や紙などの地じの白いこと。また、その白い地じ。「―の浴衣」❷地質の白いこと。白の無地。「―の花入れ」

しろ-した【白下】《白砂糖の下地の意》サトウキビを煮詰めてできた、砂糖の結晶と糖蜜のまざった半流動物。精製を繰り返して和三盆などに加工。

しろした-がれい【城下×鰈】ガレヒ別府湾に臨む大分県日出ひじ町沖でとれるマコガレイ。

しろ-したば【白下×翅】ヤガ科のガ。翅はねの開張約9センチ。前翅は灰褐色、後ろ翅は白色で中央部と外縁に暗色帯がある。夏に山地に多い。

しろ-しっくい【白漆×喰】顔料を加えない白色のしっくい。壁の上塗りに使う。

しろ-しぼり【白搾り】「しらしぼり❶」に同じ。

しろし-め・す【知ろしめす】〔動サ四〕《「しらしめす」の音変化で、平安時代以降の語》「知る」の尊敬語。❶知っていらっしゃる。おわかりでいらっしゃる。「故按察大納言は、世になくて久しくなり侍りぬれば、え―・さじかし」〈源・若紫〉❷お治めになる。「すべらぎの、天の下―・すこと」〈古今・仮名序〉❸管理なさる。お世話なさる。「さらに―・すべきこととは、いかでか空にさとり侍らむ」〈源・夢浮橋〉

しろ-しょいん【白書院】ーシヨヰン檜ひのきの白木造りを主とし、漆塗りをしていない書院。武家では奥向き、寺家では表向きの座敷。➡黒書院

しろ-しょうぞく【白装束】ーシヤウゾク❶上下ともに白い衣服。また、それを着ること。多く神事や凶事のときに用いる。❷束帯の下着に白色を用いた装束。

しろ-しょうゆ【白×醤油】ーシヤウユ色が淡く透明に近い醤油。小麦を主原料とする。

しろ-じろ【白白】〔副〕❶いかにも白く見えるさま。「―(と)続く雪原」❷夜がしだいに明けていくさま。しらじら。「東の空が―と明るくなる」

じろ-じろ〔副〕無遠慮に目を向けるさま。「そんなに―(と)人の顔を見るな」

しろ-ず【白酢】白梅酢しらうめずのこと。梅の実を、赤ジソの葉を加えないで塩漬けにした汁。➡梅酢

しろすじ-かみきり【白▽条天×牛】しろすじカミキリムシ科の昆虫。体長約5センチ、黒色の地に白い不規則な条紋がある。幼虫は鉄砲虫とよばれ、クリ・クヌギ・カシ・シイなどの材部に食い入る。北海道を除く日本各地に普通にみられる。

シロス-とう【シロス島】ーダウ《Syros》ギリシャ南東部、エーゲ海にある島。キクラデス諸島のほぼ中央に位置する。中心都市は東岸のエルムポリス。ローマカトリック教会が多いことで知られる。

しろ-ずみ【白炭】❶表面が白く灰をかぶっている良質の木炭。火もちがよい。カシ・クリなどの原材を高熱で焼き、外に出して消し粉をかけて製する。かたずみ。しらずみ。(季 冬)➡黒炭❷石灰や胡粉ごふんで白く塗った、茶の湯用の枝炭えだずみ。

しろ-ずみ【白墨】胡粉ごふんを練り固めて作った白色の絵の具。しらずみ。

シロセット-かこう【シロセット加工】薬液による加工で、毛織物につけた折り目やひだに耐久性をもたせること。オーストラリアで開発された。

しろ-ぜめ【城攻め】敵の城を攻めること。

しろ-そこひ【白底×翳】白内障はくないしょうの俗称。

しろ-た【代田】代しろ掻きを終えて、田植えの用意の調った田。(季 夏)「腰たるき百姓歩む―べり/誓子」

しろ-た【白田】❶雪が積もっている冬の田。❷《「畠」の字を「白」と「田」に分けて読んだものとも、「白田はくでん」を訓読みにしたものともいう》はたけ。「うろたへて、―へ潜くる畠垣はたがき」〈浄・氷の朔日〉

しろ-たえ【白▽妙｜白×栲】ーたへ❶カジノキやコウゾの皮の繊維で織った白い布。しらたえ。「―に舎人とねりよそひて」〈万・四七五〉❷(白妙)白。白い色。しらたえ。「梅が枝に鳴きて移ろふうぐひすの羽―に沫雪あわゆきぞ降る」〈万・一八四〇〉(類語)純白・雪白せっぱく・雪色せっしょく・乳色ちちいろ・乳白色にゅうはくしょく・ミルク色・灰白色かいはくしょく・象牙色ぞうげいろ・ホワイト・オフホワイト・アイボリー・真っ白

しろたえ-ぎく【白▽妙菊】しろたへキク科の多年草。茎と葉は白い綿毛で覆われる。5～9月ごろ、黄色い頭状花がいくつもかたまって咲く。地中海沿岸地方の原産。花壇などに植える。ダスティミラー。セネシオ。(季 春)

しろたえ-の【白▽妙の】しろたへー〔枕〕❶衣・布に関する「衣」「袖そで」「袂たもと」「たすき」「紐ひも」「領布ひれ」などにかかる。「―袖ひつまでに泣きし思ほゆ」〈万・二五一八〉「―紐をも解かず一重結ふ帯を三重結ひ」〈万・一八〇〇〉❷白い色の意から、「雲」「雪」「波」「浜のまさご」などにかかる。「―雲か隠せる天つ霧かも」〈万・一〇七九〉❸栲たえの材料となる藤、また白栲で作る木綿ゆうと同音の「ふぢ」「ゆふ(木綿・夕)」にかかる。「―藤江ふぢえの浦に漁いざりする」〈万・三六〇七〉

しろ-タク【白タク】白ナンバーの自動車で不法にタクシー営業をすること。また、その車。

しろ-だすき【白×襷】白色のたすき。

しろ-だち【白太-刀】《「しろたち」とも》柄つかや鞘さやなどの金具を、すべて銀製とした太刀。銀しろがね作りの太刀。「或いは四尺五尺の―に、虎の皮の尻鞘しりざや引き籠め」〈太平記・三四〉

しろた-ばいばい【白田売買】まだ田に雪のあるころに、その年の収穫を予想して米の売買をすること。➡青田売買 ➡黒田売買

しろ-たぶ【白たぶ】シロダモの別名。

しろ-だも【白だも】クスノキ科の常緑高木。暖地の山野に生え、葉は楕円形で裏面が白い。秋の終わりごろ、黄褐色の小花が群がってつき、翌年の秋に楕円形の赤い実がなる。しろたぶ。

しろ-たれ【白垂】能の仮髪の一。左右の鬢びんから肩の下まで垂らす白い毛髪。「遊行柳ゆぎょうやなぎ」「実盛」の後ジテなど、老神や老武者の役に使う。➡黒垂くろたれ

しろ-ちどり【白千鳥】チドリ目チドリ科の鳥。全長17センチくらい。全体に灰褐色で、他のチドリに比べて白っぽく、胸の黒帯は中央で切れている。河川や海岸でみられる。(季 冬)

しろ-ちゃ【白茶】灰汁あくにつけず、蒸して焙ほうじた上等の茶。しらちゃ。

しろ-ちょう【白×蝶】ーテフ鱗翅りんし目シロチョウ科の昆虫の総称。中形で、翅はねは白色や黄色のものが多く、後ろ翅に突起がない。モンシロチョウ・モンキチョウ・ツマキチョウ・ツマベニチョウなど。(季 春)

しろ-ちょうがい【白×蝶貝】ーテフガヒウグイスガイ科の二枚貝。貝殻はアコヤガイに似るが、大形で、殻表は黄褐色、内面は真珠色。真珠養殖の母貝となり、殻はボタンや工芸品の材料。熱帯太平洋に分布。

しろ-ぢょうちん【白▽提▽灯】ーヂャウチン「白張しらはり提灯」に同じ。

しろ-ちりめん【白×縮×緬】染めない白地の縮緬。

しろ-づき【白×搗き】玄米をついて、精白すること。また、白米。「―三升五合ほど」〈浮・五人女・二〉

しろ-つきげ【白月毛】「しらつきげ」に同じ。

シロッコ〖イタリア scirocco｜フランス sirocco〗地中海北岸に吹く高温の南東風。サハラ砂漠から吹いてくることが多い。

しろ-つち【白土】「しらつち」に同じ。

しろ-つつじ【白躑=躅】❶白い花をつけるツツジ。(季 春)❷襲かさねの色目の名。表は白、裏は紫。春に用いる。

シロップ〖オランダ siroop〗砂糖・水あめなどに水を加えて煮とかした、濃厚な糖液。また、それに香料などを加えたもの。ガムシロップ・フルーツシロップ・コーヒーシロップなどがある。

シロップ-ざい【シロップ剤】白糖または甘味料などを含む医薬品を、比較的濃厚な溶液または懸濁液とした内用液剤。溶かして用いる粉状・粒状のドライシロップも含めていう。

しろっ-ぽ・い【白っぽい】〔形〕❶白色を帯びている。白みがかっている。「―・い着物」❷しろうとくさい。しろうとっぽい。「あんな物まねはいかにも―・い」(派生)しろっぽさ〔名〕

しろ-づめ【城詰め】城内に勤務していること。また、その武士。

しろ-つめくさ【白詰草】マメ科の多年草。茎は地をはい、3枚の小葉からなる複葉。夏、葉の付け根から花柄を伸ばし、白い小花を密集してつける。ヨーロッパの原産で、牧草などとして栽培もされるが、野生化している。名は、江戸時代に渡来したギヤマンを入れた箱の詰め物に使われたことによる。クローバー。オランダげんげ。つめくさ。(季 春)

しろ-つるばみ【白×橡】►しらつるばみ

しろ-で【白手】白色の釉うわぐすりをかけた磁器。

ジロ-デ-イタリア〖イタリア Giro d'Italia〗自転車のロードレースの一つ。毎年5月に約3週間にわたってイタリア全土で行われる。1909年から開催。ツールドフランス・ブエルタアエスパーニャとともにグランツールと呼ばれる。

しろ-と【▽素▽人】「しろうと」に同じ。

ジロドゥー〖Jean Giraudoux〗[1882～1944]フランスの劇作家・小説家。神話・伝説などを題材に、幻想的な世界を知的・軽妙に描いた。戯曲「ジークフリート」「トロイ戦争は起こらない」「オンディーヌ」、小説「よりぬきの女たち」など。ジロドウ。

しろと-すい【▽素▽人粋】しろうとのくせに粋人ぶる者。半可通。「ものに馴なれたる客は格別、まだしき―は恐れてこなす事ならず」〈浮・一代女・一〉

しろ-とび【白飛び】画像の表示・表現で、明るい部分の階調が失われ真っ白になっている様子。暗い背景を背にした人の顔や白い衣服、または風景の白い雲などに生じやすい。一般に、デジタルカメラはフィルムカメラに比べ露光の寛容度(ラチチュード)が狭

いため、白とびを回避するには露出補正が必要な場合がある。⇔黒潰れ。
しろ-とり【白鳥】「しらとり」に同じ。
しろ-どり【城取り】城構え。「一、陣取り、一切の軍法をよく鍛錬いたす」〈甲陽軍鑑・一一〉
しろとり-せいご【白鳥省吾】[1890〜1973]詩人。宮城の生まれ。民衆詩派を結成し芸術派と対立した。詩集「大地の愛」、評論集「民主的文芸の先駆」など。
しろ-ナイル【白ナイル】ナイル川上流の二大支流の一の称。ビクトリア湖などの水を集めて北流し、ハルツーム付近で青ナイルと合流。➡青ナイル
しろながす-くじら【白長須鯨】―くぢら ナガスクジラ科の哺乳類。全長30メートルに達するヒゲクジラで、全動物のうちで最大。全身が青灰色。世界の海洋を回遊しているが、南氷洋捕鯨の乱獲によって減少し、国際的に保護されている。
しろ-なす【白茄=子】ナスの一品種。果皮の色が白い。しろなすび。(季 夏)
しろ-な・す【代▽為す】〔動サ四〕売って金に換える。「武具馬具を一・して身請(みうけ)したと」〈浄・浪花鑑〉
しろ-なまこ【白海=鼠】シロナマコ科のナマコ。体長約10センチ。紡錘形をし、紅白色で半透明。北海道・東北の浅海の砂泥底にすむ。
しろ-なまず【白×癜】―なまづ 癜(なまず)の一種。皮疹の色が白いもの。尋常性白斑。しらはだ。しらはたけ。
しろ-なまり【白鉛】❶錫(すず)の古名。〈和名抄〉❷白鑞(しろめ)の別名。
しろ-なめし【白×鞣】染色していないなめし革。しろなめしがわ。「一の爪革(つまかわ)」
しろ-なんてん【白南天】ナンテンの一品種。白い実を結ぶ。観賞用、また薬用ともする。(季 冬)
しろ-ナンバー【白ナンバー】白地に緑色の文字で示されたナンバープレート。また、それをつけることから、自家用自動車のこと。
しろ-にきび【白面=皰】►にきび(補説)
しろ-ぬき【白抜き】印刷や染色で、文字または模様の部分だけ白地で残すこと。「紺地に一の屋号」
しろ-ぬめ【白×絖】白色のぬめ織り。白い絹の無地綾や繻子(しゅす)など。
しろ-ぬり【白塗(り)】❶白く塗ること。また、白く塗ったもの。❷役者が顔を白く塗ること。また、そういう化粧をする役柄。「一の二枚目」
しろ-ね【白根】❶シソ科の多年草。池や沼などの水辺に生え、高さ約1メートル。地下茎は白く、茎は四角柱。夏から秋に、葉のわきに白い唇形の小花が群がって咲く。❷ネギをいう女房詞。
しろね【白根】新潟県中部にあった市。蒲原(かんばら)穀倉地帯の中心をなす米どころ。6月の大凧(おおだこ)合戦は有名。平成17年(2005)3月、新潟市に編入。➡新潟
しろ-ねぎ【白×葱】ネギの葉鞘(ようしょう)が白く長いもの。軟白葱。根深(ねぶか)葱。関東で多く栽培される。➡葉葱
しろね-し【白根市】►白根
しろ-ねずみ【白×鼠】❶毛が白いネズミ。福の神の大黒(だいこく)の使者といわれ、古来吉兆とされた。㋐ドブネズミの飼養白変種。動物実験用。だいこくねずみ。ラッテ。㋑ハツカネズミの飼養白変種。マウス。❷《福の神の使いで、それがいる家は栄えるからとも、鳴き声が「ちゅう(忠)」であるからともという》主家に忠実に勤める使用人。特に、番頭のこと。⇔黒鼠。「泣いて意見をした一の番頭にしろ」〈荷風・すみだ川〉❸染色の名。うすねずみ色。しろねず色。
しろ-ねり【白練り】❶白い練り絹。また、その色。❷能装束で、白い練り絹で仕立てた小袖。❸白い練り羊羹(ようかん)。
しろ-の-きゅうでん【白の宮殿】《Palazzo Bianco》イタリア、ジェノバにある宮殿。16世紀に建造。名称は白い外壁に由来する。現在はファン=ダイクやルーベンスなどのフランドル絵画、17世紀から18世紀にかけてのイタリア絵画を展示する市立美術館になっている。同宮殿があるガリバルディ通りは16世紀から17世紀にかけて整備された「レ-ストラーデ-ヌオーベ」(新しい街路群)の一であり、当時の富裕貴族が建てた多くの宮殿が立ち並ぶ。2006年に「ジェノバのレ-ストラーデ-ヌオーベとパラッツィ-デイ-ロッリ制度」の名称で世界遺産(文化遺産)に登録された。ビアンコ宮殿。➡赤の宮殿
しろ-バイ【白バイ】警察の交通違反取り締まりなどに使用する白塗りのオートバイ。昭和11年(1936)、赤バイが白色に塗りかえられて以来の呼び名。
しろ-はえ【白南=風】「しらはえ」に同じ。
しろ-ばえ【白映え】梅雨時の、小雨が降りながら時々晴れそうになる空模様。(季 夏)
しろ-ばかま【白×袴】❶白地の袴。❷束帯のとき、大口袴の上に着る袴。うえのはかま。
しろ-はた【白旗】「しらはた」に同じ。
しろばな-の-へびいちご【白花の蛇×苺】バラ科の多年草。深山の日当たりのよい所に生え、高さ10〜30センチ。匍匐茎(ほふくけい)を伸ばして増える。初夏、白い花を開く。実は赤く熟し食べられる。もりいちご。
しろ-ば・む【白ばむ】〔動マ五(四)〕❶白みを帯びる。白っぽくなる。しらばむ。「乾いて一・んだ土」❷夜が明けかかる。しらむ。「一・みはじめた空」
しろ-はら【白腹】ヒタキ科ツグミ亜科の鳥。全長23センチくらい。背面が褐色、腹が白色。東アジアに分布。日本では冬鳥で、林でみられる。(季 秋)
しろ-びかり【白光り】〔名〕スル 白く光ること。また、その光。
しろ-びたい【白額】―びたひ 馬の毛色の名。額の上に白色の斑点のあるもの。星月(ほしづき)。
しろ-ひとり【白灯=蛾】ヒトリガ科の昆虫。全体が白色のガで、腹部の両側に赤色紋の列がある。夏に発生し、灯火に飛んでくる。幼虫は黒い長毛に覆われ、モクモク毛虫・くま毛虫とよばれる。
しろ-ひょう【白票】―へう ►はくひょう(白票)
シロフォン〖xylophone〗《「シロホン」とも》木琴(もっきん)。
しろ-ぶくりん【白覆輪】「銀覆輪(ぎんぷくりん)」に同じ。「黄河原毛なる馬に一の鞍置いて乗り給へり」〈平家・九〉
しろ-ふくろう【白×梟】―ふくろふ フクロウ科の鳥。全長約60センチ。全身白色で、暗褐色の斑が入る。北半球のツンドラで繁殖し、主にネズミを捕食する。日本にはまれに冬鳥として渡来。(季 冬)
しろ-ぶさ【白房】相撲で、土俵上のつり屋根の南西の隅に垂らす白い房。秋と白虎を表す。➡赤房 ➡青房 ➡黒房
しろ-ふじ【白藤】―ふぢ「しらふじ❶」に同じ。
しろ-ぶち【白▽斑】白色のぶち。地色の中に白のまだらがあること。
しろ-ぶどうしゅ【白×葡×萄酒】―ブダウシュ 透明な淡黄色の葡萄酒。主に色の淡いブドウの実を用いて果汁を絞り、発酵させてつくる。白ワイン。バンブラン。➡赤葡萄酒 ➡ロゼ
しろ-ぶな【白×橅】ブナの別名。
しろ-ふね【白船】❶外面を塗装してない白木のままの船。❷中国のジャンクのこと。〈日葡〉
しろべえ【四▽郎▽兵▽衛】シロベヱ《総名主三浦屋四郎左衛門が遊郭内の取り締まりのため、会所を大門口に設けて、雇い人の四郎兵衛を常勤させたところから》江戸吉原大門の番所に詰めている見張り役。四人ずつ一日三交替で見張った。大門四郎兵衛。「変生男子(へんじょうなんし)一にとつかまり」〈柳多留・一二〉
しろ-へび【白蛇】アオダイショウの白化したもの。山口県岩国市に生息するものは、神の使いとして特に昔から保護されてきた天然記念物。
しろ-ぼし【白星】❶中を塗りつぶしていない、丸または星形のしるし。❷相撲の星取表で勝ちを表す白い丸。転じて、試合に勝つこと、また成功・手柄についていう。「一をあげる」⇔黒星。
しろ-ぼり【城×壕】城の周囲と内部に設けたほり。じょうごう。
シロホン〖xylophone〗►シロフォン
しろ-まだら【白▽斑】ナミヘビ科の爬虫(はちゅう)類。日本固有の無毒の蛇。全長30〜70センチで、灰褐色に黒褐色の帯状斑紋がある。夜行性。本州以南に分布。
しろ-まなこ【白眼】しろめの多い、にらむような目。「カツ子の一に一滴の血のしたたりを見た気がして」〈嘉村・秋立つまで〉
しろ-まめ【白豆】種子が黄白色のダイズ。
しろ-み【白身】❶肉、特に魚肉の白い部分。また、タイ・ヒラメなど、肉の白い魚。「一の魚」⇔赤身。❷卵の中身の、黄身(きみ)を包む透明な部分。卵白。❸材木の、色の白い部分。しらた。
しろ-み【白×鑞】❶「しろめ(白鑞)」に同じ。❷白銅(はくどう)。「一の御鏡はとぎにくく侍る」〈七十一番職人歌合・中〉
しろ-みがき【白磨き】磨いて白くすること。また、その磨いたもの。「一の轡(くつわ)」
しろ-みず【白水】―みづ 米を研ぐときに出る、白く濁った水。とぎ汁。とぎ水。
しろ-みそ【白味×噌】米こうじを多く使った、白っぽくて甘口の味噌。西京(さいきょう)味噌・府中味噌など。
しろ-みつ【白蜜】蜂蜜(はちみつ)。黒みがかった砂糖蜜に対していう。
しろ-みて【代満て】「早上(さのぼ)り」に同じ。
しろ・む【白む】㊀〔動マ四〕❶白くなる。白色を帯びる。「牛は、額はいと小さく一・みたるが」〈枕・五一〉❷ひるむ。勢いがくじける。「双方一・みて控へたり」〈浄・出世景清〉㊁〔動マ下二〕❶白くする。「衣も一・めず、同じすすけにてあれば」〈枕・八七〉❷米をついて精米にする。「米ヲ一・ムル」〈日葡〉
しろ-むく【白無×垢】《「無垢」は、けがれのない意》❶表裏白1色で仕立てた着物。花嫁衣装や死に装束などに用い、礼服とする。❷染めていない白い反物。主に絹物にいう。
しろむく-てっか【白無×垢鉄火】―テックヮ《「しろむくでっか」とも》表面はおとなしそうに見えるが、内実はたちの悪い者。「有繫(さすが)に君は一で我輩よりは遥に兄分だ」〈魯庵・社会百面相〉
しろ-め【白目｜白▽眼】❶眼球の白い部分。「一をむいて悶絶する」❷冷たい、悪意のこもった目つき。白い目。「一で見る」(類語)三白眼
しろ-め【白×鑞｜白目】錫(すず)と鉛との、ほぼ4対1の合金。錫細工の接着や銅合金などに使う。アンチモンに砒素(ひそ)をまぜたものをいうこともある。しろみ。しろなまり。ピューター。
しろ-めし【白飯】►はくはん(白飯)
しろ-もじ【白文字】クスノキ科の落葉低木。暖地に自生。葉は卵形で三つに裂ける。雌雄異株。春、葉の出ないうちに黄色の小花が咲く。種子および葉から灯油がとれる。
しろ-もち【白餅】❶精白した餅米だけでついた餅。❷あんや醤油などを、つけない餅。❸紋所の名。餅をかたどった白い円で、中に模様のないもの。
しろ-もち【城持ち】一城を構えている武将や大名。
しろもち-だいみょう【城持ち大名】―ダイミャウ 江戸時代、居城を所有していた大名。
しろ-もと【城本】領地にある城。また、城のある所。領国。国もと。「御一は但馬国、京の屋敷は千本通り」〈浄・薩摩歌〉
しろ-もの【代物】❶売買する品物。商品。❷人や物を、価値を認めたり、あるいは卑しめたり皮肉ったりするなど、評価をまじえていう語。「めったにない一」「とんだ一をつかまされた」「あれで懲りないなんて、大した一だ」❸《売り物になる意から》遊女。また、年ごろの美しい娘。「ときに、ここにゃあ一はなしかの」〈滑・膝栗毛・二〉❹売り買いしたときの代金。転じて、金銭。だいもつ。「なに一のことか。面目ないが、懐中にはびた一銭おりない」〈黄・見徳一炊夢〉
(類語)売り物・商品・売品・非売品・品・製品・商い物
しろ-もの【白物】❶「白酒」「塩」「豆腐」の女房詞。❷「白物家電」の略。
しろもの-がえ【代物替え】―がへ ❶江戸時代、長崎での外国貿易の一方法。双方の売物・買物の合計額が同じとなるように品物を交換した物々交換取引。貞享3年(1686)に始まり、宝永5年(1708)廃止。❷品物と品物とを交換すること。物々交換。「板行名号、安産の守りと、一の蒲焼き」〈当世下手談義・三〉
しろもの-かでん【白物家電】《普及し始めた当初は

白い塗装が多かったことから》冷蔵庫・洗濯機・乾燥機・炊飯器などの、家庭用電気機器。白物。➡黒物

しろ-もめん【白木綿】紡績糸を漂白したもの。また、染色していない木綿糸で織った織物。

しろ-やか【白やか】〘形動〙図〘ナリ〙いかにも白いさま。白くて美しいさま。「御足はいと―に可愛らしくて」〈逍遥・諷誡京わらんべ〉

しろ-やま【城山】鹿児島市西部にある丘陵。西南戦争の激戦地。西郷隆盛が自刃した地。

しろやま-さぶろう【城山三郎】[1927〜2007]小説家。愛知の生まれ。本名、杉浦英一。経済学の知識を生かし、企業の内部や組織の裏面の人間模様を鮮やかに描き、企業小説の大ブームを巻き起こした。伝記小説も手がけ、映像化された作品も多い。「総会屋錦城」で直木賞受賞。他に「黄金の日日」「落日燃ゆ」「毎日が日曜日」など。

しろ-やまぶき【白山吹】バラ科の落葉低木。よく分枝し、卵形の葉が対生する。初夏、ヤマブキに似た白い4弁花を開く。庭木にされる。(季 春)

しろ-ゆもじ【白湯文字】《「湯文字」は女性の腰巻きの意。遊女が赤腰巻きをつけたのに対して、一般女性は白腰巻きをつけたところから》近世、素人の女で売春をする者。私娼。

しろ-よめな【白嫁菜】ヤマシロギクの別名。

しろ-よもぎ【白×艾｜白×蓬】キク科の多年草。寒い地方に分布し、高さ約50センチ。全体に白い綿毛で覆われ、葉は羽状に裂ける。秋、白い小花が穂状に咲く。からよもぎ。

しろ-らか【白らか】〘形動ナリ〙「しららか」に同じ。「歯ぐろめさらに、うるさし、きたなし、とてつけ給はず、いと―に笑みつつ」〈堤・虫めづる姫君〉

ジロラッタ-わん【ジロラッタ湾】《Golfe de Girolata》地中海西部のフランス領の島、コルシカ島の西部、ポルト湾の北側にある小さな湾。ポルト岬とスカンドラ半島に挟まれ、景勝地として知られる。1983年、「ピアナのカランケ、ジロラッタ湾、スカンドラ自然保護区を含むポルト湾」の名称で世界遺産(自然遺産)に登録された。

じろり〘副〙目玉を動かして、鋭い目つきで見るさま。じろっ。「―と一瞥する」

しろ-れんが【白×煉瓦】白色の煉瓦。耐火用は珪質の耐火粘土で製し、耐水用は白色の釉を施してつくる。

しろ-ロム【白ロム】回線が未契約で、電話番号が記録されていない携帯電話やPHSの端末の通称。契約者情報を記録したSIMカードを採用しない第二世代携帯電話の大部分では、回線契約時に端末本体のROMに電話番号を記録する。これを黒ロムと呼び、機種変更や解約時に電話番号を消去されたものを白ロムと呼んだことに由来。(補説)SIMカードを採用する端末では、電話番号は端末本体ではなくSIMカードに記録するため、これを抜いた状態にあるものは本来白ロムにはあたらないが、一般的に白ロムと同様に扱われる場合が多い。中古品の機種変更用の端末として利用される一方、入手経路が不確かな盗難品などが売買されるといった問題も生じている。

しろ-ワイン【白ワイン】►白葡萄酒

しろ-わけ【代分け】漁獲物を参加者全員に分配すること。分配の単位を「しろ」といい、船の所有者に対する船代、網の所有者に対する網代、労働量に対する乗り代などについて、それぞれに分配率が定められていた。

しろ-わり【城割り】城郭をとりこわすこと。特に、元和元年(1615)江戸幕府が諸大名に命じて、その居城以外の城郭を破壊させたこと。

し-ろん【史論】歴史についての論説・評論。

し-ろん【至論】至ってもっともな、理にかなった論。

し-ろん【私論】非公式に個人として述べる論。個人的な意見・見解。「―として党風を語る」

し-ろん【詩論】❶詩についての評論。❷「詩学」に同じ。

し-ろん【試論】❶試みに述べた論。❷随筆風の小論。エッセー。

じ-ろん【持論】かねてから主張している自分の意見・説。持説。「―を曲げない」
(類語)意見・見解・主張・説・論・所説・所論・持説・私見・私意・私考・所思・所見・考え・見方・オピニオン(尊敬)貴意・高見(謙譲)愚見・卑見・私見・管見

じ-ろん【時論】❶時事についての議論。❷その時代の世論。当代一般の世論。「―に屈する」

シロンスク〘Śląsk〙ポーランド南西部を主とし、ドイツ・チェコの一部にまたがる地域。石炭・鉄鉱・亜鉛などの産地で、工業が発達。ドイツ語名、シュレジエン。英語名、シレジア。

ジロンド-は【ジロンド派】《フランス Girondins》フランス革命期の立法議会・国民公会における党派。指導者のうち三人がジロンド県出身の議員であったからいう。商工業ブルジョアジーを代表する穏健な共和主義派で、ジャコバン派と対立。一時は多数を占めたが、1793年、国民公会から追放された。ジロンド党。➡ジャコバン派

し-わ【史話】歴史上の出来事を話にしたもの。史実を語る話。

し-わ【私和】事を表ざたにせず当事者どうしの話し合いで解決すること。示談。内済。

し-わ【私話】ひそひそ話。内証話。私語。

し-わ【詩話】詩・詩人についての話や評論。

しわ【×皺｜×皴】❶皮膚や紙・布などの表面にできる細い筋目。「目じりに―が寄る」「ズボンが―になる」❷水面にできるさざなみ。「波の―」(類語)小皺・烏の足跡

皺伸の・ぶ　気が晴れ晴れして、若返る。「見たてまつるに―・ぶる心地して」〈源・総角〉

じわ　劇場で、最高の見せ場や絶妙の演技の直後などに、客席から起こるざわめき。特に歌舞伎でいう。じわじわ。「―が来る」

しわ・い【×吝い】〘形〙図しわ・し〘ク〙金銭などを出し惜しみするさま。けちだ。しみったれている。「猾くて―・いから財は大分出来たろう」〈魯庵・社会百面相〉
(補説)歴史的仮名遣い未詳。(派生)しわさ〘名〙
(類語)けちくさい・けちけち・世知辛い・けち・吝嗇・しみったれ・渋い・しょっぱい・細かい・みみっちい(けちな人)けちん坊・しわん坊・握り屋・締まり屋・吝嗇漢・守銭奴・倹約家・始末屋

じ-わい【磁×歪】強磁性体が磁化すると、その大きさの100万分の1程度に変形をきたす現象。磁気ひずみ。

しわいなり-じんじゃ【志和稲荷神社】岩手県紫波郡紫波町にある神社。祭神は宇迦之御魂神。天喜5年(1057)源義家の創建と伝える。

しわ-がみ【×皺紙】細かくしわを寄せた紙。縮緬紙。クレープペーパー。

しわがれ-ごえ【×嗄れ声】しわがれた声。かすれたような声。しゃがれごえ。

しわ-が・れる【×嗄れる】〘動ラ下一〙図しはが・る〘ラ下二〙声がうるおいをなくし、かすれる。しゃがれる。「応援団員の―・れた声」

し-わく【思惑】仏語。修道で断ち切られる貪・瞋・痴・慢などの煩悩。修惑。

しわく-しょとう【塩飽諸島】瀬戸内海、備讃瀬戸にある島群。大半は香川県に属する。主な島は塩飽七島とよばれる広島・本島・手島・牛島・櫃石島・与島・高見島。しあくしょとう。

しわ-くちゃ【×皺苦茶】〘名・形動〙ひどくしわが寄っていること。一面しわだらけになっていること。また、そのさま。しわくた。「―なハンカチ」「顔を―にして泣く」(補説)「苦茶」は当て字。

しわ-くび【×皺首】しわの多く寄った、老人の首。へりくだった表現にも用いる。「―一つ、惜しくはない」

し-わけ【仕分(け)｜仕訳】〘名〙スル ❶物事を区別して行うこと。行い分けること。「仕事の―」「役柄の―」❷品物などを種類・用途・宛先などに応じて分類すること。区分。「郵便物を地方別に―する」❸(仕訳)簿記で、取引の勘定科目と金額を決定し、借方要素と貸方要素とに分析すること。
(類語)分類・類別・組み分け・分別・色分け・分ける

しわけ-ちょう【仕訳帳】簿記で、すべての取引をその発生順に仕訳・記入し、元帳の各勘定口座へ転記するための帳簿。

しわけ-にっきちょう【仕訳日記帳】簿記で、仕訳帳と日記帳とを兼ねた帳簿。

し-わ・ける【仕分ける】〘動カ下一〙図しわ・く〘カ下二〙❶物事を、やり方や気持ちの上で区別して行う。「公事と私事とを―・ける」❷品物などを種類・性質・用途などに応じて分ける。区分する。「都内と地方とに―・ける」❸商家で、のれん分けをする。「下々を取り合はせ、その家をあまたに―・くるこそ親方の道なれ」〈浮・永代蔵・四〉

し-わざ【仕業｜▽為業】❶したこと。行為。所業。所為。現代語では、多く人にとがめられるような行為についていう。「あいつの―に違いない」❷ならわし。いつものこと。「巣に棲み穴に住む、―惟常となれり」〈神武紀〉(類語)所業・所為

しわ-しわ【×皺×皺】〘名・形動〙しわが多いこと。また、そのさま。しわだらけ。「―な(の)手」「―な(の)札」

しわ-しわ【×撓×撓】〘副〙物がしなったり、へこんだりするさまや、その音を表す語。「ふやけて、踏む度に―と鳴る畳が」〈里見弴・今年竹〉

じわ-じわ㊀〘副〙❶物事がゆっくりと確実に進行するさま。「借金が―(と)増える」❷液体が少しずつしみ込むさま。また、にじみ出るさま。「汗が―(と)にじみ出る」「汚染が―(と)広がる」㊁〘名〙「じわ」に同じ。

しわす【師走】陰暦12月の異称。極月。臘月。太陽暦にもいう。(季 冬)「大空のあくなく晴れし―かな/万太郎」

シワス〘Sivas〙►シバス

しわす-あぶら【師走油】師走に油をこぼすと火にたたられるとして、こぼした人に水をかける風習。

しわす-ぎつね【師走×狐】師走ごろのキツネ。鳴き声が特にさえて聞こえるという。「―の如く、こんこんといふほど張ってござる」〈狂言記・末広がり〉

しわす-ぼうず【師走坊主】《歳末には忙しい世間から相手にされず、布施も少ないところから》やつれたみすぼらしい坊主。また、みすぼらしい身なりをした人のたとえ。「殊に―とて、(世間ノ人ガ)この月はいそがしさに取りまぎれ、親の命日も忘れ」〈浮・胸算用・一〉

しわす-ろうにん【師走浪人】《歳末には忙しい世間から相手にされないところから》落ちぶれてみすぼらしい浪人。また、みすぼらしい身なりをした人のたとえ。「引けば破れる、掴めば跡に師走坊主―」〈浄・阿波鳴渡〉

し-わた・す【▽為渡す】〘動サ四〙端から端までずっと作り備える。作り渡す。「卯花の垣根ことさらに―・して」〈源・少女〉

しわ-だ・つ【×皺立つ】㊀〘動タ五(四)〙しわが寄る。しわばむ。「―・った手」㊁〘動タ下二〙「しわだてる」の文語形。

しわ-だ・てる【×皺立てる】〘動タ下一〙図しわだ・つ〘タ下二〙しわを寄せる。「額に―・て顔をしかめて」〈康成・雪国〉

シワタネホ〘Zihuatanejo〙メキシコ南部、アカプルコの約240キロメートル西方、太平洋に面する観光地。近隣の新興リゾート地として知られるイスタパに対し、素朴な漁村の風景が残されている。

しわ-たろう【×吝太郎】物惜しみする人をののしっていう語。けちんぼう。しわんぼう。

じわっ-と〘副〙❶物事がゆっくりと表れてくるさま。「感情が―こみあげる」❷液体がしみ込むさま。また、にじみ出るさま。「手のひらが―汗ばむ」「水が―土の中に吸いこまれていく」

しわ-のばし【×皺伸ばし】❶しわを伸ばすこと。❷気晴らし。特に、老人の気晴らし。「―に温泉に行く」

しわ-ば・む【×皺ばむ】〘動マ五(四)〙しわがよる。しわだつ。しわむ。「年取って―・んだ肌」

しわ-ばら【×皺腹】❶しわの寄った、老人の腹。へりくだった表現にも用いる。「―かき切ってわびる」❷《皺腹を切る、の意から》老人が切腹すること。「これにて―仕る」〈浄・吉野忠信〉

しわひこ-じんじゃ【志波彦神社】宮城県塩

竈がま市にある神社。祭神は志波彦神。もと宮城郡岩切村にあったが、明治7年(1874)塩竈神社の境内へ移した。➡塩竈神社

しわ・びる【×皺びる】〔動バ上一〕文しわ・ぶ〔バ上二〕しわがよる。また、老いる。「我が髪の毛の薄うなり我が肌の―・び」〈露伴・いさなとり〉

し-わ・ぶ【▽為×侘ぶ】〔動バ上二〕どうしてよいか始末に苦しむ。途方に暮れる。しあぐむ。「男、―・びて、…ここは法師になりなんと思ひて」〈宇治拾遺・六〉

しわぶか・う【×咳かふ】しはぶかふ〔連語〕《動詞「しわぶく」の未然形＋反復継続の助動詞「ふ」。上代語》しきりにせきをする。「糟湯酒かすゆざけうちすすろひて―・ひ鼻びしびしに」〈万・八九二〉

しわ-ぶき【×咳き】しはぶき〔名〕スル ❶せきをすること。また、せき。「病室から軽い―が漏れる」❷わざとせきをすること。せきばらい。「メエルハイムは―して語りいでぬ」〈鷗外・文づかひ〉類語咳・空咳・咳払い

しわぶき-やみ【×咳き病み】しはぶき― せきの出る病気。「この暁より、―にやはべらむ、頭いと痛くて」〈源・夕顔〉

しわ-ぶ・く【×咳く】しはぶく〔動カ五(四)〕❶せきをする。「火燵こたつの間に宮の―・く声して」〈紅葉・金色夜叉〉❷わざとせきをする。せきばらいをする。「大夫たいふ妻戸をならして―・けば」〈源・若紫〉

しわ-ぶ・るしはぶる〔動ラ四〕口にくわえてなめる。しゃぶる。「魚の骨―・るまでの老おいを見て／芭蕉」〈猿蓑〉

しわ-ぶ・る【×咳る】しはぶる〔動ラ下二〕せきをする。しわぶく。「雲隠り翔かけり去いにきと帰り来て―・れ告ぐれ」〈万・四〇一一〉

しわ-ほう【指話法】―ハフ 聴覚障害者の対話法の一。一定の指文字を使用して行う方法。

しわ-ほう【視話法】―ハフ 発音の際の口の開き方を図で示し、発音を習得させる方法。言語障害者に応用する。スコットランドのベル父子の考案で、明治中期に伊沢修二・遠藤隆吉によって紹介された。

しわ・む【×皺む】㊀〔動マ五(四)〕しわが寄る。しわができる。「顔ガー・ム」〈和英語林集成〉㊁〔動マ下二〕「しわめる」の文語形。

しわ-むし【×吝虫】けちな人を軽蔑していう語。しわんぼう。けちんぼう。「いかなーもこの君に殺されたらば巾着きんちゃくを忘れん」〈讃嘲記時之大鼓〉

しわ・める【×皺める】〔動マ下一〕文しわ・む〔マ下二〕しわを寄せる。「顔を―・めながら鳥羽軍曹に注いでやる」〈風葉・下士官〉

しわ-よせ【×皺寄せ】〔名〕スル ❶あることの結果生じた無理や矛盾を、他の部分に押しつけること。また、その押しつけられた無理や矛盾。「低所得者層に―する」❷縮み織りで、しわを寄せて織ること。
類語影響・刺激・煽あおり・作用・響く・差し響く・跳ね返る・祟たたる・災いする・反響・反映・反応・反動・反作用・波紋・余波・累・とばっちり・巻き添え・そばづえ

じ-わり【地割(り)】ヂ―〔名〕スル 土地をある基準に基づいて区画し、割り振りをすること。ちわり。「露店の出店者を集めて―する」

じわり〔副〕物事が少しずつ確実に進行するさま。じんわり。「恐怖が―(と)広がる」

じわり-じわり〔副〕物事が少ししずつ確実に進行するさま。また、しだいに圧迫していくさま。じわじわ。「病気が―(と)身体を冒していく」「―(と)相手を追い詰める」

じわり-せいど【地割(り)制度】ヂワリ― ある一定の土地を共有とし、一定期間を限ってその土地の住民に割り当てて使用させ、期間が過ぎると割り当てなおした制度。割り替え。割り地。

しわ・る【×撓る】〔動ラ五(四)〕力が加わってしなう。たわむ。「雪の重みで竹が―・る」

じ-われ【地割れ】ヂ―〔名〕スル 日照りや地震などで、地面にひび割れができること。また、その割れ目。「旱魃かんばつで田が―する」

しわん-ぼう【×吝ん坊】―バウ けちな人。けちんぼう。しみったれ。「―だから、寄付金は出すまい」類語けち・吝嗇りんしょく・しみったれ・しわい・渋い・しょっぱい・細かい・みみっちい（けちな人）けちん坊・握り屋・締まり屋・吝嗇漢・守銭奴しゅせんど・倹約家・始末屋

吝ん坊の柿かきの種たね 柿の種のような、何の役にも立たないものまで物惜しみをするひどいけちんぼう。吝嗇家をののしっていう言葉。

しん【心】❶精神。こころ。また、こころの奥底。「一、技、体のそろった力士」「―の強い人」➡心しんから ❷(多く「芯」と書く)もののなか。中央。中心。㋐内部の奥深いところ。「からだの―まで冷える」㋑中央にあって、重要な役割をになう部分。「鉛筆の―」「蝋燭ろうそくの―」「一家の―となって働く」㋒火が通っていない飯粒や麺の、中央の硬い部分。「―のある御飯」㋓物の形状を保つために、その内部に入れるもの。「襟に―を入れる」❸《❶が宿るとされたところから》心の臓。心臓。「―不全」❹二十八宿の一。東方の第五宿。蠍座さそりざのアンタレスほか二星をさす。なかごぼし。心宿。❺►真しん❼ ❻仲間。友だち。「おいらも―に入れねえな」〈滑・浮世風呂・前〉➡漢「しん(心)」
類語中心・目玉・核・核心・基軸・心臓・髄

心が疲・れる からだの奥深くに疲れがくる。特に、神経の疲れるようすをいう。「―・れる仕事」

しん【申】十二支の第九。さる。➡漢「しん(申)」

しん【臣】㊀〔名〕君主に仕える人。家来。臣下。「不忠の―」㊁〔代〕一人称の人代名詞。家来が主君に対して自分自身をへりくだっていう語。「―の一存でいたしました」➡漢「しん(臣)」類語家来・臣下・家臣

しん【辛】❶十干の第八。かのと。❷からみ。からい味。➡漢「しん(辛)」

しん【×辰】❶十二支の第五。たつ。❷とき。㋐時刻。㋑日。日がら。㋒朝。早朝。❸天体。日と月と星。❹二十八宿の一。蠍座さそりざ。➡漢「しん(辰)」

しん【▽参】二十八宿の一。西方の第七宿。現在のオリオン座の中央部に三つ連なって並ぶ星をさす。からすきぼし。みつらぼし。三つ星。参宿。➡漢「さん(参)」

しん【芯】►しん(心)❷

しん【信】㊀〔名〕❶うそのないこと。まこと。誠実。「―を示す」❷疑わないこと。信用。信頼。「―を置く」❸帰依すること。信仰。信心。「―を起こす」㊁〔接尾〕助数詞。特定の発信人から届く通信の着順を表すのに用いる。「第二―」➡漢「しん(信)」類語信用・信頼・信任・信望・人望・名な・定評・評判・暖簾のれん・覚え・名望・声望・徳望・人気・魅力・受け・名誉・名聞めいぶん・面目・体面・面子メンツ・一分いちぶん・沽券こけん・声価

信あれば徳あり 信心すれば神仏の福徳や利益りやくがある。

信無なくば立たず ►民たみ信無くば立たず

信は荘厳しょうごんより起こる 《立派な堂を見て信仰心が起こる意》内容は形式によって導き出されるというたとえ。

信を致・す 深く信心する。「深く―・しぬれば、かかる徳もありけるにこそ」〈徒然・六八〉

信を問・う 信任するかどうかをたずねる。「選挙で国民に―・う」

信をな・す 信じる。信頼する。また、信仰心をおこす。「たしかに承りて…頼み思ひて、二なく―・し、頼み申さん」〈宇治拾遺・一二〉

しん【神】《「じん」とも》❶万物を支配する不思議な力をもち、宗教的な畏怖・尊敬・礼拝の対象となる存在。かみ。「守護―」「狐と申すは皆―にて」〈狂言記・今悔〉❷人知ではかり知れない不思議なはたらき。❸精神。こころ。「―は傷み、魂は驚くと雖も」〈紅葉・金色夜叉〉❹神道しんとう。「―・儒・仏」➡漢「しん(神)」

神に入い・る 技術などが非常にすぐれていて、人間の仕業とは思えない境地に達する。「技が―・る」

しん【晋】中国の国名。㊀春秋時代の列国の一。春秋時代初期、都を絳こうに置き、山西の大半と河南の北部を領有。文公の時、中原の覇者となったが、領土を魏・趙・韓の三氏に分割されて衰え、前376年に滅亡した。㊁三国の魏の権臣司馬炎が、265年に禅譲を受けて建てた王朝。都は洛陽。280年に呉を平定して天下を統一。八王の乱を機に五胡が起こり、316年に匈奴の劉曜によって滅ぼされた(西晋)。翌317年、王族の司馬睿しばえいが江南に拠り、建康(南京)に都して再興したが、王威ふるわず混乱。419年、将軍劉裕りゅうゆうによって滅ぼされた(東晋)。㊂五代の一。後晋こうしんのこと。➡漢「しん(晋)」

しん【×疹】皮膚に生じるあわ粒ほどの赤い斑点、または吹き出物。発疹。➡漢「しん(疹)」

しん【真】❶うそや偽りでないこと。にせものでないこと。本当。真実。ほんもの。「―の芸術」「―の勇気」❷まじりけがないこと。本来の意味どおりであること。「―の紅」「―の正方形」❸道理として正しいこと。真理。「―を究める」❹まじめなこと。真剣なこと。また、そのさま。「―になって相談にのる」❺論理学で、ある命題が事実と一致すること。また、そのさま。⇔偽ぎ。「逆もまた―なり」❻「楷書」に同じ。「―、行、草」❼(「心」とも書く)㋐華道で、構成の中心となる枝。役枝やくえだ。㋑「真打しんうち」の略。➡漢「しん(真)」類語正・本当

真に迫・る 表現されたものが実際のようすとそっくりに見える。「―・る映像」

しん【秦】中国の国名。㊀春秋戦国時代の国の一。戦国七雄の一。初め秦(甘粛)の地にいたが、前771年、周の諸侯に列せられて以後、渭水いすいに沿って東進。勢力を拡大して、前249年に周を滅ぼし、前221年政(始皇帝)の時には六国を滅ぼし天下を統一。都は咸陽。前207年、3代15年で漢の劉邦りゅうほう(高祖)に滅ぼされた。㊁五胡十六国時代の3王朝、前秦・後秦・西秦。➡漢「しん(秦)」

しん【清】中国最後の王朝。1616年、女真族のヌルハチ(太祖)が明を滅ぼし、国号を後金として建国。1636年、2代太宗が国号を清と改称。都を瀋陽から北京に移した。康熙こうき・乾隆けんりゅう両帝のとき全盛。19世紀に入って欧米列強の侵略や、太平天国などの農民反乱により衰退。1912年、辛亥革命によって滅亡した。➡漢「せい(清)」

しん【紳】昔、中国で、高位高官の人が礼装に用いた幅の広い帯。おおおび。➡漢「しん(紳)」

紳に書す 忘れないように紳の末端に書いておく。転じて、よく覚えておき、常に手本とする。

しん【×軫】二十八宿の一。南方の第七宿。烏からす座の主部にあたる。みつかけぼし。軫宿。➡漢「しん(軫)」

しん【寝】ねること。また、ねどこ。「―に就く」➡漢「しん(寝)」

しん【新】㊀〔名〕❶新しいもの。新しいこと。「―と旧との交替」⇔旧。❷「新暦」の略。「―の正月」⇔旧。❸「新株」の略。❹「新銀」の略。「―でたった二百目ばかり」〈浄・油地獄〉❺「新造」の略。「これ―や、どこへいってゐる」〈洒・遊子方言〉㊁〔接頭〕名詞に付いて、新しいという意を表す。「―芽」「―じゃが」「―一年生」➡漢「しん(新)」類語新規・ニュー

しん【新】中国の国名。西暦8年、王莽おうもうが前漢を滅ぼして建国。都は長安。「周礼しゅらい」にもとづく復古政策をとったが失敗。23年、後漢の劉秀(光武帝)に滅ぼされた。

しん【×瞋┊×嗔】仏語。三毒の一。瞋恚しんい。

しん【×箴】❶いましめ。いましめの言葉。箴言しんげん。❷漢文文体の一。箴言を記した韻文。隔句に韻を押した四言のものが多い。➡漢「しん(箴)」

しん【震】易の八卦はっけの一。算木で☳の形に表す。雷にかたどり、陽気がようやく動き出そうとする象かたちを示す。季節では春、方位では東に配する。➡漢「しん(震)」

しん【親】❶したしいこと。したしみをもつこと。⇔疎そ。❷みうち。みより。親族。「大義―を滅めっす」➡漢「しん(親)」

親は泣き寄り他人は食い寄り 不幸に際して、身内の者は心から悲しんで集まってくれるが、他人は食物にありつくために寄り集まる。

しん【×讖】未来の吉凶禍福を推測して説くこと。予言。また、その記録。➡漢「しん(讖)」

シン〔sin〕道義的な罪。罪悪。類語罪・罪悪・罪業

じん【人】❶物事を「天・地・人」の三段階に分けたときの第三位。評価する場合や、3冊の本の3番目に用いる。❷国籍・地域・職業・分野などを示す語と複合して用い、それに該当する人間、それをもつ人間で

【▽参】▶さん
【▽清┊請】▶せい

心　学2　音**シン**呉漢　訓**こころ** ‖ ㊀〈シン〉①五臓の一。心臓。「心悸・心筋・心室/腹心・狭心症」②こころ。精神。「心境・心魂・心情・心身・心配・心理/安心・一心・改心・感心・疑心・苦心・細心・執心・小心・傷心・専心・童心・内心・熱心・変心・放心・発心(ほっしん)・本心・民心・無心・野心・用心(ようじん)・良心」③まん中。物事のかなめ。「心棒/核心・湖心・重心・中心・天心・都心・灯心」㊁〈こころ(ごころ)〉「心得/気心・下心・真心」[名付]うち・きよ・ご・ごり・さね・なか・み・むね・もと [難読]心地(ここち)・心算(つもり)・灯心(とうしみ)・心太(ところてん)・稈心(みご)

申　学3　音**シン**呉漢　訓**もうす**、さる ‖ ①意見などをもうし述べる。「申告・申請/具申・上申・答申・内申」②十二支の九番目。さる。「庚申(こうしん)・壬申(じんしん)」[名付]しげる・のぶ・み・もち [難読]申楽(さるがく)

伸　音**シン**呉漢　訓**のびる、のばす、のべる** ‖ ①まっすぐのびる。長くのばす。「伸縮・伸張・伸展/引伸・急伸・屈伸」②申し述べる。「追伸・二伸」[名付]ただ・のぶ・のぶる [難読]欠伸(あくび)

臣　学4　音**シン**漢　**ジン**呉　訓おみ ‖ ㊀〈シン〉主君に仕える人。家来。「臣下・臣民/家臣・奸臣(かんしん)・君臣・功臣・重臣・人臣・忠臣・寵臣(ちょうしん)・乱臣・老臣」㊁〈ジン〉㊀に同じ。「大臣(だいじん)」[名付]お・おか・おん・きむ・しげ・たか・とみ・み・みつ・みる [難読]朝臣(あそん)・大臣(おとど・おみ)

身　学3　音**シン**呉漢　訓**み**、みずから ‖ ㊀〈シン〉①人のからだ。「身体・身長/護身・焼身・心身・全身・長身・病身・満身・裸身」②自分。わがみ。「献身・自身・修身」③社会的な地位や立場。みぶん。「身上(しんじょう・しんしょう)・身代/出身・前身・独身・保身・立身」④なかみ。物の本体。「銃身・刀身」㊁〈み〉「身軽・身銭・身近・身分/親身(しんみ)・総身(そうみ)・中身」[名付]これ・ただ・ちか・のぶ・みる・む・もと・よし [難読]文身(いれずみ)・随身(ずいじん)・正身(そうじみ)

辛　音**シン**呉漢　訓**からい**、つらい、かのと ‖ ㊀〈シン〉①味がからい。「香辛料」②身をつきさすくらいに厳しい。つらく苦しい。「辛苦・辛酸・辛抱・辛辣(しんらつ)/苦辛」③かろうじて。やっと。「辛勝」④十干の第八。かのと。「辛亥(しんがい)・辛酉(しんゆう)」㊁〈から〉「辛口/甘辛・塩辛」[難読]辛夷(こぶし)・唐辛子(とうがらし)

人**辰**　音シン漢　訓たつ ‖ ①十二支の五番目。たつ。「戊辰(ぼしん)」②日時。日がら。「佳辰・吉辰・生辰・誕辰・良辰」③日・月・星の総称。「辰宿/三辰・星辰・北辰」[名付]とき・のぶ・のぶる・よし

×**呻**　音シン呉漢 ‖ うめく。うなる。「呻吟」

芯　音**シン**漢 ‖ 物の中心。中心部のかたいところ。「芯地/糸芯・帯芯・灯芯」

信　学4　音**シン**呉漢　訓まこと ‖ ①言行にうそ偽りがないこと。まこと。「信義/忠信・背信」②まことと思う。疑わない。「信条・信託・信任・信念・信用・信頼/過信・確信・誤信・自信・所信・盲信」③神仏を信じて帰依する。「信教・信仰・信者・信心・信徒/狂信・篤信」④遠くまで届く合図や便り。「信号・信書/音信(いんしん・おんしん)・交信・私信・書信・通信・電信・発信・返信・来信」⑤約束のしるし。あかし。わりふ。「印信(いんじん)」⑥信濃(しなの)国。「信州/上信越」[名付]あき・あきら・こと・さだ・さね・しげ・しの・ただ・ちか・とき・とし・のぶ・のぶる・まさ・みち [難読]信天翁(あほうどり)・信濃(しなの)

侵　音**シン**呉漢　訓**おかす** ‖ 他人の領分に無断で入り込む。おかす。「侵害・侵攻・侵入・侵犯・侵略/不可侵」

津　音**シン**呉漢　訓**つ** ‖ ㊀〈シン〉①舟着き場。渡し場。「津渡/河津・入津・要津」②体から出る液体。つば・汗など。「津液」③次々とわき出てうるおす。「興味津津」㊁〈つ〉「津波・津津浦浦」[名付]ず

神〔神〕　学3　音**シン**漢　**ジン**呉　訓**かみ、かん、こう** ‖ ㊀〈シン〉①かみ。「神格・神殿・神仏・神明・神霊/軍神・敬神・女神・祖神」②人知ではかり知れない不思議な力。技や才能などが非常にすぐれている。「神技・神速・神童・神秘/入神」③霊妙な心の働き。心。「神経・神色/休神・失神・心神・精神・放神」④神道(しんとう)。「神式」⑤神戸。「阪神」㊁〈ジン〉①かみ。「神祇(じんぎ)・神器(じんぎ)・神社・神代/荒神・祭神・水神・風神・明神(みょうじん)・竜神」②不思議な力。「神通力(じんずうりき)」㊂〈かみ(がみ)〉「神風・神業/氏神・女神(めがみ)・疫病神」[名付]か・きよ・しの・たる・みわ [難読]神楽(かぐら)・随神(かんながら)・惟神(かんながら)・神無月(かんなづき)・神籬(ひもろぎ)・神酒(みき)・神子(みこ)・神輿(みこし)・海神(わたつみ)

唇　音**シン**呉漢　訓**くちびる** ‖ くちびる。「唇音・唇歯/口唇・紅唇・朱唇」[補説]「脣」は本字。

娠　音**シン**呉漢 ‖ 子をはらむ。みごもる。「妊娠」

×**宸**　音シン漢 ‖ 天子の住まい。また、天子に関する物事に冠する語。「宸襟・宸念・宸筆・宸慮/紫宸」[名付]そら・とら・のき

振　音**シン**呉漢　訓**ふる、ふるう、ふれる** ‖ ①揺れ動く。揺り動かす。「振動・振幅/強振・三振」②ふるい立つ。勢いが盛んになる。「振興/不振」[名付]とし・のぶ・ふり

人**晋**〔晉〕　音シン呉漢　訓すすむ ‖ 中国の春秋時代の国名。また、三国時代と南北朝時代の間の王朝名。「三晋・西晋・東晋」[名付]あき・くに・ゆき

浸　音**シン**呉漢　訓**ひたす、ひたる** ‖ ①水がしだいにしみ込む。水に漬ける。「浸潤・浸食・浸水・浸礼」②水がしみ込むように広がる。「浸漸」

×**疹**　音シン呉漢 ‖ ①皮膚に吹き出物ができる病気。「風疹・麻疹(ましん)・蕁麻疹(じんましん)」②皮膚にできる吹き出物。「汗疹(かんしん)・湿疹・発疹(ほっしん・はっしん)」[難読]汗疹(あせも)・麻疹(はしか)

真〔眞〕　学3　音**シン**呉漢　訓**ま**、まこと ‖ ㊀〈シン〉①うそのないこと。本当。まこと。「真意・真価・真偽・真剣・真実・真正・真相・真理/写真・正真(しょうしん)・迫真」②自然のまま。「純真・天真」③全くの。「真紅(しんく)・真空」④楷書。「真行草」㊁〈ま〉「真顔・真心」[名付]さだ・さな・さね・ただ・ただし・ちか・なお・まき・まさ・ます・まな・み [難読]真田(さなだ)・真葛(さねかずら)・真砂(まさご・まさ)・真面目(まじめ)・真字(まな)・真鶴(まなづる)・真似(まね)

人**秦**　音シン漢 ‖ 中国周代の国名。「秦篆(しんてん)/先秦」[名付]はた [難読]秦皮(とねりこ)

針　学6　音**シン**呉漢　訓**はり** ‖ ㊀〈シン〉①ぬいばり。「針小棒大/運針」②漢方で、治療に用いるはり。「針灸(しんきゅう)・針術」③目盛りや方向を示すはり。はりのようにとがったもの。「針路/検針・指針・磁針・短針・秒針・方針・避雷針」[補説]②は「鍼」と通用。㊁〈はり(ばり)〉「針医・針金/注射針」[難読]針孔(みぞ・めど)

人**晨**　音シン漢　訓あした ‖ 夜明け。早朝。「晨星・晨朝/早晨」[名付]あき・とき・とよ

深　学3　音**シン**呉漢　訓**ふかい、ふかまる、ふかめる**、み ‖ ㊀〈シン〉①水がふかい。「深海・深浅/水深」②奥ふかい。「深奥・深山・深窓/幽深」③程度がふかい。「深化・深刻・深長・深緑」④夜がふかまる。「深更・深深・深夜」㊁〈ふか(ぶか)〉「深酒・深手/目深(まぶか)・欲深」[名付]とお・ふか・み [難読]深傷(ふかで)・深山(みやま)・深雪(みゆき)

紳　音**シン**呉漢 ‖ 身分・教養のある人。「紳士・紳商/貴紳・田紳」[補説]原義は、高官が礼装に用いる太い帯。

進　学3　音**シン**呉漢　訓**すすむ、すすめる**、じょう ‖ ①前にすすむ。すすめる。「進軍・進行・進出・進退・進入・進路/行進・新進・推進・前進・増進・促進・突進・発進・累進」②高い等級・段階にあがる。「進化・進学・進級/栄進・昇進・特進・躍進」③差し上げる。たてまつる。「進言・進呈・進物(しんもつ)/詠進・寄進・献進・注進」[名付]す・すす・すすみ・のぶ・みち・ゆき

森　学1　音**シン**呉漢　訓**もり** ‖ ㊀〈シン〉①もり。「森林」②物が多く並ぶ。「森羅万象」③静まりかえるさま。「森閑・森厳」㊁〈もり〉「森番」[名付]しげ・しげる

診　音**シン**呉漢　訓**みる** ‖ 病状をよく調べて判断する。「診察・診断・診療/往診・回診・検診・誤診・受診・打診・問診・来診」[名付]み

×**軫**　音シン呉漢 ‖ 憂える。悲しむ。「軫悼(しんとう)・軫念」[名付]うし

寝〔寢〕　音**シン**呉漢　訓**ねる、ねかす** ‖ ㊀〈シン〉①ねる。ねること。「寝具・寝室・寝所・寝食/就寝」②奥座敷。奥御殿。「寝殿/正寝」㊁〈ね〉「寝床・寝技/早寝・昼寝」[難読]寝穢(いぎたな)い・熟寝(うまい)・転寝(ごろね・うたたね)

慎〔愼〕　音**シン**漢　訓**つつしむ** ‖ 手落ちのないように気を配る。つつしむ。「慎思・慎重/戒慎・謹慎」[名付]ちか・のり・まこと・みつ・よし

×**斟**　音シン呉漢　訓くむ ‖ 水や酒などをくむ。転じて、事情をくみとって、手心を加えること。「斟酌」

新　学2　音**シン**呉漢　訓**あたらしい、あらた、にい**、さら ‖ ㊀〈シン〉①あたらしい。「新案・新鋭・新刊・新旧・新興・新参・新人・新設・新雪・新鮮・新築・新任・新聞/最新・斬新(ざんしん)・生新・清新」②あたらしくする。「一新・改新・革新・更新・刷新」㊁〈にい〉「新妻・新盆」[名付]あきら・あら・すすむ・ちか・はじめ・よし・わか [難読]新羅(しらぎ)・新嘉坡(シンガポール)・新発意(しんぼち)・新西蘭(ニュージーランド)

人**榛**　音シン呉漢　訓はしばみ ‖ 雑木や草が群がり生える。やぶ。「榛荊(しんけい)・榛莽(しんぼう・しんもう)」[名付]はり・はる

人**槙**〔槇〕　音シン呉漢　訓まき ‖ 木の名。「柏槙(びゃくしん)」[補説]「槙」「槇」ともに人名用漢字。[難読]槙皮(まいはだ)

×**滲**　音シン呉漢　訓にじむ ‖ しみ出る。にじむ。「滲出・滲透」

人**賑**　音シン呉漢　訓にぎわう、にぎわす、にぎやか ‖ ①にぎわう。「殷賑(いんしん)」②金品を施し与える。にぎわす。「賑給・賑恤(しんじゅつ)」[名付]とみ・とも

審　音**シン**呉漢　訓つまびらか ‖ ①物事を詳しく調べて明らかにする。はっきりとよしあしを見分ける。「審議・審査・審判・審理・審美的/不審」②裁判の審理。「一審・結審・原審・再審・終審・陪審」③審判員。「球審・主審・線審・副審」[名付]あき・あきら

×**箴**　音シン呉漢　訓はり、いましめ ‖ ①縫い針。医療用の針。「箴石」②戒める。戒め。「箴警・箴言」

震　音**シン**呉漢　訓**ふるう、ふるえる** ‖ ①小刻みに揺れ動く。ふるえる。ふるわす。「震撼(しんかん)・震動・震天動地/地震」②地震。「震央・震源・震災・震度/激震・弱震・耐震・余震」③ふるえおののく。「震駭(しんがい)・震恐」④はげしい。「震怒」[名付]おと・なり・なる・のぶ

薪　音**シン**呉漢　訓**たきぎ**、まき ‖ たきぎ。「薪水・薪炭/采薪(さいしん)・臥薪嘗胆(がしんしょうたん)」

漢字項目 しん-2

親 学2 音シン呉漢 訓おや、したしい、したしむ、ちかい、みずから ‖ ㊀〈シン〉①父母。おや。「親権/養親・両親・老親」②縁続きの身内。「親戚しんせき・親族・親類/近親・肉親」③身近に接してしたしくする。したしい。「親愛・親交・親切・親睦しんぼく・親友/懇親・和親」④自分で直接に。みずから。「親告・親書・親政・親展」㊁〈おや〉「親子・親心/里親・父親・母親」名付 いたる・ちか・ちかし・なる・み・みる・もと・よしみ・より 難読 親族うから・親父おやじ・親仁おやじ・親爺おやじ・親王みこ

×鍼 音シン呉漢 訓はり ‖ 漢方で、治療用のはり。「鍼灸しんきゅう/打鍼」補説「針」と通用。

×讖 音シン呉漢 ‖ 予言。予言書。「讖緯・讖書/図讖としん」

漢字項目 じん

【▽沈】►ちん

【臣¦神】►しん

人 学1 音ジン漢 ニン呉 訓ひと ‖ ㊀〈ジン〉①ひと。「人員・人権・人口・人工・人材・人事・人種・人身・人生・人道・人物・人民・人類/愛人・恩人・家人・奇人・求人・軍人・原人・個人・故人・殺人・詩人・主人・世人・成人・達人・婦人・法人・無人・友人・要人・隣人・老人」②「人造」の略。「人絹」㊁〈ニン〉ひと。「人気・人形・人間・人情・人数・人相/悪人・住人・上人しょうにん・商人・証人・職人・仙人・善人・他人・町人・犯人・病人・本人・役人・苦労人・代理人」㊂〈ひと(びと)〉「人影・人妻・人波/恋人・旅人・村人」名付 きよ・さね・たみ・と・ひとし・ふと・むと・め 難読 商人あきうど・あきゅうど・海人あま・大人うし・大人おとな・狩人かりゅうど・猟人かりゅうど・蔵人くろうど・防人さきもり・素人しろうと・舎人とねり・人参にんじん・為人ひととなり・一人ひとり・二人ふたり・海人草まくり・囚人めしうど・召人めしうど・寄人よりゅうど・若人わこうど

刃 音ジン漢 ニン呉 訓は、やいば ‖ ㊀〈ジン〉①は。やいば。「白刃・氷刃・兵刃」②はもの。刀。「凶刃・利刃」③刀で切り殺す。「自刃」㊁〈は(ば)〉「刃物/出刃・諸刃もろは」補説「刄」は俗字。難読 刃傷にんじょう・刃毀はこぼれ

仁 学6 音ジン漢 ニ慣 ニン呉 ‖ ㊀〈ジン〉①他者への思いやり。情け。「仁愛・仁義・仁君・仁慈・仁術・仁道・仁徳/寛仁・不仁」②人。また、人を敬っていう語。「仁兄/御仁」㊁〈ニン〉①思いやり。「仁徳」②果実のさね。「杏仁きょうにん・あんにん・桃仁」名付 きみ・きむ・さと・さね・しのぶ・ただし・と・とよ・のり・ひさし・ひと・ひとし・ひろし・まさ・まさし・み・めぐみ・めぐむ・やすし・よし 難読 親仁おやじ・仁王におう

人壬 音ジン漢 ニン呉 訓みずのえ ‖ 十干の第九。みずのえ。「壬申」名付 あきら・つぐ・み・みず・よし 難読 壬生みぶ

尽〔盡〕 音ジン呉 訓つくす、つきる、つかす、ことごとく ‖ ①全部出しつくす。すべて費やす。「尽忠・尽力/大尽・蕩尽とうじん」②すべて…しつくす。ことごとく。全部。「焼尽・一網打尽」③つきる。なくなる。きわまる。「尽日/自尽・食尽・無尽灯」

迅 音ジン慣 訓はやい ‖ ①速度がはやい。「迅速」②はげしい。「迅雷/奮迅」名付 とき・とし・はや

甚 音ジン呉 訓はなはだ、はなはだしい ‖ はなはだしい。「甚雨・甚暑・甚大/激甚・幸甚・深甚」名付 しげ・たね・とう・ふか・やす 難読 甚麽いかん・いか

人訊 音ジン慣 訓たずねる ‖ 問いただす。とがめたずねる。「訊問/審訊・問訊」補説「尋」を代用字とすることがある。

陣 音ジン(ヂン)呉 ‖ ①軍隊の配置。陣立て。また、軍勢を集めて備えを立てた所。「陣営・陣形・陣地・陣頭・陣容・陣列/円陣・堅陣・退陣・敵陣・布陣・本陣」②事に対処するための構え。「筆陣・論陣」③戦場。戦い。「陣没/殺陣・出陣・戦陣訓」④ひとしきり。にわかに。「陣痛/一陣」名付 つら 難読 殺陣たて

尋 音ジン呉 訓たずねる、ひろ ‖ ①長さの単位。両手を広げた長さ。ひろ。「千尋せんじん」②普通。なみ。「尋常」③探り求める。訪れる。「尋訪」④(「訊」の代用字)問いただずねる。「尋問/審尋」名付 ちか・つね・のり・ひつ・ひろし・みつ 難読 尋とめ行く

腎 音ジン呉 ‖ ①五臓の一。腎臓。「腎盂じんう・腎炎・腎虚/副腎」②大切な所。かなめ。「肝腎」

×靭 音ジン漢 ‖ なめし皮のように、丈夫で柔らかい。「靭帯・靭皮/強靭」補説「靱」は異体字。

×塵 音ジン(ヂン)呉 訓ちり ‖ ㊀〈ジン〉①ちり。ほこり。「塵埃じんあい・塵芥じんかい・塵土/灰塵・黄塵・後塵・砂塵・微塵みじん・梁塵りょうじん」②俗事。俗世間。「塵界・塵外/俗塵」③仏教で、感覚に触れて修行の妨げとなるもの。「六塵ろくじん」㊁〈ちり〉「塵紙・塵塚」難読 塵芥ごみ

×燼 音ジン呉 ‖ 燃え残り。燃えさし。「燼滅/灰燼・余燼」

あることを表す。「九州―」「アーリア―」「経済―」「現代―」「自由―」➡漢「じん(人)」

じん【刃】やいば。はもの。➡漢「じん(刃)」

刃を迎えて解く 《「晋書」杜預伝から》竹を割るときに、初めにちょっと刃を当てると下まで容易に割れるように、向かうところ敵のない、勢いの激しいようすをいう。破竹の勢いである。

じん【仁】❶思いやり。いつくしみ。なさけ。特に、儒教における最高徳目で、他人と親しみ、思いやりの心をもって共生きょうせいを実現しようとする実践倫理。「智・―・勇」「―ある君も用なき臣は養ふ事あたはず」〈浄・国性爺〉❷ひと。「若いに似合わぬ物の分った―だ」〈有島・或る女〉➡御仁ごじん ❸果実の核。さね。たね。にん。❹細胞の核内にある1個から数個の粒状構造。主にRNAとたんぱく質とからなる。核小体。➡漢「じん(仁)」

類語 情け/人間・人ひと・人類・人倫・万物の霊長・考える葦あし・米の虫・ホモサピエンス・人物・人士・者もの

じん【×壬】十干の第九。みずのえ。➡漢「じん(壬)」

じん【×仞】中国古代の、高さや深さの単位。4尺・5尺6寸・7尺など諸説がある。「千―の谷」

じん【尽】「尽日」の略。「三月―」➡漢「じん(尽)」

じん【▽沈】ヂン「沈香」の略。「―を焚く」➡漢「ちん(沈)」

じん【陣】ヂン ❶軍隊を配置して備えること。陣立て。「雁行がんこうの―」「背水の―」❷㋐軍隊の集結している所。兵営。陣地。陣営。「―を張る」㋑共通の目的をもって、まとまった人々。集団。多く、他の語と複合して用いられる。「講師―」「報道―」「第一―」❸いくさ。たたかい。合戦。「大坂夏の―」❹「陣の座」に同じ。「昔、晴明、―に参りたりけるに」〈宇治拾遺・二六〉❺宮中警護の衛士えじの詰め所。また、そこに詰めている人。「―に左大臣殿の御くるまや御前どものあるを」〈大鏡・師尹〉❻僧たちの出入り口。「僧正かへりて侍りしに、―の外まで僧都そうづ見えず」〈徒然・二三八〉➡漢「じん(陣)」類語 陣地・陣営・陣所・陣屋・軍陣・敵陣・戦陣・トーチカ・橋頭堡きょうとうほ

陣を取・る ❶陣地・陣営を構える。陣をしく。「河岸に―・る」❷場所を占める。「最前列に―・る」

じん【尋】長さや深さの単位。古代中国では8尺。日本では「ひろ」とも呼び、6尺または5尺とされる。➡尋ひろ ➡漢「じん(尋)」

じん【腎】腎臓のこと。「萎縮―」➡漢「じん(腎)」

じん【×塵】ヂン ❶ちり。ごみ。「側らにある―を取って摘み」〈織田訳・花柳春話〉❷仏語。㋐感覚の対象。境きょう。㋑煩悩。❸数の単位。1の10億分の1。➡表位くらい ➡漢「じん(塵)」

ジン〖gin〗トウモロコシ・ライ麦などの発酵液に、ジュニパーベリー(ネズの実)の香りをつけた蒸留酒。無色透明で、アルコール分が40〜50パーセントと高い。

しん-あい【信愛】〘名〙スル ❶信用してたいせつにすること。「世の中で自分が最も―しているたった一人の人間すら」〈漱石・こゝろ〉❷信仰と愛。

しん-あい【深愛】心から深く愛すること。「―の情ある婦人はその夫をして福祉安楽を享しめ」〈中村正直・明六雑誌三三〉

しん-あい【親愛】〘名・形動〙人に親しみと愛情をもっていること。また、そのさま。「―なる友よ」

類語 親しい・近しい・心安い・気安い・睦むつまじい・親密・懇意・昵懇じっこん・懇親・別懇・懇ねんごろ・和気藹藹わきあいあい・仲良し・仲が良い・気が置けない

じん-あい【仁愛】〘名・形動〙情け深い心で人を思いやること。いつくしむこと。また、そのさま。「―の心」「忠孝―なる同胞はらから」〈魯庵・社会百面相〉類語 情け

じん-あい【×塵×埃】ヂン ❶ちりとほこり。「―にまみれる」❷世の中の、もろもろの汚れたもの。俗世間の事柄。「―を避けて山居する」

じんあい-かんせん【×塵×埃感染】ヂンアイ 床や衣類などに付いた乾燥に強い病原体を、ほこりとして吸い込むことによって感染すること。

じんあい-だいがく【仁愛大学】福井県越前市にある私立大学。平成13年(2001)に開設された。

しん-あん【新案】新しい考案。類語 発明

しん-あん【審案】〘名〙スル しらべてあきらかにすること。吟味。「能く其人と事とを―し」〈渋沢栄一・立会略則〉

しんあん-とっきょ【新案特許】トクキョ《「実用新案特許」の略》実用新案の考案者が特許庁に出願して登録され、独占的・排他的な製造・使用の権利を認められること。

しん-あんぽ-こん【新安保懇】《「新たな時代の安全保障と防衛力に関する懇談会」の略称》日本の安全保障・防衛力のあり方について幅広い視点から総合的に検討する目的で置かれる、首相の私的諮問機関。平成22年(2010)2月、首相鳩山由紀夫が設置。民主党政権下での防衛大綱改定に向けて、周辺諸国の軍事力近代化、日米同盟の深化、国連平和活動・テロ対策への対応などの課題について議論を行う。補説 政権交代前の自民党政権下では、平成16年(2004)に首相小泉純一郎、同21年に首相麻生太郎の下で安保懇が開催され、集団的自衛権に関する政府解釈の見直し、武器輸出三原則の緩和などを提言した。

しん-い【心意】こころ。精神。「子として、父の―を斯様に揣摩しまする事を」〈漱石・それから〉

しん-い【辛×夷】コブシ・タムシバなどの花のつぼみ。乾燥させて、漢方で頭痛や鼻炎などに用いる。

しん-い【神位】ヰ ❶►神階しんかい ❷祭儀で、神霊を安置する所。

しん-い【神威】ヰ 神の威光。神の威力。

しん-い【神異】神の示す霊威。人間業でない不思議なこと。

しん-い【神意】神の心。神の意志。神慮。

しん-い【真意】本当の気持ち・意向。また、本当の意味。「―をくみとる」「―を探る」

類語 本意・本心・本音・下心・魂胆・意味・精神・意図・目的・理由・動機・趣意・主意・ねらい・訳わけ

しん-い【深意】深い考え。深い意味。「―を解する」

しん-い【寝衣】寝るときに着る衣服。ねまき。

しん-い【×瞋×恚¦×嗔×恚】《連声れんじょうで「しんに」とも》❶怒ること。いきどおること。「―に燃える」❷仏語。三毒・十悪の一。自分の心に逆らうものを怒り恨むこと。類語 怒り・腹立ち・憤り・怒気・憤怒ふんぬ・憤怒ふんど・憤懣ふんまん・鬱憤うっぷん・義憤・痛憤・悲憤・憤激・憤慨ふんがい・立腹・激怒・癇癪かんしゃく・逆鱗げきりん

瞋恚の炎ほむら 燃え上がる炎のような激しい怒り・憎しみ、または恨み。瞋恚のほむら。

しん-い【震位】ヰ《「震」は易の八卦はっけの一つで、東・長男に配するところから》東宮の位。皇太子の位。

しん-い【×鍼医¦針医】「はりい」に同じ。

しん-い【×襯衣】肌着。ジュバン。シャツ。

しん-い【×讖緯】ヰ 未来の吉凶を予言する術。また、

その書物。

じん-い【人位】ヰ 人としての地位。臣下としての位階。

じん-い【人為】ヰ ❶人の力で何かを行うこと。人のしわざ。「一の及ぶところではない」❷自然の状態に人が手を加えること。

じん-い【人意】世の人々の心。人心。「最も一を喜ばしむる実録にして」〈中村訳・西国立志編〉

しん-いき【神域】ヰキ ❶神社の境内。❷神の宿るとされる一帯。類語 寺内・山内・寺中・境内・神苑

しん-いき【震域】ヰキ 地震のとき、一定の震度を感じる地域。

しん-いけい【沈惟敬】[?～1599]中国、明の軍人・政治家。嘉興(浙江省)の人。豊臣秀吉の朝鮮出兵の際、明の副使として慶長元年(1596)に来日したが、講和交渉に失敗。帰国後、偽りの報告が露顕し、処刑された。ちんいけい。

じんい-さいがい【人為災害】ヰ 人間のひき起こした事故や、自然破壊、環境汚染が原因となって起こる災害。⇔自然災害。

じんい-しゃかい【人為社会】ヰ 個人の意志や特定の目的に基づいて成立する社会。利益団体・文化団体など。⇒自然社会

じんい-じゅせい【人為授精】ヰ ►人工授精

じんい-じゅふん【人為授粉】ヰ ►人工授粉

しんい-せつ【×讖緯説】ヰ 中国で、前漢から後漢にかけて流行した未来予言説。讖は未来を占って予言した文、緯は経書の神秘的解釈の意で、自然現象を人間界の出来事と結びつけ、政治社会の未来動向を呪術的に説いたもの。日本にも奈良時代に伝わり、後世まで大きな影響を与えた。

じんい-せんたく【人為選択】ヰ ►人為淘汰

じんい-てき【人為的】ヰ〔形動〕自然のままでなく、人の手が加わるさま。「一な操作」「一に波をおこす」

じんい-とうた【人為×淘汰】ヰ 動植物の個体群の中から、人間の役に立つ形質をもつ個体を選んで交配し、その形質を一定の方向に変化させること。家畜や作物の品種改良に用いられる。人為選択。⇒自然淘汰

じんい-とつぜんへんい【人為突然変異】ヰ 生物の染色体や遺伝子に放射線や化学物質などの人為的な刺激を与えて発生させる突然変異。人工突然変異。

じんい-ぶんるい【人為分類】ヰ 進化の歴史や類縁関係を体系化するだけでなく、それ以外の目的で行う生物の分類。人間とのつながりや区別しやすい特徴などに基づいて行う。⇒自然分類

じんい-ほう【人為法】ヰ ❶►実定法 ❷►人定法

しん-いも【新芋｜新×藷】夏のうちに市場に出る、早生のサツマイモ。走りいも。〔季 夏〕「一や舎生集めて一夕話/青峰」

しん-いり【新入り】新しく仲間入りすること。また、仲間入りした人。「一を紹介する」類語 新人・新顔・フレッシュマン・ニューフェース・新参

しん-いん【心印】❶禅宗で、仏の悟りを印にたとえた語。仏の心そのもの。❷密教で、諸尊の内証の必要を示す印。

しん-いん【心因】心理的、精神的な原因。

しん-いん【神韻】ヰン 詩文・絵画などの、神わざのようなすぐれた趣。「其製形に顕わるるや絵画、彫刻、陶磁、漆器等の一雅致となり」〈逍遥・小説神髄〉

しん-いん【真因】本当の原因。「事故の一をつきとめる」類語 もと・種・起こり・きっかけ・因・因由・素因・要因・一因・導因・誘因・理由・事由・訳・近因・遠因・せい・起因する・因る・基づく・発する・根差す

しん-いん【新院】ヰン 上皇が二人以上あるとき、新たに院になった上皇。「先帝を一と申し、上皇をば一院とぞ申しける」〈保元・上〉

じん-いん【人員】ヰン 集団や組織体を構成する人の数。また、構成する人。「一を増やす」「一の確保」類語 人数・員数・頭数・頭・定員・人口

じんいん-さくげん【人員削減】ヰン〔名〕スル 企業などが経費を圧縮するために一部の従業員を解雇すること。人員整理。リストラ。

しん-いんしょうしゅぎ【新印象主義】1880年代、フランスに興った絵画運動。印象主義の色彩理論を科学的に推進し、点描法を用いて、色彩効果を追求、フォルムや造形的秩序の回復に努めた。スーラ・シニャックに代表される。点描主義。

しんいんせい-なんちょう【心因性難聴】精神的なストレスなどによって突然起こる難聴。耳鳴りやめまいを伴うことも多い。聴覚器官には異常がないので、ストレスを取り除くことが重要。カウンセリングが必要な場合もある。

じんいん-せいり【人員整理】ヰン〔名〕スル 企業などが経費を減らすために従業員を減らすこと。

しんいん-せつ【神韻説】ヰン 中国、清代初めの詩人、王子禎の唱えた詩論。詩禅一致の境地を理想とし、平淡なうちに余韻・余情のこもった詩を尊重した。

しんいん-はんのう【心因反応】心因によって起こる病的状態。ヒステリー反応・驚愕反応など。

しんいん-ひょうびょう【神韻×縹×渺】ヰン〔ト・タル〕図〔形動タリ〕芸術作品などに、きわめてすぐれた趣が感じられるさま。「一たる名文」

じん-う【甚雨】ひどく降る雨。大雨。豪雨。

じん-う【腎×盂】腎臓と尿管の接続部で、漏斗状に広がっている部分。腎臓からの尿が集まる所。腎盤。

シンウィジュ【新義州】►しんぎしゅう(新義州)

じんう-えん【腎×盂炎】膀胱から上行してきた細菌や、体内の化膿巣から血液・リンパにより運ばれた細菌が、腎盂に感染して起こる炎症。感染が腎実質に及んだものを腎盂腎炎とよぶ。

しんうすゆきものがたり【新薄雪物語】浄瑠璃。時代物。三段。文耕堂・三好松洛・小川半平・竹田小出雲の合作。寛保元年(1741)大坂竹本座初演。仮名草子「薄雪物語」を脚色。幸崎伊賀守の娘薄雪姫と園部兵衛の息子左衛門との恋物語に、秋月大膳の謀反や刀工正宗らの話をからませる。中の巻「園部館」が「合腹」「三人笑い」といわれて有名。

しん-うち【真打｜心打】寄席で最後に出演する、技量が最上級の人。また、落語家・講談師などの最高の資格。しん。⇒前座 ⇒二つ目 類語 取り

しんうちゅうたんさ-もう【深宇宙探査網】月と惑星を探査する探査機の追跡管制と画像を含む観測データを取得するNASA(アメリカ航空宇宙局)のネットワーク。

しん-うん【進運】進歩・向上していく機運や傾向。

じん-うん【陣雲】ヂン 戦場の空に広がる雲。

しん-えい【神×裔】❶神の子孫。❷天皇家の血筋。皇族。

しん-えい【真影】実物そっくりに写した絵姿。また、肖像写真。「祖師の一」⇒御真影

しん-えい【新鋭】新しく現れ、勢いが盛んですぐれていること。また、そういう人・もの。新進気鋭。「期待の一」「一作家」類語 新進・新進気鋭・新星

しん-えい【親衛】ヱイ ❶国王や国家元首などの身辺を護衛すること。また、その人。「一の従騎」〈竜渓・経国美談〉❷近衛府の唐名。

じん-えい【人影】人の影。人の姿。ひとかげ。「一路一なし、独り歩み黙思口吟し」〈独歩・武蔵野〉

じん-えい【陣営】ヂン ❶戦場で、軍勢が集まって駐屯している本拠地。陣屋。陣所。軍営。❷立場によって結束する、それぞれの勢力の集まり。「メンバーを入れ替えて一を立て直す」「自由主義一」類語 陣地・陣・陣所・陣屋・軍陣・敵陣・戦陣・トーチカ・橋頭堡

しんえい-たい【親衛隊】ヱイ ❶国王や国家元首などの身辺を護衛する部隊。❷常にある人に付き従って行動する人々。特に、芸能人をとりまく熱心なファン。❸ナチスの準軍事組織。1925年、ヒトラー護衛のために設立され、29年以後はヒムラーのもとで警察権を掌握。占領地行政や強制収容所の管理などを行った。

しん-えき【津液】つばき。唾液。また、体液。

しん-エコー【心エコー】「心臓超音波検査」の通称。

しん-えつ【信越】ヱツ 信濃と越後。越前・越中を含めていうこともある。ほぼ現在の長野・新潟両県にあたる。

しん-えつ【親閲】〔名〕スル 国王・国家元首などがみずから検閲または閲兵すること。「一式」

しんえつ-ほんせん【信越本線】シンエツ 軽井沢・長野・直江津・長岡を経由して高崎と新潟を結んだJR線。明治37年(1904)全通。平成10年(1998)の長野新幹線開業に伴い、横川・軽井沢間が廃止、軽井沢・篠ノ井間がしなの鉄道に移されたため、高崎・横川間と篠ノ井・新潟間の2区間に分かれている。

しん-エネ【新エネ】「新エネルギー」の略。

しん-エネルギー【新エネルギー】利用し続けても枯渇することがなく、環境への負荷も少ないエネルギー資源。風力発電・太陽光発電・地熱発電・バイオマスエネルギーなど。

しんエネルギーさんぎょうぎじゅつ-そうごうかいはつきこう【新エネルギー・産業技術総合開発機構】新エネルギー・省エネルギーの開発及び導入普及事業、産業技術の研究開発関連事業などを行う経済産業省所管の独立行政法人の一。当初、石油代替エネルギーの総合開発を主業務とする特殊法人として昭和55年(1980)に政府及び民間の出資により、新エネルギー総合開発機構を設立、同63年に産業技術の研究開発が追加され、現名称に変更。平成15年(2003)独立行政法人化。NEDO(New Energy and Industrial Technology Development Organization)。

しんエネルギーりよう-とくべつそちほう【新エネルギー利用特別措置法】《『電気事業者による新エネルギー等の利用に関する特別措置法』の略称》電力会社が供給する電力の一定量以上を自然エネルギーでまかなうことを義務づけた法律。対象となる新エネルギーは、太陽光発電、風力発電、バイオマス発電、地熱発電、小型の水路式発電など。平成15年(2003)4月施行。新エネルギー等利用法。RPS法。

しん-えん【心猿】ヱン 欲情に燃えて落ち着かないようすを、猿がわめき騒ぐのにたとえた語。「意馬一」

しん-えん【神▽垣】ヱン 神社の境内の周りに巡らした垣。また、神社。たまがき。みずがき。

しん-えん【神×苑】ヱン 神社の境内。また、神社に付属する庭園。類語 寺内・山内・寺中・境内・神域

しん-えん【×宸宴】天皇の催す酒宴。「大嘗会は…一あり、御遊あり」〈平家・五〉

しん-えん【深怨】ヱン 深いうらみ。「一を抱く」

しん-えん【深×淵】ヱン ❶深いふち。深潭。❷奥深く、底知れないこと。「孤独の一に沈吟する」類語 淵・瀞

深淵に臨むが如し　《『詩経』小雅・小旻から》非常に危険な立場にあることのたとえ。

しん-えん【深遠】ヱン〔名・形動〕奥深くて容易に理解が及ばないこと。また、そのさま。深奥。「一な教理」派生 しんえんさ〔名〕類語 幽遠・深長・遠大・難しい・分かりにくい・難解・詰屈・晦渋・高度・ハイブロー・歯が立たない・七難しい・小難しい・難解

しん-えん【新円】ヱン 昭和21年(1946)、第二次大戦後のインフレ対策として新たに発行した日本銀行券の俗称。旧円の流通は停止された。

しん-えん【親縁】❶親族の関係。❷近い血筋。❸仏語。浄土教で、三縁の一。阿弥陀仏の名号を唱え、仏を拝し、仏を念ずれば、仏はこれを聞き、見、知って、仏と行者が互いに憶念しあう親密な関係にあること。両者の三業が不離の関係にあること。

じん-えん【人煙｜人×烟】人家から立ち上る煙。転じて、人の住む気配。「一まれな山中」類語 炊煙・夕煙

じん-えん【腎炎】腎臓の糸球体に炎症性病変が起こり、尿量減少・むくみ・血尿・たんぱく尿・高血圧などの症状を呈する病気。急性の場合は主に溶連菌の感染による。糸球体腎炎。腎臓炎。

じん-えん【×塵煙】ヂン ちりとけむり。また、煙のように立ちのぼるちり。

じん-えん【×塵縁】ヂン 俗世間のわずらわしい関係。世俗とのつながり。

しん-おう【心奥】アウ 心の奥底。「一に秘めた思い」

しん-おう【深奥】シンアウ〔名・形動〕非常に奥が深いこと。また、そういうところや、そのさま。深遠。「学の一を窮める」「一な哲理」類語幽遠・深遠・深長・遠大

しん-おう【新×鶯】シンアウ 初春に里に降りて来てさえずるウグイス。

しん-おう【震央】シンアウ 地震の震源の真上の地表点。

しん-おおしま【新大島】シンオホしま 色や風合いを大島紬つむぎに似せた絹と綿との交ぜ織物。栃木県足利あしかが地方の産。

しん-おおばん【新大判】シンオホバン 江戸幕府が万延元年(1860)に発行した最後の大判の俗称。万延大判。

じん-おく【人屋】ジンヲク 人の住む家。人家。

しんおし-だい【心押し台】旋盤や研削盤のベッド上にあり、センターとよぶ工具を利用して工作物の一端を支える台。

しん-おめし【新▽御召】絹糸と強く縒よった綿糸を使って交ぜ織りにした御召縮緬ちりめん。天保年間(1830〜1844)下野しもつけ国足利あしかがで創製。綿御召縮緬。➡本御召

しん-おん【心音】心臓が鼓動するときに、心臓の弁の閉鎖などによって生じる音。

しん-おん【神恩】神の恵み。「一にあずかる」

しん-おん【唇音】❶音声学で、呼気が唇に触れて出す音。両唇で出す音([p][b][m][w])や上歯と下唇とで出す音([f][v])などがある。❷中国音韻学の用語。五音の一で、唇で調音される音。p(幇母)・p'(滂母)・b'(並母)・m(明母)の総称。

しん-おん【震音】►トレモロ

じん-おん【仁恩】思いやりの気持ちから与える恩。めぐみ。いつくしみ。

しんおん-か【唇音化】シンオンクワ 音声学で、両唇の作用で調音されること。また、調音の際に唇が二次的調音器官となって介入し、音声を変形させること。

しん-か【心火】シンクワ ❶火のように激しく燃え立つ、怒り・恨み・嫉妬しっとなどの感情。「一を燃やす」❷墓や幽霊などのまわりを飛びかうといわれる火。陰火。❸歌舞伎で、❷を表すために燃やす火。

しん-か【心×窩】シンクワ みぞおち。鳩尾きゅうび。しんわ。

しん-か【臣下】君主に仕える者。家来。臣。類語家来・臣・家臣

しん-か【神化】シンクワ〔名〕スル ❶神のするような偉大な徳化。❷神のしわざのような、不思議な変化。「一の霊妙」❸自然物や特定の人間が神聖視され、神あるいは神的なものとして崇拝されること。神格化。

しん-か【神火】シンクワ ❶けがれのない神聖な火。❷人知を超えた不思議な火。❸火山の噴火。➡御神火ごじんか

しん-か【神歌】►かみうた❸

しん-か【真仮】まことのものと仮のもの。ほんものとにせもの。

しん-か【真価】本当の値うち。物や人のもつ真の価値や能力。「一が問われる」「一を発揮する」類語価値・値打ち・価あたい・意義・有用性・バリュー・メリット

しん-か【真果】シンクワ 種子の形成とともに子房が肥大してできた果実。梅・桃・キュウリ・トマトなど。⇔仮果かか

しん-か【深化】シンクワ〔名〕スル 物事の程度が、深まること。また、深めること。「思想の一」「対立が一する」類語深まる・深める

しん-か【進化】シンクワ〔名〕スル ❶生物が、周囲の条件やそれ自身の内部の発達によって、長い間にしだいに変化し、種や属の段階を超えて新しい生物を生じるなどすること。一般に体制は複雑化し機能は分化していく。また、無機物から有機物への変化、低分子から高分子への変化などについても用い、拡張して星の一生や宇宙の始原についても用いられる。「恒星の一」「陸上生活に適するように一する」⇔退化。❷社会が、未分化状態から分化の方向に、未開社会から文明社会へと変化発展すること。❸事物が進歩して、よりすぐれたものや複雑なものになること。「日々一するコンピューターソフト」⇔退化。類語進歩・進む・発展・発達・伸展・伸張・成長・興隆・隆盛・躍進・飛躍・展開・進展・拡大・伸びる・広がる

しん-か【請暇】《「しん(請)」は唐音》❶禅僧が、しばらく暇を請うて他行すること。日限は15日以内とされた。❷►せいか(請暇)

じん-か【人家】人の住む家。「湖畔に一が点在する」類語民家

じん-が【人我】他人と、自分。にんが。

シンカー〖sinker〗野球の投球で、打者の近くで沈むように落ちる変化球。

シンガー〖Isaac Bashevis Singer〗[1904〜1991]米国の小説家。ポーランド生まれ。1935年亡命。ポーランドのユダヤ人居留地に生きる人々の姿を描く。1978年ノーベル文学賞受賞。作「ゴライの悪魔」「モスカト家の人々」など。

シンガー〖Isaac Merrit Singer〗[1811〜1875]米国の発明家・企業家。1851年に布の自動送り装置を備えた家庭用ミシンを発明。シンガーミシン会社を設立。

シンガー〖singer〗歌手。声楽家。「ジャズー」類語歌手・歌い手・歌歌い・歌姫

シンガー-ソングライター〖singer-songwriter〗ポピュラー音楽で、自分で作詞・作曲をして歌う人。

しん-かい【心界】精神の世界。心の世界。⇔物界。

しん-かい【心懐】シンクワイ 心に思うこと。意中。類語思い・想念・思念・念ねん・気持ち・感懐・感想・所懐・胸懐・胸中・心中しんちゅう・心事・心情・心境・感慨・万感・偶感・考え・思考・思索・一存

しん-かい【神階】朝廷から神社の祭神に奉った位階。品位ほんいと位階と勲等とがあり、品位は四品しほん以上四階、位階は正六位上以上の一五階、勲等は一二等があった。神位。

しんかい【真改】►井上真改いのうえしんかい

しん-かい【秦檜】シンクワイ[1090〜1155]中国、南宋の政治家。字あざなは会之。江寧(江蘇省)の人。高宗に仕え、岳飛を獄死させて金と和議を結んだ。政権維持のため言論を弾圧し、後世、奸臣かんしんの典型とされる。

しん-かい【深海】ふかいうみ。海洋動物学では水深200メートル以上、海洋学では2000メートル以上の深さの海をいう。光が透過せず、光合成は行われない。

しん-かい【新戒】初めて戒を受けた沙弥しゃみ。

しん-かい【新界】動物地理区を三つに分けたうちの一。北界・南界に対していい、南アメリカ大陸を含む地域。新熱帯区・新熱帯亜区の一区一亜区からなる。

しん-かい【新開】❶荒れ地を新しく切り開くこと。また、その土地。❷土地が開発されて、市街が新しく開けること。

しん-がい【心外】シングワイ〔名・形動〕思いもよらないこと。思いがけないこと。思いがけない仕打ちや予想に反した悪い結果などに対して、腹立たしく感じたり残念に思ったりすること。また、そのさま。「疑われるとは一だ」「一な結果に終わる」類語悔しい・残念・口惜くちおしい・恨うらめしい・腹立たしい・無念・癪しゃく

しん-がい【身外】シングワイ からだのほか。一身のほか。「一百物を失うとも、一己の品行を守り全うせよ」〈中村訳・西国立志編〉

しん-がい【辛×亥】干支えとの一。かのとい。

しん-がい【侵害】〔名〕スル 他人の権利や所有などをおかして損害を与えること。「著作権を一する」類語侵略・侵寇しんこう・侵犯

しん-がい【浸害】水につけて損害を与えること。「一罪」

しん-がい【震×駭】〔名〕スル 驚いて、ふるえあがること。「世間を一させた大事件」

じん-かい【人海】人の多いことを海にたとえていう語。

じん-かい【人界】人の住んでいる世界。人間界。類語この世・うつし世・現世・地上・下界・娑婆しゃば・此岸しがん・苦界・肉界・人間界・世界

じん-かい【×塵灰】ヂンクワイ ちりと、はい。

じん-かい【×塵×芥】ヂン ちりあくた。ごみ。また、取るに足りないもののたとえ。「一焼却場」類語ごみ・塵ちり・埃ほこり・塵芥ちりあくた・屑くず・滓かす

じん-かい【×塵界】ヂン 汚れた俗世間。類語世間

じん-かい【×燼灰】ジンクワイ 燃え残りと、はい。灰燼。「一に帰す」

じん-がい【人外】ジングワイ ❶人間の住む世界の外。俗世間の外。また、出家の境涯。❷人の道にはずれていること。にんがい。

じん-がい【陣貝】ヂンがひ 昔、陣中で軍勢の進退などの合図に吹き鳴らした法螺貝ほらがい。

じん-がい【×塵外】ヂングワイ 俗世間のわずらわしさを離れた所。塵界の外。

しんがい-かくめい【辛亥革命】1911年、辛亥の年に中国に起こった革命。10月10日の武昌蜂起をきっかけに各地で革命派が蜂起、翌12年1月、南京に孫文を大総統とする臨時政府を樹立、2月の清帝退位によって中国史上初の共和国である中華民国が成立した。しかし、この革命は社会変革を伴わず、保守派との妥協を強いられ、間もなく清朝軍閥の袁世凱えんせいがいが大総統に就任した。

しんかい-ぎょ【深海魚】水深200メートルより深い海に生息する魚類。巨大な水圧、暗黒、恒常的な低温、水の流動の少ないことなどのために、骨格や筋肉が軟弱、目や発光器の発達、または目の退化、口や胃が大きいなどの特徴が著しい。ハダカイワシ・チョウチンアンコウなど。

じんがい-きょう【人外境】ジングワイキャウ 人が住んでいない所。俗世間を離れた土地。

じんかいしゅう【塵芥集】ヂンカイシフ 戦国時代の分国法。1巻。天文5年(1536)奥州の戦国大名伊達稙宗だてたねむねが制定。神社・祭物以下諸事万般の171条からなり、分国法中最大級。伊達氏御成敗式目。

しんかい-せいそう【深海成層】水深1000〜2000メートルの深海底の堆積物たいせきぶつ。火山性泥・赤色粘土や生物の遺骸などからなる。

しんかい-せん【伸開線】►インボリュート

じんかい-せんじゅつ【人海戦術】多くの兵員で、損害をかえりみず数の力で敵軍を押しきろうとする戦術。転じて、多人数で物事に対処すること。

しん-がいせんもん【新×凱旋門】►グランダルシュ

しんかい-たけたろう【新海竹太郎】シンカイタケタラウ[1868〜1927]彫刻家。山形の生まれ。新古典的な作風で活躍、太平洋画会彫刻部を主宰した。

しんかい-ち【新開地】❶新しく開墾した土地。❷新しく開けた市街地。また、その地域。

しんかい-てい【深海底】排他的経済水域および大陸棚の外側に広がる公海の海底。1982年の国連海洋法条約によって、その区域と資源は人類の共同遺産とされた。

しんかいてい-こうぶつしげん【深海底鉱物資源】シンカイテイクワウブツシゲン 深海底にある固体・液体・気体状の鉱物資源。深海底鉱業暫定措置法では、銅鉱・マンガン鉱・ニッケル鉱・コバルト鉱のうち、一つまたは複数を含む塊状の鉱石とする。海底熱水鉱床・マンガン団塊・コバルトリッチクラスト鉱床の3種類が知られる。

しんがい-はん【侵害犯】法益が侵害されたという結果(実害)が発生すれば、その犯罪が完成したとされるもの。殺人罪・窃盗罪など。実害犯。⇔危険犯。

しんがいまく-えん【心外膜炎】シングワイマク ►心膜炎

しん-がお【新顔】シンがほ その社会に新しく仲間入りした人。新人。ニューフェース。「一を紹介する」⇔古顔。類語新入り・フレッシュマン・新参

しん-かき【真書(き)】楷書の細書きに用いる筆。真書き筆。

しんかき-ふで【真書(き)筆】►真書き

しん-かきょう【新華×僑】シンクワケウ 1978年の改革開放政策実施以降に渡航した華僑。老華僑に対していう。➡華僑

しん-かく【神格】神としての資格。神の地位。また、神の格式。「一化」

しん-がく【心学】❶心を修練し、その能力と主体性を重視する学問。宋の陸九淵りくきゅうえんや明みんの王陽明の学問。❷江戸中期、京都の石田梅岩いしだばいがんが唱えた平易な実践道徳の教え。神道・儒教・仏教の三教を融合させ、人間の本性を説き、善を修め心を正しくすることを唱導。手島堵庵てじまとあん・中沢道二・柴田鳩翁しばたきゅうおう

ゆうらに受け継がれて全国に広まった。石門心学(せきもんしんがく)。

しん-がく【神学】宗教、特にキリスト教において、その教理を体系化し、信仰の正統性や理性、また、その実践について研究する学問。

しん-がく【▽清楽】中国の清代の音楽が日本に伝来したもの。月琴・胡琴・三弦・琵琶・清笛・洞簫(どうしょう)・木琴・太鼓などの17種の楽器を用いる歌曲や合奏曲。文政年間(1818～1830)に伝わり流行したが、明治中期以後に衰微。➡明清楽(みんしんがく)

しん-がく【進学】〔名〕(スル) ❶上級の学校に進むこと。「大学に―する」(季 春) ❷学問の道に進み励むこと。

しん-がく【新学】❶新しい学問。❷学びはじめ。初学。❸仏教を学びはじめること。また、その人。「―の五百の御弟子等を語らひて」〈今昔・一・一〇〉

しん-がく【新楽】❶新しい音楽。❷雅楽で、唐楽の楽曲分類の一。分類基準は中国での成立時期、日本への伝来時期、曲の形式の新旧など、諸説があってあいまい。羯鼓(かっこ)を用いるのが特徴。⇔古楽。

じん-かく【人格】❶㋐独立した個人としてのその人の人間性。その人固有の、人間としてのありかた。「相手の―を尊重する」「―を疑われるような行為」㋑すぐれた人間性。また、人間性がすぐれていること。「能力・―ともに備わった人物」❷心理学で、個人に独自の行動傾向をあらわす統一的全体。性格とほぼ同義だが、知能的面を含んだ広義の概念。パーソナリティー。「―形成」「二重―」❸倫理学で、自律的行為の主体として、自由意志を持った個人。❹法律上の行為をなす主体。権利を有し、義務を負う資格のある者。権利能力。

(類語)(❶)人間性・品性・品格・徳性・徳・人柄・人間・人物・人品/(❷)性格・パーソナリティー

じんかく-か【人格化】(ジンカク)(クワ)〔名〕(スル) 事物を、人格をもつ人間であるかのようにみなすこと。「草木を―して表現する」

じんかく-きょういく【人格教育】(ジンカクケウイク) 円満で調和のとれた人格の形成を目標とする教育。

しんがくげきろん【新楽劇論】演劇理論書。坪内逍遥著。明治37年(1904)刊。日本演劇の改良の方策として、舞踊劇を国民的娯楽と国際的理解の観点から論じたもの。➡新舞踊劇運動

じんかく-けん【人格権】人の生命・身体・自由・名誉・氏名・肖像・貞操・信用など、権利者から分離することのできない利益で、私人の権利に属するとされるもの。

しんがく-こう【進学校】(シンガクカウ) 多数の卒業生が難易度の高い大学(高等学校)に入学している高等学校(中学校)。一般に、進学率の高さではなく、難関校入学者の多い学校をいう。

しんがく-しどう【進学指導】(シンガクシダウ) 児童・生徒などの上級学校への進学について、教師が行う指導。

じんかく-しゃ【人格者】すぐれた人格の持ち主。

じんかく-しゅぎ【人格主義】人格に絶対的価値をおく哲学・倫理学の立場。自律的人格に比類のない尊厳を認めるカントの道徳哲学など。

じんかく-しょうがい【人格障害】(ジンカクシヤウガイ) ►パーソナリティー障害

じんかく-しん【人格神】人間性をもつ超越的存在。知性・情念・意志を兼備して、人間とかかわりをもつとされ、霊と比べて個性がはっきりしている。

じんかくしん-ろん【人格神論】►有神論(ゆうしんろん)❷

しんかく-せいぶつ【真核生物】静止核に核膜があり、核と細胞質とが明瞭に区分される細胞をもつ生物。細菌類・藍藻(らんそう)類以外の全生物。➡原核生物

しんがくたいぜん【神学大全】《原題、(ラテ) Summa Theologica》神学書。トマス=アクィナス著。1266～67年刊。神、神と人間との関係、キリストの3部からなり、カトリック神学の体系を完成したもので、アウグスティヌスの「神の国」、カルバンの「基督教綱要」とともに、キリスト教三大古典の一。

しんがくてきせい-けんさ【進学適性検査】高等教育への適性を調べ、進路指導に役立たせようとして行われる検査。日本では、昭和23～29年(1948～54)に大学進学希望者に対して行われたものがある。

しんがく-の-ひ【神学の×婢】《(ラテ) ancilla theologiae》スコラ学の用語。哲学は女主人に仕える婢(はしため)のように神学に隷属するものでなければならないということ。

しんがく-りつ【進学率】卒業生に占める、上級学校に進学した者の割合。特に高校においての、大学・短大などに進学した者の割合。

しん-かげりゅう【新陰流】(シンカゲリウ) 近世の剣術の一派。永禄年間(1558～1570)に上泉伊勢守秀綱(かみいずみいせのかみひでつな)が創始。愛洲陰流(あいすかげりゅう)から、または鹿島(かしま)神流から学んだという。門人に柳生宗厳(やぎゅうむねよし)らがいる。

じん-がさ【陣×笠】(ヂン) ❶室町時代以後、陣中で主として足軽・雑兵(ぞうひょう)などが用いた笠。薄い鉄、または革で作り、漆を塗って、兜(かぶと)の代用としたもの。後世は外縁を反らせた塗り笠で、武士の外出に用いた。❷「陣笠連」の略。

じんがさ-れん【陣×笠連】(ヂンがさ) ❶雑兵(ぞうひょう)の仲間。また、下卒(かそつ)の者たち。陣笠。❷政党などで、役付きでない、一般の議員。ひら議員。

しんがし-がわ【新河岸川】(がは) 埼玉県南部を流れる川。川越市北部や伊佐沼などを水源とする。武蔵野台地を南流し、東京都北区岩淵水門で隅田川に合流する。長さ26キロ。江戸後期～昭和初期まで江戸(東京)と川越を結ぶ物資の舟運が盛んだった。古くは「内(うち)川」といった。

しんか-しゃ【新華社】(シンクワ) 中国の国営通信社。正式名称は新華通訊社。1937年、延安で中国共産党の通信機関として設立。現在、本部は北京にあり、国務院に所属。政府の正式発表を内外に報道することを主任務とする。

しんか-しゅぎ【進化主義】(シンクワ) 事象の変化を進化の原理によって説明しようとする立場。社会や文化の歴史的発展をこれによって説明しようと試みたモルガンやタイラーが代表者。

しんか-じょうれい【新貨条例】(シンクワデウレイ) 明治4年(1871)新しい貨幣制度確立のために公布された法令。江戸時代の複雑な貨幣制度を整理して貨幣単位を円、補助単位を銭・厘とし、金本位制採用をうたった。

しんか-しょてん【新華書店】(シンクワ) 中国の国営書店。多くの分店をもち、主に国内出版の書籍の取次・販売を行う。1937年、延安で設立された。

じん-がしら【陣頭】(ヂン) 軍勢の統率者。

しんか-しんりがく【進化心理学】(シンクワ) 人間の心的活動の基盤が、その生物学的進化の過程で形成されてきたとする心理学の一分野。人類学・社会生物学・認知科学など多くの領域にまたがる学問分野。

しん-かぞく【新華族】(シンクワゾク) 明治時代、旧公卿・旧大名ではない人で、特別の勲功を認められて華族になった人。➡公家華族 ➡大名華族

しん-がた【新型｜新形】従来のものとは違う、新しい型・形式。また、その製品。「―の車両」(類語)新式・新しい・新(しん)た・新規・新(しん)・新調・新来・新手(あら)

しんがた-インフルエンザ【新型インフルエンザ】突然変異によって人に感染するようになったインフルエンザウイルスを病原とする急性の呼吸器感染症。免疫のないところから世界的規模で同時に大流行(パンデミック)することが予測される。1918～19年にかけて全世界に流行したスペイン風邪など、過去にも例がある。➡豚インフルエンザ

しん-かたかな【真片仮名】漢字(真字)と片仮名を交えた書き方。

しんがた-コレラ【新型コレラ】1992年にインド南部のマドラス(現チェンナイ)で発生し、1995年に新型と判明したコレラ。従来のコレラと同様の症状を呈するが、既知のO1コレラ菌ではなく、新たに同定されたO139コレラ菌(ベンガルコレラ菌)により発症する。➡新興感染症

じん-がたな【陣刀】(ヂン) 戦場で使う刀。軍刀。じんとう。

しんがた-ばんのうさいぼう【新型万能細胞】(バンノウサイバウ) ►iPS細胞

しんがた-まどぐちはんばいほうしき【新型窓口販売方式】(マドグチハンバイハウシキ) 個人向け以外の利付国債を民間金融機関で販売する手続き。郵便局のみで行われていた募集取扱方式による国債の窓口販売を民間金融機関でも行えるようにしたもので、個人投資家の国債購入機会を拡大する目的で、平成19年(2007)10月に導入された。➡個人向け国債 (補説)満期2年・5年・10年の固定利付国債が毎月発行される。購入単位は5万円。1回の申し込みあたりの上限は1億円。購入対象者の制限は設けられていないため、個人でも法人でも購入できる。

しんがた-ろうけん【新型老健】(ラウケン) 「介護療養型老人保健施設」の通称。

しん-がっき【新学期】(ガクキ) 新しく始まる学期。また、学期のはじめ。

しん-がっこう【神学校】(ガクカウ) キリスト教神学の研究・教育を行い、伝道者や聖職者を養成する学校。

しんか-でん【神嘉殿】㊀平安京大内裏の中和院の正殿。天皇が天神・地祇(ちぎ)を祭る所。中殿。中院。㊁皇居内、皇霊殿の西にある建物。新嘗祭(にいなめさい)・神嘗祭(かんなめさい)が行われ、その南庭では元日に四方拝を行う。

しん-かなづかい【新仮名遣い】(かなづかひ) 現代仮名遣いのこと。歴史的仮名遣いを旧仮名遣いというのに対する語。(類語)仮名遣い・歴史的仮名遣い・旧仮名遣い・現代仮名遣い

じん-がね【陣鐘｜陣×鉦】(ヂン) 昔、軍勢の進退や、陣中の種々の合図のために鳴らした鐘や銅鑼(どら)。(類語)陣太鼓・攻め太鼓

しん-かぶ【新株】すでに発行されている株式に対して、増資などによって新しく発行された株式のこと。子株。⇔旧株。

しん-がふ【新▽楽府】漢詩の詩体の一。唐の白居易らが、楽府の形式によって、当時の政治・社会を諷喩(ふうゆ)した詩。古楽府に対していう。新題楽府。

しんかぶ-おち【新株落ち】株主割当増資の場合、増資新株の割当日が経過し、旧株に割り当てられる新株の取得権利がなくなること。

しん-かぶき【新歌舞伎】歌舞伎の一類別で、明治40年(1907)前後から上演されはじめた、劇場部外の文学者の手になる新作歌舞伎。「桐一葉」「修禅寺物語」など。

しん-かぶきじゅうはちばん【新歌舞伎十八番】(カブキジフハチバン) 7世および9世市川団十郎が選定した、歌舞伎十八番以外の得意芸32種。活歴(かつれき)物・松羽目(まつばめ)物が多い。「地震加藤」「鏡獅子」「船弁慶」「紅葉狩」など。

しんかぶ-ひきうけけん【新株引受権】新株の発行の際に、優先的に株式を引き受ける権利。

しんかぶひきうけけんつき-しゃさい【新株引受権付社債】発行の際に、一定の条件で発行会社の新株を引き受ける権利のついた社債。新株引受権はワラントともいうのでワラント債とも通称される。平成14年(2002)の商法改正により、転換社債などと併せて新株予約権付社債となる。

しんかぶよやくけんつき-しゃさい【新株予約権付社債】発行会社の新株を一定の条件で買い取る権利(新株予約権)のついた社債。平成14年(2002)の商法改正によって、従来の転換社債(CB)、新株引受権付社債(ワラント債)などを包含して新株予約権付社債と名称を変更。➡転換社債型新株予約権付社債

しん-かべ【真壁】壁を柱と柱の間におさめ、柱を外に見せた壁。和風建築で一般に用いられる。➡大壁

シンガポール【Singapore】㊀マレー半島南端にあるシンガポール島と付属諸島からなる共和国。首都シンガポール。1819年以来英国の植民地で、東洋貿易と東洋艦隊の根拠地となった。1942年、日本軍が占拠し「昭南」と改名。第二次大戦後は自由国、63年マレーシア連邦の一部となったが、65年に分離独立。人口470万(2010)。スィンガプラ。㊁シンガポール共和国の首都。貿易港として繁栄。華僑(かきょう)が多い。(補説)「新嘉坡」とも書く。

しんか-ほけん【新価保険】火災保険や車両保険などで、損害の保険金額を再調達価額によって設定

した保険のこと。再調達価額保険。(補説)通常、損害保険の保険金額は時価によって設定する。

しん-かまつぎ【真鎌継】材木の継手の一。桁・土台などで、継ぎ目の下に支えるもののあるときに使う鎌継。

しん-から【心から】〔副〕こころから。心の底から。心底から。「一喜ぶ」「一いやになる」

しん-がら【新柄】反物・布地などの、新しくつくられた柄。「一の友禅」

しん-がり【殿】《「しりがり(後駆)」の音変化》❶退却する軍列の最後尾にあって、敵の追撃を防ぐこと。また、その部隊。「隊の一をつとめる」❷隊列や順番などの最後。最後尾。「一に控える」

(類語)びり・どんじり・どんけつ・びりっけつ・最後・尻・けつ・最後尾・末尾・末

しんか-ろん【進化論】生物のそれぞれの種は、単純な原始生物から進化してきたものであるとする考え。ラマルクの用不用説、ダーウィンの自然選択説、ド=フリースの突然変異説などがある。現在では主として進化の要因論をいう。

しん-かん【心肝】心臓と肝臓。転じて、こころ。心の底。「一に徹する」「一を寒からしめる」

心肝を砕・く　苦心・苦労をする。思いわずらう。「新技術の開発に一・く」

しんかん【申鑒】中国の思想書。4編5巻。後漢の荀悦撰。政体・時事・俗嫌・雑言に分けて、政治のあり方や物事の道理などについて述べたもの。

しん-かん【身幹】からだ。身体。また、身の丈。

しんかん【辰韓】古代朝鮮の三韓の一。朝鮮半島の東南部に12の部族的小国家として分立していたが、のち統一されて新羅となる。

しん-かん【信管】砲弾や爆弾などの弾頭または弾底に取り付け、炸薬を点火・爆発させる装置。

しん-かん【神官】神社に職を奉じ、神に仕え神事を執り行う人。特に公的に任命された神職。

(類語)神主・神職・宮司

しん-かん【神感】神が感応すること。また、その感応。「一あらたにて、夢の中に御すがた見奉る事度々になりにけれども」〈発心集・八〉

しん-かん【宸翰】天子の自筆の文書。宸筆。親翰。

しん-かん【秦観】[1049～1100]中国、北宋の文人。字は少游または太虚、号は淮海居士。高郵(江蘇省)の人。蘇軾の弟子。すぐれた抒情詩を多く残した。著「淮海集」。

しん-かん【新刊】書物を新しく刊行すること。また、その書物。(類語)創刊

しん-かん【新患】新しい患者。新しく診療を受けに来た患者。(類語)病人・クランケ・怪我人・半病人

しん-かん【新館】従来のものとは別に、新しく建てた建物。↔旧館。(類語)別館・旧館

しん-かん【箴諫】悪い点を指摘していましめること。

しん-かん【震撼】〔名〕スル　ふるい動かすこと。また、人をふるえあがらせること。「世間を一させた事件」(類語)激動・震動・振動・動揺

しん-かん【親翰】天子の自筆の文書。宸翰。

しん-かん【深閑｜森閑】〔ト・タル〕文〔形動タリ〕物音一つせず、静まりかえっているさま。「一とした寺の本堂」(類語)深深・閑散・静か・密やか・しめやか・静寂・静粛・静閑・閑静・閑寂・清閑・しじま・森森・沈沈・寂・寂・寂然・寂然・寂寂・寂寂・闃・闃然・粛然

しん-がん【心眼】物事の真実の姿を見抜く、鋭い心の働き。心の目。しんげん。「一を開く」

(類語)眼力・眼光・慧眼・達眼

しん-がん【心願】神仏に、心の中で願をかけること。また、心からの願い。

しん-がん【真贋】本物と、偽物。また、本物か偽物かということ。「一を見分ける目」

じん-かん【人間】人の住んでいる世界。世間。にんげん。「老人に身をやつしまして暫く一に住んでおりました」〈中勘助・鳥の物語〉(類語)世間

人間到る所青山あり　►人間到る所青山あり

じん-かん【人寰】人間の世界。世の中。世間。

じん-かん【腎管】無脊椎動物にみられる排出器官。体腔中にらっぱ状に開く腎口、排出物を濃縮・移送する細管部、体外に開く排出口からなる。環形動物では体節ごとに一対ずつあり、体節器ともいう。

じん-かん【塵寰】俗世間。塵界。

しんかんかく-は【新感覚派】大正末期から昭和初期の文学の一流派。雑誌「文芸時代」によった新進作家のグループをさす。外部の現実を主観的に把握し、知的に再構成した新現実を感覚的に創造しようとした。横光利一・川端康成・中河与一・片岡鉄兵ら。

しん-かんせん【新幹線】高速で主要都市間を結ぶJRの鉄道。また、その列車。在来の主要幹線に並行する。軌間は在来線より広く、1.435メートル(標準軌間)。時速200キロ以上で走行。昭和39年(1964)開業の東海道新幹線をはじめ、山陽新幹線・東北新幹線・上越新幹線などが運行。

しん-かんせんしょう【新感染症】感染症予防法による感染症の分類の一。人から人に伝染し、すでに知られている感染性の疾病とは病状や治療の結果が異なり、病状の程度が重篤で、蔓延することで国民の生命及び健康に重大な影響を与えるおそれがあると認められるもの。感染症予防法における一類感染症に準じて対応する。

しんかんせんとくれい-ほう【新幹線特例法】《「新幹線鉄道における列車運行の安全を妨げる行為の処罰に関する特例法」の通称》新幹線の安全な運行を妨げる行為に対する処罰について定めた、鉄道営業法の特例法。自動列車制御設備・列車集中制御設備などの運行保安設備の損壊、線路上に物を置いたり列車に物を投げたりする行為について刑罰を規定している。昭和39年(1964)10月施行。

しん-カントがくは【新カント学派】《ドイ Neukantianer》カント批判哲学の復興を目指した哲学の一派。19世紀後半、ドイツでリープマンの「カントに帰れ」の呼びかけに始まった。認識批判を主要課題としながらも、論理主義的な方向をとったマールブルク学派(コーエン・ナトルプ・カッシーラーら)と、価値論的な方向をとった西南ドイツ学派(ウィンデルバルト・リッケルトら)がある。➡カント学派

しん-かんりょう【新官僚】満州事変後に台頭してきた親軍的、右翼革新的官僚勢力。内務官僚出身者が軸となった。

しん-き【心気】心持ち。気持ち。気分。(類語)気

心気を砕・く　いろいろと気を遣う。たいそう心配する。

心気を燃や・す　気をもむ。じれったく思う。

しん-き【心悸】心臓の鼓動。動悸。

しん-き【心機】心の働き。心の動き。気持ち。「夫婦親子の間と雖も互に其一の変を測る可らず」〈福沢・文明論之概略〉(類語)気・神経・心理

しん-き【辛気】〔名・形動〕面倒であること。また、はっきりしなくていらいらすること。気が重くなること。また、そのさま。「一な人」「一な話」

辛気が湧・く　じれったくて我慢できなくなる。「辛気の湧くほどうらやましい」〈浄・淀鯉〉

しん-き【神気】❶万物のもとになる気。❷精神力。気力。「一を養う」❸不思議な霊気。「一森に満つ」❹神々しいような趣。「一あふれる作品」

(類語)元気・精神・活気・生気・精気・鋭気・壮気・覇気・威勢・景気・活力・精力・気力・血気

しん-き【神鬼】神や鬼。神の霊や死人のたましい。また、人間を超えた霊力のあるもの。

しん-き【神器】❶神を祭るのに使う器具。❷►じんぎ(神器)

しん-き【神機】神秘な働き。非常にすぐれた機略。「一縦横」

しん-き【振起】〔名〕スル　奮い立つこと。奮い起こすこと。「当年の元気を再び一して、…活発に運動を試み給え」〈宙外・ありのすさび〉

しん-き【晨起】朝早く起きること。早起き。「一より夜臥に至るまで」〈中村訳・西国立志編〉

しん-き【新奇】〔名・形動〕目新しくて珍しいこと。また、そのさま。「一を好む」「一な趣向」(派生)しんきさ〔名〕(類語)新しい・斬新・現代的・先端的・モダン・アップツーデート・真新しい・最新・目新しい

しん-き【新規】〔名・形動〕❶新しく事をすること。また、そのさま。「一に加入する」「一採用」「半蔵夫婦の一な生活は始まったばかりだ」〈藤村・夜明け前〉❷(多く「御新規」の形で)飲食店などで、新しい客。「御一さんお二人御案内」❸新しい規則。

(類語)新・ニュー・新しい・新た・新・新調・新型・新式・新来・新手

しん-き【新禧】新年の祝賀。「恭賀一」

しん-ぎ【心木】❶車の心棒。❷活動の中心となるもの。

しん-ぎ【心技】精神面と技術・技能の面。「一一体」

しん-ぎ【信義】真心をもって約束を守り、相手に対するつとめを果たすこと。「一に厚い」「一を重んじる」

しん-ぎ【信疑】信じることと、疑うこと。信じられることと、疑わしいこと。

しん-ぎ【神技】神でなければできないような超人間的な技術・行為。かみわざ。

(類語)妙技・巧技・美技・好技・絶技

しん-ぎ【宸儀】天子のからだ。また、天子自身。「一南殿に出御し」〈平家・五〉

しん-ぎ【真偽】真実と、いつわり。まことかうそか。「一のほどはわからない」(類語)虚実・あることないこと

しん-ぎ【真義】本当の意義。真意。(類語)精神

しん-ぎ【清規】禅宗寺院での、日常生活の規則。

しん-ぎ【新義】❶新しい意義。新しい解釈。❷「新義真言宗」の略。

しん-ぎ【審議】〔名〕スル　ある物事について詳しく調査・検討し、そのもののよしあしなどを決めること。「原案を一する」(類語)合議・協議・会談・謀議・評議・会議・相談・打ち合わせ・下相談・談合・示談・話し合い・商議・評定・鳩首・凝議・内談

じん-き【人気】❶その地域の人々の気風。にんき。「一が荒い」❷人々の受け取りよう。気受け。評判。にんき。「講釈風のレクチュアが妙に書生の一を集めた」〈魯庵・社会百面相〉❸群集した人々の熱気。また、人々の気配。「一ハナハダ熱シ」〈日葡〉

じんき【神亀】奈良時代、聖武天皇の時の年号。724年2月4日～729年8月5日。

じん-ぎ【仁義】❶仁と義。儒教道徳の根本理念。❷道徳上守るべき筋道。「一にもとる行為」「一を重んじる」❸他人に対して欠かせない礼儀上の務め。義理。❹《「辞宜」からか》ばくち打ち・香具師などの仲間の道徳・おきて。また、その仲間内で行われる初対面のあいさつ。

(類語)倫理・道義・徳義・人倫・人道・世道・公道・公徳・正義・規範・大義・徳・道・モラル・モラリティー

仁義を切・る　ばくち打ち・香具師などの間で、独特の形式に基づいた初対面のあいさつを交わす。また転じて、事をなすにあたって、先任者・関連部署などにひととおりのあいさつをしておく。

じん-ぎ【神祇】❶天の神と地の神。天神地祇。❷►神祇歌

じん-ぎ【神器】《古くは「しんぎ」「しんき」とも》神から受け伝えた宝器。特に、三種の神器。

じん-ぎ【辞宜｜辞儀】《「じぎ(辞宜)」の音変化》あいさつ。えしゃく。「申し上ぐるところの一、余儀なし」〈曽我・二〉

しんき-いってん【心機一転】〔名〕スル　何かをきっかけにして、気持ちがすっかり変わること。「一して仕事に励む」(補説)「心気一転」と書くのは誤り。

(類語)一変・急転・急変・激変・豹変・一転・変わる

じんぎ-いん【神祇院】昭和15年(1940)皇紀2600年を機に創設された内務省の外局。国家神道による国民教化の中心機関となった。同21年廃止。

じんぎ-か【神祇歌】勅撰和歌集の部立ての一。神事・祭礼などや神社参拝の際に詠んだ歌。後拾遺集に初めて設けられ、千載集以後は1巻として独立。

しんぎ-かい【審議会】国の行政機関や、地方公共団体の執行機関に付属する合議制の機関。児童福祉審議会・文化審議会など。➡私的諮問機関

しんき-かりいれとりきめ【新規借入取(り)決め┊新規借入取極】►ナブ(NAB)

じんぎ-かん【神×祇官】❶律令制で、太政官と並ぶ中央最高官庁。朝廷の祭祀をつかさどり、諸国の官社を総轄した。かみづかさ。❷明治維新政府の官庁。慶応4年(1868)閏4月、太政官七官の一として設置し、神祇・祭祀をつかさどった。明治4年(1871)神祇省と改称。

しんき-くさ・い【辛気臭い】〔形〕図しんきくさ・し〔ク〕思うようにならず、いらいらするさま。また、気がめいるさま。「単調で―・い仕事」「―・い口調で話す」

じんぎ-ぐみ【神祇組】江戸初期、旗本奴が組織した徒党。水野十郎左衛門を頭目とする。

しん-きげん【新紀元】新しい時代の出発点。「―を画する」

しんき-こうかいかぶ【新規公開株】株式市場で、新しく公開(上場)された株式。IPO株。➡株式公開

しんき-こうしん【心×悸×亢進】心臓の鼓動が平常よりも強く速くなること。精神的な興奮、激しい運動、心臓病などで起こる。

しんぎこう-は【新技巧派】大正初期の文学の一流派。芥川竜之介・菊池寛・久米正雄ら第三次・第四次「新思潮」の同人を中心とする作家に対する称。理知的な技巧を重視し、主題の鮮明な作風を示した。新理知派。

しん-きじく【新機軸】それまでのものとは違った、新しい工夫ややり方。「―を打ち出す」(類語)趣向・創意

しん-きしつ【辛棄疾】[1140～1207]中国、南宋の詞人。字は幼安、号は稼軒居士。歴城(山東省済南)の人。金の支配下で武装蜂起に参加。一貫して対金強硬策を主張した。激しく時事を嘆き、望郷の念を表現する作が多い。著「稼軒詞」など。

しんぎしゅう【新義州】朝鮮民主主義人民共和国北西部の工業都市。鴨緑江を挟んで対する中国の丹東(安東)とは鉄道が通じている。製紙・繊維工業が盛ん。2002年市域の一部が特別行政区に指定された。シンウィジュ。

しんき-しょう【心気症】身体表現性障害の一つ。自分の健康状態やからだの調子に異常にこだわり、重大な病気にかかっているのではないか、などと心配する。診察を受けて身体的疾患はないと診断・説明されても容易に納得しない。ヒポコンデリー。

じんぎ-しょう【神×祇省】明治維新政府の官庁。神祇官の後身として太政官の下に属し、祭祀・宣教などをつかさどった。明治5年(1872)廃止。

しんぎ-しんごんしゅう【新義真言宗】覚鑁を宗祖とし、大日如来の加持身説法の新義を唱えた真言宗の一派。根来山大伝法院を本山としたが、のち、智山・豊山両派に分かれた。新義派。➡古義真言宗

ジンギス-かん【ジンギス汗】㊀►チンギス＝ハン ㊁「ジンギス汗鍋」「ジンギス汗料理」などの略。(補説)「成吉思汗」とも書く。

ジンギスかん-なべ【ジンギス汗鍋】❶ジンギス汗料理に用いる、溝を刻んだかぶと形の鉄製の鍋。❷「ジンギス汗料理」に同じ。

ジンギスかん-りょうり【ジンギス汗料理】羊肉の薄切りと野菜をたれにつけ、ジンギス汗鍋や鉄板で焼いて食べる料理。本来は野外料理で、チンギス＝ハンが、陣中で軍勢の士気を高めるために作らせたという伝説がある。ジンギス汗鍋。(季 冬)

しんき-せい【新奇性】目新しいさま。物珍しいさま。「―に乏しい企画」

しんぎ-そく【信義則】社会共同生活において、権利の行使や義務の履行は、互いに相手の信頼や期待を裏切らないように誠実に行わなければならないとする法理。信義誠実の原則。

しんぎ-たい【心技体】精神力(心)・技術(技)・体力(体)の総称。スポーツ界でよく使う。「―のバランス」

じんぎ-だて【仁義立て】仁義を守ること。また、そのふりをすること。

しんきつりょう【×秦吉了】九官鳥の別名。

しんき-なき【辛気泣き】じれったくて泣くこと。「これほど思ひ合うた仲、なぜに婦夫になられぬと、一にぞ泣きゐたる」〈浄・歌念仏〉

じんぎ-の-ししょう【神×祇の四姓】古代、世襲的に神事にかかわった四氏。王氏(白川家)・中臣氏・斎部氏・卜部氏をいう。

しんぎ-は【新義派】「新義真言宗」に同じ。

じんぎ-はく【神×祇伯】律令制で、神祇官の長官。かみづかさのかみ。

しんき-まきなおし【新規×蒔き直し】もとに戻って、もう一度新しくやりなおすこと。「―を図る」

しんぎ-みりょう【審議未了】案件が審議期間中に議決に至らず、継続審議にもならないこと。国会では、会期不継続の原則により、会期の終了とともに廃案となる。

しん-きゃく【新客】❶新来の客。❷行者・山伏などで、初めて山に修行に入る者。

しんきゃく-るい【唇脚類】唇脚綱の節足動物の総称。ムカデ・ゲジなど。頭には触角・目・毒牙があり、胴は15～170以上の体節からなり、各体節に一対の歩脚をもつ。

しんき-やせ【辛気痩せ】いらいらして、やせること。「その仲のよさ隠れなく、聞いて羨む―」〈浄・松風村雨〉

しんき-やみ【辛気病み】異常に物事を気にしたり、心配したりすること。また、その人。

しん-きゅう【深宮】奥深い宮殿。

しん-きゅう【進級】〔名〕スル 等級・学年などが、上へ進むこと。「二年生に―する」(季 春)(類語)進む

しん-きゅう【新旧】❶新しいものと古いもの。新しいことと古いこと。「―交替」❷新暦と旧暦。

しん-きゅう【×賑救┊振救】〔名〕スル 施し物をして貧民や被災者などを救うこと。

しん-きゅう【×賑給】〔名〕スル ❶困窮者に金品を施し与えること。「窮民の来りて救助を乞うものあれば、必ず厚くこれに―せり」〈中村訳・西国立志編〉❷►しんごう(賑給)

しん-きゅう【審級】訴訟事件を異なる階級の裁判所で反復審判させる場合の裁判所間の序列。日本の司法制度は原則として三審級をとる。➡三審制度

しん-きゅう【親旧】親類と、昔なじみ。親故。

しん-きゅう【×鍼×灸┊針×灸】はりときゅう。漢方で、治療のためにはりを打ったり灸をすえたりすること。「―術」

じん-きゅう【迅急】〔名・形動〕勢いがきわめてはげしく、急なこと。また、そのさま。「―な潮流」

しんきゅう-ぶんり【新旧分離】企業が経営難に陥った場合の再建策の一。事業を引き継ぐ「新会社」と、債務や赤字事業などの処理にあたる「旧会社」に分けることで、新会社の信用を高めて、経営を立て直す。旧会社は破産手続きなどを経て清算されることが多い。

シンギュラリティー〘singularity〙❶特異性。独自性。❷特異日。特定の暦日に、ある天候が高い確率で出現すること。11月3日は晴れるなど。

しん-きょ【信拠】〔名〕スル 信じてよりどころとすること。また、信ずべき根拠。「神代の諸事決して―すべきものにあらざれども」〈田口・日本開化小史〉

しん-きょ【新居】新築または転居した、新しい住まい。また、結婚して新しく住む所。「―を構える」(類語)新宅

しん-ぎょ【寝御】天子がおやすみになること。御寝。

じん-きょ【腎虚】〔名〕スル ❶漢方で、虚弱体質・精力減退に類する症状。❷俗に、過度に性交することによる男性のからだの衰弱。

しん-きょう【心胸】むねのうち。心。「人間日常の情偽をして読者の―に了然とし」〈逍遥・小説神髄〉

しん-きょう【心教】禅宗のこと。

しん-きょう【心境】その時の気持ち。心の状態。心持ち。「―を語る」「複雑な―」(類語)境地・境・思い・気分・想念・思念・念い・気持ち・感懐・感想・所懐・胸懐・心懐・胸中・心中・心事・心情・感慨・万感・偶感・考え・思考・思索・一存

しん-きょう【信教】宗教を信じること。(類語)宗教・信仰・信心・敬神・崇拝・尊信・渇仰・帰依・入信・狂信

しん-きょう【神境】❶神社の境内。❷神や仙人の住むような、俗世間を離れた所。仙境。

しん-きょう【神橋】㊀神殿や神社の境内などに架けてある橋。㊁栃木県日光市の大谷川にかかる朱塗りの木橋。もと勅使や将軍の専用。

しん-きょう【神鏡】㊀❶神社などで、神霊として祭る鏡。❷神前に掛けておく鏡。㊁三種の神器の一である八咫鏡のこと。

しんきょう【真教】鎌倉時代の僧、他阿のこと。

しん-きょう【×秦鏡】《「西京雑記」にある、秦の始皇帝が、人の心の善悪や病気の有無を照らして見たという鏡から》人の心の善悪正邪を見抜く眼識。

しん-きょう【進境】進歩・上達の度合い。上達した境地。「一著しい選手」「一段の―を示す」(類語)進歩

しん-きょう【新京】新しいみやこ。新都。

しんきょう【新京】中国吉林省長春市の満州国首都時代の呼称。

しん-きょう【新教】プロテスタント諸教派の日本における通称。「―徒」➡旧教

しん-きょう【震恐】〔名〕スル おそれおののくこと。「周師大敗、帰路全く絶え将士―す」〈東海散士・佳人之奇遇〉

しん-きょう【震驚】〔名〕スル おどろきおののくこと。「辛苦貧窮、その他凡百の凶害、他人を―せしむるもの」〈中村訳・西国立志編〉

しん-きょう【親兄】肉親である兄。実兄。しんけい。「入鹿が妹橘姫―に代へ忠義の貞節」〈浄・妹背山〉

しん-ぎょう【心行】仏語。❶心のはたらき。❷浄土教で、安心と起行。

しんぎょう【心経】「般若心経」の略。

しん-ぎょう【信▽楽】仏語。教えを信じ喜ぶこと。阿弥陀仏の本願を信じて疑わないこと。

じん-きょう【人境】人の住んでいる所。人里。

じん-きょう【▽任×侠┊仁×侠】►にんきょう(任侠)

じん-きょう【×塵境】❶仏語。六根の対象となる、色・声・香・味・触・法の六塵。❷ちりに汚れた所。不浄なこの世。俗世間。塵界。

しん-きょういく【新教育】❶従来の教育に対して提唱される、新しい教育。❷教科書中心・教師中心の教育に対し、児童の個性・興味を中心とし、自発的活動を重んじる教育。19世紀末以降、欧米を中心に展開され、日本では大正期に盛んになった。また、第二次大戦後の教育指針・方策をいう。

しんきょうウイグル-じちく【新疆ウイグル自治区】中国北西部の自治区。崑崙・天山・アルタイの3山脈と、その間にあるタリム・ジュンガルの2盆地からなる。中心都市はウルムチ。水利開発によるオアシス農業が盛ん。古代はシルクロード交通の要地。清代に中国の版図に入った。1884年から新疆省、1955年から自治区となる。人口、2010万(2005)。新疆。

しんきょう-げきだん【新協劇団】昭和9年(1934)村山知義らが結成した劇団。主に社会派の戯曲を上演したが、同15年弾圧により解散。戦後に再建されたが、同34年東京芸術座となる。

しんきょうごく【新京極】京都市中京区にある繁華街。寺町通りと河原町通りの間、三条・四条通りを結ぶ街路。

しんきょう-しょうせつ【心境小説】作者が日常生活で目に触れたものを描きながら、その中に自己の心境を調和のとれた筆致で表現した小説。志賀直哉「城の崎にて」、尾崎一雄「虫のいろいろ」など。

しん-ぎょう-そう【真行草】❶漢字の書体の、真書(楷書)・行書・草書のこと。❷華道・茶道・庭園・俳諧・絵画などでの表現法の三体。「真」は正格、「草」はくずした風雅の体、「行」はその中間。

しん-きょうちょうくみあいしゅぎ【新協調組合

主義】ネオコーポラティズム
しんきょう-と【新教徒】新教(プロテスタント)を信仰する人。⇔旧教徒
しんきょう-の-じゆう【信教の自由】宗教を信じる、または信じない自由。宗教的行為の自由、礼拝・集会の自由、宗教的結社の自由、宗教の選択・変更の自由、無宗教の自由をも含む。日本では基本的人権の一つとして憲法で保障している。宗教の自由。
しんきょう-の-れい【親兄の礼】実兄に対する礼儀。「わが君は、―を重んじ給ひ」〈謡・船弁慶〉
しん-きょく【心曲】心に思うことのすべて。
しんきょく【神曲】《原題、La Divina Commedia》ダンテの長編叙事詩。1307～21年刊。地獄編・煉獄編・天国編の3部からなる。ダンテ自身が主人公となってこの三界を巡り、神の愛に包まれて至高至福の境地に至るまでを描く。作者の人生観・宗教観の集大成といわれる。
しん-きょく【新曲】❶新しく作られた歌曲・楽曲。❷箏曲の組歌のうち、安永年間(1772～1781)以後に作られた曲。❸三味線組歌の新作曲。本手組7曲に対するものをいう。
しんきょくうらしま【新曲浦島】新舞踊劇。3幕。坪内逍遥作。「新楽劇論」の理念の実践として明治37年(1904)発表。浦島伝説を題材に、長唄や各種の日本の音曲に洋舞まで取り入れた大がかりなもの。現在は長唄による序の部分のみ上演される。
しん-きょくめん【新局面】物事の、新しく展開した情勢。「―を迎える」
しん-きり【心切(り)｜芯切(り)】ろうそくの芯の燃えさしをはさみ切る道具。芯切り鋏。
しんき-ろう【×蜃気楼】《蜃(大ハマグリ)が気を吐いて楼閣を描くと考えられたところから》大気の下層に温度などの密度差があるとき、光の異常屈折により、地上の物体が浮き上がって見えたり、逆さまに見えたり、遠くの物体が近くに見えたりする現象。海上や砂漠で起こる。日本では富山湾で見られる。海市。（季 春）「みつけしは非番の厨夫―／誓子」
(類語)海市・空中楼閣
しん-きろく【新記録】今までの記録を上回る、すぐれた記録。「日本―」
しんぎ-ろん【神義論】►弁神論
しん-きん【心筋】心臓壁を構成している筋肉。特殊な横紋筋で、不随意筋。
しん-きん【伸筋】関節の伸展運動をさせる働きをする筋肉。⇔屈筋
しん-きん【辛勤】苦労してつとめること。また、つらいつとめ。「セーベ諸名士の―は其内政回復の時に於て」〈竜渓・経国美談〉
しん-きん【信金】「信用金庫」の略。
しん-きん【×宸襟】天子の心。「―を安んじる」
しん-きん【真金】純粋の黄金。純金。〈日葡〉
しん-きん【真菌】菌類のうち、細菌・変形菌(粘菌)を除くものの総称。カビ・キノコとよばれるものが含まれる。クロロフィルその他の同化色素がなく、腐生・寄生・共生などの生活をし、体は糸状の菌糸からなり、胞子で増える。生態系では分解者として重要。真菌類。
しん-きん【親近】〔名・形動〕スル ❶親しくすること。親しく近づくこと。❷近い関係にあること。身内であること。また、そのさま。「一者」「自分が最も―な…家族を愛するように」〈倉田・愛と認識との出発〉❸側近くに仕える人。側近。「総裁の―」
(類語)接近・密接・近接・緊密
しん-ぎん【×呻吟】〔名〕スル 苦しんでうめくこと。「病床に―する」「小説の書き出しに―する」
しん-ぎん【新銀】江戸時代、貨幣改鋳により新しく鋳造・発行された銀貨。
しんきん-えん【心筋炎】心筋に炎症が起こる病気。リウマチ熱・肺炎・猩紅熱・ウイルス性疾患などの経過中あるいは回復期に発症することが多い。
しんきん-かん【親近感】自分に近いものと感じて抱く、親しみの気持ち。「似た境遇に―をもつ」
しんきん-こうそく【心筋梗塞】心臓の冠状動脈の、血栓などによる閉塞、急激な血流の減少により、酸素と栄養の供給が止まり、心筋が壊死した病態。激しい狭心痛、ショック状態などが起こる。中年以後に多い。
しんきん-しょう【心筋症】心臓を動かす筋肉に異常が発生し、心機能の低下をきたす疾患。心筋の細胞が肥大・変質するなどして、心臓から全身に血液を送り出すポンプ機能が低下し、動悸・息切れ・呼吸困難などの症状が起こる。心筋が厚くなる肥大型心筋症、心筋が薄くなる拡張型心筋症、心筋が硬くなる拘束型心筋症などがある。(補説)心筋疾患のうち、原因が特定されていない特発性のものが心筋症とされ、原因または全身疾患との関連が明らかになっているもの(特定心筋症)とは区別される。
しんきん-しょう【真菌症】真菌によって引き起こされる疾患の総称。主にカンジダ菌により皮膚に起こるものと、カンジダ菌・放線菌などにより内臓に起こるものとがある。免疫の低下しているときに日和見感染として発病することが多い。
しんきん-しょうしゃくじゅつ【心筋焼×灼術】►カテーテルアブレーション
しんきん-ちゅうおうきんこ【信金中央金庫】信用金庫の中央金融機関。全国の信用金庫を会員とする協同組織金融機関。昭和25年(1950)、全国信用協同組合連合会として設立。翌年、信用金庫法に基づいて全国信用金庫連合会に改組、平成12年(2000)に現在の名称となった。信用金庫から預け入れられた資金および金融債を発行して調達した資金の運用や為替・資金の集中決済が主業務。信金中金。
しんきん-ちゅうきん【信金中金】「信金中央金庫」の略称。
しん-きんゆうりっこく【新金融立国】►金融立国
しん-く【心×垢】仏語。煩悩のこと。
しん-く【身×躯】からだ。身体。
しん-く【辛苦】〔名〕スル《古くは「しんぐ」》つらく苦しい思いをすること。また、その苦しみ。「―して子供を育て上げる」「艱難―」「粒々―」
(類語)苦労・骨折り・労・労苦・苦心・腐心・辛労・心労・煩労・艱苦・艱難・苦難・辛酸・ひと苦労
しん-く【真紅｜深紅】濃い紅色。正真の紅色。まっか。しんこう(深紅)。「―のバラ」
(類語)赤・真っ赤・赤色・紅色・紅・紅・鮮紅色・緋・緋色・朱・朱色・丹・茜色・薔薇色・小豆色・臙脂色・暗紅色・唐紅・レッド・スカーレット・バーミリオン・マゼンタ・ローズ・ワインレッド
シンク〔sink〕❶沈むこと。沈没すること。❷台所の流しの水槽。「ダブル―」
シンク〔think〕考えること。思考。
しん-ぐ【寝具】寝るときに用いる、布団・毛布・寝巻・枕など。夜具。(類語)夜具・夜着・布団・枕
シング〔John Millington Synge〕[1871～1909]アイルランドの劇作家。詩的写実劇を発表、アイルランドの国民演劇運動を推進し、文芸復興に貢献。作「谷間にて」「海へ騎りゆく人々」「西の国の人気者」など。
シング〔Richard Laurence Millington Synge〕[1914～1994]英国の生化学者。分配クロマトグラフィー法とペーパークロマトグラフィー法を考案し、アミノ酸分析の基礎を築いた。1952年、A=P=マーティンとともにノーベル化学賞受賞。
シング〔thing〕もの。物体。事物。
じん-く【甚句】民謡の一。多く七・七・七・五の4句形式で、節は地方によって異なる。江戸末期から流行。越後甚句・米山甚句・名古屋甚句・博多甚句・相撲甚句など。「地の句」「神供」の意からとも、また、越後国の甚九という人名からともいうが未詳。
じん-く【神供】《「じんぐ」とも》❶神への供え物。供物。❷密教で、修法などを行じるとき、道場外に壇を設けて十二天や鬼神に供養する作法。
ジンク〔zinc〕亜鉛。「―版」
しん-く-い【身口意】仏語。動作を行う身と、言語表現を行う口と、精神作用をなす心。⇒三業
しんくい-むし【心×喰い虫】植物の芽や果実の芯などを食害するガの幼虫。
しん-くう【真空】❶物質が全く存在しない空間。ふつう、水銀柱数ミリ以下の低圧の状態をいう。❷実質のないからっぽの状態。また、働きや活動が停止し、外部からの影響・作用なども全く及んでいない状態。「頭が―になる」「一地帯」❸仏語。一切の現象を空であり無であると観じた、そうした空さえも超えた空。宇宙万物の本体である真如の姿。
しん-ぐう【新宮】本宮から神霊を分けて建てた神社。今宮。若宮。
しんぐう【新宮】和歌山県南東端、熊野川河口にある市。熊野川を挟んで三重県と接する。熊野速玉神社(新宮権現)の門前町として発展。近世は水野氏の城下町。古くから木材の集散地として栄え、製材・製紙業が発達。平成17年(2005)熊野川町と合併。人口3.1万(2010)。
じん-ぐう【神宮】㊀❶神を祭った宮殿。❷格式の高い神社の称号。また、その称号をもった神社。熱田神宮・平安神宮・明治神宮など。㊁伊勢神宮のこと。
(類語)神社・社・大社・稲荷・八幡・鎮守・本社・摂社・末社・祠・宮・祠堂
しんぐう-がわ【新宮川】►熊野川
しんくう-かん【真空管】真空度の高いガラスや金属の容器内に電極を封入した電子管の総称。二極管・三極管・多極管などがあり、検波・増幅・整流・発振などに用いる。
じんぐう-かんべしょ【神宮神▽部署】もと伊勢神宮大宮司の管理に属し、神宮のお札と暦の製造販売などをつかさどった役所。明治33年(1900)創設、昭和21年(1946)廃止。
じんぐう-きねんさい【神宮祈年祭】伊勢神宮で行われる祈年祭。近世までは毎年陰暦2月12日に、現在は2月17日に行われる。
じんぐう-きゅうじょう【神宮球場】東京都新宿区にある野球場。大正15年(1926)完成。グラウンド面積は1万2659平方メートル。プロ野球東京ヤクルトスワローズの本拠地。東京六大学野球のリーグ戦や全日本大学野球選手権大会、明治神宮野球大会など、大学野球の主要な球場としても使用される。正式名称は明治神宮野球場。
じんぐう-きょう【神宮教】教派神道の一。伊勢神宮の神官を中心に、明治15年(1882)神道神宮派として独立し、同年神宮教と改称。伊勢神宮崇敬を中心とする活動を行った。同32年解散し、財団法人神宮奉斎会となった。(補説)神宮奉斎会は昭和21年(1946)に解散し、皇典講究所・大日本神祇会とともに宗教法人神社本庁を創設した。
しんくう-けい【真空計】真空に近い低圧力を測定して、真空の度合を知る装置。
じんぐう-こうがくかん【神宮皇学館】三重県伊勢市にあった神官養成学校。明治15年(1882)伊勢神宮の関連学校として設立。同36年に官立専門学校となり、昭和15年(1940)大学に昇格。第二次大戦後に廃校となったが、同37年に私立の皇學館大学として復活。
じんぐう-こうごう【神功皇后】記紀に伝えられる仲哀天皇の皇后。名は気長足姫尊。仲哀天皇の没後、懐妊のまま朝鮮半島に遠征し、帰国後に応神天皇を出産したといわれる。
しんくう-コンデンサー【真空コンデンサー】導体間を高真空状態にしたコンデンサー。空気の10倍以上という絶縁性能を生かして電極間隔を狭め、空気コンデンサーに比べて小型化、大容量化を図ることができる。
しんぐう-し【新宮市】►新宮
じんぐう-じ【神宮寺】神社に付属して建てられた寺。神仏習合の結果生じたもので、社僧(別当)が、神前読経など神社の祭祀を仏式で行った。明治の神仏分離令で分立または廃絶。神供寺。宮寺。

別当寺。神護寺。
しんくう-しがいせん【真空紫外線】▶遠紫外線
じんぐう-しちょう【神宮司庁】三重県伊勢市にあり、伊勢神宮に関する事務をつかさどる機関。祭主・大宮司以下の職員を置く。
しんぐう-じょう【新宮城】和歌山県新宮市にあった城。元和4年(1618)浅野忠吉が築城を開始したが翌年転封し、その後に入った紀州藩付家老水野氏によって完成。丹鶴(たんかく)城。
しんくう-じょうちゃく【真空蒸着】▶蒸着
しんくう-じょうりゅう【真空蒸留】▶減圧蒸留
しんくう-せいどうき【真空制動機】電車や自動車に用いる制動機で、シリンダー内部の真空部に空気を導入してピストンを動かし、車輪に制動をかける装置。真空ブレーキ。
じんぐう-たいま【神宮大麻】天照皇大神宮の神符。毎年、伊勢神宮を崇敬する各家庭に配られる。神宮おおぬさ。
じんぐう-ちょうこかん【神宮徴古館】三重県伊勢市にある、伊勢神宮の宝物や史料などを陳列する博物館。明治42年(1909)完成。
しんくう-ちょうり【真空調理】食材と調味料をポリ袋に入れ、空気を抜いて密封し、セ氏60〜100度の低温で加熱する料理法。短時間でおいしく仕上がり保存性もよい。1970年代末にフランスで開発された。
しんくう-ど【真空度】真空の程度。真空ポンプなどを用いてつくられた真空状態について、残留気体の圧力で表す。単位としてパスカル(Pa)を用いることが多い。現在人工的に10^{-10}Pa程度の真空が得られている。➡低真空 ➡中真空 ➡高真空 ➡超高真空
じんぐう-とうにん【神宮頭人】▶神宮奉行
しんくう-パック【真空パック】プラスチックフィルムやアルミなどの気密性の高い素材を用い、食品などを入れて真空状態にしたもの。腐敗や酸化を防ぐ。真空包装。
じんぐう-ぶぎょう【神宮奉行】室町幕府の職名。伊勢神宮に関する職務を担当した。神宮頭人(とうにん)。
しんくう-ブレーキ【真空ブレーキ】▶真空制動機
じんぐう-ぶんこ【神宮文庫】三重県伊勢市にある伊勢神宮所属の図書館。明治44年(1911)内宮(ないくう)の林崎(はやしざき)文庫と外宮(げくう)の宮崎文庫を統合して開設。約24万冊を収蔵。
しんくう-ほうでん【真空放電】きわめて低圧の気体中で起きる放電。
しんくう-ポンプ【真空ポンプ】容器内の気体を吸い出してその真空度を高める機械。回転ポンプ・拡散ポンプなど。
ジングシュピール〘ドイツ Singspiel〙18世紀後半から19世紀中ごろにかけて、ドイツで上演された音楽劇。オペラとは異なって対話が多く用いられ、明るく喜劇的な内容をもつものが多い。
ジンクス〘jinx〙縁起のよい、または悪い言い伝え。また、縁起をかつぐ対象とする物事。「緒戦は勝てないという—がある」「—を破る」
シンク-タンク〘think tank〙種々の分野の専門家を集め、国の政策決定や企業戦略の基礎研究、コンサルティングサービス、システム開発などを行う組織。頭脳集団。
シンクパッド〘ThinkPad〙中国のレノボ社が製造・販売するノートパソコンのブランド名。もとは米国のIBM社が製造していたもので、2005年よりレノボ社の製品。
シンクベトリル-こくりつこうえん【シンクベトリル国立公園】《Þjóðgarðurinn á Þingvellir》アイスランド南西部にある国立公園。首都レイキャビクの北東約50キロメートルにあるギャウに位置する。930年、ノルウェーからの移住者が、世界で初めての民主議会(アルシング)を開いた地として知られ、1930年に同国の民主政治の聖地として国立公園に制定。2004年に世界遺産(文化遺産)に登録された。シングベトリル国立公園。

しん-くみ【信組】「信用協同組合」の略。
しん-ぐみ【新組(み)】印刷で、版を新たに組むこと。また、その版。
シン-クライアント〘thin client〙クライアントサーバーシステムを構成するクライアント側のコンピューターのうち、最低限の機能のみを有する低価格のコンピューターを指す。サーバーがアプリケーションソフトやデータなどを管理するため、クライアント側のコンピューターの運用・管理のコストを抑えることができる。
シングル〘single〙❶一つ。一人。一人用。❷独身であること。また、独身者。❸ゴルフで、ハンディが一桁であること。「—プレーヤー」❹ウイスキーなどの量の単位。約30ミリリットル。「—の水割り」➡ダブル ❺「シングルベッド」の略。また、ホテルの一人用客室。➡ダブル ❻洋服の上着やコートなどで、前の打ち合わせが少なくボタンが1列のもの。「—のスーツ」➡ダブル ❼ワイシャツの袖(そで)やズボンの裾(すそ)に折り返しのないもの。➡ダブル ❽「シングル幅」の略。➡ダブル ❾「シングルヒット」の略。❿「シングル盤」の略。⓫「シングルスケーティング」の略。⓬▶シングルス
ジングル〘jingle〙テレビやラジオのコマーシャルに使われる歌や音楽。短いドラマ仕立てのものもある。会社名や商品名が組み込まれているものが多い。
シングルイシュー-ポリティックス〘single issue politics〙反戦・反税など一つの問題のみをめぐる政治運動。
シングル-エーアールコート【シングルARコート】《single-layer anti-reflective coat》▶ARコート
シングル-エーエフ【シングルAF】《single AF》▶ワンショットAF
シングル-オーバーヘッドカムシャフト〘single overhead camshaft〙4ストロークエンジンで、吸・排気バルブを開閉するカムシャフトが1本で、かつシリンダーヘッドの上方にあるもの。SOHC。➡ダブルオーバーヘッドカムシャフト
シングル-カット〘single cut〙LPレコードやCDに収められている曲の中から、1曲または2曲を選び出して、シングル盤にすること。
シングル-キャリア〘single-carrier〙《「シングルキャリアー」とも》音声、映像、データなどの信号を伝送する際、一つの搬送波に変調して伝送する方式。また、その搬送波のこと。代表的な変調方式としてOFDMがある。➡マルチキャリア
シングル-コース〘single course〙▶シングルトラック
シングル-サインオン〘single sign-on〙コンピューターのアプリケーションソフトを使用したりネットワーク接続をする際に、ユーザーが一度の認証を受けるだけで、許可された機能のすべてを利用できる仕組み。
シングル-シーター〘single seater〙一人乗り用の自動車や飛行機。
シングルス〘singles〙テニス・卓球・バドミントンなどで、一人対一人で行う試合。単試合。⇔ダブルス。
シングル-スケーティング〘single skating〙フィギュアスケート競技の一。男女別で、一人で競技を行う。ショートプログラム(SP)とフリースケーティング(FS)の2種目がある。シングル。➡ペアスケーティング
シングルスペース-フォント〘single space font〙▶等幅フォント
シングル-せたい【シングル世帯】▶単身世帯
シングルソース-データ〘single source data〙同一対象者から、購買・広告接触・ライフスタイルなどの多面的情報を採取したデータ。広告と購買の関係などを個人ベースで分析できる利点がある。
シングルタスク〘singletask〙1台のコンピューター上で、一度に一つの処理しか行えないこと。複数の処理を実行できる場合、マルチタスクという。
シングルチップ-コンピューター〘single chip computer〙一つの集積回路上に演算・記憶などのすべての機能をまとめて作ったコンピューター。
シングル-トラック〘single track〙スピードスケートで、コースを仕切らずに一度に多数の選手を滑らせる滑走路。オープンコース。シングルコース。➡ダブルトラック
シングルバイト-もじ【シングルバイト文字】▶1バイト文字
シングルパス-テクスチャーブレンディング〘single pass texture blending〙▶シングルパスマルチテクスチャーマッピング
シングルパス-マルチテクスチャーマッピング〘single pass multitexture mapping｜single pass multiple texture mapping〙コンピューターグラフィックスの三次元画像で物体表面の質感を表現するマルチテクスチャーの一。複数のテクスチャーマッピングを一括して行うため描画速度が速いが、専用のハードウエアを必要とする。シングルパステクスチャーブレンディング。
シングル-はば【シングル幅】洋服地で、ダブル幅の約半分、ふつう、71センチ幅。また、その洋服地。木綿・絹・化繊などに多い。ヤール幅。➡ダブル幅
シングル-パパ《和 single＋papa》「シングルファーザー」に同じ。
シングル-ばん【シングル盤】表裏に各1曲ずつ入っているレコード。また、2〜3曲を収めたコンパクトディスク。アルバムに対していう。
シングル-ハンド〘single-handed〙野球で、片手で捕球すること。
シングル-ヒット《和 single＋hit》野球で、打者が一塁に生きることのできる安打。単打。(補説)英語では単にsingleまたはone-base hit
シングル-ファーザー〘single father〙父子家庭の父親。⇔シングルマザー。
シングル-プレーヤー《和 single＋player》ゴルフで、ハンデが9以下(一桁)の人。
シングル-ベッド〘single bed〙一人用の寝台。➡ダブルベッド
シングルベンダー〘singlevendor〙企業などでコンピューターシステムを構築する場合、単一のメーカーの製品を使うこと。複数のメーカーの製品を取り入れることをマルチベンダーという。
シングル-マーケット〘single market〙単身者を対象にする市場。若者・老人など単身者は可処分所得が多く、しかも生活面で制約される部分が少ないため、耐久消費財・レジャーなどを売り込む最も有望な市場と目されている。
シングル-マザー〘single mother〙母子家庭の母親。また、未婚の母。⇔シングルファーザー。
シングル-ママ《和 single＋mama》「シングルマザー」に同じ。
シングルモード-ひかりファイバー【シングルモード光ファイバー】《single mode optical fiber》光ファイバーのうち、光を通すコアが細いものを指す。高コストだが、伝送損失が小さく、長距離・広帯域の通信に向く。➡マルチモード光ファイバー
シングル-モルトウイスキー〘single malt whisky〙大麦の麦芽(モルト)だけを原料にしたモルトウイスキーを、ブレンドせずに1か所の蒸留所のものだけを詰めたもの。
シングル-ライナー〘single liner〙一つのアイテムで品揃えした ファッション専門店のこと。ニット製品だけでライン構成したりする店のこと。
シングル-ライフ〘single life〙独身生活。また、一人暮らし。
シングルレバー-すいせん【シングルレバー水栓】キッチンや洗面でよく用いられている、混合水栓の一種。レバーを動かすことで、吐水・止水や水量・温度調整ができるもの。通常、上下に動かすことで、吐水・止水・水量調節ができ、左右に動かすことで温度調整できる。(補説)レバーの上下で、吐水・止水のいずれの動作となるかは、平成12年(2000)4月よりJISによって、レバーを上げると水が出る方式に統一された。海外でこの方式が一般的だったことや、「下げると出る」方式では大地震の際に物が上から落ちてレバーに当たると水が出たままになってしまうことが理由とされる。

シンクレア〖Upton Beall Sinclair〗[1878〜1968] 米国の小説家。社会主義的傾向の作品を発表、政治運動にもかかわった。作「ジャングル」「ボストン」など。
シンクレティズム〖syncretism〗起源の異なる複数の宗教的要素が習合して信仰されていること。神道と仏教の習合、道教と仏教の習合、ヒンズー教と仏教の習合など、さまざまな形態がある。諸教混淆こんこう。
シンクロ〖synchro〗〔名〕スル「シンクロナイズ」の略。「音声と映像を―させる」
しん-くろうど【新▽蔵▽人】六位の蔵人のうち、最も新しく任じられた者。
シンクロサイクロトロン〖synchrocyclotron〗サイクロトロンを改良した加速器の一。加速された粒子の質量が相対論的効果によって増加するために起こる高周波電圧との周期のずれを、周波数を変調することによって取り除くもの。
シンクロ-さつえい【シンクロ撮影】シャッターとフラッシュを同調させてフラッシュ撮影すること。シンクロフラッシュ。
シンクロスコープ〖Synchroscope〗観測対象波形を、ブラウン管面上で常に静止させるための自動調節回路を持ったオシロスコープ。商標名。
シンクロ-せってん【シンクロ接点】カメラとストロボを接続する共通のコネクターのこと。カメラ本体のシャッターと外部に取り付けたストロボの発光を同調させることができる。
シンクロトロン〖synchrotron〗ベータトロンとシンクロサイクロトロンの原理を組み合わせた円環状の加速器。磁界の強さに合わせて加速周波数も変化させ、一定の円軌道に沿って粒子を加速する。
シンクロトロン-ほうしゃ【シンクロトロン放射】磁界内で荷電粒子が光速に近い速度で円運動または螺旋らせん運動するときに放射される電磁波。シンクロトロン放射光。放射光。
シンクロトロン-ほうしゃこう【シンクロトロン放射光】►シンクロトロン放射
シンクロナイズ〖synchronize〗〔名〕スル ❶同時化すること。時間的に一致させること。❷映画・テレビなどで、撮影と録音とを別々に収録し、あとで1本のフィルムに画面と音声が合うようにまとめること。❸写真撮影で、写真機のシャッターの作動とフラッシュやストロボの発光を同調させること。
シンクロナイズド-スイミング〖synchronized swimming〗音楽に合わせて泳ぎながら、美しさと正確さを競う競技。ソロ・デュエット・チーム・フリーコンビネーションの4種目があり、競技プログラムにフィギュアとルーチンがある。
シンクロナス-ディーラム〖synchronous DRAM〗►エスディーラム(SDRAM)
シンクロニシティー〖synchronicity〗虫の知らせのような、意味のある偶然の一致。心理学者ユングが提唱した概念。共時性。同時性。同時発生。
シンクロ-フラッシュ〖synchroflash〗►シンクロ撮影
シンクロ-メッシュ〖synchromesh〗自動車の歯車式変速機で、かみ合わせようとする二つの歯車の回転速度をあらかじめ同じにして、変速を容易にする装置。
シンクロ-リーダー〖synchro-reader〗印刷できる磁気録音再生装置。紙の表に文字を印刷し、裏に磁気録音膜をつけ、読み聞きが同時にできるようにしたもの。
しん-くん【神君】㊀偉大な功績のあった高徳の君主に対する敬称。㊁徳川家康の死後の敬称。
しん-ぐん【進軍】〔名〕スル 軍隊が前進すること。「炎天下を―する」
じん-くん【人君】人の君たるもの。君主。きみ。
じん-くん【仁君】慈しみ深い君主。仁徳を備えた君主。
しんぐんしょるいじゅう【新群書類従】叢書そうしょ。10冊。水谷不倒・幸田露伴校訂。明治39〜41年(1906〜08)刊。「群書類従」にならい、江戸時代の珍しい文献や未刊本を集め、演劇・歌曲・書目・舞曲・狂歌の5部に分類したもの。
しんぐん-らっぱ【進軍×喇×叭】進軍の合図に吹くらっぱ。
しん-け【真仮】仏語。真実と方便。権実ごんじつ。
しん-け【新家】❶分家した家。別家。新宅。しんや。❷慶長年間(1596〜1615)以後、新しく一家を立てた公家の諸家。清華せいが九家のうちの広幡・醍醐両家などをいう。
しん-げ【心外】心のほか。心のそと。
しん-げ【信解】仏語。仏法を信ずることによって、その教理を会得すること。
しん-けい【心計】❶心の内でする計算。胸算用。❷もくろみ。計画。
しんけい【心敬】[1406〜1475]室町中期の連歌師・歌人。京都十住心院の権大僧都。紀伊の人。和歌を正徹しょうてつに学び、それを連歌にも生かそうとした。その作品は「新撰菟玖波集つくばしゅう」「竹林抄」に多数収録。連歌論「ささめごと」「ひとりごと」など。
しん-けい【信敬】〔名〕スル 信じて心から尊敬すること。しんきょう。「我を―し、国事の為めには、死生を共にせんとぞ、誓い居たるに」〈竜渓・経国美談〉
しん-けい【神経】《オラ zenuwの訳語で、杉田玄白ほか訳「解体新書」に現れる語。神気の経脈の意》❶からだの機能を統率し、刺激を伝える組織。中枢神経(脳・脊髄)と末梢まっしょう神経(脳神経・脊髄神経・自律神経)に大別される。神経系を構成する神経細胞(ニューロン)は、1個の細胞体とそこから伸びる多数の突起から成り、最も長い突起は軸索(神経線維)と呼ばれる。また、末梢神経系にみられる神経線維の束を神経という場合もある。❷物事に感じ、それに反応する心の働き。また、特に過敏な心の働き。感受性。「―が細い」「―が高ぶる」「―をすり減らす」「無―」〔類語〕(❶)中枢神経・末梢神経/(❷)気き・心・心機・心理・精神・感受性・感性・感覚・センシビリティー・美感・美意識・センス・フィーリング
神経に障さわ・る 不愉快な気持ちを刺激する。腹立たしく思う。「―・る言い方をする」
神経を尖とがら・せる 手抜かりのないように、各方面に注意を行き届かせる。また、必要以上に気をつかう。「警護に―・せる」
しん-けい【神▽鏡】►しんきょう(神鏡)
しん-けい【真景】実際の景色。実景。「詩人が詩歌をものして―を写し、真情を吐き」〈逍遥・小説神髄〉
しん-けい【針形】細長く、先がとがった形。葉の形などにいう。
しん-けい【×晨鶏】夜明けを告げるにわとり。
しん-けい【深×閨】奥にある寝室。婦人の寝室。
しん-けい【×箴警】戒めさとすこと。戒め。
しん-けい【親兄】►しんきょう(親兄)
しん-けい【親系】親族関係を血統によって系統的にみた系列。男系・女系、父系・母系、直系・傍系、尊属・卑属などがある。
しんげい【真芸】►芸阿弥げいあみ
しん-げい【親迎】みずから迎えに出ること。特に中国の婚礼で、新郎が新婦を迎えに、その家まで出向くこと。
じん-けい【仁恵】思いやりの心と、恵み。〔類語〕情け
じん-けい【陣形】戦闘の隊形。戦陣の形。「―が乱れる」
じん-けい【仁兄】〔代〕二人称の人代名詞。手紙などで、男性が対等の男性に対し敬意を込めて用いる語。貴兄。
しんけい-か【神経科】神経系の疾患を扱う医療の一分科。また、精神科をさすこともある。
しんけい-か【神経家】神経過敏な人。神経質な人。「非常な―で、潔癖が嵩こうじて一種の痼疾こしつのようになっていたが」〈藤村・家〉
しんけい-か【唇形花】合弁花の一。筒状の花びらの先が上下の二片に分かれ、唇のような形をしたもの。シソ科・ゴマノハグサ科植物に多くみられる。
しんけい-か【唇形科】シソ科の旧称。
しんけいがさいぼう-しゅ【神経芽細胞腫】►神経芽腫
しんけいが-しゅ【神経芽腫】副腎や交感神経節に発生する腫瘍。5歳以下の幼児に発症することが多い。小児癌しょうにがんの一種。1歳未満の場合、自然に消滅したり、手術や化学療法によって治癒することが多い。神経芽細胞腫。
しんけい-かびん【神経過敏】〔名・形動〕少しの刺激にも敏感に反応すること。また、そのさま。「食品の安全性に―になる」「―な男」
しんけい-かん【神経管】脊椎動物および原索動物の発生初期に、脊索の背側に神経板から形成される管状体。のちに中枢神経系および目・耳などが形成される。髄管。
しんけい-けい【神経系】動物体内において、刺激に対して各器官を統一的、有機的に働かせる神経の系統。脳・脊髄の中枢神経系と、運動神経・知覚神経・分泌神経・自律神経などの末梢神経系からなる。
しんけい-げん【神経元】►神経線維
しん-けいこう【新傾向】新しい傾向。旧態を脱し、新しい面を開こうとする動き。「―の入試問題」
しんけい-こうさいぼう【神経×膠細胞】脳・脊髄の神経細胞の間を埋めて結合・支持の役をし、毛細血管との間を結んで栄養供給や物質代謝に関与する細胞。グリア細胞。膠細胞。
しんけい-こうしゅ【神経×膠腫】►グリオーマ
しんけいこう-はいく【新傾向俳句】正岡子規の没後、大須賀乙字おおすがおつじの論文「新俳句界の新傾向」に端を発し、河東碧梧桐かわひがしへきごとうらが明治40年代に流行させた俳句。定型を破り、季題趣味から脱して、生活的、心理描写的なものを追求。のち、自由律俳句へと展開。
しん-けいざいせいさく【新経済政策】►ネップ(NEP)
しんけい-さいぼう【神経細胞】神経系を構成する最も基本的な機能的単位。細胞体・樹状突起・軸索(神経線維)から成る。シナプスを介して他の神経細胞と連結し、情報を伝達する。ニューロン。神経単位。神経元。
しんけいさいぼう-たい【神経細胞体】ニューロンから軸索突起と樹状突起を除いた部分。伝達された興奮の受容体。
しんけい-しつ【神経質】〔名・形動〕❶情緒的に不安定で、わずかなことにも過敏に反応して自分を病的な状態だと思い込む気質。❷細かいことまでいちいち気に病むさま。「見かけによらず―な男」「他人の評価に―になる」〔類語〕細かい・細こまやか・木目きめ細か・細心・綿密・細緻さいち・緻密・繊細・デリケート・デリカシー
しんけい-しゅうまつ【神経終末】神経細胞体から伸びた軸索の末端部分。他の神経細胞(ニューロン)とシナプスを介して結合し、神経伝達物質を放出して情報を伝える。また、髄鞘ずいしょうが消失して神経の末端となっているもの(自由神経終末)や、触覚小体などの受容器をそなえているものなどがある。
しんけい-しゅうもう【神経集網】►神経叢しんけいそう
しんけい-しょう【神経症】心理的な原因によって起こる心身の機能障害。精神疾患にみられる人格の障害がなく、自分は病気だという意識がある。不安神経症・心臓神経症・強迫神経症・心気症・ヒステリーなど。ノイローゼ。
しんけい-しょう【神経×鞘】末梢神経の神経線維(軸索)の最外層にある膜。シュワン細胞とよばれる薄い細胞からなり、栄養補給を担うとされる。シュワン鞘。
しんけい-すいじゃく【神経衰弱】❶身体的、精神的な過労によって、注意集中困難・疲労感・焦燥感しょうそうかんなど、さまざまな自覚症状を訴える状態。かつてはノイローゼの訳語としてよく使われた。❷トランプゲームの一。カードを伏せて一面に並べ、同じ数字のカードに当たるように2枚ずつめくっていくもの。
しんけいせいしょくよくふしん-しょう【神経性食欲不振症】►神経性無食欲症
しんけいせい-たいしょくしょう【神経性大食症】

ータイショクシヤウ《Bulimia nervosa》►過食症

しんけいせいちょう-いんし【神経成長因子】シンケイセイチヤウー《nerve growth factor》►エヌ-ジー-エフ(NGF)

しんけいせいむしょくよく-しょう【神経性無食欲症】ーシヤウ やせようとして、あるいは太ることをおそれて厳しい食事制限をしているうちに、食欲が極度に減退して著しくやせる病気。思春期の少女に多くみられる。思春期やせ症。拒食症。

しんけい-せつ【神経節】末梢神経の途中で、神経細胞と神経線維とが集まってこぶ状に太くなった部分。興奮の伝わり方を調節する。ガングリオン。

しんけい-せん【神経戦】物理的戦闘力によらないで、宣伝・謀略などを用いて相手の戦意を失わせたり操作したりする戦法。

しんけい-せんい【神経線維┆神経繊維】ーヰ 神経細胞(ニューロン)の構成要素で、細胞体から出ている突起のうち、最も長い突起。末端は次の神経細胞の樹状突起とシナプスを介して結合する。髄鞘によって包まれているもの(有髄神経)といないもの(無髄神経)とがある。神経突起。軸索。軸索突起。

しんけいせんいしゅしょう-いちがた【神経線維腫症Ⅰ型】シンケイセンヰシユシヤウー►レックリングハウゼン病

しんけい-そう【神経×叢】脊椎動物の末梢神経の基部や末端部で、多数の神経細胞などが枝分かれして網状になっている部分。神経集網。

しんけい-そしき【神経組織】神経系を構成する組織。ニューロンと神経膠細胞からなる。

しんけい-たんい【神経単位】ーヰ 神経系の構造的、機能的単位。ニューロンのこと。

しんけい-ちゅうすう【神経中枢】末梢から興奮を受け、また末梢に興奮を伝える中枢神経。働きによって呼吸中枢・運動中枢・言語中枢などとよぶ。

しんけい-つう【神経痛】末梢の知覚神経の分布領域に沿って痛みを生じる病態。三叉神経痛・肋間神経痛・座骨神経痛など。

しんけい-でんたつぶっしつ【神経伝達物質】ニューロンの軸索末端から放出され、次の細胞を興奮させる、あるいは抑制する物質。アセチルコリン・ノルアドレナリンやドーパミン・セロトニンなど。化学伝達物質。

しんけい-とうがい【神経頭蓋】頭蓋のうち、脳や嗅覚器・視覚器・聴覚器などを覆う部分。前頭骨・頭頂骨・側頭骨・後頭骨・蝶形骨・鼻骨・篩骨などからなる。脳頭蓋。➡内臓頭蓋

しんけい-どく【神経毒】体内に摂取されると神経系の障害を起こす毒。フグ・コブラ・ボツリヌス菌・ワライタケなどの毒。

しんけい-とっき【神経突起】軸索のこと。神経線維。軸索突起。

しんけい-ないぶんぴつけい【神経内分泌系】特定の神経系と、それと緊密に連絡して活動する内分泌腺の系統。交感神経と副腎髄質、視床下部と脳下垂体など。

しんけい-はい【神経×胚】脊索動物の発生過程で、神経板が現れてから神経管を形成するまでの胚。

しんけい-ばいどく【神経梅毒】►脳梅毒

しんけい-ばん【神経板】主に脊索動物の発生初期に、外胚葉の背側に生じる肥厚。やがて左右両側が隆起し、合わさって神経管をつくる。

しんけい-びょう【神経病】ービヤウ 神経系の病気の総称。

しんけい-ブロック【神経ブロック】末梢神経や神経叢などに局所麻酔薬を作用させて、その部位よりも末梢の神経への伝達を抑制する治療法。疼痛緩和のほか、顔面神経麻痺・突発性難聴・多汗症などの治療にも用いられる。伝達麻酔。➡硬膜外ブロック

しんけいブロック-ちゅうしゃ【神経ブロック注射】痛みの原因となっている部位や神経に局所麻酔薬を注射することで、慢性的な疼痛を緩和する治療法。ブロック注射。➡神経ブロック

しんけい-ペプチド【神経ペプチド】神経細胞に含有されるペプチド。脳内に多く、神経伝達物質として重要。

しんけい-ホルモン【神経ホルモン】神経組織から分泌されるホルモンの総称。血液によって運ばれる。

しんけい-まひ【神経麻×痺】運動神経の刺激が末梢へ伝わらなくなり、その支配部位の運動が起こらなくなること。また、感覚神経が障害されたために、その分布部位の感覚がなくなること。

しん-ケーエスこう【新KS鋼】ーカウ 本多光太郎らがKS鋼から改良・発明した磁石鋼。鉄にニッケル・アルミニウム・チタンを加え、鋳造後に焼きなましのみを施したもの。KS鋼より保磁力が大きい。

しんケーエスじしゃく-こう【新KS磁石鋼】ーカウ►新KS鋼

しん-げき【侵撃】〔名〕スル 侵入して攻撃すること。「斯く速かに一せんとは念いがけなき事なるに」〈染崎延房・近世紀聞〉

しん-げき【進撃】〔名〕スル ❶前進して敵を攻撃すること。攻撃しながら前進すること。「敵の本拠地に向かって一する」❷(比喩的に)競争しながら前へ前へと進み続けること。「海外アーチストが日本のヒットチャートで快一を続ける」「10連勝という快一を見せる」
(類語)攻撃・襲撃・急襲・強襲・突撃・進攻・侵攻・攻勢・狙い撃ち・征伐・総攻撃・攻略・直撃・追撃・挟み撃ち・挟撃・出撃・追い撃ち・追撃・アタック・襲う・襲いかかる・攻める・攻めかかる・攻め立てる

しん-げき【新劇】西欧の近代演劇の影響を受け、歌舞伎・新派劇などの旧来の演劇に対抗して明治末期以降に興った演劇。

しんげき-うんどう【新劇運動】日本に近代的な演劇を確立しようとする運動。坪内逍遥・島村抱月・小山内薫らによって明治末期に起こり、多様に展開して現在に至る。

しん-けつ【心血】精神と肉体のすべて。
心血を注そそ・ぐ 心身の力のありったけを尽くして行う。「一・いだ作品」(補説)文化庁が発表した平成19年度「国語に関する世論調査」では、本来の言い方である「心血を**注ぐ**」を使う人が64.6パーセント、間違った言い方「心血を**傾ける**」を使う人が13.3パーセントという結果が出ている。

しん-けつ【審決】〔名〕スル 審査して決定すること。特に、公正取引委員会や特許庁が、裁判手続きに準じた審判手続きを経て行う公権的判断。

しん-げつ【心月】月のように澄みきって明らかな心。悟りを開いた心。

しん-げつ【新月】❶「朔❶」に同じ。❷陰暦で、❶を過ぎたころ、西の空に見える細い月。また特に、陰暦8月3日の月。(季 秋)「一に蕎麦打つ草の庵かな／几董」❸東の空に輝き出てくる月。「三五夜中一白く冴え」〈平家・七〉(類語)三日月・上弦・下弦

じん-けつ【人血】人の血液。
(類語)血液・血・鮮血・生き血・冷血

じん-けつ【人傑】すぐれた人物。才知・実行力などにひいでた人物。傑人。
(類語)傑物・傑士・傑人・英傑・俊傑・怪傑・偉人・大人物・逸材・大物・女傑・大器・巨星・巨人・英雄・ヒーロー・老雄・群雄・奸雄・両雄・風雲児・雄

じん-けっせき【腎結石】腎臓内に、尿の成分中のカルシウム・燐・尿酸などが結晶化してできた、石のようなかたまり。また、その病気。腎石。腎臓結石。

シンゲッティ〔Chinguetti〕モーリタニアの北西部にある町。12世紀から16世紀、サハラ交易の拠点として栄え、大学や図書館のある文化都市としても発展した。モスクを中心に家屋を配した「クサール」と呼ばれる旧市街の遺構が残る。1996年、他の中継都市ウワダン、ティシット、ウワラタとともに世界遺産(文化遺産)に登録された。登録名称は「ウワダン、シンゲッティ、ティシット及びウワラタの古い集落」。

しんげ-むべっぽう【心外無別法】ーグワイーボフ 仏語。すべての現象は、それを認識する人間の心の現れであり、心とは別に存在するものではないということ。

ジンゲル〔ドイツ Singer〕❶歌手。❷昔の学生仲間の言葉で、芸者。「見ろ見ろ、一だ。わるくないなァ」〈荷風・すみだ川〉

しん-けん【神剣】❶神から授かった剣。また、神に供える剣。❷三種の神器の一である天叢雲剣(草薙剣)のこと。

しん-けん【神権】❶神の権威。❷神から授けられたとする権力。近世初期のヨーロッパで、絶対王制を基礎づけた観念。➡王権神授説

しん-けん【真剣】❶〔名〕本物の刀剣。木刀や竹刀に対していう。❷〔形動〕図〔ナリ〕まじめに物事に対するさま。本気で物事に取り組むさま。「将来を一に考える」「一なまなざし」(派生)しんけんさ〔名〕しんけんみ〔名〕(類語)(❶)剣・剣・刀剣・刀・太刀・大刀・大刀・名刀・宝刀・軍刀・牛刀・日本刀・青竜刀・サーベル・銃剣・手裏剣／(❷)まじめ・本気・まじ・がち

しん-けん【進献】〔名〕スル 貴人に物を差し上げること。献上。「日本の織物、陶器、漆器類を一せしに国王殊に満足の旨を陳謝せり」〈竜渓・浮城物語〉

しん-けん【新券】発行されて初めて使われる真新しい紙幣。新札。

しん-けん【新検】太閤検地を古検というのに対して、慶長・元和(1596〜1624)以後の検地。また、享保11年(1726)「新田検地条目」制定後は、それ以後の検地。

しん-けん【親見】自分の目で実状などを見ること。みずから引見すること。「校訂の間傍ら実際一の旧草を抄録し」〈渋沢栄一・立会略則〉

しん-けん【親×眷】❶身内。親族。眷族。❷目をかけ、かわいがること。

しん-けん【親権】父母が未成年の子に対して有する、身分上・財産上の保護・監督・教育などに関する権利・義務の総称。

しん-けん【親験】自分で試してみること。

しんげん【信玄】武田信玄のこと。

しん-げん【進言】〔名〕スル 目上の者に対して意見を申し述べること。「機構の改革を一する」
(類語)建議・献策・上申・具申・献言・答申

しん-げん【×箴言】❶戒めの言葉。教訓の意味をもつ短い言葉。格言。「一集」❷旧約聖書の中の一書。道徳上の格言や実践的教訓を主な内容とし、英知による格言・金言・勧告が集められたもの。ソロモンその他の賢人の言葉と伝えられる。知恵の書。
(類語)寸言・寸鉄・警句・名言・至言・名句・座右の銘

しん-げん【震源】❶地震の際、地球内部で、最初に地震波を発生した点。➡震源地 ➡震央 ❷ある事件などの起こったもと。また、そのもととなる人。「うわさ話の一」

しん-げん【森厳】〔形動〕図〔ナリ〕秩序整然としていて、おごそかなさま。「一な境内」

じん-けん【人件】人事に関する事柄。

じん-けん【人絹】「人造絹糸」の略。

じん-けん【人権】人間が人間として当然に持っている権利。基本的人権。(類語)民権・権利・私権・公権

じん-けん【仁賢】❶仁の心をもち、しかも賢いこと。また、その人。❷仁者と賢者。

じん-げん【人言】❶人の話すことば。人語。❷世間のうわさ。世人の言。「軽率に一を信ぜしより起れば」〈織田訳・花柳春話〉

じん-げん【尽言】心の内を言い尽くすこと。また、その言葉。

しんげん-いき【震源域】ーヰキ 地震波を発生する領域。地震の際にずれ動いた断層を囲む範囲と考えられる。

しんげん-かほう【信玄家法】ーハフ►甲州法度之次第

しん-けんざい【新建材】新しい素材や技術を用いて作り出された建築材料。テックス・ビニールタイル・プリント合板・石膏ボード・軽量鉄骨など。

しんげんし【新元史】「元史」を補正した書。台湾の柯劭忞撰。1919年成立。本紀26、列伝154、表7、志70の全257巻。これが正史に加えられて、二十四史は二十五史となった。

しんげんじつ-は【新現実派】第三次・第四次「新思潮」に拠った芥川竜之介・菊池寛ら、「奇蹟」に拠った葛西善蔵・広津和郎ら、また、宇野浩二・佐藤春

夫・室生犀星など、大正中期に文壇に登場した一群の作家の総称。作風や思想のうえで現実的あるいは現実主義的であった。狭義には新思潮派をさす。
しんけん-しゃ【親権者】親権を行う者。父母が共同して行うことを原則とするが、その一方が行えないときは他の一方、また養子に対しては養親が行う。
じんけん-じゅうりん【人権×蹂×躙】ジウリン 人権を踏みにじること。特に、国家権力が憲法の保障する基本的人権を侵犯すること。人権侵害。
しんけん-しょうぶ【真剣勝負】❶本物の剣を用いて勝負すること。❷本気で勝ち負けを争うこと。また、本気で事に当たること。
しん-げん-しょ-はん【身言書判】中国、唐代の官吏登用の際、人物評価の基準とした身体・言辞・筆跡・文章の四つ。
じんけん-しんがい【人権侵害】「人権蹂躙じゅうりん」に同じ。
しんけん-せいじ【神権政治】セイヂ 神の意を体し、神の代理者として僧侶または支配者によって行われる政治。神政。
じんけん-せんげん【人権宣言】㊀フランス革命当初の1789年8月26日、憲法制定議会が採択した宣言。正式には「人間および市民の権利の宣言」。前文と、人間の自由・平等、圧政への抵抗権、国民主権、権力の分立、所有権の不可侵などを規定した17条からなる。㊁世界人権宣言のこと。
しんげん-ち【震源地】❶震央付近の地域。➡震源 ❷周囲に波及する出来事が最初に起こった場所。「金融危機の―である米国」「うわさの―」
しんげん-づつみ【信玄堤】武田信玄が釜無かまなし川・笛吹ふえふき川などの急流に築いた堤防。山梨県甲斐市に遺構がある。
じんけん-ひ【人件費】人の労働に対して支払われる費用。給料・手当など。
しんげん-ぶくろ【信玄袋】布製平底の手提げ袋で、口をひもで締めるようにしたもの。明治中期以降から流行。和服を着た女性が小物入れなどに使う。名の由来は未詳。合切袋がっさいぶくろ。
しん-けんぽう【新憲法】ケンパフ 旧憲法(大日本帝国憲法)に対して、現行の日本国憲法の称。
じんけんようご-いいん【人権擁護委員】ヰヰン 昭和24年(1949)制定の人権擁護委員法に基づき、国民の基本的人権の侵犯を監視・救済し、人権思想の普及・高揚に努める委員。法務大臣の委嘱により全国の市町村および特別区に置かれる。任期は3年。
しん-こ【振古】おおむかし。太古。
しん-こ【真個|真▽箇】㊀〔名〕真実であること。まこと。「―の愛情」㊁〔ト・タル〕図〔形動タリ〕真実であるさま。「―たる青雲の志を得れば、賢愚共に之を敬愛せざるはなし」〈織田訳・花柳春話〉㊂〔副〕本当に。真に。「我が此の心に―革命の猛火を燃やしたのであった」〈木下尚江・良人の自白〉〔類語〕本当
しん-こ【新子|新×妓】❶新しく遊女や芸妓になった者。江戸深川の遊里で多く使われた語。❷(新子)魚、特にコノシロの幼魚。
しん-こ【新古】新しいことと古いこと。また、新しいものと古いもの。新旧。
しん-こ【新▽香】《「しんかう」の音変化》新しい香の物。新漬け。また、一般に、漬け物。こうこう。こうこ。おしんこ。
しん-こ【×糝粉】❶うるち米を洗って乾かし、ひいて粉にしたもの。上質のものを上糝・上用粉という。❷「糝粉餅もち」の略。〔類語〕米粉ごな・米粉こめこ・白玉粉
しん-ご【身後】死んだのち。死後。没後。「霊魂は死するものにあらずと、始めて―の事を心配し、霊魂不死の説を発せり」〈田口・日本開化小史〉
しん-ご【神語】❶神の言葉。❷神聖な言葉。
しん-ご【新語】新しくつくられた、また、使われだした言葉。新造語。「―を辞書に収録する」
しんご【新語】中国の思想書。2巻12編。前漢の陸賈りくか著。儒家思想を基調とし、黄老思想をまじえた政治論を説いたもの。陸賈新語。
しん-ご【×讖語】未来のことを占ったり予言したりする言葉。予言。
じん-こ【人戸】人家。民家。また、人民。「抑々市民の活気、―の裕富、及び市街の清潔」〈織田訳・花柳春話〉
じん-こ【神戸】➤かんべ
じん-こ【×塵×壺|×塵▽籠】ヂン 江戸時代の紙くずかご。上等なものは蒔絵まき・漆塗りなどの装飾を施し、飾り物としても用いた。
じん-ご【人後】他人のうしろ。他人より下位。
人後に落ちない　他人に先を越されない。ひけをとらない。「正義感の強さでは―◦ない」〔補説〕「人語に落ちない」と書くのは誤り。
じん-ご【人語】❶人間の言葉。「―を解する動物」❷人の話し声。「夜更けて―が絶える」
じん-ご【×壬午】干支えとの一。みずのえうま。
じん-ご【尽期】物事の尽きる時期。際限。最後。「これを分別すとも―あるべからず」〈正法眼蔵・発菩提心〉
じん-ご【陣×伍】ヂン 軍隊の陣立て。隊伍。
ジンゴ〘dingo〙➤ディンゴ
ジンゴイズム〘jingoism〙《露土戦争の際、対露強硬策を歌った英国の俗謡中の掛け声Jingoから》感情的、好戦的な愛国主義。➡ショービニスム
しん-こう【心高】カウ 旋盤で、ベッドの面からセンターとよぶ工具の中心までの寸法。これによって旋盤の大きさと能力を示す。
しん-こう【身光】クワウ 光背の一。仏像の体部の後ろにある長楕円形または円形のもの。
しん-こう【信仰】カウ〔名〕スル《古くは「しんごう」》❶神仏などを信じてあがめること。また、ある宗教を信じて、その教えを自分のよりどころとすること。「―が厚い」「守護神として―する」❷特定の対象を絶対のものと信じて疑わないこと。「古典的理論への―」「ブランド―」〔類語〕(❶)信心・敬神・崇拝・尊信・渇仰かつごう・帰依きえ・信教・入信・狂信・宗教
しん-こう【侵攻】〔名〕スル 他国や他の領地に攻め込むこと。「内乱に乗じて敵本土に―する」
〔類語〕攻撃・襲撃・急襲・強襲・突撃・進撃・進攻・攻勢・狙ねらい撃ち・征伐ばつ・総攻撃・攻略・直撃・迫撃・挟み撃ち・挟撃・出撃・追い撃ち・追撃・アタック・襲おそう・襲いかかる・攻める・攻めかかる・攻め立てる
しん-こう【侵×寇】〔名〕スル 他国や他の領土に侵入して害を加えること。「幾度となく―された歴史」
しん-こう【神効】カウ すぐれたききめ。霊妙なききめ。霊験。
しん-こう【神幸】カウ《「じんこう」とも》❶祭事や遷宮などのとき、神体がその鎮座する神社から他所へ赴くこと。「―祭」❷神が臨行すること。「―に恐れを成し奉る」〈太平記・三九〉
しん-こう【振興】〔名〕スル 学術・産業などを盛んにすること。また、学術・産業などが、盛んになること。「科学の―を図る」「観光事業を―する」
しん-こう【深交】カウ 互いに心を許した深い交際。「―を結ぶ」
しん-こう【深更】カウ 夜ふけ。深夜。「団交が―に及ぶ」
しん-こう【深厚】〔名・形動〕《「じんこう」とも》❶意味が奥深いこと。また、そのさま。「―な意義を蔵する」❷心情がきわめて深く厚いこと。また、そのさま。「―な敬意を表する」
しん-こう【深紅】❶➤真紅しんく ❷礬土ばんどに動物性色素のコチニールを加えて製する紅色の絵の具。クリムソンレーキ。
しん-こう【深耕】カウ〔名〕スル 田畑を深く耕すこと。
しん-こう【進行】カウ〔名〕スル ❶乗り物などが目的地点に向かって前進して行くこと。「列車が―する」「―方向」❷あらかじめ考えていた線に沿って活動・作業などが進むこと。また、活動・作業などを進めること。「予定どおり式が―する」「議事を―させる」❸物事、特に病状などが悪化すること。「環境破壊が―する」「癌がんが―する」〔類語〕進む・運ぶ・退歩・退化・後戻り・進む・冷える・悪化
しん-こう【進攻】〔名〕スル 進軍して敵を攻めること。進撃。「敵の本営近くまで―する」
〔類語〕攻撃・襲撃・急襲・強襲・突撃・進撃・侵攻・攻勢・狙ねらい撃ち・征伐ばつ・総攻撃・攻略・直撃・迫撃・挟み撃ち・挟撃・出撃・追い撃ち・追撃・アタック・襲おそう・襲いかかる・攻める・攻めかかる・攻め立てる
しん-こう【進航】カウ〔名〕スル 船舶が進んで行くこと。「薄暮沖合に向けて―し」〈独歩・愛弟通信〉
〔類語〕運航・通航・航行・航海・航空・舟航・周航・就航・巡航・回航・直航
しん-こう【進貢】〔名〕スル みつぎ物を献上すること。「絹布を―して拝謁を請う」
しん-こう【進講】カウ〔名〕スル 天皇や貴人の前で学問の講義をすること。
しん-こう【新考】カウ 今までにない新しい考え。新説。
しん-こう【新香】カウ「しんこ(新香)」に同じ。
しん-こう【新稿】カウ 新しく書いた原稿。
しん-こう【新興】既存のものに対して、別の勢力が新しくおこること。また、新しくおこすこと。「―勢力」
〔類語〕興る・ふるう・盛る・勃興
しん-こう【新講】カウ 新しい考えを取り入れた講義。「幾何学―」
しん-こう【親交】カウ 親しくつきあうこと。親密な交際。「―を結ぶ」「―を深める」〔類語〕友好・親睦・交遊・交歓・深交・交誼こうぎ・厚誼・昵懇じっこん・懇意・懇親
しん-こう【親好】カウ 仲のよいこと。親しみ。「次第に此家の男女と―を生じ」〈竜渓・経国美談〉
しん-こう【親×狎】カフ〔名〕スル 親しみなれること。ちかづきなじむこと。
しん-ごう【身業】ゴフ 仏語。三業の一。身体で表すすべての動作。
しん-ごう【信号】ガウ〔名〕スル ❶色・音・光・形・電波など、言語に代わる一定の符号を使って、隔たった二地点間で意思を伝達すること。また、それに用いる符号。サイン。「―を送る」「危険―」「わたり鳥へ―してるんです」〈賢治・銀河鉄道の夜〉❷道路・鉄道線路などで進行の可否を知らせる機械。信号機。シグナル。「―無視」「赤―」
〔類語〕合図・シグナル・サイン・手招き・目配せ・ウインク
しん-ごう【神号】ガウ ❶神の称号。神の名。❷神の格式や性質を示すものとして、神名に付加する呼び名。皇大神・大神・明神・天神・権現・新宮・今宮など。
しん-ごう【×賑×給】ゴフ 古代、貧民・難民などに対し、朝廷が米や布などを支給したこと。平安中期以後は、5月中の吉日に京中の貧窮者に米・塩を与える年中行事となったが、鎌倉時代に廃絶。しんきゅう。
じん-こう【人口】❶人の数。特に、一国、または一定の地域内に住む人の総数。「―が減る」「―集中」「釣り―」❷世人の口の端は。世間のうわさ。「―に上る」
〔類語〕人数・員数・人員・頭数あたまかず・定員・頭数
人口に膾炙かいしゃする　《膾なますと炙あぶりとが、だれの口にもうまく感じられるところから》人々の話題に上ってもてはやされ、広く知れ渡る。「―◦した名言」
じん-こう【人工】自然の事物や現象に人間が手を加えること。また、人間の手で自然と同じようなものを作り出したり、自然と同じような現象を起こさせたりすること。「―の湖」「―着色」⇔天然。〔類語〕加工・人造
じん-こう【人皇】クワウ ㊀神代の神々に対して、神武天皇以後の天皇をいう。にんのう。じんのう。㊁中国古代の伝説上の帝王。天地人の三皇の一。
じん-こう【仁厚】慈悲の心の深いこと。人情に厚いこと。
じん-こう【▽沈香】ヂンカウ ❶ジンチョウゲ科の常緑高木。熱帯地方に産する。葉は楕円形。花は白く、香りがある。❷❶からとった香料。生木または古木を土中に埋め、腐敗させて製したもの。最優品を伽羅きゃらという。沈水香。じん。
沈香も焚たかず屁へもひらず　特によいところもないが、悪いところもなくて、平々凡々であることのたとえ。
じん-こう【×塵×劫】ヂンコフ《「じんごう」とも》仏語。❶「塵点劫じんてんごう」の略。❷きわめて小さい数と、きわめて大きい数。
じん-こう【×塵×垢】ヂン ❶ちりとあか。よごれ。❷世俗の事柄。わずらわしい俗事。「―にまみれる」

じんこういどう-ほうこく【人口移動報告】《「住民基本台帳人口移動報告」の略》住民基本台帳を基に、都道府県や市区町村の転出者数・転入者数についての統計。総務省統計局が集計し、毎月公表する。〔補説〕日本国籍を持つ住民が対象。

じんこう-えいせい【人工衛星】ロケットで打ち上げられ、地球や月など太陽系の惑星の周囲を公転する人工の物体。ソ連が1957年に打ち上げたスプートニク1号が最初。

じんこうえいせい-ほけん【人工衛星保険】人工衛星やロケットが偶然の事故により被った損害などを塡補する目的の保険。例えば、打ち上げ前や保管中に人工衛星が破損した場合、打ち上げに失敗して人工衛星が滅失した場合、人工衛星が軌道から外れて確認できなくなった場合などに補償される。

じんこう-えいよう【人工栄養】❶口から栄養がとれないとき、注射・点滴・浣腸などによって人工的に栄養を補給すること。生理的食塩水・ぶどう糖液などが使われる。❷母乳だけで新生児・乳児を育てる母乳栄養(完全母乳)や、母乳と人工乳(粉ミルク)の両方を用いる混合栄養に対して、人工乳だけで新生児・乳児を育てること。⇔自然栄養。

じんこうえいよう-じ【人工栄養児】人工乳(粉ミルク)で育てられた新生児・乳児。➡混合栄養児 ➡母乳栄養児

しん-こうえきほうじん【新公益法人】平成20年(2008)12月の公益法人制度改革後に、公益法人認定法に基づいて公益法人としての認定を受けた公益社団法人および公益財団法人のこと。➡一般法人

しんこう-おう【真興王】[534〜576]朝鮮、新羅の第24代国王。在位540〜576。法興王の跡を継ぎ、伽羅諸国を併合して領土を拡大、その一方で中国に朝貢して新羅を朝鮮半島の強国とした。

じんこう-オーナス【人口オーナス】《「オーナス(onus)」は重荷・負担の意》一国の人口構成で、高齢人口が急増する一方、生産年齢人口が減少し、少子化で生産年齢人口の補充はできず、財政、経済成長の重荷となった状態。➡人口ボーナス

じんこうおきかえ-すいじゅん【人口置(き)換(え)水準】►じんこうちかんすいじゅん

しんごう-か【信号火】信号として用いる火。のろしなど。

しんこう-かいきゅう【新興階級】社会情勢の変化によって新たに勢力をもつようになった階級。

じんこう-かいすい【人工海水】海水と似た組成で塩類を溶かし込んだ水。海産生物の飼育などに用いる。

しんこう-がかり【進行係】会議・催し物などを進行させる係。

じんこう-がく【人口学】社会を構成する人の数とその増減、性別年齢別等の構造、経済との関係などを研究する学問。

しんこう-かじょう【信仰箇条】キリスト教で、教会が認める信仰、信仰告白、中心的教義などが箇条書きに規準化されたもの。古典的には「我信ず」(クレド)という信仰告白に要約される。信仰規準。信条。

じんこうか-しょう【腎硬化症】高血圧の影響で腎臓に動脈硬化が起こって小さく硬くなり、腎機能が衰える病気。

じんこう-かんせつ【人工関節】機能が著しく低下した関節を再建するために用いられる医療用器具。また、その処置のこと。人工関節の素材にはポリエチレン・セラミック・合金などが用いられる。

じんこうかんせつ-しゅじゅつ【人工関節手術】►人工関節置換術

じんこうかんせつ-ちかんじゅつ【人工関節置換術】機能が著しく低下した関節を人工関節に置き換える手術。人工関節手術。

しんこう-かんせんしょう【新興感染症】1970年以降に新たに認識されるようになった、公衆衛生上問題となる感染症。寄生虫感染症のクリプトスポリジウム、細菌感染症のO157感染症・新型コレラ・レジオネラ症、ウイルス感染症のエボラ出血熱・HIV(AIDS)・SARS・成人T細胞白血病・鳥インフルエンザ・ラッサ熱など。エマージングディジーズ。エマージング感染症。➡再興感染症

じんこう-かんみりょう【人工甘味料】合成して作った甘味料。食品衛生法によって規定される。

しんごう-き【信号機】►信号❷

じんこうき【塵劫記】江戸前期の和算書。吉田光由著。寛永4年(1627)刊。中国の「算法統宗」を手本として、計量法・計算法などをわかりやすく説明したもの。のちには算術書の代名詞ともなった。

しんこう-きぎょう【新興企業】新しく設立された企業。設立から間もなく、規模や経営基盤などが小さい企業。特に、ベンチャー企業をさす。

じんこう-ききょう【人工気胸】肺結核の治療法の一。人工的に胸膜腔に空気を注入し、肺を圧迫して縮小させ、結核菌などの活動を抑える。気胸療法。

しんこう-きょく【振興局】北海道の行政区画の一。総合振興局とともに道庁の出先機関として道内に置かれる。平成22年(2010)4月、「北海道総合振興局及び振興局の設置に関する条例」により支庁を廃止して設置された。所管区域は旧支庁のものを継承している。➡総合振興局〔補説〕振興局と総合振興局は同格の機関とされるが、条例により「広域的に処理することにより効果的かつ効率的に執行することができる事務」については、それぞれ括弧内の総合振興局が事務を行うこともある。

▷石狩振興局(空知総合振興局)、根室振興局(釧路総合振興局)、日高振興局(胆振総合振興局)、檜山振興局(渡島総合振興局)、留萌振興局(上川総合振興局)

じんこう-ぎょしょう【人工魚礁】海中に廃船やコンクリートブロックなどを沈めて造った魚礁。築き磯。

しんこう-けい【進行形】❶《progressive form》動作が継続中であることを示す動詞形態の一。特に、英語のbe動詞と-ing形との組み合わせをさす。❷事態が途中にあること。進行中であること。「開発計画はまだ―だ」

しんこうげいじゅつ-は【新興芸術派】昭和5年(1930)新興芸術派俱楽部として結成された文学者集団。反プロレタリア文学作家の大同団結を図り、芸術の擁護を訴えた。中村武羅夫・尾崎士郎・舟橋聖一・井伏鱒二・堀辰雄らが参加。翌年末に解消。

じんこう-けつえき【人工血液】血液と同じ働きをもつ人工的な物質。赤血球の機能をもつものは研究中であるが、血漿については開発され、代用血漿をさしていうことがある。

じんこう-けっかん【人工血管】動脈瘤や狭窄などの病変のある血管の代わりに使用される人工臓器の一つ。ポリエステルや弗素樹脂などの繊維で作られる。

じんこう-げんご【人工言語】❶自然言語に対し、国際語を目ざして意図的、人工的に作られた言語。エスペラントの類。⇔自然言語。❷►形式言語

じんこう-げんじつ【人工現実】《artificial reality》►アーティフィシャルリアリティー

じんこう-げんじつかん【人工現実感】►バーチャルリアリティー

じんこう-こう【人工光】写真撮影や室内照明における、人工的な光源が発する光。電球、蛍光灯、フラッシュ、ハロゲンランプなどがある。

じんこう-こうう【人工降雨】発達した雲の上から、氷晶核となるドライアイスの小片や沃化銀の微粒子をまき、人工的に雨を降らすこと。〔補説〕水不足時のダムの増水などに活用される。また、ある特定の日を晴天にするために、前日までに雨雲を消しておくのにも利用され、そのような場合は人工消雨ともいう。

しんこうこうぎょうけいざい-ちいき【新興工業経済地域】►ニーズ(NIES)

じんこう-こうせい【人口構成】ある地域の人口の、性別・年齢別・職業別などの構成状況。その地域の特性調査や、他地域との比較などに用いる。

じんこう-こうぶつ【人工公物】行政主体において人工を加え、これを公の用に供する公物。道路・運河など。⇔自然公物。

じんこう-こうもん【人工肛門】直腸や大腸の一部を摘出手術した場合、正常な大腸の一端を穴をあけた腹壁に結合したときの便の排出口。

じんこう-こかんせつ【人工股関節】変形性股関節症・大腿骨頭壊死・関節リウマチなどで著しく摩耗・変形した股関節を再建するために用いられる人工関節。また、人工股関節を設置する処置。

じんこうこかんせつ-しゅじゅつ【人工股関節手術】摩耗・変形した股関節をポリエチレン・セラミック・合金などでできた人工股関節に置き換える手術。人工股関節置換術。

じんこうこかんせつ-ちかんじゅつ【人工股関節置換術】►人工股関節手術

じんこう-こきゅう【人工呼吸】仮死状態に陥ったり、ショックなどで呼吸が止まったりした場合に、人為的に肺に空気を流入させ、呼吸を回復させること。口から直接空気を吹き込む方法や胸を押す方法などがある。

じんこうこきゅう-き【人工呼吸器】►レスピレーター

しんこう-こく【新興国】❶新たに興った国。❷投資や貿易が盛んになり、急速に経済成長を続けている国。❸スポーツや技術など、これまであまり目立った成果を上げていなかった分野で、急速に成長している国。❹第二次世界大戦後、植民地から独立した国々。

しんこうこく-しじょう【新興国市場】❶投資や貿易によって急激な経済成長を続ける新興国の市場。中南米・東アジア・BRICSなどの国や地域の、金融市場・労働市場などの市場。エマージングマーケット。❷特に、新興国の株式市場のこと。

じんこう-こつざい【人工骨材】川砂・川砂利・海砂・山砂など天然の骨材に対し、人工的につくられた骨材をいう。頁岩やフライアッシュ(微細な球状の石炭灰)を焼成した「人工軽量骨材」や、鉱滓を加工した「高炉スラグ骨材」、廃棄物の溶融飛灰を再処理して生成する「廃棄物スラグ」などがある。天然骨材の採取は環境保全上問題があるため、人工骨材が多用されている。

しんこう-こんこうりん【針広混交林】広葉樹と針葉樹とが混生する森林。混交林。混合林。

しんこう-ざいばつ【新興財閥】三井・三菱などの明治以来の旧財閥に対し、満州事変前後から軍部と結んで台頭してきた財閥。日産・日窒・森・日曹・理研などの各コンツェルン。

しんごうざつおん-ひ【信号雑音比】►SN比

じんこう-し【人工歯】抜けたり欠けたりした歯を補うための、人工の歯。入れ歯やインプラントなど。

しんこう-しじょう【新興市場】❶新興企業向けの株式市場。上場基準は比較的緩やかで、現時点での経営基盤が弱くても、今後の成長が見込める企業であれば上場することができる。❷「新興国市場」の略。〔補説〕❶については、東証のマザーズ、大証のジャスダック㊀、名証のセントレックス、福証のQ-Board(キューボード)、札証のアンビシャスなどがある。大証のヘラクレス、旧ジャスダック証券取引所のNEOは、ジャスダック㊀に統合された。

じんこう-じしん【人工地震】地下構造や地下資源の調査のために、火薬の爆発などによって人工的に起こす地震。

じんこう-しば【人工芝】芝生に似せてつくった、合成樹脂製の敷物。野球場などで使う。

しんこう-しゅうきょう【新興宗教】►新宗教

じんこう-じゅうしん【人口重心】その地域に住む住民一人一人の体重が同じと仮定して、全体のバランスの取れる地点をいう。日本全体では岐阜県関市北部の地点(2005年国勢調査)。〔補説〕国勢調査に基づいて計算され、人口移動の傾向が分かる。

じんこう-じゅうりょく【人工重力】無重量状態が人間に与える影響をなくすために、人工的に作り出される擬似重力。宇宙船などを回転させて得られる遠心力により発生させる。

じんこう-じゅせい【人工授精】人為的に雄から採取した精液を雌に注入して受胎させること。ヒトでは不妊症の対策として、また家畜などでは品種改良や繁殖のために行われる。人工媒精。人為授精。⇨子宮内人工授精

じんこう-じゅふん【人工授粉】人為的に花粉を雌しべにつけてやること。果樹やウリ類でよく行う。人為授粉。

しんごう-じょう【信号場】列車の行き違い、待ち合わせなどのための待避線や信号機などがある場所。

じんこう-しょうう【人工消雨】ある特定の日を晴天にするために、前もって人工的に雨雲を消しておくこと。⇨人工降雨

じんこう-しんぞう【人工心臓】心臓の機能を代行する装置。患者の心臓を摘出してから挿入する完全人工心臓と、残したまま装着する補助人工心臓とがある。

じんこう-じんぞう【人工腎臓】腎臓に代わって血液を浄化するための装置。動脈血を体外に導き、血液中の不要物を取り除いて体内に戻す。透析によって行うので血液透析装置ともいう。

じんこう-しんぱい【人工心肺】心臓手術の際に一時的に心臓と肺の機能を代行する装置。静脈血をポンプで体外に導き、これに酸素を与えて炭酸ガスを除いたのち、再び動脈に送り込む。

しんこうせい-きんいしゅくしょう【進行性筋萎縮症】脊髄または末梢神経に変性が起こって筋肉が萎縮し、運動機能が失われていく慢性の病気。中年以後の男性に多く、両手や肩に発病し、腰や両脚に広がる。原因は不明。

しんこうせい-きんジストロフィー【進行性筋ジストロフィー】筋肉が徐々に萎縮して筋力が低下し、運動障害が進行する遺伝性の疾患。幼年期から若年期に発病することが多く、慢性で経過が長い。

じんこう-せいたい【人口静態】ある一定時点における、人口の大きさ・構造分布などの状態。静態人口。

しんこう-せいだん【進行星団】▶運動星団

じんこう-せいめい【人工生命】《artificial life》コンピューター上で、遺伝や進化の仕組みや生物の振る舞いをシミュレーションしたもの。人工知能の研究から派生した新しい研究分野である。

しんこう-せん【進貢船】❶琉球から進貢のために中国に渡った船。接貢船。❷室町時代、足利将軍が明の皇帝に進貢するという名目で、対明貿易を行った船。

じんこう-ぞうき【人工臓器】人工材料を用いた、生体の臓器の機能を代行させる装置。人工心肺・人工腎臓など。

しんごうたいざつおん-ひ【信号対雑音比】▶SN比

じんこうたいよう-とう【人工太陽灯】太陽光に似た光を発する人工灯。主に水銀石英灯をさす。紫外線を発生し、普通の照明より紫・青色を比較的多く含むが、熱は発生しない。

じんこうたのうせい-かんさいぼう【人工多能性幹細胞】▶iPS細胞

じんこう-たんいせいしょく【人工単為生殖】受精していない卵を人工的処置によって発生させること。人為単為生殖。

じんこうちかん-すいじゅん【人口置換水準】《「じんこうおきかえすいじゅん」とも》人口が増加も減少もしない均衡した状態となる合計特殊出生率の水準のこと。若年期の死亡率が低下すると人口が減りにくくなるので、この水準値は減少する。現在の日本の人口置換水準は、2.07(平成22年国立社会保障・人口問題研究所)。

じんこう-ちのう【人工知能】《artificial intelligence》コンピューターで、記憶・推論・判断・学習など、人間の知的機能を代行できるようにモデル化されたソフトウエア・システム。AI。

じんこうちのう-げんご【人工知能言語】《artificial intelligence language》▶エーアイ(AI)言語

じんこうちのう-システム【人工知能システム】▶人工知能

しんこう-ちりょう【信仰治療】信仰の力によって病気を治すこと。神聖な水など特定の物がかかわる場合と、教祖など人間による場合とがある。

しんこうつう-システム【新交通システム】ゴムタイヤ車輪で、専用の軌道を走行する交通機関。東京のゆりかもめ、大阪のニュートラム、神戸のポートライナーなど。また、名古屋のガイドウエーバスやモノレールのような、新技術による交通機関を広くさしていうこともある。AGT(automated guideway transit)。

じんこう-てき【人工的】〔形動〕自然と類似の事物・現象を、人間がつくったり起こさせたりするさま。「—に雨を降らす」「—な庭園」

じんこうてきしんていしご-いしょく【人工的心停止後移植】《controlled DCD(donation after cardiac death)》脳死状態に至っていない患者を人為的に心停止させて行う、臓器移植の手続きの一つ。患者の脳に極めて重大な障害があり、本人または家族が延命治療の中止を希望している場合に、医師の管理下で人工呼吸器を停止し、心停止を確認してから、臓器を摘出する。〔補説〕1992年にピッツバーク大学医療センターで初めて行われたことから、ピッツバーグ方式(Pittsburgh method)とも呼ばれる。

しんごう-でん【×賑▽給田】平安時代、賑給のため諸国に設けられた田地。しんきゅうでん。

じんこう-とうけい【人口統計】人口現象一般についての統計。人口静態統計と人口動態統計とがある。

じんこう-とうせき【人工透析】▶透析療法

じんこう-どうたい【人口動態】一定期間中における人口の変動の状態。出生・死亡・結婚・移動などがその要因。動態人口。

じんこう-とうはん【人工登×攀】足場や手がかりの少ない岩壁を、ハンマー・ハーケン・カラビナ・埋め込みボルト・あぶみなどの人工的な手段を用いて登攀する方法。⇨フリークライミング

しんこう-どうぶつ【新口動物】成体の口が原口に由来するのではなく、新たに外胚葉が陥入することによって形成される動物の総称。原口からは肛門が形成される。棘皮動物・脊索動物・脊椎動物など。後口動物。⇨旧口動物

じんこう-にく【人工肉】大豆や小麦のたんぱく質を主原料とする肉状の食品。植物性たんぱく質の補給や肉加工食品の増量材に用いる。

じんこう-にんしんちゅうぜつ【人工妊娠中絶】胎児が、母体外において、生命を保持することのできない時期に、人工的に、胎児及びその付属物を母体外に排出すること。妊娠の持続が母体にとって危険である場合などに行うもので、日本では母体保護法に基づき、一定の条件のもとで認められている。妊娠中絶。人工流産。

しんこう-は【進行波】空間内を一方向に進む波。⇨定常波

しんこう-はいく【新興俳句】昭和6年(1931)に興った反ホトトギスの俳句革新運動。水原秋桜子を先駆とし、山口誓子・日野草城らが参加。連作・無季俳句・反戦的ニヒリズムなど新しい発想・感覚による俳句を主張したが、同15年に始まった俳句弾圧により壊滅した。

しんこうは-かん【進行波管】極超短波の増幅用の真空管。長い螺旋状の導体の中心に電子流を貫通させ、その速度に合わせて導体に沿って電磁波を進行させ、電磁波と電子流との交互作用によって増幅作用を生じさせるもの。送信管・レーダーなどに使用。

じんこうふか-ほう【人工×孵化法】鳥・魚・蚕などの卵を孵化器を用いるなどして人工的に孵化させる方法。

じんこう-ほうしゃせいかくしゅ【人工放射性核種】加速器や原子炉を利用して、α線・β線・陽子・中性子などを原子核に当てて人工的な核変換を行うことによって作り出される放射性核種。現在ではほとんどの元素について得ることができる。

じんこう-ほうしゃせいげんし【人工放射性原子】▶人工放射性元素

じんこう-ほうしゃせいげんそ【人工放射性元素】原子炉や加速器などで、陽子・中性子などを原子核に当てて人工的に作出される放射性元素。

じんこう-ほうしゃせいどういたい【人工放射性同位体】原子炉や加速器を利用し、陽子・中性子などを原子核に当てて人工的に作り出される放射性同位体。トレーサーをはじめ、医学・生化学分野で利用される。

じんこう-ほうしゃのう【人工放射能】人工放射性元素がα線・β線・γ線などの放射線を出す性質。

じんこう-ボーナス【人口ボーナス】一国の人口構成で、子供と老人が少なく、生産年齢人口が多い状態。豊富な労働力で高度の経済成長が可能。多産多死社会から少産少子社会へ変わる過程で現れる。⇨人口オーナス

しんこう-まひ【進行麻×痺】梅毒感染後10年から数十年のち(第4期)に起こる脳疾患。記憶力・判断力が衰え、認知症となり、感情・意思の障害を示す。麻痺性痴呆。脳梅毒。

じんこう-みつど【人口密度】ある地域の単位面積当たりの人口数の割合。一般に1平方キロメートル当たりの人口で表す。

じんこう-もんだい【人口問題】社会の存続や発展にとって、支障をもたらす恐れのあるような人口の質的、量的変化。

しんごう-らっぱ【信号×喇×叭】軍隊などで、信号として吹き鳴らすらっぱ。

じんこう-りゅうざん【人工流産】▶人工妊娠中絶

じんこう-りん【人工林】種まきや植樹などにより、人為的につくった森林。⇔天然林。

じんこう-るいえき【人工涙液】涙液に近い成分になるよう作られた点眼薬。ドライアイなど、目の乾燥対策として使われることが多い。

じんこうろん【人口論】《原題 An Essay on the Principle of Population》経済学書。マルサス著。1798年刊。「人口の原理」ともいう。人口は幾何級数的に増加するが食糧は算術級数的にしか増加しないから貧困と悪徳が発生し、この両者が人口増加の抑制要因としてはたらくと説き、第2版では人口対策として道徳的抑制を推奨した。

じんこう-わくせい【人工惑星】地球を回る軌道から離れて、惑星のように太陽を公転する人工の物体。ソ連が1959年に打ち上げたルナ1号は、月面に衝突させるのが目標だったが、月からそれて太陽を公転する軌道に乗り、世界初の人工惑星になった。

しんごえん【新語園】仮名草子。10巻。浅井了意著。天和2年(1682)刊。中国古典の中の教訓的な故事・逸話を選び、翻訳したもの。

しんこえんげき-じっしゅ【新古演劇十種】歌舞伎で、市川家の歌舞伎十八番に対抗して、5世および6世尾上菊五郎が選んだ尾上家の家の芸十演目。「土蜘」「茨木」「菊慈童」「戻橋」「羽衣」「一つ家」「刑部姫」「古寺の猫」「羅漢」「身替座禅」のこと。

しん-こきゅう【深呼吸】〔名〕スル ゆっくりと大きく呼吸すること。「—して気持ちを落ち着かせる」

しんこきんしゅう【新古今集】「新古今和歌集」の略。

しんこきん-ちょう【新古今調】新古今和歌集にみられる特徴的な歌のよみぶりや歌の調子。一般的には、情調的な諸要素が複合した、絵画的、物語的、象徴的な歌風で、余情・妖艶を尊ぶ。格調は

韻律的で、初句切れ・三句切れ・本歌取り・体言止めが多い。

しんこきんわかしゅう【新古今和歌集】鎌倉初期の勅撰和歌集。八代集の第八。20巻。後鳥羽院の院宣により、源通具・藤原有家・藤原定家・藤原家隆・藤原雅経が撰し、元久2年(1205)成立。仮名序・真名序があり、歌数約2000首。代表歌人は西行・慈円・藤原良経・藤原俊成・藤原定家・式子内親王・寂蓮など。歌風は新古今調といわれ、万葉調・古今調と並び称される。新古今集。

しん-こく【申告】〔名〕スル ❶申し告げること。「選手の交替を―する」❷国民が法律上の義務として、官庁などに一定の事実を申し出ること。「一時所得として―する」「確定―」(類語)届け・届け出・申し入れ・願書

しん-こく【×辰刻】《「辰」も「刻」もともに時の意》時。時刻。刻限。

しん-こく【神国】神がつくり、守護しているという国。日本の美称としても用いられた。神州。

しん-こく【深谷】底の深い谷。奥深い谷。

しん-こく【深刻】〔名・形動〕❶事態が容易ならないところまできていること。また、そのさま。「住宅問題が―になる」❷容易ならない事態と受けとめて、深く思いわずらうこと。また、そのさま。「―に考え込む」「―な表情」❸考え・表現などが深いところにまで達していて重々しいこと。また、そのさま。「悲壮な熱情と―な思想とは」〈藤村・破戒〉❹無慈悲で厳しいこと。むごいこと。また、そのさま。過酷。「是程―な復讐を取られる程」〈漱石・それから〉(派生)しんこくさ〔名〕(類語)切実・痛切

しん-こく【新刻】書物の版を新たにすること。また、その版を用いた書物。新版。

しん-こく【新穀】その年にとれた穀物。特に新米をいう。

しん-こく【親告】〔名〕スル ❶本人がみずから告げること。❷被害者が告訴すること。

しんこく-か【深刻化】〔名〕スル 深刻な状態になること。「両国間の経済摩擦が―する」

しん-こくげき【新国劇】大正6年(1917)沢田正二郎が、歌舞伎と新劇との中間をいく新しい国民演劇の創造を目指して結成した劇団。剣劇と大衆劇を中心に、島田正吾・辰巳柳太郎らが活躍したが、昭和62年(1987)に解散。

しんこく-ざい【親告罪】被害者または法律の定める者の告訴がなければ検察官が起訴できない犯罪。強姦罪・名誉毀損罪・器物損壊罪など。

しんこく-しょうせつ【深刻小説】人生や社会の悲惨な面を深刻に描き出す傾向の小説。観念小説とともに、日清戦争後の時代を背景にしたのが一特色。広津柳浪の「黒蜥蜴」など。悲惨小説。

しんこくのうぜい-せいど【申告納税制度】納税者が自ら税額を計算して税務署に申告し、納付する制度。

しんこく-ほう【×辰刻法】江戸時代の時刻の定め方。明け六つと暮れ六つを基準とし、昼夜を各六等分した。

じんごけいうん【神護景雲】奈良時代、称徳天皇の時の年号。767年8月16日〜770年10月1日。

しんござ【新五左】「新五左衛門」の略。「―たちまち恋の淵にはまる」〈洒・跖婦人伝〉

しんこ-ざいく【×糝粉細工】糝粉を水でこねて蒸したものを花・鳥・人物などの形に作り、彩色した細工物。露店で売られる。

しんござえもん【新五左▽衛門】江戸時代、遊里で、やぼな田舎武士をばかにしていう語。浅黄裏。新五左。「大門といふ額は四郎右衛門がひたいの事と心得る―殿」〈洒・妄かしこ〉

じんご-じ【神護寺】㊀京都市右京区にある高野山真言宗の別格本山。山号は高雄山。創立年代は未詳であるが、空海が真言道場とした高雄山寺に、河内にある和気氏の氏寺神願寺を天長元年(824)に合併し、神護国祚真言寺と改めた。鎌倉初期、文覚が復興。寺宝に、薬師如来像・五大虚空蔵菩薩像など多数。高雄山寺。高尾寺。㊁▶神宮寺

じん-こ-じき【神▽今食】▶じんこんじき(神今食)

しん-こしゃ【新古車】自動車販売店が売り上げ台数を増やすため、自社で購入したことにした車。新車であるが形式上は中古車になる。店頭で展示した車、搬送中に傷の付いた車も中古車扱いになる。価格は割安。

しんごしゅういしゅう【新後拾遺集】「新後拾遺和歌集」の略。

しんごしゅういわかしゅう【新後拾遺和歌集】南北朝時代の勅撰和歌集。20巻。天授元＝永和元年(1375)後円融天皇の勅により、二条為遠・二条為重が撰し、元中元＝至徳元年(1384)成立。二条良基の仮名序があり、歌数約1550首。代表歌人は良基・藤原定家・藤原為氏など。新後拾遺集。

しんこしょ-てん【新古書店】新書店でもまだ売られているような比較的新しい古本を、新品に近い状態で安く売る店。

しん-こせいだい【新古生代】地質時代の古生代を2分したときの、後半。さらにデボン紀・石炭紀・二畳紀に分けられる。⇒旧古生代

しんごせんしゅう【新後撰集】「新後撰和歌集」の略。

しんごせんわかしゅう【新後撰和歌集】鎌倉時代の勅撰和歌集。20巻。正安3年(1301)後宇多院の院宣により、二条(藤原)為世が撰し、嘉元元年(1303)成立。歌数約1610首。代表歌人は藤原定家・藤原為家・藤原実兼など。新後撰集。

しんごだいし【新五代史】▶五代史㊁

しん-こつ【心骨】❶精神と肉体。❷心の奥底。

心骨に刻・す　心の奥底に刻みつけて長く忘れない。肝に銘じる。

しん-こつ【身骨】からだ。

身骨を砕・く　物事を一所懸命にする。力の限りを尽くす。「―・いても、御意を背く心は御座りませぬ」〈紅葉・二人比丘尼色懺悔〉

じん-こつ【人骨】人間のほね。(類語)白骨・万骨・骸骨

じんこっ-き【人国記】㊀❶日本全国の地理・風俗・人情などを国別に書き記した書物。❷国別または府県別に、その地方出身の著名な人物を評論した記事、または書物。㊁地誌。著者・成立年未詳。2巻。室町末期の成立か。元禄14年(1701)改編本として刊行。日本各国の人情・気質を風土と関連づけて論じたもの。

しん-こっちょう【真骨頂】そのものが本来もっている姿。真面目。「―を発揮する」

しん-こてんがくは【新古典学派】1870年代以降に形成された近代経済学の立場の総称。ローザンヌ学派に属するワルラスの一般均衡理論を継承するヒックスの理論がその典型とされる。狭義には、マーシャルに始まるケンブリッジ学派をさす。新古典派。

しん-こてんしゅぎ【新古典主義】❶18世紀後半から19世紀中ごろにかけて、ギリシャ・ローマの古典様式を規範として興った全欧的な美術運動。ダビッド・アングル・カノーバらが代表者。古典主義。❷1900年前後にドイツを中心に興った文芸思潮。自然主義やロマン主義に反対し、古典様式への復帰を主張した。❸第一次大戦後、後期ロマン派や印象主義への反動として起こった音楽上の傾向。古典派音楽のもつ簡潔な形式美を重んじた。ストラビンスキー・プーランクらの音楽にみられる。

じんご-の-へん【壬午の変】1882年(壬午の年)、朝鮮のソウルで起こった反日的クーデター。親日策をとる閔妃一派に反対して、大院君一派に率いられた兵士・民衆が閔妃一派要人や日本人を殺害し、日本公使館を襲撃した。日清両軍の派兵によって鎮圧。この結果、清の指導権は強まり、日本も済物浦条約を結んで貿易上の権益を拡大した。壬午軍乱。

しん-こばん【新小判】❶新しく鋳造した小判。特に、江戸幕府が万延元年(1860)以降に発行した金貨。万延小判。❷擦り減った小判に足し金をして鋳造しなおしたもの。

シンコペーション〖syncopation〗音楽で、強拍と弱拍の位置を本来の場所からずらしてリズムに変化を与えること。切分法。切分音。

シンコム〖SYNCOM〗《synchronous communication satellite》1963年に打ち上げられた米国の静止通信衛星。

しんこ-もち【×糝粉餅】糝粉を湯でこね、蒸してついた餅。

しん-こん【心根】心の奥底。心底。こころね。

しん-こん【心魂｜神魂】こころ。たましい。全精神。「制作に―を傾ける」「―を打ち込む」(類語)心神・心頭・精神

心魂に徹・する　思いが心の奥までしみ込む。また、堅く心に決める。「―・して忘れない」

しん-こん【身根】仏語。五根・六根の一。触覚を生じる器官としての身体。また、その機能。

しん-こん【身魂】からだと心。肉体と精神。全身全霊。「―をなげうって尽くす」(類語)心身・物心

しん-こん【×晨×昏】朝と夕。朝暮。

しん-こん【新婚】〔名〕スル ❶結婚したばかりで間のないこと。また、その人。「―ほやほや」「―家庭」❷新たに結婚すること。「其中には―した許のものもあった」〈漱石・三四郎〉

しん-こん【新墾】新たに土地をきりひらくこと。「―地」

しん-ごん【真言】❶《梵 mantraの訳》いつわりのない真実の言葉。密教で、仏・菩薩などの真実の言葉、また、その働きを表す秘密の言葉をいう。明・陀羅尼・呪などともいう。❷「真言宗」の略。

しんごん-いん【真言院】平安京大内裏中和院の西にあった密教の修法道場。承和元年(834)空海の奏請により唐の青竜寺に倣って設置された。毎年正月、後七日の御修法が行われた。修法院。

しんごん-さんぶきょう【真言三部経】真言宗で特に重要とされる三つの経典。大日経・金剛頂経・蘇悉地経。大日三部経。

しんごん-し【真言師】密教の法によって、加持祈祷をする僧。

しんごん-しかん【真言止観】真言密教の行法と、天台顕教の観法。真言密教と天台顕教。

じん-こん-じき【神今食】平安時代、宮廷の年中行事の一。陰暦6月・12月の11日に行われる月次祭の夜、神嘉殿に天照大神を祭り、天皇がみずから火を改め、新たに飯を炊いて供え、みずからも食する神事。かむいまけ。じんこじき。(季 夏)

しんごん-しちそ【真言七祖】真言宗で崇拝される七人の祖師。大日如来・金剛薩埵・竜猛・竜智・金剛智・不空・恵果。または、竜猛・竜智・金剛智・不空・善無畏・一行・恵果。

しんごん-しゅう【真言宗】日本仏教の宗派の一。大日如来を教主とし、身口意の三密の加持力で即身成仏させるのを本旨とする。9世紀初め、入唐した空海が密教を恵果に学び、帰国して一宗を開いた。真言陀羅尼宗。東密。

しんごん-しんとう【真言神道】真言密教の教義に組み入れて解釈した神道。天照大神は胎蔵界大日如来であり、豊受大神は金剛界大日如来であるとする。⇒両部神道

しんこん-せつわ【神婚説話】神や神の化身と人間との結婚を主題とした説話。三輪山伝説・羽衣伝説・浦島伝説など。

しんごん-だらに【真言×陀羅尼】密教の、短い呪文の真言と、長い呪文の陀羅尼。

しんごんだらに-しゅう【真言×陀羅尼宗】真言宗の異称。

しんごん-はっそ【真言八祖】真言宗で崇拝される八人の祖師。大日如来以下の真言七祖に空海を加えた付法の八祖と、竜猛以下の真言七祖に空海を加えた伝持の八祖とがある。

しんごん-ひみつ【真言秘密】真言密教の秘密の法門。真言陀羅尼の秘密。

しんごん-みっきょう【真言密教】大日如来の

秘密真実の教法。空海の開いた真言宗をさす。金剛乗。金剛乗教。➡密教

しんごん-みょうてん【真言妙典】(ミョウテン) 密教経典の尊称。

しんごん-りっしゅう【真言律宗】律宗の一派。真言宗の教義を旨とし、四分律・梵網戒(ぼんもうかい)を併せて修学する宗派。鎌倉時代、叡尊(えいそん)を祖として興る。総本山は奈良市の西大寺。

しんごん-りょうぶ【真言両部】(ニリョウブ) 真言密教の両部曼荼羅で、理を表す胎蔵界と、智を表す金剛界。

しんこん-りょこう【新婚旅行】(ニリョカウ) 結婚したばかりの夫婦が連れ立ってする旅行。蜜月(みつげつ)旅行。ハネムーン。〘類語〙旅行

しん-さ【×辰砂】▶しんしゃ(辰砂)

しん-さ【審査】〔名〕(スル) 詳しく調べて、適否・優劣・等級などを決めること。「―に付する」「資格を―する」「―員」

しん-ざ【神座】神体を安置する場所。神霊の降ってくる定まった場所。

しん-ざ【新座】❶田楽・猿楽などで、本座に対して新しく結成した座。❷「新参❷」に同じ。「―の者をも抱へさせられたらば」〈虎明狂・人馬〉

しん-さい【神彩|神采】精神と姿。また、すぐれた風采。「下手の描いた肖像画のように、力感もなく―もなく」〈有島・宣言〉

しん-さい【神祭】神を祭る儀式。特に、神道の方式で行う祭り。

しん-さい【新妻】新婚の妻。新婦。にいづま。

しん-さい【新歳】❶新しい年。新年。❷夏安居(げあんご)の終わった翌日。陰暦7月16日。

しん-さい【震災】❶地震による災害。❷関東大震災、阪神・淡路大震災および東日本大震災のこと。〘類語〙天災・人災・戦災・変災

しん-さい【親祭】〔名〕(スル) 天皇がみずから神を祭ること。「天皇の―し給う所にして、百僚儀に陪し」〈津田真道・明六雑誌九〉

しん-さい【親裁】〔名〕(スル) 天皇や国王などがみずから裁決を下すこと。

しん-ざい【心材】樹木の材の中心に近い、濃い色の部分。辺材に比べて堅い。赤身(あかみ)。

しん-ざい【浸剤】細かく切った生薬に熱湯を注ぎ、成分をにじみ出させて服用する薬剤。振り出し薬。

じん-さい【人才】「人材」に同じ。「専ら―を得んとして」〈福沢・文明論之概略〉

じん-さい【人災】人間の不注意や怠慢が原因で起こる災害。水害・地震などで、十分な対策を講じておかなかったためにこうむる災害をいう。⇔天災。〘類語〙天災・震災・戦災・変災

じんさい【仁斎】▶伊藤仁斎(いとうじんさい)

じん-ざい【人材】才能があり、役に立つ人。有能な人物。人才。「―を求める」「―不足」〘類語〙人物・偉材・逸材

じんざい-いくせい【人材育成】将来のために、有用な人物、専門的な知識を持った人物を育てること。人づくり。「地域の―を支援する」

しんさい-きねんび【震災記念日】大正12年(1923)9月1日に発生した関東大震災における遭難死者を追弔し、記念する日。〘季 秋〙

じんざい-ぎんこう【人材銀行】(ギンカウ) 中高年齢者の雇用促進策として、その道の熟練者を社会的に有効に活用しようとする職業紹介制度。昭和41年(1966)に発足して以来、全国主要都市に開設されている。

しんさい-てがた【震災手形】関東大震災のため支払い不能になった手形。震災手形割引損失補償令の適用を受けたが、第一次大戦後の不況による不良手形を多く含んでおり、金融恐慌の原因となった。

じんさい-てん【仁斎点】伊藤仁斎が中国の古注をもとにして施した訓点。

じんざいはけん-ぎょう【人材派遣業】(ゲフ) 自己の雇用している労働者を他企業の求めに応じて派遣し、そこで就業させる事業。労働者派遣法で規制される。

しんさいばし-すじ【心斎橋筋】(スヂ) 大阪市中央区の商店街。心斎橋から南へ戎橋(えびすばし)に至る通り。

しん-さく【神作】❶神の作ったもの。また、神の作ったようなすばらしいもの。❷大坪流馬術の祖道禅が常陸(ひたち)の鹿島神宮に祈り、神伝によって作ったという精巧な鞍(くら)・鐙(あぶみ)など。❸十作(じっさく)以前の聖徳太子・弘法大師など伝説的な面打ちの作とされる能面。また、その面打ち。

しん-さく【神策】《「じんさく」とも》❶霊妙なはかりごと。〈和英語林集成〉❷占いに用いるめどぎ。

しん-さく【振作】〔名〕(スル) 人の気持ちや物事の勢いを盛んにすること。奮い起こさせること。振起。

しん-さく【真作】まちがいなくその人の作品であること。

しん-さく【新作】〔名〕(スル) 新しく作品などを作ること。また、その作品。「落語を―する」「―映画」

しんさく-もの【新作物】❶新しく作られた作品や製作品。❷室町時代、名匠製作の良刀に次ぐ品位の刀。

しんさく-らくご【新作落語】現代に題を求めて、新しく作られた落語。⇔古典落語。

しんさ-せいきゅう【審査請求】(ニセイキウ) 行政不服審査法による不服申し立ての一。行政庁の処分または不作為について、権限のある別の行政庁に対して不服を申し立てること。

しん-さつ【診察】〔名〕(スル) 病気の有無や病状などを判断するために、医師が患者のからだを調べたり質問したりすること。「患者を―する」「―室」〘類語〙診断・見立て・検診・受診

しん-さつ【新札】❶新規に発行された紙幣。❷「新券」に同じ。

しん-さつ【審察】〔名〕(スル) くわしく調べたり観察したりすること。「提出された報告書を―する」

しん-ざつおん【心雑音】心臓の拍動に伴う、正常な心音以外の音。弁膜の障害などで生じる。

じんざ-もみ【甚▽三▽紅】承応年間(1652〜1655)京都長者町の桔梗屋甚三郎(ききょうやじんざぶろう)が、茜(あかね)で染め出した紅梅色の平絹。女性の和服の胴裏に用いる。また、その色。中紅(なかべに)。

しん-さよく【新左翼】《New Left》1960年代以降の左翼運動で、既成の左翼政党を批判・否定し、それぞれの戦略・戦術あるいは運動論のもとに社会変革を目ざす政治的集団の総称。ニューレフト。

しんさらやしきつきのあまがさ【新皿屋舗月雨暈】歌舞伎狂言。世話物。3幕。河竹黙阿弥作。明治16年(1883)東京市村座初演。「播州皿屋敷」に材をとっているが、2幕目の魚屋宗五郎の酒乱の演技が見どころ。通称「魚屋宗五郎」。

しんさるがくき【新猿楽記】平安後期の随筆。1巻。藤原明衡(ふじわらのあきひら)著。康平年間(1058〜1065)の成立か。猿楽見物の一家に託し、当時の世俗の風俗などを漢文で描く。生活史料として重要。

シンサレート〖Thinsulate〗防寒衣料などの中綿に使われる断熱保温素材の一。合繊の極細繊維をからみ合わせた構造で軽く、保温効果が高い。商標名。

しん-さん【心算】心の中の計画。心積もり。胸算用。「―が狂う」

しん-さん【身三】仏語。人の身体による三つの善悪の行為。十善のうちの不殺生・不偸盗(ふちゅうとう)・不邪淫。または、十悪のうちの殺生・偸盗・邪淫。

しん-さん【辛酸】つらい目や苦しい思い。〘類語〙苦労・骨折り・労(ろう)・労苦・苦心・腐心・辛苦・辛労・心労・煩労・艱苦(かんく)・艱難(かんなん)・苦難・ひと苦労

辛酸を嘗(な)・める 苦しく、つらい目にあう。「早くに両親を失って世の―・める」

しん-さん【神算】非常にすぐれたはかりごと。「―鬼謀」

しん-ざん【神山】❶神聖な山。霊山。❷神を祭ってある山。❸神や仙人が住んでいるという山。

しん-ざん【×晋山】《「晋」は進む、「山」は寺の意》僧侶が新たに一寺の住職となること。「―式」

しん-ざん【深山】奥深い山。みやま。「―幽谷」〘類語〙深山(みやま)・奥山

しん-ざん【新参】❶仲間に加わって日の浅いこと。また、その人。新入り。「―の団員」⇔古参。❷新たに主君・主人などに仕えること。また、その人。今参り。新座。〘季 春〙

しん-さんぎょうとし【新産業都市】(ニサンゲフトシ) 昭和37年(1962)制定の新産業都市建設促進法によって指定された区域。地域格差の是正、大都市への人口や産業の集中化防止、都市機能の地方への分散などを目的とする。新産都市。

しんさん-くし-いさん【身三口四意三】仏語。十悪・十善を身口意の三業に配当したもの。十悪でいえば、身の所業の殺生・偸盗(ちゅうとう)・邪淫、口の所業の妄語・悪口(あっく)・両舌・綺語(きご)、意の所業の貪欲(とんよく)・瞋恚(しんい)・愚痴。

しんさん-じ【新産児】「新生児」に同じ。

しん-さんべつ【新産別】《「全国産業別労働組合連合」の略称》昭和24年(1949)産別会議を脱退した産別民主化同盟を中心に結成された全国組織。「連合」発足により同63年解散。

しんざん-もの【新参者】新たに仕えた人。また、新しく仲間に加わった人。

しん-し【心志】意志。こころざし。「其―怯弱にして物に接するの勇なく」〈福沢・学問のすゝめ〉

しん-し【心思】こころ。思い。考え。「或は―を労し、或は肢体を苦しめて」〈中村訳・西国立志編〉

しん-し【申子】㊀申不害(しんふがい)の敬称。㊁中国、戦国時代の法家の書。申不害の撰。刑名の学を集成したもので、全6編のうち「三符」1編のみが現存。

しんし【伸子|×簁】洗い張りや染色のとき、織り幅の狭まるのを防ぎ一定の幅を保たせるように布を延ばすための道具。両端に針がついた竹製の細い棒で、これを布の両端にかけ渡して用いる。しいし。

しん-し【臣子】家来。臣下。「人の―となりながら恩義を顧みず」〈中勘助・鳥の物語〉

しん-し【信士】❶信義に厚い人。❷信仰の厚い人。❸▶しんじ(信士)

しん-し【信使】外国からの使者。使節。「―来(きた)らん時、川崎の駅に出むかふべし」〈折たく柴の記・中〉

しん-し【神使】《「じんし」とも》神のつかい。ふつう、その神に縁故のある鳥獣虫魚である場合が多い。例えば、稲荷神の狐、八幡神の鳩、春日明神の鹿、熊野権現の烏、日吉(ひえ)山王の猿など。つかわしめ。

しん-し【神×祠】神を祭るほこら。やしろ。

しん-し【唇歯】❶くちびると歯。❷互いに利害関係が密接であること。「―の間柄」

しん-し【振子】「振り子」に同じ。

しん-し【浸▽漬】〔名〕(スル)《慣用読みで「しんせき」とも》❶液体にひたすこと。「―熱」❷思想や流言などが次第に浸透していくこと。

しん-し【真摯】〔名・形動〕まじめで熱心なこと。また、そのさま。「―な態度」「―に取り組む」〘派生〙しんしさ〔名〕〘類語〙誠実・篤実・忠実・至誠・信実・篤厚

しん-し【深思】〔名〕(スル) 深く思うこと。深い考え。「門を出たら、病人に会った。人は病まなければならないかと王子は―した」〈藤村・千曲川のスケッチ〉

しん-し【紳士】《搢紳(しんしん)の士の意》❶上流社会の人。「有名―の商議場たるが如く」〈織田訳・花柳春話〉❷上品で礼儀正しく、教養の高いりっぱな男性。ジェントルマン。「―淑女」❸成人の男性。「―服」〘類語〙ジェントルマン・男・男性・男子・野郎・雄・男児・おのこ・壮丁(そうてい)・壮夫・士(し)・ますらお・丈夫(じょうぶ)・殿方

しん-し【進士】《「しんじ」とも》❶中国で、科挙の試験科目の名称。のちに、その合格者をいった。❷律令制で、官吏登用試験の科目の名称。また、その合格者。❸平安時代、❷に合格した文章生(もんじょうしょう)のこと。

しん-し【進止】《「しんじ」とも》❶立ち居振る舞い。挙動。「小乗声聞の法をもて、大乗菩薩法の威儀―を判ず」〈正法眼蔵・三十七品菩提分法〉❷土地や人間などを占有し、思うままに支配すること。「田園ことごとく一家の―たり」〈平家・二〉

しん-し【新史】新しく書かれた歴史。

しん-し【新紙】❶新しい紙。最近作られた紙。❷「新聞紙(しんぶんし)」の略。「悠然自若として―を眺めている」〈紅葉・二人女房〉

しん-し【新詩】❶新作の詩。❷明治時代の新体詩

の異称。「―を三つ程作って」〈花袋・野の花〉
しん-し【震死】〘名〙スル 雷に打たれて死ぬこと。また、感電して死ぬこと。「此の尖形を点ずれば触るる処の動物忽ち皆な―すべしと云う」〈竜渓・浮城物語〉
しん-し【親子】❶親と子。おやこ。❷法律で、直系一親等の自然的血縁関係のある実親子、または法定血族である養親子。
しん-し【▽参▽差】〘ト・タル〙図〘形動タリ〙互いに入りまじるさま。また、高低・長短などがあって、ふぞろいなさま。「楓と松が―と枝をさしかわしながら」〈谷崎・少将滋幹の母〉「ありとあらゆる様式の建築物が…、―として折り重なって」〈露伴・魔術師〉
しん-じ【心地】《「しんち」とも》仏語。❶心を大地にたとえていった語。❷戒のこと。心にこうしようと思う意業であるのでいう。❸菩薩の修行の各階位における心のこと。❹禅宗で、心の本性、すなわち心性をいう。
しん-じ【心地┊芯地】帯や洋服の襟などの芯にする布地。麻芯・毛芯・接着芯など多種ある。
しん-じ【心耳】❶心の耳。心で聞き取ること。「この呪が―にとどまって」〈芥川・さまよへる猶太人〉❷心房の外側の湾曲部。また、心房のこと。
しん-じ【心事】心に思っている事柄。心中。「作者の―のしらずしらず其文の面に見らるるから」〈逍遥・小説神髄〉〘類語〙思い・想念・思念・念・気持ち・感懐・感想・所懐・胸懐・心懐・胸中・心中・心情・心境・感慨・万感・偶感・考え・思考・思索・一存
しん-じ【臣事】〘名〙スル 臣下として仕えること。
しん-じ【信士】仏語。❶仏法に帰依して受戒した在家の男子。優婆塞。清信士。❷男子の戒名の下に付ける称号の一。⇒信女
しん-じ【神事】《古くは「じんじ」とも》神を祭る儀礼。祭り。かみごと。
〘類語〙祭事・祭り・祭礼・祭典・祭祀・栄典・祝典・祝儀・大祭・大儀・大礼・大典・典礼・盛儀・儀式・式典
しん-じ【神璽】《古くは「しんし」》❶天子の印。御璽。❷三種の神器の総称。天つ璽。❸三種の神器の一つである八尺瓊勾玉のこと。
しん-じ【真字】❶楷書。真書。❷漢字。まな。
しん-じ【新字】❶新しく作られた文字。❷教科書などで初出の文字。
しん-じ【×鍼治】鍼で治療をすること。〈日葡〉
しん-じ【×襯字】中国の戯曲の歌詞で、1句の規定を超えて添えられた字。旋律からはみだすので実際には歌われないが、句の意味を補足説明する。
じん-し【人士】地位や教養のある人。「各界の―が会集する」〘類語〙大人・君子・高士・士人・人間・人・人類・人倫・万物の霊長・考える葦・米の虫・ホモサピエンス・人物・仁・者
じん-し【尋思】〘名〙スル 思いをめぐらすこと。
じん-し【×塵×滓】ちりとかす。けがれ。また、俗世間のけがれ。
じん-じ【人事】❶人間社会の出来事。人世の事件。自然の事柄に対していう。「―に煩わされる」❷人間の力でできる事柄。人間が行う事柄。「―を尽くす」❸社会・機構・組織などの中で、個人の身分・地位・能力の決定などに関する事柄。「重役会に―を一任する」「―部」❹俳句の季語の分類の一。天文・地理などに対し、人間に関する題材。
人事は棺を蓋うて定まる 人間の真価は、その人の死後に初めてきまる。棺を蓋いて事定まる。
人事を尽くして天命を待つ 力のあらん限りを尽くして、あとは静かに天命に任せる。
じん-じ【仁慈】思いやりがあって情け深いこと。「博愛―の聞えたかき兄を」〈一葉・別れ霜〉〘類語〙情け
じん-じ【▽沈地】香木の沈香の木地。
じん-じ【神事】⇒しんじ(神事)
じん-じ【×塵事】世間のわずらわしい俗事。
じんじ-いいんかい【人事委員会】都道府県、指定都市および人口15万人以上の市が地方公務員法に基づいて設置する、地方公務員のための人事行政機関。国家公務員に対する人事院と同種の機関。
しんじ-いけ【心字池】「心」の草書体をかたどってつくられた日本庭園の池。京都の西芳寺・桂離宮などのものが有名。
じんじ-いどう【人事異動】官公庁・企業などの組織内で、構成員の地位・職務などが変わること。
じんじ-いん【人事院】内閣所轄の中央人事行政機関。国家公務員の給与その他勤務条件の改善および人事行政についての勧告、試験および任免、職員の利益保護など人事に関する行政事務を担当する。昭和23年(1948)設置。
じんじいん-かんこく【人事院勧告】人事院が国家公務員の給与・勤務条件などの待遇の改善について、国会および内閣に勧告すること。また、その勧告。
しんし-おん【唇歯音】上の前歯と下唇とを接して調音する音。無声唇歯音では[f]、有声唇歯音では[v]の類。歯唇音。
じんじ-かん【人事官】人事院を組織する認証官。定員3名で、うち1名が総裁となる。任期は4年で、衆参両議院の同意を得て内閣が任命する。
しんじかんぎょう【心地観経】仏教経典。8巻。唐の般若の訳。父母・衆生・国王・三宝の四恩の重いことを示し、報恩の要義を説く。大乗本生心地観経。
しんしかんけいふそんざい-かくにん【親子関係不存在確認】親子の関係がないことを法的に確認すること。婚姻中または離婚後300日以内に生まれた子は婚姻中の夫婦の嫡出子となるが、夫婦間の子ではないことが客観的に明らかであれば、この審判を受けることができる。おやこかんけいふそんざいかくにん。
しん-しき【神式】神道の決まりに従って行う儀式。「葬儀を―で執り行う」
しん-しき【深識】深く知ること。また、深い知識・見識。「新法を論ずる文を読ば、その―遠慮更に驚くに堪たり」〈中村正直・明六雑誌一六〉
しん-しき【新式】〘名・形動〙❶新たな形式。新しい方式。⇔旧式。❷型・デザインなどや、考え方・行動のしかたが新しいこと。また、そのさま。「―の車両」⇔旧式。「野々宮君のような―な学者が」〈漱石・三四郎〉❸連歌や俳諧で、新しく定められた式目。特に、連歌の本式に対する称で、時代によって増補された式目をよぶ。〘類語〙新型・新しい・新た・新規・新・新調・新来・新手
しんし-きょうてい【紳士協定】国家または団体・個人の間で、互いに相手を信頼して公式手続きを踏まずに取り決めた約束。紳士協約。
しんし-きょうやく【紳士協約】⇒紳士協定
しん-しぐん【新四軍】中国の抗日戦争期に華中・華南で活動した中国共産党軍。1937年の第二次国共合作によって、長征の残留部隊を基幹に編成。41年の皖南事件で潰滅的な損害を受けたが、陳毅を中心に再編・増強された。⇒八路軍
しんじ-けい【心磁計】心臓の発する微弱な磁気をとらえて心臓の働きを測定する装置。短時間で安全に、高い精度の診断ができる。胎児の心臓診断も可能。
シンジケート〘syndicate〙❶カルテルを発展させた企業の独占形態。カルテルにおける生産割当と価格協定をより強化するために、加盟企業が製品の共同販売に関する協定を結んで組織したもの。❷有価証券の引き受けのために、銀行・保険会社・証券会社などが結成する証券引受団。引受シンジケート団。❸大規模な犯罪組織。
〘類語〙カルテル・トラスト・コンツェルン
シンジケート-ローン〘syndicated loan〙世界各国の銀行が協調融資団(シンジケート)を組成し、各国政府や政府機関に対して行う中・長期の貸付。貸し手にとっては危険分散を図ることができ、借り手にとっては巨額の資金を効率的に調達できる。協調融資。
じんじ-けん【人事権】使用者が、自己の企業に使用する人員について、採用・異動・昇進・解雇などを決定する権利。労働協約や労働法などで制限される。
しんじ-こ【宍道湖】島根県北東部の海跡湖。湖水は淡水に近い汽水で、魚類やシジミが豊富。湖上に嫁ヶ島がある。面積約79.2平方キロメートル。平成17年(2005)ラムサール条約に登録された。
じんじ-こうか【人事考課】従業員の業務成績や能力・態度を評価すること。勤務評定。能力考課。
しんし-しゃ【新詩社】詩歌結社。明治32年(1899)与謝野鉄幹が設立。翌年、機関誌「明星」を創刊、浪漫主義運動の一大勢力となり、多くの新人を育成した。同41年解体。正式には東京新詩社。
しんじ-ずもう【神事相撲】神社の神事として行われる相撲。
じんじ-そう【人字草】ユキノシタ科の多年草。関東以西の山地に生え、葉は手のひら状に深く切れ込む。秋、白い花が円錐状につく。花びらは5枚で、下の2枚が大きいので「人」字形になる。もみじばだいもんじそう。
じんじ-そしょう【人事訴訟】人の身分関係の確定・形成を目的とする民事訴訟。人事訴訟手続法に規定する婚姻・養子縁組・親子関係などの事件を対象とする訴訟。
しん-じたい【新字体】漢字の字体で、古くから使われていた形を改めて、新たに用いられるようになった字体。特に、国語審議会が昭和24年(1949)告示の当用漢字字体表のうち、以前に正字とされていた形に代えて、略字や俗字・筆写体などの形を採用したもの。「狀」を「状」、「爲」を「為」とした類。
しん-じち【真▽実】〘名・形動ナリ〙「しんじつ(真実)」に同じ。「―に絶え入りにければ、まどひて願たてけり」〈伊勢・四〇〉
しんしちょう【新思潮】文芸同人雑誌。第一次は明治40年(1907)小山内薫が創刊。第二次は同43年に小山内薫・谷崎潤一郎ら、第三次は大正3年(1914)に山本有三・久米正雄・菊池寛・芥川竜之介ら、第四次は同5年に芥川・菊池・久米らが創刊。以後、十数次に及ぶ。
じんじちょうてい-ほう【人事調停法】家族・親族間の紛争など、家庭に関する事件について調停の制度を定めた法律。昭和14年(1939)公布。同22年、家事審判法の制定により廃止。
しん-しつ【心室】心臓の下方を占める、厚い筋肉でできている部屋。鳥類・哺乳類では心室中隔によって左右両室に隔てられる。右心室は静脈血を肺動脈へ、左心室は動脈血を大動脈へ送り出すポンプの役割をする。
しん-しつ【心疾】心の病。心労から起こる気の病。
しん-しつ【寝室】寝るために使う部屋。ねや。
〘類語〙寝所・寝間・寝屋・閨房
しん-じつ【信実】〘名・形動〙まじめで偽りがないこと。打算がなく誠実であること。また、そのような心や、そのさま。「―を尽くす」「―な人柄」
〘類語〙誠実・篤実・真摯・忠実・至誠・篤厚
しん-じつ【真実】㊀〘名・形動〙❶うそ偽りのないこと。本当のこと。また、そのさま。まこと。「―を述べる」「―な気持ち」❷仏語。絶対の真理。真如。〘派生〙しんじつさ〘名〙㊁〘副〙本当に。確かに。「―情けない思いをした」〘類語〙真理・真・実・事実・本当・真相・現実・実情・実態・実際・有りのまま・有り様
しん-じつ【親×昵】〘名〙スル 親しみなじむこと。昵懇。「―の間柄」「允成が寧親にも―して、殆ど兄弟の如く遇せられた」〈鷗外・渋江抽斎〉
じん-しつ【迅疾】〘名・形動〙非常に速いこと。また、そのさま。迅速。「此情勢は―の速度を以て増加せんこと」〈島田三郎・条約改正論〉
じん-じつ【人日】五節句の一。陰暦正月7日の称。七草粥を食べる風習がある。(季 新年)
じん-じつ【尽日】❶一日じゅう。終日。「朝から晩まで―碁盤の音の絶ゆる間なく」〈魯庵・社会百面相〉❷月または年の末日。みそか。おおみそか。
しんじつ-いちろ【真実一路】どこまでも真実を求めていくこと。
しんしっかん-しゅうちゅうちりょうしつ【心疾患

集中治療室】シンシツクワンシツチュウチリョウシツ ▶シー-シー-ユー(CCU)
しんしつ-さいどう【心室細動】心室の筋肉が不規則に収縮(細動)する状態。この状態で心臓は血液を送り出せない。心筋障害・心筋梗塞こうそくなどでみられる。除細動などの治療が行われる。Vf(Ventricular fibrillation)。V.fib。
しんじつ-の-くち【真実の口】《Bocca della Verità》イタリアの首都ローマのサンタマリアインコスメディン教会の外壁にある石造の円盤。海神トリトーネの浮き彫りが施されている。もとは古代ローマ時代の下水溝の蓋であると考えられている。偽りの心をもつ人が海神の口に手を入れると抜けなくなる、または切り落とされるという伝説がある。映画「ローマの休日」に登場し、観光名所になった。
しんしつ-ひんぱく【心室頻拍】心室の一部で異常な電気刺激が発生し、脈拍が異常に早くなる状態。1分間に100回以上の拍動が3拍以上続くものを心室頻拍という。頻脈性不整脈の一つ。(補説)心室の一部で筋肉が変性し、電気刺激がその部位を旋回したり、そこから電気刺激が早い頻度で規則的に送り出されることによって起こる。心室頻拍が起こると心室が小刻みに動き、血液を十分に送り出すことができなくなり、血圧が低下する。30秒以上続くとめまいや失神を起こすことがあり、心不全や心室細動を引き起こすおそれもある。抗不整脈薬の投与、原因部位の焼灼、植え込み型除細動器(ICD)による治療などがある。
しんじつ-み【真実味】真実であるという感じ。まごころがこもっている感じ。「話に—がない」
しんし-てき【紳士的】(形動)紳士らしく礼儀をわきまえ、信義を重んじるさま。「—な話し合いで解決する」
シンシナティ〖Cincinnati〗米国オハイオ州南西端にある商工業都市。工作機械などの製造が盛ん。人口、行政区33万(2008)。
しんじ-にぶばんきん【真字二分判金】江戸幕府が文政元年(1818)から鋳造した二分判金。楷書で「文」の字の極印ごくいんを打ってある。真字二分金。
しんし-ねつ【浸▽漬熱】▶湿潤熱
しんじ-のう【神事能】《「じんじのう」とも》神社の祭礼に奉納される能楽。
しんし-ばり【伸子張り】洗濯した布や染めた布帛ふはくを、伸子を使ってしわをのばし乾かす方法。
しんじひふみでん【神字日文伝】江戸後期の語学書。2巻。付録1冊。平田篤胤ひらたあつたね著。文政2年(1819)成立。漢字伝来以前に日本に文字が存在したと主張する。かんなひふみのつたえ。
じんじ-ふせい【人事不省】昏睡こんすい状態に陥り、意識を失うこと。「—に陥る」(類語)気絶・失神・悶絶
しん-しほうしけん【新司法試験】シンシハウシケン 司法試験のうち、平成18年(2006)から実施されているものの通称。法科大学院修了者に受験資格が与えられるが、同24年からは司法試験予備試験に合格すれば、法科大学院を修了していない者にも受験資格が与えられる。➡旧司法試験 (補説)受験資格取得後、5年以内に3回までの受験が認められ、3回とも不合格だと受験資格を失う。改めて受験するためには、予備試験に合格するか法科大学院に入り直して再び修了する必要がある。
しんし-ほしゃ【唇歯×輔車】《「春秋左氏伝」僖公五年の「諺に所謂いわゆる、輔車相依り、唇くちびる亡ぶれば歯寒しとは」から》一方が滅べば他方も成り立たなくなるような密接不離の関係にあって、互いに支え助け合って存在していることのたとえ。
しんじ-まい【神事舞】ーマヒ 神社の祭礼に、神事の一部として行われる舞。神楽・舞楽・田楽など。
しん-しまり【真締(ま)り】〔名・形動〕《「しんじまり」とも》表面は締まりがないようで、心底はしっかりしていること。また、そのさま。「信さんって人は、ぐうたらなようで、—で」〈里見弴・多情仏心〉
しん-しゃ【×辰砂|×辰▽沙】❶水銀と硫黄とからなる鉱物。深紅色または褐赤色で、塊状・粒状で産出。水銀製造の原料、また、赤色顔料の主要材料。漢方では消炎・鎮静薬などに用いる。丹砂。朱砂。❷銅を含み、鮮紅色に発色する釉薬ゆうやく。また、それを用いた陶磁器や釉裏紅ゆうりこうなどの日本における通称。辰砂釉しんしゃゆう。銅紅釉どうこうゆう。
しん-しゃ【真写】〔名〕スル 物事をありのままに写しとること。「自然を写すにあたって、出来るだけ客観のままを—し」〈抱月・文芸上の自然主義〉
しん-しゃ【深謝】〔名〕スル ❶心から感謝すること。「御厚情を—する」❷心からわびること。「不手際を—いたします」(類語)感謝・拝謝・万謝・謝意・謝恩
しん-しゃ【新車】新しい車。また、新型の車。
しん-しゃ【親×炙】〔名〕スル 親しく接してその感化を受けること。しんせき。「予自身も、本多子爵に—して明治初期の逸事瑣談さじだんを聞かせて貰うようになって」〈芥川・開化の殺人〉
しん-じゃ【信者】❶ある宗教に対し信仰をもつ者。また、その宗教集団の成員。信徒。❷ある人物に傾倒して、その言説・思想などを熱心に信奉する人。(類語)(❶)教徒・信徒・宗徒・門徒
じん-しゃ【人車】❶人力で動かす車。人力車。❷人車鉄道の車両。❸人と車。「—分離」
じん-しゃ【仁者】❶情け深い人。❷儒教の説く仁徳を備えた人。仁人。
仁者は憂えず 《「論語」子罕から》仁者は心がおおらかで天命に安んじているから、何事にも心配することがない。
仁者は敵なし 《「孟子」梁恵王上から》仁者は深い愛情をもって人に交わるから、敵となる者はない。
仁者は山を楽しむ 《「論語」雍也から》天命に安んじて欲に動かされることのない仁者は、不動の山を見て楽しむ。
じん-じゃ【神社】神道の神を祭り、祭祀さいしや参拝のための施設のある所。また、その建物。やしろ。おみや。(類語)社やしろ・宮みや・神殿・神廟しんびょう・社殿・廟宇びょうう・神宮・鎮守ちんじゅ・祠ほこら・大社・稲荷いなり・八幡はちまん・本社・摂社・末社・祠堂しどう
ジンジャー〖ginger〗❶ショウガ科の多年草。高さ1〜2メートル。葉は大きな長楕円形。7〜10月、純白や黄色の花をつける。東南アジアの原産で、観賞用に栽培。花縮砂はなしゅくしゃ。(季 花=秋)「—の香夢覚めて妻在らざりき/波郷」❷香辛料の一。干したショウガ、またはその粉。
ジンジャー-エール〖ginger ale〗ショウガのエキスで風味をつけた清涼飲料水。アルコール分はない。
ジンジャー-ケーキ〖ginger cake〗ショウガの風味をきかせた英国の伝統的なビスケット。クリスマスには星の形に型抜きして焼く。
しん-ジャガ【新ジャガ】その年の、出始めのジャガイモ。(季 夏)「—や農夫掌よく乾き/草田男」
しん-しゃく【×斟酌】〔名〕スル《水や酒をくみ分ける意から》❶相手の事情や心情をくみとること。また、くみとって手加減すること。「採点に—を加える」「若年であることを—して責任は問わない」❷あれこれ照らし合わせて取捨すること。「市場の状況を—して生産高を決める」❸言動を控えめにすること。遠慮すること。「—のない批評」
(類語)(❶)推量・推測・推察・推定・察し・推断・推諒/(❸)遠慮・気兼ね・心置き・憚はばかり・控え目・忌憚きたん・謹慎・内輪・憚る・控える・差し控える・慎む・断る
しん-しゃく【新釈】新しい解釈。
じん-しゃく【人爵】人から与えられた爵位・官位など、人間が定めた栄誉。⇔天爵。「—が猶なお俗眼を惑わすを幸いとし」〈魯庵・社会百面相〉
じんじゃ-けんちく【神社建築】神社の社殿およびその付属建築。一般に、入り口に鳥居を設け、周囲に玉垣を巡らし、境内に本殿や社殿があって、社務所など必要な付属建築物を設ける。本殿の様式によって、大社造り・神明造り・春日かすが造り・流ながれ造り・八幡はちまん造りなどがある。
じんじゃ-しんとう【神社神道】ーシンタウ その土地の神社を中心に、祭りその他の行事を通して氏子との地縁的な結びつきを基礎とする神道。➡教派神道 ➡神道
しん-ジャスダック【新ジャスダック】▶ジャスダック㊂
しんしゃ-ずほう【心射図法】ーヅハフ 地図投影法の一。地球に接する平面に、地球の中心から投影する図法。接点を離れるにつれ図は著しく拡大され、半球以上を表すことはできないが、図上の二点を結ぶ直線が、地球上のその二点間の最短経路を表す。大圏図法。大円図法。
じんじゃ-だいしょう【深沙大将】ーダイシャウ 仏教守護神の一。砂漠で危難を救うことを本誓とする鬼神で、病気をいやし、魔事を遠ざけるという。像は忿怒ふんぬの相をし、全身赤色で左手に青蛇をつかみ、右のひじを曲げて手のひらを上げる。「般若経」を守護する十六善神の一とする。深沙大王。奉教鬼。
じんしゃ-てつどう【人車鉄道】ーテツダウ 軌道を設け、人力で押して走らせ、人や貨物を輸送した鉄道。日本では明治末期から大正時代に使われた。
しんしゃ-とくやく【新車特約】▶車両新価保険特約
じんじゃ-ほんちょう【神社本庁】ーホンチャウ 全国大多数の神社を統括する宗教法人およびその中央事務所の名称。第二次大戦後、国家管理を離れた全国約8万の神社を包括する。
しんしゃ-わりびき【新車割引】自動車保険の契約に際し、一般に補償開始の年月が初度登録年月の翌月から起算して25か月以内の場合に適用される保険料の割引。被保険自動車の用途・車種は自家用小型乗用車または自家用普通乗用車が主。
ジンジャントロプス-ボイセイ〖ラテ Zinjanthropus boisei〗1959年に東アフリカのタンザニアのオルドバイ峡谷で発見された、最古の化石人類の一。アウストラロピテクスの一属とされ、160万年以上前のものと推定される。現在の名称はパラントロプスボイセイ(Paranthropus boisei)。
しん-しゅ【身首】胴体と首。
身首処ところを異ことにする 胴体と首とが別々になる。首を切られることをいう。
しん-しゅ【神主】《古くは「じんしゅ」とも》❶もののたましい。❷儒教の葬礼で、死者の官位・姓名を書く霊牌。仏教の位牌にあたる。❸「かんぬし」に同じ。「仮令たとえ、—、祝部はふりの名には」〈色道大鏡・一一〉
しん-しゅ【神酒】神に供える酒。おみき。
しん-しゅ【浸種】種子の発芽を促進するために、種子を水に浸すこと。たねひたし。
しん-しゅ【進取】みずから進んで物事に取り組むこと。「—の気性に富んだ人」
しん-しゅ【新酒】その年の新穀で造った清酒。(季 秋)「狐啼いて—の酔のさめにけり/子規」
しん-しゅ【新種】❶今までにない、新しい種類。「—の商売」❷新たに発見された生物の種。国際命名規約に定める必要条件を満たす方式によって記載・公表され、新種であると判定が下されれば学名が有効となる。また、新たに作出された品種。
しん-じゅ【神呪】《「じんじゅ」とも》神秘な呪文じゅもん。陀羅尼だらに。
しん-じゅ【神授】神から授かること。「王権—説」
しん-じゅ【神樹】❶神霊が宿ると伝えられる木。神木。❷神社の境内にある木。❸ニガキ科の落葉高木。葉は長羽形の小葉からなる羽状複葉。雌雄異株。夏、緑がかった白色の小花を多数つける。中国の原産で、明治初期に渡来。庭木にする。にわうるし。
しん-じゅ【真珠】アコヤガイ・シロチョウガイなどの体内にできる球状の物質。体内に入り込んだ異物に分泌液が層状に沈着して作られる。天然に産するが、養殖も盛ん。銀白色の光沢があり宝石として珍重される。パール。
しん-じゅ【新樹】若葉が芽吹いてみずみずしい緑色をしている樹木。新緑の樹木。(季 夏)「星屑ほしくずや鬱然として夜の—/草城」
しん-じゅ【親授】〔名〕スル みずから授けること。特に、天皇がみずから授けること。「褒章を—される」
じん-しゅ【人主】人君。君主。きみ。
じん-しゅ【人種】❶人類を骨格・皮膚・毛髪などの

形質的特徴によって分けた区分。一般的には皮膚の色により、コーカソイド(白色人種)・モンゴロイド(黄色人種)・ニグロイド(黒色人種)に大別するが、この三大別に入らない集団も多い。❷人をその社会的地位・生活習慣・職業や気質などによって分類していう言い方。「仕事を生きがいとする―」(類語)民族・種族

じん-じゅ【人寿】人間の寿命。「―は天然の数として敢て其長短を論ずるに非ず」〈福沢・福翁百話〉

じん-じゅ【仁寿】《『論語』雍也の「仁者は寿(いのちなが)し」から》仁徳があって命が長いこと。

しんじゅ-いろ【真珠色】真珠のような色。美しいつやのある灰白色。パールホワイト。

しん-しゅう【沈周】[1427〜1509]中国明代の画家。長州(江蘇省)の人。字(あざな)は啓南。号、石田(せきでん)・白石翁。低迷していた南宗画を復興し、呉派の祖となった。著「石田集」など。ちんしゅう。

しん-しゅう【信州】信濃(しなの)国の異称。

しん-しゅう【侵襲】手術・けが・病気・検査などに伴う痛み、発熱・出血・中毒など、肉体の通常の状況を乱す外部からの刺激をいう。

しん-しゅう【神州｜神×洲】❶神国。日本で自国を誇っていう。❷中国で、自国の美称。❸神仙のいる所。(類語)(❶)日本・大和(やまと)・日の本・八洲国(やしまぐに)・大八洲(おおやしま)・秋津島・敷島・葦原(あしはら)の中つ国・豊葦原(とよあしはら)・瑞穂(みずほ)の国・和国(わこく)・日東・東海・扶桑(ふそう)・本邦・本朝・ジャパン・ジパング

しん-しゅう【真宗】❶仏語。真実の教え。❷「浄土真宗」の略。

しん-しゅう【新収】新しく買い入れたり、取り入れたりすること。

しん-しゅう【新秋】❶秋の初め。初秋。《季 秋》❷陰暦7月の異称。(類語)初秋・早秋・孟秋

しん-しゅう【新修】〔名〕(スル)書物などを新たに編修すること。「百科事典を―する」

しん-じゅう【心中】〔名〕(スル)❶相愛の男女が合意の上で一緒に死ぬこと。情死。相対(あいたい)死に。❷複数の者が一緒に死ぬこと。合意なしに相手を道連れにして死ぬ場合にもいう。「一家―」「無理―」❸ある物事と運命をともにすること。「商売と―する」❹人に対して義理を守ること。「―が立たぬと思ひ、親へ便りもせずに帰る」〈浄・歌念仏〉❺愛し合っている男女が指や髪を切ったりして、愛情の変わらないことを示すこと。また、その証(あかし)。「女郎の―に髪を切り爪をはなち」〈浮・一代男・四〉

しん-じゅう【臣従】〔名〕(スル)臣下として主君につき従うこと。また、その人。「天地主宰の真君有るを知て之に―し」〈吉岡徳明・開化本論〉

しん-じゅう【深重】〔名・形動〕《古くは「じんじゅう」》「しんちょう(深重)❶」に同じ。「その―な罪の子をゆるしてくださる仏様」〈倉田・出家とその弟子〉

じんしゅう【神秀】[606?〜706]中国、唐代の禅僧。開封(河南省)の人。初め儒学を学び、のち、出家して禅宗第五祖の弘忍に師事。慧能(えのう)の南宗(なんしゅう)禅に対する北宗禅の開祖。諡号(しごう)、大通禅師。

じん-じゅう【人獣】❶人間とけもの。人間とそれ以外の動物。❷「人面獣心」に同じ。

しんしゅういしゅう【新拾遺集】「新拾遺和歌集」の略。

しんしゅういわかしゅう【新拾遺和歌集】室町前期の勅撰和歌集。20巻。正平18=貞治2年(1363)後光厳天皇の勅により二条為明が撰したが、途中で没したため頓阿(とんあ)が助成、翌年完成。歌数約1920首。新拾遺集。

しんじゅうかさねいづつ【心中重井筒】浄瑠璃。世話物。3巻。近松門左衛門作。宝永4年(1707)大坂竹本座初演とされる。お房と徳兵衛との心中事件を脚色したもの。

しんしゅうかわなかじまかっせん【信州川中島合戦】浄瑠璃。時代物。五段。近松門左衛門作。享保6年(1721)大坂竹本座初演。「甲陽軍鑑」を脚色したもの。三段目口(くち)の「輝虎配膳(てるとらはいぜん)」が有名。

しんしゅう-きょう【神習教】神道十三派の一。明治15年(1882)岡山出身のもと武士芳村正秉(よしむらまさもち)を管長とし、一派として独立。物忌法・祓除(ふつじょ)法・神事法・鎮魂法を修し、惟神(かんながら)の大道に至ろうとするもの。本部は東京都世田谷区。

しん-しゅうきょう【新宗教】❶既成宗教に対し、新しく興った宗教。多くは教祖を有し、現世における救いを説くものが多い。新興宗教。❷特に、幕末・維新期以降発生した多くの宗教集団をさす。

しんじゅう-きょう【神獣鏡】背面に神仙と霊獣の像を組み合わせた文様がある銅鏡。中国で後漢から六朝時代に盛行し、日本の古墳からも出土する。縁の形で平縁(ひらぶち)式と三角縁式とに大別される。

じんじゅうきょうつう-かんせんしょう【人獣共通感染症】►動物由来感染症

しんじゆう-クラブ【新自由クラブ】昭和51年(1976)自由民主党を離党した河野洋平ら6名の国会議員が結成した政党。自民党に抗する保守二大政党の一翼を目指したが、自民党への復党者が絶えなかった。同58年に自民党との連立政権に参加。61年解党。

しん-じゆうしゅぎ【新自由主義】政府などによる規制の最小化と、自由競争を重んじる考え方。規制や過度な社会保障・福祉・富の再分配は政府の肥大化をまねき、企業や個人の自由な経済活動を妨げると批判。市場での自由競争により、富が増大し、社会全体に行き渡るとする。ネオリベラリズム。➡リバタリアニズム (補説)大企業や資産家などがより富裕化することを是認し、それらによる投資や消費により中間層・貧困層の所得も引き上げられ、富が再配分されるとする。しかし、再配分よりも富の集中や蓄積・世襲化が進み、貧富の差を広げるという見方もある。

しん-じゅうしょうしゅぎ【新重商主義】❶《neo-mercantilism》18世紀末以降、フランス・アメリカ・ドイツなどが採った保護貿易政策。❷《new mercantilism》第二次大戦後、先進諸国が経済ナショナリズムの傾向をもち、貿易収支を黒字にしようとこぞって努めてきた政策。重商主義に似ていることから、J=ロビンソンによって名づけられた。

しんしゅう-だいがく【信州大学】長野県松本市に本部のある国立大学法人。松本高等学校・長野師範学校・長野青年師範学校・松本医科大学・松本医学専門学校・長野高等工業学校・長野県立農林専門学校・上田繊維専門学校を統合して、昭和24年(1949)新制大学として発足。平成16年(2004)国立大学法人となる。

しんじゅう-だて【心中立て】〔名〕(スル)❶男女がその愛情の契りを守りぬくこと。また、それを証拠だてること。「袴もいがみなりに仕立るのも、みんなあなたへの―」〈逍遥・当世書生気質〉❷他人への義理をあくまでも貫くこと。「やめたあとまで会社に―することはない」

しんじゅうてんのあみじま【心中天の網島】浄瑠璃。世話物。3巻。近松門左衛門作。享保5年(1720)大坂竹本座初演。遊女小春と紙屋治兵衛との情死事件を脚色したもの。近松世話物の最高傑作とされる。

しんじゅうふたつはらおび【心中二つ腹帯】浄瑠璃。世話物。3巻。紀海音作。享保7年(1722)大坂豊竹座初演。大坂の八百屋のお千代と半兵衛との夫婦心中を脚色したもの。

しん-じゅうぶん【沈従文】►シェン=ツォンウェン

しんじゅうまんねんそう【心中万年草】浄瑠璃。世話物。3巻。近松門左衛門作。宝永7年(1710)大坂竹本座初演。思春期の少年少女、お梅と久米之介との情死事件を脚色したもの。

しんしゅう-みそ【信州味×噌】信州地方で造られる、米麹(こめこうじ)を使った淡黄色の辛味噌。商標名。(補説)「信州の味噌」「淡色辛味噌」などと言い換える。

しんじゅう-もの【心中物】浄瑠璃・歌舞伎・歌謡などの一系統で、心中を題材としたもの。天和3年(1683)に大坂であった情死事件を歌舞伎化したのが最初とされる。以後、幕末まで多くの作品が作られた。

しんじゅう-もの【心中者】❶心中をした者。❷心中立てをした者どうし。「人目を忍んでお逢ひなさるるゆゑによって、―といふことよ」〈伎・助六〉

しんじゅうやいばはこおりのついたち【心中刃は氷の朔日】浄瑠璃。世話物。3巻。近松門左衛門作。宝永6年(1709)大坂竹本座初演。遊女小かんと鍛冶屋の弟子平兵衛との情死事件を脚色したもの。

しんじゅうよいごうしん【心中宵庚申】浄瑠璃。世話物。3巻。近松門左衛門作。享保7年(1722)大坂竹本座初演。紀海音の「心中二つ腹帯」と同題材で競演した。

しんじゅう-よし【心中善し】心意気がよいこと。義理堅いこと。「一、意気方よし、床(とこ)よしの小春殿」〈浄・天の網島〉

しん-しゅうれん【新宗連】「新日本宗教団体連合」の略称。昭和26年(1951)創設され、立正佼成会・PL教団・円応教など80余の新宗教教団が加盟している連合会。信教の自由などの共通の利益の確保、社会的発言権の強化などを目的とする。

しんじゅ-がい【真珠貝】アコヤガイの別名。真珠養殖の母貝に用いられるところからいう。

じんしゅ-がく【人種学】人類学の一部門。人種の分類や起源・変化・体質などを研究する。

じんしゅかくり-せいさく【人種隔離政策】►アパルトヘイト

しんじゅ-がん【真珠岩】多数の同心球状または渦巻き状の割れ目をもつ、ガラス状に固まった流紋岩質の岩石。パーライト。

しん-しゅく【伸縮】〔名〕(スル)伸びたり縮んだりすること。また、伸ばしたり縮めたりすること。のびちぢみ。「―する布地」「―自在」「―性」(類語)伸び縮み・屈伸

しん-しゅく【×辰宿】星の宿り。星宿。星座。

しん-しゅく【振粛】〔名〕(スル)緩んだ気風などをふるい起こし、引き締めること。「自ら省みて、全校の風紀を―しなければなりません」〈漱石・坊っちゃん〉

しんじゅく【新宿】東京都の区名。昭和22年(1947)四谷・牛込・淀橋の3区が合併して発足。江戸時代の甲州街道と青梅(おうめ)街道の分岐点の宿駅(内藤新宿)の名をとった。新宿駅を中心に副都心として発展し、駅西側には超高層ビルが林立する。平成3年(1991)新都庁舎が完成し移転。人口32.6万(2010)。

しんじゅく-ぎょえん【新宿御苑】東京都新宿区から渋谷区にまたがる公園。もと、信州高遠(たかとお)藩主内藤氏の下屋敷で、明治12年(1879)宮内省所管となり、昭和24年(1949)に公園として開放。現在は環境省所管。

しんじゅく-く【新宿区】►新宿

しんじゅ-ぐも【真珠雲】高緯度地方の20〜30キロの高空に日の出前や日没後に現れる雲。巻雲状で、真珠色の光彩を放つ。真珠母雲(ぼうん)。

しんじゅ-こうたく【真珠光沢】真珠のような光沢。滑石・雲母(うんも)など劈開(へきかい)が完全である鉱物にみられる。

しんじゅこん-しき【真珠婚式】結婚30周年を祝う式。また、その祝い。➡表「結婚記念式」

じんしゅ-さべつ【人種差別】人種的偏見によって、ある人種を社会的に差別すること。

じんしゅさべつてっぱい-じょうやく【人種差別撤廃条約】《『あらゆる形態の人種差別の撤廃に関する国際条約』の通称》人種・皮膚の色・血統・民族・部族などの違いによる差別をなくすために、必要な政策・措置を遅滞なく行うことを義務付ける国際条約。1965年の第20回国連総会で採択され、1969年に発効。日本は1995年に批准した。批准国175か国(2012年7月現在)。ICERD(International Convention on the Elimination of All Forms of Racial Discrimination)。➡基本的人権

じんしゅさべつにはんたいする-せかいかいぎ【人種差別に反対する世界会議】►人種差別反対世界会議

じんしゅさべつはんたい-せかいかいぎ【人種

差別反対世界会議】ーセカイクワイギ「人種主義、人種差別、外国人排斥及び関連する不寛容に反対する世界会議」の略称。人種差別撤廃条約の実効性を確保するために国連が主催する国際会議。人種差別に反対する世界会議。

しんじゅ-さん【神樹蚕┊×樗蚕】ヤママユガ科のガ。大形で、翅(はね)は紫褐色の地に白線の模様がある。幼虫はシンジュ・ニガキ・クルミなどの葉を食う。

じんじゅ-じ【神呪寺】▶かんのうじ(神呪寺)

じんしゅ-しゅぎ【人種主義】人種間には本質的な優劣の差異があるとする見解に基づく態度や政策。19世紀末のヨーロッパで広まり、優秀民族支配論・有色民族劣等論などを生み出した。レイシズム。

しんじゅ-そう【真珠層】貝殻の内面の真珠光沢のある層。体表面からの分泌物で形成される。

しん-しゅつ【侵出】〔名〕スル　他の勢力範囲内にまで入り込むこと。「他の候補者の地盤に―する」

しん-しゅつ【浸出】〔名〕スル　物を液体の中につけたときに、その物質の成分が溶け出ること。また、溶け出させること。「生薬の成分を溶剤に―させる」

しん-しゅつ【進出】〔名〕スル　進み出ること。新しい方面や分野に進み出て、活動領域を広げること。「準決勝に―する」「海外市場へ―する」〔類語〕進む

しん-しゅつ【新出】〔名〕スル　初めて出てくること。「四年生の教科書に―する漢字」

しん-しゅつ【×滲出】〔名〕スル　❶液体が外ににじみ出ること。「地の細孔から―する乳汁(にゅうじゅう)によって養われて」〈寅彦・ルクレチウスと科学〉❷炎症によって血管壁や組織の性質が変化して、血液や組織液が血管外にしみ出ること。〔類語〕漏れる

しん-じゅつ【心術】❶心の持ち方。心ばえ。「一品行の上から視れば随分議すべき所も沢山あるが」〈鉄腸・雪中梅〉❷倫理学で、行為が発したり動機が生じたりするもととなる意志の持続的な性向。

しん-じゅつ【申述】〔名〕スル　申し述べること。「相続放棄の―」

しん-じゅつ【神術】人間わざを超えた不思議な術。

しん-じゅつ【×賑×恤┊振×恤】〔名〕スル　貧困者や被災者などを援助するために金品を与えること。救恤。「自ら衣食する能わざる者に、―せるのみ」〈竜渓・経国美談〉

しん-じゅつ【×鍼術┊針術】漢方医術の一。金属製の細い針を刺して病気を治す療法。はり。

じん-じゅつ【仁×恤】あわれんで情をかけること。

じん-じゅつ【仁術】仁徳を他に施す方法。また、特に医術をいう。「医は―なり」

しんしゅつ-えき【×滲出液】内部から表面にしみ出てくる液。特に、細菌性の炎症を起こしたときに、血管外へしみ出てくる液。

しんしゅつ-きぼつ【神出鬼没】《鬼神のようにたちまち現れたり消えたりする意から》行動が自由自在で、居所などの予測がつかないこと。「―の怪盗」

しんじゅつ-きん【×賑×恤金】❶賑恤のために支出する金銭。❷もと、下士官以下の軍人で、戦闘や公務で負傷したり病気にかかったりして現役を離れる者に、政府が給与した軍人恩給。

しんしゅつ-しょく【進出色】暖色系の色や明度の高い色で、その他の色と対比させると近くにあるように見える色。赤・橙・黄など。⇔後退色。

しんしゅつせい-えんしょう【×滲出性炎症】ーエンシヤウ　細菌感染などによって起こる炎症の一。血管の透過性が高まり、血液や組織液が病巣に出てくるもの。

しんしゅつせい-たいしつ【×滲出性体質】乳幼児期にみられる過敏体質の一。皮膚や粘膜が過敏で、湿疹(しっしん)や呼吸器・消化器などの炎症を起こしやすい。

しんしゅつせい-ちゅうじえん【×滲出性中耳炎】急性中耳炎が完治していない場合や、アレルギーなどによって耳管が閉塞している場合に起こる中耳炎。小児に多い。鼓膜の奥の中耳腔(鼓室)に滲出液が貯まり、聞こえが悪くなるが、痛みや腫れなどが起きることはまれである。鬱血(うっけつ)を除去する薬剤や抗アレルギー薬などによって耳管を開く治療を行う。

じんじゅ-でん【仁寿殿】▶じじゅうでん(仁寿殿)

しん-じゅ-ぶつ【神儒仏】神道・儒教・仏教のこと。

しんしゅ-ほけん【新種保険】海上保険・火災保険・運送保険など古くからある保険種目を除く損害保険の総称。

しんじゅ-わん【真珠湾】▶パールハーバー

しんじゅわん-こうげき【真珠湾攻撃】1941年12月7日(日本時間では8日)、米国オアフ島の真珠湾(パールハーバー)にある米国海軍の太平洋艦隊基地に対して、日本海軍が加えた奇襲攻撃。太平洋戦争のきっかけとなった。

しん-しゅん【新春】新年。初春(はつはる)。正月。〔季 新年〕〔類語〕一月・初春(しょしゅん)・孟春(もうしゅん)・春(はる)・年始・年初・松の内・睦月(むつき)・陽春

しん-じゅん【浸潤】〔名〕スル　❶液体がしみ込んでぬれること。「漏水が―して壁にしみができる」❷水がしみ込むように、思想・勢力・雰囲気などが広がっていくこと。「生活の合理化が国民に―する」❸結核菌や癌(がん)細胞などがからだの組織内で増殖してしだいに広まっていくこと。肺浸潤など。

〔類語〕(❶)濡(ぬ)れる・湿る・潤う・湿す・濡らす・潤す・濡れそぼつ・湿気(しけ)る・潤(うる)む・じめつく・じとつく・そぼつ・そぼ濡れる・しょぼたれる・しょぼ濡れる・潮たれる

浸潤の譖(そし)り　《「論語」顔淵から》少しずつ讒言(ざんげん)して徐々に人を陥れること。浸潤の言。

しん-じゅん【真純】いつわりや、まじりけのないこと。純真。「いずれも―の道理を討ねて常に怠ることなかりしかど」〈逍遥・美とは何ぞや〉

しん-しょ【心緒】思いのはし。心の動き。しんちょ。「君の―と自分の―とが一つの脳髄の作用のように理解し合って」〈谷崎・蓼喰ふ虫〉

しん-しょ【信書】意思を他人に伝達する文書。手紙。書簡。〔補説〕郵便法・信書便法(「民間事業者による信書の送達に関する法律」の通称)には、「特定の受取人に対し、差出人の意思を表示し、又は事実を通知する文書」と規定される。手紙のほかに、請求書・結婚式の招待状、免許証・表彰状・印鑑証明書などが該当し、新聞・雑誌・カタログ、株券・商品券・航空券、キャッシュカード・ポイントカードなどは該当しない。〔類語〕手紙・書簡・書信・書状・書面・紙面・私信・私書・書(しょ)・状・一書・手書・親書・手簡・書札(しょさつ)・尺牘(せきとく)・書牘(しょとく)・雁書(がんしょ)・消息・便り・文(ふみ)・玉章(たまずさ)・レター・封書・はがき・絵はがき・郵便

しん-しょ【神所】神をまつる所。神社のある所。

しん-しょ【神書】❶神のことについて書いてある書物。神道の本。❷神が書いたとされる書物。

しん-しょ【真書】❶《真体の文字の意》漢字を楷書で書くこと。また、その書体。❷真実の事柄を記した文書・書物。

しん-しょ【新書】❶新しく著した書物。また、新刊の書物。❷新書判およびそれに類似の判型による軽装の叢書。

しん-しょ【親書】〔名〕スル　❶手紙を自分で書くこと。また、自筆の手紙。「依頼状を―する」❷天皇・元首の署名のある手紙や文書。

〔類語〕(❶)手紙・書簡・書信・書状・書面・紙面・信書・私信・私書・書(しょ)・状・一書・手書・手簡・書札(しょさつ)・尺牘(せきとく)・書牘(しょとく)・雁書(がんしょ)・消息・便り・文(ふみ)・玉章(たまずさ)・レター・封書・はがき・絵はがき・郵便

しん-しょ【親署】〔名〕スル　天皇や高位の人がみずから署名すること。また、その署名。「信任状に―する」

しん-じょ【神助】神の助け。「天佑(てんゆう)―」〔類語〕神佑・天助・天佑

しんじょ【晋書】中国の二十四史の一。唐の太宗の命により房玄齢・李延寿らが撰。646年成立。晋の歴史を記したもので、帝紀10、志20、列伝70、載記30の全130巻。

しん-じょ【寝所】寝る部屋。寝室。〔類語〕寝室・寝間・寝屋・閨房

しん-じょ【×糝×薯】魚をすりつぶし、すったヤマノイモを加えて調味し、蒸したり揚げたりゆでたりした練り物。鶏肉・カニなどを加えることもある。

じん-しょ【甚暑】はなはだしい暑さ。酷暑。「善悪を―甚寒の両極と為して」〈福沢・文明論之概略〉

じん-しょ【陣所】ヂンー　陣営。陣屋。〔類語〕陣地・陣・軍陣・敵陣・戦陣・トーチカ・橋頭堡(きょうとうほ)

じん-じょ【仁×恕】❶情け深く、思いやりがあること。❷相手をあわれんで罪を許すこと。

じん-じょ【尋所】「尋承(じんじょう)」に同じ。「いまだ案内を知らぬに、―せよ」〈平家・一一〉

しんしょいんとく-ざい【信書隠匿罪】他人の信書を隠す罪。刑法第263条が禁じ、6か月以下の懲役もしくは禁錮または10万円以下の罰金か科料に処せられる。親告罪の一つ。

しん-しょう【心匠】ーシヤウ　心の中で思いめぐらすこと。心中の工夫。「其本は皆中等の地位にある学者の―に成りしもののみ」〈福沢・学問のすゝめ〉

しん-しょう【心性】ーシヤウ　仏語。不変な心の本性。すべての人間が生まれながらにもっている本性。

しん-しょう【心証】❶心に受ける印象。人から受ける感じ。「―をよくする」❷訴訟上の要証事実に対して形成される裁判官の主観的な認識や確信。

〔類語〕(❶)印象・感じ・イメージ・感触・第一印象・心象・インプレッション

しん-しょう【心象】ーシヤウ　心の中に描き出される姿・形。心に浮かぶ像。イメージ。「―風景」〔類語〕印象・感じ・感触・第一印象・心証・インプレッション

しん-しょう【臣×妾】ーセフ　家来とめかけ。転じて、主君に従属する者。「戦わずに敵の―となるよりは」〈魯庵・社会百面相〉

しん-しょう【身上】ーシヤウ　❶身の上。一身上のこと。しんじょう。❷財産。資産。身代(しんだい)。また、家の経済状態。暮らし向き。「―をこしらえる」「―をつぶす」❸給金。芝居関係者の間で用いられた語。「身分だの―だのは…売出しの花形には及ばないまでも」〈万太郎・春泥〉❹「しんじょう(身上)❷」に同じ。「成るほど此話しを聞かして下さらぬが旦那様の―で」〈一葉・この子〉❺身分。地位。家柄。「足軽大将から下の―の人のなさるべき儀なり」〈甲陽軍鑑・四〇〉❻身の上に降りかかる災い。一大事。「羽織へ染(しみ)でもつけてみろ、―だあ」〈滑・七偏人・二〉

〔類語〕(❷)財産・財・産・資産・資財・財貨・貨財・私産・私財・家産・家財・富・身代(しんだい)・恒産

身上をはた・く　全財産を使いはたす。「道楽に―・く」

しん-しょう【辛勝】〔名〕スル　競技などで、かろうじて勝つこと。「接戦の末、四対三で―した」

〔類語〕大勝・楽勝・快勝・完勝・圧勝

しん-しょう【信証】あかし。しるし。証拠。「立法の権あることの―と為して」〈中村訳・西国立志編〉

しん-しょう【信賞】ーシヤウ　功績のある者に必ず賞を与えること。「―必罰」

しん-しょう【神×漿】ーシヤウ　❶天から与えられる不老不死の飲み物。甘露。❷神に供える飲み物。

しん-しょう【真症】ーシヤウ　それにまちがいないと断定された病気。真性。

しん-しょう【×秦×椒】ーセウ　フユザンショウの漢名。

しん-しょう【紳商】ーシヤウ　教養・品位を備えた一流の商人。「今は―とて世に知られたる…如きも」〈蘆花・不如帰〉

しん-しょう【震×悚】〔名〕スル　震え上がって恐れること。震恐。震慴(しんしょう)。

しん-しょう【震×慴┊震×懾】ーセフ〔名〕スル　震えおののくこと。震悚(しんしょう)。「攻伐四出以て海内を―せしめたる後にあらざれば」〈田口・日本開化小史〉

しん-じょう【心状】ージヤウ　心のありさま。心の状態。

しん-じょう【心情】ージヤウ　心の中にある思いや感情。「被災者の―を察する」「―的には賛成だ」〔類語〕感情・情・情動・情操・思い・精神・想念・思念・念(ねん)・気持ち・感懐・感想・所懐・胸懐・心懐・胸中・心中(しんちゅう)・心事・心境・感慨・万感・偶感・考え・思考・思索・一存

しん-じょう【身上】ージヤウ　❶一身に関すること。身の上。しんしょう。「―書」❷その人に備わった価値。本領。とりえ。しんしょう。「粘り強さが彼女の―だ」❸からだ。からだの上。「落葉を攢(あつ)めて―の衣となし」〈太平記・一二〉〔類語〕(❷)売り・強み・長所・特長・見どこ

ろ・取り柄・美点・魅力・持ち味・特色・特質・特性・本領・売り物・セールスポイント・チャームポイント・メリット

しん-じょう【信条】❶堅く信じて守っている事柄。「独立自尊が私の—だ」❷信仰の箇条。教義。「—を守る」❸キリスト教会において、その信仰告白を基準化したもの。使徒信条・ニカヤ信条・アタナシウス信条などがある。(類語)(❶)主義・方針・建前・路線・イデオロギー・モットー・指針・思想・理念・信念・哲学・人生観・世界観・思潮・イズム・精神

しん-じょう【唇状】くちびるのような形。

しん-じょう【真情】❶うそ偽りのない気持ち。まごころ。「—を吐露する」「—があふれた手紙」❷真実の状態。実情。「世の中の—をかいま見る」
(類語)真心・誠意・実・誠・誠心

しん-じょう【針状】針のように、細く先がとがっている状態。はりじょう。「—毛」

しん-じょう【進上】〔名〕スル ❶人に物を差し上げること。進呈。献上。「銘酒を—する」❷目上の人に送る書状の表に書いて敬意を表す語。
(類語)進呈・贈呈・献上・謹呈・謹上

しんじょう【新庄】山形県北東部の市。もと戸沢氏の城下町。新庄盆地の中心地で、米の産地。新庄まつりで知られる。人口3.9万(2010)。

しん-じょう【新×嘗】《「しんしょう」とも》秋に新しくとれた穀物を神に供えて天皇みずからもそれを食べること。にいなめ。

しん-じょう【親情】親しむ心。親しみの気持ち。「侯の—謝するに辞なし」〈織田訳・花柳春話〉

じん-しょう【人証】「人的証拠」の略。にんしょう。
(類語)物証・書証・傍証・反証・偽証

じん-じょう【刃傷】▶にんじょう(刃傷)

じん-じょう【×晨朝】《「しんちょう」「じんちょう」とも》六時の一。卯の刻。現在の午前6時ごろ。また、その時に行う勤行。朝の勤め。

じん-じょう【×晨鐘】《「しんしょう」とも》晨朝の勤行のときに鳴らす鐘。晨朝の鐘。

じん-じょう【尋承】《「じんしょう」とも》案内すること。また、その人。嚮導。尋所。「鷲尾—にて下り上り打つほどに」〈盛衰記・三七〉

じん-じょう【尋常】〔名・形動〕《1尋と1常(1尋の2倍)で、普通の長さの意から》❶特別でなく、普通であること。また、そのさま。あたりまえ。「—な(の)方法では完成しない」「精神状態が—でない」❷見苦しくないこと。目立たず上品なこと。また、そのさま。しとやか。「その姿から想像される通り手爪先の—な女であった」〈漱石・行人〉❸態度がいさぎよいこと。すなおなこと。また、そのさま。「—に縛につけ」❹「尋常小学校」の略。❺りっぱなこと。すぐれていること。また、そのさま。「—に飾ったる小舟一艘」〈平家・一一〉
(類語)(❶)ひと通り・尋常一様・一般・普通・一般的・通常・平常・通例・標準・標準的・平均的・平凡・並み・常・只・在り来たり・常並み・世間並み・十人並み・日常茶飯事・ノーマル・レギュラー・スタンダード

じんじょう-いちよう【尋常一様】〔名・形動〕普通と異なるところのないこと。また、そのさま。なみひととおり。「—な(の)努力では成功はおぼつかない」(類語)ひと通り・尋常

しんじょう-え【新×嘗会】▶新嘗祭

じんじょう-か【尋常科】❶旧制の尋常高等小学校で、一般尋常小学校に相当する課程。❷旧制の7年制高等学校で、下級4年間の課程。

じんじょう-かいめん【尋常海綿】▶普通海綿

しんじょう-がわ【新荘川】高知県中西部を流れる川。高岡郡津野町の鶴松森(標高1100メートル)南東斜面に源を発してほぼ東流し、須崎市を通り、土佐湾東部の須崎湾に注ぐ。長さ25キロ。上流は峡谷、中・下流域はやや平地が開けている。特別天然記念物のニホンカワウソの生息が最後に確認された川として知られる。

じんしょうこうせい-しゅっけつねつ【腎症候性出血熱】ウイルスの一種が感染して起こる病気。野ネズミにつくダニに媒介される。5日ほど続く高熱、皮膚の発赤や出血斑、たんぱく尿や乏尿などの症状を呈する。

じんじょうこうとう-しょうがっこう【尋常高等小学校】旧制の小学校で、尋常小学校の課程と高等小学校の課程とを併置した学校。

しんじょう-さい【神×嘗祭】▶かんなめさい(神嘗祭)

しんじょう-さい【新×嘗祭】天皇が新穀を天神地祇に供え、みずからもそれを食する祭儀。古くは陰暦11月の中の卯の日、明治6年(1873)以降は11月23日と定めて祭日としたが、昭和23年(1948)からは「勤労感謝の日」となり、国民の祝日となっている。にいなめさい。(季冬)

じんじょう-さはん【尋常茶飯】〔名・形動〕《ふだん、飲み食いしている物の意から》少しも珍しくないこと。また、そのさま。ありきたり。日常茶飯。「—な(の)出来事」

しんしょう-じ【新勝寺】千葉県成田市にある真言宗智山派の大本山。山号は成田山。平将門の乱を鎮めるため、僧寛朝が勅命によって神護寺の不動明王像を下総に奉じて祈願、乱平定の天慶3年(940)堂宇を造営したという。元禄年間(1688〜1704)中興の祖照範の時、現在地に移転。佐倉藩から寄進を受け、寺勢を高めた。成田不動。

しんじょう-し【新庄市】▶新庄

しんしょう-しゃ【身障者】「身体障害者」の略。

しんじょう-しょ【進上書】自分より目上の者に送る書状。

じんじょう-しょうがっこう【尋常小学校】旧制の小学校で、満6歳以上の児童に初等普通教育を施した義務教育の学校。明治19年(1886)の小学校令により設置され、修業年限は初め4年、同40年からは6年。➡高等小学校

しんしょうせつ【新小説】文芸雑誌。明治22年(1889)1月、饗庭篁村らにより創刊、いったん中絶、同29年7月、幸田露伴の編集で再刊。昭和2年(1927)1月「黒潮」と改題、同年3月春陽堂発行。夏目漱石の「草枕」や田山花袋の「蒲団」など、多くの名作を発表した。

しんじょう-だい【進上台】進上物をのせる台。

じん-しょうたい【腎小体】腎臓の皮質内に多数散在している、直径0.1ミリほどの球状の小体。糸球体とそれを包む糸球体嚢からなり、血液から尿を生成する。マルピーギ小体。

じんじょう-ちゅうがっこう【尋常中学校】旧制中学校の前身。明治19年(1886)高等中学校とともに設置。修業年限5年の男子校で、同32年中学校と改称。尋常中学。

しんじょう-ばこ【進上箱】進上物を入れる箱。

しんしょう-ひつばつ【信賞必罰】功績があれば必ず賞を与え、罪があれば必ず罰すること。賞罰のけじめを厳正にし、確実に行うこと。

しんしょう-ぼうだい【針小棒大】〔名・形動〕《針のように小さいことを棒のように大きく言う意から》小さい事柄を大げさに誇張して言いたてること。また、そのさま。「—に言い触らす」

しんじょう-ぼんち【新庄盆地】山形県北東部、最上川中流域にある沖積盆地。盆地北部にはスギの美林が広がる。国内有数の豪雪地帯。中心都市は新庄市。

しんしょう-もち【身上持(ち)】❶金持ち。財産家。資産家。❷家計のやりくり。「—のいい女房」

しんじょう-もの【進上物】進上する品物。進物。

じんじょう-よう【尋常葉】▶普通葉

しんしょう-れんごう【身上連合】《personal union》同君連合の形態の一。一人の君主が相続や婚姻などによって、複数の国や地域の王権・主権を得ることで生じる。その主権下の各国はそれぞれ独立した政府を持ち、連合は国際法上、統一国家とみなされない。人的連合。➡物上連合 (補説)身上連合の例としては、1714〜1837年のイギリスとハノーバー、1815〜90年のオランダとルクセンブルク、またイギリスとオーストラリア・ニュージーランド・カナダなどによる英連邦がある。

しんしょかいひ-ざい【信書開披罪】▶信書開封罪

しんしょかいふう-ざい【信書開封罪】封をしてある他人の信書を、正当な理由なしに開く罪。刑法第133条が禁じ、1年以下の懲役または20万円以下の罰金に処せられる。信書開披罪。

しん-しょく【侵食｜侵×蝕】〔名〕スル 他の領域をしだいにおかし、損なうこと。「他国の市場を—する」

しん-しょく【神色】精神と顔色。また、精神状態を表すものとしての顔色。「姫は—常の如く」〈鷗外訳・即興詩人〉(類語)表情

しん-しょく【神職】❶神社に仕えて神事をつかさどる者の総称。神官。神主。❷神祇に仕え、神事をつかさどり、神社の管理に当たる者の総称。宮司・禰宜などの職名がある。❸旧制で、官国幣社以下の神社の職員の総称。(類語)神主・神官・宮司

しん-しょく【浸食｜浸×蝕】〔名〕スル 流水・雨水・海水・風・氷河などが地表の岩石や土壌を削り取ること。また、その作用。「波が岩を—する」(補説)「侵食」とも書く。(類語)風化・風食・海食・波食・河食

しん-しょく【寝食】〔名〕スル 寝ることと食べること。日常生活。「—を共にする」「庸三は又しても葉子の家に—することとなった」〈秋声・仮装人物〉(類語)生活

寝食を忘・れる 寝ることも食べることも忘れて、物事に熱中する。「制作に没頭して—・れる」

しん-しょく【新色】❶新しい色合い。また、新しい傾向。❷草木などの新鮮な色。みずみずしい色。

しんしょくこきんしゅう【新続古今集】「新続古今和歌集」の略。

しんしょくこきんわかしゅう【新続古今和歌集】室町時代の最後の勅撰和歌集。20巻。永享5年(1433)後花園天皇の勅により、飛鳥井雅世が撰し、同11年成立。一条兼良の真名序・仮名序がある。歌数約2140首。代表歌人は藤原良経・藤原俊成・藤原定家など。新続古今集。

しんしょく-こく【浸食谷】流水や氷河の浸食によってできた谷。河谷の上流部ではV字形で、氷食谷ではU字形。しんしょくだに。水食谷。➡V字谷 ➡U字谷

しんしょく-さよう【浸食作用】▶浸食

しんしょく-じじゃく【神色自若】〔ト・タル〕図〔形動タリ〕重大事に直面しても少しも顔色を変えず、落ち着いているさま。「モニカは—としてその前に進み、跪き」〈長与・青銅の基督〉

しんしょく-だに【浸食谷】▶しんしょくこく(浸食谷)

しんしょく-へいや【浸食平野】河川の浸食によって土地が低く平らになってできた平野。

しん-しょくみんちしゅぎ【新植民地主義】政治的には独立を認めながら、経済援助などの形で旧宗主国が経済的実権を手放さないまま、事実上、従来の支配・従属関係を維持しようとする植民地主義の新しい形態。1960年の第2回アジアアフリカ人民連帯会議で初めて明確に規定された。ネオコロニアリズム。

しんしょく-りんね【浸食輪×廻】地盤の隆起により生じた原地形が、浸食によって険しい山地に変わり、最後に平坦な準平原になる地形の変化。地形輪廻。

しん-しょたい【新所帯｜新▽世帯】《「しんじょたい」とも》新しく持った所帯。特に、新婚家庭。あらじょたい。

しんしょたいこうき【真書太閤記】江戸後期の実録風読物。12編360巻。栗原柳庵編。講談の材となっていた太閤真顕記その他をまとめた、豊臣秀吉の通俗的な一代記。

しんしょ-てん【新書店】新書❶を売る店。古書店に対していう。➡古書店

しんしょ-の-ひみつ【信書の秘密】▶通信の秘密

しんしょ-ばん【新書判】出版物の判型の一。B6判より少し小さく、縦176ミリ、横113ミリ。

しんしょ-びん【信書便】はがきや手紙などの信書を送達する事業で、日本郵便以外の民間企業が総

務大臣の許可を受けて行うものをいう。小型・軽量の信書を全国規模で配達する一般信書便と、大型信書・急送・高付加価値サービスなど特定の需要に応える特定信書便がある。〔補説〕信書送達事業は、国が郵便事業として独占して行っていたが、平成15年(2003)の信書便法施行に伴い民間事業者の参入が可能となった。

しん-しりょく【深視力】立体感や遠近感を見分ける目の能力。自動車運転免許の大型免許・二種免許の取得に必要とされる。

しん・じる【信じる】〔動ザ上一〕「しん(信)ずる」(サ変)の上一段化。「無罪を―・じる」

しん・じる【進じる】〔動ザ上一〕「しん(進)ずる」(サ変)の上一段化。「礼を尽くして使者を―・じる」

しんしろ【新城】愛知県東部の市。もと菅沼氏の陣屋町。豊川舟運の河港、伊那街道の宿場町として発展。平成17年(2005)10月、鳳来町・作手村と合併。人口5.0万(2010)。

しんし-ろく【紳士録】社会的地位のある人々の姓名・住所・経歴・職業などを収録した名簿。

しんしろ-し【新城市】▶新城

しん-しん【心身｜神身】《古くは「しんじん」とも》こころと、からだ。精神と身体。「―を鍛える」「―ともに疲れる」〔類語〕物心・身魂

しん-しん【心神】こころ。精神。「此上烈しき―の刺戟を避け、安静にして療養の功を続けなば」〈蘆花・不如帰〉〔類語〕心頭・心魂・精神

しん-しん【岑参】[715～770]中国、盛唐の詩人。江陵(湖北省)の人。西域の節度使の幕僚として辺境に滞在した体験から、辺境の風物を多くうたう。辺塞詩人として高適と並び称される。

しん-しん【身心｜身神】《古くは「しんじん」とも》「心身」に同じ。「―を粉に砕いて」〈菊池寛・恩讐の彼方に〉

しん-しん【神心】「心神」に同じ。「―衰弱し、天賦の良智も之が為に紛擾せす」〈織田訳・花柳春話〉

しん-しん【×搢紳｜×縉紳】《笏を紳に搢む意から》官位が高く、身分のある人。「―の身ながらに笏や筆を擱いて」〈露伴・魔法修行者〉

しん-しん【新進】その分野に新しく現れて、活躍していること。また、その人。「―の作家」〔類語〕新進気鋭・新鋭・新星

しん-しん【振振】〔形動タリ〕勢いの盛んなさま。「―の御繁昌を見る事を得さしめ給わば」〈竜渓・経国美談〉「両角―として連鱗歴々たり」〈三国伝記・六〉

しん-しん【×岑×岑】〔ト・タル〕〔文〕〔形動タリ〕頭などがずきずき痛むさま。「頭痛―として復た脳中攪乱されて来たので」〈木下尚江・良人の自白〉

しん-しん【津津】〔ト・タル〕〔文〕〔形動タリ〕あふれ出るさま。次々とわき出るさま。「興味―たる話」

しん-しん【深深｜×沈×沈】〔ト・タル〕〔文〕〔形動タリ〕❶あたりがひっそりと静まりかえっているさま。森森。「夜が―と更ける」❷寒さなどが身にしみとおるさま。「冷気が―と身にこたえる」〔類語〕(❶)深閑・閑散・静か・密やか・しめやか・静寂・静粛・静閑・閑静・閑寂・清閑・しじま・森閑・森森・沈沈・寂寞・寂寥・寂然・寂然・寂寂・寂寂・閴・闃然・粛然／(❷)薄ら寒い・寒い・肌寒い・寒寒・凜凜・冷え込む・涼しい

しん-しん【森森】〔ト・タル〕〔文〕〔形動タリ〕❶樹木が高く生い茂っているさま。「大樹―と空に茂り」〈木下尚江・良人の自白〉❷「深深❶」に同じ。「寝静まった感じであたりは―としていた」〈志賀・暗夜行路〉〔類語〕(❷)静か・密やか・しめやか・静寂・静粛・静閑・閑静・閑散・閑寂・清閑・しじま・森閑・深深・沈沈・沈沈・寂寞・寂寥・寂然・寂然・寂寂・寂寂・閴・闃然・粛然

しん-しん【×蓁×蓁】〔ト・タル〕〔文〕〔形動タリ〕草木の葉がよく茂っているさま。「此園荒蕪一蔓々吾之を欲せず」〈西周・明六雑誌一二〉

しん-しん【×駸×駸】〔ト・タル〕〔文〕〔形動タリ〕❶馬の速く走るさま。❷月日や物事の速く進むさま。「共に息災にして、―と繁栄に向かいつつある事であった」〈蘆花・思出の記〉「一開明の域に進む者あり」〈織田訳・花柳春話〉

しん-じん【信心】〔名〕(スル)神仏を信仰する心。また、加護や救済を信じて、神仏に祈ること。「―が足りない」「―を起こす」「―深い」〔類語〕信仰・信ずる・帰依・狂信・宗教・敬神・崇拝・尊信・渇仰・信教・入信

信心過ぎて極楽を通り越す 信心も度が過ぎると、かえって邪道に陥って害を及ぼす。信心はほどほどにせよというたとえ。

信心は徳の余り 信心は生活にゆとりがあって、はじめて生まれる。

しん-じん【神人】❶神と人。❷神のように気高い人。また、神のような力をもつ人。仙人。「剛健な獣の野性と、翼を持つ鳥の自由と、深秘を体得した―の霊性とを」〈藤村・夜明け前〉❸《ラテ deus homo》キリスト教で、イエス＝キリストのこと。❹「じにん(神人)」に同じ。

しん-じん【真人】❶真理を悟って、人格を完成した人。❷道教で、理想とされる最高の人。俗世界を超越し、道の極致に達した人。仙人。

しん-じん【深甚】〔名・形動〕《古くは「じんじん」とも》意味や気持ちなどが非常に深いこと。また、そのさま。甚深。「―な(の)謝意を表する」

しん-じん【新人】❶新しく加わった人。新しく登場した人。「―を発掘する」「―歓迎コンパ」「―選手」❷現在の人類と知能・身体がほぼ共通する人類。クロマニョン人など更新世後期の化石現生人類および現在の我々をふくむ人類の総称。ホモ-サピエンス-サピエンス。➡猿人 ➡原人 ➡旧人❷ ➡化石人類 ❸キリスト教で、過去の罪悪を悔い改めて新しい信仰生活に入った人。〔類語〕(❶)新顔・新入り・フレッシュマン・ニューフェース・新参

しん-じん【審×訊｜審尋】〔名〕(スル) 裁判所が、民事訴訟の当事者や証人などに、書面または口頭で詳しく問いただすこと。審問。

じん-しん【人心】人間の心。また、世の人々の考えや気持ち。「―を掌握する」「―を惑わす」

人心の同じからざるは其の面の如し 《「春秋左氏伝」襄公三一年から》人の顔つきがみなそれぞれ違っているのと同様、人の心もそれぞれ違っているということ。人心は面の如し。

じん-しん【人臣】家来。臣下。「位―を極める」

じん-しん【人身】❶人間のからだ。人体。❷個人の身分や身の上。〔類語〕からだ・身・体・身体・肉体・体軀・図体・肢体・五体・全身・満身・総身・総身・生体・ボディー・肉塊・ししむら・骨身

じん-しん【仁心】人を思いやる心。〔類語〕情け

じん-しん【×壬申】干支の一。みずのえさる。

じん-しん【甚深】《古くは「じんじん」とも》非常に奥が深いこと。意味・境地などが深遠であること。深甚。

じん-しん【×深心】仏語。❶ひたすら仏道を求めようとする心。深く仏に帰依する心。❷三心の一。阿弥陀仏の本願の救いを深く信じ求める心。

じん-しん【×塵心】(ヂン) 俗塵に汚れた心。俗世間の名利をむさぼる心。俗心。

じん-じん【仁人】思いやりの心を備えた人。仁者。

じん-じん【陣陣】(ヂン ヂン) ㊀〔名〕それぞれの陣。㊁〔ト・タル〕〔文〕〔形動タリ〕❶風が盛んに吹くさま。「―たる清風」❷切れ切れに続くさま。

しんしん-いがく【心身医学】▶精神身体医学

しんじん-か【信心家】神仏を深く信じる人。信心のあつい人。

しんじん-かい【新人会】(クワイ) 東京帝国大学内の社会主義学生団体。大正7年(1918)赤松克麿らが吉野作造らの援助を得て結成。デモクラシー運動から無産者解放運動に転じ、昭和4年(1929)の解散まで学生運動の中核となった。

しんしん-きえい【新進気鋭】その分野に新しく現れて、勢いが盛んであること。また、その人。「―の研究者」〔類語〕新進・新鋭・新星

じんしん-きゅうり【人身究理】(キウ リ) 江戸時代の蘭学で、生理学のこと。

じんしん-くぎ【人身供犠】人をいけにえに捧げること。人身御供。

じんしん-けん【人身権】人格権と身分権との総称。

じんしん-こうげき【人身攻撃】個人の身の上や私行などを取り上げて、その人を非難すること。

しんしん-こうじゃく【心神耗弱】(カウ ジャク) 統合失調症や感情障害などの疾患や、薬物・アルコールの摂取などにより、善悪を判断し、それに基づいて行動する能力がきわめて低下した状態。心神喪失より軽いものをいう。刑法上は刑が減軽される。

じんしん-こせき【壬申戸籍】《壬申にあたる年に作られた戸籍》明治政府による最初の全国的な戸籍。明治5年(1872)作成。身分によらず、居住地による登録で作られたが、士族・平民・新平民などの族称を残していた。

じんしん-じこ【人身事故】交通事故などで、人が負傷したり死亡したりする事故。

しんしん-しょう【心身症】(シャウ) 精神的・心理的要因から起こる、身体的な症状および疾患。胃潰瘍・高血圧・皮膚炎など。PSD(psychosomatic disease)。

しんしんしょうがい-しゃ【心身障害者】(シンシンシャウガイ) 身体障害または知的障害があるため、長期にわたり日常生活・社会生活に相当な制限を受ける者。心身障害者対策基本法に定められている。

しんしんしょうがいしゃふようしゃ-せいめいほけん【心身障害者扶養者生命保険】(シンシンシャウガイシャフヤウシャ―) 独立行政法人福祉医療機構を保険契約者とし、心身障害者を扶養する者を被保険者とする団体保険。扶養者が死亡した場合、福祉医療機構に支払われた保険金を基金として、障害者に年金を支払う。

しんしんしょうがいしゃようていりょう-だいさんしゅゆうびんぶつ【心身障害者用低料第三種郵便物】(シンシンシャウガイシャヨウテイレウダイサンシュイウビンブツ) 心身障害者団体が心身障害者の福祉を図る目的で発行する定期刊行物を低料金で送付できる制度。また、これを利用して送る郵便物。障害者郵便。障害者団体向け郵便割引制度。〔補説〕平成20年(2008)、同制度を悪用して大量のダイレクトメールが送付されていた事件が発覚。捜査の過程で検事が証拠を改竄していたことが明らかになり、検察の捜査のあり方が問われた。

じんしんしょうがい-ほけん【人身傷害保険】(ジンシンシャウガイ―) 自動車事故により運転者や同乗者が死亡・けが・後遺傷害を被ったとき、過失の有無や割合にかかわらず保険金が支払われる自動車保険。記名被保険者やその家族については歩行中に自動車事故にあった場合も適用される。人身傷害補償保険。

じんしんしょうがいほけんのとうじょうちゅうのみほしょう-とくやく【人身傷害保険の搭乗中のみ補償特約】(ジンシンシャウガイホケンノタフジョウチュウノミホシャウ―) 自動車保険における特約の一。人身傷害保険に付けることができ、人身傷害保険の補償範囲を被保険自動車に搭乗中の場合のみに限定する。人身傷害の被保険自動車搭乗中のみ担保特約。

じんしんしょうがいほしょう-ほけん【人身傷害補償保険】(ジンシンシャウガイホシャウ―) ▶人身傷害保険

しんしん-そうかん【心身相関】(―サウクワン) 心理と生理との作用・活動が相関関係にあること。感情は身体にも適応する形で現れ、また、身体の疲労は心理的意識となって反映する。

しんしん-そうしつ【心神喪失】(―サウシツ) 精神障害などによって自分の行為の結果について判断する能力を全く欠いている状態。心神耗弱より重い症状。刑法上は処罰されない。

しんしんそうしつしゃいりょうかんさつ-ほう【心神喪失者医療観察法】(シンシンサウシツシャイレウクワンサツハフ) ▶心神喪失者等医療観察法

しんしんそうしつしゃとういりょうかんさつ-ほう【心神喪失者等医療観察法】(シンシンサウシツシャトウイレウクワンサツハフ)《「心神喪失等の状態で重大な他害行為を行った者の医療及び観察等に関する法律」の略称》罪を犯したものの、心神喪失などで刑事責任を問われない人を入院などさせる法律。医療機関に入院または通院させて治療し社会復帰を助ける。平成17年(2005)施

行。医療観察法。

しんしん-とう【新進党】平成5年(1993)に自由民主党から分かれた新生党に、公明党・民社党など諸党派が合流して同6年12月に結成された政党。初代党首は海部俊樹。一時、自由民主党に次ぐ勢力となったが、同9年に解党。

しん-しんとう【新新刀】新刀のうち、特に安永年間(1772～1781)以降につくられたもの。

しんじんどうけい-せつ【神人同形説】宗教上の擬人観の一。信仰の対象である神に、人間の持っている形姿・性質を備えさせる考え方。例えば、古代ギリシャの神が、人間と同様に喜怒哀楽の感情を持つとされたことなど。

じんしん-の-じゆう【人身の自由】►身体の自由

じんしん-の-らん【壬申の乱】壬申の年にあたる672年、天智天皇の弟の大海人皇子と天皇の長子である大友皇子が、皇位継承をめぐって起こした内乱。大友皇子は敗北して自殺し、翌年、大海人皇子は即位して天武天皇となった。

じんしん-ばいばい【人身売買】人格を無視して、人間を物品同様に売買すること。奴隷売買はその代表例。

じんしんばいばい-ざい【人身売買罪】人の自由を奪って身柄を売買する罪。刑法第226条の2が禁じる。成人を買った者は3か月以上5年以下の懲役に、未成年者を買った者は3か月以上7年以下の懲役に処せられる。また、売った者と、買った目的が営利・猥褻・結婚・殺傷の者は、1年以上10年以下の懲役に処せられる。国外移送が目的の場合は、売買とも2年以上の有期懲役に処せられる。

じんじん-ばしょり【じんじん▽端▽折り】《「じじいばしょり(爺端折)」の音変化》着物の背縫いの裾の少し上をつまんで、帯の後ろの結び目の下に挟み込むこと。じんじばしょり。「一の頬冠りや、赤い腰巻の姉さんや」〈漱石・草枕〉

じんしんほご-ほう【人身保護法】基本的人権を保障する日本国憲法の精神に基づき、不当に奪われている人身の自由を、司法裁判によって迅速かつ容易に回復させることを目的として制定された法律。昭和23年(1948)施行。

じんしんほご-りつ【人身保護律】1679年、英国議会が国王チャールズ2世の専制に対して、法によらない逮捕や裁判を禁じ、人権保護を確立するために制定した法律。

しん-しんりしゅぎ【新心理主義】20世紀の初め、精神分析学をもとに、「意識の流れ」や「内的独白」の手法によって人間の深層心理をとらえて描こうとした文芸思潮。ジョイス・プルーストらがその代表。日本では昭和初期、伊藤整・堀辰雄らが取り入れて新感覚派の作風をさらに深めた。

しん-じんるい【新人類】従来なかった考え方や感じ方をする若い世代を、新しく現れた人類とみなしていう語。昭和60年ごろから広まった。

しん-すい【心酔】〔名〕スル ❶ある物事に心を奪われ、夢中になること。「バロック音楽に一する」❷ある人を心から慕い、尊敬すること。「トルストイに一する」(類語)傾倒・尊敬・敬う・尊ぶ・崇める・仰ぐ・敬する・畏敬・崇拝・敬愛・慕う・敬慕・敬仰・景仰・崇敬・私淑・心服・敬服

しん-すい【浸水】〔名〕スル 水につかること。水が入り込むこと。「台風で家が一する」「床上一」
(類語)水浸し・冠水・水没

しん-すい【深×邃】〔名・形動〕❶土地の趣などの奥深いこと。また、そのさま。幽邃。「一な山峡」❷学問・芸術などの奥深いこと。また、そのさま。深遠。「我等は日ごとにペトラルカの一なる趣味ということを教えられき」〈鷗外訳・即興詩人〉

しん-すい【進水】〔名〕スル 新しく建造し船体工事をほぼ終了した艦船を、水上に浮かべること。

しん-すい【薪水】❶たきぎと水。❷たきぎを拾い水をくむこと。煮炊きをすること。炊事。

しん-すい【親水】❶水に親しむこと。❷水との親和性があること。⇔疎水。

しん-ずい【心髄】❶中心にある髄。❷物事の中心となる最も大事なところ。中枢。❸心の中。心底。

しん-ずい【神髄｜真髄】そのものの本質。その道の奥義。「芸道の一を究める」(類語)極意・秘伝・精神

じん-すい【尽×瘁】〔名〕スル《「瘁」は病み疲れる意》自分の労苦を顧みることなく、全力を尽くすこと。「国政に一する」

じん-すい【神水】《「しんずい」「しんすい」とも》❶神前に供える水。また、誓いのしるしとして神前で飲む水。❷霊験ある水。神聖な水。❸陰暦5月5日の午の時に降った雨が竹の節にたまったもの。この水で薬を製するとよく効くという。(季 夏)

じん-すい【腎水】精液のこと。「うなゐごよりこのかた、一をかへほして」〈浮・一代男・一〉

しんすい-き【親水基】水分子と水素結合などによる弱い結合をつくる原子団。水酸基・カルボキシル基・アミノ基など。➡疎水基

しんすいきゅうよ-れい【薪水給与令】天保13年(1842)に発布された江戸幕府の法令。モリソン号事件や、アヘン戦争の清国敗戦により、それまでの異国船打払令を緩和して、来航した外国船に薪水・食料を与えて退去させることにしたもの。

しんすい-けん【親水権】環境権の一で、住民が水と親しむ権利。

じんすい-こう【▽沈水香】「沈香」に同じ。

しんすい-こうえん【親水公園】水質汚濁や護岸工事などで水辺から遠ざけられた都市住民のために、河川・湖沼・海浜などの地形を利用して、水と親しめるように作られた公園。河川に沿って遊歩道を作ったり、川底に自然石を置いたり、滝や水遊びのできる場所などを設け、水辺に親しめるようにしたもの。

しんすい-コロイド【親水コロイド】コロイド粒子と水との親和性が強いコロイド溶液。電解質溶液を加えても凝析を起こしにくい。でんぷん・寒天の溶液やゼラチンなど。➡疎水コロイド

しんすい-しき【進水式】新造船の進水時に行う式典。

しんすい-せい【親水性】水と親和性が大きいこと。水と結びつきやすい、水に溶けやすい、また、物の表面に水が薄く広がるなどの性質を持つこと。⇔疎水性。➡光触媒

しんすい-だい【進水台】進水のとき、建造した船体を造船台から滑らせて下ろす装置。

しんすい-テラス【親水テラス】都市住民が水に親しめるよう、川岸を整備して作られた遊歩道や緑化地。

しんすい-の-ろう【薪水の労】《梁の昭明太子「陶靖節伝」から》炊事などの労働。転じて、人に仕えて日常の雑務などに骨身を惜しまず働くこと。「一をとる」

しん-すう【真数】数学で、対数$\log_a x$に対してそのxをいう。

じん-ずう【神通】《「じんつう」とも》どんなことも自由自在になし得る、計り知れない不思議な働き・力。「山に籠ってからは神変不思議、年を経るに従うて一自在じゃ」〈鏡花・高野聖〉

じんずう-がわ【神通川】富山県中央部を北流し、富山湾に注ぐ川。長さ約120キロ。上流は岐阜県境で高原川と宮川に分かれる。発電所が多い。

じんずう-きょう【神通峡】富山県中央部を流れる神通川にある峡谷。中流の笹津から上流の岐阜県境の猪谷まで約20キロメートル続く渓谷。

じんずう-りき【神通力】《「じんつうりき」とも》超人的な能力。通力。「一が失せる」
(類語)霊感・魔力・霊力

じん-すけ【甚助｜腎助】《「腎張り」を人名のように表した語》情欲が強く、嫉妬深い性質。また、そういう男。

甚助を起こ・す 嫉妬する。やきもちをやく。

しん-スコラがく【新スコラ学】19世紀後半に起こった中世スコラ学復興の哲学運動。ネオトミズムを主とする。

しん-スタート【新START】《New Strategic Arms Reduction Treaty》STARTⅠの後継条約として2011年2月に発効した米国とロシアの間の核軍縮条約。新戦略兵器削減条約。

しん・ずる【信ずる】〔動サ変〕図しん・ず〔サ変〕❶そのことを本当だと思う。疑わずに、そうだと思い込む。「神の存在を一・ずる」「成功するものと一・じている」❷信用する。信頼する。「だれも一・じられない」「一・ずべき筋によれば」❸信仰する。「キリスト教を一・ずる」
(類語)信仰・信心・帰依・狂信・信用

しん・ずる【進ずる】〔動サ変〕図しん・ず〔サ変〕❶人に物を差し上げる。進上する。「みやげに地酒を一・ずる」❷(補助動詞)動詞の連用形に接続助詞「て」を添えた形に付いて、…てあげる、…てさしあげる、の意を表す。「茶を点てて一・ずる」

じん・する【陣する】〔動サ変〕図ぢん・す〔サ変〕陣を構える。陣取る。「要害の地に一・する」

しん-せ【信施】《「しんぜ」とも》信者が仏・法・僧の三宝にささげる布施。

シンセ「シンセサイザー」の略。

しんせい 昭和46年(1971)9月に打ち上げられた日本初の科学衛星MS-F2の愛称。東京大学宇宙航空研究所(後の宇宙科学研究所、現JAXA=宇宙航空研究開発機構)が開発。名称は「新星」に由来する。短波帯の太陽電波の発生機構を解明し、南米上空の電離層の異常などを発見した。同48年6月に運用を終了。

しん-せい【心性】心のあり方の特質。心的傾向。メンタリティー。「日本人の一」(類語)性格・性質・性向・性情・気質・質・性・性分・気性・気立て・人柄・心柄・心根・品性・資性・資質・個性・人格・キャラクター・パーソナリティー・精神

しん-せい【申請】〔名〕スル 希望や要望事項を願い出ること。特に、国や公共の機関などに対して認可・許可その他一定の行為を求めること。「ビザを一する」(類語)出願・依願・願う

しん-せい【身世｜身生】その人の経歴や境涯。身の上。「彼が一は如何に多様の境界を経来りしぞ」〈蘆花・不如帰〉

しん-せい【×辰星】❶天体の総称。ほし。星辰。❷昔、時刻を示す基準となった明るい恒星。大犬座のシリウス星の類。❸中国で、五星の一。水星の異称。❹二十八宿の一。房宿。そいぼし。

しん-せい【神性】❶神の性質。神としての性質。「一を帯びる」❷こころ。精神。

しん-せい【神政】►神権政治

しん-せい【神聖】〔名・形動〕尊くておかしがたいこと。清浄でけがれがないこと。特に、宗教・信仰の対象などとして、日常の事柄や事物とは区別して扱われるべき特別の尊い価値をもっていること。また、そのさま。「一な山」「学問を一視する」➡聖(派生)しんせいさ〔名〕(類語)神神しい・聖

しん-せい【真正】〔名・形動〕真実で正しいこと。本物であること。「一な(の)勇気」
(類語)方正・中正・適正・純正・フェア・合理・純粋・本当・純一・純良・至純・純・醇・無垢・無雑・生粋 (連体修飾語として)純然たる・醇乎たる

しん-せい【真性】❶生まれながらの性質。天性。「人間の一」❷医学で、疑う余地なくその病気であること。真症。「一コレラ」⇔仮性。

しん-せい【真誠｜真成】〔名・形動〕いつわりやごまかしのないこと。また、そのさま。まこと。真実。「国会のない国では一の輿論を知ることが出来ぬ」〈鉄腸・花間鶯〉

しん-せい【×晨星】❶明け方の空に残る星。❷《❶がまばらであるところから》物事のまばらなこと、少ししかないことのたとえ。「本当に財産を拵えた人は、一寥々たるさ」〈鷗外・鼠坂〉

しん-せい【深省】〔名〕スル 深く省みること。深く省みて悟ること。「何処まで行っても不孝の身である自分が一された」〈嘉村・途上〉

しん-せい【新生】〔名〕スル ❶新しく生まれ出ること。

「火山活動で—した島」「—球団」❷生まれ変わった気持ちで新たな人生を歩みだすこと。

しんせい【新生】㊀《原題、イタ La Vita Nuova》ダンテの詩文集。1293年ごろ成立。美少女ベアトリーチェとの愛と死別とをつづったもの。㊁島崎藤村の小説。大正7〜8年(1918〜19)発表。妻を失い、四人の子供を抱えた岸本捨吉が、姪めいとの不倫な関係を絶つまでの苦悩を描いた自伝的告白小説。

しん-せい【新声】❶新しい表現・意見。「いずれも明光と—と空想とに酔えるがごとくなりき」〈藤村・藤村詩抄〉❷新しい歌。

しん-せい【新制】新しい制度。また、新しい体制。⇔旧制。

しん-せい【新政】機構や政令を一新した、新しい政治。「明治の—」

しん-せい【新星】❶新しく発見された星。❷それまで暗かった星が、数日間で数万倍もの明るさになり、その後ゆるやかに暗くなってもとに戻るもの。恒星表層での爆発現象と考えられる。ノバ。❸ある社会、特に芸能界などで、急に人気を集めて世間の注目の的になった人。新しいスター。「歌謡界の—」
類語(❸)新進・新進気鋭・新鋭

しん-せい【新製】〔名〕スル 新しく作ること。また、作ったもの。「—されたカメラボディー」

しん-せい【親征】〔名〕スル 天子がみずから軍を率いて征伐に出ること。

しん-せい【親政】天子がみずから政治を行うこと。また、その政治。類語 王政・帝政・院政

しんぜい【信西】藤原通憲ふじわらのみちのりの出家後の名。

しんぜい【真盛】[1443〜1495]室町中期の天台宗真盛派の開祖。伊勢の人。比叡山で研学。源信の「往生要集」に傾倒し、全国各地に念仏道場を開いた。著「奏進法語」など。円戒国師。慈摂大師。

じん-せい【人世】人間の生きていく世の中。世間。
類語 世界・世間

じん-せい【人生｜人世】❶人がこの世で生きていくこと。また、その生活。「第二の—を送る」「—を左右する出来事」「—経験」❷人の、この世に生きている間。人の一生。生涯。「芸術は長く—は短い」
類語(❶)生せい・生活・日常・現世・生き方/(❷)生涯・一生・一代・終生・畢生ひっせい・ライフ・一期いちご・一世・今生・終身・一生涯

人生意気に感ず 《魏徴「述懐」から》人は他人の意気に感じて努力するものであり、金銭や名誉欲のためにするのではない。

人生行路難かたし 《「人生行路」は、人の一生》人の一生には、さまざまな艱難かんなん辛苦があって、容易なものではない。

人生七十しちじゅう古来稀まれなり 《杜甫「曲江」から》70歳まで長生きする者は、昔から非常に少ない。⇒古希こき

人生朝露ちょうろの如ごとし 《「漢書」蘇武伝から》人の一生は、朝日が射せばすぐに消えてしまう露のようにはかない。

人生のための芸術 芸術の目的はなんらかの形で実人生に貢献することにあるとする主張。ギュイヨーやトルストイが唱えた。

人生僅わずか五十年 人生の短いことのたとえ。人間僅か五十年。

じん-せい【人声】人の声。ひとごえ。「四囲は寂然として—を聞かない」〈独歩・小春〉

じん-せい【人性】人間のもっている自然の性質。「もし単に快楽のみを目的とする人があったならば反って—に悖もとった人である」〈西田・善の研究〉

じん-せい【仁政】恵み深い、思いやりのある政治。「—を施す」類語 善政・徳政・民政

じん-せい【×靭性】固体のもつ性質の一。材質の粘り強さ。外力によって破壊されにくい性質。

じん-せい【×塵世】ヂン 汚れた世の中。俗世間。

じん-ぜい【人税】所得税・相続税などのように、所得や財産の帰属する人を対象にして課される租税。⇒物税 ⇒行為税

しんせい-かい【心青会】シンセイクワイ 東京大学理学部情報科学科などの卒業生の同窓会。

しんせい-かい【新生界】新生代に形成された地層。

しんせい-かぞく【神聖家族】▶聖家族

しんせいかつ-うんどう【新生活運動】シンセイクワツウンドウ ❶虚礼などを廃止して、生活を合理化、近代化しようとする社会運動。❷中国で、1934年に蒋介石が提唱した精神運動。儒教的理念に基づく国家総動員体制をめざすファシズム運動だった。

しんせい-がん【深成岩】マグマが地下深部でゆっくり冷却・固結してできた、完晶質で粗粒の火成岩の総称。花崗岩かこうがん・閃緑岩せんりょくがん・斑糲岩はんれいがんなど。

じんせい-かん【人生観】ジンセイクワン 人生に対する見方。人生の目標・意味・価値などについての全体的、統一的な見方で、人生とは何か、人生いかに生きるべきかについて、具体的、実践的な記述・指針を含む。
類語 思想・主義・理念・信条・信念・哲学・世界観・思潮・イズム・イデオロギー・精神

じんせいげきじょう【人生劇場】ジンセイゲキヂヤウ 尾崎士郎の長編小説。昭和8年(1933)に「青春篇」を発表、以後「愛欲篇」ほか6篇を同34年までに発表。義理人情に厚く侠気きょうきのある青年、青成瓢吉あおなりひょうきちの歩む人生遍歴を描く。

しんせい-けっかん【新生血管】シンセイケククワン 既存の血管から分岐して新しく形成された血管。胎児の成長過程、創傷の治癒過程などで形成されるが、関節リウマチなどの慢性炎症や糖尿病網膜症、悪性腫瘍などの疾患にも関与している。例えば、癌細胞は新生血管を作り出すことによって、酸素や栄養を取り込んで増殖し、血流に乗って転移する。

じん-せいけん【腎生検】生体に細い針を刺して腎臓の組織を少量採取し、顕微鏡で状態を調べる検査法。

じんせい-こうけつあつ【腎性高血圧】ジンセイカウケツアツ 腎臓の病気が原因で起こる二次性の高血圧。腎臓の血圧を維持するレニンの分泌が増加するため引き起こされるといわれる。

しんせい-こうとうがっこう【新制高等学校】シンセイカウトウガクカウ 昭和22年(1947)に施行された学校教育法に基づく高等学校。⇒高等学校❶

じんせい-こうろ【人生行路】ジンセイカウロ 人がこの世に生きていく道程。人生を前途の予測のできない旅にたとえていう語。「—難かたし」

しんせいさく-きょうかい【新制作協会】シンセイサクケフクワイ 美術団体。昭和11年(1936)洋画家の小磯良平らが新制作派協会として設立。同26年、日本画の団体、創造美術と合併、現名に改称。同49年に日本画部は脱退。

しんせい-じ【新生児】生まれたばかりの赤ん坊。医学では生後4週間までをいう。新産児。初生児。

しんせいじ-おうだん【新生児黄×疸】シンセイジワウダン 生後2、3日ごろから新生児に現れる黄疸。生理的黄疸は肝臓の働きが未熟なために生じるもので、ふつう2週間以内に消える。溶血性黄疸は母子間血液型不適合のために起こり、重症の場合には交換輸血を行う。

しんせいじ-しゅうちゅうちりょうしつ【新生児集中治療室】シンセイジシフチユウチレウシツ ▶エヌ-アイ-シー-ユー(NICU)

しんせいじ-ちりょうかいふくしつ【新生児治療回復室】シンセイジチレウクワイフクシツ ▶ジー-シー-ユー(GCU)

しんせいじ-ドクターカー【新生児ドクターカー】新生児を治療しながら搬送するために、高度な医療機器を装備し、医師が同乗する救急搬送車。一般の医療機関では治療が困難な新生児を新生児集中治療室のある医療機関へ搬送したり、医療機関外で緊急医療処置が必要な出産に対応する場合などに出動する。保育器、新生児監視装置、情報通信装置・端末機器、人工呼吸器などを搭載し、搬送中の新生児を車内で治療したり、搬送先の医療機関に新生児の状態を伝達したり、治療指示を受けることができる。新生児死亡率の低下、障害や後遺症の重度化防止を目的とし、周産期医療体制充実策の一つとして国の整備補助を受けている。新生児搬送用車両。

しんせいじはんそうよう-しゃりょう【新生児搬送用車両】シンセイジハンソウヨウシヤリヤウ ▶新生児ドクターカー

しんせいじ-メレナ【新生児メレナ】《メレナ(melena)は下血げけつの意》新生児に起こる、黒色便を排出したり褐色のものを嘔吐おうとしたりする病気。ビタミンK欠乏などによる消化管出血が原因の真性メレナと、母親などの血液を飲み込んだことが原因の仮性メレナがある。

しんせい-しゃ【新声社】文学結社。明治22年(1889)森鷗外を中心に、落合直文・小金井喜美子らが結成。訳詩集「於母影おもかげ」は透谷・藤村らの新体詩に影響を与えた。

しん-せいしゅ【新清酒】米以外の材料を用い、化学的方法で製した日本酒。合成酒。

じんせい-せっけい【人生設計】結婚や教育、住居、老後の暮らしなどについての計画を立てること。人生計画。ライフプラン。ライフデザイン。

しんせい-せんえき【神聖戦役】前591年ごろから前338年にかけて、古代ギリシャのアンフィクチオニア(ポリス間の隣保同盟)が、デルフォイのアポロン神殿領守護のために行った3回の戦争。

しんせい-だい【新生代】地質時代の大区分で、最も新しい時代。6500万年前から現在まで。第三紀と第四紀とに2分される。哺乳類の全盛時代で、被子植物も栄える。

しんせい-だいがく【新制大学】昭和22年(1947)施行の学校教育法に基づく大学。⇒大学

しんせい-ちゅうがっこう【新制中学校】シンセイチユウガクカウ 昭和22年(1947)施行の学校教育法に基づく中学校。⇒中学校

じんせい-てつがく【人生哲学】人生をどうとらえるべきか、あるいは、どのように生きていくべきかを説く哲学。

しんせい-とう【新生党】シンセイタウ 平成5年(1993)自由民主党を離党した羽田孜・小沢一郎らが結成した保守政党。同年の衆院選挙で自民・社会両党に次ぐ第3党となり、細川連立政権の中心となった。翌年に下野し、新進党の結成に伴い解党。

しんせい-どうめい【神聖同盟】1815年、ウィーン会議ののちにロシア皇帝アレクサンドル1世の提唱により、ロシア・オーストリア・プロイセン3国の君主の間で結ばれた同盟。キリスト教の正義・博愛・平和の原則に基づく相互協力・平和維持をうたい、ウィーン体制の維持を目的とした。のちには、イギリス国王・ローマ教皇・トルコ皇帝を除く、ヨーロッパの全君主が加入した。

しんせいねん【新青年】㊀中国、民国初期の総合雑誌。1915年「青年雑誌」の名で創刊。翌年「新青年」と改題して26年まで続く。陳独秀が編集に当たったが、17年に北京大学文科学長となってからは進歩的知識人が多く集まり、大学の機関誌的性格をもち、文学革命に大きな役割をはたした。胡適「文学改良芻議」、魯迅「狂人日記」などを掲載。㊁日本の娯楽雑誌。大正9年(1920)博文館から創刊。探偵小説に力を入れ、海外作品の紹介と創作の振興を図り、江戸川乱歩・横溝正史・夢野久作など、多くの探偵作家を世に出した。昭和25年(1950)廃刊。

しんぜい-は【真盛派】天台宗の一派。真盛を開祖とし、西教さいきょう寺を本山とする。念仏と戒の双修一致を説く。

じんせい-は【人生派】「人生のための芸術」を主張する人々。また、特に文学で、芸術的完成よりも人生いかに生きるべきかの問題を重視する傾向。

しんせい-はんどうたい【真性半導体】シンセイハンダウタイ 不純物を含まない半導体。ケイ素、ゲルマニウム、ガリウム砒素の単結晶などがある。固有半導体。⇔不純物半導体。

しんせい-ぼうとく【神聖冒×涜】「涜聖とくせい」に同じ。

しん-せいめい【新生命】❶新しいいのち。❷信仰によって心境の一変した状態。「誰が、母をして友をして此愚かなる心に—を注がしめたのであろうか」〈蘆花・思出の記〉

しん-せいめん【新生面】新しい分野・方面。「癌がん研究に—を開く」

じんせい-もよう【人生模様】ジンセイモヤウ 人生のありさまを、

織物などの模様に見立てていう語。

しんせいローマ-ていこく【神聖ローマ帝国】《ドイツ Heiliges Römisches Reich Deutscher Nation》962年、オットー1世がローマ教皇の手で戴冠してから、1806年、ナポレオンに敗れたフランツ2世が帝位を辞するまで続いたドイツ国家の呼称。11世紀が全盛で、以後は衰退。13世紀以後は七選帝侯の互選で皇帝を選出したが、1438年以降はハプスブルク家が帝位を独占した。

しん-せかい【新世界】❶世界のうち新大陸にあたる地域。⇔旧世界。❷新しく生活したり活動したりする場所。新天地。

しんせかい【新世界】大阪市浪速区、天王寺公園の西に接する繁華街。明治36年(1903)に開かれた内国勧業博覧会の跡地の西半分に設けられた。通天閣などで知られる。

しんせかいより【新世界より】《原題、チェコ Znového světa》ドボルザーク作曲の交響曲第9番の標題。米国滞在中の1892〜93年に作曲。新世界交響曲。

しん-せき【臣籍】明治憲法下で、皇族以外の臣民としての身分。

しん-せき【浸漬】〔名〕スル「しんし(浸漬)」の慣用読み。

しん-せき【真跡｜真×蹟】その人が実際に書いたと認められる筆跡。真筆。「芭蕉の—」

しん-せき【×晨夕】朝と夕方。朝夕。旦夕。

しん-せき【親戚】血縁や婚姻によって結びつきのある人。親類。➡親類(用法)

(類語)親族・姻戚・姻族・親等

親戚の泣き寄り ▶親は泣き寄り他人は食い寄り

じん-せき【人跡｜人×迹】人の足跡。人の通った跡。「—まれな深山」

じん-せき【×衽席】しきもの。ねどこ。また、寝室。「北条は一の上に源氏の国を簒うたる者なりとて憎むこと甚だしく」〈福沢・福翁百話〉

しんせき-こうか【臣籍降下】明治憲法下で、皇族がその身分を失って臣籍に入ること。賜姓・他家相続・婚嫁・権利剝奪・婚姻解消などによる降下があった。

しんせき-こうか【臣籍降嫁】臣籍降下の一。皇族女子が勅許を得て王族・公族・華族に嫁すること。

しん-せきでん【沈石田】▶沈周

じんせき-みとう【人跡未踏】人がまだ足を踏み入れたことがないこと。「—の地」

シンセサイザー〖synthesizer〗電子回路を用いた音の合成装置。種々の音を合成することができ、多く鍵盤を備えた楽器として使用される。

しん-せつ【臣節】臣下として守るべき節操。「—を全うする」

しん-せつ【真説】❶本当の説。❷仏語。真実の教え。

しん-せつ【深雪】深く積もった雪。みゆき。

しん-せつ【新設】〔名〕スル 組織・制度・機関などを、新しくつくること。「環境保全課を—する」「—校」

(類語)開設

しん-せつ【新雪】新しく降り積もった雪。(季 冬)

(類語)初雪

しん-せつ【新説】今までになかった新しい学説・意見。また、初めて聞く話。「—を提示する」

しん-せつ【親切｜深切】〔名・形動〕❶相手の身になって、その人のために何かをすること。思いやりをもって人のためにつくすこと。また、そのさま。「人の—にあずかる」「—を無にする」「—な応対」❷(深切)心の底からすること。また、そのさま。「独立の気力ある者は国を思うこと—にして」〈福沢・学問のすゝめ〉(派生)しんせつげ〔形動〕しんせつさ〔名〕しんせつみ〔名〕

(類語)(❶)好意・厚意・厚志・厚情・懇切・懇篤・親身・懇ろ・手厚い・情け深い・心尽くし・温かい・優しい・温か・温厚・寛厚・寛仁・慈悲深い

しんせつ-がっぺい【新設合併】合併するすべての会社が解散して消滅し、それと同時に新会社を設立して合同する合併方式。➡吸収合併

しん-せっき【新石器】新石器時代に用いられた精巧な打製石器と磨製石器。現在では、これらが旧石器時代にも存在したことが判明しており、あまり使わない語。➡旧石器

しんせつ-ぎ【親切気】親切にしようとする気持ち。「—を起こす」

しんせっき-じだい【新石器時代】石器時代のうち新しい時代。本来の定義では、完新世に属することと精巧な打製石器および磨製石器の存在を重視したが、現在では、西アジア・ヨーロッパ・中国などで農耕や牧畜など食料生産を開始した時代をいう。日本の縄文時代をこの名でよぶのはふさわしくない。

しんせつ-ごかし【親切ごかし】〔名・形動〕親切らしく見せかけて、自分の利益を図ること。また、そのさま。「—に勧める」「—な(の)態度」

しんせ-むざん【信施無×慚】僧が布施を受けながら、それにふさわしい徳を積まず、しかも恥じないこと。

シンセリティー〖sincerity〗誠実。誠意。

しん・ぜる【進ぜる】〔動ザ下一〕《「しん(進)ずる(サ変)」の下一段化》❶「しん(進)ずる❶」に同じ。「酒を一献—・ぜよう」❷(補助動詞)「しん(進)ずる❷」に同じ。「私が診て—・ぜる」

しん-せん【神仙｜神×僊】❶不老不死で、神通力をもつ人。仙人。「—譚」❷(神仙)《「しんぜん」とも》日本音楽の十二律の一。基音の壱越より一〇律高い音で、中国の十二律の無射、洋楽のハ音にあたる。(類語)仙人・仙女

しん-せん【神占】神に祈って神意を伺い、吉凶を占うこと。亀卜や各種の年占など。

しん-せん【神泉】《古くは「しんぜん」》❶❶神がいるという泉。❷神苑にある泉。霊妙な泉。❷「神泉苑」の略。

しん-せん【神×饌】神祇に供える飲食物。水・酒・穀類・魚・野菜・果実など。御食。供物。

しん-せん【振戦】《「震顫」「振顫」とも書く》不随意運動の一。意思とは無関係に生じる律動的な細かい振動運動(ふるえ)のこと。振動の大きさ・速さ・発生状況などで分類される。ストレス・不安・疲労・甲状腺機能亢進・アルコールの離脱症状などでも生じるが、日常生活に支障がある場合や、重症に分類される場合は薬物治療を行う。(補説)姿勢時振戦(字を書く時などに軽度に手がふるえる)や本態性振戦(原因不明で主に手や足が速く細かくふるえる)は高齢者に生じることが多い。安静時振戦(睡眠時など筋肉安静時に生じる荒くゆっくりとしたふるえ)はパーキンソン病の主症状の一つとされ、大脳基底部の神経細胞障害によるものとされる。脳血管障害など脳疾患の後遺症として生じる場合は、大脳の一部に電極を埋め込む脳深部刺激療法(DBS)などの治療が行われる。

しん-せん【浸染】〔名〕スル《「しんぜん」とも》❶液体がしみ込んで、それに染まること。❷浸透して感化されること。また、感化すること。「王政の時より仏道久しく人心に—し」〈田口・日本開化小史〉❸染料の溶液の中に、織物・織り糸などを浸して染め上げる染色法。➡捺染

しん-せん【針線｜×鍼線】❶はりといと。また、針仕事。裁縫。❷はりがね。

しんせん【深圳】中国広東省中南部の市。深圳河を境に香港のある九竜半島に接する。シェンチェン。

しん-せん【深浅】❶深いことと、浅いこと。深さの程度。「愛情の—を推し測る」❷色の濃いことと、薄いこと。濃淡。

しん-せん【新船】新しい船。新造船。

しん-せん【新銭】❶新たに鋳造・発行された銭。❷室町末期以降、中国の銭を模して日本で鋳造した悪質の貨幣。❸寛永通宝のこと。「一二百貫調へ、空尻馬に付けて」〈浮・永代蔵・四〉

しん-せん【新線】鉄道などの新しい路線。

しん-せん【新選｜新×撰】〔名〕スル 新たに選ぶこと。特に、新たに編纂すること。また、その書物。

しん-せん【新鮮】〔名・形動〕❶魚・肉・野菜などが、新しくて生き生きとしていること。また、そのさま。「—なくだもの」❷汚れがなく、澄みきっていること。また、そのさま。「山の—な空気を吸う」❸物事に今までにない新しさが感じられるさま。「—な感覚の絵」(派生)しんせんさ〔名〕しんせんみ〔名〕

(類語)生新・生鮮・生・鮮度・新しい

しん-せん【震×顫｜振×顫】❶ふるえること。❷《医学用語》「振戦」に同じ。

しん-ぜん【神前】神の前。

しん-ぜん【浸漸】〔名〕スル しだいにしみ込むこと。しだいに程度・状態が進むこと。「天下を挙げて卑屈陋劣の風に—せんとす」〈雪嶺・偽悪醜日本人〉

しん-ぜん【親善】互いを知り合って、仲よくすること。「—を深める」「国際—試合」

(類語)善隣・和親・修好・和・親和・宥和・協和

しん-ぜん【森然】〔ト・タル〕〔文〕〔形動タリ〕❶樹木のこんもり茂っているさま。「—たるブナの森」❷多く並び立つさま。「隊伍—たる軍を見る」〈鷗外・ふた夜〉❸おごそかであるさま。「星という星の光のいかにも—として冴え渡っているのが」〈荷風・濹東綺譚〉

じん-せん【人選】〔名〕スル 多くの中から、ある仕事をするのに適した人を選ぶこと。「候補者を—する」

じんせん【仁川】▶インチョン

じん-ぜん【×荏×苒】〔ト・タル〕〔文〕〔形動タリ〕なすことのないまま歳月が過ぎるさま。また、物事が延び延びになるさま。「—として今日に至る」「—と日を送る」「長野にある妻の里に——週間ほど滞在して」〈長与・竹沢先生と云ふ人〉

しんせんいぬつくばしゅう【新撰犬筑波集】▶犬筑波集

しんせん-えん【神泉苑】平安京大内裏造営の際に設けられた天皇の遊覧用庭園。のち、空海が善女竜王をまつってから雨乞いの修法の場ともなった。現在、京都市中京区に苑池の一部が残る。

しんせん-きょう【神仙境】神仙の住むような理想的な土地。仙境。

しんせん-ぐみ【新撰組｜新選組】文久3年(1863)江戸幕府が武勇にすぐれた武士で編制した浪士隊。清川八郎による浪士組分裂ののち、京都守護職松平容保の支配下に、市中取り締まり、尊攘派浪士の鎮圧に当たった。近藤勇を組長とする。

しんぜん-けっこん【神前結婚】神前で結婚式を行うこと。また、その結婚式。明治中期以降に行われるようになった。

じんぜん-けっこん【人前結婚】出席者を立会人として結婚式を行うこと。また、その結婚式。宗教的色彩を排したもの。神前結婚式などのもじり。

しんせんざいしゅう【新千載集】「新千載和歌集」の略。

しんせんざいわかしゅう【新千載和歌集】室町前期の勅撰和歌集。20巻。正平11＝延文元年(1356)後光厳天皇の勅により、藤原為定が撰し、延文4年成立。歌数約2360首。代表歌人は藤原為定・藤原為世・藤原為氏など。新千載集。

しんせんじきょう【新撰字鏡】平安時代の漢和字書。12巻。昌住著。昌泰年間(898〜901)に成立。漢字2万余字を偏・旁などによって160部に分け、字音・字義・和訓を付したもの。現存する最古の漢和字書。

しんせん-しそう【神仙思想】古代中国で、人の命の永遠であることを神人や仙人に託して希求した思想。不老不死の仙人・神人の住む海上の異界や山中の異境に楽園を見いだし、多くの神仙たちを信仰し、また、神仙にいたるための実践を求めようとした。道教思想の基礎となり、また、民間の説話・神話の源泉となった。

しんせんしょうじろく【新撰姓氏録】平安時代の諸氏の系譜集成。30巻・目録1巻。万多親王らの編。嵯峨天皇の勅命により、弘仁6年(815)成立。京畿の1182氏を、皇別・神別・諸蕃に分類し、各系譜を記したもの。

しんせんずいのう【新撰髄脳】平安中期の歌論書。1巻。藤原公任の著。成立年未詳。和歌の創作の指針を示し、初期の歌学書として重要な位置を占める。

しんせん‐せんもう【振戦×譫妄】シンセンマウ 重度のアルコール依存症患者にみられる離脱症状(禁断症状)の一つ。飲酒を中断して後数日に不安・興奮・発汗・頻脈・手の震え・幻覚・意識障害などの症状が現れる。数日続き、深い睡眠に入った後、回復するが、まれに死にいたる場合もある。

しんせんつくばしゅう【新撰菟玖波集】シンセンツクバシフ 室町後期の準勅撰連歌集。20巻。宗祇そうぎらの撰。明応4年(1495)成立。永享(1429〜1441)以降の約60年間の作品約2050句を収録。代表歌人は心敬・宗砌そうぜい・専順など。新菟玖波集。

しんぜん‐とし【親善都市】▶姉妹都市

しん‐ぜん‐び【真善美】認識上の真と、倫理上の善と、審美上の美。人間の理想としての普遍妥当な価値をいう。

しんせん‐まひ【振×顫×痺】▶パーキンソン病

しんせんまんようしゅう【新撰万葉集】シンセンマンエフシフ 平安前期の私撰和歌集。2巻。菅原道真の撰か。上巻は寛平5年(893)、下巻は延喜13年(913)成立。春・夏・秋・冬・恋の5部に分け、歌ごとに七言絶句の漢詩を配する。「寛平御時后宮歌合かんぴょうのおおんときさいのみやのうたあわせ」などの歌を主な資料とする。菅家かんけ万葉集。

しん‐せんりゃくへいきさくげんじょうやく【新戦略兵器削減条約】‐センリヤクヘイキサクゲンデウヤク ▶新START スタート

しんせんろうえいしゅう【新撰朗詠集】シンセンラウエイシフ 平安後期の詩歌集。2巻。藤原基俊撰。鳥羽天皇のころ成立か。朗詠用の和歌・漢詩を集め、和漢朗詠集に倣って編集したもの。新撰和漢朗詠集。

しんせんわかしゅう【新撰和歌集】シンセンワカシフ 平安前期の私撰和歌集。4巻。紀貫之撰。醍醐天皇の勅により、延長8年(930)から承平4年(934)の間に成立。古今集の歌を中心に、360首の秀歌を選んだもの。漢文の序がある。新撰和歌。

しん‐そ【心礎】塔の心柱しんばしらの礎石。中心に柱を受ける座や孔のあるものが多く、奈良前期以前のものでは舎利しゃりを納める孔をもつものもある。

しん‐そ【辛×楚】《「楚」は人をむち打つ意》痛み苦しむこと。つらい目。苦しみ。辛苦。

しん‐そ【神祖】㊀偉大な功績を残した祖先。㊁❶天照大神あまてらすおおみかみの尊称。❷徳川家康の尊称。神君。

しん‐そ【神訴】平安時代から室町時代にかけて、寺社の衆徒や神人が神輿・神木を先頭に立て、神威をふりかざして起こした訴訟。強訴ごうそ。

しん‐そ【親疎】親しいことと疎遠なこと。また、親しい人と親しくない人。「―の隔てなく招待する」

しん‐ぞ【新▽造】「しんぞう(新造)」の音変化。「馴染なじでない―が来て」〈花袋・田舎教師〉➡御新造ごしんぞ

しん‐ぞ【神ぞ|真ぞ】〔副〕《「神ぞ照覧あれ」の略》自誓の語。神かけて。本当に。「一思ひを尽せども」〈浄・歌念仏〉

しん‐そう【心喪】シンサウ 喪服は着ないで、心の中で喪に服すること。多く、弟子が師の喪に服する場合にいう。

しん‐そう【心操】シンサウ 心のみさお。心構え。心がけ。「もし能く此―を護持して身を国家に致し」〈吉岡徳明・開化本論〉

しん‐そう【申奏】〔名〕スル 天子に申し上げること。奏上。

しん‐そう【伸葬】シンサウ ▶伸展葬

しん‐そう【神宗】[1048〜1085]中国、北宋の第6代皇帝。在位1067〜1085。姓名は趙頊ちょうぎょく。財政再建のため王安石を登用して、青苗・保甲・保馬などの新法を実施した。

しん‐そう【神葬】シンサウ ▶神葬祭

しん‐そう【真相】シンサウ ある物事の真実のすがた。特に、事件などの、本当の事情・内容。「―を究明する」
(類語)事実・真実・現実・実情・実態・実際・本当・有りのまま・有り様よう・実まこと

しんそう【真相】シンサウ ▶相阿弥そうあみ

しん‐そう【真草】シンサウ 真書(楷書)と草書。

しん‐そう【真×槍】シンサウ 本物のやり。実戦用のやり。

しん‐そう【×晨▽粧|×晨装】シンサウ 朝の化粧。朝のよそおい。

しん‐そう【深窓】シンサウ 家の奥深い部屋の窓。家の奥深い所。多く、上流階級の女性の、世俗から隔離された環境をいう。「―の令嬢」

深窓に育・つ　上流階級の娘などが、俗世間から隔離された環境で養育されて大きくなる。

しん‐そう【深層】深い層。奥深くに隠れている部分。

しん‐そう【進奏】〔名〕スル 天子に申し上げること。奏上。

しん‐そう【新▽粧】シンサウ 新しいよそおい。つくりたての化粧。「侍婢皆な―盛服」〈織田訳・花柳春話〉

しん‐そう【新装】シンサウ〔名〕スル 飾りつけや設備などを新しくすること。また、そのよそおい。「―開店」
(類語)改装・模様替え

しん‐ぞう【心像】シンザウ《image》過去の経験や記憶などから、具体的に心の中に思い浮かべたもの。視覚心像・聴覚心像・嗅覚心像など、すべての感覚に対応した心像がある。表象。心象。イメージ。

しん‐ぞう【心臓】シンザウ ❶血液循環の原動力となる器官。収縮と拡張を交互に繰り返し、静脈から戻ってくる血液を動脈に押し出し、全身に送るポンプの働きをする。ヒトでは握りこぶし大で、胸腔内の横隔膜のすぐ上、やや左側にあり、3層の膜に包まれ、内腔は隔壁・弁膜によって左右の心房・心室の4部分に分かれる。❷物事の中心部のたとえ。「都市の―部」❸《「心臓が強い」から》厚かましいこと、ずうずうしいこと、押しが強いことなどの意の、俗な言い方。「あの人に借金を頼むなんて、君も―だね」
(類語)(❷)中心・核・目玉・心・核心・基軸・髄

心臓が強・い　厚かましい。ずうずうしい。また、ものおじしない。「見かけによらず―・い」

心臓が弱・い　気が弱くて引っ込み思案である。「―・くて頼みを断れない」

心臓に毛が生えて・いる　厚顔無恥である。あつかましい。肝きもに毛が生えている。

しん‐ぞう【神像】シンザウ 神々の姿を、彫刻や絵画などに表したもの。

しん‐ぞう【真像】シンザウ ❶実際の姿。「影を捕えて物の―を写す可し」〈福沢・文明論之概略〉❷本当の姿。真実。「一斑の皮相のみを写して其の―を写すを得ず」〈逍遥・小説神髄〉

しん‐ぞう【新造】シンザウ〔名〕スル ❶新しくつくること。また、そのもの。「貨客船を―する」❷武家や富裕な町家の妻女。のち、一般に他人の妻女、特に若妻をいう語。また、広く若い未婚の女性をもいう。しんぞ。「なんでも巫子いちこの―めが、いっちこちらの端に寝たやうすだ」〈滑・膝栗毛・三〉➡御新造ごしんぞう ❸江戸時代、遊里で、姉女郎の後見つきで、新しくつとめに出た若い遊女。

じん‐そう【陣僧】ヂン 主に室町時代、軍陣に同道して、戦死者の供養をはじめ文書作成や敵方への使者を務めた僧。

じん‐ぞう【人造】ザウ 人間がつくること。特に、天然に存在するものと同じもの、またはそれに似せたものを、人工的につくること。また、そのつくったもの。
(類語)加工・人工

じん‐ぞう【腎臓】ザウ 脊椎動物の泌尿器官。左右一対あり、暗赤色。ヒトではソラマメ形で、長さ約10センチ。内部は皮質と髄質とに区別できる。腎小体と尿細管とからなるネフロンにより血液からの尿の生成が行われる。

じんぞう‐あい【人造藍】ジンザウアヰ 藍の主成分であるインジゴを人工的に合成して作った藍。

しんぞういぬつくばしゅう【新増犬筑波集】シンゾウイヌツクバシフ 江戸前期の俳諧論書。2冊。松永貞徳著。寛永20年(1643)刊。上巻「油糟あぶらかす」、下巻「淀川よどがわ」の総称。

しんそう‐ウェブ【深層ウェブ】《deep web》ウェブ上で公開されている情報のうち、通常のサーチエンジンでは検索できない情報のこと。ロボット型サーチエンジンはサーチボットを使用して、膨大な数のウェブサイトを自動的に巡回してデータ収集を行うが、そこから漏れてしまうサイトに含まれる情報を指す。サーバーが動的にページを生成するウェブサイトやデータベースなどは自動収集から外されることが多い。ディープウェブ。インビジブルウェブ。➡表層ウェブ

じんぞう‐えん【腎臓炎】ジンザウ ▶腎炎

しんぞう‐おろし【新造下ろし|新×艘下ろし】シンザウ 新造の船を初めて水上に浮かべること。ふなおろし。

しんぞう‐かい【新造買い】シンザウがひ ❶遊里で新造を買うこと。❷新造を買って客となり、その姉女郎と会うこと。「―として、夜ふけ人しづまって、其女郎が所へしのびこみの」〈洒・遊子方言〉

しんぞう‐けい【心臓形】シンザウ 先がとがり、基部が内側にへこんだ、心臓のような形。ハート形。葉の形にいう。

じんぞう‐けい【腎臓形】ジンザウ 腎臓のような形。葉の形でいう。

しん‐ぞうけいしゅぎ【新造形主義】‐ザウケイシュギ《フランス néo-plasticisme》1917年、オランダの画家モンドリアンを中心として興った芸術運動。線と色彩のみによる幾何学的抽象をめざし、建築・彫刻などにも大きな影響を与えた。

じんぞう‐けっせき【腎臓結石】ジンザウ ▶腎結石

じんぞう‐けんし【人造絹糸】ジンザウ 天然の絹糸をまねてつくった化学繊維。綿花・木材パルプなどの繊維素を薬品で溶かして加工したレーヨン・アセテートの長繊維をいう。人絹。

しんぞう‐ご【新造語】シンザウ 新しくつくられた語。新語。

じんぞう‐こ【人造湖】ジンザウ 発電や灌漑かんがい用水を得るなどのために人工的につくった湖。

しんそう‐こうぞう【深層構造】‐コウザウ《deep structure》チョムスキーによって設定された変形生成文法理論の基本概念の一。現実の発話の基底にあって文の意味を規定すると想定され、表層構造よりいっそう抽象的な構造。変形規則を適用することによって表層構造が導き出され、異形同義文や同形異義文の関係を説明するのに役立つ。➡表層構造

じんぞう‐こおり【人造氷】ジンザウこほり 天然氷に対して、人工的につくった氷。

じんぞう‐ゴム【人造ゴム】ジンザウ ▶合成ゴム

しんそう‐さい【神葬祭】シンサウ 神道の様式で行われる葬儀。神葬。

しんぞうさいどうき‐りょうほう【心臓再同期療法】シンザウサイドウキレウハフ 重症の心不全で左右の心室が収縮するタイミングにずれが生じ、血液を効率よく送り出せない状態になったとき、ペースメーカーによって左心室と右心室に同時に電気刺激を加え、心室の動きを正常に戻す治療法。CRT(Cardiac Resynchronization Therapy)。両室ペーシング。(補説)左心室と右心室を同時にペーシングする機能を備えた特殊なペースメーカーを患者の体内に植え込み、通常は鎖骨下の静脈から3本リード線を挿入し、右心房・右心室・冠静脈洞(左心室の外側)に留置する(患者の状態によっては、心臓の外側にリードを取り付ける場合もある)。これらのリードによって、心臓の動きを常時監視し、心不全の症状が生じると、リードを通じて自動的に電気刺激が与えられる。心室細動を併発しやすい患者の場合は、除細動機能を備えたCRT-Dと呼ばれる装置が使用される。➡植込み型除細動器

しんぞう‐し【心臓死】シンザウ 心臓の拍動を停止し、死亡すること。

じんぞう‐じゅし【人造樹脂】ジンザウ ▶合成樹脂

しんぞう‐しんけいしょう【心臓神経症】シンザウシンケイシヤウ 心臓そのものに病変はないのに、心臓の痛みや動悸どうき・息切れなどを示す神経症。心臓ノイローゼ。

しんぞう‐しんとう【心臓震×盪|心臓震×蕩】シンザウシンタウ 野球ボールが胸に当たるなど、胸部に受けた打撲がもとで重度の不整脈である心室細動が起こった状態。若年者に多く、健康な子供でも起こる。治療は自動体外式除細動器(AED)などを使用した除細動処置を速やかに実施すること。

しんそう‐しんりがく【深層心理学】人間の心の深層、すなわち無意識を研究し、意識現象や行動を説明しようとする心理学。

しんそう‐すい【深層水】▶海洋深層水

じんぞう‐せき【人造石】ジンザウ ❶大理石・花崗岩かこうがんなどの砕石を、セメントや砂および顔料と混合して水で練り、成形・研磨した建築材料。主に床仕上げに用いる。模造石。擬石。❷宝石に模して人工的につ

くったもの。

じんぞう-せきゆ【人造石油】ジンザウ 動植物油脂・樹脂・テレビン油などに酸性白土を加えて乾留してつくった石油類似物。石炭・油母頁岩ゆぼけつがん・天然ガスなどを原料とすることもある。合成石油。

じんぞう-せんい【人造繊維】ジンザウセンヰ ▶化学繊維

じんぞう-せんりょう【人造染料】ジンザウセンレウ ▶合成染料

しんそう-だいじゅんかん【深層大循環】シンソウダイジュンクワン ▶熱塩循環

しんぞう-ちょうおんぱけんさ【心臓超音波検査】シンザウテウオンパ 超音波診断法の一。心臓の各部の形や大きさ、動きや血流の異常などを診断する。心筋梗塞・心臓弁膜症・心筋症などの診断に用いられる。心エコー。

じんぞう-にんげん【人造人間】ジンザウ ロボットのこと。

しんそう-の-かじん【深窓の佳人】シンソウ 良家に生まれて大切に育てられた美女。

じんぞう-バター【人造バター】ジンザウ マーガリンのこと。

しんぞう-はれつ【心臓破裂】シンザウ ▶心破裂

じんぞう-ひかく【人造皮革】ジンザウ 天然皮革の模造品。織物をニトロセルロースやポリ塩化ビニルなどで被覆しただけのレザーと、ナイロンやポリウレタンなどの合成樹脂を用いて通気性をもたせた合成皮革とがある。

しんぞう-ひだい【心臓肥大】シンザウ ▶心肥大しんひだい

しんぞう-びょう【心臓病】シンザウビャウ 心臓の病気の総称。心疾患。

じんぞう-びょう【腎臓病】ジンザウビャウ 腎臓の病気の総称。腎炎・腎結石・腎不全・ネフローゼ・尿毒症など。

じんぞう-ひりょう【人造肥料】ジンザウヒレウ ▶化学肥料

しんぞう-ぶ【心臓部】シンザウ ❶心臓のある部位。❷機械や組織などを動かす中心の部分。中枢部。「企業の―」

しんぞう-ペースメーカー【心臓ペースメーカー】シンザウ 心臓疾患で拍動数に異常があるとき、心臓に一定のリズムで電気刺激を与える装置。一般に前胸部に植え込む。(補説)不整脈のうち、徐脈性不整脈の治療に使用するものをペースメーカーといい、頻脈性不整脈の治療に使用するものは植え込み型除細動器(ICD)と呼ばれる。ICDを含めてペースメーカーという場合もある。また、除細動機能を備えたペースメーカー(CRT-D)もあり、重症の心不全の心臓再同期療法に使用される。

しんぞう-べんまく【心臓弁膜】シンザウ 心臓内にあって血液の逆流を防ぐ弁膜の総称。哺乳類では三尖弁さんせんべん(右房室弁)・肺動脈弁・僧帽弁(左房室弁)・大動脈弁の四つがある。

しんぞうべんまく-しょう【心臓弁膜症】シンザウベンマクシャウ 心臓の弁膜が機能障害を起こした状態。弁膜が十分に開かなくなる狭窄症と、しっかりと閉じなくなる閉鎖不全症があり、4つの弁膜(僧帽弁・大動脈弁・三尖弁さんせんべん・肺動脈弁)のいずれかまたは複数に生じる。また、一つの弁膜に狭窄症と閉鎖不全症が同時に生じる場合もある。先天性・加齢・虚血などを原因として発症し、息切れ・動悸が起こり、肝臓肥大・むくみ・尿量減少などの症状を呈する。以前はリウマチ熱の後遺症として生じることが多かったが、抗生物質による治療の普及により、炎症性の心臓弁膜症は減少した。弁膜症。VDH(valvular disease of the heart)。

じんぞう-まい【人造米】ジンザウ 米の代替品として、また栄養強化のために製造した合成米。小麦粉・でんぷん・砕米などをまぜ、米粒大に固めたもの。

しんぞう-マッサージ【心臓マッサージ】シンザウ いったん止まった心臓をよみがえらせる応急処置。胸骨の所を圧迫する方法と、開胸手術をして直接心臓をマッサージする方法とがある。心マッサージ。

しんぞう-まひ【心臓麻×痺】シンザウ 心臓が急に動かなくなること。

しんぞう-リハビリテーション【心臓リハビリテーション】シンザウ 心臓疾患で入院し治療・手術を受けた患者を対象に、社会復帰・再発防止を目的として行われるリハビリテーション。運動療法による体力の回復、生活・栄養指導による危険因子(糖尿病・高血圧・高脂血症)の改善などに取り組む。

しんそう-りゅう【深層流】シンソウリウ 海洋の深層にみられる海流。北大西洋および南極大陸周辺において冷水塊が沈降し、大循環をなすと考えられている。

しん-そく【神足】優秀な弟子。高弟。じんそく。「天竜は師の―なり」〈正法眼蔵・行持〉

しん-そく【神速】〔名・形動〕人間わざとは思えないくらい速いこと。また、そのさま。「―果敢」「其決断の―なると其成功の美なるとに至ては」〈福沢・学問のすゝめ〉

しん-ぞく【臣属】臣下として従属すること。また、その人。臣従。家来。

しん-ぞく【真俗】❶仏語。仏の絶対平等の真理と、世間一般の差別的な真理。❷仏の教えと世俗の教え。出世間しゅっせけんと世間。「―につけて、必ず果たし遂げんと思はん事は」〈徒然・一五五〉❸出家と在家。僧と俗人。「―共に驕慢の心あるに依って」〈太平記・二四〉

しん-ぞく【親族】❶血縁関係・婚姻関係のある人々。親類。親戚しんせき。❷民法上、六親等内の血族および配偶者と、三親等内の姻族。➡親類(用法)(類語)親戚・姻戚・姻族・親等

じん-そく【迅速】〔名・形動〕物事の進みぐあいや行動などが非常に速いこと。また、そのさま。「―な報道」「―に処理する」(派生)じんそくさ〔名〕

じん-そく【神足】「神足通」の略。

じん-ぞく【×塵俗】ヂン けがれた俗世。塵界。

しんぞく-かい【親族会】クワイ 民法旧規定において、3人以上の親族が集まり、その家または家に属する個人の重要な処置に関して合議する機関。本人・戸主・検事などの請求によって裁判所が招集。昭和22年(1947)廃止。

しんぞく-かいぎ【親族会議】クワイギ ❶家および家に属する個人の重要な処置について親族が集まって協議・決定する会議。❷親族会の俗称。

しんぞく-けっこん【親族結婚】親族の関係にある男女間の結婚。➡近親婚 ➡血族結婚

しんぞく-けん【親族権】親族上の身分や関係によって発生する権利。親権・夫権など。➡身分権

しんぞく-そうとう【親族相盗】サウタウ 親族間における盗犯。直系血族・配偶者・同居の親族の場合は無罪または刑が免除され、その他の親族では親告罪となる。

じんそく-つう【神足通】仏語。六神通ろくじんつうの一。どこにでも自在に行ける力。心如意通。

しんぞく-にたい【真俗二▽諦】仏語。真諦と俗諦。浄土真宗では、仏法を真諦、王法を俗諦として相依そうえ相資の関係にあるとする。

しんぞく-はい【親族拝】古代、任官・叙位の儀ののち、叙位にあずかった者の親族の殿上人てんじょうびとが行った拝礼。

しん-そくぶつしゅぎ【新即物主義】《ドイツ Neue Sachlichkeit》1920年代から30年代にかけてドイツに興った芸術運動。表現主義への反動として、合理的、客観的、即物的な現実把握をめざした。画家のグロッス、作家のケストナー・レマルクなどが代表的。新現実主義。新客観主義。

しんぞく-ほう【親族法】ハフ 婚姻・親子・親権・後見・扶養などの親族関係を規律する法の総称。民法第4編親族の規定がその主なもの。

しんぞく-めいしょう【親族名称】親族の関係を示す名称。父・母・祖父・伯父・叔母・甥などの類。これに対し、「とうさん」「かあさん」「あにき」などの呼び掛け語は、親族呼称という。

しん-そくり【心即理】中国哲学で、心そのものを道徳的行為の原則(理)とみる学説。陽明学の主要な命題。朱熹しゅきが心を性と情の2要素に分け、性を理としたのに対し、心と性とを峻別しゅんべつせず、心そのものが理に合致すると考えた陸九淵りくきゅうえんにはじまる考え方。➡性即理

しん-そこ【心底|真底】㊀〔名〕❶心の奥底。心根こころね。しんてい。「―から感服する」❷(真底)物事のいちばんの奥底。いちばん深いところ。「その道で苦労して来た人のように―まで解る筈はない」〈里見弴・多情仏心〉㊁〔副〕心から。本当に。「―ほれる」「―あきれる」(類語)内心・肺腑・胸奥・心奥・心底しんてい・腹心

しん-そつ【真率】〔名・形動〕まじめで飾りけがないこと。また、そのさま。「―な態度」「好意と―の気に充ちた主人」〈漱石・門〉(派生)しんそつさ〔名〕(類語)正直

しん-そつ【新卒】その年に学校を卒業すること。あるいはしたこと。また、その人。「―を採用する」

じん-ぞなえ【陣備え】ヂンぞなへ 「陣立て」に同じ。

しん-そん【神孫】神の子孫。神裔しんえい。

じんそん【尋尊】[1430～1508]室町時代の学僧。法相宗。興福寺大乗院門跡。一条兼良かねらの子。奈良興福寺別当となり、長谷寺・薬師寺の別当を兼務して教学振興に努めたほか、「大乗院寺社雑事記」「大乗院日記目録」などの記録を残した。

じんた《その演奏が「ジンタッタ、ジンタッタ」と聞こえるところから。多く「ジンタ」と書く》サーカス・映画館の客寄せや宣伝などのために通俗的な楽曲を演奏する小人数の楽隊、またその音楽の俗称。

じん-だ【×糂×粏|×糝汰】❶ぬかみそ。じんだみそ。また、五斗味噌ごとみそのこと。「―瓶がめ」❷枝豆をゆでてすりつぶし、塩・酒・砂糖などで調味したもの。餅にからめたり、和あえ衣にしたりする。ずんだ。

しん-たい【身体】《古くは「しんだい」とも》人のからだ。肉体。体躯たいく。身み。「―強健」(類語)体からだ・体たい・ボディー・肉塊・ししむら・骨身・図体ずうたい・肢体したい・五体ごたい・全身・満身・総身そうしん・総身そうみ・人身じんしん・人体・生体

身体髪膚はっぷこれを父母ふぼに受くあえて毀傷きしょうせざるは孝の始めなり 《「孝経」から》人の身体はすべて父母から恵まれたものであるから、傷つけないようにするのが孝行の始めである。

しん-たい【神体】神霊が宿っているものとして神社などに祭り、礼拝の対象とする神聖な物体。古代では山岳・巨岩・大木などが神体または神の座として考えられたが、今日では鏡・剣・玉・鉾ほこ・御幣・影像などが用いられることが多い。みたましろ。

しん-たい【真体】❶そのものの真実のすがた。「自己を鍛練して自己の―に達すると共に」〈西田・善の研究〉❷楷書の字体。楷書体。

しん-たい【真▽諦】❶仏語。絶対不変の真理。究極の真実。第一義諦。勝義諦。⇔俗諦ぞくたい。❷「しんてい(真諦)❶」に同じ。「文学の―に触れるもの」〈寅彦・科学と文学〉

しん-たい【進退】〔名〕スル《古くは「しんだい」とも》❶進むことと退くこと。動くこと。「常人の情は兎角世の風潮に従いて―する者にて」〈西村茂樹・日本道徳論〉❷身を動かすこと。立ち居振る舞い。「挙止―」❸職を辞めるかとどまるかという、身の去就。「―を共にする」「―去就の時機」「出処―」❹心のままに扱うこと。自由に支配すること。「屏風びょうぶの高きを、いとよく―して」〈枕・一二〇〉「国ヲ―スル」〈日葡〉(類語)去就

進退維これ谷きわまる 《「詩経」大雅・桑柔から》前に進むことも後ろへ退くこともできなくなる。どうすることもできない状態に陥る。苦境に立つ。

しん-たい【新体】新しい体裁や形式。

しん-だい【身代】《「進退」から転じた語か》❶一身に属する財産。資産。身上しんしょう。「―を築く」「―を持ち崩す」❷暮らし向き。生計。身の上。「―ぼろぼろになり、裏町のかなしきすまひ」〈ひとりね・上〉❸身分。地位。「村芝与十郎といへる舟改め、―は軽けれども」〈浮・伝来記・五〉(類語)資産・財産・恒産・私財・財・家財・富・産・資財・財貨・貨財・私産・家産・身上しんしょう

身代明あ・く 家の財産を使い尽くす。家産を失う。「新地狂いに―・け、方々の借銭」〈浄・二枚絵草紙〉

身代有り付・く 仕官する。出仕する。身代済む。「わるきお家といふは、―・きても知行をくれかね」〈仮・可笑記・三〉

身代稼か・ぐ 身代を得るために働く。仕官・奉公の口を求める。「妻子は国方に預け置き、―・ぐうちに」〈浮・武家義理・四〉

身代済・む 仕官する。出仕する。身代有り付く。「この里近き城下に、また―・みけれども」〈浮・伝来記・六〉

身代畳・む 財産をすっかり失う。破産する。「近年、

町人一・み分散にあへるは〈浮・織留・一〉

身代を棒に振・る 財産をむだに使い果たす。資産を失ってしまう。「習い事が高じて一・る」

しんだい【真諦】《梵 Paramārtha》[499〜569]インドの僧。梵語経典を持って中国に渡り、梁末の戦乱で各地を転々。その間、金光明経・摂大乗論・中辺分別論・大乗起信論など多くの典籍を漢訳した。

しん-だい【寝台】寝るときに使う台。ベッド。ねだい。(類語)ベッド・ダブルベッド・シングルベッド

しん-だい【深大】〔形動〕図〔ナリ〕深くて大きいさま。「一な感動を人の心に与える」〈藤村・破戒〉

じん-たい【人体｜仁体】㊀〔名〕❶(人体)人間のからだ。「一に及ぼす影響」「一実験」❷人のようす。人柄。人品。にんてい。「やら一にも似合はぬ事をおしやる」〈虎明狂・雁盗人〉❸人を丁寧にいう語。おかた。御仁。「ソノ里ニ名ヲバイソポト言ウテ異形不思議ナーガオヂャッタガ」〈天草本伊曽保・イソポが生涯〉❹ ▶御仁体 ㊁〔名・形動ナリ〕体裁が悪いこと。また、そのさま。「一な事云はずと、人の来ぬ間においでいなあ」〈伎・黄金鱐〉(類語)人身・からだ・身み・体たい・身体しんたい・肉体・体躯たいく・図体ずうたい・肢体したい・五体ごたい・全身・満身・総身そうしん・総身そうみ・生体・ボディー・肉塊・ししむら・骨身

じん-たい【×靭帯】❶骨格の各部分をつなぎ、関節の運動を滑らかにしたり制限したりする、強い弾力性のある線維性の組織。❷二枚貝類で、2枚の貝殻をつなげる帯状の弾力性のある組織。貝柱に拮抗して貝殻を開く働きをする。

じん-だい【人台】衣服の製作や陳列などに用いる人体の模型。ボディー。ドレスフォーム。スタン。

じん-だい【神代】神話時代。日本では天地開闢かいびゃくから神武天皇即位までの神が支配していたという時代。かみよ。

じん-だい【陣代】室町時代以後、主君の代理として戦陣に赴いた役。また、主君が幼少のとき、一族または老臣などで軍務や政務を統轄した者。軍代。

じん-だい【甚大】〔形動〕図〔ナリ〕程度のきわめて大きいさま。「一な被害」(派生)じんだいさ〔名〕(類語)膨大・莫大・絶大・多大

しんたい-うかがい【進退伺(い)】職務上過失があったとき、本人が責任を負って身の去就について上司の処置を仰ぐこと。また、そのために差し出す文書。

しんだい-かぎり【身代限り】❶全財産を費やしてしまうこと。破産すること。「そんなに度々引越しをしたら一をする許ばかりだ」〈漱石・琴のそら音〉❷江戸時代、借金を返済できなくなった債務者に対し、官が全財産を没収して債権者に与え、借金の弁償に充てさせたこと。身代切り。

じんだい-かぐら【神代神‐楽】▶岩戸神楽いわとかぐら❶

しんたいか-しょうがい【身体化障害】身体表現性障害の一つ。体の複数の部分に疼痛があり、吐き気・下痢などの胃腸症状、生理不順など、さまざまな身体症状が続くが、身体的な疾患や異常は生じていない状態。女性に多い病気。

しんだい-ぐすり【身代薬】《身代を保つための薬の意》一家の財産を保つために役立つもの。特に、しっかりした女房をいう。「一の女房を早う持って落ち着きや」〈浄・今宮の心中〉

しんたい-けい【身体刑】犯罪者の身体に苦痛や侵害を与える刑。入れ墨刑・笞刑ちけいなど。懲役・禁錮などは身体刑ではないが、俗にこれらも含めていうことがある。体刑。

しんたい-けん【身体権】人格権の一。不法に身体に侵害を加えられることのない権利。

しんたい-げんご【身体言語】▶ボディーランゲージ

しんたい-けんさ【身体検査】❶身体の発育状態や病気の有無を検査すること。❷服装や所持品などを検査すること。❸(比喩的に)閣僚、政府関係機関の長などの要職候補について、就任後批判の種になるような交友関係、金銭関係などの問題がないか調べること。身辺調査。

じん-だいこ【陣太鼓】戦場で、軍勢の進退の合図に打ち鳴らした太鼓。戦鼓。(類語)陣鐘・攻め太鼓

しん-だいさんき【新第三紀】地質時代の区分で、新生代第三紀の後半。2400万年前から170万年前まで。さらに中新世と鮮新世とに2分される。哺乳類が著しく進化し、繁栄した。

しん-だいさんけい【新第三系】新第三紀に形成された地層や岩石。

しんたい-し【新体詩】明治後期に口語自由詩が現れる以前の文語定型詩。多く七五調で、明治15年(1882)外山正一らの「新体詩抄」に始まり、北村透谷・島崎藤村・土井晩翠ばんすいなどの作によって発展、やがて近代詩の確立とともに単に「詩」と呼ばれるようになった。(類語)詩・うた・詩歌・韻文・詩賦しふ・賦ふ・吟詠・ポエム・バース・詩編・叙情詩・叙事詩・定型詩・自由詩・バラード・ソネット

じんだい-じ【深大寺】東京都調布市にある天台宗の寺。山号は浮岳山。初め法相ほっそう宗だった。開創は天平5年(733)、開山は満功まんくという。寺宝の金銅釈迦如来像は白鳳時代のもの。

しんたいししょう【新体詩抄】外山正一・矢田部良吉・井上哲次郎共著の詩集。明治15年(1882)刊。創作詩5編、シェークスピア・テニソンなどの訳詩14編からなり、新体詩の始まりとされる。

しんだい-しゃ【寝台車】❶夜行列車で、旅客のための寝台を設けた車両。❷傷病者用の、寝台を設備した自動車。

しんたいしゅうけい-しょうがい【身体醜形障害】身体表現性障害の一。自分の容姿がよくないと頑かたくなに思い込み、社会生活に支障をきたすようになる。鏡を何度も見たり、外出できなくなったり、整形手術を繰り返したりする。

しんたい-しょうがい【身体障害】視覚・聴覚・肢体などの、身体機能に障害がある状態。

しんたい-しょうがいしゃ【身体障害者】身体の機能に障害がある者。視覚障害・聴覚障害・肢体不自由などのある者。身障者。

しんたいしょうがいしゃ-デイサービス【身体障害者デイサービス】身体障害者が昼間の一定時間、身体障害者福祉センターなどの施設で、手芸・工作などの創作的活動、機能訓練、入浴・給食サービスなどを受ける、日帰りの通所介護サービス。

しんたいしょうがいしゃ-てちょう【身体障害者手帳】身体障害者福祉法に基づいて認定された身体障害者に都道府県知事が交付する手帳。障害の内容や等級が記される。これを呈示することで、車椅子・義肢といった福祉機器の交付、医療費の助成、交通機関利用料の減額などの各種福祉サービスが受けられる。

しんたいしょうがいしゃ-ひょうしき【身体障害者標識】身体障害者の運転する車であることを示すために、車体の前後に付けるマーク。青地の円の中に白抜きの四つ葉のクローバーがデザインしてあるもの。道路交通法の改正に伴い、平成14年(2002)に導入。装着は努力義務で罰則はない。障害者マーク。身障マーク。四つ葉マーク。クローバーマーク。➡高齢運転者標識 ➡初心運転者標識 ➡聴覚障害者標識

しんたいしょうがいしゃ-ふくしほう【身体障害者福祉法】身体障害者の自立と社会活動への参加を促進するために、援助し、保護することによって、身体障害者の福祉の増進を図るための法律。昭和25年(1950)施行。

しんたいしょうがいしゃ-ほじょけん【身体障害者補助犬】▶補助犬

しんたいしょうがいしゃほじょけん-ほう【身体障害者補助犬法】身体障害者補助犬の育成と、これを使用する身体障害者が施設などを円滑に利用できるようにし、身体障害者の自立および社会参加を促進することを目的とした法律。平成14年(2002)施行。公共施設・公共交通機関、また、不特定多数が利用する民間施設において、身体障害者補助犬を同伴して利用できるようにするための措置を講ずることを定める。(補説)身体障害者補助犬とは、盲導犬・介助犬・聴導犬をさす。

じんだい-すぎ【神代杉】水中・土中にうずもれて長い年月を経過した杉材。過去に火山灰の中に埋もれたものという。青黒く、木目が細かく美しい。伊豆半島・箱根・京都・福井・屋久島などから掘り出され、工芸品や天井板などの材料として珍重される。

しん-たいせい【新体制】従来のものが改革された組織。または新たに組織された体制。

しんたいせい-うんどう【新体制運動】昭和15年(1940)近衛文麿このえふみまろを中心に展開された、挙国一致の戦時体制の確立を目的とした国民組織運動。

しん-たいそう【新体操】音楽に合わせて、手具を使って演技する体操競技。個人種目と団体(6人)種目とがある。マットは12メートル四方で、手具はボール・輪・ロープ・リボン・こん棒の5種。

しんたい-そうけんき【身体装検器】着衣の下に隠してあるものを、音の反射を利用して見つけ出す器械。

じんたい-つうしん【人体通信】人体そのものを通信経路に用いる技術の総称。人体がもつ、微弱な電流を流したり帯電したりする性質を利用する。

しんたい-の-じゆう【身体の自由】近代憲法の保障する自由権の一。法律上の手続きによらず、かつ正当な理由なしに逮捕・拘禁・処罰などを受けることのない自由。日本国憲法は詳細な規定を設けている。人身の自由。

しんたい-はっぷ【身体髪膚】肉体と髪と皮膚、すなわち、からだ全体。

しんたいひょうげんせい-しょうがい【身体表現性障害】身体的な疾患や異常がないにもかかわらず、さまざまな身体症状が持続する病気の総称。身体化障害・転換性障害・疼痛性障害・心気症・身体醜形障害などの精神疾患が含まれる。詐病さびょうではなく本人は重病と思い込み、社会生活に支障をきたすようになる。

じん-だいめいし【人代名詞】代名詞の一。人を指し示す代名詞。「わたくし」「ぼく」などの一人称(自称)、「あなた」「きみ」などの二人称(対称)、「かれ」「かのじょ」などの三人称(他称)、「だれ」「どなた」などの不定称に分けられる。人称代名詞。

しんだい-めしはなし【身代召し放し】鎌倉時代、定められた租税を納入しない者の財産を官が没収したこと。

じんだい-もじ【神代文字】日本で、漢字渡来以前に古くから用いられていたという文字。日文ひふみ・天名地鎮あないち・阿比留あひるなどがある。古来、神道家などの間にその存在が信じられてきたが、その多くは表音文字で、現在ではすべて後世の偽作とされる。江戸後期には、平田篤胤あつたねの「神字日文伝」(存在説)、伴信友ばんのぶともの「仮字本末」(否定説)その他の論争があった。

しん-たいよう【真太陽】▶視太陽

しんたいよう-じ【真太陽時】▶視太陽時

しんたいよう-じつ【真太陽日】実際に見えている太陽が南中してから次に南中するまでの時間。平均太陽日に対していう。

じんたい-ら・し【人体らし｜仁体らし】〔形シク〕人品がよく見えるさま。人柄がりっぱである。「一・しき人をつれ来て、我を見せけるに」〈浮・一代女・六〉

しん-たいりく【新大陸】ヨーロッパ人によって新しく発見された大陸。特に、南北アメリカ・オーストラリアをさす。新世界。㊥旧大陸。

しんたい-りょうなん【進退両難】進むことも退くこともできない困難な状態。

しん-たかね【新高値】株式相場で、過去になかった高い値段。㊥新安値。

しん-たく【信託】〔名〕(スル)❶信用して任せること。「国民の一による政治」❷他人に財産権の移転などを行い、その者に一定の目的に従って財産の管理・処分をさせること。「遺産の管理運用を銀行に一する」「一証書」(類語)預ける・委託・依託・頼む・託する・委ゆだ

ねる・任せる・寄託・預託・委任・付託・言付ける

しん-たく【神託】神が自分の判断や意志を巫女・予言者などの仲介者、あるいは夢・占いなどによって知らせること。神のお告げ。託宣。「―が下る」
(類語)託宣・お告げ・示現

しん-たく【新宅】❶新しく建てた住宅。新居。❷分家。別家。

しん-だく【新濁】「あさがお(朝顔)」「ほんばこ(本箱)」など、連濁によって生じた濁音をいう。本来の濁音である本濁に対する語。

しんたく-がいしゃ【信託会社】信託業法に基づき、免許を受けて信託業を営む株式会社。

しんたく-ぎょう【信託業】信託の引き受けを営業として行うこと。

しんたく-ぎんこう【信託銀行】信託業と銀行業とを兼営する銀行の中で、信託業務を主な業務とする銀行。投資家から預かった資産を信託財産として保管・管理し、実際の運用を代行する。長期金融と財産管理の両機能をもっている。➡投資信託会社

しんたく-ざいさん【信託財産】委託者の信託行為によって受託者の名義となり、委託者が定めた信託目的に従って受託者が管理・運用などを行う財産。

しんたくざいさん-りゅうほがく【信託財産留保額】投資信託の追加設定(追加購入)や途中解約の際に発生する料金。ファンドを継続的に保有している、その取引とは無関係な投資家が負担することを回避するために、購入費用・売却費用として換金代金から徴収される。買付から一定期間内に換金した場合に徴収されるものや、信託留保額を設けないファンドもある。

シンタクス〘syntax〙▶シンタックス

しんたく-とうち【信託統治】国際連合の監督下に、信託を受けた国(施政権者)が一定の非自治地域で行う統治。➡信託統治理事会 (補説)信託統治地域には、国際連盟の委任統治下にあったもの、第二次大戦の敗戦国から分離されたもの、領有国が自発的に信託統治下に置くものの3種がある。ただし3種目の実例はない。国際連合発足時には11の地域に適用されたが順次独立し、1994年パラオが独立して以降、信託統治地域は存在しない。

しんたくとうち-りじかい【信託統治理事会】国際連合の主要機関の一。国連総会のもとに置かれ、信託統治の監督に当たる。1994年、最後の信託統治地域パラオが独立したことで、任務はほぼ終了。以降は必要のある時にのみ会議を開くことになっている。国連信託統治理事会。TC(Trusteeship Council)。UNTC(United Nations Trusteeship Council)。

しんたく-ほう【信託法】信託に関する一般的な私法関係を定める法律。信託の成立や受託者・信託財産などについて規定。大正12年(1923)施行。

しんたく-ほうしゅう【信託報酬】投資家が信託財産の中から支払う費用。投資信託の運用・管理に必要な費用で、証券会社などの販売会社、投資信託会社などの運用会社、信託銀行に支払われる。運用実績にかかわらず支払われるもので、報酬額は商品によって異なるが、通常、総資産総額に対する年率で表示され、日割り計算で信託財産から差し引かれる。

シンタグマ-ひろば【シンタグマ広場】《Plateia Syntagmatos》ギリシャの首都アテネの中心部にある広場。「シンタグマ」はギリシャ語で「憲法」を意味し、1843年に憲法が発布されたことに由来する。周囲には、ギリシャ王国時代の王宮だった国会議事堂や無名戦士の墓があり、市内交通の要所となっている。

しん-だけ【新竹】「しんちく(新竹)」に同じ。

しん-だち【新建ち】新しく建てること。また、その建物。新築。「二人は衣笠村にいい―の二階家を見つけ」〈志賀・暗夜行路〉

しん-たつ【申達】〔名〕スル 通知すること。特に、上級官庁から下級官庁に文書で命令を下すこと。

しん-たつ【進達】〔名〕スル ❶上申書など、下からの書類を取り次いで上級官庁に届けること。「建議書を―する」❷進歩・向上させること。また、進歩・向上すること。「健康を―して以て生命を保全するは」〈西周・明六雑誌三八〉

しん-だつ【侵奪】〔名〕スル 他をおかし、その権益や所有物をうばうこと。「不動産―罪」「その自由を―せんとして」〈中村訳・自由之理〉

シンタックス〘syntax〙❶言語学で、単語など意味をもつ単位を組み合わせて文を作る文法的規則の総体。統語法。統辞法。❷▶統語論 ❸論理学で、ある言語の文を記号を用いて表し、意味と指示対象は無視して記号配列の関係だけに注目し、その言語の構造を明らかにしようとする分野。

しんたつ-しょ【進達書】上申書に添える進達の書状。

じん-だて【陣立て】戦場で陣を構える様式。軍勢の配置や編制。陣備え。陣構え。「―を整える」

しん-たまねぎ【新玉×葱】春先に出る早生種のタマネギ。形がやや扁平で、やわらかく辛味が少ない。

じんだ-みそ【×糂×粏味×噌】「糂粏❶」に同じ。

シンタリティー〘syntality〙集団のもつ全体的、統一的性格。パーソナリティーに対する概念。

しん-たん【心胆】こころ。きもったま。心肝。
(類語)肝・はらわた・腑
心胆を奪・う 非常な恐怖を抱かせる。ぞっとさせる。「国民の―・う事件」
心胆を寒から・しめる 心から恐れおののかせる。震え上がらせる。「―・しめる犯行」

しん-たん【深×潭】底の深い淵。深淵。

しん-たん【×滲炭｜浸炭】鋼鉄材料の表面から炭素をしみ込ませて表面を硬化する方法。

しんたん【震旦｜振旦｜真旦】《古くは「しんだん」とも》古代中国の異称。古代インド人が、中国をチーナースターナ(梵 Cīnasthāna、秦の土地の意)と呼んだのに由来する。

しん-たん【薪炭】❶たきぎと、すみ。❷燃料一般。
(類語)燃料

しん-だん【神壇】神霊を祭る壇。祭壇。

しん-だん【×宸断】天子の裁き。天子の裁断。

しん-だん【診断】〔名〕スル ❶医者が患者を診察して、健康状態、病気の種類や病状などを判断すること。「―を下す」「インフルエンザと―する」「健康―」❷物事の実情を調べて、その適正や欠陥の有無などを判断すること。「経営―」
(類語)診察・見立て・検診・受診

じん-たんい【腎単位】▶ネフロン

しんたん-こう【×滲炭鋼】表面に炭素をしみ込ませて硬くした鋼鉄。磨滅しにくく、内部は軟らかいので靭性がある。衝撃や振動の強い部分に用いる。

しんだん-しょ【診断書】医師が、診断の結果を証明する書類。

しん-たんなトンネル【新丹那トンネル】東海道新幹線の熱海・三島間にあるトンネル。昭和39年(1964)完成。長さ7959メートル。

しん-タンポナーデ【心タンポナーデ】二層になっている心膜の間(心膜腔)に体液や血液が大量に貯留することにより、心臓が圧迫され十分に拡張できない状態。心膜炎・心破裂・上行大動脈解離、および外傷などで起こる。心膜穿刺などにより、貯留した心膜液を速やかに排出する必要がある。心破裂や大血管損傷がある場合は開胸手術による止血と修復が必要となる。

しん-ち【心地】▶しんじ(心地)

しん-ち【神地】神が祭られている土地。神社・宗廟・山陵などの所在地や神社の境内。

しん-ち【神知｜神×智】人間の知恵では計り知れない知恵。神が有するような知恵。

しん-ち【真知｜真×智】❶真の知識。❷仏語。真如実相を悟って得られる智慧。

しん-ち【新地】❶新しく居住地として開けた土地。新開地。❷《多く新開地にできたところから》遊里。「―通い」❸新しく手に入れた領地。新知。

しん-ち【新知】❶新しい知り合い。新しい知人。❷「新地❸」に同じ。

じん-ち【人知｜人×智】人間の知恵。人間の知能。「―を尽くす」「―の及ぶところではない」
(類語)英知・衆知・全知・奇知・文明・理知・理性・才知・知性・悟性・故知・知恵・知・インテリジェンス

じん-ち【仁知｜仁×智】仁愛も知恵もあること。思いやりがあって賢いこと。

じん-ち【陣地】戦いを行うために軍隊・火器などの装備を配置してある場所。(類語)陣・陣営・陣所・陣屋・軍陣・敵陣・戦陣・トーチカ・橋頭堡

しんち-がく【神×智学】神秘的直観によって神の啓示にふれようとする信仰・思想。

シンチ-カメラ▶シンチレーションカメラ

しん-ちく【新竹】今年生えた竹。今年竹。しんだけ。

しんちく【新竹】台湾北西部の都市。歴史ある文化都市。郊外に先端技術産業を集めた科学工業団地がある。風が強く「風城」とよばれる。シンチュー。

しん-ちく【新築】〔名〕スル 新しく建物を建てること。また、その建物。「マイホームを―する」
(類語)建築・建設・建造・築造・営造・造営・建立・普請・作事・造作・改築・増築・移築・建てる

じん-ちく【人畜】❶人間と畜類。人と家畜。「―無害」❷人情味のない人をののしっていう語。

しんちくひ-たんかほう【新築費単価法】火災保険で、対象となる建物を再調達価額で評価する方法の一。評価する建物と同様の建物の標準単価に延べ床面積を乗じて算出する。

しん-ちしき【新知識】進歩した新しい知識。また、その持ち主。「不便な山間の人に罕にみる―で」〈滝井・無限抱擁〉

シンチスキャナー〘scintiscanner〙放射性同位元素を患者に投与して、病変部に集積したその放射性同位元素を体表面から測定する装置。

じんち-せん【陣地戦】両軍が陣地を拠点にして行う戦闘。

しん-ちとせくうこう【新千歳空港】北海道千歳市にある空港。国管理空港の一。昭和63年(1988)開港。大正15年(1926)につくられた着陸場から発展した千歳空港を前身とする。道内最大の空港。➡拠点空港

しん-ちゃ【新茶】その年の新芽を摘んで製した茶。はしり茶。(季 夏)「たらたらと老のふり出す―かな／鬼城」

しん-ちゃく【新着】〔名〕スル 品物が届いたばかりであること。また、そのもの。「―した洋画の試写」

しん-ちゅう【心中】心の中。胸中。内心。「―を明かす」「―穏やかでない」
(類語)腹・胸・内・思い・想念・思念・念・気持ち・感懐・感想・所懐・胸懐・心懐・胸中・心事・心情・心境・感慨・万感・偶感・考え・思考・思索・一存

しん-ちゅう【身中】からだの中。「獅子―の虫」

しん-ちゅう【身柱】▶ちりけ(身柱)

しん-ちゅう【神×籌】非常にすぐれたはかりごと。「一妙算を運らす計りじゃない」〈魯庵・社会百面相〉

しん-ちゅう【×宸衷】天子の心の内。

しん-ちゅう【真×鍮】銅と亜鉛との合金。黄色でさびにくく、鋳造・加工が容易なので、機械器具・日用品・工芸品などに広く用いられる。黄銅。

しん-ちゅう【進駐】〔名〕スル 軍隊が他国の領土内に進軍し、そこにある期間とどまること。「連合国軍が―する」(類語)駐留・駐屯

しん-ちゅう【新注｜新×註】❶新しい注釈。⇔古注。❷中国で、経書類に付された注釈のうち、宋代以降になされたもの。⇔古注。

しん-ちゅう【新鋳】〔名〕スル 新しく鋳造すること。また、そのもの。「銀貨を―する」

じん-ちゅう【人中】❶多くの人のなか。ひとなか。❷人の体内。❸鼻と口との間にある縦の溝。水溝穴。にんちゅう。

じん-ちゅう【尽忠】忠義を尽くすこと。国家や君主に対して真心を尽くして仕えること。

じん-ちゅう【陣中】陣地・陣営の中。また、戦場。

じん-ちゅう【腎虫】線虫綱腎虫科の寄生虫。体長約15～100センチで、鮮紅色。犬・豚・牛・馬のほか、まれに人の腎臓にも寄生する。中間宿主は淡水魚。
じん-ちゅう【×塵中】❶ちりのなか。❷けがれた世。俗世。
じんちゅう-おう【人中黄】漢方で、人糞からとった薬の名。解熱・解毒などに用いた。にんちゅうおう。
しん-ちゅうかんそう【新中間層】自営農家や中小商工業者などの旧中産階級に対して、資本主義の発達に伴って増加した専門・管理・販売などの業務に従事するホワイトカラー層のこと。新中産階級。
しんちゅう-ぐん【進駐軍】他国に進軍して、そこに駐屯している軍隊。特に第二次大戦後、日本に進駐した連合国軍の俗称。➡連合国❸
しんちゅう-ざ【真×鍮座】江戸時代、真鍮の鋳造・販売にあたった座。幕府が安永9年(1780)に設置し、天明7年(1787)に廃止。
しんちゅう-せん【真×鍮銭】江戸時代、明和5年(1768)から発行された真鍮の銭。
じんちゅう-の-しし【人中の×獅子】特にすぐれた人物。人中の竜。
じんちゅう-はく【人中白】漢方で、人尿の沈殿物からとった薬の名。解毒・止血などに用いた。にんちゅうはく。
じんちゅう-みまい【陣中見舞(い)】❶戦闘中の将兵の労苦をねぎらうこと。また、その折に持参する金品。❷多忙な状況にある人などを見舞い、激励すること。また、そのときの贈り物。「選挙事務所へ―に行く」
しんちゅう-ろう【真×鍮×鑞】銅と亜鉛との合金の一。亜鉛を33～67パーセント含み、溶けやすいので銅・鉄などの金属の鑞付けに使われる。
しん-ちょ【心緒】「しんしょ(心緒)」の慣用読み。「かすかなる―の導火線をたどりて」〈藤村・春〉
しん-ちょ【新著】新しく出版した著書。新しい著作。⇔旧著。
しん-ちょう【申×牒】役所などで、ある事柄を文書で通告すること。また、その文書。
しん-ちょう【伸長｜伸×暢】〘名〙スル 長さや力などが伸びること。また、伸ばすこと。「学力が―する」「銅線を―する」〔類語〕伸び・急伸・成長・伸びる
しん-ちょう【伸張】〘名〙スル ❶物や勢力などが伸びて広がること。また、伸ばし広げること。伸展。「販売網を―する」「金属の―率」❷►解凍❷
〔類語〕伸展・拡大・拡張・膨張・展開・拡充・増幅・成長・伸びる・発展・広がる
しん-ちょう【身長】からだの高さ。背丈。身の丈。「―が伸びる」「―がある」
〔類語〕身の丈・背・背丈・丈・背たけ・身丈・上背
しん-ちょう【振張】〘名〙スル ふるい起こすこと。盛んにすること。また、盛んになること。「党運の―せざるも」〈利光鶴松・政党評判記〉
しん-ちょう【×晨朝】►じんじょう(晨朝)
しん-ちょう【深長】〘名・形動〙意味するところが奥深く、含みの多いこと。また、そのさま。「意味―な笑い」「読者―に思わんことを冀う」〈中村正直・明六雑誌三三〉
しん-ちょう【深重】〘名・形動〙《「じんちょう」とも》❶いくえにも重なること。著しく大きいこと。また、そのさま。しんじゅう。「―な罪を負う」❷深みがあって重々しいさま。「其書の意味―、論説高尚にして」〈織田訳・花柳春話〉
しん-ちょう【清朝】㊀中国の清の王朝。また、その時代。㊁►せいちょう(清朝)
しん-ちょう【慎重】〘名・形動〙注意深くて、軽々しく行動しないこと。また、そのさま。「―を期する」「万事に―な人」「―に検討を重ねる」⇔軽率。〔派生〕しんちょうさ〘名〙〔類語〕手堅い・用心深い・プルーデント
しんちょう【新潮】文芸雑誌。明治37年(1904)5月創刊。佐藤義亮主宰の「新声」の後身。新潮社発行。一時休刊したが現在に至る。
しん-ちょう【新調】〘名〙スル ❶新しく作りととのえること。また、そのもの。「スーツを―する」❷新しい調子。特に、音楽の新しい調べ・楽曲。新曲。〔類語〕新しい・新た・新規・新(さら)・新型・新式・新来・新手
しんちょうき【信長記】江戸初期の伝記。15巻。小瀬甫庵著。元和8年(1622)刊。太田牛一の「信長公記」をもとに加筆・潤色を加えたもの。のぶながき。
しんちょう-ぐみ【新徴組】文久2年(1862)江戸幕府が浪人を徴集して編制した浪士組。庄内藩主酒井忠篤の指揮下に置かれ、江戸市中の取り締まりや討幕運動の弾圧にあたった。
じんちょう-げ【▽沈丁▽花】ジンチョウゲ科の常緑低木。よく分枝し、つやのある倒披針形の葉を密につける。早春、紅紫色または白色の香りの強い花を多数開く。中国の原産で、雌雄異株であるが、日本のものはほとんど雄株で実を結ばない。名は、花の香りを沈香と丁字にたとえたもの。瑞香。〔季 春〕「―春の月夜となりにけり/虚子」
しんちょうこうき【信長公記】近世初期の伝記。16巻。太田牛一著。慶長3年(1598)ごろまでに成立。織田信長の1代を編年体で記したもの。のぶながこうき。➡信長記
しんちょう-せいちょう【伸長生長】植物の、個々の細胞の伸長による上下軸方向の生長。根・茎の生長点付近が最も盛ん。
しんちょう-ソフト【伸張ソフト】►展開ソフト
しんちょう-たい【▽清朝体】►せいちょうたい(清朝体)
しん-ちょく【神勅】❶神のお告げ。神の命令。❷天照大神が瓊瓊杵尊を葦原の中つ国に降す際に神宝とともに授けた言葉。
しん-ちょく【真直】〘名・形動〙まっすぐなこと。また、そのさま。「兄さんの言葉は如何にも論理的に終始を貫いて―に見えます」〈漱石・行人〉
しん-ちょく【進捗｜進×陟】〘名〙スル 物事がはかどること。「工事の―状況」「仕事が―する」〔類語〕進む・運ぶ
しんちょくせんしゅう【新勅撰集】「新勅撰和歌集」の略。
しんちょくせんわかしゅう【新勅撰和歌集】鎌倉時代の勅撰和歌集。20巻。貞永元年(1232)後堀河天皇の勅により、藤原定家が撰し、文暦2年(1235)成立。定家の仮名序があり、歌数約1370首。代表歌人は藤原家隆・藤原良経・藤原俊成・慈円など。新勅撰集。
シンチレーション〘scintillation〙❶星のまたたき。❷放射線が蛍光物質に衝突したとき、短時間発光する現象。また、その光。❸受信電波の強さが、平均値の前後で不規則に変動すること。
シンチレーション-カウンター〘scintillation counter〙►シンチレーション計数管
シンチレーション-カメラ〘scintillation camera〙身体内に投与した放射性同位体から出るγ線などの分布状態を画像に映し出すことによって患部の診断を行う撮影装置。放射線カメラ。ガンマカメラ。シンチカメラ。
シンチレーション-けいすうかん【シンチレーション計数管】放射線測定器の一。放射線が蛍光物質などの発光体に衝突して発せられる光を光電子増倍管などで増幅し、電気信号として計測する。シンチレーションカウンター。
シンチレーション-けんしゅつき【シンチレーション検出器】►シンチレーション計数管
シンチレーター〘scintillator〙放射線が当たると、そのときだけ蛍光を発生する物質。
しん-ちん【深沈】㊀〘名・形動〙落ち着いていて、物事に動じないこと。深くもの静かなこと。また、そのさま。「―なる荒尾も已むを得ざらんように破顔しつ」〈紅葉・金色夜叉〉㊁〘ト・タル〙〔文〕〘形動タリ〙❶落ち着いているさま。「―として動じない」「白色―たる大理石像」〈上田敏・美術の翫賞〉❷夜が静かに更けていくさま。「秋の夜が―と更ける」
しん-ちん【新陳】《「陳」は古いものの意》新しいことと古いこと。新しいものと古いもの。「―の交替は自然のことであるから」〈鉄腸・花間鶯〉
しんちん-たいしゃ【新陳代謝】〘名〙スル ❶新しいものが古いものに取って代わること。「業態の変化に伴って社員が―する」❷►物質代謝
しん-つう【心痛】〘名〙スル ❶心配して深く思い苦しむこと。心を痛めること。「生徒の非行に―する」❷胸が痛くなること。胸痛。「にはかに―して、心地死ぬべくおぼえしか」〈読・弓張月・後〉
〔類語〕(❶)気疲れ・気苦労・心労・ストレス・心配・気がかり・心がかり・不安・懸念・危惧・憂慮・憂患・屈託・思案・憂い・虞・気遣い・煩い
じん-つう【神通】►じんずう(神通)
じん-つう【陣痛】❶分娩の際に規則的に反復して起こる、子宮の収縮およびそれに伴う痛み。❷物事を実現させるための苦労。生みの苦しみ。
じんづう-がわ【神通川】►じんずうがわ(神通川)
じんつうそくしん-ざい【陣痛促進剤】►陣痛誘発剤
じんつうゆうはつ-ざい【陣痛誘発剤】子宮の収縮を促し、陣痛を引き起こす薬剤。微弱陣痛で分娩が長時間に及ぶ場合や、過期妊娠などの場合に、分娩を促すために投与される。成分は、自然に陣痛が起こる際に母体内で分泌されるオキシトシンやプロスタグランジンなど。陣痛促進剤。
じんつう-りき【神通力】►じんずうりき(神通力)
しん-づか【真▽束｜心▽束】小屋組みの中央で、棟木と陸梁との間に立つ束。
しん-づけ【新漬(け)】新しく漬けた漬物。漬けてからまだ日がたっていない漬物。⇔古漬け。
しん-て【新手】新しいやり方。新しい趣向。あらて。「―の広告」
しん-てい【心底】心の底。心の奥で思っていること。しんそこ。「―を見抜く」「―から憎む」
しん-てい【真弟】実の子で、仏法上の継承者。父を法の上の師とした僧。
しん-てい【真諦】❶事物や思想の根本にあるもの。本質をとらえた極致。「ルネサンス絵画の―」「幽玄の―」❷►しんたい(真諦)❶
しん-てい【進呈】〘名〙スル 人に物を差し上げること。進上。「記念に自著を―する」
〔類語〕贈呈・献上・進上・謹呈・謹上
しん-てい【新定】新しく定めること。
しん-てい【新帝】新しく位についた天子。
しん-てい【新訂】〘名〙スル 書物などの内容を新たに訂正すること。「辞典を―する」「―版」
しん-てい【審廷】事件の審判を行う場所。法廷。
しん-てい【審定】〘名〙スル よくしらべて決定すること。「予其の目途を―して以て上申せしむ」〈妻木頼矩・日本教育史略〉
しん-でい【深泥】《「じんでい」とも》どろが深いこと。また、そのような場所。深いぬかるみ。〈日葡〉
じん-てい【人体】〘名・形動〙❶人のようす。人柄。「馬丁なんぞを為さるような御―じゃないね」〈鏡花・義血侠血〉❷人品のよいこと。また、そのさまや、そのような人。「これはまた、御―な助太夫どのと申し」〈伎・霊験曽我籬〉
じん-てい【人定】❶人が定めること。人為的に制定すること。❷まちがいなくその人であるかどうかを確かめること。❸►にんじょう(人定)
しん-ていし【心停止】〘名〙スル 心臓の活動が停止した状態。心臓の拍動が完全に停止した状態、または心室細動の状態。脈拍が触知できず、意識がなく、無呼吸またはあえぎ呼吸になる。3～5分以上続くと脳に障害が生じる可能性があるため、心臓マッサージ、人工呼吸、AED(自動体外式除細動器)による除細動などの蘇生処置を速やかに行う必要がある。心拍停止。
じんてい-しつもん【人定質問】刑事裁判の第1回公判の最初に、裁判官が被告人に氏名・住所・年齢などを質問して、本人であることを確かめること。
じんてい-じんもん【人定尋問】証人尋問の初め

に、尋問者が、人違いでないかどうかを確かめるために証人を尋問すること。

しんてい-ずく【心底▽尽く】相手の考え、気持ちに頼って物事をすること。誠意を貫きとおすこと。「色も恋も打ちこして、一の二人が仲」〈浄・盛衰記〉

しんてい-ばなし【心底話】本心を打ち明けてする話。

じんてい-ほう【人定法】人の定めた法。人為的に制定した法。人為法。⇔自然法。

ジンテーゼ〘ドイツ Synthese〙▶総合❷

しん-てき【神敵】神に敵対するもの。「是は仏敵、一の最たれば」〈太平記・一七〉

しん-てき【▽清笛】清楽(しんがく)に用いる竹製の横笛。長さおよそ2尺3寸(約70センチ)で、6個の指孔がある。吹き口と指孔との間に竹紙(竹の内側の皮)を張った響孔のあるのが特徴。

しん-てき【心的】〘形動〙心に関するさま。「一な要因」

じん-てき【人的】〘形動〙人に関するさま。「一な損害をこうむる」

しんてき-エネルギー【心的エネルギー】▶リビドー

じんてき-がいしゃ【人的会社】社員と会社との関係が密接で、社員の個人的信用や個性に重点が置かれている会社。合名会社がその典型。➡物的会社

しんてきがいしょうご-ストレスしょうがい【心的外傷後ストレス障害】▶ピー-ティー-エス-ディー(PTSD)

じんてき-しげん【人的資源】優れた研究員、よく教育・訓練された従業員、円滑に運営されている人的組織などを、他の物的資源と同じように生産資源の一つとしてとらえていう語。

じんてき-しょうこ【人的証拠】裁判で、証人・鑑定人・当事者本人の供述で証拠資料とされるもの。人証。➡物的証拠

じんてき-たんぽ【人的担保】債務者以外の人の総財産が、他人の債務の担保となること。連帯債務・保証債務など。対人担保。➡物的担保

しん-でし【新弟子】❶新しく弟子になった人。❷力士志願者で、各本場所の始まる前に行われる、日本相撲協会の検査に合格した者。

シンデレラ〘Cinderella〙㊀《灰かぶり娘の意》欧州の昔話の主人公。継母と義姉妹に虐待される少女が、仙女の助けで舞踏会に出かけ、ガラスの靴が縁で王子と結ばれる。グリムやペローの童話が有名。㊁突然の幸運に恵まれた人のたとえ。「一ボーイ」

シンデレラ-ガール《和 Cinderella＋girl》無名だったのに、何かのきっかけで一躍有名になった女性。(補説)英語では、単にCinderella

シンデレラ-コンプレックス〘Cinderella complex〙自立できない女性が、シンデレラのように、理想の男性が現れて幸福にしてくれるのを待つ心理。

シンデレラ-ストーリー〘Cinderella story〙無名な状態から何かのきっかけで有名になるという話。サクセスストーリー。

シンデレラ-タイム《和 Cinderella＋time》どうしても家に帰らなければならない時間。童話のシンデレラが24時までに城を出なければならなかったところから。

しんテロ-とくそほう【新テロ特措法】▶補給支援特別措置法

しん-てん【伸展】〘名〙スル 伸び広がる、また、伸ばし広げること。勢力や規模などが伸び広がること。「事業が一する」「財力を一する」(類語)伸張・拡大・拡張・膨張・展開・拡充・増幅・成長・伸びる・発展・広がる

しん-てん【神典】❶神または神代のことを記した書物。❷神道の聖典。古事記・日本書紀など。

しん-てん【×秦×篆】▶小篆(しょうてん)

しん-てん【進展】〘名〙スル 事態が進行して、新たな局面があらわれること。また、物事が進歩・発展すること。「事件が意外な方面に一する」「医学のめざましい一」(類語)発達・発展・進歩・進化・進む・運ぶ・伸展・伸張・成長・興隆・隆盛・躍進・飛躍・展開・拡大・伸びる・広がる

しん-てん【新点】❶新しく加えられた訓点。❷寛元4年(1246)仙覚が、それまで古点・次点のなかった万葉集の歌152首に加えた訓点。また、古点・次点の読みを改めた訓点。

しん-てん【震天】天を動かすほどに勢いの盛んなこと。

しん-てん【親展】手紙や電報で、名宛人自身が開封して読んでほしいという意で使う語。親披(しんぴ)。直披(じきひ・ちょくひ)。(類語)平安・気付

しん-でん【神田】古代、収穫を神社の祭事・造営などの諸経費に充てるために設定された田。公田に準ずる不輸租田であり、売買は禁じられた。御刀代(みとしろ)。

しん-でん【神殿】❶神社の中心で、神体・神像など崇拝の対象を安置する殿社。❷宮中三殿の一。賢所(かしこどころ)の東にあり、八神および天神・地祇(ちぎ)を祭る。(類語)神社・社(やしろ)・宮(みや)・神廟(しんびょう)・社殿・廟宇(びょうう)・神宮・鎮守(ちんじゅ)・祠(ほこら)・大社・稲荷(いなり)・八幡・本社・摂社・末社・祠堂(しどう)

しん-でん【×秦×甸】中国の秦の時代の、王都近辺の広い土地。広々として遠いありさまのたとえ。「ひろき野あり。一の一千里とかや」〈鹿島紀行〉

しん-でん【深殿】奥深い御殿。また、御殿の奥深い場所。

しん-でん【寝殿】❶天子が日常寝起きする宮殿。南殿。❷寝殿造りの中心となる建物。主人の居室で、客間ともなる。正殿。

しん-でん【新田】新しく開発した農耕地。特に、江戸時代のものをいう。新開。➡本田(ほんでん)

しん-でん【親電】一国の元首がその名で発信する電報。また、天皇の名で発信する電報。

じんてんあいのうしょう【塵添壒嚢鈔】室町時代の百科事典。20巻。著者未詳。天文元年(1532)成立。「壒嚢鈔」に「塵袋(ちりぶくろ)」から選出した201項を増補して、俗語の起源、寺社の縁起、故事・故実などを解説。

しんてん-おう【信天翁】アホウドリの別名。

しん-でんか【真電荷】電極などの導体に存在し、接触によって移動させたり、自由に加えたり減らしたりできる電荷。

しんでん-かいはつ【新田開発】江戸時代、原野・山林などに新しく耕地を開発したこと。年貢増収策として、幕府・諸藩は積極的に奨励した。土豪開発新田・代官見立て新田・村請け新田・町人請け負い新田・寺社請け新田などがある。

しんでん-けんち【新田検地】江戸時代、新規に開発された田畑の石高を把握するために実施した検地。

じんでん-ごう【×塵点×劫】仏語。計ることのできないようなきわめて長い時間。塵劫。

しんでん-ず【心電図】心臓の拍動に伴う心筋の活動電流を記録したもの。心筋梗塞(しんきんこうそく)・不整脈など心臓に疾患がある場合、特有な波形を描く。ECG(electrocardiogram)。

しんてん-そう【伸展葬】土葬の際、死者の両脚を伸ばしたままあお向けに埋葬するもの。伸葬。➡屈葬

しん-てんち【新天地】新しい世界。新しい活躍の場所。「一を求めて海を渡る」

しんでん-づくり【寝殿造(り)】平安中期に成立した貴族の住宅形式。中央に寝殿とよぶ主屋があり、その東・西・北にそれぞれ対屋(たいのや)を設け、渡殿(わたどの)で結ぶ。東西両対屋から南に中門廊を出し、中ほどに中門を、先端の池畔に釣殿を設ける。屋根は檜皮葺(ひわだぶ)き・入母屋(いりもや)造り。室内は板敷きで、置き畳を用いた。寝殿の前庭は白砂敷きで、その南に中島のある池がある。建物の配置は左右対称を理想としたが、平安後期にはしだいにくずれ、簡略化されていった。

しん-でんでん【新電電】昭和60年(1985)の通信自由化により新規参入した電気通信事業者の総称。ニューコモンキャリア。NCC(new common carrier)。

しんてん-どうち【震天動地】天地を震動させること。威力・反響などの大きいこと。驚天動地。「一の出来事」

しんでん-の-たに【神殿の谷】《Valle dei Templi》イタリア南部、シチリア島、シチリア自治州の都市アグリジェントにある古代ギリシャ時代の遺跡群。紀元前5世紀初頭にカルタゴにより破壊され、現在はコンコルディア神殿、ジュノーネラチニア神殿、エルコレ神殿など、ドリス式の神殿が多く残っている。1997年に「アグリジェントの遺跡地域」として世界遺産(文化遺産)に登録された。バッレ-デイ-テンプリ。

しんでん-りゅう【神伝流】日本泳法の流派の一。貴田孫兵衛統治が流祖といわれ、瀬戸内海で発達した。あおり足を基本とし、遠泳に適する。

しん-と【信徒】その宗教を信仰する者。信者。(類語)信者・教徒・宗徒・門徒

しん-と【神都】神のいる都。特に、伊勢神宮のある三重県伊勢市のこと。

しん-と【新都】新しく定められた首都。⇔旧都。

しん-と【新渡】《「しんど」とも》❶新しく外国から渡来したこと。また、そのもの。「数万貫の銭貨、一の唐物(からもの)等、美を尽くして」〈太平記・三九〉❷▶今渡(いまわた)り

しん-と〘副〙スル ❶物音一つしないさま。静まりかえっているさま。「教室が水を打ったように一なる」❷寒さ・音などが深く身にしみとおるさま。「土間へ入ると、一寒くて」〈康成・雪国〉(類語)しいんと・ひっそり・ひそやか

しんど〘名・形動〙《「しんろう(心労)」の変化した「しんどう」の音変化か。現在では関西地方で用いる》くたびれること。だるいこと。また、そのさま。「ああ、一」「はあ、いかう一な。この刀を持ってくれさしめ」〈狂言記・粟田口〉

しん-ど【心土】耕地の下層をなす土壌。耕したときすき返されない層の土。⇔作土。

しん-ど【神奴】昔、神社に隷属して雑役に従事した者。かみやつこ。

しん-ど【深度】深さの程度・度合い。「焦点一」

しん-ど【進度】物事の進み方の程度。はかどりぐあい。「一が速い」「一をそろえる」(類語)進み

しん-ど【震度】ある場所における地震動の強さの程度を表す階級。気象庁震度階級では、以前は震度0(無感)・1(微震)・2(軽震)・3(弱震)・4(中震)・5(強震)・6(烈震)・7(激震)の8階級に分けていた。平成8年(1996)からは、震度5と6をおのおの弱と強に分けて、10階級で表すようになっている。かつては、人体の受ける感じや周囲の状況などによって推定していたが、この時から、計測震度計により自動的に観測し速報するようになった。➡マグニチュード ➡表P.1888

しん-ど【震怒】〘名〙スル 激しく怒ること。また、そのような怒り。特に、天子の怒りにいう。「一旦の英気甚だ盛なること、猛虎の如く、敢然と一し」〈岡部啓五郎・開化評林〉

じん-と〘副〙❶感動して思わず涙が出そうになるさま。「胸に一くる言葉」❷手足などに痛みやしびれを感じるさま。「つま先が一しびれる冷たさ」

じん-ど【×塵土】❶ちりと土。取るに足りないもの、値うちのないもののたとえにもいう。「一聚れば、これも堆くなるで御座ろう」〈菊池寛・蘭学事始〉❷けがれた現世。俗世間。「かかる道の果て、一の境まで神霊あらたにましますこそ」〈奥の細道〉

しんど-い〘形〙《「しんど」の形容詞化か》❶ひどく疲れを感じるさま。つらい。「年をとると階段の昇り降りが一・い」❷面倒が多いさま。骨が折れるさま。「近所づきあいもなかなか一・いものだ」(派生)しんどさ〘名〙(類語)辛い・苦しい・憂(う)い・耐えがたい・苦痛である・切ない・やりきれない・たまらない・遣(や)る瀬ない・悲しい・物悲しい・うら悲しい・痛ましい・哀れ・哀切・悲愴(ひそう)・悲痛・沈痛・もの憂い

しん-とう【心頭】心。心の中。「怒り一に発する」(類語)心神・心魂

心頭を滅却(めっきゃく)すれば火(ひ)も亦(また)涼(すず)し 無念無想の境地に至れば、火も熱くは感じなくなる。どんな苦難にあっても、それを超越した境地に至れば、苦しいとは感じなくなるものである。甲斐恵林寺(えりんじ)の快川紹喜(かいせんじょうき)が織田信長に攻められ火をかけられた時に、この偈(げ)を発したという。

[震度] 気象庁震度階級関連解説表(抜粋)

震度階級	人の体感・行動	屋内の状況	屋外の状況
0	人は揺れを感じないが、地震計には記録される。		
1	屋内で静かにしている人の中には、揺れをわずかに感じる人がいる。		
2	屋内で静かにしている人の大半が、揺れを感じる。眠っている人の中には、目を覚ます人もいる。	電灯などのつり下げ物が、わずかに揺れる。	
3	屋内にいる人のほとんどが、揺れを感じる。歩いている人の中には、揺れを感じる人もいる。眠っている人の大半が、目を覚ます。	棚にある食器類が音を立てることがある。	電線が少し揺れる。
4	ほとんどの人が驚く。歩いている人のほとんどが、揺れを感じる。眠っている人のほとんどが、目を覚ます。	電灯などのつり下げ物は大きく揺れ、棚にある食器類は音を立てる。座りの悪い置物が、倒れることがある。	電線が大きく揺れる。自動車を運転していて、揺れに気付く人がいる。
5弱	大半の人が、恐怖を覚え、物につかまりたいと感じる。	電灯などのつり下げ物は激しく揺れ、棚にある食器類、書棚の本が落ちることがある。座りの悪い置物の大半が倒れる。固定していない家具が移動することがあり、不安定なものは倒れることがある。	まれに窓ガラスが割れて落ちることがある。電柱が揺れるのがわかる。道路に被害が生じることがある。
5強	大半の人が、物につかまらないと歩くことが難しいなど、行動に支障を感じる。	棚にある食器類や書棚の本で、落ちるものが多くなる。テレビが台から落ちることがある。固定していない家具が倒れることがある。	窓ガラスが割れて落ちることがある。補強されていないブロック塀が崩れることがある。据付けが不十分な自動販売機が倒れることがある。自動車の運転が困難となり、停止する車もある。
6弱	立っていることが困難になる。	固定していない家具の大半が移動し、倒れるものもある。ドアが開かなくなることがある。	壁のタイルや窓ガラスが破損、落下することがある。
6強	立っていることができず、はわないと動くことができない。揺れにほんろうされ、動くこともできず、飛ばされることもある。	固定していない家具のほとんどが移動し、倒れるものが多くなる。	壁のタイルや窓ガラスが破損、落下する建物が多くなる。補強されていないブロック塀のほとんどが崩れる。
7	立っていることができず、はわないと動くことができない。揺れにほんろうされ、動くこともできず、飛ばされることもある。	固定していない家具のほとんどが移動したり倒れたりし、飛ぶこともある。	壁のタイルや窓ガラスが破損、落下する建物がさらに多くなる。補強されているブロック塀も破損するものがある。

しん-とう【神灯】神前に供える灯火。みあかし。

しん-とう【神統】神の系統。「一譜」

しん-とう【神道】《「しんどう」とも》❶日本民族古来の神観念に基づく宗教的態度。自然崇拝・アニミズムなどを特徴とする。後世、仏教・儒教・道教などの影響を受けた。神社を中心とする神社神道をはじめ、教派神道・民俗神道・学派神道などに分類される。❷異端の宗教。仏教に対していう。「一に仕へて三宝を信ぜず」〈今昔・七・三〉❸神。神祇(じんぎ)。「末代のしるし、王法を一棄て給ふことと知るべし」〈太平記・二七〉❹墓所へ行く道。

しん-とう【唇頭】くちびるの先。くちさき。「笑声嗚咽(おえつ)共に一に溢れんとして」〈芥川・開化の殺人〉

しん-とう【浸透|×滲透】〔名〕スル ❶水などが、しみとおること。「雨水が地下に一する」❷思想・風潮・雰囲気などがしだいに広い範囲に行きわたること。「新しい生活様式が国民に一する」❸ある液体または気体が、半透膜を通過して、他の液体または気体と混じり合い拡散する現象。[類語]徹底・広がる

しん-とう【慎到】中国、戦国時代の趙(ちょう)の思想家。法家的政治思想を唱えた。著とされる「慎子」は一部分のみ伝わる。生没年未詳。

しん-とう【新刀】❶新しく鍛えて作った刀剣。あらみ。❷江戸時代、慶長年間(1596～1615)以降に作られた刀剣。➡古刀 ➡新新刀

しん-とう【新党】新しく結成された政党・党派。

しん-とう【震×蕩|震×盪|振×盪】〔名〕スル 激しく振り動かすこと。また、揺れ動くこと。「怒りに全身を一させる」「脳一」

しん-とう【親等】親族関係の遠近を表す単位。直系親では世数により、傍系親ではその共同の始祖までの世数を合計して定める。親子は一親等、祖父母・兄弟・孫は二親等、おじ・おばは三親等など。

しん-どう【伸銅】銅および銅合金を圧延したもの。また、そのように加工すること。

しん-どう【臣道】臣下として守るべき道。

しん-どう【神童】才知の極めてすぐれている子供。非凡な才能をもった子供。[類語]怪童

しん-どう【振動】〔名〕スル ❶揺れ動くこと。「爆音でガラス戸が一する」❷ある量が、一つの状態を中心に周期的に変動すること。振り子・ばねの運動や電気振動など。❸数学で、無限に続く数列・関数列の極限が不定で、収束せず、また極限値が無限大でもないこと。[類語]震動・動揺・激動・震撼(しんかん)・動く・振れる・揺れる・揺らぐ・上下する・微動する・ぐらつく・動かす

しん-どう【新道】新しくつくった道。⇔旧道。[類語]新道(しんみち)

しん-どう【震動】〔名〕スル ふるえ動くこと。また、ふるわせること。「大地が一する」「高出力のエンジンが車体を一する」[類語]振動・動揺・激動・震撼(しんかん)

じん-とう【人頭】❶人のあたま。「一大の石」❷あたまかず。人数。

じん-とう【陣刀】戦陣で使用する刀。軍刀。

じん-とう【陣頭】❶軍の先頭。戦う部隊の真っ先。転じて、仕事・活動などの場の第一線。「市場開拓の一に立つ」❷昔、宮中の門を守った衛士(えじ)の詰め所の前。❸「陣の座」に同じ。

じん-どう【人道】❶人として守り行うべき道。「一にもとる行為」「一上の問題」❷人が通るよう定められた道。歩道。[類語](❶)道義・正義・人倫・大道・義・仁義・道徳・倫理・徳義・世道・公道・公徳・規範・大義・徳・道(みち)・モラル・モラリティー/(❷)歩道

人道に対(たい)する罪(つみ) 戦争犯罪の一。一般民衆に対する大量殺人・虐待・追放などの非人道的行為や、政治的・人種的・宗教的理由による迫害行為を指す。第二次大戦後に規定され、ニュルンベルク裁判や極東国際軍事裁判で重視された。➡平和に対する罪

じん-どう【仁道】人として守るべき道。仁の道。

じん-どう【神頭】的矢(まとや)の鏃(やじり)の一。鏑矢(かぶらや)に似て、先を平らに切り、的を傷つけないようにしたもの。長さ5～6センチで、多くは木製、黒漆塗り。磁頭。

しんとう-あつ【浸透圧】半透膜を境にして溶液と溶媒とが接触し、浸透の現象が起こるときの両方の圧力の差。溶液の濃度が低い場合には、濃度と絶対温度に比例する。

じんどう-いか【じんどう烏=賊】ジンドウイカ科のイカ。胴長約10センチ。ひれは菱形で胴の後ろ半分の左右にある。食用。こいか。ひいか。

しんとう-かいかく【新党改革】平成20年(2008)に発足した保守政党。自民党・民主党を離党した国会議員らで「改革クラブ」として結成し、自民・公明連立政権に閣外協力した。平成22年(2010)に自民党から離党した参院議員の舛添要一(ますぞえよういち)が合流して改称。舛添が代表となった。

しんどう-かいろ【振動回路】►共振回路

しんどう-かねと【新藤兼人】[1912～2012]映画監督・脚本家。広島の生まれ。本名、兼登(かねと)。戦後、吉村公三郎監督とのコンビで脚本家として活躍。昭和25年(1950)吉村らと独立プロダクションの先駆けとなる「近代映画協会」を設立。のち「愛妻物語」で監督デビュー。代表作「原爆の子」「裸の島」「生きたい」など。平成14年(2002)文化勲章受章。

じんどう-きょう【人道教】►人類教(じんるいきょう)

じんどう-きょう【人道橋】歩行者が川・海・道路などを越すために架けられる橋梁。道路橋や鉄道橋に対していう。

しん-とうきょうこくさいくうこう【新東京国際空港】►成田国際空港

しんとう-ごぶしょ【神道五部書】伊勢神道で根本教典とされる5部の書。すなわち天照坐伊勢二所皇太神宮御鎮座次第記・伊勢二所皇太神宮御鎮座伝記・豊受皇太神宮御鎮座本紀・造伊勢二所太神宮宝基本紀・倭姫命世記。

しんとう-さきがけ【新党さきがけ】平成5年(1993)自由民主党を離党した武村正義らが結成した保守政党。細川・村山の両連立内閣に参加。平成8年に菅直人・鳩山由紀夫ら幹部が離脱し民主党㊂を結成すると衰え、平成16年に解散した。

じんどう-しえん【人道支援】自然災害、伝染病の流行、武力抗争などで飢餓、病気、貧困に苦しんでいる住民を見捨てておけず、危険を承知で必要な物資や人材を送り届けること。

じんとう-しき【陣頭指揮】〔名〕スル 軍隊の先頭に立って指揮すること。長たる人が直接現場に出て指揮すること。「社長みずから一する」

しんとうしゅう【神道集】南北朝時代の説話集。10巻。正平13＝延文3年(1358)ごろの成立。諸国の神社の縁起や神祇関係の事柄を集録。神道書。諸社根元抄。

しんとう-じゅうさんぱ【神道十三派】►教派神道(きょうはしんとう)

しんとう-しゅうせいは【神道修成派】神道十三派の一。明治9年(1876)に新田邦光(にったくにてる)を教祖として一派独立。儒教と神道の折衷的教義を形成。教庁は東京都杉並区。修成派。

じんどう-しゅぎ【人道主義】人間性を重んじ、人間愛を実践し、併せて人類の福祉向上を目指す立場。ヒューマニズム・博愛主義と共通する面が多い。

しんとうじょ【新唐書】中国の二十四史の一。宋の欧陽脩(おうようしゅう)・宋祁(そうき)らの撰。1060年成立。宋の仁宗の命により、「旧唐書(くとうじょ)」を改訂・増補したもの。本紀10、志50、表15、列伝150巻の全225巻。唐書。

しんとう-しれい【神道指令】シンタウ シレイ 昭和20年(1945)GHQが日本政府に対して発した覚書。国家神道の廃止、政治と宗教の徹底的分離、神社神道の民間宗教としての存続などを指示した。

しんとうすいこでん【神稲水滸伝】シンタウスイコデン 読本。28編140冊。岳亭定岡・知足館松旭作。文政11年(1828)から明治14年(1881)ころまでの刊。稲葉小僧などの義賊を主人公に、「水滸伝」にならって物語を構成したもの。俊傑神稲水滸伝。

しんどう-すう【振動数】単位時間内に一定の周期をもって繰り返される振動の回数。単位はヘルツ。周波数。

じんとう-ぜい【人頭税】担税能力の差に関係なく、各個人に対して一律に同額を課する租税。にんとうぜい。

しんとう-たいきょう【神道大教】シンタウタイケウ 神道十三派の一。一派として独立できない神道系諸教派の統轄的機能を果たすものとして形成された教派。初め神道(本局)と称したが、昭和15年(1940)に現名に改称。八百万神やおよろずのかみの恩恵によって国民すべてがその徳化に浴することを目的とする。初代管長は稲葉正邦。本部は東京都港区。

しんとう-たいせいきょう【神道大成教】シンタウタイセイケウ 神道十三派の一。幕末に外国奉行などを務めた平山省斎ひらやませいさいが組織。明治15年(1882)に一派独立。随神かんながらの道を目的とし、静座などの修行を重んじるとともに、西洋の諸科学や実用主義を取り入れている。本部は東京都渋谷区。大成教。

しんとう-だいち【新党大地】シンタウ 平成14年(2002)に収賄容疑で逮捕され自由民主党を離党し議員辞職していた鈴木宗男が、同17年に結成した政治団体。同年の衆院選で鈴木を当選させた。鈴木の地元・北海道の地域政党の性格が強い。

じんどう-てき【人道的】ジンダウ〘形動〙人として守り行うべき道にかなうさま。「―な見地に立つ」「―に許せない行為」

しんとう-にっぽん【新党日本】シンタウ 平成17年(2005)に郵政民営化に反対し、自由民主党を離党した国会議員により結成された政党。代表は作家で元長野県知事の田中康夫。

しんとう-の-ひ【神道の碑】シンタウ 死者の生前の功績をたたえるために、墓場への道にたてる碑。

しんどう-はつでん【振動発電】❶振動による圧力を圧電素子により電気エネルギーに変換する発電方式。人が床上を歩行する際の振動を利用する発電床が実用化されている。❷ ►慣性力発電

じんどう-はんざい【人道犯罪】ジンダウ 人道に反する犯罪。文民である一般市民に対して、謀殺・ジェノサイド・奴隷化・追放・強制移送、あるいは拘禁・拷問・性的暴力・アパルトヘイトなどの行為・攻撃を行うこと。1998年に採択された国際刑事裁判所(ICC)ローマ規程により国際刑事裁判所が管轄権を有する国際法上の犯罪とされる。➡国際人道法 ➡人道に対する罪 ➡戦争犯罪 ➡平和に対する罪

じん-どうふく【陣胴服】ヂン 戦陣で、武士が鎧よろいの上に着る胴服。袖なしのものを陣羽織、袖つきのものを陣胴服と区別することがある。

しんとう-ます【浸透ˣ枡】側面や底に穴があり、溜まった雨水を地中に浸み込ませる下水枡。浸水被害の抑止、地下水の保持などを目的に設置される雨水浸透枡。

しん-とうめいこうそくどうろ【新東名高速道路】シントウメイカウソクダウロ 東名高速道路の北側を並行して走る高速自動車国道。平成24年(2012)、静岡県内御殿場・三ヶ日間の約162キロが開通。全線開通は2020年、神奈川県海老名市・愛知県豊田市間の全長254キロとなる予定。第二東海自動車道横浜名古屋線。➡東海自動車道

じんどう-もんだい【人道問題】ジンダウ 人道にかかわる重大な問題。

しんとうゆいいち-きょう【神道唯一教】シンタウユイイチケウ ►吉田神道

しんとう-りゅう【神道流】シンタウリウ 室町時代におこった兵法の一流派。下総しもうさ国香取の飯篠長威斎の創始という。分派が多い。天真正伝神道流。

しんとう-りゅう【新当流】シンタウリウ ❶剣術の流派の一。近世、常陸ひたち鹿島の塚原卜伝つかはらぼくでんが創始。鹿島新当流。卜伝流。❷馬術の流派の一。近世、近江おうみ彦根の神尾織部吉久が創始。悪馬新当流。

しんどう-りゅう【進藤流】ーリウ 能楽ワキ方の流派の一。進藤久右衛門を流祖とする。観世座付きとして栄えたが、明治12年(1879)廃絶。

しん-とく【神徳】《古くは「じんとく」とも》神の威徳。

しんどく【身毒｜申毒】《梵 Sindhuの音写》漢代以降の中国で、インドを呼ぶ称。

しん-どく【真読】〘名〙スル 経文きょうもんを省略しないで全部読みとおすこと。➡転読

しん-どく【慎独】《「礼記」大学の「君子は必ず其の独りを慎むなり」などから》自分一人のときでも、行いを慎み雑念の起こらないようにすること。

じん-とく【人徳】その人の身についている徳。にんとく。「―のある人」「―を慕う」

じん-とく【仁徳】仁愛の徳。他人に対する思いやりの心。にんとく。「其君主たる家康は―の人にして」〈田口・日本開化小史〉

しん-とくせん【沈徳潜】[1673～1769]中国、清代の詩人。長州(江蘇省)の人。字あざなは確士。号、帰愚。格調説を主張して、盛唐の詩を重んじた。著に「沈帰愚詩文全集」、編著に「古詩源」「唐・明・国朝詩別裁集」「唐宋八家文読本」などがある。

しんとくまる【しんとく丸】説経節の一。また、その主人公の名。正保5年(1648)刊の正本がある。のちの浄瑠璃に影響を与えた。➡俊徳丸しゅんとくまる

しんど-そくほう【震度速報】気象庁が発表する防災気象情報の地震情報の一。震度3以上が観測されたとき、地震発生から約1分30秒後に、発生日時・地域・最大震度が発表される。

ジン-トニック《gin and tonicから》カクテルの一種。ジンとトニックウオーターを混合しライムやレモンを添えたもの。

しんとね-がわ【新利根川】ーがは 茨城県南部を流れる人工河川。北相馬郡利根町で利根川本流から分かれ、稲敷市で霞ヶ浦に注ぐ。長さ約33キロ。寛文6年(1666)江戸幕府が利根川下流の洪水防止、手賀沼干拓を目的として完成した。昭和21年(1946)国営の新利根川農業水利工事が行われ、低湿地も水田化され、県最大の米作地帯となった。

シンドバッド〖Sindbad〗「アラビアンナイト」に登場するバグダードの豪商。7回にわたる航海で体験した多くの冒険の話をする。船乗りシンドバッド。

しんど-ふじ【身土不二】人間の身体と土地は切り離せない関係にあるということ。その土地でその季節にとれたものを食べるのが健康に良いという考え方で、明治時代に石塚左玄らが唱えた。

しんど-ふに【身土不二】仏教で、身(正報しょうほう)と土(依報えほう)の二つは切り離せないということ。

しん-トマスせつ【新トマス説】►ネオトミズム

しんとみ-ざ【新富座】東京の歌舞伎劇場。明治5年(1872)猿若町にあった守田座が京橋区新富町に移転、同8年新富座と改称。大正12年(1923)関東大震災で焼失。

しん-どめ【心止め｜芯止め】►摘心てきしん

しんどゆうせん-エーイー【深度優先AE】シンドイウセン カメラの自動露出調整機構(AE)の一。撮影者が意図する被写体の最遠部と至近部の距離を測り、どちらにも合焦するように被写界深度を調整して、絞り値とシャッタースピードを自動的に制御する機能のこと。自動深度優先AE。被写界深度優先AE。

シントラ〖Sintra〗ポルトガル中西部の都市。観光保養地。首都リスボンの北西約20キロメートル、シントラ山地に位置する。森に囲まれた山中にシントラ宮殿や貴族の別荘があり、英国の詩人バイロンが「この世のエデン」と称えたことで知られる。1995年、「シントラの文化的景観」の名称で世界遺産(文化遺産)に登録された。

シントラ-きゅうでん【シントラ宮殿】《Palácio Nacional de Sintra》ポルトガル中西部の都市シントラにある宮殿。15世紀にポルトガル王ジョアン1世の夏の離宮として建造。19世紀頃まで増改築が繰り返され、マヌエル様式やイスラム風の建築様式などが混在する。1995年、ペーナ宮殿やレガレイラ宮殿とともに「シントラの文化的景観」の名称で世界遺産(文化遺産)に登録された。

シンドラム〖syndrum〗打楽器シンセサイザーの一種。通常のドラムと同様にスティックで叩くと、それがひき金となり、発振回路によって作られた電子的なさまざまの音が出る。シンセドラム。

しん-とり【心取り｜芯取り】ろうそくや油皿の中の灯心の燃えかすを取り除くはさみ。

しん-どり【▽後取り】《「しりとり」の音変化》宮中で、新年の歯固めに奉仕して、天皇の屠蘇とそ・白散びゃくさんなどの余りをいただいて飲む役。酒豪の人が選ばれた。「殿上の方には、―といひて、いとまさなうこちたきけはひども聞こえたり」〈栄花・日蔭のかづら〉

じん-とり【陣取り】ヂン 子供の遊びの一。二組に分かれ、互いに相手の陣地を取り合う。「―合戦」

しんとりそ【新鳥蘇】雅楽。高麗楽こまがく。高麗壱越こまいちこつ調の大曲。舞は六人または四人舞。弘仁年間(810～824)に高麗の笛師が伝えたという。納序のうじょ曲。

じん-ど・る【陣取る】ヂン〘動ラ五(四)〙❶ある場所に陣地を構える。「山上に―・る」❷ある場所を占める。「教室の前方の席に―・る」

シンドローム〖syndrome〗►症候群

シンナー〖thinner〗塗料を薄めて粘度を下げるための溶剤。トルエン・酢酸エチルなどの混合物で、揮発性がある。吸入による中毒では、酩酊めいてい感・感情不安・幻覚などの症状がみられる。

ジンナー〖Muhammad Alī Jinnāh〗[1876～1948]パキスタンの政治家。インド-ムスリム連盟の指導者となり、英国の分割統治に対応してヒンズー教との分離、イスラム国家パキスタンの建国に尽力した。パキスタン自治領の成立とともに初代総督に就任。

しん-ない【心内】心のうち。内心。「―を明かす」

しんない【新内】「新内節」の略。

じん-ない【陣内】ヂン ❶陣地の中。「相手の―深く攻め入る」❷陣屋の中。

しんない-おん【唇内音】悉曇しったん学で、三内音の一。唇くちびるで調音される音。[p][b][m]の類。➡喉内音 ➡舌内音

しんない-ながし【新内流し】二人一組で、2挺ちょうの三味線を弾き合わせながら街頭を歩き、客の求めに応じて新内節を語って聞かせるもの。また、その芸人。(季 夏)

しんない-ぶし【新内節】浄瑠璃の流派の一。延享2年(1745)宮古路加賀太夫が豊後ぶんご節から脱退、富士松薩摩ふじまつさつまを名のったのが遠祖。この富士松節から出た鶴賀若狭掾つるがわかさのじょうが鶴賀節を立てたが、文化年間(1804～1818)に2世鶴賀新内が人気を博して以来、新内節というようになった。早くから劇場を離れ、座敷浄瑠璃として発展。

しんないまく-えん【心内膜炎】心臓の内側を覆う膜の炎症。高熱・全身倦怠けんたい・心不全などの症状を呈する。リウマチ熱による場合と、抜歯・扁桃へんとう摘出などに起因する細菌感染による場合とがある。

しん-なし【心無し｜芯無し】中に芯を入れてないもの。内部がからになっているもの。「―の帯」

しんな-ぞめ【親和染】シン 江戸時代、安永(1772～1781)のころに流行した染め模様の一。書家三井親和しんなの唐様からよう書きの筆跡を模様化して染め出したもの。

しんなり〘副〙スル 軟らかいさま。しなやかなさま。「―としなだれかかる」「野菜をゆでて―させる」

しん-なんぴん【沈南蘋】中国、清代の画家。呉興(浙江せっこう省)の人。名は詮。字あざなは衡之。写生画風による色彩豊かな花鳥画を描いた。享保16年(1731)長崎に来航、2年間滞在し、日本の花鳥画に影響を与えた。ちんなんぴん。生没年未詳。➡南蘋派

しんなんよう【新南陽】山口県南部の旧市。沿岸の干拓地は旧徳山市と連続する重化学工業コンビナートを形成。平成15年(2003)徳山市、熊毛町、鹿野町と合併して周南市となる。➡周南

しんなんよう-し【新南陽市】▶新南陽

しん-に【心▽耳】心の耳。心を耳とすること。しんじ。「まず―を澄まして聴聞あれや」〈露伴・日ぐらし物語〉

しん-に【×瞋×恚】「しんい」の連声。

しん-に【真に】〔副〕本当に。まことに。「一喜ばしい成果」(類語)本当

じん-にく【人肉】人間の肉。

しん-にち【親日】外国人が、日本に対して好意をもつこと。「一家」「一派」⇔反日。

しん-にちぎんほう【新日銀法】旧日本銀行法を全面改正して、平成10年(1998)に施行された日本銀行法のこと。➡日本銀行法

しん-にほんおんがく【新日本音楽】従来の邦楽のジャンルを超え、洋楽の影響を受けて新しく作られた邦楽曲の総称。また、その音楽運動。大正9年(1920)以降、宮城道雄らが称したが、第二次大戦後はいわれなくなった。

しん-にほんがみ【新日本髪】髪の長さにかかわらず結うことができる、日本髪風の髪形。昭和20年代に考案された。

しん-にゅう【×之×繞】「しんにょう(之繞)」の音変化。
之繞を掛・ける 程度をはなはだしくする。輪を掛ける。「知識と想像力の発達によってもっと濃厚に―・けられています」〈長与・竹沢先生と云ふ人〉

しん-にゅう【侵入】〔名〕スル 他の領分を侵して強引に入り込むこと。「賊が―する」「不法―」(類語)乱入・侵す

しん-にゅう【浸入】〔名〕スル 水などが入り込むこと。「船体の割れ目から海水が―する」

しん-にゅう【進入】〔名〕スル 人や乗り物などがその場所へ進み入ること。「列車が駅の構内に―する」「車両―禁止」(類語)入り込む・潜り込む・忍び込む・割り込む・分け入る

しん-にゅう【新入】新しくはいること。また、その人。しんいり。「一社員」

しん-にゅう【×滲入】〔名〕スル 水などがしみ込むこと。「天井板に雨水が―する」

じん-にゅう【人乳】人の出すちち。母乳。

しんにゅうけんち-システム【侵入検知システム】▶アイ-ディー-エス(IDS)

しんにゅう-せい【新入生】新しく入学した学生・生徒。(季 春)

しんにゅう-テスト【侵入テスト】《penetration test》コンピューターやネットワークシステムの安全対策の手法の一。セキュリティー上の弱点を見つけるために、実際にシステムを攻撃して不正侵入を試みること。

しん-にゅうまく【新入幕】相撲で、十両の力士が初めて幕内の番付に入ること。

しんにゅう-らい【侵入雷】雷撃の種類の一つ。送電線などに落雷した場合に、電線などを通じて雷の電流が建物の内部に入り、放電する。

しん-にょ【信女】❶仏教で、五戒を受けた在家の女性の信者。優婆夷。❷女子の戒名の下に付ける称号の一。➡信士

しん-にょ【神女】女神。天女。

しん-にょ【真如】《梵 tathatāの訳》仏語。ありのままの姿。万物の本体としての、永久不変の真理。宇宙万有にあまねく存在する根元的な実体。法性。実相。

しんにょ【真如】[799〜865]平安初期の真言宗の僧。平城天皇の第3皇子。俗名は高岳親王。嵯峨天皇即位とともに皇太子となったが、薬子の変で出家。貞観3年(861)入唐し、仏跡巡拝のためインドに向かったが、途中で没したと伝える。真如親王。

しん-にょう【×之×繞】《「しにょう」の撥音添加》漢字の繞の一。「近」「遡」などの「辶」「⻌」の称。しんにゅう。

じん-にょう【人尿】人間の尿。

しんにょ-えんぎ【真如縁起】仏語。一切万有は真如・仏性からの縁に従って顕現するという考え方。如来蔵縁起。

しんにょ-じっそう【真如実相】《「真如」と「実相」は、同体のものに異なる立場から名づけたもの》仏語。万有の本体であり、永久不変、平等無差別なもの。すなわち、涅槃・法身・仏性をいう。

しんにょ-どう【真如堂】京都市左京区にある天台宗の寺。正式には真正極楽寺。山号は鈴声山。正暦3年(992)一条天皇の勅願により戒算が創建。応仁の乱で焼失以後転々とし、元禄6年(1693)現在地に再興。十夜法要で知られる。

しんにょ-の-つき【真如の月】真如によって煩悩の迷いがはれることを、明月が闇を照らすのにたとえていう語。

しん-にん【信任】〔名〕スル 信頼・信用して物事を任せること。「一が厚い」「一を得る」「内閣を―する」(類語)信用・信・信頼・信望・人望・名・定評・評判・暖簾・覚え・名望・声望・徳望・人気・魅力・受け・名誉・名聞・面目・体面・面子・一分・沽券・声価

しん-にん【信認】〔名〕スル 信頼して認めること。「オーソリチイとして―すべき学者の検閲を経るようにしたいもんです」〈魯庵・「破垣」に就て〉(類語)信用

しん-にん【新任】ある職務に新しく任ぜられること。また、その人。「一の教師」

しん-にん【親任】〔名〕スル 旧制で、天皇が直接に任命すること。

じん-にん【神人】▶じにん(神人)

しんにん-かん【親任官】明治憲法下で、天皇が親署によって叙任した官吏。国務大臣・宮内大臣・陸海軍大将など。➡高等官

しんにん-じょう【信任状】特定の人を外交使節として派遣する旨を記した公文書。派遣国の元首または外務大臣から接受国の元首または外務省にあてて発する。

しんにん-とうひょう【信任投票】❶議会が、政府を信任するか否かを決める投票。日本国憲法では、衆議院で内閣の不信任が可決されたときは、衆議院を解散するか、または内閣が総辞職しなければならない。❷一般に、選出された役員や代表などに対して、その信任・不信任を問う投票。

しん-ぬり【真塗(り)】黒色の漆で塗ること。また、その塗り物。

しん-ね【新値】株式相場で、過去になかった値段。高い場合を新高値、安い場合を新安値という。

しんねこ 男女が差し向かいで、むつまじく語り合うこと。「いや其方の方じゃ、もう―をきめて居るんだな」〈荷風・あめりか物語〉

しん-ねつ【身熱】体内の熱。「尤も―烈しく候えば」〈芥川・尾形了斎覚え書〉

しん-ねったいあく【新熱帯亜区】新熱帯区に属する動物地理区の一。アマゾン・東ブラジル・チリの3地方に分けられる。

しん-ねったいく【新熱帯区】❶新界に属する動物地理区の一。南アメリカ大陸を含む地域。広鼻猿類のキヌザル・オマキザル、貧歯類のアリクイ・アルマジロ、鳥類のレア・コンドルなどが特徴。❷植物区系の一。カリフォルニア半島およびフロリダ半島以南の、パタゴニア地方を除く中南米の全域。サボテン科・パイナップル科などの植物の分布の中心。

しんねり〔副〕スル ❶ねちねちして粘り強いさま。「―(と)した口調で長々と説教する」❷陰気ではきはきしないさま。「―(と)して口数の少ない人」

しんねり-むっつり〔副〕スル 態度・性質などが陰気で、心に思うことをはっきりと言わないさま。「―(と)した男」(類語)陰気・陰性・内向・陰気臭い

しん-ねん【心念】心の中の考え。また、心に念じること。〈日葡〉

しん-ねん【信念】❶正しいと信じる自分の考え。「―を貫き通す」「固い―」❷宗教を信じる気持ち。信仰心。(類語)執念・思想・主義・理念・信条・哲学・人生観・世界観・思潮・イズム・イデオロギー・精神

しん-ねん【×宸念】天子の考え。宸襟。

しん-ねん【×軫念】天子が心を痛めること。また、天子の心。

しん-ねん【新年】新しい年。新春。(季 新年)「一の病臥の幾日既に過ぎ/誓子」
(類語)正月・一月・新春・初春・初春・孟春・春・年始・年初・松の内・睦月・陽春

しんねん-えんかい【新年宴会】❶新年を祝って催す宴会。新年会。(季 新年)❷1月5日に宮中で、天皇が、皇族、高位・高官者、外国使臣に宴を賜った儀式。第二次大戦後廃止。

しんねん-かい【新年会】「新年宴会❶」に同じ。(季 新年)

しんねん-くしょう【心念口称】仏語。心に仏を念じ、口に弥陀の名を唱えること。

しんねん-じょう【新年状】年賀状のこと。

しん-の-いっせい【真の一声】❶能の構成部分の一。大部分の脇能と「松風」で、ツレを伴った前ジテが登場したときにうたう謡。❷能の囃子事の一。❶に先だつ囃子で、大鼓・小鼓に笛があしらう。

しん-のう【心王】《「しんおう」の連声》仏語。心それ自体のこと。心は個別の精神作用に対し、総体を認識する主体であるところから王といったもの。

しん-のう【心×嚢】「心膜」に同じ。

しんのう【神農】中国古代神話上の帝王。三皇の一。人身で牛首。農耕神と医薬神の性格をもち、百草の性質を調べるためにみずからなめたと伝えられる。日本でも、医者や商人の信仰の対象となった。炎帝神農氏。

しんのう【真能】▶能阿弥

しん-のう【進納】奉ること。献納。〈日葡〉

しん-のう【新皇】《「しんおう」の連声》❶あたらしく皇位についた人。新帝。❷天慶2年(939)平将門が東国の支配者として自称したという称号。

しん-のう【親王】《「しんおう」の連声》❶現行の皇室典範で、嫡出の皇子および嫡男系嫡出の皇孫の男子に対する称号。旧皇室典範では、皇子から皇玄孫までの男子の称号。❷律令制で、天皇の兄弟および皇子の称号。みこ。(類語)王子・プリンス

じん-のう【人皇】▶じんこう(人皇)

しんのう-えん【心×嚢炎】「心膜炎」に同じ。

しんのう-かざり【親王飾り】内裏雛(男女一対)のみの雛飾り。

しんのう-け【親王家】中世以後、代々親王の称号を許された皇族の家筋。江戸時代には、伏見宮・桂宮・有栖川宮・閑院宮の四親王家があった。

しんのう-さい【神農祭】漢方医が冬至の日に、医薬の祖である神農氏を祭る行事。(季 冬)「一聖らなる灯をかきたてぬ/蛇笏」

じんのうしょうとうき【神皇正統記】南北朝時代の史論書。北畠親房著。延元4=暦応2年(1339)成立。興国4=康永2年(1343)改訂。日本建国の由来から後村上天皇までの事跡を示し、南朝の正統性を論じたもの。

しんのう-せんげ【親王宣下】親王の称号を許すという宣旨を下すこと。奈良時代の淳仁天皇の時に始まる。

じんのうはじんらく【秦王破陣楽】雅楽。唐楽。乞食調で古楽(一説には新楽)の中曲。四人舞で、舞手は甲冑をつけ、矛を持って舞う。唐の太宗の武勲をたたえた曲という。現在は廃曲。神功破陣楽。七徳の舞。

じん-の-ざ【陣の座】左右の近衛府の陣内にあって、大臣以下の公卿が列座し、神事・節会・任官・叙位などの公事を議した場所。陣。仗座。陣頭。

じん-の-さだめ【陣の定】▶仗議

しん-の-しだい【真の次第】❶能の構成部分の一。大部分の脇能で、ワキとワキヅレとが登場したときにうたう謡。❷能の囃子事の一。大鼓・小鼓に笛があしらうさわやかな感じの囃子で、このあと❶の謡となる。

しん-の-ぞう【心の臓】心臓のこと。

じん-の-ぞう【腎の臓】腎臓のこと。
しん-の-ておけ【真の手×桶】茶道具の水指(みずさし)の一。真塗りの手桶形で、割蓋(わりぶた)がつく。手桶水指。
じん-の-はこ【▽沈の箱】沈香(じんこう)を入れておく箱。二重になって、上には沈香、下には香木を切る小さなのこぎり・槌(つち)などを入れる。
しん-の-はしら【心の柱】仏塔や殿舎の中心の柱。力学上のバランスを整えるためのもので、五重塔では振り子のようにし、下を固定しない。檫(さつ)。しんばしら。
しん-の-みはしら【心の▽御柱】伊勢神宮正殿の床下中央に立てられる柱。神霊がやどる柱として古来神聖視される。忌柱(いみはしら)。天御柱(あめのみはしら)。
しん-ば【神馬】►しんめ(神馬)
しん-ば【新馬】❶競馬で、レースに初めて出走する馬。❷軍隊で、新しく軍馬として登録を受けた馬。
しん-ば【新場】江戸時代、江戸日本橋小田原町の魚河岸に対して、延宝2年(1674)に日本橋本材木町に開設された魚市場。
しん-ば【新葉】新しく出た葉。若葉。
しん-ぱ【新派】❶芸道・芸能などの、新しい流儀・流派。⇔旧派。❷「新派劇」の略。
シンパ《「シンパサイザー」の略》同調者。共鳴者。特に革命運動などで、党派・組織には加わらず、外部からその運動を心情的、物質的に支持・援助する人。
じん-ば【人馬】❶人と馬。「—一体」❷腰から上が人間、下が馬の架空の動物。
じん-ば【陣場】陣取っている場所。陣所。
しん-ぱい【心肺】《「しんはい」とも》心臓と肺臓。
しん-ぱい【心配】〔名・形動〕スル ❶物事の先行きなどを気にして、心を悩ますこと。また、そのさま。気がかり。「親に—をかける」「将来を—する」「—な天気」❷気にかけてめんどうをみること。世話をすること。「近くに住む娘が食事の—をしてくれる」〔類語〕(❶)気がかり・心がかり・不安・懸念・危惧(きぐ)・憂慮・憂患・心痛・心労・気苦労・屈託(くったく)・思案・憂(うれ)い・虞(おそ)れ・気遣い・煩(わずら)い (—する)憂える・案ずる・気にする・気にかける・気を揉(も)む・気に病む・胸を痛める/(❷)配慮・心遣い・心配(こころくば)り・世話・扶助・扶育・御守(おもり)・付き添い・介添え・介助・介護・介抱・看護・面倒見(めんどうみ)・ケア
しん-ぱい【神拝】《古くは「じんばい」とも》❶神を拝むこと。神社にもうでること。「鎌倉に移し奉れる八幡の御社に—にまうづる」〈増鏡・新島守〉❷新任の国司が、任国内の神社に初めて参拝すること。「—といふわざして国の内ありきしに」〈更級〉
しん-ぱい【親拝】〔名〕スル 天子がみずから参拝すること。
じん-ぱい【×塵肺】吸入した粉塵が肺に沈着することによって起こる病気。職業病の一つで、粉塵の種類によって珪肺(けいはい)・石綿肺・炭肺などがある。塵肺症。肺塵症。
しんぱい-うんどうふかしけん【心肺運動負荷試験】►シー-ピー-エックス(CPX)
しん-はいく【新俳句】明治30年(1897)ごろ、正岡子規を中心とした日本派の俳人が唱えた、新しい傾向の俳句。
しんぱい-ごと【心配事】心配なこと。気がかりな事柄。
しんぱい-さいかい【心肺再開】〔名〕スル 心肺停止後、心拍と呼吸が再開すること。心拍呼吸再開。
しんぱい-しょう【心配性】〔名・形動〕ささいなことまで気にかけて心配する性質。「—な男」
しんぱいそせい-ほう【心肺蘇生法】呼吸や心臓が停止またはそれに近い状態にある傷病者に対して心肺機能を補助するために行う救急救命処置。状態を確認しながら、意識の確認・気道確保・人工呼吸・心臓マッサージ・AED(自動体外式除細動器)による除細動などを行う。CPR(cardiopulmonary resuscitation)。
しんぱい-ていし【心肺停止】心臓停止と呼吸停止が同時に起こった状態。CPA(cardiopulmonary arrest)。
しんば-えいじ【榛葉英治】[1912〜1999]小説家。静岡の生まれ。第二次大戦後の混乱した満州を描いた「赤い雪」で直木賞受賞。多彩なテーマの大衆小説を執筆した。他に「渦」「大隈重信」など。
じん-ばおり【陣羽織】近世、武士が陣中で、当世具足の上に着用した上着。普通は袖がなく絹・ラシャ・麻・革などで作り、刺繡(ししゅう)を施したものもある。具足羽織。押羽織。陣胴服。
じんば-きゅう【人馬宮】黄道十二宮の第9宮。射手座(いてざ)に相当するが、歳差のため現在は蠍座(さそりざ)にあたる。太陽は11月23日ごろこの宮に入る。
しん-ぱく【心拍｜心×搏】心臓の拍動。
しん-ぱく【×槙×柏】ミヤマビャクシンを盆栽としたもの。
しんぱくこきゅう-さいかい【心拍呼吸再開】〔名〕スル「心肺再開」に同じ。
しんぱく-さいかい【心拍再開】〔名〕スル 心停止後に心拍が再開すること。
しんぱく-ていし【心拍停止】〔名〕スル「心停止」に同じ。
しんぱ-げき【新派劇】日本演劇のジャンルの一。明治21年(1888)自由党の壮士角藤定憲(すどうさだのり)らが大阪で旗揚げしたのに始まり、川上音二郎を中心とする壮士芝居を経て発展し、現在に至る。当代の風俗・人情・世相に取材したものが多く、歌舞伎と新劇との中間の位置を占める。「新派」の名称は、明治30年代に、ジャーナリズムが便宜的に歌舞伎を「旧派」、新しい演劇を「新派」と呼んだのに始まる。
シンパサイザー〖sympathizer〗►シンパ
じんば-さん【陣馬山】東京都八王子市と神奈川県相模原市の境にある山。標高855メートル。高尾山からの登山コースになっており登山者でにぎわう。山頂は平坦なため陣馬高原ともいう。昔、北条氏と武田氏の古戦場で陣を構えた場所だったことから「陣場山」とも書く。
しんばし【新橋】東京都港区北東部の地名。繁華街。明治5年(1872)日本初の鉄道の起点となった新橋駅は、もとの汐留(しおどめ)貨物駅の位置にあった。
シンパシー〖sympathy〗同情。また、共感。共鳴。
しんばし-ゆうきち【新橋遊吉】[1933〜]小説家。大阪の生まれ。本名、馬庭胖(まにわゆたか)。競馬をテーマにした大衆小説を執筆。新しいギャンブル小説で人気を得る。「八百長」で直木賞受賞。他に「競馬天使」「競馬放浪記」「馬券師街道」など。
しん-ばしら【心柱｜真柱】❶「心(しん)の柱」に同じ。❷(真柱)天理教の代々の宗教的支柱とされる人物。
しん-ばた【新畑】《「しんはた」とも》新しく開墾された畑。
しん-はちまん【神八×幡】〔副〕《八幡神にかけて偽りない意から》絶対に。神かけて。誓って。かみはちまん。「—、侍冥利(さむらいみょうり)、他言せまじ」〈浄・天の網島〉
しん-ぱつ【侵伐】〔名〕スル 他国の領地などに攻めこむこと。「外は強敵の—を受け、内は騒乱常に起りしゆえ」〈中村訳・自由之理〉
しん-ばつ【神罰】神が下す罰。「—を受ける」
〔類語〕罰・天罰・天誅(てんちゅう)・仏罰
しん-ぱつ【進発】〔名〕スル 軍隊などが、出発すること。「先遣隊が—する」
しんぱつ-げっしん【深発月震】深さ800〜1000キロメートルを震源とする、マグニチュード3程度の月震のこと。➡月震
しんぱつ-さい【新発債】新しく発行される債券。新規に募集中の債券。➡既発債
しんぱつ-じしん【深発地震】震源の深さが300キロより深い所で起こる地震。70キロ以上300キロ未満の深さで起こるものは「やや深発地震」という。➡浅発(せんぱつ)地震
しんぱつじゅうねんもの-こくさい【新発十年物国債】新規発行される償還年限が10年の国債のこと。日本では毎月入札によって発行されている。信用度が高く売買も活発なため、その流通利回りが長期金利の代表的指標となっている。
しんはなつみ【新花摘】江戸後期の発句・俳文集。1冊。与謝蕪村著。寛政9年(1797)刊。俳句のほか怪異談が多く、俳論・見聞録なども収録。
しんぱ-ひげき【新派悲劇】新派劇で演じる人情的または感傷的な悲劇。「婦系図(おんなけいず)」「不如帰(ほととぎす)」「金色夜叉(こんじきやしゃ)」など。
しん-バビロニアおうこく【新バビロニア王国】前625年アッシリアの滅亡後、セム系のカルデア人がバビロニア地方に建てた王国。都はバビロン。前6世紀前半ネブカドネザル2世のもとで繁栄したが、前538年ペルシアに滅ぼされた。カルデア王国。➡バビロニア
ジンバブエ〖Zimbabwe〗㊀アフリカ南部の共和国。首都ハラレ(旧称ソールズベリ)。英国保護領からローデシア-ニアサランド連邦の一部となり、連邦解体後、1980年独立。主産物は葉タバコ・クロムなど。人口1165万(2010)。旧称、南ローデシア。㊁ジンバブエ共和国南部の遺跡。12〜15世紀ごろのモノモタパ王国が建設した石造建築群。1986年世界遺産に登録。
じん-ばらい【陣払い】陣を引き払って退却すること。
シンハラ-ご【シンハラ語】《Sinhalese》インド-ヨーロッパ語族のインド語派に属する言語。スリランカの公用語。
しん-ばり【心張り】「心張り棒」の略。
じん-ばり【腎張り】好色なこと。多淫なこと。また、その人。「元は物縫、腰元、中居などの、いたづらなる—の女ども」〈浮・禁短気・三〉
しんばり-ぼう【心張り棒】外から開けられないように、戸の内側にあてがう、つっかい棒。
シンバル〖cymbal〗打楽器の一。直径30〜50センチの皿形の金属製円盤で、打ち合わせたり桴(ばち)でたたいたりして音を出す。
しん-はれつ【心破裂】心筋梗塞や外傷などによって、心臓の壁に穴が開き、破れること。急性心筋梗塞で壊死した心筋が、心臓の圧力に耐えられず、左心室の外壁に破裂が生じる場合が多い(左室自由壁破裂)。心膜腔に多量の血液が貯まり心タンポナーデを起こすことが多く、緊急手術を要する。心臓破裂。
しん-バロック【新バロック】《ドイツ Neubarock》19世紀後半、欧州で興った芸術思潮。特に、建築分野における華麗で動的なバロック様式の復興をいう。
しん-ばん【新番】江戸幕府の職名。江戸城内に交替で勤め、将軍出行のさいに先駆け・警衛をした役。近習番(きんじゅばん)。新御番(しんごばん)。
しん-ばん【新盤】新しく発売されたレコードやCD-ROM・DVD-ROMディスク。
しん-ぱん【信販】「信用販売」の略。
しん-ぱん【侵犯】〔名〕スル 他国の領土や権利などを不法に侵すこと。「領空を—する」
しん-ぱん【神判】ある人が罪を犯したかどうかの判定を、神意によって決定する裁判。古代・中世には広く各国にみられた。日本では探湯(くかたち)がその例。
しん-ぱん【新版｜新板】❶新しく出版すること。また、その書物。新刊。❷体裁を改めたり、内容に修正を加えたりして、版を新たにすること。また、その書物。⇔旧版。❸新しくできた事物。新しくやりだしたこと。「—の堀割をお通りな」〈人・梅美婦禰・四〉
〔類語〕初版・初刷り
しん-ぱん【審判】〔名〕スル《「しんばん」とも》❶物事の是非・適否・優劣などを判定すること。「国民の—を受ける」❷ある事件を審理し、その正否の判断・裁決をすること。㋐訴訟における審理と裁判。㋑家庭裁判所が家事事件または少年事件について行う手続き。㋒「行政審判」の略。「—請求」❸運動競技などで、技の優劣、反則の有無、勝敗などを判定すること。また、その役。❹キリスト教で、神がこの世を裁くこと。「最後の—」
〔類語〕(❷)裁判・断罪・判決・決定・決まり・本決まり・確定・画定・議決・決議・論決・評決・議定・取り決め・断(だん)・断案・決(けつ)・裁定・決断・判断・断定・アジュディケーション/(❸)レフェリー・ジャッジ・アンパイア
しん-ぱん【親藩】江戸時代の大名の家格の一。徳川家一門および分家で大名になったもの。尾張・紀伊・水戸の御三家や越前松平家など。
しんぱん-いん【審判員】運動競技などの審判

をする人。
しんぱんうたざいもん【新版歌祭文】浄瑠璃。世話物。2巻。近松半二作。安永9年(1780)大坂竹本座初演。お染と久松との情死事件を脚色したもの。上の巻「野崎村」の段が有名。➡お染久松
しんぱん-がいしゃ【信販会社】《信販は「信用販売」の略》販売信用(クレジット)取引を主な業務とする会社。利用者が販売会社から商品・サービスを購入する際に、代金を販売会社に立て替え払いし、その後、利用者から代金に相当する額の支払いを受ける。加えて、キャッシング・集金代行・信用保証などの業務を行う信販会社もある。(補説)割賦販売法では、クレジットカードを発行して販売信用業務を行う業者のことを包括信用購入斡旋業者(旧割賦購入斡旋業者)、カードを発行せず個別の商品について販売信用業務を行う業者のことを個別信用購入斡旋業者(旧個品割賦購入斡旋業者)といい、どちらの場合も経済産業省への登録が必要となる。
しんぱん-かん【審判官】準司法的権限をもつ行政機関において、審判を行う者。公正取引委員会・海難審判所などに置かれる。
しん-はんにん【真犯人】その犯罪の本当の犯人。冤罪で逮捕などされた被疑者に対していう。「冤罪被害者の弁護士が―を突き止めた」
しんぱん-りこん【審判離婚】家庭裁判所の審判による離婚。その審判に対して2週間以内に異議の申し立てがなければ、離婚が成立する。
しん-び【審美】自然や美術などのもつ本当の美しさを的確に見極めること。また、美の本質・現象を研究すること。「文芸の造詣あるものと―の鑑識あるものとのみ」〈魯庵・「破垣」に就て〉
しん-ぴ【心皮】種子植物で、雌しべを構成する特殊な葉。胚珠をつける葉の変形したもの。被子植物では合わさって子房を形成する。
しん-ぴ【神秘】〔名・形動〕《古くは「じんぴ」とも》人間の知恵では計り知れない不思議なこと。普通の認識や理論を超えたこと。また、そのさま。「宇宙の―を探る」「―な美」(派生)しんぴさ〔名〕(類語)超自然・謎・ミステリー・神妙・不思議・不可思議・不可解・不審・奇妙・面妖・妙・変・異・怪・奇・奇異・奇怪・幻怪・怪奇・怪異・霊妙・霊異・玄妙・あやかし・ミステリアス・奇天烈・摩訶不思議・けったい・おかしい
しん-ぴ【真皮】皮膚の表皮の下の結合組織層。神経および血管に富む。
しん-ぴ【真否】真実と、真実でないこと。また、真実かそうでないかということ。「―を問う」
しん-ぴ【×秦皮】トネリコの別名。
しん-ぴ【親披】《みずからひらく意》封書の脇付の一。宛名人が自分で開封するようにという気持ちを示す。親展。直披。
じん-ぴ【人肥】人間の糞尿を肥料にしたもの。下肥。
じん-ぴ【▽深秘】仏語。❶深奥な秘密の教え。❷《「深秘釈」の略》密教でいう四重秘釈の一。普通一般の解釈を一歩進めて、深く本質的な意をとらえた解釈。➡浅略
じん-ぴ【×靭皮】樹木の外皮のすぐ内側にある柔らかな部分。甘皮。(類語)樹皮・木皮・木肌
シンビアン-オーエス【シンビアンOS】《Symbian OS》英国のシンビアン社が開発した携帯電話向けのオペレーティングシステム。ヨーロッパを中心に多くのスマートホンに搭載され、日本でも一部の機種が採用している。
しんび-がく【審美学】「美学」の旧称。
しんび-がん【審美眼】美を的確に見極める能力。
しんぴ-げき【神秘劇】►聖史劇
シンビジウム〘ラテン Cymbidium〙ラン科シュンラン属の植物の総称。シュンラン・カンランなど。また、シュンラン属のうち、主に熱帯に分布する原種や、園芸品種をもさす。
しん-ひしつ【新皮質】大脳皮質の一部で、系統発生的に最も新しい部分。爬虫類以上にみられ、哺乳類では大脳のほとんどを占める。人類では最もよく発達し、学習・思考・情操などの精神活動が営まれる。➡旧皮質 ➡古皮質
しんぴ-しゅぎ【神秘主義】神や絶対的なものと自己とが体験的に接触・融合することに最高の価値を認め、その境地をめざして行為や思想の体系を展開させる哲学・宗教上の立場。新プラトン学派やエックハルト、イスラム教のスーフィズムなどが代表的。文学など芸術上の傾向にもいう。➡神秘主義文学
しんぴしゅぎ-ぶんがく【神秘主義文学】内面的・霊的な直観によってとらえた神秘的あるいは超自然的な世界を表現しようとする文学。ノバーリス・メーテルリンク・ユイスマンスなどがこれに属する。
じんぴ-しょくぶつ【×靭皮植物】茎や葉の靭皮繊維がよく発達し、糸・布・紙などの原料となる植物。アサ・アマ・チョマ・コウゾ・ミツマタなど。
じんぴ-せんい【×靭皮繊維】植物の篩部および皮層の繊維。強靭で抵抗性が強い。
しん-ひだい【心肥大】主に心臓の心室の筋肉が肥厚している状態。弁膜の障害などで血液を送るため余分に仕事をする状態が続くと起こりやすい。また、スポーツ選手でもみられる。心臓肥大。
しん-ピタゴラスがくは【新ピタゴラス学派】前1世紀から2世紀にかけてローマとアレクサンドリアを中心として興った哲学の一派。ピタゴラスを神聖視し、その学説を中心に東方の宗教思想およびプラトン・ペリパトス学派(逍遥学派)・ストア学派などの思想を折衷した。
しん-ぴつ【×宸筆】天子の直筆。勅筆。宸翰。
しん-ぴつ【真筆】その人が本当に書いた筆跡。真跡。「空海の―」⇔偽筆。
しん-ぴつ【親筆】その人がみずから書いた筆跡。
しんび-てき【審美的】〔形動〕美を的確に見極めようとするさま。美を深く追究するさま。「―な関心」
しんぴ-てき【神秘的】〔形動〕普通の認識や理論を超えて、不思議な感じのするさま。「―な雰囲気」
しん-びょう【神▽妙】〔名・形動〕「しんみょう(神妙)」に同じ。「いかにも―に、いかにもおとなしく」〈鴎外・高瀬舟〉
しん-びょう【神×廟】❶神を祭る御霊屋。❷伊勢神宮の異称。(類語)神社・社・宮・神殿・社殿・廟宇・神宮・鎮守・祠・大社・稲荷・八幡・本社・摂社・末社・祠堂
しん-ぴょう【信×憑】〔名〕スル 信用してよりどころとすること。信頼すること。「この情報は―するに足る」(類語)信用
しんぴょう-せい【信×憑性】情報や証言などの、信用してよい度合い。「―が薄い」
じん-ぴら【人平】縦糸・横糸とも撚りのないレーヨン糸で織った平織りの布。
シン-ビン〘sin-bin〙《罪の箱の意》ラグビーで、反則や危険行為を行った選手に課せられる10分間の一時的退出。1試合に二度受けると退場処分になる。日本では平成8年(1996)から採用。(補説)アメリカ俗語では、アイスホッケーのペナルティーボックスの意味で用いられる。
しん-ぴん【神品】❶人間わざとは思えないほど、すぐれた作品。❷三品の一。書画で、最高の品位。
しん-ぴん【新品】新しい品物・製品。まだ使っていない品物やおろしたての品物。
じん-ぴん【人品】人としての品格。特に、身なり・顔だち・態度などを通して感じられる、その人の品位。「一骨柄卑しからぬ紳士」(類語)人間性・品性・品格・徳性・徳・人柄・人間・人物・人格
しん-ぶ【神武】《「じんぶ」とも》この上なく優れた武徳。「聖文」と対で用いられることが多い。じんむ。「一鋒端を揺らかし、聖文宇宙を定むる」〈太平記・一四〉
しん-ぶ【深部】深い部分。奥深いところ。
しん-ぷ【神父】カトリック教会で、司祭などに対して用いる尊称。(類語)牧師・司祭・司教
しん-ぷ【神符】神社などで出す護符。お札。
しん-ぷ【新付|新附】❶新しく付き従うこと。新たに従属すること。「―の民」❷律令時代、新しく戸籍に登録されること。
しん-ぷ【新婦】結婚したばかりの女性。結婚式・披露宴などでいう。花嫁。⇔新郎。(類語)新妻・お嫁さん
しん-ぷ【新譜】❶新しい曲譜。❷新しく発売されたレコードやテープ、CDディスクなど。「洋楽の―」
しん-ぷ【親父】《古くは「しんぶ」とも》父親。実の父。「御―様によろしく」⇔親母。「僕の―などはドウモ頑固で仕方がない」〈鉄腸・雪中梅〉
しん-ぷ【親付|親附】〔名〕スル 親しんで付き従うこと。「酸面薄相を以て他人を侍するものは、決して人に―せらるべからず」〈中村訳・西国立志編〉
ジン-フィーズ〘gin fizz〙ドライジンにレモンジュース・砂糖・炭酸水を混合したカクテル。
しん-ぷう【信風】季節風。
しん-ぷう【神風】神が吹かせるという風。かみかぜ。
しん-ぷう【×晨風】早朝に吹く風。あさかぜ。
しん-ぷう【新風】今までと違う新しいやり方や考え方。清新の気を感じさせる新しい傾向。「歌壇に―を吹き込む」
じん-ぷう【仁風】❶仁徳による教化。「一率土に覆び」〈盛衰記・二五〉❷《晋の袁宏が扇を贈られて「まさに仁風を奉揚し、彼の黎庶を慰むべし」と答えたという、「晋書」文苑伝の故事から》扇のこと。
じん-ぷう【陣風】寒冷前線などに伴い、急に激しく吹く風。はやて。
じん-ぷう【×塵風】ちりやほこりを吹き上げる風。ちりやほこりを含んだ風。
じんぷうれん-の-らん【神風連の乱】明治9年(1876)10月、熊本に起こった反政府暴動。新政府の開明政策に不満を抱く旧士族太田黒伴雄らが結成した政治団体の神風連(敬神党ともいう)が、国粋主義を掲げて鎮台・県庁を襲撃、まもなく鎮圧された。
シンフェイン-とう【シンフェイン党】《アイルランド Sinn Féinは、われら自身の意》アイルランドと英国にまたがって活動する民族主義政党。1905年、アイルランドの英国からの独立を目指して結成。1918年の総選挙で圧勝し、非合法政府を樹立。1922年のアイルランド自由国の実現に貢献した。現在はアイルランド国会のほか、北アイルランドの地方議会や英国の国会でも活動する。
シンフォニア〘イタリア sinfonia〙❶交響曲。❷17世紀から18世紀にかけて、オペラ・オラトリオなどの序曲あるいは間奏曲として用いられた。また、演奏会用に作られた独立の器楽曲。
シンフォニー〘symphony〙❶交響曲。❷いろいろの異なった要素がまじり合って、ある効果を生み出しているたとえ。「色と光と音の―」
シンフォニー-オーケストラ〘symphony orchestra〙交響楽団。
シンフォニック〘symphonic〙〔形動〕交響曲の。また、交響的な。「―な映画音楽」
シンフォニック-ジャズ〘symphonic jazz〙交響楽的な楽器編成で演奏されるジャズ。ガーシュインの「ラプソディー-イン-ブルー」がこうよばれた。
シンフォニック-ポエム〘symphonic poem〙交響詩。
シンフォリカルポス〘ラテン Symphoricarpos〙スイカズラ科の低木の属名。17種があり、1種は中国、16種は北アメリカに自生する。中でもセッコウボク(Symphoricarpos albus)は果実が白色で、観賞用に栽培される。
しん-ふがい【申不害】[?〜前337ころ]中国、戦国時代の思想家・政治家。鄭の人。道家の思想を基に刑名・法術の学を説き、韓の昭侯の宰相として富国強兵に努めた。著「申子」。
しんぶ-かんかく【深部感覚】皮膚より深い部分の、筋肉や腱などにある受容器から生じる感覚。皮膚感覚とともに位置・運動などの感覚を発生させる。
しん-ぶき【新吹き】貨幣などを新しく鋳造すること。また、そのもの。
しん-ぷく【心服】〔名〕スル《「しんぶく」とも》心から尊敬

して従うこと。「師として慕い、―する」
〘類語〙感服・敬服・私淑・賛仰・推服・恭順・尊敬・敬う・尊ぶ・崇める・仰ぐ・敬する・長敬・崇拝・敬愛・慕う・敬慕・敬仰・景仰・崇敬・傾倒・心酔

しん-ぷく【心腹】❶胸と腹。❷胸のうち。心中。胸中。「―を探る」❸心から頼りにすること。また、その人。腹心。「昧者の―となって牛馬が活動し得るのは」〈漱石・草枕〉

心腹に落・つ 納得する。腑に落ちる。

心腹の友 心を許し合った最も親しい友人。

心腹の病 《「春秋左氏伝」哀公一一年から》胸や腹の治しにくい病気。除きにくい敵のたとえ。

心腹を輸写す 《「漢書」趙広漢伝から》心中をすべて打ち明ける。

しん-ぷく【臣服】〔名〕スル 臣下となって服従すること。

しん-ぷく【信服】〔名〕スル 《古くは「しんぶく」とも》信頼して服従すること。「―せらるること甚だ大いなり」〈中村訳・西国立志編〉

しん-ぷく【振幅】物体が振動しているときの、振動の中心から最大変位までの距離。振動の幅の半分。振り幅。

しん-ぷく【震幅】地震計によって示される、地震の波の幅。地盤振動の振幅。

しん-ふくごうきょうぎ【新複合競技】スキーのアルペン種目の一。滑降・回転・大回転の3種目、または滑降・回転の2種目に出場し、総合得点で順位を競う。

しんぷく-じ【真福寺】名古屋市中区にある真言宗智山派の寺。山号は北野山。建久年間(1190〜1199)に尾張国中島郡大須庄に建立されたという観音堂を、14世紀に能信が密教道場としたのが始まり。のち、徳川家康が現在地に移転。「古事記」など貴重な古典籍を多数所蔵する。宝生院。大須観音。

しんぷく-へんちょう【振幅変調】信号波の振幅に応じて電波の強さ(振幅)を変える通信方式。ラジオ放送の中波や短波、アナログテレビ放送の映像送信などに利用。AM。➡周波数変調

しんふじん-きょうかい【新婦人協会】大正9年(1920)平塚らいてう・市川房枝らが組織した婦人団体。婦人の政治活動を禁じた治安警察法第五条の撤廃請願運動などを展開した。同11年に解散。

しん-ふぜん【心不全】心臓のポンプ機能が低下して、肺や全身に必要な量の血液を送り出せなくなった状態。原因は心臓弁膜症・心筋梗塞・高血圧・慢性肺疾患など。

じん-ふぜん【腎不全】腎臓の機能が低下した状態。急性の場合は息切れ・血圧低下など、慢性の場合は多尿・むくみ・高血圧・貧血などの症状が現れる。

しん-ぶつ【心仏】仏語。❶心がすなわち仏であること。❷心中に現れた仏。

しん-ぶつ【神仏】❶神と仏。「―の加護を願う」❷神道と仏教。

しん-ぶつ【真物】ほんもの。偽りでないもの。

じん-ぶつ【人物】❶ひと。人間。「偉大な―」「登場―」❷人柄。ひととなり。「面接試験では主として―を見る」「―は確かだ」❸人格・才能などのすぐれた人。人材。「肚のすわった、なかなかの―だ」❹描画の対象である人間の姿・形。「―のデッサン」
〘類語〙(❶)人間・人・人類・人倫・万物の霊長・考える葦・米の虫・ホモサピエンス・人士・仁・者/(❷)人柄・人間・人・人となり/(❸)人材・偉材・逸材・人格

じんぶつ-が【人物画】人間を主題とした絵画。風景画・静物画などに対していう。

じんぶつ-げったん【人物月旦】人物についての論評。人物評。

じんぶつ-こうさ【人物考査】面接などを行って、個人的な事情や人柄などを調べること。

しんぶつ-こんこう【神仏混淆】「神仏習合」に同じ。

しんぶつ-しゅうごう【神仏習合】日本固有の神の信仰と外来の仏教信仰とを融合・調和するために唱えられた教説。奈良時代、神社に付属して神宮寺が建てられ、平安時代以降、本地垂迹説やその逆の反本地垂迹説などが起こり、明治政府の神仏分離政策まで人々の間に広く浸透した。神仏混淆。

じんぶつ-しゅぎ【人物主義】その人の家柄・学歴・年齢・財産などは問題にしないで、人柄・能力を基準にして評価する考え方。

しんふつ-せんそう【清仏戦争】1884〜85年に行われた、ベトナムの支配権をめぐる清国とフランスとの戦争。清国が敗れた結果、天津条約によってベトナムはフランスの保護領となった。

しんぶつどうたい-せつ【神仏同体説】仏と神道の神とが同一であるとする考え方。本地垂迹説や神本仏迹説などがある。

しんぶつ-ぶんり【神仏分離】神仏習合をやめ、神道と仏教との区別を明確にしようとする、明治初期における維新政府の宗教政策。神道国教化の方針から、廃仏毀釈運動の激化を招いた。

しんぶのうしげき-りょうほう【深部脳刺激療法】➤ディー-ビー-エス(DBS)

しん-ぶぶんしゅうごう【真部分集合】集合Aの部分集合の中で、Aに一致しないもの。

しん-ぶよう【新舞踊】新舞踊劇のこと。新舞踊劇がさまざまに発展していく過程でこの名称が生まれ、近年ではもっぱらこれが使われる。

しんぶよう-げき【新舞踊劇】新舞踊劇運動に基づく創作舞踊劇。明治末期から昭和初期の劇壇に新風を吹き込んだ。坪内逍遥の「新曲浦島」「お夏狂乱」など。

しんぶようげき-うんどう【新舞踊劇運動】明治末期に興った日本舞踊の改革運動。坪内逍遥の「新楽劇論」に端を発し、大正期には西欧舞踊の刺激を受けて成長し、多くの新作品が生まれた。

しん-プラトンがくは【新プラトン学派】プロティノス、およびその学統を継ぐ、3世紀ごろから6世紀にかけて栄えた古代ギリシャ哲学最後の学派。プラトンの思想を継承しているが、アリストテレス学派・ストア学派・新ピタゴラス学派などの諸思想をも受容し、神秘主義的な学説を展開した。

シンプリファイ〘simplify〙〔名〕スル 単純化すること。「理論を―する」

シンブル〘thimble〙西洋の指ぬき。縫い物をするときに針の頭を押さえるための裁縫用具。ふつうコップ型で、指先にはめて使う。

シンプル〘simple〙〔形動〕単純なさま。また、飾り気やむだなところがなく、簡素なさま。「―な柄」「―な生活」〘類語〙簡単・純粋・単純・簡略・簡素・簡約・簡潔・手短・簡便・簡易・安直

シンプル-ライフ〘simple life〙簡素・質実な生活。

じん-ぶれ【陣触れ】陣中で出す布告。また、出陣の命令。軍令。「いざ追っかけん、―せよと」〈浄・矢口渡〉

シンプレックス〘simplex〙片方向通信用線路、または片方向のみの通信方式のこと。双方向通信の場合は、デュープレックスという。単方向通信。片方向通信。

しん-フロイトは【新フロイト派】フロイトの学説を基本的に認めながら、社会的、文化的要因を重視して精神分析に修正を加えようとした一派。米国で発達し、ホーナイ・フロム・サリバンなどがその代表者。

シンプロン-とうげ【シンプロン峠】《Simplon Pass》スイス南部にあるアルプス越えの峠。標高2005メートル。ナポレオンが拡張。下を通るシンプロン第2トンネルは長さ約20キロ。サンプロン。

しん-ぶん【新聞】❶社会の出来事の報道や論評を、広い読者を対象に伝達するための定期刊行物。日刊が多いが、週刊・旬刊・月刊などもある。❷「新聞紙」の略。「―で包む」❸新しく聞いた話。新しい話題。ニュース。「当時流行の訳書を読み世間に奔走して内外の―を聞き」〈福沢・学問のすゝめ〉
〘類語〙全国紙・地方紙・壁新聞・機関紙・号外・プレス

じん-ぶん【人文】❶人類の文化・文明。じんもん。「吾輩は―の為にこの時機の一日も早く来たらん事を切望するのである」〈漱石・吾輩は猫である〉❷人に関する事柄。また、人倫の秩序。〘類語〙文明・文化・文物・文華・人知・文運・開化・シビリゼーション

じん-ぷん【人糞】人間の排泄した大便。
〘類語〙便・大便・糞・ばば・糞・糞便・うんこ・うんち

じんぶん-か【人文科】歴史・言語・文学・哲学などの人文科学を研究・教授する学科の総称。

しんぶんか-うんどう【新文化運動】➤五・四文化革命

じんぶん-かがく【人文科学】政治・経済・社会・歴史・文芸・言語など、人類の文化全般に関する学問の総称。狭義には、自然科学・社会科学に対して、歴史・哲学・言語などに関する学問をいう。文化科学。じんもんかがく。

しんぶん-がく【新聞学】新聞および新聞を中心としたマスコミュニケーションを研究する社会科学の一部門。新聞のほか、広くマスメディアによる社会的伝達現象を対象とする。

しんぶん-かつじ【新聞活字】新聞印刷用の活字。縦の大きさが横の大きさの約0.8倍で、号数系にもポイント系にもよらない特殊寸法の平体活字。

しんぶん-がみ【新聞紙】新聞として印刷された紙。しんぶんし。「―を敷く」

しんぶん-きしゃ【新聞記者】新聞記事の取材・執筆・編集に従事する人。

しんぶん-こうこく【新聞広告】新聞紙上に掲載する広告。商業広告のほか、求人・尋ね人・死亡通知の広告などがある。

しんぶん-し【新聞紙】❶「新聞❶」に同じ。「今この―を出版しあるいは政府に建白する者は」〈福沢・学問のすゝめ〉❷「しんぶんがみ」に同じ。

しんぶんし-じょうれい【新聞紙条例】明治政府による新聞取り締まり法。明治8年(1875)発布。民選議院設立の建白を契機とする新聞の政府攻撃に対し、政府への批判を禁止したもの。改正・強化を経て同42年に新聞紙法となった。

しんぶんし-ほう【新聞紙法】日刊新聞・定期刊行雑誌の取り締まりを目的とした法律。明治42年(1909)制定。昭和24年(1949)出版法とともに廃止。

しんぶん-しゃ【新聞社】新聞を編集し、発行する会社。

じんぶん-しゅぎ【人文主義】ギリシャ・ローマの古典研究によって普遍的教養を身につけるとともに、教会の権威や神中心の中世的世界観のような非人間的重圧から人間を解放し、人間性の再興をめざした精神運動。また、その立場。ルネサンス期にイタリアの商業都市の繁栄を背景にして興り、やがて全ヨーロッパに波及した。代表者は、イタリアのペトラルカ・ボッカチオ、オランダのエラスムス、フランスのビュデ・ラブレー、ドイツのフッテン、英国のトマス＝モアら。人本主義。ヒューマニズム。ユマニスム。

しんぶん-じゅんそく【新聞遵則】➤プレスコード

しんぶん-しょうせつ【新聞小説】新聞紙上に連載される小説。明治初期に始まった。

しんぶん-じれい【新聞辞令】官吏や団体・企業の幹部などの任免について、発令以前に新聞が憶測あるいは推断してそれを報じること。特に、うわさだけで実際には辞令が出なかった場合などにいう。

じんぶん-しんわ【人文神話】社会集団生活が産出・経験した種々の人間的、文化的な事象を、神・英雄・動物などによって与えられたものとして説明する神話。➡自然神話

しん-ぶんすう【真分数】分子が分母より小さい分数。➡仮分数

しんぶん-だね【新聞種】新聞記事の材料。特に、社会面の記事になるような事件や問題。「―になる」

じんぶん-ちりがく【人文地理学】地理学の一部門。人間およびその文化・社会・経済などを対象として、その地理的分布、地域的な特色、地域間や環境との関係などを研究する学問。➡自然地理学

しんぶん-や【新聞屋】❶新聞を販売・配達する店。また、それを業とする人。❷新聞を発行する側の者。特に、新聞記者をいう。ぶんや。

しん-ぺい【親米】アメリカ合衆国に対して親しみをもっていること。「一派」
しん-ぺい【神兵】神のつかわした兵士。また、神に守られた兵士。
しん-ぺい【新兵】新しく兵士になった者。新入営の兵。⇔古兵。
しん-ぺい【親兵】❶君主などの側近くに仕える兵。❷▶御親兵ごしんぺい
じんぺい【甚平】「じんべえ(甚兵衛)」に同じ。
じんべい-ざめ【甚平×鮫】サメ目ジンベイザメ科の海水魚。魚類では最大で、ふつう全長約10メートルで、20メートルのものも知られる。口は頭部前端にあり、歯は小さく、動物プランクトンや小魚を食べる。性質はおとなしい。卵生。外洋性で、世界の温・熱帯海域に分布。じんべえざめ。
しんぺいたい-じけん【神兵隊事件】昭和8年(1933)愛国勤労党の天野辰夫ら右翼が、陸海軍将校を加えて計画したクーデター未遂事件。
しん-へいみん【新平民】明治4年(1871)の太政官布告によって、それまでの賤民扱いから平民に編入された人々に対する新たな差別的呼称。
じんべえ【甚▽兵▽衛】ジンベ 袖なし羽織。もと綿入れで冬季に用いた。現代では主に男子の夏の室内着。広袖で、丈はひざ下くらい、脇に馬乗りをあけ、前は付けひもで結ぶ。じんべい。じんべ。(季 夏)
じんべえ-ばおり【甚▽兵▽衛羽織】ジンベ 陣羽織に似て、木綿製で綿入れの袖無し羽織。下級武士・民間用。
しん-ぺき【深×碧】濃いみどり色。ふかみどり。「一の淵」
しん-べつ【神別】古代、氏族を類別した呼称の一。神代の神々の後裔こうえいと伝えられる諸氏。藤原氏など。➡皇別 ➡諸蕃しょばん
しん-べん【唇弁｜唇×瓣】❶二枚貝の口の両側にある薄い弁膜。食物を選別する。❷唇形花の、くちびる状の花びら。
しん-ぺん【身辺】身のまわり。身近なあたり。「一が騒がしい」「一を警護する」「一整理」
しん-ぺん【神変】《古くは「じんぺん」》人知でははかり知ることのできない、不可思議な変異。
しん-ぺん【新編｜新×篇】新しく編集したり、編成したりすること。また、そのもの。「一日本芸能史」
しんぺん-ざっき【身辺雑記】自分の身のまわりで起きたことを、とりとめもなく書きつけること。また、書きつけたもの。
しんぺんついか【新編追加】鎌倉時代の法令集。1巻。編者・成立年代ともに未詳。御成敗式目以降に作成された鎌倉幕府の法令を分類・編集したもの。
しん-ぼ【親母】母親。実の母。⇔親父しんぷ。
しん-ぽ【進歩】〔名〕スル ❶物事がしだいによりよいほうや望ましいほうへ進んでいくこと。「一が早い」「長足の一を遂げる」「技術が一する」⇔退歩。❷歩を進めること。前進。「いっそ橋を越えて…、向う両国へ一」〈魯文・胡瓜遣〉
(類語)(❶)発達・発展・向上・上達・進化・進展・飛躍・進境・日進月歩・進む・好転・上り調子・伸びる
しん-ぽ【新×甫】商品取引所で、月が替わって発会の日に新たに始まる限月。また、その相場。
しん-ぽ【新補】❶新しく官職に補任すること。❷「新補地頭」の略。
シンポ「シンポジウム」の略。
しん-ぼう【心房】バウ 心臓の上方を占める薄い筋肉でできている部屋。両生類以上の高等動物では隔壁によって左心房・右心房に分かれる。
しん-ぼう【心棒】❶車輪・こまなど、回転する物の中心となる棒。回転軸。心木しんぎ。❷物の中心に入れて、支えなどする棒。❸集団やその活動の中心になるもの。「一家の一となって働く」
しん-ぼう【辛×卯】バウ 干支えとの一。かのとう。
しん-ぼう【辛抱】バウ〔名〕スル 《仏語「心法」からか。「辛棒」とも当てて書く》つらいことや苦しいことをがまんすること。こらえ忍ぶこと。「もう少しの一だ」「この店で一〇年間一してきた」➡我慢がまん(用法)
(類語)忍耐・我慢・耐える・耐え忍ぶ・忍ぶ・こらえる・隠忍・忍従・頑張る
しん-ぼう【信望】バウ 信用と人望。「一の厚い人」
(類語)人望・名望・声望・徳望・信用・人気・魅力・受け・名誉・名な・名聞みょうもん・面目・体面・面子メンツ・一分いちぶん・沽券こけん・声価
しん-ぼう【神謀】神わざのようなすぐれたはかりごと。
しん-ぼう【真棒】建築などのとき、地面を突き固めるのに使う太い丸太。引き綱をつけ、やぐらにつり上げては落として地固めをする。真棒胴突き。
しん-ぼう【深房】バウ 家の奥深くにある部屋。
しん-ぼう【深謀】深く考えて立てたはかりごと。「一をめぐらす」(類語)陰謀・策略・計略・作戦・謀略・はかりごと・企み・画策・策動・術策・権謀・謀計・奸策かんさく・詭計きけい・遠謀・深慮・悪だくみ・わな・機略
しん-ぼう【寝房】バウ 寝室。ねま。「子先ず宜く一に入るべし」〈織田訳・花柳春話〉
しん-ぼう【×榛×莽】バウ 草木が群がり茂っている所。また、群がり茂った草木。しんもう。「高山に攀じ一を開き」〈津田真道・明六雑誌一四〉
しん-ぼう【心法】《「しんぽう」とも》❶(ポフ)仏語。㋐一切のものを心しんと色しきとに分けたときの心。心の働きの総称。心王。⇔色法。㋑心のあり方。❷(ポフ)㋐心を修練する法。精神の修養法。㋑もうけ。「一代十万貫目の一なり」〈浮・立身大福帳・一〉
しんぽう【申報】1872年、英国人F＝メージャーによって上海で創刊された中国最初の日刊紙。1912年から中国人の経営となった。49年、人民解放軍に接収され、廃刊。
しん-ぽう【信奉】〔名〕スル ある主義・宗教・学説などを最上のものと信じてあがめ、それに従うこと。「新しい経済思想を一する」
しん-ぽう【神宝】《古くは「じんぽう」「じんぼう」とも》神聖な宝物。また、神社に納められている宝物。かんだから。
しん-ぽう【進奉】さしあげること。進上。
しん-ぽう【新法】パフ ❶新しく定められた法令。新法令。❷北宋の神宗の時、宰相の王安石が制定した法令。国力増強を目的とし、効果を上げたが、大地主・官僚・豪商らの保守派(旧法党)と対立し、政争の種となった。❸新しい方法。新しいやり方。
しん-ぽう【新報】新しい知らせ。また、新しい情報を伝えるもの。新聞・雑誌などの名称としてよく用いられる。
しん-ぽう【親×朋】親しい友人。親友。
じん-ぼう【人望】バウ 信頼できる人物として、人々から慕い仰がれること。「一を集める」「一を失う」(類語)名望・声望・信望・徳望・信用・人気・魅力・受け・信しん・信頼・信任・名な・定評・評判・暖簾のれん・覚え・名誉・名聞みょうもん・面目・体面・面子メンツ・一分いちぶん・沽券こけん・声価
じん-ぼう【尋訪】バウ〔名〕スル おとずれること。訪問。「東海散士を一し、幽蘭女史の境遇を語らん」〈東海散士・佳人之奇遇〉
じん-ぽう【陣法】ヂンパフ 戦の際の陣立ての方法。
しんぼう-えんりょ【深謀遠慮】ヱンリョ《賈誼かぎ「過秦論」上から》遠い将来のことまで考えて周到にはかりごとを立てること。深慮遠謀。
じんぼう-かく【神保格】[1883〜1965]言語学者・音声学者。東京の生まれ。言語理論および音声学を研究。著「言語理論」「国語音声学」など。
しんぼう-さいどう【心房細動】シンバウ— 心房が不規則に興奮する状態。心臓病・絶対性不整脈などの際にみられる。
しんぼうせい-ナトリウムりにょうペプチド【心房性ナトリウム利尿ペプチド】シンバウセイ—リネウ— 心房から分泌されるホルモン。ナトリウム排泄はいせつ増加を伴う利尿をもたらす。血管を拡張する作用もあり、体液量や血圧の調節に重要な役割を果たすことから、心不全の診断・治療薬として利用される。ANP(atrial natriuretic peptide)。➡脳性ナトリウム利尿ペプチド ➡ナトリウム利尿ペプチド
しんぼう-たちやく【辛抱立(ち)役】シンバウ— 歌舞伎の役柄の一。大いに活躍する役に対して、控えめな演技で、忍耐が見所となる立ち役。「五大力恋緘ごだいりきこいのふうじめ」の源五兵衛など。
じんぼう-ちょう【神保町】—チャウ 東京都千代田区北部の地名。明治以来、一帯に多くの大学ができてから、書店・古書店の街として知られる。神田神保町。
しんぼう-づよ・い【辛抱強い】シンバウ—〔形〕㊁しんばうづよ・し〔ク〕よく辛抱するさま。がまん強い。忍耐強い。「一・く機会を待つ」(類語)忍耐強い・粘り強い
しんぼう-どうづき【真棒胴突き】❶真棒で地面を突き、地固めをすること。❷「真棒」に同じ。
しんぼう-にん【辛抱人】シンバウ— 辛抱強い人。辛抱してよく働く人。辛抱者。
しんぽ-かん【親補官】—クワン 明治憲法下で、天皇が自ら任命した高級官吏。大審院長・検事総長・参謀総長・教育総監・軍司令官・師団長・軍令部総長など。
しん-ぼく【臣僕】家来。しもべ。
しん-ぼく【神木】❶神社の境内にある木。特に、その神社にゆかりがあって神聖視されている樹木。一般に、注連縄しめなわを張りめぐらしたり柵さくを設けたりする。❷神霊の宿る木。神樹。多く、榊さかきをいう。❸「春日かすがの神木」に同じ。
しん-ぼく【親睦】〔名〕スル 互いに親しみ合い、仲よくすること。「会員相互の一を図る」「一会」「外邦と交通一せし情形」〈東海散士・佳人之奇遇〉(類語)友好・親交・交遊・交歓・深交・交誼こうぎ・厚誼・昵懇じっこん・懇意・懇親
しん-ほくあく【新北亜区】動物地理区の一。全北区に属し、北アメリカ大陸の大部分を含み、南部はカリブ亜区に、北部は北極亜区に接する地域。プロングホーン・ロッキービーバー・シチメンチョウなどが固有種。
しんぼく-じゅらく【神木▽入×洛】平安末期から室町時代にかけて、興福寺の僧兵が春日神社の神体になぞらえた神木を奉じて京都に入り強訴ごうそしたこと。神木動座。
じん-ほけん【人保険】人の身体または生命について生じる事故を対象とする保険。生命保険・傷害保険・医療保険など。➡物ぶつ保険
しんぽ-こうだいじ【新保広大寺】—クワウダイジ 新潟県の民謡。十日町市付近の踊り歌。もとは越後瞽女ごぜの門付け歌で、十日町の禅寺広大寺の和尚の行状を歌ったものという。瞽女や飴売りなどによって広められ、各地の民謡に影響を与えた。
シンポジウム〖symposium〗聴衆の前で、特定の問題について何人かが意見を述べ、参会者と質疑応答を行う形式の討論会。語源はギリシャ語のシンポシオンから。(類語)ティーチイン・フォーラム
シンポシオン〖ギリシャ symposion〗《ともに飲むことの意》饗宴きょうえん。
シンポジスト《和 symposium＋-istから》シンポジウム参加者。(補説)英語ではsymposiast
しんぽ-じとう【新補地頭】—ヂトウ 承久の乱以後、鎌倉幕府が朝廷方から没収した土地に新たに補任した地頭。➡本補地頭
しんぽ-しゅぎ【進歩主義】社会の矛盾・不合理を変革していこうとする思想・立場。⇔保守主義。
しんぽしゅぎ-きょういく【進歩主義教育】—ケウイク 米国における新教育運動の称。
しん-ほしゅしゅぎ【新保守主義】自由主義経済を基盤とする現行の体制を堅持しつつ、社会福祉や富の分配の平等化など、革新勢力の主張を先取りして保守反動に陥ることを避け、漸進的な政策を進めていこうとする保守勢力の考え方や政策。特に、1970年代から顕著になった、アメリカの政治思想。アメリカの国防・安全保障に重点を置き、軍事力を整え、経済面では競争原理に基づく自由市場を保ち、社会的にはキリスト教への信仰を強め伝統的価値観、社会規律の復活を目指す。ネオコン(neoconservatism の略)。新自由主義。
しん-ぼち【新▽発▽意｜新▽発】発心ほっしんして僧になったばかりの人。仏門に入ってから間もない人。しぼち。しんぼっち。
じん-ぼつ【陣没｜陣×歿】ヂン—〔名〕スル 戦地で死ぬこと。戦没。「日清の戦役に九連城畔であえなく一し

た」〈啄木・雲は天才である〉
類語 戦死・戦没・討ち死に・切り死に

しん-ぼっち【新▽発▽意】▶しんぼち(新発意)

しんぽ-てき【進歩的】〘形動〙進歩しているさま。また、進歩の方向に沿うさま。特に、思想や考え方がその時代の社会一般よりも進んでいこうとしているさま。「一な政策」↔保守的。

しんぽ-とう【進歩党】タウ ㊀明治29年(1896)自由党に対抗し、立憲改進党が立憲革新党などの小政党を合併して組織した政党。党主は大隈重信。同31年の第三次伊藤博文内閣成立後、自由党と合同して憲政党に改組。㊁「日本進歩党」の略称。

しん-ぼとけ【新仏】❶葬られたばかりの死者。❷死後初めての盆に迎えられる死者の霊。あらぼとけ。にいぼとけ。

しんぽ-ゆういち【真保裕一】[1961〜]小説家。東京の生まれ。アニメーション制作会社に勤務するかたわらミステリーを執筆。汚染食品輸入にまつわる犯罪を描いた「連鎖」で江戸川乱歩賞を受賞し作家生活に入る。他に「ホワイトアウト」「奪取」「灰色の北壁」など。

シンボライズ〘symbolize〙〘名〙スル かたどること。象徴すること。「太陽を一したデザイン」

しん-ぼり【新堀】新しくつくった掘り割り。

シンボリズム〘symbolism〙▶象徴主義

シンボリック〘symbolic〙〘形動〙象徴的であるさま。「一な存在」

シンボル〘symbol〙❶象徴。表象。「平和の一」❷ある意味をもつ記号。数字・言葉・身ぶりなどもいう。
類語 象徴・表徴・表象

シンボル-カラー《和 symbol＋color》企業や製品・展示会・博覧会などの主張やテーマに従い、他との識別や宣伝・象徴に使用するように決められた色。

シンボル-マーク《和 symbol＋mark》行事や団体などの象徴として用いられる記号やデザイン。

しん-ぽん【新本】❶新刊の本。❷他人の手に渡ったことのない新しい本。↔古本ふるほん・こほん。

じんぽん-しゅぎ【人本主義】▶人文主義じんぶんしゅぎ

じん-ま【×蕁麻】イラクサの漢名。

しん-まい【神米】神に供えるため、水で洗い清めた白米。洗い米よね。洗米せんまい。饌米せんまい。

しん-まい【新米】❶その年新しくとれた米。収穫当年度産の米。〔季 秋〕「一の坂田は早しもがみ河／蕪村」↔古米。❷《「しんまえ(新前)」の音変化》仕事・芸事などを始めてからまだ日数が少なく、それに慣れていないこと。また、その人。「一の社員」
類語 (❶)玄米・白米・米・古米・古古米／(❷)駆け出し

しん-まえ【新前】マヘ「新米しんまい❷」に同じ。

しん-まく【心膜】心臓を包んでいる二重の膜。心嚢しんのう。

しん-まく【慎×莫】〘名・形動ナリ〙❶まじめで控えめなこと。また、そのさま。実直。律義。「さぞや不自由と思へども、その顔もせず一に、終つひに仕つけぬ賃仕事」〈浄・難波丸金鶏〉❷始末をきちんとすること。よく身の回りの処置をすること。「うぬが身の一でもするがほんただのに」〈人・辰巳園・四〉

慎莫に負え◦ぬ 始末に困る。手のつけようがない。慎莫にいかない。「しばらく取っ組んでゐたが、身が重くて一◦なんだを」〈滑・浮世風呂・四〉

じん-まく【陣幕】ヂン 陣屋に張り巡らす幕。

しんまく-えん【心膜炎】外側の心膜の炎症。リウマチ熱・結核・尿毒症などで合併症として起こることが多い。心外膜炎。心嚢炎しんのうえん。➡心内膜炎

じんまく-きゅうごろう【陣幕久五郎】ヂンマクキウゴラウ[1829〜1903]幕末の力士。第12代横綱。出雲いずもの人。本名、石倉槙太郎。幕内19場所中87勝5敗で「負けず屋」といわれた。➡不知火しらぬい光右衛門(第11代横綱) ➡鬼面山きめんざん谷五郎(第13代横綱)

じんま-しん【×蕁麻×疹】急にかゆくなって平たい紅色の浮腫ふしゅを生じる発疹ほっしん。漆うるしなどの植物や鯖さば・卵などの食品、また、寒冷刺激などによって起こり、数分から数時間で消失する。

しんまち【新町】大阪市西区新町通り付近の称。寛永年間(1624〜1644)に公許遊郭がつくられて繁栄し、江戸の吉原、京の島原と並び称せられた。

しん-マッサージ【心マッサージ】▶心臓マッサージ

しん-まゆ【新繭】その年にとれた繭。〔季 夏〕

しん-マルサスしゅぎ【新マルサス主義】マルサス主義に立つが、人口増加による害悪から逃れる方法として、道徳的抑制によらず、産児制限を主張する思想・運動。1820年代に英国のF＝プレースが主唱。

じん-まわり【陣回り】ヂンまはり 味方の陣営を見回ること。また、その番に当たる将兵。

しん-み【辛味】ぴりっとする辛い味。からみ。

しん-み【真味】そのもののもつ、本当の味わいや趣。「蓋し小説の一を知らざるものなり」〈逍遥・当世書生気質〉

しん-み【新味】今までにない新しい味わいや趣。新鮮み。あたらしみ。「一を出す」「一のない戯曲」

しん-み【親身】〘名・形動〙❶血筋や結婚などで近しくつながっている人。近い身内。近親。「一も及ばない世話をする」❷肉親であるかのように、こまやかな心づかいをすること。また、そのさま。「一な忠告」「一になって面倒をみる」
類語 (❷)親切・厚意・厚志・厚情・懇切・懇篤こんとく

ジンミー〘アラビア dhimmī〙イスラム法に従ってジンマ(安全保障)を与えられた人々のこと。イスラム国家内の非イスラムのことで、主としてユダヤ教徒やキリスト教徒をさす。

しん-みせ【新店】新しく始めた店。開業したばかりの店。

しん-みち【新道｜新▽路】❶新たに設けられた道。しんどう。❷町家の間の通りと通りとをつなぐ狭い道。小路こうじ。

しん-みつ【身密】仏語。三密の一。人知では計り知れない、仏の神秘不思議な身体による行為。手に印契を結ぶことで象徴的に表される。

しん-みつ【深密】〘名・形動ナリ〙《「じんみつ」とも》❶秘密めいて奥深いこと。また、そのさま。「一なる君が匂いの舞踊る」〈荷風訳・九月の果樹園〉❷考えが深く行きとどいていること。綿密。緻密ちみつ。❸《「じんみつ」と読む》仏語。奥深い秘密の教え。

しん-みつ【慎密】〘名・形動ナリ〙つつしみ深くて、よく注意の行き届くこと。また、そのさま。「其動作沈静一なるを見る」〈ファン＝カステール訳・彼日氏教授論〉

しん-みつ【親密】〘名・形動〙互いの交際の深いこと。きわめて仲のよいこと。また、そのさま。「一な間柄」派生 しんみつげ〘形動〙しんみつさ〘名〙
類語 親しい・近しい・心安い・気安い・睦むつまじい・懇意・昵懇じっこん・懇親・別懇・懇ねんごろ・親愛・和気藹藹わきあいあい・仲良し・仲が良い・気が置けない

しんみなと【新湊】富山県北西部にあった市。平成17年(2005)11月、小杉町・大門町・下村・大島町と合併して射水いみず市となった。➡射水

しんみなと-し【新湊市】▶新湊

しんみ-まさおき【新見正興】[1822〜1869]江戸末期の幕臣。外国奉行。万延元年(1860)遣米使節正使として渡米し、日米修好通商条約の批准書を交換した。

しん-みゃく【診脈】脈をみること。診察すること。「一按腹診をも受けたるなど」〈近世畸人伝・五〉

じん-みゃく【人脈】《山脈・鉱脈などになぞらえた語》ある集団・組織の中などで、主義・主張や利害などによる、人と人とのつながり。「豊富な一を誇る」
類語 縁故・つて・手蔓てづる・コネ

しん-みょう【身命】ミャウ ▶しんめい(身命)

しん-みょう【神妙】メウ〘名・形動〙❶人知を超えた不思議なこと。霊妙。しんびょう。「一不可思議な力」❷心がけや行いが立派ですぐれていること。けなげで感心なこと。また、そのさま。殊勝。しんびょう。「一な心がけ」❸態度がおとなしく、すなおなこと。また、そのさま。しんびょう。「一に小言を聞く」「一な顔で控える」派生 しんみょうさ〘名〙類語 殊勝・健気けなげ・奇特

しん-みょう【針妙】メウ ❶宮廷女房の私室にいて、主に裁縫をする上級の女中。「なま一の、衣盗みて小袖になして着たる」〈無名抄〉❷一般の家庭や寺院で、裁縫をさせるために雇う女。寺院では女人禁制であったので、この名目で妻を置く所もあった。「一のすわった形なりに灯がとぼり」〈柳多留・初〉

しん-みょう【深妙】メウ〘名・形動〙《古くは「じんみょう」》奥深くてすぐれていること。また、そのさま。「所謂寸鉄人を殺す一の旨趣を見る事あり」〈逍遥・小説神髄〉

じん-みょう【神名】ミャウ ▶しんめい(神名)

じんみょう-ちょう【神名帳】ジンミャウチャウ 神社とその祭神の名を記した帳簿。特に延喜式の巻9・10をさし、朝廷から祈年祭としごいのまつりの奉幣にあずかる3132座の祭神、2861の神社を国郡別に登載する。しんめいちょう。

じん-みらい【尽未来】「尽未来際さい」の略。

じんみらい-さい【尽未来際】《「じんみらいざい」とも》仏語。未来の果てに至るまで。未来永劫えいごう。永遠。副詞的にも用いる。「一方かたのつく期ごはあるまいと思われた」〈漱石・吾輩は猫である〉

しんみり〘副〙スル ❶心静かに落ち着いているさま。しみじみ。「親子水入らずで一(と)語り合う」❷もの寂しく、湿っぽい気分になるさま。「別れのあいさつに一(と)する」類語 しめやか

しん-みん【臣民】君主国において、君主の支配の対象となる人々。明治憲法下において、天皇・皇公族以外の国民。類語 国民・人民・公民・市民・万民ばんみん・四民・同胞・国人こくじん・国民くにたみ・民たみ・民草たみぐさ・億兆おくちょう・蒼生そうせい・蒼氓そうぼう・赤子せきし

しん-みん【神民】❶日本国民。日本を神国と考えていう。「神国の一である以上、神孫の義務を尽くして」〈藤村・夜明け前〉❷《「じんみん」とも》「神人じにん」に同じ。

じん-みん【人民】❶国家・社会を構成している人々。特に、国家の支配者に対して被支配者のこと。国民。❷国家の基盤をなす政治的主体としての民衆。類語 国民・民・同胞・民草・蒼生そうせい・蒼氓そうぼう・臣民・赤子せきし・万民・大衆・民衆・公衆・民たみ・庶民・平民・常民・市民・勤労者・生活者・一般人・市井しせい人・世人せじん・俗衆・群衆・マス

人民の人民による人民のための政治《government of the people, by the people, for the people》アメリカ大統領リンカーンが1863年11月、ペンシルベニア州のゲティスバーグで行った演説のなかの言葉で、民主主義政治の原則を示したもの。

じんみん-いいん【人民委員】ヰヰン 1946年まで、ソ連およびその加盟共和国の行政執行機関の職名。同年、閣僚と改称。

じんみん-ぎんこう【人民銀行】ギンカウ ▶中国人民銀行

じんみん-げん【人民元】▶元❷

じんみん-けんしょう【人民憲章】ケンシャウ 英国のチャーチスト運動の指導者たちが議会の民主化を目ざして作成した請願書。1837年に起草、翌年全国に配布して政治綱領となった。成年男子普通選挙権、無記名投票、議員の財産資格撤廃、議員への歳費支給、平等選挙区制、毎年選挙の6か条からなる。

じんみん-こうしゃ【人民公社】中華人民共和国で、1958年以来、農業生産合作社と地方行政機関を一体化して結成された、地区組織の基礎単位。農業の集団化を中心に、政治・経済・文化・軍事などのすべてを包括する機能をもった。82年の憲法改正による政社分離の原則に従って解体された。

じんみん-さいばん【人民裁判】❶法律によらず、結束した人民がみずからの力と意志において行う裁判。❷職業的な裁判官と人民の中から選出された代表とが同資格で行う裁判。中国の人民法院などにおける裁判。

しんみん-しゅぎ【新民主義】中国の政治思想で、善者が天理に従って人民を教化し、悪者に打ち勝って人民を向上させていこうとするもの。日中戦争中、華北臨時政府によって提唱された。

じんみん-しゅぎ【人民主義】19世紀後半、ロシアの革命運動で、インテリゲンチア(知識階級)が提唱した共同体的社会主義思想。信奉者をナロードニキといい、専制と農奴制を打倒し、農村共同体を地盤と

した農民社会主義を実現しようとしたが失敗、のちにはテロ行動に走った。

じんみん-しゅけん【人民主権】主権が人民にあること。国民主権。

しん-みんしゅしゅぎ【新民主主義】1940年、毛沢東が提唱した中国革命の指導原理。半封建的、半植民地的な中国における革命は、従来のブルジョア民主主義革命ではなく、プロレタリア階級の指導下に、農民など民主的な諸階級が結集して行う、新しい型の民主主義革命でなければならないとする。

じんみん-せんせん【人民戦線】ファシズムと戦争に反対する政党や団体によって結成された広範な統一戦線。フランスでは1935年6月に成立、36年6月から38年2月にかけて政権を担当、スペインでは36年1月に成立、36年2月から39年初めにかけて政権を担当した。

じんみんせんせん-じけん【人民戦線事件】昭和12年(1937)から翌年にかけ、人民戦線結成を企てたとして、加藤勘十・大内兵衛ら日本無産党や労農派の関係者400余名が検挙された事件。

じんみん-とうひょう【人民投票】►レファレンダム

じんみんにっぽう【人民日報】中華人民共和国の日刊新聞。中国共産党の中央機関紙で、1948年創刊。共産党の思想と方針の周知徹底を目的とし、その記事は党と政府の公式見解を示している。本部は北京にあり、郵便によって全国に配達する方式をとっている。かつて1000万以上を誇った部数は減少傾向にあり、2011年現在約281万部。

じんみん-ふく【人民服】中華人民共和国で広く国民に用いられた男女の洋服。色は濃紺または灰色で、折り襟の上着とズボンからなり、ネクタイは用いない。

じんみん-みんしゅしゅぎ【人民民主主義】第二次大戦後に出現した新しい政治形態。社会主義への過渡的な性格をもち、本質的にはプロレタリア独裁であるが、労働者階級の指導のもとに、反ファシズム統一戦線に参加した諸勢力による民主連合政権を形成しているのが特色。改革前の東欧諸国がその典型的な例。

しん-みんよう【新民謡】大正年間(1912～1926)以後に新しく作詞・作曲された民謡調歌謡。ちゃっきり節など。古来の民謡に対していう。創作民謡。

じんむ【神武】神武天皇のこと。

じん-む【×塵務】俗世間での煩わしい仕事。

じんむ-きげん【神武紀元】神武天皇が即位したという年を元年とする日本の紀元。西暦紀元前660年を神武紀元元年とする。皇紀。

じんむ-けいき【神武景気】昭和31年(1956)ごろの大型好景気のこと。高度成長のさきがけをなした。神武天皇以来、例がないということからの名。

じんむ-このかた【神武×此の方】〔連語〕日本の国が始まって以来。程度のはなはだしいことや、他に例がないことなどを表す。神武以来。神武以往。「一聞いたこともない好景気」

じんむ-じ【神武寺】神奈川県逗子市にある天台宗の寺。山号は医王山。神亀年間(724～729)行基の創建と伝える。中興は円仁。鎌倉将軍源氏3代の信仰を集めた。

じんむ-てんのう【神武天皇】記紀で、第1代の天皇。名は神日本磐余彦。日向を出て瀬戸内海を東へ進み、大和を平定して前660年橿原宮で即位したと伝えられる。

じんむてんのう-さい【神武天皇祭】もと、大祭日の一。毎年、神武天皇崩御の日とされる4月3日に、皇霊殿で天皇がその霊を祭る。神武祭。

しんむら-いずる【新村出】[1876～1967]言語学者・国語学者。山口の生まれ。京大教授。ヨーロッパ言語理論の導入に努め、日本の言語学・国語学の確立に尽力。特に、国語史や語源、外来語、南蛮文化に関する考証など多方面にわたる業績をあげた。文化勲章受章。著「東方言語史叢考」「東亜語源志」、編「広辞苑」など。

しん-め【神▽馬】《「じんめ」とも》神の乗用として神社に奉納する馬。神駒。しんば。

しん-め【新芽】新しく出た草木の芽。若芽。

(類語)芽・木の芽・若芽・冬芽・ひこばえ

しん-めい【身命】身体と生命。自身のいのち。しんみょう。「一を惜しまず看病にあたる」

(類語)命・生命・人命・一命・露命・命脈・生・生・息の根・息の緒・玉の緒

身命を賭す　命を投げ出して努力する。「社の再建に一・す」

しん-めい【神名】❶神の名。じんみょう。❷神社の名称。じんみょう。

しん-めい【神命】神の命令。

しん-めい【神明】❶神。神祇。「天地一に誓ってうそは言わない」❷祭神としての天照大神の称。また、それを祭った神社。神明社。

神明に横道無し　神が非道・不正を行うことはありえない。

しん-めい【×晨明】夜明け。明け方。

じん-めい【人名】人の名。「一録」

(類語)名前・氏名・姓名・姓氏・姓・名字・氏・ファーストネーム・フルネーム・芳名・尊名・高名・貴名

じん-めい【人命】人のいのち。「一救助」「一軽視」

(類語)命・生命・一命・身命・露命・命脈・生・生・息の根・息の緒・玉の緒

じんめい-かんじょう【人名勘定】簿記で、取引先ごとの債権・債務を処理するために、相手方の氏名または商号などを勘定科目として設ける勘定。

しんめい-こう【神明講】天照大神を祭る講中。

しんめい-さいばん【神明裁判】神意を受けて、罪科または訴訟を決定するという考えから行われた裁判。鉄火・熱湯・くじなどを用い、正しければ神の加護により罰を受けないとした。古代の探湯など。神意裁判。神裁。

しんめい-しゃ【神明社】中世以降、天照大神あるいは伊勢両宮をまつる神社。神明宮。

しん-めいせん【新銘仙】縦糸に絹糸、横糸にガス糸、または縦横ともにガス糸を用いて、銘仙に似せて織った織物。

しんめい-づくり【神明造(り)】神社本殿形式の一。切妻造り・平入りで、反りのない屋根を檜皮・茅・銅板などで葺き、破風は交差して棟上で千木となり、その間に鰹木を置く。白木造りが多い。伊勢の神宮社殿の系統のもの。

しんめい-とりい【神明鳥居】鳥居の形式の一。2本の円柱の上に円柱状の笠木をのせ、下に貫を入れた直線的な鳥居。神明造りの神社に多く用いられる。

じんめい-ぼ【人名簿】人名を記載した帳簿。人名帳。名簿。

しんめい-まさみち【新明正道】[1898～1984]社会学者。台北の生まれ。東北大教授。社会の形式と内容との区分を克服した行為連関を主要概念とした総合社会学体系を樹立。著「社会本質論」「社会学史」など。

じんめいよう-かんじ【人名用漢字】戸籍上の人名に用いることができるとして、常用漢字以外に定められた861の漢字。当用漢字以外で使用の認められた「人名用漢字別表」(昭和26年、92字)と「人名用漢字追加表」(同51年、28字)をもとに、世間の要望などを採り入れて順次追加・調整されている。(補説)平成16年(2004)、それまでの290字に許容字体(人名用漢字の異体字)205字と新たな488字が加えられて983字に、同21年にはさらに2字が追加され985字となる。同22年常用漢字表の改定により、129字が常用漢字へと移行し、5字が常用漢字から移行してきたため、現在の字数となった。➡巻末付録「人名用漢字一覧」

じん-めつ【×燼滅】〔名〕焼き尽くすこと。滅ぼすこと。また、滅びてなくなること。「英船齎らし来る所の鴉片を一して」〈吉岡徳明・開化本論〉

シンメトリー〘symmetry〙〔名・形動〕左右対称であること。左右の各部分のつりあいがとれていること。また、そのさま。均斉。「一な図柄」

(類語)対称・線対称・点対称・面対称

シンメトリカル〘symmetrical〙〔形動〕左右対称であるさま。また、釣り合いのとれたさま。シンメトリック。「一な構造(配置)」

シンメトリカル-アクセス〘symmetrical access〙対等の接近。米国の大手企業が主張し始めたもので、技術情報や研究成果の獲得、実現化、科学技術協力などについて、日米間の不均衡を是正して、互いに対等、均等に負担、配分しようという考え方。

シンメトリック〘symmetric〙►シンメトリカル

しんめり〔副〕「しんみり」に同じ。「なんとなく一として水を打ったようであった」〈木下杢太郎・薔薇と巫女〉

しん-メリンス【新メリンス】►新モス

ジンメル〘Georg Simmel〙[1858～1918]ドイツの哲学者・社会学者。カント的認識論から出発し、ニーチェらの影響を受けて「生の哲学」の一段階を開いた。著「歴史哲学の諸問題」「貨幣の哲学」など。

ジンメル-の-とう【ジンメルの塔】《Zimmertoren》ベルギー北部の都市リールにある天文時計がはめ込まれた塔。リール出身の時計作り職人、ルイス=ジンメルが5年の歳月をかけて時計を製作し、1930年にベルギー独立100周年を記念して市に寄贈。

じん-めん【人面】人間の顔。また、人間の顔に似たもの。にんめん。

じんめん-じゅうしん【人面獣心】《「史記」匈奴伝から》顔は人間であるが、心はけだものに等しいこと。恩義や人情を知らない者、冷酷非情な者のたとえ。ひとでなし。にんめんじゅうしん。

じんめん-そ【人面×疽】人の顔に似た、悪性のでき物。

じんめん-ちく【人面竹】ホテイチクの別名。

しん-めんぼく【真面目】〔名・形動〕「しんめんもく(真面目)」に同じ。「一夕医話等と趣を殊にした、一な漢蘭医法比較研究」〈鴎外・渋江抽斎〉

しん-めんぼく【新面目】「しんめんもく(新面目)」に同じ。「一を施す」

しん-めんもく【真面目】〔名・形動〕❶人や物事の本来のありさまや姿。真価。しんめんぼく。「一を発揮する」「一を保つ」❷まじめであること。また、そのさま。しんめんぼく。「此かくも一な煩悶の為に…猶故郷へは帰らず」〈荷風・あめりか物語〉

しん-めんもく【新面目】今までにみられなかった新しい姿・ありさま。しんめんぼく。「一を呈する」

しん-もう【真妄】真実と虚妄。まことと、うそいつわり。

しん-もう【×榛×莽】「しんぼう(榛莽)」に同じ。「終古不開の蝦夷地に徒らせ一を開拓して」〈染崎延房・近世紀聞〉

しんもえ-だけ【新燃岳】宮崎・鹿児島県境にある霧島山の一峰で、成層火山。標高1421メートル。山頂に直径約750メートルの火口をもち、南部に広大な裾野がある。享保元年(1716)に最古の噴火記録がみられ、現在まで断続的に噴火を繰り返している。

しん-もく【心目】❶心と目。「美術は人の一を娯楽し」〈逍遥・小説神髄〉❷最も重要な点。「風友の中の一とす」〈三冊子・赤双紙〉

じん-もく【人目】❶人の目。❷人の見る目。ひとめ。「邪法を行い、一を惑わし」〈芥川・尾形了斎覚え書〉

しん-モス【新モス】《「新モスリン」の略》モスリンに似せて織った、薄地で柔らかな平織り綿布。和服裏地・夜着裏地・肌着などに用いる。新メリンス。綿モス。

しん-もつ【神物】《「じんもつ」とも》❶神事に使う道具類。また、神に供える物。❷霊妙なもの。しんぶつ。

しん-もつ【進物】人に差し上げる品物。贈り物。「御一用品」(類語)プレゼント・付け届け・ギフト・お遣い物

しん-もって【神▽以て】〔副〕❶(下に打消しの言葉を伴って用いる)神かけて。決して。「密通をいたせしこと一存ぜず」〈滑・膝栗毛・発端〉❷まことに。実に。「いまだよしみなきに、さばかり御心ざしのうれしさ、一忘れがたし」〈浮・伝来記・一〉

しんもつ-どころ【進物所】❶平安時代、宮内省内膳司に属し、供御の調理をつかさどった所。❷貴族の邸宅で、食事の調理をした所。

しんもつ-ばん【進物番】江戸幕府の職名。若年寄に属し、大名・旗本などからの献上品や、将軍からの下賜品などをつかさどった。

しんもつ-ぶぎょう【進物奉行】鎌倉幕府の職名。朝廷・公卿などへの進物をつかさどった。

しん-もん【心門】開放血管系をもつ動物の心臓にある血液の流入口。節足動物では心臓の左右に原則として体節ごとに一対ずつあり、弁をもつ。

しん-もん【神文】起請の内容に偽りがあったり違背した場合、神仏の罰を受けるべき旨を記した文。➡起請文

しん-もん【神門】《「じんもん」とも》神社の門。楼門・唐門・四脚門などの形式が採用される。

しん-もん【真文】❶仏・菩薩の説いた文句。しんぶん。❷梵字で書かれた経文。梵文。

しん-もん【真門】仏語。真実の法門。浄土真宗で、阿弥陀仏の第18願の絶対他力の念仏に対して、第20願の自力の念仏の教えをいう。方便真門。⇔仮門。

しん-もん【審問】〔名〕スル ❶事情などを詳しく問いただすこと。「遅延事由を―する」❷裁判所が事件を審理するため、口頭弁論によらず、当事者や利害関係人に口頭または書面で問いただすこと。❸行政機関の行う聴聞。類語 糾問・喚問・査問・尋問・調べる

しん-もん【×顖門】泉門❶の旧称。

じん-もん【人文】►じんぶん(人文)

じん-もん【刃文】「はもん(刃文)」に同じ。

じん-もん【陣門】陣営の門。軍門。

陣門に降・る　敵に敗れて降参する。降伏する。軍門に降る。「敵の―・る」

じん-もん【尋問|×訊問】〔名〕スル ❶問いただすこと。取り調べとして口頭で質問すること。「挙動不審の男を―する」❷訴訟において、裁判所または当事者が証人などに対して質問を発し、強制的に返答させること。類語 糾問・審問・喚問・査問・調べる

しんもん-たつごろう【新門辰五郎】[1800〜1875]江戸末期の侠客。江戸の人。浅草寺に新設された門の番人となり、新門辰五郎とよばれた。火消し人足から町火消し十番組の頭となり、のち、徳川慶喜に重用され、その身辺警護にあたった。

じんもん-ちょうしょ【尋問調書】尋問の一部始終を記録した文書。

しんもん-てっか【神文鉄火】神に誓いの言葉を述べ、赤熱した鉄を握って身の潔白を証明すること。「面々の身晴れに―、といふ人あり」〈浮・桜陰比事・一〉➡鉄火㊀❻

しん-や【心矢|真矢】くい打ち機の一。中央に鉛直に立てられた長い鉄棒に孔をあけた鉄のおもりを通し、これを引き綱で上げ、鉄棒の下端に接するくいの頭に落として打ち込む。

しん-や【×晨夜】朝と夜。また、朝はやくから夜おそくまで。夙夜。

しん-や【深夜】真夜中。よふけ。深更。「―放送」「―労働」類語 夜中・真夜中・夜半・夜更け・深更・ミッドナイト

しん-や【新家】❶新しく建てた家。新築の家。新宅。❷本家から分かれて、新たに独立した家。分家。新宅。しんけ。

じん-や【陣屋】❶軍勢が駐屯して宿営している所。陣所。陣営。❷平安時代、宮中の警固にあたった兵士の詰め所。また、その兵士。陣。❸江戸時代、城を持たない小大名や交替寄合の屋敷。また、旗本・郡代・代官などの支配地における役宅や屋敷。類語 陣地・陣・陣営・陣所・軍陣・敵陣・戦陣・トーチカ・橋頭堡

しんや-きっさ【深夜喫茶】深夜まで営業する喫茶店。昭和30年(1955)ごろから東京・大阪などで流行した。

しんや-ぎょう【深夜業】深夜に行われる業務。労働基準法では、午後10時から午前5時までの間の労働。例外として、午後11時から午前6時までの間の労働もいう。深夜労働。

しん-やく【沈約】[441〜513]中国、南北朝時代の詩人・学者。武康(浙江省)の人。字は休文。宋・斉に仕えたのち、梁の武帝に仕えた。詩文をよくし、また音韻理論を研究し、詩の八病説を唱えた。その詩は永明体とよばれる。著「宋書」「四声譜」など。

しん-やく【信約】信頼するに足る約束。誓約。ちかい。

しん-やく【神薬】不思議な特効のある薬。霊薬。

しん-やく【新約】㊀新しい契約・約束。㊁「新約聖書」の略。

しん-やく【新訳】❶新しい翻訳。また、その書物。⇔旧訳。❷仏教経典で、一般的に唐の玄奘以後の漢訳をいう。➡旧訳

しん-やく【新薬】新しくつくられ、発売された薬。

じん-やく【腎薬】漢方で、滋養強壮・精力増進の薬。

しん-やくしじ【新薬師寺】奈良市高畑町にある華厳宗の別格本山。山号は日輪山。天平19年(747)光明皇后が聖武天皇の病気平癒を祈願して建立したと伝える。開山は行基。奈良時代末期の遺構をとどめる本堂や薬師如来坐像・十二神将像などは国宝。香山寺。香薬師寺。香薬寺。香山薬師。

しんやくせいしょ【新約聖書】《新約は神がイエス＝キリストをもって新たに人類に与えた契約の意》キリスト教の聖典である聖書のうち、キリスト誕生後の神の啓示を記したもの。イエス＝キリストの生涯と言行を記した福音書、弟子たちの伝道記録である使徒行伝、使徒たちの書簡、黙示録など全27巻からなる。➡旧約聖書

しん-やしき【新屋敷】❶新しく開墾・造成した屋敷地。❷新築の屋敷。新家。❸分家。新宅。

しん-やすね【新安値】株式相場で、過去になかった安い値段。⇔新高値。

しんや-そうしょ【深夜叢書】《フランス Éditions de Minuit》第二次大戦中、ドイツ軍占領下のパリで刊行された非合法出版の文学叢書。ベルコールの主宰。深夜版。

しんやばけい【深耶馬渓】大分県北西部、耶馬渓を流れる山国川の支流、山移川の渓谷。

しん-やま【新山】新たに開発された鉱山。また、新たに材木を切り出しはじめた山林。

しん-ゆ【神癒】信仰や祈祷によって病気がなおること。

しん-ゆ【新湯】沸かしたてで、まだ人が入っていない風呂。また、その湯。あらゆ。さらゆ。

しん-ゆう【心友】心の通い合った友。同心の友。「老いの身を互に劬りあうような―が欲しい」〈中山義秀・厚物咲〉類語 親友・知友・畏友

しん-ゆう【辛×酉】干支の一。かのととり。

しん-ゆう【神×佑|神×祐】神の助け。神助。「―を祈る」「―天助」類語 天助・天佑・神助

しん-ゆう【×宸憂】天子の悩み。天子の心配。

しん-ゆう【真友】真の友人。ほんとうの友。

しん-ゆう【真勇】まことの勇気。本当の勇気。

しん-ゆう【深憂】大きな心配・悩み。深いうれえ。「唯寂然として、―の中に在りき」〈竜渓・経国美談〉

しん-ゆう【親友】互いに心を許し合っている友。特に親しい友。「無二の―」類語 知友・心友・畏友

しんゆう-かくめい【辛×酉革命】古代中国の讖緯説で、干支が辛酉にあたる年には革命が起こるとする説。日本では平安時代以後、この年に改元することが多かった。

しんゆ-き【親油基】►疎水基

しん-よ【神×輿】《「じんよ」とも》神霊を安置する、こし。祭礼のときなどに担ぐ。みこし。

しん-よ【×宸×輿】天子の乗る、こし。

じん-よ【×燼余】燃えさし。燃え残り。「空しく―の断骨に相見て」〈紅葉・金色夜叉〉

しん-よう【心葉】《「こころば」を音読みにした語》挿頭としてつける造花。「銀の―、鬢に取って付け」〈浄・振袖始〉

しん-よう【信用】〔名〕スル ❶確かなものと信じて受け入れること。「相手の言葉を―する」❷それまでの行為・業績などから、信頼できると判断すること。また、世間が与える、そのような評価。「―を得る」「―を失う」「―の置けない人物」「店の―に傷がつく」❸現在の給付に対して、後日にその反対給付を行うことを認めること。当事者間に設定される債権・債務の関係。「―貸付」類語 (❶)信憑・信認(―する)信ずる・真に受ける/(❷)信・信頼・信任・信望・人望・名・定評・評判・暖簾・覚え・名望・声望・徳望・人気・魅力・受け・名誉・名聞・面目・体面・面子・一分・沽券・声価

しん-よう【針葉】細く、先のとがった針状の葉。

しん-よう【新陽】はつはる。新春。

しんよう【瀋陽】中国遼寧省の省都。東北地区の政治・経済・文化の中心地。重工業が盛ん。1625年から清(後金)の都。のち、盛京と改称。1644年からは奉天とよばれた。日露戦争会戦地。郊外の柳条湖は満州事変の勃発地。人口、行政区530万(2000)。シェンヤン。

じん-よう【陣容】❶軍隊の配置・編制のありさま。陣立て。「―を整える」❷団体や組織などの、構成員の顔ぶれ。「執行部の―を一新する」

じんよう【潯陽】中国古代に、現在の江西省の揚子江岸九江市付近に置かれた郡と県の名称。この付近で揚子江は潯陽江とよばれ、白居易の「琵琶行」に歌われた。

しんよう-うり【信用売(り)】株式の信用取引で、証券会社から株を借りて売ること。6か月以内に決済しなければならない。⇔信用買い。➡信用取引

しんよう-がい【信用買(い)】株式の信用取引で、証券会社から資金を借りて株を買うこと。6か月以内に決済しなければならない。⇔信用売り。➡信用取引

しんよう-がし【信用貸し】貸し手が借り手を信用して、担保・保証なしで金銭などを貸し付けること。⇔抵当貸し。

しんよう-かへい【信用貨幣】貨幣代用物として流通し、本来の貨幣の支払約束をあらわす債務証書。銀行券・預金通貨など。

しんよう-かんわ【信用緩和】中央銀行が、従来は買い入れの対象としていなかったリスク資産を購入したり、企業に直接融資したりする政策。信用収縮によって流動性が極端に低下した特定の金融市場に対して直接資金を供給することにより、市場機能の改善を図る。非伝統的金融政策の一。➡量的緩和

しんよう-きかん【信用機関】銀行・信用協同組合や質屋などの金融機関のこと。

しんようきそんおよびぎょうむぼうがい-ざい【信用毀損及び業務妨害罪】風説の流布や偽計により、他人の信用を失わせる罪。また、偽計業務妨害罪のこと。刑法第233条が禁じ、3年以下の懲役または50万円以下の罰金に処せられる。信用毀損罪。信用毀損業務妨害罪。補説 この場合の業務とは、職業として行う経済活動だけでなく、広く、人の反復的な社会活動一般を指す。

しんようきそんぎょうむぼうがい-ざい【信用毀損業務妨害罪】►信用毀損及び業務妨害罪

しんようきそん-ざい【信用毀損罪】►信用毀損及び業務妨害罪

しんよう-きょうこう【信用恐慌】金融市場における信用関係が崩壊し、現金に対する需要が銀行に殺到するため、支払い手段としての貨幣の供給が逼迫して、新しい信用取引が不可能となること。また、それによって起こる恐慌。

しんよう-きょうどうくみあい【信用協同組合】中小企業等協同組合法による協同組合の一。組合員に対する資金の貸し付け・手形割引、預金・定期積金の受け入れなどの事業を行う。信用組合。信組。

しんよう-きょうよ【信用供与】金融機関の信用貸

付、企業間信用、株式の信用取引などのように、他人に資金・商品などを貸与してその利用に供すること。

しんよう-きんこ【信用金庫】信用金庫法に基づいて設立された協同組織の金融機関。一定地区内に住所または居所、事業所を有する者、また、その地区内において勤労に従事する者が会員となって出資する。預金・定期積金の受け入れ、会員への貸し付け・手形割引、為替取引などの業務を行う。

しんよう-くみあい【信用組合】❶明治33年(1900)の産業組合法に基づいて設立された信用・販売・購買・利用の各事業を行う産業組合の一。昭和24年(1949)そのほとんどが信用協同組合に改組し、同26年そのうちで金融機関としての性格が強いものは信用金庫になった。❷「信用協同組合」の略。

しんよう-けいざい【信用経済】貨幣経済が一段と進んで、小切手・手形・株式・社債などが広く流通し、信用が経済生活の中で大きな役割を果たしている経済。➡自然経済 ➡貨幣経済

しんよう-じゅ【針葉樹】針葉をつける樹木。裸子植物のマツ・スギ・ヒノキ・イチイなど。㊀広葉樹。

しんよう-しゅうしゅく【信用収縮】金融機関が貸し出しを抑制することにより、金融市場に資金が十分に供給されなくなる状態。不良債権の処理などに伴い、金融機関の自己資本比率が低下して貸し出し能力が極端に低下したことなどが原因で、金融機関が資金の回収を急いだり、信用力のない企業と現金取引を行うなどの制限を設けた状態。➡クレジットクランチ

しんよう-しゅっし【信用出資】自己の信用を会社などに利用させることを目的とする出資。民法上の組合や合名会社、および合資会社の無限責任社員にのみ認められる。会社の振り出す手形の引き受け・裏書き、会社のために物的担保を提供するなど。

しんようじゅ-りん【針葉樹林】針葉樹が優占種となっている森林。主に北半球に分布。トウヒ・シラビソ・トドマツなどが多い。

しんよう-じゅんかんせつ【信用循環説】信用がしだいに生成し、事業を盛んにして活発になり、恐慌が起こって衰えさせるという信用の盛衰を、生物の生命現象にたとえて説いたJ=S=ミルらの学説。

しんよう-じょう【信用状】銀行が取引先の依頼に応じて、その信用を保証するために発行する証書。発行銀行は、信用状における一定の条件のもとで、自己または買い主にあてて売り主が振り出す手形の引き受け・支払いを保証する。一般に、輸入者の依頼による荷為替信用状(商業信用状)をいう。LC。

しんよう-しょうけん【信用証券】後日に債務が履行されるという信認に基づいて流通し、信用の手段としての機能をもっている証券。手形・債券など。

しんよう-そうぞう【信用創造】銀行などの金融機関が本源的な預金を貸し出し、その貸出金が再び預金されてもとの預金の数倍もの預金通貨を創造すること。預金創造。➡預金通貨

しんよう-ちょうさ【信用調査】金銭の貸し付けや手形割引などの取引をするとき、取引先の弁済能力を判断するために資産状態・営業状態などを調査すること。

しんよう-てがた【信用手形】信用に基づく無担保の手形。

しんよう-とりひき【信用取引】❶信用による取引。❷証券会社が顧客に一定の委託保証金を預託させ、買付代金または売付株券を貸し付けることによって行わせる株式取引。

しんようのうぎょうきょうどうくみあい-れんごうかい【信用農業協同組合連合会】JAバンクを構成する地域金融機関。農業協同組合(JA)と連携し、都道府県域で貯金・融資・為替その他の金融サービスを提供する。信連。

しんよう-はんばい【信用販売】買い手に信用を供与し、代金後払いを認める販売方法。信販。

しんよう-ひっぱく【信用×逼迫】▶クレジットクランチ

しんよう-ふあん【信用不安】▶金融不安

しんよう-ぼうちょう【信用膨張】中央銀行による資金供給や、それに伴う低金利などが原因で、市中に多くの貨幣が流通すること。証券化など、さまざまな金融手法による信用供与も一因となる。多くの貨幣が流通すると、人々の購買力が増すため、物や金融商品の価格が過度に上昇し、バブル経済の発生につながる。

しんよう-ほけん【信用保険】損害保険の一。被用者の窃盗・強盗・詐欺・横領・背任などの行為によって使用者の被った損害を塡補する身元信用保険と、債務者の債務不履行によって債権者の被った損害を塡補する貸倒保険とがある。

しんよう-ほしょう【信用保証】独力で金融機関から融資を受けられない企業が、信用保証協会・信用保証会社などに料金を払って保証してもらい融資を受ける方式。企業が返済できないときは協会が返済する。消費者金融についても信販会社などが保証を行っている。

しんようほしょう-きょうかい【信用保証協会】昭和28年(1953)制定の信用保証協会法に基づいて設立された特殊法人。中小企業の経営者が金融機関から融資を受けるとき、その債務を保証する機関。経営者が返済に行き詰まったときは協会が代わって返済し、その後に協会が資金を債務者から回収する。融資決定時に債務者は金利とは別に保証料を支払う。

しんよう-めいがら【信用銘柄】信用取引の対象となる第一部上場銘柄のうち、証券金融会社が貸借取引を認めている一定の銘柄。信用取引銘柄。

しんよう-リスク【信用リスク】貸出先・投資先の財務状況の悪化などで、元利の回収遅滞、資産価値の減少などが生じることで損失を被るリスク。貸し倒れリスク。クレジットリスク。デフォルトリスク。

しんようわかしゅう【新葉和歌集】南北朝時代の準勅撰和歌集。20巻。宗良親王撰。弘和元=永徳元年(1381)成立。歌数約1420首。元弘(1331～1334)以来の南朝方の撰歌集。逆境にあって、悲憤の感慨を詠んだ歌が多い。

じん-よく【人欲】人間の欲望。

しんよしわら【新吉原】江戸時代、明暦の大火後に日本橋から浅草に移転した遊郭の呼称。➡吉原

しん-ら【森羅】〘名〙スル《樹木が茂り連なる意から》❶無数に並び連なること。「外間に一せる所の品物及び天然不測の力と」〈逍遥・小説神髄〉❷天地の間に存在するもろもろのもの。

しんら【新羅】▶しらぎ(新羅)

しん-らい【信頼】〘名〙スル 信じて頼りにすること。頼りになると信じること。また、その気持ち。「一できる人物」「両親の一にこたえる」「医学を一する」

類語 信用・信任・信憑・覚え・信・信望・人望・名・定評・評判・暖簾・名望・声望・徳望・人気・魅力・受け・名誉・名聞・面目・体面・面子・一分・沽券・声価・不信任

信頼すべき筋 新聞などで、出所を明らかにはできないが、信頼できる関係者からの情報であることを示すのに使われる語。➡権威筋 ➡消息筋

しん-らい【神来】神がのりうつったかのように、突然、霊妙な感興を得ること。インスピレーション。「芸術の一の如きものは」〈西田・善の研究〉

しん-らい【神×籟】妙なる響き。すぐれた音楽・詩歌などをたたえていう。

しん-らい【新来】新しく来ること。また、そのものや人。「一の客」類語 新しい・新た・新規・新・新調・新型・新式・新手

じん-らい【人×籟】人の作り出すさまざまな音。「一すべて絶えて」〈蘆花・自然と人生〉

じん-らい【迅雷】激しい雷鳴。「疾風一」季 夏

類語 雷・雷・鳴る神・雷・雷鳴・雷電・天雷・急雷・疾雷・霹靂・雷公・遠雷・春雷・界雷・熱雷・落雷・稲妻・稲光・電光・紫電

迅雷耳を掩うに暇あらず 《「晋書」石勒載記上から。急に鳴りだす雷には耳をふさぐ間もないの意》事態が急に変わったので、対処する時間がないことのたとえ。疾雷耳を掩うに暇あらず。

しんらいじょうせい-そち【信頼醸成措置】▶シー-ビー-エム(CBM)

ジン-ライム〘gin lime〙氷を入れたグラスに、ジンとライム果汁を注ぎ入れたカクテル。➡ギムレット

しん-ラウンド【新ラウンド】▶ドーハラウンド。

しんら-さぶろう【新羅三郎】源義光の通称。

しん-らつ【辛辣】〘名・形動〙《舌をひりひりさせるほどからい意から》言うことや他に与える批評の、きわめて手きびしいさま。「一をきわめる」「一な風刺漫画」派生 しんらつさ〘名〙類語 手厳しい・痛烈・シビア・冷厳

しんら-ばんしょう【森羅万象】宇宙に存在する一切のもの。あらゆる事物・現象。しんらまんぞう。◆人名別項。

類語 自然・天然・天工・造化・天造・原始

しんら-ばんしょう【森羅万象】[1754～1808]江戸後期の狂歌師・戯作者・医師。江戸の人。本名、森島中良、のち桂川甫斎。通称、甫粲。狂号、竹杖為軽。平賀源内の門人で、2世風来山人と称した。洒落本「田舎芝居」など。しんらまんぞう。

しんら-まんぞう【森羅万象】「しんらばんしょう(森羅万象)」に同じ。「御主デウス一ヲツクリタマウ」〈日葡〉

しんら-みょうじん【新羅明神】園城寺の鎮守神。新羅善神堂に祭られている。広義には新羅国の神の意。

しんらりょうおう【新羅陵王】雅楽。唐楽。壱越調で古楽の小曲。もとは沙陀調。舞は廃絶。現在、急の楽章だけが残り、「陪臚」の急にも転用される。円長楽。

しんらん【親鸞】[1173～1262]鎌倉初期の僧。浄土真宗の開祖。日野有範の子。比叡山で天台宗などを学び、29歳のとき法然に師事し、他力教に帰した。師の法難に連座して越後に流され、ここで恵信尼と結婚し、善鸞と覚信尼をもうけた。のち、許されて常陸・信濃・下野などを教化し、浄土真宗を開き、阿弥陀による万人救済を説いた。著「教行信証」「愚禿鈔」など。見真大師。➡御正忌 ➡大遠忌

しん-り【心理】❶心の働きやありさま。精神の状態。「複雑な一」「深層一」❷「心理学」の略。

類語 気・心機・神経

しん-り【心裏｜心×裡】心のうち。心中。「その墓の下の人が自分の一によみがえって来る」〈志賀・和解〉

類語 胸・胸裏・胸中・胸間・胸底・胸奥・胸臆・肺腑・心・心中

しん-り【真理】❶いつどんなときにも変わることのない、正しい物事の筋道。真実の道理。「永遠不変の一」「一の探究」❷哲学で、㋐思惟と存在あるいは認識と対象との一致。この一致については、いくつかの説がある。㋑プラグマティズムでは、人間生活において有用な結果をもたらす観念をいう。❸仏語。真実で永遠不変の理法。真如。類語 真実・真・実

しん-り【審理】〘名〙スル ❶事実や条理を詳しく調べて、はっきりさせること。❷裁判の対象になる事実関係および法律関係を裁判所が取り調べて明らかにすること。「事件を一する」

類語 裁判・訴訟・公判・審判・調べる

しんり-がく【心理学】生物体の意識や行動を研究する学問。古くは形而上学の中に含まれ、精神や精神現象を問う学問であったが、19世紀以降実験的方法をとり入れて実証科学として確立。一般心理学・動物心理学・発達心理学・社会心理学・臨床心理学など、多数の分野がある。

しん-りき【心力】▶しんりょく(心力)

しん-りき【信力】仏語。仏やその教えを信じ従う強い気持ち。信仰の力。また、信心の功力。

しん-りき【神力】《「じんりき」とも》神の通力。また、霊妙不可思議な力。霊力。しんりょく。

じん-りき【人力】❶▶じんりょく(人力)❷「人力車」

の略。
じんりき-しゃ【人力車】後ろの座席に人を乗せ、梶棒を両手で持ち、人の力で引く二輪車。明治2年(1869)和泉要助・高山幸助・鈴木徳次郎らが考案し、明治・大正にかけて盛んに利用された。力車。
しんり-きょう【神理教】神道十三派の一。佐野経彦が明治13年(1880)に神理教会を創設したのが始まり。同27年に一派独立。佐野氏の祖とされる饒速日命の伝えをもとに教義を形成。
しんり-げき【心理劇】▶サイコドラマ
しんり-げんごがく【心理言語学】言語に関係する活動のすべてを対象とする心理学の一分野。言語の習得、二言語使用、語用論、言語と思考の関係に関する研究など、多様な分野を含む。
しんり-しゅぎ【心理主義】哲学の基礎を心理学に求める立場。特に、論理学や認識論上の諸問題を心理的な経験や過程に還元し、解明しようとする立場。⇔論理主義。
しんり-しょうせつ【心理小説】作中人物の心理の動きに焦点を当て、その観察・分析を主眼とする小説。フランスを中心に発展したもので、スタンダール・ドストエフスキー・ジョイス・プルーストなどが代表的。
しんり-せんそう【心理戦争】喧伝やマスコミによって相手国の世論や行動に圧力を加え、自国の外交や戦争を有利に運ぶ方法。心理戦。
しんりそう-しゅぎ【新理想主義】19世紀後半から20世紀にかけて、ドイツ観念論の精神にたちかえり、さらに発展させようとした哲学的傾向。自然主義・実証主義・唯物論に対する反動として起こった。新カント学派・オイケン・ベルクソン・クローチェら。文芸上では、自然主義や写実主義への反動として現れたトルストイらの理想主義的傾向をさすこともある。
しんり-ち【真理値】論理学で、命題のとりうる真・偽のこと。多値論理学では、例えば真・偽・真偽不明のような三値、またはそれ以上の値がありうる。
しん-りつ【森立】多くのものが並んで立っていること。林立。
しん-りつ【新律】新しく制定された法律。新法。
しん-りつ【震慄】〔名〕スル 恐れおののくこと。戦慄。「その幻術に似たる力は一層の強さを加え、我手足は―せり」〈鷗外訳・即興詩人〉
しんりつ-こうりょう【新律綱領】明治政府のもとでの最初の刑法典。明治3年(1870)発布。江戸幕府や中国の刑法典をもとにして作成され、華族・士族に閏刑を認めるなど、刑に身分的差別を設けていた。同15年の旧刑法施行まで行われた。
しんり-てき【心理的】〔形動〕心の働きに関するさま。「一な効果をねらう」類語 精神的・心的
しんりてき-デブリーフィング【心理的デブリーフィング】▶デブリーフィング
しんりてき-りにゅう【心理的離乳】子が親への依存から離れて独立すること。また、精神療法で、患者が治療者から精神的に独立することにもいう。
しんり-ひょう【真理表】数学や論理学で、いくつかの命題を合成して新しい命題を作ったとき、もとの命題の真偽と合成命題の真偽との関係を示す表。真理値表。
しんり-びょうしゃ【心理描写】小説などで、作中人物の心理過程や意識の内面を分析して描き出すこと。
しん-りゃく【侵略｜侵×掠】〔名〕スル 他国に攻め入って土地や財物を奪い取ること。武力によって、他国の主権を侵害すること。「隣国を―する」「一戦争」
類語 侵害・侵寇・侵犯
しんりゃく-しゅぎ【侵略主義】他国を侵略して自国の領土を拡張することを政策とする主義。
しん-りゅう【新柳】春、新芽を吹いた柳。
しん-りょ【心慮】心に思っていること。考え。思慮。「一を悩ます」
しん-りょ【神慮】神のおぼしめし。神のみこころ。転じて、天子の心。天意。
しん-りょ【×宸慮】天子の考え。叡慮。
しん-りょ【深慮】深く考えをめぐらすこと。深い考え。深思。「遠謀―」⇔浅慮。類語 陰謀・策略・計略・作戦・謀略・はかりごと・企み・画策・策動・術策・権謀・謀計・奸策・詭計・深謀・遠謀・悪だくみ・わな・機略
じん-りょ【×塵慮】俗世間の名利を欲する心。
しん-りょう【臣僚】多くの臣下や役人。
しん-りょう【津×梁】❶渡しと橋。また、渡し場の橋。❷物事の橋渡しとなるもの。つて。手だて。❸仏語。仏徳や仏の教えをたとえた語。衆生を救って彼岸に渡す意からいう。
しん-りょう【神領】《「じんりょう」とも》神社の所有地。神社の領地。社領。
しん-りょう【診療】〔名〕スル 医師が患者を診察し、治療すること。「土曜日は午前中のみ―します」「一中」類語 治療・加療・療治・手当て・手術・施療
しん-りょう【新涼】秋の初めの涼しさ。初秋の涼気。季 秋「一や仏にともし奉る/虚子」
しんりょう-か【診療科】病院や診療所で、専門に診療する分野をいう。内科・外科・眼科など。補説 広告に使える診療科名は従来38種類であったが、平成20年(2008)の医療法等改正に伴い、規制が緩和された。この措置は患者・住民が自分の病状に合った適切な医療機関を選択しやすくすることを目的とするもので、広告に表示できる診療科名は大幅に増えたが、診療内容の性格に応じた最小限必要の事項を表示することが義務づけられ、虚偽・誇大な表示などは認められない。
しんりょう-かんごし【診療看護師】▶ナースプラクティショナー
しんりょう-くん【信陵君】[?～前243]中国、戦国時代の貴族。名は無忌。魏の昭王の子。門下に食客3000人を集めたという。秦の侵入に対抗し、これを函谷関に討って勇名を広めたが、流言によって失脚し失意のうちに病死。戦国の四君の一人。
しんりょう-じょ【診療所】《「しんりょうしょ」とも》医師・歯科医師が診察・治療を行う施設のうち、病院より規模の小さいもの。医療法では入院用ベッド数19以下のものをいう。一般には医院と称することが多い。類語 病院・医院・療養所・サナトリウム・クリニック・ホスピス・産院
しんりょう-ないか【心療内科】精神身体医学の立場から病気を内科的に診断・治療する、臨床医学の分野。
しんりょうほうしゃせん-ぎし【診療放射線技師】▶放射線技師
しんりょう-ほうしゅう【診療報酬】保険診療の際、医療サービスに対し、公的医療保険から病院・診療所など医療機関や調剤を行った薬局に支払われる報酬。検査・手術・投薬などの診療行為や医薬品ごとに決まっている公定価格から算出して支払われる出来高払い方式、一定範囲の診療行為の報酬を定額で支払う包括払い報酬などがある。出来高払い方式の公定価格は点数で表示され、原則として2年に一度改定される。補説 国民の約4割が加入する国民健康保険は市町村(特別区)が保険者(経営の主体)であるため、診療報酬の増額は地方財政を圧迫することになる。
しんりょうほうしゅうしはらい-ききん【診療報酬支払基金】▶社会保険診療報酬支払基金
しんりょうほうしゅうせいきゅう-めいさいしょ【診療報酬請求明細書】▶レセプト
しんりょうほうしゅう-めいさいしょ【診療報酬明細書】▶レセプト
しんりょ-えんぼう【深慮遠謀】「深謀遠慮」に同じ。
しん-りょく【心力】心の働き。精神力。しんりき。
しん-りょく【信力】❶自分を信頼する心。自信。「三分の不安と七分の一をもって、彼女の来訪を待ち受けた」〈漱石・明暗〉❷▶しんりき(信力)
しん-りょく【神力】▶しんりき(神力)
しん-りょく【深緑】濃い緑色。ふかみどり。
類語 緑・緑色・翠緑・草色・萌葱色・柳色・松葉色・利休色・オリーブ色・グリーン・エメラルド・エメラルドグリーン・黄緑・深緑・浅緑
しん-りょく【新緑】夏の初めころの、若葉のつややかな緑色。また、その立ち木。季 夏「一の庭より靴を脱ぎ上る/誓子」
類語 青葉・翠色・青翠・万緑・緑・若葉
じん-りょく【人力】人間の力。人間のもつ肉体的・精神的能力。じんりき。「一の及ばぬところ」
じん-りょく【尽力】〔名〕スル ある目的の実現のために、力を尽くすこと。「町の復興に―する」
類語 寄与・献身・貢献・挺身
しんり-りゅうほ【心×裡留保】表意者が、自分の本当の意思でないことを知りながらする意思表示。例えば、売る意思はないのに売買の意思表示をするなど。原則として、表示どおりの効力を生じる。
しんり-りょうほう【心理療法】催眠・暗示・精神分析などの心理的手段を使い、精神的な働きかけによって病気を治療しようとする方法。スピリチュアルセラピー。精神療法。
しん-りん【深林】樹木の生い茂った奥深い林。「露国の詩人は曽て一の中に坐して、死の影の我に迫るを覚えたと言ったが」〈独歩・空知川の岸辺〉
しん-りん【森林】樹木、特に高木が群生して大きな面積を占めている所。また、その植物群落。
類語 木立・林・森・密林・ジャングル・山林・雑木林
しん-りん【親臨】〔名〕スル 天子や貴人が、その場所にみずから出向くこと。「国王が開会式に―する」
類語 顔出し・出席・列席・臨席・参列・参会・出場・出頭・臨場・出御
じん-りん【人倫】❶人と人との間柄・秩序関係。君臣・父子・夫婦などの間の秩序。❷人として守るべき道。人道。「一にもとる行為」❸ひと。人類。人間一般。〈日葡〉類語 (❶❷)道義・正義・人道・大道・義・仁義・道徳・倫理・徳義・世道・公道・公徳・規範・大義・徳・道・モラル・モラリティー/(❸)人間・人・人類・万物の霊長・考える葦・米の虫・ホモサピエンス・人物・人士・仁・者
しんりんかさい-ほけん【森林火災保険】自然林・人工林および竹林を保険の対象とし、火災による損害のみを塡補する保険。➡森林国営保険
しんりん-かんりきょく【森林管理局】国・公有林の管理経営、森林管理署の指導監督などを主な業務とする農林水産省林野庁の地方下部機関。平成11年(1999)に営林局を改組して発足。北海道・東北・関東・中部・近畿中国・四国・九州の7か所に設置されている。
しんりん-かんりしょ【森林管理署】森林管理局の監督下にあって、国・公有林の管理・経営にあたる役所。平成11年(1999)営林署を改組して発足。
しんりん-くみあい【森林組合】森林経営の合理化と森林生産力の増進、森林所有者の経済的・社会的地位の向上をはかるために組織される森林所有者の協同組合。昭和53年(1978)制定の森林組合法に基づいて運営される。
しんりん-げんかい【森林限界】高緯度地方や高山で、高木が森林状態で分布しうる限界線。水平分布では北緯60～70度、垂直分布では亜高山帯の針葉樹林の上限にあたる。
しんりん-こうえん【森林公園】㊀森林地帯を利用した自然公園。㊁武蔵丘陵森林公園の略称。
しんりん-こうしん【森林更新】既存の森林を伐採して新しい森林を造ること。
しんりんこくえい-ほけん【森林国営保険】所有する森林において、火災・水害・雪害・噴火災などの災害による損害を塡補する目的の保険。人工林や人手の入った天然林が対象で、まったく手の入っていない天然林や竹林は適用外。
しんりん-せいたいがく【森林生態学】森林を構成する樹木の生活史、森林の各層の特性、立地条件との関連などを研究する学問。
しんりん-たい【森林帯】森林を、気候、特に温度の

差によって帯状の地域に配列すること。また、その分布帯。熱帯林・暖帯林・温帯林・寒帯林に分けられる。また、垂直分布帯の高木帯をさすこともある。

しんりん-てつどう【森林鉄道】森林内から林産物を搬出するために設けられた鉄道。

しんりん-バイオマス【森林バイオマス】森林から得られる植物由来の生物資源。間伐材・剪定枝・製材端材等の未利用資源、薪・炭・ペレット等の燃料、木酢液等の抽出物など。

しんりん-ほう【森林法】森林の保護・培養と森林生産力の増進に関する基本的事項を規定する法律。昭和26年(1951)施行。

しんりん-よく【森林浴】健康法として、森林の中に入り、すがすがしい空気にひたること。精神的な効能のほか、樹木から発散される芳香性物質フィトンチッドによる科学的な効果も見込まれる。補説 日本では林野庁が昭和57年(1982)に提唱し、始められた。

しんりん-りつ【森林率】ある地域において森林が占める面積の割合。補説 FAO(国連食糧農業機関)の統計(2009年版)によると、世界の森林率は31.1パーセント。日本の森林率は68.5パーセントで世界20位。先進国ではフィンランド(72.9パーセント)・スウェーデン(68.7パーセント)に次いで3位。林野庁の統計(平成19年版)によると、都道府県別では高知県(84.3パーセント)が1位、大阪府(30.7パーセント)が最下位。

しん-るい【進塁】〔名〕スル 野球で、走者が次の塁に進むこと。「犠打で走者が二塁に―する」

しん-るい【親類】❶家族を除く、血族と姻族の総称。その家族から見て、血縁や婚姻で生じた関係によってつながっている人々。親戚。「遠くの―より近くの他人」❷同類やよく似ているもののたとえ。「狼と犬は―である」❸父系の血族。父方の一族。「縁者」と区別していう。「朝敵と成りて、―みな梟せられ」〈古活字本平治・上〉

用法 **親類・親戚・親族**――「親類(親戚・親族)一同が集まった」など、血縁関係を表す場合は、相通じて用いられる。◇「親類」と「親戚」は日常的には同じように使えるが、「親類」の方がよりくだけた感じがある。また、同類であることやよく似ているという意を示す「トラとネコは親類だ」のような例では、「親戚」よりは「親類」を用いるのが普通。◇「親類(親戚)の家に厄介になる」に「親族」は使いにくい。「親族」は、家族・親戚を一つのグループにまとめて、改まって言う場合に用いる。「親族会議」「御親族のかたから御焼香願います」など。

類語 親戚・親族・姻戚・姻族・親等

じん-るい【人類】人間。ひと。動物学上は、脊椎動物門哺乳綱霊長目ヒト科に分類される。➡人

類語 人間・人・ホモサピエンス・人倫・万物の霊長・考える葦・米の虫・人物・人士・仁・者

じんるい-あい【人類愛】人種・国籍などを問わず、人類全体を愛すること。

しんるい-あずけ【親類預け】江戸時代の刑罰の一。犯罪人が幼少または病気で刑を執行しにくい場合など、成長または平癒まで、親類に預けて監視させること。

しんるい-えんじゃ【親類縁者】血筋や縁組みでつながる人々をまとめていう語。

しんるい-がき【親類書(き)】親族の氏名・経歴、本人との続き柄などを書き連ねた書類。縁組みなどのさいに用いられる。

じんるい-がく【人類学】人間の生物的側面と文化的所産とを研究する学問。生物としての人間を扱う形質人類学と、人間が築き上げてきた文化を課題とする文化人類学とに2分される。初めは前者を意味したが、19世紀半ばごろから後者が発達。

じんるい-きょう【人類教】コントが晩年に提唱した倫理的新宗教。愛情を基本とし、人類の幸福のために奉仕することを人道と規定し、人類を社会的実在の最高表現であると主張した。人道教。

しんるい-すじ【親類筋】親類の関係にあること。また、その人。

しんるい-づきあい【親類付(き)合い】❶親類間の交際。❷他人と、親類のように親しく交際すること。「彼の家とは―をしている」

しん-れい【心霊】肉体を離れても存在すると考えられる、超現実的な心の主体。魂。霊魂。

しん-れい【神霊】❶神。神のみたま。「―が宿る」❷霊妙な神の徳。神の霊験。❸人が死んで神となったもの。

類語 み霊・英霊・英魂・祖霊・霊魂・精霊・魂魄・忠霊・尊霊・亡魂・魂・霊

しん-れい【振鈴】❶合図などのために鈴を振り鳴らすこと。また、その鈴。❷密教の修法で、諸尊を勧請するときなどに金剛鈴を振り鳴らすこと。また、その鈴。

しん-れい【浸礼】キリスト教の洗礼の一。全身を水に浸して罪を洗い清める儀式。バプテスマ。

しん-れい【秦嶺】㊀中国中央部、甘粛省・陝西省の南部に東西に連なる山脈。標高2000～3000メートルの山々で、最高峰は陝西省の太白山の3767メートル。狭義には、これから河南省の伏牛・桐柏山脈に至る、渭水と漢水との分水嶺をさす。華北・華中を分ける自然の境界線をなす。チンリン。㊁中国西安市の南東にある終南山の別称。

しん-れい【新令】新しく出された法令や命令。「廃刀其他の―の出るを快よしとせざるより」〈染崎延房・近世紀聞〉

しん-れい【新例】新しい例。今までになかった例。

しんれい-きょうかい【浸礼教会】▶バプテスト教会

しんれい-げんしょう【心霊現象】死者の霊魂と生者との交霊現象、テレパシー現象、千里眼的現象、念動・念写など、現在の科学では説明できない超自然的な現象の総称。

しんれい-さんみゃく【秦嶺山脈】▶秦嶺

しんれい-しゅぎ【心霊主義】人は肉体と霊魂からなり、肉体が消滅しても霊魂は存在し続けるという考え。

しんれい-じゅつ【心霊術】心霊現象を起こさせる術。

しんれいやぐちのわたし【神霊矢口渡】浄瑠璃。時代物。五段。福内鬼外(平賀源内)作。明和7年(1770)江戸外記座初演。新田明神(東京都大田区)の縁起を「太平記」をもとに脚色したもの。通称「矢口渡」。

しんれい-りょうほう【心霊療法】病気の原因には霊がかかわっているとして、祈祷・呪術などの治病儀礼によって、病気を治療する方法。

しんれい-ろん【心霊論】心霊が物質界に作用して神秘的な現象を生起させるという説。

しん-れき【新暦】日本で明治6年(1873)以降採用されている、現行のグレゴリオ暦のこと。㊥旧暦。

しん-れつ【深裂】〔名〕スル 葉の形などで、縁が深く切れ込み、中央近くまで達していること。㊥浅裂。

じん-れつ【陣列】軍勢の配列。陣立て。「―を整える」

しん-れん【信連】「信用農業協同組合連合会」の略称。

しん-ろ【針路】❶《羅針盤で進行方向を知るところから》船舶・航空機などの進む方向。コース。「南に―をとる」「―を外れる」❷目ざす方向。進路。「党の―」

しん-ろ【進路】❶進んで行く道。行く手。「敵の―を阻む」「台風の―」㊥退路。❷将来進むべき道。将来の方向。「卒業後の―を決める」

しん-ロ【親ロ】ロシア連邦に対して親しみをもっていること。「―派」

しん-ろう【心労】〔名〕スル あれこれ心配して心を使うこと。また、それによる精神的な疲れ。気苦労。気疲れ。「―が絶えない」

類語 心痛・ストレス・苦労・心配・骨折り・労・労苦・苦心・腐心・辛苦・辛労・煩労・艱苦・艱難・苦難・辛酸・ひと苦労

しん-ろう【身廊】キリスト教聖堂内部の、中央の細長い広間の部分。入り口から祭壇(内陣)までの間。側廊との間は列柱で区分される。

しん-ろう【辛労】〔名〕スル つらい苦労をすること。大変な骨折りをすること。「―辛苦」

類語 労・労力・ひとほね・小骨・苦労・労苦・苦心・腐心・辛苦・心労・煩労・艱苦・艱難・苦難・辛酸・ひと苦労

しんろう【真臘】カンボジアにクメール人が建てた王朝の中国名。6世紀ごろ、メコン川中流域に興り、8世紀に分裂したが、9世紀に再統一。アンコールワットに代表されるクメール文化をつくって繁栄したが、14世紀ごろからタイの圧迫を受け、しだいに衰退した。

しん-ろう【新郎】結婚したばかりの男性。結婚式・披露宴などでいう。花婿。㊥新婦。

類語 お婿さん

じん-ろう【塵労】❶世の中・俗世間における煩わしい苦労。「―に疲れた彼の前に」〈芥川・トロッコ〉❷仏語。煩悩のこと。

しん-ろく【神鹿】神の使いとして、神社で飼っておく鹿。

じんろく【甚六】❶次子以下に比べて、のんびりしてお人よしな長男を多少のあざけりの気持ちをこめていう語。多く「総領の甚六」の形で用いられる。❷お人よし。おろかもの。

しんろ-しどう【進路指導】学生・生徒の卒業後の進路について学校が行う指導。

しん-ロマンしゅぎ【新ロマン主義】19世紀末から20世紀初頭、自然主義・写実主義に対抗してドイツ・オーストリアを中心に興った文芸思潮。芸術至上主義的・耽美主義的・神秘主義的傾向を帯び、主体的・内発的な心情の復権を唱えた。メーテルリンク・ホフマンスタール・ゲオルゲ・リルケらがその代表。日本では明治末期から大正初期にかけての、北原白秋・木下杢太郎・吉井勇・永井荷風・谷崎潤一郎らの耽美主義的傾向をさす。新浪漫主義。ネオロマンチシズム。

しん-ろん【新論】新しい理論や論説。

しん-わ【心窩】▶しんか(心窩)

しん-わ【神話】❶宇宙・人間・動植物・文化などの起源・創造などを始めとする自然・社会現象を超自然的存在(神)や英雄などと関連させて説く説話。❷実体は明らかでないのに、長い間人々によって絶対のものと信じこまれ、称賛や畏怖の目で見られてきた事柄。「地価は下がらないという―」「不敗―」

類語 昔話・民話・説話

しん-わ【親和】〔名〕スル《連声で「しんな」とも》❶互いになごやかに親しむこと。なじみ、仲よくなること。「会員間の―を図る」「両国―するの大益を」〈新聞雑誌二一〉❷異種の物質がよく化合すること。

類語 親善・善隣・修好・和・和親・宥和・協和

じん-わ【人和】人々がなごやかな関係にあること。人の和。

しんわ-がく【神話学】《mythology》神話の起源・成立・発展・分布・機能などを研究の対象とする学問。

しんわ-すう【親和数】「友愛数」に同じ。

しんわ-せい【親和性】ある物質が他の物質と容易に結合する性質や傾向。染色色素が特定の生体組織に結合しやすい傾向や、細菌・ウイルスが特定の細胞や臓器で増殖しやすい傾向など。

しん-わたり【新渡り】「新渡」に同じ。

しん-わら【新藁】❶その年に刈った稲からとったわら。今年藁。季秋「肥桶を荷ひ―一抱へ/虚子」❷植えつけに適するほどに生長した早苗に、熱湯を注いで乾かしたもの。女の髪を束ねるのに用いられた。

じんわり〔副〕❶物事がゆっくりと少しずつ進行していくさま。「感謝の念が―(と)湧き起こる」❷汗や涙などが徐々ににじみ出てくるさま。「―(と)目に涙が浮かぶ」

しん-わりびき【真割引】手形などを支払期日前に支払うとき、その時から支払期日までの利息の割引をすること。外割引。

しんわ-りょく【親和力】化学反応が進行して化合物のできるとき、それぞれの元素に働いて化合を起こさせると考えられる力。化学親和力。

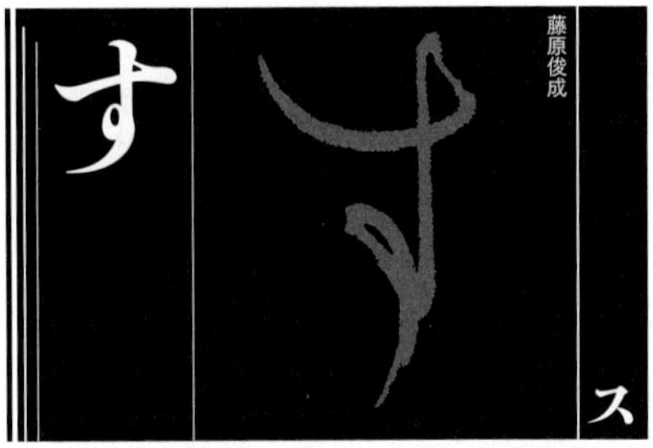

す ❶五十音図サ行の第3音。歯茎の無声摩擦子音[s]と母音[u]とから成る音節。[su] ❷平仮名「す」は「寸」の草体から。片仮名「ス」は「須」の末3画の行書体から。(補説)「す」は古く[tsu]（あるいは[ʃu][tʃu]）であったかともいわれる。室町時代末にはすでに[su]であった。

す【州｜ˣ洲】川・湖・海の底に土砂がたまって高くなり水面上に現れたもの。河口付近などの比較的浅い場所にできる。「中―」「砂―」「三角―」
(類語)砂州・中州・デルタ

す【素】㊀〔名〕❶装わないで生地のままであること。また、他のものが加わらないでそのものだけであること。「化粧せず―のままで店に出る」❷日本の音楽・舞踊・演劇などの演出用語。芝居用の音楽を芝居から離して演奏会風に演奏したり、長唄を囃子を入れないで三味線だけの伴奏で演奏したり、舞踊を特別の扮装をしないで演じたりすること。「―で踊る」「―で浄瑠璃を語る」㊁〔接頭〕❶形容詞に付いて、非常に、ひどく、の意を表す。「―ばしこい」「―早い」❷名詞などに付く。㋐平凡な、みすぼらしい、などの意を表す。「―浪人」「―町人」㋑ただそれだけの、ありのままの、純粋な、などの意を表す。「―顔」「―足」「―うどん」➡(漢)「そ(素)」

す【巣｜ˣ栖｜ˣ窠】❶鳥・獣・虫などのすむ所。「ネズミの―」「小鳥の―」❷人の住む所。すみか。「愛の―」❸よくない仲間が寄り集まる場所。「悪党の―」❹クモが獲物を捕まえるために張る網。

巣をく・う 巣をつくる。巣くう。「ツバメが軒先に―・う」

す【酢｜ˣ醋｜▽酸】酢酸を含む酸味のある調味料。ほかに有機酸類・糖類・アミノ酸類を含み芳香とうまみをもつ。日本には4世紀ごろに中国から伝来。米酢・粕酢などの穀物酢、りんご酢・ぶどう酢などの果実酢など、醸造酢が主であるが、氷酢酸を主原料とする合成酢もある。

酢が過・ぎる 程度を超える。度が過ぎる。「大門くぐらぬがまことの粋と粋の口から酢の過ぎた」〈洒・玉菊灯籠弁〉

酢でさいて飲・む 他人の欠点をあれこれあげて、こき下ろすたとえ。「―・むやうに言ひたいがいに言ひこめて」〈浄・卯月の潤色〉

酢でも蒟蒻でも どうにもこうにも手に負えないことのたとえ。煮ても焼いても。「新造の癖に―いけた奴ぢゃない」〈伎・飛馬始〉

酢につけ粉につけ 《酢につけたり、粉にまぶしたりの意から》何かにつけて。酢に当て粉に当て。「―、一日この事いひやまず」〈浮・五人女・二〉

酢の蒟蒻の あれやこれやと文句をつけること。なんのかの。酢だの蒟蒻だの。「柄に無い政事上の取沙汰、―とやり出したので」〈藤村・破戒〉

酢を買・う 余計な手出しや口出しをして相手を怒らせる。また、扇動する。酢を乞う。「黒犬の人をかむは先から―・ふによっての事」〈浮・銀持気質〉

す【ˣ簀】割り竹・葦などを粗く編んだもの。「―巻き」「葭―」

す【ˣ鬆】❶大根・牛蒡などの芯にできるすきま。「―が入る」❷豆腐・卵などを煮すぎたためにできる多数の細かい穴。鋳物などに急に高い熱を加えたときにも生じる。「―が立つ」

す【ˣ簾】すだれ。「男いたくめでて―のもとに歩み来て」〈源・帚木〉

す【▽為】〔動サ変〕「す(為)る」の文語形。

す〔助動〕[せ｜せ｜す｜する｜すれ｜せよ]四段・ナ変・ラ変動詞の未然形に付く。❶相手が自分の思うようにするように、また、ある事態が起こるようにしむける意を表す。「例の声出ださせて、随身に歌はせ給ふ」〈堤・貝合〉❷動作を他に任せておいて結果的にそうなることを表す。…のままにする。…させておく。「ただ兄弟二人あるものが、兄を討たせて、弟が一人残り留まったらば」〈平家・九〉❸(多く「たまふ」など尊敬の意を表す語とともに用いられて)尊敬の意を強める。なさる。「また入らせ給ひて、さらにえ許させ給はず」〈源・桐壺〉「うれしやと思ふと告げ聞かするならむとのたまはする御けしきもいとめでたし」〈枕・八〉❹(謙譲の意を表す語とともに用いられて)謙譲の意を強める。…申し上げる。「壺の薬そへて、頭中将呼びよせてたてまつらす」〈竹取〉➡さす ➡しむ (補説)平安時代以降、漢文訓読文の「しむ」に対し、主に和文系統の文章に用いられた。中世以降、下一段化して、現代語の「せる」となる。❷は、多く、中世の軍記物語にみられる用法で、受け身の意にとれるものもある。

す〔助動〕[さ｜し｜す｜す｜せ｜せ]《上代語》四段・サ変動詞の未然形に付く。軽い尊敬、または親愛の意を表す。…なさる。「我が形見見つつ偲はせあらたまの年の緒長く我も思はむ」〈万・五八七〉(補説)「思ふ」「聞く」などに付くときは、「思ほす」「聞こす」となる。また、「着る」「寝」「見る」などの上一段動詞にも付くが、そのときは「けす」「なす」「めす」の形をとる。「古を思ほすらしもわご大君吉野の宮をあり通ひ見す」〈万・四〇九九〉など。平安時代以降は敬語動詞「おぼす」「めす」「聞こしめす」「つかはす」などの中の構成要素となる。

す〔助動〕[○｜○｜す｜す｜○｜○]動詞・形容詞の連用形、接続助詞「て」などに付く。親しみや軽い敬意を表す。ます。「はりだこ買はう、はりだこ買ひす」〈虎明狂・張蛸〉(補説)「さうらふ(候)ふ」の音変化した「さう」がさらに音変化したもの。

す【主｜子】〔接尾〕人名または人を表す名詞に付いて、親愛の気持ちや軽い敬意を表す。特に遊里で用いる。「ああ、是々太夫―、待って貰はう」〈伎・韓人漢文〉➡(漢)「しゅ(主)」「し(子)」

ず「す」の濁音。歯茎の有声破擦子音[dz]と母音[u]とから成る音節。[dzu] (補説)清音「す」に対する濁音としては、本来、歯茎の有声摩擦子音[z]と母音[u]とから成る音節[zu]が相当するが、現代共通語では一般に[dzu]と発音する。しかし、[zu]とも発音し、両者は音韻としては区別されない。古くは[ʒu]（あるいは[dʒu][dzu]）であったかともいわれる。室町時代末には[zu]と発音され、近世江戸語以降[dzu]と発音された。

ず【図】ヅ ❶物の形や状態を描いたもの。絵図・地図・図面など。「掛け―」「見取り―」❷点・線・面が集まって一つの形を構成しているもの。図形。❸物事のようす。状態。「見られた―ではない」❹考えどおり。思うつぼ。「謀の―を外させ」〈浄・矢口渡〉❺くふう。計画。「何にてもあたらしい思ひつき、今迄ない―を案ずるに」〈浮・敗毒散・一〉❻十二律の各音階の正しい調子を書き表したもの。「当寺の楽は、よく―を調べ合はせて」〈徒然・二二〇〉➡(漢)「ず(図)」

図がな・い 途方もない。とんでもない。法外である。「あんまり図のない取り合ひで、おりゃ世間へ顔が出されぬ」〈浄・桂川連理柵〉

図に当た・る 思ったとおりに事が進む。思うつぼにはまる。「新企画が―・る」

図に乗・る いい気になって勢いづく。調子に乗る。つけあがる。「少しでもほめるとすぐ―・る」

ず【▽徒】ヅ 律の五刑の一。今の懲役刑にあたる。1年から3年まで半年ごとの五等級があり、流より軽く、杖より重い刑。徒罪。徒刑。➡(漢)「と(徒)」

ず【頭】ヅ あたま。かしら。➡(漢)「とう(頭)」

頭が高・い 《頭の下げ方が足りない意から》相手を見下げる態度で、無礼である。横柄である。「新入りにしては―・い」

ず【▽出】ヅ〔動ダ下二〕「で(出)る」の文語形。

ず〔助動〕[ざら｜ざり｜○｜ざる｜ざれ｜ざれ／ず｜ず｜ず｜ぬ｜ね｜○]活用語の未然形に付き、断定的な否定判断を表す。ない。ぬ。「あらたまの年の緒長く逢はざれど異しき心を我が思はなくに」〈万・三七七五〉「おろかにそ我は思ひし乎布の浦の荒磯の巡り見れど飽かずけり」〈万・四〇四九〉「風波やまねば、なほ同じ所にあり」〈土佐〉「誰もいまだ都なれぬほどにて、え見つけず」〈更級〉➡ざり ➡ぬ (補説)「ず」の活用は「ず」の系列「(ず)・ず・ず・○・○・○」と、「ぬ」の系列「(な)・(に)・○・ぬ・ね・○」とからなるが、さらにその不備を補うため、連用形「ず」に動詞「あり」の付いた「ずあり」の音変化形「ざり」系列「ざら・ざり・○・ざる・ざれ・ざれ」が生じた。未然形「な」と連用形「に」は奈良時代に用いられたが、「ず」は、この「に」に動詞「す」が付いて成立したものという。「な」は、接尾語「く」の付いた「なく」の形で後世にも用いられた。また、中世以降、終止形は「ず」に代わり「ぬ」が用いられるようになり、未然形「ず」は室町時代以降「ずば」の形で用いられた。なお、現代では、連用形「ず」は中止法として主に書き言葉で用いられ、終止形は「べからず」の形で禁止の意を表すのに用いられる。

ずヅ〔接頭〕動詞・形容詞などに付いて、とびぬけている、度外れている、などの意を添える。「―抜ける」「―太い」(補説)「図」「頭」を当てて書くことが多い。

すあい【牙＝儈】すあひ ❶売買の仲買をする者。また、その手数料。周旋料。才取り。すわい。「商人気の―を取るとは、武士の風上にも置かれぬ奴」〈浮・世間猿〉❷(「牙婆」「女商」「数間」などとも書く)「牙儈女」の略。「御出入の外に―を呼びにやる」〈西鶴大矢数・四〉(補説)歴史的仮名遣いは、「すあい」とする説もある。

すあい-おんな【牙＝儈女】すあひをんな 江戸時代、元禄・正徳ころ、呉服・小間物類の取り次ぎ販売などをしながら、ひそかに売春をした女。すあい。「淋しき折節めいめい身の上の事を語りし。ひとりは室町の―」〈浮・一代女・五〉

ずあい-ぶね【図合船】ヅあひ― 江戸時代から明治期にかけて、北海道と東北地方北部で、廻船や漁船として使用された100石積み以下の船。

す-あえ【酢和え｜酢ˣ韲え】すあへ 野菜・魚介などを酢であえること。また、あえたもの。酢の物。

す-あがり【ˣ鬆上(が)り】柑橘類などの果実が老化したり凍害を受けたりして、果汁が減少する現象。

す-あげ【素揚(げ)】材料に衣をつけないで油で揚げること。また、揚げたもの。

す-あし【素足】❶履物をはいていない足。はだし。❷靴下や足袋をはいていない、むきだしの足。(季 夏)「女の―紅らむまでに砂丘ゆく／稚魚」(類語)はだし

す-あま【素甘】蒸した上糝粉に砂糖をまぜてついた餅を棒状にのばし、すだれで巻いて筋目をつけ、適当の大きさに切った和菓子。紅白に染めて祝事にも用いる。かつては州浜形にし、「すはま」とよんだが、のちに「すわま」「すあま」に転じた。

スアレス〖Francisco Suárez〗[1548〜1617]スペインの神学者・哲学者・法学者。イエズス会士。トマス＝アクイナスの学説を中軸に、スコラ哲学を総合的に体系化し、神学・哲学・法学にわたって以後の時代に影響を与えた。著「形而上学論究」「信仰の擁護」など。

す-あわせ【素ˣ袷】すあはせ 肌着を着ないでじかに袷を着ること。(季 夏)

ず-あん【図案】ヅ― 美術品・工芸品や一般工作物の製作に際し、あらかじめ意匠や考案を図に表したもの。また、装飾に用いる絵や模様。デザイン。
(類語)模様・柄・文様・図柄・絵柄・パターン・地紋・紋・文・文目・紋柄・図様・意匠・デザイン・プリント

すい【水】❶水曜日。❷砂糖・蜜を入れただけの氷水。みぞれ。❸仏教で、四大の一。みず。「地―火風」❹五行の第五。方位では北、季節では冬、五星では水星、十干では壬・癸に配する。➡(漢)「すい(水)」

すい【帥】軍隊の主将。将軍。「三軍の―」➡(漢)「すい(帥)」

すい【粋】〔名・形動〕❶まじりけのないこと。また、そ

のもの。純粋。❷すぐれているもの。えりぬき。「日本文化の—」「科学技術の—を集める」❸世情や人情に通じ、ものわかりがよく、さばけていること。特に、遊里の事情などによく通じていて、言動や姿のあかぬけていること。また、そのさま。いき。「—をきかす」「—な捌きに口数きかせず」〈露伴・椀久物語〉㊀無粋。➡漢「すい(粋)」

粋が川へ陥る　事情に通じ、知ったかぶりをする人が、かえって失敗することのたとえ。「—・るといふ目前損者の教への如く」〈浮・禁短気・三〉

粋が身を食う　遊里・芸人社会などの事情に通じて、得意になっている人は、つい深入りして、いつのまにか身を滅ぼすことになる。

粋を利かす　物事の処理に粋人ぶりを発揮する。特に男女間の愛情に関して、第三者がものわかりよくとりさばく。「—・して二人の仲をとりもつ」

すい【推】おしはかること。推察。「今思へば—が悪い」〈滑・浮世床・初〉➡漢「すい(推)」

すい【×錘】㊀〔名〕はかりのおもり。分銅。㊁〔接尾〕助数詞。紡錘の数を数えるのに用いる。「一万—の工場」➡漢「すい(錘)」

すい【×騅】㊀葦毛の馬。㊁中国、楚の項羽の愛馬の名。

騅逝かず　《垓下の戦いで漢軍に包囲された項羽が、愛馬が歩み出さないのを嘆いたという、「史記」項羽本紀の故事から》志と違って物事が思いどおりにゆかず苦境に陥るたとえ。

す・い【酸い】〔形〕因す・し〔ク〕酸味がある。すっぱい。「酒が—・くなる」(類語)酸っぱい・甘酸っぱい

酸いも甘いも噛み分ける　人生経験が豊かで人の心の機微や世間の事情によく通じている。酸いも甘いも知っている。(補説)「酸いも甘いも嗅ぎ分ける」とするのは誤り。

ずい【隋】中国の国名。581年、北周の宰相、楊堅が建国。都は大興(長安)。南北朝を統一し中央集権国家を樹立したが、619年、唐の李淵に滅ぼされた。日本から遣隋使が派遣されたことがある。

ずい【随】〔名・形動ナリ〕《「気随」の略》勝手気ままであること。また、そのさま。自由勝手。「子ヲ—ニ習ワカス」〈日葡〉➡漢「ずい(随)」

ずい【×瑞】めでたいこと。めでたいしるし。瑞兆。➡漢「ずい(瑞)」

ずい【×蕊｜×蘂】種子植物の、雄しべと雌しべ。しべ。➡漢「ずい(蕊)」

ずい【髄】❶動物の骨の中心にある黄色の柔らかい造血組織。骨髄。❷植物の茎の中心部の、維管束に囲まれ、柔組織からなる部分。❸物事の中心。要所。奥義。神髄。「竟には事実の—を亡ひ」〈逍遥・小説神髄〉➡漢「ずい(髄)」

ずい〔接頭〕名詞や動詞に付いて、そのまますぐに、の意を表す。「—あがり」「—逃げ」

すい-あげ【吸(い)上げ】吸い上げること。また、吸い上げるための装置。

すいあげ-こうか【吸(い)上げ効果】高潮を発生させる自然現象のメカニズムの一つ。台風や発達した低気圧が沿岸部を通過する際に、気圧の影響で水位が上昇すること。台風や低気圧の中心部は周囲より気圧が低く、空気が海面を押さえつける力が弱まるため、水位が上昇する。気圧が1ヘクトパスカル(hPa)下がると海面が1センチ上昇する。これと吹き寄せ効果との相乗効果で高潮が発生する。

すいあげ-しゅんせつき【吸(い)上げ×浚×渫機】河川・港湾などの水底の土砂を水と一緒に吸い上げて取り除く装置。

すいあげ-ポンプ【吸(い)上げポンプ】円筒管中で弁のついたピストンを往復させ、低い所にある水を吸い上げるポンプ。家庭用の井戸ポンプなどに使用。

すい-あ・げる【吸(い)上げる】〔動ガ下一〕因すひあ・ぐ〔ガ下二〕❶気体・液体などを吸い込んで上方へあげる。「ポンプで水を—・げる」❷人の利益を搾り取る。「もうけの一部を親会社に—・げられる」❸上層部が一般の人々の意見を取り上げて、役立てようとする。「消費者の声を—・げる」

すい-あつ【水圧】水が物体や水自体に及ぼす圧力。静止している水では深さに比例して大きくなり、深さ10メートル増すごとに約1気圧増加する。

すいあつ-かん【水圧管】水力発電所で、水車に水を導く急勾配の送水管。内側に高い水圧を受ける。ペンストック。水圧鉄管。

すいあつ-き【水圧機】水圧を利用して仕事をする機械の総称。水圧プレス・水圧ポンプ・水圧ジャッキなど。

すいあつ-きかん【水圧機関】高圧水を蒸気と同じように用いて動力を得る機関。

すいあつ-しけん【水圧試験】圧力を受ける部品に水圧を加え、異常や変形、耐圧力を調べること。ボイラーやタンクなどで安全性を確認するために行う。

すいあつ-だめ【水圧×溜め】高圧の水を一時的に貯えておく容器。アキュムレーター。

すいあつ-たんぞうき【水圧鍛造機】水圧によって往復運動をするシリンダーを備え、均等かつ高圧による鋼材鍛造のできる機械。

すいあつ-プレス【水圧プレス】水圧によって材料の圧縮・押し出し・鍛造・切断などのプレス加工を行う機械。

すい-あて【推当て】当て推量。心あて。「—の切っ先が、悲しや思はぬ深疵」〈浄・女護島〉

スイアブ〖Suyab〗中央アジア、天山山脈西部の北麓、チュー川河畔にあったオアシス都市。キルギス共和国北部のトクマク付近にあたる。唐の砕葉鎮の置かれた所。(補説)「砕葉」とも書く。

すい-い【水位】一定の基準面から測った水面の高さ。(類語)水深・喫水

すい-い【推移】〔名〕スル❶時がたつにつれて状態が変化すること。移り変わっていくこと。「情勢が—する」❷時が経過すること。「時間が—する」(類語)変遷・変動・変転・転変・流転・変移・移り変わり・変化

ずい-い【随意】〔名・形動〕束縛や制限を受けないこと。思いのままであること。また、そのさま。「どうぞ、ご—にお休みください」(類語)任意・自由・自在・意のまま・思いのまま・気随・恣意

ずいい-うんどう【随意運動】脊椎動物で、自分の意志によって行われる運動。大脳皮質からの刺激によって随意筋が収縮し運動が起こされる。これに対し、心筋の収縮、反射などは不随意運動という。➡不随意運動

すい-いき【水域】水面上の一定の区域。「危険—」

ずいい-きん【随意筋】自分の意志によって動かすことのできる筋肉。脳脊髄神経の支配下にあり、横紋筋からなる主に骨格筋をいう。㊀不随意筋。

すいい-けい【水位計】水位を測定する装置。河川などの水位を測定する量水標や、タンクなどの液面の水位を測定する液面計がある。

ずいい-けいやく【随意契約】入札やせり売りなどの競争の方法によらず、任意に適当と思われる相手方を選んで結ぶ契約。随契。➡競争契約

すいい-たい【推移帯】ある植物群集と、これに接する植物群集とが互いに入りまじり、移行する部分。

ずい-いち【随一】多くのものの中の第1位。第一番。「当代—の人気俳優」(類語)一番・最高・至高・最上・至上・無上・最上級・ぴか一

スイーツ〖sweets〗甘いもの。菓子、特に洋菓子をいう。1990年代後半から一般に使われるようになった。スイート。(補説)sweetの複数形。

スイーティー〖sweetie〗イスラエル産の柑橘類。形はグレープフルーツに似て、果皮は濃い緑色をしている。オロブランコ。スイーティー。

スイート〖suite〗ホテルで、居間と寝室が一続きになっている部屋。スイートルーム。

スイート〖sweet〗〔名・形動〕❶㋐甘いこと。また、そのさま。「—なキャンディ」㋑洋酒などの甘口。「—ワイン」㊀ドライ。❷甘美なさま。快いさま。「—な蜜月の旅」❸恋人。スイートハート。「私の—は此処に居るから」〈荷風・あめりか物語〉❹➡スイーツ

スイート-コーン〖sweet corn〗トウモロコシの一品種。糖分が多く、果実を未熟なうちに食用にするほか、缶詰や冷凍品に利用。

スイート-スポット〖sweet spot〗ゴルフのクラブやテニスのラケットなどで、ボールを打つのに最適の個所。最適打球点。

スイートハート〖sweetheart〗(主に男性の側からいう)恋人。愛する人。意中の人。

スイート-バジル〖sweet basil〗シソ科の一年草。広く熱帯に分布する。高さ60センチ程度。株全体に芳香がある。葉をサラダなどに用いる。

スイート-ピー〖sweet pea〗マメ科の蔓性の一年草。高さ1〜2メートル。葉は羽状複葉で、最下部の一対の小葉のほかは、巻きひげになっている。葉のわきに大形の紅・桃・紫・白色などの蝶形花をつける。イタリアのシチリア島の原産。麝香豌豆。麝香連理草。スウィートピー。(季 春)「花揺れて—を束ね居る/汀女」

スイート-ホーム〖sweet home〗楽しい家庭。また、新婚家庭。(類語)家庭・家・内・ホーム・マイホーム・所帯・世帯・我が家・ファミリー

スイート-ポテト〖sweet potato〗❶サツマイモのこと。❷丸焼きにしたサツマイモを二つに切って中身を取り出し、砂糖・卵黄・バター・牛乳・香料などと練り合わせ、元の皮に詰めて焼いた洋菓子。

スイート-マージョラム〖sweet marjoram〗シソ科ハナハッカ属の多年草。地中海沿岸原産。高さ60センチ程度。全草に精油を含み、芳香がある。葉を香辛料に使う。マヨラナ。

スイート-メロン《和 sweet＋melon》マクワウリの一品種。黄まくわ。

スイート-ルーム《和 suite＋room》➡スイート

ずいい-ねんじゅ【随意念×誦】密教で、本尊の真言だけに限らず、諸仏の真言を念誦すること。

スイーパー〖sweeper〗《掃く人の意》❶サッカーで、ディフェンダーとゴールキーパーの間にいて、守備を強化する役目のプレーヤー。❷ボウリングの用語。㋐並んでいるピンを横の方から掃き出すように倒すフック性のボール。㋑投球後のレーン上に残ったピンを払う装置。

スイーピング〖sweeping〗《掃くことの意》カーリングで、ストーンの前の氷を掃きこすり、進行方向・距離などを調整すること。

スイーピング-ほう【スイーピング法】《sweepingは、掃くこと》草原などに住む昆虫類を採集するのに、捕虫網を横や縦に払うように使う方法。

スイープ〖sweep〗➡エンドラン

スイープ-こうざ【スイープ口座】《sweep account》銀行の普通預金と証券会社の中期国債ファンドを組み合わせた資金総合口座。普通預金の残高が一定額以上になると、その超過分を中期国債ファンドに回し、逆に一定額を下回ると、自動的に中期国債ファンドを解約して補充する仕組みのもの。

すいい-りつ【推移律】集合の要素 a、b、c に対して、ある関係〜が定められていて、a〜b かつ b〜c ならば a〜c であるという法則。移動律。

すい-い・れる【吸(い)入れる】〔動ラ下一〕因すひい・る〔ラ下二〕吸って中に入れ込む。吸い込む。吸入する。「吸入器の蒸気を—・れる」

ずい-いん【随員】つき従ってゆく人。特に、大臣・大使・外交使節などの高官に随行し、その仕事を助ける人。「外交使節団の—」

すい-う【×翠雨】草木の青葉に降る雨。緑雨。

ずい-う【×瑞雨】穀物の生長を助ける雨。慈雨。

すい-うん【水運】河川・湖沼・運河など、水路による交通または運搬。「—の便がよい」(類語)海運・船便

すい-うん【水雲】❶水と雲。転じて、大自然。雲水。❷流れる水や行く雲のように漂泊し、行脚すること。また、その僧。雲水。「—の僧」

すい-うん【衰運】次第に勢いがなくなって衰えてゆ

く運命。㊀盛運。「一の一途をたどる」

ずい-うん【×瑞雲】めでたいことの前兆として現れる雲。祥瑞の雲。

すいうん-し【水雲紙】薄墨紙(うすずみがみ)の別名。

すい-えい【水泳】〘名〙スル スポーツや娯楽として水中を泳ぐこと。スイミング。およぎ。みずおよぎ。「近くの川で一する」「一教室」〔類語〕泳ぎ・スイミング・水練

すい-えい【垂×纓】冠の纓(えい)を纓壺(えつぼ)に挿して後方に垂らしたもの。文官が用いる。たれえい。

すい-えき【水駅】❶船着き場。水辺の宿駅。❷►みずうまや❸

すい-えき【×膵液】膵臓から十二指腸に分泌される消化液。消化酵素のアミロプシンなどを含み、アルカリ性で、胃の中で酸性になっている内容物を中和する働きがある。

ずい-えき【髄液】►脳脊髄液(のうせきずいえき)

すい-えん【水煙┊水×烟】❶みずけむり。❷塔の九輪(くりん)の上にある火炎状の装飾金具。火事の連想を避け、同時に水難をおさえる意味もこめて名づけたといわれる。❸中国で、タバコをのむときに使った道具。煙を水に通してのむ。水ギセル。

すい-えん【水鉛】モリブデンの旧称。

すい-えん【垂×涎】〘名〙スル 「すいぜん(垂涎)」の慣用読み。

すい-えん【炊煙┊炊×烟】炊事の煙。かまどから立ち上る煙。「薄く一を地になびかして」〈有島・生れ出づる悩み〉〔類語〕人煙・夕煙(ゆうけむり)

すいえん【綏遠】(スイエン) 中国北部にあった旧省名。オルドス地方から黄河の湾曲部にまたがる地域。1954年、内モンゴル自治区に併合。

すい-えん【×錘鉛】測深器に用いる鉛製のおもり。

ずい-えん【随縁】仏語。縁に従うこと。縁に従って種々の相を生じること。

すいえん-じけん【綏遠事件】(スイエンジケン) 昭和11年(1936)日本の関東軍の援助のもと綏遠省に侵攻した内蒙古軍が、傅作義(ふさくぎ)の率いる中国軍に撃退された事件。これにより抗日気運が高まった。

ずいえん-しんにょ【随縁真如】仏語。絶対不変である真如が、縁に応じて種々の現れ方をすること。⇨不変真如

ずいえん-ほうこう【随縁放×曠】(ハウクワウ) 何事も縁にまかせて自由に振る舞い、物事にこだわらないこと。

ずい-おう【×瑞応】めでたいしるし。瑞験。

スィオネ〖Thyone〗►テュオネ

すい-おん【水温】(ヲン) 水の温度。「一計」

すい-か【水化】(クワ) ►水和(すいわ)

すい-か【水火】(クワ) ❶水と火。洪水と火事。「一の災い」❷洪水や火事のように、勢いが激しいこと。「一の責め苦」❸水におぼれ、火に焼かれるような苦しみ。「一をいとわない」❹水と火のように、互いに相容れないこと。氷炭。「一の仲」

水火器物(うつわもの)を一つにせず 性質の相反するものは調和しないことのたとえ。〈日葡〉

水火も辞さ・ない どんな苦痛や危険もいとわず、物事に力を尽くす。「一・ない覚悟」

水火を踏・む 《「列子」黄帝から》非常に苦しい状況にある。また、危険をおかす。

すい-か【水禍】(クワ) 洪水による災害。また、水におぼれること。水難。「一に遭う」

すい-か【▽西×瓜┊水×瓜】(クワ) 《「すい(西)」は唐音》ウリ科の蔓性(つるせい)の一年草。地をはい、夏、淡黄色の雄花と雌花とを開く。実は球形や楕円形で大きい。果肉は水を多く含んで甘く、赤・黄などの色のものがある。アフリカ原産で、品種が多い。日本へは江戸時代の初めごろ中国から渡来したといわれる。〔季 実=秋┊花=夏〕「畠から一くれたる庵主かな/太祇」

すい-か【垂下】〘名〙スル 垂れ下がること。垂らすこと。「その髯(ひげ)が…頤(あご)の方向に一している」〈啄木・雲は天才である〉〔類語〕下がる・垂れる

すいか【垂加】山崎闇斎(やまざきあんさい)の別号「垂加(しでます)」の音読み。

すい-か【×翠花┊×翠華】(クワ) 《中国で、天子の旗がカ

漢字項目　す

【子┊▽司】►し
【主┊守】►しゅ
【素┊×蘇】►そ
【数】►すう

須 〔音〕ス(呉)　シュ(漢)　〔訓〕すべからく ‖ ㊀〈シュ〉①必要とする。「須要」②わずかの間。しばらく。「須臾(しゅゆ)」③梵語の音訳字。「須弥山(しゅみせん)」㊁〈ス〉必要とする。「必須」〔名付〕まつ・もち・もとむ

漢字項目　ず

【×杜┊▽途】►と
【豆┊頭】►とう
【事】►じ
【×厨】►ちゅう

図〔圖〕 〔学〕2　〔音〕ズ(ヅ)(呉)　ト(漢)　〔訓〕はかる ‖ ㊀〈ズ〉ある枠の中にものの形をえがいたもの。「図案・図画・図鑑・図形・図示・図書(ずしょ)・図表/絵図・系図・構図・縮図・製図・地図・付図・略図」㊁〈ト〉①絵。また、本。「図書(としょ)/画図」②地図。「版図」③思いはかる。「意図」④計画。はかりごと。「企図・壮図・雄図」〔名付〕のり・みつ〔難読〕図図(ずうずう)しい・図体(ずうたい)

漢字項目　すい

【出】►しゅつ

水 〔学〕1　〔音〕スイ(呉)(漢)　〔訓〕みず ‖ ㊀〈スイ〉①みず。「水火・水害・水滴・水道・水分・水泡/汚水・温水・海水・給水・洪水(こうずい)・散水・浸水・薪水・断水・排水・噴水・防水・名水・用水・流水・霊水」②川・湖など、水のある場所。「水域・水運・水軍・水産・水陸/湖水・山水・治水・背水」③液体状のもの。「水銀/経水・香水・化粧水」④水素のこと。「水爆」㊁〈みず〉「水色・水辺/大水・塩水・泥水・生水・湯水・若水」〔名付〕たいら・な・なか・み・みな・ゆ・ゆく〔難読〕水綿(あおみどろ)・水黽(あめんぼ)・水夫(かこ)・水鶏(くいな)・水母(くらげ)・水団(すいとん)・手水(ちょうず)・轡水(どうさ)・水脈(みお)・水翻(みずこぼし)・水準(みずばかり)・水上(みなかみ)・水無月(みなづき)・水泡(みなわ)・水松(みる)・水雲(もずく)

吹 〔音〕スイ(呉)(漢)　〔訓〕ふく ‖ 息をふく。息をふいて楽器を鳴らす。「吹奏/歌吹・鼓吹」〔名付〕かぜ・ふ・ふき・ふけ〔難読〕息吹(いぶき)・吹聴(ふいちょう)・吹雪(ふぶき)

垂 〔学〕6　〔音〕スイ(漢)　〔訓〕たれる、たらす、しだれる、しずる、なんなんとする ‖ ①下の方にたれ下がる。たらす。「垂涎(すいぜん)・垂直/懸垂・胃下垂」②上位者が下位者に教えを示す。「垂訓・垂示・垂範」③今にも…しそうだ。「垂死」④国の果て。「四垂・辺垂」〔名付〕しげる・たり・たる・たれ〔難読〕垂(しだ)り尾・垂乳根(たらちね)・垂木(たるき)・直垂(ひたたれ)

炊 〔音〕スイ(呉)(漢)　〔訓〕たく、かしぐ ‖ 飯をたく。「炊事・炊飯/自炊・雑炊(ぞうすい)」〔名付〕い・かし・かしぎ・とぎ・とぐ

帥 〔音〕スイ(呉)(漢)　ソツ(漢)　ソチ(呉)　〔訓〕かみ ‖ ㊀〈スイ〉①軍を率いる最高の官。「元帥・将帥・総帥」②先頭に立って指揮する。「統帥」㊁〈ソツ〉ひきいる。「帥先」

粋〔粹〕 〔音〕スイ(呉)(漢)　〔訓〕いき ‖ ①まじりけがない。「生粋(きっすい)・純粋」②質が良くすぐれている。すぐれたもの。エッセンス。「国粋・精粋・抜粋」③いき。「粋人/無粋」〔名付〕きよ・ただ

衰 〔音〕スイ(呉)(漢)　〔訓〕おとろえる ‖ 物事の勢いや力が弱くなる。「衰弱・衰勢・衰退・衰微/減衰・盛衰・老衰」

×**悴** 〔音〕スイ(漢)　〔訓〕やつれる、せがれ ‖ 病気や心労のため、やせ衰える。「憔悴(しょうすい)・老悴」〔補説〕「悴」は俗字。「せがれ」は「倅」とも書く。

推 〔学〕6　〔音〕スイ(呉)(漢)　〔訓〕おす ‖ ①前の方におし出す。前に動かし進める。「推移・推敲(すいこう)・推進・推力」②人をたっとび、おし上げる。「推戴・推服」③用いてもらうように人を後おしする。「推挙・推奨・推薦・推挽(すいばん)」④考えをおし進める。おしはかる。「推計・推察・推算・推測・推断・推定・推理・推量・推論/邪推・類推」〔名付〕ひらく

酔〔醉〕 〔音〕スイ(呉)(漢)　〔訓〕よう ‖ ①酒によう。「酔漢・酔眼・酔客・酔態・酔余/宿酔・泥酔・微酔・乱酔」②意識をなくする。「麻酔」③心を奪われる。「心酔・陶酔」〔難読〕馬酔木(あしび・あせび)

×**萃** 〔音〕スイ(漢)　〔訓〕あつまる ‖ あつまる。あつまり。「抜萃」

遂 〔音〕スイ(漢)　〔訓〕とげる、ついに ‖ 最後までやりおえる。成しとげる。「遂行/完遂・既遂・未遂」〔名付〕かつ・つく・なり・なる・みち・もろ・やす・ゆき・より

睡 〔音〕スイ(漢)　〔訓〕ねむる、ねむり ‖ 眠る。眠り。「睡魔・睡眠/仮睡・午睡・昏睡(こんすい)・熟睡・半睡・微睡」〔難読〕睡気(ねむけ)・微睡(まどろ)む

人**翠** 〔音〕スイ(呉)(漢)　〔訓〕みどり ‖ ①鳥の名。カワセミ。「翡翠(ひすい)」②宝石の一。「翡翠」③みどり。青緑色。「翠黛(すいたい)・翠微・翠柳・翠緑」〔難読〕翡翠(かわせみ)

穂〔穗〕 〔音〕スイ(漢)　〔訓〕ほ ‖ ㊀〈スイ〉①穀物のほ。「穂状/禾穂(かすい)・麦穂・出穂期」②ほのような形をしたもの。「花穂」㊁〈ほ(ぼ)〉「穂先/稲穂・空穂(うつぼ)・初穂・瑞穂(みずほ)」〔名付〕お・みのる

▽**誰** 〔音〕スイ(漢)　〔訓〕だれ、たれ、た ‖ 人の名を尋ねる語。だれ。「誰何(すいか)」〔難読〕彼誰時(かわたれどき)・誰某(なにがし)・誰某(だれそれ)

×**膵** 〔音〕スイ ‖ 消化器の一。すいぞう。「膵液・膵臓・膵島」〔補説〕「膵」は国字。

人**錐** 〔音〕スイ(呉)(漢)　〔訓〕きり ‖ ①工具の一。きり。「錐状/立錐」②先端がとがった形の立体。「錐体/円錐・角錐・三角錐」

人**錘** 〔音〕スイ(呉)(漢)　〔訓〕つむ、おもり ‖ ①はかりなどのおもり。「錘鉛・錘子/鉛錘」②糸を紡ぐ道具。つむ。「紡錘」〔難読〕紡錘(つむ)〔補説〕平成22年(2010)常用漢字表から削除、人名用漢字に追加された。

×**隧** 〔音〕スイ(漢)　ズイ(呉) ‖ 墓の奥へと通じる道。地中の通路。トンネル。「隧道(すいどう・ずいどう)・隧路」

×**燧** 〔音〕スイ(漢)　〔訓〕ひうち ‖ ㊀〈スイ〉①火をおこす道具。火打ち石。「燧火・燧石」②のろし。「燧煙」㊁〈ひうち〉「燧石・燧金」

×**邃** 〔音〕スイ(呉)(漢)　〔訓〕ふかい ‖ 奥深い。深遠である。「邃古/深邃・幽邃」

漢字項目　ずい

随〔隨〕 〔音〕ズイ(呉)　〔訓〕したがう、まま、まにまに ‖ ①他人の後にそのままついていく。「随員・随行・随従・随伴/追随・付随・夫唱婦随」②成り行きにまかせる。「随意・随時・随想・随筆/気随」〔名付〕あや・みち・ゆき・より〔難読〕随神(かんながら)・随意(まにまに)

人**瑞** 〔音〕ズイ(呉)　〔訓〕みず ‖ ㊀〈ズイ〉めでたいしるし。吉兆。「瑞光・瑞祥・瑞兆・瑞鳥/嘉瑞・奇瑞・祥瑞」㊁スイス。また、スウェーデン。「日瑞」㊂〈みず〉みずみずしい。「瑞枝(みずえ)・瑞穂」〔難読〕瑞西(スイス)・瑞典(スウェーデン)

×**蕊** 〔音〕ズイ(漢)　〔訓〕しべ ‖ ㊀〈ズイ〉花の、しべ。「雌蕊・雄蕊」㊁〈しべ〉「雄蕊・雌蕊」〔補説〕「蘂」「蕋」は俗字。

髄〔髓〕 〔音〕ズイ(慣)　①骨の中心の軟らかい部分。「髄液/骨髄」②中枢神経組織。「髄膜/脊髄(せきずい)・脳髄」③物事の中心。「心髄・神髄・精髄」〔名付〕すね・なか

ワセミの羽で飾ってあったところから》天子の旗。帝王の旗。天皇の旗。

すい-か【▽誰何】〔名〕スル 相手が何者かわからないときに、呼びとめて問いただすこと。「守衛に―される」

すい-か【×燧火】❶火打ち石を打ち合わせて出す火。打ち火。切り火。❷敵の襲撃や危急を知らせるために打ち上げる火。のろし。烽火。

スイカ〖Suica〗《和 Super Urban Intelligent Card の略》JR東日本の開発した、ICカードと自動改札機を無線で通信させ運賃を精算するシステム。定期券や紛失時に再発行される記名式のものがある。首都圏・仙台・新潟エリアのほか、JR他社や私鉄・地下鉄などのICカードエリアでも利用できる。一部のキヨスクや駅近くのコンビニエンスストア・飲食店などでの買い物にも使える。➡イコカ ➡キタカ ➡スゴカ ➡トイカ

すい-が【酔×臥】酒に酔って寝ころぶこと。「三毒の酒に―し」〈海道記〉

すい-が【睡×臥】〔名〕スル 横になってねむること。「昼は一家皆―して、黄昏に至って初めて起き」〈秋水・兆民先生〉

ずい-か【×瑞花】豊年の兆しとなるめでたい花。また転じて、雪のこと。

すい-かい【水界】❶「水圏」に同じ。❷水陸の境界。

すい-かい【水塊】海洋中の、水温・塩分・水色・透明度・プランクトン分布などが比較的一様な海水のかたまり。

すい-がい【水害】洪水・高波などによって受ける被害。(季 夏) (類語)水難・出水・出水・大水

すい-がい【水涯】水のほとり。水ぎわ。岸。「行く行く詩文を談じて―を過ぎ」〈織田訳・花柳春話〉

すい-がい【透▽垣】《「すきがき」の音変化》板と板、または竹と竹との間を、少し透かしてつくる垣。すいがき。「所どころの立蔀、―などやうのもの、乱りがはし」〈源・野分〉

すい-がい【×翠蓋】緑色のおおい。また、緑の葉の茂った木の枝のたとえ。「赤松黒松の挺然林より秀でて―を碧空に翳すあり」〈蘆花・自然と人生〉

すいかい-せん【水界線】水陸の境界線。満潮最高時を高水線、干潮最低時を低水線という。

すいがいよぼう-くみあい【水害予防組合】堤防・水門の保護など水害の防御に関する事業を目的として、水害予防組合法に基づいて設立される公共組合。水害の予想される一定区域内の土地・家屋の所有者を組合員とする。

すい-がき【透垣】「すいがい(透垣)」に同じ。「本院の―に朝顔の花の咲きかかりて」〈詞花・秋・詞書〉

すい-かく【水郭】水のほとりにある村。水村。水郷。「山村―の民」〈独歩・源叔父〉

すい-かく【水閣】水のほとりにある高殿。水楼。

すい-かく【推×覈】〔名〕スル いろいろとおしはかり調べること。罪状をくわしく問い調べること。

すい-かく【酔客】➡すいきゃく(酔客)

すいかしき-ようしょく【垂下式養殖】真珠貝や種ガキなどを、縄や針金で連結したり金網に入れたりして、支柱に渡した横木あるいは筏から水中につり下げて行う養殖法。

すいか-しんとう【垂加神道】江戸初期に、山崎闇斎が提唱した神道説。儒教、特に朱子学や吉田神道・伊勢神道などを集大成した独自の思想。天照大神と猿田彦神を最も崇拝し、「日本書紀」を重視するとともに、儒教的な敬みの徳や天と人との融合を説く。また、神道の核心は皇統の護持にあるとする。山崎神道。しでます神道。垂加流。

すい-かずら【水×鬘】髪を結うときに用いた、鬢付け油の代用品。材料はサネカズラの茎の粘液。

すい-かずら【忍=冬】スイカズラ科の蔓性の木本。山野に自生。葉は楕円形で対生し、冬でも残っているので忍冬ともいう。6、7月ごろ、葉のわきに2個ずつ並んでつく白色の花は蜜腺をもち、のち黄色に変わる。漢方で、茎葉や花を解熱・解毒に用いる。スイカズラ科は約450種が北半球の温帯と熱帯地方の高山に分布し、アベリア・ニワトコなどが含まれる。(季 夏)

すいか-せっかい【水化石灰】➡水酸化カルシウム

すいか-とう【▽西×瓜糖】スイカの果汁を煮詰めて濃縮したもの。利尿作用がある。

すいか-の-せめ【水火の責め】❶水と火をまったく使わせないようにする刑罰。❷水責めと火責めによる拷問。

すいか-ぶつ【水化物】➡水和物

すい-がら【吸(い)殻】❶タバコを吸ったあとに残る灰や燃えさし。❷必要な部分や成分などを吸いとった残りかす。「―になるまで搾り取られる」

すい-が・る【粋がる】〔動ラ五(四)〕ことさら粋であるようにみせる。粋人ぶる。「流石学士丈で―・る様な低い所は無い」〈堺利彦・当世品定〉

すい-かん【水干】❶のりを使わないで、水張りにして干した布。❷❶で作った狩衣の一種。盤領の懸け合わせを組紐で結び留めるのを特色とし、袖付けなどの縫い合わせ目がほころびないように組紐で結んで菊綴とし、裾を袴の内に着込める。古くは下級官人の公服であったが、のちには絹織物で製して公家や上級武家の私服となり、また少年の式服として用いられた。

すい-かん【水×旱】洪水と干魃。また、それらによる災害。

すい-かん【水管】❶水を通す管。水道管やホースなど。❷軟体動物で、外套膜の一部が管状となったもの。水の流入・流出口となり、その水でえら呼吸をする。二枚貝ではふつう入水管と出水管がある。

すい-かん【吹管】吹管分析で用いる金属性の管。吹き口から空気を吹き込み、他端の細い穴から吹き出る空気を炎に吹きつけて吹管炎を作る。

すい-かん【酔漢】ひどく酒に酔った男。よいどれ。よっぱらい。(類語)酔っぱらい・酔客・酔いどれ・虎

すい-がん【水×癌】栄養状態のひどく悪いときに化膿菌と腐敗菌との混合感染によって起こる重症の口内炎。歯肉や口角から壊疽に陥る。近年はまれ。壊疽性口内炎。ノーマ。

すい-がん【衰顔】やせ衰えた顔。やつれた顔。

すい-がん【酔眼】酒に酔ったときの目。酒に酔って焦点の定まらない目つき。「―朦朧」

すい-がん【酔顔】酒に酔った人の顔。

ずい-かん【随感】折にふれて得た感想。随想。

すいかん-えん【吹管炎‖吹管×焔】吹管でガス炎などを吹いたとき生じる炎。吹管の先端を炎の中に入れて吹けば酸化炎となり、先端を炎の中に入れずに吹けば還元炎となる。

すいかん-ぐら【水干×鞍】水干を着るような略装のときに用いた鞍。山形が薄く、幅を狭く作ったもの。

すいかん-けい【水管系】ウニ・ヒトデなどの棘皮動物の、運動器官と呼吸・排出器官との働きをする特有の構造。環状水管と五つの放射水管とからなり、管足と連絡している。

ずいがん-じ【瑞巌寺】宮城県宮城郡松島町にある臨済宗妙心寺派の寺。山号は青竜山。承和5年(838)天台宗の円仁の創建で、延福寺と称したが、鎌倉時代に臨済宗となり円福寺と改めた。のち、伊達政宗が再興し、瑞巌円福寺とした。本堂・庫裏などは桃山式建築として知られ、ともに国宝。松島寺。

すいかん-ばかま【水干×袴】水干を着るときにはく袴。幅の狭い括り袴で、股立の合わせ目とひざの上の縫い目に菊綴をつけた。

すいかん-ぶんせき【吹管分析】鉱物などの金属成分を簡便に検出する分析法。木炭上の穴に試料の粉末を詰め、これに吹管炎を吹きつけ、その変色・溶融状態などから成分を判定する。

すいかん-ボイラー【水管ボイラー】胴内に水を通した多数の管を配置し、管の外から加熱して蒸気を発生させる方式のボイラー。高温・高圧の蒸気が多量に得られる。

すいがん-もうろう【酔眼×朦×朧】〔ト・タル〕〔文〕〔形動タリ〕酒に酔って目先がぼんやりしているさま。「―として何も見えず」

すい-き【水気】❶みずけ。しめりけ。❷水蒸気。水煙。❸からだがむくむこと。水腫。浮腫。「少し―が来たようにむくんでいる」〈芥川・鼻〉

すい-き【水鬼】❶水をつかさどるという鬼。❷航海中に現れる怪物。船幽霊。

すい-き【酔気】酒に酔ったようす。また、酒気。「数杯の酒の―を発せしにや」〈竜渓・経国美談〉

ずい-き【芋=茎‖芋=苗】《語源未詳》サトイモの葉柄。ふつう、赤茎のものを酢の物・煮物などにして食べる。干しずいきは、いもがらという。(季 秋)「―さく門賑はしや人の妻/太祇」

ずい-き【随喜】〔名〕スル ❶仏語。他人のなす善を見て、これに従い、喜びの心を生じること。❷ありがたく思い、大いに喜ぶこと。「―して迎える」
(類語)歓喜・狂喜・驚喜・欣喜雀躍・有頂天・喜悦

ずい-き【×瑞気】めでたい雲気。めでたい兆し。瑞祥の気。「一祥雲屋上に立ちしは」〈露伴・露団々〉

ずいき-の-なみだ【随喜の涙】随喜のあまりあふれ出る涙。ありがた涙。

ずいき-まつり【芋=茎祭‖×瑞×饋祭】京都の北野天満宮で10月1日から4日間行われる神事。ずいきで神輿の屋根をふき、種々の野菜で装飾したものを「ずいきみこし」といい、神体の行列のあとから担いでまわる。(季 秋)

すい-きゃく【酔客】酒に酔った人。よっぱらい。すいかく。(類語)酔っぱらい・酔漢・酔いどれ・虎

すい-きゅう【水球】❶水泳競技の一。1チーム7名ずつのプレーヤーが、プール内で泳ぎながら相手のゴールの中にボールを投げ込み、その得点によって勝敗を競うゲーム。ウオーターポロ。(季 夏)「灯蛾降れり―渦となりたたかふ/湘子」❷水のたま。水滴。「麦の穂の芒に徴細な―を宿して」〈長塚・土〉

すい-きゅう【推及】〔名〕スル 他の部分へ行きわたらせること。また、行きわたること。「大学の学科中に設て後ち漸を以て中学に―すべきなり」〈雪嶺・真善美日本人〉

すい-きゅう【推究】〔名〕スル 物事の筋道を深く推しはかって考えきわめること。「事物の道理を―して自分の説を付る事なり」〈福沢・学問のすゝめ〉

すい-ぎゅう【水牛】偶蹄目ウシ科の哺乳類。大形で、体毛は少なく、水辺で暮らし、水浴・泥浴を好む。雌雄とも半月形の大きな角をもつ。野生種アルナはインドの一部に分布。東南アジアでは重要な家畜となっており、インド水牛ともいう。また、アフリカ水牛を含めていうこともある。

すい-きょ【出挙】➡すいこ(出挙)

すい-きょ【吹×嘘】❶いきを吐くこと。また、いきを吹きかけること。❷「推挙」に同じ。

すい-きょ【推挙‖吹挙】〔名〕スル ある人をある官職・地位・仕事などに適した人として推薦すること。「委員長に―する」(類語)推薦・推輓・他薦・ノミネート

すい-ぎょ【水魚】水と魚。

水魚の交わり 《「蜀志」諸葛亮伝から。劉備が諸葛孔明と自分との間柄をたとえた言葉》水と魚との切り離せない関係のような、非常に親密な交友。

すい-きょう【水郷】❶湖や川の景色が美しい町や村。水村。すいごう。❷➡すいごう(水郷)

すい-きょう【水鏡】❶水面に物の形が映ること。みずかがみ。❷水がありのままに物の姿を映すように、物事をよく観察してその真情を見抜き、人の模範となること。また、その人。

すい-きょう【垂×拱】〔名〕スル《衣の袖を垂れ、手をこまぬく意から》何もしないでいること。多く、天下のよく治まるたとえに用いる。「政府なる者は言わば唯一南面するのみと謂うも可なりと」〈西周・明六雑誌四〇〉

すい-きょう【垂教】〔名〕スル 教えを説き示すこと。教訓を与えること。また、その教え。垂訓。

すい-きょう【酔狂‖粋狂】〔名・形動〕❶好奇心

から人と異なる行動をとること。物好きなこと。また、そのさま。酔興。「真冬に水泳とは―なことだ」「だてや―で言うのではない」❷(酔狂)酒に酔ってとりみだすこと。「酒に酔って―でもすれば自らいましめるということもあろうが」〈福沢・福翁自伝〉 類語 もの好き
すい-きょう【酔郷】《王績「酔郷記」から》酒を飲んだときの心地よい気分を別天地にたとえた語。
すい-きょう【酔興｜粋興】〔名・形動〕❶「酔狂❶」に同じ。「人間は何の―でこんな腐ったものを飲むのかわからないが」〈漱石・吾輩は猫である〉❷(酔興)酒に酔って楽しみ興じること。
ずいぎょう-こう【随形好】▶八十随形好
すい-ギョーザ【水餃子】《中国語から》皮をやや厚めにつくり、熱湯でゆでたギョーザ。水を切り、たれなどをつけて食べる。
すい-ぎょく【水玉】水晶の別称。
すい-ぎょく【×翠玉】エメラルドのこと。
すい-きん【水金】▶みずきん(水金)❶
すい-きん【水×禽】水上や水辺で生活する鳥。みずとり。
すい-ぎん【水銀】亜鉛族元素の一。常温で液状である唯一の金属で、銀白色で重い。有毒。融点はセ氏零下38.86度、沸点はセ氏356.72度。主要鉱物は辰砂で、これを焼いて製する。多くの金属とアマルガムを作る。温度計・気圧計・水銀灯・化学薬品などに使用。元素記号Hg　原子番号80。原子量200.6。みずがね。
すい-ぎん【酔吟】〔名〕スル　酒に酔って詩歌を吟じること。
ずいきん【瑞金】中国江西省南東部にある小都市。四方を山に囲まれた要害の地で、1931年、ここに中華ソビエト共和国臨時政府が樹立され、34年まで中国共産党の根拠地となった。ロイチン。
すいぎん-あつりょくけい【水銀圧力計】水銀をガラス管に入れて水銀だまりの中に倒立させ、真空ガラス管中の水銀柱の高さにより気体の圧力を測る計器。大気圧測定用のものは水銀気圧計と呼ばれる。
すいぎん-おんどけい【水銀温度計】細管と球からなるガラス管に水銀を入れ、水銀の熱膨張を利用して温度を測る温度計。
すいぎん-かんでんち【水銀乾電池】▶水銀電池
すいぎん-きあつけい【水銀気圧計】気圧計の一。水銀をガラス管に入れて水銀だまりの中に倒立させ、真空ガラス管中の水銀柱の高さによって気圧を測定する。最も標準的な気圧計。水銀晴雨計。
すいきん-くつ【水琴窟】庭や茶室の外に仕組み、水滴が落下して発する、かすかな水音を楽しむ装置。縦穴を掘り、穴底に水盆と排水口を作る。素焼きの瓶の底に小さな穴を開け、瓶口を下に縦穴の中に置く。瓶の周囲と瓶底の上に小石を敷き詰める。小石の隙間を通って瓶の穴から水盆に落ちた水滴が反響して琴のような音が響く。
すいぎん-こうこう【水銀硬×膏】水銀と無水ラノリンとを練り合わせ、蜜蝋などを混ぜて製する硬膏。梅毒疹などに用いられた。
すいぎん-ざい【水銀剤】水銀の殺菌作用を利用した薬剤の総称。副作用があるため現在はほとんど使用されない。
すいぎん-せいうけい【水銀晴雨計】▶水銀気圧計
すいぎん-せいりゅうき【水銀整流器】真空容器中に水銀を陰極として、石墨または鉄を陽極として入れ、水銀蒸気中に起こる、アーク放電を利用する整流器。
すいぎん-ちゅう【水銀柱】水銀圧力計・水銀温度計などで、細いガラス管に入っている水銀。その高さにより圧力や温度が示される。
すいぎん-ちゅうどく【水銀中毒】水銀または水銀化合物を吸収することによって起こる障害。急性の場合は尿毒症など腎臓疾患を起こし、慢性の場合は中枢神経の障害が起こる。➡水俣病
すいぎん-でんち【水銀電池】消極剤として酸化水銀を使った乾電池。陽極に酸化水銀と黒鉛粉末、電解液に水酸化カリウム、陰極に亜鉛を用いる。起電力は約1.3ボルト。小型で軽量。カメラ・時計・補聴器などに使用される。水銀乾電池。RM電池。
すいぎん-とう【水銀灯】水銀蒸気を封入した真空管内のアーク放電によって生じる発光を利用する電灯。低圧のものは紫外線が非常に強いので蛍光灯・殺菌灯などに、高圧のものは青白色の強い光を放つので野外照明・映写光源などに使用。水銀弧灯。水銀石英灯。
すいぎん-なんこう【水銀軟×膏】水銀に無水ラノリン・豚脂・牛脂などを混ぜて作った軟膏。梅毒治療、ケジラミ駆除などに用いられた。
すいぎん-ほう【水銀法】陰極に水銀を、陽極に炭素を用いて食塩水を電解し、塩素と水酸化ナトリウムを製造する方法。
すいきん-るい【水×禽類】水鳥のうち、游禽類(カモ類)のこと。広くは渉禽類(サギ類・ツル類)をも含める。
すい-ぐ【炊具】炊事道具。
すい-くち【吸(い)口】❶口で吸う器具の、口にくわえる部分。「吸い飲みの―」❷紙巻きタバコの口につける部分に、別に紙を巻きつけたもの。また、差し込んで吸う紙製の短いパイプ。「―付きのタバコ」❸キセルの口にくわえる部分の金具。❹電気掃除機のごみを吸い取る筒状の先。❺吸い物に浮かべて芳香を添えるつま。木の芽やユズなど。香頭。
スィグルダ〖Sigulda〗ラトビア、ビゼメ地方の町。首都リガの北東約50キロメートル、ガウヤ川沿いに位置する。緑豊かな自然景観と渓谷美で知られ、周辺一帯はガウヤ国立公園に指定されている。13世紀初めにリボニア帯剣騎士団が建てたスィグルダ城、リガ大司教アルベルトが建てたトゥライダ城、同国最大級のグートゥマニャ洞穴がある。
スィグルダ-じょう【スィグルダ城】《Siguldas pilsdrupas》ラトビア、ビゼメ地方の町スィグルダにある城址。ガウヤ川東岸に位置し、13世紀初めにリボニア帯剣騎士団により建造。18世紀の北方戦争で破壊され、現在は城門と城壁の一部が残っている。
すい-くん【垂訓】教えを垂れること。また、教訓を後世の人々に残すこと。また、その教訓。垂教。「山上の―」
すい-ぐん【水軍】❶水上で戦う武士団。特に中世、瀬戸内海や西九州沿岸で活躍した村上水軍や松浦党が有名。❷海軍。「この小童、忽ち大志を生じ、―の人とならんと思い」〈中村訳・西国立志編〉
すい-けい【水系】❶流水の系統。一つの川の流れを中心とし、それにつながる支流・沼・湖などを含めていう。「利根川―」❷海の水塊の起源となる海水の系統。
すい-けい【水鶏】クイナのこと。
すい-けい【推計】〔名〕スル　推定して計算すること。推算。「次年度の所得を―する」類語 推算・概算・予測・見積もり・胸算用・皮算用・懐勘定
ずい-けい【随契】「随意契約」の略。
すいけい-がく【推計学】統計調査で、確率論を基礎にし、母集団から任意抽出した標本によって母集団の状態を推測する統計理論。推測統計学。
すいけい-かんせん【水系感染】飲料水などによって感染症が流行すること。水系伝染。
ずいけい-しゅうほう【瑞渓周鳳】[1391〜1473]室町中期の臨済宗の僧。和泉の人。号、臥雲山人。南都で華厳を学び、景徳寺・等持寺・相国寺に歴住。のち、鹿苑院塔主となった。足利義政の信任を受け、外交文書を作成。編著「善隣国宝記」、日記「臥雲日件録」など。諡号、興宗明教禅師。
すいけいちゅう【水経注】中国古代の地理書。40巻。北魏の酈道元著。漢代から三国時代ころに作られた中国河川誌「水経」に拠って、中国全土の水路を詳述したもの。
すいげき-さよう【水撃作用】▶ウオーターハンマー
すい-げつ【水月】❶水と月。❷水面に映る月影。「江上の―」「鏡花―」❸人体の急所の一。みずおち。❹軍陣で、水と月が相対するように、両軍が接近してにらみ合うこと。
すいげつ-かんのん【水月観音】三十三観音の一。補陀落山の水辺の岩上に座し、水面の月を眺めている姿の観音。
すいけつ-しょう【水血症】腎臓・心臓疾患などにより血液中に水分および塩分が増加した状態。
すい-けん【水圏】地球の表面で水の占める部分。大部分は海洋で、表面積は約7割を占める。
すい-げん【水源】❶川などの水の流れ出るおおもと。みなもと。「利根川の―を探る」「―地」❷上水道として利用する水の供給源。類語 源・源流
ずい-げん【×瑞験】《「ずいけん」とも》めでたいしるし。瑞相。「不思議の―あらたなれば」〈謡・田村〉
すいげん-かんようりん【水源×涵養林】雨水を吸収して水源を保ち、あわせて河川の流量を調節するための森林。水源林。
すいげんしょう【水原抄】鎌倉時代の、源氏物語の注釈書。54巻。源光行・親行共著。成立年未詳。原本は伝わらないが、河内本の最初の注釈書で、「河海抄」などに一部分が引用されている。
すいげん-ち【水源地】水源のある土地。川などが流れ出るおおもとの地。また、ダムなどがあって上水道の源となる地。
すいげんちいきたいさく-とくべつそちほう【水源地域対策特別措置法】ダム等の建設により、水没するなど環境が著しく変化する地域に関して、生活環境・産業基盤等を整備するとともに、住民に代替地の提供・職業の紹介などを行って生活再建を支援するための法律。昭和48年(1973)施行。水特法。
すいげん-りん【水源林】▶水源涵養林
すい-こ【出▽挙】古代、農民へ稲の種もみや金銭・財物を貸し付け、利息とともに返還させた制度。国が貸し付ける公出挙と、私人が貸し付ける私出挙とがある。すいきょ。
すい-こ【推古】調べて昔の事柄をおしはかること。
すい-こ【×邃古】おおむかし。太古。上古。
すい-ご【垂語】禅宗で、師の僧が弟子に教え示す言葉。垂示。
すい-こう【水孔】植物の葉の先端や縁にあって水を排出する小孔。気孔に似るが、開閉しない。
すい-こう【水行】〔名〕スル　❶水上を舟などで行くこと。⊖陸行。❷水が流れて行くこと。
すい-こう【水耕】▶水栽培
すい-こう【水×閘】❶灌漑などで、水の流れを調節するために設けた水門。❷運河・河川などで、水位差のある水域を船が通行できるようにした設備。
すい-こう【衰耗】〔名〕スル　衰え弱ること。すいもう。「国力―日を逐うて甚だしく」〈染崎延房・近世紀聞〉
すい-こう【推考】〔名〕スル　物事の道理や事情などを推測して考えること。「凡人の―するが如きものならんや」〈織田訳・花柳春話〉
すい-こう【推×敲】〔名〕スル　《唐の詩人賈島が、「僧は推す月下の門」という自作の詩句について、「推す」を「敲く」とすべきかどうか思い迷ったすえ、韓愈に問うて、「敲」の字に改めたという故事から》詩文の字句や文章を十分に吟味して練りなおすこと。「―を重ねる」「何度も―する」類語 彫琢・吟味・加筆・筆削・添削・改稿・リライト・練る
すい-こう【遂行】〔名〕スル　任務や仕事をやりとげること。「業務を―する」
類語 完遂・実行・実践・行動・躬行・励行・履行・実施・施行・執行・決行・敢行・断行・行う
すい-ごう【水郷】㊀「すいきょう(水郷)❶」に同じ。「―柳川」㊁茨城県・千葉県境の利根川下流に位置する低湿地帯の称。佐原・加藤洲十二橋・十六島・潮来などを含む地域。水郷筑波国定公園の一部。
ずい-こう【随行】〔名〕スル　供としてつき従って行くこと。また、その人。おとも。「大臣の外遊に―する」「―員」類語 随伴・随従・追随・付き従う・従う・お供

ずい-こう【×瑞光】めでたいしるしとみなされる光。吉瑞の光。「一迸(ほとばし)り出でたる手匣(てばこ)を見るより」〈露伴・新浦島〉
ずい-こう【×瑞香】ジンチョウゲの漢名。
すいこうきのう-しょうがい【遂行機能障害】高次脳機能障害の一つ。事故や疾病で脳に損傷を受けた場合などに起こる。計画を立て、状況を把握して柔軟に対応し、目標を達成する、といった行動ができなくなり、自発的に物事を始めることができない、物事の優先順位が付けられない、いきあたりばったりの行動をする、などの状態が見られる。
すいこう-さいばい【水耕栽培】▶水栽培
すいこう-しゃ【水交社】明治9年(1876)に創設された旧日本海軍高等官の親睦および研究・共済を目的とする団体。第二次大戦後に解散したが、昭和29年(1954)水交会の名で復活。➡偕行社(かいこうしゃ)
すいこう-しょうがい【遂行障害】▶遂行機能障害
すいこう-せい【水硬性】石灰やセメントなどの、水とまぜると硬くなる性質。
すいごうつくば-こくていこうえん【水郷筑波国定公園】茨城県から千葉県にかけての水郷地帯、および筑波山を中心とする国定公園。霞ヶ浦・鹿島神宮・犬吠埼(いぬぼうさき)などを含む。
すいこう-ほう【水耕法】水耕による栽培法。
すい-ごうやく【吸い×膏薬】《「すいこうやく」とも》「吸い出し膏薬」に同じ。
すい-ごかし【粋ごかし】粋人扱いをしておだてあげ、こちらの思うようにすること。「一颯(ひとしきり)、人の気を取りけれど」〈浮・一代女・六〉
すい-こく【推×轂】〔名〕スル《轂(こしき)をおして車を進める意から》人をある地位などに推薦すること。とりもって官職などに就くようにすること。「東洋の学士に―し、これと交らしむ」〈中村訳・西国立志編〉
すいこ-じだい【推古時代】飛鳥(あすか)時代の中で、特に推古天皇の時代。聖徳太子が摂政として、冠位十二階の制定、憲法十七条の発布、国史の編纂(へんさん)などを行い、また、仏教の興隆に尽くした。法隆寺などが建立され、仏像の彫刻も行われて、美術工芸が発達した。
すいこ-ちょう【出▽挙帳】官稲の出挙の状況を記録した帳簿。
すいこでん【水滸伝】中国の長編口語小説。四大奇書の一。清の金聖嘆(きんせいたん)が後半部を切り捨てた70回本のほかに100回本・120回本がある。作者は施耐庵(したいあん)・羅貫中(らかんちゅう)らというが不明。明代初めの成立説が有力。宋の徽宗(きそう)の時代、宋江(そうこう)ら108人の豪傑の梁山泊(りょうざんぱく)への結集と、その後の悲壮な運命を描く。
すいこ-てんのう【推古天皇】［554〜628］第33代天皇。在位592〜628。欽明天皇の第3皇女。名は豊御食炊屋姫(とよみけかしきやひめ)。敏達天皇の皇后となり、崇峻天皇が蘇我馬子(そがのうまこ)に殺されたのちに即位。聖徳太子を摂政として国政を行った。
すいこ-とう【出▽挙稲】出挙により貸し付ける稲。
すい-こみ【吸(い)込み】❶吸い込むこと。「電気掃除機の―の力が弱い」❷下水や汚水を吸い込ませるための穴。(類語)吸入・吸引・吸収
すいこみ-かん【吸(い)込み管】内燃機関やポンプなどの吸い込み口側に取り付けられ、シリンダー内に流体を吸い込むための管。吸入管。
すいこみ-べん【吸(い)込み弁】内燃機関やポンプなどの吸い込み口に取り付けられ、シリンダー内に流体を吸い込むときに開く弁。吸入弁。
すい-こ-む【吸(い)込む】〔動マ五(四)〕❶液体や気体などを、吸って中のほうまで入れる。「深く息を―・む」「地面が雨を―・む」❷人や物を中に引き入れたり、包み込んだりする。「乗客の大半は駅前の競技場に―・まれていった」「眠りに―・まれる」
すい-さい【水災】洪水による災害。水害。
すい-さい【水彩】❶水で溶いた絵の具で彩色すること。❷「水彩画」の略。
すい-さい【水際】水のほとり。みずぎわ。
すいさい-が【水彩画】水溶性の絵の具で描いた絵。みずえ。
すい-さし【吸い▽止し】タバコを吸いかけてそのままにすること。また、そのタバコ。吸いかけ。
すい-さつ【推察】〔名〕スル　他人の事情や心中を思いやること。おしはかること。推量。「おおよその―がつく」「複雑な事情と―する」
(用法)**推察・推量・推測**――「愛児を失った親の胸中を推測(推量・推察)する」など、思いやるの意では相通じて用いられる。◆「推察」は事情や他人の心情などを思いやること。「お喜びのこととご推察申し上げます」◆「推量」はそうなるだろうと想像すること。「当て推量(ずいりょう)」という言い方があるように根拠の有無は問わない。◆「推測」は現在までにわかっている事柄をもとに、他人の心情や事情などをおしはかること。「原因といっても、まだ現段階での推測に過ぎない」
(類語)推量・推測・推定・察し・斟酌(しんしゃく)・推断・推認
すい-さん【水産】海・河川・湖沼などの、水の中からとれること。また、とれた魚介や海藻などの産物。
すい-さん【出▽生】《「さん(生)」は唐音。「出衆生食」の略》仏語。食事のとき、少量を別の器に取り分けて、衆生(しゅじょう)に施すこと。施食。生飯(さば)。
すい-さん【炊×爨】〔名〕スル　飯を炊くこと。炊飯。炊事。「飯盒(はんごう)―」(類語)飯炊き
すい-さん【推参】〔名・形動〕スル❶自分のほうから出かけて行くこと。また、招かれていないのに人を訪問することを、詫びる気持ちをこめていう。「夜中に―して奉行衆に逢いたいと云うのは宜しくない」〈鴎外・堺事件〉❷出すぎていること。差し出がましいこと。無礼なこと。また、そのさま。「是は―な奴だ、人の運動の妨(さまたげ)をする」〈漱石・吾輩は猫である〉
すい-さん【推算】〔名〕スル　数量を、推定によって計算すること。推計。「デモの参加者を―する」
すい-ざん【衰残】すっかり弱り衰えること。「―の身」
すいさん-か【水酸化】水酸基と結合すること。また、水酸化物であること。
すいさんか-アルミニウム【水酸化アルミニウム】アルミニウム塩類にアンモニア水を加えて得られる白色のゼラチン状沈殿物。媒染剤・吸着剤などに用いる。化学式 $Al(OH)_3$
すいさんか-アンモニウム【水酸化アンモニウム】アンモニアが水に溶けると弱アルカリ性を呈することから、存在すると仮定された化合物。化学式 NH_4OH
すいさんか-カリウム【水酸化カリウム】塩化カリウム水溶液を電解して作られる潮解性の白色固体。水によく溶け、水溶液は強アルカリ性。固体および濃水溶液は腐食性が強い。劇薬。カリガラス・軟石鹸(なんせっけん)・染料・アルカリ電池製造などに使用。苛性(かせい)カリ。化学式 KOH
すいさんか-カルシウム【水酸化カルシウム】生石灰(酸化カルシウム)に水を加えて得られる白色の粉末。水にわずかに溶け、水溶液は石灰水とよばれ、強アルカリ性。空気中の二酸化炭素を吸収して炭酸カルシウムになる。酸性土壌の中和剤、さらし粉の原料、モルタルの材料などにする。消石灰。水化石灰。化学式 $Ca(OH)_2$
すいさん-がく【水産学】水産に関する研究を行う応用科学。漁労・養殖・水産物加工の3分野を中心にし、水産技術・水産生物・水産化学なども含む。
すいさん-かこうぎょう【水産加工業】水産物を原料または材料として、食品・飼料・肥料・油脂・水産皮革などを生産する産業。
すいさんか-てつ【水酸化鉄】❶水酸化鉄(Ⅱ)。白色ないし淡緑色の粉末。空気中で容易に酸化され水酸化鉄(Ⅲ)になる。水酸化第一鉄。化学式 $Fe(OH)_2$ ❷水酸化鉄(Ⅲ)。鉄(Ⅲ)塩の水溶液にアンモニアと塩化アンモニウムの混合液を加えて得られる。赤褐色の粉末。アルカリ性水溶液中でコロイド溶液になりやすい。水酸化第二鉄。化学式 $Fe(OH)_3$
すいさんか-どう【水酸化銅】❶水酸化銅(Ⅰ)。水酸化第一銅。化学式 $CuOH$ ❷水酸化銅(Ⅱ)。銅(Ⅱ)塩の水溶液にアルカリを加えて得られる。淡青色の粉末。水に溶けず、アンモニア水には錯イオンとなって溶け深青色溶液になる。水酸化第二銅。化学式 $Cu(OH)_2$
すいさんか-ナトリウム【水酸化ナトリウム】食塩水を電解して作る、潮解性のある白色の固体。水に溶けやすく、水溶液は強アルカリ性。二酸化炭素をよく吸収し、炭酸ナトリウムになる。腐食性が強く、皮膚をおかす。石鹸(せっけん)・合成繊維の製造、石油の精製、製紙・パルプ工業など用途が広い。苛性(かせい)ソーダ。化学式 $NaOH$
すいさんか-バリウム【水酸化バリウム】酸化バリウムを水中に投じて得られる白色の粉末。水溶液はバリタ水といい、強アルカリ性で、二酸化炭素を吸収すると炭酸バリウムの白色沈殿を生じる。分析用試薬・バリウム石鹸製造・有機合成などに利用。化学式 $Ba(OH)_2$
すいさんか-ぶつ【水酸化物】水酸基を有する化合物。
すいさんか-マグネシウム【水酸化マグネシウム】マグネシウムの水酸化物。天然にはブルース石として産出。強熱すると水を放って酸化マグネシウムになる。金属マグネシウムの原料になるほか、下剤、制酸剤として利用される。化学式 $Mg(OH)_2$
すいさん-き【水酸基】-OHで表される一価の基。金属の水酸化物、酸素酸や、アルコール・フェノールなどの有機化合物中に含まれる。ヒドロキシル基。
すいさん-ぎょう【水産業】水産生物の漁獲・採取・養殖、冷蔵・冷凍・加工、市場・輸送・販売の各分野にかかわる産業。(類語)漁業
すいさんぎょう-きょうどうくみあい【水産業協同組合】昭和23年(1948)制定の水産業協同組合法に基づく漁民および水産加工業者の協同組合。漁業協同組合・漁業生産組合・水産加工業協同組合などがある。
すいさん-けんきゅうじょ【水産研究所】水産に関する調査研究を行う機関。海洋環境・水産資源・増養殖・漁法などの問題に取り組み、水産資源の持続的有効利用と水産業の活性化を図る。昭和4年(1929)設置の農林省水産試験場を前身とし、同24年改称して水産研究所となった。平成13年(2001)独立行政法人水産総合研究センターに統合。
すいさん-こうしゅうじょ【水産講習所】水産に関する教育・研究機関。明治21年(1888)設立の水産伝習所を改組・改称して同30年に発足。昭和24年(1949)東京水産大学となる。
すいさん-しげん【水産資源】海洋・河川・湖沼などで、漁業および水産増養殖業の対象となる魚介類や藻類などの資源。
すいさん-しけんじょう【水産試験場】水産生物・海洋・漁具・漁労・水産物製造加工などに関する研究調査を行う機関。各地方自治体に所属する。
すいさん-だいがっこう【水産大学校】山口県下関市にある農林水産省所管の大学校。水産業を担う人材の育成を図る。昭和20年(1945)設立の農林省水産講習所下関分所に始まり、同38年現校名となる。平成13年(2001)独立行政法人に移行。
すいさん-ちょう【水産庁】農林水産省の外局の一。水産資源の保護および開発促進、漁業調整、水産物の生産・流通、その他水産業の発達・改善などに関する事務を行う。昭和23年(1948)農林省水産局を改組して設置。
すいさん-ひりょう【水産肥料】水産物を原料とする肥料。
すいさん-ぶつ【水産物】海洋・河川・湖沼などから産するもの。魚介・海藻など。
すいさん-もの【推参者】出しゃばり者。無礼者。
すい-し【水司】律令制で、後宮十二司の一。水・粥(かゆ)のことをつかさどった。もいとりのつかさ。
すい-し【水死】〔名〕スル　水におぼれて死ぬこと。溺死(できし)。「池にはまって―する」

(類語)溺死・おぼれ死に

すい‐し【水師】水上で戦う軍隊。水軍。海軍。

すい‐し【出師】軍隊を繰り出すこと。出兵。「征清の―ありし頃」〈鏡花・琵琶伝〉

すい‐し【垂示】《「すいじ」とも》❶教え示すこと。❷禅宗の師家が大衆に教えを説くこと。垂語。

すい‐し【垂死】今にも死にそうであること。瀕死。「―の兵士の叫喚が響き渡る」〈花袋・一兵卒の銃殺〉

すい‐し【衰死】〔名〕スル ❶衰弱して死ぬこと。❷草木がしぼんで枯れること。

すい‐し【×錘子】はかりのおもり。分銅。

すい‐じ【炊事】〔名〕スル 食物を煮たきして調理すること。「キャンプ場で―する」「―道具」(類語)料理・調理・煮炊き・炊飯・炊爨・クッキング・割烹

すい‐じ【推辞】〔名〕スル 他の人に譲って自分は辞退すること。「適任にあらずと会長職を―する」

ずい‐じ【随時】〔副〕❶適宜な時に行うさま。その時々。「―巡回する」❷日時に制限のないさま。好きな時にいつでも。「―入院することができる」

(類語)適宜・臨機・いつでも・常時・折折

すいしえい【水師営】中国、大連市旅順の北西にある地名。清朝海軍の兵営のあった所。日露戦争の際、明治38年(1905)1月、乃木大将とステッセル将軍の会見が行われた。

すいじ‐がい【水字貝】スイジガイ科の巻き貝。殻高約25センチ。貝殻の長い突起が六方向に伸び、「水」の字に似た形で、灰白色の地に茶色の斑紋がある。紀伊半島以南の暖海に分布。肉は食用、殻は火難よけのお守りにする。

ずいじちょうせい‐けいやく【随時調整契約】電力会社が電力の安定供給などを目的に企業と結ぶ契約の一種。大口需要者へ割引料金で電力を供給する代わりに、電力不足が懸念されるときには、供給している電力の一部または全部を止めて節電に協力してもらうもの。電力会社からの事前通知によって実行されるが、通知と実行までの時間差により割引率が変わる。通知と同時に実行される契約もある。➡計画調整契約

すい‐しつ【水質】水の性質や化学的成分。また、不純物を含む水の、化学的、生物学的特性。

すい‐じつ【衰日】▶すいにち(衰日)

ずい‐しつ【髄質】ある器官で、内層と外層とで構造や機能が異なる場合、外層を皮質というのに対し、内層のこと。大脳の白質、副腎髄質など。

すいしつ‐おだく【水質汚濁】産業排水・生活排水、水産生物の養殖、沿岸域の工事などにより、河川・湖沼・港湾・沿岸海域などの水が汚染されること。

すいしつおだく‐ぼうしほう【水質汚濁防止法】工場などから公共用水域に排出される汚水・廃液による水質汚濁の防止を図り、被害が生じた場合の事業者の損害賠償責任について定めている法律。昭和46年(1971)施行。

すいしつ‐きじゅん【水質基準】水質について、水の使用目的ごとに決められた基準。法律により、水道水・排水・放流下水・遊泳用プールなどについて定められている。

すいしつ‐けんさ【水質検査】水の色・におい・硬度などの性質、有害な化学物質や細菌の有無などを検査し、使用目的の基準に合致するかどうかを判定すること。

すいしつ‐しけん【水質試験】水質を調べること。物理的、化学的、細菌学的、生物学的各試験があり、その結果が総合される。

すいし‐ていとく【水師提督】中国、清代の官名。海軍を統率した武官。また一般に海軍の総指揮官や船団の長。「英の旗艦の―は」〈福沢・福翁自伝〉

すいし‐の‐ひょう【出師の表】中国三国時代、蜀漢の丞相諸葛亮が、昭烈帝(劉備)の没後、出陣にあたって後主劉禅に奉った前後2回の上奏文。誠忠と憂国の至情にあふれた名文として知られる。

すい‐しゃ【水車】❶水流を利用して羽根車を回転させ、機械的動力を得る装置。精米・製粉に利用。また水力発電に使われ、ペルトン水車・プロペラ水車などが用いられる。❷農業用の水を田に送り込む装置。水路に設け、人が足で踏んで回転させる。

すい‐しゃ【水×瀉】液状の糞便を水を注ぐように激しく下すこと。水様性の下痢。

すい‐じゃく【垂×迹】《「すいしゃく」とも》仏語。仏・菩薩が人々を救うため、仮に日本の神の姿をとって現れること。「本地―」

すい‐じゃく【衰弱】〔名〕スル からだなどが衰え弱ること。「病気で―する」「神経―」(類語)疲弊・衰残・憔悴・痩せ衰える・やつれる・衰微・衰退・弱体化

すいじゃく‐が【垂×迹画】本地垂迹説に基づく絵画。春日曼荼羅・熊野曼荼羅など、垂迹曼荼羅と称されるものが多い。

すいしゃ‐ぼうせき【水車紡績】水車を原動力とする紡績法。明治初期に臥雲辰致が発明。がら紡。

すい‐しゅ【水手｜水主】ふなのり。ふなこ。かこ。船頭。「一梶取申しけるは、此の風は追風にて候へども」〈平家・一一〉

すい‐しゅ【水腫】身体の組織液が異常に多量にたまった状態。皮下組織に起こった場合を浮腫、体腔内の場合を胸水・腹水などという。

すい‐じゅう【×錘重】垂直方向を知るための、逆円錐形のおもり。糸を付けてつるす。下げ振り。

ずい‐じゅう【随従】〔名〕スル ❶つきしたがうこと。供として行くこと。また、その人。「艦長は…、これに―する指揮官は」〈福沢・福翁自伝〉❷言われるままに人の意見に従うこと。「先輩の言に―する」

(類語)随行・随伴・追随・追従・付き従う・従う・お供

すい‐じゅん【水準】❶事物の一定の標準。また、価値・能力などを定めるときの標準となる程度。レベル。「技術が―に達する」「―を上回る成績」「生活―が高い」❷土地・建物などの高低・水平の度合いを測ること。また、その道具。水盛り。❸線路の曲線部における、左右のレールの高低差。➡カント(cant)

(類語)基準・標準・レベル・程度・次元・合格点・平均点

ずい‐じゅん【随順】〔名〕スル おとなしく従うこと。従って逆らわないこと。「上司の意向に―する」

すいじゅんかんへんどう‐かんそくえいせい【水循環変動観測衛星】宇宙航空研究開発機構(JAXA)が推進する地球環境変動観測ミッションで打ち上げられる2種類の観測衛星の一つ。マイクロ波放射計により、海面水温・降水量・大気中の水蒸気量・土壌の水分量・積雪の深さなどのデータを取得する。平成24年(2012)5月に1号機「しずく」が打ち上げられた。GCOM-W(Wは、waterの頭文字)。➡気候変動観測衛星

すいじゅん‐き【水準器】水平面あるいは鉛直面を定めたり、また、水平面からの傾斜を調べたりするのに用いる器具。一般に使われている気泡水準器は、やや湾曲したガラス管にアルコールかエーテルを入れ、気泡を残しておいて、管が水平になったとき気泡が中央に来るようにしたもの。水平器。

すいじゅん‐ぎ【水準儀】水準測量で、高低差を測定する器械。望遠鏡に水準器を取り付けたもの。

すいじゅん‐げんてん【水準原点】水準測量の高さの基準になっている水準点。日本では、国会議事堂横の尾崎記念公園内(旧陸軍陸地測量部跡)にあり、高さは東京湾平均海水面から24.4140メートルと定める。

すいじゅん‐そくりょう【水準測量】地表の各地点の高さを求める測量。二地点に標尺を垂直に立て、その中間に水準儀を置いて目盛りを読み、その差から高さを求める。高山などの場合には既知の点から高度角と距離を測り、高さの差を計算で求める。高低測量。

すいじゅん‐てん【水準点】水準測量によりその標高が精密に求められた点。主要な道路に沿って約2キロごとに花崗岩の標石が埋められている。

すいじゅん‐ひょうしゃく【水準標尺】水準測量で用いる一種のものさし。木製または金属製で、長形の箱状。ふつう三段に収縮でき、伸ばすと約5メートルになる。地上に垂直に立て、水準儀で見て目盛りを読む。箱尺。

すい‐しょ【水書】泳ぎながら、扇の面や板などに文字や絵をかくこと。日本泳法の応用技術の一。

すい‐しょ【粋書】粋な内容の本。遊里のことなどを書いた本。

ずいしょ【隋書】中国の二十四史の一。隋代の歴史を記したもので、唐の太宗の勅により魏徴・長孫無忌らが撰。636年、帝紀5巻、列伝50巻が成立。656年に「経籍志」など志30巻を編入し、全85巻。

ずい‐しょ【随所｜随処】いたるところ。あちこち。「―に見られる光景」

すい‐しょう【水松】海藻ミルの別名。

すい‐しょう【水晶｜水精】無色透明で結晶形のはっきりしている石英のこと。ふつう六角柱状で先がとがる。装飾品・印材・光学機材などに利用。水玉。

水晶は塵を受けず　水晶は、穢れとなる一点の塵も受けつけない。清廉潔白な人が不義・不正をにくむたとえ。

すい‐しょう【垂×裳】《「易経」繋辞下から》何事もしないこと。君主が人民のなすがままにまかせて、平和に治まっていることのたとえ。垂拱。

すい‐しょう【推奨】〔名〕スル すぐれている点をあげて、人にすすめること。「公立図書館の活用を―する」「―銘柄」

(類語)推賞・推薦・お薦め・選奨・勧奨・慫慂

すい‐しょう【推賞】・【推称】〔名〕スル ある物や人のすぐれていることを、他の人に向かってほめたたえること。「審査員全員が―する」

(類語)推奨・称賛・称美・称揚・嘉賞・褒める・褒めたたえる・持ち上げる

すい‐しょう【×翠松】青々と茂った松。青松。

すい‐じょう【水上】❶水の上。水面。「―交通」❷水のほとり。水辺。「―公園」

(類語)水面・水面・海上・洋上・湖上

すい‐じょう【水定】仏道修行者が、海や川に身を投げて死ぬこと。➡火定 ➡土定

すい‐じょう【水調】▶すいちょう(水調)

すい‐じょう【推譲】〔名〕スル 人を推薦して地位・名誉などを譲ること。「役職を後輩に―する」

すい‐じょう【穂状】植物の穂のような形。

すい‐じょう【×錐状】円錐状。

ずい‐しょう【随性】生まれつき定まっている運命。

ずい‐しょう【×瑞祥｜×瑞象】めでたいことが起こるという前兆。吉兆。祥瑞。「―が現れる」

(類語)瑞兆・吉兆・祥瑞・幸先・吉相・瑞相・瑞光

ずい‐しょう【髄×鞘】神経細胞の軸索を包む鞘状の被膜。一種の絶縁体の役をし、一定間隔で欠如部分がある。ミエリン鞘。

すいじょう‐オートバイ【水上オートバイ】▶水上バイク

すいじょう‐かざん【×錐状火山】▶成層火山

すいじょう‐かじょ【穂状花序】無限花序の一。伸長した花軸に柄のない花が穂状につくもの。麦・イノコズチ・オオバコなどにみられる。

すいしょう‐かんきょう【推奨環境】▶動作環境

すいじょう‐き【水上機】水面で離着水できる航空機。陸上機の車輪の代わりにフロートをつけたものと、胴体が船のようになっている飛行艇とがある。水上飛行機。

すい‐じょうき【水蒸気】水が蒸発してできた無色透明の気体。湯気が白く見えるのはこの一部が冷えて細かい水滴となるため。蒸気。(類語)蒸気・スチーム

すいじょうき‐ばくはつ【水蒸気爆発】水が熱せられて急激に気化し、高温・高圧の水蒸気となることによって引き起こされる現象。特に、マグマの熱で付近の地下水が気化して、大量の水蒸気が発生して圧力が急速に上昇し、火口や山体が破壊されることによって起こる噴火のこと(水蒸気噴火)。マールを形成し

たりするが、溶岩の流出を伴うことはない。これに対して、マグマが直接地下水や海水に接触して起こる爆発をマグマ水蒸気爆発という。➡マグマ噴火 〔補説〕チェルノブイリ原発事故では、原子炉内で高温になった減速材の黒鉛と冷却水が接触して水蒸気爆発が起こり、原子炉上部が破壊された。➡水素爆発

すいじょうき-ぼかん【水上機母艦】水上機を搭載し、その行動基地としての役割をもつ軍艦。飛行甲板をもたず、発艦にはカタパルトを、収容には起重機を用いた。第一次大戦ごろから出現したが、航空母艦の発達とともに姿を消した。

すいしょう-きゅう【水晶宮】1851年、ロンドンで開かれた第1回万国博覧会の会場建築。鉄骨ガラス張りで、材料・工法ともに近代建築の先駆的な作品。クリスタルパレス。

すいじょう-きょうぎ【水上競技】競泳・飛び込み競技・水球・シンクロナイズドスイミングなど、水上で行われる競技の総称。

すいじょう-けいさつ【水上警察】港湾・河川・湖沼などで、防犯・警備・救助や船舶の交通整理などを任務とする警察。

すいしょうこん-しき【水晶婚式】結婚15周年を祝う式。また、その祝い。➡表「結婚記念式」

すいしょうじ-の-くら【水晶地の×鞍】鞍の前輪と後輪の表面を鏡地に磨き上げた鞍橋。一説に、一面に水晶をすり入れたものともいう。

すいしょう-しんどうし【水晶振動子】水晶を結晶軸に関して一定の方向に切り取った板または棒に電極を配置して支持容器に収めたもの。圧電気現象を利用した振動子として水晶発振器、超音波の発生・検出などに利用。

すいじょう-スキー【水上スキー】モーターボートにつないだロープに引かれて、スキーで水面を滑走するスポーツ。

すいじょう-せいかつ【水上生活】船を住居として生活すること。港湾での荷役作業や水上輸送に従事する人が多い。

すいしょう-たい【水晶体】眼球内の前方にあり、外からの光線を屈折して網膜上に像を結ばせる器官。透明なレンズ状をなす。

すいじょう-たい【×錐状体】網膜の視細胞の一。円錐状の突起をもつ細胞。昼行性の動物に特に多く、色彩を感じる物質を含む。円錐細胞。円錐体。錐体。➡桿状体

すいしょう-だけ【水晶岳】富山県南東部、黒部川水源の最高峰。二つの峰をもち、標高は南峰2986メートル、北峰2978メートル。山稜東側に圏谷(カール)と堆石(モレーン)が、山腹にミヤマウスユキソウの群落がある。中部山岳国立公園に属する。黒岳。

すいしょう-どうさかんきょう【推奨動作環境】▶動作環境

すいしょう-どけい【水晶時-計】水晶発振器の安定した周波数を利用した時計。誤差がきわめて少なく、かつては天文台の標準時計、放送局の時報に利用。簡単なものはクオーツ時計として腕時計に利用される。電子時計。

すいしょう-の-よる【水晶の夜】▶クリスタルナハト

すいじょう-バイク【水上バイク】船型のボードにエンジンとハンドルをつけたもの。水上を高速で疾走できる。スポーツやレジャーなどに用いられる。水上オートバイ。

すいしょう-はっしんき【水晶発振器】水晶振動子を利用した発振器。きわめて正確な安定した周波数の電気振動を発生させるので、通信・放送用の発振器、精密時計などに利用。

すいじょう-ひこうき【水上飛行機】▶水上機

すい-しょく【水色】❶水のような色。薄い青色。みずいろ。❷水の色。海面・湖面を上方から見たときの色をいう。ふつう11の階級に区分される。❸水辺の景色。「山容―」

すい-しょく【水食｜水×蝕】〔名〕スル 雨水・流水・波浪などが地表面を削っていくこと。水による浸食作用。

すい-しょく【×翠色】樹木の、みどりいろ。みどり。「江の彼方には一悦ぶべき遠山が」〈露伴・観画談〉 〔類語〕青葉・青翠・万緑・新緑・緑・若葉

すいしょく-こく【水食谷】▶浸食谷

すい-しん【水心】河川・湖沼などの中央部。

すい-しん【水深】水面から水中の目的物までの距離。特に、水面から水底までの深さ。海図では基本水準面から測ったものを示す。〔類語〕深度・水位・喫水

すい-しん【垂心】三角形の各頂点から対辺に引いた3本の垂線の交点。

すい-しん【推進】〔名〕スル ❶物を前へおし進めること。「スクリューで―する」❷事業や運動などを達成するように努めること。「合理化を―する」 〔類語〕促進・進める・推し進める・促す

すい-じん【水神】水をつかさどる神。飲み水や田の水などを支配する神。水伯。

すい-じん【粋人】❶風流を好む人。優雅な、趣味の豊かな人。❷遊里や花柳界などの事情によく通じている人。転じて、経験を積んで世間や人情の裏表をよく知っている、さばけた人。通人。 〔類語〕風流人・茶人・訳知り・通人

すい-じん【酔人】酒に酔った人。酔客。

すいじん【燧人】中国古代、伝説上の帝王。民衆に火の技術と食物の調理法を教えたという。

ずい-じん【随身】〔名〕スル《「ずいしん」とも》❶平安時代以降、貴人の外出のとき、警衛と威儀を兼ねて勅宣によってつけられた近衛府の官人。御随身。兵仗。❷神社の左右の神門に安置される守護神。❶の姿にあらわす。❸桃の節供に飾る雛人形の一。❹供としてつき従っていくこと。また、その人。おとも。「秦武文と申す―を御迎へに京へ上せらる」〈太平記・一八〉❺物を身につけること。携帯すること。「もし笙や―したると御尋ねありけるに」〈著聞集・六〉

ずいしん-いん【随心院】京都市山科区にある真言宗善通寺派の大本山。山号は牛皮山。平安中期、仁海の創建で、牛皮山曼荼羅寺と称した。中興開山は増俊。随心院門跡。小野門跡。

すいしん-き【推進器】原動機により駆動され、航空機・船舶などに推進力を与える装置。プロペラやスクリューなど。「ジェット―」

すいしん-ざい【推進剤】ロケットを推進させるために用いる燃料と酸化剤。固体と液体がある。

すいじん-しょう【水腎症】尿管の異常から、膀胱へ行くべき尿が腎臓にたまってはれる病気。

ずいじんていきえまき【随身庭騎絵巻】鎌倉時代の絵巻。1巻。平安末期および鎌倉中期の随身の騎馬または徒歩の姿を描いたもの。彩色をほとんど施さない白描画形式で似絵の手法を用いている。一部は藤原信実の手になるとされる。

ずいじん-どころ【随身所】院司や摂関家で、随身の詰めていた所。

ずいじん-もん【随身門】随身❶の姿の守護神像を左右に安置した神社の門。この二神は闇神あるいは看督長といわれ、俗に矢大臣・左大臣と称される。

すいしん-りょく【推進力】❶物を前へおし進める力。「―の強いエンジン」❷物事をおし進め実行させる力。「市民運動の―となる」

すいじんろく【吹塵録】江戸幕府の財政関係の文書・記録などを集録した史料集。勝海舟編。35冊。明治20年(1887)成立。続編として「吹塵余録」10冊がある。

スイス〖Suisse〗ヨーロッパ中部にある連邦共和国。首都ベルン。国土の約6割をアルプスが占め、観光地が多い。武装永世中立国。牧畜・機械工業・時計製造・国際金融業が盛ん。ドイツ語・フランス語・イタリア語・ロマンス語の4か国語が公用語。「スイス」はフランス語名で、ドイツ語名シュワイツ、イタリア語名ズビッツェラ、英語名スイッツランド。共通国名として切手などの表示には古代名ヘルベチアと称する。人口762万(2010)。〔補説〕「瑞西」とも書く。

すい-すい〔副〕❶いかにも軽やかに、すばやく動くさま。「氷の上を―(と)滑って行く」❷物事が、滞りなく進行するさま。すらすら。「問題が意外なほど―(と)解けた」❸枝や茎などがのびのびと出ているさま。「竹藪から―した若竹が」〈秋声・黴〉

ずいずい-ずっころばし 子供の遊びの一。一人が鬼となり、他の者たちに握りこぶしを出させ、「ずいずいずっころばし、ごまみそずい…」と歌いながら順々に指先でつついていき、歌の最後に当たった者を次の鬼とする。

スイス-チーズ〖Swiss cheese〗内部にチーズアイと呼ばれる気孔がある、スイス風チーズの総称。➡エメンタールチーズ

スイスチーズ-モデル〖Swiss cheese model〗リスク管理に関する概念の一つ。スイスチーズの内部に多数の穴が空いているが、穴の空き方が異なる薄切りにしたスイスチーズを何枚も重ねると、貫通する可能性は低くなる。同様に、リスク管理においても、視点の異なる防護策を何重にも組み合わせることで、事故や不祥事が発生する危険性を低減させることができる。スイスチーズモデルでは、完璧な防護壁は存在しないと認識した上で、個々の防護壁が正しく機能するよう監視することが重要とされる。

すい-ずら【忍=冬】スイカズラの別名。

すい・する【推する】〔動サ変〕図すい・す〔サ変〕おしはかる。推察する。「Kの父の気にさわったのだと―・すると」〈有島・生れ出づる悩み〉

すいせい 昭和60年(1985)8月に打ち上げられた彗星探査機PLANET-Aの愛称。宇宙科学研究所(現JAXA、宇宙航空研究開発機構)が開発。76年ぶりに回帰したハレー彗星に15万キロメートルまで接近。先立って打ち上げられた試験機さきがけとともに国際協力探査計画に参加し、紫外線撮像装置による彗星の中心核部分の撮影と太陽風の観測に成功した。平成3年(1991)2月に運用を終了した。

すい-せい【水生｜水×棲】〔名〕スル 動植物が水中に生息すること。⇔陸生。

すい-せい【水声】水の流れる音。「谷川の―」

すい-せい【水制】河川で、水勢を緩和したり、流れの向きを規制したりする目的で造られる工作物。沈床・コンクリートブロック・杭など。みずばね。

すい-せい【水性】❶水の性質。水質。❷水に溶けやすい性質をそなえていること。水溶性。「―のフェルトペン」➡油性

すい-せい【水星】太陽系で、太陽に最も近い惑星。日没直後または日の出直前の短時間見える。かなり細長い楕円軌道をとり、公転周期0.2409年。赤道半径2440キロ、質量は地球の0.055倍、自転周期58.65日。最大の明るさはマイナス2.4等。表面には無数のクレーターのほか、断崖地形がある。辰星。マーキュリー。

すい-せい【水勢】水が流れたり、噴き出したりする勢い。

すい-せい【吹青】素地に青色の釉を粗密濃淡まだらに吹きつけて焼いた磁器。中国、清朝康熙年間(1662〜1722)江西省景徳鎮で作られた。

すい-せい【衰世】衰えた世の中。末の世。末世。「同じ―とはいいながら、人の心のまだまだゆるやかなりし証拠なるべし」〈荷風・夜の車〉

すい-せい【衰勢】衰えた勢い。勢いの衰えたようす。「家運が―に向かう」「―を立てなおす」

すい-せい【×彗星】❶ほとんどガス体からなる、太陽系の小天体。固体の集合体である核と、太陽に近づいたときその表面から放出されたガスや微粒子からなるコマ、およびほとんど太陽と正反対の方向に伸びる尾とからなる。細長い楕円軌道を描き、昔はその出現が凶兆として恐れられた。ほうき星。コメット。❷その世界で急に注目されだした有能な新人などのたとえ。

彗星の如く 突然はなやかに現れるさまを、夜空に彗星が現れる様子にたとえた言葉。「次世代の総

理候補が一現れた」
ずい-せい【×瑞星】めでたい兆しを示す星。景星。
すいせい-インク【水性インク】水溶性樹脂を媒質に用いた印刷インク。毒性・臭気などがなく、食品包装用材料などの印刷に多く用いられる。
すいせいおうだん-しょうわくせい【水星横断小惑星】スイセイワウダンセウワクセイ 公転軌道が水星の軌道と交差する小惑星の総称。近日点と遠日点が水星の軌道よりそれぞれ内側と外側に位置する。代表的なものとしてイカルス、ファエトンなどがある。
すいせい-ガス【水性ガス】水素と一酸化炭素を主成分とするガス。赤熱したコークスに水蒸気を通じて得られる。都市ガス配合用・工業用水素ガス原料などに使用。最近は石油と水から作り、各種の合成原料とすることが多く、合成ガスとよばれる。
すいせい-がん【水成岩】水の作用でできる堆積岩たいせきがん。堆積岩の大部分を占める。
すいせい-こうしょう【水成鉱床】ークワウシヤウ ▶堆積たいせき鉱床
すいせい-こんちゅう【水生昆虫】一生または幼虫期を水中または水面で生活する昆虫。水辺にすむ昆虫を含めることもある。ゲンゴロウ・タガメ・トンボ・アメンボなど。
すいせい-しだ【水生羊＝歯】水面や水中で生育するシダ植物。サンショウモ・デンジソウなど。
すいせい-しょうわくせいせんいてんたい【×彗星小惑星遷移天体】ーセウワクセイセンイテンタイ かつて彗星だったが、その活動性を完全にまたはほとんど失い、小惑星と見分けがつかなくなった天体。小惑星として発見されたキロンや双子座流星群の母天体であるファエトンなどがある。CAT天体。枯渇彗星核。
すいせい-しょくぶつ【水生植物】水中に生育する植物の総称。特に淡水産のものをいい、浮水植物(ウキクサなど)・沈水植物(クロモなど)・浮葉植物(ヒツジグサなど)・抽水ちゅうすい植物(ハスなど)などに分ける。
すいせい-そうさくきょう【×彗星捜索鏡】ーサウサクキヤウ ▶コメットシーカー
すいせい-たんさくき【×彗星探索機】▶コメットシーカー
すいぜい-てんのう【綏靖天皇】ーテンワウ 記紀で、第2代の天皇。神武天皇の第3皇子。名は神渟名川耳かんぬなかわみみ。大和国葛城かつらぎの高丘宮たかおかのみやを都にしたという。
すいせい-どうぶつ【水生動物】水中で生活する動物の総称。海産動物・淡水産動物などに分けられる。
すいせい-とりょう【水性塗料】ーレウ 水を溶剤または分散剤とする塗料。取り扱いが便利で、室内の壁塗りなどに用いられる。耐水性には乏しい。
すいせい-むし【酔生夢死】《「程子語録」から》酒に酔ったような、また夢を見ているような心地で、なすところもなくぼんやりと一生を終わること。
すいせい-ろん【水成論】すべての岩石は海底に沈殿して生じた水成岩であるという説。18世紀末にドイツのA＝G＝ウェルナーが唱え、19世紀前半に火成論かせいろんに敗れた。
すい-せき【水石】❶水と石。泉水と庭石。また、水中にある石。❷室内で台座に置いてながめる、鑑賞用の自然石。
すい-せき【×燧石】「火打ち石」に同じ。
すい-せん【水仙】ヒガンバナ科の多年草。早春に、鱗茎りんけいから1本の花茎を出し、白や黄色で中央に副花冠をもつ花を横向きにつける。葉は根生し、平たい線形。耐寒性で栽培に適し、観賞用とする。らっぱ・口紅・房咲き・八重咲きスイセンなどの品種がある。主に地中海沿岸地方の原産。本州以西の海岸に自生するものは、野生化したものといわれる。雪中花。(季 冬)「一や寒き都のここかしこ／蕪村」
すい-せん【水洗】〔名〕スル ❶水で洗うこと。水で洗い流すこと。「野菜を一する」❷「水洗式」の略。「一便所」
すい-せん【水栓】給水設備で、開閉操作を行うものの総称。ハンドルやレバーを回して開閉や水量の調整を行うものが一般的。蛇口。そのほかにも散水用などさまざまな形状がある。「混合一」「単一」「シングルレバー一」
すい-せん【水戦】水上での戦い。ふないくさ。
すい-せん【水線】船舶の喫水線きっすいせん。
すい-せん【垂線】直線または平面と垂直に交わる直線。その交点を垂線の足あしという。垂直線。
すい-せん【推選】〔名〕スル 選んで、ある地位につけること。「人々に一せられて…社長を勤めて」〈逍遥・当世書生気質〉
すい-せん【推薦】〔名〕スル ❶人をその地位・名誉に適している者として他人にすすめること。推挙。「委員長に一する」「一状」❷よいものとして人にすすめること。「一図書」(類語)推挙・推輓すいばん・自薦・他薦・推奨・お薦め・ノミネート
すい-ぜん【垂×涎】〔名〕スル《「すいせん」とも》❶食べたくてよだれを垂らすこと。❷ある物を手に入れたいと熱望すること。「一の的」「人形の着物にばかり眼をつけてさっきからしきりに一している」〈谷崎・蓼喰ふ虫〉(補説)慣用読みで「すいえん」とも。
すい-ぜん【粋然】〔ト・タル〕図〔形動タリ〕純粋なさま。まじりけのないさま。「一たる霊秀の気の萃あつまる処」〈雪嶺・真善美日本人〉
すいぜんじ【水前寺】㊀熊本市内の地名。㊁「水前寺公園」の略。
ずいせん-じ【瑞泉寺】神奈川県鎌倉市二階堂にある臨済宗円覚寺派の寺。山号は錦屏山。開創は嘉暦2年(1327)、開山は夢窓疎石、開基は二階堂道蘊どううん。中興開基は足利基氏。鎌倉公方くぼう代々の菩提寺。
すいせん-しき【水洗式】便所に給水装置を施し、汚物を水で洗い流す方式。
すいぜんじ-こうえん【水前寺公園】ーコウヱン 熊本市にある庭園。池泉回遊式庭園。江戸前期、藩主細川忠利創建の水前寺を他に移して、その跡に忠利以後3代にわたって築造。成趣園じょうじゅえん。
すいぜんじ-な【水前寺菜】キク科の多年草。高さ30〜60センチ。葉は柔らかく、裏面は紫色。夏、黄赤色の頭状花を開く。東南アジア熱帯の原産で、葉を食用とする。名は、水前寺で栽培されたのにちなむ。はるたま。
すいぜんじ-のり【水前寺海＝苔】クロオコッカス科の藍藻らんそう。きれいな淡水中に生える。細胞が寒天質に包まれ、不定形の群体をつくる。食用で養殖もされる。水前寺で発見され、付近の江津湖のものは天然記念物。(季 夏)
すいせん-にゅうがく【推薦入学】ーニフガク 学校が学生・生徒を募集する際、出身学校の推薦によって入学を許可すること。➡推薦入試
すいせん-にゅうし【推薦入試】ーニフシ 出身校の学校長などの推薦に基づいて実施される入学試験。基本的にすべての学校を対象とする公募制と、特定の学校に推薦枠を割り当てる指定校制がある。また、学校長などの推薦が不要な自己推薦制や、出身地を限定したり、卒業後に地域での勤務を条件としたりする地域枠推薦などの制度もある。推薦入学。
すいせん-のう【酔仙翁｜水仙翁】ーヲウ ナデシコ科の越年草または多年草。高さ30〜90センチ。葉や茎に白い綿毛が密生する。夏から秋にかけて、紅・淡紅・白色などの5弁花を開く。ヨーロッパの原産で、花壇などに植える。フランネルそう。
すい-そ【水素】非金属元素の一。最も軽い気体元素。無色・無臭・無味。燃焼させると淡青色の炎を上げ、酸素と化合して水を生じる。水を電解するか、亜鉛に希硫酸を作用させると得られ、工業的には石油を分解してつくる。アンモニアや塩酸などの合成、油脂の水素添加、酸水素炎などに利用。元素記号H 原子番号1。原子量1.008。同位体としてジュウテリウム(重水素)・トリチウム(三重水素)がある。
すいそ-イオン【水素イオン】水素原子が電子1個を失ってできた一価の陽イオン。記号H^+ 水溶液中ではオキソニウムイオンH_3O^+として存在。
すいそイオン-しすう【水素イオン指数】水素イオン濃度を表す指数。水素イオン濃度の逆数の常用対数。液の酸性・アルカリ性の程度を表すのに使い、中性では7、酸性では7より小さく、アルカリ性では7より大きい。記号pH(ペーハーまたはピーエッチ)。
すいそイオン-のうど【水素イオン濃度】溶液1リットル中の水素イオンの量をモル数で示したもの。$[H^+]$で表す。溶液の酸性の度合いを示し、実用的には水素イオン指数を代用することが多い。
すい-そう【水草】ーサウ 淡水中またはその水辺に生える草。みずくさ。
すい-そう【水葬】ーサウ〔名〕スル 遺体を川や海などに投じてほうむること。「母なる川に一する」「一礼」
すい-そう【水槽】ーサウ ❶水をためておく大きな容器。みずおけ。❷魚などを飼うための容器。
すい-そう【水×艙】ーサウ 飲料用・ボイラー用・荷足にあし用の水を船内に貯蔵する所。
すい-そう【吹奏】〔名〕スル 吹きかなでること。管楽器を吹いて音楽を演奏すること。「校歌を一する」
すい-ぞう【×膵臓】ーザウ 胃の背部にある腺せん器官。外分泌として膵液を、内分泌としてランゲルハンス島組織でインスリン・グルカゴンなどを生成・分泌する。
ずい-そう【随想】ーサウ 折にふれて思うこと。また、それらを書きまとめた文章。「一録」
(類語)随感・偶感・感想・随筆・エッセー・小品
ずい-そう【×瑞相】ーサウ ❶めでたいことの起こるしるし。奇瑞の様相。吉兆。瑞験。❷めでたい人相。福相。❸前ぶれ。前兆。きざし。「世の乱るる一とか聞けるもしるく」〈方丈記〉
(類語)幸先・吉相・吉兆・瑞兆・瑞祥・祥瑞・瑞光
すいぞう-えし【×膵臓ˇ壊死】スイザウー 重症の急性膵臓炎で、膵液の自己消化によって膵臓が壊死に陥ったもの。膵壊死。
すいぞう-えん【×膵臓炎】スイザウー 膵臓の炎症。急性のものは膵液による自己消化が原因とされ、胆石症の続発やアルコールの過飲で起こることが多い。慢性のものは膵臓の細胞が壊れ線維が増えて固くなる。膵炎。
すいそう-がく【吹奏楽】木管・金管楽器を主体とし、打楽器を加えた編成で演奏される音楽。
すいそう-がくだん【吹奏楽団】吹奏楽を演奏する楽団。ブラスバンド。
すいそう-がっき【吹奏楽器】ーガツキ ▶管楽器かんがっき
すいそう-かん【水想観】スイサウクワン 仏語。観経に説く十六観の一。水や氷の清らかなさまを想おもうことによって極楽浄土のさまを観想する方法。水観。
すいぞう-ホルモン【×膵臓ホルモン】スイザウー 膵臓のランゲルハンス島から分泌されるホルモン。グルカゴンとインシュリンをいう。
すいそう-りゅう【吹送流】ーリウ 風のために水面が移動し、他の場所の水がこれを補うかたちで生じる流れ。➡風成ふうせい海流
ずいそうろく【随想録】ズイサウロク《原題、フランスEssais》モンテーニュの随筆集。3巻。1580〜88年刊。自己の経験・観察を通して人間性を探求した、モラリスト文学の古典的作品。エッセー。
すいそ-か【水素化】ークワ 分子の不飽和結合に水素を付加させる還元反応。触媒による接触水素化反応と、還元剤による化学的還元法がある。マーガリンやショートニングなどの硬化油の製造に利用される。水素付加。水素添加。水添。
すいそか-ぶつ【水素化物】スイソクワー 水素とほかの元素との二元化合物。ただし、ふつう水素より電気陰性の強い元素との化合物は含めない。
すいそきゅうぞう-ごうきん【水素吸蔵合金】スイソキフザウガフキン ▶水素貯蔵合金
すい-そく【垂足】垂線すいせんの足。➡垂線
すい-そく【推測】〔名〕スル ある事柄をもとにして推量すること。「犯行の動機を一する」➡推察(用法)
(類語)推察・推量・推定・推理・推断・推認・忖度そんたく
すい-ぞく【水族】水中にすむ動物。水生動物。
すいぞく-かん【水族館】ークワン 水生動物を飼育・展示し、その行動・習性などを人々に観覧させるとともに、

それを研究する施設。
すいそく-こうほう【推測航法】カウハフ 船舶・航空機で、天体観測や地上物の方位測定によらず、もっぱらコンパスなどの計器によって、現在位置・針路・速度などを割り出していく航法。
すいそく-とうけいがく【推測統計学】►推計学
すいそ-けつごう【水素結合】ケツガフ 電気陰性度の強い二つの原子間に水素原子が入ってできる結合。通常の共有結合よりはるかに弱いが、水分子間や生体のDNAの二重螺旋などでみられ、重要な役割をする。
すいそ-さん【水素酸】酸素を含まない酸の総称。塩酸(HCl)・臭化水素酸(HBr)・シアン化水素酸(HCN)など。
すいそ-じどうしゃ【水素自動車】水素を燃料として走る自動車。エンジンは従来のガソリンエンジンの改良で済むが、水素の貯蔵方式と貯蔵容器が課題。
すいそちょぞう-ごうきん【水素貯蔵合金】スイソチヨザウガフキン 水素を自己の体積の1000倍以上吸収する能力をもつ合金。材料はニッケル・チタン・鉄など。水素を低温・高圧下で吸収し、高温・低圧下で放出する。長時間充電式電池などに利用。水素吸蔵合金。
すいそ-てんか【水素添加】►水素化
すいそ-でんきょく【水素電極】白金黒をつけた白金板を電極として、下半分を水素イオンを含む溶液中に挿入し、上半分を水素ガスに接触させたもの。0.1規定の溶液と1気圧の水素ガスを用いれば基準電極となる。水素イオン濃度の測定にも利用。
すいそ-ばくだん【水素爆弾】原子爆弾の一種。水素の同位体の核融合によって放出されるエネルギーを利用する爆弾。起爆薬には小型の原子爆弾を使う。水爆。
すいそ-ばくはつ【水素爆発】水素と酸素が急激に反応して爆発的な燃焼を起こすこと。空気中では、水素濃度が4～75パーセントの範囲で爆発を起こす可能性がある。➡爆鳴気
すいそ-ふか【水素付加】►水素化
すいそ-ほうでんかん【水素放電管】ハウデンクワン 管内に微量の水素を封入した放電管。水素分子による連続スペクトルを広く可視部から紫外部にわたって放射するため、紫外部の吸収スペクトルを調べる光源として利用される。また、重水素を使用した重水素ランプは軽水素のものに比べ照射強度が約3倍ある。水素ランプ。
すいそ-ランプ【水素ランプ】►水素放電管
すい-そん【水村】水辺の村。水郷。「一山郭」
すい-そん【水損】水害による田畑などの損失。「八百年がその間、旱損—もあるまじ」〈虎明狂・雷〉
すい-そん【推尊】〔名〕スル あがめ尊ぶこと。「文三をば—していて」〈二葉亭・浮雲〉
すいた【吹田】大阪府中北部の市。北部の千里丘陵には住宅団地、万博記念公園がある。人口35.6万(2010)。
す-いた【×簀板】船の底に敷く、竹または木製の簀の子状の板。簀縁。
ず-いた【図板】ヅ ❶大工が建築現場で使うために板に描く平面図。❷►香盤❸
すい-たい【衰退｜衰×頽】〔名〕スル 勢いや活力が衰え弱まること。衰微。凋落。「産業が—する」
類語 衰弱・衰微・弱体化・退潮・衰勢・先細り
すい-たい【推戴】〔名〕スル おしいただくこと。会長や代表者など団体の長として上に立てること。「総裁として—する」
すい-たい【酔態】酒に酔っぱらった姿。「とんだ—を演じる」
すい-たい【×翠×苔】緑色のコケ。青々としたコケ。
すい-たい【×翠×黛】❶青っぽい色のまゆずみ。また、美人のまゆ。❷緑にかすんで見える山の色。
すい-たい【×錐体】❶平面上の円または多角形の閉曲線の各点と、平面外の一点とを結んでできる立体。円錐・角錐など。❷►錐状体
すい-だい【水大】仏語。四大の一。水のように、湿った性質があって、ものを摂取し集める働きがあるもの。
すいたい-ろ【×錐体路】随意運動を支配する神経の主要経路。大脳皮質の運動野に始まり、延髄を通るときに大部分の神経線維が交差して錐体とよぶ高まりをつくり、反対側の脊髄に入り全身に伝えられる。これ以外の下行性の運動伝達路を錐体外路といい、随意運動を無意識的に調節する働きをする。
すい-たく【水沢】水のあるさわ。水のたまっている湿地。「水内は古代には一面の—であったろう」〈藤村・千曲川のスケッチ〉
すいたく-しょくぶつ【水沢植物】►抽水植物
すいた-し【吹田市】►吹田
すい-だし【吸(い)出し】すひ ❶吸い出すこと。❷「吸い出し膏薬」の略。
すいだし-かん【吸(い)出し管】すひだしクワン 反動水車の水の出口と放水路とを結ぶ管。全落差を有効に働かせる役目をする。吸水管。ドラフトチューブ。
すいだし-こうやく【吸(い)出し×膏薬】すひだしカウヤク はれ物の膿を吸い出すためにはる膏薬。吸い出し膏。吸い出し。
すい-だ・す【吸(い)出す】すひ〔動サ五(四)〕❶中にあるものを吸って外へ出す。「蛇の毒を—・す」❷吸いはじめる。「赤ちゃんが乳を—・す」
すい-だて【粋立て】粋人のように振る舞うこと。「揚屋の座敷も野郎宿も、呑んだやうに申して—をする族」〈浮・曲三味線・三〉
すい-だま【吸(い)玉】すひ「吸角」に同じ。
すいた-らし・い【好いたらしい】〔形〕なんとなく好ましく思われる。感じがいい。「お常は三蔵を—・い人だと思う」〈虚子・俳諧師〉
すい-だん【吹弾】笛などを吹き、琴などを弾くこと。音楽を奏でること。「歌舞—に興じる」
すい-だん【推断】〔名〕スル ある手がかりをもとにおしはかって判断すること。「其道に明るい様な事を、此一反の銘仙から—して答えた」〈漱石・門〉 類語 判断・推量・推測・推察・推定・推理・推認・斟酌
すい-ち【推知】〔名〕スル ある手がかりからおしはかって知ること。「余が今卿に請んとする所のものは卿も亦これを—する所ならん」〈菊亭香水・世路日記〉
ずい-ちく【随逐】あとを追い、従うこと。随従。「汝ら年来—すれどもこの心を知らずして」〈宇治拾遺・一二〉
す-いちぶ【素一歩】たった1歩の金。転じて、貧乏人。「己のような—と腐れ合おうと」〈鏡花・婦系図〉
すい-ちゃ【吸茶】すひ 一碗の茶を何人かが回してすすり飲むこと。多くは濃茶。
すい-ちゅう【水中】水のなか。「—にもぐる」
すい-ちゅう【水注】❶「水滴❷」に同じ。❷茶道で、点前の際に用いる水の容器。みずさし。
すい-ちゅう【水柱】水が柱状に立ちのぼるもの。みずばしら。
すいちゅう-か【水中花】クワ コップなど、水を入れたガラス器の中で開かせる造花。季 夏「一培ふごとく水を替ふ／波郷」
すいちゅう-カメラ【水中カメラ】水中で使用できるように防水処理を施したカメラ。
すいちゅう-こうこがく【水中考古学】カウコガク 海底や湖底などに水没している遺跡・遺物を研究対象とする考古学の一分野。
すいちゅう-じゅう【水中銃】水中で魚介類を捕獲するための銃。ゴムなどの力で矢を発射する。スピアガン。
すいちゅう-しょくぶつ【水中植物】水中に生える植物。広義には藻類も含め、狭義には沈水植物をさす。水生植物。
すいちゅう-ばいよう【水中培養】バイヤウ ►水栽培
すいちゅうぶんかいさん-ほごじょうやく【水中文化遺産保護条約】スイチユウブンクワイサンホゴデウヤク 海底遺跡や沈没船など水中にある文化遺産の法的保護を目的とする国際条約。トレジャーハンターによる無秩序な引き揚げを規制する。2001年にユネスコ総会で採択。09年発効。排他的経済水域に対して、沿岸国に広範な管轄権が与えられることを懸念し、日米英など主要先進国は批准していない(2012年7月現在)。
すいちゅう-めがね【水中眼-鏡】水中で目をあけていられるように作ってあるめがね。
すいちゅうよく-せん【水中翼船】船体の喫水線下に翼を付けた船。これによって揚力を発生させ、船体を浮き上がらせて高速で進む。ハイドロフォイル。
すい-ちょう【水鳥】テウ ❶水禽類。みずとり。❷《字が水(氵)と酉からなるところから》酒のこと。
すい-ちょう【水調】テウ 雅楽の調子の一。黄鐘調の枝調子で、本来律であるべき黄鐘調を呂に転じて用いるもの。
すい-ちょう【推重】〔名〕スル 尊び重んじること。「俳諧師として—されるのも嬉しい」〈虚子・俳諧師〉
すい-ちょう【×翠帳】チャウ 緑色のとばり。
ずい-ちょう【×瑞兆】テウ よいこと、めでたいことのある前兆。吉兆。瑞祥。「—が現れる」
類語 吉兆・瑞祥・祥瑞・幸先・吉相・瑞相・瑞光
ずい-ちょう【×瑞鳥】テウ めでたいことの起こる前兆とされる鳥。鶴・鳳凰など。
すいちょう-こうけい【×翠帳紅×閨】スイチヤウ 翠帳を垂れ、紅色に飾った寝室。貴婦人のねや。「—に、枕が三つ」〈鏡花・日本橋〉
すい-ちょく【垂直】〔名・形動〕❶まっすぐに垂れ下がること。また、そのさま。「—な線を引く」❷水平面・地平面に対して直角の方向を示すこと。また、そのさま。「がけが—に切り立つ」❸数学で、直線と直線、直線と平面、平面と平面とが直角に交わること。
類語 鉛直・直角
すいちょく-あんていばん【垂直安定板】航空機で、垂直尾翼の前部の固定部分。片揺れに対する安定と釣り合いを取るためのもの。
すいちょく-いどう【垂直移動】〔名〕スル ❶垂直方向に移動すること。❷遺伝子が生殖によって親から子の世代へ伝わること。垂直伝播。➡水平移動
すいちょく-かんせん【垂直感染】妊婦が風疹・B型肝炎・梅毒などにかかっている場合に、その病原微生物が胎盤を通じて、あるいは分娩の際に産道から、胎児に感染すること。母子感染。⇔水平感染。
すいちょく-けん【垂直圏】鉛直線を含む任意の平面が、天球と交わってできる大円。天の両極を通るものを天の子午線という。
すいちょく-じききろく【垂直磁気記録】《perpendicular magnetic recording》ハードディスクなどの磁気ディスク装置で採用される記録方式の一。ディスクの磁気記録面に対し、磁界の方向を垂直にして記録密度を高めたもの。PMR。➡水平磁気記録
すいちょく-スキャンレート【垂直スキャンレート】《vertical scan rate》►リフレッシュレート
すいちょく-せん【垂直線】►垂線
すいちょくそうさ-しゅうはすう【垂直走査周波数】シウハスウ ►リフレッシュレート
すいちょくてき-こくさいぶんぎょう【垂直的国際分業】コクサイブンゲフ 先進国と開発途上国との間で、工業製品と一次産品との貿易が行われるという形の国際分業。⇔水平的国際分業。
すいちょく-でんぱ【垂直伝×播】►垂直移動❷
すいちょくどうき-しゅうはすう【垂直同期周波数】シウハスウ ►リフレッシュレート
すいちょく-とうごう【垂直統合】トウガフ 企業が商品の開発・生産・販売を自社で一手に行うこと。コスト管理の徹底、技術漏洩の防止、業務範囲の拡張などの利点がある。⇔水平分業。
すいちょく-とび【垂直跳び】❶その場に立ったまま、真上に跳び上がる運動。❷体操競技で、跳び箱や跳馬を跳び越すとき、床に対して垂直な姿勢をとって越す運動。
すいちょく-にとうぶんせん【垂直二等分線】ある線分の中点を通り、その線分に垂直な線。
すいちょく-びよく【垂直尾翼】航空機の胴体後部または水平尾翼の付近に、ほぼ垂直に取り付けら

れ、方向の安定を与える翼。垂直安定板と方向舵とからなる。
すいちょく-ぶんぷ【垂直分布】生態分布の一。土地の高度や水深との関係から見た生物の分布。⇔水平分布。
すいちょく-めん【垂直面】一つの直線または平面に垂直な平面。鉛直面。
すいちょく-りちゃくりくき【垂直離着陸機】航空機で、離着陸の際に滑走することなく、ほぼ垂直に上昇または降下する能力をもつもの。ふつう、ヘリコプターを含めない。VTOL(ブイトール)。
すいち-りょうほう【水治療法】冷水・温水または蒸気の温度や刺激を利用する病気の治療法。洗浄・罨法・座浴の類。神経痛・精神障害などの治療に有効。
すい-つい【水×槌】▶ウオーターハンマー
すい-つき【吸(い)付き】❶吸いつくこと。また、そのもの。「—が悪い」❷「吸い付き桟」の略。
すいつき-あり【吸(い)付き×蟻】▶吸い付き桟
すいつき-ざん【吸(い)付き桟】板の反りや分離を防ぐために、板裏に横に取り付ける桟。片側を鳩尾状に作り、板にほった蟻穴にはめる。吸い付き蟻。蟻桟。
すい-つ・く【吸(い)付く】㊀〔動カ五(四)〕❶吸うためにぴったりとくっつく。「蛭がすねに—・く」❷ぴったりと付いて離れないでいる。密着する。「テレビの画面に—・く」㊁〔動カ下二〕「すいつける」の文語形。
すいつけ-タバコ【吸(い)付けタバコ】すぐ吸えるように、火をつけて差し出すタバコ。
すい-つ・ける【吸(い)付ける】〔動カ下一〕図すひつ・く〔カ下二〕❶ぴたりとくっついて離れないようにする。吸いつかせる。「磁石で鉄くぎを—・ける」❷吸ってタバコに火をつける。「仕事を片づけて一服—・け」〈一葉・にごりえ〉❸いつも吸っている。吸い慣れる。「軽いタバコを—・けている」
スイッチ〘switch〙〔名〕スル ❶電気回路の開閉を行う装置。開閉器。点滅器。「—を入れる」「—を切る」❷鉄道の転轍器。ポイント。❸考え・方法などを切り替えること。「左のピンチヒッターに—する」❹コンピューターネットワークにおける回線の交換機能をもち、経路選択をして適切な転送先にのみ信号を中継する通信装置。ネットワークスイッチ。
スイッチ-オーティーシー〘switch OTC〙《OTCは、over-the-counter(drug)の略で、「処方箋不要の市販薬」の意》医療用処方薬から安全性の高いものを、特に市販薬に移したもの。
スイッチ-オン〘switch on〙電灯をつけること。また、電源を入れること。
スイッチ-とりひき【スイッチ取引】▶スイッチ貿易
スイッチ-バック〘switch back〙〔名〕スル ❶工学的な切り換え復帰機能。❷急勾配を緩和するための折り返し式の鉄道線路を列車がポイントを切りかえながらジグザグに上り下りすること。また、その線路。
スイッチ-ヒッター〘switch hitter〙野球で、左右いずれの打席からでも同じように打てる打者。
スイッチ-ぼうえき【スイッチ貿易】《switch trade》商品は輸出国の業者から輸入国の業者へ直接に積み出すが、代金決済は第三国の業者を介在させて行う方式の貿易。スイッチ取引。
スイッチボード〘switchboard〙配電盤。
すいっちょ ウマオイムシの別名。《季 秋》「—の髭ふりて夜のふかむらし/楸邨」
スイッチング-コスト〘switching cost〙顧客が、利用している商品・サービスを別の企業の同様の商品・サービスに切り替える際に、負担する費用。携帯電話の通信キャリアを変更したり、契約する保険会社を変更したりする際にかかる費用。変更手続きの複雑さなどに起因する心理的な負担なども含まれる。乗り換えコスト。スイッチング費用。
スイッチング-ハブ〘switching hub〙コンピューターネットワークの集線装置(ハブ)の一種。送信するべきデータの宛先を解析し、その宛先にのみデータを送信するため、ネットワーク全体の負荷が軽減されるというメリットがある。
スイッチング-ひよう【スイッチング費用】「スイッチングコスト」に同じ。
すい-づつ【吸(い)筒】酒や水を入れて持ち歩く筒形の容器。水筒。「弁当の用意を致し、酒を—へ詰め込みまして」〈円朝・怪談牡丹灯籠〉
すい-てい【水底】湖や川などの水の底。みずそこ。みなそこ。「—深く沈む」〘類語〙水底・水中・深み
すい-てい【水亭】水のほとりのあずまや。
すい-てい【水程】水路の行程。船路。「蒸気行動機器の—陸路ともに」〈中村訳・西国立志編〉
すい-てい【推定】〔名〕スル ❶ある事実を手がかりにして、おしはかって決めること。「出火の原因を—する」「—人口」❷法律で、ある事実または法律関係が明瞭でない場合に、一応一定の状態にあるものとして判断を下すこと。❸統計調査で、ある集団の性質を調べる場合に、その集団から抽出した標本を分析することによって集団全体の性質を判断すること。〘類語〙推察・推量・推測・推理・推断・推認・斟酌・想定
すいてい-ぜんそん【推定全損】海上保険で、保険の目的物が実際に滅失してはいないが、損害の程度が大きくて回復の見込みがないか、またはその回復に要する費用が保険価額を超えるような場合に全損とみなされること。保険金額の全額を請求することができる。解釈全損。
すいてい-そうぞくにん【推定相続人】現状のままで相続が開始された場合に相続人となるはずの者。
すいてい-むざい【推定無罪】刑事裁判で、証拠に基づいて有罪を宣告されるまで、被告人は無罪と推定されるべきであるということ。疑わしきは罰せずを原則とする。
すい-てき【水滴】❶しずく。水のしたたり。「—がしたたる」「—がつく」❷硯に使う水を入れておく容器。水注。水差し。〘類語〙(1)滴・点滴/(2)硯滴
すい-てき【吹笛】笛を吹き鳴らすこと。
すい-てつ【×膵×蛭】吸虫綱の寄生虫。体長10〜18ミリ。牛・羊・山羊などの膵管に寄生し、人に寄生することもある。
すい-てん【水天】❶水と天。水と空。「—一色」❷水に映る天。❸《梵 Varuṇa》十二天の一。水をつかさどる竜神で、また西方の守護神。形像は左手に羂索、右手に剣を執り、亀の背に乗るものが多い。
すい-てん【水添】▶水素化
すい-でん【水田】水を入れ、水稲・レンコンなどを作る田。みずた。たんぼ。⇔陸田。
〘類語〙田・たんぼ・田地・田代
すいてん-いっぺき【水天一×碧】晴れ渡った遠い海上などの、水の色と空の色とがひと続きになっているようす。
すいてん-ぐう【水天宮】㊀福岡県久留米市にある神社。全国水天宮の総本社。祭神は天御中主神・安徳天皇・建礼門院・平時子。水の守護神として、また、安産・水難よけの神として知られる。㊁東京都中央区にある神社。文政元年(1818)、久留米藩主有馬頼徳が藩邸に久留米の水天宮の遥拝所を設けたのに始まる。明治5年(1872)現在地に移転。水の守護神、安産の神として知られる。
すいてんぐうめぐみのふかがわ【水天宮利生深川】歌舞伎狂言。世話物。3幕。河竹黙阿弥作。明治18年(1885)東京千歳座の開場に際し、水天宮の利益を利かせ、明治維新後の社会悲劇を取り込んで書き下ろしたもの。通称「筆幸」。
すいでん-フルかつよう【水田フル活用】水田を有効に活用し、食料自給率の向上を図る取り組み。農林水産省が平成21年度(2009)から実施。生産調整(減反)により米作を行っていない水田を利用して、大豆・麦・飼料作物等の転作作物や、主食用以外の新規需要米(米粉・飼料用米)等の生産を行う。生産調整を実施する農業者に交付金が支給される。
すいてん-ほうふつ【水天×彷×彿】海上遠く、空と水面がひと続きになって、境界がはっきりしないこと。「狂瀾激浪を—の間に認めて」〈露伴・露団々〉
すいと ウマオイムシの別名。
すい-と【水都】美しい川や湖を中心としてできている都市。水のみやこ。
すい-と〔副〕音も立てずにすばやく体を動かすさま。さっと。すっと。「—身をかわす」「—横切る」
ずい-と〔副〕一気に、勢いよく動作を起こすさま。また、遠慮なく振る舞うさま。「—腕を伸ばす」「—見回す」「声もかけずに—入って来る」
すい-とう【水×套】▶水ジャケット
すい-とう【水痘】水痘帯状疱疹ウイルスの感染によって起こる、子供の感染症。感染症予防法の5類感染症の一。小児に多い疾患。高熱が出て、全身に小さな水疱ができてかゆい。かさぶたが取れると治り、免疫ができる。風痘。みずぼうそう。
すい-とう【水筒】飲料水などを入れて携帯する筒形の容器。
すい-とう【水稲】水田で栽培する稲。⇔陸稲。
すい-とう【水頭】❶水のほとり。水辺。❷水の単位重量当たりの力学的エネルギーを水柱の高さで表すもの。圧力水頭・位置水頭・速度水頭に分けられ、その和を全水頭という。ヘッド。
すい-とう【出納】〔名〕スル《「すい」は、出す意の字音の一、「とう」は慣用音》金銭や物品を出し入れすること。支出と収納。「現金を—する」「—帳」
〘類語〙収支・会計・計理・経理・簿記・帳付け
すい-とう【×膵島】膵臓のランゲルハンス島の別名。
すい-とう【×錐刀】❶きりと小刀。また、先のとがった刃物。❷ささいなこと。わずかなこと。
すい-どう【水道】❶川や湖の水を引いて、飲料水・使用水・消火用水とするための施設。水源や導水、浄水などの設備。上水道。❷上水道または下水道。ふつう上水道をいう。❸船が通るみち。船の航路。ふなじ。❹陸地に両側から挟まれて狭くなっている海または湖の部分。海峡。「豊後—」
〘類語〙海峡・瀬戸
すい-どう【×隧道】❶《「ずいどう」とも》トンネル。❷棺を埋めるために、地中を掘り下げて墓穴へ通じる道。はかみち。〘類語〙トンネル・地下道・坑道
すいどうおせん-ざい【水道汚染罪】水道水やダムなどの水源、浄水施設の水を汚染して使用できなくする罪。刑法第143条が禁じ、6か月以上7年以下の懲役に処せられる。〘補説〙本罪は毒物によらない汚染が対象。毒物による汚染は、より刑の重い水道毒物等混入罪となる。
すいとう-かんり【出納官吏】会計法で、国の現金の出納・保管を取り扱う職員の総称。
すいどう-きょう【水道橋】水路橋の一。水道を横断させるために道や川にかける、通水構造をもった橋。
すいとう-しょう【水頭症】頭蓋腔内で脳脊髄液が多量に産生されたり流通を妨げられたり吸収が悪かったりして、病的にたまり、脳室や蜘蛛膜下腔が拡大した状態。脳水腫。
すいどうそんかいおよびへいそく-ざい【水道損壊及び閉塞罪】公衆の飲料に供する浄水の水道を壊したり閉塞させたりする罪。刑法第147条が禁じ、1年以上10年以下の懲役に処せられる。
すいどうそんかい-ざい【水道損壊罪】▶水道損壊及び閉塞罪
すいとう-ちょう【出納長】都道府県の会計事務をつかさどる公務員。都道府県知事が議会の同意を得て任命した特別職で、任期は4年。平成19年(2007)地方自治法の改正で廃止。一般職の会計管理者が置かれるようになった。➡収入役
すいどうどくぶつとうこんにゅうおよびどうちし-ざい【水道毒物等混入及び同致死罪】水道水やダムなどの水源、浄水施設の水に毒物を混入する罪。刑法第146条が禁じ、2年以上の有期懲役に処せられる。また、この行為で人を死

す

なせた場合は、死刑または無期もしくは5年以上の懲役に処せられる。

すいどうどくぶつとうこんにゅう-ざい【水道毒物等混入罪】スイダウドクブツトウコンニフ ▶水道毒物等混入及び同致死罪

すいどうどくぶつとうこんにゅうちし-ざい【水道毒物等混入致死罪】スイダウドクブツトウコンニフチシ ▶水道毒物等混入及び同致死罪

すいとう-の-り【×錐刀の利】スイタウ わずかばかりの利益。

すいどうへいそく-ざい【水道閉塞罪】スイダウヘイソク ▶水道損壊及び閉塞罪

すいとう-ぼ【出納簿】スイタフ 金銭・物品の出納を記録するための帳簿。出納帳。

すいどう-ほうしき【水道方式】スイダウハウシキ 算数教育の指導方式の一。最も標準的な問題を先に学習させ、しだいに特殊な問題を解答させていく、筆算中心の学習方式。「一般から特殊へ」の方針を、上水道が貯水池から給水系統に分かれていくことにたとえた呼称。昭和33年(1958)ごろから遠山啓らが提唱。

すい-どく【水毒】漢方で、水分の代謝が変調を起こしたもの。むくみ・胃内停水など。

ずいとく-じ【随徳寺】《ずいと跡をくらます意を、しゃれて寺の名らしく言ったもの》あとのことをかまわずに逃げ出すこと。「一をきめる」「あいつを船におきざりにして、是なりに一はどうだ」〈滑・続膝栗毛・初〉

すい-とく-ほう【水特法】ハフ《通常「みずとくほう」と読む》▶水源地域対策特別措置法

すいとり-がみ【吸(い)取り紙】すひとり インクなどで書いたあと、上から押し当ててその水分を吸い取らせる紙。押し紙。すいとりし。

すい-と・る【吸(い)取る】すひ〔動ラ五(四)〕❶他の物の水分などを吸い出して自分の中に取り込む。吸収する。「養分を一・る」❷液体・気体などを吸い込ませて取り除く。「こぼした水を雑巾で一・る」「掃除機でちりを一・る」❸他人の得た利益などを取り上げる。しぼり取る。「もうけを一・られる」[類語](❶❷)吸い入れる・吸い込む・吸い上げる・吸収する・吸引する・吸着する/(❸)吸い上げる・搾る・搾り取る・掠める・上前を撥ねる・ピン撥ねする・搾取する・収奪する

すい-とん【水団】《「とん(団)」は唐音》小麦粉の団子を入れた汁物。

すい-とん【水×遁】忍術の一。水にもぐるなどして姿を隠す術。「一の術」

すい-なん【水難】水による災難。洪水・溺死・難船など。水禍。「一にあう」[類語]水禍・海難・水害

すいなんきゅうご-ほう【水難救護法】スイナンキウゴハフ 遭難船舶の救護、漂流物および沈没品の拾得などについて定めた法律。明治32年(1899)制定。

すい-にち【衰日】陰陽道で、生年月の干支や年齢により、万事に忌み慎むべき日とする凶日。「衰」の字を避けて徳日ともいう。すいじつ。

すい-にょう【×夊×繞】ネウ 漢字の繞の一。「夋」「夏」などの「夊」「夂」の称。

すい-にん【推認】〔名〕スル これまでにわかっている事柄などから推し量って、事実はこうであろうと認めること。「密約文書が保存されていると一する」
[類語]推定・推断・推量・推測・察し・忖度・斟酌

すいにん-てんのう【垂仁天皇】ワウ 記紀で、第11代天皇。崇神天皇の第3皇子。名は活目入彦五十狭茅。野見宿禰の進言により殉死の風習をやめさせ、埴輪に代えさせたと伝えられる。

すい-ねん【衰年】体力の衰える年齢。老年。衰齢。

すい-のう【水×嚢】ナウ ❶食品をすくって水を切ったり、だしをこしたりするためのふるい。底を馬の尾の毛や針金、また竹や布で張ってある。みずぶるい。みずこし。❷携帯用のズック製のバケツ。

ずい-のう【髄脳】ナウ ❶骨髄と脳。❷脳髄。❸脊椎動物の胚における脳胞の一。のちに延髄に分化し、後方で脊髄に続く。末脳。❹最も重要な部分。奥義。心髄。「感慨ある歌の一句を以て一とせる新句は」〈国歌八論〉❺歌学で、和歌の法則や奥義などを述べた書物。「例の歌を短歌とも書きたる一も見ゆるは」〈俊頼髄脳〉

すい-のみ【吸(い)飲み|吸い×呑み】すひ 病人が寝たままでも液体を飲めるように、細長い吸い口をつけた容器。

すい-は【水波】❶水面に立つ波。波浪。❷水と波。名は違っても、本体は同じであることをたとえていう。「一の隔て」

すい-は【水破】黒鷲の羽ではいだ鏑矢。「一兵破の矢をもって、それがしに射付けしからは源氏の残党」〈浄・布引滝〉

すい-ば【水馬】馬に乗って水を渡る術。馬を水中に乗り入れ、馬の脚の立たなくなった所で鞍壺から離れて泳がせ、馬の脚の立つ所で再び鞍壺にまたがるもの。江戸幕府の年中行事の一つになり、将軍臨席のもと隅田川などで毎年6月に行われた。

すい-ば【酸葉】タデ科の多年草。野原に生え、高さ50〜80センチ。葉は長楕円形で基部は矢じり形。雌雄異株。初夏、淡緑色または緑紫色の小花を多数つける。葉や茎に酸味がある。すかんぽ。すし。[季 春]「一噛んで故山悉くはるかなり/友二」

すい-はい【水肺】ナマコ類の、樹枝状の細管をもつ呼吸器官。呼吸樹。

すい-はい【衰廃】〔名〕スル おとろえすたれること。

すい-はい【衰×憊】〔名〕スル おとろえ弱ること。「土爾格の国古盛にして今一するもの許多弊政の然らしむる処」〈栗本鋤雲・匏菴十種〉

すい-ばい【水媒】水の媒介で植物の受粉が行われること。

すいばい-か【水媒花】クワ 花粉が水に運ばれて受粉する花。クロモ・セキショウモなど。➡虫媒花 ➡鳥媒花 ➡風媒花

すい-はく【水伯】▶水神

すい-ばく【水爆】「水素爆弾」の略。

すい-ばち【垂×撥】掛け花用の花器を掛ける道具。琵琶の撥に似た形の板に切り目をつけ、掛け釘が上下できるようになっている。

すい-はつ【垂髪】結いあげずに垂らしたままの髪。すべらかし。たれがみ。また、転じて、幼児。童子。

すい-ばら【▽杉原】《「すぎはら」の音変化》杉原紙のこと。

すい-はん【水飯】乾飯または飯を水に浸したもの。湯漬けに対するもので、夏に食べる。みずめし。「一して参り給へど、御目ふたぎて見にだに見給はぬは」〈宇津保・国譲中〉[季 夏]「一に浅づけゆかし二日酔/樗良」

すい-はん【垂範】〔名〕スル 自ら模範を示すこと。他の手本となること。「率先一する」

すい-はん【炊飯】飯を炊くこと。

すい-ばん【水盤】底の浅い平らな陶製または金属製の花器。楕円形や長方形のものが多く、盛り花や盆栽・盆景などに使用される。[季 夏]

すい-ばん【推×挽|推×輓】〔名〕スル《「推」は車を押す、「挽・輓」は車を引く意》人を、ある地位や役職に推薦したり引き上げたりすること。「会員の総意で会長に一される」[補説]春秋時代、衛国に反乱が起こり、王が国を脱出するとき、二人の弟が王をよく助けた。それを見た魯の臣が、あの二人の弟が車を後から押したり前から引いたりするようにして衛王を引っぱっているかぎり、衛王は帰国できるだろう、と語ったという「春秋左伝」襄公一四年に見える故事から。

ずい-はん【随伴】〔名〕スル ❶お供としてつき従うこと。また、一緒に連れていくこと。随行。「大使に一して渡米する」❷ある物事に伴って起こること。「組織改革に一する課題」「一現象」
[類語]随行・随従・追随・お供・付随・伴う

すいはん-き【炊飯器】飯を炊くのに用いる、電気釜・ガス釜など。

すい-はんきゅう【水半球】ハンキウ 地球を水陸の分布から2分したとき、海洋の面積ができるだけ広くなるようにとった半球。極がニュージーランド南東沖の南緯48度、西経179度の地点にある半球で、水陸の面積比は約9対1。⇔陸半球。

すい-ばんど【水×礬土】水酸化アルミニウムを主成分とするアルミニウム鉱石。単斜晶系。白色・灰色などのほか、不純物のため緑色・赤色などのものもある。ギブス石。

すい-ひ【水肥】▶液肥

すい-ひ【水×簸】固体粒子によって水中での沈降速度に差があることを利用して、粒子の大きさ別に分ける方法。陶土の調整や、砂金の採取などに用いる。

すい-び【粋美】まじりけがなく美しいこと。「その気象…益々一純熟に至れり」〈中村訳・西国立志編〉

すい-び【衰微】〔名〕スル 勢いが衰えて弱くなること。衰退。「産業が一する」「戦乱で町が一する」
[類語]衰弱・衰退・衰勢・弱体化・衰滅

すい-び【×翠眉】❶みどり色のつややかなまゆ。美人のまゆ。❷柳の葉の細く青々としていること。また、山が遠く青くかすんで見えること。

すい-び【×翠微】❶薄緑色にみえる山のようす。また、遠方に青くかすむ山。「目睫の間に迫る雨後の山の一を眺めていた」〈秋声・縮図〉❷山の中腹。八合目あたりのところ。「麓に細き流れを渡りて、一に登る事三曲二百歩にして」〈幻住庵記〉

すい-ひつ【水筆】穂に芯を入れず、全体に墨汁を含ませて使う筆。

すい-ひつ【酔筆】酒に酔って書画をかくこと。また、その書いたもの。

ずい-ひつ【随筆】自己の見聞・体験・感想などを、筆に任せて自由な形式で書いた文章。随想。エッセー。[類語]エッセー・随想・小品

すい-ひょう【水×豹】ヘウ アザラシの別名。

すい-びょう【水▽瓶】ビヤウ 仏語。比丘の十八物の一。水を入れる容器。飲用水を入れる浄瓶と用便後の手洗水を入れる触瓶とがある。➡軍持

ずい-ひょう【随兵】ヒヤウ《「ずいびょう」とも》❶供として連れる兵士。随行の兵。❷平安末期から鎌倉初期にかけて、検非違使に従って治安の維持に当たった騎兵。❸中世、将軍の外出のとき、その前後を警護した騎兵。

すい-ひん【水浜】海・湖などのみずぎわ。みずべ。

すい-ひん【×蕤賓】❶中国音楽の十二律の一。基音の黄鐘より六律高い音。日本の十二律の鳧鐘にあたる。❷陰暦5月の異称。

すい-ふ【水夫】❶船乗り。また、そのうちで、雑役に従う者。❷旧日本海軍で、水兵の旧称。明治9年(1876)の海軍省通達で改められた。[類語]船員・船乗り・海員・乗組員・クルー・セーラー・マドロス

すい-ふ【水府】[一]水戸の異称。[二]海底にあって水神の住むという都。「いそぎ一へ使いを立てて、竜王を呼び寄せよ」〈根無草〉

すい-ふ【炊夫】雇われて炊事をする男。飯炊き男。

すい-ふ【炊婦】雇われて炊事をする女。飯炊き女。

すい-ぶ【×綏×撫】〔名〕スル《「ずいぶ」とも》安らかになるようにしずめおさめること。慰めいたわること。「天下ヲ一スル」〈和英語林集成〉

ずい-ふう【×瑞風】能楽で、天性の力から出た風体。生得のすぐれた芸風。世阿弥の用語。

すい-ふく【推服】〔名〕スル 人を敬って心から従うこと。心服。「純真な気持ちから一番柴岡に一しているらしく」〈島木健作・続生活の探求〉

すい-ふくべ【吸い×瓢】すひ「吸角」に同じ。「蒟蒻に一を懸けたほども利かず」〈紅葉・二人女房〉

ずい-ぶつ【×瑞物】陰陽道などで、めでたいしるしとなるもの。麒麟・鳳凰・瑞雲の類。

スイフト〖swift〗《swift ballの略》野球で、速球。スピードボール。

スイフトタットル-すいせい【スイフトタットル×彗星】1862年7月に米国の天文学者ルイス=スイフト(Lewis A. Swift)、ホレース=タットル(Horace Parnell Tuttle)が互いに独立して発見した彗星。公転周期は133年。ペルセウス座流星群の母天体として知られる。スウィフトタットル彗星。

すいふ-ば【水府葉】タバコの一品種。江戸時代、水

戸藩の特産物として茨城県久慈地方で産した。品質がよい。

すいふ-りゅう【水府流】日本泳法の流派の一。水戸藩主徳川斉昭(なりあき)が、小松流の泳法と島村流の泳法とを合わせて作った流派。

すい-ふろ【水風呂】《茶の湯の道具である「水風炉(すいふろ)」に構造が似るところからという》桶(おけ)の下にかまどを取りつけ浴槽の水を沸かして入る風呂。塩風呂・蒸し風呂などに対していう。すえふろ。「一の釜をぬきたる科(とが)ゆゑに」〈滑・膝栗毛・初〉

すい-ぶん【水分】❶成分として含まれている水の量。みずけ。❷経穴の一。へその真上約2センチの所。夜尿症・膀胱炎などの治療点。
(類語)湿気・湿り気・水気・湿度

ずい-ぶん【随分】㊀〔形動〕〔文〕〔ナリ〕❶ふさわしい程度を超えているさま。また、いちじるしいさま。並でないさま。過分。相当。「一な御見舞をいただきました」「貯金も一な額になった」❷人に対する態度や言動が度を過ぎているさま。非常識。「そんなことを言うなんて一な奴だ」㊁〔副〕❶いちじるしいさま。多く、予想外だとか不本意だとかいう気持ちをこめて用いる。非常に。だいぶ。かなり。「年の割には一(と)老(ふ)けて見える」「一(と)大げさなことをいう人だ」❷その人の能力・身分・立場などにふさわしいさま。また、事態がある状況にふさわしくなっていくさま。分相応に。それなりに。「しっかり勉強すれば、成績も一(と)よくなるものだ」「将来立派な者にさえなれば、一照子の婿(むこ)にもしてやる」〈谷崎・悪魔〉❸その人の置かれている状況の中で最善を尽くすさま。できるだけ。なるべく。「一(と)養生してください」「一(と)努力してみましょう」❹(別れの挨拶などで用いる、古い言い方)せいぜい。「もう御別れになるかもしれません。一御機嫌よう」〈漱石・坊っちゃん〉㊂〔名〕その人の能力・身分・立場などにふさわしいこと。「我は此の宗に帰すれども、人はまた彼の宗に志す。共に一の益(やく)あるべし」〈神皇正統記・嵯峨〉
(類語)㊁(❶)かなり・相当・なかなか・大分(だいぶ)・大分(だいぶん)・大層・頗(すこぶ)る・いやに・やけに・えらく・馬鹿(ばか)に・余程・余っ程

すい-へい【水平】〔名・形動〕❶静かな水面のように平らなこと。また、そのさま。「一な地面」「一にならす」❷重力の方向と直角に交わる方向。「一に綱を張る」❸水準器。水盛(みずも)り。(類語)横・左右・横様(よこざま)・横向き

すい-へい【水兵】海軍に所属する兵士。

すい-へい【衰弊】勢いなどがおとろえ弱ること。「大英国は一し」〈東海散士・佳人之奇遇〉

すいへい-あんていばん【水平安定板】航空機で、水平尾翼の前部に固定された部分。縦揺れに対する安定と釣り合いを取るためのもの。ジェット機では可動式のものが多い。

すいへい-いどう【水平移動】〔名〕ｽﾙ ❶水平方向に移動すること。❷遺伝子が生殖によって親から子へ伝わるのではなく、種を超えて別の個体に取り込まれること。トランスポゾン・プラスミド・バクテリオファージなどによって起こる。水平伝播。➡垂直移動

すいへい-うんどう【水平運動】水平社の組織を中心として展開された被差別部落解放運動の称。

すいへい-かく【水平角】二直線が同一水平面内でつくる角度。仰角・俯角に対していう。

すいへい-かん【水平環】►環水平アーク

すいへい-かんせん【水平感染】個体から個体に感染すること。⇔垂直感染。

すいへい-き【水平器】►水準器

すいへい-きょり【水平距離】同一水平面上の二点間の距離。あるいは同一水平面上に投影された二点間の距離。

すいへい-こ【水平弧】►環水平アーク

すいへいしき-うんが【水平式運河】連結される二つの海の水位差のほとんどない運河。スエズ運河など。

すいへい-じききろく【水平磁気記録】《longitudinal magnetic recording》ハードディスクなどの磁気ディスク装置で採用される記録方式の一。ディスクの磁気記録面に沿って、磁性体を水平方向に配置して記録するもの。LMR。面内磁気記録。➡垂直磁気記録

すいへい-しこう【水平思考】ある問題に対し、今まで行われてきた理論や枠にとらわれずに、全く異なった角度から新しいアイデアを生もうとする考え方。英国のデボノが1967年ころ唱えた。

すいへい-しゃ【水平社】被差別部落解放を目的として、被差別部落の人々が自主的に結成した全国組織。大正11年(1922)京都で創立大会を開き、運動は全国各地に広がった。太平洋戦争中に自然消滅したが、戦後、部落解放全国委員会として復活し、昭和30年(1955)部落解放同盟と改称した。正式名称は、全国水平社。

すいへい-じりょく【水平磁力】地磁気の強さの、水平方向の分力。水平分力。

すいへい-スキャンレート【水平スキャンレート】《horizontal scan rate》►水平走査周波数

すいへい-せん【水平線】❶空と海面とが接して見える平らな線。❷重力の方向と直角に交わる線。

すいへいそうさ-しゅうはすう【水平走査周波数】コンピューターなどのディスプレーが1秒間あたりに描画する横方向のラインの数。水平同期周波数。水平スキャンレート。

すいへい-ちょう【水兵長】旧海軍における水兵科の兵の最上位の階級。昭和17年(1942)に、それまでの一等水兵を改称してこう呼んだ。上等水兵(元の二等水兵)の上。

すいへいてき-こくさいぶんぎょう【水平的国際分業】先進国どうしの間で、工業製品相互の貿易が行われる形の国際分業。⇔垂直的国際分業。

すいへい-でんぱ【水平伝×播】►水平移動

すいへい-どう【水平動】地震などの振動で、水平方向の揺れ。⇔上下動。

すいへいどうき-しゅうはすう【水平同期周波数】►水平走査周波数

すいへい-びよく【水平尾翼】航空機の胴体後部に、ほぼ水平に取り付けられ、縦の安定を与える翼。水平安定板と昇降舵とからなる。

すいへい-ふく【水兵服】水兵の軍服。また、これをまねた子供や女学生用の服。上着は短く、角形の大きな襟が後方に垂れ、襟の下を通してネッカチーフを結ぶ。ズボンは裾の緩やかなものが多い。セーラー服。

すいへい-ふりこ【水平振(り)子】鉛直線からわずかに傾いた軸のまわりを振動する振り子。振動の周期が非常に長いので地震計に利用。

すいへい-ぶんぎょう【水平分業】企業が製品の開発・製造の各段階で外部に発注して製品化すること。効率化、柔軟化に利点がある。⇔垂直統合。

すいへい-ぶんぷ【水平分布】生態分布の一。地表の水平方向の広がりにおいて、海陸あるいは気候帯との関係から見た生物の分布。⇔垂直分布。

すいへい-ぶんりょく【水平分力】►水平磁力

すいへい-ぼう【水兵帽】水兵がかぶる帽子。また、これをまねた子供の帽子。頂部は平らで、ひさしがなく、ふちにリボンを巻いてその端を後ろに垂らす。

すいへい-めん【水平面】静止した水の面。鉛直方向と直角な平面。

スイベル〘swivel〙釣り具の、猿環(さるかん)。

すい-へん【水辺】川・池・湖などのほとり。みずぎわ。みずべ。

すいへん-の-とり【水辺の鳥】《字がさんずい(氵)と酉(とり)とからなるところから》酒のこと。水辺鳥(すいへんちょう)。水鳥(すいちょう)。

すい-ほ【推歩】天体の運行を推測すること。暦などの計算をすること。暦学。「一の学」

すい-ほ【酔歩】〔名〕ｽﾙ ❶酒に酔ってふらふらしながら歩くこと。また、その足どり。千鳥足。「一する花見客」「一蹣跚(まんさん)」❷►ランダムウオーク

すい-ぼ【水母】クラゲの漢名。

すい-ほう【水泡】❶水のあわ。みなわ。❷水のあわが消えやすいところから、はかないこと、むだになることのたとえ。(類語)泡・あぶく・泡沫(ほうまつ)・うたかた

水泡に帰・する 努力のかいもなく全くむだに終わる。「これまでの苦労が一・する」

すい-ほう【水×疱】漿液(しょうえき)がたまって皮膚の表皮下にできる発疹(ほっしん)。粟粒(ぞくりゅう)大から鶏卵大で、米粒大以下を小水疱ともいう。水疱疹。水ぶくれ。

すい-ほう【粋方】❶世態・人情、特に遊里のことに通じている人。粋人。「粋だの一だのといふ事を、大通といひはじめて」〈滑・客者評判記〉❷男伊達(おとこだて)。侠客(きょうかく)。「おりゃ博多の又治というて、隠れのない一」〈伎・韓人漢文〉

すい-ほう【酔飽】〔名〕ｽﾙ《「すいぼう」とも》酒に酔い、飽きるほど食うこと。「二階座敷に一してぐっすり寝込んでいたのが」〈魯庵・社会百面相〉

すい-ぼう【水防】洪水や高潮に際し、水害を警戒・防御し、また、その被害の軽減を図ること。「一訓練」(類語)防潮・治水

すい-ぼう【衰亡】〔名〕ｽﾙ 次第に衰え滅びること。衰滅。「国家が一する」(類語)滅亡・破滅・滅びる

すい-ぼう【衰×耄】〔名〕ｽﾙ ►すいもう(衰耄)

ずいほう-じ【瑞鳳寺】宮城県仙台市にある臨済宗妙心寺派の寺。山号は正宗山。開創は寛永11年(1634)、開山は清岳宗拙。伊達政宗の廟堂がある。

ずいほう-しょう【×瑞宝章】社会・公共のために功労がある者に授与される勲章。明治21年(1888)制定。瑞宝大綬章(ずいほうだいじゅしょう)、瑞宝重光章(ずいほうじゅうこうしょう)、瑞宝中綬章(ずいほうちゅうじゅしょう)、瑞宝小綬章(ずいほうしょうじゅしょう)、瑞宝双光章(ずいほうそうこうしょう)、瑞宝単光章(ずいほうたんこうしょう)の6等級がある。制定時は勲一等から勲八等までの8等級があったが、平成15年(2003)より現行の等級に改訂。

すいぼう-だん【水防団】水防法に基づき、水防事務を処理するために水防管理団体(市町村や水害予防組合など)が設ける機関。

すいぼう-ほう【水防法】水防の目的で、その組織・活動などについて定めた法律。昭和24年(1949)施行。

すいぼうぼうがい-ざい【水防妨害罪】水害の際に、水防用の器具の隠匿・損壊、その他の方法で水防活動を妨げる罪。刑法第121条が禁じ、1年以上10年以下の懲役に処せられる。

すい-ぼく【水墨】「水墨画」の略。

すいぼく-が【水墨画】おもに墨の濃淡を利用して描いた絵画。中国唐代中期に始まる。日本には鎌倉時代に伝来し、禅宗文化の興隆に伴って盛んに行われた。すみえ。

すいぼく-さんすい【水墨山水】墨の濃淡のみによって描いた山水画。➡青緑山水

すい-ほつ【垂▽髪】仏像で、菩薩(ぼさつ)像などにみられる肩に垂れた髪。

すい-ぼつ【水没】〔名〕ｽﾙ 地上にあった物が水中に没してしまうこと。「ダムで村が一する」
(類語)冠水・沈水・浸水・水浸し

すい-ま【水魔】事故や災害をもたらす水の力を魔物に見立てていう語。「一が流域を襲う」

すい-ま【睡魔】引きずりこまれるような眠けを魔物にたとえていう語。「一に襲われる」(類語)眠け・催眠

スイマー〘swimmer〙泳ぐ人。泳者。

ずい-まく【髄膜】脳と脊髄(せきずい)を包む膜。脳脊髄膜。

ずいまく-えん【髄膜炎】髄膜の炎症。高熱・頭痛・嘔吐(おうと)・痙攣(けいれん)・意識障害などの症状がみられ、死亡率が高く、治癒しても障害が残ることがある。細菌性・ウイルス性のもののほか、流行性脳脊髄膜炎がある。脳膜炎。脳脊髄膜炎。

ずいまくえんきんせい-ずいまくえん【髄膜炎菌性髄膜炎】►流行性髄膜炎

すい-ませ-ん【▽済いません】〔連語〕「済みません」の俗な言い方。

すい-まつ【水×沫】❶水のあわ。水泡。❷水しぶき。飛沫(ひまつ)。(類語)しぶき・水しぶき・飛沫

すい-マンガンこう【水マンガン鉱】酸化マンガンを主成分とする鉱物。黒色で、短柱状・針状・塊状

で産出。単斜晶系。重要なマンガンの鉱石鉱物。

すい-みつ【水密】水が密閉され、水圧がかかっても漏れないようになっている状態。また、その構造。

すい-みつ【水蜜】「水蜜桃」の略。

すいみつ-かくへき【水密隔壁】船体の内部をいくつかの区画に分ける仕切りの壁。浸水などを一部の区画でくいとめるため、十分な強度と水密性をもつ。防水隔壁。

すいみつ-とう【水蜜桃】ヅゥ 桃の栽培品種の一。果実が大きく水分と甘味に富む。中国の原産で、日本には明治期に導入。(季 秋)「さえざえと一の夜明けかな/楸邨」

すいみつ-ひ【水密扉】船舶で、浸水を一部でくいとめるための扉。閉じると水密性が得られる。水密戸。

すい-みゃく【水脈】❶地層中の、地下水の流れる道筋。❷川や海で、船舶の航行に適した道筋。ふなみち。みお。

すい-みん【酔眠】酒に酔って眠ること。酔臥。「鼻毛を長じて一するが如き者にあらざるなり」〈利光鶴松・政党評判記〉

すい-みん【睡眠】❶ねむること。ねむり。周期的に繰り返す、意識を喪失する生理的な状態。「一をとる」「一不足」❷活動を休止していること。「一状態」
(類語)(❶)快眠・眠り・寝ね・就眠・入眠・睡臥すい・安眠・熟睡・熟眠・居眠り・ねんね/(❷)休眠・冬眠

すいみんかいぜん-やく【睡眠改善薬】寝付きが悪い、眠りが浅いなどの一時的な不眠症状を緩和する薬。成分は抗ヒスタミン剤や生薬など。薬局で市販される。(補説)医師の処方する睡眠薬とは別の薬。

スイミング〖swimming〗泳ぐこと。水泳。「一スクール」「シンクロナイズドー」

スイミング-スクール《和 swimming＋school》プール・海などで、水泳を教える教室。(補説)英語では swimming class。

スイミングプール-ろ【スイミングプール炉】《swimming pool reactor》水槽に核燃料が浸されている原子炉。構造が簡単で研究炉としては最も数が多い。

すいみん-こうざ【睡眠口座】長期間にわたり預け入れ・払い戻しがなく、放置されている預貯金の口座。

すいみんじむこきゅう-しょうこうぐん【睡眠時無呼吸症候群】スイミンジムコキュウショウコウグン《sleep apnea syndrome》眠っている時に数秒～数十秒呼吸が止まり、息苦しくなって目覚めることを一晩に数回、繰り返す病気。本人は、夜中に目覚めたことに気づかない。SASサス。

すいみん-しょうがい【睡眠障害】シャウガイ 正常な睡眠がとれない障害。夜間に十分な睡眠がとれない、昼間に急に眠くなる、集中力に欠ける、注意力が落ちるなどいろいろな症状がある。原因はさまざま。

すいみんしょうがい-かいぜんざい【睡眠障害改善剤】スイミンシャウガイカイゼンザイ 熟眠障害や中途覚醒など睡眠障害を改善する薬。広く催眠薬なども含む。

すいみんどうにゅう-ざい【睡眠導入剤】スイミンダウニフー ▶催眠薬

すいみん-びょう【睡眠病】ビャウ アフリカの西部および中部にみられる感染症。トリパノソーマという鞭毛虫べんもうちゅうがツェツェバエなどに媒介されて血液中に寄生することによって起こる。感染後数か月から数年で昏睡に陥って死亡する。ねむり病。

すいみん-やく【睡眠薬】「催眠薬さいみんやく」に同じ。

すいみん-りょうほう【睡眠療法】レウハフ 催眠薬を使用し持続的に眠らせて治療する方法。精神障害や麻薬中毒などの治療に用いられる。

すい-む【水霧】霧。特に、川に立つ霧。川霧。

すい-む【酔夢】酔って眠っている間に見る夢。また比喩的に、満足して安閑としている状態。「吾々は世の一に覚醒を与えんが為に」〈木下尚江・火の柱〉

すい-む【睡夢】眠って見る夢。「一の中に一生を送る者少なからず」〈中村訳・西国立志編〉

スイム〖swim〗泳ぐこと。水泳。

ずい-む【×瑞夢】縁起のよい夢。吉夢。

スイムウエア〖swimwear〗水泳用に着るもの。水着。

スイム-ゴーグル《和 swim＋goggle》水泳用の水中眼鏡。

ずい-むし【髄虫】【×螟虫】メイガ類の幼虫。主にニカメイガやサンカメイガの幼虫をいう。稲の髄に食い入り大きな害を与える。めいちゅう。

ずいむし-あかたまごばち【髄虫赤卵蜂】タマゴヤドリコバチ科の昆虫。微小のハチで体は黄褐色、複眼は紅色。ニカメイガやサンカメイガの卵に寄生する益虫。

スイムスーツ〖swimsuit〗水着。多く、女性用や競泳用をいう。

すい-めい【水明】澄んだ水が日や月の光で美しく輝いて見えること。「山紫一の地」

すい-めい【吹鳴】〔名〕スル ふきならすこと。また、汽笛などを高く鳴らすこと。「一楽器」

すい-めつ【衰滅】〔名〕スル 勢いが衰えて滅びること。衰亡。「伝統芸能が一する」

すい-めん【水面】水の表面。「一に浮かぶ」「一が盛り上がる」(類語)水面みな・水上

すい-めん【×錐面】平面上の曲線または折れ線の各点と、平面外の一点とを結ぶ直線が運動したときにできる面。

すいめん-か【水面下】❶水の中。水中。「一に沈む」❷表面には現れないところ。「一で交渉が進む」

すいめん-けい【水面計】容器内の液面の位置を外部から測る装置。ボイラーやタンクでは、外部にとり付けた目盛り付きガラス管。上下で容器内部と通じ、内部の液面の位置と等しいガラス管内の液面の位置で目測する。

すい-もう【吹毛】❶《毛を吹き分けて隠れた疵きずを探す意から》無理に人の欠点を探すこと。あらさがし。➡毛を吹いて疵きずを求む ❷吹きかけた毛も断ち切るほどの、よく切れる剣。「一の剣」

すい-もう【衰×耄】〔名〕スル 年をとって衰えること。老いぼれること。すいぼう。「愛欲のために一したような甥の姿が」〈藤村・家〉

すい-もじ【推文字】《「推量」「推察」の女性語》おしはかること。すもじ。「これにて御ご一さ」〈滑・浮世風呂・三〉

すい-もの【吸(い)物】すひ 日本料理で、汁を主体にした汁物の一種。一般にはすまし汁をいう。
(類語)すまし汁・すまし・おつゆ

すいもの-ぜん【吸(い)物膳】すひもの 吸い物椀わんをのせて客に出す膳。

すいもの-わん【吸(い)物×椀】すひもの 吸い物を盛る椀。普通の椀よりも浅く、口径が大きい。

すい-もん【水門】湖沼・貯水池・水路などで、水量調節・取水・排水・船運のため、必要に応じて開閉できるようにした門・扉などの構造物。➡樋門ひもん

すい-もん【水紋】水面に起こる波紋。また、それに似た模様。「一をかたどる」

すい-もん【推問】〔名〕スル 問いただすこと。取り調べ。「なせし悪事を一あれど」〈魯文・高橋阿伝夜叉譚〉

すいもん-がく【水文学】河川・湖沼・地下水など陸上の水の状態や変化、環境との関係などを、水の循環の立場から研究する学問。

すいもんしき-うんが【水門式運河】▶閘門式こうもんしき運河

すい-やく【水薬】薬物を水に溶かした薬剤。一般には液状の飲みぐすりをさす。みずぐすり。

すい-よ【酔余】酒に酔ったうえでのこと。酔ったあげく。「一の戯れ」

すい-よ【睡余】眠りからさめたあと。

すい-よう【水溶】水に溶けること。水に溶けていること。

すい-よう【水曜】エウ 週の第4日。火曜の次の日。水曜日。

すい-よう【垂×楊】ヤウ シダレヤナギの別名。

すい-よう【衰容】やつれた容姿・ようす。

すいよう【睢陽】スイヤウ 古代中国の地名。春秋時代の宋の地で、秦代には県が置かれた。唐代の757年、安禄山の乱の時に、太守の許遠がここに拠って賊軍の進出を防いだ。

すいよう-えき【水溶液】ある物質を水に溶かしたもの。

すいよう-えき【水様液】スイヤウ 無色透明で、水のように見える液体。

すいよう-せい【水溶性】ある物質がもっている、水に溶ける性質。「一ビタミン」

すいようせい-ビタミン【水溶性ビタミン】水に溶ける性質のビタミン。ビタミンB群・ビタミンCなど。体内に余分に摂取すると尿中に排出される。

すいよう-び【水曜日】スイエウ「水曜」に同じ。

すい-よく【水浴】〔名〕スル ❶水を浴びること。みずあび。「川で一する」❷化学実験器具の一。ふた付きの金属製の鍋形容器に水を入れて加熱し、加熱しようとする物体をその中またはふたの上に置いて水蒸気で熱する装置。湯浴。

すい-よ・せる【吸(い)寄せる】すひ〔動サ下一〕図すひよ・す〔サ下二〕❶吸って近くに引き寄せる。「鉄くずを磁石で一・せる」❷人の目や気持ちなどをひきつける。「はでな宣伝で客を一・せる」(類語)引き寄せる・引き付ける・誘い寄せる・誘う・吸引する

すい-らい【水雷】魚雷と機雷の総称。爆雷を含めて水中破壊兵器全体をいう場合もある。

すいらい-てい【水雷艇】魚雷を備えた小型で快速の艦艇。

すい-らん【水×蘭】キク科の多年草。原野の湿地に生え、高さ約60センチ。葉は細い線形。秋、黄色い頭状花をつける。(季 夏)

すい-らん【×翠▽嵐】青々とした山のたたずまい。「箱根の一にさ迷うて」〈谷崎・異端者の悲しみ〉

すい-らん【×翠×巒】緑色に連なる山々。「淡路島の一が鏡にうつした景色の様に」〈百閒・百鬼園随筆〉

すいり【▽水▽入り】《「すいいり」の音変化》水にもぐること。潜水。また、潜水を職業とする人。「一ヲスル」〈和英語林集成〉

すい-り【水利】❶水上運送の便利。「一のよい地」❷田畑の灌漑かんがいや飲用・消火などに水を利用すること。「一事業」(類語)灌漑・治水・水防

すい-り【水理】❶地下水の通じる道筋。水脈。「一を治めて旱魃かんばつに備え」〈福沢・文明論之概略〉❷船の通る水路。「官軍一に熟せざれば」〈染崎延房・近世紀聞〉

すい-り【推理】〔名〕スル ❶ある事実をもとにして、まだ知られていない事柄をおしはかること。「いくつかの条件から問題を一する」❷論理学で、前提から結論を導き出す思考作用。前提が一つのものを直接推理、二つ以上のものを間接推理という。
(類語)推論・推断・類推・論理

す-いり【巣入り】金・銀・象牙・鹿の角などで要かなめを作り、表裏からそれを差し込んだ扇。

す-いり【酢煎り】脂肪の多い魚肉を煮るとき、最後に酢を加えて生臭さを消し、淡泊な味にすること。酢入れ。酢煮。

ず-いり【図入り】ヅ 本などで、文章の不足を補うために、挿絵・グラフ・地図などが挿入されていること。

すいり-がく【水理学】地下水・海水や流水などの運動を扱い、土木工学上の応用を研究する学問。また、水力学と同義。

すい-りきがく【水力学】液体、特に水の力学的性質やエネルギーを対象に、機械設計などの工学的応用面から研究する学問。

すい-りく【水陸】❶水と陸。水上と陸上。「一両生の動物」❷水路と陸路。「一の便がよい」

すいりく-え【水陸会】ヱ 施餓鬼せがき会の一種。水陸の生物に飲食物を与えて諸霊を救済しようとする法要。水陸斎。(季 秋)

すいり-くみあい【水利組合】くみあひ 明治41年(1908)の水利組合法に基づき、灌漑かんがい・排水や土木に関する事業を行うために設立された公共組合。普通水利組合と水害予防組合があったが、昭和24年(1949)普通水利組合は廃止され、土地改良区に改められた。

すいりくりょうよう-き【水陸両用機】スイリクリャウヨウ 水上機に、陸上でも離着陸できるよう車輪などを取り付け

たもの。

すいり-けん【水利権】公水、ことに河川の水を、灌漑(かんがい)・発電・水道などの目的のために継続的、独占的に使用できる権利。用水権。

すいり-しょうせつ【推理小説】主として犯罪に関係する秘密が、論理的に解明されていく過程の興味に主眼をおいた小説。ポーの「モルグ街の殺人」に始まるとされる。探偵小説。ミステリー。
類語 探偵小説・ミステリー・スリラー・サスペンス

すいりちえき-ぜい【水利地益税】水利に関する事業、都市計画法に基づいて行う事業、林道に関する事業などの費用に充てるため、都道府県または市町村が、その事業によって特に利益を受ける土地または家屋を課税物件として課する目的税。

すいりぼうがい-ざい【水利妨害罪】堤防や水門を破壊するなど、水利の妨害となるような行為をする罪。刑法第123条が禁じ、2年以下の懲役もしくは禁錮または20万円以下の罰金に処せられる。➡出水危険罪

すい-りゅう【水流】水が流れること。また、その流れ。

すい-りゅう【垂柳】シダレヤナギの別名。

すい-りゅう【×翠柳】葉の青々と茂った柳。

ずいりゅう-ざん【瑞竜山】茨城県常陸太田市にある丘。水戸徳川家代々の墓所で、朱舜水の墓もある。

ずいりゅう-じ【瑞竜寺】滋賀県近江八幡市にある日蓮宗の尼寺。門跡。正しくは村雲瑞竜寺。慶長元年(1596)豊臣秀吉の姉の日秀尼が、子の秀次の菩提を弔うため、京都今出川(いまでがわ)村雲に創建。昭和36年(1961)現在地に移転。村雲御所。

すいりゅう-ち【水流地】❶水流が通る地面。河床。❷船やいかだが通れないほどの浅い水底。

すいりゅう-ポンプ【水流ポンプ】実験室で用いる、水流の圧力を利用するガラス製の簡単な真空ポンプ。

すい-りょう【水量】水の分量。みずかさ。「川の―が増す」「―調節」

すい-りょう【推量】〔名〕スル ❶物事の状態・程度や他人の心中などをおしはかること。推測。「胸中を―する」「当て―」➡推察 用法 ❷文法で、❶の意を表す言い方。動詞に、文語では助動詞「む」「むず」「まし」「けむ」「らむ」「らし」「めり」など、口語では助動詞「う」「よう」「らしい」や「だろう」「でしょう」などの語を付けて言い表す。類語 推察・推測・推定・推理・推断・推認・忖度(そんたく)・斟酌(しんしゃく)・察し

すいりょう-けい【水量計】流れた水の量を測定する計器。一定時間に断面を流れる量を測る形式のものと、瞬間に流れる量を測る形式のものとがある。量水器。

すいりょう-ぶし【推量節】明治中期の流行歌。寄席(よせ)から流行した。「アリャ推量推量」という囃子詞(はやしことば)を挟む。

すい-りょく【水力】❶水の力。水の勢い。❷動力として利用される水の運動エネルギーや位置エネルギー。

すい-りょく【推力】物体を運動方向におしすすめる力。航空機では、プロペラやジェットエンジンによって気体に運動量を与え、その反動力を利用する。推進力。スラスト。

すい-りょく【×翠緑】みどりいろ。樹木・石などの色にいう。類語 緑・深緑(しんりょく)・新緑・万緑・青葉

すいりょく-きかい【水力機械】液体エネルギーを機械エネルギーに変換させたり、液体に位置・圧力・運動などのエネルギーを与えて仕事をさせたりする機械の総称。主に水を利用するのでいう。水車・ポンプなど。流体機械。

すいりょく-きかん【水力機関】水力を利用して動力を発生させる機械。水車・水力タービンなど。

すいりょく-ぎょく【×翠緑玉】エメラルド。

すいりょく-さいたん【水力採炭】高圧の水を噴射させ、その力で石炭を掘り崩して行う採炭法。

すいりょく-タービン【水力タービン】水力発電用の水車。水を羽根車に当てて回転させ動力を得る。

すいりょく-つぎて【水力継(ぎ)手】継ぎ手の一。主動軸の回転力を、羽根車などにより油や水を媒介として従動軸へ伝える形式のもの。流体継ぎ手。

すいりょく-でんき【水力電気】水力発電による電気。「ぽつりぽつりと、―の明りが附き始めた」〈鴎外・青年〉

すいりょく-はつでん【水力発電】水力で羽根車を回し、その動力で発電機を回して電気エネルギーを得る方式。ダム式・水路式・揚水式などがある。

すい-りん【水輪】仏語。❶三輪・四輪の一。風輪と金輪(こんりん)との間にある水の層。❷五輪の一。

ズィルト-とう【ズィルト島】《Sylt》▶ジルト島

すい-れい【水冷】エンジンなどを、水で冷やすこと。

すい-れい【×翠×嶺】青々とした峰。翠峰。

すいれいしき-きかん【水冷式機関】シリンダーやシリンダーヘッドの周囲に水を貯めるか循環させるかして冷却を行う内燃機関。

すいれい-パソコン【水冷パソコン】《water cooled PC》CPUなどの主な発熱部分を、循環する水を用いて冷却するパソコン。水以外の冷媒を使う液冷パソコンもある。一般に、ファンなどで放熱するタイプに比べ作動音が格段に小さい。

すい-れん【水練】❶水泳の練習。「畳の上の―」「―場」(季 夏) ❷水泳の技術。また、水泳の名人。
類語 水泳・泳ぎ

すい-れん【水×簾】《水のすだれの意から》滝。「数条の―を瀉下し」〈鉄腸・雪中梅〉

すい-れん【垂×憐】情けをかけること。「其上本国の民にても同じ人類の事なれば御―可被下(くださるべく)」〈条野有人・近世紀聞〉

すい-れん【垂×簾】❶すだれをたれること。また、たれたすだれ。❷《昔、中国で男女の区別を厳しくするため、皇太后などが群臣に会うとき、その前にすだれを垂れたところから》天子が幼年のとき、皇太后などが代わって行う政治。垂簾の政(まつりごと)。

すい-れん【睡×蓮】❶スイレン科スイレン属の水生植物の総称。池・沼に生え、円形または卵形の基部に切れ込みのある葉を水面に浮かべる。夏、白・黄・赤色などのハスに似た花を水面上に開き、朝夕開閉する。温帯産のものから熱帯産のものまで、品種は多い。日本ではヒツジグサが自生。(季 夏)「―の明暗たつきのピアノ打つ/草田男」❷ヒツジグサの漢名。

すい-れん【×翠×簾】緑色のすだれ。青すだれ。

すい-ろ【水路】❶水の流れるみち。❷用水を流すためのみち。送水路。「―を引いて開墾する」❸海・河川・運河などの船舶の通るみち。航路。❹プールをブイでいくつかに区切り、競泳者が泳ぐ部分を定めたみち。コース。「短―」「長―」類語(❶・❷)掘り割り・疎水・運河/(❸)航路・海路(かいろ)・海路(うみじ)・船路

すい-ろ【垂露】筆法の一。縦の画(かく)の下端を筆をおさえて止めるもの。➡懸針(けんしん)

すい-ろ【×隧路】トンネル。隧道(ずいどう)。

すい-ろう【水楼】湖水や河川に臨んで立つ楼閣。

すい-ろう【透廊】《「すきろう」の音変化》透渡殿(すきわたどの)のこと。

すい-ろう【×翠楼】❶緑色に塗った高い建物。❷《昔の中国で、緑色に塗ることが多かったところから》妓楼。遊女屋。青楼。

すいろ-きょう【水路橋】水力発電所の水路や水道の導水路などを横断させるため、河川・谷・道路などにかける橋。

すい-ろく【水▽鹿】サンバーのこと。

すいろ-し【水路誌】船の航海・停泊に必要な水路の指導案内資料。航路・港湾の状況、気象・海象などを水域別に詳しく記したもので、海図と併用する。

すいろしき-はつでん【水路式発電】水力発電で、河川の水を取水口から水路を経て発電所真上のタンクまで導き、自然の落差を利用して発電する方式。水路発電。➡ダム式発電

すいろ-はつでん【水路発電】▶水路式発電

すいろ-ぶ【水路部】海上保安庁の部局の一。水路の測量、海洋気象の観測、海図・水路誌・潮汐表・天測暦などの刊行、船舶交通の安全のための必要な事項の通報などの業務を行う。

すい-ろん【水論】田に引く水の配分をめぐって争うこと。水争い。みずろん。(季 夏)

すい-ろん【推論】〔名〕スル ある事実をもとにして、未知の事柄をおしはかり論じること。「実験の結果から―する」類語 推理・類推・論理

すいろん-しき【推論式】▶三段論法

すい-わ【水和】水溶液中の分子またはイオンあるいは分散したコロイド粒子などが、溶媒の水分子と相互作用して集団をつくる現象。水分子との相互作用が強いために化合物を生成するときは、かつて水和(すいか)、あるいは水化・水加などといった。

すいわ-ぶつ【水和物】水と結合した形の化学式で書ける化合物。水分子の数により一水和物・二水和物などとよぶ。水化物ということもあり、塩類の水和物は含水塩ともいう。

スインガー〖swinger〗❶夫婦交換や乱交を行う人。❷ゴルフで、ゆったりとしたスイングをする人。

スインギー〖swingy〗〔形動〕スイングジャズふうの、いかにもスイングしている、の意。また、躍動的なさま。揺れ動くさま。

スイング〖swing〗〔名〕スル《「スウィング」とも》❶野球やゴルフで、バットやクラブを振ること。「絶好球を見逃さずに―する」「フル―」❷ボクシングで、大きく半円を描くように腕を振って横から加える打撃。❸㋐「スイングジャズ」の略。㋑ジャズに特有の躍動的なリズム感。また、そのリズムに乗ること。❹旋盤で、切削可能な最大直径。振り。

スイング-アウト〖swing out〗野球で、空振りの三振。

スイング-サービス《和 swing＋service》銀行の普通預金が一定額以上になると定期預金に自動的に振り替え、逆に定期預金の満期時に普通預金が一定額以下になると更新せずに普通預金に振り替えるサービス。

スイング-ジャズ〖swing jazz〗1930年代後半、ベニー=グッドマンらにより広められたジャズのスタイル。

スイング-スリーブ〖swing sleeve〗袖山(そでやま)を低くし、手が動きやすいように作られた袖のこと。

スイング-ドア〖swing door〗ばね付きの蝶番(ちょうつがい)でとりつけた、表裏どちらへも開き、自然に閉まる戸。

スイング-トップ〖swing top〗ラグランスリーブを特徴とした動きやすいジャンパーの一種。ゴルフ用によく着られるのでゴルフジャンパーともいわれる。➡ラグランスリーブ

スイング-トレード〖swing trade〗数日から1週間程度、株を保有して短期に売買を繰り返し、細かく利鞘(りざや)を稼ぐ投資方法。スイングトレーディング。➡デイトレード

スイング-バイ〖swing-by〗天体の万有引力を利用して、宇宙船や探査機の速度や方向を変える技術。太陽系外へ脱出した米国の探査機ボイジャー1号、2号をはじめ、惑星探査機の多くがこの技術を使っている。

スイング-ボート〖swing vote〗浮動票。

すう【数】❶もののかず。ものの多少を表す概念。「一定の―に満たない」❷数をかぞえること。計数。「―に明るい」❸物事の成り行き。情勢。また、めぐりあわせ。運命。「美術の次第に衰うるは天の―なり」〈逍遥・小説神髄〉❹自然数およびこれを順次拡張した、整数・有理数・実数・複素数などの総称。❺インド-ヨーロッパ語で、名詞・代名詞・形容詞・冠詞・動詞の語形によって表される文法範疇(はんちゅう)。一つのものには単数、二つ以上のものには複数を区別する。その他、言語によっては双数・三数・四数もある。日本語には、文法範疇としては存在しない。❻数をかぞえる語の上に付いて、2、3か5、6ぐらいの数量を漠然と表す。「―組」「―ページ」「―メートル」➡数名 ➡漢「すう(数)」類語(❶)数(かず)・数値・値(あたい)・数量・量・分量・数字・ナンバー・ノンブル・ボリューム

数が知・れる　(多く、打消しの語を伴う)どの程度だ

かわかる。たかが知れる。「何所までも押が重いんだか―・れないと思って」〈二葉亭・浮雲〉

すう【鄒】中国、戦国時代の国名。現在の山東省鄒県のあたりにあった。孟子の生地。

スー【四】《中国語》数の4。「一暗刻」

スー〖Sioux〗アメリカ先住民の一部族。スー語族に属する諸部族全体をさすが、一般にはその中の最大部族ダコタをいう。北アメリカ中西部の平原に居住し、野牛の狩猟を生業とした。1860年以降、白人との抗争で激しい抵抗を示した。

す・う【吸う】〔動ワ五(ハ四)〕❶気体や液体を、口や鼻からからだの中に引き入れる。「大きく息を―・う」「タバコを―・う」「蚊が血を―・う」「蜜を―・う」❷口に引き入れるようにして含む。また、接吻する。「赤ん坊が指を―・う」「口を―・う」❸引き付けるようにして中に取り込む。吸引する。「この掃除機はよくごみを―・う」❹水分などをしみ込ませて取る。吸収する。「地面が水を―・う」❺引き寄せる。引き付ける。「磁石が鉄を―・う」➡飲む 用法 可能 すえる
類語 (❶)吸入する・吸飲する・啜る

す・う【据う】〔動ワ下二〕「すえる」の文語形。

ズー〖zoo〗動物園。

スー-アンコー【四暗刻】《中国語》マージャンの役満貫の一。同じ牌を3個を4組み、手の内でそろえて上がったもの。

スウィージー〖Paul Marlor Sweezy〗[1910〜2004]米国のマルクス主義経済学者。独占資本の構造や恐慌の分析で知られる。ハーバード大助教授を思想的立場から辞任し、雑誌「マンスリー-レビュー」の編集者として評論活動に従事した。著「資本主義発展の理論」「歴史としての現代」「革命後の社会」など。

スウィーティ〖sweetie〗▶スイーティー

スウィート〖Henry Sweet〗[1845〜1912]英国の音声学者・英語学者。音声学の研究や科学的英文法の樹立に業績をあげた。著「音声学教本」「新英文法」など。

スウィート-ピー〖sweet pea〗▶スイートピー

スウィフト〖Jonathan Swift〗[1667〜1745]英国の小説家。アイルランドの生まれ。人間と社会を風刺した作品を発表。作「ガリバー旅行記」「桶物語」など。

スウィフト〖SWIFT〗《Society for Worldwide Interbank Financial Telecommunication》国際銀行間通信協会。1973年設立の非営利法人。本部はベルギーのラ-ユルプ。

スウィング〖swing〗▶スイング

スウィンバーン〖Algernon Charles Swinburne〗[1837〜1909]英国の詩人・批評家。巧みな韻律美と異教的な官能描写で知られる。劇詩「カリドンのアタランタ」、詩集「詩とバラード」など。

スウェー〖sway〗《「スエー」「スウェイ」とも》❶ゴルフで、スイング中に体の中心部が前後・左右・上下に揺れ動くこと。❷社交ダンスで、回転するときの体の傾き。❸ボクシングで、相手の攻撃を避ける防御法の一。顔面をねらってきたパンチを、上体を後ろへそらせることによってかわすもの。スウェーバック。

スウェーイング〖swaying〗▶スウェー❸

スウェーデン〖Sweden〗スカンジナビア半島東部を占める立憲王国。首都ストックホルム。1523年デンマークから独立。1814年以来戦争に加わらず中立を守る。社会保障制度の発達した福祉国家。人口961万(2010)。スウェーデン語ではSverige(スベリエ)といい、スベア族の国の意。補説「瑞典」とも書く。

スウェーデン-ご【スウェーデン語】インド-ヨーロッパ語族のゲルマン語派に属する言語。スウェーデンのほか、フィンランドなどでも使用されている。

スウェーデン-ししゅう【スウェーデン刺×繍】布地の表側の織り目をすくって模様を表す刺繍。浮き織りになったものや布目の数えやすい布地を用いる。

スウェーデン-たいそう【スウェーデン体操】19世紀初頭、スウェーデンのリングが、解剖学・生理学に基づき、身体各部・各機能の調和した発達を図って考案した体操。徒手体操が中心。明治末期以降、長らく日本の学校体操の根幹をなした。

スウェーデンボリ〖Emanuel Swedenborg〗[1688〜1772]スウェーデンの神秘思想家。科学者であったが、霊的覚醒を受けて心霊研究に没頭し、新宗教を創設。著「天界と地獄」「神智と神愛」など。スウェーデンボルク。

スウェーデン-もん【スウェーデン門】《Zviedru vārti》ラトビアの首都リガの旧市街に中世以来唯一残る城門。名称は、かつて付近にスウェーデン兵の兵舎があったことにちなむ。

スウェーデン-リレー〖Swedish relay〗陸上競技で、リレーの一。1000メートルを、四人の走者が100メートル、200メートル、300メートル、400メートルの順に継走する。

スウェット〖sweat〗《「スエット」とも》❶汗。❷裏側を起毛させた、綿のメリヤス地。汗をよく吸収する。

スウェット-シャツ〖sweat shirt〗スウェット素材で作った、スポーツ用のセーター。動きやすいようにゆったりしている。

スウェット-パンツ〖sweat pants〗スウェット素材などで作ったスポーツ用のズボン。

すう-えん【鄒衍】[前305ころ〜前240]中国、戦国時代の思想家。斉の人。宇宙万物を陰陽五行の消長によって解釈、のちの中国思想に大きな影響を与えた。

スウォンジー〖Swansea〗英国ウェールズ南部、ブリストル海峡に臨む港湾都市。カーディフに次ぐウェールズ第2の都市で、工業が盛ん。産業革命期に銅の精錬や石炭の輸出で発展。中世にノルマン人が建てた城があるほか、南西部のゴワー半島が自然豊かな景勝地として知られる。

スウォンジー-じょう【スウォンジー城】《Swansea Castle》英国ウェールズ南部の都市スウォンジーにある城跡。12世紀にノルマン人貴族ヘンリー=ド=ボーモントが建造した後、次々と城主が変わり、ピューリタン革命のイングランド内戦で大きな被害を受けた。市場や市庁舎、牢獄として使われたこともあった。

すう-かい【数回】2、3回から5、6回程度の回数。

すう-がく【数学】❶数量および空間図形の性質について研究する学問。算術・代数学・幾何学・解析学・微分学・積分学などの総称。❷学校の教科の一。数学科。類語 算数・代数・幾何・解析・算術

すうがく-きごう【数学記号】数式を書き表すのに用いる記号。+、−、×、÷、=のほか、集合を表す∈や∋、円周率を表すπ、結論を表す∴などがある。

すうがく-きそろん【数学基礎論】数学の基礎に関する理論。19世紀に導入された集合論が逆理(逆説)を派生させたが、その反省から生まれた、数学とはいかなるものであるべきかの理論。20世紀初頭に成立。記号論理学を用いる。

すうがくてき-きのうほう【数学的帰納法】数学で、自然数nの命題が、$n=1$のときに成り立ち、次に$n=k$のときに成り立つと仮定して、$n=k+1$のときにも成り立つことを証明すれば、この命題は任意の自然数nについて成り立つという証明法。完全帰納法。

すうがくてき-ろんりがく【数学的論理学】▶記号論理学

すう-き【枢機】《「枢」は戸の枢、「機」は石弓の引き金》❶物事の最も大切なところ。かなめ。要所。「組織の―」❷重要な政務。「国政の―に参画する」❸ある方面との有力なつながり。縁故。てづる。「身共が親方、―あって早く承り」〈浮・新永代蔵・三〉
類語 中核・中枢・枢軸・機軸・枢要

すう-き【数奇】〔名・形動〕《「数」は運命、「奇」は不運の意》❶運命のめぐりあわせが悪いこと。また、そのさま。不運。「報われることのなかった―な人」❷運命に波乱の多いこと。また、そのさま。さっき。「―な運命にもてあそばれる」

すう-ぎ【×雛×妓】一人前でない芸妓。半玉。

すうき-きょう【枢機×卿】カトリック教会で、ローマ教皇に次ぐ高位聖職者。定員70名で枢機卿会議を構成し、教皇顧問としてその補佐に当たり、教皇選挙権をもつ。カーディナル。すうきけい。

すうき-けい【枢機×卿】▶すうききょう(枢機卿)

すう-きょう【▽足恭】〔名〕スル《「論語」公冶長の「巧言、令色、足恭なるは、左丘明これを恥づ」から。「足」は度が過ぎること》過度にうやうやしいこと。また、おもねること。しゅきょう。すきょう。「中下等の人に対して―することにはあらず」〈十善法語・六〉

スーク〖アラビア souk｜suq〗北アフリカ・中東の野外市場。

ズーク〖フランス zouk〗ダンス音楽の一。ビギンなどの伝統リズムと最新のエレクトロニクス技術を融合させたシャープなサウンドが特徴。フランスの海外県グアドループ・マルティニークで生まれ、1980年代半ばにはカリブ海諸国だけでなくパリやアフリカでも大流行した。

すう-けい【崇敬】〔名〕スル あがめうやまうこと。尊崇。「生き仏として―する」「―の念」類語 尊敬・敬う・尊ぶ・崇める・仰ぐ・敬する・畏敬・崇拝・敬愛・慕う・敬慕・敬仰・景仰・私淑・傾倒・心酔・心服・敬服

すうげん-いん【崇源院】[1573〜1626]徳川秀忠の妻。名は江。父は浅井長政。母は織田信長の妹小谷の方。姉は淀君。浅井氏滅亡後、柴田勝家に嫁いだ母とともに越前に移り、柴田氏滅亡後は豊臣秀吉の保護を受ける。文禄4年(1595)、徳川秀忠の継室となり、のちに家光・千姫らを産む。没後に贈従一位。

すう-こ【数個】2、3個から5、6個程度の個数。

すう-こう【崇高】〔名・形動〕けだかく尊いこと。また、そのさま。「―な精神」派生 すうこうさ〔名〕
類語 高邁・至高・神神しい

すう-こう【数行】❶2、3すじから5、6すじ。数条。「涙―くだる」❷2、3列から5、6列。数列。「―の過雁」

すう-こう【×趨向】物事がある方向・状態に向かうこと。また、その方向。「時代の―に従う」
類語 趨勢・動向・流れ・大勢・傾向・傾き・トレンド

すう-こく【数刻】2、3時間から5、6時間程度の時間。数時間。「―に及ぶ会談」

スーサ〖Susa〗イラン南西部の古代都市。エラム地方の都で、前7世紀にアッシリアに滅ぼされたが、のちアケメネス朝ペルシアの首都として繁栄した。

スーザ〖John Philip Sousa〗[1854〜1932]米国の作曲家。行進曲を多数作曲、「マーチ王」とよばれた。作品に「星条旗よ永遠なれ」「ワシントン-ポスト」など。

スーザフォーン〖sousaphone〗金管楽器の一。スーザが、チューバを改良して作った低音楽器。歩きながら演奏できるように、管を大きく巻いて肩にかけられるようにしてある。

すう-ざん【嵩山】中国、河南省鄭州の南西に位置する山。五岳の一。中岳。標高1400メートル。

すう-し【数詞】体言の一。数によって数量や順序を表す語。助数詞を伴うこともある(「一枚・二枚」「一本・二本」など)。数や事物の数量を表すものを基数詞(「いち・ふたつ・三枚・四本」など)、事物の順序を表すものを序数詞または順序数詞(「第一番・第二番・三つ目」など)という。言語によっては、数詞を品詞の一として立てることもあるが、日本語では、名詞の一種とするのが一般である。

すう-じ【数字】❶数を表すのに用いる記号や文字。アラビア数字(「1、2」など)・ローマ数字(「Ⅰ、Ⅱ」など)・漢数字(「一、二」など)の類。❷統計・成績・計算など、数字によって表される事柄。「―に強い」「―がものを言う」❸数個の文字。⚠❶❷はスージ、❸はスージ。
類語 数・ナンバー・ノンブル

すう-じ【数次】2、3回から5、6回程度の回数。数回。数度。「―にわたる交渉」

すうじ-あんごう【数字暗号】数字を組み合わせ、それぞれに意味を当てて作られた暗号。主に電信暗号に使用。

スージー〖SUSY〗《supersymmetry》▶超対称性

スージー-ガット〖SUSY GUT〗《supersymmetric grand unified theory》▶超対称大統一理論

スージー-りゅうし【スージー粒子】▶超対称性粒子

すう-しき【数式】数や量を表す数字または文字を計算記号で結び、数学的な意味をもたせたもの。式。
すう-じく【枢軸】ヂク《「枢」は戸の枢(とぼそ)、「軸」は車の心棒》❶物事の中心となる部分。「一産業」❷政治や権力の中心。「国の一」
(類語)中核・中枢・枢機・機軸・枢要・中心・主(しゅ)・軸(じく)・要(かなめ)・柱(はしら)・中軸・主軸・主体・主力・基幹・根幹
すうじく-こく【枢軸国】スウヂク 第二次大戦前から戦中にかけ、日本・ドイツ・イタリア3国を中心として米・英・仏などの連合国に対立した諸国家。1936年、ムッソリーニがローマとベルリンを結ぶ線を枢軸として国際関係は転回すると演説したことに由来。➡連合国
すう-じつ【数日】2、3日から5、6日程度の日数。
すうじ-ふ【数字譜】数字によって音高・休止などを表した楽譜。1から7までの数字をドからシまでの音にあてはめたものなど。
すう-しゃ【×趨舎】進むことと、とどまること。進退。
すう-しょう【枢相】ーシャウ 枢密院議長の略称。
すう-じょう【×芻×蕘】ーゼウ 草刈りと、きこり。身分の低い人。「雉兎(ちと)、一の往きかふ道」〈奥の細道〉
すうじ-りょけん【数次旅券】発行の日から何回でも使用できる旅券。有効期間は、20歳以上の旅行者は5年間または10年間。20歳未満の場合は5年間。数次往復用一般旅券。
すう-しん【崇信】〔名〕スル 尊び信じること。
スース〖Sousse〗チュニジア北東部、地中海沿岸にある同国第3の都市。紀元前9世紀ごろにフェニキア人が建設した都市で、カルタゴ、ローマの植民地として栄えた。のち、アラブ人に征服され、旧市街には礼拝所も兼ねた「リバト」と呼ばれる要塞などの初期イスラムの遺構が残り、1988年「スース旧市街」の名で世界遺産(文化遺産)に登録された。
ずう・ず【×誦ず】〔動サ変〕《「ずす」の音変化》声を出して読む。ずんず。「わびしのことや、いかであれがやうに一・ぜむ」〈枕・一六一〉
すう-すう〔副〕スル ❶狭い所を風が吹き抜けるさま。また、そのように感じられるさま。「少しだけ開いた窓から風が一(と)はいってくる」「背中のあたりが一する」❷息を軽く吸ったり吐いたりする音を表す語。「一(と)寝息を立てる」❸物事がとどこおりなく進行するさま。「思いのほか一(と)事が運ぶ」
ずう-ずう〔副〕❶鼻汁や鼻水をすする音を表す語。「洟(はな)を一(と)する」❷汁などをすする音を表す語。「スープを一(と)飲む」
ずうずうし・い【▽図▽図しい】ヅウヅウシイ〔形〕図づうづう・し〔シク〕恥を知らない。厚かましい。「一・く居候をきめこむ」(補説)「図図しい」は当て字。(派生)ずうずうしげ〔形動〕ずうずうしさ〔名〕
(類語)厚かましい・ふてぶてしい・おこがましい・厚顔・鉄面皮・恥知らず・臆面もない・面(つら)の皮が厚い
ずうずう-べん【ずうずう弁】東北地方に特徴的な鼻音の強い話し方。また、そのことばの俗称。「じ」「じゅう」が「ず」「ずう」と聞こえるところからいう。東北弁。
スーズダリ〖Suzdal'〗ロシア連邦西部、ウラジーミル州の都市。州都ウラジーミルの北約30キロメートル、カメンカ川沿いに位置する。「黄金の環」と呼ばれるモスクワ北東近郊の観光都市の一つ。12世紀にロストフスーズダリ公国、続いてウラジーミルスーズダリ公国の首都が置かれた。14世紀末にモスクワ大公国の一部になり、以降18世紀頃までロシア正教会の中心地として栄えた。1992年に「ウラジーミルとスーズダリの白亜の建造物群」の名称で世界遺産(文化遺産)に登録されたクレムリン(城塞)内のロジュジェストベンスキー聖堂やスパソエフフィミエフ修道院をはじめ、歴史的建造物が数多く残っている。
ズーストック-けいかく【ズーストック計画】ケイクワク 複数の動物園・水族館などが協力して、希少動物を計画的に繁殖させる取り組み。絶滅の危機に瀕した動物を飼育下で保護増殖させることによって、動物園等で展示する動物を確保するとともに、野生復帰も目指す。東京都が平成元年(1989)から実施し、国内で初めてアムールヤマネコ・ベルツノガエルなどの繁殖に成功した。動物保管計画。
すう-せい【×趨性】➤走性(そうせい)
すう-せい【×趨勢】ある方向へと動く勢い。社会などの、全体の流れ。「時代の一」「世の一を見極める」
(類語)趨向(すうこう)・動向・流れ・大勢(たいせい)・傾向・トレンド
すう-そう【×雛僧】幼い僧。小僧。
すう-た【数多】数の多いこと。たくさん。あまた。多数。「一の経験」
ズーダーマン〖Hermann Sudermann〗[1857〜1928]ドイツの劇作家・小説家。自然主義の代表作家。戯曲「名誉」「故郷」、小説「憂愁夫人」「猫橋」など。ズーデルマン。
す-うたい【素謡】スウタヒ 能の略式演奏の一。囃子(はやし)も舞もなく、謡曲だけを正座して謡うこと。1曲全部を謡う番謡(ばんうたい)と、一部分を謡う小謡(こうたい)とがある。
ずう-たい【▽図体】ヅウ からだ。なり。大きいからだをさしていうことが多い。「一の割には幼い」(類語)柄・からだ・なり・体躯(たいく)・ボディー・肉塊・ししむら
スーダ-の-とう【スーダの塔】タフ《Torreón de la Zuda》スペイン北東部の都市サラゴサの旧市街にある塔。イスラム総督の邸宅の一部だったが、11世紀以降アラゴン王国の宮殿として利用された。
すう-だん【数段】❶階段の2、3段ないし5、6段。❷(多く副詞的に用いる)程度にきわだって差があること。数等。「二人の実力には一の開きがある」「前回より一劣る作品」
スーダン〖Sudan〗《アラビア語で、黒人の国の意》㊀アフリカ大陸の、サハラ砂漠以南、コンゴ盆地以北の地域の総称。㊁アフリカ北東部、ナイル川中流域の共和国。首都ハルツーム。綿花・アラビアゴムを産出。1956年にイギリス・エジプト共同統治領から独立。2011年、南部の10州が南スーダン共和国として独立。(補説)「蘇丹」とも書く。
スーダン-グラス〖Sudan grass〗イネ科の一年草。高さ約2メートル。葉は広線形で長い。秋、淡黄色の穂をまばらにつける。アフリカの原産で、牧草として栽培。
すう-ち【数値】❶計算や、計量・計測をして得られた数。❷文字式の中の文字に当てはまる具体的な数。
(類語)数字・値(あたい)・指数・インデックス・測定値
スーチー〖Aung San Suu Kyi〗➤アウン-サン-スー-チー
すうちえんざん-ユニット【数値演算ユニット】➤演算装置
すうち-かいせき【数値解析】自然科学や工学に現れる数学的問題を、コンピューターを使い、数値計算によって解くこと。
すうち-せいぎょ【数値制御】数値による信号指令を用いるプログラム制御方式。工作機械に多く用いられ、工作物に対する工具の位置や送り速度などを指令・制御する。NC。
すうち-ちず【数値地図】ーヂヅ➤電子地図
すうち-もくひょう【数値目標】ーモクヘウ 計画の中で設定した目標を数値で示したもの。例えば、返品率を20パーセント下げるというような目標のこと。
すう-ちょくせん【数直線】一つの直線上に座標をつけて、その点で数を表すようにしたもの。数を目盛った直線。
すうち-よほう【数値予報】天気予報の方法の一。大気の運動などを方程式で表し、現在の状態を初期条件として将来の状態を知ろうというもの。高層気象観測・コンピューターの発達により実用化。➡アンサンブル予報
スーチン〖Chaïm Soutine〗[1894〜1943]リトアニア生まれの画家。エコール-ド-パリの一人。強烈な色彩と激しくうねるタッチで表現主義的画風を示した。スーティン。
スーツ〖suit〗共布(ともぬの)で仕立てたひとそろいの洋服。男子服では背広の上下、またはチョッキを加えたひとそろい、婦人服ではスカートと上着、または共布のブラウスを加えたひとそろいなど。(類語)背広・三つ揃(みつぞろ)い・セパレーツ・ツーピース・アンサンブル

漢字項目　すう

枢〔樞〕 音スウ(慣)　訓とぼそ、くるる‖物事のかなめとなるところ。「枢機・枢軸・枢要・枢密院/中枢」(補説)原義は、扉の回転軸、とぼそ。(名付)たる
崇 音スウ(慣)　訓あがめる‖①気高い。「崇高」②尊ぶ。あがめる。「崇敬・崇信・崇拝/尊崇」(名付)かた・し・たか・たかし
×陬 音スウ(慣)‖片すみ。片いなか。「陬遠/西陬・僻陬(へきすう)・辺陬」
人 嵩 音スウ(慣)　シュウ(漢)　訓たかい、かさ‖㊀〈スウ〉①山が高くそびえる。「嵩高(すうこう)」②中国の山の名。「嵩山」㊁〈かさ(がさ)〉「嵩高(かさだか)/年嵩・荷嵩・水嵩」(名付)たか・たかし・たけ
数〔數〕 学2　音スウ(慣)　ス(漢)　シュ(呉)　訓かず、かぞえる、しばしば‖㊀〈スウ〉①かず。「数学・数字・数量/回数・偶数・計数・件数・算数・指数・小数・少数・整数・総数・多数・代数・点数・同数・人数(にんずう)・複数・分数」②かぞえること。計算。「無数」③幾つかの。「数個・数次・数人・数年・数百」④めぐりあわせ。運命。「数奇(すうき)/命数」⑤はかりごと。たくらみ。「術数」⑥「数学」の略。「理数科」㊁〈ス〉かず。「人数(にんず)」㊂〈かず〉「数数(かずかず)/頭数・口数・手数・場数」(名付)のり・ひら・や (難読)数多(あまた)・数数(しばしば)・数珠(じゅず)・数奇(すき)・数奇(すうき)・数寄(すき)
×趨 音スウ(慣)‖①小走りに行く。「趨迎」②ある方向におもむく。「趨向・趨勢/帰趨・拝趨」
人 雛 音スウ(慣)　訓ひな、ひいな‖㊀〈スウ〉①鳥の子。ひな。「育雛」②子供。まだ一人前でない人。「雛妓(すうぎ)/鳳雛(ほうすう)」㊁〈ひな(びな)〉「雛形・雛鳥/女雛」

スーツ-アクター《和 suit＋actor》特撮番組などで、ヒーローの衣装や怪獣の着ぐるみなどを身につけて演技をする役者。
スーツケース〖suitcase〗衣類などを入れて持ち歩く小型の旅行かばん。日本ではトランクとよぶものも含む。(類語)かばん・キャリーバッグ・ボストンバッグ・手提げ・トランク・アタッシェケース
すうっ-と〔副〕スル ❶滞ることなく、滑らかに動作や変化が進むさま。「間を一すり抜ける」「うきを一引き込む」「タイヤの空気が一抜ける」❷一直線に伸びているさま。「一切れ目を入れる」「汗が一流れる」❸わだかまりや、つかえがなくなって、気持ちが平静になっていくさま。「言うだけ言ったら一した」
ずうっ-と〔副〕「ずっと」を強めた言い方。「君のほうが一好きだ」「あの人には一会っていません」
すうてい-てい【崇禎帝】[1610〜1644]中国、明朝第17代、最後の皇帝。在位1610〜1644。廟号(びょうごう)は毅宗(きそう)。旧権力を一掃し、徐光啓を用いて改革に努めたが、財政難、内乱の続発に苦しんだ。李自成の北京攻略の時に自殺し、明は滅亡した。荘烈帝。
すう-てき【数的】〔形動〕数量・数値にかかわるさま。「一には目標に達する」
ズーデルマン〖Sudermann〗➤ズーダーマン
すうでん【崇伝】[1569〜1633]江戸初期の臨済宗の僧。字(あざな)は以心。徳川家康に招かれて駿府(すんぷ)に金地院(こんちいん)を建て、政治外交に深くかかわり黒衣の宰相と称された。諡号は円照本光国師。著「本光国師日記」など。金地院崇伝。
すう-とう【数等】❶数段階。2、3から5、6ぐらいの等級。❷「数段❷」に同じ。「相手のほうが一上だ」
すう-どく【数独】《「数字は独身に限る」の略》パズルの一種。9列9段のマス目を3列3段のブロックに分け、各列・各段・各ブロックに1から9までの数字を重複しないように入れるもの。ナンバープレース。ナンプレ。(補説)「数独」は出版社ニコリの商標だが、日本以外でもSudokuの名称で親しまれている。
ズート-スーツ〖zoot suit〗1940年代初期のアメリカを中心に流行した、極端にだぶだぶしたスーツのこと。上着はたっぷりと長く、スラックスは裾口(すそぐち)で急に

詰まった感じのシルエットをもつ。
スードラ〘梵 śūdra〙▶シュードラ
す-うどん【素×饂×飩】具の入らない、つゆをかけただけのうどん。主に関西でいい、関東ではかけうどんという。
すう-にん【数人】2、3から5、6ぐらいの人数。
スー-ヌラージ〘Su Nuraxi〙▶スーヌラクシ
スー-ヌラクシ〘Su Nuraxi〙イタリア半島の西、サルデーニャ島のバルーミニにある、石造りの建造物。島には紀元前2000年紀後半から前8世紀頃にかけて、ヌラーゲと呼ばれる巨石を積み上げた建造物が数多く造られた。今でも7000ほどが残されているが、バルーミニのヌラーゲ、スーヌラクシは高さ約19メートル、直径約11メートルの巨大なもので、1997年「バルーミニのスーヌラクシ」として世界遺産(文化遺産)に登録された。スーヌラージ。
すう-ねん【数年】2、3から5、6ぐらいの年数。
すう-の-ふごう【数の符号】数式で用いる、正の数を表す符号「＋」と、負の数を表す符号「－」。
スーパー〘super〙㊀〔名〕❶「スーパーマーケット」または「スーパーストア」の略。「駅前に―ができる」❷「スーパーインポーズ」の略。「字幕―」❸「スーパーヘテロダイン」の略。㊁〔形動〕飛び抜けて優れているさま。きわめて強力なさま。また、複合語の形で用いて、以上、過度、超過、などの意を表す。「―な効果」「―デラックス」「―ヘビー級」
スーパー-アース〘super-Earth〙▶巨大地球型惑星
スーパーアトム〘superatom〙▶超原子
スーパーアロイ〘superalloy〙超合金ちょうごうきん。
スーパーイングリッシュランゲージ-ハイ-スクール〘Super English Language High School〙英語を使える日本人を育てるための英語教育法を研究するため、文部科学省が指定した英語重点指導高校。指定期間は3年。平成14年度(2002)に導入され、同事業は同21年度をもって終了。SELHiセルハイ。
スーパーインポーズ〘superimpose〙映画・テレビで、二つの画面を重ねて一つの画面を作ること。また、画面の隅にせりふや説明などの文字を焼き付けること。
スーパーウーマン〘superwoman〙飛び抜けて優れた能力のある女性。高学歴・高資格で収入も多く、さまざまな分野で男性と同等か、それ以上の能力を発揮する女性。スーパーレディー。
スーパーウーマン-シンドローム〘superwoman syndrome〙女性が、職業人・妻・母・隣人などすべての役割を完璧にこなしてこそ一人前という強迫観念にさいなまれることから起こるストレス症候群。目まい・息切れ・虚脱感などの心身症状を伴う。
スーパー-ウエルターきゅう【スーパーウエルター級】《super welterweight》ボクシングなどの体重別階級の一。プロボクシングではミドル級よりも軽くウエルター級よりも重い階級で、147ポンド(66.68キロ)を超え154ポンド(69.85キロ)まで。ジュニアミドル級。
スーパーオーディオ-シーディー【スーパーオーディオCD】《super audio CD》▶エス-エー-シー-ディー(SACD)
スーパーオキサイド〘superoxide〙活性酸素。酸素分子が電子を1個取り入れた形をとる。➡スーパーオキサイドラジカル
スーパーオキサイド-ディスムターゼ〘superoxide dismutase〙超酸化物不均化酵素。生体で炎症の引き金となる活性酸素を増やさないようにする酵素の一つ。
スーパーオキサイド-ラジカル〘superoxide radical〙通常の酸素分子に電子が1個余計に取り込まれた状態。不安定で反応性に富む。生体内でも微量ではあるが絶えず生産されており、白血球による殺菌作用に役立つ反面、DNAを損傷して癌がんの発生に関与したり炎症の引き金になったりし、老化の原因物質ともなる。
スーパーカー〘supercar〙性能・美しさ・装備のよさ、価格などで並の自動車を超えた車。スポーツカーの中でも特に大型、強力で、手作りに近いもの。
スーパーカジュアル〘supercasual〙❶斬新な素材やデザインのカジュアル着。❷安価で手頃なカジュアル着。普段着。
スーパー-カミオカンデ〘Super-KAMIOKANDE〙《Super-KAMIOKA Nucleon Decay Experiment; Super-KAMIOKA Neutrino Detection Experiment》岐阜県飛騨市、神岡鉱山の地下1000メートルにある東京大学宇宙線研究所の宇宙素粒子観測装置。高さ41.4メートル、直径39.3メートルの円筒形で、光電子増倍管1万本以上、純水5万トンからなる。平成7年(1995)完成、翌年観測開始。主にニュートリノという素粒子を観測する。➡カミオカンデ
スーパーグラフィック〘supergraphics〙建造物の外壁をキャンバスとして描画びょうがした巨大な壁画。➡ウォールペインティング
スーパークロス〘supercross〙陸上競技場や野球場の中にジャンプ台や悪路などを組み合わせたコースを仮設して行う、オートバイのモトクロス競技。スタジアムモトクロス。
スーパー-ケー【スーパーK】《Super-K》非常に精巧に作られた100米ドルの偽札。紙幣番号の頭文字が「K」で始まるため、捜査関係者にこう呼ばれる。
スーパーコンピューター〘supercomputer〙一般のコンピューターに比べて超高速の演算ができる、超大型の科学計算用のコンピューター。気象予測、原子炉の設計、宇宙開発、遺伝子解析、物質の合成研究などに利用。スパコンと略される。
スーパー-さんびゃくいちじょう【スーパー三〇一条】《Super Trade Law 301から》米国包括貿易法第301条のこと。貿易相手国の不公正な貿易慣行に対する報復措置を規定したもの。
スーパー-シーシーディー-ハニカム【スーパーCCDハニカム】《super CCD honeycom》デジタルカメラの撮像素子、CCDの方式の一。富士写真フイルム(現富士フイルム)が平成11年(1999)に第1世代を開発。CCDの画素の配列を、従来の格子型から蜂の巣のようなハニカム型にして受光効率を高めたもの。商標名。
スーパーシンメトリー〘supersymmetry〙▶超対称性
スーパースター〘superstar〙人気抜群のスポーツ選手・芸能人など。
スーパーストア〘superstore〙セルフサービス方式で、衣料品・日用雑貨などの商品に重点を置いた大量販売の大規模小売店。SS。スーパー。
スーパーストリング-りろん【スーパーストリング理論】《superstring theory》「超紐理論ちょうひもりろん」に同じ。➡ストリング理論
スーパースピード-ユーエスビー【スーパースピードUSB】《SuperSpeed USB》▶ユーエスビーさんてんれい(USB 3.0)
スーパー-スリージー【スーパー3G】《Super3G》▶エル-ティー-イー(LTE)
スーパー-ゼネコン《和 super＋general contractor から》ゼネコンの中でも特に売上高の大きい建設会社。
スーパー-せんとう【スーパー銭湯】大浴場のほかに、露天風呂・蒸し風呂・打たせ湯など各種の浴室や、休憩場・娯楽施設・外食施設などを併設した大規模な銭湯。多くは一般的な銭湯と同じか、比較的安価な入浴料で利用できる。
スーパーソニック〘supersonic〙〔形動〕超音速であるさま。「―トランスポート(＝超音速旅客機)」
スーパー-だいかいてん【スーパー大回転】《supergiant slalom》スキー種目で、滑降と大回転の中間に位置するもの。大回転より、コースも長く、スピードも速い。スーパーG。
スーパー-たいせいきん【スーパー耐性菌】《super resistant bacteria》バンコマイシンやカルバペネムなどの強力な抗生物質も効かない細菌。
スーパー-チェーン《和 super＋chain》「スーパーマーケットチェーン」の略。系列下に多数の店舗を有するスーパーマーケット。
スーパーチップ〘superchip〙回路素子の集積数が10万個以上の、超高密度集積回路。
スーパーチャージャー〘supercharger〙過給機。
スーパー-チューズデー〘Super Tuesday〙米国大統領選挙の年に、候補者指名争いのため、予備選挙や党員集会が多くの州で一斉に行われる3月の第2火曜日。
スーパー-ツイーター〘super tweeter〙通常のスピーカーユニットでは十分に鳴らすことができない、可聴域を超える高音の再生を専門的に担うスピーカー。➡サブウーハー
スーパー-ていき【スーパー定期】各銀行が提供する自由金利型定期預金。平成3年(1991)11月から導入された。
スーパーディスク〘SuperDisk〙大容量フロッピーディスクの規格。120MB、240MBの記憶容量をもち、3.5インチのフロッピーディスクと上位互換となっている。
スーパー-ていぼう【スーパー堤防】《「高規格堤防」の通称》堤防の街側がなだらかな斜面となっている幅の広い堤防。高さに対して約30倍の幅があるため、水が堤防を越えても、斜面を緩やかに流れ、被害を最小限に抑えることができる。堤防の高さが10メートルの場合、街側におよそ300メートルにわたって盛り土をするが、通常の堤防と違い、スーパー堤防上の区域は通常の土地と同じように利用できる。➡スーパー堤防事業
スーパーていぼう-じぎょう【スーパー堤防事業】《「高規格堤防整備事業」の通称》堤防の市街地側に盛り土をして堤防の幅を高さの30倍に広げ、その上に住宅などを建設する事業。計画では首都圏・近畿圏の6河川で約872キロにわたって整備する。➡スーパー堤防 補説昭和62年(1987)の事業開始から平成22年(2010)までに約7000億円が投じられているが、整備率は5.8パーセント(約50キロ)にとどまり、完成まで400年、総事業費12兆円と試算されている。同年10月の事業仕分けで廃止の判定を受けたが、東日本大震災以降一部が継続となった。
スーパーデレゲート〘superdelegate〙米国大統領選挙の民主党候補指名において、公選を経ない代議員。上下両院の民主党所属議員およびその指名する者で構成。
スーパー-とっく【スーパー特区】「先端医療開発特区」の通称。
スーパー-ドッジ《和 super＋dodge》競技ドッジボール。ルールがまちまちだったドッジボールのルールを標準化したもの。1チームは内野四人、外野三人の計七人、試合時間10分で、相手全員またはより多くの相手にボールを当てたチームの勝ちになる。
スーパーノバ〘supernova〙▶超新星
スーパーパートナー〘superpartner〙▶超対称性パートナー
スーパーバイザー〘supervisor〙❶監督者。管理者。❷小売業界で、消費者の需要・好みなどを的確に把握し、仕入れ商品の選択を判断する人。
スーパー-ハイデッカー《和 super＋highdecker》高床式バス。床が普通より約60センチ高く、2階建てバス並みの眺望が楽しめる。
スーパー-ハイバンド〘super high band〙CATVで使われるテレビ放送のチャンネルのうち、C23からC63(映像周波数223.25メガヘルツから463.25メガヘルツ)を指す。
スーパーハイマテリアル-シーディー【スーパーハイマテリアルCD】《Super High Material CD》高品質な音声記録を目的として開発された音楽用CDの一。日本ビクターとユニバーサルミュージックが共同開発。従来の音楽用CDと規格は同一だが、熱に強く透明度が高いポリカーボネート樹脂を使用し、

レーザーによるデジタル信号の読み取り精度を高めている。SHM-CD。➡ハイクオリティーCD ➡ブルースペックCD
スーパーパワー〖superpower〗超大国。
スーパー-パンクロ《super panchromatic filmから》超整色性フィルム。特に赤色に感じやすくしたパンクロフィルム。➡パンクロマチックフィルム
スーパー-バンタムきゅう【スーパーバンタム級】―キフ《super bantamweight》ボクシングなどの体重別階級の一。プロボクシングではフェザー級よりも軽くバンタム級よりも重い階級で、118ポンド(53.52キロ)を超え122ポンド(55.34キロ)まで。ジュニアフェザー級。
スーパー-ファミコン《和 super＋ファミコン》任天堂が平成2年(1990)に発売した家庭用ゲーム機の商標名。16ビットのCPUを搭載。昭和58年(1983)に同社が発売したファミリーコンピューター(ファミコン)の後継機として登場。
スーパー-フェザーきゅう【スーパーフェザー級】―キフ《super featherweight》ボクシングなどの体重別階級の一。プロボクシングではライト級よりも軽くフェザー級よりも重い階級で、126ポンド(57.15キロ)を超え130ポンド(58.97キロ)まで。ジュニアライト級。
スーパー-フライきゅう【スーパーフライ級】―キフ《super flyweight》ボクシングなどの体重別階級の一。プロボクシングでは、バンタム級よりも軽くフライ級よりも重い階級で、112ポンド(50.80キロ)を超え115ポンド(52.16キロ)まで。ジュニアバンタム級。
スーパー-ブランド《和 super＋brand》世界的に人気のある超一流のファッションブランド。一般的にはオートクチュール・プレタポルテ系ではないシャネル・グッチ・プラダ・フェラガモなどをいう。
スーパーブロック〖superblock〗大街区。従来のように家と家との間に細い道路がなく、幅広い道路で囲まれた大型の一ブロック(街区)。
スーパーヘテロダイン〖superheterodyne〗受信電波の周波数を中間周波数(ふつう455キロヘルツ)に変えてから増幅・検波する受信方式。ラジオ受信機などに用いられる。
スーパー-ヘビーきゅう【スーパーヘビー級】―キフ《super heavyweight》ボクシングなどの格闘技の体重別階級の一。アマチュアボクシングの最重量階級で、91キロ超。プロボクシングではヘビー級が最重量の階級となる。
スーパー-ボウル〖Super Bowl〗米国のプロアメリカンフットボールリーグの王座決定戦。AFC(American Football Conference)とNFC(National Football Conference)の両リーグの一位チーム同士が対戦する。例年、1月下旬か2月上旬に行われる。(補説)名称のボウルは、カレッジフットボールのボウルゲームに由来。
スーパーマーケット〖supermarket〗セルフサービス方式で、食料品を中心に日用雑貨・衣料品などの家庭用品について、大量・廉価販売を行う大規模小売店。SM。スーパー。
スーパー-マルチドライブ〖super multi-drive〗▶DVDスーパーマルチドライブ
スーパーマン〖superman〗(一)普通の人よりかけ離れてすぐれた能力をもつ人。超人。(二)(Superman)米国の続き漫画の主人公。空中を飛ぶ、超人的な能力をもつ男性。1938年に発表され、ラジオ・映画・テレビにも登場。(類語)超人
スーパー-ミドルきゅう【スーパーミドル級】―キフ《super middleweight》ボクシングなどの体重別階級の一。プロボクシングではライトヘビー級よりも軽くミドル級よりも重い階級で、160ポンド(72.58キロ)を超え168ポンド(76.20キロ)まで。
スーパーモデル〖supermodel〗パリやミラノの超一流のファッションショーに出演する女性トップモデル。スタイルやファッションのみならず、その生き方やライフスタイルまでが若い女性の人気を集めている。
スーパーユーザー〖superuser〗UNIXなどのオペレーティングシステムにおいて、システム管理に関するすべての権限をもつアカウント、またはその保持者。
スーパー-ライトきゅう【スーパーライト級】―キフ《super lightweight》ボクシングなどの体重別階級の一。プロボクシングではウエルター級よりも軽くライト級よりも重い階級で、135ポンド(61.24キロ)を超え140ポンド(63.50キロ)まで。アマチュアではライトウエルター級という。ジュニアウエルター級。
スーパーリアリズム〖superrealism〗超写実主義。1960年代後半以降、米国を中心に興った美術の一傾向。人物または都会の一光景を写真や実物と見まがうほど克明に表現するもの。ハイパーリアリズム。
スーパー-リージョナルバンク〖super regional bank〗本店所在地と隣接地域、およびそれ以外の複数の地域にまたがって銀行業務を行っている大規模地方銀行。グループ企業として証券・保険会社なども保有するが、国内が主で、国際的な支店網は持たない。
スーパー-りんどう【スーパー林道】―リンダウ 特定森林地域開発林道の俗称。森林開発公団(現・森林農地整備センター)によって昭和40年(1965)から平成2年(1990)にかけて建設・整備された。規模の大きいものが多い。
スーパーレイヤード〖superlayered〗従来の常識的な重ね着を超えた着こなしのこと。種類の違う襟を何枚も重ねたり、セーターを2枚重ねたりといったもの。
スーパー-レディー《和 super＋lady》すぐれた能力のある女性。スーパーウーマン。
スーパーローテーション〖superrotation〗惑星や衛星の大気大循環における、自転速度をはるかに上回る強風。1974年、NASA(米航空宇宙局)の金星探査機マリナー10号の観測により、金星上空の広範囲で吹く、自転速度の約60倍という毎秒100メートルの強風が確認された。同様の強風は土星の衛星タイタンでも見つかっている。平成22年(2010)に打ち上げられた日本の金星探査機あかつきは、金星大気内部の詳細な観測を通じて、この強風が生じるメカニズムの解明を目指している。超回転。
すう-はい【崇拝】〔名〕スル 心から傾倒して、敬い尊ぶこと。「心から―する」「偶像―」(類語)信仰・尊敬・敬う・尊ぶ・崇(あが)める・仰ぐ・敬する・畏敬・敬愛・慕う・敬慕・敬仰・景仰・崇敬・私淑・傾倒・心酔・心服・敬服
すう-ひょう【数表】―ヘウ さまざまな性質を示す数値を、計算などに利用しやすいように表にしたもの。平方表・立方表・三角関数表・対数表・統計数値表など。数値表。
すう-ふ【枢府】枢密院のこと。
スープ〖soup〗西洋料理の汁物。スープストックを塩・香辛料などで味つけしたり、ルーで濃度をつけたりしたもの。コンソメとポタージュとに大別される。ソップ。(類語)コンソメ・ポタージュ
ズーフ〖Doeff〗▶ドゥーフ
スーフィー〖アラビア ṣūfī〗イスラム教の神秘家のこと。元来は、羊毛(スーフ)の粗衣をまとって懺悔の表徴とし、苦行に励む禁欲家をさした。➡スーフィズム
スーフィズム〖Sufism〗イスラム教における神秘主義。自我の意識を消滅し、神との神秘的合一の境地をめざす。思想家にイブン=アラビー、ルーミーなどがいる。
すうふく-じ【崇福寺】(一)滋賀県大津市滋賀里町にあった寺。大津宮(おおつのみや)遷都の翌年、天智天皇7年(668)勅願によって創建。たびたびの火災で衰微、寛喜2年(1230)園城寺に付属し、以後廃絶。志賀寺。志賀山寺。(二)▶そうふくじ(崇福寺)
スープ-ストック〖soup stock〗牛・鶏・魚の肉や骨、野菜などからとった煮だし汁。
スープ-セルリー〖soup celery〗▶スープセロリ
スープ-セロリ〖soup celery〗セリ科オランダミツバ属の一～二年草。ヨーロッパおよびアジア原産。セロリの原種とされ、葉は小さく葉柄も細い。中国野菜のキンサイ(芹菜)と同種。スープやサラダに使用する。スープセルリー。
スーブニール〖フランス souvenir〗《「スーベニール」とも》記念品。土産物。また、思い出。スーベニア。
ズーフハルマ【道富波留麻】▶ドゥーフハルマ
スーベニア〖souvenir〗「スーブニール」に同じ。
スーベニール〖フランス souvenir〗▶スーブニール
すう-ほう【崇奉】〔名〕スル 崇拝すべきものとして尊ぶこと。「民主共和の主義を―し」〈秋水・兆民先生〉
スーホン-パイ【四風牌】《中国語》マージャン牌で、字牌(ツーパイ)のうち、東(トン)・南(ナン)・西(シャー)・北(ペイ)のこと。
すう-みつ【枢密】政治上の重要な秘密。機密。(類語)機密・機事・密事・秘事・秘密・厳秘(げんぴ)・丸秘(まるひ)
すうみつ-いん【枢密院】―ヰン ❶明治憲法下の天皇の最高諮問機関。明治21年(1888)大日本帝国憲法草案審議のため設置。議長・副議長・顧問官により組織され、内閣から独立した機関として、藩閥官僚の本拠となった。昭和22年(1947)日本国憲法施行で廃止。❷唐中期以降の中国で、軍政をつかさどった中央官庁。軍政を統轄したが軍隊の指揮権はなかった。明代に廃止。
すうみつ-こもんかん【枢密顧問官】―コモンクワン 明治憲法下、枢密院を構成した顧問官。
ズーミング〖zooming〗❶ズームレンズを用いて、その焦点距離内で、クローズアップからロングショットまで連続的に撮影する操作。❷パソコンの操作画面上で、指定したウインドーや画像などを拡大すること。
すう-む【枢務】重要な事務。大切な政務。
ズーム〖zoom〗❶ズームレンズを用いて画像を拡大したり縮小したりすること。❷「ズームレンズ」の略。
ズーム-アウト〖zoom out〗映画・テレビで、ズームレンズを用いて、被写体を画面内でしだいに小さくとらえていくこと。(対)ズームイン。
ズーム-アップ〖zoom up〗画面にとらえた被写体を、急に拡大すること。(対)ズームバック。
ズーム-イン〖zoom in〗映画・テレビで、ズームレンズを用いて、被写体を画面内でしだいに大きくとらえていくこと。(対)ズームアウト。
ズーム-バック〖zoom back〗画面いっぱいにとらえた被写体を、カメラをひいて小さくすること。(対)ズームアップ。
ズーム-レンズ〖zoom lens〗組み合わせレンズの一部を動かして、像の位置を変えずに、焦点距離を連続的に変化させることのできるレンズ。各種のカメラに使用。
すう-めい【数名】2、3か5、6ぐらいの人数。「―の補充人員」(補説)「数名」と同じように用いられる語に「若干名」があるが、「数名」が二人以上であまり多くない人数を表すのに対し、「若干名」は一人を含んであまり多くない人数を表す。相対的に「若干名」のほうが「数名」よりも少ない人数を表すことになる。
すう-よう【枢要】―エウ〔名・形動〕物事の最も大切な所。最も重要であること。また、そのさま。「組織の―とする」「―な地位に就く」
スーラ〖Georges Pierre Seurat〗[1859～1891]フランスの画家。色彩理論・光学理論を研究して点描法による新印象主義を創始。
すう-り【数理】❶数の理論。数学上の理論。❷計算。計算方法。「―に明るい」
すうりけいかく-ほう【数理計画法】スウリケイクワクハフ ある変数に関して与えられた関数の値を最大・最小にする変数の値を求める数学的方法。在庫管理などに応用。
すうり-けいざいがく【数理経済学】数学的方法を用いて組み立てられた経済理論。
すうり-げんごがく【数理言語学】言語の統計処理や電算機言語学など、数学の原理を応用した言語学の一分野。
すうり-てつがく【数理哲学】数学に関連する事柄を研究する哲学。19世紀末におけるカントルの集合論以後、数学基礎論の展開と関係が深く、著しい発達を遂げた。
すう-りょう【数量】―リヤウ 数と量。また、分量。(類語)数字(すうじ)・数(かず)・量・分量・ボリューム・数値
すうりょう-けいき【数量景気】スウリヤウ― 価格の上昇に

よらず、販売量が増大することによって企業収益が増加し、好況になる状態。➡価格景気

すうり-ろんりがく【数理論理学】►記号論理学

ズールー〘ズール zulu〙南アフリカ共和国の黒人居住区ソウェトで1950年代後期に興った、ズールー族による大衆歌謡ンバカーンバの別称。ズールージャイブ。

スールナイ〘アラビア surnāy〙西アジア起源の木管楽器。吹き口に2枚のリードを備え、末端は朝顔形に拡がる。インド・東南アジア・中国などに伝来。ズルナ。

スール-ムナマギ〘Suur Munamägi〙《エストニア語で巨大な卵の山》エストニア南部にある丘。標高318メートル。平坦な地形が多いバルト三国における最高地点として知られる。高さ29メートルの展望台があり、ロシアやラトビア領まで望むことができる。

すう-れつ【数列】❶2、3から5、6ぐらいの列。いくつかの列。❷ある一定の規則に従って順に並べられた数の列。おのおのの数を項という。

すうろ-の-がく【×鄒×魯の学】《孟子が鄒の人、孔子が魯の人であるところから》孔孟の学。儒学。

すうわり〘副〙すらりとしたさま。しなやかなさま。「ほっそり—柳腰とさへいふじゃあねえか」〈滑・浮世風呂・二〉

ズーン〘Zune〙米国マイクロソフト社が開発したデジタルオーディオプレーヤー。ハードディスクまたはフラッシュメモリーを搭載し、タッチパネルによる操作が可能。音楽のほか、動画も再生できる。2011年、生産終了。

すえ【末】すゑ❶(本もとに対して)続いているものの先端の方。末端。「毛の—」❷川下かわしも。下流。「山中の渓流の—である河は」〈大岡・野火〉❸中央から離れた端の所。場末・野ずえ・末席など。「—の座」❹本筋から隔たった物事。つまらないこと。「そんな細かいことは—の—だ」❺物事の行われたのち。あげく。「ごたごたの—落ち着く」「苦心の—完成した」❻ある期間の終わりのほう。「今月の—」❼一生の最後の時期。晩年。「人一代の—」❽今からのち。行く末。将来。「—が思いやられる」❾子孫。「源氏の—」❿一番あとに生まれた子。末っ子。「—は女です」⓫仏教がおとろえ人心がすさみ、道徳も秩序も乱れ衰えた時代。末世まっせ。「世も—となる」⓬短歌の下しもの句。⓭(本もとに対して)後編。⓮神楽歌を奏するのに、神座に向かって右方の座席。また、そこにすわる奏者。⓯草木の伸びている先。こずえ、枝先など。「うぐひすの…紅梅の—にうち鳴きたるを」〈源・若菜上〉⓰山頂。山のいただき。「高山、短山ひきやまの—より」〈祝詞・六月晦大祓〉⓱江戸時代、将軍・大名などに仕えた女中。おすえ。⓲身分の低いもの。下等。下級。「—の傾城四人まゐりて」〈浮・一代男・八〉

(下接)来こし方行く末・末の末・場末・本もと末・行く末（ずえ)末末・月末・野末・葉末・穂末

(類語)(❶)先・先端・突端・頭かしら・末端・先っぽ・端・ヘッド・端はし・端っこ・突先とっさき・突端とっぱな・一端いっぱし/(❻)終わり・しまい・最後・最終・ラスト・末尾・どん詰まり・結果

末四十より今の三十　►末始終より今の三十

末通・る　最後まで一貫する。また、最後まで行い、目的が達する。「末も通らぬ青道心あおどうしん、御諚ごじょうを耳にな入れそ」〈義経記・四〉

末遂と・ぐ　最後まで全うする。特に、相愛の仲を最後まで保ち続ける。「—・げられぬ恋ならば、最初しょから結ばであるべきものを」〈人・英対暖語・四〉

末の露本もとの雫しずく　《葉末の露も、根元から落ちるしずくも、あと先はあれ必ず消えるところから》人の命には長短の差こそあっても、いつかは必ず死ぬということ。人の命のはかなさのたとえ。

すえ【仮=髻｜仮=髪】すゑ奈良・平安時代に、女性の髪に添えた添え髪。〈和名抄〉

すえ【▽陶】すゑ陶器。すえもの。「茅渟ちぬの県あがたの—の邑むらに」〈崇神紀〉

ず-え【図会】ヅヱある種類の図や絵を集めたもの。「江戸名所—」

ず-え【図絵】ヅヱ❶図画。絵。❷絵にかくこと。「阿弥陀仏の容儀を見奉りて—し奉れる」〈今昔・六・一六〉

すえ-いし【据(え)石】すゑ庭などに据えておく石。置き石。

スエー〘sway〙►スウェー

スエーター〘sweater〙►セーター

スエーデン〘Sweden〙►スウェーデン

スエード〘フランス suède〙子牛・子ヤギなどの裏皮を短くけばだたせた柔らかい皮革。手袋・ジャンパー・靴などに用いる。

すえ-おき【据(え)置き】すゑ❶すえつけておくこと。「休憩所に—の腰掛け」❷そのままの状態にしておくこと。「定価は—のまま」❸預貯金・公社債などの払い戻しや償還を一定期間行わないこと。「—期間」

(類語)(❷)そのまま・このまま・まま・現状維持

すえ-お・く【据(え)置く】すゑ〘動カ五(四)〙❶場所を定めて据え備える。「庭に石灯籠を—・く」❷動かさないで、また手をつけないで、そのままの状態にしておく。「運賃を—・く」「拡張計画が—・かれる」❸預貯金・公社債などを、一定期間払い戻し・償還しないでおく。「満期の定期預金を—・く」

すえ-おそろし・い【末恐ろしい】すゑ〘形〙文すゑおそろ・し〘シク〙将来どうなることかと、恐ろしく思われる。「—・い少年」「—・い自然破壊」

すえ-かた【末方】すゑ宮廷の御神楽みかぐらのとき、二組に分かれた歌い手のうち、あとに歌いはじめる側。神殿に向かって右側に位置する。↔本方もとかた。

すえ-かなもの【据(え)金物｜居=文金物】すゑ飾りにすえつける金具。甲冑の装飾金具など。

すえかわ-ひろし【末川博】すゑかは〔1892～1977〕法学者。山口の生まれ。滝川事件で京大法学部を辞職。のち、立命館大学総長。専攻の民法だけでなく、護憲・平和運動でも活躍。著「権利侵害論」など。

すえ-き【須恵器｜▽陶器】すゑ日本古代の灰色の硬質土器。一部轆轤ろくろを利用して作り、穴窯あながまを用いて1200度くらいの高温で焼く。朝鮮半島から到来した技術により5世紀に誕生し、平安時代におよんだ。祝部土器いわいべどき。

すえ-くさ・し【×饐え臭し】〘形ク〙飲食物が腐ったような悪臭である。「この布団はだいぶ—・くなった」〈洒・穴知鳥〉

すえ-くち【末口】すゑ丸太などの細い方の端。また、細い方の切り口。↔元口もとくち。

すえ-こ【末子】すゑ「末っ子」に同じ。

すえ-ごし【据(え)腰】すゑ歩くとき、腰をすえて上体をくずさない姿勢。また、その腰つき。もと遊女の道中姿であったが、のち一般女性もまねるようになった。「抜衣紋ぬきえもんの突袖つきそでで、—の露払」〈鏡花・日本橋〉

すえ-ごたつ【据え×炬×燵】すゑ床に炉をつくった、据えつけのこたつ。切りごたつ。掘りごたつ。

すえ-ざ【末座】すゑ末の座席。下座しもざ。まつざ。

すえ-ざま【末様｜末▽方】すゑ末の方。終わりごろ。「はじめつかたはうるはしく…書きたりけるが、やうやう—になりて」〈宇治拾遺・五〉

すえ-しじゅう【末始終】すゑ❶(副詞的にも用いる)行く末長い間。のちのちまで。「那様そういう辛抱人へ運った方が—の為だぜ」〈風葉・世間師〉「ほんとうに—見捨てないで頂戴よ」〈荷風・腕くらべ〉❷最後。最終。「—はどうしてもええこたありあんすめえね」〈長塚・土〉

末始終より今の三十　《「始終」を「四十」に掛けた言葉》将来多く得るよりも、現在少しでも手にするほうがよい。

スエズ〘Suez〙エジプト北東部の港湾都市。スエズ運河の南端にあり、紅海に面する。(補説)「蘇素」「蘇士」とも書く。

スエズ-うんが【スエズ運河】エジプトの運河。スエズ地峡を貫き、紅海と地中海とを結ぶ。フランス人レセップスの計画により着工し1869年に開通、フランス・英国の経営を経て、1956年に国有化。長さ約162.5キロ。

すえ-ずえ【末末】すゑずゑ❶時間的に先のほう。行く末。さきざき。将来。副詞的にも用いる。「—楽しみな少年」❷子孫。後裔こうえい。「—に語り伝える」❸空間的に先のほう。先端。「葉の—が色づく」❹一族の中で年下の人。末輩。「弟の君達きんだちも、まだ—の若きは」〈源・柏木〉❺身分が低い人。しもじも。「若く—なるは、宮仕へに立ち居」〈徒然・一三七〉

スエズ-ちきょう【スエズ地峡】―チケフ エジプト北東部にある、アジアとアフリカをつなぐ地峡。地中海と紅海を結ぶスエズ運河が横断する。

すえ-ぜん【据(え)膳】すゑ❶すぐ食べられるように、食膳を整えて人の前に据えること。また、その膳。「上げ膳—」❷物事の準備を整えて人を待つこと。❸女のほうから情事を誘いかけること。「彼女の—を逃げ出して置きながら」〈獅子文六・てんやわんや〉❹自分では何もしないで、人の世話になるだけでいること。「己おらが飯をもらって食ってゐる内では、水も汲まず—でゐて」〈滑・浮世床・初〉

据え膳食わぬは男の恥　女のほうから言い寄ってくるのを受けないのは男の恥であるということ。

すえ-たのもし・い【末頼もしい】すゑ〘形〙文すゑたのも・し〘シク〙行く末が頼もしく思われる。将来が期待される。「—・い若人」(類語)有望・有為・頼もしい

すえ-つ-かた【末つ方】すゑ《「つ」は「の」の意の格助詞》❶月や季節などの終わりのころ。「秋の—、いとも の心細くて」〈源・若紫〉❷一続きの物事の終末の部分。終わりのほう。「ただ—をいささか弾き給ふ」〈源・横笛〉❸晩年。「故院の—」〈源・若菜上〉

すえ-つき【▽陶×坏】すゑ陶製の杯さかずき。かわらけ。

すえつぐ-ぶね【末次船】すゑつぐ江戸初期、末次平蔵が安南や台湾などとの貿易を行った朱印船。

すえつぐ-へいぞう【末次平蔵】すゑつぐへいざう〔?～1630〕江戸初期の海外貿易家。長崎の人。名は政直。南洋各地との朱印船貿易で巨富を築き、のち、長崎代官となった。

すえ-つくり【▽陶▽工】すゑ陶器を作ること。また、それを職業とする人。〈色葉字類抄〉

すえつくり-べ【▽陶▽部】すゑつくり上代、朝鮮からの渡来人を中心に、陶器(須恵器すえき)を製造した技術者の集団。

すえ-つけ【据(え)付け】すゑすえつけること。また、すえつけてあること。「—の本棚」

すえ-つ・ける【据(え)付ける】すゑ〘動カ下一〙文すゑつ・く〘カ下二〙物をある場所に据えて固定する。「防犯カメラを—・ける」

(類語)置く・据える・取り付ける・敷く

すえっ-こ【末っ子】すゑいちばんあとに生まれた子供。兄弟のうちで最年少の子。ばっし。すえこ。

(類語)末子まっし・末子ばっし・末男すえお・末男ばつなん・末女すえめ・末女ばつじょ・末娘すえむすめ

スエット〘sweat〙►スウェット

すえつむ-はな【末摘花】すゑつむ《花が茎の末の方から咲きはじめるのを順次摘み取るところから》ベニバナの別名。(季 夏)「わが恋は—の莟かな/子規」

すえつむはな【末摘花】すゑつむはな㊀源氏物語第6巻の巻名。光源氏、18歳から19歳。源氏は常陸宮ひたちのみやの娘末摘花と契りを結び、翌朝大きな赤鼻の醜女だったことを知る。㊁源氏物語の登場人物。常陸宮の娘。容貌は醜いが、古風で実直な性格をもつ。㊂「誹風はいふう末摘花」の略称。

スエトニウス〘Gaius Suetonius Tranquillus〙〔70ころ～130ころ〕古代ローマの伝記作家。ハドリアヌス帝の秘書官を務めたのち、著述に専念。カエサルからドミティアヌスまでの12人の逸話伝記集「ローマ皇帝伝」8巻や、ローマの文人・学者の伝記「名士伝」が部分的に現存する。

すえ-ながく【末長く】すゑ〘副〙遠い将来までいつまでも。これから先も長くずっと。「—お幸せに」

すえなし-がわ【末無し川】すゑなしがは水流が途中で消滅し、河口がない川。乾燥した砂漠地方に多く、小規模のものは扇状地などにもみられる。

すえ-なり【末成り｜末▽生り】すゑ「うらなり」に同じ。

すえ-の-まつやま【末の松山】すゑ陸奥みちのくの古地名。岩手県二戸にのへ郡一戸いちのへ町にある浪打峠とも、宮城県多賀城市八幡の末の松山八幡宮付近ともいわれる。(歌枕)「きみをおきてあだし心をわがもたば—浪もこえなむ」〈古今・東歌〉

すえ‐の‐よ【末の世】すゑ ❶後の世。後の時代。「一までも語り継がれる」❷道義や仏法がすたれ、人の心がすさんだ世の中。末世まっ。❸晩年。「一に内裏を見給ふにも」〈源・賢木〉 類語末世・濁世

すえ‐ば【末葉】すゑ ❶草木の先の方にある葉。うらば。❷子孫。末孫。まつよう。「竹の園生その一まで、人間の種ならぬぞやんごとなき」〈徒然・一〉

すえ‐ばこ【▽居箱|▽居×筥】すゑ 法会のとき、導師の僧のそばに置く、蓋のない長方形の木箱。法具・表白ひょう・経巻や説教の原稿などを入れる。接僧函せっす。

すえ‐はず【末×弭|末×筈】すゑ ▶うらはず(末弭)

すえ‐はふ【据破風】すゑ ▶千鳥破風ちどり

すえ‐はるかた【陶晴賢】すゑ［1521〜1555］室町後期の武将。大内義隆に仕えたが、のち、義隆を討ち、大友宗麟そうりんの弟晴英を迎えて大内家の後嗣とした。毛利元就もとなりと厳島いつくしまで戦って大敗し、自害。

すえ‐ひと【▽陶人】すゑ 陶工。すえつくり。「一の作れる瓶かめを」〈万・三八八六〉

すえ‐びょうし【末拍子】すゑびやうし 宮廷の御神楽みかぐらで、末方すゑかたの主唱者。⇔本拍子もとびょうし。

すえ‐ひろ【末広】すゑ ❶しだいに末のほうが広がること。末広がり。「湖面に一の航跡をしるす」「一形」❷しだいに栄えること。末広がり。「ご当家の一をお祈りします」❸扇子、また中啓ちゅうけいの異称。広がり栄える意で、祝い事に用いるものなどをいう。末広がり。❹茶道具で、末のほうがしだいに広がった形をしたもの。花入れかご・釜・水指し・菓子器・向こう付けなどにある。❺紋所の名。開いた扇、または扇を組み合わせたさまを描いたもの。

すえひろ‐いずたろう【末弘厳太郎】すゑひろいづたらう［1888〜1951］民法・労働法学者。山口の生まれ。東大教授。第二次大戦後、労働三法の立案に参画。中央労働委員会の初代会長。著「労働法研究」「物権法」「日本労働組合運動史」など。

すえ‐ひろがり【末広がり】すゑ ❶「末広すゑひろ❶」に同じ。「一の裾野すその」「一の八はちの字」❷「末広❷」に同じ。「家運が一に開ける」❸「末広❸」に同じ。

すえひろがり【末広がり】すゑひろ ㊀狂言。末広がりを買いにいかされた太郎冠者がだまされて傘を求めて帰り、怒った主人に囃子はやし物を聞かせて機嫌をとる。㊁歌舞伎舞踊。長唄。本名題「稚美鳥末広わかみどりすゑひろがり」。3世桜田治助作詞、10世杵屋六左衛門作曲。嘉永7年(1854)江戸中村座初演。㊀の囃子物のくだりを中心に舞踊化したもの。

すえひろ‐たけ【末広×茸】すゑひろ スエヒロタケ科のキノコ。枯れ木などに群生し、傘は半月形か扇形で、表面に粗い毛を密生し、灰白色を呈する。

すえひろ‐てっちょう【末広鉄腸】すゑひろてつちやう［1849〜1896］政治家・ジャーナリスト・小説家。伊予の生まれ。本名、重恭しげやす。「朝野ちょうや新聞」などに政論を展開。自由民権運動に参加。のち衆議院議員。政治小説「雪中梅」「花間鶯かかんおう」など。

すえ‐ふろ【据(え)風呂】すゑ《「すいふろ(水風呂)」が、1箇所にすえつけるものという連想から音変化したものか》「水風呂すいふろ」に同じ。

すえ‐へ【末▽辺|末▽方】すゑ ❶物の先の方。「(竹ノ)本へをば琴に作り一をば笛に作り」〈継体紀・歌謡〉❷山の頂の方。「三諸みもろは人の守もる山本辺にはあしび花咲き一には椿つばき花咲く」〈万・三二二二〉

すえ‐ほそり【末細り】すゑ《「すえぼそり」とも》さき細り。「景気が一になる」

すえまつ‐けんちょう【末松謙澄】すゑまつ［1855〜1920］政治家。豊前ぶぜんの生まれ。英国に留学し、伊藤内閣の法制局長官・逓信大臣・内務大臣を歴任。のち、枢密顧問官。編著「防長回天史」のほか、翻訳にバーサ=クレイの小説「谷間の姫百合」などがある。

すえ‐むすめ【末娘】すゑ 兄弟のうちで最年少の娘。

すえ‐もの【据(え)物】すゑ ❶据えておくもの。飾り物。置物。❷罪人の死体などを土壇どだんに据えること。また、据えた死体。刀剣の試し斬りにされた。「ためし物をよく切る人にて…、すでに一を切って」〈甲陽軍鑑・四〇〉❸きまった宿で客をとる下級な私娼。「一はその内へ客を取り込み」〈浮・一代女・六〉

すえ‐もの【▽陶物】すゑ やきもの。陶器。「マイセン焼の一などあり」〈鴎外・文づかひ〉

すえもの‐し【▽陶物師】すゑもの 陶器を作ることを職業とする人。陶工。

すえもの‐やど【据え物宿】すゑもの 専属の私娼を置いている宿。「一に行きて分わけの勤めも恥づかし」〈浮・一代女・六〉

すえよし‐ぶね【末▽吉船】すゑよし 江戸初期、末吉孫左衛門が徳川家康の朱印状を受けて、タイ・フィリピン・安南などに貿易のために渡航した大船。

すえよし‐まござえもん【末吉孫左衛門】すゑよしまござゑもん［1570〜1617］江戸初期の商人。大坂の人。名は吉安。徳川家康の厚遇を受け、朱印船で巨利を得た。銀座の役人になり、河内かわち国で代官もつとめた。

す・える【据える】すゑる〔動ア下一〕図す・う〔ワ下二〕❶物を、ある場所に動かないように置く。「大砲を一・える」「三脚を一・える」❷建造物などを設ける。「本陣を一・える」「関所を一・える」❸位置を定めて人を座らせる。「上座に一・える」❹ある地位や任務に就かせる。「部長に一・える」「見張りに一・える」❺心をしっかりと居定まらせる。「度胸を一・える」「腹を一・える」❻厳しい視線を置きつづける。「目を一・える」❼灸きゅうをする。「灸を一・える」❽捺印なついんする。「印を一・える」❾鳥などを止まらせる。「矢形尾の真白の鷹をやどに一・ゑ掻かき撫なで見つつ飼はくし良しも」〈万・四一五五〉❿植えつける。「世の中の常の理ことわりかくさまになり来にけらし一・ゑし種から」〈万・三七六一〉 補説室町時代以降はヤ行にも活用した。➡据すゆ 一句肝きもを据える・灸きゅうを据える・腰を据える・尻しりを据える・腹を据える・御輿みこしを据える・目を据える 類語置く・据え付ける・取り付ける・敷く

す・える【×饐える】〔動ア下一〕図す・ゆ〔ヤ下二〕飲食物が腐って酸っぱくなる。「御飯が一・える」「一・えたにおい」類語腐る・傷いたむ・鯘あざれる・腐敗する・酸敗する・腐乱する・発酵する

スエレクトロン〖selectron〗▶セレクトロン

すおう【周防】すはう 旧国名の一。今の山口県東部。防州。すわ。

す‐おう【素×襖】すアヲ・【素×袍】すハウ 直垂ひたたれの一種。裏をつけない布製で、菊綴きくとじや胸ひもに革を用いる。略儀の所用で、室町時代には庶民も日常に着用した。江戸時代には形式化して長袴ながばかまをはくことが普通になり、大紋と同じように定紋をつけ、侍烏帽子さむらいえぼしに熨斗目のしめ小袖を併用し、平士ひらざむらいや陪臣の礼服とされた。

す‐おう【×蘇▽芳|×蘇▽方|×蘇×枋】すハウ ❶マメ科の落葉小低木。葉は厚くつやがあり、羽状複葉。春、黄色い5弁花を円錐状につけ、さや状の赤い実がなる。心材は赤色染料とする。インド・マレーの原産。すおうのき。❷染め色の名。❶の心材を煎じた汁で染めた、紫がかった赤色。蘇芳色。❸「蘇芳襲すおうがさね」の略。

すおう‐あわ【×蘇▽芳泡】すハウ ▶蘇芳花すおうばな

すおう‐いろ【×蘇▽芳色】すハウ 「蘇芳❷」に同じ。

すおう‐おおしま【周防大島】すはうおほしま 山口県南東部、瀬戸内海にある島。屋代島。➡大島㊂㊁

すおうおとし【素襖落】すアヲおとし ㊀(「素袍落」と書く)狂言。伊勢参宮の餞別に素襖をもらい、一杯機嫌で戻った太郎冠者は、主に見つからないように隠すが、はしゃぎすぎて落としてしまい、見つかってからかわれる。㊁歌舞伎舞踊。長唄・義太夫。本名題「襖落那須語すおうおとしなすのものがたり」。福地桜痴作詞、3世杵屋正次郎・鶴沢安太郎作曲。明治25年(1892)東京歌舞伎座初演。㊀の舞踊化。新歌舞伎十八番の一。

すおう‐がさね【×蘇▽芳▽襲】すハウ 襲の色目の名。表は蘇芳、裏は濃蘇芳。すおう。

すおう‐さんち【周防山地】すはう 山口県南東部、旧周防国の中央に広がる山地。西中国山地の延長上、南側に位置する。東西約80キロメートル、南北約10〜30キロメートル。ほとんどが300〜500メートルの高原状の丘陵地。東は周南丘陵(柳井やない市・光ひかり市など)、西は瀬戸内沿岸平野。

すおう‐なだ【周防灘】すはう 瀬戸内海最西部の海域。東は伊予灘に接し、西は関門海峡によって響ひびき灘に通じる。

すおう‐ぬぎ【素×襖脱ぎ】すアヲ 室町時代、猿楽の能で、観客が祝儀として素襖を脱いで役者に与えたこと。翌日、役者はそれを客の家に行って返すと金銭がもらえた。

すおう‐の‐き【×蘇▽芳の木】すハウ ❶スオウやハナズオウの別名。❷イチイの別名。

すおう‐の‐ないし【周防内侍】すはう［?〜1110ころ］平安後期の女流歌人。周防守平棟仲の娘。名は仲子。後冷泉ごれい・後三条・白河・堀河の4天皇に女官として仕えた。後拾遺集以下の勅撰集に35首が入集。家集に「周防内侍集」がある。

すおう‐の‐におい【×蘇▽芳の匂】すハウのにほひ 襲かさねの色目の名。衣の襲で下を濃く、しだいに上を薄い蘇芳色にしたもの。

すおう‐ばかま【素×襖×袴】すアヲ 素襖をつけるときにはく袴。

すおう‐ばな【×蘇▽芳花】すハウ 絵の具の一。蘇芳を煎じた汁から作った帯紅暗褐色の泥状物。水に溶かすと紫紅色を呈する。蘇芳泡。

す‐おどり【素踊(り)】すをどり 日本舞踊で、衣装・かつらなどをつけず、男子は袴はかま、女子は着流しの紋服姿で踊ること。また、その踊り。

すお‐まさゆき【周防正行】［1956〜 ］映画監督。東京の生まれ。映画の中では従来扱われなかった分野にスポットライトを当てた、ユニークな作品で話題を呼ぶ。代表作は、大学の相撲部を扱った「シコふんじゃった。」、米国でもヒットし、リメークされた「Shall we ダンス?」、日本の裁判制度の本質を描いた「それでもボクはやってない」など。

スオミ〖Suomi〗《湖沼の意》フィンランドの、本国での呼称。

スオメンリンナ〖Suomenlinna〗フィンランドの首都、ヘルシンキの南方にある要塞島。18世紀半ば、フィンランドを治めていたスウェーデンが対ロシアの防衛拠点として築造。1991年、「スオメンリンナの要塞」として世界遺産(文化遺産)に登録された。

ず‐おも【頭重】ヅ ❶あたまが重苦しいこと。❷尊大で、他人に対して容易に頭を下げないこと。また、その態度。❸相場が上がり気味でありながら伸び悩んでいる状態。

すか ❶物事が予期どおりにならないこと。あてはずれ。「今度のイベントは結局一だった」❷くじなどの、はずれ。補説語源については、「すかたん」の略、「透かす」または「賺す」の語幹からなどの説がある。

すかを食く・う あてはずれ、期待はずれのめにあう。「一日中待っていたのに一・った」

す‐か《「州処か」の意という》川岸・海岸の砂地や砂丘。「東国の俗語に沙すなの集まりて小高きをば、一といふなり」〈仮・東海道名所記・三〉

スカ〖ska〗ジャマイカ発祥のポピュラー音楽。テンポの速いオフビートが特徴。のちレゲエへと発展した。

すが【×菅】スゲのこと。多く、他の語と複合した形で用いる。「一ごも」「一畳」

ず‐が【図画】ヅグワ ❶絵をかくこと。また、絵。「一帳」❷旧制小学校の教科の一。美術教育を行った。
類語絵・絵図・絵画・図絵・素描・画・イラスト・イラストレーション・スケッチ・デッサン・カット・クロッキー

スカー〖scar〗傷跡。特に、皮膚の傷跡。

スカート〖skirt〗❶腰から下を覆う、主に婦人用の筒状の衣服。「一をはく」「ミニー」❷保護または装飾用に、物の下部につける覆い。家具の裾すそ部の補強材や、電車の前部につける金属板など。
類語キュロット・裳も

スカーバラ〖Scarborough〗英国イングランド北東部、ノースヨークシャー州の都市。17世紀に鉱泉が発見され、18世紀以降、北海に面する海岸保養地として発展。12世紀にヘンリー2世が建てたスカーバラ城や小説家ブロンテ姉妹の末娘アンが眠るセントメアリー教会がある。スカーボロ。

スカーバラ-じょう【スカーバラ城】《Scarborough Castle》英国イングランド北東部、ノースヨークシャー州、北海に面する都市スカーバラにある城。ノース湾とサウス湾に挟まれた岬に位置する。12世紀、ヘンリー2世により建造。ピューリタン革命のイングランド内戦における国王派と議会派の戦闘、および第一次大戦のドイツ海軍の攻撃で大きな被害を受けた。17世紀から18世紀にかけて牢獄として使われたこともある。スカーボロ城。

スカーフ〖scarf〗首に巻いたり、頭を覆ったりする、方形の薄手の布。「絹の―」(類語)ネッカチーフ

スカーボロ〖Scarborough〗▶スカーバラ

スカーボロ-じょう【スカーボロ城】《Scarborough Castle》▶スカーバラ城

スカーレット〖scarlet〗緋色。深紅色。
(類語)赤・真っ赤・赤色・紅色・紅・紅・真紅・鮮紅・緋・緋色・朱・朱色・丹・茜色・薔薇色・小豆色・臙脂・暗紅・唐紅・レッド・バーミリオン・マゼンタ・ローズ・ワインレッド

スカイ〖sky〗空。天。天空。

す-がい【酢貝】❶リュウテンサザエ科の巻き貝。潮間帯の岩礁に多い。貝殻は横長の卵形で、殻径約2センチ。殻表は緑褐色。ふたは石灰質で酢につけると泡を出して動き回る。北海道南部以南に分布。食用。むらくもがい。❷貝類、特にアワビの酢の物。

ず-かい【図解】〔名〕スル 図を用いて解き示すこと。また、その書物。「エンジンの構造を―する」
(類語)図説・絵解き

ず-がい【頭蓋】▶とうがい(頭蓋)

スカイ-アート〖sky art〗空中に設置される風船や凧などを用いた芸術的なイベント。ビデオや音響などもかかわる環境的な芸術創造。マサチューセッツ工科大のピーネが1960年代末から主唱し、実践。➡エアアート

スカイ-ウオッチング《和 sky＋watching》人為的な光に邪魔されない見晴らしのよい場所で夜空の星を観賞すること。また、その会。

ずがい-こつ【頭蓋骨】▶とうがいこつ(頭蓋骨)

スカイ-サイン〖sky sign〗空中広告。飛行機の煙幕や、高所のネオンサインなどによる広告。

すかい-さん【皇海山】栃木県日光市と群馬県沼田市との県境にある山。古い成層火山で、標高2144メートル。江戸時代、東南にある庚申山の奥の院として信仰登山が盛んだった。日光国立公園に属する。名の由来は「笄山」が転訛したといわれる。

スカイシャイン〖skyshine〗地上の放射線源から、上方に放出された放射線のうち、大気により散乱され地上に戻ってくるもの。

スカイジャック〖skyjack〗航行中の航空機を乗っ取ること。航空機乗っ取り。ハイジャック。

すがい-すがい【次ひ次ひ】〔形動ナリ〕《動詞「すが(次)う」の連用形を重ねたもの》次から次へと行われるさま。次々に起こるさま。「しだり咲く萩の古枝に風かけて―に牡鹿なくなり」〈山家集・上〉

スカイスクレーパー〖skyscraper〗超高層ビル。摩天楼。

スカイダイバー〖skydiver〗スカイダイビングをする人。

スカイダイビング〖skydiving〗飛行機から飛び降りて一定時間降下したのち、パラシュートを開いて目標地点への着地の正確さを競い合うスポーツ。

スカイチーム〖SkyTeam〗国際航空連合の一つ。デルタ航空、エールフランス航空、大韓航空などが加盟。➡スターアライアンス ➡ワンワールド

スカイ-ツリー〖Sky Tree〗▶東京スカイツリー

すが-いと【絓糸】よりをかけず、そのまま1本で用いる生糸。白髪糸。

スカイ-とう【スカイ島】《Isle of Skye》英国スコットランド北西岸、ヘブリディーズ諸島の島。インナーヘブリディーズ諸島中最大の島で、最も北方に位置する。中心となる町はポートリー。古代よりケルト人が居住し、現在も人口の半数近くがゲール語を話す。観光、漁業、農業、ウイスキー醸造が盛ん。地方色溢れる文化や豊かな自然景観で知られる。

スカイ-パーキング《和 sky＋parking》高層・多階式の自動車駐車場。立体駐車場。

スカイプ〖Skype〗ピアツーピアとVoIP技術を用いたインターネット電話のアプリケーションソフト。ルクセンブルクの旧スカイプテクノロジーズ社(現在は米国マイクロソフト社の一部門)が開発。音声通話、ビデオ通話、インスタントメッセージ作成などが無料でできる。パソコンのほか、スマートホン、タブレット型端末、通信機能を持つ一部の携帯型ゲーム機で利用可能。一般の固定電話や携帯電話に通話する有料サービスも提供されている。

スカイプアウト〖SkypeOut〗スカイプにおけるサービスの一。スカイプから一般の固定電話や携帯電話に送話することができる有料サービス。➡スカイプイン

スカイプイン〖SkypeIn〗スカイプにおけるサービスの一。一般の固定電話や携帯電話からの着信をスカイプ上で受けることができる有料サービス。➡スカイプアウト

スカイ-ブルー〖sky blue〗空色。

スカイ-メイト《和 sky＋mate》国内航空路線で、青少年(満12歳以上22歳未満)の利用を促進するために設けられた割引運賃制度。

スカイラーク〖skylark〗雲雀。

スカイライト-フィルター〖skylight filter〗スカイライト(青みを帯びた光)をおさえると同時に紫外線もカットする、淡いピンク色のフィルター。

スカイライン〖skyline〗❶地平線。❷山や建物などが空を区切って作る輪郭。❸山岳地帯などに設けられた遊覧用の自動車専用道路。「伊豆―」(補説)❸は、英語ではmountain highwayという。
(類語)高速道路・ハイウエー・ドライブウエー・バイパス

スカイラブ〖Skylab〗《宇宙の実験室の意のsky laboratoryから》米国の小型宇宙ステーション。宇宙滞在の医学的実験や太陽観測などに利用。1973年打ち上げ。

すが・う【次ふ】〔動ハ四〕❶すぐあとに続く。次ぐ。また、匹敵する。多く、複合語の形で用いられる。「中の君も、うち―・ひて、あてになまめかしう」〈源・紅梅〉❷くいちがう。いきちがう。「―・ひて遇はず」〈散木集・八・詞書〉

スカウト〖scout〗〔名〕スル《偵察の意》❶スポーツ界・芸能界などで、有望な人材を探し出したり引き抜いたりすること。また、その役目の人。「地方高校の無名選手を―する」「ライバル社の販売課長を―する」❷「ボーイスカウト」「ガールスカウト」の略。
(類語)発掘・引き抜き・ヘッドハンティング

スカウン-じょう【スカウン城】《Cetatea de Scaun》▶スチャバ城

すがえ-ますみ【菅江真澄】[1754〜1829]江戸後期の国学者・旅行家。三河の人。本名、白井秀雄。生涯の大半を信州・奥羽地方の旅に過ごし、民俗学上貴重な資料を多数著した。著「真澄遊覧記」など。

す-がお【素顔】❶化粧をしていない、地のままの顔。❷飾らないありのままの姿。「日本の―」「スター選手の―」(類語)地顔・すっぴん

すが-がき【清掻・菅掻・菅垣】❶和琴の手法の一。全部の弦を一度に弾いて、手前から3番目または4番目の弦の余韻だけを残すように、他の弦を左指で押さえるもの。❷江戸初期の箏または三味線で、歌のない器楽曲。「六段菅掻」(六段の調べ)など。❸尺八の古典本曲の一類。❷を編曲したものというが不明。「三谷菅垣」など。❹三味線の曲節の一。第2・第3の2弦を同時に弾く音と、第3弦をすくう音とを交互に鳴らす単純なもので、江戸吉原の遊女が客寄せのために店先で弾いた。見世菅掻。❺歌舞伎下座音楽で、❹を取り入れたもの。また、その他諸種の三味線曲で❹を取り入れた部分。郭の表現として用いる。

すが-が・く【清掻く・菅掻く】〔動カ四〕清掻をする。「あづまの調べを―・きて」〈源・真木柱〉

すが-がさ【菅笠】「すげがさ」に同じ。

すかがわ【須賀川】福島県中部の市。近世、奥州街道の宿駅として発展。ぼたん園や阿武隈川に乙字ヶ滝などがある。人口7.9万(2010)。

すかがわ-し【須賀川市】▶須賀川

す-がき【素書(き)|素描(き)】彩色を加えないで線だけで描くこと。また、その絵。デッサン。素描。

す-がき【巣掻き】クモが巣をかけること。また、その巣。「秋風は吹きな破りそわが宿のあばらかくせるくもの―を」〈拾遺・雑秋〉

す-がき【酢牡蠣】生ガキのむき身にポン酢や二杯酢をかけたもの。(季 冬)

す-がき【簀垣】竹などを組んで作った垣。竹垣。

す-がき【簀掻き】❶板や竹をすのこ状に並べて床を張ること。また、その床。「山がつの―の床の下さえて冬来にけりと知らせ顔なる」〈夫木・三一〉❷魚をとるための、竹を組んで作った簀。「ささきつき―さぼせり春ごとにえりさす民のしわざならしも」〈曽丹集〉

す-が・く【巣掻く】〔動カ四〕《「すかく」とも》クモが巣をかける。「蜘蛛の―・きたる松の、露に濡れたるをとりて」〈宇津保・藤原の君〉

す-がく・る【巣隠る】〔動ラ下二〕巣の中に隠れる。「―・れて数にもあらぬかりのこを」〈源・真木柱〉

す-がけ【素懸】近世の甲冑の威の一。間隔を置いて、上から下に粗く菱綴じにつづるおどし方。

ずが-こうさく【図画工作】小学校の教科の一。図画および工作を内容とする。図工。

すが-ごも【菅薦】スゲで編んだむしろ。陸奥の産が知られ、「十編の菅薦」として和歌に詠まれる。

すかさ-ず【透かさず】〔副〕機を逸することなく、直ちに対応して行動するさま。間をおかずにすぐさま。「言葉尻をとらえて―言い返す」

すかし【透かし】❶すきまをつくること。また、そのすきまの部分。❷紙を明るい方に透かすと見える模様や文字。「紙幣には―が入れてある」

すかし-あみ【透かし編み】編み物で、透かし模様のある編み方。

スカジー〖SCSI〗《small computer system interface》小型コンピューター用の周辺機器を接続するインターフェース規格。1986年に最初の規格SCSI-1が策定され、以降、より転送速度を高速化し、汎用性が高い後継規格が普及している。

すが-し・い【清しい】〔形〕(文)すが・し〔シク〕さわやかで気持ちがよい。すがすがしい。「―・い朝」

すかし-え【透かし絵】明るい方に透かすと見える絵や模様。透き絵。

すかし-おうぎ【透かし扇】「透き扇」に同じ。

すかし-おり【透かし織(り)】生地が透けるように薄く絡み織りで織った絹織物。絽・紗など。透き織り。

すかし-がい【透かし貝】スカシガイ科の巻き貝。潮間帯の岩礁にすむ。貝殻は長楕円形の笠形で、殻長約2.5センチ、殻中央にくさび形の大きな穴があり、水管を出す。北海道南部から南に分布。

すかし-ぎり【透かし伐り】「間伐」に同じ。

すかし-たごぼう【透田牛蒡】アブラナ科の越年草。湿地や田のあぜに生え、高さ30〜50センチ。葉は羽状に裂け、先端ほど裂片が大きく、縁にぎざぎざがある。春から夏、黄色い4弁花を多数つける。

すかし-だわら【透かし俵】クスサンの繭。長さ5センチほどの粗い網目状で、俵形をしている。

すかしば-が【透翅蛾】鱗翅目スカシバガ科の昆虫の総称。小形のガで、翅は細長く透明。昼間、花に集まり、形・飛び方などがハチに似る。幼虫は木の幹に食い入って虫こぶをつくる。ブドウスカシバ・コスカシバなど。

すかし-べ【透かし屁】音がしない放屁。すかしっぺ。

すかし-ぼり【透かし彫(り)】金属・木・石などをくりぬいて文様を表す技法。文様を透かして素地を残す方法(文様透かし)と、文様の周りの素地を透かす方法(地透かし)がある。木彫仏の光背、欄間、刀剣の鐔などに技巧を凝らしたものが多い。

すかし-み・る【透かし見る】〔動マ上一〕❶透けた

物を通して向うを見る。「黒いガラス板から日食を—・みる」❷すき間を通して向うを見る。「幕の間から—・みる」❸よく見えないものを、目をこらして見る。「闇の中で—・みる」

すがし-め【▽清し女】清らかで美しい女。「言(こと)をこそ菅原(すがはら)と言はめあたら—」〈記・下・歌謡〉

すかし-もよう【透かし模様】(ーモヤウ) ❶透かしのある模様。❷薄物の布地を重ねて、下の模様や色が透けて見えるようにしたもの。

すかし-もん【透かし門】❶外から内部が見えるような扉にしてある門。❷門扉の下半分を板張りにし、上部を格子にした門。古く城門などで、敵を槍で突いたり矢を射たりするためにつくられた。透き門。

すかし-ゆり【透百=合】ユリ科の多年草。日本特産で、中部地方北部の海岸に自生。高さ約30センチ。葉は細長い。初夏、黄赤色の花を2、3個上向きにつける。古くから観賞用に栽培。名は、花びらの付け根が細まり、すきまができることに由来。いわとゆり。

すか・す〔動サ五〕すまし込む。気取る。「めかし込んで、—・す」「—・した歩き方」

すか・す【▽空かす】〔動サ五(四)〕《「透かす」と同語源》(「腹を空かす」などの形で)空腹になる。「子供がおなかを—・して待つ」

すか・す【透かす】〔動サ五(四)〕❶物と物との間隔を少しあける。すきまをつくる。「板を—・して作った縁台」❷こんでいるものを間引いてまばらにする。間隔を粗くする。「剪定(せんてい)して枝を—・す」❸あけておく。時間をあける。「手を—・す」❹タイミングをはずして、肩すかしをくわせる。「でばなを—・される」❺間から通るようにする。物を通して見えるようにする。「ガラスを—・して見る」❻透けて見えるようにする。「模様を—・した紙」❼音を立てないで屁(へ)をする。「こっそり—・す」❽減らす。「京中の勢(せい)をばさのみ—・すまじかりしものを」〈太平記・九〉❾場をはずす。「足もとの明かい時、はやう—・さう」〈虎明狂・痩松〉❿油断する。「万事に一つも—・さぬ人の言へり」〈浮・織留・五〉 可能 すかせる

すか・す【×賺す】〔動サ五(四)〕❶機嫌をとって、こちらの言うことを聞き入れるようにさせる。「子供を—・して寝させる」「おどしたり—・したりして行かせる」❷言いくるめてだます。「弟を—・しておやつを取り上げる」❸相手をうまくその気にさせる。おだてる。「仲人(なかうど)のかく言(こと)よくいみじきに、女はまして—・されたるにやあらむ」〈源・東屋〉

すか-すか 一〔副〕❶切れ味がよく、思いのままに切れるさま。「茨など生いしげりて…—と切って払いて」〈鏡花・竜潭譚〉❷鼻で数度、外気を強く吸い入れるさま。「あっちこっちに鼻先を振り向け、頻りに—息を吸い込んでいたが」〈里見弴・今年竹〉❸滞りなく事が運ぶさま。「あまりのことのうれしさに、—と走り寄り」〈仮・四人比丘尼〉 二〔形動〕文〔ナリ〕物の中身や、ある範囲の空間に、すきまがたくさんあるさま。「水気のない—な大根」「昼間なので、車内は—だった」 アク 一はスカスカ、二はスカスカ。

すが-すが【▽清▽清】〔副〕❶気分がすっきりして晴れやかなさま。「心がすっかり新しく—とおなりなすったので」〈木下尚江・良人の自白〉❷ためらいがないさま。さっぱり。「いとうしろめたう思ひ聞こえ給ひて、—ともえ参らせたてまつり給はぬなりけり」〈源・桐壺〉❸滞りないさま。すらすら。「ぬまじりといふ所も—と過ぎて」〈更級〉

ずか-ずか〔副〕《古くは「づかづか」とも表記》遠慮なく乱暴に入ったり近寄ったりするさま。「—(と)上がり込む」「他人の心に—(と)入り込む」

すがすがし・い【▽清▽清しい】〔形〕文すがすが・し〔シク〕❶さわやかで気持ちがいい。「—・い朝の大気」「—・い表情」「—・い行為」❷ためらいがなく思い切りがよい。「猶つつましうて、—・しうも思ひ立たず」〈和泉式部日記〉❸滞らずに事が運んでいる。「たゆたひつつ—・しくも出で立たぬほどに」〈源・玉鬘〉 派生 すがすがしげ〔形動〕すがすがしさ〔名〕 類語 さわやか・爽快(そうかい)・清清(せいせい)・晴れ晴れ・清新・清爽

すが-せんすけ【菅専助】江戸後期の浄瑠璃作者。京都の人。人形浄瑠璃の衰退期に主に豊竹座のために筆をとり、新風を吹きこんだ。作「摂州合邦辻(せっしゅうがっぽうがつじ)」「桂川連理柵(かつらがわれんりのしがらみ)」など。生没年未詳。

すがた【姿】❶人のからだの格好。衣服をつけた外見のようす。「顔もいいし—もいい」「鏡に—を映す」「後ろ—」❷身なり。風采。「—をやつす」「うらぶれた—」❸目に見える、人の形。存在するものとしての人。「—をくらます」「あれっきり彼は—を見せない」❹物の、それ自体の形。「山が雲間から—を現す」❺物事のありさまや状態。事の内容を示す様相。「移り行く世の—」「主人公の成長する—を描く」❻和歌や俳句の、1首・1句に表れる趣や格調などの全体的な風体。特に、歌体。❼美しい顔形の人。美人。「一の関守、京の四条は生きた花見あり」〈浮・五人女・三〉 下接語 艶姿・後ろ姿・絵姿・幼姿・男姿・帯解き姿・女姿・死に姿・立ち姿・伊達(だて)姿・旅姿・道中姿・夏姿・似姿・寝姿・初姿・晴れ姿・遍路姿・優(やさ)姿・童(わらわ)姿 類語 なり・身なり・格好・容姿・スタイル・プロポーション

姿を消・す ❶見えなくなる。行方がわからなくなる。「大金を持って—・す」❷今まで存在した物事がすっかりなくなる。「下町情緒が—・す」

すがだいら【菅平】(すがだひら) 長野県東部、四阿山(あずまやさん)・根子岳(ねこだけ)の南西部に広がる高原。スキー場で有名。高冷地野菜の栽培が盛ん。

すがた-え【姿絵】(ヱ) 人の容姿を描いた絵。肖像画。人物画。

すがた-かたち【姿形】身なりと顔かたち。みめかたち。容姿。 類語 容姿・見目形・風貌・ルックス

すがだこ【×絓×凧】鳥の形などの小さな凧を、数多く絓糸(すがいと)で結びつけて揚げるもの。からす凧。

すがた-ず【姿図】(ヅ) ❶建物の立面図。❷家具などの外観を示した図。

すがた-ずし【姿×鮨】魚の姿を崩さないように作った鮨。鮎(あゆ)・小鯛(こだい)などの骨と内臓だけを取り除いて酢(す)で締め、鮨飯の上にのせて作る。

すが-たたみ【×菅畳】スゲで編んだ、むしろのような敷物。「—いやさや敷きて」〈記・中・歌謡〉

すがた-つき【姿付き】からだの格好。からだつき。

すがた-に【姿煮】魚などを、もとの姿のままくずさずに煮ること。また、その料理。

すがた-にんぎょう【姿人形】(ーニンギヤウ) 人の姿を生き写しにした人形。特に、美人を写した人形。「かの—にしがみつけるは」〈浮・一代女・三〉

すがた-の-いけ【姿の池】奈良県大和郡山市筒井にあった池。菅田の池。 歌枕 「乙女子が—の蓮葉は心よげにも花咲きにけり」〈堀河百首〉

すがた-ぶね【姿舟】美人をのせた舟。「その人にぬれ袖の歌比丘尼(うたびくに)とて、この津に入りみだれての—」〈浮・一代女・三〉

すがた-まくら【姿枕】春画。枕絵(まくらえ)。「菱川が書きしこきみのよき—を見ては、我を覚えず上気して」〈浮・一代女・一〉

すがた-み【姿見】全身を映す、大型の鏡。 類語 鏡・ミラー・鏡台・三面鏡・手鏡

すがた-もり【姿盛(り)】鯛(たい)などの頭・尾と骨を残し、刺身にして盛りつけること。また、その料理。

すがた-やき【姿焼(き)】魚などを、もとの姿をくずさずに焼きあげること。また、その料理。

す-がたり【素語り】❶三味線の伴奏なしに浄瑠璃(じょうるり)を語ること。❷「素浄瑠璃(すじょうるり)」に同じ。

すか-たん ❶予想や期待を裏切られること。当てはずれ。「—を食わされる」❷見当違いなこと、間の抜けたことをする人をののしっていう語。とんま。まぬけ。すこたん。「この—め」「—野郎」

スカッシュ〖squash〗❶柑橘(かんきつ)類などの果汁に砂糖を加えソーダ水で割った冷たい飲み物。「レモン—」❷周囲を壁で囲まれたコートの中で硬質のボールをラケットで壁に向かって打ち合う屋内競技。シングルスとダブルスとがある。19世紀、英国で考案された。

すかっ-と〔副〕(スル) ❶すっきりと快いさま。つかえていたものがなくなって気分がさわやかになるさま。「—晴れ上がる」「—した勝ちっぷり」❷服装などが垢抜けていて好感がもてるさま。「—した身なり」 類語 清清・さっぱり・すっきり

スカッド〖Scud〗旧ソ連製の中距離地対地ミサイル。核弾頭を装着できる。また、これを土台にして、イラク・北朝鮮などの各国が独自に開発したものを指すこともある。1991年の湾岸戦争では、イラク側の報復兵器として使用された。

スカッパー〖scupper〗船舶の甲板上の両舷側にある排水孔。

スカティ〖Skathi〗土星の第27衛星。2000年に発見。名の由来は北欧神話の女神。非球形で平均直径は約6.4キロ。

すが-とり【×菅鳥】水辺にすむ鳥の名。オシドリなどの説がある。「白真弓(しらまゆみ)斐太(ひだ)の細江の—の妹に恋ふれか眠(い)を寝(ね)かねつる」〈万・三〇九二〉

スカトロジー〖scatology〗糞尿(ふんにょう)や排泄(はいせつ)行為についての話。また、それを好んで話題にする趣味。特に文学作品。スカトロ。

すか-な・し〔形ク〕心が晴れ晴れとしない。憂鬱だ。「心には緩(ゆる)ふことなく須加の山—・くのみや恋ひ渡りなむ」〈万・四〇一五〉

すが-ぬい【×絓縫い】(ーぬひ) 絓糸(すがいと)で小袖の縫い紋や刺繍(ししゅう)模様を入れる縫い方。横の布目に沿って絓糸を渡し、細かくとじ縫いをするもの。

すが-ぬき【×菅▽貫|×菅抜き】「茅(ち)の輪」に同じ。「夏はつる今日の禊(みそぎ)の—をこえてや秋の風は立つらん」〈拾玉集・四〉

すが-ぬ・く【×菅▽貫く|×菅抜く】〔動カ四〕夏越(なごし)の祓(はらえ)のために菅貫(すがぬき)をくぐる。また、菅貫を首にかける。「ちとせまで人ならめや六月(みなづき)の三たび—・き祈るみそぎに」〈堀河百首〉

すがぬま-ていふう【菅沼貞風】[1865〜1889]経済史学者。長崎の生まれ。18歳で「平戸貿易志」を書いて認められ、のち「大日本商業史」を執筆、経済史学の先駆者となった。南洋諸島の調査中、マニラで客死。

すが-の-あらの【須賀の荒野】長野県にあった荒野。位置は諸説あるが未詳。 歌枕 「信濃なる—にほととぎす鳴く声聞けば時過ぎにけり」〈万・三三五二〉

すがのね-の【×菅の根の】〔枕〕❶スゲの根は長く伸びて分かれ乱れるところから、「ながき」「乱る」にかかる。「—長き春日(はるひ)を恋ひ渡るかも」〈万・一九二一〉❷「ね」の同音から、「ねもころ」にかかる。「—ねもころ君が結びたるわが紐(ひも)の緒を」〈万・二四七三〉 補説 「根を絶つ」の意から「絶ゆ」を起こす序詞の一部にも用いられた。「かきつはた佐紀沢に生ふる菅の根の絶ゆとや君が見えぬこのころ」〈万・三〇五二〉

すがの-の-まみち【菅野真道】[741〜814]平安初期の官人。「続日本紀(しょくにほんぎ)」編纂(へんさん)者の一人。

スカビンジング〖scavenging〗《ごみあさりの意》コンピューター犯罪や産業スパイの手法の一。企業などが廃棄した紙ごみやコンピューターのハードディスクなどを窃取し、機密情報を探ること。

スカフタフェットル-こくりつこうえん【スカフタフェットル国立公園】(ーコクリツコウエン)《Þjóðgarðurinn í Skaftafelli》アイスランド南東部にあった国立公園。1967年に制定。2008年に旧ヨークルスアウルグリュフル国立公園などと統合されバトナヨークトル国立公園の一部となった。

スカブラ〖ノルウェー skavla〗強風によって雪面が波状になって固まる現象。ふつう、風の向きと直角にできる。シュカブラ。

スカベンジャー〖scavenger〗❶ごみやくずを拾い集めて生活する人。❷体内の不要物質や毒性物質を処理する器官・細胞・物質など。

スカベンジャー-ラリー〖scavenger rally〗途中で指定された物を集めながら目的地へ到達する、遊びの要素の強い自動車ラリー。

スカポライト〖scapolite〗カルシウム・ナトリウム・アルミニウムなどを含む珪酸塩(けいさんえん)鉱物。透明でガラス光沢がある。柱状結晶で、ふつうは塊状または粒状。

す

柱石。
すが-まくら【×菅枕】スゲを束ねて作った枕。「足柄(あしがら)のままの小菅の一あぜかまかさむ兒(こ)ろせ手枕(たまくら)」〈万・三三六九〉
すか-また 見当違いであること。間抜け。「内証へ廻って見ると大一。すはといふ時の一向役に立たず」〈滑・浮世床・初〉
す-かみこ【素紙子】《「すがみこ」とも》柿渋を引かないで作った安価な紙子。(季 冬)
すが-みの【×菅×蓑】スゲの葉で編んだ蓑。すげみの。「木曽の檜笠(ひのきがさ)、越(こし)の一ばかり」〈幻住庵記〉
すが-む【×眇む】㊀〔動マ四〕片目が細くなる。また、ひとみが片寄る。「忠盛目の一・まれたりければ」〈平家・一〉㊁〔動マ下二〕「すがめる」の文語形。
すが-むしろ【×菅×筵】スゲで編んだむしろ。すがたたみ。「心を友と一の、思ひをのぶるばかりなり」〈謡・高砂〉
すが-め【×眇】❶片目や斜視などの目。❷意識的にひとみを片寄せた目。横目。
す-がめ【素▽瓶】素焼きのかめ。
すが-める【×眇める】〔動マ下一〕図すが・む〔マ下二〕片目を細くする。片目を細くして見る。「目を一・めてねらいをつける」「ためつ一・めつ」
すがも【巣鴨】東京都豊島区東部の地名。江戸時代には中山道沿いの花卉(かき)栽培で知られた地。とげぬき地蔵をまつる高岩寺がある。
すが-も【×菅藻】❶ヒルムシロ科の多年草。海岸の岩礁に生える。葉は細長く、長さ約1メートルになる。雌雄異株。春から夏にかけて花をつける。❷川藻の一種というが、未詳。「宇治川に生ふる一を川速み取らず来にけりつとにせましを」〈万・一一三六〉
すがも-こうちしょ【巣鴨拘置所】▶巣鴨プリズン
すがも-プリズン【巣鴨プリズン】東京都豊島区池袋にあった東京拘置所。第二次大戦敗戦後、連合軍に接収され、戦争犯罪人として逮捕された日本人政治家・軍人が収容された。A級戦犯7人はここで処刑された。昭和46年(1971)東京拘置所は東京都葛飾区小菅に移転、跡地にはサンシャインシティが建っている。巣鴨拘置所。
すが-もん【×絓紋】絓糸を使った縫い紋。
すが-やか【▽清やか】〔形動ナリ〕❶物事が滞りなく進むさま。「大臣までかく一になり給へりしを」〈大鏡・道長上〉❷未練がなく思い切りのよいさま。「心は先立ちながらも、前の世の勤めからにや、一にえ人の思ひ立たざなるすぢを」〈狭衣・四〉
すかゆ-おんせん【酸ヶ湯温泉】青森市南部、八甲田山麓にある温泉。泉質は硫黄泉。千人風呂・まんじゅうふかし湯が名物。もと鹿湯(しかゆ)といい、昭和31年(1956)国民温泉第1号に指定。
すがら ㊀〔名〕(多く「に」を伴って副詞的に用いる)始めから終わりまでとぎれることがないこと。「ぬばたまの夜は一にこの床のひしと鳴るまで嘆きつるかも」〈万・三二七〇〉㊁〔接尾〕名詞などに付く。❶始めから終わりまで、…の間ずっと、などの意を表す。「夜も一」❷何かをするその途中で、…のついでに、などの意を表す。「道一」❸そのものだけで、ほかに付属しているものがないという意を表す。…のまま。「身一」
ず-から〔接尾〕❶人の心・身体などを表す語に付いて、そのもの自身という意を表す。…で。…から。…のまま。「おの一」「み一」「ロ一」❷人間関係を表す名詞に付いて、その関係にある意を表す。「拙者ためには従弟一なるが」〈浮・伝来記・二〉❸人の動作を表す名詞に付いて、その動作をもってという意を表す。「むむ神詣でか、徒歩(かち)一殊勝殊勝」〈浄・安達原〉
ず-がら【図柄】図案の柄。模様。「斬新な一」
(類語)模様・柄・文様・絵柄・図案・パターン・地紋・紋(あや)・文(あや)・文目(あやめ)・紋柄(もんがら)・図様・意匠・デザイン・プリント
スカラー〖scalar〗長さ・面積・質量・温度・時間など、大きさだけで定まる数量。スカラー量。⇨ベクトル
スカラー-クオーク〖scalar quark〗▶スクオーク
スカラー-せき【スカラー積】内積(ないせき)。
スカラー-タウりゅうし【スカラータウ粒子|スカラーτ粒子】▶スタウ
スカラー-でんし【スカラー電子】▶セレクトロン
スカラー-ニュートリノ〖scalar neutrino〗▶スニュートリノ
スカラー-フェルミオン〖scalar fermion〗▶スフェルミオン
スカラー-フェルミりゅうし【スカラーフェルミ粒子】▶スフェルミオン
スカラー-ミューりゅうし【スカラーミュー粒子|スカラーμ粒子】▶スミューオン
スカラー-りょう【スカラー量】《scalar quantity》▶スカラー
スカラー-レプトン〖scalar lepton〗▶スレプトン
スカラけ-の-びょう【スカラ家の廟】《Arche Scaligere》イタリア北東部、ベネト州の都市ベローナにあるゴシック様式の霊廟(れいびょう)。カングランデ1世をはじめ、13世紀から14世紀にかけてベローナの領主だったスカラ家の一族が眠る。12世紀創建のサンタマリアアンティカ教会に隣接する。
スカラ-ざ【スカラ座】《Teatro alla Scala》イタリアのミラノにある国立歌劇場。1778年開場。こけら落としはサリエリのオペラで、その後もロッシーニやベルディ、プッチーニなどの著名な作品が多数上演されている。名称は、サンタマリア-アラ-スカラ教会の跡地に建てられたことから。
スカラシップ〖scholarship〗奨学金。また、奨学金を受ける資格。スカラーシップ。
スカラップ〖scallop〗❶帆立貝やその形に模した鍋(なべ)を用いる料理。❷「スカラップカット」の略。
スカラップ-カット〖scallop cut〗帆立貝のような波形にカットされた装飾的な縁のこと。襟やスカートの裾(すそ)、帽子のへりなどに使われる。
スカラブ〖scarab〗▶スカラベ❷
スカラ-ブラエ〖Skara Brae〗英国スコットランド北岸、オークニー諸島、メーンランド島にある新石器時代の集落跡。1850年に発見され、1930年頃に発掘が行われた。新石器時代の集落遺跡としてはヨーロッパで最も保存状態が良いことで知られる。円墳メイズホウ、環状列石リングオブブロッガー、ストーンズオブステネスなど、近隣の遺跡とともに、1999年に「オークニー諸島の新石器時代遺跡中心地」として世界遺産(文化遺産)に登録された。
スカラベ〖フランス scarabée〗❶黄金虫。特に古代エジプト人が太陽神の象徴として神聖視したタマオシコガネ。⇨タマオシコガネ ❷古代エジプトの護符。宝石や陶器でつくった黄金虫形の像で、装飾をかねて用いた。スカラブ。
スカラムーシュ〖フランス Scaramouche〗イタリアの即興喜劇(コメディア-デラルテ)の道化役。黒い衣装をつけ、ほらをふき、空いばりする臆病者。17世紀の名優フィオリリによって完成されたという。
すかり《「すがり」とも》❶網製のびく。サザエ・アワビなどを入れる。❷網のように編んだ数珠袋(じゅぶくろ)の房。また、法師が数珠を入れたり、山伏がほら貝などを入れたりするのに用いる袋。
すかり【脈=窠】鉱脈や岩石などの中にできた空洞。水晶や方解石などの美しい結晶鉱物を産することがある。かざあな。
すかり〔副〕たやすく事が行われるさま。刃物で物を切るさまなどにいう。「一と切る」
すがり 蜂の俗称。
すがり【▽尽り|▽末枯り】❶盛りを過ぎて衰えかかること。また、そのもの。すがれ。「大坂に勤めし藤屋の太夫葛城が一といふ」〈浮・好色盛衰記〉❷香のたき残り。すがれ。「いつ焼(た)き捨ての一までも、聞き伝へし初音これなるべし」〈浮・一代女・一〉
ずかり〔副〕鋭い刃物で力強く切り込むさま。また、思い切りよく物事をするさま。「一中窪に削った断崖(がけ)の」〈鏡花・草迷宮〉
スカリジェロ-ばし【スカリジェロ橋】《Ponte Scaligero》イタリア北東部、ベネト州の都市ベローナの市街を流れるアディジェ川に架かる橋。14世紀、ベローナの領主スカラ家のカングランデ2世によりベッキオ城とともに建造された。第二次大戦でドイツ軍に破壊されたが、戦後に再建。
すがり-つ・く【×縋り付く】〔動カ五(四)〕❶頼りにしてしっかりとつかまる。「泣きながら一・く」❷たのみとする。頼る。「先生の一言に一・く」
(類語)すがる・取りすがる・寄りすがる・取り付く
スカリング〖sculling〗シンクロナイズドスイミングで、両手・両腕だけを動かして位置を保ったり、移動したりすること。
スカル〖scull〗左右両側のオールをこぐ、レース用の細長い小艇。一人乗り(シングル)と二人乗り(ダブル)がある。軽漕艇(けいそうてい)。スカール。(季 夏)
スカル〖skull〗頭蓋骨。どくろ。「一キャップ(=縁ナシ帽)」
すがる【蜾=蠃】❶ジガバチの古名。「飛びかける一のごとき腰細に」〈万・三七九一〉❷鹿の古名。「一伏す木ぐれが下の葛まきを吹き裏がへす秋の初風」〈山家集・中〉
すが・る【▽尽る|▽末枯る】㊀〔動ラ四〕❶盛りを過ぎて衰える。「身用心の傾城買いも一・らぬうちに分別すべし」〈浮・好色盛衰記〉❷香が燃えつきる。「一・りたれども聞き分け給へと」〈浮・武家義理・一〉㊁〔動ラ下二〕「すがれる」の文語形。
すが・る【×嵌がる】〔動ラ五(四)〕はめ込まれる。すげられる。「鼻緒がうまく一・る」
す-が・る【酸がる】〔動ラ四〕すっぱそうにする。すっぱがる。「梅食ひて一・りたる」〈枕・四五〉
すが・る【×縋る】〔動ラ五(四)〕❶頼りとするものにつかまる。「命綱に一・る」「手すりに一・って歩く」❷助力を求めて頼りとする。「人の情けに一・る」(可能)すがれる〔ラ下一〕
(類語)(❶)すがりつく・取りすがる・寄りすがる・取り付く/(❷)頼る・依存する
すがる-おとめ【蜾=蠃▽少女】ジガバチのように腰が細い、美しい少女。「胸別(むなわけ)の広き我妹(わぎも)腰細の一のその姿(かほ)のきらきらしきに」〈万・一七三八〉
スカルツィ-ばし【スカルツィ橋】《Ponte degli Scalzi》イタリア北東部の都市ベネチアにある、大運河(カナルグランデ)に架かる橋。ベネチアの陸の玄関口であるサンタルチア駅近くに位置する。イストリア石を用いたアーチ構造の橋で、1932年に完成。
スカルノ〖Akhmed Sukarno〗[1901〜1970]インドネシアの政治家。1928年インドネシア国民党を結成して独立運動を推進。第二次大戦後、独立を宣言して対オランダ武力闘争を指導、49年共和国初代大統領に就任。民族主義・宗教・共産主義を一体とするナサコム体制を提唱、63年には終身大統領となったが、反共勢力の台頭で67年に解任された。
すがる-はふ【×縋破風】神社・仏閣などの建築にみられる、本屋根の軒先から一方にだけさらに突き出した部分の破風。
スカルパント-とう【スカルパント島】《Scarpanto》カルパトス島のイタリア語名。
スカルプ〖scalp〗人間の頭皮。頭の地肌。
スカルプチャー〖sculpture〗彫刻。彫刻作品。
スカルホルト〖Skálholt〗アイスランド南西部の村。11世紀半ばから18世紀の終わり頃まで、アイスランド初のキリスト教の司教座が置かれ、文化・政治・宗教の中心地だった。1963年に再建された教会がある。
スカルラッティ〖Scarlatti〗㊀(Alessandro 〜)[1660〜1725]イタリアの作曲家。多数のオペラ・オラトリオなどを作曲し、イタリア-オペラの完成に貢献した。㊁(Domenico 〜)[1685〜1757]イタリアの作曲家・チェンバロ奏者。㊀の子。500曲を超えるチェンバロ-ソナタを作曲し、近代的奏法を創始した。
すが・れる【▽尽れる|▽末枯れる】〔動ラ下一〕図すが・る〔ラ下二〕❶草木が盛りの季節を過ぎて枯れはじめる。「梅が散って、桃が一・れて」〈風葉・恋ざめ〉❷人の盛りが過ぎて衰えはじめる。「自然(じねん)と一・れて来る気の毒な女房の姿は」〈漱石・道草〉❸物が古びる。「一・れたる綿繻子の帯の間より」〈露伴・いさなとり〉

❹香が燃えつきる。「—·れたれども名香とおぼしき空炷(そらだき)に」〈読·逢州執着譚·五〉

スカロン〖Paul Scarron〗[1610〜1660]フランスの詩人·小説家·劇作家。すべてを滑稽化するビュルレスク(道化調)を創出した。小説「滑稽物語」、詩「戯作ウェルギリウス」、戯曲「ジョドレ」など。

すが-わら【×菅原】すがはら スゲの生えている野原。すげはら。「ま玉つく越(をち)の—われ刈らず人の刈らまく惜しき—」〈万·一三四一〉

すがわら【菅原】すがはら 姓氏の一。もと土師(はじ)氏。古人(ふるひと)のとき、菅原と改めた。文章家として代々学者を輩出。道真は右大臣に進んだ。中世には、高辻·五条·東坊城·唐橋などの諸家に分かれた。

すがわらでんじゅてならいかがみ【菅原伝授手習鑑】すがはらデンジュてならひかがみ 浄瑠璃。時代物。五段。竹田出雲·並木千柳(宗輔(そうすけ))·三好松洛(みよししょうらく)·竹田小出雲合作。延享3年(1746)大坂竹本座初演。菅原道真の事跡に、三つ子の兄弟梅王·松王·桜丸の活躍を配したもの。人形浄瑠璃·歌舞伎で上演され、浄瑠璃時代物の三大傑作の一つといわれる。

すがわら-の-きよきみ【菅原清公】すがはら《「きよただ」とも》[770〜842]平安初期の学者·漢詩人。空海·最澄らとともに入唐し、帰国後、朝儀の唐風化に尽力。文章博士(もんじょうはかせ)、従三位に至った。「凌雲集」「文華秀麗集」の編者の一人。

すがわら-の-これよし【菅原是善】すがはら[812〜880]平安前期の学者。清公(きよきみ)の子。道真の父。文章博士(もんじょうはかせ)を経て参議、従三位に至った。「文徳実録」の編集に参加。「東宮切韻」などを撰した。

すがわら-の-たかすえのむすめ【菅原孝標女】すがはらのたかすゑのむすめ[1008〜?]平安中期の女流文学者。父孝標は道真の玄孫。母は藤原倫寧(ともやす)の娘で、道綱母の異母妹。30歳を過ぎて祐子内親王に出仕、橘俊通の妻となった。生涯を回想的に描いた「更級(さらしな)日記」があり、「浜松中納言物語」「夜の寝覚(ねざめ)」の作者ともいわれる。

すがわら-の-ためなが【菅原為長】すがはら[1158〜1246]鎌倉初期の学者。文章博士(もんじょうはかせ)·参議兼勘解由(かげゆ)長官。有職故実に通じた。著「字鏡集」「文鳳鈔」など。

すがわら-の-ふみとき【菅原文時】すがはら[899〜981]平安中期の漢詩人·学者。道真(みちざね)の孫。文章博士(もんじょうはかせ)。天暦8年(954)村上天皇に政治論「意見封事三箇条」を提出。菅三品(かんさんぼん)と称された。

すがわら-の-みちざね【菅原道真】すがはら[845〜903]平安前期の公卿·学者·文人。是善(これよし)の子。宇多天皇の信任が厚く、寛平6年(894)遣唐使に任ぜられたが献言してこれを廃止。延喜元年(901)藤原時平の中傷により大宰権帥(だざいのごんのそち)に左遷され、配所で没した。学問·書·詩文にすぐれ、菅公と称され、後世、天満天神として祭られる。編著「三代実録」「類聚国史」「新撰万葉集」など。詩文集に「菅家文草」「菅家後集」がある。➡天満宮

ず-かん【図鑑】ヅ 絵や写真を中心にしてその事物の実際の形などを示しながら解説した書物。「植物—」〘類語〙図譜·図録

スカンク〖skunk〗❶イタチ科スカンク亜科の哺乳類の総称。猫大で、尾がふさふさしている。体は黒色だが白の警戒色をもち、身を守るとき、逆立ちして肛門腺から悪臭の強烈な液体を出す。動作は遅く、昆虫などを捕食する。南·北アメリカに分布。シマスカンク·マダラスカンクなど。❷►スコンク

スカン-グアイ〖Sgaang Gwaii〗カナダ、ブリティッシュコロンビア州、太平洋岸にあるクイーンシャーロット諸島南部の島。グアイ·ハーナス国立公園保護区内にあり、ハイダ族のトーテムポールや集落跡が残されている。1981年、世界遺産(文化遺産)に登録された。アンソニー島。

スカンジウム〖scandium〗希土類元素の一。単体は灰白色の金属。空気中では暗灰色になる。1879年スウェーデンのニルソンが発見、スカンジナビアにちなんで命名。元素記号Sc 原子番号21。原子量44.96。

スカンジナビア〖Scandinavia〗ヨーロッパ北部の半島。西をノルウェー、東をスウェーデンが占める。氷河の形成したフィヨルドや湖沼が多い。デンマークやフィンランド·アイスランドを含めていうこともある。

スカンジナビア-さんみゃく【スカンジナビア山脈】スカンジナビア半島を南北に走る山脈。ノルウェー·スウェーデン国境をなす。最高峰はガルヘピゲン山で標高2469メートル。

スカンセン〖Skansen〗スウェーデンの首都ストックホルムの中心部にあるユールゴーデン島にある、1891年に開設された世界最古の野外博物館。農家や教会をはじめ、同国の各地から集められた伝統的な建造物を展示。

ずかん-そくねつ【頭寒足熱】ヅカン 頭が冷え、足が暖かいこと。健康によいとされる。

すかん-たらし·い【好かんたらしい】〘形〙好かない。気に入らない。いやらしい。「—·い眼光(めつき)の渋谷に秋波(ながしめ)を注がれて」〈紅葉·二人女房〉

スカンデルベグ-ひろば【スカンデルベグ広場】《Sheshi Skënderbej》アルバニアの首都チラナの中心部にある広場。中世アルバニアの民族的英雄であるスカンデルベグの名を冠する。周囲には国立歴史博物館、アルバニア銀行、イスラム寺院のジャーミアエトヘムベウトなどがある。

スカンドラ-しぜんほごく【スカンドラ自然保護区】《Réserve naturelle de Scandola》地中海西部のフランス領の島、コルシカ島の西部にあるスカンドラ半島および周辺海域を含む自然保護区。赤い花崗岩(かこうがん)の切り立った断崖が続き、荒々しい自然景観で知られる。マキーと呼ばれる同島固有の常緑灌木で覆われ、海鳥や猛禽(もうきん)が生息する。1983年、「ピアナのカランケ、ジロラッタ湾、スカンドラ自然保護区を含むポルト湾」の名称で世界遺産(自然遺産)に登録された。

スカンピ〖イタリア scampi〗ヨーロッパ産のアカザエビ(ヨーロッパアカザエビ)のこと。

す-かんぴん【素寒貧】〘名·形動〙貧乏で何も持たないこと。まったく金がないこと。また、そういう人や、そのさま。「給料前で—な(の)状態」
〘類語〙裸·貧乏·無一文(むいちもん)·無一物(むいちもつ)·身(み)一つ·すってんてん·文無し·裸一貫·丸裸·身すがら·おけら·貧困·貧窮·貧苦·窮乏·困窮·困乏·困苦·生活苦·貧(ひん)·赤貧·極貧·清貧·じり貧·貧寒·不如意(ふにょい)

すかん-ぽ【酸=模】❶スイバの別名。〘季 春〙❷イタドリの別名。

すき【主基】【▽次】《2番目、次(つぎ)の意》大嘗祭(だいじょうさい)のとき、悠紀(ゆき)とともに神饌(しんせん)の新穀を献上すべき国郡。また、そのときの祭場。➡悠紀(ゆき)

すき【好き】〘名·形動〙❶心がひかれること。気に入ること。また、そのさま。「—な人」「—な道に進む」⇔嫌い。❷片寄ってそのことを好むさま。物好き。また、特に、好色。色好み。「幹事を買って出るなんて、君も—だねえ」「—者」❸自分の思うままに振る舞うこと。また、そのさま。「—なだけ遊ぶ」「どうとも—にしなさい」❹►すき(数寄)
〘類語〙(❶)好み·気に入り·最屓(ひいき)·目がない/(❸)意のまま·思いのまま·ほしいまま·自由·勝手
〘下接語〙大(だい)好き·不(ぶ)好き(ずき)遊び好き·男好き·女好き·客好き·綺麗(きれい)好き·子供好き·酒好き·好き好き·世話好き·出好き·派手好き·話好き·人好き·物好き·横好き·侘(わ)び好き

好きこそ物の上手(じょうず)なれ　好きな事にはおのずと熱中できるから、上達が早いものだ。

すき【透き】【隙】❶物と物との間。間隙(かんげき)。すきま。「戸に—がある」「割り込む—もない」❷引き続いている物事の絶え間。合間。ひま。「仕事の—をみつける」「手—のとき」❸気のゆるみ。油断。また、つけいる機会。「相手の—につけこむ」「—をねらう」「—を見せる」〘類語〙すきま·間隙(かんげき)·空隙

すき【×梳き】❶髪の毛を櫛(くし)でとかすこと。「髪—」❷「梳き櫛」の略。❸「梳き油(あぶら)」の略。

すき【数寄】【数奇】《「好き」と同語源。「数寄」「数奇」は当て字》風流·風雅に心を寄せること。また、茶の湯·生け花などの風流·風雅の道。「—者(しゃ)」

数寄を凝ら·す　建物·道具などに、風流な工夫を隅々までほどこす。「—·した茶室」

すき【×漉き】【▽抄き】紙を漉くこと。「手—の和紙」

すき【×鋤】【×犂】❶(鋤)手と足の力を利用して、土を掘り起こす農具。幅の広い刃に、まっすぐな柄をつけたもの。金(かな)鋤·風呂(ふろ)鋤·江州(ごうしゅう)鋤など。❷(犂)牛や馬に引かせ、畑や田を耕す農具。犂轅(りえん)を牛馬につなぎ、犂先で地面を切り起こす。からすき。
〘類語〙鍬(くわ)·鶴嘴(つるはし)

すぎ【杉】【×椙】❶スギ科の常緑大高木。高さ50メートル以上に達し、長寿。幹は直立し、樹皮は褐色で縦に裂ける。葉は小さい針状で、枝に密につく。早春、多数の雄花と球状の雌花とをつける。日本特産で、産地により、吉野杉·秋田杉·北山杉·屋久杉などがある。材は、木目がまっすぐで香りがあり、建築·家具などに多用される。〘季 花=春 実=秋 落葉=夏〙「—の花こぼれし磴(とう)や物詣/たかし」❷紋所の名。杉の木をかたどったもの。一本杉·丸に二本杉·三本杉·杉巴など。❸「杉形(すぎなり)」の略。〘補説〙「椙」は国字。

杉折り掛·く　酒を売る家のしるしとして、杉の枝葉を束ねたものを軒につるす。「わら葺(ぶ)ける軒に—·けて」〈浮·五人女·三〉

すぎ【過ぎ】〘語素〙❶時間·年齢などを表す語の下に付いて、その時間や年齢をすでにすぎている意を表す。「八時—に帰る」「三〇—の男」❷動詞の連用形の下に付いて、その程度が度をこしている意を表す。「食べ—」「飲み—」「太り—」

ずき【▽付き】ヅキ 捕吏、警官、また、警察からの手配などをいう俗語。

付きが回·る　犯人として手配される。手が回る。

ずき【好き】〘語素〙名詞の下に付いて、複合語をつくる。❶あること、また、あるものが好きであることを表す。また、そのような人をもいう。「外出—の人」「酒—」❷それに好かれる性質をもっていることを表す。「人—のする性質」「若者—のスタイル」

すき-あ·う【好き合う】すきあふ〘動ワ五(ハ四)〙互いに好く。恋いし合う。「—·って一緒になる」

すきあし-がえる【×鋤足×蛙】がへる 無尾目スキアシガエル科の両生類の一群の総称。体長4〜8センチのカエル。体はずんぐりしていて後肢が短い。後肢の裏側にある黒褐色の硬い突起で土を掘り、潜る。ヨーロッパ·アフリカ北西部に4種、カナダからメキシコにかけて6種が分布。

スキアソス〖Skiathos〗►スキアトス

スキアトス〖Skiathos〗ギリシャ、エーゲ海西部、スキアトス島の南東部にある港町。同島の中心地。本土や周囲の島々とフェリーで結ばれる。19世紀ギリシャを代表する作家で同地出身のアレキサンドロス=パパディアマンテスの博物館がある。スキアソス。

スキアトス-とう【スキアトス島】タウ《Skiathos》ギリシャ、エーゲ海西部の島。スポラデス諸島に属し、最西端に位置する。中心地はスキアトス。ククナリエスをはじめ、美しい海岸が多く、観光客に人気がある。19世紀ギリシャの作家アレキサンドロス=パパディアマンテスの生地。スキアソス島。

すき-あぶら【×梳き油】髪を梳くときに使う固形の油。ごま油または菜種油に生蝋(きろう)·香料などを加え、練り合わせたもの。➡鬢付油(びんつけあぶら)

すき-あや【透×綾】►すきや(透綾)

すぎ-あや【杉×綾】「杉綾織り」の略。

すぎあや-おり【杉×綾織(り)】杉の葉のようなV字形を連続して織り出した織り方。また、その布地。毛織物に多い。杉綾。ヘリンボーン。

すき-あり·く【好き▽歩く】〘動カ四〙❶あちこち浮気をしてまわる。「なほ同じごと—·きければ」〈源·夕顔〉❷風流を好んであちこち歩きまわる。「花の下、月の前と—·きけり」〈宇治拾遺·一五〉

スキー〖ski〗❶雪上を滑走したり移動したりするために、両足につける細長い板状の用具。❷雪上で❶

を用いて行うスポーツや競技。また、それを履いて雪上を滑ること。〈季 冬〉〈類語〉ウインタースポーツ・アルペンスキー・ノルディックスキー・ゲレンデスキー・山スキー・クロスカントリースキー・ラングラウフ・スノーボード

スキースケート-そうごうほけん【スキースケート総合保険】スキーやスケートに関連して発生する損害を填補する目的の保険。自身の死亡または傷害や用品の破損・盗難による損害、損害賠償責任を負うことによる損害などを補償する。

すぎ-いた【杉板】杉の木の板。

すぎいた-ぶき【杉板×葺き】屋根を杉板で葺くこと。また、その屋根。

スキート-しゃげき【スキート射撃】《skeet shooting》クレー射撃の一種目。半径19.2メートルの半円上にある八つの射台を順に移動しながら、高低2か所から飛び出る皿状の標的を散弾銃で撃つ競技。

スキー-パラグライダー〖ski paraglider〗雪の斜面で、スキー板を履いてパラグライダーで滑空するスポーツ。SPG。

スキーマ〖schema〗データベースの構造。データの種類や大きさ、他のデータとの関連など、定義した仕様や設計を指す。

スキー-マラソン《和 ski＋marathon》スキーのクロスカントリーを市民スポーツ化したもの。15キロ・30キロ・50キロなど定められたコースを走破するが、時間とは関係なく、自己のペースに合わせて楽しみながら滑ることから「雪上のジョギング」ともいわれる。

スキーマ-りろん【スキーマ理論】《schema theory》人間の記憶の構造が、状況によってどのように変化し、組織化されるかを考察した理論。

スキーム〖scheme〗計画。企画。体系。枠組み。〈補説〉英語では、謀略、陰謀の意味もある。

スキーヤー〖skier〗スキーをする人。「プロー」〈季 冬〉

すき-いれ【×漉き入れ|▽抄き入れ】❶紙を透かして見たときに現れる文字や模様。紙を漉くときに、部分的に厚薄の差をつけて作る。すかし。❷「漉き入れ紙」の略。

すきいれ-がみ【×漉き入れ紙】文字や模様を漉き込んだ紙。

すき-いろ【透(き)色】物を透かして見たときの色合い。

すぎ-う【杉▽生】杉が生い茂っている所。すぎふ。「けふみれば花も―に成にけり」〈散木集・六〉

すき-うつし【透(き)写し】〔名〕スル 書画の原本の上に薄い紙をのせて、透かして写すこと。敷き写し。

すぎうら-しげたけ【杉浦重剛】［1855～1924］教育家。近江の生まれ。雑誌「日本人」、新聞「日本」の創刊に尽力。欧化主義に反対して日本主義を主張した。日本中学校校長・東宮御学問所御用掛を歴任。著「倫理御進講草案」など。

すぎうら-しげる【杉浦茂】［1908～2000］漫画家。東京の生まれ。洋画家として帝展に入選後、田河水泡の弟子となり、少年向けの時代もの・冒険漫画で人気を得る。独特の世界観をもつギャグ作品は、時代を先取りしていた点で多くの文化人にも影響を与えた。代表作は「猿飛佐助」「少年児雷也」「少年西遊記」など。

すぎうら-じょうい【杉浦乗意】［1701～1761］江戸中期の装剣金工家。信濃の人。通称、仙右衛門。江戸に出て奈良派の門に入る。肉合い彫りを創始し、主に小柄を制作した。奈良三作の一人。

すぎうら-ただし【杉浦忠】［1935～2001］プロ野球選手・監督。愛知の生まれ。立教大でノーヒット・ノーランを記録するなど投手として活躍。昭和33年（1958）南海（現福岡ソフトバンク）に入団。翌年38勝をあげてリーグ優勝に貢献し、日本シリーズでは4連投して4連勝、日本一となった。引退後は同球団の監督を務めた。

すぎうら-ひすい【杉浦非水】［1876～1965］日本画家・デザイナー。愛媛の生まれ。本名、朝武。東京美術学校卒。多摩帝国美術学校校長。創作図案研究団体、七人社を結成、百貨店のポスター作製など商業美術の振興に尽くした。芸術院恩賜賞受賞。

すぎうら-みんぺい【杉浦明平】［1913～2001］小説家・評論家。愛知の生まれ。東大卒。ルネサンス文学研究を基盤に、郷里の愛知県渥美町で地方色豊かな文学活動を展開。「小説渡辺崋山」で毎日出版文化賞。他に「ノリソダ騒動記」「哄笑の思想」「戦国乱世の文学」「維新前夜の文学」など。

すぎうら-ゆきお【杉浦幸雄】［1911～2004］漫画家。東京の生まれ。岡本一平に学んだのち、漫画家としての活動を開始。大人向けのナンセンスな風俗漫画でブームを巻き起こす。代表作「銃後のハナ子さん」「アトミックのおぼん」「軽風流白書」など。

すき-うるし【透(き)漆】上質の生漆から水分を取り除き、透明度を高めたもの。

すき-おうぎ【透(き)扇】杉などで作った薄い骨に透かし彫りを施し、白い生絹を張った扇。一説に、五節の童女の持つ扇ともいう。透かし扇。

すき-おこ・す【×鋤き起(こ)す】〔動サ五(四)〕鋤で土を掘り起こして耕す。「畑を―・す」

すき-おり【透(き)織(り)】▶透かし織り

すぎ-おり【杉折(り)】杉の薄い板で作った平たい小箱。菓子・料理などを入れるのに用いる。

すき-かえし【×漉き返し】《「すきがえし」とも》反故紙を漉きなおすこと。また、その紙。宿紙。

すき-がえし【×鋤き返し】鋤や鍬で土を掘り返すこと。

すき-かえ・す【×漉き返す|▽抄き返す】〔動サ五(四)〕反故紙などを水に溶かし、漉きなおして再び紙にする。「―・して再利用する」

すき-かえ・す【×鋤き返す】〔動サ五(四)〕鋤や鍬で土を掘り返す。「田を―・す」

すき-がき【透垣】▶すいがい(透垣)

すぎ-がき【杉垣】❶杉を植えならべて垣根としたもの。❷盂蘭盆のとき、精霊棚に杉の青葉を立て並べたもの。

すき-かげ【透き影】❶物のすきまや物越しに漏れる光。「灯ひともしたる―障子の上より漏りたるに」〈源・帚木〉❷物のすきまや薄い物を通して見える姿や形。「几帳夕日の―より内侍のかみ紅の黒むまで」〈宇津保・楼上下〉

すき-かって【好き勝手】〔名・形動〕気ままに振る舞うこと。また、そのさま。「―な一人暮らし」「―に行動する」〈類語〉勝手・わがまま・好き・得手勝手・気随・気まま・気任せ・ほしいまま・奔放・自由

すき-がまえ【透(き)構え】昔の築城法の一。外から城内が見えるようにした構え。➡黒構え

すき-がま・し【好きがまし】〔形シク〕色好みらしい。好色らしい。「かかること、ゆめ人に言ふな。―・しきやうなり」〈和泉式部日記〉

すき-がみ【×梳き髪】❶櫛でとかした髪。❷前髪だけを分けて取り、残りを鬢も髱も出さずに櫛巻き風にまとめた女性の髪の結い方。本式に結うまでの仮の結髪。

すぎ-かみきり【杉天=牛】カミキリムシ科の昆虫。体長12～27ミリ、黒色で、前翅に卵形の4個の黄紋がある。時に2個や無紋のものもある。幼虫は杉やヒノキの樹皮下に穴をあけ、材部を食害する害虫。

すぎ-かわ【杉皮】杉の木の幹からはいだ皮。家の屋根や下見などに用いる。

すき-ぎ【透(き)木】茶道具の一。五徳を使わないで釜を風炉または炉にかけるとき、風炉と釜との間にすきまをつくるために風炉の縁に置く木片。キリ・ホオノキなどを用いる。

すき-きらい【好き嫌い】好きなことと、嫌いなこと。また、えりごのみ。「何かと―の激しい性格」〈類語〉好悪・選り好み

すき-ぎり【▽剝き切り】そぐように薄く切ること。「この芋をむきつつ、―に切れば」〈宇治拾遺・一〉

すき-ぎれ【×漉き切れ|▽抄き切れ】紙を製するとき、漉きそこなって空いたすきま。

すき-ぐし【×梳き×櫛】髪を梳くとき、ほこりなどを取り去るのに使う歯の目の細かい櫛。

すき-くわ【×鋤×鍬】すきと、くわ。農具のこと。また、それを使ってする仕事。農作業。

すき-げ【×梳き毛】結髪の形を整えるために髪の中央に入れたり、頭髪の汚れをとるために梳き櫛に挟んで髪をけずるのに用いたりする毛の束。赤熊・人造毛などの入れ毛。

すき-こ【透き▽蚕】繭をつくる前の、体がやや透明になった蚕。また、空頭病にかかった蚕。

すき-こ【×梳き子】「梳き手」に同じ。

すぎ-ごけ【杉×苔|杉×蘚】スギゴケ科の蘚類の総称。一般に、湿地に密に生え、高さ5～10センチ。茎と葉との区別がみられ、葉は針状で密につく。雌雄異株で、茎の頂に褐色の柄のある四角柱状の胞子嚢をつける。ウマスギゴケ・オオスギゴケ・コスギゴケ・タチゴケなど。

すき-ごころ【好き心】❶色好みの心。「―を出す」❷好奇心。また、風流を好む心。

すぎこし-かた【過ぎ来し方】〔連語〕❶通り過ぎた方向。「―を眺める」❷過ぎ去った昔。過去。「―を思い返す」

すぎこし-の-いわい【過ぎ越しの祝】▶過ぎ越しの祭

すぎこし-の-まつり【過ぎ越しの祭】ユダヤ教の三大祭の一。小羊の血を戸口の柱に塗ったイスラエル人の家を神ヤーウェが通り過ぎ、エジプト人にのみ難を与えたというエジプト脱出の故事を記念する春の祭り。過ぎ越しの祝。➡仮庵の祭 ➡ペンテコステ

すき-ごと【好き事】❶物好き。「かかる―をし給ふこととそしりあへり」〈竹取〉❷色好みの行為。色恋沙汰。「かかる―どもを末の世にも聞き伝へて」〈源・帚木〉

すき-このみ【好き好み】好みとすること。また、そのもの。嗜好。「子供の―に合わせる」

すき-この・む【好き好む】〔動マ五(四)〕(多く「好き好んで」の形で)特に好む。とりわけ好きになる。「―・んで苦労をする者はいない」

すき-こみ【×漉き込み|▽抄き込み】紙に模様などを漉き込むこと。また、その紙。

すき-こ・む【×漉き込む|▽抄き込む】〔動マ五(四)〕紙に文字や模様が現れるようにふつうの原料以外の繊維を混ぜて漉く。また、木の葉などを中に入れて漉く。「雪の模様を―・む」

すぎさか【杉坂】兵庫県佐用郡佐用町と岡山県美作市との間にあったという峠道。

すぎ-さ・る【過(ぎ)去る】〔動ラ五(四)〕❶その場所を通り過ぎて行ってしまう。「台風が―・る」❷時間が経って、過去のものになってしまう。「―・ったことは言うまい」「―・りし青春の日々」〈類語〉移る・去る

すき-ざんまい【好き三昧】〔名・形動〕「好き放題」に同じ。「―をぬかしての」〈滑・浮世風呂・三〉

すき-じ【透(き)字】紙などに文字が透けて見えるようにすること。また、その文字。

すぎした-しげる【杉下茂】［1925～ ］プロ野球選手・監督。東京の生まれ。復員後、昭和24年（1949）中日に入団。フォークボールの元祖として活躍し、同29年には32勝をあげて初優勝に大きく貢献した。沢村賞を3回受賞。引退後は、中日・阪神の監督、巨人コーチを歴任。

すき-しゃ【好き者|数寄者|数奇者】❶物好きな人。好事家。すきもの。「―の間に平七が細工求めたき旨申さるる仁は出来ず」〈露伴・風流魔〉❷数寄の道に専念する人。特に、茶道についていう。風流人。❸色好みの人。好色家。すきもの。

すぎ-じゅう【杉重】杉の薄い板で作った重箱。菓子折りなどに用いる。

すき-すおう【透素×襖】室町時代の衣服の一。越後縮などを染めて作った素襖。6、7月ころに着用する。すかしすおう。

すき-ずき【好き好き】人それぞれに好みが違うこと。「―のある味」「蓼食う虫も―」

すぎ-すぎ【▽次▽次】〔副〕つぎつぎ。「公達、同じほど

に—大人び給ひぬれば〈源・紅梅〉

ずき-ずき〔副〕スル 傷口などが脈打つように絶えず痛むさま。「虫歯が—(と)痛む」「頭が—する」 類語 しくしく・きりきり・痛む・うずく・ちくちく・ひりひり

すきずき・し【好き好きし】〔形シク〕❶いかにも風流である。また、物好きである。「—・しく、あはれなる事どもなり」〈宇治拾遺・三〉❷色好みめいて見える。好色らしい。「昔よりー・しき御心にて、なほざりに通ひ給ひける所々」〈源・蓬生〉

スキゾフレニア〖schizophrenia〗統合失調症。

スキタイ〖ギリシャ Skythai〗前6世紀から前3世紀にかけて、カルパチア山脈とドン川との中間の草原地帯に強大な遊牧国家を建設したイラン系民族。黒海沿岸のギリシャ植民都市と交易。すぐれた馬具・武具・武器を発達させるなど、独自の騎馬遊牧民文化を形成し、ユーラシア各地から中国にまで大きな影響を与えた。装飾文様の動物意匠に特色がある。

すぎた-げんぱく【杉田玄白】[1733〜1817]江戸後期の蘭方医。若狭小浜藩医の子として江戸に生まれる。名は翼、字は子鳳、号は鷧斎・九幸。前野良沢らと「ターヘル-アナトミア」を訳し「解体新書」として刊行。西洋医学を広く紹介した。著「蘭学事始」など。

すきだし-ぼり【×鋤き出し彫(り)】彫金の技法の一。絵模様や文字が現れるように、輪郭に沿ってそれ以外の部分を鏨(たがね)で削ったもの。日本刀の鐔(つば)の細工に多くみられる。鋤き彫り。

すき-だ・す【×漉き出す|▽抄き出す】〔動サ五(四)〕漉いて紙をつくる。「和紙を—・す」

すぎた-せいけい【杉田成卿】[1817〜1859]江戸後期の蘭学者。江戸の人。名は信。号は梅里。玄白の孫。坪井信道に学び、のち蕃書調所教授となる。訳著に「医戒」「済生三方」などの医学書、「海上砲術全書」などの兵学・理学・史書があり、蘭文に「玉川紀行」がある。

すぎ-だち【杉立ち】❶両手と頭とを下につけてする逆立ち。「宙返り、きばても—でもいたします」〈洒・客者評判記〉❷長い竿(さお)にのぼり、足をひっかけて逆さになり、しばらくしてからだを1回転させて地面に降り立つこと。角兵衛獅子(かくべえじし)などがする。

すき-たわ・む【好き×撓む】〔動マ四〕好色で人にたやすくなびく。「—・めらむ女に心おかせ給へ」〈源・帚木〉

スキット〖skit〗寸劇。テレビの語学番組などで、会話の実例を示すために演じられるものなど。

すきっ-と〔副〕スル すがすがしいさま。さっぱりした感じがするさま。「—した気分」「—した身なり」

スキッド〖skid〗自動車の横滑り。高速でカーブを曲がるときなどに起こる。

スキッド〖SQUID〗《superconducting quantum interference device》超伝導量子干渉素子。ジョセフィン接合に流れる最大ジョセフィン電流が外部の磁束に対して敏感に反応する特性を利用して、微小磁界を測定するための素子。また、そのような超電導性を利用した高感度の磁束検出器。生体磁気の測定、非破壊検査、物理測定などに利用される。

スキッド-しんだんそうち【スキッド診断装置】シンダンサウチ《スキッドはSQUID。superconducting quantum interference deviceの略》超伝導量子干渉素子診断装置。生体内の微弱な磁気の検出による診断装置。脳障害の診断装置として開発が競われている。

スキッパー〖skipper〗❶小型船の船長。艇長。❷ヨット競技で、舵(かじ)を握る者。

すきっ-ぱら【▽空きっ腹】「すきはら」の音変化。「—にこたえる」

スキップ〖skip〗〔名〕スル ❶片足で交互に軽く跳びながら進むこと。「楽しそうに—する子供」❷飛ばすこと。ある箇所を飛ばして先へ進むこと。「好きな曲まで—する」「ナビゲーションを—する」「CMを—する」

スキップトン〖Skipton〗英国イングランド北部、ノースヨークシャー州の町。ヨークシャーデールズ国立公園の観光拠点の一で、セトルカーライル鉄道の駅がある。かつて石炭や石材の運搬のために造られたリーズリバプール運河が町中を流れ、中世のノルマン様式のスキップトン城やボルトン修道院がある。

スキップトン-じょう【スキップトン城】ジャウ《Skipton Castle》英国イングランド北部、ノースヨークシャー州の町スキップトンにある城。11世紀にスコットランドに対する防備のため木造の城砦が造られたが、すぐに石造の城に改築された。現存する中世のノルマン様式の城の中でも保存状態が良いことで知られる。

すき-て【×梳き手】髪結いの助手として、あらかじめ客の髪を梳いておく者。梳き子。「洋髪屋の—であった瑠璃子というのが」〈荷風・つゆのあとさき〉

すき-でん【主基田】大嘗祭(だいじょうさい)のとき、主基の神饌(しんせん)とする穀物を作る田。➡悠紀田(ゆきでん)

すき-でん【主基殿】大嘗祭(だいじょうさい)のとき、西方の祭場となる殿舎。主基。➡悠紀殿(ゆきでん)

すき-と〔副〕❶残らず。完全に。すっかり。「お眼は—よござんすか」〈浄・八花形〉❷(あとに打消しの語を伴って)全然。「御声は致しまするが、—見えませぬ」〈虎寛狂・隠れ笠〉

すぎと【杉戸】埼玉県北葛飾郡の地名。古利根(ふるとね)川東岸に位置する。もと日光街道の宿場町。

すぎ-ど【杉戸】❶杉の一枚板を鏡板として入れた板戸。花鳥画などを描いたものもあり、縁回りなどに用いられた。❷江戸時代、品川遊郭で、見世と奥の境にある杉の板戸。また、そこにいる下級の遊女。

すき-とお・す【透(き)通す|透き▽徹す】トホス〔動サ五(四)〕光線などが、間にある物を通り抜ける。「水晶のような水を—・して」〈芥川・蜘蛛の糸〉

すき-とお・る【透(き)通る|透き▽徹る】トホル〔動ラ五(四)〕❶物を通して、中や向こう側が見える。「湖の底まで—・っている」❷声や音が澄んでいてよく聞こえる。「美しく響く—・った声」

すぎと-まち【杉戸町】▶杉戸

すき-と・る【▽剝き取る】〔動ラ五(四)〕包丁で薄くはぐように切る。「表の皮を—・る」

すぎ-な【杉菜】トクサ科の多年生のシダ。地下茎が長くはい、早春に節からツクシとよばれる胞子茎を、次いで栄養茎を出す。栄養茎は緑色で、高さ10〜30センチ、輪状に枝を出す。葉は退化し、鞘(さや)状。若い胞子茎は食用。北半球の温帯から寒帯に広く分布。(季 春)「すさまじや—ばかりの丘一つ/子規」

スキナー〖Burrhus Frederic Skinner〗[1904〜1990]米国の心理学者。動物の学習の原理を研究。のち、その成果をもとに人間の学習行動を研究し、学習プログラムとティーチングマシンを開発。

すぎ◦ない【過ぎない】〔連語〕《動詞「す(過)ぎる」の未然形＋打消しの助動詞「ない」》▶過ぎる❻

すき-なべ【×鋤鍋】すきやき用の鍋。また、すきやきのこと。

すぎなみ【杉並】東京都の区名。武蔵野台地にあり、住宅地。江戸時代、青梅(おうめ)街道に杉並木があったところからの名。人口55.0万(2010)。

すぎなみ-く【杉並区】▶杉並

すぎな-も【杉菜藻】スギナモ科の水生の多年草。本州以北の沼に生える。長さ30〜50センチ。泥中を地下茎がはい、先の方は水中から水面上に伸び、スギナに似る。花弁のない花をつける。

すぎ-なり【杉▽形|杉▽状】❶杉の木のように、上がとがり、下が広がった形。米俵などを三角形に積み上げた形。杉生え。❷陣立ての名称。前方に鉾形(ほこがた)に足軽を並べ、その後方に武者を並べたもの。

スキニー〖skinny〗〔形動〕《やせこけた、骨と皮の、の意》服のシルエットが皮膚のように体にぴったりフィットしているさま。

スキニー-デニム《和 skinny(やせこけた、の意)＋denim》体にぴったりフィットしたジーパン。スリムジーンズよりも細いというイメージを強調したもの。

スキニー-ルック〖skinny look〗体にぴったりフィットする細身のシルエットを特徴とするスタイル。

すき-にかわ【透き×膠】ニカハ 中国産の、精製した透明の膠。

すき-の-くに【主基の国】大嘗祭(だいじょうさい)に、神饌(しんせん)の新穀を奉る国。京都以西の国が卜定(ぼくじょう)され、平安時代以降は丹波・備中を交替にあてた。➡悠紀(ゆき)の国

すぎの-ふくしょくだいがく【杉野服飾大学】東京都品川区などにある私立大学。昭和39年(1964)、杉野学園女子大学として開学。平成14年(2002)に男女共学となり、現校名に改称された。

すぎ-のり【杉海=苔】スギノリ科の紅藻。干潮線付近の岩上につき、長さ5〜12センチ。不規則に多くの枝に分かれ、先はとがる。糊(のり)や寒天の原料にする。

すき-ば【透(き)歯】歯と歯の間がすいていること。また、その歯並び。

すぎ-ばえ【杉生え】「杉形(すぎなり)❶」に同じ。

すき-ばこ【透き箱】透かし彫りをした箱。すいばこ。「片つ方はただの金(かね)の筥、いま片つ方には—なるを」〈栄花・暮待つ星〉

すぎ-ばし【杉箸】杉の材で作った箸。

すき-ば・む【好きばむ】〔動マ四〕好色らしく見える。「—・みたる気色あるかとは思しかけざりけり」〈源・蜻蛉〉

すき-はら【▽空き腹】《「すきばら」とも》腹がへっていること。くうふく。すきっぱら。「—をかかえる」「—にまずい物なし」 類語 空腹・腹ぺこ

すぎ-はら【杉原】❶杉の生えている原。❷「杉原紙」の略。

すぎはら-がみ【杉原紙】播磨(はりま)国杉原谷(兵庫県多可郡多可町)原産の和紙。原料はコウゾで、奉書紙より薄く柔らかい。鎌倉時代以降、慶弔・目録・版画などに用いられ、贈答品としても重宝された。近世には各地から産出。すいばら。すぎわらがみ。

すぎはら-ぐも【杉原雲】雲形の模様のある杉原紙。

スキバリーン〖Skibbereen〗アイルランド南部、コーク州の町。ウエストコークの代表的な観光保養地の一。ジャガイモ飢饉(ききん)の際に、大きな被害を受けた地として知られ、当時の様子を伝える博物館がある。毎年7月に伝統音楽のフェスティバルが催される。

スキピオ〖Publius Cornelius Scipio〗㊀(〜 Africanus)[前236〜前184]古代ローマの軍人・政治家。前202年、ザマの戦いでハンニバルを破って第二ポエニ戦争を終結させ、「アフリカヌス」の名を得た。老スキピオ。大スキピオ。大アフリカヌス。㊁(〜 Aemilianus Africanus Numantinus)[前185〜前129]古代ローマの軍人・政治家。㊀の長男の養子。前146年、カルタゴを滅ぼして第三ポエニ戦争を終結させ、イベリア半島の支配権を確立。小スキピオ。小アフリカヌス。

すき-びたい【透(き)額】ビタヒ 冠の一。前額部の髪の生え際が透いて見えるように、黒の羅(ら)に薄く漆を塗って作ったもの。近世では、頭上に当たる甲の前方に月形の穴をあけ、羅を張ってその部分だけを透かした。元服後まもない15、6歳の男子が用いる。

すき-びと【好き人|数寄人|数奇人】❶風流・風雅を解する人。また、物好きな人。すきもの。「茶饗して—をあそばしむ」〈胆大小心録〉❷色好みの人。すきもの。「ある—ほのかに見奉りて、人知れず思ひ初め候ひける袖の色」〈伽・秋夜長〉

すぎ-ふ【杉▽生】▶すぎう

スキファノイア-きゅうでん【スキファノイア宮殿】《Palazzo Schifanoia》イタリア北東部、エミリアロマーニャ州の都市フェラーラにある宮殿。14世紀後半、エステ家の別荘として建造。15世紀にコズメ=トゥーラとフランチェスコ=デル=コッサが共同で描いたフレスコ画がある。現在は古代ギリシャの彫像や陶器を所蔵する市立ラピダリオ美術館になっている。

すき-ぶすき【好き不好き】好き嫌い。「おもいおもいの—で、人情何処(どこ)でも格別の変りはねえが」〈魯文・西洋道中膝栗毛〉

すき-べい【透(き)塀】中ほどを連子(れんじ)・透かし彫りなどにして、内部が透けて見える塀。神社・廟(びょう)などにみられる。

すき-へん【×耒偏】漢字の偏の一。「耕」「耗」などの「耒」の称。らいすき。

すき-ほうだい【好き放題】ハウダイ〔名・形動〕自分の

す

好きなだけ気ままに振る舞うこと。また、そのさま。「老後は―をして暮らしたい」「―なことを言う」(類語)好き勝手・勝手・わがまま・身勝手・得手勝手・手前勝手・自分勝手・自己本位・傍若無人・気随・気まま・ほしいまま・気任せ・奔放・自由

すぎ-ぼとけ【杉仏】杉の葉の付いた塔婆(とう)。最後の年忌である三十三回忌または五十回忌に、墓場に立てる。葉付き塔婆。梢(うら)付き塔婆。

すき-ぼり【×鋤き彫(り)】▶鋤き出し彫り

すき-ま【隙間|透(き)間】❶物と物との間の、わずかにあいている所。「―だらけの板塀」❷(比喩的に)普通には気づきにくいところ。盲点。「法の―を衝く」「―産業」❸あいている時間。ひま。「家事の―をみて勉強する」❹わずかな気のゆるみや油断。「心の―につけ込む」(類語)すき・空隙(くうげき)・あいだ・あわい・はざま・合間(あい)・隙(ひま)・間隙(かんげき)

スキマー〖skimmer〗キャッシュカードやクレジットカードなどの情報を不正に読み取るスキミング行為に用いられる装置。

すきま-かぜ【隙間風】❶壁や障子などのすきまから吹き込む風。(季冬)「一兄妹に母の文見(ふみ)ふ/波郷」❷人間関係にへだたりができることのたとえ。「夫婦の間に―が吹く」

すきま-ゲージ【隙間ゲージ】すきまの寸法を測るゲージ。厚さの違う短冊形の鋼片をつづったもので、すきまに差し込んで測る。

すきま-さんぎょう【隙間産業|透(き)間産業】(サンゲフ)大企業などが進出しない専門的で小規模の市場や、これまで注目されていなかった分野に着目、進出し、また、新しい販路を開発するなどして生み出された産業のこと。ニッチ産業。

すきま-ばめ【隙間×嵌め】軸の径が穴の径より小さく、常にすきまのある形式の嵌め合い。

すき-み【▽剝き身】薄くそいだ魚肉の切り身。また、軽く塩漬けした魚肉の切り身。「まぐろの―」

すき-み【透(き)見|隙見】〖名〗スル すきまからのぞいて見ること。のぞき見。「塀の穴から―する」

スキミング〖skimming〗〖名〗スル《skimは「すくいとる」の意》キャッシュカードやクレジットカードなどの磁気ストライプに記録されている情報を、スキマーという機器で盗み取ること。また、その情報をもとに偽造カードを作り、預金を引き出したり高額の買い物をしたりする犯罪。対策として、カードのIC化が進められている。

スキムボード〖skimboard〗波打ち際で波に乗り滑って楽しむための板。サーフボードより小型で円盤に近い形をしている。

スキム-ミルク〖skim milk〗脱脂乳。脱脂粉乳。

すぎ-むら【杉×叢】杉がまとまって生えている所。「石上(いそのかみ)布留の山なる―の思ひ過ぐべき君ならなくに」〈万・四二二〉

すぎむら-そじんかん【杉村楚人冠】(ソジンクワン)[1872〜1945]新聞記者・随筆家。和歌山の生まれ。本名、広太郎。東京朝日新聞に入社し新聞事業の近代化に尽力。著「最近新聞紙学」「へちまの皮」など。

すぎむら-はるこ【杉村春子】[1906〜1997]女優。広島の生まれ。本名、石山春子。築地小劇場に入団ののち、文学座結成に参加。日本を代表する新劇女優として「女の一生」「欲望という名の電車」「華岡青洲(はなおかせいしゅう)の妻」などに出演。「東京物語」「麦秋」など、映画にも出演した。昭和23年(1948)芸術院賞受賞、昭和49年(1974)文化功労者。

すき-め【好き目】好色であること。また、その人。好き者。「思ひの外なる―」〈浮・一代女・一〉

すぎめ-おうぎ【杉目扇】(アフギ)杉の木目(もく)が横目になっている薄板で作った扇。貴族の幼童が用い、吉祥文様を描き、糸花(いとはな)をとじつけたりする。

すぎもと-あきこ【杉本章子】[1953〜]小説家。福岡の生まれ。江戸時代を扱った歴史小説を書き、江戸物ブームの一角を占める。「東京新大橋雨中図」で直木賞受賞。他に「名主の裔(すえ)」「写楽まぼろし」「おすず―信太郎人情始末帖」など。

すぎもと-えいいち【杉本栄一】[1901〜1952]経済学者。東京の生まれ。東京商大卒、同大教授。計量経済学導入の先駆者。近代経済学とマルクス経済学の統合を試み、両者の論争を奨励した。著作に「近代経済学の解明」「近代経済学史」「米穀需要法則の研究」など。

すぎもと-そのこ【杉本苑子】[1925〜]小説家。東京の生まれ。吉川英治の門下生として修業を積む。古典の素養と構成力の確かさで、幅広い時代を扱った歴史小説を数多く発表し、人気を集める。「孤愁の岸」で直木賞受賞。他に「滝沢馬琴」「春日局(かすがのつぼね)」「埋(うず)み火」など。平成14年(2002)文化勲章受章。

すぎもと-でら【杉本寺】神奈川県鎌倉市にある天台宗の寺。山号は大蔵山。開創は天平6年(734)、開山は行基で、円仁の中興と伝える。坂東三十三所の第1番札所。下馬観音。大蔵観音。杉本観音。

すぎもと-りょうきち【杉本良吉】(リャウキチ)[1907〜1939]演出家。東京の生まれ。本名、吉田好正。早大中退。左翼劇場や新協劇団に参加し、プロレタリア演劇運動に従事。昭和13年(1938)岡田嘉子と樺太(からふと)からソ連へ越境したが、スパイ容疑で銃殺された。

すき-もの【好き者|数寄者|数奇者】❶物好きな人。好事家(こうずか)。また、風流を好む人。すきしゃ。❷好色な人。色好み。(類語)色好み・好色・すけべい

すぎ-もの【過ぎ者|過ぎ物】釣り合いがとれないくらいよいもの。過分なもの。「瀛公(えいこう)には好男(いいをとこ)だ。あの女には―だはな」〈滑・浮世床・初〉

すぎもり-ひさひで【杉森久英】[1912〜1997]小説家。石川の生まれ。雑誌「文芸」の編集長として戦後派の作家を多く世に出した後、自らも作家となる。さまざまな分野で活躍した人々の伝記小説を書き、昭和史の発掘にも尽力した。「天才と狂人の間」で直木賞受賞。他に「近衛文麿」「天皇の料理番」など。

すきや【透×綾】《「すきあや」の音変化》透けて見えるような、薄くさらりとした絹織物。本来、縦糸に絹糸、横糸に苧麻(ちょま)を使ったが、現在では縦糸・横糸とも絹糸を使う。夏の女性着尺用。絹上布。越後透綾。(季夏)

すき-や【数寄屋|数奇屋】❶茶席・勝手・水屋などが備わった別棟の茶室。❷「数寄屋造り」に同じ。

すきや-がしら【数寄屋頭】江戸幕府の職名。若年寄に属し、殿中の茶礼・茶器などをつかさどり、数寄屋坊主を統轄した。数寄屋坊主頭。

すき-やき【×鋤焼(き)】牛肉を豆腐やネギなどと一緒にたれで煮焼きしながら食する鍋料理。関東では牛鍋(ぎゅうなべ)ともよばれた。名は、鋤を鍋の代用にしたからとも、肉をすき身にして焼くところからともいう。(季冬)「一の香が頭髪(かみ)の根に残る/誓子」

すぎ-やき【杉焼(き)】魚肉や貝、野菜などを杉板の箱に詰めて焼き、杉の香りを移した料理。折(へぎ)焼き。(季冬)

スキャグウエー〖Skagway〗米国アラスカ州南東部の町。19世紀末、カナダ国境近くのクロンダイク金鉱の発見により誕生。ゴールドラッシュ期の町並みが残され、クロンダイクゴールドラッシュ国立歴史公園に指定されている。

すきや-げた【数寄屋下▽駄】▶露地(ろじ)下駄

すきや-たび【数寄屋足▽袋】《茶室で用いるところから》木綿・絹などの足袋。

すきや-づくり【数寄屋造(り)】茶室建築の手法を取り入れた住宅様式。長押(なげし)を省き、面皮柱(めんかわばしら)や荒壁、下地窓(したじまど)などを用いる。数寄屋普請。

スキャット〖scat〗ジャズなどで、歌詞の代わりに意味のない音で即興的に歌うこと。

スキャッブ〖scab〗スト破り。また、組合に参加しない労働者。

スキャップ〖SCAP〗《Supreme Commander for the Allied Powers》▶スキャプ

スキャナー〖scanner〗❶▶CTスキャナー ❷コンピューターの画像入力装置。一般に、写真や絵や印刷物などに光を当て、その反射光をイメージセンサーなどで画像データとして取り込む。イメージスキャナー。

スキャニング〖scanning〗〖名〗スル スキャンすること。

スキャニング-ソナー〖scanning sonar〗走査型超音波探知器。超音波を発射する方向を走査(スキャン)して、面領域に対する探知・探深などを行う。

すきや-ばし【数寄屋橋】東京都千代田区有楽町と中央区銀座との境の外堀に架かっていた橋。江戸時代には数寄屋橋門があった。昭和33年(1958)外堀の埋め立てにより消滅。

スキャプ〖SCAP〗《Supreme Commander for the Allied Powers》連合国軍最高司令官。第二次大戦後の連合国による日本占領・管理の最高責任者。マッカーサー元帥がこれに任命された。スキャップ。

すきや-ぶしん【数寄屋普請】▶数寄屋造(すきやづくり)

すきや-ぼうず【数寄屋坊主】(バウズ)江戸幕府の職名。数寄屋頭の配下で、将軍をはじめ出仕の幕府諸役人に茶を調進し、茶礼・茶器をつかさどった。御数寄屋坊主。

すぎやま-さんぷう【杉山杉風】[1647〜1732]江戸中期の俳人。蕉門十哲の一人。江戸の人。通称、鯉屋市兵衛。別号、採茶庵(さいとあん)・蓑翁(さおう)。深川の芭蕉庵の提供など、芭蕉を経済的に援助した。著「常盤屋句合(ときわやのくあわせ)」「杉風句集」など。

すぎやまじょがくえん-だいがく【椙山女学園大学】(スギヤマヂョガクヱンダイガク)名古屋市千種(ちくさ)区に本部のある私立大学。明治38年(1905)設立の裁縫女学校に始まり、昭和24年(1949)新制大学として発足。

すぎやま-たんごのじょう【杉山丹後掾】江戸前期の古浄瑠璃の太夫。江戸浄瑠璃の祖。京都の人といわれる。通称、七郎左衛門。滝野検校(けんぎょう)に学び、江戸に出て操り芝居を興行。承応元年(1652)受領して「天下一」の称を冠せられた。生没年未詳。

すぎやま-もとじろう【杉山元治郎】(ヂラウ)[1885〜1964]農民運動家・政治家。大阪の生まれ。クリスチャンとなり、東北地方で伝道活動に従事。大正11年(1922)賀川豊彦らと日本農民組合を結成。昭和7年(1932)以後、衆議院議員。第二次大戦後は社会党に所属。

すぎやま-やすし【杉山寧】[1909〜1993]日本画家。東京の生まれ。松岡映丘(まつおかえいきゅう)に師事。理知的な構図と清新な画風で戦後の日本画壇をリードした。文化勲章受章。

すぎやま-りゅう【杉山流】(リウ)鍼術(しんじゅつ)の流派の一。元禄年間、杉山和一が始めた。

すぎやま-わいち【杉山和一】[1613〜1694]江戸前期の鍼医(はりい)。伊勢の人。浜松の出身ともいう。管鍼(かんしん)を発明、杉山流を創始。将軍徳川綱吉の病を治して関東総検校となった。

すぎ-やりど【杉▽遣り戸】杉材で作った引き戸。

スキャルピング〖scalping〗デイ-トレードの手法の一つ。株式や為替のポジションを持ったあと、わずかな利益が出たらそれを確定させて、少しずつ儲けるもの。➡ティック ➡ピップ

すきやれ-がみ【×漉き▽破れ紙】漉くときに破れて穴のあいた和紙。「一分小半紙塵々紙で、内の身代―の鼻もかまれぬ紙屑(くず)治兵衛」〈浄・天の網島〉

スキャン〖scan〗〖名〗スル《くわしく調べる意》走査すること。特に、印刷物などをコンピューターで扱える画像データとして光学的に読み取ること。また、レーダーやソナーなどで探査すること。「超音波で腹部を―する」「ウイルスを―する」

スキャン-コンバーター〖scan converter〗パソコンやテレビの出力信号の周波数(水平走査周波数)を変換する機器。パソコンのディスプレーにテレビ放送を表示するため周波数を上げるアップスキャンコンバーターと、テレビにパソコンの画面を表示する場合に周波数を下げるダウンスキャンコンバーターがある。

スキャン-しゅうはすう【スキャン周波数】(シウハスウ)《scan frequency》▶リフレッシュレート

スキャンダラス〖scandalous〗〖形動〗スキャンダルを引き起こしそうなさま。醜聞的。「―な出来事」

スキャンダリズム《和 scandal＋-ismから》スキャン

ダルを詮索・暴露することを第一とする新聞・雑誌などのメディアの傾向。

スキャンダル〖scandal〗名声を汚すような不祥事・不正事件。また、情事などのうわさ。醜聞。「―が発覚する」「政界―」(類語)醜聞・醜名

スキャンティー〖scanties〗女性用の非常に短いパンティー。もと商標名。

スキャンディスク〖scandisk〗ハードディスクの保守管理を行うユーティリティープログラム。米国マイクロソフト社のオペレーティングシステム、ウインドウズに付属。

スキャンデータ-サービス《service based on scanning dataから》小売店のPOS(販売時点情報管理)システムで得られる品目別の売上データ(スキャンデータ)を他種のデータと組み合わせて集計、分析し、その結果をメーカー・問屋・小売店などに販売する情報処理サービス業。

スキャン-レート〖scan rate〗►リフレッシュレート

スキュー-ギア〖skew gear〗平行でなく、かつ交わらない二軸間の回転運動を伝達する歯車。食い違い軸歯車。

スキューバ〖scuba〗《self-contained underwater breathing apparatus》潜水用の水中呼吸装置。圧縮空気を詰めたボンベと圧力自動調節弁付きの送気管、マウスピースなどからなる。1943年、フランスの海洋探検家クストーらが考案。アクアラングはこの商標名。

スキューバ-ダイビング〖scuba diving〗スキューバを用いて行う潜水。

すぎ-ゆ・く【過(ぎ)行く】〔動カ五(四)〕❶通ってゆく。また、通り越してゆく。「人々が足早に―・く」❷時が移ってゆく。「月日が―・く」❸死ぬ。亡くなる。「―・かれしつれあひの事」〈浮・織留・一〉
(類語)移る・去る

スキュラ〖Skylla〗ギリシャ神話で、メシナ海峡に住む女の怪物。頭は六つで、胴から下は蛇体。船が近づくと、船乗りを捕らえて食ったという。

す-ぎょう【▽修行】《「す」は「しゅ」の直音表記》「しゅぎょう(修行)」に同じ。「山伏…去いぬる七月より、一にまかりありくに」〈宇津保・忠こそ〉

ず-きょう【×誦経】《「ず」は「じゅ」の直音表記》「じゅきょう(誦経)」に同じ。「かかるとみの事には、―などをこそはすなれ」〈源・夕顔〉

すぎょう-ざ【▽修行▽者】「しゅぎょうじゃ(修行者)」に同じ。「宇津の山にいたりて…―あひたり」〈伊勢・九〉

スキラ-ばん【スキラ判】《Skira Edition》書籍サイズの変型の一。スイスのウェーバー社刊の画集(Skira Edition)の判型から。約18センチ×16.5センチ。

ずきり〔副〕人の言葉などが、心に鋭く突きささるさま。「心に―と来る言葉」

スキル〖skill〗手腕。技量。また、訓練によって得られる、特殊な技能や技術。

す・ぎる【過ぎる】〔動ガ上一〕(文)す・ぐ〔ガ上二〕❶ある場所を通り越す。通過する。通りすぎる。「列車は京都駅を―・ぎた」「優勝パレードが―・ぎて行った」「嵐が―・ぎる」❷時間が経過する。時がたつ。時が移り、その時間・時期が終わりになる。「予定の時間が―・ぎる」「―・ぎた昔を懐かしむ」「夏休みもあっけなく―・ぎた」「盛りを―・ぎる」❸一定の数量をこえる。「六十を―・ぎても髪は黒々している」「二十歳を―・ぎる」❹普通の程度・水準をこえている。「いたずらが―・ぎる」「わがままが―・ぎる」❺(「…にすぎる」の形で)つりあわないほどすぐれている、勝る。分以上である。「彼には―・ぎた女房だ」「これに―・ぎる名誉はない」❻(「…にすぎない」の形で)ただ…であるだけのことである。それ以上のものではない。…でしかない。「小学校時代はごく平凡な生徒に―・ぎなかった」「今日の事件は氷山の一角に―・ぎない」❼(動詞の連用形、形容詞・形容動詞の語幹などに付いて)行為・状態などが度をこえている。はなはだしく…する。または、はなはだしく…である。「めだち―・ぎる」「働き―・ぎる」「テレビの音が大き―・ぎる」「欲がなさ―・ぎる」「地味―・ぎる着物」❽生活する。生計を立てる。「薪をとりて世を―・ぐるほどに」〈宇治拾遺・一〉❾一生が終わる。死ぬ。「ま草刈る荒野にはあれど黄葉の―・ぎにし君が形見とそ来し」〈万・四七〉❿やりすごす。「そしり笑はるるにも恥ぢず、つれなく―・ぎてたしなむ人」〈徒然・一五〇〉

(一句)口が過ぎる・言葉が過ぎる・度が過ぎる・身に過ぎる・偃鼠河に飲むも満腹に過ぎず・思い半ばに過ぐ・鷦鷯深林に巣くうも一枝に過ぎず・白駒の隙を過ぐるが如し

(類語)(❶)通り越す・通る・越える・越す・通過する・経る/(❷)経つ・経る・移る・過ぎ去る・過ぎ行く/(❸)超える・超す・超過する・突破する・オーバーする

過ぎたるは猶及ばざるが如し　《「論語」先進から》何事でもやりすぎることはやり足りないことと同じようによくない。

スキル-アップ〖skill up〗腕前を上げること。技術力を高めること。「―を図る」

スキル-がくしゅう【スキル学習】人間関係を健全に保ち、充実した生活を送るための技(スキル)を身に付けること。ライフスキル学習。

スキルス-いがん【スキルス胃×癌】►スキルス性胃癌

スキルズ-インベントリー〖skills inventory〗企業が従業員の能力・技能(スキル)を調べ上げること。人事情報管理。

スキルス-がん【スキルス×癌】《scirrhous cancer》硬(性)癌。腺癌の一型で、癌の基質に対して間質結合組織の量がきわめて多いものをさす。胃癌・乳癌にこの状態のものが多い。

スキルスせい-いがん【スキルス性胃×癌】普通の胃癌のように胃壁に盛り上がることなく、胃壁内に入りこんで増える癌。発見しにくい。スキルス胃癌。硬性腺癌。➡スキルス癌

スキルド-ワーカー〖skilled worker〗熟練工。

すき-ろう【透廊】►透渡殿

スキロス-とう【スキロス島】《Skyros》ギリシャ、エーゲ海西部の島。スポラデス諸島に属し、最も面積が大きい。北部は森に覆われ標高792メートルのオリンポス山があり、南部は荒涼とした岩がちの土地が広がる。島の中心地はスキロス。西岸の港町リナリアは本土や周辺の島々とフェリーで結ばれる。ベネチア共和国時代の城塞、東ローマ帝国時代の修道院などが残っている。木彫家具、刺繍、陶器などの工芸品で知られる。

すぎ-わい【生=業】生計のための職業。なりわい。「―は草箒の種なるべし」〈浮・永代蔵・一〉

生業は草の種　暮らしを立てるための職業は、草の種のように多い。

すき-わざ【好き業】色好みの所業。浮気な行い。「心のすさびにまかせて、かく―するは」〈源・葵〉

すき-わたどの【透渡殿】寝殿造りで、寝殿と対屋とをつなぐ、両側に壁のない渡り廊下。透廊・すいわたどの。

すぎ-わら【杉原】►すぎはら

スキン〖skin〗❶肌。皮膚。「―ケア」❷皮革。「バックー」❸コンドームのこと。❹コンピューターのアプリケーションソフトのウインドーや文字、ボタンなど、操作画面上での見栄えに関する情報を記録したデータのこと。
(類語)皮膚・皮お・肌・はだえ・肌膚・地肌・上皮・外皮・表皮

ず-きん【頭巾】頭や顔を覆う布製のかぶりもの。御高祖頭巾・大黒頭巾・宗匠頭巾・苧屑頭巾・幞頭など日用のもののほか、職業・儀式などによって多くの種類がある。(季冬)「みどり子の―眉深きいとほしみ/蕪村」

頭巾と見せて頬かぶり　立派に見せかけているが、実際はそうでないことのたとえ。

スキンク〖skink〗有鱗目スキンク科の爬虫類の総称。ニホントカゲ・キシノウエトカゲなど。体鱗は滑らかで重なって配列される。

漢字項目　すく

【▽宿】►しゅく

スキン-クリーム〖skin cream〗石鹸を使用した後、肌の脂肪分を補い、肌荒れを防ぐ目的で作られたクリームのこと。薬品が添加されている。

スキン-ケア〖skin care〗肌の手入れ。また、肌の手入れ用化粧品。➡基礎化粧品

スキン-シップ《和skin＋ship》肌と肌との触れ合い。また、それによる心の交流。

ずきん-ずきん〔副〕「ずきずき」を強めていう語。「頭が―(と)痛む」

スキン-ダイビング〖skin diving〗水中眼鏡・足ひれをつけ、シュノーケルで呼吸しながら水中を遊泳するスポーツ。素潜り。

スキン-バンク《和skin＋bank》皮膚銀行。死んだ人から提供を受けた皮膚を保存しておくシステム。この皮膚を重症のやけどの患者に移植する。

スキンヘッド〖skinhead〗剃り上げて丸坊主にした頭。

す-く【▽秀句】《「す」は「しゅう」の直音表記》「しゅうく(秀句)」に同じ。「いみじき―のたまへる人なり」〈大鏡・伊尹〉

す・く【好く】〔動カ五(四)〕❶人や物事に心が引きつけられる。魅力を感じる。このむ。「だれからも―・かれる」「かけ事はどうも―・かない」❷異性として愛情をいだく。「―・いて―・かれて一緒になる」「―・いたどうし」❸風流の道に心を寄せる。「よき人はひとへに―・けるさまにもみえず、興ずるさまも等閑なり」〈徒然・一三七〉❹好色である。多情である。「―・きたる罪重かるべし」〈源・帚木〉(類語)好む・気に入る・愛する・恋する・惚れる・見初める・焦がれる

す・く【▽助く】〔動カ下二〕「すける」の文語形。

す・く【▽空く】〔動カ五(四)〕《「透く」と同語源》❶ある空間を満たしていた人や物が少なくなって、あきができる。まばらになる。減る。「がらがらに―・いた電車」「道路が―・く」❷空腹になる。「腹が―・く」❸(「胸がすく」などの形で)つかえていたものがなくなり、すっとする。心がはれる。「胸の―・く思い」❹(「手がすく」の形で)当面することがなく、ひまができる。ひまになる。「手が―・いたら手伝ってくれ」(類語)減る・あく

す・く【▽食く】〔動カ四〕食べる。食う。特に、食物を水などで流しこむ。飲み込む。「塩絶ちて、木の実、松の葉を―・きて」〈宇津保・あて宮〉

す・く【▽剝く】〔動カ五(四)〕薄く切る。薄く削り取る。そぐ。「皮を―・く」(可能)すける〔カ下一〕

す・く【透く】〔動カ五(四)〕❶すきまが生じる。「板戸の合わせ目が―・く」❷物を通して、中や向こう側が見える。「川底まで―・いて見える」❸物の間を通り抜ける。「木の間を―・いて光が漏れる」

す・く【×梳く】〔動カ五(四)〕《「透く」と同語源》櫛などで髪をとかす。くしけずる。「髪を―・く」(可能)すける〔カ下一〕(類語)梳る

す・く【▽結く・▽編く】〔動カ五(四)〕糸で網などを編む。「漁網を―・く」(可能)すける〔カ下一〕

す・く【×漉く・▽抄く】〔動カ五(四)〕《「透く」と同語源》❶溶かした原料を簀子の上に薄くのばし敷いて紙をつくる。また、パルプなどを原料にして紙をつくる。「紙を―・く」❷紙のように薄いものをつくる。「海苔を―・く」(可能)すける〔カ下一〕

す・く【×鋤く】〔動カ五(四)〕《「透く」と同語源》❶鋤・鍬などで田畑の土を耕す。「田を―・く」❷根こそぎにする。取り除く。「奸を―・きてこれを懲らし」〈染崎延房・近世紀聞〉(可能)すける〔カ下一〕
(類語)耕す・起こす・鋤き返す・耕耘する

す・ぐ【▽挿ぐ】〔動ガ下二〕「すげる」の文語形。

す・ぐ【過ぐ】〔動ガ上二〕「すぎる」の文語形。

すぐ【▽直ぐ】㊀〔形動〕(文)〔ナリ〕❶物の形などが、直線的で曲がっていないさま。「百折れ千折れ、五間とは―に続かぬ坂道を」〈漱石・虞美人草〉❷人の性質などがまっすぐであるさま。正直。すなお。「―な心の持ち主」❸ありのままであるさま。「―に知らせ奉ってはあしかりなん」〈平家・二〉㊁〔副〕❶時間をおかない

さま。ただちに。「連絡があれば—対応する」「兄は—と威丈高(いたけだか)に母へ食ってかかりました」〈芥川・雛〉❷手数がかからないさま。容易に。簡単に。「交番で聞けば道順は—わかります」「この問題なら—解ける」❸距離的に離れていないさま。「店は—目の前にある」「—近くで火事が出る」➡直ぐと ➡直ぐに

(用法)すぐ・じき——「すぐ(じき)覚えられますよ」など、相通じて用いられるが、「じき」のほうが口語的でくだけた感じがある。◆距離をおかないようすの意では、「すぐ」も「じき」も使えるが、「すぐ」の方が普通である。「すぐ(じき)近くの店」◆時間をおかない意の「すぐ」「じき」は過去についても未来についても使う。「すぐ(じき)発車する」「すぐ(じき)着いた」◆類似の語「ただちに」は、「全員ただちに出発せよ」など、「すぐに」と同じように用いるが、文章語的で、多く命令などに用いる。

(類語)じきに・直ちに・早速・じき・すぐに・すぐさま・即/近い・間近い・程近い・間近・じき・至近・指呼(しこ)の間(かん)・咫尺(しせき)の間・目睫(もくしょう)の間・目と鼻の先・ついそこ

ずく【木=菟】ミミズクの別名。(季 冬)

ずく【×銑】❶「銑鉄(せんてつ)」の略。❷「銑銭(ずくせん)」の略。

ずく【▽尽く】〔接尾〕❶名詞に付いて、その物・事に任せる意、または、その物だけを頼りとして強引に事を運ぶ意を表す。「力—」「腕—」「かね—」❷名詞、動詞の連用形などに付いて、数人の者が、互いにその事をしたり、一緒にそういう事を行ったりする意、あるいは、ともにその事で結ばれる関係にある意を表す。「相談—」「いぢのわりい、友達—といふものはさうしたもんぢゃあねえ」〈滑・八笑人・初〉❸形容詞・形容動詞の語幹や動詞の連用形などに付いて、もっぱらその状態で満ちているさま、それの最上の状態であることなどの意を表す。「此の道の第一の面白—の芸態なり」〈花伝・二〉

(…語)相対尽く・意地尽く・因縁尽く・腕尽く・面白(おもしろ)尽く・金(かね)尽く・勘定尽く・義理尽く・金銭尽く・計算尽く・権柄(けんぺい)尽く・承知尽く・相談尽く・算盤(そろばん)尽く・損得尽く・談合尽く・力尽く・納得尽く・欲得尽く

スクアラミン〖squalamine〗深海に住むアイザメの肝臓に含まれる抗生物質。強い殺菌力と抗癌(こうがん)作用を持つとされる。1993年、アメリカのザスロフ博士が発見。

スクアラン〖squalane〗スクアレンに水素を加えた物質。保湿クリームなどに使われる。スクワラン。

スクアレン〖squalene〗サメの肝油に多量に含まれる成分。化粧品や医薬品に使われる。スクワレン。➡スクアラン

すくい【×掬い|▽抄い】❶すくうこと。すくいとること。「金魚—」「どじょう—」❷「掬い撥(ばち)」の略。

すくい【救い】❶救うこと。救助。救済。「困窮者に—の手を差し伸べる」❷人の心に安堵(あんど)感を与えるもの。慰め。「—のない気持ち」「死傷者のないのがせめてもの—だ」❸「救済(きゅうさい)❷」に同じ。

すくい-あ・げる【×掬い上げる】〔動ガ下一〕文すくひあ・ぐ〔ガ下二〕すくって引き上げる。「魚を網で—・げる」

すくい-あみ【×掬い網】竹や針金などの枠に袋状の網と柄(え)を取り付けたもの。昆虫・魚などをすくいとるのに用いる。叉手(さで)網・たも網・四つ手網など。すくいだま。

スクイーザー〖squeezer〗レモンやオレンジなどの果汁を搾る器具。皿状で中央が高く、そのとがった部分に果肉をかぶせて押しつけ、回して搾る。

スクイージー〖squeegee〗乾板や印画紙、ガラス板などから余分な水気を取り去るゴムローラー。

すくい-ごや【救い小屋】江戸時代、飢饉(ききん)や災害のとき、被災者を救うため一時的に設けた小屋。

スクイズ〖squeeze〗〔名〕スル「スクイズプレー」の略。

スクイズ-プレー〖squeeze play〗野球で、走者が三塁にいるとき、走者と打者とが示し合わせて、打者がバントし走者を本塁に迎え入れる連係プレー。

すくい-だ・す【救い出す】〔動サ五(四)〕助け出す。救出する。「人質を—・す」(類語)助ける

すくい-なげ【×掬い投げ】❶相撲のきまり手の一。まわしを取らず、差し手を返して相手をわきの下からすくうように投げる技。❷柔道で、相手の投げを外し、後方から相手のまた下に手を入れ、持ち上げて逆さまに投げる技。以前は手車・手内またと称した。

すくい-ぬし【救い主】❶救ってくれた人。「命の—」❷キリスト教で、イエス=キリストのこと。救世主。メシア。

すくい-の-かみ【救いの神】困りはてているときに現れて助けてくれる人や物。

すくい-ばち【×掬い×撥】三味線および筑前琵琶の弾き方で、撥先で弦を下からすくい上げるようにして弾き鳴らすもの。

すくい-まい【救い米】江戸時代、飢饉(ききん)や災害などのとき、被災者を救うために放出した米。

すく-いん【▽宿院】《「すく」は「しゅく」の直音表記》「しゅくいん(宿院)」に同じ。「春日へとて、—のいとむつかしげなるに留まりぬる」〈かげろふ・中〉

すく・う【×掬う|▽抄う】〔動ワ五(ハ四)〕❶手のひらやさじなど、くぼんだ形のものを使って、液状・粉末状のものの表面に近い部分を、えぐるようにして取り出す。また、手のひらやさじなどで、液体の表面に浮いているものやその中にあるものを、下から受けるようにして取り出す。「手で水を—・う」「さじで砂糖を—・う」「杓子であくを—・う」「メダカを—・う」❷下から上へすばやく持ち上げる。また、下から持ち上げるようにして横にはらう。「足を—・われる」「小股を—・う」(可能)すくえる〔ア下一〕(類語)くむ・さらう

すく・う【救う|▽済う】〔動ワ五(ハ四)〕《「掬う」と同語源》❶危機的な状況や苦しい境遇、悪い環境などにある人に力を貸したり金品を与えたりして、そこから抜け出させる。助ける。救助する。救済する。「人命を—・う」「地球環境を—・う」❷神・仏などの力によって平安な心的状態に導いたり、迷いや悩みを取り除いたりする。「信仰に—・われる」❸好ましくない状態からのがれ出させ、良いほうに進むように導く。「堕落の道から生徒を—・う」❹(多く「救われる」の形で)悪い条件を相殺する。不安・不満などが一応解消する。「重病だが本人が明るいので—・われる」「仕事がきつい上に給料が安いのでは—・われない」(可能)すくえる〔ア下一〕(類語)助ける

す-く・う【巣くう】〔動ワ五(ハ四)〕❶巣を作ってすむ。「軒にツバメが—・う」❷よくない人間が集まって住む。「暴力団の—・う町」❸悪い考えや病気などが宿る。「妄想が—・う」「病魔が—・う」

スクウォーティング〖squatting〗▶スクォーティング

スクーク〖アラビア Sukuk〗イスラム法に基づいて発行される債券。イスラム教では利子の受け取りが禁止されているため、スクークへの投資家は、リース料や利益の配分などの形で利潤を確保する。アルコールなどイスラム法に反する事業のために発行することは禁じられている。イスラム債券。

スクーグシュルコゴーデン〖Skogskyrkogården〗《「森の墓地」の意》スウェーデン、ストックホルム南郊にある共同墓地。森林の中に墓地と葬祭場が配置されている。1915年に行われた新墓地建設の国際コンペで、スウェーデンの建築家アスプルンドとレーベンツによって提出され、採用されたもの。1994年、世界遺産(文化遺産)に登録された。スコースキュアコゴーデン。スコーグスシュルコゴーデン。

スクーター〖scooter〗❶腰かけた形で乗れる、車輪の小さい自動二輪車。❷子供が片足をのせて他の片足で地をけって進む、玩具の二輪または三輪車。

スクーナー〖schooner〗2本以上のマストに縦帆を装備した西洋式帆船。18世紀初期にアメリカで建造。幕末の日本で建造された君沢形(くんたくがた)もこれに属する。

スクープ〖scoop〗〔名〕スル《スコップ・シャベルの意》❶新聞・雑誌などで、他社を出し抜いて重要なニュースをつかみ報道すること。また、その記事。特種(とくだね)。「事件をいち早く—する」❷ホッケーで、ボールをスティックの先端にのせてすくい上げるように飛ばす動作。(類語)特種・新聞辞令

スクープ-ネック〖scoop neck〗襟ぐりの一種。スコップやシャベルなどですくい取った後に見られるような半楕円形の形の襟ぐりのこと。

スクーリング〖schooling〗学校通信教育の一課程で、一定期間通学して受ける面接授業のこと。

スクール〖school〗学校。「英会話—」

(類語)学校・学び舎・学院・学園・学府・学窓・学舎・学堂・塾・教えの庭・学びの庭 (尊敬)貴校・御校

スクールガール-ルック《和 schoolgirl+look》欧米の女子高校生のスタイルを基調にしたファッションのこと。テーラードジャケットにミニスカートのコーディネートが代表的。

スクール-カウンセラー《和 school+counselor》いじめや不登校などの対策として、児童・生徒・保護者・教師の相談にのるために、学校に配置される臨床心理士などの専門家。

スクール-カラー《和 school+color》❶学校の気風。校風。❷その学校を象徴するものとして定められた色。(類語)校風・学風

スクール-ゾーン〖school zone〗幼稚園・小学校の通学路指定区域。登下校時、車両の乗り入れが禁止となる。

スクール-バス〖school bus〗通学生を運ぶ専用バス。通学バス。

スクール-フィギュア〖school figure〗フィギュアスケートのコンパルソリーのこと。

スクールメート〖schoolmate〗学校の友達。学友。

スクーン-きゅうでん【スクーン宮殿】《Scone Palace》英国スコットランド中東部の都市パースの北郊にある宮殿。現在はマンスフィールド伯爵家の邸宅。16世紀に建造、19世紀に増築されて現在の姿になった。10世紀から16世紀にかけて歴代スコットランド王の戴冠式が行われたことで知られ、式の際に王が座ったとされる「運命の石」の複製がある。

スクエア〖square〗■一〔名〕❶正方形。四角。❷街路の交差点にある四角な広場。❸T形定規。L形直角定規。スコヤ。■二〔名・形動〕型どおりで柔軟性に欠けること。杓子(しゃくし)定規なこと。また、そのさま。「融通のきかない—な人」

スクエア-スタンス〖square stance〗ゴルフで、ボールを飛ばす方向である飛球線と平行にとるスタンス。➡オープンスタンス ➡クローズドスタンス

スクエア-ダンス〖square dance〗男女二人を一組みとした四組みが向かい合い、方形を作って踊るフォークダンス。カドリールから派生したもので、米国の郷土舞踊。

スクエア-トー〖square toe〗靴のつま先が、比較的、四角形に角張っているもの。

スクエア-ネック《square necklineから》四角に切り取った感じの線を持つ襟ぐり。

スクオーク〖squark〗素粒子物理学の超対称性理論から導かれる未知の超対称性粒子。フェルミ粒子である6種類のクオークに対する超対称性パートナーで、スピンが零のボース粒子。いずれも未発見であり、高エネルギー加速器で探すべき目標になっている。スカラークオーク。

スクォーティング〖squatting〗《「スクウォーティング」とも》都会の家のない若者などが、公有地や空き家に無断で居住すること。

スクオーラ-グランデ-デイ-カルミニ〖Scuola Grande dei Carmini〗▶カルミニ大信徒会

スクオーラ-グランデ-ディ-サン-ロッコ〖Scuola Grande di San Rocco〗▶サンロッコ大信徒会

スクオーラ-ディ-サン-ジョルジョ-デッリ-スキアボーニ〖Scuola di San Giorgio degli Schiavoni〗▶サンジョルジョ-デッリ-スキアボーニ信徒会

すくがらす《沖縄方言で「すく」はアイゴの稚魚、「からす」は塩辛の意》沖縄の郷土料理の一。アイゴの稚魚を塩漬けにしたもの。一般に、豆腐の上にのせて食べる。

すぐき【酸茎】スグキナの葉と根を塩漬けにし、室に入れて加温し、強く乳酸発酵させて作った漬物。京都の名産。すぐきづけ。〈季 冬〉

すぐき-な【酸茎菜】京都市上賀茂地区特産のカブの一品種。根は短い倒円錐形。主として漬物にする。

すく-ごう【▽宿業】▶しゅくごう(宿業)

すぐ-さま【▽直ぐ様】〔副〕時間的に間を置かないさま。ただちに。即刻。「連絡が入って一出動する」

〈類語〉じきに・すぐ・直ちに・早速・じき・すぐに・即・直接

すく-し【▽宿紙】▶しゅくし(宿紙)

すく-じん【守宮神|守▽公神】❶宮殿または官庁などを守護するという神。朝廷の外記庁に祭った。「中納言は、一、賢所の御前にて伏しまろび給ひて」〈栄花・花山尋ぬる中納言〉❷諸道の技芸を守護するという神。「昔は諸道にかく一たち添ひければ、験も冥加もありけるにこそ」〈続古事談・五〉

すぐ-す【過ぐす】〔動サ四〕「す(過)ごす」に同じ。

すく-すく〔副〕❶勢いよく成長するさま。「一(と)育つ」❷樹木などがまっすぐにのびているさま。「一した新樹のような若さに打たれながら」〈秋声・仮装人物〉❸弱々しく泣くさま。しくしく。「一泣いている声がしていた」〈左千夫・野菊の墓〉❹勢いよく順調に進むさま。「楽浪道を一と我がいませばや」〈記・中・歌謡〉

すくすく-し〔形シク〕❶堅苦しい。きまじめである。「内の御心、いとめでたくあるべかしく一しうさへありて」〈栄花・暮待つ星〉❷無愛想である。「いかなるまめ人にかあらむ、一しさしあゆみて往ぬるもあれば」〈枕・七七〉〈補説〉「すぐすぐし」「すくずくし」ともするが、清濁は不明。

すく-せ【▽宿世】《「すく」は「しゅく」の直音表記》❶過去の世。前世。❷前世からの因縁。宿縁。宿命。「一によって結ばれる」〈類語〉前世・前生

宿世拙・し 宿縁がよくない。ふしあわせな運に生まれついている。「かかる君につかうまつらで、一・く悲しきこと」〈伊勢・六五〉

すぐ-せ【過ぐ世】「すくせ(宿世)」に同じ。「一の夢をここに繰り返すようなもので」〈鏡花・湯島詣〉

すくせ-むすび【▽宿世結び】男女の名を1名ずつ書いた紙をひねり、男女1本ずつ結び合わせて偶然の組み合わせをつくる、占い遊び。遊女などがよくした。縁結び。

ずく-せん【×銑銭】江戸時代、銑鉄で鋳造した粗悪な銭。ずくぜに。

スクタリ〔Scutari〕トルコ、イスタンブールの一地区ウスクダルの旧称。

す-ぐち【×兎口】みつくち。兎唇。

す-ぐち【素口|▽虚口】何も食べないこと。また、空腹であること。「一にては福楽無し」〈盛衰記・一八〉

す-ぐち【巣口|▽銃口】銃の筒口。銃口。〈和英語林集成〉

ずく-てつ【×銑鉄】銑鉄の俗称。

スクデット〔イタリア scudetto〕《小さな盾の意》イタリアのプロサッカーリーグ、セリエAの優勝チームの選手に与えられる盾形のバッジ。転じて、優勝のこと。

すぐ-と【▽直ぐと】〔副〕❶時間を置かないさま。ただちに。「一飽きてしまった」❷間を隔てず直接なさま。じかに。

すぐ-どおり【▽直ぐ通り】立ち寄らないで通りすぎること。素通り。「人の一たびは、一のならぬ巷ぞかし」〈浮・敗毒散・四〉

すくな【少な】《形容詞「すくない」の語幹。「ずくな」とも》少ないこと。多く名詞に付いて形容動詞をつくる。「残り一」「望み一」「言葉一」

すくな-い【少ない|×尠い|▽寡い】〔形〕〔文〕すくな・し〔ク〕数量・程度などが小さい。わずかしかない。「観客が一・い」「一・いチャンスをものにする」⇔多い。

〈派生〉すくなげ〔形動〕すくなさ〔名〕

〈類語〉わずか・少し・少数・少量・少少・ちょっと・僅僅・二三・若干・多少・数えるほど

すくなから-ず【少なからず】〔副〕数量・程度などが軽少でないさま。たくさん。かなり。「死者が一出た」「一喜んだ」

すくなから-ぬ【少なからぬ】〔連語〕少なくない。かなり多くの。「一御配慮を賜りまして」

すくなく-とも【少なくとも】〔副〕❶少なく見積もっても。内輪に見ても。少なくも。「一一年はかかる」❷せめて。ともかく。少なくも。「一一日二時間は勉強しろ」「一これだけは約束する」

〈類語〉最低限・最小限・最低・せめて

すくなくない【少なくない】〔連語〕決して少ないわけではない。多い。「一数の議員が反対に回る」

すくなく-も【少なくも】〔副〕❶「少なくとも❶」に同じ。「一一〇年は使える」❷(あとに打消しや反語表現を伴って)いくら少なく見ても…などというものではなく、大いに。「かくしても相見るものを一年月経れば恋しけれやも」〈万・四一一八〉

ずく-なし【▽尽無し】役立たずな人。なまけもの。また、そのような人をののしっていう語。

すくなびこな-の-かみ【少彦名神|少名毘古那神】日本神話の神。古事記では神産巣日神の子、日本書紀では高皇産霊尊の子。体の小さい神で、大国主神と協力して国づくりを行い、のち、常世国に帰った。医薬の神とされる。少彦名命。すくなひこなのかみ。

すくな-め【少なめ】〔名・形動〕数量がやや少ないくらいであること。また、そのさま。「実際より一な見積もり」〈類語〉小さめ・低め

すぐな-もじ【▽直ぐな文字】平仮名の「し」の字。形がまっすぐであるところからいう。「二つ文字(=こ)牛の角文字(=い)一ゆがみ文字(=く)とぞ君は覚ゆる」〈徒然・六二〉

すぐ-に【▽直ぐに】〔副〕時間を置かないさま。ただちに。「一うかがいます」「帰ると一寝る」

〈類語〉じきに・すぐ・直ちに・早速・じき・すぐさま・即

ずく-にゅう【木▽菟入】僧や坊主頭の人をののしっていう語。「如才なきお吉は吾夫をかかる一にまで好く評わせんとて」〈露伴・五重塔〉

すくね【▽宿×禰】❶古く、人名に添えた敬称。野見宿禰の類。❷天武天皇が制定した八色の姓の第三位。主に連姓の神別氏族に与えられた。大伴宿禰の類。

すくね-びな【▽宿×禰×雛】絵の具で彩色した土製のひな人形。享保年間(1716〜1736)に流行。

すぐ-は【▽直刃】日本刀の刃文の一。直線的な刃文。⇒乱れ刃

すぐ-ばけ【▽直ぐ化け】遊女などが、客の心をつかむために、身の上などをありのままに打ち明けること。「粋の客は一を以て倒すべし」〈浮・禁短気・五〉

すく-ば・る【×竦ばる】〔動ラ四〕こわばる。すくむ。「俄に足が一・って」〈浄・千本桜〉

すく-ま・る【×竦まる】〔動ラ五(四)〕からだがこわばる。すくむ。「小野さんは…暗い部屋のなかに一・る様な気がした」〈漱石・虞美人草〉

すくみ-あが・る【×竦み上(が)る】〔動ラ五(四)〕恐ろしさのあまり動けなくなる。「脅されて一・る」

すぐ-みち【▽直ぐ道|▽直ぐ▽路】まっすぐな道。また、近道。「是より野越えにかかりて一を行かんとす」〈奥の細道〉

すく・む【×竦む】㊀〔動マ五(四)〕❶驚きや恐れ、極度の緊張などのためにからだがこわばって動かなくなる。「断崖絶壁の上に立って足が一・む」❷からだが小さくなる。「恥ずかしさのあまり身が一・む」❸態度がかたくなる。「いと物遠く一・みたるさまには見え給はねど」〈源・椎本〉❹紙・布などが、かたい感じになる。こわばる。「唐の紙のいと一・みたるに」〈源・梅枝〉㊁〔動マ下二〕「すくめる」の文語形。

ずくめ【▽尽くめ】〔接尾〕名詞およびそれに準じる語句に付いて、そればかりであるということを表す。「黒一の服装」「いいこと一」

すく・める【×竦める】〔動マ下一〕〔文〕すく・む〔マ下二〕❶からだの一部などをちぢませる。からだを小さくする。「首を一・める」「物陰に身を一・めて隠れる」❷押さえつける。押さえて動けないようにする。「抱き一・める」「人ヲ一・ムル」〈日葡〉

すくも ❶泥炭。〈和英語林集成〉❷葦や萱などの枯れたもの。一説に、藻屑、また、葦の根ともいう。「一たく新島守が夕烟消えだにあへず身をこがしつつ」〈新千載・恋一〉

すくも【宿毛】高知県南西部の市。宿毛湾の沖ノ島・鵜来島・姫島を含む。土佐藩家老であった伊賀氏の城下町。魚貝の養殖などが盛ん。人口2.3万(2010)。

すくも【×蒅】藍の葉を発酵させてつくった染料。藍玉にして用いる。〈補説〉「蒅」は国字。

すくも-し【宿毛市】▶宿毛

すくも-むし【蠐=螬】地中にいる昆虫。コガネムシ類の幼虫を主にいう。地虫。せいそう。〈季 秋〉

すくも-わん【宿毛湾】四国南西部、豊後水道南東部にある湾。愛媛県南部の西海半島と高知県南西部の大月半島に挟まれてらっぱ状に開いたリアス式の湾で、カキ・ハマチ・真珠の養殖が盛ん。湾口南部の島々は沖ノ島海域公園を中心に足摺宇和海国立公園に、湾奥の島々は宿毛県立自然公園にそれぞれ指定されている。

すく-やか【▽健やか】〔形動ナリ〕「すくよか」に同じ。「其家に一なるものありて、強盗とたたかひけるが」〈著聞集・一二〉

すくやか-もの【▽健やか者】強く、しっかりしている者。「一を先に立てて」〈義経記・五〉

すぐ-やき【▽直焼(き)】刃文を直線的に表し出す日本刀の焼き入れ方。乱れ焼きなどに対していう。

すぐやき-ば【▽直焼(き)刃】直焼きにした刀剣の刃。

すく-よう【▽宿曜】《「すく」は「しゅく」の直音表記》❶二十八宿と七曜。❷宿曜経に基づき、二十八宿や七曜星などの星の運行によって、日の吉凶と人の運命との関係を占う術。日本には平安時代に伝わり、中世にかけて流行した。宿曜道。しゅくよう。

すくよう-きょう【宿曜経】仏典。2巻。唐の不空訳。七曜・十二宮・二十八宿の関係によって一生の運命や1日の吉凶を判断する方法を説いたもの。しゅくようきょう。

すく-よか【▽健よか】〔形動〕〔文〕〔ナリ〕❶すくすくと育つさま。丈夫であるさま。すこやか。「一に育つ」❷心がしっかりしているさま。「この内の御心いと一に」〈栄花・松の下枝〉❸きまじめであるさま。律義。「あの人がらも、いと一に、世の常ならぬ人にて」〈更級〉❹そっけないさま。無愛想。「一に言ひて、物ごはきさまし給へれば」〈源・若紫〉❺固くごわごわしているさま。「中紙の一なるに包みて」〈宇津保・蔵開下〉❻衣服がきちんとして折り目正しいさま。「御装束一に、いとうるはしくて」〈栄花・根合〉❼険しいさま。「一ならぬ山のけしき」〈源・帚木〉

スクラッチ〔scratch〕❶レコードを楽器として扱う、一種の演奏法。レコード盤を手で逆回転させてノイズを出したり、曲の途中で突然他の曲をかけたりすること。❷ゴルフで、ハンディキャップをつけずに試合をすること。「一プレーヤー」

スクラッチ-タイル《和 scratch+tile》タイルの表面を櫛引きして平行の溝をつくり、それを焼成した粘土タイル。すだれれんが。

スクラッチ-ノイズ《和 scratch+noise》アナログレコードの表面粒子によって発生する雑音成分。静電気や傷などが原因となる。針音。

スクラッチ-プレーヤー〔scratch player〕ゴルフで、ハンディキャップを受けない上級者。

スクラッチボード〔scratchboard〕白い皮膜のある板の上に墨を塗布し、その表面を鋭利なものでひっかいて描画する技法。また、それに用いる板。

スクラップ〔scrap〕〔名〕スル ❶新聞・雑誌の記事などを切り抜くこと。また、その切り抜き。「公害記事を一する」❷金属の切りくず。くず鉄。また、自動車など大きな金属製品の廃物。「一の山」

スクラップ-アンド-ビルド〔scrap and build〕❶老朽化したり陳腐化したりして物理的または機能的に古くなった設備を廃棄し、高能率の新鋭設備に置

き換えること。❷行政機構における膨張抑制の方法の一。組織の新設にあたっては、同等の組織の廃止を条件とすること。

スクラップブック〖scrapbook〗新聞・雑誌などの切り抜きをはりつけておく帳面。切り抜き帳。

スクラブ〖scrub〗《こすって磨く意》研磨剤として、種子や樹脂などの細粒を加えた洗顔料。古くなった角質層を取り除く効果がある。スクラブクリーム。

スクラブ-クリーム〖scrub cream〗▶スクラブ

スクラム〖scram〗原子炉の緊急停止。

スクラム〖scrum〗❶ラグビーで、軽い反則などの後にプレーが再開されるとき、双方の三人以上のプレーヤーが相対して、ボールがその中間に投げ入れられるような体勢で組み合うこと。スクラメージ。❷デモなどで、大ぜいが腕を組み合わせて横に列を組むこと。「—を組んで前進を阻む」

スクラム-トライ《和 scrum＋try》ラグビーで、攻撃側がスクラム内にボールをキープしたままインゴールまで押しこみ、そのまま押さえた場合のトライ。

スクラム-ハーフ〖scrum half〗ラグビーで、フォワードとバックスとをつなぐ役目のポジション。攻撃の起点となる。

スクラム-ワーク〖scrum work〗ラグビーで、フォワードがスクラムを組み合う際、自分のチームに有利な体勢を組もうとする選手たちの組織的な動き。

スクランブラー〖scrambler〗❶秘密通信において、送信側で、送信データ列を信号データ列と無関係なランダム列に変換する装置。受信側ではスクランブルの逆変換を行うこと(デスクランブル)により元の信号データ列を復元する。また、光通信において、多モード光ファイバーをコイル状に巻いたものをスクランブラーと称し、モードの偏りを直すのに用いる。❷スクランブルレース用のバイク。

スクランブル〖scramble〗❶国籍不明の航空機の侵入に際して、迎撃戦闘機が緊急に出動すること。緊急発進。「—をかける」❷音声や映像を電波伝送するとき、傍受を防ぐために、特定の復調装置でしか内容がわからないように信号電波を攪乱かくらんすること。❸アメリカンフットボールで、クオーターバックがパスができないと判断して、みずからボールを持って突進すること。❹「スクランブルエッグ」の略。❺「スクランブル交差点」の略。〔類語〕(❶)邀撃ようげき・迎撃

スクランブル-エッグ〖scrambled eggs〗卵に牛乳などを加え、バターで手早く柔らかに炒った料理。

スクランブル-こうさてん【スクランブル交差点¦スクランブル交×叉点】車両に対するすべての信号を停止信号にして、歩行者が交差点内をどの方向にも進めるようにした交差点。

スクランブル-レース〖scramble race〗オートバイレースの一。急坂や凹凸の激しい山野の不整地をコースとして行うもの。

すくり【村=主】《「すぐり」とも。古代朝鮮語で村長の意という》古代の姓かばねの一。多く渡来人系の氏族に与えられた。

す-ぐり【酸▽塊】❶ユキノシタ科の落葉低木。長野・山梨両県の特産。葉の付け根に3裂したとげをもつ。葉は三〜五つに裂け、縁に鋭いぎざぎざがある。5月ごろ、白い花が咲き、実は熟すと赤褐色になり、酸味があって、食用。❷ユキノシタ科の落葉低木の総称。セイヨウスグリ・アメリカスグリ・アカフサスグリ(カランツ)などがある。グーズベリー。

スクリーニング〖screening〗〔名〕(スル) ふるいにかけること。選抜。選別。「特定の個体だけを—する」

スクリーン〖screen〗❶ついたて。間仕切り。網戸。また、幕。❷映画・スライドなどを映して見るための白い幕。また、映画の画面。❸《❷から転じて》映画。また、映画界。❹写真製版で、平版・凸版の網目やグラビアの升目を作るために用いる、透明なガラスまたはフィルム面に直交する細線を引いたもの。❺製紙やパルプ製造で、原料中の異物を除去するための装置。〔類語〕幕・銀幕・映写幕・画面

スクリーン-いんさつ【スクリーン印刷】絹・ナイロンなどの細かい編み目越しにインクを定着させる印刷方法。写真・絵画など濃淡のある原画を表現するときに用いる。シルクスクリーン印刷。

スクリーン-キャプチャー〖screen capturing〗コンピューターのディスプレー画面全体やウインドーに表示された内容を静止画像のデータとして保存すること。また、その機能。画面キャプチャー。画面取り込み。スクリーンショット。スクリーンダンプ。⇒ビデオキャプチャー

スクリーン-ショット〖screenshot〗▶スクリーンキャプチャー

スクリーン-セーバー〖screen saver〗パソコンを一定時間放置するときに、自動的にディスプレー画面を暗くしたり、アニメーションを表示したりするプログラム。もともと、画面の焼き付きを防ぐために用いられた。再び操作する際にパスワードを要求するよう設定して、不在時の他人による覗き見や不正使用を防ぐこともできる。

スクリーン-ダンプ〖screen dump〗▶スクリーンキャプチャー

スクリーン-テスト〖screen test〗映画で、新人俳優の登用や配役の決定の際などに、撮影したフィルムによって適否を選考する方法。

スクリーン-ドア〖screen door〗▶ホームドア

スクリーン-パス〖screen pass〗アメリカンフットボールで、味方の選手(ブロッカー)が作った防御壁(スクリーン)に守られたレシーバーへ送るパス。

スクリーン-プレー《和 screen＋play》バスケットボールで、攻撃している側の選手が、味方をマークしている相手チームの選手の前を幕のように遮断して、味方選手のゴールなどを助ける組織的なプレー。〔補説〕英語ではscreen

スクリーン-プロセス〖screen process〗映画・テレビの特殊撮影法の一。あらかじめ撮影した風景などをスクリーンに映写し、その前での俳優の演技などを1画面に撮影するもの。

スクリバ〖Julius Scriba〗[1848〜1905]ドイツの外科医。1881年(明治14)に来日して西洋外科学を紹介し、日本の近代医学に貢献。

スクリプター〖scripter〗映画で、撮影の進行内容を正確に記録する係。

スクリプト〖script〗❶演劇・映画・放送の台本。❷スクリプターの書いた記録。❸手書き文字に似せた欧文活字の書体。スクリプト体。「𝒜」など。❹コンピューターの簡易的なプログラミング言語であるスクリプト言語で、一連の処理手順を記述したもの。

スクリプト-ガール〖script girl〗映画の撮影現場で、撮影の進行を記録する映画監督の助手。⇒スクリプター

スクリプト-げんご【スクリプト言語】《script language》簡易的なプログラミング言語。コンパイラーによる機械語への変換をせずに、直接実行できる。JavaScript、Perlなどがある。

スクリプト-たい【スクリプト体】▶スクリプト❸

スクリプト-りろん【スクリプト理論】《script theory》ある典型的な人間の行為を一連の出来事によって記述し、人間の知識を表現する理論。

スクリメージ〖scrimmage〗アメリカンフットボールで、センターのスナップによって始まる通常のプレー。

スクリメージ-ライン〖scrimmage line〗アメリカンフットボールで、スクリメージのとき、地上に置かれたボールの両先端を通る、ゴールラインに平行な2本の仮想線。ボールがスナップされる前にこの線を越えると反則となる。

スクリャービン〖Aleksandr Nikolaevich Skryabin〗[1872〜1915]ロシアの作曲家・ピアノ奏者。ショパンの影響を受けたピアノ曲から出発し、神秘主義に基づく独特な色彩をもつ神秘和音を創始。作品は多数のピアノ曲のほか交響曲「法悦の詩」など。

スクリュー〖screw〗❶船舶で、原動機の回転力を推進力に変えるプロペラ型推進装置。スクリュープロペラ。❷ねじ。ねじ釘くぎ。

スクリュー-コック〖screw cock〗ゴム管などの外側から、管内の流れを調節する金具。ねじを用いて締めるため、流量を微細に調節できる。

スクリュードライバー〖screwdriver〗❶ねじ回し。ドライバー。❷ウォッカにオレンジジュースを混ぜたカクテル。

スクリュー-パス〖screw pass〗ラグビーで、ボールの横腹を回転させて投げるパス。スピンパス。

スクリュー-プロペラ〖screw propeller〗▶スクリュー❶

スクリューボール〖screwball〗野球で、変化球の一種。沈むシュートのこと。

スクリュー-マウント〖screw mount〗カメラとレンズの取り付け部分がねじ込み式になっているもの。ねじマウント。プラクチカマウント。Pマウント。M42マウント。

スクル〖Sukur〗ナイジェリア北東部、カメルーンとの国境付近のアダマワ高原にある小集落。一帯は古くから鉄の産地として知られ、製鉄所のほか、丘の上にはヒデと呼ばれる首長の宮殿などの遺構が残り、1999年「スクルの文化的景観」の名で世界遺産(文化遺産)に登録された。

すぐ・る【過ぐる】〔動ラ四〕《上二段動詞「すぐ」を四段に活用させたもの》通り過ぎる。「橘のほつ枝えを—・りこの川の下にも長く汝が心待て」〈万・三三〇九〉

すぐ・る【▽選る】〔動ラ五(四)〕❶多くの中からすぐれたものを選び出す。えりぬく。「優秀な選手を—・る」❷扱しごく。しごく。「わらを—・る」
〔類語〕選ぶ・選よる・選える・篩ふるう・より分ける・選択する・取捨する・選定する・選考する・選別する・セレクトする・ピックアップする・スクリーニングする

すぐ・る【優る¦▽勝る】〔動ラ下二〕「すぐれる」の文語形。

すぐる【過ぐる】〔連体〕《動詞「すぐ」の連体形から》過ぎ去った。去る。「—三月の末」

スクルペル〖オランダ scrupel〗薬量単位の一。1スクルペルは20グレーンで、約1.296グラム。スクループル。

スクレ〖Sucre〗ボリビア中南部の都市。同国の憲法上の首都。1900年にほとんどの政府機関がラパスに移転したが、最高裁判所が残る。人口、行政区27万(2008)。

スクレーパー〖scraper〗土木機械の一。鉄製容器の前方下部に取り付けた刃板で路面を削って土をすくい込み、運搬し、捨てる車。

すぐれ-て【優れて¦▽勝れて】〔副〕特別に。とりわけ。きわだって。「—民主的な憲法」

すぐれ-びと【優れ人¦▽勝れ人】多くの中で特にすぐれた人。傑出した人。

すぐれ-もの【優れ物¦▽勝れ物】多くの中で特にすぐれた品物。最良の品。また、思わぬ利用価値のあるすぐれたもの。「—のカメラ」

すぐ・れる【優れる¦▽勝れる】〔動ラ下一〕〔文〕すぐ・る〔ラ下二〕❶能力・容姿・価値などが他よりまさる。他よりぬきんでる。「語学に—・れる」「人並み—・れて足が速い」「—・れた作品」❷(多く打消しを伴って用いる)よい状態である。「健康が—・れない」「天候が—・れない」〔類語〕秀でる・長じる・長たける・勝まさる

す-ぐろ【▽末黒】春、野焼きなどのあとに草木が黒く焦げていること。また、その草木。〔季 春〕

スクロール〖scroll〗〔名〕(スル)❶巻くこと。また、巻いたもの。❷コンピューターで、ディスプレーに映っている文字列や図形を上下左右に移動させること。「画面を一行ずつ—する」

スクロール-バー〖scroll bar〗コンピューターの操作画面において、ウインドー内の表示領域を縦横方向に移動(スクロール)させるための操作部分。通常、ウインドーの右端と下端にある。

スクロール-ホイール〖scroll wheel〗ホイールマウスに取り付けられた、回転する小さな円盤状の入力装置。円盤を指先で回転させることにより、スクロール操作などを容易に行うことができる。マウスホイール。ホイール。

すぐ-ろく【▽双六】「すごろく」の古形。「つれづれなぐさむもの、碁、—、物語」〈枕・一四〇〉

スクロベーニ-れいはいどう【スクロベーニ礼拝堂】《Cappella degli Scrovegni》イタリア北東部、ベネト州の都市パドバにある礼拝堂。14世紀初頭に建造され、堂内の壁面と天井にはジョットの最高傑作とされるフレスコ画「最後の審判」「キリストの生涯」「聖母マリアの生涯」が描かれていることで有名。エレミターニ市立博物館の一施設として公開。

スクワット〖squat〗《しゃがむ意》❶上半身を垂直に伸ばしたまま行う、膝の屈伸運動。❷パワーリフティングで、肩にバーベルをかついだまま、しゃがんで立ち上がる種目。

スクワラン〖squalane〗▶スクアラン

すくわ・れる【救われる】〔連語〕《動詞「すくう(救)う」の未然形＋受身の助動詞「れる」》「救う❹」に同じ。「あれだけ努力したのだから、成功しなければ—・れない」

スクワレン〖squalene〗▶スクアレン

す-け【▽出家】「しゅっけ」の直音表記。「一日の—の功徳は、はかりなきものなれば、なほ頼ませ給へ」〈源・夢浮橋〉

すけ【次＝官】律令制で、四等官の第二位。職掌は長官と同じで、長官を補佐し、時にその代理をする。官司により用字が異なる。

すけ【助】㊀〔名〕❶助けること。手伝うこと。また、その人。「貴様だったろう、爺の—をして遣ったのは」〈木下尚江・良人の自白〉❷芝居・演芸などで、応援出演する人。また、ある人の代わりに出演する人。代演。❸歌舞伎台本を合作するとき、立作者を補助する立場の作者。❹他人の杯の酒を当人に代わって飲むこと。また、その人。「間をいたせ、お—を仕れと仰せつけられ」〈浮・禁短気・六〉❺《婦女子をいう盗人などの隠語「なごすけ」の略》俗に、若い女性のこと。㊁〔接尾〕❶事物の特徴などをとってそれに添え、人の呼称として用いる。「飲み—」「ねぼ—」❷受け答えなどの言葉の終わりを省略し、代わりに軽くふざけた気持ちで擬人化して添える。「合点承知の—」

すけ【典＝侍】律令制で、内侍司の次官。ないしのすけ。

すけ【楮＝柱】▶助柱

すげ【×菅】カヤツリグサ科スゲ属の多年草の総称。至る所に生え、カサスゲ・マスクサ・コウボウムギ・カンスゲなど日本には約200種ある。茎は三角柱で節はない。葉は線形で、根生。葉の間から茎を直立させ、小穂をつける。葉を刈って、笠・蓑・縄などの材料とする。すが。〔季 夏〕「一干して夕くらがりに川ゆかす／鶏二」

スケアード-ストレート〖scared straight〗《scaredは怖がる・おびえるの意》恐怖を実感することで、それにつながる危険行為を未然に防ぐ教育手法。事故現場を再現してみせ、交通ルールの大切さを学ばせたり、非行少年に刑務所を見学させて更生をうながしたりするなどの活動がある。

スケアクロー〖scarecrow〗❶かかし。❷やせて貧相な人。

ず-けい【図形】❶物の形を図にかいたもの。❷数学で、面・線・点・立体、またはそれらの集まり。

ず-けい【▽徒刑】▶徒

スケイ-ちく【スケイ地区】《Șchei》ルーマニア中央部の都市ブラショフの旧市街の一地区。中心部から離れた場所にあり、スケイ門で隔てられる。かつてドイツ人が要塞都市を建設した時、ルーマニア人は市内での居住を認められず、城壁外であるこの場所に強制的に住まわされた。ルーマニア正教会の聖ニコラエ教会がある。

すげ-いちもんじ【×菅一文字】「菅一文字笠」の略。

すげいちもんじ-がさ【×菅一文字×笠】スゲで作った、平たい一文字状の笠。菅一文字。

スケイ-もん【スケイ門】《Poarta Șchei》ルーマニア中央部の都市ブラショフの旧市街にある門。城壁に囲まれた中心部とスケイ地区とを隔てる場所に位置する。アラブ風のアーチをもつ白壁の門であり、19世紀に改築されて現在の姿になった。➡スケイ地区

スケーエン〖Skagen〗《古いデンマーク語で岬の意》デンマーク、ユトランド半島最北端に位置する港湾都市。風光明媚な地として知られ、1880年代から1930年代にかけて、スケーエン派と呼ばれる多くの画家が移り住んだ。

スケーター〖skater〗スケートをする人。〔季 冬〕

スケーティング〖skating〗❶スケートをすること。❷スキーで、スケートのように両足を交互に滑らせて進む滑走法。平地での走行のときなどに用いる。

スケート〖skate〗❶氷上を滑走するための用具。靴の底に金属製のブレード(板)を取り付けたもので、スピードスケート用・フィギュアスケート用・アイスホッケー用の3種がある。アイススケート。❷氷上で❶を用いて行うスポーツ。〔季 冬〕❸「ローラースケート」に同じ。

〔類語〕ウインタースポーツ・スキー・アイスホッケー

スケートボード〖skateboard〗細長い厚板に4個の車輪を付けたもの。また、それに乗って滑走するスポーツ。サーフローラー。スケボー。

スケート-リンク〖skating rink〗スケートをするための場所。スケート場。リンク。

スケープゴート〖scapegoat〗❶古代ユダヤで、年に一度人々の罪を負って荒野に放たれたヤギ。贖罪のヤギ。❷責任を転嫁するための身代わり。不満や憎悪を他にそらすための身代わり。

〔類語〕犠牲・生けにえ・人柱・身代わり

すけえもん【助▽右▽衛門】江戸後期、上方の人形浄瑠璃社会で、良い、美しい、上手だ、などの意を表した語。「女子の器量のよいを見ておかのしろが—といひ、悪いは助四郎といひ」〈浮・芝居気質〉

スケーラビリティー〖scalability〗コンピューターシステムの規模や機能の拡張性。

スケーリング〖scaling〗歯の表面に付着した歯石を、器具を用いて除去すること。

スケール〖scale〗❶寸法・度などの目盛りのついている測定器具。物差し。また、その目盛り。❷大きさの程度。規模。❸音階。❹天秤の皿。「キッチン—」❺水の中に溶けているカルシウムなどがボイラーの内側に固着したもの。〔類語〕規模

スケール-ダウン〖scale down〗〔名〕スル（物の大きさ・計画などを）率に応じて減じること。縮小すること。

スケール-メリット《和 scale＋merit》同種のものが集まり、規模が大きくなることによって得られる利点。特に経済で、経営規模が大きいほど生産性や経済効率が向上することをいう。規模のメリット。エコノミーオブスケール。

スケール-モデル〖scale model〗縮尺模型。実物を縮めて作った模型。建造物や機械類の構造・動作を確認するためのもの、ミニカーや鉄道模型のように趣味で作られるものなどがある。

すげ-かえ【▽挿げ替え｜×箝げ替え】すげかえること。つけかえ。「刃の—がきく」

すげ-か・える【▽挿げ替える｜×箝げ替える】〔動ア下一〕〔文〕すげか・ふ〔ハ下二〕❶新しく別のものをすげてつけ替える。「鼻緒を—・える」❷ある人をその地位からはずして、別の人をつける。「局長の首を—・える」

すげ-がさ【×菅×笠】スゲの葉で編んだ笠。すががさ。〔季 夏〕「一や面つつみて御岳人／古郷」

すげ-がさ【×菅▽蓋】▶かんがい(菅蓋)

すげがさ-ぶし【×菅×笠節】江戸初期に流行した唄。一節切・箏・三味線などに合わせて歌った。

すけ-がな【助仮名】ふりがなのこと。傍訓。ルビ。

すけ-ごう【助郷】江戸時代、宿駅常備の人馬が不足する場合、その補充のために宿駅近隣の村々に課された夫役。また、それを課された郷村。定助郷・代助郷などがある。

すけごう-うま【助郷馬】助郷村から夫役として差し出された馬。

すけごう-ちょう【助郷帳】江戸時代、各宿駅に備えておき、所属の助郷村が出すべき人馬の数を記した帳簿。

すけごう-やく【助郷役】江戸時代、助郷村に対して、その石高に応じて人馬を徴発した課役。

すけ-こまし　俗に、女をものにすること。また、それがうまい人。

すけざね【助真】鎌倉中期の刀工。備前の人。一文字派に属し、徳川家康秘蔵の太刀が日光東照宮に伝わる。生没年未詳。

すけ-さんばい【助三杯】酒の飲めない人を助けて代わりにその杯を受ける者は、3杯続けて飲まなくてはならないということ。

スケジューラー〖scheduler〗スケジュールを管理するプログラム。

スケジューリング〖scheduling〗予定や日程を組むこと。

スケジュール〖schedule〗予定。日程。また、予定表。日程表。「—を立てる」「—をこなす」

〔類語〕日程・予定・プログラム

すけしろう【助四郎】江戸後期、上方の人形浄瑠璃社会で、悪い、醜い、へただ、などの意を表した語。➡助右衛門

すけ-すけ【透け透け】〔形動〕布地などが透けて見えるさま。「肌が—なシャツ」

ずけ-ずけ〔副〕遠慮や加減をしないで、はっきりものを言うさま。つけつけ。「他人の悪口を—(と)言う」

すけそう-だら【助×惣×鱈】スケトウダラの別名。〔季 冬〕

すけ-だち【助太-刀】〔名〕スル あだ討ちや果たし合いなどに助力すること。転じて、加勢や援助をすること。また、その人。「—を頼む」「—してもらう」

〔類語〕加勢・助勢・手助け・力添え・肩入れ・後押し

スケッチ〖sketch〗〔名〕スル ❶風景・事物などを大まかに写しとること。また、その絵。写生。素描。「野の花を—する」❷情景や印象などを短い文章で書きとめること。また、その作品。小品文。❸音楽で、曲の構想や主題を大まかに素描したもの。また、描写的な小品のこと。〔類語〕(❶)写生・素描・寸描・点描・下絵・クロッキー・デッサン

スケッチブック〖sketchbook〗スケッチ用の厚紙をとじた帳面。写生帳。

スケッチブック〖The Sketch Book〗アービングの文集。1820年、ジェフリー＝クレヨンの筆名で刊行。34編の短編物語・随筆を収録。

スケッチ-ボード〖sketch board〗黒板に書いた文字図形情報が同時にディスプレーに表示され、ハードコピーもとれるもの。音声と描画の双方向同時通信機能を持つ。

スケッチ-ホン《和 sketch＋phone》耳の不自由な人のための電話機。電話のほかにディスプレーと文字情報入力盤がついており、通話先のディスプレーにその文字が現れるようになっている。

すけっ-と【助っ▽人】手助けをする人。すけて。

〔類語〕助太刀・加勢・助勢・片腕・アシスタント

すけ-て【助手】❶仕事などの手助けをする人。手伝い。すけっと。❷節会の相撲で、最上位の最手に次ぐ力士。今の関脇にあたる。

すけとう-だら【▽介党×鱈】・【×鯳】タラ科の海水魚。全長約80センチ。体はマダラに似るが細長く、下あごのひげは短い。背から側面に濃褐色の不定形斑がある。北太平洋・日本海に多い。塩干し・練り製品・魚粉などに加工。卵巣の塩漬けは、たらこ。めんたい。すけそうだら。〔季 冬〕

すけな・い【▽少ない】〔形〕《近世後期以降の語》「すくない」の音変化。「向うは高が—・いから」〈円朝・怪談牡丹灯籠〉

すげ-な・い【素気無い】〔形〕〔文〕すげな・し〔ク〕愛想がない。思いやりがない。そっけない。「—・く断られる」「—・い返事」〔派生〕すげなさ〔名〕

〔類語〕そっけない・つれない・よそよそしい・にべない・けんもほろろ・冷たい

すげ-ぬま【菅沼】群馬県北東部、日光白根火山北麓にある堰止(せきと)め湖。3か所でくびれて、三つの別な湖にみえる。湖面標高1731メートル。すがぬま。

すけ-の-みやつこ【少▽領】►しょうりょう(少領)

すけ-はかせ【助博士】►助教(じょきょう)❸

すけ-ばしら【助柱｜×楮柱】塀・建物などが倒れるのを防ぐために、支えに立てる柱。控え柱。すけ。

すげ-はら【×菅原】スゲの生えた野原。すがわら。「言(こと)をこそ—と言はめあたら清(すが)し女(め)」〈記・下・歌謡〉

すけ-ばん【助番】❶当番が欠勤したとき、その代わりを務めること。また、その人。❷不良女子グループのリーダー。女番長。

すけひと-しんのう【典仁親王】(ニシン ワウ)［1733～1794］江戸中期の皇族。閑院宮第1世直仁親王の王子。光格天皇の父。明治17年(1884)慶光(きょうこう)天皇と追諡(ついし)。➡尊号事件

すけひら【助平】平安末期の備前の刀工。高平・包平(かねひら)とともに三平(さんぴら)とよばれた。生没年未詳。

すけひろ【助広】►津田助広(つだすけひろ)

スケプティック〖skeptic〗[一]〔名〕懐疑論者。また、無神論者。[二]〔形動〕懐疑的なさま。「—な考え方」

すけ-べ【助▽平】〔名・形動〕「すけべい」に同じ。「—なおやじ」「むっつり—」

すけ-べい【助平】〔名・形動〕《「す(好)き」の変化した「すけ」を擬人化したもの》色事を好むこと。また、そういう人や、そのさま。好き者。すけべえ。すけべ。「根っからの—」「—な客」[類語]色好み・好色・好き者

すけべい-こんじょう【助平根性】(コンジャウ)❶好色で、いやしい性質。「—を丸出しにする」❷欲張っていろいろな物事に手を出したがる気持ち。「—を起こして大損をする」

すけ-べえ【助▽兵▽衛】(ヱ)〔名・形動〕「助平(すけべい)」に同じ。「—そうな顔つき」

すけべえっ-たらし・い【助▽兵▽衛ったらしい】(すけべ エッ—)〔形〕いかにも助兵衛そうである。好色そうである。すけべったらしい。「—・い顔」

スケ-ボー「スケートボード」の略。

すげ-みの【×菅×蓑】スゲの葉で編んだ蓑。すがみの。

すげ・む〔動マ四〕歯が抜けて、ほおが落ちくぼむ。「いたうー・みにたる口つき」〈源・朝顔〉

すけ-やく【助役】❶手伝いの役。すけて。「—を頼まれる」❷►じょやく(助役)

ずけり(づけ り)〔副〕遠慮なく、はっきりとものを言うさま。ずばり。「いつもに似合わず—と言って退(の)けた」〈里見弴・安城家の兄弟〉

スケリッグ-マイケル〖Skellig Michael〗アイルランド南西部の大西洋上にある島。7世紀頃に聖フィオナンが修道院を開き、10～11世紀には聖ミカエルをまつる聖堂が建てられた。16世紀に修道院は閉ざされたが、アイルランドの初期キリスト教時代の石積みの僧房や礼拝堂が現在も残っており、1996年に世界遺産(文化遺産)として登録された。

す・ける【▽助ける】〔動カ下一〕図す・く〔カ下二〕手伝う。たすける。「いつも女の—・けるのは朝晩の忙しい時だけで」〈二葉亭・平凡〉

す・ける【透ける】〔動カ下一〕物を通して、その中や向こう側が見える。「肌が—・けて見える」

す・げる【▽挿げる｜×箝げる】〔動ガ下一〕図す・ぐ〔ガ下二〕はめ込む。差し込む。また、そのようにしてとりつける。「人形の首を—・げる」

スケルツァンド〖(イタリア) scherzando〗音楽の発想標語の一つ。「諧謔(かいぎゃく)的に」の意。

スケルツォ〖(イタリア) scherzo〗急速な三拍子の器楽曲。快活でおどけた感じが特徴。しばしばソナタや交響曲の一楽章に用いられる。諧謔曲(かいぎゃくきょく)。

スケルトン〖skeleton〗❶骸骨(がいこつ)。❷建物や船などの骨組み。駆体(くたい)。「—賃貸住宅」❸内部の構造が透けて見えること。「—タイプの腕時計」❹ガスストーブの放熱用の燃焼筒。❺鉄製のそりの一種。簡単な構造でハンドルやブレーキはなく、重心の移動によって操作する。また、これにうつぶせに乗って氷のコースを滑り降り、所要時間を競う競技。

スケルトン-ちんたいじゅうたく【スケルトン賃貸住宅】(—チンタイヂュウタク)マンションなどの集合住宅で、構造や配管などの本体のみを賃貸して、間取り・内装・流し台などの設備は入居者の私有とするもの。

スケルトン-わたし【スケルトン渡し】建物の外郭と共有部分のできた段階で買い手(借り手)に引き渡すこと。内部の造作は買い手(借り手)が自分の好みで仕上げる。

すけろく【助六】[一]歌舞伎狂言「助六由縁江戸桜(すけろくゆかりのえどざくら)」の通称。[二]歌舞伎舞踊。長唄。3世桜田治助作詞、10世杵屋六左衛門作曲。天保10年(1839)江戸中村座初演。「助六由縁江戸桜」を舞踊化したもの。[三]浄瑠璃・歌舞伎などの助六物の主人公。宝永年間(1704～1711)大坂千日寺で遊女揚巻(あげまき)と心中したという万屋(よろずや)助六がモデル。花川戸助六。

すけろく-ずし【助六×鮨】稲荷鮨と巻き鮨の取り合わせ。また、その弁当。名の由来は稲荷鮨の油揚げと巻き鮨が、歌舞伎「助六」に登場する遊女揚巻(あげ＋まき)に通じることから。

すけろくゆかりのえどざくら【助六由縁江戸桜】歌舞伎十八番の一。世話物。一幕。正徳3年(1713)「花館愛護桜(はなやかたあいごのさくら)」の二番目として、江戸山村座で2世市川団十郎が初演。宝暦・明和(1751～1772)ごろ、現在の形がほぼ完成。郭(くるわ)を舞台に、河東(かとう)節を配した江戸歌舞伎の人気作品。通称「助六」。

す-けん【素見】品物や遊女を見るだけで買わないこと。また、その人。ひやかし。そけん。

すけん-ぞめき【素見▽騒き】遊里をひやかしてうろつくこと。また、その人。ひやかし。ぞめき。「—の客は気がつかないらしく」〈荷風・濹東綺譚〉

す-ご【素子】《万葉集巻頭の歌の「菜採須児(なつます こ)」を「なつむすご」と誤読したためにできた語》身分の低い者。「鳴きすてて鹿はつれなき山おろしに—が驚くひたの音かな」〈千五百番歌合・九〉

スコア〖score〗❶競技の得点。また、得点記録。❷合奏曲・合唱曲などの、すべての声部を記した楽譜。総譜。[類語](❶)得点・ポイント・点・カウント/(❷)総譜・譜面・楽譜

スコアカード〖scorecard〗ゴルフ・ボウリングで、競技の成績を記入するカード。

スコアブック〖scorebook〗競技の得点や経過などを記入する帳面。試合経過記録帳。

スコアボード〖scoreboard〗競技の得点や選手名などを表示する掲示板。得点掲示板。スコアボールド。

スコア-メーク《和 score＋make》得点すること。好成績をあげること。[補説]英語ではmake a score

スコアラー〖scorer〗❶競技の得点や試合経過を記録する人。❷《official scorerの略》プロ野球などの公式記録員。

スコアリング-ポジション〖scoring position〗野球で、1本の安打で走者が本塁に生還できる塁。二塁または三塁。得点圏内。

すこ・い〔形〕《「こすい」の「こす」を逆さにした語》(関西地方などで)ずるい。わるがしこい。「うちかって—・いよってなあ」〈谷崎・卍〉

すご・い【▽凄い】〔形〕図すご・し〔ク〕❶ぞっとするほど恐ろしい。非常に気味が悪い。「—・い目でにらむ」❷びっくりするほど程度がはなはだしい。大層なものだ。「—・い人気」❸(連用形を副詞的に用いて)程度のはなはだしいことを表す。「—・く寒い」「—・くおもしろい」[派生]すごさ〔名〕すごみ〔名〕

[用法]すごい・ひどい——「すごい(ひどい)嵐」「すごい(ひどい)寒さ」「すごく(ひどく)速い」など、はなはだしいの意では相通じて用いられる。◆「すごい」は俗語的な言い方で、「すごく険しい」「すごくおいしい」「すごく悪い点数」など副詞的に幅広く用いられる。また「すごい評判だ」「すごいあばら家」などプラス、マイナス両面の評価に使う。◆「ひどい」は「ひどい人」「ひどい仕打ち」「ひどいことを言う」のように、マイナス評価について用いられる。◆俗に連体形を副詞的に用いて「すごいおもしろい人だ」のような言い方もある。

[類語]ひどい・激しい・きつい・厳しい・とても・非常・大層・大変・異常・極度・桁(けた)外れ・桁違い・並み外れ・格段・著しい・甚(はなは)だしい・ものすごい・計り知れない・恐ろしい・えらい・途方もない・途轍(とてつ)もない・この上ない・筆舌(ひつぜつ)に尽くしがたい・言語に絶する・並並(なみなみ)ならぬ・極めて・至って・甚だ・頗(すこぶ)る・至極(しごく)・極(ごく)・いとも・実に・まことに・大いに・いたく・ひどく・恐ろしく・ものすごく・滅法(めっぽう)

す-こう【数行】(—カウ)「すうこう(数行)」に同じ。

ず-こう【図工】(ヅ—)小学校の教科の一。図画と工作。

ず-こう【▽塗香】(ヅカウ)仏像や修行者の身体に香を塗って、けがれを除くこと。また、その香。

ず-こう【頭甲】(ヅカフ)❶頭蓋骨。脳天。❷笠をかぶりよくするために裏側につける輪の形をしたもの。

ず-こう【頭光】(ヅクワウ)光背の一。頭部の後ろにある円光。

ず-こう【頭香】(ヅカウ)僧や修験者が行う荒行の一で、頭の上で香をたくこと。

すごういそべ-じんじゃ【菅生石部神社】(すがふいそべ—)石川県加賀市にある神社。祭神は菅生石部神。通称、敷地天神。加賀国二の宮。

すご-うで【▽凄腕】普通にはできないようなことをやってのける手腕。また、その手腕の持ち主。

[類語]辣腕(らつわん)・怪腕・敏腕・やり手・腕っこき・切れ者・業師(わざし)・寝業師(ねわざし)・策士・海千山千

すこう-てんのう【崇光天皇】(スクワウテンワウ)［1334～1398］北朝第3代の天皇。在位1348～1351。光厳天皇の第1皇子。名は興仁(おきひと)。足利尊氏(あしかがたかうじ)が南朝にくだったため廃位。のち、南朝方に捕らえられて賀名生(あのう)に移され、さらに帰京して出家。

スコーカー〖squawker〗スピーカーユニットで、中音域専用のスピーカー。

スコー-バレー〖Squaw Valley〗米国カリフォルニア州東部、シエラネバダ山脈の盆地にある都市。スキーリゾートとして有名。1960年、第8回冬季オリンピックが開かれた。

スコーピオ〖SCORPIO〗《submersible craft for ocean repair, positioning, inspection and observation》米海軍・英海軍が保有する有索式無人潜水作業装置。海底パイプライン、海洋構造物設置場所の調査、海中機器の設置・回収などの作業を支援船よりの操作で行う。

スコーピオン〖scorpion〗蠍(さそり)。

スコープ〖scope〗❶能力・理解などの及ぶ範囲。視野。❷教育課程を編成する際に、学習内容を選択する基準となる領域または範囲。❸銃器の照準器。❹多く複合語の形で用い、それを見る器械という意を表す。「ファイバー—」「シネマ—」

スコール〖squall〗❶急に吹きだす強い風。数分間で弱まるが、驟雨(しゅうう)や雷を伴うこともある。❷熱帯地方の強風を伴う激しいにわか雨。局地的な上昇気流が原因で、ほとんど毎日定期的に降る。

[類語]俄雨(にわかあめ)・通り雨・夕立・時雨・驟雨(しゅうう)・村雨

スコール〖(デンマーク) skaal〗〔感〕乾杯のときのかけ声。

スコーン〖scone〗小麦粉・バター・牛乳・ベーキングパウダーなどを混ぜ合わせて焼いた、丸い小形のイギリスのパン。ジャム・バターなどを添えて食べる。

スゴカ〖SUGOCA〗《和 Smart Urban Going Cardの略》JR九州の開発した、ICカードと自動改札機を無線で通信させ運賃を精算するシステム。定期券の機能をもつスゴカ定期券もある。福岡市を中心としたJRで利用できるほか、一部のキヨスクや駅近くのコンビニエンスストア・飲食店などでの買い物にも使える。➡イコカ ➡キタカ ➡スイカ ➡トイカ

す-ごかい【巣沙＝蚕】ナナテイソメ科の多毛類。暖海の沿岸でみられ、体長約40センチ。貝殻片・砂や海藻をつけた管の中にすみ、頭部に多くの触手をもつ。釣り餌にされる。すごかいいそめ。

スコガ-たき【スコガ滝】《Skógafoss》►スコガフォス

スコガフォス〖Skógafoss〗《アイスランド語で「森の滝」の意》アイスランド南部にある滝。エイヤフィヤトラ氷河を源とする川にかかる。落差約60メートル、幅約25メートル。巨人が黄金を隠したという伝説が残

っている。スコガ滝。

すこし【少し・▽寡し】〔副〕数量・程度などがわずかであるさま。ちょっと。「一休もう」「通常より一高い金額」「もう一で到着する」「一は改善された」
(用法)**すこし・ちょっと**――「この洋服は少し(ちょっと)大きすぎる」「少し(ちょっと)お待ちください」などでは相通じて用いられる。◆「少し」には、「少しの暇」「少しは理解できる」などのように名詞的な使い方もある。「ちょっと」は、ややくだけた言い方。◆「ちょっとした」の形で、ある水準・程度に達している意を表す使い方と、打消しを伴って「かんたんには…できない」の意を表す使い方は「少し」にはない。「ちょっとした財産」「ちょっと想像もつかない珍事」など。◆類似の語に「少々」がある。「少し」「ちょっと」に比べ文章語的であり、「少々のことでは驚かない」「牛肉を少々買い求めた」などとも使う。
(類語)少しく・少少・ちょっと・ちょいと・ちと・ちっと・ちょっぴり・いささか・いくらか・いくぶん・やや・心持ち・気持ち・多少・若干・二三・少数・少量・僅僅・わずか・数えるほど・たった・ただ・たかだか・しばらく・なけなし

す-ごし【×簾越し】すだれごし。「荒かりし浪の心はつらけれど一によせし声ぞ恋しき」〈後撰・恋三〉

すこしき【少しき】〔名・形動ナリ〕少ないこと。小さいこと。また、そのさま。「日食にっしょく一にして、飢ゑ忍びがたきは」〈著聞集・二〉

すこしく【少しく】〔副〕少しばかり。いささか。「以下に一具体例を示す」(類語)少し・少少・いくらか・やや

すこし-も【少しも】〔副〕❶(下に打消しの語を伴って)全然。まったく。ちっとも。「一寒くない」❷少しでも。わずかながら。「一益の増さらんことを営みて」〈徒然・一八八〉
(類語)全く・全然・さっぱり・まるきり・まるで・一向に・からきし・ちっとも・皆目・何ら・とんと・いささかも・毫ごうも・微塵みじんも・毛頭・露・更更

すご・す【過ごす】〔動サ五(四)〕《「すぐす」の音変化》❶何かをして時間を費やす。「休日は子供と遊んで一・した」❷月日を送る。暮らす。「その後は、いかがお一・しですか」❸そのままの状態にしておく。「お前はどうかして一寸それをぼかして一・そうと云うのだ」〈鷗外・半日〉❹物事の程度を越す。特に、酒を飲み過ぎる。または、酒を飲む。「冗談も度を一・すと不愉快だ」「友達にすすめられて、ついつい一・してしまった」「どうぞ一つ、お一・しください」❺生活の面倒を見る。養う。「二十三にもなって親を一・す所か」〈二葉亭・浮雲〉❻物事を終わらせる。済ませる。すぐす。「えさらず思ふべき産屋の事もあるを、これ一・すべしと思ひて」〈かげろふ・中〉❼年をとる。老いる。すぐす。「久我の少将通宣、いたく一・したる程にて」〈増鏡・秋のみ山〉❽(動詞の連用形に付いて)㋐適当な程度を越して事をする。「遊び一・す」「寝一・す」㋑そのままにしておく。「見一・す」「やり一・す」(補説)上代には「すぐす」が普通で「すごす」はほとんど見られない。平安時代には両者が併用され、中世末期ごろから「すごす」が普通になった。(可能)**すごせる** (類語)(❶❷)送る・費やす・暮らす・明かし暮らす・明け暮れる・消光する

すご-すご【×悄×悄】〔副〕気落ちして元気がないさま。また、元気なくその場をたち去るさま。「勝負に敗れて一(と)退場する」

すこ-たん ❶「すかたん❷」に同じ。「あの唄は人のうたふのは皆一だの」〈滑・浮世床・二〉❷頭をぞんざいにいう語。どたま。「こみづぬかすが最期、一張り砕くのぢゃ」〈伎・韓人漢文〉

スコッチ〖Scotch〗❶「スコッチウイスキー」の略。❷「スコッチツイード」の略。

スコッチ-ウイスキー〖Scotch whisky〗スコットランド産のウイスキー。

スコッチ-エッグ〖Scotch egg〗ひき肉に玉ねぎを混ぜたものでゆで玉子を包み、パン粉の衣をつけて油で揚げた料理。

スコッチ-ツイード〖Scotch tweed〗スコットランド産の羊毛で織ったツイードの総称。スコットランド産の紡毛糸を用いて機械織りした毛織物のこと。

スコッチ-テリア〖Scotch terrier〗スコットランド原産のテリア犬。小形で胴が長く、四肢は比較的短い。毛は黒っぽく、長くて粗い。愛玩用。スコティッシュテリア。➡テリア

スコット〖Robert Falcon Scott〗［1868～1912］英国の探検家。二度目の南極探検で、1912年1月に南極点に達したがアムンゼンに遅れ、帰途遭難死。記録「探検航海」など。

スコット〖Walter Scott〗［1771～1832］英国の詩人・小説家。スコットランドの民謡・伝説に基づく物語詩や歴史小説を書いた。物語詩「湖上の美人」、小説「ウェーバリー」「アイバンホー」など。

スコット-きねんひ【スコット記念碑】《Scott Monument》英国スコットランドの首都エジンバラの新市街にあるゴシック様式の尖塔。スコットランドを代表する詩人・小説家、ウォルター=スコットを記念し、19世紀半ばに建造。高さは約60メートルで、作家の記念碑としては世界最大とされる。スコットモニュメント。

スコット-モニュメント〖Scott Monument〗▶スコット記念碑

スコットランド〖Scotland〗英国、大ブリテン島北部およびヘブリディーズ・オークニー・シェトランドの各諸島を占める地方。古称、カレドニア。11世紀にスコットランド王国が成立、のち1707年イングランド王国と統合して大ブリテン王国となる。中心都市エジンバラ。(補説)「蘇格蘭」とも書く。

スコットランド-ヤード〖Scotland Yard〗ロンドン警視庁の通称。1829年創立当時、スコットランドヤード(もとスコットランド王のロンドン屋敷があった通り)に面していたところからの名。

スコップ〖オランダ schop〗小型のシャベル。➡シャベル
(補説)(スコップとの違い)

スコティッシュ-テリア〖Scottish terrier〗▶スコッチテリア

スコティッシュ-ボーダーズ〖Scottish Borders〗英国スコットランド南東部の州、および歴史的地方名。州都はニュータウンセントボスウェルズ。イングランドとの国境地帯にあり、戦争が繰り返し行われた地として知られる一方、修道院や古城、領主の館などの歴史的建造物が多い。単にボーダーズともいう。

スコパス〖Skopas〗古代ギリシャの彫刻家・建築家。前4世紀に活躍。作品「アテナ-アレア神殿破風群像」など。生没年未詳。

スコピエ〖Skopje〗マケドニアの首都。同国南部、バルダル川沿いに位置する。バルカン半島における交通の要所で、主要道路、幹線鉄道が通る。鉄鋼業、化学工業、木材工業が盛ん。古代ローマ時代の都市スクピに起源し、7世紀にスラブ人が定住。続いてブルガリア、セルビア、オスマン帝国に支配され、第一次大戦後にユーゴスラビアの一部となった。1963年の地震で壊滅的な被害を受け、丹下健三の都市設計で再建。イスラム寺院ムスタファパシナジャミヤ、聖スパス教会などがある。

スコピエ-じょうさい【スコピエ城塞】マケドニア《Skopsko Kale》マケドニアの首都スコピエにある城塞跡。バルダル川の北岸、旧市街のスタラチャルシヤを見下ろす小高い丘の上に位置する。11世紀頃の建造とされる。カメンモストとともにスコピエの象徴とされ、市旗にも描かれる。

す-こ・びる〔動バ上一〕ひどくませている。こましゃくれる。「一・びた餓鬼め」〈浄・大織冠〉

すこぶる【×頗る】〔副〕❶程度がはなはだしいさま。非常に。たいそう。「一愉快だ」「一迷惑な話」❷少し。いささか。「泉の色一黄ばみたり」〈今昔・三一・一三〉(類語)たいへん・とても・非常に・はなはだ・大いに・きわめて・ごく・随分・大層・至って・至極しごく・いとも・実に・まことに・いたく・ひどく・恐ろしく・すごく・ものすごく・滅法めっぽう

すこぶる-つき【×頗る付き】「すこぶる」という語が付くほど、はなはだしいこと。「一の豪華版」

スコペロス-とう【スコペロス島】ギリシャ《Skopelos》ギリシャ、エーゲ海西部の島。スポラデス諸島に属す。中心地はスコペロス。エーゲ海の中で最も緑が濃い島の一つとして知られ、オリーブ、プラム、アーモンド、ワイン用のブドウを産する。西岸に多くの海水浴場があり、観光客に人気がある。

スコポフィリア〖scopophilia〗異常な性欲、性的倒錯の一種。他人の裸体、特に性器を見て快楽を得るもの。瞠視症どうししょう。窃視症せっししょう。スコポフィリー。

スコポフィリー〖scopophilia〗窃視症せっししょう。

スコポラミン〖scopolamine〗チョウセンアサガオなどのナス科植物の種子から抽出される、アルカロイドの一。臭化水素酸スコポラミンとして、鎮痙ちんけい薬や副交感神経遮断薬に用いられる。ヒヨスチン。

すご-み【▽凄み】すごい感じ。ぞっとするような迫力。「気迫に一がある」
凄みを利か・せる すごみのある態度や言葉で脅迫する。「一・せる借金取り」

すご・む【▽凄む】〔動マ五(四)〕人をおどすような言葉や態度をとる。「はったりで一・んでみせる」
(類語)脅おどす・脅おびやかす・脅しつける・脅おどかす

す-ごも【×簀×薦・▽食▽薦】竹を編んで簀子すのこのようにしたもの。裏を白い生絹すずしで張ったものもある。古く、神膳しんせんや、食卓の下などに敷いた。

す-ごもり【巣籠もり】❶すごもること。鳥などが巣にこもること。(季 春)❷俗に、休日に外出を控え、自宅で過ごすこと。「景気低迷で一傾向が強まる」

すごもり-たまご【巣籠もり卵】細く切った野菜に鶏卵をくずさないように割り入れ、加熱した料理。鳥の巣に卵があるさまに見立てたもの。

す-ごも・る【巣籠もる】〔動ラ五(四)〕鳥などが巣にこもる。「親鳥がひなをかえすために一・る」

す-ごや【▽直屋】平面が長方形の民家。➡曲屋まがりや

すこ-やか【健やか】〔形動〕図〔ナリ〕からだが丈夫で元気なさま。心身が健全であるさま。「一な子供の寝顔」「一に育つ」(派生)**すこやかさ**〔名〕
(類語)元気・健康・丈夫・無病息災・無事・健勝・清勝・壮健・健全・達者・まめ・つつがない・息災

すこやかみらいつみたて-しょうがいほけん【すこやか未来積立傷害保険】ニッセイ同和 日常生活における傷害による損害の塡補を目的とする積立型損害保険。契約締結後、一定期間を経過すると、保険期間内で契約者が満期を指定できる。重度後遺障害については後遺傷害保険金を2倍に、60日を超える長期入院については入院保険金を1.5倍に増額して支払う。フレックスプラン。

スコラ〖ラテン schola〗学校。

スコラ-がく【スコラ学】中世ヨーロッパで、教会・修道院付属の学校や大学を中心として形成された神学・哲学の総称。教会の権威を認め、教義の学問的根拠づけを目ざし、13世紀のトマス=アクィナスによって集大成された。スコラ哲学。➡新スコラ学

スコラ-てき【スコラ的】〔形動〕スコラ学のように、細かい事柄について、無用でわずらわしい議論をするさま。「一な論議」

スコラ-てつがく【スコラ哲学】▶スコラ学

スコリア〖scoria〗火山砕屑物さいせつぶつの一種。黒色で多孔質の岩片。岩滓がんさい。

スコル〖Skoll〗土星の第47衛星。2006年に発見。名の由来は北欧神話に登場する狼フェンリルの子狼でハチの兄弟。非球形で平均直径は約4キロ。

スコルダトゥーラ〖イタリア scordatura〗音楽で、弦楽器の変則的な調弦法をいう。これによって、通常の調弦法では不可能なさまざまの効果を得ることができる。主に16～18世紀に流行した。

スコルバ-しんでん【スコルバ神殿】《Skorba》地中海中央部の島国、マルタ共和国にある先史時代の巨石神殿。マルタ島北西部の町イムジャールの近郊に位置する。紀元前5000年頃より人が居住した形跡があり、紀元前3600年から3200年頃、および紀元前3150年から2500年頃に二つの巨石構造物が建造された。素焼きの女神像などが発掘されている。1980年と1992年に、マルタ島のイムナイドラ・タハジュラット・タルシーン・ハジャーイム、ゴゾ島のジュガン

ティーヤとともに「マルタの巨石神殿」として世界遺産（文化遺産）に登録された。

すご-ろく【▽双六｜▽双▽陸】❶二人が盤を隔てて向かい合って座り、交互にさいを振って、出た目の数によって盤上の駒を進め、早く相手の陣に全部入れたものを勝ちとする遊び。インドに起こり、日本には奈良時代に中国から伝来。❷紙面を多数に区切って絵を描いたものを用い、数人が順にさいを振って、出た目の数だけ区切りを進み、早く最後の区切り（上がり）に達した者を勝ちとする遊び。回り双六と飛び双六とがある。絵すごろく。《季 新年》「一の賽の禍福のまろぶかな／万太郎」

すごろく-うち【▽双六打ち】双六をすること。双六で賭博をすること。また、その人。「朝月夜一の旅ねして／杜国」〈冬の日〉

すごろく-ばん【▽双六盤】双六をするときに使う盤。長方形の盤面の中央に一条の細い空地を設けて、敵・味方の陣に分け、縦に左右それぞれ12の地をつくったもの。一般に縦約36センチ、横約24センチの木製の盤。

スコンク〘アメリカ skunk〙競技などで、無得点で負けること。零敗。スカンク。

す-さ【▽朱砂】「辰砂」に同じ。「胡粉、一など色どりたる絵どもかきたる」〈枕・一四九〉

すさ【×苆｜▽寸×莎】壁土にまぜて、ひび割れを防ぐつなぎとする材料。荒壁には藁を、上塗りには麻または紙を用いる。壁苆。つた。《補説》「苆」は国字。

ず-さ【▽従▽者】「じゅうしゃ」の直音表記。「一共よびて、尾のかたを引きあげさせ」〈宇治拾遺・一四〉

ず-さ【▽儒▽者】▶じゅしゃ（儒者）

す-さい【▽秀才】《「す」は「しゅう」の直音表記》「しゅうさい（秀才）❸」に同じ。「人に文読ませなどするほどに、一四人まゐれり」〈宇津保・沖つ白浪〉

ず-ざい【▽徒罪】ヅ ▶徒

すざか【須坂】長野県北東部の市。もと堀氏の陣屋町。明治以後は製糸工業、第二次大戦後は電子工業が中心。リンゴ・ブドウの産地。人口5.2万（2010）。

すざか-し【須坂市】▶須坂

す-ざかな【酢▽肴】酢につけたさかな。酢の物。

す-さき【×洲崎】《「すざき」とも》❶州が海中または河中に長く突き出て岬のようになった所。「一にさはぐ千鳥の声は」〈平家・八〉❷❶の形の模様。「萌黄色に染鹿子の一」〈浮・胸算用・五〉

すさき【洲崎】東京都江東区の旧地名。木場の東隣で、元禄年間（1688〜1704）に埋め立てられ、弁天社ができた。明治21年（1888）根津から遊郭が移転し発展。

すさき【須崎】高知県中部の市。新荘川河口に発達した砂州上にあり、須崎港は土佐湾第一の良港。カンパチ、タイなどの養殖が盛ん。人口2.5万（2010）。

すさき-し【須崎市】▶須崎

すさき-み【×洲崎×廻】《「み」は湾曲した所の意》州崎のあたり。「この一に鶴鳴くべしや」〈万・七一〉

すざく　平成17年（2005）7月に打ち上げられたX線天文衛星ASTRO-EⅡの愛称。JAXA（宇宙航空研究開発機構）があすかの後継として、また、同12年2月に打ち上げられ軌道投入に失敗したASTRO-Eの代替機として開発。高感度の撮像装置を搭載し、従来のX線望遠鏡に比べ格段に幅広いエネルギー領域（700キロ電子ボルトまで。従来は10キロ電子ボルト程度）のX線、γ線が観測可能。宇宙の構造と進化に関わる非常に遠方からのX線やγ線、ブラックホール候補天体や活動銀河核の観測を行う。

す-ざく【▽朱×雀】❶四神の一。天上南方の守護神で、鳳凰などの鳥の形に表す。朱鳥。しゅじゃく。❷サトザクラの一品種。すじゃく。しゅじゃく。

すざく【朱雀】㊀京都下京区の地名。千本通の西側、七条通の北側の地。㊁「朱雀大路」の略。

すざく【朱雀】天武天皇朝にあったとされる逸年号。朱鳥の異称と考えられる。しゅじゃく。

すざく-いん【朱雀院】ヰン ㊀嵯峨天皇以後、代々の天皇の譲位後の住居とされた離宮。三条の南、朱雀大路の西にあり、8町を占めた。㊁朱雀天皇のこと。

すざく-おおじ【朱雀大路】おほぢ 平城京・長岡京・平安京で、中央を南北に通じる大路。大内裏南面中央の朱雀門から、都城南端の羅城門に至り、これより東を左京、西を右京とする。しゅじゃくおおじ。

すざく-き【▽朱×雀旗】四神旗の一。朱雀を描いた旗。

すざく-てんのう【朱雀天皇】テンワウ［923〜952］第61代天皇。在位930〜946。醍醐天皇の第11皇子。名は寛明。在位中は世俗混乱し、平将門・藤原純友の乱が起こった。しゅじゃくてんのう。

すざく-もん【朱雀門】平安京大内裏外郭十二門の一。南面中央の門で、朱雀大路の起点。中国の長安の朱雀門にならったもので、平城宮などにもあった。南門。大伴門。しゅじゃくもん。

すさ-じんじゃ【須佐神社】島根県出雲市佐田町須佐にある神社。祭神、須佐之男命ほか。須佐大宮。

すさのお-の-みこと【素戔嗚尊｜須佐之男命】すさのを 日本神話の神。伊奘諾尊・伊奘冉尊の子。天照大神の弟。多くの乱暴を行ったため、天照大神が怒って天の岩屋にこもり、高天原から追放された。出雲に降り、八岐大蛇を退治し、奇稲田姫を救い、大蛇の尾から得た天叢雲剣を天照大神に献じた。

すさび【▽荒び｜▽進び｜▽遊び】❶興にまかせてすること。慰みごと。「筆の一」❷成り行きにまかせること。「すきずきしき心の一にて、人のありさまをあまた見合はせむの好みならねど」〈源・帚木〉

《類語》遊び・遊戯・戯れ・気晴らし・慰み事・娯楽

すさび-ごと【▽遊び事】気まぐれにすること。慰みごと。「はかなき古歌物語などやうの一にてこそつれづれをも紛らはし」〈源・蓬生〉

すさび-わざ【▽遊び▽事】なぐさみとして興じること。慰みわざ。「文作り、韻ふたぎなどやうの一ども」〈源・賢木〉

すさ・ぶ【▽荒ぶ｜▽進ぶ｜▽遊ぶ】《上代は上二段活用であるが、平安時代ころから四段にも活用するようになった》㊀〔動バ五（四）〕❶気持ちや生活態度にゆとりやうるおいがなくなる。とげとげしくなる。荒れる。「心が一・ぶ」❷細かいところにまで注意が求められる芸などが荒れて雑になる。「芸が一・ぶ」❸ある方向にいよいよ進む。特に、雨・風などの勢いが増す。「嵐が一・ぶ」「吹き一・ぶ」❹勢いが尽きて衰える。「降り一・ぶ時雨の空のうき雲にみえぬ夕日のかげぞうつろふ」〈風雅・冬〉❺（遊ぶ）気の向くままに何かをする。慰み興じる。もてあそぶ。「目とどめ給ひて…など、書き添へつつ一・び給ふ」〈源・若菜上〉㊁〔動バ上二〕❶（遊ぶ）心のおもむくままにする。あそび慰む。「絵はなほ筆のついでに一・びさせ給ふあだごととこそ」〈源・絵合〉❷（動詞の連用形について）勢いが激しくなる。さかんに…する。「朝露に咲き一・びたる月草の日くたつなへに消ぬべく思ほゆ」〈万・二二八一〉

すさまじ・い【▽凄まじい】〔形〕文すさま・じ〔シク〕《動詞「すさ（荒）む」の形容詞化。古くは「すさまし」とも》❶程度がはなはだしいさま。㋐恐ろしい。ものすごい。「一・い形相」「一・い台風のつめあと」㋑驚くほど激しい。「一・い反対の声」㋒あきれるほどひどい。「にせものを本物と同等の値段で売りつける一・い商売」❷興ざめである。つまらない。「一・じきもの、昼ほゆる犬」〈枕・二五〉❸荒涼としているさま。「山里の風一・じき夕暮れに木の葉乱れて物ぞかなしき」〈新古今・冬〉《派生》すさまじがる〔動ラ五〕すさまじげ〔形動〕すさまじさ〔名〕《類語》ものすごい・むちゃくちゃ・べらぼう・激しい・強烈・猛烈・激烈・熾烈・苛烈・激甚・急激・峻烈・激越・矯激

すさみ【▽荒み｜▽進み｜▽遊み】慰みごと。すさび。「うなゐこが一に鳴らす麦笛の声におどろく夏の昼ぶし」〈聞書集〉

すさ・む【▽荒む｜▽進む｜▽遊む】㊀〔動マ五（四）〕《動詞「すさぶ」の音変化》❶心の持ち方・行動などが乱れてきて、ゆとりやおおらかさがなくなる。とげとげした状態になる。「気持ちが一・む」「生活が一・む」❷物事の繊細さ・上品さが失われて粗雑になる。「最近の彼の芸は一・んでいる」❸雨や風などの勢いが激しくなる。「寒風が一・む」❹ふけりおぼれる。「酒色に一・む」❺勢いが尽きて衰える。「御前にて物など参り給へども、あさましうはかなく一・みつつ」〈狭衣・二〉❻嫌って遠ざける。うとむ。「人ヲ一・ム」〈日葡〉❼からだを苦しめ痛めつける。「身ヲ一・ム」〈日葡〉❽（遊む）動詞の連用形について、興にのって事をすすめる意を表す。気の向くままに…する。「筆さしぬらして書き一・み給ふほどに」〈源・初音〉㊁〔動マ下二〕❶心に留めて愛する。賞美する。「大荒木の森の下草老いぬれば駒も一・めず刈る人もなし」〈古今・雑上〉❷勢いが衰えて、やむ。「ひまもなく降りも一・めぬ五月雨につくまの沼の水草波よる」〈類従本堀河百首〉❸嫌って遠ざける。うとんじる。「むべ我をば一・めたりと、気色どり怨じ給へりしこそ」〈源・紅梅〉

すさ-やき【須佐焼】山口県萩市須佐地区から産した陶器。萩焼に先立つ16世紀末に開窯。青釉を用いたものに優品が多い。

すさ・る【▽退る】〔動ラ五（四）〕後ろへさがる。しりぞく。「こそこそと一・って」〈露伴・椀久物語〉《類語》下がる

ず-さん【×杜×撰】ヅ〔名・形動〕《「杜」は宋の杜黙のこと、「撰」は詩文を作ること。杜黙の詩が定形詩の規則にほとんど合っていなかったという「野客叢書」の故事から。「ずざん」とも》❶詩や文章に、典拠の確かでないことを書くこと。また、その詩文。❷物事がいいかげんで、誤りが多いこと。また、そのさま。「一な管理」「一な計画」《派生》ずさんさ〔名〕《類語》粗雑・雑・粗笨・粗略・粗漏・いい加減・ぞんざい

すし【×鮨｜×鮓｜▽寿司】《形容詞「酸し」の終止形から》❶塩をふった魚介類を飯とともに漬け、自然発酵によって酸味を生じさせたもの。熟れずし。生熟れ。《季 夏》❷酢で調味した飯に、生、または塩や酢をふりかけた魚などの具を配した料理。握りずし・散らしずし・蒸しずしなど。酢は暑さに耐えるので夏の食品とされた。《季 夏》

すし〔名・形動ナリ〕❶なれなれしいこと。出過ぎていること。また、そのさま。「すこし一に見えて、幅のなき男」〈浮・一代男・六〉❷人情の機微に通じていること。また、そのさま。粋。「おのが妻恋ひ、やさしや一や」〈浄・曽根崎〉

すじ【筋｜▽条】すぢ ㊀〔名〕❶筋肉。また、その線維。「肩の一が凝る」❷筋肉を骨に付着させている組織。腱。「足の一を切る」❸皮膚の表面に浮き上がってみえる血管。「額に一を立てて怒る」❹植物などの繊維。「一のかたい野菜」❺細長く、ひと続きになっているもの。線。「まっすぐに一を引く」❻縞模様。「赤い一のある布地」❼家系。家柄。「貴族の一を引く」❽学問や芸術の流儀。流派。「彼の絵は狩野派の一だ」❾素質。たち。「芸の一がいい」❿物事の道理。すじみち。「一の通った話」⓫小説や演劇などの、大体の内容。梗概。「芝居の一」⓬そのことに関係のある方面。「確かな一からの情報」「消息一」⓭依頼したい事柄。おもむき。「お願いの一があって参上いたしました」⓮道路や川に沿った所。「街道一」「利根川一」⓯囲碁・将棋で、本筋とされている打ち方・指し方。⓰将棋で、盤面の縦9列のそれぞれをいう。⓱身分。地位。「めでたきにても、ただ人の一は、何の珍しさにか思ひ給へかけむ」〈源・少女〉⓲「すじかまぼこ」の略。㊁〔接尾〕助数詞。❶細長いものを数えるのに用いる。「帯をひと一」「ふた一の道」❷江戸時代、銭100文を数えるのに用いる。「銭さし一一」

《…語》青筋・粗筋・家筋・粋筋・糸筋・大筋・大手筋・海道筋・街道筋・川筋・癇癪筋・客筋・金筋・銀筋・首筋・玄人筋・毛筋・権威筋・主筋・消息筋・素人筋・親類筋・政府筋・背筋・疝気筋・其の筋・太刀筋・球筋・千筋・血筋・強気筋・手筋・手の筋・鼻筋・腹筋・一筋・本筋・升掛け筋・町筋・万筋・澪筋・水筋・道筋・矢筋・横筋・弱気筋

《類語》（⑩）理・道理・事理・条理・論理・理屈・筋道・辻褄・理路・ロジック／（⑪）プロット・筋立て・筋書き

筋が立たつ　首尾が一貫する。道理にかなう。筋が通る。「彼の出処進退は、—・っている」

筋が違・う　❶判断が違っている。見当はずれである。「私を責めるのは—・う」❷道義にはずれている。「親切を無にしちゃ—・う」〈漱石・坊っちゃん〉

筋が悪・い　❶芸事などの素質がよくない。「—・くてなかなか上達しない」❷性質が悪い。「何どうも質たちの悪い腫物しゅもつだねえ」〈円朝・真景累ヶ淵〉

筋を通・す　首尾を一貫させる。また、道理にかなうようにする。「終わりまで—・す」「—・して申し入れる」

ず-し【図示】ヅ〔名〕スル　物事をわかりやすくするために、図によって示すこと。「会社の機構を—する」

ず-し【図師】ヅ　❶指図・手引きなどをすること。また、その人。❷中世、国郡の図帳・田図を製作する国衙こくがの臨時の役人。

ず-し【▽呪師】「じゅし(呪師)」に同じ。「—の松犬と類ひせよ」〈梁塵秘抄・二〉

ずし【逗子】づし　神奈川県南東部の市。三浦半島の付け根の西側にあり、相模湾に臨む。保養地・別荘地として知られ、徳冨蘆花の「不如帰」「自然と人生」の舞台。北部に「池子の森」がある。人口5.8万(2010)。

ず-し【×厨子】ヅ　❶仏像・舎利・経巻を安置する仏具。正面に両開きの扉をつける。「玉虫の—」❷食物・書籍などを入れる置き棚。内部に棚を設け、両開きの扉をつける。厨子棚。

すじ-あい【筋合(い)】すぢあひ　物事の道理。また、確かな理由や根拠のある関係。「とやかく言われる—はない」

すし-あゆ【×鮨×鮎】鮨❶にした鮎。押し鮎。

すし-あわび【×鮨×鮑】すしあはび　鮨❶にした鮑。

すじ-えび【▽条×蝦】すぢ　テナガエビ科の甲殻類。体長約5センチの淡水産のエビ。体は透明で、黒褐色の横縞がある。つくだ煮の材料、釣りのえさにする。

ずし-おう【厨子王】ヅシワウ　伝説上の人物。姉の安寿とともに人買い山椒太夫さんしょうだゆうに売られて酷使されるが脱出し、のち、敵を討つ。➡山椒太夫

すし-おけ【×鮨×桶】すしをけ　鮨飯を作るときに用いる浅い桶。もと、熟なれずしを作る漬け込みの桶。《季 夏》「—を洗へば浅き遊魚かな/蕪村」

すじ-かい【筋▽違い｜筋交い】すぢかひ　❶斜めに交差していること。また、斜めであること。はすかい。「—にしばる」「交差点を隔てて—にある家」❷木造建築などで、地震・風などによる変形を防ぐため、骨組みの間に斜めに入れる材。(類語)打ち違い・たすき掛け・たすき・はすかい・はす・斜め・筋ちがい・筋向かい

すじかい-もん【筋違門】すぢかひ　江戸城外郭門の一。現在の千代田区神田須田町1丁目にあった、内神田から外神田に出る関門。交通量が多く、昼夜ともに開門していた。筋違橋門。

すじ-か・う【筋▽違ふ｜筋交ふ】すぢかふ　㊀〔動ハ四〕❶斜めに交差する。はすかいになる。「箸のいときはやかにつやめきて—・ひ立てるもいとをかし」〈枕・二〇一〉❷斜めに向かい合う。「いかでかは—・ひ御覧ぜられむとて、なほ伏したれば」〈枕・一八四〉❸そむく。「あまり世に—・ひて、すずろなる山ごもりがちに物せさせ給ひ」〈浜松・四〉㊁〔動ハ下二〕斜めにする。はすかいにする。「錦の御帳に太刀を横さまに—・へたるやうにつけて」〈中務内侍日記・下〉

すじ-かえ【筋▽違へ】すぢかへ　「筋違すじかい」に同じ。「戌亥のかたへ—に、とびこえとびこえ焼けゆけば」〈平家・一〉

すじ-がき【筋書(き)】すぢ　❶演劇や小説などの大体の内容を書いたもの。あらすじ。「芝居の—」❷あらかじめ仕組んだ展開。「事が—どおりに運ぶ」(類語)筋・筋立て・粗筋あらすじ・プロット・プラン・案・構想・青写真・計画・もくろみ・思わく

すじ-がね【筋金】すぢ　❶補強のために張りつける細長い金属。❷歌舞伎で、荒事の武者が使用する、筋金❶を打った籠手こて・脛当すねあてを表したもの。古くは金銀糸の縫いとりをした筒袖の襦袢じゅばんを厚綿物の下に着込んだが、現在は小道具の一つで、金銀色の筋をつけた緋色や萌黄もえぎ色の布地。❸石膏せっこうの型をとるときに型をじょうぶにするために用いる針金。

すじがね-いり【筋金入り】すぢがね　筋金がはいっていること。転じて、身体や思想などが十分に鍛えられていて強固なこと。「—の活動家」

すじ-かぶと【筋×兜】すぢ　鉢のはぎ合わせの鋲頭びょうがしらを出さずに縁ふちの筋だけを立てた兜。

すじ-かまぼこ【筋×蒲×鉾】すぢ　魚の筋や皮、中落ちなどで作ったかまぼこ。おでんだねなどに用いる。

ず-しき【図式】ヅ　❶物事の関係をわかりやすく説明するために書いた図。「流通機構を—で示す」「—化」❷カント哲学で、純粋悟性概念と感性的な直観とを媒介するもので、純粋直観としての時間。

すじ-きり【筋切り】すぢ　種まきのとき畑にうねを作るため、筋を引くのに用いる農具。筋引き。

すじ-ぐま【筋×隈】すぢ　歌舞伎の隈取りの一。紅隈べにぐまに属する。初世市川団十郎が創始、2世団十郎が完成。「暫しばらく」の主役、「車引」の梅王などに用いる。

すじ-ぐも【筋雲】すぢ　巻雲けんうんの俗称。(類語)雲

すじぐろ-しろちょう【▽条黒白×蝶】すぢぐろしろてふ　シロチョウ科の昆虫。翅はねの開張約5.5センチ、モンシロチョウに似るが、翅脈は黒色。幼虫は野生のアブラナ科植物、ときにダイコンやキャベツを食う青虫。北海道から屋久島にかけて分布。

すじ-け【筋気】すぢ　筋肉がつる病気。こむらがえり。〈日葡〉

すじ-こ【筋子】すぢ　サケ・マスなどの卵を、卵巣膜に包まれた状態のまま塩漬けにした食品。すずこ。《季 秋》➡イクラ

ずし-し【逗子市】づし　▶逗子

ずし-しゅつりょく【図示出力】ヅシ　ピストン機関の、シリンダー内の圧力と容積との変化過程をインジケーターを用いて描いた曲線から算出した出力。一部は摩擦などに費やされるため正味出力はこれより小さくなる。指示馬力。図示馬力。

ずし-ずし〔副〕からだの重いものが歩くときなどの、重く響く音。また、そのさま。ずしりずしり。ずしんずしん。「力士が—(と)土俵に上がる」

すじ-だ・つ【筋立つ】すぢ　㊀〔動タ五(四)〕筋が張る。筋張る。「—・った腕」㊁〔動タ下二〕「すじだてる」の文語形。

すじ-だて【筋立て】すぢ　❶話や論理などの展開の仕方。また、その順序だった構成。話の骨組み、仕組み。「作品の大体の—」❷▶毛筋立けすじたて

すじ-だ・てる【筋立てる】すぢ〔動タ下一〕図すぢだ・つ〔タ下二〕❶話の筋道を立てる。「—・てて説明する」❷毛髪のくせを直す。毛筋をととのえる。「おみよ様が、—・ててくれなさった大事の髱たぼを」〈浄・矢口渡〉

ずし-だな【×厨子棚】ヅシ　❶「厨子❷」に同じ。❷武家の調度の一。三段からなる置き棚で、中・下段に両開きの扉をつけたもの。江戸時代には大名家の嫁入り道具ともなった。➡三棚さんたな

すし-だね【×鮨種】鮨の具として使う材料。魚貝や卵など。たね。ねた。すしねた。

すじ-ちがい【筋違い】すぢちがひ〔名・形動〕❶ある物に対して斜めの方向に位置すること。すじかい。「郵便局の—に交番がある」❷道理にはずれた言動をするさま。「—な要求」❸見当違い。おかど違い。「私に苦情を言うのは—だ」❹急激に無理な動きをして筋肉を痛めること。すじちがえ。(類語)(❶)すじかい・はすかい・斜め/(❷)お門違い・場違い

す-じつ【数日】「すうじつ(数日)」に同じ。「—を経ふるうち」〈魯文・高橋阿伝夜叉譚〉

ずしっ-と〔副〕重さや手ごたえを感じるさま。ずしりと。「教育費が—家計に響く」

すし-づめ【×鮨詰(め)】すしを折箱などに詰めるように、多くの人や物がすきまなく入っていること。「—の電車」「—学級」(類語)過密・稠密ちゅうみつ・目白押し

ず-して〔連語〕《打消しの助動詞「ず」の連用形＋接続助詞「して」》…(し)ないで。…(で)なくて。…でないのに。「期せ—意見が合う」「巧ま—真理を語る」「生ける間生を楽しま—」〈徒然・九三〉

すじ-な・い【筋無い】すぢ〔形〕図すぢな・し〔ク〕❶すじが通らない。道理に合わない。見当はずれだ。「一旦条約せし事を—・く破らんとする時は」〈染崎延房・近世紀聞〉❷素性がよくない。由緒正しくない。「元来—・き分限」〈浮・永代蔵・三〉

すじ-にく【筋肉】すぢ　牛や豚などの、筋が集まっていて堅い肉。

すし-ねた【×鮨ねた】「すしだね」に同じ。

ずし-ばりき【図示馬力】ヅシ　▶図示出力

すじ-ば・る【筋張る】すぢ〔動ラ五(四)〕❶筋が表面に張り出る。筋が盛り上がっている。「—・った腕」❷筋肉がひきつれる。筋肉がつっ張る。「気臆きおくれがして足が—・ると」〈鏡花・高野聖〉❸話や態度などが堅苦しくなる。「—・ったものの言い方」

すじ-ひき【筋引き】すぢ　❶筋をつけること。細い線を引くこと。また、そのための器具。❷▶筋切り

すじ-ひとつば【筋一つ葉】すぢ　スジヒトツバ科の常緑、多年生のシダ。暖地に分布、日陰地に群生し、高さ30〜60センチ。葉は栄養葉と胞子葉とがあり、栄養葉は広い卵形で葉脈が隆起している。

すじ-べい【筋塀】すぢ　定規筋じょうぎすじと呼ばれる白い水平線を入れた土塀。御所や門跡寺院などに用い、格式により数を増し、5本を最高とする。

すじ-ぼう【筋棒】すぢ　▶毛筋立けすじたて

すじ-ほしむし【筋星虫】すぢ　ホシムシ科の星口動物。浅海の砂泥中にすむ。体長約20センチ。体は円筒形で、赤みを帯びた乳白色。釣りの餌にする。

すじ-ぼね【筋骨】すぢ　❶すじと、ほね。筋肉と骨格。転じて、体格。きんこつ。❷軟骨。

筋骨を抜かれたよう　体力・気力がなくなり、ぐったりするようす。

すじ-ぼり【筋彫(り)｜▽条彫(り)】すぢ　❶下絵を画面に当て、上から鋭い刃物などで傷をつけて図様を写すこと。釘彫くぎぼり。❷▶毛彫けぼり❸入れ墨で、輪郭だけ彫ったもの。

すじ-まき【筋×播き｜▽条×播き】すぢ　「条播じょうは」に同じ。

すじ-みち【筋道】すぢ　❶物事がそうなっているわけ。事の条理。道理。「—を立てて話す」❷物事を行うときの正しい順序。「—を踏んで事を進める」(類語)理り・理路・道理・事理・条理・理屈・論理・筋・つじつま・理路・ロジック・道筋・順序

すじ-むかい【筋向(か)い】すぢむかひ　斜めに向かい合っていること。また、その場所。はすむかい。すじむこう。「—に店がある」(類語)斜め・すじかい・すじちがい

すじ-むこう【筋向こう】すぢむかう　「筋向かい」に同じ。

すじ-め【筋目】すぢ　❶折り目・切れ目・刻み目などの、はっきりした線。「ズボンの—」❷家代々の血筋。家柄。「—の正しい家柄」❸物事の道理。すじみち。「きちんと—を立てて事を行う」❹その筋の方面。関係のある方面。縁故。「—ある方より状を添へられ」〈浮・永代蔵・五〉(類語)筋・線・折り目・切れ目・刻み目

すし-めし【×鮨飯】鮨に用いる飯。白米に酢・塩・砂糖で味をつけたもの。

すじ-もみ【筋×揉み】すぢ　筋に沿って、からだをもみ柔らげること。

す-しゃ【素×紗】《「すじゃ」とも》染めてない紗。白い紗の織物。

すし-や【×鮨屋】㊀鮨をつくって売る店。また、その人。㊁浄瑠璃「義経千本桜」の三段目切きりの通称。弥助と変名して鮨屋にかくまわれている平維盛たいらのこれもりと、それをめぐる権太・お里兄妹の話。

ずし-やかづし〔形動ナリ〕どっしりしたさま。重々しくて慎み深いさま。「大人び給ひて、母女御よりもいま少し—に重りかなるところは」〈源・宿木〉

す-じゃく【▽朱×雀】▶すざく(朱雀)

ず-しゅう【豆州】ヅシウ　伊豆いずの異称。

すしゅん-てんのう【崇峻天皇】—テンワウ　[?〜592]第32代の天皇。欽明天皇の皇子。名は泊瀬部はつせべ。蘇我馬子そがのうまこに擁立されたが、のち対立して暗殺された。

す-じょ【数女】ヂョ《「数」は多数。転じて下等の意》下級の遊女。「分里ぶんり(＝遊里)の—」〈浮・一代女・二〉

ず-しょ【図書】ヅ　▶としょ(図書)

す-じょう【素性｜素姓｜素生｜▽種姓】—ジャウ　❶血筋。

家柄。また、生まれ育った境遇。生まれ。育ち。「一を明かす」「氏うじ一」❷来歴。身もと。❸出所。由緒。いわれ。「一の確かな品」〔類語〕身元・氏素性・出身

す-じょう【▽衆生】シュジャウ《「す」は「しゅ」の直音表記》「しゅじょう(衆生)」に同じ。

ず-じょう【頭上】ヅジャウ あたまの上。あたまの上の方。「一を見上げる」「栄冠が一に輝く」
〔類語〕真上まうえ・上方じょうほう・上空

す-じょうるり【素浄瑠璃】スジャウルリ 人形や俳優を伴わないで、浄瑠璃だけを語って聞かせること。また、その浄瑠璃。素語り。

ずしょ-の-かみ【図書▽頭】ヅショ 図書寮の長官。ふみのかみ。

ずしょ-ひろさと【調所広郷】[1776～1849]江戸後期の薩摩さつま藩家老。島津重豪しげひで・斉興なりおきに仕えて藩の財政を再建したが、密貿易が幕府に発覚して自殺。

ずしょ-りょう【図書寮】ヅショレウ ❶律令制で、中務なかつかさ省に属し、書籍・経典や紙・筆・墨などを管掌し、また、国史編纂へんさんをつかさどった役所。ふみのつかさ。❷明治官制で宮内省に属し、主として皇統譜の編集、詔勅の保管などを管掌した役所。としょりょう。

ずしり〔副〕❶重い物を置くときなどにたてる地響きを表す語。ずしん。「大きな荷物を一と床におろす」❷物を持ったときなどに重さや手ごたえを感じるさま。ずしん。ずっしり。「この箱は小さいが、一と重い」「先輩の一言が一と胸にこたえた」

すじり-もじり【×捩り×捩り】すぢりもぢり〔副〕❶曲がりくねっているさま。また、ひねくれているさま。「一した厭味いやみと聞かるるほどに」〈露伴・寝耳鉄砲〉❷からだをひねってくねらせるさま。「さらしの里、春日江の村、一見渡して」〈仮・浮世物語・二〉

すじり-もじ・る【×捩り×捩る】すぢりもぢる〔動ラ五(四)〕❶曲がりくねる。乱れもつれる。「葛藤されたる縁の糸の一・った間柄」〈二葉亭・浮雲〉❷からだをひねって、くねらせる。「伸びあがりかがまりて、舞ふべきかぎり一・り」〈宇治拾遺・一〉❸あちらこちらに曲がりくねって行く。「里の裏道畦道あぜみちを一・りて藤井寺」〈浄・冥途の飛脚〉

すじ・る【×捩る】すぢる〔動ラ四〕からだをくねらせる。身をよじる。「黒くきたなき身を肩抜ぎて、目も当てられずー・りたるを」〈徒然・一七五〉

すじ-ろん【筋論】すぢ 物事の筋道を通すことを第一義とする考え方。

ず-しん【図心】ヅ 平面図形の中心。

ずしん〔副〕❶「ずしり❶」に同じ。「一、一と杭を打ち込む」❷「ずしり❷」に同じ。「ファンの期待が一と胸に伝わる」

すじん-てんのう【崇神天皇】スジンテンワウ 記紀で、第10代の天皇。開化天皇の皇子。名は御間城入彦五十瓊殖みまきいりびこいにえ。御肇国天皇はつくにしらすすめらみことも称される。

すす【×煤】❶有機物の不完全燃焼によって生じる炭素の黒い微粒子。「ストーブから一が出る」❷煤煙とほこりが一緒になって天井などについたもの。「天井の一をはらう」❸「煤色すすいろ」の略。

す・す【×煤す】〔動サ四〕すすける。「難波人葦火焚たく屋の一・してあれど己おのが妻こそ常とこめづらしき」〈万・二六五一〉

す-す【▽為▽為】〔連語〕《動詞「す(為)」の終止形を重ねたもの》しつつ。しながら。「梓弓末に玉巻きかく一そ寝なななりにし奥をかぬかぬ」〈万・三四八七〉

すず【珠洲】石川県の能登半島北東端の市。日本海に面する外浦は景勝地に富み、富山湾岸の内浦は砂浜が発達。瓦などを産する。人口1.6万(2010)。

すず【鈴】❶金属・陶器などの、下部に裂け目のある空洞の球の中に小さい玉が入っていて、振り動かして音を立てるもの。神社にある大きなものや、合図用・装飾用・玩具用のほか、神楽・能楽・歌舞伎などの楽器としても用いられる。「拝殿で一を鳴らす」「猫の首に一をつける」❷(「鐸」とも書く)釣鐘型で、舌ぜつをつるし、振り動かして音をたてるもの。風鈴の類。鐸たく。れい。❸西洋音楽の打楽器の一。❶および❷の形状のもの2種がある。ベル。❹駅鈴えきれい。「一ばかり給はって」〈平家・五〉〔類語〕金鈴きんれい・銀鈴・鐘鈴しょうれい・ベル

鈴を転がすよう 女性の、澄んだ美しい声を形容する言葉。

鈴を張ったよう 女性の、つぶらで美しい目を形容する言葉。

すず【×錫】炭素族元素の一。単体は銀白色の金属光沢を有し、延性・展性に富む。天然に錫石などとして産する。鉄板にめっきをしてブリキに、また錫箔はく・合金材料・はんだなどに利用。元素記号Sn 原子番号50。原子量118.7。

すず【×篠｜×篶】❶スズタケの別名。「こよひ誰一吹く風を身にしめて吉野の岳たけに月をみるらむ」〈新古今・秋上〉❷細い竹の子。すずのこ。「彼より一を多くまうけたるを」〈著聞集・一八〉

ず・す【▽修す】〔動サ変〕修行する。しゅする。「心の掟おきて正しく一・し給ひしや」〈花月草紙〉

ず-ず【▽数▽珠】「じゅず(数珠)」に同じ。

すず-いし【×錫石】酸化錫からなる鉱物。赤褐色ないし黒褐色で、金剛光沢をもつ柱状結晶。正方晶系。鉱脈または砂鉱床から産出。錫の重要な鉱石。

すす-いろ【×煤色】煤の色。薄い墨色。すす。

すず-か【鈴鹿】㊀シカの雌。雌鹿めか。「あはれけに一鳴くなり」〈古今打聞・下〉㊁宮中に代々伝来した和琴わごんの名器の名。

すずか【鈴鹿】三重県北部の市。中心の神戸かんべは、もと本多氏の城下町。和服の模様染めに用いる伊勢型紙の産地。西部に鈴鹿サーキットがある。人口19.9万(2010)。

すずか-いりょうかがくだいがく【鈴鹿医療科学大学】スズカイリヤウクワガクダイガク 三重県鈴鹿すずか市にある私立大学。平成3年(1991)に、鈴鹿医療科学技術大学として開学。平成10年(1998)現校名に改称した。

すず-がえる【鈴×蛙】すずがへる 無尾目スズガエル科の両生類。美しい声で鳴くカエル。体長4～6センチ。背面は緑色または灰褐色で多数の突起が散在。腹面は鮮やかな赤色。中国北東部・朝鮮半島に分布。

すずか-がわ【鈴鹿川】がは 三重県北部を流れる川。鈴鹿山脈南端の鈴鹿峠付近に源を発して東流し、亀山市・鈴鹿市を経て四日市市南端で伊勢湾に注ぐ。長さ41キロ。

すず-かけ【×篠懸｜鈴懸】❶修験者しゅげんじゃが衣服の上に着る麻の法衣。直垂ひたたれと似た形に作る。すずかけごろも。❷スズカケノキの別名。(季 花=春)「一の更けつつ薫れ寝にかへる/波郷」

すずかけ-ごろも【×篠懸衣】「篠懸❶」に同じ。「幾かへり行き来の嶺のそみかくだ(=山伏)一きつつなれけん」〈金槐集・下〉

すずかけ-そう【鈴懸草】サウ ゴマノハグサ科の多年草。岐阜県の一部の竹林中にみられる。つる状の茎が伸び、夏、葉のわきに多数の濃紫色の小花を房状につける。古くは園芸用に栽培。

すずかけ-の-き【鈴懸の木】❶スズカケノキ科の落葉高木。街路樹に多く用いられ、樹皮は大きくはげて白と淡緑色のまだらになる。葉は切れ込みがあって大きい。4月ごろ、黄緑色の雌花と雄花をつける。秋には丸い実が鈴をかけたようにつく。アジア西部の原産で、日本に明治末に渡来。(季 花=春)❷スズカケノキ科の双子葉植物の総称。1属10種が北半球に分布。アメリカスズカケノキなど。プラタナス。

すずかけ-ばと【×数×珠掛×鳩】「じゅずかけばと(数珠掛鳩)」に同じ。

すずか-こくさいだいがく【鈴鹿国際大学】三重県鈴鹿すずか市にある私立大学。平成6年(1994)に開学した。国際人間科学部の単科大学。

すずか-こくていこうえん【鈴鹿国定公園】ーコクテイコウヱン 三重・滋賀県境の鈴鹿山脈を中心とする国定公園。御在所山ございしょ・湯ノ山温泉などがある。

すずか-さかえ【鈴鹿栄】[1888～1957]軟式野球発展の功労者。京都の生まれ。大正5年(1916)京都少年野球研究会に参加。少年向きのルールと用具の研究に努め、軟式ボールを考案し野球の普及に貢献した。

すずか-さんみゃく【鈴鹿山脈】三重・滋賀県境を南北に走る山脈。最高峰は御池岳おいけだけで、標高1247メートル。主峰は御在所山ございしょ・釈迦ヶ岳・藤原岳など。カモシカの生息地。北勢アルプス。

すずか-し【鈴鹿市】▶鈴鹿

すず-かぜ【涼風】すずしい風。夏の終わりに吹くさわやかな風。りょうふう。(季 夏)「一や青田の上の雲の影/許六」〔類語〕涼風りょうふう・清風・秋風

すずか-とうげ【鈴鹿峠】タウゲ 三重・滋賀県境の鈴鹿山脈南端にある峠。旧東海道の要所で、箱根に次ぐ難所として知られた。標高378メートル。峠下のトンネルを国道1号が通る。

すずがね-の【鈴が音の】〔枕〕官吏の乗る駅馬が鈴をつけていたところから、「早馬はゆま」にかかる。「一駅家はゆまうまやの堤井つつみゐの」〈万・三四三九〉

すずか-の-せき【鈴鹿の関】三重県亀山市、鈴鹿峠の麓にあった関所。美濃の不破ふわの関、越前の愛発あらちの関とともに古代三関の一。

すずか-まごうた【鈴鹿馬子唄】三重県の民謡で、鈴鹿市付近の馬子唄。関の小万・丹波与作の伝説にまつわる流行歌が、鈴鹿峠越えの馬子たちによってうたわれたもの。

すず-がも【鈴×鴨】カモ科の鳥。全長約45センチ。雄は頭部が紫黒色、背中は白色に黒い虫食い状の模様がある。雌は頭部と背面が褐色で、くちばしの付け根が白い。北半球に広く分布。日本には冬鳥として渡来し、河口や海湾でみられる。

すずがもり【鈴ヶ森】㊀東京都品川区南大井付近の旧地名。慶安4年(1651)に江戸幕府が設けた刑場跡がある。㊁歌舞伎狂言「浮世柄比翼稲妻うきよづかひよくのいなずま」の鈴ヶ森の場が独立したもの。白井権八と幡随院ばんずいいん長兵衛との鈴ヶ森での出会いが主題。㊂浄瑠璃「恋娘昔八丈こいむすめむかしはちじょう」の五段目の通称。夫を殺した城木屋お駒が鈴ヶ森で処刑される寸前に赦免されるくだり。㊃新内節「恋娘昔八丈」の一段。

すずか-やま【鈴鹿山】三重県、鈴鹿峠・鈴鹿の関付近の山。〔歌枕〕「世にふればまたも越えけり一昔の今になるにやあるらむ」〈拾遺・雑上〉

すすき【▽薄｜×芒】❶イネ科の多年草。山野に群生し、高さ約1.5メートル。秋、茎の頂に十数本の枝を出し、黄褐色から紫褐色の大きい花穂をつける。これを俗に尾花といい、秋の七草の一。葉・茎を屋根をふくのに用いた。かや。(季 秋)「山は暮て野はたそがれの一かな/蕪村」❷紋所の名。❶の穂と葉を図案化したもの。

薄の穂にも怯おず ほんのわずかなことにもびくびくすることのたとえ。薄の穂にも怖じる。

すすぎ【▽濯ぎ】❶水で洗い清めること。「一がたりない」❷足を洗うこと。また、そのための水や湯。洗足。「一を使う」

すずき【×鱸】スズキ目スズキ科の海水魚。全長約90センチ。体は細長く、側扁する。背側は灰青色で、腹側は銀白色。幼魚には背部と背びれとに小黒点がある。北海道以南から東シナ海に産し、夏季には河川に入る。出世魚の一で、セイゴ・フッコ・スズキと呼び名が変わる。美味で、夏秋が旬。(季 秋)「釣上げし一の巨口玉や吐く/蕪村」

すずき-あきら【鈴木朖】[1764～1837]江戸後期の国学者。尾張の人。号、離屋はなれや。本居宣長もとおりのりながの門下。品詞・活用・語源などの研究に努めた。著「言語げんぎょ四種論」「活語断続譜」「雅語音声考がごおんじょうこう」など。

すずき-あきら【鈴木章】[1930～]化学者。北海道の生まれ。有機化合物の合成で、根岸英一が開発した根岸カップリング反応に改良を加え、ホウ素を用いる鈴木カップリング反応を開発した。鈴木カップリング反応は医薬品・農業・液晶テレビなどに応用される。平成22年(2010)、リチャード=ヘック、根岸英一とともにノーベル化学賞を受賞。同年、文化勲章受章。

すずき-いちろう【鈴木一朗】ーイチラウ ▶イチロー

すずき-うめたろう【鈴木梅太郎】ーウメタラウ[1874～1943]農芸化学者。静岡の生まれ。東大教授。明治42年(1909)米ぬかから脚気かっけに効く成分(ビタミンB_1)

の抽出に成功、オリザニンと命名。翌年発表し、ビタミン発見の先駆をなした。文化勲章受章。著「ビタミン」「ホルモン」など。

すずき-カップリングはんのう【鈴木カップリング反応】有機化合物の合成にパラジウムを触媒として用いるクロスカップリング反応の一つ。根岸カップリング反応で使われた亜鉛に代わり、化学反応のある段階において、ホウ素を含む有機金属化合物が一時的に接着剤に似た役割を担い、さまざまな有機化合物の炭素どうしを選択的に結びつける。昭和54年(1979)に鈴木章、宮浦憲夫らにより発見。有機ホウ素化合物は一般的な有機金属化合物に比べ、水や空気に対して安定していて扱いが容易であり、かつ副生成物の毒性が低いため、天然物の全合成、医薬品や農薬、電子材料などの製造に広く応用されている。平成22年(2010)、鈴木は同業績により、根岸英一、リチャード＝ヘックとともにノーベル化学賞を受賞した。鈴木宮浦カップリング反応。鈴木宮浦反応。鈴木クロスカップリング反応。鈴木反応。

すずき-かんたろう【鈴木貫太郎】［1868～1948］軍人・政治家。大阪の生まれ。連合艦隊司令長官・枢密顧問官などを歴任。侍従長の時に二・二六事件にあい、重傷を負った。第二次大戦末期に首相としてポツダム宣言を受諾した。

すずき-きさぶろう【鈴木喜三郎】［1867～1940］政治家。神奈川の生まれ。判事・検事・検事総長を経て、法相・内相を歴任。特別高等警察の拡充、治安維持法の強化、共産党弾圧など、治安体制強化を推進。五・一五事件後、政友会総裁となった。

すずき-クロスカップリングはんのう【鈴木クロスカップリング反応】►鈴木カップリング反応

すずき-けいし【鈴木啓示】［1947～　］プロ野球選手・監督。兵庫の生まれ。昭和40年(1965)近鉄バファローズに入団。2年目から5年連続20勝以上を記録。20年の現役生活で最多勝利3回など、数々のタイトルを獲得。通算317勝、通算無四球完投試合78試合。引退後、解説者を経て、同球団の監督を務めた。

すずき-こうじ【鈴木光司】［1957～　］小説家。静岡の生まれ。本名、晃司。「楽園」で日本ファンタジーノベル大賞優秀賞を受賞し作家デビュー。続く「リング」は映画化され大ヒットとなり、ホラーブームを起こす。他に「リング」の続編「らせん」「ループ」、「仄暗い水の底から」「光射す海」など。

すずき-しげたね【鈴木重胤】［1812～1863］江戸末期の国学者。淡路の人。号、橿廼家。大国隆正に学ぶ。平田篤胤没後の門人。諸国を遊歴して神道を説き、江戸で暗殺された。著「延喜式祝詞講義」「日本書紀伝」など。

すずき-しゅんいち【鈴木俊一】［1910～2010］政治家。東京の生まれ。昭和8年(1933)内務省に入省。同34年東京都副知事に就任、東京オリンピックを担当。同54年より4期にわたり都知事を務めた。

すずき-しゅんざん【鈴木春山】［1801～1846］江戸末期の医師・兵学者。三河の人。名は強。長崎で西洋医学を学び、また西洋兵学を研究し、国防の急務を説いた。著「三兵活法」「海上攻守略説」「西洋兵制」など。

すずき-しょうさん【鈴木正三】［1579～1655］江戸初期の禅僧・仮名草子作者。三河の人。名は重三。徳川家康・秀忠に仕えたが、のち出家。曹洞禅を修め、独自の仁王禅を唱えた。諸国を遍歴し、教化のために著述。仏教書「盲安杖」「万民徳用」「破吉利支丹」、仮名草子「因果物語」「二人比丘尼」など。

すずき-しょうてん【鈴木商店】明治末期から大正期にかけての総合商社。明治期、砂糖・樟脳の取引に始まり、第一次大戦で巨利を得、急速に諸企業を傘下に収めてコンツェルン化したが、戦後の恐慌に続く昭和2年(1927)の金融恐慌で、倒産。

すずき-しんいち【鈴木鎮一】［1898～1998］バイオリン奏者・教育者。愛知の生まれ。音楽教育システム「スズキ-メソッド」を創出、世界的に評価される。

すずき-せいじゅん【鈴木清順】［1923～　］映画監督・俳優。東京の生まれ。本名、清太郎。「港の乾杯　勝利をわが手に」で監督デビュー。内田百閒原作の幻想的な作品「ツィゴイネルワイゼン」で高い支持を得る。代表作「肉体の門」「けんかえれじい」「殺しの烙印」など。映画・テレビで俳優としても活躍。

すずき-ぜんこう【鈴木善幸】［1911～2004］政治家。岩手の生まれ。昭和22年(1947)日本社会党から衆議院議員に初当選。その後、保守に転向し自民党で郵政大臣・厚生大臣・官房長官などを歴任。同55年、大平首相急死後首相就任。同57年退陣。➡中曽根康弘

すすぎ-せんたく【濯ぎ洗濯】洗濯すること。「一ふき掃除」

すずき-そうたろう【鈴木惣太郎】［1890～1982］野球評論家。群馬の生まれ。米コロンビア大学に留学し、帰国後米国の野球を日本に紹介。昭和6年(1931)と9年にメジャーリーグ選抜チームを招聘するなど、日米交流に大きく貢献した。

すずき-だいせつ【鈴木大拙】［1870～1966］仏教哲学者。石川の生まれ。今北洪川・釈宗演について禅を修行。仏教、特に禅の思想の研究・普及に努力。仏教関係の英文著作も多く、海外での名声が高い。文化勲章受章。著「禅と日本文化」「禅思想史」など。

すすきだ-きゅうきん【薄田泣菫】［1877～1945］詩人・随筆家。岡山の生まれ。本名、淳介。蒲原有明とともに近代詩の一時代を画した。詩集「暮笛集」「ゆく春」「白羊宮」、随筆集「茶話」など。

すすきだ-けんじ【薄田研二】［1898～1972］新劇俳優。福岡の生まれ。本名、高山徳右衛門。築地小劇場に入り、のち新築地劇団で活躍。第二次大戦後、新協劇団などを経て東京芸術座を結成。

すすきだ-はやと【薄田隼人】►岩見重太郎

すずき-ちょうきち【鈴木長吉】［1848～1919］鋳金家。帝室技芸員。武蔵の人。本名嘉幸、長吉は通称。岡野東流斎に師事。蝋型鋳造技法にすぐれ、海外博覧会に出品して賞を受けた。

すずき-とらお【鈴木虎雄】［1878～1963］中国文学者・漢詩人。新潟の生まれ。号、豹軒。京大教授。中国の韻文の研究に功績を残した。文化勲章受章。著「支那文学研究」「支那詩論史」、詩集「豹軒詩抄」など。

すすきの【薄野】札幌市中央区の繁華街。狸小路に隣接し、飲食店が多い。

すずき-は【鈴木派】自由民主党の派閥の一。宏池会の昭和55年(1980)から同61年における通称。会長は鈴木善幸。➡宮沢派

すずき-はるのぶ【鈴木春信】［1725?～1770］江戸中期の浮世絵師。江戸の人。本姓は穂積、通称、次郎兵衛。号、思古人。錦絵の成立に中心的な役割を果たした。美人画を得意とし、遊里風俗や市井の日常生活の情景に古典和歌の歌意などを通わせた見立絵を好んで制作。

すずき-はんのう【鈴木反応】►鈴木カップリング反応

すずき-ぶんじ【鈴木文治】［1885～1946］労働運動家。宮城の生まれ。大正元年(1912)友愛会(のち日本労働総同盟)を設立、会長を務めた。社会民衆党創立に参画、同党および社会大衆党代議士。

すずきぼうちょう【鱸庖丁】狂言。伯父に鯉の調達を頼まれた甥がカワウソに食われたとうそを言うので、伯父も、鱸を食べさせると言って料理法を長々と述べ、結局何も出さずに追い返す。

すずき-ぼくし【鈴木牧之】［1770～1842］江戸後期の文人。越後の人。本名、儀三治。牧之は俳号。越後の雪を中心として記述した「北越雪譜」は著名。

すずき-みえきち【鈴木三重吉】［1882～1936］小説家・童話作家。広島の生まれ。夏目漱石の門下。短編「千鳥」で認められ、大正7年(1918)児童雑誌「赤い鳥」を創刊、児童文学の発展に尽力。小説「小鳥の巣」「桑の実」など。

すずきみやうら-カップリングはんのう【鈴木宮浦カップリング反応】►鈴木カップリング反応

すずきみやうら-はんのう【鈴木宮浦反応】►鈴木カップリング反応

すずき-もさぶろう【鈴木茂三郎】［1893～1970］政治家。愛知の生まれ。新聞記者から無産運動に身を投じ、人民戦線事件で検挙された。第二次大戦後日本社会党の結成に参加。党内左派の中心となり、昭和35年(1960)まで党委員長を務めた。

すすぎ-もの【濯ぎ物】洗濯。また、洗濯物。「朝から一をする」〔類語〕洗濯・洗い濯ぎ・洗い物・クリーニング

すずき-もんど【鈴木主水】享和元年(1801)内藤新宿の遊女白糸と情死した武士の名。また、その事件を主題とした戯曲や歌謡。歌謡では踊り口説きなどに今も残り、歌舞伎では嘉永5年(1852)江戸市村座初演の3世桜田治助作「隅田川対高賀紋」などがある。

すずき-よねわか【寿々木米若】［1899～1979］浪曲師。新潟の生まれ。本名、藤田松平。民謡「佐渡おけさ」を取り入れた浪曲「佐渡情話」が大ヒットし、映画化もされた。

すずき-りゅうじ【鈴木竜二】［1896～1986］新聞記者。東京の生まれ。国民新聞の社会部長、政治記者として活躍後、昭和11年(1936)プロ野球球団大東京軍の代表に就任。同16年日本野球連盟専務理事。27年から32年間セリーグの会長を務めた。

すす・く【煤く】〔動カ下二〕「すすける」の文語形。

すす・ぐ【濯ぐ・洒ぐ・滌ぐ・漱ぐ】〔動ガ五(四)〕《上代は「すすく」》❶汚れを水で洗い落とす。水で清める。「洗濯物を一・ぐ」「手足を一・ぐ」❷(漱ぐ)水などで口中をきれいにする。うがいをする。ゆすぐ。「口を一・ぐ」❸(「雪ぐ」とも書く)身に受けた恥や不名誉を除き去る。「恥を一・ぐ」「汚名を一・ぐ」➡洗う〔用法〕
〔可能〕すすげる〔類語〕洗う・濯ぐ・流す

すず-くしろ【鈴釧】外側に5、6個の鈴をつけた青銅製の腕輪。古墳時代に用いられた。

すず-ぐち【鈴口】❶大名屋敷などで、中奥と奥の境の出入り口。大きな鈴を掛け、それを鳴らして用事を通じた。お鈴口。❷亀頭の異称。

すずくれ-づき【涼暮(れ)月】陰暦6月の異称。

すすけ【煤け】すすけていること。すすがついて黒く汚れていること。「天井の一ぐあい」

すす・ける【煤ける】〔動カ下一〕図すす・く〔カ下二〕❶すすがついて黒く汚れる。「鍋が一・ける」❷古くなって汚れた色になる。「壁が一・ける」
〔類語〕くすむ・燻ぶる・黒ずむ・燻す

すず-こ【筋子】「すじこ」に同じ。

すず-こ【数珠子】ジュズダマの別名。

すず-こうじゅ【鈴香薷】シソ科の多年草。関西以西の山地に生え、高さ15～25センチ。茎は四角柱で、卵形の葉が対生。秋、白い小花が数段輪生する。

すす-ごもり【煤籠もり】煤払いのとき、老人・子供・病人などが別室に避けていること。〔季 冬〕「一昼餉の時のすぎにけり／波津女」

すずこん-しき【錫婚式】結婚10周年を祝う式。➡表 結婚記念式

すず-さいこ【鈴柴胡】ガガイモ科の多年草。日当たりのよい草原に生え、高さ約60センチ。線状の葉が対生する。夏、淡黄緑色の小花をつける。

すずし【生絹】❶まだ練らないままの絹糸。生糸。❷「きぎぬ」に同じ。「黄なる一の単衣、薄色なる裳着たる人の」〈源・蜻蛉〉

すず-し【珠洲市】►珠洲

すず-し【錫師】錫、または鉛を用いて、徳利・鉢・茶壺などを作る人。

すずし・い【涼しい】〔形〕図すず・し〔シク〕❶温度や湿度が程よくて気持ちがいい。さわやかだ。「一・い木陰」〔季 夏〕「此あたり目に見ゆる物はみな一・し／芭蕉」❷少し冷たくてひやりとする。「めっきり一・くなった」❸清らかで、すがすがしい。「目元が一・い」❹

すがすがしく、きっぱりしている。「言葉―・く述べる」❺平然としている。➡涼しい顔 ❻いさぎよい。「実否じっぷに思ひ切ったる体ていかなと、まづ―・しくぞ見えたりける」〈太平記・二五〉❼潔白である。「おそらく―・しいこの新七に、無い難つけて」〈浄・淀鯉〉(派生)すずしがる〔動ラ五〕すずしげ〔形動〕すずしさ〔名〕(類語)(❶)涼すずやか・さわやか・清涼・爽涼そうりょう/(❷)冷ややか・冷涼・薄ら寒い

涼しい顔　自分にも関係があるのに、他人事のように知らん顔をしているようす。

涼しき方かた　清らかで気分さわやかな世界。極楽浄土。地獄を焦熱の所とみるのに対していう。「いかなる所におはしますらむ。さりとも―にぞと思ひやり奉るを」〈源・総角〉

涼しき道　極楽浄土に行く道。また、極楽浄土。「出立いでたちいそぎをのみおぼせば、―にもおもむき給ひぬべきを」〈源・椎本〉

すずしさまねく-たま【涼しさ招く玉】《中国、燕の昭王が持っていた玉が涼気をもたらしたという故事から》涼しさを招きよせるという玉。「石の上に落ちたる滝のかずかずに―と見えつつ」〈夫木・九〉

すずし・む【涼しむ/▽清しむ】〔動マ下二〕❶涼しくする。「夏の極めて暑き折には枕や座をあふいで―・めて」〈伽・二十四孝〉❷心をしずめ慰める。また特に、祭事を行って神を慰める。「夜の鼓の拍子を揃へて―・め給へ」〈謡・高砂〉

すずしめ【▽清しめ】神の心をしずめること。また、そのための神楽かぐらなど。「何と神を―の御酒は無きか」〈鷺流狂・鉢叩〉

すず-しろ【×髯】童子の髪形の一種。頭髪の中央をそり残し、周囲をそり落としたもの。〈和名抄〉

すず-しろ【蘿=蔔/▽清白】ダイコンの別名。春の七草の一。(季 新年)

すずしろ-そう【蘿=蔔草】サウ アブラナ科の多年草。暖地の山地の谷や岩に生え、高さ10～25センチ。葉は楕円形。春、白い4弁花を総状につける。名は花の形がダイコンに似るところから。

すずしろ-な【蘿=蔔菜】ダイコンの別名。

すず-だいこ【鈴太鼓】歌舞伎舞踊の小道具の一。胴の枠に鈴を付けた直径約17センチの扁平な小太鼓。

すす-たけ【×煤竹】《「すすだけ」とも》❶すすけて色が赤黒くなった竹。「―の茶筅ちゃせん」❷煤払いに用いる竹。先の方に枝葉を残したもの。(季 冬)

すず-たけ【×篠竹】イネ科の植物。日本特産で、山地の樹下に密に茂り、高さ1～3メートル。行李こうりや細工物の材料にし、竹の子は食用。すず。みすず。

すすたけ-いろ【×煤竹色】煤竹のような赤黒い色。

ずず-だま【▽数▽珠玉】《「すずだま」「ずずだま」とも》「じゅずだま(数珠玉)」に同じ。

すず-つけ【鈴付け】鷹の尾羽の中央の2枚の羽。鷹狩りで、そこに鈴を付けることから言う。「鳥を一羽づつ―の羽に赤符あかふを付けて」〈盛衰記・一〉

すすど・い【▽鋭い】〔形〕(文)すすど・し〔ク〕❶動作が機敏である。すばしこい。「―・い馬かは知れませぬが優美な毛色ではありません」〈露伴・暴風裏花〉❷機をみるに敏である。するどく賢い。また転じて、言動に抜け目がない。わるがしこい。「そう云やどこか眼の中に、―・い所があるようだ」〈芥川・鼠小僧次郎吉〉「若年の時より―・く、無用の欲心なり」〈浮・胸算用・五〉

すす-とり【×煤取り】「煤すす払い」に同じ。

すすとり-ぜっく【×煤取り節供】12月13日に、正月の準備として煤払いをする行事。煤掃き節供。

すず-な【×菘/鈴菜】カブの別名。春の七草の一。(季 新年)

すず-なり【鈴▽生り】❶果実が、神楽鈴かぐらすずのように、たくさん群がりなっていること。「柿が―に赤い実をつける」❷多くのものが房状に集まってぶら下がっていること。また、大勢の人が1か所にかたまっていること。「―の観衆」「天井から下った―の鳥帽子籠」〈万太郎・春泥〉

すず-の-そう【鈴の奏】平安時代、行幸の先払いのために駅鈴の下賜を願うとき、また、還御により返上するときの奏上。少納言の任務とした。

すず-の-つな【鈴の綱】清涼殿の殿上てんじょうの間から校書殿きょうしょでんに張り渡した鈴付きの綱。蔵人くろうどが小舎人ことねりを呼ぶためのもの。

すずのや【鈴屋】本居宣長もとおりのりながの書斎の名。部屋に鈴がかけてあったところからいう。三重県松阪市に保存されている。

すずのやしゅう【鈴屋集】すずのやシフ 江戸後期の歌文集。7巻。本居宣長著。長男春庭はるにわ編。寛政10～12年(1798～1800)刊。享和3年(1803)養子大平おおひら編の補遺2巻が刊行される。

すずのや-は【鈴屋派】本居宣長を中心とする和歌の流派。歌風は新古今調。

すす-はき【×煤掃き】「煤払い」に同じ。(季 冬)「―や調度すくなき人は誰/蕪村」

すす-ばな【×洟】鼻水。また、それをすすること。「―ヲ垂ラス」〈日葡〉

すす-ば・む【×煤ばむ】〔動マ五(四)〕すすで黒くなる。すすける。「壁が―・んでいる」

すす-はらい【×煤払い】はらひ 屋内のすす・ほこりを払い清めて、大掃除をすること。多く、正月を迎える準備として歳末(昔は12月13日)に行う。煤掃すすはき。(季 冬)「―終へ祖父の部屋母の部屋/立子」

すす-びょう【×煤病】ビャウ 植物の枝や葉、果実に銹病菌さびびょうきんなどがついて、黒くすすけたようになる病害。

すす-び・る【×煤びる】〔動バ上一〕(文)すす・ぶ〔バ上二〕❶汚れてすす色になる。すすける。「天井、畳は直ぐに―・びて来た」〈佐藤春夫・田園の憂鬱〉❷聞きなれて古くなる。聞き古す。「某それがしが短句、公きみにも御耳―・びましまさん」〈読・雨月・仏法僧〉

すす-ぶ・る【×煤ぶる】〔動ラ五(四)〕すすで汚れて黒ずむ。すすける。すすぼる。「―・りたる大黒天、或は仁王等の彫像を見」〈雪嶺・偽悪醜日本人〉

すず-ペスト【×錫ペスト】白色錫の製品を零下30度以下の低温に保つと、表面にはれもののような突起が生じ、感染症のペストのように広がり、ついには無定形・粉末状の灰色錫になって崩れてしまう現象。

すす-ぼ・ける【×煤ぼける】〔動カ下一〕すすで汚れたり古くなったりして黒ずむ。「古綿のような毛並の―・けた白犬」〈風葉・青春〉

すす-ぼこり【×煤×埃】すすのまじったほこり。

すす-ぼ・る【×煤ぼる】〔動ラ五(四)〕「煤ぶる」に同じ。「其処そこら―・りて余りあかるからず」〈鏡花・化銀杏〉

すすま・し【進まし】〔形シク〕《動詞「すす(進)む」の形容詞化》気乗りがしている。勇みたっている。「心には面白く―・しくおぼすとも」〈無名抄〉

すず-まなこ【鈴眼】丸くて大きな目。どんぐりまなこ。「梟ふくと常々悪口受くる―に」〈露伴・五重塔〉

すすみ【進み】❶前方へ動いていくこと。「渋滞で車の―がおそい」❷物事がはかどること。また、その度合い。「工事の―がいい」「箸の―がはかばかしくない」❸上達すること。進歩すること。また、その度合い。「学業の―が著しい」(類語)進度

すずみ【涼み】涼むこと。涼しい空気に当たって暑さをしのぐこと。納涼。「夕―」(季 夏)「網打の見えずなりゆく―かな/蕪村」

すずみ-きゃく【涼み客】夏、暑さを避けて涼しい土地に出掛ける人。

すずみ-だい【涼み台】暑さをしのぐために、軒先などに置いた腰掛け台。縁台。(季 夏)

すずみ-ぶね【涼み船】納涼に用いる船。納涼船。(季 夏)

すす・む【進む】㊀〔動マ五(四)〕❶前方に向かって動く。動いて先へ行く。前進する。「一歩―・んで礼をする」「出口に向かって―・む」(対)退く。❷物事がはかどる。進行する。「仕事が―・む」「研究が―・む」「開発が―・む」❸盛んになる。勢いがつく。「暑き続きで食が―・まない」❹物事の程度・状態が、その度合いを増す。㋐上達する。進歩・進展する。「世の中が―・む」「先進国の―・んだ技術を学ぶ」㋑階級・段階が上がる。昇級・昇進する。「管理職まで―・む」「中学に―・む」「決勝戦に―・む」㋒病状などが悪くなる。悪化する。ひどくなる。「近視が―・む」「インフレが―・む」「自然破壊が―・む」❺めざす方向に行く。ある分野で身を立てる。志す。「法曹界に―・む」❻乗り気になる。積極的になる。「気が―・まない」「―・んでつらい仕事を引き受ける」❼他よりも先を行く。先行する。「―・んだ考えの持ち主」「この時計は日に一分―・む」(対)遅れる。❽はやり立つ。高ぶる。「家思ふと心―・むな風まもりよくしていませ荒しその道」〈万・三八一〉❾あふれ流れる。「涙の―・むをさらぬ体ていにもてなし」〈保元・中〉(可能)すすめる ㊁〔動マ下二〕「すす(進)める」の文語形。(類語)(❶)向かう・直進する・突進する・驀進ばくしんする・邁進まいしんする・進行する・進出する・歩を進める・進める/(❷)はかどる・運ぶ・進捗しんちょくする・進展する・はかが行く/(❹㋐)進歩する・進化する・発展する・発達する・向上する/(❹㋑)上がる・昇進する・昇格する・進級する・進学する・栄進する・昇任する・栄達する・昇段する・栄転する・出世する・立身する・累進する・特進する・格上げ・利達/(❹㋒)高こうずる・進行する・昂進こうしんする・激化する・悪化する・退歩する・退化する・後戻り・冷える

すす・む【勧む/▽奨む】〔動マ下二〕「すす(勧)める」の文語形。

すす・む【薦む】〔動マ下二〕「すす(薦)める」の文語形。

すず・む【涼む】〔動マ五(四)〕風に当たったり、涼しい場所に行ったりして、暑さを避ける。「河原で―・む」(季 夏)(可能)すずめる

すず-むし【鈴虫】㊀❶直翅ちょくし目スズムシ科の昆虫。中形で、暗い草むらにすむ。体は黒色で、触角や脚の根元は白色。雌は長い産卵管をもち、地中に卵を産む。雄は左右の広い前翅ぜんしをすりあわせてリーンリーンと鳴く。本州以南にみられ、古くから鳴く虫として飼われる。(季 秋)「飼ひ置きし―死で庵淋し/子規」❷マツムシの古名。「忍びやかに歌ふ声―にまがひたり」〈源・篝火〉㊁源氏物語第38巻の巻名。光源氏、50歳。出家した女三の宮の持仏供養、六条院での鈴虫の宴などを描く。

すずむし-そう【鈴虫草】サウ ❶キツネノマゴ科の多年草。近畿以西の山地に生え、高さ30～60センチ。茎は四角柱で、広卵形の葉が対生する。秋、淡紫色の花が朝に開いて午後には散る。すずむしばな。❷ラン科の多年草。山地に生え、高さ20～30センチ。葉が2枚対生する。夏、淡紫色の花を総状につけ、花びらの形と色とがスズムシに似る。すずむしらん。

すずむし-むすび【鈴虫結び】ひもの結び方で、輪を三つ重ねて上を結び、スズムシの形に似せたもの。

すすむ-しん【×晋】古代中国の国名「晋」を「秦(はたしん)」と区別するため、訓を上に付して呼んだ語。

すすめ【勧め/▽奨め】❶すすめること。勧奨。「友人の―に従い転職する」「医者の―で禁酒する」❷「勧進かんじん❷」に同じ。「近頃殊勝に候。―には参らうずるにて候」〈謡・安宅〉(類語)誘い・勧誘・誘惑

すずめ【×雀】❶スズメ目ハタオリドリ科の鳥。人家周辺や農耕地に普通にみられ、全長14センチくらい。頭は茶色、ほおとのどに黒い点がある。背は茶色に黒い斑点があり、腹は灰白色。稲など農作物を食べるが、害虫も食べる。ユーラシアに広く分布。黄雀こうじゃく。❷おしゃべりな人。またよく出入りしてそこの事情に詳しい人。「京―」「楽屋―」❸紋所の名。❶を図案化したもの。

(下接語)海雀・江戸雀・楽屋雀・寒かん雀・着た切り雀・京雀・小雀・里雀・入内じゅだい雀・初雀・脹ふくら雀・紅雀・群むら雀・群ぐん雀・吉原雀・葦原よしわら雀

雀の喧嘩けんかでまたふるふる　《「また降る」に「股また振る」をかけたもの》また雨が降るということを茶化していった言葉。

雀の巣も構くうに溜たま・る　雀が材料を少しずつ運んできて巣を作り上げるように、少しずつ貯蓄をしても積もり積もれば大きな額になる。「商人あきんどといふ者は一文銭も徒あだにせず、―・る」〈浄・油地獄〉

雀の千声せんせい鶴つるの一声　つまらない者の千言より

は、すぐれた者の一言のほうがまさっているということ。
雀の涙　ごくわずかなもののたとえ。「―ほどの退職金」
雀百まで踊りを忘れず　雀は死ぬまで飛びはねるくせが抜けないように、人が幼い時に身につけた習慣は、年をとっても直らない。

すずめ-いろ【×雀色】雀の羽のような茶褐色。

すずめいろ-どき【×雀色時】空が雀色に薄暗くなった時分。夕暮れ時。夕方。たそがれどき。「半部(はじとみ)の間から、―の往来をのぞいている」〈芥川・偸盗〉

すずめ-うり【×雀×瓜】ウリ科の蔓性(つるせい)の一年草。原野や水辺に生える。葉は三角形で、巻きひげがある。夏、白い花をつけ、実は熟すと灰白色になる。

すずめ-おどり【×雀踊(り)】(をどり)江戸時代の風流(ふりゅう)踊りで、編み笠をかぶり、竹に雀の模様の着物を着て奴(やっこ)姿で踊るもの。歌舞伎にも取り入れられた。

すずめ-が【×雀×蛾｜天=蛾】鱗翅(りんし)目スズメガ科の昆虫の総称。大形のガで体は太く流線形。夜行性のものが多い。翅(はね)は細長く、活発に飛ぶ。長い口吻(こうふん)をもつものが多く、花蜜を吸う。幼虫は尾端に1本の突起をもつ芋虫。日本に約70種が知られる。エビガラスズメ・メンガタスズメ・オオスカシバなど。(季夏)

すずめ-がい【×雀貝】(がひ)スズメガイ科の巻き貝。潮間帯の岩礁に着生する。貝殻は笠形で、殻径約1センチ。殻表は淡黄色の毛で覆われる。本州中部以南に分布。いそがい。

すずめがおか【雀が丘】(をか)《Vorob'yovy gory》ロシア連邦の首都モスクワの市街南西部にある丘陵。モスクワ川の南岸に位置する。旧称レーニン丘(きゅう)。市街を一望できる展望台やモスクワ大学がある。バラビョービの丘。

すずめ-がくれ【×雀隠れ】春に、草木の芽や葉が伸びて雀の姿を隠すほどになること。(季春)「春ふかし―を沓(くつ)にふみ/風生」

すずめ-がた【×雀形】❶雀が翼を広げた形を丸く描いて図案化したもの。ふすま・屏風(びょうぶ)などに用いる。❷《裏絵に❶が多く用いられたところから》屏風の異称。「―たたいて雪の注進し」〈柳多留・初〉

すずめ-がっせん【×雀合戦】多くの雀が木などに群がって騒ぎたてること。

すずめ-がや【×雀×萱】イネ科の一年草。田畑や荒地に生え、高さ30～50センチ。葉は線形で、まばらにつく。夏から秋、楕円形の平たい小穂を円錐状につける。

すずめ-ぐち【×雀口】瓦ぶきの軒瓦と広小舞の間にできるすきま。雀が巣を作ることがあるのでいう。軒先面戸(のきさきめんど)。

すずめ-こゆみ【×雀小弓】遊戯用の小さい弓。楊弓の類。また、子供の遊ぶ小さな弓。すずめゆみ。「―、名誉に一筋も外さず」〈浮・武家義理・三〉

すずめ-ずし【×雀×鮨】小鯛(こだい)を背開きにして、腹に鮨飯を詰めた鮨。もとは江鮒(えぶな)を用いた。大阪・和歌山の名物。形が雀のようにふくれているのでいう。(季夏)「蓼(たで)の葉を此君と申せ―/蕪村」

すずめ-だい【×雀×鯛】(だひ)❶スズキ目スズメダイ科の海水魚。全長約15センチ。体はタイに似て側扁し、紫黒色で、背びれの後部下に白色斑があるが、死ぬと消える。本州中部以南の岩礁にすむ。食用。福岡地方では「あぶってかも」とよび、塩干し品として珍重。❷スズメダイ科の海水魚の総称。温帯域から熱帯域の岩礁・珊瑚礁にすむ。ソラスズメダイ・デバスズメダイ・クマノミなど小形で美しいものが多く、飼育しやすいので観賞魚ともされる。

すずめ-のえんどう【×雀野×豌豆】(ヱンドウ)マメ科の越年草。日当たりのよい地に生え、長さ30～50センチ。葉は細い小葉からなる羽状複葉で、先は巻きひげとなる。初夏、白紫色の小花をつける。実は細毛のあるさやに豆が2個入っている。

すずめ-の-おごけ【×雀の×苧小×笥】(をごけ)ガガイモ科の多年草。海岸付近の草地に生え、高さ30～60センチ、茎の先はつる状。初夏、黄色がかった白色の小花を多数つけ、種子は絹糸状の白い毛をかぶる。いよかずら。

すずめ-の-おどりあし【×雀の踊り足】(をどり)字が下手なことのたとえ。

すずめ-の-かたびら【×雀の帷=子】イネ科の一、二年草。各地の道端や野原に生え、高さ10～25センチ。葉は線形。淡緑色の卵形の穂を円錐状につける。(季春)

すずめ-の-たご【×雀の田子｜×雀の担=桶】イラガの繭。楕円形で白地に褐色紋があり、硬く、冬に木の枝などに付着している。すずめのしょうべんたご。すずめのつぼ。すずめのさかおけ。たまむし。(季夏)

すずめ-の-ちゃひき【×雀の茶×挽】イネ科の一年草。日当たりのよい荒地に群生し、高さ約60センチ。夏、淡緑色の平たい小穂が垂れ下がる。牛馬の飼料にする。

すずめ-の-つぼ【×雀の×壺】「雀の田子(たご)」に同じ。

すずめ-の-てっぽう【×雀の鉄砲】(テッパウ)イネ科の一、二年草。田のあぜに生え、高さ約30センチ。春、褐色の葯(やく)が目立つ淡緑色の穂を密に円柱状につける。すずめのまくら。すずめのやり。やりくさ。(季春)「一磧(かわら)もここは田のつづき/林火」

すずめ-の-はかま【×雀の×袴】カタバミの別名。

すずめ-の-ひえ【×雀の×稗】❶イネ科の多年草。日当たりのよい草地に生え、高さ約50センチ。秋、数個の平たい淡黄緑色の穂が集まってつく。(季秋) ❷スズメノヤリの別名。

すずめ-の-まくら【×雀の枕】スズメノテッポウの別名。

すずめ-の-やり【×雀の×槍】❶イグサ科の多年草。草原などに生え、高さ10～30センチ。葉は線形。春、褐色の花をつける。すずめのひえ。❷スズメノテッポウの別名。

すずめ-ばち【×雀蜂｜×胡蜂】❶膜翅(まくし)目スズメバチ科の昆虫。日本最大のハチで、体長は女王バチが約4センチ、働きバチが約2.5センチ。体は黒と黄褐色の縞模様。腹部に毒針をもち、攻撃的で、毒は猛毒。巣は土中、樹木の空洞などに作られ、木材をかみ、つばで練ったパルプ状の壁のある球状で、直径約40センチ。ふつう樹液に集まるが、時にミツバチを襲うことがある。巣は漢方で露蜂房(ろほうぼう)といい、薬用。くまんばち。(季春) ❷スズメバチ科の昆虫の総称。クロスズメバチなど。

すずめ-びらき【×雀開き】小鮒(こぶな)・小鯛(こだい)などを頭から背開きにすること。

すずめ-ふぐ【×雀河=豚】❶クサフグの別名。❷ショウサイフグの別名。❸ハリセンボンの別名。

すずめ-もく【×雀目】鳥類の一目。鳥の種類の半分以上の約5000種を含み、4亜目56科ほどに分類され、スズメ亜目(鳴禽(めいきん)類)が約4000種を占める。鳥類の中では最も進化したグループといわれる。燕雀(えんじゃく)目。

すずめ-やき【×雀焼(き)】❶雀を、たれをつけて焼いたもの。❷背開きにした小鮒(こぶな)を串(くし)に刺し照り焼きにしたもの。

すずめ-ゆみ【×雀弓】「すずめこゆみ」に同じ。「篠ためて―はるをの原はひたひ烏帽子(えぼし)のほしげなるかな」〈夫木・三二〉

すす・める【進める】〔動マ下一〕図すす・む〔マ下二〕❶前の方へ動かして位置を移す。前進させる。「馬を―・める」「歩(ほ)を―・める」「ひざを―・める」❷予定の手順に従って、物事を進行させる。はかどらせる。「工事を―・める」「話を―・める」❸物事の内容・程度をさらに高める。「一歩―・めて考える」「合理化を―・める」❹上の地位・段階に移す。位を高くする。「一階級―・める」❺(刺激して)盛んにする。うながす。「食欲を―・める酒」❻時計の針を正しい時刻より先の時刻を示すようにする。「念のため五分―・めておく」(類語)進む・運ぶ・遣る

すす・める【勧める｜▽奨める】〔動マ下一〕図すす・む〔マ下二〕《「進める」と同語源》❶人がその事を行うように誘いかける。勧誘する。「辞任を―・める」「加入を―・める」❷物を供して、飲食または使用してもらおうとする。「茶菓を―・める」「風呂を―・める」❸積極的に実行するようにたすけ励ます。奨励する。「資源の有効利用を―・める行政」(類語)薦める

すす・める【薦める】〔動マ下一〕図すす・む〔マ下二〕《「進める」と同語源》ある人や物をほめて、採用するように説く。推薦する。「有望株を―・める」(類語)勧める

すず-やか【涼やか】〔形動〕図〔ナリ〕❶すがすがしく、さわやかなさま。「―な目もと」「美しき方は声まで―に」〈紅葉・二人女房〉❷いかにも涼しそうなさま。「―な浴衣姿」(派生)すずやかさ〔名〕(類語)涼しい

すす-ゆ【×煤湯】煤払いを済ませたあと、からだの汚れを落とすために入る風呂。「今日一を沐(ゆあみ)て五塵(ごぢん)の垢を落とし」〈滑・浮世風呂・前〉

すず-らん【鈴×蘭】❶ユリ科の多年草。本州の高山や北海道に生え、高さ15～25センチ。葉は広楕円形で2、3枚出る。初夏、花茎を伸ばし、白い釣鐘形の小花を総状につけ、香りがある。栽培されるのは花の大きなドイツスズランが多い。きみかげそう。(季夏)「一に憩ふをとめ等の肩見ゆる/秋桜子」❷カキランの別名。

すずらん-とう【鈴×蘭灯】鈴蘭の花をかたどった装飾灯。街灯などに用いる。

すすり【×啜り】すすること。「かゆを一―すする」「洟(はな)―」

すずり【×硯】《「墨磨(すみす)り」の略》墨を水ですりおろすために使う、石・瓦などで作った道具。

すすり-あ・げる【×啜り上げる】〔動ガ下一〕図すすりあ・ぐ〔ガ下二〕❶息を強く吸って鼻汁を鼻の中に入れる。「子供が洟(はな)を―・げる」❷鼻汁をすすって泣く。しゃくりあげる。「―・げる声が聞こえる」(類語)泣きじゃくる・泣き伏す・泣き叫ぶ・泣きしきる・泣き濡れる・泣く・涙する・涙ぐむ・噎(むせ)ぶ・噦(しゃく)り上げる・咳(せき)上げる・哭(こく)する・落涙する・流涕(りゅうてい)する・涕泣(ていきゅう)する・歔欷(きょき)する・嗚咽(おえつ)する・慟哭(どうこく)する・号泣する・号哭(ごうこく)する・めそめそする・涙に暮れる・涙に沈む・涙に噎ぶ・袖(そで)を絞る・むずかる・べそをかく

すずり-あらい【×硯洗い】(あらひ)七夕(たなばた)の前夜、子供たちが習字や学問の上達を祈って硯・筆・机などを洗うこと。(季秋)

すずり-いし【×硯石】硯。また、硯を作るのに用いる石材。

すずり-がめ【×硯▽瓶】硯に注ぐ水を入れておくかめ。すみすりがめ。

すすり-なき【×啜り泣き】すすり泣くこと。「弔問客の間から―の声が漏れる」

すすり-な・く【×啜り泣く】〔動カ五(四)〕すすりあげるようにして泣く。しゃくりあげて泣く。「物陰で―・く」(類語)むせび泣く・忍び泣く・嗚咽(おえつ)

すずり-の-うみ【×硯の海】硯で、墨汁をためておく、くぼんだ所。墨池(ぼくち)。硯海(けんかい)。

すずり-ばこ【×硯箱｜×硯×筥】硯や筆・墨などを入れておく箱。あたりばこ。

すずり-ぶた【×硯蓋】❶硯箱のふた。古くは、花や果物などをのせるのにも用いた。❷祝儀の席で、口取りざかななどを盛る盆状の器。また、そのさかな。

すす・る【×啜る】〔動ラ五(四)〕❶液状のものを吸い込むようにして口の中に入れる。「かゆを―・る」「茶を―・る」❷垂れた涙や鼻汁を息とともに吸い込む。「洟(はな)を―・る」(可能)すすれる (類語)吸う

ず・する【×誦する】〔動サ変〕図ず・す〔サ変〕《「ず」は「じゅ」の直音表記》経や詩歌などを口ずさむ。誦(しょう)する。誦(じゅ)する。「僧が経を―・する」「親王、歌をかへすがへす―・し給うて」〈伊勢・八二〉(補説)「ずうず」「ずんず」の「う」「ん」の無表記とみて、古い例は「ずず」と読むことがある。

すずろ【▽漫ろ】〔形動〕図〔ナリ〕《「そぞろ」と同語源》❶(多く「すずろに」の形で)あてのないさま。また、これといった理由・目的のないさま。漫然。「人をして―に尊敬の念を起こさせる」〈倉田・愛と認識との出発〉「陸奥(みち)の国に―に行きいたりにけり」〈伊勢・一四〉❷意外なさま。思いがけないさま。「うたてある主(ぬし)のみもとに仕うまつりて、―なる死にをすべかめるかな」〈竹取〉❸興趣のないさま。面白くないさま。「衣(きぬ)などに―なる名どもを付けけむ、いとあやし」〈枕・一三四〉❹ある

べき程度を超えているさま。むやみ。やたら。「―なる酒のみは衛府司のするわざなりけり」〈宇津保・嵯峨院〉❺思慮のないさま。軽率。「―に言ひ散らすは、さばかりの才にはあらぬにやと聞こえ」〈徒然・一六八〉
すずろ‐ありき【▽漫ろ▽歩き】とりとめなく歩きまわること。そぞろあるき。「はし鷹の―にあらばこそかりとも人の思ひなされめ」〈清正集〉
すすろ・う【×啜ろふ】すすろふ〔動ハ四〕《動詞「すす(啜)る」の未然形に反復継続の助動詞「ふ」の付いた「すすらふ」の音変化》たてつづけにすする。続けざまに吸い込む。「糟湯酒うち―・ひて」〈万・八九二〉
すずろ・く【▽漫ろく】〔動カ四〕❶落ち着かず、そわそわする。「この男いたく―・きて、門近き廊の簀子だつ物に尻かけて」〈源・帚木〉❷わけもなく恥ずかしがる。「いと―・きてとみに言ひもいださず」〈著聞集・一六〉
すずろ‐ごころ【▽漫ろ心】そわそわと落ち着かない心。浮ついた心。「いとよしなかりける―にても、ことのほかにたがひぬるありさまなりかし」〈更級〉
すずろ‐ごと【▽漫ろ言】つまらない言葉。とりとめもない話。「対(たい)へ据ゑて、―をさへ言はせまほしうし給ふを」〈源・柏木〉
すずろ‐ごと【▽漫ろ事】つまらないこと。とりとめもない事柄。「頼もしげなる御中に、などかう―を思ひ言ふらむと」〈源・竹河〉
すずろ・ぶ【▽漫ろぶ】〔動バ上二〕そわそわする。落ち着かずにいる。「うち笑み給へる気色(けしき)、はしたなう―・びたり」〈源・末摘花〉(補説)すずろ・ふ(ハ行四段活用)とする説もある。
すずろ‐ものがたり【▽漫ろ物語】とりとめもない話をすること。また、その話。よもやま話。雑談。「侍ども集まりて、―しけるに」〈著聞集・一六〉
すずろ‐わ・し【▽漫ろはし】―はし〔形シク〕❶なんとなく落ち着かず、そわそわしている。「聞く人、ただならず―・しきまで愛敬づきて」〈源・若菜下〉❷なんとなく気にくわない。心が進まない。「帥殿いとど世の中―・しうおぼし歎きけり」〈栄花・初花〉
ず‐せき【図籍】ヅ―❶地図と戸籍。❷絵図と書籍。❸書籍。書物。
ず‐せつ【図説】ヅ―〔名〕スル 図・写真などを掲げて説明すること。また、説明したもの。「生活様式の変遷を―する」(類語)図解・絵解き
すせり‐びめ【須勢理毘売】古事記・風土記にみえる女神。須佐之男命(すさのおのみこと)の娘。大国主神が須佐之男命から科せられた種々の試練を助け、その妻となる。
すそ【裾】❶衣服の下方の縁(ふち)。また、その部分。「着物の―をからげる」❷物の端。下端や末端の部分。「垂れ幕の―」❸頭髪の、襟首(えりくび)に近い、末端の部分。「―を刈り上げる」❹山などの麓。「富士の―」❺川下(かわしも)。下流。「流れの―」❻足。また、足もと。「真青な顔で、―がなくって腰から上ばかりで」〈円朝・怪談牡丹灯籠〉❼馬の足。また、それを洗うこと。「梅の木の下に立ちて馬の―するを見ている」〈綺堂・佐々木高綱〉
裾を掻(か)・く 足をなぎ払って倒す。転じて、他人を出し抜く。裏切る。「小紫だ、高尾だと、あの男に―・かれて」〈万太郎・市井人〉
ず‐そ【▽呪×詛】《「ず」は「じゅ」の直音表記》「じゅそ(呪詛)」に同じ。「いかに―悪念深く侍りたうぶらむ」〈宇津保・嵯峨院〉
すそ‐あい【裾合(い)】―あひ ❶裾の合うところ。❷二つの火山の裾野が合わさっている谷。裾合い谷。
ず‐そう【▽従僧】供をする僧。じゅうそう。「説経し侍りける法師の―ばらの」〈拾遺・雑下・詞書〉
ず‐ぞう【図像】ヅザウ ❶諸仏の像や曼荼羅(まんだら)などの図様を描き示したもの。多く白描で描かれるところから白描図像ともいう。❷何らかの主題・象徴を担う画像。キリスト教におけるイコンなど。
ずぞう‐がく【図像学】ヅザウ― ▶イコノグラフィー
すそ‐うら【裾裏】衣服の裾の裏。また、そこにつける布。裾回し。
すそ‐お【裾緒】―を ▶沓引(くつひ)き
すそ‐かぜ【裾風】人の立ち居振る舞いによって、着物の裾が動いて起こる空気の動き。
すそ‐がた【裾形】着物の裾に描いてある模様。裾模様。「千本松の―も古し」〈浮・胸算用・五〉
すそ‐がなもの【裾金物】兜(かぶと)の錏(しころ)や鎧(よろい)の袖・草摺(くさずり)の菱縫(ひしぬい)の板に飾りとして打った金物。
すそ‐からげ【裾▽絡げ】動きやすいように、着物の裾の両端を持ち上げて帯に挟むこと。
すそ‐がり【裾刈(り)】❶山の麓の草を刈ること。❷頭髪の襟首(えりくび)に近い部分を刈ること。
すそ‐ご【裾濃】同系色で、上方を淡くし、下方をしだいに濃くする染め方や織り方。甲冑(かっちゅう)の威(おどし)では、上方を白、次を黄にし、しだいに濃い色とする。
すそ‐さばき【裾×捌き】和服で動くときの裾のさばき方。「優美な―」
スソ‐しゅうどういん【スソ修道院】―シウダウヰン《Monasterio de Suso》スペイン北部、カルナデス川に臨む丘の上に建てられた修道院。6世紀にこの地で修行した聖ミジャンにちなむ。10世紀に創建されたロマネスク様式の建築物で、スソは丘の上の意。後年、丘の下に建てられたユソ修道院とともに、1997年、「サンミジャン‐ユソとサンミジャン‐スソの修道院群」として世界遺産(文化遺産)に登録された。
すそ‐つき【裾付き】❶衣服の裾のあたり。❷長くのばした女性の髪の末のあたり。「髪、たけに三寸ばかり余りたる―」〈紫式部日記〉
すそ‐つき【裾着】▶襴(らん)
すそ‐つぎ【裾継ぎ】❶小袖の裏の裾を別布で継ぎ合わせたもの。❷表袴(うえのはかま)のひざの部分にある継ぎ合わせ目。ひざ継ぎ。足継ぎ。
すそ‐とり【裾取り】❶「八掛(はっかけ)」に同じ。「三つ重ねたる小袖、みな黒羽二重に―の紅裏(もみうら)」〈浮・五人女・三〉❷相撲のきまり手の一。相手の投げを残しながら、相手の足首を取ってあおむけに倒す技。
すそ‐なが【裾長】〔形動〕図〔ナリ〕衣服の裾が長いさま。また、裾を長くして着るさま。「―な服」「―に着付ける」⇔裾短(すそみじか)。
すそ‐の【裾野】❶山麓の緩やかな傾斜地。❷上部にあるものを支える基礎になるもの。「科学教育の―」(類語)尾
すその【裾野】静岡県北東部の市。箱根用水の完成により、富士の裾野の火山灰地が水田に変わったが、現在はアルミ・自動車部品工業が盛ん。人口5.5万(2010)。
すその‐さんぎょう【裾野産業】―サンゲフ 完成品を製造する企業に、必要な部品や資材を供給する業者。「―の広い自動車メーカー」
すその‐し【裾野市】▶裾野
ずそ‐の‐はらえ【▽呪×咀の×祓】―はらへ 人にのろわれたのを除くための祓(はら)え。じゅそのはらえ。「物よく言ふ陰陽師(おんやうじ)して、河原に出でて―したる」〈枕・三一〉
すそばな‐がわ【裾花川】―がは 長野県北東部を流れる川。新潟との県境にある高妻山付近に源を発し、長野市市街地南方で犀(さい)川に合流する。長さ50キロ。流域はほとんどが深い峡谷をつくる。上流域はブナの原生林におおわれた奥裾花渓谷となり、ミズバショウの群落も見られる。中流に裾花渓谷、下流に裾花ダムがある。
すそ‐はらい【裾払い】―はらひ 相撲のきまり手の一。相手が横向きとなって足を前に出したとき、その足を後ろから前の方に払うように蹴って倒す技。
すそ‐び・く【裾×曳く｜裾引く】〔動カ四〕衣の裾を長く引く。「黒牛潟潮干(しほひ)の浦を紅の玉裳―・き行くは誰(た)が妻」〈万・一六七二〉
すそ‐ぶくら【裾膨ら】〔名・形動ナリ〕❶裾の方が膨らんでいること。また、そのさま。「首太く、頭(かしら)すこし―に」〈曽我・一〉❷槍の鞘(さや)として用いる、裾の膨らんだ形の袋。「萌黄(もえぎ)羅紗(らしゃ)の袋鞘、白滑皮(なめし)の―」〈浄・薩摩歌〉
すそ‐まわし【裾回し｜裾×廻し】―まはし ▶八掛(はっかけ)
すそ‐み【裾×廻】山の麓のあたり。すそわ。「高円(たかまと)の宮の―の野づかさに今咲けるらむをみなへしはも」〈万・四三一六〉
すそ‐みじか【裾短】〔形動〕図〔ナリ〕衣服の裾が短いさま。また、裾を短くして着るさま。「―な着付け」「―にゆかたを着る」⇔裾長。
すそ‐もの【裾物】質のよくない品物をいう取引用語。下等品。
すそ‐もよう【裾模様】―モヤウ 和服の模様づけの一種で、裾に置かれる模様。また、その模様のある着物。女性の礼装用で、総模様に対する。
すそ‐やま【裾山】大きな山の麓にある小山。「重畳たる青山の―で」〈蘆花・思出の記〉
すそ‐よけ【裾▽除け】▶蹴出(けだ)し
すぞろ【▽漫ろ】〔形動ナリ〕「すずろ」に同じ。「聖もこれを見奉って―に墨染めの袖をぞ絞りける」〈平家・一二〉
すぞろ‐わ・し【▽漫ろはし】―はし〔形シク〕「すずろわし」に同じ。「是につけても―・しくおぼされて、聞き過ぐさせ給ふ」〈栄花・浦々の別〉
すそ‐わ【裾×廻】「すそみ」に同じ。「かりそめと思ひし程に筑波嶺(つくばね)の―の田居も住み馴れにけり」〈新拾遺・雑中〉(補説)万葉集の「裾廻(すそみ)」を「すそわ」と誤読してできた語。
すそ‐わけ【裾分け】(多く「おすそわけ」の形で)もらいものや利益を、さらに他の者に分け与えること。「金儲けの―をした上に華美(くわび)な贅沢の所為(しわざ)が出来るなら」〈魯庵・社会百面相〉
すそ‐わた【裾綿】和服の裾の袘(ふき)に綿を入れて仕立てること。また、その綿。
す‐た【数多】「すうた(数多)」に同じ。「―ノ人」〈日葡〉
ずだ【頭×陀｜×杜多】ヅ―《梵 dhūtaの音写》仏語。❶衣食住に対する欲望を払いのけること。転じて、あらゆる煩悩(ぼんのう)を払い去って仏道を求めること。また、そのための修行。❷僧が修行のために托鉢(たくはつ)して歩くこと。また、その僧。❸「頭陀袋」の略。
スター〖Ringo Starr〗[1940～]英国のロックシンガー。本名はリチャード=スターキー(Richard Starkey)。もとビートルズのメンバーで、おもにドラムを担当。1970年のビートルズ解散後はソロ活動を続けている。⇒ビートルズ
スター〖star〗❶星。星の形をしたもの。また、星印。❷人気のある芸能人や運動選手。花形。また、ある分野で際立った人気者。(類語)(❶)星・恒星・惑星・星座・綺羅星(きらぼし)/(❷)名優・千両役者・花形・立て役者
スター‐アニス〖star anise〗ダイウイキョウの果実を乾燥させたもの。香辛料にする。八角(はっかく)。
スター‐アライアンス〖Star Alliance〗国際航空連合の一つ。ユナイテッド航空・ルフトハンザドイツ航空・全日空などが加盟。⇒ワンワールド ⇒スカイチーム
スターウオーズ‐けいかく【スターウオーズ計画】―ケイクワク《映画の題名から》▶エス‐ディー‐アイ(SDI)
スター‐ウオッチング《和 star＋watching》星座観測。
スター‐がた【スター型】▶スター型ネットワーク
スターがた‐ネットワーク【スター型ネットワーク】コンピューターの周辺機器の接続形態の一。中心となる機器に対し、複数の周辺機器を集中して接続する。スター型接続。スター型。星形接続。
スター‐きゅう【スター級】―キフ 競技用ヨットの艇種の一。全長6.91メートル、全幅1.73メートルの二人乗り艇。
スターキング〖starking〗デリシャス系のリンゴの一品種。果皮は濃紅色。甘味が強い。
スタークフォンテン‐けいこく【スタークフォンテン渓谷】《Sterkfontein Valley》南アフリカ北東部、ヨハネスバーグの北にある渓谷。一帯には多くの石灰洞窟があり、初期人類アウストラロピテクス‐アフリカヌスの頭蓋骨など多数の人類化石が発見され、「人類のゆりかご」「人類発祥の地」とも呼ばれる。1999年、スワートクランズ、クロムドライ地区とともに世界遺産(文化遺産)に登録。2005年にはタウング頭骨化石遺跡とマカパン渓谷が登録範囲に追加された。登録名称は「スタークフォンテン、スワートクランズ、クロムドライの人類化石遺跡群及び周辺地域」。
スター‐げんしょう【スター現象】―ゲンシャウ 高エネルギーの原子核やハドロンが原子核に衝突したとき、ハドロンや軽い核を四方に放出する現象。

スター-システム〘star system〙映画・演劇などで、人気俳優を中心にすえて、観客動員をはかる製作や興行の方式。
スターズ-アンド-ストライプス〘the Stars and Stripes〙星条旗。アメリカ合衆国の国旗。
スターター〘starter〙❶競技で、スタートの合図をする人。❷内燃機関を始動させる装置。
スター-ダスト〘star dust〙星くず。小さなちりのように見える、遠くの星団。
スターダム〘stardom〙人気スターとしての地位・座。「―にのし上がる」
スターチ〘starch〙❶でんぷん。でんぷん食品。「コーンー」❷洗濯用ののり。
スターチス〘statice〙イソマツ科リモニウム(イソマツ)属の一年草または多年草の総称。葉は根際から出る。よく分枝し、枝の上部一面に小花がつく。地中海沿岸地方の原産で、120種ほどが知られ、観賞用の切り花やドライフラワーにする。
スターティング〘starting〙開始。出発。競争などのスタート。
スターティング-グリップ〘starting grip〙水泳競技で、背泳のスタート用にプールの壁に取り付けられている取っ手のこと。
スターティング-ピッチャー〘starting pitcher〙野球で、先発投手。
スターティング-ブロック〘starting block〙陸上競技で、短距離競走のクラウチングスタートのとき、選手の足を支える器具。
スターティング-メンバー《和 starting＋member》野球・バレーボール・サッカーなどで、試合開始時の出場選手。スタメン。
スタート〘start〙〔名〕スル ❶新しく始まること。また、始めること。出発。発足。「新生活が―する」「いっせいに―を切る」❷出発点。スタートライン。「―につく」(類語)出発・門出・旅立ち・出動・始まる・始め
スタートアップ-ディスク〘startup disk〙▶起動ディスク
スタート-ダッシュ《和 start＋dash》❶短距離競走で、スタート直後の全力疾走。❷物事の最初から全力を出して突進すること。「年末商戦に―をかける」
スタート-ボタン〘start button〙コンピューターで、ウインドウズの操作画面上のタスクバーに表示されるボタン。アプリケーションソフトの起動や設定、ウインドウズの再起動や終了を実行するメニューが表示される。
スタート-メニュー〘start menu〙コンピューターで、ウインドウズの操作画面上のタスクバーにあるスタートボタンを押すと表示されるメニュー。アプリケーションソフトの起動や設定、ウインドウズの再起動や終了などの基本的な操作を実行できる。
スタート-ライン〘starting line〙競走で、出発点に引かれた線。また、物事の出発点。
スタート-ワン〘START Ⅰ〙《Strategic Arms Reduction Treaty Ⅰ》1991年7月に米ソ間で締結された軍縮条約の一つ。両国はICBM(大陸間弾道ミサイル)・SLBM(潜水艦発射弾道ミサイル)・重爆撃機などの戦略核運搬手段の総数を上限1600基、保有する戦略核弾頭数を上限6000発、弾道ミサイルに装着される戦略核弾頭数を上限4900発とするなど数値目標を設定して保有兵器の削減に取り組み、2001年12月に履行を完了した(条約は2009年12月まで有効)。この間、第二次・第三次戦略兵器削減条約が合意されたが、2002年にアメリカがABM条約(弾道弾迎撃ミサイル制限条約)から脱退したことなどから、いずれも発効には至らないまま、2002年5月に米ロ間で戦略核兵器削減条約(モスクワ条約)が締結された。第一次戦略兵器削減条約。(補説)米国大統領オバマとロシア大統領メドベージェフは2009年4月の首脳会談で新たな核軍縮条約を締結することで合意し、2010年、新条約に調印(2011年2月発効)。両国はそれぞれ戦略核運搬手段総数を上限800基、戦略核弾頭を上限1550発に削減する。➡新START
スターブリッジ〘Sturbridge〙米国マサチューセッツ州中部の町。18世紀末から19世紀前半のニューイングランド地方の建築物を移築した野外博物館、オールドスタープリッジ-ビレッジがあることで知られる。
スター-フルーツ〘star fruit〙東南アジア原産の果実。果皮は黄色。果肉は多汁質で甘酸っぱい。果実の横断面が五角の星形をしているのでこの名がある。五斂子。
スター-プレーヤー〘star player〙人気のある競技者・運動選手。花形選手。また、人気のある演奏者・演技者。
スター-フロックス〘star phlox〙ハナシノブ科の一年草。花は径2.5～3センチの合弁花で、茎頂に集まって咲く。花色は白・深桃色など。
スター-ほうしき【スター方式】▶スター型ネットワーク
スターボード〘starboard〙船の右舷。また、面舵。➡ポート。
スターリニズム〘Stalinism〙旧ソ連のスターリン政権時代の政治路線。対外面では米国との冷戦、東欧諸国の衛星国化、内政面では粛清による独裁政治と党官僚主義を特徴とする。
スターリン〘Iosif Vissarionovich Stalin〙[1879～1953]ソ連の政治家。本名、ジュガシビリ(Dzhugashvili)。グルジアの出身。ロシア革命ではレーニンを助けて活躍。その死後、一国社会主義論を唱えてトロツキーら反対派を追放。1936年新憲法を制定し、反対派・批判派の粛清を行った。第二次大戦では英国・米国などと共同戦線を結成し、対ドイツ戦を勝利に導き、戦後は東欧諸国の社会主義化を推進。死後、フルシチョフらから個人崇拝や専制的傾向を批判された。著「レーニン主義の諸問題」など。
スターリン〘Stalin〙ブルガリア北東部の都市バルナの、共産党時代の1949年から1956年までの名称。旧ソ連の最高指導者スターリンの名にちなむ。
スターリング〘sterling〙英国貨幣のこと。➡ポンド❷㋐
スターリング〘Stirling〙英国スコットランド中部の都市。フォース川沿いに位置する。スコットランドとイングランドの戦いが何度も行われた。かつてスコットランド王国の首都が置かれ、旧市街にはスターリング城やホリールード教会などの歴史的建造物が多い。
スターリング-エンジン〘Stirling engine〙シリンダー内に水素・ヘリウムなどの気体を封入し、外部から加熱・冷却を繰り返してピストンを作動させるエンジン。熱効率が高く、排ガスが清浄化しやすい。英国の牧師R＝スターリングが1816年に考案。
スターリング-じょう【スターリング城】《Stirling Castle》英国スコットランド中部の都市スターリングの旧市街にあるルネサンス様式の城。古くから砦などが築かれた岩山の上にあり、主な建物は15世紀から16世紀にかけて、スコットランド王ジェームズ4世から6世の時代に建造。女王メアリー＝スチュワートが幼少期を過ごし、戴冠式が行われた。同国屈指の壮麗さを誇る城として知られる。
スターリング-シルバー〘sterling silver〙純銀。銀の含有率が92.5パーセントのものをいう。(補説)英国貨幣のスターリングがこの純度であったことにちなむ。
スターリング-ブロック〘sterling bloc〙1930年代に、英連邦諸国と他のいくつかの国々によって形成された世界最初の経済圏。ポンドブロック。
スターリング-ポンド〘sterling pounds〙「ポンド❷㋐」に同じ。
スターリングラード〘Stalingrad〙ロシア連邦北西部の都市ボルゴグラードの旧称。第二次大戦で、ドイツ軍が大敗を喫した激戦地。
スターリン-けんぽう【スターリン憲法】1936年にスターリンを起草委員長として制定されたソ連の憲法。国営企業・コルホーズなどからなる社会主義経済機構、労働権と民族の平等、自治権などを定めた。
スターリンスク〘Stalinsk〙ロシア連邦の都市ノボクズネツクの旧称。
スターリン-ひはん【スターリン批判】1956年のソ連共産党第20回大会におけるフルシチョフの秘密報告を契機として行われた、スターリンとその時代の思想・政策全般に対する批判。各国の共産主義運動に大きな影響を与えた。➡ハンガリー事件 ➡中ソ論争
スタール〘Anne-Louise Germaine Staël〙[1766～1817]フランスの小説家・批評家。通称、スタール夫人。ネッケルの娘。自由思想のため国外に追われ、欧州諸国に亡命。フランス-ロマン主義の先駆者。小説「デルフィーヌ」「コリンヌ」、評論「ドイツ論」。
スターレット〘starlet〙❶小さな星。❷スターの卵。特に新進女優をさす。
スターン〘Laurence Sterne〙[1713～1768]英国の小説家・牧師。自由奔放な手法を用いて人間心理を精細に描いた。小説「トリストラム＝シャンディ」、紀行文「センチメンタル-ジャーニー」など。
ず-だい【図題】作図または絵画の題。
ずだい〔副〕❶もともと。元来。「一気の短い旦那殿」〈根無草・後・一〉❷(多く、打消しの語を伴って用いる)少しも。全然。まったく。「商売向きは家来まかせに―かまはず」〈洒・無頼通説法〉
スタイケン〘Edward Jean Steichen〙[1879～1973]米国の写真家。ルクセンブルク生まれ。印象派的写真から出発し、第二次大戦後はファッション写真で知られる。ニューヨーク近代美術館の写真部長となり、ヒューマニズムをテーマとした「人間家族」展を企画、世界的反響を呼んだ。写真集「生涯と写真」など。
スタイナー〘George Steiner〙[1929～]米国の文芸批評家・小説家。パリ生まれのユダヤ人で、ナチスの迫害を避けて米国に亡命。幅広い教養を背景に、広範な批評活動を展開した。著「言語と沈黙」「青ひげの城にて」「バベルの後に」など。
スタイニー〘steiny〙容量334ミリリットルの小型のビール瓶。商標名。
スタイペンド〘stipend〙給付金。奨学金。また、給与。俸給。
スタイミー〘stymie〙ゴルフ場で、打者のボールとホールとの間に障害物がある状態。
スタイラス〘stylus〙❶アナログレコード用カートリッジの、レコード盤に接触して音を拾う針先。❷▶スタイラスペン
スタイラス-ペン〘stylus pen〙PDA・タブレット・デジタイザーなどで使用するペン型の入力装置。ペンの位置や動きの検出方法には、電磁誘導式と感圧式がある。スタイラス。タッチペン。
スタイリスト〘stylist〙❶身なり・服装に凝る人。おしゃれ。❷立ち居振る舞いに気を配る人。気どりや。❸文体に特に気を配って書く人。文章家。❹モデルの服飾や写真撮影の準備・手配をする人。❺デザインの方向づけをしたり、デザインをアレンジして商品ラインを具体化したりする人。
スタイリッシュ〘stylish〙〔形動〕流行にあっているさま。当世風。いき。「―な着こなし」
スタイリング〘styling〙❶デザインの様式。型。❷インダストリアルデザインで、製品の機構はそのままで、外側のスタイルだけを変えること。❸服飾で、1枚の服に、帽子・靴・その他のアクセサリーを添えるなどして効果的なスタイルをかたちづくること。❹髪の毛を整えること。
スタイリング-ざい【スタイリング剤】整髪料のこと。
スタイル〘style〙❶からだつき。姿。格好。「すらりとして―がいい」❷服飾・頭髪などの型。「最新流行の―」「ヘアー」❸建築・美術・音楽などの様式。型。「前衛的―のビル」「演奏―」❹文章や文学作品の表現形式。特に、文体。「独自の―をもつ作家」❺個人や集団などに固有の、考え方や行動のしかた。「ライフ―」(類語)(❶)形・形・体形(❸)流儀・様式・式
スタイル-シート〘style sheet〙文書のレイアウトに関する情報を記述した文書の雛型。インターネットのHTML文書に対して広く利用されている。

スタイルブック〘stylebook〙服飾の型などを図や写真で示した本。ファッションブック。

スタイン〘Gertrude Stein〙[1874〜1946]米国の女流小説家・詩人。1903年以降フランスに定住。「ロストジェネレーション(失われた世代)」の命名者。前衛的な作品を発表した。小説「三人の女」、詩集「やわらかいボタン」など。

スタイン〘Mark Aurel Stein〙[1862〜1943]英国の考古学者・探検家。ブダペストの生まれ。中央アジアを探検し、敦煌とんこうで多数の仏画・仏典・古文書を発見。古代東西交渉史の究明に貢献。

スタインベック〘John Ernst Steinbeck〙[1902〜1968]米国の小説家。貧しい農民の生活を、共感をこめて描いた。1962年、ノーベル文学賞受賞。作「怒りの葡萄」「二十日鼠と人間」「エデンの東」など。

スタウ〘stau〙素粒子物理学の超対称性理論から導かれる未知の超対称性粒子。タウ粒子の超対称性パートナーで、スピンがゼロのボース粒子。スレプトンの一種。スカラータウ粒子。スタウオン。

スタウオン〘stauon〙▶スタウ

スタウト〘stout〙英国産の、苦味が強く、アルコール分の多い黒ビール。黒く焦がした麦芽を用いる。

す-だか【巣×鷹】巣にいる鷹のひな。また、これを捕らえて鷹狩り用に飼育すること。

スタカット-クライミング〘staccato climbing〙登山で、ザイルを結び合って行動するとき、一人が登攀とうはんし、他の者がそれを確保する登り方。隔時登攀。

スタキス〘ラテン Stachys〙シソ科イヌゴマ属の草本または低木。中国産のチョロギが食用として栽培されるほか、数種が観賞用に栽培される。

ずだ-ぎょう【頭×陀行】ずだぎょう 頭陀の修行。

すた-く【×呻く】〘動カ四〙《「すたすた」の「すた」の動詞化。「すだく」とも》あえぐ。すためく。「声いきどしく一・きながら」〈浄・関八州繋馬〉

すだ-く【▽集く】〘動カ五(四)〙❶虫などが集まってにぎやかに鳴く。「草むらに一・く虫の音ね」❷群れをなして集まる。むらがる。「露霜の秋に至れば野もさはに鳥一・けりと」〈万・四〇一一〉
(類語)鳴く・鳴き交わす・囀さえずる・集う・群がる・群れる・群れ集う・集まる・たかる・蝟集いしゅうする

すだ-くにたろう【須田国太郎】すだくにたろう[1891〜1961]洋画家。京都の生まれ。独立美術協会会員。東西美術の融合を追求し、独自の明暗法による作品を制作。

スタグフレーション〘stagflation〙《stagnation(停滞)とinflation(インフレーション)との合成語》景気の停滞にもかかわらず、一般物価水準が継続的に上昇している状態。

す-だこ【酢×蛸】ゆで蛸を酢につけたもの。また、ゆで蛸を薄く切り、二杯酢をかけた酢の物。

すた-こら〘副〙急いで歩くさま。また、あわてて立ち去るさま。「一(と)逃げ出す」「車道を一歩く」

スタジア-そくりょう【スタジア測量】スタジアそくりょう《stadia》視距儀の接眼部にある2本の線が挟む標尺の目盛り数(長さ)と高度角を読み取り、標尺までの水平距離と比高を計算する測量法。➡視距儀

スタジアム〘stadium〙観客席を備えた大規模な競技場。野球場・陸上競技場・サッカー場など。
(類語)競技場・グラウンド・コート・コロシアム・球場・トラック・フィールド・運動場

スタジアム-ジャンパー《和 stadium＋jumper》運動選手がスタジアムで着る防寒用ジャンパーが一般化したもの。胸や背・腕の部分にチーム名を表すマークやイニシャルがつく。スタジャン。

すだ-じい【すだ▽椎】すだじい ブナ科の常緑高木。関東・中部以南の暖地に自生。樹皮は黒灰色。葉は広楕円形で先がとがる。6月ごろ、雄花と雌花が咲き、実はどんぐりで、食用。材は建築・器具に、樹皮は染料に用いる。いたじい。ながじい。しい。

スタジオ〘studio〙❶画家・彫刻家などの仕事場。制作室。❷映画の撮影所。❸写真館の撮影室。❹ラジオ・テレビの放送室。❺レコード・テープなどの録音室。吹き込み室。

スタジオ-ミュージシャン《和 studio＋musician》スタジオで、さまざまなレコーディングに参加して演奏することを主な仕事としているミュージシャン。

スタ-ジャン「スタジアムジャンパー」の略。

すた-すた〘副〙❶わき目もふらず足早に歩くさま。「振り向きもせず一(と)行ってしまった」❷せわしく息をするさま。はあはあ。「跡を慕うて勘六が息も一」〈浄・歌祭文〉
(類語)(❶)てくてく・しゃなりしゃなり・えっちらおっちら・とぼとぼ・のこのこ・よちよち

ずた-ずた【▽寸▽寸】〘副〙《「つだつだ」の音変化。「ずだずだ」とも》きれぎれになるさま。「一に引き裂く」「大雨で鉄道が一に寸断される」

すたすた-ぼうず【すたすた坊主】すたすたぼうず 江戸時代、寒中に裸で縄の鉢巻きをし、腰に注連縄しめなわを巻き、扇や錫杖しゃくじょうなどを持って歌い踊り、物乞ものごいをしたこじき僧。上方で、誓文払いに商人の代参をした願人がんにん坊主に始まるという。すたすた坊。

す-だち【巣立ち】❶ひなが巣立つこと。巣離れ。(季 春)❷子が成人して親元を離れること。また、学校を卒業して社会に出ていくこと。(類語)巣離れ・卒業

す-だち【酢×橘】ミカン科の常緑低木。ユズに似て果実は小さく、扁球形。果肉は酸味が強く、特有の香気がある。食酢用に徳島県で栽培され、まだ緑色のときに収穫する。(季 秋)

スタチュー〘statue〙彫像。立像。

すだつ【須達】▶しゅだつ(須達)

す-だ-つ【巣立つ】㊀〘動タ五(四)〙❶ひなが成長して巣から飛び立つ。「ツバメのひなが一・つ」❷子供が親元を離れ、独立する。また、学校を卒業して社会に出る。「学窓を一・つ」(可能)すだてる ㊁〘動タ下二〙ひなを巣から飛び立たせる。「松が枝の通へる枝をとぐらにて一・てらるべき鶴の雛かな」〈拾遺・雑賀〉

スタッカート〘イタリア staccato〙音楽で、音と音との間を切って、歯切れよく演奏すること。(対)レガート。

スタッキング〘stacking〙❶積み重ねること。特に日本では、揃いの食器・家具などを積み重ねることをいう。❷「スポーツスタッキング」の略。

スタッキング-パーマ《stacking permanent waveから》襟足から頭頂に向けてロッドを積み重ねるようにして巻いていくパーマのこと。毛先にふわふわとしたボリュームをつけるためのもの。

スタック〘stack〙コンピューターのプログラミングにおける、データ構造の一。後に入力したデータが先に出力される。➡後入先出法❷

スタック〘stuck〙ぬかるみ、雪などにはまって、自動車が立ち往生すること。

スタッコ〘イタリア stucco〙石灰に大理石粉、砂などを混ぜて練った建築材料。西欧で古代から、壁や天井などの装飾に使われた。化粧漆喰しっくい。スツッコ。

スタッド〘stud〙❶鋲びょう。また、機械などの植え込みボルト。❷取り外しのできる飾りボタン。ワイシャツの前やカフスに用いる。

スタット-コール〘stat call〙《statは、急を要するの意。「スタッドコール」とも》病院内での緊急召集。緊急事態発生時に、担当部署に関係なく手の空いている医師や看護師を呼び出すために用いる。➡コードブルー

スタッドリー-おうりつこうえん【スタッドリー王立公園】スタッドリーおうりつこうえん《Studley Royal Park》英国の都市マンチェスターの北東約80キロメートルにある王立公園。18世紀半ばに造られた典型的な英国庭園だが、園内に12世紀前半に造られたファウンティンズ修道院の遺構がある。戒律に則った純粋な信仰生活を送ることを望んだ13人の修道士によって造られたもので、庭園と修道院の廃墟が幻想的な景観を創りだしている。1986年に、世界遺産(文化遺産)に登録。

スタッドレス-タイヤ〘studless tire〙スタッド(鋲びょう)なしのスノータイヤ。

スタッフ〘staff〙❶複数の人が一緒に仕事をする場合の、担当者。「編集一」❷映画・演劇などで、俳優以外の制作関係者。❸企業の経営組織で、企画・調査・分析などを担当し、専門的立場から製造・販売などの現場に助言や勧告を行う部門。➡ライン

スタッフ〘stuff〙❶西洋料理で、詰め物のこと。❷材料。素材。

スタッファ-とう【スタッファ島】スタッファとう《Staffa》英国スコットランド西岸、インナーヘブリディーズ諸島の無人島。マル島の西方約10キロメートルに位置する。溶岩の冷却に伴ってできた柱状節理の海食崖に囲まれる。中でも波の浸食を受けて形成されたフィンガルの洞窟は有名。スタファ島。

スタッフィング〘staffing〙(職場に)職員を配置すること。

スタッフィング〘stuffing〙❶料理で、詰め物用の配合材料。❷市場用語で、仲介業者との注文トラブル。

スタッフド-エッグ〘stuffed egg〙ゆで卵を半分に切って卵黄を取り出し、マヨネーズなどで調味し、残した卵白の上に盛ったもの。

スタッフド-オリーブ〘stuffed olive〙オリーブの実の種をくりぬき、中に赤ピーマンなどの詰め物をしたもの。

す-だて【素建て】新築中の家で、屋根・壁・柱だけしか造作のできていないこと。また、その家。「未まだ壁も床板も着いて居ない一の儘だ」〈宙外・独行〉

す-だて【×簀立て】❶海中に簀を立てておき、干潮時に逃げおくれた魚を捕らえる漁法。また、その仕掛け。❷円筒形の底のない竹かご。味噌や醤油の諸味もろみの中に立てて、こされて中に入った汁を取る。

スタディ〘study〙研究。学習。「ケースー」
(類語)研究・考究・探究・学問・討究・講究・調査・分析・論究・攻究・究理・研鑽けんさん・リサーチ (一する)究める・調べる

スタティクス〘statics〙《「スタティックス」とも》「静力学」に同じ。

スタティスティックス〘statistics〙統計。統計学。

スタディ-ツアー〘study tour〙NGO(非政府組織)の活動を実地に見学し、体験する旅行。

スタティック〘static〙〘形動〙静止しているさま。静的。「一な美しさ」(対)ダイナミック。

スタティック-メモリー〘static memory〙一度データを書き込むと、電源を切らないかぎりデータを記憶している記憶用集積回路。➡ダイナミックメモリー

スタティック-ラム〘static RAM〙《static random access memory》▶エスラム(SRAM)

スタニスラス-ひろば【スタニスラス広場】《Place Stanislas》フランス北東部、ロレーヌ地方の都市、ナンシーの中心部にある広場。18世紀中頃、ルイ15世の義父スタニフワス(スタニスラス)＝レシチニスキーがポーランド国王の座を追われて亡命しロレーヌ公となり、大規模な都市開発を行った際につくられた広場の一。同市出身の建築家エマニュエル＝エレが設計し、金具工芸師ジャン＝ラムールがロココ様式の装飾を手がけた。市庁舎・凱旋門・ナンシー美術館に囲まれる。他の広場と共に、1983年に「ナンシーのスタニスラス広場、カリエール広場、アリアンス広場」の名称で世界遺産(文化遺産)に登録された。

スタニスラフスキー〘Konstantin Sergeevich Stanislavskiy〙[1863〜1938]ソ連の演出家・俳優。モスクワ芸術座を創立、リアリズム演劇の旗手として活動。その理論スタニスラフスキーシステムは世界の俳優教育に多大の影響を与えた。著「芸術におけるわが生涯」など。

スタニスラフスキー-システム〘Stanislavskiy system〙スタニスラフスキーが創造した近代俳優術。俳優の身体的な訓練と舞台での役づくりという肉体・精神両面の関係を認識把握させることを通して、役と同一化、内面からの表現を目ざしたもの。

すだのはるげいしゃかたぎ【隅田春妓女容性】歌舞伎狂言。世話物。3幕。初世並木五瓶作。寛政8年(1796)江戸桐座初演。恩人の娘を助けようとした侠客きょうかく、梅の由兵衛よしべえの悲劇を描く。通称「梅の由兵衛」。

すだはちまん-じんじゃ【隅田八幡神社】和歌

山県橋本市にある神社。所蔵する人物画像鏡の銘文は、古代史研究の重要な金石文の資料。

スタハノフ-うんどう【スタハノフ運動】ソ連で行われた労働生産性向上運動。1935年、ドンバスの炭鉱労働者スタハノフ(Stakhanov)が採炭技術の改善によってノルマの14倍という驚異的記録を出したことにちなんで名づけられた。

スタバンゲル〖Stavanger〗ノルウェー南部の港湾都市。北海油田の開発に伴い、1960年代より急速に発展。12世紀に建造されたノルマン風のスタバンゲル大聖堂があるほか、旧市街には18～19世紀の木造家屋が並ぶ古い町並みが残されている。

スタビール〖stabile〗針金・金属板などで作られた動かない抽象彫刻。

スタビエ〖Stabiae〗▶カステッランマーレ-ディ-スタビア

スタビスキー-じけん【スタビスキー事件】1933年、フランスに起きた汚職事件。詐欺犯スタビスキー(S.A.Stavisky)が仕組んだバイヨンヌ市債不法発行事件に、現職大臣が関与していたもの。ファシズム政権樹立をはかる右翼の運動に利用され、急進社会党政府が倒れたが、人民戦線成立の契機ともなった。

スタビライザー〖stabilizer〗❶飛行機・船・自動車などの揺れを減少させ、安定させる装置。❷火薬・化合物などの安定剤。

スタビリティー〖stability〗安定。安定性。また、復原力。

スタファ-とう【スタファ島】ﾀｳ《Staffa》▶スタッファ島

ずだ-ぶくろ【頭×陀袋】ヅダ ❶僧が修行の旅をするとき、経文や食器などを入れて首にかける袋。❷仏式で死者を葬るとき、その首にかける袋。❸いろいろな物が入るような、だぶだぶした袋。

スタブロニキタ-しゅうどういん【スタブロニキタ修道院】ｼｳﾀﾞｳｲﾝ《Moni Stavronikita》ギリシャ北部、ハルキディキ半島にある東方正教会の聖地アトス山の修道院。半島東岸の海を望む高さ50メートルの断崖の上に位置し、要塞のような外観で知られる。11世紀以前の創設とされる。主聖堂は16世紀の建造で、クレタ派の画家テオファネスが描いたフレスコ画が残っている。

スタブロブーニ-しゅうどういん【スタブロブーニ修道院】ｼｳﾀﾞｳｲﾝ《Iera Moni Staurobouniou》キプロスにあるギリシャ正教会の修道院。ラルナカ西郊、スタブロブーニ山の山頂(標高750メートル)に位置する。4世紀、コンスタンティヌス1世の母ヘレナにより創建。現在も厳格な僧院生活を送り、女人禁制であることで知られる。

スタブロポリ〖Stavropol'〗ロシア連邦の都市トリアッティの旧称。

スタブロポレオス-きょうかい【スタブロポレオス教会】ｹｳｸﾜｲ《Biserica Stavropoleos》ルーマニアの首都ブカレストの中心部にあるルーマニア正教会の教会。18世紀にギリシャ人修道士により、ブルンコベネスク様式と呼ばれるルーマニア独自のビザンチン風建築様式で建造された。内部には建造当初のフレスコ画が残っている。多数のイコン・写本・古い石板などを所蔵する。

スタベックス〖STABEX〗《stabilization of export earnings system》輸出所得安定化制度。開発途上国の輸出収入を安定させるために、EC(欧州共同体)が1976年から2000年まで設けていた補助金制度。

す-だま【魑=魅｜ᵛ霊】❶山林・木石の精気から生じるという霊。人面鬼身で、よく人を迷わすという。ちみ。〈和名抄〉❷人の霊魂。たましい。〈和名抄〉
〔類語〕精霊・魍魎もうりょう・山霊・木霊

スタミナ〖stamina〗体力。精力。また、持久力。「—がある」「—料理」

スタミナ-ドリンク《和 stamina＋drink》肉体的・精神的疲労の軽減・回復用の、ビタミンなどを配合した清涼飲料水。

スタメン〖ｵﾗﾝﾀﾞ stament〗江戸時代にオランダから渡来した織物。羊毛に麻をまぜて織ったもの。〔補説〕「須多綿」とも書く。

スタ-メン「スターティングメンバー」の略。

ずだ-やくしゅ【喘=息薬種】ユキノシタ科の多年草。亜高山帯の林下に生え、高さ10～25センチ。葉は卵形で浅く裂ける。夏、白い小花を総状につける。名は、薬草として喘息ぜんそくに効くことに由来。

スタラ-ザゴラ〖Stara Zagora〗ブルガリア中部の都市。スレドナゴラ山脈の南麓に位置する。紀元前6世紀から5世紀頃のトラキア人の集落ベロエに起源。紀元2世紀には古代ローマの要塞都市アウグスタトラヤナがつくられた。9世紀に第一次ブルガリア帝国領となり、14世紀にオスマン帝国領。19世紀にブルガリアに復帰した。トラキア人の墳墓、古代ローマ時代の劇場跡、ロシアトルコ戦争の記念碑などがあるほか、郊外に温泉が湧出する。

スタラ-チャルシヤ〖Stara Čaršija〗マケドニアの首都スコピエの旧市街。オスマン帝国時代の12世紀頃から続くバザールは、バルカン半島で最も規模が大きいものの一つとして知られる。オールドバザール。

スタラ-プラニナ〖Stara Planina〗《「古い山」の意》バルカン山脈のブルガリア語名。スターラプラニナ。

スタラヤ-ルーサ〖Staraya Russa〗ロシア連邦北西部、ノブゴロド州の都市。イリメニ湖に注ぐポリスチ川に臨み、河港を有す。中世より交通の要所であり、水上交易により発展。19世紀に温泉が開設され、保養・療養地としても知られる。12世紀建造の修道院をはじめ歴史的建造物が多く残っている。

すたり【廃り】すたること。すたったもの。すたれ。「はやり—」「総じて寄席よせはもう—でさ」〈荷風・腕くらべ〉

スタリー-スモコベツ〖Starý Smokovec〗スロバキア北部の地名。タトラ山地のふもとに位置し、国立公園に指定されているビソケータトリへの観光拠点として知られる。タトラ電気鉄道やケーブルカーの駅がある。

スタリオン〖stallion〗種馬しゅば。種牡馬。

スタリ-グラード〖Stari Grad〗クロアチア南部、アドリア海に浮かぶフバル島の町。同島北東岸に位置する。クロアチア語で「古い町」を意味し、アドリア海最古の集落があったことで知られる。イリュリア人や古代ギリシャ人の住居跡のほか、16世紀の詩人ペトロ＝ヘクトロビッチが建てたトブルダリ城をはじめ、歴史的建造物が残っている。2008年、「スタリグラード平原」の名称で世界遺産(文化遺産)に登録された。

スタリノゴルスク〖Stalinogorsk〗ロシア連邦の都市ノボモスコフスクの旧称。

スタリ-モスト〖Stari Most〗《ボスニア語で古い橋の意》ボスニア-ヘルツェゴビナ南部の都市モスタルを流れるネレトバ川に架かる石造アーチ橋。全長30メートル、幅4メートル、水面からの高さは24メートル。16世紀、オスマン帝国期に建造され、ボスニア内戦時の1993年にクロアチア勢力により破壊。2004年にユネスコの協力のもとで再建された。2005年、その歴史的価値と民族融和の象徴として世界遺産(文化遺産)に登録された。

すたり-もの【廃り物】不用になったもの。時代おくれで使われなくなったもの。廃物。すたれ物。「はやりものは—」

すたり-もの【廃り者】役に立たない者。すたれ者。「貴方の為に、生涯—に為って了いました」〈小杉天外・初すがた〉

スタリ-ラス〖Stari Ras〗セルビア共和国の首都ベオグラードの南約180キロメートル、ラシュカ地方にある中世の都市遺跡。中世セルビア王国の首都として栄え、宮殿跡や、要塞、聖堂などの遺構が残る。1979年、「スタリラスとソポチャニ」として世界遺産(文化遺産)に登録された。➡ソポチャニ修道院

すた・る【廃る｜×頽る】㊀〔動ラ五(四)〕❶「廃れる❶」に同じ。「いつのまにか古い習俗が—・ってしまった」❷「廃れる❷」に同じ。「—・ってしまった服装」❸そこなわれる。失われる。「男が—・る」㊁〔動ラ下二〕「すたれる」の文語形。

スタルヒン〖Victor Starukhin〗[1916～1957]日本のプロ野球創成期の名投手。ロシアの生まれ。革命に追われ、1917年に北海道に移住。巨人軍などで投手として活躍し、通算303勝をあげた。

すたれ【廃れ】すたれること。すたり。

す-だれ【×簾】❶《「簀垂すだれ」の意》細く割った竹やアシなどを横に並べ、糸で編み連ねたもの。部屋の隔てや日よけ・目隠しなどに掛けて垂らす。す。〔季 夏〕「二つ吊つりし—の透間花柘榴ざくろ／虚子」❷せいろうなどの底に敷いたり、海苔巻のりまきなどの巻き物料理に使う簀。〔類語〕(❶)日除け・ブラインド・日覆い

すだれ-がい【×簾貝】ガヒ マルスダレガイ科の二枚貝。浅海の砂底にすむ。貝殻は横長の楕円形で、殻長約6センチ。殻表にすだれ状の輪脈があり、淡褐色の地に褐色の放射帯がある。本州・九州に分布。食用。〔季 春〕

すだれ-ごし【×簾越し】すだれを隔ててすること。「—に声をかける」

すだれ-コリメーター【×簾コリメーター】細い金属を横に並べた2枚のすだれを平行に配置し、遠方の天体からのX線を観測する装置。X線などの高エネルギーの電磁波は、可視光のように鏡で反射させたりレンズで屈折させたりすることが不可能だが、このすだれを用いることにより特定の方向からのX線のみが検出器に入射するため、すだれの間隔や向きを変えることでX線源の位置や分布を調べることができる。昭和40年代に日本の天文学者小田稔が考案した。

すだれ-ぶ【×簾×麩】薄く作り、すのこの間に挟んで細い筋をつけた麩。

すたれ-もの【廃れ物】「廃り物」に同じ。

すたれ-もの【廃れ者】「廃り者」に同じ。

すた・れる【廃れる｜×頽れる】〔動ラ下一〕図すた・る〔ラ下二〕❶使われなくなる。行われなくなる。通用しなくなる。すたる。「流行語は—・れるのも早い」「義理人情が—・れる」❷盛んだったものが衰える。すたる。「町が—・れる」「商売が—・れる」〔補説〕中世から四段活用の「すたる」も並び用いられる。
〔類語〕衰える・寂れる

スタロドゥブスコエ〖Starodubskoe〗ロシア連邦、サハリン州(樺太)の町。ユジノサハリンスクの北約50キロメートル、オホーツク海に面する。昭和20年(1945)以前の日本領時代には栄浜と称した。宮沢賢治が当地を訪れ、詩「オホーツク挽歌」を書いたとされる。

スタン-ガン〖stun gun〗相手に電気ショックを与える器具。アメリカで護身用に開発された。

スタンザ〖stanza〗詩の節・連。ふつう4行から8行で、韻律構成をもつ。

スタンス〖stance〗❶立場。態度。「記者としての—を問う」❷野球・ゴルフ・テニスなどで、球を打つときの両足の位置・構え。「—が広い」「オープン—」❸ロッククライミングで、足場のこと。

スタンダード〖standard〗〔名・形動〕標準。規準。また、標準的であるさま。「—な型式の車」
〔類語〕普通・一般・一般的・尋常・通常・平常・通例・標準的・平均的・平凡・並み・常つね・只ただ・当たり前・常並み・世間並み・十人並み・ノーマル・レギュラー

スタンダード-コード〖Standard Code〗貿易の技術的障害に関する協定。ある国の品質・安全基準・検査方法などの規格や認証制度が、実質的な貿易障害にならないようにすることを目的とする。

スタンダード-ナンバー〖standard number〗流行に関係なく、長年にわたって好んで演奏され、歌われる軽音楽の曲目。「ジャズの—」

スタンダール〖Stendhal〗[1783～1842]フランスの小説家。本名、マリー＝アンリ＝ベール(Marie Henri Beyle)。社会批判と心理描写にすぐれ、近代リアリズム小説の先駆者とされる。小説「赤と黒」「パルムの僧院」、評論「恋愛論」など。

スタンダップ-カラー〖stand-up collar〗まっすぐに立った襟。詰め襟。形や大きさによってさまざまな呼び名がある。スタンドカラー。スタンディングカラー。

スタンダップ-コメディ〖stand-up comedy〗一人で舞台に立って、話術の面白さで観客を笑わせる芸。
スタンダリアン〖Stendhalian〗フランスの小説家スタンダールに関する深い知識や愛着を持っている人。
スタンディング〖standing〗❶立っていること。立ち見。❷自転車のスプリント競技の技術。停止した状態を保つことで、最後のスパートの機をうかがいながら牽制しあう際などに用いられる。❸他の語に付いて、常設の、常備の、の意を表す。「—アーミー」
スタンディング-アーミー〖standing army〗常備軍。(類語)レギュラーアーミー・常備軍・正規軍
スタンディング-ウエーブ〖standing wave〗自動車で、走行速度が一定以上になると、タイヤの接地後方部分に波状のゆがみを生じる現象。タイヤの空気圧が低かったり、荷重が異常にかかったりすると起こり、タイヤが破れる。
スタンディング-オベーション〖standing ovation〗演奏会などで、観客が立ち上がって拍手を送ること。
スタンディング-カラー〖standing collar〗▶スタンダップカラー
スタンディング-スタート〖standing start〗❶陸上競技で、立ったまま行うスタート法。中・長距離競走に用いる。➡クラウチングスタート ❷自動車レースで、停止状態から走り出すスタート法。
スタンディングストーンズ-オブ-ステネス〖The Standing Stones of Stenness〗▶ストーンズオブステネス
スタント〖stunt〗❶離れ技。妙技。❷自動車や飛行機の曲乗り。
スタンド〖stand〗❶競技場・野球場などの階段式の観覧席。「—を埋める観衆」「メーン—」❷屋台式の売店。「駅の—」❸カウンターで飲食させる店。また、カウンターに沿って並べた席。「コーヒー—」❹㋐物をのせたり、立てたりする台。「エッグ—」㋑駐車中の自転車・オートバイが倒れないための支えとする部品。❺電気スタンドのこと。❻ガソリンスタンドのこと。
(類語)(❷❸)露店・屋台・夜店・売店
スタンド-アップ〖stand up〗〔感〕❶スポーツで、正面きって身構えること。❷立ち上がる、起立する意で命令口調などで用いる語。
スタンド-アローン〖stand-alone〗《aloneは単独・孤独の意》コンピューターをネットワークに接続せず、それ自体の持っている機能だけで単独に使う利用形態。コンピューターネットワークに対していう。
スタンド-イン〖stand-in〗映画・テレビの撮影中、カメラや照明の準備が整うまで、または危険な場面などで、俳優の代役を務める人。吹き替え。替え玉。
スタンドオフ〖standoff〗ラグビーで、フォワードとバックスとを結ぶハーフバックの一人。攻撃の組み立ての中心となるプレーヤー。
スタント-カー〖stunt car〗自動車でする曲乗り。また、そのショー。
スタント-カイト〖stunt kite〗曲芸凧(だこ)。幅約1メートルの両翼に糸が2本ついていて、その糸を操り旋回させたり、急降下させることができる。
スタンド-カラー〖stand-up collar〗折り返しのない襟。立ち襟。学生服の詰め襟や、中国服の襟など。
スタンド-バー《和 stand＋bar》席がカウンターだけの簡易なバー。
スタンドバイ-クレジット〖standby credit〗❶日本企業の海外支店などが外国の現地銀行から融資を受けようとする場合に、債務保証として日本の取引銀行が発行する信用状。❷IMF(国際通貨基金)があらかじめ包括的な信用供与枠を設定し、加盟国にその限度内で行う融資。
スタンド-プレー《(和製)grandstand playから》❶スポーツなどで、観衆の拍手喝采(かっさい)をねらってする、はでなプレー。❷自分を強く印象づけるための、目立つ行為。
スタンドポイント〖standpoint〗立脚地。見地。観点。

スタント-マン〖stunt man〗映画・テレビで、危険な離れ技を専門に演じる俳優。主役の吹き替えも務める。(類語)代役・吹き替え
スタンド-マン《和 stand＋man》ガソリンスタンドの従業員。
スタンド-レスリング〖stand wrestling〗レスリングの立ち技のこと。競技開始はこの立ち技で始められ、グラウンドレスリング(寝技)に入る。
スタンバーグ〖Josef von Sternberg〗[1894～1969]米国の映画監督。ウィーン生まれ。マレーネ＝ディートリヒ主演の「嘆きの天使」が大ヒットとなり、以後「モロッコ」「間諜(かんちょう)X27」「西班牙(スペイン)狂想曲」など、ディートリヒとのコンビでヒット作を送り出した。他に日米合作の「アナタハン」など。
スタンバイ〖standby〗〔名〕(スル) ❶いつでも行動できるような態勢で待機すること。また、その状態。「緊急事態にそなえて—する」❷航海・航空で、出航用意。出動準備。❸放送で、本番直前の準備または準備完了の意の合図。また、事故に備えて、予備として用意されている番組。❹コンピューターの作業状態やメモリー内容を保持しつつ、消費電力を最小限にする機能。サスペンド。(類語)身構え
スタンパリア-とう【スタンパリア島】(イタ)《Stampalia》ギリシャのアスティパレア島のイタリア語名。
スタンバ・る〔動ラ五〕《「スタンバイ」の動詞化》スタンバイする。準備する。用意ができる。「いつでも出掛けられるように—っている」
スタンピード〖stampede〗大挙して逃げ出したり押し寄せたりする、群衆などの突発的な行動。パニック状態。
スタンプ〖stamp〗❶印章。特に、ゴム印。また、観光地などで押す記念の印判。「—インク」❷郵便物の消印。「ノー—」❸切手。印紙。❹商店などが発行するサービス券。
(類語)印・印章・印判・印鑑・判・判子・ゴム印
スタンフォード-だいがく【スタンフォード大学】《Leland Stanford Junior University》米国のカリフォルニア州にある私立大学。1885年、州知事スタンフォード夫妻が、若くして死んだ息子を記念して創設。91年開校。
スタンプ-だい【スタンプ台】スタンプ用インクを吸わせたパッドを詰めた、ゴム印用の台。スタンプパッド。
スタンプ-ラリー《和 stamp＋rally》決められた鉄道の駅(または観光名所)のスタンプを集めながら、一定コースを回ってくる遊び。
スタンリー〖Henry Morton Stanley〗[1841～1904]米国の探検家・ジャーナリスト。英国の生まれ。アフリカを探検し、行方不明となったリビングストンを救出。ナイル川の水源、コンゴ川の流路などを発見した。著「暗黒大陸の横断旅行」など。
スタンリー〖Wendell Meredith Stanley〗[1904～1971]米国の生化学者。タバコモザイクウイルスを結晶体として取り出すことに成功。1946年、J＝H＝ノースロップとともにノーベル化学賞受賞。
スタンレー-パーク〖Stanley Park〗カナダ、ブリティッシュコロンビア州の都市、バンクーバーにある公園。ダウンタウン西部に位置する。バンクーバー水族館、トーテムポール広場、海沿いに公園を一周する道路などがある。
スチーブンスジョンソン-しょうこうぐん【スチーブンスジョンソン症候群】(シャウコウグン)▶皮膚粘膜眼症候群
スチーブンソン〖Robert Louis Stevenson〗[1850～1894]英国の小説家。寓意(ぐうい)をこめた空想的世界を描いた。作「ジキル博士とハイド氏」「宝島」など。
スチーブンソン〖Stephenson〗㊀(George ～)[1781～1848]英国の発明家。ワットの蒸気機関を応用し、1813年に初めて蒸気機関車を製作、25年に世界最初の鉄道を建設。㊁(Robert ～)[1803～1859]英国の鉄道・橋梁技術者。㊀の子。父の工場で機関車の改良に従事。パイプ構造式鉄橋を案出。
スチーマー〖steamer〗❶蒸気を発生させて顔面に当てる美顔用具。❷ブラシ付きの蒸気発生アイロン。
(補説)英語では主に、汽船・蒸気機関車の意。
スチーム〖steam〗❶蒸気。❷「スチームヒーター」の略。(季 冬)
スチーム-アイロン〖steam iron〗蒸気を底面の穴から噴射させて湿気を与えながらかけるアイロン。蒸気アイロン。
スチーム-エンジン〖steam engine〗蒸気機関。
スチーム-タービン〖steam turbine〗蒸気タービン。
スチーム-ハンマー〖steam hammer〗蒸気ハンマー。
スチーム-ヒーター〖steam heater〗パイプを通して熱い蒸気を送りこみ、室内を暖める装置。スチーム。
スチール〖steal〗〔名〕(スル)《盗む・奪うの意。「スティール」とも》❶野球で、盗塁すること。「二塁に—する」「ダブル—」❷バスケットボールで、相手の持っている球を奪うこと。
スチール〖steel〗鋼鉄。はがね。
スチール〖still〗映画の中の一場面を表した写真。宣伝用などに使う。スチール写真。スチル。
スチール-ウール〖steel wool〗研磨用の繊維状の鋼鉄。鋼綿。
スチール-カメラ〖still camera〗フィルムカメラやデジタルカメラなど、写真を撮影するためのカメラ。動画を撮影するビデオカメラやテレビ用のカメラに対していう。
スチール-カラー〖steel-collar〗無人化工場の働き手である金属製の工作機械や産業用ロボットのこと。ブルーカラー・ホワイトカラーなどになぞらえた語。
スチール-ギター〖steel guitar〗主にハワイアン音楽で用いられるエレクトリックギター。横にねかせた型で、スチール弦を用い、金属棒で弦を押さえて演奏する。
スチール-サッシ〖steel sash〗鋼鉄製の窓枠。
スチール-ドラム〖steel drum〗《「スティールドラム」とも》カリブ海、トリニダードトバゴの民族楽器。ドラム缶を加工して音程が出るようにしたもの。スチールパン。
スチールヘッド〖steelhead〗ニジマスの降海型の別名。北太平洋産で、養殖が行われる。
スチール-ラジアル《steel radial tireから》ラジアルタイヤのトレッド部にスチールコード(鋼線)を鋳込んだもの。安全性・耐久性にすぐれる。
スチェビツァ-しゅうどういん【スチェビツァ修道院】(シウダウヰン)《Mănăstirea Sucevița》ルーマニア北東部の村スチェビツァにある修道院。16世紀の創設。ブコビナ地方を代表する五つの修道院の中で最も規模が大きく、外壁に描かれたフレスコ画の保存状態が良いことで知られる。
ずち-な・し【術無し】〔形ク〕なすすべもなく困り果てるさま。じゅつない。ずつない。「妹のあり所申せと責めらるるに—・し」〈枕・八五〉
スチャーン〖Suchan〗ロシア連邦の都市パルチザンスクの旧称。
スチャバ〖Suceava〗ルーマニア北東部の都市。ブコビナ地方に位置し、14世紀から16世紀までモルドバ公国の首都が置かれ、シュテファン大公の時代に交易の中心地として栄えた。14世紀建造のスチャバ城、ブコビナ地方の伝統的な民家を再現した野外村落博物館、ボグダン3世が建造した聖ゲオルゲ教会がある。スチャーバ。
スチャバ-じょう【スチャバ城】(ジャウ)《Cetatea de Scaun a Sucevei》ルーマニア北東部の都市スチャバにある城塞。旧市街の東側にある丘の上に位置する。14世紀にモルドバ公国初代大公ペトゥル1世がゴシック様式の城塞を建造し、シュテファン大公ら歴代君主により増改築された。厚さ4メートル、高さ33メートルという堅固な城壁に囲まれる。スチャーバ城。スカウン城。
スチュアート〖James Denham Steuart〗[1712～1780]英国の経済学者。重商主義の理論を体系化し、流通主義的視点に立ちながらも生産過程の分析を試みた。著「経済学原理」など。ステュアート。

スチュアート-け【スチュアート家】《Stuart》イギリスの王家。1371年以来スコットランドの王家であったが、1603年、ジェームズ6世がイングランド王ジェームズ1世として即位、両国共通の王家となった。ピューリタン革命による中断をはさみ、1714年のアン女王の死まで続いた。

スチューデント〘student〙学生。大学生。
(類語)学生・学徒・塾生・門下生・弟子・教え子

スチューデント-アパシー〘student apathy〙学生無気力症。学生が勉学などに関して無気力になり、非生産的な生活をすること。➡五月病ごがつびょう

スチュワーデス〘stewardess〙旅客機などで、乗客の世話をする女性乗務員。エアホステス。➡スチュワード (補説)現在では、性差のない語である「キャビンアテンダント」「フライトアテンダント」を使うことが多い。

スチュワード〘steward〙❶旅客機・客船で乗客の世話をする男性乗務員。➡スチュワーデス (補説)現在は、性差のない語である「キャビンアテンダント」「フライトアテンダント」を使うことが多い。❷船の料理番。賄い係。

すちょう【朱鳥】スチャウ ▶しゅちょう(朱鳥)

ず-ちょう【図帳】ヅチャウ 律令制で、国郡の田地の耕作者などを記入した土地台帳。田図と田籍からなる。国衙こくがにも備えられたが、特に民部省に保管されたものをいう。

ず-ちょう【頭頂】ヅチャウ 頭のてっぺん。また、もののいただきの部分。

す-ちょうにん【素町人】スチャウニン 身分の低い町人。また、町人を卑しめていう語。「身分の相違とは士分と—との相違に候」〈露伴・風流魔〉

スチル〘still〙▶スチール

スチルブ〘stilb〙CGS単位系の輝度の単位。1スチルブは1平方メートルあたり1万カンデラの光度をもつ光源の輝度をいう。記号sb

スチルマン〘stillman〙ウイスキーなどの、蒸留技師。蒸留酒製造所で働く人をさす。(補説)この語のstillは蒸留する、蒸留器の意。

スチレン〘styrene〙芳香性のある無色の液体。エチルベンゼンの脱水素によって作る。熱・触媒の存在で容易に重合してポリスチレンとなる。合成樹脂・合成ゴムの製造原料。化学式C_6H_5-CH=CH_2　スチロール。

スチレンブタジエン-ゴム《styrene-butadiene rubberから》スチレンとブタジエンを共重合させて得られる合成ゴム。天然ゴムに似ており、加硫すると耐老化性・耐熱性・耐磨耗性にすぐれ、広く利用される。SBR。ブタジエンスチレンゴム。

スチレン-ペーパー〘styrene paper〙ポリスチレンから作られる合成紙。

スチレン-モノマー〘styrene monomer〙スチレンの単量体。

スチロール〘ドイツ Styrol〙▶スチレン

スチロール-じゅし【スチロール樹脂】▶ポリスチレン

すっ【素っ】〔接頭〕《「す(素)」に促音が添加されたもの》名詞・動詞・形容動詞に付いて、その意味を強める。「—ぱだか」「—飛ばす」「—とんきょう」(補説)話し言葉で使われることが多い。

す・つ【捨つ】〔動タ下二〕「すてる」の文語形。

ずつづつ〔副助〕数量・割合を表す名詞・副詞、および一部の助詞に付く。❶ある数量を等分に割り当てる意を表す。「一人に二本—与える」「五〇人—のクラス編成」❷一定量に限って繰り返す意を表す。「一ページ—めくる」「少し—進む」(補説)「一つ」「二つ」の「つ」を重ねたものか。中古から用いられる。

ず-つう【頭痛】ヅ ❶頭が痛むこと。とうつう。「—持ち」➡一次性頭痛 ➡二次性頭痛 ❷気にかかること。心労。心配。「—の種」

ずつう-はちまき【頭痛鉢巻(き)】ヅツウ《頭痛をこらえるため鉢巻きをするところから》めんどうなことが生じて、その対策に苦しむこと。「難題の解決に—だ」

スツール〘stool〙背もたれのない一人用のいす。

すっからかん〔名・形動〕からっぽで中身が何も無いこと。何一つ残っていないこと。また、そのさま。「—な(の)空財布」「財産を使い果たして—になる」

すっかり〔副〕❶残るもののないさま。ことごとく。「金庫の金が—なくなる」「仕事が—かたづく」❷完全にある状態になっているさま。まったく。「からだはもう—よい」「—春だ」❸すがすがしいさま。さっぱり。きっぱり。すっぱり。「—として、よいお子でおます」〈洒・色深狭睡夢〉❹難がなく、見ばえのするさま。すっきり。「かの後家といふは、—とした上しろもの」〈滑・膝栗毛・八〉
(類語)凡て・全く・皆・何もかも・ことごとく・なべて・悉皆しっかい・残らず・余す所なく・漏れなく・逐一ちくいち・そっくり・洗い浚ざらい・一から十まで

ずっかり〔副〕❶言いにくいことを、かまわずに言うさま。ずけずけ。「一言われて赤くなり青くなり唇かむで怒る男」〈露伴・寝耳鉄砲〉❷鮮やかに、鋭く切りつけるさま。すっぱり。ざっくり。「—ト切ル」〈和英語林集成〉

ず-つき【頭突き】ヅ 相撲やけんかなどで、自分の頭で相手の胸などを突くこと。

ズッキーニ〘イタリア zucchini〙西洋カボチャの一品種。茎は蔓つるにならず、果実はキュウリに似て、果皮は濃緑色や黄色。黄色い花付きの未熟果も含めて食用とする。北アメリカ南部の原産。

すっきり〔副〕スル ❶わだかまりがなく、気持ちのよいさま。また、よけいなものがないさま。さっぱり。「—(と)した文章」「頭が—する」「気分が—する」❷服装・姿勢などが洗練されていて、人に好感を与えるさま。「和服を—(と)着こなす」❸残るものが何もないさま。すっかり。全部。「身代を—助六に入り上げる」〈伎・助六〉❹(あとに打消しの語を伴って用いる)ちっとも。まったく。全然。「—通はぬ事となりて二世の約束あだとなり行く」〈浮・敗毒散・二〉(類語)清清・すかっと

すっく〔副〕勢いよく立ち上がるさま。また、力強くまっすぐに立っているさま。「椅子いすから—と立ち上がる」「けなげに—と立っていたあの月見草は、よかった」〈太宰・富岳百景〉

ズック〘オランダ doek〙❶綿または麻を用いた厚地の平織り布。帆布・テント・かばん・靴などに用いる。❷❶で作ったゴム底の運動靴。ズック靴。

すっくり〔副〕❶「すっく」に同じ。「褄つまを合せざまに—と立った」〈鏡花・眉かくしの霊〉❷ある範囲内のすべてにわたるさま。すっかり。そっくり。「土の面が乾いていた。それから大地が—乾いた」〈中勘助・鳥の物語〉❸水を少なくして固めに飯を炊くさま。「雪の白搗しらつき—と鹿の子斑まだらに黒豆散らし」〈浄・大織冠〉

す-づくり【巣造り｜巣作り】〔名〕スル 鳥や獣などが巣をつくること。「ツバメが軒端のきばに—する」

す-づけ【酢漬(け)】野菜や魚を酢に漬けること。また、そのようにした食品。

ずっけり〔副〕相手の気持ちなど無視して、無遠慮に物を言い切るさま。ずけずけ。「提婆だいばが悪の耳こすり、—言うていやがらし」〈浄・和田合戦〉

ずっこ・ける〔動カ下一〕❶ずり落ちる。「汗で眼鏡が—・けそうだ」❷まとはずれなことをする。「—・けたことを言って笑わせる」❸はめをはずす。「まあ、飲め。たんと—・けろ」〈万太郎・春泥〉

すっこ・む【すっ込む】㊀〔動マ五(四)〕その場から立ち退く。ひっこむ。「私が一人部屋に—・んでいると」〈独歩・正直者〉㊁〔動マ下二〕「すっこめる」の文語形。

すっこ・める【すっ込める】〔動マ下一〕図すっこ・む〔マ下二〕ひっこめる。「頭を—・める」

すっころ・ぶ【素っ転ぶ】〔動バ五(四)〕勢いよく転ぶ。「ステージの上で—・ぶ」

ずっし〔副〕物を持ったときの、重く手ごたえのあるさま。ずっしり。「熊手、薙鎌ないがま、金撮棒かなさいぼうを…閻魔王に—と持たせて」〈虎明狂・朝比奈〉

ずっしり〔副〕スル ❶きわめて重いさま。また、重そうなさま。ずしり。「—(と)した銅像」「その一言が—と胸にこたえた」❷重厚で威厳のあるさま。どっしり。「—(と)構える」「—(と)した風貌」❸重く感じられるほど分量の多いさま。どっさり。「兼ねて望みの彼かの一物。引ったくって主人へ渡せば褒美は—」〈浄・矢口渡〉❹重い物が落ちて響くさま。ずしん。「—と地響がして」〈滑・浮世風呂・二〉

すっすっ-と〔副〕とどこおりなく、すばやく行われるさま。「—通り抜ける」「—かたづける」

すった-もんだ【擦った×揉んだ】〔名〕スル 物事がまとまらず、さんざんもめること。ごたつくこと。「—したあげくやっと合意に達した」

スッチー「スチュワーデス」の俗称。

スッツングル〘Suttungr〙土星の第23衛星。2000年に発見。名の由来は北欧神話の巨人。非球形で平均直径は約5.6キロ。スットゥングル。

すって-の-こと【▽既の事】〔副〕《「すでのこと」の変化した語》もう少しのところで。すんでのこと。「おのれが事で今も今、親父様達が—に切っつ、拊はっつ」〈浄・双蝶蝶〉

すってん-ころり〔副〕勢いよくすべって転ぶさま。すってんころりん。「ぬれた廊下で—(と)尻もちをつく」

すってん-てれつく〔副〕囃子はやしの太鼓などの音を表す語。

すってんてん〔形動〕金や物がまったくなくなるさま。「競馬ですって—になる」
(類語)裸・無一文むいちもん・無一物むいちぶつ・身み一つ・文無し・裸一貫・丸裸・身すがら・おけら・素寒貧

すっ-と〔副〕スル ❶すばやく、とどこおらずに動作をするさま。または、変化が起こるさま。「—手を出す」「人影が—消える」「からだが—軽くなる」❷まっすぐに伸びているさま。「—伸びた肢体」❸胸のつかえや心配などがなくなって、気持ちがよくなるさま。「胸が—した」「気分が—する」

ずっ-と〔副〕❶ほかのものと比べてかけ離れているさま。段違いに。はるかに。「このほうが—大きい」「それより—以前の話だ」「駅は学校の—先にある」❷同じ状況が長く続いているさま。その間じゅう。「友だちのことで—悩んでいる」「夏休みは—家にいた」❸ある範囲内に、残す所なく動作を及ぼすさま。くまなく。隅から隅まで。「広い校内を—探しまわる」「町じゅうを—見まわる」❹ためらわずに、また、とどこおらずに動作をするさま。ずいと。「さあ、—お通りください」
(類語)(❶)更さらに・ますます・もっと・一層・はるかに・段違いに・余程よほど・大分だいぶ・大分だいぶん・うんと・ぐっと・ぐんと/(❷)終始・絶えず・間断なく・延延えんえんと・連綿と

すっとこ-どっこい〔感〕❶馬鹿囃子ばかばやしの囃子詞。❷相手をののしるときの語。馬鹿野郎。

すっとば・す【素っ飛ばす】〔動サ五(四)〕❶勢いよく飛ばす。特に、乗り物を速く走らせる。「バイクを—・して病院へ向かう」❷途中を勢いよく抜かす。大ざっぱに端折はしょる。「予定を—・す」「手順を—・す」

すっと・ぶ【素っ飛ぶ】〔動バ五〕❶「飛ぶ」を強めていう語。勢いよく飛ぶ。また、大急ぎで行く。「土俵下へ—・ぶ」「急を聞いて—・んで帰る」❷急に消え去る。「大成功の知らせに疲れも—・んだ」

すっとぼ・ける【素っ×惚ける】〔動カ下一〕《「すっ」は接頭語》知っているのにまったく知らないというふりをする。「だれの仕業かわからないと—・ける」

すっとんきょう【素っ頓狂】スットンキャウ〔形動〕ひどく調子はずれで、まぬけなさま。「—な声をあげる」
(類語)頓狂

ずつ-な・し【▽術無し】〔形ク〕《「ずちなし」の音変化》どうにもしようがない。せつない。つらい。じゅつない。「白髪蒼顔なる形も—・き事もよく相似たるを」〈四河入海・二一〉「ああ—・い苦しいと悶えわななきそぞろ言」〈浄・油地獄〉

すっぱ【素っ破｜透っ波】❶戦国時代、武家が野武士や野盗であった者を取りたてて使った間者。乱波らっぱ。忍びの者。❷ぬすっと。すり。かたり。「それがしは京田舎走りまはって、かくれもなき—ぢゃ」〈虎清狂・禁野〉❸うそ。うそつき。「男たらしの—より」〈浄・廿四孝〉

すっぱ〔副〕「すっぱり❶」に同じ。「—と切る」

ずっぱ〔副〕勢いよくものを切ったり、突き刺したりするさま。「切っ先はづれに—と立つ」〈浄・薩摩歌〉

すっぱ・い【酸っぱい】〔形〕酸味がある。口を窄すぼめたくなるような味だ。すい。「—・い夏ミカン」「口を

―・くして言う(＝くどいほど何度も言う)」〘派生〙すっぱさ〔名〕すっぱがる〔動ラ五〕
〘類語〙酸い・甘酸っぱい

すっ-ぱだか【素っ裸】❶衣類を何も身につけていないこと。まるはだか。まっぱだか。「―で泳ぐ」❷財産などをすっかりなくして身一つになること。「倒産して―になる」〘類語〙裸

すっぱ-ぬき【素っ破抜き】❶すっぱ抜くこと。また、すっぱ抜いた事柄。「特ダネの―」❷刃物を不意に抜くこと。「浪人衆が三人、御酒のうへで―して怪我人もありましたから」〈滑・続膝栗毛・一二〉

すっぱ-ぬ・く【素っ破抜く】〔動カ五(四)〕❶人の秘密などを不意に明るみに出す。あばく。「汚職の真相を―・く」❷刀などをだしぬけに抜く。「酔うた振りして―・き」〈伎・霊験曽我籬〉〘補説〙すっぱ(忍びの者)が思いがけない所に忍び入ることからともいう。
〘類語〙暴露・ばらす・あばく・さらけ出す・現れる

すっぱ-の-かわ【透っ波の皮】「すっぱ❷」に同じ。「この道の―に出合ひ、徐々取り上げられ」〈浮・二十不孝・三〉

すっぱり〔副〕❶鮮やかにものを切るさま。すぱっと。「―(と)切り落とす」❷思い切りよく実行するさま。きっぱり。「―(と)タバコをやめる」❸心中にわだかまりがなく、快いさま。さっぱり。すっきり。「本当に胸のうちが―としたくらいだった」〈堀辰雄・かげろふの日記〉❹ある状態になりきるさま。すっかり。「らしゃのまんてるに、ずぼんなんぞで、―西洋風になってしまったぜ」〈魯文・安愚楽鍋〉〘類語〙ざくり・ざっくり・ばっさり・ちょん

すっ-ぴん【素っぴん】❶(女性の)化粧をしていない顔をいう俗語。よけいな手を加えていない品物・状態についてもいう。素顔。「―の彼女を見てもらう写真集」❷しらふであることをいう俗語。

ずっぷり〔副〕❶全体が湯や水などにすっかりつかっているさま。どっぷり。「風呂に―(と)身を沈める」❷全身が雨にぬれるさま。「にわか雨に―(と)ぬれる」❸すっかり日が暮れるさま。とっぷり。「話に紛れて―と、日の暮れてあるに気が付かなんだ」〈浄・伊賀越〉

スッペ〖Franz von Suppé〗[1819～1895]オーストリアの作曲家。軽快で明朗なオペレッタを多数作曲した。作品に「詩人と農夫」「軽騎兵」など。

すっ-ぺが・す〔動サ四〕男の子の前髪をそり落とす。元服する。「まだ―・さねえ時分から、鰯を売って」〈伎・勧善懲悪孝子誉〉

すっぺら-ぽん〔副〕残らずなくなるさま。すっからかん。「お陰で書舗は―なり」〈滑・浮世床・初〉

すっぺり〔副〕❶すべすべして滑らかなさま。「旬々故事を用ふるが、さて―として故事とも見えざるが妙なぞと」〈四河入海・二二〉❷残らず。全く。すっかり。「それほどの大病が漸々に能くなって、この頃は―素の通りさ」〈滑・浮世風呂・二〉

すっ-ぽかし❶仕事や約束などをすっぽかすこと。ほうっておくこと。「また―を食う」❷いいかげんなこと。口から出まかせを言ってばかにすること。「あんまり人を―にしねえもんだよ」〈洒・娼灯蔵〉

すっ-ぽか・す〔動サ五(四)〕❶すべきことをしないで放置する。そのまま打ち捨てておく。「仕事を―・して遊びに行く」❷約束を破る。「約束を―・される」〘可能〙すっぽかせる

すっぽ-ぬけ【すっぽ抜け】すっぽ抜けること。「―のフォークボール」

すっぽ-ぬ・ける【すっぽ抜ける】〔動カ下一〕❶うまく収まっていた物が、何かの拍子に、抜けたりはずれたりする。「強振したバットが手から―・ける」「ドアの取っ手が―・ける」❷野球などで投げたボールが手もとが狂って思わぬ所に飛んでいく。「カーブが―・ける」❸そこにいるはずの人がこっそりと抜け出す。「酒代鍋焼の取替へ銘々二三十匁づつ損かけなぶして、江戸大坂へ―・け」〈浮・世間猿〉

すっぽり㊀〔副〕❶全体を余すところなくおおうさま。「頭から―(と)布団をかぶる」「雪に―(と)おおわれる」❷物がうまくはまりこむさま。また、はまっている物が抜けてしまうさま。「指がビール瓶の口に―(と)はまる」「人形の首が―(と)とれてしまう」㊁〔名〕愚か者。まぬけ。「やい宇治太郎の―め、なんと此のあほうが智略を見たか」〈浄・天鼓〉〘類語〙すぽっと

すっぽん【×鼈】❶カメ目スッポン科の爬虫類。淡水産のカメで甲長約35センチ。甲はほぼ円形で軟らかく、暗青灰色。くびが長く、吻部は管状。あごの力が強く、よくかみつく。北海道を除く日本各地、朝鮮半島、中国、インドシナ北部の河川にすむ。食用。民間で薬用にする。かわがめ。どろがめ。まる。❷歌舞伎劇場で、本花道の七三にある方形の切り穴。床板が上下し、多くは妖怪変化などに扮した役者の出入りに使用される。❸和船の船底の水をくみ取るためのポンプ。

鼈が時をつくる　すっぽんが時を告げる。あるはずがないことのたとえ。

すっぽん-たけ【×鼈×茸】スッポンタケ科のキノコ。夏から秋に山野の地上に生える。丸く卵大で、熟すと白い寒天質の殻を破って中空の柄が伸び、高さ10～15センチになる。傘は釣り鐘状で表面に暗緑色の粘液があり、悪臭を放つ。

すっぽん-に【×鼈煮】❶スッポンを煮たもの。❷スッポンの味に似せた料理。ぶつ切りにしたコチ・ナマズなどの魚を、酒を用いた濃いたれで煮てしょうが汁を落としたもの。

すっ-ぽんぽん〔名・形動〕身に何もつけていないこと。また、そのさま。「―で水遊びする」

すっぽん-もどき【×鼈▽擬】カメ目スッポンモドキ科の爬虫類。一属一種。甲長約50センチ。スッポンに似るが甲の周縁部は硬い。淡水産で、汽水域にもすみ、四肢はオール状。ニューギニア・オーストラリア北部に分布。

す-で【素手】❶手に何も持っていないこと。徒手。「―で敵に立ち向かう」「―でボールをとる」❷所持品や土産物などが何もないこと。てぶら。からて。「―では訪問しにくい」〘類語〙空手・手ぶら・徒手・空拳

ず-て〔連語〕《打消しの助動詞「ず」の連用形＋接続助詞「て」》…(し)ないで。…(せ)ずに。上代和歌に用いられた。「人皆の見らむ松浦の玉島を見―や我は恋ひつつ居らむ」〈万・八六二〉➡で〔接助〕

ステア〖stir〗〔名〕スル　かき回すこと。混ぜること。

ステアプシン〖steapsin〗膵液に含まれる脂肪分解酵素。膵リパーゼ。

ステアリン〖stearin〗ステアリン酸のグリセリド。無色、針状の結晶。ベンゼン・クロロホルムに溶け、水には溶けない。多くの脂肪の主成分の一。ろうそく・せっけんなどの原料に用いられる。

ステアリング〖steering〗自動車の方向変換機構。また、そのハンドルのこと。

ステアリング-コラム〖steering column〗自動車のハンドル軸のこと。最近は衝突時にドライバーの胸を打たないよう、コラプシブル(＝衝撃により途中でつぶれる)になっている。

ステアリング-ホイール〖steering wheel〗❶船の舵輪。❷自動車のハンドル。

ステアリン-さん【ステアリン酸】飽和脂肪酸の一。無味・無臭の白色の結晶。水には溶けず、有機溶媒に溶ける。グリセリドのステアリンとして油脂の主成分。せっけん・ろうそくなどの原料。化学式$C_{17}H_{35}COOH$

ステアリン-ろうそく【ステアリン×蝋×燭】脂肪酸、特にステアリン酸を主原料とするろうそく。煤が少なく、光も強い。

ステイ〖stay〗とどまること。滞在。「ショート―」「ホーム―」

スティーグリッツ〖Alfred Stieglitz〗[1864～1946]米国の写真家。妻は画家のオキーフ。写真家集団「フォトセッション」を主宰、「カメラ-ワーク」誌を創刊するなど、近代写真の先駆者とされる。代表作「終点」「三等船室」など。

スティープルチェース〖steeplechase〗陸上競技の3000メートル障害競走のこと。走路に置かれた高さ91.4センチ、長さ・幅ともに3.66メートルの障害物四つと最深70センチの水濠(4番目に置かれる)一つ、計五つの障害物を越して走る。

スティーブンスジョンソン-しょうこうぐん【スティーブンスジョンソン症候群】➤皮膚粘膜眼症候群

ステイオン-タブ〖stay-on tab〗缶入り飲料の、開けたあとも缶についたままになるタイプの口金。

スティグマ〖stigma〗恥辱。汚名。負の印。

すて-いし【捨(て)石・▽棄て石】❶道ばたや野原などにころがっている石。❷日本庭園で、風趣を添えるために所々に配した石。❸橋脚などを造るとき、水勢を弱めるために水中に投入する石。❹囲碁で、自分の形勢を有利に導くため、相手に取らせるように打つ石。❺鉱山や炭鉱で捨てられる、価値のない石。ずり。ぼた。❻将来、または大きな目的のために、その場では無用とも見える物事を行うこと。また、その人。「民族独立のための―となる」❼《囲碁の捨て石から転じて》大きな目的を達成するために見捨ててしまう事柄。犠牲。「本土防衛の―として長く忍耐を強いられる」〘類語〙犠牲・いけにえ・償い・代償

すていし-ぼうはてい【捨(て)石防波堤】割り石やコンクリートブロックなどを投げ入れて積み、波の勢いを弱める堤。捨て石堤。

スティッキスホウルムル〖Stykkishólmur〗アイスランド西部、スナイフェルス半島北部にある町。ブレイザフィヨルズル湾に面し、多くの小島により外海から守られた良港を擁する。漁業が盛ん。ホエールウオッチング、バードウオッチングの拠点として知られる。

スティック〖stick〗❶棒。棒状のもの。「リップ―」❷ホッケー・アイスホッケーなどの打球棒。

スティックがた-ポインティングデバイス【スティック型ポインティングデバイス】《stick type pointing device》➤ポインティングスティック

スティック-のり【スティック×糊】固形の糊を円筒形の容器に収めたもの。少しずつ繰り出して使う。

スティック-ライン《和 stick＋line》ファッション用語で、杖のように細くて、ストレートなラインのシルエットのこと。このスティックラインのパンツのことを、スティックパンツなどという。

ずでい-どう〔副〕「ずでんどう」に同じ。「右を取って左へ廻し、小股を取って―」〈虎寛狂・文相撲〉

ステイヤー〖stayer〗持久力のある長距離血統の競走馬。➡スプリンター　➡マイラー

スティリスト〖フランス styliste〗ファッションで、服の素材選びからデザイン決定、コレクションの開催まですべての過程にわたって指示・決定などをする人のこと。ファッションデザイナーと同じような立場の人のこと。

スティルス〖stealth〗➤ステルス技術

スティルトン〖Stilton〗イギリス産のブルーチーズ。最初に売り出された土地の名から。

スティル-ライフ〖still life〗画材の、静物。また、静物画。

すて-いん【捨(て)印】証書などで、訂正の場合などを考えて、前もって欄外に押しておく印。
〘類語〙契印・割り印・合印・検印・消印・烙印・合い判・朱印・証印・連判・調印

ステイン〖stain〗《汚れ・しみの意》❶木材や繊維の着色剤。色素が素地にしみこんで着色する。❷歯の黄ばみ・くすみなどの着色よごれ。コーヒー・茶・タバコのやになどによる。

すて-うり【捨(て)売り】〔名〕スル　捨てるような安い値段で売ること。投げ売り。「在庫品を―する」〘類語〙売り出し・安売り・特売・廉売・叩き売り・乱売・ダンピング・蔵浚え・見切り売り・セール・バーゲンセール

ステー〖stay〗❶支柱。❷機械や構造物の、一部の強度を補強する部材。❸船舶のマストを支える綱。

ステーキ〖steak〗厚切りの肉や魚を焼いた料理。ふつうはビーフステーキをいう。「サーモン―」

ステークス〖stakes〗競馬で、出走馬の馬主が金を醵出し、その金を持ち馬の着順に応じて賞金として取り合う競走。日本では、出馬登録料を付加賞と

して馬主に配分する形で行われている。
ステークホルダー〖stakeholder〗企業の利害関係者のこと。株主や債権者・取引先・顧客など。地域住民・地域社会を含めていう場合もある。➡CSR
ステークホルダー-しほんしゅぎ【ステークホルダー資本主義】▶公益資本主義
ステージ〖stage〗❶舞台。また転じて、そこで行われる演奏やショーなど。「一に立つ」❷映画の撮影用スタジオ。❸講演・演説などのための演壇。❹物事の段階。「ライフー」〘類語〙舞台・ひのき舞台・回り舞台・壇
ステージ-ダンス〖stage dance〗観客に見せるために、舞台の上で踊るショーとしてのダンス。
ステージ-マネージャー〖stage manager〗❶舞台監督助手。演出助手。❷演奏会を成功させるために、事前事後の雑務を統率する役。ホール専属とオーケストラ専属とがある。
ステージ-ママ《和 stage＋mamma》子供タレントのマネージャー役をする母親。
ステーショナリー〖stationery〗文房具。
ステーション〖station｜Sta.〗❶鉄道の駅。停車場。「一ビル」「一ホテル」❷業務や作業を受け持つ施設。「サービスー」「宇宙一」❸放送局。「キーー」〘類語〙駅・停車場・ターミナル・停留所・ストップ
ステーション-コール《和 station＋call》国際電話で、相手の番号を指定して申し込む番号通話方式。〘補説〙英語ではstation-to-station call
ステーション-ネットワーク〖station network〗放送局間の番組提供関係について、放送局が自主的に決定する番組ネットワーク。⇔スポンサードネットワーク。
ステーション-ブレーク〖station break〗一つの番組から次の番組へ移る際の短い時間をいう放送用語。局名の告知やスポットアナウンス・CMが入る。また、この枠に流されるCMをスポットCMと呼ぶ。ステブレ。SB。
ステーション-ワゴン〖アメリカ station wagon〗セダンの変型で、車室を長くして後面にもドアを設け、後部を荷物入れとした乗用車。ワゴン。ワゴン車。
ステージング〖staging〗コンサートなどで、舞台における照明・演出などの舞台構成全般。
ステーター〖stator〗固定子。
ステータス〖status〗❶社会的地位。また、それを表すもの。❷コンピューターやコンピューターネットワークなどで、動作中のハードウエアやソフトウエアの状態や状況。❸コンピューターゲーム、とくにオンラインゲームやロールプレーイングゲームに登場するキャラクターの状態。能力、経験値、所持する武器などを指す。〘類語〙身分・柄・身の程・分際・分限・分
ステータス-クオ〖status quo〗現状(維持)。もとのままの状態。
ステータス-シンボル〖status symbol〗社会的地位や身分を象徴するもの。高級乗用車・別荘など。
ステータス-バー〖status bar〗コンピューターの操作画面における、ウインドー下端部分。アプリケーションソフトの現在の状況についての情報を表示する。
ステーツマン〖statesman〗政治家。特に、すぐれた識見をもつ政治家。
ステーツマンシップ〖statesmanship〗政治家としての心構え。
ズデーテン〖ドイツ Sudeten〗チェコ北東部の、かつてのドイツ人居住地域。1938年のヒトラーによるドイツへの併合は第二次大戦の誘因ともなった。
ステート〖state〗❶国。国家。❷(米国などの)州。
ステート-アマ「ステートアマチュア」の略。
ステート-アマチュア〖state amateur〗国家が養成するアマチュアの運動選手。ステートアマ。
ステート-キャピタリズム〖state capitalism〗▶国家資本主義
ステート-セントリック〖state centric〗国家中心主義。国家権力のみが国際政治における行為主体であるという考え方。
ステート-ソシアリズム〖state socialism〗国家社会主義。重要産業や資源を国家統制の下におくことにより社会主義を実現できるという思想。
ステートメント〖statement〗❶政治・外交などに関する公式の声明。声明書。❷コンピューターのプログラムで、一つの指令を与えるための文。〘類語〙声明・コミュニケ・宣言・覚え書き
ステープラー〖stapler〗U字状の針金を用いて書類をとじる器具。〘補説〙ホッチキスは商標名。
ステープル〖staple〗ステープラーの針。
ステープル〖staple〗主食。基本食品。「世界人口の半数が米を一とする」
ステープル-ファイバー〖staple fiber〗化学繊維を紡績用に短く切りカールした、繊維。特に、ビスコースレーヨンからつくったものをさす。スフ。
ステーン〖Jan Steen〗[1626ころ〜1679]オランダの画家。農民や市民の生活を、風刺をまじえてユーモラスに描いた風俗画で知られる。代表作「聖ニコラスの祭り」。
すて-おうぎ【捨(て)扇】秋になって、使われずに置き捨てられた扇。秋扇。忘れ扇。〘季 秋〙
すて-お・く【捨(て)置く】〔動カ五(四)〕そのままにしておく。かまわないで放っておく。放置する。「進言を一・くわけにはいかない」
すて-おぶね【捨(て)小舟】❶乗る人もなく打ち捨てられた小舟。❷頼りない身、かえりみられることのない身のたとえ。「僕たち外国にいるものは、いよいよこれは一というところかな」〈横光・旅愁〉
すて-かがり【捨て篝】昔、戦陣で、敵の夜襲をそらすため、味方の陣地から離れた所に、番人をつけずにたいておく篝火。
すて-か・く【捨て書く】〔動カ四〕筆にまかせて無造作に書く。書き捨てにする。「白き紙に一・い給へるしもぞ、なかなかをかしげなる」〈源・末摘花〉
すて-がな【捨(て)仮名】❶「送り仮名❷」に同じ。❷促音・拗音などを表すのに用いる小さく記された仮名文字。「っ」「ゃ」「ゅ」「ょ」の類。❸漢字で書かれた語の読み方をはっきりさせるために、その読みの最後の一字を片仮名で漢字の右下に小さく書き添えたもの。「拙(ヤツ)」「丨(コ)」の類。
すて-がね【捨(て)金】❶効果・返済を期待しないで使う金や貸す金。むだ金。死に金。「多額の交際費も一になる」❷遊女を身請けするとき、人を雇うときに支度金として前渡しする金。
すて-がね【捨(て)鐘】江戸時代、時刻を知らせる鐘をつく前に、注意を引くためにつき鳴らした鐘の音。江戸では3回、京坂では1回。
すて-かん【捨(て)看】▶捨て看板
すて-かんばん【捨(て)看板】道路脇の電柱や街路樹などに無断で設置され放置される、違法な看板。捨て看。
す-てき【素敵｜素的】〔形動〕〔文〕〔ナリ〕《「すばらしい」の「す」に、接尾語「てき」の付いたものという。「素敵」「素的」は当て字》❶自分の気持ちに合っていて、心を引かれるさま。非常にすぐれているさま。「一な服装」❷程度がはなはだしいさま。「一に堅そうな首を、…潤い肩の上にしっかりすげ込んだようにして」〈露伴・観画談〉〘類語〙(❶)素晴らしい・得も言われぬ・見事・立派・最高・絶妙・卓抜・秀逸・結構・目覚ましい・輝かしい・妙なる
すてき-めっぽう【素敵滅法】〔形動〕「すてき」を強めた言い方。非常に。「上野の公園の一に広くなりたると」〈逍遥・内地雑居未来之夢〉
すて-ご【捨(て)子｜棄て子｜棄て児】父親や母親などが、自分が育てるべき子をこっそり捨てること。また、捨てられた子。
すてご-いし【捨(て)子石】▶漂石
ステゴサウルス〖ラテン Stegosaurus〗中生代ジュラ紀後期に生息した恐竜。剣竜類の一属。全長6〜9メートルで、前肢は短く、頭は極端に小さい。首から背中、尾にかけて板状骨が交互に2列に立ち並び、尾の端に4本の太いとげをもつ。4脚歩行で、草食性。
すて-ことば【捨(て)言葉｜捨て詞】「捨て台詞❷」に同じ。「お鉄さん。ちとお出んさいと一で出て行く」〈紅葉・二人女房〉
ステゴドン〖ラテン Stegodon〗鮮新世・更新世に栄えた大形の象。現在の象とマストドンとの中間型で、化石は東アジア・アフリカ・日本から産出。
すてご-ばな【捨(て)子花】ヒガンバナの別名。
すてご-へん【捨(て)子偏】子偏の俗称。
すて-ごま【捨(て)駒】将棋で、先を読んで、相手に取らせる目的で駒を進めること。また、その駒。
すて-ごろし【捨(て)殺し】危ないところを救わないで、見殺しにすること。「もとより北条殿にさえ一同様に見限られたる日蓮め」〈露伴・日蓮上人〉
すて-さ・る【捨(て)去る】〔動ラ五(四)〕思い切りよく捨てて、気にかけずにいる。「過去を一・る」
すて-さんぼう【捨(て)三宝】物を粗末に扱うこと。投げやり三宝。
すてじょ【捨女】▶田捨女
すて-ぜりふ【捨て台詞】❶演劇、特に歌舞伎で、俳優が脚本に書いてないのにその場の雰囲気に応じて即興的に言う短いせりふ。❷立ち去ろうとするとき、相手の返答を求めないで一方的に言い放つ言葉。捨て言葉。「一を残して去る」「一を吐く」〘類語〙(❷)言い残す・言い伝える・言い捨てる・言い置く
すて-そ【捨(て)訴】江戸時代、訴状を評定所・奉行所や老中など要職者の門前にひそかに置き去ること。また、その訴状。正規の手続きでは受理されない告訴や密告などに行われた。捨て文。捨て訴状。
すて-だいこ【捨(て)太鼓】江戸時代、時刻を知らせる太鼓を打つ前に、注意を引くために打ち鳴らした太鼓の音。
ステッカー〖sticker〗裏にのりのついた紙片。また、宣伝用のはり紙。「駐車違反の一」
ステッキ〖stick〗❶西洋ふうのつえ。❷活版印刷の組版で、活字を所定の長さに組み並べるのに使う小工具。〘類語〙杖・松葉杖
ステッキ-ガール《和 stick＋girl》料金を取って男性の話し相手をしながら散歩などをする若い女性。昭和初期の流行語。
すて-づくり【捨(て)作り】農家が減反による転作奨励金の支給を受けるために、転作地に大豆や小麦などの種をまいて放置し、管理も収穫もしないこと。
すて-づけ【捨(て)漬(け)】新しく仕込んだ糠味噌で野菜を漬ける前に、芯やへたの部分などを漬けて糠の発酵をうながすこと。この時に漬けたものは食べずに捨てることから。
ステッセル〖Anatoliy Mikhaylovich Stessel'〗[1848〜1915]ロシアの軍人。日露戦争で旅順要塞司令官として日本軍と戦い、敗れて降伏。水師営で乃木将軍と会見。
ステッチ〖stitch〗❶裁縫の針目、編み物の編み目、手芸の刺し目などの総称。特に刺繡の刺し方、刺し目。「クロスー」❷飾りミシン。「一をかける」
ステッパー〖stepper〗シリコン基板上にIC回路パターンを焼き付ける装置で、基板をステップ状に移動して露光する。
ステッパー-モーター〖stepper motor〗▶ステッピングモーター
ステッピング-モーター〖stepping motor〗パルス状の入力電流を受けて、1パルス当たり一定の角度だけ回転するようにした電動機。ステッパーモーター。パルスモーター。
ステップ〖step〗〔名〕❶歩調。足どり。特に、ダンスの足の運び。また、そうした足どりで歩むこと。❷列車・電車・バスなどの昇降口の踏み段。❸物事の進行上の段階。「成功への第一の一」❹野球で、投球・打撃の際、足を踏み出すこと。❺陸上競技の三段跳びで、ホップに続く二段目の跳躍。❻登山で、氷壁や雪渓などの急斜面を登降する際に、ピッケルで刻む足場。❼コンピューターのプログラムの一行。また、一つの命令。〘類語〙段階
ステップ〖steppe〗半乾燥気候下の樹木のない草原地帯。本来は、シベリア南西部から中央アジアに

かけて広がる大草原をさす。広義には北アメリカのプレーリー、アルゼンチンのパンパス、アフリカやオーストラリアの砂漠に続く草原などを含めていう。
(類語)草原・くさはら・湿原・サバンナ

ステップ-アップ〖step up〗〔名〕ｽﾙ 進歩すること。向上すること。

ステップ-イン〖step-in〗締め具や留め具を用いず、足を入れるだけで履ける靴の総称。

ステップインデックスがた-ひかりファイバー【ステップインデックス型光ファイバー】《step-index optical fiber》►SI型光ファイバー

ステップ-きこう【ステップ気候】ステップに特徴的な半乾燥気候。降水量は樹木の生育には不十分だが、草は生育できる。草原気候。

ステップ-すう【ステップ数】ソフトウエア開発における、プログラムの規模を表す指標の一。一般的に、ソースコードの行数を基準として、意味を成さない行などを除いて概算する。このほかにファンクションポイント法などの手法が新たに考案されている。

ステップ-ターン〖step turn〗スキーで、回転のとき、山側のスキーを少しずつ踏み出しながら重心を移して回転すること。

ステップ-バイ-ステップ〖step by step〗一歩ずつ、着実に事を運ぶこと。「—で学習を進める」

ステップ-ファミリー〖stepfamily〗再婚などによって、血縁のない親子・兄弟などの関係を中に含んだ家族。

ステップ-ボード《和 step＋board》踏み台。また、目的達成のための足がかり。(補説)英語ではstepping stone

す-てっぺん【素▽天辺】《「す」は接頭語》❶物のいちばん高い所。「山の—」❷最初。まっさき。のっけ。「鍋いかけ—からたばこにし」〈柳多留・初〉

ステディ〖steady〗〔名・形動〕《「ステディー」とも》❶安定していること。また、そのさま。「—なゴルフ」❷ひとりの決まった相手とだけ交際すること。また、その恋人や、そのさま。「—な関係」

ステディ-リング《和 steady＋ring》男女が結婚を前提に交際して、気持ちが変わらないときにする指輪。エンゲージリング。

すててこ ❶《すててこ踊りを演じた初世三遊亭円遊がはいたところからいう》男性用の下着の一。ひざのあたりまであるズボン下。(季 夏)❷「すててこ踊り」の略。(類語)股引き・猿股・パッチ

すててこ-おどり【すててこ踊(り)】ｦﾄﾞﾘ 明治初期、宴席で吉原の幇間ﾎｳｶﾝが踊ったこっけいな踊り。うしろ鉢巻きに、じんじん端折りをして踊った。明治13年(1880)落語家初世三遊亭円遊が高座で演じて流行。鼻をつまんで捨てる真似をするところから名がついたという。

すて-どころ【捨(て)所┊捨て▽処】捨てるのによい場所・時期。「ごみの—に困る」「心のうさの—」

すで-に【既に┊×已に】〔副〕❶ある動作が過去に行われていたことを表す。以前に。前に。「—述べた事柄」❷その時点ではもうその状態になっていることを表す。もはや。とっくに。「彼は—おとなだ」「手術はしたものの—手後れだった」❸動かしがたい事実であることを表す。どう見ても。現に。「この事が—権威の失墜を物語っている」❹すっかり。まったく。「天の下—覆ひて降る雪の光を見れば貴くもあるか」〈万・三九二三〉❺ある事態が近づいていることを表す。もう少しで。今にも。「仏御前はすげなう言はれ奉って—出でんとしけるを」〈平家・一〉(類語)もう・もはや・つとに

すでに-して【既にして】〔接〕そうこうしているうちに。かれこれする間に。やがて。「—三人は立ちあがりぬ」〈鷗外訳・即興詩人〉

すて-ね【捨(て)値】損を承知でつける安い値段。捨て売りの値段。「—で売りさばく」

ステノグラファー〖stenographer〗「速記者」に同じ。

すで-の-こと【既の事】〔副〕もう少しのところで。すんでのこと。「—にわしが買ふところぢゃあったわいの」〈滑・膝栗毛・八〉

すて-ばか【捨(て)墓】►埋ｳめ墓ﾊﾞｶ

すて-ばち【捨(て)鉢】〔名・形動〕どうともなれという気持ち。また、そうした気持ちであるさま。自暴自棄。「失敗続きで—になる」「—な態度」

すて-び【捨(て)火】物を煮るとき、今まで用いていた火をけがれのある火として、捨てて用いないこと。

ステビア〖ﾗﾃﾝ Stevia〗❶キク科ステビア属の多年草の総称。パラグアイ産のアマハステビアは葉に強い甘み成分のステビオサイドを含み、甘味料として利用される。❷❶からとった甘味料。砂糖の300倍の甘さがあるが、糖分を含まないので低カロリー。

ステビオサイド〖stevioside〗キク科植物ステビアの葉に含まれる甘味の主成分。エネルギー源にならず、砂糖の約300倍の甘味があるので、低カロリー甘味料としてガムや飲料などに用いる。ステビオシド。

ステファノ〖Stephano〗天王星の第20衛星。1999年にプロスペロー、セテボスとともに発見された。名の由来はシェークスピア「テンペスト」の登場人物。天王星の赤道面に対して大きく傾いた軌道を公転している。直径は約20キロ。ステファーノ。ステファノー。

すて-ふだ【捨(て)札】江戸時代、処刑される罪人の氏名・年齢・出生地・罪状などを記して公示し、処刑後も30日間、刑場などに立てておいた高札。

すて-ぶち【捨(て)扶▽持】❶江戸時代、由緒ある家の老幼・婦女・身体障害者などに救助のために与えた扶持米。❷転じて、役に立たない者へ捨てるつもりで与える給料や生活費。「—で雇っておく」

すて-ぶち〔名・形動ナリ〕「すてばち」の音変化。「こなたは—で往ｲにかけるのを」〈浄・浪花鑑〉

すて-ぶみ【捨(て)文】❶「捨て訴ｿ」に同じ。❷自分の意見や他人の秘密を記し、道などに捨てておく無署名の文書。落書ﾗｸｼｮ。落とし文。❸心のこもらない、あいさつだけの手紙。「いかなこと、一—つもやらず、さりとは気の強い女郎たち」〈浮・元禄大平記〉

すて-ぼうず【捨て坊主】ﾎﾞｳｽﾞ 生活に窮するなどして出家した坊主。また、坊主をあざけっていう語。「その身は恋より—になりける」〈浮・五人女・五〉

すて-み【捨(て)身】命を捨てる覚悟で、事に当たること。「—の戦法」「—で強敵に立ち向かう」(類語)命懸け・必死・死に物狂い・懸命・大わらわ・躍起

すてみ-わざ【捨(て)身技】柔道で、自分のからだを真後ろまたは横に倒しながら掛ける投げ技の総称。

ステム〖stem〗❶草花の茎。木の幹。❷(機械の)軸、心棒。

すて-むち【捨て×鞭】馬に乗って走るときに、速く駆けさせるために馬の尻を鞭打つこと。「東の河原をまっ下りに、—をうってぞ逃げける」〈保元・中〉

ステム-レタス〖stem lettuce〗レタスの一種。肥大した茎と若い葉を食用にする。

すて-もの【捨(て)物】捨てて顧みられないもの。

すて-やく【捨(て)役】歌舞伎の番付で、実際には登場しない役名を、俳優名の上に記載したもの。また、その役名。役が少なくて釣り合いがとれない場合などに用いられた。

ステラ〖Frank Philip Stella〗[1936〜]米国の美術家。幾何学図形によるミニマル-アートの先駆的絵画から出発。のち、多角形のカンバスを用いた無彩色絵画に移行し、さらに1980年代には彩色された金属板を重ねたレリーフ状の作品を制作した。

ステラ〖stellar〗星。恒星。

ステライト〖Stellite〗コバルトを主成分とし、クロム・タングステンを含み、さらに少量のモリブデン・鉄・炭素などを含む合金。硬質で、耐磨耗性・耐食性・耐高温酸化性にすぐれる。商標名。

ステライル-コックピット〖sterile cockpit〗《sterileは無菌状態の意》航空機が高度約3000メートル以下を飛行する間、客室乗務員からコックピット(操縦室)への連絡を原則として禁止すること。事故の多発する低空域での操縦に集中できるようにするため。➡クリティカルイレブンミニッツ

ステラジアン〖steradian〗国際単位系(SI)の立体角の単位。1ステラジアンは、球の半径の平方に等しい面積をもつ球面上の部分を、球の中心から見るときの立体角。一点から見た全立体角は4πステラジアン。記号sr

ステラテジー〖strategy〗►ストラテジー

ステリン〖ﾄﾞｲﾂ Sterin〗►ステロール

す・てる【捨てる┊▽棄てる】〔動タ下一〕図す・つ〔タ下二〕❶不用のものとして、手元から放す。ほうる。投棄する。「ごみを—・てる」「武器を—・てて投降する」(対)拾う。❷今までの関係を絶って、そのままかまわないでおく。見捨てる。「妻子を—・てる」❸かかわりのないものとして、ほうっておく。放置する。見過ごす。「—・てておけない緊急事態」「カーブを—・ててストレートに的を絞って打つ」❹持ち続けてきた思いなどをなくす。熱意や関心などがさめてしまう。あきらめて手を引く。「希望を—・てる」「最後まで勝負を—・てない」❺俗世間を離れる。「世を—・てて山にこもる」❻かけがえのないものを犠牲にしてもかまわないほどの意気込みで、何かを行う。「一命を—・てる覚悟で困難に当たる」❼乗り物を降りて、さらに先へ行く。「タクシーを—・てて歩く」❽(動詞の連用形、または、動詞の連用形に接続助詞「て」を添えた形に付いて)…してしまう、…してほうっておくの意を表す。「言い—・てる」「切って—・てる」(類語)廃棄・破棄
(…句)命を捨てる・車を捨てる・掃いて捨てるほど・身を捨てる・世を捨てる・群臣を棄ｽつ・弊履ﾍｲﾘを棄つるが如ｺﾞﾄし

捨てたものではな・い 役に立たないとして見限ることはない。まだまだ使い道がある。「この味はまんざら—・い」

捨てる神あれば拾う神あり 自分に愛想をつかして相手にしてくれない人もいる反面、親切に助けてくれる人もいるものだ。困ったことがあっても、くよくよするなということ。捨てる神あれば助ける神あり。

ステルス〖stealth〗《隠密の意》►ステルス技術

ステルスがた-ウイルス【ステルス型ウイルス】《stealth-type virus ; stealthは隠密の意》コンピューターの利用者やウイルス対策ソフトに検知されないよう、さまざまな偽装や巧妙な仕掛けが施されたコンピューターウイルスの総称。ステルスウイルス。

ステルス-ぎじゅつ【ステルス技術】《stealthは隠密の意》電波を吸収する塗料を使ったり、電波の反射を少なくする形状にしたりして、レーダーによる探知を困難にする技術。航空機・ミサイルの製造に応用。

ステルス-マーケティング〖stealth marketing〗《stealthは隠密の意》宣伝であることを隠した宣伝。例えば、記事の中に潜り込ませた広告、テレビドラマの中に特定の商品が繰り返し出てくる行為、記事に見せかけた広告、報酬を払って良い噂を流してもらう行為など。

ステルリタマク〖Sterlitamak〗ロシア連邦、バシコルトスタン共和国の都市。ウラル山脈南部、ステルリヤ川とベーラヤ川の合流点に位置し、18世紀半ばに塩などの積み替え地になった。第二次大戦後、第2バクー油田(ボルガウラル油田)の工業都市として発展。

ステルンベルギア〖ﾗﾃﾝ Sternbergia〗ヒガンバナ科の球根植物。地中海沿岸原産で、観賞用。秋に黄色いクロッカスに似た漏斗状の花を一つ咲かせる。

ステレオ〖stereo〗❶テレビ・ラジオ・オーディオなどで、立体感が得られるように音響を再生する方式。また、その装置。2個以上のマイクロフォンを使って録音し、複数のスピーカーで再生して音の空間での分布を再現する。❷多く複合語の形で用い、立体の、固い、などの意を表す。

ステレオ-カメラ〖stereo camera〗立体写真撮影用のカメラ。同性能の2個のレンズを、両眼と同じ間隔で左右に並べ、同一の被写体を同時に2枚の画面に撮ﾄるもの。3Dカメラ。

ステレオグラム〖stereogram〗立体画像。立体的印象を与えるように描画・処理された図画・写真。

ステレオクローム〖stereochrome〗鉱物画の一種。水ガラスを描画された画像の定着剤として用い

る絵画技法。堅牢な皮膜が形成されるので、戸外の壁面などに用いられる。

ステレオ-ゴム《stereoregular rubberから》立体規則性重合によって得られる、天然ゴムと同じ立体構造をもつ合成ゴム。耐寒性・耐摩耗性などにすぐれる。ポリイソプレンゴムなどがある。

ステレオ-しゃしん【ステレオ写真】《stereophotograph》画像が立体的に見える写真。写真測量・計測などに利用。立体写真。

ステレオスコープ〖stereoscope〗ステレオカメラによって撮影された2枚の写真を立体的に見るための機器。実体鏡。立体鏡。

ステレオ-ずほう【ステレオ図法】ヅハフ ►平射(へいしゃ)図法

ステレオタイプ〖stereotype〗❶印刷で用いる鉛版。ステロタイプ。❷行動や考え方が、固定的・画一的であり、新鮮味のないこと。紋切り型。ステロタイプ。「—の批評家」

ステレオフォニック〖stereophonic〗多チャンネル音場。音響効果によって、左右の広がりや、奥行きと高さが再現されること。ステレオ。

ステレオ-ヘッドホン〖stereo headphone〗ステレオ演奏の聴けるヘッドホン。向かって右の音源からの音は右耳のスピーカーから、左からの音は左耳のスピーカーから聞こえる。

ステレオ-ほうそう【ステレオ放送】ハウソウ 音源に対して二方向以上のマイクロホンで集めた音を、周波数の異なる別々の電波によって送り出す放送形式。聴取者は二つ以上の受信機を使って聴き、立体的音感・臨場感を得る。立体放送。

ステレオ-レコード〖stereo record〗2チャンネルまたはそれ以上のチャンネルの立体音を1本の音溝の両側に左右の独立したトラックとして記録したレコード。

ステロイド〖steroid〗ステロールとその類似化合物の総称。炭素の六員環が三つと五員環が一つ結合した基本構造をもつ。動植物界に広く分布し、胆汁酸・性ホルモン・副腎皮質ホルモンなどがあり、特殊な生理作用や薬理作用を示す。

ステロイド-ざい【ステロイド剤】《steroid drugs》副腎(ふくじん)皮質が分泌する糖質コルチコイドの合成類似薬。強い抗炎症作用を有する。

ステロイド-ホルモン〖steroid hormone〗化学構造上ステロイドの基本構造をもつホルモンの総称。性ホルモン・副腎皮質ホルモンやエクジソンなど。

ステロイド-りだつりょうほう【ステロイド離脱療法】リダツレウハフ B型肝炎キャリアの慢性肝炎の治療法の一つ。ステロイド剤でわざと肝炎を悪化させた後に急に薬をやめると、高まっていた体の抵抗力でウイルスが抑えられることを応用したもの。

ステロール〖sterol〗ステロイドのアルコールの総称。動植物界に広く分布し、脂質の成分の一。コレステロール・エルゴステロールなど。ステリン。

ステロ-タイプ ►ステレオタイプ

ステロ-ばん【ステロ版】鉛版(えんばん)のこと。ステロタイプ。ステレオタイプ。

すてん〔副〕勢いよく倒れるさま。「雪の道で滑って—と転ぶ」「—ころり」

ずでん〔副〕勢いよく音を立てて、倒れたり落ちたりするさま。「棚の上の花瓶が—と落っこちる」「つまずいて—と転ぶ」

ステン-カラー《和 soutien(フランス)＋collar》洋服で、前の部分を首に沿って直線的に折り返してある襟。折り立て襟。

ステンカ-ラージン〖Sten'ka Razin〗►ラージン

すてん-きゅうキウ〔副〕はなはだしく。まるっきり。てんで。「姉御とは—違ってらあ」〈滑・浮世床・初〉

ステンショ「ステーション」に同じ。「宿屋は—の直ぐ傍だが」〈風葉・青春〉

ステンシル〖stencil〗❶謄写版用の原紙。また、捺染(なっせん)印刷で用いる型紙。ステンシルペーパー。❷►カッパ版(ばん)

ステンシル-バッファー〖stencil buffer〗コンピューターグラフィックスで三次元画像を描画する際、視点からは陰になって見えない部分や、三次元画像を必要としない領域において、計算の負荷がかかるポリゴンなどの表示を省く手法。

ステンシル-ペーパー〖stencil paper〗►ステンシル

ステント〖stent〗血管・気管・消化管・胆管などを内側から広げるために用いられる、金属製の網状の筒。カテーテルや内視鏡を使って目的の場所まで挿入し、留置する。狭心症・脳梗塞・癌(がん)による狭窄などの治療に用いられる。

ずでん-どう〔副〕激しい勢いで倒れたり落ちたりするさま。ずってんどう。ずでいどう。「—、俊三の体は…地に投げ出された」〈木下尚江・良人の自白〉

ステンド-グラス〖stained glass〗さまざまな着色ガラスを組み合わせて模様・画像などを表した板ガラス。また、その技法。教会堂の窓などに用いる。

ステンレス〖stainless〗《さびない、の意》「ステンレス鋼」の略。

ステンレス-こう【ステンレス鋼】カウ 耐食性にすぐれる合金鋼の総称。鉄-クロム系と鉄-ニッケル-クロム系とに大別され、クロム18パーセント・ニッケル8パーセントを含む18-8ステンレスが最も代表的。不銹鋼(ふしゅうこう)。

ステンレス-スチール〖stainless steel〗►ステンレス鋼

スト「ストライキ」の略。「—を打つ」「ハンー」

す-ど【数度】数回。たびたび。すうど。「変な男が有ったものだという観念を—繰り返した」〈漱石・彼岸過迄〉

す-ど【×簀戸｜×簾戸】❶竹を粗く編んで作った枝折戸(しおりど)。❷ヨシの茎で編んだすだれを障子の枠にはめこんだ戸。葭戸(よしど)。《季 夏》❸土蔵の網戸。❹「簀戸門(すどもん)」の略。

ず-と〔連語〕《打消しの助動詞「ず」の連用形＋接続助詞「と」》…(し)ないで。…(せ)ずに。「ゆめゆめこれを知ら—いましめ侍るなり」〈仮・伊曽保・下〉

ストア〖ギリシャ stoa〗古代ギリシャの、市民の集う所に建てられた列柱廊建築。列柱廊だけ、または前面を列柱、背面を壁とした平屋あるいは2階建ての長い建物。

ストア〖store〗売店。商店。ショップ。「スーパーー」「チェーンー」

ストアードフェアー-ほうしき【ストアードフェアー方式】ハウシキ《和 stored fare＋system》鉄道利用の際、プリペイドカードを乗車駅・降車駅の改札機に直接通すことで、運賃の精算を行う方式。東京メトロほかで導入しているPASMO(パスモ)などが対応するカード。

ストア-がくは【ストア学派】《ゼノンがストア-ポイキレ(彩色柱廊)で講義したことに由来》キプロスのゼノンが前3世紀初頭に創始したギリシャ哲学の一派。哲学は論理学・自然学・倫理学の3部門からなるが、これらは相互に分かちがたく結びついて愛知を構成する3要素となり、人間生活における一切のことに正しく対処するための実践的知識を求めることであった。ストイックといわれる禁欲主義的心情をもち、世界市民主義を唱えた。ゼノンのほかに古ストア学派のクリュシッポス、中期ストア学派のパナイティオス・ポセイドニオス、後期ストア学派のセネカ・エピクテトス・マルクス＝アウレリウスなどがいる。ストア派。

ストア-しゅぎ【ストア主義】►ストイシズム

ストア-てつがく【ストア哲学】ストア学派の学説。

ストア-は【ストア派】►ストア学派

ストア-ロイヤリティー〖store loyality〗消費者が複数の店舗の中から特定の店舗を選び、継続的な傾向をもってその店舗で購買を行うこと。

ストイシズム〖stoicism〗❶《Stoicism》ストア学派の学説。ストア主義。❷ストア学派風の克己禁欲主義・厳粛主義。

ストイック〖stoic〗㊀〔名〕❶《Stoic》ストア学派の哲学者。❷ストア学派風の克己禁欲主義・厳粛主義を信奉する人。㊁〔形動〕克己的、禁欲的なさま。「—な生活」

ストゥデニツァ-しゅうどういん【ストゥデニツァ修道院】シウダウヰン《Manastir Studenica》セルビア、ベオグラードの南約140キロメートルにある修道院。中世セルビア王国の建国者ステファン＝ネマニャが12世紀に建立。後年、オスマン帝国の破壊や地震などによる被害を受けたが、内部には13世紀から14世紀にかけて描かれたフレスコ画が多数残されている。1986年、世界遺産(文化遺産)に登録された。

すどう-てんのう【崇道天皇】スダウテンワウ 早良親王(さわらしんのう)の追号。

ストゥピニージ-きゅうでん【ストゥピニージ宮殿】《Palazzina di Stupinigi》イタリア北西部の都市トリノの南西に位置する町ニケリーノにある宮殿。18世紀にサボイア公ビットリオ＝アメデオ2世の狩猟用の宮殿として、フィリッポ＝ユバッラの設計で建造された。ピエモンテ-バロック様式の傑作として知られ、1997年に「サボイア王家の王宮群」の名称で世界遺産(文化遺産)として登録された。現在はサボイア家の美術品や家具調度品を展示する博物館になっている。

す-どうふ【酢豆腐】《知ったかぶりの若旦那が、腐って酸っぱくなった豆腐を食べさせられ、酢豆腐だと答える落語から》知ったかぶり。半可通。

ストー〖Harriet Elizabeth Stowe〗[1811〜1896]米国の女流小説家。通称、ストー夫人。当時の奴隷制度を批判した「アンクル＝トムの小屋」は国内外で大きな反響を巻き起こし、南北戦争への気運を高めた。

ストー〖Stowe〗米国バーモント州北部の町。同州で最も標高があるマンスフィールド山があり、夏は避暑地として、冬はスキーリゾートとして観光客でにぎわう。

ストーカー〖stalker〗《忍び寄る者の意》自分が一方的に関心を抱いた相手にしつこくつきまとう人物。待ち伏せ・尾行・手紙や、昼夜をかまわないでファクス・メール・電話などの行為を執拗(しつよう)に繰り返す。➡ストーカー規制法

ストーカー〖stoker〗ボイラーへ石炭を自動的に送る装置。給炭機。

ストーカー-きせいほう【ストーカー規制法】キセイハフ《「ストーカー行為等の規制等に関する法律」の通称》ストーカー行為に対する規制・罰則と、被害者に対する援助措置を定めた法律。平成12年(2000)施行。補説 この法律でいうストーカー行為とは、同一の者に対し、つきまとい等(下記の(1)から(4)までに掲げる行為については、身体の安全、住居等の平穏もしくは名誉が害され、または行動の自由が著しく害される不安を覚えさせるような方法により行われる場合に限る)を反復してすることと規定。

▷ **つきまとい等**とは、特定の人物に対する恋愛感情や好意の感情が満たされなかったことによる怨恨(えんこん)の感情を充足させるために、本人、その配偶者、親族などに対し、以下のような行為をなすことと規定。
(1)つきまとい、待ち伏せし、進路に立ちふさがり、住居・勤務先・学校などの付近において見張りをしたり、そこへ押し掛けたりすること。(2)行動を監視していると思わせるような事柄を告げること。(3)面会・交際など、義務のない行為を要求すること。(4)著しく粗野または乱暴な言動をすること。(5)電話をかけて何も告げず、または拒まれたにもかかわらず、連続して電話をかけたり、ファックスを送信すること。(6)汚物・動物の死体など、著しく不快で、嫌悪の情を催させるような物を送付したり、置いたりすること。(7)名誉を害する事柄を告げること。(8)性的羞恥心を害する事柄を告げること。また、性的羞恥心を害する文書・図画などを送付したり、置いたりすること。

ストーキング〖stalking〗❶自分が一方的に関心を抱いた相手にしつこくつきまとうこと。ストーカー行為。❷釣りで、魚に気付かれないように接近する技術。

ストーク-オン-トレント〖Stoke on Trent〗英国イングランド中部の都市。ボーンチャイナ発祥の地として知られ、陶磁器業が盛ん。世界的に有名な陶磁器メーカーの工場が集まるほか、グラッドストン陶器博物館・陶磁器研究所・ノーススタッフォード工科大学付属ソロン陶磁器図書館などがある。

ストークス〖stokes〗CGS単位系の動粘性率の単位。粘性率を流体の密度で除したもので、1ストーク

スは1平方センチメートル毎秒(m^2/s)。アイルランドの数学者・物理学者G=ストークスにちなむ。記号St

ストークス-の-ていこうほうそく【ストークスの抵抗法則】▶ストークスの法則

ストークス-の-ほうそく【ストークスの法則】❶粘性流体中における物体の運動に関する法則。粘性率ηの流体中を半径aの小球が速度Uで運動しているとき、小球にはたらく抵抗Dは、$D=6\pi\eta aU$で表される。レイノルズ数が1に比べて小さい時に成り立つ。ストークスの抵抗法則。❷蛍光体が吸収・放出する光の波長に関する法則。蛍光体が光を吸収して励起し、蛍光を放出してもとの状態に戻るとき、一般に放出される蛍光の波長は励起に使われた光の波長よりも長いというもの。

す-どおし【素通し】❶遮るものがなく、先方がすっかり見通せること。❷ガラスが透き通っていること。また、そのガラス。❸眼鏡に度がないこと。またその眼鏡。

ストーノウェイ〖Stornoway〗英国スコットランド北西岸、アウターヘブリディーズ諸島、ルイス島東部の町。アウターヘブリディーズ諸島最大の町であり、同島の中心地。ビクトリア朝様式のルース城や島の歴史を紹介するナンアイレン博物館がある。

ストーブ〖stove〗石炭・石油・ガス・電気などを用いた室内用暖房器具。(季 冬)「一の石より寒くさめにけり/青畝」

ストーブ-ガード〖stove guard〗ストーブの周囲をかこい、幼児などが火に近づくのを防ぐ柵。

ストーブ-リーグ〖stove league〗《炉辺で野球談をする人たちの意》プロ野球で、シーズンオフに行われる選手・監督の契約更改や移籍・加入の動きなど、グラウンド外の話題。

ストーマ〖ギリシャ stoma〗《小孔の意》人工肛門・膀胱。

ストーム〖storm〗❶暴風雨。あらし。「メイー」❷学生寮などで、寮生が集団で、夜分、騒々しく気勢をあげて楽しむこと。多く旧制高校の生徒が行ったものをさしていう。

す-どおり【素通り】〔名〕スル 立ち寄らずに通り過ぎること。「店の前を一する」「一できない問題」
(類語)差し掛かる・通り合わせる・通り掛かる

ストーリー〖story〗❶物語。話。❷小説・演劇・映画などの筋。筋書き。(類語)物語・話・叙事・お話・作り話・虚構・フィクション・説話・小説・口碑・伝え話・昔話・民話・伝説・言い伝え

ストーリーテラー〖storyteller〗話のじょうずな人。特に、筋の運びのおもしろさで読者をひきつける小説家。

ストーリーボード〖storyboard〗絵コンテ。テレビ広告表現のストーリーと場面を示す草稿。場面の絵とせりふがコマ割りで描かれる。

ストール〖stall〗〔名〕スル ❶航空機が失速すること。❷自動車などで、エンジンが急に停止してしまうこと。「ギアを入れ違えてエンジンを一させる」

ストール〖stole〗❶婦人用の細長い肩掛け。❷主にカトリックの聖職者が、ミサなどのとき、首から掛ける細長い布。一種の法衣。(類語)肩掛け・ショール

す-どお・る【素通る】〔動ラ四〕素通りする。「柴囲ふ庵の内は旅だちて一・る風もとまらざりけり」〈山家集・中〉

ストール-き【ストール機】▶エストール機

ストーン〖stone〗❶石。「一ハンティング」❷ヤード-ポンド法の質量の単位。1ストーンは14ポンドで約6.35キログラム。英国で体重を示すのに用いた。❸カーリングに使われる円盤状の石。直径約30センチ、重さ約20キロの花崗岩製で、上部にハンドルがついている。

ストーンウエア〖stoneware〗炻器。陶器に比べて、素地に吸水性がない焼き物。

ストーンウオッシュ〖stonewash〗デニム生地や皮革などで作られた服を、使い古したような感じにする加工法のこと。素材や製品を軽石などを混ぜた特殊な液で洗ったもの。加工後、自然なむらができるのが特徴。

ストーン-サークル〖stone circle〗巨石記念物の一種で、多数の立石をまるく並べた祭祀遺跡あるいは墓地。世界各地にみられる。東日本の縄文時代遺跡には、環状の立石と石塊を環帯状に配したものとがあり、ともに墓地である。秋田県大湯の例が有名。環状列石。

ストーンズ-オブ-ステネス〖Stones of Stenness〗英国スコットランド北岸、オークニー諸島、メーンランド島にある立石群。直径44メートルの環状列石の一部と考えられる計12本の立石がある。スカラブラエの集落跡、円墳メイズホウ、環状列石リングオブブロッガーなど、近隣の遺跡とともに、1999年、「オークニー諸島の新石器時代遺跡中心地」として世界遺産(文化遺産)に登録。スタンディングストーンズ-オブ-ステネス。

ストーン-ハンティング〖stone hunting〗宝石の原石や貴石、美しい石を探しに山や渓谷を歩き、探し出した石を削ったり、磨いたりして、装飾品やインテリア用品をつくるレクリエーション。

ストーンヘンジ〖Stonehenge〗英国ウィルトシャー州ソールズベリ平原にある巨石記念物。新石器時代から青銅器時代まで何回も作りなおされた結果、環状列石が四重に残る。太陽崇拝と関係する祭祀遺跡とされる。1986年、近くにあるエーブベリーの巨石遺跡とともに世界遺産(文化遺産)に登録された。

ストーンマウンテン-こうえん【ストーンマウンテン公園】《Stone Mountain Park》米国ジョージア州の州都アトランタの近郊にある公園。周囲からの高さ約250メートルの世界最大の花崗岩の岩山を中心に、さまざまな観光施設が整備されている。岩山の斜面に、独立革命における南部同盟の英雄、ジェファーソン=デービス、ロバート=リー、トーマス=ジャクソンを刻んだ巨大なレリーフがある。

スト-きせいほう【スト規制法】「電気事業及び石炭鉱業における争議行為の方法の規制に関する法律」の通称。公益の見地から、電気の正常な供給と石炭鉱業の保安業務の正常な運営を害する争議行為を制限した法律。昭和28年(1953)施行。

ストキャスティックス〖stochastics〗株式や為替の相場をテクニカル分析するためのチャートの一つ。移動平均などから計算した二つの線の波動で、値動きを予想する。相場における売られすぎ、買われすぎの状態を示すとされる。

すとく-てんのう【崇徳天皇】[1119〜1164]第75代天皇。在位1123〜1141。鳥羽天皇の第1皇子。名は顕仁。鳥羽法皇の死後、後白河天皇と争い、保元の乱に敗れて讃岐に流された。讃岐院。

ストケシア〖ラテン Stokesia〗キク科の多年草。高さ約50センチ。葉は線形。夏から秋、ヤグルマギクに似た青紫色や淡紅・白色などの大形の頭状花をつける。北アメリカの原産で、観賞用。るりぎく。(季 夏)

スト-けん【スト権】《「ストライキ権」の略》労働者がストライキを行う権利。「一の確立」

ず-と-じ【図と地】《figure and ground》心理学で、ある物が他の物を背景として全体の中から浮き上がって明瞭に知覚されるとき、前者を図といい、背景に退く物を地という。

ストッキング〖stocking〗❶長い靴下。通常、婦人用のひざ上、太ももまでの長さの薄い靴下。❷スポーツ用の、厚手でひざ丈ぐらいの靴下。
(類語)ソックス・靴下・タイツ

ストック〖stock〗〔名〕スル ❶在庫品。手持ちの品。「一が底をつく」❷ためておくこと。蓄えておくこと。「食料品を一する」❸牛・鶏・魚の肉や骨、野菜などからとった煮出し汁。スープやソースの材料にする。❹株券のこと。「レジャー一」❺国富・資本など、ある一時点に存在する経済数量。➡フロー ❻アブラナ科の多年草。高さ0.6〜1メートル。長楕円形の葉が互生する。4〜5月ごろ、白・桃・紅・紫色などの香りのある花を総状につける。地中海沿岸地方の原産で、観賞用。あらせいとう。(季 春)

ストック〖ドイツ Stock〗スキーで用いるつえ。

ストック-インフレ《和 stock+inflationから》株式・土地など資産の高騰を中心にした物価上昇。昭和62〜63年(1987〜1988)初めの高株価・狂乱地価進行で数字上の内需拡大を見せたのが典型的。

ストック-オークション〖stock auction〗在庫品を競売にかけて処分すること。インターネット上の商品販売にも利用されている。

ストック-オプション〖stock option〗会社の経営者・従業員などが、将来一定の価格で一定の期間内に自社株を買う権利。SO。

ストック-カー〖stock car〗量産され一般に市販されている自動車。また、それにあまり改造を加えないで使用される米国の競走用の自動車。

ストックカー-レース〖stock car race〗ストックカーで行われるアメリカ独特の自動車レース。参加車はセダンまたはクーペ。コースはバンクの付いた単純な楕円のトラックが多い。

ストックがた-しゃかい【ストック型社会】住宅や、橋・道路などの社会インフラを長持ちさせることにより、持続可能で豊かな社会が実現できるという考え方。価値ある社会資産が長期的に蓄積(ストック)され、何度も作り直す無駄が省かれる結果、経済的なゆとりが生まれ、環境に対する負荷も少なくなるとされる。大量生産・大量消費を特徴とするフロー型社会と対比される。

ストックブリッジ〖Stockbridge〗米国マサチューセッツ州西部の町。リゾート地が多いバークシャー地方の中心地。ノーマン=ロックウェル美術館、彫刻家ダニエル=チェスター=フレンチの別荘であるチェスターウッドをはじめ、数々の芸術家にゆかりある場所として知られる。

ストックブローカー〖stockbroker〗株式仲買人。

ストック-ポイント〖stock point〗配送のための一時保管を主とする物流の中継基地。配送センターと倉庫の中間的な機能を備えた流通拠点。

ストックホルム〖Stockholm〗スウェーデン王国の首都。バルト海に面し、中世から商業都市として発達。ノーベル賞授賞式の行われるコンサートホールがある。人口、行政区79万(2007)。

ストックホルム-こくさいへいわけんきゅうじょ【ストックホルム国際平和研究所】世界の安定的平和や国際紛争の平和的解決のために必要な条件や手段を研究する国際機関。1966年にスウェーデン王立委員会の提案によって設立された。軍備の制限・縮小、武器の管理などに重点を置いて、世界各地域の動向を監視・分析し、対策を研究している。SIPRI(Stockholm International Peace Research Institute)。

ストック-ワーク《和 Stock(ドイツ)+work》スキーで、手に持っているストックの使い方のこと。

ストッパー〖stopper〗❶機械などの停止装置。安全装置。❷錠・瓶などの止め栓。❸野球で、相手の攻撃を食い止める目的で登板する救援投手。❹サッカーで、ディフェンダーのうち、ゴール正面を守り、相手のセンターフォワードをマークする選手。

ストップ〖stop〗〔名〕スル ❶動きが止まること。動きを止めること。停止。「事故で列車が一した」「融資を一する」❷信号などによる「止まれ」の合図。停止信号。❸オルガンなどの音栓。❹停留所。「バスー」(類語)停止・静止・停留・停船・中止・とどまる・駅・停車場・ステーション・ターミナル・停留所

ストップを掛・ける 停止を命じる。やめさせる。止める。「打ち合いに一・ける」「連勝に一・ける」

ストップアンドゴー-せいさく【ストップアンドゴー政策】インフレが拡大し、貿易収支が悪くなるときには総需要を抑え、その効果の現れたときに総需要の抑制を解除する経済政策。ストップゴー政策。

ストップウオッチ〖stopwatch〗針を自由に止めたり動かしたりして、時間を秒以下の単位まで精密にはかるための時計。運動競技・学術研究などに使用する。

ストップオーバー〖stopover〗立ち寄り。途中下車・下船・降機。

ストップ-だか【ストップ高】取引市場で、相場の変動による混乱を防止するために設けた騰落値幅の限度まで暴騰すること。㊥ストップ安。
ストップ-ね【ストップ値】►ストップ値段
ストップ-ねだん【ストップ値段】株式市場や商品市場で、相場が極端に変動して混乱するのを防ぐため、取引所が定めた1日の値幅制限いっぱいの値段。値幅いっぱいの値上がりをストップ高、値下がりをストップ安という。止め相場。ストップ値。
ストップ-べん【ストップ弁】皿形の弁をねじで上下に動かして流体の通路を開閉する弁。ストップバルブ。止め弁。
ストップ-モーション〖stop motion〗❶映画・テレビの画面で、動いている被写体を急に静止させる技法。❷映画で、撮影中のカメラを一時止めて、ある被写体を画面から突然消したり出したりするトリック技法。
ストップ-やす【ストップ安】取引市場で、相場の変動による混乱を防止するために設けた騰落値幅の限度まで暴落すること。㊥ストップ高。
ストップ-ランプ〖stop lamp〗自動車のブレーキを作動させたとき後部に点灯する灯火。
ストップロス-オーダー〖stop-loss order〗►逆指し値
すととん-ぶし【すととん節】大正末期の流行歌。「すととん」という囃子詞はやしことばが各節に入る。
スト-マイ「ストレプトマイシン」の略。
ストマック〖stomach〗胃。また、腹。
す-どまり【素泊(ま)り】旅館などで、食事をとらないで、寝るだけの宿泊。(類語)外泊・泊まる・寝泊まり・宿泊・野宿・旅宿・投宿・止宿・旅寝・仮寝・宿る・合宿
ず-とも〔連語〕《打消しの助動詞「ず」の連用形＋接続助詞「とも」》…(し)ないでも。…(で)なくとも。「この部分は書か一よい」「白珠しらたまは人に知らえず知ら一よし我し知れらば知ら一よし」〈万・一〇一八〉
ストモレ〖Sutomore〗モンテネグロ南部の町。アドリア海に面し、港湾都市バルの近郊に位置する。庶民的な海岸保養地として知られる。
すど-もん【×簀戸門】扉に竹で作ったすのこを打ちつけ、外を透かして見ることのできる門。簀戸。
スト-やぶり【スト破り】ストライキの際、使用者側について業務を続けること。特に、使用者がストライキに対抗して雇用者の一部や外部からの雇用者を就業させること。また、その労働者。スキャップ。
ズドラーストビチェ〖ロシア zdravstvuyte〗〔感〕こんにちは。
ストライカー〖striker〗サッカーで、攻撃力があり、シュートの成功率の高い選手。ゴールゲッター。
ストライキ〖strike〗❶労働者が労働条件の改善・維持などの要求を貫徹するため、集団的に労務の提供を拒否すること。ストライキ権は団結権・団体交渉権とともに労働者の有する基本的権利であるが、日本では公務員などの官公労働者は法律で禁止されている。同盟罷業どうめいひぎょう。同盟罷工。スト。「一を打つ」❷学生・生徒が一定の要求を掲げ、団結して授業や試験を放棄すること。スト。
(類語)同盟罷業・ゼネスト・ハンスト
ストライキ-ぶし【ストライキ節】►東雲節しののめぶし
ストライク〖strike〗❶野球で、投手の打者に対する投球がストライクゾーンを通過したもの。また、その宣告の言葉。空振り・チップ・ファウルもストライクとしてカウントされる。❷ボウリングで、第1投で10本あるすべてのピンを倒すこと。❸ドアなどの錠を構成する部品の一つ。ドアを施錠したり仮締めするときに、ドア側から突出するデッドボルトやラッチボルトが入り込む、ドア枠側の受け穴。
ストライク-ゾーン〖strike zone〗野球で、打者が打撃姿勢で構えたときの、わきの下からひざ頭までの高さで、ホームベースの両端を横幅とする空間。
ストライド〖stride〗陸上競技などで、広めの歩幅。また、単に歩幅。
ストライド-そうほう【ストライド走法】ニッケイハッケ 陸上競技やスピードスケートで、歩幅をやや広くとって走る(または滑る)走法。
ストライピング〖striping〗ハードディスクへのデータ書き込み方法の一。あるデータを複数のハードディスクに分割して書き込むこと。データの転送速度は高速化するが、耐障害性は低い。
ストライプ〖stripe〗縞。縞模様。(類語)縞
ストラクチャー〖structure〗《「ストラクチュア」とも》構造。機構。
ストラクチャード-プログラミング〖structured programming〗論理構造が明確で、わかりやすいプログラムを作成するための手法。ソフトウエアの生産性向上に役立つ。構造化プログラミング。
ストラスブール〖Strasbourg〗フランス北東部、ドイツとの国境近くにある商工業都市。アルザス地方の中心地。ライン川の支流イル川に臨み、マルヌ・ローヌ両運河の基点で、水陸交通の要衝。大聖堂がある。ドイツ語名シュトラスブルク。
ストラスブール-だいせいどう【ストラスブール大聖堂】ニダイセイドウ《Cathédrale Notre-Dame de Strasbourg》フランス北東部の都市ストラスブールにある大聖堂。11世紀に創建、火災で大部分が破壊された後、12世紀から15世紀にかけてゴシック様式で再建。地元産の褐色砂岩を用いているため、赤味を帯びた外壁を特徴とする。13世紀のステンドグラス、19世紀の天文時計などがある。大聖堂があるイル川中州の旧市街、グランディルは、1988年に世界遺産(文化遺産)に登録された。ノートルダム大聖堂。
ストラック-アウト〖struck out〗野球で、三振。
ストラッグル〖struggle〗闘争。葛藤かっとう。「可なり強い一の結果」〈武者小路・お目出たき人〉
ストラップ〖strap〗❶ひも。特に、洋服や下着、カメラやバッグなどのつりひも。❷電車のつり革。
ストラップレス〖strapless〗ブラジャーや水着・ドレスなどで、肩つりひものないもの。
ストラディバリ〖Antonio Stradivari〗[1644～1737]イタリアのバイオリン製作者。豊かな音量と音色をもつ楽器を多数製作した。
ストラディバリウス〖Stradivarius〗ストラディバリが製作したバイオリンの称。名器として著名。
ストラテジー〖strategy〗《「ステラテジー」とも》戦略。戦法。「イメージ一」
ストラテジスト〖strategist〗戦略家。特に、資産運用についての戦略を立てる専門家。
ストラトクラシー〖stratocracy〗軍人政治。軍政。軍部が政権を掌握している政治体制。
ストラトコム〖STRATCOM〗《Strategic Command》戦略軍。戦略コマンド。1992年発足の米軍の統合軍。戦略空軍(SAC)を、空軍と海軍の共同運営に改編して発足。戦略核爆撃機と大陸間弾道ミサイル(ICBM)に海軍の潜水艦発射の戦略核ミサイル(SLBM)を加え、米国の戦略核を一体化して指揮統制する。司令部はネブラスカ州オファット空軍基地。
ストラトスフィア〖stratosphere〗大気中の成層圏のこと。
ストラトビジョン〖stratovision〗《stratosphere(成層圏)＋television(テレビ)から》成層圏中継放送。受信範囲を広げるため、送信設備のある専用航空機を成層圏の一定区域に旋回飛行させ送信する方法。
ストラトフォード-アポン-エーボン〖Stratford-upon-Avon〗英国イングランド中部、ウォーリックシャー州の都市。劇作家ウィリアム＝シェークスピアが生まれた町として広く知られ、数多くの観光客が訪れる。シェークスピアの生家、妻アン＝ハサウェーの家、母メアリー＝アーデンの家、シェークスピアと親族が眠るホーリートリニティー教会、ロイヤルシェークスピアシアターなどがある。ストラトフォード-オン-エーボン。
ストラトポーズ〖stratopause〗成層圏と中間圏の境界面。高さ48～55キロ。成層止面。成層圏界面。
ストラドル-とりひき【ストラドル取引】《straddle transaction》2商品間の先物価格の差を利用して利益を得る方法。
ストラビンスキー〖Igor' Fyodorovich Stravinskiy〗[1882～1971]ロシア生まれのアメリカの作曲家。新古典主義・十二音技法と、作風を変容させながら、現代音楽の展開に大きな影響を与えた。作品に「火の鳥」「ペトルーシュカ」「春の祭典」など。
ストラホフ-しゅうどういん【ストラホフ修道院】ニシュウドウイン《Strahovský klášter》チェコの首都プラハの中心部にある修道院。12世紀にブラジスラフ公によりプレモントレ会の修道院として創設。中世から受け継がれる貴重な蔵書がある図書館のほか、18世紀に描かれた天井のフレスコ画が有名。
ストラボン〖Strabōn〗[前64ころ～後23ころ]ローマ時代のギリシャの地理学者・歴史家。小アジアの人。地中海沿岸地方の史実や風土、伝承などを集録した史料的地誌「ゲオグラフィカ(地理学)」全17巻を著した。
す-どり【州鳥｜×渚鳥】❶州すにいる鳥。シギ・チドリなど。「円方まとかたの湊みなとの一波立てや妻呼び立てて辺へに近付くも」〈万・一一六二〉❷カワセミの別名。
す-どり【酢取り】生姜しょうが・蓮根れんこんなどを酢に漬け、酸味をつけること。「一生姜」
ず-どり【図取り】ヅ〔名〕スル 物の形を図に写し取ること。また、その図面。「一して彩色する」
ストリーキング〖streaking〗公衆の中を全裸で走りまわること。
ストリート〖street｜St.〗❶街路。通り。「メーン一」❷他の語の上に付いて、街中の若者を中心として起こる文化や流行などを表す。「一ファッション」(類語)大路・大通り・表通り・大道・広小路・街路・並木道
ストリート-オルガン〖street organ〗オルゴールと同じ仕掛けで演奏される小型のオルガン。表面にピンを立てたシリンダーを回転させ、そのピンで鍵盤けんばんを押すようになっている。街角で、大道音楽師が使うところからの名。バレルオルガン。
ストリート-ガール〖street girl〗街頭で男を誘う売春婦。街娼がいしょう。
ストリート-ギャング〖street gang〗街路で通行人を襲う犯罪者。
ストリート-ダンス〖street dance〗路上で踊られるダンス。特に、1980年代にニューヨークの若者の間で起こったブレークダンスなどを指す。
ストリート-チルドレン〖street children〗家がなく、路上で物売りや物乞いをして生活する子供たち。
ストリート-バージョン〖street version〗レース用(レーシングバージョン)に対して、一般の路上での使用に供する高性能車。(補説)イギリス英語ではroad car
ストリート-バスケット《street basketballから》街路や公園にあるリング一つを使って行うバスケットボール。通常、三人対三人で行い、ボールの所有が入れ代わるたびに攻守交代する。
ストリート-パフォーマー〖street performer〗街頭で曲芸・歌・踊りなどを独自の表現で演じる人。大道芸人。
ストリート-ビュー〖Street View〗►グーグルストリートビュー
ストリート-ファッション〖street fashion〗❶一般的に、街を行く人のファッションの総称。❷特に、街行く人の中でも、新しいファッションを生み出すようなトレンドセッターとしての斬新な若者ファッション。
ストリート-ファニチャー〖street furniture〗街路備品。街灯・ベンチ・電話ボックスなど家具的なものをさす。
ストリート-ミュージシャン〖street musician〗《街頭音楽家」の意》盛り場の路上で演奏する、主にアマチュアの音楽家。聴く人の投げ銭が演奏料になる。
ストリート-レベル〖street level〗❶建物の通りに面した一階。❷教師や警官のように、官公吏で、常に市民と接触し、相当程度の裁量権を持つこと。
ストリーマー〖streamer〗コンピューターなどで利用される磁気テープ式の補助記憶装置。記憶容量は大きいがデータの読み書きに時間がかかるため、主にデータのバックアップ用に利用される。テープストリ

ーマ。磁気テープドライブ。テープドライブ。磁気テープ記憶装置。

ストリーマー-フライ〖streamer fly〗小魚に似せた毛鉤。

ストリーミング〖streaming〗インターネット上の動画や音声などのデータをダウンロードしながら同時に再生すること。コンサート中継などをリアルタイムで見聞きすることができる。ストリーム再生。

ストリーミング-ソフト《streaming softwareから》インターネット上の動画や音声などのデータをダウンロードしながら同時に再生するソフトウエア。RealPlayer・QuickTime・Windows Media Playerなどが知られている。

ストリーミング-はいしん【ストリーミング配信】インターネット上で、ストリーミング技術を利用し、音楽や映像などをユーザーに送信するサービス。

ストリーム〖stream〗液体・気体などの、流れ。「ジェット―」

ストリーム-さいせい【ストリーム再生】▶ストリーミング

ストリーム-ノイズ〖streamed noise〗▶流合雑音

ストリーム-はいしん【ストリーム配信】▶ストリーミング配信

ストリームライン〖streamline〗流線型。

ストリキニーネ〖ｵﾗﾝﾀﾞ strychnine〗マチンの種子ホミカなどに含まれるアルカロイドの一種。無色の針状結晶で、猛毒。硬直痙攣を起こさせるが、微量では神経の興奮剤となる。ストリキニン。

ストリクト〖strict〗〘形動〙厳しいさま。厳格。厳密。「―な法解釈」

ストリクト-ソースルーティング〖strict source routing〗ソースルーティングの一で、パケットの通過経路のすべてを送信者が指定するもの。

ストリッパー〖stripper〗ストリップショーに出演する踊り子。

ストリップ〖strip〗❶人前などで衣服を脱いで裸になること。❷「ストリップショー」の略。

ストリップ〖strip〗❶長くて薄い金属の板。帯鋼。❷3枚以上つながっている切手。❸続き漫画。

ストリップ-ショー〖strip show〗踊り子が音楽に合わせて踊りながら、衣装を1枚ずつ脱いでいく扇情的な演芸。ストリップティーズ。ストリップ。

ストリップス-さい【ストリップス債】《STRIPS bond；STRIPS は Separate Trading of Registered Interest and Principal of Securities》利息部分と元本部分とを切り離し、それぞれ別個に流通させる債券。

ストリップティーズ〖striptease〗《teaseは、からかう、じらすの意》「ストリップショー」に同じ。

ストリップ-ミル〖strip mill〗帯鋼を連続的に加工する圧延機。

ストリップライト〖striplight〗舞台照明器具で、標準の長さ1.8メートルの鉄板製樋に電球を1列に取り付けたもの。

ストリンガー〖stringer〗❶弦楽器の弦張り師。❷テニスのラケットのガットを張る人。❸橋の行桁。階段の側桁。❹釣った魚の口から通して留めておくひも。❺新聞社などの地方通信員。

ストリング〖string〗❶糸。紐。❷連続した文字の並び。

ストリングス〖strings〗❶弦楽器。❷弦楽器を中心とした楽団による演奏。また、その奏者。

ストリング-ビキニ〖string bikini〗糸よりも太いコード状のもので胸と腰を覆っているビキニタイプの水着の一種。

ストリング-りろん【ストリング理論】《string theory》物の究極は質点でなく、ストリング(ひも)で記述されると考える理論。現在はこの考え方が押し進められてスーパーストリング理論(超紐理論)という統一理論に興味が向けられている。ひも理論。

ストリンジェンド〖ｲﾀﾘｱ stringendo〗音楽で、速度標語の一つ。「だんだんせきこんで」の意。

ストリンドベリ〖Johan August Strindberg〗[1849～1912]スウェーデンの劇作家・小説家。赤裸々な人間像を描く自然主義的な作品を書いた。イプセンとともに近代演劇の先駆者。小説「赤い部屋」「痴人の告白」、戯曲「父」「令嬢ジュリー」「ダマスクスへ」「死の舞踏」など。

ストルイピン〖Pyotr Arkad'evich Stolïpin〗[1862～1911]ロシアの政治家。1906年に内相、次いで首相となり、革命の危機に際しては、弾圧政策を行う一方、他方で自作農創出を目的に農村共同体(ミール)を解体する土地改革を行ったが、暗殺された。

ストレイ-シープ〖stray sheep〗《「迷える羊」の意。聖書から》どうしてよいか分からず、迷っている人。

ストレイモイ-とう【ストレイモイ島】《ﾃﾞﾝﾏｰｸ Streymoy》北部大西洋上に浮かぶデンマーク領フェロー諸島の主島。同諸島中で最も大きく人口が多い。北西から南東へ約50キロメートルにわたって細長く伸び、南東部に首都トウシュハウンが位置する。東側のエストゥロイ島と橋で結ばれ、2002年には西側のボーアル島との間に海底トンネルが開通した。

ストレーザ〖Stresa〗イタリア北西部、ピエモンテ州の町。マッジョーレ湖に面する観光保養地として知られる。ベッラ島、マードレ島などボッロメオ諸島をめぐる遊覧船が出ている。

ストレージ〖storage〗❶保管。倉庫。❷▶記憶装置

ストレージエリア-ネットワーク〖storage area network〗▶サン(SAN)

ストレージ-ソリューション〖storage solution〗膨大な電子情報の保管・管理などを、適切な機器・サービス・プログラムの組み合わせなどによって解決する方式。

ストレージ-ブレード〖storage blade〗刀のような細長い形状をした1枚の基板上に複数台のハードディスクを実装し、ストレージ(記憶装置)としての機能に特化したもの。一般に、ブレードサーバーの筐体に差し込んで使用する。

ストレージ-リング〖storage ring〗電子ビームや陽子ビームを長時間貯蔵するために作られたシンクロトロン。ビームの強度を上げるために使われる。

ストレーチー〖Giles Lytton Strachey〗[1880～1932]英国の伝記作家。人物の実像を赤裸々に描き出し、伝記文学に新生面を開拓。作「ビクトリア朝の傑物伝」「ビクトリア女王」「エリザベスとエセックス」。

ストレート〖straight〗〘名・形動〙❶まっすぐなこと。また、そのさま。一直線。「―にぶつかる」❷直接的であること。特に表現が率直であること。また、そのさま。「―に家に帰る」「―な批判」❸野球で、変化しないまっすぐなボール。直球。❹ボクシングで、腕をまっすぐ突き出して打つ打法。❺続けざま。連続。「―のフォアボール」「―で勝つ」❻浪人しないで上級学校に進むこと。❼ウイスキーやコーヒーなどの生のままのもの。「―で飲む」

ストレート-ケーブル〖straight cable〗コンピューターと周辺機器をつなぐ時に使用するケーブル。コンピューター同士をつなぐ時には、クロスケーブルを使用する。

ストレート-コース〖straight course〗コーナーのない直線の競走路。直線走路。

ストレート-スパイク〖straight spike〗バレーボールで、ネットと垂直方向に相手コートに打ち込むスパイク。対角線方向に打ち込むクロススパイクに対していう。

ストレート-チップ〖straight tip〗靴のつま先に横に切り替え線の入った靴。俗に「一文字」と呼ばれる。

ストレート-パーマ《straight permanent waveから》直毛にするためのパーマネントウエーブのこと。

ストレート-パンツ〖straight pants〗ラインが直線的で、まっすぐなパンツ。

ストレート-フラッシュ〖straight flush〗トランプゲームのポーカーの役。同じ紋票のカードで、数字の連続した札5枚がそろったもの。

ストレート-プレー〖straight play〗音楽などのない劇・芝居。

ストレーナー〖strainer〗❶濾過器。❷カクテルをミキシンググラスから注ぎ出すとき、氷などを受けて漉す漉し器。

ストレス〖stress〗❶《生体にひずみの生じた状態の意》寒冷・外傷・精神的ショックなどによって起こる精神的緊張や生体内の非特異的な防衛反応。また、その要因となる刺激や状況。❷語勢。強さのアクセント。〘類語〙(❶)気疲れ・気苦労・心労・心痛

ストレス-がくせつ【ストレス学説】▶ストレス説

ストレス-こっせつ【ストレス骨折】《stress fracture》▶疲労骨折

ストレス-しょうこうぐん【ストレス症候群】《stress syndrome》精神的なストレスによって生じた身体の不調の総称。心身症。

ストレス-せつ【ストレス説】《stress theory》カナダの生理・病理学者H＝セリエが体系づけた学説。ストレッサーとよぶ生体に有害な影響を及ぼす要因にさらされたとき、副腎皮質ホルモンの分泌が増加し(警告反応)、次いで全身の防衛反応が起こり抵抗力の増大した状態が維持され(抵抗期)、しかし後にはこの状態が失われ(疲憊期)、病気になるという説。ストレス学説。

ストレス-テスト〖stress test〗❶ある製品・材料・構造物・システムなどが、滅多に起こらない事態で生じる大きな負荷にどの程度耐え、安全性にどの程度の余裕があるかを調べる試験。耐久試験。耐力試験。安全性評価。❷金融市場で、通常では考えられないほどの大幅な価格変動などを想定し、その回避策やポートフォリオの損失額を予測しておくこと。❸コンピューターのハードウエアやソフトウエアに対して行う機能テストの一。大量のデータを処理させるなどの高い負荷をかけ、正常に機能するかどうかを調べる。一般にサーバーなどの高い信頼性を必要とするシステムに用いられる。負荷テスト。

ストレッサー〖stressor〗ストレスを引き起こす物理的・精神的因子。寒暑・外傷・怒り・不安など。

ストレッチ〖stretch〗❶陸上競技場・競馬場などの直線コース。特に、ホームストレッチをいう。❷伸縮すること。また、伸縮する糸を用いた織物や編物。「―ジーンズ」❸「ストレッチ体操」の略。

ストレッチ-たいそう【ストレッチ体操】筋肉や関節を伸ばす柔軟体操のこと。ストレッチング。

ストレッチ-デニム〖stretch denim〗ポリウレタン・スパンヤーンなどの伸縮性のある素材をデニムに取り入れたもの。この素材を用いたパンツのことをストレッチパンツという。

ストレッチャー〖stretcher〗横にしたまま患者を移動させる、車輪付きの簡易ベッド。

ストレッチング〖stretching〗ストレッチ体操。

ストレプトマイシン〖streptomycin〗ストレプトミセスの一種から得られる抗生物質。特に結核菌に有効で、以前は結核治療薬として用いられたが、難聴などの副作用がある。ストマイ。

ストレプトミセス〖ﾗﾃﾝ Streptomyces〗アクチノミセス目ストレプトミセス科の放線菌の総称。土壌中に多い。グラム陽性で、好気性。代謝産物の抗生物質・生理活性物質・酵素・色素などが利用される。ストレプトマイセス。

ストレリチア〖ﾗﾃﾝ Strelitzia〗ゴクラクチョウカの別名。

ストレリナ〖Strel'na〗▶ストレルナ

ストレルカ〖Strelka〗ロシア連邦北西部、レニングラード州の都市サンクトペテルブルグにあるワシリエフスキー島の東側にある岬。ロシア語で「矢」を意味する。ネバ川の航路の安全のために19世紀初頭に設置されたロストラの灯台柱のほか、中央海軍博物館・動物学博物館・ピョートル1世が創設したクンストカメラ(人類学・民族学博物館)などがある。エルミタージュ美術館がある本土と宮殿橋という跳ね橋で結ばれる。

ストレルナ〖Strel'na〗《「ストレリナ」とも》ロシア連邦北西部、レニングラード州の都市サンクトペテルブルグ

の南西約20キロメートルにある町。フィンランド湾南岸に面する。パーベル1世が次男コンスタンチン＝パブロビッチに与え、現在は大統領府の迎賓館になっているコンスタンチン宮殿があることで知られる。

ストレンジ〖strange〗〔形動〕風変わりであるさま。奇妙。「―なファッション」

ストレンジ-クオーク〖strange quark〗第2世代に属するクオークで、電荷が－1/3のもの。記号はs。6種類あるクオークの中で3番目に軽い。ストレンジネスという素粒子間の相互作用を特徴づける量子数を担う。1964年、M＝ゲルマンとG＝ツワイクが提唱したクオーク模型において予言され、すでにその存在を示す証拠が見つかり、K中間子をはじめとする中間子の一部を構成することがわかっている。

ストレンジネス〖strangeness〗《奇妙なことの意》素粒子間の相互作用を特徴づける量子数の一。強い相互作用や電磁相互作用がある場合に保存される。

ストレンジャー〖stranger〗外国人。よそ者。エトランゼ。

ストロイエ〖Strøget〗デンマークの首都、コペンハーゲンの中心部にある歩行者天国。市庁舎前広場と王立劇場前のコンゲンスニュートゥ広場を結ぶ。コペンハーゲン随一のショッピング街として知られる。

ストロー〖straw〗❶麦わら。❷牛乳や清涼飲料水などを飲むために用いる、麦わらやプラスチックなどで作った細い管。

ストロー-きゅう【ストロー級】《straw weight ストローは麦わらの意》▶ミニマム級

ストローク〖stroke〗❶水泳で、腕で水をかくこと。また、そのひとかき。❷テニス・卓球・ホッケー・ゴルフなどで、球を打つこと。また、ゴルフで打数のこと。❸スピードスケートで、一滑り。❹ボートで、オールの一こぎ。また、ボートの艇尾に最も近いこぎ手(整調)のこと。❺▶行程❹

ストローク-プレー〖stroke play〗ゴルフで、ラウンドに要した打数の総計で勝敗を決定する競技方法。➡マッチプレー

ストロー-げんしょう【ストロー現象】大都市と地方都市間の交通網が整備され便利になると、地方の人口や資本が大都市に吸い寄せられること。ストロー効果。

ストロー-こうか【ストロー効果】▶ストロー現象

ストロー-ハット〖straw hat〗麦わら帽子。

ストロガノフ〖stroganoff〗▶ビーフストロガノフ

ストロガノフ-きゅうでん【ストロガノフ宮殿】《Stroganovskiy dvorets》ロシア連邦北西部の都市サンクトペテルブルグにある宮殿。18世紀半ば、ストロガノフ伯爵家の宮殿としてイタリアの建築家バルトロメオ＝ラストレッリの設計によりバロック様式で建造。現在はロシア美術館の分館として利用されている。

ストロックル〖Strokkur〗アイスランド南西部にある間欠泉。首都レイキャビクの東北東約80キロメートルに位置する。5分から10分毎に高さ30メートルほどの水柱を噴き上げる。付近には、かつてより活発な噴出を見せていたゲイシール間欠泉があり、同国屈指の観光名所として知られる。

ストロッツィ-きゅうでん【ストロッツィ宮殿】《Palazzo Strozzi》イタリア中部、トスカーナ州の都市フィレンツェにあるルネサンス様式の宮殿。15世紀、フィレンツェの銀行家フィリッポ＝ストロッツィがベネディット＝ダ＝マイアーノに依頼して建てられた。現在は展示会やショーなどに利用されている。

ストロフルス〖ラテ Strophulus〗小児特有の皮膚疾患。四肢などに小さな紅斑や水疱ができ、かゆみが強い。原因は虫さされに対する過敏症とされる。

ストロベリー〖strawberry〗いちご。「―ジャム」

ストロベリー-ショップ《和 strawberry＋shop》婦人服・下着などで小サイズの商品のみを販売する店舗。

ストロボ〖strobo〗❶写真撮影用の閃光装置。キセノンガスを封入した放電管を光源とし、直流電流をコンデンサーに蓄電しておき、カメラ側のシャッターと連動して閃光を発生させるもの。繰り返して使用できる。もと、ストロボ-リサーチ社の商品名。スピードライト。❷「ストロボスコープ」の略。(類語)閃光・閃き・スパーク・フラッシュ・閃光電球・フラッシュバルブ

ストロボスコープ〖stroboscope〗規則的に点滅する光を回転体や振動体に照射し、その運動のようすや周期を、観測または撮影する装置。照明の周期と一致すると、運動体が静止したように見えることを利用している。

ストロマ〖stroma〗❶赤血球を溶血させて得られる赤血球膜。ゴースト。❷葉緑体の中でグラナを包む無色の基質。ここにDNAが分布し、葉緑体の自己増殖を担う。❸菌類の菌糸が密集してマット状になったもの。子座。

ストロマトライト〖stromatolite〗主に藻類により形成される、層状構造をもつ石灰岩の塊。先カンブリア時代から現世に至るまでみられる。

ストロムネス〖Stromness〗英国スコットランド北岸、オークニー諸島、メーンランド島南西部に位置する港町。カークウォールに次ぐ同諸島第2の町。本土のスクラブスターと定期航路で結ばれる。18世紀にニシン漁で栄え、ハドソン湾会社の船の寄港地にもなった。当時の石造りの家並みが残っている。

ストロン〖stolon〗植物の直立した茎の地際から出た枝が地面に水平に伸び、途中の節から根を出して生長するもの。匍匐枝。匍匐茎。

ストロング〖strong〗❶強いこと。❷飲み物などの味が濃いこと。「―コーヒー」

ストロンチウム〖strontium〗アルカリ土類金属元素の一。単体は銀白色の金属。水と激しく反応して水素を発生。炎色反応は深紅色で、花火に使用。人工放射性同位体のストロンチウム90は、核分裂生成物の主成分の一。半減期28.8年でイットリウム90となる。動物体に入ると骨に沈着し造血機能をおかす。工業的に製造されてβ線源に利用。元素記号Sr　原子番号38。原子量87.62。

ストロンチウム-きゅうじゅう【ストロンチウム九〇】ストロンチウムの人工放射性同位体。質量数90。核分裂の際に生じる。半減期28.8年で、イットリウム90になる。人体にはいると骨に集まり、蓄積されて有害。ベータ線源・トレーサー・放射能標準などに用いられる。

ストロンボリ〖Stromboli〗イタリア南部、リパリ諸島北東端の火山島。ストロンボリ山は標高926メートルの円錐形の活火山で、観光地。

ストロンボリしき-ふんか【ストロンボリ式噴火】粘性の低い玄武岩質マグマによる比較的小規模の爆発。赤熱した溶岩片や火山弾を火口から周期的に放出する。ストロンボリ火山・三原山の噴火はこの例。

ストン〖Ston〗クロアチア南部、ペリェシャツ半島の付け根に位置する町。北東に約1キロメートル離れた町マリストンとの間に長大なストンの城壁があることで知られる。製塩、カキの養殖が盛ん。

すとん〔副〕❶あまり大きくない物、重くない物などが、落ちたり倒れたりする音を表す語。また、そのさま。「手もとで―と落ちるカーブ」❷数値などが急激に減少するさま。「高熱が注射で―と下がった」

ずどん〔副〕❶銃砲などを発射する音を表す語。「―と一発撃つ」❷かなり大きくて重いものが落ちたり、倒れたりする音を表す語。また、そのさま。どすん。「巨体が―とあおむけに倒れた」

ストン-の-じょうへき【ストンの城壁】《Stonske zidine》クロアチア南部、ペリェシャツ半島の付け根にある長大な城壁。二つの町ストンとマリストンの間を結ぶ。14世紀から16世紀にかけて、同半島を占有したドゥブロブニク共和国が築いた。聖バルトロメオ要塞・ストブシ要塞・ミンチェタ要塞などが残っている。

すな【砂・沙】非常に細かい石の粒。海岸や川などにみられる。地質学では粒径が2ミリ以下、16分の1ミリ以上のものをいう。いさご。すなご。まさご。(類語)真砂・白砂

砂に・する　むだにする。ふいにする。役に立たなくする。「蒟蒻の銭ぢゃとて、―・して吸はせうか」〈浄・丹波与作〉

砂を嚙ま・す　相撲で、相手を倒して土俵の砂の上にはわす。

砂を嚙むよう　あじわいやおもしろみが、まったくないたとえ。「―な味気ない食事」

すな-あそび【砂遊び】子供が砂をいじって遊ぶこと。また、その遊び。

すな-あらし【砂嵐】❶砂漠で発生する、砂が激しく吹きつける嵐。(季 春)❷▶スノーノイズ

すない【少】〔接頭〕《「すな(少)き」の音変化》官職名を示す語に付いて、同じ官職・位階のうち下位であることを表す。「―ものもうし」

ず-な・い【図無い】〔形〕図づな・し〔ク〕程度に限りがないさま。途方もない。とてつもない。「そんたあ―・い人だやあ」〈滑・膝栗毛・三〉

すない-すけ【少輔・少副】▶しょう(少輔)

スナイドル-じゅう【スナイドル銃】米国人スナイダー(J.Snider)が発明した後装式のライフル銃。明治維新の前後に日本に輸入され、多く使用された。

スナイパー〖sniper〗狙撃者。狙撃兵。

スナイフェルスヨークトル〖Snæfellsjökull〗《アイスランド語で「雪の山の氷河」の意味》アイスランド西部、スナイフェルス半島西端部にある火山。標高1446メートルで、山頂から氷河に覆われる。海岸線を含む周囲一帯が、2001年に国立公園に制定された。フランスの作家ベルヌの小説「地底旅行」の舞台になったことで知られる。

スナイプ-きゅう【スナイプ級】《snipe class》日本ヨット協会が公式戦で採用しているヨットで、全長4.72メートルの二人乗りの艇。艇の横流れを防ぎ、水中抵抗を大きくして風上へ走ることができるよう艇の底の中心線に垂下板(センターボード)が取り付けられている。

すない-ものもうし【少納言】「しょうなごん(少納言)」に同じ。〈和名抄〉

すな-いろ【砂色】砂のような、黄色がかった薄い灰色。

すな-え【砂絵】砂を手に握り、少しずつ地面などにこぼして描いた絵。江戸時代、大道芸人が白砂や5色に染めた砂で描いて見せた。砂書き。

す-なお【素直】〔形動〕図〔ナリ〕❶ありのままで、飾り気のないさま。素朴。「―なる山家育ちのたのもしき所見えて」〈露伴・風流仏〉❷性質・態度などが、穏やかでひねくれていないさま。従順。「―な性格」「―に答える」❸物の形などが、まっすぐで、ねじ曲がっていないさま。「―な髪の毛」❹技芸などにくせのないさま。「―な字を書く」❺物事が支障なく、すんなり進行するさま。「餌食を―に与へざれば、痩せおとろへてぞありける」〈仮・伊曽保・下〉(派生)すなおさ〔名〕(類語)柔順・温順・大人しい・温柔・温良・順良・穏和・物静か・おとなしやか・控えめ・内気・優しい

すな-がき【砂書(き)】「砂絵」に同じ。

す-ながし【州流し・洲流し】❶砂浜の波跡や水の流れを連想させる文様。州流れ。❷旗や幕などに、州浜の模様を染め抜いた紋。

すながし-あみ【州流し網】満潮のとき、州におろしてクルマエビなどを捕る網。

すな-がた【砂型】鋳物砂を型に込めて作った鋳型。

すな-がに【砂蟹】スナガニ科のカニ。甲はほぼ四角形で、幅約3センチ。眼柄は長く視力は鋭敏。体色は周囲の色によって変わる。砂浜の高潮線より上に穴を掘ってすむ。岩手県以南に分布。(季 夏)

すな-かぶり【砂被り】相撲で、土俵ぎわの見物席。

すな-かべ【砂壁】色砂などで上塗りをした壁。床の間などに用いる。

すな-がみ【砂紙】紙やすり。サンドペーパー。

すながわ【砂川】㊀北海道中部の市。平野部は石狩川の蛇行帯にあたり、山間部は歌志内の炭鉱地帯に隣接。化学工業・木工業などが盛ん。名はアイヌ語のオタウシナイ(砂の多い川)に由来。人口1.9万(2010)。㊁東京都の旧北多摩郡の町名。昭和38

年(1963)立川市に編入。

すながわ-し【砂川市】►砂川㊁

すながわ-じけん【砂川事件】昭和30〜32年(1955〜1957)、東京都下砂川町で起こった、米軍立川基地拡張に反対する闘争。政府は警官隊を動員して測量を強行したが、住民・労働者・学生も大量動員で対抗、流血事件も発生。裁判では、初めて日米安全保障条約の憲法適合性が争点になった。

すな-ぎも【砂肝】鳥の砂嚢のこと。

すな-ぎんちゃく【砂巾着】花虫綱スナギンチャク科の腔腸動物の総称。すべて海産。多くは群体で、共通の肉質部に砂粒を含み、岩や貝殻に着生し、イソギンチャク形のポリプ(個虫)が突出する。

すな-けしゴム【砂消しゴム】砂を練り込んだ消しゴム。砂が研磨剤となり、インクなどで書いた字や絵を、紙の表面ごと削り取る。砂消し。

すな-けむり【砂煙】風で砂が舞い上がり、煙のように見えるもの。砂塵。(類語)土煙・黄塵

すな-ご【砂子】❶砂。いさご。まさご。❷金銀の箔を細かい粉にしたもの。蒔絵・色紙・襖紙などの装飾に用いる。

すな-ごし【砂×漉し】桶などに砂を入れ、それで水を漉して汚れをとること。また、その漉した水。

すな-さいばい【砂栽培】►砂耕法

すな-じ【砂地】《「すなち」とも》砂ばかりの土地。砂の多くまじった土地。

ず-なし【図無し】〔名・形動〕途方もないこと。際限のないこと。また、そのような物・人や、そのさま。「父は足袋も一をはいたほどの骨格で」〈藤村・春〉「いったん泣きだしたとなれば…一にぐすりぐすり泣いている癖で」〈中勘助・銀の匙〉

すな-ずり【砂▽摩り｜砂×擂り】❶細かい砂状の研摩材で物をみがくこと。❷砂を加えて土蔵などの壁を塗ること。また、その壁。❸魚の腹の下の肥えた部分。

すな-せっちん【砂雪隠】茶道で、内露地に設けた便所。広さは一坪内外で、自然石を置き、川砂を盛り、砂かけ用の触杖を添える。現在では装飾用。飾り雪隠。

すな-ち【砂地】►すなじ(砂地)

すなち-しょくぶつ【砂地植物】「砂丘植物」に同じ。

スナッキー〔形動〕《和 snacky》口当たりのよいさま。軽食にうってつけの。また、気軽に楽しめるさま。「一マガジン(=手軽な情報誌)」

スナック〖snack〗❶軽い食事。軽食。❷「スナック菓子」の略。❸「スナックバー」の略。(類語)(❸)酒場・飲み屋・割烹・縄暖簾・パブ・居酒屋・バー

スナック-えんどう【スナック×豌豆】►スナップ豌豆

スナック-がし【スナック菓子】トウモロコシ・ジャガイモなどを主原料にした、手軽に食べられる袋菓子。ポップコーン・ポテトチップなど。

スナック-バー〖snack bar〗スタンド形式の簡単な飲食店。また、軽い食事のできる酒場。

スナック-パイン《和 snack＋pine》台湾で改良されたパイナップルの一品種。手でちぎって食べられる。

スナッチ〖snatch〗重量挙げ競技の一種目。床のバーベルをからだに触れずに一気に頭上まで引き上げ、両腕・両足を伸ばし静止するもの。

スナッフ〖snuff〗嗅ぎタバコ。

スナップ〖snap〗❶衣服などの合わせ目に用いる凹凸2個一組の円形の小さな留め金具。ホック。❷「スナップショット」の略。❸野球の投球や打撃、ゴルフの打球の際、手首の力を用いること。「一をきかせる」❹アメリカンフットボールで、プレー開始のとき、攻撃側のセンターがボールをすばやく後方の選手に手渡し、またはパスすること。スナッピング。スナップバック。❺手加工の鍛造などで、材料上面を椀形に変形させるときに用いる工具。

(類語)(❶)ボタン・ホック・フック・こはぜ/(❷)近影

スナップ〖SNAP〗《systems for nuclear auxiliary power》米国原子力委員会の小型原子力発電装置開発計画。

スナップ-えんどう【スナップ×豌豆】《snap pea》北アメリカで育成されたエンドウの一品種。グリーンピースのように肥大した子実をさやごと食べる。スナック豌豆。

スナップ-ゲージ〖snap gauge〗►挟みゲージ

スナップ-しゃしん【スナップ写真】►スナップショット

スナップショット〖snapshot〗人物などの被写体を、自然な形や雰囲気の中で早撮りした写真。スナップ写真。

スナップス〖snaps〗►シュナップス

スナップ-タイ〖snap tie〗初めから結びの部分ができており、それを付属のベルトでシャツの首回りに付けるだけで、締める必要のないネクタイ。

スナップドラゴン〖snapdragon〗ゴマノハグサ科の一年草。地中海沿岸原産。花冠は深く上下に2裂する。花は赤・桃・黄・白色などで、茎の先端に穂状に咲く。和名キンギョソウ。

すな-どけい【砂時-計】8の字形に中央部がくびれたガラス容器に砂を入れ、下のふくらみに少しずつ落ちる砂の量で時間を測る装置。砂漏。➡蜂の腰

すな-どめ【砂留(め)】砂がくずれ落ちるのを防ぎとめること。また、その設備。砂防。

すな-どり【▽漁り】〔名〕❶魚や貝をとること。すなどること。「一船」❷漁りを業とする人。漁夫。漁師。

すなどり-ねこ【▽漁り猫】ネコ科の哺乳類。家猫よりやや大きく、灰褐色の体に黒い斑点がある。南アジアの山地の川辺にすみ、水辺の岩から前足で魚を上手にすくいとる。

すな-ど・る【▽漁る】〔動ラ五(四)〕魚や貝などをとる。漁をする。「薪伐るべき林の中、魚一・るべき海の隈にも」〈露伴・風流魔〉

すな-ぬき【砂抜き】〔名〕アサリやシジミなどの貝類を調理する前に、数時間ほど塩水に漬けておき、砂を吐かせること。

すな-ねずみ【砂×鼠】キヌゲネズミ科の哺乳類。体長11〜13センチ。体毛は灰色。中国・モンゴルの砂漠・草原などに群れでトンネルを掘ってすむ。動物実験に使われる。ジャービル。

すな-の-もの【砂の物】立花の様式の一。横幅を広く活ける形式で、違い棚の下に活ける花の形から発展したもの。砂鉢に立て、砂・小石で根元を固定する。すなもの。

すな-ば【砂場】❶砂地。砂原。❷公園・運動場などの一画を掘って砂を入れた所。子供の砂遊びや跳躍競技の着地場にする。❸砂を採取する所。

すな-ばこ【砂箱】機関車に装備されている、砂を入れる箱。車輪の空回りを防ぐため、必要に応じてレールにまく砂を貯える。

すな-ばち【砂鉢】❶焼き方の粗末な鉢。砂色をしている。❷立花で、「砂の物」に用いる水盤状の花器。陶製または金属製が多い。

すな-はま【砂浜】砂地の浜辺。

(類語)海岸・沿海・沿岸・海沿い・浜・浜辺・海浜・海辺

すな-はら【砂原】砂地の原。広い砂地。

すな-はらい【砂払い】《「すなばらい」とも》❶砂をはらうこと。❷《体内にたまった砂を除くということから》こんにゃくのこと。❸12月8日の針供養の日、または18日に、こんにゃくを食べること。砂おろし。

すなびき-そう【砂引草】ムラサキ科の多年草。海辺の砂地に生え、高さ30〜50センチ。地下茎を伸ばしてふえる。葉は狭長楕円形で、密に互生する。夏、香りのある白い5弁花が密集して咲く。はまむらさき。

すな-ふき【砂吹き】金属・ガラス製品の仕上げ工程の一。表面の汚れを落としたり細かい凹凸をつけたりするため、珪砂または鉄粒を圧縮空気や遠心力を利用して吹きつけること。サンドブラスト。

すな-ぶくろ【砂袋｜砂×嚢】「砂嚢」に同じ。

すな-ぶね【砂船】川の土砂を運ぶ船。

すな-ぶろ【砂風呂】温泉熱などで砂を温め、その中にからだを埋めて温まる設備。砂湯。砂蒸し風呂。

すな-ぼこり【砂×埃】細かい砂が、煙のように舞い上がったもの。砂塵。「一を上げる」「一が立つ」

すな-むし【砂蒸し】温泉のわき出る砂浜の砂の中に体を埋めて温まる入浴法。鹿児島県指宿温泉が有名。砂蒸し入浴。

すなめり【砂▽滑】ネズミイルカ科の哺乳類。全長約1.8メートルのハクジラ。インド洋から日本の沿岸近くに分布し、砂の上を滑るように泳ぐ。瀬戸内海では天然記念物。

ズナメンスキー-しゅうどういん【ズナメンスキー修道院】《Znamenskiy monastïr'》ロシア連邦、シベリア南部の都市イルクーツクにあるロシア正教会の女子修道院。18世紀中頃に創設。ロシア革命に反対した指導者コルチャークの立像やデカブリストの乱で流刑にあった者たちの墓がある。

すな-もぐり【砂潜】魚カマツカの別名。

すな-やつめ【砂八目】ヤツメウナギ科の淡水魚。全長約15センチで、カワヤツメと体形・体色ともに似る。冷水性で、一生を淡水で過ごす。九州南部を除く日本各地に分布。食用にしない。(季 冬)

すな-やま【砂山】砂が小高くなった所。砂丘。

(類語)岩山・石山・砂丘

すなわち【▽即ち｜▽則ち｜×乃ち】㊀〔接〕❶前に述べた事を別の言葉で説明しなおすときに用いる。言いかえれば。つまり。「日本の首都一東京」❷前に述べた事と次に述べる事とが、まったく同じであることを表す。とりもなおさず。まさしく。「生きることは一戦いである」❸(「…ば」の形を受けて)前件の事実によって、後件の事実が自然に成り立つことを表す。その時は。そうすれば。「戦えば一勝つ」「信じれば一救われる」㊁〔名〕❶(連体修飾語に続けて)その時。「綱絶ゆる一に八島の鼎の上に、のけざまに落ち給へり」〈竹取〉❷むかし。あのころ。当時。「若宮は、一より寝殿に通る渡殿におはしまさせて」〈栄花・楚王の夢〉㊂〔副〕❶すぐに。たちまち。「立て籠めたる所の戸、一ただ開きに開きぬ」〈竹取〉❷もう。すでに。「頗る出精せしが、今は、一亡し」〈蘭学事始〉(補説)この語の語源は、いわゆる「時を表す名詞」の一種であり、平安時代以後、「即・則・乃・便」などの字の訓読から接続詞として用いられるようにもなったと考えられ、現在ではその用法に限られるといってよい。

(類語)㊀(❶)つまり・言い換えれば・要するに/(❷)取りも直さず・まさしく・ほかでもない・即

す-に【酢煮】酢を加えて煮ること。また、その煮物。酢炊き。

ず-に〔連語〕《打消しの助動詞「ず」の連用形＋助詞「に」》…(し)ないで。「失敗を気にせ一仕事をしなさい」「是は早々から、髪も結は一、どこへ」〈浄・堀川波鼓〉

ずにはいられ◦ない　ある感情や動作をおさえようと思ってもおさえることができない意を表す。…ないではいられない。どうしても…してしまう。「おかしくて笑わ一◦ない」

スニーカー〖sneakers〗ゴム底の布製または皮製のスポーツシューズ。

スニーク-アウト〖sneak out〗放送用語で、音が自然に徐々に消えていくこと。SO。(対)スニークイン。

スニーク-イン〖sneak in〗放送用語で、音がいつの間にかしのび入るようにはいってくること。SI。(対)スニークアウト。

スニーク-プレビュー〖sneak preview〗映画の題名・内容・監督・出演者などを一切知らせず行う試写会。観客の反応を見るためのもので、覆面試写会と訳される。その反応によって時には編集や撮り直しをして内容を改めることもある。

スニーム〖Sneem〗アイルランド南西部、ケリー州の町。アイベラ半島を一周する観光ルート、ケリー周遊路の町の一。スニーム川沿いに位置する。色とりどりの家並みと世界各国の彫刻家が手掛けた彫刻作品や記念碑があることで知られる。

スニオン-みさき【スニオン岬】《Akrotirio Sounio》ギリシャ中東部、アッティカ半島南端の岬。アテネの

南東約70キロメートルに位置し、古くから軍事上の要地として知られた。高さ60メートルの断崖の上に、紀元前5世紀に建造されたポセイドン神殿が残っている。

スニック〖SNCC〗《Student Nonviolent Coordinating Committee》学生非暴力調整委員会。1960年、反戦・反差別をスローガンとして結成された黒人学生を主体とした米国の公民権運動組織。60年代における黒人差別撤廃を求める公民権運動で主導的な役割を果たした。69年非暴力主義路線を放棄し、学生全米調整委員会(Student National Coordinating Committee)に改称したが、次第に影響力を失い、70年代前半には組織が分裂して解散した。

スニック〖SNCC〗《Student National Coordinating Committee》学生全米調整委員会。前身の学生非暴力調整委員会(Student Nonviolent Coordinating Committee)が、非暴力主義に基づく運動方針に限界を感じ1969年に改称したもの。70年代前半に路線対立から組織が分裂して影響力を失い、解散した。

スニペット〖snippet〗《切り取った小片、切れ端の意》インターネットを使った検索で、検索結果ページにおいて、ウェブページにリンクされた文字列の下に表示される、検索語を含む抜粋のこと。この要約によって目的の情報により早く到達できる。

スニュートリノ〖sneutrino〗素粒子物理学の超対称性理論から導かれる未知の超対称性粒子。ニュートリノの超対称性パートナーで、スピンがゼロのボース粒子。スレプトンの一種。スカラーニュートリノ。

ず-にん【▽徒人】ヅ 律令制で、徒(ず)に処せられ、労役に服する人。

す-ぬ【×拗ぬ】〔動ナ下二〕「すねる」の文語形。

す-ぬい【素縫い】ヌヒ ❶留め結びをしない糸をつけて運針の練習をする方法。また、縫い合わせたままで縫い代の始末をしないこと。❷刺繍(ししゅう)の一。直接布地に縫い取りしたもの。「花色繻子(はないろじゅす)に―の衣裳」〈浮・禁短気・六〉

スヌーカー〖snooker〗英国で始まったビリヤードに似たスポーツ。ポケットビリヤードの2倍の広さを持つ台上で、相手の球を邪魔しながら得点を重ねていく競技。

スヌーズ〖snooze〗❶居眠り。うたた寝。❷「スヌーズ機能」の略。

スヌーズ-きのう【スヌーズ機能】《スヌーズ(snooze)は居眠りの意》目覚まし時計で、一端アラームを止めてもしばらくして再び鳴り出す機能。再アラーム機能。

スヌード〖snood〗❶女性が髪をまとめて留めるためのネット、またはネット状の帽子。❷毛糸などで作った筒状のネックウオーマー。❸犬などの垂れ耳を覆う袋。食事や散歩の際に耳が汚れるのを防ぐもの。

ず-ぬ・ける【図抜ける┊頭抜ける】ヅ〔動カ下一〕図づぬ・く〔カ下二〕《「ず」は接頭語》普通の程度をはるかに越えている。並みはずれる。ずばぬける。「―・けた才能の持ち主」「―・けて大きな男」
(類語)ぬきんでる・ずば抜ける・飛び抜ける・抜け出る

すね【×脛┊×臑】膝(ひざ)からくるぶしまでの間の部分。はぎ。(類語)はぎ・向こうずね・弁慶の泣き所・膨らはぎ

脛から火を取・る 火をつける火打ちの道具がないほど貧困がはなはだしい。「―・るこの西鶴同前の御ありさま」〈浮・元禄大平記〉

脛に疵(きず)持・つ 昔犯した悪事などを隠している。自分の身にやましいところがある。「―・つ身」

脛を齧(かじ)・る ►親の脛(すね)を齧(かじ)る

すね-あて【×脛当て┊×臑当て】❶武具の小具足の一。打物(うちもの)の類で薙(な)ぎ払われることを防ぐためにすねを覆い保護するもの。鉄や革で作る。❷野球の捕手、ホッケーのゴールキーパーなどが、すねを保護するために用いる用具。

スネア-ドラム〖snare drum〗ドラムセットの中央に位置する、反響音を出すため下方の鼓面に響線が張ってある小型の太鼓。ジャズ・ロックなどのリズムでアフタービートを刻むために不可欠の打楽器。

すね・い【×拗ねい】〔形〕図すね・し〔ク〕ひねくれて強情をはる。すねている。「―・イ人」〈日葡〉

スネーク〖snake〗蛇。「―ダンス」

スネークウッド〖snakewood〗❶クワ科の高木。材は堅く、蛇のような斑紋があり、ステッキ材として珍重される。南アメリカの原産。❷キョウチクトウ科の常緑低木。葉は披針(ひしん)形で対生。花は淡紅色。果実は黒く熟す。根にレセルピンという薬効成分を含む。名は根の形状から。一説に毒蛇による咬傷(こうしょう)の治療に用いられたところからという。インド・マレーなどの熱帯に分布。インド蛇木(じゃぼく)。

スネーク-ヘッド〖Snake Head〗《中国語「蛇頭」の英訳》中国人の海外への密航を斡旋(あっせん)する国際的な犯罪組織。また、その構成員。

すね-おし【×脛押し】足相撲の一。二人が向かい合って尻をつき、互いに片足の脛と脛とを合わせ、押し合って勝負する遊び。

スネガ〖Sunnegga〗スイス南西部、バレー州にある展望地。標高2288メートル。地下ケーブルカーでツェルマットと結ばれる。マッターホルンの眺望の素晴らしさで有名。

すね-かじり【×脛×齧り】親などから学資や生活費をもらって生活すること。また、その人。「―の身」

すね-ざんまい【×脛三昧】けんかなどで、むやみに踏んだり蹴ったりすること。「武士の前にて―と、さんざんに叱(しか)るる」〈浄・丹波与作〉

すねすね・し【×拗ね×拗ねし】〔形シク〕まっすぐでない。ひねくれている。「容(かたち)醜く不束(ふつつか)にて、心まで―・しく」〈浄・振袖始〉

ず-ねつ【頭熱】ヅ 頭部が熱くなること。のぼせ。

すね-はぎ【×脛×脛】《「すね」も「はぎ」も同義》すね。

脛脛の伸びた奴(やつ) 背が高いばかりで、役に立たない者をののしっていう言葉。「やいそこな―ぢゃと仰せて御座る程に」〈鷺流狂・萩大名〉

すね-はたば・る【×拗ねはたばる】〔動ラ四〕すねて強情を張る。「情け知らぬ親方と―・って、勤め粗末にするやつら」〈浄・傾城酒呑童子〉

すね-もの【×拗ね者】何事にもすねた態度をとる人。「世の―」

す・ねる【×拗ねる】〔動ナ下一〕図す・ぬ〔ナ下二〕❶すなおに人に従わないで、不平がましい態度をとる。「すぐ―・ねる子供」「世を―・ねる」❷わざとよそよそしく振る舞う。「―・ねて気を引く」(類語)いじける・ひねくれる・ひがむ・ねじける・ねじくれる

スネル-の-ほうそく【スネルの法則】ハフソク 1615年にオランダの天文・物理学者スネル(W.Snell)が発見した、光の屈折現象に関する法則。➡屈折の法則

ず-ねん【頭燃┊頭然】ヅ 頭髪に火がついて燃えはじめること。危急のたとえ。

ズノイモ〖Znojmo〗チェコ南部、南モラバ地方の都市。オーストリアとの国境近くに位置し、ディエ川に沿う。白ワインの産地として有名。全長27キロメートルにおよぶ地下道があり、中世以降食料の貯蔵所として使われ、戦時中は避難所になった。他にズノイモ城などがある。

す-のう【▽収納】ナフ《「しゅのう」の直音表記》税などを取りたてること。「あやしの郡の―などせさせければ」〈宇治拾遺・七〉

ず-のう【図×嚢】ヅナウ 地図などを入れて腰に下げる、小さい箱形の革かばん。

ず-のう【頭脳】ヅナウ ❶脳。脳髄。あたま。❷あたまの働き。知力。「―のすぐれている人」「―明晰(めいせき)」「―集団」❸ある集団を代表する、すぐれた働きをする人。「我が社の―ともいうべき人物」❹特にすぐれた知能の持ち主。「海外への―の流出が続く」
(類語)(❶)脳・脳髄・脳味噌/(❷)知能

ずのう-しゅうだん【頭脳集団】ヅナウシフダン ►シンクタンク

ずのう-りゅうしゅつ【頭脳流出】ヅナウリウシュツ 知的能力の高い人々が、より良い研究環境や労働条件の得られる外国へ移住すること。

ずのう-ろうどう【頭脳労働】ヅナウラウドウ 主に頭脳を使ってする仕事。精神労働。

スノー〖Edgar Parks Snow〗[1905～1972]米国のジャーナリスト。中国問題の権威で、外国人記者として初めて中国共産党の本拠地延安に入り、その実態を世界に紹介した。著「中国の赤い星」など。

スノー〖snow〗雪。「パウダー―」「マリン―」

スノー-ガン〖snow gun〗人工雪の吹き付け機。

スノー-グローブ〖snow globe〗球形の透明なガラス容器の中に建物の模型や人形、白い粉を入れ水を満たした置物。動かすと舞い上がった粉が雪のように降りてくる。スノードーム。

スノーケル〖snorkel〗►シュノーケル

スノー-シェッド〖snowshed〗山間部の道路や線路などを覆うように建てられた、雪崩をよけるための設備。鉄筋やコンクリートなどで造られ、雪崩が起きても覆いの下の道路などには被害が及ばない。➡雪避けトンネル

スノーシュー〖snowshoe〗靴につけ雪上を歩くための道具。アルミ製パイプの枠に幕をはったものや、一体成形のものなどがある。先端をそらし、底に爪があるので傾斜地でも楽に歩ける。長さ50センチから、幅20センチ前後。日本のかんじきに似ているが、かんじきほど潜らず歩きやすい。

スノー-タイヤ〖snow tire〗雪道用のタイヤ。滑り止めの深い溝をつけてある。

スノー-ダンプ《和 snow＋dump》豪雪地帯の除雪器具。スコップの数倍の大きさで、手押しの取っ手がつく。雪下ろし作業の能率は高めるが、その重さに振り回されて屋根から滑落するなどの危険もある。

スノードーム〖snowdome〗スノーグローブのこと。特に半球形のもの。

スノードニア-こくりつこうえん【スノードニア国立公園】コクリツコウヱン《Snowdonia National Park》英国ウェールズ北西部にある国立公園。総面積は2170平方キロメートル。スノードン山をはじめとする険しい山々、丘陵、湖が広がり、中世の古城が点在する。観光拠点となる主な町はランベリス。町とスノードン山の山頂を結ぶスノードン登山鉄道やパダーン湖畔を走るランベリス湖畔鉄道の発着駅がある。

スノードロップ〖snowdrop〗ヒガンバナ科の多年草。鱗茎(りんけい)から線形の葉が数枚出る。2、3月ごろ、高さ約15センチの花茎が伸び、白色の花を下向きに開く。ヨーロッパの原産で、観賞用。ガランサス。まつゆきそう。ゆきのはな。(季 春)

スノードン-さん【スノードン山】《Snowdon》英国ウェールズ北西部の山。カンブリア山脈北部、スノードン山塊の主峰。標高1085メートル。ウェールズ最高峰として知られる。スノードン登山鉄道が山麓の町ランベリスと山頂を結ぶ。1951年、スノードン山とその一帯がスノードニア国立公園に指定された。

スノー-ノイズ〖snow noise〗アナログテレビ受像機の画面全体に多数現れる白く小さな点。また、それが生じる障害のこと。一般に、受信する信号が十分でないと起こる。激しいものを砂嵐とも呼ぶ。(補説)放送が終了した際や、放送していないチャンネルに合わせた際などにも見られる。

スノーバード〖Snowbird〗米国ユタ州、ソルトレークシティ近郊のスキーリゾート。

スノープラウ〖snowplow〗鉄道車両の先端につける排雪器。

スノー-ブリッジ〖snow bridge〗雪渓の割れ目や氷河のクレバスなどに、橋のように架かっている雪の塊。雪橋。

スノーフレーク〖snowflake〗ヒガンバナ科の多年草。鱗茎(りんけい)から線形の葉が出る。4月ごろ、スズランに似た、白色の花を開く。地中海沿岸地方の原産で、観賞用。おおまつゆきそう。すずらんずいせん。(季 春)

スノー-ボート〖snow boat〗雪の上を、人や荷物などをのせて運ぶボート形のそり。

スノー-ボード〖snow board〗スキーのように雪の上を滑るための、前後に両足を固定できるようにした幅広の1枚の板。また、それで滑る競技や遊び。

スノー-マシン《和 snow＋machine》スキー場など

で、気温の低いときに圧縮ガスを散布し、水蒸気を凍らせて人工雪を降らせる機械。人工雪造機。
スノーマン〘snowman〙雪だるま。
スノーモービル〘snowmobile〙前輪がスキー、後輪がエンジンで駆動するキャタピラーになっている小型の雪上車。
スノーライン〘snow line〙スピードスケートで、ダブルトラックの各コースを区切る線。
スノー-レパード〘Snow Leopard〙米国アップル社が開発したオペレーティングシステムMac OS Xのバージョン名の一。2009年8月より販売。レパードの後継として開発され、動画編集をはじめとする処理能力の向上と安定性の強化が図られた。正式名称はMac OS X v10.6 Snow Leopard
す-の-き【酢の木】ツツジ科の落葉低木。山地に生える。葉は互生し、卵形で酸味がある。6月ごろ、白い釣り鐘状の花が、数個ずつ集まってつく。果実は球形で、熟すと黒くなる。酸味があり、梅にたとえて小梅ともいう。
す-の-こ【須の子】クジラの下あごから胸にかけての部分の肉で、白い脂肪の内側にある赤い部分。脂肪とともにベーコンに加工する。
す-の-こ【×簀の子】❶板や竹を、少しずつ間をあけて並べ、横板に打ちつけたもの。水はけをよくするため、流しや風呂場などに敷いて用いる。❷簀の子張りの床または縁。❸劇場の舞台の天井。簀の子状で、大道具や照明器具などをつり下げる。関西ではぶどう棚。❹太い角材。平安時代では4寸(約12センチ)角のもの。
すのこ-えん【×簀の子縁】寝殿造りで、広庇(ひろびさし)の外に造った板縁。簀の子で造ったのでいう。
すのこ-まき【×簀の子巻(き)】「簀巻(すまき)❷」に同じ。
スノッブ〘snob〙紳士・教養人を気どる俗物。えせ紳士。スノブ。
スノ-トレ《snow training shoesから》足のくるぶしくらいまである、雪道用の運動靴。雪の上でトレーニングができる工夫が施されている。
スノビズム〘snobbism〙紳士・教養人を気どったきざな俗物的態度。また、流行を追う俗物根性。
スノビッシュ〘snobbish〙〔形動〕上品ぶった。教養・知識などを鼻にかけた。「—なカフェ」
スノボ「スノーボード」の略。
スノモ「スノーモービル」の略。
す-の-もの【酢の物】魚・貝・野菜などに合わせ酢をかけた料理。
スバ〘Suva〙フィジー共和国の首都。南太平洋フィジー諸島の主島であるビチ-レブ島の南東岸にある港湾都市。
スパ〘spa〙鉱泉。温泉。また、それを中心としたリラクゼーション施設。
ず-は〔連語〕《打消しの助動詞「ず」の連用形＋係助詞「は」》❶打消しの順接仮定条件を表す。もし…なかったら。「ま梶(かぢ)貫(ぬ)き舟し行か—見れど飽かぬ麻里布の浦に宿りせましを」〈万・三六三〇〉❷…(し)ないで。「立ちしなふ君が姿を忘れ—世の限りにや恋ひ渡りなむ」〈万・四四四一〉〔補説〕中世で「ずわ」と発音したが、室町末期以降、音変化して「ざ」としても用いられた。下に推量・願望を表す語を伴うことが多い。❶は、中世以降「ずんば」、近世以降「ずば」の形をもとる。
ずば〔副〕《日葡辞書では「づば」とする》矢が深く突き刺さるさま。ずぼっと。「馬の左の胸繋(むながい)づくしを、ひゃうー と射て」〈平家・一一〉
ず-ば〔連語〕「ずは❶」に同じ。「此小舟の若(も)し岩に触れて砕け—幸なり」〈鷗外訳・即興詩人〉〔補説〕近世以降「ずは」の「は」を接続助詞「ば」と混同したもの。
スパー〘Spa〙ベルギー東部、アルデンヌ地方の温泉保養都市。古くから効用のある鉱泉として知られる。英語の温泉・鉱泉の意のspaはこの地名に由来。➡スパ
スパー-ギア〘spur gear〙《「スパーギヤ」とも》「平歯車」に同じ。
スパーク〘SPARC〙《scalable processor architecture》米国サン-マイクロシステムズ(現オラクル)社が開発したRISC型マイクロプロセッサーのシリーズ名。
スパーク〘spark〙〔名〕スル ❶放電などによって火花が出ること。「パンタグラフが—する」❷ゲートボールで、タッチ後、自分のボールを片足で踏み、タッチしたボールを打撃方向に置き、自球を打った衝撃で、そのボールを動かすこと。スパーク打撃。〔類語〕(❶)閃光(せんこう)・一閃・閃(ひらめ)き・フラッシュ・ストロボ・光る
スパーク-スペクトル〘spark spectrum〙➡火花スペクトル
スパーク-チェンバー〘spark chamber〙➡放電箱
スパーク-プラグ〘spark plug〙エンジンの燃焼室に取り付け、先端に高圧電気を通して放電させて混合ガスに点火するプラグ。イグニッションプラグ。
スパークリング-ワイン〘sparkling wine〙液中に炭酸ガスを含む発泡性ワイン。シャンパンなど。
スパースナクラビー-きょうかい【スパースナクラビー教会】《Khram Spasa na Krovi》➡血の上の教会
スパーダ-きゅうでん【スパーダ宮殿】《Palazzo Spada》イタリアの首都ローマにある宮殿。ファルネーゼ広場に近い。17世紀に枢機卿(すうききょう)ベルナルディーノ=スパーダが購入して増改築した後現在の姿になった。中庭には建築家フランチェスコ=ボロミーニによる「遠近法の間」という、8メートル程度の奥行がその4倍近くに見える廊下がある。現在は国務院が置かれ、中庭と絵画館のみ見学できる。
スパート〘spurt〙〔名〕スル 競走・競泳などで、全速力を出すこと。「ゴール前で—する」「ラスト—」
スパーリング〘sparring〙〔名〕スル ボクシングで、実戦形式で行う練習。重い練習用グローブとヘッドギアなどの防具をつけて行う。「—パートナー」
スパーリング-パートナー〘sparring partner〙ボクシングで、スパーリングの相手。
スバールバル-しょとう【スバールバル諸島】《Svalbard》北極海にあるノルウェー領の諸島。北緯80度付近にあり氷河とツンドラに覆われる。石炭を産出。北極探検の基地。主島はスピッツベルゲン島。人口2067人(2010)。
す-はい【数輩】かなりの人数。「—の若党を討たせ、日夜旦暮相挑む」〈太平記・一九〉
す-ばい【素灰】消し炭などの混じらない灰。「—と消し炭を俵(たはら)にして売るは」〈滑・浮世風呂・四〉
スパイ〘spy〙〔名〕スル 相手や敵のようすをひそかに探ること。また、その人。間諜(かんちょう)。密偵。「敵情を—する」「産業—」〔類語〕探偵・密偵
スパイウエア〘spyware〙コンピューターの利用者が気づかないうちに、コンピューター内の個人情報などを収集し、インターネットに送信するプログラム。
スパイ-えいせい【スパイ衛星】敵国または仮想敵国の上空から、写真撮影や電波の傍受などを行う偵察衛星のこと。
スパイカー〘spiker〙➡アタッカー
スパイキー-ヘア〘spiky hair〙《spikyは、スパイクシューズのスパイクのような、大きな針のような、の意》ハリネズミの針のように、髪をディップローションなどで逆立てたようなヘアスタイルのこと。
スパイク〘spike〙〔名〕スル ❶野球や陸上競技などで、滑り止めのため、靴底に打ちつける釘などの突起物。❷「スパイクシューズ」の略。❸競技中に、スパイクシューズで相手プレーヤーを傷つけること。❹バレーボールで、味方のトスなどで上げられたボールを、ジャンプして相手コートに強く打ち込むこと。➡アタック❺ ❺「スパイクタイヤ」の略。
〔類語〕靴・シューズ・短靴・長靴・雨靴・編み上げ靴・ブーツ・軍靴・パンプス・ハイヒール・ローヒール
スパイク-シューズ〘spiked shoes〙靴底にスパイク❶を取り付けたスポーツ用の靴。
スパイク-タイヤ《和 spike＋tire》鋲(びょう)を植え込んだタイヤ。スノータイヤとして使われた。
スパイク-ノイズ〘spike noise〙電子機器で、スイッチの開閉などに伴って出る、鋭い波形の騒音。
スパイク-ヒール〘spike heel〙底の面積が非常に小さい婦人靴のヒールのこと。
スパイシー〘spicy〙〔形動〕香辛料がきいているさま。ぴりっとするさま。「—な味」
スパイス〘spice〙香辛料。香味料。薬味。「—をきかせた料理」〔類語〕香辛料・薬味
スパイダー〘spider〙蜘蛛(くも)。
スパイラル〘spiral〙❶らせん。らせん状。❷フィギュアスケートの基本型の一。片足を腰より高い位置に固定したまま滑走すること。❸連鎖的な変動。物価・原価・賃金・収益などの一つが上昇(または下降)することにつられ、それ以外も連鎖的に上昇(または下降)する悪循環が起こること。
スパイロメーター〘spirometer〙肺活量、肺気量(肺内に入るガス量)などを測定する装置。スピロメーター。
すばえ【×楚】➡すわえ
す-ばく【▽寸白】❶条虫・回虫などの、人体の寄生虫。また、それによって起こる病気。すんばく。「此れは—にこそありぬれ」〈今昔・二四・七〉❷《❶によると考えられたところから》婦人の腰痛や生殖器の病気の総称。「今夜は—で腰が延(の)せねえといふことだ」〈伎・三人吉三〉
スパゲッティ〘(イタリア) spaghetti〙《「スパゲティ」とも》パスタの一種で、小麦粉で作る棒状の麺(めん)。イタリアでは食事の初めに食べるもので、このあとに肉や魚料理が続く。
スパゲッティ-アラビアータ〘(イタリア) spaghetti all'arrabbiata〙《「辛いスパゲッティ」の意》スパゲッティにニンニクと唐辛子を加えたトマトソースをかけた料理。
スパゲッティーニ〘(イタリア) spaghettini〙パスタの一種。細めのスパゲッティ。
スパゲッティ-ウエスタン〘spaghetti western〙イタリアで製作された西部劇のアメリカでの呼称。マカロニウエスタン。
スパゲッティ-コード〘spaghetti code〙➡スパゲッティプログラム
スパゲッティ-しょうこうぐん【スパゲッティ症候群】病気の治療や救命処置のために、たくさんの管や電線などをからだに取りつけられた状態をいう言葉。
スパゲッティ-プログラム〘spaghetti program〙コンピューターのプログラムで、処理の流れや論理構造の把握が困難なもの。不具合が生じやすく、また見つけにくい。スパゲッティの麺が絡み合った様子にたとえた言葉。スパゲッティコード。
スパゲティ〘(イタリア) spaghetti〙➡スパゲッティ
す-ばこ【巣箱】❶小鳥が巣をつくるように、木などに掛けておく箱。〔季 春〕「梢に一幹に末子の牛乳函/草田男」❷ミツバチの巣を収めている木箱。
スパコン「スーパーコンピューター」の略。
スパシーボ〘(ロシア) spasibo〙〔感〕ありがとう。
す-はじかみ【酢×薑】ショウガの酢漬け。
すはじかみ【酢薑】狂言。酢売りとはじかみ売りとが、商人司(あきんどのつかさ)(商人の元締め)を決めようとして系図を比べたり、秀句を言い合ったりするが決まらず、一緒に商売をする。
す-ばしこ-い〔形〕〔文〕すばしこ・し〔ク〕《「す」は強意の接頭語》動作がきびきびしている。すばしっこい。「—・く逃げ回る」〔派生〕すばしこさ〔名〕
〔類語〕速い・素早い・速やか・迅速
す-ばしっこ-い〔形〕「すばしこい」の音変化。「小柄で—・い選手」〔派生〕すばしっこさ〔名〕
す-ばしら【須柱】築地(ついじ)の外面に一間(いっけん)ごとに露出している柱。
す-ばしり【州走】【×洲走】ボラの幼魚。〔季 秋〕
すばしり【須走】静岡県北東部、駿東(すんとう)郡小山町の地名。富士山の東口登山道の基点。
す-ばす【酢×蓮】蓮根(れんこん)をさっとゆで、甘酢に漬けたもの。料理のあしらいや、散らしずしの具にする。酢

蓮根。

スパスカヤ-きょうかい【スパスカヤ教会】《Spasskaya tserkov'》ロシア連邦中部の都市イルクーツクにある教会。18世紀初頭に建造。シベリア東部で最も古い石造教会の一つ。19世紀半ばに建てられた鐘楼は、現在、イルクーツク郷土博物館の分館として利用されている。

スパスカヤ-とう【スパスカヤ塔】《Spasskaya bashnya》ロシア連邦、タタールスタン共和国の首都カザンのクレムリンにある塔。16世紀に建造され、以降、増改築が繰り返された。城壁の南側に位置し、現在はカザンクレムリンを代表する通用門になっている。2000年に「カザンクレムリンの歴史的建造物群」の名称で世界遺産(文化遺産)に登録された。

すぱ-すぱ〔副〕❶たて続けにタバコを吸うさま。「タバコを—(と)吸う」❷手際よく、たて続けに切るさま。「大根を—(と)切る」❸ためらわずにどんどん物事を行うさま。「問題を—(と)片づける」

ずば-ずば〔副〕❶核心に触れた事をためらわずに言うさま。「相手かまわず—(と)言う」❷思い切りよく、続けてするさま。「速球を—(と)投げ込む」

ず-はずれ【図外れ】〔名・形動〕程度が並みはずれていること。また、そのさま。「—に声が大きい」

スパソエフフィミエフ-しゅうどういん【スパソエフフィミエフ修道院】《Spaso-Evfimiev monastïr'》ロシア連邦西部の都市スーズダリにある修道院。14世紀半ばに創設。17世紀にロシアポーランド戦争の際に破壊された後、12の塔がある城壁が築かれ、要塞としての役割が付された。中心となるスパソプレオブラジェンスキー聖堂は七つの玉ねぎ型の屋根を持ち、内部は17世紀に描かれたフレスコ画で装飾されている。ほかに、鐘楼、プラゴベシチェンスカヤ教会・ウスペンスカヤ教会・懲罰室などがあり、1992年に「ウラジーミルとスーズダリの白亜の建造物群」の名称で世界遺産(文化遺産)に登録された。

スパソプレオブラジェンスキー-しゅうどういん【スパソプレオブラジェンスキー修道院】《Spaso-Preobrazhenskiy monastïr'》ロシア連邦西部の都市ヤロスラブリにある修道院。12世紀の創設。コトロスリ川沿いに位置し、要塞としての役割を担った。院内には16世紀建造のスパソプレオブラジェンスキー聖堂を中心に、鐘楼・食堂などがある。2005年に「ヤロスラブリ歴史地区」の名称で世界遺産(文化遺産)に登録された。

スパソプレオブラジェンスキー-せいどう【スパソプレオブラジェンスキー聖堂】《Spaso-Preobrazhenskiy sobor》ロシア連邦北西部の都市サンクトペテルブルグにあるロシア正教会の聖堂。18世紀半ば、エリザベータ女帝が、クーデターを起こして自身の即位に貢献した近衛兵のために建造。火災で焼失した後、19世紀に現在の聖堂が再建された。

す-はだ【素肌・素×膚】❶むき出しの肌。化粧したり衣類をつけたりしていない肌。「—のきれいな人」「浴衣を—にじかに着る」❷甲冑(かっちゅう)などを身につけていないこと。「その矢…—なる身に少しも立たずして」〈太平記・三〉〔類語〕地肌

す-はだか【素裸】衣服をまったく身につけていないこと。まるはだか。すっぱだか。〔季 夏〕

す-はだし【素×跣・素裸足】足に何もはいていないこと。はだし。

スパダッツ〖SPADATS〗《space detection and tracking system》宇宙空間探知追跡網。米軍のレーダー網の一つ。

すはだ-むしゃ【素肌武者】甲冑(かっちゅう)をつけないで戦場に出る武者。素肌者。「四国九国の合戦も、—では手柄が成るまい」〈浄・盛衰記〉

スパチュール〖フランス spatule〗▶スパチュラ

スパチュラ〖spatula〗絵の具や薬品、またはクリームなどの食品を扱うための箆(へら)。スパチュール。

スパツィアリスモ〖イタリア Spazialismo〗空間主義。美術で、第二次大戦後の抽象表現の一傾向。キャンバスを切り裂いて二次元・三次元の空間をとらえなおすなど、新しい空間概念を追求した。

スパッカナポリ〖Spaccanapoli〗イタリア南部の都市ナポリ市中央部の一地区。古い街並みが残る賑やかな界隈であり、市場やレストランが集っている。

スパッタ〖spatter〗溶接作業時の溶けた金属が飛散して粒状に固まったもの。はね。

スパッタリング〖sputtering〗固体の表面に電界で加速された高エネルギーのイオン粒子を照射して衝突させると、その固体の表面の原子・分子が外へはじき出されて表面が損耗する現象。真空蒸着の困難な高融点・低蒸気圧の元素や酸化物の薄膜を作るのに利用される。

スパッツ〖spats〗❶足首と靴との間から雪や小石などが入るのを防ぐ覆い。❷伸縮性のある厚い編み地で作られた、足首までの婦人用のタイツ。レギンス。

スパット〖spot〗ボウリングで、投球するときの目標とするためにレーンにつけられたくさび形の印。

すぱっ-と〔副〕思い切りよく、一気に事を行うさま。「—結論を出す」「会社を—やめる」

ずばっ-と〔副〕❶矢や槍などが突き刺さるさま。「矢が—胴に突き刺さる」❷すばやく、的確に物事を行うさま。「相手の心中を—言い当てる」

スパティフィラム〖ラテン Spathiphyllum〗サトイモ科の多年草。コロンビア原産で、観賞用。ミズバショウに似た花茎に白い苞(ほう)のある花を咲かせる。

スパナ〖spanner〗ボルトの頭やナットを回す道具。片口スパナ・両口スパナ・モンキースパナなど。レンチ。

す-ばなし【素話】❶客に酒食・茶菓などを出さず、話だけをすること。❷(「素噺」「素咄」とも書く)鳴り物・道具などを使わない落語。

す-ばなれ【巣離れ】〔名〕スル ❶鳥のひなが成長して、巣を離れること。巣立ち。「—したばかりのツバメ」❷子供が成長して親の手から離れること。❸冬の間水底にじっとしていた魚が、春になって、えさを求めて活発に泳ぎはじめること。〔類語〕巣立ち

スパニエル〖spaniel〗犬の一品種。スペイン原産とされる。小形種。一般に、四肢は比較的短く、体毛は長い絹毛状で、耳は長く垂れ下がっている。狩猟用・愛玩用に飼育される。

スパニッシュ〖Spanish〗❶スペイン人。❷スペイン語。❸多く複合語の形で用い、スペインの、スペイン風の、の意を表す。「—ダンス」「—オムレツ」

スパニッシュ-ショール〖Spanish shawl〗スペイン風の肩掛けのこと。四隅に房のついた四角形のもので、三角形にたたんで使用する。刺繍(ししゅう)・レースなどの飾りのついたものが多い。

スパニッシュ-ハーレム〖Spanish Harlem〗米国ニューヨーク市マンハッタン北部の地区名。プエルトリコ系移民のほか、中南米系移民が多く住む。

スパニッシュ-ライス〖Spanish rice〗スペイン風炊き込み御飯。➡パエーリャ

ずば-ぬ・ける【ずば抜ける】〔動カ下一〕普通のものよりずっとすぐれている。群を抜く。ずぬける。「—・けた記憶力」〔類語〕ぬきんでる・飛び抜ける

す-はま【州浜・×洲浜】❶曲線を描いて州が出入りしている浜。❷「州浜形」の略。❸「州浜台」の略。❹紋所の名。州浜形のもので、種々ある。❺▶素甘(すあま)

スパマー〖spamer〗スパムメールを一方的に送りつける人または団体。

すはま-がた【州浜形】州浜❶を上から見下ろしたような形。曲線の輪郭に出入りのある形。近世では、三つ輪形ともいう。

すはま-そう【州浜草】ミスミソウの変種。葉の先は丸みを帯びる。早春、白色または紅紫色の花を開く。ゆきわりそう。〔季 春〕

すはま-だい【州浜台】州浜形にかたどって作った台。木石・花鳥などの景物をあしらい、宴会などの飾り物としたり、婚礼・正月などの料理を盛るのに用いた。

スパム〖spam〗❶受信者の同意を得ず、広告や勧誘などのために不特定多数に大量配信される電子メール。同様の目的で、BBS(電子掲示板)やブログのコメント欄に大量に書き込む行為などについてもいう。「コメント—」「トラックバック—」❷(SPAM)米国ホーメルフーズ社が販売する加工肉の缶詰。商標名。❸メタ構文変数で用いられる、意味をもたない文字列の一。〔補説〕❶は、❷の名を連呼するコメディーから生まれた語とされる。

スパム-メール《和 spam + mail》迷惑メールのこと。スパム。〔補説〕英語ではspamもしくはE-mail spamという。缶詰のスパムの名を連呼するコメディから生まれた語とされる。

す-ばや・い【素早い】〔形〕〔文〕すばや・し〔ク〕❶行動が非常に早い。敏速である。「動作が—・い」「—・く処理する」❷頭の回転が非常に早い。「状況を—・くさとる」「—・い判断」〔派生〕すばやさ〔名〕
〔類語〕速い・すばしこい・速やか・迅速

す-ばやし【素×囃子】能の略式演奏形式の一。囃子事(はやしごと)を囃子方だけで演奏すること。また、その演奏。

す-ばら【素腹】子をはらまないこと。また、そのような女性。うまずめ。「御いもうとの—の后は、いづくにかおはする」〈大鏡・師尹〉

す-ばらし・い【素晴(ら)しい】〔形〕〔文〕すばら・し〔シク〕❶群を抜いてすぐれている。大変みごとである。このうえなく好ましい。「山頂からの夜景は—・い」「—・い演奏」❷驚くほど程度がはなはだしい。ものすごい。「この柿は—・く甘い」「—・くおもしろい本」「もう全く—・く痛いんですよ」〈椎名・深夜の酒宴〉❸ひどい。とんでもない。「おぬしもこの女故にゃあ—・い苦労をして今の身の上」〈伎・浮名横櫛〉〔派生〕すばらしげ〔形動〕すばらしさ〔名〕〔類語〕(❶)素敵(すてき)・見事(みごと)・立派・最高・絶妙・卓抜・秀逸・結構・目覚ましい・輝かしい (連体修飾語として)妙(たえ)なる・えも言われぬ

スパランツァーニ〖Lazzaro Spallanzani〗[1729〜1799]イタリアの博物学者。生物学に実験的な方法を導入、微生物の自然発生を実験により否定した。胃液や皮膚呼吸などの研究においても、すぐれた業績を残した。主著「動物および植物の自然学」。

すぱり〔副〕❶刃物で、いっぺんに切り落とすさま。すぱっと。「枝をはさみで—と切る」❷ためらわずに物事を行うさま。すっぱり。「—(と)思い切る」

ずばり〔副〕❶刀などで勢いよく切るさま。「魚の頭を—(と)切り落とす」❷物事の核心を正確に、または単刀直入に指摘するさま。「相手の考えを—(と)言い当てる」

すばる【スバル・昴】文芸雑誌。明治42年(1909)1月創刊、大正2年(1913)12月廃刊。「明星」廃刊後、森鷗外を中心に石川啄木(いしかわたくぼく)・木下杢太郎(きのしたもくたろう)・吉井勇らが発刊。詩歌中心で、新浪漫主義思潮の拠点となった。

すばる【×昴】《動詞「統(す)ばる」から》二十八宿の一、昴宿(ぼうしゅく)の和名。牡牛座(おうしざ)にあるプレアデス星団で、肉眼で見えるのはふつう6個。六連星(むつらぼし)。➡昴宿 (「すばる」と書く)▶すばる望遠鏡

すば・る【×窄る】〔動ラ四〕「すぼる」に同じ。「下戸は酒にあうてから、口が—・る程に」〈咄・醒睡笑・六〉

すば・る【統ばる】〔動ラ四〕集まって一つになる。すまる。〈名義抄〉

スパルタ〖Sparta〗アテネと並ぶ古代ギリシャの代表的都市国家。前12世紀ごろ、ドリス人がペロポネソス半島南部に建設。前5世紀のペロポネソス戦争でアテネを破ってギリシャの覇権を握ったが、前371年、テーベに敗れ、以後は急速に衰えた。

スパルタカス〖Spartacus〗▶スパルタクス

スパルタキアード〖ロシア spartakiada〗ソ連など旧東欧共産圏諸国で開催されていた総合スポーツ大会。共産圏の崩壊に伴って、自然消滅。古代ローマのスパルタクスの名から。

スパルタ-きょういく【スパルタ教育】スパルタで、兵士養成のために幼時から施したきびしい軍事訓練や教育。転じて、そのような厳格な教育法をいう。スパルタ式教育。

スパルタクス〖Spartacus〗[?〜前71]古代ローマの奴隷反乱の指導者。共和政末期の前73年、カプアの剣奴養成所から反乱を起こし、ローマ軍を破って一時は南イタリアを制圧したが、クラッススに鎮圧さ

［スピードスケート］**スピードスケートの種目別世界記録・日本記録**　（2012年8月現在）

		記録	更新日	選手名(国籍)
500メートル				
世界記録	男子	34秒03	2007年11月9日	ジェレミー=ウォザースプーン(カナダ)
	女子	36秒94	2012年1月29日	于静(中国)
日本記録	男子	34秒27	2009年12月11日	及川佑
	女子	37秒42	2012年1月21日	小平奈緒
1000メートル				
世界記録	男子	1分6秒42	2009年3月7日	シャニー=デービス(米国)
	女子	1分12秒68	2012年1月28日	クリスティン=ネスビット(カナダ)
日本記録	男子	1分8秒09	2009年3月8日	長島圭一郎
	女子	1分14秒05	2009年3月7日	吉井小百合
1500メートル				
世界記録	男子	1分41秒04	2009年12月11日	シャニー=デービス(米国)
	女子	1分51秒79	2005年11月20日	シンディ=クラッセン(カナダ)
日本記録	男子	1分45秒49	2001年3月15日 2009年12月11日	今井裕介 杉森輝大
	女子	1分54秒28	2009年12月12日	田畑真紀
3000メートル				
世界記録	男子	3分37秒28	2005年11月5日	エスキル=エルビク(ノルウェー)
	女子	3分53秒34	2006年3月18日	シンディ=クラッセン(カナダ)
日本記録	男子	3分43秒93	2008年8月10日	平子裕基
	女子	4分1秒1	2002年1月27日	田畑真紀
5000メートル				
世界記録	男子	6分3秒32	2007年11月17日	スベン=クラマー(オランダ)
	女子	6分42秒66	2011年2月18日	マルティナ=サブリコバ(チェコ)
日本記録	男子	6分21秒98	2007年11月17日	平子裕基
	女子	6分55秒07	2011年2月18日	石野枝里子
10000メートル				
世界記録	男子	12分41秒69	2007年3月10日	スベン=クラマー(オランダ)
日本記録	男子	13分19秒64	2008年11月23日	平子裕基

れ、敗死した。スパルタカス。

スパルタクス-だん【スパルタクス団】《ドイツ Spartakusbund》第一次大戦中の1916年、ドイツ社会民主党左派のカール=リープクネヒト、ローザ=ルクセンブルクらが結成した急進的政治結社。18年末にドイツ共産党を結成。19年初めベルリンで武装蜂起したが、政府および軍によって鎮圧された。

スパルタ-しき【スパルタ式】非常にきびしいやり方。厳格な教育法。

スパルティ〘Sparti〙ギリシャ、ペロポネソス半島南部の都市。古代ギリシャの代表的な都市国家スパルタの現代名。スパルタやミストラの遺跡からの出土品を展示する考古学博物館があるほか、ミストラへの観光拠点として知られる。

スバルティ-たき【スバルティ滝】《Svartifoss》▶スバルティフォス

スバルティフォス〘Svartifoss〙《アイスランド語で「黒い滝」の意》アイスランド南東部、バトナヨークトル国立公園内にある滝。柱状節理が発達した玄武岩質の黒い崖から流れ落ちる。落差約20メートル。スバルティ滝。

スハルト〘Suharto〙[1921～2008]インドネシアの第2代大統領。中部ジャワの出身。第二次世界大戦では宗主国オランダの兵士として戦うが、日本に敗れると日本が組織した軍に入隊。戦後は独立戦争で活躍。1965年、軍部左派将校らによる九・三〇事件を鎮圧し、スカルノに代わって全権を掌握。68年大統領に就任して、反共・民族主義政策を推進。開発独裁政権として工業化・経済成長を達成したが、親族らへの利益供与・不正蓄財への不満から、98年に辞任に追い込まれた。

ズバルトノツ-の-こだいいせき【ズバルトノツの古代遺跡】ーコダイヰセキ《Zvartnots》アルメニア北西部のトルコ国境近くに位置する遺跡。アルメニア正教の聖地エチミアツィンの近郊にあり、アラブ人に破壊されたとされる7世紀創建の壮大な聖堂遺構が残されている。2000年に、エチミアツィン大聖堂とともに、世界遺産(文化遺跡)「エチミアツィンの大聖堂と教会群及びズバルトノツの古代遺跡」として登録された。

すばる-ぼうえんきょう【すばる望遠鏡】ーバウエンキヤウ　日本の国立天文台ハワイ観測所が運用している大型光学赤外線望遠鏡。ハワイ島のマウナケア山山頂付近(標高4139メートル)に設置されている。光を集める鏡の有効口径は8.2メートルで、単一鏡の望遠鏡としては世界最大級。この巨大な主鏡を261本のロボットの指が支え、鏡面の歪みを補正する。リニアモーターを採用した駆動システムにより0.1秒角の精度で天体を追尾できる。宇宙・天体の観測手段として用いられる光(電磁波)観測のうち、恒星などを主とする可視光観測および低温度の天体や障害物により可視光では見えにくい天体などの観測に適した一部の赤外線観測を行う。平成11年(1999)完成。公募による「すばる」の名称が用いられている。

スパロー〘sparrow〙雀すずめ。

スパン〘span〙❶ある時間の幅。「10年の―で考える」❷梁はり・アーチ・橋梁きょうりょうなどの、支点柱と支点柱との間の距離。梁間はりま。径間。支間。わたり。❸▶翼幅

ず-はん【図版】ヅ 書籍や雑誌などの中に印刷して載せてある図。

スパングル〘spangle〙▶スパンコール

スパンコール《spangleから》ぴかぴか光る装飾用の薄い金属またはプラスチックなどの小片。舞台衣装やドレスなどに縫いつける。スパングル。

スパンデックス〘spandex〙ポリウレタンを主成分とした合成繊維の一種。伸張率が高く、老化しにくいところから、ゴムの代用として広く利用される。

スピアがた-こうげき【スピア型攻撃】▶スピアフィッシング(spear phishing)

スピア-ガン〘spear gun〙▶水中銃

スピアナダ-こうえん【スピアナダ公園】ーコウヱン《Spianada》ギリシャ西部、ケルキラ島の中心都市ケルキラ(コルフ)の旧市街にある公園。ベネチア共和国時代は防衛上の目的で使用されたが、フランスおよび英国統治時代に公園として整備された。英国の初代高等弁務官トーマス=メイトランドを記念する古代ローマ風のロトゥンダ(丸屋根のある円形建物)や、19世紀建造の高等弁務官本部でギリシャ王宮にも使用されたアジア博物館がある。

スピア-フィッシング〘spear fishing〙スポーツフィッシングの一。やすや水中銃などを使って魚を突くもの。

スピア-フィッシング〘spear phishing〙特定の個人や団体を狙うフィッシング詐欺。相手の素性を調べた上で、関係者を装ってパスワードなどの個人情報を聞き出す手口が知られる。スピア型攻撃。

スピーカー〘speaker〙❶ラジオやテレビ、オーディオ装置などで、電気信号を音声に変える装置。❷《「ラウドスピーカー」の略》拡声器。❸話し手。話者。演説者。❹うわさなどを好み、話を広めたりする人。

スピーカー-システム〘speaker system〙低音専用・中音専用・高音専用の各スピーカーを一つのキャビネットに収納する方式。また、そのもの。

スピーカーホン〘speakerphone〙受話器を取り上げなくても通話のできる電話機。

スピーカー-ユニット〘speaker unit〙それぞれ独立の低音専用・中音専用・高音専用のスピーカーを組み合わせること。また、そのもの。

スピーキング〘speaking〙話すこと。特に英語教育で、ヒアリング・リーディングなどに対していう。

スピーク〘speak〙話すこと。また、言葉。用語。

スピーチ〘speech〙談話。演説。「テーブル―」

スピーチ-セラピスト〘speech therapist〙言語聴覚療法士。脳卒中で舌が回らなくなった人や、失語症の患者、また、難聴などによる言語・聴覚・音声の障害をもった人に対して、医師の指示のもとに訓練・検査・指導を行う専門家。ST。

スピーチ-ライター〘speech writer ┊ speechwriter〙政治家などの演説の草稿を執筆する人。

スピーディ〘SPEEDI〙《System for Prediction of Environmental Emergency Dose Information》緊急時迅速放射能影響予測ネットワークシステム。原発事故が起きたときなどに、大気中に放出された放射性物質の大気中濃度や汚染状況を迅速に計算・予測するシステム。米国スリーマイル島原発事故を契機に日本原子力研究所(現、日本原子力研究開発機構)が開発し昭和61年(1986)から運用開始。平成2年(1990)から原子力安全技術センターが管理・運用。

スピーディー〘speedy〙〔形動〕動きが早いさま。また、物事が能率よく行われるさま。「―な解決」

スピード〘speed〙❶速さ。速度。速力。「―オーバー」❷速度が速いこと。「―ライト」❸覚醒剤を指す隠語。〖類語〗(❶)速さ・速度・ペース・ピッチ・テンポ・速力/(❸)ヒロポン・しゃぶ・エス・アイス

スピード-アップ〘speed-up〙〔名〕スル　スピードを上げること。速度を増すこと。また、作業の能率を上げること。「窓口業務を―する」⇔スピードダウン。

スピードウエー〘speedway〙❶高速自動車道路。❷自動車・オートバイなどの競走場。

スピード-ガン〘speed gun〙野球で、投手の投球のスピードを測定する機械。マイクロ波を用い、反射波の波長の変化を分析して計測する。レーダーガン。

スピード-ケース〘speed case〙やや大きめの抱え式の長方形のバッグ。上部1辺または3辺にファスナーが付き、書類などを入れられるようになっている。

スピード-スケート《speed skatingから》スケートで一定の距離を走って速さを競う競技種目。➡表　〖補説〗英語でspeed skateは、スピードスケート用の靴。

スピード-スプレーヤー〘speed sprayer〙果樹園などで用いられる薬剤散布用の噴霧機。送風式で作業能率が高い。

スピード-ダウン〔名〕スル《和 speed＋down》スピードを下げること。速度を落とすこと。また、作業の能率が下がること。「曲がり角で―する」⇔スピードアップ。〖補説〗英語ではslow down〖類語〗減速・失速

スピード-ブレーキ〘speed brake〙▶空力ブレーキ

スピードボール〘speedball〙野球で、投手の投げる速球のこと。

スピードメーター〘speedometer〙速度計。

スピード-ライト〘speed light〙「ストロボ」に同じ。

スピード-リミッター〘speed limiter〙自動車の最高速度を抑える装置。車両総重量8トン以上または最大積載量5トン以上の大型トラックについては、平成15年(2003)9月から、道路運送車両法によって、

時速90キロ以上出ないよう、装置の装着が義務づけられた。速度抑制装置。
スピカ〘ラテ Spica〙乙女座のα星。晩春のころに南の空に輝く白色の1.0等星で、距離350光年の分光連星。和名は真珠星。
スピガ-どおり【スピガ通り】《Via della Spiga》イタリア北部、ロンバルディア州の都市ミラノ中心部にある通り。世界的に有名なファッションブランド店、宝飾品店が並び、モンテナポレオーネ通りとともに、ミラノきっての高級ショッピング街として知られる。
す-びき【素引き】❶張りの強さをためすため、弓に矢をつがえず、弦だけを引くこと。❷縄などをしごくこと。「用意の早縄―して」〈浄・布引滝〉
素引きの精兵 《素引きをする姿だけはりっぱにみえるところから》理論には強いが、実戦には役に立たない者。「一、畠水練の言におづる人非じ」〈太平記・二九〉
す-びき【巣引き】〘名〙スル 飼い鳥が巣をつくり、ひなを育てて繁殖すること。「鳩が―する」
す-びき【簀引き】鰡を捕らえる漁法の一。竹簀を水上に浮かべておき、鰡を追って、その上におどり上がったのを捕らえる。
ず-ひき【図引き】建築設計などの図面をかくこと。また、その人。
ずひき-がみ【図引き紙】図面をかくのに用いる紙。製図用紙。
す-び・く【素引く・誘く】〘動カ五(四)〙❶弓の張りを確かめるために、弦だけを引く。「弓ヲ―・ク」〈和英語林集成〉❷誘う。気を引いてみる。「けころを―・いたことはあったが」〈黄・景清百人一首〉❸からだに、つっぱるような痛みが走る。痙攣が起こる。「筋ガ―・ク」〈日葡〉
スピシュ-じょう【スピシュ城】《Spišský hrad》►スピシュスキー城
スピシュスカー-カピトゥラ〘Spišská Kapitula〙スロバキア東部の町。13世紀に聖職者の町として創建。スピシュスキー城の城下町の一。13世紀建造の後期ロマネスク様式の聖マルティン大聖堂は1993年に「スピシュスキー城とその関連文化財」として世界遺産(文化遺産)に登録された。
スピシュスキー-じょう【スピシュスキー城】《Spišský hrad》スロバキア東部にある城。13世紀初頭、タタール人の侵入に備えて建てられ、15世紀から16世紀にかけてルネサンスやバロックなどの様式で増改築された。1780年の火災で廃墟となるが、一部は再建されて博物館になっている。1993年、城下町の歴史的建造物とともに「スピシュスキー城とその関連文化財」として世界遺産(文化遺産)に登録された。スピシュ城。
スピシュスケー-ポドフラディエ〘Spišské Podhradie〙スロバキア東部の町。小高い丘の上にあるスピシュスキー城の城下町として栄え、今もルネサンス様式の商人の邸宅が残っている。1993年、「スピシュスキー城とその関連文化財」として世界遺産(文化遺産)に登録された。
す-びつ【炭櫃】いろり。炉。一説に、角火鉢の意という。「火桶の火、―などに、手の裏うち返しうち返し」〈枕・二八〉
スピッツ〘ドイ Spitz〙《先のとがった、の意》犬の一品種。ドイツ原産の小形種。口先がとがり、耳が立ち、尾は巻く。長毛で全身白色。番犬・愛玩用。
スピッツベルゲン〘Spitsbergen〙北極圏、バレンツ海のノルウェー領スバールバル諸島の主島。また、同島を中心とし、スバールバル諸島の主要部をなす諸島。
スピットボール〘spitball〙野球で、投手が唾液をつけて投げるボール。予想外の変化球となり、危険なので現在は禁止されている。
スピナー〘spinner〙ルアーの一。金属翼が水中で回転して魚を誘うもの。
スピナロンガ-とう【スピナロンガ島】《Spinalonga》ギリシャ南部、クレタ島のミラベル湾にある島。海岸保養地として知られるエルンダの沖合に浮かぶ。ベネチア共和国時代に築かれた堅固な要塞がある。
ズビニ-こうちゅう【ズビニ鉤虫】線虫綱鉤虫科の寄生虫。体長1〜1.5センチ。幼虫は地中にすみ、皮膚や口から人間の体内に入る。小腸に寄生して血液を吸い、貧血や衰弱を起こさせる。イタリア人のドゥビーニ(A.Dubini)が発見した。十二指腸虫。
スピニング-リール〘spinning reel〙釣りで用いるリールの一種。スプール(糸巻き)が固定されて回転しないもの。磯釣り・投げ釣りなど広く使われる。
スピネット〘spinet〙チェンバロの一種。形は細長い三角形、四角形などがあり、多く弦は鍵盤と平行に張る。16〜18世紀に用いられた。
スピネル〘spinel〙マグネシウム・アルミニウムの酸化物からなる鉱物。ガラス光沢があり、八面体の結晶が多い。等軸晶系。硬度8。無色、赤・青・黄・緑色などで、火成岩・変成岩に広く分布。美しいものは宝石になる。尖晶石。
スピノーラ-きゅうでん【スピノーラ宮殿】《Palazzo Spinola》イタリア北西部、リグリア州の都市ジェノバにある宮殿。16世紀末にグリマルディ家の館として建造。内部はロココ風の装飾を施され、天井にはグリマルディ家を称えるフレスコ画が描かれている。現在はスピノーラ宮国立絵画館として公開されている。
スピノザ〘Baruch de Spinoza〙[1632〜1677]オランダの哲学者。初めユダヤ教を学んだがやがて批判的見解を抱き、教団から破門されて学問研究に専念。唯一の実体である神はすなわち自然であるとする汎神論を主張し、精神界と物質界の事象はすべて神の2属性の様態であると説いた。また、事物を神との必然的関係において直観することに伴う自足感を道徳の最高の理想とした。著「エチカ」「知性改善論」など。
スピノザ-しゅぎ【スピノザ主義】スピノザとその信奉者の哲学。合理主義・汎神論・同一哲学などを特徴とする。シェリング・ヘーゲルらにみられる。
スピノラ〘Carlo Spinola〙[1564〜1622]イタリアの宣教師。イエズス会士。慶長7年(1602)来日し、各地に布教。京都にアカデミアを設立。のち、禁教令により捕らえられ、火刑にされた(元和大殉教)。
ず-ひょう【図表】❶図と表。また、図または表。❷数値を読み取ることができる図。❸数量的な関係・法則を直線や曲線で表したもの。グラフ。
ずひょうでみる-きょういく【図表でみる教育】《Education at a Glance》経済協力開発機構(OECD)が毎年発表する加盟国の教育に関する統計。学習到達度・教育支出・進学率・学習環境などについて、国際比較が可能な指標を掲載。加盟国政府による教育政策の効果検証、教育制度改革の推進などに利用される。
スピリ〘Johanna Spyri〙[1827〜1901]スイスの女流児童文学者。「子どもと子どもを愛する人々のための物語」16巻の中の「ハイジ」(アルプスの少女)の作者として知られる。シュピリ。
スピリチュアリズム〘spiritualism〙❶►精神主義 ❷►心霊主義
スピリチュアル〘spiritual〙㊀〘名〙米国で、民衆の中から生まれた宗教的性格をもった歌。ブラックスピリチュアル(黒人霊歌)・ホワイトスピリチュアル(白人霊歌)・ゴスペルソング(福音賛美歌)など。㊁〘形動〙精神的な。また、霊的な。「―な世界」
スピリチュアル-セラピー〘spiritual therapy〙精神療法。他者の手を借りて精神状態を改善し、心や体をリフレッシュすること。支持療法・暗示療法・精神分析などがある。
スピリッツ〘spirits〙アルコール度の高い蒸留酒。ブランデー・ウオツカなど。
スピリット〘spirit〙❶精神。霊。生気。「フロンティア―」❷►スピリッツ 〔類語〕精神
スピリファー〘ラテ Spirifer〙《「スピリフェル」とも》腕足類の化石動物の一。ツバメが翼を広げたような形の石灰質の殻をもち、表面には放射状の線、殻の内部にはらせん形の腕骨がある。古生代のシルル紀から二畳紀に栄えた。石燕。
スピル-オーバー〘spillover〙放送衛星から発射される電波が所定のサービス区域外へ漏れ出すこと。〔補説〕本来は、あふれ出ること、流出の意。
スピルオーバー-こうか【スピルオーバー効果】費用を負担した者に提供される便宜が負担しない者にまで及ぶこと。➡スピルオーバー
スピルベルグ-じょう【スピルベルグ城】《Hrad Špilberk》►シュピルベルク城
スピルリナ〘spirulina〙藍藻綱ユレモ科の藍藻類。藻体は糸状で螺旋状になる。たんぱく質含有量が高く、近年食用として培養されている。
スピロヘータ〘ラテ Spirochaeta〙スピロヘータ科の細菌の総称。トレポネマ・レプトスピラなど六つの属に分けられる。糸状でらせん形をなし、分裂によって繁殖する。梅毒・回帰熱・ワイル病などの病原体を含むが、非病原性のものもある。また特に、梅毒の病原体のトレポネマパリズム(旧称スピロヘータパリダ)をさすことが多い。
スピン〘spin〙〘名〙スル ❶回転すること。旋回すること。「凍結路で車が―する」❷フィギュアスケートで、氷上の一点で体の中心線を軸としてこまのように体を回転させること。ジャンプなどとともに、採点要素の一つ。アップライトスピン・シットスピン・キャメルスピンに大別。❸ダンスで、体を回転させること。❹テニス・卓球・ゴルフなどで、ボールの回転。「―をかける」❺飛行機の、きりもみ。❻素粒子の基本的な量子数の一。古典的には粒子の自転による角運動量とみなされる。〔類語〕(❺)急降下・錐揉み
スピンアウト〘spinout〙❶個人あるいは複数の仲間がある組織からとび出し、独立の小規模組織をつくること。スピンオフ。❷自動車がスピンして道路から外に出ること。
スピン-オフ〘spin-off〙❶企業が事業部などの一部門を独立させて別の会社(例えば、子会社)をつくること。新会社の株式は、通常、親会社の株主に分配される。❷国による技術開発などで思いがけなく付随的に発生する副産物。また、民間産業への転用。❸好評だったテーマや登場人物などを取り入れたテレビ番組の続編。❹►スピンアウト
スピン-きょうめい【スピン共鳴】►磁気共鳴
スピン-じきりょうしすう【スピン磁気量子数】素粒子の固有の角運動量(スピン角運動量)のZ軸成分を特徴づける量子数。スピン量子数をsとすると、スピン磁気量子数の値は、−sからsまでの整数または半整数の値をとる。
スピン-ターン〘spin turn〙自動車を高速で走らせているとき、意図的にスピン(旋回)を起こし、その場で後ろを向く走法。
スピント〘イタ spinto〙歌い方や演奏が、叙情的な中に劇的な盛り上がりのあること。また、そのような声や歌手。
スピンドル〘spindle〙❶錘のこと。❷軸。心棒。❸ヤードポンド法で、綿糸や麻糸の長さの単位。1スピンドルは、綿糸で1万5120ヤード(約1万3825メートル)、麻糸で1万4400ヤード(約1万3062メートル)。❹記憶媒体が円盤状であるものの総称。ハードディスク・フロッピーディスク・光学ドライブなどのこと。
スピンドル-スカート〘spindle skirt〙紡錘形のシルエットを持ったスカートのこと。中ほどでふくらみ、上下ですぼまった形になっている。
スピンドル-ゆ【スピンドル油】潤滑油などに用いる炭化水素油。精紡機スピンドルなどの軽荷重の高速回転の軸受けに用いる。
スピントロニクス〘spintronics〙電子がもつ電荷とスピンの両方の特性を電子工学の分野に応用する技術や光学。スピンとエレクトロニクスを組み合わせた造語。主な応用例として、巨大磁気抵抗効果やトンネル磁気抵抗効果を利用したハードディスクの大容量化が挙げられる。
スピンホール-こうか【スピンホール効果】非

磁性体の金属や半導体に電流を流すと、電流と垂直の方向に電子スピンの流れ(磁気の流れ)が発生する現象。電流の替わりにスピン流を利用するスピントロニクスへの応用が期待されている。(補説)電子には電荷とスピンという二つの性質があり、スピンには上向きと下向きの二つの状態がある。非磁性体に電流を流すと、上向きスピン電子と下向きスピン電子が、それぞれ電流と直交する方向の両端に分かれて蓄積する結果、スピン流が生じる。従来、非磁性体の中でスピン流を発生させるためには強磁性体(磁石)が必要と考えられていたが、スピンホール効果を利用することで、電流によってスピン流を発生させ磁化を制御できるようになる。上向き・下向きのスピンを二進数の 0・1 に対応させることで演算や記憶に利用することができ、高速低消費電力の次世代スピントロニクス素子の開発が期待されている。スピンホール効果に続いて、スピン流が電流に変換される「逆スピンホール効果」や、磁石の両端に温度差を与えると磁気の流れが発生する「スピンゼーベック効果」なども相次いで発見されている。なお、電流の流れている金属や半導体に磁場をかけると、電流と磁界に直交する方向に電圧が発生する現象をホール効果という。

スピン-りょうしすう【スピン量子数】素粒子の固有の角運動量(スピン角運動量)の大きさを特徴づける量子数。整数または半整数の値をとり、半整数の値をとる素粒子はフェルミ粒子、整数の値をとる素粒子はボース粒子という。

スフ「ステープルファイバー」の略。

す・ぶ【窄ぶ】〔動バ下二〕すぼめる。「虎にはかに尾を—・べて逃げ退きければ」〈伽・二十四孝〉

す・ぶ【統ぶ】〔動バ下二〕「す(統)べる」の文語形。

ず-ふ【図譜】図や写真を集録・分類し、説明をほどこした書物。「野鳥—」(類語)図鑑・図録

ずぶ　㊀〔副〕❶《日葡辞書では「づぶ」と表記》まったく。まるっきり。全然。現代では多く、「ずぶの」の形で用いられる。「—の素人」「—働かないでいる訳にも行かないでね」〈秋声・足迹〉❷全身水にぬれるさま。全体を水につけるさま。また、その時の音を表す語。「海に—と落ち入りぬ」〈発心集・三〉㊁〔接頭〕動詞の連用形から転化した名詞に付いて、はなはだしく、すっかり、などの意を添える。「—ぬれ」「—酔い」

スファトゥルイ-ひろば【スファトゥルイ広場】《Piața Sfatului》ルーマニア中央部の都市ブラショフの旧市街中心部にある広場。14世紀から15世紀にかけて建造された後期ゴシック様式の黒の教会、高さ60メートルの塔をもつ15世紀建造の旧市庁舎(現在は歴史博物館)がある。

スフィンクス〖Sphinx〗㊀ギリシャ神話で、胸から上は女、下はライオンで、翼をもった怪物。テーベの近くに現れ、通行人に「朝は四本足、昼は二本足、夕は三本足で歩く生き物は何か」という謎をかけ、答えられない者を殺していたが、オイディプスが「それは人間だ」と解いたとき、谷に身を投げて死んだという。㊁古代エジプトやアッシリアで、神殿・王宮・墳墓の守り神として作られた、顔が人間でからだがライオンの石像。

スプートニク〖ロシ Sputnik〗《随伴者の意》1957年10月4日にソ連が打ち上げた史上最初の人工衛星の名。

スプーフィング〖spoofing〗《spoofは、だます、かつぐ、の意》►成り済まし❷

スプーラー〖spooler〗►スプール(SPOOL)

スプール〖spool〗❶糸巻き。❷釣りのリールの糸巻きの部分。❸カメラ・映写機でフィルムの巻き軸。

スプール〖SPOOL〗《simultaneous peripheral operation on-line》コンピューター本体の処理と平行して、本体とプリンターなどの入出力装置とのデータ交換を行う機能。例えば、プリンターの印字速度は、本体のCPUの処理速度よりはるかに遅いため、印字データはバッファー記憶装置などにたくわえてプリンターを動作させ、本体は次の処理を実行する。

スプーン〖spoon〗❶匙。主に洋食で物をすくうためのもの。❷ゴルフで、ウッドクラブ3番の称。3番ウッド。❸ルアーの一。金属製の、さじに似た形の擬似餌。湾曲しているため、水中で独特の動きをする。

スプーン-レース《egg-and-spoon raceから》さじ形のしゃくしに球をのせて、落とさないようにして走る競走。

スフェリア-とう【スフェリア島】《Sphairia》ギリシャ南部の島。水路で隔てられたカラブリア島とあわせて、ポロス島をなす。

スフェルミオン〖sfermion〗素粒子物理学の超対称性理論から導かれる未知の超対称性粒子。フェルミ粒子(フェルミオン)であるクオークとレプトンの超対称性パートナーの総称。6種類のスクオークとスレプトン(セレクトロン・スミューオン・スタウ・スニュートリノ)がある。スカラーフェルミオン。スカラーフェルミ粒子。

スフォルツァ-け【スフォルツァ家】《Sforza》ルネサンス期の北イタリアの名家。傭兵隊長M=アッテンドロを始祖とし、その子フランチェスコのときから、ビスコンティ家に代わってミラノを支配した。代々芸術家の庇護者で、特にルドビコはレオナルド=ダ=ビンチを援助したことで知られる。

スフォルツァ-じょう【スフォルツァ城】《Castello Sforzesco》イタリア北部の都市ミラノにあるルネサンス様式の城。15世紀半ば、ミラノ公フランチェスコ=スフォルツァが、ビスコンティ家の居城を改築。レオナルド=ダ=ビンチも建築を手がけたとされる。内部にはミケランジェロによる未完の遺作「ロンダニーニのピエタ」像やマンテーニャ・ティントレット・コレッジョらの絵画を所蔵する博物館がある。スフォルツェスコ城。

スフォルツァンド〖イタ sforzando〗《力を込めて強く、の意》音楽で、発想標語の一。ある音に強いアクセントをつけて奏する。記号 *sfz*

スフォルツェスコ-じょう【スフォルツェスコ城】《Castello Sforzesco》►スフォルツァ城

ずぶ-ずぶ㊀〔副〕❶水や泥などに深く沈むさま。「足が雪の中に—(と)めり込む」❷柔らかい物の中へ深く突き入るさま。「針を—(と)刺す」❸ひどく酔っているさま。「一酔うた足もと見とがめられては」〈浄・寿の門松〉㊁〔形動〕水分をたっぷり吸い込んでいるさま。「ぬれて—な(の)ズック靴」アクセントは㊀はズブズブ、㊁はズブズブ。(類語)ずぶり

す-ふだ【素札】❶カルタで、点数に入れない札。❷花札で、動物や短冊などの描かれていない札。1点に数える札。素物。スベタ。

すぶた　トチカガミ科の一年草。水田などに生える。葉は細長く密に根生し、水中でなびく。夏から秋、水面に白い3弁花を開く。

す-ぶた【酢豚】下味をつけて揚げた豚肉といためた野菜を合わせて、甘酢あんをからませた中国料理。

す-ぶた【簀蓋】簀でできているふた。簀に曲げ物の縁をつけたもの。

ず-ぶと・い【図太い】〔形〕文ずぶと・し〔ク〕大胆で、ちょっとやそっとでは、びくともしない。また、非常にずうずうしい。のぶとい。「—・い神経」「もっと—・くなれ」(派生)ずぶとげ〔形動〕ずぶとさ〔名〕

ずぶ-ぬれ【ずぶ濡れ】雨などが衣服にしみとおって、からだ全体がぬれること。びしょぬれ。ぐしょぬれ。「にわか雨で—になる」(類語)びしょ濡れ・濡れ鼠

す-ぶね【素船】荷物や客を乗せていない船。からぶね。

ず-ぶねり【頭捻り】相撲のきまり手の一。頭を相手の肩か胸につけて、相手の差し手を抱え込むか、ひじをつかんで、ひねり倒す技。

スフラーフェンハーヘ〖's-Gravenhage〗オランダの都市「ハーグ」の正式名称。

スプライト-げんしょう【スプライト現象】雷の放電に伴う高高度での放電発光・後光現象。地上に落雷がある際に、雲の上空で宇宙に向けて発生する放電、およびその発光現象のこと。1989年に観測・発見され、スプライト(sprite 妖精の意)と名付けられた。地上50〜90キロメートルの上空で発生する大気現象で、後から発見された「ブルージェット」「エルブス」などと共に、高高度発光現象(TLE ; Transient Luminous Event)の一つとされる。発生メカニズムの解明に向けて平成21年(2009)1月、スプライト観測衛星「雷神」がH2Aロケットにより打ち上げられた。

スプライン〖spline〗「雲形定規」に同じ。

スプライン-きょくせん【スプライン曲線】《spline curve》コンピューターグラフィックスなどにおいて、曲線を簡便に描く手法の一。任意に複数の制御点を設定すると、すべての制御点を通る滑らかな曲線を描くことができる。

スプライン-じく【スプライン軸】《spline shaft》大きな回転力を伝えるために使われる、多数の溝をもつ軸。

スプラウト〖sprout〗《植物の芽、新芽、若枝の意》食用にする新芽のこと。種子にはないビタミンやミネラル・ポリフェノールが豊富に含まれるところから注目されている。古くからカイワレダイコンやモヤシなどがあるが、それ以外にもブロッコリースプラウトなどさまざまな種類がある。新芽野菜。

スプラッシュ〖splash〗❶泥や水をはね散らすこと。❷ボート競技で、オールの操作に失敗して水しぶきをあげること。

スプラッシュ-がめん【スプラッシュ画面】《splash screen》►スプラッシュスクリーン

スプラッシュ-スクリーン〖splash screen〗コンピューターで、アプリケーションソフトなどが起動するまでの間に表示される画像。アニメーションを用いたものや音を伴うものがある。スプラッシュ画面。

スプラッタ-ムービー〖splatter movie〗《「スプラッタームービー」とも》血みどろでショッキングな場面を主な見所とする映画。スプラッタ映画。

スプラトリー-しょとう【スプラトリー諸島】《Spratly》►南沙諸島

す-ぶり【素振り】刀・バット・ラケットなどを、練習のために相手なしで振ること。

ずぶり〔副〕《古くは「づぶり」とも表記》❶水や泥などに沈み込むさま。「ぬかるみに—とはまり込む」❷柔らかなものに突き入るさま。「短刀で—と刺す」
(類語)(❶)ずぶずぶ/(❷)ぐさり・ぶすり・ぶすぶす

スプリッター〖splitter〗公衆電話回線を用いたADSLなどのデータ通信サービスにおいて、音声信号とデータ信号を分離する装置のこと。

スプリット〖split〗❶分裂すること。❷ボウリングで、第1投目でピンが離れ離れに残ること。

スプリット〖Split〗►スプリト

スプリット-イメージ〖split image〗►スプリットプリズム

スプリット-ジャンプ〖split jump〗体操・フィギュアスケートなどの技の一。空中で足を大きく開くジャンプ。

スプリット-スカート〖split skirt〗前が左右に分かれたスカートのこと。丈は長めでややボリュームがある。

スプリット-だいせいどう【スプリット大聖堂】《Splitska katedrala》►聖ドムニウス大聖堂

スプリット-タイム〖split time〗マラソンや長距離競走などで、レース中の一定距離ごとの所要時間。

スプリット-デシジョン〖split decision〗ボクシングで、接戦になり、審判の採点が割れること。

スプリットフィンガード-ファストボール〖split-fingered fastball〗野球で、変化球の一種。球の縫い目を中心に人差し指と中指で球をはさみ、速球を投げるのと同じ腕の振り出しで投げる。スピードがあり、しかもホームプレート近くで沈む。スプリッター。SFF。

スプリット-フラップ〖split flap〗飛行機の翼の揚力を増すための下げ翼の一種で、翼後縁の下面のみが折れ曲がる形式。

スプリット-プリズム〖split prism〗一眼レフカメラのフォーカシングスクリーン中央部にある、合焦を補助するプリズム。被写体の像を二分割し、焦点が合うと合致する。ふつう、中央部にスプリットプリズム、周辺部にマイクロプリズムを配置することが多い。スプリットイメージ。

スプリットラン-アド〘split-run ad〙2種類の広告を、同一紙誌に交互に印刷するもの。
スプリット-レイヤー《和 split layer》美容用語で、前髪を切り揃えずにわざと乱れさせ、重なりをつけた髪形。意識的なざんばら髪。
スプリト〘Split〙クロアチア南部のアドリア海に面した町。ローマ皇帝ディオクレチアヌスが宮殿を造営し、退位後この町で余生を過ごした。ローマ帝国崩壊後に廃墟となったが、7世紀頃から人が住みつき、9世紀にはロマネスク様式の聖ドムニウス大聖堂も造られた。内戦によって多くの歴史的建造物が破壊されたが、現在修復が進んでいる。1979年に「スプリットの史跡群とディオクレチアヌス宮殿」として世界遺産(文化遺産)に登録された。スプリット。
スプリト-だいせいどう【スプリト大聖堂】《Splitska katedrala》►聖ドムニウス大聖堂
スプリング〘spring〙❶ばね。「ソファーの―」❷弾力のある動作。「―をきかせて跳ぶ」❸春。「―セール」❹「スプリングコート」の略。(類語)ばね・ぜんまい
スプリング-エイト〘SPring-8〙《Super Photon ring-8GeVの略称》大型放射光施設の一。世界最高輝度の放射光(シンクロトロン放射)を発生させ、利用・実験・研究を行う。物質の解析、分析の画期的手段として共同利用されている。共用開始は平成9年(1997)。運営は公益財団法人高輝度光科学研究センター。所在地は兵庫県佐用郡佐用町。
スプリング-エフェメラル〘spring ephemeral〙温帯で早春の落葉樹の開葉前に姿を現し、落葉樹の葉の展開が終わる晩春には姿を隠してしまう植物や動物。カタクリやツマキチョウが有名。
スプリング-キャンプ〘spring camp〙プロ野球で、ペナントレース開幕前の合同練習。
スプリング-コート《和 spring＋coat》春・秋用の薄地の外套。合コート。(補説)英語ではtopcoat
スプリングバック〘springback〙材料を曲げ加工したとき、工具を離すと、材料に施した変形が若干もとに戻る現象。
スプリング-ブレーキ〘spring brake〙ばねの力を利用して作動するブレーキ装置。
スプリングボード〘springboard〙❶体操の跳馬などの踏み切り板。❷水泳の飛び込み競技の飛び板。❸ある行動を起こすきっかけとなるもの。契機。「留学を―として新しい人生に踏み出す」
スプリンクラー〘sprinkler〙❶建物の天井などに取り付ける消火用の自動散水装置。火災時の熱で散水口の金属片が溶け、自動的に散水する。❷田畑や芝生などの散水装置。
スプリンケル-さい【スプリンケル債】《Sprinkel bond》アメリカ財務省が非居住者向けに発行する国債。初回発行時の財務次官の名から。
スプリンター〘sprinter〙陸上競技・スピードスケート・競泳などの短距離走者や短距離泳者。また、短距離向きの競走馬。
スプリント〘sprint〙❶短距離を全力で力走あるいは力泳すること。❷陸上・水上競技やスピードスケートなどで、短距離競走。❸自転車競技の一種。二人の選手がトラックを2周または3周して着順を競うもの。最後の200メートルに至るまでの作戦とその後のスピードで勝敗が決まる。
スプリント-カー〘sprint car〙レース用自動車で、主として短距離レース用のもの。
スプリント-レース〘sprint race〙自動車・バイクのレースのうち、比較的短距離でもっぱら高速性能を競うもの。約300キロ、2時間以内を目安としている現代のF1はスプリントレースの性格が強い。
スプルース〘spruce〙マツ科トウヒ属の常緑針葉樹の総称。北半球の亜寒帯に広く分布する。材を建材やパルプに用いる。その中の一種、ドイツトウヒはクリスマスツリーに代用される。
スフレ〘フランス soufflé〙《ふくらんだ、の意》卵白などを泡立てて加え、ふんわりと仕上げた菓子や料理。チーズスフレなど。
スプレー〘spray〙〔名〕スル ❶液体に圧力をかけ、霧状に噴出させて吹きつけること。「防水剤を―する」❷噴霧器。霧吹き。「ヘアー」
スプレー-かん【スプレー缶】ラツ 缶の中に液体と噴射剤を封じ込め、霧状に噴出させる仕組みのもの。噴射剤には液化石油ガス(LPガス)、ジメチルエーテル(DME)、ハイドロフルオロカーボン(HFC)などが使用される。
スプレー-ガン〘spray gun〙塗料・モルタルなどを噴霧状にして吹きつけるピストル形の塗装用具。
スプレー-ぎく【スプレー菊】《spray type chrysanthemum》枝分かれして多くの花をつける種類の菊。
スプレー-しょくひん【スプレー食品】スプレー(噴霧)式容器に充塡じゅうてんした食品。コーヒー・紅茶・レモンなどがある。
スプレー-ネット〘spray net〙上からヘアスプレーを吹きつけてネットをかぶったようにして、ヘアスタイルの型くずれを防ぐ仕上げ方法のこと。また、そのためのヘアスプレーのこと。
スプレッド〘spread〙❶広がること。また、広げること。「ベッドー」❷パンやクラッカーに塗って食するペースト状の食品。「チーズー」
スプレッド-がし【スプレッド貸し】「スプレッドローン」に同じ。
スプレッドシート〘spreadsheet〙►表計算ソフト
スプレッド-ローン〘spread loan〙銀行が市場性資金を元手に少しでも多くの利ざやを稼ぐため、調達コストに利ざや分を上乗せして貸す短期融資。市場金利の変動によるリスクも回避できる。スプレッド貸し。
スプレマシー〘supremacy〙優位性があること。最高位であること。至高。
スプロール〘sprawl〙《不規則に広がる意》都市の郊外に無秩序・無計画に宅地が伸び広がっていくこと。「一現象」「一化」
ずぶろく ひどく酒に酔うこと。また、その人。
スプロケット〘sprocket〙鎖歯車。
すべ【▽術】目的を遂げるための手段。方法。てだて。「施す―も知らない」「なす―がない」(類語)仕方
すべ【▽皇】〔接頭〕「すめ(皇)」に同じ。「一神」
ずべ《「スベタ」または「ずべら」からという》不良少女。ずべ公。
スペア〘spare〙❶予備の品。「―のタイヤ」❷ボウリングで、2投目で残りのピンをすべて倒すこと。
スペアミント〘spearmint〙シソ科の多年草。ヨーロッパの原産。葉から芳香のある精油が採れ、料理や菓子の香料とする。緑薄荷みどりはっか。オランダ薄荷。
スペアリブ〘spareribs〙豚の骨付きばら肉。煮込み・バーベキューなどに用いる。
スペイサイド〘Speyside〙英国スコットランド北東部、ハイランド地方のスペイ川流域の地区。モルトウイスキーの名産地の一として知られ、グレンリベット、マッカラン、ストラスアイラをはじめとする蒸留所がある。
スペイン〘Spain〙ヨーロッパ南西部、イベリア半島の大半を占める立憲君主国。首都マドリード。イスラム教徒の支配ののち15世紀に統一王国をなし、16、7世紀には中南米を主として全世界に広大な植民地を領有。1588年無敵艦隊が敗れ、制海権を英国に譲り、衰退。1931年共和国樹立後、内乱を経て1939年からフランコの独裁政治が続いたが、1975年その死により王政に復した。人口4651万(2010)。イスパニア。エスパーニャ。(補説)「西班牙」とも書く。
スペイン-おうきゅう【スペイン王宮】キュウ《Palacio Real》►マドリード王宮
スペイン-かぜ【スペイン風-邪】1918年から19年にかけて全世界に流行したインフルエンザ。悪性で伝染力が強く、死亡者数は第一次大戦による死者数を上回ったといわれる。
スペイン-けいしょうせんそう【スペイン継承戦争】ケイショウセンソウ 1701年から14年にかけて、フランス・スペインとイギリス・オーストリア・オランダとの間に起こったスペイン王位継承をめぐる戦争。ユトレヒト条約が締結され、ブルボン家の王位継承が認められたが、フランスの退潮とイギリスの海上覇権確立をもたらした。
スペイン-ご【スペイン語】ロマンス諸語の一。スペインのほか、ブラジルを除く中南米諸国などで話される。
スペイン-シナゴーグ〘Španělská synagoga〙チェコ共和国の首都プラハの中心部、旧市街のユダヤ人地区(ヨゼホフ)にあるシナゴーグ。19世紀後半、プラハで最も古いシナゴーグがあった場所に建造。アラベスク文様や金の装飾をはじめとするムーア様式を取り入れ、スペインのアルハンブラ宮殿に似ていることから、現名称が付けられた。
スペイン-ないせん【スペイン内戦】1936年から39年にかけてスペインに起こった内戦。人民戦線政府に対して軍部が蜂起ほうき。政府側はソ連と国際義勇軍の支援を受けたが、ドイツ・イタリアの援助を受けた軍部・右翼勢力に敗れ、フランコ将軍の独裁体制が成立した。スペイン内乱。スペイン市民戦争。
スペイン-ひろば【スペイン広場】㊀《Piazza di Spagna》イタリアの首都ローマにある広場。名称は、かつて付近にスペイン大使館があったことにちなむ。中央に、バロック彫刻の巨匠ベルニーニらによる「舟の噴水」がある。また、映画「ローマの休日」の舞台として有名なスペイン階段が、広場とトリニタ-デイ-モンティ教会を結ぶ。ローマ屈指の観光名所として知られる。㊁《Plaza de España》スペインの首都、マドリードの中心部にある広場。グランビアの北西端に位置し、同市きっての観光名所として知られる。小説家セルバンテスの没後300年を記念して造られたモニュメントやドン=キホーテの像があるほか、周囲にはスペインビルや完成当時にヨーロッパ一の高さを誇ったマドリードタワービルが並ぶ。㊂《Plaza de España》スペイン南西部、アンダルシア州の都市セビリアの中心部にある広場。1929年に開催されたイベロアメリカ博覧会の会場として造営。設計はアニバル=ゴンサレス。半円形状のムデハル様式の回廊に囲まれる。
スペイン-むら【スペイン村】《Poble Espanyol》スペイン北東部の都市バルセロナの市街南西部、モンジュイックの丘にあるテーマパーク。1929年の万国博覧会のために造られた。スペイン各地方を代表する広場や家並みを再現している。
スペーサー〘spacer〙間隔をあけて2部品を結合するときに、間にはさむ小片または薄片。
スペーシー〔形動〕《和 spacy》空間的な。宇宙空間的な。「―な楽曲」(補説)英語ではspatial, spacial
スペース〘space〙❶空間。場所。「資料を置く―がない」「居間の―を広げる」❷印刷物の紙面。「特集に―を割く」❸活版の組版で、字間をあけるために差し挟み込む物。全角より小さいものをいう。➡込め物❷ ❹宇宙。宇宙空間。「―コロニー」(類語)空間・空き
スペース-アート〘space art〙宇宙技術の発達から得られた情報をもとに、宇宙空間を題材にして迫真的に表現する絵画。SF映画の背景画などから発展したもの。
スペース-オペラ〘space opera〙宇宙を舞台にし、ストーリー展開に面白さのある娯楽映画や小説。
スペースシップ〘spaceship〙宇宙船。
スペース-シャトル〘space shuttle〙NASA(アメリカ航空宇宙局)の有人宇宙往復機。従来のロケットとは異なり反復利用が可能で、国際宇宙ステーションへの人員・資材輸送のほか、ハッブル宇宙望遠鏡の打ち上げなどにも利用された。1981年4月、コロンビアがスペースシャトルとして初の宇宙飛行に成功。その後、チャレンジャー・ディスカバリー・アトランティス・エンデバーと計5機が就航。合計100回以上の打ち上げに成功したが、老朽化のため2011年に運用を終了した。チャレンジャーは1986年、コロンビアは2003年に事故で失われた。シャトル。
スペース-ダスト《和 space＋dust》►宇宙塵うちゅうじん
スペース-デブリ〘space debris〙《debrisはフランス語で破片の意》地球の周囲に浮遊する、不用となった人工物。役目を終えた人工衛星や、打ち上げに使用したロケットの残骸など。宇宙ごみ。宇宙デブリ。(補説)宇宙開発の進展とともに増加し、宇宙船や人工

衛星に衝突するなどの危険性も高まっているが、回収技術は未確立。

スペース-テレスコープ〘space telescope〙大気圏外から宇宙を観測する望遠鏡。ST。

スペース-ニードル〘Space Needle〙米国ワシントン州、シアトルの中心部にあるタワー。1962年のシアトル万国博覧会の時に建造。高さ184メートル。

スペース-ブイエルビーアイ【スペースVLBI】《space VLBI》人工衛星に搭載された電波望遠鏡と地上の電波望遠鏡を組み合わせたVLBI(超長基線電波干渉計)。地球の直径を上回る非常に長い基線により、高い解像度で天体の精密観測を行うことができる。平成9年(1997)2月に打ち上げられた日本の電波天文衛星はるかと日米欧の電波望遠鏡の協同観測計画VSOPにより、世界初のスペースVLBIに成功した。宇宙VLBI。

スペースプレーン〘spaceplane〙スペースシャトルの次の世代に使われるとされる宇宙飛行機。ロケットエンジンを搭載して水平離着陸ができ、宇宙ステーションと地上との貨物運搬に使われる超高速輸送機。宇宙往還機。

スペースマン《和space＋man》電車の社内ポスターや駅の広告を担当する広告代理店の社員。〔補説〕英語のspacemanは、宇宙飛行士・宇宙開発研究者・宇宙人の意。

スペース-ラブ〘spacelab〙《space laboratoryの略》スペースシャトルに搭載して運用する有人宇宙実験室。

スペード〘spade〙トランプの♠の模様。また、その模様のついた札。剣を表したもので、王侯・貴族を象徴するとされる。

スヘーフェニンゲン〘Scheveningen〙オランダ、ゾイトホラント州の都市、ハーグの北海沿岸にある観光保養地。古くは漁村だったが、1818年に同国初の海水浴場が開設。ホテル・レストラン・カジノが並ぶ同国きっての観光地として知られる。スケベニンゲン。

すべ-がみ【▽皇神】「すめかみ」に同じ。「一の御手をにとられてなづさはましを」〈拾遺・神楽歌〉

すべから-く【▽須く】〔副〕《動詞「す」に推量の助動詞「べし」の付いた「すべし」のク語法から。漢文訓読による語》多くは下に「べし」を伴って、ある事をぜひともしなければならないという気持ちを表す。当然。「学生は一学問を本分とすべきである」〔補説〕近年、「すべて」の意で使う例が多くあるが、誤り。文化庁が発表した平成22年度「国語に関する世論調査」では、「学生はすべからく勉学に励むべきだ」を、本来の意味である「**当然、ぜひとも**」で使う人が41.2パーセント、間違った意味「**すべて、皆**」で使う人が38.5パーセントという結果が出ている。

スペキュレーション〘speculation〙❶思索。考察。❷推測。空論。「一の域を出ない」❸投機。思わく。❹トランプで、スペードのエース。

スペキュレーター〘speculator〙投機家。➡投機

すべ-くく・る【統べ▽括る】〔動ラ五(四)〕一つにまとめ上げる。統括する。「治安を一・る機関」

スペクタキュラー〘spectacular〙〔形動〕壮観なさま。はなやかなさま。「一な舞台」

スペクタクル〘spectacle〙❶壮観。壮大な見世物。❷映画・演劇で、大群衆や大がかりな仕掛けを見せ場にするもの。「一巨編」
〔類語〕景観・美観・奇観・異観・壮観・偉観

スペクト〘SPECT〙《single photon emission computed tomography》単一フォトン放射断層撮影装置。人体に微量の放射性医薬品を投与しその放射能を体外で測定、コンピューター処理して断層画像を得る。従来のCTは形態しか把握できなかったが、この装置では血液量や代謝などの情報も得ることができる。

スペクトル〘フランス spectre〙❶可視光および紫外線・赤外線などを分光器で分解して波長の順に並べたもの。❷複雑な組成をもつものを成分に分解し、量や強度の順に規則的に並べたもの。「音響一」「質量一」

スペクトル-がた【スペクトル型】恒星のスペクトルを吸収線の種類や強さによって分類したもの。恒星の表面温度に対応してO・B・A・F・G・K・M・R・N・Sの型に分類し、各型はさらに0から9の数字をつけて細分する。

スペクトル-ぶんせき【スペクトル分析】分光分析。

スペクトロスコープ〘spectroscope〙▶分光器

スペクトロフォトメーター〘spectrophotometer〙▶分光光度計

スペクトロヘリオグラフ〘spectroheliograph〙太陽を、一定の波長の光のみを用いて写真撮影をする装置。

スペクトロメーター〘spectrometer〙分光計。

すべ-こ・い【滑こい】〔形〕「滑っこい」に同じ。「手触りの一・そうな絹の縞」〈漱石・明暗〉

ずべ-こう【ずべ公】不良少女。ずべ。

すべし-がみ【▽垂髪】「すべらかし」に同じ。

スペシフィック〘specific〙〔形動〕特定の。詳細な。

スペシャリスト〘specialist〙特定分野を専門にする人。特殊技能をもつ人。専門家。「労務管理の一」
〔類語〕専門家・プロ・玄人

スペシャル〘special〙〔名・形動〕❶特別なさま。特殊なさま。❷特別に提供するさま。また、そのもの。「クイズ番組の一」「一サービス」〔類語〕特別

スペシャル-オリンピックス〘Special Olympics〙知的発育障害者のためのスポーツ大会。1975年のアメリカ大会以来4年に一度開催。知能指数75以下の18歳以上の男女に出場資格がある。SO。

スペシャル-さんびゃくいちじょう【スペシャル三〇一条】《Special 301 Provisions of the 1988 Omnibus Trade Act》米国の「1988年包括通商・競争力法」第301条のこと。知的財産権侵害国の特定・制裁に関して規定されている。米国企業の保有する知的財産権を十分に保護していない国に改善を求め、これに応じなければ制裁を行う。

スベシュタリ〘Sveshtari〙ブルガリア北東部の村。紀元前3世紀頃に造られたトラキア王の墳墓があり、ヘレニズムの影響を受けたと思われる10体の女性立像が並ぶ。1985年、「スベシュタリのトラキア人の墳墓」の名称で世界遺産(文化遺産)に登録された。

すべ・す【滑す】〔動サ四〕すべらせる。特に、着物をすべらせて脱ぐ。「衣一・して単衣ばかり着て」〈たまきはる〉

ズベズダ〘Zvezda〙《ロシア語で「星」の意》国際宇宙ステーションのモジュールの一。ロシアが開発し、2000年に打ち上げられた。寝室や食卓、運動施設などを備え、各国の宇宙飛行士が共同で使用する。

すべ-すべ【滑滑】㊀〔副〕スル 物の表面の手ざわりがなめらかでざらつきのないさま。「一(と)した肌」㊁〔形動〕㊀に同じ。「磨きこまれた一な廊下」[アクセント]㊀はスベスベ、㊁はスベスベ。〔類語〕つるつる・つるり・のっぺり

スペタ《ポルトガル・スペイン espada(剣の意)から。元来はカルタ用語でスペードのこと》❶花札で、点にならないつまらない札。素札。❷顔のみにくい女性。また、女性を卑しめ、ののしっていう語。

スペツェス-とう【スペツェス島】《Spetses》ギリシャ南部、アルゴリコス湾の湾口にある島。主な町は同島北東岸、ダピア港があるスペツェス。海岸保養地として知られ、夏には数多くの観光客が訪れる。ギリシャ独立戦争時、女性船長ラスカリナ＝ブブリーナが同島の船団を率いてトルコ軍と戦ったことで知られる。また、英国の作家ジョン＝ファウルズ、日本の村上春樹が住んでいたことがある。

スペック〘spec〙《specificationの略》機械などの構造や性能を表示したもの。仕様書。また、仕様。「新開発エンジンの一」

スペック〘SPEC〙《South Pacific Bureau for Economic Cooperation》南太平洋経済協力局。PIF(太平洋諸島フォーラム)の下部機構。1973年設立。本部はフィジー。

すべっ-こ・い【滑っこい】〔形〕《「すべこい」の音変化》非常になめらかな感じである。すべすべしている。「赤ん坊の一・い肌」〔派生〕すべっこさ〔名〕
〔類語〕滑らか・平滑

スペツナズ〘ロシア Spetsnaz〙旧ソ連の特殊任務部隊。参謀本部の諜報総局(GRU)により管理されており、外国における隠密作戦を任務としているといわれ、ロシア軍でも存続している。〔補説〕元来は、「特殊任務の」を意味する軍用語spetsial'nago naznacheniyaの略。

すべ-て【全て・▽凡て・▽総て】《動詞「す(統)ぶ」の連用形＋接続助詞「て」から》㊀〔名〕ある物や、ある事の全部。いっさい。「一を知る」「見るもの一が珍しい」「金が一の世の中」㊁〔副〕❶ことごとく。残らず。「財産を一投げ出す」「見たことを一話す」❷おおよそ。大体。総じて。「一、きむぢ、いとくちをし」〈かげろふ・中〉❸(打消しの語を伴って用いる)全然。まるっきり。「一音もせで五六日になりぬ」〈大和・一〇三〉

〔用法〕すべて・全部・みな――「植木がすべて(全部・みな)枯れた」「株で失敗して財産をすべて(全部・みな)失った」「島民はすべて(全部・みな)避難した」など、相通じて用いられる。◇「すべて」「全部」は、「在庫はすべて(全部)売り切れた」「会員すべて(全部)が反対だ」のように、物についても人についても使う。◇「みな」は「みな、出かけようか」という代名詞としての用法があるように、特に人について多く使われる。「みなで協力しよう」「みな帰ってしまった」などの文脈では「すべて」「全部」は不適当である。◇「すべて」は文章語的で、「みな」「全部」は口語的である。

〔類語〕(㊀)一切・全部・全体・全般・万般・万端・万事/(㊁❶)何もかも・ことごとく・なべて・皆・皆・悉皆・残らず・余す所なく・漏れなく・逐一・すっかり・そっくり・洗い浚い・一から十まで(「すべての」の形で用いる場合)有る限りの・有りっ丈の・あらゆる・有りとあらゆる

凡ての道はローマに通ず　《ローマ帝国の盛時に、世界各地からの道がローマに通じていたところから》多くのものが中心に向かって集中しているたとえ。また、あらゆることは一つの真理から発しているたとえ。

スベティ-コンスタンティン-イ-エレナ〘Sv. sv. Konstantin i Elena〙ブルガリア北東部の都市バルナの北東約10キロメートルに位置する町。黒海沿いに広大な砂浜が広がり、海岸保養地として有名。16世紀創建の聖コンスタンティンエレナ修道院、エフクシヌグラート宮殿がある。スベティコンスタンティン。

スベティ-ステファン〘Sveti Stefan〙モンテネグロ南西部の町。アドリア海に面し、ブドバの南東約5キロメートルに位置する。ブドバリビエラの海岸保養地の一。15世紀以来漁村だったが、20世紀後半にホテルが建てられ、高級リゾート地になった。

スベティ-ナウム〘Sveti Naum〙マケドニア西部の都市オフリド郊外の村。オフリド市街の南方約30キロメートルに位置する。同地で布教を行った聖ナウムの名にちなむ。聖ナウムが10世紀初頭に建造した聖ナウム修道院があることで知られる。

スベティ-ブラチ〘Sveti Vrach〙《「聖なる医者」の意》ブルガリアの町サンダンスキの旧称。

スベドベリ〘Theodor Svedberg〙[1884〜1971]スウェーデンの物理化学者。コロイド微粒子のブラウン運動を研究し、超遠心機を製作。たんぱく質の分子量を測定。1926年ノーベル化学賞受賞。

スベトランスカヤ-どおり【スベトランスカヤ通り】《Svetlanskaya ulitsa》ロシア連邦東部、沿海地方の都市ウラジオストクの目抜き通り。市街中心部を南北に走り、デパート・ホテル・レストランなどが多い。

スベトロゴルスク〘Svetlogorsk〙ロシア連邦西部、カリーニングラード州のバルト海に面する町。サンビア半島に位置する。州都カリーニングラード近郊の海岸保養地として知られる。

すべ-な・し【▽術無し】〔形ク〕どうしてよいかわからず困りはてるさま。どうしようもない。「かくばかり一・きものか世の中の道」〈万・八九二〉

すべ-の-たずき【▽術の方＝便】よるべき手段。

頼るべき方法。すべのたどき。「思ひやる―も今はなし君に逢はずて年の経ぬれば」〈万・三二六一〉

スベボ-じょう【スベボ城】《Castello Svevo》イタリア南部、プーリア州の都市バリにある城。ノルマン人支配下の11世紀にシチリア王ルッジェーロにより建造。13世紀にホーエンシュタウフェン朝の神聖ローマ皇帝フリードリヒ2世が再建した。カスティリャのイサベル女王が住んでいた時期もあった。スベボとは、イタリア語でホーエンシュタウフェン家が治めていたドイツ南部の地方名シュバーベンを意味する。現在は王家ゆかりの衣装や調度品を展示する博物館になっている。ノルマンノスベボ城。スベボディバリ城。

スベボ-ディ-バリ-じょう【スベボディバリ城】《Castello Svevo di Bari》▶スベボ城

すべ-ら【▽皇】〔接頭〕「すめら」に同じ。

ずべら〔名・形動〕行動や性格がだらしないこと。また、そのさまやそのような人。ずぼら。ずべら坊。「のんきで―な人」

すべ-らか【滑らか】〔形動〕[文]〔ナリ〕すべすべしているさま。なめらか。「―な肌」

すべら-かし【垂▽髪】女性の髪形の一。前髪を膨らませ、後頭部でそろえて束ね、背中に長く垂らしたもの。江戸初期まで成人の女子の髪形であったが、のちには高貴な婦人の正式な髪形となった。さげがみ。すべしがみ。すべしもとどり。おすべらかし。

すべら-か・す【滑らかす】〔動サ四〕❶すべるようにする。すべらせる。「強盗を―・さん料に…小竹のよを多く散らし置きて」〈著聞集・一六〉❷髪を背に長く垂らす。すべらかしにする。「今日より内裏上臈の、髪も改め―・し」〈浄・妹背山〉

すべら-がみ【▽皇神】「すめかみ」に同じ。「たきつ瀬に木綿かけ祈る―今日のなごしに岩戸あくらん」〈夫木・九〉

すべら-ぎ【天＝皇】《「すべらき」とも》「すめらぎ」に同じ。「―の天の下知ろしめすこと」〈古今・仮名序〉

すべら・す【滑らす】〔動サ五(四)〕すべるようにする。すべらせる。「足を―・して転ぶ」「口を―・す」

ずべら-ぼう【ずべら坊】〔名・形動〕❶「ずべら」に同じ。「―なやり方」❷凹凸がなく、つるつるでのっぺりしていること。また、そのさまやそのようなもの。「―な(の)顔」

すべり【滑り・×辷り】すべること。また、そのぐあい。「障子の―が悪い」〔補説〕「辷」は国字。

スペリー〖Roger Wolcott Sperry〗[1913〜1994]米国の大脳生理学者。左右の大脳半球の機能分化を研究し、左脳と右脳がそれぞれ異なる機能を持つことを解明した。また、網膜の神経細胞が脳へ投射する機構を研究した。1981年ノーベル生理学医学賞受賞。

すべり-い・ず【滑り▽出づ】〔動ダ下二〕❶「すべりでる❷」に同じ。「他方より、やをら―・でて渡り給ひぬ」〈源・蛍〉❷にじるようにして少しずつ前に出る。「簀子に―・でて」〈かげろふ・下〉

すべり-い・る【滑り入る】〔動ラ四〕すべるようにして、そっとはいる。「やをら―・り給ひぬ」〈和泉式部日記〉

スペリオリティー-コンプレックス〖superiority complex〗「優越感」に同じ。⇔インフェリオリティーコンプレックス。

スペリオル-こ【スペリオル湖】《Superior》北アメリカの五大湖の一。米国とカナダの国境に位置する世界最大の淡水湖。面積8万2360平方キロメートル。最大深度406メートル。湖面標高184メートル。五大湖の北西端にある。湖岸は世界的な鉄鉱石産地。

すべり-ぎ【滑り木】戸や障子のすべりをよくするため、敷居の溝に取り付ける薄いカシの板。

すべり-ぐるま【滑り車】「戸車」に同じ。

すべり-こみ【滑り込み】❶野球で、走者が野手のタッチをさけるために足先または頭からすべって塁に入ること。スライディング。「―セーフ」❷時間すれすれでかろうじて間に合うこと。「―で手続きを済ませる」

すべり-こ・む【滑り込む】〔動マ五(四)〕❶すべって中に入る。また、すべるようにしてそっと中へ入る。「布団に―・む」❷野球で、走者がすべって塁に入る。「本塁に―・む」❸きまった時刻にかろうじて間に合う。「発車まぎわに―・む」〔類語〕駆け込む・飛び込む・転がり込む・突っ込む・躍り込む・逃げ込む

すべり-せつ【滑り説】横紋筋の収縮は、筋原線維のミオシンからなるA帯(暗帯)フィラメントの間に、アクチンからなるI帯(明帯)フィラメントがすべり込むことによって起こるとする学説。1954年にA＝F＝ハクスリーとH＝E＝ハクスリーが別々に提唱。

すべり-だい【滑り台】子供が上からすべり降りて遊ぶための設備。

すべり-だし【滑り出し】❶物がすべり始めること。また、その状態。❷物事の始め。活動の始まり。出だし。「好調な―で事業は軌道に乗る」
〔類語〕出だし・振り出し・はじめ

すべり-だ・す【滑り出す】〔動サ五(四)〕❶すべり始める。すべるように動き始める。「列車がホームから―・す」❷活動を始める。「新事業が―・す」

すべり-で・る【滑り出る】〔動ダ下一〕❶すべるようにして外に抜け出す。「布団の外に―・でる」❷そっと座をはずす。「こっそり起上がって坐舗を―・出ようとして」〈二葉亭・浮雲〉

すべり-どめ【滑り止め】❶すべるのを防ぐために塗ったり取り付けたりするもの。「―のついたタイヤ」❷受験に際し、志望の学校に入れない場合を考え、別のところを受験しておくこと。また、その学校。

すべり-ひゆ【滑×莧】スベリヒユ科の一年草。路傍・畑など日当たりのよい所に生える。茎は赤紫色を帯び、下部は地をはう。葉は肉質で長円形、つやがある。夏、黄色の小花を開く。うまびゆ。〔季 夏〕「淋しさや花さへ上ぐる―／普羅」

すべり-べん【滑り弁】蒸気機関のシリンダー内にあり、蒸気の流入口・排気口をすべって往復し、開閉する弁。スライドバルブ。滑動弁。滑弁。

すべり-まさつ【滑り摩擦】物体が転がらずに他の物体の表面をすべるとき、面から受ける、すべりを妨げるように働く抵抗力。ころがり摩擦より大きい。

すべり-よ・る【滑り寄る】〔動ラ四〕すべるようにして、そっと近寄る。にじりよる。「蔭ながら―・りて聞く時もあり」〈枕・七六〉

スベリン〖suberin〗高級脂肪酸などを含む重合体。植物の細胞壁に堆積してコルク化させる。

スペリング〖spelling〗ヨーロッパ諸語で、語のつづり。また、そのつづり字法。スペル。〔類語〕表記・綴字

す・べる【統べる・▽総べる】〔動バ下一〕[文]す・ぶ〔バ下二〕❶全体をまとめて支配する。統轄する。「国を―・べる」❷多くの物を一つにまとめる。「歌とは―・べたる名目なるべけれど」〈鶉衣・音曲説〉
〔類語〕治める・治まる・支配・統治・君臨・制覇・制圧・征服・圧伏・管理・管轄・統轄・統御・統率・宰領・監督・統制・取り締まり・独裁・専制・治世・制する・領する・握る・牛耳る

すべ・る【滑る・×辷る】〔動ラ五(四)〕❶物の表面をなめらかに移動する。「スキーで急斜面を―・りおりる」「船が川面を―・るように下っていく」「戸がよく―・る」❷表面がなめらかで地面に接するものが安定を失って自然に動いてしまう。スリップする。「凍結して路面が―・る」「足が―・る」「―・って転ぶ」❸つかもうとした物が、支えられないで手をすり抜ける。「茶碗が―・って落ちる」❹ある地位を保てなくなる。「委員長の座を―・る」❺調子に乗ったまま、事が望ましくないところにまで至る。余計なことを言ったり書いたりしてしまう。「口が―・る」「筆が―・る」❻試験に失敗する。落第する。不合格になる。「大学を―・る」❼俗に、面白いことをしゃべろうとして失敗する。冗談・ギャグが受けない状態をいう。「話が―・る」❽そっと位置を移動する。ひそかに退席する。「嫻雅かに座を―・った」〈魯庵・社会百面相〉❾(天皇の)位を譲る。退位する。「位を―・らせ給ひて、新院とぞ申しける」〈平家・一〉〔補説〕「辷」は国字。〔可能〕すべれる

滑ったの転んだの　つまらないことをあれこれ言いたてるさま。「―と言い訳ばかりしている」

スペル〖spell〗スペリング。「―チェック」
〔類語〕表記・綴り・綴字・スペリング

スペルガ-せいどう【スペルガ聖堂】《Basilica di Superga》イタリア北西部、ピエモンテ州の都市トリノ東郊にある教会。18世紀にサボイア公ビットリオ＝アメデオ2世が「トリノの戦い」でフランスに勝利したことを記念し、フィリッポ＝ユバッラの設計により建造。地下にはサボイア家の墓所がある。1997年、「サボイア王家の王宮群」の名称で世界遺産(文化遺産)に登録された。

スペル-チェッカー〖spell checker〗コンピューターのワープロソフトなどに搭載される、単語の綴りの間違いを検出する機能。

スベルドロフスク〖Sverdlovsk〗ロシア連邦の都市エカチェリンブルグの旧称。

スペルマ〖ドイ Sperma〗精液。ザーメン。

スペンサー〖Edmund Spenser〗[1552ころ〜1599]英国エリザベス朝時代の代表的詩人。詩集「牧人の暦」、長編叙事詩「妖精女王」など。

スペンサー〖Herbert Spencer〗[1820〜1903]英国の哲学者・社会学者。進化論に基づき、宇宙・生物・心理・社会・道徳の諸現象を総合的に説明。また、認識の相対性を主張し、実在の本性は不可知であるとした。主著「総合哲学体系」。

スペンダー〖Stephen Spender〗[1909〜1995]英国の詩人・批評家。1930年代、オーデンらと新詩運動を展開。政治的題材を扱ったが、のち内省的な詩風に転換した。詩集「静かな中心」、評論「破壊的な要素」など。

スペンダホリック〖spendaholic〗強迫観念による浪費癖者。浪費依存症患者。

スペンディング〖spending〗支出。費用。

スペンディング-ポリシー〖spending policy〗不況の際、財政支出を増加して有効需要の減退をカバーし、景気を回復させようとする政策。

スポ「スポーツ」の略。「―根(＝スポーツ根性)漫画」「―クラ(＝スポーツクラブ)」

スポイト〖オランダ spuit〗ガラス管の一端にゴム袋がついているもの。インク・薬液などを吸い上げて他のものに移し入れたり、点滴したりするのに用いる。

スポイラー〖spoiler〗❶飛行機で、主翼上面の、気流を阻害して揚力を減らすための可動板。これを立てることで空気抵抗を増し、飛行速度を減じたり降下を早めたりする。❷競走用自動車で、後部上方に設け、空気流を利用して駆動力を増すための安定翼。また、前部下方に設け、高速時の車体の浮上を防止する固定板。エアロスタビライザー。

スポイル〖spoil〗〔名〕(スル)損なうこと。台なしにすること。特に、甘やかして人の性質などをだめにすること。「親の過保護が子供を―する」

スポイルズ-システム〖spoils system〗選挙に勝った政党が、自党の党員や支持者を公職に任用する政治慣習。行政に民意を反映させるために、英・米で行われたが、政治的腐敗を招いた。猟官制。

ず-ほう【図法】図形をかき表す方法。特に、地球表面を地図に投影する方法。平射図法・円錐図法・正射図法・心射図法など。

ず-ほう【▽修法】《古くは「すほう」》「しゅほう(修法)」に同じ。「所々に―などせさせ給ふ」〈宇津保・国譲下〉

スポーク〖spoke〗自転車などの車輪の軸と輪とを放射状につなぐ細い棒。輻。

スポークスマン〖spokesman〗政府や団体の意見などを発表する担当者、また、代弁者。

スポークン-タイトル〖spoken title〗映画やテレビの字幕。

スポーツ〖sports〗楽しみを求めたり、勝敗を競ったりする目的で行われる身体運動の総称。陸上競技・水上競技・球技・格闘技などの競技スポーツのほか、レクリエーションとして行われるものも含む。
〔類語〕体操・運動

スポーツ-いがく【スポーツ医学】スポーツが身体

に及ぼす影響を医学的立場から研究する学問。競技者の健康管理、スポーツによる健康維持などについて研究される。運動医学。

スポーツウーマン〖sportswoman〗女性運動選手。また、スポーツ好きの、あるいはスポーツが得意な女性。

スポーツウエア〖sportswear〗スポーツ用の衣服。運動着。レジャー用の軽快な服装にもいう。

スポーツ‐カー〖sports car〗一般に実用車と競走車との中間の性能をもつ乗用自動車。実用車よりエンジン容量が大きくて車体が低く、加速度性能がよい。

スポーツ‐カイト〖sports kite〗2本の糸の付いた凧を操り、時速100キロ以上の高速で飛行技術の正確さや表現力を競うスポーツ。

スポーツ‐カフェ《和 sports＋café》スポーツ中継の映像を楽しむことのできる喫茶店や酒場。

スポーツ‐がり【スポーツ刈(り)】男性の髪形の一。前髪の輪郭を四角い感じに刈り、両側と後ろを短く刈り上げたもの。

スポーツキャスター〖sportscaster〗テレビのスポーツ番組やニュース番組のスポーツコーナーに出演し、解説・論評を加えつつ番組を進行させる人。

スポーツ‐クラブ〖sports club〗❶学校や企業、地域などにおいて、スポーツ活動を行う組織。「地元の―に所属する」❷▶フィットネスクラブ

スポーツ‐ジム《和 sports＋gym》「フィットネスクラブ」に同じ。

スポーツ‐ジャーナリスト〖sports journalist〗スポーツに関する記事を取材・執筆・報道する人。スポーツ新聞・雑誌の記者やスポーツ評論家など。

スポーツ‐シャツ〖sports shirt〗スポーツ用のシャツ。また、スポーティーなシャツのこと。

スポーツしんこう‐くじ【スポーツ振興くじ｜スポーツ振興×籤】▶トト(toto)

スポーツ‐しんぞう【スポーツ心臓】《athletic heart, athlete's heart》マラソン・水泳・ボートなど持久力を要するスポーツの選手に見られる、心臓が肥大する症状。病気ではなく、スポーツを中止すると平常のサイズに戻るのが一般的。

スポーツ‐しんぶん【スポーツ新聞】スポーツ・芸能など娯楽関係の情報を中心に報じる新聞。➡タブロイド紙

スポーツ‐スタッキング〖sport stacking〗同じ型のプラスチックカップを決められた形に積み上げたり戻したりして、テクニックとスピードを競うスポーツ。個人競技と団体競技がある。スタッキング。

スポーツ‐センター〖sports center〗各種のスポーツができる設備を備えた総合的なスポーツ施設。

スポーツ‐ターフ〖sports turf〗《turfは芝の意》サッカー場・野球場・ゴルフ場などの運動用地に植える芝。庭園用とは種類や性質が異なる。

スポーツだんたい‐しょうがいほけん【スポーツ団体傷害保険】学校・会社などのアマチュアスポーツ団体を保険契約者、その団体の構成員を被保険者とし、団体管理下における競技中および練習中の事故により、死亡または傷害を負った場合の損害を填補する目的の保険。被保険者数が50名以上であることが条件。

スポーツちゅうさい‐さいばんしょ【スポーツ仲裁裁判所】スポーツに関連する紛争を解決する国際機関。1984年に国際オリンピック委員会(IOC)が設立し、1994年に独立機関となった。ドーピング・競技結果の判定・出場資格などの問題を仲裁する。本部はスイスのローザンヌ。CAS(Court of Arbitration for Sport)。〔補説〕国内のスポーツに関する紛争を解決する機関として、日本オリンピック委員会(JOC)により、平成15年(2003)に日本スポーツ仲裁機構が設立されている。

スポーツ‐ドクター《和 sports＋doctor》日本体育協会のスポーツ科学研究所が公認したスポーツ専門医。医師免許を取ってから5年以上の経験者で、講習・審査を受けて認定される。

スポーツ‐ドック《和 sports＋dock》スポーツ選手やこれからスポーツを始めようとする人などについて、競技別のスポーツ障害の診断・治療・カウンセリングや、健康・体力の総合診断をして適切な運動処方を提供する施設。

スポーツ‐ドリンク《和 sports＋drink》清涼飲料の一種。スポーツなどの発汗により失われた水分・電解質をすみやかに補給するのが目的。

スポーツ‐バイオメカニクス〖sports biomechanics〗解剖学・生理学・力学を応用して、身体の動きの巧みさ、美しさ、また効率的な動きを解明しようというスポーツ科学の一分野。

スポーツフィッシング〖sportfishing〗漁業ではない、スポーツとしての釣り。

スポーツ‐プログラマー《和 sports＋programmer》スポーツ処方士。個々人の体力測定などに基づく適切な指導・助言を与え、安全、効果的で楽しいスポーツ活動を指導する人。文部科学省指定の団体が実施する講習を終了した後、試験に合格し文部科学大臣認定の資格を取ることが必要。

スポーツ‐へいわとう【スポーツ平和党】プロレスラーのアントニオ猪木が中心となり平成元年(1989)に結成した政党。同2年に起こったイラクのクウェート侵攻時には日本人人質の解放に尽力。同7年に江本孟紀が離党し議席を失った。

スポーツ‐マインド《和 sports＋mind》スポーツを好む傾向。スポーツ心。

スポーツマン〖sportsman〗スポーツの選手。また、スポーツを好んでよくする人。

スポーツマンシップ〖sportsmanship〗正々堂々と全力を尽くして競技するスポーツマンとしての態度・精神。「―にのっとって戦う」

スポーツよう‐たもくてきしゃ【スポーツ用多目的車】▶エス‐ユー‐ブイ(SUV)

スポーティー〖sporty〗〔形動〕軽快で活動的なさま。「―な服」

スポーティブ〖sportive〗〔形動〕スポーツに関するさま。スポーティーな様子であるさま。「―な軽装」

ずほくめんさい‐うきょうが【頭北面西右▽脇×臥】頭を北に、顔を西に向け、右脇を下にして入滅した釈迦の姿。人が死んだとき、これにならって寝かせること。

スホクラント〖Schokland〗オランダのアムステルダムの北東約60キロメートルにある干拓地。もと半島だったところが水の浸食によって島となり、さらに浸食が進んで島が水没しそうになったため、1920～1930年代にアフスライト大堤防を築いて海水の浸入を防いだ。この工事によって生まれたのがアイセル湖である。干拓の歴史を示す博物館も作られている。1995年に「スホクラントとその周辺」として世界遺産(文化遺産)に登録された。

す‐ぼし【▽角星】二十八宿の一、角宿の和名。「すみぼし(角の星)」の意か。➡角

す‐ぼし【素干し｜素▽乾し】魚介・海藻などをそのまま風に当てて干すこと。

〔類語〕陰干し・日干し・虫干し・土用干し

すぼ・し【×窄し】〔形ク〕❶すぼまって細い。「―・き衣裳」〈白氏文集天永四年点〉❷みすぼらしい。「朝夕―・き姿を恥ぢて」〈方丈記〉

ず‐ぼし【図星】《的の中心の黒い点の意》❶目当ての所。急所。「―を突く」❷人の指摘などが、まさにそのとおりであること。「君の言ったことは―だ」

図星を指・す　物事を推察してぴたりと言い当てる。「―・されてうろたえる」

すぼだい【須菩提】▶しゅぼだい(須菩提)

スポック〖Benjamin McLane Spock〗[1903～1998]米国の小児科医。児童心理の発達に基づいた育児書、「スポック博士の育児書」で世界的に知られる。ベトナム戦争に反対する市民運動でも活躍した。

スポッティド‐バラムンディ〖spotted barramundi〗オーストラリア北部の淡水にすむ魚。全長約90センチ、体重約4キロ。釣り魚。

スポッティング〖spotting〗レンズのごみなどによる印画の白点を墨で埋める写真修正技術。

スポッティング‐スコープ〖spotting scope〗バードウオッチングなど野外観察に用いる小型の望遠鏡。元来は射撃や狩猟用。

スポット〖spot〗❶点。斑点。❷地点。場所。「レジャー―」❸ビリヤードで、黒点のついた白球。また、球を置く目印として台上につけてある小黒点。❹空港で、航空機に乗客が乗り降りしたり貨物を積み下ろしたりする場所。❺「スポットアナウンス」「スポット広告」「スポットニュース」の略。「―を流す」❻「スポットライト」の略。「―が当たる」

すぽっ‐と〔副〕❶物の中に完全に包み込まれたり、入ったりするさま。すぽりと。「箱に―おさまる」❷栓などを勢いよく引き抜くさま。また、その音を表す語。すぽんと。「ワインのコルク栓が―抜けた」〔類語〕すっぽり

スポット‐アド〖spot ad〗映画館などで、幕間にスライドなどを使ってする広告。

スポット‐アナウンス《spot announcementから》ラジオやテレビで、番組の中に挟む、ごく短いニュースや広告の放送。

スポット‐かかく【スポット価格】スポット市場で成立する取引価格。

スポットがた‐とうししんたく【スポット型投資信託】ユニット型投資信託のうち、経済状況や市場環境に応じて随時募集される投資信託。➡定時定型投資信託

スポット‐かぶしきとうしん【スポット株式投信】ユニット型投資信託のうち、その時の金融情勢に応じて随時募集される株式投資信託。

スポット‐キャンペーン〖spot campaign〗テレビやラジオのスポットCMを利用し、一定期間に相当な規模で広告を出稿するキャンペーン。

スポット‐げんゆ【スポット原油】《spot oil》長期契約によらない当用売買市場に出る原油。

スポット‐こうこく【スポット広告】ラジオやテレビで、番組と番組との間に流す短い広告。スポットコマーシャル。

スポット‐シーエム【スポットCM】《spot CM》「スポット広告」に同じ。

スポット‐しじょう【スポット市場】直物為替の取引や、原油・石油製品の当用買いなどが行われる市場。

スポット‐そっこう【スポット測光】《spot metering》TTL測光の一。画面の中央部または任意のごく狭い部分を測光する方式。通常、面積で2パーセント、視角で1～2度程度の範囲に限定して測光する。極端な逆光でのポートレートや、明暗差が著しい被写体の撮影で使用される。

スポット‐チェック〖spot check〗抜き取り検査。

スポット‐ニュース〖spot news〗ラジオやテレビで、番組と番組との間に放送する短いニュース。

スポット‐ようせつ【スポット溶接】重ね合わせた金属部材を、電極の先端で挟み、加熱・溶接する方法。点溶接。

スポットライト〖spotlight〗❶劇場などで、舞台上の一点を明るく照らし出す照明器具。また、その照明。「―を浴びる」❷注目。注視。「―を当てる」

〔類語〕フットライト・脚光

すぼま・る【×窄まる】〔動ラ五(四)〕すぼんだ状態になる。すぼむ。「管の先が―・っている」〔類語〕縮む・すぼむ・つぼむ・つぼまる・しぼむ・縮れる・縮める・つづまる・縮こまる・縮み上がる・すくむ・すくめる

すぼ・む【×窄む】㊀〔動マ五(四)〕❶ふくらんでいたり、開いていたりしたものが、縮んで小さくなる。しぼむ。「風船が―・む」「花が―・む」❷先のほうにいくに従って細くなる。「口の―・んだ容器」❸勢いが衰える。「応援の声がだんだん―・む」㊁〔動マ下二〕「すぼめる」の文語形。〔類語〕縮む・すぼまる・つぼむ・つぼまる・しぼむ・縮れる・縮める・つづまる・縮こまる・縮み上がる・すくむ・すくめる

すぼ・める【×窄める】〔動マ下一〕図すぼ・む〔マ下

二〕すぼむようにする。小さく縮める。「肩を—・めて歩く」「傘を—・める」(類語)狭める・つぼめる・畳む
ずぼら〔名・形動〕行動・性格がだらしのないこと。また、そのさまやそのような人。ずべら。「悪い男ではないが、—で困る」(類語)ものぐさ・ぐうたら・だらしない
スポラデス-しょとう【スポラデス諸島】《Sporades》ギリシャ、エーゲ海にある諸島。北スポラデス諸島と南スポラデス諸島に分けられ、後者は現在ドデカネス諸島と呼ばれる。北スポラデスはエーゲ海北部のトラキアスポラデス(リムノス島・タソス島・サモトラキ島など)とテッサリアスポラデス(スコペロス島・スキアトス島・スキロス島・アロニソス島など)に分けられ、一般的には北スポラデスの中でも南側に位置するテッサリアスポラデスが狭義のスポラデス諸島と呼ばれる。
す-ぼり【素掘り】地面を掘る際、周囲の土の崩壊を防ぐ工事を行わないで、そのまま掘り進めること。
すぼ・る【×窄る】〔動ラ四〕❶狭くなる。小さくなる。ちぢむ。「おのづから一門の付き合ひにも肩身—・りて」〈浮・織留・五〉❷景気が衰える。「世の—・りたる物語して」〈浮・胸算用・四〉
スボルバ〔Svolvær〕ノルウェー北西部沿岸、ノルウェー海に浮かぶロフォーテン諸島のボーゲン島にある港町。同諸島中の最大の町であり、島めぐりの観光拠点としても知られる。
スポレート〔Spoleto〕イタリア中部、ウンブリア州の都市。ウンブリ人が築いた町に起源し、紀元前3世紀に古代ローマの植民都市スポレンティウムが置かれた。6世紀から13世紀までスポレート公国の中心地となり、以降は19世紀のイタリア統一に至るまで教皇領となった。毎年6月から7月にかけて、音楽・演劇・舞踊の国際的な芸術祭が催されることで知られる。
スポレート-だいせいどう【スポレート大聖堂】《Duomo di Spoleto》イタリア中部、ウンブリア州の都市スポレートにあるロマネスク様式の大聖堂。12世紀から13世紀にかけて建造。ファサード上部はモザイクで装飾され、下部は15世紀末にルネサンス様式のポーチが増築された。内部にはフィリッポ=リッピやピントゥリッキオによるフレスコ画の傑作がある。
す-ほん【素本】❶漢籍・経典などで、訓点・注釈のついていない書物。無点本。そほん。❷書き入れなどのない普通の書物。
すぽん〔副〕一気にうまく物をはめ込んだり、引き抜いたりするさま。また、その音を表す語。「茶筒のふたを—と取る」
ズボン《フランス jupon(ペチコートの意)からというが未詳》股下で二つに分かれ、足を片方ずつ包むようになっている衣服。スラックス。パンツ。(類語)パンタロン
スポンサー〔sponsor〕❶民間放送の番組提供者。❷事業などの資金を出してくれる人。出資者。(類語)パトロン
スポンサーシップ〔sponsorship〕後援者・保証人であること。スポンサーであること。
スポンサード-ネットワーク〔sponsored network〕広告主が放送局の番組ネットワークから放送地域を選択できるシステム。(対)ステーションネットワーク。
スポンサード-プログラム〔sponsored program〕►コマーシャルプログラム
スポンザ-きゅうでん【スポンザ宮殿】《Palača Sponza》クロアチア最南端、アドリア海に面した都市ドゥブロブニクにある宮殿。旧市街のルジャ広場に面する。16世紀にドゥブロブニク共和国の税関や造幣局として建造され、後期ゴシック様式とルネサンス様式が混在する。17世紀の大地震にも耐えた。その後、文化人などのサロンとなり、現在は古文書館として利用されている。宮殿がある旧市街は、1979年に世界遺産(文化遺産)に登録された。
スポンジ〔sponge〕❶海綿をさらして、繊維状の骨格だけにしたもの。吸水性に富む。また、合成樹脂などでつくった海綿状のもの。食器洗いなどに用いる。❷「スポンジボール」の略。
スポンジ-ケーキ〔sponge cake〕小麦粉・鶏卵・砂糖を主材料としてスポンジ状に焼き上げた洋菓子。ショートケーキなどの台にする。
スポンジ-ゴム《和 sponge＋gom(オランダ)》フォームラバーのこと。
ズボン-した【ズボン下】ズボンの下にはく男性用の下着。
スポンジ-ボール〔sponge ball〕軟式野球用のゴム製のボール。軟球。
ズボン-つり【ズボン×吊り】ズボンがずり落ちないように肩からつり下げるひも。サスペンダー。
スポンデ〔Sponde〕木星の第36衛星。2001年に発見。名の由来はギリシャ神話の女神。非球形で平均直径は約2キロ。
スポンテニアス〔spontaneous〕〔形動〕《「スポンテーニアス」とも》❶自発的な。自然発生的な。❷植物用語で、野生の、自生の、の意。
スポンテニエティー〔spontaneity〕❶自発性。自発的行動。❷植物が自生すること。
すぽん-ぬき【すぽん抜き】人を出し抜くこと。人に不意打ちをくわせること。「馴染みのおれを、—に合はせた」〈浄・丹波与作〉
すま【▽隅】すみ(隅)のこと。多く地名の「須磨」にかけて用いる。「播磨路や心の—に関据ゑていかで我身の恋を留めん」〈山家集・中〉
すま【須▽万】サバ科の海水魚。全長約90センチ。体はカツオに似る。背面は黒青色で斑紋がある。胸びれの下に灸のあとのような黒斑が数個あるので、やいとともいう。本州中部以南に分布。食用。
すま【須磨】㊀神戸市西部の区名。また、その須磨区南部の地域。大阪湾に面する白砂青松の海岸で、古来、明石と並び称される景勝地。須磨関跡・須磨浦公園などがある。(歌枕)「わくらばに問ふ人あらば—の浦にもしほたれつつわぶとこたへよ」〈古今・雑下〉㊁源氏物語第12巻の巻名。光源氏、26歳から27歳。源氏の離京のようす、須磨での生活、暴風雨の襲来などを描く。㊂箏曲。八橋検校作曲の六歌からなる組歌。
スマート〔smart〕〔形動〕❶からだつきや物の形がすらりとして格好がよいさま。「体重が減って—になる」「—な船体」❷行動などがきびきびして洗練されているさま。「—な応答」❸服装や着こなしが気のきいているさま。「—ないで立ち」(類語)シック・エレガント
スマート-カード〔smart card〕►アイシー(IC)カード
スマート-グリッド〔smart grid〕情報通信技術を活用することによって、電力の需要と供給を常時最適化する、次世代の電力網。水力・火力など既存の発電施設と風力・太陽光発電など新エネルギーによる分散型電源を制御し、効率・品質・信頼性の高い電力供給システムの構築を目指す。地球温暖化対策の一つとして各国で取り組みが進められている。(補説)2009年に米国大統領オバマがグリーンニューディール政策の一つとして掲げ、注目を集めた。
スマート-センサー〔smart sensor〕センサーとマイクロプロセッサーの機能を集積回路として組み込み、感知した光や音などの物理量を処理する機能をもったセンサー。
スマート-ティーブイ【スマートTV】►スマートテレビ
スマート-テレビ《smart televisionから》インターネットを利用できる多機能型のテレビ。インターネットテレビとほぼ同義だが、特に、他の利用者が開発したゲームや動画のソフトをダウンロードして楽しんだり、ツイッターなどのSNSを手軽に利用したりでき、スマートホンのように、より多様なコンテンツやアプリケーションの利用を目指したものを指す。スマートTV。
スマート-ばくだん【スマート爆弾】精密誘導兵器の一。航空機から投下されたのち、レーザー光線やテレビ-カメラで目標に誘導される爆弾。ベトナム戦争で初めて使用された。
スマート-バッグ〔smart bag〕子供や体の小さい人のために、体格を自動感知して膨張速度を調節する次世代エアバッグ。
スマート-パワー〔smart power〕軍事力・経済力による圧力と、文化・技術等を基にした国際協力を総合した新しい対外政策。(補説)米国政権のイラク戦争の失敗を反省し、次期政権の取るべき政策として米国の戦略国際問題研究所(CSIS)が発表した。委員会議長はジョセフ=ナイとリチャード=アーミテージ。➡ハードパワー ➡ソフトパワー
スマートフィル〔smartfill〕►オートフィル
スマートフォン〔smartphone〕►スマートホン
スマートブック〔smartbook〕インターネットの接続や電子メールの利用が可能な小型のモバイル端末。厳密な定義はないが、機能や携帯性の観点からはスマートホンとネットブックの中間に位置づけられる。無線LANなどの通信機能を備え、小型のディスプレーとQWERTY配列のキーボードを搭載し、実行環境として汎用性があるLinux系オペレーティングシステムやグーグル社のアンドロイドを採用するものが多い。
スマート-ボール《和 smart＋ball》盤上に、直径3センチぐらいの白球をはじき返し、盤の当たり穴に入ると多数の球が戻って得点となる遊戯。
スマートホン〔smartphone〕《「スマートフォン」とも》音声通話以外に、インターネット接続、スケジュール管理、メモ機能など、PDAと同等の機能をもつ多機能型携帯電話。スマホ。
スマートメディア〔SmartMedia〕東芝が開発した小型メモリーカードの規格の一。デジタルカメラや携帯情報端末の記憶媒体として利用された。商標名。xDピクチャーカードはスマートメディアの後継製品。
すまいありさま。ようす。「人様々の顔の—」〈二葉亭・浮雲〉
すまい【住(ま)い】《動詞「す(住)まう」の連用形から》❶住むこと。また、暮らし。生活。「ひとり—」「佗び—」❷(「住居」とも書く)住んでいる家や所。「閑静な—」(類語)(❷)住宅・住居・住み処・巣・家・住所・居所・居住地・現住所・現住地・居所・所番地・番地・所書き・アドレス・うち・家屋・屋舎・住家・家宅・私宅・居宅・自宅・居・宅・ねぐら・宿・ハウス・家 (尊敬)お宅・尊宅・尊堂・高堂・貴宅 (謙譲)拙宅・弊宅・陋宅・陋居・陋屋・寓居
すまい【相=撲‖角=力】《動詞「すま(争)う」の連用形から》❶すもう。また、すもうをとること。「当麻蹶速と野見宿禰とに—とらしむ」〈垂仁紀〉(季 秋)❷「相撲の節」の略。「—のをり、内、春宮のおはしませば」〈大鏡・兼家〉❸「相撲取り」「相撲人」の略。「—の負けてゐる後ろ手」〈枕・一二五〉
すまい-ぐさ【相=撲草】植物の名。オグルマまたはオヒシバという。「ひくには強き—かな」〈金葉・雑下〉
すまい-とり【相=撲取り】すもうとり。すまいびと。すまい。
すまい-の-せち【相=撲の節】平安時代、毎年7月に宮中で、諸国から召し集められた相撲人の相撲を天皇が観覧した行事。初めは7日、のち、大の月は28日・29日、小の月は27日・28日となった。2日前にけいこの内取りがあり、当日は召し合わせといって20番(のち17番)の取組があり、翌日、優秀な者を選んで行う抜き出、衛府の舎人などによる追い相撲があった。場所は多く紫宸殿南庭で行われた。すまいのせちえ。すもうのせち。すまい。(季 秋)
すまい-の-せちえ【相=撲の節会】「相撲の節」に同じ。(季 秋)
すまい-の-つかい【相=撲の使】相撲の節の相撲人を召集するため、2、3月ごろ左右近衛府から諸国に遣わされた使者。部領使。
すまい-の-つかさ【相=撲▽司】相撲の節のとき、左右近衛府に属して相撲のことを担当した臨時の官。参議以上で相撲に精通している者が任命された。
すまい-の-ひんこん【住(ま)いの貧困】►ハウジングプアー
すまい-びと【相=撲人】すもうとり。「陸奥国に真髪の成村と云ふ老いの—ありけり」〈今昔・二三・二一〉
スマイル〔smile〕微笑。ほほえみ。(類語)笑い・笑み・微笑み・微笑・朗笑・一笑・破顔一笑
スマイルかめん-しょうこうぐん【スマイル仮面

症候群】ショウコウグン 作り笑顔の状態が意図せずに続く症状。周囲からよく見られたいと思い、感情を抑制して笑顔を作る状態が長期間続くことで起こると考えられる。男性にはほとんどなく、働く女性に多くみられる。予防・回復には、本人が意識の持ち方を変えるだけでなく、感情を素直に表せる環境をつくることも不可欠とされる。

スマイルズ〖Samuel Smiles〗［1812～1904］英国の著述家。主著「自助論」は、明治時代に「西国立志編」として中村正直により邦訳され、愛読された。

すま・う【▽争う】すまふ〘動ワ五(ハ四)〙❶組み合ってあらそう。相撲をとる。「振り離さんと―・いしかど」〈逍遥・当世書生気質〉❷負けまいとしてあらそう。反抗する。「相対峙して譲らない二つの心が…―・おうとするのを」〈宮本・伸子〉❸辞退する。ことわる。「もとより歌のことは知らざりければ―・ひけれど」〈伊勢・一〇一〉

すま・う【住まう】すまふ〘動ワ五(ハ四)〙《動詞「す(住)む」の未然形＋反復継続の助動詞「ふ」から》❶住んでいる。住みつづける。「郊外に―・っている」❷舞台で、俳優がすわる。座に就く。「花道より政澄、上下衣装にて出て来たり、花道に―・ふ」〈伎・名歌徳〉〈可能〉すまえる 〈類語〉(❶)住む・住み着く・暮らす・住じゅうする・寓ぐうする・居着く・居住する・在住する・現住する・定住する・安住する・永住する・常住する・転住する・移住する・先住・卜居ぼっきょする・居を構える

す-まき【×簀巻(き)】❶簀で物を巻き包むこと。また、そのもの。❷江戸時代の私刑の一。からだを簀で包み、水中に投げ込むもの。すのこまき。❸湖や沼の浅い所に簀垣を設け、魚を捕らえる装置。

すま-く【須磨区】▶須磨㊀

すまげんじ【須磨源氏】謡曲。五番目物。金春こんぱる以外の各流。世阿弥作といわれる。日向ひゅうが国の神官が須磨の浦に来かかると光源氏の霊が現れ、その生涯を語って舞をまう。

すま-ごと【須磨琴】一弦琴いちげんきんのこと。9世紀ころ、在原行平ありわらのゆきひらが須磨に流されたとき、日々のつれづれを慰めるために作ったという俗説がある。

スマザー-タックル〖smother tackle〗ラグビーで、相手をボールごと抱き込んで、パスすることも走ることもできないようにするタックル。

すまし【澄まし┊清まし】❶気どったようすをすること。おすまし。「一顔」❷「澄まし汁」の略。❸酒の席で、杯をすすぐ器。また、それに入れた水。❹かつら・衣服などを洗い清めること。「御―の事などせさせ奉り給へ」〈宇津保・国譲中〉❺「清すまし女め」の略。「一、長女おさなどして絶えずいましめにやり」〈能因本枕・九一〉〈類語〉(❷)すまし汁・吸い物

すまし-じる【澄まし汁】醤油と塩でだし汁に味つけした透明な吸い物。おすまし。〈類語〉すまし・吸い物

すまし-め【▽清まし女】宮中で器具を洗ったり、お湯殿のことなどを勤めたりした下級の女官。

すまし-や【澄まし屋】いつも気どってまじめそうな顔つきをしている人。とりすましている人。

すま・す【済ます】〘動サ五(四)〙《「澄ます」と同語源》❶なすべき物事を全部してしまう。「食事を―・す」「支払いを―・す」「引き継ぎを―・す」❷借りた金などをすっかり返す。返済する。「借金を―・す」❸代わりのもので問題が解決したことにする。その場はそれでよいことにする。間に合わせる。「金で―・す」「立場上、知りませんでしたでは―・されない」「お昼はそばで―・す」❹(動詞の連用形に付いて)すっかり、そのものになる。うまく、しおおせる。「刑事になり―・す」〈可能〉すませる 〈類語〉終える・仕上げる・片付ける・上げる・こなす・やっつける・処理する・料理する・解決する・始末する・方かたを付ける・けりを付ける・畳む

すま・す【澄ます┊▽清ます】〘動サ五(四)〙❶液体の、にごり・よごれなどの不純物を除いて透き通った状態にする。「汲み置いて井戸水を―・す」❷気持ちを落ち着かせて雑念のない状態にする。「座禅を組んで心を―・す」❸(「耳をすます」「目をすます」の形で)よけいなことを考えないで、その事一つに注意・意識を集中する。「耳を―・して聞く」❹㋐そのようなことは自分に関係ないという顔をする。平然と構える。平気でいる。「―・した顔で人を笑わせる」㋑まじめなようすをする。気どる。「おつに―・している」❺洗い清める。「御髪―・し、ひきつくろうておはする」〈源・若菜上〉❻世の中を落ち着かせる。平定する。「一天を鎮しずめ、四海を―・す」〈平家・一二〉❼(動詞の連用形について)㋐一つのことに心を集中してその行為をする。「行い―・す」「聞き―・す」㋑完全に…する。「研ぎ―・す」〈可能〉すませる
〈類語〉(❹㋐)勿体もったいぶる・気取る・格式ばる・しゃれる

すま・せる【済ませる】〘動サ下一〙「済ます」に同じ。「食事を急いで―・せる」

す-また 調子はずれ。また、的はずれ。見当ちがい。「三味線つぼも―の弾き語り」〈浄・歌祭文〉

す-また【素股】❶むきだしの股。❷内もも。また、股間でする性交。

素股が切れ上が・る 背が高いさまにいう。「徒侍かちざむらい切れあがりて大男」〈浮・二十不孝・一〉

すまた-きょう【寸又峡】キョウ 静岡県北部、大井川最大の支流寸又川にある峡谷。寸又川ダムの下流付近から大間おおまダムの飛竜橋付近までの間の渓谷を指し、ツガ・モミ・ヒノキ・スギなどの原生林におおわれている景勝地。

スマック〖smack〗《風味・香味の意》チョコレートで包んだ円形のアイスクリーム。アイススマック。

スマッシュ〖smash〗〘名〙スル テニス・卓球などで、高く上がったボールを相手のコートに強く打ち込むこと。

スマッシュ-ヒット〖smash hit〗興行や販売などの大成功。大当たり。

すま-でら【須磨寺】神戸市須磨区にある福祥寺ふくしょうじの通称。

スマトラ〖sumatra〗コイ科の淡水魚。全長は約5センチ。体は側扁し、4本の黒色横帯がある。スマトラとボルネオに分布。観賞用熱帯魚。

スマトラ〖Sumatra〗インドネシア西部、大スンダ列島西端の島。世界第6位の大島。赤道直下にあるが標高が高いため気候は温和。メダン・パダン・パレンバンなどの都市がある。石油・ゴム・錫すずを産出。面積約47万3500平方キロメートル。

スマトラおき-じしん【スマトラ沖地震】ヂシン ❶2004年12月26日、インドネシアのスマトラ島北部西方沖で発生した大規模な地震。マグニチュードは9.1。巨大津波を引き起こし、インド洋沿岸諸国で約30万人の死者・行方不明者を出した。❷2005年3月28日(日本時間では29日)、インドネシアのスマトラ島北部西方沖で発生したマグニチュード8.6の地震。2004年の地震の震源から南東に約250キロメートルの地点で発生した。震源に近いニアス島では、死者1000人以上にのぼった。❸2007年9月12日、インドネシアのスマトラ島南部沖で発生した地震。インド洋の各地で津波が観測された。マグニチュード8.5。

スマトラ-さい【スマトラ×犀】サイ科の哺乳類。二角サイの一種で、全身が剛毛に覆われる。かつてはビルマからインドシナ・マレー半島・スマトラ・ボルネオにかけて分布したが、乱獲により絶滅に瀕ひんしている。

スマトラ-タイガー〖Sumatran tiger〗ネコ科の哺乳類。トラの亜種で、インドネシアのスマトラ島に分布する。体色は黄色を帯びた赤茶色で、黒色の縞しまの数が比較的多い。絶滅危惧種に指定。スマトラトラ。

スマトラ-とら【スマトラ虎】▶スマトラタイガー

すま◦ない【済まない】〘連語〙《動詞「す(済)む」の未然形＋打消しの助動詞「ない」》相手に謝罪・感謝・依頼などをするときに用いる語。申し訳ない。「彼には―◦ないことをした」「―◦ないが頼まれてくれ」〈類語〉気の毒・心苦しい・申し訳ない

すま-に〘副〙❶(「手もすまに」の形で)休まないで一生懸命にの意か。「戯奴わけがため我あが手も―春の野に抜ける茅花つばなそ召して肥えませ」〈万・一四六〇〉❷すきまのないさま。「山吹のみぎはも―咲きぬれば」〈散木集・一〉

スマホ《「スマフォ」とも》「スマートホン」の略。

スマラン〖Semarang〗▶サマラン

ずまん-こう【豆満江】ヅマンカウ ▶とまんこう(豆満江)

すみ【炭】❶木材を蒸し焼きにして作った黒色の燃料。焼くときの温度や使用する木材の違いにより多くの種類がある。木炭。「―をおこす」〈季 冬〉「―の香のなみださそふや二の替/万太郎」❷木などが燃えて黒く残ったもの。「燃えて―になる」
〈類語〉木炭・消し炭・炭団たどん・練炭・豆炭

すみ【済み】物事が終わったこと。終わり。完了。「支払いはこれで全部―になった」

すみ【隅┊▽角】❶囲まれた区域のかど。「部屋の四―」「書類の―を綴じる」❷中央でない所。端の方や奥の方。また、目立たない所。「―で小さくなる」「頭の―で考える」❸「隅の折敷おしき」の略。❹「角前髪すみまえがみ」の略。〈類語〉(❶❷)片隅かたすみ・隅っこ・端っこ・一隅いちぐう・一角いっかく・端はし・端はた・角かど・縁ふち・縁へり・際きわ・曲がり角・町角・辻・コーナー

隅に置け◦ない その人が意外に経験豊かであったり、才能・知識などがあったりして、あなどれない。

角を入・れる 近世、元服2、3年前の少年が前髪の額の生え際の両隅をそり込むこと。角すみを抜く。

すみ【墨】❶油煙や松煙しょうえんを膠にかわで練り固めたもの。また、それを水とともに硯すずりですりおろしてつくった黒色の液。書画を書くのに用いる。❷顔料などを固めて作り、硯などですって絵などを描くのに用いるもの。青墨あおずみ・朱墨しゅずみなど。❸物を燃やしたときに出るすす。「鍋底なべぞこの―」❹イカやタコの体内にある黒い液。「イカが―を吐く」❺「墨染め」の略。「一の衣ころも」❻「墨糸」「墨縄」の略。
〈下接語〉烏賊いかの墨・唐から墨・下げ墨・摺すり墨　（ずみ）藍あい墨・青墨・赤墨・油墨・入れ墨・薄墨・臙脂えんじ墨・切り墨・具ぐ墨・靴墨・濃こ墨・渋墨・朱墨・白墨・釣り鐘墨・中墨・鍋なべ墨・奈良墨・掃はき墨・眉まゆ墨・油煙墨

墨と雪 性質が全然反対なもののたとえ。

墨は餓鬼がきに磨すらせ筆は鬼に持たせよ 墨をするには力を入れず、筆を使って書くには力を込めるのがよいというたとえ。

墨を打・つ 墨糸で木材などに黒い線を引く。

墨を磨するは病夫の如ごとくし筆を把とるは壮士の如くす 「墨は餓鬼に磨らせ筆は鬼に持たせよ」に同じ。

す-み【酸み┊酸味】すっぱい味。すっぱみ。さんみ。「―の強いミカン」

ずみ【×桷┊棠＝梨】バラ科の落葉小高木。山地に多く、全体にとげがある。葉は楕円形。4～6月ごろ白い5弁花が咲き、秋に紅あるいは黄色の丸い実がなる。庭木として植えられ、樹皮は染料になる。こりんご。こなし。姫海棠ひめかいどう。三つ葉海棠。甘棠かんとう。〈季 夏〉「たちよれば深山ぐもりに―の花/蛇笏」

ずみ【済み】〘語素〙名詞の下に付いて複合語をつくり、それが終わっていること、すんでしまったことの意を表す。「決裁―」「注文―」「支払い―」

スミア〖smear〗デジタルカメラで撮影する際、強い光源が画面に入った場合に、縦方向(または横方向)の光の帯が発生する現象。

すみ-あか【隅赤】ふたと身の口縁から四隅にかけて朱漆を塗り、他の部分は黒漆塗りにして蒔絵まきえなどを施した箱。大小各種あり、婦人の身の回りの品を収めるのに用いられた。

すみ-あら・す【住(み)荒らす】〘動サ五(四)〙長く住んで破損したり汚したりする。「―・された家屋」

すみ-いか【墨烏＝賊】コウイカやシリヤケイカの別名。

すみ-いし【隅石】石造り・煉瓦れんが造りの壁の出隅部分に積まれる石。本来は補強のために行われるが、装飾的なものが多い。

すみい-すえ【住井すゑ】すみゐ［1902～1997］小説家・児童文学者。奈良の生まれ。農民作家犬田卯しげると結婚し、女性解放・農民文学運動を展開。部落差別と闘う少年を描いた大河小説「橋のない川」(全七部)は代表作。児童文学作品「夜あけ朝あけ」で毎日出版文化賞。

すみ-いと【墨糸】墨壺すみつぼについている、黒い線を引くための糸。墨縄。

すみ-いれ【炭入れ】「炭取り」に同じ。
すみ-いれ【隅入れ】「隅入れ角(かく)」の略。
すみ-いれ【墨入れ】❶製図などで、鉛筆でかいた下図を、墨や黒インクで仕上げること。❷ ▶墨壺(すみつぼ)
すみいれ-かく【隅入れ角】四隅に少しくぼみをつけた方形。
すみ-いろ【墨色】❶書いたり染めたりした墨の色合い。ぼくしょく。❷墨で文字を書かせて、その文字の墨の色で吉凶を判断する占いの方法。墨色の考え。「向うに白き幟(のぼり)に人相―白翁堂勇斎とあるを見て」〈円朝・怪談牡丹灯籠〉
すみ-う・い【住み憂い】〔形〕図すみう・し〔ク〕住みづらい。住みにくい。「―・くない場所というものは全く少いものだね」〈藤村・桜の実の熟する時〉
すみ-うか・る【住み浮かる】〔動ラ下二〕一定の家や場所に住まないでさすらう。「此の耳売りたる僧、南都を―・れて、吾妻の方にすみ侍るが」〈沙石集・七〉
すみ-うち【墨打ち】墨糸で黒い線を引くこと。
すみ-え【墨絵】ヱ ❶墨の濃淡だけで描いた絵。水墨画(すいぼくが)。❷墨で輪郭だけを描いた絵。白描画(はくびょうが)。
すみ-か【住み▽処┊住(み)家┊×棲(み)家┊×栖】❶住んでいる所。住まい。「―を移す」❷好ましくないものの住む所。「鬼の―」
(類語)(❶)家(いえ)・うち・家屋・屋舎(おくしゃ)・住宅・住家(じゅうか)・住居・家宅・私宅・居宅・自宅・居(きょ)・宅・住まい・ねぐら・宿(やど)・ハウス・家(や)（尊敬）お宅・尊宅・尊堂・高堂・貴宅（謙譲）拙宅・弊宅・陋宅(ろうたく)・陋居・陋屋(ろうおく)・寓居(ぐうきょ)
すみ-かえ【住(み)替え】へ ❶住居や居所を替えること。「―用マンション」❷奉公人や芸妓などが雇われ先を替えること。くらがえ。でがわり。
すみ-か・える【住(み)替える】かへる〔動ア下一〕図すみか・ふ〔ハ下二〕❶住居や居所を替える。移り住む。「郊外の一戸建てに―・える」❷奉公人や芸妓などが雇われ先を替える。「山田の新町から―・えた、こんの島屋の新妓(しんじゃ)」〈鏡花・歌行灯〉
すみ-かき【炭×掻き】炭をかきよせるのに用いる鉄製の先がかぎ状に曲がった道具。
すみ-がき【墨書(き)┊墨描(き)】〔名〕スル ❶墨でかくこと。また、墨でかいたもの。「―した図面」❷日本画で、下絵として墨で輪郭を描くこと。また、仕上げの描(か)き起こしなどで描線を生かす技法。❸平安時代、宮廷の絵所(えどころ)の職制で、主任画家の称。作画上、❷の技法が重要視されたところからいう。
すみ-かく【隅角】「隅切り角(かく)」に同じ。
すみ-かけ【墨掛(け)】〔名〕スル 大材から小材を切り取るために、断面に墨で必要な小材の形をしるすこと。
すみ-かご【炭籠】炭を小出しにして入れておく籠。炭取り。炭入れ。(季 冬)
すみ-がさ【墨傘】黒い地紙をはった日傘。
すみ-がしら【炭頭】❶一俵の中の特に大きな炭。(季 冬)「池田炭や名のる天下の―／宗因」❷よく焼けていないためにいぶる炭。(季 冬)
すみ-がね【墨金┊墨曲=尺】《古くは「すみかね」とも》❶曲尺(かねじゃく)。まがりがね。さしがね。❷建築で、曲尺を使って必要な線を木材に引く技術。規矩(きく)術。
すみ-がま【炭窯┊炭×竈】「炭焼き窯(がま)」に同じ。(季 冬)「―に行く道なれば下りなる／虚子」
すみ-がわら【隅瓦】がはら 瓦葺(ぶ)き屋根の隅の軒先に用いる瓦。
すみ-ぎ【炭木】焼いて炭にする木。炭材。
すみ-ぎ【隅木┊×桷┊▽角木】隅棟の下にあって垂木(たるき)の上端を受けている斜めの材。
すみ-きり【隅切り】❶「隅切り角」の略。❷上の隅を切った旗指物(はたさしもの)。❸「隅切り下駄」の略。
すみきり-かく【隅切り角】方形の四隅を切り落とした形。隅角(すみかく)。切り角(かく)。
すみきり-げた【隅切り下▽駄】台の四隅を切り落として隅切り角の形にした下駄。
すみ-き・る【澄(み)切る】〔動ラ五(四)〕わずかなくもりもなくよく澄んでいる。転じて、心に迷いがなくなる。「―・った秋の青空」「―・った心境」
(類語)澄む・冴える・澄み渡る・清澄

すみ-く【住み来】〔動カ変〕長い間住み続ける。また、特に、男が女の家に長い間通い続ける。「年を経て―・こし里を出でていなばいとど深草野とやなりなむ」〈伊勢・一二三〉
すみ-くち【済み口】事の終わった所。終わりとなった点。また、落着した事件。「往来(ゆきき)の人更にまた山をなして、此の―を見るはあやうかりし」〈浮・男色大鑑・五〉
すみくち-しょうもん【済み口証文】江戸時代の訴訟で、訴えを起こした後で和解が成立したとき、役所へ提出した証文。内済(ないさい)証文。
すみ-ぐま【墨×隈】東洋画などで、墨の濃淡やぼかしによって隈を取り、立体感や雲霞(うんか)を表す手法。
すみ-ぐろ【墨黒】墨色が黒々としていること。墨つきが濃いこと。「をといふ文字をただ一つ、―に書きて」〈著聞集・八〉
すみ-こみ【住(み)込み】住み込むこと。また、その人。通いに対していう。「―のお手伝いさん」
すみ-こ・む【住(み)込む】〔動マ五(四)〕使用人や弟子などが主人の家などに寝泊まりして仕事をする。「―・んで働く」
すみ-ごろも【墨衣】「墨染め衣」に同じ。
すみ-ざけ【▽清み酒】濁りのない澄んだ酒。清酒(せいしゅ)。
すみ-さし【墨差(し)┊墨刺(し)】大工や石工などが、線を引いたり文字を書いたりするのに用いる篦(へら)状の竹筆。墨壺(すみつぼ)に添えて用いる。
すみ-さす【隅×扠▽首】縁側の隅から縁桁(えんげた)に45度の角度で突き出した材。縁隅木。
すみ-じ【墨字】点字に対して、普通に書かれた文字や印刷された文字。
スミス〖Adam Smith〗[1723～1790]英国の経済学者。古典派経済学の創始者。スコットランドの生まれ。主著「国富論」は経済学を初めて科学的に体系づけた大著で、重商主義を批判して自由放任主義の経済を説き、経済学の原典となった。
スミス〖Henry John Smith〗[1826～1883]英国の数学者。整数論・近世幾何学の研究に貢献。
スミス〖William Robertson Smith〗[1846～1894]英国の聖書学者。聖・俗の観念を社会的立場から考察し、宗教の比較研究法を開拓。著「セム族の宗教」など。
す-みず【▽角水】づ 大工道具の一。水平度を測る器具。水盛(みずも)り。
角水を突・く 《角水をあてて正確に水平度を測る意から》こまかく吟味したり、わずかな欠点でもとがめたりする。〈日葡〉
すみ-ずきん【▽角頭巾】ヅキン 袋形で、かぶると耳の上で角状になり、後ろに錏(しころ)のような垂れのある頭巾。寛永(1624～1644)のころ、老人・医者・僧などが用いた。つのずきん。しころずきん。かくずきん。
すみ-すまし【済み済まし】結末。しめくくり。始末。「おれが―を付けたから、けちりんも間違(まちが)えはねえ」〈滑・浮世風呂・四〉
すみ-ずみ【隅隅】すべての隅。方々の隅。また、あらゆる方面。「―までくまなく探す」
(類語)方方・各地・諸所
すみ-す・む【住み住む】〔動マ四〕住み続ける。続けて住む。「世の中の繁き仮廬(かりほ)に―・みて至らむ国のたづき知らずも」〈万・三八五〇〉
すみ-すり【墨×磨り】❶墨をすること。また、その人。❷硯(すずり)の古称。〈和名抄〉
すみ-ずり【墨×摺り】❶木版画を墨1色だけで摺ること。また、その版画。墨摺り絵。❷更紗(サラサ)模様の線描を彫刻板で摺り、筆で彩色するもの。
スミスロック-しゅうりつこうえん【スミスロック州立公園】ーシウリツー《Smith Rock State Park》米国オレゴン州中部の都市レドモンド近郊にある州立公園。クルーク下川の浸食で形作られた鋭い岩峰が林立する。ロッククライミングの名所として知られる。
すみ-せん【須弥山】▶しゅみせん
す-みそ【酢味×噌】味噌に酢・砂糖などを加えたもの。野菜・魚介・海藻などをあえる。

スミソニアン-きょうかい【スミソニアン協会】ケフクワイ《Smithsonian Institution》アメリカの国立学術文化研究機関。1846年、イギリスの化学者スミソンの遺贈した基金によってワシントンに設立。自然史・歴史技術・航空宇宙の三つの博物館をはじめ、美術館、各種の研究所などが設置されている。
すみ-ぞめ【墨染(め)】❶墨で染めること。また、そのような黒い色または、ねずみ色。❷「墨染め衣」の略。❸僧。「その身を―になして」〈浮・諸国ばなし・二〉
すみぞめ-ごろも【墨染(め)衣】黒色の僧衣やねずみ色の喪服。
すみぞめ-ざくら【墨染桜】❶桜の一品種。花は白色で単弁。❷京都の伏見墨染にあったという伝説上の桜。上野岑雄(かんつけのみねお)の「深草の野辺の桜し心あらば今年ばかりは墨染めに咲け」という「古今集」哀傷の和歌にちなんだもの。
すみぞめ-の【墨染めの】〔枕〕墨染めの色が暗いところから、「ゆふべ」「たそがれ」「くら」などにかかる。「―夕べになれば」〈古今・雑体〉「―鞍馬の山に入る人は」〈後撰・恋四〉
すみぞめ-の-ころも【墨染(め)の衣】「墨染め衣」に同じ。
すみぞめ-の-そで【墨染めの袖】墨染め衣の袖。また、僧衣や喪服。「おほけなく浮世の民におほふかな我が立つ杣(そま)に―」〈千載・雑中〉
すみだ【墨田】東京都の区名。昭和22年(1947)向島・本所の両区が合併して成立。隅田川と荒川との間の低地にあり、商工業地帯。人口24.8万(2010)。
すみだ-がわ【隅田川】がは ㊀東京都東部を貫流する荒川の分流。北区岩淵で荒川から分岐する。墨田区鐘ヶ淵から下流をいうこともある。吾妻(あづま)橋から下流を大川ともいう。千住大橋から勝鬨(かちどき)橋まで16の橋が架かる。墨田川。角田川。㊁謡曲。四番目物。金春(こんぱる)流は「角田川」。観世元雅作。人買いにさらわれた愛児梅若丸を狂い尋ねる母が隅田川の渡し守にその死を知らされ、墓前で弔うと亡霊が現れる。
すみだがわごにちのおもかげ【隅田川続俤】すみだがはごにちのおもかげ 歌舞伎狂言。世話物。4幕。奈河七五三助(ながわしめすけ)作。天明4年(1784)大坂角の芝居初演。破戒僧法界坊のこっけいな小悪党ぶりを描く。終幕は常磐津(ときわず)舞踊「双面(ふたおもて)」として独立。通称「法界坊」。
すみだがわはなのごしょぞめ【隅田川花御所染】すみだがははなのごしよぞめ 歌舞伎狂言。世話物。6幕。4世鶴屋南北作。文化11年(1814)江戸市村座初演。「清玄桜姫物」の一つで、主役の清玄を尼にしたもの。通称「女清玄」。
すみだがわ-もの【隅田川物】すみだがは 歌舞伎・浄瑠璃などの一系統で、謡曲「隅田川」の梅若伝説を主題としたもの。浄瑠璃「双生(ふたご)隅田川」、歌舞伎狂言「隅田川続俤(ごにちのおもかげ)」など。
すみだ-く【墨田区】▶墨田
すみ-だわら【炭俵】だはら 炭を詰める俵。また、炭の詰まった俵。わら・あし・かやなどで作る。(季 冬)「薄雪や簷(のき)にあまりて―／波郷」
すみだわら【炭俵】すみだはら 江戸中期の俳諧集。2冊。志太野坡(しだやば)・小泉孤屋・池田利牛共編。元禄7年(1694)刊。芭蕉晩年の「軽み」の境地がよく表れ、のちの俳壇に大きな影響を与えた。俳諧七部集の一。
すみ-ちがい【隅違い】ちがひ 方形の隅から隅へわたした線。対角線。すじかい。すみちがえ。
すみ-ちょう【済み帳】チャウ ❶支払い帳。「一銭も残らず―付けて」〈浮・永代蔵・五〉❷帳面に棒を引くこと。帳消し。「物の見事に請け取り渡し、互ひに申し合はせて―」〈浮・御前義経記・六〉
すみ-づか【墨▽柄】短くなった墨を挟んでするための、竹などで作った道具。墨挟み。墨継ぎ。墨の柄。
すみ-つき【墨付き】❶筆跡の墨の付きぐあい。筆のあと。筆跡。「―も濃いりっぱな書」❷写本で、実際に文字の書かれている紙。「一三〇丁」❸中世・近世、幕府や諸大名が書き判を墨書きして下付した文書。判物(はんもつ)。➡御墨(おすみ)付き ❹顔色。機嫌。「国からは便りはなし、和尚の―は悪し」〈鳩翁道話・二〉❺口上(こうじょう)。

「互ひに味な―を」〈浄・妹背山〉

すみ-つぎ【墨継ぎ】❶筆に含ませた墨が足りなくなったとき、さらに墨を含ませて書きつづけること。❷▶墨柄ぼう

すみつき-かっこ【隅付き括弧】文章表記中などで用いる【　】の記号。タイトルや見出し、語句の強調などを表すのに用いる。隅付きパーレン。➡括弧

すみ-つ・く【住(み)着く】〔動カ五(四)〕❶住まいが定まって落ち着く。「ここに―・いて八年になる」「のら猫が―・く」❷夫婦関係が定まる。「所につけたるよすがども出てきて―・きにたり」〈源・玉鬘〉〈類語〉(❶)住む・住まう・暮らす・住ゆうする・寓ぐうする・居着く・居住する・在住する・現住する・定住する・安住する・永住する・常住する・転住する・移住する・先住・卜居ぼっきょする・居を構える

すみ-つけ【墨付け】❶相手の顔に墨をつけ合うこと。また、その遊び。❷墨糸・墨差しを用いて木材などに線を引いたり印をつけたりすること。

すみつけ-しょうがつ【墨付け正月】山陰・北陸地方などで、小正月に若い男女が墨や鍋墨を互いに異性のほおに塗りつける行事。墨塗り。〈季 新年〉

すみっ-こ【隅っこ】すみ。すみの方。「部屋の―で遊ぶ」〈類語〉角・隅・端・一角・一隅・片隅・端っこ・コーナー

すみ-つぼ【炭×壺】炭火などを入れ、密閉して消すための壺。火消し壺。

すみ-つぼ【墨×壺】❶直線を引くのに用いる大工道具。糸車に巻いた墨糸を、墨を含ませた綿の中を通して引き出し、墨糸の端の仮子かりこという小さな錐きりを刺してまっすぐに張り、糸を指で弾はじいて墨線を引く。❷墨汁ぼくじゅうを入れる壺。墨入れ。

すみ-てまえ【炭手前｜炭▽点前】茶事のとき、炉または風炉ふろに炭をつぐ作法。➡三炭さんすみ

すみ-と【隅斗】《隅にあるところから》「鬼斗おにと」に同じ。

すみ-とぎ【炭▽磨ぎ】金属の彫刻などの粗彫りした面を朴炭ほおずみでみがいて仕上げること。

すみとも-きちざえもん【住友吉左衛門】[1647～1706]江戸前期の商人。本名、友信。住友家第3代。吉左衛門は以後住友家当主の世襲名となる。16歳で家督を継ぎ、銅鉱業・銅貿易の急成長の中で最大の業者として活躍。吉岡銅山の開発で銅山師としての声望を確立した。

すみとも-ざいばつ【住友財閥】三井・三菱と並ぶ三大財閥の一。住友家は江戸時代以来別子銅山の経営を事業の主力とし、明治期には金属産業から関連産業に進出。第一次大戦後には諸企業を傘下に収める巨大財閥となった。第二次大戦後に解体され、ゆるやかな企業グループとなった。

すみ-とり【炭取り｜炭▽斗】炭を小出しにして入れておく容器。炭入れ。炭かご。〈季 冬〉「―のひさご火桶に並び居る/蕪村」

すみ-なおし【墨直し】碑面にさした墨があせた所に、再び墨を入れて直すこと。

すみ-ながし【墨流し】❶水の上に字や絵をかく方法。小豆の粉、黄柏おうばく、明礬みょうばんを麻布で包んで水で湿らせ、それを浸した紙に墨で字や絵をかいて水に浮かべ、細い竹ぐしで紙を下に突くと字や絵が水面に浮かび残る。❷「墨流し染め」の略。❸(「墨流蝶」とも書く)タテハチョウ科のチョウ。翅はねの開張約6.5センチ。翅は緑がかった黒色の地に白色の斑点が散在し、墨を流したような感じがある。樹液に集まる。本州以南に分布。

すみながし-ぞめ【墨流し染(め)】水面に墨汁または顔料を落とし、その波紋の模様を紙や布に写しとる染め方。また、その製品。古くから料紙に用いられ、江戸時代には布帛ふはくにも応用されるようになった。

すみ-な・す【住(み)成す】〔動サ五(四)〕❶…のようなふうにして住む。「小綺麗に―・す」❷住居とする。住みつく。「―・す床とこのひと構へ」〈松の葉・二〉

すみ-な・れる【住(み)慣れる｜住み×馴れる】〔動ラ下一〕図すみな・る〔ラ下二〕長年住んでいて、その土地や家に慣れる。「―・れた土地を離れる」

すみ-なわ【墨縄】「墨糸すみいと」に同じ。

すみぬり【墨塗】狂言。大名と別れる女が水を目につけて泣くまねをするので、太郎冠者が水を墨に入れ替えると女の目の縁が真っ黒になる。

すみ-ぬり【墨塗(り)】❶墨を塗ること。❷「墨付け正月」に同じ。〈季 新年〉

すみのえ【住吉｜住之江｜墨江】㊀大阪市住吉区の古称。〈歌枕〉「―の岸による浪よるさへや夢のかよひぢ人めよくらむ」〈古今・恋二〉㊁(住之江)大阪市南西部の区名。昭和49年(1974)住吉区から分区して成立。西部は埋め立て地。

すみのえ-く【住之江区】▶すみのえ㊁

すみのえ-の-かみ【住吉神｜墨江神】住吉すみよし大社の祭神である表筒男命うわつつのおのみこと・中筒男命なかつつのおのみこと・底筒男命そこつつのおのみことの総称。伊奘諾尊いざなぎのみことが日向ひむかの檍原あわきはらでみそぎをしたときに生じた神々。海上の守護神、また和歌の神として尊崇される。すみよしのかみ。

すみ-の-おしき【隅の▽折敷】四隅を切った折敷。すみおしき。すみ。

すみのくら【角倉】姓氏の一。江戸時代の京都の豪商。本姓、吉田氏。室町時代は土倉どそうとして活躍。のち、朱印船貿易・河川土木事業に従事し、高瀬川などの水路開発による通船の権益を代々継承して栄えた。

すみのくら-そあん【角倉素庵】[1571～1632]安土桃山から江戸初期の豪商。京都の人。通称、与一。了以の長男。父の事業を継ぎ、海外貿易・土木事業を推進した。また、書を本阿弥光悦に学び、角倉流(嵯峨流)を創始。

すみのくら-ぶね【▽角倉船】江戸初期、角倉了以・素庵父子が朱印状を受けて安南・東京トンキンなどへ貿易のために派遣した貿易船。

すみのくら-ぼん【▽角倉本】嵯峨本さがぼんのこと。

すみのくら-りゅう【▽角倉流】▶嵯峨流❸

すみのくら-りょうい【角倉了以】[1554～1614]安土桃山から江戸初期の豪商。京都の人。名は光好。豊臣秀吉・徳川家康の朱印状を得て、安南・東京トンキン方面との貿易で巨利を得た。また、大堰おおい川・富士川・天竜川・高瀬川などの水路の開発に尽力。

すみ-の-ころも【墨の衣】「墨染め衣」に同じ。

すみ-の-たもと【墨の×袂】「墨染め衣」に同じ。

すみ-のぼ・る【澄み昇る】〔動ラ四〕❶澄んだ月が高く昇る。「有明の月―・りて、水の面も曇りなきに」〈源・浮舟〉❷澄んだ音色が高く響く。「これは―・りてことごとしき気の添ひたるは」〈源・椎本〉

すみ-ばさみ【墨挟み】「墨柄ぼう」に同じ。

すみ-ばしょ【住(み)場所】住む場所。すみどころ。すみか。

すみ-はだ【澄肌｜墨肌】日本刀の刀身に現れる、黒く澄んでいる斑点。鯰肌なまずはだ。

すみ-は・つ【住み果つ】〔動タ下二〕❶いつまでも住む。最後まで住む。「その昔むかし世を背きなましかば、今は深き山に―・てて」〈源・蜻蛉〉❷夫婦関係を固く通す。「かく世に―・て給ふにつけても、おろかならず思ひ聞え給ひけり」〈源・若菜上〉

すみ-はな・る【住み離る】〔動ラ下二〕❶すみかを離れる。世間から離れて住む。「思ひ棄て給へる世なれども、今はと―・れなむをあはれにおぼさる」〈源・橋姫〉❷住まいを別にする。別々に住む。「同じ家の内なれど、方異かたことに―・れてあり」〈更級〉

すみ-ばん【墨判】江戸幕府の鋳造した金貨で、表に極印ごくいんを打たないで墨書きしたもの。

すみ-び【炭火】木炭でおこした火。「一焼き」〈季 冬〉「或夜半の―かすかにくづれけり/竜之介」

すみ-ひじき【隅肘木】日本建築で、隅から45度斜めの方向に出ている肘木。

すみ-びたい【▽角額】角前髪すみまえがみにした額。

すみ-ふ【墨▽斑】植物の葉で、淡緑色の地に濃緑色の模様があるもの。

すみ-ぶくろ【墨袋】イカの墨が入っている内臓。

すみ-ふで【墨筆】❶墨と筆。ひつぼく。❷墨をつけて書く筆。

すみ-ぶと【墨太】〔名・形動〕筆跡の墨つきが太いこと。また、そのさまやその文字。筆太。「―な題字」

すみ-ぼうし【▽角帽子】❶死者にかぶせる頭巾ずきん。すんぼうし。❷能のかぶり物の一。上がとがり、後ろを背中へ長く垂らす頭巾。ワキ僧の大部分とシテの一部が用いる。すんぼうし。

すみ-まえがみ【▽角前髪】江戸時代、元服前の少年の髪形。前髪を立て、額の生え際の両隅をそり込んで角ばらせたもの。すみ。すんま。

すみ-ませ-ん【済みません】〔連語〕《動詞「す(済)む」の連用形＋丁寧の助動詞「ます」の未然形＋打消しの助動詞「ん」》「すまない」の丁寧語。相手に謝罪・感謝・依頼などをするときに用いる。「連絡が遅れて―」「お見舞いをいただいて―でした」「―が本を貸してください」

すみ-み・つ【住み満つ】〔動タ四〕❶場所いっぱいに人が住む。人数がひとところに寄り集まって住む。「勢ひことに―・ち給へれば」〈源・玉鬘〉❷満足してそこに住む。「内の大い殿の姫君と、―・ちておはする」〈栄花・根合〉

すみ-むね【隅棟】屋根の隅で斜め方向に降りている棟。

すみ-や【炭屋】炭を売る店。また、それをする人。

すみ-やか【速やか】〔形動〕図〔ナリ〕物事の進行がはやいさま。時間をおかずにすぐ行うさま。「―に決断する」〈派生〉すみやかさ〔名〕

すみ-やか【澄みやか】〔形動ナリ〕濁りがなくきれいなさま。澄んでいるさま。「腰より横笛抜き出だし、音も―に吹き鳴らし」〈謡・清経〉

すみ-やき【炭焼(き)】❶木を蒸し焼きにして木炭をつくること。また、その人。「一小屋」〈季 冬〉「―の顔洗ひ居る流かな/鳴雪」❷炭火で焼くこと。また、その料理。「―ステーキ」「―コーヒー」

すみやき-がま【炭焼(き)窯】炭を焼くための窯かま。炭窯すみがま。〈季 冬〉

すみやき-ちょうじゃ【炭焼(き)長者】貧しい炭焼き男が女房に教えられて金山を発見し、長者になるという昔話。

すみ-や・く【速やく】〔動カ四〕《形容動詞「すみやか」の動詞化》急ぐ。いらだつ。気がせく。「君をわが思ふ心は大原やいつしかとのみ―・かれつつ」〈詞花・恋下〉

すみ-やぐら【隅×櫓｜▽角×櫓】城郭の隅に立てた櫓。

すみや-みきお【隅谷三喜男】[1916～2003]経済学者。東京の生まれ。東京帝大を卒業後、満州(中国東北部)の昭和製鋼所で働いた経験をきっかけに労働経済学の研究を始める。帰国後は東大教授・信州大教授などを歴任。平成3年(1991)、成田空港建設をめぐる紛争が激化した際には、有識者らと中立団体「隅谷調査団」を結成して問題解決に尽力した。

スミューオン〘smuon〙素粒子物理学の超対称性理論から導かれる未知の超対称性粒子。μミュー粒子の超対称性パートナーで、スピンがゼロのボース粒子。スレプトンの一種。スカラーミュー粒子。

すみよし【住吉】㊀大阪市の南西部、住吉区・住之江区あたり一帯の地名。古くは「すみのえ」と称されたが、平安初期以降「すみよし」とも読まれるようになったもの。㊁大阪市南部の区名。昭和18年(1943)阿倍野・東住吉を分区し、同49年住之江を分区した。住宅地。臨海工業地帯。住吉大社などがある。㊂「住吉大社」の略。㊃箏曲そうきょく。寛政12年(1800)以前に山田検校が作曲。住吉大社参詣を主題としたもの。

すみよし-おどり【住▽吉踊(り)】大阪の住吉大社の御田植神事に行われる踊り。歌い手は上に御幣をつけ、縁に幕を垂らした大傘を立て、手の割り竹で傘の柄を打ちながら歌う。数人(本来は四人)の踊り手は縁に幕を垂らした菅笠すげがさをかぶり、口を白布で隠し、手にうちわを持って踊る。江戸時代には願人坊主が大道芸として流布し、かっぽれ・万作踊りなどに影響を与えた。〈季 夏〉

すみよし-く【住吉区】▶住吉㊁

すみよし-ぐけい【住吉具慶】[1631～1705]江戸

前期の画家。京都の人。名は広澄。通称、内記。父如慶の画業を継ぎ、精細緻密ちみつな大和絵を制作。幕府の奥絵師となり、住吉派興隆の基礎を築いた。

すみよし-じょけい【住吉如慶】[1599〜1670]江戸前期の画家。堺の人。京都・江戸で活躍。具慶の父。名は広通。通称、内記。土佐派に属したが、勅命により、鎌倉時代の画家、住吉慶恩(慶忍)の画系を復興するため住吉を名のり、住吉派の祖となった。

すみよし-じんじゃ【住吉神社】㊀山口県下関市にある神社。祭神は住吉神すみよしのかみ(底筒男命そこつつのおのみこと・中筒男命なかつつのおのみこと・表筒男命うわつつのおのみこと)ほか四神。本殿は国宝。長門ながと国一の宮。㊁長崎県壱岐いき市にある神社。祭神は住吉神。㊂福岡市博多区にある神社。祭神は住吉神ほか二神。筑前国一の宮。㊃北海道小樽市にある神社。祭神は住吉神。㊄▶住吉大社たいしゃ

すみよし-たいしゃ【住吉大社】大阪市住吉区にある神社。旧官幣大社。祭神は住吉神すみよしのかみ(底筒男命そこつつのおのみこと・中筒男命なかつつのおのみこと・表筒男命うわつつのおのみこと)・神功皇后。本殿は住吉造りで国宝。摂津国一の宮。住吉神社。

すみよし-づくり【住▽吉造(り)】神社本殿形式の一。切妻造り、妻入りで、屋根は反りがなく、棟に千木ちぎと鰹木かつおぎを置く。内部は二室に分かれ、それぞれの正面に板扉を設ける。住吉大社本殿が代表例。

すみよし-どりい【住▽吉鳥居】ヰ 住吉大社などにみられる鳥居の形式。明神鳥居の柱・笠木・島木が角材になり、貫ぬきが柱内に収まるもの。

すみよし-にんぎょう【住▽吉人形】ニンギヤウ 大阪市の住吉で製作された土製の人形。喜々猿・千疋猿せんびきざるなど。

すみよし-は【住▽吉派】大和絵の流派の一。住吉如慶を祖とし、その子具慶が江戸幕府の奥絵師となって、京都の土佐派と並び称されるようになった。

すみよしものがたり【住吉物語】鎌倉初期の物語。2巻。作者・成立年未詳。源氏物語・枕草子に名がみえるが、現存の物語は改作といわれる。中納言の姫君は継母の悪計を避けて住吉の尼のもとに身を寄せるが、長谷観音の利益りやくで少将と結ばれる。継子ままこいじめの物語の代表作。絵巻にも作られる。

すみる-ちゃ【素海=松茶】江戸時代の染め色の名。黒っぽい緑茶色。また、海松みる色。海松みる茶。

スミルティネ〘Smiltynė〙リトアニア西部の港湾都市クライペダの一地区。世界遺産(文化遺産)に登録されたクルシュー砂州の北端、クルシュー潟湖を挟んでクライペダ中心市街の対岸に位置する。19世紀の要塞を利用した海洋博物館などがある。

スミルナ〘Smyrna〙トルコの都市イズミルの古代ギリシャ名。

スミルヌイフ〘Smirnïkh〙ロシア連邦、サハリン州(樺太)中部の町。林業が盛ん。冷戦期には空軍基地があった。1945年(昭和20)以前の日本領時代には気屯けとんとよばれ、旧日ソ国境沿い町として知られた。

すみれ【×菫】❶㋐スミレ属の多年草。山野の日当たりのよい地に生え、高さ約10センチ。地上茎はない。葉は長い三角形。春、花柄を出し、濃紫色の花を横向きに開く。名は、花の形が墨入れ(墨壺すみつぼ)に似ているところからという。すもうとりぐさ。〔季 春〕「—程な小さき人に生れたし/漱石」㋑スミレ科スミレ属の植物の総称。世界に約400種、日本には55種が知られる。地上茎のあるタチツボスミレ・ニョイスミレ、地上茎のないエイザンスミレなど。❷「すみれ色」の略。❸襲かさねの色目の名。表は紫、裏は薄紫。

すみれ-いろ【×菫色】スミレの花のような、濃い紫色。「—のスカーフ」

すみれ-さいしん【×菫細辛】スミレ科の多年草。北海道南部と本州日本海側の多雪地方の林下に生える。雪解けのころ群がって芽を出し、葉の広がる前に淡紫色の花を咲かせる。葉は心臓形で、ウスバサイシンに似るのでこの名がある。

すみ-ろ【隅炉】小間こまの茶室で、道具畳の向かって左隅に切った炉。

すみ-わけ【×棲み分け】❶生活様式のほぼ等しい異種の生物群が、生活空間や生活時間・時期を分け、競争を回避しながら共存する現象。ヤマメが下流に、イワナが上流にすむ例など。❷銀行と消費者金融、トラック輸送と鉄道輸送と海上輸送のように競合関係にある業界が、それぞれの特色を生かすことで共存している状態。類似したものがうまく共存すること。「パソコンと携帯との—が曖昧になってきた」

すみ-わた・る【住み渡る】〔動ラ四〕❶ずっと住みつづける。1か所に長く住む。「橘たちばなの林を植ゑむほととぎす常に冬まで—・るがね」〈万・一九五八〉❷男が女のもとに通いつづける。「忠房のぬしのむすめ東の方を、としごろ思ひて—・りけるを」〈大和・一一〉

すみ-わた・る【澄(み)渡る】〔動ラ五(四)〕空・水などが一面に曇りなく澄む。「—・った秋空」
〘類語〙澄む・澄みきる・冴える・清澄

すみ-わ・びる【住み×侘びる】〔動バ上一〕図すみわ・ぶ〔バ上二〕生きて暮らしていくことをつらく思う。住みにくく思う。「口を聞く相手もない冷たい下宿に、一日一日を—・びて」〈三重吉・小鳥の巣〉

す・む【住む|×棲む|×栖む】〔動マ五(四)〕❶家や場所をきめて、常にそこで生活する。居住する。「空気のよい所に—・みたい」「—・む家もない」❷ある領域に身を置く。生きている。「我々とは別世界に—・んでいる人」❸(棲む)動物が巣を作って、その中で生活する。生息する。「水辺に—・む鳥」❹(妻問婚つまどいこんが行われていた時代に)男が夫として女の家に通う。「越前守の思ひて時々—・みける」〈落窪・三〉〘可能〙すめる 〘類語〙(❶)住まう・住み着く・暮らす・住じゅうする・寓ぐうする・居着く・居住する・在住する・現住する・定住する・安住する・永住する・常住する・転住する・移住する・先住・卜居ぼっきょする・居を構える

住めば都みやこ どんな所でも、住み慣れるとそこが居心地よく思われてくるということ。〘補説〙住むのなら都会が良いの意で使うのは誤り。

す・む【済む】《「澄む」と同語源》㊀〔動マ五(四)〕❶物事がすっかり終わる。「契約が—・む」「株主総会が無事に—・んだ」❷借りを全部返す。「借金が—・む」❸予想していた程度以下や範囲内で収まる。解決される。また、その場はそれで用が足りる。間に合う。「幸い、軽傷で—・んだ」「電話一本で—・むことだ」「罰金だけで—・んだ」❹気持ちのうえで満足する。気持ちが安らぐ。「君の気が—・むまでなぐってくれ」❺他人に対して言い訳が立つ。多く、打消し・反語の意を表す語を伴って、他人に謝罪する際に用いる。「ほんとに—・まなかったね」「あやまって—・む問題ではない」▶済まない ▶済みません ㊁〔動マ下二〕得心がゆく。納得する。「—・めぬ事若後家五つ指を折り」〈柳多留・一三〉〘類語〙㊀(❶)終わる・片付く・終了する・完了する・結了する・終結する・決着する・落着する・けりが付く・方かたが付く・出来る・上がる・引ける・跳ねる・完結する・終決する・終止する・終息する・閉幕する・幕になる・幕を閉じる・ちょんになる/(❸)収まる・事足りる・間に合う・落ち着く・静まる

す・む【澄む|清む】㊀〔動マ五(四)〕❶水や空気などに濁りがなくなり、透きとおった状態になる。「池の底まで—・んで見える」「—・んだ高原の空気」⇔濁る。❷光や色などに曇りがなく、はっきり見える。「明るく—・んだ月」「—・んだ目」「—・んだ水色」❸音がさえてよく響く。「—・んだ声」⇔濁る。❹心配や邪念がなく、心がすっきりしている。「—・んだ心で人とつきあう」❺清音に発音する。「『輝く』は、古くは『かかやく』と—・んで発音した」⇔濁る。❻雑音がおさまって静かになる。「家も—・みて人も無かりければ」〈今昔・三〇・四〉❼すましこむ。気取る。「舟の楫かじ取りたる男をのども…うそぶいて見回し、いといみじう—・みたるさまなり」〈更級〉❽上品で落ち着いている。地味な感じがする。「薄鈍色の綾、中には萱草くゎんざうなど—・みたる色を着て」〈源・手習〉❾物事の筋道がはっきりする。道理が明らかになる。「理が—・マヌコトヂャ」〈日葡〉㊁〔動マ下二〕❶濁りをなくしてきれいにする。「心ヲ—・メテ世ノ塵ちりニ汚サレザル人」〈ロドリゲス日本大文典〉❷道理を明らかにする。「理ヲ—・ムル」〈日葡〉
〘類語〙澄みきる・冴える・澄み渡る・清澄

スムージー〘smoothie〙❶凍らせた果物や野菜をミキサーでジュースにした飲料。牛乳やヨーグルト・アイスクリーム・氷を入れるなど組み合わせは自由。❷洗練されたマナーを身につけた人。人当たりのいい人。

スムージング〘smoothing〙ワープロソフトやグラフィックソフトなどで、文字や図形を拡大して表示したり印刷したりするときに輪郭を滑らかにすること。コンピューターのソフトウエア側で処理する方式と、プリンターで処理する方式とがある。

スムージング-オペ 「スムージングオペレーション」の略。

スムージング-オペレーション〘smoothing operation〙中央銀行が為替相場の乱高下を防ぐために市場に介入すること。スムージングオペ。

スムーズ〘smooth〙㊀〔形動〕《「スムース」とも》物事が支障なく滑らかに運ぶさま。円滑。「—な進行」㊁〔名〕硬式テニスで、ラケットの表側。ラケットの飾りガットの付いていない面。⇔ラフ。〘類語〙快調・順調・好調

スムーズ-シェーディング〘smooth shading〙《「スムースシェーディング」とも》コンピューターグラフィックスの三次元画像を立体的に見せる技法の一。▶シェーディング

スムーズ-レザー〘smooth leather〙《「スムースレザー」とも》表面に起毛・型押しなどをしていない、自然のままの革。

スムート-ホーリー-ほう【スムート・ホーリー法】ハフ《Smoot-Hawley Tariff Act》1930年に米国のフーバー政権下で成立した関税法。1929年に始まった大恐慌の際、国内産業保護のため農作物など2万品目の輸入関税を平均50パーセント引き上げた。報復措置として多くの国が米国商品に高い関税をかけたため、世界貿易が停滞。恐慌を深刻化させたとされる。

す-むずかり【酢▽憤り】ムヅカリ《「すむつかり」とも》粗くおろした大根とニンジンに、いり大豆・塩鮭の頭・酒かすなどをまぜて煮たもの。初午はつうまに道祖神や稲荷いなり社に供える。北関東の郷土料理。古くは、いった大豆に酢をかけたものをいった。

すむやけ・し【▽速やけし】〔形ク〕すみやかである。速い。「他国ひとくには住み悪あしとそいふ—・くはや帰りませ恋ひ死なぬとに」〈万・三七四八〉

す-め【素目】潜水眼鏡をかけないで、水中にもぐり魚や貝をとること。

す-め【素▽面】❶酒気を帯びていないこと。しらふ。「—では内へ這入れぬから、—と口やって帰って来たが」〈伎・月梅薫朧夜〉❷何事もないこと。無事。「かねての方便てだても手ごはき親仁め、中々—では行くまい」〈浄・彦山権現〉

すめ【▽皇】〔接頭〕神や天皇に関係ある語に付いて、尊び、褒めたたえる意を表す。すべ。「—神」「—御祖みおや」「—孫ま」〘補説〙「すめら」は、多く天皇に関して用いられるが、「すめ」は、諸神に関しても用いられる。

すめい-もん【修明門】▶しゅめいもん(修明門)

すめ-かみ【▽皇神】《「すめがみ」とも》❶神を敬っていう語。すべかみ。「山科の石田いはたの杜もりの—に幣ぬさ取り向けて」〈万・三二三六〉❷皇室の祖先である神。皇祖の神。すべかみ。「そらみつ大和やまとの国は—の厳いつくしき国」〈万・八九四〉

す-め・く〔動カ四〕《「す」は擬声語、「めく」は接尾語。「うめきすめく」の形で用いる》すうすうと息づかいをする。多く、詩歌を作るときに苦吟するさまにいう。「大名小名うめき—・きけれども、(下ノ句ヲ)付くる者なかりけるに」〈盛衰記・三七〉

スメクチック-じょうたい【スメクチック状態】ジヤウタイ《smectic state》液晶の状態の一種。分子の方向が長軸方向に揃い、かつ隣どうしの相互の配位も規則的である状態。▶コレステリック状態 ▶ネマチック状態

スメタナ〘Bedřich Smetana〙[1824〜1884]チェコの作曲家。国民意識の強い歌劇を作曲し、チェコ国民音楽の父といわれる。作品に交響詩「わが祖

国」、歌劇「売られた花嫁」など。

スメドレー〖Agnes Smedley〗[1892～1950]米国の女性ジャーナリスト。1928年中国に渡り、紅軍に従軍して革命運動を報道。著「女一人大地を行く」「偉大なる道」など。

すめ-みおや【▽皇▽御▽祖】天皇の先祖、すなわち歴代の天皇やその母親。また、特に、皇祖の天照大神あまてらすおおみかみのこと。「天豊財重日足姫あめとよたからいかしひたらしひめの天皇を称まうして―の尊みことと曰まうす」〈斉明紀〉

すめ-みこ【▽皇▽子】天皇の子。「一天国排開広庭あめくにおしはらきひろにはの天皇、群臣に令みことのりして曰く」〈欽明紀〉

すめ-みま【▽皇▽孫｜▽皇▽御▽孫】❶天照大神あまてらすおおみかみの孫、すなわち瓊瓊杵尊ににぎのみことのこと。「遂に―天津彦彦火瓊瓊杵尊あまつひこひこほのににぎのみことを立てて」〈神代紀・下〉❷天照大神の子孫である天皇のこと。「―の命みことの御世みよを手長たながの御世と」〈祝詞・祈年祭〉

すめ-ら【▽皇】〔接頭〕天皇に関する事柄を表す語に付いて、敬意をこめてほめたたえる意を表す。すべら。「―御軍みいくさ」

すめら-ぎ【天＝皇】《「すめらき」とも》天皇てんのう。すめろぎ。「―の近江の宮に作りおきし時のまにまに御世もたえせず」〈日本紀竟宴和歌〉

スメラ-しゅうどういん【スメラ修道院】《Sümela Manastırı》トルコ北東部の都市トラブゾンにある修道院。市街中心部より南へ約50キロメートル、アルトゥンデレ国立公園内の深い峡谷を見下ろす絶壁の上に建つ。4世紀の創建。14世紀に再建されて現在の姿になった。洞窟教会の天井や内壁、および外の岩壁には14世紀頃を中心に描かれた色鮮やかなフレスコ画が多数残されている。

すめら-みくに【▽皇▽御国】天皇の統治する国。皇国。日本のこと。

すめら-みこと【▽皇▽尊｜天＝皇】天皇てんのうを敬い尊んでいう語。すべらみこと。「天朝みかどを許し給はず」〈皇極紀〉

スメル〖smell〗かおり。におい。「アンモニア―」

スメル〖Sumer〗▶シュメール

すめろ-ぎ【天＝皇】《「すめろき」とも》「すめらぎ」に同じ。「―の食をす国なれば命みこと持ち立ち別れなば後れたる君はあれども」〈万・四〇〇六〉

す-めん【素面】❶剣道や能で、面をつけていないこと。❷酒に酔っていない顔。また、酒に酔っていないこと。しらふ。❸化粧していない顔。すがお。「―自然の美男にして」〈浮・男色大鑑・二〉(類語)素面しらふ

ず-めん【図面】建物・機械・土木工事などの構造・工程を細かく示した図。設計図。「―を引く」

すもう【相-撲｜角＝力】《動詞「すま(争)う」の終止・連体形の名詞化か》❶裸でまわしをつけ、素手の二人が、土俵内で相手を倒すか、または土俵外に出すことによって勝負を争う競技。古くは武術・農耕儀礼・神事として行われ、平安時代には宮中の年中行事として相撲すまいの節せちが行われた。室町時代に至って職業力士が生まれ、近世になり土俵や極まり手・禁じ手が定められた。一般に、日本の国技とされる。「―を取る」(季 秋)「―敗れしはずみの蹠あうら小さしとも/草田男」❷「相撲取り」の略。

(…語)(ずもう)足相撲・腕相撲・大相撲・押し相撲・女相撲・勧進相撲・給金相撲・草相撲・拳けん相撲・上覧相撲・座り相撲・力相撲・注文相撲・辻つじ相撲・花相撲・独り相撲・奉納相撲・本相撲・前相撲・負け相撲・宮相撲・村相撲・指相撲・四つ相撲・寄り相撲

相撲に勝って勝負に負ける　相撲の取り口では勝ちになるべき状況でありながら、ちょっとした弾みで結果としては負けになる。転じて、経過は良いのに結果的に失敗する。

相撲にならない　互いの力の差が大きすぎて勝負にならない。「相手が子供では―ない」

相撲も立つ方かた　自分が見物しているほうから登場する力士を勝たせたいと思うのが人情であるの意。転じて、少しでも自分に関係のあるほうをひいきすること。「―と手に汗をにぎって見物してゐたれば」〈続狂言記・飛越新発意〉

すもう-え【相-撲絵】浮世絵版画のうち、力士の似顔絵や取組・土俵入りなど、相撲を題材としたもの。

すもう-じんく【相-撲甚句】民謡の一。相撲の世界で、土俵の余興歌、また酒盛り歌として歌われた。江戸末期から明治にかけて流行、現在も各地に残る。

すもう-ぢゃや【相-撲茶屋】相撲協会から、座席の売りさばきや観客への酒食の提供などのサービスを任されて、とり行う業者。

すもう-とり【相-撲取(り)】相撲を取ることを職業とする人。力士。(季 秋)

(類語)力士・お相撲さん・関取・取的・ふんどし担ぎ・関

すもうとり-ぐさ【相-撲取草】❶スミレの別名。すもとりぐさ。すもとりばな。❷オヒシバの別名。

すもう-の-せち【相-撲の節】「すまいのせち」に同じ。

すもう-ば【相-撲場】相撲を取る場所。(季 秋)

すもう-ぶぎょう【相-撲奉行】武家時代、相撲を行うときに臨時に置かれた職。

すもう-べや【相-撲部屋】大相撲の年寄が経営する力士の養成所。力士は必ずどこかの部屋に所属する。部屋。

すもう-わり【相-撲割(り)】相撲の組み合わせ。取組。割り。

スモーカー〖smoker〗タバコを吸う人。「ヘビー―」「チェーン―」

スモーガスボード〖スウェーデン smörgåsbord〗《スモーガスはバター付きパン、ボードは食卓の意》スウェーデンの料理で、肉・魚・野菜などの各種料理を食卓に並べ、自由に取り分けて食べるもの。日本のバイキング料理の原型。

スモーキー〖smoky〗〔形動〕すすけたさま。また、焦げたようなにおいのするさま。「―な香り」

スモーキー-カラー〖smoky color〗煙ったようにくすんだ、地味な色調。

スモーキング〖smoking〗タバコを吸うこと。喫煙。「ノー―」

スモーク〖smoke〗❶煙。❷舞台効果に用いる発煙筒。❸青みや茶のかかった灰色。煙色。「―のガラス瓶」❹煙でいぶすこと。燻製くんせいにすること。「―チーズ」「―サーモン」

スモーク-ガラス〖smoked glass〗煙でいぶしたような色で、中からは外を見ることができるが、外からは内部が見えないようにしたガラス。

スモーク-サーモン〖smoked salmon〗燻製くんせいにした鮭さけ。

スモーク-サウナ〖smoke sauna〗フィンランドのサウナの一。煉瓦れんが造りの炉でまきを燃やして加熱する。熱くて耐えきれなくなると水につけたシラカバの小枝で全身をたたく。

スモーク-スクリーン〖smoke screen〗煙幕。敵の目をくらますために広げる、濃い煙。

スモーク-ハム〖smoked ham〗通常よりも時間をかけて薫煙して作ったハム。

スモーク-マシン《和 smoke＋machine》舞台効果のために、ドライアイスを使って煙を発生させる装置。(補説)英語ではdry ice machine

スモーリヌイ-しゅうどういん【スモーリヌイ修道院】《Smolnïy monastïr'》ロシア連邦北西部、レニングラード州の都市サンクトペテルブルグにある修道院。18世紀にエカチェリーナ2世が女子教育の場として創設。かつての女学校と、イタリアの建築家バルトロメオ＝ラストレッリの設計によるバロック様式の聖堂がある。1917年にソビエト政権の独立宣言が行われ、首都がモスクワに移されるまで革命政府の本部として使われた。1990年、「サンクトペテルブルグ歴史地区と関連建造物群」の名称で世界遺産(文化遺産)に登録された。

スモール〖small〗小さいこと。小さいもの。小型。「―サイズ」

スモールオフィス-ホームオフィス〖small office home office〗▶ソーホー(SOHO)

スモール-トーク〖small talk〗❶世間話。おしゃべり。❷《Smalltalk》ベーシック(BASIC)など「操作」を主体とする言語とは別の概念で作られた「オブジェクト指向言語」を代表するプログラミング言語。

スモール-ビジネス《和 small＋business》ニューサービス(人材派遣など)、ベンチャービジネス(ソフトハウス・新テク商品など)の登場で、これまでの大企業・中堅企業・中小(零細)企業といった規模分類だけでは優劣判定ができなくなったのに対応して、優良中小、ベンチャーを合わせて呼んだもの。

スモール-フォワード〖small forward〗バスケットボールのポジションの一つ。攻撃と守備の両面に幅広くかかわる。SF。

スモールボア-ライフル〖small-bore rifle〗射撃で、小口径銃のこと。通常は、22ロングライフル弾を使用する口径5.6ミリのものをさす。競技では、標的が50メートル先にある場合のみ行われる。

スモガスボード〖スウェーデン smörgåsbord〗▶スモーガスボード

す-もぐり【素潜り】呼吸のための器具を使わないで水中に潜ること。

スモコロジー《和 smoke＋ecology》嫌煙運動。

す-もじ【す文字】《女房詞から》鮨すし。おすもじ。「はあ鯖さばの―かいな」〈滑・膝栗毛・七〉

スモッキング〖smocking〗布に細かくひだをとり、ひだ山を刺繍ししゅう糸で模様をつくりながらとめていく手芸。スモック。

スモック〖smock〗❶ゆったりとした上っ張り。事務服、画家の仕事着、子供の遊び着など。❷「スモッキング」に同じ。

スモッグ〖smog〗《smoke(煙)とfog(霧)との合成語》石炭や石油の大量消費によって生じる煙霧。最近は、霧の存在と関係なく、空気中の汚染物質が高濃度の状態をいう。公害の一。➡光化学スモッグ

(類語)雲・霧・霞かすみ・靄もや・ガス

すもと【洲本】兵庫県、淡路島中部の市。同島の中心地。肉牛飼育が盛ん。近世、徳島藩の家老稲田氏の陣屋町。平成18年(2006)2月、五色町と合併。人口4.7万(2010)。

すもと-し【洲本市】▶洲本

す-もどり【素戻り】用があったのに、その用を果たさずに帰ること。来たかいもなく立ち戻ること。

す-もの【酢物】酢の物。

す-もも【酸桃｜×李】バラ科の落葉小高木。葉は長楕円形。春、白色の5弁花が密集して咲く。果実は桃に似てやや小さく、黄赤色に熟し、少し酸味があり、食用。中国の原産。古くから日本でも栽培され、ソルダム・サンタローザ・巴旦杏はたんきょうなどの品種を日本スモモと総称する。近縁の西洋スモモはプルーンという。プラム。(季 実＝夏｜花＝春)「葉隠れの赤い―に鳴く小犬/一茶」

酸桃も桃も桃の類　早口言葉の一。同音が多く出てきて、正確に発音しにくいものの例。

す-もり【巣守｜×殿】❶孵化ふかしないで巣の中に残っている卵。すもりご。「―になりはじむるかりのこ、御覧ぜよとて奉れば」〈宇津保・藤原の君〉❷あとに取り残されること。また、その人。るすばん。「ただ一人島の―となり果てて」〈盛衰記・一〇〉❸夫の不在の間、妻が留守を守っていること。「二年といふもの―にして」〈浄・天の網島〉

スモレット〖Tobias George Smollett〗[1721～1771]英国の小説家。風刺とユーモアを込めた写実的な悪漢小説を書き、ディケンズに影響を与えた。作「ロデリック＝ランダム」「ハンフリー＝クリンカー」など。

スモレンスカヤ-きょうかい【スモレンスカヤ教会】《Smolenskaya tserkov'》ロシア連邦西部、モスクワ州の都市セルギエフポサードにある教会。1993年に世界遺産(文化遺産)に登録されたトロイツェセルギエフ大修道院の歴史的建造物群の一つ。18世紀に建造。

スモレンスク〖Smolensk〗ロシア連邦西部、スモレンスク州の工業都市。同州の州都。モスクワの西約

360キロメートル、ドニエプル川上流に位置する。古くから交通および戦略上の要地として知られる。ロシアポーランド戦争、ナポレオン遠征、第二次大戦でのドイツ軍などによりたびたび破壊された。旧市街には12世紀半ばの聖ペテロパウロ聖堂や17世紀初頭のクレムリンの城壁などが残っている。

スモン〘SMON〙《subacute myelo-optico neuropathy》亜急性脊髄視神経障害。昭和30年(1955)ごろから45年にかけて日本で多発した、キノホルム剤服用による中毒症。腹痛、下半身のしびれ、知覚・運動神経や視力の障害が起こる。厚生労働省の特定疾患に指定。スモン病。

ず-もん【×誦文】《「ず」は「じゅ」の直音表記》呪文を唱えること。また、その文句。「はなひて―する」〈枕・二八〉

スモン-びょう【スモン病】►スモン

す-や【素矢┊▽徒矢】❶的をはずれた矢。❷当てがはずれること。むだなほねおり。「今も話した通り三晩も―をした訳だから」〈和田定節・春雨文庫〉

素矢を食・う　当てがはずれる。目的がはずれて徒労になる。

す-や【須屋】御陵や貴人の墓をつくるときに、工事の間覆いとして設ける仮小屋。御須屋。

ず-や〔連語〕《打消しの助動詞「ず」+係助詞「や」》❶(推量の語を伴って)打消しの疑問の意を表す。…ないで…だろうか。「飽か―ありけむ、はつかの夜の月出づるまでぞありける」〈土佐〉❷(文末に用いて)打消しの疑問、または反語の意を表す。…ないだろうか。「己が好む方にほめなすこそ、その人の日来の本意にもあら―と覚ゆれ」〈徒然・一四三〉

す-やき【素焼(き)】❶陶磁器を釉を施して本焼きする前段階として、成形・乾燥を終えた生素地のものを低温で焼くこと。❷釉を施さずに焼いた陶磁器。白焼き。「―の祭器」❸魚肉などを、何もつけずそのまま焼くこと。白焼き。

すやき-がま【素焼(き)窯】素焼き❶をするための窯。

すや-すや〔副〕静かによく眠っているさま。また、そのときの寝息の音を表す語。「子供が―(と)眠る」

（類語）すうすう・ぐうぐう・ぐっすり・昏昏

す-やつ【×其▽奴】〔代〕《「そやつ」の音変化》三人称の人代名詞。そいつ。しゃつ。「―はいづち行くとも、よくありなむや」〈落窪・二〉

す-やま【巣山】江戸時代、タカの巣を保護して繁殖を図るため、狩猟や出入りを禁止した山。巣鷹山。

すやま-とつあん【陶山訥庵】[1658〜1732]江戸中期の儒学者。対馬藩士。別号、鈍翁。通称、庄右衛門。木下順庵に学ぶ。農政にすぐれ、対馬聖人と称された。著「訥庵雑録」「農政問答」など。

すやま-どんおう【陶山鈍翁】►陶山訥庵

す-やり【素×槍】❶穂先がまっすぐで枝のない槍。すぐやり。❷鞘をはずした抜き身の槍。

すやり-がすみ【すやり×霞】大和絵、特に絵巻物で、横に長く棚引く霞。鎌倉時代以降、遠近感を与え、また場面を転換するために用いた。槍霞。

す・ゆ【据ゆ】〔動ヤ下二〕《「す(据)える」が中世以降ヤ行に転じて用いられた語。終止形は「据ゆる」となる例が多い》「据える」に同じ。「高く大きに盛りたる物ども、持て来つつ―・ゆめり」〈宇治拾遺・九〉

す・ゆ【×饐ゆ】〔動ヤ下二〕「す(饐)える」の文語形。

す-よう【須要】〔名・形動〕なくてはならないこと。また、そのさま。必須。「彼の書画は―なり」〈逍遥・小説神髄〉

ず-よう【図葉】1枚1枚になっている図。

ず-よう【図様】図の様式。また、図柄。

（類語）模様・文様・紋、文・文目・地紋・柄・紋柄・図柄・絵柄・図案・意匠・パターン・デザイン

す-よみ【素読み】〔名〕スル ❶書物に書かれた意味・内容を考えずに音読すること。そどく。「白文を―する」❷原稿と引き合わせずに、ゲラ刷りだけを読んで校正すること。「―して誤植を見つける」

すら【▽修羅】►しゅら(修羅)

スラ〘Lucius Cornelius Sulla〙[前138〜前78]古代ローマの軍人・政治家。マリウスの部将としてユグルタ戦で功を立てたが、のち、ミトリダテスの乱討伐の指揮権をめぐってマリウスと対立し、マリウス派を一掃して独裁権を掌握。元老院の権威を回復した。

すら〔副助〕名詞、活用語の連体形、副詞、助詞などに付く。❶極端な事を例としてあげ、他を類推させる意を表す。さえ。でも。…でさえ。「子供で―計算できる」「手紙―満足に書けない」「言とは問はぬ木―妹と兄とありといふをただ独り子にあるが苦しさ」〈万・一〇〇七〉❷「すら」を伴う語からは、ふつう、考えられない、またはあってはならないようなことが起こる意を表す。でも。…なのに。「しなざかる越を治めに出でて来しますら我―世の中の常しなければうちなびき床に臥い伏し痛けくの日に異に増せば」〈万・三九六九〉（補説）「すら」は上代に多く用いられ、中古以降は主に歌や漢文訓読文に使われる程度にすぎず、「だに」さらには「さへ」にとって代わられた。中古の末ごろには「そら」という形も用いられている。なお、現代語では「さえ」と同じように使用されるが、「さえ」のほうが一般的で、「すら」の使用は少ない。

ずら〔助動〕…だろう。「ちり紙に火がついずら」〈咄・鹿の巻筆・四〉（補説）推量の助動詞「うず」に推量の助動詞「らむ」の付いた「うずらむ」が「ずらう」となり、さらに音変化したもの。また、完了の助動詞「つ」に推量の助動詞「らむ」の付いた「つらむ」の音変化とも。現代では静岡、長野地方などで用い、名詞または連体形に付いて「明日は雨ずら」のように使われる。

スラー〘slur〙楽譜で、2個以上の音符の上または下につけられた弧線。この間の音をなめらかに続けて演奏することを示す。

スラーヤ〘Thuraya〙アラブ首長国連邦の静止衛星を利用した衛星電話サービス。主な通信サービスエリアはヨーロッパ・中東・アフリカ北部・南アジア。

スライゴー〘Sligo〙アイルランド北西部、スライゴー州の都市。同州の州都。スライゴー湾の奥、東郊のギル湖から流れるガラボーグ川沿いに位置する。同国西岸の主要港をもつ交通の要衝。13世紀創建のスライゴー修道院がある。アイルランド文芸復興運動に貢献した詩人・劇作家ウィリアム=イェーツゆかりの地として知られる。

スライゴー-しゅうどういん【スライゴー修道院】《Sligo Abbey》アイルランド北西部、スライゴー州の都市スライゴーにある修道院跡。13世紀にドミニコ修道会により創設。15世紀に一度焼失したが、その後再建。スライゴー最古の建築物とされる。

スライサー〘slicer〙パンや肉などを薄く切る道具。

スライス〘slice〙〔名〕スル ❶薄く切ること。また、薄く切ったもの。「タマネギを―する」「―パン」❷ゴルフで、打球が途中から打者の利き腕の側へ曲がって飛ぶこと。⇒フック ❸テニスなどで、球の下側を擦って、打球が逆回転で飛ぶように打つこと。

スライダー〘slider〙野球で、投手が投げる変化球の一。利き腕と反対側に水平に滑るように曲がる球。

スライダック〘slidac〙単巻き変圧器の商品名。舞台照明などに使用。

スライディング〘sliding〙〔名〕スル ❶滑ること。滑走。❷野球で、滑り込み。「ヘッド―」❸「スライディングシート」の略。

スライディング-キャッチ〘sliding catch〙野球で、野手が打球の落下点に向かって滑り込みながら捕球すること。

スライディング-シート〘sliding seat〙競漕用ボートで、漕者の足の屈伸によって、レールの上を前後に動くようにした座席。滑席。

スライディング-システム〘sliding system〙►スライド制

スライディング-スケール〘sliding scale〙►スライド制

スライディング-タックル〘sliding tackle〙サッカーで、ボールを奪うために、足先から滑り込んでいくこと。

スライディング-ドア〘sliding door〙敷居やレールで間仕切りのパネルを移動させる引き戸。

スライディング-ルーフ〘sliding roof〙箱形の乗用車で、屋根の一部がスライドして開けられるもの。手動式・電動式・油圧式がある。

スライド〘slide〙〔名〕スル ❶滑ること。滑らせること。❷ある数量に従ってある数量を増減させること。「賃金を物価に―させる」❸内容を変えずに全体をそっくりそのままずらすこと。「番組を三〇分後ろに―させる」❹映写機を用いてポジフィルムを拡大して映し出すこと。幻灯。また、そのポジフィルム。❺「スライドグラス」に同じ。❻コンピューターのディスプレーに表示したり、プロジェクターで投影するためのプレゼンテーションソフト用の画像データ。

（類語）(❹❻)映画・シネマ・キネマ・活動・活動写真・幻灯・銀幕・ムービー・フィルム・スクリーン・サイレント映画・無声映画・トーキー・アニメーション

スライド-ガラス《和slide+glass》►スライドグラス

スライド-キャリア〘slide-carrier〙幻灯用のスライドを、手動または自動で移動させる装置。

スライド-グラス《和slide+glass》顕微鏡で、検査物をのせるガラス板。スライドガラス。スライド。

スライド-ショー〘slide show〙デジタルカメラの画像やプレゼンテーションソフトで作成した資料などを順番に表示する機能のこと。

スライド-せい【スライド制】賃金・年金などを消費者物価指数その他特定の指標の変動に応じて自動的に調整する制度。スライディングスケール。スライディングシステム。

スライド-パッド〘slide pad〙►トラックパッド

スライド-バルブ〘slide valve〙滑り弁。

スライ-ハンド《sleight of handから》手練の早わざ。手品の手先の芸。

スライム〘slime〙❶ねばりのある液状のもの。軟泥やヘどろ、動植物の出す粘液など。❷米国マテル社が販売するゲル状の玩具。軟らかい感触を楽しむもの。

スラウェシ-とう【スラウェシ島】《Sulawesi》インドネシア中部に位置するK字形の島。中心都市ウジュンパンダン(マカッサル)。16世紀以来ポルトガル・スペイン・オランダが香料群島への中継地として支配。面積約17万9400平方キロメートル。セレベス島。

スラウチ〘slouch〙帽子の縁の垂れた部分。

スラウチー-バッグ〘slouchy bag〙《slouchyは、だらしない、だらけたの意》形のはっきりしない、不定形のバッグのこと。

スラウチ-ハット〘slouch hat〙《「スローチハット」とも》縁の垂れたソフトな感じの帽子。

ずらか・る〔動ラ五(四)〕逃げだす。高飛びする。もと、盗人などが用いた語。「今のうちに―・ろう」

スラグ〘slag〙金属の製錬に際して、溶融した金属から分離して浮かぶかす。製鋼スラグは特に鋼滓と書き、非鉄製錬では鍰ともいう。現場では「のろ」とよぶ。道路の路盤材やコンクリート骨材として広く用いられる。鉱滓。溶滓。

スラグ-ウール〘slag-wool〙スラグに高圧蒸気を吹き込んで繊維状にしたもの。高熱に耐え、軽くて保温性に富む。保温材・防音材にする。

ずら・す〔動サ五(四)〕❶滑らせるようにして、少し動かす。位置をちょっと横に動かす。「いすを―・す」❷位置や日時などを重ならないように動かす。「予定を一週間―・そう」❸するべきことをあとに回す。「いいつけられたことはハイ一寸も―・さねえだ」〈鏡花・琵琶伝〉

（可能）ずらせる

すら-すら〔副〕物事が滞りなくなめらかに進行するさま。「そらで―(と)言う」「話が―(と)まとまる」

（類語）ぐんぐん・どんどん

ずら-ずら〔副〕とぎれないで長く続くさま。「条件を―(と)並べたてる」

すら-だに〔連語〕《副助詞「すら」+副助詞「だに」》…だって。…でさえ。「物言はぬ四方のけだもの―も哀れなるかな親の子を思ふ」〈金槐集〉

スラッガー〘slugger〙野球で、強打者のこと。

スラック〘slack〙《原義はゆるみ、たるみの意》❶組

織における余剰資源。❷線路のカーブ部分で、レールの幅を少し広げて車両が通過しやすいようにしたもの。

スラックス〖slacks〗ズボン。特に、替えズボンのこと。もと、女性用のものをさした。
(類語)ズボン・パンツ・パンタロン

スラックライニング〖slacklining〗▶スラックライン

スラックライン〖slackline〗幅2.5〜5センチメートル程度の帯を張り渡した上で、綱渡りのように歩いたり、ジャンプやポーズなどの技を競い合ったりするスポーツ。スラックライニング。

スラッジ〖sludge〗下水処理や工場廃水処理などの過程で生じる、腐敗しやすい有機物を含み臭気の強い沈殿物。汚泥。

スラッシュ〖slash〗❶文や語を区切るための斜めの細線。「/」の類。❷裏地や肌を見せるためにつけられた、衣服の切れ込み。

スラッシュ〖slush〗❶ぬかるみ。❷廃物。❸廃油。

スラッシュ-スリーブ〖slashed sleeve〗袖口に切り込みのある袖のこと。

スラッシング〖slashing〗アイスホッケーで、競技中スティックを振り回し、相手の行動を妨害すること。反則となる。

スラッツ〖SRATS〗《Solar Radiation And Thermospheric Structure》▶たいよう

すらっ-と〔副〕ほっそりと形よく伸びているさま。すらり。「背の―した人」

ずらっ-と〔副〕人や物がたくさん並び連なっているさま。ずらり。「著名人が―名を連ねる」

スラッファ〖Piero Sraffa〗［1898〜1983］英国の経済学者。イタリアの生まれ。マーシャルを批判して不完全競争理論の確立に影響を及ぼし、新古典学派にかわる基礎理論を提示した。

スラップ-スケート〖slap skate〗スピードスケート用の靴の一。刃のかかと部分が靴底に固定されておらず、蹴り出す時に刃が靴から離れ、ばねで戻る仕組みになっている。刃が氷に接する時間が長いため、蹴る力を効率的に氷に伝えることができるとされる。もと、クラップスケートといった。

スラップスティック〖slapstick〗❶《道化師が相手役を打つ棒の意》どたばた喜劇。無声映画の時代に米国のマック=セネットが作りあげた喜劇のスタイル。スラップスティックコメディー。❷打楽器の一。2枚の薄い板の端をちょうつがいでつなげ、打ち合わせて音を出すもの。鞭の音などを表すのに使われる。

スラップスティック-コメディー〖slapstick comedy〗▶スラップスティック

ズラティボル〖Zlatibor〗セルビア西部の山岳地帯。標高1000メートルを超える高原が広がり、夏は避暑地、冬はスキーリゾートとして知られる。

スラト〖Surat〗インド北西部、アラビア海に臨む港湾都市。ムガル帝国時代、貿易港として繁栄、17世紀後半は英国の東インド会社の本拠地。スーラト。人口、行政区243万、都市圏281万(2001)。

ズラトウスト〖Zlatoust〗ロシア連邦西部、チェリャビンスク州の都市。ウラル山脈南部、ウファ川の支流アイ川沿いに位置する。18世紀半ばに製鉄工場が建設されたことに起源する。19世紀にロシア初の鋼鉄製の大砲が造られ、現在も金属工業・機械工業が盛ん。

ズラトニ-ピヤサツィ〖Zlatni pyasatsi〗▶ゴールデンサンズ

すら-に〔連語〕《副助詞「すら」＋格助詞「に」》…さえも。「せむすべのたどきを知らにかくしてや荒し男すら―嘆き伏せらむ」〈万・三九六二〉(補説)「に」については副助詞・間投助詞などの説もある。

スラバヤ〖Surabaja〗インドネシア、ジャワ島北東部の商工業都市。貿易港。人口、行政区261万(2005)。

スラブ〖slab〗❶登山で、一枚岩のこと。また、比較的傾斜の緩いなめらかな岩場。❷橋や建築物などに用いる、鉄筋コンクリート製の厚い床板。

スラブ〖Slav〗インド-ヨーロッパ語族の中の、スラブ語を使う民族の総称。原住地はカルパチア山脈の北方と推定され、民族大移動のとき東ヨーロッパ一帯に拡散した。東スラブ族(ロシア人・ウクライナ人・白ロシア人など)、西スラブ族(ポーランド人・チェコ人・スロバキア人など)、南スラブ族(セルビア人・クロアチア人・ブルガリア人など)に大別される。人口約2億5000万人で、ヨーロッパ最大の民族。

スラブ-ごは【スラブ語派】インド-ヨーロッパ語族の一語派。東スラブ語群のロシア語・ウクライナ語・白ロシア語、西スラブ語群のポーランド語・チェコ語・スロバキア語、南スラブ語群のブルガリア語・セルボ-クロアチア語・スロベニア語などからなる。

スラブ-しゅぎ【スラブ主義】19世紀中葉のロシアに興った民族主義的社会思想。西欧主義に反対し、ロシアにはミール(農村共同体)を基盤とする独自の発展の道があると主張した。

スラム〖slum〗都市で、貧しい人たちが寄り集まって住んでいる区域。貧民窟。貧民街。「一街」

スラム〖SRAM〗《short-range attack missile》短距離攻撃ミサイル。米空軍の戦略用空対地ミサイルで、航空機から発射。

スラム-ダンク〖slam dunk〗バスケットボールで、強烈なダンクシュートのこと。

すらり〔副〕❶刀などを一気に抜くさま。「太刀を―と抜き放つ」❷物事が滞りなく進むさま。「いくらか透いていた障子を―と開ける」〈鏡花・婦系図〉❸「すらっと」に同じ。「―と伸びた手足」

ずらり〔副〕「ずらっと」に同じ。「各界の名士が―(と)顔をそろえた」

スラリー〖slurry〗泥状、または、かゆ状の混合物。固体粒子が液体の中に懸濁している流動体。懸濁液。泥漿。

スラリー-ばくやく【スラリー爆薬】《スラリーは「泥状の混合物」の意》含水爆薬の一。硝酸アンモニウムを主剤とするゲル状の爆薬。

スラリー-ゆそう【スラリー輸送】鉱石・石炭・廃石などを粉にし、水を加えて泥状にしてパイプの中を流す輸送方法。

スラローム〖ノルウェー slalom〗スキーの回転競技。

すら-を〔連語〕《副助詞「すら」＋助詞「を」》❶…でも。…なのに。「にきびにし我が家―草枕旅寝のごとく思ふ空苦しきものを」〈万・三二七二〉❷(打消しの語を伴って)…さえも。「春雨の止まず降る降る我が恋ふる人の目―相見せなくに」〈万・一九三二〉(補説)「を」は格助詞とも間投助詞ともいう。

スランガステーン〖オランダ slangensteen〗《蛇の石の意》江戸時代にオランダ人が伝えた薬。蛇の頭からとるといわれ、黒くて碁石に似る。はれもののうみを吸い、毒を消す力をもつという。蛇頂石。吸毒石。

スラング〖slang〗特定の社会や階層、または、仲間の間だけに通じる語や語句。俗語。卑語。

スランダフ-だいせいどう【スランダフ大聖堂】《Llandaff Cathedral》▶ランダフ大聖堂

スランチェフ-ブリャグ〖Slanchev Bryag〗▶サニービーチ

スランドゥドゥノ〖Llandudno〗▶ランディドノー

スランプ〖slump〗❶心身の調子が一時的に不振になっている状態。また、実力が発揮できず、成績などが一時的に落ち込んでいる状態。「―に陥る」「―を脱する」❷相場の急落。不景気。❸生コンクリートの軟度を測る尺度。円錐台形の型にコンクリートを詰め、型を外したときの上端の崩れる度合いをセンチで表したもの。スランプコーン。

スランプフレーション〖slumpflation〗《slump(不景気)＋inflation(インフレ)から》不況下のインフレ。

スランベリス〖Llanberis〗▶ランベリス

すり【刷(り)|×摺り】❶印刷すること。また、その出来ぐあい。「―に回す」「―がよい」❷布地に染料をすりこんで模様を染めること。〈日葡〉

す-り【▽修理】《「す」は「しゅ」の直音表記》「しゅり(修理)」に同じ。「我も、もとの所など―しはてつれば、わたる」〈かげろふ・中〉

すり【掏=摸|掏=児】他人が身につけている金品を、その人に気づかれないように、すばやく盗み取ること。また、その者。ちぼ。きんちゃくきり。

ずり【×砰】鉱山で、坑内から鉱石とともに運び出される価値のない岩石や鉱物・土砂など。九州地方では「ぼた」という。

すり-あが・る【刷(り)上がる】〔動ラ五(四)〕印刷ができ上がる。「初版が―・る」「きれいに―・る」

ずり-あが・る【ずり上がる】〔動ラ五(四)〕ずって、今までの位置より上にあがる。「包帯が―・る」

すり-あげ【▽磨り上げ】やすりで刀身の根本部をすって区を上げ、茎の先端を切って刀剣を短くすること。また、その刀。

すり-あ・げる【刷(り)上げる】〔動ガ下一〕〔文〕すりあ・ぐ〔ガ下二〕印刷をしおえる。印刷を完了する。「増刷分を徹夜で―・げる」

すり-あし【×摺り足】足を地面や床などにするようにして歩くこと。また、その歩き方。「―で進む」
(類語)忍び足・抜き足・差し足

すりあし-げんしょう【×摺り足現象】▶クリープ❷

すり-あわせ【×摺り合(わ)せ】❶精密平面を得るために、摺り合わせ定盤上に鉛丹を塗って加工面を当て動かす手仕上げ作業。鉛丹の付着した凸部分はきさげで削りとる。❷いくつかの案や意見を、突き合わせて調整すること。「労使間の見解の―」

すりあわせ-じょうばん【×摺り合(わ)せ定盤】高精度の平面加工のための摺り合わせを行うときに基準面として用いる平面盤。

すり-あわ・せる【×摺り合(わ)せる】〔動サ下一〕〔文〕すりあは・す〔サ下二〕❶二つのものをこすり合わせる。「手を―・せるようにして独楽を回す」❷二つの物事を比較する。いくつかの案や意見を突き合わせて調整する。「さまざまな情報を―・せて結論を出す」

スリー〖three〗❶数の3。三つ。「ベスト―」❷フィギュアスケートで、3の字を描くように滑る滑走法。スリーターン。

スリー-アール〖3R〗リデュース(reduce 廃棄物の発生抑制)、リユース(reuse 再使用)、リサイクル(recycle 再生利用・再資源化)の頭文字をとった言葉。環境にできるだけ負荷をかけない循環型社会を形成するための重要な標語であり、考え方である。資源の有効利用、環境保全の施策の基本となっている。
➡循環型社会形成推進基本法

スリー-イン-ワン《和 three＋in＋one》ブラジャー・コルセット・ガードルを一つにまとめた婦人用下着。胸から腰部の姿形を補整する。

スリーインワン-モデル〖3in1 model〗▶スリーインワンレコーダー

スリーインワン-レコーダー〖3in1 recorder〗ビデオテープ・DVD・ハードディスクの3種類の記憶媒体に対応したビデオレコーダー。スリーインワンモデル。➡ハイブリッドレコーダー

スリーウエー-スピーカーシステム〖three-way speaker system〗音域を低音・中音・高音の三つに分割し、それぞれのスピーカーユニットを使用するシステム。

スリーウエー-バッグ〖three-way bag〗ショルダーバッグにも、手提げにもなる三通りの使い方のできるランドセル型のカバン。

スリー-エー〖AAA|3A〗米国で、野球のマイナーリーグの最上位。トリプルエー。

スリー-エフ〖3F〗fuel(燃料)、finance(金融)、food(食糧)の頭文字。「―危機」(補説)3Fは、2008年7月開催の洞爺湖サミットで世界経済を取り巻く課題として取り上げられた。2007年、サブプライムローン問題に始まった金融不安に伴う石油価格の高騰、バイオマス燃料の原料となる穀物価格の高騰、燃料・食糧の世界的な需給不均衡について、地球温暖化問題と密接に関連するものとして議論された。

スリー-オン-スリー〖three-on-three〗三人対三

人のバスケット。⇒ストリートバスケット
スリー-クオーター〘three-quarter〙《「四分の三」の意》❶「スリークオーターバック」の略。❷野球で、斜め上方から投げる投球法。オーバースローとサイドスローの中間の投げ方。
スリークオーター-バック〘three-quarter back〙ラグビーで、スタンドオフの後方に位置する四人のプレーヤー。TB。補説左右をウイング(WTB)、中の二人をセンター(CTB)という。
スリー-クッション〘three cushions〙ビリヤードで、手球を二つの的球に当てる際、3回以上クッションに当てなければならないという競技規則。
スリー-サイズ《和 three＋size》女性のバスト・ウエスト・ヒップのサイズ。
スリー-ジー〘3G〙《3rd generation》►第三世代携帯電話
スリー-シー-シー-ディー〘3CCD〙《3 charge coupled device》デジタルカメラやビデオカメラなどのイメージセンサーで、光の三原色に対応した三つのCCDを搭載する方式。各CCDに単色のフィルターをかけ、全体として色の再現をする。一つのCCDを搭載する1CCD方式に比べて高コストだが、色の再現性が高い。三板式。三板方式。
スリーシーズン-コート〘three-season coat〙春・秋・冬の三つの季節に着用できるコート。
スリージー-ハイスピード【3Gハイスピード】《3G high speed》ソフトバンクモバイルが提供する高速データ通信サービス。第三・五世代携帯電話に位置づけられ、通信規格としてHSDPA・HSUPAを採用する。下り方向の最大通信速度は7.2Mbps、上り方向は1.4Mbps。平成18年(2006)よりサービス開始。
スリースピンドル-ノート《3-spindle notebook PCから》外部記憶装置として、ハードディスクと二つのディスクドライブを搭載したノートパソコン。ディスクドライブはふつう、光学ドライブとフロッピーディスクドライブで構成される。名称は、円盤状の記憶媒体(スピンドル)を3基搭載することから。⇒ゼロスピンドルノート ⇒ワンスピンドルノート ⇒ツースピンドルノート
スリーセカンド-ルール〘three second rule〙バスケットボールの3秒ルール。バイオレーションの一。攻撃側の選手が相手側のバスケットに近い制限区域(コートのエンドラインの中心から左右3メートルの地点とフリースローラインの両端を結んだ台形の地域)に3秒以上とどまると反則となり、相手ボールのスローインとなる。
スリー-ダイヤ　三菱グループのシンボルマーク。グループの各企業も多く用いる。岩崎家の紋所である三蓋菱さんがいびしと、土佐藩山内家の紋所である三柏みつがしわを元に図案化した。
スリー-ディー〘3D〙《three dimensions》►スリーディメンション
スリー-ディー-イー-エス〘3DES〙►トリプルDES
スリーディー-えいが【3D映画】ディーエイガ《three-dimensional picture》►立体映画
スリーディー-えいぞう【3D映像】ディーエイゾウ►立体映像
スリーディー-カメラ【3Dカメラ】《three-dimensional camera》►ステレオカメラ
スリーディー-グラフィックス【3Dグラフィックス】►三次元グラフィックス
スリーディー-グラフィックスアクセラレーター【3Dグラフィックスアクセラレーター】《3D graphics accelerator》コンピューターの画像表示をCPUの代わりに行い高速化させるグラフィックスアクセラレーターのうち、特に三次元グラフィックスの描画処理を専門に行うビデオチップやビデオカードのこと。
スリーディー-シージー〘3DCG〙►三次元グラフィックス
スリーディー-テレビ【3Dテレビ】《three-dimensional television》►立体テレビ
スリーディー-ワイシーぶんり【3DY/C分離】《three-dimensionalY/Cseparation》►三次元Y/C分離
スリー-ディメンション〘three dimensions〙三次元。また、立体写真。立体映画。3D。
スリー-トップ〘three top〙サッカーで、最前線にフォワードを三人配置するフォーメーション。
スリーノックダウン-せい【スリーノックダウン制】《three knockdown rule》ボクシングで、1ラウンドに三度ダウンしたらノックアウトとするルール。
スリーパー〘sleeper〙❶眠る人。❷《sleeper agentの略》任務地で長期間普通の生活をしながら指令を待つスパイ。❸部屋着も兼ねる寝巻。❹ボウリングで、他のピンの陰にかくれているピン。
スリーパー-エフェクト〘sleeper effect〙仮眠効果。広告との接触後、直ちに影響されるのではなく、相当期間を置いて影響が発現すること。
スリー-バント《和 three＋bunt》野球で、打者がツーストライク後にバントすること。ファウルになればアウトとなる。
スリー-ピース〘three-piece〙三つぞろいの洋服。共布製で、男性では、背広の上着・ベスト・ズボン、女性ではコート(またはジャケット)・ベスト・スカートの組み合わせをいう。
スリー-ピース-ボール〘three piece ball〙►糸巻きボール
スリーピング-バッグ〘sleeping bag〙寝袋。
スリーピング-ボード〘sleeping board〙《boardは会議用のテーブル、転じて委員会の意》名目だけで何の役にも立っていない委員会のたとえ。休眠委員会。
スリーブ〘sleeves〙❶洋服の袖。「ノー―」❷紙コップなどにはめて、持った指に熱が伝わりにくくするための、筒状の具。❸棒軸などをはめ込む金具。また、絶縁や結束保護に用いる、ナイロン・ガラス製の部品。
スリープ〘sleep〙❶眠ること。眠り。睡眠。❷一定時間、ユーザーによる入力が無かった場合にコンピューターの消費電力を抑える機能。ディスプレーの輝度を下げたり、ハードディスクの回転を停止させたりする。
スリー-フォー-ツー〘three for two〙バスケットボールで採用されていたルール。相手の反則を受けた選手に、3投を限度として2回成功するまでフリースローの機会が与えられるというもの。
スリーブ-リーグ〘Slieve League〙アイルランド北西部、ドニゴール州の西端、大西洋に臨む断崖。標高約600メートルで、ヨーロッパ随一の高さを誇る。断崖の中腹には19世紀のナポレオン戦争時に築かれた見張りのための塔が残っている。グレーマウンテンクリフ。
スリー-ベース-ヒット〘three-base hit〙野球で、三塁打。
スリーポイント-シュート〘three point shoot〙►スリーポイントフィールドゴール
スリーポイント-フィールドゴール〘three point field goal〙バスケットボールで、スリーポイントライン(バスケットの真下から半径6.25メートルの半円形をエンドラインまで延長したもの)の外側からシュートして成功したゴール。3点が得られる。スリーポイントシュート。補説FIBA(国際バスケットボール連盟)が規定する国際ルールでは、2010年10月からスリーポイントラインがこれまでより50センチメートル遠い6.75メートルに改定された。NBAのスリーポイントラインは7.25メートルとなっている。
スリーマ〘Tas-Sliema〙►スリエマ
スリーマー〘slimmer〙女性用肌着で、からだに密着して体形をスリムに見せるニットもののシャツ。
スリーマイル-とう【スリーマイル島】タウ《Three Mile》米国ペンシルベニア州ハリスバーグ市の南東、サスケハナ川に浮かぶ島。長さが約3マイルであるところからの名。ここにある原子力発電所で、1979年に加圧水型炉から放射能漏れ事故が起こった。
すり-いも【×擂り芋】ヤマノイモの根をすりおろしたもの。そのまま醤油や酢で食べたり、だしでのばしてとろろ汁にしたりする。
スリー-ラン《three-run homerから》野球で、二人の走者がいるときに打ったホームラン。
すり-うす【▽磨り臼】もみがらを取ったり、粉をひいたりするための臼。上下二つの円筒形の臼からなり、上の臼を回転させて穀物をする。唐臼とうす。
すり-うるし【×摺り漆】漆塗りの技法の一。木地に生漆きうるしを摺るように薄く塗り、木目の美しさを生かすもの。拭ふき漆。
すり-え【×摺り絵】ヱ染め草または染料をすりつけて模様を表すこと。また、その模様。
すり-え【×擂り餌】ヱ小鳥のえさで、ぬか・魚・草などをすりつぶしたもの。
類語飼料・餌え・餌さ・飼い葉・秣まぐさ・生き餌
すり-えび【×擂り×蝦】エビをゆでて乾かし、すりつぶしたもの。そぼろなどに用いる。
スリエマ〘Sliema〙地中海中央部の島国、マルタ共和国の首都バレッタの北西部にある都市。マリサムセット港を挟んでバレッタの対岸に位置する。隣接するセントジュリアンとともに、海岸保養地として知られる。スリーマ。
ずり-お・ちる【ずり落ちる】〔動タ上一〕図ずりお・つ〔タ上二〕ずれて落ちる。また、ずれて下がる。「帯が―・ちる」
すり-おろ・す【▽磨り下ろす｜×摺り下ろす｜×擂り下ろす】〔動サ五(四)〕すって細かくする。すって、砕いたりまた粉にしたりする。「墨を―・す」「わさびを―・す」
スリカータ〘ラテ Suricata〙►スリカタ
すり-がい【×摺り貝】ガヒ►螺鈿らでん
すり-かえ【×掏り替え】カヘすりかえること。「問題の―」
すり-か・える【×掏り替える】カヘル〔動ア下一〕図すりか・ふ〔ハ下二〕人に気づかれないように、こっそりと別のものに取り替える。「偽物と―・える」「問題を―・える」
スリカタ〘ラテ Suricata〙《「スリカータ」とも》「ミーアキャット」に同じ。
すり-かたぎ【×摺り形木】►版木はんぎ
すり-がね【×摺×鉦】歌舞伎下座音楽や祭礼囃子ばやしなどに用いる打楽器。真鍮しんちゅう製の小形の鉦で、左手に持ち、右手の桴ばちで摺るように打つ。ちゃんぎり。当たり鉦。
すり-からし【擦(り)枯らし】《「すりがらし」とも》「擦れ枯らし」に同じ。「三都一の山師に腹をあわした腹黒の妾に」〈蘆花・思出の記〉
すり-ガラス【▽磨りガラス】表面を金剛砂などですって細かい凹凸をつけ不透明にしたガラス。つや消しガラス。曇りガラス。
すり-かりぎぬ【×摺り狩▽衣】ヤマアイ・ツキクサなどの汁をすりつけて、模様を染め出した狩衣。
すり-かわ・る【×掏り替(わ)る】カハル〔動ラ五(四)〕気づかないうちに、他のものと入れ替わる。「展示品が偽物に―・る」
すり-ぎ【×擂り木｜×擂り木】「擂り粉こ木」に同じ。
すり-きず【擦(り)傷】すりむいた傷。
類語擦過傷・擦りむく
すり-ぎぬ【×摺り▽衣】「すりごろも」に同じ。「その日、靫負ゆげひの佐すけの―やうする」〈枕・二九五〉
すり-きり【擦(り)切り｜▽摩り切り｜×摺り切り】❶粉や粒状のものを量るとき、容器のふちより上にある部分を取り去ること。「カップ―一杯の米」❷金や財産などを使い果たすこと。また、その人。「見苦しき物…―の借り著ぎ」〈仮・犬枕〉
すり-き・る【擦(り)切る｜▽摩り切る｜×摺り切る】㊀〔動ラ五(四)〕❶すって切る。こすって切る。「鉄の棒をやすりで―・る」❷金銭を使い果たす。一文無しになる。「身上は―・りはつる故に、向脛をけづりて薪にする心地ぞしける」〈仮・浮世物語・一〉㊁〔動ラ下二〕「すりきれる」の文語形。
すり-き・れる【擦(り)切れる｜▽摩り切れる｜×摺り切れる】〔動ラ下一〕図すりき・る〔ラ下二〕物と物とがこすれて切れる。「ズボンの裾が―・れる」
類語破ぶれる・破ける・裂ける・綻ほころびる・切れる・千

切られる・張り裂ける・破裂する・パンクする

すり-くだ・く【×擂り砕く｜▽磨り砕く】〔動カ五(四)〕すって小さく砕く。すりつぶす。「アワを―・いて小鳥に与える」

すり-こ【▽磨り粉】米をすり砕いて粉にしたもの。湯で溶いて、乳児に乳の代わりとして与えた。「夜ふけて、この子泣きやまねば…―に地黄煎入れて焼きかへし」〈浮・胸算用・三〉

すりこ-ぎ【×擂り粉木｜×擂り子木】❶すり鉢で、物をするのに用いる棒。サンショウの木が良材とされる。れんぎ。あたりぎ。すりぎ。❷《すりこぎは、使うに従って短くなるところから》少しも進歩せず、かえってだんだん退歩する人をあざけっていう語。❸《頭の形が似ているところから》僧をののしっていう語。また、転じて、人をののしっていう語。「なんだ此の―めら」〈洒・二筋道〉

擂り粉木で芋を盛る　「擂り粉木で腹を切る」に同じ。

擂り粉木で腹を切る　不可能なことのたとえ。連木で腹を切る。杓子で腹を切る。擂り粉木で芋を盛る。

すり-こみ【刷(り)込み】生まれたばかりの動物、特に鳥類で多くみられる一種の学習。目の前を動く物体を親として覚え込み、以後それに追従して、一生愛着を示す現象。動物学者ローレンツが初めて発表した。刻印づけ。インプリンティング。

すり-こみ【×摺り込み｜▽摩り込み】染料をすり込むこと。また、染料をすり込んであるもの。

すりこみ-ぞめ【×摺り込み染(め)】布の上に型紙をのせ、その上から染料をつけた刷毛で種々の色をすり込んで模様を染め出すこと。また、その染め出した布。摺り染め。

すり-こ・む【刷(り)込む】〔動マ五(四)〕同じ印刷面に刷って入れる。「名刺に肩書きを―・む」

すり-こ・む【×摺り込む｜▽摩り込む】〔動マ五(四)〕❶こすってしみ込ませる。「傷口に薬を―・む」❷すり砕いてまぜる。「味噌に木の芽を―・む」❸へつらって取り入る。「教授に―・み身分ある人に電信求めて」〈蘆花・思出の記〉

すり-ごろも【×摺り衣】ヤマアイ・ツキクサなどの汁をすりつけ、いろいろの模様を染め出した衣。すりぎぬ。「―着けりと夢に見つ現にはいづれの人の言か繁けむ」〈万・二六二一〉

ずり-さが・る【ずり下がる】〔動ラ五(四)〕ずって下がる。「ズボンが―・る」

すり-し【×摺り師】❶摺り模様を作ることを業とする人。❷版画を摺ることを業とする人。

すり-しき【▽修理▽職】「しゅりしき(修理職)」に同じ。「―、内匠寮に宣旨下りて、二なう改め造らせ給ふ」〈源・桐壺〉

スリ-ジャヤワルダナプラ-コッテ〖Sri Jayawardanapura Kotte〗スリランカ民主社会主義共和国の首都。セイロン島南西部、旧首都コロンボの郊外に位置し、1985年遷都。

すり-ぞめ【×摺り染(め)】❶草木の花や葉を布の上に置き、上からたたいてその色を染めること。また、花や葉の汁をすりつけて染めること。❷「摺り込み染め」に同じ。

すり-だし【刷(り)出し】印刷版が校了になり、印刷を始めること。また、その最初に印刷されたもの。

すり-だし【▽磨り出し】❶すり出すこと。また、そのもの。❷《すって火を出すところから》マッチ。

すりだし-まきえ【▽磨り出し×蒔絵】▶研ぎ出し蒔絵

すり-だ・す【▽磨り出す】〔動サ五(四)〕とぎみがいて光沢や模様を出す。「銅板に絵を―・す」

すり-ちが・う【擦り違ふ】〔動ハ四〕「擦れ違う」に同じ。「芸子の乗った屋根船と―・っても」〈滑・古朽木〉

すり-つ・く【×摺り付く】〔動カ下二〕衣服などに、染め草をこすりつけて色をつける。「かきつはた衣に―・けますらをの着襲ひ狩する月は来にけり」〈万・三九二一〉

すり-つ・く【擦(り)付く｜▽摩り付く】㊀〔動カ五(四)〕からだをこすりつけるようにして、そばに寄る。「黒繻子の其の帯へ―・くように坐って」〈鏡花・婦系図〉㊁〔動カ下二〕「すりつける」の文語形。

スリック-タイヤ〖slick tire〗サーキットレース用のタイヤで、特に軟らかいゴムを用いることによって路面に吸着させるもの。滑り止めの溝(トレッドパターン)がないのが特徴で、雨天には使わない。

すり-つけぎ【擦(り)付け木｜×摺り付け木】マッチ。はやつけぎ。主に、明治時代に用いられた。

すり-つ・ける【擦(り)付ける｜▽摩り付ける｜×擂り付ける】〔動カ下一〕文すりつ・く〔カ下二〕❶こするようにしてつける。「猫がからだを―・けてくる」❷マッチなどをすって火をつける。「紙巻に寸燐を―・けた」〈魯庵・社会百面相〉

すり-つづみ【×摺鼓｜×揩鼓】古代の雅楽の打楽器。インド起源で、奈良時代に中国から渡来。胴の両端に革面をつけ、革ひもで締めたもの。左手で支え、右手の指で革面をはじいたり、こすったりして鳴らした。揩鼓。答臘鼓。

スリット〖slit〗❶スカート・上着のわき・袖口などに入れる切れ込み。➡ベンツ　❷光などの通る幅を制限するための細いすきま。細隙。

スリット-カメラ〖slit camera〗スリットを通過した像を連続的に長いフィルム面に次々と露光していく特殊カメラ。競走・競馬などの着順判定に利用。

スリッパ〖slipper〗足を滑り込ませて履く、室内用の上履き。

スリッピー〖slippy〗〔形動〕滑りやすいさま。「―なコートに足を取られた」

スリッピング〖slipping〗ボクシングで、顔や上体をわずかに横にそらして相手の攻撃をかわすこと。

スリップ〖slip〗〔名〕スル　❶滑ること。特に、自動車が濡れたり凍ったりした路面で滑ること。「雨のために―する」❷女性用の下着。ふつう、胸からひざ上までを覆い、ひもで肩からつるす。絹・ナイロンなどの滑りのよい生地で作る。❸新本に挟んである、短冊形の売り上げカード、補充注文票をいう。

スリップオーバー〖slipover〗首の部分のあきを通して、頭からかぶって着る衣服の総称。

スリップ-オン〖slip-on〗《着脱の簡単なものの意》結びひもや留め具がなく、足をすべり込ませて簡単に履ける靴。スリップオンシューズ。スリッポン。

すり-つぶ・す【▽磨り潰す｜×擂り潰す】〔動サ五(四)〕❶すって細かく砕く。すって原形をなくする。「大豆を―・す」❷財産をなくす。財産を使い果たす。「道楽して身代を―・す」

スリップス〖thrips〗昆虫アザミウマの別名。

スリップ-ストリーミング〖slip streaming〗自動車レースで、前車のすぐ後に付いて空気抵抗を減らし、終盤のためにパワーを保存する走法。ストックカーレースなどでは、ほとんど前車にくっつくほどに接近する。同チーム内で作戦として行うこともある。

スリップ-ダウン〖slip down〗ボクシングで、相手の攻撃によるのでなく、自分で足をすべらせてひざをついたり転んだりすること。カウントされない。

スリップ-ドレス〖slip dress〗下着のスリップのようなデザインのドレス。下着風のファッションであるが、あくまでも外出着としての自然なセクシーさが特徴。

スリッポン〖slip-on〗▶スリップオン

スリナ〖Sulina〗ルーマニア東部の町。ドナウ川河口部の分流スリナ川に面する。19世紀半ばからナチスドイツに支配される1930年代まで、ドナウ川の船舶航行を管理するドナウ委員会の本部が置かれた。1991年に世界遺産(自然遺産)に登録されたドナウデルタの観光拠点の一つとして知られる。

すり-ながし【×擂り流し】えび・かに・はも・あじ・枝豆・豆腐などをすりつぶし、だしでのばして、すまし、または味噌仕立てにした汁物。すり流し汁。

スリナガル〖Srinagar〗インド北部、ジャンムカシミール州の州都。夏の政庁所在地で、冬はジャンムに移る。標高1600メートルの高原にある避暑地。

スリナム〖Surinam〗南アメリカ北東部の共和国。首都はパラマリボ。もとオランダ領ギアナで、自治領を経て1975年独立。主産物はボーキサイト。人口49万(2010)。

すり-ぬか【▽磨り×糠｜×摺り×糠】もみをするときに出る殻。もみがら。もみぬか。

すり-ぬ・ける【擦(り)抜ける】〔動カ下一〕❶人込みや狭い所を、からだをこするようにして通り抜ける。「雑踏を―・ける」❷他のことにまぎらしてうまく免れる。「言いつくろって急場を―・ける」❸とがめられないようにうまく通り抜ける。引っかからずに通り抜ける。くぐり抜ける。「厳重な警戒を―・ける」「検査の目を―・ける」〔類語〕通り抜ける・くぐり抜ける・突き抜ける・乗り越える

すり-ば【擦(り)場】サケ・マス・ウグイなどが産卵する場所。川底を掘り、腹をすりつけるようにして産むところからいう。掘り場。

すり-ばかま【×摺×袴】ヤマアイ・ツキクサなどの汁をすりつけて、模様を染め出した袴。神事の際や舞人が用いる。

すり-はく【×摺×箔】❶布帛に糊やにかわなどで模様を描き、金箔・銀箔を押しつけたもの。❷能装束の一。白または浅葱無地の平絹に金箔・銀箔で模様をすり出したもの。女役の着付けに用いる。

すり-ばち【×擂り鉢｜×摺り鉢】すりこぎでゴマや味噌などをすりつぶすのに用いる鉢。陶製で、上が大きく開き、内側に細かい刻み目がある。当たり鉢。

すりばち-むし【×擂鉢虫】アリジゴクの別名。

すりはり-とうげ【磨針峠】滋賀県東部、彦根市にある峠。旧中山道の難所。

すり-ばん【擦(り)半｜×擂り半】「擦り半鐘」の略。

すり-ばんしょう【擦(り)半鐘｜×擂り半鐘】近火を知らせるために、半鐘を続けざまに鳴らすこと。また、その音。すりばん。

すり-び【擦(り)火｜×摺り火】火打ち石と火打ち金を打ち合わせて出す火。きりび。

すりび-うち【擦(り)火打ち】火打ち石と火打ち金を打ち合わせて火を出すこと。また、その道具。

すり-ひざ【擦(り)膝｜▽磨り膝】ひざがしらで畳などを擦りながら進むこと。膝行。

すり-へら・す【▽磨り減らす｜▽摩り減らす】〔動サ五(四)〕❶こすって減らす。こすって少なくする。「靴底を―・して歩き回る」「―・した墨」❷激しく使って弱くする。使いすぎてだめにする。「神経を―・す」❸少しずつ減らす。「身代を―・す」

すり-へ・る【▽磨り減る｜▽摩り減る】〔動ラ五(四)〕❶こすれて少なくなる。「靴のかかとが―・る」「―・ったタイヤ」❷使いすぎて衰える。消耗する。「客の接待で神経が―・る」❸少しずつなくなる。「財産が―・る」

スリベン〖Sliven〗ブルガリア中東部の都市。バルカン山脈南麓に位置する。古代ローマ時代に街道沿いの市場町として発展。オスマン帝国の支配の下、17世紀から18世紀にかけて手工業や商業で栄え、19世紀には同国初の近代的な繊維産業が始まった。オスマン支配に抵抗したハイドゥクと呼ばれる義賊が活躍したことでも知られる。旧市街には民族復興期の建物が多く残っており、北郊にシニテカムニ国立自然公園がある。また、温泉保養地、ワインの産地として有名。

すり-ぼとけ【×摺り仏】死者に対する供養や、病気の平癒などを願って、仏・菩薩などの図像を紙や布に刷ったもの。日本では平安末期から流行した。

すり-ほん【刷(り)本｜×摺り本】❶版木で印刷した本。印本。版本。❷印刷が終わって、まだ製本してない印刷物。

すり-み【×擂り身】魚肉に食塩を加えてすりつぶしたもの。つくね・かまぼこ・ちくわなどにする。

すり-みつ【すり蜜】砂糖と水を煮詰め、冷ましてからかきまぜ、細かい結晶を作り出したクリーム状の白い蜜。菓子の飾りなどに用いる。フォンダン。

スリミング〖slimming〗からだ全体、またはその一部を引き締め細くすること。痩身。

スリム〘slim〙〘形動〙ほっそりしたさま。細身できゃしゃなさま。「―なからだつき」「―なジーンズ」類語細い

すり-む・く【擦り▽剝く】㊀〘動カ五(四)〙物にこすって皮膚をむく。「転んでひざを―・く」㊁〘動カ下二〙「すりむける」の文語形。類語擦り傷・擦過傷

すり-む・ける【擦り▽剝ける】〘動カ下一〙文すりむ・く〘カ下二〙物にこすれて皮膚がむける。「ひざが―・ける」

スリム-スカート〘slim skirt〙からだにぴったりしてほっそりした線をもつ、ひだをとらないスカート。

スリム-ノート《slim body notebook PCから》携帯性を重視した薄型のノートパソコン。一般的には厚さ2～3センチメートル程度、大きさA4サイズ以下、重量2キロ以下のものを指す。本体を薄くするため、外付けの光学ドライブを使用したり、ハードディスクの代わりにSSDを搭載したりするものが多い。薄さよりも小型であることを重視したものはサブノートパソコンと呼ばれる。

スリム-びょう【スリム病】《slim disease》体がやせ細っていく病気。原因不明で決め手となる治療法は見いだされていない。

すり-も【×摺×裳】白絹に染め草の汁をすりつけ、模様を染め出した裳。平安時代、女子の晴れ着とした。

すり-もどろか・す【×摺り▽斑かす】〘動サ四〙入り乱れた形に種々の模様をすりつけて染める。「―・したる水干といふ袴を着せて」〈枕・一一九〉

すり-もの【刷(り)物｜×摺り物】❶版木を用いてすったもの。また、広く印刷したもの。簡単な印刷物。「報告の―」❷「摺り物絵」の略。

すりもの-え【×摺り物絵】江戸時代、暦・狂歌・俳句などに絵を加えて一枚摺りにしたもの。

すり-もよう【×摺り模様】布帛に、模様を彫った型を用いて染料をすりこんだり、草木の花や葉を直接こすりつけたりして、染め出した模様。

すりゃ〘接〙《「すれば」の音変化》それなら。そうなると。「荒い口をきいたことなし、―私だって、嫌だ、嫌だとはいうものの」〈鏡花・化銀杏〉

スリューテル〘Claus Sluter〙[?～1406ころ]オランダの彫刻家。ブルゴーニュ公国の宮廷彫刻家となる。写実にすぐれた力強い作風で、15世紀フランス彫刻界に大きな影響を与えた。作「モーセの井戸」。

スリュジャンカ〘Slyudyanka〙ロシア連邦、シベリア南部のイルクーツク州の都市。州都イルクーツクの南約130キロメートル、バイカル湖西岸に位置する。シベリア鉄道とバイカル湖岸鉄道の分岐点。20世紀初頭に創建。鉱物資源を産する。

スリュムル〘Thrymr〙土星の第30衛星。2000年に発見。名の由来は北欧神話の巨人。非球形で平均直径は約5.6キロ。スリムル。

ず-りょう【▽受領】❶《前任者から引き継ぎを受けて事務を執る意》平安中期以降、実際に任国に赴任して政務を執った国司の最上席の者。通例は守・権守。時には、介をもいう。じゅりょう。ずろう。➡遥任 ❷院宮や公卿に与えられた国司の推挙権。

受領は倒るる所に土を掴め　受領は失敗しても空手で帰るなの意。転んでもただでは起きない。平安時代の受領の貪欲さを示したもの。

ずりょう-しょく【▽受領職】近世、刀工などの職人で、実際の職業とは関係なく武蔵守・越前守などと国守を名のることを許された者。

ずりょう-めい【▽受領銘】刀剣類の銘で、職人が自分の名の上に国司名を冠して彫りこんだもの。

すり-よ・る【擦(り)寄る｜▽摩り寄る】〘動ラ五(四)〙❶すれ合うほどに近寄る。「子供が―・って甘える」❷ひざをすって近寄る。にじり寄る。「枕元へ―・って病人を介抱する」類語にじり寄る・詰め寄る

スリラー〘thriller〙小説・映画・演劇などで、読者・観客にぞっとするようなスリルを与える作品。

スリ-ランカ〘Sri Lanka〙インド半島南東、インド洋にあるセイロン島を占める民主社会主義共和国。首都スリ-ジャヤワル-ダナプラ-コッテ。茶・ゴム・宝石などを産する。仏教徒が多い。1948年英国から自治領セイロンとして独立、72年スリランカ共和国に改称し、英連邦加盟国となり、78年から現国名。人口2151万(2010)。

スリリング〘thrilling〙〘形動〙スリルのあるさま。はらはら、どきどきさせるさま。戦慄的。「試合の―な展開」「―な冒険活劇」

スリル〘thrill〙恐怖や極度の期待からくる緊張感。はらはら、どきどきする感じ。「―満点」類語サスペンス

スリン〘インドネシア suling〙インドネシアの民族楽器で、竹製の縦笛。ジャワ島やバリ島のガムランで旋律装飾楽器として用いられるほか、インドネシア各地で広く使用される。リコーダー式の歌口をもち、鼻呼吸をしながら、切れめなく音を出す。➡ガムラン

スリング〘sling〙《「三角巾」「負い革」の意》赤ん坊を入れる部分がハンモック状になった幅広の布。肩からたすきに掛けて胸のあたりで赤ん坊を抱く。だっこ紐。ベビースリング。

スリング-ショット〘slingshot〙(石などを飛ばす)ぱちんこ。

す・る【刷る｜×摺る】〘動ラ五(四)〙❶活版・版木などの面にインク・絵の具などをつけて、紙を当てて文字や絵を写し取る。印刷する。「紙幣を―・る」❷布に木型を押し当てて、彩色したり、模様を染め出したりする。「月草に衣は―・らむ朝露に濡れてののちは移ろひぬとも」〈古今・秋上〉可能すれる
類語印刷・プリント

す・る【×剃る】〘動ラ五(四)〙「そ(剃)る」に同じ。「髯を―・って来るよ」〈漱石・永日小品〉可能すれる

する【▽為る】〘動サ変〙文す〘サ変〙❶㋐ある状態・現象の起きたことやその存在がおのずと感じられる。「稲光がする」「地鳴りがする」「物音がする」「においがする」「寒けがする」「動悸がする」㋑ある状態になる。ある状態である。「がっしりした骨組み」「男好きのする顔」㋒(金額を表す語に付いて)それだけの価値である。「五億円もする絵」「その洋服いくらした」㋓(時を表す語に付いて)時間が経過する。「一年もすれば忘れるだろう」❷㋐ある事・動作・行為などを行う。意図的にその物事・行為を行う場合から、ある状態や結果になるような動作・行為を行う場合、結果としてある事を行ってしまったり望まないのにそうなったりする場合など、いろいろに用いられる。「運転をする」「仕事をする」「いたずらをする」「道路を広くする」「負担を軽くする」「女らしくする」「大損をする」「やけどをする」「下痢をする」㋑ある役割を努める。ある地位にあって働く。また、そのことを仕事として生活をささえる。「司会をする」「仲人をする」「料理長をしている」「商売をする」㋒(多く「…を…にする」「…を…とする」の形で)人や物事を今とはちがった状態のものにならせる。ある地位に就かせたり、ある用に当てたりする。「息子を先生にする」「彼を会長にする」「肘を曲げて枕とする」「失敗を教訓として生かす」㋓ある状態・性質であることを示す。「鋭い目付きをした男」「むじゃきな顔をした子供たち」㋔身に付ける。「ネクタイをする」「マスクをする」㋕…であると判断をくだす。みなす。また、決定する。選んでそれに決める。「まあ、これでよしとしよう」「友をよき競争相手とする」「出場を取りやめにする」「私は、コーヒーにする」❸(補助動詞)㋐(動詞の連用形、または、サ変複合動詞の語幹に助詞「は」「も」「こそ」「さえ」などを添えた形に付いて)その動詞の意味を強調する。「雪は降りはしたが積もらなかった」「泣きもしない」「感謝こそすれ、恨むわけがない」「顔を出しさえすればよい」㋑(「…うとする」「…ようとする」の形で)もう少しである作用・状態が起こりそうになる。また、今にもある行為をしそうになる。「日が沈もうとしている」「飛びかかろうとする」「時が過ぎようとする」㋒(「…とする」「…とすれば」「…としては」「…にしては」などの形で)…と仮定する、…の立場・レベル・段階で考える、などの意を表す。「今、台風が上陸したとする」「習作とすれば上々の出来だ」「親としては心配するのは当然だ」「冬にしては暖かい日が続く」㋓(「…にしても」「…としても」の形で)そのような場合でも、の意を表す。「どんなに急いだにしても間に合わなかっただろう」㋔(接頭語「お」「ご」の付いた動詞の連用形、または、サ変複合動詞の語幹に付いて)謙譲の意を表す。「お届けする」「お伴します」「ご案内します」補説(1)語種(和語・漢語・外来語)を問わず、名詞・副詞や形容詞・動詞の連用形などに付いて多くの複合動詞がつくられる。その際、語幹が1字の漢字のものなどは「案ずる」「論ずる」「応ずる」「重んずる」のように「～ずる」となるものが多い。これらは、また「案じる」「論じる」「応じる」「重んじる」と上一段としても用いられ、さらに「愛する」「解する」「略する」などは五段にも活用する。(2)口語の未然形には「せ」(打消しの助動詞「ず」「ぬ」が付くときの形)と「し」(打消しの助動詞「ない」が付くときの形)がある。使役や受身の助動詞が付くとき(サ変複合動詞のうち語尾が濁るもの以外)、「せさせる」「せられる」となるはずであるが、多く「させる」「される」のようになる。この「さ」は未然形として扱うことになる。(3)命令形は、古くから現在まで「せよ」が一貫して用いられるが、中世後期から「せい」が(今日でも関西方言で用いられる)、近世以降は「しろ」が用いられるようになる。(4)助動詞「き」へ接続する場合は、終止形「き」には連用形の「し」から(「し＝き」)と原則どおりであるが、連体形「し」・已然形「しか」には未然形「せ」から(「せ＝し」「せ＝しか」)続くという変則の承接をする。

一句 足を棒にする・意とする・家を外にする・内を外にする・海を山にする・公にする・己を虚しゅうする・玩具にする・肩で息をする・気にする・軌を一にする・揆を一にする・客をする・苦にする・臭い物に蓋をする・口にする・首を長くする・言を左右にする・虚仮にする・心を一にする・心を鬼にする・異にする・小馬鹿にする・杯をする・辞を低くする・袖にする・為にする・手にする・徳とする・亡き者にする・馬鹿にする・鼻を高くする・懐にする・本気にする・枕を高くする・身を粉にする・水にする・耳にする・無にする・無下にする・目にする・目を皿にする・目を三角にする・目を丸くする・物ともせず・物にする・横の物を縦にもしない・余所にする・諒とする・労を多とする・悪くすると

類語(❷)為す・遣る・行う・営む (尊敬)される・なさる・遊ばす (謙譲)致す・仕る

すまじきものは宮仕え　他人に仕えることはいろいろと苦労があるから、なるべくやらないほうがよいということ。

する事なす事　する事のすべて。する事がみな。「―裏目に出る」

するところだ　❶別の新しい行動を始める場面であることを相手に伝える意を表す。「これから食事に―」❷実際とは反対の事態が展開する場面を仮定的に述べることによって、現状に対して抱いている安堵や不満などの気持ちを伝える意を表す。「普通の人ならいやな顔を―」

すればいい　❶何かの実行・実現を望んでいる意を表す。「早く決断を―・い」❷何か役立つことを提案したり勧めたりする意を表す。「少し運動でも―・い」❸相手に対する忠告・勧告の形をとりながら、非難の気持ちを強く暗示する意を表す。「あの人ももう少し苦労を―・い」❹放任の意を表す。「そんなにしたければ、気のすむまで―・い」

す・る【×掏る】〘動ラ五(四)〙人が身につけている金品を気づかれないように盗み取る。「財布を―・られる」可能すれる 類語ひったくる・さらう

す・る【擦る｜▽摩る｜▽磨る】㊀〘動ラ五(四)〙❶物に、他の物を強く触れ合わせて動かす。こする。「マッチを―・る」❷物の表面に他の物を押し付けて繰り返し動かす。「やすりで―・って仕上げる」「墨を―・る」❸賭事などで、金を使ってなくす。費やす。すり減らす。「競馬で財産を―・った」「元も子も―・ってしまう」❹(「擂る」と書く)すり鉢などに入れて、触れ合わせて細かく砕く。「味噌を―・る」可能すれる ㊁〘動ラ下二〙「すれる」の文語形。類語さする・撫でる・撫で下ろす・撫で上げる・触れる・逆撫で・愛撫

ずる【×狡】ずるいこと。怠けること。不正をすること。また、その人。「―をする」「―をきめこむ」

ず・る　㊀〔動ラ五(四)〕❶滑って移動する。また、ゆるんで下がる。「積み荷が少し―・ってしまう」「ズボンが―・ってこまる」❷いざり動く。「ひざで―・る」❸基準となるところから少しはずれる。「一つぐらいきっと、かんどころが―・った」〈宮本・伸子〉❹引きずる。「足を―・って歩く」㊁〔動ラ下二〕「ずれる」の文語形。

ずる・い【×狡い】〔形〕㊛ずる・し〔ク〕自分の利益を得たりするために、要領よく振る舞うさま。また、そういう性質であるさま。悪賢い。こすい。「―・いやり方」「―・く立ち回る」㊥ずるさ〔名〕
類語こすい・こすっからい・あくどい

スルー〖through〗〔名〕スル ❶テニスで、ネットが破損し、ボールが網の目を通り抜けて相手方のコートに落ちること。❷複合語の形で用い、通り抜けの、素通しの、の意を表す。「ドライブ―」「フォロー―」「シー―」❸球技のパスワークで、一人飛ばしてパスをすること。「味方選手を―してゴール前のフォワードにボールを送る」❹そのまま通過すること。「その信号は―して次の交差点を右折してください」❺俗に、受け流すこと。何もしないで待っていること。「興味のない方はどうぞ―してください」

スルー・チェック〖through check〗途中乗り継ぎのある旅行で、手荷物を出発地から到着地まで通しで預けること。

スルー・パス〖through pass〗サッカーで、相手守備陣の間を抜いて送るパスのこと。

スループ〖sloop ｜ オランダ sloep〗1本マストの前後に三角形の縦帆をもつ小型帆船。17～19世紀に軍艦として使われた。

スループット〖throughput〗単位時間当たりのコンピューターの処理量や通信回線のデータ転送量のこと。

するが【駿河】㊀旧国名の一。東海道に属し、今の静岡県の中央部にあたる。駿州すんしゅう。㊁静岡市の区名。同市の南西海岸部を占める。登呂とろ遺跡、東照宮などがある。

するが-く【駿河区】▶駿河㊁

ずる-がしこ・い【×狡賢い】〔形〕㊛ずるがしこ・し〔ク〕悪知恵がはたらく。狡猾こうかつである。悪賢い。「―・いやり方」類語腹黒い・悪賢い・こざかしい

するがだい【駿河台】東京都千代田区北部の地名。徳川家康の死後、駿府すんぷの旗本を居住させたのでこの名がある。明治大学・日本大学やニコライ堂がある。神田駿河台。駿台すんだい。

するがだい-だいがく【駿河台大学】埼玉県飯能はんのう市にある私立大学。昭和62年(1987)の開設。平成3年(1991)に大学院を設置した。

するが-だいなごん【駿河大納言】《駿府城に住し、権大納言に任ぜられたところから》徳川忠長の通称。

するが-どい【×駿河問い】どひ 江戸前期の拷問法の一。被疑者の手足を後ろに回して一緒にくくり、背中に石をのせ、天井からつり下げて、ぐるぐる回すもの。駿府すんぷの町奉行彦坂九兵衛が始めたという。駿河問状どいじょう。

するが-トラフ【×駿河トラフ】駿河湾の中央部をほぼ南北にのびる細長い海底の凹地。南は南海トラフに続く。フィリピン海プレートの沈み込み帯で、安政の東海道大地震など巨大地震が繰り返し発生している。駿河舟状海盆。

するが-に【×駿河煮】白焼きにしたタイを、出し汁に酢を加えて煮た料理。

するが-ばん【×駿河版】徳川家康が駿府すんぷで林羅山や崇伝すうでんらに命じて出版させた、日本最初の銅活字の版本。「大蔵一覧集」「群書治要」がある。

するが-ばんし【×駿河半紙】近世、駿河地方から産出した粗製の半紙。ミツマタの皮を原料とし、赤褐色で裂けやすい。

するが-まい【×駿河舞】まひ 駿河の風俗舞で、東遊あずまあそびの一。有度浜うどはまに天人が下って舞ったと伝えるもの。

するが-らん【×駿河×蘭】ラン科の常緑の多年草。葉は線形。夏から秋に、花茎を出して淡紅緑色または黄緑色の香りのある花を数個つける。中国南部の原産で、観賞用。

するが-わん【駿河湾】静岡県東部の湾。伊豆半島の石廊崎いろうざきと西は御前崎とを結ぶ線で囲まれる海域。好漁場。

スルグート〖Surgut〗ロシア連邦中部、チュメニ州、ハンティマンシ自治管区の都市。オビ川沿いに位置し、河港を有す。16世紀末に砦が築かれたことに起源する。1950年代から60年代にかけて油田と天然ガスが発見され、急速に発展した。

ずる・ける〔動カ下一〕❶するべきことを怠けてしない。横着する。「仕事を―・ける」❷結んであったものがゆるんでだらしなくなる。「縄が―・ける」
類語怠ける・怠る・サボる

スルジ-さん【スルジ山】《Srđ》クロアチア最南端、アドリア海に面した都市ドゥブロブニクにある山。標高412メートル。山頂までを結ぶロープウエーは、1991年のクロアチア紛争で破壊されたが、2010年に再建。市街を一望できる展望地として知られる。

するす【▽磨▽臼】「すりうす」の音変化。

する-すみ【×摺墨｜▽磨墨】㊀《墨はすって使うところから》墨。また、墨の色。㊁梶原景季かじわらかげすえが源頼朝から賜った名馬の名。➡宇治川の先陣争い

するすみ【匹=如=身】〔名・形動ナリ〕財産も係累もない身の上であること。また、そのさま。無一物。するつみ。するつむ。「世を捨てたる人の、万よろずに―なるが」〈徒然・一四二〉

する-する〔副〕❶滑るようになめらかに動くさま。また、ある動作が、静かに滞りなく進行するさま。「―(と)音もなく障子が開く」「ランナーが―(と)塁を離れる」「舟が―(と)岸を離れる」❷草木が勢いよく生長するさま。すくすく。「三ところに植ゑてけり。例よりも―と生ひ立ちて」〈宇治拾遺・三〉

ずる-ずる《「づるづる」とも表記》㊀〔副〕❶重い物や長い物をゆっくり引きずるさま。「大きな荷物を―(と)引きずる」❷少しずつ滑り落ちたり、後退したりするさま。「雪の斜面を―(と)滑り落ちる」❸物事の決まりをつけないさま。「―(と)返事を延ばす」❹音を立てて汁を飲んだり、鼻汁をすすったりするさま。また、その音を表す語。「スープを―(と)飲む」「洟はなを―(と)すすりあげる」㊁〔形動〕しまりのないさま。物事にだらしのないさま。「痩せてズボンが―になる」「その児が生れた時分から今日まで―に改めずに」〈谷崎・蓼喰ふ虫〉アク㊀はズルズル、㊁はズルズル。

ずるずる-べったり　㊀〔名・形動〕はっきりとけじめをつけず、惰性で、ある状態を続けること。また、そのさま。「―な(の)関係」㊁〔副〕㊀に同じ。「―(と)居ついてしまう」

スルターン〖アラビア sulṭān〗《権力者の意》スンニー派イスラム諸王朝の君主の称号。スルタン。サルタン。

スルターンアフメット-ジャーミー〖Sultan Ahmet Camii〗▶スルターンアフメットモスク

スルターンアフメット-ひろば【スルターンアフメット広場】《Sultanahmet Meydanı》▶ヒッポドローム

スルターンアフメット-モスク〖Sultan Ahmet Mosque〗トルコ北西部の都市イスタンブールにあるイスラム寺院。17世紀初め、オスマン帝国のスルターン、アフメット1世により建造。宮廷建築家ミマール＝スィナンの弟子メフメット＝アーの設計による。高さ43メートル、直径27.5メートルの巨大なドームを中心に、大小34のドームをもち、周囲に6本の尖塔が立っている。内部がイズニク陶器の青いタイルで装飾されていることから、ブルーモスクとも呼ばれる。1985年に「イスタンブール歴史地区」として世界遺産(文化遺産)に登録された主要な歴史的建造物の一つ。スルターンアフメットジャーミー。

スルタン〖アラビア sulṭān〗▶スルターン

ズルチン〖ドイツ Dulzin〗人工甘味料の一。蔗糖しょとうの約250倍の甘さがあるが、人体に有害なため使用が禁止されている。

スルツェイ-とう【スルツェイ島】タウ《Surtsey》アイスランドの南西沖に浮かぶベストマン諸島の最南端に位置する火山島。1963年から67年までに起こった海底火山の噴火により形成された。動植物が定着する仕組みを知る上で非常に貴重な実験的環境と見なされ、2008年に世界遺産(自然遺産)に登録された。スルト島。

ずるっ-こ・ける〔動カ下一〕❶「ずるける❶」に同じ。「―・けて塾をサボる」❷「ずるける❷」に同じ。「―・けそうな袴を引きずって」〈水上・大阪の宿〉

するっ-と〔副〕動きが、滑るようになめらかなさま。「指輪が―抜け落ちる」「タックルを―かわす」

スルツル〖Surtur〗土星の第48衛星。2006年にすばる望遠鏡で米国などの研究者が発見。名の由来は北欧神話の巨人。非球形で平均直径は約6キロ。スルト。

スルト〖Surtur〗▶スルツル

する-と〔接〕《動詞「する」の終止形＋接続助詞「と」から》❶続いて起こる事柄を表すのに用いる。そうすると。「―突然まっ暗になった」❷前の事柄から判断した結果を導く。それでは。「―君は知っていたのか」
類語それなら・そうしたら・それでは・では

するど【鋭】〔形動ナリ〕❶するどくとがっているさま。鋭利なさま。「四つの牙きば剣よりも―にして」〈太平記・二四〉❷言動がとげとげしいさま。つっけんどん。「詞―に言ひ放せば」〈浄・盛衰記〉❸勢いが激しく、勇ましいさま。「逞卒ていそつ機―なれば」〈太平記・三九〉❹鋭敏なさま。「―ナ人」〈日葡〉

するど・い【鋭い】〔形〕㊛するど・し〔ク〕《形容動詞「するど」の形容詞化》❶物の先が細くてとがっている。また、刃物の切れ味がよい。「―・い牙きば」「―・いナイフ」㊟鈍い。❷感覚が鋭敏である。反応が速い。また、判断力がすぐれている。「嗅覚が―・い」「―・い洞察力」「勘が―・い」「目の付け方が―・い」㊟鈍い。❸㋐物に向かっていく勢いが激しくて強い。「―・いパンチをかます」「―・い攻撃」㋑勢いが激しくて、人の心を突き刺すようである。きびしい。「語調が―・い」「―・い目付きだ」「―・い批判」㋒人の感覚を刺激する力が強い。「―・い叫び声をあげる」「―・い痛みが走る」「―・い光が目を射る」㊟鈍い。㊥するどさ〔名〕類語(❶)先鋭・鋭利・シャープ／(❷)聡さとい・鋭利・鋭敏・敏感・明敏・慧敏けいびん・犀利さいり・機敏・俊敏・敏・賢い・目聡い・賢しい・過敏・炯眼けいがん・利口・利発・聡明・怜悧れいり・穎悟えいご・英明・賢明・シャープ／(❸)激しい・きびしい・きつい・強烈・痛烈・峻烈しゅんれつ・険しい・厳格・厳重・厳酷・厳正・冷厳・峻厳しゅんげん・苛酷かこく・酷こく・容赦ようしゃない・仮借かしゃくない

スルト-とう【スルト島】タウ《Surtsey》▶スルツェイ島

ズルナ〖トルコ zurna〗トルコ・ブルガリア・ギリシャなどでのスルナーイの呼び名。➡スルナーイ

スルナーイ〖ペルシア sūrnāy〗ダブルリードを有する木管楽器の一種で、管の形状は円錐形。西は北アフリカやヨーロッパから東は東アジアまで、イスラム教の勢力圏および、その影響圏に広く分布し、ズルナ・ミズマール・嗩吶(ソーナー)など、地域によってさまざまな名称で呼ばれている。➡ズルナ ➡ミズマール

スルバラン〖Francisco de Zurbarán〗[1598～1664]スペインの画家。写実的・神秘的な宗教画を制作。

スルファ-ざい【スルファ剤】▶サルファ剤

スルファダイアジン〖sulfadiazine〗サルファ剤の一種。ブドウ球菌・大腸菌などに抗菌力を持ち、皮膚の細菌感染症や肺炎・赤痢などに用いる。

スルファニル-アミド〖sulfanilamide〗白色の結晶性粉末。水に溶けにくく、エーテル・ベンゼンに溶けず、エチルアルコール・アセトンに溶ける。細菌感染症の治療薬、亜硝酸の比色分析に用いる。化学式$H_2NC_6H_4SO_2NH_2$　パラアミノベンゼンスルホンアミド。

スルファミン〖sulfamine〗スルホンアミドのこと。また、スルファニルアミドの薬品名。

スルファミン-ざい【スルファミン剤】細菌の発育

を抑え、細胞の防御機能を発揮させる作用をもつ化学療法剤。化学構造上、スルホンアミド基$-SO_2NH_2$をもつ。スルホンアミド剤。➡サルファ剤

スルホンアミド〘sulfonamide〙スルホン酸の水酸基をアミノ基で置換した化合物。一般にかなり融点の高い白色結晶。誘導体にサルファ剤・サッカリンなどがある。一般式RSO_2NH_2　スルファミン。スルファミド。スルホニルアミド。スルフリルアミド。

スルホンアミド-ざい【スルホンアミド剤】►スルファミン剤

スルホン-さん【スルホン酸】《sulfonic acid》スルホ基(スルホン酸基)$-SO_3H$をもつ有機化合物の総称。強い酸性を示す。染料・薬品などの合成中間体として重要なものが多い。

するめ【×鯣】❶イカの胴を縦に切り開き、内臓を取り去って干した食品。祝儀に用いることが多い。❷スルメイカのこと。

するめ-いか【×鯣烏＝賊】スルメイカ科のイカ。胴長約30センチ。胴の先端に菱形のひれがある。体表に多数の赤褐色の色素胞があり、収縮させて体色を変える。日本近海に産し、刺身・するめ・塩辛にする。

ずる-やすみ【×狡休み】〔名〕スル　勤務先や学校などを、正当な理由がなく休むこと。「会社を―する」

するり〔副〕動きが、滑るようになめらかなさま。「戸が―と開く」「警戒網を―とくぐり抜ける」

ずるり〔副〕❶やや重い物が滑るように動くさま。「ぬかるみに―と足を取られた」❷動作が滞りなく、なめらかなさま。「財布握ったまま、―と門口を出た」〈木下尚江・良人の自白〉

すれ【擦れ｜▽摩れ】すれること。「衣ずれの―」「靴―ずれ」「世間―ずれ」

スレ「スレッド(thread)」の略。

ずれ　❶位置・時期などが基準・標準から、少しはずれた状態にあること。「帯の―を直す」「印刷の―」❷考え方や感じ方などに少し隔たりがあること。食い違い。「意見の―を調整する」「感覚の―を生じる」❸物理学で、上面と下面が互いに逆方向の力を受けて、小さな傾きをもつようになる変形。〔類語〕食い違い・齟齬そご・行き違い・ジレンマ・矛盾・撞着どうちゃく・自家撞着・牴牾ていご・二律背反・背反・背理・不整合・不一致・扞格かんかく・対立・相克・相あい反する・食い違う

すれ-あ・う【擦れ合う｜▽摩れ合う】すれあう〔動ワ五(ハ四)〕❶物と物とが触れ合う。互いにすれる。「肩と肩とが―・う」❷互いに争い憎む。仲が悪くて争う。「―・っている仲」

スレイ〘sleigh〙そり。人や荷物を馬などに引かせる大ぞり。

スレイマニエ-ジャーミー〘Süleymaniye Camii〙►スレイマニエモスク

スレイマニエ-モスク〘Süleymaniye Mosque〙トルコ北西部の都市イスタンブールの旧市街にあるイスラム寺院。16世紀半ば、オスマン帝国のスルターン、スレイマン1世の命で、宮廷建築家ミマール＝スィナンの設計により建造。直径26.5メートル、高さ53メートルの大ドームと、高さ64メートルの4本の尖塔をもつ。内部にはイズニク陶器のタイルがはられ、サルボシュ＝イブラヒムが手がけた装飾豊かなステンドグラスがある。また、モスクの北側にスレイマン1世とその妻の霊廟が隣接し、スィナンの墓所もある。1985年に「イスタンブール歴史地区」として世界遺産(文化遺産)に登録された主要な歴史的建造物の一つ。スレイマニエジャーミー。スレイマンモスク。

スレイマン-いっせい【スレイマン一世】《Suleiman Ⅰ》[1494ころ～1566]オスマン帝国第10代のスルターン。在位1520～1566。13回の遠征を行い、アジア・ヨーロッパ・北アフリカにまたがる大領土を得て、帝国の最盛期を築いた。また、法制・行政機構を整備した。

スレイマン-モスク　㊀《Tzami tou Souleiman》ギリシャ東部、エーゲ海に浮かぶロードス島の都市ロードスの旧市街にあるイスラム教寺院。1522年、オスマン帝国軍が同島を統治していた聖ヨハネ騎士団を破り、勝利を記念して建造。名称は戦いを指揮したスレイマン1世にちなむ。㊁《Süleymaniye Mosque》►スレイマニエモスク

スレート〘slate〙❶粘板岩の薄板。屋根葺ふき材などにする。天然スレート。❷石綿をセメントで固めた薄板。石綿スレート。屋根・天井・内外装材に用いる。「―葺き」

スレーブ〘slave〙《「スレイブ」とも》❶奴隷。❷コンピューターなどで、主装置の制御によって作動する従属装置。⇔マスター。

ずれ-おうりょく【ずれ応力】物体のある面を境にずれが起こるとき、それに対応して物体内部に生じる力。剪断せんだん応力。接線応力。

スレオニン〘threonine〙►トレオニン

すれ-からし【擦れ枯らし】「擦れっ枯らし」に同じ。

ずれ-こ・む【ずれ込む】〔動マ五(四)〕予定などが、別の時期まで入り込む。「会期が翌月に―・む」

すれ-すれ【擦れ擦れ】〔名・形動〕❶触れそうになるくらい近づいていること。また、そのさま。「床―の高さまで、水がきた」「水面―に飛ぶ鳥」❷限界をもう少しで越えそうなこと。また、そのさま。「発車時間に―で間に合う」「合格点―だ」❸人がいがみ合うさま。「二人の間柄が―になると、細君の心は段々生家さとの方へ傾いて行った」〈漱石・道草〉
〔類語〕ぎりぎり・一杯一杯・かつかつ

ずれ-だんせいけいすう【ずれ弾性係数】►剛性率ごうせいりつ

ずれ-だんせいりつ【ずれ弾性率】►剛性率ごうせいりつ

すれ-ちがい【擦れ違い】すれちがい❶触れ合うほど近くを反対方向に通りすぎること。「―に呼びとめられる」❷時間や位置などがずれて、会えるはずが会えないこと。「共働きで―の夫婦」❸議論などで、論点がかみあわないこと。「会談は―に終始した」

すれちがい-つうしん【擦れ違い通信】すれちがい　携帯型ゲーム機の間で、ゲームに関する各種情報をWi-Fiを通じて自動的にやりとりする機能。任天堂のニンテンドーDS、ソニーのプレイステーションポータブルなどのゲームソフトの一部で利用される。街中などで同じゲームソフトをプレーしている利用者どうしが近付くと、お互いに自覚のないまま通信が行われる。

すれ-ちが・う【擦れ違う】すれちがう〔動ワ五(ハ四)〕❶触れ合うほど近くを反対方向に通りすぎる。「列車が―・う」❷時間や位置などがずれて、会えるはずが会えないままになる。「彼とは―・ってばかりいる」❸議論などで、論点がかみあわない状態になる。「話が―・って結論が出ない」

すれっ-からし【擦れっ枯らし】《「すれからし」の促音添加》さまざまな経験をして、悪賢くなったり、人柄が悪くなったりしていること。また、その人。すりからし。〔類語〕老獪ろうかい・世間擦れ

スレッジ〘sledge〙そり。特に、遊戯・競技用の小型のそり。

スレッジ-ホッケー〘sledge hockey〙►アイススレッジホッケー

スレッド〘thread〙《「糸」または「議論の筋道」の意》❶オペレーティングシステム上で、アプリケーション内の処理を並列して行う際の、最小の処理単位。➡マルチスレッド　❷インターネット上の電子掲示板(BBS)やメーリングリストで、一つの議題ごとに集められた返信の一覧。スレ。「辞書アプリについての―を立てる」

スレデツ〘Sredets〙ブルガリアの首都ソフィアの古称。9世紀初頭に第一次ブルガリア帝国の一部となり、旧称セルディカからスレデツに改められた。聖ソフィア教会にちなみ、14世紀以降ソフィアの呼称が使われるようになったが、スレデツの名も19世紀末まで併用されたと考えられている。

スレドネコリムスク〘Srednekolïmsk〙ロシア連邦東部、サハ共和国の河港都市。北極圏内にあり、コリマ川中流部に位置する。17世紀半ばにコサックが築いた砦に起源し、毛皮の集散地として栄えた。帝政ロシア時代は政治犯の流刑地だった。

すれ-ば〔接〕《動詞「する」の已然形＋助詞「ば」から》すると。そうすると。「―それは君だったのか」

スレバルナ-しぜんほごく【スレバルナ自然保護区】《Priroden rezervat Srebarna》ブルガリア北東部の都市シリストラ近郊の自然保護区。ドナウ川の南、スレバルナ湖の周辺に湿地が広がり、絶滅危惧種のニシハイイロペリカンをはじめ、ハイイロガン、オガワコマドリ、コブハクチョウなどの渡り鳥が訪れる。1975年にラムサール条約登録地となり、83年に世界遺産(自然遺産)に登録。

スレプトン〘slepton〙素粒子物理学の超対称性理論から導かれる未知の超対称性粒子。フェルミ粒子であるレプトンの超対称性パートナーで、スピンが零のボース粒子。電子、μミュー粒子、τタウ粒子、ニュートリノの超対称性パートナーとして、セレクトロン、スミューオン、スタウ、スニュートリノがある。いずれも未発見であり、高エネルギー加速器で探すべき目標になっている。スカラーレプトン。

すれ-もの【擦れ者】❶世間慣れしている者。また、悪ずれしている者。「宝といふ字の消ゆる程、今は世の―となりける」〈浮・永代蔵・三〉❷遊里の事情に精通して、遊びなれている者。粋人。「両方―、後は金銀の沙汰にもあらず」〈浮・一代男・六〉

す・れる【擦れる｜▽摩れる｜▽磨れる】〔動ラ下一〕図す・る〔ラ下二〕❶物と物とが触れ合って動く。こすれる。「木の葉が―・れる」❷物と物とが強く触れ合ったり、絶えず接触した状態で動いたりして、痛んだり減ったりする。「靴の底が―・れてきた」「袖口が―・れる」「表紙が―・れて破れる」❸いろいろの経験をして、純粋な気持ちがなくなる。世間ずれがする。「都会の波にもまれて―・れる」

ず・れる〔動ラ下一〕図ず・る〔ラ下二〕❶元あったところから、少しすべり動いて移る。あるべき位置から少し動いたり、基準の位置に合わない状態になる。「背骨が―・れる」「印刷が―・れる」❷標準や基準から少しはずれる。また、考え方などに隔たりができて食い違う。「雨で開始の時間が―・れる」「ピントの―・れた発言」「時代感覚が―・れている」

スレンダー〘slender〙〔形動〕ほっそりしたさま。すらっとしたさま。「―なからだつき」

スレンドロ〘インドネシア sléndro〙インドネシア音楽で用いられる音階名または音列名。1オクターブに五つの音がある五音音階である。

す-ろ【×棕×櫚】「しゅろ(棕櫚)」に同じ。「姿なけれど―の木、唐めきて」〈枕・四〇〉

ず-ろう【×杜漏】ズ〔名・形動〕粗略で、手抜かりが多いこと。また、そのさま。杜撰脱漏ずさんだつろう。「―な企画」

ず-ろう【▽受▽領】ズラウ►ずりょう(受領)

す-ろうにん【素浪人】スラウニン　浪人を卑しめていう語。無一文の浪人。

スロー〘throw〙スポーツで、ボールや槍やりなどを投げること。「アンダー―」

スロー〘slow〙〔形動〕速度が遅いさま。動作がのろいさま。緩やかなさま。「―なテンポ」⇔クイック。
〔類語〕遅い・のろい・のろくさい・まだるい・まだるっこい・とろい・緩慢・緩徐・遅緩・スローモー・遅遅ちち・のろのろ・そろそろ・ゆっくり

スロー-アンド-ステディ〘slow and steady〙ゆっくりと着実に事を行うようす。急がば回れ。

スロー-イン〘throw-in〙バスケットボール・サッカーなどで、ボールをコートやフィールドの外から投げ入れてインプレーにする方法。

スローイング〘throwing〙❶野球で、野手の送球。また、球の投げ方。❷サッカーで、ゴールキーパーがボールを投げること。❸陸上競技で、砲丸投げ・円盤投げ・槍投げ・ハンマー投げなどの投てき競技。

スロー-ウイルス〘slow virus〙遅発性のウイルス感染症を起こさせるウイルスのこと。

スローウイルス-かんせんしょう【スローウイルス感染症】カンセンシャウ《slow virus infection》遅発ウイルス感染症。長い年月にわたる潜伏期の後に発症し、症状が漸次ぜんじ悪化して最終的には死亡するウイルス感染症の総称。麻疹ましんウイルスによる亜急性硬化性

全脳炎など。
スロー-カーブ〖slow curve〗❶緩やかな曲線。❷野球で、投手が投げる変化球で、緩い球速のカーブ。
スローガン〖slogan〗団体や運動の主義・主張を、簡潔に言い表した語句。標語。
(類語)標語・キャッチフレーズ・うたい文句
スロー-クッカー〖slow cooker〗電熱で炻器(せっき)製の鍋(なべ)を加熱し、中の食品を時間をかけて煮込む調理器具。シチューなど煮込み用に使う。
スロー-シャッター《slow shutter speed》►低速シャッター
スロー-ジン〖sloe gin〗ジンにスロー(スモモの一種)の香りをつけた甘い、濃赤色のリキュール。
ズロース《drawersから》女性用のパンツ。普通のショーツより股下が長くゆったりしている。
(類語)ブルーマー・パンティー・ショーツ
スロー-スターター〖slow starter〗出足の遅い者。「一のボクサー」
スロー-ダウン〖slow-down〗〔名〕(スル)❶速度を落とすこと。また、速度が落ちること。減速。「経済発展のテンポを一する」❷仕事の能率をわざと落とす労働戦術。
スローチ-ハット〖slouch hat〗►スラウチハット
スロー-テンポ《(和)slow＋tempo》❶音楽の演奏速度が遅いこと。「一の曲」❷物事の進み具合が遅いこと。
スロート〖throat〗❶のど。また、のど状のもの。器物の首など。❷テニス・バドミントンなどのラケットの打球部分と柄とのつなぎ目。
スロー-トレーニング〖slow training〗ゆっくりとした動作で筋肉の動きに意識を集中して行う筋力トレーニング。関節や筋肉を痛めることなく、心臓にも負担がかからず、筋力増強に効果があるという。日頃運動をしていない中高年をはじめ、プロスポーツ選手のトレーニング法として導入されている。スロトレ。
スロープ〖slope〗傾斜面。斜面。また、勾配。「急な一を一気に滑り降りる」
スロー-フード〖slow food〗食生活や食文化を根本から考えていこうという活動。伝統的な食材や料理方法を守り、質のよい食品やそれを提供する小生産者を守り、消費者に味の教育を進めるというもの。1986年ころにイタリアで生まれた運動。(補説)言葉はファーストフードと対立する概念であるが、食を根本から考え直すという広い意味合いがある。
スロー-フォワード〖throw forward〗ラグビーで、ボールを前方に投げること。反則となる。
スロー-ペース〖slow pace〗ゆっくりした足並み。遅い速度。
スロー-ボール〖slow ball〗野球で、ことさら球速を落とした投球。
スロー-モー〔名・形動〕《「スローモーション」の略》動作がのろいこと。また、そのさま。「一な仕事ぶり」
(類語)遅い・のろい・のろくさい・まだるい・まだるっこい・とろい・緩慢・緩徐・遅緩・スロー・遅遅(ちち)・のろのろ・そろそろ・ゆっくり
スロー-モーション〖slow motion〗❶動作がゆっくりしていること。❷映画・テレビで、高速度撮影したものを普通の速度で映写して、画像の動きを実際よりゆっくりと見せるもの。
スロー-ロリス〖slow loris〗ロリス科の哺乳類。体長約30センチで、四肢は太く、尾はほとんどない。東南アジアの熱帯雨林にすみ、夜行性で、動作がのろい。道化猿(どうけざる)。
スローン-ルック〖Sloane look〗英国のトラディショナルなファッションの代表的スタイル。上品で格式の高い古き良き英国スタイルを基にし、それをシックな現代風に仕上げたスタイルのことをいう。Sloaneは、元貴族階級の人間が多く住むというロンドン南西部の通りの名。
ず-ろく【図録】(ヅ)写真・絵画などの図を多く載せた記録や書物。(類語)図鑑・図譜
ズロチ〖(ポーランド) złoty〗ポーランドの通貨単位。1ズロチは100グロズ。
スロック〖SLOC〗《sea lane of communication》海上交通路。シーレーン。有事に際し確保しなければならない海上連絡交通路。
スロッシング〖sloshing〗液体を入れた容器が振動した場合に、液体の表面が大きくうねる現象。(補説)地震の揺れによって石油タンクなどで大きなスロッシングが生じると、浮き屋根が破壊され、漏洩や火災などの災害を引き起こす原因となる場合がある。
スロッター〖slotter〗►立て削(けず)り盤
スロッツホルメン〖Slotsholmen〗デンマークの首都、コペンハーゲンの中心部にある運河に囲まれた島。また、その地区名。クリスチャンスボー城があり、コペンハーゲン発祥の地とされる。
スロット〖slot〗《細長い溝やすきまの意》❶工作物などの溝穴。❷自動販売機・公衆電話などの料金の投入口。❸航空機の翼の前縁部または後縁部近くに設けられた翼の下面から上面に通じる狭いすきま。❹►拡張スロット
スロット-マシン〖slot machine〗❶料金投入口に料金を入れると一定の作動をする自動販売機の総称。❷コインを入れ、レバーを引くと表示窓の絵が回転し、止まったときの絵の組み合わせでコインが出てくる仕組みの自動賭博(とばく)機。
スロット-よく【スロット翼】航空機の主翼前縁部に取り付けた、翼の下面から上面に通じるスロットをもつ可動小翼。主翼上面に渦ができて揚力を失ったとき、これと主翼とのすきまに空気を流し、渦を消散させる。隙間翼(すきまよく)。
スロットル〖throttle〗「スロットルバルブ」の略。
スロットル-バルブ〖throttle valve〗絞り弁。
スロップ-シンク〖slop sink〗《slopは、汚水の意》掃除用流し。スニーカーやおむつ・雑巾(ぞうきん)・モップなどを洗う大型の流し。最近は、園芸道具などを洗う流しとして利用されている。
スロ-トレ「スロートレーニング」の略。
スロバキア〖Slovakia〗ヨーロッパ中部の共和国。首都ブラチスラバ。農耕・牧畜が盛ん。第一次大戦後チェコと合併してオーストリア-ハンガリー帝国から独立、チェコスロバキア共和国となる。1993年チェコと分離して、スロバキア共和国となる。2004年EU(欧州連合)に加盟。09年からユーロを導入。人口547万(2010)。スロベンスコ。
スロバキア-カルスト〖Slovak Karst〗ハンガリーとスロバキア国境にまたがる大規模なカルスト地形の、スロバキア側。景観保護区に指定されている。地下には両国あわせて700以上の洞窟(どうくつ)が密集し、中でもハンガリー側につながる全長25キロメートルの洞窟はヨーロッパ最大。1995年「アグテレックカルストとスロバキアカルストの洞窟群」として世界遺産(自然遺産)に登録され、また、2000年には登録範囲が拡大された。➡アグテレックカルスト
スロバキア-ご【スロバキア語】インド-ヨーロッパ語族のスラブ語派に属する言語。スロバキア共和国を中心に話されている。
スロベニア〖Slovenia〗ヨーロッパ中部の共和国。首都リュブリャーナ。もとユーゴスラビア連邦の一部。1991年独立。西部に石灰岩が分布。工業が盛ん。人口200万(2010)。
スロベニア-ご【スロベニア語】インド-ヨーロッパ語族のスラブ語派に属する言語。スロベニア共和国の公用語。ラテン文字を用いる。
スロベンスカ-どおり【スロベンスカ通り】(どほり)《Slovenska Cesta》スロベニアの首都リュブリャーナの目抜き通り。中心街を南北に貫く。
すろん-がくは【数論学派】►サーンキヤ学派
スロンツァン-ガンポ〖Sroṅ-btsan sgam-po〗►ソンツェンガンポ
すわ【諏訪】(すは)長野県中部、諏訪湖畔の市。近世は諏訪氏の城下町。精密工業が盛ん。上諏訪温泉・諏訪大社上社本宮がある。人口5.1万(2010)。
すわ(すは)〔感〕❶突然の出来事に驚いて発する語。そら。さあ。あっ。「一一大事」❷相手が気づかずにいるときに注意を喚起するために発する語。そら。ほら。「一稲荷より賜るしるしの杉よ」〈更級〉
スワード〖Seward〗米国アラスカ州南部、キーナイ半島東岸にある町。1903年、アラスカ鉄道の開通とともに創建。リザレクション湾奥に港をもち、日本の釧路港と姉妹港を提携している。キーナイフィヨルド国立公園のイグジット氷河の観光拠点として知られる。
スワーブ〖swerve〗ラグビーで、ボールを持つ選手が相手を引き付けておいて、湾曲したコースをとって走り、相手を外側に抜いてタックルをはずすこと。
スワール-スカート〖swirl skirt〗《swirlは、渦巻きの意》渦巻くような感じのシルエットのスカート。
ずわい-がに【ずわい×蟹】クモガニ科のカニ。甲は丸みを帯びた三角形で表面に突起がある。雄は甲幅約18センチ、歩脚を伸ばすと約1メートルになる。雌は小形で、セイコガニ・コウバクガニとよばれる。日本海に産し、冬が特に美味。えちぜんがに。まつばがに。(季 冬)「一茹でる灯靄(ひもや)の人だかり／其水」
すわえ【×楚｜×楉｜×杪】(すはえ)《「ずわえ」「すばえ」とも》❶木の枝や幹からまっすぐ伸び出た、若く細い小枝。すえだ。「ほそき一をしてさし寄せむに」〈枕・二四四〉❷刑罰に用いるむち。しもと。「毎日(ひごと)に九百段の鉄の一もて打ち迫(せ)む」〈霊異記・上〉
スワガー-コート〖swagger coat〗《swaggerは、しゃれた、いきな、の意》肩の線からゆったりしたフレアーのはいった七分丈の婦人用コート。
すわ-こ【諏訪湖】(すは)長野県中央部、諏訪盆地にある断層湖。冬季に結氷すると、「御神渡(おみわたり)」とよばれる、氷の割れ目に沿った氷堤がみられる。
すわ-こそ(すは)〔感〕《「こそ」は、もと係助詞》「すわ」を強めていう語。「一一大事」
すわ-し【諏訪市】(すは)►諏訪
スワジランド〖Swaziland〗アフリカ南東部にある王国。首都ムババネ。石綿などを産する。英国の保護領から1968年に独立。英連邦加盟国。人口135万(2010)。
すわ-じんじゃ【諏訪神社】(すは)㊀長崎市上西山町にある神社。祭神は建御名方命(たけみなかたのみこと)・八坂刀売命(やさかとめのみこと)ほか五神。寛永元年(1624)の創建。諏訪祭は「御宮日(おくんち)」として知られる。㊁諏訪大社の旧称。
すわ-すわ(すはすは)〔感〕❶相手に警告する時に発する語。そらそら。さあさあ。ほらほら。「一只今指し殺さんとて」〈盛衰記・一九〉❷驚いたときに発する語。あれあれ。「一動くぞ、祈れただ、引けやてんでんに」〈謡・道成寺〉
すわ-たいしゃ【諏訪大社】(すは)長野県にある神社。諏訪市にある上社(かみしゃ)と諏訪郡下諏訪町にある下社(しもしゃ)の両社の総称。旧官幣大社。主祭神は上下社とも建御名方神(たけみなかたのかみ)・八坂刀売神(やさかとめのかみ)。古来、狩猟神・農業神・武神として信仰を集めてきた。全国諏訪社の本社。7年ごとに御柱祭(おんばしらさい)が行われる。信濃国一の宮。諏訪神社。
スワッチ〖swatch〗素材見本のこと。主に織物やニットなどの生地・革について用いられる。
スワット〖SWAT〗《Special Weapons and Tactics》米国警察の特殊部隊。特殊火器を装備し、凶悪事件など特殊任務に機動的に対応するための警察部隊。1960年代後半にロサンゼルス市警で最初に創設され、各地の市警などに置かれている。
スワッピング〖swapping〗二組み以上の夫婦または男女のカップルが、お互いに相手を交換して行う性行為。夫婦交換。スワップ。
スワップ〖swap〗❶取り替えること。交換。❷コンピューターで、メモリーに収まりきらない情報を一時的に記憶装置に書き出し、必要に応じて、メモリー内の情報と交換すること。❸「スワップ取引」の略。❹「スワッピング」に同じ。❺「スワップ-ポイント」に同じ。
スワップ-きょうてい【スワップ協定】(ケフテイ)《swap agreement》主に外国為替相場の安定を図るため、各国の中央銀行間で締結する外貨資金借入の協定。期間は通常2〜3か月程度の短期が多い。
スワップ-コスト〖swap cost〗スワップ取引を行う

場合、直物と先物の相場の開きから受ける損失をいい、スプレッドを年率に直したもので表す。
スワップ-さい【スワップ債】社債の発行時に、他の企業の発行する社債との間で、元利金の支払い通貨または利息の支払い債務を交換することを定めた債券。
スワップ-とりひき【スワップ取引】外国為替取引で、直物為替の売買を行うと同時に、それと反対の売買を先物為替について同額行うこと。チェンジオーバー。➡アウトライト取引
スワップ-ポイント〖swap point〗為替取引において、金利差のある通貨を売買することで得たり、支払ったりする金。低金利の通貨を売って、高金利の通貨を買って保持するとプラスとなり、逆の場合はマイナスとなる。スワップ。
スワデシ〖ヒンディー Swadeshī〗《自国の、の意》インドの独立運動の手段の一。英国商品を排斥し、国産品の愛用奨励をうたったもの。➡スワラジ
すわ-てつし【諏訪哲史】［1969〜　］小説家。愛知の生まれ。会社に勤務するかたわら創作活動を続ける。「アサッテの人」で群像新人文学賞を受けデビュー。同作品で芥川賞受賞。
スワトウ【汕頭】中国、広東省東部の商工業都市。南シナ海に臨み、韓江河口にある。華僑の出身地として知られた。絹のレースを特産。シャントウ。人口、行政区127万(2000)。
すわ-とうきょうりかだいがく【諏訪東京理科大学】長野県茅野市にある私立大学。平成14年(2002)に開設された。
すわ-の-うみ【諏訪の湖】諏訪湖の古称。［歌枕］「一の氷の上のかよひぢは神の渡りてとくるなりけり」〈堀河百首〉
すわ-はちまん【諏訪八幡】諏訪神社と八幡宮の祭神。ともに武神として信仰された。
　諏訪八幡も照覧あれ　武士が自分の言動に偽りのないことを、諏訪明神と八幡神の2柱にかけて誓うときにいう言葉。
スワヒリ-ご【スワヒリ語】《Swahili》バンツー諸語に属し、東アフリカで広く用いられている言語。タンザニア・ケニアの公用語。
すわ-ふじ【諏訪富士】蓼科山の異称。
スワポ〖SWAPO〗《South-West African People's Organization》南西アフリカ人民機構。南アフリカ共和国の支配下にあったナミビアの独立を目指したアフリカ人組織。1958年に発足。89年、ナミビア独立前の制憲議会選挙で第一党となった。
すわ-ぼんち【諏訪盆地】長野県中央部、フォッサマグナにできた盆地。断層湖の諏訪湖を中心にした沖積平野と、蓼科山・八ヶ岳火山山麓に分けられる。諏訪市・茅野市・岡谷市があり、精密機械工業が発達している。
すわ-や〔感〕「すわ」を強めていう語。「一と身を伏せる」
すわ-やか〔形動ナリ〕背丈が高く、すらりとしているさま。そびやか。「誰とは知らず、年卅許にて長一にて、少し赤鬚なるありけり」〈今昔・二九・三〉
すわやり【楚割・魚条】《「すはえわり」の音変化。すわえのように細く割ったものの意》昔、魚肉を細長く切って干した保存食。削って食べる。
スワラジ〖ヒンディー Swarāj〗《自己の支配の意》インド独立運動の目標の一。国民会議派のスローガンで、初めは英国の支配に対する自治をさし、1929年の大会以降は独立の実現をさした。
すわり【座り・坐り・据わり】❶すわること。「一机」「一場所」❷物の落ちつきぐあい。安定。「この台は一がよい」「置物の一が悪い」［類語］安定・不動・落ち着く
すわり-かた【座り方】座る方法。また、座っているようす。
すわり-ごこち【座り心地】座ったり腰掛けたりしたときの心持ち。また、ある地位などについたときの気分。「一のいいポスト」
すわり-こみ【座り込み】その場に座り込んで動かないこと。特に労働争議などで、自分たちの意思・要求を相手に認めさせるために一定の場所に座り込むこと。「一戦術」
すわり-こ・む【座り込む・坐り込む】〔動マ五(四)〕❶どっかりと座って腰をすえる。「玄関先に一・んで長話をしている」❷目的をとげるために座って動かない。「デモ隊が正門前に一・む」
［類語］しゃがみ込む・へたり込む
すわり-ずもう【座り相撲】座ったままでとる相撲。ひざが床から離れたり、倒されたりした者を負けとする。居相撲。
すわり-だい【座り鯛・据わり鯛】祝儀の飾りに用いるタイ。タイを腹合わせにして、頭と尾を高くしたもの。［季 新年］
すわり-だこ【座り胼胝】いつも座っているために、足の甲やくるぶしにできるたこ。
すわり-びな【座り雛】座った姿の雛人形。［季 春］⇔立ち雛。
すわり-もち【座り餅】鏡餅。供え餅。
すわ・る【座る・坐る】〔動ラ五(四)〕《「据わる」と同語源》❶ひざを折り曲げて、物の上に腰を下ろす。「畳に一・る」「上座に一・る」❷ある地位・役に就く。「学長の椅子に一・る」「後釜に一・る」［可能］すわれる［類語］(❶)座する・腰掛ける・掛ける・着座する・着席する・安座する・正座する・端座する・静座する・黙座する・腰を下ろす・着く・跪く
すわ・る【据わる】〔動ラ五(四)〕❶ぐらつかないで安定してくる。しっかりと定まる。「赤ん坊の首が一・る」❷たしかな存在としてその位置を占める。「顔のまんなかにどっかりと一・っている鼻」❸一つ所にとどまって動かない状態になる。「目が一・る」❹どっしりと落ちついてめったなことにも動じなくなる。「性根が一・る」「腹の一・った男」❺印が押される。「印の一・った証書」❻文字が書きつけられたり、印刷されたりする。「衣の端に金色の文字一・れり」〈謡・三輪〉❼船が暗礁に乗り上げる。「船ガー・ル」〈日葡〉❽据えられる、の意で、食事が用意される。「蕎麦がきを一・り、蓋を開け」〈咄・きのふはけふ〉
スワロー〖swallow〗燕。
スワローズ〖Swallows〗►東京ヤクルトスワローズ
スワローテール〖swallowtail〗燕尾服の裾のようなカットのこと。ドレス・シャツなどさまざまな品目に見られる。
スワン〖swan〗白鳥。［季 冬］
スワング-ダッシュ〖swung dash〗►波形❷
スワン-ソング〖swan song〗白鳥の歌。詩人・作曲家・演奏家などの生前最後の作品・曲・演奏をいう。死ぬ間際の白鳥は、最も美しい声で歌うという伝説から生まれた言葉。
すん【寸】❶尺貫法の長さの単位。1寸は1尺の10分の1で、約3.03センチ。❷長さ。寸法。「一足らず」❸ごく短いこと。また、ごく少ないこと。「彼をふるい此を移せど一の紙だになし」〈蘆花・不如帰〉❹近世の遊里で、局女郎の揚げ代を表す語。1寸が1匁または100文にあたる。➡［漢］「すん(寸)」
　寸が詰ま・る　丈が短い。また、普通よりも物の長さが短い。「一・ったジーンズ」
　寸を詘げて尺を伸ぶ　《「淮南子」氾論訓から》1寸縮んで1尺伸びる。小利を捨てて大利を得るたとえ。
すん〔感〕軽くうなずき、承知した意を表す語。「うん」に対し、声にならない軽い息づかいを示す。「うんともーともいわない」
ずん【順】「じゅん」の直音表記。「しか盃の一の来るを」〈紫式部日記〉
ずん【髄】《「ずい」の音変化》物事の中心。まんなか。「虎の一にさし当て」〈浄・反魂香〉
すん-い【寸意】わずかばかりの気持ち。寸志。
すん-いん【寸陰】わずかの時間。「一を惜しむ」
すん-おん【寸恩】少しの恩。わずかな恩恵。
すん-か【寸暇】ほんの少しのあき時間。「一を惜しんで勉強する」［補説］文化庁が発表した平成22年度「国語に関する世論調査」では、「わずかの時間も無駄にしない様子」を表現するとき、本来の言い方である「寸暇を惜しんで」を使う人が28.1パーセント、間違った言い方「寸暇を惜しまず」を使う人が57.2パーセントという逆転した結果が出ている。［類語］暇・いとま・空き・閑暇・小暇・小閑・寸閑・余暇

> **漢字項目　すん**
>
> 【駿】►しゅん
>
> **寸**　［学］6　［音］スン(呉)　［訓］き‖①長さの単位。尺の一〇分の一。「寸陰・寸尺/方寸」②長さ。「寸法/原寸・同寸」③ごくわずか。「寸暇・寸志・寸時・寸借・寸前・寸断・寸評」［難読］寸寸・寸銅・一寸・燐寸・八寸

スンガ〖Śuṅga〗前185年ごろ興り、マウリヤ朝に代わって北部インドを支配した古代インドの王朝。前72年ごろ滅亡。仏教美術で有名。シュンガ朝。
ズンガリア〖Dzungaria〗►ジュンガル盆地
スンガリー►松花江
ズンガル〖Dzungar〗►ジュンガル
すん-かん【寸感】ちょっとした感想。「読書一」
すん-かん【寸簡】短い手紙。また、自分の書いた手紙をへりくだっていう語。寸書。
［類語］手紙・寸書・寸楮・愚書・愚札
ずん-ぎり【寸切り】《「髄切り」の意。「寸」は当て字という。一説に「すぐきり(直切り)」の音変化とも》❶筒形のものをまっすぐ横に切ること。また、そのもの。輪切り。筒切り。寸胴切り。❷茶入れ・花器で、頭部を真横に切った形のもの。寸胴切り。❸大木の幹を切って下だけ残し、茶室の庭などに植えて飾りとするもの。寸胴ぎり。
ずんぐり〔副〕スル　太っていて背が低いさま。また、物が太くて短いさま。「一(と)した体型」「一(と)した形の瓶」
ずんぐり-むっくり〔副〕スル「ずんぐり」を強めた語。「一(と)した人」
すん-げき【寸隙】❶わずかのひま。❷少しのすき。わずかのすきま。「一をつく」
すん-げき【寸劇】ごく短い簡単な劇。［類語］コント
すん-けん【寸見】〔名〕スル　ちょっと見ること。「一したところなかなかの盛況」
すん-げん【寸言】短い言葉。短いが意味の深い言葉。「滋味掬すべき一」［類語］寸鉄・警句・箴言・金言・格言・名言・至言・名句・座右の銘
すん-こう【寸功】わずかな功績。また、自分の功績をへりくだっていう語。
すん-ごう【寸毫】きわめてわずかなこと。ほんの少し。「一も悪意はない」
すん-こく【寸刻】わずかの時間。寸時。「一を争う」
［類語］片時・寸秒・一刻・寸時
すん-ころ【寸頃】人の身長、または、刀身の長さのぐあい。ほどよい長さ。「私の求めて参った粟田口は、一もよし」〈虎寛狂・粟田口〉
スンコロク《タイの窯場の名スワンカロークから》タイ国で14世紀以降焼かれた陶器。桃山時代から江戸初期にかけて日本に舶載され、茶人が香合として珍重した。のち、タイ産の陶磁器の総称ともなった。
［補説］「宋胡録」「寸古録」とも書く。
すん-し【寸志】❶少しばかりの志。自分の志をへりくだっていう語。「一を表す」❷心ばかりの贈り物。自分の贈り物をへりくだっていう語。贈り物ののし紙の上などに書かれる。❸わずかなさしさわりや不満。「どうだ、一はあるめえね」〈総生寛・西洋道中膝栗毛〉
［類語］志・薄志・薄謝・微志
すん-じ【寸時】わずかな時間。寸刻。「一もゆるがせにできない」［類語］暫く・一寸・片時・寸秒・寸刻・一刻
すん-しゃく【寸尺】《「寸」と「尺」が、尺貫法でよく用いられるところから》寸法。長さ。たけ。また、わずかの長さ。「一を争う」
すん-しゃく【寸借】ちょっと借りること。また、少しばかりの金を借りること。［類語］借りる・借用する・恩借する・借金する・借財する・賃借する・賃借りする・拝借する・チャーター・借り入れる・借り切る

すんしゃく-さぎ【寸借詐欺】すぐに返すと言って金品を借り、そのまま返さずにだまし取ること。
すん-しゅう【駿州】駿河の異称。
すん-しょ【寸書】短い手紙。また、自分の手紙をへりくだっていう語。寸簡。「—を呈する」
(類語)手紙・寸簡・寸楮・愚書・愚札
すん-しん【寸心】ほんの少しの気持ち。自分の気持ちをへりくだっていう語。寸志。
すん-しん【寸進】〔名〕スル 少しだけ進むこと。少しずつ進むこと。「—寸退」
すんしん-しゃくたい【寸進尺退】1寸進んで1尺退くこと。得るところが少なく、失うところが多いこと。尺進尋退。
すん-ず【駿豆】駿河と伊豆。
ずん-ず【×誦ず】〔動サ変〕「誦ずする」に同じ。「忍びてうち—・ずることぞある」〈かげろふ・下〉
すん-すん〔副〕❶物事が滞りなく進むさま。ずんずん。「桜—伸びゆけり」〈犀星・桜と雲雀〉❷そっけないさま。つんつん。「賢女立てして—とすげなき御身が心を表し」〈浄・国性爺〉
すん-ずん【寸寸】〔副〕《「ずんずん」とも》物を細かく切るさま。ずたずた。「書いた所は—に引き裂いて屑籠へ投げ込んだ」〈漱石・こゝろ〉
ずん-ずん〔副〕❶人が、勢いよくためらわずに進んでいくさま。「振り向きもせず—(と)歩く」❷物事が、勢いよく止まることなく進むさま。「仕事が—(と)はかどる」
すん-せつ【寸節】わずかの節操。また、自分の節操をへりくだっていう語。
すん-ぜん【寸前】❶ある事の起こるほんの少し前。直前。「衝突—に脱出する」「スタート—」❷ある物のほんの少し手前。直前。「ゴール—で抜かれる」
(類語)直前・目前・間際・瀬戸際・間近
すん-ぜん【寸善】わずかばかりの善事。
すんぜん-しゃくま【寸善尺魔】小さな善と大きな魔。世の中には、よいことはほんの少ししかなく、悪いことのほうがずっと多いこと。また、よいことが少しあっても、悪いことに邪魔されること。
ずんだ「糂粏❷」に同じ。「—餅」
すん-たい【寸退】〔名〕スル 少しだけ退くこと。少しずつ退くこと。「天下の歩寸進して—し」〈新聞雑誌六・附録〉
すんだい【駿台】駿河台の略称。
すんだいざつわ【駿台雑話】江戸中期の随筆。5巻。室鳩巣著。享保17年(1732)成立。朱子学の立場から学術・道徳を奨励した教訓的な随筆。
すんだい-せんせい【駿台先生】《駿河台に住んだところから》室鳩巣の敬称。
ずんだ-もち【ずんだ餅】ゆでた枝豆の薄皮をとり、すり潰して砂糖・塩で味を付けた「ずんだ」をまぶした餅。宮城・山形の名物とされるが、東北各地で作られる。➡糂粏❷
すん-たらず【寸足らず】〔名・形動〕❶少し寸法が足りないこと。普通より寸法が短いこと。また、そのさま。「—な(の)洋服」❷程度や内容が普通より少し劣ること。また、そのさま。「—な(の)説明」(類語)寸詰まり・低い・短い・小さい・短小・矮小・ちんちくりん
スンダ-れっとう【スンダ列島】《Sunda》マレー諸島のうち、インドネシアの主要部をなす列島。スマトラ・ジャワ・ボルネオ・スラウェシからなる大スンダ列島と、バリからティモールまでの小スンダ列島とに分かれる。
すん-だん【寸断】〔名〕スル 長く続いているものをきれぎれに切ること。ずたずたに切ること。「台風で国道が—される」
すん-ち【寸地】「寸土」に同じ。
すん-ちょ【寸×楮】《「楮」は紙の意》短い手紙。また、自分の手紙をへりくだっていう語。寸簡。寸書。
(類語)手紙・寸書・寸簡・愚書・愚札
すん-づまり【寸詰(ま)り】〔名・形動〕長さが足りないこと。横の長さに比べて縦の長さが短いこと。また、そのものやそのようなさま。「—な(の)上着」
(類語)寸足らず・短い・短小・矮小

すん-てつ【寸鉄】❶小さな刃物。「身に—も帯びず敵中に入る」❷人の急所をつくような、短くて、深い意味をもつ言葉。(類語)(❷)寸言・警句・箴言・金言・格言・名言・至言・名句・座右の銘
寸鉄人を殺す《「鶴林玉露」地集一から》短い刃物で人を刺し殺すの意。短く鋭い言葉で人の急所をつくたとえ。寸鉄人を刺す。
すんで-に【▽既に|×已に】〔副〕《「すでに」の撥音添加》もう少しで、ある好ましくない事態になりそうなさま。あやうく。すんでのこと。すんでのところ。「—おぼれるところだった」
すんで-の-こと【▽既の事|×已の事】〔副〕《「すでのこと」の撥音添加》「既でに」に同じ。「—で忘れるところだった」「—に事故を起こすところだった」
すんで-の-ところ【▽既の所|×已の所】〔副〕「既での事」に同じ。「—こわすところだった」「—で命を救われた」
すん-と〔副〕❶とりすまして人を寄せつけないさま。そっけなく振る舞うさま。つんと。「をかしき事を笑ひ、腹立つ事は—した顔」〈浮・新色五巻書・四〉❷身のこなしなどがしなやかで、すっきりしているさま。「踊り子の—して又詫しきは」〈浄・矢口渡〉
すん-ど【寸土】わずかな土地。尺地。寸地。
ずん-と〔副〕❶他に比べて、量・質・程度などの違いがはなはだしいさま。ずっと。ぐんと。「去年よりも—背が伸びた」「それよりも—好いは」〈一葉・たけくらべ〉❷動作を勢いよくすばやくするさま。「こう引立って居て—下すから」〈円朝・真景累ヶ淵〉❸下にくる語の意味を強調する気持ちを表す。ずんど。㋐すっかり。まったく。「後来の迷惑—承知」〈紅葉・不言不語〉㋑(下に打消しの語を伴って)ちっとも。全然。「その鉄道なるものが、僕の頭には—はっきりしなかったのである」〈蘆花・思出の記〉
ずん-ど【▽寸▽胴】〔名・形動〕❶「ずんどう(寸胴)❶」に同じ。「淡紅色の腰巻の下から、—の足が」〈水上・大阪の宿〉❷「寸切り❷」に同じ。「—の花入れ」
ずん-ど〔副〕《日葡辞書では「づんど」と表記》❶動作を勢いよくすばやくするさま。さっと。「肩を—躍り越えてぞ戦ひける」〈平家・四〉❷程度の差が著しいさま。ずっと。「是等は—上代の事にして」〈洒・跖婦人伝〉❸(下に打消しの語を伴って)まったく。少しも。「取り上げばばあとも見えず、—よめぬ婆だわえ」〈伎・助六〉
ずん-どう【▽寸▽胴】〔名・形動〕❶上から下まで同じように太いこと。特に、ウエストのくびれがなく、胸から腰にかけての太さが同じであること。また、そのさま。「—なからだ」❷「寸切り❷」に同じ。(類語)太い
ずんど-ぎり【▽寸▽胴切り】❶「寸切り❶」に同じ。「—の変な形の煙管で」〈上司・ごりがん〉❷「寸切り❷」に同じ。❸「寸切り❸」に同じ。
すんとり-むし【寸取虫】尺取虫の別名。
スンナ《アラビア Sunnah》イスラム教で、ムハンマドの言行の伝承に基づく範例・伝統。イスラム以前のアラブ部族社会では、父祖伝来の伝統や慣行をさした。
ずん-なが・る【▽順流る】〔動ラ下二〕次々と順を追って進んでいく。酒宴の席で盃が順にめぐることや、順々に詩歌を詠ずることにいう。「大御酒あまたたび—・れて」〈源・松風〉
スンナ-は【スンナ派】▶スンニー派
すんなり〔副〕スル ❶しなやかでほっそりしているさま。「—(と)した手足」❷物事が滞ることなく、なめらかに進むさま。「交渉は—(と)妥結した」
スンニー-は【スンニー派】《アラビア Sunnī ムハンマドのスンナに従う人々の意。「スンニ派」とも》イスラム教の圧倒的多数を占める宗派。スンナを重視し、アブー＝バクル、ウマル、ウスマーン、アリーの4人をムハンマドの正統の後継者とみなす。スンナ派。➡シーア派
すん-のび【寸延び】少しずつ延びること。物事がのびのびになること。「言葉巧みに君を欺き、—の逃げ口上」〈逍遥・桐一葉〉
すん-の-ま【寸の間】わずかの空間や時間。「用心きびしかりければ、—もなかりけり」〈曽我・五〉
ずん-ば〔連語〕《連語「ずは」に撥音が添加され、「は」が濁ったもの》「ずは❶」に同じ。「それでは行か—なるまい」「君君たらずといふとも、臣もって臣たら—あるべからず」〈平家・二〉
ずん-ばい【飄=石】《「つんばい」とも》石を投げること。また、その石やそのような遊び。〈易林本節用集〉
すん-ばく【寸白】「すばく(寸白)」に同じ。〈日葡〉
すんば-とうじん【寸馬豆人】《荊浩「画山水賦」に記された山水画の手法から》遠くに小さく見える人馬。特に、画中の遠景の人馬をいう。
すんぱ-もの【寸端物】武士が佩用した刃渡り2尺(約60.6センチ)以上の刀に対し、それよりも短い刀。近世、商人・侠客などが用いた。
すん-びょう【寸秒】ほんのわずかな時間。「—を争う」(類語)片時・一刻・寸刻・寸時
すん-びょう【寸描】きわめて簡単な描写。スケッチ。「人物—」(類語)線描・描く・描く・彩る・象る・描写・写生・模写・素描・点描・スケッチ
すん-ぴょう【寸評】ごく短い批評。また、それを文章に表したもの。「選考委員の—を載せる」
(類語)コメント・レビュー
すんぷ【駿府】駿河国府の所在地。現在の静岡市。中世、今川氏の居所として栄えた。徳川家康が将軍を退いたのち隠棲した地。国府があることから府中とも呼ばれた。
すんぷ-かばん【×駿府加番】江戸幕府の職名。大名や旗本が勤務した番役で、駿府城外の警衛を任務とした。
すん-ぶくろ【寸袋】刀・脇差の鞘を覆う袋。多く革製。すぶくろ。
すんぷ-じょう【駿府城】静岡市にあった城。天正13年(1585)から17年にかけて徳川家康が築城し、晩年ここを隠居所とした。その後、江戸幕府直轄として城代を置き、幕末に至った。静岡城。
すんぷ-じょうだい【×駿府城代】江戸幕府の職名。老中支配に属した。旗本が任じられ、与力・同心などを従えて駿府の諸務をつかさどった。
すんぷ-じょうばん【×駿府定番】江戸幕府の職名。老中支配に属した。旗本が任じられ、駿府城内の警衛に当たった。
すん-ぶん【寸分】《「一寸」と「一分」の長さの意。「すんぷん」とも》(多く下に打消しの語を伴って副詞的に用いる)ごくわずかの分量または程度。少し。わずか。「—の狂いもない」「—たがわぬ正確さ」(類語)一寸
ずんべら-ぼう【ずんべら坊】〔名・形動〕❶「ずべらぼう❶」に同じ。「—な仕事ぶり」❷「ずべらぼう❷」に同じ。「赤ダコの胴体は…—の身体をしていた」〈高見・故旧忘れ得べき〉
すん-ぽ【寸歩】(多く下に打消しの語を伴う)わずかの歩み。わずかな距離。「—の動きも許されない」
すん-ぽう【寸法】❶基準となる長さ。また、物の長さ。「—をはかる」「—を取る」❷判断などの基準となるもの。尺度。「(嫁に)可か否かは風邪気の時に浴の分別をするとは大きに—が違えば」〈紅葉・二人女房〉❸段取り。もくろみ。計画。「費用は向こうもちという—だ」「万事—どおりに運んだ」(類語)長さ
寸法を付・ける　段取りをつける。
すんぽう-こうか【寸法効果】部材や構造について、寸法上は相似関係にあっても強度や性能上での比例関係とは一致しないこと。
すん-よ【寸余】1寸(約3.03センチ)よりもほんの少し長いこと。1寸あまり。1寸強。「—の幅しかない」
すん-れつ【寸裂】〔名〕スル ずたずたに裂くこと。また、細かく裂けること。「廷中に背立して、帝に対わず、正言して屈せず、遂に—せられる」〈露伴・運命〉
すん-わ【寸話】きわめて短い話。ちょっとした話。

大辞泉
【第二版】

上巻｜あ—す

1995年12月1日　第一版発行
1998年11月20日　第一版〈増補・新装版〉発行
2012年11月7日　第二版第一刷発行

監修……松村 明
編集……小学館 大辞泉編集部
発行者……森田 康夫
印刷所……凸版印刷株式会社

発行所……株式会社 小学館
〒101-8001　東京都千代田区一ツ橋2-3-1
電話　編集：03（3230）5170
　　　販売：03（5281）3555

ISBN978-4-09-501213-1

小学館国語辞典編集部のホームページ
http://www.web-nihongo.com/

組版……………凸版印刷株式会社

印刷……………凸版印刷株式会社

表紙クロス……………ダイニック株式会社

本文用紙……………王子エフテックス株式会社

製本……………株式会社若林製本工場

製函……………株式会社博進紙器製作所

用法

「用法」のある項目

あ 1	い 157	う 295	え 375	お 463	
か 596	き 846	く 1003	け 1099	こ 1183	
さ 1395	し 1529	す 1901	せ 1983	そ 2096	
た 2163	ち 2305	つ 2388	て 2438	と 2533	
な 2659	に 2725	ぬ 2776	ね 2785	の 2810	
は 2839	ひ 2992	ふ 3108	へ 3250	ほ 3299	
ま 3393	み 3465	む 3526	め 3556	も 3587	
や 3633		ゆ 3676		よ 3715	
ら 3760	り 3786	る 3837	れ 3846	ろ 3871	
わ 3900	ゐ 3932		ゑ 3932	を 3932	ん 3932

大辞泉

【第二版】

下巻

せ—ん

小学館

監修
松村 明……東京大学名誉教授

編集委員
池上秋彦
金田 弘
杉崎一雄
鈴木丹士郎
中嶋 尚
林 巨樹
飛田良文

編集協力
曽根 脩

ブックデザイン
鈴木一誌

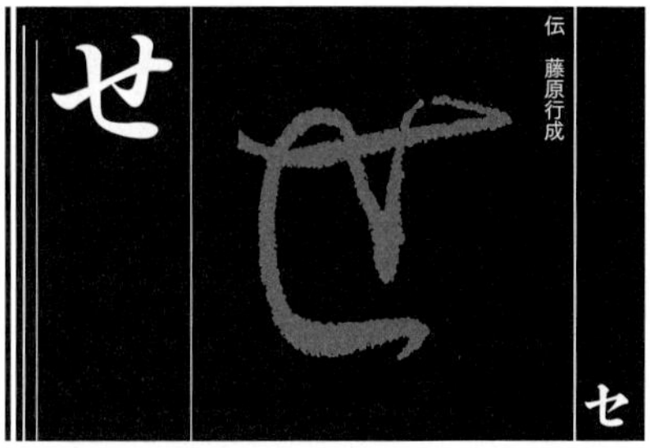

せ ❶五十音図サ行の第4音。歯茎の無声摩擦子音[s]と母音[e]とから成る音節。[se] ❷平仮名「せ」は「世」の行書体から。片仮名「セ」も「世」の行書体からの変形。(補説)「せ」は古く[tse](あるいは[ʃe][tʃe])であったかともいわれる。室町時代末には[ʃe]であったが、東国語では[se]と発音され、近世以降次第に[se]と発音されるようになった。

せ【▽兄|▽夫|背】❶女が男を親しんでいう語。主として夫・恋人をさす。「信濃道(しなぢ)は今の墾(は)り道刈りばねに足踏ましむな沓(くつ)はけ我が―」〈万・三三九九〉⇔妹(いも)。❷女の側から兄または弟をよぶ語。「人ならば母が愛子(まなご)そあさもよし紀の川の辺の妹と―の山」〈万・一二〇九〉⇔妹。

せ【石=花|石=蜐】カメノテの古称。せい。〈和名抄〉

せ【施】❶仏教で、ほどこしをすること。法施・財施・無畏施などをいう。布施。❷他人に物を与えること。施与(せよ)。「貧窮(びんぐ)の所に行きて其の―を受けむ」〈今昔・二・六〉➡漢「し(施)」

せ【▽狭】せまいこと。「…も狭に」の形で用いられる。「山も―に咲けるあしびの悪しからぬ君をいつしか行きてはや見む」〈万・一四二八〉

せ【背|▽脊】❶動物の胸腹部の反対側で、両肩の間から腰のあたりまでの部分。背中。「―に負う」「―を流す」「敵に―を見せる」❷物の後ろ側。背面。「いすの―」❸物の、盛り上がって連なっている部分。「山の―」「鞍の―」❹頭頂から足元までの長さ。せたけ。身長。せい。「―が高い」❺書物のとじ込みのある側の外面。書名・著者名などが記入される。「―に金文字を用いる」➡小口❷ (類語)(❶❷)背中・せな・後ろ・背部(はいぶ)・背面(はいめん)・後背(こうはい)・バック/(❹)背(せい)・背丈(せたけ)・丈(たけ)・身丈(みたけ)・身の丈(たけ)・上背(うわぜい)・身長

背に・する 後ろにくるようにする。また、後ろにする。「壁を―・して座る」

背に腹はかえられない 《五臓六腑(ごぞうろっぷ)のおさまる腹は背と交換できないの意》さし迫った苦痛を回避するためには、ほかのことを犠牲にしてもしかたない。(補説)「背を腹にはかえられない」とするのは誤り。

背を向・ける ❶後ろを向く。「敵に―・けて逃げる」❷無関心な態度をとる。また、そむく。「社会に―・ける」「父親に―・ける」

せ【▽畝】尺貫法の土地の面積の単位。1反(たん)の10分の1。30歩(ぶ)。1畝は99.174平方メートル。約1アール。

せ【瀬】❶川などの流れが浅く歩いて渡れる所。浅瀬。「―を渡る」⇔淵(ふち)。❷川の流れの急な所。また、海水の流れ。潮流。「―を下る」「潮―」❸物事に出あうとき。機会。「身をすててこそ浮かぶ―もあれ」「逢(あ)う―」❹置かれている立場。「立つ―がない」❺そのような点。ふし。「かへりて面だたしげなるを、うれしき―もまじりて、大臣(おとど)は御涙のいとまなし」〈源・葵〉❻場所。ところ。「聞かずともここを―にせむ時鳥(ほととぎす)山田の原の杉の群立ち」〈新古今・夏〉

せ【▽諾】〔感〕承諾の意を表す応答の語。はい。うん。「否(いな)―とも言ひ放たれず憂きものは身を心ともせぬ世なりけり」〈後撰・恋五〉

ぜ 「せ」の濁音。歯茎の有声破擦子音[dz]と母音[e]とから成る音節。[dze] (補説)清音「せ」に対する濁音としては、本来、歯茎の有声摩擦子音[z]と母音[e]とから成る音節[ze]が相当するが、現代共通語では一般に[dze]と発音する。しかし、[ze]とも発音し、両者は音韻としては区別されない。古くは[ʒe](あるいは[dʒe][dze])であったかともいわれる。室町時代末には[ʒe]であったが、近世以降[ze]からさらに[dze]に変じた。

ぜ【是】道理にかなっていること。正しいこと。「はたして―か非か」⇔非。➡漢「ぜ(是)」 (類語)正当

是が非でも 善悪にかかわらず。なにがなんでも。「―やりとげたい」

是を是とし非を非とす之(これ)を知と謂(い)う 《「荀子」脩身から》よいものはよい、悪いものは悪いと道理によって判断することが、本当の知識である。是是非非。

ぜ〔終助〕《終助詞「ぞ」に終助詞「え」の付いた「ぞえ」の音変化》活用語の終止形に付く。❶親しみを込めて軽く念を押す意を表す。「一服しよう―」「うまくいった―」「明日までに頼んだ―」❷相手を脅したり、高慢に見下して注意を喚起したりする意を表す。「どうなっても知らない―」「つまらんことは言わないほうがいい―」(補説)近世後期、江戸語から用いられた。男性語で、ややぞんざいな感じを伴う。

ぜ【▽前】〔接尾〕《「ごぜ(御前)」の略》人を表す語に付いて、尊敬の意を添える。「尼―」

ぜあみ【世阿弥|是阿弥】[1363?〜1443?] 室町前期の能役者・能作者。観阿弥の長男で、2代目の観世大夫。本名、観世元清。通称三郎。足利義満の後援を得て、能楽を大成した。「風姿花伝」「花鏡」「至花道」ほか20余部の伝書は、日本の芸術論を代表する。能の作品に「高砂」「老松(おいまつ)」「清経」「井筒」「砧」「班女(はんじょ)」「融(とおる)」など多数。

ぜあみじゅうろくぶしゅう【世阿弥十六部集】(ゼアミジフロクブシフ) 能楽書。吉田東伍校注。明治42年(1909)刊。世阿弥の伝書16部を翻刻・校訂したもの。能楽研究の基本的資料。「風姿花伝(花伝書)」「花伝書別紙口伝」「至花道」「二曲三体人形図」「三道(能作書)」「花鏡」「曲付次第」「風曲集」「五音曲条々」「遊楽習道風見」「九位」「習道書」「申楽談儀(世子六十以後申楽談儀)」「夢跡一紙」「却来華」「金島書」。のち、世阿弥の伝書は、「花習内抜書(能序破急事)」「音曲声出口伝」「五位」「六義」「五音」「拾玉得花」が発見された。

セアラー〖Ceará〗㊀ブラジル北東部にある州。熱帯植物の花卉栽培が盛ん。州都はフォルタレザ。㊁フォルタレザの旧称。

せい【井】❶いげた。また、その形。❷二十八宿の一。南方の第一宿。銀河の左岸にあり、双子座のμ(ミュー)星付近で井の字の形に見える八星をさす。ちちりぼし。井宿。➡漢「せい(井)」

せい【正】❶正しいこと。「―よく邪を制す」⇔邪。❷正式なもの。主となるもの。「―副二通」⇔副。❸書物などの、正編。「―続二巻」❹長。主任。「検事―」❺ある数が零より大きいこと。プラス。「―の整数」⇔負。❻イオン・電極などの電荷がプラスであること。陽。⇔負。❼▶定立(ていりつ) ➡漢「せい(正)」 (類語)真

せい【生】㊀〔名〕❶生きていること。「―と死の分かれ目」⇔死。❷生命。いのち。「この世に―をうける」「―なきもの」❸毎日の暮らし。生活。「充実した―を送る」㊁〔代〕一人称の人代名詞。男性が自分をへりくだっていう語。わたくし。小生。「妻より君へあてたる手紙、ふとしたることより―の目に触れ」〈藤村・家〉㊂〔接尾〕人名に付いて、へりくだった意を添える。手紙文などで、差し出し人の姓または姓名の下に付けて用いる。「山田―」➡漢「せい(生)」 (類語)人生・ライフ・命・生活・日常・現世・生き方・生命・生・人命・一命・身命(しんめい)・露命・命脈・息の根・息の緒(お)・玉の緒

生ある者は必ず死あり 《「揚子法言」君子から》生命のあるものは、いつか必ず死ぬことになる。

生は難(かた)く死は易(やす)し 苦しみに耐えて生きるのは、苦しみに耐えられず死を選ぶよりもむずかしい。

生は寄(き)なり死は帰(き)なり 《「淮南子(えなんじ)」精神訓から》人は、仮にこの世に身を寄せて生きているにすぎず、死ぬことは本来いた所に帰ることである。

生は死の始め この世に生まれ出たときが、必ずやってくる死への道の始まりである。

生を享(う)・ける 生まれる。天から命をさずかる。「この世に―・ける」

生を偸(ぬす)・む 《「李陵「答蘇武書」から》死ぬべきときに死なずに生きている。恥を忍んで生き長らえる。

生を視(み)ること死の如(ごと)し 《「列子」仲尼から》生死を超越し、天命に安んじて心を労しない。

せい【生】田山花袋の自然主義的な小説。明治41年(1908)発表。小市民家庭の老母の死の前後を中心に、その子供たちの生活と相克する感情を描いた自伝的小説。

せい【制】❶きまり。おきて。制度。「外国の―にならう」❷天子の命令。支配者の命令。❸おしとどめること。制止。「まろが―に従ふべくもあらねばなむ」〈宇津保・忠こそ〉➡漢「せい(制)」

制に応・ず 天子の命令に応じて詩などを作る。「従一位藤原の朝臣、九十の算を賀して、―・ずる歌とて」〈とはずがたり・三〉

せい【姓】❶名字(みょうじ)。氏(うじ)。「―が変わる」❷▶かばね(姓) ➡漢「せい(姓)」

(類語)名字・名前・人名・氏名・姓名・姓氏・氏(うじ)・ファーストネーム・フルネーム・芳名・尊名・高名(こうめい)・貴名

姓を冒(おか)・す 《「史記」衛青伝から》他家の姓を名のる。他家を継ぐ。「鈴木の―・す」

せい【性】㊀〔名〕❶人が本来そなえている性質。うまれつき。たち。「人の―は善である」❷同種の生物の、生殖に関して分化した特徴。雄性と雌性。雄(おす)と雌(めす)、男と女の区別。また、その区別があることによって引き起こされる本能の働き。セックス。「―に目覚める」❸《gender》インド-ヨーロッパ語・セム語などにみられる、名詞・代名詞・形容詞・冠詞などの語形変化によって表される文法範疇(はんちゅう)の一。男性・女性・中性などの区別がある。日本語には、文法範疇としての性の区別はない。英語でも代名詞にみられるだけで、それ以外の品詞では消滅している。㊁〔接尾〕名詞の下に付いて、物事の性質・傾向を表す。「安全―」「アルカリ―」「向日―」「人間―」➡漢「せい(性)」

(類語)男女・両性・雌雄

性相近(ちか)く習(なら)い相遠(とお)し 《「論語」陽貨から》人間の生まれつきの性質は大差がないが、習慣や受けた教育によって違いが大きくなる。

せ-い【▽所為】(ヰ)《「所為」の音「しょい」の音変化か》上の言葉を受け、それが原因・理由であることを表す。「年の―か疲れやすい」「人の―にする」「気の―」

(類語)原因・もと・種(たね)・起こり・きっかけ・因(いん)・因由・素因・真因・要因・一因・導因・誘因・理由・事由(じゆう)・訳(わけ)・近因・遠因・起因

せい【青】あお。あおいろ。「顔色―を含み眼辺に紅を帯ぶ」〈織田訳・花柳春話〉➡漢「せい(青)」

せい【斉】中国の国名。㊀春秋時代の列国の一。周の武王によって呂尚(りょしょう)(太公望)が封ぜられた国。現在の山東省の地。都は臨淄(りんし)。前7世紀、桓公の時に覇者となったが、前379年、重臣の田氏に滅ぼされた。姜斉。㊁戦国七雄の一。前379年、田氏が㊀の国政を奪い建国。前4世紀後半に最盛期を迎え、山東省の全域を支配したが、前221年、秦に滅ぼされた。田斉。➡漢「せい(斉)」

せい【星】二十八宿の一。南方の第四宿。海蛇座のα(アルファ)星を中心とする七星をさす。ほとおりぼし。星宿。➡漢「せい(星)」

せい【背|▽脊】《「せ(背)」の音変化》身のたけ。せたけ。身長。「―の高い人」「―くらべ」 (類語)背・背丈(せたけ)・丈(たけ)・身丈(みたけ)・身の丈(たけ)・上背(うわぜい)・身長

せい【×旌】旗竿(はたざお)のさきに旄(ぼう)という旗飾りをつけ、これに鳥の羽などを垂らした旗。天子が士気を鼓舞するのに用いる。また、旗の総称。

せい【勢】❶いきおい。力。「此頃じゃ落胆(がっかり)して、―も張合も無いんですけれども」〈鏡花・婦系図〉❷軍勢。兵力。「敵の―一万騎に及ぶ」➡漢「せい(勢)」

せい【聖】〔名・形動〕❶神聖でおかすことのできないこと。清らかで尊いこと。また、そのさま。「―なる神」「―なる川」❷知徳がきわめてすぐれ、理想的であること。また、その人。ひじり。❸(濁酒を賢とするのに対して)清酒。❹《saint》キリスト教で、聖者の名に冠

する語。セント。「―パウロ」➡漢「せい(聖)」
類語 神聖・神神しい

せい【精】〔名・形動〕❶心身の力。元気。精力。「―のつく食べ物」「こう矢鱈に松ばかり並んで居ては歩く―がない」〈漱石・坑夫〉❷人間以外のものに潜んでいるといわれる魂・霊魂。精霊。「森の―」❸細かく詳しいこと。また、そのさま。「―を尽くす」「論文の―なるは智の洽(あまね)きにあり」〈田口・日本開化小史〉❹よりすぐってあること。まじりけがないこと。また、そのさまや、そのもの。❺精液のこと。「―を漏らす」➡漢「せい(精)」類語 エネルギー・原動力・活力・体力・精力・パワー・動力・馬力

精が出る 懸命に働く。仕事に励む。よく活動する。「朝早くから―出ますね」

精も根(こん)も尽き果・てる 精力も根気もすっかり使い果たす。物事をする気力がすっかりなくなる。精根(せいこん)尽き果てる。「険しい登りが続いたので頂上に着いたときには―・てた」補説「尽き果てる」を「枯れ果てる」「疲れ果てる」などとするのは誤り。

精を入(い)・れる 心身の力を込める。精力を注ぐ。念入りにする。「―・れて車を押す」

精を出・す 精いっぱい働く。こつこつ物事をする。「仕事に―・す」

精を励ま・す 熱心につとめ励む。「八代将軍吉宗―・し治を計り」〈田口・日本開化小史〉

せい【製】❶つくること。また、つくったもの。「然(しか)るに織機の―、未だその心に満たざれば、…これを改造せんと欲して」〈中村訳・西国立志編〉❷名詞に付けて用いる。㋐地名に添えて、そこで作られたことを表す。「フランス―の香水」㋑材料・手段などを表す。「プラスチック―」「お手―」➡漢「せい(製)」

せい【静】しずかなこと。じっとしていて動かないこと。「動中、―あり」➡漢「せい(静)」

セイ〖say〗口に出して言うこと。発言。意見。

せい【世】〔接尾〕助数詞。受けついだ世代・地位・称号などの代数や順序を表すのに用いられる。「日系二―」「九―団十郎」➡漢「せい(世)」

ぜい【税】国費・公費をまかなうため、国・地方公共団体が国民・地域住民・消費者などから強制的に徴収する金銭。租税。税金。➡漢「ぜい(税)」

ぜい【×贅】ぜいたくなこと。おごり。「―を極める」「―を凝らしたつくり」➡漢「ぜい(贅)」類語 贅沢・おごり・奢侈(しゃし)・驕奢(きょうしゃ)・豪奢(ごうしゃ)・豪勢・華奢(かしゃ)・驕侈(きょうし)

贅を尽く・す 物事をできるかぎりぜいたくにする。ぜいたくを極める。「―・した衣装」

せい-あ【井×蛙】井戸の中にいるカエル。見識の狭いこと、また、その人のたとえ。

井蛙大海を知らず 「井の中の蛙(かわず)大海を知らず」に同じ。

井蛙の見(けん) 狭い見識。見識の狭さ。

せい-あい【性愛】性本能に基づく男女間の愛欲。

せいアウグスティヌス-しゅうどういん【聖アウグスティヌス修道院】ーシウダウヰン《St. Augustine's Abbey》►聖オーガスティン大修道院

せいアエギディウス-きょうかい【聖アエギディウス教会】ーケウクワイ《Chrám svätého Egídia》スロバキア北東部の都市バルデヨフのラドニツネー広場にある教会。13世紀半ばの創建。15世紀から16世紀にかけてゴシック様式に改築。高さ17メートルもの主祭壇は同国のゴシック芸術の傑作として知られる。2000年に「バルデヨフ市街保護区」として世界遺産(文化遺産)に登録された。聖エギディウス教会。

せい-あく【性悪】人間の生まれつきの性質は悪であるということ。

せいあく-せつ【性悪説】人間の本性は悪であり、たゆみない努力・修養によって善の状態に達することができるとする説。荀子(じゅんし)が唱えた。⇔性善説。

せいあしょう【井蛙抄】セイアセウ 南北朝時代の歌論書。6巻。頓阿(とんあ)著。正平15=延文5～正平19=貞治3年(1360～1364)ごろの成立か。中世までの歌学書の所説を引用・集成したもの。巻6「水蛙眼目(すいあがんもく)」は歌壇の逸話集。

せい-あつ【制圧】〔名〕スル 威力で相手を押さえつけること。「暴徒を―する」
類語 鎮定・鎮圧・平定・鎮める・平らげる・鎮撫(ちんぶ)・支配・統治・君臨・制覇・征服・圧伏・管理・管轄・統轄・統御・統率・宰領(さいりょう)・監督・統制・取り締まり・独裁・専制・治世・統(す)べる・制する・領する・握る・牛耳(ぎゅうじ)る

せい-あつ【征圧】〔名〕スル 征服し、押さえこむこと。「癌(がん)を―する」

せい-あつ【静圧】流体中で、流れに平行に置かれた平面に垂直に働く圧力。静圧力。⇔動圧。

せいアネシュカ-しゅうどういん【聖アネシュカ修道院】ーシウダウヰン《Anežský Klášter》チェコ共和国の首都プラハの中心部、旧市街にある修道院。13世紀前半に建てられたプラハ最古のゴシック様式の建造物の一。現在は国立美術館の別館として、中央ヨーロッパにおける中世ゴシック美術の作品を展示している。

せいアルジュベティ-きょうかい【聖アルジュベティ教会】ーケウクワイ《Dóm svätej Alžbety》►聖アルジュベティ大聖堂

せいアルジュベティ-だいせいどう【聖アルジュベティ大聖堂】ーダイセイダウ《Dóm svätej Alžbety》スロバキア東部の都市コシツェの旧市街にあるゴシック様式の大聖堂。16世紀初頭に建造され、同国最大の教会建築として知られる。聖アルジュベティ教会。

せい-あん【成案】具体的にでき上がっている考えまたは文案。「―を得る」

せいあん【西安】中国陝西(せんせい)省の省都。渭水(いすい)の南に位置する。付近に西周・秦・前漢・隋・唐の都が置かれた。大雁塔(だいがんとう)や東郊の華清池、始皇帝陵など史跡が多い。現在は重化学工業が発達。人口、行政区448万(2000)。シーアン。

せいアン-きょうかい【聖アン教会】ーケウクワイ《St. Anne's Church》►セントアン教会

せいあん-じけん【西安事件】1936年、中国共産党討伐のため西安にいた張学良らが、督戦のため南京から来た蒋介石(しょうかいせき)を監禁した事件。張は内戦の停止、一致抗日などを要求、周恩来の調停により蒋は要求を原則的に認め、釈放された。国民党と共産党の内戦を停止させ、抗日民族統一戦線結成のきっかけとなった。

せいあん-ぞうけいだいがく【成安造形大学】ーザウケイダイガク 滋賀県大津市にある私立大学。平成5年(1993)に開学した。芸術学部の単科大学。

せいアン-だいせいどう【聖アン大聖堂】ーダイセイダウ《St. Anne's Cathedral》►ベルファスト大聖堂

せいアンデレ-とう【聖アンデレ島】ータウ《Otok sv. Andrija》クロアチア西部、アドリア海の島。イストラ半島の都市ロビニの沖合に浮かぶ。海水浴場として人気がある。

せいアンドルーズ-だいせいどう【聖アンドルーズ大聖堂】ーダイセイダウ《St. Andrews Cathedral》►セントアンドルーズ大聖堂

せいアンナ-きょうかい【聖アンナ教会】ーケウクワイ ㊀《Svētā Annas baznīca》ラトビア西部の都市リエパーヤにあるルーテル派の教会。16世紀以前の創設で、リエパーヤ最古の教会とされる。内部には高さ10メートルの緻密な木彫が施されたバロック様式の祭壇や、同国第3の大きさのパイプオルガンがある。㊁《Šventos Onos bažnyčia》►聖オノス教会 ㊂《St. Anne's Church》パレスチナ地方の古都エルサレムにある教会。旧市街(東エルサレム)の北東、聖ステパノ門の近くに位置する。聖母マリアの父母ヨアキムとアンナが住んでいたという洞窟のある場所に建つ。5世紀頃の創建。12世紀に十字軍によって再建された。教会の庭にイエス＝キリストが病人を癒やしたというベテスダの池がある。

せい-い【正位】ーヰ ❶正しい地位。正しい位置。❷「内位」に同じ。

せい-い【生意】❶いきいきとしたようす。生気。「地は凍り、…万象口を噤(つぐ)みて、殆ど―を見る能わず」〈蘆花・自然と人生〉❷生長しようとする気力。

せい-い【西×夷】❶西方に住む未開の民族。西戎(せいじゅう)。❷江戸末期、西洋人を卑しんでいった語。

せい-い【声威】ーヰ 名声と権力。世の評判と権威。「或は長州の―を嫉(ねた)み」〈染崎延房・近世紀聞〉

せい-い【征×夷】未開の民族を征討すること。特に、蝦夷(えぞ)を征討すること。

せい-い【征衣】❶旅に出るときの服装。旅装。❷兵士が戦争に行くときの服装。

せい-い【星位】ーヰ ❶天空における恒星の位置。❷宮中での位階を恒星に当てはめていったもので、高官のこと。

せい-い【勢位】ーヰ 権勢と地位。また、権勢のある地位。「品行に由りて―に進むべきのみ」〈中村訳・西国立志編〉

せい-い【勢威】ーヰ 権勢と威力。「国の―を示す」
類語 権威・威厳・威信・威名(いめい)・威望・名望・威光・威風・威力・権力・力(ちから)

せい-い【聖意】❶聖人の考え。❷天子の考え。

せい-い【誠意】私利・私欲を離れて、正直に熱心に事にあたる心。まごころ。「―のこもった贈り物」「―を示す」「誠心―」類語 真心・実・真情・誠・誠心

せいイェーカバ-だいせいどう【聖イェーカバ大聖堂】ーダイセイダウ《Svētā Jēkaba katedrāle》ラトビアの首都リガの旧市街にあるカトリック教会の大聖堂。もともとあった礼拝堂を、15世紀にゴシック様式の教会に建てなおしたもの。高さ約80メートルの尖塔がある。聖ヤコブ大聖堂。

せい-イオン【正イオン】陽イオンのこと。⇔陰イオン。

せい-いき【西域】ーヰキ 中国人が中国の西方地域に対する総称として用いた語。一般に、中央アジア・西アジア全域、時にはインドを含めていう。狭義では、漢代に西域三十六国と総称されるオアシス都市国家が分立したタリム盆地をさす。中国と西方を結ぶ交易・軍略上の要衝で、漢代以降、都護府が置かれ、清代に中国の完全な支配下に入った。さいいき。

せい-いき【声域】ーヰキ 発声可能な声の高低の範囲。その区域により、女声はソプラノ・メゾソプラノ・アルト、男声はテノール・バリトン・バスに分けられる。

せい-いき【聖域】ーヰキ ❶聖人の地位または境地。❷神聖な地域。神社・寺院の境内、神が宿るとされる所など。「―を侵す」❸それに触れてはならないとされている問題や領域。

せいいきすいどうき【西域水道記】セイヰキスイダウキ 中国の地理・歴史書。5巻。清の徐松撰。1823年刊。天山南路・北路の地理や歴史を、実地調査をもとに、水系を中心に記述したもの。

せいいき-とごふ【西域都護府】セイヰキー 中国で漢代に、西域経営のために設置された官府。前60年、前漢の宣帝が烏塁(うるい)城に設置、西域諸国の統治のほか、屯田の経営、交易の保護などに任じた。107年廃止。

せい-いく【生育】〔名〕スル ❶うまれ育つこと。また、植物が生長すること。「作物が―する」❷うみ育てること。「―の恩は深くっても」〈露伴・露団々〉
類語 成長・生長・発育・成育・発達・成熟・育つ・生い立つ・長ずる

せい-いく【成育】〔名〕スル ❶成長すること。育つこと。「孫がりっぱに―する」❷動物などが育って成熟すること。「幼魚が―する」類語 成長・生長・発育・生育・発達・成熟・育つ・生い立つ・長ずる

せいイサク-じいん【聖イサク寺院】ージヰン《Isaakievskiy sobor》►イサク聖堂

せいい-し【征×夷使】古代、東国の蝦夷(えぞ)を征討するために設けられた職。

せいイジー-きょうかい【聖イジー教会】ーケウクワイ《Bazilika svatého Jiří》チェコの首都プラハにある教会。プラハ城内に位置する。10世紀に建造された城内最古の教会として知られる。後にロマネスク様式の2本の塔をもつ修道院が建てられ、17世紀にバロック様式のファサードが加わった。1992年、「プラハ歴史地区」の一部として世界遺産(文化遺産)に登録された。聖イジー聖堂。

せいイジー-せいどう【聖イジー聖堂】ーセイダウ《Bazi-

漢字項目 せ

【世】▶せい
【施】▶し

漢字項目 ぜ

是 音ゼ呉 訓これ、この ‖ ①正しい。「是非・是是非非」②正しいと考える。「是正・是認」③正しい方針。「国是・社是」④これ。この。「色即是空しきそくぜくう・如是我聞にょぜがもん」名付すなお・ただし・つな・ゆき・よし

漢字項目 せい-1

【ᵛ城 情】▶じょう
【ᵛ済 歳】▶さい

井 音セイ漢 ショウ(シャウ)呉 訓い ‖ ㊀〈セイ〉①いど。「井蛙せいあ/鑿井さくせい・油井」②人家の集まっている所。「市井」③きちんと区切ったさま。「井然」④「井」の字の形。「井目・井田法」㊁〈ショウ〉「井」の字の形。「天井てんじょう」名付きよ

世 学3 音セイ漢 セ呉 訓よ ‖ ㊀〈セイ〉①家督を継いでから子に引き継がれるまでの期間。また、人の一代。「世子/終世・早世・隔世遺伝」②先祖代々。「世系」③一定の尺度で区切られる時間。時代。「世紀/隔世・季世・近世・後世こうせい・盛世・中世」④世の中。「厭世えんせい・経世・警世・在世・時世・辞世・処世・人世・絶世・治世・遁世とんせい・乱世」⑤地質時代の区分の一。紀をさらに細分したもの。「沖積世」㊁〈セ〉①㊀の①に同じ。「世代」②先祖代々。「世襲」③世の中。「世界・世間・世事・世上・世情・世相・世論・世話/出世」④仏教で、過去・現在・未来のこと。「現世・後世ごせ・三世さんぜ・宿世すくせ・しゅくせ・前世・来世」㊂〈よ〉「世論/浮世・時世じせい」補説「丗」は俗字。名付つぎ・つぐ・とき・とし

正 学1 音セイ漢 ショウ(シャウ)呉 訓ただしい、ただす、まさ ‖ ㊀〈セイ〉①間違いがなくただしい。いつわりがない。「正解・正確・正義・正邪・正当・正道・正否/厳正・公正・純正・真正・適正・不正・方正」②ただしくする。ただす。「改正・規正・矯正・校正・叱正しっせい・修正・粛正・是正・訂正・補正」③ちょうどその状態である。まさに。「正中・正反対」④本筋にかなっている。本来のもの。「正価・正史・正字・正式・正装・正統・正編・正門」⑤おさ。長。「里正・検事正」⑥数学で、プラスの数。「正数・正負」㊁〈ショウ〉①ただしい。いつわりがない。「正気・正直・正真・正銘」②ちょうど。まさに。「正午・正面・正一時」③本筋の。本来の。「正客・正本」④おさ。「僧正そうじょう」⑤年の初め。「正月/賀正」名付あきら・おさ・きみ・さだ・たか・ただ・ただし・つら・なお・のぶ・まさし・よし

生 学1 音セイ漢 ショウ(シャウ)呉 訓いきる、いかす、いける、うまれる、うむ、おう、はえる、はやす、き、なま、うぶ、なる、なす ‖ ㊀〈セイ〉①いきる。いきている間。「生活・生存・生物・生命/人生・長生・半生・余生」②命。いきているもの。「衛生・蒼生そうせい」③うむ。うまれる。「生産・生殖・生誕・生地/新生・胎生・卵生」④物事が現れる。生ずる。「生起/派生・発生」⑤草木がはえる。「群生・自生・対生・密生」⑥いきいきしている。「生気・生色・生鮮・生動」⑦なま。熟していない。「生硬・生食」⑧まだ勉強の途中にある人。「生徒/学生・塾生・書生・優等生」⑨他人に対する尊称。「先生」⑩自分の謙称。「愚生・小生・老生」⑪(「棲」の代用字)動物がすむ。「両生類」㊁〈ショウ〉①いきる。いきている間。「生涯/一生・後生・今生こんじょう」②命。いきもの。「生類/衆生しゅじょう・殺生・畜生・養生ようじょう」③うむ。うまれる。「生得・生滅/往生おうじょう・出生・誕生たんじょう・生老病死」④草木がはえる。「実生みしょう・半夏生はんげしょう」⑤加工しない。「生薬」㊂〈なま〉「生木・生傷・生水」㊃〈き〉「生糸・生地きじ・生一本」名付あり・い・いき・いく・う・うまる・お・おき・すすむ・たか・なり・ふ・ふゆ・よ 難読生憎あいにく・晩生おくて・生姜しょうが・生薑しょうが・生絹すずし・園生そのう・作麼生そもさん・什麼生そもさん・生業なりわい・埴生はにゅう・寄生木やどりぎ・弥生やよい・蓬生よもぎう・早生わせ

成 学4 音セイ漢 ジョウ(ジャウ)呉 訓なる、なす ‖ ㊀〈セイ〉①なしとげる。つくりあげる。しあがる。なる。「成果・成功・成績・成立/完成・期成・結成・構成・合成・作成・小成・達成・編成・集大成」②一人前になる、また、する。そだつ。「成育・成熟・成人・成虫・成長・成年/促成・養成・老成」③できあがっている。「成案・成句・成語」㊁〈ジョウ〉なる。なす。「成就・成道・成仏」名付あき・あきら・おさむ・さだ・さだむ・しげ・しげる・なり・のり・はかる・ひで・ひら・ふさ・まさ・みち・みのる・よし 難読成吉思汗ジンギスかん・チンギスハン

西 学2 音セイ漢 サイ呉 訓にし ‖ ㊀〈セイ〉①にし。「西部・西方/以西・北西」②ヨーロッパのこと。西洋。「西哲・西暦/泰西」③スペイン。「日西・米西戦争」㊁〈サイ〉にし。「西下・西国・西方浄土/関西・東西とうざい」㊂〈にし〉「西風・西側・西日/真西」名付あき 難読西比利亜シベリア・西瓜すいか・西班牙スペイン・西蔵チベット

声〔聲〕 学2 音セイ漢 ショウ(シャウ)呉 訓こえ、こわ ‖ ㊀〈セイ〉①人や動物が出すこえ。「声楽・声帯・声量/音声・歓声・奇声・吟声・混声・嘆声・鳥声・肉声・発声・美声」②物の発する響き。「雨声・秋声・銃声・鐘声・水声・風声」③音曲のふし。調子。音階。「声部/五声・和声」④言葉。言葉を出す。「声援・声明」⑤評判。名誉。「声価・声誉/名声」⑥漢字の音。また、その調子。「形声・四声」㊁〈ショウ〉①こえ。「大音声」②言葉。「声明しょうみょう」③漢字の四声。「去声・上声」㊂〈こえ(ごえ)〉「産声・裏声・鼻声」㊃〈こわ〉「声色・声高・声音こわね」名付おと・かた・ちか・な・もり

制 学5 音セイ漢 ‖ ①形を作り整える。「制作/編制」②おさえつける。おさえとめる。「制圧・制限・制止・制動・制約/圧制・規制・強制・牽制けんせい・自制・節制・統制・抑制」③秩序づける枠。きまり。「制度・制服/王制・学制・旧制・体制・法制」④天子の命令。「応制」⑤意のままにする。「制球・制覇・制海権」名付いさむ・おさむ・さだ・すけ・ただ・のり

姓 音セイ漢 ショウ(シャウ)呉 訓かばね ‖ ㊀〈セイ〉①同じ血統を表す、一族の名。「百姓・同姓不婚」②名字。「姓氏・姓名/改姓・旧姓・他姓」㊁〈ショウ〉㊀に同じ。「小姓・素姓すじょう・百姓」名付うじ

征 音セイ漢 訓ゆく、うつ ‖ ①旅に行く。「征衣」②敵・罪人を討ちに行く。「征夷せいい・征討・征伐・征服/遠征・出征・東征」③征服する。「征圧」名付さち・そ・ただし・ただす・まさ・もと・ゆき 難読征矢そや・征箭そや

性 学5 音セイ漢 ショウ(シャウ)呉 訓さが ‖ ㊀〈セイ〉①生まれながらの心のあり方。生まれつき。「性格・性行・性質/感性・個性・資性・習性・心性・知性・天性・徳性・品性・母性・本性・理性」②物事に備わった性質。「性能/悪性・磁性・属性・惰性・毒性・慢性・優性」③男女・雌雄の別。「性別/異性・女性・男性・有性・両性」④異性を求める本能の働き。「性交・性欲」㊁〈ショウ〉①生まれつき。本来の性質。「性根しょうね・性分/癇性かんしょう・気性・根性こんじょう・仏性・本性・魔性・無性」②男女・雌雄の別。「女性にょしょう」名付なり・もと

青 学1 音セイ漢 ショウ(シャウ)呉 訓あお、あおい ‖ ㊀〈セイ〉①あお。あおい。「青雲・青山・青松・青天・青銅/丹青」②若い年ごろ。「青春・青年」③東。「青竜」④記録。書籍。「青史/汗青・殺青」補説②③は、五行説で木に当て、青・春・東と結びつくところから出た字義。㊁〈ショウ〉あお。「群青・紺青・緑青ろくしょう」㊂〈あお〉「青青・青田・青竹」名付きよ・はる 難読青柳あおやぎ・刺青いれずみ・万年青おもと・真っ青まっさお・瀝青れきせい・チャン

斉〔齊〕 音セイ漢 サイ慣 訓ととのえる、ととのう、ひとしい ‖ ①凸凹がなく等しくそろっている。そろえる。ととのえる。「斉一・斉唱/一斉・均斉・整斉・修身斉家」②中国、春秋時代の国名。「斉東野人・田斉」名付きよ・ただ・ただし・とき・とし・なお・なり・ひさし・まさ・むね・よし

政 学5 音セイ漢 ショウ(シャウ)呉 訓まつりごと ‖ ㊀〈セイ〉①国家・社会を正しくおさめること。まつりごと。「政権・政策・政治・政党・政府・政令/悪政・為政・王政・行政・憲政・国政・参政・市政・施政・失政・善政・内政・農政・暴政」②筋道を立ててやりくりすること。「家政・財政」㊁〈ショウ〉まつりごと。「摂政・太政官だいじょうかん・だじょうかん」名付おさ・かず・きよ・こと・すなお・ただ・ただし・ただす・なり・のぶ・のり・まさ・まさし・ゆき 難読主政じょう・政所まんどころ

星 学2 音セイ漢 ショウ(シャウ)呉 訓ほし ‖ ㊀〈セイ〉①ほし。天体。「星雲・星座・星辰せいしん/衛星・火星・暁星・恒星・新星・彗星すいせい・土星・流星・惑星」②月日の流れ。「星霜」③重臣や高官。重要な人物。「巨星・将星」㊁〈ショウ〉ほし。「明星みょうじょう」㊂〈ほし(ぼし)〉「星影・星空/箒星ほうきぼし」難読満天星どうだん・海星ひとで・夕星ゆうずつ

牲 音セイ漢 訓にえ ‖ 祭りで神に供える動物。いけにえ。「犠牲ぎせい」難読犠牲いけにえ

省 学4 音セイ漢 ショウ(シャウ)呉 訓かえりみる、はぶく ‖ ㊀〈セイ〉①振り返ってよく考えてみる。「省察/三省・自省・内省・反省」②安否をたずねる。「帰省」③はぶく。「省文」㊁〈ショウ〉①中央官庁。「本省」②中国の行政区画の一。「省都/山東省」③はぶく。「省力・省略」名付あきら・かみ・み・みる・よし

凄 音セイ漢 訓すさまじい、すごい ‖ ①肌寒い。「凄凄・凄然」②すさまじい。すごい。「凄絶」

人 **栖** 音セイ漢 訓す、すむ ‖ ①鳥の巣。「栖鴉せいあ」②生物がすむ。「栖息/幽栖」補説②は「棲」と通用。

逝 音セイ漢 訓ゆく、いく ‖ 立ち去って帰らない。死ぬことを婉曲にいう語。「逝去/永逝・急逝・長逝・夭逝ようせい」

×**悽** 音セイ漢 ‖ いたましく思う。「悽惨・悽悽」

清 学4 音セイ漢 ショウ(シャウ)呉 シン唐 訓きよい、きよまる、きよめる、すむ、さやか、すがやか ‖ ㊀〈セイ〉①水がきよらかに澄みきる。「清水・清濁・清流・清冽せいれつ/河清」②けがれがなくさっぱりしている。すがすがしい。「清栄・清潔・清純・清浄・清新・清清せいせい・清楚せいそ・清涼/血清」③心や行いがきよく正しい。「清貧・清廉」④払いきよめる。きれいにかたづける。「清算・清掃/粛清」㊁〈ショウ〉きよらか。「清浄」㊂〈シン〉中国の王朝名。「清朝/日清」名付きよ・きよし・すが・すみ 難読清水しみず・清清すがすがしい

漢字項目 せい－2

盛 [学]6 [音]**セイ**(漢) **ジョウ**(ジャウ)(呉) [訓]**もる、さかる、さかん** ‖ ㊀〈セイ〉力や勢いがさかん。さかえる。「盛運・盛会・盛況・盛衰・盛大・盛名/殷盛いんせい・旺盛おうせい・全盛・隆盛」㊁〈ジョウ〉さかん。さかえる。「盛者必衰/繁盛」[名付]さかり・しげ・しげる・たけ・もり

婿 [音]**セイ**(漢) [訓]**むこ** ‖ ㊀〈セイ〉むこ。「女婿・令婿」㊁〈むこ〉「婿養子/花婿・娘婿」[補説]「壻」は異体字、「聟」は俗字。

×**掣** [音]セイ(漢) [訓]ひく ‖ 引き留める。押さえる。押しとどめる。「掣肘せいちゅう/牽掣けんせい」

晴 [学]2 [音]**セイ**(漢) [訓]**はれる、はらす** ‖ 日が出て空が澄みきる。はれ。「晴雨・晴天・晴耕雨読/陰晴・快晴」[名付]きよし・てる・なり・はる・はれ [難読]天晴あっぱれ

人**棲** [音]セイ(漢) [訓]すむ ‖ ①ねぐらに宿る。動物や人がすむ。「棲息/隠棲・山棲・水棲・同棲・幽棲・陸棲・両棲類」②安らかに暮らす。「棲遅」[補説]「生」を代用字とすることがある。

勢 [学]5 [音]**セイ**(漢) ゼイ(慣) セ(呉) [訓]**いきおい** ‖ ㊀〈セイ〉①他を押さえ取り仕切る力。いきおい。「勢力/威勢・気勢・虚勢・権勢・語勢・豪勢・筆勢・余勢」②その物の力。「火勢・水勢」③物事の成り行き・様子。「運勢・形勢・姿勢・時勢・守勢・情勢・趨勢すうせい・大勢たいせい・態勢・地勢」④睾丸こうがん。「去勢」⑤人数。兵力。「加勢」⑥伊勢いせ国。「勢州」㊁〈ゼイ〉㊀の⑤に同じ。「軍勢・総勢・多勢」[名付]なり [難読]伊勢いせ・勢子せこ

×**睛** [音]セイ(漢) [訓]ひとみ ‖ ひとみ。「眼睛・画竜点睛」

人**靖** [音]セイ(漢) [訓]やすい、やすんずる ‖ 安らかにする。世の中を安泰にする。「靖献・靖国せいこく・靖寧」[名付]おさむ・きよし・しず・のぶ・やす・やすし

聖 [学]6 [音]**セイ**(漢) ショウ(シャウ)(呉) シン(唐) [訓]ひじり ‖ ㊀〈セイ〉①知恵や人徳がすぐれている。また、そのような理想的人物。「聖賢・聖人・聖哲/亜聖・四聖・先聖・大聖」②その道に特に秀でた人。「歌聖・画聖・楽聖・詩聖・書聖・俳聖」③天子。また、天子に関する物事に冠する語。「聖恩・聖算・聖断/列聖」④おごそかで犯しがたい。けがれがない。「聖域・聖火/神聖」⑤キリスト教で、神聖な事柄に冠する語。「聖餐せいさん・聖書・聖夜・聖霊」㊁〈ショウ〉仏教で、高徳の僧。ひじり。「聖人しょうにん」[名付]あきら・きよ・さと・さとし・さとる・たから・とし・まさ [難読]祝聖しゅくしん

誠 [学]6 [音]**セイ**(漢) [訓]**まこと** ‖ うそ偽りのない心。まごころ。まこと。「誠意・誠実/至誠・赤誠・丹誠・忠誠・熱誠」[名付]あき・あきら・かね・さと・さね・しげ・すみ・たか・たかし・たね・とも・なが・なり・なる・のぶ・のり・まさ・み・もと・よし

精 [学]5 [音]**セイ**(漢) **ショウ**(シャウ)(呉) [訓]しらげる、くわしい ‖ ㊀〈セイ〉①玄米を白く清らかにする。しらげる。「精白・精麦・精米/搗精とうせい」②不純物を取り去り良質なものにする。よりすぐる。よりすぐったもの。「精鋭・精華・精粋・精髄・精製・精選・精肉・精兵・精油・精練/酒精」③雑念がなくひたすらはげむ。「精勤・精励/丹精」④念入りでこまかい。くわしい。「精巧・精細・精粗・精緻せいち・精通・精読・精密」⑤人間の活動のもとをなすもの。「精気・精神・精力」⑥自然物に潜むとされる霊。「精霊/妖精ようせい」⑦生殖のもとになるもの。「精液・精子/射精・受精・夢精」㊁〈ショウ〉①ひたすらはげむ。「精舎しょうじゃ・精進しょうじん」②霊魂。「精霊しょうりょう」[名付]あき・あきら・きよ・きよし・くわし・しげ・しら・すぐる・すみ・ただ・ただし・つとむ・ひとし・まこと・まさし・もり・よし

製 [学]5 [音]**セイ**(漢) ‖ 物をこしらえる。つくる。「製作・製紙・製図・製造・製鉄・製品・製粉/官製・燻製くんせい・作製・精製・粗製・創製・特製・剝製はくせい・複製・縫製・木製」

誓 [音]**セイ**(漢) [訓]**ちかう** ‖ 固く約束する。ちかう。ちかい。「誓願・誓詞・誓文せいもん・誓約/祈誓・弘誓ぐぜい・宣誓」[名付]ちか

静〔靜〕 [学]4 [音]**セイ**(漢) **ジョウ**(ジャウ)(呉) [訓]**しず、しずか、しずまる、しずめる** ‖ ㊀〈セイ〉①動きや物音がなくじっとしている。しずか。しずめる。「静穏・静止・静寂・静粛・静聴・静謐せいひつ・静物/閑静・沈静・鎮静・動静」②心を乱さないで落ち着いている。「静養/平静・冷静」㊁〈ジョウ〉じっとしている。「静脈」[名付]きよ・ちか・つぐ・ひで・やす・やすし・よし

請 [音]**セイ**(漢) **シン**(唐) ショウ(シャウ)(呉) [訓]**こう、うける** ‖ ㊀〈セイ〉物事をたのむ。願う。こう。「請願・請求/強請きょうせい・ごうせい・懇請・招請・申請・奏請・要請」㊁〈シン〉㊀に同じ。「普請」㊂〈ショウ〉㊀に同じ。「勧請かんじょう・起請」[難読]強請ねだる・強請ゆする・強請ゆすり

整 [学]3 [音]**セイ**(漢) [訓]**ととのえる、ととのう** ‖ 乱れたものを正しくそろえる。ととのえる。ととのっている。「整合・整然・整備・整理・整列/均整・端整・調整・不整・補整」[名付]おさむ・なり・のぶ・ひとし・まさ・よし

醒 [音]セイ(漢) [訓]さめる、さます ‖ 酔いや眠りからさめる。「覚醒・警醒・半醒」

漢字項目 ぜい

【説】►せつ

×**脆** [音]ゼイ(慣) [訓]もろい ‖ 壊れやすい。もろい。「脆弱」

税 [学]5 [音]**ゼイ**(慣) ‖ 国家・支配者などが人民から徴収する金品。「税金・税収/悪税・課税・関税・血税・減税・国税・重税・租税・増税・脱税・徴税・納税・免税」[名付]おさむ・ちから・みつぎ [難読]税稲ちからしね

×**筮** [音]ゼイ(慣) [訓]うらなう ‖ 筮竹を使って占う。占い。「筮竹/占筮・卜筮ぼくぜい」

×**贅** [音]ゼイ(慣) ‖ ①不必要なもの。むだ。「贅言・贅沢・贅肉」②入りむこ。「贅婿」[名付]さだ・つく

---

lika svatého Jiří》►聖イジー教会

せいイシュトバーン-だいせいどう【聖イシュトバーン大聖堂】ーダイセイダウ《Szent István-bazilika》㊀ハンガリーの首都ブダペストにあるカトリック教会の大聖堂。19世紀半ばから20世紀初頭にかけて、ギリシャ十字式の平面構成をもつ新古典様式で建造された。ドームは直径22メートル、高さ96メートルあり、ブダペストで最も高い建造物の一つ。初代ハンガリー王イシュトバーン1世の聖遺物を納める。㊁ハンガリー中西部の都市セーケシュフェヘールバールにある大聖堂。15世紀の創建。オスマン帝国の攻撃により破壊されたが、18世紀にバロック様式で再建された。初代ハンガリー王イシュトバーン1世の頭骨を納める。隣接する聖アンナ礼拝堂は中世に建てられた市内唯一の建造物として知られる。

せいい-たいしょうぐん【征×夷大将軍】ータイシヤウグン ❶古代、蝦夷えぞ鎮撫ちんぶのための遠征軍の指揮官。延暦13年(794)大伴弟麻呂が任ぜられたのに始まる。征夷将軍。❷鎌倉時代以降、幕府の主宰者の職名。鎌倉幕府を開いた源頼朝以後、室町幕府の足利あしかが氏、江戸幕府の徳川氏まで引き継がれた。将軍。

せい-いつ【斉一】〔名・形動〕物事が一様であること。ととのい、そろっていること。また、そのさま。「一な能力」

せい-いつ【清逸】清らかで、世俗的でないこと。

せい-いつ【精一】〔名・形動〕純粋で専一なこと。ひたすら打ち込んでいること。また、そのさま。「一に勉学に励む」

せいいつ-かん【斉一観】ークワン ►斉一説

せいいつ-せつ【斉一説】過去の地質現象は、現在の自然現象と同じ作用で形成されたとする考え。J＝ハットンが唱え、C＝ライエルが強調。「現在は過去を解く鍵かぎ」という言葉で表される。斉一観。➡天変地異説

せい-いっぱい【精一杯】持っている力のすべてを出すこと。力のかぎり。できるかぎり。副詞的にも用いる。「一のおしゃれをして出掛ける」「食べていくだけで一だ」「一努力する」[類語]力一杯・極力・力任せ・精精・鋭意・体当たり・力ずく・腕ずく

せいい-ひょう【星位表】セイヰヘウ ►星表せいひょう

せい-いぶつ【聖遺物】ーヰブツ 主にローマカトリック教会で、イエス＝キリストや聖母マリア、聖人の遺品または遺骨をいう。信仰の対象となる。

せい-いん【正員】ーヰン 正式の資格を有する構成員。また、定員内の人員。

せい-いん【正院】ーヰン 明治維新政府の最高政治機関。明治4年(1871)の官制改革で太政官内に左院・右院とともに設置。太政大臣・左大臣・右大臣・参議などで構成された。同10年廃止。しょういん。

せい-いん【成因】物事ができあがる原因。「火山の一」

せい-いん【成員】ーヰン 団体・組織などを構成する人。メンバー。「家族の一」
[類語]一員・メンバー・会員・団員・顔ぶれ・委員

せい-いん【声韻】ーヰン ❶こえとひびき。また、こえのひびき。音韻。❷短歌の上下の句の終わりに同じ字がくること。

せい-いん【清陰】涼しい木かげ。「陸地の一多き地を択えらび」〈竜渓・浮城物語〉

せい-いん【晴陰】晴れと曇り。晴天と曇天。

ぜい-いん【税印】印紙税の納税義務者が印紙をはりつける代わりに印紙税相当額を現金納付した場合に、納税済みであることを証するために証書・帳簿に押される印。

せい-う【星雨】「流星雨りゅうせいう」に同じ。

せい-う【晴雨】晴天と雨天。晴れと雨。「一にかかわらず実施する」

せいウォードリュ-きょうかい【聖ウォードリュ教会】ーケウクワイ《Collégiale Ste-Waudru》ベルギー南西部、エノー州の州都、モンスにある教会。エノー伯の娘ウォードリュが7世紀に創建した僧院を起源とする。15世紀から17世紀にかけて建造された現在の建物は、同国屈指のブラバントゴシック様式の優れた作例とされる。聖ウォードリュ参事会教会。

せいう-けい【晴雨計】気圧計のこと。気圧が天気の指標となるところからいう。

セイウチ〔ロシア sivuch〕鰭脚ききゃく目セイウチ科の哺乳類。北極海にすみ、体長約3.8メートル、体重約3トンに達する。2本の牙きばが雌雄ともにあり、雄では1メートルにも達する。貝を主食とする。[補説]「海象」「海馬」とも書く。

せい-うん【世運】世の中の成り行き。せうん。

せい-うん【青雲】❶青みがかった雲。また、よく晴れた高い空。青空。❷地位や学徳の高いことのたとえ。「之を要するに如何どうしても一の雲の上には向きの悪い男であるから」〈福沢・福翁自伝〉❸俗世間を離れ、超然としていることのたとえ。

せい-うん【星雲】雲のように広がって見える天体。銀河系内星雲と銀河系外星雲とに分けられていたが、現在では前者を単に星雲、後者を銀河と呼んでいる。星雲は、散光星雲、暗黒星雲、惑星状星雲などに分類される。➡銀河

せい-うん【盛運】物事が栄える方向に向かっていること。発展する運命。⇔衰運。

せい-うん【聖運】天子の運命。皇運。

せいうん-かい【青雲会】ークワイ 大阪大学法学部卒業生の同窓会。

せいうん-ぐん【星雲群】►銀河群ぎんがぐん

せいうん-しょう【星雲賞】ｼｮｳ 文学賞の一。昭和45年(1970)創設。年に1回、優れたサイエンスフィクション作品や活動に対して贈られる。現在は小説のほか、ノンフィクション、漫画、映像作品なども対象とされている。
せいうん-せつ【星雲説】▶カントラプラスの星雲説
せいうん-せん【星雲線】惑星状星雲の光のスペクトルに現れる、酸素や窒素の原子やイオンによる禁制線の輝線。
せいうん-だん【星雲団】▶銀河団
せいうん-の-こころざし【青雲の志】功名を立て、立身出世をしようとする志。「一をいだいて故郷を後にする」
せいうん-の-し【青雲の士】❶学徳の高い人。また、高位・高官にのぼった人。❷俗世間から超越した、高尚な志の人。
せいうん-の-まじわり【青雲の交わり】ﾏｼﾞﾊﾘ 青雲の志をいだき、同時に任官した縁による交わり。
せい-えい【清栄】清く栄えること。手紙文などで、相手の無事と繁栄を喜ぶあいさつの語。「ますますご一のこととお喜び申し上げます」
せい-えい【盛栄】商売などが、盛んになること。「本校今日の一は恐く見るに至らざる可し」〈菊亭香水・世路日記〉
せい-えい【精鋭】〔名・形動〕❶強くて、勢いのいいこと。また、そのさま。「一なチーム」❷えり抜きのすぐれた人・兵士。「少数一主義」「一部隊」
(類語)えりすぐり・よりすぐり・俊秀・英俊・俊英・精選
せい-えい【精衛】ｾｲｴｲ 古代中国の伝説上の鳥。夏をつかさどる炎帝の娘が東海におぼれ死んで化した、くちばしが白く、足の赤い鳥。西山の石をくわえてきては東海に落として海を埋めようとしたという。
精衛海を塡む　《「山海経」北山より》できもしないことを計画して力を尽くし、むだな骨折りになることのたとえ。
せいえい-じゅ【精英樹】その森林の中で生長の度合い、樹の姿、材質などの特にすぐれている樹木。優良林業で品種育成の目標とする。
せいエウフェミヤ-きょうかい【聖エウフェミヤ教会】ｷｮｳｸﾜｲ《Crkva sv. Eufemije》クロアチア西部の都市ロビニにあるバロック様式の教会。18世紀に古い教会跡に建造。19世紀にファサードが造られた。高さ60メートルの鐘楼は、17世紀にベネチアのサンマルコ大聖堂の鐘楼を模して建てられたもの。
せい-えき【精液】❶雄性生殖器でつくられる、精子を含む粘りけのある分泌液。精水。❷純粋な液。
せいエギディウス-きょうかい【聖エギディウス教会】ｷｮｳｸﾜｲ《Chrám svätého Egídia》▶聖アエギディウス教会
せい-えつ【請謁】❶貴人に面会を願うこと。❷権力者に頼みこむこと。
せいエルモ-とりで【聖エルモ砦】《Forti Sant'Iermu》地中海中央部の島国、マルタ共和国の首都バレッタにある砦。シベラス半島の先端に位置する。16世紀半ば、オスマン帝国の侵攻に備えるため、マルタ騎士団により星型の砦が建造された。1565年、オスマン軍による1か月間にわたる猛攻を耐え抜き、これを撃退した。第二次大戦では英国軍の前線基地が置かれ、イタリア軍による空爆を受けた。現在は戦争博物館と警察学校が置かれている。セントエルモ砦。
せい-えん【正塩】酸または塩基が完全に中和されてできる塩。中性塩。
せい-えん【西燕】中国、五胡十六国時代の国。384年、鮮卑族の慕容泓が建国。都は長安。394年、後燕の慕容垂に滅ぼされた。
せい-えん【声援】ｾｲｴﾝ〔名〕ｽﾙ 声を出して、応援すること。「一を送る」「味方のチームを一する」
(類語)力付ける・励ます・引き立てる・激励
せい-えん【清宴|清×筵】風雅な宴会。
せい-えん【清艶】ｾｲｴﾝ・【清×婉】ｾｲｴﾝ〔名・形動〕清らかであでやかなこと。清らかでしとやかなこと。また、そのさま。「一な女性」「一な文章」
せい-えん【盛宴|盛×讌|盛×筵】盛大な宴会。盛んな酒宴。「一を張る」(類語)饗宴・祝宴
せい-えん【製塩】〔名〕ｽﾙ 海水や岩塩などから食塩を製造すること。日本では古くから揚浜・入浜塩田法や天日製塩法により、現代ではイオン交換膜による電気透析法により行われる。
せい-えん【凄艶】ｾｲｴﾝ・【凄×婉】ｾｲｴﾝ〔形動〕図〔ナリ〕ぞっとするほどなまめかしいさま。「芸者というものが何となく一に見えた」〈荷風・腕くらべ〉
ぜいえん【説苑】ｾﾞｲｴﾝ 中国、漢代の説話集。20巻。前漢の劉向編。成立年未詳。君道・臣術など20編からなり、それぞれ序説のあとに逸話を収録して儒教思想を説く。
せい-おう【成王】ｾｲﾜｳ〔前1115?〜前1079?〕中国、周の第2代の王。若年で武王を継ぎ、叔父の周公旦・召公らの補佐を受けて周の基礎を確立したといわれる。
せい-おう【西欧】㊀西洋。ヨーロッパ。東洋に対していう。㊁ヨーロッパ西部。早くから近代民主政治が発展し、経済の水準が高いイギリス・フランス・オランダなどの諸国をいう。西ヨーロッパ。㊟東欧。(類語)西洋・欧米・泰西・欧州・西方・南蛮・ヨーロッパ
せい-おう【聖王】ｾｲﾜｳ 徳のすぐれた君主。聖主。
せいおう-しゅぎ【西欧主義】❶19世紀中葉のロシアに興った思潮。スラブ主義に対立し、ロシアの後進性は西欧的な道によって克服すべきであるとした。❷一般に、西欧文化を崇拝する立場。
せいおう-どうめい【西欧同盟】▶ダブリュー-イー-ユー(WEU)
せいおうぼ【西王母】ｾｲﾜｳﾎﾞ ㊀中国の古代神話上の女神。西方の崑崙山に住み、山海経では半人半獣、のちに美化されて描かれるようになった。不老長寿をもって知られ、周の穆王が西征途上に会い、また、漢の武帝が不老不死の仙桃を授かったとされる。➡東王父 ㊁謡曲。脇能物。西王母が周の穆王の所へ天下り、3000年に一度咲く桃の花と実を奉って祝いの舞をまう。
西王母が桃　西王母が漢の武帝に与えたという、3000年に一度実がなる桃。めったに手に入らない珍しいもの、また、長寿のたとえ。
せいオーガスティン-だいしゅうどういん【聖オーガスティン大修道院】ﾀﾞｲｼﾕｳﾀﾞｳｲﾝ《St. Augustine's Abbey》ロンドンの南東約80キロメートルのイングランド最古の町、カンタベリーにある修道院。6世紀にローマから派遣されたアウグスティヌスによって建てられたが、現在は一部を残して廃墟となっている。1988年「カンタベリー大聖堂、聖オーガスティン大修道院及び聖マーティン教会」として世界遺産(文化遺産)に登録された。聖アウグスティヌス修道院。
せいオノス-きょうかい【聖オノス教会】ｷｮｳｸﾜｲ《Šventos Onos bažnyčia》リトアニアの首都ビリニュスの旧市街にあるカトリック教会。16世紀の建造。煉瓦造りのフランボワイヤンゴシック様式の傑作として知られる。聖アンナ教会。
せいオラフ-きょうかい【聖オラフ教会】ｷｮｳｸﾜｲ《Oleviste kirik》▶オレビステ教会
せいオレフ-きょうかい【聖オレフ教会】ｷｮｳｸﾜｲ《Oleviste kirik》▶オレビステ教会
せい-おん【正音】❶正しい音声。❷奈良・平安時代に中国から新しく輸入された漢字音、すなわち漢音のこと。古く伝来した呉音に対していう。➡和音
せい-おん【声音】❶こえ。音声。「彼は滝(=人名)の一の色を愛した」〈志賀・好人物の夫婦〉❷音楽。声楽。
せい-おん【清音】❶澄んだ声や音色。「帛を裂くような…一がピインと虚空遥かに澄みわたるのである」〈木下尚江・良人の自白〉❷日本語の音節のうち、撥音と促音を除き、濁音符・半濁音符を付けない仮名で表される音節。五十音図の各音節。➡濁音 ➡半濁音 ➡拗音 (類語)濁音・半濁音・清濁・鼻濁音・撥音・促音・長音
せい-おん【聖恩】天子の恩。天子の恵み。
せい-おん【静穏】ｾｲｵﾝ〔名・形動〕❶静かで穏やかなこと。また、そのさま。「一な日々」❷風速毎秒0.2メートル以下で、風力階級0の無風状態。(類語)静か・穏やか・平らか・平静・安穏・平穏・平安・平和・温和・小康
せいおん-がく【声音学】音声学の旧称。
せいおん-もじ【声音文字】表音文字のこと。
せい-か【世家】❶昔、中国で、一定の地位や俸禄を世襲していた家柄。❷❶の名家の家系を記録したもの。「史記」のものが有名。
せい-か【正価】掛け値のない値段。「一販売」
(類語)定価・予価
せい-か【正貨】ｸﾜ 本位貨幣。通常は、金本位制度のもとで、金貨のほかに金地金・金為替を含む意味で用いられる。
せい-か【正課】ｸﾜ 正規の課業。特に学校で、課外活動に対して、正式の授業科目。
せい-か【生花】ｸﾜ ❶江戸中期に興った生け花の様式。天・地・人の三格の役枝で基本的に構成し、全体を不等辺三角形「く」形にまとめ、水際を1本とする。池坊では「しょうか」という。❷自然の花。造花に対していう。「霊前に一を供える」
せい-か【生家】その人の生まれた家。また、実家。さと。「文豪の一」「一は農業を営んでいる」
(類語)実家・里
せい-か【成果】ｸﾜ あることをして得られたよい結果。「研究の一」「一をあげる」
(類語)収穫・業績・結実・実り・結果・効果・効き目・徴・効う・実効・効験・効能・効力・効用・甲斐・霊験
せい-か【西夏】中国、宋代の1038年、チベット系タングート族拓跋氏の李元昊が、中国北西部の甘粛・オルドス地方に建てた国。国号は大夏。都は興慶府。宋・遼・金と和平・抗争を繰り返し、1227年、蒙古のチンギス=ハンに滅ぼされた。西夏文字を制定し、仏教を保護奨励した。
せい-か【声価】人や事物に対する世間の評判。名声。「一が高まる」「一が定まる」
(類語)名誉・名・名聞・面目・体面・面子・一分・沽券・信用・信望・信・信頼・信任・人望・定評・評判・覚え・名望・声望・徳望・人気・魅力・受け
せい-か【制可】〔名〕ｽﾙ《「制」はみことのりの意》天皇が許可を与えること。勅許。
せい-か【青果】ｸﾜ 野菜と果物。青果物。「一市場」(類語)野菜・蔬菜・青物・洋菜・果菜・花菜・根菜・葉菜
せい-か【青華|青花】ｸﾜ 白地に青色の模様がある陶磁器。日本の染め付けに当たるものの中国での呼称。釉裏青。青花白磁。
せい-か【斉家】自分の家庭内をきちんとおさめること。「修身一」
せい-か【×砌下】《「ぜいか」とも》❶軒下に、雨だれを受けるために敷いた石だたみ。❷手紙の脇付に用いる語。お手もと。
せい-か【清歌】❶すんだ声で歌うこと。また、その歌。❷管弦の伴奏なしに歌うこと。また、その歌。
せい-か【盛夏】夏の暑い盛りの時期。真夏。「一の候」(季 夏)「艫の一窓縦横に太き枝/蛇笏」
(類語)真夏・盛暑
せい-か【勢家】権力や勢力のある家。「権門一」
せい-か【聖化】ｸﾜ ❶キリスト教で、聖霊の働きによって人間が罪から救われ、神の聖性にあずかり、聖なるものとされること。カトリックでは成聖という。❷帝王の徳化。
せい-か【聖火】ｸﾜ ❶神にささげる神聖な火。❷オリンピック競技開催中、主競技場の聖火台に燃やしつづける火。古代ギリシャの故事にならい、オリンピアで太陽光から採火される。1928年アムステルダム大会に始まる。オリンピック聖火。➡聖火リレー
せい-か【聖歌】神聖な歌。また、宗教歌。特に、キリスト教の賛美歌。
せい-か【精華】ｸﾜ ❶そのものの本質をなす、最もすぐれている点。真髄。「近代文学の一」❷美しくて華やかなこと。光彩。
せい-か【製菓】ｸﾜ 菓子を作ること。「一業」

せい-か【製靴】くつを作ること。「一組合」

せい-か【請暇】❶休暇を願い出ること。また、その休暇。❷律令制で、決められた休暇以外に特別の休暇を請うこと。

せい-か【ˣ臍下】へその下。下腹。

せい-が【青ˣ蛾】まゆずみで美しく描いたまゆ。蛾眉。美人の形容に用いる。

せい-が【星河】《「せいか」とも》天の川。銀河。(季 秋)

せい-が【清華】「清華家」の略。

せい-が【清雅】〔名・形動〕清らかで上品な美しさのあること。また、そのさま。「一な色調の絵」

せい-が【ˣ菁ˣ莪】《「詩経」小雅・菁菁者莪の「菁菁たる莪は材を育するを楽しむ、君子は能く人材を長育す」から。「菁」はしげるさま、「莪」はあざみの意》人材を育成すること。英才の育成を楽しむこと。また、多くの人材・英才。

せい-が【聖ˣ駕】天子の乗り物。

せい-が【静ˣ臥】〔名〕スル 静かに横になること。「病床に一する」

せい-かい【正解】❶正しく解答すること。正しく解釈すること。また、その解答や解釈。「一を出す」❷結果的によかったと思われること。「傘を持って出たのは一だった」類語 正答

せいかい【青海】㊀中国西部の省。省都は西寧。少数民族が多く、多くの民族自治州を含む。牧畜が盛ん。塩湖が多く、塩の産出が大。人口、543万人(2005)。チンハイ。㊁中国青海省東部にある中国最大の塩湖。面積4635平方キロメートル。青塩とよばれる塩が特産。

せい-かい【政界】政治にたずさわる者の社会。政治家の世界。

せい-かい【清介】〔名・形動〕《「清廉狷介」の略》心がきれいすぎて世間と相いれないこと。潔癖すぎて度量の狭いこと。また、そのさま。「一な人」

せい-かい【盛会】盛大でにぎやかな会合。「祝賀会は一のうちに終わる」

せい-かい【精解】〔名〕スル 詳しく解釈すること。また、その解釈。詳解。「しかるを斯くの如く茫漠と論じて、之を一する所なくんば」〈逍遥・美とは何ぞや〉

せい-がい【制外】きまりの外。制度の範囲外。

せいかい-けん【制海権】主に海軍力によって一定範囲の海域を支配しうる権力。海上権。

せいかい-しょう【青海省】▶青海㊀

せいかい-せいど【姓階制度】人が生まれながらに一定の身分階層に属する社会制度。インドのカーストなど。

せいがいは【青海波】㊀㊀(「清海波」「青海破」とも書く)雅楽。唐楽。盤渉調で新楽の中曲。舞は二人舞で、舞姿は優美。「輪台」を序として引き続いて舞う。番舞は敷手。㊁清元。永井素岳作詞、2世清元梅吉作曲。明治30年(1897)5世清元延寿太夫の襲名披露曲として初演。初世の定紋の青海波にちなんだもの。㊂波形をかたどった文様。半円形を同心円状に重ねたもの。㊀㊀の舞人の衣装に用いられたところから名づけられたという。

せいがい-ふ【聖骸布】キリスト教の聖遺物の一で、イエス=キリストの遺体を包んだといわれる布。

せい-かがく【生化学】生物の生命現象を、化学的方法を用いて研究する学問。生体の構成物質・物質代謝などを主な研究対象とする。生物化学。

せいか-カリ【青化カリ】シアン化カリウムの俗称。

せい-かく【正角】角を挟む二直線のうちの一直線が、時計の針と反対方向に動いて作りだす一般角。

せい-かく【正客】▶しょうきゃく(正客)

せい-かく【正格】❶決まった規則にきちんと合っていること。また、正しい規則。❷漢詩の律詩・絶句において、五言では初句の第2字が仄字で起こされるもの、七言では初句の第2字が平字で起こされるもの。↔偏格。❸「正格活用」の略。

せい-かく【正確】〔名・形動〕正しく確かなこと。事実と合っていて少しもまちがいのないこと。また、そのさま。「一を期する」「一な時刻を報ずる」「事実を一に記録する」派生 せいかくさ〔名〕

類語 的確・明確・確実・確か・精確・正しい・定か・明らか・明白・確・確固・確然

せい-かく【生獲】生きたままとらえること。いけどること。生擒。

せい-かく【性格】❶行動のしかたに現れる、その人に固有の感情・意志の傾向。「ほがらかな一」「夫婦の一が合わない」❷特定の事物にきわだってみられる傾向。「二つの問題は一が異なる」「趣味的一の濃い団体」➡性質 用法

類語 (❶)性質・性向・性情・質・性・性分・気質・気性・気立て・人柄・心柄・心根・心性・品性・資性・資質・個性・人格・キャラクター・パーソナリティー/(❷)性質・特質・特性・特徴・特色・本質

せい-かく【政客】政治にたずさわる人。また、政治運動をする人。せいきゃく。

せい-かく【清客】❶世俗を脱した人。風流人。❷梅の別名。

せい-かく【精核】❶動物卵の受精の際に、卵に突入し、卵核と合一するまでの精子の核。雄性前核。❷種子植物で、花粉内に生じた精子に相当する核。雄核。

せい-かく【製革】動物の生皮をなめして、なめし革をつくること。「一業」

せい-かく【醒覚】〔名〕スル めざめること。めざめさせること。また、迷いなどから立ち直ること。覚醒。「僕はこの時たちまち一したような心持ちがした」〈鷗外・ヰタ-セクスアリス〉

せい-かく【精確】〔形動〕区〔ナリ〕詳しくてまちがいのないさま。綿密で正確なさま。「対象を一に分析する」「一な考察」派生 せいかくさ〔名〕

類語 確か・正しい・確実・正確・的確・明確・精密・綿密・定か・明らか・明白・確・確固・確然

せい-がく【西学】西洋の学問。

せい-がく【西岳】中国の五岳の一、華山の異称。

せい-がく【声楽】人間の声による音楽。独唱・重唱・オペラ・カンタータなどを含む。↔器楽。類語 音楽・楽・ミュージック・器楽・洋楽・邦楽・雅楽・音曲

せい-がく【星学】天文学の旧称。「一家」

せい-がく【聖学】聖人の説いた学問。特に、儒学。

せい-がく【聖楽】聖歌などキリスト教の宗教音楽。

せい-がく【静学】時間的な要素や原因・結果の関係などを考えないで経済現象を分析する手法。➡動学

ぜい-がく【税額】租税のたか。税金の額。

せいかく-いじょう【性格異常】感情や意志、社会生活での対処のしかたが普通に比べて大きく偏っていること。

せいがくいん-だいがく【聖学院大学】埼玉県上尾市にある私立大学。明治36年(1903)設立の聖学院神学校を源流として、昭和63年(1988)に開設された。

せいがく-か【声楽家】声楽を職業とする人。ふつう、クラシック音楽の歌手をいう。

せいかく-がく【性格学】人間の性格またはパーソナリティーを研究する学問。類型学的・特性論的・環境論的研究がある。

せいかく-かつよう【正格活用】日本語の動詞の活用形式の一。それぞれに属する語が比較的多く、活用形式が規則的に整っているもの。口語の五段・上一段・下一段、文語の四段・上一段・上二段・下一段・下二段に活用するものの総称。↔変格活用。

せいかく-げき【性格劇】主人公の特異な性格を強調し、それが引き起こす事件を中心に展開する劇。

せいかく-けんさ【性格検査】意志・気質・情緒・適応性など、人の性格面を測定する検査。質問紙法・作業検査法・投影法などがある。

ぜいがく-こうじょ【税額控除】課税所得額から算出した税額から、一定の要件を満たした場合に引かれる金額。住宅ローン控除・配当控除・政党等寄付金特別控除など。

せい-かくすい【正角ˣ錐】底面が正多角形で、頂点からの垂線が底面の中心を通る角錐。

せいかく-ずほう【正角図法】地図上の2線のなす角が地球上の角度と等しくなるような図法の総称。メルカトル図法・ランベルト正角円錐図法など。

せい-かくちゅう【正角柱】底面が正多角形で、底面と側面とが直交する角柱。

せいかく-はいゆう【性格俳優】劇中人物の個性をうまく表現できる俳優。

せいかくはたん-しゃ【性格破綻者】社会生活ができないほど性格に欠陥のある人。

せいかく-びょうしゃ【性格描写】小説や戯曲で、登場人物の性格を描き出すこと。

せいが-け【清華家】公家の家格の一。摂家に次いで大臣家の上に位し、大臣・大将を兼ねて太政大臣になることのできる家柄。久我・三条・西園寺・徳大寺・花山院・大炊御門・今出川(菊亭)の七家。のちに、広幡・醍醐を加えて九清華となった。清華。華族。英雄家。

せい-かげき【正歌劇】▶オペラセリア

せいか-じ【棲霞寺】中国、南京の北東の摂山にある古刹。南北朝時代、南斉の明僧紹の創建。大理石の大舎利塔は南唐のもの。寺の後方の千仏嶺には、南斉・梁時代以来の仏龕が多数ある。

せいカジミエル-きょうかい【聖カジミエル教会】《Šv. Kazimiero Bažnyčia》リトアニアの首都ビリニュスにあるイエズス会の教会。リトアニアの守護聖人カジミエルを祭る。17世紀初頭に建造。ロシアポーランド戦争の際、火災に見舞われ、18世紀中頃にバロック様式で再建。その後、ロシア正教、プロテスタントの教会になり、旧ソ連時代には無神論のための博物館になったが、1991年にイエズス会の教会として復帰。内部には聖カジミエルの生涯を描いたフレスコ画や後期バロック様式の三つの祭壇がある。

せいかしゅう【井華集】江戸後期の俳句集。2巻。高井几董著。寛政元年(1789)刊。上巻に春夏、下巻に秋冬の句を収めた自選句集。

せい-かじゅう【静荷重】構造物に加わる荷重のうち、時間的に変化しない一定の荷重。定荷重。死荷重。↔動荷重。

せいか-しゅぎ【成果主義】企業において、勤続年数ではなく、業務の成果によって報酬や人事を決める考え方。

せいか-じゅんび【正貨準備】金本位制度のもとで、中央銀行が銀行券の兌換に応じるために保有する正貨。

せいか-ソーダ【青化ソーダ】シアン化ナトリウムの俗称。

せい-かぞく【聖家族】キリスト教で、幼児イエス=キリストと母マリアおよび父ヨセフの三人の家族。家族の原形とされ、しばしば絵画や彫刻の題材として扱われる。神聖家族。

せいかぞく-せいどう【聖家族聖堂】《Sagrada Familia》▶サグラダファミリア

せいか-たい【聖歌隊】キリスト教の教会に属し、礼拝や儀式のときに聖歌を歌う合唱団。クワイア。

せいが-だい【青瓦台】ソウルにある大韓民国の大統領官邸。名称は、青い瓦が使われていることに由来。チョンワデ。

せいカタリナ-だいがく【聖カタリナ大学】愛媛県松山市にある私立大学。昭和63年(1988)に聖カタリナ女子大学として設立。平成16年(2004)に男女共学制に移行し、現校名に改称した。人間健康福祉学部の単科大学。

せいか-たんでん【ˣ臍下丹田】へその下あたりにある丹田とよばれるところ。心身の精気の集まるところという。

せい-かつ【正割】▶セカント

せい-かつ【生活】〔名〕スル ❶生きていること。生物がこの世に存在し活動していること。「昆虫の一」「砂漠で一する動物」❷人が世の中で暮らしていくこと。

暮らし。「堅実な—」「日本で—する外国人」「独身—」❸収入によって暮らしを立てること。生計。「—が楽になる」

(類語)(❶)生・生存・ライフ/(❷)暮らし・世渡り・渡世・処世・起居・寝食/(❸)生計・活計・糊口・口過ぎ・身過ぎ・世過ぎ

せいかつ-おん【生活音】室内の日常生活において発生する音。足音、話し声、ドアの開閉音、洗濯機や掃除機などの使用音、テレビやステレオなどの音など。近隣住民が不快と感じる大きさの場合は、生活騒音ともいう。

せいかつ-か【生活科】小学校の教科の一。身近な社会や自然とのかかわりから生活を考え、生活に必要な習慣・技能を身につけるための教科。従来の1、2学年の社会科・理科を統合したもの。平成4年(1992)から全面実施。

せいかつかいぜん-やく【生活改善薬】疾病の治療のために使うのではなく、その人の生活上の不便や不具合を改善することを目的とした薬。発毛剤・避妊薬・禁煙補助剤・勃起不全治療薬など。

せいかつ-がくしゅう【生活学習】生活から離れた知識中心の学習に対して、実生活を通じて行われる学習。➡生活教育

せいかつ-がっこう【生活学校】児童・生徒の生活経験を重視し、生活教育を実践する学校。

せいかつかつどう-たいしゃ【生活活動代謝】日常の生活活動や運動で消費するエネルギー。生活活動代謝量は1日の消費エネルギーの2割から3割とされる。➡基礎代謝

せいかつ-かん【生活感】喜怒哀楽の感情を持ち、学び、働くなどの活動を行う、人らしい雰囲気。また、住まいについて、いかにも人が暮らす所という感じ。「—のある人」「—の漂う部屋」

せいかつ-かん【生活環】《life cycle》生物の、前の世代の生殖細胞から出発し、生活史のある段階で次の世代をつくるまでの一周期の過程。環状の図に表されるのでいう。ライフサイクル。

せいかつ-かんすう【正割関数】►セカント

せいかつ-きゅう【生活給】労働者とその扶養家族の生活費を基準に算定される賃金。年齢給・勤続給・家族給などによって構成される。

せいかつ-きょういく【生活教育】知識中心の教育に対し、子供の生活を通じて、生活に必要な知識・技能・態度を形成しようとする教育。ペスタロッチが最初の主張者とされ、その後デューイの教育思想や、日本の生活綴り方運動の教育観にも及んだ。

せいかつ-きょうどうくみあい【生活協同組合】「消費生活協同組合」の略。

せいかつきょうどうくみあい-れんごうかい【生活協同組合連合会】複数の生活協同組合が共同で事業を行う組織。日本生活協同組合連合会・全国労働者共済生活協同組合連合会(全労災)・全国大学生活協同組合連合会など。個々の生協は、職域生協を除いて、都道府県の区域を越えて事業を行うことはできないが、連合会を結成することで複数の都道府県にまたがって事業を展開することができる。消費生活協同組合連合会。

せいかつきょうどうくみあいれんごうかい-グリーンコープれんごう【生活協同組合連合会グリーンコープ連合】関西・中国・九州14府県の生協で構成される生活協同組合連合会。昭和63年(1988)設立。本部は福岡県福岡市。グリーンコープ連合。

せいかつ-きょうどうたい【生活共同体】家族や村落のように、その成員が生活様式、生活の基盤などを共有する集団のこと。

せいかつ-く【生活苦】収入が少ないために生じる、生活を営んでいくうえでの苦労。

(類語)貧乏・貧困・貧窮・貧苦・窮乏・困窮・困乏・困苦・貧・赤貧・極貧・清貧・貧寒・素寒貧・不如意・文無し

せいかつ-くうかん【生活空間】❶人の行動をその時々に規定する、その人と環境の諸条件からなる力動的体系の全体。ドイツの心理学者レビンの用語。❷日常生活が営まれている環境の範囲。

せいかつクラブじぎょうれんごう-せいかつきょうどうくみあいれんごうかい【生活クラブ事業連合生活協同組合連合会】北海道から兵庫県まで21都道府県の33生協で構成される生活協同組合連合会。平成2年(1990)設立。本部は東京都新宿区。生活クラブ生協連合会。

せいかつクラブ-せいきょうれんごうかい【生活クラブ生協連合会】►生活クラブ事業連合生活協同組合連合会

せいかつ-けい【生活形】生物、特に植物が環境に適応して現す形態・性質の類型。休眠芽の位置により挺空植物・地表植物・地中植物などに分けるもののほか、種々の分類がある。

せいかつ-けん【生活権】人が社会的、文化的、経済的に一定水準の生活をする権利。

せいかつ-げんしょう【生活現象】生きている生物だけが示す、物質代謝や成長・生殖・運動・知覚などの諸現象。生命現象。

せい-かっこう【背格好】・【背×恰好】身長やからだつき。せかっこう。「—がそっくりの人」

(類語)恰幅・体つき・体格・体躯・筋骨・肉付き

せいかつ-し【生活史】❶生物個体の発生から死までの全生活過程。❷個人の生涯の歴史。

せいかつ-しどう【生活指導】児童・生徒の日常生活において、望ましい習慣や意欲的、探求的な生活態度を育てる指導。学習指導に対応した教育分野。

せいかつしゅうかん-びょう【生活習慣病】心臓病・高血圧症・糖尿病・癌・脂質異常症など、不適切な食事、運動不足、喫煙、飲酒などの生活習慣に起因すると考えられる病気。従来は成人病と呼ばれてきたが、平成8年(1996)厚生省(現厚生労働省)がこの名称を導入した。

せいかつ-じゅんびせつ【生活準備説】教育の目的は将来の社会生活に対する準備をすることにあるという考え方。児童中心・生活中心の新教育に対して、伝統的な教育観をいう。

せいかつじょうほう-ばんぐみ【生活情報番組】健康・料理・ファッション・旅行・地域情報など日常生活に関する情報の提供を主な内容とするテレビ・ラジオの番組。

せいかつ-すいじゅん【生活水準】ある国民階層などが示す消費生活の程度。測定には賃金統計・消費水準統計などが用いられる。

せいかつ-そうおん【生活騒音】►生活音

せいかつ-たんげん【生活単元】系統的・論理的な学問や知識の体系によらず、実生活の経験を中心として設けられた学習の単元。

せいかつ-つづりかた【生活×綴り方】生活の中で感じたことや考えたことをありのままに表現させる作文。この作文を通して、児童の社会的現実への認識を高め、ひいては教育全体の改革を意図したもの。これを主張した民間教育運動は昭和4年(1929)ごろから登場し、戦時下の中断を経て戦後復活。

せいかつ-どうせん【生活動線】家庭内で、日常生活を営むうえでの動線。居間や台所、浴室などの間を移動する線。➡動線

せいかつ-どうろ【生活道路】(自動車専用道路や幹線道路に対し)住宅街や商店街の道路のように道幅も狭く、自動車よりも人の通行の多い道路をいう。

せいかつ-なん【生活難】物価高や収入が少ないために、暮らしを立てるのが大変なこと。

せいかつ-ねんれい【生活年齢】人の誕生日から数える暦の上の年齢。満年齢と数え年がある。暦年齢。➡精神年齢

せいかつ-は【生活派】芸術上の一派。現実の生活を重視し、実生活の体験に基づいた創作を行うもの。特に、明治末期から大正時代にかけての近代短歌の一派をいう。石川啄木・土岐善麿・前田夕暮ら。

せいかつ-はんのう【生活反応】生きている場合にだけ起こる反応。皮下出血や、心音・脈拍・呼吸・瞳孔反射など。瀕死の患者の生存を確かめたり、死体の損傷が生存中のものかどうかを確かめたりするのに利用される。生体反応。

せいかつ-ひ【生活費】生活してゆくために必要な費用。生計費。

せいかつふかっぱつ-びょう【生活不活発病】►廃用症候群

せいかつふくししきん-かしつけせいど【生活福祉資金貸付制度】低所得世帯や障害者・高齢者が属する世帯を対象に、無利子または低利で資金を貸し付ける制度。厚生労働省が定め、都道府県社会福祉協議会が実施する。昭和30年(1955)創設。(補説)更生資金、療養・介護等資金、災害援護資金、緊急小口資金など10種類の貸付資金があったが、平成21年(2009)に見直され、総合支援資金、福祉資金、教育支援資金、不動産担保型生活資金の四つに整理統合された。

せいかつ-ふじょ【生活扶助】生活保護法に基づく保護の一。困窮のために最低限度の生活を維持することができない者に対し、衣食その他日常生活の需要を満たすために行われる金銭給付。更生施設などへの収容や現物で給付されることもある。

せいかつ-ほご【生活保護】►生活保護制度

せいかつほご-せいど【生活保護制度】生活に困窮している国民に、困窮の程度に応じた保護を行って最低限度の生活を保障するとともに、その自立を助けるための制度。生活保護法に基づく。保護の内容には、生活扶助・教育扶助・住宅扶助・医療扶助・介護扶助・出産扶助・生業扶助・葬祭扶助がある。自治体の福祉事務所に保護申請を行い、預金・不動産などの資産調査、年金や就労収入の調査、就労の可能性の調査、親族の援助調査などを経たあと、保護の要否が判定される。生活保護。

せいかつほご-ほう【生活保護法】日本国憲法の理念に基づき、国が生活に困窮するすべての国民に対し、必要な保護を行い、最低限度の生活を保障するとともに、その自立を助長することを目的とする法律。昭和25年(1950)施行。

せいかつ-ようしき【生活様式】ある社会・集団に属する人に共通してみられる生活の型。

せいかつ-ようすい【生活用水】日常生活で使用される水。家庭で使用される家庭用水と、企業や飲食店などで使用される都市活動用水とを合わせたものをいう。

せいかつ-りょく【生活力】社会生活を営むのに必要な能力。多く経済的能力についていう。「—のある人」

せいかつろせん-バス【生活路線バス】買い物や通学・通勤、通院など、地域住民の日常生活ために運行される路線バス。

せいかどう-ぶんこ【静嘉堂文庫】東京都世田谷区にある図書館。岩崎弥之助・小弥太父子2代の収集による蔵書からなる。中国、清末の蔵書家、陸心源の旧蔵書の漢籍を中心に、和書にも珍籍が多い。

せいカトリーナ-しゅうどういん【聖カトリーナ修道院】《Saint Catherine》エジプトのシナイ山の山麓にある修道院。初期キリスト教聖書の写本を所蔵する図書館や、イコン作品のコレクションで知られる。シナイ山は旧約聖書「出エジプト記」で預言者モーセが神から十戒を授かったとされる地。この地域は、2002年「聖カトリーナ修道院地域」として世界遺産(文化遺産)に登録されている。

せいカニス-だいせいどう【聖カニス大聖堂】《St. Canice's Cathedral》►セントカニス大聖堂

せいか-ぶつ【青果物】野菜と果物。青果。

せいガブリエル-しゅうどういん【聖ガブリエル修道院】《Mor Gabriel Manastırı》トルコ南東

部の町ミディヤットの南東約20キロメートルにある修道院。4世紀末の創設。シリア正教会最古の修道院として知られる。7世紀に同地を支配したカリフの名をとって、ウマル修道院とも呼ばれる。

せいか-ほう【青化法】❶鉱石中の金・銀を青化ソーダや青化カリの溶液を用いて溶かし出す製錬法。❷鋼の表面硬化法の一。青化カリを用いて表面に窒素を浸透させるもの。

せいかほうしゅうがた-こうこく【成果報酬型広告】▶アフィリエートプログラム

せいか-もじ【西夏文字】西夏で用いられた表意文字。1036年国定文字として公布され、以後400年余り使われた。漢字によく似た形をもち、総数六千数百字。縦書きで、楷書・行書・草書・篆書の書体がある。日本の西田竜雄により、その大部分が解読された。

せいか-ゆそう【正貨輸送】金本位制度のもとで、国際間の決済などのために正貨を外国に輸送すること。

せいか-リレー【聖火リレー】ギリシャのオリンピアで採火された聖火を、オリンピック開催地の主競技場の聖火台まで運ぶリレー。1936年のベルリン大会から実施。

せいか-ろう【栖霞楼】平安京大内裏の豊楽院正殿の東にあった楼。西の霽景楼に対する。東楼。

せい-かん【世官】官職を世襲すること。また、その官職。「封建の時代に世位—の風あるも」〈福沢・文明論之概略〉

せい-かん【正官】位階に相当する官。また、官制で定めた正規の官。

せい-かん【生還】〔名〕スル ❶危険な状態をきりぬけて生きて帰ること。「戦場から—する」❷野球で、走者が本塁に帰って得点すること。ホームイン。「二塁から走者が—する」

せい-かん【成漢】中国、五胡十六国の一。304年、氐族の李特が四川に建国。国号は成、のち漢とした。都は成都。347年、東晋の桓温に滅ぼされた。後蜀。

せい-かん【西漢】前漢の異称。

せい-かん【性感】刺激によって起こる性的興奮。性的感覚。

せい-かん【星漢】天の川。銀河。銀漢。

せい-かん【×穽陥】おとし穴。陥穽。

せい-かん【清閑】〔名・形動〕俗事にわずらわされず静かなこと。また、そのさま。手紙文で、相手を敬ってその閑暇な状態をいうときにも使う。「その庭に至ればはなはだ—で」〈中島敦・弟子〉

類語 静か・密やか・しめやか・静寂・静粛・静閑・閑静・閑散・閑寂・しじま・森閑・深深・森森・沈沈・寂寂・寂寞・寂然・寂然・寂寂・寂寂・関関・闃然・粛然

せいかん【清韓】▶文英清韓

せい-かん【清鑑】他人の鑑識のすぐれていることを敬っていう語。自分の詩文・書画などを人に見てもらうときなどに使う。「御—を仰ぎたく」

せい-かん【盛観】りっぱで盛大な見もの。「—を極めた祭典」

せい-かん【精×悍】〔名・形動〕顔つきや態度に勇ましく鋭い気性が現れていること。また、そのさま。「—な目つき」派生 せいかんさ〔名〕

類語 勇ましい・果敢・勇敢・勇壮・りりしい・雄雄しい・勇猛・剛勇・忠勇・壮・壮烈・英雄的・ヒロイック（「—と」「—たる」の形で）敢然・決然・凜然・凜凜・凜乎・颯爽

せい-かん【精管】男性の生殖器で、精巣から精子を精嚢に輸送し、尿道に開口する管。輸精管。

せい-かん【製缶】缶・ボイラー・タンクなどを作ること。

せい-かん【静閑】〔名・形動〕ひっそりともの静かなこと。また、そのさま。閑静。「甚だ—なる田園なれば」〈竜渓・経国美談〉

類語 静か・密やか・しめやか・静寂・静粛・閑静・閑散・閑寂・清閑・しじま・森閑・深深・森森・沈沈・寂寂・寂寞・寂然・寂然・寂寂・寂寂・関関・闃然・粛然

せい-かん【静観】〔名〕スル ❶静かに観察すること。また、行動を起こさずに物事の成り行きを見守ること。「しばらく事態を—しよう」❷事物の奥に隠された本質的なものを見極めること。

せい-かん【×擠陥】人を罪におとし入れること。「功臣連の排斥—の跡」〈中島敦・李陵〉

せい-がん【正眼】❶正視すること。「然る後ふと—を得てさて観ずれば」〈二葉亭・浮雲〉❷（「青眼」「晴眼」「星眼」「清眼」とも書く）剣の構え方の一。剣の先を相手の目の位置に向けて中段に構えること。

せい-がん【西岸】西側の岸。

せい-がん【青眼】❶《晋の阮籍が、好感のもてる人は青眼で迎え、嫌な人は白眼で迎えたという「晋書」阮籍伝の故事から》親しい人が訪れたとき、喜んで迎える目つき。⇔白眼。❷「正眼❷」に同じ。

せい-がん【晴眼】❶はっきり見える目。盲人の側からいう。「—者」❷「正眼❷」に同じ。

せい-がん【聖顔】天子の顔。竜顔。天顔。

せい-がん【誓願】〔名〕スル ❶神や仏に誓いを立て、物事が成就するように願うこと。❷仏・菩薩が衆生を救おうと願って立てた誓い。

類語 祈り・祈念・祈祷・加持・黙祷・祈願・発願・願掛け・立願・代願・願う

せい-がん【請願】〔名〕スル ❶こいねがうこと。目上の人などに願い出ること。「会社に復職を—する」❷国民が国または地方公共団体の機関に対して、損害の救済、公務員の罷免、法律・命令・規則の制定・廃止・改正その他の事項に関し、文書で希望を申し出ること。日本国憲法で権利（請願権）として認められているもので、請願法・国会法・地方自治法に手続規定がある。「国会に—する」「—書」類語 陳情・願う

ぜい-かん【税関】開港場・空港・国境などで、貨物の輸出入の許否、関税・トン税などの賦課・徴収、船舶・航空機および旅客の携帯品の取り締まりなどの事務を取り扱う官庁。財務省の地方支分部局。

せいかんいん-の-みや【静寛院宮】和宮の剃髪後の称。

ぜいかん-うわや【税関上屋】税関で、輸出入貨物を一時的に保管するための場所。

せいかん-うん【星間雲】星間物質が10光年程度の範囲に集まったもの。これらは、別々の速度で動き回っている。

せいがんかいようせい-きこう【西岸海洋性気候】大陸の西岸にみられる温帯湿潤気候。暖流・偏西風気圧配置の影響で気温の年較差が小さく、特に冬は温和で、降水量も毎月平均している。西ヨーロッパでは広範囲にみられる。

せいがん-きこう【西岸気候】大陸の西岸の地域を特徴づける気候。比較的温和で、中・高緯度地方では冬は高温・多雨、夏はその逆になる所が多い。➡東岸気候

ぜいかん-くうこう【税関空港】関税法に基づき、外国貿易のために政令で定められた空港。

せいがん-けん【請願権】請願❷のできる権利。

せいかん-けんぽ【政管健保】「政府管掌健康保険」の略。

せい-かんごし【正看護師】国家試験に合格し、厚生労働大臣の免許を受けた看護師。准看護師と区別していう。正看。

せい-かんごふ【正看護婦】正看護師の旧称。

せいがん-ざい【制×癌剤】癌・肉腫・白血病などの悪性腫瘍の細胞の発育を抑える薬。マスタードガスから誘導されたナイトロジェンマスタードなどのアルキル化剤、抗生物質、ホルモン剤など。抗癌剤。

せいかん-じ【清閑寺】京都市東山区の真言宗智山派の寺。山号は歌中山。延暦21年（802）紹継の創建で、佐伯公行の中興という。初め天台宗だったが、慶長年間（1596〜1615）に性盛が復興、真言宗に改めた。境内に六条・高倉両天皇の陵がある。

せいがん-じ【誓願寺】京都市中京区にある浄土宗西山深草派の総本山。天智天皇の勅願により三論宗の寺として奈良に創建。開山は恵隠。平安遷都後は深草に移り、21世の蔵俊が法然に帰依して浄土宗に改めた。天正19年（1591）豊臣秀吉の命で現在地に移転。

せいがん-じゅんさ【請願巡査】町村や私人からの願い出によって巡査を派遣する制度。また、派遣された巡査。費用は請願者が負担した。昭和13年（1938）廃止。

ぜいかんしょくいんによるあへんえんゆにゅうとう-ざい【税関職員による×阿片煙輸入等罪】税関職員が阿片やその吸引器具を輸入したり、輸入を許可したりする罪。刑法第138条が禁じ、1年以上10年以下の懲役に処せられる。税関職員による阿片煙輸入罪。

せいかん-じん【星間×塵】固体の微粒子からなる星間物質。

せい-かんせんしょう【性感染症】▶性行為感染症

せいかん-たい【性感帯】刺激によって性欲や性感などが誘発される身体部分。性器・乳房など。

せいカンティアヌス-きょうかい【聖カンティアヌス教会】《Cerkev Sv. Kancija》スロベニア北西部の都市クラーニの旧市街にあるゴシック様式の教会。6世紀以前の創建。10世紀にマジャール人の侵攻により破壊。14世紀に再建され、現在の姿になった。

せいがんと-じ【青岸渡寺】和歌山県東牟婁郡那智勝浦町にある天台宗の寺。山号は那智山。仁徳天皇の時、インド僧裸形上人の創建と伝える。西国三十三所第一番札所。平成16年（2004）「紀伊山地の霊場と参詣道」の一部として世界遺産（文化遺産）に登録された。那智の観音。

せいかん-トンネル【青函トンネル】本州と北海道を結ぶ世界最長の鉄道トンネル。JR津軽海峡線の主要部で、青森県東津軽郡今別町から竜飛崎、津軽海峡の海底部分23.3キロを通り、松前半島の上磯郡知内町湯の里に至る。全長53.85キロ。昭和60年（1985）貫通、同63年開業。

せいかん-ぶっしつ【星間物質】恒星間の空間に存在する希薄な物質。水素を主成分とするガスと、わずかな固体微粒子とからなる。

せいがん-りき【誓願力】仏・菩薩が誓願によって得た力。

せいかん-れんらくせん【青函連絡船】青森と函館とを結ぶ旧国鉄の鉄道連絡船。明治41年（1908）運航開始。青函トンネルによるJR津軽海峡線の開通により昭和63年（1988）廃止。

せいかん-ろん【征韓論】明治初期の対朝鮮強硬論。特に、明治6年（1873）西郷隆盛・板垣退助らによって排日・鎖国下の朝鮮に出兵しようとした主張をさす。内治優先を唱える岩倉具視・木戸孝允・大久保利通らの反対で西郷らは官を辞して下野。

せい-き【世紀】❶《century》西暦で、100年を単位とする年代の数え方。キリスト生誕の年を基点として数える。21世紀は2001年から2100年まで。❷ある、ひと続きの年月。時代。「科学の—」❸（「世紀の」の形で）1世紀に一度しかないほどまれなこと。「—の大事件」「—のロマンス」

類語 時代・年代・時期・時世・時節・世・時・時世・エポック

せい-き【正気】❶天地間に存在するという、物事の根本をなす気。❷正しい気風・気性。「神州の—と申すべき有難き人々なり」〈染崎延房・近世紀聞〉

せい-き【正規】正式の規則。また、それに基づいていること。「—の資格」

類語 正しい・正式・本当

せい-き【生気】❶いきいきとした感じ。活気。「—のない顔」「—がよみがえる」❷万物を育てる自然の力。類語 活気・元気・血気・景気・精気・神気・鋭気・壮気・覇気・威勢・活力・精力・気力

せい-き【生起】〔名〕スル　ある事件や現象などが現れ起こること。「心の中に―するさまざまな感情」
類語 生まれる・起こる・始まる・起きる・生ずる・兆きす・発する・発生する・湧く・出来る
せい-き【成規】成文化された規則。
せい-き【西紀】西洋の紀元。西暦。
せい-き【制規】きまり。制度や規定。「数学の時間には英語より外の語は使われぬという―であった」〈子規・墨汁一滴〉
せい-き【性器】生殖器官。生殖器。
類語 局部・局所・陰部・恥部・隠し所
せい-き【×旌旗】はた。のぼり。「ことごとく漢陣の―を倒し」〈中島敦・李陵〉
せい-き【清気】澄んでいてきれいな空気。また、清らかな気。「大自然の―に触れる」
せい-き【清規】▶しんぎ(清規)
せい-き【清×暉｜清輝】月や日の清らかな光。
せい-き【盛期】盛んな時期。「収穫の―」
類語 盛り・旬・最盛期・盛時・黄金時代・花
せい-き【×腥気】なまぐさいにおい。「胸悪き一種の―ありて」〈紅葉・金色夜叉〉
せい-き【精気】❶万物を生成するもとになるもの。万物の根源の気。「自然の―」❷人の生命を活動させるもとになる力。精力。「―を取り戻す」
類語 元気・士気・意気・志気・景気・活気・生気・神気・鋭気・壮気・覇気・威勢・活力・精力・気力・血気
せい-き【精機】「精密機械」の略。
せい-き【精騎】えりぬきの騎兵。「数多の―に打囲まれ、進み来りし有様は」〈竜渓・経国美談〉
せい-ぎ【正義】❶人の道にかなっていて正しいこと。「―を貫く」「―の味方」❷正しい意義。また、正しい解釈。「四書―」「其実はあたの語の―に非るなり」〈西村茂樹・明六雑誌三三〉❸人間の社会行動の評価基準で、その違反に対し厳格な制裁を伴う規範。
類語 道義・人道・人倫・大道・義・仁義・道徳・倫理・徳義・世道・公道・公徳・規範・大義・徳・道ど・モラル・モラリティー
せい-ぎ【正議】正しい議論。正論。「幸に国王―に左袒し」〈東海散士・佳人之奇遇〉
せい-ぎ【西魏】中国の国名。南北朝時代に北魏が分裂したとき、宇文泰うぶんが文帝を擁立して535年に建国。556年、泰の子である宇文覚が帝位を譲り受けて北周を建国し、滅亡。➡魏㊂
せい-ぎ【声×妓】歌をうたって酒宴の席をとりもつ女性。うたいめ。
せい-ぎ【盛儀】華やかでりっぱな儀式。
類語 栄典・祝典・祝儀・祭典・祭礼・祭儀・大祭・大儀・大礼・大典・典礼・儀式・式典
せい-ぎ【精義】正確な意義。また、詳しい解釈。
せいキーラン-きょうかい【聖キーラン教会】《Teampall Chiarain》▶キーラン修道院
せいキーラン-しゅうどういん【聖キーラン修道院】《Teampall Chiarain》▶キーラン修道院
せいき-か【正規化】〔名〕スル　一定の規則に従い、データを変形し利用しやすくすること。リレーショナルデータベースの設計でよく用いられる。
せいぎ-かん【正義感】不正を憎み、正義を尊ぶ気持ち。「―に燃える」
せいぎ-かん【正義漢】正義を重んじて行動する男性。
せいき-きょくせん【正規曲線】数学で、正規分布を表す曲線。左右対称の鐘形になる。ガウス曲線。
せいき-ぐん【正規軍】国家によって制度化され編制された正式の軍隊。類語 常備軍・レギュラーアーミー・スタンディングアーミー
せいき-こよう【正規雇用】正社員のように、期間を特に限定せず定年まで契約を結ぶ雇用形態。⇔非正規雇用。
せいき-さん【正期産】妊娠37週以降42週未満での出産。分娩予定日の3週間前から2週間後の間に出産すること。➡過期産　➡早産
せいき-しゃいん【正規社員】▶正社員
せいき-しょうがく【生気象学】気象・気候が生体に及ぼす影響を研究する学問。
せいき-すうはい【性器崇拝】▶生殖器崇拝
せいき-だつ【性器脱】▶骨盤臓器脱
せいきてき-せいかく【性器的性格】精神分析で、性的発達が、口唇期・肛門期を経て性器に快感を覚える段階に達した性格。
せいのう-しょうがい【性機能障害】性交を妨げるさまざまな障害の総称。男性の場合、性欲減退・勃起障害・射精障害・極致感障害など。女性の場合、性欲減退・性興奮障害・極致感障害・性交痛・膣痙など。
せいき-の-うた【正気歌】㊀中国、宋末の宰相文天祥が元軍と戦って敗れ捕らえられ、元の大都(北京)の獄中にあって作った五言の古詩。節を曲げず忠義を貫く心をうたったもの。㊁江戸末期、藤田東湖が作った五言古詩。尊王の心をうたい、志士たちの士気を高めた。吉田松陰にも同名の作品がある。
せいき-びょう【世紀病】一つの時代・社会の爛熟らんじゅく期から衰退期にあって、懐疑的な思潮のもとに生まれる反現実的・退廃的な心的状態。フランスを中心とするヨーロッパでは、18世紀末の初期ロマン主義、19世紀末のデカダンスなどにみられる。
せいき-ひょうげん【正規表現】コンピューターで文字列の検索や置換を行う時に用いられる表記法。通常の文字のほかに、メタキャラクターという特殊の意味をもつ記号を組み合わせることにより、特定の文字列のパターンを検索・抽出・置換することができる。
せいき-ぶんぷ【正規分布】数学で、統計資料をいくつかの階級に分けたとき、その平均値の度数を中心に、正負の値の度数が同程度に広がる分布。グラフは正規曲線となる。ガウス分布。
せいき-まつ【世紀末】❶19世紀末、ヨーロッパで懐疑的・退廃的な思潮・傾向が広まった時期。「―文学」❷一般に、世紀の末期。また、一つの社会で、最盛期を過ぎて、退廃的な現象がみられる時期。
せい-きゃく【政客】▶せいかく(政客)
せい-きゅう【制球】野球で、コントロールのこと。「―難」「―力」
せい-きゅう【性急】〔名・形動〕❶気が短くせっかちなこと。また、そのさま。「―な結論を避ける」❷物事の進みかたが急であること。また、そのさま。「―な解決を要する問題」類語 せっかち・気早
せい-きゅう【青宮】《「青」は東・春の意》皇太子の宮殿。また、皇太子。東宮とう。せいぐう。
せい-きゅう【聖×躬】天子のからだ。玉体。
せい-きゅう【精究】〔名〕スル　詳しく調べ、明らかにすること。「勧農の術を―せり」〈新聞雑誌四六〉
せい-きゅう【請求】〔名〕スル　❶ある行為をするように相手方に求めること。また特に、金銭の支払い、物品の受け渡しなどを求めること。「情報開示の―」「代金を―する」❷民事訴訟法上、原告が訴えによってその趣旨および事実関係の当否について裁判所の審理・判決を求めること。類語 求める
せいきゅうき【西宮記】▶さいきゅうき(西宮記)
せいきゅう-けん【請求権】他人に対し、一定の行為を請求できる権利。物権・債権などから生じる。
せいきゅう-しょ【請求書】物品や代金の支払いなどを請求するために出す文書。
せいきゅうせいせいしきそせい-ひんけつ【正球性正色素性貧血】赤血球の大きさ、赤血球に含まれるヘモグロビンの濃度のどちらも正常範囲内にあるが貧血を呈するもの。溶血性貧血・続発性貧血・急性白血病・悪性リンパ腫・多発性骨髄腫・再生不良性貧血など多くの疾患でみられる。➡小球性低色素性貧血
せいきゅうせい-ひんけつ【正球性貧血】貧血の分類の一つ。赤血球の大きさは正常範囲内にあるが貧血を呈するもの。正球性正色素性貧血となることが多い。➡小球性貧血　➡大球性貧血
せいきゅう-もくろみしょ【請求目論見書】投資家から請求があったときに交付される目論見書。交付目論見書に記載されていない、投資信託に関する詳細な情報が記載されている。
せい-きょ【逝去】〔名〕スル　他人を敬って、その死をいう語。「先生が―される」
類語 死ぬ・死亡・死去・死没・永逝・長逝・永眠・往生・他界・物故・絶息・絶命・大往生・お陀仏だぶ・死する・辞世・成仏・昇天・崩御・薨去こう・卒去・瞑目めい・落命・急逝・夭折よう・夭逝
せい-きょ【盛挙】盛大な計画や事業。
せい-ぎょ【生魚】❶生きている魚。❷新鮮な魚。また、なまの魚。なまざかな。鮮魚。
せい-ぎょ【成魚】十分に成長した魚。稚魚・幼魚に対していう。
せい-ぎょ【制御｜制×禦｜制×馭】〔名〕スル　❶相手を押さえて自分の思うように動かすこと。「欲望を―しきれない」❷機械・化学反応・電子回路などを目的の状態にするために適当な操作・調整をすること。「運転を自動的に―するシステム」類語 コントロール・加減・リモートコントロール・統御・手加減
せい-きょう【正教】❶正しい教え。また、正しい宗教。❷「東方とう正教会」の略。
せい-きょう【生協】「消費生活協同組合」の略。
せい-きょう【西教】西洋の宗教。キリスト教。
せい-きょう【制教】律宗の教判の一。身・口く・意の三業による過誤を制止する教えのこと。律を守る教え。➡化教けきょう
せい-きょう【政況】政治の状況。政治のありさま。「地方―」
せい-きょう【政教】❶政治と宗教。❷政治と教育。
せい-きょう【清興】上品な楽しみ。風雅な遊び。「突然、訪客を告げる小間使が、先生の―を妨げてしまった」〈芥川・手巾〉
せい-きょう【盛況】催し物に多くの人が集まって、盛んなようす。「バザーは―のうちに終わった」
類語 活況・好況・好景気
せい-きょう【聖教】❶聖人の教え。特に、孔子の教え。❷神聖な教え。特に、キリスト教。
せい-きょう【聖経】❶聖人が著した書物。また、聖人の教えが書いてある書物。せいけい。❷聖書。バイブル。「実に―の行わるる国土こそ道に遺を拾わずと云可けれと」〈福沢・学問のすゝめ〉
せい-きょう【誠恐】心から恐れ入ること。多く、手紙文などで用いる。「―謹言」「―誠惶せい」
せい-きょう【精強】〔名・形動〕とびぬけて強いこと。また、そのさま。「―を誇る」「―な部隊」
せい-ぎょう【世業】先祖から代々受け継いできた仕事・事業。せぎょう。
せい-ぎょう【正業】社会で容認されている、まともな職業。堅気の商売。「―に就く」
せい-ぎょう【生業】生活のための職業。なりわい。すぎわい。「八百屋を―とする」類語 職業・職・仕事・なりわい・商売・家業・稼業・ビジネス
せい-ぎょう【成業】〔名〕スル　❶学問や事業などを成し遂げること。「最早学問も―したるが故に」〈福沢・学問のすゝめ〉❷奈良・平安時代、官吏登用の課程を踏み、秀才・進士・明経みょうぎょう・明法みょうぼうなどの試験に合格し、官職任用の資格を得ること。
せい-ぎょう【盛業】事業・商売などが栄えていること。また、盛大な事業。
せい-ぎょう【聖業】神聖な事業。また、天子の行う事業。
せい-きょういく【性教育】性に関する科学的知識や社会における男女としての認識を養い、社会的人格の完成を目ざす教育。
せい-きょういん【正教員】正規の資格をもつ教員。旧制の小学校で、本科正教員と専科正教員。
せいきょう-かい【正教会】「東方とう正教会」の略。
せいきょう-しゃ【政教社】明治21年(1888)三宅雪嶺みやけせつれい・志賀重昂しがしげたか・井上円了らが設立した

国粋主義的文化団体。機関誌「日本人」を発行。

せい-きょうと【清教徒】▶ピューリタン❶

せいきょうと-かくめい【清教徒革命】▶ピューリタン革命

せいきょう-ぶんり【政教分離】政治と宗教の結びつきを切ること。宗教団体が政治に介入することも、また、国家が宗教団体や個人の信仰に干渉することをも禁止するという原則。

せいきょうようろく【聖教要録】江戸前期の儒学書。3巻。山鹿素行著。寛文5年(1665)成立。朱子学を批判し、古学の要点を説いたもの。

せい-ぎょき【盛漁期】漁の盛んな時期。漁業の忙しい時期。

せい-きょく【世局】世の成り行き。時局。「おのがじしなる挙動をして、この―を渡るものから」〈逍遥・小説神髄〉

せい-きょく【正極】電気で、陽極。磁石で、N極。⇔負極(ふきょく)。

せい-きょく【声曲】❶詞章に節をつけて歌うもの。❷日本の伝統音楽で、声楽曲のこと。雅楽・能楽・声明(しょうみょう)などは含めず、主に近世の三味線音楽についていう。

せい-きょく【政局】❶ある時点における政治の動向。政界の情勢。「―が行き詰まる」❷政党内・政党間の勢力争い。特に、与党内での主導権争い。多く、国会などでの論戦によらず、派閥や人脈を通じた多数派工作として行われる。「―になる」

せい-ぎょく【青玉】❶サファイア。❷竹のこと。

せいきょくるいさん【声曲類纂】江戸後期の音楽書。5巻6冊。斎藤月岑(さいとうげっしん)著。天保10年(1839)成立、弘化4年(1847)刊。浄瑠璃を中心に近世音曲の歴史・曲目・演奏者の伝記などを述べたもの。

せいぎょ-コード【制御コード】▶制御文字

せいぎょ-そうち【制御装置】コンピューターで、与えられた命令を解読して必要な信号を送り、自動的に処理が進行するように制御する装置。

せいぎょ-たく【制御卓】▶コンソール

せいぎょ-ばん【制御盤】機械や電気装置の遠隔操作などで、制御用のスイッチ・計器類をまとめて備え付けてある盤。

せいぎょ-プログラム【制御プログラム】コンピューターによる処理が円滑に能率よく実行されるよう補助する機能をもつ管理的プログラム。コントロールプログラム。

せいぎょ-ぼう【制御棒】原子炉内の中性子密度を一定に制御するために出し入れする棒。中性子を吸収しやすいカドミウム・硼素(ほうそ)などで作る。

せいきょ-ほういずほう【正距方位図法】方位図法のうち、地図の中心から世界各地への距離と方位が正しく表されるようにした図法。接点が極にあれば、経線は等角度で放射する直線、緯線は等間隔の同心円となる。

せいぎょ-もじ【制御文字】コンピューターで文字データを扱う際、改行などを制御する特別な文字。画面や印刷には表示されない。コントロール文字。制御コード。コントロールコード。

せい-ぎり【精切り】〔副〕《「せいきり」とも》力の限り努力するさま。精一杯。「朝カラ晩マデ―一冊ノ本ヲ書イタ」〈和英語林集成〉

せいき-ろん【生気論】生命現象は物理・化学的現象とはまったく異なり、独特の原理(活力)に基づくという説。生気説。活力説。

せい-きん【生×擒・生×禽】いけどりにすること。生獲。

せい-きん【制禁】ある行為を禁止すること。禁制。「―を加うるを当然なりとす」〈中村訳・自由之理〉

せい-きん【青×衿・青襟】《「詩経」鄭風・子衿の「青青たる子が衿」の句の注「青衿は青い領なり、学子の服するところ」から》学生のこと。

せい-きん【精勤】〔名〕スル 仕事や学業などにまじめに励むこと。「業務に―する」「―手当」(類語)勤勉

せい-ぎん【清吟】〔名〕スル りっぱに吟詠すること。すばらしい吟詠。また、他人の吟詠をほめていう語。

ぜい-きん【税金】国または地方公共団体に租税として納付する金銭。「―がかかる」「―を納める」
(類語)税・租税・タックス

せいきん-は【星×菫派】❶天の星や地の菫(すみれ)に託して恋愛をうたった浪漫派詩人の一派。明治30年代の与謝野鉄幹・晶子を中心にした明星派の人たちをさす。❷優美で可憐な詩風の叙情詩人や、そうした傾向のある人のこと。

せいきん-ワクチン【生菌ワクチン】▶生(なま)ワクチン

せい-く【成句】❶慣用句のこと。「顔が広い」「足を洗う」など。❷古くから広く世間で習慣的に用いられるひとまとまりの言葉。「猿も木から落ちる」「時は金(かね)なり」などのことわざや格言の類。成語。
(類語)慣用句・イディオム

せい-く【声区】音色によって分けた人声の区分。通常、低・中・高の三つの声区に分け、それぞれ胸声・中声・頭声とよぶ。

せい-く【聖句】❶神聖な言葉。❷聖書の中の言葉。

せい-ぐ【性具】性行為の際に補助的に用いる器具。

ぜい-く【×贅句】むだな文句。不必要な言葉。

せい-くう【晴空】晴れた空。「数点の星光―に現出して」〈織田訳・花柳春話〉

せい-ぐう【青宮】▶せいきゅう(青宮)

せいくう-けん【制空権】戦時または非常の事態に際して、主に航空兵力によって一定範囲の空域を支配する権力。

せい-ぐすり【精薬】精力をつける薬。強精剤。「山椒醤油蒲焼で、軍兵共の―」〈浄・国性爺後日〉

せいグマルス-きょうかい【聖グマルス教会】《Sint Gummaruskerk》ベルギー北部の都市、リールにあるブラバントゴシック様式の教会。14世紀から16世紀にかけて建造。美しいステンドグラスで有名。

せい-くらべ【背比べ・背▽較べ】〔名〕スル 背丈を比べること。丈比べ。「兄と―する」「どんぐりの―」

せいくる セイウチの上あごにある2本の牙(きば)。

せい-くん【正訓】❶漢字本来の意味に即した訓読みのしかた。❷万葉集などの用字法の一。漢字本来の意味に基づく訓によるもの。「やまかわ」を「山河」と表記する類。➡義訓(ぎくん)

せい-くん【聖訓】聖人・天子の示す教訓。

せい-くん【請訓】〔名〕スル 外国駐在の大使・公使・使節などが本国政府に指示を求めること。「亡命希望者の処置について―する」⇔回訓。

せい-ぐん【星群】▶運動星団

せい-け【清家】明経(みょうぎょう)道の儒家である清原家のこと。一条天皇のころ始まり、中家(ちゅうけ)と並び称された。

せい-けい【世系】❶祖先から代々受け継いだ系統。ちすじ。血統。❷系図。系譜。

せい-けい【正系】正しい系統。正しい血筋。正統。

せい-けい【正経】〔名・形動〕正しいみち。行動などの正しいこと。また、そのさま。「承当したる事件を、―に成し完(まっとう)する事」〈中村訳・西国立志編〉

せい-けい【生計】生活のための手段・方法。活計。「一家の―を立てる」
(類語)生活・活計・糊口(ここう)・口・口過ぎ・口過ごし・口しのぎ・身過ぎ・世過ぎ

せい-けい【成形】〔名〕スル かたちづくること。また、ある形に作ること。形成。「胸郭―」「明治十四五年の交に―したる在野二政党」〈小林雄七郎・薩長土肥〉

せい-けい【成型】〔名〕スル 型を用いて一定の形状に加工すること。(類語)造形・整形

せい-けい【成×蹊】《「史記」李広伝賛から》徳のある人の所には、だまっていても人が集まることのたとえ。➡桃李(とうり)もの言わざれども下(した)自(おのずか)ら蹊(みち)を成す

せい-けい【西経】英国のグリニッジ天文台跡を通る子午線を零度とし、その西方180度までの間の経度。⇔東経。

せい-けい【政刑】政治と刑罰。「余(われ)其職を奉ずると雖も一当を失うものあり」〈染崎延房・近世紀聞〉

せい-けい【政経】政治と経済。「―学部」

せいけい【盛京】清朝の北京遷都前の首都。遷都後も陪都として奉天とよばれた。今の瀋陽(しんよう)。

せい-けい【聖経】聖人の記した書物。また、聖人の言行を記録した書物。

せい-けい【整形】〔名〕スル 形を整えること。特に、手術などによってからだの部分の形を整えること。「鼻を―する」(類語)造形・成型

せい-けい【整経】製織の準備工程で、縦糸の必要な本数・長さ・張力などをそろえること。

せいけい-がた【成形型】陶磁器の形をつくるのに使う型。石膏(せっこう)製・素焼き製・金属製などがある。

せいけい-げか【整形外科】骨格・関節・筋肉・神経など運動器系統の機能障害と形状変化を研究し、その予防・治療を行う外科の一分科。

せいけいげか-い【整形外科医】整形外科を専門とする医師。

せいけい-けんでん【聖経賢伝】聖人の述作した書物と、それに基づいて賢人の書き伝えた書物。

せいけい-こう【井陘口】中国河北省西部、井陘山中の狭路。古来、交通・軍事上の要地で、前204年、漢の劉邦の臣の韓信が趙の軍を破り、趙王歇(けつ)を捕らえた所。また、安禄山と唐軍との激戦地。土門関。

せい-けいしつ【性形質】▶性徴(せいちょう)

せいけい-しゅじゅつ【整形手術】先天性・後天性の形態異常や運動機能の障害を矯正し、回復を図るための外科的手術。広くは美容のための手術も含めていう。

せいけい-ずほう【星形図法】地図投影法の一。極を地図の中心とし、星形の枠の中に世界全図を表す図法。星状図法。

せいけい-だいがく【成蹊大学】東京都武蔵野市にある私立大学。明治39年(1906)設立の私塾成蹊園に始まり、旧制の成蹊高等学校を経て、昭和24年(1949)新制大学として発足。

せいけい-ひ【生計費】生活を維持するために必要な費用。生活費。

せいけいひ-しすう【生計費指数】家計の生活費に基づいて算出される物価指数。消費者物価指数の前身にあたる。

せいけい-ひん【成型品】原料を型に注入したり加熱したりして、一定の形に加工した製品。

せいけい-ろう【霽景楼】平安京大内裏の豊楽院(ぶらくいん)正殿の西にあった楼。東の栖霞(せいか)楼に対する。西楼。

せいゲオルギオス-だいせいどう【聖ゲオルギオス大聖堂】《Aya Yorgi》トルコのイスタンブールにある大聖堂。旧市街のハリチ湾(金角湾)に面するファナリ地区に位置する。1600年頃より、東方正教会の筆頭となるコンスタンチノープル総主教の主教座が置かれる。オスマン帝国支配下もキリスト教徒の中心地として認められた。何度も再建され、現在は19世紀半ば頃の新古典主義風の外観をもつ。

せいゲオルギ-きょうかい【聖ゲオルギ教会】《Tsarkva Sveti Georgi》ブルガリアの首都ソフィアの中心部にある教会。ローマ帝国時代の4世紀に創建。内部には10世紀から14世紀にかけてのフレスコ画があり、周囲には浴場跡をはじめとする古代ローマの遺跡がある。

せいゲオルゲ-きょうかい【聖ゲオルゲ教会】《Biserica Sfântul Gheorghe》ルーマニア北東部の都市スチャバの聖イオアン新修道院にある教会。16世紀にモルドバ公ボグダン3世により建造され、シュテファン大公の時代に完成した。内部には、キリストの生涯や諸聖人を描いた色鮮やかなフレスコ画が残されている。1993年に「モルドバ地方の教会群」の一つとして世界遺産(文化遺産)に登録された。

せい-げき【正劇】音楽劇や舞踊劇などに対し、せりふ劇。明治36〜39年(1903〜1906)川上音二郎一座が、「オセロ」などの翻案劇にみずから用いた呼称。新派劇の一種で、新劇の萌芽(ほうが)となった。

せい-げき【静劇】《static drama》動作をひかえめにし、少ないせりふで心理の葛藤(かっとう)を表現する劇。近代劇の特徴で、メーテルリンクの劇がその典型。

せいけ-きよし【清家清】［1918～2005］建築家。京都の生まれ。東京美術学校・東京工業大学卒。東京工業大学・東京芸術大学教授。西洋の近代建築と日本の伝統美を融合した住宅を設計。主な作品に森鷗外の長男、於菟(おと)の邸宅や、小原流家元会館などがある。著書に「家相の科学」「やすらぎの住居学」「『私の家』白書」など。

せい-けつ【生血】生きている人間や動物の血。いきち。なまち。

せい-けつ【清潔】〘名・形動〙❶汚れがないこと。衛生的であること。また、そのさま。「からだを一に保つ」「一な下着」⇔不潔。❷人柄や行いが清らかで、うそやごまかしなどがないこと。また、そのさま。「一な選挙」（派生）せいけつさ〘名〗
（類語）清い・清らか・清浄・清麗・綺麗(きれい)・清澄・清冽(せいれつ)・無垢(むく)・純潔・潔白(けっぱく)

せい-けつ【聖血】キリスト教で、キリストの血のこと。

せい-げつ【生月】生まれた月。生まれ月。

せい-げつ【青月】青白く見える月。「一の光凄(すご)く」〈樗牛・滝口入道〉

せい-げつ【×霽月】雨が上がったあとの月。転じて、曇りがなくさっぱりとした心境。「光風一」

せい-けってい【性決定】雌雄異体の生物で、性染色体の組み合わせにより個体の雌雄が決まること。

せい-けん【生検】生体から細胞・組織を外科的に切り取ったり針を刺して取ったりして調べ、病気の診断を行う方法。バイオプシー。生体組織診断。

せい-けん【生絹】精練してない絹。また、それで織った織物。きぎぬ。すずし。

せい-けん【生繭】蚕がつくったままで、煮たり乾燥したりしていない繭。なままゆ。

せい-けん【制憲】憲法を制定すること。

せい-けん【政見】政治を行う上での意見・見解。

せい-けん【政権】政策を実行し、統治機構を動かす権力。「一を握る」「一政党」（類語）主権・国権・覇権・主導権・政府・行政府・政庁・内閣・台閣・官府・官庁・官衙(かんが)・官(かん)・国(くに)・公(おおやけ)・お上(かみ)

せい-けん【×靖献】《「書経」微子の「自(みずか)ら靖(やす)んじ、人自(おのずか)ら先王に献ず」から》臣下が先王の霊に真心を尽くすこと。

せい-けん【聖賢】❶聖人と賢人。また、知識・人格にすぐれた人物。「一の道に学ぶ」❷《清酒を聖人、濁酒を賢人というところから》清酒と濁酒。

せい-けん【請見】▶しょうけん(請見)

せい-げん【世×諺】世に言いならわされてきたことわざ。俚諺(りげん)。

せい-げん【正言】〘名〙スル 道理にかなったことを言うこと。また、事実をまげずに言うこと。「一すれば、独断の批評は、決して批評として宜しきにはあらねど」〈逍遥・批評の標準〉

せい-げん【正弦】▶サイン(sine)

せい-げん【西×諺】西洋のことわざ。

せい-げん【声言】広く言うこと。言いふらすこと。声明。「忠孝の一喋喋として」〈福沢・福翁百話〉

せい-げん【制限】〘名〙スル 物事にある限界を設けること。また、その限界。「入会資格に一を加える」「医者に飲酒を一される」
（用法）制限・制約――「制限(制約)を無視して勝手にふるまう」「年齢に制限(制約)がある」など、限度を設ける意では相通じて用いられる。◇「制限」はある枠の中におさえる意。「酒の量は一合に制限する」「速度制限」「制限時間」◇「制約」は条件をつけて行動をおさえる意。「時間の制約があって、十分に話せなかった」「制約をはねのける」◇類似の語に「規制」がある。「規制」は規則に従って、一定の限度におさえたり、禁止したりすること。「輸入量を規制する」「夜間の飛行を規制する」
（類語）制約・限定・掣肘(せいちゅう)・束縛・拘束

せい-げん【省減】〘名〙スル 部分をはぶいて全体をへらすこと。節減。「予算を一する」

せい-げん【誓言】〘名〙スル ▶せいごん(誓言)

ぜい-げん【税源】租税が支払われる源泉となる個人および法人の所得や財産。

ぜい-げん【×贅言】〘名〙スル むだなことを言うこと。また、その言葉。贅語。「一を要しない」

せいけんいげん【靖献遺言】セイケンヰゲン 江戸前期の思想書。8巻3冊。浅見絅斎(あさみけいさい)著。貞享4年(1687)成立。楚の屈原ら八人の中国人の遺文に略伝を付し、併せて日本の忠臣・義士の行状を載せたもの。

せいけんいこう-チーム【政権移行チーム】セイケンイカウ― 米国で政権が交代する際、新大統領が就任するまでの政権移行期間に、前政権から業務を引き継ぎ、次期政権の政策・体制を構築する組織。次期大統領・副大統領を中心に、官民から人材を集めて、新政権の政策方針を策定・発表するとともに、主要な省庁の業務を評価し長官の人選を行う。

ぜいげん-いじょう【税源移譲】―イジャウ 特定の徴税権・税収を国から地方公共団体に移すこと。特に、国税である所得税を減税し、地方税である住民税を増税すること。代わりに国からの地方交付税交付金や、地方での国による公共事業が減らされる。

せいげんがい-はっこう【制限外発行】セイゲングワイハツカウ ▶限外発行

せいげん-かんじ【制限漢字】制度によって使用の範囲からはずされた漢字。

せいげん-かんすう【正弦関数】―クワンスウ ▶サイン(sine)

せいげん-きょくせん【正弦曲線】正弦関数 $y=\sin x$ をグラフに表したときにできる曲線。単純な波形で、周期性をもつ。サインカーブ。

せいげん-くんしゅせい【制限君主制】▶立憲君主制

せいげん-こういのうりょくしゃ【制限行為能力者】―カウヰノウリョクシャ 民法上、単独では完全な法律行為を行うことのできない者。未成年者、成年被後見人、被保佐人、被補助人をいう。

せいけん-こうたい【政権交代】―カウタイ 政権を担当する政党が、それまでとは別の政党に代わること。与党と野党が入れ代わること。（補説）日本では、平成5年(1993)の宮沢内閣(自民党)から細川内閣(連立政権)への交代、同21年の麻生内閣(自民党)から鳩山内閣(民主党)への交代などがある。

せいけん-こうやく【政権公約】▶マニフェスト

せいげん-さいぼう【精原細胞】―サイバウ 精子が形成される初期段階の細胞。精巣中にあり、有糸分裂を繰り返して精母細胞となり、減数分裂を行って精細胞となる。

せいげん-さくらひめ【清玄桜姫】浄瑠璃・歌舞伎の一系統で、清水寺の清玄法師が桜姫の容色に迷い、破戒の末に殺され、亡霊となり姫につきまとう筋のもの。土佐少掾の浄瑠璃「一心二河白道(いっしんにがびゃくどう)」が最も古い。ほかに「桜姫東文章(さくらひめあずまぶんしょう)」などがある。

せいけん-じ【清見寺】静岡県静岡市にある臨済宗妙心寺派の寺。山号は巨鼇(こごう)山。7世紀後半、清見ヶ関(きよみがせき)鎮護のため建立した関寺に始まるといわれ、弘長元年(1261)無伝聖禅が再興して臨済宗に改めた。室町時代、足利尊氏が再興、将軍義詮(よしあきら)のとき十刹(じっせつ)の第九位。きよみでら。

せいげん-せんきょ【制限選挙】財産・納税額または教育・信仰・人種・性別などによって選挙権を制限する制度。⇒普通選挙

せいげん-せんそう【制限戦争】―センサウ ▶限定戦争

せい-げんそ【生元素】生体の維持・活動に不可欠な元素。炭素・水素・酸素・窒素やナトリウムなど約20種ある。生体元素。⇒微量元素

せいげん-ていり【正弦定理】三角形の角と辺の関係を示す定理。平面上の三角形の頂点をA・B・C、対する辺を a・b・c とするとき、

$$\frac{a}{\sin A}=\frac{b}{\sin B}=\frac{c}{\sin C}=2R \quad (R\text{は外接円の半径})$$

が成り立つというもの。正弦法則。

せいげん-ねはば【制限値幅】▶値幅制限

せいげん-は【正弦波】振動の時間的変化など、正弦曲線で表される波。

せいげん-ぶっけん【制限物権】物を一定の限られた目的のために利用する物権。地上権・地役権などの用益物権と、質権・抵当権などの担保物権とがある。

せいげん-ほうか【制限法貨】―ハフクワ 強制通用力に一定の制限が課されている法貨。一般に補助貨幣は制限法貨であり、日本でも額面の20倍までに強制通用力を制限されている。不完全法貨。

せいけん-ほうそう【政見放送】―ハウソウ 公職選挙法に基づき、衆参両院議員・都道府県知事選挙の立候補者がその政見を発表するラジオ・テレビ放送。放送局はその内容について責任を直接問われない。

せい-こ【世故】「せこ(世故)」に同じ。「一に慣れて居る許りで」〈鉄腸・花間鶯〉

せい-こ【西湖】中国浙江(せっこう)省の杭州西部にある湖。西湖十景で知られる景勝地。2011年、「杭州西湖の文化的景観」として世界遺産(文化遺産)に登録された。シーフー。

せい-ご【正誤】❶正しいことと誤っていること。「一を調べる」❷誤りを正すこと。訂正。「新聞記事の一を申し入れる」（類語）正否・正邪

せい-ご【生後】生まれて以後。多く乳児の、誕生からの月日を数えるのにいう。「一三か月」

せい-ご【成語】❶古くからひとまとまりで慣用的に用いられる言葉。ことわざ・格言の類。成句。「故事一」❷二語以上が結合して一つの意味を表す、熟語・複合語・合成語などのこと。

せい-ご【省悟】〘名〙スル 反省して悪いところや不十分な点をさとること。

せい-ご【勢語】「伊勢物語」の略称。

せいご【×鮬】スズキの幼魚で、全長約20センチの当歳魚または2歳魚の呼び名。（季 秋）

ぜいご ▶ぜんご

ぜい-ご【×贅語】むだな言葉。贅言。

せい-こう【正孔】ゲルマニウムやシリコンなどの半導体の結晶において、結晶格子上の電子が抜けてできた空孔。負の電荷をもっていた電子が抜けたため、正の電荷をもつ粒子のように振る舞い、電気伝導の担い手となる。ポジティブホール。ホール。

せい-こう【正攻】❶正面からの攻撃。❷奇計や謀略を用いないで正々堂々と攻めること。

せい-こう【正×鵠】「せいこく(正鵠)」の慣用読み。

せい-こう【生光】―クワウ 日食や月食の際、皆既食の状態が終わり、太陽または月の一端が輝きだす瞬間。第三接触。

せい-こう【生硬】―カウ〘名・形動〙態度・表現などが、未熟でかたい感じがすること。また、そのさま。「一な訳文」（派生）せいこうさ〘名〙
（類語）堅い・強(こわ)い・硬質・堅硬・硬直・かちかち・がちがち・かちんかちん・こちこち・ハード

せい-こう【成功】〘名〙スル ❶物事を目的どおりに成し遂げること。「失敗は一の母」「新規事業が一をおさめる」「実験に一する」❷物事をうまく成し遂げて、社会的地位や名声などを得ること。「写真家として一する」❸▶じょうごう(成功)（類語）成否

せい-こう【成稿】―カウ 原稿を仕上げること。また、仕上がった原稿。

せい-こう【西郊】―カウ 都市の西の郊外。さいこう。

せいこう【西康】セイカウ 中国の旧省名。1928年、四川省西部とチベット高原の南東部を合わせて設置。省都は康定。1955年廃止。

せい-こう【征行】―カウ ❶征討に行くこと。出征。❷旅行に出ること。「ネール河に浮ぶ所の河船を運び、六人の一をなさしめたり」〈村田文夫・西洋聞見録〉

せい-こう【性交】―カウ〘名〙スル 性的まじわり。肉体のまじわり。交合。交接。
（類語）交合・情交・セックス・交接・交尾

せい-こう【性向】―カウ 人の性質の傾向。「目立ちたがる一がある」
（類語）傾向・性格・気性・性・性情・気質・性質・質(たち)・性分(しょうぶん)・気立て・人柄・心柄(こころがら)・心根(こころね)・心性(しんせい)・品性・資性・資質・個性・人格・キャラクター・パーソナリテ

ィー

せい-こう【性行】人の性質とふだんのおこない。「一不良」(類語)性状

せい-こう【政綱】政府や政党が国民に対して公約する基本政策の大綱。

せい-こう【清光】清らかな光。特に、さえた月の光のこと。

せい-こう【清香】清らかな香り。よい香り。

せい-こう【清康】気持ちがさわやかで健康なこと。「一安楽」

せい-こう【盛行】〘名〙スル 盛んに行われること。「英会話の教室が一する」(類語)盛況・ブーム

せい-こう【晴好】空が晴れわたり眺めのよいこと。

せい-こう【誠×惶】《心からかしこまる意》手紙の終わりに添えて敬意を表す語。「一謹言」

せい-こう【精工】〘名・形動〙細工がこまかく、たくみなこと。また、そのさま。「貝細工巧に鳥獣を形し、…当今の一と為す」〈服部誠一・東京新繁昌記〉

せい-こう【精巧】〘名・形動〙仕組みが細かくよくできていること。また、そのさま。「一なからくり」

せい-こう【精鉱】鉱石中の不純物を除去し、製錬に適するように品位を高めた鉱石。

せい-こう【精鋼】精錬した鋼鉄。

せい-こう【製鋼】〘名〙スル 銑鉄を原料として鋼鉄を製造すること。また、その鋼鉄。(類語)精錬・冶金・製鉄

せい-ごう【正号】数が正であることを示す「＋」の記号。プラス。⇔負号。

せい-ごう【精好】❶細かいところまでよくできていること。❷「精好織り」の略。

せい-ごう【整合】〘名〙スル ❶ずれや矛盾がなく、前後・上下などがそろうこと。また、そろえること。「論理が一する」❷上下に重なる地層が、時間的にほぼ連続して堆積していること。❸電気回路で、相互のインピーダンスを合わせ、効果を最大とすること。

せい-こうい【性行為】男女間の性器の接触や性交などの行為。

せいこうい-かんせんしょう【性行為感染症】性行為によって感染する病気の総称。梅毒・淋病などの性病やエイズ・性器ヘルペス症・クラミジア感染症・膣トリコモナス症・膣カンジダ炎・ケジラミ症など。性感染症。STD(sexually transmitted disease)。➡感染症予防法 ➡性病

せいこう-うき【晴好雨奇】「雨奇晴好」に同じ。

せいこう-うどく【晴耕雨読】〘名〙スル 晴れた日には田畑を耕し、雨の日には家にこもって読書をすること。悠々自適の生活を送ることをいう。

せいごう-おり【精好織(り)】中世以来、公家や武家に用いられた絹織物の一種。縦糸に練り糸または生糸を密にかけ、横糸に太い生糸を織り入れて固く緻密に織った平絹。神主の祭服や袴地に使う。

せい-こうかい【聖公会】❶イギリス国教会の系統に属する世界各地の教会。❷「日本聖公会」の略。

ぜいこうか-かいけい【税効果会計】企業会計と税法の認識の相違によって、会計上の税引前当期純利益と税法上の課税所得の間に一時的に差異が生じた場合に、税引後当期純利益が適切に表示されるように調整するための会計上の手続き。(補説)例えば、ある会計期間に計上した費用の一部が税法上は認められず当期損金不算入となった場合、会計上算定される税額よりも実際に納付する税額の方が大きくなる。このような場合、会計上は、翌期に支払うべき税金を前払いしたものとみなし、損益計算書上では法人税等調整額として法人税等から差し引き、貸借対照表上では繰延税金資産として計上する。

せいこう-ざん【井崗山】中国江西省と湖南省との境にある山地。1927年、毛沢東が革命根拠地とした所。チンカンシャン。

せい-ごうせい【生合成】生体内で有機物が合成されること。酵素の触媒作用と、光や呼吸などによるエネルギーの利用とで進行する化学反応。

せいごう-せい【整合性】▶無矛盾性

せいこう-せいきょう【誠×惶誠恐】「誠惶」を強めていう語。

せいこう-ちょう【青紅鳥】カエデチョウ科の鳥。スズメより小形で、羽色は青・緑・赤色からなる。東南アジアに分布。飼い鳥として知られる。

せいこうとうてい-がた【西高東低型】日本付近の典型的な冬の気圧配置。日本列島の西に高気圧、東の海上に低気圧がある。北西の季節風が強く、日本海側は雪、太平洋側は乾燥した晴天となる。冬型気圧配置。

せいこう-の-へん【靖康の変】中国、北宋の靖康年間(1126〜1127)金軍が首都開封を占領して、徽宗・欽宗以下の皇族・貴族を捕らえて北方へ連れ去った事件。このため宋朝は一時中断したが、まもなく欽宗の弟の高宗が即位して南宋を再興した。

せいごう-ひら【精好平】縦横ともに生糸を用い、縞にだけ練り糸を用いて織った上質な夏の男物袴地。せいごひら。

せいこう-ほう【正攻法】奇計などを用いない正々堂々とした攻め方。また、定石どおりの方法。「一で勝つ」

せいこうほうしゅうがた-こうこく【成功報酬型広告】▶アフィリエートプログラム

せいこう-り【成功裏┊成功×裡】物事が成功した状態であること。「作戦が一に終わる」

せいごおくだん【勢語臆断】江戸前期の注釈書。4巻。契沖著。元禄5年(1692)ごろ成立。享和2年(1802)刊。伊勢物語の古注を検討・批判し、新説を加えたもの。

せい-ごかくけい【正五角形】5個の頂点をもつ正多角形。正五辺形。

ぜい-こき【×贅▽放き】大言壮語をすること。また、その人。「あの一の太兵衛が」〈浄・天の網島〉

せい-こく【正×鵠】《慣用読みで「せいこう」とも》❶弓の的の中心にある黒点。❷物事の急所・要点。

正鵠を◦射る　物事の急所を正確につく。正鵠を得る。「一◦射た指摘」

正鵠を◦得る　「正鵠を射る」に同じ。「一◦得た言」

せい-こく【×靖国】国を安らかに治めること。

せい-こく【精穀】〘名〙スル 穀物を精白すること。

せい-こつ【性骨】▶しょうこつ(性骨)

せい-こつ【整骨】骨折や関節のはずれた状態などを治すこと。ほねつぎ。接骨。「一医」

せいこつ-い【整骨医】柔道整復師のこと。

せいこつ-し【整骨師】柔道整復師のこと。

せいご-ひょう【正誤表】印刷物の誤記・誤植とその訂正を示した一覧表。

ぜい-こみ【税込み】給料や代金などに、税金の分が含まれていること。

せいコラムズ-だいせいどう【聖コラムズ大聖堂】《St. Columb's Cathedral》▶セントコラムズ大聖堂

せいコルマン-だいせいどう【聖コルマン大聖堂】《St. Colman's Cathedral》▶セントコルマン大聖堂

せい-こん【生痕】堆積物の上や中に残された、過去の生物の生活の跡。足跡・這い跡・巣穴・排泄物などの化石。

せい-こん【成婚】〘名〙スル 結婚が成立すること。「御一を祝する」「8組のうち5組が一した」
(類語)結婚・婚約・ゴールイン・内縁・婚姻・縁組み・嫁入り・輿入れ・嫁取り・婿入り・婿取り・おめでた

せい-こん【精根】精力と気力。物事を成し遂げようと集中した体力と精神力。「一尽き果てる」
(類語)根気・忍耐力・気根・根

せい-こん【精魂】たましい。精神。「一込めて作り上げる」(類語)精神

せい-ごん【誓言】〘名〙スル 言葉に出して誓うこと。また、その言葉。せいげん。「墓前で一する」

せいコンスタンティンエレナ-きょうかい【聖コンスタンティンエレナ教会】《Tsarkva Sv. sv. Konstantin i Elena》ブルガリア中南部の都市プロブディフの旧市街にあるブルガリア正教会の教会。19世紀前半に、古代キリスト教会跡地に建造。民族復興期の画家ザハリ=ゾクラフによるフレスコ画があるほか、16世紀から19世紀にかけて描かれたイコンを展示する美術館が併設されている。

せい-さ【性差】男女の性別による違い。生物学的な違いだけでなく、職業適性や価値志向の違いなどの社会的・心理的差異をもいう。

せい-さ【精査】〘名〙スル くわしく調べること。「感染の原因を一する」(類語)探査・踏査・調べる

せい-ざ【正座┊正×坐】〘名〙スル 足をくずさないで正しい姿勢で座ること。ふつう、足先を伸ばし足の甲を床につけ、尻をかかとに据えて背筋を伸ばした姿勢にいう。端座。「一して話を聞く」(類語)端座・安座・静座

せい-ざ【星座】恒星をギリシャ神話中の人物や動物・器具などに見立てて適当に結び付け、天球を区分したもの。古代ギリシャでは48星座であったが、後に南天の星座が追加され、現在は全天を黄道12、北天28、南天48の88星座に区分している。➡黄道十二星座

▷ **88星座**
アンドロメダ座、いっかくじゅう座、いて座、いるか座、インディアン座、うお座、うさぎ座、うしかい座、うみへび座、エリダヌス座、おうし座、おおいぬ座、おおかみ座、おおぐま座、おとめ座、おひつじ座、オリオン座、がか座、カシオペヤ座、かじき座、かに座、かみのけ座、カメレオン座、からす座、かんむり座、きょしちょう座、ぎょしゃ座、きりん座、くじゃく座、くじら座、ケフェウス座、ケンタウルス座、けんびきょう座、こいぬ座、こうま座、こぎつね座、こぐま座、こじし座、コップ座、こと座、コンパス座、さいだん座、さそり座、さんかく座、しし座、じょうぎ座、たて座、ちょうこくぐ座、ちょうこくしつ座、つる座、テーブルさん座、てんびん座、とかげ座、とけい座、とびうお座、とも座、はえ座、はくちょう座、はちぶんぎ座、はと座、ふうちょう座、ふたご座、ペガスス座、へび座、へびつかい座、ヘルクレス座、ペルセウス座、ほ座、ぼうえんきょう座、ほうおう座、ポンプ座、みずがめ座、みずへび座、みなみじゅうじ座、みなみのうお座、みなみのかんむり座、みなみのさんかく座、や座、やぎ座、やまねこ座、らしんばん座、りゅう座、りゅうこつ座、りょうけん座、レチクル座、ろ座、ろくぶんぎ座、わし座

せい-ざ【静座┊静×坐】〘名〙スル 心を落ち着けて静かに座ること。「威儀を正して一する」
(類語)座る・座する・腰掛ける・掛ける・着座する・着席する・安座する・正座する・端座する・黙座する

せい-さい【正妻】❶法律上の正式の妻。本妻。❷一夫多妻制で、第一位にある妻。(類語)本妻・正室

せい-さい【制裁】〘名〙スル 法律や規則、また慣習・伝統などの社会的規範に背いた者に対して加えられるこらしめや罰。また、そうした懲罰を加えること。「一を受ける」「法に基づいて一する」「鉄拳一」
(類語)処罰・成敗・両成敗・厳罰

せい-さい【星彩】❶星の光。❷ある種の鉱物に、一定の方向から光を当てたときにみられる星形の光像。スターサファイアなどにみられる。

せい-さい【聖祭】カトリック教会で、ミサのこと。

せい-さい【聖裁】天子が下す裁定。聖断。

せい-さい【精彩┊生彩】❶美しいいろどり。鮮やかなつや。「一に富んだ色調」❷生き生きとした感じ。活気ある姿・ようす。「一に欠ける話し方」
(類語)快活・活発・明るい

精彩を放・つ　際立ってすぐれているところを見せる。「ひときわ一・つ活躍ぶり」

せい-さい【精細】〘名・形動〙細部にまで注意が行き届いていること。きわめてくわしいこと。また、そのさま。「一な調査」
(類語)詳細・明細・精巧・巧緻・詳しい・細かい・詳密・克明・つまびらか・事細か・子細に・具に・逐一・細大漏らさず

せい-ざい【製材】伐採した木を角材や板に加工すること。「一所」

せい-ざい【製剤】薬剤を製造すること。また、その製品。「一会社」

せいさい-かぜい【制裁課税】所得の不正申告や無申告、法人の使途秘匿金などを防止するため、違反者に対して懲罰的な税金を課すこと。(補説)米国が、安価な輸入品に対して、不当廉売に該当するとの名目で高率の関税を課すことも、一般に制裁課税と呼ばれる。

せい-さいかん【精細管】精巣内にあり、精子の生成・輸送に関与する細管。細精管。

せいさい-けつぎ【制裁決議】❶議会・国際会議・機関などが、規範に反する不当な行為を行った相手に対して制裁を科すことを決定すること。❷国連安全保障理事会による問題対応策の一つ。当事国に対し、改善要求や非難などをした上で、国連憲章第7章に基づく制裁を行う。安保理決議は常任理事国による拒否権行使がなく、採択には常任・非常任理事国15か国のうち計9か国以上の賛成が必要。国連憲章25条により国連の全加盟国に対して法的拘束力を有するため、報道声明や議長声明よりも重要度が高い。➡非難決議

せいさい-さいばん【制裁裁判】裁判官の命令や措置に従わず、暴言・暴行等の不穏当な言動によって裁判所の職務の執行を妨害したり、裁判所の威信を著しく害した者に制裁を科す裁判。法廷秩序維持法に基づいて、裁判官の命令で執行される。

せい-さいぼう【性細胞】有性生殖における生殖細胞。

せい-さいぼう【精細胞】精巣中で、精原細胞から変化した1個の精母細胞が減数分裂を行って生じた4個の細胞。それぞれが精子となる。

せいさ-いりょう【性差医療】成人男性を基準にして考えられてきた従来の医療に対し、男女の器質的・生理的・社会的な差異を考慮した医療。同じ病気でも症状が違うことがあり、治療法も異なってくる。1990年代に米国で導入され始めた。(補説)女性が、閉経を境に身体の状態が大きく変化することなども考慮される。

せい-さく【正×朔】❶《「正」は年の初め、「朔」は月の初めの意》正月朔日。1月1日。元日。❷暦のこと。❸《古代中国で、天子が代わると暦を改めたところから》天子の統治。

正朔を奉・ずる　天子の統治に服する。臣下となる。「誰か夷狄の鼻息を仰ぎ渠が一・ずるに忍びんや」〈染崎延房・近世紀聞〉

せい-さく【制作】〔名〕スル　芸術作品などを作ること。「肖像画を一する」「番組の一スタッフ」

(類語)製作・作製・作成・製造

せい-さく【政策】❶政府・政党などの施政上の方針や方策。「一を立てる」「外交一」❷目的を遂行するための方針・手段。「営業一」(類語)ポリシー・政治・政まつりごと・行政・施政・国政・国事・政事・政道・万機・経世・経国・経綸・治国・治世・統治・治政・為政

せい-さく【製作】〔名〕スル　❶道具や機械などを使って品物を作ること。「家具を一する」❷映画・演劇・テレビ番組などを作ること。プロデュース。制作。「記録映画を一する」❸詩文・美術作品などを作ること。制作。「物象観が明瞭に筆端に迸しって居らねば、画を一したとは云わぬ」〈漱石・草枕〉

(類語)制作・作製・作成・製造

ぜい-さく【×枘×鑿】ほぞと、ほぞを受ける円い穴。

枘鑿相容れず　二つの物事が、互いに食い違っていて合わないことのたとえ。

せいさくいいんかい-ほうしき【製作委員会方式】参加企業が資金を出し合い、映画・ゲームなどを製作する方式。作品の権利・損益は参加各社で分け合う。出資リスクを分散し、出資した放送局・新聞社・出版社・広告代理店などによって大掛かりな宣伝ができる。

せいさく-がい【政策買(い)】国の推進する政策に関連のある企業の株を買うこと。

せいさく-かがく【政策科学】学問の分野の一つ。国や地方自治体などが策定・実施する政策について研究・分析し、より良い政策の提言を行う。法学・政治学・経済学など社会科学を中心にさまざまな分野の知識が総合的に活用される。

せいさく-がく【政策学】政策・政策過程を分析し、政策を最も合理的に達成する手段や方法を研究する科学。政策科学。

せいさく-かんちょう【政策官庁】行政や政策立案などを主たる業務とする官庁のこと。政策庁。⇔現業官庁。

せいさく-きんゆう【政策金融】国が特定の政策目的を実現するために政策金融機関を通じて行う、融資や保証などの金融的手段のこと。信用リスクなどにより民間金融機関では融資が難しい場合でも、社会的必要性を考慮して、融資等を行う。(補説)過大な政策金融は民業を圧迫するなどの判断から平成19年(2007)より政策金融機関の統廃合・民営化が進められてきたが、同20年の世界金融危機により、企業の融資需要が高まる一方、民間金融機関は融資に消極的にならざるをえない状況となったため、政府は緊急避難的な措置として政策金融機関による融資を増やした。

せいさく-きんゆうきかん【政策金融機関】▶政府金融機関

せいさく-きんり【政策金利】中央銀行(日本では日本銀行)が金融政策のねらいを示すために設定する短期金利。日本では無担保コールレート翌日物の誘導目標金利(O/N Call Rate Target)のこと。この変動はコールレートだけでなく、預金、貸出金利、長期金利などに影響を及ぼす。一般に、デフレ傾向の時は金利を下げて経済を刺激し、インフレ傾向の時は金利を上げて経済の過熱を抑える。➡コール市場

せいさくけんきゅう-だいがくいんだいがく【政策研究大学院大学】東京都港区にある国立の大学院大学。平成9年(1997)に設置。

せいさく-しんじんるい【政策新人類】平成10年(1998)のいわゆる金融国会で焦点となった金融機関の不良債権処理や破綻処理をめぐる与野党協議で中心的な役割を果たし、金融再生法の成立に貢献した当時の若手議員を指した言葉。民主党の枝野幸男・池田元久・古川元久、自民党の石原伸晃・塩崎恭久・渡辺喜美(当時)ら。

せいさく-ず【製作図】機械・部品の製作に用いる図面。一般に組み立て図と詳細図とからなる。

せいさくたんとう-ひしょ【政策担当秘書】国会議員の政策立案・立法活動を補佐する秘書。特別職の国家公務員。国会法の改正により平成6年(1994)から導入された。国会議員は公設第一・第二秘書の他に、一人の政策担当秘書を公設秘書として任意で置くことができる。政策担当秘書資格試験の合格者や、司法試験・公認会計士試験等の合格者、公設秘書経験者から登用する。政策秘書。

せいさくちょうさ-かい【政策調査会】政策部会の民主党での呼称。政策や法案の立案・作成を行う党内機関。政調。(補説)平成21年(2009)、政策決定を政府に一元化する方針により鳩山由紀夫代表のもと一時廃止されたが、翌22年、菅直人代表により再設置された。

せいさく-つう【政策通】各分野の政策をよく知っている人。また、政策の立案・審議の方法に詳しい人。「党内きっての一」

せいさく-ひしょ【政策秘書】「政策担当秘書」の略。

せいさく-ひょうかせいど【政策評価制度】行政機関が実施した政策について、その必要性・効率性・有効性などの観点から評価し、次年度の政策の企画立案に役立てる制度。各府省に政策評価担当部署を設置、政策の効果を把握・分析して自己評価を行う。総務省行政評価局が各府省による政策評価を総合的・客観的に評価し、必要に応じて勧告、通知、公表する。平成13年(2001)導入。

せいさくひょうかどくりつぎょうせいほうじんひょうか-いいんかい【政策評価・独立行政法人評価委員会】政府全体としての政策・独立行政法人の評価を担う目的で総務省に設置された委員会。7名の学識経験者で構成され、総務省が行う政策評価に関する調査・審議、各府省による独立行政法人の業績評価に対する意見、および主要な事務・業務の改廃に関する勧告などを行う。

せいさく-ぶかい【政策部会】政党が、政策や法案の立案・作成を行うために設置する機関。内閣・財務・外務・防衛・環境など省庁に対応する形で部会が設けられる。(補説)政策部会の呼称は政党によって異なる。民主党は政策調査会、自民党・公明党は政務調査会、共産党は政策委員会、社民党は政策審議会。

せいさくへんこう-コスト【政策変更コスト】現行の政策と異なる方針を選択した場合に必要となる経費。原子力委員会が、原子力政策大綱の策定に際して、使用済み核燃料を全量再処理する方針を継続する根拠の一つとして示した考え方。再処理よりも地層処分する直接処分の方がコストは抑えられるが、政策を転換すれば過去の投資が無駄になり、地域との信頼関係が崩れるといった損失があるとした。

せいさ-ぐんとう【西沙群島】▶西沙諸島

せいさ-しょとう【西沙諸島】南シナ海、海南島の南東にあるサンゴ礁の島々。漁業基地、グアノの産地。中国・ベトナムなどが領有権を主張している。西沙群島。シーシャー諸島。パラセル諸島。

せいさ-だいがく【星槎大学】北海道芦別市にある、通信制の私立大学。平成16年(2004)、学校法人国際学園を母体として開学した。

せい-さつ【生殺】生かすことと殺すこと。活殺。

せい-さつ【制札】禁令・法規などを箇条書きに記して、道端や寺社の境内などに立てた札。禁札。

せい-さつ【省察】〔名〕スル　自分自身をかえりみて、そのよしあしを考えること。「自らの言動を一する」

せい-さつ【精察】〔名〕スル　くわしく観察・考察すること。「人間の心理を一する」(類語)観察

せいさつ-よだつ【生殺与奪】生かしたり殺したり、与えたり奪ったりすること。他人をどのようにも思いのままにすること。「一の権を握る」

せいざ-はやみ【星座早見】ある日ある時刻の星座の位置がひと目でわかるようにした平皿状の器具。

せいざ-ほう【静座法】静座によって精神の修養と身体の健康を図る方法。呼吸を調整して精神統一を図り、下腹に力を入れて深く呼吸することで体調を整える。

せいサワ-きょうかい【聖サワ教会】《Hram svetog Save》セルビアの首都ベオグラードにある教会。セルビア王国の建国者ステファン=ネマニャの息子で、セルビア正教会の創設者である聖サワを祭る。1935年に建造が始まり、東方正教会の教会としては世界最大級のものとして知られる。

せい-さん【正×餐】西洋料理で正式の献立による食事。また、西洋で1日のうちの主な食事。ディナー。

せい-さん【生産】〔名〕スル　❶生活に必要な物資などをつくりだすこと。「米を一する」「大量一」❷人間が自然に働きかけ、財・サービスをつくりだし、または採取・育成する活動。❸出産。しょうさん。

(類語)産出・原産・産する

せい-さん【成算】成功する見込み。「事業を軌道にのせる一がある」(類語)勝算・勝ち目・計算

せい-さん【青酸】シアン化水素、およびその水溶液の俗称。

せい-さん【星散】〔名〕スル　星が大空に散らばっていること。転じて、物があちこちに散らばっていること。「土地の一する者は」〈公議所日誌一二〉

せい-さん【凄惨・×悽惨】〔名・形動〕目をそむけたくなるほど痛ましいこと。ひどくむごたらしいこと。また、そのさま。「一をきわめる事故現場」「一な戦い」

〔派生〕せいさんさ〔名〕〔類語〕悲惨・惨烈・惨憺・暗澹

せい-さん【清算】〔名〕スル ❶相互の貸し借りを計算して、きまりをつけること。「借金を一する」❷会社・組合などの法人やその他の団体が解散したとき、その後始末のために財産関係を整理すること。❸これまでの関係・事柄に結末をつけること。「過去を一して再出発する」〔類語〕決済・決算・精算・採算・勘定・会計・支払い・お愛想・レジ・代金・お代

せい-さん【聖算】❶天皇の年齢。宝算。❷天皇の考え。

せい-さん【聖×餐】▶聖餐式

せい-さん【精算】〔名〕スル 金額などをこまかく計算すること。特に、料金などの過不足を計算しなおすこと。「乗り越し運賃を一する」「一所」
〔類語〕清算・決済・決算・採算・会計・勘定・支払い・お愛想・レジ・代金・お代

せい-さん【製産】〔名〕スル「生産❶」に同じ。「礦石を破砕し且つ金を一する器械」〈新聞雑誌二七〉

せい-ざん【生残】生き残ること。生き残り。

せい-ざん【青山】㊀❶樹木が青々と茂っている山。❷《蘇軾「授獄卒梁成以遺子由」の一節「青山に骨を埋むべし」から》人が死んで骨を埋める土地。墳墓の地。死に場所。「人間到る所一あり」㊁琵琶の名器の名。平安前期、藤原貞敏が唐から持ち帰ったものという。

せいざん-いっぱつ【青山一髪】遠くの青い山が青い空と線のように交わるさまを1本の髪の毛にたとえた語。

せいさんえいぎょうようせつびはんだん-ディーアイ【生産・営業用設備判断DI】《DIはディフュージョンインデックス(diffusion index)の略》日銀短観で発表される判断項目の一つ。各企業が生産・営業用設備の過不足について判断した結果を集計し、指数化したもの。企業による判断は、回答時点と先行き(3か月後)に関してそれぞれ行う。回答は三択方式で、「過剰」を選んだ企業のパーセントから「不足」を選んだ企業のパーセントを引いて指数を算出する。数値が高いほど企業が設備に過剰感を抱いていることを示す。

せいさん-がいしゃ【清算会社】解散した後の清算中の会社。解散前の会社と同一の法人格を有するが、清算の目的の範囲内でのみ存続する。

せいさん-かかく【生産価格】商品の費用価格に平均利潤を加えたもの。

せい-さんかくけい【正三角形】3辺の長さおよび三つの内角の等しい三角形。

せいさん-かてい【生産過程】物質的財貨を生産する過程。資本主義社会では、労働過程と価値増殖過程との統一としてとらえられる。

せいさん-カリ【青酸カリ】シアン化カリウムの俗称。

せいさん-かんけい【生産関係】物質的財貨の生産において、人間が相互に取り結ぶ社会的関係。特に、生産手段の所有関係をさす。生産力との統一が一定の生産様式を構成する。

せいさん-かんじょう【清算勘定】▶オープンアカウント

せいさん-かんり【生産管理】❶企業において、生産効率を高めるために行われる生産に関する予測・計画・統制などの管理活動。❷争議行為の一。労働者が使用者の管理権および指揮・命令権を一時的に排除し、自ら企業経営を行うこと。業務管理。

せい-さんき【正産期】妊娠37週0日から41週6日までの間。分娩予定日の3週間前から2週間後までにあたる。この期間に起こる出産を正期産という。

せいさん-ギャップ【生産ギャップ】▶需給ギャップ

せいさん-きょういく【生産教育】生産技術に関する基礎的な知識や能力を育成するための人間教育。

せいさん-きょてん【生産拠点】工場など、製品の製造設備が集約されている場所のこと。

せいさん-くみあい【生産組合】協同組合を機能別に分類したものの一。中小生産者が生産手段の購入、生産物の加工・販売などを協同して行う組合。農業協同組合・水産業協同組合・事業協同組合など。

せいさん-こくみんしょとく【生産国民所得】生産面からとらえた国民所得。一定期間に各産業で生産された付加価値の合計。➡分配国民所得 ➡支出国民所得

せいさん-コスト【生産コスト】製品を生産するのに要する単位あたりの費用。

せいさん-ざい【生産財】生産のために使用される財。➡消費財

せいさん-ざい【制酸剤】胃液中の塩酸を中和する薬。胃酸過多症・胃潰瘍などに用いる。制酸薬。

せいさん-しき【聖×餐式】イエス=キリストが最後の晩餐でパンとぶどう酒を弟子たちに与え「パンは私のからだであり、杯は私の血による契約である」と言った言葉を記念して、パンとぶどう酒を会衆に分けるキリスト教の儀式。主の晩餐。聖餐。➡聖体拝領

せいさん-じぎょうだん【清算事業団】「日本国有鉄道清算事業団」の略称。

せいさん-しじょう【清算市場】決済期日に実物と代金の受け渡しをせず、それまでに反対売買を行い、その差金の授受によって決済することができる市場。➡実物市場

せいさん-しほん【生産資本】資本の循環において、生産過程にある資本。労働力と生産手段の形態をとる。➡流通資本

せいさん-しゃ【生産者】❶生活に必要な物資などを製造・産出する人。➡消費者❶ ❷生物学で、生態系において無機物から有機物を合成している独立栄養生物群の総称。主に緑色植物をさすが、化学合成を行う細菌類も含まれる。➡消費者❷ ➡分解者

せいさんしゃ-かかく【生産者価格】生産者が生産物を販売するときの価格。特に、政府が生産者から買い入れる米・麦の価格をさすことがある。

せいさんしゃ-べいか【生産者米価】政府が生産者から買い入れる米の価格。平成7年(1995)、それまでの食糧管理制度に代わって食糧法が施行されてからは、生産調整を実施した生産者から政府が買い入れる米の価格のこと。

せいさん-しゅだん【生産手段】生産過程において、労働と結合して生産物を産出するために消費・使用される物的要素。労働対象(原材料・土地・樹木・鉱石など)と労働手段(道具・機械・建物・道路など)とからなる。

せいさん-じょ【清算所】清算をする場所。特に、多数の人が債権・債務の清算をする機関。手形交換所など。

せいさんじょうほうこうひょう-ジャスマーク【生産情報公表JASマーク】生産情報公表JAS規格を満たす方法で、給餌や動物用医薬品の投与などの情報が公表されている牛肉や豚肉、原材料や製造過程などの情報が公表されている加工食品(豆腐など)につける印。➡ジャス(JAS)

せいさん-しょとく【清算所得】法人の解散または合併の場合に、新たに実現する所得。

せいさん-しりょう【生産飼料】家畜・家禽などの生命を維持する飼料に対して、労働や乳・卵などを生産するのに必要な栄養を与える飼料。

せいさん-せい【生産性】生産過程に投入される生産要素が生産物の産出に貢献する程度。

せいざん-そう【西山荘】茨城県中北部、常陸太田市にある山荘。水戸2代藩主徳川光圀が73歳で没するまでの10年間、ここで隠居生活を送った。当時は西山御殿と呼ばれた。現存する建物は、文政2年(1819)8代藩主斉脩が再建したもので、規模は約3分の1に縮小された。

せいざん-ちょう【西山朝】18世紀末のベトナムの王朝。1778年西山党の阮氏が黎朝を滅ぼして建てたが、1802年、フランス軍の援助を受けた黎朝一族の阮福映に滅ぼされた。タイソン朝。

せいさん-ちょうせい【生産調整】農作物の需要が供給量を下回り続けた時などに、余剰生産を抑制するために農家に奨励・援助を行う政策。主として1960年代中頃からの米余りへの対策として、70年頃から行われた米の減反政策・転作奨励をさす。〔補説〕米の生産調整は当初、行政指導として全国一律で行われたが、平成7年(1995)の食糧法施行に伴い、生産者団体が自主的に生産目標を決定・配分する方法がとられるようになった。同23年度から、生産調整に参加しない生産者にも助成金を交付する戸別所得補償制度が実施された。

せいさん-てき【生産的】〔形動〕❶直接、生産にかかわるさま。「一労働」❷建設的で意義のあるさま。「一な議論」

せいさんてき-しこう【生産的思考】過去に得た知識や経験に基づく再生的思考に対して、新しい解決や認識を生み出す創造的な思考。

せいさんてき-しょうひ【生産的消費】生産過程において、生産物を産出するために行われる労働力および生産手段の消費。

せいさん-とし【生産都市】工業・鉱業のような生産活動が、都市機能の中心になっている都市。工業都市・炭鉱都市・鉱山都市など。➡消費都市

せいさん-とりひき【清算取引】決済期日に実物と代金の受け渡しをすることによって決済することもできるが、それまでに反対売買を行い、その差金の授受によって決済することができる取引。

せいさん-にん【清算人】会社・組合などの法人やその他の団体が解散して清算をする場合に、その清算手続を担当する者。

せいさん-ねんれい【生産年齢】生産活動ができる年齢。通常15歳以上65歳未満をいう。

せいさんねんれい-じんこう【生産年齢人口】人口統計で、生産活動の中心となる15歳以上65歳未満の人口。生産年齢人口以外の人口は従属人口という。

せいざん-は【西山派】浄土宗の一派。法然の弟子で、京都の西山善峰寺にいた証空を祖とする。

せいさん-ひ【生産費】生産のために要する費用。固定費用と可変費用とに区分される。

せいさんぶつかいしゅうひよう-ほけん【生産物回収費用保険】製造・販売した製品が原因で、他人に害を負わせたり器物を損壊したりした場合に、製品を回収するために負担する費用(新聞広告費用、回収製品の運搬費用、回収製品の廃棄費用など)を塡補する目的の保険。リコール費用保険。➡生産物賠償責任保険

せいさんぶつばいしょうせきにん-ほけん【生産物賠償責任保険】日本国内で製造・販売した製品や施工した工事などの結果が原因で、他人にけがを負わせるような人身事故や、他人の物を破損したりするような物損事故が発生し、法律上の損害賠償責任を負担することになった場合の損害を塡補する目的の保険。PL保険。➡生産物回収費用保険

せいさん-フライスばん【生産フライス盤】大量生産用の、自動化された平面削り・溝削り用のフライス盤。

せいさん-ほうじん【清算法人】解散した後の清算中の法人。清算の目的の範囲内でのみ存続する。

せいさん-やく【制酸薬】「制酸剤」に同じ。

せいさん-ようぐ【生産用具】生産物を産出するために必要な用具。道具・機械など。

せいさん-ようしき【生産様式】物質的財貨を生産する様式。生産力と生産関係との統一によって規定される。歴史的には、原始共同体的・奴隷制的・封建制的・資本主義的・社会主義的生産様式などがある。

せいさん-ようそ【生産要素】生産を行うのに必要な要素。労働・土地・資本。

せいさん-ライン【生産ライン】同一・同種の製品を大量に製造するために作られた、流れ作業による組み立て工程。ライン。「一を止める」「太陽電池一が

完成する」

せいさん-りょく【生産力】物質的財貨を生産しうる力。労働力と生産手段とが一定の生産関係を通じて結合することによって生み出される。

せいさん-りょくち【生産緑地】市街化区域内の土地で、環境保全などの目的で生産緑地法により指定される農地・採草放牧地・森林・漁業用池沼など。

せいさんりょくち-ちく【生産緑地地区】生産緑地法により規定される、都市計画法上の地域地区の一つ。市街化区域内にある農地で、公害・災害の防止、都市環境の保全などに役立つ、500平方メートル以上の規模の区域。➡生産緑地

せいさんりょくち-ほう【生産緑地法】都市計画と農林漁業の調整を図りながら、良好な都市環境を形成する目的で制定された法律。生産緑地地区に関する都市計画に関し必要な事項を定めている。昭和49年(1974)制定。

せいさんりれきかんり-システム【生産履歴管理システム】▶トレーサビリティー

せい-し【世子¦世嗣】天子・諸侯・大名など、貴人の跡継ぎ。よつぎ。

せい-し【正史】❶国家などが編纂した歴史。➡外史(がいし) ❷中国で、最も正統と認められた、古代から明代の各時代の紀伝体の歴史書。南宋時代には十七史、明代には二十一史、清代には二十二史・二十四史が認められた。また、二十五史とする数え方もある。

せい-し【正矢】1からある角の余弦を減じたもの。1－cosAを角Aの正矢という。和算の八線表とよぶ三角関数表にみえる。

せい-し【正使】主任の使者。使者の中で上席の者。(類語)使者・使い・使節・特使・密使・急使・全権大使・特命全権大使

せい-し【正視】〘名〙スル ❶正面からまっすぐに見ること。まともに見ること。直視。「―するに忍びない」❷正常な視力をもつ目。正常の調節作用によって、平行光線が網膜上に正しく像を結ぶ目。正視眼。(類語)直視

せい-し【生死】生きることと死ぬこと。生と死。いきしに。しょうじ。「―をともにする」「―の境をさまよう」「―不明」

せい-し【生×祠】生存中の人の徳を慕って神として祭った祠(ほこら)。

せい-し【生歯】❶歯が生えること。❷《「周礼」秋官・司民から》その年に生まれた子。転じて、人民。

せい-し【成歯】永久歯。

せいし【西施】中国、春秋時代の越の美女。呉に敗れた越王勾践(こうせん)から呉王夫差に献上され、寵愛(ちょうあい)を受けた。夫差が彼女の美しさにおぼれている間に呉は越に滅ぼされた。

西施の顰(ひそ)みに倣(なら)う 《美人の西施が、病気で顔をしかめたところ、それを見た醜女が、自分も顔をしかめれば美しく見えるかと思い、まねをしたという「荘子」天運の故事から》善し悪しも考えずに、人のまねをして物笑いになる。また、他人にならって事をするのをへりくだっていう言葉。顰みにならう。(補説)「西施の顰みに習う」と書くのは誤り。

せい-し【西詩】西洋の詩。

せい-し【制止】〘名〙スル 他人の言動を押さえとどめること。「―を振りきる」「群衆を―する」(類語)遮る・抑える・立ち塞がる・せきとめる・妨げる

せい-し【制詞】▶制(せい)の詞(ことば)

せい-し【姓氏】姓(かばね)と氏(うじ)。また、名字(みょうじ)。(類語)名前・人名・氏名・姓名・姓(せい)・名字・氏(うじ)・ファーストネーム・フルネーム・芳名・尊名・高名(こうめい)・貴名

せい-し【青史】《紙のない時代、青竹の札をあぶって文字を記したところから》歴史。歴史書。記録。(類語)歴史・史・史実・通史・編年史・年代記・ヒストリー・クロニクル

せい-し【青糸】❶青色の糸。❷新芽がふいて、青く垂れている柳の枝のたとえ。❸黒くて美しい髪のたとえ。「―の髪(かみ)、紅玉の膚(はだえ)」〈樗牛・滝口入道〉

せい-し【青▽侍】《「あおさぶらい」の音読》公家に仕える六位の侍。「源中納言雅頼卿のもとに候ひける―が」〈平家・五〉

せい-し【青紫】❶青色と紫色。また、あおむらさき。❷《中国の漢の制度で、印綬に公侯は紫、九卿は青を用いたところから》公卿の地位。

せい-し【省思】〘名〙スル 物事を振りかえって考えること。「其の事の本末を―して」〈織田訳・花柳春話〉

せい-し【勢至】「勢至菩薩(せいしぼさつ)」の略。

せい-し【聖旨】天子の考え。また、天子の命令。

せい-し【聖姿】天子の姿。また、りっぱな姿。

せい-し【精子】雄性の生殖細胞。形は生物の種類によって異なるが、染色体を含む核の頭部、ミトコンドリア・中心小体を含む中片部、運動をする鞭毛の尾部からなり、人間ではおたまじゃくし状。動物のほか、植物ではコケ・シダ・イチョウなどにみられる。精虫。

せい-し【精×翅】鱶(ふか)の鰭(ひれ)を煮て外皮と筋を除いてつくった食品。中国料理に用いる。

せい-し【製糸】糸をつくること。特に、繭から生糸をつくること。「―工場」

せい-し【製紙】紙を製造すること。「―業」

せい-し【誓紙】誓いの言葉を記した紙。起請文。

せい-し【誓詞】誓いの言葉。誓言。

せい-し【静止】〘名〙スル ❶じっとして動かないこと。「―画面」❷物体の位置が時間的に変わらないこと。運動の速度が零である状態。⇔運動。

せい-し【静思】〘名〙スル 静かに思いをめぐらすこと。「自室でひとり―する」

せい-し【整枝】〘名〙スル 果樹や庭木のむだな枝を払って、樹形を整えたり結実を調整したりすること。

せい-じ【世事】❶世間の俗事。せじ。❷僧が定められている以外の食事をとること。❸和船で、炊事を行う部屋。

せい-じ【正字】❶正しい書き方をした漢字。誤字・当て字に対していう。❷略字・俗字などに対して、正式の字。また、当用漢字・常用漢字の新字体に対して、そのもとの字。「円」に対する「圓」、「当」に対する「當」の類。❸中国で、書物の文字の校正をつかさどった官。

せい-じ【生児】生まれた子。生まれたばかりの子。

せい-じ【生時】❶生まれたとき。❷生きている間。「恩人に報わるに其短き―を以て慊(あきた)らず思いければ」〈紅葉・金色夜叉〉

せい-じ【成事】成し終わったこと。すでに成った事柄。「―は説かず」

せい-じ【青磁¦青×瓷¦青×甆】素地や釉(うわぐすり)に微量の鉄分を含み、還元炎で焼成して青緑色に発色させた磁器。また、その色。酸化によって黄緑色・黄褐色を呈するものもある。中国で発達。日本での本格的な焼成は江戸初期の有田焼に始まる。

せい-じ【政事】政治上の事柄・仕事。まつりごと。(類語)政治・政(まつりごと)・行政・施政・政策・国政・国事・政道・万機(ばんき)・経世・経国・経綸(けいりん)・治国・治世・統治・治政・為政(いせい)

せい-じ【政治】❶主権者が、領土・人民を治めること。まつりごと。❷ある社会の対立や利害を調整して社会全体を統合するとともに、社会の意思決定を行い、これを実現する作用。(類語)(❶)(❷)政(まつりごと)・行政・施政・政策・国政・国事・政事・政道・万機(ばんき)・経世・経国・経綸(けいりん)・治国・治世・統治・治政・為政(いせい)

せい-じ【省字】❶漢字の一部を省き、または一部をもって代表させて表記すること。また、その漢字。「蟲」を「虫」、「菩薩」を「艹艹」と書くなど。省文。❷文章中で、ある文字を省くこと。また、省いたその文字。省文。

せい-じ【盛事】規模が大きくてりっぱな事柄。盛大な行事。「創立百年の―に招待される」(類語)行事・催し物・催し・式典・イベント・フェスティバル

せい-じ【盛時】❶人の、若くて血気盛んな時期。❷国や物事の、勢いの盛んな時・時期。「文明の―」(類語)盛り・旬・盛期・最盛期・黄金時代・花

せいじ-いしき【政治意識】政治に関するものの見方・意見・態度など主観的側面の総称。「国民の―」

せいじ-いろ【青磁色】青磁の表面のような色。薄い青緑色。

せいじ-うんどう【政治運動】特定の政治的目的をもって政治に影響力を及ぼそうとする運動。

せいし-えいせい【静止衛星】地上からは静止しているように見える人工衛星。赤道上の高度約3.6万キロの円軌道上を、地球の自転と同じ周期で同じ向きに公転する。気象衛星・通信衛星などに利用。

せいし-エネルギー【静止エネルギー】静止している物体がもつエネルギー。その大きさは、相対論では静止質量と光速の2乗の積で表され、素粒子論では素粒子の質量に等しい。

セイシェル〖Seychelles〗アフリカ東部、インド洋上のセイシェル諸島からなる共和国。首都はマヘ島のビクトリア。英国領から1976年に独立。コプラ・シナモンを産する。人口9万(2010)。セーシェル。

せいし-が【静止画】特に動画に対して、連続していない単独の画像。主にデジタル化された動きのない画像のことを指し、印刷したイラスト・写真や絵画のことを、ふつう静止画とはいわない。➡動画

せいじ-か【政治家】❶政治を職業とし、専門的にこれに携わる人。議会の議員をさしていうことが多い。❷ものごとの調整や駆け引きのうまい人。「あの人はなかなかの―だ」(類語)議員・代議士

せいじ-かい【静磁界】時間的に変動しない磁界。動きのない磁石(磁荷)や定常電流により生じる磁界を指す。静磁場。

せいじ-かいにゅう【政治介入】政治家・政党が、諸官庁・団体・民間企業等の施策、運営、業務内容について批判し、その変更または撤廃を要求すること。「教育内容への―」「不当な―を排除する」

せいし-かく【静止核】細胞が分裂過程に入っていない時期の細胞核。休止核。

せいじ-がく【政治学】政治に関する諸学問。政治哲学・政治科学・政治史などの総称。狭義には政治に関する科学的研究。

せいじ-かくめい【政治革命】政治制度・政治体制の変革を目的とする革命。➡文化革命

せいじ-かつどう【政治活動】個人または集団が政治に関して行うさまざまな活動。

せいし-がん【正視眼】「正視❷」に同じ。

せい-しき【正式】〘名・形動〙定められた正しい方式や、簡略化しない本来の形式に従っていること。また、そのさま。「―な(の)要請」「―な(の)名称」(類語)本式・本格的・正しい・本当

せいしき【西使記】中国の地理書。1巻。元の劉郁撰。1263年成立。1259年西域に派遣された常徳の軍に加わったときの紀行文。

せい-しき【制式】きめられた様式。きまり。

せい-しき【清▽拭】〘名〙スル 病人などのからだを、タオルなどでふいてきれいにすること。

せい-しき【整式】分母や根号の中に文字が含まれていない代数式。単項式と多項式とがある。

せいしき-さいばん【正式裁判】略式命令または即決裁判を受けた被告人や検察官が不服を申し立てたときに行われる、通常の公判手続きによる裁判。

せいしきそせい-ひんけつ【正色素性貧血】貧血の分類の一。赤血球に含まれるヘモグロビンの濃度は正常範囲内にあるが貧血を呈するもの。正球性正色素性貧血となることが多い。➡低色素性貧血

せいし-きどう【静止軌道】人工衛星がとる軌道の一。地球の自転と同じ周期で公転する円軌道のこと。地上からは見かけ上、静止しているように見えるため、通信衛星や気象衛星の軌道として利用される。GSO(geostationary orbit)。➡静止衛星

せいじ-きょういく【政治教育】❶政治的教養を身につけさせ、よき市民を育成するための教育。❷特定の政治的立場や思想を教え込む教育。

せいじ-きん【正字金】江戸幕府が鋳造した安政金のうち、「正」の字の極印を打った小判と一分判金のこと。

せいじ-ぎん【政字銀】江戸幕府が鋳造した安政銀のうち、「政」の字の極印を打った丁銀と豆板銀。

せいじ-くうはく【政治空白】政治がその機能を失い、政治課題に対応する政策を立案、施行できないでいる状態。政権担当者の指導力の欠如、国会の空転、総選挙などが原因で生じる。

せいじ-けいざいがく【政治経済学】社会構造や政治制度との関連において経済現象を解明しようとする経済学。

せいじ-けいさつ【政治警察】既存の政治体制の安全・安定のために、反体制勢力の取り締まりと治安維持を任務とする警察。ナチスのゲシュタポ、第二次大戦前の日本の特別高等警察などの類。➡公安警察

せいし-げき【聖史劇】《フランス mystère》15世紀のフランスを中心に、中世末期の欧州で流行した宗教劇。旧約・新約聖書に取材し、キリストの生誕・受難・復活の物語を主題としたもの。町の広場で数日間にわたって上演された。神秘劇。

せいじ-けっしゃ【政治結社】政治目的の実現のために結成された団体や組織。政党がその代表。政治団体。

せいじ-けんきん【政治献金】政党や政治家に対して政治活動に必要な資金を提供すること。また、その金。法人が行う企業献金、宗教団体・労働組合・業界団体などが行う団体献金、個人が行う個人献金などがある。政治資金規正法の対象となり、平成6年(1994)の改正で政治家個人に対する献金は原則として禁止された。公職の候補者(政治家)は資金管理団体を通して個人から資金の拠出を受けることができるが、企業・団体から献金を受けることはできない。政党は政治資金団体を通して企業・団体・個人から寄付を受けることができる。

せいじ-けんりょく【政治権力】政治的目的の実現、あるいはその阻止のために用いられる影響力。物理的・心理的・集団的方法や手段が用いられる。合法的政治権力の典型が国家権力。

せいし-ごえ【制し声】昔、貴人の通行の際、往来の者に注意を与えるため、先払いの者が発した掛け声。警蹕。

せいじ-ごろ【政治ごろ】政党や政治家のもとに出入りし、その手先をつとめて報酬をもらったり、金銭をゆすったりする者。

せいじ-しきん【政治資金】政治活動を行うために必要な資金。

せいじしきん-きせいほう【政治資金規正法】政治団体の届け出、政治資金の収支の公開および授受の規正などを定めることによって、政党その他の政治団体や公職の候補者の政治活動の公明と公正を確保することを目的とする法律。昭和23年(1948)施行。〔補説〕企業・団体は、政党本部・政党支部に献金できるが、政治家個人の政治団体への献金は平成12年(2000)から禁じられている。しかし、政党本部・支部を通じて特定の政治家に献金するひも付き献金や、政治資金収支報告書に氏名が記載されない20万円以下の政治資金パーティー券の購入者による献金などの抜け道があるとされる。

せいじしきん-しゅうしほうこくしょ【政治資金収支報告書】政治団体が毎年作成する、政治資金の収支と資産についての報告書。政治資金規正法により、総務大臣または都道府県の選挙管理委員会への提出が義務づけられている。

せいじしきん-だんたい【政治資金団体】政党に資金援助を行うために政党が設立する団体。1政党につき1団体のみ設置でき、企業献金を受け取ることができる。政治資金規正法に基づく届け出が必要。➡資金管理団体 〔補説〕主な政党の政治資金団体は、国民改革協議会(民主党)、国民政治協会(自民党)など。

せいじしきん-パーティー【政治資金パーティー】政治資金を集める目的で、参加費用を徴収して開く会合。政治資金規正法で、政治資金収支報告書への記載条件、同一人による支払い金額の上限などが規定される。

せいし-しつりょう【静止質量】相対論的力学で、質量を速度によって変化する値と定義するときに、速度零の場合の質量。ニュートン力学における質量と等しい。

せいじ-しゃかい【政治社会】❶政治の作用により統合されている社会。❷政治家の世界。政界。

せいじ-しゃっかん【政治借款】政治上の費用に充てるための借款。

せいじ-しゅどう【政治主導】政治家が官僚に依存せず主体的に政策の立案・決定などを進めること。日本では官僚が実質的に政治の主導権を握っている状態にあるが、民意を政治に反映させるためにも、選挙で選ばれた政治家が政治を主導していくことが望ましいとの主張がなされている。➡官僚政治

せいじ-しゅわん【政治手腕】国家や自治体を治める腕前。政治家が、人々の代表者としてさまざまな課題を解決することのできる、すぐれた能力。

せいじ-しょうせつ【政治小説】政治思想の啓蒙・宣伝を目的とする小説。日本では、特に明治10年代に自由民権運動に伴って生まれた作品をさす。矢野竜渓「経国美談」、東海散士「佳人之奇遇」、末広鉄腸「雪中梅」など。

せいし-しりょく【静止視力】静止している物を見分ける能力。動体視力に対していう。

せいじ-しんりがく【政治心理学】人間のパーソナリティーや心理という側面から政治を分析する学問。

せいじ-スト【政治スト】労働者の政治的要求に基づいて行われるストライキ。

せいじ-せいめい【政治生命】政治家として活動する力の根源。政治家としての将来。「党総裁選に—を賭ける」「—を絶たれる」

せいじ-せきにん【政治責任】政治家が負うべき責任。特に、政治家がみずからの政治行動の結果に対して問われる責任。政治的責任。

せいし-せんいきどう【静止遷移軌道】►静止トランスファー軌道

せいじそうさい-しょく【政事総裁職】江戸幕府の職名。朝廷の要請により、文久2年(1862)幕政刷新のために設置され、松平慶永が就任。

せいじ-だんたい【政治団体】「政治結社」に同じ。

せい-しつ【正室】❶身分の高い人の正妻。本妻。「—におさまる」⇔側室。❷おもて座敷。

せい-しつ【声質】声の性質。声の質。

せい-しつ【性質】❶もって生まれた気質。ひととなり。たち。「温厚な—」❷その事物に本来そなわっている特徴。「燃えやすい—」「すぐに解決がつくという—の問題ではない」〔類語〕性格・質・性向・性情・気質・質・性・性分・気性・気立て・人柄・心柄・心根・心性・品性・資性・資質・個性・人格・パーソナリティー・キャラクター

〔用法〕**性質・性格**——「熱しやすく冷めやすい性質(性格)」のように、人についていう場合には相通じて用いられる。◆「性質」は、人以外の場合でも、「水にとけやすい性質」のように、その物事がもともと持っている特性の意で使われる。◆「性格」を物事について使う場合は、その物事と他との違いをきわだたせるような特徴をいう。「議題と性格が異なる提案は却下する」

せい-しつ【青漆】青緑色の漆。また、その色。

せい-じつ【正実】正しく真実であること。「吾教の—彼教の虚誕なるに注意し」〈公議所日誌一五〉

せい-じつ【生日】人の生まれた日。誕生日。

せい-じつ【聖日】キリスト教で、日曜日。主日。

せい-じつ【誠実】〔名・形動〕私利私欲をまじえず、真心をもって人や物事に対すること。また、そのさま。「—な人柄」〔派生〕せいじつさ〔名〕

〔類語〕篤実・真摯・忠実・至誠・信実・篤厚・正直

せいしつ-ちょう【星室庁】《Court of Star Chamber》英国のウエストミンスター宮殿の「星の間」で開かれた刑事特別裁判所。中世に起源をもつが、1487年、ヘンリー7世によって明確化され、一般の裁判所の扱えない事件を審理した。のち国王の政敵弾圧機関と化し、1641年廃止。星法院。

せいじ-てき【政治的】〔形動〕❶政治に関するさま。「—な問題」❷理屈の上だけでなく、現実に即して判断するさま。「—な解決」❸駆け引きが巧みになされるさま。「—な手腕がある」

せいじてき-せきにん【政治的責任】「政治責任」に同じ。

せいじてき-だとうせい【政治的妥当性】►ポリティカルコレクトネス

せいじてき-むかんしん【政治的無関心】政治に対して関心がないこと。また、その状態。

せいじ-てつがく【政治哲学】政治に関する哲学的考察。政治の本質・理念・価値、あるいは思想やイデオロギーなどを取り扱う。

せいし-でんい【静止電位】生物体の筋肉や神経などの組織で、興奮時でなくても生じている膜電位。細胞膜の内外で電位差を生じ、これによって電流が流れる。➡活動電位 ➡生物電気

せいし-でんりゅう【静止電流】生物体に静止電位が生じたときに流れる電流。➡活動電流

せいじ-とうそう【政治闘争】労働者などが、社会的・政治的要求を掲げて行う闘争。

せいし-トランスファーきどう【静止トランスファー軌道】人工衛星を静止軌道にのせる際、一時的に投入される軌道。ロケットを打ち上げて一気に軌道高度が高い静止軌道にのせることは力学的に困難なため、近地点高度が数百キロメートル、遠地点高度が静止軌道と同じ赤道上空約3.6万キロメートルという細長い楕円軌道に投入させる。この後、遠地点でアポジーモーターにより推力を与え、静止ドリフト軌道となる。静止遷移軌道。GTO(geostationary transfer orbit)。

せいし-ドリフトきどう【静止ドリフト軌道】人工衛星を静止軌道にのせる前段階の軌道。衛星は静止トランスファー軌道の遠地点でアポジーモーターにより推力を与えられ、静止軌道と同じ高度の円軌道を回る。この軌道を静止ドリフト軌道といい、軌道傾斜角などの修正が行われた後、静止軌道となる。

せいし-にゅう【西施乳】《美味なことを西施の乳にたとえたもの》フグの別名。

せいじ-にんよう【政治任用】《political appointee》大統領や首相が自分の判断で、行政府の要職に官僚や民間人を任命すること。

せい-じば【静磁場】►静磁界

せいじ-はん【政治犯】国の政治的秩序を侵害する罪。広くは政治的動機によって犯される罪。また、その犯罪者。国事犯。

せいじ-ほう【正字法】►正書法

せいし-ぼさつ【勢至菩薩】《梵 Mahā-sthāma-prāpta の訳「大勢至菩薩」の略》智慧の光をもってあまねくいっさいを照らし、無上の力を得させるという菩薩。阿弥陀三尊の一で、阿弥陀仏の右の脇侍。宝冠の中に宝瓶をのせ、手に蓮華を持つ姿に表す。

せいし-まさつ【静止摩擦】ある面上に静止している物体が面に沿って動きだすとき、その接触面から抵抗を受ける現象。物体が動きだす直前に最大となる。➡運動摩擦

せいしまさつ-けいすう【静止摩擦係数】静止摩擦における最大摩擦力と摩擦面に働く垂直抗力との比。摩擦面の性質により一定。

せいじ-めん【政治面】新聞で、政治関連の記事が載っているページ。

せい-しめんたい【正四面体】四つの面が合同な正三角形である四面体。

せい-しゃ【正射】❶弓などを正面から射ること。❷数学で、垂直に投影すること。

せい-しゃ【斉射】〔名〕スル 機関銃・小銃などを一斉に発射すること。一斉射撃。

せい-しゃ【盛者】►じょうしゃ(盛者)

せい-しゃ【勢車】「弾み車」に同じ。
せい-しゃ【精舎】▶しょうじゃ(精舎)
せい-しゃ【清×洒｜清×灑】〔形動〕図〔ナリ〕飾りけがなく、さっぱりしているさま。「草色に塗ってある単純な一な壁の色彩が」〈荷風・ふらんす物語〉
せい-じゃ【正邪】正しいことと、よこしまなこと。善と悪。「一曲直」(類語)是非・正否・当否・可否・可不可・適否・良否・理非・善悪・曲直・優劣・よしあし・正誤
せい-じゃ【生者】《「せいしゃ」とも》生きている者。しょうじゃ。⇔死者。
せい-じゃ【聖者】❶「聖人❶」に同じ。❷修行を積んだ信仰者。特にキリスト教で、殉教者や偉大な信徒のこと。聖人。
せいじ-や【政治屋】地位や立場を利用し、みずからの利害に重きをおいて行動する政治家を軽蔑していう語。
せいジャイルズ-だいせいどう【聖ジャイルズ大聖堂】《St. Giles' Cathedral》▶セントジャイルズ大聖堂
せい-しゃいん【正社員】雇用者のうち正規雇用の者で、雇用期間の定めのない者(パートタイム労働者や出向者などを除く)。臨時社員や派遣社員などに対していう語。従来は定年までの長期雇用(終身雇用)や年功序列型(定期昇給)賃金など日本型企業経営の枠組みの中で、企業の基盤を支えるものとされた。しかし、バブル崩壊や欧米型の成果主義の導入などで1990年代後半から正社員は減少傾向に転じた。正規社員。(補説)転職者や非正規社員の増加、残業などの超過勤務が原因とされる過労死問題、早期退職や出向など長期雇用に相反する雇用調整の導入など、雇用の多様化や正社員雇用のリスクも、正社員減少の一因とされている。
せい-しゃえい【正射影】ある図形上の各点から、直線または平面上に下ろした垂線の足の集まり。
せい-じゃく【静寂】〔名・形動〕静かでひっそりしていること。また、そのさま。「夜の一を破る轟音」「一な境内」(派生)せいじゃくさ〔名〕(類語)静か・物静か・閑静・静粛・沈静・清閑・しじま・密やか・しめやか・静閑・閑散・閑寂・森閑・深深・森森・沈沈・寂・寂・寂然・寂然・寂寂・寂寂・閴・閴然・粛然
ぜい-じゃく【×脆弱】〔名・形動〕もろくて弱いこと。また、そのさま。「一な地盤」「一な神経」(派生)ぜいじゃくさ〔名〕(類語)弱い・脆い・柔い・柔・軟弱・繊弱・孱弱・華奢・か弱い・ひ弱い
せいじゃく-しゅぎ【静寂主義】自己の意志や行為を否定し、神にすべてをゆだねて心の安静を得ようとする精神的態度。狭義には、17世紀、外面化した教会に対し、信仰の内面化を求めて生じたカトリック教会内の神秘主義的傾向をいう。スペインのモリノスによって唱えられ、ドイツ敬虔主義に影響を与えた。キエティスム。クィエティスム。
ぜいじゃく-せい【×脆弱性】❶もろくて弱い性質または性格。❷コンピューターネットワークにおける安全上の欠陥。オペレーティングシステムやアプリケーションソフトのバグ、開発者が予期しなかった利用方法などにより、悪意のある第三者によってコンピューターウイルスに感染させられたり、不正アクセスの被害にあったりするおそれがあること。
せいしゃ-ずほう【正射図法】地図投影法の一。地球に接する平面に、地球外の無限遠の距離からこの平面に垂直に光を当てて投影する図法。地球を遠くから眺めた姿になる。直射図法。
せいじゃ-でん【聖者伝】中世ヨーロッパで流布したキリスト教の聖者たちの伝記。13世紀の「黄金伝説」が最も有名。聖人伝。
せい-しゅ【清酒】米・米麹を原料として発酵させ漉して製した、日本特有の澄んだ酒。日本酒。(類語)日本酒・濁酒
せい-しゅ【聖主】徳の高い、すぐれた君主。
セイシュ〖seiche〗▶静振
せい-じゅ【世儒】❶世俗的で見識のない儒者。❷代々その家の学を伝えてきている儒者。
せい-じゅ【生受】生まれながら身についていること。生得。「一的なると後得的なるとを問わず」〈西田・善の研究〉
せい-じゅ【征×戍】辺境におもむいて守ること。また、その兵士。
せい-じゅ【聖寿】天子の年齢・寿命。
せい-しゅう【世襲】〔名〕スル「せしゅう(世襲)」に同じ。「門閥を以て職務を一し」〈新聞雑誌四〉
せい-しゅう【西収】《「西」は秋の意》秋の収穫。「東作の業、力を励ます、一の税、たのもしく見ゆ」〈海道記〉➡東作
せい-しゅう【西周】▶周㊀
せい-しゅう【青州】「青州の従事」の略。
せい-しゅう【清秀】〔名・形動〕容貌などが清くひいでていること。また、そのさま。「温良な青年、一な佳人」〈左千夫・春の潮〉
せい-しゅう【清秋】空が澄み、空気の清らかな秋。(季 秋)
せい-しゅう【盛秋】❶秋のさかり。❷陰暦8月の異称。
せい-しゅう【勢州】伊勢国の異称。
せい-しゅう【聖週】▶聖週間
せい-じゅう【西×戎】古代中国人がトルコ族・チベット族など西方の異民族を称した語。西夷。➡東夷 ➡南蛮 ➡北狄
せい-じゅう【製×絨】毛織物を作ること。
ぜい-しゅう【税収】国や地方公共団体の徴税による収入。
せい-しゅうかん【聖週間】キリスト教で、復活祭前日までの1週間。イエス=キリストの受難を記念する重要な週とされる。聖週。受難週。
せい-しゅうき【性周期】発情周期と月経周期とを総合した周期。
せいしゅう-しんのう【世襲親王】明治維新前、天皇の兄弟とか皇子とかでない皇族で親王の称を世襲することが許されていた宮家。江戸時代では伏見宮・桂宮・有栖川宮・閑院宮家がある。
せい-じゅうにめんたい【正十二面体】12個の面が合同な正五角形である正多面体。頂点の数は20ある。
せいしゅう-の-じゅうじ【青州の従事】《「世説新語」術解から》よい酒。美酒。
せいじゅうろう【清十郎】▶お夏清十郎
せい-しゅく【星宿】❶星座。昔、中国で二十八宿に分けた星座。ほしのやどり。❷「星」に同じ。
せい-しゅく【静淑】〔名・形動〕もの静かでしとやかなこと。また、そのさま。「君の知る所の婦人の中に尤も一で端麗なのは」〈露伴・露団々〉
せい-しゅく【静粛】〔名・形動〕静かにして、慎んでいること。ひっそりと静まりかえっていること。また、そのさま。「一な会場」「一に願います」(類語)静か・物静か・閑静・静寂・沈静・清閑・しじま・密やか・しめやか・静閑・閑散・閑寂・森閑・深深・森森・沈沈・寂・寂・寂然・寂然・寂寂・寂寂・閴・閴然・粛然
せい-しゅく【整粛】〔名・形動ナリ〕ととのっていておごそかなこと。また、そのさま。「威厳一なる貴国の軍艦」〈染崎延房・近世紀聞〉
せい-じゅく【生熟】未熟なことと成熟していること。また、未熟と熟練。「戦士には一の、優劣あり」〈竜渓・経国美談〉
せい-じゅく【成熟】〔名〕スル❶果物や穀物が十分に熟すること。「稲が一する」❷人の心や身体などが十分に成長すること。「一した肉体」❸その事をするのに最も適した時期に達すること。「機運が一するのを待つ」(類語)完熟・成長・生長・成育・生育・発育・発達・育つ・生い立つ・長ずる
せい-じゅく【精熟】〔名〕スル物事に詳しく、熟練していること。「これをして皆一せしむること二年なり」〈大槻修二・日本教育史略〉
せいじゅく-じ【成熟児】母胎内で10か月を経過し、胎外で生活できる状態に発育してから出生した新生児。体重約3000グラム、身長約50センチ程度。
せいじゅく-ぶんれつ【成熟分裂】減数分裂のこと。動物では生殖細胞を形成するときに起こるのでいう。
せいじゅく-らん【成熟卵】精子が侵入するとただちに卵割が起こる、発育した卵。
せい-しゅつ【正出】「嫡出」に同じ。
せい-しゅつ【生出】〔名〕スル生まれ出ること。また、生み出すこと。「世の民権家の為に不利益なる結果を一したでは無いか」〈鉄腸・雪中梅〉
せい-しゅつ【製出】〔名〕スルものを作り出すこと。「凡百の貨物を一して」〈田口・日本開化小史〉
せいシュテファン-きょうかい【聖シュテファン教会】《Sankt Stephanskirche》▶ザンクトシュテファン教会
せいシュテファン-じいん【聖シュテファン寺院】《St. Stephansdom》▶シュテファン大聖堂
せいシュテファン-だいせいどう【聖シュテファン大聖堂】《St. Stephansdom》▶シュテファン大聖堂
せい-しゅん【青春】《五行説で青は春の色であるところから》❶夢や希望に満ち活力のみなぎる若い時代を、人生の春にたとえたもの。青年時代。「一を謳歌する」「一時代」❷春。陽春。「一二三月」〈漱石・草枕〉
せいしゅん【青春】小栗風葉の小説。明治38〜39年(1905〜1906)発表。新時代を代表する主人公関欽哉と女子大学生小野繁の恋と、その破綻を描く。
せい-じゅん【正×閏】❶平年と閏年。❷正しい系統とそうでない系統。「南北朝一論」
せい-じゅん【清純】〔名・形動〕清らかで素直なこと。世の中のけがれにそまっていないこと。また、そのさま。「一な乙女」(派生)せいじゅんさ〔名〕(類語)潔白・純潔・高潔・廉直・清廉・廉潔・貞潔
せいしゅん-き【青春期】青年期のこと。
せい-しょ【正書】楷書のこと。
せい-しょ【青書】《blue book》英国で、議会や枢密院の出す報告書。表紙が青いところからいう。ブルーブック。➡白書
せい-しょ【清書】〔名〕スル《古くは「せいじょ」とも》❶原稿などを、きれいに書き直すこと。また、そのもの。浄書。きよめがき。きよがき。「レポートを一する」❷習字で、先生の指導を受けるためにきちんと書くこと。また、その書いたもの。
せい-しょ【盛暑】夏の暑い盛り。盛夏。「一の砌」(類語)真夏・盛夏
せい-しょ【聖書】㊀聖人によって書かれた書物。聖経。聖典。㊁キリスト教の聖典。旧約聖書・新約聖書の総称。バイブル。
せい-しょ【誓書】誓いの言葉を記した文書。誓紙。
せい-じょ【西序】禅宗で、法要儀礼の際、法堂・仏殿の西側に並ぶ者。首座・書記・蔵主などの六頭首のこと。⇔東序。
せい-じょ【青女】《「淮南子」天文訓から》霜・雪を降らすという女神。転じて、霜や雪。
せい-じょ【清女】清少納言のこと。
せい-じょ【聖女】神聖な女性。多く宗教的な事柄に生涯をささげた女性をさす。
せい-じょ【整序】〔名〕スル物事を秩序だてととのえること。「身分関係で一された封建社会」
せい-じょ【整除】〔名〕スルある整数を他の整数で割ったとき、答えが整数となり割り切れること。「八は二で一される」
せい-しょう【正称】通称・俗称などに対して、正式の名称。
せい-しょう【正賞】正式の賞。主たる賞。表彰などの際に、金品の形で添えられる副賞に対して、本来の賞である賞状・賞杯などをさしていう。⇔副賞。
せい-しょう【制勝】〔名〕スル相手を押さえて勝ちを得ること。
せい-しょう【青松】青々とした松。「白砂一」
せい-しょう【斉唱】〔名〕スル❶声をそろえて一斉

にとなえること。「万歳—」❷同一の旋律を二人以上で同時に歌うこと。ユニゾン。「国歌を—する」

せい-しょう【政商】政府や政治家と結託して特別な利権を得ている商人。(類語)豪商・御用達

せい-しょう【星章】星形のしるし。もと陸軍で帽章や襟章などに用いた。

せい-しょう【清祥】手紙文で、相手が健康で幸せに暮らしていることを喜ぶあいさつの語。「御—のこととお喜び申し上げます」

せい-しょう【清勝】手紙文で、相手が健康で暮らしていることを喜ぶあいさつの語。健勝。「ますます御—にお過ごしのことと存じます」

(類語)清祥・健康・無事・健勝・健やか・壮健・達者・元気・まめ・恙無い・息災・矍鑠

せい-しょう【済勝】景勝の地を渡り歩くこと。さいしょう。

せい-しょう【盛昌】物事の勢いの盛んなこと。「子孫繁栄して其家倍々—を致せり」〈織田訳・花柳春話〉

盛昌我意に任・す　権勢が盛んで、思うままに振る舞う。

せい-しょう【聖詔】天子のみことのり。

せい-しょう【整商】割り算の商で整数のもの。

せい-じょう【世情】▶せじょう(世情)

せい-じょう【正条】❶はっきりと定められた箇条。正確な条文。❷まっすぐの正しいすじ。

せい-じょう【正常】〔名・形動〕正しいとされる状態にあること。また、特に変わったところがなく、普通であること。また、そのさま。「—な心理状態」「列車ダイヤが—に戻る」⇔異常。(類語)正しい

せい-じょう【成条】❶成立した箇条。また、成文の箇条。❷生長した枝。

せい-じょう【西浄】「せいちん(西浄)」に同じ。〈元和本下学集〉

せい-じょう【性状】物の性質と状態。また、人の性格と行状。「変わった—の持ち主」(類語)性行

せい-じょう【性情】❶人間の性質と心情。こころ。❷生まれつきの性質。「明るい—の人」

(類語)性格・気性・性・性向・気質・性質・質・性分・気立て・人柄・心柄・心根・心性・品性・資性・資質・個性・人格・キャラクター・パーソナリティー

せい-じょう【政情】政治のありさま。政界の成り行き。「—不安」

せい-じょう【清浄】〔名・形動〕清らかで、けがれのないこと。清潔なこと。また、そのさま。しょうじょう。「—な空気」(類語)綺麗・清い・清らか・清潔・清澄・清冽・清麗・無垢・純潔・潔白

せい-じょう【聖上】天子を敬っていう語。

せい-じょう【誠情】うそ偽りのない、心からの気持ち。まごころ。

せい-じょう【誓状】神仏にかけて誓約した文書。また、それを書くこと。誓紙。「此の事虚言なきよし、—に書かれたるとぞ」〈著聞集・一一〉

せいじょう-うえ【正条植(え)】作物の苗の列を整え、株と株との間隔を一定に植えつけること。

せいじょう-かかく【正常価格】市場価格がそこに落ち着こうとする傾向をもつ中心の価格。自然価格。

せいしょうき【西廂記】▶せいそうき

せいじょう-き【星条旗】《the Stars and Stripes》アメリカ合衆国の国旗。長方形で、独立当初の13州を示す赤白13本の横線が配され、左上には、青地に州の数(現在は50)を示す白星が描かれている。1777年制定。

せいしょう-じ【青松寺】東京都港区にある曹洞宗の寺。山号は万年山。開創は文明8年(1476)、開山は雲崗舜徳、開基は太田道灌。曹洞宗の江戸三か寺の一。大名諸家の菩提寺として栄えた。

せいじょう-たい【星状体】細胞分裂や受精のときに、中心体の周辺にできる放射状の小体。

せいじょう-だいがく【成城大学】東京都世田谷区にある私立大学。大正6年(1917)設立の成城小学校を起源とし、旧制の成城高等学校を経て、昭和25年(1950)新制大学として発足。

せいじょう-だいがく【星城大学】愛知県東海市にある私立大学。平成14年(2002)の開設。

せい-しょうなごん【清少納言】平安中期の女流文学者。本名未詳。父は清原元輔、曽祖父は深養父。正暦4年(993)ごろから一条天皇の中宮定子に仕え、和漢の学才をもって寵を受けた。随筆「枕草子」、家集「清少納言集」など。生没年未詳。

せい-しょうねん【青少年】青年と少年。ふつう、12歳から25歳くらいまでの男女をさす。(類語)青年・若者・若人・若手・ヤング・ヤンガージェネレーション

せいしょうねんインターネットりようかんきょうせいび-ほう【青少年インターネット利用環境整備法】▶青少年ネット規制法

せいしょうねんけんぜんいくせい-じょうれい【青少年健全育成条例】▶青少年保護育成条例

せいしょうねん-せきじゅうじ【青少年赤十字】赤十字の事業で、青少年を対象とする部門。博愛と奉仕の精神を青少年にもたせるための組織で、日本では大正11年(1922)に始まり、小・中・高等学校内に置かれている。

せいしょうねんネット-きせいほう【青少年ネット規制法】《「青少年が安全に安心してインターネットを利用できる環境の整備等に関する法律」の通称》犯罪行為の請け負い・仲介、自殺の誘因、性行為の描写、殺人・処刑・虐待場面の描写など、インターネット上の有害な情報から、18歳未満の青少年を守るための法律。平成20年(2008)6月成立。携帯電話のフィルタリングサービスやパソコンのフィルタリングソフト搭載が義務づけられた。有害サイト規制法。青少年有害情報規制法。青少年インターネット利用環境整備法。

せいしょうねんほごいくせい-じょうれい【青少年保護育成条例】青少年の保護育成、そのための環境の整備などを目的として地方公共団体が制定する条例。内容はそれぞれの条例で異なるが、有害な図書・映画・広告物の指定、猥褻行為などのための場所の提供・周旋の禁止などを定めている。青少年健全育成条例。(補説)都道府県では長野県を除く46都道府県で制定されている。

せいしょう-の-ぐ【済勝の具】《「世説新語」棲逸から》景勝の地を渡り歩くための道具。丈夫な足のこと。健脚。

せいじょう-ぶんべん【正常分娩】自発的な陣痛を経て、胎児及びその付属物の娩出(分娩第1〜3期)・出産後の子宮の収縮(分娩後期)という一連の生理的経過を経て分娩すること。妊娠38週から41週までの間に生じ、帝王切開などの医学的介入を必要とせずに終了した自然分娩のこと。⇒異常分娩

せいじょう-やさい【清浄野菜】下肥を使わず、化学肥料で栽培した野菜。

せいじようりゃく【政事要略】平安中期の法制書。もと130巻、現存26巻。惟宗允亮の著。寛弘6年(1009)ごろ成立。諸書から当時の制度・事例を集めて類別したもの。

せいジョージ-マーケット【聖ジョージマーケット】《St. George's Market》▶セントジョージマーケット

せい-しょく【世職】世襲の官職・職業。せしょく。

せい-しょく【生色】いきいきとした顔色。元気そうなようす。「—を取り戻す」「—を失う」(類語)笑顔・笑い顔・恵比須顔・にこにこ顔・地蔵顔・破顔・喜色・朗色

せい-しょく【生食】〔名〕スル《「なましょく」とも》なまのまま食べること。「牡蠣を—する」

せい-しょく【生殖】〔名〕スル❶うみふやすこと。「全国の婦人は終身孜々として此逐円の男子を—するのみ」〈福沢・文明論之概略〉❷生物の個体が自分と同種類の新しい個体をつくり出すこと。無性生殖と有性生殖とがある。

せい-しょく【声色】❶物を言うときの声と顔色。「—を和らげる」❷ようす。態度。「—を改める」❸音楽と女色の楽しみ。「—にふける」

せい-しょく【青色】青い色。あおいろ。

(類語)青・真っ青・藍・青藍・紺青・紺碧・群青・紺・瑠璃色・縹色・花色・露草色・納戸色・浅葱・水色・空色・ブルー・インジゴ・コバルト・シアン・ウルトラマリン・マリンブルー・スカイブルー

せい-しょく【星食｜星蝕】▶掩蔽❷

せい-しょく【清色】澄んだ色。ある色相の純色、および純色に白または黒のみを加えた色。⇒濁色

せい-しょく【聖職】❶神聖な職業・職務。❷宗教集団において、信徒の上に立ち、儀式の執行、信徒指導のほか、神殿や寺院または教会の運営・管理に当たる専門職。

せい-しょく【製織】機械で織物を織り上げること。

せいしょく-かんぱん【整色乾板】普通の乾板より、緑色に対して強い感光性をもった写真乾板。

せいしょく-き【生殖器】「生殖器官」に同じ。

せいしょく-きかん【生殖器官】有性生殖をするための器官の総称。動物では生殖巣・生殖輸管及びそれらの付属部分をいい、雌では卵巣・輸卵管や子宮・膣など、雄では精巣・輸精管・精嚢や陰茎などからなる。植物では種子植物の花などをいう。

せいしょくき-すうはい【生殖器崇拝】生殖器によって象徴される生産力・豊饒力に対する信仰。性器崇拝。

せいしょく-きょせい【青色巨星】恒星のうち、質量が極めて大きく表面温度が高いもの。青色の光を放つ。太陽の数倍以上の質量を持つが、エネルギーの放出速度が速いため寿命は短く、誕生から数千万年ほどで超新星爆発を起こす。⇒赤色巨星

せいしょく-さいぼう【生殖細胞】生殖のために特に分化した細胞。有性生殖では配偶子とよび、雌のものを卵、雄のものを精子という。無性生殖では胞子がこれにあたる。⇒体細胞

せいしょく-しゃ【聖職者】宗教上の聖職に就いている者。僧侶・神職・神父・牧師など。

せいしょく-じょうひ【生殖上皮】生殖腺の外層となっている上皮組織。原始生殖細胞を含む所。

せいしょく-せん【生殖腺】配偶子をつくる器官。雌では卵巣、雄では精巣のこと。脊椎動物では性ホルモンを分泌するのでいう。生殖巣。性腺。

せいしょくせんしげき-ホルモン【生殖腺刺激ホルモン】脊椎動物で、脳下垂体前葉などから分泌され、生殖腺の働きを支配するホルモン。女性では卵胞刺激ホルモン・黄体形成ホルモン、男性では精子形成ホルモンなどがある。性腺刺激ホルモン。

せいしょく-そう【生殖巣】生殖細胞を形成する器官の精巣と卵巣。性巣。

せい-しょくばい【正触媒】反応を促進させる触媒。負触媒に対していう。

せいしょく-へんがん【青色片岩】▶藍閃石片岩

せいしょくほじょ-いりょう【生殖補助医療】難治性不妊症に対する不妊治療の総称。体外受精・胚移植・顕微授精など。

せいしょく-ほんのう【生殖本能】生物の、種族保存を目的とする本能。

せいしょ-どう【清暑堂】平安京大内裏豊楽院内の殿舎。豊楽殿の北、不老門の南にあり、古くは大嘗会・五節が行われた。せいそどう。

せいしょ-ほう【正書法】単語の正しい表記のしかた。また、一言語の正しい表記のしかたの体系。正字法。

せいじ-りょく【政治力】❶政治を進めていく手腕・力量。❷自分や相手の立場をうまく利用して巧みに物事を進めていく力。

せいじ-りんり【政治倫理】政治家が持っていなくてはならない規範。政治にたずさわる者として、汚職や詐欺などを許さないとする道徳心。

せいじりんり-こうりょう【政治倫理綱領】国会議員の政治倫理のあり方の基本理念を示した綱領。昭和60年(1985)の国会法改正に伴い衆議

院・参議院でそれぞれ議決された。「政治倫理の確立は、議会政治の根幹である」とする前文と、「われわれは、政治倫理に反する事実があるとの疑惑をもたれた場合にはみずから真摯な態度をもって疑惑を解明し、その責任を明らかにするよう努めなければならない」(第4項)などの5項目からなる。この綱領をもとに、国会議員が遵守すべき具体的な準則として「行為規範」が制定されている。➡政治倫理審査会

せいじりんり-しんさかい【政治倫理審査会】セイジリンリシンサカイ 議員の政治倫理を確立するため、衆議院・参議院および地方議会などに設置される組織。政倫審。(補説)国会の政倫審は、昭和60年(1985)の国会法改正に伴い、衆参両院にそれぞれ設置された。議員が行為規範等の法令に著しく違反していると疑われる場合、委員の3分の1以上の申し立てにより、出席委員の過半数による議決を経て、審査が行われる。また、不当な疑惑を受けたとして議員本人が申し出た場合も審査が行われる。出席委員の3分の2以上の議決を経て、政治的道義的に責任があると認められた場合、当該議員に対して行為規範等の遵守・一定期間の登院自粛・役職辞任などの勧告を行う。各地方公共団体の議会にも、条例に基づいて政治倫理審査会が設定されている。

せいじ-れんめい【政治連盟】セイヂ 業界団体や士業団体などが政治活動を行うために設立する組織。各団体の目的・理念を達成するため、政府・地方自治体・政党・政治家に、要請・提言・支援などの働きかけを行う。日本医師連盟・農業者政治連盟など。

せい-しん【世臣】代々その主家に仕えている家来。譜代の臣。

せい-しん【正心】心を正しくすること。また、正しい心。「人民に於ても、一修身の為となる最善の学校なり」〈中村訳・西国立志編〉

せい-しん【正寝】❶正殿。表御殿。❷紫宸殿ししいでん。

せい-しん【生×辰】人の生まれた日。誕生日。

せい-しん【生新】〔名・形動〕いきいきとして新しいこと。また、そのさま。「一な文化」
(類語)新鮮・生鮮・生・新しい

せい-しん【成心】❶ある立場にとらわれた見方。先入観。「一を去る」❷たくらみのある心。下心したごころ。

せい-しん【西晋】➤晋㊁

せい-しん【西秦】中国、五胡十六国の一。385年鮮卑族の乞伏きっぷく国仁が前秦から独立して建国。都は金城(甘粛)。431年夏かに滅ぼされた。

せい-しん【西進】〔名〕スル 西の方向に進むこと。
(類語)東進・北進・南進・北上・南下

せい-しん【制振|制震】建物に施した装置で、地震や新幹線・大型トラックが付近を通過することなどによる振動を軽減すること。

せい-しん【星×辰】ほし。星座。

せい-しん【星震】星の表面に生じる振動や波動現象。太陽の場合は日震と呼ばれる。太陽以外の恒星は極めて遠方に位置するため観測が困難だったが、2000年代以降、人工衛星による高精度の分光観測が行われ、いくつかの恒星について見つかっている。また、高速回転する中性子星であるパルサーにも突然周期が変化するグリッチと呼ばれる現象があり、星震の一種として考えられている。

せい-しん【清心】心のけがれを去ること。また、清らかな心。

せいしん【清津】➤チョンジン

せい-しん【清新】〔名・形動〕新鮮でいきいきしていること。また、そのさま。「一の気」「一な作風」
(類語)新しい・瑞瑞みずみずしい・すがすがしい・さわやか・清爽・新鮮・生鮮・生新・フレッシュ

せい-しん【誠心】偽りのない心。まごころ。「一誠意」
(類語)真心・誠意・真情・誠・実

せい-しん【誠信】まごころ。まこと。誠実。

せい-しん【精神】❶人間のこころ。また、その知的な働き。「健全な一」❷物質に対し、人間を含む生命一般の原理とみなされた霊魂。たましい。❸物事をなしとげようとする心の働き。気力。「一を鍛える」「一統一」❹物事の基本的な意義・理念。「憲法の一」❺ある歴史的過程や共同体などを特徴づける意識形態。「時代一」「民族一」(類語)(❶)心こころ・知情意・心神・内心・心情・心魂・内面・良心・気・マインド・ハート・スピリット・エスプリ/(❸)精魂・気魄きはく・神気・気概・気力・意力・意志・神経・気構え・気持ち/(❹)理念・本義・本旨ほんし・真義・真意・神髄しんずい/(❺)思想・気風・心性・哲学・人生観・世界観・メンタリティー・イデオロギー・エートス・パラダイム

精神一到いっとう何事なにごとか成ならざらん《「朱子語類」学二から》精神を集中して事に当たれば、どんなむずかしいことでも成し遂げられないことはない。

せい-しん【静振】気圧や風などの変化により湖沼や湾内でみられる水の振動。セイシュ。➡副振動

せい-じん【成人】〔名〕スル ❶心身が発達して一人前になった人。成年に達した人間。おとな。現在一般的には、満20歳以上の者をいう。❷子供が成長して大人になること。「娘はもう一して働きに出ている」
(類語)大人・成年・アダルト

せい-じん【西人】西方の人。西洋人。「その伴天連たる一の手になりしや」〈芥川・奉教人の死〉

せい-じん【聖人】❶高い学識・人徳や深い信仰をもつ、理想的な人。聖者。❷儒教で、理想的な人とする尭ぎょう・舜しゅん・禹うや殷いんの湯王、周の文王あるいは孔子などをいう。❸カトリック教会で、殉教者や、信仰と徳に特に秀で教皇によって公式に列聖された人。❹濁酒を賢人というのに対し、清酒のこと。

聖人に夢なし《「荘子」大宗師から》聖人は悟りの境地にあり、雑念に煩わされないから、安眠することができて夢など見ない。

聖人は物に凝滞ぎょうたいせず《「楚辞」漁父から》聖人は時勢を知って自然に身を処し、物にこだわらない。

せいしんあんてい-ざい【精神安定剤】➤トランキライザー

せいしん-いがく【精神医学】精神病・人格障害・精神神経症などの精神疾患を、研究・治療・予防する医学の一部門。精神病理学・臨床精神医学などがある。

せいしん-うんどうせい【精神運動性】精神の働きによって起こる運動であるという性質。精神の働きとは無関係に起こる舞踏病などの運動の性質に対するもの。

せいじん-えいが【成人映画】-エイグヮ 映倫が、18歳未満の者の鑑賞には不適当であると認めた映画。

せいしん-えいせい【精神衛生】-エイ セイ 精神障害の予防や保護・治療のほか、精神的健康の維持・促進を目的とする学問、およびそのための実践活動。精神保健。

せいじん-エーディーエッチディー【成人ADHD】通常は幼児期に現れるADHD(注意欠陥・多動性障害)の症状が成人後も収まらないもの。

せいしん-か【精神科】-クヮ 精神障害者の診療を専門とする医学の分野。

せいしんか-い【精神科医】セイシンクヮイ 精神障害者の診療を専門とする医師。

せいしん-かい【精神界】精神およびその作用の及ぶ世界。心的世界。

せいしん-かがく【精神科学】-クヮガク 精神に関する諸科学の総称。心理学・倫理学・言語学・法学・経済学・歴史学・社会学など。19世紀後半、ドイツに起こった学問的研究でディルタイらに代表される。自然科学の説明的-構成的方法に対し、精神科学の方法は分析的-記述的、体験-表現-理解であるとされた。

せいじん-がっこう【成人学校】-ガクカウ 成人を対象として行われる社会教育の場。社会学級。成人講座。

せいしんか-びょういん【精神科病院】セイシンクヮビヤウヰン 主に精神障害のある者を治療・保護する病院。医療法の規定(精神保健福祉法)に基づいた病院で、原則として都道府県に設置義務が課されている。一般には精神病院とよばれていたが、平成18年(2006)12月に「精神病院の用語の整理等のための関係法律の一部を改正する法律」が施行され、行政上使用する用語としては、この語に改められた。

せいしん-かんてい【精神鑑定】精神科医が裁判所の依託を受け、犯罪容疑者あるいは成年被後見人・被保佐人・被補助人の精神状態を診断し、責任能力または行為能力の有無およびその程度についての法的判断の基礎となる事実について鑑定すること。

せいしん-きょう【清真教】-ケウ 中国で、イスラム教の称。

せいしん-きょういく【精神教育】-ケウイク 徳性の育成や意志の鍛錬などを目的とする教育。身体の鍛錬教育に対していう。

せいじん-きょういく【成人教育】-ケウイク 社会教育の一環として成人を対象にして行う教育。一般教養のほか、趣味・実技など多様な内容のものを含む。社会教育と同義で用いられることがある。

せいしん-こうぞう【制振構造|制震構造】-コウザウ 地震などによる振動を、建物に施した装置で吸収し、揺れを小さくする建造物の構造。建造物の要所にダンパーを設置する。免震構造に比べ効果は落ちるが費用は安い。➡免震構造 ➡耐震構造

せいしん-し【精神史】❶歴史においては個々の事実の因果関係をこえて精神ないし理念が働いていると考え、この見地から歴史をとらえようとするもの。ディルタイ・マイネッケらが代表者。❷ある人の精神・思想の移り変わり。

せいしん-じ【清真寺】中国で、イスラム教寺院の称。礼拝寺。

せいじん-しき【成人式】❶成人の日に、成人に達した人を祝う儀式。多く地方自治体や企業などで行う。(季 新年)❷ある年齢に達した子供を一人前の人間として社会的に認めるために行う種々の儀式。日本の元服もこれに類する。成年式。

せいしん-しゅうよう【精神修養】-シウヤウ 精神を鍛錬して、高い人格や強い意志が備わるように努力すること。「一に励む」

せいしん-しゅぎ【精神主義】❶物質的なものよりも精神的なものに優位性を認める立場。❷精神力を集中的に駆使すれば、物質的諸事象を統御できるとする考え方。精神論。

せいしんしゅよう-がく【精神腫瘍学】セイシンシユヤウ- ➤サイコオンコロジー

せいしん-しょうがい【精神障害】-シャウガイ 精神に異常のみられる状態。脳の器質的変化や機能的障害によって、さまざまな精神・身体症状や行動の変化が現れる状態。(補説)精神病・神経症・統合失調症・妄想性障害・気分障害などの精神疾患や、精神に作用する物質による急性中毒や依存症、精神遅滞、人格・行動・心理的発達・情緒などの障害が含まれる。医学・福祉・法律など用語が使用される分野によって意味・内容が異なる場合がある。

せいしん-じょうたい【精神状態】-ジャウタイ 精神のありさま。感情・気分の安定性・明暗などのぐあい。「一がよくない」

せいしん-じょしだいがく【聖心女子大学】-ヂョシダイガク 東京都渋谷区にある私立大学。明治41年(1908)に設立された聖心女子学院を起源とし、聖心女子学院高等専門学校を経て、昭和23年(1948)新制大学として発足。

せいしん-しんけいしょう【精神神経症】-シンケイシャウ 神経症のうち、感情状態が身体症状の形をとって現れる器官神経症以外のもの。

せいしんしんたい-いがく【精神身体医学】心因性の身体疾患や、慢性身体疾患で精神的負担が大きい場合などに、精神的側面から治療・研究を試みる医学の分野。心身医学。

せいしん-すいじゃく【精神衰弱】フランスの精神医学者ピエール=ジャネの用語。不安症状・強迫症状を示す、体質性の神経衰弱をいう。青年期に多くみられ、有効・適切な行動がとれず、なにをしても完全であるという感じがなく、内省ばかりしているのが特徴。

せいしん-すうはい【星×辰崇拝】太陽・月・星を、神秘的な力をもつものとして尊びあがめる思想。また、それに伴う儀礼。古代オリエントで盛んだった。

せいしん-せいかつ【精神生活】❶人間の生活のうちの精神的な側面。❷物質よりも精神面を重視する生き方。

せいしん-ちたい【精神遅滞】知的機能が平均より明らかに低く、年齢に応じた行動がとれず、それが成長期(18歳未満)に現れたもの。知能指数(IQ)その他の総合的な診断に基づき、軽度・中等度・重度・最重度に分けられる。1970年ころから精神薄弱に代わって用いられた。平成11年(1999)から、法令上は「知的発達障害」「知的障害」という語が用いられている。

せいじんティーさいぼう-はっけつびょう【成人T細胞白血病】レトロウイルスであるHTLV(ヒトT細胞白血病ウイルス)の一種が感染することで成人に起こる急性の白血病。ATL(adult T-cell leukemia)。

せいしん-てき【精神的】〘形動〙精神に関するさま。また、精神に関する面を重んずるさま。「一な苦痛」「一な愛」(類語)心理的・心的・メンタル

せいしんてき-がいしょう【精神的外傷】恐怖・ショック・異常経験などにより精神に受けた傷。神経症やヒステリーなどの精神症状の発生因となる。トラウマ。

せいしんてき-じゆうけん【精神的自由権】思想および良心の自由、信教・表現・学問の自由など、特に憲法上、個人の精神活動として保障される自由権。

せいしん-でんきはんのう【精神電気反応】驚いたり興奮したりすると皮膚の電気抵抗が発汗によって低下する現象。皮膚電気反応。GSR。

せいしん-ねんれい【精神年齢】❶精神の発達程度を年齢で表したもの。知能検査によって測定する。1908年にビネーが考察。知能年齢。MA。➡生活年齢 ❷一般的に、ものの考え方や行動からみた、精神的な成長の度合い。「一が低い」

せいじん-の-ひ【成人の日】国民の祝日の一。1月の第2月曜日。もとは1月15日。成年(満20歳)になった青年男女を祝い励ます日。(季 新年)「一の紛失物なにがし咎めずに/草田男」

せいしん-はくじゃく【精神薄弱】知的障害の旧称。

せいじんはっしょうがた-とうにょうびょう【成人発症型糖尿病】►二型糖尿病

せいしんはったつ-ちたい【精神発達遅滞】►精神遅滞

せいしん-びょう【精神病】精神の病的な状態の総称。外傷・疾病などによる外因性のものと、遺伝・体質などによる内因性のものとがある。統合失調症・躁鬱病など。

せいじん-びょう【成人病】中年以降の人に多くみられる病気の総称。動脈硬化症・高血圧症・脳卒中・心筋梗塞・癌・糖尿病など。➡生活習慣病

せいしん-びょういん【精神病院】►精神科病院

せいじんびょう-とくやく【成人病特約】生命保険における特約の一つ。癌・脳血管疾患・心疾患・高血圧性疾患・糖尿病の五大成人病で入院・手術をした場合に給付金が支払われる。(補説)腎疾患・肝疾患を加えた七大生活習慣病特約もある。

せいしん-びょうりがく【精神病理学】精神の病的状態を研究対象とし、その機構や病態の解明を目的とする学問。精神医学の基礎領域。

せいしん-ぶつりがく【精神物理学】精神と身体との相互関係を研究する学問。フェヒナーが提唱。物理的刺激と感覚との関係を法則的に明らかにしようとしたもので、刺激閾や等価刺激の心理学的測定法の基礎を築き、精神物理学的測定法を発達させた。

せいしんぶつりてき-へいこうろん【精神物理的並行論】►並行論

せいしん-ぶんか【精神文化】学術・思想・宗教・哲学・道徳・芸術など、精神活動によって生み出される文化の総称。➡物質文化

せいしん-ぶんせき【精神分析】フロイトによって始められた神経症診断の方法。また、さらに広く精神の無意識の深層を分析する方法をさす。フロイトによれば、精神過程は意識、前意識、深層である無意識の3層に分けられる。抑圧された願望は無意識層に押し込められると考え、それを対話・夢・連想などから発見、意識化することで治療しようとする。この方法は、宗教・芸術などの解釈にも広く応用される。

せいしんぶんれつ-びょう【精神分裂病】統合失調症の旧称。

せいしんほけん-していい【精神保健指定医】精神保健福祉法に基づいて、精神障害者の措置入院・医療保護入院・行動制限の要否判断などの職務を行う精神科医。臨床経験・研修など所定の要件を満たす医師の申請に基づいて、厚生労働大臣が指定する。➡精神保健判定医

せいしんほけん-しんぱんいん【精神保健審判員】心神喪失・心神耗弱の状態で重大な他害行為を行い、不起訴処分または無罪が確定した人に対して、医療観察法に基づく医療・観察の要否を、検察官と合議して決定する精神科医。厚生労働大臣が作成した精神保健判定医名簿の中から、裁判所が事件ごとに任命する。

せいしんほけん-はんていい【精神保健判定医】精神保健審判員・鑑定医として必要な学識経験を有する医師。医療観察法に基づいて、厚生労働大臣が名簿を作成し、最高裁判所に送付する。➡精神保健指定医

せいしんほけん-ふくしし【精神保健福祉士】平成9年(1997)成立の精神保健福祉士法で定められた国家資格。精神科病院などの医療機関や精神障害者の社会復帰を支援する施設で社会復帰に関する相談に応じたり、日常生活に適応するための訓練や援助を行う。また、他職者と連携し、地域・医療機関との橋渡しなども行う。精神保健福祉士国家試験に合格し、登録した者のみが称する。精神科ソーシャルワーカー。PSW(psychiatric social worker)。(補説)平成18年(2006)に障害者自立支援法が施行され、また司法・教育機関など配置機関が増加したことで、認知度が上昇し、需要が高まっている。

せいしんほけんふくし-ほう【精神保健福祉法】《精神保健及び精神障害者福祉に関する法律」の通称》精神障害者の医療・保護、社会復帰の促進、自立への援助、発生の予防などを行い、福祉の増進と国民の精神的健康の向上を図ることを目的とする法律。昭和25年(1950)精神衛生法として制定され、同62年の改正時に精神保健法と改称。平成7年(1995)の改正で現在の名称に改められた。

せいしんほけん-ほう【精神保健法】►精神保健福祉法

せいしん-もう【精神盲】物は見えているのに、それを意味づけて認識・理解することができない状態。脳の両側の視覚野と連合野との間の損傷によって起こる。

せいしん-りょうほう【精神療法】►心理療法

せいしん-りょく【精神力】何かをやり抜こうとする意志の力。気力。「一で乗り越える」
(類語)気力・意力・根性・ガッツ・意気地・甲斐性

せいしん-ろうどう【精神労働】主として頭脳を使ってする労働のこと。頭脳労働。

せいしん-ろん【精神論】►精神主義❷

せい-す【制す】㊀〘動サ五〙「せい(制)する」(サ変)の五段化。「自己を一・すことができない」㊁〘動サ変〙「せい(制)する」の文語形。

せい-ず【星図】全天の恒星・星団・星雲などの位置や光度を示した平面図。恒星図。

せい-ず【製図】〘名〙スル 機械・建築物・工作物などを製作するため、形状・大きさ・構造・工程などを記入した図面を作成すること。(類語)作図・設計

せい-すい【井水】井戸の水。

せい-すい【西×陲】西の果て。西の国境。

せい-すい【青×翠】あおみどり。また、青々とした樹木や山。(類語)翠色・万緑・新緑・緑・青葉・若葉

せい-すい【清水】澄んできれいな水。しみず。
清水に魚棲まず 「水清ければ魚棲まず」に同じ。

せい-すい【清粋】〘名・形動ナリ〙清らかでまじりけのないこと。潔白で私欲のないこと。また、そのさま。「此一な私を、熊鷹の、熊手の、掴み面のと異名をつけ」〈浄・卯月の紅葉〉

せい-すい【盛衰】物事の盛んになったり衰えたりすること。じょうすい。「栄枯一」

せい-すい【聖水】カトリック教会で、司祭によって祝別された水。祝福・献堂・ミサ聖祭など、あらゆる祝別に用いられる。

せい-すい【精水】精液のこと。

せい-すい【精粋】まじりけのないこと。また、選び抜かれたすぐれたもの。「日本料理の一を賞玩する」

せい-すい【静水】静止して動かない水。

せい-ずい【精髄】物事の本質をなす最も重要な部分。「和歌の一を究める」

せいすい-あつ【静水圧】静水中の水圧。深さ・密度・重力加速度の積に等しい。

せいすいき【盛衰記】「源平盛衰記」の略称。

せいすいしょう【醒睡笑】江戸初期の咄本。8巻。安楽庵策伝著。元和9年(1623)成立。戦国末期から近世にかけて語られていた笑話を、全編42に分類、集大成したもの。のちの咄本や落語に大きな影響を与えた。

せいすい-りきがく【静水力学】流体静力学に同じ。動水力学とともに、主として水理学の分野で用いられる。

せい-すう【世数】►せすう(世数)

せい-すう【正数】正の数。零より大きい実数。㊥負数。

せい-すう【西×陬】西方の辺地。西のはて。

せい-すう【整数】零から順に一ずつ増すか減らすかすることによってできる数。零、自然数、および自然数に対応する負数の総称。

せいすう-がた【整数型】《integer type》コンピューターのプログラムにおけるデータ形式の一。データを整数で表す。プログラミング言語により、符号付きの整数と符号無し整数の区別される場合がある。インテジャー。

せいすう-ろん【整数論】整数の性質を研究する数学の一分科。不定方程式論・代数的整数論・解析的整数論などの部門がある。

せいず-き【製図器】製図のための用具。T定規・三角定規・コンパス・ディバイダー・烏口など。

せいステパノ-きょうかい【聖ステパノ教会】《Crkva sv. Stjepana》クロアチア西部、イストラ半島の中央部の町モトブンにある後期ルネサンス様式の教会。16世紀にアンドレア＝パラディオの設計で建造された。16世紀から17世紀頃にかけて制作された聖人の彫刻やベネチア派の絵画などを所蔵する。

せいステパノ-だいせいどう【聖ステパノ大聖堂】《Katedrala sv. Stjepana》クロアチア南部、アドリア海に浮かぶフバル島の港町フバルにある大聖堂。16世紀から17世紀にかけて建造。後期ルネサンス様式のファサードをもち、17世紀建造の鐘楼が隣接する。内部にはバロック様式の祭壇などがある。

せいステファン-きょうかい【聖ステファン教会】《Tsarkva Sveti Stefan》ブルガリア東部、黒海に面する町ネセバルにある教会。11世紀から12世紀頃に建造。修復や改築が繰り返され、内部には16世紀から18世紀にかけて描かれたフレスコ画や、16世紀の聖壁、19世紀の司教の座が残る。

せいストシャ-だいせいどう【聖ストシャ大聖堂】《Katedrala sv. Stošije》クロアチア南西部、ダルマチア地方の港湾都市ザダルにあるロマネスク様式の大聖堂。4世紀から5世紀頃の教会に起源し、

12世紀に建造された。13世紀初頭にベネチア共和国率いる第4次十字軍の攻撃を受けて破壊され、その後修復された。ダルマチア地方最大の教会として知られる。

せいスパス-きょうかい【聖スパス教会】《Crkvata Sveti Spas》マケドニアの首都スコピエにある教会。16世紀にオスマン帝国に破壊された教会の地下に建造。19世紀のイコノスタシス(教会内陣の障壁)は、同国における木彫芸術の傑作とされる。20世紀初頭の革命家ゴツェ=デルチェフの墓がある。

せいず-ばん【製図板】製図の際、用紙の下に置く長方形の平らな板。

せいスピリドン-きょうかい【聖スピリドン教会】《Church of Saint Spyridon》►アギオススピリドナス教会

せい・する【制する】〔動サ変〕文せい・す〔サ変〕❶人の行動などを押さえとどめる。また、気持ちなどを押しとどめる。「殺到する群衆を―・する」「はやる心を―・する」❷自分のものにする。支配する。「機先を―・する」「過半数を―・する」❸規則などをきめる。制定する。「法を―・する」

(類語)(❶)止める・押さえる・制止する・押さえ込む・抑制する・制限する・コントロールする/(❷)支配する・握る・押さえる・掌握する・確保する・保持する・独占する・占有する・手中に収める・我が物にする

せい・する【征する】〔動サ変〕文せい・す〔サ変〕服従しない者を攻め討つ。征伐する。「敵を―・する」

せい・する【省する】〔動サ変〕文せい・す〔サ変〕❶反省する。「汝謹んで其れ之を―・せよ」〈織田訳・花柳春話〉❷安否を問うために訪れる。親を見舞う。「其の間二度芳子は故郷を―・した」〈花袋・蒲団〉

せい・する【製する】〔動サ変〕文せい・す〔サ変〕物をこしらえる。つくる。「小麦粉で―・した菓子」

ぜい・する【×贅する】〔動サ変〕文ぜい・す〔サ変〕必要以上の言葉を付け加える。むだ口をきく。「省きて此処には―・せぬなり」〈松村春輔・春雨文庫〉

せい-せい【世世】多くの世。代々。よよ。累世。「千万年来―の遺伝に存して人々の骨に徹したる慣行」〈福沢・福翁百話〉

せい-せい【正声】音律に合った正しい音。調子などの正しい音楽。

せい-せい【生生】❶〔名〕スル 物が生まれ育つこと。しょうじょう。❷〔ト・タル〕文〔形動タリ〕いきいきして活気があるさま。「―たる色と形とを具えた草木」〈西田・善の研究〉(類語)生き生き・ぴちぴち・溌剌・元気

せい-せい【生成】〔名〕スル ❶ものができること。また、ものを新たにつくり出すこと。「薬品を―する」❷哲学で、事物がある状態から他の状態になること。また、その過程。転化。(類語)発生・誕生・出来る

せい-せい【西征】〔名〕スル「征西」に同じ。

せい-せい【征西】〔名〕スル 西方に行くこと。西方の敵を征伐すること。西征。

せい-せい【清世】穏やかに治まっている世。太平の世。「漫然たる―の一閑人たれ」〈福沢・福翁百話〉

せい-せい【▽済世】►さいせい(済世)

せい-せい【盛世】国力が盛んな時代。盛代。

せい-せい【聖世】すぐれた天子の治める世。聖王の治世。聖代。

せい-せい【精誠】《「せいぜい」とも》まじりけのないまごころ。純粋な誠実さ。「古くからの土地の神に、―をいたしていた」〈柳田・山の人生〉

せい-せい【精製】〔名〕スル ❶十分に念を入れてつくること。「材料を選び―した品」❷まじりものを除いて、純良なものをつくりあげること。「原油を―する」

せい-せい【整正】〔名〕スル 正しく整えること。正しく整っていること。「軍律を―するの力なきは」〈小幡篤次郎訳・上木自由論〉

せい-せい【整斉┊斉整】❶〔名・形動〕スル 整いそろっていること。整えそろえること。また、そのさま。「威権最も強盛にして、礼楽征伐の法、―ならざるはなし」〈福沢・学問のすゝめ〉「真に邦国を―せんと欲する」〈岡部啓五郎・開化評林〉❷〔形動タリ〕整いそろっているさま。「行列の順叙乱ることなく、―として歩み行くなり」〈日本風俗備考・一三〉

せい-せい【凄凄】〔形動タリ〕❶寒く冷たいさま。寒々とものさびしいさま。また、涼しいさま。「―たる微陽のまへ、遠路に臨んで眼をきはむ」〈平家・五〉❷雨雲のわくさま。〈色葉字類抄〉

せい-せい【井井】〔ト・タル〕文〔形動タリ〕秩序正しく、きちんと整っているさま。「立法行政の事務を調査し、―と条理あらしめ」〈鉄腸・雪中梅〉

せい-せい【正正】〔ト・タル〕文〔形動タリ〕正しく整っているさま。「容色―として屈撓せず」〈織田訳・花柳春話〉

正正の旗堂堂の陣 《「孫子」軍争から》整然と旗がならび、意気盛んな軍隊を形容する言葉。➡正正堂堂

せい-せい【青青】〔ト・タル〕文〔形動タリ〕あおあおとしているさま。「草木は年中―として枯槁せず」〈鉄腸・南洋の大波瀾〉

せい-せい【▽済▽済】〔ト・タル〕文〔形動タリ〕多くて盛んなさま。さいさい。「―たる著名人が会する」「多士―」

せい-せい【×萋×萋】〔ト・タル〕文〔形動タリ〕草木の茂っているさま。さいさい。「水草の―と繁茂して居る気味の悪い沼地」〈荷風・あめりか物語〉

せい-せい【×菁×菁】〔ト・タル〕文〔形動タリ〕草木などがあおあおと茂っているさま。「夏草が―と生い繁って」〈秋声・あらくれ〉

せい-せい〔副〕息遣いの早いさま。「お島は在合う椅子に靠れて―いっていれば」〈紅葉・多情多恨〉

せい-せい【清清┊晴晴】❶〔副〕スル ❶苦痛や煩わしさがなくなって、気持ちが晴れるさま。「試験が終わって―(と)した」❷すがすがしく感じるさま。「高い山の見晴はまた別だね。実に―するよ」〈蘆花・不如帰〉❷〔形動タリ〕❶に同じ。「夢にとわたる横田川、―たる流れ水の」〈浮・御前義経記・三〉

(類語)さっぱり・すっきり・すかっと

せい-ぜい【正税】►しょうぜい(正税)

せい-ぜい【精精】❶〔副〕❶能力の及ぶかぎり努力するさま。できるだけ。精いっぱい。「―おまけします」「―養生して下さい」「病み上がりで、近所を散歩するのが―だ」❷できるだけ多く見積もってもその程度であるさま。たかだか。「遅くても―二、三日で届くだろう」「高くても―一万円だろう」❷〔名〕能力の及ぶ限界。力のかぎり。「迷エル衆生ヲ導カントーヲヌキンデ給ウコトココニ切ナリ」〈天草本平家・序〉

(用法)せいぜい・たかだか――「合格するのはせいぜい(たかだか)三人だろう」「一日かかってもせいぜい(たかだか)一〇ページしか読めない」など、多く見積っての意では相通じて用いられる。◆「せいぜい」にはその上限に達することを目標にする意もある。「せいぜい努力します」「せいぜいお大事に」など。また、それほど期待はしていないという気持ちで用いることがある。「相手は強豪揃いだ。―頑張るさ」◆「たかだか」は上限の程度を大したことではない、とみる気持ちがある。「集まってもたかだか五〇人だろう」「たかだか一週間の旅行に大騒ぎするな」

(類語)力一杯・精一杯・極力

ぜい-せい【×脆性】物体が外力を受けたときに、あまり変形しないうちに破壊する性質。もろさ。

ぜい-せい【税制】租税に関する制度。「―改革」

ぜい-せい【税政】税務に関する行政。

ぜい-せい【×噬×臍┊×噬斉】《「春秋左伝」荘公六年から。「噬」はかむ、「臍」はへその意》取り返しのつかないことを後悔すること。ほぞをかむこと。「十年を待たずして必ず―の悔あらん」〈露伴・運命〉

ぜい-せい【×贅婿】入り婿。

ぜい-ぜい〔副〕息遣いが激しいさま。また、苦しげに呼吸する音を表す語。ぜえぜえ。「のどが―(と)鳴る」

せいせい-えん【精製塩】食卓塩、食塩として売られているもの。電気分解によって塩化ナトリウムの含有量が99.5パーセント以上にしてある。➡自然塩 ➡塩角

せいせい-か【整正花】同形同大の花びらや萼が放射状に規則的に配列している花。放射相称花。

せいせい-かいく【生生化育】自然が万物を生み育て、宇宙をつくりあげていること。

せい-せいかつ【性生活】生活の中で、性にかかわる方面。

せいせいこかん【西清古鑑】中国の図録。40巻。付銭録16巻。清の梁詩正らが奉勅撰。1749年に成立。宋の「博古図」にならい、宮廷所蔵の古銅器・銭貨などを図示し、考証を加えたもの。

せいせい-しょうぐん【征西将軍】西国を鎮定するために派遣された将軍。天慶4年(941)藤原純友の征討のために藤原忠文が任ぜられたのを初めとする。征西大将軍。➡征東将軍

せいせいしょうぐん-の-みや【征西将軍宮】懐良親王の異称。

ぜいせい-ちょうさかい【税制調査会】租税制度に関する基本的事項を調査・審議する内閣府の付属機関。昭和37年(1962)総理府に設置された。税調。政府税調。

ぜいせいてきかく-たいしょくねんきん【税制適格退職年金】►適格退職年金

ぜいせいてきかく-ねんきん【税制適格年金】►適格退職年金

せいせい-どうどう【正正堂堂】〔ト・タル〕文〔形動タリ〕❶軍隊などの陣構えが整い、勢いが盛んなさま。「―と北京へ駐在する事にするよ」〈漱石・虞美人草〉❷態度や手段が正しくりっぱなさま。「―と戦う」

せいせい-はってん【生生発展】〔名〕スル 絶えず活動しながら発展すること。

せいせい-ふ【征西府】南北朝時代、懐良親王が征西将軍として九州を転戦した時に、各地に設けた在所。

せいせい-ぶんぽう【生成文法】米国のチョムスキーを中心とする言語学者によって唱道された言語理論。人間の言語能力の創造性を評価し、表現された形から入って、その奥深くに隠されている言語構造を理論的にとらえようとする。変形文法。変形生成文法。生成変形文法。

せいせい-めん【精製綿】原綿に付着している不純物や脂肪分を取り除き、消毒した綿。脱脂綿。

せいせい-るてん【生生流転】►しょうじょうるてん

せいゼーバルト-きょうかい【聖ゼーバルト教会】《Sankt Sebaldkirche》►聖セバルドゥス教会

せい-せき【成績】❶成し遂げた仕事などの結果。また、その結果の評価。「営業―」❷学業の評価や試験の結果。「国語の―があがる」(類語)実績・成果

せい-せき【政績】政治における業績。

せい-せき【聖跡┊聖×蹟】《古くは「せいぜき」とも》❶天子が行幸した地や帝都の旧跡。❷聖人の事跡。また、その遺跡。しょうせき。「―巡礼」❸すぐれた筆跡。「いかなる―重宝なりとも、あとかたなく消えうせんには、なにの益かあらん」〈著聞集・七〉

せいせき-ずほう【正積図法】地球上の面積を地図上の面積が正しく表す図法。ボンヌ図法・モルワイデ図法などがある。等積図法。

せいせき-ひょう【成績表】学業成績の一覧表。

せい-せつ【正接┊正切】►タンジェント

せい-せつ【性説】中国における、人間の本性に関する説。孟子の性善説、荀子の性悪説など。

せい-せつ【凄切┊×悽切】〔名・形動〕身にしみて悲しく、物寂しいこと。また、そのさま。「一種言うべからざる―の調」〈鴎外訳・即興詩人〉

せい-せつ【清節】志を清く守って曲げないこと。けがれのない節操。「―を貫く」

せい-せつ【聖節】天子の誕生日。聖誕。

せい-ぜつ【凄絶】〔名・形動〕非常にすさまじいこと。また、そのさま。「―な争い」

せい-ぜつ【清絶】〔名・形動〕非常に清らかなこと。また、そのさま。「其気韻を高遠にし其妙想を―にし」〈逍遥・小説神髄〉

ぜい-せつ【×贅説】〔名〕スル 不必要なことを述べるこ

と。無益な論説。贅言(ぜいげん)。

せい-せっかい【生石灰】ーセキクワイ 酸化カルシウムの俗称。きせっかい。

せいせつ-かんすう【正接関数】ークワンスウ ►タンジェント

せいせつ-しょうちょう【清拙正澄】ーシヤウチヨウ ［1274～1339］中国、元代の臨済宗の僧。福州（福建省）の人。嘉暦元年（1326）来日。北条高時に信任され、建長寺・建仁寺・南禅寺などに住した。日本禅宗二十四派の一である清拙派、大鑑門徒の祖。諡号(しごう)、大鑑禅師。著「大鑑清規」など。

せいせつ-でんりゅうけい【正接電流計】ーデンリウケイ 磁針電流計の一種。電流の強さが磁針の振れた角度の正接に比例するもの。

せいセバルドゥス-きょうかい【聖セバルドゥス教会】ーケウクワイ《Sankt Sebalduskirche》ドイツ中南部、バイエルン州の都市、ニュルンベルクにある教会。1225年に聖セバルドゥスを祭る教会として後期ロマネスク様式で建造され、14世紀に内陣と側廊をゴシック様式に改装。ドイツ後期ゴシックの代表的な彫刻家、ファイト＝シュトスによるキリストの十字架像や聖人像などがある。聖ゼーバルト教会。

せい-せん【井泉】井戸。また、井戸の水。

せい-せん【生鮮】〘名・形動〙肉・魚・野菜などの食料品が、新しくていきのよいこと。また、そのさま。「―な野菜」 (類語)新しい・瑞瑞(みずみず)しい・新鮮・生新・清新・フレッシュ

せい-せん【成選】平安時代、官吏が位階を上げるために候補として選考されること。じょうせん。

せい-せん【西遷】►長征(ちょうせい)❷

せい-せん【征戦】〘名〙スル 敵地へ出かけていって戦うこと。「―攻伐を務とし」〈新聞雑誌一八〉

せい-せん【性腺】「生殖腺」に同じ。

せい-せん【政戦】政治上の主義・主張の争いや、権力をめぐるたたかい。政争。

せい-せん【清泉】清く澄んだいずみ。しみず。

せい-せん【聖戦】❶神聖な目的のための戦争。❷►ジハード

せい-せん【聖遷】►ヒジュラ

せい-せん【×腥×羶】なまぐさいこと。「土穴に―の気がある」〈鴎外・魚玄機〉

せい-せん【精銭】撰(え)り銭(ぜに)によって選びとられた良質の銭貨。

せい-せん【精選】〘名〙スル 多くの中から良いものをよりすぐること。えりぬき。「―した原料」 (類語)厳選

せい-ぜん【正善】〘名・形動〙正しくて理にかなっていること。また、そのさま。「刹那刹那の断片的なる要求を満足することにおいて―な生活を見いださんことを主張する」〈倉田・愛と認識との出発〉

せい-ぜん【生前】その人が生きていたとき。死ぬ前。在世中。しょうぜん。「―をしのぶ」「―の功労により」

せい-ぜん【西漸】〘名〙スル 勢力・文化などが、次第に西方へ移ること。

せい-ぜん【性善】人間の生まれつきの性質は善であるということ。

せい-ぜん【聖善】《「詩経」邶風・凱風から》母の徳。また、りっぱな母親。慈母。

せい-ぜん【凄然】〘ト・タル〙文〘形動タリ〙❶非常にもの寂しい感じがするさま。「―として眼冷かに」〈東海散士・佳人之奇遇〉❷寒いさま。涼しいさま。また、冷たいさま。

せい-ぜん【整然】〘ト・タル〙文〘形動タリ〙秩序正しく整っているさま。「―たる行列」「理路―」
(類語)整斉(せいせい)・端正・秩序立つ

せいぜん-うんどう【西漸運動】米国の歴史上、東部から太平洋に及ぶ西方地域に向かって人々が移住した動きをいう。植民地時代から、19世紀末まで続いた。

せい-せんかい【盛宣懐】ーセンクワイ ［1844～1916］中国、清末の官僚資本家。武進（江蘇省）の人。字(あざな)は杏蓀(きょうそん)。李鴻章(りこうしょう)の下で、鉄道敷設事業などに尽力。のち、鉄道を担保に外国から借款を得るために鉄道国有化策を推進したが、それが辛亥(しんがい)革命の口火となり失脚。ション＝シュアンホアイ。

せいせん-き【精選器】農作物の種実と、もみ殻などの夾雑(きょうざつ)物とをより分けるための器具。箕(み)・唐箕・ふるい・千石通しなど。

せいぜん-こうい【生前行為】ーカウヰ ►生前処分

せいせんしげき-ホルモン【性腺刺激ホルモン】►生殖腺(せいしょくせん)刺激ホルモン

せいせんじょがくいん-だいがく【清泉女学院大学】セイセンヂヨガクヰンー 長野市にある私立大学。平成15年（2003）に開設された。人間学部の単科大学。

せい-せんしょくたい【性染色体】性の決定に関与する染色体。雌雄では形や数が異なり、人間などでみられる雌が同型で雄が異型のものをもつ場合をXY型とよび、雌が異型で雄が同型の場合をZW型とよぶ。➡常染色体(じょうせんしょくたい)

せいせん-しょくりょうひん【生鮮食料品】ーショクレウヒン 野菜・果実・魚介など、特に新鮮さが要求される食料品。生鮮食品。

せいせん-じょしだいがく【清泉女子大学】ーヂヨシダイガク 東京都品川区にある私立大学。昭和10年（1935）設立の清泉寮学院に始まり、同25年横須賀市に新制大学として発足。同37年現在地に移転。

せいぜん-しょぶん【生前処分】行為者の生前に効力を生ずる法律行為。生前行為。⇔死因処分。

せいぜん-せつ【性善説】人間にはもともと善の端緒が備わっており、それを発展させれば徳性にまで達することができるとする説。孟子が唱えた。⇔性悪説。

せいぜん-そう【生前葬】ーザウ 本人の意思で、または承諾を得て本人の生きている間に催す葬儀形式の集まり。

せいせん-だいがく【聖泉大学】滋賀県彦根市にある私立大学。平成15年（2003）に開学した。

せい-そ【世祖】❶ある王統の祖先。1世の祖先。❷中国で、太祖・高祖・太宗などに次いで朝家の基礎を固めた君主の廟号(びょうごう)。特に後漢の光武帝、元のフビライが有名。

せい-そ【成祖】中国、明の第3代皇帝、永楽帝(えいらくてい)の尊号。

せい-そ【青素】シアンのこと。

せい-そ【凄×楚】いたましく思うこと。悲しみいたむこと。「人情の上に於ける観察も曽て―惨澹の処に向わず」〈子規・獺祭書屋俳話〉

せい-そ【清×楚】〘名・形動〙飾りけがなく、清らかなこと。また、そのさま。「―な身なり」「―な婦人」 (派生)せいそさ〘名〙 (類語)楚楚・瀟洒(しょうしゃ)

せい-そ【聖祖】中国で、君主の廟号(びょうごう)の一。特に、清の康熙帝(こうきてい)が有名。

せい-そ【聖×祚】天子の位。宝祚。帝位。

せい-そ【精粗】細かいことと、あらいこと。詳しいことと、大ざっぱなこと。「観察に―がある」

せい-そう【正装】ーザウ〘名〙スル 儀式などに出るための正式の装い。また、その装いをすること。

せい-そう【成層】積み重なって層をなすこと。また、そのもの。

せい-そう【西×廂】ーザウ 西側の棟(むね)。また、西側の棟にある部屋。

せい-そう【性巣】ーザウ ►生殖巣

せい-そう【青草】ーザウ 青々と茂った草。あおくさ。

せい-そう【斉奏】〘名〙スル 同種または異種の複数の楽器で同一の旋律を同時に奏すること。ユニゾン。

せい-そう【政争】ーザウ 政治上の主義・主張についての争い。また、政権の奪い合い。

せい-そう【星霜】ーザウ《星は1年に天を1周し、霜は毎年降るところから。古くは「せいぞう」》としつき。歳月。「―ここに幾十年」「幾―を経る」 (類語)時間・歳月・年月(としつき)・年月(ねんげつ)・光陰・日月・月日・風霜

せい-そう【凄×愴┊×悽×愴】ーザウ ㊀〘名・形動〙悲しみいたむこと。また、非常にいたましいさま。「宣教師たちの―な殉教の歴史」㊁〘ト・タル〙文〘形動タリ〙非常にいたましいさま。また、ものさびしく、すさまじいさま。「―とした戦闘の跡」「―たる光景が多少和らげられて」〈漱石・趣味の遺伝〉

せい-そう【清爽】ーザウ〘名・形動〙清くさわやかなこと。さっぱりして気持ちがよいこと。また、そのさま。「早朝の―な空気」 (類語)さわやか・すがすがしい・清新

せい-そう【清掃】ーザウ〘名〙スル きれいに掃除すること。「室内を―する」「―当番」 (類語)掃除・煤掃(すすは)き・煤払い

せい-そう【清僧】戒律を守り、品行の正しい僧。肉食・妻帯をしない僧。

せい-そう【盛壮】ーザウ〘名・形動〙年若くて元気の盛んなこと。また、そのさま。「所謂詩家なる者の想像的脳髄の―なる時に」〈透谷・厭世詩家と女性〉

せい-そう【盛▽粧】ーザウ〘名〙スル はでに化粧すること。厚化粧。

せい-そう【盛装】ーザウ〘名〙スル 華やかに着飾ること。また、その装い。「―して出かける」
(類語)おめかし・お洒落(しゃれ)・ドレスアップ・身じまい・身拵(みごしら)え・身繕い・着こなし・コーディネート

せい-そう【勢相】ーザウ 動作の可能なことを表す相。大槻文彦(おおつきふみひこ)の「日本広文典」に用いられた語。文語では動詞に助動詞「る」「らる」、口語では「れる」「られる」をつけて表す。

せい-そう【精巣】ーザウ 動物の雄の生殖腺。精子をつくり、雄性ホルモンを分泌する器官。哺乳類では睾丸(こうがん)ともいい、陰嚢(いんのう)の中に左右に分かれて収まる。➡卵巣

せいぞう【西蔵】セイザウ チベットのこと。シーツァン。

せい-ぞう【聖像】ーザウ ❶聖人の肖像。❷天子の肖像。❸キリストおよび聖母マリアの像。

せい-ぞう【製造】ーザウ〘名〙スル 原料に手を加えて製品にすること。「菓子を―する」「―販売」
(類語)製作・制作・作製・作成

せいそう-がく【性相学】セイサウー 手相・骨相・人相など人の外見上に現れている特徴から判断して、その人の性質や運命などを知ろうとする学問。

せいそう-かざん【成層火山】ークワザン 中心火口から噴出した溶岩流と火山砕屑物(さいせつぶつ)が交互に積み重なってできた円錐形の火山。火口は山体に比べて小さい。富士山など。錐状火山。コニーデ。

せいそう-がん【成層岩】「堆積岩(たいせきがん)」に同じ。

せいそうき【西廂記】セイサウキ 中国、元代の戯曲。全21幕。王実甫(おうじつぽ)著。鶯鶯と張君瑞（張生）の恋物語。唐の元稹(げんしん)の伝奇小説「会真記（鶯鶯伝）」の悲恋を、歌唱を伴う語り物（諸宮調）とした金の董解元(とうかいげん)の「董西廂(とうせいそう)（西廂記諸宮調）」によって脚色したもの。14世紀初めの成立。元曲の最高傑作とされる。

せいぞう-ぎょう【製造業】セイザウゲフ 原材料に加工を施して製品を生産する産業。

せいぞうきんし-れい【聖像禁止令】セイザウキンシー 726年、東ローマ帝国皇帝レオ3世が発布した聖像崇敬を禁止する勅令。信仰上の理由のほかに、修道院勢力の抑圧を目的としていたためローマ教会が反発し、教会の東西分裂の一因となった。聖像破壊令。イコノクラスト。

せいそう-けん【成層圏】❶大気圏の区分の一。対流圏の上、中間圏との間にある、高さ約10～50キロの大気層。下層の気温はほぼ一定でセ氏零下約55度、上層は高くなるほど気温が上がり、上限で零度程度となる。オゾン層がある。❷海洋で、一般に深さ500メートル以下の水温・塩分濃度の変化しない層。

せいぞうこうぎょうかどうりつ-しすう【製造工業稼働率指数】セイザウコウゲフカドウリツー 鉱工業指数で公表される指数の一つ。最大生産能力（製造工業生産能力指数）と生産量（鉱工業生産指数）から稼働率を求め、基準年を100として指数化したもの。稼働率の推移が業種別・品目別に示される。

せいぞうこうぎょうせいさんのうりょく-しすう【製造工業生産能力指数】セイザウコウゲフセイサンノウリヨクー 鉱工業指数で公表される指数の一つ。製造工業の1か月の最大生産能力について一定の基準で推計し、基準年を100として指数化したもの。最大生産能力の推移が業種別・品目別に示される。

せいぞうこうぎょうせいさんよそく-しすう【製造

工業生産予測指数】鉱工業指数で公表される指数の一つ。製造工業の主要企業に、主要品目の生産数量について前月実績・当月見込み・翌月見込みを尋ね、基準年を100として指数化したもの。そこから、前月と今月、今月と翌月を比較した変化率や、見込みと実績の差違を表す実現率、前回分の来月見込みと今回分の今月見込みを比較する予測修正率などが業種ごとに示される。

せいそうじゅく-しょう【性早熟症】▶思春期早発症

せいそう-じょうたい【精巣上体】精巣と精管との間にある屈曲した細い管。精子を貯蔵する部位で、精巣の上部から後部にかけて覆いかぶさっている。副睾丸。

せいぞう-ちょくはん【製造直販】製造業者が自分の製品を卸業者などを通さず、直営小売店、通信販売またはインターネット上で直接消費者に売る方式。

せいそう-ねん【青壮年】青年と壮年。主として、16歳から50歳くらいまでの者をさす。

せいそう-の-ぐ【政争の具】政争に勝つための目的で利用する事柄や手段。「教育問題が―にされる」

せいぞうぶつ-せきにん【製造物責任】製品の欠陥により消費者が生命・身体・財産に損害を被った場合、製造者などに賠償責任を負わせること。PL。

せいぞうぶつせきにん-ほう【製造物責任法】製造物責任について定め、被害者の保護を図るための法律。平成6年(1994)成立。同7年7月から施行。PL法。

せいぞう-プロセス【製造プロセス】集積回路の製造装置の微細加工技術を表す指標。シリコン上に引く線の幅を指す。この値が小さいほど消費電力が小さく、動作速度が速い。プロセスサイズ。プロセスルール。プロセス。

せい-そく【正則】❶正しい規則。正式のしかた。❷規則にかなっていること。正規。正式。「駒井先生の英学は―ではなかったが」〈蘆花・思出の記〉❸数学で、複素平面の一定の領域で定義された複素変数関数が、領域内のすべての点で微分可能なこと。
(類語)正式・正規・正しい

せい-そく【生息┊×棲息┊×栖息】〔名〕スル ❶ある場所にすむこと。多く動物についていう。「アフリカの草原に―する動物」「魚類の―区域」❷(生息)生活すること。生存。「都会に―する」「一場所」
(類語)生活・生存・存命・存生・在世・生きる・在る・存する・永らえる

せい-そく【声息】❶声と息。❷連絡すること。音信。消息。「御互に―を通じ」〈鉄腸・花間鶯〉

せい-そく【×悽×惻】〔名・形動タリ〕悲しみいたむこと。また、そのさま。「―として情人未だ去らず」〈透谷・「歌念仏」を読みて〉

せい-そく【静息】静かに休むこと。また、静まりやむこと。静止。「平野は自然の―、山嶽は自然の活動」〈藤村・破戒〉

せい-ぞく【世俗】▶せぞく(世俗)

せい-ぞく【世族】代々血統の続いてきた一族。また、代々禄を受ける家柄。

せい-ぞく【正続】正編と続編。「一二巻」

せい-ぞく【西俗】西洋の風俗。欧米の風習。

せい-ぞく【姓族】❶同姓の一族。❷古代中国、漢末から六朝時代にかけてあった社会的身分の一で、士族と並ぶ富裕な上層階級。世族。

せいそく-かんすう【正則関数】複素平面上の一定の領域の各点において微分可能な関数。

せいそく-きょくせん【正則曲線】曲線上の各点で接線の引ける曲線。各点で微分可能な曲線。

せい-そく-り【性即理】中国哲学で、人間の本性こそが道徳行為の法則(理)であると説く朱子学の主張。朱子学では、人間に本来的にそなわっている道徳的本性と、各人が持って生まれた気質とを区別し、前者を理であるとする。➡心即理

せいそ-どう【清暑堂】「せいしょどう(清暑堂)」に同じ。「―の御神楽は御代の始めの御祈りなれば」〈中務内侍日記〉

せいソフィア-きょうかい【聖ソフィア教会】《Tsarkva Sveta Sofia》㊀ブルガリアの首都ソフィアにある教会。東ローマ帝国時代の6世紀に、皇帝ユスティニアヌス1世により建造。同国で2番目に古い教会とされ、首都ソフィアの名称はこの教会に由来する。オスマン帝国時代はイスラム寺院になった。2度の地震で被害を受けたが、20世紀に入ってから修復が進められた。㊁ブルガリア東部、黒海に面する町ネセバルにある教会跡。東ローマ帝国皇帝ユスティニアヌス1世の治世下の6世紀に、古代ギリシャの神殿跡地に建造。かつての主教座聖堂。現在はアーチの柱と後陣が残る。ネセバル最古の教会建築。

せいソフィア-だいせいどう【聖ソフィア大聖堂】㊀《Sobor Sviatoyi Sofiyi》ウクライナの首都キエフにある大聖堂。1037年に創建。18世紀初頭にビザンチン式からバロック式に改築されたが、内部はビザンチン式のままで、「乙女オランドの像」などのモザイクやフレスコ画が残されている。1990年に「キエフ聖ソフィア大聖堂と関連する修道院建築物群、キエフペチェールスカヤ大修道院」として世界遺産(文化遺産)に登録。㊁《Katedralata crkva Sveta Sofija》マケドニア西部の都市オフリドにある大聖堂。ブルガリア帝国支配下の11世紀に建造。オスマン帝国時代にイスラム寺院に転用された。第二次大戦後の修復作業により、11世紀から13世紀にかけてのフレスコ画が見られるようになった。㊂《Sobor Svyatoy Sofii》ロシア連邦北西部の都市ノブゴロドにあるロシア正教会の大聖堂。11世紀半ば、ノブゴロド公ウラジーミルにより建造。現存するロシア最古の建造物の一つとして知られる。内部の壁面はフレスコ画が施され、主祭壇の横に12世紀のイコン「オラントの聖母」がある。1992年、「ノブゴロドの文化財とその周辺地区」の名称で世界遺産(文化遺産)に登録。㊃《Ayasofya》▶アヤソフィア㊀

せい-ぞろい【勢×揃い】〔名〕スル ❶軍勢がそろうこと。「其翌日、官軍が―をして入って来たのを」〈花袋・生〉❷人々がある目的で1か所に集まること。「幹部連が―する」(類語)揃い踏み・出揃う・集まる

せい-ぞろえ【勢×揃え】❶軍勢を集めそろえること。「甲斐、信濃の源氏ども馳せ来てひとつになる。浮島が原にて―あり」〈平家・五〉❷「勢揃い❷」に同じ。「娘の―して遊ぶ」〈浮・新色五巻書・一〉❸何もかもがそろうこと。「茶碗に一杯酒でも餅でもうまい物の―、銭次第とぞ売りにける」〈浄・女楠〉

せい-ぞん【生存】〔名〕スル《「せいそん」とも》生きてこの世にいること。生命を存続すること。「―していくための闘い」「一者」(類語)存命・存生・在世・生きる・在る・存する・永らえる

せいぞん-きゅうふきん【生存給付金】生命保険契約で、保険期間中に被保険者が生きていることを条件に給付される保険金のこと。

せいぞん-きょうそう【生存競争】《「種の起源」にある struggle for existence の、加藤弘之の訳語といわれる》❶ダーウィンの進化説の中心的概念。個体が次の世代を残すためによりよく環境に適応しようとし、生物どうし、特に同種の個体間で競争すること。適応できない個体は自然淘汰されて子孫を残さずに滅び、これが進化の要因であるとした。❷社会生活の中でみられる食わんがための競争。「―の厳しい業界」

せいぞん-けん【生存権】国民各自が人間らしく生きていくために必要な諸条件の確保を要求する権利。日本国憲法第25条は、これを保障している。

せい-そんぽ【生損保】生命保険会社と損害保険会社のこと。

せいぞん-ほけん【生存保険】生命保険の一。満期の時点で被保険者が生存しているときに保険金が支払われるもの。➡死亡保険

せいぞん-りつ【生存率】ある病気と診断されてから一定期間後に生存している確率。死因は病気に関係なく、自然死によるものなども含まれる。がん治療では5年または10年を目安とすることが多い。実測生存率。➡相対生存率

せ-いた【背板】❶腰掛けなどの、人の背が当たる部分に取り付けられた板。❷材木から角材や板をとった残りの、片面に丸みのある板。❸「背負い子」に同じ。❹鎧の腹巻きの背中の引き合わせのすきまをふさぐために当てるもの。臆病板。

せい-たい【世態】▶せたい(世態)

せい-たい【正体】❶正しい形体。正しい姿。❷写植文字で基準となる字体。字づらは通常の書体では正方形。

せい-たい【正対】〔名〕スル 真正面から相対すること。面と向かうこと。「死と―する」(類語)直面・相対・向かう

せい-たい【生体】生きているもの。また、生きているからだ。「一実験」(類語)生身・生き身・からだ・身・体・身体・肉体・体躯・図体・肢体・五体・全身・満身・総身・総身・人身・人体・ボディー・肉塊・ししむら・骨身

せい-たい【生態】❶生物が自然界に生活しているありさま。「アリの―」❷人間の、社会生活におけるありのままの姿。「サラリーマンの―」

せい-たい【成体】十分に成長して、生殖が可能となった生物体。

せい-たい【声帯】喉頭の中央部にある発声器官で、靭帯・筋肉を覆う粘膜のひだ。左右にあり、接近したところを呼気が通って振動させることにより声が出る。

せい-たい【青×苔】緑色のコケ。あおごけ。

せい-たい【青×黛】❶青いまゆずみ。また、それでかいた眉。❷まゆずみのような濃い青色。❸演劇で、化粧に使う藍色の顔料。月代に使う羽二重に塗るほか、藍隈や幽霊の顔などに用いる。

せい-たい【政体】❶国家の政治形態・統治形態。君主制・貴族制・民主制・共和制など。❷統治権の運用形式によって区別される政治形態。立憲政体と専制政体とに分けられる。➡国体

せい-たい【聖体】❶天子のからだ。玉体。❷イエス＝キリストのからだのこと。カトリック教会の秘跡で、パンとぶどう酒の形をとってキリストのからだと血が現存するとする。

せい-たい【静態】ものが静止している状態。また、動いているものをある時点で止めたと仮定したときの状態。⇔動態。

せい-たい【整体】手や足の力を用いて骨格を矯正し、筋肉や内臓など各部のバランスを整えて、本来の状態に戻すこと。整体術。整体療法。(補説)整体師は、「あん摩マッサージ指圧師、はり師、きゅう師等に関する法律」に定められるものではないため、国家資格は不要。

せい-たい【×臍帯】▶さいたい(臍帯)

せい-だい【世代】▶せだい(世代)

せい-だい【盛大】〔名・形動〕事業・集会などが、きわめて盛んなこと。りっぱで大規模なこと。また、そのさま。「―な式典」(派生)せいだいさ〔名〕
(類語)盛ん・旺盛・隆盛・殷盛・殷賑・全盛

せい-だい【盛代】国力が盛んで活気のみなぎっている時代。盛世。

せい-だい【聖代】すぐれた天子の治める世。聖世。

せい-だい【正大】〔形動〕〔文〕〔ナリ〕態度や言動などが正しく、堂々としているさま。「―にして且つ公明なるべし」〈織田訳・花柳春話〉

せいたい-いしょく【生体移植】臓器の移植を必要としている人に、生きている人の臓器の一部または全部を移植すること。腎臓・肝臓に多い。➡死体移植

せいたい-がく【生態学】生物と環境との関係、個体間の相互関係、エネルギー循環など、生物の生活に関する科学。動物生態学・植物生態学や個体群生態学・群集生態学などに分かれる。エコロジー。

せいたい-かんいしょく【生体肝移植】肝移植の

方法の一つ。健康な人の肝臓の一部を切り取り、末期の肝不全患者に移植する。肝臓は再生能力が高く、健康な人の場合、肝臓の65パーセントを切除しても、約1年後にはほぼ同等の大きさまで再生するとされる。日本では家族間での生体肝移植が主流となっているが、欧米で脳死肝移植が一般的。生体部分肝移植。

せいたい-かんさいぼう【成体幹細胞】ᵃᵈᵘˡᵗ ▶体性幹細胞

せいたい-けい【生態系】ある地域に生息するすべての生物群集と、それを取り巻く環境とを包括した全体。エコシステム。(補説)生態系では生産者・消費者・分解者による物質循環がみられる。例えば、植物は無機物から有機物を生産、植物を食べる動物は有機物を消費して活動し、動物の排泄物および死骸は菌類が分解して無機物へと還元する。通常はこのバランスが保たれているが、気候変動や人為的影響により崩れることがある。

せいたい-けい【生態型】同種の生物で、生息環境に適応し、異なる形質が遺伝的に固定されてできた型。

せいたいけい-サービス【生態系サービス】人類が生態系から得ている利益。淡水・食料・燃料などの供給サービス、気候・大気成分・生物数などの調整サービス、精神的充足やレクリエーション機会の提供などの文化的サービス、酸素の生成・土壌形成・栄養や水の循環などの基盤サービスがある。生態系サービスは生物多様性によって支えられている。

せいたいけいとせいぶつたようせい-の-けいざいがく【生態系と生物多様性の経済学】▶ティー-イー-イー-ビー(TEEB)

せい-たいこう【西太后】[1835～1908]中国、清の咸豊帝(文宗)の妃で、同治帝(穆宗)の生母。諡号、孝欽。慈禧皇太后とよばれた。同治帝・光緒帝(徳宗)の摂政となって政治を独占。変法自強運動を弾圧して光緒帝を幽閉、義和団事件を利用して列強に宣戦するなど守旧派の中心となった。シータイホウ。

せいたい-こうぶんし【生体高分子】天然に存在し、生命活動をつかさどる高分子。たんぱく質、多糖類、核酸など。

せいたいしょ【政体書】明治維新政府の政治組織を定めた法。慶応4年(1868)閏4月発令。五箇条の御誓文に基づき、太政官の権力集中、三権分立主義、官吏公選などを規定。

せいたい-せんしょく【生体染色】生きている状態の細胞や組織を染色すること。その構造や状態などを観察するために行う。

せいたい-そしきしんだん【生体組織診断】「生検」に同じ。

せいたい-でんき【生体電気】▶生物電気

せいたい-でんりゅう【生体電流】生体中を流れる電流。細胞膜の内外でイオン分布が不均衡になり、電位差が生じることによって起こる。静止電位による静止電流と、活動電位による活動電流とに分けられる。➡生物電気

せいたい-とうけい【静態統計】一定時点におけるある集団的事象の状態に関する統計。国勢調査など。

せいたい-にんしょう【生体認証】▶バイオメトリックス認証

せいたい-はいりょう【聖体拝領】カトリック教会のミサで、聖体を受けること。また、その儀式。➡聖餐式

せいたい-はんのう【生体反応】❶生きている細胞でだけ起こる呈色反応、または、沈殿反応。酵素の活性によって調べる。❷▶生活反応

せいたいぶぶん-かんいしょく【生体部分肝移植】▶生体肝移植

せいたい-べん【生体弁】心臓弁膜症の弁置換術で用いられる人工弁の一つ。ブタの大動脈弁やウシの心膜などが使われる。耐久性は機械弁よりも劣るが、血栓ができにくいため、抗凝血薬を服用し続ける必要はない。

せいたい-まく【生体膜】原形質を包んでいる膜構造の総称。細胞膜・核膜・ミトコンドリア膜・小胞体膜・液胞膜など。

せいたい-もしゃ【声帯模写】《喜劇俳優の古川緑波の造語》有名人・芸能人などの声や口調などをまねる演芸。声色。

せいたか【制吒迦¦勢多迦】《梵Ceṭakaの音写。息災・福寿の意》八大童子の第八。矜羯羅とともに不動明王の脇士。ふつう像は童形で、頭に五つの髻を結び、左手に三鈷、右手に金剛棒を持つ。制吒迦童子。

せい-たか【背高】身長が普通より高いこと。また、そのような人。「一のっぽ」

せいたか-あわだちそう【背高泡立草】キク科の多年草。北アメリカ原産の帰化植物で、明治時代、日本に渡来。土手や荒れ地に群がって生え、高さ1メートル以上になる。秋、黄色い花を多数穂状につける。(季 秋)

せい-たかくけい【正多角形】各辺の長さが等しく、内角の大きさがすべて等しい多角形。正多辺形。

せいたか-しぎ【背高×鷸】チドリ目セイタカシギ科の鳥。全長32センチくらい。脚は淡紅色できわめて長く、体は上面が黒く、下面が白い。ユーラシアに分布。日本には春秋に少数が渡来。

せい-たく【聖沢】天子の恵み。

せい-たく【請託¦請×托】〔名〕ᔆᵘʳᵘ 内々で特別の計らいを頼むこと。特に、公務員に一定の職務行為を行うように依頼すること。「一を受ける」(類語)頼む

せい-だく【清濁】❶澄んでいることと濁っていること。❷善と悪。善人と悪人。また、賢者と愚者。❸清音と濁音。❹清酒と濁酒。「一をわけてもてなすひなの酒」〈柳多留・一三〉

(類語)善悪・正邪・白黒

清濁併せ呑む 心が広く、善でも悪でも分け隔てなく受け入れる。度量の大きいことのたとえ。

ぜい-たく【×贅沢】〔名・形動〕ᔆᵘʳᵘ ❶必要な程度をこえて、物事に金銭や物などを使うこと。金銭や物などを惜しまないこと。また、そのさま。「一を尽くす」「一な暮らし」「布地を一に使った服」「たまには一したい」❷限度や、ふさわしい程度をこえること。また、そのさま。「一を言えばきりがない」「一な望み」(派生)ぜいたくさ〔名〕

(類語)(❶)豪奢・豪勢・奢侈・華奢・驕奢・驕侈・贅・奢り／(❷)分不相応・身の程知らず

ぜいたく-ざんまい【×贅沢三昧】贅沢のしほうだいをすること。「一に暮らす」

ぜいたく-ひん【×贅沢品】生活に直接必要のない高価な品。奢侈品。

せい-たけ【背丈】「せたけ」に同じ。「一が伸びる」

せい-だ・す【精出す】〔動サ五(四)〕一生懸命に働く。熱心に励む。「家業に一・す」

せい-ためんたい【正多面体】各面がすべて合同な正多角形で、各頂点に同数の面が集まる凸多面体。正四面体・正六面体・正八面体・正十二面体・正二十面体の5種類がある。

せい-たん【正旦】❶1月1日の朝。元旦。❷《「旦」は女形の意》中国の演劇で、賢母・節婦などを演じる立女形の役者。

せい-たん【生誕】〔名〕ᔆᵘʳᵘ 人が生まれること。誕生。「釈迦の一した日」「一二〇〇年祭」

(類語)誕生・降誕・出生

せい-たん【西端】ある区域の西のはし。

せい-たん【聖誕】天子や聖人の誕生日。

せい-たん【製炭】木炭を製造すること。「一業」

せい-だん【政談】❶そのときの政治・政局についての議論や演説。「一演説会」❷政治や裁判などを題材にした講談。「大岡一」

せいだん【政談】江戸中期の政治論。4巻。荻生徂徠著。享保年間(1716～1736)成立。幕政の危機について幕府要人の諮問に答える形式で、政治・経済・社会の問題点と対策を説いたもの。

せい-だん【星団】恒星が天球の一小部分に密集しているもの。散開星団と球状星団とがある。

せい-だん【清談】❶中国の魏晋時代に知識人の間に流行した老荘風の高踏的な哲学議論をいう。晋代の「竹林の七賢」の清談は特に有名。❷世俗を離れた、趣味・芸術・学問などの高尚な話。

せい-だん【聖断】天子が下す判断や決定。聖裁。

せい-だん【聖壇】神聖な壇。神を祭る壇。

せいたん-きょうかい【聖誕教会】《Church of the Nativity》パレスチナ地方の都市ベツレヘムにある教会。4世紀に古代ローマ皇帝コンスタンティヌス1世の母ヘレナにより、イエス＝キリストが生まれたという洞窟の上に築かれた教会に起源する。6世紀にサマリア人に破壊されたが、東ローマ皇帝ユスティニアヌス1世によって再建。その後、十字軍の時代に改築された。現在はカトリック教会(フランチェスコ修道会)、東方正教会、アルメニア正教会によって共同で管理されている。2012年、世界遺産(文化遺産)また危機遺産に登録された。降誕教会。聖降誕教会。

せいたん-きょく【聖×譚曲】▶オラトリオ

せいたん-さい【聖誕祭】クリスマス。(季 冬)

せい-だんそう【正断層】上盤が下盤に対して相対的にずり落ちた断層。⇔逆断層。

せい-ち【生地】❶その人が生まれた土地。出生地。「母の一を訪ねる」❷知らない土地。❸生きて帰ることのできる土地。(類語)故郷・郷里・ふるさと・郷土・国・田舎・在所・国もと・郷党・郷国・郷関・家郷・生国

せい-ち【生知】生まれながらにして知ること。学ばないでも事の道理に通ずること。

せい-ち【×棲遅¦×栖遅】〔名〕ᔆᵘʳᵘ ゆっくりと心静かに住むこと。世俗を離れて田園に住むこと。また、そのような人の家。「以前から別荘にしてあった世田ヶ谷の廃屋に一した」〈荷風・つゆのあとさき〉

せい-ち【聖地】❶神・仏・聖人や宗教の発祥などに関係が深く、神聖視されている土地。「一エルサレム」❷特定の分野において重要な場所。あこがれの場所。「高校球児の一甲子園」(類語)霊地・メッカ

せい-ち【精緻】〔名・形動〕極めて詳しく細かいこと。たいへん綿密なこと。また、そのさま。「一を極めた細工」「一な観察」(類語)細緻・緻密・精密

せい-ち【整地】〔名〕ᔆᵘʳᵘ ❶建築のため、土地をならし地固めをすること。地ならし。「一して家を建てる」❷作物の種まきや植え付けのため、土を耕し雑草などを除去して土壌を整えること。

せいち-あんこう【生知安行】《「礼記」中庸から》生まれながらに物事の道理に通じ、安んじてこれを実行すること。

セイチェント〖ｲﾀﾘｱ Seicento〗芸術史上で、1600年代の時代概念。➡チンクエチェント

せい-ちく【成竹】《蘇軾「篔簹谷偃竹記」から。竹の絵を描くとき、胸中にその構図を描いたのち始める意から》前もって立てている計画。十分な見通し。成算。「胸中已に一ある千々岩は」〈蘆花・不如帰〉

ぜい-ちく【×筮竹】占いに用いる、50本の細い竹の棒。竹製のめどき。

せいち-しゅぎ【生地主義】▶出生地主義

せいち-じゅんぱい【聖地巡拝】宗教的な目的から各地の聖地・霊場を参拝して回ること。➡巡礼

せい-ちつ【青×帙】厚紙などに青布を張って作る書物のおおい。転じて、書物。「黄巻一の間に起臥して」〈漱石・趣味の遺伝〉

せい-ちゃ【製茶】茶の葉を加工・精製して、飲料用にすること。また、その茶。茶つくり。(季 春)「一場の茶の葉ふぶきて窓に見ゆ／爽雨」

せい-ちゃく【世嫡】▶せいてき(世嫡)

せい-ちゃく【正着】囲碁で、その場面での正しい石の打ち方。本手。

せい-ちゃく【正嫡】▶せいてき(正嫡)

せい-ちゅう【正中】〔名〕ᔆᵘʳᵘ ❶物のまん中。中心。❷かたよっていないこと。また、正しくて理想的なこと。「廉恥、公平、一、勇強等の如き外物に接して」〈福沢・

文明論之概略〉❸天体が日周運動で子午線を通過すること。南中。(類語)中心

せい-ちゅう【成虫】昆虫などの幼虫が成長して最後の段階になり、生殖器官の完全な機能をもつもの。

せい-ちゅう【×掣×肘】〔名〕スル《『呂子春秋』審応覧・具備にある、宓子賤が二吏に字を書かせ、その肘(ひじ)を掣(ひ)いて妨げたという故事から》わきから干渉して人の自由な行動を妨げること。「—を加える」「誰にも—せられることの無い身の上」〈鴎外・雁〉(類語)邪魔

せい-ちゅう【誠忠】〔名・形動〕真心のこもった忠義。忠義ひとすじであること。また、そのさま。「武勇にして且つ—なり」〈吉岡徳明・開化本論〉

せい-ちゅう【精虫】「精子(せいし)」に同じ。

せいちゅう-せん【正中線】左右対称形の生物体で、前面・背面の中央を頭から縦にまっすぐ通る線。

せいちゅう-めん【正中面】生物体で、左右相称の場合の相称面。頭尾軸・背腹軸の明らかな動物では両軸を含む面。

せい-ちょう【正丁】▶せいてい(正丁)

せい-ちょう【正庁】正面の大広間。表座敷。

せい-ちょう【正調】正しい調子。特に、民謡などで伝統的に受け継がれてきた歌い方。「—博多節」

せい-ちょう【生長】〔名〕スル《古くは「せいぢょう」とも》❶草木が生い育つこと。「苗木が—する」❷人や動物が生まれ育つこと。「お芳はいつしか—して、はや十歳となりにけり」〈逍遥・当世書生気質〉❸物事が生まれ広がること。大きくなること。「生を保つの天性次第に—し、生を楽しむの心となり」〈田口・日本開化小史〉(類語)成長・発育・成育・生育・発達・成熟・育つ・生い立つ・長ずる・伸びる

せい-ちょう【成長】〔名〕スル❶人や動植物が育って大きくなること。おとなになること。「子供が—する」「ひなが—する」「経験が人を—させる」❷物事の規模が大きくなること。拡大。「事業が—する」「経済の高度—」(類語)(❶)生長・成育・生育・発育・発達・成熟・育つ・生い立つ・長ずる/(❷)伸長・伸張・伸展・発展・拡大・膨張(ぼうちょう)・拡張・展開・拡充・増幅・伸びる・広がる

せい-ちょう【成鳥】成長して生殖が可能になった鳥。

せい-ちょう【声調】❶話したり歌ったりするときの声の調子。❷詩歌などの調子。❸中国語の四声のように、音節の中での高低・昇降の変化で語義を区別する機能を有するもの。広義では、高さアクセントを含む。(類語)声色・声音・声つき

せい-ちょう【征鳥】❶タカ・ワシなどの猛禽類。❷渡り鳥。

せい-ちょう【性徴】動物の雌雄を判別する基準となる形態上の特徴。ふつう、生殖腺および生殖器官の差異を第一次性徴、それ以外の体の大小、鶏のとさか、ライオンのたてがみなどの差異を第二次性徴という。性形質。

せい-ちょう【青鳥】❶青い鳥。❷《前漢の東方朔(とうほうさく)が3本足の青鳥の来たのを見て、西王母(せいおうぼ)の使いだといったという「漢武故事」の故事から》使い。使者。また、書簡。「—飛び来たりて芳翰(ほうかん)を投げたり」〈平家・四〉

せい-ちょう【政庁】政務を取り扱う官庁。(類語)政府・行政府・政権・内閣・台閣・官府・官庁・官衙(かんが)・官(かん)・国(くに)・公儀(こうぎ)・お上(かみ)

せい-ちょう【政調】「政策調査会」「政務調査会」の略称。

せい-ちょう【清帳】❶江戸時代、清書して提出された公的な帳簿。❷「清帳紙」の略。

せい-ちょう【清朝】「清朝体」の略。

せい-ちょう【清澄】〔名・形動〕澄みきっていて清らかなこと。また、そのさま。「—な山の空気」(類語)清い・清らか・清潔・清浄(せいじょう)・清浄(しょうじょう)・清冽(せいれつ)・清麗・冴える・澄む・澄み切る・澄み渡る

せい-ちょう【清聴】〔名〕スル❶清らかに聞こえること。「歌に三要あり。一、清声、清心、是れなり」〈織田訳・花柳春話〉❷他人が自分の話を聞いてくれることを敬っていう語。「御—ありがとうございました」(類語)傾聴・謹聴・静聴・拝聴・陪聴・聞く

せい-ちょう【聖朝】当代の朝廷や天子を敬っていう語。

せい-ちょう【聖×寵】《ラテ Gratia》カトリック教会で、キリストの十字架上の死による、神の人間に対する救いの業をはじめ、無償で与える超自然の恵みをいう。プロテスタント教会では恩寵・恩恵などという。ガラサ。

せい-ちょう【静聴】〔名〕スル講演・話などを静かに聞くこと。「御—願います」(類語)傾聴・謹聴・拝聴・清聴・陪聴

せい-ちょう【整腸】腸の働きを整えること。

せい-ちょう【整調】〔名〕スル❶調子を整えること。❷ボートで、コックス(舵手)と向かい合い、こぎ手全員の調子をそろえる役の人。

ぜい-ちょう【税帳】▶正税帳(しょうぜいちょう)

ぜい-ちょう【税調】「税制調査会」の略。

せいちょう-うんどう【生長運動|成長運動】植物の細胞または器官の不均一な生長によって起こる屈曲運動。刺激の方向に関係する屈性、関係しない傾性などの運動がある。

せいちょう-かぶ【成長株】❶将来にわたって利益の伸びが高いと目される会社の株。❷将来、有望な人。将来性のある人。「—の新人」

せいちょう-きょくせん【成長曲線】成長の度合いを、横軸に時間、縦軸に身長・体重などの測定値をとって図表に表したもの。

せいちょう-ざい【整腸剤】腸の機能を正常に整える薬。収斂(しゅうれん)・止痢や防腐・殺菌などの働きをもつ薬。整腸薬。

せいちょう-さんぎょう【成長産業】はやい速度で成長を続けている産業。または将来の成長が期待される産業。

せいちょう-し【清帳紙】大福帳などに用いた楮(こうぞ)製の丈夫な和紙。土佐・肥後・日向・伊予・石見(いわみ)・筑後柳川などが産地。

せいちょう-じ【清澄寺】㊀兵庫県宝塚市にある真言三宝宗の本山。山号は蓬莱山。宇多天皇の勅願により寛平5年(893)に創建。開山は増命(ぞうみょう)・益信(やくしん)。清荒神(きよしこうじん)。㊁千葉県鴨川市にある日蓮宗の大本山。山号は千光山。宝亀2年(771)不思議法師の創建と伝える。のち、円仁が再興。天台宗・真言宗を経て、昭和24年(1949)日蓮宗となった。日蓮が得度、立教開宗した寺。きよすみでら。

せい-ちょうせき【正長石】カリウムを含む長石の一種。白・黄・桃色などで、ガラス光沢がある。柱状結晶。単斜晶系。花崗岩(かこうがん)やペグマタイト中に産出。窯業の原料。

せいちょう-せん【成長線】貝殻や魚のうろこなどにみられる年輪状の線。成長の盛んなときは間隔が広い。

せいちょう-そ【生長素|成長素】植物ホルモンのオーキシンのこと。

せいちょう-たい【清朝体】和文活字書体の一。楷書体のうち毛筆書きに似せた書体。あいさつ状・名刺などに用いる。

せいちょう-てん【生長点|成長点】植物の根や茎の先端にあって細胞分裂を行う部分。1ないし数個の細胞からなる。

せいちょうのいえ【生長の家】大本教の信者であった谷口雅春が昭和5年(1930)に始めた新宗教。宇宙を永遠に流れる「いのち」の顕現としてとらえ、すべての宗教は同一の真理を説くとして、諸宗教・諸思想を取り入れ教義を体系化している。

せいちょう-ハンこく【青帳ハン国】キプチャク-ハン国を構成した王国の一。バトゥの弟のシェイバンの所領で、ウラル川以東の地を支配。青帳汗国。

せいちょう-ひ【政調費】「政務調査費」の略。

せいちょう-ホルモン【成長ホルモン|生長ホルモン】❶脳下垂体前葉から分泌され、骨の発達やたんぱく質同化作用を促して体を成長させるホルモン。不足すると小人症に、過剰になると巨人症や先端巨大症になる。ソマトトロピン。GH(growth hormone)。❷「植物ホルモン」に同じ。

せいちょう-やく【整腸薬】「整腸剤」に同じ。

せい-ちょく【正直】〔名・形動〕正しくてまっすぐなこと。偽りのないこと。また、そのさま。しょうじき。「—ナ人」〈和英語林集成〉

せい-ちょく【聖勅】みことのり。詔勅。

せい-ちょく【誠直】〔名・形動〕偽りのないこと。誠実で正直なこと。また、そのさま。「—な心」

せい-ちん【西▽浄】《「ちん(浄)」は唐音》禅寺で、西序(せいじょ)の人の使用する便所。また、便所。

せい-つう【精通】〔名〕スル❶ある物事について詳しく知っていること。物事によく通じていること。「日本史に—している」❷男子の初めての射精。(類語)詳しい

せい-てい【井底】井戸の底。

井底の蛙(かわず) 知識や考えが狭くて、他にもっと広い世界のあることを知らない者をあざけっていう語。井蛙(せいあ)。井の中の蛙(かわず)。

せい-てい【正丁】律令制で、21歳以上60歳以下の健康な成年男子の称。庸・調・雑徭(ぞうよう)・兵役などの課役の対象となった。しょうてい。

せい-てい【成丁】成年に達した男子。(類語)大人

せい-てい【制定】〔名〕スル法律・規則などを定めること。特に、立法機関が一定の手続きによって法令を定めること。「憲法を—する」

せい-てい【青帝】五天帝の一。春をつかさどる天帝。方位は東、色は青を配する。東帝。蒼帝(そうてい)。また転じて、春の異称。(季 春)

せい-てい【聖帝】徳の高い天子。また、天子を敬っていう語。聖天子。

せい-てい【×蜻×蜓】ヤンマの別名。

せいてい-ほう【制定法】立法機関により一定の手続きを経て定められた法。文章形式で表されるので成文法ともいう。

せいていほう-しゅぎ【制定法主義】立法府が文書の形で制定した成文法を最も重要な法源とする考え方。裁判官は紛争の解決に際して法律にのみ拘束されるが、条文の解釈・運用を補完するものとして判例も重視される。大陸法の基本的な特徴の一つ。成文法主義。⇒判例法主義

せいディミタル-きょうかい【聖ディミタル教会】《Tsarkva Sveti Dimitar》ブルガリア中北部の都市ベリコタルノボにあるブルガリア正教会の教会。トラペジッツァの丘の麓、ヤントラ川西岸に位置する。大規模な修道院施設の一部として建造。13世紀に地震で倒壊し、14世紀半ばに再建。オスマン帝国時代はキリスト教徒の共同墓地として利用された。20世紀末に修復されて現在の姿となる。

せい-てき【世▽嫡】家の跡目を継ぐ男子。よつぎ。あとつぎ。嫡嗣(てきし)。せいちゃく。

せい-てき【正▽嫡】❶本妻。正妻。正室。せいちゃく。❷本妻から生まれた長子。せいちゃく。

せい-てき【政敵】政治上で意見を対立させ、争っている相手。

せい-てき【清適】心身がすがすがしく、安らかなこと。多く、手紙文で相手の無事や健康を祝っていう語。「御—の段大慶に存じ上げます」

せい-てき【性的】〔形動〕男女の性に関するさま。また、性欲に関するさま。「—な魅力」

せい-てき【静的】〔形動〕静かで動かないさま。静かなさま。「—な性格」⇔動的。

せいてき-あんぜん【静的安全】取引の当事者の利益と取引に関与しない第三者の利益とが対立する場合、第三者の利益が保護されること。⇔動的安全。

せいてき-とうさく【性的倒錯】性欲が質的に異常な状態。性対象が自己・小児・近親などであるものと、性目標が露出・窃視(せっし)やマゾヒズムのような疼痛などであるものとに分けられる。異常性欲。性倒錯。

せいてきよっきゅう-ていかしょうがい【性的欲

求低下障害】セイテキヨッキュウテイカショウガイ 性行為に対する興味や欲求が欠如・不足し、著しい苦痛を感じたり人間関係に支障を来したりする状態。性機能障害の一つ。HSDD(Hypoactive Sexual Desire Disorder)。補説抗鬱剤のフリバンセリンに女性の性的欲求低下障害に対する治療効果があるとして治験が行われている。

せい-てつ【西哲】西洋のすぐれた哲学者・思想家。

せい-てつ【聖哲】知力・徳行にすぐれ、物事の道理に明るい人。

せい-てつ【精鉄】精製した鉄。よく鍛えた鉄。

せい-てつ【製鉄】鉄鉱石を製錬して銑鉄をつくること。類語精錬・冶金・製鋼

せいてつ-じょ【製鉄所】製鉄の作業をする所。

せいてつ-せん【精鉄銭】江戸幕府が、万延元年(1860)から鋳造した寛永通宝四文銭のこと。精銭四文銭。

せい-てん【正典】教団・教会が公式に認めている、教義の規準や信仰生活の規範となる書物。カノン。

せい-てん【成典】❶成文の法典。❷制度化された儀式または法式。

せい-てん【西天】❶西方の天。西の空。❷西方の土地。特に、仏教で、インドをさす。

せい-てん【性典】性について書かれている書物。

せい-てん【青天】晴れ渡った青空。蒼天。晴天。

青天の霹靂へきれき 《陸游「九月四日鶏未鳴起作」から。晴れ渡った空に突然起こる雷の意》急に起きる変動・大事件。また、突然うけた衝撃。補説「晴天の霹靂」と書くのは誤り。

せい-てん【星点】漢文を訓読する際、仮名のかわりに漢字の四隅などに付けられた「・」の形の点。ヲコト点の中で最も基本的なもの。

せい-てん【盛典】盛大な儀式。盛儀。

せい-てん【晴天】《古くは「せいでん」とも》晴れた空。よい天気。青天。「一に恵まれる」
類語晴れ・好天・快晴・上天気・日本晴れ

せい-てん【聖典】❶聖人が書き残した書物。聖人の言行を記録した書物。❷宗教教団で、教説が記されたものとして重要視されている文書。仏教の各経典、キリスト教の聖書、イスラム教のコーランなど。

せい-でん【井田】古代中国で行われたといわれる土地制度。周代では、一里四方の田地を井の字形に九等分し、周囲の八区の土地を私田として八戸に分け与え、中央の一区を公田として共同耕作させ、その収穫を租として官に納めさせた。井田法。

せい-でん【世伝】〔名〕スル 代々伝わっていくこと。また、代々伝えていくこと。

せい-でん【正伝】正しい伝記。正式の伝記。

せい-でん【正殿】㊀❶宮殿の中心をなす建物。表御殿。❷神社の本殿。㊁《平安京内裏の中心をなす殿舎であるところから》紫宸殿ししんでんの異称。

せい-でん【聖殿】神聖な殿堂。神を祭った建物。

せい-でん【静電】「静電気」の略。

せい-でんか【正電荷】▶正電気

せい-でんかい【静電界】時間的に変動しない電界。動きのない電荷分布により生じる電界を指す。静電場。

せい-てんかん【性転換】セイテンカン 雌雄の決定していた個体が、反対の性の機能をもつようになること。

せいてんかん-しゅじゅつ【性転換手術】セイテンカン▶性別適合手術

せい-でんき【正電気】原子核がもっている電気。また、絹布でガラス棒を摩擦したときにガラスに生じる電気、およびそれと同質の電気。符号は＋で表す。正電荷。陽電気。陽電荷。

せい-でんき【静電気】摩擦電気など、物体にたまったまま動かない電気。静電。

せいでんき-りょく【静電気力】▶クーロン力

せいでん-きろく【静電記録】記録紙に高電界をかけて文字や絵などの静電気の潜像を作り、これに着色微粉末を吸着させて目に見える像としたもの。ファクシミリなどに利用。

せいでん-ごりょう【世伝御料】ゴリョウ▶せでんごりょう(世伝御料)

せい-てんし【聖天子】聖徳の高い天子。聖帝。

せいてんし-じょう【聖天使城】ジョウ《Castel Sant'-Angelo》▶サンタンジェロ城

せいでん-しゃへい【静電遮蔽】金属などの導体で囲んで接地し、導体表面に静電誘導されてできた電界によって外部の電界の影響を打ち消し遮断すること。

せいでん-たんい【静電単位】タンイ CGS単位系の電気量の単位。1静電単位は真空中で1センチ離れた等量の電荷が1ダインの力で反発し合うときの電気量。記号esu　CGS静電単位。

せい-でんば【静電場】▶静電界

せいてん-はくじつ【青天白日】❶よく晴れ渡った天気。❷心にいささかも後ろ暗いところがないこと。「一の心境」❸無罪であることが明らかになること。「一の身となる」補説「晴天白日」と書くのは誤り。

せいてんはくじつ-き【青天白日旗】中華民国国民党の党旗。青地に12の光線で囲んだ太陽を白く染め出した旗。

せいてんはくじつまんちこう-き【青天白日満地紅旗】中華民国の国旗。長方形で紅色の地の左肩4分の1に青色の地をとり、青天白日旗と同じ模様を描いたもの。

せいでん-プロッター【静電プロッター】《electro-static plotter》静電気で帯電したドラムにトナーを付着させ、それを転写することで印刷するプロッター。

せいでん-ゆうどう【静電誘導】イウダウ 導体に帯電体を近づけると、帯電体に近い側に異種の電気が生じ、遠い側には同種の電気が生じる現象。

せいでん-ようりょう【静電容量】ヨウリヤウ 二つの導体の電位、またはコンデンサーの両端の電位差を単位量だけ上げるのに必要な電気量。単位はファラド。電気容量。

せいてん-らんきりゅう【晴天乱気流】ランキリウ 晴天で雲一つないときに起こる予測困難な乱気流。ジェット気流の近くに現れやすく、飛行機が破損することもある。CAT(clear-air turbulence)。

せい-と【世途】世間を渡ってゆく道。世路。「人の一の難を説くを聞きては」〈鷗外訳・即興詩人〉

せい-と【生徒】❶学校などで教えを受ける者。❷特に、中学校・高等学校で教育を受ける者。小学校の「児童」、大学の「学生」に対していう。
類語(❶)学生・学徒・学童・在校生・塾生・門下生・門生・弟子・教え子・スチューデント

せいと【成都】中国四川省の省都。四川盆地の西部に位置し、古来より交通・経済の要衝。蜀漢しょっかんおよび五代前蜀の都。諸葛亮しょかつりょうを祭る武侯祠、杜甫とほが住んだ工部草堂など史跡が多い。人口、行政区433万(2000)。チョントゥー。

せい-と【西都】❶西の都。特に中国で、西周の都鎬京こうけい、前漢の都長安をいう。❷大宰府だざいふのこと。

せい-と【征途】❶旅に行くみち。❷戦争や遠征に行くみち。

せい-と【星斗】星。星辰せいしん。「自分は一賑しき空をば遠く仰ぎながら」〈荷風・ふらんす物語〉

せい-と【聖徒】❶プロテスタント教会で、聖霊によって清められた信者。❷カトリック教会で、聖人のこと。

せい-ど【西土】❶西方の地。日本からみて中国・インド・西洋などをさす。❷西方浄土さいほうじょうど。さいど。

せい-ど【制度】社会における人間の行動や関係を規制するために確立されているきまり。また、国家・団体などを統治・運営するために定められたきまり。「封建一」「貨幣一」類語制せい・機構・体制・法制・仕組み・決まり・定め・掟おきて・システム

せい-ど【精度】測定する際や、また、器械などの正確さ・精密さの度合い。また、仕事などの正確さの度合い。「一の高い時計」

せい-とう【正当】タウ〔名・形動〕❶道理にかなっていて正しいこと。また、法規にかなっていること。また、そのさま。「一な理由」「一な権利」「一化」❷実直なこと。また、そのさま。「無益の想像を繰り返すのをやめて一に働こう」〈露伴・露団々〉
類語是ぜ・至当・まっとう・当然・尤もっとも・至極・正しい

せい-とう【正答】タフ〔名〕スル 正しい答え。また、正しく答えること。正解。「一を出す」「一率」

せい-とう【正統】❶正しい系統・血筋。嫡流。「源氏の一」❷創始者の教え・学説・思想などを正しく受け継いでいること。「保守の一を自認する」❸その時代、その社会で最も妥当とされる思想や立場。「戦争中一とされた思想」類語嫡流・直系・正しい

せいとう【成湯】セイタウ▶湯王とうおう

せい-とう【征東】〔名〕スル 東方へ征討に行くこと。

せい-とう【征討】タウ〔名〕スル 兵を出して、背く者や逆らう者を討ち鎮めること。征伐。「賊軍を一する」
類語征伐・討伐・退治

せい-とう【青灯】青い布や紙を張った読書用の灯火。

せい-とう【青×鞜】タフ ㊀《bluestocking 18世紀半ば、ロンドンのモンタギュー夫人らの催した文芸愛好家のサロンで、出席者の一婦人が青い靴下をはいていたところから》文芸趣味や学識のある女性のこと。㊁女流文芸雑誌。明治44年(1911)創刊、大正5年(1916)廃刊。青鞜社の機関誌。平塚らいてうが編集、のち伊藤野枝が引き継いだ。

せい-とう【政党】タウ 共通の政治的主義・主張をもつ者によって組織され、一定の政治的利益や政策の実現のために活動し、政権獲得をめざす集団。
類語党・公党・党派・与党・野党・政治結社

せい-とう【盛冬】冬の寒いさかり。真冬。

せい-とう【盛唐】タウ 中国、唐代の文学史を4期に区分した、その第2期。玄宗の先天元年(712)から、代宗の永泰元年(765)までの約50年。唐詩の黄金期で、詩人に李白りはく・杜甫とほ・王維・孟浩然もうこうねんらが出た。➡初唐 ➡中唐 ➡晩唐

せい-とう【精到】タウ〔名・形動〕詳しくて、よく行き届いていること。また、そのさま。「一な研究」

せい-とう【精糖】タウ 粗糖から精製糖を製造すること。また、その砂糖。

せい-とう【製陶】タウ 陶磁器を作ること。「一技術」

せい-とう【製糖】タウ サトウキビ・サトウダイコンなどの絞り汁を煮つめ、結晶させて砂糖を作ること。「一工場」

せい-どう【世道】ダウ▶せどう(世道)

せい-どう【正堂】ダウ おもて御殿。正殿。

せい-どう【正道】ダウ 正しい道理。正しい道。また、正しい行為。「一を歩む」

せい-どう【生動】〔名〕スル いきいきと動くこと。特に、文字・絵画などの今にも動きだすような趣にいう。「画面に一する春の気配」「気韻一」類語活動・運動・行動・蠢動しゅんどう・躍動・発動・活躍・奔走・動く

せい-どう【西堂】ダウ 禅宗寺院で、その寺院の先代住職を東堂とよぶのに対して、他の寺院の前住職をよぶ語。西を賓位(客位)とするところからいう。

せい-どう【制動】〔名〕スル 運動を急に止めたり、速力を落としたりすること。ブレーキをかけること。

せい-どう【青銅】❶銅と錫すずとの合金。また広く、銅合金。一般に加工が容易で、耐食性にすぐれ、古来、美術品や貨幣の鋳造などに使用。用途によって錫の量が加減され、機械部品に用いる砲金、寺院の鐘に用いる鐘青銅などがある。中国から伝わったので唐金からかねとよばれた。ブロンズ。❷銭ぜに。「一百疋ぴきをかり得て」〈折たく柴の記・上〉

せい-どう【政道】ダウ《「せいとう」とも》❶国を治めること。また、政治のしかた。「御一を正す」❷上に立って取り締まること。監督。また、処罰。仕置き。「親の一強過ぎたると」〈色道大鏡・一五〉❸禁止すること。制止すること。「旦那ばかりにはその事もゆるして、外はかたく一して」〈浮・一代男・二〉類語政治・政まつりごと・行政・施政・政策・国政・国事・政事・万機ばんき・経世・経国・経綸けいりん・治国・治世・統治・治政・為政いせい

せい-どう【聖堂】ダウ ㊀❶孔子をまつった堂。聖廟せいびょう。文廟。❷キリスト教の教会堂。カテドラル。㊁東京都文京区湯島にある孔子その他の聖賢をまつった廟。

元禄3年(1690)林家の私塾を移転し、聖堂と称した。幕府の保護を受け、寛政の改革のとき直轄の学問所となる。湯島聖堂。⇒昌平坂学問所
せい-どう【精銅】転炉から出る粗銅を電解・精錬した銅。純度99.9パーセント以上のもの。
せいドゥイェ-だいせいどう【聖ドゥイェ大聖堂】《Katedrala sv. Duje》▶聖ドムニウス大聖堂
せいどういつせい-しょうがい【性同一性障害】《gender identity disorder》肉体上の性別と自分が属する性別は異なると確信している状態。GID。(補説)性同一障害者の法令上の性別の変更を認める性同一性障害者特例法は、平成16年(2004)7月に施行された。
せい-とうえいほう【正投影法】投影図法の一。立体図形を、互いに直交する三平面に正射影して平面に表現する方法。
せいどう-か【青銅貨】青銅製の貨幣。
せいとう-がくは【正統学派】▶古典学派
せいとうカリフ-じだい【正統カリフ時代】ムハンマド(マホメット)の没後、4人のカリフ、すなわちアブー=バクル、ウマル、ウスマーン、アリーが治めた時代。632～661年。のちの時代と異なり、イスラムの理念が政治に反映されたと考えられた。
せいどう-き【制動機】機関や機械などの運動を減速または停止させるための装置。ブレーキ。
せいどう-き【青銅器】青銅で作った製品。日本では弥生時代に用い始めた。銅剣・銅鉾・銅鐸など。
せいどうき-じだい【青銅器時代】考古学上の時代区分の一。武器・器具・装身具などの製作に青銅が基本的な材料として用いられた時代。前3000年から前2000年ごろメソポタミアに始まり、中国では殷・周の時代がこれにあたる。日本では、弥生時代に大陸から青銅器と鉄器が同時にもたらされたため、この時代は設定しない。
せいとう-ぎょうむこうい【正当業務行為】正当な業務による行為。刑罰法規に触れる行為であっても、違法性がないものとみなされて罰せられない。医師の手術など。
せい-とう-ぎん【政投銀】「日本政策投資銀行」の略。
せいとう-こうい【正当行為】法令による行為、正当な業務による行為など、違法性がないものとして罰せられない行為の総称。
せいとう-こうしょう【征東行省】中国、元代の官署名。1280年、日本侵攻のための軍事機関として朝鮮に設置。日本遠征失敗後は、朝鮮を統治する軍政機関となった。正式の名称は、征東等処行中書省。
せいとう-こうふきん【政党交付金】一定の要件を満たした政党に対し、国から政治活動費を交付する制度。平成6年(1994)導入。国民一人あたり250円、総額約320億円を国会議員数や国政選挙での得票率に応じて各党に配分する。企業・団体献金以外の政治活動費を確保して健全な政治を目指す目的があり、各党は政党交付金の使途を公表する義務がある。政党助成金。
せいとう-しょうぐん【征東将軍】東国を鎮定するために派遣された将軍。天慶3年(940)平将門征討のために藤原忠文を任じたのを始めとする。征東大将軍。⇒征西将軍
せいとう-じょせいきん【政党助成金】▶政党交付金
せいとうじょせい-ほう【政党助成法】国が、要件を満たす政党に対して、政党交付金による助成を行うために制定された法律。平成7年(1995)施行。政治改革を実現するため、企業・団体献金以外の政治資金を確保する目的があり、衆議院における小選挙区比例代表並立制の導入や、政治資金規正法の改正等が併せて行われた。
せいとう-せい【正当性】社会通念上また法律上、正しく道理にかなっていること。「主張の—を認める」
せいとう-せいじ【政党政治】複数の政党が存在し、議会における相互のかけひきや活動を通じて行われる政治。
せいとう-ないかく【政党内閣】政党を基礎として組織される内閣。
せいとう-は【正統派】❶宗教や学問などで、始祖の教義・主張を忠実に継承しているとされる一派。❷穏健妥当な考え方や行動をする人。
せいとう-は【青×鞜派】❶18世紀以後、英国に起こった婦人参政権運動の一派。❷明治44年(1911)平塚らいてうを中心に結成された青鞜社に属する女流文学者の一派。雑誌「青鞜」によって封建道徳に挑戦し、婦人の解放を主張した。大正5年(1916)解体。
せいどう-ばりき【制動馬力】内燃機関や原動機の動力を取り出す軸における出力の総和。正味馬力。軸馬力。
せいとう-ぼうえい【正当防衛】急迫不正の侵害に対し、自己または他人の権利を防衛するためにやむをえずなされる加害行為。刑法上は違法性がないものとみなされて罰せられず、民法上も損害賠償責任を負わない。緊急防衛。⇒過剰防衛
せいどう-ほうしゃ【制動放射】加速度運動をする荷電粒子が電磁波を放射する現象。また、その電磁波。
せいとう-やじん【斉東野人】《『孟子』万章上から。斉国の東辺の田舎者の意》ものの道理を知らない田舎者。人を軽蔑していう語。
せいトーマス-きょうかい【聖トーマス教会】《Thomaskirche》ドイツ中東部の都市ライプチヒにある教会。1723年から50年にかけて、バッハがオルガン奏者兼音楽監督を務めたことで知られる。
せいと-かい【生徒会】中学校・高等学校で、生徒の自治意識を育てるために設けられる組織。学校生活の改善・向上、各種の生徒活動の連絡調整、学校行事への協力などの活動を行う。
せいど-がくは【制度学派】19世紀末から20世紀初めにかけて米国で形成された経済学の一学派。慣習的思考様式や家族・株式会社・労働組合・国家などの活動体を制度とし、こうした制度の累積的進化過程を経済現象としてとらえようとした。ベブレン・コモンズ・ミッチェルらが代表者とされる。
せい-とく【生得】「しょうとく(生得)」に同じ。「—の才」
せい-とく【成徳】完成された徳。完全な徳。
せい-とく【政徳】政治を行う上での徳。世を治め正す徳。
せい-とく【盛徳】盛大な徳。りっぱな徳。
せい-とく【勢徳】❶権力のある者から受ける恵み。力強い恩恵。おかげ。「もしは望みある者の、—をかぶらむとて」〈宇津保・祭の使〉❷権力と財力。また、それを有する人。「美濃の国に—ありける者の一子にて」〈今昔・一六・七〉
せい-とく【聖徳】❶天子の徳。❷最もすぐれた知恵。高徳。
せい-どく【西独】▶西ドイツ
せい-どく【精読】〔名〕スル 細かいところまで、ていねいに読むこと。熟読。「原典を—する」(類語)熟読・味読
せいとく-かん【精得館】江戸幕府が長崎に設立した西洋医学校。文久元年(1861)設立の長崎養生所を慶応元年(1865)に改称。のち、長崎医学校を経て長崎医科大学(現長崎大学医学部)となった。
せいとく-かんねん【生得観念】哲学で、人間が生まれながらにもっている観念。デカルトやライプニッツはこの観念の存在を主張したが、ロックは観念はすべて後天的に得られると説いた。本有観念。生具観念。
せいとく-せつ【生得説】哲学で、生得観念の存在を認める学説。
せいとく-だいがく【聖徳大学】千葉県松戸市にある私立大学。平成2年(1990)に開学した。
せいとく-てき【生得的】〔形動〕性質などが生まれつきであるさま。
せいど-けんさ【性度検査】個人がどれほど男性的性質と女性的性質とをもつかを量的に測定しようとする検査。
せいと-ざい【制吐剤】吐き気を抑える薬剤。制吐薬。
せいと-しゅじ【生徒主事】昭和3年(1928)生徒の思想上の指導・監督のために旧制の官公立高等学校・専門学校に置かれた職員。同21年に廃止。
せいどてき-ほしょう【制度的保障】憲法上、個人の基本的人権には属さないが、一定の制度を保障することによって、内容的に国民の権利を保障する関係にあるもの。地方自治・婚姻・家族・私有財産制など。
せいドナト-きょうかい【聖ドナト教会】《Crkva sv. Donata》クロアチア南西部、ダルマチア地方の港湾都市ザダルにあるプレロマネスク様式の教会。9世紀の創建。ロマネスク以前の教会では同国最大級であることに加え、独特な円形教会として知られる。優れた音響効果を活かし、毎年夏に中世、ルネサンス期の音楽祭が催される。
せいど-ひろう【制度疲労】制度が運用されているうちに社会状況が変化し、制度の目的と実情がずれてしまい、うまく動かなくなった状況をいう。(補説)「金属疲労」からの造語か。
せいトマス-だいがく【聖トマス大学】兵庫県尼崎市にある私立大学。昭和38年(1963)に英知大学として開設。平成19年(2007)、現校名に改称した。
せいドムニウス-だいせいどう【聖ドムニウス大聖堂】《Katedrala sv. Duje》クロアチア南部、アドリア海沿岸の都市スプリトにあるロマネスク様式の大聖堂。スプリト(古代都市サロナ)の守護聖人ドムニウス(ドゥイェ)を祭る。3世紀末から4世紀初頭にかけて、古代ローマ皇帝ディオクレチアヌスが自ら築いた霊廟を教会として利用。1979年に「スプリトの史跡群とディオクレチアヌス宮殿」として世界遺産(文化遺産)に登録。スプリト大聖堂。聖ドゥイェ大聖堂。
せいと-やく【制吐薬】▶制吐剤
せいど-ゆうし【制度融資】中小企業を支援するため、自治体が金融機関に利子を補給したり、資金を預けたりして貸し付ける制度。利率・使途・融資期間などの条件は自治体が定める。
せいトリフォン-だいせいどう【聖トリフォン大聖堂】《Katedrala Svetog Trifuna》モンテネグロ西部の都市コトルにあるローマ-カトリック教会の大聖堂。コトルの守護聖人トリフォン(トリプン)を祭る。9世紀の教会に起源し、12世紀にロマネスク様式で建造。1667年と1979年の地震で大きな被害を受けたが修復された。1979年と2003年に「コトル地方の歴史的建造物と自然」の名称で世界遺産(文化遺産)に登録された。聖トリプン大聖堂。
せい-とん【整頓】〔名〕スル きちんとかたづけること。また、きちんとかたづくこと。整うこと。「部屋を—する」「新政府の組織が次第に—して」〈福沢・福翁自伝〉⇒整理(用法)
(類語)整理・片付ける・整える・始末する・仕舞う・収納する・かたす
せい-どん【生×呑】〔名〕スル 生のままのみ込むこと。転じて、他人の文章や詩歌をそのまま盗用すること。「何の本から—し来たったのか」〈蘆花・思出の記〉
せい-どん【晴曇】はれとくもり。晴天と曇天。
せいナウム-しゅうどういん【聖ナウム修道院】《Manastir Sveti Naum》マケドニア西部の都市オフリド郊外の村スベティナウムにある東方正教の修道院。オフリド市街の南方約30キロメートルに位置する。同地で布教を行った聖ナウムにより、10世紀初頭に建造された。聖ナウムの生涯と奇跡などを描いたフレスコ画の傑作が残る。
せい-なん【西南】西と南との中間の方角。南西。にしみなみ。
せい-なん【×靖難】国の危難を鎮めること。兵乱を平定すること。「今や—の大業は、二将軍の手中に有り」〈竜渓・経国美談〉

せいなんがくいん-だいがく【西南学院大学】セイナンガクインダイガク 福岡市早良区に本部のある私立大学。大正5年(1916)米国南部バプテスト派宣教師が設立した西南学院を起源とし、西南学院高等学部などを経て、昭和24年(1949)新制大学として発足。

せいなん-じけん【済南事件】▶さいなんじけん

せいなんじょがくいん-だいがく【西南女学院大学】セイナンジョガクインダイガク 福岡県北九州市にある私立大学。大正11年(1922)設立の西南女学院を源流に、平成6年(1994)に開設された。

せい-なんせい【西南西】西と南西の中間の方角。

せいなん-せんそう【西南戦争】センソウ 明治10年(1877)、西郷隆盛らが鹿児島で起こした反乱。征韓論に敗れて帰郷した西郷が、士族組織として私学校を結成。政府との対立がしだいに高まり、ついに私学校生徒らが西郷を擁して挙兵、熊本鎮台を包囲したが、政府軍に鎮圧され、西郷は郷里の城山で自刃した。明治維新政府に対する不平士族の最後の反乱。西南の役。

せいなんドイツ-がくは【西南ドイツ学派】新カント学派の一。カントの批判主義を価値論的方向で展開し、歴史科学・文化科学の基礎づけを試みた。西南ドイツで活躍したウィンデルバント・リッケルト・ラスクなどが代表者。西南学派。バーデン学派。

せいなん-にほん【西南日本】日本列島を糸魚川いといがわ・静岡構造線で二分したときの西側の部分。中央構造線により内帯・外帯に分けられる。

せいなんにほん-がいたい【西南日本外帯】ガイタイ 西南日本の、中央構造線より太平洋側の部分。帯状構造が発達し、北から結晶片岩・古生界・中生界の順に配列している。外帯。

せいなんにほん-ないたい【西南日本内帯】西南日本の、中央構造線より北側の部分。帯状構造は不明瞭で、古生界・中生界・花崗岩かこうがん・片麻岩などが分布。内帯。

せいなん-の-えき【西南の役】▶西南戦争

せいなん-の-へん【靖難の変】中国、明の第2代皇帝建文帝の諸王削藩策に対し、北京の燕王棣てい(永楽帝)が1399年に挙兵、京師(南京)を攻略し1402年に帝位を奪った事件。

せいなん-の-りきゅう【城南の離宮】《平安京の南方にあったところから、「文選」の「長門賦」にある語になぞらえたもの》鳥羽殿とばどののこと。「法皇は一にして、冬もなかば過ごさせ給へば」〈平家・三〉

せい-にく【生肉】食用の、なまの肉。新鮮な肉。

せい-にく【精肉】精選した上等な食用肉。「一店」

ぜい-にく【×贅肉】❶運動不足や栄養過剰などのため必要以上についたからだの脂肪や肉。「腹に一がつく」❷余分の肉塊。こぶの類。

せいニコライロシア-きょうかい【聖ニコライロシア教会】キョウカイ《Tsarkva Sveti Nikolay Chudotvorets》ブルガリアの首都ソフィアの中心部にあるロシア正教会の聖堂。ロシア皇帝ニコライ2世の名を冠する。20世紀初め、ブルガリア在住のロシア人のため、建築家ミハイル＝プレオブラジェンスキーの設計によりロシア復古様式で建造された。

せいニコラエ-きょうかい【聖ニコラエ教会】キョウカイ《Biserica Sfântul Nicolae》ルーマニア中央部の都市ブラショフにあるルーマニア正教会の教会。旧市街のスケイ地区(ルーマニア人居住区)に位置する。14世紀末の創建。15世紀末にワラキア公により石造の教会に改築。ルーマニア人のための最古の学校が置かれ、ルーマニア語による教育が初めて行われた。現在は学校博物館として公開されている。

せいニコラエドムネスク-きょうかい【聖ニコラエドムネスク教会】キョウカイ《Biserica Sfântul Nicolae Domnesc》ルーマニア北東部の都市ヤシにある教会。15世紀末、モルドバ公国シュテファン大公の時代に建造され、ヤシ最古の建築物の一つとされる。外壁には282面もの聖人画が描かれ、内部には大公および一族のフレスコ画がある。

せいニコラオス-きょうかい【聖ニコラオス教会】キョウカイ《Agios Nikolaos tis Stegis》キプロス中西部、トロードス山脈中腹の村カコペトゥリア近郊にある教会。11世紀に修道院付属教会として建造。12世紀に取り付けられた切妻きりづま屋根から、「屋根の聖ニコラオス教会」と呼ばれる。内部には11世紀から17世紀頃に描かれたフレスコ画があり、1985年に「トロードス地方の壁画聖堂群」の名称で世界遺産(文化遺産)に登録された。

せいニコラス-きょうかい【聖ニコラス教会】キョウカイ ㊀《St. Nicholas' Church》▶セントニコラス教会 ㊁《Niguliste Kirik》▶ニグリステ教会

せいニコラス-だいせいどう【聖ニコラス大聖堂】ダイセイドウ《St. Nicholas' Cathedral》▶セントニコラス大聖堂

せい-にじゅうめんたい【正二十面体】ニジュウメンタイ 20個の面が合同な正三角形である正多面体。

せい-にゅう【生乳】搾ったままで加工されていない、牛などの乳汁。

せいねい【西寧】中国青海省の省都。同省北東部、黄河支流の湟水こうすい沿岸にあり、交通の要衝。化学・機械などの工業が行われる。シーニン。人口、行政区85万(2000)。

せい-ねい【静寧｜×靖寧】世の中が治まって平和であること。「旧時の一に復し」〈竜渓・経国美談〉

[類語]平和・和平・太平・昌平・安寧・ピース

せいねい-てんのう【清寧天皇】テンノウ 記紀で、第22代天皇。雄略天皇の第3皇子。名は白髪武広国押稚日本根子しらかのたけひろくにおしわかやまとねこ。

せいネデリャ-きょうかい【聖ネデリャ教会】キョウカイ《Tsarkva Sveta Nedelya》ブルガリアの首都ソフィアの中心部にあるブルガリア正教会の教会。1925年にブルガリア共産党が国王の命を狙った爆発事件が起こり、国王は無事だったが120人以上の死者が出たことで知られる。事件後に再建されて現在の姿となる。

せいネデリャ-ひろば【聖ネデリャ広場】《Ploshtad Sveta Nedelya》ブルガリアの首都ソフィアの中心部にある広場。路面電車やバスなどの市内交通の起点となっている。広場中央に聖ペトカ地下教会、周囲には聖ネデリャ教会、百貨店ツムデパート、旧共産党本部がある。

せい-ねん【生年】❶人の生まれた年。うまれどし。㊥没年。❷生まれてから経過した年月。しょうねん。

せい-ねん【成年】人が完全な行為能力を有するとみなされる年齢。日本の現行制度では満20歳。ただし、未成年者でも婚姻をすれば成年とみなされる。また、天皇・皇太子・皇太孫は満18歳をもって成年となる。[類語]大人・成人・アダルト

せい-ねん【青年】青春期の男女。10代後半から20代の、特に男子をいうことが多い。わかもの。わこうど。「一実業家」[類語]若者・若人わこうど・若い者・若い衆しゅ・若造・青少年・ヤンガージェネレーション・ヤング

せいねん【青年】森鷗外の小説。明治43～44年(1910～11)発表。作家志望で上京した青年の小泉純一が、都会生活の中で成長していく過程を描く。

せい-ねん【盛年】若い盛りの元気な年ごろ。

[類語]壮年・壮齢・働き盛り

盛年重ねて来きたらず《陶淵明「雑詩」其一から》若い盛りは二度とはやってこないので、その時代をむなしく過ごしてはならない。

せいねんアクティブライフ-そうごうほけん【青年アクティブライフ総合保険】ソウゴウホケン けがなどの傷害、携行品の損害、個人に対する賠償責任、レンタル業者に対する賠償責任、遭難時の救援者費用など、日常生活において発生するさまざまな損害を填補する保険。

せいねん-かいがいきょうりょくたい【青年海外協力隊】カイガイキョウリョクタイ 開発途上国援助の一環として、技術・技能をもつ青年ボランティアを派遣する機関。アメリカの平和部隊をモデルに昭和40年(1965)発足。事務管理・運営はJICAジャイカが行う。JOCV(Japan Overseas Cooperation Volunteers)。

せいねん-がっきゅう【青年学級】ガッキュウ 第二次大戦後、勤労青少年を対象に職業や生活に必要な知識・技能の習得および一般教養の向上を目的として、市町村が開設した教育機関。青年学級振興法によって規定されていたが、平成11年(1999)の同法廃止以降は市町村が独自に運営。

せいねん-がっこう【青年学校】ガッコウ 昭和10年(1935)、実業補習学校・青年訓練所を統合し全国市町村に設置された学校。小学校卒業の勤労青年に職業教育・普通教育・軍事教育を行った。同14年、満12歳から19歳未満の男子は義務制となり、軍事教育が中心となる。同22年廃止。

せい-ねんがっぴ【生年月日】ネンガッピ 生まれた年と月と日。

せいねん-き【青年期】発達心理学で14、5歳から24、5歳までの時期をいう。生理的には性的成熟に伴う急激な身体的変化が現れ、心理的には内省的傾向、自我意識の高まりがみられる一方、不安・いらだち・反抗など精神の動揺が著しい。

せいねん-くんれんじょ【青年訓練所】大正15年(1926)、16歳から20歳までの勤労青年男子への軍事教育を目的に設けられた教育機関。昭和10年(1935)実業補習学校と統合されて青年学校となった。

せい-ねんげつ【生年月】生まれた年と月。

せいねんこうけん-せいど【成年後見制度】精神上の障害があり判断能力が不十分なために、財産管理や契約などの手続きが困難な者に対し、本人の行為の代理または行為を補助する者を選任する制度。平成12年(2000)民法の改正により禁治産制度に代わるものとして設けられた。家庭裁判所が審判を行う法定後見と、本人の判断能力があるうちに後見人を選び、委任契約を結んでおく任意後見がある。

せいねん-こうけんにん【成年後見人】成年後見制度において、成年被後見人の保護を行う人。成年被後見人の意思を尊重しながら法律行為の代理・取消や財産の管理を行い、また療養看護の義務を負う。➡後見❷ ➡後見人❶ ➡未成年後見人

せいねん-しき【成年式】❶天皇および皇族が成年に達したときに行う儀式。❷▶成人式❷

せいねん-しはんがっこう【青年師範学校】シハンガッコウ 旧学制で、青年学校教員を養成した学校。昭和19年(1944)青年学校教員養成所を母体に各地に設立。

せいねん-しんりがく【青年心理学】青年期の心理と行動を研究する発達心理学の一領域。

せいねん-だん【青年団】一定地域に居住する青年で組織する自治団体。その原型は伝統的な若者組に求められる。第二次大戦前の修養・親睦しんぼく・社会奉仕団体的性格から、戦後は学習およびレクリエーション団体的性格へと変わってきた。

せいねん-の-いえ【青年の家】ノイエ 団体宿泊訓練を通じて青年の研修・健全育成をはかるため国・地方自治体が設置する共同宿泊施設。昭和33年(1958)発足。国立施設は平成13年(2001)独立行政法人国立青少年教育振興機構に移行し、青少年交流の家となった。

せいねん-ひこうけんにん【成年被後見人】精神上の障害により判断能力を欠くとして、家庭裁判所から後見開始の審判を受けた人。本人の代理として成年後見人が財産管理などを行う。

せいねん-ぶんぽうがくは【青年文法学派】ブンポウガクハ《ドイツ Junggrammatiker》1870年代後半からドイツのライプチヒ大学を中心にして、印欧比較言語学の分野で活躍した新進の研究者グループ。「音韻法則に例外なし」とし、音韻変化は規則的に行われ、例外とみられる現象も類推によって説明できると主張した。ブルークマン・デルブリュック・レスキーン・オストホーフ・パウルらが代表者。

せいねん-ヘーゲルがくは【青年ヘーゲル学派】《ドイツ Junghegelianer》ヘーゲル死後、1830年代後半に分立したヘーゲル学派の左派の称。シュトラウス・バウアー・ルーゲ・フォイエルバッハ・シュティルナー・マルクス・ラッサールらが代表者。少壮ヘーゲル学派。

せい-のう【声×嚢】ナウ ▶鳴嚢(めいのう)
せい-のう【性能】❶機械や道具の性質と能力。また、機械などが仕事をなしうる能力。「—のよい自動車」「—を高める」❷生まれつきの能力。「—の命令通りに一生を渡って」〈花袋・重右衛門の最後〉
(類語)機能・作用・働き・パフォーマンス
せい-のう【▽細▽男‖▽才▽男】ナウ《「のう」は「男」の字音「なん」から》❶御神楽(みかぐら)で、人長(にんじょう)の舞のあと、こっけいな物まねをした人。❷平安時代ごろから、神社の祭礼や御霊会(ごりょうえ)などで、特殊な舞をまった人。また、その舞。現在、奈良の春日若宮御祭(おんまつり)で行われる。さいのう。❸八幡系統の神社の祭礼などで、行列の先頭に立つ人形。
せい-のう【精農】農事に熱心でよく働く農民。
せい-のう【精×嚢】ナウ 男性の生殖器の一。膀胱(ぼうこう)の底部後方に左右一対あり、射精管に開口している。粘液を分泌する。哺乳類以外では精子をたくわえるので貯精嚢とよぶ。
せいのう-きょくせん【性能曲線】機械や原動機の、出力・燃料消費・効率などの性能を表示する曲線。
せい-の-ことば【制の▽詞】歌学で、聞きづらいとか、特定の歌人が創作した表現であるなどの理由で、用いてはならないと禁止した言葉。禁の詞。制詞。
せい-の-てつがく【生の哲学】《ドイ Lebensphilosophie》19世紀後半から20世紀初めにかけて、理性主義・主知主義・実証主義の哲学や唯物論などに反対し、生きている生、体験としての生の直接的把握を目指してヨーロッパで展開された一連の哲学的傾向。ショーペンハウアー・ニーチェを源流とし、ディルタイ・ジンメル・ベルクソンらによって代表される。
せい-は【制覇】〔名〕スル ❶競争相手を押さえて権力や主導権を握ること。「世界の市場を—する」❷試合などで優勝すること。「春のリーグ戦を—する」
(類語)覇・制圧・征服・圧伏・支配・統治・君臨・管理・管轄・統轄・統御・統率・宰領(さいりょう)・監督・統制・取り締まり・独裁・専制・治世・統×べる・制する・領する・握る・牛耳(ぎゅうじ)る
せい-は【政派】政治上の派閥。政党の中の閥やグループ。党派。
せい-ば【征馬】❶旅に出るときに乗る馬。❷戦場におもむく馬。
せいバーツラフ-だいせいどう【聖バーツラフ大聖堂】ダイセイダウ《Katedrála svatého Václava》チェコ東部、モラバ地方の都市オロモウツの旧市街にある大聖堂。12世紀にロマネスク様式のバシリカが建造され、13世紀から14世紀にかけてゴシック様式に改築された。19世紀末にネオゴシック様式の2本の尖塔が加わり、現在の建物になった。聖バーツラフ教会。
せいバーフ-だいせいどう【聖バーフ大聖堂】ダイセイダウ《Sint Baafskathedraal》ベルギー北西部、東フランドル州の都市、ヘントにある聖堂。12世紀に建造がはじまり、16世紀に完成。ロマネスク様式とゴシック様式の特徴をもつ。15世紀フランドルの画家、ファン=アイクの祭壇画「神秘の子羊」やルーベンスの絵画があることで有名。
せい-はい【成敗】成功と失敗。「—は時の運」
せい-はい【聖杯】❶神聖な杯。❷カトリック教会用語。ミサ聖祭のとき、聖別されたぶどう酒を入れる杯。❸キリストが最後の晩餐(ばんさん)に用いた杯。
せい-はい【×儕輩】同じ仲間。さいはい。同輩。朋輩。「—に抜きんでる」
せい-ばい【成敗】〔名〕スル ❶処罰すること。こらしめること。特に、罪人などを打ち首にすること。「逆賊を—する」「けんか両—」❷裁決すること。さばき。「神の—」❸政治を行うこと。執政。「賢王賢主の御政(おんまつりごと)も、摂政関白の御—も」〈平家・一〉❹処置すること。取り計らうこと。「今度の軍(いくさ)の—をば三浦平六左衛門にぞ許されける」〈太平記・一〇〉
(類語)処罰・制裁・厳罰・両成敗
せいはい-でんせつ【聖杯伝説】キリストが最後の晩餐に用い、使徒たちが十字架上のキリストの血を受けたといわれる神聖な杯の探索をめぐる中世ヨーロッパの伝説。アーサー王物語に取り入れられ、また、クレチアン=ド=トロワの「聖杯物語」など多くの作品に描かれ、ワグナーの楽劇の題材にもなった。
せいパウルス-だいせいどう【聖パウルス大聖堂】ダイセイダウ《Sankt Paulus Dom》▶ザンクトパウルス大聖堂
せい-はく【生×魄】❶《「魄」は月の光らない部分》陰暦16日の月。既望(きぼう)。❷たましい。生き霊。
せい-はく【清白】〔名・形動〕品行などがきよく汚れがないこと。潔白。「余とエリスとの交際は…—なりき」〈鷗外・舞姫〉
せい-はく【精白】〔名〕スル ❶まざりものがなく白いこと。❷穀物をついて表皮をとり白くすること。「—した麦」(類語)精米
せい-はく【精薄】「精神薄弱」の略。
せい-ばく【制縛】〔名〕スル 圧迫や制限を加えて行動の自由を束縛すること。「時間に—される」
せい-ばく【精麦】〔名〕スル 麦を精白すること。また、精白した麦。
せいはく-がん【青白眼】人を歓迎する目つきと人を冷遇する目つき。青眼と白眼。
せい-はくじ【青白磁】▶影青(インチン)
せいはく-しょく【青白色】青味を帯びた白色。
せい-はくせき【斉白石】▶さいはくせき
せいはく-まい【精白米】玄米をついて白くした米。白米。精米。
せいバジル-きょうかい【聖バジル教会】ケウクワイ《Aziz Basil Kilisesi》トルコ中央部、カッパドキア地方の町ギョレメにある岩窟教会。イスラム教徒の迫害を逃れたキリスト教徒が11世紀頃に建造。ギョレメ野外博物館の教会の一。4世紀の神学者、聖バシレイオスの名を冠する。祭壇がある部屋の壁に、損傷は目立つものの4点のフレスコ画が残る。バジルキリセ。
せい-はちめんたい【正八面体】8個の面が合同な正三角形である正多面体。
せい-はつ【整髪】〔名〕スル 髪を刈って形を整えること。また、乱れた髪を整えること。理髪。調髪。「ドライヤーで—する」「—剤」(類語)散髪・理髪・調髪
せい-ばつ【征伐】〔名〕スル 罪のある者や反逆者などを攻め討つこと。征討。「悪党どもを—する」
(類語)征討・討伐・退治・征する・討つ
せいパトリック-だいせいどう【聖パトリック大聖堂】ダイセイダウ《St. Patrick's Cathedral》▶セントパトリック大聖堂
ぜい-ば・る【×贅張る】〔動ラ四〕ぜいたくをする。見えを張る。また、かって気ままに振る舞う。「えいあた—・った、聞きともない」〈浄・寿の門松〉
せいバルトロミュイ-だいせいどう【聖バルトロミュイ大聖堂】ダイセイダウ《Katedrála svatého Bartoloměje》チェコ西部の都市プルゼニュの旧市街、共和国広場にあるゴシック様式の大聖堂。13世紀から15世紀にかけて建造。高さ約103メートルの尖塔はかつて同国で最も高かったことで知られる。聖バルトロミュイ教会。
せいバルトロメウス-だいせいどう【聖バルトロメウス大聖堂】ダイセイダウ《Dom Sankt Bartholomäus》ドイツ、フランクフルトの旧市街にあるゴシック様式の大聖堂。13世紀から15世紀にかけて建造。マクシミリアン2世以降、フランツ2世まで歴代の神聖ローマ皇帝の戴冠式が行われた。そのためカイザードーム(皇帝の大聖堂)とも呼ばれる。フランクフルト大聖堂。
せいバルバラ-きょうかい【聖バルバラ教会】ケウクワイ ㊀《Chrám svaté Barbory》チェコ中央部、ボヘミア地方の町クトナーホラにある教会。鉱山労働者の守護聖人である聖バルバラを祭り、中央ヨーロッパ屈指のゴシック様式の教会として知られる。14世紀末に着工したが、フス戦争により一時中断、16世紀半ばに完成。1995年に「クトナーホラ聖バルバラ教会とセドレツの聖母マリア大聖堂のある歴史都市」として世界遺産(文化遺産)に登録。聖バルボラ教会。聖バルバラ大聖堂。聖バルボラ大聖堂。➡セドレツ ㊁《Azize Barbara Kilisesi》トルコ中央部、カッパドキア地方の町ギョレメにある岩窟教会。イスラム教徒の迫害を逃れたキリスト教徒が11世紀頃に造ったもので、ギョレメ野外博物館の教会の一。石工や鉱夫の守護聖人バルバラの名を冠する。赤の顔料を多く用いたフレスコ画が残る。バルバラキリセ。
せいバルバラ-だいせいどう【聖バルバラ大聖堂】ダイセイダウ《Chrám svaté Barbory》▶聖バルバラ教会㊀
せい-はん【正犯】自ら犯罪を実行する者。また、その犯行。犯人の数によって単独正犯と共同正犯とがあり、犯行方法によって直接正犯と間接正犯との別がある。➡共犯 ➡主犯
せい-はん【製版】〔名〕スル 印刷で、原版を作ること。また、原版から印刷版面を作ること。凸版・凹版・オフセット・石版などすべての場合にいう。
せい-はん【整版】〔名〕スル ❶1枚の板や瓦に彫って作った印刷版。❷「製版」に同じ。
せい-ばん【生×蕃】❶中央の教化に従わない原住の人々。㊥熟蕃。❷第二次大戦前の日本統治時代、台湾の高山族(高砂族(たかさごぞく))のうち、漢民族に同化していなかったものをさして用いた語。
せい-はん-ごう【正反合】ガフ《ドイ These-Antithese-Syntheseの訳語》ヘーゲルの弁証法における概念の発展の三段階。定立・反定立・総合。
せい-はんざい【性犯罪】違法な方法によって性欲を満足させる行為で罪となるもの。広義では、変態性欲に基づく犯罪を含むことがある。
せい-はんしゃ【正反射】鏡など完全に平らな面で生じる、入射角と反射角が等しく、反射光線が平行光線である反射。鏡面反射。➡乱反射
せい-はんたい【正反対】〔名・形動〕全く反対であること。まるで逆なこと。また、そのさま。「—な(の)考え方」
せいパンテレイモン-しゅうどういん【聖パンテレイモン修道院】シウダウヰン《Manastir Sveti Panteleimon》マケドニアの首都スコピエ近郊にあるマケドニア正教会の修道院。ボドノ山麓の村ネレジに位置する。12世紀の創建。内部のフレスコ画は建造当初のものと、16世紀の地震後に修復されたものが見られる。北壁に描かれた聖母マリアがキリストの死を嘆く「哀悼」の場面は、中世マケドニアにおけるビザンチン美術の傑作として知られる。
せいパントクラトール-きょうかい【聖パントクラトール教会】ケウクワイ《Tsarkva Hristos Pantokrator》ブルガリア東部、黒海に面する町ネセバルにある教会。第二次ブルガリア帝国時代の13世紀から14世紀にかけて建造された。緑色の彩色陶器や赤煉瓦を組み合わせた壁面装飾が施されている。同国におけるこの時代の教会の中で最も保存状態が良いものの一つとして知られる。大主教教会。全能者キリスト聖堂。
せいはん-ぼん【整版本】整版で印刷された本。
せい-ひ【正比】普通の比。反比に対していう。
せい-ひ【正妃】皇帝や王の正妻。
せい-ひ【正否】正しいことと正しくないこと。正と不正。「事の—を判定する」
(類語)是非・当否・可否・可不可・良否・理非・正邪・善悪・曲直(きょくちょく)・よしあし
せい-ひ【成否】事が成ることと成らないこと。成功するか失敗するか。「結果の—は問わない」
せい-ひ【性比】同一種の雌雄の個体数の比率。ふつう雌個体数を1または100とし、それに対する雄個体の比で表す。人間では出生時に男性の方が多い。
せい-ひ【政費】政務に要する費用。
せい-び【斉眉】《後漢の梁鴻の妻の孟光が食膳を捧げるとき、その高さを眉(まゆ)と斉(ひと)しくしたという「後漢書」梁鴻伝の故事から》妻が夫を深く尊敬して仕えること。「—の礼」
せい-び【清美】〔名・形動〕清らかで美しいこと。また、そのさま。「—なるは霜白き時の朝日なり」〈蘆花・自然と人生〉

せい-び【▽済美】美徳をなすこと。子孫が父祖の業を受け継いで、よい行いをすること。

せい-び【精美】〔名・形動〕細かいところまで行き届いて美しいこと。純粋で美しいこと。また、そのさま。「人の品行は、無数の—なる事物に由りて、感化甄陶せらるることなり」〈中村訳・西国立志編〉

せい-び【精微】〔名・形動〕くわしく緻密であること。また、そのさま。「—な絵図」

せい-び【整備】〔名〕スル すぐ役立つように準備したり整えたりすること。「車両の—」「書類を—する」
(類語)用意・支度・準備・備え・設け・手配・手配り・手回し・手筈・手当て・段取り・膳立て・道具立て・下拵え・下準備・態勢・備える

ぜい-ひ【×贅費】むだな費用。無益な出費。

せいピーター-アイルランド-きょうかい【聖ピーターアイルランド教会】《St. Peter's Church of Ireland》▶セントピーターアイルランド教会

せいピーター-ローマカトリック-きょうかい【聖ピーターローマカトリック教会】《St. Peter's Roman Catholic Church》▶セントピーターローマカトリック教会

せいビート-きょうかい【聖ビート教会】《Katedrála svatého Víta》▶聖ビート大聖堂

せいビート-だいせいどう【聖ビート大聖堂】㊀《Katedrála svatého Víta》チェコ共和国の首都プラハにある大聖堂。プラハ城内に位置する。10世紀創建の教会に起源し、14世紀の神聖ローマ皇帝カレル4世の時代に現在見られるゴシック様式の大聖堂になった。チェコの画家アルフォンス=ミュシャのステンドグラスがあるほか、地下の納骨堂にはカレル4世をはじめボヘミア歴代の王が眠る。1992年、「プラハ歴史地区」の名で世界遺産(文化遺産)に登録。聖ビート教会。㊁《Katedrala sv. Vida》クロアチア北西部の都市リエカにある大聖堂。中世の創建。17世紀にイエズス会により、現在見られるような、独特な円形構造をしたバロック様式の建物になった。

ぜい-びき【税引き】収入から税金を差し引くこと。また、税金を差し引いた金額。

ぜいびきご-とうきじゅんそんえき【税引(き)後当期純損益】税引前当期純利益から法人税、住民税及び事業税と税効果会計により計上される法人税等調整額を差し引いた損益のこと。利益となった場合は税引後当期純利益、損失となった場合は税引後当期純損失という。税引後当期損益。当期純損益。当期損益。最終損益。純損益。

ぜいびきご-とうきじゅんそんしつ【税引(き)後当期純損失】税引前当期純利益から法人税、住民税及び事業税と税効果会計により計上される法人税等調整額を差し引いた損益が損失となること、またその金額。利益となった場合は税引後当期純利益という。税引後当期損失。当期純損失。当期損失。最終損失。純損失。

ぜいびきご-とうきじゅんりえき【税引(き)後当期純利益】税引前当期純利益から法人税、住民税及び事業税と税効果会計により計上される法人税等調整額を差し引いた損益が利益となること、またその金額。損失となった場合は税引後当期純損失という。税引後当期利益。当期純利益。当期利益。最終利益。純利益。

ぜいびきまえ-とうきじゅんそんしつ【税引(き)前当期純損失】経常損益に特別利益を加えた額から特別損失を差し引いた税引前当期純損益が損失となること、またその金額。利益となった場合は、税引前当期純利益という。➡税引後当期純損失

ぜいびきまえ-とうきじゅんりえき【税引(き)前当期純利益】経常損益に特別利益を加えた額から特別損失を差し引いた税引前当期純損益が利益となること、またその金額。法人税等を差し引く前の企業の利益。損失となった場合は、税引前当期純損失という。➡税引後当期純利益

せいび-しんかんせん【整備新幹線】全国新幹線鉄道整備法に基づき、昭和48年(1973)に整備計画が決定した、北海道新幹線(青森～札幌)、東北新幹線(盛岡～青森)、北陸新幹線(東京～大阪)、九州新幹線の鹿児島ルート(福岡～鹿児島)と長崎ルート(福岡～長崎)の五つの新幹線。このうち、北陸(高崎～長野)、東北(盛岡～青森)、九州(福岡～鹿児島)は既に開業。

せいび-だいがく【成美大学】京都府福知山市にある私立大学。平成12年(2000)に京都創成大学として開学。同22年に現校名に改称した。経営情報学部の単科大学。

せい-ひつ【省筆】〔名〕スル ❶「しょうひつ(省筆)❶」に同じ。「ここらで—をするのは、読者に感謝して貰っても好い」〈鷗外・カズイスチカ〉❷「しょうひつ(省筆)❷」に同じ。

せい-ひつ【聖×櫃】❶モーセが神から授かったという十戒を刻んだ石板を納めた箱。契約の箱。アーク。❷カトリック教会で、聖体を安置するために祭壇上に設ける箱状の容器。

せい-ひつ【静×謐】〔名・形動〕❶静かで落ち着いていること。また、そのさま。「深夜、書斎に過ごす—なひととき」❷世の中が穏やかに治まっていること。また、そのさま。「—な世情」

せい-ひょう【青票】国会で、記名投票によって表決を行うとき、議員が反対の意思を表すのに用いる青色の票。あおひょう。⇔白票。

せい-ひょう【青×萍】㊀青い浮き草。㊁中国、春秋時代の越王勾践が所持していた名剣の名。

せい-ひょう【星表】恒星や星雲・星団などの位置・光度・スペクトル型・距離などを記載した一覧表。恒星表。恒星目録。星位表。

せい-ひょう【×旌表】〔名〕スル 人の善行をほめて、世に広く示すこと。表旌。「孝を以て称せられ洪歩十七年—せらる」〈露伴・運命〉

せい-ひょう【製氷】〔名〕スル 人工的に氷をつくること。また、つくられた氷。「—室」

せい-ひょう【製表】調査・観察などの結果を整理して表にまとめあらわすこと。

せい-ひょう【整氷】〔名〕スル スケートリンクを整備すること。表面の異物などを取り除き、スケート靴のエッジで削られた部分には、水をまいて新たな氷が張るようにする。

せい-びょう【成苗】本葉の数が6、7枚ある、手植え用の稲の苗。機械植え用の、稚苗・中苗に対していう。

せい-びょう【性病】性行為によって感染する病気。性病予防法では梅毒・淋病・軟性下疳・鼠蹊リンパ肉芽腫症の四つが定められていた。平成11年(1999)同法は廃止され、代わって施行された感染症予防法では感染症の一部として、梅毒・後天性免疫不全症候群などが指定されている。性感染症。性行為感染症。

せい-びょう【青苗】❶青々とした苗。❷「青苗法」の略。

せい-びょう【聖×廟】聖人をまつった廟。中国では孔子を、日本では菅原道真をまつった廟。
(類語)廟・霊廟・霊屋・廟堂・宗廟

せい-びょう【精兵】❶弓を引く力の強いこと。また、その者。⇔小兵。「競はもとより勝れたる強弓精兵、矢継早の手ききき」〈平家・四〉❷「せいへい(精兵)」に同じ。「—アマタ討タセ」〈天草本伊曽保・鳥と獣〉

せいひょう-き【製氷機】冷凍装置によって人工的に氷をつくる機械。

せいひょう-ざら【製氷皿】家庭用の冷凍庫で氷をつくるための器。

せいびょう-せん【青苗銭】唐の代宗のとき、財政困難のため、稲の成熟を待たず、耕地面積に応じて課した税金。

せいびょう-ほう【青苗法】中国、宋の王安石のたてた新法の一。植え付け前に農民に金や穀物を低利で貸し、収穫時に元利を返させる法。民間の高利を禁じ、政府の収入の増加を図ったもの。

せい-ひれい【正比例】〔名〕スル 二つの変量が相互に関連して変化し、その比が常に一定であること。⇔反比例。

せい-ひん【正賓】中心となる客。主賓。正客。

せい-ひん【清貧】私欲をすてて行いが正しいために、貧しく生活が質素であること。「—に甘んずる」
(類語)貧乏・貧困・貧窮・貧苦・窮乏・困窮・困乏・困苦・生活苦・貧・赤貧・極貧・貧寒・素寒貧・不如意・文無し

せい-ひん【精品】えりぬきの品。「碧紋を染める者は則ち美濃尾張の—」〈服部誠一・東京新繁昌記〉

せい-ひん【製品】販売するためにつくった品物。ある原料からつくった品物。「プラスチック—」
(類語)売り物・商品・売品・品・代物・商い物

せいひんこうほ-ばん【製品候補版】▶ベータ版

せいひんついせき-システム【製品追跡システム】▶トレーサビリティー

せいひんひょうかぎじゅつきばん-きこう【製品評価技術基盤機構】経済産業省が所管する独立行政法人の一つ。平成13年(2001)に「製品評価技術センター」を改組して設立。工業製品の技術的評価、および品質に関する情報の収集・提供を主業務とする。NITE(National Institute of Technology and Evaluation)。

せい-ふ【正負】❶正の数と負の数。❷正号と負号。プラスとマイナス。❸電極などの陽と陰。

せい-ふ【征夫】出征している人。

せい-ふ【青×蚨】❶カゲロウの別名。❷(「青鳬」とも書く)銭のこと。「一百—常に杖の頭に懸けたり」〈三教指帰・上〉

せい-ふ【政府】政治を行う所。立法・司法・行政のすべての作用を包含する、国家の統治機構の総称。日本では、内閣および内閣の統轄する行政機構をさす。(類語)行政府・政庁・政権・内閣・台閣・官府・官庁・官衙・官・国・公儀・お上

せい-ぶ【西部】❶その地域の西よりの部分。❷米国の西の地方。「—開拓史」

せい-ぶ【声部】対位法による楽曲の各旋律部。また、合唱や合奏で、それぞれの声・楽器が受け持つ部分。パート。

せいふぁあ-うたき【斎場御嶽】沖縄県南城市にある沖縄最高の霊地。琉球開闢の神アマミキヨによってつくられたという七御岳の一つで、琉球王朝時代、最高神女であった聞得大君の即位儀式が行われた聖地として名高い。平成12年(2000)「琉球王国のグスク及び関連遺産群」の一つとして世界遺産(文化遺産)に登録された。

セイファート-ギャラクシー〖Seyfert galaxy〗▶セイファート銀河

セイファート-ぎんが【セイファート銀河】米国の天文学者セイファート(C.K.Seyfert)が1943年に発見した、銀河系外の活動銀河の一。小さな明るい核をもち、スペクトルは幅の広がった輝線を示す。

せいふ-いいん【政府委員】国会で、国務大臣の補佐や代理の答弁などを行った各省庁の職員。国会審議活性化法の成立で副大臣・政務官制度が創設されたのに伴い、平成13年(2001)に廃止されたが、代わってほぼ同等の補佐を行う官僚である政府特別補佐人・政府参考人の制度も生まれた。

せいフィリップ-だいせいどう【聖フィリップ大聖堂】《St. Philip's Cathedral》▶バーミンガム大聖堂

せいフィンバー-だいせいどう【聖フィンバー大聖堂】《St. Fin Barre's Cathedral》▶セントフィンバー大聖堂

せい-ふう【成風】《郢の匠石という工人が人の鼻端の土の汚れを取るのに、斧を振るって風を起こし、汚れを取って鼻を傷つけなかったという「荘子」徐無鬼の故事から》❶建築物などをりっぱに仕上げること。「一天の望にすずしく」〈海道記〉❷人に詩文の添削を頼むときに用いる語。郢斲。

せい-ふう【西風】❶西方から吹いてくる風。にしか

ぜ。❷寂しい秋の風。秋風。

せい-ふう【星風】▶恒星風

せい-ふう【凄風】強くすさまじい風。ものすごい風。「一蕭々として戸外に鳴り」〈織田訳・花柳春話〉

せい-ふう【清風】さわやかな風。すがすがしい風。また、清新な空気・気分。「一陣の—」

せい-ふう【×腥風】血なまぐさい風。殺伐な気配。

せいふう-うんどう【整風運動】中国共産党の党員再教育運動のことで、学風(学習態度)・党風(党活動)・文風(文書類の表現)の三風を正し、党内の主観主義・セクト主義・空言主義を克服しようとする運動。1942年毛沢東の提唱により三風整頓運動として始まり、その後、48年・50年・57年と繰り返され、66年からの文化大革命で頂点に達した。

せい-ふうぞく【性風俗】男女の性的な事柄に関する風俗。

せいふうぞく-てん【性風俗店】性的なサービスを行う店。ソープランドやファッションヘルスなど。風俗店。

せい-フェロモン【性フェロモン】動物で、異性をひきつけるために雌雄のどちらかが分泌するフェロモン。

せいぶおうしゅう-ひょうじゅんじ【西部欧州標準時】セイブオウシュウヒョウジュンジ 英国、アイルランド、アイスランド、ポルトガル、モロッコ、モーリタニアなどで使われる標準時。協定世界時と同じで、日本標準時よりも9時間(夏時間の場合は8時間)遅い。西ヨーロッパ標準時。西ヨーロッパ時間。WET(western European time)。

せいふ-かいはつえんじょ【政府開発援助】ーカイハツエンジョ《official development assistance》先進国の政府機関によって、開発途上国や国際機関に対して行われる援助。贈与・借款・賠償・技術援助などの形をとる。ODA。

せいふかんしょう-けんこうほけん【政府管掌健康保険】セイフカンショウケンコウホケン 政府運営の健康保険。自社の健康保険組合を持たない中小企業の従業員が対象。実際の運営は社会保険庁が担当した。社会保険庁改革により、平成20年(2008)10月から、運営は新たに設立された全国健康保険協会に引き継がれ全国健康保険協会管掌健康保険(協会けんぽ)に移行した。政管健保。➡組合管掌健康保険

せいふ-きんゆうきかん【政府金融機関】ーキンユウキカン 国の産業政策・社会政策の一環として、政府資金と自己資金とをもって貸付取引を行う全額政府出資の金融機関。株式会社日本政策投資銀行・国際協力銀行の2行がある。政策金融機関。政府系金融機関。(補説)国民生活金融公庫・中小企業金融公庫・農林漁業金融公庫・沖縄振興開発金融公庫および、国際協力銀行の国際金融等業務が、平成20年(2008)10月に株式会社日本政策金融公庫として統廃合された。

せい-ふく【正服】儀式などの際に着る正式の服。

せい-ふく【正副】正と副。正式のものと、その補助や控えとなるもの。「一二通の書類」「一議長」

せい-ふく【制服】〔名〕スル ❶学校・会社など、一定の集団や団体に属する人が着るように定められている服装。ユニホーム。❷シビリアン-コントロール(文民統制)が採られている国の国防(防衛)行政機関において、文民官僚に対する職業軍人(自衛官)の称。制服組。❸相手の勢いを押さえ、従わせること。「其内実は未だ能く之を一するの力あるにあらざるなり」〈田口・日本開化小史〉

せい-ふく【征服】〔名〕スル ❶武力で敵を負かし、支配下におくこと。「敵国に—される」❷困難を克服して目的を達成すること。「難病を—する」
(類語)支配・統治・君臨・制覇・制圧・圧伏・管理・管轄・統轄・統御・統率・宰領・引っ張る・監督・統制・取り締まり・統べる・制する・領する・握る・牛耳る

せい-ふく【清福】❶清らかな幸福。精神的な幸福。「僕のおとう様がうらやましがって、あれが—というものじゃと言うておられた」〈鴎外・ヰタ-セクスアリス〉❷手紙文で、相手の幸福を祝っていう語。「御—をお祈り申し上げます」
(類語)幸福・幸せ・幸い・幸・福・果報・冥利・多幸・多祥・万福・至福・浄福・ハッピー

せい-ふく【盛服】盛装の衣服。りっぱな装いの服。

せい-ふく【整復】〔名〕スル 骨折や脱臼の生じた箇所を、もとの正常な位置になおすこと。「脱臼した肩を—してもらう」

せいふく-ぐみ【制服組】防衛省の特別職国家公務員である自衛隊員のうち、陸海空の三自衛隊において命令に服して隊務を行う自衛官の通称。いわゆる武官。制服の着用が義務づけられているため、この名がある。16階級で構成され、尉官以上を幹部自衛官と呼ぶ。制服組の最高位は統合幕僚長。シビリアンコントロールの原則により、制服組は重要案件などの原案に関わることはできるが、決定は文民である国会議員が行う。現役制服組は、自衛隊の最高指揮官である内閣総理大臣や、内閣総理大臣のもとで隊務を管理統括する防衛大臣になることはできない。➡背広組

せいふけい-きんゆうきかん【政府系金融機関】ーキンユウキカン ▶政府金融機関

せいふけい-とうしファンド【政府系投資ファンド】投資ファンドのうち政府が国家資産を投資して運用しているもの。アラブ首長国連邦・サウジアラビア・クウェートなどのアラブ産油国や、工業製品の輸出で外貨を獲得した中国、ロシア・シンガポールなどが大規模な運用を行っている。政府系ファンド。国富ファンド。ソブリンウエルスファンド。SWF(sovereign wealth fund)。

せいふけい-ファンド【政府系ファンド】「政府系投資ファンド」の略。

せいぶ-げき【西部劇】米国の西部開拓時代を背景にした映画・演劇。ウエスタン。

せいふ-さいむ【政府債務】国が抱える債務の総額。国債・政府短期証券の発行残高と、国の借入金の合計額。GDPや国の収入と比較して、深刻度の目安とする。財務省が公表する日本の政府債務は、平成24年(2012)3月末時点で約960兆円。名目GDPの約2.0倍に相当する。

せいふ-さんこうにん【政府参考人】ーサンコウニン 国会の委員会において内閣総理大臣や国務大臣を補佐し、代理の答弁などをする官僚のうち、各省庁の主に局長・審議官級の者。衆議院規則・参議院規則に基づき、質疑者の求めにより委員長が招致する。平成13年(2001)に廃止された政府委員に代わるもの。➡政府特別補佐人

せいふ-しへい【政府紙幣】中央銀行が発行する通常の紙幣とは別に、政府が発行する紙幣。(補説)政府紙幣については、国債残高を増やさずに政府の財源が確保できるという肯定的な見方がある一方で、市中から還流した政府紙幣を政府が回収する場合、新規の国債発行が必要となり、日銀に保有させ続ける場合、結果として日銀が無利子の国債を引き受けるのと同じことになり財政法に抵触するとの見方もある。また、巨額の政府紙幣が供給されると、通貨の信用が低下し、過度のインフレや円安を招く可能性も指摘されている。平成21年(2009)に景気浮揚策の一つとして自民党内で政府紙幣発行の構想が浮上した。➡無利子国債

せいふ-すじ【政府筋】ースジ 報道などで、情報源が政府内部であることを漠然と示す語。

せいふ-ぜいちょう【政府税調】ーゼイチョウ ▶税制調査会

せいぶ-せんせん【西部戦線】第一次大戦中、ドイツ軍と連合軍とが対峙したフランス北東部からドイツ西部国境沿いの戦線。ドイツ軍のフランス侵攻作戦失敗後、この戦線は膠着して塹壕戦となり、その状態が戦争終結まで続いた。

せいぶせんせんいじょうなし【西部戦線異状なし】セイブセンセンイジョウナシ《原題、(ドイ)Im Westen nichts Neues》レマルクの長編小説。1929年刊。第一次大戦に従軍したドイツ青年兵士の生と死を通して、戦争の無意味さ・空しさを描く。

せいふ-たんきしょうけん【政府短期証券】国庫の一時的な資金不足を補うために発行される短期の国債。償還期間は2か月程度・3か月・6か月など。FB(financing bill)。(補説)平成21年(2009)2月から、国庫短期証券(T-Bill)の名称で、割引短期国債(TB)と統合発行されている。

せい-ぶつ【生物】動物・植物・微生物など生命をもつものの総称。細胞という単位からなり、自己増殖・刺激反応・成長・物質交代などの生命活動を行うもの。いきもの。

せい-ぶつ【静物】静止して動かないもの。多く、絵画の題材としての花・果物・器物などをいう。「一の写生」

ぜい-ぶつ【×贅物】❶役に立たない余計なもの。むだなもの。❷贅沢品。

せいぶつ-が【静物画】ーガ 草花や器物など、静物を描いた絵画。人物画・風景画に対していう。

せいぶつ-かい【生物界】生物の総称。また、生物のすんでいる世界。

せいぶつ-かがく【生物化学】ーカガク ▶生化学

せいぶつかがくてき-さんそようきゅうりょう【生物化学的酸素要求量】セイブツカガクテキサンソヨウキュウリョウ 水中にある有機物を、好気性微生物が分解するときに消費する溶存酸素の量。ppmで表す。水質の汚染を示す指標の一。BOD。

せいぶつかがく-へいき【生物化学兵器】セイブツカガクー 生物兵器と化学兵器。核兵器に比べると材料の入手や製造などが容易であることから、「貧者の核兵器」とも呼ばれる。

せいぶつ-がく【生物学】生物および生命現象を研究する学問。対象とする生物の種類によって動物学・植物学・微生物学などに分かれ、研究手段・目的によって分類学・生態学・発生学・生化学・遺伝学・分子生物学などに分かれる。

せいぶつがく-しゅぎ【生物学主義】生物学的原理を他の諸科学の領域に応用しようとする立場。❶哲学で、認識作用を生命の生物学的自己保存の一手段とみる認識論の立場の一。ニーチェ・マッハ・ベルクソンなど。❷社会学で、社会の構造や機能を生物学的に考察しようとする傾向。社会有機体説や社会ダーウィニズムなど。❸教育学で、遺伝と環境を根幹として、人間の成長を生物学的視点からとらえていく立場。デューイ・ギュイヨー・ヘンダーソンなど。

せいぶつがくてき-こうかひりつ【生物学的効果比率】ーコウカヒリツ ▶アール-ビー-イー(RBE)

せいぶつがくてき-せいざい【生物学的製剤】生物を利用して作った薬剤。ワクチン・抗毒素血清・血液製剤・インターフェロン製剤など。

せいぶつ-がん【生物岩】堆積岩の一。主に生物の遺体やその生成物からなる岩石。石灰岩・チョーク・石炭など。有機岩。

せいぶつ-きけんど【生物危険度】《biosafety level》▶ビー-エス-エル(BSL)

せいぶつ-きせつ【生物季節】生物の活動にみられる季節現象。開花・落葉や鳥の渡り・虫の鳴き始めなど。➡不時現象

せいぶつ-けん【生物圏】地球上で生物の生活する空間。大気圏・水圏・岩石圏にわたる。バイオスフィア。

せいぶつ-けんてい【生物検定】生物が特定の物質に関して示す特異性を利用して、微量物質を検定すること。ホルモン・ビタミンなどの検定に利用。生物学的定量。バイオアッセイ(bioassay)。

せいぶつ-けんびきょう【生物顕微鏡】ーケンビキョウ 生物学・医学などの分野で使用する光学顕微鏡。倍率は数十倍から2000倍程度まで。

せいぶつ-こうがく【生物工学】❶▶バイオテクノロジー ❷▶バイオニクス

せいぶつ-ざい【生物剤】生物テロで兵器として使用される病原性微生物や毒素。接触・摂取・吸引などにより生体内に入り、増殖あるいは作用し、発病・死亡させる。(補説)厚生労働省は、生物テロに使用さ

れるおそれのある病原体等の管理強化を促すため、エボラウイルス、クリミア-コンゴウイルス、痘瘡(とうそう)(天然痘)ウイルス、南米出血熱ウイルス、マールブルグウイルス、ラッサウイルス(以上、所持等を禁止)、SARSコロナウイルス、炭疽菌、野兎(やと)病菌、ペスト菌、ボツリヌス菌、ボツリヌス毒素(以上、所持等に許可が必要)など52種類の病原体・毒素について取り扱い上の義務・罰則を定めている。

せいぶつ-しげん【生物資源】▶バイオマス❷

せいぶつしげん-たんさ【生物資源探査】▶バイオ-プロスペクティング

せいぶつ-しざい【生物資材】農作物の病害虫の駆除や受粉などに使われる昆虫や微生物。外国から輸入された生物が多く、生態系への影響が心配される。

せいぶつ-しひょう【生物指標】ーシヘウ 環境の汚染の度合いを、そこに生息している生物の種類を指標として判定すること。

せいぶつ-しゃかい【生物社会】ーシヤクワイ 一定の機能と秩序をもつ生物集団。

せいぶつ-そう【生物相】ーサウ 一定の場所における生物の全種類。動物相・植物相を合わせていう。

せいぶつ-そくていがく【生物測定学】生物の種々の現象を測定し、変異の状態を統計的に処理する学問。遺伝研究で利用。

せいぶつ-たようせい【生物多様性】ータヤウセイ いろいろな生物が存在しているようす。生態系の多様性、種における多様性、遺伝子の多様性など、各々の段階でさまざまな生命が豊かに存在すること。

せいぶつたようせい-オフセット【生物多様性オフセット】セイブツタヤウセイー 開発事業などの人間の活動によって生物多様性に与える負の影響を、別の場所で生態系の再生・創出を行うことによって代償(オフセット)すること。➡BBOP

せいぶつたようせい-きほんほう【生物多様性基本法】セイブツタヤウセイキホンハフ 平成5年(1993)に施行された環境基本法の理念にのっとり、生物の多様性の保全および持続可能な利用についての原則と、保全と利用を計画的に推進するために必要な国・地方公共団体の基本となる施策を定めた法律。同20年6月施行。➡生物多様性

せいぶつたようせい-じょうやく【生物多様性条約】セイブツタヤウセイデウヤク《「生物の多様性に関する条約」の略称》地球上の多様な生物を生息環境とともに保全し、生物資源を持続可能であるように利用して、遺伝資源の利用から生ずる利益を公正かつ衡平に配分することを目的とする国際条約。1992年地球サミットで採択、93年発効。CBD(Convention on Biological Diversity)。

せいぶつたようせいじょうやく-カルタヘナぎていしょ【生物多様性条約カルタヘナ議定書】セイブツタヤウセイデウヤクー ▶カルタヘナ議定書

せいぶつたようせいじょうやく-ていやくこくかいぎ【生物多様性条約締約国会議】セイブツタヤウセイデウヤクテイヤクコククワイギ 生物の多様性を保全し、生物資源の持続的な利用を可能にするために1992年の地球サミットで採択された生物多様性条約を批准した国による会議。(補説)1999年と2000年にコロンビアのカルタヘナとカナダのモントリオールで開催された特別締約国会議(ExCOP1)でバイオセイフティに関するカルタヘナ議定書を採択。02年にオランダのハーグで開催されたCOP6では、「2010年までに生物多様性の損失速度を顕著に減少させること」を目指す「2010年目標」が採択された。この目標の達成年で、国連の生物多様性年にあたる10年には名古屋市でCOP10が開催され、遺伝資源の利用と利益配分(ABS)に関する名古屋議定書、11年以降の新戦略計画「愛知目標」が採択された。

せいぶつたようせい-みんかんさんかくパートナーシップ【生物多様性民間参画パートナーシップ】セイブツタヤウセイミンカンサンクワクー 経団連生物多様性宣言に賛同する企業のネットワーク。事業者の生物多様性への取り組みを推進するため、情報共有・経験交流を図る。経団連・日本商工会議所・経済同友会などが呼びかけ、日本国内の企業・経済団体・地方自治体など約400団体が参加。平成22年(2010)に名古屋で開催されたCOP10の期間中に発足した。

せいぶつ-たんさ【生物探査】▶バイオ-プロスペクティング

せいぶつ-ちりがく【生物地理学】生物の地理的分布と、その原因などについて研究する学問。

せいぶつてき-ぼうじょ【生物的防除】ーバウヂヨ 生物を用いて農作物の害虫を駆除するやり方。天敵・ウイルスなどを用いる。化学的薬剤による駆除に対していう。

せいぶつ-テロ【生物テロ】病原性微生物や毒素などの生物剤を兵器として使用するテロ攻撃。特に危険性の高い生物剤として、痘瘡(とうそう)(天然痘)ウイルス・炭疽菌・ペスト菌・ボツリヌス毒素・野兎(やと)病菌・エボラウイルスなどがある。

せいぶつ-でんき【生物電気】生物体にみられる発電現象。細胞内の物質代謝により細胞膜の内外でイオン分布が不均衡になることによって起こる。静止電位と活動電位があり、後者は筋肉・神経などの活動の指標とされ、脳波・心電図などに応用。デンキウナギなど高電圧を生ずるものもある。生体電気。

せいぶつ-でんち【生物電池】生物の機能を利用した電池の総称。酵素や微生物の生化学的なエネルギーを電気エネルギーに変換することで発電を行う。実用化に向けた研究開発が進められている。バイオ電池。

せいぶつ-どけい【生物時-計】生物の体内にそなわっていると考えられる時間測定機構。約1日周期のサーカディアンリズムや光周性、鳥が渡りをするときに太陽によって方角を定めることなどから知られる。体内時計。

せいぶつ-のうしゅく【生物濃縮】食物連鎖の過程で、より上位の生物種や個体群に、特定の物質が蓄積され、濃度を増すこと。

せいぶつ-のうやく【生物農薬】化学農薬の代わりに、害虫の天敵を利用すること。

せいぶつ-はっこう【生物発光】ーハックワウ 生物体の行う発光。発光酵素などの働きによってエネルギーが光として放出される現象。蛍・ホタルイカ・夜光虫・ツキヨタケなどにみられる。

せいぶつ-はっせいげんそく【生物発生原則】生物の個体発生と系統発生との共通した法則。特に、E=H=ヘッケルの反復説のこと。

せいぶつ-ぶつりがく【生物物理学】物理学的な考え方や法則性を基にして生命現象を研究する学問。生体高分子の物性・構造形成、遺伝情報、筋収縮・エネルギー代謝などを研究対象とする。

せいぶつ-へいき【生物兵器】人間・動物・植物に有害な細菌・ウイルスなどを散布する兵器。1925年のジュネーブ議定書で禁止されている。細菌兵器。(補説)厚生労働省は、生物兵器テロに使われる可能性が高いものとして、炭疽菌、痘瘡(とうそう)(天然痘)ウイルス、ペスト菌、ボツリヌス菌を挙げている。

せいふていしゅつ-ほうあん【政府提出法案】ーハフアン 閣法のこと。

せいぶ-てつどう【西武鉄道】ーテツダウ 東京都と埼玉県に路線をもつ鉄道会社。また、その鉄道。西武新宿・本川越間の西武新宿線、池袋・西武秩父(ちちぶ)間の西武池袋線を中心に営業。明治45年(1912)創立。

せいふ-とくべつほさにん【政府特別補佐人】国会の本会議・委員会において内閣総理大臣や国務大臣を補佐し、代理の答弁などをする官僚のうち、特定の機関の長である者。国会法に基づき両院議長の承認を経て出席させることができる。人事院総裁・内閣法制局長官・公正取引委員会委員長・公害等調整委員会委員長から選ばれる。➡政府参考人 ➡政府委員

せいふなき-つうか【政府無き通貨】ーツウクワ ユーロ圏の金融政策は欧州中央銀行が一元的に運営しているが、財政政策は基本的に各国の主権に委ねられ、単一通貨ユーロの信認を支える財政規律を各国に遵守させる政府の機能を果たす機関が存在していないことを表す言葉。

せいふ-にんしょうきばん【政府認証基盤】▶ジー-ピー-ケー-アイ(GPKI)

せいぶ-ぶんりだいがく【西武文理大学】埼玉県狭山(さやま)市にある私立大学。平成11年(1999)に開設。

せいふほしょう-さい【政府保証債】元本の償還と利子の支払いを政府が保証している債券。公庫などの公法人や東日本高速道路株式会社のような特殊会社が発行している。政保債。

せいふ-まい【政府米】政府が生産者から買い入れ、管理する米。食糧管理制度下では、原則としてすべての米が政府米と位置づけられていたが、現行の食糧制度では、備蓄のための米など一定範囲内に制限されている。➡民間流通米 ➡ミニマムアクセス米

せいふ-よきん【政府預金】日本銀行に預け入れられている国庫金。

せい-プラ【生プラ】「生分解性プラスチック」の略。

せいぶ-ライオンズ【西武ライオンズ】▶埼玉西武ライオンズ

せいブラホ-きょうかい【聖ブラホ教会】ーケウクワイ《Crkva sv. Vlaha》クロアチア最南端、アドリア海に面した都市ドゥブロブニクの旧市街にある教会。ドゥブロブニクの守護聖人ブラホを祭る。もとはロマネスク様式の建物だったが、17世紀の大地震で倒壊した後、18世紀初めにイタリア人の建築家によりバロック様式で再建された。主祭壇には地震前の旧市街の模型を手に持つ聖ブラホの銀製の像がある。

せいフランチェスコ-せいどう【聖フランチェスコ聖堂】ーセイダウ《Basilica di San Francesco》▶サンフランチェスコ聖堂

せいブリジッド-だいせいどう【聖ブリジッド大聖堂】ーダイセイダウ《St. Brigid's Cathedral》▶セントブリジッド大聖堂

せい-ふん【製粉】〔名〕スル 穀物をひいて粉をつくること。特に、小麦から小麦粉をつくること。「一業」

せい-ぶん【正文】❶説明・注釈などの注文(ちゅうぶん)に対して、文書の本文。❷条約が数か国で作成される場合、条文解釈上のよりどころとされる特定の国語の文。国連憲章では、中国語・フランス語・ロシア語・英語・スペイン語で書かれた文とする。❸《正式の文章の意》漢文のこと。江戸時代まで、仮名書きの文は非公式のものとされた。

せい-ぶん【成分】❶化合物や混合物などを構成している元素や純物質。❷文法で、一つの文を構成している部分。主語・述語・修飾語などの総称。❸数学で、一つのベクトルを各方向のベクトルに分解したときの各ベクトル。
(類語)因子・要素・ファクター・エレメント・エッセンス

せい-ぶん【成文】文章として書き表すこと。また、書き表したその文章。

せい-ぶん【声聞】世間の評判。名望。

せい-ぶん【省文】❶文章の文字や文句を省略すること。また、省略した文字や文句。❷漢字の字画を省略すること。また、字画を省略した漢字。仏(佛)・体(體)の類やヨヨ(縁覺)・ササ(菩薩)など。省字(せいじ)。略字。せいもん。

せい-ぶん【聖文】きわめて秀れた文徳。天子の文徳。

せい-ぶん【精分】❶精神や気力のもと。「一ノ付ク薬」〈和英語林集成〉❷精力のもととなる栄養物。❸純粋の成分。

ぜい-ぶん【×贅文】むだな文字や文句。

せいぶん-か【成文化】ークワ〔名〕スル 慣習として人々が了解している事柄や新たにきめられた事柄を文章として書き表すこと。「規約に一されている」

せいぶんか-いじょうしょう【性分化異常症】セイブンクワイジヤウシヤウ ▶性分化疾患

せい-ぶんかいせい【生分解性】物質が微生物

によって分解される性質であること。土中や水中の微生物が、高分子化合物を分解して無機物にすること。➡生分解性プラスチック

せいぶんかいせい-こうぶんし【生分解性高分子】コウクウブンシ 自然環境の中で微生物や酵素によって分解されたり、生体内で分解・吸収される高分子化合物。環境に与える負荷が小さく、プラスチックに代わる材料として期待されている。

せいぶんかいせい-プラスチック【生分解性プラスチック】自然環境中に廃棄した際に、土中や水中の微生物によって分解されるプラスチック。最終的には二酸化炭素と水になる。クリーンプラ。➡バイオプラスチック

せいぶんか-しっかん【性分化疾患】セイブンクワシツクワン 染色体・性腺・性器などが男性型・女性型のどちらか一方に統一されていないか、またはあいまいな状態である先天的疾患の総称。クラインフェルター症候群・ターナー症候群・先天性副腎皮質過形成症などさまざまな疾患がある。性染色体や性ホルモン分泌の異常によって、性分化の過程で発生する。男性か女性か区別しづらいことから、半陰陽・両性具有・インターセックスなどとも呼ばれているが、こうした表現は適切でないとする見解もあり、近年では「性分化疾患」などの呼称が用いられている。身体の性別と自認する性が異なる性同一性障害とは異なる。DSD(disorders of sex development; disorders of sex differentiation)。性分化異常症。性分化・発達障害。

せいぶんか-はったつしょうがい【性分化・発達障害】セイブンクワハツタツシヤウガイ ▶性分化疾患

せいぶん-けんぽう【成文憲法】ケンパフ 文章の形式で表現されている憲法。⇔不文憲法。

せいぶん-しんぶ【聖文神武】文武両道に精通していること。天子の聖徳をいう。

せいぶん-ほう【成文法】ハフ 一定の手続きに従って制定され、文章で表現されている法。法律・命令・条例・条約など。成文律。制定法。⇔不文法。

せいぶんほう-しゅぎ【成文法主義】セイブンハフ ▶制定法主義

せいふんぼ-きょうかい【聖墳墓教会】ケウクワイ《Church of the Holy Sepulchre》エルサレム旧市街にあるキリスト教各派が聖地とする教会。カトリック教会・東方正教会・コプト教会などによって共同管理され、正教会では復活教会とよぶ。イエス=キリストが処刑されたゴルゴタの丘の跡地とされる場所に、4世紀にコンスタンティヌス1世が建設した。

せいぶん-ゆけつ【成分輸血】赤血球・白血球・血小板・血漿など、血液中の必要な成分だけを輸血すること。

せいぶん-りつ【成文律】「成文法」に同じ。⇔不文律。

せい-へい【正兵】奇策などによらず正々堂々と陣を張って戦う軍隊。⇔奇兵。

せい-へい【生平】ひごろ。ふだん。副詞的にも用いる。平生。「一勉強して成就せるものに比すれば」〈中村訳・西国立志編〉

せい-へい【生兵】❶まだ戦いに参加しない新手ﾁﾗの兵。❷まだ訓練を受けていない兵。

せい-へい【政柄】政治を行う上での権力。政治上の権力。政権。「一を執る」

せい-へい【精兵】えりすぐった強い兵士。せいびょう。

せい-へい【静平】〔名・形動〕静かでおだやかなこと。また、そのさま。「魂の騒がない、一な交際」〈倉田・愛と認識との出発〉

せいペーター-そういんきょうかい【聖ペーター僧院教会】ソウヰンケウクワイ《Stift Sankt Peter》▶ザンクトペーター僧院教会

せいペーテラ-きょうかい【聖ペーテラ教会】ケウクワイ《Svētā Pētera baznīca》ラトビアの首都リガの旧市街にある教会。13世紀初頭に建造。16世紀にルーテル派の教会になった。17世紀当時、ヨーロッパ随一の高さを誇る木造の塔があったが、火災や戦争の被害を受けて、その都度再建され、現在は高さ約123メートルの鉄筋の塔が建っている。聖ペテロ教会。

せい-へき【性癖】性質上のかたより。くせ。「大言壮語する一がある」(補説)「性」を性質の意ではなく性交の意ととらえ、誤って、性的まじわりの際に現れるくせ・嗜好、交接時の習慣・習性の意で用いることがある。(類語)癖ｸｾ・癖ﾍｷ・性向

せい-へき【青×碧】青い色。また、青緑色。「一にかすむ山なみ」

せい-べつ【生別】〔名〕ｽﾙ 互いに生き別れになっていること。「一した母にめぐりあう」⇔死別。
(類語)別れ・別離・離別・生き別れ・泣き別れ

せい-べつ【性別】男女または雌雄の区別。「一を記入する」

せい-べつ【聖別】〔名〕ｽﾙ キリスト教で、神聖な用にあてるため物または人を一般的・世俗的使用から引き離して、区別すること。聖化。

せいべつさいはんてい-しゅじゅつ【性別再判定手術】▶性別適合手術

せいべつ-てきごうしゅじゅつ【性別適合手術】テキガフシユジユツ《sex reassignment surgeryの訳語》性同一性障害の治療として行われる手術。男性型から女性型へと、女性型から男性型への2コースがある。形成外科が担当する。性転換手術。性別再判定手術。SRS。

せいべつ-とうさく【性別倒錯】タウサク 男性でありながら女性のように、あるいは女性なのに男性のように行動するなどの性的倒錯、また、同性愛のような性対象異常をいう。性的転倒。➡性的倒錯

せい-べつり【生別離】生き別れ。生別。

せいペテロ-じょう【聖ペテロ城】ジヤウ《Aziz Petrus Kalesi》▶ボドルム城

せいペテロ-だいせいどう【聖ペテロ大聖堂】ダイセイダウ
㊀《Basilica di San Pietro》▶サンピエトロ大聖堂
㊁《Hohe Domkirche St. Peter》▶トリーア大聖堂

せいペテロ-の-どうくつきょうかい【聖ペテロの洞窟教会】ドウクツケウクワイ《Aziz Petros Kilisesi》トルコ南部の都市アンタキヤの郊外にある洞窟教会。初期キリスト教時代、迫害を受けた信徒たちが使徒ペテロに導かれて、この洞窟に逃げ込んだとされる。1963年、バチカンにより聖地として認められた。

せいペトカ-きょうかい【聖ペトカ教会】ケウクワイ《Tsarkva Sveta Petka Samardzhiyska》▶聖ペトカ地下教会

せいペトカ-ちかきょうかい【聖ペトカ地下教会】チカケウクワイ《Tsarkva Sveta Petka Samardzhiyska》ブルガリアの首都ソフィアの中心部にあるブルガリア正教会の教会。11世紀のブルガリアの聖人ペトカを祭る。14世紀にオスマン帝国支配の下、周囲のイスラム寺院よりも高い建物を建てることができなかったため、半地下形式で建造された。内部の地下聖堂にはフレスコ画が残る。現在、近くのツムデパートの地下道と接続している。聖ペトカ教会。

せいペトリ-だいせいどう【聖ペトリ大聖堂】ダイセイダウ《Sankt Petri Dom》ドイツ北西部、ブレーメン州の州都、ブレーメンの旧市街中心部にある大聖堂。創建は8世紀末だが、度重なる火災や戦災で破壊され、現在の大聖堂は11世紀に建造が始まり、増改築を繰り返した。ロマネスク様式やゴシック様式が混在する。大聖堂が面するマルクト広場の市庁舎とローラント像は、2004年に世界遺産(文化遺産)に登録された。ブレーメン大聖堂。

せいベナン-きょうかい【聖ベナン教会】ケウクワイ《Tempall Benain》▶ベナン教会

せい-へん【世変】❶世の中の移り変わり。❷世の中の騒乱。

せい-へん【正編】書物などの主要部分として編述されたもの。また、続編に対して、最初に編まれた書籍。本編。

せい-へん【政変】政権の変動。内閣の更迭やクーデターによる権力者の交替など。(類語)革命

ぜい-べん【×贅弁｜×贅×辯】言わなくともよい言葉。贅言。むだロ。

せい-ほ【生保】❶「生命保険」の略。❷「生活保護制度」の略。

せい-ぼ【生母】継母・養母などに対して、うみの母。実母。(類語)実母・母

せい-ぼ【声母】中国の音韻学で、1音節における最初の子音をいう。例えば、「官」の中国語音[guan]の[g]など。➡韻母ｲﾝﾎﾞ

せい-ぼ【歳暮】❶年の暮れ。年末。歳末。さいぼ。❷(多く「お歳暮」の形で)世話になった人などに年末に贈り物をすること。また、その贈り物。(季冬)「ひたすらに一使ひの急ぐなり/松浜」
(類語)(❶)年末・歳末・暮れ・年の暮れ・年の瀬・節季/(❷)中元・寸志

せい-ぼ【聖母】㊀聖人ｾｲｼﾞﾝの母。㊁キリスト教で、イエス=キリストの生母マリアの尊称。(類語)賢母・慈母

せい-ぼ【聖×謨】天子のはかりごと。天子の施政上の方策。

せい-ほう【正方】ハウ ❶正方形。❷正しいこと。方正。

せい-ほう【正法】ハフ ❶正しい法則。正しいやり方。❷法の理念に適合する、客観的正当性を備えた法。シュタムラーの用いた基本概念。正当法。

せい-ほう【西方】ハウ 西の方角。西の方向。さいほう。(類語)西・西側・西部・真西

せい-ほう【制法】ハフ 定められた法律や規則。

せい-ほう【青峰】青々とした峰。青山。

せいほう【青幇】ﾁﾝﾊﾟﾝ ▶チンパン

せい-ほう【政法】ハフ ❶政治と法律。❷世の中を治める方法。政治の方法。

せい-ほう【精包】ハウ 渦虫類・ヒル類の一部や頭足類・有尾類・ダニ類の雄がもつ、生殖器の付属腺の分泌物からつくられた鞘ｻﾔ。中に精子を入れ、これを雌の固体に渡して受精を行う。精球。精莢ｾｲｷｮｳ。

せい-ほう【製法】ハフ 物のつくり方。製造法。「新薬の一」(類語)技術・工法・テクノロジー

せい-ぼう【声望】バウ 世間の名声と人望。「一の高い人」(類語)人望・名望・信望・徳望・定評・評判・人気・魅力・受け・信ｼﾝ・信頼・信用・信任・名ﾅ・暖簾ﾉﾚﾝ・覚え・名誉・名聞ﾒｲﾌﾞﾝ・声価

せい-ぼう【制帽】学生・警察官・労働者など、ある集団に属する人々がかぶる、形や色を定めた帽子。

せい-ぼう【青蜂】膜翅ﾏｸｼ目セイボウ科の昆虫の総称。小形ないし中形のハチで、硬い皮膚をもち、青藍・赤紫・赤緑色などで金属光沢がある。イラガセイボウはイラガの幼虫に体外寄生し、ほかはすべて他のハチの幼虫に寄生する。

せい-ぼう【星×芒】バウ 星の光。星の光芒。

せい-ぼう【星×旄】《「旄」は旄牛ﾎﾞｳｷﾞｭｳの尾をつけた旗の意》星のように輝く旗。

せい-ぼう【勢望】バウ 勢力と人望。

せい-ぼう【×睛×眸】ひとみ。くろめ。

せい-ぼう【精紡】バウ 紡績の最後の工程で、粗紡した糸を一定の長さに伸ばしながらよりをかけ、必要な太さ・強さ・弾力をもった糸にすること。➡粗紡

ぜい-ほう【税法】ハフ 租税の賦課・徴収などに関する法規の総称。租税法。

ぜい-ほう【×筮法】ハフ「占筮法ｾﾝｾﾞｲﾎｳ」に同じ。

せいほう-きょうかい【西方教会】セイハウケウクワイ ローマ-カトリック教会のこと。また、西欧に発展した諸教会の総称。東方教会(東方正教会)に対していう語。➡東方正教会

せいほう-ぎょうれつ【正方行列】セイハウギヤウレツ 行の数と列の数とが等しい行列。

せいほう-けい【正方形】セイハウ 内角がすべて直角で、辺の長さがすべて等しい四角形。正四角形。
(類語)四角・四角形・四辺形・方形ﾎｳｹｲ・角形ｶｸｶﾞﾀ・升形ﾏｽｶﾞﾀ・長方形・矩形ｸｹｲ

せいぼう-けい【星×芒形】セイバウ 一つの円の内周に沿って、その円の4分の1の半径の円が滑らずに転がるときに、この小円の円周上の一点が描く図形。アステロイド。

せいほう-さいだいりかく【西方最大離角】セイハウ ▶最大離角❶

せいほう-しょうけい【正方晶系】結晶系の一。互いに直交する3本の結晶軸のうち、二軸の長さが等しく、上下軸だけ長さが異なるもの。

せいぼう-でんげき【星×旄電×戟】星のように輝く旗と稲妻のような鋭い光を放つほこ。盛んな軍勢をいう。「一の威をふるっていさみ進みてうち出でし」〈保元・上〉

せいほう-へんい【青方偏移】近づいている天体からの光のスペクトル線の波長が、波長の短いほう、すなわち青いほうにずれていること。ドップラー効果によって起こり、遠ざかる速度が大きいほど、ずれも大きい。ブルーシフト。⇔赤方偏移。

せいほう-ろう【栖鳳楼｜棲鳳楼】平安京大内裏の八省院の四楼の一。応天門の東廊南出部分の端にあり、西の翔鸞楼に対する。

せい-ほく【西北】西と北との中間の方角。にしきた。北西。

せい-ぼく【清×穆】清らかで、やわらいでいること。多く、手紙文で相手の幸福・健康を祝う語として用いる。「御一の段お喜び申し上げます」

ぜい-ぼく【×筮×卜】筮竹を用いてする占い。

せい-ほくせい【西北西】西と北西の中間の方角。

せい-ぼつ【生没｜生×歿】人が生まれることと死ぬこと。また、生まれた年と死んだ年。「一不明」

せい-ぼつ【西没】〔名〕(スル) 日や月が西に沈むこと。⇔東涌。

せいぼ-ひしょうてん【聖母被昇天】聖母マリアが死後、霊魂も肉体もともに天国に上げられたというカトリック教会の教義。1950年、教皇によって宣言された。

せいぼマリア-きょうかい【聖母マリア教会】《Kostel Nanebevzetí Panny Marie》▶聖母マリア大聖堂

せいぼマリア-だいせいどう【聖母マリア大聖堂】《Kostel Nanebevzetí Panny Marie》チェコ中部、ボヘミア地方の町クトナーホラのセドレツ地区の大聖堂。13世紀末から14世紀初頭にかけてシトー会の修道院に併設して建造。18世紀初頭に増築され、ゴシック様式とバロック様式が混在する。1995年に「クトナーホラ聖バルバラ教会とセドレツの聖母マリア大聖堂のある歴史都市」として世界遺産(文化遺産)に登録された。聖母マリア教会。

せいぼマリア-の-いえ【聖母マリアの家】《Meryem Ana Evi》トルコ西部の町セルチュクにあるキリスト教徒の聖地。イエスの死後、聖母マリアはエフェスで使徒ヨハネと晩年を過ごしたとされたが、最期を迎えた家は長らく見つからなかった。19世紀にドイツの修道女が受けた天啓をもとに、この場所が探し当てられた。現在は小さな教会が建つ。

セイボリー〖savory〗香辛料の一。南欧からイランにかけての原産のシソ科植物の葉。芳香があり、肉料理・スープなどに用いる。

せいボリスグレブ-きょうかい【聖ボリスグレブ教会】《Tserkov' Borisa i Gleba》▶聖ボリスとグレブ聖堂

せいボリスとグレブ-せいどう【聖ボリスとグレブ聖堂】《Tserkov' Borisa i Gleba》ロシア連邦西部、ウラジーミル州の村キデクシャにある教会。キエフ公国の最初期の聖人ボリスとグレブを祭る。12世紀にユーリー＝ドルゴルーキーにより建造。13世紀にモンゴル軍の侵略を受けて破壊されたが、16世紀から17世紀頃に改築された。1992年に「ウラジーミルとスーズダリの白亜の建造物群」の名称で世界遺産(文化遺産)に登録された。聖ボリスグレブ教会。

せい-ホルモン【性ホルモン】生殖腺から分泌されるステロイドホルモン。雄性ホルモンと雌性ホルモンとがあり、生殖器の発育、性徴の発現を促す。

せいほ-レディー【生保レディー】生命保険の女性勧誘員。

せい-ほん【正本】❶権限のある者(裁判所書記官・公証人など)が原本に基づき作成する謄本の一種で、原本と同一の効力を有するもの。❷戸籍の原本にあたるもの。❸転写または副本の原本。⇒正本

せい-ほん【製本】〔名〕(スル) 印刷物・原稿などを綴じ合わせて、1冊の書物にまとめること。洋装本と和装本とに大別できる。「論文を一する」

せい-ま【製麻】❶タイマ・アマなどの靱皮繊維を木質部からはがして、紡績の原料になるように精製すること。❷麻糸から麻布を製すること。

せいマーカー-だいせいどう【聖マーカー大聖堂】《St. Machar's Cathedral》▶セントマーカー大聖堂

せいマーガレット-きょうかい【聖マーガレット教会】《St. Margaret's Church》ロンドンの中心部、ウエストミンスター地区にある教会。11世紀半ばにエドワード王によって創建されたが、現在の建物は1523年に再建されたもの。チューダー朝ゆかりの人物の記念碑が多数あることで知られる。1987年「ウエストミンスター宮殿、ウエストミンスター寺院及び聖マーガレット教会」として、世界遺産(文化遺産)に登録された。

せいマーティン-きょうかい【聖マーティン教会】《St. Martin's Church》ロンドンの南東約80キロメートルのイングランド最古の町、カンタベリーにある古い教会。6世紀にアウグスティヌスがローマから派遣される以前のもので、「母なる教会」として愛されている。1988年「カンタベリー大聖堂、聖オーガスティン大修道院及び聖マーティン教会」として世界遺産(文化遺産)に登録された。

せい-まい【精米】〔名〕(スル) 玄米をついて外皮を取り除き、白くすること。また、白くしたその米。しらげよね。「七分づきに一する」(類語)精白

せいマグヌス-だいせいどう【聖マグヌス大聖堂】《St. Magnus Cathedral》▶セントマグヌス大聖堂

せいマグマ-こうしょう【正マグマ鉱床】火成鉱床の一。マグマ固結の初期に晶出した有用鉱物が火成岩体の下部に濃集してできた鉱床。ニッケル・クロム・チタン・白金などを産出。

せいマハー-だいせいどう【聖マハー大聖堂】《St. Machar's Cathedral》▶セントマーカー大聖堂

せいマリアがくいん-だいがく【聖マリア学院大学】福岡県久留米市にある私立大学。平成18年(2006)の開設。看護学部の単科大学。

せいマリア-きょうかい【聖マリア教会】《Kościół Mariacki》ポーランド南部の都市クラクフの旧市街にある教会。13世紀初めに建造されたゴシック様式の建物。彫刻家ファイト＝シュトゥースが手がけた高さ13メートルというヨーロッパ最大級の祭壇画があることで知られる。1978年、「クラクフ歴史地区」として世界遺産(文化遺産)に登録された。

せいマリア-マグダレナ-きょうかい【聖マリアマグダレナ教会】《Kostel svaté Máří Magdalény》チェコ西部の温泉保養都市カルロビバリにあるバロック様式の教会。18世紀にボヘミアバロックの代表的な建築家キリアン＝イグナツ＝ディーンツェンホファーの設計により建造された。白壁に緑の屋根をもつ2本の塔があり、内部にはゴシック様式のマリア像、バロック様式の祭壇がある。

せいマリアンナ-いかだいがく【聖マリアンナ医科大学】神奈川県川崎市にある私立大学。昭和46年(1971)東洋医科大学として開学。同48年に現校名に改称した。

せいマリエン-きょうかい【聖マリエン教会】《St. Marienkirche》ドイツ北部の都市、リューベックの旧市街にある煉瓦造りのゴシック様式の教会。1250年から1350年にかけて建造された。世界最大級のパイプオルガンがあることで知られ、17世紀には当時を代表する音楽家ディートリヒ＝ブクステフーデが奏者を務めた。旧市街の市庁舎、ホルステン門とともに、1987年「リューベックのハンザ同盟都市」として世界遺産(文化遺産)に登録された。

せいマルコ-きょうかい【聖マルコ教会】㊀《Crkva sv. Marka》クロアチアの首都ザグレブの中心部にある教会。13世紀以前の創建とされ、14世紀にゴシック様式に改築された。屋根にはクロアチア王国とザグレブの紋章が青と赤茶のタイルによるモザイクで描かれている。㊁《St. Mark's Church》エルサレムにあるシリア正教会の教会および修道院。新約聖書の福音書を著した聖マルコの家の跡地とされる場所に建つ。また、イエス＝キリストが最後の晩餐を行い、弟子たちの足を洗った場所とされる。

せいマルティン-きょうかい【聖マルティン教会】《Katedrála svätého Martina》▶聖マルティン大聖堂

せいマルティン-だいせいどう【聖マルティン大聖堂】《Katedrála svätého Martina》スロバキアの首都ブラチスラバにある大聖堂。14世紀初頭にロマネスク様式で建造。16世紀半ばから1830年まで歴代ハンガリー王の戴冠式が行われた。高さ85メートルの塔がある。聖マルティン教会。

せいマルトス-きょうかい【聖マルトス教会】《St. Multose Church》▶セントマルトス教会

せい-み【世味】世の中の味わい。世間の趣。世情。「一の辛きを知っているようで、実は知らなかったから」〈二葉亭・其面影〉

セイミ〖オランダ chemie〗化学の日本における旧称。幕末から明治初期にかけて使われた語。セイミ学。(補説)「舎密」とも書く。

セイミかいそう【舎密開宗】江戸後期の翻案化学書。21巻。天保8年(1837)刊の日本最初の化学書。英国人W＝ヘンリー原著のドイツ語訳をさらにオランダ語訳した本を宇田川榕庵が訳し、自らの実験や考察を加えたもの。

せいミカエル-きょうかい【聖ミカエル教会】《Šv. Arkangelo Mykolo bažnyčia》▶聖ミコロ教会

せいミクラーシュ-きょうかい【聖ミクラーシュ教会】㊀《Kostel svatého Mikuláše》チェコ共和国の首都プラハの中心部、旧市街広場にあるバロック様式の教会。12世紀の創建。18世紀に改築され現在の姿になった。ボヘミアバロックの代表的な建築家キリアン＝イグナツ＝ディーンツェンホファーの設計による。内部は白と桃色の大理石を基調として金の装飾を施している。聖フスの事績を描いた天井画がある。㊁《Chrám svatého Mikuláše》チェコ共和国の首都プラハの中心部、マラーストラナ広場の中央にある教会。13世紀に建てられたゴシック様式の教会が18世紀に改築され、現在見られるバロック様式の教会になった。作曲家モーツァルトが演奏したオルガンがある。㊂《Katedrála svatého Mikuláše》チェコ南部の都市チェスケーブデヨビツェの旧市街中心部にある教会。オタカル2世広場の北東に隣接する。13世紀の創建。1641年の大火で焼失したが、18世紀に再建され、現在見られるバロック様式の建物になった。黒塔とよばれる高さ72メートルの塔がある。㊃《Kostol svätého Mikuláša》スロバキア東部の都市プレショフの旧市街中心部にある教会。14世紀半ばの創建。16世紀初頭に後期ゴシック様式の建物に改築。高さ60メートルの尖塔がある。

せいミコロ-きょうかい【聖ミコロ教会】《Šv. Arkangelo Mykolo bažnyčia》㊀リトアニアの首都ビリニュスの旧市街にあるカトリック教会。16世紀末から17世紀初めにかけて、リトアニア大公国の貴族サピエガ家の廟として建造され、ゴシック様式とルネサンス様式が混在する。17世紀半ばのロシアポーランド戦争の際、ウクライナのコサックにより一部破壊されたが、バロック様式で修復された。内部にはレオナス＝サピエガと二人の妻の墓碑がある。聖ミカエル教会。㊁リトアニア中央部の都市カウナスの旧市街にあるカトリック教会。19世紀末、ロシア正教の教会としてネオビザンチン様式で建造。旧ソ連時代には美術館になり、リトアニア独立後、カトリック教会に復帰した。聖ミカエル教会。

せい-みつ【精密】〔名・形動〕❶極めて細かい点にまで注意が行き届いていること。また、そのさま。「一な測定」「一検査」❷細部にいたるまで正確な寸法で作られていること。また、そのさま。「一な機器」(派生)せいみつさ〔名〕(類語)綿密・厳密・緻密・密・細密・詳密

せいみつ-かがく【精密科学】数学・物理学・化学など、量的規定の論証体系に組織できる科学の総称。

せいみつ-きかい【精密機械】高度の精密さを要求される機械の総称。時計・顕微鏡・カメラ・計量器・工作機械など。精機。

せいみつ-しほう【精密司法】大量の証拠資料に基づいて詳細な事実認定を行う、日本の刑事司法の特徴的な手法を表す言葉。日本では、犯罪の動機・背景から社会的影響まで事件の詳細な真相解明が社会的にも求められることから、伝統的に精密で慎重な刑事訴訟手続きが取られてきた。平成21年(2009)に導入された裁判員裁判では、一般の国民が参加するため、手続きを簡素化し、期間を短縮する必要があることから、核心司法と呼ばれる手法が導入されている。

せいみつ-ゆうどうへいき【精密誘導兵器】レーザーや全地球測位システム(GPS)などを利用して、目標まで正確に誘導されるミサイルや爆弾。

せいみつ-ろか【精密×濾過】濾紙などでは濾過できない、コロイド粒子のような微細な粒子を濾過する方法の一。多孔性の高分子膜を使用し、粒の大きさが0.02〜10マイクロメートルのものを濾過する。➡限外濾過 ➡超濾過

せいミハイ-きょうかい【聖ミハイ教会】《Biserica Sfântul Mihail》ルーマニア北西部の都市クルージュナポカの旧市街中央部、統一広場にあるカトリック教会。15世紀半ばにゴシック様式で建造。高さ76メートルの尖塔をもち、同国最大級の規模を誇る。16世紀半ばにドイツ系プロテスタントの教会を経て、ユニテリアン教会になったが、18世紀初めに再びカトリック教会に戻った。

せいミヒャエル-きょうかい【聖ミヒャエル教会】㊀《Jesuitenkirche St. Michael》ドイツ南部、バイエルン州の州都、ミュンヘン旧市街の中心部にある教会。アルプス以北で最も壮麗なルネサンス様式の教会として知られる。ウィルヘルム5世やルートウィヒ2世などが眠るウィッテルスバッハ家の墓所がある。㊁《Sankt Michaeliskirche》ドイツ北部の都市、ハンブルクの中心部にあるバロック様式の教会。1751年に建造。高さ132メートルの塔の内部に展望台がある。

せい-みょう【精妙】〔名・形動〕極めて細かく巧みであること。また、そのさま。「一な仕組み」

せい-みん【生民】たみ。人民。国民。「幾百万の一の血を流さなければならぬ」〈河上肇・貧乏物語〉

せい-みん【▽済民】人民を苦しみから救うこと。さいみん。

せいみんようじゅつ【斉民要術】中国の農業書。10巻。北魏の賈思勰撰。現存する完本としては中国農業書中で最古。それまでの農業書を集大成したもので、各種作物の栽培法、家畜の飼育法などを体系的に記述。

せい-む【世務】世の中の務め。せむ。「天性勇毅にして、又一に応ずるの才あり」〈中村訳・西国立志編〉

せい-む【正夢】「まさゆめ」に同じ。

せい-む【政務】政治上の事務。行政事務。(類語)公務・国務・執務・政治

せい-む【星霧】「星雲」に同じ。「恒星中に一と太陽との中間に位するものあり」〈雪嶺・宇宙〉

ぜい-む【税務】租税の賦課・徴収に関する行政事務。

せいむ-かん【政務官】❶国務大臣を補佐し、国会との交渉や政策の企画などの政務を担当する特別職の国家公務員。旧制の政務次官や参与官など。❷「大臣政務官」の略。

せいむ-さんやく【政務三役】各省の大臣・副大臣・政務官のこと。大臣は民間人が任命される場合があるが、副大臣・政務官は慣例的に国会議員が任命される。(補説)平成21年(2009)に発足した鳩山由紀夫内閣は、政治主導による政策決定を確立するため、事務次官会議を廃止し、政務三役会議を導入した。

せいむ-じかん【政務次官】各省および国務大臣を長とする庁に置かれ、大臣を助け、政策や企画に参画し、政務を処理し、大臣不在の場合にその職務を代行する特別職の国家公務員。平成13年(2001)に廃止され、代わって副大臣、政務官が置かれた。➡事務次官

ぜいむ-じむしょ【税務事務所】地方税の賦課・徴収に関する事務を取り扱う出先機関。都税事務所・県税事務所などをいう。

ぜいむ-しょ【税務署】国税庁の地方支分部局である国税局の出先機関。内国税の賦課・徴収に関する事務を行う。

せいむ-ちょうさかい【政務調査会】政策部会の自由民主党での呼称。政策や法案の立案・作成を行う党内機関。政調。(補説)平成21年(2009)8月まで長期政権を維持してきた自民党は、政府が国会に提出する法案を政務調査会が事前に審査する制度を採用していたため、政務調査会は地方や業界などの要望を政策に反映させる役割を果たした一方、政策決定に深く関与し、族議員を生む温床となったとの指摘もある。

せいむちょうさ-ひ【政務調査費】調査研究の経費として地方議会の議員に支給される費用。平成12年(2000)から導入。政調費。(補説)使途を公開する自治体は少なく、不適切な使途などが問題となっている。

せいむ-てんのう【成務天皇】記紀で、第13代天皇。景行天皇の第4皇子。名は稚足彦。国・郡・県・邑を定め、国造・県主・稲置などを置いたと伝えられる。

せいメアリー-きょうかい【聖メアリー教会】《University Church of St. Mary the Virgin》➤セントメアリー教会

せいメアリー-だいせいどう【聖メアリー大聖堂】《St. Mary's Cathedral》➤セントメアリー大聖堂

せいメアリーレッドクリフ-きょうかい【聖メアリーレッドクリフ教会】《St. Mary Redcliff Church》➤セントメアリーレッドクリフ教会

せい-めい【生命】❶生物が生物でありつづける根源。いのち。「一の危険を冒す」「尊い一を犠牲にする」❷ある方面で活躍しつづけることができる根源。「政治一」❸人や物事がよりどころとするもの、また、それなしには価値がなくなるもの。いのち。「車の一はエンジンにある」(類語)命・人命・身命・一命・露命・命脈・生き・生き身・息の根・息の緒・玉の緒

せい-めい【声名】よい評判。名声。ほまれ。「一とみに高まる」(類語)評判・世評・評価・人気・受け・人受け・気受け・聞こえ・名・声聞・名声・盛名・信望・人望・定評・暖簾・覚え・名望・声望・徳望・魅力・名誉・名聞・声価

せい-めい【声明】〔名〕スル　一定の事項についての意見や意思を世間に対して発表すること。また、その意見。「条約締結に反対の意思を一する」「共同一」(類語)ステートメント・コミュニケ・宣言・覚え書き

せい-めい【姓名】名字と名前。氏名。(類語)氏名・名前・人名・姓氏・姓・名字・氏・ファーストネーム・フルネーム・芳名・尊名・高名・貴名

せい-めい【性命】❶生まれながら天から授かった性質と運命。❷いのち。生命。「美しさを一にしているあの女」〈鷗外・雁〉

せい-めい【清明】㊀〔名・形動〕❶清く明らかなこと。また、そのさま。「一の気」「一な秋月」❷二十四節気の一。4月5日ごろ。このころ、天地がすがすがしく明るい空気に満ちるという。(季 春)「一の路ゆく媼が念珠かな／蛇笏」㊁〔形動タリ〕澄んで明るいさま。「月一たるに見れば」〈太平記・二五〉

せい-めい【盛名】りっぱな評判。盛んな名声。「一を馳せる」(類語)名声・名聞・美名・英名・令名・栄名・声誉・名・評判・栄光・栄誉・光栄・名誉・誉れ・栄え・光輝

せい-めい【聖明】〔名・形動〕天子が徳にすぐれて聡明なこと。また、そのさま。「国君を一なるものと定め」〈福沢・学問のすゝめ〉

せい-めい【精明】〔名・形動〕物事の道理に詳しくて明らかなこと。また、そのさま。「定断する事には、一の才を用うべし」〈中村訳・自由之理〉

せい-めい【誓盟】誓うこと。固く約束すること。また、その約束。

せいめい-おう【聖明王】[?〜554]百済第26代の王。在位523〜554。仏像・経典を最初に日本に伝えたという。新羅との戦いで戦死。聖王。

せいめい-かがく【生命科学】➤ライフサイエンス

せいめい-かんじょう【生命感情】飢え・かわき・性的興奮などの、欲求に関係する感情や実感。

せいめい-けい【生命刑】有罪犯人の生命を奪う刑。死刑。

せいめい-けん【生命権】人格権の一。不法に生命を奪われない権利。

せいめい-さい【清明祭】沖縄で、陰暦3月の清明節に墓前で行われる祖先を祭る行事。(季 春)

せいめい-しょ【声明書】個人または団体が、一定の事項について立場や意見を公表する文書。

せいめい-じょうが【清明上河】中国の風俗画の画題。清明節でにぎわう北宋の首都汴京(河南省開封)の風物を汴河沿いに描いたもの。

せいめい-せん【生命線】❶生きるか死ぬかの境。絶対に侵されてはならない最後の限界。生存や国家の存亡などについていう。❷手相で、寿命に関係があるとされる手のひらの筋。❸➤ライフライン

せいめい-たい【生命体】生命を宿しているもの。生物。「原始一」「地球外知的一探査計画」(補説)一般に「生物」が既知の生き物を指すことが多いのに対し、「生命体」はそれのみならず未確認の生き物や理論上想定されうる生き物を含めて言う場合がある。

せいめい-の-き【生命の▽樹】特定の樹木を生命力の源泉、また豊饒・生産の象徴として崇拝する宗教現象。古代オリエントを中心に、1本の樹木の両側に1頭の動物を描く図像があらわれ、東西に広く伝わった。聖書では、楽園の中央に知恵の樹(善悪を知る樹)と並んで立つ聖樹。

せいめい-はんだん【姓名判断】姓名の画数などによって、その人の運勢などを判断すること。

せいめい-ひょう【生命表】年齢別、男女別などに類別し、生存数・死亡数および生存率・死亡率、平均余命(寿命)などを一括して示した表。死亡表。

せいめい-ほけん【生命保険】人の死亡または一定の年齢までの生存を条件として、一定の金額を支払うことを約束する保険。死亡保険・生存保険・混合保険に分けられる。生保。

せいめいほけんけいやくしゃほご-きこう【生命保険契約者保護機構】保険業法に基づいて平成10年(1998)に設立された法人。生命保険会社の破綻に備え、生保各社が規模に応じて同機構に資金を拠出。破綻時には同機構が、当該保険会社や保険契約を引き継ぐ保険会社に対して資金援助等を行う。国内で営業するすべての生保会社が加入している。

せいめい-りょく【生命力】生きる力。生きぬく力。「一の強い雑草」

せいめい-ろん【正名論】中国哲学で、物の名称をその実態に合わせて正していこうとする学説。春秋戦国時代に孔子をはじめとする儒家や墨家によって唱えられた。

せい-めん【生面】❶新しい方面。新生面。❷初めて会うこと。初対面。「一の客」(補説)❶はセイメン、❷はセイメン。

せい-めん【生麺】なまの麺類。

せい-めん【西面】➤さいめん(西面)

せい-めん【精綿】綿花や繊維くずを梳綿機で打

って、一定の長さの繊維の平行した綿を作ること。また、その綿。

せい-めん【製麺】麺類を製造すること。「一業」

せいめん-こんごう【青面金剛】ガウ ▶しょうめんこんごう

せい-もう【性毛】陰部に生える毛。陰毛。恥毛。

せいもう-たい【生毛体】繊毛・鞭毛の基部にある球形または短い棒状の小体。毛基体。

せい-もく【井目｜聖目｜星目】❶囲碁で、盤面に記された九つの黒い点。❷囲碁で、力量に大差があるとき、下手があらかじめ❶の九点に石を置くこと。

せい-もく【静黙】〔名・形動〕静かにして黙っていること。また、そのさま。「その人となり一にして談話を好まず」〈中村訳・西国立志編〉

ぜい-もく【税目】租税の種目。所得税・法人税・相続税・酒税など。

せいもく-ふうりん【井目風鈴】囲碁で、力量に井目以上の差があるとき、下手があらかじめ井目の四隅の石の斜め下にさらに一石ずつつけて置くこと。転じて、碁の初心者であること。

せいモジツ-きょうかい【聖モジツ教会】ケウクワイ《Kostel svatého Mořice》チェコ東部、モラバ地方の都市オロモウツの旧市街にある大聖堂。15世紀に身廊が完成し、16世紀に2本の尖塔が建てられた。モラバ地方有数のゴシック末期の建築物。また18世紀にミハエル=エングラーが造った、中央ヨーロッパ最大級とされるバロック様式のパイプオルガンがある。

せい-もん【正門】正面の門。表門。

(類語)門・門・表門・裏門・ゲート・アーチ

せい-もん【声門】左右の声帯のひだの間にある、息の通る狭いすきま。

せい-もん【声紋】音声を周波数分析した結果をソナグラムで表したもの。個人によって異なり、犯罪捜査などにも利用。

せい-もん【声問】たより。手紙。消息。

せい-もん【勢門】権勢のある家柄。権門。

せい-もん【聖門】❶聖人の道や教え。特に孔子の教え。❷孔子の門下。

せい-もん【誓文】❶神にかけて誓う言葉。また、それを記した文書。起請文。誓紙。❷相愛の男女が心変わりをしないことを誓って取り交わす文書。多く、遊女と客の間で交わされた。誓紙。❸(副詞的に用いて)神に誓って。「こりゃ一ほんまのこっちゃ」〈滑・膝栗毛・八〉

せいもん-おん【声門音】左右両声帯の間で調音される音。無声声門摩擦音の[h]など。喉頭音。喉音。

せいもん-がため【誓文固め】誓文を取り交わして固く約束すること。「しかし今宵は一」〈浄・蝉丸〉

せいもん-くされ【誓文腐れ】〔副〕《誓文を破れば、この身が腐ってもよいの意》誓って。決して。「一いつからか芝居へ足も向けませず」〈浄・八百屋お七〉

せいもん-だて【誓文立て】誓文を交わすこと。転じて、誓約すること。「親達へ孝行尽くし、逆らふまいとの一」〈浄・油地獄〉

せいもん-ばらい【誓文払い】10月20日に、京都四条寺町の誓文返しの神、官者殿(冠者殿)に商人や遊女が参詣し、商売上やむをえずついたうその罪を払い、神罰を免れるように祈る風習。京阪地方ではこの日を含めた数日間、大売り出しが行われる。(季 秋)

せい-や【征野】戦いの場所。戦場。

せい-や【星夜】星が光り輝いている夜。星月夜。

せい-や【清夜】静かで夜気のすがすがしい夜。

せい-や【晴夜】さわやかに晴れ渡った夜。

せい-や【聖夜】クリスマスの前夜。12月24日の夜。クリスマスイブ。(季 冬)

せい-や【静夜】静かな夜。

せいヤーニャ-きょうかい【聖ヤーニャ教会】ケウクワイ《Svētā Jāņa baznīca》㊀ラトビアの首都リガの旧市街にある教会。13世紀にドミニコ会修道院として創設され、16世紀に再建されてゴシック様式のルーテル派教会になった。教会を災いから守るため、二人の修道僧が自ら教会の壁の中に幽閉されたという逸話があり、19世紀半ばに遺体が発見された。現在、その場所の外壁には十字型の穴が開けられている。聖ヨハネ教会。㊁ラトビアの、ビゼメ地方の町ツェーシスにある教会。13世紀にゴシック様式で建造。リボニア騎士団長プレッテンベルクをはじめ、騎士団の要人の多くが埋葬されている。聖ヨハネ教会。

せい-やく【生薬】▶しょうやく(生薬)

せい-やく【成約】〔名〕スル 契約が成り立つこと。また、成り立った契約。「ようやく一件一する」

せい-やく【制約】〔名〕スル ある条件や枠をもうけて、自由な活動や物事の成立をおさえつけること。また、その条件や枠。「法律上の一を受ける」「時間に一される」⇒制限(用法)

(類語)制限・規制・限定・条件・束縛・拘束・縛る

せい-やく【省約】〔名〕スル はぶいて簡単にすること。はぶいて短くすること。省略。

せい-やく【製薬】医薬品を製造すること。また、製造した医薬品。「一会社」

せい-やく【誓約】〔名〕スル 固く誓うこと。また、その誓い。「口外しないと一する」「一書」(類語)約束・契約・協約・誓う・確約・公約・盟約・血盟・特約・起請

せいやく-きょうかい【誓約教会】ケウクワイ《Fogadalmi templom》▶セゲド大聖堂

せいヤクブ-きょうかい【聖ヤクブ教会】ケウクワイ《Chrám svatého Jakuba》スロバキア北東部の町レボチャの旧市街にある、14世紀に建てられた初期ルネサンス様式の教会。高さ18メートルにおよぶゴシック様式の主祭壇は、16世紀にレボチャの名工パボルが装飾を手掛けたもので、世界最大級の聖壇として知られる。

せいや-こう【星野光】クワウ 夜天光の一。星や星雲の光の集まり。

せいヤコビ-きょうかい【聖ヤコビ教会】ケウクワイ《Hauptkirche Sankt Jacobi》ドイツ北部の都市、ハンブルクの中心部にあるゴシック様式の教会。1340年に建造された。17世紀にアルプ=シュニットガーが製作した北ドイツ最大級のパイプオルガンがあり、バッハが演奏したことで知られる。

せいヤコブ-だいせいどう【聖ヤコブ大聖堂】ダイセイダウ ㊀《Katedrala sv. Jakova》クロアチア南部、クルカ川河口の町シベニクにある大聖堂。15世紀に着工され、ほぼ1世紀の歳月をかけて完成したが、ベネチア共和国の支配下にあったため、建造はジョルジョ=オルシーニをはじめとするイタリア人建築家の手によってなされた。当時イタリアで流行していた、ゴシック式の身廊部や初期ルネサンス様式のドームなど、さまざまな建築様式が取り入れられている。2000年に「シベニクの聖ヤコブ大聖堂」として世界遺産(文化遺産)に登録された。㊁《St. James Cathedral》エルサレムの旧市街、アルメニア人地区にあるアルメニア正教会の大聖堂。イエス=キリストの十二使徒の一人であるゼベダイの子ヤコブが殉教した場所に建ち、イエスの弟で新約聖書の「ヤコブの手紙」を記したヤコブも祭る。11世紀の建造。

せいヤン-だいせいどう【聖ヤン大聖堂】ダイセイダウ《Bazylika archikatedralna świetego Jana Chrzciciela》ポーランド共和国の首都ワルシャワの旧市街にある大聖堂。14世紀の創建。ワルシャワ最古の教会の一。19世紀に英国風ネオゴシック様式の建物に改築された。歴代ポーランド王の戴冠式や同国最初の憲法の発布式が行われたことで知られる。第二次大戦中、ナチス-ドイツに破壊されたが、戦後、創建当初の姿を描いた絵などに基づいてゴシック様式の外観に復元された。1980年、「ワルシャワ歴史地区」として世界遺産(文化遺産)に登録された。

せいヤンネポムツキー-じゅんれいきょうかい【聖ヤンネポムツキー巡礼教会】ジュンレイケウクワイ ▶ゼレナーホラの巡礼教会

せい-ゆ【聖油】カトリック教会で、儀式・典礼のときに用いられる神聖な香油。

せい-ゆ【聖諭】天子のみことのり。勅諭。

せい-ゆ【精油】植物から得られる芳香のある揮発性の油。樟脳油・薄荷油など。芳香油。

せい-ゆ【製油】〔名〕スル ❶動植物から油をとること。❷原油を加工・精製して各種の油製品をつくり出すこと。

せい-ゆう【西遊】イウ〔名〕スル 西の地方、特に西洋に旅をすること。さいゆう。

せい-ゆう【声優】イウ 声だけで出演する俳優。アニメーションやテレビゲームなどのキャラクターの声を担当したり、外国映画の吹き替えなどを行う。

せい-ゆう【政友】イウ 政治上の友人。政治上の意見を同じくする人。

せい-ゆう【清友】イウ 交情の清らかな友。風雅の道を楽しみ合う友。

せい-ゆう【清幽】イウ 世俗を離れ、清らかで静かなこと。「高朗の気骨に徹り一の情肉に浸む朝の趣こそ比ぶるに物なけれ」〈木下尚江・火の柱〉

せい-ゆう【清遊】イウ〔名〕スル ❶世俗を離れて風流な遊びをすること。また、その遊び。「山野に一する」❷多く手紙文で、相手を敬ってその遊びや旅行をいう語。「当地へ御一の折にはお立ち寄り下さい」

(類語)遊び・遊興・遊蕩・遊楽・道楽・放蕩・豪遊

ぜい-ゆう【×贅×疣｜×贅×肬】イウ ❶いぼやこぶのような、よけいな肉。❷無用なもの。むだなもの。

せいゆう-かい【政友会】セイイウクワイ 立憲政友会の略称。

せいゆう-ほんとう【政友本党】セイイウホンタウ 大正13年(1924)立憲政友会から分裂して成立した政党。普通選挙法案に反対し、階級調和を綱領に掲げる。昭和2年(1927)立憲民政党に合流。

せいユーリ-きょうかい【聖ユーリ教会】ケウクワイ《Cerkev svetega Jurija》スロベニア南西部、アドリア海に面する港町ピランにある教会。町を一望できる小高い丘の上に建つ。14世紀建造。17世紀に改築され、現在見られるルネサンス様式とバロック様式を併せもつ外観になった。

せいゆうろく【西遊録】セイイウロク 中国の地理書。1巻。元の耶律楚材撰。チンギス=ハンの西征に従って見聞した中央・西アジア諸地方の地理・風俗を記録。

せいゆ-き【生油気】エチレンの異称。

せいユラ-きょうかい【聖ユラ教会】ケウクワイ《Svētā Jura baznīca》ラトビアの首都リガの旧市街にある教会。13世紀初頭、リボニア騎士団の城の一部として建造。リガ最古の建物の一。13世紀末に大部分が破壊されたが、一部がカトリック教会として利用された。現在は工芸美術館になっている。聖ゲオルギ教会。

せいよ【西予】愛媛県西部にある市。東西に長く、西の臨海部では農漁業が、東の山間部では畜産業・林業が盛ん。平成16年(2004)三瓶町、明浜町、宇和町、野村町、城川町が合併して成立。人口4.2万(2010)。

せい-よ【声誉】よい評判。ほまれ。名声。

(類語)名誉・栄冠・栄光・栄誉・光栄・誉れ・栄え・光輝・栄名・名声・名聞・美名・盛名・令名

せい-よう【正陽】ヤウ 陰暦4月の異称。

せい-よう【生養】ヤウ〔名〕スル ❶育て養うこと。「かくの如く福祥の想念を一し」〈中村訳・西国立志編〉❷生活すること。生きること。「今日天下億兆の相一する上に於て」〈加藤弘之・真政大意〉

せい-よう【西洋】ヤウ 日本や中国などから欧米の諸国をさしていう語。欧米。泰西。(類語)欧米・泰西・西欧・欧州・西方・南蛮・あちら・ヨーロッパ

せい-よう【青陽】ヤウ《五行説で青を春に配するところから》❶春の異称。特に、初春をいう。(季 春)❷春の光。❸春の景色。

せい-よう【青×蠅】❶あおばえ。❷《「詩経」小雅・青蠅から》口うるさい小人物のたとえ。蒼蠅。

せい-よう【静養】ヤウ〔名〕スル 病気や疲労の回復などのために、心身をゆったりと休めること。「別荘で一する」(類語)保養・養生・療養・休養・休息

せい-よう【整容】姿を整えること。

せいよう-あんま【西洋×按摩】セイヤウ マッサージのこと。

せいよう-おんがく【西洋音楽】ヨーロッパを中心に発達した音楽の総称。洋楽。
せいよう-が【西洋画】「洋画❶」に同じ。
せいよう-がく【西洋学】幕末・明治初期に欧米から入ってきた学問。
せいよう-がし【西洋菓子】「洋菓子」に同じ。
せいよう-カボチャ【西洋カボチャ】ウリ科の一年草。茎はつるで、葉の切れ込みが浅い。夏、黄色の花をつける。果実は大形で食用。中南米の原産で、文久3年(1863)米国から渡来。なたうり。くりカボチャ。
せいよう-かみそり【西洋剃=刀】洋式の剃刀。日本剃刀より幅が広く、折りたたみ式で、柄兼用の鞘がある。レザー。
せいよう-かりん【西洋花▽梨】バラ科の落葉低木。葉は長楕円形。初夏に白い花をつける。実は洋なし状。ヨーロッパでは果樹として栽培。メドラ。《季 春》
せいよう-カルタ【西洋カルタ】トランプのこと。
せいよう-かん【西洋館】西洋風の建物。洋館。
せいようきぶん【西洋紀聞】江戸中期の外国地誌。3巻。新井白石著。正徳5年(1715)ころ成立。屋久島に潜入したイタリア人宣教師シドッチを尋問したときの記録をまとめたもの。西洋諸国の歴史・地理・風俗とキリスト教の大意などを記述。
せいよう-こがたな【西洋小刀】ナイフのこと。
せいよう-さくらそう【西洋桜草】プリムラの別名。
せいよう-さんざし【西洋山×樝子】バラ科の落葉低木。全体に無毛で、小枝の変形したとげをもつ。葉は互生し、広卵形で浅く三〜五つに裂けている。5月ごろ、白い5弁花を散房状につけ、秋に丸く赤い実がなる。ヨーロッパ・北アフリカの原産で、観賞用。花が紅色で八重咲きの品種もある。メイフラワー。オーベピーヌ。
せいよう-し【西洋紙】「洋紙」に同じ。
せいようじじょう【西洋事情】欧米の紹介書。10巻。福沢諭吉著。慶応2〜明治3年(1866〜70)刊。遣欧使節随行で得た知識をもとに、西洋諸国の政治・風俗・経済・制度などを紹介したもの。
せいよう-しょうぎ【西洋将棋】►チェス
せいよう-しょうろ【西洋松露】子嚢菌類のセイヨウショウロ科のキノコ。ヨーロッパブナなどの林の地中に生える。クルミ大からこぶし大になるものまであり、塊状。芳香があり、高級料理に用いる。ヨーロッパでは犬などを使って採集。栽培はむずかしい。トリュフ。
せいよう-じん【西洋人】欧米諸国の人。欧米人。
せいよう-すぐり【西洋酸▽塊】グーズベリーの別名。
せいよう-だね【西洋種】❶ヨーロッパやアメリカ原産の植物などの種のこと。❷西洋に起源をもつもの。「一の芝居」
せいよう-たんぽぽ【西洋蒲=公=英】キク科の多年草。ヨーロッパ原産の帰化植物。道端などにみられ、花の外にある総包が、花期に反り返る点が在来種のタンポポと異なる。花は黄色で、春以外にも咲き、無性的に種子をつけて増える。
せいよう-づくり【西洋造(り)】建物を西洋風のつくりにすること。また、その建物。
せいよう-てぬぐい【西洋手拭い】タオルのこと。
せいようどうちゅうひざくりげ【西洋道中膝栗毛】滑稽小説。15編30冊。仮名垣魯文作。12編以下は総生寛作。明治3〜9年(1870〜76)刊。「東海道中膝栗毛」をまねて、初代の弥次郎兵衛・北八と同名の孫がロンドンの博覧会を見物するまでを滑稽な道中記にしたもの。
せいよう-なし【西洋梨】「洋梨」に同じ。
せいよう-なつゆきそう【西洋夏雪草】バラ科の多年草。葉は羽状に裂け、互生する。シモツケソウに似た白い小花が集まってつく。ヨーロッパ・モンゴルの原産で、観賞用。
せいよう-ばさみ【西洋×鋏】「洋鋏」に同じ。
せいよう-はしばみ【西洋×榛】カバノキ科の落葉低木。葉は卵円形で縁に二重のぎざぎざがある。実は球形で、食用。トルコ・イタリアなどに多い。ヘーゼル。
せいよう-ふんどし【西洋×褌】さるまたのこと。
せいよう-ま【西洋間】「洋間」に同じ。
せいよう-まつむしそう【西洋松虫草】マツムシソウ科の一年草。高さ40〜60センチ。葉は羽状に裂けている。夏、藤色・紫紅色・桃色・白色などの花を球状に開く。ヨーロッパの原産で、観賞用。
せいよう-みざくら【西洋実桜】バラ科の落葉高木。5月上旬に白色の5弁花を開く。果実は球形で黄色・赤色などに熟す。西南アジアの原産で、日本ではさくらんぼうをとる果樹として栽培。桜桃。
せいよう-みつばち【西洋蜜蜂】膜翅目ミツバチ科の昆虫。黄色地に黒色の縞模様がある。社会性昆虫で、木のうろや洞穴などに巣を作り集団で生息する。ヨーロッパ・アフリカ原産だが、日本を含む世界各地で養蜂に利用される。
せいよう-やさい【西洋野菜】欧米から伝わった野菜。主に、明治時代以後に日本に入ってきたものをいう。レタス・セロリ・アスパラガス・オクラ・クレソンなど。
せいよう-りょうり【西洋料理】西洋風の料理。洋食。
せいよう-ろうそく【西洋×蠟×燭】パラフィン蠟などを用いた、糸芯入りの蠟燭。明治以後、それまでの木蠟を使用した蠟燭に代わって急速に普及した。洋蠟燭。キャンドル。
せい-よく【制欲┊制×慾】〔名〕スル 欲望を抑えこらえること。禁欲。「一主義」
せい-よく【性欲┊性×慾】男女間・雌雄間の、肉体的な交渉を求める欲望。肉欲。
[類語]情欲・愛欲・色欲・肉欲・淫欲
せいよ-し【西予市】►西予
せいヨノ-きょうかい【聖ヨノ教会】《Šv. Jono bažnyčia》リトアニアの首都ビリニュスの旧市街にあるカトリック教会。14世紀に建造。16世紀末にイエズス会に提供され、18世紀にビリニュス大学の教会になった。18世紀に火災に見舞われ、現在見られるバロック様式に改築された。高さ63メートルの鐘楼がある。聖ヨハネ教会。
せいヨハネカネヨ-きょうかい【聖ヨハネカネヨ教会】《Crkvata Sveti Jovan Kaneo》マケドニア西部の都市オフリドにあるマケドニア正教会の教会。オフリド湖に突き出た岬の先端に位置する。15世紀以前の創建。十字型の平面構成をとり、アルメニアの建築様式の影響が見られる。内部には「全能のキリスト」をはじめとするフレスコ画が残っている。
せいヨハネ-きょうかい【聖ヨハネ教会】㊀《Aziz Yuhanna Kilisesi》トルコ西部の町セルチュクにある教会。元はエフェスで晩年を過ごしたという使徒ヨハネの墓の上に建てられた礼拝堂があり、6世紀に東ローマ皇帝ユスティニアヌス1世により教会が建造された。地震などの被害を受け、現在は壁、円柱、床が残るほか、白い大理石で造られたヨハネの墓所がある。㊁《Šv. Jono bažnyčia》►聖ヨノ教会
せいヨハネ-しゅうどういん【聖ヨハネ修道院】㊀《Moni Agiou Ioannou tou Theologou》ギリシャ東部、エーゲ海のパトモス島にある修道院。紀元1世紀末に聖ヨハネが同島に流刑にされ、この地で黙示録を書いたとされ、11世紀に聖ヨハネを記念して修道院が創設された。東方正教会の巡礼地の一つ。1999年に「パトモス島の神学者聖ヨハネ修道院と黙示録の洞窟の歴史地区(コーラ)」として世界遺産(文化遺産)に登録された。㊁《Kloster Sankt Johann》►ザンクトヨハン修道院
せいヨハネ-じゅんしきょうざせいどう【聖ヨハネ准司教座聖堂】《Kon-Katidral ta' San Ġwann》►聖ヨハネ大聖堂
せいヨハネ-だいせいどう【聖ヨハネ大聖堂】《Kon-Katidral ta' San Ġwann》地中海中央部の島国、マルタ共和国の首都バレッタにある大聖堂。守護聖人ヨハネを祭る。16世紀後半にマルタ騎士団の技師ジェローラモ=カサールの設計で建造。同島の石灰岩を使用した簡素な外観をもつ。内部はバロック様式の装飾を施され、騎士団の一員の画家マッティア=プレーティが描いた天井画があり、床一面に騎士たちの墓碑が敷き詰められている。聖堂内の美術館にはカラバッジョの傑作「洗礼者聖ヨハネの斬首」「執筆する聖ヒエロニムス」があることで知られる。1980年、大聖堂があるバレッタ市街は世界遺産(文化遺産)に登録された。聖ヨハネ准司教座聖堂。
せい-らい【生来】(副詞的にも用いる)❶生まれたときからの性質や能力。生まれつき。性来。しょうらい。「一ののんき者」「一せっかちな男」❷生まれてから今まで。しょうらい。「一病気ひとつしない」
[類語]生まれつき・生まれながら・生得・天性・天賦・天稟・天分・天資・稟性・先天的
せい-らい【性来】「生来❶」に同じ。「一の怠け者」
せい-らい【斉頼】《後冷泉天皇のころの鷹飼いの名人、源斉頼の名からか》その道の達人。「滅法な事の一ぢゃの」〈伎・桑名屋徳蔵〉
せい-らい【清×籟】清らかな風の音。木々を渡る、さわやかな風の音。「何処にか一陣の一蕭々として起り」〈蘆花・自然と人生〉
せいらい-ゆういち【青来有一】[1958〜]小説家。長崎の生まれ。長崎市役所に勤務のかたわら創作活動を行い、現代の長崎を舞台にした「聖水」で芥川賞受賞。他に「ジェロニモの十字架」「爆心」など。
せい-らく《「せいりゃく(政略)」の音変化か。近世上方語》❶探し求めること。また、吟味すること。詮議。「いっきに一して参上わいな」〈滑・膝栗毛・八〉❷工面。調達。「お金の一した上で」〈伎・倭荘子〉❸催促。「家賃の一するのぢゃぞ」〈伎・倭荘子〉
せい-らく【製酪】乳製品を製造すること。「一業」
せいラザロ-きょうかい【聖ラザロ教会】《Agios Lazaros》キプロスの都市ラルナカにあるギリシャ正教会の教会。イエスにより死から蘇った聖ラザロが同地で30年余り主教を務め、死後埋葬されたという場所に建つ。東ローマ帝国皇帝レオン6世により、9世紀後半から10世紀前半にかけて建造。オスマン帝国時代にイスラム寺院に転用された。地下には聖ラザロの石棺があり、教会に隣接してビザンチン博物館が設けられている。
セイラス〔オランダ zelas〕►セーラス
せい-らん【青▽嵐】❶青々とした山の気。❷青葉のころに吹きわたる風。あおあらし。
せい-らん【青藍】❶鮮やかなあいいろ。❷あいいろの天然染料、インジゴ。[類語]青・藍・紺青・紺碧・群青・紺・瑠璃色・縹色・花色・露草色・納戸色・浅葱・ブルー・インジゴ・コバルト・シアン
せい-らん【青×鸞】キジ科の鳥。クジャク大で、全身細かい斑点のある褐色。次列・三列風切り羽は飾り羽となり美しい眼状紋が並ぶ。東南アジアに分布。近縁のカンムリセイランは飾り羽がより長く、ともに鳳凰のモデルといわれる。
せい-らん【清覧】手紙文などで、相手が見ることを敬っていう語。高覧。「御一いただければ幸いです」
せい-らん【晴▽嵐】❶晴れた日に山にかかるかすみ。❷晴れた日に吹く山風。「一梢を鳴らし」〈仮・恨の介・上〉
せい-らん【聖覧】天子が見ること。天覧。叡覧。
せいらん-き【生卵器】菌類や藻類の、雌性の配偶子嚢。多数の卵を内包する。コケやシダのものは造卵器とよぶ。
せい-らんし【正乱視】角膜や水晶体が縦・横・斜めのいずれか一方向にゆがんでいるため、眼に入った光線が複数の場所で焦点を結ぶ乱視。➡不正乱視
せい-り【正理】正しい道理。正しいすじみち。しょうり。「一を守て身の苦痛を憚らず」〈福沢・学問のすゝめ〉
せい-り【生理】❶生物体が生きているために起こる

さまざまなからだの現象や、生きていくためのからだの機能。呼吸・消化・排泄・血液循環・体温調節・代謝などの働き。または、その仕組み。❷月経。❸くらし。世すぎ。生活。「専ら嬉遊を好み、一を務めず礼譲甚だ薄く」〈航米日録・一〉

せい-り【性理】❶人の本性と、天の支配する運命。しょうり。❷朱子学で、人間の本性または物の存在原理。

せい-り【政理】❶政治を行うこと。❷政治の理論。

せい-り【勢利】権勢と利欲。「お浜は人生の一の犠牲にせられ了りたり」〈露伴・風流魔〉

せい-り【整理】〘名〙スル ❶乱れた状態にあるものを整えて、きちんとすること。「資料を一する」「気持ちの一がつく」「交通一」❷無駄なもの、不要なものを処分すること。「人員を一する」❸株式会社が支払不能・債務超過に陥るおそれまたはその疑いがあるとき、再建を目的として裁判所の監督の下に行われる手続き。商法に規定があったが、平成18年(2006)5月、会社法の施行に伴い、この制度は廃止された。❹新聞編集において、原稿や写真などを取捨選択し、見出しを付け、紙面を構成すること。またその業務を行う部署。「編集局一部」

（用法）整理・整頓——「部屋の中を整理(整頓)しなさい」「書棚をきちんと整理(整頓)する」など、整えるの意では相通じて用いられる。◆「整理」は、「交通整理」「感情の整理がつく」のように、混乱しているものをきちんとした状態にする意。また、無駄なもの、余分なものを除く意もある。「人員整理」「蔵書を整理する」など。◆「整頓」は乱れているものの位置を元にもどし、整えること。「教室の机を整頓する」「乱れた資料の順序を整頓する」

（類語）整頓・片付け・始末・収納・整える・仕舞う・かたす・処分・処理

ぜい-り【税吏】税務を扱う官吏。

せいり-かいこ【整理解雇】経営危機下にある企業が、人件費を減らし、事業の維持継続を図るために一方的に雇用契約を解除すること。整理解雇を行うためには、(1)人員整理の必要性があるか、(2)解雇回避のための努力をしたか、(3)被解雇者の選定基準に合理性はあるか、(4)解雇手続きに妥当性はあるか、の4要件を満たす必要があるとされ、そうでない場合は不当解雇となる可能性がある。➡懲戒解雇 ➡リストラ

せいりかいしゅう-きこう【整理回収機構】平成11年(1999)住宅金融債権管理機構と整理回収銀行の合併により発足した全額預金保険機構出資による株式会社。破綻金融機関等から譲り受け、または買い取った資産の管理、回収及び処分を行うほか、金融機関の自己資本充実に係る業務、一般金融機関からの資産買取及び預金保険法その他の法律により金融関連業務を行う。RCC(Resolution and Collection Corporation)。➡預金保険機構

せいり-がく【生理学】生命現象を物理的、化学的手法によって研究する学問。

せいり-がく【性理学】中国で宋代から明代にかけて隆盛だった儒学の一学説。漢・唐代の訓詁学に対し、宇宙の原理としての理を究明し、人間の本性を明らかにしようとしたもの。宋学の中核をなす。

せい-りき【精力】❶「せいりょく(精力)」に同じ。〈日葡〉❷物事に力を尽くすこと。尽力。骨折り。「和蘭人これを見て、その一に感じ」〈蘭学事始〉

せい-りきがく【静力学】力学の一分野。物体に作用する力のつり合いを研究する学問。➡動力学

せいりき-とみごろう【勢力富五郎】[1813〜1849]江戸後期の博徒。下総の人。本名、佐助。もと力士で、笹川繁蔵の子分。飯岡助五郎を殺そうとし、逆にその策に乗せられて自殺。「天保水滸伝」に潤色され、浪曲にもとられる。

せいり-きゅうか【生理休暇】労働基準法に基づいて、生理日の就業が著しく困難な女子労働者に与えられる休暇。

せいり-けん【整理券】大勢の人が集まる催し物などで、混乱を防ぐために配る、入場の順番などを記した券。

ぜいり-し【税理士】他人の求めに応じ、各種税金の申告・申請、税務書類の作成、税務相談などを行うことを職業とする者。公認会計士・弁護士、および税理士試験に合格した者を主とし、税理士法に定める登録を必要とする。旧称、税務代理士。

せいり-しょくえんすい【生理食塩水】体液、特に血清と浸透性を等しく作った食塩水。輸血・補液や注射用薬剤の溶媒として用いるほか、摘出した器官や組織を生きたまま保存するときに使用。人間などの定温動物では0.85〜0.9パーセントのものを用いる。生理食塩液。

せいりたいぜん【性理大全】中国の儒学書。70巻。明の永楽帝の勅により、胡広らが撰。1415年成立。宋・元の性理学者120人余の学説を集め、類別して注を加えたもの。

せいり-だんす【整理×箪×笥】衣類、特にシャツや下着などを整理して収納する小型のたんす。

せい-りつ【成立】〘名〙スル 物事が成り立つこと。できあがること。また、まとまること。「予算案が一する」「交渉を一させる」（類語）完成・成就・達成・成功・実現

せい-りつ【声律】❶音の高低の調子。音律。❷漢字の四声についてのきまり。

ぜい-りつ【税率】税額を算定するために、課税標準に対して適用される比率。課税率。

せいりつ-ぞう【正立像】レンズなどの光学系によってつくられた像の上下が、物体の上下と同じになるもの。直立像。⇔倒立像。

せいり-てき【生理的】〘形動〙❶からだの機能や組織に関するさま。「一な現象」❷理屈ではなく本能的であるさま。「一に嫌悪する」

せいり-び【生理日】月経の期間にあたる日。

せいり-ポスト【整理ポスト】「整理銘柄」の旧称。

せいり-めいがら【整理銘柄】証券取引所(金融商品取引所)が、上場廃止を決定した株式に割り当てる特別な扱い。廃止が決定すると監理銘柄指定割当から移され、上場廃止までの期間(原則として1か月間)、他の株式とは別に売買される。

せいり-や【整理屋】❶住み手の居なくなった部屋や建物などの家財道具の整理を引き受ける商売。❷多重債務者の債務を整理して返済しやすくしてやるなどと持ちかけ、高額の手数料を取ったり、また返済金をだまし取ったりする悪徳商法。

せい-りゃく【政略】❶政治上の策略や駆け引き。❷物事を有利に展開させるための策略や駆け引き。

せい-りゃく【省略】〘名〙スル「しょうりゃく(省略)」に同じ。〈和英語林集成〉

せいりゃく-けっこん【政略結婚】結婚当事者の家長または親権者が、自己や家の利益のために、当人どうしの意向を無視してさせる結婚。

せい-りゅう【青竜】▶せいりょう(青竜)

せい-りゅう【清流】❶清らかな水の流れ。❷名門。また、その出身者。❸清廉潔白な人々。

せい-りゅう【精留】混合液体の蒸留のとき、すでに凝縮した液と続いて発生する蒸気とを接触させ、繰り返し蒸留して、分離をよくする操作。

せい-りゅう【整流】交流を直流に変換すること。

せいりゅう-かいろ【整流回路】交流を直流に変える作用をもつ電気回路。

せいりゅう-かん【整流管】整流に用いる電子管。二極真空管・水銀整流管など。

せいりゅう-き【整流器】交流を直流に変換する装置。熱電子管・水銀整流器・金属整流器など。

せいりゅう-し【整流子】直流発電機や直流電動機などの回転子の一部で、ブラシとの接触によって整流の作用をする部分。

せいりゅう-じ【青竜寺】㊀比叡山延暦寺西塔の黒谷にある天台宗の寺。㊁中国、唐代の首都長安(陝西省西安)にあった寺。582年、隋の文帝が霊感寺として創建、711年に青竜寺と改称。入唐した空海が恵果から密教を伝授された寺。

せいりゅうし-でんどうき【整流子電動機】誘導電動機の起動回転力を大きくするため、整流子を用いた電動機。

せいりゅう-しゃ【青竜社】川端竜子が昭和4年(1929)に創立した日本画の団体。同41年、竜子の死により解散。

せいりゅう-とう【青竜刀】中国で古くから用いられた、なぎなた形で幅広の大刀。柄に青竜の飾りがある。せいりょうとう。（類語）刀・剣・剣・刀剣・太刀・大刀・大刀・軍刀・牛刀・日本刀・サーベル

せい-りょ【征旅】❶《「旅」は軍隊の意》討伐に向かう軍隊。遠征軍。❷いくさのたび。

せい-りょ【省慮】〘名〙スル かえりみてよく考えること。「同党にして茲に一することあらば」〈利光鶴松・政党評判記〉

せい-りょ【聖慮】天子の考え。叡慮。

せい-りょ【静慮】心を静かにして考えること。また、落ち着いた心。

せい-りょう【西涼】中国、五胡十六国の一。400年、漢人で敦煌太守の李暠が、北涼から自立して甘粛省北西部に建国。都は敦煌。国勢ふるわず、421年に北涼に滅ぼされた。

せい-りょう【西遼】▶カラキタイ

せい-りょう【声量】その人が出すことのできる声の大きさの度合い。「一のある歌手」

せい-りょう【青▽竜】《「しょうりゅう」「せいりゅう」とも》❶四神の一。天の東方の守護神で、竜にかたどる。蒼竜。❷「青竜旗」の略。❸青い竜。中国ではめでたいしるしとする。❹二十八宿のうち、東方にある七宿の総称。

せい-りょう【清×亮】㊀〘名・形動〙音などが清らかで澄んでいること。また、そのさま。「一な音色」㊁〘ト・タル〙図〘形動タリ〙音などの澄んでいるさま。「虫の音が一として響く」

せい-りょう【清涼】〘名・形動〙さわやかで涼しいこと。冷たくてすがすがしいこと。また、そのさま。「高原の一な空気」（類語）爽涼・爽快・冷涼・涼しい

せい-りょう【精良】〘名・形動〙すぐれてよいこと。また、そのさま。「一な製品」

せい-りょう【凄涼】〘ト・タル〙図〘形動タリ〙ぞっとするほどもの寂しいさま。また、冷ややかなさま。「一たる夜色、人をして日中の苦熱を忘れしむれば」〈竜渓・経国美談〉

せい-りょう【凄×寥】〘ト・タル〙図〘形動タリ〙ものすごく寂しいさま。「一たる光景」

せいりょう-いんりょうすい【清涼飲料水】炭酸などを含み、飲むと清涼感があって、甘味をもち、アルコールを含まない飲料の総称。食品衛生法では、容器入りの水や炭酸水・炭酸飲料・果汁飲料・乳酸飲料などをいい、成分・製法などが規格化されている。清涼飲料。

せいりょう-おり【清涼織(り)】絽組織と他の組織とを二重織りにした絹織物。京都西陣で織られ、夏の女帯地に用いられる。

せいりょう-き【青▽竜旗】四神旗の一。青竜を描いた旗。

せいりょうき【清良記】近世の軍記物。伊予国宇和郡の戦国武将土居清良の一代記。30巻。土居水也著。成立年代は戦国末から近世前期にかけて諸説ある。第7巻「親民鑑月集」は農書として著名。

せいりょう-ざい【清涼剤】❶気分をさわやかにさせる薬。❷人の心をすがすがしくさせるような物事。「一服の一となる出来事」

せいりょう-ざん【清涼山】㊀中国山西省北東部にある五台山の異称。㊁中国江蘇省南京にある山。山上に清涼寺・翠微亭などがある名勝地。

せいりょう-じ【清涼寺】京都市右京区にある浄土宗の寺。山号は五台山。源融の山荘に始まる棲霞寺内の釈迦堂に、奝然が宋から持ち帰った釈迦像を安置して弟子の盛算が一寺としたもの。嵯峨の釈迦堂。しょうりょうじ。

せいりょうじ-しゃかぞう【清涼寺釈迦像】

清涼寺の本尊。永延元年(987)に奝然ちょうねんが宋から持ち帰った木彫の釈迦如来像。インド風の形相を兼ね備えることから「三国伝来」と称され、多数の模像が造られた。

せいりょう-でん【清涼殿】セイリヤウー 平安京内裏十七殿の一。紫宸殿ししんでんの北西、校書殿きょうしょでんの北にあり、東面する入母屋造いりもやづくり九間四面の建物。天皇が日常住んだ所で、昼ひの御座おまし、夜よるの御殿おとど、朝餉あさがれいの間、石灰いしばいの壇、弘徽殿こきでんの上の御局みつぼね、藤壺ふじつぼの上の御局みつぼね、台盤所だいばんどころ、殿上てんじょうの間、萩はぎの戸などの部屋がある。四方拝・叙位・除目じもくなどの公事くじも行われた。せいろうでん。

せい-りょく【勢力】❶他をおさえ、支配下におくいきおいと力。特に、国家や政党などの社会的な集団がもつ、他の集団をおさえる力。「—を伸ばす」「—が衰える」❷エネルギーの旧称。
類語 威力・権勢・権力・勢威・威勢・勢い

せい-りょく【精力】精神や肉体の活動する力。仕事を成し遂げていく元気。「研究に—を注ぐ」「—剤」
類語 活力・体力・原動力・エネルギー・パワー・精・馬力・元気・活気・生気・精気・気力・血気

せいりょく-か【勢力家】勢力のある人。「地元の—」

せいりょく-きんこう【勢力均衡】ーキンカウ 互いの勢力がつり合った状態にあること。特に、諸国家が相互に敵対・友好の複雑な関係を結んで牽制けんせいし合うことで国際平和を維持すること。バランス-オブ-パワー。

せいりょく-けん【勢力圏】「勢力範囲」に同じ。

せいりょく-さんすい【青緑山水】群青ぐんじょう・緑青ろくしょうなどを用いて彩色した山水画。水墨山水に対していう。➡金碧山水きんぺきさんすい

せいりょく-ぜつりん【精力絶倫】〔名・形動〕精力が並外れて強いこと。また、そのさま。「—な(の)人」

せいりょく-たいしゃ【勢力代謝】▶エネルギー代謝

せいりょく-てき【精力的】〔形動〕活動する力のあふれるさま。疲れを見せずに物事に積極的に対処していくさま。「—に働く」「—な仕事ぶり」

せいりょく-はんい【勢力範囲】ーハンヰ ❶勢力の及ぶ範囲。縄張り。❷自国の領土外で、政治的、経済的な優先権を得ている地域。

ぜい-りん【説林】多数の学者の説を収録した書。

せいりん-し【制輪子】制動装置の一部で、鉄道車両などの車輪に押しつけて回転を停止または減速させるもの。ブレーキシュー。

せい-りん-しん【政倫審】「政治倫理審査会」の略称。

せい-るい【世累】世の中の煩わしい事柄。俗事。

せい-るい【生類】「しょうるい(生類)」に同じ。「公の一御憐愍ごれんびんを悪くいう奴」〈魯庵・社会百面相〉

せい-るい【声涙】声と涙。
声涙倶ともに下くだる 《『晋書』王彬伝から》憤り嘆いて、涙を流しながら話すさま。

セイル-とう【セイル島】ータウ《Isle of Seil》▶シール島

せい-れい【生霊】❶生物の霊長。人類。民。❷生きている人の魂。いきりょう。❸いのち。生命。

せい-れい【制令】制度と法令。おきて。

せい-れい【性霊】心の霊妙な働き。また、たましい。

せい-れい【政令】❶政治上の命令や法令。❷内閣が制定する命令。憲法および法律の規定を実施するための執行命令と、法律の委任に基づく委任命令とがある。類語 省令・条例

せい-れい【清冷】清くつめたいこと。澄んでひややかなこと。「—氷の如き井水」〈蘆花・自然と人生〉
類語 清冽せいれつ・清澄

せい-れい【清麗】〔名・形動〕清らかでうるわしいこと。また、そのさま。「—に匂やかな祖母の顔」〈野上・迷路〉

せい-れい【聖霊】《Holy Spirit》キリスト教で、父なる神、子なるキリストとともに三位さんみ一体を形成する第3の位格。人に宿り、啓示を与え、聖化へと導く。助け主。慰め主。

せい-れい【精励】〔名〕スル 勉学や仕事などに精を出してつとめ励むこと。「任務に—する」「—恪勤かっきん」
類語 精勤・精進・刻苦・勉励・努力・奮励

せい-れい【精霊】❶万物の根源をなすとされる不思議な気。精気。❷あらゆる生物・無生物に宿り、また、その宿り場所を変え、種々の働きをするとされる超自然的存在。❸死者のたましい。霊魂。
類語 山霊・木霊こだま・妖精・魑魅ちみ・魍魎もうりょう

せい-れい【×蜻×蛉】昆虫トンボの別名。

せいれいクリストファー-だいがく【聖隷クリストファー大学】静岡県浜松市にある私立大学。平成4年(1992)に聖隷クリストファー看護大学として開設。同14年社会福祉学部を設置し、現校名に改称した。

せいれい-けいねつ【政冷経熱】二国間において、政治の場での交流は不活発であるが、経済分野の交流が盛んな状態。主に、日中関係についていう。

せいれい-こうりんび【聖霊降臨日】ーカウリンビ キリストの復活後50日目、昇天日の10日後の日曜日。聖霊が使徒たちの上に降臨したのを記念する日。降誕日(クリスマス)・復活日(イースター)とともに教会の三大祝日。ペンテコステ。

せいれいしてい-とし【政令指定都市】▶指定都市

せいれいしゅう【性霊集】セイレイシフ ▶しょうりょうしゅう(性霊集)

せいれい-すうはい【精霊崇拝】アニミズムの一形態。精霊の存在を信じ、それに対する親愛や恐怖の念から発する信仰。原始宗教に多くみられる。

せいれい-せつ【性霊説】中国、清の詩人、袁枚えんばいらが提唱した説。性情の自由な流露と自然な表現を尊重した。王士禛の神韻説や沈徳潜の格調説と対立。

セイレーン〖Seirēn〗ギリシャ神話の魔女サイレンのギリシャ語名。

せい-れき【西暦】キリストが誕生したとされる年を元年とする年代の数え方。西紀。「—2000年」

せいれきにせんさんじゅうはちねん-もんだい【西暦2038年問題】セイレキニセンサンジフハチネンモンダイ ▶2038年問題

せいれきにせんさんじゅうろくねん-もんだい【西暦2036年問題】セイレキニセンサンジフロクネンモンダイ ▶2036年問題

せいれきにせんねん-もんだい【西暦2000年問題】▶2000年問題

せい-れつ【星列】〔名〕スル 星のようにたくさん並びつらなること。「宇宙に森羅—せる無数無量の現象」〈逍遥・小説神髄〉

せい-れつ【清×冽】〔名・形動〕水などが清らかに澄んで冷たいこと。また、そのさま。「—な湧水ゆうすい」
類語 冷たい・清い・清らか・清冷・清澄

せい-れつ【整列】〔名〕スル きちんと列をつくって並ぶこと。「—して順番を待つ」類語 堵列とれつ・行列・列立・林立・櫛比しっぴ・並行・並列・分列・並ぶ

せい-れつ【凄烈】〔形動〕文〔ナリ〕すさまじくて激しいさま。「—な戦い」

ゼイレック-ジャーミー〖Zeyrek Camii〗▶ゼイレックモスク

ゼイレック-モスク〖Zeyrek Mosque〗トルコ北西部の都市イスタンブールの旧市街にあるイスラム寺院。12世紀前半、ギリシャ正教の修道院として東ローマ皇帝コムネノス2世の妻により建造。コンスタンチノープルの陥落後、イスラム教の神学校として利用された。1985年に「イスタンブール歴史地区」として世界遺産(文化遺産)に登録された主要な歴史的建造物の一であり、アヤソフィアとともに、ビザンチン建築の典型的な作例として知られる。ゼイレックジャーミー。

せい-れん【清廉】〔名・形動〕心が清らかで私欲がないこと。また、そのさま。廉潔。「—の士」「—な人物」類語 廉直・高潔・廉潔・潔白・無私

せい-れん【精練】〔名〕スル ❶よく練習すること。また、よく鍛えること。精錬。「—された軍隊」❷動植物繊維から夾雑物きょうざつぶつや蝋分・脂肪・たんぱく質などを取り除くこと。

せい-れん【精錬】〔名〕スル ❶「精練❶」に同じ。❷粗金属から不純物を除いて質のよいものにすること。
類語 冶金・製鉄・製鋼・製錬

せい-れん【製錬】〔名〕スル 鉱石から目的とする金属を分離・抽出し、精製して鋳造・鍛造・圧延用の地金とすること。また、合金や金属化合物を作ること。広くは精錬も含めていう。

セイレン〖Seirēn〗▶セイレーン

せいれん-かた【精錬方】江戸幕府が文久元年(1861)に教育研究機関の蕃書調所に設置した化学部門。東京大学理学部化学科の前身。佐賀藩でも、嘉永5年(1852)藩主鍋島直正が精錬方を設け、反射炉・大砲・蒸気機関などの研究・製造を行った。

せいれん-けっぱく【清廉潔白】〔名・形動〕心が清くて私欲がなく、後ろ暗いところのないこと。また、そのさま。「—な(の)政治家」

せい-ろ【世路】世の中を渡っていくこと。また、渡る世の中。せろ。「—の辛酸人情の向背を心得たる男」〈露伴・寝耳鉄砲〉

せい-ろ【正路】❶正しい道。正しい方法。正道。「—につく」❷正規の道路。また、公道。

せい-ろ【生路】❶生きてゆく方法。生活の道。また、生きてきた道。「彼が—は概おおむね平滑なりしに」〈鴎外・舞姫〉❷生きのびる道。逃げ道。

せい-ろ【征路】旅路。行路。征途。

せい-ろ【▽蒸▽籠】「せいろう(蒸籠)」の音変化。

せい-ろう【井楼】戦場で、敵陣を偵察するために材木を井桁いげたに組んで作るやぐら。みせやぐら。

せい-ろう【青楼】《昔、中国で青漆を塗ったところから》❶高貴な人や美女の住む家。❷遊女屋。妓楼ぎろう。江戸では特に、官許の吉原遊郭をさした。

せい-ろう【▽蒸籠】方形または丸形の木の枠の底に簀すを敷き、糯米もちごめ・団子などを入れ、釜にのせてその湯気で蒸す器。せいろ。類語 御飯蒸し・蒸し鍋

せい-ろう【清朗】ーラウ〔形動〕文〔ナリ〕❶すがすがしくて気持ちがよいさま。「東京よりは…空気の—な事」〈漱石・門〉❷空が晴れてさわやかなさま。「—な秋天」

せい-ろう【晴朗】ーラウ〔形動〕文〔ナリ〕空が晴れ渡ってのどかなさま。「天気—なれども波高し」

せいろう-ぐみ【井楼組┊井籠組】材木を井桁いげた状に積み重ね、隅に切り込みを入れ、各材を互いに組み合わせた建築構造。校倉あぜくら・板倉もこの一種。

せいろうし-ごうい【政労使合意】セイラウシガフイ 政府・労働者(連合など)・使用者(経団連など)の3者が話し合い、雇用問題対策などについて合意すること。また、その内容。補説 平成14年(2002)3月、政府・連合・日経連(現、経団連)が「ワークシェアリングについての基本的な考え方」について合意。前年10月の連合・日経連による「雇用に関する社会合意推進宣言」を受けて、「ワークシェアリングの取り組みに関する5原則」やワークシェアリングのあり方(多様就業型・緊急対応型など)、政府による財政支援の検討などが示され、その周知・実施推進が図られた。また、同21年3月には、世界同時不況から深刻化した雇用失業情勢に対応するため、政府・連合・日本経団連および日本商工会議所・全国中小企業団体中央会により「雇用安定・創出の実現に向けた政労使合意」が行われた。

せいろう-だな【▽城楼棚┊西楼棚】❶茶席に用いる棚物の一。袋棚を半分にしたもの。津田宗及の考案。半切棚。宗及棚。❷違い棚のうち、棚板の中央を一段高くしたもの。正式の座敷飾りに用いる。

せいろう-ぶね【井楼船┊×棲楼船】戦国時代の軍船の一。大型船の胴の上に井楼を立て、そこから敵陣を偵察したり矢を放つようにしたもの。

せいローレンス-もん【聖ローレンス門】《Saint Laurence Gate》▶セントローレンス門

せいローレンツ-きょうかい【聖ローレンツ教会】ーケウクワイ《Sankt Lorenzkirche》ドイツ中南部、バイエルン州の都市、ニュルンベルクにある2本の尖塔せんとうをもつゴシック様式の教会。13世紀半ばに建造。ドイツ後期ゴシックの代表的な彫刻家、ファイト=シュトスによる受胎告知のレリーフがある。

せいろか-かんごだいがく【聖路加看護大学】

東京都中央区にある私立大学。大正9年(1920)創立の聖路加国際病院付属高等看護婦学校を母体として、昭和39年(1964)に開学。同55年大学院を設置した。
せい-ろく【世×禄】代々の、その家の継承者が受ける俸禄。世襲の家禄。せろく。
ぜい-ろく【×贅六｜▽才六】▶ぜえろく
せい-ろくめんたい【正六面体】6個の面が合同な正方形である正多面体。立方体。
せいロブロ-だいせいどう【聖ロブロ大聖堂】《Katedrala sv. Lovre》クロアチア南部、アドリア海に面する港町トロギールにある大聖堂。主要な部分は13世紀半ばに完成したが、以降、17世紀まで建設が続けられたため、ロマネスク、ゴシックなどさまざまな建築様式が混在する。クロアチアの彫刻家ラドバンによる西門部分の彫刻は、同国における中世美術の傑作とされる。1997年、大聖堂がある旧市街は「古都トロギール」として世界遺産(文化遺産)に登録された。トロギール大聖堂。
せい-ろん【世論】▶せろん(世論)
せい-ろん【正論】道理にかなった正しい意見や議論。「―を吐く」(類語)名論・高論・卓論
せい-ろん【斉論】斉国に伝わっていた論語。魯論より2編多く22編。➡古論 ➡魯論
せい-ろん【政論】政治に関する意見や議論。
せい-ろん【精論】〔名〕スル 詳しく論ずること。また、その論。「要するに罪名を―して益々軽律に処し給う仁旨に出ず」〈吉岡徳明・開化本論〉
セイロン〘Ceylon〙スリランカの旧称。(補説)「錫蘭」とも書く。
ぜい-ろん【×贅論】〔名〕スル 無用の議論をすること。むだな議論。「其制も亦略ぼ分明なれば、今又―せず」〈神田孝平・明六雑誌一七〉
セイロン-ちゃ【セイロン茶】セイロン島産の紅茶。
セイロン-とう【セイロン島】インド半島の南東に位置する島。スリランカの国土。
せい-わ【清和】〔名・形動〕❶空が晴れていてのどかなこと。また、そのさま。転じて、そのような季節。春。「気候―にして」〈新聞雑誌五八〉「今こそ溢れぬ―の光」〈横山芳介・都ぞ弥生〉❷陰暦4月1日の異称。また、陰暦4月の異称。(季 夏)❸世の中がよく治まっていて穏やかなこと。
せいわ-いん【清和院】京都市上京区にある真言宗智山派の寺。平安時代初期に文徳天皇が正親町の南に仏心院を建立したのに始まり、のち清和天皇が落飾、入寺して改称。室町時代に焼失したが、のち現在地に再興された。清和井院。
せいわ-かい【清和会】▶清和政策研究会
せいわ-げんじ【清和源氏】清和天皇の子孫で源姓を賜った氏。天皇の皇子の孫、経基王の一流が栄えて諸国に分かれ、地方に土着して武士団の棟梁となり、勢力をのばした。頼義・義家のとき関東武士と結んで地盤を築き、頼朝は鎌倉幕府を開いた。武田氏・足利氏・新田氏もこの系統。
せいワシリー-だいせいどう【聖ワシリー大聖堂】《Sobor Vasiliya Blazhennogo》ロシア連邦の首都モスクワの中心部、赤の広場にあるロシア正教会の大聖堂。正式名称はポクロフスキー大聖堂。16世紀半ば、初代ロシア皇帝イワン4世がカザンハン国に対する戦勝を記念して建造。中央の主聖堂のまわりを八つの小聖堂が囲む。17世紀から19世紀にかけて、現在見られる計九つの玉ねぎ型のドームが造られ、彩色が施された。1990年、「モスクワのクレムリンと赤の広場」の名称で世界遺産(文化遺産)に登録。聖ワシリー寺院。
せいわ-せいさくけんきゅうかい【清和政策研究会】自由民主党の派閥の一。保守合同前の日本民主党に起源を持ち、自由党㊂の軽武装・経済重視路線に対して、憲法改正や自主防衛などの政策を掲げる。昭和37年(1962)に福田赳夫が党風刷新連盟として旗揚げ。同54年に清和会に改称。平成6年(1994)に派閥政治批判を受けて解散の形をとったが、同10年に現名称で復活した。(補説)清和政策研究会の系譜：(岸派から)→福田派→安倍派→三塚派→森派→町村派
せいわ-だいがく【清和大学】千葉県木更津市にある私立大学。平成6年(1994)に開学した。昼夜開講制を導入した法学系単科大学。
せいわ-てんのう【清和天皇】[850～880]第56代天皇。在位858～876。文徳天皇の第4皇子。名は惟仁。外祖父藤原良房が実質的な摂政となり、実権はほとんどなかった。水尾帝。
セイント〘saint｜St.｜S.〙▶セント
ゼウス〘Zeus〙ギリシャ神話の最高神。天候・社会秩序をつかさどる。父神クロノスを王座から追放し、3代目の支配者となった。ローマ神話のユピテル(ジュピター)にあたる。
ゼウス-しんでん【ゼウス神殿】《Naos tou Dia》ギリシャ、ペロポネソス半島北西部、ゼウスの神域として知られるオリンピアにある神殿跡。古くから神域の中心となる祭壇があったが、紀元前5世紀にドリス式の神殿が建造された。内部には古代ギリシャ屈指の彫刻家フェイディアスによる、象牙と金で作られたゼウス像が置かれていた。
セウタ〘Ceuta〙北アフリカ、ジブラルタル海峡に面するスペイン領の港湾都市。古くから軍事・海事上の要地であり、古代カルタゴ人が街を築いてから、ローマ、イスラムなどさまざまな民族に支配された。1580年よりスペイン領。対岸のアルヘシラスとの間に定期航路がある。
せ-うと【▽兄▽人】▶しょうと(兄人)
せ-うん【世運】▶せいうん(世運)
セー〘Jean-Baptiste Say〙[1767～1832]フランスの経済学者。スミスに傾倒し、その理論をフランスに導入。主観的な効用価値説に立ち、生産・分配・消費の三分法による経済学体系をつくった。著「経済学概論」「恐慌に関する書簡」など。➡セーの法則
ゼーガース〘Anna Seghers〙[1900～1983]ドイツの女流小説家。社会主義リアリズム文学の代表者。作「第七の十字架」「死者はいつまでも若い」など。
ゼーグロッテ〘Seegrotte〙オーストリアの首都、ウィーンの南西部郊外にあるヨーロッパ最大の地底湖。もとは石灰岩の地下採掘場だったが、1912年に大量の水が噴出し、現在見られる地底湖になった。
セーケシュフェヘールバール〘Székesfehérvár〙ハンガリー中西部の都市。首都ブダペストの南西約70キロメートルに位置する。伝統的な皮革・木工業が盛んだったが、第二次大戦後、工業化が進んだ。11世紀から16世紀までハンガリー王国の王宮が置かれた。歴代の王の戴冠と埋葬が行われた大聖堂があったが、オスマン帝国の攻撃で破壊され、現在は遺跡公園になっている。バロック様式の聖イシュトバーン大聖堂、中世風の外観のボリ城、考古物を展示するイシュトバーン博物館がある。
ゼーゲル-コーン〘Seger cone〙▶ゼーゲル錐
ゼーゲル-すい【ゼーゲル×錐】窯などの炉内温度を測定するのに用いられる、高さ約6センチの三角錐。アルミナその他を、融解する温度が異なるように配合して作る。セ氏600～2000度の範囲の各種のものがある。1886年ドイツの陶工ゼーゲル(H.A.Seger)が発明。ゼーゲルコーン。
セージ〘sage〙シソ科の多年草サルビアのこと。葉を乾かして薬用としたので薬用サルビアともいい、香辛料として西洋料理に用いる。
セージ〘SAGE〙《semi-automatic ground environment》半自動の防空警戒管制組織。米国で開発されたコンピューターを主体とする防空システム。
セーシェル〘Seychelles〙▶セイシェル
ぜえ-ぜえ〔副〕「ぜいぜい」に同じ。「のどが―(と)いう」
ゼータ〘Z｜ζ｜zeta〙ギリシャ語アルファベットの第6字。ツェータ。
ゼータ〘ZETA〙《zero energy thermonuclear assembly》▶ジータ
セーター〘sweater〙《「スエーター」とも》毛糸などで編んだ上着。特に、かぶって着る形式のもの。前あきのカーディガンも含めていうことがある。(季 冬)「おとろへしかほうつむきや―編む/孝作」(類語)カーディガン・ニット・プルオーバー
セーチェーニ-おんせん【セーチェーニ温泉】《Széchenyi Gyógyfürdő》ハンガリーの首都ブダペストにある温泉。ドナウ川東岸、市民公園内に位置する。1910年代に建てられたヨーロッパ最大級の温泉施設がある。浴場内にチェス盤が設置され、入浴しながらチェスができることで知られる。
セーチェーニ-きゅうでん【セーチェーニ宮殿】《Széchenyi-kastély》ハンガリー北西部の町ナジツェンクにあるバロック様式の邸宅。上流貴族のセーチェーニ家の邸宅として1840年代に建造。現在は、首都ブダペストのドナウ川にかかるセーチェーニ鎖橋の建設やバーツへの鉄道敷設をはじめ、同国の近代化に寄与した政治家、セーチェーニ＝イシュトバーン伯の記念博物館になっている。
セーチェーニ-くさりばし【セーチェーニ鎖橋】《Széchenyi Lánchíd》ハンガリーの首都ブダペストを流れるドナウ川に架かる橋。西岸のブダ地区と東岸のペスト地区を結ぶ全長380メートルの吊り橋で、英国の技師ウィリアム＝ティアニー＝クラークが設計し、建築家アダム＝クラークが建設を担当した。同国の近代化に寄与した政治家、セーチェーニ＝イシュトバーン伯の支援により1849年に完成し、同氏の名を冠する。くさり橋。
セーチェーニ-さん【セーチェーニ山】《Széchenyi-hegy》ハンガリーの首都ブダペストの市街西部に位置する山。標高482メートル。頂上まで登山鉄道と子供鉄道(運転手以外、11歳から14歳の子供たちが運営する軽便鉄道)で結ばれる。市街を一望できる展望地として知られる。
セーデル〘オランダ cider〙サイダー。(補説)「舎的爾」とも書く。
ゼーデルブローム〘Nathan Söderblom〙[1866～1931]スウェーデンのプロテスタント神学者。分裂していた教会を統合させ、ストックホルム教会会議を成立させた。1930年ノーベル平和賞受賞。著「宗教史入門」など。
セート〘Sète〙フランス南部、ラングドック-ルシヨン地方、エロー県の港湾都市。地中海のリヨン湾に面し、潟湖であるトー湖に挟まれた砂州に位置する。17世紀にミディ運河の造営に合わせ、地中海側の出口として砂州の湿地帯を埋め立てて築かれた。石油化学工業、機械工業、および漁業が盛ん。観光保養地としても知られる。詩人ポール＝バレリーの生地。
セーヌ-がわ【セーヌ川】《Seine》フランス北部を流れる川。長さ780キロ。ラングル準平原に発し、パリを貫流してルアーブルでイギリス海峡に注ぐ。
せえ-の〔感〕力を入れて何かをするときの掛け声。
セー-の-ほうそく【セーの法則】フランスの経済学者セーが提唱した経済学上の見解。貨幣は単に交換の媒介手段にすぎず、供給はそれ自らの需要をつくりだす。従って、部分的過剰生産はありえても一般的過剰生産はありえないという主張。マルクスとケインズによって批判された。販路説。
セービング〘saving〙❶救うこと。守ること。❷サッカーで、ゴールキーパーが体を投げ出してボールを止めること。❸ラグビーで、転がっているボールに飛び込み、味方のボールとすること。
セービン-の-ざんきょうしき【セービンの残響式】▶セービンの式
セービン-の-しき【セービンの式】室内や音楽ホールなどの残響時間を求める経験的な式。音場の容積V立方メートル、表面積S平方メートル、壁の平均吸音率αの場合、残響時間Tはセービンの式、$T=0.161V/S\alpha$で表される。容積に比例し、吸音力に反比例する。19世紀末、米国の物理学者W＝C＝セービンにより導出された。セービンの残響式。サビネの式。
セービン-ワクチン〘Sabin vaccine〙急性灰白髄

炎(小児麻痺ま)の予防接種ワクチン。生ワクチンであり、シロップ状にして内服できる。ロシア生まれの米国の細菌学者セービン(Sabin)が開発。

セーフ〖safe〗❶野球で、走者または打者が塁に生きること。⇔アウト。❷テニス・卓球などで、規定線内にボールが入ること。イン。❸うまくいくこと。無事に済むこと。間に合うこと。「開始時間にあやうく―だった」

セーブ〖save〗〔名〕スル ❶救うこと。救助すること。「―‐ザ‐グリーン」❷金や力などの消費を抑制すること。節約。また、ある行動をひかえること。「出費を―する」「酒を―する」❸野球で、自チームがリードしているときに救援投手として登板し、リードを守りきること。また、その救援投手に与えられる記録。「―ポイント」❹コンピューターで、主記憶装置にあるプログラムやデータを、ハードディスクなどの補助記憶装置に保存すること。⇔ロード。類語 倹約・節約・エコノミー・切り詰め・引き締める・始末・経済

セープ〖オランダ zeep〗せっけん。シャボン。ソープ。

セーファー‐フラン【CFAフラン】《franc CFA》中部アフリカ・西アフリカ地域の複数の国で用いられる通貨単位。西アフリカ諸国中央銀行が発行するものと、中部アフリカ諸国銀行が発行するものの2種類があり、前者はニジェール、マリなど、後者はカメルーン、チャドなどで使用されている。➡フラン

ゼーフェルト〖Seefeld〗オーストリア、チロル州の観光保養地。1964年と76年に行われたインスブルック冬季オリンピックの会場にもなった。ノルディック種目のコースがあり、スキーリゾートとして知られる。

セーフガード〖safeguard〗GATTガット19条に基づいた緊急輸入制限。特定品目の輸入が増大し、国内産業に重大な損害を与え、または与えるおそれのある場合に、その品目について輸入制限を課すことができる。WTO協定に引き継がれた。緊急輸入制限。SG。

セーフ‐セックス〖safe sex〗性的感染症やエイズなどに対して防御した安全な性行為。

セーフティー〖safety〗❶安全。安全性。「―ベルト」❷アメリカンフットボールで、㋐得点の一。攻撃側のボールを持つ選手が、自陣のエンドゾーン内でタックルされたり、エンドゾーンの後方に出てしまったりしたとき、守備側に与えられるもので、2点。㋑守備側のポジションの一。自陣のゴールに最も近くに位置するバックス。

セーフティー‐カルチャー〖safety culture〗1986年の旧ソ連のチェルノブイリ原発事故後に、国際原子力安全諮問委員会(INSAG)が提唱した概念で、原子力開発に携わる関係者全員が、常に安全に関する意識を最優先させるという考え方。「安全文化」と訳されているが、「安全思想の訓育」といった意味。

セーフティー‐ゾーン〖safety zone〗道路上に設けた安全地帯。

セーフティー‐ネット〖safety net〗「安全網」に同じ。

セーフティーネット‐ほしょう【セーフティーネット保証】取引先企業の倒産、災害、金融機関の破綻などによって経営が不安定になった中小企業に対する融資制度。中小企業信用保険法に基づいて信用保証協会が行うもので、一般保証の限度額とは別枠で、金融機関に対して債務を保証する。➡信用保証

セーフティー‐バルブ〖safety valve〗安全弁。

セーフティー‐バント《和 safety＋bunt》野球で、一塁に生きる目的で行うバント。➡犠牲バント

セーフティー‐ビンディング《和 safety＋Binding(ドイツ)》スキー靴をスキーに留める金具の一種。転倒するなどして無理な力が加わると外れるようになっているもの。セーフティー‐バインディング。

セーフティー‐ファクター〖safety factor〗►安全率

セーフティー‐ボックス《和 safety＋box》❶緊急事態のための装置や設備を入れておく箱。❷ホテルなどで、貴重品をしまっておくための保管庫。また、貸金庫。補説 英語では safety-deposit box。

セーブ‐ポイント〖save point〗プロ野球で、救援投手のセーブ数に、救援勝利数を加えた数字。

セーフ‐モード〖safe mode〗コンピューターに何らかの不具合が生じた際に、診断や修復を行うための起動方法の一。コンピューターを操作する上で必要最低限の機能やデバイスドライバーのみを使用し、不具合の原因となったドライバーや設定などを修正する。

セーフライト〖safelight〗暗室で使う、フィルムなどの感光材料を感光させない波長域のライト。安全光。

セーブル〖sable〗クロテン。また、その毛皮。

セーブル〖Sèvres〗フランス、パリ南西にある町。国営の磁器工場がある。第一次大戦後の1920年、連合国とトルコとの講和条約が結ばれた地。

セーブル‐じき【セーブル磁器】フランス、セーブルにある国立磁器工場で焼かれた磁器。18世紀中期、ルイ王朝の後援により始まる。

ゼーベック‐けいすう【ゼーベック係数】►熱電能

ゼーベック‐こうか【ゼーベック効果】カウ 2種の異なる導線の両端を接合して、両接合部に異なる温度を与えると起電力を生じる現象。1821年ドイツの物理学者ゼーベック(T.J.Seebeck)が発見。

ゼーマン〖Pieter Zeeman〗[1865～1943]オランダの物理学者。ゼーマン効果を発見。1902年、H＝A＝ローレンツとともにノーベル物理学賞受賞。

ゼーマン‐こうか【ゼーマン効果】カウ 強い磁界の中で原子を発光させると、スペクトル線が数本に分かれる現象。1896年ゼーマンが発見。

セーム〖same〗同じであること。多く複合語の形で用い、種類・数量などが同一である意を表す。「―サイズ」「―ツー」

セーム‐がわ【セーム革】がは《ドイツ Sämischleder》カモシカの皮を植物油でなめしたもの。シカ・ヤギなどのものもいう。手袋・衣料などに用いる。シャミ。

セーラ〖イタリア sera〗夕べ。夕方。

セーラー〖Max Theiler〗[1899～1972]南アフリカ生まれの医学者。英国・米国に留学し、ウイルス学を研究。黄熱ワクチンを発明した。1951年ノーベル生理学医学賞受賞。

セーラー〖sailor〗❶水夫。船員。水兵。❷「セーラー服」の略。類語 海員・船員・船乗り・水夫・乗組員・マドロス・クルー

セーラー‐カラー〖sailor collar〗セーラー服の襟。前はVネック、後ろは四角い形の襟。

セーラー‐ズボン《和 sailor＋jupon(フランス)》水兵服にみられる裾の広がった長ズボン。セーラーパンツ。

セーラー‐パンツ〖sailor pants〗►セーラーズボン

セーラー‐ふく【セーラー服】水兵服。また、それに似た婦人・子供服。女学生の制服にも多く使われる。

セーラス〖オランダ zelas〗《「セイラス」とも》江戸初期にオランダ人がもたらしたセイロン島産の縞の絹織物。セーラス縞。セーラツ縞。

セーラム〖Salem〗米国マサチューセッツ州エセックス郡の港湾都市。州都ボストンの北東約30キロに位置する。1692年にセーラム魔女裁判が行われた場所として知られる。また同地出身の作家、ナサニエル＝ホーソンの小説、「七破風の屋敷」の舞台となった。

セーリング〖sailing〗❶帆走。航海。「―ボート」❷帆走法。航海術。❸ヨットやウインドサーフィンなどの帆走船で、技術やスピードを競うスポーツ。

セール〖sail〗船の帆。

セール〖sale〗販売。特に、大売り出しのこと。「バーゲン―」「優勝記念―」類語 売り出し・安売り・特売・廉売・投げ売り・捨て売り・叩たき売り・乱売・蔵浚ざえ・バーゲンセール・ダンピング

セールス〖sales〗❶販売すること。特に、外交販売。「車の―に回る」❷「セールスマン」の略。
類語 街商・露天商・行商・営業・外商・外交

セールスウーマン〖saleswoman〗女性の営業・外交・販売員。セールスレディー。

セールス‐エンジニア〖sales engineer〗販売担当技術者。製品に関する専門的・技術的知識をもち、説明しつつ販売を行う人。SE。

セールス‐トーク〖sales talk〗販売話法。販売にあたって客の購入意欲をかきたてるような話法・話術。

セールス‐プロモーション〖sales promotion〗販売促進。消費者の購買意欲を刺激し、また販売店の業務を効率化することで商品の販売増進を図る企業の活動。

セールス‐ポイント《和 sales＋point》❶商品の販売に際し、特に客に強調できるような商品の特長。セリングポイント。❷一般に、売り込むべき長所。人をひきつける魅力。「若さを―に立候補する」
類語 売り・強み・長所・特長・見どころ・取り柄・美点・身上・魅力・持ち味・特色・特質・特性・本領・売り物・チャームポイント・メリット

セールスマン〖salesman〗販売員。特に、外交販売員。

セールスマンのし【セールスマンの死】《原題 Death of a Salesman》アーサー＝ミラーの戯曲。2幕。1949年初演。仕事と息子にかけた夢が破れ、狂気に陥って自殺する老セールスマンを描く。

ゼーレ〖ドイツ Seele〗魂。霊魂。精神。

ぜえ‐ろく【×贅六｜才六】《「さいろく(才六)」の音変化》関東の人が上方がたの人をあざけっていう語。ぜいろく。「おめえがたの事を上方―と言ふはな」〈滑・浮世風呂・二〉

セーン〖SANE〗《National Committee for a Sane Nuclear Policy》全米健全核政策全国委員会。1957年設立。93年、反核団体FREEZEフリーズと統合し、ピースアクションを結成。NCSNP。

せおい‐こ・む【背負い込む】せおひ〔動マ五(四)〕不利なことや負担になることを引き受ける。しょいこむ。「多額の借金を―・む」「病気を―・む」

せおい‐なげ【背負い投げ】せおひ 柔道の投げ技の一。相手を背負うようにして前方に投げる技。双手背負い投げ(襟背負い投げ)と1本背負いとがある。
背負い投げを食・う 信用していた人に、思いもよらず裏切られる。

せ‐お・う【背負う】せおふ〔動ワ五(ハ四)〕❶背中にのせる。しょう。「リュックサックを―・う」「子供を―・う」❷負担になることや重い責任のあることを引き受ける。しょう。「やっかいな問題を―・わされる」「一家の生活を―・って立つ」❸あるものが背後になるようなところに位置する。背にする。「山を―・っている、藁屋根の茶店」〈芥川・トロッコ〉➡負おう 用法
類語 負ぶう・しょう・担ぐ・担う・負う

セオ‐デ‐ウルヘル〖Seo de Urgel〗►ラ‐セウ‐ドゥルジェイ

せ‐おと【瀬音】浅瀬を流れる川の音。

セオドライト〖theodolite〗►経緯儀けいいぎ

せ‐およぎ【背泳ぎ】「はいえい(背泳)」に同じ。

ゼオライト〖zeolite〗❶沸石ふっせきのこと。❷沸石と類似の構造をもちイオン交換性を有する合成珪酸塩けいさんえんの総称。合成され、硬水の軟化やイオン交換体・触媒・分子篩ふるい(モレキュラーシーブ)などに使用。

セオリー〖theory〗理論。学説。
類語 理り・論・理論・学理・学説・理屈・空理・空論

セオリスト〖theorist〗❶理論家。❷空論家。

せ‐かい【世界】《㋐が原義》❶地球上のすべての地域・国家。「―はひとつ」「―をまたにかける」❷自分が認識している人間社会の全体。人の生活する環境。世間。世の中。「新しい―を開く」「住む―が違う」❸職業・専門分野、また、世代などの、同類の集まり。「医者の―」「子供の―」❹ある特定の活動範囲・領域。「学問の―」「芸能の―」「勝負の―」❺歌舞伎・浄瑠璃で、戯曲の背景となる特定の時代・人物群の類型。義経記・太平記など、民衆に親しみのある歴史的事件が世界とされた。❻自分が自由にできる、ある特定の範囲。「自分の―に閉じこもる」❼《梵 lokadhātuの訳。「世」は過去・現在・未来の3世、「界」は東西南北上下をさす》仏語。㋐須弥山しゅみせんを中心とした4州の称。これを単位に三千大千世界を数える。㋑一人の仏陀の治める国土。㋒宇宙のこと。❽このあたり。あたり一帯。「一暗がりて」〈竹取〉❾地方。他郷。「―にものし給ふとも、忘れで消息し

［世界遺産］日本の世界遺産

登録年	名称	種別
平成 5年(1993)	法隆寺地域の仏教建造物	文化遺産
平成 5年(1993)	姫路城	文化遺産
平成 5年(1993)	屋久島	自然遺産
平成 5年(1993)	白神山地	自然遺産
平成 6年(1994)	古都京都の文化財(京都市、宇治市、大津市)	文化遺産
平成 7年(1995)	白川郷・五箇山の合掌造り集落	文化遺産
平成 8年(1996)	原爆ドーム	文化遺産
平成 8年(1996)	厳島神社	文化遺産
平成10年(1998)	古都奈良の文化財	文化遺産
平成11年(1999)	日光の社寺	文化遺産
平成12年(2000)	琉球王国のグスク及び関連遺産群	文化遺産
平成16年(2004)	紀伊山地の霊場と参詣道	文化遺産
平成17年(2005)	知床	自然遺産
平成19年(2007)	石見銀山遺跡とその文化的景観	文化遺産
平成23年(2011)	平泉―仏国土(浄土)を表す建築・庭園及び考古学的遺跡群―	文化遺産
平成23年(2011)	小笠原諸島	自然遺産

給へ」〈大和・六四〉⑩遊里などの遊興の場。「京町に何かお一が、おできなすったさうでござりますね」〈洒・通言総籬〉

(類語)(❶)万国・万邦・国際社会・内外・中外・四海しかい・八紘はっこう・宇内うだい/(❷)人間界・天下・この世・現世・人世・世の中・世間・社会・世・巷間こうかん・世上・人中・浮き世/(❹❻)領分・領域・境域・分野・方面

せ-がい【世外】俗世間をはなれた所。また、世俗を脱した境遇。「一の功名心の為に、流俗の嗜慾しよくを遠ざけている」〈漱石・三四郎〉

せ-がい【▽船×枻】❶和船の両側の舷げんに渡した板。櫓を漕いだり棹をさしたりするところ。❷口の縁が❶の形をした香炉や盆。

ぜがい【是界｜善界｜是我意】謡曲。五番目物。竹田法印宗盛作。愛宕あたご山の天狗てんぐ太郎坊とともに比叡山に来た唐の天狗の首領是界坊が、僧の祈りで現れた諸神に追い払われる。

せかい-アンチドーピングきこう【世界アンチドーピング機構】スポーツ選手の薬物使用を監視、検査する国際機関。使用禁止薬物の指定、罰則規定の統一などを目的とする。実際の検査・分析は公認の各国機関が行う。国際オリンピック委員会が提唱し、1999年設立。本部はカナダのモントリオール。世界反ドーピング機構。WADA(World Anti-Doping Agency)。➡反ドーピング (補説)日本では平成13年(2001)に設立されたJADA(公益財団法人日本アンチドーピング機構)がこの活動を行う。

せかい-いさん【世界遺産】ユネスコで採択された世界遺産条約に基づき、人類共通の宝物として未来の世代に引き継いでいくべき文化財や遺跡、自然環境として世界遺産委員会に登録された有形の不動産。文化遺産・自然遺産・複合遺産の3種があり、962件(文化遺産745件、自然遺産188件、複合遺産29件)が登録されている(2012年7月現在)。➡危機遺産 ➡表

せかいいさん-いいんかい【世界遺産委員会】世界遺産リストの作成、登録遺産の保護支援などを行う、世界遺産条約に基づいて設置されたユネスコの組織。締約国189か国(2012年7月現在)の中から、異なる地域・文化を代表するよう選出された21か国で構成される。委員会は原則として毎年開催され、登録候補地の審査、危機遺産の登録・削除、世界遺産基金の用途決定、登録遺産のモニタリング・保存技術支援などを行う。任期は最長6年。条約締約国総会で改選される。日本は平成5年(1993)から同11年、及び15年から19年まで委員国を務め、23年再選された。

せかいいさん-じょうやく【世界遺産条約】《「世界の文化遺産及び自然遺産の保護に関する条約」の略称》世界各地の自然遺産、文化遺産を保護し、受け継ぐための条約。昭和47年(1972)、ユネスコで採択。日本は平成4年(1992)に加盟。世界遺産保護条約。➡世界遺産

せかいいさんほご-じょうやく【世界遺産保護条約】►世界遺産条約

せがい-いん【清和井院】►清和院せいわいん

せかい-かいはつほうこく【世界開発報告】世界銀行が1978年から毎年刊行している報告書。経済・社会・環境など毎年異なるテーマでまとめられている。

せかい-かん【世界観】世界およびその中で生きている人間に対して、人間のありかたという点からみた統一的な解釈、意義づけ。知的なものにとどまらず、情意的な評価が加わり、人生観よりも含むものが大きい。楽天主義・厭世主義・宿命論・宗教的世界観・道徳的世界観などの立場がある。

(類語)思想・主義・理念・信条・信念・哲学・人生観・思潮・イズム・イデオロギー

せかい-きおくいさん【世界記憶遺産】ユネスコの事業の一。損失の危機にある文書や映像フィルムなどの記録を保存し、未来の世代に引き継ぐためのもの。マグナカルタ(大憲章)、ベートーベン直筆の交響曲第9番楽譜、ヒッタイトのくさび形文字を記した粘土板などが登録されている。記憶遺産。世界の記憶。MOW(Memory of the World)。

せかい-きこうけいかく【世界気候計画】►ダブリュー-シー-ピー(WCP)

せかいきしょうかんし-けいかく【世界気象監視計画】世界気象機関(WMO)が中心になり、気象衛星を利用して全世界の気象状況を観測し、天気予報の精度を高めるほか、災害の予防、船舶・航空機の安全運航に役立てようという計画。1963年に開始。

せかい-きしょうきかん【世界気象機関】►ダブリュー-エム-オー(WMO)

せかい-きゅうせいきょう【世界救世教】昭和10年(1935)もと大本おおもと教の信者岡田茂吉が、観音の霊力による独自の信仰治療を中心として創始した新宗教。病・貧・争のない地上天国を築くことを使命とし、そのモデルとして瑞雲郷(熱海)・神仙郷(箱根)を建設した。第二次大戦後、一時メシア教とよばれたことがある。

せかいきょうかい-うんどう【世界教会運動】キリスト教諸教派の相互理解と宣教における協力を目的とする世界的運動。その歴史的背景は長いが、現在は1948年に結成された世界教会協議会(WCC)を中心に推進されている。

せかい-きょうこう【世界恐慌】世界的規模の恐慌。1929年に始まる大恐慌が代表的な例。

せかい-きろく【世界記録】運動競技などで、世界最高の記録。

せかい-ぎんこう【世界銀行】IBRD(国際復興開発銀行)とIDA(国際開発協会)とを合わせた名称。IDA設立以前は、IBRDのみを指した。世銀。➡世界銀行グループ

せかいぎんこう-グループ【世界銀行グループ】国際連合の専門機関の一。IBRD(国際復興開発銀行)、IDA(国際開発協会)、IFC(国際金融公社)、MIGA(多数国間投資保証機関)、ICSID(国際投資紛争解決センター)の総称。➡世界銀行

せかいくにづくし【世界国尽】福沢諭吉の外国地誌書。6巻。明治2年(1869)刊。世界各国の地理・歴史を、七五調の唱歌体で記述したもの。

せかいけいざい-フォーラム【世界経済フォーラム】►ダブリュー-イー-エフ(WEF)

せかい-ご【世界語】►国際語

せかい-こうみん【世界公民】世界国家の成員。ストア学派やキリスト教的社会観から生まれた観念。コスモポリタン。

せかい-こっか【世界国家】世界全体を単一の政府のもとに統一し、全人類を一国民とする理想的な国家。この思想は古くからあったが、特に、第二次大戦後、核兵器の危機感から具体的に唱えられた。世界連邦。世界政府。

せかい-さだめ【世界定め】江戸歌舞伎の年中行事の一つで、顔見世興行に上演する狂言の世界を選定する企画会議。毎年9月12日に行われた。

せかい-ざひょうけい【世界座標系】《world coordinate system》►ワールド座標系

せかい-し【世界史】世界全体を総合的にとらえた人類の歴史。

せかい-じ【世界時】経度零度の本初子午線を基準とする平均太陽時。グリニッジ時。グリニッジ標準時。ユニバーサルタイム。UT。➡協定世界時

せかい-しぜんほごききん【世界自然保護基金】►ダブリュー-ダブリュー-エフ(WWF)

せかいしみん-しゅぎ【世界市民主義】►コスモポリタニズム

せかい-しゅうきょう【世界宗教】民族・国籍・階級などにかかわりなく世界に広く伝播でんぱしている宗教。仏教・キリスト教・イスラム教がその代表例で、開祖があり、人間性の深い理解に基づく個人の救済を教説の中心としているのが共通点。➡民族宗教

せかい-しゅうまつどけい【世界終末時計】《doomsday clock》►終末時計

せかい-しょくりょうかいぎ【世界食糧会議】►ダブリュー-エフ-シー(WFC)

せかい-しょくりょうけいかく【世界食糧計画】►ダブリュー-エフ-ピー(WFP)

せかい-じん【世界人】世界的に有名な人。その行動・活動の範囲が世界的である人。

せかい-じんけんせんげん【世界人権宣言】1948年、第3回国連総会で採択された人権に関する世界宣言。法的拘束力はないが、すべての人民・国家が達成すべき基準を示す。これに基づき「経済的、社会的および文化的権利に関する国際規約」「市民的および政治的権利に関する国際規約」がつくられた。

せかい-ぜいかんきこう【世界税関機構】►ダブリュー-シー-オー(WCO)

せかい-せいさく【世界政策】世界的規模で考えられた対外政策。特に、19世紀末以後に欧米列強がとった帝国主義的対外膨張政策をいう。

せかい-せいしん【世界精神】❶世界全体を支配・統制する理性原理。世界霊魂。❷ヘーゲルの歴史哲学で、世界史の内に働く超越的な精神。

せかい-せいねんかいぎ【世界青年会議】►ダブリュー-エー-ワイ(WAY)

せかい-せいふ【世界政府】►世界国家

せかい-せん【世界線】四次元の時空の座標で表現される、質点の運動の軌跡。等速運動では直線、それ以外では曲線となる。

せかいせんりゃく-しゃ【世界戦略車】►グローバルカー

せかい-ぞう【世界像】《(ドイツ) Weltbild》ある理論または知識の体系に基づいて、客観的、知的にとらえた、世界の全体的な姿・形象。

ぜがい-そう【▽善界草】《「ぜかいそう」とも》オキナグサの別名。

せかい-たいせん【世界大戦】世界的な規模で戦われる戦争。一般的には第一次(1914～18)と第二次(1939～45)の二つの大戦をいう。

せかい-だんじょかくさしすう【世界男女格差指数】►ジェンダーギャップ指数

せかい-ちてきしょゆうけんきかん【世界知的

所有権機関】ｾｶｲﾁﾃｷｼｮﾕｳｹﾝｷｶﾝ ▶ワイポ(WIPO)
せかい-てき【世界的】〘形動〙❶世界全体に関係しているさま。「一な不況」❷その力量が世界じゅうに通用するほどすぐれているさま。「一な大作曲家」
せかい-てんもんねん【世界天文年】国際年の一。地動説を唱えたガリレオ=ガリレイが初めて望遠鏡を使って星を観察したとされる1609年から400年の節目にあたる2009年が、国際連合・ユニセフ・国際天文学連合により世界天文年と定められた。148の国と地域が参加。ガリレオにちなみ月や木星を観察するなど、世界各地で星に親しむ行事が開催された。
せかい-どうぶつほけんきかん【世界動物保健機関】ｾｶｲﾄﾞｳﾌﾞﾂﾎｹﾝｷｶﾝ ▶国際獣疫事務局
せかい-どうぶつほごきょうかい【世界動物保護協会】ｾｶｲﾄﾞｳﾌﾞﾂﾎｺﾞｷｮｳｶｲ ▶ダブリュー-エス-ピー-エー(WSPA)
せかい-とっきょ【世界特許】ｾｶｲﾄｯｷｮ 一つの国で認められた特許が他の国でも無審査で認められる制度。国際特許。〘補説〙構想段階の概念で、現在、特許の審査は各国が行う。
せかいトップレベルこくさいけんきゅうきょてん-けいせいそくしんプログラム【世界トップレベル国際研究拠点形成促進プログラム】ｾｶｲﾄｯﾌﾟﾚﾍﾞﾙｺｸｻｲｹﾝｷｭｳｷｮﾃﾝｹｲｾｲｿｸｼﾝ 第3期科学技術基本計画などに基づいて、文部科学省が平成19年(2007)から開始した事業。世界最高水準の研究拠点構築を目指す取り組みを集中的に支援する。科学技術分野の基礎研究機能を高め、国際競争力の強化を図ることが目的。物質・材料研究機構の国際ナノアーキテクトニクス研究拠点(MANA)や大阪大学の免疫学フロンティア研究センター(IFReC)など、公募により選定された拠点に対して、1拠点あたり年間5～20億円の補助金が10年間交付される。審査・評価・管理などの業務は日本学術振興会が行う。WPIプログラム(World Premier International Research Center Initiative)。➡最先端研究開発支援プログラム
せかい-の-こうじょう【世界の工場】ｾｶｲﾉｺｳｼﾞｮｳ《The Workshop of the World》19世紀に世界経済の覇権を握った英国のことを、同時代の英国の経済学者ジェボンズが表した言葉。産業革命によって、当時最先進工業国となった英国は、世界中から原材料を輸入し、大量生産した工業製品を世界中に輸出して、一国で世界の工業生産額の半分を占めていたことから。20世紀にはアメリカと日本が、21世紀初頭には中国が、「世界の工場」とよばれるようになった。➡パクスブリタニカ〘補説〙1978年以降、改革開放政策を推し進めてきた中国は、その安価で豊富な労働力や広大な用地、潜在的巨大市場などが誘因となって、先進国の企業が相次いで進出。90年代後半には鉄鋼、21世紀に入ると家電・繊維・機械設備・化学などの多様な製品で世界一の生産高を記録し、「世界の工場」とよばれるようになった。
せかい-ひょうじゅん【世界標準】ｾｶｲﾋｮｳｼﾞｭﾝ ▶グローバルスタンダード
せかい-ふうりょくかいぎ【世界風力会議】ｾｶｲﾌｳﾘｮｸｶｲｷﾞ 風力エネルギー分野の国際的業界団体。本部はブリュッセル。2005年に欧州風力エネルギー協会(EWEA)が提唱し発足。日本からは日本風力発電協会(JWPA)と日本風力エネルギー協会(JWEA)が設立メンバーとして加盟している。GWEC(Global Wind Energy Council)。
せかい-へいわひょうぎかい【世界平和評議会】ｾｶｲﾍｲﾜﾋｮｳｷﾞｶｲ ▶ダブリュー-シー-ピー(WCP)
せかい-ぼうえききかん【世界貿易機関】ｾｶｲﾎﾞｳｴｷｷｶﾝ ▶ダブリュー-ティー-オー(WTO)
せかい-ぼうえきセンター【世界貿易センター】▶ワールドトレードセンター
せかい-ほけんきかん【世界保健機関】ｾｶｲﾎｹﾝｷｶﾝ ▶ダブリュー-エッチ-オー(WHO)
せかい-やせいせいぶつききん【世界野生生物基金】「世界自然保護基金」の旧称。➡ダブリュー-ダブリュー-エフ(WWF)
せ-かいらぎ【背梅=花=皮|背×鰄】背筋に大きな粒のある鮫の皮。また、それで鞘や柄を巻いた刀。せかいらげ。かいらぎづくり。
せかい-れき【世界暦】現行のグレゴリオ暦の各月の日数を等しくして日付と曜日を一致させる改正案。1年を四季に分け、各季を30・30・31日からなる3か月とし、各季の第1日を日曜とし、週に加えない1日を年末に置くというもの。1930年に米国のエリザベス=アケリス女史が提唱した。
せかい-れんぽう【世界連邦】ｾｶｲﾚﾝﾎﾟｳ「世界国家」に同じ。
せかいれんぽう-うんどう【世界連邦運動】ｾｶｲﾚﾝﾎﾟｳｳﾝﾄﾞｳ ▶ダブリュー-エフ-エム(WFM)
せかい-ろうどうくみあいれんめい【世界労働組合連盟】ｾｶｲﾛｳﾄﾞｳｸﾐｱｲﾚﾝﾒｲ ▶ダブリュー-エフ-ティー-ユー(WFTU)
せかい-ろうれん【世界労連】ｾｶｲﾛｳﾚﾝ ▶ダブリュー-エフ-ティー-ユー(WFTU)
せか-う【▽塞▽敢ふ】ｾｶﾌ〘動ハ下二〙「せきあう(塞き敢ふ)」の音変化。「嘆きせば人知りぬべみ山川の激つ心を一・へてあるかも」〈万・一三八三〉
せ-がえし【背返し】ｾｶﾞﾍｼ 古い着物を縫いなおすとき、前身頃の縫い込みを背の方へまわすこと。
せ-がき【施餓鬼】盂蘭盆に寺などで、餓鬼道に落ちて飢餓に苦しむ無縁仏や生類のために催す読経・供養。施餓鬼会。〘季 秋〙「蜩や山の一の日盛に/白秋」〘類語〙回向・供養・花供養
せがき-ぶね【施餓鬼船】水死人を供養する川施餓鬼のときに仕立てる船。〘季 秋〙
せ-がしら【瀬頭】緩やかな流れから、瀬になりかかって波が立ちはじめる所。⇔瀬尻。
せか・す【▽急かす】㊀〘動サ五(四)〙「急かせる」に同じ。「そろそろ一・さないと遅れる」㊁〘動サ下二〙「せかせる」の文語形。
〘類語〙急く・急がす・せっつく・急き立てる・追い立てる
せか-せか〘副〙ｽﾙ ❶動作や言葉などがせわしくて落ち着きのないさま。「一(と)動き回る」「気ばかり一する」❷せせこましいさま。こせこせ。「一と置かうより一度にどうど置かう」〈虎明狂・蚊相撲〉〘類語〙そわそわ・いそいそ・こせこせ・わさわさ・せかつく
せか・せる【▽急かせる】〘動サ下一〙文せか・す〘サ下二〙❶催促して急がせる。せきたてる。せかす。「仕事を一・せる」❷じらせてあせらせる。「これまた米八に心を一・する手くだなり」〈人・辰巳園・三〉
せか-つ・く〘動カ五〙急ごうとあせって、態度が落ち着かなくなる。せかせかする。「一・いて歩き回る」
せ-かっこう【背格好】ｾｶｯｶｳ・【背×恰好】ｾｶｯｶｳ ▶せいかっこう
せがみ-た・てる【せがみ立てる】〘動タ下一〙文せがみた・つ〘タ下二〙しきりに頼み込む。盛んにねだる。「書生さん達は…、早く飯にしろと一・てるに違いない」〈有島・星座〉
セカム〘SÉCAM〙《ﾌﾗﾝｽ Séquentiel Couleur à Mémoire》地上波アナログカラーテレビ放送の標準方式の一。フランスで開発され、ロシア、ギリシャ、エジプトなどで採用。色相、彩度調整が不要なため取り扱いが簡単。SECAM方式。➡エヌ-ティー-エス-シー(NTSC) ➡パル(PAL)
せが・む〘動マ五(四)〙❶無理に頼む。しつこくねだる。「母に小遣いを一・む」❷責めしかる。非難し苦しめる。「今一・みさいなむ事、いと見苦しかるべき事なり」〈十訓抄・七〉➡強請る〘用法〙
〘類語〙せびる・ねだる・無心する・たかる・ゆする
セカム-ほうしき【SECAM方式】ｾｶﾑﾊｳｼｷ《ﾌﾗﾝｽ Séquentiel Couleur à Mémoire》▶セカム(SÉCAM)
せがれ【×倅|×悴】❶自分の息子をへりくだっていう語。「一をよろしく願います」❷他人の息子をくだけていう語。また、子供や若輩の者をさしていう語。「高校生の一がいるそうだ」❸陰茎の俗称。〘補説〙❶❷は、古くは女子にも用いた。
〘類語〙こせがれ・愚息・豚児・息子・ジュニア
せ-がわ【背革|背皮】ｾｶﾞﾊ 洋とじの書物の背に張るなめし革。また、その革を用いた本。「一綴じ」
せがわ-きくのじょう【瀬川菊之丞】ｾｶﾞﾊ 歌舞伎俳優。屋号、浜村屋。俳名、路考。㊀(初世)[1693～1749]初め京坂、のち江戸でも活躍した女方の名人。初世芳沢あやめとともに女方芸の基礎を築いた。浜村屋路考。㊁(2世)[1741～1773]初世の養子。宝暦・明和(1751～1772)ごろ、江戸で若女方として人気を博した。王子路考。㊂(3世)[1751～1810]2世の養子。天明・寛政(1781～1801)ごろ、江戸で活躍した名女方。仙女路考。㊃(5世)[1802～1832]3世の孫。文化・文政(1804～1830)ごろ、江戸で女方として活躍。多門路考。㊄(6世)[1907～1976]瀬川久次郎の養子となり瀬川家を再興。前進座に属し、女方・二枚目から実悪・老け役まで広い芸域をこなした。
せがわ-じょこう【瀬川如皐】ｾｶﾞﾊｼﾞｮｶｳ[1806～1881]江戸末期の歌舞伎作者。3世。江戸の人。5世鶴屋南北の門下で、中村座の立作者となった。作「与話情浮名横櫛」「東山桜荘子」など。
せがわ-ぼうし【瀬川帽子】ｾｶﾞﾊ 江戸時代に流行した婦人用の綿帽子の一。享保19年(1734)歌舞伎俳優の初世瀬川菊之丞が、屋敷女中の役でかぶったのが最初といわれる。
セガンティーニ〘Giovanni Segantini〙[1858～1899]イタリア生まれの画家。スイスに定住。アルプスを背景に自然と人間との調和を追求、独自の点描法のもとに象徴主義的な画風を示した。
セカント〘secant〙三角比・三角関数の一。コサインの逆比・逆数。記号sec 正割。正割関数。
セカンド〘second〙❶第2のもの。2番目。「一クラス」「一カー」❷野球で、二塁。または、二塁手。❸自動車で、前進第二段のギア。❹▶セコンド
セカンド-ウインド〘second wind〙長距離のランニングで、走りだして15分ぐらいたつと心拍数や血圧が安定して楽になる状態をいう。ランニングに限らず、激しい持続的な運動中に起こる。
セカンド-エージ〘second age〙《「第二世代」の意》就職、結婚して家族を養育する時期。青年期後半から壮年期。➡ファーストエージ ➡サードエージ
セカンド-オピニオン〘second opinion〙よりよい決定をするために、もう一人の人から聴取する意見。医療の分野では、一人の医師の意見だけで決めてしまわずに、別の医師の意見も聞いて患者が治療法などを決めることを指す。
セカンド-カー〘second car〙一家で2台目に持つ車。遠出よりも、主に近所の買い物など補助的に使う車。
セカンドカー-わりびき【セカンドカー割引】自動車保険の契約に際し、現在契約している1台目の保険契約がノンフリート等級11等級以上の場合、2台目以降の自動車に適用される保険料の割引。記名被保険者や自動車の用途・車種について一定の条件がある。複数所有自動車割引。
セカンド-キャリア《和 second＋career》スポーツ選手の引退後の仕事。また、会社員や公務員が停年後にする仕事。
セカンド-コンタクト〘second contact〙第二の接触。ファーストコンタクトに次ぐ接触。
セカンド-サービス〘second service〙テニスで、1回目に失敗したあと、2回目に行うサーブ。
セカンド-スクール《和 second＋school》都会の小・中学生がクラス全員で農村部に移動し、豊かな自然の中で行う体験学習。
セカンド-ステージ〘second stage〙《第二期、後期の意》(特に定年後の)第二の人生。余生。
セカンド-ストライク〘second strike〙敵の攻撃を受けたあとの最初の反撃。通常、核による反撃をいう。➡ファーストストライク
セカンド-ソース〘second source〙他社の開発した商品の設計ノウハウを買い入れて、それと同等の製品を製造供給すること。また、その商品。
セカンド-バージン《和 second＋virgin》初めてのセックスが不快な経験として記憶に残り、以後男性

の肉体を嫌悪したり恐れたりするようになりセックスができなくなっている女性。

セカンド-ハウス《和 second＋house》別荘。別宅。

セカンド-バッグ《和 second＋bag》小型のかかえて持つバッグ。本来は、大型バッグに入れて、補助的に用いるもの。

セカンド-バッテリー〖second battery〗予備のバッテリー。特に、ノートパソコンに装着して、駆動時間を延長するために用いるものをいう。

セカンドハンド〖secondhand〗中古品。セコハン。「―の家具」

セカンド-ベース〖second base〗野球で、二塁をいう。セカンド。

セカンド-ベスト〖second best〗最善ではないが、その次ではあること。次善。二流。

セカンド-ライフ《和 second＋life》第2の人生。特に、定年退職後の人生。

セカンド-ラン〖second run〗映画で、封切り館の次に上映すること。二番館興行。

セカンドレベル-ドメイン〖second level domain┊2LD〗インターネット上のドメインのうち、ピリオドで区切られた文字列の右側から2番目の部分。一般に、ドメイン名を利用する組織の種類や所在などを表す。SLD。第二レベルドメイン。

セカンド-ロー〖second row〗ラグビーで、フォワードがスクラムを組むときの第2列目のプレーヤー。

せき【×勺】▶しゃく(勺)

せき【▽尺】▶しゃく(尺)

せき【×咳】《「堰」と同語源》のど・気管の粘膜が刺激されたとき、反射的に呼吸を止め、短く強く吐き出す息。また、その音。しわぶき。【季 冬】「―をする母を見あげてゐる子かな/汀女」
(類語)しわぶき・空咳・咳払い・咳嗽(がいそう)・謦咳(けいがい)

せき【席】㊀〔名〕❶座る場所。また、きめられた座り場所。「―に着く」「―をきめる」❷地位。身分。「重役の―をねらう」❸集まりなどの行われる場所。「酒の―」「話し合いの―を設ける」❹寄席(よせ)。席亭。「主に講釈ばかり掛かる広小路の―へは」〈鴎外・雁〉❺草や竹を編んでつくる敷物。むしろ。ござ。「ささへに―を付けて」〈浮・近代艶隠者〉㊁〔接尾〕助数詞。順位を表すのに用いる。「第一―」➡漢「せき(席)」
(類語)(㊀❶)座・座席・場席(ばせき)・空席・客席・定席(じょうせき)・座所・シート・/(❷)椅子(いす)・順位・ポスト・地位・身分・位置・ポジション

席暖(あたた)まるに暇(いとま)あらず　「席の暖まる暇もない」に同じ。

席の暖まる暇(いとま)もない　《韓愈「諍臣論」から》1か所に落ち着いていられないほど忙しい。

席を改・める　その場を打ち切って、宴会や会合を別の会場・機会に移して行う。「―・めて話し合う」

席を汚(けが)・す　高い地位・役職につくことや、会合に出席することを、へりくだっていう言い方。

席を蹴(け)・る　怒って勢いよくその場から出て行く。「捨てぜりふを残して―・る」

席を進・める　人と対談などをしているうちに、話に興じて前に乗り出すのにいう。

席を外(はず)・す　しばらくその場を離れる。中座する。「当事者以外は―・す」

席を譲・る　自分の席を退いて他人をそこへ着かせる。「お年寄りに―・る」

せき【責】当然果たすべきつとめ。責任。せめ。「会長の―を果たす」➡漢「せき(責)」

せき【×堰】《動詞「塞(せ)く」の連用形から》水を取るため、また、水深・流量の調節のため、川の途中や流出口などに設けて流水をせき止める構造物。
(類語)ダム・堰堤・堤防・堤・土手

堰を切(き)ったよう　たまっていたものがどっとあふれ出すさま。こらえていたものが、一度に起こる様子をいう。「涙が―に流れ出す」

堰を切・る　川の流れが堰を壊してあふれでる。また転じて、おさえられていたものが、こらえきれずにどっとあふれでる。「言葉が―・って出てきた」(補説)「関を切る」と書くのは誤り。

せき【関】《「堰」と同語源》❶「関所」に同じ。「箱根の―」❷物事をさえぎりとどめるもの。へだて。しきり。「人目の―を離れし場所にて」〈魯庵・社会百面相〉❸相撲取りの最上位の者。関取。➡ぜき(関) ❹射芸で、最終の射手。❺囲碁で攻め合いになった場合、先に石を打ったほうが打ち上げられる局面。ともに「活(い)き」だが「地(じ)」にはならない。

せき【関】㊀岐阜県中部の市。鎌倉時代から始まる刀鍛冶(かたなかじ)で知られ、関の孫六などの名匠が出た。刃物や洋食器を生産。平成17年(2005)2月に洞戸(ほらど)村、板取村、武芸川(むげがわ)町、武儀(むぎ)町、上之保(かみのほ)村を編入し、V字型の市域となった。人口9.1万(2010)。㊁東海道五十三次の宿場の一。現在の三重県亀山市の地名。

せき【積】❶積むこと。積もること。また、積んだもの。「お庄は空樽の―の前に立って」〈秋声・足迹〉❷大きさ。広さ。余裕。「ただ一寸の―もない程詰んでいる」〈漱石・永日小品〉❸二つ以上の数や式を掛け合わせて得られる数や式。乗積。⇔商。➡漢「せき(積)」

せき【籍】❶戸籍。「結婚して―を入れる」❷学校や団体の一員として名を連ねていること。また、その資格。「大学に―を置く」➡漢「せき(籍)」
(類語)戸籍・本籍・原籍・国籍

せき【×齣】❶中国の戯曲の一段・一幕。俳優一同が下場することによって区切る。➡齣(こま) ❷江戸時代の小説や戯曲の区切り・段落。節。章。せつ。

せき【寂】〔ト・タル〕図〔形動タリ〕ひっそりとして静かなさま。「―として声なし」「生命の流れの―として充実した感じが」〈宮本・伸子〉➡漢「じゃく(寂)」
(類語)静か・密(ひそ)やか・しめやか・静寂・静粛・閑寂・寂然(せきぜん)・寂然(じゃくねん)・寂寂(せきせき)・寂寂(じゃくじゃく)

せき【石】〔接尾〕助数詞。❶腕時計などの軸受けにする宝石を数えるのに用いる。「二七―の時計」❷電気製品でトランジスター・ダイオードなどを数えるのに用いる。➡漢「せき(石)」

せき【隻】〔接尾〕助数詞。❶比較的大きい船を数えるのに用いる。「駆逐艦二―」❷屏風など対(つい)になっているものの片方を数えるのに用いる。「六曲一―」❸魚・鳥・矢などを数えるのに用いる。「箭二―を着て」〈続紀〉➡漢「せき(隻)」

ぜき【関】〔接尾〕《「関取(せきとり)」の略》相撲で十両以上の力士のしこ名に付ける敬称。「若乃花―」

せき-あ【積×痾】長い間治らないでいる病気。ながわずらい。宿痾。

せき-あい【惜愛】おしみいつくしむこと。愛惜。

せき-あ・う【▽塞き合ふ】(ふ)〔動ハ四〕すきまもないほどに込み合う。「六波羅の門前には、馬車の立ち所もなく―・ひたるに」〈古活字本平治・上〉

せき-あ・う【▽塞き▽敢ふ】(ふ)〔動ハ下二〕抑えて我慢する。こらえる。「げにそのをりよりも―・へぬ悲しさやらむ方なし」〈源・幻〉

せき-あく【積悪】悪事を積み重ねること。また、積もり重なった悪事。しゃくあく。⇔積善。

積悪の家には必ず余殃(よおう)あり　《「易経」坤卦から》悪事を積み重ねてきた家には、その報いとして必ず子孫にまで及ぶ災いがやってくる。

せき-あ・げる【×咳上げる┊▽急き上げる】〔動ガ下一〕図せきあ・ぐ〔ガ下二〕❶しきりにせきをする。せきこむ。「苦しげに―・げる」❷涙がこみ上げてむせる。しゃくりあげる。「悲しみのあまり―・げる」❸感情が高まる。「白状しければカリドンは忽ち、かっと―・げて」〈竜渓・経国美談〉(類語)泣く・噎(むせ)ぶ・啜(すす)り上げる・嗽(しゃく)り上げる・泣き嗽(じゃく)る・鳴咽(おえつ)する・涙に噎ぶ

せき-あ・げる【▽塞き上げる┊×堰き上げる】〔動ガ下一〕図せきあ・ぐ〔ガ下二〕流水をせきとめる。また、せきとめて逆流させる。「川の水を―・げる」

せき-あじ【関×鯵】(ぢ)豊予海峡で一本釣りされ、大分県佐賀関漁港に水揚げされる瀬付きのマアジ。大分県漁業協同組合佐賀関支店が出荷するブランド魚。平成8年(1996)、関さばとともに、水産品として初めて商標登録。同18年には地域団体商標を取得。一尾ずつ商標マークの入ったシールを付けて出荷される。

せき-い【赤緯】(ゐ)赤道座標における緯度。赤道から北はプラス、南はマイナスの符号をつけて表す。

せき-いた【×堰板┊関板】❶建築の基礎工事や土木工事で、掘削した所の土が崩壊しないように設ける土留め用の板。❷コンクリートを流し込み、所定の形に固まるまで流出しないように設ける型枠。❸弓の弭(はず)に当てる木。額木(ひたいぎ)。❹(関板)屋根をふく粗末な板。板の継ぎ手を羽重(はがさ)ねにして、上を桟で打ちつけたもの。また、縦横に竹を打って石などをのせておく粗末な板屋根。

せきいた-さく【×堰板柵】土砂が崩れないように、堰板を用いて設けた柵。土留め柵。山留め柵。

せき-いつ【▽尺一】❶1尺1寸(約33.3センチ)。しゃくいち。❷《中国上代に詔書を写すのに1尺1寸の長さの板を用いたことから》詔書。みことのり。

せき-いり【席入り】▶座入り

せき-い・る【×咳き入る】〔動ラ下二〕❶続けて激しくせきをする。激しくせきこむ。「煙にむせて―・る」❷しきりにしゃくりあげる。「一度にわっと溜涙(ためなみだ)―・れ咳き上げ歎きしが」〈浄・先代萩〉

せき-い・る【▽塞き入る┊×堰き入る】〔動ラ下二〕流れをせきとめて、他の流れへ導き入れる。「この頃水―・れて涼しき陰に侍る」〈源・帚木〉

せき-いん【石印】❶石に彫った印。❷「石版印刷」の略。「―本」

せき-いん【惜陰】《「陰」は歳月の意》時の早く過ぎていくのを惜しむこと。また、少しの時間を惜しんで努力すること。

せき-う【赤×烏】《太陽の中に3本足の烏(からす)がいるという中国の伝説から》太陽の異称。「既にして―西に飛ぶ」〈海道記〉

せき-う【積羽】積みかさねられた鳥の羽。

積羽舟を沈む　《「淮南子」繆称訓から》軽い羽根も大量になると、その重さで舟も沈む。小さなことも積もり重なると大事になることのたとえ。

せき-う【積雨】長く降り続く雨。ながあめ。

せき-うつ【積鬱】❶うっとうしい日の続くこと。❷心配が積もること。また、その心配。

せき-うん【積雲】十種雲形の一。上面が盛り上がってドーム状となり、雲底はほぼ水平の雲。晴れた日中に発達する。略号はCu。綿雲(わたぐも)。積み雲。入道雲。➡雲級 (類語)雲

せき-えい【石英】二酸化珪素(けいそ)からなる鉱物。ふつうガラス光沢をもつ六方晶系の柱状か錐状の結晶で、透明なものを水晶という。花崗岩(かこうがん)・片麻岩などの主成分の一。装飾品・光学材料・ガラス原料などに利用。

せき-えい【隻影】ただ一つの物の影。片影。

せきえい-あんざんがん【石英安山岩】▶デーサイト

せきえい-ガラス【石英ガラス】二酸化珪素(けいそ)だけを成分とするガラス。石英や純度の高い珪石・珪砂などを融解して作る。耐熱性・耐酸性にすぐれ、紫外線・赤外線をよく通す。理化学器具・特殊プリズム・レンズ・高圧水銀灯管などに使用。シリカガラス。

せきえい-ぐん【赤衛軍】(ヱイ)1917年、ソビエト革命政権樹立のため、ボリシェビキの指導下に武装した労働者・農民によって編制された軍隊。赤軍の前身。➡白衛軍

せきえい-しゃ【石英砂】▶珪砂(けいしゃ)

せきえい-せんりょくがん【石英×閃緑岩】深成岩の一。完晶質・粗粒の岩石で、斜長石・石英・角閃石が主成分鉱物。カリ長石が多いものは花崗(かこう)閃緑岩とよばれる。

せきえい-そめんがん【石英粗面岩】流紋岩(りゅうもんがん)のこと。

せきえい-はんがん【石英斑岩】半深成岩の一。斑晶は石英・カリ長石・黒雲母(くろうんも)などで、石英の結晶が大きく目立つ。石基は微細な結晶。

せき-エチケット【×咳エチケット】インフルエンザ

の感染拡大を防ぐための、咳をするときのマナー。マスクを着用する、マスクのない場合はティッシュなどで押さえる、使用したティッシュはすぐにゴミ箱に捨てる、など。平成20年(2008)11月、厚生労働省の呼びかけによるもの。

せき-えん【石×燕】▶スピリファー

せき-えん【積怨】ヱン 積もるうらみ。「一を晴らす」類語 恨み・怨恨えんこん・意趣・遺恨いこん・怨念おんねん・宿意・宿怨しゅくえん・宿恨・旧怨きゅうえん

せき-おう【石黄】ワウ 硫化砒素ひそからなる鉱物。黄色で半透明、樹脂光沢をもつ。鶏冠石に伴って産することが多く、有毒。雄黄ゆうおう。

せき-おくり【関送り】❶京都から旅に出る人、特に、伊勢参宮の人を逢坂おうさかの関まで送ること。⇔関迎え。❷旅立ちの人を見送ること。「そのあけの日は禿かぶろどもが立酒、幸ひ一とて」〈浮・一代男・五〉

せき-おんせん【関温泉】ヲンセン 新潟県妙高みょうこう市の妙高山東麓にある温泉。泉質は塩化物泉。

せき-か【石果】クヮ ▶核果かくか

せき-が【席画】グヮ 宴会や集会の席で、依頼に応じて即席に絵をかくこと。また、その絵。

せきがい-けんびきょう【赤外顕微鏡】セキグワイケンビキヤウ ▶赤外線顕微鏡

せきがい-しゃしん【赤外写真】セキグワイ ▶赤外線写真

せきがい-せん【赤外線】セキグワイ 太陽スペクトルの赤色部の外側にあって目に見えない光線。波長は約0.77ミクロンから1ミリ程度で、熱作用が大きく透過力も強いので、医療や赤外線写真などに利用する。テレビのリモコンや携帯電話のデータ転送など、近距離データ通信にも用いられている。熱線。IR(infrared)。インフラレッドレイ。

せきがいせん-けんびきょう【赤外線顕微鏡】セキグワイセンケンビキヤウ 可視光線の代わりに赤外線を利用した顕微鏡。光学顕微鏡の一。ICなどの半導体回路を非接触、非破壊で内部を観察できる。赤外顕微鏡。

せきがいせん-しゃしん【赤外線写真】セキグワイセン 赤外線フィルムと赤外線以外をカットするフィルターを用いて撮影する写真。肉眼では見えない物や、雲や霧を通した遠方の景色の撮影に、また、反射率の違いによる森林や海水温の調査などに利用。

せきがいせん-つうしん【赤外線通信】セキグワイセン《infrared transmission》赤外線によるワイヤレス通信の総称。テレビやAV機器のリモコン、携帯電話のデータ通信などに利用される。

せきがいせん-でんきゅう【赤外線電球】セキグワイセンデンキウ フィラメントの温度を照明用より低く設定し、赤外線を出すようにした電球。熱放射が多く、乾燥用や医療などに使用。

せきがいせん-てんもんがく【赤外線天文学】セキグワイセン 天体が放射する赤外線を観測して、恒星・星雲・銀河などを研究する天文学の一分野。

せきがいせん-フィルム【赤外線フィルム】セキグワイセン 赤外線を感光できるように増感色素を加えたフィルム。

せきがいせん-ぶんこうぶんせき【赤外線分光分析】セキグワイセンブンクワウブンセキ ▶赤外分光分析

せきがいせん-マウス【赤外線マウス】セキグワイセン ▶光学式マウス

せきがいせん-りょうほう【赤外線療法】セキグワイセンレウハフ 赤外線を照射し、その温熱作用を利用して病気を治療する方法。神経痛・筋肉痛・関節リウマチなどに用いる。

せきがい-ぶんこうぶんせき【赤外分光分析】セキグワイブンクワウブンセキ 赤外線の吸収スペクトルを測定して、試料中の元素の検出・定量を行う分析法。分子に固有の赤外吸収スペクトルの波長と強度から、物質の同定、定性分析、定量分析を行う。特に有機化合物の分析に用いられる。赤外線分光分析。

せき-がえ【席替え】ガヘ 席を入れ替えること。特に、学校で、学級内の座席の位置を入れ替えること。

せき-がき【席書(き)】❶集会などの席で、即興的に書画をかくこと。また、その書画。❷江戸時代、手習い師匠が門弟その他の人を集めて開いた書道の展覧会。せきしょ。

漢字項目　せき

【▽尺】▶しゃく
【寂】▶じゃく
【×藉】▶しゃ

夕 学1 音セキ漢 訓ゆう ‖ ㊀〈セキ〉ゆうがた。「夕日・夕陽/今夕・旦夕・朝夕・一朝一夕」㊁〈ゆう〉「夕刊・夕刻・夕食/朝夕・昨夕」名付ゆ 難読七夕たなばた・夕星ゆうずつ

斥 音セキ漢 訓しりぞける ‖ ①しりぞける。「排斥・擯斥ひんせき」②様子を探る。「斥候」③指さす。「指斥」

石 学1 音セキ漢 シャク慣 コク慣 訓いし、いわ ‖ ㊀〈セキ〉①いし。「石器・石材・石炭・石碑/隕石いんせき・化石・岩石・巨石・結石・鉱石・泉石・礎石・投石・宝石・落石」②医療用の石針。「薬石」③碁石ごいし。「定石じょうせき・布石」④堅固なもの、無価値なものなどのたとえ。「玉石・鉄石・木石」⑤石見いわみ国。「石州」㊁〈シャク〉いし。「温石おんじゃく・磁石・磐石ばんじゃく」㊂〈コク〉体積・容積などの単位。「石高/千石船」㊃〈いし〉「石頭・石工いしく・石畳/軽石・庭石」名付あつ・いそ・かた・し 難読石蓴あおさ・明石あかし・石投いしなぎ・石首魚いしもち・石女うまずめ・重石おもし・石榴ざくろ・流石さすが・石楠花しゃくなげ・石蕗つわぶき

人**汐** 音セキ漢 訓しお、うしお ‖ 夕方のしお。夕しお。「潮汐」名付きよ

赤 学1 音セキ漢 シャク呉 訓あか、あかい、あからむ、あからめる ‖ ㊀〈セキ〉①あか。あかい。「赤色・赤熱・赤飯・赤面・赤血球/発赤」②まじりけがない。ありのまま。「赤心・赤誠」③表面に何も帯びていない。「赤脚・赤手・赤地・赤貧・赤裸」④赤道のこと。「赤緯・赤経」⑤共産主義のシンボルとしての赤色。「赤化・赤旗・赤軍」㊁〈シャク〉あか。「赤銅」㊂〈あか〉「赤赤・赤子・赤字・赤旗・赤裸」名付か・はに・わに 難読赤熊しゃぐま・真っ赤か・赤目魚めなだ

昔 学3 音セキ漢 シャク呉 訓むかし ‖ ㊀〈セキ〉過ぎ去った時。久しい以前。むかし。「昔時・昔日・昔年/往昔・古昔・在昔」㊁〈シャク〉㊀に同じ。「今昔こんじゃく」㊂〈むかし〉「昔話/大昔」名付つね・とき・ひさ・ふる

析 音セキ漢 ‖ こまかく分かつ。こみ入ったものを解きほぐす。「析出/解析・透析・分析」

隻 音セキ漢 ‖ ①二つあるものの片方。「隻眼・隻手・隻腕」②ただ一つ。ほんの少し。「隻語/片言隻句」

席 学4 音セキ漢 訓むしろ ‖ ①むしろなどの敷物。「席巻せっけん/枕席」②すわる場所。「議席・客席・空席・座席・上席・着席・末席・隣席」③会合などの場。会場。「席上/宴席・会席・酒席・出席・即席・茶席・同席・陪席・臨席・列席」④地位。序列。順位。「席次/次席・主席・首席」⑤寄席よせ。「席亭/昼席ひるせき」名付すけ・のぶ・やす・より 難読寄席よせ

脊 音セキ漢 訓せ、せい ‖ せぼね。せ。「脊髄・脊柱・脊椎せきつい・脊梁せきりょう」

×**迹** 音セキ漢 シャク呉 訓あと ‖ ㊀〈セキ〉足あと。あと。「行迹・事迹」補説「跡」と通用。㊁〈シャク〉㊀に同じ。「垂迹すいじゃく・本迹ほんじゃく」

惜 音セキ漢 シャク呉 訓おしい、おしむ ‖ ㊀〈セキ〉思いきれず、心が残る。失いたくないと思う。おしむ。「惜春・惜敗・惜別/哀惜・愛惜・痛惜」㊁〈シャク〉おしむ。「不惜身命」難読可惜あたら

戚 音セキ漢 ‖ ①身内。「姻戚・縁戚・外戚・親戚・内戚」②うれえる。悲しむ。「休戚・憂戚」③まさかり。手おの。「干戚」名付いた・ちか

責 学5 音セキ慣 シャク呉 訓せめる ‖ ㊀〈セキ〉①罪や手落ちをとがめる。せめたてる。「詰責・譴責けんせき・厳責・自責・叱責しっせき・面責・問責」②果たさなければ負い目となる事柄。「責任・責務/引責・言責・罪責・重責・職責・文責」㊁〈シャク〉罪や手落ちをとがめる。「呵責かしゃく」

×**晰** 音セキ漢 訓あきらか ‖ はっきりと見分けのつくさま。あきらか。「明晰」補説「晳」は異体字。

跡 音セキ漢 シャク呉 訓あと ‖ ㊀〈セキ〉①足あと。「人跡・足跡・追跡」②物事の行われたあとかた。「遺跡・奇跡・軌跡・旧跡・行跡・形跡・痕跡こんせき・史跡・事跡・手跡・証跡・戦跡・筆跡・墨跡」③あとめ。「名跡みょうせき・門跡もんぜき」補説「迹」「蹟」と通用。㊁〈あと〉「跡形・跡地/足跡・傷跡」

人**碩** 音セキ漢 ‖ 大きくてすぐれている。「碩学・碩儒・碩徳」名付ひろ

▽**潟** 音セキ漢 訓かた ‖ ㊀〈セキ〉砂州で遮られてできた海辺の湖。「潟湖」㊁〈かた(がた)〉「干潟ひがた」

積 学4 音セキ漢 訓つむ、つもる ‖ ①つみ重ねる。つみ重なる。「積悪・積載・積雪・積善・積年・積弊/山積・集積・堆積たいせき・蓄積・沈積・累積」②不平などの感情がたまる。「積怨せきえん/鬱積うっせき」③広さ。かさ。「体積・面積・容積」④掛け合わせて得た数値。「相乗積」名付あつ・かず・かつ・さ・さね・つね・つみ・もち・もり

績 学5 音セキ漢 訓うむ、つむぐ ‖ ①繊維をより合わせて糸をつくる。「紡績」②積み重ねた仕事やその結果。「業績・功績・事績・実績・成績・戦績・治績」名付いさ・いさお・さね・つみ・なり・のり・もり

人**蹟** 音セキ漢 シャク呉 訓あと ‖ 足あと。あと。「遺蹟・事蹟・筆蹟」補説「跡」と通用。名付ただ

籍 音セキ漢 ジャク呉 ‖ ①書物。文書。「漢籍・経籍・史籍・書籍・珍籍・典籍」②所属する人や土地などを登録した公式の文書。また、その登録。「移籍・学籍・鬼籍・原籍・戸籍・国籍・在籍・除籍・船籍・僧籍・地籍・転籍・党籍・入籍・版籍・復籍・本籍」名付ふみ・もり・より

せき-かく【石恪】中国五代、後蜀こうしょくの画家。成都(四川省)の人。字あざなは子専。水墨による道釈画・人物画に長じ、奔放な筆致を特色とする。模本とされる「二祖調心図」が伝存。せっかく。生没年未詳。

せき-がく【×碩学】修めた学問の広く深いこと。また、その人。「一の長老」類語 博学・博識・博覧・博覧強記・有識・物知り・生き字引・該博

せき-がく【積学】多くの学問を身につけること。また、その人。

せきが-さいぼう【赤芽細胞】セキガサイバウ 赤血球になる前の幼若な細胞。ふつう新生児以外では骨髄中にみられる。赤芽球。

せき-がし【席貸し】料金を取って部屋や集会場を貸すこと。また、その商売。

せき-かぜ【関風】関所の辺りを吹く風。「逢坂の関の一吹く声はむかし聞きしに変らざりけり」〈更級〉

せき-が-はら【関ヶ原】岐阜県南西端の地名。交通の要地で、古くは不破ふわの関が置かれた。安土桃山時代から中山道の宿駅となり、北国街道・伊勢街道の起点ともなる。

せきがはら-ちょう【関ヶ原町】チャウ ▶関ヶ原

せきがはら-の-たたかい【関ヶ原の戦い】タタカヒ 慶長5年(1600)関ヶ原で、石田三成らの西軍と、徳川家康らの東軍とが天下を争った戦い。小早川秀秋の寝返りにより東軍が大勝し、石田三成らは処刑され、豊臣秀頼は60万石の大名に転落した。これにより徳川氏の覇権が確立した。

せき-かわ【関川】ガハ 新潟県南西部を流れ、上越市

直江津で日本海に注ぐ川。焼山に源を発し、妙高山南麓を東に流れ、長野県上水内郡信濃町で流入したのち北流し、高田平野をうるおす。長さ64キロ。

せき-かん【石棺】ｾｯｶﾝ ▶せっかん(石棺)

せき-がん【石×巌】岩。岩石。いわお。

せき-がん【石×龕】石の塔。五輪塔・多宝塔の類。

せき-がん【隻眼】❶一つの目。片目。❷ものを見抜く眼識。すぐれた識見。また、独自の見識。一隻眼。「我が―の爛々たる方万里を照らして」〈魯庵・社会百面相〉

せき-かんさい【関寛斎】ｾｷｸﾜﾝｻｲ［1830～1913］幕末・明治期の蘭方医。上総の人。佐倉順天堂の蘭方医佐藤泰然に入門、長崎でポンペに学ぶ。のち、徳島藩医となり、戊辰戦争では官軍の奥羽出張病院頭取を勤め、晩年は北海道開拓に尽力。

せき-かんとう【石敢当】ｾｷｶﾝﾀｳ《「敢当」は、あえて当たる、向かうところ敵なし、の意》道の突き当たりや門・橋などに「石敢当」の3字を石に刻んで立てたもの。邪気を払うとされる。主に沖縄から九州にかけて分布。いしがんとう。

せき-く【隻句】▶せっく(隻句)

せき-ぐち【×堰口｜関口】井堰の水の流出口。

せきぐち-うじむね【関口氏心】ｾｷｸﾞﾁｳｼﾞﾑﾈ［1598～1670］江戸初期の柔術家。関口流の祖。号、柔心。紀州藩に仕えた。

せきぐち-たかよし【関口隆吉】［1836～1889］政治家。江戸の人。字は良輔。通称、権助。号、黙斎。関口鯉吉・新村出の父。旧幕臣で、元老院議官・静岡県知事などを歴任した。

せきぐち-りきち【関口鯉吉】［1886～1951］天文・気象学者。東京の生まれ。気象学に天文学的測定法を導入、富士山頂の気象観測を開始した。東大教授・中央気象台長・東京天文台長を歴任。著「太陽」「天体物理学」など。

せきぐち-りゅう【関口流】ｾｷｸﾞﾁﾘｳ 柔術の一派。江戸初期に起こった流派で、関口氏心が居合と柔術を組み合わせて創始。新心流。

せき-ぐん【赤軍】ソ連陸軍の旧称。正式には労農赤軍といい、1918年に赤衛軍に代わって組織された。46年、ソビエト軍と改称。

せき-けい【夕景】▶せっけい(夕景)

せき-けい【石経】▶せっけい(石経)

せき-けいとう【石敬瑭】ｾｷｹｲﾀｳ［892～942］中国、五代の後晋の建国者。廟号は高祖。在位936～942。沙陀突厥の出身。後唐の明宗に仕えたが、その没後、契丹の援助を得て後唐を滅ぼして帝位についた。

せき-けん【赤県】《中国で、唐代に中央から近い県を赤といったところから》王城の地。京都、または、その周辺。「―のうち、白河のほとり、六勝寺皆やぶれくづる」〈平家・一二〉

せき-こ【×潟湖】湾口に発達した砂州によって外海と切り離されてできた湖。潟。

せき-ご【隻語】❶ちょっとした言葉。短い言葉。「片言―」「惨として―無く」〈露伴・運命〉❷かたこと。特に、子供のかたこと。

せき-こく【石国】中央アジアの古都タシケント(現在はウズベキスタンの首都)の隋・唐代の中国名。シル川上流のオアシスに位置する。

せき-こく【石×斛】▶せっこく(石斛)

せき-ごころ【×急き心】気がせいて、いらだつこと。あせる心。「やや―になって繰り返した」〈菊池寛・三浦右衛門の最後〉

せき-こ・む【×咳き込む】〔動マ五(四)〕続けてひどくせきをする。咳き入る。「苦しそうに―・む」

（類語）噎せる・噎ぶ・噎せ返る

せき-こ・む【×急き込む】〔動マ五(四)〕心がせいて、いらだつ。ひどく急ぐ。「―・んで聞く」

（類語）逸る・あせる・じれる・急く・苛立つ

せき-さい【昔歳】去年。昨年。また、むかし。

せき-さい【×碩才】すぐれた才能があること。博学にして多才であること。また、その人。

せき-さい【積載】〔名〕ｽﾙ 物を積み載せること。特に、船・車などに荷物を積むこと。「砂利を―したトラック」「―能力」

せき-ざい【石材】土木・建築や墓碑・彫刻などをつくる材料とする石。

せき-さいぼう【石細胞】ｾｷｻｲﾊﾞｳ 植物の厚膜細胞の一。ほぼ正多角形で、細胞膜が肥厚・木化したもの。梅・桃の内果皮(俗にたねとよぶ部分)など。

せきさい-りょう【積載量】ｾｷｻｲﾘｬｳ 船舶や車両に積み込むことのできる貨物の重量。

せき-さく【脊索】原索動物と脊椎動物の幼生の背部にみられる支持器官。脊椎動物の多くでは成長するに従って周囲に骨質の脊柱が形成され、圧縮・退化する。

せきさく-どうぶつ【脊索動物】終生または幼生期において脊索をもつ、原索動物と脊椎動物の総称。

せき-さば【関×鯖】豊予海峡で一本釣りされ、大分県佐賀関漁港に水揚げされる瀬付きのマサバ。大分県漁業協同組合佐賀関支店が出荷するブランド魚。平成8年(1996)、関あじとともに、水産品として初めて商標登録。同18年には地域団体商標を取得。一尾ずつ商標マーク入りのシールを付けて出荷される。

せき-さん【石×蒜】ヒガンバナの別名。民間療法で鱗茎を乳腺炎などに用いる。

せき-さん【積算】〔名〕ｽﾙ ❶数を次々に加えて計算すること。また、その合計した数値。累計。「毎月の生産額を―する」❷必要な費用を見積もって計算すること。見積もり。

せきさん-おんど【積算温度】ｾｷｻﾝｦﾝﾄﾞ ある期間の日平均気温が基準温度(目的により異なる)を超えた分だけ取り出し、合計したもの。農作物の栽培限界などの目安になる。

せきさん-けい【積算計】一定期間中の測定量を、時間の経過とともに積算して総計を出す計器。電力・ガス・水道のメーターなどに使用。

せきさん-でんりょくけい【積算電力計】ある期間内の使用電力量の総和を示す計器。電力量計。ワット時計。積算電力量計。

せきさん-でんりょくりょうけい【積算電力量計】ｾｷｻﾝﾃﾞﾝﾘﾖｸﾘﾔｳｹｲ ▶積算電力計

せきさん-ほう【積算法】ｾｷｻﾝﾊﾌ 建築土木工事の予定工費を算出する方法。図面から材料の数量、工程から手間の数量を算出し、それぞれの単価を乗じて集計し、さらに間接費を加えて算出する。

せきざん-みょうじん【赤山明神】ｾｷｻﾞﾝﾐﾔｳｼﾞﾝ 京都にある延暦寺別院赤山禅院に祭られている天台宗の守護神。中国の泰山府君と同神で、延命富貴をつかさどり商家の信仰を集めた。

せき-し【赤子】❶あかご。ちのみご。❷《天子を恵み深い親にたとえて、その子の意から》人民。国民。

（類語）あかご・あかん坊・あかちゃん・乳児・乳のみご・嬰児・みどりご・稚児・ややこ・ベビー

赤子の心 《「孟子」離婁下の「大人とは其の赤子の心を失わざる者なり」から》生まれたままの純真で、偽りのない心。あかごのような心。

せき-し【関市】▶関㊀

せき-じ【昔時】むかし。いにしえ。往時。

（類語）昔・過去・往時・当時・いにしえ・往年・旧時・一昔・昔年・往日・昔日・往昔・往古・古昔・在りし日

せき-じ【席次】❶会合・儀式などでの座席の順序。席順。❷成績・地位などの順位。「―が上がる」

（類語）順序・順・順番・順位・席順・序列・オーダー

せき-じ【関路】ｾｷﾁ 関所に通じる道。「今はとて立ち帰りゆくふるさとの不破の―に都忘るな」〈後撰・離別〉

せき-しつ【石室】❶岩のすき間を利用した天然のほら穴。また、石で造った部屋。いしむろ。❷古墳の、石で壁や天井をつくった墓室。竪穴式石室と横穴式石室がある。

せき-しつ【石質】岩石の性質。珪酸塩に富む岩石の形容。また、結晶質の物質や緻密な固い岩石。

せき-しつ【赤漆】漆工芸で、木地を蘇芳で染めてから透明な漆を塗る技法。また、その漆器。後世の春慶塗と同系統の技法で、木目の美しさをみせるもの。奈良・平安時代に流行した。

せき-じつ【夕日】ゆうひ。入り日。

せき-じつ【赤日】❶太陽の光。夏の照り輝く太陽。❷「赤口」に同じ。（類語）(❶)太陽・日・天日・日輪・火輪・白日・烈日

せき-じつ【昔日】過去の日々。むかし。往時。いにしえ。「―の面影を残す」

（類語）昔・過去・往時・当時・いにしえ・往年・旧時・一昔・昔年・往日・昔時・往昔・往古・古昔・在りし日

せき-じつ【積日】多くの日数を重ねること。積もる月日。「―の労苦をいやす」

せきしつ-いんせき【石質×隕石】ｾｷｼﾂｲﾝｾｷ 主成分が珪酸塩鉱物の隕石。落下する隕石の約90パーセントを占める。小さな球状の粒を含むコンドライトと含まないエイコンドライトとに分けられる。

せきしつ-ぜんきゅう【石室善玖】ｾｷｼﾂｾﾞﾝｷｳ［1294～1389］室町初期の臨済宗の僧。筑前の人。元に渡って古林清茂に学び、帰朝後、天竜寺・円覚寺・建長寺などを歴住。五山文学興隆の基礎を築いた。

せきじ-の-とり【関路の鳥】ｾｷﾁ《中国春秋時代の孟嘗君がにせの鶏の鳴き声によって函谷関を脱出したという「史記」孟嘗君伝の故事をふまえて清少納言が詠んだ歌「夜をこめてとりのそらねにはかるとも世にあふ坂の関は許さじ」から》鶏の異称。「―も声ごゑに、夢も跡なく夜も明けて」〈謡・松風〉

せき-しゅ【赤手】手に何も持っていないこと。何の武器も持たないこと。すで。からて。「敵の重囲の裡に―を以て我が母を救うの決心と勇気」〈木下尚江・良人の自白〉

せき-しゅ【赤酒】赤ぶどう酒。

せき-しゅ【隻手】片方の手。片手。

隻手の音声 禅宗の公案の一。両手を打つと音が出るが、片手にはどんな音があるかということを問うもの。思慮分別を越えた絶対の境地に導くものとして、白隠が初学者のために用いた。隻手の声。

せき-じゅ【×碩儒】深い学問を身につけた学者。大学者。碩学。大儒。

せき-しゅう【石州】ｾｷｼｳ 石見国の異称。

せき-しゅう【積習】ｾｷｼﾌ 古くからのならわし。

せき-じゅう【石獣】ｾｷｼﾞｳ 馬・象・駱駝・麒麟・有翼獅子などの獣をかたどった石像。中国で、帝王や貴人の墓所・宮殿・祠廟などの前に守護・装飾として置かれた。漢代からみられ、六朝から唐・宋代にかけて盛んに行われた。

せきしゅう-ぎん【石州銀】ｾｷｼｳｷﾞﾝ 石見の大森銀山で製造された灰吹き銀。江戸前期に石見を中心に通用した領国貨幣。

せき-しゅうごう【積集合】ｾｷｼﾌｶﾞﾌ ❶二つの集合の要素の組を要素とする集合。❷▶共通集合

せきじゅうじ【赤十字】ｾｷｼﾞﾌｼﾞ ㊀戦時に、敵味方の区別なしに傷病者の救護、捕虜や避難民の保護を行う目的で設立された国際協力組織。現在では平時においても災害救助・病院経営・感染症の予防・衛生思想の普及などの事業を行っている。1863年、スイス人アンリ＝デュナンの提唱によって翌年に発足。㊁赤十字社または衛生・医療機関の記章。赤十字組織の創設に尽力したスイスの国旗の配色を逆にしたもので、白地に赤い十字を描いたもの。

せきじゅうじ-こくさいいいんかい【赤十字国際委員会】ｾｷｼﾞﾌｼﾞｺｸｻｲｲｲﾝｸﾜｲ《International Committee of the Red Cross》戦時などに、ジュネーブ条約遵守の監視、傷病者の保護・救済などを行う民間組織。15人から25人のスイス人によって構成され、国際赤十字活動の本部的役割を果たす。1863年設立。本部はジュネーブ。ICRC。

せきじゅうじ-しゃ【赤十字社】ｾｷｼﾞﾌｼﾞｼﾔ 赤十字条約に加盟した各国に1社ずつ設置された民間の医療・社会事業組織。各国赤十字社は連合体として、赤十字社連盟を組織。RC(Red Cross)。➡日本赤十字社

せきじゅうじ-じょうやく【赤十字条約】ｾｷｼﾞﾌｼﾞﾃﾞｳﾔｸ 18

64年、ジュネーブで締結された赤十字運動に関する条約。以後、1949年まで四度にわたり改正を経ている。ジュネーブ条約。

せきしゅう-ばんし【石州半紙】島根県西部地方産の、コウゾを材料とした丈夫な和紙。石見(いわみ)半紙。

せきしゅう-りゅう【石州流】❶茶道の流派の一。片桐石州を祖として江戸初期に成立。分派が多い。❷華道の一派。片桐石州を祖とする。

せきしゅ-くうけん【赤手空拳】赤手を強めていう語。徒手空拳。

せき-しゅつ【析出】〔名〕スル 液状の物質から結晶または固体状成分が分離して出てくること。

せき-しゅん【惜春】行く春を惜しむこと。また、過ぎ行く青春を惜しむこと。「一賦」〔季 春〕「—やいつも静かに振舞ひて／立子」

せき-じゅん【石×筍】鍾乳洞(しょうにゅうどう)の床にみられる、たけのこ状の岩石。上壁から落ちるしずくの中に含まれている石灰分が沈殿して固まったもの。方解石からなる。

せき-じゅん【席順】❶座席の順。席次。❷成績の順位。席次。

〔類語〕席次・順序・順・順番・順位・序列・オーダー

せき-しょ【▽尺書】短い文書や手紙。寸書。

せき-しょ【関所】街道の要所や国境に設け、戦時における防衛あるいは通行人や物品の検査に当たった所。古代においては軍事的目的で設置され、中世には関銭が幕府・豪族・寺社の重要な財源となり、その徴収を目的として各所に設けられ、交通・商業の障害になった。近世には幕府・諸藩が治安維持のために設置したが、明治2年(1869)廃止。

せき-じょ【石女】子を産めない女。うまずめ。〈日葡〉

せき-しょう【夕照】夕焼け。夕映え。夕日。

せき-しょう【石匠】石を切り出したり、石に細工したりする職人。石工(いしく)。

せき-しょう【石×菖】サトイモ科の多年草。渓流の縁に生え、高さ20〜50センチ。ショウブに似るが小形で、香りは強い。初夏、淡黄色の多数の花が穂状につく。庭園に栽培もされる。漢方で根茎を鎮痛・健胃剤にする。ねがらみ。いしあやめ。せきしょうぶ。〔季 夏〕「—や窓から見える柳ばし／荷風」

せき-じょう【石上】《古くは「せきしょう」》石の上。「樹下—」

せき-じょう【赤縄】《昔、韋固(いこ)という青年が異人に会い、袋の中に入っている赤縄で男女の足をつなぐと、どんな間柄でも離れられない仲になるといわれたという唐の「続玄怪録」にみえる故事から》夫婦の縁を結ぶという赤い縄。転じて、夫婦の縁。

赤縄の契(ちぎ)りを結ぶ 夫婦になる約束をする。

赤縄を結ぶ 「赤縄の契りを結ぶ」に同じ。

せき-じょう【席上】❶座席の上。敷物の上。❷会合の場。宴会の席。「記者会見の—」

せき-じょう【関城】茨城県筑西市にあった鎌倉・南北朝時代の城。北畠親房(きたばたけちかふさ)が入城して北朝軍と戦った本拠地。

せきしょう-し【石松子】ヒカゲノカズラの胞子。淡黄色の粉。湿気を防ぐので丸薬・火薬の衣などに利用する。

せき-じょうじょう【赤条条】〔名・形動〕裸で身に何もつけていないこと。また、丸裸になるさま。「金剛力士をあざむく如き—の羽指(はざし)ども」〈露伴・いさなとり〉

せきしょう-せん【石勝線】千歳線南千歳から追分を経て根室本線新得(しんとく)に至るJR線。新夕張・夕張間を含む。名称は石狩と十勝を結ぶところから。追分・夕張間は明治25年(1892)北海道炭礦鉄道として開業、同39年国有化により夕張線、昭和56年(1981)全通により石勝線と改称。全長148.5キロ。

せき-しょうぶ【石×菖×蒲】セキショウの別名。いしあやめ。

せきしょう-も【石×菖藻】トチカガミ科の水生の多年草。池沼・川などに生え、長さ約50センチ。線形の葉が群生する。雌雄異株。夏から秋にかけ、らせん状の花茎を水上に出し淡緑色の雌花をつける。へらも。いとも。

せきしょ-きって【関所切手】▶関所手形

せき-しょく【赤色】❶赤い色。赤。❷《赤旗を用いるところから》社会主義・共産主義をいう。「—革命」

〔類語〕赤・真っ赤・紅色(こうしょく)・紅(くれない)・紅(こう)・真紅(しんく)・鮮紅(せんこう)・緋(ひ)・緋色・朱(しゅ)・朱(あけ)・丹(に)・茜(あかね)色・薔薇(ばら)色・小豆(あずき)色・臙脂(えんじ)・暗紅(あんこう)・唐紅(からくれない)・レッド・スカーレット・バーミリオン・マゼンタ・ローズ・ワインレッド

せきしょく-きょせい【赤色巨星】表面温度が低い巨星や超巨星で、スペクトル型がK型・M型の恒星。水素が核融合で使い果たされ、ヘリウム・炭素・珪素(けいそ)・鉄などの重い元素がたまった中心部が収縮を起こすと、外層部は膨張を始め、巨大な赤い星となる。やがて外層部はガスとして放出され、中心部は白色矮星(わいせい)となる。

せきしょく-きん【赤色筋】▶遅筋線維

せきしょく-くみあい【赤色組合】革命的な労働組合。特に、プロフィンテルンに属する労働組合をいう。赤色労働組合。

せきしょく-ど【赤色土】主として高温多雨の亜熱帯・熱帯に分布する、鉄・アルミニウムの酸化物が多く赤みの強い土壌。土地はやせている。

せきしょく-わいせい【赤色×矮星】主系列星のうち、質量が小さく暗い赤色の光を放つ恒星。太陽より小さく、核融合に使われる水素の量も少ないが、エネルギー消費がおだやかであるため、活動する期間はきわめて長い。

せきしょ-てがた【関所手形】江戸時代、関所を通行するさいに提示した身元証明書。関所通り手形。関所切手。関所札。関札。

せきしょ-とおりてがた【関所通り手形】▶関所手形

せきしょ-ふだ【関所札】▶関所手形

せきしょ-やぶり【関所破り】関所手形を持たずに不法に関所を通過したり、間道を抜けて関所を避けて通ること。また、それをする人。関破り。

せきし-るい【×積×翅類】昆虫カワゲラ類。カワゲラ目の旧称。

せき-しん【石心】❶石のように堅くてくずれない心。「一鉄肝」「転(まろ)ばし難き—も」〈染崎延房・近世紀聞〉❷石のように冷たい心。「一木腸」

せき-しん【赤心】嘘いつわりのない、ありのままの心。丹心。まごころ。「—を吐露する」

赤心を推(お)して人の腹中(ふくちゅう)に置く 《「後漢書」光武紀から》心から人を信じて、まごころをもって接することのたとえ。

せき-しん【赤身】❶衣服をつけていない、むき出しのからだ。❷武具を身につけていないこと。

せき-じん【石人】石製の人物像。

せき-じん【石刃】剝片(はくへん)石器を作るための剝片のうち、特に細長く、一方の面に2〜3条の稜線をもつもの。ブレード。

せき-じん【昔人】むかしの人。古人。

せき-じん【籍甚】【×藉甚】㊀〔名〕スル 名声が世に広まること。評判の高いこと。㊁〔ト・タル〕〔文〕〔形動タリ〕評判の高いさま。「名声忽ち関西に—たり」〈秋水・兆民先生〉

せき-しんげつ【赤新月】《十字形はキリスト教を連想させることから》イスラム教各国で、赤新月社(赤十字社)を表す赤い三日月形の記章。

せきしん-じんたい【▽尺進×尋退】1尺進んで、1尋(ひろ)退くこと。得るところが少なく、失うものの多いことのたとえ。寸進尺退。

せきじん-せきじゅう【石人石獣】中国で、墳墓や廟堂、宮殿の参道や前庭などに置かれた、石製の人物像と動物の像。漢代に始まり、明・清代まで行われた。墓の格式を示すとともに、その守護と悪鬼駆除を目的とした。

せきじん-せきば【石人石馬】古墳時代中期以降、北九州地方を中心に用いられた、人・動物などをかたどった副葬品。墳墓の上や側面に置かれた。石人石獣との関連はなく、埴輪(はにわ)の一種とされる。

せき-す【▽釈す】〔動サ変〕説明する。解釈する。「孔子の随ひて是を—するをも」〈妙貞問答・中〉

せき-すい【積水】あつまりたまった水。海水・湖水などをいう。「一千丈の底なる美の窟宅を」〈鷗外訳・即興詩人〉

せき-すい【積×翠】つみ重なったみどり色。青々とした空・山・海の形容。

せき-ずい【脊髄】脊椎動物の中枢神経系の一。延髄に続き、脊椎管内を縦走する。内側に神経細胞の細胞体を主体とする灰白質(かいはくしつ)があり、それを神経線維を主体とする白質が覆う。分節的に脊髄神経が出て、感覚・運動の刺激を伝達し、反射機能をつかさどる。

せきずい-えん【脊髄炎】脊髄の炎症および障害。

せきずい-こうこん【脊髄後根】脊髄の後面左右から出る脊髄神経の束。皮膚の感覚器からの刺激を伝達する。後根。

せきずい-しょうのう-へんせいしょう【脊髄小脳変性症】運動失調を主な症状とする神経疾患の総称。歩行がふらつく、手がうまく使えない、舌がもつれるなどの症状が起こり、ゆっくりと進行する。小脳・脳幹・脊髄の神経細胞が徐々に萎縮していく。原因は不明。特定疾患(難病)の一。SCD(Spinocerebellar Degeneation)。

せきずい-しんけい【脊髄神経】脊髄から左右に出る末梢神経。脊髄前根から出る運動神経と脊髄後根から出る感覚神経とがある。人間では31対あり、頸(けい)神経8対・胸神経12対・腰神経5対・仙骨神経5対・尾骨神経1対に分けられる。

せきずいしんけい-せつ【脊髄神経節】脊髄後根から出た脊髄神経が脊髄前根から出た神経と合体する所にある神経節。感覚神経細胞が集まっている。

せきずいせい-しょうにまひ【脊髄性小児麻×痺】急性灰白髄炎(かいはくずいえん)のこと。

せきずい-ぜんこん【脊髄前根】脊髄のほぼ全長にわたって分節ごとに前面から左右対称に出る脊髄神経の束。遠心性の運動神経からなる。

せきずい-そんしょう【脊髄損傷】脊柱に強い力が加わり、脊髄が損傷することによって、損傷部以下の神経が麻痺し、運動・知覚・自律機能に障害が生じる病態。損傷部位が頭部に近いほど障害が重くなる。交通事故、高所からの転落、落下物の下敷き、スポーツ外傷などが原因となる場合が多い。中枢神経系は再生しにくいため治療は困難であるが、幹細胞を用いて中枢神経の機能を再生する治療法の研究が進められている。

せきずい-はんしゃ【脊髄反射】大脳皮質を経ないで、脊髄にある反射中枢を介して起こる反射。膝蓋腱(しつがいけん)反射・アキレス腱反射など。

せきずい-まく【脊髄膜】脊髄を包んでいる結合組織からなる皮膜。上部は脳膜とつながっているので、合わせて脳脊髄膜とよぶ。

せきずい-ろう【脊髄×癆】梅毒の第4期に、脊髄の変性が起こる病気。手足がしびれ、やがて麻痺して起立や歩行が不能となる。

セキスタント〔オランダ sextant〕▶セクスタント

せき-すん【▽尺寸】《1尺と1寸の意から》ほんのわずかの長さや広さであること。また、わずかなこと。ささいなこと。しゃくすん。「—の地」「—の兵」

せき-せい【石製】石で作ること。

せき-せい【赤誠】少しもうそや偽りのない心。ひたすら真心をもって接する心。「国に—を尽くす」

せきせい-いんこ【背黄青×鸚×哥】インコ科の鳥。オーストラリアの原産で、野生種の羽色は緑色であるが飼い鳥にして改良されたものには白・黄・青色などのものがある。雄の鼻の付近は青色で、雌は繁殖期に黄色となる。

せきせい-ひん【石製品】石で作られた道具類や信仰関係の製品のうち、弥生時代以前のものを石器とよぶのに対し、古墳時代以降のものについて多く用いる称。鍬形石くわがたいしなど祭器・宝器の類。

せきせい-もぞうひん【石製模造品】モザウヒン 古墳時代の祭祀さいし用具の一。滑石などで武器・玉類・鏡・農工具などを小形に模造したもの。

せき-せき【寂寂】〔ト・タル〕〔文〕〔形動タリ〕もの寂しいさま。ひっそりとしたさま。じゃくじゃく。「一たる深山幽谷」〔類語〕静か・密ひそやか・しめやか・静寂・閑寂・寂寞せきばく・寂寥じゃくりょう・寂然せきぜん・寂然じゃくねん・関げき・関然げきぜん・深深しんしん・森森しんしん・沈沈ちんちん

せき-せき【戚戚】〔ト・タル〕〔文〕〔形動タリ〕憂い悲しむさま。また、憂い恐れるさま。「今は一として、引き退きしが」〈竜渓・経国美談〉

せき-せき【籍籍｜×藉×藉】〔ト・タル〕〔文〕〔形動タリ〕口々に言いはやすさま。「名声一たる文学者」〈荷風・つゆのあとさき〉

せき-せき〔副〕《動詞「せ(急)く」の連用形を重ねた語》動作が続けて起こるさま。ひっきりなしに。しばしば。「風の夜は、一回る火の用心」〈浄・天の網島〉

せき-せつ【赤雪】▶あかゆき

せき-せつ【積雪】降り積もった雪。気象観測では、観測所の周囲の地面の2分の1以上が雪でおおわれた状態をいう。「一三〇センチ」〔季 冬〕〔類語〕降雪

せき-せん【関銭】中世、関所を通る人馬・荷物などに課した通行税。関賃。関手。関料。

せき-ぜん【積善】善行を積み重ねること。しゃくぜん。⇔積悪。

積善の家には必ず余慶よけいあり 《「易経」坤卦から》善行を積み重ねた家は、その報いとして子孫に必ず幸福がおとずれる。

せき-ぜん【寂然】〔ト・タル〕〔文〕〔形動タリ〕静かでもの寂しいさま。じゃくねん。「天地は一として静である」〈菊池寛・忠直卿行状記〉

〔類語〕寂寞せきばく・寂寥じゃくりょう・寂寂せきせき・寂寂じゃくじゃく・関げき・関然げきぜん・静か・密ひそやか・しめやか・静寂・閑寂

せき-ぜん【▽釈然】〔ト・タル〕〔文〕〔形動タリ〕▶しゃくぜん(釈然)

せき-そ【▽尺素】《1尺の絹布の意で、文字を書くのに用いたところから》短い手紙。尺書。「去るに望み…懐を探り、一を与え」〈東海散士・佳人之奇遇〉

せき-そ【石×鼠｜×碩×鼠】昆虫ケラの別名。

せき-そう【石×槍｜石×鎗】ヤウ 打製石器の槍先。日本では旧石器時代末期から縄文時代にかけてみられる。いしやり。

せき-そう【積送】〔名〕スル 荷物を貨車などに積んで送ること。

せき-そう【積層】層を積み重ねること。

せき-ぞう【石造】ザウ 石材で建築物や彫刻を造ること。また、その造ったもの。いしづくり。「一の塔」

せき-ぞう【石像】ザウ 石材を刻んでつくった像。

せきそう-かんでんち【積層乾電池】平たいマンガン乾電池を直列に積み重ね、高電圧を得るようにした小型の電池。

せきそう-ざい【積層材】木材の不均質性の改善のために、薄い木の板を重ねて張り合わせた材。

せきそう-ひん【積送品】簿記で、委託販売のために他社へ積送した商品。

せきそおうらい【尺素往来】セキソワウライ 室町中期の往来物。1巻。一条兼良著といわれる。文明13年(1481)以前の成立。年中行事や各種事物の話題を集めて、往復書簡の形式にまとめたもの。

せき-ぞく【石×鏃】石で作った鏃やじり。日本では縄文時代には主として狩猟のために用い、弥生時代には武器としての矢にも使った。

せき-そつ【赤卒】アカトンボの別名。

せき-ぞろ【▽節季▽候】《「節季すにて候」の意》江戸時代の門付けの一。歳末に三、四人一組でウラジロの葉をつけた笠をかぶり、赤い布で顔を覆い、四つ竹などを鳴らしながら「せきぞろ、せきぞろ」とはやして家々を回り、米銭べいせんを請うた。せっきぞろ。〔季 冬〕「一の来れば風雅も師走哉/芭蕉」

せきそん-まいり【石尊参り】マヰリ ▶大山詣おおやまもうで

せき-だ【席駄｜▽雪駄】「せった(雪駄)」に同じ。

せき-たい【石×苔】石の表面に生えたこけ。

せき-たい【石帯】束帯のとき、袍ほうの腰に締める帯。牛革を黒漆で塗り、銙かとよぶ方形または円形の玉や石の飾りを並べてつける。三位以上は玉、四位・五位は瑪瑙めのう、六位は烏犀角うさいかくを用いた。また、有文うもんと無文むもんとがあり、身分の高下、儀式の軽重に応じて使い分けた。ごくのおび。いしのおび。

せき-たい【積堆】〔名〕スル うず高く積むこと。堆積。「野武士等は其の城中に金銀財帛を一するを聞き」〈鉄腸・雪中梅〉

せき-だい【石台】❶植木鉢の一。長方形の浅い木箱の四隅に取っ手をつけ、盆景を作ったり、盆栽を植えたりする。❷石の台座。銅像などの台。

せき-だい【席代】席料。

せき-だい【席題】歌会・句会などで、その場で題を出すこと。また、その題。即題。当座。⇔兼題。

せき-たかかず【関孝和】［1640ころ〜1708］江戸前期の数学者。上野こうずけの人。関流和算の祖。中国の天元術を改良して新しい算法を創造、帰源整法と命名。著「発微算法」。

せき-だし【×堰出し】▶鉄砲流し

せき-た・つ【▽急き立つ】㊀〔動タ五(四)〕❶急ぎあせる。はやる。「一・つ心を鎮める」❷興奮する。「新男爵は赫かっと一・ちて沓のまま飛び上がり」〈魯庵・破垣〉㊁〔動タ下二〕「せきたてる」の文語形。

せき-た・てる【▽急き立てる】〔動タ下一〕〔文〕せきた・つ〔タ下二〕物事を早く行うように強く催促する。急がせる。「仕事を一・てる」

〔類語〕急く・急かす・急がす・追い立てる・催促・督促

せき-たん【石炭】地中に堆積たいせきした過去の植物が、埋没後長い年月の間に分解・炭化した可燃性の岩石。炭化の程度により泥炭・亜炭・褐炭・瀝青れきせい炭・無煙炭に分けるが、普通は瀝青炭をさす。色は黒く緻密ちみつで塊状。多くは古生代石炭紀の植物を起源とするが、日本では古第三紀のものが主。燃料・化学工業用原料にする。〔季 冬〕「一を投じたる火の沈みけり/虚子」

せきたん-えきか【石炭液化】エキクワ 石炭を適当な方法で分解し油状にすること。高温高圧で石炭に水素を作用させる方法などがある。

せきたん-かがく【石炭化学】クワガク 石炭の性質・構造などの研究や、石炭を原料とする各種工業製品を作る研究など、石炭に関係する諸化学の総称。

せきたんかがく-こうぎょう【石炭化学工業】セキタンクワガクコウゲフ 石炭を原料とし、石炭ガス・ガス液・タール・コークスなどを取り出し、これらから各種化学製品を製造する化学工業。

せきたん-ガス【石炭ガス】石炭の高温乾留によって得られるガス。成分はふつう水素約50パーセント、メタン約30パーセント、一酸化炭素約8パーセントなどからなり、精製して燃料に使用。

せきたん-がら【石炭殻】石炭を燃やしたあとに残るかす。

せきたん-かんりゅう【石炭乾留】カンリウ 空気を断って石炭を加熱分解し、石炭ガス・ガス液・コールタール・コークスなどを得ること。

せきたん-き【石炭紀】地質時代の区分の一。古生代の5番目の紀で、デボン紀のあとの時代。3億6700万年前から2億8900万年前まで。ヨーロッパ・ロシア・北アメリカではこの時代の地層に石炭を多量に含む。巨大なシダ植物が大森林を形成し、両生類が栄え、爬虫はちゅう類・昆虫類が出現。海中では珊瑚さんご・紡錘虫などが栄えた。

せきたん-けい【石炭系】石炭紀に形成された地層。

せきたん-さん【石炭酸】▶フェノール

せきたんさん-じゅし【石炭酸樹脂】▶フェノール樹脂

せきたん-タール【石炭タール】▶コールタール

せき-ち【▽尺地】わずかな土地。尺土。寸土。しゃくち。

せき-ち【赤地】草木の全く育たない土地。また、干魃かんばつなどのために作物の枯死した土地。赤土。

せき-ち【×瘠地】地味のやせている土地。やせ地。

せき-ちく【石竹】ナデシコ科の多年草。高さ約30センチ。全体に粉白色を帯びる。初夏、紅・白色などの5弁花を開く。中国の原産で、観賞用に栽培。瞿麦くばく。からなでしこ。〔季 夏〕「一やおん母小さくなりにけり/波郷」

せきちく-いろ【石竹色】石竹の花のような淡紅色。

せき-ちゅう【石柱】石でできている柱。石の柱。

せき-ちゅう【脊柱】脊椎動物の体幹の中軸をなす骨格。人体では、ふつう頸椎けいつい7、胸椎12、腰椎5、仙椎5、尾椎3〜5の椎骨が連なって構成され、側方から見ると全体にややS状をなす。背骨。

せきちゅう-かん【脊柱管】クワン 脊柱を形成する椎骨ついこつの椎孔の連なりでできる管状の腔。髄膜に包まれた脊髄と血管・神経が通る。脊椎管。

せきちゅうかんきょうさく-しょう【脊柱管狭×窄症】セキチユウクワンケフサクシヤウ 脊椎の変形などにより脊柱管が狭くなる病気。脊柱管内で脊髄が圧迫され、痛みなどの障害が現れる。腰椎部の場合、腰痛・歩行障害、頸椎部の場合、首・肩の痛みや手のしびれなどの症状が現れる。頸椎・胸椎・腰椎の広範囲にわたって生じる「広範脊柱管狭窄症」は厚生労働省の特定疾患に指定されている。脊椎管狭窄症。

せきちゅう-こうわん【脊柱後湾】脊柱の後方への湾曲が強く、突き出している状態。

せきちゅう-ぜんわん【脊柱前湾】脊柱が前方に湾曲している状態。程度の軽いものは矯正できる。

せきちゅうそくわん-しょう【脊柱側湾症】シヤウ 脊柱が、左あるいは右に湾曲している病態。大半が原因不明の突発性で、学童に多い。側湾症。

せき-ちょ【▽尺×楮】ちょっとした手紙。寸楮。

せき-ちょう【石腸】チヤウ きわめて堅固な意志。鉄石心。「鉄心一」

せき-ちん【赤沈】「赤血球沈降速度」の略。

せき-つい【脊椎】脊柱をなす骨。脊椎骨。

せきつい-えん【脊椎炎】脊椎に起こる炎症。多くは脊椎カリエスとよばれる結核性の炎症であるが、化膿菌かのうきんによって起こるものもある。

せきつい-カリエス【脊椎カリエス】脊椎骨の結核。疼痛とうつうがあり、脊椎の運動が制限され、進行すると椎体が破壊され、膿瘍のうようを形成し、脊椎の変形をきたす。治癒後にも脊柱の湾曲がのこる。

せきつい-かん【脊椎管】クワン ▶脊柱管

せきついかんきょうさく-しょう【脊椎管狭×窄症】セキツイクワンケフサクシヤウ ▶脊柱管狭窄症

せきつい-こつ【脊椎骨】脊柱を構成する骨。椎骨。

せきついすべり-しょう【脊椎×辷り症】シヤウ 上部の脊椎が下の脊椎に対して、前方あるいは後方にずれた状態。脊椎分離症に伴うことが多い。

せきつい-どうぶつ【脊椎動物】動物界の一門。体は左右相称で、支持器官として脊椎をもつ動物。魚類・両生類・爬虫はちゅう類・鳥類・哺乳類が含まれ、現在の動物の中では最も複雑化した体制と分化した機能とをもつ。⇒無脊椎動物

せきついぶんり-しょう【脊椎分離症】シヤウ 脊椎が、脊椎骨の関節を構成する上関節突起と下関節突起との間で分離し、前部と後部に分かれている状態。腰痛の原因となり、脊椎すべり症を起こすことが多い。

せきつい-わんきょく【脊椎湾曲】脊椎が屈曲すること。後湾・前湾・側湾がある。結核・くる病・筋萎縮いしゅく症などにみられるが、発育期に姿勢の悪い児童などにも生じる。

せき-づる【関弦｜×禦弦】昔、戦陣で用いた弓弦の一。弦苧つるおに黒く漆を塗った上に絹糸を巻き、さらにこれを漆で塗り固めたもの。

せき-て【関手】▶関銭せきせん

せき-てい【石庭】庭石を主体として構成した庭園。いしにわ。

せき-てい【石×鼎】石製のかなえ。

せき-てい【席亭】❶落語・講談などを聞かせる常設の演芸場。寄席よせ。❷寄席の亭主。寄席の主人。

〔類語〕寄席・席・演芸場・小屋

せき-てがた【関手形】▶関所手形

せき-てつ【▽尺鉄】短い刃物。わずかな武器。寸鉄。しゃくてつ。

せきてつ-いんせき【石鉄×隕石】鉄・ニッケル合金と珪酸塩鉱物とをほぼ等量に含む隕石。

せき-てっこう【赤鉄鉱】酸化物からなる鉱物。結晶質のものは灰黒色、塊状で産出するものは赤色。三方晶系。最も重要な鉄の鉱石。ヘマタイト。

せき-でら【関寺】滋賀県大津市逢坂にあった寺。今は廃寺。5丈(約15メートル)の弥勒菩薩像で知られた。

せきでらこまち【関寺小町】謡曲。三番目物。世阿弥作か。古今集などに取材。老女となった小野小町が関寺の住職に華やかだった往事と歌道を語り、稚児の舞にひかれて舞をまう。「三老女」の一。

せき-てん【▽釈×奠】《「釈」「奠」ともに、供え物を置く意》陰暦2月と8月の上の丁の日に孔子を祭る儀式。古代中国では先帝先師の祭りの総称であったが、後漢以来孔子とその弟子を祭る大典をいうようになった。日本では大宝元年(701)に初めて大学寮で行われ、室町時代には衰微したが、江戸時代に幕府・諸藩が再興、現在も湯島聖堂などで行われている。しゃくてん。さくてん。《季 春》「一や誰が註古りし手沢本/草城」

せき-でん【夕電】夕方のいなびかり。消えやすくはかないもののたとえ。

せき-でん【籍田｜×藉田】古代中国で、宗廟に供える穀物を天子みずから耕作した儀式。また、その田。日本でも行われた。

せき-ど【▽尺土】わずかな土地。尺地。寸土。

せき-ど【赤土】❶「赤地」に同じ。❷「あかつち」に同じ。

せき-ど【×瘠土】地味のやせた土地。やせち。

せき-ど【積怒】つもりかさなった怒り。積憤。「多年の一を散ずる、掩襲格闘の間にも」〈竜渓・経国美談〉

せき-とう【石刀】縄文時代終わりころの磨製石器の一。東北地方に分布し、長さ約30センチの、刃が内側に反った石剣。

せき-とう【石塔】❶石造の仏塔。仏舎利を安置するための供養塔。のちには高僧などの墓としてもつくられた。❷石の墓標。はかいし。墓碑。

せきとう【石濤】[1642～1707]中国、清初の画家。姓は朱、名は若極。法名、道済または原済。字は石濤。号、苦瓜和尚・大滌子など。明の宗室の出身。山水画に意想豊かな独創性を示した。

せき-とう【石×磴】石段。また、石の多い坂道。「一が五六段手にとる様に見える」〈漱石・草枕〉

せき-どう【石×幢】石塔の一。六角または八角の石柱と、仏龕・笠・宝珠などからなる。中国から渡来し、日本では室町時代以降のものが多い。

せき-どう【赤道】❶地球の中心を通り、地軸に直角な平面と地表との交線。緯度を測る基準となり、緯度は零度。❷地球の中心を通り、地軸に直角な平面と天球とが交わってつくる線。赤緯の基準となる。天の赤道。

せきどう-かいりゅう【赤道海流】赤道の南北両側を東から西に向かって流れる海流。北赤道海流と南赤道海流があり、いずれも貿易風によって生じたもの。赤道流。

せきとうき【石頭記】「紅楼夢」の原題。

せきどう-ぎ【赤道儀】天体望遠鏡の架台の形式の一。ある地点の地軸の方向(極軸)と、これに直角の方向(赤緯軸)の二つの回転軸をもち、時計仕掛けで回転させると天体を日周運動に合わせて追跡できる。

せきとう-きせん【石頭希遷】[700～790]中国、唐代の禅僧。六祖慧能・青原行思に師事。衡山の南寺の石上に庵を結んで座禅をしたところから、石頭和尚とよばれた。馬祖道一とともに禅宗の振興に尽力。諡号、無際大師。著「参同契」。

せきどう-きだん【赤道気団】赤道地方に発生する高温多湿の気団。梅雨や台風のおりに北上して日本付近に強い風と激しい雨をもたらす。

せきどう-ギニア【赤道ギニア】アフリカ中西部の共和国。ギニア湾にあるビオコ島に首都マラボがある。コーヒー・カカオを産出。スペイン領から1968年独立。人口65万(2010)。

せき-どうこう【赤銅鉱】銅の酸化物からなる鉱物。赤・赤黒色で光沢がある。八面体・立方体の結晶もあるが塊状・粒状・土状。等軸晶系。銅鉱床の酸化帯にできる。

せきどう-さい【赤道祭】船舶が赤道を過ぎるときに船内で行われる祭り。

せきどう-ざひょう【赤道座標】天球上の天体の位置を表す座標の一。天の赤道と春分点を基準にし、経度・緯度を赤経・赤緯として表す。

せきどう-ぜんせん【赤道前線】▶熱帯収束帯

せきどう-せんりゅう【赤道潜流】赤道直下の海の下層を西から東へ流れる海流。水深約100メートルの所が最も速く、流速は毎秒約1メートル。発見者の名をとってクロムウェル海流ともいう。

せきどう-ちょっか【赤道直下】地球上の赤道の線にあたる所。

せきどう-ていあつたい【赤道低圧帯】▶赤道無風帯

せきどう-はんりゅう【赤道反流】南北の赤道海流の間を、それらと逆方向の西から東に流れる海流。赤道逆流。

せきどう-むふうたい【赤道無風帯】北東貿易風と南東貿易風とに挟まれた赤道付近の風の弱い地帯。強い日射のため上昇気流が起こり低圧帯になっている。赤道低圧帯。

せきどう-めん【赤道面】宇宙空間で、惑星を赤道で輪切りにした円を含む面。➡黄道面

せきどう-りゅう【赤道流】▶赤道海流

せき-とく【▽尺×牘】《「牘」は文字を記す木札》手紙。書簡。書状。しゃくどく。

類語 手紙・書簡・書信・書状・信書・書・状・手簡・書札・書牘・雁書・文・玉章・レター

せき-とく【×碩徳】徳の高い人。特に、高徳の僧。

せき-とく【積徳】徳を積むこと。積み重ねた徳。

せきとく-ぶん【▽尺×牘文】手紙文。

せきど-こく【赤土国】7世紀ごろの東南アジアの国。隋書に記載。所在位置については諸説がある。

せきと-して【寂として】〔連語〕▶寂

せきど-の-いん【関戸の院】京都府大山崎町にあった離宮跡。山城・摂津の国境で関所があった。

せき-どめ【×咳止(め)】咳をとめること。また、そのための薬剤。

せきとめ-こ【×堰き止(め)湖】山崩れや、火山の噴出物、河川の堆積物やビーバーなどの生き物の営みなどによって川の水がせき止められてできた湖。堰塞湖。➡河道閉塞

せき-と・める【▽塞き止める｜×堰き止める】〔動マ下一〕文せきと・む〔マ下二〕❶流れなどをさえぎりとめる。「車の流れを一・める」「川の水を一・める」❷物事が広がらないようにくいとめる。「インフルエンザの流行を一・める」

類語 遮る・抑える・止める・食い止める・妨げる・阻む

せき-とり【関取】もと、大関の異称。現在では幕内および十両力士の敬称。紋服を着ることができ、まげも大銀杏に結う。類語 力士・相撲取り・お相撲さん・取的・ふんどし担ぎ・関

せきとりせんりょうのぼり【関取千両幟】浄瑠璃。世話物。九段。近松半二ほかの合作。明和4年(1767)大坂竹本座初演。力士の達引きを描いたもの。二段目の「岩川内(髪梳き)」と「相撲場」が有名。

せき-にん【責任】❶立場上当然負わなければならない任務や義務。「引率者としての一がある」「一を果たす」❷自分のした事の結果について責めを負うこと。特に、失敗や損失による責めを負うこと。「事故の一をとる」「一転嫁」❸法律上の不利益または制裁を負わされること。特に、違法な行為をした者が法律上の制裁を受ける負担。主要なものに民事責任と刑事責任とがある。

類語 (❶)責務・義務・任務・本務・使命・職責・重責・責め・務め・任・役・役目・役儀・分・本分・職分

せきにん-かん【責任感】自分の仕事や行為についての責任を果たそうとする気持ち。「一の強い人」

せきにん-しゃ【責任者】ある事柄について、その責任を負うべき人。

せきにん-じゅんびきん【責任準備金】保険会社が保険契約上の支払いの責任を履行するために必要な資金として準備する積立金。

せきにん-じょうけん【責任条件】刑事責任の成立すべき条件としての故意または過失。

せきにん-せつめい【責任説明】▶アカウンタビリティー❷

せきにん-ないかくせい【責任内閣制】▶議院内閣制

せきにん-ねんれい【責任年齢】刑事責任を負担できるものと定められている年齢。現行刑法では満14歳。刑事責任年齢。

せきにん-のうりょく【責任能力】❶失敗や損失に対し、きちんと責任を果たす能力。❷民法上、行為の責任を弁識(理解)しうる能力。❸刑法上、行為の是非を弁別(判断)し、またはそれに従って行動しうる能力。

せきにん-ほけん【責任保険】被保険者が第三者に対して一定の給付をする責任を負うことになった場合に、その損害の塡補を目的とする損害保険。自動車損害賠償責任保険など。

せきにん-むのうりょくしゃ【責任無能力者】❶民法上、ほぼ12歳未満の者、心神喪失者などで、不法行為による損害賠償責任を負わない者。❷刑法上、14歳未満の者、心神喪失者で、刑事責任を負わない者。

せきね-きんじろう【関根金次郎】[1868～1946]将棋棋士。13世名人。千葉の生まれ。10世名人伊藤宗印に入門。江戸初期からの世襲制名人位を返上、実力名人位への橋渡しをした。

せきね-じゅんぞう【関根潤三】[1927～]プロ野球選手・監督。東京の生まれ。昭和25年(1950)近鉄バファローズに入団。投手から打者に転向し、両ポジションでオールスターに出場。引退後は大洋(現横浜DeNA)・ヤクルトの監督を歴任。解説者としても活躍。

せきね-しょうじ【関根正二】[1899～1919]洋画家。福島の生まれ。幻想に満ちた表現主義的な画風で注目されたが、結核で夭折。

せき-ねつ【赤熱】〔名〕スル 物を、真っ赤になるまで熱すること。また、物が真っ赤になるまで熱せられること。しゃくねつ。「一した石炭」

せきね-まさなお【関根正直】[1860～1932]国文学者。江戸の生まれ。有職故実に精通し、「古事類苑」の編纂に尽力。著「装束甲冑図解」「宮殿調度図解」など。

せき-ねん【昔年】むかし。いにしえ。昔時。「一のおもかげ」

類語 昔・過去・往時・当時・いにしえ・往年・旧時・一昔・往日・昔日・昔時・往昔・往古・古昔・在りし日

せき-ねん【積年】積もる年月。長い年月。多年。「一の努力が功を奏する」類語 累年・歴年・永年

せきのお-の-たき【関之尾滝】宮崎県南西部、都城市関之尾町にある滝。大淀川支流の庄内川の渓谷にかかる。大滝・男滝・女滝の3つの流れからなり、大滝は幅40メートル、落差17メートル。滝の上流にある甌穴群は世界有数の規模を誇り、長さ600メートル、最大幅80メートルにおよぶ河床には数百の甌穴が見られる。「関の尾の甌穴」として国の天然記念物に指定。

せきのごほんまつ【関の五本松】島根県出雲地方の民謡。美保関の港口の山にある五本松が、松江の領主の行列の槍がつかえたという理由で1本切

られたことを惜しんだ歌という。

せき-の-こまん【関の小万】㊀江戸初期に東海道の関の宿にいたという出女。丹波与作との情話は当時の歌謡にうたわれ、また、浄瑠璃・歌舞伎・小説などの題材にもなった。㊁歌舞伎舞踊「四季花笠踊」の通称。長唄の地で、娘が花笠をかぶり、また両手に持って踊る。若衆歌舞伎時代の踊りが残存したもの。

せき-の-じぞう【関の地蔵】三重県亀山市関町新所にある宝蔵寺の異称。行基または一休の開眼と伝えられる地蔵尊が有名。

せき-の-しみず【関の清水】滋賀県大津市、逢坂の関跡付近にあった清水。関水。〔歌枕〕「手もたゆく扇の風もぬるければ―にみなれてぞゆく」〈曽丹集〉

せきの-ただし【関野貞】[1867～1935]建築家・建築史家。新潟の生まれ。東大教授。日本・朝鮮・中国各地の古建築・遺跡・古美術を広く調査・研究し、建築史・美術史・考古学に大きな業績を残した。様式史的観点から法隆寺非再建論を主張。著「韓国建築調査報告」。

せき-の-と【関の戸|関の門】関所の門。関門。せきど。また転じて、関所。「―も明け方近くなりにけり今なくとりはそらねならじな」〈続古今・雑中〉

せきのと【関の扉】歌舞伎舞踊「積恋雪関扉」の通称。

せき-の-にし【関の西】逢坂の関から西。関西。

せき-の-ひがし【関の東】逢坂の関から東。関東。

せき-の-ふじかわ【関の藤川】岐阜県不破郡関ヶ原町にある旧跡不破の関付近を流れる藤古川のこと。〔歌枕〕「美濃国―絶えずして君につかへむ万代までに」〈古今・神遊びの歌〉

せき-の-ほうそく【積の法則】▶確率の乗法定理

せき-の-まごろく【関孫六】室町後期、美濃の刀工。名は兼元。初代兼元に次ぐ2代目で、孫六は俗称。関に住んだ3代目と混同され、江戸時代に関の孫六と称されるようになったといわれる。刃文の三本杉が特色。生没年未詳。

せき-の-やま【関の山】一生懸命やってできる可能な限度。精いっぱい。「一日に一冊読むのが―だ」

せき-ば【石馬】石製のうま。➡石人石馬

せき-はい【石肺】塵肺の一。岩石の微粉が吸入されて肺に沈着し、呼吸機能が衰える職業病。

せき-はい【惜敗】〔名〕スル 競技や試合などで、わずかの差で負けること。「善戦むなしく―する」〔補説〕「しゃくはい」と読むのは誤り。

〔類語〕負ける・敗れる・参る・敗北する・敗退する・完敗する・惨敗する・大敗する・やられる・土がつく・一敗地にまみれる・屈する・伏する・屈服する・くじける・膝を屈する

せきはい-りつ【惜敗率】小選挙区選挙で、当選者の得票数に対する落選者の得票数の比率。小選挙区比例代表並立制で行われる日本の衆議院議員総選挙では、一人の候補者が比例代表と小選挙区の両方に重複して立候補でき、政党は比例代表名簿に複数の候補者を同順位で並べることができる。比例代表選挙では、政党が獲得した議席数に応じて比例名簿の上位から順に当選者となるが、同順位に複数の重複候補者がいる場合、小選挙区での惜敗率が高い順に当選となる。

せきはい-ろう【夕拝郎】▶夕郎

せき-ばく【寂寞】〔ト・タル〕〔文〕〔形動タリ〕❶ひっそりとして寂しいさま。じゃくまく。「人居を遠く離れた―たる別世界にも」〈柳田・山の人生〉❷心が満たされずにもの寂しいさま。じゃくまく。「斯ういう―たる団欒の中に」〈漱石・行人〉〔類語〕寂寥・索漠・落莫・蕭然・蕭蕭・蕭条・蕭殺・寥寥

せき-はじめ【関一】[1873～1935]社会政策学者・都市行政家。静岡の生まれ。東京高等商業学校教授、大阪市長、貴族院議員。社会政策を研究したが、招かれて大阪市助役・市長を務め、大阪港整備、市営住宅・公設市場建設など社会資本の拡充に尽力。著作に「労働者保護法論」「住宅問題と都市計画」など。

せき-ばつ【責罰】〔名〕スル 罪を責めて罰すること。「其正邪を―するの権あるなり」〈田口・日本開化小史〉

せき-ばらい【咳払い】〔名〕スル 存在を示そうと、わざと咳をすること。また、その咳。こわづくり。「―して席に着く」

せき-はん【赤飯】もち米に煮た小豆あるいは豇豆をまぜ、その煮汁とともに蒸した飯。祝い事の際に用いる。おこわ。赤の御飯。

せき-ばん【石版】《「せきはん」とも》平版印刷の一。石版石の表面に脂肪性インクで文字や絵などをかき、水と脂肪の反発性を利用して印刷する。1798年ドイツのゼーネフェルダーが発明。

せき-ばん【石盤】❶粘板岩などを薄い板に加工して木の枠をつけたもの。石筆で文字や絵をかく。学用品として用いられた。❷屋根をふくのに用いる粘板岩などの薄板。スレート。

せきばん-いんさつ【石版印刷】石版で印刷すること。また、その印刷物。

せきばん-が【石版画】石版によって刷った版画。石版石の代わりに亜鉛板・アルミ板を用いることもある。リトグラフ。

せきばん-ずり【石版刷(り)】石版で印刷すること。また、その印刷物。

せきばん-せき【石版石】石版印刷に用いる版材の石。大理石に似た石で、色は白色または淡黄色。硬くて石理が緻密で吸油性がある。

せきばん-せき【石盤石】石盤として用いる石材。粘板岩など。

せき-ひ【石匕】「石匙」に同じ。

せき-ひ【石碑】❶石に業績や事跡を記念する文字を刻んで建てたもの。いしぶみ。❷墓石。石塔。

〔類語〕(❶)碑・句碑・詩碑・歌碑・墓碑・記念碑・モニュメント/(❷)墓石・墓碑・墓標

せき-ひつ【石筆】❶蠟石を加工して鉛筆状につくったもの。石盤に文字や絵をかくのに用いる。❷黒色または赤色の粘土を乾かして固め、筆の穂の形に作ったもの。管に挟んで書画をかくのに用いた。

せき-ひつ【石櫃】納骨用の櫃。

せきひつ-せき【石筆石】石筆や耐火煉瓦の材料にする蠟石の一。白・灰・緑色などで脂肪光沢をもつ。

せきび-の-らん【赤眉の乱】中国、新末期の18年、王莽の失政から起きた農民の反乱。参加した者は眉を朱で染めて目印とした。27年、後漢の光武帝に平定された。赤眉の兵。

せき-ひん【赤貧】きわめて貧しくて、何も持っていないこと。〔類語〕貧乏・貧窮・極貧・じり貧・貧寒・素寒貧・不如意・文無し・貧困・貧窮・貧苦・窮乏・困窮・困乏・困苦・生活苦

赤貧洗うが如し きわめて貧しく、洗い流したように何もないさま。〔補説〕「清貧洗うが如し」とするのは誤り。➡清貧

せき-ふ【石斧】斧の刃に用いた石器。打製と磨製とがある。日本では旧石器時代から弥生時代までみられる。いしおの。

せき-ふ【責付】旧刑事訴訟法で、裁判所が被告人を親族などに預け、勾留の執行を停止した制度。現行刑事訴訟法の親族・保護団体などへの委託による勾留の執行停止に相当する。

せき-ふだ【席札】会議の席、宴会の席などで、その人の席を示すために置く名札。

せき-ふだ【関札】❶▶関所手形 ❷▶宿札❶

せき-ぶつ【石仏】石で作った仏像。または磨崖仏など、岩肌に刻まれた仏像。

せき-ぶね【関船】戦国時代から江戸時代に使われた軍船。小型で速く、周囲に矢倉や狭間などを設けたもの。早船。

せき-ふん【積憤】積もり積もったいきどおり。

せき-ぶん【石文】碑・瓦・甎などに刻まれた文。

せき-ぶん【積分】〔名〕スル ❶与えられた関数について、微分してこの関数になるすべての関数。また、それを求めること。不定積分。❷ある関数のグラフの区間を微小に分割し、各微小部分の幅とその関数値との積の和をつくり、微小部分の幅を限りなく小さくしていったときの和の極限値を求めること。また、その極限値。定積分。

せきぶん-がく【積分学】積分に関する理論および応用を研究する数学の一分科。

せきぶん-ていすう【積分定数】不定積分や微分方程式の解を求める際に加えられる任意の定数。

せきぶん-ほうていしき【積分方程式】積分の中に未知関数を含む方程式。

せき-へい【積弊】長い間に積もり重なった弊害。また、積年の疲れ。「―を除去する」

〔類語〕旧弊・宿弊・流弊・弊習・悪弊・悪習・陋習

せき-へき【石壁】❶石で築いた壁や仕切り。いしかべ。❷岩石の絶壁。きりぎし。「数千丈の―より是を擲ぐ」〈太平記・一六〉

せきへき【赤壁】㊀中国湖北省の南東部、揚子江の南岸にある史跡。赤壁の戦いの古戦場。㊁中国湖北省の東部、黄岡県の揚子江北岸の地。蘇軾が「赤壁賦」を作った所。

せきへき-の-たたかい【赤壁の戦い】中国後漢末期の208年、赤壁㊀において、劉備と孫権の連合軍が曹操の軍を破った戦い。これにより天下三分の形勢がほぼ決まった。

せきへき-の-ふ【赤壁賦】中国、北宋の蘇軾が赤壁㊁に遊んだおりに作った、前後2編の賦。1082年の7月と同年10月の作。それぞれ、「前赤壁賦」「後赤壁賦」と題する。

せき-べつ【惜別】別れを惜しむこと。「―の情」

せき-へん【石片】石のかけら。いしころ。

せき-ぼう【石棒】縄文時代、棒状の一端または両端に丸く膨らみをつけた磨製石器。男性器のシンボルとも、儀礼・祭祀用とも考えられている。

せきほう-たい【赤報隊】明治維新期に結成された草莽隊の一。関東・東北の脱藩士や豪農商を隊員として相楽総三らによって組織された。年貢半減を掲げて進んだが、のち、偽官軍として処断された。

せきほう-へんい【赤方偏移】遠ざかっている天体から来る光のスペクトル線の波長が、波長の長いほう、すなわち赤いほうにずれていること。ドップラー効果によって起こり、遠ざかる速度が大きいほど、ずれも大きい。⇔青方偏移。

せき-ぼく【石墨】炭素からなる鉱物。黒色で金属光沢があり、軟らかい。六方晶系。電極、鉛筆の芯や、原子炉の中性子の減速材などに用いる。グラファイト。黒鉛。

せきぼく-へんがん【石墨片岩】変成岩の一。多量の石墨を含む黒色の結晶片岩。石英・長石・絹雲母なども含み、薄くはがれやすい。

せきほく-ほんせん【石北本線】北海道中央部から道東へ走るJR線。新旭川から網走に至る。大正1～昭和7年(1912～32)開業。全長234キロ。

せき-ぼし【堰乾し】堰を作って川をせき止め、水をからして魚を捕ること。瀬乾し。

せき-ほん【石本】石刷りの書物。拓本。

せき-まつ【席末】席順の末。末席。

席末を汚す 席につらなっていることを謙遜していう言葉。末席を汚す。「会員の―・している」

せき-みず【関水】関所のほとりの川やわき水。特に、逢坂の関のほとりの川。「あまたたび行きあふ坂の―に今はかぎりの影ぞ悲しき」〈千載・雑中〉

せき-む【夕霧】夕方にかかる霧。ゆうぎり。

せき-む【責務】責任と義務。また、果たさなければならない務め。「―を負う」

〔類語〕務め・義務・責任・任・任務・本務・使命・役目・役・役儀・分・本分・職分・職責・責め

せき-むかえ【関迎へ】来る人を関所まで出迎えること。特に、入京する人を逢坂の関まで出迎えること。「今日の御―は、え思ひ棄て給はじ」〈源・関屋〉⇔関送り。

せき-めん【石綿】「いしわた」に同じ。

せき-めん【赤面】〔名〕スル ❶赤い顔面。あからがお。❷恥じて顔を赤らめること。また、恥じること。「一の至り」「おとなげなかったと一する」❸感情が顔に表れて赤くなること。「興奮のあまり一する」

せきめん-きょうふしょう【赤面恐怖症】セキメンキョウフシャウ 恐怖症の一。人前へ出ると顔が赤くなるのではないかと恐れて、人と会うのを嫌がる症状。

せきめん-し【石綿糸】石綿の繊維を加工してつくる糸。耐火性・耐熱性が良好で石綿布として防火防熱服・防火幕などに用いる。

せきめん-スレート【石綿スレート】石綿を混合したセメントの薄板。壁・天井・屋根などに用いる。

せきめん-はい【石綿肺】塵肺(じんぱい)の一。石綿の粉塵を吸入することによって、肺の線維組織が増殖する肺線維症を生じ、呼吸機能が低下し、心臓の障害、肺癌(はいがん)なども起こる病気。アスベスト肺症。

せき-もの【関物】美濃国の関に住んだ刀鍛冶(かたなかじ)が鍛えた刀剣。室町後期が最盛期。丈夫で実用的な刀として知られた。

せき-もり【関守】関を守る役人。関所の番人。

せき-もん【石門】❶石材でつくった門。石の門。❷自然の岩石で門のような形をしているもの。❸経穴の一。へその下2寸の所。むくみ・腹病などの治療点。❹石門心学の門流。

せき-もん【責問】〔名〕スル ❶厳しく問いただして白状させること。詰問。「一人の所行を一し、その他を保護すべきと思うときは」〈中村訳・自由之理〉❷江戸時代、拷問をさしていった語。

せきもん-けん【責問権】民事訴訟で、裁判所または相手方の訴訟行為が手続き法規に違背したことに対して異議を述べ、その違法を主張する当事者の権能。

せきもん-しんがく【石門心学】江戸時代に石田梅岩の始めた心学。

せき-や【関屋】㊀関所の番小屋。「人住まぬ不破の一の板びさし荒れにし後はただ秋の風」〈新古今・雑中〉㊁源氏物語第16巻の巻名。光源氏、29歳。源氏が石山寺へ参詣の途中、逢坂(おうさか)の関で空蟬(うつせみ)と行きあい、往時をしのぶことなどを描く。

せき-やく【関役】❶関所を守る役目。また、その役人。❷中世、関所で課した通行税。

せきやど【関宿】千葉県北西端、野田市の地名。利根川と江戸川の分流点にある。もと久世氏ほかの城下町。利根川水運の河港として繁栄。

せきや-としこ【関屋敏子】[1904〜1941]ソプラノ歌手・作曲家。東京の生まれ。東京音楽学校中退。三浦環(たまき)に師事。イタリアに留学し、欧米各地で活躍。帰国後は、作曲や公演活動なども行った。38歳で自殺。作品に歌曲「野茨(のばら)」、歌劇「お夏狂乱」など。

せき-やぶり【関破り】❶「関所破り」に同じ。「悉く引っ捕らへ一と言ふべきか」〈浄・伊賀越〉❷遊女が郭(くるわ)から逃げ出すこと。「又しては一と、廓の騒動」〈浄・寿の門松〉

せき-やま【関山】関所のある山。また、関所と山。「我(あ)が身こそ一越えてここにあらめ」〈万・三七五七〉

せき-や・る【塞き遣る｜堰き遣る】〔動ラ四〕せきとめる。さえぎりとめる。「涙も一・らず言ひ続け給ふ」〈浜松・五〉

せき-ゆ【石油】❶種々の炭化水素の混合物を主成分とする液状の物質。海底に堆積(たいせき)した生物遺体がバクテリアの作用や熱・圧力で分解してできたとされる。天然のままのものを原油とよび、蒸留・精製してガソリン・灯油・軽油・ピッチなどを得る。燃料・化学工業用原料として重要。❷特に、灯油の俗称。

セキュア-オーエス【セキュアOS】《secure OS》コンピューターセキュリティーの機能を高めたオペレーティングシステム。改竄(かいざん)や破壊を最小限に食い止めるため、ファイルなどへのアクセスを常に制限する「強制アクセス制御」と、管理権限を複数のユーザーに分散させる「最小特権」の二つの機能をもつ。

セキュア-シェル〖secure shell〗▶エス-エス-エッチ(SSH)

せき-ゆう【積憂】セキイウ つもりつもった憂い。「在る者は一の中に活き」〈紅葉・金色夜叉〉

せきゆ-エーテル【石油エーテル】工業用ガソリンの一種。石油を蒸留して、沸点セ氏30〜60度で得られる引火しやすい無色の液体。ヘキサンなどを主成分とし、エーテルによく溶ける。溶剤に用いる。

せきゆ-エンジン【石油エンジン】石油機関。

せきゆ-かがく【石油化学】セキユクワガク 石油および天然ガスからその成分を分離する方法や、分離した成分の化学的利用に関する化学。

せきゆかがく-こうぎょう【石油化学工業】セキユクワガクコウゲフ 石油や天然ガスを原料として、燃料油など本来の石油製品以外の、合成繊維・合成樹脂などの石油化学製品を製造する工業。

せきゆガス-ぜい【石油ガス税】タクシーなどに多いLPG(液化石油ガス)車の燃料となる石油ガスに課される国税。昭和41年(1966)施行された石油ガス税法により創設。一部が道路特定財源の石油ガス譲与税として地方に譲与されていたが、法改正により平成21年度(2009)から一般財源化された。➡道路整備事業財政特別措置法

せきゆ-きかん【石油機関】セキユキクワン 石油およびガソリン・重油・灯油・軽油などを燃料とする内燃機関。石油エンジン。オイルエンジン。石油発動機。

せきゆ-きき【石油危機】▶オイルショック

せきゆ-けつがん【石油頁岩】▶オイルシェール

せきゆ-こんろ【石油焜炉】灯油を燃料とするこんろ。

せきゆ-ストーブ【石油ストーブ】灯油を燃料とするストーブ。(季 冬)

せきゆだいたいエネルギー-そくしんほう【石油代替エネルギー促進法】セキユダイタイエネルギーソクシンハフ ▶石油代替エネルギー法

せきゆだいたいエネルギー-ほう【石油代替エネルギー法】セキユダイタイエネルギーハフ《「石油代替エネルギーの開発及び導入の促進に関する法律」の通称》昭和55年(1980)のオイルショックを契機に、石油への過度な依存からの脱却を目指して制定された法律。石油代替エネルギーの開発・促進に関して規定。平成21年(2009)、地球温暖化対策促進などの観点から同法の見直しが行われ、非化石エネルギー法(正式名称は「非化石エネルギーの開発及び導入の促進に関する法律」)に改称された。代エネ法。➡新エネルギー利用特別措置法 [補説]石油代替エネルギーとは、原油・揮発油・重油など省令で定められた石油製品を含む石油の代わりに燃焼に用いられるものや、石油以外のものを熱源として得られた熱・動力・電気など。平成9年(1997)、同法の促進などを目的に「新エネルギー利用等の促進に関する特別措置法」(通称は「新エネルギー法」)が施行された。

せきゆ-だいたいねんりょう【石油代替燃料】セキユダイタイネンレウ ガソリン・軽油などの石油系燃料の代わりとする燃料。天然ガス・ジメチルエーテル(DME)・ガスツーリキッド(GTL)・バイオマス(生物体)燃料・燃料電池など。

せきゆてんねんガスきんぞくこうぶつしげん-きこう【石油天然ガス・金属鉱物資源機構】セキユテンネンガスキンゾククワウブツシゲンキコウ 平成14年(2002)に成立した「独立行政法人石油天然ガス・金属鉱物資源機構法」に基づいて同16年2月に設立された独立行政法人。石油・天然ガス、金属鉱物の探鉱に必要な資金の供給と、それら資源を開発して安定的に供給することを目的とする。日本近海の熱水鉱床の調査なども行う。JOGMEC(Japan Oil, Gas and Metals National Corporation)。

せきゆ-にゅうざい【石油乳剤】灯油または軽油をせっけんなどの乳化剤で水中に分散させたもの。殺虫剤を加えて消毒や害虫駆除に用いる。

せきゆ-はつどうき【石油発動機】「石油機関」に同じ。

せきゆ-ピッチ【石油ピッチ】石油を蒸留したときに残るタール状のアスファルトを、さらに真空蒸留して残る黒い樹脂状の物質。また、そのアスファルトのこと。練炭の粘結剤、電気絶縁材、道路舗装に使用。

せきゆ-ベンジン【石油ベンジン】工業用ガソリンの一種。石油を蒸留して、沸点セ氏30〜150度で得られる無色透明の液体。引火しやすい。溶剤・しみ抜きなどに用いる。ベンジン。

せきゆゆしゅつこく-きこう【石油輸出国機構】▶オペック(OPEC)

せきゆ-ランプ【石油ランプ】灯油を燃料とするランプ。ガラスまたは金属製の壺に灯油を入れ、芯に含ませて燃焼させる。多く、ガラスのほやがつけられている。

セキュリタイゼーション〖securitization〗金融の証券化。金融形態が貸し付けから証券発行へ移行すること。流動化をはかるために、債権や債務を証券化すること。

セキュリティー〖security〗❶安全。また、保安。防犯。防犯装置。「一システム」❷担保。❸有価証券。債券。

セキュリティー-アナリスト〖security analyst〗各種企業の経営実績・収益・財務状態などを分析し、投資価値があるかどうかの判断をする専門家。証券アナリスト。証券分析家。

セキュリティー-コミュニティー〖security community〗安全保障共同体。全世界または地域ごとの相互安全保障で結ばれた国家群。

セキュリティー-コンサルタント〖security consultant〗❶企業などの要人が誘拐されたり人質にとられたりした際に、さまざまな手段を講じて要人救出にあたる会社。❷企業などの情報資産を守るための対策を助言・指導する専門家・会社。

セキュリティー-システム〖security system〗安全を保障する制度。警備保障会社による保安システム。

セキュリティー-トークン〖security token〗▶トークン

セキュリティー-ホール〖security hole〗コンピューターのセキュリティーシステム上の弱点。ソフトウエアの設計やプログラミングのミスなどに起因する。

セキュリティー-ポリシー〖security policy〗個人情報の保護や機密漏洩の防止をはじめ、企業などがコンピューターセキュリティーに対する基本方針をまとめたもの。

セキュリティー-マネージャー〖security manager〗企業の、海外勤務中の社員に事件や事故が発生した場合、その処理に取り組む専門職。

せ-きょう【説経】セキャウ「せっきょう」の促音の無表記。「一などにはことに多く聞えざりき」〈枕・三三〉

せき-よう【夕陽】セキヤウ ❶夕日。入り日。斜陽。「梅雨には珍しい一が」〈漱石・それから〉❷夕暮れ。夕方。「草原は一深し帽ぬげば髪にも青きいなご飛びきたる」〈牧水・死か芸術か〉

せき-よう【戚揚】セキヤウ《「戚」は斧(おの)、「揚」はまさかりの意》斧とまさかり。斧鉞(ふえつ)。転じて、武器。「其の道十八里が間、干戈一相挟み」〈太平記・一一〉

せき-よう【腊葉】セキエフ ▶さくよう(腊葉)

せ-ぎょう【施行】セギャウ〔名〕スル ❶僧侶や貧しい人に物を施し与えること。布施の行。「寒(かん)一」「一米(まい)」❷命令を伝達して実行させること。また、その命令書。しぎょう。「国々の源氏等に一せらる」〈盛衰記・一三〉❸▶しこう(施行)❶

せぎょう-りん【施業林】セゲフリン 植樹などの人工を加えた森林。

せき-ら【赤裸】〔名・形動〕❶からだに何もつけていないこと。また、そのさま。丸裸。あかはだか。「一な(の)山肌」❷包み隠さないこと。むき出しであること。また、そのさま。「一な(の)告白」

[類語]裸・丸裸・素裸・全裸・むき出し・すっぽんぽん

せき-らら【赤裸裸】〔名・形動〕「赤裸」を強めていう語。「一な(の)描写」「一にあばく」

せきらん-うん【積乱雲】垂直に高く盛り上がり、大きな塔のように見える雲。上部には氷晶ができ、広がって朝顔状や鉄床(かなとこ)状になることが多い。十種雲形

の一。雷雨を伴うことが多く、ときには雹を降らせる。略号はCb。入道雲。雷雲。(季 夏)「天を焼く—の育つ峡や/林火」➡雲級 (類語)雲

せきらん-かい【赤瀾会】大正10年(1921)結成の婦人社会主義者の組織。伊藤野枝・山川菊枝らを中心に急進的活動を行った。翌年、八日会と改称。

せき-り【石理】岩石を構成する組織のこと。

せき-り【赤痢】急性の消化器系感染症の一。感染症予防法では、病原体によって細菌性赤痢(三類感染症)とアメーバ赤痢(五類感染症)に分けられる。飲食物を介して経口感染する。アメーバ赤痢は熱帯・亜熱帯に多く、日本では普通は赤痢菌による細菌性赤痢をさす。2〜4日の潜伏期ののち高熱を発し、連続的に便意を催し、主に粘液質の血便が出る。血屎。血痢。しゃくり。(季 夏)「おもかげのなほうるはしき—かな/草城」

せきり【戚里】《中国、漢の時代に、后妃の家族・親類の長安での居住域を「戚里」とよんだところから》天子の母方の親類。天子の外戚。

せ-ぎり【背切り】「背開き」に同じ。

せ-ぎり【瀬切り】❶水の流れをせきとめること。「—をして水車がかけてあって」〈有島・星座〉❷水が瀬を押しきって流れること。また、その場所。早瀬。「立田川滝の—にはらへつついはひくらすは君が為とぞ」〈古今六帖・一〉

せきり-アメーバ【赤痢アメーバ】アメーバ赤痢などの病原体となる原生動物。腸に寄生する。熱帯を中心に世界に広く分布。

せきり-きん【赤痢菌】赤痢の病原菌。グラム陰性の桿菌。明治31年(1898)志賀潔が発見したことからシゲラという属名をもつ。赤痢菌属には種類が多く病原性のないものもある。

せき-りゅう【石×榴】ザクロの別名。

せき-りゅう【関流】❶和算の一流派。関孝和を祖とする。❷砲術の一派。江戸初期に起こり、関八左衛門文信を祖とする。

せきりゅう-ひ【石×榴皮】ザクロの幹・根の外皮を乾燥させたもの。条虫の駆除に用いる。ざくろひ。

せき-りょう【石▽竜】トカゲの別名。

せき-りょう【石×梁】石造りの橋。石橋。また、飛び石。

せき-りょう【席料】❶座敷・会場・貸席などを借りる料金。席代。❷寄席の入場料。

せき-りょう【脊×梁】❶せぼね。せすじ。脊柱。「—骨」❷馬の背筋の中央部。

せき-りょう【寂×寥】㊀〔名〕心が満ち足りず、もの寂しいこと。「—感」「行介は何か淡い—を覚えた」〈山本有三・波〉㊁〔ト・タル〕図〔形動タリ〕ひっそりとしてもの寂しいさま。「—とした冬景色」
(類語)寂寞・索漠・落莫・蕭然・蕭蕭・蕭条・蕭殺・寥寥

せき-りょう【責了】《「責任校了」の略》赤字の訂正は印刷所に責任をもたせて校正を終了すること。

せき-りょう【積量】船や車などに積み込む貨物の重量。積載量。

せきりょう-さんみゃく【脊×梁山脈】ある地域の背骨に相当するような大山脈で、分水界となるもの。

せき-りょく【斥力】二つの物体間で互いにしりぞけ合うように働く力。反発力。㊀引力。

せきりょく-しきもう【赤緑色盲】赤と緑の識別力を欠くとされた色覚異常をいった語。

せき-りん【石×淋】腎臓や膀胱に結石ができる病気。また、その結石。
石淋の味を嘗めて会稽の恥を雪ぐ 《越王勾践が会稽山の戦いに敗れ、呉王夫差の石淋をなめて病状を医者に報告するという恥に耐え、その後呉を討って仇を報いたという故事から》屈辱を耐え忍んで、復讐の志を成し遂げることのたとえ。

せき-りん【赤×燐】燐の同素体の一。黄燐を密閉容器内でセ氏約260度に加熱して得られる赤褐色の粉末。無毒で、空気中に放置しても自然発火しない。マッチ・花火などの原料。

せ-ぎ・る【瀬切る】〔動ラ五(四)〕流れをせきとめる。「埒外に—・られた出迎いの人込」〈風葉・青春〉

せき-るい【石塁】石のとりで。岩石で築いた城塁。

せき-れい【×鶺×鴒】スズメ目セキレイ科の鳥のうち、キセキレイ・セグロセキレイ・ハクセキレイなどの総称。水辺でみられ、スズメより大形。尾が長く上下に振る習性がある。いしたたき。にわたたき。とつぎおしえどり。こいおしえどり。(季 秋)「—のなぶり出しけり山の雨/一茶」

せきれい-だい【×鶺×鴒台】《鶺鴒が夫婦和合の営みを教えたといわれるところから》婚礼のときに供える床飾りの一。島形または州浜形で、足は雲形。台上には岩を根固めに置き、鶺鴒の一つがいを飾ったもの。

せき-れき【石×礫】小さな石。石ころ。(類語)石・石くれ・小石・石ころ・礫・つぶて・礫石・石塊・ごろた

せき-れき【×磧×礫】河原の小石。

せき-れき【×淅×瀝】〔ト・タル〕図〔形動タリ〕哀れで寂しいさま。また、風雨や葉の落ちる音のもの寂しいさま。「—と降り頻った霖雨が霽れ」〈嘉村・秋立つまで〉

せき-ろう【夕郎】蔵人の唐名。夕拝郎。

せき-ろう【石×蝋】➤パラフィン

せき-ろう【石籠】「蛇籠❶」に同じ。

せき-ろう【×碩老】徳の高い老人。

せきろう-の-かんじゅ【夕郎の貫首】蔵人頭のこと。「—を経へ、参議、大弁…遂に正二位大納言に至れり」〈平家・一二〉

せきろく【石勒】[274〜333]中国五胡十六国の一、後趙の建国者。廟号は高祖。在位319〜333。山西地方の羯族出身。319年前趙から自立して建国。329年前趙を滅ぼしてほぼ華北を統一。

せき-わき【関脇】「せきわけ」に同じ。「鳥羽の牛松前頭、—はね石松の介ずしりずしりとゆるぎ出で」〈浄・井筒業平〉

せき-わ・く【▽塞き分く|×堰き分く】〔動カ下二〕水の流れをせきとめて分流させる。「—・くるのだの入江の沢水に凍りてとまる冬のうき草」〈夫木・二三〉

せき-わけ【関▽脇】《「せきわき」の音変化。大関の脇の意》相撲で、大関の次位、小結の上位。三役の一。せきわき。

せき-わ・ぶ【▽塞き×侘ぶ|×堰き×侘ぶ】〔動バ上二〕せきとめるのに苦心する。「—・ぶる涙をだにも洩らさずは幾夜も宿れ袖の月影」〈新千載・恋一〉

せき-わり【席割(り)】❶座席を割り当てること。❷芸人が席亭からもらう給金。入場者一人につきいくらと割り当てられる。

せき-わん【隻腕】片腕。隻手。

せ-ぎん【世銀】「世界銀行」の略。

せ-く【▽節供】《「せっく」の促音の無表記》「せちく(節供)」に同じ。「五月五日になりて、—などいと清らに調じて」〈宇津保・忠こそ〉

せ・く【×咳く】〔動カ五(四)〕《「塞く」と同語源》せきをする。せき払いをする。しわぶく。「病人が—・くので」〈滝井・無限抱擁〉(季 冬)

せ・く【▽急く】〔動カ五(四)〕❶早くしなければ、とあせる。あせっていらだつ。また、あわてる。「気ばかり—・く」❷呼吸が激しくなる。「息が—・いて苦しい」❸せきたてる。急がせる。「何ものかに『今だぞ』と—・かれている気もちだった」〈芥川・玄鶴山房〉❹怒り・悲しみ・嫉妬などで、心が激しく動く。「腹立て顔して言ふが、男に—・いた風を見すべき女郎の計略なり」〈浮・禁短気・五〉➡急ぐ (用法)
(類語)(❶)焦る・じれる・はやる・いらだつ・あわてる/(❸)急がす・急かす・急き立てる・追い立てる
急いては事を仕損ずる あまりあせるとかえって失敗しやすく、急いでしたことが無駄になる。

せ・く【▽塞く|×堰く】〔動カ五(四)〕❶流れなどをさえぎってとめる。せきとめる。「小川の水を—・く」❷物事の進行や人の行動を妨げる。特に、男女の仲を妨げる。「叔母がお勢と文三との間を—・くような容子が徐々見え出した」〈二葉亭・浮雲〉❸涙をこらえる。「涙ばかり、のどめがたきに—・かれ侍る程なさも心憂く」〈夜の寝覚・三〉

ぜ-く【▽絶句】《「ぜっく」の促音の無表記》「ぜっく(絶句)❷」に同じ。「おのおの—など作りわたして」〈源・松風〉

せ-ぐくま・る【×跼る】〔動ラ五(四)〕《古くは「せくぐまる」》からだを前へかがめ、背を丸くする。かがまる。「唯でさえ猫背なのを、一層寒空の下に—・って」〈芥川・芋粥〉

セクサギンタ-プリスタ〖Sexaginta Prista〗ブルガリア北部の都市ルセにある要塞。1世紀、古代ローマ皇帝ウェスパシアヌスの時代に建造。ラテン語で「60隻の戦艦」を意味する。現在は基礎部分が残され、石板や壺などの出土品は、19世紀建造のバテンベルク宮殿を利用した地方史博物館に所蔵されている。

セクシー〖sexy〗〔形動〕性的魅力のあるさま。性的なものを感じさせるさま。「—な表情」(類語)セクシュアル・センシュアル・官能的・肉感的・性的

セクシスト〖sexist〗性差別主義者。特に、男性の女性差別主義者。

セクシズム〖sexism〗性差別。特に、女性差別。

セクシャリティー〖sexuality〗➤セクシュアリティー

セクシャル〖sexual〗➤セクシュアル

セクシャル-ハラスメント〖sexual harassment〗➤セクシュアルハラスメント

セクシュアリティー〖sexuality〗《「セクシャリティー」とも》性的特質。性的興味。性を意識させることやもの。

セクシュアル〖sexual〗〔形動〕《「セクシャル」とも》性に関係のあるさま。また、性的な関心をひきおこすさま。「—な魅力」(類語)セクシー・センシュアル・性的

セクシュアル-ハラスメント〖sexual harassment〗性的いやがらせ。特に、職場などで男性から女性に対して、または女性から男性に対して行われる性的、差別的な言動をいう。セクシャルハラスメント。セクハラ。

セクショナリズム〖sectionalism〗組織内のある部門が党派的利害や権限に固執し、排他的になる傾向や状態。セクト主義。派閥主義。縄張り意識。

セクショナル-ボイラー〖sectional boiler〗水管ボイラーの一。縦に並べた水管を管寄せに連結して一つのセクションとし、適当な数だけ横に並べたもの。容量の調節ができる。組み合わせボイラー。

セクション〖section〗❶組織や構成の上から他と区別される部分。部門。「会場は三—からなる」❷会社・団体などの部局。課。「営業の—」❸文章の一区分。❹新聞などの一欄。「ホーム—」
(類語)部分・箇所・ところ・部位・部門・分野・パート・カテゴリー・セグメント

セクション-ペーパー〖section paper〗方眼紙。

セクスタント〖sextant〗六分儀。

セクストス-ホ-エンペイリコス〖Sextos ho Empeirikos〗《経験家セクストス、の意》2〜3世紀のギリシャの哲学者・医者。ピュロンの流れをくみ、ギリシャ懐疑派最後の哲学者といわれる。著「ピュロン派哲学概要」など。生没年未詳。

セクター〖sector〗❶部門。部署。「第三—」❷扇形。❸コンピューターの磁気ディスクなど、円盤状の補助記憶装置を管理する単位。同心円状に分割した区画をトラック、それを放射状(扇形)に等分割した区画をセクターという。また、複数のセクターをまとめたものをクラスターという。

セクター-しゅぎ【セクター主義】極地、特に南極に対する領土権主張の一。極地に近い国が、その国の領土の東西の端と極点を結ぶ子午線によって形成される扇状区域内は自国領であるとする主張。

セクター-はぐるま【セクター歯車】一定の角度内での往復運動を行う、扇形の歯車。

セクター-ファンド〖sector fund〗特定の産業に投資する投資信託のこと。「バイオ銘柄の—」

セクト〖sect〗宗教的あるいは思想的に信条や主義

を同じくする者の集団。分派。宗派。党派。また特に、新左翼の党派。「一間の闘争」「ノンー」
セクト-しゅぎ【セクト主義】▶セクショナリズム
セク-ハラ 「セクシュアルハラスメント」の略。
セグメンテーション〖segmentation〗❶区分。分割。❷市場細分化。市場を区分けして、それぞれに応じた市場対策をとること。「マーケットー」
セグメンテーションがた-こうこく【セグメンテーション型広告】▶登録情報連動型広告
セグメント〖segment〗❶分割すること。区分。部分。「地域単位のー情報」❷コンピューターで、大きなプログラムやデータを記憶装置に読み込むときに分割する単位。
せ-くらべ【背比べ】〘名〙スル 「せいくらべ」に同じ。
せぐり-あ・げる【せぐり上げる】〘動ガ下一〙文せぐりあ・ぐ〘ガ下二〙せきあげる。こみあげる。しゃくりあげる。「時々胸からー・げて来る涙を」〈秋声・あらくれ〉
せぐり-くる【せぐり来る】〘動カ変〙涙や息がつきあげるように出てくる。こみあげてくる。「ー・来る涙を、一生懸命に噛みしめた」〈里見弴・多情仏心〉
せぐ・る〘動ラ四〙涙や吐きけなどがこみあげる。せきあげる。多く、「せぐりあげる」「せぐりくる」などと複合語の形で用いる。「九郎助は老の逸徹(いってつ)、息も涙もー・りかけ」〈浄・布引滝〉
せぐるし・い〘形〙文せぐる・し〘シク〙《近世語》息がつまって苦しい。息苦しい。胸苦しい。「斯くもの言ふさへー・い」〈伎・黄金鱐〉
セグレ〖Emilio Gino Segrè〗［1905～1989］米国の物理学者。イタリア生まれ。1938年渡米。テクネチウムを人工的につくり、プルトニウムなどを発見。第二次大戦中は原爆計画に参加。O＝チェンバレンとともに反陽子を発見し、ノーベル物理学賞受賞。
セクレターゼ〖secretase〗たんぱく質分解酵素の一つ。アルツハイマー型認知症の発症に関与する酵素として知られる。(補説)アルツハイマー型認知症の原因物質とされるアミロイドβ(ベータ)は、βセクレターゼおよびγ(ガンマ)セクレターゼという2種類の酵素によってアミロイド前駆体蛋白質(APP)が切断されることにより生じる。
セクレタリー〖secretary〗秘書。書記。
セクレタリー-サービス《和 secretary＋service》秘書の仕事を代行する業務。
セクレチン〖secretin〗十二指腸の粘膜壁にある特殊な細胞から分泌されるホルモン。血液によって膵臓(すいぞう)に運ばれ、膵液の分泌を促進する。
せ-ぐろ【背黒】❶背中が黒いこと。また、背中の黒いもの。❷「背黒鰯(いわし)」の略。
せぐろ-あじさし【背黒×鰺刺】カモメ科の鳥。全長41センチくらいで、頭・背・尾にかけて黒く、下面は白い。熱帯海域に広く分布し、外洋性。日本では琉球諸島に繁殖。
せぐろ-いわし【背黒×鰯】カタクチイワシの別名。
せぐろ-かもめ【背黒×鴎】カモメ科の鳥。全長60センチくらいで、背と翼の上面が灰色で、翼の先が黒っぽい。尾と腹面は白。北極圏周辺で繁殖し、日本では冬鳥として海岸でみられる。
せぐろ-ごい【背黒五位】ゴイサギの成鳥のこと。羽色から、幼鳥を星五位とよぶのに対していう。
せぐろ-せきれい【背黒×鶺×鴒】セキレイ科の鳥。全長21センチくらいで尾が長い。頭から背・胸・尾が黒く、額からまゆと腹は白い。日本でのみ繁殖する留鳥。(季 秋)
セゲド〖Szeged〗ハンガリー南東部の都市。セルビアとルーマニアの国境近く、ティサ川沿いに位置する。中世より、塩の交易の拠点として栄えた。肥沃な土地に恵まれ、特にパプリカの産地として有名。1879年の融雪洪水をはじめ、しばしば洪水の被害を受けている。ネオロマネスク様式のセゲド大聖堂、アールヌーボー様式の新ユダヤ教会のほか、同地出身の作家で考古学者でもあるモーラ＝フェレンツが館長を務めた博物館がある。
セゲド-だいせいどう【セゲド大聖堂】《Szegedi Dóm》ハンガリー南東部の都市セゲドにあるカテドラル(司教座聖堂)。正式名称は誓約教会。1930年にネオロマネスク様式で建造。高さ91メートルの2本の鐘楼をもち、堂内には同国最大級のパイプオルガンがある。聖堂前の広場には、他の場所から移築した13世紀建造の教会の一部、聖デメトリウスの塔が建っている。
せ-けん【世間】《❸が原義》❶人が集まり、生活している場。自分がそこで日常生活を送っている社会。世の中。また、そこにいる人々。「ーを騒がした事件」「ーがうるさい」「ーを渡る」❷人々との交わり。また、その交わりの範囲。「ーを広げる」❸仏語。生きもの(衆生(しゅじょう)世間)と、それを住まわせる山河大地(器(き)世間)、および、生きものと山河大地を構成する要素(五陰(ごおん)世間)の総称。❹人の住む空間の広がり。天地の間。あたり一面。「俄(にわか)に霧立ち、ーもかいくらがりて」〈大鏡・道長下〉❺僧に対する一般の人。俗人。「ある律僧、ーになりて子息あまたありけるうち」〈沙石集・三〉❻社会に対する体面やそれに要する経費。「ーうちばに構へ、又ある時は、ならぬ事をもするなり」〈浮・永代蔵・四〉❼この世の生活。財産。暮らし。境涯。「武州にーゆたかなる、所の地頭あり」〈沙石集・九〉
(類語)(❶)世(よ)・世の中・天下・江湖(こうこ)・社会・実社会・世上・世俗・俗世・人世(じんせい)・人間(じんかん)・俗間・民間・巷間(こうかん)・巷(ちまた)・市井(しせい)・浮き世・娑婆(しゃば)・塵界(じんかい)・世界
世間が狭・い ❶交際範囲が狭い。世間に対する知識が狭い。「まだ若いからー・い」❷肩身が狭い。
世間が立・つ 世間への申し訳が立つ。世間に対して一分(いちぶん)が立つ。「ちょっと顔でも見たいが、いやいやそれではー・たぬ」〈浄・冥途の飛脚〉
世間が詰ま・る 世の中が不景気になる。「万事の商ひなうて、ー・ったといふは毎年の事なり」〈浮・胸算用・五〉
世間が張・る 世間づきあいが広くなり、そのために費用が多くかかる。「全盛する程ー・ってつらいものでごんす」〈浄・大経師〉
世間が広・い ❶交際範囲が広い。つきあいが広い。❷世間についての知識が広い。
世間虚仮(こけ)唯仏是真(ゆいぶつぜしん) この世にある物事はすべて仮の物であり、仏の教えのみが真実であるということ。天寿国曼荼羅(てんじゅこくまんだら)繡帳(しゅうちょう)に記されており、聖徳太子の言葉という。
世間に鬼はない 世の中には無慈悲な人ばかりでなく、情け深い人もいるものだ。渡る世間に鬼はない。
世間は張り物 世間では誰でも見えを張るものだ。世界は張り物。
世間は広いようで狭・い 世間は広いようであるが、実際は思いのほか狭い。思いがけない所に知人やつながりのある人がいる場合などにいう。
世間晴れて 隠したりしないでおおっぴらに。公然と。「ーわが恋人を知らすべし」〈浮・諸艶大鑑・五〉
世間を狭く・する 信用を失って、世人との交際範囲を狭くする。肩身を狭くする。
世間を張・る 広く世間づきあいをする。また、世間体を気にして見えを張る。「ー・って棟の高き家には」〈浮・胸算用・一〉
ぜ-げん【▽女×衒】《「衒」は売るの意》女を遊女屋などに売ることを業とする人。判人(はんにん)。
せけん-ぎ【世間気】見えをはり、外聞を気にすること。世間体を繕う心。「兼ねて用心せよと、ーのかしこき人の言ひしらせける」〈浮・織留・六〉
せけん-ぐち【世間口】世間のうわさ。世間の口。「読誦(どくじゅ)のほか、ーを閉ぢたれば」〈浄・出世景清〉
せけん-さわがせ【世間騒がせ】〘名・形動〙世間の人々を騒がせるような事柄であること。また、そのさま。人騒がせ。「ーな事件」
せけん-し【世間師】❶世間に通じていて巧みに世を渡ること。悪賢く世を渡ること。また、その人。❷旅から旅を渡り歩いて世渡りをする人。
せけん-じゃ【世間者】❶世間一般の人。俗人。僧侶などからみていう。「ーは楽しみなき事に楽しみありと見て、其の執心を離るる事なし」〈ぎやどぺかどる・下〉❷世慣れた人。〈日葡〉
せけん-しらず【世間知らず】〘名・形動〙経験が浅く、世の中の事情にうといこと。また、その人やそのさま。世間見ず。「ーな(の)青二才」
(類語)坊ちゃん育ち・お嬢様育ち・子供・青二才・豎子(じゅし)・小僧(こぞう)っ子・洟(はな)垂らし・ひよこ・ねんね・おぼこ・うぶ
せけん-ずれ【世間擦れ】〘名〙スル 実社会で苦労した結果、世間の裏に通じて悪賢くなること。「ーしていない人」(補説)文化庁が発表した平成16年度「国語に関する世論調査」では、本来の意味である「**世間を渡ってきてずる賢くなっている**」で使う人が51.4パーセント、間違った意味「**世の中の考えから外れている**」で使う人が32.4パーセントという結果が出ている。
(類語)老獪(ろうかい)・すれっからし・海千山千
せけん-そう【世間僧】形だけの出家で、戒律を守らない僧。生臭(なまぐさ)坊主。「大方はー、是非なくさま替へし者なれば」〈浮・文反古・五〉
せけん-ち【世間知｜世間×智】❶処世に必要な知恵。世知。「ーにたけた人」❷仏語。楞伽(りょうが)経に説く三智の一。世俗の知恵。世知。
せけん-てい【世間体】世間に対する体裁や見え。「ーが悪い」(類語)体面・体裁・外聞・格好・見え・聞こえ
せけん-てき【世間的】〘形動〙❶世間一般にあるようなさま。世俗的。「ーな名誉欲」❷表向きであるさま。おおやけであるさま。「ーに知られた人」
せけん-でら【世間寺】生臭(なまぐさ)坊主の住む寺。俗気のある寺。浮世寺。「ーの有徳(うとく)なるを聞き出し」〈浮・一代女・二〉
せけん-どうぐ【世間道具】外出用の衣類や身のまわり品など、世間で人並みにつきあいをするための道具。「長門練(ながとね)の無地の印籠、これならではーひとつもなかりし」〈浮・永代蔵・五〉
せけん-なみ【世間並(み)】〘名・形動〙世間一般と程度が同じであること。普通であること。また、そのさま。「ーな(の)生活」
(類語)普通・平凡・並み・人並み・常並み・十人並み・一般・一般的・標準・標準的・平均的・当たり前・在り来たり・ノーマル・レギュラー・スタンダード
せけん-なれ【世間慣れ】〘名〙スル 世間づきあいに経験を積んでいること。「若いわりにーしていて人をそらさない」
せけん-の-くち【世間の口】世間のうわさ。「ーがうるさい」
世間の口には戸は立てられぬ 世間の人のうわさは防ぎ止めることができない。
せけん-ばなし【世間話】あたりさわりのない、世の中の一般的な話。気のおけない雑談。(類語)無駄話・おしゃべり・雑談・よもやま話・駄弁・放談・余談
せけん-ばなれ【世間離れ】〘名〙スル ものの考えかたや行動が、世間からかけ離れていること。世間一般の基準にこだわらずに超然としていること。浮き世離れ。「ーした話」(類語)浮き世離れ・現実離れ
せけん-みず【世間見ず】〘名・形動〙「世間知らず」に同じ。「ーな(の)お坊ちゃん」
せけんむすこかたぎ【世間子息気質】浮世草子。5巻。江島其磧(えじまきせき)作。正徳5年(1715)刊。町人の息子の性癖や行動などを類型的に描いた15話からなる。気質物(かたぎもの)の最初の作品。
せけんむねさんよう【世間胸算用】浮世草子。5巻。井原西鶴作。元禄5年(1692)刊。大みそかを背景に、町人たちの生活の悲喜劇を描いた20話からなる。町人物の代表作。
せこ 酒席で、気ままに酒が飲めるように杯や銚子をいくつも出すこと。また、その杯や銚子。〈日葡〉
せこを入・る ❶宴会のとき、酒やさかなを全体に行き渡るようにする。また、席順にこだわらずに酒やさかなを勧める。〈日葡〉❷細かいところまで気を配る。「随分商ひにー・れ」〈浄・会稽山〉
せ-こ【世故】世間の俗事や習慣。世間の事情。せいこ。「ーに暗い」(類語)俗事・世事・世情・世知・世才
世故に長(た)・ける 世間の事情によく通じている。

「―・けている人」

せ-こ【背子‖▽兄子‖▽夫子】❶女性が男性を親しんでいう語。㋐夫や恋人をさす語。「我が―にまたは逢はじかと思へばか今朝の別れのすべなかりつる」〈万・五四〇〉㋑兄弟姉妹の間で兄または弟をさす語。「我が―を大和へ遣るとさ夜ふけて暁露(あかときつゆ)に我が立ち濡れし」〈万・一〇五〉❷男どうしが互いに親しんでよぶ語。「我(あれ)なしとなわび我が―ほととぎす鳴かむ五月(さつき)は玉を貫(ぬ)かさね」〈万・三九九七〉

せ-こ【▽勢子‖列=卒】《「せご」とも》狩猟の場で、鳥獣を追い出したり、他へ逃げるのを防いだりする役目の人。狩子(かりこ)。

せこ・い〔形〕❶悪い。みにくい。へたである。主として明治期の芸人の間で使われた語。「巧(うま)いね。是じゃ喜代寿(きよす)の三糸でも決して―・かないね」〈小杉天外・初すがた〉❷けちくさい。ずるい。料簡(りょうけん)がみみっちい。「―・い手を使う」
(類語)けち・みみっちい・いじましい・せせこましい・狡辛(こすから)い・さもしい・卑しい・陋劣(ろうれつ)・低劣・卑怯(ひきょう)・狭量・小量・けつの穴が小さい

セコイア〘ラテン Sequoia〙スギ科の常緑大高木の総称。高さは100メートル以上に達し、葉は針状。現存しているのは北アメリカ西部のセコイアメスギ(レッドウッド)とセコイアオスギ(マンモスツリー)の2種で、樹齢数千年といわれる。化石は分布が広く、日本の第三紀層にもみられる。

セコイア-こくりつこうえん【セコイア国立公園】《Sequoia National Park》米国カリフォルニア州中東部、シエラネバダ山脈の中にある国立公園。世界で最も樹高が高いジャイアントセコイア(セコイアデンドロン)の自生地。

せ-こう【施工】〔名〕スル 工事を実施すること。しこう。「地下鉄工事を―する」(補説)工事関係者などの間で慣用的に使われる。また、「施行(しこう)」と区別して、一般でも言うことがある。

せ-こう【施行】〔名〕スル「しこう(施行)❷」に同じ。「新条例が―される」(補説)法律関係では、「執行」と区別して「せこう」と読む慣用がある。

せこう-きめん【施工基面】道路・鉄道などの基準面。軌道を直接支持する路盤の表面。

せこう-ず【施工図】土木建築工事で、実施設計図に基づいて作られる、各種工事の詳細な図面。

せ-ごし【背越し】魚の切りかたの一つで、フナ・アユなどを頭・ひれ・はらわたを取り、中骨のあるままぶつ切りにすること。

せ-ごし【瀬越し】❶早瀬を越すこと。❷浅瀬用の喫水の浅い小船。高瀬舟・茶船などの類。せごしぶね。❸重大な危機、または危険な時期を乗り越えること。「今ひと時が互ひの―」〈浄・妹背山〉

せ-ご・す〔動サ四〕きびしく責める。責めさいなむ。「巾着を返せとて―・しければども」〈咄・露がはなし・五〉

せこ-せこ〔副〕スル《形容詞「せこい」の語幹を重ねた語》けちなさま。また、こすっからいさま。「―した真似をするな」「―(と)小銭をためる」

セコ-ハン《「セコンドハンド」の略》中古。中古品。お古。「―の時計」

セゴビア〘Segovia〙スペイン中央部の都市。ローマ時代の水道橋やアルカサル・大聖堂など歴史的建造物が多い。1985年「セゴビア旧市街とローマ水道橋」の名で世界遺産(文化遺産)に登録された。

セゴビア-だいせいどう【セゴビア大聖堂】《Catedral de Santa María de Segovia》スペイン中央部の都市セゴビアにあるゴシック様式の大聖堂。16世紀から18世紀にかけて建造。古代ローマ時代の水道橋やアルカサルなどの歴史的建造物とともに、1985年「セゴビア旧市街とローマ水道橋」の名で世界遺産(文化遺産)に登録された。

せこ-ぶね【▽勢子船】江戸時代、鯨を網に追い込み、もりを打つ役をした船。

せこ・む〔動マ下二〕いじめる。責める。「とがなき女を―・むる事」〈浄・佐々木先陣〉

セコンダリー〘secondary〙❶多く複合語の形で用い、第2位のもの、中級のもの、の意を表す。「―スクール」❷練習用グライダーで、中級のもの。プライマリーとソアラーの中間の機種。現在は廃止。

セコンド〘second〙❶時間の秒。また、時計の秒針。セカンド。❷ボクシングで、選手の介添えや指示にあたる人。セカンド。

セコンドハンド〘secondhand〙「セカンドハンド」に同じ。

セザール-しょう【セザール賞】《フランス César》フランスでの映画賞。毎年2月に選定される。米国のアカデミー賞にならったもの。

せ-さい【世才】世の中の事情に通じ、たくみに世渡りのできる才能。世故の才。「―にたけた人」
(類語)世知・俗才・処世術

せ-ざい【▽前栽】「せんざい」の撥音の無表記。「―の花、いろいろに咲き乱れたるを」〈かげろふ・上〉

せさき-ばおり【背裂羽織】▶打裂羽織(ぶっさきばおり)

セサミ〘sesame〙胡麻(ごま)。

セサミン〘sesamin〙胡麻(ごま)の成分であるゴマリグナンに含まれる物質。体内に発生する活性酸素を減らす働きがあるという。

セザンヌ〘Paul Cézanne〙[1839〜1906]フランスの画家。印象派として活躍したが、のち、色面によって空間を構築する独自の様式を確立し、キュビスムをはじめとする20世紀絵画に多大な影響をもたらした。作「サント-ビクトワール山」「大水浴図」など。➡後期印象派

せ-し【セ氏】「セ氏温度」の略。➡カ氏

せ・し【▽狭し】〔形ク〕せまい。窮屈である。単独の用例はなく、「所狭(ところせ)し」「道も狭(せ)に」などの形で用いられる。➡狭(せ)　➡所狭(ところせ)し

せ-じ【世事】❶世の中の事柄。俗事。「―にうとい」❷「世辞」に同じ。「不相変(あいかわらず)愛嬌も―も無いが」〈紅葉・多情多恨〉(類語)俗事・世塵(せじん)・俗塵(ぞくじん)・俗用・世故
世事に賢(かしこ)・し　世渡りがうまい。世辞がじょうずである。「―・く粋(すい)をもっぱらとして」〈黄・御存商売物〉

せ-じ【世辞】他人に対する愛想のよい言葉。人に気に入られるような上手な口ぶり。「―がうまい」
(類語)甘言・べんちゃら・おべっか・追従(ついしょう)・社交辞令
世辞で丸めて浮気で捏(こ)ねる　口先だけの世辞と色気とで巧みに人を操る。

ぜ-じ【▽禅師】「ぜんじ」の撥音の無表記。「―たちありければ」〈かげろふ・上〉

セシール-カット《和 Cécile＋cut》女性の髪形の一。髪全体を極端に短くカットしたもの。1958年公開の映画「悲しみよこんにちは」でジーン=セバーグが演じた女主人公セシールの髪形から流行。

セシウム〘cesium〙アルカリ金属元素の一。単体は銀白色の軟らかい金属で、空気中ではただちに酸化され、水と激しく反応して水素を発生する。炎色反応は青紫色。電気の良導体で、光電管に使用。核分裂によって生じる人工放射性同位体のセシウム137は、半減期30年でバリウム137となってγ(ガンマ)線を出し、人体に有害。元素記号Cs　原子番号55。原子量132.9。

セシウム-げんしどけい【セシウム原子時計】《cesium atomic clock》セシウム133原子の放射するマイクロウエーブを利用した時計。秒の定義と国際原子時の発生に用いられる。誤差は1年に約100万分の1秒。

セシウム-こうでんかん【セシウム光電管】陰極にセシウムを用いた光電管。仕事関数が小さいため、エネルギーの低い赤外線付近の波長の光に対しても感度をもつ。

セシウム-ひゃくさんじゅうしち【セシウム一三七】セシウムの放射性同位体の一つ。ウランやプルトニウムの核分裂反応などによって生成される。半減期は約30年。ベータ崩壊し、最終的に安定同位体のバリウム137に変化する。化学的性質がカリウムに似ているため、人体に入ると全身の筋肉などに分布し、新陳代謝により約110日で半減する。

セジェスタ〘Segesta〙イタリア南部、シチリア島西部の古代都市。第一次ポエニ戦争でカルタゴと同盟し、ローマに征服された。

せし-おんど【セ氏温度】1742年、スウェーデンの天文学者セルシウスが、1気圧での水の氷点を零度、沸点を100度とし、その間を100等分して定めた温度目盛り。現在は絶対温度から導かれ、水の沸点はセ氏99.974度となる。記号℃　摂氏温度。セルシウス度。セ氏。➡カ氏温度　(補説)「セ氏」を「摂氏」とも書くのは、考案者セルシウスの中国表記「摂爾修」による。

せじけんぶんろく【世事見聞録】江戸後期の随筆。7巻。作者未詳。文化13年(1816)成立。武士・百姓など諸階層の風俗について批判的に述べる。

セ-シ-ボン〘フランス C'est si bon.〙〔感〕それはすてきだ。すばらしい。

せしめ-うるし【瀬×〆漆】漆の枝から掻(か)き取ったままの漆汁。粘着力が強い。石漆。

せし・める〔動マ下一〕たくみに図って自分のものにする。また、よこどりする。「大金を―・める」

せじ-もの【世事者】世辞の巧みな人。追従(ついしょう)の巧みな人。「ほんにおめえのかかさんは―だのう」〈滑・浮世風呂・二〉

せ-しゅ【施主】❶僧や寺に物を施す人。檀那。❷葬式や法事を営む当主。❸建築主のこと。施行主。

せ-しゅう【世襲】〔名〕スル 身分・財産・職業などを、嫡系の子孫が代々受け継いでいくこと。せいしゅう。「爵位を―する」「―制度」(類語)相続・跡継ぎ・親譲り

せしゅう-ぎいん【世襲議員】❶親や親族が議員で、その政治地盤・資本などを受け継いで議員となった人。二世議員など。❷政党や選挙地盤を引き受ける議員。前任者の政治地盤を引き継ぐ「地盤型」や、政党内で後継者と判断される「組織型」などがある。

せしゅう-ざいさん【世襲財産】その家の継承者に代々伝えられる財産で、所有者の自由処分や、それに対する債権者の強制執行の許されないもの。日本では、王公族・華族などに認められていたが、第二次大戦後に廃止。

せ-じょう【世上】❶世の中。世間。「―のうわさ」❷あたり一面。四方。「―も静まりて門に立ちよれば」〈浮・一代男・二〉(類語)世間・世(よ)・世の中・巷間(こうかん)・市井(しせい)・江湖(こうこ)・天下・人中

せ-じょう【世情】❶世の中のありさま。せいじょう。「―に明るい」❷世間の人情。俗人の心。せいじょう。「―に通じている」(類語)世相・世態・世俗・風俗

せ-じょう【施錠】〔名〕スル ❶錠に鍵をかけること。「扉にきちんと―する」⇔開錠。❷電子的な仕組みで、コンピューターやサーバー、システムなどにアクセスできないように鍵をかけること。⇔開錠。

ぜ-じょう【是定】叙位のとき、氏(うじ)の長者に代わってその氏人(特に、王氏と橘(たちばな)氏)の叙爵を申請する他氏の人の称。また、その叙爵の申請。

ぜ-じょう【▽軟障】《「ぜんじょう」の撥音の無表記》宮中の行事の際の装飾を兼ねた障屏用の幕。柱の間、御簾(みす)の内側にかけた。ふつう、絹地の表面に唐絵や大和絵を描き、周囲に紫の綾(あや)の縁を巡らし、乳(ち)に綱を通して取り付ける。ぜぞう。

ぜ-しょうめっぽう【是生滅法】「涅槃経(ねはんぎょう)」にある諸行無常偈(げ)の一句。あらゆるものは常住不変でなく、生滅するのが真理であるということ。

せ-じり【瀬尻】瀬の終わるところ。また、瀬の終わりの、淵(ふち)などになろうとするところ。⇔瀬頭。

せじろ-うんか【背白浮=塵=子】ウンカ科の昆虫。体は4ミリほどで、淡黄色で黒斑があり、翅(はね)は半透明。夏季に発生し、夏ウンカとよばれ、稲の大害虫。

せしん【世親】《梵 Vasubandhuの訳》4〜5世紀ごろの北インドの僧。小乗を修め「倶舎論」を著したが、兄の無著(むじゃく)に従って大乗に転じた。瑜伽唯識(ゆがゆいしき)思想を主張し、「唯識二十論」「唯識三十頌」を著す。著作が多く、千部の論主(ろんじゅ)といわれた。天親(てんじん)。バスバンドゥ。

せ-じん【世人】世の中の人。世間の人。「―の注目を一身に集める」(類語)大衆・俗衆・俗人・世間

せ-じん【世×塵】世の中の煩わしい雑事。俗事。

せいじん。「—を逃れる」
(類語)俗塵ぞくじん・風塵・俗事・世事・俗用

ぜしん-ぜぶつ【是心是仏】❶人間の日常の心は絶対の理法をあらわす心でもあるから、仏そのものである、ということ。❷仏の観想を成就した心はそのまま仏と一つである、ということ。

セジンブラ〖Sesimbra〗ポルトガル南西部の港町。海岸保養地。アラビダ半島南岸、リスボンの南方約20キロに位置する。ポルトガル王ジョアン4世が築いた砦とりでやイスラム支配時代の城が残っている。

せ・す【施す】〘動サ変〙ほどこす。施行せぎょうする。「檀特山に入るとも、兼雅らけだものに—・すべき身かは」〈宇津保・俊蔭〉

せ◦す【▽為す】〘連語〙《動詞「す(為)」の未然形＋上代の尊敬の助動詞「す」》なさる。したまう。「こもりくの泊瀬小国はつせをぐにによばひ—・す我が天皇すめろきよ」〈万・三三一二〉

ゼスイット〖Jesuit〗イエズス会士。

ゼスイット-かい【ゼスイット会】ヂク イエズス会。

せ-すう【世数】系統上、親と子との間の数。また、相続上の被相続人と相続人との間の数。せいすう。

せ-すじ【背筋】ヂヂ ❶背骨の外側のくぼんだ部分。背中の中心線。「—を伸ばす」「—を正す」❷衣服の背中の中心にあたる部分の縫い目。

背筋が寒くな・る　恐怖などのためにぞっとする。身の毛がよだつような思いをする。「—・る話」

せすじ-つゆむし【背▽条露虫】ヂキ キリギリス科の昆虫。夏・秋にみられるツユムシで、体は緑色または褐色。背部に雄では褐色、雌では黄色のすじがある。雄はツツツジーッチジーッチと鳴く。

ゼスチャー〖gesture〗▶ジェスチャー

ゼスチュア〖gesture〗▶ジェスチャー

セスナ〖Cessna〗米国の軽飛行機製造会社の名。また、その小型飛行機。商標名。(補説)「軽飛行機」などと言い換える。

せ-ぜ【世世】《「せせ」とも》多くの世。だいだい。よよ。「生々しょうじょう—」

せ-ぜ【瀬瀬】《「せせ」とも》❶多くの瀬。「宇治川の—のしき波しくしくに妹は心に乗りにけるかも」〈万・二四二七〉❷その時々。折々。「見し人の形代ならば身に添へて恋しき—のなで物にせむ」〈源・東屋〉

ぜ-ぜ【▽銭】ぜに(銭)をいう幼児語。おぜぜ。

ぜぜ【膳所】滋賀県大津市の地名。琵琶湖に臨み、近江八景の一つ「粟津の晴嵐」で知られる。義仲寺がある。もと本多氏の城下町。

ぜ-せい【是正】〘名〙スル 悪い点や不都合な点を改め正すこと。「不均衡を—する」
(類語)正す・直す・改める・訂する・修正・規正・改善・改良・改正・補正・訂正・手直し

セゼール〖Aimé Césaire〗[1913〜2008]フランスの詩人。西インド諸島、仏領マルチニーク島に生まれる。パリ留学中にサンゴールと交わり、ネグリチュード運動のリーダーとなる。フランス国民議会議員。詩「帰郷ノート」、戯曲「クリストフ王の悲劇」、評論「トゥサン＝ルーベルチュール」など。

ぜぜ-がい【▽銭貝】がひ キサゴの別名。

ぜぜ-が-こう【▽手▽手が甲】ヂフ ❶昔、組み合わせた手を顔に当てて指の間からのぞき、「ぜぜがこう」と声をあげて相手をおどかした遊び。また、その唱え言葉。❷昔の子供の遊びの一。互いに手を組み合わせ、手の甲を打ちながら歌をうたってはやし、うたい終わったときに手を打たれた者を鬼とする。

せせか・む〘動マ四〙《「せせがむ」とも》こせこせといじりまわす。「心得ず打物を—・めば、よく聞けばわろくて、楽がくはなほらぬなり」〈教訓抄・一〇〉

せせ・く・る〘動ラ五(四)〙❶手でいじりまわす。せせる。「小鼻の脇を指先で—・りながら」〈三重吉・小鳥の巣〉❷落ちつかないで、せかせかする。「雨を請ひて—・り歩いて」〈四河入海・一〉❸身体をすり付ける。「どうぞいのと—・り寄りて問ひかくる」〈浄・艶狩剣本地〉❹男女がふざけあう。いちゃつく。「勘平めと—・ってゐるところを」〈浄・忠臣蔵〉

せせ-こまし・い〘形〙図せせこま・し〘シク〙❶狭くて窮屈な感じがするさま。狭くるしい。「—・い家並み」❷考え方や性質などがこせこせして、心にゆとりがないさま。「—・い料簡」(派生)せせこましさ〘名〙
(類語)(❶)狭い・狭苦しい・窮屈・手狭・狭小・狭隘きょうあい・狭窄きょうさく/(❷)けち・みみっちい・いじましい・狡辛こすからい・さもしい・卑しい・せこい・陋劣ろうれつ・低劣・卑怯ひきょう・姑息こそく・狭量・小量・けつの穴が小さい

せ-せつ【世説】世間のうわさ。世の風説。

セセッション〖secession〗▶ゼツェシオン

せせつしんご【世説新語】中国の逸話集。現存本は3巻。六朝時代の南朝宋の劉義慶りゅうぎけい編。竹林の七賢など、後漢末から宋初までの貴族・文人・僧侶などの逸話を集めたもの。世説。世説新書。

せせなぎ【▽溝】《古くは「せせなき」》❶「せせらぎ」に同じ。「数罟さくの細密なるを以て—たなもとまで魚の小さいを捕るは」〈四河入海・一三〉❷どぶ。下水。せせなげ。「我が首討って溝そそ—へも踏み込み」〈浄・関八州繋馬〉

せせなげ【▽溝】「せせなぎ❷」に同じ。「今の身は—に流れる米粒を食ってゐれどな」〈滑・浮世床・二〉

ぜぜ-ひひ【是是非非】《「荀子」修身の「是を是とし非を非とする、これを知といい、是を非とし非を是とする、これを愚という」から》よいことはよい、悪いことは悪いと公平な立場で判断すること。「—主義」

ぜぜ-やき【▽膳▽所焼】滋賀県大津市膳所から産する陶器。寛永年間(1624〜1644)ごろの創始で、遠州七窯えんしゅうなながまの一つに数えられた。

せせらぎ《古くは「せせらき」「せぜらき」とも》浅瀬などの水の流れる音。また、その流れ。「谷川の—」
(類語)小川・細流・沢・谷川・渓流

せせら-わらい【せせら笑い】わらひ ばかにして笑うこと。また、その笑い。

せせら-わら・う【せせら笑う】わらふ〘動ワ五(ハ四)〙ばかにして笑う。あざけり笑う。また、小ばかにする。「人の失敗を—・う」(類語)笑う・あざ笑う・薄笑う

せせり-ちょう【×挵×蝶】テフ 鱗翅りんし目セセリチョウ科のチョウの総称。小形で、体が太くガに似る。色彩も褐色や黒色の地味なものが多い。花や動物の排泄物に寄ってくる。ダイミョウセセリ・アオバセセリ・チャバネセセリ・イチモンジセセリなど。(季 春)

せせり-ばし【×挵り箸】嫌い箸の一。箸で食べ物をつつきちらすこと。

せせ・る【×挵る】〘動ラ五(四)〙❶㋐とがった物で、繰り返しつつく。つついて掘る。つつきほじくる。「ようじで歯を—・る」㋑はしで、食べ物をあちこちつつきまわす。「食べ物を汚く—・る」❷虫などが刺す。かむ。「—・られて睡ねられやしない」〈風葉・世間師〉❸からかい、もてあそぶ。「続松ついまつの火を以て毛もなく—・る—・る焼きて」〈今昔・二七・四一〉❹こまかなところまでうるさく取り上げて問題にする。「民を強う—・れば分散するぞ」〈毛詩抄・七〉

せ-そう【世相】ヂウ 世の中のありさま。社会のようす。「現代の—を反映する事件」
(類語)世態・世情・物情・風俗・風潮

せ-ぞく【世俗】❶俗世間。また、俗世間の人。❷世の中の風俗・習慣。世のならわし。「—に染まる」
(類語)俗世・俗世間・俗界・塵界じんかい・濁世じょくせ・風塵・世間・世人せじん

せぞく-てき【世俗的】〘形動〙世間一般に見られるさま。俗っぽいさま。「—な生活」「—な人間」

せそこ-ひめうみしだ　ウミユリ綱ウミシダ類に属する棘皮動物。学名は、Dorometra sesokonis。平成15年(2003)に沖縄県本部町瀬底島周辺の海底で発見された。水深約10〜20メートルのサンゴ礁の海底の転石の裏側などに生息し、腕長3センチ以下と小形。同一個体に精巣と卵巣がある同時的雌雄同体で、受精卵が親の体表に付着した状態で幼生になるなど、他のウミシダ類とは異なる特徴をもつ。

せ-そん【世尊】《梵 Bhagavat　世の中で最も尊いの意》仏の敬称。釈迦しゃかの敬称。

セゾン〖フランス saison〗季節。シーズン。

せそん-じ【世尊寺】京都一条の北、大宮の西にあった寺。清和天皇の第6皇子貞純親王の御所であった桃園の邸を、長保3年(1001)に藤原行成ふじわらのゆきなりが寺としたもの。

せそんじ-りゅう【世尊寺流】リウ 和様書道の流派の一。藤原行成ふじわらのゆきなりを祖とし、和様の書法を大成。17代行季ゆきすえが享禄2年(1529)に没するまで、権威のある書法として朝廷や貴族に用いられた。

せた【瀬田】《古くは「勢田」とも》滋賀県大津市の地名。琵琶湖南端の、瀬田川への流出口にある。近江八景の一つ「瀬田の夕照せきしょう」で知られる。

ゼタ〖zetta〗国際単位系(SI)で、10^{21}倍を意味する接頭語。記号Z

セタール〖ペルシア setār〗イランのリュート型撥弦はつげん楽器。金属弦が4本張られている。梨なし形の小さな胴には響板が張られ、細長い棹さおには可動式フレットが結ばれている。人差し指の爪つめで弾奏する。

せ-たい【世帯】❶住居および生計を同じくする者の集まり。所帯。「—当たりの収入」❷一戸を構えて独立の生計を立てること。また、その生計。「—を持つ」「—道具」❸生活に必要な家屋と家具。財産。身代。「人の—ほど様々に替はる物は御座なく候」〈浮・文反古・二〉(類語)所帯・家・家庭・ホーム・一家・一戸

世帯仏法ぶっぽう腹念仏はらねんぶつ　仏法も念仏も、要するに現世の生活のためのものにほかならないの意。「—、口に食ふが一大事」〈浄・今宮の心中〉

世帯を破・る　夫婦別れをする。「世帯破る時分、暇いとまの状は取っておく」〈浮・五人女・一〉

せ-たい【世態】世の中のありさま。世間の状態。世情。せいたい。「—人情」「小説の主脳は人情なり、—風俗これに次ぐ」〈逍遥・小説神髄〉
(類語)世相・世情・物情・風俗・風潮・時勢

せ-たい【世▽諦】「俗諦ぞくたい」に同じ。

せ-だい【世代】《「せたい」とも》❶親から子、孫へと引き継がれるそれぞれの代。ふつう約30年を1世代または1代と数える。代だい。代よ。「息子の—になる」「—が変わる」❷同時代に生まれ、共通した考え方と感じ方をもつ人々。ある年代層。ジェネレーション。「若い—」「—間の意識のずれ」❸生物が母体を離れてから、成熟して生殖機能を終わるまでの期間。また、ほぼ同時期に出生した個体群。❹同時期に存在し、同系統の様式である、機械類の型。「第二—コードレス電話」(類語)ジェネレーション・年代・年齢層

せだい-かいけい【世代会計】クワイ 個人が一生の間に国に支払う額と国から受け取る額を、世代別に推計すること。国民負担の世代間格差を示す指標として用いられる。税金・社会保険料などの負担額と、年金・医療保険・補助金の給付などの受益額の差額を世代別に算出し、現在の価値に換算して比較する。

せたい-ぐすり【世帯薬】世帯を営むのに役立つこと。「とかく年の行きたるが—とぞんじ」〈浮・文反古・二〉

せたいこうせい-しきん【世帯更生資金】カウセイ 都道府県社会福祉協議会が低所得世帯・身体障害者世帯に対し、低利または無利子で貸し付けている資金。昭和30年(1955)創設。

せだい-こうたい【世代交代】カウタイ ❶同一種の生物で、生殖法の異なる世代が交互に現れて増殖を行うこと。シダ・コケやクラゲでは有性生殖と無性生殖とが、アブラムシでは単為生殖と有性生殖とが、肝蛭かんてつでは幼生生殖と有性生殖とが交互にみられる。世代交番。❷年をとった人が退き、若い人が活躍の中心になること。「党の—をはかる」

せだい-こうばん【世代交番】カウバン「世代交代」に同じ。

せたい-しちょうりつ【世帯視聴率】シチャウリツ テレビのある番組が、一定の地域内のどれだけの世帯で見られたかを示す割合。また、テレビ所有世帯のうち、どのくらいの世帯がテレビを見ていたかを示す割合。普通に視聴率という場合はこの数値をさす。世帯視聴率の最小単位は毎分視聴率で、これをもとに番組視聴率や時間帯視聴率などが集計される。➡個人

視聴率 ➡HUT 補説 視聴率調査はテレビ局や広告会社などで共通のデータが必要なことから導入された。日本では第三者機関である株式会社ビデオリサーチが昭和37年(1962)から実施している。近年、インターネットや携帯電話、ゲーム機器の普及に伴ってテレビ離れが進み、視聴率が低下する傾向がみられる。

せたい‐ぬし【世帯主】 世帯の中心となる人。

せたい‐ぶっぽう【世帯仏法】「世帯仏法腹念仏」の略。「古人も、—と申されし事、今以てその通りなり」〈浮・胸算用・五〉

せたい‐もち【世帯持(ち)】 ❶一家を構えて独立の生計を立てること。また、その人。所帯持ち。❷世帯を維持していくこと。「—のじょうずな主婦」

セダウ〖CEDAW〗《Committee on the Elimination of Discrimination against Women》▶女子差別撤廃委員会

せ‐だえ【瀬絶え】 瀬を流れる水が絶えること。「すみなれし佐野の中川—してながれかはるは涙なりけり」〈千載・恋四〉

せた‐おり【瀬田折り】 着物のすそをからげて帯に挟むこと。せたからげ。あずまからげ。

せたがや【世田谷】 東京都南部の区名。武蔵野台地を占め、馬事公苑・砧緑地公園などがある。都区中最大の人口を有する住宅地域。人口87.8万(2010)。

せたがや‐く【世田谷区】▶世田谷

せた‐からげ【瀬田▽絡げ】▶瀬田折り

せた‐がわ【瀬田川】 滋賀県、琵琶湖南端から流出する川。東岸の瀬田、西岸の石山は東海道の渡河点。京都府で宇治川、下流で淀川となる。

せた・ぐ【▽虐ぐ】〔動ガ下二〕《「しへたぐ」の音変化という》❶攻めたてる。攻撃する。「必ず大国から—・ぐるぞ」〈毛詩抄・七〉❷きつく責める。ひどい目にあわせる。「年季の腰元—・げて様子を聞くに」〈浮・娘気質・二〉❸せかせる。急がせる。催促する。「稿本たびたび—・ぐれど、紺屋の明後日、作者の明晩」〈滑・浮世風呂・四〉

せ‐たけ【背丈】 ❶かかとから頭頂までの背の高さ。身長。❷洋裁で、後ろ襟中央の付け根からウエストラインまでの長さ。❸和裁で、着物の身頃のでき上がり寸法。類語 身長・身の丈・身丈・丈・背・背・上背・たっぱ

せた‐しじみ【瀬田×蜆】 シジミの一種。滋賀県大津市瀬田など琵琶湖とその下流水系に分布。4月ごろが美味。〔季 春〕

せ‐だて【背だて】▶背守

せた‐の‐からはし【瀬田の唐橋】 滋賀県大津市の瀬田川に架かる旧東海道の橋。「瀬田の夕照」は近江八景の一。瀬田の橋。瀬田の長橋。

せた‐の‐ながはし【瀬田の長橋】「瀬田の唐橋」の異称。「槙のいたも苔むすばかりなりにけり幾世へぬらむ—」〈新古今・雑中〉

せた・む【▽責む】〔動マ下二〕ひどく責める。さいなむ。「とざまかうざまに—・め給ふよ」〈狭衣・一〉

セダム〖ラテ Sedum〗ベンケイソウ科マンネングサ属の植物の総称。ベンケイソウ・キリンソウなど。

セタン〖cetane〗飽和炭化水素の一。セタン価の標準燃料。化学式$C_{16}H_{34}$　ヘキサデカン。

セダン〖sedan〗自動車の型式の一。ボンネット・室内スペース・トランクルームの三つに分かれている箱型乗用車。サルーン。

セダン〖Sedan〗フランス北東部、ベルギー国境近くのムーズ(ミューズ)川沿いにある都市。毛織物・ラシャ地の産地。1870年普仏戦争で仏軍が敗れナポレオン3世が捕虜となった地。第一次・第二次大戦でも激戦地。スダン。

セタン‐か【セタン価】 ディーゼル燃料の着火性を示す指数。ガソリンのオクタン価に相当。数値の高いほど着火性が良好。セタンを100、α‐メチルナフタレンを零(1962年以降はヘプタメチルノナンを15)とし、両者の混合液と試料燃料とを比べて決める。

せ‐ち【世知┆世×智】〔名・形動〕❶世渡りの知恵。「—にたけた人」❷仏語。世俗に生きる凡夫の知恵。❸抜け目のないこと。けちなこと。また、そのさま。「親の—なる事を見習ひ、八歳より墨に袂をよごさず」〈浮・永代蔵・二〉類語 世才・俗才・処世術

せち【節】 ❶季節。時節。「卯月のうちに春の—のあまれるを知り」〈類従本経信母集・跋〉❷季節の変わり目の祝日。節日。「—は五月にしく月はなし」〈枕・三九〉❸「節会」の略。「今年は一聞こし召すべしとて、いみじう騒ぐ」〈かげろふ・上〉❹「節振る舞い」の略。「汝祭りや—に呼ばれて往かんに」〈都鄙問答・四〉➡漢「せつ(節)」

せち【▽切】〔形動ナリ〕❶深く心に感じるさま。痛切だ。「物の興—なるほどに、御前に皆御琴ども参れり」〈源・藤裏葉〉❷非常に大切だ。重大だ。「忍びてものし給へ。—なること聞えむ」〈宇津保・国譲下〉❸心をこめてするさま。熱心だ。「商人の一銭を惜しむ心—なり」〈徒然・一〇八〉❹(「せちに」の形で副詞的に用いて)心に深く思いこむさま。ひたすら。極力。いちずに。どうしても。「女、家を見せじと思ひて—に怨じけり」〈平中・二五〉

せち‐え【節会】 節日その他重要な公事のある日に、天皇が諸臣に酒食を賜る儀式。元日・白馬・踏歌・端午・豊明の五節会のほか立后・立太子・任大臣・相撲などがあった。せち。

せち‐が【世知が】〔形動〕《「世知がしこし」の略。近世上方語》抜け目がないさま。「おのれも—なやつぢゃもの」〈浄・生玉心中〉

せち‐が・う〔動ハ四〕❶責めたてる。「がきどもには—・はれる」〈滑・膝栗毛・五〉❷逆らい争う。「はなせせならぬと両人が—・ふ間に」〈浄・金短冊〉❸ひどい目にあわせる。いじめる。「さあ立て動けと両手を引張り—・ふ折から」〈浄・廿四孝〉

せち‐がしこ・し【世知賢し】〔形ク〕世渡りの才能にすぐれていて、抜け目がない。金銭に細かい。勘定高い。「頭数よびで、いくらが物ぞ、天神小天神と—・くきはめぬ」〈浮・一代男・五〉

せち‐がら・い【世知辛い】〔形〕文せちがら・し〔ク〕❶世渡りがむずかしい。暮らしにくい。「—・い世の中」❷金銭に細かくて、けちだ。抜け目がない。「—・い商法」派生 せちがらさ〔名〕
類語 けち臭い・しわい・勘定高い・打算的・金ずく

せち‐ぎ【節木】▶年木❷

せち‐く【節供】 節日に供える供御。元旦の膳、正月15日の七草粥、3月3日の草餅、5月5日の粽、7月7日の索餅、10月初めの亥の日の亥の子餅などの類。おせち。

せち‐げ【節下】 ❶大嘗会・御禊などの儀式に立てる旗の下。また、その旗。❷「節下の大臣」の略。

せちげ‐の‐おとど【節下の大=臣】 節の旗の下で事を執り行う大臣の称。節下。せつげのおとど。

せち‐こそで【節小袖】 正月の節振る舞いに着用する小袖。せつこそで。せちごろも。〔季 新年〕

せち‐ごと【節事】 節日の食事。節供。

せち‐だ【▽雪駄】「せった(雪駄)」に同じ。「—に灸するゑし盧地口/季吟」〈紅梅千句〉

せち‐にち【節日】 季節の変わり目にあたって祝事をする日。元日・白馬・踏歌・端午・相撲・重陽・豊明などの行事のある日。せつじつ。

せち‐の‐はた【節の旗】 さおの頂上に、牛の尾の黒い毛または黒く染めた苧を束ねて垂らしたもの。即位や御禊の儀式に用いる。大頭。節下。

せち‐ぶるまい【節振る舞ひ】 節日に人に振る舞うごちそう。特に、正月に催す饗応。せち。「盆、正月の—」〈浄・鑓の権三〉〔季 新年〕

せち‐ぶん【節分】▶せつぶん(節分)

せちぶん‐たがえ【節分▽違へ】 平安時代の風習で、節分の日に行う方違え。「—などして夜ふかく帰る」〈枕・二九八〉

せち‐べん【世知弁】〔名・形動ナリ〕❶《八難の一である「世智弁聡」の略》世渡りの知恵にたけていること。また、そのさま。「内々は—にて、心まさなく厳しく精練なりけるままに」〈米沢本沙石集・三〉❷勘定だかいこと。けちなこと。また、そのさま。「小笹に露のたまられぬ始末算用—も人にこそよれ」〈浄・油地獄〉

せちべん‐たび【世知弁足‐袋】 足袋をよごさないために、さらにその上にはくもの。

せちべん‐ぼう【世知弁坊】 けちな人を卑しめていう語。けちんぼう。「般若寺坂の大乞食ども、心みな—や文珠院」〈宗長手記〉

せち‐ほだ【節×榾】 正月にいろりで燃やす、丸太ほどの太さの薪。

せち‐み【節▽忌】《「せちいみ」の音変化》斎日に肉食をせず精進すること。また、精進すべききまった日。「船君、—す」〈土佐〉

せ‐ちょう【背丁】 製本で、丁合いをまちがえないように、各折丁の背(折り目の部分)につけた書名と折丁の順序を示す数字。

せち‐よび【節呼び】 正月や盆などの節日に、本家が親類の者を、または、親方が子方を呼んでご馳走をすること。

せち‐りょう【節料】 節の行事に用いる飲食物。また、そのための費用。「晦日にもなりぬれば、ここかしこに—いと多く奉る」〈宇津保・蔵開下〉

セチル‐アルコール〖cetyl alcohol〗高級アルコールの一種。化粧クリームや洗剤などに用いられる。セタノール。

せつ【刹】 ❶《梵 yaṣṭi の音写。棒・旗竿の意》仏塔。寺院。仏堂の前に宝珠火炎形をつけた竿を立て寺の標幟としたところからいう。❷《梵 kṣetra の音写》国土。仏国土。➡漢「さつ(刹)」

せつ【拙】 一〔名・形動〕じょうずでないこと。つたないこと。また、そのさま。対 巧。「主人は寧ろ—な部類に属すると云ってよろしい」〈漱石・吾輩は猫である〉二〔代〕一人称の人代名詞。男性が自分自身をへりくだっていう語。遊里などで用いられた。「—も今日たまげて仕舞いやしたのサ」〈木下尚江・良人の自白〉➡漢「せつ(拙)」

せつ【契】 中国古代の伝説上の人物。帝嚳の子で、禹の治水を援助したのち、帝舜の司徒となり、殷の基礎を築いたという。

せつ【節】 ❶みさお。節操。「—を曲げない」❷時間的な経過のくぎりめ、または一時期。「上京の—世話になる」「その—はよろしく」㋐1年を春夏秋冬の四つにくぎった1期間。季節。「いまの—では、しかし、百花園…?」〈万太郎・春泥〉㋑暦でいう二十四節気のこと。また、そのうち立春、啓蟄など、一つおきの節気で、旧暦で月の前半にくるものをいう。「兎角するうちに—は立秋に入った」〈漱石・門〉㋒節句。❸物事のくぎりめ。また、くぎられた部分。㋐歌曲のふし。㋑詩歌・文章・楽曲などの一くぎり。「詩歌の一—」㋒プロ野球などの日程のくぎり。❹竹・枝・骨などのふし。❺君命を受けた将軍や使節に交付されるしるしの手形。❻速さの単位。ノットのこと。❼文を構成する部分として一つのまとまりをなす連文節で、その中に主語・述語の関係を含むもの。❽商品取引所で行われる立ち合いの区分。➡頃 用法 ➡漢「せつ(節)」
類語 時・頃・おり・段・際・みぎり・あかつき・場合

節を折・る　《「戦国策」秦策から》自分の志を曲げて人に従う。

節を屈・する　「節を折る」に同じ。

節を曲・げる　自分の信念を曲げて人に従う。「—・げずにがんばり抜く」

節を全う・する　操を固く守りとおす。節を持する。

せつ【説】 ❶ある物事に対する主義、主張。「新しい—をたてる」「御一御もっともです」❷うわさ。風説。「彼女が結婚したという—がある」❸漢文の一体。道理を解釈したもの。また、自分の意見を述べたもの。韓愈の「師説」、柳宗元の「捕蛇者説」など。➡漢「せつ(説)」類語 所説・意見・見解・主張・論・所思・所見・考え・見方・持説・自説・愚説・高説

せつ【×癤】 化膿菌が毛包や汗腺に入って起こる急性の炎症。赤く腫れ、疼痛がある。フルンケル。

せつ【×齣】▶せき(齣)

せつ【切】〔形動〕文〔ナリ〕❶心をこめてするさま。ねんごろ。せち。「平和への—なる願い」「—に健闘を祈る」❷身にしみて強く感じるさま。せち。「またなによりも—なりしは、大雪降って寒かりしに、秘蔵せし鉢の木を切り、火に焚きあてし志〈謡・鉢木〉❸さしせまった事情にあるさま。非常に厳しいさま。せち。「さなきだに傾城は内しょ—なるものなるに」〈洒・契情買虎之巻〉➡漢「せつ(切)」

せつ-あい【切愛】〔名〕スル 深く心から愛すること。また、深く愛惜すること。

せつ-あく【拙悪】〔名・形動〕拙劣で粗悪なこと。また、そのさま。「—な作品」類語下手・拙劣・稚拙・粗悪・粗末・ちゃち・へぼ・拙ない・まずい

ぜつあつ-し【舌圧子】口やのどを観察しやすくするため舌を押さえるのに用いる、へら状の医療器具。圧舌子。

せつ-い【切意】❶古歌・俗謡などを漢詩に訳すこと。❷わかりやすく言いかえること。

せつ-い【拙意】自分の意見や気持ちをへりくだっていう語。

せつ-い【雪意】雪の降りそうな空模様。雪模様。季冬

せつ-い【×褻衣】ふだん着。また、寝巻。「船底より—のままなる婦人小児を引き揚げ」〈中村訳・西国立志編〉

せつ・い〔形〕《近世語》せつない。つらい。「—・いお前のお心入れ」〈浄・寿の門松〉

ぜつ-いき【絶域】ゼツヰキ 遠く離れた土地。遠い外国。

せついっさい-うぶ【説一切有部】部派仏教の20部のうちの一派。開祖は迦多衍尼子。論を中心とし、生命の中心的な我は空であるが存在を構成する実体は在るなどと主張。一切有部。有部。

せつ-いん【切韻】セツヰン 漢字の発音を知る方法の一。漢字2字を用いて1字の音をつづり出すこと。反切。悉曇学でいう反音にあたる。

せついん【切韻】セツヰン 中国隋代の音韻字書。5巻。陸法言らの著。601年刊。のちの「広韻」「唐韻」のもとになった。

せつ-いん【雪隠】便所。かわや。東司。せっちん。

ぜついん-しんけい【舌咽神経】舌と咽頭に分布する脳神経。舌の後部3分の1の味覚・知覚をつかさどり、舌骨筋・咽頭筋の運動、耳下腺の分泌などに関与する。第9脳神経。

せつ-えい【拙詠】へたな詩歌。また、自分の詩歌をへりくだっていう語。

せつ-えい【設営】〔名〕スル 施設・建物・会場などを前もって設備し、準備すること。「ベースキャンプを—する」

ゼツェシオン〖ドイツ Sezession〗19世紀末、ドイツ・オーストリアに興った芸術運動。既存の機構や過去の芸術様式から分離して新しい創造をめざし、建築・工芸・絵画など多方面に及んで、各国に大きな影響を与えた。分離派。セセッション。

せつ-えん【雪×冤】セツヱン〔名〕スル 無実の罪であることを明らかにすること。「—し潔白になる」

せつ-えん【節煙】〔名〕スル タバコをのむ量を減らすこと。「健康を考えて—する」

ぜつ-えん【舌炎】口内炎が舌に起こったもの。

ぜつ-えん【絶遠】ゼツヱン きわめて遠いこと。遠くかけ離れていること。「—の地」類語悠遠・遼遠

ぜつ-えん【絶縁】〔名〕スル ❶関係を絶つこと。縁を絶ち切ること。「親類と—する」❷導体の間に絶縁体を入れて、電気や熱の伝導を絶つこと。「—物」類語離縁・義絶・勘当・絶交・断交・離別・決別・おさらば・袂を分かつ

ぜつえん-じょう【絶縁状】ゼツエンジャウ 絶縁することを通告する書状。

ぜつえん-せん【絶縁線】絶縁体によって外部を覆ってある電線。

ぜつえん-たい【絶縁体】電気や熱を極めて通しにくい物質。電気を通さないエボナイト・ガラス・雲母・ゴム、熱を伝えにくいコルク・粘土など。不良導体。不導体。

ぜつえん-ていこう【絶縁抵抗】ゼツエンテイカウ 絶縁された導体間の電気抵抗。絶縁状態の良否を示す。

ぜつえん-はかい【絶縁破壊】ゼツエンハクワイ 絶縁体に加わる電圧を上昇させた時、ある電圧で急激に電流が流れる現象。また、この電圧を絶縁破壊電圧という。

ぜつえん-ゆ【絶縁油】油入りの変圧器・ケーブル・コンデンサーなどに電気絶縁料材として用いる、精製された鉱物性の油。

ぜつ-おん【舌音】中国の音韻学の用語で五音の一。タ行・ナ行・ラ行などの音で、舌と歯茎を用いて発音する破裂音。「端」「透」「定」「知」の類。

漢字項目 せち

【節】➤せつ

漢字項目 せつ

【刹・殺】➤さつ
【×洩】➤えい

切 学2 音セツ漢 サイ呉 訓きる、きれる ‖ ㊀〈セツ〉①刃物などで切る。「切開・切除・切断・切腹・切磋琢磨」②こすり合わせる。「切歯」③ぴったりする。「剴切・適切」④さし迫る。身に迫って感じる。しきりに。「切実・切切・切迫・切望/懇切・親切・大切・痛切」⑤漢字音の表記法の一。「反切」㊁〈サイ〉すべて。「一切合切」難読切符・切支丹

折 学4 音セツ漢 シャク慣 訓おる、おり、おれる ‖ ㊀〈セツ〉①おり曲げる。おれる。「右折・曲折・屈折・骨折・左折」②二つに分け離す。「折衷・折半」③途中でくじける。くじく。「折衝/挫折」④死ぬ。「夭折」⑤責めとがめる。「面折」㊁〈シャク〉くじく。「折伏」難読折敷

拙 音セツ漢 訓つたない、まずい ‖ ①つたない。まずいこと。「拙攻・拙守・拙速・拙劣/古拙・巧拙・稚拙」②自分や自分に関することを謙遜していう語。「拙稿・拙者・拙宅」

×**泄** 音セツ漢 ‖ 緩やかに外へもれ出る。もらす。「排泄・漏泄」

窃〔竊〕 音セツ漢 訓ぬすむ、ひそかに ‖ ①他人の物をこっそりぬすみ取る。「窃取・窃盗/剽窃」②ひそかに。人知れず。「窃笑」

人**屑** 音セツ漢 訓くず ‖ ㊀〈セツ〉細かい破片。くず。「玉屑・砕屑」㊁〈くず〉「屑糸・屑籠/紙屑・木屑・星屑」補説人名用漢字表(戸籍法)の字体は「屑」。名付きよ 難読大鋸屑

接 学5 音セツ慣 ショウ(セフ)呉漢 訓つぐ ‖ ①触れるほど近づく。くっつく。「接岸・接近・接触・接吻/間接・近接・直接・密接・隣接」②くっつけてつなぐ。つぐ。「接合・接骨・接続/逆接・順接・溶接・連接」③人と会う。「接客・接見・接待/応接・面接」④受け取る。「接収」⑤雌雄がまじわる。「交接」名付つぎ・つら・もち 難読接骨木

設 学5 音セツ漢 訓もうける ‖ ①物を備えつける。組織などを作る。「設営・設置・設備・設立/開設・架設・建設・公設・私設・施設・常設・新設・創設・増設・特設・敷設」②前もって条件などを定める。「設計・設定・設問」名付おき・のぶ

雪 学2 音セツ漢 訓ゆき、すすぐ、そそぐ ‖ ㊀〈セツ〉①ゆき。「雪渓・雪洞・雪月花/蛍雪・降雪・豪雪・残雪・春雪・除雪・新雪・積雪・早雪・霜雪・氷雪・風雪」②雪のように白い。白いもの。「雪膚/眉雪」③洗い清める。すすぐ。「雪冤・雪辱」㊁〈ゆき〉「雪国・雪空/大雪・粉雪・根雪・初雪」名付きよ・きよむ 難読雪花菜・細雪・雪駄・雪踏・雪隠・雪崩・吹雪・雪洞・雪消

摂〔攝〕 音セツ慣 ショウ(セフ)呉漢 訓とる ‖ ①いろいろ合わせ取り入れる。取り込む。「摂取・摂生・摂理/包摂」②事をあわせ行う。兼ねる。代行する。「摂行・摂政/兼摂」③摂津国。「摂州」名付おさむ・かぬ・かね

節〔節〕 学4 音セツ漢 セチ呉 訓ふし ‖ ㊀〈セツ〉①竹のふし。「枝葉末節・盤根錯節」②ふしのようになった所。つなぎ目。また、文章・音楽などのくぎり。「音節・関節・結節・章節・分節・文節」③音楽のメロディー。「節奏」④気候の変わり目。「節気・節季・節分/季節」⑤時期。折。「時節・当節」⑥祝日。記念日。「節句/国慶節」⑦度をこえないようにおさえる。ほどよくする。「節煙・節減・節食・節水・節制・節税・節電・節約/調節」⑧言動にけじめをつけてはみ出ないこと。「節義・節操・節度/苦節・高節・忠節・貞節・変節・名節・礼節」⑨使者のしるしの割り符。「節度使/使節・符節」㊁〈セチ〉祝日。「節会」㊂〈ふし(ぶし)〉「節穴・節節・節目/折節」名付お・さだ・たか・たかし・たけ・とき・とも・のり・ほど・まこと・みさ・みさお・みね・もと・よ・よし 難読節榑

×**截** 音セツ漢 訓たつ、きる ‖ ずばりとたち切る。「截然・截断/断截・直截・半截」補説「截」を「サイ」と読むのは「裁」などとの混同による。

説 学4 音セツ漢 ゼイ慣 訓とく ‖ ㊀〈セツ〉①筋道をときほぐし、わかるように述べる。「説教・説得・説明・説諭/演説・解説・講説・再説・細説・詳説・力説・論説」②説き明かす内容。考えを述べる文章。「異説・一説・学説・仮説・逆説・言説・高説・自説・社説・諸説・新説・俗説・珍説・定説」③はなし。うわさ。「巷説・小説・伝説・浮説・風説・流説」㊁〈ゼイ〉他人にといて従わせる。「遊説」名付あき・かぬ・かね・こと・つぐ・とき・のぶ・ひさ

×**褻** 音セツ漢 訓け ‖ ①ふだん着。「褻衣」②けがす。けがれる。「褻器/猥褻」

漢字項目 ぜつ

舌 学5 音ゼツ呉 訓した ‖ ㊀〈ゼツ〉①した。「舌苔・舌端」②口でしゃべること。「舌戦・舌代/口舌・饒舌・毒舌・筆舌・弁舌・長広舌」㊁〈した(じた)〉「舌先・舌鼓/猫舌」難読百舌

絶 学5 音ゼツ呉 訓たえる、たやす、たつ ‖ ①途中でたち切る。連続しているものや関係が切れる。「絶交・絶食・絶望・絶命・絶滅/気絶・義絶・根絶・断絶・中絶・途絶・廃絶・悶絶」②遠く隔たる。「絶域・絶海・絶境/隔絶・懸絶」③こばむ。「拒絶・謝絶」④普通とはかけ離れて優れている。「絶景・絶勝・絶唱・絶品・絶倫/冠絶・卓絶・超絶」⑤この上なく。非常に。「絶好・絶賛・絶大・絶妙/凄絶・壮絶」⑥漢詩の一体。絶句のこと。「五絶・七絶」名付たう・たえ

せっ-か【石化】セキクワ〔名〕スル 地中に埋まった生物の遺体の有機物が、入り込んだ炭酸カルシウムや珪酸などと置換され、化石になること。

せっ-か【石火】セキクワ 火打ち石を打って出す火。きわめてわずかの時間、はかないこと、すばやい動作などのたとえに用いる。「電光—」「兄の事や沙金の事を、一度に—のごとく、思い浮かべた」〈芥川・偸盗〉

せっ-か【石果】セキクワ ➤核果

せっ-か【石貨】セキクワ 石でつくった貨幣。

せっ-か【赤化】セキクワ〔名〕スル《「赤」はプロレタリア革命の旗色》共産主義思想や機構を認め、受け入れること。また、その思想に染まること。

せっ-か【赤禍】セキクワ 資本主義社会などからみて、共産主義化されることによるわざわい。
せっ-か【拙家】自分の家をへりくだっていう語。せっけ。
せっ-か【拙歌】へたな歌。自分の作った歌をへりくだっていう語。
せっ-か【接架】「開架(かいか)」に同じ。「一式閲覧法」
せっ-か【雪加|雪下】ヒタキ科ウグイス亜科の鳥。スズメより小形で、体のわりに尾が大きい。背面は黄褐色に黒い縦斑があり、腹面は白っぽい。ユーラシアに広く分布。日本では夏鳥として草地や川原でみられ、上昇しながらヒッヒッ、下降のときにチャッチャッと鳴く。(季 夏)「一鳴き端居にとほき波きこゆ/秋桜子」
せっ-か【雪花|雪華】セツクワ 雪の結晶、または雪の降るのを花にたとえたもの。(季 冬)
ぜっ-か【舌下】舌の下部分。「一錠」「一で体温を測る」
ぜっ-か【舌禍】ゼツクワ ❶自分の言論が法律・道徳などに反していたり、他人を怒らせたりしたために受けるわざわい。「一事件」❷他人の中傷や悪口などによって受けるわざわい。
ぜっ-か【絶佳】〔名・形動〕風景がすぐれていて美しいこと。また、そのさま。「眺望一」(類語)明媚(めいび)・絶勝
ぜっ-か【絶家】〔名〕スル ►ぜっけ(絶家)
せっ-かい【切開】〔名〕スル 切り開くこと。特に、治療のために医者が患部をメス、はさみなどで切り開くこと。「患部を一する」
せっ-かい【石灰】セキクワイ 生石灰(せいせっかい)(酸化カルシウム)のこと。また、消石灰(水酸化カルシウム)のこと。いしばい。
せっ-かい【石階】セキ 石で造った階段。石段。
せっ-かい【石塊】セキクワイ 石のかたまり。石ころ。
(類語)石・石くれ・小石・石ころ・礫(れき)・つぶて・石礫(せきれき)・礫石(れきせき)・砕石・ごろた
せっ-かい【▽狭×匙|切×匙】セツ すり鉢の内側についたものをかき落とすのに用いる、木製の道具。
狭匙で腹を切る 木製である狭匙で腹を切る。できないことをするたとえ。
せっ-かい【雪塊】セツクワイ 雪のかたまり。
せっ-かい【節介】〔名・形動〕❶節操を堅く守り、世俗に流されないこと。❷►お節介(せっかい)
せっ-かい【説戒】「布薩(ふさつ)」に同じ。
せつ-がい【殺害】〔名〕スル「さつがい(殺害)」に同じ。「英人二名を一し」〈染崎延房・近世紀聞〉
せつ-がい【雪害】降雪・なだれなど、雪による被害。
ぜっ-かい【絶海】陸地から遠く離れた海。遠海。「一の孤島」
ぜつ-がい【絶崖】きりたったようにそびえたつ岸。きりぎし。がけ。
せっかいいおう-ごうざい【石灰硫-黄合剤】セキクワイイワウガフザイ 農薬の一。有効主成分は多硫化カルシウムで、ハダニ・カイガラムシやうどんこ病・銹(さび)病の殺虫・殺菌、およびミカンの着色促進に用いられる。
せっかい-か【石灰化】セキクワイクワ 血液中のカルシウムが組織に沈着すること。脊椎動物では燐酸(りんさん)カルシウム・炭酸カルシウムが沈着して骨ができる。病的には変性に陥った所で起こりやすく、結核病巣などでもみられる。
せっかい-か【石灰華】セキクワイクワ 温泉・鉱泉の湧出口などにできる炭酸カルシウムの沈殿物。
せっかい-かいめん【石灰海綿】セキクワイ 海綿動物のうち、骨格が炭酸カルシウムからなるもの。体内の構造は比較的簡単で、浅海に多い。アミカイメン・クダカイメンなど。
せっかい-がん【石灰岩】セキクワイ 炭酸カルシウムを主成分とする堆積岩(たいせきがん)。主に方解石からなり、ふつう白色や灰色。貝殻・サンゴ・有孔虫などの生物遺体が堆積した生物岩と、化学的沈殿により形成された化学岩とがある。セメント・石灰などの原料、石材として利用。➡石灰石
せっかいがん-しょくぶつ【石灰岩植物】セキクワイガン 石灰岩地域によく生育する植物。クモノスシダなど。
せっかい-さつざい【石灰擦剤】セキクワイ 石灰水とごま油などの植物油を等量に混ぜ合わせた、やけどや皮膚・粘膜のただれに塗布する薬剤。
せっかい-すい【石灰水】セキクワイ 水酸化カルシウムの飽和水溶液。強いアルカリ性を示し、二酸化炭素を通じると炭酸カルシウムを生じて白濁する。
せっかい-せき【石灰石】セキクワイ セメント・肥料などの工業用原料として利用される場合の石灰岩のこと。
せっかい-そう【石灰藻】セキクワイサウ 藻類のうち、石灰質を体壁に沈着するものの総称。主にサンゴモ科の紅藻をさす。熱帯地域でサンゴ礁の形成に関係する。
せっかい-ちっそ【石灰窒素】セキクワイ 高温にした炭化カルシウムに窒素ガスを通じて得られる灰黒色の粉末。カルシウムシアナミドと炭素との混合物。窒素肥料のほかメラミン樹脂原料などに利用。
ぜっかい-ちゅうしん【絶海中津】[1336～1405]室町前期の臨済宗の僧。土佐の人。別号、蕉堅道人。夢窓疎石に学び、明に渡る。帰国後、足利義満に信任され、等持寺・相国寺などの住持になる。義堂周信とともに五山文学の双璧といわれる。諡号(しごう)仏智広照国師・浄印翊聖国師。著「語録」「蕉堅稿」。
せっかい-どう【石灰洞】セキクワイ ►鍾乳洞(しょうにゅうどう)
せっかい-にゅう【石灰乳】セキクワイ 消石灰(水酸化カルシウム)の懸濁液。強アルカリ性で、消毒剤として用いる。
せっかい-ひりょう【石灰肥料】セキクワイヒレウ カルシウム分を主成分とする肥料。土壌の酸性化防止のためにも用いられる。生石灰・消石灰・炭酸石灰・石灰窒素など。
せっかい-モルタル【石灰モルタル】セキクワイ 消石灰に砂・水を加えて練ったもの。煉瓦・石材の接着、壁・天井を塗るのに用いる。
せっ-かく【▽尺×蠖】セキクワク 尺取虫(しゃくとりむし)の別名。
せっ-かく【石核】セキ 石器をつくるとき、剝片(はくへん)をはぎとった残りの芯(しん)の部分。コア。
せっ-かく【石×槨】セキクワク 石でつくった、棺を入れる外箱。日本では古墳時代にみられる。
せっ-かく【▽刺客】セキ ►しかく(刺客)
せっ-かく【接角】平面上において2本の直線が一点で交わるとき、中線と各外線との間に形づくられるそれぞれの角。切角。
せっ-かく【雪客】鷺(さぎ)の別名。
せっ-かく【折角】■〔副〕❶いろいろの困難を排して事をするさま。無理をして。苦労して。わざわざ。「一来てくれたんだから、ゆっくりしていきなさい」「一のみやげを汽車の中に置き忘れた」❷(「折角の」の形で、体言に続けて)滅多に得られない、恵まれた状況を大切に思う気持ちを表す。「一の休日だから、どこにも出かけたくない」「一の好機を逃がしてしまった」❸全力を傾けて事をするさま。つとめて。せいぜい。手紙文などで用いる。「先生のお言葉を忘れずに、一勉学に励む覚悟です」■〔名〕❶《朱雲が五鹿に住む充宗と易を論じて勝ち、時の人が朱雲よく鹿の角を折ると評したという「漢書」朱雲伝の故事から》骨を折ること。力を尽くすこと。「大小の合戦数を知らず。中にも一の合戦二十余か度なり」〈古活字本保元・上〉❷困難や難儀。「難儀一に遭ふ」〈日葡〉
(用法)せっかく・わざわざ――「せっかく(わざわざ)おいでいただいたのに、留守をして申し訳ありません」のように相通じて用いられる。◆「せっかく」には「せっかくの好意を無駄にする」「せっかくだが断る」のような名詞的用法もある。また、ある行為が行われたのに期待した結果の得られないことを惜しむ気持ちを表して、「せっかく努力したのに不合格だった」「せっかく用意したのだから、食べていけばよいのに」などと使う。ほかに「せっかくご努力願いたい」のような、やや古い言い方がある。◆「わざわざ」は「わざわざ迎えに行く」「わざわざ持って来る」など、ついでではなく、そのことだけのために動作を行う意を表す。
(類語)わざわざ・わざと・ことさら・あえて
ぜつ-がく【絶学】❶学問をやめること。また、すたれて絶えた学問。〈日葡〉❷学問をこえた境地。「たとひ一知半解(いっちはんげ)なくとも、無為の一なり」〈正法眼蔵・行持上〉
せっかく-せっき【石核石器】セキカクセキキ 打製石器の一種。石核から仕上げた石器。
せっか-さい【石花菜】セキクワサイ テングサの別名。
せっか-さい【雪花菜】セツクワサイ おから。うのはな。きらず。
ぜっか-じょう【舌下錠】ゼツカヂヤウ 舌の下に置いて、ゆっくりと溶かして用いる錠剤。
ぜっか-しんけい【舌下神経】延髄から出て舌の筋肉に分布し、その運動を支配する神経。第12脳神経。
せっかずせつ【雪華図説】セツクワヅセツ 雪の結晶図説集。古河(こが)藩主土井利位(どいとしつら)著。天保4年(1833)正編、同11年続編刊。顕微鏡で観察した合計183の雪の結晶図と、論考「雪の生成の物理」等を収める。
せっか-せっこう【雪花石×膏】セツクワセキカウ 細かい結晶が集まってできた白色半透明の塊状の石膏。軟らかくて粘りが強い。彫刻材にする。アラバスター。
せっか-せん【摂河泉】摂津と河内(かわち)と和泉(いずみ)。
ぜっか-せん【舌下腺】口腔底の粘膜の下にある唾液腺(だえきせん)。
せっかそう【石家荘】セキカサウ 中国河北省の省都。太行山脈東麓にあり、紡績工業、化学・機械工業が発達。石門。シーチアチョワン。人口、行政区197万(2000)。
せっ-かち〔名・形動〕《「急(せ)き勝ち」の音変化か》忍耐強くなく先を急いで気ぜわしいこと。また、そのさま。気みじか。性急。「一な人」「一な性分」
(類語)性急・気早・気短(きみじか)・短気・短慮
せっ-かつ【▽釈褐】セキ《身分の卑しい者の着る衣服である褐を脱ぎ捨てて君子の前に出る意から》野にあった人が初めて仕官すること。
せっ-かっしょく【赤褐色】セキ 赤みを帯びた褐色。
せっか-の-ひかり【石火の光】セキクワ 火打ち石を打つときに出る光。きわめて短い時間をたとえていう語。「老少不定の世の中は、一に異ならず」〈平家・一〇〉
せっか-はんりゅう【折花×攀柳】セツクワハンリウ《花を折り柳によじのぼる意から》花柳界で遊ぶこと。
せっ-かん【切×諫】〔名〕スル 強くいさめること。「此行の甚だ不利なるを一し」〈竜渓・経国美談〉
せっ-かん【石棺】セキクワン 石製の棺。日本では弥生時代に箱式のもの、古墳時代には箱式のほか、割り竹形・舟形・長持ち形・家形のものがある。
せっ-かん【折×檻】〔名〕スル《漢の孝成帝が、朱雲の強いいさめを怒り、朝廷から引きずり出そうとしたとき、朱雲が欄檻(らんかん)につかまったため、それが折れたという「漢書」朱雲伝の故事から》❶厳しくしかったり、こらしめの体刑を加えたりすること。「子供を一する」❷強くいさめること。厳しく諫言(かんげん)すること。「をりをりの御一にてこそ候へ」〈謡・仲光〉
(類語)お仕置き・見せしめ・懲らしめ・懲罰・体罰
せっ-かん【折簡】〔名〕スル 全紙を二つ切りにして短い手紙を書くこと。また、その短い手紙。「家に帰るとすぐに、一して抽斎を請じた」〈鴎外・渋江抽斎〉
せっ-かん【刹×竿】寺の門前や仏堂の前に立てる、先に炎形の宝珠をつけた長い竿。
せっ-かん【摂関】セフクワン 摂政と関白。
せつ-がん【切願】セツグワン〔名〕スル 心から願うこと。「世界の平和を一する」(類語)願う・希(こいねが)う・望む・念ずる・念願・願望・希求・希望・庶幾・切望・熱望・熱願
せつ-がん【接岸】〔名〕スル 船が岸壁または陸地に横づけになること。「貨物船が桟橋に一する」㊦離岸。
ぜつ-がん【舌×癌】舌にできる癌。合わない義歯・金属冠や虫歯のとがった部分の刺激が誘因となる。
せっかん-け【摂関家】セフクワン 摂政・関白に任ぜられる家柄。藤原良房が最初に摂政となってから藤原北家が独占。鎌倉時代には近衛・九条・二条・一条・鷹司(たかつかさ)の五摂家に分かれた。摂籙家(せつろくけ)。執柄家(しっぺいけ)。摂家。
せっかん-じだい【摂関時代】セフクワン 藤原氏が摂政・関白を世襲して政権を主導した時代。10世紀後半から11世紀後半にかけての摂関政治が最盛期であった時期。

せっかん-せいじ【摂関政治】セッカンセイジ 摂政・関白が主導権をもつ政治。特に平安中期、藤原氏が天皇の外戚となって摂政・関白を独占し、政治の実権を握った政治形態。11世紀後半に院政が始まって以降は形式化した。
せつがん-レンズ【接眼レンズ】望遠鏡・顕微鏡などで、目に接する側にあるレンズ。対物レンズで生じた実像を、さらに拡大した虚像にする。接眼鏡。
せっ-き【夕×暉】セキ 夕日の光。夕陽。いりひ。
せっ-き【石基】セキ ❶石の土台。いしずえ。❷火成岩にみられる、斑晶を取り囲んでいる細粒の結晶やガラス質の部分。マグマが地表や地表近くで急激に冷えた際にできる。
せっ-き【石器】セキ 石でつくられた器具。特に、石器時代の遺物をさす。打製石器と磨製石器に大別され、石鏃せきぞく・石斧せきふ・石皿・石棒などがある。
せっ-き【赤気】セキ 赤い色の雲気。また、彗星すいせいのこと。「彗星東方にいづ。蚩尤気しゆうきとも申す。又一とも申す」〈平家・三〉
せっ-き【赤旗】セキ「あかはた(赤旗)❶」に同じ。
せっ-き【×炻器】セキ 焼き物の分類の一。素地きじが固く焼き締まった焼き物で、非透光性である点で磁器と区別し、気孔性のない点で陶器と区別する。茶器などのほか、土管・火鉢などの大形物に用いる。
せっ-き【殺鬼┊刹鬼】人や物などを滅ぼす幽鬼。悪鬼。羅刹らせつ。「無常の一をば、暫時も戦ひ返さず」〈平家・六〉
せっ-き【雪▽肌】雪のように白くきれいな肌。また、そのような肌の人。雪膚せっぷ。
せっ-き【節気】「二十四節気にじゅうしせっき」に同じ。
せっ-き【節季】《季節の終わりの意から》❶年末。歳末。(季 冬) ❷盆や年末、または節句前の、掛け売買の決算期。
(類語)年末・歳末・年の暮れ・年の瀬・歳暮・暮れ
せっ-き【積毀】セキ 積もり重なったそしり。多くの讒言ざんげん。
積毀骨を銷とかす 《鄒陽「於獄上書自明」から》讒言が積み重なると、堅い骨も溶かしてしまう。人々の言う悪口の恐ろしさのたとえ。
せっ-き【×褻器】便器。おかわ。おまる。
せ-つき【瀬付き】《「せづき」とも》魚が瀬に集まること。特に、アユやウグイなどが産卵のため河川の小砂利の瀬に集まること。
せつ-ぎ【拙技】❶つたない技術や演技。❷自分の技芸をへりくだっていう語。
せつ-ぎ【節義】節操と道義。人としての正しい道を踏み行うこと。「一を重んじる」
せつ-ぎ【説義】文章などの意味を説明すること。また、ものの道理を説き教えること。
ぜっ-き【絶奇】〔名・形動〕この上なくめずらしいこと。また、そのさま。「一な風景」
ぜつ-ぎ【絶技】絶妙の演技や技術。
(類語)妙技・巧技・美技・好技・神技
せっき-じだい【石器時代】セキキ 人類文化の最も古い段階で、主に石器を用い、金属器がまだ用いられなかった時代。更新世の旧石器時代、完新世の中石器時代・新石器時代に分けることもある。日本の石器時代は、旧石器時代(先土器時代)と縄文時代に分けられる。➡金属器時代
せっき-じまい【節季仕舞(い)】ジマヒ 節季の決算をすますこと。(季 冬)
セツキシマブ〖Cetuximab〗抗癌剤こうがんざいの一つ。分子標的治療薬の一種。商品名アービタックス。上皮成長因子受容体(EGFR)の働きを抑制するモノクローナル抗体。上皮成長因子受容体との親和性が高く、上皮成長因子と受容体の結合を阻害することにより、腫瘍しゅようの増殖を抑制する。2003年、米国の製薬会社ブリストルマイヤーズスクイブが発売。日本では平成20年(2008)に製造・販売が承認された。頭頸部癌とうけいぶがんの治療薬としても使用される。
せっき-ぞろ【節季▽候】▶せきぞろ(節季候)
せつぎ-ほう【設疑法】ハフ 修辞法の一。結論を疑問の形式にして、読者みずからに判断させる方法。
せっ-きゃく【赤脚】セキ 肌をむき出しにした足。すあし。「一にして戸陰に蹰躇ちゅうちょみ」〈織田訳・花柳春話〉
せっ-きゃく【隻脚】セキ 片足。1本足。
せっ-きゃく【接客】〔名〕スル 客をもてなすこと。「笑顔で一する」(類語)応接・応対・接待・人あしらい・客あしらい・客扱い・レセプション
せっきゃく-ぎょう【接客業】ゲフ 飲食店や旅館などで、客の相手をする職業。
せっ-きゅう【石級】セキ 石の階段。石段。「この一は羅馬ローマの乞児かたいの集まるところなり」〈鴎外訳・即興詩人〉
せっ-きょう【石経】セキキャウ 石に刻んだ経文。経典を後世に残すことを目的としたもので、中国の隋・唐代に流行。日本では福岡県宗像むなかた大社のものが有名。➡せっけい(石経)
せっ-きょう【石橋】セキケウ 石造りの橋。いしばし。
せっ-きょう【石×蜐】セキケフ カメノテの別名。
せっ-きょう【説教】セウ〔名〕スル ❶宗教の教義・教典を、信者などに、口頭で説き明かすこと。また、その話。「牧師が礼拝で一する」❷教え導くために言い聞かせること。また、堅苦しい教訓をいう語。「親に一される」(類語)説法・意見・苦言・小言こごと
せっ-きょう【説経】キャウ〔名〕スル ❶僧侶が経典の意味を説いて聞かせること。❷「説経節」の略。
ぜっ-きょう【絶叫】ケウ〔名〕スル 出せるかぎりの声を出して叫ぶこと。また、その叫び。「恐ろしさのあまり一する」(類語)叫び声・叫喚・悲鳴・喚わめき声・怒号
ぜっ-きょう【絶境】キャウ 人里離れた所。〈日葡〉
せっきょう-がたり【説経語り】セッキャウ 説経節を語る人。また、それを語って門付けすること。説経説き。説経師。
せっきょう-ごうとう【説教強盗】セッケウガウタウ 侵入した先で被害者に「戸締まりがいいかげんだ」「泥棒よけに犬を飼いなさい」などと説教をする強盗。(補説)元祖は大正末から昭和初めに東京で強盗をはたらいた妻木松吉。「説教強盗」は、この強盗犯に対して朝日新聞記者が命名したもの。
せっきょう-さいもん【説経祭文】セッキャウ 説経節が山伏の祭文と結びついたもの。江戸初期に成立、後期には寄席にも進出した。
せっきょう-し【説教師】セッケウ 説教を職業とする人。神仏などの教えを説く人。
せっきょう-し【説経師】セッキャウ ❶《「せっきょうじ」とも》経文を説き聞かせる人。説経者。談義僧。勧化僧。❷「説経語り」に同じ。
せっきょう-じょうるり【説経浄瑠璃】セッキャウジャウルリ ▶説経節
せっきょう-だゆう【説経太▽夫】セッキャウダイフ 説経節を語る太夫。
せっきょう-ちょうきゅう【石×鞏張弓】セキキョウチャウキュウ ▶三平開胸さんぺいかいきょう
せっきょうとうぼうがい-ざい【説教等妨害罪】セツケウトウバウガイ 宗教上の説教・礼拝・葬式を妨害する罪。刑法第188条第2項が禁じ、1年以下の懲役もしくは禁錮または10万円以下の罰金に処せられる。
せっきょう-とき【説経説き】セッキャウ ▶説経語り
せっきょう-ぶし【説経節】セッキャウ 説経❶が、和讃わさん・平曲・謡曲などの影響を受けて音楽化し、語り物となったもの。初めは鉦しょう・簓ささら、のちには胡弓こきゅう・三味線などを伴奏にした。鎌倉末期に成立、本来の門付け芸から、操り人形と結んで江戸初期には劇場にも進出したが、義太夫節の流行とともに衰微。説経浄瑠璃。➡五説経
せっ-きょく【積極】セキ 進んで働きかけること。意欲的に行動すること。⇔消極。
せっきょく-ざいさん【積極財産】セキキョク 財産を構成する土地・家屋・預金などの財産権の総体。⇔消極財産。
せっきょく-ざいせい【積極財政】セキキョク 経済の拡大や社会資本の整備のために、積極的に支出を増やそうとする財政。
せつぎょくしゅう【雪玉集】セツギョクシフ 室町時代の三条西実隆の私家集。広本18巻は寛文10年(1670)刊。題詠と法楽歌ほうらくかが大部分を占める。聴玉集。
せっきょく-せい【積極性】セキキョク 進んで物事を行おうとする性質。「一を養う」
せっきょく-そんがい【積極損害】セキキョク 事故などによって被害者が出費を余儀なくされる損害。治療費・入院費・葬儀費用・介護費用・通院交通費など、また、将来確実に発生する出費がこれにあたる。➡消極損害
せっきょく-てき【積極的】セキキョク〔形動〕物事を進んでするさま。「一に仕事に取り組む」⇔消極的。
(類語)能動的・自発的・意欲的・アクティブ
せっきょくてき-えきがくちょうさ【積極的疫学調査】セキキョクテキエキガクテウサ 感染症の集団感染が発生した際に、その状況・動向・原因など集団感染の全体像を調査すること。感染症予防法に基づいて、保健所や国立感染症研究所などが行う。感染者や接触者を調査し、感染源・感染経路などを特定。感染症の拡大防止対策に役立てる。
せっきょくてき-がいねん【積極的概念】セキキョクテキ ▶肯定的概念
せっきょくてき-ろうどうしじょうせいさく【積極的労働市場政策】セキキョクテキラウドウシヂヤウセイサク ▶エー-エル-エム-ピー(ALMP)
せっ-きん【赤筋】セキ ▶遅筋線維
せっ-きん【接近】〔名〕スル ❶近くに寄ること。近づくこと。「低気圧が一している」❷両者の程度や内容の違いが少なくなること。「実力が一する」❸親しくつきあうこと。親しくなること。「二人の仲が一する」「代助と一していた時分の平岡は」〈漱石・それから〉
(類語)近接・密接・肉薄・親近・緊密
せつ-ぎん【拙吟】へたな詩歌。へたな吟声。また、自分の詩歌・吟声をへりくだっていう語。
せっきん-れんごう【接近連合】レンガフ 心理学で、空間的・時間的に接近して経験された表象・観念などの心的要素が互いに結びついていること。
せっ-く【拙句】へたな俳句。自分の作った俳句をへりくだっていう語。
せっ-く【隻句】セキ 一つの文句。わずかな言葉。
せっ-く【節句┊節供】《節日せちにちに食物を供する意》年間の節目となる年中行事およびその日。1月7日の人日じんじつ、3月3日の上巳じょうし、5月5日の端午、7月7日の七夕、9月9日の重陽ちょうようなど。「桃の一」
セック〖CEC〗《Center for Educational Computing》コンピュータ教育推進センター。学校でのコンピューター利用を促進するための基盤的技術の研究開発、およびコンピューター教育の普及とそのための啓発を目的とする一般財団法人。文部科学省・経済産業省が共同で所管。昭和61年(1986)財団法人コンピュータ教育開発センターとして設立。平成24年(2012)一般財団法人に移行し、現名称に変更。
セック〖フランス sec〗乾いた、乾燥した、の意。ワインでは辛口の意。
せつ-く【▽責付く】〔動カ五(四)〕しきりに催促する。早くするようにせきたてる。せっつく。「一・かれてやっと重い腰をあげる」(類語)迫る・急せき立てる・せがむ・責め立てる・催促する・尻を叩たたく
ぜっ-く【絶句】〔名〕スル ❶話や演説の途中で言葉に詰まること。また、役者が台詞せりふを忘れてつかえること。「感情が高ぶって一する」❷漢詩の詩体の一。起・承・転・結の4句からなり、1句が5字の五言絶句と7字の七言絶句とがあり、いずれも平仄ひょうそくと押韻のきまりがある。(類語)漢詩・律詩
ゼッグ〖ZEG〗《zero economic growth》経済のゼロ成長。
せつ-ぐう【接遇】〔名〕スル もてなすこと。応接すること。「人民に対し極て丁寧極て親切なる一に及ぶべき筈の者でござる」〈小川為治・開化問答〉
セックス〖sex〗〔名〕スル ❶男女・雌雄の別。性。❷性の交わりを求める欲望。性愛。また、性交。
(類語)性交・交合・情交・交接・交尾

セックス‐アピール〖sex appeal〗異性を魅惑する力。性的魅力。

セックス‐いそんしょう【セックス依存症】《sex dependence》ストレスを不特定多数の人とのセックスで解消しようとする状態。

セックス‐シンボル〖sex symbol〗性的魅力によって人気のある俳優や歌手など。

セックス‐チェック〖sex check〗女子スポーツ選手が女性であることを確かめる検査。フェミニティテスト。

セックス‐ホルモン〖sex hormone〗「性ホルモン」に同じ。

セックスレス〖sexless〗夫婦間などで、性交渉がほとんどないこと。「―カップル」

せっく‐せん【節句銭】江戸時代、五節句や盆暮に、借家人が家主へつけ届けした金品。

せっ‐くつ【石窟】いわや。いわあな。

せっくつ‐じいん【石窟寺院】仏像を、岩壁の岩をくりぬいてその中に安置したり、壁面に刻み出したりして寺院としたところ。インドのアジャンタや中国の雲崗・敦煌・竜門などが有名。石窟寺。

せっく‐ばたらき【節句働き】平生は怠けているのに、人々が休む節句に、ことさら忙しげに働くこと。「怠け者の―」

せっ‐け【拙家】▶せっか(拙家)

せっ‐け【摂化】❶衆生を救い導き、利益を与えること。教化。❷禅門で、師家が修行者を教え導くこと。

せっ‐け【摂家】▶摂関家

ぜっ‐け【絶家】〘名〙スル 相続人がいなくて、家系が断絶すること。また、断絶したその家。ぜっか。「親元―して寄るべなきまま」〈円朝・怪談牡丹灯籠〉

せっ‐けい【夕景】❶夕方の景色。❷夕日の光。夕日。〔類語〕暮景・晩景・夜景

せっ‐けい【石径】石の多い小道。石ころ道。

せっ‐けい【石経】石に刻した儒教・道教の経典。➡せっきょう(石経)

せっ‐けい【折×桂】❶《「桂を折る」「桂林の一枝」などの故事から》昔、中国で、科挙に合格すること。唐以降は、進士の試験に首席で合格すること。❷日本の律令制で、官吏登用試験の策試に合格すること。

せっ‐けい【赤経】赤道座標における経度。天体と天の南北両極を通る大円が、春分点と天の両極を通る大円となす角度。春分点から東回りに測り、ふつう360度を24時(15度を1時間)の割合で換算して時・分・秒で表す。

せっ‐けい【設計】〘名〙スル ❶建造物の工事、機械の製造などに際し、対象物の構造・材料・製作法などの計画を図面に表すこと。「ビルを―する」❷一般に、計画を立てること。また、その計画。「老後の生活を―する」〔類語〕計画・もくろみ・企て・企画・構想・プラン・プロジェクト・青写真

せっ‐けい【雪渓】雪や氷が夏でも残っている高山の谷。〔季 夏〕「―をかなしと見たり夜もひかる／秋桜子」

せっ‐けい【雪景】雪景色。〔類語〕銀世界・雪化粧・冬化粧・白銀

ぜっ‐けい【絶景】すばらしい景色。絶勝。〔類語〕美景・佳景・勝景・奇観・奇勝・絶勝・形勝・景勝・山紫水明

絶景かな絶景かな　歌舞伎狂言「楼門五三桐」で、大盗賊石川五右衛門が南禅寺の山門の上から満開の桜をめでて言うせりふ。あとに「春の眺めは価千金とは小せえ小せえ。この五右衛門には価万両」と続く。

せっけい‐かわげら【雪渓襀翅】クロカワゲラ科の昆虫。体長約1センチで細長く黒色、細長い3本の尾があり、翅はない。夏、本州中部山岳地帯の残雪上に現れ、平地でも早春に雪上でみられることがある。雪渓虫。

せっけい‐きんがく【設計金額】資材費や人件費など工事に必要と見込まれる費用を積算した金額。入札予定価格の基礎となる金額。発注者側が、発注する工事の設計図書に基づいて算出する。標準的な施工業者が、標準的な工法で工事を行うことを前提に算出される。

せっけい‐じ【雪蹊寺】高知市長浜にある臨済宗妙心寺派の寺。山号は少林山。延暦年間(782〜806)に空海が創建。初め高福寺、のち慶雲寺と称し、安土桃山時代に月峰が中興して臨済宗となる。長宗我部元親氏の菩提寺。四国八十八箇所第33番札所。

せっけい‐しゅぎ【設計主義】《オーストリアの経済学者ハイエクの造語》資源の分配、市場の需給の調整に政府は積極的に介入し、規制する必要があるという考え方。⇔市場主義。

せっけい‐しょ【設計書】設計の内容を示す書類。

せっけい‐ず【設計図】設計した建造物・機械などの形状・構造・寸法を一定のきまりに従って記した図面。

せっけい‐ずしょ【設計図書】設計の内容を示す書類。ふつう図面・仕様書・構造計算書からなる。

せっけい‐むし【雪渓虫】セッケイカワゲラの別名。

せっけい‐もじ【×楔形文字】▶くさびがたもじ

せっ‐けつ【石×闕】中国で、帝王の墓や廟の前に建てられた左右一対の装飾的な石造の門柱。四面に人物・鳥獣の像が彫刻されている。漢代から六朝時代にかけて行われた。

せっ‐けつ【赤血】真っ赤な血。鮮血。

せっけつ‐えん【赤血塩】フェリシアン化カリウムの異称。

せつげっ‐か【雪月花】《「せつげつか」とも》❶雪と月と花。四季の自然美の代表的なものとしての冬の雪、秋の月、春の花。四季おりおりの風雅な眺め。つきゆきはな。❷茶の湯で、一座七、八人が雪・月・花の札をひき、雪に当たった人が菓子を食べ、月の人が茶を飲み、花の人が点前を行うもの。裏千家の玄々斎が七事式の追加として考案した。

せっ‐けっきゅう【赤血球】血液の主成分をなす単細胞。脊椎動物ではヘモグロビンを含むために赤く、哺乳類では中央部のくぼんだ円盤形で無核。ヒトでは1立方ミリメートルの血液中に男性で約500万個、女性で約450万個あるとされる。骨髄でつくられ、脾臓・肝臓で壊され、平均寿命は約120日。酸素および二酸化炭素を運ぶ働きをする。RBC(red blood cell)。

せっけっきゅう‐ちんこうそくど【赤血球沈降速度】血液に凝固防止剤を加えて試験管に入れ、垂直に立て、時間がたつにつれて血球が沈降するためにできる上澄み(血漿)の高さを測る検査法。平常値は1時間に男性10ミリ以下、女性15ミリ以下。貧血・妊娠・癌・炎症性疾患では値が大きくなる。赤沈。血沈。

せっ‐けつめい【石決明】アワビの殻を干したもの。カルシウム分が多く、漢方で煎じて眼病などに用いる。

せっけ‐もんぜき【摂家門跡】室町・江戸時代、摂家の子弟が住職である門跡。

せっ‐けん【▽尺×縑】1尺ほどの絹地。わずかばかりの絹。転じて、ほんの小さな画作。

せっ‐けん【石剣】剣形の磨製石器。日本では、縄文時代終わりころの東日本にみられる。

せっ‐けん【石×鹸】洗剤の一種で、ふつう、ステアリン酸・パルミチン酸など高級脂肪酸のナトリウム塩またはカリウム塩。動植物の油脂を苛性アルカリで鹸化するか、脂肪酸をアルカリで中和して作る。水溶液は水の表面張力を低下させ、起泡・乳化力をもち洗浄作用を示す。広くは金属石鹸なども含めていい、脂肪酸・樹脂酸・ナフテン酸などの金属塩の総称。洗濯・化粧・薬用・工業用などに使う。シャボン。

せっ‐けん【席▽巻｜席×捲】〘名〙スル《「戦国策」楚策から》むしろを巻くように領土を片端から攻め取ること。はげしい勢いで、自分の勢力範囲をひろげること。「市場を―する」

せっ‐けん【接見】〘名〙スル ❶身分の高い人が公式に会見すること。引見。「首相が外国大使に―する」❷身体の拘束を受けている被疑者・被告人と、弁護人などが面会すること。〔類語〕引見・引接・謁見・拝謁

せっ‐けん【節倹】〘名・形動〙スル 出費を控えめにして質素にすること。また、そのさま。倹節。節約。「奢侈なる人と―なる人と」〈中村訳・西国立志編〉「お母様が―して遣って下さるから」〈鴎外・半日〉〔類語〕経済・節約・倹約・節用

せつ‐げん【切言】〘名〙スル ❶相手のために熱心に説くこと。また、その言葉。「思いとどまるように―する」❷きびしく言うこと。また、その言葉。「―すれば自然主義は必ずロマンチシズムを通過したものでなくてはならぬ」〈抱月・文芸上の自然主義〉

せつ‐げん【接舷】〘名〙スル 船の側面を、他の船や岸壁に寄せてつけること。「―したはしけに乗り移る」

せつ‐げん【雪原】❶一面に雪が降り積もっている広い地域。〔季 冬〕❷高山や極地帯で、降り積もった雪がいつまでも残っている地域。雪田。

せつ‐げん【節減】〘名〙スル 数量や経費などを切り詰めること。節約。「電力を―する」〔類語〕節約・縮減・緊縮・削減・低減・軽減

せつ‐げん【×褻言】みだらでけがらわしい言葉。下品でなれなれしい言葉。「君の―止まざる如くは、妾請う交を絶せん」〈織田訳・花柳春話〉

ぜっ‐けん【舌剣】❶鋭い言葉を剣にたとえていう語。❷害意のある言葉を剣にたとえていう語。

ぜっ‐けん【絶険】非常に険しいこと。

ゼッケン《(ドイツ) Decke　馬の背にしく毛布からといわれる》競技者や競走馬などが、胸や背などにつける、番号を書いた布。また、その番号。

ぜつ‐げん【絶弦｜絶×絃】《中国で、琴の名人伯牙が、自分の琴をよく理解していた鍾子期が死ぬと、琴の弦を断ち切って二度と琴を弾かなかったという「呂氏春秋」本味の故事から》愛用の琴の弦を断つこと。転じて、親しい人と死別すること。また、なれ親しんだ物事や人と決別すること。

せっけん‐こうつうけん【接見交通権】身体の拘束を受けている被告人・被疑者が、外部の人と面会し、書類や物の受け渡しをする権利。特に、弁護人または弁護人になろうとする人との接見は、立会人を置かずに接見すること(秘密交通権)が認められている。

せっけん‐せき【石×鹸石】❶モンモリロナイト族の粘土鉱物の一。サポナイト。❷滑石の一種。

せつ‐ご【雪後】雪の降ったあと。

ぜっ‐こ【絶戸】家系の絶えた家。死滅した戸。

ぜつ‐ご【絶後】❶今後再び起こるためしのないこと。「空前―の大事件」❷息の絶えたあと。「―に再びよみがえる」

せっ‐こう【斥候】敵の状況や地形などを探ること。また、そのために部隊から派遣する少数の兵士。「―を放つ」〔類語〕偵察・探り・物見・諜報・スパイ

せっ‐こう【石工】石を細工する職人。石工。

せっ‐こう【石坑】岩石の中の穴。また、岩石に掘った穴。

せっ‐こう【石×膏】硫酸カルシウムと水からなる鉱物。無色透明ないし白色の結晶。水成岩・石灰岩・粘土中に厚い層となって産する。白墨・セメント・彫刻材料などに使用。

せっ‐こう【拙工】技術のまずい職人、細工師。また、できの悪い細工。

せっ‐こう【拙攻】スポーツなどで、へたな攻め方。

せっ‐こう【拙稿】へたな原稿。また、自分の原稿をへりくだっていう語。〔類語〕小稿・愚稿

せっこう【浙江】中国東部、東シナ海に臨む省。省都は杭州。舟山群島周辺の漁業、杭州などの茶の生産、紡績工業が盛ん。銭塘江(浙江)が貫流するのでこの名がある。チョーチアン。

せっ‐こう【雪行】雪の中を行くこと。雪中行。

せっ‐こう【摂行】〘名〙スル ❶職務を代わって行うこと。「政務を―する」❷職務を兼ね行うこと。

せつ-ごう【接合】ーガフ〔名〕スル ❶つなぎ合わせること。「鉄板を一する」❷原生動物の繊毛虫類などにみられる有性生殖の方法。2個体が接して、核分裂で生じていた2個の小核のうち一つを交換し、分離する。❸植物、特に菌類・藻類などで、生殖細胞または生殖器官が合体すること。その後に核が合一し、新個体を形成する。

せつ-ごう【雪×濠】ーガウ 高山の稜線(りょうせん)の窪地(くぼち)にできる雪がたまった濠状(ほりじょう)のもの。卓越風の風下側にできて、夏にも残雪があることが多い。

ぜっ-こう【舌口】❶舌と口。❷口先。くちまえ。

ぜっ-こう【舌耕】ーカウ 講義・講演・講談など、弁舌によって生活の道を立てること。

ぜっ-こう【絶交】ーカウ〔名〕スル 交際を絶つこと。「友と一する」類語 断交・決別・絶縁・縁切り・喧嘩(けんか)別れ

ぜっ-こう【絶好】ーカウ 物事をするのに、きわめてよいこと。「一の機会」「一の行楽日和」
類語 最高・最適・格好・好個・好適・理想的・ベスト・打ってつけ・あつらえ向き

せっこう-がた【石×膏型】セキカウー 彫刻・工芸品などの型物を制作する際に原型とする石膏製の型。

せつごう-ざい【接合剤】セツガフー 種々の物体を互いに接着するための物質の総称。釘・のり・接着剤・にかわなどの類。

せっこう-ざいく【石×膏細工】セキカウー 石膏を材料として作る細工。また、その細工物。

せっこう-ざいばつ【×浙江財閥】セツカウー 19世紀末から20世紀前半にかけて、上海を本拠に中国経済界を支配した浙江・江蘇出身の資本家の一団。買弁資本として発足し、金融資本に発展、国民党政府の経済的支柱となった。その中心となった蒋介石・宋子文・孔祥熙・陳立夫は四大家族とよばれた。

せつごう-し【接合子】セツガフー 生物の生殖で、二つの配偶子が接合や合体をして生じた細胞。受精卵など。接合体。

せっこう-しょう【浙江省】セツカウシヤウ ▶浙江

せつごう-せい【接合井】セツガフー 水道工事で、濾過池(ろかち)と配水池をつなぐために、その間に作られた井戸。

せっこう-せん【接貢船】▶進貢船(しんこうせん)❶

せつごう-そうるい【接合藻類】セツガフサウルイ 緑藻の一群。淡水産で、単細胞または1列の細胞からなる糸状体。細胞分裂による無性生殖のほか、合体・接合して接合胞子をつくる有性生殖を行う。アオミドロ・ホシミドロ・チリモなど。

せつごう-たい【接合体】セツガフー ▶接合子(せつごうし)

ぜっ-こうちょう【絶好調】ーカウテウ〔名・形動〕からだのぐあいやわざなどの調子が非常によいこと。また、そのさま。「一な(の)両力士」⇔絶不調。

せつごう-ぼう【接合棒】セツガフー 往復運動をする機関で、ピストンとクランク軸とを連結する棒。連接棒。

せっこう-ボード【石×膏ボード】セキカウー 焼き石膏に鋸屑(のこぎりくず)やパーライトなどの軽量材を約10パーセント混入し、両面に厚紙を張って板にしたもの。天井・壁張りなどに使用。

せっ-こく【石刻】セキー ❶石に彫刻すること。また、その彫刻。❷石版で印刷したもの。

せっ-こく【石×斛】セキー ラン科の常緑多年草。森林の岩や老木に着生し、高さ約20センチ。茎は棒状で節が多い。葉は肉厚で披針形。夏、葉の落ちた茎の先に白または淡紅色の花をつける。観賞用に栽培もされ、漢方では強壮・消炎薬に用いる。すくなびこのくすね。いわぐすり。【季 花=夏】「一に瀑(たき)落つる巌のはざまかな/青々」

せつ-ごく【折獄】裁判すること。また、その判決。

せつご-せん【摂護腺】前立腺(ぜんりつせん)の旧称。

せっ-こつ【接骨】〔名〕スル ❶折れた骨をつなぎ合わせたり、はずれた関節を元に戻したりすること。ほねつぎ。「一医」❷「接骨木」の略。

せっ-こつ【×蹠骨】セキー ▶しょこつ(蹠骨)

ぜっ-こつ【舌骨】舌の基底にあるU字形の骨。

せっこつ-い【接骨医】柔道整復師のこと。

せっこつ-し【接骨師】柔道整復師のこと。

せっこつ-じゅつ【×截骨術】▶骨(こつ)切り術

せっこつ-ぼく【接骨木】ニワトコの別名。葉や花を漢方薬とする。

ぜっこ-でん【絶戸田】律令制で、絶戸の区分田。官に返納しないで、隠れて耕作するものが多かった。

せっこ-ぶん【石鼓文】セキコー 中国最古の刻石。戦国時代のものとされ、太鼓形の10個の石に秦篆(しんてん)に近い文字が刻まれている。北京の故宮博物院蔵。

ぜっ-こん【舌根】❶舌の付け根の部分。❷仏語。五根・六根の一。味覚をつかさどるもの。舌。

せっ-さ【切×磋┊切×瑳】〔名〕スル《骨・角(つの)などを切ったり磨いたりする意から》学問に励み徳義を磨くこと。努力を重ねること。「父母朋友の勤勉一するものなく」〈中村訳・西国立志編〉

せっ-さい【拙妻】自分の妻をへりくだっていう語。

せっ-さく【切削】〔名〕スル 金属などを切り削ること。「旋盤で鉄を一する」

せっ-さく【拙作】❶出来栄えのまずい作品。❷自分の作品をへりくだっていう語。類語 愚作・凡作・駄作

せっ-さく【拙策】❶つたない策略。まずい計画。❷自分の立てた計画や策をへりくだっていう語。

せっさく-かこう【切削加工】〔名〕スル 金属材料を各種旋盤を用いて切削し、所定の形状・寸法に加工すること。

せっさ-たくま【切×磋×琢磨】〔名〕スル《「詩経」衛風・淇奥から。「琢磨」は玉・石などを打ち磨く意》学問をし、徳を修めるために、努力に努力を重ねること。また、友人どうしで励まし合い競い合って向上すること。「互いに一して技術改新を成し遂げる」
類語 練磨・鍛錬・修練・修業・研鑽(けんさん)

せつ-ざん【雪山】《「せっさん」とも》㊀雪の積もっている山。また、常に雪のある山。ゆきやま。雪嶺(せつれい)。㊁「せっせん(雪山)」に同じ。

ぜっ-さん【絶賛┊絶×讃】〔名〕スル 口をきわめてほめること。この上ない称賛。「一を博す」
類語 激賞・べた褒め・喝采・賞嘆・賛嘆・嘆称・称賛・礼賛・賛美・称揚

せっ-し【切枝┊×截枝】樹木の枝を切りとり、切り口に新しい枝を発芽させること。

せっ-し【切歯】〔名〕スル ❶歯をくいしばること。歯ぎしりすること。はがみ。❷きわめて無念に思うこと。「生首(いきくび)を引抜んものと一して」〈染崎延房・近世紀聞〉❸門歯。ヒトの場合にいう。前歯。類語 歯ぎしり・歯がみ

せっ-し【設施】〔名〕スル こしらえ設けること。また、そのもの。施設。「工部郵便電信鉄道灯台を一し」〈津田真道・明六雑誌一一〉

せっ-し【摂氏】▶セ氏温度

せっ-し【節士】節義を守る人。節操の堅い人。

せっ-し【×鑷子】ピンセットのこと。

せっ-し【拙子】〔代〕一人称の人代名詞。男子が自分をへりくだっていう。拙者。「何とか一も住職いたしながら」〈洒・隣壁夜話〉

せつ-じ【接辞】語構成要素の一。単独で用いられることがなく、常に他の語に付いて、それにある意味や用法を添加するもの。語の上に付くものを接頭語、語の下に付くものを接尾語という。

せつ-じ【×綴字】「ていじ(綴字)」の誤読。

せつ-じ【説示】〔名〕スル わかりやすく説き示すこと。「前文にも略(ほぼ)一せし如く」〈田口・日本開化小史〉

せっし-しょう【窃視症】ーシヤウ 裸体などののぞき見により性的快感を得るもの。瞠視(どうし)症。スコポフィリー。

せっ-しつ【雪質】雪の性質。ゆきしつ。

せつ-じつ【節日】▶せちにち(節日)

せつ-じつ【切実】〔形動〕〔文〕〔ナリ〕❶心に強く感じるさま。「一な願い」❷身近に深くかかわっているさま。「一な住宅問題」❸よくあてはまるさま。適切なさま。「一に書き記す」派生 **せつじつさ**〔名〕類語 深刻・痛切

せっ-しゃ【接写】〔名〕スル 被写体にレンズを近づけて写すこと。また、その写真。近接撮影。「花を一する」

せっ-しゃ【摂社】本社に付属し、その祭神と縁故の深い神を祭った神社。本社と末社との間に位し、本社の境内にあるものを境内摂社、境外にあるものを境外摂社という。

せっ-しゃ【拙者】〔代〕一人称の人代名詞。武士が多く用い、本来は自分をへりくだっていう語であるが、尊大な態度で用いることもある。「一は他言致すまいが」〈浄・堀川波鼓〉類語 小生・不肖・愚生・小弟・手前

せっし-やくわん【切歯×扼腕】〔名〕スル《「史記」張儀伝にある言葉から》怒り・くやしさ・無念さなどの気持ちから、歯ぎしりをし腕を強く握り締めること。「出し抜かれたと知り一する」

せっ-しゅ【拙守】スポーツ競技で、まずい守備。⇔好守。

せっ-しゅ【窃取】〔名〕スル そっと盗み取ること。「店の金を一する」

せっ-しゅ【接種】〔名〕スル ウイルス・細菌・ワクチンなどを人体や動物の体内に移植すること。「予防一」

せっ-しゅ【摂取】〔名〕スル ❶取り入れて自分のものにすること。また、栄養物などを体内に取り入れること。「新知識を一する」「ビタミンCを一する」❷仏語。仏が衆生(しゅじょう)をおさめとって救うこと。

せっ-しゅ【節酒】〔名〕スル 酒を控えめにすること。飲む酒の量を減らすこと。「健康のために一する」

せつ-じゅ【接受】〔名〕スル 受け取ること。また、受け入れること。「外交文書を一する」
類語 受け取る・領収・受領・査収・収受・受理・受納

ぜつ-じゅ【絶▽入】《「せつじゅ」とも》息が絶えること。また、気絶すること。ぜつにゅう。「かれが嗔(いか)って向かふ時は大の男も一す」〈平家・五〉

せっ-しゅう【接収】ーシウ〔名〕スル 国などの権力機関が、個人の所有物を強制的に取り上げること。「占領軍が土地を一する」類語 徴収・没収・押収・差し押さえ

せっしゅう【雪舟】セツシウ［1420〜1506］室町後期の画僧。備中の人。諱(いみな)は等楊(とうよう)。京都の相国寺に入り、画技を周文に学ぶ。山口に画房、雲谷庵(うんこくあん)を開設。渡明を挟んで宋元画を広く学び、のち大分に天開図画楼(てんかいとがろう)を開設。自然に対する深い観照のもとに個性豊かな水墨山水画様式を完成し、後世に多大な影響を与えた。作「天橋立図」「山水長巻」など。

せっ-しゅう【摂州】ーシウ 摂津(せっつ)国の異称。

せっしゅうがっぽうがつじ【摂州合邦辻】セツシウガツパウがつじ 浄瑠璃。時代物。二段。菅専助(すがせんすけ)・若竹笛躬(わかたけふえみ)作。安永2年(1773)大坂北堀江座初演。謡曲「弱法子(よろぼし)」、説経節「しんとく丸」「愛護若(あいごのわか)」の系統の集成。下の巻「合邦内」が有名。通称「合邦」。

せつじゅ-こく【接受国】外交使節・領事などを受け入れる側の国。

せっしゅ-こん【接種痕】予防接種を受けたことを示すあと。

せつ-じゅつ【説述】〔名〕スル 意見や考えを説き述べること。「著書で詳しく一する」

せっしゅ-ふしゃ【摂取不捨】仏語。阿弥陀仏がその光明の中に念仏の衆生(しゅじょう)を救いとって捨てないこと。阿弥陀仏の救済をいう。

せっしゅ-ほう【接種法】ーハフ ワクチンなどを体内に移植する方法。表皮接種・経口接種などがある。

せっ-しょ【切所┊節所┊殺所】山道などの、通行困難な所。難所。「鎖渡(くさりわた)しと云う難所がある。山国谿第一の一で」〈菊池寛・恩讐の彼方に〉

せつ-じょ【切除】ーヂョ〔名〕スル 悪い部分を切って取り除くこと。「ポリープを一する」

ぜっ-しょ【絶所】高いがけや谷などがあって、道の途絶えた所。「一悪所の嫌ひなく」〈伎・小袖曽我〉

せっ-しょう【折衝】〔名〕スル《敵の攻撃をくじき防ぐ意から》利害関係が一致しない相手と問題を解決するために、かけひきをすること。また、そのかけひき。「労使間で一する」「外交一」類語 交渉・談判・渉外・外交・掛け合い・駆け引き・取引

せっ-しょう【窃笑】ーセウ〔名〕スル ひそかに笑うこと。「貫一は吃々(きつきつ)として一せり」〈紅葉・金色夜叉〉

せっ-しょう【殺生】ーシヤウ〔名・形動〕スル ❶生き物を殺すこと。仏教では最も重い罪の一つとされる。「無益な一」「みだりに一してはいけない」❷むごいこと。また、そのさま。残酷。「一な仕打ち」「そんな一なことは言

うな」❸「殺生戒」の略。

せっ-しょう【接×踵】《踵(くびす)を接する意から》❶人々が絶え間なく往来すること。❷物事が引き続いて起こること。

せっ-しょう【摂政】❶君主に代わって政治を執り行うこと。また、その人。❷昔、天皇が幼少または女帝などのとき、代わって政治を行うこと。また、その職。元来皇族が任ぜられたが、平安前期、清和天皇幼少のために藤原良房が任ぜられて人臣の摂政が始まった。❸天皇が未成年(満18歳未満)のとき、または精神・身体の重患や重大な事故によって国事行為をみずから行えないとき、天皇の名で国事行為を行う人。皇室典範により、一定の順序で成年の皇族が任ぜられる。

せつ-じょう【切情】ひたすらに思う心。「私の―は、梅子さん、疾(と)く御諒承下さるでしょう」〈木下尚江・火の柱〉

せつ-じょう【接壌】ある土地が他の土地に接近していること。「北方英領と―の地」〈新聞雑誌一一〉

せつ-じょう【雪上】雪の上。

雪上霜(しも)を加える　多すぎるほどあるうえに、また同じようなものを加えること。

ぜっ-しょう【絶笑】〔名〕スル ひどく笑うこと。大笑。「官員其他見る人―し」〈新聞雑誌四〇〉

ぜっ-しょう【絶唱】〔名〕スル ❶非常にすぐれた詩や歌。「万葉集中の―」❷感情をこめ、夢中になって歌うこと。「演歌を―する」

ぜっ-しょう【絶勝】非常にすぐれていること。特に、景色・地勢がきわめてよいこと。「―の地」(類語)景勝・形勝・奇勝・名勝・美景・佳景・勝景・絶景・奇観

ぜつ-じょう【舌状】舌のかたち。舌のような形状。

ぜつじょう-か【舌状花】合弁花の一。下部は筒状で、上部の一部が舌状に伸びている花。タンポポなどにみられる。

せっしょう-かい【殺生戒】仏語。五戒・八戒・十戒の一。生き物を殺すこと、特に人を殺すことを禁じる戒律。

せっしょう-かんぱく【殺生関白】豊臣秀次の異称。秀吉の養子で関白を継いだが、粗暴な行動が多かったことから「摂政関白」をもじっていう。

せっしょう-きんだん【殺生禁断】生き物を殺すのを禁じること。特に、仏教の慈悲の精神から鳥獣の狩猟や殺生を禁じること。「―の地」

せつじょう-こつ【×楔状骨】▶蝶形骨(ちょうけいこつ)

せつじょう-しゃ【雪上車】雪や氷の上を走行できるように、キャタピラーを装備した特殊車両。《季 冬》

せっしょう-せき【殺生石】栃木県那須温泉の近くにある溶岩の塊。鳥羽天皇の寵姫玉藻前(たまものまえ)は妖狐の化身で、殺されて石になったという。この石に触った人に災いを与えたので後深草天皇の時、玄翁(げんのう)和尚が杖(つえ)で打つと二つに割れて死霊が現れ成仏して消えたと伝える。◆曲名別項。

せっしょうせき【殺生石】謡曲。五番目物。玉藻前(たまものまえ)が狐の本性を現して討たれ、執心をもったまま殺生石に変じて人に災いを及ぼすが、玄翁(げんのう)和尚の法力によって成仏する。

せっしょう-ふ【折衝府】中国唐代、各地に置かれた軍府。府兵制度の基礎をなすもので、全国六百余か所に設置、府兵の徴集・訓練・動員などをつかさどった。長官は折衝都尉。

せっ-しょく【接食｜接×蝕】月が恒星や惑星を隠す掩蔽(えんぺい)の際、月の北端や南端の縁をかすめるように進む現象。恒星の明滅を詳細に観測することにより、月の周縁部の凹凸を調べることができる。

せっ-しょく【接触】〔名〕スル ❶近づいて触れること。触れ合うこと。「手と手が―する」「―事故」❷他の人と交渉をもつこと。「外部との―を断つ」「内密のうちに―する」(類語)コンタクト・交渉・触接・タッチ・触れる・接する・触れ合う・触(さわ)る・擦(こす)る

せっ-しょく【設色】〔名〕スル いろどること。彩色すること。また、そのいろどり。「山水人物悉く金銀泥を用いて―するに」〈子規・墨汁一滴〉

せっ-しょく【摂食】食物をとること。主に飼育している動物についていう。「―行動」「―異常」

せっ-しょく【節食】〔名〕スル 食事の量を適度に減らすこと。「美容のため―する」

せつ-じょく【雪辱】〔名〕スル 恥をすすぐこと。特に、競技などで負けたことのある相手を破って名誉を取り戻すこと。「―を遂げる」「次の試合で必ず―する」「―戦」(補説)文化庁が発表した平成22年度「国語に関する世論調査」では、「前に負けた相手に勝つこと」を表現するとき、本来の言い方である「雪辱を**果たす**」を使う人が43.3パーセント、間違った言い方「雪辱を**晴らす**」を使う人が43.9パーセントという結果が出ている。(類語)仕返し・報復・返報・復讐(ふくしゅう)・しっぺ返し・お礼参り・敵討ち・仇討(あだう)ち

ぜっ-しょく【絶食】〔名〕スル 食物をまったくとらないこと。「検査のため一日―する」(類語)断食

ぜっ-しょく【絶色】〔名・形動ナリ〕非常にすぐれた容姿。また、そのさま。「菊之丞が―なる事、兼てよりかくれなければ」〈根無草〉

せっしょく-かく【接触角】静止している液体の自由表面が固体の表面に接する所で、液面と固体面とのなす角度。

せっしょくがた-アイシーカード【接触型ICカード】《contact type IC card》ICカードの一。カード内部にICやLSIを内蔵し、カード表面の接点を通じて各種データのやりとりをする。➡非接触型ICカード

せっしょく-かんせん【接触感染】感染源に接触することによって感染すること。皮膚や粘膜などが直接触れあって感染する場合と、病原体が付着したタオルや容器などを介して間接的に感染する場合がある。直接感染。

せっしょく-こうたいこうしょう【接触交代鉱床】マグマが貫入したとき、マグマから供給された物質と周囲の岩石との反応によって生じる鉱床。花崗岩(かこうがん)と接触した石灰岩中にできるのが普通。銅・鉄・鉛・亜鉛・錫(すず)・タングステンなどの重要な鉱床。高温交代鉱床。

せっしょく-こうぶつ【接触鉱物】岩石が接触変成作用を受けたとき、岩石中の鉱物が再結晶して生じる新しい鉱物。紅柱石・菫青石(きんせいせき)・黒雲母(くろうんも)など。

せっしょく-ざい【接触剤】殺虫剤の一。害虫の体に触れて、その神経を麻痺(まひ)させるもの。除虫菊・ニコチン・ドリン剤・パラチオンなどの類。

せっしょく-しょうがい【摂食障害】食物を取る量と回数に偏りが生じ、拒食症または過食症となる障害。二つの症状が交互に現れることもある。家族・学校・職場などにおける人間関係のストレスから発症することが多い。青年期の女性に多く、また先進国に多い。治療は心理療法・行動療法が中心であり、補助的な薬物療法にも効果が認められている。

せっしょく-そっかくき【接触測角器】鉱物の結晶の二つの面のなす角度(面角)を測る器械。半円形の分度器に定規状の腕のついたもの。

せっしょく-ていこう【接触抵抗】二つの導体を接触させたとき、その面に生じる電気抵抗。

せっしょく-でんいさ【接触電位差】2種の導体を接触させたとき、トンネル効果により電子の移動が起こることによって二つの導体間に生じる電位差。

せっしょく-でんき【接触電気】異種の物質を接触させてから引き離すと、それぞれが正・負反対に帯電して生じる電気。

せっしょく-はんのう【接触反応】液体や気体と固体との接触面、すなわち不均一相の界面で進行する触媒反応。

せっしょく-ぶんかい【接触分解】軽油や重油を、触媒を用いて加熱分解し、高オクタン価のガソリンを製造すること。クラッキング。

せっしょく-へんせいがん【接触変成岩】接触変成作用を受けてできる変成岩。ホルンフェルスなど。熱変成岩。

せっしょく-へんせいさよう【接触変成作用】岩石中にマグマが貫入すると、接触部の温度が上昇し、鉱物組成や岩石の組織が変わること。熱変成作用。

せっしょく-へんせいたい【接触変成帯】貫入したマグマによって接触変成作用を受けた範囲。

せっしょく-ほう【接触法】一般に、触媒を用いる合成法。ふつうは固体触媒を用いる硫酸の工業的製法をさす。触媒に酸化バナジウムを用いて二酸化硫黄を三酸化硫黄とし、これを希硫酸に吸収させて濃硫酸とするなど。

ぜっしょく-りょうほう【絶食療法】食物を絶って行う治療法。断食療法。飢餓(きが)療法。

せつじょ-ほう【接叙法】文や語を接続詞や接続助詞でつないで続けていく表現法。⇔断叙法。

セッション〖session〗❶議会・会議などの会期。開会している期間。❷▶ジャムセッション ❸▶ビジット❷

セッション-アット-ワンス〖session-at-once〗CD-RやCD-RWにデータを書き込む際、セッションという単位で書き込む方式のこと。追記も可能。SAO。

せっ-しん【切診】漢方で、触診のこと。

せっ-しん【接心｜摂心】❶心が外界の事物に触れて感ずること。❷仏語。㋐精神を集中し、乱さないこと。㋑禅門で一定の期間、座禅をすること。

ぜつ-じん【舌人】通訳をする人。通弁。通事。「わが―たる任務は」〈鴎外・舞姫〉

ぜつ-じん【絶×塵】❶俗世間から離れること。絶俗。❷《「荘子」田子方の故事から》ちりもたたないほど、速く走ること。転じて、徳行・人格がずばぬけてすぐれていること。

せっ-すい【節水】〔名〕スル 水をむだに使わないようにすること。「夏の間―する」

せっ-する【接する】〔動サ変〕文せっ・す〔サ変〕❶ひと続きにつながる。また、つないでひと続きにする。「川に―・する住宅地」「上下を―・する」❷さわる。触れる。「肩が―・する」❸応対する。「笑顔で人に―・する」❹出会う。出くわす。「名作に―・する」「朗報に―・する」❺数学で、曲線や直線が他の曲線や直線などと一点だけで出合う。❻近くに寄せる。近づける。「ひざを―・する」「軒を―・する」(類語)触る・触れる・触れ合う・擦(こす)る・接触する・触接する・タッチする

せっ-する【摂する】〔動サ変〕文せっ・す〔サ変〕❶職務などを代わって行う。代理をする。また、兼務する。「幼稚なる故松平確堂に命じて事を―・せしむるの趣き」〈染崎延房・近世紀聞〉❷取り入れる。摂取する。「これを左の数言に―・することを得」〈河上肇・貧乏物語〉❸もてなす。接待する。「けしからず一夜―・して候ひしよ」〈謡・鵜飼〉

せっ-する【節する】〔動サ変〕文せっ・す〔サ変〕❶限度を越えないようにする。控えめにする。「飲食を―・する」❷むだを省いて切り詰める。節約する。「経費を―・する」(類語)控える・慎む・節制する

ぜっ-する【絶する】〔動サ変〕文ぜっ・す〔サ変〕❶(「…に絶する」「…を絶する」の形で)他とかけ離れる。こえる。「古今に―・する名作」「想像を―・する」❷断つ。絶える。「音信を―・する」
(類語)懸絶する・かけ離れる・こえる・隔たる

せっせ〔副〕わきめもふらず、熱心に物事をするさま。「―と通う」「―と働く」
(類語)あくせく・営営・こつこつ・汲汲(きゅうきゅう)・孜孜(しし)

せっ-せい【摂生】〔名〕スル 飲食などを慎み、健康に注意すること。養生。「医者の注意を守り―する」

せっ-せい【節制】〔名〕スル ❶度を越さないよう控えめにすること。ほどよくすること。「喫煙を―する」❷規律正しく統制のとれていること。「四民に募り―の兵を編せんとす」〈新聞雑誌二〉❸欲望を理性の力によって秩序のあるものとすること。
(類語)自制・自重・自愛・控える・慎む

せっ-せい【拙生】〔代〕一人称の人代名詞。男子が自分をへりくだっていう語。多く書簡文に用いる。小生。愚生。

せつ-ぜい【節税】〔名〕スル 所得控除や非課税制度を活用して税負担を軽減すること。

ぜっ-せい【絶世】世に並ぶものがないほどすぐれていること。「—の美女」(類語)絶代・希世・希代・希有(けう)

せつ-せつ【切切】〔ト・タル〕図〔形動タリ〕❶心に強く迫るさま。また、心のこもっているさま。「—たる望郷の念」「—たる祈り」「—と訴える」❷音や声が寂しく身に迫るさま。「—たる弦の響き」

せつ-せつ【×屑×屑】〔ト・タル〕図〔形動タリ〕❶こせこせと小さな事にこだわるさま。「—たる小人物」❷せわしく働くさま。「—として励む」❸雨などが細かく降るさま。「—として梢を濡らす」

せつ-せつ【節節｜切切】〔副〕❶おりおり。時々。「新聞丈は—上げましょう」〈露伴・風流仏〉❷たびたび。しばしば。「連歌ずきにて、—御会にまかりいでらるる故」〈咄・きのふはけふ・上〉

せっせっせ 女児の遊戯の一。二人が向かい合い、歌をうたいながら互いに手のひらを打ち合わせることを繰り返すもの。

せっ-せん【折線】▶折れ線

せっ-せん【拙戦】へたな戦いやつまらない試合。

せっ-せん【接戦】〔名〕スル ❶力量が同じ程度でなかなか決着のつかない勝負。「—が続く」❷敵と味方が接近して戦うこと。❸戦いを交えること。「直ちに奸党(かんとう)と—すべし」〈竜渓・経国美談〉

(類語)熱戦・クロスゲーム・シーソーゲーム・デッドヒート

せっ-せん【接線｜切線】曲線上の二点P・Qを結ぶ直線があるとき、Qを限りなくPに近づけたときの極限の直線を、この曲線の点Pにおける接線といい、Pを接点という。

せっ-せん【雪山】ヒマラヤ山脈の異称。

せっ-せん【雪線】降った雪が一年じゅう消えない地域の下限を連ねた線。

せっ-せん【節線】定常波などで、振幅が零または極小のところを節(ふし)または節(せつ)といい、これを結んでできる線。弦の振動では点、膜や板の振動では曲線や直線となって現れる。

せつ-ぜん【×截然】〔ト・タル〕図〔形動タリ〕❶物事の区別がはっきりしているさま。「—と区切る」❷がけや岩壁などが切り立っているさま。「—たる山岳地帯」(類語)画然・はっきり・くっきり・確(しか)・際(きわ)やか・定か・明瞭(めいりょう)・分明・顕著・顕然・歴然・歴歴・瞭然(りょうぜん)・亮然(りょうぜん)・判然

ぜっ-せん【舌×尖】❶舌の先。❷口先。弁舌。

ぜっ-せん【舌戦】激しく議論すること。口論。

(類語)議論・口論・争論・言い争い・口喧嘩(くちげんか)

せっせん-おうりょく【接線応力】▶ずれ応力

せっせん-かそくど【接線加速度】質点の加速度をその軌道の接線方向に分解した成分。速さをvとすると、大きさは時間による変化率dv/dtで表される。➡法線加速度

せっせん-げ【雪▽山×偈】▶諸行無常偈(しょぎょうむじょうげ)

せっ-そう【拙走】球技で、まずい走り方。

せっ-そう【節奏】リズム。律動。「岸打つ潮に自然の—を聞く」〈鷗外訳・即興詩人〉

せっ-そう【節操】ナリ 節義を堅く守って変えないこと。自分の信じる主義・主張などを守りとおすこと。みさお。「—を貫く」「—がない」

(類語)節・操(みさお)・節義・志操・信念・気骨

せっ-そう【拙僧】〔代〕一人称の人代名詞。僧が自分をへりくだっていう語。愚僧。

せつ-ぞう【雪像】ナリ 雪をかためてつくった像。

せっそ-きょう【接岨峡】ナリ 静岡県北部、大井川上流にある峡谷。接岨湖(長島ダム)から大井ダムにかけて約13キロメートルにわたって続く渓谷。大井川の峡谷中、最も急流部にあるものの一つ。

せっ-そく【拙速】〔名・形動〕できはよくないが、仕事が早いこと。また、そのさま。「—に事を運ぶ」⇔巧遅(こうち)。

せつ-ぞく【接続】〔名〕スル ❶二つ以上のものがつながること。また、つなぐこと。「スイッチの—が悪い」「電気のコードを—する」「文と文を—する」❷二つ以上の交通機関が連絡していること。「支線との—がいい」「次の停車駅で急行と—する」

(類語)接合・結合・連結・連絡・繋(つな)ぐ

ぜっ-そく【絶息】〔名〕スル ❶息が絶えること。絶命。「よし鉄拳制裁の為に—しても」〈漱石・吾輩は猫である〉❷絶えて、なくなること。「未(いま)だ回復の手段—ならざるを察し」〈利光鶴松・政党評判記〉

(類語)死ぬ・死亡・死去・死没・往生・逝去・他界・物故・絶命・成仏・昇天・瞑目(めいもく)・落命

せつぞく-ぎょうしゃ【接続業者】ナリ インターネットへの接続サービスを提供する業者。プロバイダー。

せつぞく-きょく【接続曲】有名な旋律を集め、つなぎ合わせて編曲した楽曲。メドレー。ポプリ。

せつぞく-ご【接続語】文の接続に用いられ、あとに述べられる事柄が、前に述べられた事柄と、どのような関係にあるかを示す言葉。

せっそく-さらい【接足作礼】▶五体投地(ごたいとうち)

せつぞく-し【接続詞】品詞の一。自立語で活用がなく、先行する語や文節・文を受けて後続する語や文節・文に言いつづけ、それらのものの関係を示すはたらきをもつ語。順接(だから、したがって)・逆接(しかし、けれども)・累加(また、および)・選択(あるいは、もしくは)などの種類がある。

せつぞく-じょし【接続助詞】助詞の種類の一。用言や用言に準ずるものに付いて、下にくる用言や用言に準ずるものに続け、前後の文(または文節)の意味上の関係を示す助詞。現代語では、「ば」「と」「ても(でも)」「けれど(けれども)」「が」「のに」「ので」「から」「し」「て(で)」など、古語では、「ば」「とも」「ど」「ども」「が」「に」「を」「て」など。

せつぞく-すいいき【接続水域】ナリ 自国の領海に接続する一定範囲の公海の水域。沿岸国は通関・財政・出入国管理などに関して一定の権限を行使することが認められる。

せっそく-どうぶつ【節足動物】動物界の一門。体はクチクラの外骨格に覆われ、成長にともなって脱皮をする。体節に分かれ、頭・胸・腹部があり、各節に付属肢が一対ずつつくのが原則。頭にはたいてい触角・目をもつ。全動物の4分の3近くの80万種以上を含み、昆虫・甲殻類・蛛形(ちゅけい)類・唇脚類・倍脚類・剣尾類などに分けられる。

せつぞく-ばいばい【接続売買】▶ざら場

せつぞく-はん【接続犯】事実上は数個の独立した犯罪を構成する行為であっても、それらが同一機会に時間的、場所的に接近して行われることから一罪とみなされるもの。

せつぞく-ほう【接続法】ナリ ヨーロッパ諸語などの文法で、動詞の法の一。ある事柄を述べるのに事実としてではなく、予想・願望・仮定など話し手の心の中で考えられたこととして述べる法。古代ギリシャ語・ラテン語・フランス語・ドイツ語などにみられる。

せつぞく-りょう【接続料】ナリ ❶インターネット接続などの通信サービスの対価として、一般の利用者が接続事業者に支払う料金。使用した時間・データ量に応じて支払額が変わる従量制や、支払額が固定される定額制など、さまざまな課金方式がある。❷固定電話や携帯電話の通話で、発信側と着信側の通信事業者が異なる場合に、発信側の事業者から着信側の事業者に支払われる料金。通話料を通じて一般の利用者が間接的に負担する。着信側事業者の通信設備も使用することで通話が成立するため徴収されるもので、固定電話より携帯電話で高く、携帯電話の通話料(特に他社間通話)が高止まりしている一因とされる。

せっ-そん【折損】〔名〕スル 折れて壊れること。「レールが—する」(類語)破損・損壊・損傷

せっそん【雪村】[1504〜?]室町後期の画僧。常陸(ひたち)の人。諱(いみな)は周継。号、鶴船・舟居斎。雪舟に私淑。関東・東北地方で活躍した。作「風濤図」など。

せっそん-ゆうばい【雪村友梅】ナリ [1290〜1346]鎌倉末期から南北朝時代の臨済宗の僧。越後の人。一山一寧(いっさんいちねい)に参禅。元に渡り、帰朝後は万寿寺・建仁寺・南禅寺などに歴住。著「岷峨(みんが)集」など。

せっ-た【雪▽駄｜雪▽踏】《「せつだ」とも。「せきだ(席駄)」の音変化。もと「むしろ(席)の履物」の意で、「雪駄」は当て字》竹皮草履(ぞうり)の裏に革をはった履物。底が痛みにくく、また、湿気が通らない。千利休が工夫したと伝えられる。後には、かかとに尻鉄(しりがね)を打つことが流行した。

雪駄の裏に灸(きゅう) 長居の客を早く帰らせるまじない。ほうきを逆さに立てるなどの類。

雪駄の土用干(どようぼ)し 雪駄を干すと反り返るところから、反っくり返り、いばって大道を歩き回る者をあざけっていう語。

セッター〖setter〗❶犬の一品種。英国原産。鳥猟に用いられ、獲物を見つけると伏せ(セットset)の姿勢をとる。イングリッシュセッター・アイリッシュセッターなどの種類がある。❷バレーボールで、スパイクのためのトスを上げる役目の選手。トサー。

せっ-たい【接対】〔名〕スル 応接・対面すること。

せっ-たい【接待｜摂待】〔名〕スル ❶客をもてなすこと。もてなし。「得意先を—する」「—係」❷人の集まるところなどで、一般の人に湯茶などを振る舞うこと。❸寺の門前や往来に清水または湯茶を出しておき、通りがかりの修行僧に振る舞うこと。接待茶。〔季 秋〕「—の寺賑(にぎ)はしや松の奥/虚子」(類語)応対・応接・接客・人あしらい・客あしらい・客扱い

せったい【接待｜摂待】謡曲。四番目物。金春(こんぱる)以外の各流。宮増(みやます)作といわれる。山伏姿の義経主従が奥州の佐藤継信の館(やかた)で老母から接待を受け、弁慶は継信・忠信兄弟の最期を語る。

せつ-だい【設題】〔名〕スル 前もって問題や題目を準備すること。また、その問題や題目。(類語)問題・設問

ぜっ-たい【舌×苔】舌の粘膜の上面に生じるコケ状の付着物。

ぜっ-たい【絶対】〔名・形動〕❶他に比較するものや対立するものがないこと。また、そのさま。「—の真理」「—な(の)存在」「—君主」❷他の何ものにも制約・制限されないこと。また、そのさま。「—な(の)権力」❸▶絶対者 ❹(副詞的に用いる)㋐どうしても。何がどうあっても。「—に行く」「—合格する」㋑(あとに打消しの語を伴って)決して。「—に負けない」「—許さない」「—反対」

(類語)(❶)至高・至上・唯一無二/(❷)不可侵・完全無欠/(❹㋐)何が何でも・是が非でも・どうしても・必ず・誓って・きっと/(❹㋑)決して・断じて・金輪際(こんりんざい)・ゆめ・ゆめゆめ

ぜつ-だい【舌代】❶「申し上げます」の意で、あいさつや値段表などの初めに書く語。口上書き。しただい。❷口頭で伝える代わりに書いた、短いあいさつ。「一通の手紙を取り出して見せた。—として、…金兵衛にあてたものだ」〈藤村・夜明け前〉

ぜつ-だい【絶大】〔名・形動〕きわめて大きいこと。また、そのさま。「—な(の)支援」「—な(の)信用」

(類語)甚大・膨大・莫大・多大

ぜつ-だい【絶代】❶世に並ぶもののないほどすぐれていること。「—の豪傑」❷かけ離れた時代。

ぜつ-だい【絶待】仏語。相対立する関係を超えていること。⇔相待(そうだい)。

ぜったい-あつりょく【絶対圧力】真空を圧力零として、これを基点に計る圧力。

ぜったい-あんせい【絶対安静】病気やけがの重い人を、外部からの刺激を避けて、寝たまま動かさず平静な状態を保たせること。

ぜったい-あんていたすう【絶対安定多数】与党が、安定した国会運営を行うために必要な議席数。特に、衆議院で、すべての常任委員会で委員長を独占し、かつ、各委員会で委員の過半数を確保するのに必要な議席数。➡安定多数 (補説)委員会で可否が同数となった場合は委員長が決裁する権限をもつが、過半数の委員を確保すれば、可否同数の可能性を低くすることができる。

ぜったい-おんがく【絶対音楽】文学的内容・絵画的描写など音楽以外の要素を含む標題音楽に対し、純粋に音そのものの構成面を重視してつくられた

音楽。➡標題音楽

ぜったい-おんかん【絶対音感】ある音の高さを他の音と比較せずに識別する能力。➡相対音感

ぜったい-おんど【絶対温度】▶ケルビン(kelvin)

ぜったい-がいねん【絶対概念】親・子などのように他の概念と相関して意義をなす相対概念に対して、それ自身で独立して明確な意味を持っていると見なされてよい概念。例えば、家・木など。しかし概念はすべて何らかの意味で他の概念と関係しているのであるから、この区別は比較的なものである。

ぜったい-くうかん【絶対空間】ニュートンによって導入された、すべての運動を記述するための基準となりうる静止空間。のちに、光の媒質と考えられた静止エーテルに対応する空間とも考えられたが、相対性理論によってその存在を否定された。

ぜったい-くっせつりつ【絶対屈折率】光が真空からある媒質に入射するときの、その境界面における屈折率。入射角の正弦と屈折角の正弦との比であり、真空中の光の速度cと媒質中の光の速度vの比c/vに等しい。

ぜったい-くんしゅせい【絶対君主制】絶対主義による君主制。絶対王制。

ぜったい-けいご【絶対敬語】ある人物に、人称や場面にかかわらず常に一定の表現を用いる敬語の使い方。上代における神や天皇などの自尊敬語はその典型。現代では、公的な場では「父が～と申しております」のように言うが、昭和の初めのころまで「父が～と仰せになっております」と尊敬語を使って表現することがあった。➡相対敬語

ぜったい-けん【絶対権】権利の内容が特定の物または法益を直接に支配することから、すべての人に対して主張できる権利。物権・人格権など。対世権。⇔相対権。

せったい-ざけ【接待酒】接待に出す酒。ふるまい酒。

ぜったい-し【絶対視】〔名〕スル 比較や対立を超越した存在であるとみなすこと。絶対的なものと考えること。

ぜったい-しつど【絶対湿度】1立方メートル中の水蒸気の質量。グラム数で表す。

ぜったい-しゃ【絶対者】哲学で、他の何ものにも依存せず、無制約的にそれ自身において存在する最高の超越的実在。絶対的なもの。無制約者。

ぜったい-しゅぎ【絶対主義】❶哲学で、絶対者または絶対的な真理や価値規準を認める立場。アブソリューティズム。⇔相対主義。❷君主が絶対的権力をもって支配する専制的な政治形態。16～18世紀のヨーロッパで、封建国家から近代国家へ移行する過渡期に出現。王権神授説を背景に、常備軍と官僚制度に支えられ、経済政策としては重商主義をとった。市民革命によって近代国家へ移行。❸▶シュプレマティスム

ぜったい-じょうしょうげんど【絶対上昇限度】航空機が理論的にはそれ以上上昇できない高度。空気密度の低下により、エンジン出力が不足することによる。

ぜったい-ぜつめい【絶体絶命】どうにも逃れようのない、差し迫った状態や立場にあること。「一の苦境に追い込まれる」補説「絶対絶命」と書くのは誤り。類語 剣が峰・九死・危機一髪

ぜったい-たすう【絶対多数】議決などにおいて圧倒的多数であること。「与党が一を占める」

ぜったい-たんいけい【絶対単位系】長さ・質量・時間の三つの基本単位と、それらから導かれる誘導単位の系列。CGS絶対単位系、MKS絶対単位系など。

ぜったい-ち【絶対知】《ドイ absolutes Wissen》シェリングやヘーゲルにおいて、知識の最高段階としての哲学的知識をさす用語。

ぜったい-ち【絶対値】ある数aが正または零のときはa自身、負のときは負号を取り去ったもの。$|a|$で表す。

ぜったい-てき【絶対的】〔形動〕他の何物ともくらべようもない状態・存在であるさま。「一な信頼を得る」「一に有利な立場」⇔相対的。

ぜったいてき-かんねんろん【絶対的観念論】《ドイ absoluter Idealismus》カントの批判哲学を主観的観念論と評したヘーゲルが、自己の哲学的立場に与えた名称。絶対的理念の弁証法的発展の過程のうちにとりこまれる。

ぜったいてき-じょうよかち【絶対的剰余価値】剰余価値の一形態。労働日の延長によって生産される剰余価値。⇔相対的剰余価値。

ぜったいてき-ひんこん【絶対的貧困】▶絶対貧困

ぜったいてき-ひんこんりつ【絶対的貧困率】必要最低限の生活水準を維持するための食糧・生活必需品を購入できる所得・消費水準に達していない絶対貧困者が、その国や地域の全人口に占める割合。世界銀行では1日の所得が1.25米ドルを貧困ラインとしている。絶対的貧困の基準は国や機関、時代によって異なる。➡相対的貧困率 ➡貧困率

ぜったい-とうきゅう【絶対等級】天体を10パーセク(32.6光年)の距離から見たときの明るさを等級で表したもの。天体の真の明るさを比較するのに用いられる。➡実視等級

ぜったい-ねんだい【絶対年代】実際の年を単位として表した鉱物や岩石の年代。放射性同位体の壊変現象を利用して求めるので放射年代ともいう。⇔相対年代。

ぜったい-パス【絶対パス】《absolute path》コンピューターのファイルシステムにおける、ファイルの所在を指定する表記法の一。階層構造をもつファイルシステムの最上位のディレクトリーから当該ファイルのフォルダー名までを列記する。フルパス。➡相対パス

ぜったい-ばんち【絶対番地】コンピューターの主記憶装置につけられた、記憶場所を示す物理的番地。⇔相対番地。

ぜったい-ひょうか【絶対評価】設定された教育目標に対し、個人がどれだけ達成したかを評価する方法。到達度評価。⇔相対評価。

ぜったい-ひんこん【絶対貧困】所得・栄養・健康・教育などの水準が著しく低く、極めて貧困な状態にあること。世界銀行は、1日1.25米ドル未満で生活する人々と定義している。絶対的貧困。➡貧困率

ぜったい-りょう【絶対量】❶最初からある量。それ自体の量。❷どうしても必要な数量。「一が足りない」

ぜったい-りょういき【絶対領域】《若者言葉》ショートパンツ・ミニスカートと、ひざ上までの長さのあるソックス(サイハイソックス)との間から露出する太もも部分。

ぜったい-れいど【絶対零度】絶対温度の零度。セ氏マイナス273.15度で、これ以下の温度はないとされ、熱力学第三法則によれば到達不可能。

せっ-たく【拙宅】自分の家をへりくだっていう語。拙家。「一にもお寄り下さい」
類語 家・うち・家屋・屋舎・住宅・住家・住居・家宅・私宅・居宅・自宅・居・宅・住まい・住みか・ねぐら・宿・ハウス（尊敬）お宅・尊宅・尊堂・高堂・貴宅（謙譲）弊宅・陋宅・陋居・陋屋・寓居

せつ-だん【切断｜截断】〔名〕スル 物をたちきること。切り離すこと。「台風で電線が一される」
類語 断裁・裁断・分断・寸断・両断・カット

ぜっ-たん【舌端】❶舌の先。舌頭。❷口先の言葉。弁舌。舌頭。「宣教師輩を一に侮弄するようの事もあって」〈蘆花・思出の記〉類語 舌頭・舌鋒・舌先

舌端火を吐・く　勢い鋭く論じたてるさま。

せつだん-げん【截断言】国文法でいう終止形の古い言い方。東条義門の用語。

せつだん-めん【切断面】物をたちきった切り口の面。断面。

せっ-ち【接地】〔名〕スル ❶飛行機などが着陸すること。「滑走路に一する」❷▶アース❶

せっ-ち【設置】〔名〕スル ❶施設や機関などを設けること。「災害対策本部を一する」❷機械などを備えつけること。「消火器を一する」
類語 設立・設営・開設・創設・常設・仮設

せっ-ちゃく【接着】〔名〕スル 物と物とがぴったりくっつくこと。また、くっつけること。「ガムテープで一する」
類語 粘着・膠着・固着・付着・癒着・密着・定着

せっちゃく-ざい【接着剤】固体と固体とをはり合わせるのに用いる物質。でんぷんのり・カゼイン・にかわ・ゴムなどやフェノール樹脂・ビニル樹脂・エポキシ樹脂などの合成樹脂がある。

せっちゃく-はん【接着斑】上皮細胞や心筋細胞でみられる細胞間の結合様式の一。機械的な結合を強める働きをする。デスモソーム。

せっ-ちゅう【折衷｜折中】〔名〕スル いくつかの異なる考え方のよいところをとり合わせて、一つにまとめ上げること。「両者の意見を一する」「和洋一」「一案」
類語 混合・混交・交錯・雑多・まぜこぜ・ちゃんぽん

せっ-ちゅう【雪中】雪の降る中。また、雪の降り積もった中。「一の行軍」

雪中の筍　《中国、三国時代の呉の孟宗が冬に竹林で母の好物の竹の子を手に入れたという故事から》得がたいものを手に入れることのたとえ。また、孝心の深いことのたとえ。

せっちゅう-あん【折衷案】二つ以上の案のよいところをとり合わせて、一つにまとめること。相反する案の中ほどをとって、折り合いをつけること。「与野党の一で決着がつく」

せっちゅうあん【雪中庵】俳人、服部嵐雪の別号。➡雪門

せっちゅう-か【雪中花】スイセンの別名。

せっちゅう-がくは【折衷学派】江戸中期の儒学の一派。古学・朱子学・陽明学など先行各派の諸説を折衷して穏当な説を唱えた。片山兼山・井上金峨・太田錦城・細井平洲らがいる。

せっちゅう-しゆう【雪中四友】玉梅・臘梅・茶梅(＝さざんか)・水仙の4種のこと。画題とされる。

せっちゅう-しゅぎ【折衷主義】《eclecticism》相異なる哲学・思想体系のうちから真理あるいは長所と思われるものを抽出し、折衷・調和させて新しい体系を作り出そうとする立場。

せっちゅう-なわしろ【折衷苗代】水苗代と畑苗代とを折衷したもの。発芽前後に湛水したり干したりして水量を変える方式で、均一で丈夫な苗ができ、暖地の多収穫栽培に適する。

せっちゅうばい【雪中梅】末広鉄腸の政治小説。明治19年(1886)刊。青年政治家国野基の苦節と成功を描いたもの。

せっちゅう-よう【折衷様】鎌倉末期から室町時代にかけて行われた寺院建築様式の一。和様に大仏様・禅宗様の手法を取り入れ、三者を折衷したもの。大阪府河内長野市にある観心寺金堂はその代表例。観心寺様。

せっ-ちょ【拙著】つたない著作。自分の著作をへりくだっていう語。

せっ-ちょう《「せっしょう(殺生)」の音変化か。「折檻打擲」の略とも》責め苛むこと。こき使うこと。「ねぢ上げ、ねぢ上げ一す」〈浄・天神記〉

ぜっ-ちょう【絶頂】❶山の頂上。いただき。❷最高のところ。頂点。「得意の一にある」類語 頂上・頂点・山場・山・峠・ピーク・最高潮・クライマックス

せっちょうしゅう【節用集】▶せつようしゅう(節用集)

せっ-ちん【雪隠】《「せついん」の連声》便所。かわや。類語 便所・手洗い・不浄・憚り・手水場・厠

雪隠で饅頭　空腹を満たすのに場所をかまわないことのたとえ。また、人に隠れてひっそりと自分だけいい思いをすることのたとえ。

雪隠の火事　「やけくそ」をしゃれていったもの。

せっちん-じょうるり【雪隠浄瑠璃】人前では披露できないような、へたな浄瑠璃。また、一般にへ

たな芸。

せっちん-づめ【雪隠詰(め)】❶将棋で相手の王将を、盤の隅に追い込んで詰めること。❷逃げ場のない所へ追い詰めること。

せっちん-まいり【雪隠▽詣り】―まゐり 生後3日目あるいは7日目などに、生児を抱いて廁(かわや)の神に参る行事。関東・甲信越地方に広く分布する。せんちまいり。

せっつ【摂津】㊀旧国名の一。五畿に属し、現在の大阪府北西部と兵庫県南東部にあたる。摂州。津の国。㊁大阪府中北部の市。大阪市の北部工業地域の延長として化学・機械などの工業が盛ん。人口8.4万(2010)。

セッツ-イン-ユース〖sets in use〗全受信機(テレビやラジオ)の中で、何パーセントが現に放送を受信しているかという割合。

ぜっ-つう【絶痛】からだや心がひどく痛むこと。「―絶苦の悶々の中に」〈紅葉・金色夜叉〉

せっ-つ・く【▽責っ付く】〘動カ五(四)〙「せつ(責付)く」の音変化。「早く行こうと―・かれる」

せっつ-し【摂津市】▶摂津㊁

せっつ-しき【摂津▽職】律令制の地方官司。難波宮(なにわのみや)と摂津国の行政を管掌。

せっ-てい【設定】〘名〙スル ❶ある物事や条件をつくり定めること。「討論の場を―する」「舞台を江戸時代に―する」❷法律で、新たに権利を発生させること。「抵当権を―する」(類語)設立・仮設・仮定・想定

せっ-てい【雪堤】斜面をすべり落ちる雪を防ぐために、鉄道線路に沿って、固めた雪のブロックを石垣のように積み重ねて築く堤。

せつ-でい【雪泥】雪と泥。また、雪解けのぬかるみ。

雪泥の鴻爪(こうそう) ▶雪泥鴻爪

せつでい-こうそう【雪泥×鴻▽爪】―コウサウ《蘇軾(そしょく)の詩による語。雪解けのぬかるみに残された鴻(おおとり)の爪(つめ)あとの意から》世間の出来事や人の行いなどが消えてしまって、跡かたのないこと。

せっていり【刹帝利】▶クシャトリヤ

セッティング〖setting〗〘名〙スル ❶物を配置したり、新たにとりつけたりすること。「家具を―する」❷会議や会談などを設定すること。❸演劇・映画・テレビなどの舞台装置。❹小説・映画・演劇などで、時代・環境・人間関係など、状況設定一般。(類語)配置・設置

せっ-てん【接点｜切点】❶曲線または曲面と直線などが接する点。❷電気回路で、接触させて電流を通じさせる部分。また、そのための部品。❸異なる物事がふれあう点。また、一致する点。「東西文明の―」「互いの主張の―をさぐる」

せっ-てん【雪天】雪の降りそうな空模様。雪空。

せっ-てん【節点】❶構造物の骨組み部材の接合点。自由に回転する滑節点、角度の変わらない剛節点がある。❷レンズで、光軸に斜めに入射した光がそれと平行な出射光を得るとき、入射光・出射光それぞれの延長が光軸と交わる点。

せつ-でん【雪田】「雪原(せつげん)❷」に同じ。

せつ-でん【節電】〘名〙スル 電力の使用量を節約すること。「エネルギー資源を守るために―する」➡ピークカット ➡随時調整契約 ➡計画調整契約

ぜっ-てん【絶×巓】山の絶頂。いただき。

セット〖set〗〘名〙スル ❶組み合わせて一揃いにすること。また、そのようなもの。「食器を―で買う」「百科事典一―」❷物を配置すること。「テーブルを―する」❸道具・機械などを組み立てて使えるようにすること。装置すること。「目覚まし時計を七時に―する」❹映画やテレビで、撮影用に設ける建物・街路などの装置。また、演劇の舞台装置。❺テニス・卓球・バレーボールなどで、1試合中の一勝負。ふつう、3セットあるいは5セットで1試合とする。❻髪形を整えること。「美容院で―する」❼ラジオの受信機、テレビの受像機。(類語)揃(そろ)い・組み・一式・対(つい)・一対(いっつい)・番(つが)い・ペア

セット〖SET〗《secure electronic transaction》インターネットでクレジットカードの決済を安全に行うための通信規格。

セッド〖sed〗《Stream Editor》▶セド(sed)

せつ-ど【刹土】《梵 Kṣetraの音写「刹」に、その漢訳「土」を加えた語》仏語。国土。国。

せつ-ど【節度】❶行き過ぎのない適当な程度。ほどあい。「―のある生活」「―を守る」❷指図。指令。下知(げち)。「我が―に違ひ、国事を誤る者あらば」〈竜渓・経国美談〉❸天皇が将軍に出征を命じたとき、そのしるしとして賜る太刀・旗・鈴など。「中議の節会行はれて―を下さる」〈太平記・一四〉

ゼット〖Z｜z〗❶英語のアルファベットの最終の字。❷〈z〉数学で、x、yに次ぐ第3の未知数・変数・座標軸として使われる記号。

セット-アッパー《和 setup＋er》▶セットアップマン

セット-アップ〖set up〗〘名〙スル ❶立てること。据えること。組み立てること。「補助ベッドを―する」❷ファッションで、単品の商品を組み合わせて売ること。また、そのもの。「―スーツ」❸コンピューターで、ソフトウエアやハードウエアなどを導入・設定して実際に使用できるようにすること。ソフトウエアについてはインストールとほぼ同義に用いられる。

セットアップ-スーツ《和 setup＋suit》「組み立てスーツ」と訳されるコーディネートスーツ。素材・デザインの異なるアイテムを組み合わせてスーツとしたもの。

セットアップ-プログラム〖setup program〗▶インストーラー

セットアップ-マン〖setup man〗野球で、中継ぎ投手。セットアッパー。

セット-イン〖set-in〗からだや衣服に縫い付けたり、貼(は)り付けたりするものの総称。セットインスリーブ・セットインベルトなどがある。

セット-イン-ユース〖sets in use〗▶セッツインユース

せっ-とう【窃盗】―タウ〘名〙スル 他人の財物をひそかに盗み取ること。また、盗みをする人。「―犯」(類語)盗み・窃取・泥棒・すり・万引き

せっ-とう【雪▽洞】❶茶道で、木や竹の枠に白い和紙を張って一部に窓をあけ、風炉の上を覆うもの。火持ちをよくするために用いる。❷「ぼんぼり」に同じ。

せっ-とう【節刀】―タウ 天皇から出征の将軍や遣唐使に下賜され、任命のしるしとした太刀。せちとう。

せっ-とう【×截頭】頭部を切り取ること。また、植物の花や葉の、先端が平らに切り取られたような形状。

せつ-どう【雪洞】積雪期登山の際、露営のため雪の斜面に掘ってつくる穴。

せつ-どう【摂動】❶太陽の引力を受けて楕円軌道上を動く太陽系の天体が、他の惑星の引力を受けて楕円軌道からずれること。❷力学系の運動を記述するハミルトン関数が、比較的簡単な主要部分のほかに含む、小さい付加項。前者の定める運動にわずかな攪乱(かくらん)を加えるものとみなしていう。

ぜっ-とう【舌頭】❶舌の先。舌端。❷言葉。弁舌。(類語)舌端・舌鋒(ぜっぽう)・舌尖(ぜっせん)・舌先(したさき)

舌頭に千転(せんてん)・する 何度も口にする。

ぜっ-とう【絶東】東の果て。極東。

ぜっ-とう【絶倒】―タウ〘名〙スル ❶笑いころげること。「抱腹―」「覚えず―し」〈志賀重昂・日本風景論〉❷極度の驚き・悲しみなどのために、倒れそうになること。「かやうのことを見せたらば、―すべきぞ」〈中華若木詩抄・上〉

ぜっ-とう【絶島】―タウ 遠く離れた島。はなれじま。

せっとう-ご【接頭語】語構成要素の一。単独では用いられず、常に他の語の上について、その語とともに一語を形成するもの。語調を整えたり、意味を添加したりする。「お話」「こ犬」「御親切」などの「お」「こ」「御」の類。接頭辞。⇔接尾語。

せっとう-ざい【窃盗罪】セツタウ― 他人の財物を盗む罪。刑法第235条が禁じ、10年以下の懲役または50万円以下の罰金に処せられる。

せっとう-じ【接頭辞】▶接頭語

せっとう-すいたい【×截頭×錐体】錐体の頭部を底面に平行な面で切り取ったときの残りの部分。円錐台・角錐台など。

セット-オール《和 set＋all》テニス・卓球などで、双方の勝ったセット数が同じであること。次のセットで勝敗が決まる場合にいう。

セット-オフェンス〖set offense〗バスケットボールの戦法の一つ。攻撃側が、守備側陣内で有利な陣形を整えながら確実に得点をねらうもの。スローオフェンス。ディレードオフェンス(遅攻法)。

ゼット-き【Z旗】万国船舶信号旗のZに相当する旗。2本の対角線で4分され、黄・黒・赤・青の4色に染め分けられている。旧日本海軍では、「皇国の興廃この一戦にあり、各員一層奮励努力せよ」の信号旗であった。

ゼットキャブ〖ZCAV〗《zone constant angular velocity》ハードディスクやDVDドライブなど、ディスクを使った記憶装置における読み書き方式の一。ディスクの内周から外周までをいくつかのゾーンに分割し、そのゾーン内ではディスクの回転速度(角速度)を一定にする方式。回転速度を変化させて線速度を一定にするCLVと角速度を一定にするCAVの両者の特徴をあわせもつ。ゾーンCAV。

せっ-とく【説得】〘名〙スル よく話して、相手に納得させること。「強行派を―する」「―力」(類語)説伏・説き伏せる・説きつける・口説く

せっ-とく【×褻×涜】〘名〙スル けがすこと。また、けがれること。「戯文戯画を作り神明を―し」〈中村訳・西国立志編〉

ゼット-こう【Z項】―カウ 地球の緯度変化の計算式の第3項。極運動以外の経度に無関係な1年周期で現れる成分。0.1秒以下の振幅で変化する。明治35年(1902)に木村栄(きむらひさし)が発見。木村項。

せつど-し【節度使】❶中国、唐・五代の軍職。初めは辺境警備のための軍団の統率者であったが、安史の乱後は国内の要地にも置かれ、諸州を管轄して兵政・民政・財政を任され、強力な権限をもつようになった。宋初に廃止。藩鎮。❷奈良時代、唐制にならい、地方の軍政と防備を任務とした臨時の職。天平4年(732)と天平宝字5年(761)とに2回置かれた。

ゼット-シー-エル-ブイ〖ZCLV〗《zone constant linear velocity》ハードディスクやDVDドライブなど、ディスクを使った記憶装置における読み書き方式の一。ディスクの内周から外周までをいくつかのゾーンに分割し、そのゾーン内ではディスクの線速度を一定にする方式。全体にわたり線速度を一定にするCLVと角速度を一定にするCAVの両者の特徴をあわせもつ。ゾーンCLV。

セット-スクラム〖set scrum〗ラグビーで、スクラムのこと。ラックをルーススクラムといっていた時代の語で、現在では、単にスクラムということが多い。

ゼット-せんしょくたい【Z染色体】W染色体と対をなす性染色体。雌に1本、雄に2本含まれる。

ゼットディー-うんどう【ZD運動】《zero defects movement》無欠点運動。無欠陥運動。企業で、欠点や欠陥をゼロにすることを目標として行う社内運動。従業員一人一人に自発的な意欲をもたせ、製品の品質向上、良好なサービス、コストの低減、納期の厳守などを達成しようとする。

ゼット-ティー-ティー〖ZTT〗《ドイツ Zinktrübungs-test》硫酸亜鉛混濁試験。肝臓機能検査の一つ。

セットトップ-ボックス〖set-top box〗テレビに接続してさまざまなサービスを受けられるようにした機器の総称。ケーブルテレビやインターネットに接続する機器などを指す。STB。

セットバック〖setback〗❶建物が下の階から上の階へいくにしたがって順次後退し、その外観が階段状になっているもの。❷敷地前面の道路が4メートル未満の二項道路の場合、道路の中心線から2メートルの線まで道路の境界線を後退させること。その部分は道路とみなされる。壁面後退。

ゼットバッファー-ほう【Zバッファー法】―ハフ《Z buffer algorithm》コンピューターグラフィックスの三次元画像における隠面処理の一。画像を構成する各画素に色情報のほか奥行きの情報を加え、視点からは最も手前にある画素のみを描画し、陰になって見えない部分を消去する。

ゼット-ピー-ジー〖ZPG〗《Zero Population

Growth》地球の人口増加を抑制するための啓蒙活動を行う米国の民間団体。1968年創設。2002年、Population Connectionに改称。本部はワシントン。

ゼット-ビー-ビー〖ZBB〗《zero-based budgeting》▶ゼロベース予算

セット-プレー〖set play〗サッカーやラグビーで、ルールで決められたポジショニングから開始されるプレー。サッカーのコーナーキック・フリーキックや、ラグビーのスクラム・ラインアウトなど。

セット-ポイント〖set point〗テニス・卓球・バレーボールなどで、セットの勝敗を決める最後の1点。また、次の1点を取ればセットの勝ちが決まる状態。

セット-ポジション〖set position〗野球で、投手が投球直前に、軸足を投手板につけ、他の足を前方に出し、球をからだの前に両手で保持して静止する姿勢。主に、塁上に走者がいるときに用いる。➡ワインドアップポジション

ゼット-ボソン【Zボソン】《Z boson》素粒子間の弱い相互作用を媒介するウイークボソンの一。質量は陽子の約97倍、スピンは1で電荷はもたない。ワインバーグサラム理論でその存在が予言され、1983年にCERNセルンの陽子・反陽子衝突実験で実証された。Zボソン。Z粒子。

ゼット-ボゾン【Zボゾン】《Z boson》▶Zボソン

ゼット-モデム〖ZMODEM〗パソコン通信で使われていたバイナリーファイルを転送する規格の一つ。YMODEMの後継規格。

ゼットランド-しょとう【ゼットランド諸島】ショタウ《Zetland Islands》英国スコットランド北部、シェトランド諸島の旧称。

セットリスト〖setlist〗コンサートに際して、演奏する曲の順番を記した一覧表。また、コンサートで演奏される曲目や曲順。

ゼット-りゅうし【Z粒子】リフシ ▶Zボソン

セット-ローション《和 set＋lotion》髪をセットするためのローション。液体状とゼリー状がある。

せつな【刹那】《梵 kṣaṇaの音写》❶仏語。時間の最小単位。1回指を弾く間に60あるいは65の刹那があるとされる。❷きわめて短い時間。瞬間。「一の快楽に酔う」「衝突した一に気を失う」「一的な生き方」 (類語)瞬間・一瞬・瞬時・とっさ・一弾指

せつ-な・い【切ない】(形)(文)せつな・し(ク)《「ない」は接尾語》❶悲しさや恋しさで、胸がしめつけられるようである。やりきれない。やるせない。「一・い思い」❷からだが苦しい。「ああ一・い、厭いやだと云うのに本田さんが無理にお酒を飲まして」〈二葉亭・浮雲〉❸身動きがとれない。どうしようもない。「詮議つめられ一・く川中に飛び込み」〈浮・武家義理・三〉(派生)せつながる(動ラ五)せつなげ(形動)せつなさ(名)

(類語)苦しい・辛い・やるせない・たまらない・やり切れない・憂うい・もの悲しい・うら悲しい・もの憂い

切ない時の神頼み　信仰のない者が、苦しいときだけ神の助けを求めること。苦しい時の神頼み。

ぜつない-おん【舌内音】悉曇しったん学で、三内音の一。舌ぜつで調音される音。[t][d][n]の類。➡喉内音 ➡唇内音

せつな-しゅぎ【刹那主義】過去や将来のことを考えないで、ただ現在の瞬間を充実させて生きればよいとする考え方。また、一時的な快楽を求めようとする考え方。「一の若者」

せつなん-だいがく【摂南大学】大阪府寝屋川ねやがわ市などにある私立大学。大正11年(1922)創立の関西工学専修学校を源流として、昭和50年(1975)に開学した。

ぜつ-にゅう【絶入】ーニフ「ぜつじゅ(絶入)」に同じ。「躬みずからも終に及ばずして此処に一せんと思えば」〈紅葉・金色夜叉〉

ぜつ-にゅうとう【舌乳頭】舌の上面および側縁にある多数の小さな突起。

せつにん-とう【殺人刀】ータウ 人を殺すために使う刀。殺人剣せつにんけん。

せつにんとう-かつにんけん【殺人刀活人剣】セツニンタウクワツニンケン 禅宗で、師が修行者の智慧のはたらきをとどめ、修行の完成に向かって自由自在に導くはたらきを活殺自在の剣にたとえた言葉。

ぜつ-ねん【絶念】(名)スル 思いきること。あきらめること。断念。「それで恐れ入ってしまう位なら、断然一してしまうがいい」〈逍遥・当世書生気質〉

せっ-ぱ【切羽】❶刀の鐔つばの表裏が、それぞれ柄つかと鞘さやに接する部分に添える薄い金具。❷差し迫っていること。また、その場面。急場。どたん場。「生きる死ぬるの一ぞと」〈浄・五枚羽子板〉

せっ-ぱ【×浙派】中国、明代の画派。銭塘せんとう(浙江せっこう省)出身の戴進に始まる、南宋院体画の流れをくむ職業画家の系譜。呉派に対していう。➡北宗ほくしゅう画

せっ-ぱ【説破】(名)スル ときふせること。言い負かすこと。「邪説を一する」

せっ-ぱく【切迫】(名)スル ❶期日などが間近に迫ること。「返済期限が一する」❷緊張した状態になること。逃げ場のない追いつめられた状態になること。「経済情勢が一する」❸呼吸や脈が、小刻みに速くなること。「脈が一する」(類語)急迫・緊迫・逼迫ひっぱく・迫る・差し迫る・押し迫る・押し詰まる

せっ-ぱく【雪白】(名・形動)❶雪のように白いこと。まっ白であること。また、そのさま。「一なるに藍色の縁とりし品なり」〈独歩・わかれ〉❷潔白であることのたとえ。(類語)白・白色はくしょく・真っ白・白妙しろたえ・純白・白銀・皚皚がいがい・ホワイト

せっぱく-りゅうざん【切迫流産】ーリウザン 流産が始まりかけている状態。

せっぱ-つま・る【切羽詰(ま)る】(動ラ五(四))ある事態などが間近に迫ってどうにもならなくなる。身動きがとれなくなる。「一・って上司に泣きつく」

(類語)行き詰まる・窮する・進退維谷きわまる

せっぱ-はばき【切羽×鎺】《「切羽」も「鎺」も、刀剣の鍔元つばもとの金具の名。刀に手をかけて談判するところから》ひざづめ談判をすること。「さっきにから一する通り、銀かね渡したら御損であらう」〈浄・歌念仏〉

せっ-ぱん【折半】(名)スル 金銭などを、半分ずつに分けること。二等分。「利益を一する」

(類語)等分・二等分・配分・分配・案分・山分け

せっ-ぱん【接伴】(名)スル 客をもてなすこと。接待。

ぜっ-ぱん【絶版】一度出版した本の版を廃棄して再び発行しないこと。また、その本。(類語)廃刊・休刊

せつ-び【設備】(名)スル 必要な建物・機器などを備えつけること。また、備えつけたもの。「下水の一が整う」「情報機器を一する」(類語)施設・備え付け

せっ-ぴ【雪×庇】山の稜線りょうせん上の風下側に庇ひさしのように張り出した積雪。(季 冬)

ぜつ-び【絶美】(名・形動)この上もなく美しいこと。また、そのさま。「風光一な景勝地」

せつび-ご【接尾語】語構成要素の一。単独では用いられず、常に他の語の下について、その語とともに一語を形成するもの。意味を添加するもののほかに、上の語の文法的機能を変える働きをもつものがある。「彼ら」「殿さま」などの「ら」「さま」は前者、「深さ」「春めく」「男らしい」などの「さ」「めく」「らしい」は後者の例。接尾辞。(対)接頭語。

せっぴこ-ざん【雪彦山】兵庫県西部、姫路市北部にある山。山頂は三峰に分かれるが、ふつう洞ほらヶ岳をいう。標高915メートル。かつては修験者しゅげんじゃの道場だったが、昭和に入り日本で初めてのロッククライミングが行われた。

せつび-じ【接尾辞】▶接尾語

せつび-しきん【設備資金】企業が建物や機械などの生産設備に投下する資金。長期の資金であるから長期借入金・社債または株式の形で調達される。➡運転資金

せつび-しほん【設備資本】建物や機械など、企業の生産設備に投下されている資本。➡運転資本

せっ-ぴつ【拙筆】へたな文字や文章。また、自分の書いた文字や文章をへりくだっていう語。

ぜっ-ぴつ【絶筆】❶その人が、生前、最後に書いた文章や手跡など。「一となった小説」❷書くことをやめること。(類語)遺作・遺稿・断筆・擱筆かくひつ・脱稿

せつび-とうし【設備投資】企業が、建物や機械など生産設備の新増設のために行う投資。

せつび-ねんれい【設備年齢】企業のもつ工場や機械、店舗などを新設してから経過した年数。数字が上がると生産性に影響する。

ぜっ-ぴん【絶品】非常にすぐれた品物や作品。

(類語)逸品・名品・天下一品・珍品・上物

せっ-ぷ【雪膚】雪のように白いはだ。雪肌せっき。

せっ-ぷ【節婦】節操をかたく守る女性。「強い人は幸にして…一となり忠臣となる」〈有島・惜みなく愛は奪ふ〉

せっ-ぷく【切腹】(名)スル ❶自分で腹を切って死ぬこと。平安時代以降、中世・近世を通じて武士の自決法として行われた。はらきり。割腹。❷江戸時代、武士に科した死罪の一。検死役の前で、自ら腹を切ろうとするところを介錯人かいしゃくにんが首を斬り落としたもの。(類語)割腹・腹切り・詰め腹・追い腹

せっ-ぷく【折伏｜折服】(名)スル 相手を打ち負かして、自分に従わせること。「人と議論するに、己の説を主張し彼れを一することを為さず」〈中村訳・西国立志編〉➡しゃくぶく(折伏)

せっ-ぷく【説伏｜説服】(名)スル 相手をときふせて従わせること。説得。「反対派を一する」

せっぷく-もの【切腹物】切腹しなければならないほどの責任を問われる大変な失敗や手落ち。

セップス〖CEPS〗《color electronic prepress system》高品質な画像処理システムの一。

ぜつ-ふちょう【絶不調】ーテウ(名・形動)非常に調子の悪いこと。また、そのさま。「チャンピオンとは思えない一振り」(対)絶好調。

せつ-ぶつ【節物】その季節季節の物。時節の景物。

せつ-ぶん【拙文】へたな文章。また、自分の書いた文章をへりくだっていう語。(類語)悪文・乱文・駄文

せつ-ぶん【節分】❶季節の変わり目。立春・立夏・立秋・立冬の前日。せちぶん。❷立春の前日。2月3日ごろ。この夜、鬼打ちの豆をまいたり、柊ひいらぎの枝に鰯いわしの頭をさしたものを戸口にはさんだりして、邪気を払う習慣がある。(季 冬)「一や家やぬちかがやく夜半の月/秋桜子」

せつぶん【節分】狂言。節分の夜、女に一目ぼれした鬼が、小歌をうたって口説く。女は鬼をだまして隠れ蓑みの・隠れ笠・打ち出の小槌こづちを取り上げ、豆をまいて追い払う。

せっ-ぷん【接×吻】(名)スル 相手の唇やほおなどに自分の唇をつけ、愛情や尊敬の気持ちなどを表すこと。くちづけ。キス。「恋人に一する」

(類語)キス・くちづけ・ベーゼ

せつぶん-さい【節分祭】立春の前夜または当日に各地の寺社で行われる祭礼。

せつぶん-そう【節分草】ーサウ キンポウゲ科の多年草。山の日陰地に生え、高さ8〜15センチ。茎の先に細かく裂けた葉がつき、早春、その中心に、萼がくが花弁状の白い花を1個開く。関東地方以西に分布し、石灰岩地によく生える。(季 春)

せつ-へいめん【接平面】曲面上の一点で、この曲面に引いた接線をすべて含む平面。

ぜつ-へき【舌癖】舌を常に歯に押し付けているなど、舌に関連する癖。指しゃぶり、鼻の病気による口呼吸などが原因で起こると考えられている。この癖により歯並びが悪くなったり発音に影響が出たりする。弄舌ろうぜつ癖。

ぜっ-ぺき【絶壁】切り立ったがけ。懸崖けんがい。「断崖一」(類語)崖・断崖・懸崖

せっ-ぺん【切片】❶切れはし。❷顕微鏡検査のために、生物の組織の一部を薄く切ったもの。❸数学で、直線とy軸との交点のy座標、およびx軸との交点のx座標。(類語)切れ・切れ端・端くれ・断片

せっ-ぺん【雪片】雪のひとひら。雪の結晶体が互いにいくつか付着して、ある大きさになったもの。(季 冬)「一のつれ立ちてくる深空みそらかな/素十」

せつ‐ぼう【切望】〘名〙スル 心から強く望むこと。「世界の平和を―する」
類語 熱望・渇望・待望・希望・希求・切願・熱願・念願・願望・願う・求める・希(こいねが)う・望む

せつ‐ぼう【節×旄】昔、中国で、天子から将軍や使節に、任命のしるしとして与えられた旗。ヤクの毛を竿(さお)の先につけたもの。

せっ‐ぽう【説法】〘名〙スル ❶仏教の教義を説き聞かせること。「釈迦(しゃか)に―」❷物事の道理などを言い聞かせること。説教。「息子に―する」
類語 説教・講話・談義・講演

ぜつ‐ぼう【絶望】〘名〙スル 希望を失うこと。全く期待できなくなること。「深い―におそわれる」「将来に―する」類語 失望・落胆・失意・幻滅・がっかり

ぜっ‐ぽう【舌×鋒】言葉つきの鋭いことを、ほこさきにたとえていう語。「―鋭く追及する」

ぜつぼう‐かん【絶望感】希望が全くなくなったという気持ち。望みが絶たれてどうにもならないという思い。「再逆転されてチームに―が漂う」

ぜつぼう‐てき【絶望的】〘形動〙まったく希望がもてないほど悪くなっているさま。「―な成績」類語 お先真っ暗・暗澹(あんたん)・目も当てられない・八方塞がり

せっぽう‐めん【切峰面┊接峰面】山地の尾根に接する仮想の曲面。浸食によって谷が刻まれる前の原地形を表すと考えられる。地形図に適当な方眼をかけ、各方眼内の最高高度をとり、それに基づいて新たに等高線を描く。

せつ‐まい【節米】米の消費を節約すること。

ぜつ‐みょう【絶妙】〘名・形動〙この上なく巧みですぐれていること。また、そのさま。「―な(の)演技」「―な(の)タイミング」派生 ぜつみょうさ〘名〙類語 至妙・巧妙・完璧・秀逸・卓抜・見事・巧み・上手・妙(みょう)・妙(たえ)

ぜつ‐む【絶無】全くないこと。皆無。「事故の―を期する」類語 皆無・ゼロ・ナッシング

せつ‐めい【説明】〘名〙スル ある事柄が、よくわかるように述べること。「―を求める」「科学では―のつかない現象」「事情を―する」
用法 説明・解説――「この件について説明(解説)してください」など、わかりやすく述べるの意では相通じて用いられる。◆「説明」は、「医者が病状を説明する」「相手に説明を求める」「事件のあらましを説明する」「電気器具は説明をよく読んで使用したほうがいい」のように、使われる範囲が広く、客観的な感じがある。◆「解説」は、「事件の背景を解説する」「作品の解説」「ニュース解説」のように、ある事柄について分析し、その生じた理由や背景、他に与える影響などにまで言及することが多い。
類語 解説・論説・叙説・叙述・詳述・解釈・釈義・陳弁・陳述・講議・談議・レクチャー・説く・解き明かす

ぜつ‐めい【絶命】〘名〙スル 命が絶えること。死ぬこと。「最後まで病気と闘いながら―した」「絶体―」
類語 死ぬ・死亡・死去・死没・往生・逝去・他界・物故・絶息・成仏・昇天・瞑目(めいもく)・落命

せつめい‐ご【説明語】主語に対して、その動作・状態・性質などを説明する語。「水が流れる」「花が咲く」の「流れる」「咲く」の類。述語。

せつめい‐せきにん【説明責任】《accountabilityの訳語》説明の必要な事柄、また、説明を求められた事柄について当事者が十分な説明を為すべき責任。

せつめいてき‐かがく【説明的科学】事物の説明を主な目的とする科学の総称。物理学・化学など。⇨記述的科学

せつめい‐ぶ【説明部】文法で、文の成分の一。述語とその修飾語とからなる部分。述部。

せつめい‐ぶん【説明文】事柄を説明し、正確に伝達することを目的とする文章。叙情文・叙事文・叙景文などに対する語。

せつめい‐ぶんぽう【説明文法】文法現象の発生・変化などの経路や理由について究明する文法。時代的な変遷をたどる歴史文法、同系の言語間の比較を行う比較文法などがある。

ぜつ‐めつ【絶滅】〘名〙スル ❶生物の種などが滅びて絶えること。「乱獲により―する」❷残らず絶やすこと。なくすること。「交通事故を―する」❸レッドリストやレッドデータブックで、生物の種を絶滅の危険性の高さによって分類したカテゴリー項目の一つ。すでに絶滅したと考えられる種。以前は「絶滅種」として分類されていた。EX(Extinct)。類語 死滅・消滅・全滅・壊滅・撲滅・殲滅(せんめつ)・根絶・根絶やし

ぜつめつ‐きき【絶滅危機】IUCN(国際自然保護連合)の1994年版レッドリストで使用されていたカテゴリー項目の一つ。絶滅の危険性は危急よりも高く、絶滅寸前より低い。略号はEN(Endangered)。補説 2001年版以降では「絶滅危惧ⅠB類」として分類されている。

ぜつめつ‐きぐ【絶滅危惧】レッドリストやレッドデータブックで、生物の種を絶滅の危険性の高さによって分類したカテゴリー項目のグループ。絶滅の恐れのある種。「絶滅」「野生絶滅」に次いで危険度が高い。絶滅危惧ⅠA類・絶滅危惧ⅠB類・絶滅危惧Ⅱ類が含まれる。補説 絶滅危惧ⅠA類は、ごく近い将来に絶滅する危険性が極めて高いもの。略号はCR(Critically Endangered)。絶滅危惧ⅠB類は、ⅠA類ほどではないが、近い将来に絶滅の危険性が高いもの。略号はEN(Endangered)。絶滅危惧Ⅱ類は、絶滅の危険が増大している種。略号はVU(Vulnerable)。以前は、絶滅危惧ⅠA類と絶滅危惧ⅠB類は「絶滅危惧種」、絶滅危惧Ⅱ類は「危急種」として分類されていた。

ぜつめつきぐ‐しゅ【絶滅危惧種】現在生存している個体数が減少しており、絶滅の恐れの極めて高い野生生物の種。日本ではツシマヤマネコ、シマフクロウなど。絶滅危険種。補説「絶滅危惧種」は、日本の1991年版レッドリストで使用されていたカテゴリー項目の一つ。絶滅の危機に瀕している種で、絶滅の危険性は危急種よりも高く、絶滅種より低い。略号はE(Endangered)。1997年版以降では「絶滅危惧Ⅰ類」として分類されている。

ぜつめつきけん‐しゅ【絶滅危険種】▶絶滅危惧種

ぜつめつ‐しゅ【絶滅種】日本の1991年版レッドリストで使用されていたカテゴリー項目の一つ。すでに絶滅したと考えられる種。略号はEX(Extinct)。補説 1997年版以降では「絶滅」として分類されている。

ぜつめつ‐すんぜん【絶滅寸前】IUCN(国際自然保護連合)の1994年版レッドリストで使用されていたカテゴリー項目の一つ。絶滅の危険性は絶滅危機よりも高く、野生絶滅より低い。略号はCE(Critically Endangered)。補説 2001年版以降では「絶滅危惧ⅠA類」として分類されている。

せつ‐めん【雪面】積もった雪の表面。

せつ‐もう【雪盲】雪の反射光、特に強い紫外線により目の角膜・結膜に起こる炎症。雪目(ゆきめ)。季 冬

せつ‐もく【節目】❶草木などのふしめ。❷物事のすじめ。また、規則の箇条や細目。

せつ‐もん【設問】〘名〙スル 問題を作って出すこと。また、その問題。「新しい観点から―する」
類語 問題・質疑・問い・質問・発問・諮問・問答・疑問

せつ‐もん【雪門】服部嵐雪(はっとりらんせつ)系統の俳諧の流派。榎本其角(えのもときかく)の江戸座に対し、俳風は平明・温和。桜井吏登(さくらいりとう)・大島蓼太(おおしまりょうた)らの活躍で天明期(1781～1789)に江戸俳壇で最大の勢力をもった。

せつ‐もん【説文】㊀漢字の原義・成立を説明すること。㊁「説文解字」の略。

せつもんかいじ【説文解字】中国最古の漢字字書。もと15巻。後漢の許慎の著。漢字9353、異体字1163を540部に分けて収め、六書(りくしょ)の説によって、その形・音・義を解説したもの。説文。

せつ‐やく【拙訳】へたな翻訳・訳文。また、自分の翻訳をへりくだっていう語。

せつ‐やく【節約】〘名〙スル むだ遣いをやめて切りつめること。「電気の―」「交際費を―する」類語 倹約・始末・経済・セーブ・エコノミー・切り詰める・引き締める

せつやく‐づかれ【節約疲れ】不況などの影響で、長期にわたり切りつめた生活を強いられることに飽き飽きすること。

せつ‐ゆ【説諭】〘名〙スル 悪い行いを改めるよう言い聞かせること。「非行少年を―する」

せつ‐よう【切要】〘名・形動〙きわめて重要なこと。また、そのさま。肝要。「―な対策」「学業を為すに大なる―の事なり」〈中村訳・西国立志編〉
類語 大事・重要・大切・肝心・肝心要(かなめ)・肝要・緊要・喫緊・重大・主要・須要(しゅよう)・必須(ひっす)・不可欠

せつ‐よう【窃用】〘名〙スル ❶他人のものを無断で使用すること。❷法律で、職務上知り得た秘密を、自己または第三者の利益のために利用すること。刑罰の対象となる。

せつ‐よう【摂養】〘名〙スル からだに気をつけること。摂生。養生。「自愛―して寒暑を犯す事勿れ」〈菊亭香水・世路日記〉

せつ‐よう【節用】㊀費用や労力などを節約すること。㊁「節用集」の略。類語 節約・倹約・節倹・経済

せつようしゅう【節用集】室町中期に成立した国語辞書。編者未詳。語をいろは順に分け、さらに天地・時節・草木などの門を立て、意義によって分類・配列したもの。また、江戸時代にはこれを改編・増補した多種多様の節用集が刊行され、やがてはいろは引き国語辞書の代名詞のようにもなった。近世初期までに書写・刊行された諸本を特に古本節用集という。せっちょうしゅう。

せつ‐よく【節欲┊節×慾】欲望をおさえること。

せつり【刹利】「刹帝利(せっていり)」の略。

せつ‐り【摂理】❶自然界を支配している法則。「自然の―」❷キリスト教で、創造主である神の、宇宙と歴史に対する永遠の計画・配慮のこと。神はこれによって被造物をそれぞれの目標に導く。

せつ‐り【節理】❶物事の道理・すじみち。❷岩石に発達する割れ目。マグマが冷却固結する際に生じた板状節理・柱状節理など、規則正しいものが多い。

せ‐づり【瀬釣(り)】川釣りで、瀬で釣ること。対象魚はアユ・イワナ・ヤマメなど。

せつり‐こうきあつ【切離高気圧】上空で偏西風帯が南北に大きく蛇行し、高緯度側に延びた部分が本流から切り離されてできる背の高い高気圧。典型的なものに、寒冷な高気圧の上にできる温暖な高気圧がある。それがさらに発達して停滞すると、ブロッキング高気圧となる。

せつ‐りつ【設立】〘名〙スル 組織・施設・制度などを新しくつくること。「財団を―する」「―者」
類語 新設・創設・開設・設置・設営

せつりつ‐こうい【設立行為】法人の設立に関する法律行為。社団法人では定款の作成、財団法人では財産の拠出など。

せつり‐ていきあつ【切離低気圧】上空で偏西風帯の南北に揺れる波動の振幅が増大し、低緯度側に延びた部分が本流から切り離されてできる上層の寒冷低気圧。

せつり‐ほう【接離法】修辞法の一。文法上切るべきところを続け、続けるべきところを切ることによってリズムの変化をもたらすもの。

せつ‐りゃく【節略】〘名〙スル 適当に省いて減らすこと。省略。「箇条を―して左に記し」〈子規・墨汁一滴〉

せつ‐りゅう【設立】〘名〙スル「せつりつ(設立)」に同じ。「国会を―し給いしより」〈鉄腸・雪中梅〉

ぜつ‐りん【絶倫】〘名・形動〙技量などが、なみはずれてすぐれていること。また、そのさま。抜群。「精力―」「膂力(りょりょく)―にして」〈竜渓・経国美談〉

ぜつ‐るい【絶類】〘名・形動〙他に類を見ないほどすぐれていること。また、そのさま。抜群。「我等が頼む此寺の塔も―抜群にて」〈露伴・五重塔〉

セツルメント〖settlement〗宗教家や学生が、労働者街やスラムに定住して、住民との人格的接触を図りながら、医療・教育・保育・授産などの活動を行

い、地域の福祉をはかる社会事業。また、その施設や団体。隣保事業。セッツルメント。

せつ-れい【雪×嶺】雪に覆われた山の峰。〔季 冬〕「汽車とまり遠き―とまりたり/誓子」

せつ-れつ【拙劣】〔名・形動〕技術などが劣っていること。また、そのさま。へた。「―な文章」
〔類語〕下手・拙悪・劣悪・稚拙・へぼ・お粗末・拙い・まずい・たどたどしい

せつ-ろう【拙老】〔代〕一人称の人代名詞。老人が自分のことをへりくだっていう語。

せつ-ろう【拙×陋】〔名・形動〕へたでみにくいこと。また、そのさま。「―を顧みずして、自ら筆を綴れり」〈蘭学事始〉

せつ-ろく【摂×籙】摂政、または関白のこと。また、その家柄。しょうろく。「一家」

せつ-ろく【節録】〔名〕スル 取捨して書き抜くこと。また、その記録。抄録。「要点を―する」

せつ-ろん【切論】〔名〕スル 熱心に論じること。「ミルトン翁は夙にこのことを―して」〈逍遥・小説神髄〉

せつ-ろん【拙論】十分でない議論・論理。また、自分の議論・論理などをへりくだっていう語。

せつ-わ【説話】〔名〕スル ❶人々の間に語り伝えられた話で、神話・伝説・民話などの総称。「仏教―」「民間―」❷話をすること。ものがたること。また、その話。「口に順いて―することを習わしめ」〈中村訳・西国立志編〉〔類語〕伝え話・伝説・言い伝え・口碑・昔話・民話・神話・物語・話

せつわ-ぶんがく【説話文学】神話・伝説・民話などを集録した文学作品の総称。広義には上代の叙事的な文学も含めるが、ふつうは、平安時代後期から室町時代にかけての説話集を対象とする。叙事的、伝奇的、教訓的、寓意的な要素を含み、内容上、仏教説話と世俗説話とに大別される。

セティ〖CETI〗《communication with extraterrestrial intelligence》地球外知的生物との交信。

セティ〖SETI〗《Search for Extra-Terrestrial Intelligence》地球外知的生命体探査計画。1960年から、米国を中心に世界の研究機関や大学の天文台で電波望遠鏡による探査が続けられている。最も有名なものに、80年に始まったカリフォルニア大学バークレイ校のハットクリーク天文台によるセレンディップ計画(SERENDIP)がある。84年には民間のSETI研究所がカリフォルニア州のシリコンバレーに設立され、地球外知的生命体の探査を専門に行っている。99年からは、プエルトリコのアレシボ天文台によって収集された宇宙からの電波をインターネットでつながった世界中の個人のパソコンに分散処理させて解析するプロジェクト、セティアットホーム(SETI@home)が地球規模で進行している。

セテボス〖Setebos〗天王星の第19衛星。1999年にプロスペロー、ステファノとともに発見された。名の由来はシェークスピア「テンペスト」で語られる神。天王星の赤道面に対して大きく傾いた軌道を公転している。直径は約30キロメートル。セティボス。

セテン〖フランス cétène〗⇨ヘキサデセン

せ-でん【世伝】⇨せいでん(世伝)

せでん-ごりょう【世伝御料】旧皇室典範上の皇室の世襲財産で、土地・物件などの分割・譲与が許されないもの。

せ-と【瀬戸】《「狭門」の意。「せど」とも》❶相対した陸地の間の、特に幅の狭い海峡。潮汐の干満により激しい潮流が生じる。❷「瀬戸際」の略。「死ぬか生きるかの―に乗っかかる時」〈露伴・五重塔〉
〔類語〕海峡・水道

せと【瀬戸】㊀愛知県中北部の市。良質の陶土を産し、鎌倉時代以来、日本最大の陶磁器産地。人口13.2万(2010)。㊁「瀬戸焼」「瀬戸物」の略。

セト〖Seth〗古代エジプトの男神。神話では兄オシリスを殺した暗黒・悪の神とされる。

せ-ど【背戸】《「せと」とも》❶家の裏口。また、裏門。背戸口。❷家の後ろの方。裏手。「―の畑」

セド〖sed〗《Stream Editor》UNIXのテキスト処理用コマンド。セッド。

せとあい-きょう【瀬戸合峡】栃木県北西部、鬼怒川上流にある峡谷。川俣ダムから下流にかかる野門橋まで約2キロメートルにわたって400〜500メートルの断崖絶壁が続く。特に紅葉が見事な景勝地。日光国立公園に含まれる。

せ-どう【世道】世の中で人の守るべき道義。せいどう。〔類語〕道徳・倫理・道義・徳義・人倫・人道・公道・公徳・正義・規範・大義・仁義・徳・道・モラル・モラリティー

セトゥーバル〖Setúbal〗ポルトガル南西部の港湾都市。サード川の河口に面し、リスボンの南東約30キロメートルに位置する。同国有数の商業港を有し、造船業・自動車工業・漁業が盛ん。カキ、およびモシュカテルというワインの産地として有名。ジェズスの教会やサンジュリアン教会、郊外のサンフィリペ城をはじめ、歴史的建造物が多い。

せどう-か【×旋頭歌】《頭を旋らす意で、下3句が上3句と同じ句形を反復するところから》和歌の一体。五・七・七・五・七・七の6句を定型とする歌。片歌の唱和から起こったといわれ記紀・万葉集などにみえる。〔類語〕短歌・三十一文字・長歌・連歌・狂歌

せどう-じんしん【世道人心】人の世の道徳と人の心。社会道徳とそれを守る人の心。

せとうち【瀬戸内】㊀瀬戸内海およびその沿岸地域の称。㊁岡山県南東部にある市。北部の長船は中世に刀鍛冶で栄え、備前最大の都市だった。平成16年(2004)11月に牛窓町、邑久町、長船町が合併して成立。人口3.8万(2010)。

せとうち-し【瀬戸内市】⇨瀬戸内㊁

せとうちしき-きこう【瀬戸内式気候】瀬戸内海沿岸地域に特有の気候。北に中国山地、南に四国山地があるために乾燥した気候となり、1年を通じて晴天が多く、降水量が少ない。夏の夕なぎは顕著。春から夏にかけては霧が発生しやすい。

せとうち-しまなみかいどう【瀬戸内しまなみ海道】本州四国連絡橋ルートの一で、西瀬戸自動車道の愛称。広島県尾道市から、瀬戸内海の因島・大三島などを経て、愛媛県今治市に至る。歩行者・自転車専用道路が併設されており、徒歩や自転車、原動機付き自転車での利用も可能。しまなみ海道。

せとうち-じゃくちょう【瀬戸内寂聴】［1922〜 ］小説家。徳島の生まれ。旧名、晴美。女性の愛と性を描いた伝記・私小説を執筆。作品に「夏の終り」「かの子撩乱」「美は乱調にあり」「花に問え」「場所」など。昭和48年(1973)天台宗で得度。平成18年(2006)文化勲章受章。

せとうち-ほう【瀬戸内法】「瀬戸内海環境保全特別措置法」の通称。

せと-おおはし【瀬戸大橋】本州四国連絡橋ルートの一。岡山県児島と香川県坂出とを結ぶ、鉄道と自動車道路併用の六つの橋梁群の総称。9.4キロメートルの海峡部を、五つの島づたいに、吊り橋、斜張橋、トラスト橋が結ぶ。昭和63年(1988)完成。⇨本州四国連絡高速道路株式会社

せとおおはし-せん【瀬戸大橋線】宇野線茶屋町から予讃線宇多津に至るJR本四備讃線の通称。瀬戸大橋の架橋により、昭和63年(1988)開業。全長31.0キロ。

せと-がらつ【瀬戸唐津】唐津焼の一。白色釉の明るい調子や素地が瀬戸に近いところからの名。

せと-ぎわ【瀬戸際】❶狭い海峡と外海の境。❷勝負・成否などの分かれ目。「生きるか死ぬかの―」

せとぎわ-がいこう【瀬戸際外交】⇨瀬戸際政策

せとぎわ-せいさく【瀬戸際政策】相手国からの譲歩を引き出すため、あえて緊張を高めるような挑発的な外交。また、その政策。瀬戸際外交。

せと-ぐち【瀬戸口】《「せどぐち」とも》❶海峡の入り口。❷徳利などに用いる陶器の栓。

せど-ぐち【背戸口】《「せとぐち」とも》家の裏口。背戸。

せとぐち-とうきち【瀬戸口藤吉】［1868〜1941］指揮者・作曲家。鹿児島の生まれ。エッケルトらに学び、生涯、海軍軍楽隊発展のために尽くした。作品に「軍艦行進曲」「愛国行進曲」など。

せと-ぐろ【瀬戸黒】《「瀬戸黒茶碗」の略》美濃国で天正(1573〜1592)ごろに焼かれた黒無地の茶碗。薄作りで筒形のものが多く、高台は低い。天正黒。

せと-し【瀬戸市】⇨瀬戸㊀

せと-てんもく【瀬戸天目】中国の建盞に倣って、瀬戸または美濃で焼かれた天目茶碗。

セドナ〖Sedna〗太陽系外縁天体の一つ。カイパーベルト天体に属す。2003年、パロマー山天文台からの観測で発見された。名の由来はイヌイット神話の海の女神。冥王星の外側、近日点76天文単位、遠日点943天文単位の細長い楕円軌道を描いて、約1万1500年周期で公転する。直径は1200〜1800キロメートルと推定され、発見当初は太陽系において冥王星以来最大の天体だったが、後に冥王星より大きい準惑星エリスが発見された。

セドナ〖Sedona〗米国アリゾナ州中北部の町。州都フェニックスとグランドキャニオンの中間に位置する。鉄分を多く含む赤い岩山が数多く点在。先住民アナサジ族、シナワ族の岩窟集落跡が残っている。

せと-ないかい【瀬戸内海】本州・四国・九州に囲まれた海域。西は早鞆瀬戸(関門海峡)、南西は速吸瀬戸(豊予海峡)、南東は鳴門瀬戸などで外海に通じる。淡路島・小豆島をはじめ大小二千余の島があり、典型的な多島海風景を示す。古来、畿内と九州・大陸とを結ぶ重要な海上交通路。瀬戸内。内海。

せとないかいかんきょうほぜん-とくべつそちほう【瀬戸内海環境保全特別措置法】瀬戸内海の環境保全を目的として定められた法律。高度成長期に急速に進行した水質・自然環境汚染を改善するため、昭和48年(1973)11月に瀬戸内海環境保全臨時措置法(時限立法)として施行。同53年に富栄養化対策などを含む改正が行われ、恒久法となった。工場などの特定施設に対する規制・富栄養化による被害防止・化学的酸素要求量(COD)の総量規制・燐など指定物質の削減・自然海浜の保全などについて定めている。瀬戸内法。

せとないかい-こくりつこうえん【瀬戸内海国立公園】瀬戸内海の主要部を占める国立公園。10府県にまたがり、源平の古戦場などの史跡に富む。昭和9年(1934)指定。

せと-びき【瀬戸引き】鉄製の器具の表面を琺瑯質でおおうこと。また、その製品。琺瑯引き。

せと-もの【瀬戸物】❶⇨瀬戸焼 ❷陶磁器の通称。主に畿内以東の地域で用いられる。⇨唐津物
〔類語〕磁器・陶器・陶磁器・焼き物・かわらけ・土器

せともの-がい【瀬戸物貝】ハナゴウナ科の巻き貝。貝殻は細長い円錐形で、殻高約3センチ。殻表は白く光沢がある。本州中部以南の暖海に分布。

せど-や【背戸家】他の家の裏手にある家。裏だな。

せと-やき【瀬戸焼】愛知県瀬戸市およびその付近で作られる焼き物の総称。鎌倉時代、加藤景正が、宋から施釉陶器の技法を伝えたのが創始とされる。室町末期ごろまでのものは古瀬戸とよばれ、主に唐物を模した茶入で知られる。桃山時代から江戸初期にかけては、茶の湯の隆盛に伴って瀬戸黒・志野・織部・黄瀬戸などの茶器が多く焼かれ、日用雑器も作られるようになった。磁器の製造は、文化年間(1804〜1818)加藤民吉父子が肥前有田から染め付け磁器の製法を伝えたのに始まる。瀬戸物。瀬戸。

せ-どり【瀬取り】親船の積み荷を小船に移し、陸揚げすること。また、その小船。

せ-どり【×競取り｜×糶取り】同業者の中間に立って品物を取り次ぎ、その手数料を取ること。また、それを業とする人。

セトル〖Settle〗英国イングランド北部、ノースヨークシャー州の町。ヨークシャーデールズ国立公園の観光拠点の一で、セトルカーライル鉄道の駅がある。スリーピ

ークスと呼ばれる三つの峰、ワーンサイド、イングルバラ、ペニージャンに近い。

セドレツ〖Sedlec〗チェコ南東部、プラハの南東約60キロにあるボヘミア地方の町クトナーホラの地区名。13世紀末から14世紀初頭にかけて建造された聖母マリア大聖堂があり、1995年に「クトナーホラ聖バルバラ教会とセドレツの聖母マリア大聖堂のある歴史都市」として世界遺産(文化遺産)に登録された。➡聖バルバラ教会

せ-な【▽夫な┊▽兄な】《「な」は接尾語》女性が、夫・恋人または兄弟など親しい男性をいう語。「ま遠くの野にも逢はなむ心なく里のみ中に逢へる—かも」〈万・三四六三〉

せ-な【▽背】せ。せなか。「—当て」

せ-なあ【▽兄なあ】《「せ(兄)な」の音変化》❶田舎の若い男性。「女っ子—が屈竟の出合場処として」〈魯庵・社会百面相〉❷兄。また、長兄。「小梅の—が柴の戸をたづねて」〈人・梅児誉美・三〉

せ-なか【背中】❶背の中央。背骨のあたり。また、背。せな。「子供を—に負う」❷物の後ろの部分。背面。「冷蔵庫の—の放熱板」
(類語)背・せな・後ろ・背部・背面・後ろ・後方・しりえ・後背・背後・後面・後部・バック
背中に眼はなし　自分の背後は見えないものだ。陰で働く悪事には気がつかないことのたとえ。
背中を向・ける　「背を向ける」に同じ。

せなか-あわせ【背中合(わ)せ】❶二人が互いに背中を合わせるように後ろ向きになること。また、家などが反対向きに接すること。「—に建つ家」❷物事が裏表の関係にあること。「死と—の単独登頂」❸互いに仲の悪い関係にあること。「—の気まずい仲」
(類語)裏表・表裏・反対・陰日向・裏腹・面従腹背

せな-じょ【▽姉女】《「せな」が兄の呼称であるところから》あね。また、若い女性。

セナンクール〖Étienne Pivert de Senancour〗[1770〜1846]フランスの小説家。ロマン派の先駆者の一人。作「オーベルマン」など。

セナンク-しゅうどういん【セナンク修道院】《Abbaye de Sénanque》フランス南東部、プロバンス地方、ボークリューズ県の町ゴルドにある、12世紀中頃に建造されたロマネスク様式のシトー会修道院。宗教戦争やフランス革命による大きな破壊を免れたため、創建当時の姿をとどめている。シルバカーヌ修道院、ルトロネ修道院と共に、「プロバンスの三姉妹」と称される。

せ-に【▽狭に】〘連語〙▶せ(狭)

ぜに【銭】《「せん(銭)」の音変化》❶金・銀・銅など、金属でつくられた貨幣。多く円形で、中央に穴がある。❷貨幣。金銭。かね。「—をためる」❸江戸時代、銅・鉄でつくられた貨幣。金・銀でつくられたものに対していう。❹紋所の名。銭の形をかたどったもの。
(類語)金・金銭・貨幣・金子・おあし・マネー
銭を買・う　金貨や銀貨を銭に両替する。「—・ふには金銀を手離し」〈仮・東海道名所記・一〉
銭をつ・く　銭を差し出す。銭をその場で支払う。「和論(=示談)になりしやら、—・いたもたしかに見た」〈浄・歌念仏〉

ぜに-あおい【銭×葵】アオイ科の越年草。高さ60〜90センチ。葉は円形で長い柄をもち、互生する。初夏、赤紫色の5弁花を開く。ヨーロッパの原産で、日本には元禄以前に渡来。錦葵。小葵。(季 夏)「一垣より伸びて貸家かな/虚子」

ぜに-いれ【銭入れ】銭を入れるもの。財布・がまぐちなど。

ぜに-うら【銭▽占┊銭×卜】数個の銭を投げたりまぜたりして、その表裏によって吉凶を判断する占い。表を陽、裏を陰とし、陽を吉とする。

ぜに-うり【銭売り】江戸時代、銭を持って市中をめぐり、金銀貨を両替して手数料を取った小商人。

セニエット-えん【セニエット塩】《(フランス) sel de Seignette》酒石酸カリウムナトリウム。フェーリング液の製造、下剤、利尿剤、圧電素子としてマイクロホン・受話器などに用いられる。ロッシェル塩。

ぜに-がい【銭貝】キサゴの別名。

ぜに-がさ【銭×瘡】《患部が銭のように円形になるところから》田虫の古名。〈和名抄〉

ぜに-がた【銭形】❶銭のかたち。❷銭のかたちに切り抜いて神前に供える紙。紙銭。❸(「銭型」とも書く)銭の鋳型。

ぜにがた-あざらし【銭形海=豹】南千島にすむアザラシ。分布南限は襟裳岬とされ、陸岸で繁殖。体に白い穴あき銭模様が散在する。

ぜにがた-へいじ【銭形平次】野村胡堂の小説「銭形平次捕物控」の主人公。江戸の目明かしで、投げ銭が得意。

ぜに-かね【銭金】金銭。また、金銭上の損得。「—の問題ではない」

ぜにかね-ずく【銭金▽尽く】金銭の力で、無理に事を運ぶこと。また、金銭の多少を基準にして行動すること。ぜにずく。かねずく。

ぜに-がめ【銭亀】イシガメの子のこと。クサガメの子をいうこともある。(季 夏)

ぜに-かんじょう【銭勘定】金銭の収支や損得を計算すること。「—が細かい」

ぜに-ぐつわ【銭×轡】金銭を与えて人を自分の意に従わせること。また、口止め料。「—をはめる」

ぜに-ぐら【銭蔵】銭を貯えておく蔵。

ぜに-ぐるま【銭車】❶両替屋や大商店が寺社や湯屋などで銭を買い入れ、それを必要とする商店へ売り込むときに用いた車。「一女を見ても静かなり」〈柳多留・三〉❷「銭独楽」に同じ。

ぜに-こ【銭こ】銭のこと。ぜんこ。

ぜに-ごけ【銭×苔┊地=銭】❶ゼニゴケ科の苔類。湿地などに群生する。緑色の葉状体で幅約1センチ、長さ約5センチ。地をはい、二股状に分かれる。雌雄異株。傘状の生殖器が上に伸び、雄器托は円盤状、雌器托は手のひら状に裂ける。また葉状体表面の杯状の部分に無性芽を生じて増える。❷ゼニゴケ科のコケの総称。また、葉状体のコケをいうこともある。

ぜに-ごま【銭独=楽】江戸時代、銭の穴に心棒を通してこしらえたこま。銭車。

ぜに-ざ【銭座】江戸時代、幕府から銭貨の鋳造・発行を任された機関。公許を得た有力町人などが運上を納入して請け負った。寛永13年(1636)江戸の芝と近江の坂本に創設、以後各地に設けられたが、のち金座・銀座による鋳銭のみに限定。鋳銭座。

ぜに-さし【銭差┊銭×緡┊×繦】穴あき銭をまとめておくための、わらや麻のひも。百文差・三百文差・一貫文(千文)差などがあった。さし。ぜになわ。

ぜに-さつ【銭札】江戸時代から明治初期にかけて諸藩で発行した藩札の一。銭高で額面を表示した。

ぜに-ずく【銭▽尽く】「金尽く」に同じ。「大尽かと思へば—にきたなびれ」〈滑・素人狂言紋切形・初〉

ぜに-そうば【銭相場】江戸時代、銭貨と金・銀貨との交換比価。

ぜに-だいこ【銭太鼓】❶子供の玩具の一つで、小さく丸い太鼓。豆太鼓。❷民俗芸能の楽器の一。竹筒の中に銭を通した針金を仕込んだもの、円形の枠に銭を通した針金を十文字に渡したもの、太鼓の周縁に銭をつけたものなどがある。

ぜにだいこ-おどり【銭太鼓踊(り)】銭太鼓を両手または片手に持ち、振ったり、からだや地面に打ちつけたりしておどる踊り。全国各地に分布する。

ぜに-たなご【銭×鱮】コイ科の淡水魚。関東・東北地方の浅い池沼にすむ。全長約9センチ。体高が高く側扁が著しい。口ひげがなく、うろこは小さい。背部が緑褐色のほかは銀白色。秋の産卵期に雄は淡紅色の婚姻色を現す。ドブガイなどに産卵。

ぜに-たむし【銭田虫】「田虫」に同じ。

ぜに-づかい【銭遣い】金のつかい方。かねづかい。「—が荒い」

セニック-プリント〖scenic print〗各種の風景をモチーフとしたカジュアルなプリント柄。トロピカルな風景、ジャングル・田園・都会の風景など。

ぜに-づつ【銭筒】銭を入れる筒。普通は竹筒。

ぜに-なわ【銭縄】「銭差」に同じ。

ぜに-ばこ【銭箱】銭を入れておく箱。施錠の仕掛けや鋲打ちをして頑丈な作りになっている。

ぜに-みせ【銭店┊銭見世】江戸時代、銭の売買・交換を業とした小規模な両替屋。銭屋。銭両替。

ぜに-むし【銭虫】❶田虫の別名。❷ヤスデの別名。

ぜに-もうけ【銭×儲け】金銭をもうけること。かねもうけ。

ぜに-もち【銭持ち】金満家。かねもち。

ぜにもち-くび【銭持ち首】着物の襟を前に引き詰めて着ること。銭を多く懐中に入れると重みで襟が前に引っ張られるところからいう。「ひだるさに寒さにすくむ衿つきよ—は名のみなりけり」〈後撰夷曲集〉

ぜに-や【銭屋】「銭店」に同じ。

ぜにや-ごへえ【銭屋五兵衛】[1773〜1852]江戸後期の豪商。加賀の人。海運業を営み、のち加賀藩の御用商人となって巨富を築いた。河北潟干拓事業に絡む容疑で獄死。

せ-にゅう【施入】寺や神社に財物を献上すること。また、その物。「—状」

セニョーラ〖(スペイン) señora〗既婚女性に対する敬称。夫人。奥様。姓または姓名の前に付けても用いる。

セニョール〖(スペイン) señor〗男性に対する敬称。旦那。殿方。姓または姓名の前に付けても用いる。

セニョリータ〖(スペイン) señorita〗未婚女性に対する敬称。令嬢。お嬢さん。姓または姓名の前に付けても用いる。

ぜ-にん【是認】〘名〙(スル)人の行為や思想などを、よいと認めること。「相手の態度を—する」⇔否認。
(類語)承認・肯定・同意・容認・認容・許容・許可・認許・認可

セニング-シザース〖thinning-scissors〗髪の毛をそいだり薄くしたりするのに用いるはさみ。

せ-ぬい【背縫い】衣服を背筋の所で縫い合わせること。また、その縫い目。

せ-ぬき【背抜き】洋服の上着で、背の部分に裏地をつけない仕立て方。また、その上着。夏服や合い服に多い。背抜き仕立て。

セヌリ-とう【セヌリ党】韓国の保守政党。1997年、盧泰愚・金泳三両元大統領の流れをくむ保守勢力が糾合しハンナラ党として結党。金大中・盧武鉉政権の野党。2007年の大統領選に勝利し、李明博政権の与党となる。2012年、現党名に改称。(補説)セヌリは「新しい世の中」の意。

セネカ〖Lucius Annaeus Seneca〗[前4ころ〜後65]ローマのストア学派の哲学者。スペインのコルドバ生まれ。皇帝ネロに仕えたが、のちに謀反の疑いを受け、命令によって自殺した。常に道義を説き、実践哲学を主張。著「対話篇」「自然問題集」「道徳書簡」、ほかにギリシャ悲劇の翻案である9編の悲劇など。

セネガ〖senega〗ヒメハギ科の多年草。高さ20〜30センチ。笹のような葉が多数互生する。6月ごろ白い小花が穂状に咲く。根は薬用。北アメリカの原産で、名は毒蛇の咬傷にこれを薬用したセネカ族にちなむという。

セネガ-こん【セネガ根】セネガの根を乾燥させたもの。煎じて去痰薬に用いる。

セネカ-フォールズ〖Seneca Falls〗米国ニューヨーク州西部の町。1848年、初の女性の権利に関する集会が開かれ、女性解放運動の端緒となった。

セネガル〖Senegal〗アフリカ大陸西端の共和国。首都ダカール。燐鉱石や落花生を産出。フランス領から1960年に独立。人口1232万(2010)。

セネガンビア〖Senegambia〗セネガル川とガンビア川流域の呼称。セネガルとガンビアの両国にまたがる地域。一帯には千を超える環状列石の遺跡群があり、そのうちの一部が、2006年「セネガンビアのストーンサークル群」の名で世界遺産(文化遺産)に登録された。

ゼネ-コン《general contractorの略》土木・建築工

事の一切を請け負う、大手の総合建設業者。
セネシオ〘ﾗﾃﾝ Senecio〙キク科セネシオ属(キオン属)の植物の総称。シネラリア・シロタエギクや、多肉なミドリノスズなど。
ゼネ-スト「ゼネラルストライキ」の略。
セネター〘senator〙上院議員。また、米国で、議員の姓名の前につける敬称。
ゼネラリスト〘generalist〙《「ジェネラリスト」とも》いろいろな分野の知識や能力をもっている人。
ゼネラル〘general〙《「ジェネラル」とも》❶将軍。総督。司令官。❷多く複合語の形で用い、一般の、全体の、の意を表す。「—マネージャー」
ゼネラル-エレクトリック〘General Electric〙►ジー-イー(GE)
ゼネラル-オーディオ《和 general＋audio》音質を重視するハイファイオーディオ以外の製品分野をさす。ラジカセ・ヘッドホンステレオ・カラオケ装置などがこの分類に入る。ただし、車載用は別分類。
ゼネラル-スタッフ〘general staff〙❶企業経営者に直属し、経営全般にわたって経営者を補佐・援助する部門。特に、経営上の意思決定のための企画・予測・調査などの担当者。❷幕僚。参謀。
ゼネラル-ストライキ〘general strike〙全国の全産業、または同一地域・同一産業の労働者が統一要求を掲げて一斉に行うストライキ。総罷業。総同盟罷業。ゼネスト。
ゼネラル-パートナー〘general partner〙無限責任出資者。一般の投資家をパートナー(共同出資者)として集め、パートナーシップ(組合)を結成、地域・都市開発の立案から実行まで全責任を負う。パートナーは出資範囲の有限責任で利益を得る。大手マンションなどの小口化商品制もこの一種。
ゼネラル-マネージャー〘general manager〙総支配人。
ゼネラル-モーゲージ〘general mortgage〙一般担保付社債。電力会社や日本航空など特別の法律によって設立された会社が発行する社債。社債権者は会社財産から優先弁済を受ける権利を保証されている。正確にはこの担保権をいう。
ゼネラル-モーターズ〘General Motors〙米国の自動車会社。1908年、W＝C＝デュラントが設立。キャデラック、シボレー、ビュイック、オペルなどのブランドをもつ。フォード、クライスラーとともにビッグスリーを形成した。本社はミシガン州デトロイト。GM。(補説)「世界最大の会社」ともよばれたが、2009年6月に連邦破産法の適用を申請し、経営破綻。米国政府が株式の61パーセントを保有する新会社として再生。2010年11月に株式を再上場した。
ゼネラル-ルール〘general rule〙《「一般的規則」の意》ゴルフで、世界共通のルール。⇒ローカルルール
ゼネレーション〘generation〙►ジェネレーション
ゼネレーター〘generator〙►ジェネレーター
セネレック〘CENELEC〙《ﾌﾗﾝｽ Comité Européen de Normalisation Électrotechnique》欧州電気標準化委員会。ヨーロッパの電気製品分野の標準化を行う。1973年設立。
ゼノ〘Zeno Zebrowski〙[1898〜1982]ポーランド生まれのカトリック修道士。昭和5年(1930)に来日し、長崎で布教活動を行う。第二次大戦後、東京浅草の生活共同体「蟻ありの町」で戦災孤児や生活困窮者の救済活動に献身したことで知られる。
せ-の-うみ【石花海】駿河するが湾南部、御前崎おまえざき東方にある水深100メートル以下の浅い海域。好漁場。
せ-の-きみ【背の君｜▽兄の君｜▽夫の君】「せ(兄)」の敬称。「流らふるつま吹く風の寒き夜に我が—はひとりか寝ぬらむ」〈万・五九〉
せ-のび【背伸び｜背延び】〔名〕ｽﾙ ❶からだをまっすぐにして、できるだけ背丈を伸ばすこと。つま先立って伸び上がること。「—して棚の荷物を取る」❷実力以上のことをしようとすること。また、自分を実際以上に大きく見せようとすること。「—して大人のまねをする」
ゼノフォビア〘xenophobia〙《xeno-(外国人、外来の物)＋phobia(恐怖症)》外国人嫌い。未知の人・物に対する嫌悪、恐怖。
ゼノン〘Zēnōn〙[前490ころ〜前430ころ]古代ギリシャのエレア学派の哲学者。パルメニデスの弟子。アリストテレスにより、弁証法の祖とよばれた。ゼノンの逆説で有名。エレアのゼノン。
ゼノン〘Zēnōn〙[前335ころ〜前263ころ]古代ギリシャの哲学者。ストア学派の祖。道徳を唯一の善とし、それに基づく自足を理想とする実践哲学を主張。キプロスのゼノン。
ゼノン-の-ぎゃくせつ【ゼノンの逆説】エレア学派のゼノンが、自分の学派の説を守るために提示した逆説。運動を否定するための「足の速いアキレスも、のろい亀に追いつけない」や「飛ぶ矢は止まっている」などが有名。ゼノンのパラドックス。
せ-ば〔連語〕《過去の助動詞「き」の未然形＋接続助詞「ば」》現実に起こらなかったことを仮定的に推量する。もし…たなら。「思ひつつぬればや人の見えつらむ夢と知りせばさめざらましを」〈古今・恋二〉(補説)「せば」は主として上代・中古の和歌に用いられ、多くは下に推量の助動詞「まし」が呼応する。「せ」をサ変動詞「す」の未然形の特別な用法とする説、また、「せば」を助詞とする説もある。
セパード〘shepherd〙►シェパード
せば-い【▽狭い】〔形〕文せば・し〔ク〕《「せまい」の古形》「せまい」に同じ。「此辺は道幅が—・いので」〈二葉亭・浮雲〉「抜きみだる人こそあるらし白玉の間なくも散るか袖の—・きに」〈古今・雑上〉
せば-が-る【▽狭がる】〔動ラ四〕せまいと感じる。せまそうにする。「強ひて—・りいづれば」〈枕・三五〉
せば-し【▽狭し】〔形シク〕「せばい」に同じ。「みさごゐる磯まに生ふる松の根の—・しく見ゆる世にもあるかな」〈堀河百首〉
セバスティアヌス〘Sebastianus〙古代ローマ、ディオクレチアヌス帝の近衛兵。3世紀末頃キリスト教徒となるが、迫害を受け殉教したと伝えられる。弓矢で射られて殉教する美しい若者の像としてよく描かれ、疫病に対する守護聖人とされる。生没年未詳。聖セバスチャン。
セバストポリ〘Sevastopol'〙ウクライナ共和国の港湾都市。黒海に面する。クリミア戦争および第二次大戦中の独ソ戦争の激戦地。
せば-せば-し【▽狭▽狭し】〔形シク〕❶非常にせまい。せまくるしい。窮屈だ。「道—・しうて両方が険阻で」〈史記抄・孫呉伝〉❷心がせまい。狭量だ。「大キナ国ヲ治ムル者ワー・シウシテワカナワヌ」〈天草版金句集〉
せ-ばた【背旗】武士が鎧よろいの背にさした小旗。
セパ-タクロー〘sepak takraw〙《セパはマレー語で蹴る意、タクローはタイ語でボールの意》マレーシアのスポーツ。三人ずつの2チームがネットをはさんで、ボールを蹴って相手コートに入れ合う。1990年の北京アジア大会で正式種目に採用された。
セパック〘SEPAC〙►シーパック
せ-はば【背幅】❶背中の幅。❷洋裁で左右の腕の付け根の間の寸法。
せば-ま-る【狭まる】〔動ラ五(四)〕間隔が詰まる。狭くなる。「相手との距離が—・る」「川幅が—・る」
せば-む【狭む】〔動マ下二〕「せばめる」の文語形。
せば-める【狭める】〔動マ下一〕文せば・む〔マ下二〕❶間隔を詰める。せまくする。「前車との間隔を—・める」「範囲を—・める」❷苦しめる。また、肩身のせまい思いをさせる。「世に—・められて苦しむ人は」〈読・雨月・貧福論〉
(類語)縮める・詰める・縮小する・絞る・限る
セパレーター〘separator〙►デリミター
セパレーツ〘separates〙❶上下に分かれ、それぞれ他の服と組み合わせて着る婦人服。❷上下に分かれているが、ビキニよりも露出部分の少ない女性用水着。❸一組みの器具・装置を自由に組み合わせて使用する形式のもの。ステレオの装置など。
(類語)スーツ・ツーピース・アンサンブル
セパレート〘separate〙分かれていること。別々になっていること。「—アンプ」
セパレート-アンプ《separate amplifierから》オーディオで、音をコントロールするプリアンプと電力増幅するパワーアンプに分けて構成するアンプ。
セパレート-コース〘separate course〙陸上競技の短距離競走・ハードル競走やスピードスケート競技などの、区切られた走路。走者はそれぞれ走路を決められ、他の走路を侵すと失格となる。スケートではダブルトラックともいう。⇔オープンコース。
せ-ばんごう【背番号】ｾﾊﾞﾝｶﾞｳ スポーツのユニホームの背中につける番号。
せ-ひ【施肥】〔名〕ｽﾙ 農作物などに、肥料を与えること。「早めに—しておく」
せ-び【施火】精霊しょうりょう送りにたく火。特に、8月16日(もと陰暦7月16日)の夜に京都市近郊の山々でたく火。京都如意ヶ岳の大文字の火、船岡山の船形の火、松ヶ崎の妙法の火など。送り火。(季 秋)
せび【×蝉】「せみ」に同じ。〈新撰字鏡〉
ぜ-ひ【是非】㊀〔名〕ｽﾙ ❶是と非。正しいことと正しくないこと。また、正しいかどうかということ。「—を論じる」「—を問う」❷物事のよしあしを議論し判断すること。批評すること。「新聞が全紙面を埋めて是れを—する位じゃないか」〈荷風・ふらんす物語〉㊁〔副〕❶どんな困難も乗り越えて実行しようとするさま。どうあっても。きっと。「計画を—やり遂げたい」❷心をこめて、強く願うさま。なにとぞ。「—おいでください」❸ある条件のもとでは必ずそうなると判断できるさま。必ず。きまって。「尾端の所から喰ふ様にすると、—跡へよい所が残る」〈松翁道話・一〉
(類語)(㊀❶)正否・当否・可否・可不可・良否・理非・正邪・善悪・曲直きょくちょく・よしあし/(㊁❶❷)何としても・どうしても・何が何でも・是が非でも・必ず・きっと・押して・たって・どうぞ・どうか・くれぐれも・願わくは・なにとぞ・なんとか・ぜひとも・まげて・ひとつ
是非に及ば◦ず　当否や善悪をあれこれ論じるまでもなく、そうするしかない。どうしようもない。しかたがない。やむを得ない。
是非に叶かなわ◦ず　いい悪いを論議している段階ではない。ほかにどうしようもない。しかたがない。是非に及ばず。「丸腰でなければ奥へ通さぬ御法度とあれば—◦ず」〈浄・反魂香〉
是非も知ら◦ず　何もわきまえず。我を忘れて夢中になって。「見るままに—◦ず、臥ふしまろびて、拝み入りて」〈宇治拾遺・一〉
是非も無・い　当否や善悪の判断をするに至らない。しかたがない。やむを得ない。ぜひない。
セピア〘sepia〙❶イカの墨を原料として製する暗褐色の顔料。インクや水彩絵の具、また素描に用いる。烏賊墨いかすみ。❷暗褐色。
セビージャ〘Sevilla〙►セビリア
セビーリャ〘Sevilla〙►セビリア
せびえ【摂＝腰｜接＝鞢｜接＝腰】後ろ腰にあたる部分を幅広に仕立てた帯。武官の礼服らいふくに用いる。
せびき-けみ【▽畝引▽検見】江戸時代の徴租法の一。石盛こくもりと租率によって算出された年貢高を検見によって得た実際の収量と比較し、不作などで後者が不足の場合に、その分を田の面積に換算して賦課対象から差し引く方法。根取ねどり検見。
せ-ひく【背低】背が低いこと。背の低い人。
ぜひ-ぜひ【是非是非】〔副〕「ぜひ」を重ねて強めていう語。ぜひとも。「—お願いします」
ぜひ-とも【是非とも】〔副〕「ぜひ」を強めていう語。ぜひぜひ。「—お出かけください」
(類語)是非・どうぞ・どうか・願わくは・なにとぞ・なんとか・くれぐれも・まげて・ひとつ
ぜひ-な-い【是非無い】〔形〕文ぜひな・し〔ク〕❶当否や善悪の判断にかかわらない。しかたがない。やむを得ない。「—・く中断する」❷しゃにむに事を行うさま。「かくいふ夫を、逃げてくだるぞと心得て—・くしかりて」〈著聞集・一六〉❸言うまでもない。当然である。「物狂ひの出で立ち、似合ひたるやうに出で立つべき事、—・し」〈花伝・二〉

ぜひ-に【是非に】〔副〕❶どんなことがあっても。ぜひとも。「一出席を願う」❷むりに。しいて。「一婿を取るならば、おかちが命はあるまいぞ」〈浄・油地獄〉
セビニェ〘Marie de Rabutin-Chantal, marquise de Sévigné〙[1626〜1696]フランスの女流作家。通称、セビニェ夫人。夫は侯爵で、若くして未亡人となったが、結婚した娘にあてて書いた1500通に及ぶ手紙は、書簡文学の傑作とされる。
ゼピュロス〘Zephyros〙ギリシャ神話の西風の神。ゼフィロス。
せ-ひょう【世評】世間の評判。「一に高い」
(類語)評判・聞こえ・呼び声・噂・風評・風聞・風説・取り沙汰・下馬評・巷説・浮説
せ-びょうし【背表紙】書物の表紙の三つの面のうち、綴じ目の上を覆う部分。
せびら-か・す〔動サ四〕❶無理に頼む。せがむ。せびる。せぶらかす。「かの田舎のうてずに一・されて、頭が痛い」〈浄・冥途の飛脚〉❷いじめる。からかう。せぶらかす。「その上私を一・いて何ともならぬ程に」〈虎明狂・因幡堂〉
せ-びらき【背開き】魚の背筋に沿って切り、腹の皮を残して開くこと。背切り。背割り。
セビリア〘Sevilla〙スペイン南西部、アンダルシア地方のグアダルキビル川の河港都市。中世以来、文化・商業の中心として繁栄。鐘楼ヒラルダの塔やアルカサル宮殿などイスラム時代の史跡が多い。人口、行政区70万(2008)。セビーリャ。セビージャ。
セビリア-だいせいどう【セビリア大聖堂】《Catedral de Sevilla》スペイン南西部の都市セビリアにある同国最大級の大聖堂。イスラム教徒支配時代のモスク跡地に15世紀初頭から16世紀初頭にかけて建造。ゴシック様式を主として、ルネサンス、バロック様式が混在する。ゴシック様式の木彫の傑作とされる主祭壇のほか、ムリーリョ、スルバラン、ゴヤによる宗教画、アラゴン王アルフォンソ5世とコロンブスの墓がある。高さ98メートルのヒラルダの塔は12世紀末にモスクの尖塔として建設されたもの。1987年、「セビリアの大聖堂、アルカサル、インディアス古文書館」の名称で世界遺産(文化遺産)に登録された。
セビリアのりはつし【セビリアの理髪師】㊀《原題、フランス Le Barbier de Séville》ボーマルシェの戯曲。4幕。1775年初演。アルマビバ伯爵の恋の成就のため、伯爵の昔の従僕で今は理髪師のフィガロが、機知に富んだ活躍をする散文喜劇。㊁《原題、イタリア Il Barbiere di Siviglia》ロッシーニ作曲のオペラ。2幕。㊀に基づくもの。1816年ローマで初演。
せび・る〔動ラ五(四)〕《「せぶる」の音変化》金銭や品物を無理にもらい受けようと頼む。ねだる。「小遣いを一・る」(可能)せびれる
(類語)ねだる・せがむ・無心する・たかる・求める
せ-びれ【背×鰭】魚類の背の中央に沿って縦にあるひれ。
せびろ【背広】折り襟になっている、男性の平常着。本来は、上着・チョッキ・ズボンの三つぞろいからなる。シングルとダブルとがある。サックコート。スーツ。
(補説)語源未詳で、「背広」は当て字。フロックコートなどと違って、背幅が広いことからとも、civil clothes(市民服の意)またはSavile Row(ロンドンの洋服屋街の名)からなどともいわれている。
(類語)スーツ・三つ揃い
せびろ-ぐみ【背広組】防衛省の特別職国家公務員である自衛隊員のうち、防衛事務次官をはじめとする防衛省内部部局など事務方の防衛官僚らの通称。いわゆる文官。政策的・法律的見地から防衛大臣を補佐する。➡制服組
セフ〘SEV〙《ロシア Sovet ekonomicheskoy vzaimopomoshchi》▶コメコン(COMECON)
ゼファー〘zephyr〙《そよ風の意》❶ごく軽い材料でできた薄地の織物。夏の女性・子供服用。❷刺繍用の、ごく柔らかい毛糸。
セファイド〘Cepheid〙▶ケフェウス型変光星
セファルディム〘Sephardim〙離散したユダヤ人のうち、スペイン・ポルトガルに定住した人々。また、その子孫。現在では、アラブ・アフリカ・アジアに住むユダヤ人をさすことが多い。
セファロスポリン〘cephalosporin〙糸状菌の一種から発見された抗生物質の一系列。ペニシリンに類似した構造を有する。
ゼフィランサス〘ラテン Zephyranthes〙ヒガンバナ科ゼフィランサス属の多年草の総称。花は桃色や白色。熱帯アメリカの原産。日本ではサフランモドキ・タマスダレが栽培される。
ゼフィルス〘ラテン Zephyrus〙シジミチョウ科のミドリシジミ類のこと。翅の色が緑・青色などで金属光沢があり、美しいものが多い。
ゼフィロス〘Zephyros〙▶ゼピュロス
ゼブー〘zebu〙瘤牛。
セフェムけい-こうせいぶっしつ【セフェム系抗生物質】《cefems antibiotics》ベータラクタム系の抗生物質。多くのグラム陽性菌・陰性菌に作用する。細菌の細胞壁の合成を阻害すると考えられている。
セフェリス〘Giorgos Seferis〙[1900〜1971]ギリシャの詩人・外交官。ギリシャの古典や神話を題材とし、象徴的作風を示した。1963年、ノーベル文学賞受賞。作「分岐点」「練習帳」など。
セフォタキシム〘cefotaxime〙セフェム系抗生物質の一つ。敗血症や創傷・熱傷および手術後の二次感染などに効能をもつ。
せ-ぶし【背節】鰹の背肉で作った鰹節。男節。
せ-ぶし【瀬伏し】岩などが川の瀬に隠れて見えないこと。また、魚が川の瀬にひそんでいること。「一の石も高うして」〈盛衰記・三五〉
せ-ぶつ【施物】▶せもつ(施物)
セプテンバー〘September｜Sept.〙9月。
セプテンバー-セックス〘September sex〙老いらくの恋。
ゼプト〘zepto〙国際単位系(SI)で、10^{-21}倍を意味する接頭語。記号z
セブ-とう【セブ島】《Cebu》フィリピン、ビサヤ諸島中央部にある島。トウモロコシや銅を産する。
せ-ぶみ【瀬踏み】〔名〕❶川を渡るときに、足を踏み入れるなどして、あらかじめ水の深さを測ること。❷物事を始める前に試してみること。「取引先の意向を一しておく」
ゼブラ〘zebra〙縞馬。
せぶら-か・す〔動サ四〕「せびらかす」に同じ。「余所の子に一・されたな」〈浄・女舞衣〉
ゼブラ-ゾーン《和 zebra＋zone》横断歩道などの、地面にペンキで縞模様を描いた所。
ゼブラ-ダニオ〘zebra danio〙コイ科の淡水魚。インド東部にすむ小形の魚。全長約5センチで、紺色の地に白い縞模様がある。熱帯魚として人気がある。
せふり-さん【背振山】福岡県と佐賀県との境にある背振山地の主峰。標高1055メートル。山頂に背振神社がある。せふりやま。
せふり-さんち【背振山地】福岡県・佐賀県の県境を東西に連なる山地。筑紫山地の延長上に位置し、最高峰は背振山。東西約50キロメートル、南北約24キロメートル。福岡平野と佐賀平野の間にある断層山地。玄界灘斜面と有明海斜面の分水界となっている。山麓部は原始時代の遺跡・古墳が多い。
せぶ・る〔動ラ五(四)〕《「臥せる」の「ふせ」を逆さ読みにした語》寝る。眠る。「一・っていた処を強く踏まれたげえ」〈魯文・西洋道中膝栗毛〉
せぶ・る〔動ラ四〕「せびる」に同じ。「ひま取ってもどれと一・られしを」〈浄・椀久末松山〉
せ-ぶるい【背振るい】背を震わせること。
セブレイロ〘Cebreiro〙スペイン北西部、ガリシア州の小村。レオン山脈のセブレイロ峠に位置し、サンティアゴ-デ-コンポステラへの巡礼路の難所として知られる。ケルト人の集落遺跡や、9世紀から10世紀にかけて建造されたプレロマネスク様式の教会が残る。
セブン〘seven〙❶数の7。七つ。日本の七・五・三の場合のように縁起のよい数といわれる。「ラッキー一」❷《「しち(七)」と音が同じところから》質屋のこと。❸ラグビーで、7人で組むスクラム。

[セブンサミット] セブンサミット一覧

大陸	最高峰	標高(メートル)
アジア	エベレスト	8848
南米	アコンカグア	6960
北米	マッキンリー	6194
アフリカ	キリマンジャロ	5895
ヨーロッパ	エリブルース	5633
オセアニア	ジャヤ	5030
南極	ビンソンマッシフ	4897

注:オセアニアではなくオーストラリア大陸の最高峰として コジアスコ(2230メートル)を挙げることもある。

セブン-ア-サイド〘seven a side〙七人制ラグビー。フォワード3人、スクラムハーフ1人、スリークオーターバック3人でチームをつくる。試合時間は7分または10分ハーフと短いが、グラウンドは正規の広さで行う。
セブン-サミット〘seven summits〙《七つの頂上の意》七つの大陸でそれぞれ最も高い山。また、そのすべての登頂に成功すること。七大陸最高峰。➡表
セブン-シスターズ〘Seven Sisters〙❶かつての石油メジャー7社をさした語。エクソン・モービル・テキサコ・SOCAL(スタンダードカリフォルニア)・ガルフ・BP(ブリティッシュペトロリアム)・ロイヤルダッチシェルの7社のこと。現在では、SOCAL＋ガルフ＋テキサコ→シェブロン・テキサコ、エクソン＋モービル→エクソン・モービルとなり、四つのスーパーメジャーに集約されている。❷アメリカ北東部の七つの有力女子大学。バーナード・ブリンモー・マウントホリオーク・ラドクリフ・スミス・ヴァッサー・ウェルズリーの各大学。
セブン-シスターズ〘Seven Sisters〙英国イングランド南東端、ドーバー海峡に臨む白亜紀の石灰岩の海食崖。切り立った断崖の波打つ断面が7人の乙女が並び立っているように見えることからその名が付いた。イーストボーンとシーフォードの間に位置する海食崖のうち、絶景のものとして知られる。周辺はセブンシスターズカントリーパークに指定され、海鳥や海浜植物が保護されている。
セブン-チャーチズ〘Seven Churches〙▶ナショフトジャンピル
セブンティーン〘seventeen〙17。また、17歳のこと。
セブンファウル-ルール〘seven fouls rule〙バスケットボールで、1985年から2000年まで採用されていたルール。1チームが前後半それぞれで7回反則を犯すと、以後の反則に対しては、相手チームにフリースローが与えられるというもの。
セブン-ブリッジ《和 seven＋bridge》トランプゲームの一。手札のうち、同マークで3枚以上の数が連続しているもの、同じ数が3枚または4枚そろっているものは、テーブルに表向きに出すことができ、7は単独でも出すことができる。一組以上出していれば相手の出したカードに手札をつけていくこともできる。早く手札がなくなるのを競う。ブリッジ。
セブンマイル-ブリッジ〘Seven-Mile Bridge〙米国フロリダ州南部、フロリダ半島の先端に連なるフロリダキーズ諸島を結ぶ国道1号線にかかる橋の通称。ほぼ一直線で全長約7マイル(約11キロメートル)であることから。
セポイ-の-はんらん【セポイの反乱】1857年、インドで起きた英国東インド会社の傭兵(セポイsepoy)の反乱。農民も合流して拡大したが、59年に鎮圧された。英国のインド支配強化をもたらしたが、インドの民族独立運動の原点ともなった。
せ-ほう【世法】俗世間の法。世の習わし。「一を捨てて仏法を受持せん」〈正法眼蔵・渓声山色〉⇔仏法。
せ-ぼし【瀬▽乾し】川の流れをせきとめて川の一部の水を涸らし、魚を捕ること。堰乾し。(季 夏)
せ-ぼね【背骨】「脊柱」に同じ。「一をのばす」
セマー〘トルコ sema〙スーフィズム(イスラム神秘主義)のメウレウィー教団における修行の一つ。スカート状の白い衣服をつけ、音楽に合わせて回転を続ける踊り。旋舞。
せ-まい【施米】❶困窮者や托鉢僧などに米を施す

こと。また、その米。❷平安時代、毎年6月に朝廷から京都周辺の寺の貧しい僧に米・塩を施したこと。〘季 夏〙

せま-い【狭い】〘形〙図せま・し〘ク〙《「せばい」の音変化》❶面積が小さい。空間に余裕がない。「視界が―・い」「―・い部屋」⇔広い。❷間隔に余裕がない。幅が小さい。「―・い道」「入り口が―・い」⇔広い。❸範囲が限られている。広がりが少ない。「交際が―・い」「知識が―・い」⇔広い。❹ものの見方や考え方がかたよりがあって融通がきかない。度量が小さい。「視野が―・い」「心が―・い」⇔広い。〘派生〙せまさ〘名〙〘類語〙(❶❷)狭苦しい・せせこましい・手狭・狭小・狭隘・狭窄・窮屈

せま-えり【狭襟】和服の長着で、背中央から襟先まで約5.5センチの幅に仕立てた襟。男物・子供物、女物の普段着などに用いる。

せまきもん【狭き門】《原題、フランス La Porte étroite》ジードの長編小説。1909年刊。キリスト教的禁欲主義のために従弟ジェロームへの愛を断念し、人知れず死んでいくアリサの悲劇を描く。

せまき-もん【狭き門】〘連語〙❶キリスト教で、救いに至る道が困難であることをたとえた語。マタイによる福音書7章およびルカによる福音書13章のイエスの言葉による。❷競争者が多くて就職や入学などがむずかしいことのたとえ。

せ-まくら【瀬枕】❶川の早瀬の水が石などに激しく当たって盛り上がり、枕のように見える所。「一大きに滝鳴って、さかまく水も早かりけり」〈平家・九〉❷《瀬に枕する意》船中に寝ること。「舟子の一、しのび女ある所ぞかし」〈浮・一代男・三〉

せま-くるし・い【狭苦しい】〘形〙図せまくる・し〘シク〙周囲の空間に余裕がなくて、窮屈な感じがするさま。「―・い部屋」〘派生〙せまくるしさ〘名〙〘類語〙狭い・せせこましい・手狭・狭小・狭隘・狭窄・窮屈

せ-まつり【瀬祭(り)】►磯祭り❷

セマテック〘SEMATECH〙《Semiconductor Manufacturing Technology》米国半導体工業会(SIA)が中心となって1987年に発足した、官民共同による半導体製造技術研究組合。本部はニューヨーク州オールバニー。

せ-まもり【背守り】幼児のお守りとして、産着などの背の上部中央につける色糸の飾り縫い。古くは神札や小豆を入れた袋をつけた。背だて。せもり。

せま・る【迫る・逼る】〘動ラ五(四)〙❶圧倒するような勢いで近づいてくる。押し寄せる。また、せり出している。「噴出した溶岩が人家に―・る」「激しく敵陣に―・る」「鬼気が身に―・る」「山が背後に―・っている地勢」❷空間的、時間的に隔たりが小さくなる。接近する。㋐間がせばまり、もう少しで届きそうである。「両岸が―・っている渓谷」㋑時期や期限が近づく。「死期が―・る」「締切が―・る」㋒ある状態に近づく。「核心に―・る」❸詰まって苦しむ。特に、呼吸が激しくなって息苦しくなる。感情が高ぶってきて胸がしめつけられる感じになる。「息が―・る」「思いが胸に―・る」❹行き詰まってゆとりがなくなる。せっぱつまる。困窮する。「悠揚―・らぬ態度」「貧に―・る」❺相手にこちらの考えを聞き入れるように積極的に求める。強い態度で要求する。強いる。「返答を―・る」「復縁を―・る」「必要に―・られる」

〘類語〙(❶)押し寄せる・攻め寄せる・寄せる・近付く・接近する・肉薄する/(❷㋑)差し迫る・押し迫る・押し詰まる・切迫する/(❺)要求する・強請する・強迫する・強談する・催促する・催告する・責め付く・責め立てる

セマン-ぞく【セマン族】《Semang》マレー半島の森林地帯に居住する採集狩猟民。ネグリトの一種族で、背が低く、暗黒色の皮膚をもつ。言語はアウストロアジア語系。セマン。

セマンティックス〘semantics〙「意味論」に同じ。

セマンティックディファレンシャル-ほう【セマンティックディファレンシャル法】《semantic differential method》図形や、大小・冷熱などの対形容詞を、通常七段階に評価させて、行動の情意的意味を客観的に測定する方法。心理学者オズグッドが開発・発展したもので、パーソナリティー検査などのほか、商品のイメージ調整にも用いられる。意味差判別法。SD法。

せみ【蟬】❶半翅目セミ科の昆虫の総称。翅は膜質で透明。頭部は三角形で両側に複眼、その間に単眼が3個あり、管状の口吻をもち、樹液を吸う。雄は腹部に発音器をもち、樹幹などで鳴く。幼虫は地中で木の根の汁を吸って育ち、数年ののち地上に出て成虫になる。日本にはアブラゼミ・ニイニイゼミ・ヒグラシ・クマゼミ・ミンミンゼミ・ツクツクボウシなど32種が知られる。〘季 夏〙「閑かさや岩にしみ入る―の声/芭蕉」❷帆柱の上端または長いさおの先などにつけて、綱を掛けて、高い所に物を引き上げるのに用いる小さい滑車。せみぐち。せみもと。❸雅楽に使う横笛の部分の名。吹き口と頭の中間の背面を約1センチ切り取って蟬形の木片をはめこんだもの。

セミ〘semi〙半分、半ば、やや、などの意を表す。「―プロ」「―クラシック」「―ダブル」

セミ〘SEMI〙《Semiconductor Equipment and Materials International》米国の半導体製造装置材料協会。1970年設立。本部はカリフォルニア州サンホセ。

ゼミ「ゼミナール」の略。

セミアクティブがた-アールエフアイディータグ【セミアクティブ型RFIDタグ】《semi-active RFID tag》►セミアクティブタグ

セミアクティブがた-アイシータグ【セミアクティブ型ICタグ】《semi-active IC tag》►セミアクティブタグ

セミアクティブ-タグ〘semi-active tag〙ICタグの一種。電池を内蔵し、外部からの特定の信号を検知した時に、アクティブタグとして機能する。電池を内蔵しないパッシブタグよりも読み取り可能な通信距離が長く、アクティブタグよりも電力消費が少ない。マラソンや自転車競技のタイム計測、企業や学校の入退室管理に利用される。セミアクティブ型ICタグ。セミアクティブ型RFIDタグ。

せみ-えび【蟬海老】ウチワエビ科のエビ。体は長方形に近く、扁平で、体長約30センチ。体表は大粒の顆粒で覆われ、黄褐色に赤茶色の斑が入る。房総以南の暖海に分布。食用。

せみ-おれ【蟬折れ】㊀男の髪の結い方の一。髷の先を反らして蟬の形にしたもの。元禄(1688～1704)のころ流行。㊁竜笛の名器の名。鳥羽天皇の時代に唐の皇帝から贈られた漢竹で作ったという。

せみ-かご【蟬籠】花を生ける、蟬の形をした籠。

せみ-くじら【背美鯨】クジラ目セミクジラ科の哺乳類。中形のヒゲクジラで、体長15～20メートル。背びれがなく、全身黒色で、頭部が巨大。泳ぎが遅く潜水時間は短い。北大西洋・北太平洋に分布。乱獲されて減少し、現在は国際捕鯨条約により捕獲禁止。せびくじら。

せみ-ぐち【蟬口】「蟬❷」に同じ。

セミクラシック《semiclassical music から》クラシック音楽の中でも、一般に親しみやすく、聴きやすい音楽を特にいう。

せみ-ごえ【蟬声】蟬の鳴き声に似た絞り出すような声。一説に、逼めあげる声の意でかん高い声、また「責め声」の音変化で苦しげな声とも。「―にしぼり出だし読みゐたれど」〈能因本枕・二二〉

せみ-ごろも【蟬衣】蟬の翅のように薄く透けるように織った、夏向きの着物。蟬の衣。蟬の羽衣。「かけ香や何にとどまる―」〈蕪村句集〉

セミコロン〘semicolon〙欧文の読点の一。「；」の記号。その機能は大体ピリオドとコンマとの中間。➡コロン〘類語〙ピリオド・コンマ・コロン・終止符

セミコンダクター〘semiconductor〙半導体。電気伝導率が導体と絶縁体の中間にあるシリコン・ゲルマニウム・ガリウム砒素などの物質をいう。

せみ-しぐれ【蟬時雨】多くの蟬が一斉に鳴きたてる声を時雨の降る音に見立てた語。〘季 夏〙

セミ-ショルダー〘semi-shoulder〙肩ひも(ストラップ)の短いショルダーバッグ。ハーフショルダー。

せみ-たけ【蟬茸】ボタンタケ科のキノコ。地中のミンミンゼミのさなぎに寄生、春から夏、地上に出る。形は先がやや丸い棍棒状。冬虫夏草の一。

セミドキュメンタリー〘semidocumentary〙映画・放送・小説などで、ドキュメンタリーの手法を用いた作品。事実に創作を加えて劇的効果を高める。

セミトレーラー〘semitrailer〙積載荷物の一部を連結したトラクターにもたせかける方式のトレーラー。➡フルトレーラー

セミナー〘seminar〙►ゼミナール

ゼミナール〘ドイツ Seminar〙❶大学の教育方法の一。教授などの指導のもとに、少人数の学生が特定のテーマについて研究し、報告・討論するもの。演習。ゼミ。セミナー。❷❶の方法・形態をとる講習会。〘類語〙演習・講習・実習・フィールドワーク

セミナリー〘seminary〙神学校。学校。

セミナリオ〘ポルトガル seminario〙《「セミナリヨ」とも》イエズス会の宣教師が、日本人聖職者の養成を目的として天正8年(1580)から開設した学校。安土・有馬に置かれ、キリスト教・ラテン語・音楽・数学などを教えた。慶長19年(1614)幕府の禁教令により廃絶。

セミナリヨ〘ポルトガル seminario〙►セミナリオ

セミ-ヌード〘seminude〙全裸ではなく、一部に衣服を着けた裸体。また、その写真・絵画。

せ-みね【背嶺】馬などの背筋。また、馬の背筋のような長く連なった高地。背柄。〈和英語林集成〉

せみ-の-おがわ【瀬見の小川】京都市左京区下鴨の東部を流れる川。賀茂御祖神社糺森の南で賀茂川に入る。蟬の小川。〘歌枕〙「石川や―のきよければ月も流れを尋ねてぞすむ」〈新古今・神祇〉

セミノール〘seminole〙オレンジの一種。果皮は赤みが強く、果実はやや小さく甘酸っぱい。

せみ-の-ぬけがら【蟬の抜け殻・蟬の脱け殻】❶蟬が幼虫から成虫になる際の、脱皮したあとの殻。〘季 夏〙❷中身がなく、外側だけが残ったもののたとえ。

せみ-の-は【蟬の羽】❶襲の色目の名。表は檜皮、裏は青。❷蟬の翅。「―よりも軽げなる直衣」〈枕・三三〉❸蟬の翅のような薄い着物や布。せみのはごろも。「―もたちかへてける夏衣かへすを見てもねは泣かれけり」〈源・夕顔〉

せみ-の-はごろも【蟬の羽衣】「蟬の羽❸」に同じ。「一重なる―夏はなほ薄しといへどあつくぞありける」〈後拾遺・夏〉

せみのは-づき【蟬の羽月】陰暦6月の異称。薄物を着始める時季であるところからいう。

セミ-ばん【セミ判】《semi-brownieの略》写真のフィルムでブローニー判の半分の大きさ。4.5×6センチ。

セミファイナル〘semifinal〙❶スポーツで、準決勝の試合。準決勝戦。❷ボクシングなどで、メーンイベントの直前の試合。

せみ-ぶえ【蟬笛】土製の蟬を上につけた丁字形の竹製の笛。吹くと蟬の鳴き声のような音を出す。

セミプロ〘semipro〙《semiprofessionalの略》アマチュアでありながら技量・収入などの面で本職に近いこと。半ば職業化しているアマチュア。

せみ-ほうぼう【蟬魴鮄】カサゴ目セミホウボウ科の海水魚。全長約35センチ。体はホウボウに似るが、胸びれは大きく長い。体色は黄赤色で斑点がある。本州中部以南の海の表層にすむ。

せみまる【蟬丸】㊀平安前期の伝説的歌人。宇多天皇の皇子敦実親王の雑色とも、醍醐天皇の第4皇子とも伝えられる。盲目で琵琶に長じ、逢坂山に住んで源博雅に秘曲を授けたという。生没年未詳。㊁謡曲。四番目物。世阿弥作。盲目のため逢坂山に捨てられた延喜帝の皇子蟬丸が、そこで髪が逆立つ奇病をもつ姉の逆髪に会い、互いの不運を嘆き合う。㊂浄瑠璃。時代物。五段。近松門左衛門作。元禄14年(1701)大坂竹本座初演。㊁

に題材をとって脚色したもの。
せみ-もと【×蟬本】❶「蟬(せみ)❷」に同じ。「雨に濡れて、—つまりて下らず」〈義経記・四〉❷旗竿(はたざお)の上部の称。「—白くしたる青竹の旗竿あり」〈太平記・一一〉
せみ-やどりが【×蟬寄=生×蛾|×蟬宿×蛾】鱗翅(りんし)目セミヤドリガ科の昆虫。小形のガで、翅(はね)は黒褐色。木の幹に産卵し、幼虫はヒグラシ・ツクツクボウシなどに外部寄生して白色の蠟(ろう)を分泌する。成熟すると草間におりてさなぎになる。
セミョーノフ〘Nikolay Nikolaevich Semyonov〙[1896〜1986]ソ連の物理化学者。気体反応のメカニズムを研究し、爆発現象における連鎖反応を解明した。1956年、ノーベル化学賞受賞。
セミヨン〘(フランス) sémillon〙ブドウの一品種。フランス、ボルドー地方原産で甘味の強い白ワイン醸造用。果実は小さく緑黄色。
セム〘Sem〙旧約聖書に登場する人物。ノアの長子で、ハム、ヤペテの兄。ヘブライ人・アラム人・アラビア人などセム族の祖とされる。
セム〘SEM〙《scanning electron microscope》▶走査型電子顕微鏡
せ・む【攻む】〔動マ下二〕「せ(攻)める」の文語形。
せ・む【▽迫む|×逼む】〔動マ下二〕❶近づき寄る。おし迫る。「無常の来たることは水火の—・むるよりも速やかに」〈徒然・五九〉❷きつく締めつける。ぴったりと身につける。「御襪(おんしとうず)のいたう—・めさせ給ひけるに」〈大鏡・兼家〉
せ・む【▽責む】〔動マ下二〕「せ(責)める」の文語形。
せ-むい【施無畏】(セムヰ) ㊀仏語。仏・菩薩(ぼさつ)が衆生(しゅじょう)の恐れの心を取り去って救うこと。㊁観世音菩薩の異称。
せむい-いん【施無畏印】(セムヰ) 施無畏の功徳を示す印相。右手の5指をそろえて伸ばし、手のひらを前に向けて、肩の辺に上げる。
せむい-じ【施無畏寺】(セムヰ) 和歌山県有田郡湯浅町にある真言宗御室派の寺。山号は、補陀落山。建久年間(1190〜1199)、明恵が創建。
ゼム-クリップ〘Gem clip〙針金を曲げて作った、小さな紙留め用クリップ。商標名。
セム-ごぞく【セム語族】《Semitic》西アジアから北アフリカにかけて広く分布する語族。アラビア語・ヘブライ語・エチオピア語をはじめ、古代のアッカド語・フェニキア語などを含む。
せ-むし【傴=僂】《昔、背に虫がいるためと誤信したことからという》背骨が弓なりに曲がり、前かがみの体形になる病気。
せ-むし【瀬虫】イサゴムシの別名。
セム-ぞく【セム族】《Semite》西アジア・アラビア半島・北アフリカなどに分布し、セム語系の言語を用いる諸民族の総称。アラビア人・エチオピア人・ユダヤ人などのほか、古代のアッシリア人・フェニキア人などが含まれる。ユダヤ教・キリスト教・イスラム教を生んだ。➡セム
せめ【攻め】戦い・スポーツ・ゲームなどで相手を攻めること。攻撃。「—が遅い」「—の相撲」
せめ【責め】❶精神的、肉体的に苦痛を与えてこらしめること。せめること。「—を食う」❷負わされた任務。責任。義務。「—を果たす」❸刀の鞘(さや)、扇子などの端からはめて留めるたがのような輪。❹邦楽や舞踊で、終曲近くの高声になったり、急調子になったりする部分。❺横笛で、強く吹いて高く鋭い音を出すこと。また、その音。[類語]責任・任(にん)・任務・義務・責務・本務・勤め・使命・役目・役(やく)・役儀・分(ぶん)・本分
責め一人(いちにん)に帰・す すべての責任は、結局その統率者にある。
責めを負・う 責任のある立場にいる。また、責任をとる。「事故の—・って辞職する」
責めを塞(ふさ)・ぐ ひととおりのことをやって、一応の責任を果たす。責めをふさぐ。「今記憶中に好例なきまま仮に之をもて—・ぐ」〈逍遥・小説神髄〉
せめ-あい【攻(め)合い】(アヒ) ❶互いに攻めること。交戦。❷囲碁で、双方の石に活(い)き形がなく、かつ退路がなくなり、取り合いになること。
せめ-あ・う【攻(め)合う】(アフ)〔動ワ五(ハ四)〕互いに攻める。攻撃し合う。「大軍を繰り出して—・う」
せめ-あ・う【責(め)合う】(アフ)〔動ワ五(ハ四)〕互いに非難する。なじり合う。「相手の非を—・う」
せめ-あぐ・む【攻め×倦む】〔動マ五(四)〕いくら攻撃しても効果があがらず、もてあます。「敵の堅い守りに—・む」
せめ-い・る【攻(め)入る】〔動ラ五(四)〕攻めて敵中に入り込む。攻め込む。「敵陣に—・る」
せめ-うま【責(め)馬】馬を乗りならすこと。また、乗りならしたその馬。調馬。
せめ-おと・す【攻(め)落(と)す】〔動サ五(四)〕攻めて敵の守りを破る。攻略する。「城を—・す」
せめ-おと・す【責(め)落(と)す】〔動サ五(四)〕❶しつこくくどいて承知させる。「親を—・して小遣いをせしめる」❷厳しく追及して白状させる。「—・されて犯行を認める」
せめ-かか・る【攻(め)掛(か)る】〔動ラ五(四)〕敵に向かって攻撃をしかける。せめはじめる。「ときの声とともに—・る」
[類語]攻める・攻め立てる・襲(おそ)う・襲いかかる・攻撃・襲撃・急襲・強襲・突撃・進撃・進攻・侵攻・総攻撃・出撃
せめ-か・ける【攻(め)掛ける】〔動カ下一〕[文]せめか・く〔カ下二〕❶敵に向かって攻撃を加える。「夜陰に乗じて—・ける」❷大勢の人が押し寄せる。つめかける。「次から次へと報道陣が—・けてくる」
せめ-かわ【責(め)革】(ガハ) 擣(う)ため革(がわ)のこと。
せめ-ぎ【責(め)木】❶原料を締めて油などを絞りとる木製の器械。搾(し)め木。❷くさび。
せめぎ-あい【×鬩ぎ合い】(アヒ) 互いに争うこと。「政権をめぐる—が続く」
せめぎ-あ・う【×鬩ぎ合う】(アフ)〔動ワ五(ハ四)〕互いに争う。対立して争う。「春闘で労使が—・う」
せめ-く【責(め)苦】精神的、肉体的に責めさいなまれる苦しみ。「地獄の—を負う」
せめ-ぐ【攻(め)具】「攻め道具」に同じ。
せめ-ぐ【責(め)具】「責め道具」に同じ。
せめ・ぐ【×鬩ぐ】〔動ガ五(四)〕《古くは「せめく」とも》❶互いに憎み争う。「我が先へ汝(なんじ)は後にと兄弟争い—・いだ末」〈露伴・五重塔〉❷責め苦しめる。「老いぬとてなどかわが身を—・ぎけむ老いずは今日にあはましものか」〈古今・雑上〉
せめ-くち【攻(め)口】《「せめぐち」とも》❶攻めかかる所。攻め入る場所。❷攻め方。攻めるやり方。
せめ-くわ【責(め)桑】(グハ) 養蚕で、休眠に入る直前の蚕に桑の葉を与えること。
せめ-こ・む【攻(め)込む】〔動マ五(四)〕攻めて敵の中に入り込む。攻め入る。「敵陣深く—・んでいく」
せめ-さいな・む【責め▽苛む】〔動マ五(四)〕むごく責める。ひどくいじめる。「良心に—・まれる」
[類語]苦しめる・責める・苛(さいな)む・責め立てる
セメスター-せい【セメスター制】《semesterは学期、半学年の意》2学期制。学校の1年間を2期に分ける制度。
せめ-せっかん【責(め)折×檻】肉体的な苦痛を与えるなどして、厳しく責めつけること。
せめ-せっちょう【責めせっちゃう】(セッチャウ) 「責め折檻(せっかん)」に同じ。「親方にたてづいて勤めに出ぬ故、—すれど」〈浮・歌三味線・二〉
せめ-だいこ【攻(め)太鼓】戦場で、攻撃の合図に打ち鳴らす陣太鼓。攻め鼓(づつみ)。[類語]陣太鼓・陣鐘
セメダイン〘Cemedine〙工作などに用いる合成樹脂製の接着剤。商標名。[補説]「接着剤」などと言い換える。
せめ-た・てる【攻(め)立てる】〔動タ下一〕[文]せめた・つ〔タ下二〕激しく攻撃する。しきりに攻める。「一方的に—・てる」[類語]攻める・攻めかかる・襲う・襲いかかる・追い立てる・畳みかける・攻撃・襲撃・急襲・強襲・突撃・追撃
せめ-た・てる【責(め)立てる】〔動タ下一〕[文]せめた・つ〔タ下二〕❶厳しく非難する。しきりに責める。「相手の過失を—・てる」❷しきりに催促する。「子供に—・てられて遊園地に出掛ける」
[類語]責める・咎(とが)める・詰(なじ)る・難ずる・嘖(さいな)む・吊(つる)し上げる・締め上げる・責め付ける・非難する・難詰する・面詰する・面責する・問責する・詰責する・叱責(しっせき)する・譴責(けんせき)する・弁難する・論難する・指弾する
せめ-つ・ける【攻(め)付ける】〔動カ下一〕[文]せめつ・く〔カ下二〕激しい勢いで敵を攻める。「大軍を率いて—・ける」
せめ-つ・ける【責(め)付ける】〔動カ下一〕[文]せめつ・く〔カ下二〕ひどく責める。厳しく非難する。「担当者の怠慢を—・ける」
[類語]責める・咎(とが)める・詰(なじ)る・難ずる・嘖(さいな)む・吊(つる)し上げる・締め上げる・責め立てる・非難する・難詰する・面詰する・面責する・問責する・詰責する・叱責(しっせき)する・譴責(けんせき)する・弁難する・論難する・指弾する
せめ-つづみ【攻(め)鼓】「攻め太鼓」に同じ。
せめ-て【攻(め)手】❶攻めかかる人。攻める側。「—にまわる」❷攻める手段。攻撃方法。
せめ-て〔副〕《動詞「責(せ)める」の連用形に助詞「て」の付いたもの》❶不満足ながら、これだけは実現させたいという最低限の願望を表す。少なくとも。十分ではないが、これだけでも。「—声だけでも聞きたい」「—一〇歳若ければなあ」❷しいて。無理に。「霧ひとへ隔たれるやうに透きて見え給ふを、—絶え間に見奉れば」〈更級〉❸痛切に。切実に。「このことの—あはれに悲しう侍りしかば」〈大鏡・時平〉❹非常に。きわめて。「高麗の紙の薄様だちたるが、—なまめかしきを」〈源・梅枝〉[類語]少なくとも・最低限
せめて-の-こと【せめての事】〔連語〕不満足ながら、これだけでもと願う事柄。せめてものこと。「被災地へ—に見舞い金を送る」
せめて-は〔連語〕《「は」は係助詞》十分ではないが。やむをえなければ。少なくとも。「—、ただ足鍋(あしなべ)一つ、…なむ要るべき」〈堤・由無し事〉
せめて-も〔副〕《「せめて」を強めた形》せいぜい。精いっぱい。無理にも。「—準備だけはしておく」「これが私にできる—の償いだ」
せめ-と・う【責め問ふ】(トフ)〔動ハ四〕厳しく問いただす。詰問する。また、拷問にかけて問いつめる。「なほのたまへと—・ひ給へば」〈宇津保・俊蔭〉
せめ-どうぐ【攻(め)道具】(ダウグ) 攻撃するのに使う道具。攻め具。
せめ-どうぐ【責(め)道具】(ダウグ) 拷問に使う道具。また、相手を苦しめるのに使う道具。責め具。
せめ-なじ・る【責め▽詰る】〔動ラ五(四)〕厳しく問いとがめる。問いつめる。「失敗を—・る」
せめ-ぬ・く【攻(め)抜く】〔動カ五(四)〕徹底的に攻める。最後まで攻めつづける。また、城や敵の陣地を攻め落とす。「降伏するまで—・く」
せめ-ねんぶつ【責(め)念仏】鉦(かね)を鳴らしながら、高い声で早口に唱える念仏。せめねぶつ。
せめ-のぼ・る【攻(め)上る】〔動ラ五(四)〕都の方へ向かって攻めていく。「首都へ—・る」
せめ-ば【責(め)場】歌舞伎などで、主要な登場人物を責めさいなむ場面。
せめ-はた・る【責め▽徴る|責め▽促る】〔動ラ四〕厳しく責めつける。強く催促する。「上によしなき奢(おご)りをすすめ、宴楽に宝をつひやし、民百姓を—・り」〈浄・国性爺〉
せめ-ふ・す【責め伏す】〔動サ下二〕❶厳しく言って、無理に承服させる。説き伏せる。「—・せられければ、なまじひに山科へ向ひてけり」〈愚管抄・五〉❷問いつめる。詰問する。「言葉を以て—・せて問はんずるものを」〈義経記・六〉❸こき使う。酷使する。「馬も人も—・せて候」〈平家・五〉❹笛や舞などを高い、強い、または早い調子で演じる。「万秋楽は…真実は—・せて吹くべきなり」〈著聞集・六〉
せめ-ほろぼ・す【攻(め)滅ぼす】〔動サ五(四)〕攻撃して敵を滅ぼす。うちほろぼす。「他領を—・す」
せめ-まどわ・す【責め惑はす】(マドハス)〔動サ四〕責め

て困らせる。せきたててあわてさせる。「いと見苦しと、思ひまはす程もなく―・せば」〈枕・八二〉

せめ‐よ・せる【攻(め)寄せる】〔動サ下一〕図せめよ・す〔サ下二〕攻めて敵の近くまで迫る。「本営近く―・せる」(類語)迫る・攻め込む・押し寄せる

せめ‐よ・る【攻(め)寄る】〔動ラ五(四)〕「攻め寄せる」に同じ。「夜陰に乗じて敵陣に―・る」

ゼメリング‐てつどう【ゼメリング鉄道】《Semmering Railway》ウィーンの南西約80キロにあるゼメリング峠を走る山岳鉄道。ウィーンとトリエステを結ぶもので、ゼメリング峠は標高約1000メートルのアルプス越えの難所。19世紀半ばに、16のトンネルと16の高架橋、S字線やオメガ線のカーブといった英知が結集され、物理的に困難とされた鉄道が開通した。1998年、世界遺産(文化遺産)に登録された。

せ・める【攻める】〔動マ下一〕図せ・む〔マ下二〕《「責める」と同語源》戦争・試合などで、こちらから進んで戦いをしかける。攻撃する。「城を―・める」「立ち合いから一気に―・める」(類語)襲う・襲いかかる・攻めかかる・攻め立てる・攻撃・突撃・総攻撃・襲撃・急襲・強襲・進撃・進攻・侵攻・アタック

せ・める【責める】〔動マ下一〕図せ・む〔マ下二〕《「攻める」と同語源》❶過失・怠慢・違約などを取り上げて非難する。とがめる。なじる。「失敗を―・める」「無責任な行為を―・める」❷厳しく催促する。せきたてる。また、しつこく求める。せがむ。「早く返答しろと―・める」「子供に―・められて買い与える」❸㋐苦しめる。悩ませる。「みずからを―・める」㋑苦痛を与えていじめ苦しめる。いためつける。「むちで―・めて白状を強いる」❹目的を果たすために、積極的な働きかけをする。「泣き落とし戦術で―・める」❺一心に努力する。真剣に追い求める。「侘びの精神を―・める」「―・むる者は、その地に足を据ゑがたく」〈三冊子・赤双紙〉❻馬を乗りならす。調教をする。「早朝から馬場で―・める」「生食・摺墨という名馬を―・めさせられしに」〈続狂言記・膏薬煉〉(類語)(❶)咎める・詰る・難ずる・嘖む・吊るし上げる・締め上げる・責め付ける・責め立てる・非難する・難詰する・面詰する・面責する・問責する・詰責する・叱責する・譴責する・弁難する・論難する・指弾する

セメン「セメント」の略。

セメン「セメンシナ」または「セメン円」の略。

セメン‐えん【セメン円】セメンシナを煎じて作る回虫駆除薬。

セメン‐シナ〔ラテ Semen cina〕キク科の多年草。高さ30～50センチ。葉は細かく裂けた羽状複葉。花は小さく、穂状につく。つぼみを乾燥させたものをシナ花ともよび、サントニンを含むので回虫駆除薬に使う。名はシナの種子の意で、つぼみを種子と誤ったことによる。中央アジアのトルクメニスタン地方の原産。シナよもぎ。

セメンタイト〔cementite〕炭化鉄Fe_3Cの金属組織学上の呼び名。白色のもろい結晶で強磁性を示す。鉄鋼中の重要な成分で、その含有量や形態が鋼や鋳鉄の機械的な性質に影響を与える。

セメンテーション〔cementation〕❶金属の表面層に異種の元素を浸透・拡散させて、表面を硬く、または、さびにくくすること。鉄の表面に炭素をしみ込ませて焼入れする滲炭など。❷トンネル・坑道工事などで、湧水を阻止するため、地層の裂け目にセメントモルタルやコンクリートを注入すること。

セメント〔cement〕石灰を主成分とする、土木建築用の無機質接合剤。石灰石・粘土などを粉砕し、煆焼・焼成して作る粉末。水で練ったあと、疑結・硬化する現象が空気中だけで進む気硬性セメントと、水中でも硬化が進む水硬性セメントとに大別される。普通には後者のポルトランドセメントをさし、コンクリートなどの原料にする。セメン。

セメント‐がわら【セメント瓦】セメント・砂などを原料として作った瓦。

セメント‐しつ【セメント質】歯根の象牙質を覆っている特殊な組織。白亜質。

セメント‐ペースト〔cement paste〕粘性のある糊状のセメントのこと。セメントに水を加え、混ぜあわせた結果生じる。

セメント‐モルタル〔cement mortar〕セメントと水と砂を練りまぜたもの。塗装・煉瓦積み・タイル張りなどに使用。モルタル。

せ‐もじ【背文字】本の背の部分に書いてある文字。書名・著者名・発行所などが書かれる。

せ‐もたれ【背×凭れ】いすの後部にあって、背中をもたせかけるもの。

せ‐もつ【施物】僧や貧しい人に施す品物。せぶつ。

せ‐もの【瀬物】浅瀬を生息場所としている水産生物。メバル・イサキなど。

せ‐もり【背守(り)】「せまもり」に同じ。

セモリナ〔semolina〕マカロニ・スパゲッティなどに適したデュラム小麦を粗びきにし、ふすまを除いたもの。

せ‐もん【施文】土器などに装飾の文様を加えること。また、その文様。しもん。

せ‐もん【背紋】和服の背の縫い目の上部、襟付けから約7センチ下がったところにつける紋。

せや【瀬谷】横浜市の区名。昭和44年(1969)戸塚区から分区。

せ‐やく【施薬】病人に薬を調合して与えること。また、その薬。(類語)投薬・投与

せや‐く【瀬谷区】▶瀬谷

せやく‐いん【施薬院】㊀貧しい病人に薬を与え治療をした施設。養老7年(723)興福寺に悲田院とともに創設されたという。のち、病人・捨て子などをも収容した。中世に衰亡するが、豊臣秀吉が再興。やくいん。㊁江戸時代、特に江戸の小石川養生所の異称。

せ‐やま【背山｜▽兄山】一対の山を男女・夫婦に見立てた場合、男性・夫にあたる山。➡妹背山

せやま‐りゅう【瀬山流】日本舞踊の流派の一。安永・天明(1772～1789)ごろ、大坂で瀬山七左衛門が創始。

せ‐よ【施与】〔名〕スル 金品を恵み与えること。また、そのもの。「―を受ける」「衣類を―する」

セラ〔SELA〕《スペ Sistema Económico Latinoamericano y del Caribe》ラテンアメリカ経済機構。ラテンアメリカ諸国の経済協力組織。地域全体の、米国からの経済的独立をめざし、1976年発足。本部はカラカス。

セラー〔cellar〕地下室。地下貯蔵庫。「ワイン―」

ゼラチン〔gelatin〕❶動物の骨・皮などに含まれるコラーゲンを煮て水溶性たんぱく質としたもの。温湯に溶け、冷却すればゼリー状に固まる。食用のほか局所止血剤や細菌類の培養基、写真感光膜などに用い、にかわとして接着剤にする。膠質。❷舞台照明に色を与えるため、ライトにかぶせるカラーフィルター。

ゼラチン‐ばん【ゼラチン版】ゼラチンを用いた印刷版式の総称。ゼラチン凸版・コロタイプ版などがある。こんにゃく版もこの一種。

ゼラチン‐フィルター〔gelatin filter〕▶シートフィルター

ゼラチン‐ペーパー〔gelatin paper〕舞台照明の色彩に使う、にかわに染料を入れて作った薄膜。プラスチック製のものもある。

セラック〔フラ sérac〕氷河が割れてできる塔状の氷塊。氷塔。

セラック〔shellac〕▶シェラック

セラック‐ワニス〔shellac varnish〕▶シェラックワニス

ゼラニウム〔geranium〕フウロソウ科の多年草。高さ30～50センチ。葉は円形で柄が長い。夏、赤・白色などの花を散形状に多数つける。南アフリカの原産で、鉢植えにし、多くの品種がある。天竺葵。(季 夏)

セラピー〔therapy〕治療。療法。薬や手術などによらない心理療法や物理療法をいう。テラピー。

セラピー‐けん【セラピー犬】▶セラピードッグ

セラピー‐ドッグ〔therapy dog〕アニマルセラピーの活動に参加できるよう訓練された犬。犬種はさまざま。セラピー犬。

セラピスト〔therapist〕治療士。療法士。

セラフィモービチ〔Aleksandr Serafimovich〕［1863～1949］ソ連の小説家。本姓ポポフ(Popov)。その作「鉄の流れ」は社会主義リアリズムの一典型とされる。

セラミック〔ceramic〕陶磁器。窯業製品。セラミックス。

セラミック‐アート〔ceramic art〕創作的な陶芸。

セラミック‐エンジン〔ceramic engine〕内燃機関で、シリンダー・ピストンなどの摺動部分や高熱にさらされる部分にセラミックを用いたもの。熱効率が高く、潤滑・冷却などが大幅に省略できる。

セラミック‐ガラス〔ceramic glass〕▶ガラスセラミックス

セラミック‐こうぐ【セラミック工具】刃の材料に酸化アルミニウムを主成分とするセラミックスを使用した工具。

セラミック‐コンデンサー〔ceramic condenser〕誘電体にセラミックを用いたコンデンサー。誘電体材料にチタン系、ステアタイト系、チタン酸バリウム系がある。

セラミックス〔ceramics〕成形し焼成して得られる無機物質からなる製品。陶磁器・ガラスなどの窯業製品の総称。最近は炭化物や窒化物などの耐火性物質も作られ、ファインセラミックスとよばれる。

セラミック‐センサー〔ceramic sensor〕セラミックを利用したセンサー。温度センサー・圧力センサーなど、多種類が開発されている。➡センサー

セラミック‐ターボ《ceramic turbochargerから》エンジンのタービンホイール(翼車)の羽根の一部などに、耐熱性・耐摩耗性の高いセラミックを用いたもの。一部で実用化されている。

セラミック‐ヒーター〔ceramic heater〕発熱体にセラミックスを用いる加熱・暖房器具。

セラミド〔ceramide〕動物の脳の白質や表皮の角質層を形成する細胞膜に、多量に存在する脂質の一種。皮膚の保湿、柔軟性を維持する働きがあるとされ、化粧品などに使用される。N-アシルスフィンゴシン。

せり【×芹】セリ科の多年草。水辺や湿地に生え、高さ30～60センチ。茎には稜があり、下部は地をはう。葉は羽状複葉。夏、白い小さな5弁花をつける。特有の香りがあり、食用。春の七草の一。(季 春｜花＝夏)(補説)セリ科の双子葉植物は、北半球の温帯を中心に約3200種が分布。ミツバ・ニンジン・パセリ・セロリなど食用にするものや、ドクゼリなど有毒のものも含む。

芹摘・む《平安時代に慣用された歌語。宮中の庭掃除の男が、芹を食べる后を御簾の隙から見て思いを寄せ、芹を摘んでは御簾の辺りに置くが、そのかいもなく、ついに焦がれ死にしたという故事から》思いが通じない。思いどおりにならない。「―・みし世の人にも問はまほしき御心の中」〈狭衣・三〉

せり【▽迫り】劇場で、舞台の床の一部を切り抜き、俳優や大道具などを床の上にのせて上下させる装置。歌舞伎では宝暦期(1751～1764)に始まる。

せり【競り｜×糶り】❶せること。きそうこと。❷競売。せりうり。「―にかける」
(類語)競り売り・競売・オークション

せり‐あい【競(り)合い】❶互いに競争すること。「終盤での激しい―」❷敵味方が接近して戦うこと。せりあいいくさ。❸言い争うこと。口論。「嫁姑ノ―」〈和英語林集成〉(類語)張り合い・せめぎ合い・争い・競争・競合・角逐・勝負・対抗

せり‐あ・う【競(り)合う】〔動ワ五(ハ四)〕❶互いに競争する。きそいあう。「ゴール寸前まで―・う」❷争う。戦う。「大砲数発打出して双方烈しく―・うたる其音」〈染崎延房・近世紀聞〉❸口論する。口げんかをする。「両人赤面して―・ひける所へ」〈咄・露がはなし・

二〉類語 張り合う・競う・争う・揉み合う・競争・競合・角逐・勝負

せり-あが・る【▽迫り上(が)る】〔動ラ五(四)〕❶下方から上方へ少しずつ高くなる。「町外れに小高い丘が—・る」❷劇場の迫りの装置で奈落から舞台や花道に上がる。「主役が舞台中央に—・る」

せり-あげ【▽迫り上げ】劇場で、俳優や大道具を奈落から舞台または花道へ押し上げること。また、その装置。迫り出し。⇔迫り下げ。

せり-あ・げる【▽迫り上げる】〔動ガ下一〕文せりあ・ぐ〔ガ下二〕❶徐々に高くする。少しずつ押し上げる。「リフトで荷物を—・げる」❷劇場で、俳優や大道具を迫りを用いて奈落から押し上げる。「屋台を—・げる」

せり-あ・げる【競(り)上げる】〔動ガ下一〕文せりあ・ぐ〔ガ下二〕競売で、買い手が入手しようとして値段をつり上げる。「互いに譲らず値を—・げる」

セリー〖フランス série〗《音列の意》複数の音を一定の順序に配列したもの。特に十二音音楽で、1オクターブを12等分した異なる12の音を、重複・省略のないように配列した音列をさす。

セリー〖sherry〗▶シェリー

ゼリー〖jelly〗《「ジェリー」とも》❶ゼラチン・寒天・ペクチンなどの凝固する性質を利用して材料を固めた冷菓や冷製料理。《季 夏》「うす茜ワイン—は溶くるがに／草城」❷肉汁などの煮こごり。❸コロイド溶液がそのまま固まりになったもの。❶に似た状態のもの。

セ-リーグ「セントラル-リーグ」の略。

セリーズ〖CERES〗《Coalition for Environmentally Responsible Economies》環境に責任を持つ経済のための連合。企業行動を環境保全の面から監視するための米国の組織。社会的観点から投資を行おうとする投資家や投資顧問会社が中心になり、環境保護団体や自治体の財務監査部などもメンバーに加わっている。事務局はボストン。

せり-いち【競(り)市|×糶り市】競り売りで品物を売買する場。「馬の—が立つ」類語 市・市場・河岸・バザール・マーケット・取引所・朝市・蚤の市・バザー

セリーヌ〖Louis-Ferdinand Céline〗［1894～1961］フランスの小説家。第一次大戦後、世界の悪意と人間の悲惨を描いた作品で物議をかもす。のち、反ユダヤ主義の著作を発表し、第二次大戦後に戦犯の罪に問われた。作「夜の果てへの旅」「城から城」「北」など。

ゼリービーンズ〖jellybeans〗豆の形にしたゼリー❶の外側を砂糖で覆い、つや出しして仕上げた菓子。

セリウム〖cerium〗希土類元素のランタノイドの一。単体は鉄のような灰色の金属で、希土類のうちでは最も多量に存在する。空気中でたやすく酸化され、無機酸によく溶ける。鉄との合金は摩擦によって発火するので発火合金として利用。1803年に発見され、名は前々年に発見された準惑星ケレス(セレス)にちなむ。元素記号Ce 原子番号58。原子量140.1。

せり-うり【競(り)売り|×糶り売り】❶売り主が、複数の者に対して目的物の買い受けの申し出を口頭でさせ、最高価額の申し出をした者に承諾を与える売買契約の方法。売り手が最初に高値で呼びはじめ、買い手が出るまで呼び値を下げていく方法もある。けいばい。きょうばい。❷品物を持ち歩いて売ること。また、その人。行商。「足袋の—して、水茶屋に日を暮らし」〈当世下手談義・三〉

類語 競り・競売・オークション

セリエ〖Hans Selye〗［1907～1982］カナダの医学者。オーストリアの生まれ。ストレス学説を提唱した。

セリエ-アー【セリエA】〖イタリア Serie A〗イタリアのプロサッカーの一部リーグ。

せり-おと・す【競(り)落(と)す】〔動サ五(四)〕買い値を競り合って、その品を手に入れる。「ルノワールの絵を—・す」

せり-おろし【▽迫り下ろし】▶迫り下げ

せり-がい【競(り)買い|×糶り買い】❶買い主が、目的物の売り渡しの申し出を複数の者に口頭でさせ、最低価額を申し出た者に承諾を与える売買契約の方法。❷競り売り❶を買い手側からいう語。

せり-か・く【▽迫り掛く】〔動カ下二〕問いつめて迫る。詰問する。「二つに一つの返答せい、なんとなんと、と—・けられ」〈浄・日本武尊〉

せり-か・つ【競(り)勝つ】〔動タ五(四)〕せり合って勝つ。「一点を争う大接戦を—・った」

せりかわ【芹川】㊀京都市右京区嵯峨を流れる小川。小倉山の北側山地に源を発し、天竜寺の東を南流して大堰川に注ぐ。現在は瀬戸川と呼ぶ。〔歌枕〕㊁京都市伏見区下鳥羽を流れていた小川。また、その川に沿った下鳥羽の地名。現在の下鳥羽芹川町のあたり。

せり-ぎん【競(り)吟】句会で、各自が題を出し合い、短時間にできるだけ多くの句を作りきそうこと。

セリグラフィー〖フランス sérigraphie〗▶シルクスクリーン

せり-ごふく【競(り)呉服|×糶り呉服】呉服物の行商。また、その行商人。

せり-こみ【▽迫り込み】▶迫り下げ

せり-こ・む【▽迫り込む】〔動マ五(四)〕押し分けて無理に入り込む。割り込む。「—・んで行く多くの同業者と劇しい競争を」〈秋声・あらくれ〉

せり-さげ【▽迫り下げ】劇場で、舞台または花道の俳優や大道具を奈落へ下げること。また、その装置。迫り下ろし。迫り込み。⇔迫り上げ。

せりざわ-かも【芹沢鴨】［?～1863］幕末の水戸藩浪士。本名、木村継次。幕府の浪士組編成に参加、近藤勇らと新撰組を結成。やがて近藤派と反目し暗殺された。

せりざわ-けいすけ【芹沢銈介】［1895～1984］染色工芸家。静岡の生まれ。柳宗悦らの民芸運動に加わり、沖縄の紅型を研究して、型絵染めを創始。また、版画・装丁・家具設計など多方面にわたって活躍。

せりざわ-こうじろう【芹沢光治良】［1897～1993］小説家。静岡の生まれ。ヒューマニズムと明るい文体をそなえた作風で知られた。作「巴里に死す」「人間の運命」など。

セリシン〖sericin〗絹の主成分であるフィブロインを粘着させている硬たんぱく質の一種。生糸からセリシンを除いて練り絹とする。絹膠。

せり-せり〔副〕せきたてるさま。また、ゆとりがなく落ち着かないさま。せかせか。「気のとっさかな姑に、—いぢりたてられて」〈浄・宵庚申〉

せり-だし【▽迫り出し】❶上へ押し上げて少しずつ出すこと。❷▶迫り上げ

せり-だ・す【▽迫り出す】〔動サ五(四)〕❶前の方に出っ張る。つき出てくる。「腹が—・す」「観衆が道路に—・す」❷隠れていたものが表面に出てくる。「次第と現実世界に—・して来る」〈漱石・虞美人草〉❸上または前へ押し上げて出す。「庇を大きく—・した建物」❹劇場で、迫りを使って俳優や大道具を舞台へ押し上げる。「花道に役者を—・す」

せり-た・てる【▽迫り立てる】〔動タ下一〕文せりた・つ〔タ下二〕せきたてる。急がせる。「疾く疾くと—・つれば」〈露伴・五重塔〉

せり-つ・める【▽迫り詰める】〔動マ下一〕文せりつ・む〔マ下二〕極限までせまる。つめよる。「真づみというのは…段々と昼になったり夜になったりする—・めた時をいうのであって」〈露伴・幻談〉

セリニャン〖Sérignan〗フランス南東部、プロバンス地方の都市、オランジュの近郊にある村。ファーブルが晩年の36年間を過ごし、「昆虫記」を著した地として知られる。ファーブルが「アルマス(荒地)」と名づけた村はずれにある家は、現在、パリ自然史博物館の分館として公開されている。セリニアン。

セリヌス〖Selinus〗▶セリヌンテ

セリヌンテ〖Selinunte〗イタリア南部、シチリア島南西部にあった古代ギリシャ時代の植民都市。紀元前7世紀、同島東岸のメガラからきたギリシャ人により建設された。前5世紀初頭と前3世紀半ばにカルタゴの攻撃を受けて廃墟になった。女神ヘラに捧げられたという神殿や2000人を収容できたとされる巨大神殿をはじめ、二つの神殿群が残っている。ギリシャ語名セリノス、ラテン語名セリヌス。

せり-ば【競(り)場|×糶り場】競り売りの場所。

せり-ばいばい【競(り)売買|×糶り売買】売り主または買い主が、複数の者に対して目的物の買い受けまたは売り渡しの申し出を口頭でさせ、最高価額または最低価額の申し出をした者に承諾を与える売買契約の方法。また、売り手と買い手がともに複数の競売買を含めていうこともある。

セリバシー〖celibacy〗独身。独身生活。

せりふ【台=詞|科=白】❶俳優が劇中で話す言葉。「—をとちる」❷人に対する言葉。言いぐさ。「気のきいた—を吐く」「そんな—は聞きたくもない」❸きまり文句。「頼み事をするときのお得意の—だ」❹理屈や言い分を並べること。談判すること。「これ半七、お花はこちの奉公人、親仁との—なら、どこぞ外でしたがよい」〈浄・女腹切〉❺支払いをすること。「今夜中に—して下さんせにゃなりませぬ」〈伎・五大力〉

類語 口上・独白・モノローグ・ダイアローグ

セリフ〖serif〗欧文活字書体の起筆部または終筆部にある、ひげのような飾り。➡サンセリフ

セリフォス-とう【セリフォス島】〖Serifos〗ギリシャ南東部、エーゲ海に浮かぶ島。キクラデス諸島の西部、本土のピレウスの南東約170キロメートルに位置する。主な町はセリフォス。ギリシャ神話で、ペルセウスがメデューサの首をこの島に持ち帰り、母ダナエに言い寄る島の王ポリデクテスを石にしたという伝説が残っている。

せりふ-づけ【台=詞付け】それぞれの俳優のせりふを記したもの。書き抜き。

せりふ-まわし【台=詞回し】せりふの言い方、言いまわし。転じて、言葉。

セリミエ-ジャーミー〖Selimiye Camii〗▶セリミエモスク

セリミエ-モスク〖Selimiye Mosque〗㊀トルコ北西部の都市エディルネの旧市街中央部にあるイスラム寺院。16世紀、オスマン帝国のスルターン、セリム2世により、宮廷建築家ミマール＝スィナンの設計で建造された。スィナン自ら最高傑作と称し、イスタンブールのアヤソフィアより大きい直径31.5メートルのドームをもち、四隅に高さ70メートルの尖塔がある。セリミエジャーミー。㊁キプロスの首都ニコシア(レフコシャ)にあるイスラム寺院。城壁に囲まれた旧市街の北側に位置する。元は13世紀から14世紀にかけて建造されたフランス風ゴシック様式の聖ソフィア大聖堂だったが、オスマン帝国時代にミフラーブ(壁龕)と尖塔が造られ、イスラム寺院に転用された。セリミエジャーミー。

せり-もち【▽迫持】石や煉瓦を弧状に積んでせり合わせ、荷重を支える構造。アーチ。

せり-やき【×芹焼(き)】❶熱した石の上に芹をのせ、覆いをして蒸し焼きにした料理。《季 冬》❷油でいためた芹を、鳥肉などと煮た料理。

せりょう【芹生】《「せりふ」の音変化》㊀京都市左京区大原の西方に古くあった地名。〔歌枕〕「大原は—を雪の道にあけてよもには人もかよはざりけり」〈山家集・下〉㊁京都市右京区北東部の地名。かつては薪炭などを京の都へ出した。

せ-りょう【施料】布施としての金品。また、施しのための金品。

せ-りょう【施療】〔名〕スル 貧しい病人などを無料で治療すること。「被災地で—する」「—患者」

類語 加療・治療・診療・療治・手当て・手術

セリン〖serine〗アミノ酸の一。たんぱく質中に広く分布し、特に絹糸たんぱく質のセリシン・フィブロインなどに多い。

セリング-ポイント〖selling point〗商品の売りものとなる特徴。他商品よりもすぐれていて、消費者に訴えたい点。セールスポイント。

セル《オランダ語の「セルジ」を「セル地」と解したところ

から》主に梳毛糸ｼﾞﾓｳｼを使った平織り、または綾織りの和服用毛織物。セル地。(季夏)「一着れば風なまめけりおのづから/万太郎」

セル〘cell〙《小部屋の意》❶細胞。❷スプレッドシート(表計算ソフト)の枡目の一つ。❸携帯電話やPHSなどの移動体通信における、基地局の電波が届く範囲(通信可能エリア)のこと。

セル〘Cell〙《Cell Broadband Engine》米国IBM社、ソニー、東芝が開発したマイクロプロセッサー。ソニーの家庭用ゲーム機プレイステーション3や、東芝の高性能液晶テレビセルレグザなどに搭載されている。

セル〘sell〙売ること。販売。「一用の品」

せ・る【迫る】〔動ラ四〕《少しずつ間をせまくする意から》せきたてる。督促する。「花車ｷﾞｬはなぜ遅いぞ。五兵衛行って一・ってくれ」〈浄・冥途の飛脚〉

せ・る【競る|×糶る】〔動ラ五(四)〕❶他人に負けまいと互いに争う。きそう。「僅少差で首位を一・る」❷競り売りで、買い手が手に入れようと、争って値段を高くする。「仲買人が荷を一・る」❸行商人が声を上げて売り歩く。行商する。「首売らう首売らうと一・って歩くを呼び込み」〈咄・楽牽頭〉

せる〔助動〕[せ|せ|せる|せる|せれ|せろ(せよ・せい)]五段動詞の未然形、サ変動詞の未然形「さ」に付く。❶相手が自分の思うようにするよう。また、ある事態が起こるようにしむける意を表す。「使いに行かせる」「あすは休ませてやる」❷(「せていただく」「せてもらう」の形で)相手方の許しを求めて行動する意を表す。「言わせていただく」「やらせてもらう」❸(「せられる」「せたもう」の形で)尊敬の意を表す。「殿下は極めてご多忙であらせられる」➡させる

セルー-ゲームリザーブ〘Selous Game Reserve〙タンザニア南東部にあるアフリカ最大の動物保護区。ドイツ領東アフリカ時代の1905年に狩猟用の保護区として設定された。現在は狩猟は禁止され、アフリカゾウやカバ、キリンなど、大型哺乳類が多数生息する。1982年、世界遺産(自然遺産)に登録された。

セルギエフ-ポサード〘Sergiev Posad〙《「セルギエフパサード」「セルギエフパッサート」とも》ロシア連邦西部、モスクワ州の都市。首都モスクワの北東約70キロメートルに位置する。1930年から1991年までの旧称ザゴルスク。14世紀半ば、のちに聖人に列せられた貴族セルギー=ラドネシスキーが創設したトロイツェセルギエフ大修道院を中心に発展。ロシア正教会の宗教都市として知られるほか、古くから木製玩具の製作が盛んで、現在は工業都市としての一面ももつ。

セルギ-もん【セルギ門】《Slavoluk Sergijevaca》クロアチア西部の港湾都市プーラにある古代ローマ時代の凱旋門。紀元前1世紀、セルギ家の3兄弟がアクティウムの海戦に参加し、活躍したことを記念して建造。ヘレニズム様式の彫刻が施され、ミケランジェロをはじめとする芸術家に影響を与えたといわれる。

セルジ〘ｵﾗﾝﾀﾞ serge〙➡セル

セルシウス〘Anders Celsius〙[1701～1744]スウェーデンの物理学者・天文学者。ウプサラ天文台長。水の氷点と沸点の間を100分割する温度目盛りを提唱し、セ氏温度のもととなった。

セルシウス-おんど【セルシウス温度】ﾃﾞﾄ➡セ氏温度

セルシウス-ど【セルシウス度】➡セ氏温度

セルジッペ〘Sergipe〙ブラジル北東部にある州。面積は同国最小。ガス田や油田が発見され、期待が集まる。州都はアラカジュー。セルジッピ。

セルジューク-ちょう【セルジューク朝】ﾃﾞｧ➡セルジューク-トルコ

セルジューク-トルコ〘Seljuk Turks〙トルコ系のイスラム王朝。族長セルジュークの孫トゥグリル=ベクが1038年に建国し、中央アジア・西南アジア一帯を領有。イラン・アラビア二文化の上に文芸・諸学が興隆したが、1157年以降の内紛により分裂、のち滅亡。セルジューク朝。

セルシン〘selsyn〙遠隔地に回転を電気的に伝える装置。遠隔測定や信号の伝達などに利用。

ゼルジンスク〘Dzerzhinsk〙➡ジェルジンスク

セルスカー-しゅうどういん【セルスカー修道院】ｼｭｳﾄﾞｳｲﾝ《Selskar Abbey》アイルランド東部、ウェックスフォード州の港町ウェックスフォードにある修道院跡。12世紀にノルマン人により創建。1169年に英国との間で初めて条約が結ばれた場所として知られる。ヘンリー8世の時代に解散し、17世紀半ばにクロムウェルの侵攻により破壊された。現在は外壁と塔の一部が残っている。

セル-チェッカー〘cell checker〙乾電池やバッテリーの起電力や内部抵抗を簡便に調べられる試験器。

セルチュク〘Selçuk〙トルコ西部の町。古代ギリシャの都市遺跡エフェソスへの観光拠点として知られる。東ローマ帝国時代の城塞、使徒ヨハネゆかりの聖ヨハネ教会、エフェソス遺跡の出土品を所蔵するエフェソス考古学博物館、古代世界七不思議の一つに数えられたアルテミス神殿、14世紀建造のイスラム寺院イーサベイモスクなどがある。

セルディカ〘Serdica〙ブルガリアの首都ソフィアの古称。名称は古代のトラキア人の部族セルディに由来すると考えられる。紀元前1世紀に古代ローマに征服され、当時の城壁や城門の遺跡がある。9世紀初頭に第一次ブルガリア帝国の一部となり、スレデツと呼ばれるようになった。

ゼルニケ〘Frits Zernike〙[1888～1966]オランダの物理学者。位相差顕微鏡を発明。1953年、ノーベル物理学賞受賞。

セルハイ〘SELHi〙《Super English Language High School》➡スーパーイングリッシュランゲージハイスクール

セルバス〘Selvas〙南アメリカ、アマゾン川流域の熱帯雨林地帯。高温多湿で、構成樹種がきわめて豊富な密林で、着生植物や蔓ﾂﾙ植物も多い。セルバ。

セルバンテス〘Miguel de Cervantes Saavedra〙[1547～1616]スペインの小説家。奴隷生活・入獄など波瀾に富んだ生涯を送り、想像力と才知にあふれる作品を残した。小説「ドン=キホーテ」「模範小説集」、戯曲「幕間狂言」など。

セルビア〘Serbia〙バルカン半島中央部にある共和国。首都ベオグラード。旧ユーゴスラビアの政治・経済の中心をなした。14世紀からオスマン帝国の支配下にあったが、1918年に周辺他民族とともに独立。王政を経て45年にユーゴスラビア連邦人民共和国を構成する1国として社会主義国となった。90年代にスロベニア・クロアチア・ボスニア-ヘルツェゴビナ・マケドニアがユーゴスラビアより分離独立、2006年にモンテネグロが独立しセルビアは内陸国となった。08年2月コソボが独立を宣言。人口734万(2010)。スルビヤ。

セルビアせいきょう-だいせいどう【セルビア正教大聖堂】ｾｲｷｮｳﾀﾞｲｾｲﾄﾞｳ《Saborna Crkva》セルビアの首都ベオグラードにあるセルビア正教会の大聖堂。19世紀、セルビア公ミロシュ=オブレノビッチ1世により建造。新古典主義様式の建物で、後期バロック風の塔をもつ。正式名称は聖ミカエル大聖堂。

セルビア-モンテネグロ〘Serbia and Montenegro〙セルビアとモンテネグロの両共和国で形成されていたユーゴスラビアが2003年国名を改称したもの。議会・政府はセルビアのベオグラードに、最高裁判所はモンテネグロのポドゴリツァに置かれた。06年セルビアとモンテネグロが分離して解体。➡ユーゴスラビア

セル-ビデオ《和 sell＋video》レンタルビデオ店ではなく、一般の消費者が購入することを目的として発売されるビデオソフト。

セルフ〘self〙❶「セルフサービス」の略。「一方式」❷多く複合語の形で用い、自分自身で、自動の、などの意を表す。「一スターター」「一チェック」

セルプ〘SELP〙➡社会就労センター

セルフアッセンブリー-きこう【セルフアッセンブリー機構】《self-assembly organization》たんぱく質の分子が自動的に集まり、決まった機能をもつ単位構造を作る仕組み。

セルフィーユ〘ﾌﾗﾝｽ cerfeuil〙➡チャービル

セルプ-きょう【セルプ協】ｷｮｳ➡全国社会就労センター協議会

セルフ-ケア〘self-care〙自分で自分の健康を管理すること。

セルフ-コンディショニング《和 self＋conditioning》自分自身でからだの調子を整えること。(補説)英語ではindividual training

セルフ-コントロール〘self-control〙❶自分の感情や行動を自分で制すること。克己。自制。❷自動制御装置。オートマチック-コントロール。

セルフ-サービス〘self-service〙飲食店・小売店で客が配膳や商品の運搬などを自分でする方式。また、ガソリンスタンドで客が自ら給油・会計する方式。

セルフしき-ガソリンスタンド【セルフ式ガソリンスタンド】セルフサービス方式のガソリンスタンド。客は、タッチパネルなどの入力装置で燃料の種類や量などを指定し、自分でノズルを差し入れて給油する。欧米では一般的で日本でも平成10年(1998)より可能になった。セルフ式スタンド。セルフスタンド。

セルフしき-ジーエス【セルフ式GS】《GSは、ガソリンスタンド(和製語)の略》➡セルフ式ガソリンスタンド

セルフ-スタンド《和 self＋stand》➡セルフ式ガソリンスタンド

セルフ-タイマー〘self-timer〙一定時間後に自動的にカメラのシャッターを切る装置。自動シャッター。

セルフ-ディフェンス〘self-defense〙自己防衛。護身。

セルフ-ビレイ〘self-belay〙登山で、自己の安全を確保すること。また、その体勢。自己確保。「一をとる」

セルフ-ヘルプ〘self-help〙自立。自助。

セルフヘルプ-グループ〘self-help group〙心や生活習慣に問題をもつ人たちが、自らの手で心身を管理して悩みを解決し、悪い習慣から立ち直ることを目的として結成する集団。

セルフ-ポートレート〘self-portrait〙自画像。絵画でもいうが、写真で用いられることが多い。

セルプホフ〘Serpukhov〙ロシア連邦西部、モスクワ州の都市。首都モスクワの南約100キロメートル、オカ川とナラ川の合流点に位置する。14世紀の要塞に起源する。14世紀創設のビソツキー修道院、16世紀半ばにタタールの攻撃を防ぐために建造された石造のクレムリン(城塞)などがある。

セルフ-メード〘self-made〙自分で作ったもの。自分で仕上げたもの。「一の小物」

セルフ-メディケーション〘self-medication〙自己治療。軽い病気や怪我ｹｶﾞを医師の治療を受けることなく、買薬などを使って自分で治療すること。

ゼルベ-の-たに【ゼルベの谷】《Zelve Vadisi》トルコ中央部、カッパドキア地方にある谷。中世のキリスト教徒による住居群跡がある。➡ゼルベ野外博物館

ゼルベ-やがいはくぶつかん【ゼルベ野外博物館】ﾔｶﾞｲﾊｸﾌﾞﾂｶﾝ《Zelve Açık Hava Müzesi》トルコ中央部、カッパドキア地方のゼルベの谷にある野外博物館。9世紀から13世紀頃に、ペルシア人やアラブ人から逃れたキリスト教徒たちが岩山を掘り抜いて住居、教会、修道院などを造った。1950年代まで人が住んでいたが、現在は2キロメートル離れた新しい村に移住。67年に野外博物館として公開された。

セル-ポインター〘cell pointer〙スプレッドシート(表計算ソフト)における操作対象となるセル(枡目)を示す太枠や反転表示のこと。

セルボ-クロアチア-ご【セルボクロアチア語】《Serbo-Croatian》インド-ヨーロッパ語族のスラブ語派に属する言語。セルビア・モンテネグロ・クロアチア・ボスニア-ヘルツェゴビナなどで話されている。

セルマ〘Selma〙米国アラバマ州中部の町。公民権運動において、州都モントゴメリーに向けたキング牧師らによるデモ行進が行われた場所。

セルマゲ-きゅうでん【セルマゲ宮殿】《Palača Sermage》クロアチア北部の都市バラジュディンにあるロココ様式の宮殿。18世紀半ば、同地の貴族セル

マゲ家の館として建造。現在は市立博物館の美術部門の建物として利用されている。

セル-モーター〘cell motor〙自動車エンジンなどの内燃機関を始動させるための電池式電動機。

セルラー-でんわ【セルラー電話】《cellular phone》▶携帯電話

セルライト〘cellulite〙《Cellule(細胞)+-ite(鉱石の意を表す接尾辞)から》皮下の脂肪細胞同士が付着、また、脂肪細胞に老廃物が付着して固まったもの。大きくなると皮膚の表面がでこぼこになる。太もも・尻・下腹部にできやすい。血行不良になり、冷えやむくみの原因になる。思春期以降の女性に生じることが多く、減食や運動では取れにくい。➡オレンジピールスキン

セルリアク〘celeriac〙《「セルリアック」とも》南ヨーロッパ原産のセリ科の一年草または二年草。セロリと同じ種から改良されたもの。肥大した根を食用にする。

セルリアン-ブルー〘cerulean blue〙錫酸コバルトを焼成してつくる青色の顔料。また、その色。コバルトより淡く、緑を帯びた鮮やかな青色。

セル-リレー〘cell relay〙非同期転送モードの通信ネットワークにおいて利用されるデータ転送方式の一。データを「セル」という53バイトの固定長の単位に分割して送受信を行うこと。

セル-レグザ〘CELL REGZA〙平成21年(2009)に東芝が発表した高性能液晶テレビ。同社の液晶テレビブランドであるレグザシリーズの一つ。画像処理用CPUとしてセル(Cell)を初めて採用し、超解像などの処理を行う。14のチューナーと3テラバイトのHDDレコーダーを搭載する。また、インターネットに接続して、低解像度・低画質の動画を超解像技術により大画面で観賞することができる。

セルロイド〘celluloid〙ニトロセルロースに樟脳を加えて作ったプラスチックの一種。成形加工が容易で玩具・日用品などに多用されたが、可燃性のため最近は使われない。

セルロース〘cellulose〙植物の細胞壁の主成分をなす多糖類の一種。ぶどう糖が直鎖状につながった構造をしている。繊維・布・紙・パルプなどの形で利用され、火薬・レーヨン・セロハン・セルロイドなどの製造原料。繊維素。

セルン〘CERN〙《フランス Conseil Européen pour la Recherche Nucléaire》欧州合同原子核研究機関(機構)。1954年、フランス・英国・スイスなどが共同出資して設立した原子核・高エネルギー物理学の研究機関。一般にはジュネーブ郊外にある中央研究所をいう。地下には、スイスとフランスの国境をまたぐ形でLHC(大型ハドロン衝突型加速器)が建設された。

セレウキア〘Seleucia〙トルコ南部の都市シリフケの旧称。

セレウキア-ペリア〘Seleucia Pieria〙トルコ南部にあった古代の港町。現名称サマンダー。初期キリスト教時代、聖パウロと聖バルナバが布教を始めた地として知られる。古代ローマ時代、皇帝ベシパシアヌスと息子ティトゥスが岩を削って造った水路のトンネルがある。

セレウコス-いっせい【セレウコス一世】《Seleukos Ⅰ》[前358ころ～前280]シリア王国の建国者。セレウコス朝の始祖。アレクサンドロス大王の部将で、大王の死後、ペルシアからシリア・キリキアにわたる地を支配し、前312年に即位。マケドニア遠征中に暗殺された。

セレウコス-ちょう【セレウコス朝】シリア王国の王朝。セレウコス1世が前312年に建国。首都はアンティオキア。小アジアからインダス川までを領有し、ヘレニズム国家中で最大の国土をもった。前63年ごろ、ローマ軍に滅ぼされた。

セレーネ〘SELENE〙《Selenological and Engineering Explorer》平成19年(2007)9月に打ち上げられた日本の月探査機「かぐや」の正式名称。

セレクション〘selection〙選ぶこと。選択。選抜。また、えりすぐったもの。

セレクション-ソート〘selection sort〙▶選択ソート

セレクター〘selector〙選ぶもの。特に、電気器具などの選択装置。「ビデオー」

セレクト〘select〙〔名〕スル　選択すること。よりぬくこと。「展示品を一する」
(類語)選択・選定・取捨・選ぶ・選よる・選える・篩う・選考・選別・ピックアップ・より分ける・すぐる

セレクト-ショップ《和 select+shop》衣類・家具・雑貨などの商品を、店主の好みや個性によって品揃えし、生活様式や暮らし方を全体的に提案する店。

セレクト-セール《和 select+sale》日本競走馬協会が毎年7月に北海道苫小牧市で開催する、その年に生まれたサラブレッドの競り市。第1回は平成10年(1998)。

セレクトロン〘selectron〙《「スエレクトロン」とも》素粒子物理学の超対称性理論から導かれる未知の超対称性粒子。電子の超対称性パートナーで、スピンがゼロのボース粒子。スレプトンの一種。スカラー電子。

セレス〘Ceres〙▶ケレス

セレソン〘ポルトガル selecçao┊seleçao〙《選択・選抜の意》サッカーで、ブラジル代表選手のこと。また、ブラジル代表チームをもいう。

セレッソ-おおさか【セレッソ大阪】日本プロサッカーリーグのクラブチームの一。ホームタウンは大阪市。昭和32年(1957)、ヤンマーディーゼルサッカー部として発足。平成7年(1995)にJリーグに参加。(補説)「セレッソ(cerezo)」はスペイン語で桜の意。

セレナータ〘イタリア serenata〙「セレナーデ」に同じ。

セレナーデ〘ドイツ Serenade〙❶夕べに、恋人の窓下で歌い奏でられる音楽。オペラのアリアや演奏会用歌曲にも取り入れられた。❷18世紀に発達した、娯楽的な性格の強い、多楽章の器楽合奏曲。夜曲。小夜曲。セレナード。セレナータ。

セレナード〘フランス sérénade〙「セレナーデ」に同じ。

ゼレナーホラ-の-じゅんれいきょうかい【ゼレナーホラの巡礼教会】《Kostel svatého Jana Nepomuckého na Zelená Hora》チェコ東部、プラハの南東約150キロメートルのゼレナーホラにある教会。ボヘミア王バーツラフ4世の怒りをかって殉教したネポムークの聖ヨハネ(聖ヤン-ネポムツキー)に捧げるため、18世紀初頭に建立されたもの。ネポムークの聖ヨハネの伝承にちなみ、その象徴とされる数字の5、星形などが建物の設計に反映されている。1994年に「ゼレナーホラのネポムークの聖ヨハネ巡礼教会」として世界遺産(文化遺産)に登録された。聖ヤン-ネポムツキー巡礼教会。

セレニウム〘selenium〙「セレン」に同じ。

セレネ〘Selēnē〙ギリシャ神話で、月の女神。羊飼いの美少年エンデュミオンを愛したという。アルテミスと同一視された。ローマ神話のルナにあたる。

セレブ〘celeb〙著名人。名士。セレブリティ。

セレブリティー〘celebrity〙❶著名人。名士。セレブ。❷名声。高名。

セレベス〘Celebes〙スラウェシ島の旧称。

セレベス-かい【セレベス海】太平洋南西部のミンダナオ島・ボルネオ(カリマンタン)島・スラウェシ島に囲まれた海域。

セレモニー〘ceremony〙儀式。式典。
(類語)式・儀式・式典・典礼

セレロン〘Celeron〙米国インテル社が開発した32ビットマイクロプロセッサーの商標名。同社のPentiumよりも性能は低いが、安価なため、低価格のパソコンに多く採用された。

セレン〘ドイツ Selen〙酸素族元素の一。灰色の金属セレンのほか、赤色の結晶セレン、赤色粉末の無定形セレン、黒色のガラス状セレンなどの同素体がある。地球上には硫黄に伴って広く存在するが、量はごく少ない。性質は硫黄に似る。ガラスの赤色着色剤や光電池・整流器などに利用。元素記号Se 原子番号34。原子量78.96。セレニウム。

セレンゲティ-こくりつこうえん【セレンゲティ国立公園】《Serengeti National Park》タンザニア北部にある国立公園。キリマンジャロの裾野に広がる大サバンナ地帯で、広さは約1万5000平方キロメートルに及ぶ。ライオンやキリン、ヌーなど、さまざまな動物が生息。1981年、世界遺産(自然遺産)に登録された。

セレンディピティー〘serendipity〙求めずして思わぬ発見をする能力。思いがけないものの発見。運よく発見したもの。偶然の発見。(補説)イギリスの作家ホレス=ウォルポール(1717～1797)の造語。ウォルポール作の寓話 The Three Princes of Serendip(1754)の主人公にこのような発見の能力があったことによる。Serendipはセイロン(現、スリランカ)の旧称。

せ-ろ【▽夫ろ┊▽兄ろ】「せこ(夫子)」の上代東国方言。「多由比潟潮満ち渡るいづゆかもかなしきーが我がり通はむ」〈万・三五四九〉

せ-ろ【世路】「せいろ(世路)」に同じ。「一の困難ふんでも見ず」〈一葉・うもれ木〉

セロ〘cello〙▶チェロ

セロ〘CERO〙《Computer Entertainment Rating Organization》コンピューターエンターテインメントレーティング機構。家庭用ゲーム機やパソコンのゲームソフトを対象として、倫理規定の策定と審査を行う。ゲームソフトに含まれる暴力表現、性表現などを審査し、ソフトウエアメーカーに対象年齢をCEROレーティングマークにより明示するよう義務付けている。

せろ　サ変動詞「する」の命令形「せよ」の上代東国方言。「白雲の絶えにし妹をあぜーと心に乗りてここばかなしけ」〈万・三五一七〉

ゼロ〘zero〙❶整数の一。正でも負でもない実数。何も存在しないことや、位取りで空位を示すのに用いる。0。零。❷試験や試合で、得点のないこと。零点。❸何もないこと。また、価値のないこと。「一の状態」「服装のセンスは一」
(類語)無し・無き・ナッシング・一・二・三・四・五・六・七・八・九・十・百・千・万・億・兆・零・一つ・二つ・三つ・四つ・五つ・六つ・七つ・八つ・九つ・十

ゼロアワー-システム〘zero hour system〙放送局が1日24時間連続して放送を行うようにする編成のやり方。突発事件の発生にも対応して放送できる。民放にとっては1日の全時間帯をスポンサーに売ることができるようになる。

ゼロイング〘zeroing〙米国で輸入品のダンピング調査に用いられる計算方法。ある商品の輸出価格が正常価格(輸出国の国内価格等)よりも低い場合、輸入国は国内産業を保護するため、その差額(ダンピングマージン)に対してアンチダンピング関税を課す。米国では、1年間の平均ダンピングマージンを計算する際、正常価格より高値で輸出した場合の差額はゼロとみなし、安値で輸出した場合のみ差額を加算する。対米輸出価格が正常価格を上回る場合の差額は無視され、ダンピングにあたる場合の差額だけが考慮されるため、ダンピングマージンが不当に高く算出される。(補説)2007年にWTO協定違反と認定され、米国に是正勧告がなされたが、米国は部分的な是正にとどまり協定違反の状態を維持。09年8月にはWTO上級委員会において、米国がWTO勧告の履行義務を果たしていないことが確認された。

ゼロ-ウェイスト〘zero waste〙《「ゼロウエスト」とも》工場や地域社会での廃棄物の発生や資源の浪費をゼロに近づける運動。排出された廃棄物をリサイクルするゼロエミッションとは異なる。1996年にオーストラリアの首都キャンベラが初めて宣言。日本では徳島県上勝町、福岡県大木町、熊本県水俣市などが全国に先駆けて取り組む。

ゼロ-エミッション〘zero emission〙廃棄物を出さない製造技術を開発する計画。ある企業・産業で排出される廃棄物を、別の企業・産業の原料として使うなどして、トータルで廃棄物をゼロにしようというもの。国連大学が1995年に提唱した。➡ゼロ-ウェイスト(zero waste)

セローフ〘Serov〙ロシア連邦、スベルドロフスク州の都市。ウラル山脈の東麓、カクバ川沿いに位置する。

19世紀末より製鉄業が盛ん。元はナデジディンスクと称したが、ソ連時代に同名のパイロットにちなんで改名された。

ゼロ-かいとう【ゼロ回答】ｶｲﾀﾌ 要求にまったく応えないこと。要望に対して、それに報いるような内容がまったく含まれていない回答。「今春闘でベアについて同業他社は軒並み一だった」

ゼロ-きんり【ゼロ金利】政策金利が0パーセントまたはそれに近い状態であること。中央銀行が市場に資金を潤沢に供給し、金利を0パーセントに近づくように誘導する。金利負担が軽減されるため、個人や企業は融資を受けやすくなるが、金利収入は減少する。➡ゼロ金利政策

ゼロきんり-さい【ゼロ金利債】平成14年(2002)に北海道留辺蘂ﾙﾍﾞｼﾍﾞ町(現北見市)が発行を検討した債券。福祉施設の建設費を調達する目的であれば、金利が0パーセントの債券でも善意の購入者がいるとの判断だったが、金利のない債券という特殊さが懸念され、総務省が発行を承認しなかった。このため、福祉施設の運営法人が多数の個人から無利子で資金を借り受け、町がこの債務を保証する形をとった。

ゼロきんり-せいさく【ゼロ金利政策】中央銀行が政策金利の水準を実質0パーセントに誘導する金融政策の一つ。金融市場に資金を潤沢に供給することによって、金利が0パーセントに近づくように誘導する。中央銀行は通常、政策金利の誘導目標を上下させることで金融調節を行うが、ゼロ金利の状態になると、金利の引き下げによる金融緩和は困難になる。➡非伝統的金融政策 (補説)日本では、デフレ懸念払拭のため、日銀が平成11年(1999)2月の金融政策決定会合で無担保コールレート翌日物の金利を0.15パーセント前後に誘導することを決定。翌年8月までゼロ金利が続いた。同13年3月から同18年3月までの間、量的緩和政策による実質的なゼロ金利状態が続いた後、政策金利を概ね0パーセントに誘導するゼロ金利政策に移行した。一方、世界的金融危機の震源地となった米国では、2008年12月、連邦準備制度理事会(FRB)が政策金利であるフェデラルファンドレートの誘導目標を年0.0～0.25パーセントに引き下げ、事実上ゼロ金利政策を導入した。

せ-ろく【世×禄】▶せいろく(世禄)

ゼロクーポン-さい【ゼロクーポン債】《zero-coupon bond》海外で発行されている中長期の外貨建て割引債。クーポンレート(表面利率)がゼロであるためにいう。

ゼログラフィー〖xerography〗静電気を利用して紙面に複写する、電子写真複写法。乾式複写。

ゼロ-ゲーム《和 zero＋game》競技で、無得点で負けること。ゼロ敗ﾊｲ。零敗ﾚｲﾊｲ。スコンク。

ゼロさい-じ【ゼロ歳児】1歳未満の子供。乳児。

ゼロ-サム〖zero-sum〗合計するとゼロになること。一方の利益が他方の損失になること。「一ゲーム」

ゼロサム-ゲーム〖zero-sum game〗参加者全員の得点の合計が常にゼロである得点方式のゲーム。一方が得点すると他方が失点するため、全部の持ち点の和が必ずゼロになるというゲーム理論。➡ゼロサム

ゼロサム-しじょう【ゼロサム市場】ｼｼﾞｮｳ 需要が頭打ちで、ある企業の売り上げが伸びると、同業他社の売り上げが減少するという市場。

ゼロサム-しゃかい【ゼロサム社会】ｼｬｶｲ《zero-sum society》経済成長が停止して資源や富の総量が一定となり、ある者が利益を得るとだれかがその分だけ不利益をこうむる社会。米国の経済学者サローの用語。

ゼロ-シーリング《和 zero＋ceiling》公共予算の概算要求枠の伸び率がゼロで前年度と同額であること。➡マイナスシーリング

ゼロスピンドル-ノート《0-spindle notebook PCから》外部記憶装置としてハードディスクや光学ドライブではなく、NAND型フラッシュメモリーを用いた半導体ディスクなどを搭載するノートパソコン。小型軽量化が容易で、モーターなどの可動部を含まないため耐衝撃性に優れる。名称は、円盤状の記憶媒体(スピンドル)を搭載しないことから。➡ワンスピンドルノート ➡ツースピンドルノート ➡スリースピンドルノート

ゼロ-せん【ゼロ戦】零式ﾚｲｼｷ艦上戦闘機の通称。

ゼロックス〖Xerox〗米国のゼロックス社が1960年に商品化した電子写真複写機。商標名。(補説)「複写機」「コピー機」などと言い換える。

せろっ-ぽう【▽千▽六▽本】《「繊蘿蔔ｾﾝﾗﾌ」の音変化》「せんろっぽん(千六本)」に同じ。「せぎりにして、又一に刻むか」〈続狂言記・俄道心〉

ゼロデー-こうげき【ゼロデー攻撃】《zero-day attack》コンピューターで、ソフトウエアやシステム上にセキュリティーホールが見つかった際、それを修正するパッチが配布されたり、対応策がとられたりする前に、その脆弱性を狙う攻撃。ゼロデーアタック。

セロテープ〖Cellotape〗セロハンで作った粘着テープ。商標名。(補説)「セロハンテープ」などと言い換える。

セロテックス〖Celotex〗木粉・バガス粉・わら粉などの植物繊維質を膠着剤ｺｳﾁｬｸｻﾞｲを用い、高温・高圧下で固め、板状にした建材。吸音材・保温材として利用。商標名。

セロトニン〖serotonin〗5-ヒドロキシトリプタミン。脳・松果体・腸のクロマフィン細胞でトリプトファンから合成、分泌される。神経伝達物質の候補。血小板に含まれるものは血管を収縮する働きがある。

セロトニン-ノルアドレナリン-さいとりこみ-そがいやく【セロトニンノルアドレナリン再取(り)込み阻害薬】▶エス-エヌ-アール-アイ(SNRI)

ゼロ-はい【ゼロ敗】「ゼロゲーム」に同じ。

セロハン〖ﾌﾗﾝｽ cellophane〗《「セロファン」とも》セルロースを処理して得られるビスコースを細長いすきまから硫酸の凝固液中に押し出して作った、透明で薄膜状のもの。包装紙として使用。もと商標名で、セルロースと透明の意のフランス語を合成した名。

ゼロ-ひょうじ【ゼロ表示】ﾍｳｼﾞ ❶計算や測定の結果がゼロと示されること。また、計器がゼロを示すこと。❷食品の栄養表示で、その成分が微量の場合は「ゼロ」「無～」と表示できること。糖類が食品100グラムあたり0.5グラム未満の場合の、「無糖」「シュガーレス」など。

セロファン〖ﾌﾗﾝｽ cellophane〗▶セロハン

ゼロ-ベース〖zero-base〗物事を最初からやりなおすこと。ゼロの状態から検討しなおすこと。

(類語)最初・第一・初め・一次・原初・嚆矢ｺｳｼ・手始め・事始め・まず・優先・一番・白紙

ゼロベース-よさん【ゼロベース予算】現行の事業・新規事業の別なく、すべての予算項目について既得権を認めず、毎年ゼロを出発点として査定し予算を編成する方式。ZBB(zero-based budgeting)。

ゼロメートル-ちたい【ゼロメートル地帯】地盤沈下などにより、海抜0メートル以下に低くなった土地。人口や産業の密集した沿岸部の沖積層地帯に多い。

ゼロ-めんきょしょう【ゼロ免許証】運転経歴証明書の通称。

セロヤン〖celloyarn〗《「セロヤーン」とも》セロハンを細く切ってひも状にした手芸材料。かごなどを編むのに用いる。

ゼロよん-レース【ゼロ四レース】《レースは、race。多く「ゼロヨンレース」と書く》400メートルの距離で測定した、自動車の発進加速。単位は秒で表し、少ないほど急加速が可能になる。スポーツカーは15秒前後の発進加速をもつ。また、特に、暴走族などが道路を閉鎖して400メートルまでの距離でタイムを争う違法の公道レースをいう。

セロリ〖celery〗セリ科の一年草または越年草。全体に特有の香りがある。葉は不規則な切れ込みのある小葉からなる羽状複葉で、柄は肉厚。夏、緑白色の小花を多数つける。ヨーロッパの原産で、野菜として栽培。オランダみつば。きよまさにんじん。

セロ-レーティングマーク【CEROレーティングマーク】《CERO rating mark》家庭用ゲーム機やパソコンのゲームソフトを対象とする倫理規定に関する表示。CERO(コンピューターエンターテインメントレーティング機構)がゲームソフトに含まれる暴力表現や性表現などの有無を審査し、対象年齢を明示するマークを付与する。

せ-ろん【世論】ある社会の問題について世間の人々の持っている意見。よろん。せいろん。「一を反映させる」「一の動向」(補説)「輿論ﾖﾛﾝ」の書き換えとして用いられ、「よろん」とも読まれる。➡輿論 (補説)

(類語)輿論・公論・物議

せろん-ちょうさ【世論調査】ﾃｳｻ ▶よろんちょうさ(世論調査)

せ-わ【世話】㊀〔名〕ｽﾙ ❶面倒をみること。尽力すること。「病人の一」「大きなお一」「親身になって一する」❷間に立って斡旋ｱｯｾﾝすること。取り持つこと。「就職先を一する」❸手数がかかってやっかいであること。面倒であること。「一が掛かる」➡御世話様ｵｾﾜｻﾏ ❹世間の人がする話。世間の言いぐさや慣用の言葉。また、日常語や俗語。「一に砕いて言う」❺通俗的、また庶民的であること。「一らしい打解けた風は頓ﾄﾝと失せて」〈鏡花・高野聖〉❻「世話物」の略。(補説)❶～❸は「せわ(忙)しい」の「せわ」からか。㊁〔形動〕《近世語》手数がかかるさま。面倒だ。「あた一な家持ちよりは、金持ちが遥かましでもあらうかと」〈浄・河原達引〉

(類語)㊀(❶)心配・扶助・扶育・御守ｵﾓﾘ・付き添い・介添え・介助・介護・介抱・看護・面倒見ﾒﾝﾄﾞｳﾐ・ケア/(❷)取り持ち・口利き・口入れ・口添え・仲立ち・肝煎ｷﾓｲﾘ・斡旋ｱｯｾﾝ・周旋・紹介・仲介/(❸)面倒ﾒﾝﾄﾞｳ・厄介・手数ﾃｶｽﾞ・手数ﾃｽｳ

世話がな・い ❶手数がかからない。「一・くてすむ」❷あきれてどうしようもない。「自分の失敗に自分で怒っているのだから一・い」

世話が焼・ける 他人の手助けが必要で、手数がかかる。面倒である。「まだ幼くて一・ける」

世話に砕・ける ❶時代物風に調子を張っていたせりふまわしが、急に庶民的、日常的なくだけた調子に変わる。❷言葉や身のこなしなどが和らぎ打ち解けて庶民的になる。「一・け居て、仇気ｱﾄﾞｹなくって可愛らしくって」〈鏡花・湯島詣〉

世話にな・る 人のやっかいになる。人の援助を受ける。「友人の一・る」

世話をか・く 世話をやく。「一門中が世話かくも、みな治兵衛為よかれ」〈浄・天の網島〉

世話を掛・ける 他人に面倒をかける。やっかいをかける。「在学中は先生に一・けた」

世話を焼・く 他人の世話をする。進んで他人の面倒をみる。「同窓会の一・く」

世話を病・む 他人のために世話をやき、ひどく苦労する。「一・んで病み死にの母様ｶｶｻﾏの恩をはや忘れ」〈浄・生玉心中〉

せわ-がたき【世話敵】歌舞伎の役柄で、世話物に登場する敵役。写実的、実感的で、かつ滑稽ｺｯｹｲな場合も多い。

せわ-きょうげん【世話狂言】ｷｬｳｹﾞﾝ 世話物の歌舞伎狂言。(対)時代狂言。

せわ-ごと【世話事】❶歌舞伎で、世話物のこと。❷日常的なこと。世間的な物事。「つひにしてみぬ一で、今日は大分くたびれた」〈浄・先代萩〉

せわ-じ【世話字】俗語・口語などを表記するために用いられた当て字や新たに作られた漢字。江戸時代に多く行われた。「苦々敷ﾆｶﾞﾆｶﾞｼｲ」「穴賢ｱﾅｶｼｺ」「椛ﾓﾐｼﾞ」などの類。

せわし・い【▽忙しい】ｾﾜｼ〔形〕(文)せはし〔シク〕❶用事が多くてひまがない。いそがしくて休む間もない。せわしない。「一・い日々を送る」❷気がせいて落ち着かない。せかせかしている。せわしない。「一・く立ち去る」❸速い調子で続くさま。絶え間がない。せわしない。「一・く息をつく」❹経済的にゆとりがない。「よくよく一・しければこそ芝居並みの利銀にて何程でも借らるるなり」〈浮・胸算用・二〉➡忙ｾﾜしい (用法) (派生) せわしがる〔動ラ五〕 せわしげ〔形動〕 せわしさ〔名〕

(類語)忙ｾﾜしい・慌ただしい・忙しない・気ぜわしい・目

まぐるしい・きりきり舞い・東奔西走・てんてこ舞い・多忙・繁忙・繁多・繁劇・多事多端・多用・繁用・怱忙そうぼう・倥偬こうそう・怱怱そうそう

せわし-な・い【▽忙しない】せはしない〔形〕文せはしな・し〔ク〕《「ない」は意味を強める接尾語》❶「せわしい❶」に同じ。「年末は何かと—・い」❷「せわしい❷」に同じ。「—・く席を立つ」❸「せわしい❸」に同じ。「人の出入りが—・い」派生せわしなげ〔形動〕せわしなさ〔名〕

せわ-じょうるり【世話浄瑠璃】セワジャウルリ 世話物の浄瑠璃。町人社会の風俗や人情・恋愛などを題材としたもの。⇔時代浄瑠璃。

せわ-ずき【世話好き】〔名・形動〕人のめんどうをよくみること。また、そのさまや、そういう人。「—な人」

せわ-せわ【▽忙▽忙】せはせは〔副〕せわしくて落ち着かないさま。せかせか。「一言ふより言はぬ身を恥ぢ入らせうと思うて」〈浄・冥途の飛脚〉

せわぜわ・し【▽忙▽忙し】せはぜはし〔形シク〕《「せわせわし」とも》❶非常にせわしい。「何か—・しうございまして、存じながら御無沙汰いたしました」〈滑・浮世風呂・三〉❷せわしくて、うるさい。わずらわしい。不愉快である。「—・シイ人」〈日葡〉

せ-わた【背▽腸】エビの殻の下、背にある黒い線状の腸。

せわ-にょうぼう【世話女房】セワニョウバウ ❶こまめに夫の面倒をみて、家庭内をうまく切りまわす妻。また、家事に苦労して所帯じみた妻。❷歌舞伎で、世話場に登場する女房。また、その役。

せわ-にん【世話人】団体や会合などの中心となって組織・運営にたずさわり、事務上の処理をする人。世話役。類語幹事・世話役

せわ-ば【世話場】歌舞伎で、貧困な生活の苦しみや悲哀を見せる場面。身売り・病苦・別離などの悲劇を扱った一種の愁嘆場で、写実的に演じる。

せわ-まるまげ【世話丸×髷】歌舞伎の女方のかつらで、世話女房の役に用いる丸髷。

せわ-もの【世話物】浄瑠璃・歌舞伎で、主として江戸時代の町人社会に取材し、義理・人情・恋愛や種々の葛藤かっとうを主題としたもの。歌舞伎では、生世話物きぜわもの・散切物ざんぎりものも含む。二番目物。世話。⇔時代物。

せわ-やき【世話焼(き)】❶好んで他人の世話をすること。また、その人。世話ずき。❷必要以上に人の面倒をみたがること。また、その人。おせっかい。❸「世話人」に同じ。

せわ-やく【世話役】「世話人」に同じ。

せ-わり【背割(り)】❶魚などの背を切り開くこと。❷男物の羽織で、背縫いの裾を縫い合わせない仕立て方。❸柱・縁桁えんげたなどが建築後に亀裂を生じるのを防ぐため、あらかじめ見えない背の部分に、樹心に達する割れ目をつくっておくこと。

せわり-ぐそく【背割具足】鎧よろいの一。胸から胴を覆うもので、引き合わせが背中にあるもの。腹巻き。

せわり-ばおり【背割羽織】▶打裂羽織ぶっさきばおり

せわ・る〔動ラ四〕むずかる。せがむ。「また—・るかいの。添寝してやりませう」〈伎・四谷怪談〉

せん【千│×阡│×仟】100の10倍。10の3乗。また、数の多いことにもいう。補説証書などに金額を記すときに「阡」「仟」を用いる。➡漢「せん(千)」
類語一・二・三・四・五・六・七・八・九・十じゅう・百・万・億・兆・ゼロ・零れい・一つ・二つ・三つ・四つ・五つ・六つ・七つ・八つ・九つ・十とお

千に一つ　多くの中のわずか一つ。きわめてまれなことにいう。万に一つ。「—の勝ち目もない」

千も万まんもいらぬ　あれやこれやと言うには及ばない。千も万も論は無用。「さあ—、あの縄解いて主ぬし返しや」〈浄・兜軍記〉

せん【千】㊀姓氏の一。㊁茶道の家元の名。

せん【仙】❶仙人。「天上の—の暫くこの世に降くだりて」〈鴎外訳・即興詩人〉❷仙人の術。仙術。「—を求むる志ありて葛城山に住む」〈三宝絵・中〉❸仙人の住む所。「只王質が—より出でて七世の孫に会ひ」〈太平記・一八〉➡漢「せん(仙)」

せん【先】❶まえ。以前。昔。もと。「—に会った人」「その話は—から知っていた」❷現在のものの前のもの。さき。「—の場所から移した」❸人よりさきに事を行うこと。さきがけ。「—と仰せらるるに依って、愚僧から参らうか」〈虎寛狂・宗論〉❹囲碁・将棋で、さきに打ちはじめるほう。先手。❺剣道で、機先を制すること。➡漢「せん(先)」

先を越・す　相手よりさきに物事を行う。さきんじる。「ライバル社に—・される」

先を取・る　先手を打つ。機先を制する。

せん【×疝】「疝気せんき」に同じ。

せん【宣】勅旨をのべ伝えること。また、それを書き記した文書。宣旨せんじ。「内覧の—をかうぶりて」〈神皇正統記・一条〉➡漢「せん(宣)」

せん【専】❶第一であること。何よりも大切なこと。「体を丈夫にするのが—だよ」〈紅葉・金色夜叉〉❷自分の思うままにすること。「藤原氏、権を—にし」〈福沢・文明論之概略〉➡漢「せん(専)」

せん【栓】❶管や穴、また瓶などの口をふさぐもの。「ビール瓶の—」「耳に—をする」❷水道管などの開閉装置。コック。「消火—」「ガス—」➡漢「せん(栓)」
類語コック

せん【腺】上皮組織の特殊化したもので、特定の物質を生成・貯留・分泌する器官。内分泌腺と外分泌腺とがある。➡漢「せん(腺)」

せん【詮】❶なすべき手段、方法。せんかた。「泣くより外に—がなかったのだろう」〈左千夫・野菊の墓〉❷効果。価値。かい。ききめ。「後悔しても—のないことだ」❸煎じつめたところ。結局。「申し受くるところの—は、ただ重盛が頸をめされ候へ」〈平家・二〉❹選択。詮議。「かやうのまことの—にあひ奉らんものは」〈盛衰記・一〉❺物事の要点。必須。眼目。「茶は水が—ぢゃといふが」〈虎寛狂・清水〉➡漢「せん(詮)」

せん【箋│×籤】❶書き付け用の細長い紙片。手紙。ふだ。❷木・竹・象牙などで作り、書名などを記して経巻を包む帙簀ちすのひもや巻子本かんすぼんの軸に結びつけたり、書籍中に挿入したりして検索に用いる札。➡漢「せん(箋・籤)」

せん【銭】❶貨幣の単位。円の100分の1。❷昔の貨幣の単位。貫の1000分の1。文もん。➡漢「せん(銭)」

せん【×撰】詩歌・文章を選び抜いて書物にまとめること。「太安万侶の—」➡漢「せん(撰)」
類語編集・編修・編纂へんさん・編著・新編

せん【線】❶糸のように細長く連続するもの。すじ。「地面に—を引く」❷電流や電気信号などを通すための道筋。電線や電話線。「台風で—が切れる」「電話が殺到して—がふさがる」「ニクロム—」❸光線や放射線。「エックス—」❹幾何学で、点が動くとき、面が交わるときにできる、幅と厚さのない長さ。直線と曲線とがある。❺交通機関の道筋。路線。「ローカル—」❻物事を行う道筋・方針。「その—で交渉しよう」❼物事の境目。仕切り。「どこで—を引くか」「公人として越えてはならない—だ」❽物事の、ある水準。「社会福祉の面では欧米の—に達していない」❾物の輪郭。「脚の—が美しい」❿《多く「線が太い」「線が細い」の形で用いる》外見や言動などからうかがえるその人の印象。「—の細いおとなしい女性」➡線が太い ➡線が細い ➡漢「せん(線)」
類語(❶)ライン/(❾)輪郭・シルエット

線が太い　性格が強い。度量が広く剛胆である。

線が細い　性格が弱々しい。繊細である。

せん【選】多くのものの中から、すぐれたものや条件に合うものなどを選ぶこと。「短歌の—にあたる」「—にもれる」➡漢「せん(選)」

選を殊ことに・する　別の部類に属する。「世間一般の痴猫ちびょう、愚猫とは少しく—・して居る」〈漱石・吾輩は猫である〉

せん【×磚│×塼│×甎】東洋建築に用いられた煉瓦れんが。正方形や長方形の厚い平板で、中国周代に始まり、漢代に発展、城壁・墓室などに用いられた。日本では主として飛鳥あすか・奈良時代に用いられ、表面に唐草模様・天人・鳳凰ほうおうなどを浮き彫りにしてある。

せん【×氈】毛織りの敷物。毛氈。「庭園は蘚苔むして—を敷く如く」〈鉄腸・花間鶯〉➡漢「せん(氈)」

せん【繊】❶「繊蘿蔔せんろふ」の略。「大根を—に切る」❷数の単位。1の1000万分の1。➡表「位くらい」➡漢「せん(繊)」

せん【×餞】〔名〕スル はなむけをすること。餞別。また、別れの宴。「奝然上人の唐に赴くを—して」〈露伴・連環記〉➡漢「せん(餞)」

せん【×饌】供え物。また、調えられた食物・食事。「青魚さばの煮魚が上条の夕食の—に上ったために」〈鴎外・雁〉➡漢「せん(饌)」

セン〖Amartya Sen〗[1933〜]インドの経済学者。国内外の大学教授を歴任、国連大学世界開発経済研究所の創立に関与する。1998年、所得分配の不平等と貧困・飢餓の研究が評価され、ノーベル経済学賞を受賞。アマルティア=セン。

ぜん【全】㊀〔名〕❶欠けたところがないこと。すべてであること。❷本の巻数や冊数などを表す語に先立って用い、その数ですべて、あるいはひとそろいであることを表す。「—三巻」「—五冊」㊁〔接頭〕名詞に付いて、すべての、全部の、の意を表す。「—学生」「—世界」「—責任」➡漢「ぜん(全)」

ぜん【前】㊀〔名〕ある時点より早い時。順序として早く現れるほう。まえ。さき。㊁〔接頭〕❶いまより一つまえの意を表す。「—議長」「—世紀」❷現状になるまえの、の意を表す。「—近代的」❸二つに分けたもののまえのほうの意を表す。「—半生」㊂〔接尾〕❶名詞に付いて、それ以前である意を表す。「使用—」「第二次大戦—」❷助数詞。㋐机・脇息・懸盤かけばんなどを数えるのに用いる。「一—の閼伽あかを備へて」〈今昔・一一・七〉㋑神や社殿などを数えるのに用いる。「摂社末社すべて三十余—、巍々ぎぎとしてつらなれり」〈滑・膝栗毛・八〉➡漢「ぜん(前)」類語元・前さき・旧・先

ぜん【善】よいこと。道義にかなっていること。また、そのような行為。「—を積み、功を重ねる」「一日一—」⇔悪。➡漢「ぜん(善)」

善に従うこと流るるが如ごとし　《「春秋左伝」昭公一三年から》善と知れば、それに従うことが少しも滞ることなく速やかであること。

善に強い者は悪にも強い　善を熱心に行う者はいったん悪に向かえば、悪をも熱心に行うものである。➡悪に強いは善にも強い

善の裏は悪　よいことには必ず悪いことがついて回るということ。

善は急げ　よいことはためらわずすぐに行え。

善を責せむるは朋友ほうゆうの道みちなり　《「孟子」離婁下から》善の道を行うように勧めるのは、友人としての大切な務めである。

ぜん【禅】❶《梵 dhayānaの音写「禅那」の略。定・静慮と訳す》仏語。精神を集中して無我の境地に入ること。❷「禅宗」の略。➡漢「ぜん(禅)」

ぜん【漸】物事が少しずつ進むこと。「—を追って改善する」➡漢「ぜん(漸)」

ぜん【膳】㊀〔名〕❶料理をのせて人に供する台。脚付きのものや、折敷おしきなどがある。「—につく」❷調えられた料理。また、食事。「一〇〇人分の—」㊁〔接尾〕助数詞。❶食器に盛った飯を数えるのに用いる。「二—の御飯」❷はし2本を一対として数えるのに用いる。「五—のはし」➡漢「ぜん(膳)」
類語食膳・陰膳・料理・調理・割烹かっぽう・煮炊き・炊事・クッキング・菜さい・おかず・膳部・ご馳走ちそう・佳肴かこう・酒肴しゅこう・調味・ディッシュ

膳に上のぼ・る　食べ物として食卓に出る。「旬しゅんの魚が—・る」

ぜん【然】〔接尾〕名詞に付いて、そのもののようなようすであるということを表す。「紳士—とした人」➡漢「ぜん(然)」

せん-あいせん【先相先】センアヒセン 囲碁で、3局の対戦のうち、下手が2局黒(先番)を持つ手合割り。➡互先たがいせん ➡定先じょうせん

せん-あえんこう【×閃亜鉛鉱】センアエンクヮウ 硫化亜鉛を主成分とする鉱物。純粋なものは白から淡黄色、鉄

を含むと褐色から褐黒色。ふつう四面体結晶で塊状・粒状など。等軸晶系。亜鉛の重要な鉱石。
ぜん-あく【善悪】《連声れんじょうで「ぜんなく」「ぜんまく」とも》㊀〔名〕善と悪。よいこととわるいこと。また、善人と悪人。「―の区別」㊁〔副〕《「善であろうが悪であろうが」の意から》いずれにせよ。また、とにもかくにも。是が非でも。「これからは、否でも応でもよい所へありつくるほどに、―お供申すぞ」〈虎清狂・猿座頭〉
(類語)是非・正否・当否・可否・可不可・適否・良否・理非・正邪・曲直きょくちょく・優劣・よしあし
善悪の生しょうを引く 善悪の行為によって来世に善悪の生を受けることにいう。
善悪の報むくいは影の形かたちに随したがうが如ごとし 《「旧唐書」張士衡伝から》善悪の行為に対する報いは、影が形に従うように、必ずあるものだ。
ぜんあく-ふに【善悪不二】仏語。善も悪も別のものではなく、仏法では無差別の一理に帰着するということ。
ぜんあく-むき【善悪無記】すべてのものの性質を分類し、善と、悪と、善でも悪でもないものの三つとしたもの。三性さんしょう。
ぜんあつ【全圧】混合気体の圧力。混合気体をつくる各成分気体の分圧の和に等しい。
せん-い【専意】ある事に心を集中すること。専心。
せん-い【船医】船に乗り組んで、乗組員や乗客の傷病の診療を行う医師。
せん-い【戦意】戦おうとする意気込み。闘志。「―を喪失する」(類語)反感・敵愾心てきがいしん・敵意・敵対
せん-い【×僭位】ヰ 身分を越えて君主の位にあること。また、その位。「科学がその―の王座を退いて」〈有島・宣言〉
せん-い【遷移】〔名〕スル ❶移り変わること。移り変わり。❷一定の植物群落が、それ自身の作り出す環境の推移によって他の種類へと交代し、最終的には安定した極相へと変化していくこと。岩などの裸地から始まるものを一次遷移、植生の一部または全部が破壊されたところから始まるものを二次遷移という。サクセッション。植物遷移。❸量子力学で、ある定常状態から、ある確率で他の定常状態へ移ること。その際にエネルギーの授受が起こり、光子などの粒子を放出または吸収する。転移。
せん-い【繊維】ヰ 細い糸状の物質。動物の筋線維・神経線維、植物の篩部しぶ繊維・木部繊維など。植物繊維や動物の毛は織物・紙などの原料とされ、また、人工的にも作られる。(補説)医学では動物の体内に存在するものについては「線維」と書くことが多い。
ぜん-い【前胃】ヰ 鳥類の胃の一部。砂嚢さのうより前にあり、消化腺に富む。腺胃せんい。
ぜん-い【善意】❶よい心。❷他人のためを思う親切心。好意。「―の人々」⇔悪意。❸好意的に相手の言動などをとらえること。よい意味。「―に解釈する」⇔悪意。❹法律で、ある事情を知らないですること。私法上、原則として善意の行為は保護され、責任は軽減される。⇔悪意。(類語)好意・厚意・老婆心
ぜん-い【禅位】ヰ 天子が位を譲ること。譲位。
せん-いき【戦域】ヰキ 戦闘の行われる区域。
ぜん-いき【全域】ヰキ 地域・区域の全体。また、分野・領域の全体。「関東―」「生活―」
(類語)一帯・一円・一面・地域
せんいき-かくへいき【戦域核兵器】センヰキ 戦域において、地域的に限られた目標を攻撃する核兵器。
せんいきょうか-プラスチック【繊維強化プラスチック】センヰキャウクワ ▶強化プラスチック
せんい-きんぞく【遷移金属】▶遷移元素
せんい-げんそ【遷移元素】元素の分類の一。周期表中、3(ⅢA)〜11(ⅠB)族元素の総称。12(ⅡB)族元素を含めることもある。遷移金属ともいう。
せんい-こうぎょう【繊維工業】センヰコウゲフ 生糸・綿糸・麻糸・化学繊維などの紡績や織物の工業。
せんい-さいぼう【線維細胞|繊維細胞】センヰサイバウ ❶植物で、繊維組織を構成する細胞。細胞壁が木化して肥厚した死細胞で、きわめて細長い形をしている。❷動物の線維性結合組織を構成する細胞。線維芽細胞。
せんい-さくもつ【繊維作物】センヰ 布・糸・紙などの原料にする繊維をとるために栽培する植物。麻・綿・藺い・楮こうぞ・三椏みつまたなど。
ぜん-いしき【前意識】精神分析の用語。意識と無意識との中間にあって、意識化の可能な領域。⇒下意識かいしき
せんい-しゅ【線維腫|繊維腫】センヰ 膠原こうげん線維の異常によって起こる良性腫瘍しゅよう。フィブローマ。線維腫症。
ぜんい-しゅとく【善意取得】▶即時取得そくじしゅとく
せんいじょう-たんぱくしつ【線維状×蛋白質|繊維状×蛋白質】センヰジヤウ 長い線維状の立体構造をもつたんぱく質の総称。水に溶けにくい。生体を構成するコラーゲン・ケラチン・エラスチン、筋原線維の主成分で筋肉の収縮に関与するF-アクチンやミオシン、血液の凝固に関わるフィブリン、クモの糸やカイコの絹糸の主成分であるフィブロインなど。⇒球状蛋白質
せんい-せいひん【繊維製品】センヰ 繊維を原料とする製品。毛織物・綿糸・衣料品など。
ぜんい-せんゆう【善意占有】ゼンイセンイウ 物を占有する権利がないことを知らないで占有すること。⇔悪意占有。
せんい-そ【線維素|繊維素】センヰ ❶セルロースのこと。❷フィブリンのこと。
せんいそ-げん【線維素原|繊維素原】センヰソ ▶フィブリノゲン
せんい-そしき【線維組織|繊維組織】センヰ ❶繊維細胞からなる植物組織。木部や篩部しぶに多い。❷▶結合組織
せん-いち【専一】▶せんいつ(専一)
せんいちやものがたり【千一夜物語】▶アラビアンナイト
せん-いつ【専一】❶他を顧みないで、ある物事だけに力を注ぐこと。せんいち。「―に学問に励む」「御自愛―に」❷第一。また、随一。「個人の義務は相手に愉快を与えるが―と思う」〈漱石・虞美人草〉
せん-いつ【選一】二つ以上のものの中から一つを選ぶこと。択一たくいつ。
ぜん-いつ【全一】〔名・形動〕完全に一つにまとまっていること。また、そのさま。「―な人格」
せんい-ばん【繊維板】センヰ 木材・竹・わら・パルプなどの植物繊維を圧縮成形して作った板。軟質板は断熱・吸音材に、硬質板は壁パネル・外装に用いる。ファイバーボード。
せん-いん【仙院】ヰン ❶上皇・法皇の御所。また、そこに住む上皇・法皇。仙洞。❷女院のこと。
せん-いん【船員】ヰン 船舶の乗組員。船長・海員・予備船員をいう。船乗り。(類語)船乗り・水夫・海員・クルー・セーラー・乗組員・マドロス
ぜん-いん【全員】ヰン その団体などに属するすべての人員。総員。(類語)一同・皆・みんな・皆皆・誰しも・誰も彼も・総員・一統・満座・満場
ぜん-いん【前因】前世の因縁。
ぜん-いん【善因】仏語。善果を招く因となる善行。⇔悪因。
ぜん-いん【禅院】ヰン 禅宗の寺院。禅寺。禅林。
ぜんいん-ぜんか【善因善果】ゼンクワ 仏語。よいことをすればそれがもとなって必ずよい報いがあるということ。⇔悪因悪果。
せんいん-てちょう【船員手帳】センヰンテチヤウ 船員の身分を証明する手帳。本人の氏名・生年月日・本籍地・履歴などを記載。
せんいん-ほう【船員法】センヰンハフ 船舶の安全な航行のため、船長の職務権限、船内規律、船員の労働条件などを定める法律。昭和22年(1947)施行。
せんいん-ほけん【船員保険】センヰン 船員およびその被扶養者の病気・負傷・失業・死亡などに対して保険給付を行う社会保険。
ぜんいん-やきゅう【全員野球】ゼンヰンヤキウ ❶正選手だけでなく、その他の野球部員全員が心を一つにして試合に臨むこと。高校野球でいう。❷(比喩的に)関係者全員が一致団結して対処すること。「経営危機を―で乗り切る」
せんいん-ろうどういいんかい【船員労働委員会】センヰンラウドウヰヰンクワイ 船員の労働争議の調整、不当労働行為の審査、労働条件に関する行政官庁への建議などを行った行政委員会。国土交通省の外局の一で、船員中央労働委員会と船員地方労働委員会とがあった。平成20年(2008)廃止。⇒労働委員会
ぜん-う【▽単×于】匈奴きょうどの君主の称号。
ぜんう-とごふ【▽単×于都護府】中国唐代、内蒙古の突厥とっけつなどの諸部族を統治するために置かれた機関。650年設置。
せん-ウランこう【×閃ウラン鉱】クワウ 酸化ウランを主成分とする鉱物。灰黒色で亜金属光沢がある。等軸晶系。八面体・立方体結晶や塊状・粒状で産出。非晶質のものをピッチブレンド・瀝青れきせいウラン鉱という。ウランの鉱石。
せん-うん【船×暈】船酔い。「―に苦しむ」
せん-うん【戦雲】戦争が始まりそうな緊張した気配。また、戦争。「―急を告げる」「―たれこめる国境地帯」(類語)戦争・戦いくさ・戦たたかい・戦役せんえき・役えき・兵へい・兵馬へいば・兵戈へいか・干戈かんか・会戦・合戦かっせん・交戦・事変・戦火・兵火・戦乱・兵乱・戦塵せんじん・戦禍せんか・大戦・戦闘
ぜん-え【▽染▽衣】墨染めの僧衣。法衣。
ぜん-え【禅▽衣】禅僧の着る衣服。ぜんい。
せん-えい【先×塋】先祖の墓。
せん-えい【先鋭|×尖鋭】〔名・形動〕❶鋭くとがっていること。また、そのさま。「―な穂先」❷思想・行動などが急進的、過激であること。また、そのさま。「―な活動家」(類語)鋭い・鋭利・シャープ
せん-えい【×閃影】瞬間的に見える影。
せん-えい【船影】船の姿。ふなかげ。
せん-えい【繊×翳】わずかなかげり。わずかのくもり。「時に天月明浄、都を―なく江山千里掌中に落つ」〈東海散士・佳人之奇遇〉
せん-えい【鮮鋭】〔名・形動〕画面・音などが、微細なところまではっきりしていること。また、そのさま。「―な画像」「―な描写」
ぜん-えい【前衛】ヱイ ❶軍隊の前方にあり、偵察・警戒などの任にあたる部隊。⇒後衛❷ ❷バレーボール・テニスのダブルスなどで、自陣の前方に位置して攻撃・守備にあたる者。⇒中衛❶ ⇒後衛❶ ❸階級闘争において最も革命的・先進的な役割を果たす集団。❹芸術活動で、既成の概念や形式にとらわれず、先駆的・実験的な表現を試みること。また、その集団。⇒アバンギャルド
ぜんえい-えいが【前衛映画】ゼンヱイエイグワ 新しい表現手法を試みて製作した実験映画。特に、1920年代にフランス・ドイツを中心に現れた一群の作品をさす。
ぜんえい-オープン【全英オープン】《British Open Championship》❶英国で開催される、最も歴史のあるゴルフのトーナメント。1860年に創設され、プロ・アマのいずれも参加できる。全米オープン、全米プロゴルフ選手権、マスターズとともに世界四大競技会の一。ジ-オープン。❷▶ウィンブルドンテニス大会
せんえい-か【先鋭化】クワ〔名〕スル 思想や行動が急進的になること。「民主化運動が―する」
ぜんえい-か【前衛花】ゼンヱイクワ 伝統的形式・定型を否定し、革新的な表現をめざした生け花。昭和20年代に始まり、超現実主義や抽象芸術の影響が強い。
ぜんえい-げいじゅつ【前衛芸術】ゼンヱイ 既成の芸術概念や形式を否定し、革新的な表現をめざす芸術の総称。アバンギャルド。
ぜんえい-げき【前衛劇】ゼンヱイ 既成の演劇様式を打破して、新しい表現方法を追求する演劇。
ぜんえい-しょどう【前衛書道】ゼンヱイショダウ 伝統的な書の概念を離れて、墨色・筆致・余白などによる純粋な造形性を追求する書道。第二次大戦後に興り、昭和30年代以降に盛んになった。墨象ぼくしょう。
ぜんえい-テニスせんしゅけんたいかい【全英

【▽山】▶さん

千 学1 音**セン**呉漢 訓**ち** ‖ ㊀〈セン〉①数の名。百の十倍。「千人・千両箱/数千・一騎当千・海千山千(うみせんやません)」②数の多いこと。「千言・千秋・千客万来・千差万別・千里眼」㊁〈ち〉「千草・千鳥/八千代」名付 かず・ゆき 難読 千歳(ちとせ)・千万(ちよろず)

川 学1 音**セン**呉漢 訓**かわ** ‖ ㊀〈セン〉かわ。「河川・山川・大川・名川」㊁〈かわ(がわ)〉「川上・川筋/小川」

仙 音**セン**呉漢 ‖ ①山中で修行して不老不死の術を修めた人。「仙境・仙骨・仙術・仙女(せんにょ)・(せんじょ)・仙人/神仙・謫仙(たくせん)・登仙」②世俗にとらわれない人。非凡な才能を持つ人。「歌仙・詩仙・酒仙」補説「僊」は本字。名付 のり・ひさ 難読 仙人掌(サボテン)

占 音**セン**呉漢 訓**しめる、うらなう** ‖ ①物や場所を自分のものにする。しめる。「占拠・占有・占領/寡占・先占・独占」②うらなう。うらない。「占星術/神占・卜占(ぼくせん)」名付 うら・しめ 難読 辻占(つじうら)

先 学1 音**セン**呉漢 訓**さき**、まず ‖ ㊀〈セン〉①空間的にいちばん前の方。「先端・先頭・先導・先方」②時間的に早い方。ある時点より前。また、最初。「先客・先刻・先妻・先日・先生・先祖・先着・先輩・先発/機先・祖先」③今の一つ前。「先月・先週・先先代」④碁・将棋で、先番。「先手(せんて)/互先(たがいせん)」⑤さきにする。さきんずる。「率先・優先」⑥(「尖」の代用字)突出している。「先鋭」㊁〈さき〉「先棒・先程/後先」名付 すすむ・ひろ・ゆき 難読 幸先(さいさき)・先蹤(せんしょう)・舳先(へさき)

人**尖** 音セン呉漢 訓とがる ‖ ①先が鋭くとがる。また、行動が突出するさま。「尖鋭・尖兵」②とがった先。「尖端・尖塔/舌尖・肺尖」補説「先」を代用字とすることがある。

宣 学6 音**セン**呉漢 訓のべる、のる、のたまう ‖ ①広く意向を述べ伝える。「宣言・宣告・宣誓」②広く行き渡らせる。「宣教・宣伝・宣揚」③天子や神が意向を述べる。「宣旨(せんじ)・宣命(せんみょう)/院宣(いんぜん)・託宣・勅宣」名付 すみ・つら・のぶ・のり・ひさ・ふさ・むら・よし

専〔專〕 学6 音**セン**呉漢 訓**もっぱら**、もはら ‖ ①他の事はおいてそれだけに集中する。それひとすじ。「専一・専攻・専属・専任・専念・専門」②ひとり占めにする。自分かってに物事をする。「専制・専断・専売・専有・専用・独断専行」③「専門学校」の略。「高専」名付 あつし・あつむ・たか・もろ

泉 学6 音**セン**漢 訓**いずみ** ‖ ①地中からわき出る水。いずみ。「泉水/温泉・渓泉・源泉・鉱泉・神泉・清泉・盗泉・飛泉・噴泉・湧泉(ゆうせん)・(ようせん)」②温泉のこと。「泉質/塩泉・間欠泉・単純泉」③あの世。「泉下/黄泉(こうせん)」④穴あき銭。「泉貨/刀泉」⑤和泉(いずみ)国。「泉州」名付 み・みず・みぞ・もと 難読 和泉(いずみ)・黄泉(よみ)

浅〔淺〕 学4 音**セン**呉漢 訓**あさい** ‖ ㊀〈セン〉①水かさが少ない。「浅海・浅水/深浅」②濃くない。「浅紅・浅緑」③知識・思慮が乏しい。あさはか。「浅学・浅見・浅薄・浅慮」㊁〈あさ〉「浅瀬・浅緑・浅知恵/遠浅」名付 あさ 難読 浅葱(あさぎ)・浅蜊(あさり)

洗 学6 音**セン**呉漢 訓**あらう** ‖ ①汚れをあらい清める。「洗剤・洗浄・洗濯・洗面・洗練/水洗」②顔や物をあらう器。「杯洗・筆洗」名付 きよ・よし 難読 御手洗(みたらし)

染 学6 音**セン**慣 ゼン漢 訓**そめる、そまる、しみる、しみ** ‖ ①色をしみ込ませる。そめる。「染色・染織・染毛・染料/捺染(なっせん)」②色がつく。しみ込む。影響を受ける。「汚染・感染・薫染・浸染・伝染」

扇 音**セン**呉漢 訓**おうぎ**、あおぐ、あおる ‖ ㊀〈セン〉①おうぎ。うちわ。「扇子(せんす)・扇面・扇状地/銀扇・軍扇・秋扇・団扇(だんせん)・換気扇」②おうぎで風をおくる。あおぐ。「扇風機」③人をそそのかして事を起こさせる。あおる。「扇情・扇動」補説 ③は「煽」と通用。㊁〈おうぎ〉「扇形/舞扇」名付 み 難読 団扇(うちわ)

栓 音**セン**呉漢 ‖ ①管や穴の口をふさぐもの。「栓塞(せんそく)/血栓・密栓」②管の先などに取り付けた開閉装置。「音栓・給水栓・消火栓」

人**穿** 音セン呉漢 訓うがつ、はく ‖ 穴をあけて通す。うがつ。「穿孔・穿鑿(せんさく)」補説 人名用漢字表(戸籍法)の字体は「穿」。

人**閃** 音セン呉漢 訓ひらめく ‖ きらりと光る。ひらめく。「閃光・閃閃/一閃・電閃」

×**剪** 音セン呉漢 訓きる ‖ 切りそろえる。「剪断・剪定」

旋 音**セン**漢 訓めぐる ‖ ①ぐるぐるまわる。「旋回・旋風・旋律/回旋・螺旋(らせん)」②一回りして帰る。元に戻る。「凱旋(がいせん)」③あちこち回り歩く。「斡旋(あっせん)・周旋」難読 旋頭歌(せどうか)・旋毛(つむじ)・旋風(つむじかぜ)・旋網(まきあみ)

船 学2 音**セン**漢 訓**ふね、ふな** ‖ ㊀〈セン〉ふね。「船団・船長・船舶・船尾/艦船・汽船・客船・漁船・商船・乗船・造船・帆船・便船・和船」㊁〈ふね(ぶね)〉「大船・親船・出船」㊂〈ふな〉「船底・船出」難読 船首(みよし)

戦〔戰〕 学4 音**セン**呉漢 訓**いくさ、たたかう**、おののく、そよぐ ‖ ①武器をもって敵と争う。たたかい。いくさ。「戦艦・戦後・戦術・戦災・戦争・戦闘/海戦・合戦(かっせん)・苦戦・激戦・決戦・抗戦・交戦・作戦・参戦・善戦・大戦・挑戦・内戦・敗戦・奮戦・和戦」②競争。勝敗をきそう。言論などで争う。「商戦・舌戦・論戦・宣伝戦」③試合。「観戦・棋戦・熱戦・延長戦」④震えおののく。「戦慄(せんりつ)・戦戦恐恐(せんせんきょうきょう)」難読 戦慄(わなな)く

煎 音**セン**呉漢 訓**いる** ‖ ①水分がなくなるまで熱する。「煎餅(せんべい)/香煎・焙煎(ばいせん)」②煮出す。「煎茶・煎薬」難読 煎海鼠(いりこ)

羨 音**セン**漢 エン呉漢 訓**うらやむ、うらやましい** ‖ ㊀〈セン〉うらやむ。うらやましがる。「羨望/欽羨(きんせん)」㊁〈エン〉墓の地下道。「羨道(えんどう)」名付 のぶ

腺 音**セン**慣 ‖ 生物体内で種々の液汁を分泌する器官。「腺病質/汗腺・頸腺(けいせん)・毒腺・乳腺・蜜腺(みつせん)・涙腺」補説「腺」は国字であるが、中国でも用いられる。

詮 音**セン**呉漢 訓かい ‖ 物事の道理をつき詰める。「詮議・詮索/所詮」名付 あき・あきら・さと・さとし・とし・とも・のり

践〔踐〕 音**セン**漢 訓ふむ ‖ ①ふみ行う。「実践・履践」②位につく。「践祚(せんそ)」

×**跣** 音セン呉漢 訓はだし ‖ はだし。すあし。「跣足/徒跣」

×**僭** 音セン呉漢 ‖ 身分不相応におごる。「僭越・僭主・僭称・僭上」

×**煽** 音セン呉漢 訓あおる、おだてる ‖ 人をそそのかす。おだてる。あおる。「煽情・煽動」

箋 音**セン**呉漢 ‖ ①メモ・手紙などを書く紙片。「便箋・付箋・用箋」②注釈をつける。「箋注」

銭〔錢〕 学5 音**セン**漢 訓**ぜに** ‖ ㊀〈セン〉①ぜに。かね。「銭湯/悪銭・金銭・古銭・賽銭(さいせん)・借銭・鋳銭・銅銭・米銭・連銭(れんせん)」②貨幣の単位。円の一〇〇分の一。「一銭」㊁〈ぜに〉「銭形/小銭・日銭・身銭」

人**銑** 音セン呉漢 訓ずく ‖ 鉄鉱石を溶かし取り出した鉄で、不純物を含むもの。ずく。「銑鉄/溶銑」補説 原義は、精錬された金属。平成22年(2010)常用漢字表から削除、人名用漢字に追加された。名付 さね

×**銓** 音セン呉漢 訓はかる ‖ はかり。また、目方をはかる。人物や才能をはかって選ぶ。「銓衡」

人**撰** 音セン呉漢 訓えらぶ ‖ ①詩や文章を作る。書物を著す。「撰述」②詩文を選び編集する。「撰集/官撰・私撰・自撰・勅撰」③多くの中からよりすぐる。「新撰・精撰」補説 人名用漢字表(戸籍法)の字体は「撰」。名付 のぶ 難読 杜撰(ずさん)

潜〔潛〕 音**セン**漢 訓**ひそむ、もぐる**、くぐる、かずく、ひそかに ‖ ①水中にもぐる。「潜航・潜水」②中にひそんで表面に現れない。「潜居・潜行・潜在・潜伏」③思いをひそめる。物事に没頭する。「潜心/沈潜」④「潜水艦」の略。「原潜」名付 すみ

線 学2 音**セン**呉漢 ‖ ①糸のように細長いもの。棒状・ひも状のもの。「線香・線虫/琴線・光線・混線・視線・電線・銅線・配線・無線」②描かれたすじ。「線条・線分/曲線・実線・直線・点線・波線・白線・傍線・放物線」③すじのように見える境目。「死線・雪線・戦線・前線・海岸線」④交通機関の筋道。「線路/沿線・幹線・支線・脱線・単線・複線・本線・路線」⑤つながり。手づる。「伏線」

人**蝉** 音セン漢 訓せみ ‖ ㊀〈セン〉①昆虫の名。セミ。「蝉蛻(せんぜい)/寒蝉・秋蝉」②連なって美しい。「蝉鬢(せんびん)」㊁〈せみ(ぜみ)〉「蝉時雨(せみしぐれ)/油蝉」補説 人名用漢字表(戸籍法)の字体は「蟬」。

×**賎** 音セン漢 訓いやしい、しず、いやしむ ‖ ①身分が低い。いやしい。「貴賎・下賎(げせん)・卑賎・貧賎」②さげすむ。いやしむ。「賎称」③自分をけんそんしていう語。「賎妾(せんしょう)」難読 山賎(やまがつ)

選 学4 音**セン**呉漢 訓**えらぶ**、える、よる ‖ ①より分けてえらぶ。えらぶこと。「選挙・選曲・選鉱・選手・選択・選定・選別/改選・官選・人選・精選・特選・入選・予選・落選」②詩文をえらび集めた書物。「文選(もんぜん)・唐詩選」名付 かず・かつ・のぶ・よし・より

遷 音**セン**呉漢 訓うつる、うつす ‖ ①元の場所や地位から離れて別の所に移る。移す。「遷都/左遷・孟母三遷(もうぼさんせん)」②物事が時間とともに移り変わる。「変遷」③魂が体から抜け出る。死ぬ。「遷化(せんげ)」

×**擅** 音セン漢 訓ほしいまま ‖ 独り占めにする。かって気ままにする。「擅恣(せんし)・擅断/独擅場(どくせんじょう)」

薦 音**セン**呉漢 訓**すすめる**、こも ‖ ①人を取り上げ用いるように進言する。「自薦・推薦・他薦・特薦」②こも。敷物。「薦席」名付 しげ・のぶ

×**氈** 音セン呉漢 ‖ 獣毛を縮絨(しゅくじゅう)した布。「氈褥(せんじょく)/毛氈」補説「氊」は俗字。難読 氈鹿(かもしか)

繊〔纖〕 音**セン**呉漢 ‖ ①ほそい。こまかい。「繊維・繊細・繊繊・繊毛」②繊維。「化繊」難読 巻繊(けんちん)

×**餞** 音セン漢 訓はなむけ ‖ 旅立つ人に贈り物をすること。はなむけ。「餞別/予餞会」補説「餞」は俗字。

鮮 音**セン**呉漢 訓**あざやか**、すくない ‖ ①取りたてで生きがよい。生生しい。「鮮魚・鮮血/新鮮・生鮮」②形・色がくっきりしている。あざやか。「鮮明・鮮緑・鮮烈」③すくない。「鮮少」名付 あきら・き・まれ・よし

×**殲** 音セン呉漢 訓つくす、ほろぼす ‖ 殺しつくす。滅ぼす。「殲滅」補説「殱」は俗字。

×**饌** 音セン漢 ‖ 供えた食べ物。ごちそう。「饌米/佳饌・饗饌(きょうせん)・酒饌・神饌」

×**籤** 音セン呉漢 訓くじ ‖ くじ。「抽籤・当籤」補説「籖」は俗字。

漢字項目 ぜん

全 [学]3 [音]**ゼン**(呉) [訓]**まったく、すべて**、まっとうする ‖ ①欠けるところがない。すべて備わっている。「全人・全能/安全・完全・健全・十全・不全・保全・万全」②ある範囲内のすべてにわたるさま。みな。まるまる。すっかり。「全員・全快・全権・全校・全国・全集・全焼・全身・全体・全長・全般・全部・全文・全滅・全面・全裸・全力」[名付]あきら・うつ・たけ・たもつ・とも・はる・まさ・また・みつ・やす・よし

前 [学]2 [音]**ゼン**(呉) セン(漢) [訓]**まえ**、さき ‖ ㊀〈ゼン〉①空間的にまえの方。進んでいく方向。「前後・前進・前途・前方・前面・前輪/眼前・現前・敵前・風前・仏前・面前・目前・門前」②ある時点よりもまえ。「前回・前期・前日・前代・前兆・前歴/以前・空前・午前・最前・産前・事前・従前・食前・生前・戦前」③順序が先に出たほう。「前記・前項・前者・前述・前編・前略」㊁〈まえ〉「前髪・前金/腕前・手前・出前・名前」[名付]くま・さき・すすむ・ちか [難読]前栽・点前

×**涎** [音]ゼン(呉) セン(漢) [訓]よだれ ‖ よだれ。「垂涎・流涎」

善 [学]6 [音]**ゼン**(呉) [訓]**よい**、よく、よくする ‖ ①行いや性質などが好ましい。よい。よいこと。「善意・善行・善政・善人・善良/改善・勧善・偽善・最善・慈善・次善・十善・追善・独善・不善・性善説」②物事にうまく対処する。よく。「善処・善戦・善後策」③仲良くする。「善隣/親善」[名付]ただし・たる・よし [難読]善知鳥

×**喘** [音]ゼン(慣) [訓]あえぐ ‖ はあはあと短く呼吸する。「喘息/余喘」

然 [学]4 [音]**ゼン**(漢) **ネン**(呉) [訓]しかり、しかるに、しかし、しかも、しか、さ、さる ‖ ㊀〈ゼン〉①ほかでもなく、そうなっている。そのとおり。しかり。「自然・全然・当然・同然・必然・本然・未然」②他の語に付けて状態を表す語。「唖然・隠然・俄然・愕然・毅然・厳然・公然・忽然・渾然・燦然・釈然・悄然・騒然・断然・超然・陶然・突然・漠然・憤然・平然・猛然・歴然」㊁〈ネン〉㊀に同じ。「寂然・天然・本然・黙然」[名付]のり [難読]然様・然然・徒然

禅〔禪〕 [音]**ゼン**(呉) ‖ ①天子が天を祭る儀式。「封禅」②天子が位を譲る。「禅譲/受禅」③仏教で、雑念を払い、心を集中して悟りの境地を得ること。「禅定/座禅・参禅・修禅」④仏教の一派。「禅宗」

漸 [音]**ゼン**(呉) [訓]ようやく ‖ ①しだいに。だんだん。「漸減・漸次・漸進・漸漸・漸増」②少しずつ進む。「西漸・東漸」[名付]すすむ・つぐ

膳 [音]**ゼン**(呉) [訓]かしわで ‖ ①料理した食物。「膳羞」②食物を載せて出す台。また、それに載せた料理。「膳部/饗膳・御膳・食膳・配膳・本膳」[名付]よし [難読]膳夫

繕 [音]**ゼン**(呉) [訓]**つくろう** ‖ 破れたところなどを直す。「営繕・修繕」[名付]よし

テニス選手権大会】《The Lawn Tennis Championships》▶ウィンブルドンテニス大会

ぜんえい-は【前衛派】▶アバンギャルド❶

せんえい-ぶんし【先鋭分子】急進的な考え方をする人々。急進分子。

せん-えき【染液】色を染めるのに用いる液。

せん-えき【戦役】戦争。役。「日露―」
[類語]戦争・戦・戦い・合戦・会戦・役・戦闘・戦う・兵・兵馬・兵戈・干戈・交戦・事変・戦火・兵火・戦乱・兵乱・戦雲・戦塵・戦禍・大戦

せん-えき【×賤役】いやしい仕事。いやしい役務。

せん-えつ【×僭越】〘名・形動〙自分の地位や立場を越えて出過ぎたことをすること。また、そのさま。「―な言い方」「―ながら代表してあいさつをさせていただきます」[類語]越権

ぜん-えつ【禅悦】仏語。禅定に入った心の喜び。「法喜―」

せん-えん【遷延】〘名〙スル のびのびになること。また、のびのびにすること。「開会が―する」「―策」
[類語]伸びる・遅れる・遅滞・延滞・延引・遅延・延着・遅刻・遅参・順延

せん-えん【×嬋×娟】〘ト・タル〙[文]〘形動タリ〙▶せんけん(嬋娟)

せん-えん【×嬋媛】〘ト・タル〙[文]〘形動タリ〙あでやかで美しいさま。優美であるさま。「暮れんとする春の色の、―として、しばらくは冥邈の戸口をまぼろしに彩どる中に」〈漱石・草枕〉

ぜん-えん【全円】❶円の全体。❷完全で、欠けるところがないこと。「これを得道の―とす」〈正法眼蔵・弁道話〉

ぜん-えん【全縁】葉の縁が滑らかで、ぎざぎざのないこと。全辺。

ぜん-えん【前縁】❶前世の因縁。❷前の方の縁。❸航空機の翼の、気流に対して風上側の縁。

ぜん-えん【前燕】中国、五胡十六国の一。337年、鮮卑族の慕容廆の子、皝が建国。都は熱河の竜城、のち鄴。370年に前秦の苻堅に滅ぼされた。

せんえんせい-いしきしょうがい【遷延性意識障害】俗に、植物状態といわれる病状のこと。
[補説]植物状態の患者は脳幹が機能しているため生命を維持でき、長期間生存できる。一方、脳死の患者は脳幹が機能していないため、通常は10日以内に心停止に至る。ただし、遷延性脳死(長期脳死)の場合、30日以上脳死状態が続く場合がある。

せんえんせい-のうし【遷延性脳死】▶長期脳死

せんえん-の-めい【澶淵の盟】1004年、南下して黄河に達した遼と宋との間に結ばれた平和条約。宋は遼に歳幣を贈り、国境は現状を維持することなどを約した。以後、1世紀以上にわたり平和が続き、遼は宋の影響を受けて文化・経済面で大きく発展した。澶淵は条約の締結地澶州のこと。

せん-お【染汚】〘名〙スル けがれること。また、けがすこと。汚染。「物質の穢悪なるは人を―せず」〈中村訳・西国立志編〉

せん-おう【先王】《連声で「せんのう」とも》❶先代の王。❷昔のすぐれた君主。

せん-おう【先皇】《連声で「せんのう」とも》「せんこう(先皇)」に同じ。

せん-おう【専横】〘名・形動〙好き勝手に振る舞うこと。また、そのさま。わがまま。「―な領主」
[類語]横暴・独断専行

せん-おう【×僭王】身分を越えて王を名乗ること。また、その者。

ぜん-おう【全欧】ヨーロッパ全体。全ヨーロッパ。

ぜんおう-あんぽきょうりょくかいぎ【全欧安保協力会議】▶シー-エス-シー-イー(CSCE)

せん-おく【千億】億の千倍。また、非常に大きい数。

せん-おん【×顫音】▶トリル

ぜん-おん【全音】半音二つからなる音程。長2度に相当する。

ぜんおん-おんかい【全音音階】1オクターブの間を、六つの全音で等分に分割した音階。ドビュッシーがよく用いた。

ぜん-おんかい【全音階】オクターブが全音五つと半音二つからなる音階。半音の位置により、長音階と短音階とに分けられる。

せん-おんそく【遷音速】気体の音速と同程度の気流の速度、または物体の運動速度。

せん-おんそくりゅう【遷音速流】流体の速度が音速に近く、音速以上の領域と音速以下の領域が共存するような流れ。

ぜん-おんぷ【全音符】音の長さを表す基礎となる音符。二分音符の2倍、四分音符の4倍に相当する。

せん-か【仙家】仙人のすみか。せんけ。

せん-か【専科】専門の分野だけを特に学ぶ課程。また、その課程で学ぶ科目。

せん-か【泉下】黄泉の下。死後の世界。あの世。
泉下の客とな・る 《あの世を訪ねる人となる意》死ぬ。亡くなる。泉下の人となる。

せん-か【扇架】▶扇掛け

せん-か【×閃火】ひらめく火。きらめく火。

せん-か【船架】修理する船を載せて陸上に引き揚げる、軌道の上に台車をつけた装置。

せん-か【戦火】戦争による火災。また、戦争。「―が広がる」「―を逃れる」「隣国と―を交える」[類語]銃火・砲火・戦争・戦・戦い・戦役・役・兵・兵馬・兵戈・干戈・会戦・合戦・交戦・事変・兵火・戦乱・兵乱・戦雲・戦塵・戦禍・大戦・戦闘

せん-か【戦果】戦争・戦闘の成果。「―が上がる」

せん-か【戦渦】戦争による混乱。「―に巻き込まれる」

せん-か【戦禍】戦争による被害。「―を被る」
[類語]戦争・戦・戦い・戦役・役・兵・兵馬・兵戈・干戈・会戦・合戦・交戦・事変・戦火・兵火・戦乱・兵乱・戦雲・戦塵・大戦・戦闘

せん-か【銭貨┊泉貨】ぜに。かね。金銭。

せん-か【選果】〘名〙スル 果実をその大小、品物のよしあしなどによって選び分けること。また、その作業。「出荷前に―する」

せん-か【選科】規定の学科の中から一部を選んで学ぶ課程。「―生」

せん-か【選歌┊×撰歌】すぐれた歌を選び出すこと。また、選び出された歌。

せん-か【遷化】〘名〙スル ▶せんげ(遷化)

せん-が【仙×娥】仙女。特に、月に昇ったという女性、姮娥のこと。また、月のこと。

せん-が【仙×駕】神仙または帝王の乗り物。

せん-が【線画】線だけでかいた絵。線描画。

ぜん-か【全科】❶全部の科目。❷全部の学科。

ぜん-か【全家】❶家族全部。家内中。❷すべての家。一門すべて。

ぜん-か【全課】❶すべての課。また、その課全体。❷すべての課目。

ぜん-か【前科】❶以前に法律による刑罰を受けていること。また、その刑。❷過去のよくない行為のたとえ。「朝帰りの―」[類語]刑余

ぜん-か【善果】仏語。善行による、よい報い。「善因―」⇔悪果。

ぜん-か【禅家】▶ぜんけ(禅家)

せんか-あわせ【選歌合(わ)せ】歌合わせの一。古今の秀歌を選び出し、左右に分けて優劣を競うもの。

せん-かい【千悔】何度もくやむこと。非常に後悔すること。「―万悔」

せん-かい【仙界】「仙境」に同じ。

せん-かい【先回】一つ前の回。前回。

せん-かい【泉界】黄泉の世界。あの世。泉下。

せん-かい【浅海】❶浅い海。❷海岸から大陸棚外縁までの海。水深約200メートルまでの海。

せん-かい【旋回】〘名〙スル ❶円を描くように回ること。「上空をセスナが―する」❷航空機が回りこむようにして進路を変えること。「右へ―する」
[類語]回転・回る・回す

せん-かい【×儃×佪】〘名〙スル 足が進まないで立ち止まること。「無限の域に―して」〈漱石・草枕〉

せん-がい【船外】ふねのそと。

せん-がい【線×鞋】布帛製の、ひもで締めて履く沓。奈良・平安時代、女性や子供が用いた。

せん-がい【選外】選にもれること。「―佳作」

ぜん-かい【全会】その会全体。会を構成する人のすべて。「――致で法案が可決される」
[類語]満場・満座・一座

ぜん-かい【全快】〘名〙スル 病気や傷が完全に治ること。「一日も早く―してほしい」「―祝い」
[類語]全治・完治・治癒・平癒・根治・快気・全癒・快癒・本復・回復

ぜん-かい【全開】〔名〕スル 全部開くこと。いっぱいにあけること。「ガス栓を―する」「エンジン―」

ぜん-かい【全壊｜全潰】ゼンクヮイ〔名〕スル 災害などで建物などがもとの形がわからないほどすっかりこわれること。「台風で家屋が―する」類語 大破・倒壊・丸潰れ・全損・毀損きそん・損壊・破損・破砕・砕破・壊滅

ぜん-かい【前回】ゼンクヮイ 一つ前の回。先回。

せんがい-かつどう【船外活動】セングワイクワツドウ「宇宙遊泳」に同じ。EVA(extravehicular activity)。

せんがい-き【船外機】セングワイ― 小型船に用いる、取り外し式の推進機関。

せんかい-きょう【旋開橋】センクヮイ― 可動橋の一。橋脚を中心に水平回転し、船を通すもの。

せんがいきょう【山海経】センガイキャウ 中国古代の地理書。18巻。作者・成立年未詳。戦国時代の資料も含まれるが、前漢以降の成立とされる。洛陽を中心に地理・山脈・河川や物産・風俗のほか神話・伝説などを収録。

せんかい-せいそう【浅海成層】大陸棚に堆積たいせきした地層。陸から運ばれる砕屑物さいせつぶつの大半はここに堆積する。

せん-がき【せん×掻き】漆うるしの採取法の一。半夏はんげから彼岸までの期間、漆の木に切れ目をつけて樹液を採る。

せん-がき【線描き】物の形を線だけでかき表すこと。せんびょう。

せん-かく【千客】▶せんきゃく(千客)

せん-かく【仙客】❶仙人。❷鶴の別名。

せん-かく【先覚】❶人より先に物事の道理を悟ること。また、その人。❷学問や見識のすぐれている先輩。先学。先達。「―に学ぶ」⇔後覚。
類語 先輩・学兄・先学

せん-かく【遷客】罪を得て遠方に流された人。流人。また、左遷された人。

せんがく【仙覚】[1203～?]鎌倉時代の万葉学者。常陸ひたちの人。天台宗の僧で、鎌倉新釈迦堂の権律師ごんのりっし。万葉集の研究に志し、その校訂・訓点・注釈などに画期的な業績を残した。著「万葉集註釈(仙覚抄)」「仙覚奏覧状」など。

せん-がく【仙楽】仙人の奏でる音楽。また、そのような美しい音楽。

せん-がく【先学】学問上の先輩。先覚。⇔後学。
類語 先輩・学兄・先覚

せん-がく【浅学】学問や知識が未熟なこと。また、その人。自分のことをへりくだっていう語。「―非才ひさいの身」

ぜん-かく【全角】和文の活字・込め物で、正方形の活字1字分の大きさ。➡半角 ➡倍角❷

ぜん-かく【禅客】《「ぜんがく」とも》❶禅の修行僧。❷禅寺で、住持の説法に際し、住持と問答をする役目の僧。問禅。

ぜん-かく【禅閣】禅宗の寺院。禅寺。

ぜん-がく【全学】その学校または大学全体。学内のすべての人々。

ぜん-がく【全額】全部の金額。総額。

ぜん-がく【前額】ひたい。おでこ。

ぜん-がく【禅学】禅によって真理を悟る学問。禅宗の教義を研究する学問。

ぜんがくきょうとう-かいぎ【全学共闘会議】―クワイギ ▶全共闘

せんがく-じ【泉岳寺】東京都港区高輪にある曹洞宗の寺。山号は万松山。開創は慶長17年(1612)、開山は門庵宗関、開基は徳川家康。寛永18年(1641)外桜田から現在地に移転。曹洞宗の江戸三か寺の一。浅野長矩あさのながのりや赤穂あこう義士の墓がある。

せんかく-しゃ【先覚者】人々より先に物事の道理や時代の流れの変化を見抜き、事を行った人。くさわけ。

せんがくしょう【仙覚抄】センガクセウ「万葉集註釈」の通称。

せんかく-しょとう【尖閣諸島】―シヨタウ 沖縄県、八重山諸島の北方にある諸島。石垣市に属する。魚釣島うおつりじま・北小島きたこじま・南小島・久場島(黄尾嶼こうびしょとも)・大正島(赤尾嶼せきびしょとも)などの無人島からなる。

せんがくしん【銭学森】[1911～2009]中国の科学者。浙江せっこう省杭州こうしゅうの人。カリフォルニア工科大学に留学し、ロケット工学の博士号を取得。のちに同大教授となる。帰国後は中国科学院力学研究所長などを歴任、人工衛星・ロケット・ミサイルの開発を指導した。チエン＝シュエセン。

せんがくそうらんじょう【仙覚奏覧状】センガクソウランジヤウ 万葉集の研究書。1巻。仙覚著。建長5年(1253)後嵯峨院に奉った奏覧状を中心に、無点歌152首に新点を加え、万葉集の歌体や訓点などについて述べたもの。

ぜん-がく-れん【全学連】「全日本学生自治会総連合」の略称。各大学の学生自治会の全国的連合組織。昭和23年(1948)結成。学問の自由、教育機関の民主化などを唱え、1950～1960年代の学生運動の中心となった。

せんかく-わん【尖閣湾】新潟県佐渡島西部、外海府海岸南部にある湾。海食により高さ20メートルの段丘崖が2キロメートルにわたって続く、佐渡の代表的な景勝地。近くに相川海域公園がある。佐渡弥彦米山さどやひこよねやま国定公園に属する。

せんか-し【仙貨紙｜仙花紙｜泉貨紙】センクワ― ❶楮こうぞを原料にして漉すいた厚手の強い和紙。包み紙やカッパなどに用いた。天正年間(1573～1592)伊予の人、兵頭仙貨ひょうどうせんかが作り出したという。❷くず紙を漉き返して作った粗悪な洋紙。第二次大戦後の物資欠乏の時代に作られた。

せんが-じ【千箇寺】❶千の寺。転じて、多くの寺。❷「千箇寺参り」の略。

ぜんか-しき【漸化式】ゼンクワ― 数列のいくつかの項の間に成り立つ関係式。例えば、公差dの等差数列では$a_{n+1}=a_n+d$となるなど。

せんがじ-まいり【千箇寺参り】―まゐり 多くの寺院に巡礼参詣して、自分の生国や名前を記した納札を寺の柱や扉にはって歩くこと。

せん-かた【▽為ん方｜詮方】なすべき方法。てだて。しかた。「―尽きる」補説「詮」は当て字。

せんかた-な-い【▽為ん方無い｜詮方無い】〔形〕文せんかたな・し〔ク〕❶なすべき方法が見つからない。どうしようもない。「―・くあきらめる」「悔やんでも―・いことだ」❷やりきれない。また、たまらなく悲しい。「御ありさま見奉るに、あまりに―・うこそ候へ」〈平家・灌頂〉補説「詮」は当て字。
類語 仕方ない・余儀ない・よんどころない

せん-かち【先勝ち】▶先勝せんしょう❷

ぜん-かつ【全割】動物の受精卵の卵割が卵全体にわたる形式のもの。等黄卵や端黄卵でみられ、割球の大きさがほぼ等しい等割と不均等な不等割とがある。➡部分割

せんか-てんのう【宣化天皇】センクワテンワウ 記紀で、第28代天皇。継体天皇の第2皇子。名は武小広国押盾たけおひろくにおしたて。新羅しらぎの任那みまな侵入に際し、大伴狭手彦おおとものさでひこを遣わして、任那・百済くだらを救援したという。

ぜんがめん-ひょうじ【全画面表示】ゼングワメンヘウジ コンピューターの操作画面において、ウインドーの枠やタイトルバーを取り払い、ウインドーの内容をディスプレー全面に表示すること。映像ソフトの再生やゲームなどに用いられる。フルスクリーン表示。

ぜんか-もの【前科者】ゼンクワ― 前科のある者。刑余者。

ぜん-がゆ【全×粥】米1、水5の割合(容量比)で炊いた固めのかゆ。➡粥

せん-かん【専管】―クワン〔名〕スル 一手に管轄すること。

せん-かん【船艦】民間の船舶と軍艦。

せん-かん【戦艦】❶戦争用の船。いくさぶね。軍艦。❷軍艦の一。最もすぐれた攻撃力と防御力をもち、第二次大戦まで海上兵力の中心であった。現在では航空母艦がこれに代わる。

せん-かん【潜×函】土木・建築の基礎工事で、地下水などの流入を圧縮空気によって防ぎながら中で作業ができるようにした、コンクリート製・鋼製の箱。ケーソン。

せん-かん【選管】―クワン「選挙管理委員会」の略。

せん-かん【×潺×湲】―クワン〔ト・タル〕文〔形動タリ〕❶さらさらと水の流れるさま。せんえん。「―と谿水けいすいの音聞ゆるにぞ」〈竜渓・経国美談〉❷涙がしきりに流れるさま。せんえん。「―と咽び泣いているのです」〈谷崎・魔術師〉

せん-がん【千貫】―グワン 1貫の1000倍。転じて、非常に重いことや高価なこと。

千貫のかたに編あみ笠がさ一蓋いっかい 千貫の貸し金に対する抵当が編み笠一つであること。損得の差が大きくて、利益が損失をつぐなえないことのたとえ。

せん-がん【洗眼】〔名〕スル 水や薬液で目を洗うこと。「硼酸水ほうさんすいで―する」

せん-がん【洗顔】〔名〕スル 顔を洗うこと。「ぬるま湯で―する」「―クリーム」

せん-がん【扇眼】扇のかなめ。

せん-がん【腺×癌】各種臓器の分泌腺の組織に発生する癌。また、癌細胞が腺のような構造に配列している癌。

ぜん-かん【全巻】―クワン ❶ある巻の全体。❷いくつかの巻からなるものの、全部。全部の巻。「―予約」

ぜん-かん【全館】―クワン ❶その館の全体。「―冷房」❷すべての館。

ぜん-かん【前官】―クワン ❶前に就いていた官職。❷その官職の前任者。❸退職前の官職。

ぜん-かん【前漢】中国古代の王朝。秦しんの滅亡後、前202年、楚の項羽を破った漢王劉邦りゅうほう(高祖)が建国。都は長安。中央集権体制が確立された武帝のときに全盛期を迎えた。8年、王莽おうもうによって倒された。西漢。

ぜん-かん【善感】〔名〕スル 種痘などが十分に接種されること。

ぜん-かん【善管】―クワン「善良な管理者」の略。➡善管注意義務

せんかん-き【戦間期】1918年の第一次大戦の終結から、1939年の第二次大戦の勃発までの約20年の期間。

せんかん-こうほう【潜×函工法】―コウハフ 潜函を使って構造物の基礎工事をする方法。ケーソン工法。

せんがん-しゅぎ【先願主義】―グワン― 先に出願した者を優先的に取り扱う主義。特許権の付与などに関して採用されている。➡先発明主義

ぜんかんじょ【前漢書】漢書かんじょの異称。

ぜんがん-じょうたい【前×癌状態】―ジヤウタイ 高頻度に癌になりやすいと考えられている病変。肝臓癌に対する肝硬変、皮膚癌に対する色素性乾皮症など。前癌病変。

せんかん-すいいき【専管水域】センクワンスイヰキ 沿岸国が漁業および鉱物資源の保存・管理などについて排他的権利を主張している水域。➡漁業専管水域 ➡排他的経済水域

せんかん-そかい【専管租界】センクワン― 中国にあった租界のうち、ある一国だけが租界権を専有していた租界。➡共同租界

ぜんかんちゅうい-ぎむ【善管注意義務】ゼンクワンチユウイ― 《「善良な管理者としての注意義務」の意》業務を委任された人の職業や専門家としての能力、社会的地位などから考えて通常期待される注意義務のこと。注意義務を怠り、履行遅滞・不完全履行・履行不能などに至る場合は民法上過失があると見なされ、状況に応じて損害賠償や契約解除などが可能となる。善良なる管理者の注意義務。

せんかん-びょう【潜×函病】―ビヤウ 潜函内で作業した人や潜水した人が急速に大気圧の場所に出たときに起こる健康障害。潜函内の高圧下で体液中に多量に溶け込んでいた窒素がガス化し、気泡となって組織の各所を圧迫したり血行を妨げたりするため、手足や腹部の痛みやしびれ、めまい・呼吸困難・虚脱などが起こる。減圧症。ケーソン病。潜水病。

ぜんがん-びょうへん【前×癌病変】―ビヤウヘン ▶前癌状態

せんがん-フォーム【洗顔フォーム】洗顔用の石けん。多く半固体状で、水または湯で泡立てて使う。

せんカンブリア-じだい【先カンブリア時代】カンブリア紀以前の地質時代の総称。地殻が形成されてから5億7500万年前まで。この時代の地層は化石に乏しく、激しい変形・変成作用を受け、大規模な花崗岩ｶｺｳの貫入がある。太古代。先カンブリア紀。

せんかんポチョムキン【戦艦ポチョムキン】《原題、ﾛｼｱ Bronenosets Potyomkin》ソ連の映画。1925年作。エイゼンシュテイン監督。1905年に起きたポチョムキン号の反乱事件をモンタージュの手法を駆使して描いた、サイレント映画の傑作。

せんがん-りょう【洗顔料】ﾆﾚｳ 洗顔のために用いる基礎化粧品。肌への刺激が少なく、洗顔後に保湿効果のあるものなどがある。➡クレンジング

ぜんかん-れいぐう【前官礼遇】ｾﾞﾝｸﾞﾜﾝ もと国務大臣・枢密院議長・宮内大臣・内大臣として功績の著しかった者に対し、退官後も在官時と同じ待遇を与えること。

せん-き【先規】《古くは「せんぎ」とも》前からのおきて。前からのしきたり。先例。「―にのっとる」

せん-き【×疝気】漢方で、下腹部や睾丸ｺｳｶﾞﾝがはれて痛む病気の総称。疝病。疝。

せん-き【戦記】戦争や戦闘のありさまを記録したもの。戦争の記録。軍記。

せん-き【戦旗】戦争のときに用いる旗。

せんき【戦旗】文芸雑誌。昭和3年(1928)5月創刊、同6年12月廃刊。全日本無産者芸術連盟(ナップ)の機関誌。小林多喜二・徳永直らの作品を掲載し、プロレタリア文学運動の中心となった。

せん-き【戦機】❶戦うべき機会。戦うのによい時機。「―を逸する」❷戦争上の機密。軍機。

せん-ぎ【先議】〔名〕ｽﾙ 他の議案より先に審議すること。特に、二院制の議会で、一院が他に先立って法案を審議すること。「―権」

せん-ぎ【×僉議】〔名〕ｽﾙ《「僉」は皆の意》❶多人数で評議すること。また、その評議。衆議。「村民が集まって―する」❷「詮議ｾﾝｷﾞ❷」に同じ。「この―の済むまではここを通さじ」〈浮・一代男・四〉

せん-ぎ【戦技】《「戦闘技術」の略》戦闘に勝つために必要な技術。戦い方。「―訓練」➡戦略 ➡戦術

せん-ぎ【詮議】〔名〕ｽﾙ《「詮」は説き明かす意》❶評議して明らかにすること。また、その評議。「会の方針について―する」❷罪人を取り調べること。また、罪人を捜索すること。「厳しく―する」

ぜん-き【全期】❶その期間全体。❷すべての期間。

ぜん-き【全機】❶全部の機械、また飛行機。❷仏語。物の働きや機能のすべて。生活全体のこと。

ぜん-き【前記】〔名〕ｽﾙ ❶本文の前に書き記すこと。また、そのもの。前書き。「編集―」❷その文章より前の部分に書くこと。「概略を―する」❸前代の記録文書。旧記。

ぜん-き【前期】❶一つ前の時期・期間。「―の委員から事務を引き継ぐ」❷ある期間を二つまたは三つに分けたうちの、前の方の期間。「―試験」㊥後期。

ぜん-き【禅機】禅における無我の境地から出る働き。禅僧が修行者などに対するときの、独特の鋭い言葉または動作。

ぜん-ぎ【前議】以前に唱えた議論。「我々が奮って代議士会に―を翻えしたら」〈魯庵・社会百面相〉

ぜん-きく【禅×鞠】座禅のときに用いる、毛で作ったまり。眠る者に投げつけたり、また頭の上にのせて眠りを防いだりしたともいう。

ぜんき-くりこしりえき【前期繰越利益】企業会計で、前期における未処分利益のうち、処分がなされずに当期に繰り越された金額。

ぜんき-こうれいしゃ【前期高齢者】ｾﾞﾝｷｺｳﾚｲｼｬ 高齢者のうち、65歳以上、75歳未満の人のこと。➡後期高齢者

せんき-すじ【×疝気筋】ｽﾁﾞ ❶疝気のとき痛む筋や筋肉。❷正しくない系統。傍系。また、筋道を取り違えること。「表むきの筋を通した清潔感がすべて他の―を拭き消した生活の仕上図であり」〈石川淳・普賢〉

ぜん-きせい【全寄生】寄生植物で、栄養の全部を宿主から吸収する生活形態。根や葉は退化しており、クロロフィルをもたず光合成を行わないので緑色をしていない。ナンバンギセル・ヤッコソウなどにみられる。➡半寄生

せんぎ-だて【詮議立て】〔名〕ｽﾙ ことさらに詮議すること。「余計なことを―する」

ぜんき-ちゅうとうきょういく【前期中等教育】ｾﾞﾝｷﾁｭｳﾄｳｷｮｳｲｸ 中等教育を前後2期に区分した前期に属する教育。現在の日本では中学校の教育。➡後期中等教育

せんき-もち【×疝気持(ち)】疝気の持病があること。また、その人。

せんき-ものがたり【戦記物語】▶軍記物語

せん-きゃく【千客】多くの客。せんかく。

せん-きゃく【先客】先に来た客。「―がある」

(類語)客・客人・来客・訪客・来訪者・訪問者・賓客・来賓・まろうど・ゲスト・珍客・弔客

せん-きゃく【船客】船の乗客。「―名簿」

せん-きゃく【船脚】船の進む速さ。ふなあし。

ぜん-きゃく【前脚】❶前にあるあし。まえあし。㊥後脚。❷陸上機の降着装置の一部で、機首付近に取り付けられた緩衝支柱と車輪。

せんきゃく-ばんらい【千客万来】入れ替わり立ち替わり、多くの客が来ること。せんかくばんらい。

せん-きゅう【川×芎】セリ科の多年草。高さ30～60センチ。葉は羽状複葉。秋、白い小花が多数咲く。根茎を漢方で頭痛・強壮・鎮静薬とする。中国の原産で、薬草として栽培。おんなぐさ。(季 花=秋)「―の香に流るるや谷の水/其角」

せん-きゅう【仙宮】❶仙人が住む宮殿。❷上皇の御所。「―を帝都に遷ｳﾂし進ﾏｲらせられしかば」〈太平記・二四〉

せん-きゅう【船級】ｾﾝｷﾌ 船級協会によって認定された船の国際的な等級。日本では主に日本海事協会がその等級を証明する。海上保険・売買・貸借などのための基本資料となる。

せん-きゅう【選球】ｾﾝｷﾌ〔名〕ｽﾙ 野球で、打者が投球をボールかストライクかを見分けること。

せん-きゅう【×贍給】ｾﾝｷﾌ《「贍」は豊かの意》恵み与えること。

ぜん-きゅう【冉求】ｾﾞﾝｷｳ ▶子有ｼｲｳ

ぜん-きゅう【全休】ｾﾞﾝｷｳ〔名〕ｽﾙ 一日中、または、ある期間の全部を休むこと。「前場所―した力士」

せんきゅう-がん【選球眼】ｾﾝｷﾌｶﾞﾝ 野球で、打者の選球する視覚的能力。バッティング-アイ。

せんきゅう-きょうかい【船級協会】ｾﾝｷﾌｷﾖｳｸﾜｲ 一定の基準に基づいて船体・機関・諸設備などについて検査を行い、船級を与える非営利法人。

ぜん-きゅうし【前臼歯】ｾﾞﾝｷｳｼ ▶小臼歯

ぜんきゅうちきゅう-かんそくシステム【全球地球観測システム】ｾﾞﾝｷｳﾁｷｳｸﾜﾝｿｸ 地上・空中・宇宙から地球全体を包括的に観測する、国際的な取り組み。地球観測に関する政府間会合(GEO)に参加する国・地域・国際機関が個別に運営する観測システムを統合。大気・水域・陸地の状態を継続的に観測し、得られたデータは、自然災害・気候変動対策、水・エネルギー資源管理の向上、生態系・生物多様性の保護・保全、農業支援などに利用する。GEOSS(Global Earth Observation System of Systems)。

ぜん-きゅうふ【全休符】ｾﾞﾝｷｳﾌ 全音符に相当する長さをもつ休符。全休止符。

せん-きょ【占居】〔名〕ｽﾙ ある場所を占めていること。「イパミノンダスは其の―せる、層級席を下り」〈竜渓・経国美談〉

せん-きょ【占拠】〔名〕ｽﾙ ❶ある場所を占有して他人を寄せつけないこと。「公園を―する」「不法―」❷占領すること。「敵の要地を―する」

(類語)占める・占有・占領・領する

せん-きょ【船×渠】▶ドック❶

せん-きょ【潜居】〔名〕ｽﾙ 隠れ住んでいること。「京師ｹｲｼに―せし浮浪の輩は」〈染崎延房・近世紀聞〉

せん-きょ【選挙】〔名〕ｽﾙ ❶組織や集団において、その代表者や役員を投票などによって選出すること。「議長を―する」❷選挙権を有する者が、全国または一定区域において、一定数の議員・都道府県知事・市町村長など公職に就く者を投票によって選出すること。「衆議院議員を―する」

(類語)選出・公選・民選・互選・改選・投票・直接選挙・間接選挙・地方選挙・総選挙・官選

せん-きょ【薦挙】〔名〕ｽﾙ 人を推薦して役職に就かせること。推挙。「この議院に於て、各部落より―せる民委官を歓接し」〈中村訳・西国立志編〉

せん-ぎょ【遷御】〔名〕ｽﾙ ❶天皇・上皇・皇太后などが居所を移すこと。遷幸。❷神霊または神社を他所に移すこと。「神体を―する」

せん-ぎょ【鮮魚】新鮮な魚。「―商」

せんきょ-いはん【選挙違反】ｾﾝｷﾖｲﾊﾝ 公職選挙法の規定に違反する行為。買収・事前運動・戸別訪問・選挙妨害など。制裁としての刑罰のほかに、一定期間、選挙権・被選挙権を停止されることがある。

せん-きょう【仙境|仙郷】ｾﾝｷﾔｳ 仙人が住むという所。また、俗界を離れた静かで清浄な土地。仙界。

せん-きょう【宣教】ｾﾝｹｳ〔名〕ｽﾙ 宗教上の教えを広めること。特に、キリスト教の伝道にいう。「全国を―して歩く」(類語)伝道・布教

せん-きょう【船橋】ｾﾝｹｳ ❶船の上甲板の高所にあり、航海中、船長が操船・通信などの指揮に当たる所。ブリッジ。❷船を並べてつなぎ、その上に板をかけ渡して橋としたもの。ふなばし。

せん-きょう【戦況】ｾﾝｷﾔｳ 戦争・戦闘の状況。戦状。

せん-きょう【遷×喬】ｾﾝｹｳ《「詩経」小雅・伐木から》ウグイスが谷から出て喬木ｹｳﾎﾞｸに移り住むこと。高い地位に昇進することのたとえ。遷鶯ｾﾝｱｳ。

せん-ぎょう【先業】ｾﾝｹﾞﾌ 先人の残した事業。また、先祖代々の家業。

せん-ぎょう【専業】ｾﾝｹﾞﾌ ❶ある職業・事業を専門にすること。また、専門にしている職業・事業。❷法律で認められた独占事業。(類語)専従・専任・専門

せん-ぎょう【×賤業】ｾﾝｹﾞﾌ いやしい職業。

せん-ぎょう【×瞻仰】ｾﾝｷﾞﾔｳ〔名〕ｽﾙ あおぎ見ること。見上げること。また、敬い慕うこと。せんごう。「世人のみな―するところである」

ぜん-きょう【全協】ｾﾞﾝｹﾌ《「日本労働組合全国協議会」の略称》昭和3年(1928)日本共産党の指導下に結成された左翼労働組合。プロフィンテルンに正式加盟。同9年以降、自然消滅した。

ぜん-きょう【漸教】ｾﾞﾝｹｳ 仏語。平易な教えから始め、順次に深い悟りを得るようにする教法。➡頓教ﾄﾝｷﾞｮｳ

ぜん-ぎょう【善▽巧】ｾﾞﾝｹﾞｳ 仏語。人々の機根に応じて巧みに善に教え導き、仏の利益ﾘﾔｸを与えること。

せんきょう-し【宣教使】ｾﾝｹｳｼ 明治2年(1869)大教宣布運動を推進するために設けられた官庁。初め神祇官ｼﾞﾝｷﾞｶﾝ、のち神祇省に属し、同省廃止後、活動は教部省に引き継がれた。

せんきょう-し【宣教師】ｾﾝｹｳｼ キリスト教を広めるため、外国、特に異教国に派遣される伝道者。ミッショナリー。

せんぎょう-しゅふ【専業主夫】ｾﾝｹﾞﾌｼｭﾌ 職に就かないで、家事に専念する主夫。

せんぎょう-しゅふ【専業主婦】ｾﾝｹﾞﾌｼｭﾌ 職に就かないで、家事に専念する主婦。

ぜんきょう-せん【前胸腺】昆虫の幼虫の内分泌器官。一般に完全変態する昆虫にみられ、ホルモンを分泌する。

ぜんきょうせん-ホルモン【前胸腺ホルモン】昆虫の幼虫の前胸腺から分泌するホルモン。アラタ体ホルモンとともに脱皮・変態に関係する。➡エクジソン

ぜん-きょうとう【全共闘】《「全学共闘会議」の略》昭和43～44年(1968～1969)の大学紛争の際、既成の学生自治会組織とは別に、無党派学生らが各大学で結集してつくった運動組織。のち、新左翼諸党派も加入。

せんぎょう-のうか【専業農家】ｾﾝｹﾞﾌ 世帯員に農業

以外の仕事に従事する者がなく、農業収入だけで生計をたてている農家。➡兼業農家

せんぎょう-ふ【×賤業婦】売春婦。醜業婦。

ぜんぎょう-ほうべん【善▽巧方便】仏語。臨機応変に、巧みに手だてを講じて人を導くこと。また、その方法。

ぜん-きょう-れん【全協連】「全国郵便局長協会連合会」の略称。

せんきょう-ろう【船橋楼】船橋のある構築物。

せんきょ-うんどう【選挙運動】選挙で、特定の候補者の当選を目的として選挙人に働きかける行為。公職選挙法により保護・制限される。

せんきょ-かい【選挙会】開票結果に基づき、各候補者の得票総数を計算し、当選人を決定する手続きを行う機関。選挙長がその事務を担任する。

せんきょ-かんしょう【選挙干渉】政府当局者がその権力を利用して、選挙の公正を破って不当に干渉し、反対党を抑圧すること。

せんきょかんり-いいんかい【選挙管理委員会】選挙に関する事務の管理を任務とする機関。特に、参議院比例代表選出議員の選挙事務を行う中央選挙管理会と、都道府県・市町村の選挙管理委員会のこと。選管。

せん-きょく【戦局】戦争・争いごとの局面や形勢。試合や勝負ごとにもいう。「―が有利に展開する」(類語)旗色

せん-きょく【選曲】〘名〙スル 曲目を選ぶこと。「―のいいアルバム」「BGMにバッハを―する」

せん-きょく【選局】〘名〙スル 受信機を調節して放送局を選ぶこと。「ローカル局を―する」

せんきょ-く【選挙区】❶議員選出の単位として区分された地域。小選挙区と大選挙区に大別される。❷参議院議員選挙で、都道府県を一単位とする区画。もとは地方区と称した。

せんぎょく【顓頊】中国古代伝説上の帝王。五帝の一。黄帝の孫。重・黎という神に命じて天地を分離させたという。高陽に国を建てたことから高陽氏ともいう。

ぜん-きょく【全曲】❶長い曲の始めから終わりまでのすべて。❷すべての曲。

ぜん-きょく【全局】❶全体の成り行き・局面。「―を見極める」❷囲碁や将棋などで、対局の全部。❸ある局の全体。また、局と称する組織のすべて。

せんきょく-まわり【選挙区回り】政治家が、自身の選挙区で街頭演説やあいさつ回りなどの選挙活動を行うこと。

せんきょ-けん【選挙権】議員その他一定の公職に就く者を選挙する権利。参政権の代表的なもの。日本国憲法は公務員の選挙について、満20歳以上の者による普通選挙を保障している。

せんきょ-こう【選挙侯】▶選帝侯

せんきょ-こうえい【選挙公営】公正な選挙を行うために、国または地方公共団体が選挙運動に対して各種の便宜を与え、その費用を負担する制度。新聞広告・政見放送・立会演説会や選挙公報の発行などが認められている。

せんきょ-こうほう【選挙公報】公職選挙法に定める選挙において、選挙管理委員会が発行する候補者の氏名・経歴・政見などを掲載した文書。有権者に無料で配布する。

せんきょ-こうやく【選挙公約】選挙の立候補者が当選後に実施すると有権者に約束する事柄。特に、公職選挙で候補者や所属政党が実行を有権者に約束する政策。「オリンピック誘致を―とする」(補説)従来、公職選挙では抽象的な事柄が多く、単なる努力目標としてとらえられがちで、深く追求されることが少なかった。➡マニフェスト

せんきょ-しかく【選挙資格】選挙人たる地位を得る法律上の資格。公職選挙法では、成年被後見人、禁錮以上の刑に処せられその執行を終わるまでの者、その執行を受けることがなくなるまでの者、選挙などに関する犯罪により禁錮以上の刑に処せられその刑の執行猶予中の者などを除き、日本国民で満20歳以上の者がこの資格を有する。

せんきょせいど-しんぎかい【選挙制度審議会】国会議員の選挙区制、議員定数、政治資金の規正など、選挙制度に関する事項を調査・審議する総理大臣の諮問機関。昭和36年(1961)設置。

せんきょ-そしょう【選挙訴訟】選挙の効力に関して争う訴訟。

せんきょ-たちあいにん【選挙立会人】選挙会の手続きが公正に行われるように立ち会う人。

せんきょ-ちょう【選挙長】選挙会に関する事務を担任する長。

せんきょ-にん【選挙人】❶選挙権を有する者。❷米国大統領選挙で、各州での一般投票の結果に従って大統領候補に投票する人。全米に538人がいて、州ごとに人口に応じた数の選挙人が割り当てられている。大統領候補を出した政党は一般投票前に各州の選挙人人数分の名簿を決め、一般投票で勝った候補者の党が名簿全員を選挙人投票に送り込む。獲得した選挙人の合計で大統領が決定する。

せんきょにん-めいぼ【選挙人名簿】選挙権を有する者の氏名・住所・性別・生年月日などを登録した名簿。市町村選挙管理委員会が作成・保管する。昭和41年(1966)の改正以降、永久に据えおかれ、すべての選挙に用いられる。永久選挙人名簿。

せんきょ-ほう【選挙法】選挙に関する法。特に、公職選挙法をいう。

せん-ぎり【千切り|繊切り】大根・人参などを細く切ること。また、切ったもの。繊。千六本。(類語)千六本・薄切り・輪切り・乱切り・ぶつ切り・みじん切り

せん-きん【千金】❶千枚の黄金。千両のかね。「この名画は―にも換えがたい」❷多額の金銭。また、非常に価値の高いこと。「一攫―」

千金の裘は一狐の腋に非ず 《「史記」劉敬・叔孫通伝賛から》高価な皮衣は1匹のキツネのわき毛だけでは作れない。国を治めるには、多くの人材の力によらなければ成し遂げられないというたとえ。

千金の子は市に死せず 《「史記」越世家から》金持ちの子は、罪を犯してもその金力によって死罪を免れることができる。

千金の子は盗賊に死せず 《蘇軾「留侯論」から》金持ちの子は、盗賊と争って死ぬような危険なことはしない。金の力で身を守ることをいう。

せん-きん【千×鈞】《「鈞」は重さの単位で、1鈞は30斤》非常に重いこと。きわめて価値の高いこと。また、そのもの。「―の重みのある言葉」

千鈞も船を得れば則ち浮かぶ 《「韓非子」功名から》千鈞の重さの物でも船があれば水に浮かぶ。愚かな者でも勢力・地位があれば、賢者を抑え世を治めることができるというたとえ。

せん-きん【仙×禽】❶仙界にいるという霊鳥。❷鶴の別名。

せん-きん【浅近】〘名・形動〙浅はかなこと。また、そのさま。浅薄。「米の文化は猶麁略―なり」〈津田真道・明六雑誌一八〉

せん-ぎん【×蝉吟】セミが鳴くこと。また、その声。

ぜん-きん【前金】「まえきん」に同じ。

ぜん-ぎん-きょう【全銀協】「全国銀行協会」の略称。

ぜんぎん-システム【全銀システム】「全国銀行データ通信システム」の略。

ぜんきん-せん【漸近線】ある曲線が、原点から無限に遠ざかるにつれて、限りなく近づいてはいくが、決して交わらないし、接しもしない直線。

ぜん-きんだいてき【前近代的】〘形動〙やり方などが一時代前のもので、合理性に欠けるさま。「―な経営」(類語)古い・時代遅れ・流行遅れ・古風・昔風・旧式・旧弊・旧態依然・オールドファッション

せん-く【千句】❶千の語句。転じて、多くの言葉。「―を費やしてもなお言い尽くせない」「―一言」❷連歌や俳諧で、百韻を十巻、すなわち千の句を続けて詠んだもの。千句全般にわたって指し合い・去り嫌いの規定が適用される。➡十百韻

せん-く【千苦】多くの苦しみ。「―万労」

せん-く【先駆】〘名〙スル ❶他に先がけて物事をすること。また、その人。さきがけ。「―をなす」「雑誌の方も―して荊棘をひらいたのが」〈佐藤春夫・晶子曼陀羅〉❷「前駆❶」に同じ。(類語)先駆け・一番槍

せん-く【選句】〘名〙スル 多くの俳句や川柳の中からすぐれた句を選び出すこと。また、選び出された句。「投稿を―する」

せん-ぐ【船具】舵・帆・錨などの、船舶の用具。

ぜん-く【全句】❶俳句・川柳などの句の全体。❷その人の作ったすべての句。また、句集のすべての句。

ぜん-く【全×躯】からだ全体。全身。

ぜん-く【前駆】〘名〙スル ❶《古くは「せんぐ」「ぜんぐ」とも》行列などの前方を騎馬で進み、先導すること。また、その人。さきのり。さきばらい。先駆。「あのかたのお召車らしいのが…―させながらお近づきになって」〈堀辰雄・かげろふの日記〉❷物事の起こる前ぶれ。

せんく-あわせ【千句合(わ)せ】千句の句会。

せん-ぐう【遷宮】神社の神殿を改築・修理するとき、神体を移すこと。権殿に移す仮遷宮と、本殿に戻す正遷宮がある。特に、伊勢神宮についていう。遷座。宮移し。

せんぐう-さい【遷宮祭】遷宮の際に行われる神事。遷座祭。

ぜんく-さいぼう【前駆細胞】幹細胞から特定の体細胞や生殖細胞に分化する途中の段階にある細胞。幹細胞は体のさまざまな組織・臓器に分化する能力を持つが、前駆細胞の分化能力は限られている。例えば、造血前駆細胞は造血幹細胞から分化し、赤血球・白血球・血小板などに変化する。

せんく-しゃ【先駆者】他人に先立って物事をする人。先覚者。パイオニア。「科学技術の―」

ぜんく-しょうじょう【前駆症状】ある病気の起こる前兆として現れる症状。

せん-くち【先口】申し込みや約束の順序が先であること。また、先になされた申し込みや約束。「―があって今夜は会えない」⇔後口。

せん-くつ【仙窟】仙人が住むほら穴。また、俗世間から離れたすみか。

ぜん-くつ【前屈】〘名〙スル 前に曲げること。また、前の方に曲がっていること。⇔後屈。(類語)前かがみ・屈伸

ぜんくねん-の-えき【前九年の役】永承6年(1051)から康平5年(1062)にかけて、陸奥の豪族安倍頼時とその子貞任・宗任らが起こした反乱を、朝廷が源頼義・義家を派遣して平定させた戦役。後三年の役とともに源氏が東国に勢力を築くきっかけとなった。

ぜん-ぐみ【膳組(み)】日本料理で、膳に並べる料理の種類・品数を決めること。また、そのようにして整えた一人前の膳。

せん-グラフ【線グラフ】数量を線分で表したグラフ。

せん-ぐり【先繰り】《「せんくり」とも》順を追って次々に行うこと。順繰り。「お前達―着物からおこしから振うてみせてあげ」〈水上・大阪の宿〉

セングレア〖Senglea〗地中海中央部の島国、マルタ共和国の首都バレッタの南東部にある町。マルタ島北東部に位置し、グランド港を挟んでバレッタの対岸に位置する。町の名称は、16世紀半ば、この地に要塞を築いたマルタ騎士団の団長クロード=デ=ラ=センゲルにちなむ。古称はイスラ(リースラ)で、「半島」の意。1565年のオスマン帝国軍による大包囲戦で活躍し、「無敵都市」と称された。

せん-くん【先君】❶先代の主君。❷死亡した父親や祖先を敬っていう語。先考。

せん-くん【戦勲】いくさでの手柄。戦功。軍功。

せん-ぐん【千軍】多くの軍兵。

ぜん-ぐん【全軍】❶軍隊・チームの全員。総軍。❷すべての軍隊・チーム。

ぜん-ぐん【前軍】先頭に立つ軍隊。前方からの軍

勢。先陣。先手。⇔後軍。

せん-くんし【先君子】亡き父。先君。先考。

せんぐん-ばんば【千軍万馬】❶多くの軍兵と軍馬。❷戦闘の経験が豊富であること。転じて、社会経験などを多くつんでいること。「—の猛者」

千軍万馬の間 戦争の行われている場所。戦場。転じて、社会における競争の場。

せん-け【千家】千家流のこと。また、その宗家。

せん-げ【宣下】〔名〕スル 天皇が宣旨を下すこと。また、宣旨が下ること。

せん-げ【遷化】《この世の教化を終え、他の世に教化を移すの意》高僧や隠者などが死ぬこと。入滅。〔類語〕寂滅・涅槃・示寂・入寂・入定・入滅・死ぬ・寂する・円寂・大往生・お陀仏・辞世

せん-げ【懺悔】▶さんげ(懺悔)

ぜん-け【禅家】禅宗。禅宗の寺。また、その僧侶。

せん-けい【尖形】先端がとがった形。

せん-けい【扇形】▶おうぎがた

せん-けい【船型】船の形。また、船の外形を示す型。船の模型。

せん-けい【箭形】葉の形で、基部の両側が下方に伸び、先端がとがっているもの。ヒツジグサ・コウホネなどにみられる。矢尻形。

せん-けい【線形|線型】❶線のように細長い形。❷葉や花びらなどの形で、幅が狭く細長いもの。シュンランの葉など。❸数学で、一次式で表される関係。

ぜん-けい【全形】❶全体の形。すべての形。❷完全に整った形。

ぜん-けい【全景】その場所から見える全体の景色。「展望台から町の—を見渡す」

ぜん-けい【前掲】〔名〕スル 文章で、その箇所よりも前に書き記されたこと。また、その記述。前出。「—した資料をもとに解説する」「—書」⇔後掲。

ぜん-けい【前景】❶前方に見える景色。❷絵や写真などで、主題となる人物や風景の前面に取り入れる景色。また、手前の方にある舞台装置。⇔後景。

ぜん-けい【前傾】〔名〕スル 前方に傾くこと。また、からだを前に傾けること。「—した姿勢をとる」

せんけい-かそくき【線形加速器】多数の電極を直線上に並べ、適当な高周波電圧を加えて次々と荷電粒子を加速する装置。リニアアクセレレーター。リニアック。

せんけい-くうかん【線形空間】▶ベクトル空間

せんけい-グラフ【扇形グラフ】▶円グラフ

せんけいけいかく-ほう【線形計画法】▶リニアプログラミング

せんけい-コンジローマ【尖圭コンジローマ】ヒト乳頭腫ウイルスの感染によって性器の周辺に生じるいぼ状の腫瘍。性行為感染症の一つ。良性の腫瘍だが、まれに癌に移行することもある。

せんけい-しゃぞう【線形写像】ベクトル空間から別のベクトル空間への写像fで、次の二条件を満たすもの。$f(a+b)=f(a)+f(b)$, $f(\lambda a)=\lambda f(a)$ (a, bはベクトル、λはスカラー)

せんけい-そし【線形素子】電圧をかけるとその大きさに比例した電流が流れる素子の総称。抵抗器、コンデンサー、インダクターなどがある。これらの素子だけで構成された電気回路を線形回路という。⇔非線形素子。

せんけい-だいすうがく【線形代数学】ベクトル空間およびその一次変換に関する理論を扱う代数学の一部門。

せんけい-ちゅう【線形虫】線形虫綱の袋形動物の総称。幼虫は昆虫・甲殻類に寄生し、成熟後は水中で自由生活をする。ハリガネムシなど。

せんけい-どうぶつ【線形動物】古い分類体系による動物群の名称。円形動物ともいった。現在では袋形動物門とし、線虫・線形虫・鉤頭虫の3綱に分けられる。

ぜんけい-どうぶつ【蠕形動物】蠕動運動をする動物の古い分類の一群。現在では扁形・袋形・環形の各動物門に分類される。蠕虫。

せん-げき【川劇】《四川省の劇の意という》中国四川省に伝わる古典劇の一。京劇に似た演劇で、一瞬で面を変える変面が有名。

せんけ-じっしょく【千家十職】千家の茶道具を調製する10種の家柄。明治以後指定されたもので、陶工の楽家、塗師の中村家、茶杓師との黒田家、表具師の奥村家、金物師の中川家、指物師の駒沢家、袋師の土田家、一閑張細工師の飛来家、釜師の大西家、土風炉師の永楽家のこと。十職。

せんげ-たかとみ【千家尊福】[1845～1918]神道家・政治家。島根の人。出雲大社宮司。明治15年(1882)大社教(のちの出雲大社教)初代管長。のち、元老院議官・東京府知事・司法相などを歴任、政界で活躍した。

せん-けつ【先決】〔名〕スル 先に決めること。他に先立って解決すべきこと。「—すべき課題」

せん-けつ【専決】〔名〕スル その人だけの考えで決裁すること。勝手に取り計らうこと。「知事が案件を—する」

せん-けつ【潜血】肉眼では見分けられない微量の出血。糞便中に混入している消化管からの出血をいうことが多い。生化学的な検査によって知ることができる。潜出血。「—反応」

せん-けつ【鮮血】生々しい血。いきち。「傷口から—がふき出す」〔類語〕血液・血・生き血・人血・冷血

せん-げつ【先月】今月のすぐ前の月。前月。

せん-げつ【縅月】細い形の月。三日月などをさす。〔季 秋〕

ぜん-げつ【前月】今月のすぐ前の月。先月。また、ある月の前の月。

せんけつ-しょぶん【専決処分】地方公共団体の議会が議決または決定すべき事項を、特定の場合に限り、地方公共団体の長が議会に代わって処理すること。

せんけつ-もんだい【先決問題】先に解決しておく必要がある事柄。

せんけつもんだいようきゅう-の-きょぎ【先決問題要求の虚偽】論証において、結論を証明するための前提を証明なしに採用している誤り。前提自身の証明が先決問題として要求される。例えば「聖書は真理を語っている。なぜならそれは神の言葉であるからである」の類。

せんげ-もとまろ【千家元麿】[1888～1948]詩人。東京の生まれ。尊福の子。武者小路実篤らと交わり白樺派に属した。人間と自然への賛美を素朴にうたった人道主義的な詩人として知られる。詩集「自分は見た」「虹」など。

せんけ-りゅう【千家流】千利休を祖とする茶道の流派。裏千家・表千家・武者小路千家に分かれる。千家。

せん-けん【先見】〔名〕スル 将来どうなるか、あらかじめ見抜くこと。「世界経済の動向を—する」〔類語〕洞察・明察

せん-けん【先遣】〔名〕スル 先に派遣すること。また、その人。「準備要員を—する」「—隊」

せん-けん【先賢】昔の賢人。前賢。「—に学ぶ」

せん-けん【専権】❶好き勝手に権力をふるうこと。擅権。「地方豪族の—」❷その物事を思いのままにできる権利。「人事権は会社の—事項だ」

せん-けん【浅見】あさはかな見識や考え。また、自分の意見をへりくだっていう語。〔類語〕管見・寡聞

せん-けん【擅権】「専権❶」に同じ。「其巧は即ち—の巧にて」〈福沢・文明論之概略〉

せん-けん【嬋娟|嬋妍】〔ト・タル〕〔文〕〔形動タリ〕容姿のあでやかで美しいさま。「都育ちの—たる手弱女を」〈太宰・右大臣実朝〉

せん-げん【千言】非常にたくさんの言葉。

せん-げん【先言】先人の言葉。古人の言葉。古言。

せん-げん【宣言】〔名〕スル 個人・団体・国家などが、意見・方針などを外部に表明すること。また、その内容。「国家の独立を—する」「人権—」「—書」〔類語〕声明・ステートメント・コミュニケ・覚え書き

せん-げん【泉源】泉のわき出るもと。転じて、物事のはじまり。みなもと。根源。「真福の—を涸竭せしむることゆえ」〈中村訳・西国立志編〉

せん-げん【船舷】ふなばた。ふなべり。舷。

せん-げん【選言】論理学で、命題と命題を「または」「あるいは」に相当する記号で結合する形式。また、それで表された立言。

せん-げん【譫言】うわごと。たわごと。とりとめのない言葉。譫語。

ぜん-けん【全県】❶その県の全体。❷すべての県。

ぜん-けん【全権】❶委任された事柄を処理できる一切の権限。「交渉の—を委ねる」❷すべての権力。完全な権力。「社の—を掌握する」❸「全権委員」の略。

ぜん-けん【前件】❶前にあげた箇条。前述の事柄。❷「もしsがpならば、QはRである」という形式をとる仮言的判断において、「もしsがpならば」の、条件の部分。⇔後件。

ぜん-けん【前賢】「先賢」に同じ。

ぜん-げん【全舷】新聞社の記者などが、部署単位で慰安旅行に行くこと。新聞業界用語。〔補説〕旧海軍の用語で、船員の半数が寄港地に上陸して休暇を取り、半数が艦に残ることを「半舷(上陸)」と呼んだことから転じた。新聞休刊日の前日など、多くの記者が休める日に行われることが多い。➡半舷上陸

ぜん-げん【前言】〔名〕スル ❶前に言った言葉。「—を取り消す」❷昔の人の言い残した言葉。❸将来のことを前もって述べること。「過去に証して将来を—するまでのことにして」〈福沢・福翁百話〉

ぜん-げん【善言】ためになるよい言葉。戒めとなる言葉。

ぜん-げん【漸減】〔名〕スル しだいに減ること。「収益が—する」⇔漸増。

ぜんけん-いいん【全権委員】外交交渉、特に条約の締結のために全権委任状を与えられて派遣される委員。常設的な大使・公使とは異なる。全権代表。

ぜんけん-いにんじょう【全権委任状】外交交渉、特に条約締結の権限をもつことを公に証明する、政府または元首からの公文書。

せん-けんえき【銭謙益】[1582～1664]中国、明末清初の学者・詩人。常熟(江蘇省)の人。字は受之。号は牧斎。明・清2朝に仕えたことで批判された。明代の古文辞派などを批判し、詩のもつ気高い趣を重んじた。また詩賦に長じ、清代詩壇の基を築いた。著「初学集」「有学集」など。

ぜんげん-おうこう【前言往行】昔の人の言い残した言葉やその行い。

せんげん-げんり【選言原理】論理学で、思考の原理の一。「AはAであるか、非Aであるか、いずれかである」または「AはBであるか、非Bであるか、いずれかである」という形式で表される。排中原理の反面を表現するもの。選言律。離接原理。➡排中原理

ぜんけん-こうし【全権公使】「特命全権公使」の略。

ぜんけんこじつ【前賢故実】江戸後期の伝記集。10巻20冊。菊池容斎編・画。天保7～明治元年(1836～1868)刊。神武天皇から後村上天皇までの明君・賢人500人余りの肖像を描き、略伝を記述。

せんげん-し【選言肢】選言的判断において、選択されるべき2個またはそれ以上の述語。例えば、「受験者は合格者か不合格者かのいずれかである」における合格者・不合格者。

せんげんしょう【仙源抄】源氏物語の注釈書。1巻。長慶天皇著。弘和元年=永徳元年(1381)成立。難語をいろは順に配列し、注釈を施したもの。

ぜんげん-じょう【善見城】▶喜見城

せんげん-じんじゃ【浅間神社】㊀静岡県富士宮市にある神社。旧官幣大社。祭神は木花開耶姫命。富士山の山頂に奥宮がある。駿河国一の宮。富士山本宮浅間神社。㊁山梨県笛吹市にある神社。祭神は木花開耶姫命。甲斐国一の宮。㊂静岡市葵区にある神社。祭神は木花開耶姫命。

ぜんけん-たいし【全権大使】「特命全権大使」の略。

せんげん-づくり【浅間造(り)】神社本殿形式の一。寄せ棟造りの上に、流れ造りの社殿をのせたもの。静岡県富士宮市の浅間神社などにみられる。

せんけん-てき【先験的】〔形動〕《ドイ transzendental》❶カント哲学で、対象にかかわるのではなく、先天的に可能な限りでの対象の認識のしかたに関する認識についていう。超越論的。❷フッサールの現象学で、エポケー(判断中止)を行ったのちに残存する純粋意識の領域に関していう。超越論的。

せんげん-てき【選言的】〔形動〕《disjunctive》論理学で、命題において二つ以上の選言肢が含まれ、少なくともそのうちの一つが選択されるべきことを示すさま。

せんけんてき-いしき【先験的意識】《ドイ transzendentales Bewußtsein》❶カント哲学で、意識一般のこと。❷フッサールの現象学で、自然的態度に判断中止を行ったのちに残存する純粋意識。超越論的意識。

せんげんてき-がいねん【選言的概念】同一の類概念に属しながら、その外延が交叉しない概念。例えば、生物という類概念に属する動物と植物など。離接的概念。

せんけんてき-かんねんろん【先験的観念論】ークワンネンロン カント哲学で、その認識論の立場。認識をすべて主観の所産とする経験的観念論に対し、空間に認識される事物の実在性を疑いはしないが、それは物自体ではなくて現象であり、人間の認識主観の先天的な直観形式である時間・空間と、先天的な思惟(しい)形式である範疇(はんちゅう)とにより整理構成されたところに生じるものとする。批判的観念論。超越論的観念論。

せんげんてき-さんだんろんぽう【選言的三段論法】ーサンダンロンパフ 論理学で、三段論法の一。大前提が選言的判断で、小前提でその選言肢のいずれかを肯定または否定して結論を導き出す。例えば、「太郎は東京に行くか、または横浜に行く」「太郎は東京に行かない」故に「太郎は横浜に行く」の類。選言的推理。

せんげんてき-はんだん【選言的判断】論理学で、命題において二つ以上の選言肢が含まれ、少なくともそのうちの一つが選択されるべきことを立言する判断。離接的判断。選言判断。➡定言的判断 ➡仮言的判断

せんけん-てつがく【先験哲学】►批判哲学

せん-げんどう【銭玄同】[1887～1939]近代中国の学者・評論家。本名、銭夏。浙江省呉興の生まれ。日本に留学し、章炳麟(しょうへいりん)に師事。帰国後は国立北京高等師範などで教える。五・四文化革命に参加し、胡適らと「新青年」を編集、漢字改革や国語統一を主導した。チエン=シュワントン。

せんけん-の-めい【先見の明】《「後漢書」楊彪伝から》事が起こる前にそれを見抜く見識。先見の識(しき)。

せんげん-ばんご【千言万語】非常にたくさんの言葉。千言万句(ばんく)。「―を費やす」
(類語)多言・万言・百万言

せんけん-びし【先間×菱｜先剣×菱】►幸菱(さいわいびし)

ぜんけんひてい-の-きょぎ【前件否定の虚偽】仮言的三段論法において生じる虚偽の一。前件が否定されることから後件も否定するところに生じる。例えば、「ある図形が正三角形ならばそれは二等辺三角形である」「その図形は正三角形ではない」故に「それは二等辺三角形ではない」という推論。二等辺三角形は正三角形以外にもあるからこの推論は誤り。

せんげん-りつ【選言律】►選言原理

せん-こ【千古】❶大昔。太古。「―の姿を残す」❷永遠。永久。「―の法則」「―不滅」

せん-こ【戦鼓】戦場で、合図などに用いる太鼓。陣太鼓。

せん-ご【先後】〔名〕スル ❶時や順序の、さきとあと。また、ものの順序。あとさき。せんこう。「―を乱す」❷さきとあとの順序にほとんど差がないこと。また、順序が逆になること。「着信が―する」

せん-ご【戦後】戦争が終わったあと。特に、第二次大戦後。終戦後。

せん-ご【×譫語】うわごと。転じて、筋道の立たない言葉。「―ヲ言ウ」〈和英語林集成〉

ぜん-こ【全戸】❶一家全員。一家中。❷全部の家。

ぜん-こ【前古】昔。

ぜんご　アジの尾に近い側線上に1列に並ぶ、とげ状のうろこ。ぜいご。ぜご。

ぜん-ご【前後】〔名〕スル ❶ある位置を境にした、まえとうしろ。「―の車輪」「―を見回す」❷時間的にみた、まえとあと。「大会開幕―の慌ただしさ」❸物事の順序や相互の関連。また、筋道。「話に―のつながりがない」「―の見境もなく買いまくる」❹㋐順序が逆になること。あとさきになること。「話が―する」「紹介が―する」㋑ほとんど間隔をおかずに続くこと。「両者が―してゴールする」❺出来事の、おおよその時期。ころ。「結婚した―は生活が苦しかった」❻(接尾語的に)数量・年齢・時間などを示す語に付いて、その数値に近い意を表す。ぐらい。内外。「十人―」「三五歳―」「九時―」(類語)(❹㋐)前後ろ・後先・後ろ前

前後に暮・れる　どうしてよいかわからなくなる。途方に暮れる。前後に迷う。「びっくともせぬ国性爺―・れてぞ見えにける」〈浄・国性爺〉

前後も知ら◦ず　前後のこともわからない。前後不覚である。「疲労困憊(こんぱい)して―◦ず寝入る」

前後を失・う　「前後を忘れる」に同じ。

前後を忘(ぼう)・ずる　「前後を忘れる」に同じ。

前後を忘・れる　興奮したり、酒に酔ったりして、一時、善悪是非の判断ができなくなる。また、正体がなくなる。前後を失う。前後を忘(ぼう)ずる。「道楽に―・れてのめりこむ」

ぜん-ご【善後】あとのためによいようにすること。また、後始末をよくすること。「―処置」「一家の―ということも考えて見たかったのだが」〈有島・星座〉

ぜん-ご【禅語】禅宗独特の言葉・術語。

ぜん-ご【漸悟】仏語。だんだんに悟ること。順序を追って悟ること。⇔頓悟(とんご)。

せん-こう【千行】ーカウ すじの多いこと。特に、いくすじとなく流れる涙にいう。「―の涙」

せん-こう【先公】❶先代の君主。先君。❷俗に、学生・生徒が先生をさしていう語。

せん-こう【先考】ーカウ 死んだ父。亡父。「―の書斎になっていた離れの一間」〈荷風・雨瀟瀟〉➡先妣(せんぴ)

せん-こう【先行】ーカウ〔名〕スル ❶㋐他の人に先だって行くこと。前行。「―したグループと合流する」「―部隊」㋑他の事柄よりも先に進むこと。「実力より人気が―する」「時代に―する意見」❷先にたって手引きをすること。先導すること。「地元の友人が―してドライブに出かける」❸スポーツの試合などで、相手よりも先に得点すること。始めにリードすること。「母校のチームが二点―する」「―馬」❹他に先だって行われること。「シンポジウムに―して講演会を開く」「―投資」❺それ以前に行われていること。「実存主義に―する思想」「―法規」(類語)先立つ・リード

せん-こう【先攻】〔名〕スル 野球など攻撃と防御とを交互に行うスポーツの試合で、攻撃の順番が先であること。また、そのチーム。さきぜめ。⇔後攻。

せん-こう【先後】〔名〕スル ►せんご(先後)

せん-こう【先皇】ークワウ 先代の天皇。さきのみかど。先帝。「旧主―の政(まつりごと)にもしたがはず」〈平家・一〉

せん-こう【専行】ーカウ〔名〕スル 自分の判断だけで行うこと。また、気ままに行うこと。「独断―」
(類語)自助・独歩・自主

せん-こう【専攻】〔名〕スル ある一つのことを専門に研究すること。「社会学を―する」

せん-こう【浅紅】薄い紅色。うすくれない。ももいろ。淡紅。

せん-こう【浅香】ーカウ 香木の一。沈香(じんこう)の若木で、材質は白く粗いもの。

せん-こう【染工】染め物を業とする人。染色工。

せん-こう【×穿孔】〔名〕スル ❶穴をあけること。穴があくこと。また、あいた穴。「―して鋲(びょう)を打つ」❷人体の器官に穴があくこと。「胃―」
(類語)鑽孔(さんこう)・ボーリング・パンチ・掘削

せん-こう【×閃光】ークワウ ❶瞬間的に発する光。「雷鳴とともに―が走る」❷鉱物中に一定方向に配列した微細な含有物などによって起こる特殊な色彩効果。
(類語)一閃・閃(ひらめ)き・スパーク・フラッシュ・ストロボ・光

せん-こう【戦功】戦争で立てたてがら。軍功。

せん-こう【践行】ーカウ〔名〕スル 実際に行うこと。実行。実践躬行(きゅうこう)。

せん-こう【×跣行】ーカウ はだしで行くこと。素足で歩くこと。かちはだし。「鸞輿(らんよ)を―の徒渉(とせふ)に易(か)へて」〈太平記・三九〉

せん-こう【潜考】ーカウ 心を落ち着けて深く考えること。潜思。

せん-こう【潜行】ーカウ〔名〕スル ❶水中をもぐっていくこと。❷人知れずひそかに行くこと。「特殊部隊が敵国に―する」❸社会の表面から姿を消し、官憲の目をさけて内密に活動を行うこと。「地下に―する」

せん-こう【潜幸】ーカウ 天皇がひそかに行幸すること。しのびのみゆき。「―の儀式を引きつくろひ、南都の衆徒少々召し具せられて」〈太平記・二〉

せん-こう【潜航】ーカウ〔名〕スル ❶潜水艦などが水中を航行すること。「海中深く―する」❷ひそかに航海すること。

せん-こう【線香】ーカウ ❶白檀(びゃくだん)・丁字(ちょうじ)・沈香(じんこう)などの香料の粉を松やになどで練り固めて線状にしたもの。火をつけて仏前に供える。❷「線香代❷」の略。「その代り―は自腹を切りますよ」〈佐藤春夫・侘しすぎる〉

せん-こう【選考｜×銓衡】ーカウ〔名〕スル 能力・人柄などをよく調べて適格者を選び出すこと。「主役を―する」「書類―」(類語)選ぶ・選(よ)る・選(え)る・篩(ふる)う・選択・取捨・選定・選別・セレクト・ピックアップ・より分ける・すぐる

せん-こう【選鉱】ークワウ〔名〕スル 採掘した鉱石から不用鉱物を取り除き、鉱石の品位を高めること。「磁力を用いて―する」

せん-こう【遷幸】ーカウ〔名〕スル ❶天皇が都を他の地に移すこと。遷都。また、新しい都へ天皇が移ること。❷天皇・上皇が他の場所に移ること。遷御。

せん-こう【繊巧】ーカウ〔名・形動〕わざが細やかで巧みなこと。また、そのさま。「―な工芸品」「両翼の姿の―無類なある緊張、その優雅さ」〈横光・旅愁〉

せん-こう【鮮好】ーカウ 鮮やかでよいこと。はっきりとして美しいこと。

せん-こう【鮮紅】鮮やかな紅色。緋色(ひいろ)。「―色」
(類語)赤・真っ赤・赤色(せきしょく)・紅色(こうしょく)・紅(くれない)・紅(べに)・真紅(しんく)・緋(ひ)・緋色・朱(しゅ)・朱(あけ)・丹(に)・茜(あかね)色・薔薇(ばら)色・小豆(あずき)色・臙脂(えんじ)・暗紅(あんこう)・唐紅(からくれない)・レッド・スカーレット・バーミリオン・マゼンタ・ローズ・ワインレッド

せん-ごう【先業】ーゴフ「前業(ぜんごう)」に同じ。

せん-ごう【船号】ーガウ 船の名前。船名。

せん-ごう【煎×熬】ーガウ ❶汁がなくなるまで煮つめること。❷製塩で、海水、または海水を濃厚にして得た鹹水(かんすい)を煮つめて塩を製すること。

せん-ごう【×僭号】ーガウ 身分を越えた称号を勝手につけること。また、その称号。

せん-ごう【線号】ーガウ 針金の太さを表す標準番号。線番号。

せん-ごう【繊×毫】ーガウ ❶細かい毛。❷きわめてわずかなこと、ささいなことのたとえ。「―の瑕疵(かし)もない」

せん-ごう【×瞻仰】ーガウ〔名〕スル ►せんぎょう(瞻仰)

ぜん-こう【全校】ーカウ ❶一つの学校全体。学校の教職員・生徒の全体。「―登校日」❷すべての学校。「県下の―に配布する」

ぜん-こう【前功】❶前人の功績。「細心に学習し、然る後に―を継(つな)ぎ」〈中村訳・西国立志編〉❷以前に立てた功績。「一敗地に塗(まみ)れば、是迄の―を空くするに、至らんことを」〈竜渓・経国美談〉

ぜん-こう【前行】ーカウ ❶前に進むこと。前進。❷他に先だって行くこと。また、軍隊の先鋒(せんぽう)。❸以前の行い。「前言―」❹行幸のとき、御前に立って案内する役。「高御座(たかみくら)の行幸に、―とかや何とかやいふこ

となど勧め給ふ〈増鏡・久米のさら山〉

ぜん-こう【前港】ゼンカウ ❶大船の接岸できない河港で、河口または海岸にある大船用の港。❷陸地へ深く入り込んだ港で、外海に近い区域。

ぜん-こう【前項】ゼンカウ ❶前の項目。前の箇条。⇔後項。❷数学で、比$a:b$におけるaのこと。⇔後項。(類語)別項・後項

ぜん-こう【善行】ゼンカウ よい行い。道徳にかなった行為。「一を積む」(類語)篤行・陰徳・功徳・善根

ぜん-こう【禅×閤】ゼンカフ 摂政や関白であった者が、仏門に入ったときの称。禅定太閤ぜんじょうたいこう。

ぜん-ごう【前号】ゼンガウ 定期刊行物の前の号。先号。

ぜん-ごう【前業】ゼンゴフ 仏語。前世で行った善悪の行為。先業。

ぜん-ごう【善業】ゼンゴフ 仏語。よい果報を得る因となるべき行為。五戒・十善などの行い。⇔悪業あくごう。

せんこう-うんどう【潜行運動】センカウ― 秘密に行う政治・社会運動。地下運動。

せんこう-えき【洗口液】口臭を抑え、虫歯・歯周病を予防するための、うがい液。歯磨きの後に使うのが効果的という。

ぜんごう-オープン【全豪オープン】ゼンガウ― オーストラリアのメルボルンで開催されるテニスの国際大会。1905年創設。コートはハードコート。南半球のため、現地が夏季となる1月～2月ごろに行われる。ウィンブルドンテニス大会、全仏オープン、全米オープンとともに世界四大テニス選手権大会の一。

せんこう-か【専攻科】センカウ― 高校・大学に設置され、本科終了者に、さらに高度の教育を施す課程。

せんこう-カード【×穿孔カード】紙製のカードの特定の位置に穴をあけることによって情報を記録する媒体。パンチカード。

せんこう-かく【旋光角】センクワウ― ▶旋光度

せんこう-き【×穿孔機】❶工作物に穴をあける機械。ボール盤。鑽孔機さんこうき。❷コンピューター用のカードや紙テープに穴をあける機械。

せんこう-けい【旋光計】センクワウ― ▶偏光計

せんこう-こく【先行谷】センカウ― 川の流路を横切って地盤が隆起し山地となる場合に、川が山地形成以前の流路を維持しようと下方浸食をくり返すことによりつくられる谷。四国の吉野川の大歩危おおぼけ・小歩危こぼけなどにみられる。

せんごう-さんすい【浅×絳山水】センガウ― 水墨を基調とし、代赭色たいしゃいろの淡彩を添えた山水図。藍色あいいろを併用する場合も多い。中国、南宋のころに始まった。

ぜんこう-じ【善光寺】ゼンクワウ― ㊀長野市にある単立宗教法人の寺。近世以来、天台宗の大勧進と浄土宗の大本願が管理。山号は定額山。一説に、推古天皇のときに三国伝来の一光三尊の阿弥陀如来をまつって、皇極天皇元年(642)に堂宇を創建したのに始まると伝える。鎌倉時代に源頼朝が再興、戦国時代には本尊が各地を転々とし、慶長3年(1598)に信濃へ遷座。たびたび火災にあい、現在の本堂は宝永4年(1707)のもの。古来、宗派の別を超えて広く信仰を集めている。㊁山梨県甲府市にある浄土宗の寺。山号は定額山。開創は永禄元年(1558)、開山は鏡空。武田信玄が㊀に戦火が及ぶのを恐れ、本尊を甲府に移して建立。甲州善光寺。

ぜんこうじ-じしん【善光寺地震】ゼンクワウヂヂシン 弘化4年(1847)3月24日、現長野県の善光寺平を震源として発生したマグニチュード7.4の地震。当時、善光寺御本尊の御開帳に全国から多数の参詣者が集まっていて被害が拡大した。また、虚空蔵こくうぞう山が山崩れを起こし犀さい川をせき止めて湖ができたが、4月13日に決壊、洪水の被害を及ぼした。

せんこう-しすう【先行指数】センカウ― 景気動向指数のうち、実際の景気の浮沈に先んじて上下動するもの。景気の先行きを予想する目安となる。新規求人数・新設住宅着工床面積・東証株価指数など。先行指標。➡遅行指数

ぜんこうじ-だいら【善光寺平】ゼンクワウヂだひら 長野盆地の異称。

せんこう-しひょう【先行指標】センカウシヘウ ▶先行指数

せんこう-じょうえい【先行上映】センカウジヤウエイ 映画で、一般公開に先だって、独占的に特定の映画館でのみ上映すること。➡ロードショー

せんこう-しんごう【×閃光信号】センクワウシンガウ 閃光を発して行う信号。艦船で夜間に用い、長短または違った色の閃光を組み合わせて行う。

せんこう-スペクトル【×閃光スペクトル】センクワウ― 皆既日食の直前と直後との数秒間に見られる輝線スペクトル。太陽の彩層が発するもので、これを解析することで彩層の物理状態がわかる。

せんこう-せい【旋光性】センクワウ― ある種の物質に直線偏光を通過させたとき、物質がその偏光面を左右いずれかに回転させる性質。右回転を右旋性、左回転を左旋性という。

ぜん-ごうせい【全合成】ゼンガフセイ 複雑な分子構造をもつ天然由来の化学物質などを、最小単位の原料から人工的に合成すること。

せんこう-だい【線香代】センカウ― ❶線香の代金。香料。香典。❷《昔、揚げ代を計算するのに線香をとぼして時間を計ったところから》芸者・娼妓しょうぎの揚げ代。玉代ぎょくだい。花代。

せんこう-たて【線香立て】センカウ― 火のついた線香を立てる器物。

せんこう-てい【潜航艇】センカウ― ❶潜水艦の旧称。❷小型の潜水艦。

せんこう-でんきゅう【×閃光電球】センクワウデンキウ 夜間や室内の撮影に用いる特殊電球。電流が通ると瞬間的に燃焼して閃光を発する。フラッシュ。フラッシュバルブ。

せんこう-ど【旋光度】センクワウ― 旋光性をもつ物質に直線偏光を通過させたとき、その偏光面が回転される角度。一般に、濃度、通過距離に比例し、温度や波長に依存する。溶液などの旋光性は、これらを規格化した比旋光度で表される。旋光角。

せんこう-とう【×閃光灯】センクワウ― 夜間、灯台から発する灯光で、常に短い単閃光を発するもの。

せんこう-どうぶつ【先口動物】▶旧口きゅうこう動物

ぜんこう-どうぶつ【前×肛動物】ゼンカウ― 頭部に触手環をもち、肛門が体の前方に開口する無脊椎動物。古い分類の一群で、現在は触手動物などに分類。

せんこう-はなび【線香花火】センカウ― ❶こよりに火薬をひねり込んだ花火。火をつけると松葉のような形の閃光を出す。手花火。花火線香。(季 夏)「庭に出て一や雨あがり/立子」❷一時的で、すぐ勢いのなくなってしまうことのたとえ。「人気が一に終わる」

せんこう-ふう【旋衡風】センカウ― 気圧傾度力と旋回による遠心力とが釣り合った状態で吹く風。

せんこう-ぶんさん【旋光分散】センクワウ― 物質の旋光性の度合い(旋光度)が光の波長により異なること。一般に、波長が長いほど、旋光度は小さくなる。ORD(optical rotatory dispersion)。

ぜん-こう-れん【全購連】《「全国購買農業協同組合連合会」の略称》大正12年(1923)創立、昭和23年(1948)再発足。農業協同組合の購買部門の全国的組織。同47年に全販連と合併して全農となる。

せんごきょうせいよくりゅうしゃ-とくべつそちほう【戦後強制抑留者特別措置法】センゴキヤウセイヨクリウシヤトクベツソチハフ《「戦後強制抑留者に係る問題に関する特別措置法」の通称》第二次大戦終了時に旧ソ連の捕虜となり、シベリアやモンゴルに抑留され、強制労働を課せられた人たちの労苦を慰藉するために特別給付金を支給することを定めた法律。平成22年(2010)成立。抑留期間に応じて25万円～150万円を一時金として支給する。また、強制抑留の実態解明、抑留中に死亡した人の埋葬場所の調査、遺骨・遺品の収集などを政府に義務づけている。シベリア特別措置法。旧ソ連抑留者支援特別措置法。

せん-こく【先刻】❶さきほど。さっき。「一の件」「一から待っている」「一会った人」⇔後刻ごこく。❷(副詞的に用いて)すでに。とうに。「一承知のはず」(類語)今し方・先程・さっき・最前・先に

せん-こく【宣告】〔名〕スル ❶告げ知らせること。「破産を一される」「審判がアウトを一する」❷刑事事件の公判廷で、裁判長が判決を言い渡すこと。「無罪を一する」(類語)告示・公示・公告・発布・公布・布告・告知・宣布・触れ

せん-ごく【千石】❶一石の千倍。❷「千石通し」の略。

せん-ごく【戦国】❶群雄が割拠して互いに戦った世の中。乱世。❷「戦国時代」の略。

ぜん-こく【全国】❶その国全体。❷すべての国々。(類語)全土

ぜんこくエフエムほうそう-きょうぎかい【全国FM放送協議会】ゼンコクエフエムハウソウケフギクワイ ▶ジェー-エフ-エヌ(JFN)

ぜんこく-がくりょくがくしゅうじょうきょう-ちょうさ【全国学力・学習状況調査】ゼンコクガクリョクガクシフジヤウキヤウテウサ 小中学生の学力・学習状況を把握・分析し、学校教育の充実・改善に役立てるために、文部科学省が全国規模で実施する調査。平成19年度(2007)から、小学6年生と中学3年生の児童生徒を対象に、毎年4月に実施。国語、算数・数学、理科の学力テストと、生活習慣・学習環境に関するアンケート調査を行う。当初は全校で実施されていたが、同22年度から文部科学省が調査対象校を抽出して実施する方式に変更された。非抽出校も自主的に参加できる。同24年度は、全国の約3割にあたる抽出校の他に、約5割の学校が自主参加した。全国学力調査。全国学力テスト。全国学テ。

ぜんこく-がくりょくテスト【全国学力テスト】▶全国学力・学習状況調査

ぜんこくきぎょう-たんきけいざいかんそく-ちょうさ【全国企業短期経済観測調査】ゼンコクキゲフタンキケイザイクワンソクテウサ ▶日銀短観

ぜんこくきょうつう-としょカード【全国共通図書カード】「図書カード」の正式名称。

ぜんこく-ぎんこうきょうかい【全国銀行協会】ゼンコクギンカウケフクワイ 日本国内で活動する銀行や銀行持株会社、各地の銀行協会を会員とする社団法人。銀行業の健全な発展を目的とし、決済システム(全国銀行データ通信システム等)の運営や、適正な消費者取引を推進するためのルール制定・啓発活動、銀行業務の円滑化を目指した各種提言などを行う。全銀協。

ぜんこく-ぎんこうデータ-つうしんシステム【全国銀行データ通信システム】ゼンコクギンカウ― 企業や個人による銀行間の送金・振込み等を処理するシステム。日本のほぼすべての金融機関が参加。コンピューターと通信回線によりオンラインで処理される。営業日の夕方に当日の全取引を集計し、各金融機関の間で発生した送受金の差額分を各機関の日銀当座預金口座で移し替えて反映させる。全銀システム。

ぜんこく-く【全国区】全国を一つの区とする選挙区。日本では参議院議員選挙で行われていたが、昭和58年(1983)比例代表制が導入された。➡地方区

せんこく-けい【宣告刑】個々の犯罪に対して裁判官が、法定刑に基づき、処断刑の範囲内で具体的に量定して言い渡す刑。

ぜんこく-けんこうほけんきょうかい【全国健康保険協会】ゼンコクケンカウホケンケフクワイ 全国健康保険協会管掌健康保険(協会けんぽ)の保険者。協会の理事長・全国の支部長・職員に民間出身者を登用している非公務員型運営の法人。社会保険庁改革により平成20年(2008)10月から政府管掌健康保険の運営を引き継ぐために設立された。都道府県ごとに支部を設置、財政運営を行う。(補説)社会保険庁が行っていた公的年金運営業務は日本年金機構が継承。

ぜんこくけんこうほけんきょうかいかんしょう-けんこうほけん【全国健康保険協会管掌健康保険】ゼンコクケンカウホケンケフクワイクワンシヤウケンカウホケン 「協会けんぽ」の正式名称。

ぜんこく-けんせつぎょうきょうかい【全国建設業協会】ゼンコクケンセツゲフケフクワイ 建設事業者が都道府県ごとに組織する建設業協会の全国組織。経営・技術の改善・近代化、建設業に関する法制・施策の調査研究

に取り組み、政府・国会等への建議・要望を行う。

ぜんこく-こうとうがっこうやきゅうせんしゅけんたいかい【全国高等学校野球選手権大会】ゼンコクコウトウガッコウヤキュウセンシュケンタイカイ 高校野球の大会の一。各地区の予選を勝ち抜いた代表チームが集まり、毎年夏に甲子園球場で優勝を争う。第1回大会は大正4年(1915)。夏の選手権大会。全国高校野球選手権大会。➡選抜高等学校野球大会

ぜんこく-こうれいしゃめいぼ【全国高齢者名簿】ゼンコクコウレイシャメイボ ►長寿番付

せんごくさく【戦国策】中国の史書。33巻。前漢末の劉向りゅうきょう編。成立年未詳。戦国時代に諸国を遊説した縦横家の策謀を国別に集めた書。国策。

ぜんこく-し【全国紙】その国の全体を対象として編集・発行される新聞。(補説)全国紙各紙：読売新聞・朝日新聞・毎日新聞・日本経済新聞・産経新聞

せんごく-じだい【戦国時代】❶日本で、戦国大名が群雄割拠した動乱の時代。応仁の乱開始のころから織田信長が将軍足利義昭あしかがよしあきを追放して天下統一に乗り出すまでの約1世紀。❷中国で、前403年の晋の分裂から前221年の秦による中国統一までの動乱期。

せんごく-しちゆう【戦国七雄】中国戦国時代の七大強国。秦・楚・燕の三旧国と、韓・魏・趙・斉の四新興国をさす。

ぜんこく-しゃかいしゅうろうセンター-きょうぎかい【全国社会就労センター協議会】ゼンコクシャカイシュウロウセンターキョウギカイ 社会就労センターの全国組織として、障害者就労支援事業に関する研修・調査・広報活動、および国に対する政策・予算要望などを行う。昭和52年(1977)に全国授産施設協議会として、社会福祉法人全国社会福祉協議会内に設置。全国の社会就労センターの約半数にあたる1500施設が加盟。平成7年(1995)、従来の「授産施設」に代わる名称として「社会就労センター(略称はセルプ)」を採用した。セルプ協。

ぜんこく-しゃかいふくしきょうぎかい【全国社会福祉協議会】ゼンコクシャカイフクシキョウギカイ 社会福祉協議会の中央組織。福祉サービス利用者・社会福祉関係者の連絡・調整・活動支援、および各種福祉制度の改善などに取り組む。明治41年(1908)「中央慈善協会」として設立。改称・組織変更を経て昭和30年(1955)「社会福祉法人全国社会福祉協議会」に改称。全社協。

ぜんこく-しゅんじけいほうシステム【全国瞬時警報システム】►ジェー-アラート(J-ALERT)

ぜんこく-しょうひせいかつじょうほうネットワークシステム【全国消費生活情報ネットワークシステム】ゼンコクショウヒセイカツジョウホウネットワークシステム ►パイオネット(PIO-NET)

ぜんこく-じんみんだいひょうたいかい【全国人民代表大会】ゼンコクジンミンダイヒョウタイカイ 中国で、国権の最高機関。省しょう・直轄市・自治区および軍隊の代表で構成される。年に1回開催され、法律の制定や国家予算の審議などを行う。全人代。

ぜんこくすいへい-しゃ【全国水平社】水平社の正称。

ぜんこく-そうごうかいはつけいかく【全国総合開発計画】ゼンコクソウゴウカイハツケイカク 昭和25年(1950)の国土総合開発法に基づき国が作成する、国土の有効利用、社会環境の整備等に関する長期計画。同37年の第一次計画から平成10年(1998)の第五次計画まで作成された。全総と略記し、第四次計画なら四全総と称する。(補説)平成17年(2005)国土総合開発法は国土形成計画法と改正・改称され、以後、国土形成計画が策定されることになった。

せんごく-そうどう【仙石騒動】センゴクソウドウ 但馬たじま国出石いずし藩の仙石家に起こった御家騒動。文政～天保(1818～1844)にかけて財政再建と藩主死去の跡目をめぐってなされた家臣相互の抗争事件。

せんごく-だいみょう【戦国大名】センゴクダイミョウ 戦国時代、各地に割拠した大領主。国人や土豪を家臣団に組織して一国の経済・政治を支配した。

ぜんこく-たいりょく-うんどうのうりょく-うんどうしゅうかんとう-ちょうさ【全国体力・運動能力、運動習慣等調査】ゼンコクタイリョクウンドウノウリョクウンドウシュウカントウチョウサ 小中学生の体力の状況を把握・分析するために文部科学省が実施する調査。全国の小学校5年生と中学校2年生が対象。握力・上体起こしなど8種目の実技調査、運動習慣・生活習慣・食習慣などに関する質問紙調査が行われる。学校における体育・健康教育の改善に役立て、子供の体力低下に歯止めをかけるのがねらい。初回の平成20年(2008)は全国の約7割の小中学校が参加。全国体力テスト。全国体力調査。(補説)文部科学省は、昭和39年(1964)から6歳～79歳を対象にサンプル調査による「体力・運動能力調査」を実施し、平成11年(1999)からは年齢区分やテスト項目を見直した「新体力テスト」を実施しているが、子供の体力・運動能力の低下傾向が依然として続いていることから、課題の検証と改善のため、同20年、従来の体力・運動能力調査と並行して、悉皆しっかい調査による「全国体力・運動能力、運動習慣等調査」を導入した。

ぜんこく-たいりょくテスト【全国体力テスト】►全国体力・運動能力、運動習慣等調査

ぜんこく-ちじかい【全国知事会】ゼンコクチジカイ 全国の都道府県知事で組織する団体。昭和22年(1947)に全国地方自治協議会連合会として設立。同25年に現名称に改称。地方自治の推進に必要な施策の立案、内閣・国会への意見具申などを行う。年に2回の全国知事会議のほか、政府主催の全国都道府県知事会議が年1回開かれる。NGA(National Governors' Association)。

ぜんこく-ちんたいほしょうぎょう-きょうかい【全国賃貸保証業協会】ゼンコクチンタイホショウギョウキョウカイ 賃貸住宅の賃料支払い情報のデータベース化を推進する社団法人。家賃保証会社9社が平成21年(2009)設立。賃借人の家賃支払い・延滞などの情報を共有し、滞納を繰り返す賃借人への保証を避けるのが主な狙い。登録情報は賃貸契約終了後5年間、滞納があった場合は完済後5年間、データベースに保存される。LICCリック(Leasing Information Communicate Center)。

せんごく-づみ【千石積み】►千石船

せんごく-どおし【千石通し｜千石×簁】せんごくどおし 農具の一。傾斜したふるいの上端から搗つき米を流して米とぬかにふるい分けたり、穀粒をふるい分けたりするもの。千把扱せんばこきとともに江戸中期以後普及し、農作業の能率を高めた。万石通し。

ぜんこく-とどうふけんぎかい-ぎちょうかい【全国都道府県議会議長会】ゼンコクトドウフケンギカイギチョウカイ 全国の都道府県議会の議長を会員とする組織。大正12年(1923)に道府県会議長会議の名称で設立された。都道府県議会間の連絡、地方自治の発展を目的とし、年2回の定例総会を開催。内閣への提言や国会への意見書提出などを行う。

ぜんこく-のうぎょうきょうどうくみあい-ちゅうおうかい【全国農業協同組合中央会】ゼンコクノウギョウキョウドウクミアイチュウオウカイ 「JA全中」の正式名称。

ぜんこく-のうぎょうきょうどうくみあい-れんごうかい【全国農業協同組合連合会】ゼンコクノウギョウキョウドウクミアイレンゴウカイ 「全農」㊁の正式名称。

ぜんこくのうぎょうしゃのうせいうんどうそしき-れんめい【全国農業者農政運動組織連盟】ゼンコクノウギョウシャノウセイウンドウソシキレンメイ 農協(JAグループ)の政治団体の全国組織。地方組織として各都道府県に農業者政治連盟がある。全国農政連。

ぜんこく-のうみんくみあい【全国農民組合】ゼンコクノウミンクミアイ 昭和3年(1928)日本農民組合と全日本農民組合(全日農㊀)とが合同してできた農民組織。同13年に解散するまで日本の農民運動の主流をなした。全農。

ぜんこくはつめい-ひょうしょう【全国発明表彰】ゼンコクハツメイヒョウショウ 公益社団法人発明協会(JIII)が、科学技術的にすぐれた技術・デザインなどの発明に対して与える賞。大正8年(1919)創始。

せんごく-はら【仙石原】神奈川県南西部、箱根町にある高原。箱根火山の火口原湖跡に広がり、箱根温泉群の最北部にあたる。湿原植物が群生する。

せんごく-ぶね【千石船】米千石程度を積める船。江戸時代には弁才船べざいせんの俗称となった。千石積み。

ぜんこく-ゆうびんきょくちょうかい【全国郵便局長会】ゼンコクユウビンキョクチョウカイ 昭和28年(1953)に特定郵便局長の私的団体である「全国特定郵便局長会」として結成。郵政民営化に伴い特定郵便局が廃止され、現在の名称に改称した。総務省所管の全国郵便局長協会連合会は別組織。全特。

ぜんこくゆうびんきょくちょうきょうかい-れんごうかい【全国郵便局長協会連合会】ゼンコクユウビンキョクチョウキョウカイレンゴウカイ 郵便局株式会社の各地域支社における郵便局業務の円滑な運営を図る目的で設立された各地方郵便局長協会の全国組織。総務省所管の財団法人。旧名称は「全国特定郵便局長協会連合会」。全協連。➡全国郵便局長会

せんこく-ゆうよ【宣告猶予】センコクユウヨ 裁判所が被告人に対して、一定の期間有罪または刑の宣告を留保し、その期間を無事経過したときに刑事処分から解放する制度。英国・米国で発達したが、日本では未採用。➡執行猶予

ぜんこく-ろうどうくみあい-そうれんごう【全国労働組合総連合】ゼンコクロウドウクミアイソウレンゴウ 労働組合の全国中央組織の一。全日本労働総同盟(同盟)や日本労働組合総評議会(総評)などの労働4団体と官公労組が日本労働組合総連合会(連合)を結成した際、労使協調路線に反対する組合によって平成元年(1989)に結成された。単産と呼ばれる産業別全国組織と都道府県組合で構成。春闘などの活動を通じて、賃金の引き上げや労働条件の改善に取り組む。全労連。

ぜんこくろうのうたいしゅう-とう【全国労農大衆党】ゼンコクロウノウタイシュウトウ 昭和6年(1931)全国大衆党と労農党とが、社会民衆党の一部と合同して結成した中間派無産政党。翌年、社会民衆党と合同し、社会大衆党となった。

ぜんご-さく【善後策】後始末をうまくつけるための方法。「一を講じる」(類語)対策・措置・対応策

ぜんご-さゆう【前後左右】ゼンゴサユウ 前後と左右。四方。「一を確認する」

ぜん-ごし【膳越し】本膳の向こうにある膳の料理を箸はしで取ること。不作法とされる。

せんごし-いわい【千越し祝(い)】せんごしいわい 豊漁の祝い。万越まんし祝い。

ぜん-ごしらえ【膳×拵え】ぜんごしらえ〔名〕スル 膳に料理を並べること。食事の支度をすること。

せん-こつ【仙骨】仙人の骨相。非凡な風采。また、そのような人。

せん-こつ【仙骨｜薦骨】脊柱の下方にある三角形の骨。5個の椎骨が癒合し、骨盤の後壁をつくる。

せん-こつ【洗骨】埋葬または曝葬ばくそうした遺骸を数年後に取り出し、骨を洗い清めて改めて墓地に葬る風習。沖縄・東南アジアなどで行われる。

せん-こつ【扇骨】❶扇の骨。❷《材質が堅く扇の骨に用いられたところから》カナメモチの別名。

ぜんご-どうちゃく【前後×撞着】前後のつじつまが合わないこと。矛盾すること。「一した封建的な御用論理」〈石坂・若い人〉

せんご-は【戦後派】❶►アプレゲール ❷第二次大戦後に育った人々。❸►戦後派文学

せんごは-ぶんがく【戦後派文学】第二次大戦後に現れた新しい文学の一派。雑誌「近代文学」を中心に、政治と文学の問題、戦争責任や主体性の問題などを提起して創作活動を展開した。主な小説家・評論家に野間宏のまひろし・椎名麟三しいなりんぞう・梅崎春生うめざきはるお・中村真一郎・大岡昇平・武田泰淳・埴谷雄高はにやゆたかがいて、実存主義的傾向を共通の特徴とした。

せんごひゃくばんうたあわせ【千五百番歌合】センゴヒャクバンウタアワセ 鎌倉前期の歌合わせ。20巻。建仁2年(1202)ごろ成立。後鳥羽院が当時の代表的歌人30人に、各100首ずつを詠進させたもの。判者は後鳥羽院・藤原俊成ら10人。各首に判者の評があり、新古

今時代の歌風・歌論を知る貴重な資料。

せんこ-ふえき【千古不易】〔名・形動〕永遠に変わらないこと。また、そのさま。万代不易。千古不変。「一の理想」類語永久・永遠・とわ・永世・常しえ・常しなえ・恒久・悠久・悠遠・長久・経常・不変・常磐ときわ・永劫・永代・久遠・無限・無窮・不朽・万代不易・万世不易・万古不易

ぜんご-ふかく【前後不覚】あとさきの区別もつかなくなるほど、正体を失うこと。「一に酔いつぶれる」

ぜんこ-みぞう【前古未曽有】昔からまだ一度もその例をみないほど珍しいこと。古今ここん未曽有。「一の大事件」

せん-ごり【川×垢離】神仏に祈願するために、川水などに身をひたして心身を清めること。かわごり。

せん-ころ【先頃】このあいだ。さきごろ。「ついーまで机を並べて睦むつみ合った松村が」〈蘆花・思出の記〉

せん-こん【×剪根】植物の地上部の成長を抑制するため、根の一部を切り取ること。果樹の結実を促すためや、庭木の生育調整などのために行う。

ぜん-こん【前根】▶脊髄前根せきずいぜんこん

ぜん-こん【善根】《「ぜんごん」とも》仏語。よい報いを招くもとになる行為。また、さまざまの善を生じるもとになるもの。「一を積む」「一福種ふくしゅ」
類語善行・篤行・陰徳・功徳

ぜんこん-やど【善根宿】修行僧や遍路、貧しい旅人などを無料で宿泊させる宿。宿泊させることは、自ら巡礼を行うのと同じ功徳があるとされた。〈季 春〉

せん-ざ【遷座】〔名〕スル 神仏または天皇の座を他の場所に移すこと。また、それが移ること。「御神体を新殿に一する」

ぜん-ざ【前座】❶落語・講談などで、前半または本題に入る前の部分。❷㋐説教・講談・落語などの興行で、はじめのほう、または正規の番組の前に出演すること。また、その人。「一を務める」⇔後座ござ。㋑主となる興行・出演者の前に行われる、添え物の興行・出演者。「ボクシングの一試合」❸落語家の格付けで最下位の者。➡真打しんうち ➡二つ目

センサー〖sensor〗人間の感覚に代わり、温度・圧力・磁気・光・ガス・超音波・電磁波などを検知・検出する器具。電気信号に変換するものが多い。

センサー-ベース〖sensor base〗温度・圧力などの検知器からの信号をコンピューターで処理し、工場などを制御、管理するシステム。

せん-さい【先妻】死別・離別した妻。もとの妻。前妻。⇔後妻ごさい。類語前妻

せん-さい【浅才】❶あさはかな知恵・才能。あさぢえ。❷自分の知恵・才能をへりくだっていう語。

せん-さい【×剪裁】❶布・紙などを裁ち切ること。また、花を摘み切ること。❷文章に手を入れること。文章を練ること。「その詩には人に優れた一の工夫くふうがあった」〈鴎外・魚玄機〉

せん-さい【戦災】戦争による災害。「一を免れる」
類語戦禍・戦火・戦乱・兵乱

せん-さい【戦債】❶戦争のために国家が負う債務。❷▶戦時公債せんじこうさい

せん-さい【繊細】〔名・形動〕❶ほそく小さいこと。ほっそりとして優美なこと。また、そのさま。「一な指」❷感情などがこまやかなこと。また、そのさま。デリケート。「一な感覚」「一な神経」派生せんさいさ〔名〕
類語細かい・デリケート・デリカシー・神経質・細こまやか・木目きめ細か・細心・綿密・細緻さいち・緻密

せん-ざい【千歳¦千載】❶千年。長い年月。ちとせ。「名を一に残す」❷(千歳)能の「翁おきな」で、翁の露払いとして謡い舞う直面ひためんの役。類語千秋・千代

せん-ざい【▽前栽】❶草木を植え込んだ庭。寝殿造りでは正殿の前庭。のちには、座敷の前庭。❷庭先に植えた草木。❸「前栽物」の略。

せん-ざい【宣材】《「宣伝材料」の略》商品の宣伝のために供される写真や、販売促進のための景品など。➡宣材写真

せん-ざい【洗剤】洗浄作用をもつ、石鹸せっけんや合成洗剤などの表面活性剤の総称。洗浄剤。

せん-ざい【煎剤】生薬を精製水で浸出させて製した液剤。煎じ薬。

せん-ざい【潜在】〔名〕スル 表面には表れず内にひそんで存在すること。「一する能力を引き出す」⇔顕在。
類語伏在・隠れる

せん-ざい【線材】断面が円形の鋼材で、太さが5ミリほどのもの。鋼索・金網・針金などの素材となる。

ぜん-さい【前妻】「先妻せんさい」に同じ。

ぜん-さい【前菜】料理で、正式の献立コースの前に出す軽い料理。西洋料理ではオードブル、ロシア料理ではザクースカ、中国料理では前菜チェンツァイという。日本料理では通し・つき出しなどがこれにあたる。

ぜん-ざい【善×哉】《❸が原義。梵 sādhuの訳で、漢訳仏典に用いられる語》❶〔名〕善哉餅のこと。関西ではつぶしあんの汁粉。関東では餅に濃いあんをかけたもの。❷〔形動ナリ〕よいと感じるさま。喜び祝うさま。「上人を礼し…一なれや、一なれと夜遊を奏して舞ひ給ふ」〈謡・輪蔵〉❸〔感〕実によい、そのとおりである、の意で、相手をほめたたえる語。特に、師が弟子に賛成・賞賛などの意を表すときに用いる。よきかな。「一、一、孝行切なる心を感ずるぞとて」〈謡・谷行〉

せんざい-あわせ【▽前栽合(わ)せ】せんざいあわせ 物合わせの一。左右二組みに分かれて、前栽や、それを詠んだ和歌の優劣を比べる遊び。

せんざい-いしき【潜在意識】精神分析などで、活動はしているが自覚されない意識。

せんざい-いちぐう【千載一遇】《袁宏「三国名臣序賛」から》千年に一度しかめぐりあえないほどまれな機会。「一の好機」

せんざい-うり【▽前栽売り】野菜を商うこと。また、その人。

せんさい-こじ【戦災孤児】戦災で両親を失った子供。

せんざい-ジーディーピー【潜在GDP】一国の経済全体の供給力を表す推計値。現存する経済構造のもとで、生産要素(資本・労働力)を最大限に投入した場合、または平均的な水準まで投入した場合に達成可能な経済活動水準。資本ストック統計、鉱工業指数の稼働率、また就業率などの数値から算出され、需給ギャップ・潜在成長率の推計に利用される。

せんざい-しつぎょう【潜在失業】センザイシツギョウ 自分の希望する職業ではなく、労働条件が著しく劣っていたり、就業が不安定であったりする職業に就いていて、外見は有業者のようにみえる状態。政府の失業統計には現れてこない。

せんざい-しゃしん【宣材写真】《「宣伝材料写真」の略》商品の宣伝のため、広告会社やマスコミなどに供される写真。特に、音楽業界・芸能界などで宣伝に使うアーチストやモデル・タレントなどの写真。

せんざいしゅう【千載集】センザイシュウ「千載和歌集」の略称。

せんざい-しゅけん【潜在主権】外国の統治下にある地域に潜在的に有する主権。対日講和条約で、米国の信託統治下に置かれた沖縄に対し、施政権は米国がもつが、領土の最終処分権は日本に属するとされたことについていった。残存主権。

せんざい-じゅよう【潜在需要】センザイジュヨウ 購買力の不足や商品情報の欠如などの理由により、市場に現れてこない需要。

せんざい-せいちょうりつ【潜在成長率】センザイセイチョウリツ インフレやデフレを起こすことなく、中長期にわたって持続できる潜在的な国内総生産(GDP)の伸び率。供給面からの一国の経済力の指標とされる。➡潜在GDP

せんさい-ちゃ【仙斎茶】《「せんざいちゃ」「せんざいぢゃ」とも》染め色の名。黒ずんだ緑色。縹はなだ色に下染めしてから、茶色に染めた色。

せんざい-てき【潜在的】〔形動〕外からは見えない状態で存在するさま。「一な勢力」

せんざいてき-こくみんふたんりつ【潜在的国民負担率】税金と、社会保険料などの社会保障負担に財政赤字額を加えた合計額が、国民所得に占める割合。国民負担率に財政赤字分を加えることで、現在だけでなく財政赤字を解消するための将来の負担増が見渡せる。政府はこの割合が50パーセント以下となることを目標として財政運営を図る。

ぜんざい-どうじ【善財童子】《梵 Sudhana-śreṣṭhi-dārakaの訳》華厳経入法界品にゅうほっかいぼんに登場する菩薩ぼさつの名。発心して53人の善知識ぜんちしきを歴訪し、最後に普賢ふげん菩薩に会って浄土往生を願ったという。仏法修業の段階を示したものとされる。

せんさい-の-せいしん【繊細の精神】パスカルの用語。日常接する複雑な事象を、推論によらず一挙に感得するしなやかな精神。⇔幾何学的きかがくてき精神。

せんざい-ふま【千載不磨】千年の後まで消えないこと。

ぜんざい-もち【善×哉餅】▶善哉❶

せんざい-もの【▽前栽物】青物。野菜。前栽。「茄子なすや南瓜かぼちゃの前栽物の一か」〈魯庵・社会百面相〉

せんざい-らく【千歳楽】▶千秋楽せんしゅうらく

ぜんさい-るい【前×鰓類】腹足綱前鰓亜綱の軟体動物の総称。サザエ・アワビ・オキナエビスガイなどの巻き貝で、えらが心臓より前にある。

せんざいわかしゅう【千載和歌集】センザイワカシュウ 平安末期の勅撰和歌集。八代集の第七。20巻。寿永2年(1183)後白河院の院宣により、藤原俊成が撰。永延元年(987)以後の歌を選び、文治4年(1188)成立か。歌数1280余首。代表歌人は源俊頼・藤原俊成・藤原基俊・俊恵しゅんえ・和泉式部・西行など。千載集。

せん-さく【×穿×鑿】〔名〕スル《古くは「せんざく」とも》❶穴をうがち掘ること。❷細かなところまで根ほり葉ほりたずねること。また、むやみに憶測してとやかく言うこと。「他人の私生活をあれこれと一する」「一家」❸綿密にどこまでも調査すること。「なぜ好きだか、いやだかと一してみると」〈鴎外・阿部一族〉❹事の次第。なりゆき。「合点のいくいかぬはそっちの一」〈浄・忠臣蔵〉

せん-さく【詮索】〔名〕スル 細かい点まで調べ求めること。「語源を一する」
類語穿鑿せんさく・探索・探究・追究・追及・調査

ぜん-さく【前作】❶その作品の前に作った作品。❷同一地に2種以上の作物を前後して栽培するときの、前のほうの作物。まえさく。⇔後作あとさく。

センサス〖census〗❶人口調査。国勢調査。❷農業や工業など、国勢のさまざまな側面について行う統計調査。「農林業一」

ぜん-さつ【禅刹】禅宗の寺。禅寺。禅院。

せんさ-ばんべつ【千差万別】〔名・形動〕種々さまざまの違いがあること。また、そのさま。千種万様。せんさまんべつ。「一な(の)意見」

せん-さま【先様】先客を敬ったり親しみをこめたりしていう語。「あとはおさけと生なまの鍋、まず一は、一ときりの、替る替るの人心」〈魯文・安愚楽鍋〉

せん-ざん【千山】《「せんさん」とも》多くの山々。

ぜん-ざん【全山】❶その山全体。「一が紅葉する」❷すべての山。❸山号を有する寺院全域。

せんざん-こう【×穿山甲】コウ 有鱗ゆうりん目センザンコウ科の哺乳類の総称。家猫大で、全身が毛の変化したうろこで覆われ、敵にあうと丸くなる。歯がなく、長い舌でアリをとって食べる。四肢ともに鋭い鉤かぎづめをもつ。アフリカから東南アジアにかけて分布。

せんざん-ごりょう【泉山御陵】京都市東山区今熊野泉山の泉涌寺せんにゅうじにある陵墓の総称。四条天皇・後水尾天皇など多くの天皇の陵がある。月輪御陵つきのわのみささぎ。

せんざん-ばんすい【千山万水】《「せんさんばんすい」とも》多くの山と多くの川。「北闕と東関と、一をへだつるなり」〈中華若木詩抄・上〉

せん-し【千思】〔名〕スル いろいろ思うこと。また、その思い。「一万慮」

せん-し【先史】《prehistory》文献で知られる以前の時代。また、その歴史。史前。有史以前。

せん-し【先師】《古くは「せんじ」とも》❶亡くなった師匠・先生。❷前の時代の賢人。先賢。先哲。

せん-し【宣賜】勅宣によってたまわること。
せん-し【専恣・×擅恣】ほしいままにすること。わがまま。勝手気まま。「其非横一を憤り、民心漸く起たつ」〈東海散士・佳人之奇遇〉
せん-し【染指】〔名〕スル ❶物に指をつっこんでなめること。❷物事に着手すること。
せん-し【×穿刺】体外から血管・体腔内や内臓に注射針を刺すこと。検査のため体液などを吸い取ったり、体内にたまった体液やうみを排出したり、治療のため薬物を注入したりするのに行われる。
せん-し【×剪枝】〔名〕スル 樹木の枝を切り落とすこと。「果樹を一する」
せん-し【戦士】❶戦場で戦う兵士。つわもの。「無名一」❷第一線で活躍する人。主義や信念のために活躍する人。「プロレタリアの一」「企業一」
（類語）軍人・兵・兵士・兵隊・兵卒・つわもの
せん-し【戦史】戦争の歴史。また、その記録。
せん-し【戦死】〔名〕スル 戦いに参加して死ぬこと。「前線で一する」「一者」
（類語）戦没・陣没・討ち死に・切り死に
せん-し【選士】❶選び抜かれた人。❷奈良・平安時代、大宰府だざいふに属し、国防・警備に任じた兵士。富豪の家の子弟から選抜された。
せん-し【×瞻視】見ること。見守ること。また、その目つき。「其臉かお、其眸ひとみ、其一、其形相、一として情欲に非ざるもの莫く」〈鷗外訳・即興詩人〉
せん-じ【宣旨】❶奈良・平安時代、天皇の意向を下達すること。また、朝廷の命令を下に伝えること。宣。❷平安時代以降、天皇の命を伝える文書。勅旨を蔵人くろうどが上卿しょうけいに伝え、上卿は外記げきまたは弁官に伝え、弁官は史に伝えて文書を作る。❸宮中の上臈じょうろうの女官の称。また、院宮・摂関家の上臈の女官の称。
せん-じ【戦時】戦争をしている時期。㊀平時。
せん-じ【煎じ】❶煎じ出すこと。「二番一」❷（「煎脂」とも書く）かつお節製造の際、釜底に沈殿した汁をこして煎じつめたもの。調味料に用いる。❸「煎じ茶」の略。
ぜん-し【全市】❶その市の全体。❷すべての市。
ぜん-し【全姿】全体のすがた。全容。「山の一」
ぜん-し【全紙】❶新聞などの紙面全体。❷すべての新聞。「一が一斉に報じる」❸ ►全判ぜんばん ❹和紙で、漉すいたまま裁断していない大きさのもの。
ぜん-し【前史】❶ある歴史的事象の成因となった、それ以前の歴史。「太平洋戦争一」❷ある時代の前半の歴史。「中世一」❸「先史」に同じ。
ぜん-し【前肢】❶4本の足をもつ動物の、前の一対の足。前足。❷昆虫の付属肢のうち、一対目の肢あし。
ぜん-し【前×翅】昆虫の前部の一対の翅はね。中胸から生じる。甲虫では上翅ともいう。まえばね。
ぜん-し【前歯】まえば。「上顎の一部」
ぜん-じ【全治】ヂ〔名〕スル ►ぜんち(全治)
ぜん-じ【前司】《古くは「せんじ」とも》前任の国司。「信濃しなの一行長ゆきなが」〈徒然・二二六〉
ぜん-じ【前事】以前にあった事柄。
前事を忘れざるは後事こうじの師なり 《「史記」秦始皇本紀・賛から》以前のことを心に留めておくと、後にすることの役に立つ。
ぜん-じ【善事】❶よいこと。「自分のした事が一だという変な意識」〈志賀・小僧の神様〉❷めでたいこと。
ぜん-じ【禅師】❶禅定ぜんじょうに通達している師僧。❷高徳の禅僧に朝廷から賜る称号。「大覚一（＝蘭渓道隆）」❸禅宗で、師家しけの通称。また、高僧の尊称。「一休一（＝宗純）」
ぜん-じ【漸次】〔副〕しだいに。だんだん。「老齢人口が一増加する」（類語）段段・追い追い・次第に・徐徐に・次第次第に・歩一歩・一歩一歩・着着ちゃくちゃく・日に日に・日増しに・漸ようやく・年年ねんねん
せんじ-がき【宣旨書き】❶宣旨の文書。せじがき。❷《「宣旨」は勅命を受けて代書したところから》代筆すること。また、その書状。「あぢきなの一やと、ひとりごちて」〈宇津保・蔵開中〉
せんし-がく【先史学】先史時代のことを研究する学問。考古学を主とし、人類学・地質学・古生物学をも含む。史前学。
せんじ-がみ【宣旨紙】宣旨を書くのに用いる紙。
せん-しき【浅識】〔名・形動〕知識が浅いこと。見識の狭いこと。また、そのさま。「我が一なる小説者流に」〈逍遥・小説神髄〉
ぜん-しきもう【全色盲】ゼンシキマウ 色覚異常の程度が強い状態をいった語。
せんじ-きょうさんしゅぎ【戦時共産主義】ロシア革命後の1918年、内戦と外国の干渉に対抗するためにソ連政府がとった経済政策。商工業の国家統制、食糧配給制、労働義務制などが実施されたが、生産量低下による極度の食糧不足を招き、1921年には新経済政策(ネップ)へ移行。
せんじ-きんせいひん【戦時禁制品】戦時中に、中立国国民の交戦国に対する供給を、他方の交戦国が防止できる物品。武器・弾薬などの絶対的禁制品と、食糧・燃料などの相対的または条件付き禁制品とがある。
せんじ-ぐすり【煎じ薬】生薬を煎じた飲み薬。煎薬せんやく。
せんし-こうこがく【先史考古学】コウコガク 先史時代を対象とする考古学。➡歴史考古学
せんじ-こうさい【戦時公債】戦時に、国家が戦費調達のために募集する公債。軍事公債。戦債。
せんじ-こくさいほう【戦時国際法】コクサイハフ 戦時における国際法の総称。交戦国相互間の関係を規定した交戦法規と、交戦国と中立国との関係を規定した中立法規とがある。戦時国際公法。
せんし-じだい【先史時代】文献的史料の存在しない時代。日本では旧石器時代から弥生時代をさす。ただし、弥生時代を原史時代とみる説もある。➡歴史時代
せんじ-たいせい【戦時体制】戦争の遂行のために統制された国内の非常体制。
ぜんじだい-てき【前時代的】〔形動〕一つ前の時代のように古めかしいさま。前近代的。「一な発想」
せんじ-だ・す【煎じ出す】〔動サ五(四)〕煎じて成分を出す。煮出す。「野草から薬効成分を一・す」
ぜん-しちし【前七子】中国明代前期の七人の文人。のちの王世貞ら後ご七子に対していう。李夢陽・何景明かけいめい・徐禎卿じょていけい・辺貢・康海・王九思・王廷相の七人で、秦漢の文と盛唐の詩を貴び、復古主義をとなえた。
せんじ-ちゃ【煎じ茶】煎じて飲む茶。煎茶せんちゃ。
せん-しつ【泉質】温泉など鉱泉の水の化学的性質。塩類えんるい(現在はイオン)による分類が用いられる。（補説）温泉分析書などに使用する「掲示用泉質名」は単純温泉・二酸化炭素泉・炭酸水素塩泉・塩化物泉・硫酸塩泉・含鉄泉・含アルミニウム泉・含銅鉄泉・硫黄泉・酸性泉・放射能泉の11種類とされている。
せん-しつ【船室】船の中の部屋。特に、乗客用の部屋。キャビン。
せん-じつ【先日】近い過去のある日。このあいだ。過日。「一お会いしましたね」（類語）この間・この前・先ごろ・先だって・先般・先度・過日
せん-じつ【専日】暦で、干支えとの十干と十二支に配当される五行ごぎょうが同じになり、生気なく和合を忌むという日。戊辰・己丑・戊戌・丙午・壬子・甲寅・乙卯・丁巳・己未・庚申・辛酉・癸亥の12日。
ぜん-しつ【前失】以前の過ち。前回の失敗。
ぜん-しつ【禅室】❶座禅をする部屋。❷禅僧の居室。転じて、寺の住持。（類語）僧坊・坊
ぜん-じつ【全日】❶すべての日。毎日。❷まる1日。1日中。終日。「一ストライキ」
ぜん-じつ【前日】その日の前の日。「試合の一」（類語）昨日きのう・昨日さくじつ
ぜんじつ-せい【全日制】►ぜんにちせい(全日制)
せんじ-つ・める【煎じ詰める】〔動マ下一〕図せんじつ・む〔マ下二〕❶茶・薬などを、その成分がすっかり出つくすまで煮る。「薬草を一・める」❷行き着くところまで考えを進める。「一・めれば両者の主張は同じことになる」（類語）(❶)煎じる/(❷)突き詰める・極める
せんじつ-らい【先日来】このあいだから今までの間。「一続いている寒さ」
センシティビティー〖sensitivity〗❶測定装置の測定量に関しての性能。❷感受性。
センシティブ〖sensitive〗〔形動〕❶感じやすいさま。敏感。「一な性格」❷微妙で慎重を要するさま。「一な問題」
センシティブ-じょうほう【センシティブ情報】ジャウホウ《sensitive information》個人の思想・信条や国家機密など、極めて慎重に取り扱うべき情報をいう。
ぜん-じどう【全自動】家電製品や工業機器、交通システムなどにおいて、段階を踏む作業や数値の調整を機械が自動的に行う機能のこと。「一洗濯機」
ぜんじどう-モード【全自動モード】家電製品などで、全自動で処理を行う機能。例えば、カメラであれば、絞り値やシャッタースピード、撮影感度から、ストロボ使用の有無に至るまでを自動的に制御する。
せんし-ないしんのう【選子内親王】ナイシンワウ〔964～1035〕平安中期の歌人。村上天皇の皇女。12歳のときから57年間、賀茂神社の斎院をつとめ、大斎院と称された。家集「発心和歌集」など。
せんじ-の-つかい【宣旨の使】ツカヒ 勅旨を伝える使者。「一にて斉信の宰相の中将の、御桟敷へ参り給ひしこそ、いとをかしう見えしか」〈枕・一二八〉
せんし-ばんこう【千思万考】バンカウ〔名〕スル あれこれと思いをめぐらすこと。また、その思いや考え。千思万慮。「危難眼前に迫り、一すれども」〈織田訳・花柳春話〉
せんし-ばんこう【千紫万紅】さまざまの色。また、色とりどりの花の咲き乱れていること。千紅万紫。「一の南海の楽園」
せんし-ばんたい【千姿万態】いろいろの、違った姿や形。「一の昆虫の世界」
センシビリティー〖sensibility〗感受性。
（類語）感覚・神経・感性・感受性・センス・フィーリング
せんじ-ふうさ【戦時封鎖】戦時に、交戦国の港湾や海岸などを海軍力で封鎖し、交通を遮断すること。
せんじ-ふっきゅう【戦時復×仇】フクキウ 戦時において、交戦国の一方が戦時国際法に違反する行為をなした場合に、他方が報復として行う同程度の違反行為。適法とされる。
センシブル〖sensible〗〔形動〕❶分別があるさま。「一な選択」❷感受性が強いさま。「一な性質」
せんじ-へんせい【戦時編制】戦時の状況に適応した陸海空軍部隊の編制。㊀平時編制。
せんじ-ます【宣旨×枡】延久4年(1072)後三条天皇の宣旨によって定められた枡。鎌倉時代まで公的に通用。1升が現在の約6合7勺にあたる。延久の宣旨枡。
せんじ-もの【煎じ物】薬草などを煎じた飲み物、また、煎じて薬用とするもの。
せんじもん【千字文】中国、梁りょうの周興嗣しゅうこうしが武帝の命により、文字習得のための教材として編んだ字種の異なる一千字の韻文。250の4字句から成る。楷かい・行ぎょう・草そうの3書体を並べた「三体千字文」は、習字の手本として中国・日本で広く用いられた。
せん-しゃ【占者】《「せんじゃ」とも》占いをする人。
せん-しゃ【洗車】〔名〕スル 自動車・鉄道車両などの車体の汚れを洗い落とすこと。
せん-しゃ【戦車】❶火砲および自動火器を積載し、無限軌道による路外機動力と、特殊鋼板による装甲防護力とを具備した車両。第一次大戦で初めて登場、第二次大戦では地上戦闘の中心兵器となった。タンク。❷戦闘用の車。兵士が乗り、馬に引かせた。古代中国や古代オリエント諸国で使用。
せん-じゃ【千社】千の神社。また、多くのやしろ。
せん-じゃ【×撰者】❶作品を選び集めて歌集・句集などを編集する人。編者。「古今集の一」❷書物や文章を撰述した人。古い文献についていう。著者。
せん-じゃ【選者】多くの作品の中からすぐれたものを選ぶ役目の人。「一評」

ぜん-しゃ【全社】❶会社の全体。「—を挙げて取り組む」❷すべての会社。「業界の—」

ぜん-しゃ【全射】数学で、集合A・Bにおいて、Bのどの要素に対してもAの要素が対応する写像。

ぜん-しゃ【前車】❶前方を進む車。❷前にそこを通った車。

前車の覆るは後車の戒め　《「漢書」賈誼伝にある、前の車が覆るのを見たら、あとの車は同じわだちの跡を行かないようにせよという諺から》先人の失敗は後人の教訓となるというたとえ。補説「前者の覆るは後者の戒め」と書くのは誤り。

前車の轍を踏む　前に行った車のわだちを、あとの車が踏んで行く。前の人と同じような失敗をあとの人が繰り返すことにいう。前轍を踏む。補説「前者の轍を踏む」と書くのは誤り。

ぜん-しゃ【前者】二つ示したもののうち、前のもの。⇔後者。

ぜん-しゃ-きょう【全社協】▶全国社会福祉協議会

せん-しゃく【疝癪】胸や腹などがさしこんで痛む病気。さしこみ。

せん-しゃく【浅酌】ほどよく酒を飲むこと。

せん-じゃく【孱弱】〔名・形動〕弱々しいこと。かよわいこと。また、そのさま。「何処か—な処があって、婦人の手蹟の様に見え」〈鉄腸・雪中梅〉
類語弱い・脆い・柔い・柔か・軟弱・脆弱・繊弱・華奢・か弱い・ひ弱い

せん-じゃく【選択】▶せんちゃく(選択)

せん-じゃく【繊弱】〔名・形動〕図〔ナリ〕弱々しいこと。また、そのさま。ひよわ。「存外神経の—な彼が」〈芥川・枯野抄〉類語弱い・脆い・柔い・柔か・軟弱・脆弱・孱弱・華奢・か弱い・ひ弱い

ぜん-しゃく【前借】〔名〕スル　まえがりをすること。「翌月分の給料を—する」

ぜん-じゃく【染着】〔名〕スル《「せんじゃく」とも》仏語。心が物事に執着して離れないこと。

ぜんしゃく-きん【前借金】❶まえがりをした金銭。❷雇用契約を結ぶとき、返済することを約束して雇い主から借りる金銭。

せんじゃくしゅう【選択集】▶せんちゃくしゅう(選択集)

せんしゃく-ていしょう【浅酌低唱】酒を味わいながら小声で詩歌を口ずさんで楽しむこと。浅斟低唱。

センシャス〖sensuous〗〔形動〕美的な感覚に訴えるさま。感覚的なさま。➡センシュアル

せんじゃ-ふだ【千社札】千社詣での人が寺社の柱・天井などにはりつける刷り札。長方形の小札に自分の生国・氏名・屋号などを記したもの。

せんじゃ-まいり【千社参り】数多くの神社を巡拝して歩く風習。寺院に対しても行われ、江戸時代に流行した。千社詣で。

せんじゃ-もうで【千社詣で】▶千社参り

ぜんしゃりょういっかつふほ-とくやく【全車両一括付保特約】自動車保険における特約の一つ。被保険自動車が10台以上であるフリート契約者が、所有・使用する自動車すべてを一つの保険証券で契約する場合の特約で、保険期間中に購入・廃車した自動車についても所定の通知日に保険会社に通知することで一括して処理される。

せん-しゅ【千首】「千首和歌」の略。

せん-しゅ【占守】〔名〕スル　土地などを、自分の所有として守ること。

せん-しゅ【先主】先代の主君。前に仕えていた主君。また、亡くなった主君。旧主。

せん-しゅ【先守】〔名〕スル　スポーツの試合などで、先に守備をすること。また、その側のチーム。

せん-しゅ【先取】〔名〕スル　他より先に取ること。さきどり。「一点を—する」「—点」類語先取り

せん-しゅ【船主】船の持ち主。ふなぬし。

せん-しゅ【船首】船体の前端部。へさき。みよし。⇔船尾。

せん-しゅ【腺腫】分泌腺の細胞が増殖してできる良性腫瘍。甲状腺・胃腸などに生じる。アデノーマ。

せん-しゅ【僭主】❶身分を越えて君主の称号をとなえる者。❷古代ギリシャのポリスで、非合法手段によって政権を握った独裁者。貴族制から民主制への過渡期に出現。アテネのペイシストラトスなど。タイラント。

せん-しゅ【選手】❶競技会・試合などに選ばれて出場する人。「オリンピック—」❷スポーツを職業にする人。「有名な野球—」類語プレーヤー・スポーツマン

せん-しゅ【繊手】かぼそい、しなやかな手。多く、女性の美しい手をいう。「女性の—を握ってしまった事も無かったし」〈太宰・チャンス〉

せん-じゅ【千手】㊀❶千本の手。非常に多くの手。❷「千手法」の略。❸「千手陀羅尼」の略。㊁「千手観音㊀」の略。

せんじゅ【千手】㊀平家物語に登場する遊女。駿河国手越の長者の娘。鎌倉に捕らえられた平重衡の寵愛を受け、重衡が切られたのち、信濃の善光寺に入って弔ったという。㊁(「千寿」とも書く)謡曲。三番目物。金春禅竹作。捕らわれて鎌倉にいる平重衡のもとへ源頼朝が千手の前を遣わし、二人は酒宴を催して歌い舞うが、やがて重衡は都に返される。

せんじゅ【千住】東京都の地名。足立区南部(北千住)から荒川区東部(南千住)にかけて。もと奥州街道の第一宿。

せん-じゅ【先儒】昔の儒者。前代の儒者。

せん-じゅ【専修】仏語。他の行を修めることなく、ひたすら特定の行を修すること。⇔雑修。

ぜん-しゅ【前主】❶前の君主。先主。❷前の主人。❸前の持ち主。

ぜん-しゅ【善趣】仏語。現世でよい行いをした人が死後におもむく世界。また、その生存のあり方。人・天・阿修羅の三つがある。善道。⇔悪趣。

センシュアリズム〖sensualism〗肉感主義。官能主義。

センシュアル〖sensual〗〔形動〕肉感的であるさま。官能的。➡センシャス

せんじゅいん-もの【千手院物】大和の刀工の一派、千手院派が鍛えた刀。反りが高く、鎬の幅の広いことが特徴。千手院。

せん-しゅう【千秋】❶千年。千歳。また、非常に長い年月。「一日—の思い」❷「千秋万歳」の略。
類語千載・千代

せん-しゅう【先週】今週の前の週。前週。

せん-しゅう【専修】〔名〕スル　特定の学問や技術のみを専門に学ぶこと。専攻。「経済学を—する」

せん-しゅう【泉州】㊀和泉国の異称。㊁中国福建省南部の港湾都市。台湾海峡に臨み、唐・宋時代から南海貿易の拠点として発展。食品加工・製薬などの工業が盛ん。チュアンチョウ。

せん-しゅう【撰修】〔名〕スル　書物を著すこと。また、編集すること。「史書を—する」

せん-しゅう【撰集】《古くは「せんじゅう」》多くの人の詩歌などからすぐれた作品を選んで編集すること。また、その書物。
類語歌集・句集・詩集・詞花集・歳時記・アンソロジー

せん-しゅう【選集】個人または複数の著作者の作品の中から、代表的なものを選んで編集した書物。類語選書

せん-じゅう【先住】❶その場所に先に住んでいたこと。また、その人。「—者」❷先代の住職。「—が一向お構いなさらんお方だったので」〈里見弴・多情仏心〉類語(❶)在住・現住・永住・常住・定住・安住・居住・転住・移住・住む

せん-じゅう【専従】〔名〕スル　その仕事だけに従事すること。また、その人。「農業に—する」「組合—者」
類語専任・専業・掛かり切り

せん-じゅう【煎汁】煮出した汁。煎じ汁。

ぜん-しゅう【全州】❶その州の全体。❷すべての州。

ぜん-しゅう【全集】❶ある人物の著作をすべて集めて編集した書物。❷同種類・同時代などの基準で、作品を広く集めて編集した書物。類語全書

ぜん-しゅう【前週】その週の前の週。

ぜん-しゅう【前集】以前に選び集めてつくった詩集・歌集・文集。⇔後集。

ぜん-しゅう【禅宗】仏教の一派。もっぱら座禅を修行し、内観・自省によって心性の本源を悟ろうとする宗門。達磨が中国に伝え、日本には鎌倉初期に栄西が臨済禅を、次いで道元が曹洞禅を、それぞれ入宋ののち伝えて盛んになった。江戸時代に明の隠元が来朝して黄檗の一派を開き、現在この三派が並び行われている。以心伝心・教外別伝を重んじ、仏の心をただちに人々の心に伝えるのを旨とするので、仏心宗ともいう。

ぜん-しゅう【膳羞】《「羞」は料理を勧める意》料理。ごちそう。

ぜん-じゅう【善柔】❶表面は柔和で、内心は誠意のないこと。また、その人。「苦言を悪み—を好し」〈阪谷素・明六雑誌四三〉❷善良で気の弱いこと。

せんしゅう-い【専修医】▶レジデント

せんしゅう-がっこう【専修学校】職業もしくは実際生活に必要な技能を育成し、または教養の向上を図ることを目的とした学校。修業年限は1年以上。中学卒業者を対象とする高等専修学校、高校卒業者を対象とする専門学校がある。昭和50年(1975)学校教育法の改正によって設置。➡各種学校　類語専門学校・各種学校

せんじゅうしゃ-こうじょ【専従者控除】個人事業者と生計を同じにする配偶者その他の親族がもっぱらその事業に従事した場合、事業者の所得から一定の金額を控除すること。また、その制度。

せんじゅうしょう【撰集抄】鎌倉時代の仏教説話集。9巻。西行法師作と伝えられてきたが、著者未詳。文永年間(1264〜1275)ごろまでに成立。神仏の霊験、高僧の法徳・発心談など百余話を収める。

せんしゅう-だいがく【専修大学】東京都千代田区に本部のある私立大学。明治13年(1880)設立の専修学校に始まり、大正11年(1922)大学令による大学となり、昭和24年(1949)新制大学へ移行。

せんしゅう-ばんぜい【千秋万歳】千年万年。永遠。また、長寿を祝う語。

せんしゅう-まんざい【千秋万歳】▶せんずまんざい(千秋万歳)

せんじゅう-みん【先住民】ある民族・種族より前にその土地に住んでいた民族・種族。

せんじゅうみんぞく-サミット【先住民族サミット】世界各地から先住民族の代表が集まり、先住民族の権利や文化の保護について話し合い、各国政府に提言を行う会議。2007年の国連総会での「先住民の権利に関する国連宣言」の採択を受けて、平成20年(2008)に北海道で初めて開催。同22年には愛知で開催された。

ぜんしゅう-よう【禅宗様】鎌倉時代に禅宗とともに宋から伝えられた寺院建築様式の一。全体に木割が細く、詰め組の組み物を多く配し、木鼻・刳り形・桟唐戸・火灯窓・扇垂木など、装飾的な造作が特徴。鎌倉市にある円覚寺舎利殿や正福寺地蔵堂がその代表例。唐様。

せんしゅう-らく【千秋楽】㊀《法要の最後に㊁㊀が奏されるところからという》❶(「千穐楽」「千龝楽」とも書く)芝居・相撲などの興行の最後の日。千歳楽。楽日。らく。補説「穐(龝)」は「秋」の異体字。芝居小屋などが火事に通じる「火」を避けて縁起のいい「亀(龜)」を含む「穐」を用いたものといわれる。❷物事の最後。終わり。㊁㊀雅楽。唐楽。盤渉調で新楽の小曲。黄鐘調の移調曲もある。舞はない。哀調のある曲で、後三条天皇の大嘗会に監物頼吉が作ったという。㊁謡曲「高砂」の終わり、「千秋楽は民を撫で、万歳楽には命を延ぶ。相生の松風、颯々の声ぞ楽しむ、颯々の声ぞ楽しむ」の部分。婚礼などの席で謡われる。
類語(㊀❶)楽日・楽・千歳楽

せんじゅ‐かんのん【千手観音】〓《「千手千眼観世音」の略》六観音・七観音の一。衆生をあまねく済度する大願を千本の手に表す観音で、千は無量円満を表す。ふつう42の手を持つ像につくる。〓《頭部の近くに足がかたまって生えているのが〓の姿に似ているところから》シラミの俗称。

ぜん‐しゅけいれつせい【前主系列星】原始星から主系列星への移行段階にある恒星。牡牛座T型星など。

せんしゅ‐けん【選手権】スポーツなどの最優秀者を決める試合や大会で優勝した個人または団体に与えられる資格。また、その試合や大会。「一保持者」

せんしゅ‐ざい【船首材】船首を構成する材料。強固にするため、下端を竜骨に固着して立てる。

せんじゅ‐じ【専修寺】㊀三重県津市一身田町にある真宗高田派の本山。山号は高田山。10世真慧が寛正6年(1465)㊁の寺基を現在地に移したのに始まる。天正2年(1574)には門跡寺院となる。専修阿弥陀寺。無量光寺。一身田御殿。㊁栃木県真岡市高田にある真宗高田派の寺。古くは本山、のち㊀の別院。山号は高田山。開創は嘉禄2年(1226)、開山は親鸞。関東における真宗発展の拠点となった。下野本寺。高田専修寺。

せんじゅじ‐は【専修寺派】真宗十派の一、高田派の旧称。

せんしゅせきにん‐ほけん【船主責任保険】日本の港に入港する総トン数100トン以上の外航船について、船の運航や管理から生じた損害を保障する保険。平成17年(2005)施行の改正船舶油濁損害賠償保障法により加入が義務づけられた。PI保険。

せんじゅ‐だらに【千手×陀羅尼】千手観音の功徳を説いた経。千手経。

せん‐しゅつ【選出】〔名〕スル 代表者などを選び出すこと。「議長を一する」「ノミネート作品を一する」
類語 選抜・抽選・選挙・選定

せん‐じゅつ【仙術】仙人の行う術。また、仙人になる目的で行う術。不老不死・羽化登仙の術に到達するのを理想とする神仙の方術。仙方。

せん‐じゅつ【占術】自然現象や人為現象の観察によって、将来の出来事や運命を判断したり予知したりしようとする方術。うらない。占ト。ト占。

せん‐じゅつ【先述】〔名〕スル「前述」に同じ。

せん‐じゅつ【戦術】❶戦いに勝つための個々の具体的な方法。➡戦略 ❷ある目的を達成するための具体的な方法・手段。「賃金闘争の一を練る」「人海一」類語 戦略・戦法・軍略・三十六計

せん‐じゅつ【×撰述】〔名〕スル 書物をあらわすこと。述作。著述。「数点の専門書を一する」

ぜん‐しゅつ【前出】文章で、それより前に示してあること。また、そのもの。前掲。「一の登場人物」⇔後出。

ぜん‐じゅつ【前述】〔名〕スル 前に述べたこと。既述。先述。「一のとおり」「一したように」⇔後述。

せんじゅつ‐か【戦術家】戦術にすぐれた人。

せんじゅつ‐かく【戦術核】「戦術核兵器」の略。

せんじゅつ‐かくへいき【戦術核兵器】戦場において、敵軍の部隊や陣地などの軍事目標を攻撃する核兵器。戦術核。

せん‐しゅっけつ【潜出血】▶潜血

せんしゅ‐とっけん【先取特権】▶さきどりとっけん

せんじゅ‐ねんぶつ【専修念仏】仏語。他の行をせず、ただひたすら念仏だけを唱えること。

せんじゅ‐の‐ちかい【千手の誓い】観世音が千手・千眼を身に備え、衆生を救おうと立てた誓い。

せんじゅ‐ほう【千手法】密教で、千手観音を本尊として行う修法。

せんしゅ‐ぼうえい【専守防衛】他国へ攻撃をしかけることなく、攻撃を受けたときにのみ武力を行使して、自国を防衛すること。武力行使を禁じた日本国憲法下での自衛隊の主任務、性格についていう語。

せんしゅ‐ろう【船首楼】船首の上甲板に設けた船楼。

せんしゅ‐わか【千首和歌】和歌の修練などの目的で、一人または数人で和歌一千首を続けて詠んだもの。藤原為家が貞応元年(1222)日吉神社に詣でて献じた「為家卿千首」が現在最古といわれる。

せん‐しゅん【浅春】春の初め。早春。(季 春)

せん‐じゅん【専順】[1411～1476]室町中期の連歌師。京都六角堂頂法寺の僧で、宗祇の師といわれる。「新撰菟玖波集」に108句が入集。著「片端」「法眼専順連歌」など。

せん‐しゅんきょ【銭舜挙】▶銭選

せん‐しょ【戦書】宣戦布告の文書。「交戦に及ぼうとの一をも送った」〈藤村・夜明け前〉

せん‐しょ【選書】多くの書物の中から、ある目的に沿って選んで発行する書物。「民俗学一」類語 選集

せん‐じょ【仙女】▶せんにょ(仙女)

せん‐じょ【×芟除】〔名〕スル 刈り除くこと。さんじょ。「諸種の情実だの因襲だのを根本から一すると同時に」〈万太郎・春泥〉

せん‐じょ【洗除】〔名〕スル 洗って取り除くこと。除き去ること。「未だ全く一すること能わず」〈織田訳・花柳春話〉

せん‐じょ【×剪除】〔名〕スル 切って取り除くこと。「人間の性情のある部分を変形し、…あるいは一して作った人造人間」〈寅彦・科学と文学〉

せん‐じょ【×賤女】いやしい女。しずのめ。

せん‐じょ【選叙】多くの人の中から選んで官職に任じたり、位を授けたりすること。

せん‐じょ【×蟾×蜍】❶ヒキガエルのこと。❷《西王母の秘薬を盗んだ姮娥が月に逃げてヒキガエルになったという「後漢書」の伝説から》月の中にいるというヒキガエル。転じて、月のこと。

ぜん‐しょ【全書】ある事柄に関する著述・文献などをすべて集めた書物。「六法一」「百科一」類語 全集

ぜん‐しょ【前書】❶前に書いた文章・書物。❷前に出した手紙。前便。❸前に掲げた書物。「引用は一に同じ」

ぜん‐しょ【善処】〔名〕スル ❶適切に処置すること。「事情に応じて一する」❷(「善所」とも書く)仏語。来世に生まれるべきよい場所。人界・天上・諸仏の浄土など。「後生一」

ぜん‐しょ【善書】❶文字を巧みに書くこと。また、その人。能書。❷よい書物。善本。❸中国、明・清代に民衆の間に流行した道徳書。儒教・仏教・道教の説く倫理をとりまぜたもので、多くの功過格などがその代表。

善書紙筆を択ばず　《「後山談叢」一から》文字を巧みに書く人は紙や筆のよしあしを言わない。弘法筆を択ばず。

ぜん‐しょ【膳所】食膳を調える所。台所。ぜんどころ。

せん‐しょう【先勝】〔名〕スル ❶何回も行う試合で、まず最初に勝つこと。「日本シリーズに一する」❷暦注の六曜の一。万事急ぐをよしとし、午前を吉、午後を凶とする日。先勝日。せんかち。

せん‐しょう【先×蹤】先人の事業の跡。先例。
類語 前蹤・先例・前例

せん‐しょう【染匠】染め物をする職人。

せん‐しょう【船匠】船大工。船工。

せん‐しょう【船将】軍艦や船舶の指揮者。艦長や船長をいう。「軍艦の処まで漕ぎ往き、一に乞いて」〈中村訳・西国立志編〉

せん‐しょう【船×廠】造船所のこと。

せん‐しょう【船×檣】❶帆柱。マスト。❷艦船の中心線上に立てられた柱。見張り台の取り付けや信号旗の掲揚などに用いられる。

せん‐しょう【戦勝】・【戦×捷】戦争に勝つこと。かちいくさ。「一国」⇔戦敗。

せん‐しょう【戦傷】戦闘で傷を負うこと。また、その傷。

せん‐しょう【×僭称】〔名〕スル 身分を越えた称号を勝手に名乗ること。また、その称号。「帝王を一する」

せん‐しょう【×賤称】相手をさげすんで呼ぶ称。

せん‐しょう【選奨】〔名〕スル よいものを選んで推薦すること。「優良品を一する」「芸術一」
類語 推賞・推奨・慫慂

せん‐しょう【鮮少・×尠少】〔名・形動〕非常に少ないこと。また、そのさま。わずか。「一な事例」

せん‐じょう【千丈】1丈の1000倍。また、非常に長いこと。

千丈の堤も蟻の穴より崩れる　「蟻の穴から堤も崩れる」に同じ。

せん‐じょう【千乗】《「乗」は車を数える単位》❶千台の兵車。❷《中国周代の兵制で、大国の諸侯は兵車千台を有したところから》大国の諸侯。➡万乗

せん‐じょう【千畳】❶千枚の畳。転じて、多くの畳。❷山などが幾重にも重なること。

せんじょう【占城】チャンパーの中国名。

せん‐じょう【先生】❶師。せんせい。「荊軻が又田光一といふ兵を語らふ」〈平家・五〉❷東宮坊の帯刀の舎人の長。「三郎一義憲、左衛門尉頼賢」〈保元・上〉❸「ぜんしょう(前生)」に同じ。「一の事を知りたく覚えて大師に祈念する」〈沙石集・二〉

せん‐じょう【洗浄】・【洗×滌】〔名〕スル ❶薬品などで洗いすすぐこと。「胃を一する」❷(洗浄)洗い清めること。特に、心身を洗い清めること。補説「洗滌」は正しくは「せんでき」で、「せんじょう」は慣用読み。「洗浄」はその書き換え字で、本来は別語。
類語 洗濯・クリーニング・洗い・濯ぎ・浄化

せん‐じょう【扇状】扇を開いた形。扇形。

せん‐じょう【扇情】・【×煽情】人の感情や欲望をあおること。

せん‐じょう【船上】船の上。「一レストラン」

せん‐じょう【戦場】戦闘が行われる場所。戦地。「古一」類語 戦地・戦野

せん‐じょう【×僭上】〔名・形動〕《古くは「せんしょう」とも》❶身分を越えて出過ぎた行いをすること。また、そのさま。「一な振る舞い」❷分を過ぎたぜいたくをすること。また、そのさま。「堅儀な旧家程衣食住の奢りを慎み一の誹りを受けないようにし」〈谷崎・春琴抄〉❸大言壮語すること。また、そのさま。「色里で一言ふ事は治兵衛めにはかなはねども」〈浄・天の網島〉

せん‐じょう【線上】❶線の上。❷物事の分かれ目。きわどい状態。境界線上。「当落の一にある」

せん‐じょう【線条】線。すじ。

せん‐じょう【線状】線のような細長い形。

せん‐じょう【繊条】❶細い金属線。❷フィラメントのこと。

ぜん‐しょう【全称】論理学で、判断において主語の外延全体に論及すること。➡特称 ➡単称

ぜん‐しょう【全章】❶その章の全体。❷ある作品などのすべての章。

ぜん‐しょう【全勝】〔名〕スル すべての試合・勝負に勝つこと。「リーグ戦に一する」⇔全敗。

ぜん‐しょう【全焼】〔名〕スル 火事で、建物などが全部焼けてしまうこと。まるやけ。➡半焼

ぜん‐しょう【前生】仏語。この世に生まれる前の世。前世。➡後生 ➡今生 類語 前世・宿世

ぜん‐しょう【前×哨】軍隊が敵地の近くに停止するとき、警戒のために停止地点の前方に配置する部隊。また、その勤務。

ぜん‐しょう【前章】前の章。前の箇条。

ぜん‐しょう【前×檣】船の前部にある帆柱。

ぜん‐しょう【前×蹤】「先蹤」に同じ。

ぜん‐じょう【前条】前に記した箇条。

ぜん‐じょう【▽軟障】「ぜじょう(軟障)」に同じ。

ぜん‐じょう【禅×杖】座禅のとき、眠けを戒めるのに用いる杖。先に柔らかい球がついている。

ぜん‐じょう【禅定】《「禅」は、梵 dhyānaの音写「禅那」の略。「定」はその訳》❶仏語。思いを静め、心を明らかにして真正の理を悟るための修行法。精神を集中し、三昧に入り、寂静の心境に達すること。六波羅密の一。「一に入る」❷修験道で、白山・立山などの高い山に登って行う修行。

ぜん‐じょう【禅譲】〔名〕スル ❶中国における易姓

革命観に基づく君主交代の一形式。天子がその位を世襲としないで、有徳の人にゆずること。⇒放伐ほうばつ ❷天子または支配者がその位をゆずること。

せん-しょうあん【千少庵】センセウアン [1546〜1614]安土桃山時代の茶人。和泉の人。利休の女婿。母は利休の後妻宗恩。子は宗旦。法号、宗淳。千家を再興、利休の死後不審庵を継いだ。

せんじょう-が-たけ【仙丈ヶ岳】センヂャウ 山梨・長野の県境、赤石山脈北部にある山。標高3033メートル。

せんじょう-が-はら【戦場ヶ原】センヂャウ 栃木県日光市、男体山の西麓にある乾燥湿原。湿地植物の特異な景観を呈する。名は、男体山の主の大蛇と赤城山の主の大百足むかでとが戦ったという伝説による。

せんじょう-き【洗浄器】センジャウ 洗浄に使う医療器械。

せんしよう-けん【先使用権】《「さきしようけん」とも》他人が特許を出願した発明と同じような発明を既に実施している者は、他人が特許権を取得しても引き続きその発明を実施できるという権利。証明できる書類が必要。商標についても先使用権が認められている。

せんじょう-こうぶんし【線状高分子】センジャウカウブンシ ►鎖状高分子

せんじょう-こん【線条痕|旋条痕】センデウ ライフル銃など、銃身の内側にらせん状の溝を施された銃から発射された弾丸についた、銃身内の溝のあと。(補説)線条痕から、発射された銃を特定できる。

せんじょう-さん【船上山】センジャウ 鳥取県西部、大山だいせん火山体の外輪山の北端にある山。元弘3年=正慶2年(1333)隠岐おきから脱出した後醍醐天皇を奉じて名和長年が挙兵した地。標高687メートル。

せんしょう-し【戦傷死】センシャウ〔名〕スル 戦傷が原因となって死ぬこと。

せんしょう-じ【専称寺】㊀山形市緑町にある真宗大谷派の寺。山号は最上山。蓮如の弟子、願正が文明15年(1483)現天童市に結んだ草庵に始まる。出羽五か寺の一。㊁福島県いわき市にある浄土宗名越派の本山。山号は梅福山。開創は応永2年(1395)、開山は良就証賢。

せんしょう-じ【専照寺】センセウ 福井市にある真宗三門徒派の本山。山号は中野山。正応3年(1290)如道が創建した専修寺せんじゅじに始まり、応永3年(1396)浄一が分立。享保9年(1724)中野村から現在地に移転。のち真言大谷派に属し、さらに別派として独立。中野本山。

せんじょう-じき【千畳敷(き)】センデフ ❶畳千枚を敷くほどの大広間。また、そのような広い場所。❷広い岩盤からなる台地状の地形。和歌山県白浜海岸の隆起海食台、埼玉県の長瀞ながとろの河床、木曽駒ヶ岳のカール地形など。

せんしょう-せき【×尖晶石】センシャウ ►スピネル

ぜんしょう-せん【前×哨戦】ゼンセウ ❶主力の本格的な戦闘に先だって、前哨の部隊の間で行われる小戦闘。❷本格的な活動に入る前の準備的な行動。「選挙運動の—」(類語)(❶)交戦・対戦・決戦・応戦・抗戦・大戦・一戦・夜戦・白兵戦・実戦

せんじょう-たい【線条体】センデウ 大脳基底核の一部で、神経細胞が集合し、錐体外すいたいがい路の中枢をなす部位。筋緊張の調整に関与するといわれる。

ぜんじょう-たいこう【禅定太×閤】ゼンヂャウタイカフ ►禅閤ぜんこう

せんじょう-ち【扇状地】センジャウ 川が山地から平地へ流れ出る所にできた、扇形の堆積たいせき地形。川の勾配こうばいが急に小さくなり、流水の運搬力が急減するため、上流から流れてきた砂礫されきが堆積してできる。沖積扇状地。

せんじょう-てき【扇情的】センジャウ〔形動〕感情や情欲をあおりたてるさま。「—なポスター」

ぜんしょう-とう【前照灯】ゼンセウ 自動車・電車などで、前方を照らすあかり。ヘッドライト。

ぜんじょう-に【禅定尼】ゼンヂャウ ►禅尼ぜんに

せんじょう-ばんたい【千状万態】センジャウ「千態万状」に同じ。

ぜんしょう-はんだん【全称判断】論理学で、主語の外延全体に論及する判断。「すべてのsはpである」という形式の全称肯定判断と「すべてのsはpでない」という形式の全称否定判断とがある。⇒特称判断 ⇒単称判断

せんしょうびょうしゃ-せんぼつしゃいぞくとう-えんごほう【戦傷病者戦没者遺族等援護法】センシャウビャウシャセンボツシャヰゾクトウヱンゴハフ 軍人・軍属・準軍属が戦争中に公務で受傷・罹病・死亡した場合に、本人や遺族を援護するために、国が遺族年金や障害年金などを給付することを定めた法律。昭和27年(1952)施行。援護法。遺族援護法。

せん-じょうふ【×賤丈夫】センヂャウフ 身分のいやしい男。また、心のいやしい男。

ぜんじょう-ほうおう【禅定法皇】ゼンヂャウホフワウ 仏門に帰依した上皇。

ぜんじょう-もん【禅定門】ゼンヂャウ ❶禅定に入る門戸。❷►禅門ぜんもん❷ ❸禅宗・浄土宗などで、男子の戒名に付ける語。

せんじょうもん-ぶんか【先縄文文化】ブンクヮ 日本の旧石器時代の文化の旧称。

せん-しょく【染色】〔名〕スル 布・糸などに染料や色素をしみ込ませて着色すること。また、染め出した色。そめいろ。「薬品を使って—する」
(類語)染め物・染め付け・着色・捺染なっせん・型染め

せん-しょく【染織】布を染めることと織ること。染め物と織り物。

ぜん-しょく【前蜀】中国、五代十国の一。907年、節度使の王建が四川(蜀)に建国。925年、後唐の荘宗に滅ぼされた。蜀。

ぜん-しょく【前職】❶以前に従事していた職業・職務。❷以前にその職にあった人。前任者。

せんしょく-し【染色糸】細胞の静止核内にあって、塩基性色素に染まる糸状構造のもの。主成分はDNAとたんぱく質。細胞分裂の際の染色体の骨組みをつくる。

せんしょく-しつ【染色質】細胞の核に含まれている好塩基性物質。クロマチン。

せんしょく-たい【染色体】細胞核の有糸分裂のときに現れる棒状の小体。塩基性色素に染まりやすい。染色質が染色糸となり、さらに螺旋らせん状に縮まって短く太くなったもの。数・形は生物の種ごとで定まっていて、遺伝や性の決定に重要な働きをする。また広く遺伝情報を伝えるものをいう。

せんしょくたい-いじょう【染色体異常】イジャウ 染色体の欠失・逆位・転座・重複などによる構造変化や、染色体数の増減などの変異。また、それが原因で起こるダウン症候群などの病気。染色体突然変異。

せんしょくたい-ちず【染色体地図】ヅ 染色体上における遺伝子の相対的位置を示した図。遺伝子地図。

せんしょくたい-とつぜんへんい【染色体突然変異】►染色体異常

せんしょ-ばんたん【千緒万端】種々雑多な事柄。「人の心の働きは—」〈福沢・文明論之概略〉

せんじ-りっぽう【戦時立法】リッパフ 戦時に、または戦争を想定して、戦争に対処するために制定される法令の総称。第二次大戦前の国家総動員法など。

せん・じる【煎じる】〔動ザ上一〕「せん(煎)ずる」(サ変)の上一段化。「薬草を—・じる」

せん-しん【先秦】中国史の時代区分の一。前221年の秦による全国統一以前の時代、周初から春秋戦国時代までをいう。

せん-しん【先進】❶発展の段階、進歩の程度が他より進んでいること。「—の技術」❷年齢・地位などが上であること。また、その人。先輩。⇔後進。

せん-しん【専心】〔名〕スル 心を一つのことにだけ集中すること。専念。副詞的にも用いる。「—努力する」「事業に—する」「一意—」
(類語)打ち込む・専念・没頭・没入・傾注・明け暮れる

せん-しん【浅深】《古くは「せんじん」とも》浅いことと深いこと。深浅。「—の度合い」

せん-しん【×撰進|選進】〔名〕スル 詩歌・書物を編集して天皇などに奉ること。「和歌集を—する」

せん-しん【潜心】〔名〕スル 心を落ち着かせてその物事に取り組むこと。「ゲーテは生物の研究に—し」〈西田・善の研究〉

せん-しん【線審】バレー・テニスなどで、ボールが線外に出たかどうかなどを判定する人。ラインズマン。

せん-じん【千尋|千×仞】《「尋」「仞」は長さの単位》山などが非常に高いこと。また、谷や海などが非常に深いこと。ちひろ。「万丈の山、—の谷」

せん-じん【先人】❶昔の人。前人。古人。「—の英知に学ぶ」⇔後人こうじん。❷亡父。また、祖先。「真方正真風雅と云ふは予が—なるべし」〈孔雀楼筆記・二〉
(類語)古人・前人

せん-じん【先陣】ヂン ❶本陣の前方に配置した陣。さきぞなえ。⇔後陣こうじん。❷一番乗り。さきがけ。物事を最初にすること。「—を切る」「—争い」
(類語)後陣・先備え・後備え

せん-じん【戦陣】ヂン ❶戦いのための陣営。また、戦いの場所。戦場。「河岸に—をしく」「—に臨む」❷戦いの陣立て。戦法。(類語)軍陣・陣地・陣・陣営・陣所・陣屋・トーチカ・橋頭堡きょうとうほ

せん-じん【戦×塵】ヂン 戦場に立つちり、ほこり。転じて、戦争の騒ぎ。「—にまみれる」「—を逃れる」
(類語)戦争・戦いくさ・戦たたかい・戦役せんえき・役えき・兵ひょう・兵馬へいば・兵戈へいか・干戈かんか・会戦・合戦かっせん・交戦・戦闘・事変・戦火・兵火・戦乱・兵乱・戦雲・戦禍せんか・大戦

ぜん-しん【全心】心のすべて。心の全体。「僕がオーズオルスに—を打こんだのは」〈独歩・小春〉

ぜん-しん【全身】からだ全体。からだ中。総身そうみ。「—泥まみれ」「—の力をこめる」
(類語)渾身こんしん・満身・総身そうしん・総身そうみ・五体・肢体・からだ・身み・体たい・身体しんたい・肉体・体躯たいく・骨身

ぜん-しん【前身】❶その人の以前の身分・職業。また、団体・組織などの、現在のようになる前の形。「気象庁の—は中央気象台である」⇔後身。❷この世に生まれ出る前の身。前世の身。⇔後身。

ぜん-しん【前信】前に出した手紙。前便ぜんびん。

ぜんしん【前秦】中国、五胡十六国の一。351年氐てい族の苻健ふけんが前燕・前涼などを滅ぼして建国。都は長安。一時華北を統一したが、東晋との淝水ひすいの戦いに敗れ、394年後秦の姚萇ようちょうに滅ぼされた。

ぜん-しん【前進】〔名〕スル ❶前へ進むこと。「—してフライを捕る」⇔後進/後退。❷物事がよいほうへ動くこと。「学力に—が見られる」「解決に向かって一歩—する」(類語)進む・進行・進歩・進展

ぜん-しん【前審】裁判所が行う審理の前に、行政機関などが行う審理。

ぜん-しん【前震】大地震の数日前からその震源付近で起こる地震。数も例も少ない。

ぜん-しん【善心】❶人の道にかなったよい心。良心に恥じない心。❷仏語。仏道に入り、精進する心。また、清浄な慈悲の心。

ぜん-しん【善神】❶よい神。❷仏語。正法しょうぼうを守る神。

ぜん-しん【漸進】〔名〕スル ❶順を追ってだんだんに進むこと。「目標に向かって—する」⇔急進。❷少しずつ進歩すること。「—的に改良される」⇔急進。

ぜん-じん【全人】知識・感情・意志の調和のとれた人。

ぜん-じん【前人】これまでの人。昔の人。先人。「—の偉業」⇔後人こうじん。(類語)古人・先人

ぜん-じん【前陣】ヂン《「せんじん」とも》❶本陣の前方に配置された陣。先陣。⇔後陣こうじん。❷まっさきに攻めること。さきがけ。先陣。「千余騎にて—を仕る」〈太平記・一二〉

ぜん-じん【前腎】脊椎動物の泌尿器系の発生において最初に、最前部に現れる腎臓。円口類では成長後もそのまま働くが、魚類・両生類では幼生期まで機能し、爬虫はちゅう類・鳥類・哺乳類では痕跡的に形成されるだけで、中腎または後腎ができる。

せんしん-あんぜんじどうしゃ【先進安全自動車】最先端の電子技術を利用して自動車本体を高

知能化し、運転者の負担を軽くして安全性を高めた自動車。平成3年(1991)国が先進安全自動車推進検討会を設置、普及について検討を進めている。タイヤ空気圧警報システム、車間距離自動維持運転システムなどはすでに実用化。ASV(advanced safety vehicle)。

せんしん-いりょう【先進医療】厚生労働大臣が定める高度な医療技術を用いた療養。保険給付の対象とすべきかどうかを評価する評価療養の一種とみなされ、保険診療との併用が認められている。➡混合診療

せんしんいりょう-とくやく【先進医療特約】生命保険における特約の一つ。厚生労働大臣が認可する先進医療に該当する医療技術により、届け出がなされている医療機関で治療を受けた場合、給付金が支払われる。

ぜんしん-きょう【全真教】中国、金代の王重陽が始めた道教の一派。既成道教が説く迷信的な現世利益を排除し、内面的な修錬を重視した。3代教主の丘処機(長春真人)のとき、元朝の尊信を受け、華北全域に広まったが、元朝滅亡後は衰えた。

ぜんじん-きょういく【全人教育】知識・技能教育に偏らずに、感性・徳性なども重視して、人間性を調和的、全面的に発達させることを目的とする教育。

センシング〖sensing〗センサーを利用して物理量や音・光・圧力・温度などを計測・判別すること。

せんじん-くん【戦陣訓】旧日本陸軍の戦時における将兵の心得。昭和16年(1941)陸軍大臣東条英機の名で告示された。

せんしん-こく【先進国】政治・経済・文化などが国際水準からみて進んでいる国。「一首脳会議」

せんしんこく-しゅのうかいぎ【先進国首脳会議】➤サミット

ぜんしん-ざ【前進座】劇団。昭和6年(1931)歌舞伎俳優の河原崎長十郎・中村翫右衛門らが結成。歌舞伎のほかに新劇も上演し、独自の活動を展開。

ぜんしん-しゅぎ【漸進主義】急激な手段を避け、順を追って少しずつ目的を遂げようとする立場。

せんしん-せい【鮮新世】地質時代の区分の一。新生代の新第三紀の後期で、510万年前から170万年前まで。

ぜんしん-せい【漸新世】地質時代の区分の一。古第三紀を3分した場合の最後の時代。3800万年前から2400万年前まで。

ぜんしんせい-エリテマトーデス【全身性エリテマトーデス】膠原病の一種。関節の痛みや、鼻を中心に両ほおにかけて現れる紅斑が特徴的であるが、全身の臓器に炎症が起こるため症状はさまざま。若い女性に多い。厚生労働省の特定疾患に指定。紅斑性狼瘡。ループス。SLE(systemic lupus erythematosus)。

ぜんしんせい-こうかしょう【全身性硬化症】膠原病の一種。皮膚の硬化、関節炎や内臓病変などの症状を特徴とする。中年以降の女性に多い。厚生労働省の特定疾患に指定。強皮症。

ぜんしん-ぜんれい【全身全霊】からだと心のすべて。体力と精神力のすべて。「研究に一をささげる」

ぜん-じん-だい【全人代】「全国人民代表大会」の略称。

ぜんじん-てき【全人的】〘形動〙全人格を総合的にとらえるさま。人間を、身体・心理・社会的立場などあらゆる角度から判断するさま。「一な医療」

ぜんしんてき-ろんしょう【前進的論証】論理学で、前提から出発して論証を一つずつ積み重ねていき、最後に結論に達する論証の方法。順進的論証。総合的論証。➡後退的論証

せんしんななかこく-しゅのうかいぎ【先進七箇国首脳会議】➤サミット

ぜんしん-に【善信尼】日本最初の尼僧。司馬達等の娘。俗名、嶋。敏達天皇13年(584)恵便のもとで出家、のち百済に渡って具足戒を受け、帰国後は大和の桜井寺に住して尼や僧に戒を授けた。生没年未詳。

せんしん-ばんく【千辛万苦】〘名〙つらいことや苦しいことをいろいろ経験すること。また、その苦しみ。「一して成功を得る」

せんしん-ぶんがく【先×秦文学】中国の秦以前の文学の総称。詩経・書経・春秋左氏伝・孟子・老子・荘子・楚辞などをいい、中国文学の源泉をなすもの。

ぜんしん-ますい【全身麻酔】中枢神経系を麻痺させて、全身の知覚や意識を失わせること。吸入麻酔を用いるか、または麻酔薬を静脈内や筋肉に注射する。➡局所麻酔

ぜんじん-みとう【前人未踏】・【前人未到】今までだれも足を踏み入れていないこと。また、だれもその境地に到達していないこと。「一の秘境」「一の記録」

ぜんしん-よく【全身浴】肩まで湯に浸かること。半身浴や部分浴に対していう。

せん-す【扇子】おうぎ。(季 夏)

センス〖sense〗❶物事の感じや味わいを微妙な点まで悟る働き。感覚。また、それが具体的に表現されたもの。「文学的な一がある」「一のよくない服装」「バッティングー」❷判断力。思慮。良識。「社会人としての一を問われる」(類語)感覚・知覚・官能・感性・感受性・神経・センシビリティー・フィーリング

せん・ず【先ず】〘動サ変〙他より先に事を行う。先を越す。さきんずる。「大臣に一・ぜられて、ねたくおぼえ侍る」〈源・若菜上〉

せん-すい【泉水】【▽前水】庭先につくった池。また、いずみ。

せん-すい【浅水】水面から水底までが、わずかな深さの水。浅い水。

せん-すい【潜水】〘名〙水中にもぐること。「一して船底を修理する」(類語)潜る・潜行・ダイビング

せんすい-えいほう【潜水泳法】もぐったままで水中を進む泳ぎ方。

せんすい-かん【潜水冠】潜水器具の一。兜式潜水服で、頭部の保護や、空気の供給用に頭にかぶる球形のもの。前と左右にガラス窓をつけ、後部は送気管・排気管に接続する。

せんすい-かん【潜水艦】魚雷・ミサイル・艦砲などを装備し、水中または水面上を航行して攻撃・偵察などをする艦艇。

せんすいかん-はっしゃだんどうミサイル【潜水艦発射弾道ミサイル】➤エス-エル-ビー-エム(SLBM)

せんすい-き【潜水器】「潜水具」に同じ。

せんすい-きょう【仙酔峡】熊本県北東部にある峡谷。阿蘇中央火口丘群の一つである高岳(標高1592メートル)北麓の東岳川上流、標高約800メートルに位置する涸れ谷。長さ1.5キロ。阿蘇山が爆発したとき流れ出た溶岩流が造り出した。一帯はミヤマキリシマが自生し、約5万株の花が一斉に咲きピンク色に染まるようすから「仙人も酔うほどの美しい峡谷」の意で命名。阿蘇くじゅう国立公園に属する。

せんすい-ぎょぎょう【潜水漁業】潜水して魚介類を捕る漁業。素潜り、または潜水具を使用する。

せんすい-ぐ【潜水具】潜水するために用いる器具。水上から空気を送る兜式のもの、圧搾空気を携帯するアクアラング式のものなど。潜水器。

せんすい-じま【仙酔島】広島県南東部、福山市鞆の浦の沖300メートルにある島。面積0.9平方キロメートル。瀬戸内海国立公園の中心に位置する。西南方の海岸に1キロメートルにわたってわが国唯一の五色岩(赤・青・黄・黒・白)が続く。さまざまな海食門のある島の西側の一部は「鞆公園」として国の名勝に指定。夕日が美しいことで有名。昔、平清盛が厳島神社をこの地に移そうとしたと伝えられている。名の由来は「仙人が酔うほどの美しい島」から。

せんすい-てい【潜水艇】❶小型の潜水艦。潜航艇。❷海洋や海底の調査のためなどに深海に潜水できる構造の船。

せんすい-びょう【潜水病】➤潜函病

せんずい-びょうぶ【▽山水×屏風】山水を主題に描いた屏風。平安時代には宮中などで用いられたが、鎌倉時代以降、密教の灌頂儀式の調度に転用されるようになり、霊地の風景を描いたものも作られた。

せんすい-ふ【潜水夫】潜水して水中で作業する人。

せんすい-ふく【潜水服】潜水するための特殊な服。兜式では潜水冠、ゴム製の服、鉛製の靴などからなる。潜水衣。➡ウエットスーツ ➡ドライスーツ

せんすい-ぼかん【潜水母艦】潜水戦隊の旗艦で、潜水艦部隊の指揮と補給とに当たる軍艦。

ぜん-すう【全数】数量の全体。すべてのかず。

ぜんすう-ちょうさ【全数調査】統計調査のとき、対象すべてを調査すること。国勢調査などがその例。

せんす-ぐるま【扇子車】➤扇車❶

せん-すじ【千筋】色違いの縦糸を4本ずつ配列して織った細い縦縞。

せんすじ-ぞめ【千筋染(め)】細い縦縞模様に染めること。また、その染め物。

せんす-ばら【扇子腹】➤扇腹

せん-すべ【▽為ん▽術】【詮▽術】《「せん」はサ変動詞「す」の未然形に助動詞「む(ん)」の連体形の付いたもの。「詮」は当て字》あることをするための手段・方法。なすすべ。せんかた。「一を知らず」

せん-スペクトル【線スペクトル】原子のエネルギー準位間の遷移により放射または吸収されて生じる線状の光のスペクトル。特定の波長の所に現れる。

せんすべ-な・い【▽為ん▽術無い】〘形〙文せんすべな・し〘ク〙なすべき方法がない。しかたがない。せんかたない。「ここまでこじれては今や一・い」

せんず-まんざい【千▽秋万歳】初春の祝福芸で、宮中をはじめ諸寺・諸家を回ってことほぎをして舞い、祝儀をもらうもの。平安末期に起こり、中世に盛行した。せんしゅうまんざい。(季 新年)

せん-ずり【千×摺り】男性の自慰。手淫。

せん・する【宣する】〘動サ変〙文せん・す〘サ変〙広く告げ知らせる。宣言する。宣告する。「世界に向けて独立を一・する」(類語)知らせる・告げる・伝える・報ずる・知らす・触れる・言い送る・申し送る・達する・伝達する・通知する・連絡する・通告する・通達する・下達する・令達する・口達する

せん・する【×僭する】〘動サ変〙文せん・す〘サ変〙思い上がって身分・力量の上の人をまねる。おごって身分不相応なことをする。「公家を一・する田舎侍」「恩人ならぬ人はわが人好きに乗じて一・して我師となれり」〈鷗外訳・即興詩人〉

せん・する【選する】【×撰する】〘動サ変〙文せん・す〘サ変〙《「せんずる」とも》❶多くの中からえらびとる。「最優秀作を一・する」❷(撰する)詩歌・文章をえらぶ。えらんで編集する。「歌集を一・する」❸(撰する)文章を作る。書物を著す。「天然居士の墓銘を一・して居る所なんだ」〈漱石・吾輩は猫である〉

せん・ずる【煎ずる】〘動サ変〙文せん・ず〘サ変〙茶や薬草などを煮つめて成分をとり出す。「ドクダミを一・ずる」(類語)煎じ詰める・煮出す・煮詰める

せん・ずる【詮ずる】〘動サ変〙文せん・ず〘サ変〙筋道をたどって深く考える。「理を一・ずる」

詮ずる所　《「所詮」の訓読語》せんじつめて考えるに。要するに。結局。所詮。「一教師も一人の人間である」

詮ずるに　つきつめて考えてみるに。つまりは。結局は。「一敗因はチームワークの欠如に帰する」

せん-ぜ【先世】「前世」に同じ。

ぜん-せ【前世】《古くは「ぜんぜ」》この世に生まれ出る以前の世。さきの世。仏教では三世の一。過去世。ぜんせい。➡現世 ➡来世 (類語)前生・宿世

せん-せい【先生】《❹が原義》❶学問や技術・芸能を教える人。特に、学校の教師。また、自分が教えを受けている人。師。師匠。「国語の一」「ピアノの一」❷教師・師匠・医師・代議士など学識のある人や指導的立場にある人を敬っていう語。呼びかけるとき

などに代名詞的に、また人名に付けて敬称としても用いる。「一がたにお集まりいただく」「一、お元気ですか」「鈴木一」❸親しみやからかいの意を含めて他人をよぶこと。「ははあ一今日は宅(うち)に居るな」〈漱石・彼岸過迄〉❹自分より先に生まれた人。年長者。「年の賀も祝はれず、一にはあるまじきことなり」〈鶉衣・戯八亀〉〘類語〙(❶)師・師匠・指南役・師範・宗匠・師父 (学校の)教師・教員・教諭・教授・教官・講師・ティーチャー・プロフェッサー・チューター・インストラクター (尊敬)尊師・恩師・旧師・先師

せん-せい【先制】〘名〙スル 先手をとること。機先を制すること。「二点を先取し、まず一する」「一攻撃」
〘類語〙先手を打つ・機先を制する・先んじる

せん-せい【先聖】昔の聖人。先代の聖人。特に、唐代以後は儒教を重んじたところから、孔子のこと。

せん-せい【宣誓】〘名〙スル ❶多くの人の前で誓いの言葉を述べること。また、その言葉。「選手を代表して一する」❷公務員が服務にあたって、憲法・法令を遵守し、職務を忠実公正に執行することを誓うこと。❸訴訟法上、証人・鑑定人・通訳などが良心に従って真実を述べ、また誠実に鑑定・通訳することを誓うこと。虚偽の陳述・鑑定・通訳をすると偽証罪などが成立する。〘類語〙約束・誓約・契約・確約・公約・盟約・血盟・起請(きしょう)・誓う

せん-せい【専制｜×擅制】❶上に立つ人が独断で思うままに事を処理すること。「国是を討論して以て政府の一を防止す」〈津田真道・明六雑誌一二〉❷「専制政治」「専制政体」の略。
〘類語〙独裁・専政・専横・専断・ワンマン

せん-せい【専政】❶独断で政治を行うこと。❷「専制政治」に同じ。

せん-せい【専精】〘名・形動〙❶精神を集中すること。また、そのさま。「何ほど一に心を用うとも」〈中村訳・西国立志編〉❷物事に非常に詳しいこと。また、そのさま。「諸術に一なること」〈蘭学階梯〉

せんせい【陝西】中国中部の省。省都、西安。戦国時代の秦の地。東は黄河に接し、北には万里の長城、南には秦嶺山脈があり、西には黄土高原。渭水(いすい)盆地では小麦・綿の栽培が盛ん。北部には中国革命の中心地、延安がある。関中。シァンシー。

せん-せい【潜性】対立形質で雑種第一代に発現しないほう。劣性。⇔顕性(けんせい)。

せん-せい【潜勢】内にあって外に現れない勢力。

せん-せい【×蝉声】セミの鳴き声。

せん-ぜい【占×筮】筮竹(ぜいちく)で卦(け)を立てて吉凶を占うこと。また、その占い。

せん-ぜい【×蝉×蛻】〘名〙スル ❶セミの抜け殻。転じて、外形のみで中身のないこと。❷迷いから覚め、悟りの境地に達すること。蝉脱(せんだつ)。「濁世の汚穢(おわい)を被り、容易に之一すること能わず」〈織田訳・花柳春話〉

ぜん-せい【全盛】❶人気や勢力などが最も盛んな状態にあること。「一を誇る」「一時代」❷遊女などに客が多くついて繁盛すること。「姉なる人が一の余波(なごり)」〈一葉・たけくらべ〉❸はぶりのよいこと。また、そのように振る舞うこと。「男振り見よげに我が女の手前の一こそ愚かなれ」〈浮・一代女・四〉
〘類語〙栄華・最盛・盛ん・盛大・隆盛・興隆・殷盛(いんせい)・殷賑(いんしん)・繁栄・繁盛・栄える・にぎわう・富む

ぜん-せい【前世】▶ぜんせ(前世)

ぜん-せい【善政】民意にそった、よい政治。「一を施す」⇔悪政。〘類語〙仁政・徳政・民政

ぜん-ぜい【善逝】《梵 Sugataの訳。音写は修伽陀》仏の十号の一。煩悩(ぼんのう)を断って悟りの彼岸に去った者。

ぜん-せいき【前世紀】その世紀の前の世紀。また、歴史以前の時代。「一の恐竜」「一の遺物」

せんせい-くんしゅ【専制君主】専制政治を行う君主。

せんせい-じゅつ【占星術】バビロニア・エジプト・ギリシャ・中国などに古くから発達し、十七世紀ごろまで盛んに行われた星占い。黄道十二宮の位置や月・惑星の運行によって、人生・社会などについて吉凶を占ったり予言したりする。

せんせい-しょ【宣誓書】宣誓の内容を記した文書。誓書。

せんせい-しょう【陝西省】(シャンシーシャン)▶陝西

せんせい-せいじ【専制政治】(デスポティズム)個人が絶対的権力をもって恣意(しい)的に支配する政治形態。アリストテレスは、君主制の堕落した形態とした。専政。

せんせい-せいたい【専制政体】専制政治を行う政治体制。

ぜんせい-せつ【前成説】生物の個体の形は卵または精子の中にすでにでき上がっていて、それが発生とともに展開するという考え。自然発生説と結びついて19世紀初めまでは有力な学説であった。⇒後成説(こうせいせつ)

せんせい-せんし【先聖先師】孔子と顔回のこと。

ぜん-せいどう【全制動】スキーで、減速また停止する方法。スキーの先端を合わせ、後端を開いて、内側のエッジを立てる。「一回転」

せんせい-ふしよう【先制不使用】▶核の先制不使用

せんぜい-ほう【占×筮法】(ゼイ)筮竹で易の卦(け)を得る方法。筮竹を18回数えて6画の卦を得るのを本卦という。卜占の方式によって、変筮法・中筮法・略筮法など種々ある。筮法。

せん-せいりょく【潜勢力】内部にひそんでいて、表面には現れていない勢力。

センセーショナリズム〖sensationalism〗人の興味・関心を集めることだけを目的とするやり方。扇情主義。

センセーショナル〖sensational〗〘形動〙大衆の興味や関心をあおりたてるさま。「一な新聞記事」

センセーション〖sensation〗❶世間の耳目を驚かせる事件や事柄。また、大評判。「一大一を巻き起こす」❷感覚。気持ち。「官能的な一を享楽しつつ」〈宮本・伸子〉

ぜん-せかい【全世界】世界の全体。世界中。

ぜん-せかい【前世界】今の世界が成立するより前の世界。有史以前の世界。

せん-せき【仙籍】《「仙」は殿上(てんじょう)、「籍」は簡(ふだ)の意》❶▶日給(にっきゅう)の簡(ふだ) ❷蔵人頭(くろうどのとう)などの唐名。
仙籍を許・す 昇殿を許す。「殿上の仙籍をばいまだ許されず」〈平家・一〉

せん-せき【泉石】泉と岩石。泉水と庭石。

せん-せき【船籍】船舶原簿に登録された、船舶の所属地を示す籍。

せん-せき【戦跡】戦いが行われたあと。

せん-せき【戦績】戦争や試合などでの成績。「輝かしい一を残す」

せん-せき【×煽石】地下の炭層が火山岩の熱変成作用を受けて生じた無煙炭、または天然コークス。

せん-せき【薦席】こも、また、むしろの敷物。

せんせき-こう【船籍港】(カウ)船舶の船籍がある港。原則として船舶所有者の住所地に置かれる。

ぜんせ-たいし【善施太子】釈迦(しゃか)が前世に葉波国の太子であったときの名。よく施しを行い、どのような場合でも布施を拒まなかったところからの名。

せん-せつ【×僭×窃】〘名〙スル 身分を超えて、君主の位など、上位の者に属するものを奪い取ること。

ぜん-せつ【前節】❶文章や音楽などの区切りの前の部分。前段。⇔後節(こうせつ)。❷日数や期間を二つに区切った前のほう。前期。⇔後節。

ぜん-せつ【前説】❶以前に唱えた説。「一を翻す」❷前人の説。「一に異を唱える」❸前に述べられている説。❹本題に入る前の説明。まえせつ。

ぜん-せつ【禅刹】▶ぜんさつ(禅刹)

ぜんぜつ-ぼいん【前舌母音】母音の中で、イのように前舌面が硬口蓋に向かって持ち上がるもの。前母音。まえじたぼいん。

せん-せん【先占】〘名〙スル ❶他人より先に占有すること。❷民法上、所有者のない動産(野生の魚類・鳥獣など)を所有の意思をもって他人より先に占有すること。先占取得。無主物先占。❸国際法上、いずれの国にも帰属していない土地を他国より先に占有し、自国の領土とすること。

せん-せん【宣戦】〘名〙スル ある国が相手国に対して、戦争状態に入る意思を表明すること。「周辺諸国が相次いで一する」

せん-せん【専×擅】〘名〙スル 自分の思いのままに事を行うこと。「良人に問わずして其名を冒すは一に過ぎ」〈織田訳・花柳春話〉

せん-せん【戦線】❶戦闘を交えている地域。戦闘の第一線。戦場。戦闘線。「一を縮小する」❷政治運動や社会運動で、闘争の場面・形態を戦争にたとえていう語。「右派と左派が一を共同する」「統一一」
〘類語〙第一線・最前線

せん-せん【銭選】中国、宋末・元初の画家。呉興(浙江(せっこう)省)の人。字は舜挙(しゅんきょ)。号、玉潭(ぎょくたん)・霅川翁(しょうせんおう)など。宋滅亡後、遺民画家として北宋院体画風の復興をめざした。山水・花鳥画が得意。生没年未詳。

せん-せん【×撰銭】▶撰(え)り銭(ぜに)

せん-せん【×閃×閃】〘ト・タル〙図〘形動タリ〙❶ひらひらと動くさま。「臥蚕(がさん)の太眉一と動きて」〈樗牛・滝口入道〉❷きらきらと輝くさま。「日光が一と私の窓を射はじめる」〈梶井・冬の蠅〉

せん-せん【戦戦】〘ト・タル〙図〘形動タリ〙おそれおののくさま。おそれつつしむさま。「已(すで)に一たる列国の委員を、睨(にら)み廻し」〈竜渓・経国美談〉

せん-せん【×潺×潺】〘ト・タル〙図〘形動タリ〙浅い川などの水がさらさらと流れるさま。「一水一と流るる処もあり」〈子規・墨汁一滴〉

せん-せん【繊繊】〘ト・タル〙図〘形動タリ〙細くてしなやかなさま。また、弱々しいさま。かぼそいさま。「その一たる指頭より」〈鴎外・文づかひ〉「一たる筆の力もて支配せんと」〈藤村・春〉

せん-せん【先先】〘語素〙年月や順序を示す名詞の上に付いて複合語をつくり、その前の前である意を表す。前々(ぜんぜん)。「一週」「一代の会長」

せん-ぜん【戦前】❶戦争の起こる前。特に、第二次大戦の前。❷試合・勝負の始まる前。「一の予想を裏切って快勝した」

ぜん-せん【全線】❶鉄道・バスなどの、その路線の全体。「一不通」❷戦線の全体。「一にわたって交戦中」

ぜん-せん【前線】❶戦場で敵に直接向かい合っている所。戦闘の第一線。「一で戦う」「一に送られる」「最一」❷仕事や運動などの第一線。「セールスの一に立つ」❸異なった気団の境界面と地表との交線。これを境にして気温・気圧・風向・風速などが急に変わり、悪天候を伴うことが多い。その運動によって温暖前線・寒冷前線・停滞前線などに分ける。不連続線。「梅雨一」❹異なった二つの海流または水塊が接触する場所。❺サッカーで、ピッチの中盤よりも相手のゴールに近い部分。

ぜん-せん【善戦】〘名〙スル 力を尽くしてよく戦い抜くこと。多く、力の弱いほう、負けたほうの戦いぶりにいう。「一したが力及ばず敗れる」〘類語〙健闘・敢闘

ぜん-せん【漸染】しだいに染まること。習慣になること。「人民抑圧の制に慣れ、一の久しき」〈東海散士・佳人之奇遇〉

ぜん-ぜん【前前】㊀〘名〙以前。かつて。「一より、ふとお見上げ申したものの言うのでは」〈鏡花・眉かくしの霊〉㊁〘語素〙日時・年月や配列・序列を示す語の上に付いて複合語をつくり、その前の前である意を表す。先々(せんせん)。「一回」「一条」「一年度」

ぜんぜん【鄯善】中国天山南路南道の要衝にあって、前1世紀から5世紀にかけて栄えた古代オアシス国家。吐谷渾(とよくこん)に征服された。⇒楼蘭(ろうらん)

ぜんぜん【蠕蠕】柔然(じゅうぜん)の異称。

ぜん-ぜん【×冉×冉】〘ト・タル〙図〘形動タリ〙しだいに進んでいくさま。また、徐々に侵していくさま。「白雲の自然に岫(しゅう)を出でて一たる如き心持ちで一局を了してこそ」〈漱石・吾輩は猫である〉

ぜん-ぜん【全然】㊀〘ト・タル〙図〘形動タリ〙余すとこ

ろのないさま。まったくそうであるさま。「―たるスパルタ国の属邦にあらずと雖も」〈竜渓・経国美談〉■〔副〕❶(あとに打消しの語や否定的な表現を伴って)まるで。少しも。「―食欲がない」「その話は―知らない」「スポーツは―だめです」❷残りなく。すっかり。「結婚の問題は―僕に任せるという愛子の言葉を」〈志賀・暗夜行路〉❸(俗な言い方)非常に。とても。「―愉快だ」 類語 ■(❶)まったく・まるきり・まるで・さっぱり・一向(いっこう)・一切・皆目(かいもく)・からきし・とんと・ちっとも・少しも・何ら・いささかも・微塵(みじん)も・毫(ごう)も・毛頭(もうとう)・露(つゆ)ほども・露(つゆ)・更に・更更(さらさら)

ぜん-ぜん【漸漸】■〔ト・タル〕図〔形動タリ〕事が少しずつ進んでいくさま。「砦柵(さいさく)を構て、―と城下に逼近(ひっきん)し」〈竜渓・経国美談〉■〔副〕だんだんに。徐々に。「―形勢を切迫させて来た」〈漱石・彼岸過迄〉「判断が―に訓練せられ」〈西田・善の研究〉

せんせん-きょうきょう【戦戦恐恐｜戦戦×兢×兢】〔ト・タル〕図〔形動タリ〕おそれて、びくびくするさま。おそれつつしむさま。「―として父親の怒りが治まるのを待つ」 類語 慄然(りつぜん)・恟恟(きょうきょう)

ぜんせん-ぎり【前線霧】前線に沿って暖気と寒気とが混合してできる霧。

せんせん-げつ【先先月】先月の前の月。

せんせん-しゅとく【先占取得】▶先占❷

せんせん-だい【先先代】先代の先代。今の代の二代前。

せんぜん-は【戦前派】❶戦前に生まれ育った人々。特に、第二次大戦前の思想・生活態度などを共通してもつ世代。❷▶アバンゲール

せんせん-ふこく【宣戦布告】〔名〕スル 戦争を開始する意思を宣言すること。

せんぜん-ほう【×渲染法】ハフ 東洋画の技法の一。画面に水を塗り、乾ききわに墨や絵の具で描いて、ぼんやりとにじませる法。山水図の雲煙、おぼろ月夜などの朦朧(もうろう)とした感じを表す。にじみがき。

ぜんせん-めん【前線面】性質の異なる二つの気団の境界面。転移層とよばれる厚さ1～2キロの混合気塊からなる。不連続面。前面。

ぜんせん-らい【前線雷】▶界雷(かいらい)

せん-そ【践×祚｜践×阼】〔名〕スル 皇嗣が皇位を継承すること。皇位の継承には、先帝の崩御による場合と譲位による場合との二つがある。➡即位式(そくいしき)

せん-そ【×蟾×酥】ヒキガエルなどの皮膚腺の分泌物。漢方で強心・鎮痛薬に用いる。

せん-ぞ【先祖】❶家系の初代。祖先。❷その家系に属した過去の人々。祖先。「―代々の墓」
類語 祖先・祖・父祖

せん-そう【千僧】《「せんぞう」とも》千人の僧侶。また、多くの僧。

せん-そう【船倉｜船×艙】サウ 船舶で、貨物を積んでおく所。上甲板下方にあり、隔壁で囲まれる。ふなぐら。

せん-そう【船窓】サウ 船の窓。ふなまど。

せん-そう【船装】サウ「艤装(ぎそう)」に同じ。

せん-そう【戦争】サウ〔名〕スル ❶軍隊と軍隊とが兵器を用いて争うこと。特に、国家が他国に対し、自己の目的を達するために武力を行使する闘争状態。国際法上は、宣戦布告により発生し、当事国間に戦時国際法が適用される。いくさ。「―が勃発する」「隣国と―する」❷激しい争いや競争。「受験―」「交通―」
類語 (❶)戦(いくさ)・戦(たたか)い・戦役(せんえき)・役(えき)・兵(へい)・兵馬(へいば)・兵戈(へいか)・干戈(かんか)・会戦・合戦(かっせん)・交戦・戦闘・事変・戦火・兵火・戦乱・兵乱・戦雲・戦塵(せんじん)・戦禍(せんか)・大戦

せん-そう【銭荘】サウ 中国で、明代から清代にかけて行われた小規模な金融機関。近代銀行制度の導入とともに衰亡。

せん-そう【銭×瘡】サウ ▶ぜにがさ

せん-そう【線装】サウ 和漢書の製本法の一。二つ折りにした紙を折り目を左側にして重ね、右側に穴をあけて糸やひもでとじる方法。とじた糸やひもが装丁の一部となる。袋とじ。唐(から)とじ。

せん-ぞう【潜像】ザウ 感光したフィルムや印画紙にできている目に見えない画像。現像処理によって目に見える画像となる。

せん-ぞう【潜蔵】ザウ〔名〕スル ひそみ持つこと。また、ひそみ隠れること。「―する偉大の勢力、粲然(さんぜん)として索居すれば」〈雪嶺・真善美日本人〉

ぜん-そう【全総】「全国総合開発計画」の略。

ぜん-そう【前奏】❶楽曲の初めに置かれた導入部分。歌曲で、歌の始まる前に伴奏楽器で奏される部分など。⇔後奏。❷事件や物事の起こる前ぶれ。「破局の―」

ぜん-そう【前相】サウ 前ぶれ。前兆。「天下の災難を兼ねて知らする処の―かと」〈太平記・二〉

ぜん-そう【前装】サウ 銃身または砲身の前端の弾丸の出る所から弾薬を装塡(そうてん)すること。先込(さきご)め。「―銃」「―砲」⇔後装。

ぜん-そう【禅僧】❶禅宗の僧。❷禅学を修め、座禅をする僧。

ぜん-ぞう【全像】ザウ「全体像」に同じ。「事業の―を学ぶ」

ぜん-ぞう【漸増】〔名〕スル だんだんに増えること。「生産量が―する」⇔漸減。

せんそう-あめい【×蟬×噪×蛙鳴】センサウ 蟬(せみ)や蛙(かえる)がうるさく鳴き騒ぐこと。転じて、騒がしいばかりで、何の役にも立たないことや、議論・文章のへたなことのたとえ。蛙鳴蟬噪。「―の論」

せんそう-え【千僧会】ヱ ▶千僧供養

せん-そうえき【千宗易】▶千利休(せんのりきゅう)

ぜんそう-きょく【前奏曲】❶㋐導入的性格をもつ器楽曲。15世紀頃、即興的な器楽曲として現れ、17、8世紀には舞踊組曲の冒頭楽章として、また、フーガと組み合わせた形式で盛んに作られた。19世紀以降は導入的性格をもたない独立的な作品も多い。プレリュード。㋑オペラの全体または各幕の序曲。❷事件や物事の始まり。「雪解けの水が春の―を奏でる」

せんそう-くよう【千僧供養】ーヤウ 千人の僧を招いて食を供し、法会を営むこと。特に中国の南北朝時代から流行。日本では孝徳天皇以来盛んに行われた。千僧会。

せん-そうさ【千宗左】[1619～1672]江戸前期の茶人。表千家の祖。宗旦の三男。号、江岑(こうしん)・逢源斎。不審庵に住み、紀州徳川家に仕えた。「江岑夏書(げがき)」の覚書を残す。以後、表千家宗家は代々宗左を名のる。

せんそう-じ【浅草寺】センサウ 東京都台東区にある聖観音(しょうかんのん)宗の総本山。もと天台宗。山号は金竜山。推古天皇のころ宮戸川(今の隅田川)から引き上げた観音像を土師真中知(はじのまなかち)がまつったのが始まりと伝え、大化元年(645)勝海が堂宇を建立して開山となった。中興開山は円仁。江戸時代は幕府の祈願所。坂東三十三所第13番札所。浅草(あさくさ)観音。

せん-そうしつ【千宗室】[1622～1697]江戸前期の茶人。裏千家の祖。宗旦の四男。号、仙叟(せんそう)・朧月庵。宗旦の今日庵を継承して、裏千家とよばれる。加賀前田家に仕えた。以後、裏千家宗家は代々宗室を名のる。

せん-そうたん【千宗旦】[1578～1658]江戸初期の茶人。利休の孫。号、元伯・咄々斎(とつとつさい)。茶道家千家の再興に努めた。子の宗左・宗室・宗守を分家させて、表・裏・武者小路の三千家の基礎を築いた。

せんそう-どきょう【千僧読経】ーキヤウ 多くの僧を招いて経を読ませること。

せんそうとへいわ【戦争と平和】センサウトヘイワ《原題、ロシア Voyna i mir》レフ=トルストイの長編小説。1863～1869年作。ナポレオンのロシア侵攻という歴史的事件を背景に、19世紀初頭のロシアの社会と人民の姿を描いた壮大な歴史小説。

ぜんそう-なだれ【全層雪-崩】積雪層全体が滑り落ちる大規模な雪崩。気温の上がる春先に起こりやすい。底雪崩。

せんそう-はんざい【戦争犯罪】センサウ 国際条約の定める戦闘法規に違反する行為。例えば、降伏者の殺傷、禁止兵器の使用など。第二次大戦後は、侵略戦争や国際法に違反する戦争の計画・開始・遂行の責任に関する罪(平和に対する罪)、一般民衆に対する大量殺人・迫害など人道に反する行為の罪(人道に対する罪)が加えられた。

せんそう-はんざいにん【戦争犯罪人】センサウー 戦争犯罪にあたる罪を犯した人。戦犯(せんぱん)。

せんそうひがい-ほしょう【戦争被害補償】センサウヒガイホシヤウ 戦争で被害を受けた人に対する国家補償。日本では、遺族援護法に基づいて軍人・軍属とその遺族に対して一時金・給付金などが支給されるが、民間の戦争被害者に対しては、引揚者や原爆被爆者を除いて、戦争被害補償を行わず、社会保障によって救済している。欧米諸国では軍人・民間人および国籍の区別なく戦争被害補償を行うのが一般的。

せんそう-ぶんがく【戦争文学】センサウ 戦争を題材とした文学。普通は近代・現代の戦争を扱った作品をさす。レマルクの「西部戦線異状なし」、ヘミングウェイの「武器よさらば」、大岡昇平の「レイテ戦記」など。

ぜんそう-ほう【漸層法】ハフ 修辞法の一。語句を重ねて用いることによって、徐々に詩や文章の意味を強めていき、結論や結末を強調する方法。

せんぞ-がえり【先祖返り】ーガヘリ 何代も前の先祖がもっていた遺伝上の形質が、突然その子孫のある個体に現れること。人間に尾が生じたり異常に毛が生えたりする類。帰先遺伝。

せん-そく【×尖足】アキレス腱(けん)が縮み、足の甲側が伸びて、足先が下を向いたまま元に戻らなくなった状態。脳卒中などで寝たきりでいるとなりやすい。

せん-そく【洗足】汚れた足を洗うこと。また、そのための湯水。すすぎ。「―盥(だらい)」

せん-そく【栓塞】▶塞栓(そくせん)

せん-そく【船足】船の速度。ふなあし。

せん-そく【船側】船体の側面。ふなべり。

せん-そく【×跣足】はだし。すあし。

せん-ぞく【専属】〔名〕スル 特定のものだけに属していること。特に、芸能人などがある一つの会社・団体だけと契約していること。「レコード会社に―する作詞家」「―契約」 類語 所属・直属・配属・帰属

せん-ぞく【×氈×褥】《「ぞく」は「じょく」の直音表記》毛織りの敷物。「―料にこそはならめ」〈枕・一〇三〉

ぜん-そく【×喘息】❶あえぐこと。息のせくこと。❷息を吐き出すのが困難で、喘鳴を伴う発作性の呼吸困難を主とした症候群。アレルギーなどによる気管支喘息のほか、心臓病のある人に起こる心臓喘息や、尿毒症のときに起こるもの、神経性のものなどがある。

せんぞくがくえん-おんがくだいがく【洗足学園音楽大学】センゾクガクヱンオンガクダイガク 川崎市高津区にある私立大学。昭和42年(1967)に洗足学園大学音楽学部として開学。平成12年(2000)、大学院を設置。同15年現校名に改称した。

せんぞく-かんかつ【専属管轄】ークワンカツ 民事訴訟法上、公益的要求に基づいて、事件の管轄を特定の裁判所のみに認めること。専属裁判籍。

せんぞく-だいりてん【専属代理店】1社の保険会社のみと代理店契約を結んでいる保険代理店。➡乗り合い代理店

ぜんそく-タバコ【×喘息タバコ】薬剤を巻きタバコ状にし、喘息発作時に吸って用いたもの。(季 夏)

せんそくど-いってい【線速度一定】ハードディスクやDVDドライブなどディスク状の記憶装置において、ディスクの回転数を変化させてディスクの上を進むレーザー光のスピードを一定にすること。CLV(constant linear velocity)。➡角速度一定

ぜん-そくりょく【全速力】最高限度の速力。フルスピード。「―で走る」 類語 フルスピード

せんぞく-わたし【船側渡し】▶エフ-エー-エス(FAS)

せんぞ-でんらい【先祖伝来】先祖から代々伝わっていること。「―の家宝」

ぜん-そん【全村】❶その村全体。❷すべての村。

ぜん-そん【全損】❶全面的に損失となること。まるぞん。❷損害保険で、保険の目的物の全部が滅失し

た場合などの損害。保険金額の全額が塡補(てんぽ)される。➡分損(ぶんそん)

センター〘center〙❶中心。中央。❷その分野・部門の中心的役割をする機関や施設。「ビジネスー」「文化ー」❸球技で、中央のポジション。野球では外野の中央部、また、中堅手。アメリカンフットボールではスクリメージラインの中央に位置する攻撃側の選手。(類語)中心・中央・真中・ミドル

センター-クリース〘center crease〙山の中央に折れ目をつけた男性の帽子。フェルト製、山高で縁は狭く、広幅のリボンを巻いたもの。中折れ帽。

センター-サークル〘center circle〙バスケットボール・サッカー・レスリングなどで、コートやマットの中央に描かれた円。

センター-しけん【センター試験】《「大学入試センター試験」の略称》各大学の試験に先立って全国一斉に行う共通テスト。独立行政法人大学入試センターが実施する。共通一次試験に代わって平成2年(1990)春の入試から始まり、私立大学も参加できる。

センター-ストラップ〘center strap〙テニスで、ネットの高さを一定にするために中央に取り付けられている布製の帯のこと。

センター-スリークオーター〘center three-quarter〙ラグビーで、攻撃の主要任務をもつ四人のスリークオーターのうちの内側の二人の選手。

センター-デフ《central differentialから》4WD(四輪駆動車)で、前後車軸間に装備されるディファレンシャルギア。4WD車がコーナーを回るときには前輪のほうが長い距離を走るので、グリップのよい舗装路を走る、いわゆるフルタイム4WD車には不可欠。

センター-パート〘center part〙分け目を中央にして髪を分けること。

センター-ハーフ〘center half〙❶サッカー・ホッケーで、ハーフバックの中央に位置し、守備の要となる選手。中衛の中央。CH。❷ハンドボールで、攻撃と守備との両方を受け持つ選手。

センター-バック〘center back〙サッカー・ラグビーなどで、後方中央を守るプレーヤー。また、そのポジション。CB。

センター-ピラー〘center pillar〙自動車のドアの中柱。

センター-ファイア〘center-fire〙銃の撃発方式の一。撃鉄が薬莢(やっきょう)の底面中央を突いて発火させる方式。

センターファイアピストル-きょうぎ【センターファイアピストル競技】センターファイアのピストルで行う射撃競技。射距離は25メートルで、精密射撃と速射を競う。

センター-フォワード〘center forward〙サッカーで、攻撃陣の最前列の中央にいる選手、または位置。得点に一番関係のあるポジション。CF。

センター-プレーヤー〘center player〙❶六人制バレーボールで、前衛の中央にいる選手。❷球技で、センター(中央のポジション)に位置する選手。

センター-ベンツ〘center vent〙上着やコートで、背の中心の裾(すそ)に入れたスリット。⇔サイドベンツ。

センターボード〘centerboard〙平底の帆船で、安定を保つために竜骨から水中に垂れ下げる重い板。垂下竜骨。

センター-ポール〘center pole〙❶広場や競技場のバックスタンドの中央に立て、旗などを掲げる柱。❷送電線を支持するため、電気鉄道の複線軌道の中間に立てた電柱。

センター-マーク〘center mark〙テニスで、ベースラインの中心につけられている印のこと。

センターライン〘centerline〙❶図形などを二等分するために、中央に引く線。❷道路を通行整理のために左右に分けて引いた線。中央線。❸競技場・コートを中央で二つに区分する線。中央線。

センタール〘centare〙面積の単位。100分の1アール。記号ca

せん-たい【千態】種々の形態。千状。「一万様」

せん-たい【先体】多くの動物の、精子の頭部先端にある小器官。卵表面に接着させる働きをする。

せん-たい【船体】❶船の形。また、船そのもの。❷積載物・設備・付属物などを取り除いた船の本体。

せん-たい【船隊】数隻の船で構成された一隊。船団。「一を組む」

せん-たい【戦隊】軍隊の戦術単位。海軍では、軍艦2隻以上、または軍艦と駆逐隊・潜水隊など、もしくは航空隊2隊以上で編制され、司令官が指揮する部隊。陸軍では、主として航空機の戦闘部隊をいう。

せん-たい【遷代｜遷替】任期を終えて他の官職、特に上級職に転じること。

せん-たい【×蘚×苔】こけ。

せんだい【川内】鹿児島県北西部、川内川下流にあった市。平成16年(2004)周辺町村と合併して薩摩川内(さつませんだい)市となる。➡薩摩川内

せんだい【仙台】宮城県中央部の市。県庁所在地。指定都市。江戸時代は伊達(だて)氏の城下町として繁栄。東北地方の政治・経済・文化・交通の中心地。広瀬川が市街地を貫流し、河岸には東北大学や青葉城(仙台城)趾がある。七夕祭りは東北三大祭りの一。杜(もり)の都と称される。人口104.6万(2010)。

せん-だい【先代】❶当主・当代の前の代。「一の会長」❷現在同じ芸名を受け継いでいる人の、1代前の人。「一の団十郎」❸現代より前の時代。前代。

せん-だい【先▽帝】▶せんてい(先帝)

せん-だい【船台】造船所内に設けられた、船体を載せる台。造船台。

せんだい【×闡▽提】「一闡提(いっせんだい)」の略。

ぜん-たい【全体】㊀〔名〕❶からだのすべての部分。全身。❷あるひとまとまりの物事のすべての部分。「組織の一にかかわる問題」「一の構造を把握する」「画用紙の一を使って描く」「一像」㊁〔副〕❶もともと。もとより。「一自分が悪いのだ」❷(あとに疑問を表す語を伴って)いったい。いったいぜんたい。「一これはどういうことか」(類語)(㊀❷)総体・全部・全般・全面・全豹(ぜんぴょう)・全容・全貌(ぜんぼう)・すべて

ぜん-たい【全隊】❶その隊の全体。❷すべての隊。

ぜん-だい【前代】❶前の時代。先代。「一の遺物」❷当主の前の代。先代。「一の遺言」❸「前代未聞」の略。「一珍しき事ぞと、沙汰せざる所なし」〈浮・二十不孝・三〉

センダイ-ウイルス〘Sendai virus〙《Sendaiは、仙台から》パラインフルエンザウイルスの一種。種々の細胞融合能をもつため、雑種細胞の形成や癌(がん)細胞研究などに利用される。昭和28年(1953)宮城県仙台市で最初のウイルスが発見されたことから付いた名。HVJ(hemagglutinating virus of Japan)。

せんだい-がわ【千代川】鳥取県東部を流れる川。中国山地の那岐(なぎ)山付近に源を発して北流し、鳥取市賀露(かろ)で日本海に注ぐ。長さ52キロ。下流域に鳥取平野を形成し、流砂は鳥取砂丘をつくる。河口西方に潟湖(せきこ)の湖山池がある。

せんだい-がわ【川内川】熊本・宮崎・鹿児島の3県を流れる川。熊本県南部、九州山地の白髪(しらが)岳(標高1417メートル)の南斜面に源を発し、宮崎県えびの市・鹿児島県伊佐市などを流れて、薩摩川内(さつませんだい)市で東シナ海に注ぐ。長さ137キロ。筑後(ちくご)川に次ぐ九州第2の川。流域は東西に帯状に長く、山地が全体の8割近くを占める。

せん-たいきん【銭大昕】[1728～1804]中国、清の考証学者。嘉定(江蘇省)の人。字(あざな)は暁徴・辛楣(しんび)。号、竹汀(ちくてい)。恵棟の影響を受け、史学の考証にすぐれた。著「十駕斎養新録」「潜研堂文集」「二十二史考異」。

せんだい-くうこう【仙台空港】宮城県名取市にある空港。国管理空港の一。昭和39年(1964)開港。JR仙台駅と連絡鉄道で結ばれる。➡拠点空港

せんだいくじほんぎ【先代旧事本紀】▶旧事紀(くじき)

せんだい-ざさ【仙台×笹】紋所の「竹に雀(すずめ)」の俗称。仙台藩の伊達家の家紋であったところからいう。

せんだい-し【川内市】▶川内

せんだい-し【仙台市】▶仙台

ぜんたい-しゅうごう【全体集合】数学で、ある集合の部分集合だけを考える場合の、もとの集合。例えば、実数のある集合を考える場合の、実数全体の集合。

ぜんたい-しゅぎ【全体主義】❶個に対して全体を優先させる主義。❷個人の権利や利益、社会集団の自律性や自由な活動を認めず、すべてのものを国家の統制下に置こうとする主義。独裁や専制政治などと同義に用いられる。➡個人主義 ➡自由主義

ぜんたいしゅぎ-こっか【全体主義国家】全体主義を政治原理とする国家。ナチス-ドイツ、ファシスト-イタリアなどがその典型。全体国家。

せん-たいしょう【線対称】1本の直線に関して、ある二点が、相互間をその直線によって垂直二等分される位置関係にあること。図形では、1本の直線を折り目としてある図形が完全に重なり合うこと。この直線を対称軸という。

せんだい-じょう【仙台城】宮城県仙台市にあった城。戦国時代は国分(こくぶん)氏の居城で、千代(せんだい)城と称した。慶長5年(1600)から同15年にかけて伊達政宗(だてまさむね)が修築完成し、明治維新まで伊達氏の居城となった。建物は明治期の落雷と第二次大戦の戦災で焼失。戦後、大手門隅櫓(すみやぐら)を復興。青葉城。

せんだい-じょうるり【仙台浄瑠璃】▶奥浄瑠璃(おくじょうるり)

せんたい-しょくぶつ【×蘚×苔植物】▶苔(こけ)植物

せんだい-しらゆりじょしだいがく【仙台白百合女子大学】仙台市泉区にある私立大学。昭和41年(1966)設立の仙台白百合短期大学を前身として、平成8年(1996)に開設。人間学部の単科大学。

ぜんたい-せきにん【全体責任】❶組織の全体を率いる責任。総責任。統括責任。「一者」❷全体でになうべき責任。「増加する非行については社会の一として取り組むべき問題だ」❸▶連帯責任

ぜんたい-ぞう【全体像】一つのまとまりとして捉えた物事の姿や形。全像。「スタジアムがその一を現し始めた」「計画の一が徐々に明らかになる」「日本経済の一を学ぶ」

せんだい-だいがく【仙台大学】宮城県柴田郡柴田町にある私立大学。昭和42年(1967)の開設。体育学部の単科大学。平成10年(1998)大学院を設置した。

せんだい-つうほう【仙台通宝】仙台藩が、天明4～8年(1784～1788)の期間、江戸幕府の許可を得て石巻で鋳造し、領内に限定して流布させた撫角(なでかく)形の鉄銭。

せんだい-はぎ【仙台×萩】マメ科の多年草。東北地方以北の海岸に自生。茎は直立し高さ40～80センチ。葉は互生する。3～5月に黄色の蝶形花をつける。(季 春)

せんだいはぎ【先代萩】歌舞伎狂言および浄瑠璃の「伽羅先代萩(めいぼくせんだいはぎ)」の通称。

せんたい-ばんじょう【千態万状】種々さまざまの状態。千状万態。「衣香襟影は紛然雑然として一」〈二葉亭・浮雲〉

せんだい-ひら【仙台平】❶宮城県仙台地方で産する精巧な絹の袴地(はかまじ)。また、それで仕立てた男物の袴。元禄(1688～1704)頃、仙台伊達藩主が西陣から織工を招いて始めたという。❷男物袴地の総称。

せんたい-ぶつ【千体仏】一つの面に多数の小仏を彫刻したり描いたりしたもの。また、多数の仏像を一つの堂内に安置したもの。千仏。

ぜんたいへいき【前太平記】通俗史書。40巻・目録1巻。藤元元作。天和元年(1681)ごろの成立。平安中期から後期にかけての事変・合戦を、清和源氏7代の人々との関係を中心に記述。歌舞伎の時代背景となる世界の一として盛んに用いられた。

せんだい-へいや【川内平野】鹿児島県北西部、川内川下流域に広がる沖積平野。比較的低い山地

で囲まれた低平地で、周辺の山麓にはシラス台地が発達。薩摩川内市を中心に盆地状を示す。低平地には水田地帯が広く分布する。国指定史跡の薩摩国分寺跡のほか条里制遺構なども見られる。
せんだい-へいや【仙台平野】宮城県の主要部を占め、仙台湾に面する平野。松島・富谷丘陵以北を仙北平野、以南を仙南平野と呼ぶ。
せんだい-みそ【仙台味×噌】仙台地方特産の米こうじを使った塩辛い赤味噌。
ぜんだい-みもん【前代未聞】今までに一度も聞いたことがないこと。非常に珍しいこと、程度のはなはだしいことにいう。「―の大事件」
(類語)未曽有・空前・画期的
せんだい-むしくい【仙台虫×喰】ヒタキ科ウグイス亜科の小鳥。羽色はウグイスに似て、小形。ユーラシア東部に分布。日本には夏鳥として渡来し、山地で繁殖する。(季 夏)「朝餉の座―をきくは誰/秋桜子」
せんだい-わん【仙台湾】宮城県の牡鹿半島から福島県の鵜ノ尾崎に至る湾。仙台平野に面し、支湾として松島湾・石巻湾がある。
ぜんだ-おん【前打音】装飾音の一。ある音符に付随し、それに先だって短く奏される音。倚音。
せん-たく【宣託】「託宣」に同じ。
せん-たく【洗濯】〔名〕スル《「せんだく」とも》❶衣服などを洗って汚れを落とすこと。❷日常の仕事などから離れて気分を一新したり、からだの疲れをいやしたりすること。「命の―」(類語)(❶)洗い濯ぎ・浣衣・濯ぎ物・洗い物・丸洗い・解き洗い・クリーニング・洗浄
せん-たく【選択|×撰択】〔名〕スル ❶多くのものの中から、よいもの、目的にかなうものなどを選ぶこと。「―を誤る」「テーマを―する」「取捨―」❷「選択科目」の略。❸《selection》表計算ソフトなどのリレーショナルデータベースにおいて、表の中からある特定の条件に合う行を取り出す操作。
(類語)選定・取捨・選考・選別・セレクト・ピックアップ・選ぶ・選る・選える・篩う・より分ける・すぐる
せん-たく【遷×謫】罪を犯した者を、官位を落として辺地へ追放すること。
ぜん-だく【然諾】〔名〕スル 引き受けること。承諾。「踴躍の教唆を受けては―せり」〈鏡花・義血侠血〉
然諾を重ん・ずる いったん引き受けたことは、その約束を守って必ず実行する。「更に―・ずるの気を武夫に与えたるが如し」〈田口・日本開化小史〉
せんたく-いた【洗濯板】洗濯をするときに、こすりつけて汚れを落とす刻み目のある木の板。
せんたく-かもく【選択科目】学生・生徒が選択して履修する科目。⇔必修科目。
せんたく-かんぜい【選択関税】同一貨物について従価税と従量税の2種の税率が定められていて、いずれか一方を選んで課する関税。通常、税額の高いほうの税率を適用する。
せんたく-き【洗濯機】洗濯に用いる機械。ふつう電気洗濯機のこと。
せんたく-ぎていしょ【選択議定書】既存の条約を補完するために、条約とは別に独立して作成される法的国際文書。条約の締約国は選択議定書を批准するかどうか選択できる。女子差別撤廃条約選択議定書、子どもの権利条約選択議定書、自由権規約第一選択議定書・第二選択議定書などがある。
せんたく-きゅうしゅう【選択吸収】生物の細胞が、外界物質を選択的に吸収すること。
せんたくけんつき-とりひき【選択権付取引】►オプション取引
せんたく-さいけん【選択債権】債権の目的が数個の給付の中からの選択によって定まる債権。例えば、3頭の馬のうちいずれか1頭を給付するという内容の債権。
せんたく-し【選択肢】質問に対して、そこから選択して答えるように用意されている二つ以上の答え。
せんたくし-ほう【選択肢法】►プリコード法
せんたく-せっけん【洗濯石×鹸】洗濯用の石鹸。石鹸成分に炭酸ナトリウムまたは珪酸ナトリウムを加えたもの。
せんたく-ソーダ【洗濯ソーダ】炭酸ナトリウムの結晶。洗濯に使われたのでいい、その一〇水和物や一水和物なども含まれる。結晶ソーダ。
せんたく-ソート【選択ソート】《selection sort》コンピューターでデータをある基準によって並べかえるソートのうち、最も基本的なアルゴリズムの一。データ全体から最小あるいは最大の要素をひとつずつ取り出し、それらを順次並べていく手法。計算時間は要素の順番にかかわらず、要素の数によって決まる。⇒挿入ソート
せんたく-そく【選択則】量子力学で、ある状態から他の状態への遷移が起きるとき、その前後の量子数の変化関係を示す規則。
せんたくてき-セロトニンさいとりこみ-そがいやく【選択的セロトニン再取(り)込み阻害薬】►エス-エス-アール-アイ(SSRI)
せんたく-とうかせい【選択透過性】細胞膜などで、物質によって透過性が異なること。
せんたく-ばさみ【洗濯挟み】干した洗濯物が落ちないように、挟んでとめる器具。
せんたく-ほう【選択法】育種法の一。在来種の突然変異によって現れた遺伝形質を繰り返し選択し、優良品種を育成する方法。淘汰法。
せんたく-もの【洗濯物】洗濯を必要とするもの。汚れもの。また、洗濯したもの。
せんだ-これや【千田是也】[1904〜1994]演出家・俳優。東京の生まれ。本名、伊藤圀夫。築地小劇場に参加、のち俳優座を創立。近代俳優術の理論化、ブレヒトの紹介など、新劇活動の中心的役割を果たす。
せん-だち【先▽達】►せんだつ(先達)
せん-だつ【先達】❶他の人より先にその分野に進み、業績・経験を積んで他を導くこと。また、その人。先輩。せんだち。「―に学ぶ」❷山伏や一般の信者が修行のために山に入る際の指導者。せんだち。❸道などを案内すること。案内人。また、指導者。せんだち。「登山の―をつとめる」「少しの事にも―はあらまほしき事なり」〈徒然・五二〉(類語)案内・ガイド・道案内・手引き・露払い・導き・誘導・先導・嚮導
せん-だつ【×蝉脱】〔名〕スル《「蝉蛻」の「蛻」を「脱」に誤った語か》「蝉蛻❷」に同じ。「今までの生活からすっぽり―して了おうと」〈里見弴・善心悪心〉
せん-だって【先達て】さきごろ。先日。「―お話しした件」
(類語)この前・先ごろ・先日・この間・先般・先度・過日
せんだって-じゅう【先達て中】この間中。「一始終秋雨の降り朽ちているのに」〈近松秋江・別れたる妻に送る手紙〉
せんだって-らい【先達て来】この間から。先日来。「―何度も電話をかけている」
せんだ-つみ【千×朶積み】商品をうず高く積むこと。また、その商品を背負って行商する人。
ぜん-だて【膳立て】〔名〕スル ❶膳の上に食器・料理を並べること。また、膳を据え並べること。❷(多く「お膳立て」の形で)すぐにとりかかれるように準備をすること。また、その準備。「お―が整う」「見合いをお―する」(類語)用意・支度・準備・備え・設け・手配・手配り・手回し・手筈・手当て・段取り・道具立て・下拵え・下準備
ぜん-だな【膳棚】膳や椀などの食器をのせる棚。
ぜん-だま【善玉】❶善人のこと。江戸時代、草双紙などの挿し絵で、円の中に「善」の字を書いて顔とし、善人を表したのに基づく。⇔悪玉。❷芝居や映画で善人の役。(類語)善人・お人好し・好人物
せんだ-まき【千手巻(き)】►千段巻き❷
ぜんだま-きん【善玉菌】人の腸内に存在する細菌のうち、その活動によって生み出される代謝物が人の健康維持に貢献するもの。ビフィズス菌・乳酸菌など。
ぜんだま-コレステロール【善玉コレステロール】►HDLコレステロール
せんだら【×旃×陀羅】《梵 caṇḍālaの音写》インドで、四姓外の、最下級とされた階級。狩猟・と畜などを生業とした。
センタリング〖centering〗〔名〕スル ❶アーチを作るときに組む木造の仮枠。❷サッカーやホッケーなどで、味方選手にシュートをさせるためサイドから敵のゴール前に向けてボールを送ること。❸ワープロソフトや表計算ソフトなどで、文字列を行やセルの中央の位置にそろえること。中央揃え。中央寄せ。
せん-たん【仙丹】飲めば不老不死の力を得て仙人になるという霊薬。
せん-たん【先端|×尖端】❶長い物のいちばんはしの部分。とがった物のさきの部分。「棒の―」「錐の―」「岬の―」❷時代・流行などの先頭。先駆。「流行の―を行く」(類語)先・突端・頭・末・末端・先っぽ・ヘッド・端・端・端っこ・突先・突端・一端
せん-たん【浅短】〔名・形動〕あさはかであること。未熟であること。また、そのさま。「智識―局量褊小なる人民なり」〈中村正直・明六雑誌三〇〉
せん-たん【洗炭】選炭作業の一工程。石炭を水で洗って不純物や不良炭を取り除く作業。
せん-たん【戦端】戦いのいとぐち。「―を開く」
せん-たん【選炭】〔名〕スル 原炭中に含まれる岩石分を除去し、さらに石炭の品質や粒子の大きさに応じて分別すること。
せん-だん【占断】〔名〕スル ❶うらないによって物事を判断すること。❷ことごとく占有すること。「断髪連中観棚を―す」〈服部誠一・東京新繁昌記〉
せん-だん【専断|×擅断】〔名・形動〕スル 自分だけの考えで勝手に物事を決めて行うこと。また、そのさま。「―の処置」「―して取引に失敗する」
(類語)独断・独裁・専行・専横・専権・ワンマン
せん-だん【×栴×檀|×楝】❶センダン科の落葉高木。暖地に自生する。樹皮は松に似て暗褐色。葉は羽状複葉で縁にぎざぎざがあり、互生する。初夏に淡紫色の5弁花を多数つけ、秋に黄色の丸い実を結ぶ。漢方で樹皮を苦楝皮といい駆虫薬にする。おうち。あみのき。(季 花=夏|実=秋)「―の花散る那覇に入学す/久女」❷ビャクダンの別名。
栴檀は双葉より芳し 白檀は発芽のころから香気を放つ。大成する人は幼少のときからすぐれているというたとえ。
せん-だん【×剪断】〔名〕スル ❶断ち切ること。「綱を―する」❷物体内部のある面に沿って両側部分を互いにずれさせるような作用。
せん-だん【船団】同じ目的をもって行動する船の集団。「―を組む」「北洋サケマス―」
ぜん-たん【前端】まえのはし。⇔後端。
ぜん-だん【全段】すべての段。また、すべての章段・段落。「―抜きの広告」
ぜん-だん【前段】一つ前の段。前の一区切り。「―に述べたとおり」⇔後段。
せんたんいりょうかいはつ-とっく【先端医療開発特区】最先端の再生医療や医薬品・医療機器などの分野で革新的技術の開発を阻害する要因を克服し、研究開発を促進するために創設された特別区域。iPS細胞応用・再生医療・革新的な医療機器の開発・革新的バイオ医薬品の開発など、保健衛生上の重要性が高い分野が対象。大学病院などの先端医療研究拠点を中核に、連携して研究・開発・資金管理などを行う研究機関・企業を含めた複合体が一つの特区を形成する。公募により選定され、研究資金の運用管理や規制面で特例措置を受けることができる。通称、スーパー特区。
せんだん-おうりょく【×剪断応力】►ずれ応力
せんたん-ぎじゅつ【先端技術】「ハイテクノロジー」に同じ。
せんだん-きょうど【×剪断強度】素材や構造物などが、剪断に耐える限界の強度。⇒引っ張り強度
せんたんきょだい-しょう【先端巨大症】脳下

垂体に良性腫瘍ができて成長ホルモンの分泌が過剰となり、手足の指先や前額部、下あごなどの骨が太くなる病気。成長期を過ぎてから起こったものをいう。アクロメガリー。末端肥大症。

せんだん-ぐさ【×栴×檀草】キク科の一年草。暖地のやや湿った場所に生え、高さ0.5～1メートル。葉はセンダンに似て羽状に裂ける。秋、黄色い花をつける。種子には逆向きでとげ状の毛があり、衣服などにつく。

せんだん-こう【×栴×檀講】滋賀県の園城寺で行われる法会の一。子供の健康を祈願するもの。千団子祭。(季 夏)

ぜん-たんしゃ【全単射】全射であり、単射でもある写像。集合Mから集合Nへの写像で、値域が集合Nと一致し、かつ、集合Mの異なる二つの要素に集合Nの異なる要素が対応するもの。

せんだん-だんせいけいすう【×剪断弾性係数】▶剛性率

せんだん-だんせいりつ【×剪断弾性率】▶剛性率

せんたん-てき【先端的】〔形動〕流行などの先端を行くさま。「―な技術」
(類語)先進的・先鋭的・最新・斬新・新奇・現代的・モダン・アップツーデート・新しい・真新しい・目新しい

せんだん-の-いた【×栴×檀の板】大鎧の付属具。右の肩から胸にかけてつけ、胸板の右の隅のすきまをおおう札仕立ての板。高紐を切られるのを防ぐ。贈の板。

せんたん-ほうでん【先端放電】とがった導体表面から出るコロナ放電。まわりの電界がその部分に集中するために生じる。セントエルモの火はこの現象。避雷針に利用。

せんだん-まき【千段巻(き)】❶槍や薙刀の茎が入る部分を籐や麻苧ですきまなく巻き、漆で塗り固めたもの。❷弓の籐の巻き方の一。重籐の弓の両端の一部を籐で斜め十文字に巻き締めたもの。せんだまき。

せん-ち【先知】〔名〕スル ❶前もって知ること。また、衆人に先んじて道を覚知すること。また、その人。「今日の事を―すべくして猶お能わず」〈織田訳・花柳春話〉❷以前の知行。「望みかなひて―五百石にて」〈浮・二十不孝・四〉

せん-ち【泉地】砂漠で泉のわく所。オアシス。

せん-ち【浅知｜浅×智】浅薄な知恵。「短才―」

せんち【▽雪▽隠】「せっちん(雪隠)」の音変化。

せん-ち【戦地】戦争の行われている土地。また、出征地。戦場。「―へ赴く」(類語)戦場・戦野

センチ〘centi〙❶《ラテ centum(百の意)から》国際単位系(SI)で、単位の上に付けて、100分の1(10^{-2})を表す語。記号c ❷「センチメートル」の略。

センチ〔形動〕「センチメンタル」の略。「―な気分」

ぜん-ち【全知｜全×智】すべてを見きわめる知恵。完全な知恵。(類語)英知・人知・理知・知性・知恵・知

ぜん-ち【全治】〔名〕スル 病気やけがなどが完全に治ること。ぜんじ。「傷が―する」「―1か月」(類語)全快・完治・根治・快気・全癒・快癒・本復・治癒・平癒

ぜん-ち【前知】〔名〕スル 前もって知ること。予知。「人間もたまには、事を―するものと見えるテ」〈逍遥・当世書生気質〉

ぜんちきゅう-そくいシステム【全地球測位システム】▶ジー-ピー-エス(GPS)

ぜんちく-やごろう【善竹弥五郎】[1883～1965]狂言師。大蔵流。京都の生まれ。本名、茂山久治。前名、茂山弥五郎。昭和38年(1963)シテ方金春流家元から善竹の姓を贈られて改姓。人間味のあふれた世話物風の狂言で知られる。

センチグラム〘フラ centigramme〙【甅】メートル法の重さの補助単位。1センチグラムは1グラムの100分の1。記号 cg

センチグレード〘centigrade〙100等分された目盛りの単位。

せんちこうこう-せつ【先知後行説】朱子学で、人間の知(知識)と行(実践)の関係は、先後からいえば知を先とし、軽重からいえば行を重とする説。➡知行合一説

せんち-こがね【▽雪▽隠金＝亀＝子】甲虫目センチコガネ科の昆虫。体は丸く、藍紫色の光沢がある。獣糞に集まり、雌は掘った穴に糞を詰めて産卵する。

ぜんち-し【前置詞】《preposition》ヨーロッパ諸語などにみられる品詞の一。名詞・代名詞の前に置かれ、その語の他の語に対する関係を示すもの。英語のat, in, ofなどの類。

ぜん-ちしき【善知識｜善×智識】《「ぜんぢしき」とも》❶仏語。人々を仏の道へ誘い導く人。特に、高徳の僧のこと。真宗では門弟が法主を、禅宗では参学の者が師家をいう。⇔悪知識。❷人を仏道へ導く機縁となるもの。「これ―なり。しかじ、憂き世を厭ひ、まことの道に入りなん」〈平家・一〇〉

ぜんち-ぜんのう【全知全能】すべてを理解し、どんなことでも行える能力。「―の神」

ぜんち-たいばん【前置胎盤】胎盤が子宮の出口に近い部分に付着し、子宮口を一部または全部ふさいでいる病的状態。

ぜんち-ちょう【善知鳥】▶うとう

センチ-は【センチ波】波長が1～10センチ程度、周波数3～30ギガヘルツの電波。衛星通信・衛星放送・テレビ中継などに利用。センチメートル波。SHF。

センチメートル〘フラ centimètre〙【糎】メートル法の長さの補助単位。1センチメートルは1メートルの100分の1。記号cm　センチメーター。

センチメートル-は【センチメートル波】▶センチ波

センチメートル-まいびょう【センチメートル毎秒】CGS単位系における速度(速さ)の単位。1秒間に進む距離(センチメートル)で定義される。記号cm/s

センチメンタリスト〘sentimentalist〙感傷にふけりやすい人。

センチメンタリズム〘sentimentalism〙❶いたずらに感傷におぼれる心理的傾向・態度。❷18世紀後半のヨーロッパにおける文芸上の傾向。理性や意志よりも感情を重視して、詠嘆や悲嘆を強く表現したもの。感傷主義。

センチメンタル〘sentimental〙〔形動〕感じやすく涙もろいさま。感傷的。「―な手紙」

センチメント〘sentiment〙情緒。感情。また、感傷。「政治に対する国民の―」

せん-ちゃ【煎茶】❶緑茶の一種。茶葉の新芽を製したもの。❷葉茶を煎じて飲むこと。また、その煎じ出した茶。

せんちゃ-いろ【煎茶色】薄い赤紫色。

せん-ちゃく【先着】〔名〕スル ❶先に到着すること。「荷物が―する」「―順」❷囲碁で、手順として先に打つこと。また、互いの要点に先に打つこと。「―して優位に立つ」

せん-ちゃく【選▽択】仏語。一定の立場のもとに不要なものを捨て、必要なもの、正しいものを選び取ること。(補説)浄土宗では「せんちゃく」、真宗では「せんじゃく」と読む。

せんちゃくしゅう【選択集】「選択本願念仏集」の略。

せんちゃく-ほんがん【選▽択本願】仏語。阿弥陀仏が法蔵菩薩であったとき、諸仏の立てた誓いの中から最もすぐれたものとして選び取った四十八の誓願。特に、その第十八願の誓願。

せんちゃくほんがんねんぶつしゅう【選択本願念仏集】鎌倉時代の仏教書。浄土宗の根本聖典。2巻。法然著。建久9年(1198)完成。関白九条兼実の要望により、往生の業因は念仏を本となす旨を説いた書。

せんちゃ-しき【煎茶式】煎茶をいれる作法。江戸中期、抹茶の作法に準じて作られた。

せんちゃ-どう【煎茶道】(抹茶を味わう茶道に対し)煎茶の味を楽しむ茶道。独自の道具と作法がある。江戸時代、黄檗宗の僧隠元が始め、売茶翁が広めたとされる。

せん-ちゅう【船中】船のなか。

せん-ちゅう【戦中】戦争の行われている間。戦時中。

せん-ちゅう【箋注｜箋×註】《「箋」は注釈などを記して書物に貼り付ける紙片》本文の注釈。注解。

せん-ちゅう【線虫】線虫綱の袋形動物の総称。体はクチクラに覆われ、糸状・ひも状で、体長1ミリから数メートルに及ぶ。植物や動物に寄生するもの、土中にすむものなどがある。回虫・蟯虫・糸状虫・根腐れ線虫・根瘤線虫など種類が多い。ネマトーダ。

ぜん-ちゅう【全中】▶JA全中

ぜん-ちゅう【×蠕虫】ミミズ・ヒルなど、体が細長く、蠕動によって運動する動物の俗称。

せんちゅう-は【戦中派】第二次大戦の期間中に青春時代を過ごした世代。戦前派・戦後派に対していう。

せんちゅう-はっさく【船中八策】慶応3年(1867)坂本竜馬が起草させた新国家構想。長崎から上洛中、土佐藩船中で後藤象二郎に示したものとされ、朝廷への政権奉還、二院制議会の設置、外国との不平等条約の改定、憲法の制定、海軍の拡張など8か条からなる。後にこの構想は、大政奉還、明治政府の五箇条の御誓文となって引き継がれた。

せんちゅうわみょうるいじゅしょう【箋注倭名類聚鈔】江戸後期の、「倭名類聚鈔」の注釈書。10巻。狩谷棭斎著。文政10年(1827)成立。明治16年(1883)刊。異本を校合し、和漢の古書を引用して考証したもの。

センチュリー〘century〙❶世紀。また、1世紀。100年。❷欧文活字書体の一。

センチュリー-ボンド〘century bond〙償還までの期間が100年である超長期普通社債。

ぜん-ちょ【前著】以前に書いた著書。

ゼンチョ〘ポルトガル gentio〙キリシタン用語。異教徒。異端者。

せん-ちょう【先朝】先帝の朝廷。また、先帝。

せん-ちょう【×尖頂】とがった山頂。

せん-ちょう【船長】❶船舶の乗組員の長。船舶の指揮者として法律上の職務・権限や義務をもち、乗組員を監督する者。キャプテン。❷船首から船尾までの長さ。(アクセント)❶はセンチョー、❷はセンチョー。
(類語)(❶)キャプテン・艦長・船頭

ぜん-ちょう【全町】❶その町全体。❷すべての町。

ぜん-ちょう【全長】その物の全体の長さ。

ぜん-ちょう【前兆】何かが起こる前に現れるしるし。まえぶれ。きざし。「噴火の―」「不吉な―」
(類語)兆し・兆候・予兆

ぜん-ちょう【前朝】前代の朝廷・王朝。先朝。

ぜん-ちょう【前趙】中国、五胡十六国の一。304年、匈奴の劉淵が山西・陝西に拠り、漢と号して建国。都は平陽。西晋を滅ぼして長安に移り、趙と改めた。329年、臣の石勒に滅ぼされた。

せんちょう-がん【×閃長岩】深成岩の一。カリ長石・曹長石を主とし、若干の黒雲母・角閃石・輝石などを含む、完晶質で粗粒の白っぽい岩石。

ぜんちょう-すべり【前兆滑り｜前兆×辷り】▶プレスリップ

センチリットル〘centiliter〙メートル法による量の単位。1リットルの100分の1を1センチリットルとする。記号cl

ぜん-ちん【前陳】前に述べたこと。前述。

センツァ〘イタリア senza〙《…なしに、の意》音楽用語で、通常、「センツァ-テンポ(速度を定めずに)」などのように、他の用語にそえて用いる。

せん-つい【仙椎｜薦椎】脊柱のうち、腰椎と尾椎との間にある5個の椎骨。結合して仙骨となる。

せん-つう【×疝痛】発作性の激しい腹痛。胆石・腸閉塞などで起こる。

ぜん-つう【全通】〔名〕スル 路線の全部が開通すること。「湾岸道路が―する」

ぜんつう-じ【善通寺】㊀香川県善通寺市にある真言宗善通寺派の総本山。山号は五岳山。空海誕生

の地で、弘法大師三大霊場の一。空海が唐より帰国後、父の佐伯善通の邸宅を寺に改めたのに始まるという。永禄元年(1558)兵火によって全焼、江戸時代に再建。四国八十八箇所第75番札所。㊁香川県北西部の市。善通寺の門前町として発展。第二次大戦前は四国の軍事中心地。人口3.4万(2010)。
ぜんつうじ-し【善通寺市】▶善通寺㊁
せん-て【先手】❶他より先に始めること。また、先回りして自分の立場を有利にすること。「一を取る」㊊後手ᵍ。❷囲碁・将棋の用語。㋐先に着手すること。また、その人。先番。㊊後手。㋑相手が応手しなければならない局面で、好所に先んじて打つこと。㊊後手。
先手を打・つ　❶囲碁や将棋で、相手より先に着手する。❷先に攻撃をしかける。また、起こりそうな事態に備えておく。「保身のために一・つ」
せん-てい【先帝】先代の皇帝・天子。せんだい。
せん-てい【泉亭】泉水のある屋敷。いずみどの。
せん-てい【×剪定】〔名〕ｽﾙ 樹木の生育や結実を調整したり、樹形を整えたりするため、枝の一部を切り取ること。「庭木を一する」〈季 春〉「一の長き枝屑いま落ちぬ/青畝」
せん-てい【船底】船のそこ。ふなぞこ。
せん-てい【船艇】船舶と舟艇。
せん-てい【×筌×蹄】《「荘子」外物から》❶魚を捕る筌ᵘᵉと兎を捕る蹄ᵃᵐ。目的が達成されると不要になるもの。目的を達成するために利用する道具・手段。❷物事をするための手引き。案内。
せん-てい【×撰定】〔名〕ｽﾙ 書物や文書を編集すること。また、多くの詩歌・文章の中からよいものを選び出すこと。「勅命により和歌集を一する」
せん-てい【選定】〔名〕ｽﾙ 多くの中から目的・条件などに合うものを選び定めること。「委員を一する」
〈類語〉選択・取捨・選考・選別・セレクト・ピックアップ・選ぶ・選ᵉる・選ᵉる・篩ᶠᵘるう・より分ける・すぐる
ぜん-てい【全逓】《「全逓信労働組合」の略称》昭和21年(1946)に逓信省職員の労働組合として結成された全逓信従業員組合の後身。平成16年(2004)6月に日本郵政公社労働組合(JPU)へ名称変更し、さらに同19年10月日本郵政公社の民営・分社化に伴い、全日本郵政労働組合(全郵政)と組織統合し日本郵政グループ労働組合(JP労組)を結成した。
ぜん-てい【前庭】❶家の前にある庭。㊊後庭。❷内耳の骨迷路で、蝸牛殻ᵏᵃᵍʸᵘᵘと骨三半規管との間に位置する部分。
ぜん-てい【前提】❶ある物事が成り立つための、前置きとなる条件。「匿名を一に情報を提供する」「結婚を一につきあう」❷論理学で、推論において結論が導き出される根拠となる判断。㊊結論。
〈類語〉要件・条件・悪条件
ぜん-てい【前程】行く先。行く手。また、将来のこと。前途。「なるほど舟の上では一の事は問わぬのであった」〈蘆花・思出の記〉
せんてい-え【先帝会】ｴ ▶先帝祭㊁
ぜんてい-きかん【前庭器官】ｷｶﾝ 内耳にある、平衡をつかさどる器官。前庭中の卵形嚢ᵒᵘ・円形嚢、および膜三半規管からなる。
せんてい-こう【選帝侯】中世ドイツで、神聖ローマ皇帝を選挙する特権をもった諸侯。1356年発布の金印勅書で、マインツ・ケルン・トリーアの各大司教、ボヘミア王・ライン宮廷伯(プファルツ伯)・ザクセン公・ブランデンブルク辺境伯の7諸侯に限定された。選挙侯。〈補説〉1692年にはカレンベルク侯が選帝侯の地位を得てハノーファー(ハノーバー)選帝侯となり、1803年にはケルン・トリーアに代わってウュルテンベルク公・バーデン辺境伯・ヘッセン-カッセル方伯・ザルツブルク公が選帝侯となるが、06年の神聖ローマ帝国崩壊とともに選帝侯はその役割を終えた。
せんてい-こうけんかんとくにん【選定後見監督人】被後見人の親族または後見人の請求によって、家庭裁判所が選任する後見監督人。
せんてい-こうけんにん【選定後見人】被後見人の親族その他の利害関係人の請求によって、家庭裁判所が選任する後見人。
せんてい-さい【先帝祭】㊀毎年、先帝の崩御の日に宮中の皇霊殿で行われる慰霊の祭事。㊁山口県下関市の赤間ᵃᵏᵃᵐᵃ神宮で5月2日から3日間行われる祭礼。もと先帝会ᵉといい、後鳥羽天皇が安徳天皇の葬られた阿弥陀寺でその命日(陰暦3月24日)に営んだ法要に始まるという。〈季 春〉「春の潮一も近づきぬ/虚子」
ぜんていしん-ろうどうくみあい【全逓信労働組合】ｾﾞﾝﾃｲｼﾝﾛｳﾄﾞｳｸﾐｱｲ ▶全逓
せんてい-とうじしゃ【選定当事者】ﾀｳｼﾞｼﾔ 民事訴訟で、共同の利益を有する多数の者が共同で訴訟を起こす場合、その中から選ばれて全員に代わって訴訟当事者となる者。
せんてい-どき【×尖底土器】底がとがった土器。日本では縄文時代早期に多く用いられ、口が開いた深い鉢形で、鍋として用いた。
せんてい-りょうよう【選定療養】ﾚｳﾔｳ 医療サービスの中で、被保険者の選定に委ねられるサービスとして厚生労働大臣が定めたもの。国民の選択肢を拡げ、利便性を向上するために設けた、保険診療と保険外診療の併用を認める保険外併用療養費制度に基づく。平成18年(2006)改正健康保険法で規定。

▷**選定療養の種類**
特別の療養環境(差額ベッド)、歯科の金合金等、金属床総義歯、予約診療、時間外診療、大病院の初診、小児齲蝕ᵘˢʰᵒᵏᵘの指導管理、大病院の再診、180日以上の入院、制限回数を超える医療行為

せん-でき【洗×滌】〔名〕ｽﾙ ▶せんじょう(洗浄)
ぜん-てき【全摘】〔名〕ｽﾙ 「全摘出」に同じ。「胃の一術」
ぜん-てき【全的】〔形動〕すべてがそうであるさま。全体に及ぶさま。全面的。「一な支援を得る」
ぜん-てきしゅつ【全摘出】手術で、その器官をすべて取り去ること。全摘。「一手術」
せん-てつ【先哲】昔の哲人。昔のすぐれた思想家。前哲。「一の教え」
せん-てつ【×銑鉄】鉄鉱石を溶鉱炉で還元して取り出した鉄。3～4パーセントの炭素と少量の珪素ᵏᵉⁱˢᵒ・硫黄・燐ʳⁱⁿなどの不純物を含み、硬くてもろい。大部分は製鋼用に、一部は鋳物用に使われる。ずく鉄。ずく。
ぜん-てつ【前哲】「先哲」に同じ。
ぜん-てつ【前×轍】❶前に通った車のわだち。❷前の人の失敗。
前轍を踏・む　「前車ᶻᵉⁿˢʰᵃの轍ᵗᵉᵗˢᵘを踏む」に同じ。
せんてつそうだん【先哲叢談】江戸後期の評伝。8巻。原善(念斎)著。文化13年(1816)刊。江戸時代の儒者72人の伝記を年代順に記述したもの。
せんて-ひっしょう【先手必勝】勝負事で、先手を取れば必ず勝てる状況であること。
ぜん-でら【禅寺】禅宗の寺院。禅院。
せん-てん【先天】《「易経」乾卦の「天に先立ちて天違ᵗᵃᵍᵃわず、天に後れて天時を奉ず」から》生まれつき身に備わっていること。㊊後天。
せん-てん【旋転】〔名〕ｽﾙ 《「せんでん」とも》くるくる回ること。また、回すこと。「嵐の音をたてて一する渦巻」〈中勘助・鳥の物語〉
せん-でん【宣伝】〔名〕ｽﾙ ❶商品の効能や主義・主張などに対する理解・賛同を求めて、広く伝え知らせること。「新聞を使って一する」❷事実以上に、また、事実を曲げて言いふらすこと。「自分の手柄のように一してまわる」〈類語〉広告・PR・広報・プロパガンダ・触れ込み・アナウンス・周知・コピー・コマーシャル
せん-でん【×閃電】ひらめく電光。稲妻。また、非常に速いことのたとえ。「一一撃」
ぜん-てん【全天】空の全体。
ぜん-てん【全店】❶その店全体。「一大売り出し」❷すべての店。「加盟一」
ぜん-てん【全点】すべての商品・品物。「一半額」
ぜん-てん【前転】体操で、からだを前方に回転すること。㊊後転。
ぜん-でん【前殿】㊀❶前の方にある殿舎。❷後宮に対し、政務を行う表向きの殿舎。㊁紫宸殿ˢʰⁱˢⁱⁿᵈᵉⁿ。
ぜん-てんこう【全天候】あらゆる天候に対応していること。どんな天候でも使えること。オールウエザー。「一カメラ」「一型」
ぜんてんこう-き【全天候機】夜間または悪天候下でも、離着陸や飛行に耐えうる装備・性能をもった航空機。
ぜんてん-しゃしんき【全天写真機】空の全体の雲を撮影するための、魚眼レンズなどを使った気象観測用写真機。
センテンス〖sentence〗文。句点によって分けられた一つづきの言葉。〈類語〉文・文章
せんてん-せい【先天性】生まれつき備わっていること。また、その性質。㊊後天性。
せんてんせい-けつじょし【先天性欠如歯】生まれつき歯の数が少ない状態。乳歯では前歯、永久歯では第三大臼歯(親知らず)などに起こることが多い。➡過剰歯
せんてんせい-こかんせつだっきゅう【先天性股関節脱臼】ｺｸﾜﾝｾﾂﾀﾞﾂｷﾕｳ 生まれつき股関節脱臼を起こしている状態。女児に多い。
せんてんせい-ひんもうしょう【先天性貧毛症】ﾋﾝﾓｳｼﾔｳ 生まれつき毛髪がまったくないか極端に少ない病気。いったん生えても、思春期に再び抜け落ちていく。遺伝子の異常による疾患で、第8染色体の特定部位の異常が原因であることが判明している。MUHH(Marie Unna hereditary hypotrichosis)。
せんてんせい-めんえき【先天性免疫】自然免疫のこと。㊊後天性免疫。
せんてんせい-めんえきふぜんしょうこうぐん【先天性免疫不全症候群】ﾒﾝｴｷﾌｾﾞﾝｼﾔｳｺｳｸﾞﾝ ▶原発性ᵍᵉⁿᵖᵃᵗˢᵘˢᵉⁱ免疫不全症候群
せんてん-せつ【先天説】《ﾄﾞｲ Apriorismus》❶人の性質・知識・技能などが先天的なものであると考える説。天賦説。㊊後天説。❷哲学で、認識論上、㋐生まれながらに備わる要素(生得観念など)を認める立場(デカルト・ライプニッツなど)。先天主義。㋑論理的に、経験に依存せず、むしろ経験に先立ち経験を可能とさせる認識を認める立場(カント)。先天主義。先験主義。㊊後天説。
せんでん-せん【宣伝戦】互いに争って宣伝すること。宣伝合戦。
せんてん-てき【先天的】〔形動〕❶生まれつきであるさま。「一な体質」㊊後天的。❷▶アプリオリ
〈類語〉生まれ付き・生まれながら・生来・生得・天性・天賦・天稟ᵗᵉⁿᵖⁱⁿ・天分・天資・稟性
センテンドレ〖Szentendre〗ハンガリー北部の町。首都ブダペストの北約20キロ、ドナウ川西岸に位置する。14世紀より交易で栄え、15世紀にオスマン帝国の支配から逃れたセルビア人が居住。20世紀初めに多くの芸術家が集ったことでも知られる。バロック様式のブラゴベシュテンスカ教会や洗礼者聖ヨハネ教会(通称、丘の上のカトリック教会)のほか、同国を代表する女流陶芸家コバーチ=マルギット、フランス近代美術の影響を受けたチョーベル=ベーラ、バルチャイ=イェヌー、クメッティ=ヤーノシュらの美術館がある。
せんてん-ばいどく【先天梅毒】胎児が母親の胎内にある間に感染した梅毒。遺伝性梅毒。
せんてん-びょう【先天病】ﾋﾞﾔｳ 生まれながらもっている病気。遺伝的疾患をいう。
せんでん-びら【宣伝▽片】宣伝文句や絵などをかいて配布する紙片。
せんでん-ほう【占田法】ﾃﾞﾝ 中国、晋の武帝が280年に制定した土地制度。地位に応じた土地所有を定め、大土地私有を制限しようとしたものという。
ぜんてん-レンズ【全天レンズ】▶魚眼レンズ
せん-と【泉都】温泉を中心にして発達した都市。
せん-と【遷都】〔名〕ｽﾙ 都を他の地に移すこと。みやこうつり。「地方に一する」
せん-と【×蟾×兎】《月の中に蟾(ヒキガエル)と兎(ウサギ)がいるという伝説から》月の異称。

セント〘cent〙❶米国・カナダ・オーストラリアなどの補助通貨単位。1セントは1ドルの100分の1。❷EU(欧州連合)の単一通貨ユーロの補助通貨単位。1セントは1ユーロの100分の1。ユーロセント。❸音程の計測単位で、十二音音階における半音の100分の1の音程。(補説)❶❷は「仙」とも書く。
セント〘saint¦St.¦S.〙キリスト教で、聖人。聖者。聖徒。その名に冠して用いる。セイント。「—ニコラス」
せん-ど【千度】㊀〔名〕千回。転じて、回数の多いこと。㊁〔副〕❶(主に関西地方で)たびたび。さんざん。「一言うたのに」「一泣いたがようござったか」〈虎清狂・泣尼〉❷ひどく。たいそう。「初午は—むちゃむちゃぢゃわいな」〈洒・風流裸人形〉
せん-ど【先度】さきごろ。このあいだ。せんだって。「—も話したとおり」(類語)この前・先ごろ・先日・先だって・先般・この間・過日
せん-ど【先途】❶(多く「ここを先途と」の形で)勝敗・運命などの大事な分かれ目。せとぎわ。「ここを—と奮いたつ」❷これから進む先。行き先。前途。「—いづくを期せず」〈平家・一二〉❸行き着くところ。また、人の死。「名利に溺(おぼ)れて—の近き事をかへり見ねばなり」〈徒然・七四〉❹家柄によって定まる最高の官職。「仏神の祈りて、摂籙(せつろく)の—には必ず達すべき告ありて」〈愚管抄・六〉
せん-ど【×賤奴】召し使い。しもべ。奴隷。
せん-ど【纖度】繊維や糸の太さを表す語。長さと重量との比。単位は生糸でデニール、綿糸・毛糸などでは番手(ばんて)を使用。
せん-ど【鮮度】魚・肉・野菜などの新鮮さの度合い。「—が落ちる」
ぜん-と【全都】❶みやこ全体。❷東京都全体。
ぜん-と【前途】❶行く先。また、そこから目的地までの道のり。「—はほど遠い」「途中下車の—は無効になる乗車券」❷将来。「会社の—を占う」「—を誤る」「—ある若者」「—有望」
ぜん-ど【全土】❶国土全体。「日本—」❷その地域全体。「九州—」(類語)全国
ぜん-ど【×髯奴】ひげの濃い人、特に欧米人を卑しめていう語。
セント-アイブス〘St. Ives〙英国イングランド南西部、コーンウォール州の港町。古くから漁港・商港として栄えたが、19世紀後半に衰退。鉄道の開通後、海岸保養地として発展。陶芸家バーナード=リーチ、彫刻家バーバラ=ヘップワース、画家ベン=ニコルソンら、多くの芸術家が集まったことで知られる。テートギャラリーの別館として近現代美術のコレクションを有するテートセントアイブズが1993年に開設された。
セントアン-きょうかい【セントアン教会】《St. Anne's Church》アイルランド南部、コーク州の都市、コークにある教会。リー川北岸のシャンドン地区に位置する。創建は中世とされ、17世紀末にウィリアム3世により破壊。18世紀に再建された。時計がある高さ37メートルの鐘楼はコークのシンボルとして知られる。シャンドン教会。聖アン教会。
セントアンソニー-たき【セントアンソニー滝】《St. Anthony Falls》米国ミネソタ州、ミネアポリスとセントポールの間を流れるミシシッピ川の滝。製粉や製材の動力源として使われたが、現在は電力供給に使われる。同河川唯一の自然の滝。
セントアン-だいせいどう【セントアン大聖堂】《St. Anne's Cathedral》►ベルファスト大聖堂
セント-アンドルーズ〘St. Andrews〙英国、スコットランド東部の都市。北海に臨む保養地で、世界最古のゴルフコースがある。セントアンドリューズ。
セントアンドルーズ-じょう【セントアンドルーズ城】《St. Andrews Castle》英国スコットランド東部の都市セントアンドルーズにある城跡。13世紀初頭、セントアンドルーズの司教の館および砦として建造。以降、増改築がなされたが、16世紀にイングランドの侵攻により破壊された。現在は建物の一部や地下牢が残っている。セントアンドリューズ城。
セントアンドルーズ-だいせいどう【セントアンドルーズ大聖堂】《St. Andrews Cathedral》英国スコットランド東部の都市セントアンドルーズにある大聖堂。14世紀に建造され、スコットランドにおける宗教の中心地として数多くの巡礼者が訪れた。16世紀の宗教改革で破壊され、現在は聖堂の壁の一部や門のほか、大聖堂の建設以前からあったセントルール教会の塔が残っている。聖アンドルーズ大聖堂。セントアンドリューズ大聖堂。
せん-とう【仙▽洞】❶仙人の住む所。❷上皇の御所。転じて、上皇。仙洞御所。仙院。
せん-とう【先登】❶まっさきに敵の城に攻め入ること。一番乗り。さきがけ。「這回(しゃかい)は—なすべしと」〈染崎延房・近世紀聞〉❷いちばん先に行うこと。また、いちばん先に到着すること。「殉死の—はこの人で」〈鴎外・阿部一族〉
せん-とう【先頭】いちばん先。「列の—に立つ」
(類語)一番・トップ・第一・真っ先・最初・初発・いの一番・初め・一次・原初・嚆矢(こうし)
先頭を切・る 最初に始める。「民営化の—・る」
せん-とう【×尖塔】頂部が鋭くとがった形の塔。(類語)塔・タワー
せん-とう【×尖頭】❶とがった頭。❷とがった先。尖端。「塔の—」
せん-とう【専当】《「せんどう」とも》❶もっぱらその任務にあたること。また、その者。「造行宮司及び—の郡司」〈続紀・元正〉❷寺院で雑務を担当した下級の僧。専当法師。「白大衆(しらだいしゅ)、神人(じにん)、宮仕(みやじ)、—満ち満ちて」〈平家・一〉❸荘官の一。荘園運営の実務を担当した者。
せん-とう【×剪刀】はさみ。特に、外科手術で用いる洋式のはさみ。
せん-とう【船灯】船のあかり。航海灯・停泊灯・信号灯など、船舶が航行または停泊中に掲げる灯火。
せん-とう【船頭】船のへさき。船首。
せん-とう【戦闘】〔名〕(スル)たたかうこと。特に、兵力を用いて敵に対し、攻撃・防御などの行動をとること。「—を交える」「前線で激しく—する」(類語)戦争・戦う・戦い・合戦・会戦・戦役・役・戦・兵(へい)・兵馬(へいば)・兵戈(へいか)・干戈(かんか)・交戦・事変・戦火・兵火・戦乱・兵乱・戦雲・戦塵(せんじん)・戦禍(せんか)・大戦・争う・渡り合う・切り結ぶ
せん-とう【×塼塔¦×甎塔】塼(煉瓦(れんが))で築いた仏塔。インド・中国・朝鮮半島などにみられる。
せん-とう【銭刀】《「刀」は銭(ぜに)をかたどった中国古代の貨幣》ぜに。銭貨。
せん-とう【銭湯】入浴料を取って一般の人を入浴させる浴場。ふろや。ゆや。公衆浴場。
(類語)風呂屋・浴場
せん-どう【▽山道】㊀内陸部を通る道。さんどう。㊁㊀「東山道(とうさんどう)」の略。㊁(「仙道」とも書く)「中山道(なかせんどう)」の略。
せん-どう【仙道】中国の道教や神仙思想の中で、仙人の道術や、不老不死に至る道。
せん-どう【先導】〔名〕(スル)先に立って導くこと。「白バイが—する」(類語)誘導・嚮導(きょうどう)・案内・引っ張る・手引き・導き・ガイド・道案内・先達・露払い
せん-どう【扇動¦×煽動】〔名〕(スル)気持ちをあおり、ある行動を起こすようにしむけること。アジテーション。「大衆を—する」(類語)挑発・教唆・指嗾(しそう)・アジプロ
せん-どう【船頭】❶和船の船長。ふなおさ。❷櫓(ろ)などを操って小舟を操る人。かこ。「渡し舟の—」❸水軍の長。水手(かこ)の長。(類語)船長・艦長・キャプテン
船頭多くして船(ふね)山に上る 指図する人間が多いために統一がとれず、見当違いの方向に物事が進んでしまうたとえ。
せん-どう【羨道】横穴式石室で、玄室に通じる道。えんどう。
せん-どう【×顫動】〔名〕(スル)小刻みにふるえ動くこと。「恐怖の神経の—している顔を」〈近松秋江・疑惑〉
ぜん-とう【全島】❶その島全体。❷その列島・群島などの、すべての島。「小笠原—」
ぜん-とう【前頭】❶頭の前部。❷いちばんまえ。先頭。「勇を恃て—に進み」〈竜渓・経国美談〉
ぜん-とう【禅×榻】禅定(ぜんじょう)を修するときに用いる腰掛け。座禅に用いる腰掛け。
ぜん-とう【漸騰】〔名〕(スル)相場や物価が少しずつ高くなること。⇔漸落。
ぜん-どう【全道】❶その道路の全体。❷すべての道路。❸北海道全体。
ぜん-どう【前導】〔名〕(スル)「先導」に同じ。「児—して貴客を延かん」〈織田訳・花柳春話〉
ぜん-どう【善道】❶正しい道。徳義にかなった道。「—に導く」❷「善趣(ぜんしゅ)」に同じ。⇔悪道。
ぜん-どう【善導】〔名〕(スル)よいほうへ教え導くこと。よいみちびき。「非行少年を—する」
(類語)補導・教導・唱導・指導
ぜんどう【善導】[613〜681]中国、唐代の僧。臨淄(りんし)(山東省)の人という。中国浄土教を大成し、称名念仏三昧を唱導した。主著「観無量寿経疏」。
ぜん-どう【禅堂】❶禅を修行するための堂。❷禅宗で、僧堂のこと。
ぜん-どう【禅道】禅の法。また、禅の修行。
ぜん-どう【×蠕動】〔名〕(スル)❶ミミズなどの虫が身をくねらせてうごめきながら進むこと。また一般に、うごめくこと。「うじ虫の—」「風が…ゆるやかに—して進んで居た」〈佐藤春夫・田園の憂鬱〉❷筋肉の収縮波が徐々に移行する型の運動。消化管壁が食物を送る運動などにみられる。蠕動運動。
せんどうあん【千道安】[1546〜1607]桃山時代の茶匠。初名は紹安。号は可休斎。利休の長男。利休とともに豊臣秀吉に仕えたが、利休死後、弟少庵がその後を継ぎ、不遇に終わったという。茶室・道具・茶事などに独自の工夫を凝らしたといわれ、道安囲い・道安風炉などにその名が残る。
せんとう-いん【戦闘員】戦闘に直接参加する兵。国際法上は、交戦国の兵力に属し、戦闘に従事する者。➡非戦闘員
せんとう-え【千灯会】多くの灯火をともして仏に供養する法会。奈良の法華寺などで行われた。
せんどう-おん【×顫動音】流れ出る呼気によって調音器官を細かくふるわせるようにして出す音。巻き舌で発音するラ行の子音など。震え音(ね)。
せんどう-か【旋頭歌】►せどうか(旋頭歌)
せんとう-かん【戦闘艦】戦艦の旧称。
せんとう-き【×尖頭器】石器・骨角器のうち、一端または両端がとがった形状のものの総称。ポイント。
せんとう-き【戦闘旗】軍艦が戦闘開始の合図に掲げる旗。
せんとう-き【戦闘機】ミサイル・火砲などを備えた高速の小型軍用機。敵機への攻撃、味方の大型機の護衛、空中哨戒(しょうかい)、地上戦闘支援などの任務を遂行する。
ぜんとう-きん【前頭筋】前頭部にある筋肉。収縮すると額に横じわをつくる。
せんとう-こう【銭塘江】中国浙江(せっこう)省を流れる川。仙霞嶺山脈に発し、杭州湾に注ぐ。河口では海嘯(かいしょう)を生じ壮観を呈する。長さ494キロ。浙江。チエンタンチアン。
せんどうこうた【船頭小唄】野口雨情作詞、中山晋平作曲による流行歌。大正10年(1921)ごろから関東大震災のあった同12年にかけて大流行。俗称「枯れすすき」。
せんとう-ごしょ【仙▽洞御所】上皇の御所。
ぜんとう-こつ【前頭骨】頭蓋(とうがい)の前壁および眼窩(がんか)の上縁をつくる貝殻状の骨。
せんどう-ざい【×煽動罪】文書や言動により人の感情に強く訴えて、特に違法な行為を決意させるか、またはすでに生じている決意を強めるようにあおりたてる罪。以前は治安維持法に、現在は破壊活動防止法などに処罰規定がある。
ぜんとうし【全唐詩】中国、清代に編集された唐詩全集。900巻。1705年、康熙帝の命によって彭定求(ほうていきゅう)らが着手。翌年、完成。作者2200人あまりの詩、約4万8900首を収録。
ぜんどう-じ【善導寺】福岡県久留米市にある

浄土宗鎮西派の寺。山号は井上山。開創は建久2年(1191)、開山は弁長、開基は草野要阿。

せんとう-じょれつ【戦闘序列】作戦の目的に適合するように行われる、作戦軍の編組。

せんとうしんわ【剪灯新話】中国の短編小説集。明の瞿佑作。4巻。1378年ごろ成立。文語体の怪異小説集で、日本に入って浅井了意「御伽婢子」や三遊亭円朝「牡丹灯籠」などに翻案された。

せんとう-てい【宣統帝】[1906～1967]中国、清朝最後(第12代)の皇帝。在位1908～1912。名は溥儀。辛亥革命で退位。満州事変後の1934年、日本に擁立されて満州国皇帝となり、康徳帝と称した。第二次大戦後ソビエトに抑留され、東京裁判に証人として出廷。のち、中華人民共和国に保護された。

せんとう-てき【戦闘的】〔形動〕他と戦ってでも物事を押し通そうとするさま。「一な論調」

せんとう-ぼう【戦闘帽】旧日本軍が戦時に用いた略式の軍帽。また、第二次大戦中の日本で、一般人も国民服着用のときにかぶったカーキ色の帽子。

せんとう-ほうし【専当法師】「専当❷」に同じ。「その寺の一、これを見て善心を起こして」〈宇治拾遺・三〉

ぜんとう-よう【前頭葉】大脳半球の中心を左右に走る溝より前方の領域。ヒトにおいてよく発達し、感情・注意・思考などの精神作用や随意運動を支配し、また他の領域と密接に連絡する。

ぜんどう-りゅう【善導流】中国浄土教三流の一。善導を祖とする。日本の浄土教はこの影響を受けた。

せんとう-りょうしょく【戦闘糧食】軍隊が行動時に携行する食糧。簡便に食べられるよう工夫してある。レーション。

せんとう-りょく【戦闘力】戦闘に発揮できる力。また、戦闘を持続できる力。戦力。

セントエルモ-とりで【セントエルモ×砦】《Forti Sant'Iermu》▶聖エルモ砦

セントエルモ-の-ひ【セントエルモの火】雷雨の夜などに、船のマスト、教会の尖塔、山の頂の先端などに現れる薄青い炎状の光。凶兆として船乗りに恐れられた。セント＝エルモ(St.Elmo)は船員の守護聖人の名。➡先端放電

セントー〖CENTO〗《Central Treaty Organization》中央条約機構。

セント-オーガスティン〖St. Augustine〗米国フロリダ州北東部の観光・保養地。1565年にスペイン人により建設された、同国最古の都市の一。中心部にスペイン植民地時代の街並みが残り、歴史地区に指定されている。

セントカニス-だいせいどう【セントカニス大聖堂】《St. Canice's Cathedral》アイルランド南東部、キルケニー州の都市キルケニーにある大聖堂。キルケニーはゲール語で「聖カニスの教会」を意味し、都市名の由来となった。大聖堂は13世紀に建造され、付属する鐘塔はそれ以前の11世紀に建てられたものとされる。内部にバトラー家の墓がある。聖カニス大聖堂。

セントキッツ-ネイビス〖Saint Kitts and Nevis〗セントクリストファー-ネイビスの別称。15世紀に同地に到達したクリストファー＝コロンブスの名に由来し、クリストファーの愛称がキッツであることから。

せんどき-ぶんか【先土器文化】日本の旧石器時代の文化の旧称。

セント-キルダ〖St. Kilda〗スコットランドの西の海上約190キロに位置する四つの島々。約6000年前の火山活動によって生まれたものだが、その断崖はニシツノメドリなどの海鳥の一大繁殖地となっている。青銅器時代の特徴を残す野生のヒツジも生息し、島々全体が生物圏保護地域に指定。また、主島のヒルタ島からは紀元前の巨石遺跡も発見され、1986年世界遺産(自然遺産)に登録。2005年文化遺産としての価値も認められ、複合遺産に拡大登録された。

せん-とく【占得】〔名〕ｽﾙ 自分のものにすること。占有。

せん-とく【先徳】《「せんどく」とも》❶徳のある先人。また、先人の徳。先賢。❷死亡した高徳の僧。また、前代の有徳の僧。

せん-とく【宣徳】❶中国、明の宣宗時代(1426～1435)の年号。また、このころ鋳造された通貨である宣徳通宝のこと。❷明の宣宗の勅により、1428年に作られた鼎などの銅器。「大明宣徳年製」の銘がある。宣徳銅器。

せん-とく【潜匿】〔名〕ｽﾙ 人知れずかくれること。また、かくすこと。「金陵に一し、以て復讐を謀る」〈東海散士・佳人之奇遇〉

ぜん-とく【全特】《郵政民営化前の旧称である「全国特定郵便局長会」の略称をそのまま継承》「全国郵便局長会」の略称。

ぜん-とく【善徳】❶道徳に合った、よい行い。❷仏語。善行によって得る功徳。

せんとく-ひばち【宣徳火鉢】中国で宣徳年間(1426～1435)に作られた銅製の火鉢。また、それを模して作られた火鉢。

せんとく-よう【宣徳窯】宣徳年間(1426～1435)、江西省景徳鎮にあった官窯。また、そこで焼かれた磁器。青花が多い。

セントクリストファー-ネイビス〖Saint Christopher and Nevis〗中央アメリカ、カリブ海上の国。小アンティル諸島のセントクリストファー島とネイビス島からなる。首都バセテール。1983年に英連邦の一国として独立。農業が中心で、サトウキビ・ココナツ・綿花を産する。人口5万(2010)。セントキッツ-ネイビス。

セントコラムズ-だいせいどう【セントコラムズ大聖堂】《St. Columb's Cathedral》英国、北アイルランド北西部の都市ロンドンデリーの中心部にある大聖堂。1633年に建造。英国およびアイルランドにおいて、宗教改革以降初めてのプロテスタント教会として知られる。88年から翌年にかけてのジェームズ2世軍による包囲戦の様子を描いたステンドグラスがある。聖コラムズ大聖堂。

セントコルマン-だいせいどう【セントコルマン大聖堂】《St. Colman's Cathedral》アイルランド南部、コーク州の港町、コーブにあるフランスゴシック様式の大聖堂。1868年から1915年にかけて建造。鐘楼には同国最大とされる49個ものカリヨン(組み鐘)があることで知られる。聖コルマン大聖堂。

セントジェームズ-パーク〖St. James' Park〗英国の首都ロンドンにある公園。バッキンガム宮殿とトラファルガー広場を結ぶザマルの南側に位置し、ビクトリア女王記念碑を中心にグリーンパーク、バッキンガム宮殿と接する。細長い形をしたセントジェームズパーク湖がある。

セント-ジェルジ〖Albert Szent-Györgyi〗[1893～1986]米国の生化学者。ハンガリーの生まれ。ビタミンCを発見しアスコルビン酸と命名。フマル酸が細胞呼吸の触媒として働くことを見いだし、1937年、ノーベル生理学医学賞受賞。また、筋収縮がアクチン・ミオシン・ATPの相互反応であることを発見。47年に米国に亡命。著「分子下生物学入門」など。

セントジャイルズ-だいせいどう【セントジャイルズ大聖堂】《St. Giles' Cathedral》英国スコットランドの首都エジンバラにあるスコットランド国教会の大聖堂。ゴシック様式の外観をもち、現存する最古の部分は12世紀のものとされる。14世紀以降、増改築が繰り返され、現在の姿になった。ステンドグラスは19世紀から20世紀にかけて作られ、ラファエル前派の画家エドワード＝バーン＝ジョーンズがその一部を手がけた。スコットランドの宗教改革を進めたジョン＝ノックスの墓がある。大聖堂やエジンバラ城がある旧市街は新市街とともに、1995年に世界遺産(文化遺産)に登録された。聖ジャイルズ大聖堂。

セント-ジュリアン〖St. Julian's〗地中海中央部の島国、マルタ共和国の首都バレッタの北西部にある町。マルタ島北東部に位置し、スピノーラ湾に臨む。ホテル・レストラン・カジノなどがあり、隣接するスリーマとともに、海岸保養地として知られる。

セント-ジョージ〖St. George〗ニューヨークの南東約1000キロメートルの北大西洋西部、英国領バミューダ諸島にある歴史的都市。17世紀に英国の植民都市として造られたもので、セントピーターズ聖堂やタッカーハウスなどの石造建築が残されているほか、海岸には多くの要塞がある。2000年に「バミューダ島の古都セントジョージと関連要塞群」として世界遺産(文化遺産)に登録された。

セントジョージ-マーケット〖St. George's Market〗英国、北アイルランド東部の都市ベルファスト中心部にある市場。19世紀末に創設され、同国最古の屋内市場として知られる。聖ジョージマーケット。

セント-ジョン〖Saint John〗㊀カナダ南東部、ニューブランズウィック州南部の港湾都市。ファンディ湾に注ぐセントジョン川の河口に位置。同国有数の貿易港がある。㊁英国イングランドとアイルランドの間にあるマン島の中西部の小村。現存する世界最古の議会の一というティンワルドが開かれる丘がある。

セント-ジョンズ〖St. John's〗カナダ東端、ニューファンドランド-ラブラドル州の州都。ニューファンドランド島東部のアバロン半島に位置し、大西洋に面した港がある。

セントスティーブンス-グリーン〖St. Stephen's Green〗アイルランドの首都ダブリン中心部にある、面積9ヘクタールの公園。元は私有の庭園だったが、ビール醸造会社ギネスの創業者の孫、アーサー＝ギネス卿が議会に働きかけ、1877年に市民のための公園になった。詩人・劇作家のウィリアム＝イェーツの記念碑、作家ジェームズ＝ジョイスの像などがある。

セントニコラス-きょうかい【セントニコラス教会】《St. Nicholas' Church》アイルランド西部、ゴールウエー州の港湾都市ゴールウエーの中心部にある教会。現在も使われる教区教会としては同国最大。14世紀に建造、15世紀から16世紀にかけて増築された。コロンブスが船旅の安全を祈った教会として知られる。聖ニコラス教会。

セントニコラス-だいせいどう【セントニコラス大聖堂】《St. Nicholas' Cathedral》英国イングランド北東部の都市ニューカッスルにあるイギリス国教会の大聖堂。11世紀に創建され、13世紀に火災で焼失。14世紀から15世紀にかけて、現在の建物が建造された。彫刻が施された尖塔や中世のステンドグラスが残るセントマーガレット礼拝堂がある。聖ニコラス大聖堂。

セントニコラス-ようさい【セントニコラス要塞】《Fort of Saint Nicolas》▶アギオスニコラオス要塞

セント-バーナード〖Saint Bernard〗犬の一品種。スイスの原産。体高約70センチ、体重90キロに達する長毛の大形犬。アルプスで雪山遭難者の救助に用いられ、名は飼われていたサン-ベルナール修道院に由来。

セントパトリック-ストリート〖St. Patrick Street〗アイルランド南部、コーク州の都市、コークの中心部にある街路。リー川と水路に挟まれた中洲に位置し、市内屈指のショッピング街として知られる。

セントパトリック-だいせいどう【セントパトリック大聖堂】《St. Patrick's Cathedral》㊀アイルランドの首都ダブリン中心部にある、同国最大の大聖堂。5世紀半ば、アイルランドの守護聖人の聖パトリックがキリスト教への改宗者に洗礼を行ったという泉に起源する。12世紀末に石造の大聖堂が建造され、13世紀半ばに現在見られるゴシック様式の建物になった。14世紀から16世紀にかけて同国初の大学が置かれた。18世紀に「ガリバー旅行記」の作者ジョナサン＝スウィフトが大司教を務めたことでも知られ、彼の墓がある。聖パトリック大聖堂。㊁英国、北アイルランド東部の町アーマーにあるアイルランド国教会の大聖堂。聖パトリックがケルト人にキリスト教を布教するための拠点として、5世紀半ばに創設した教会に起源する。13世紀に現在見られるゴシック様

式の建物が建造された。聖パトリック大聖堂。㊂英国、北アイルランド東部の町アーマーにあるローマカトリックの大聖堂。19世紀半ばに建造が始まったが、ジャガイモ飢饉(ききん)により作業が遅れ、20世紀初頭に完成。ケルト由来の内部装飾が施されていることで知られる。聖パトリック大聖堂。

セントパトリック-デー〘St.Patrick's Day〙3月17日。5世紀のアイルランドにキリスト教を広め、アイルランドの守護聖人とされる聖パトリックの命日にあたる。

せんど-ばらい【千度×祓】ばらひ 身のけがれを清めるため、神前で大祓(おおはらえ)の詞を千度唱えること。千度の祓い。ちたびのはらえ。

セントピーター-アイルランド-きょうかい【セントピーターアイルランド教会】ケウクワイ《St.Peter's Church of Ireland》アイルランド東部、ラオース州の都市ドロヘダにあるアイルランド国教会の教会。1649年、オリバー=クロムウェルがドロヘダを占領した時、住民の多くがこの教会に逃げ込んだが、火を放たれて殺されたという逸話がある。聖ピーターアイルランド教会。

セントピーター-じいん【セントピーター寺院】ジヰン ▶サンピエトロ大聖堂

セント-ピーターズバーグ〘St. Petersburg〙米国フロリダ州西部、ピネラス半島南端、タンパ湾に面する都市。気候が温暖な観光・保養地として知られ、退職後の移住先としても人気がある。サルバドール=ダリ美術館をはじめ、美術館や博物館が多い。

セントピーター-ローマカトリック-きょうかい【セントピーターローマカトリック教会】ケウクワイ《St. Peter's Roman Catholic Church》アイルランド東部、ラオース州の都市ドロヘダにあるローマカトリックの教会。1691年に英国に対する反逆罪で処刑された大司教オリバー=プランケットの没後100年に建造。プランケットの頭部が安置されている。聖ピーターローマカトリック教会。

セントビンセントおよびグレナディーン-しょとう【セントビンセント及びグレナディーン諸島】シヨタウ《Saint Vincent and the Grenadines》中央アメリカ、カリブ海上の国。小アンティル諸島のセントビンセント島と南方のグレナディーン諸島からなる。首都キングスタウン。1979年、英連邦の一国として独立。主産業はバナナなどの農業と観光。人口10万(2010)。

セントビンセント-みさき【セントビンセント岬】《Cape Saint Vincent》▶サンビセンテ岬

セントフィリップ-だいせいどう【セントフィリップ大聖堂】ダイセイダウ《St. Philip's Cathedral》▶バーミンガム大聖堂

セントフィンバー-だいせいどう【セントフィンバー大聖堂】ダイセイダウ《St. Fin Barre's Cathedral》アイルランド南部、コーク州の都市、コークにある大聖堂。7世紀に聖フィンバーが建てた教会と神学校に起源する。現在の大聖堂は19世紀に建築家ウィリアム=バーグスの設計により建造。フランスゴシック様式の外観とビクトリア朝様式の内装をもつ。聖フィンバー大聖堂。

セントブリジッド-だいせいどう【セントブリジッド大聖堂】ダイセイダウ《St. Brigid's Cathedral》アイルランド東部、レンスター地方の町、キルデアにある大聖堂。元はケルト人の女神を祭る聖地だった場所に、5世紀から6世紀頃、聖ブリジッドが修道院を創建。13世紀にノルマン人がその建物を元にして石造の大聖堂を建造した。同国で2番目の高さを誇る塔がある。聖ブリジッド大聖堂。

セントヘレナ-とう【セントヘレナ島】タウ《Saint Helena》南大西洋の火山島。英国領。喜望峰回り航路の重要補給基地であった。ナポレオン1世が流されて死んだ地。面積122平方キロメートル。人口7670人(2010)。

セント-ヘレンズ〘St. Helens〙米国西部、ワシントン州にある活火山。標高約2500メートル。1980年に大爆発が起き、山頂が欠落。

セントヘレンズかざん-こくていこうえん【セントヘレンズ火山国定公園】クワザンコクテイコウヱン《Mount St. Helens National Volcanic Monument》米国ワシントン州西部にある国定公園。1980年に大爆発を起こしたことで知られるカスケード山脈の活火山、セントヘレンズ火山を中核とする。

セントポーリア〘ラテン Saintpaulia〙イワタバコ科の多年草。葉は卵円形で両面に毛を密生する。夏から秋に、スミレに似た濃紫・紫・桃・白色などの花を数個、総状につける。アフリカの原産で、観賞用に温室などで栽培される。アフリカすみれ。

セント-ポール〘Saint Paul〙米国ミネソタ州の州都。ミシシッピ川を挟んでミネアポリスとともに双子都市を形成。

セントポール-じいん【セントポール寺院】ジヰン《St. Paul's Cathedral》英国の首都ロンドンにあるイギリス国教会の大聖堂。7世紀初頭、ケント王国時代の小聖堂に起源する。中世にノルマン様式の大聖堂が建造されたが、1666年のロンドン大火で焼失。チャールズ2世の依頼を受けた建築家クリストファー=レンの設計により、1675年から1710年にかけて現在見られる新古典主義様式の大聖堂が再建。地下礼拝堂には、ネルソン提督、ウェリントン将軍、建築家レン、チャーチルらの墓所がある。セントポール大聖堂。

セントポール-だいせいどう【セントポール大聖堂】ダイセイダウ《St. Paul's Cathedral》▶セントポール寺院

セントマーカー-だいせいどう【セントマーカー大聖堂】ダイセイダウ《St. Machar's Cathedral》英国スコットランド北東部の港湾都市アバディーンにある大聖堂。中心市街北部の歴史地区オールドアバディーンに位置する。6世紀頃、アイルランドの伝道師、聖マーカーが建てたという教会に起源する。現在見られる建物は15世紀前半に建造され、以降、増改築が繰り返された。ステンドグラスと木組みの天井が有名。聖マーカー大聖堂。聖マハー大聖堂。セントマハー大聖堂。

セントマイケルズ-マウント〘St. Michael's Mount〙英国イングランド南西端、コーンウォール州の都市ペンザンスの東約5キロ、マイケル湾にある島。干潮時には本土と地続きになる。11世紀に礼拝堂が創建、12世紀にベネディクト派修道院になった。中世にサンティアゴデコンポステラへの巡礼路として栄えた。

セントマグヌス-だいせいどう【セントマグヌス大聖堂】ダイセイダウ《St. Magnus Cathedral》英国スコットランド北岸、オークニー諸島のメーンランド島の町カークウォールにあるロマネスク様式の大聖堂。12世紀にノルマン人のオークニー伯ロンバルドにより建造。ロンバルドの叔父、オークニー伯マグヌスの遺骨を納める。聖マグヌス大聖堂。

セントマハー-だいせいどう【セントマハー大聖堂】ダイセイダウ《St. Machar's Cathedral》▶セントマーカー大聖堂

セントマルトス-きょうかい【セントマルトス教会】ケウクワイ《St. Multose Church》アイルランド南部、コーク州の港町、キンセールにある教会。6世紀に聖マルトスが創建した修道院に起源する。12世紀末にノルマン人により建造。キンセール最古の建物の一。聖マルトス教会。

セントメアリー-きょうかい【セントメアリー教会】ケウクワイ《University Church of St. Mary the Virgin》英国イングランド南部の大学都市オックスフォードにある教会。創建当初はオックスフォード大学の本部が置かれ、会合や式典が行われた。13世紀に造られた高さ62メートルの塔が現存する最古の建物とされる。ハイストリートに面する南側入口部分は、17世紀に建築家ニコラス=ストーンが手掛けたもので、バロック様式の装飾が施されている。聖メアリー教会。

セントメアリー-だいせいどう【セントメアリー大聖堂】ダイセイダウ《St. Mary's Cathedral》㊀アイルランド南西部、リムリック州の港湾都市リムリックにある大聖堂。12世紀にマンスター王ドナル=モー=オブライエンの居城の一部を利用して建造。ロマネスク様式の入口と回廊は12世紀、ゴシック様式の内陣と礼拝堂は15世紀のものとされる。リムリック最古の建造物の一。聖メアリー大聖堂。㊁アイルランド南東部、キルケニー州の都市キルケニーにある、19世紀半ばに建造されたゴシック様式の大聖堂。建造中、ジャガイモ飢饉(ききん)による財政難に陥ったため、建設当初の計画を変更した結果、塔の高さに比べ身廊が短くなった。聖メアリー大聖堂。㊂アイルランド南西部、ケリー州の都市、キラーニーにあるローマカトリック教会の大聖堂。19世紀半ばに、ネオゴシック様式の第一人者である建築家ウェルビー=ピュージンの設計で建造された。聖メアリー大聖堂。

セントメアリーレッドクリフ-きょうかい【セントメアリーレッドクリフ教会】ケウクワイ《St. Mary Redcliff Church》英国イングランド南西部の都市ブリストルにある教会。12世紀初頭、船乗りや商人の教会として創建。教区教会としては同国最大級。現在見られるゴシック様式の建物の大部分は15世紀に建造。尖塔(せんとう)は13世紀に造られたが、15世紀に落雷により破壊。1872年に高さ約90メートルの塔が再建された。聖メアリーレッドクリフ教会。

せんど-もうで【千度詣で】まうで 社寺に千度参詣して祈願すること。

セントラル〘central〙❶「セントラルリーグ」の略。❷多く複合語の形で用い、中心の、中央の、の意を表す。「―バンク」「―換気」

セントラル-キッチン《和 central＋kitchen》中央集中調理場。料理店チェーンや集団給食などのために、1か所で集中的に調理する方式。また、その設備。

セントラル-ドグマ〘central dogma〙分子遺伝学の基本原理。1958年にイギリスの分子生物学者クリックが提唱。DNA分子のもつ遺伝情報がRNA分子を介してたんぱく質分子に一方向に伝えられるという説。

セントラル-パーク〘Central Park〙米国ニューヨーク市マンハッタン区にある公園。面積3.4平方キロメートル。メトロポリタン美術館などがある。

セントラル-ヒーティング〘central heating〙建物の一か所に設けた熱源装置から蒸気や温水を建物内の各部に送って暖房する方式。中央暖房。

セントラル-ファイルシステム〘central file system〙コンピューターの中央集中管理方式の一つ。各事業所に分散して設置してあるコンピューターからの情報を中央に設置した大型コンピューターに集め、一括管理する。

セントラル-リーグ〘Central League〙日本のプロ野球リーグの一。昭和24年(1949)に結成され、現在6球団が加盟。正称はセントラル野球連盟。セリーグ。➡パシフィックリーグ 補説 中日ドラゴンズ、東京ヤクルトスワローズ、阪神タイガース、広島東洋カープ、横浜DeNAベイスターズ、読売ジャイアンツの6球団。

セントリーノ〘Centrino〙米国インテル社がノートパソコン向けに提供するプラットホームの商標名。CPU、チップセット、無線LANチップを組み合わせたもの。第1世代は2003年に発表された。

セントリーノ-ツー〘Centrino 2〙米国インテル社が2008年に発表した、ビジネス向けノートパソコンのプラットホームに付けられたシリーズ名。

セントリーノ-プロ〘Centrino Pro〙米国インテル社が2007年に発表した、ビジネス向けノートパソコンのプラットホームに付けられたシリーズ名。

ぜんと-りょうえん【前途×遼遠】レウヱン〔名・形動〕目的地までの道のりが非常に長いこと。また、目的の達成までの時間が長くあること。また、そのさま。「―な計画」

セント-ルイス〘Saint Louis〙米国ミズーリ州の都市。ミシシッピ川とミズーリ川との合流点の近くにあり、水陸交通の要地。自動車・航空機・車両・造船や食品などの工業が盛ん。人口、行政区35万(2008)。

セント-ルシア〘Saint Lucia〙中央アメリカ、カリブ海上の国。小アンティル諸島のセントルシア島を占める。首都カストリーズ。1979年に英連邦の一国として独立。主産物はバナナ。人口16万(2010)。

ゼントルマン〘gentleman〙▶ジェントルマン

セントレア〖Centrair〗《和central（中部）＋airport（空港）からの造語》中部国際空港の愛称。
セントレックス〖Centrex〗名古屋証券取引所が平成11年（1999）に開設した新興企業向けの株式市場。既存の市場より上場基準は緩やかで、成長が期待される企業を対象とする。名証セントレックス。➡新興市場
セントロイド〖centroid〗❶重心。質量中心。❷物体が運動するとき、その中心が描く軌跡。
セントローレンス-がわ【セントローレンス川】《Saint Lawrence》北アメリカ東部を流れる川。オンタリオ湖に源を発し、カナダと米国との国境を流れてセントローレンス湾に注ぐ。長さ約1200キロ。モントリオールまでは可航水路が並行して走る。
セントローレンス-もん【セントローレンス門】《St. Laurence Gate》アイルランド東部、ラオース州の都市ドロヘダにある門。13世紀に建造された重厚な石造りの門で、かつて都市を囲んだ城壁の一部。聖ローレンス門。
セントロニクス〖centronics〗パソコンとプリンターとの間のインターフェース規格の一。
センナ〖ラテ Senna〗マメ科の小低木。高さ60〜75センチ。葉は羽状複葉で、互生。黄色い花を総状につける。葉を下剤の原料に用いる。アラビア原産。
ぜんな【善阿】鎌倉後期の連歌師。地下連歌界の指導者として活躍。連歌式目の制定に寄与した。門下に救済ぐさいらがいる。生没年未詳。
ぜんな【禅那】《梵 dhyānaの音写。定じょう・静慮じょうりょなどと訳す》禅。禅定ぜんじょう。
ぜん-な【禅和】《「ぜんわ」の連声れんじょう》禅の修行者。禅和子ぜんなす。
せん-ない【船内】船の中。船中。
せん-ない【線内】線の内側。
せん-な・い【詮無い】〔形〕図せんな・し〔ク〕何かをしても報いられない。かいがない。「—・いこととあきらめる」「そのまま—・く引き返す」
ぜん-なく【善悪】《「ぜんあく」の連声れんじょう》。
センナヤ-ひろば【センナヤ広場】《Sennaya Ploshchad'》ロシア連邦北西部、レニングラード州の都市サンクトペテルブルグの市街中央部にある広場。ロシア語で「干し草広場」を意味する。18世紀半ばに市場として整備され、干し草や薪などが売買された。ドストエフスキーの小説「罪と罰」の舞台。
せん-なり【千成り｜千ˣ生り】❶数多く群がって実がなること。❷「千成り瓢箪ひょうたん」の略。
せんなり-がき【千成り柿】シナノガキの別名。
せんなり-びょうたん【千成りˣ瓢ˣ箪】❶ユウガオの栽培品種。小さな果実が群がってなる。せんなりひさご。❷群生した❶を図案化したもの。豊臣秀吉の馬印。せんなりひさご。
せんなり-ほおずき【千成酸=漿】ナス科の一年草。畑地などにみられ、高さ約30センチ。葉は卵形で先がとがる。夏、黄白色の小花を下向きにつける。実は熟してもホオズキのように赤くならない。熱帯アメリカ原産の帰化植物。
せんなん【泉南】大阪府南西部の市。太番手の綿糸・混紡糸の産地で、繊維工業が盛ん。砂川の奇勝（土柱）がある。人口6.4万（2010）。
せん-なん【船難】船舶が航行中に出あう災難。
ぜん-なん【善男】仏法に帰依した男子。善男子ぜんなんし。
せんなん-し【泉南市】▶泉南
ぜん-なんし【善男子】「善男ぜんなん」に同じ。
ぜんなん-ぜんにょ【善男善女】仏法に帰依した男女。信心深い人々。
ぜん-に【禅尼】仏門に入った在家の女性。禅定尼ぜんじょうに。➡禅門
せん-にく【繊肉】牛や豚のヒレ肉。
せん-にく【鮮肉】食用の、新鮮な生肉。
せん-にく【ˣ羶肉】生臭い肉。また特に、羊の肉。
ぜん-にじゅう【全二重】《「全二重通信」の略》双方向通信において、双方から同時に送受信できる通信方式。フルデュープレックス。➡半二重
ぜんにじゅう-つうしん【全二重通信】▶全二重
せん-にち【千日】❶千の日数。転じて、多くの日数。❷特別な祈願のため千日間精進すること。また、千日の修行。「一果てて、御岳に参らせ給ひて」〈山家集・下・詞書〉
せんにち-かいほう【千日回峰】天台宗比叡山で修される不動明王と一体となるための修行。7年間で1000日、比叡山の各峰を回峰巡拝する。1日の行程約30キロ。700日を終わると9日間の堂入りがあり、断食・断水・不眠・不臥で修される。7年目の前半100日は「京都大廻り」で市内の寺社を巡拝、後半100日は回峰行で満行となる。荒行中の荒行とされる。千日回峰行。
せんにち-ぎょうじゃ【千日行者】千日間の修行を積んだ行者。
せんにち-こう【千日紅】センニチソウの別名。
せんにち-こう【千日講】千日間、法華経を読誦どくじゅ・講説する法会。
ぜんにち-せい【全日制】高等学校の通常の課程のこと。平日の昼間に授業を行う。ぜんじつせい。➡定時制
せんにち-そう【千日草】ヒユ科の一年草。高さ約50センチ。よく分枝し、葉は長楕円形で対生して、細毛に包まれている。花期が長く、夏から秋にかけて紅色の小花が球状に集まった花をつける。熱帯アメリカの原産。千日紅せんにちこう。(季 夏)
せんにち-て【千日手】将棋で、双方が同じ指し手を繰り返し、局面が進展しないこと。三度繰り返した場合には無勝負となり、初めから指し直す。ただし、王手を連続する同じ手順では千日手が成立せず、攻める側が指し手を変える。
ぜんにち-のう【全日農】㊀《「全日本農民組合」の略称》昭和2年（1927）日本農民組合㊀の分裂で除名された中間派によって結成された組合組織。㊁《「全日本農民組合連合会」の略称》日本農民組合㊂が分裂してできた全農・日農統一派などの各派を昭和33年（1958）に再組織した農民組合の全国組織。
せんにち-まいり【千日参り】❶千日の間、毎日寺社に参詣すること。千日詣で。❷1日参詣すると千日間参拝するのと同じ功徳くどくがあるといわれる特定の日に参詣すること。浅草寺では陰暦7月10日とされた。四万六千日。千日詣で。
せんにちまえ【千日前】大阪市中央区、道頓堀・難波に隣接する繁華街。明治以前には刑場・墓地があった。千日寺（法善寺）の前地なのでいう。
せんにち-もうで【千日詣で】「千日参り」に同じ。
ぜんにっぽん-だいがくやきゅうせんしゅけんたいかい【全日本大学野球選手権大会】毎年6月に開催される、大学野球の選手権大会。主催は全日本大学野球連盟と読売新聞社。11月に行われる明治神宮野球大会と合わせて、大学野球の2大全国大会とされる。
ぜん-にほん【全日本】㊀〔名〕日本全体。日本全域。「—を強い寒波が襲う」㊁〔接頭〕（名詞に付いて）❶日本国内すべての、日本国内にあるすべての、の意を表す。「—病院協会」❷日本国に所属するすべての、の意を表す。「—高等学校野球協会」❸日本国に所属する団体の主催する、の意を表す。「—スキー競技大会」「—での優勝を目指す」❹日本の中から選ばれた、の意を表す。「—代表チーム」「—のフォワードとして活躍する」(補説)❸、❹のように「全日本〜」の「〜」を略して名詞のようにも用いる。
ぜんにほんがくせいじちかい-そうれんごう【全日本学生自治会総連合】「全学連」の正式名称。
ぜんにほん-テレビばんぐみせいさくしゃ-れんめい【全日本テレビ番組製作社連盟】テレビ番組の制作会社によって組織された団体。テレビ番組の質の向上・倫理の高揚・著作権の確立および擁護などを目的とし、放送局に対して弱い立場にある番組制作会社の地位向上や契約・制作環境の改善を目ざす。昭和57年（1982）設立。同61年より社団法人。正会員121社、賛助会員34社が加盟（平成24年8月現在）。ATP（Association of All Japan TV Program Production Companies）。
ぜんにほんろうどう-そうどうめい【全日本労働総同盟】▶同盟㊁
せん-にゅう【先入】〔名〕スル 他より先に入ること。「蓋けだし一の僻見を去り」〈逍遥・内地雑居未来之夢〉「生来の教育に一して只管ひたすら政府に眼を着し」〈福沢・学問のすゝめ〉
せん-にゅう【潜入】〔名〕スル ❶こっそりと入り込むこと。忍び込むこと。「敵地に一する」❷天文学で、月の後ろに恒星や惑星が隠れる現象。❸（「仙入」とも書く）ヒタキ科ウグイス亜科センニュウ属の鳥の総称。ウグイスに似る。7種ほどがユーラシアに分布。日本では夏鳥としてエゾセンニュウ・マキノセンニュウ・シマセンニュウが草原にすむ。
せん-にゅう【選入】〔名〕スル 選んで入れること。
ぜん-にゅう【全入】《「全員入学」「全員入園」などの略》すべてを入れること。特に、生徒全員を上の学校に入学させること。「高校一」
ぜん-にゅう【全乳】脱脂乳に対し、しぼったままで脂肪分を抜き取らない牛乳。
せんにゅう-かん【先入観】前もっていだいている固定的な観念。それによって自由な思考が妨げられる場合にいう。先入見。先入主。「—にとらわれる」(類語)先入主・偏見
せんにゅう-けん【先入見】「先入観」に同じ。
せんにゅう-じ【泉涌寺】京都市東山区にある真言宗泉涌寺派の総本山。山号は泉山。天長年間（824〜834）に空海が開創の法輪寺のち仙遊寺を、建保6年（1218）俊芿しゅんじょうが再興して改称し、天台・密・禅・律四宗兼学の道場とした。四条天皇の陵が営まれて以後、皇室の菩提寺ぼだいじとして崇敬された。御寺みてら。
せんにゅう-しゅ【先入主】「先入観」に同じ。
せん-にょ【仙女】❶女の仙人。山姫やまひめ。せんじょ。❷妖精。フェアリー。せんじょ。(類語)仙人・神仙
ぜん-にょ【善女】仏法に帰依した女子。善女人ぜんにょにん。
ぜん-にょにん【善女人】「善女ぜんにょ」に同じ。
せん-にん【千人】千の人。転じて、多くの人。
せん-にん【仙人｜ˣ僊人】❶俗界を離れて山中に住み、不老不死で、飛翔ひしょうできるなどの神通力をもつといわれる人。道教で、理想とされる神的存在。仙。神仙。仙客。❷無欲で世事に疎い人。❸仏語。外道げどうの修行者で、世俗と交わりを断ち、神通力を修めた人。(類語)仙女・神仙
せん-にん【先任】先にその任務・地位に就いていること。また、その人。前任。「—の校長」↔後任こうにん。
せん-にん【専任】ある一つの任務だけを担当すること。「一講師」↔兼任。(類語)専従・専業・掛かり切り
せん-にん【選任】〔名〕スル 複数人中から選んで、その任務に就かせること。「取締役を一する」(類語)指名・任名・人選・選ぶ
せん-にん【遷任】平安時代、異なった官庁に移りかわること。また、京官から地方官に、逆に地方官から京官に転任すること。
ぜん-にん【前任】以前にその任務に就いていたこと。また、その人。先任。「一者」↔後任こうにん。
ぜん-にん【善人】❶善良な人。行いの正しい人。↔悪人。❷お人よし。だまされやすい人。「—も度をすぎると考えものだ」(類語)善玉・お人好し・好人物
善人猶以なおもって往生を遂とぐ況いわんや悪人をや　《親鸞「歎異抄」から》他力をたのみとしない善人でさえ往生できる。ましてや、悪業に苦しみ、ひたすら他力をたのむ悪人が往生できないわけがない。
せんにん-ぎり【千人斬り】❶腕だめしや祈願の目的で、千人の人を斬り殺すこと。❷俗に、千人を数えるほど多くの異性と肉体関係を結ぶことをいう。
せんにん-くよう【千人供養】千人の死者の霊を供養すること。

せんにん-けん【先任権】昇進・解雇・休職などの際、先に採用された者が有利な扱いを受ける権利。

せんにん-しょう【仙人掌】サボテンの別名。

せんにん-そう【仙人草】キンポウゲ科の蔓性の多年草。日当たりのよい地に生える。葉は卵形の小葉からなる羽状複葉。夏から秋に4枚の萼の白い花が開き、実に長い羽毛状の花柱が残る。有毒。

せんにん-づか【千人塚】戦地・災害地・刑場跡など多くの死者を出した地に、その霊を供養するためにつくられた塚。万人塚。

せんにん-ばり【千人針】一枚の布に、千人の女性が赤糸で一針ずつ縫い、千個の縫い玉を作った布。出征兵士の武運長久を祈って贈った。日清・日露戦争のころ始まり、日中戦争以後盛んになった。千人結び。

せんにん-も【仙人藻】ヒルムシロ科の多年草。池沼や湖に生える。根茎は泥中をはい、葉は線形で水中にある。7月頃、枝の先にまばらな花穂をつける。

せんにん-りき【千人力】❶千人の力が集まったほどの強い力。また、千人の助けを得たくらいに力強いこと。「これさえあれば―だ」❷一枚の布に千人の男子が「力」の字を書いて、武運長久を祈り出征兵士に贈ったもの。

せん-ぬき【栓抜き】瓶の王冠やコルク栓などを抜き取る道具。

せん-ねつ【腺熱】リンパ節の腫れ・発熱を示す病気。腺熱リケッチア症と伝染性単核症がある。

せん-ねつ【潜熱】❶内に潜んでいる熱。「富と権力の底に圧搾された―の必然的爆発により」〈野上・真知子〉❷物質の状態変化のためだけに費やされる熱。融解熱・気化熱など。

せんねつリケッチア-しょう【腺熱リケッチア症】リケッチアの感染によって、リンパ節の腫れ、発熱、咽頭や結膜の炎症、発疹などの症状を呈する感染症。

せん-ねん【千年】1年の1000倍。転じて、長い年月。

千年も万年も生きたいわ　徳冨蘆花「不如帰」で、肺を病んだヒロイン浪子が「ああ、人間は何故死ぬのでしょう」と嘆き、夫の川島武男に訴える言葉。新派によって上演され、有名になった。

せん-ねん【先年】何年か前の年。「―の大地震」

せん-ねん【専念】〔名〕スル ❶一つのことに心を集中すること。そのことだけに熱心になること。専心。「研究に―する」「療養に―する」「その頭を撫でつつ、―に書見したりしが」〈鏡花・義血侠血〉❷浄土門において、もっぱら阿弥陀仏の名号を唱えること。

類語 専心・没頭・没入・傾注・打ち込む・明け暮れる

ぜん-ねん【前年】前の年。また、過ぎ去った年。先年。「―の売り上げ」類語 昨年・去年・旧年・こぞ

せんねん-あめ【千年×飴】江戸中期、浅草の飴売り七兵衛が売りはじめたという飴。現在の千歳飴にあたり、紙袋に「千年飴」と記した。

せんねん-おうこく【千年王国】キリスト教で、再臨したキリストが一千年間統治する理想・至福の王国。

せんねんおうこく-せつ【千年王国説】近い将来キリストが地上に再臨し、よみがえった聖徒とともに千年王国が実現し、その後、終末の審判が行われるという信仰。ユダヤ教のメシア待望の中から生まれ、初代キリスト教会に伝えられた。至福千年説。千福年説。千年説。

せんねん-せつ【千年説】▶千年王国説

せんねん-だい【千年×鯛】フエダイ科の海水魚。全長約80センチ。体は側扁し、体高は高く、桃赤色。南日本から東南アジア・インド洋に分布。食用。

ぜんねんむじこ-わりびき【前年無事故割引】自動車保険の契約に際し、前契約の保険期間中にカウント事故および等級据え置き事故がなかった場合に適用される保険料の割引。ノーカウント事故は対象に含まれない。

ぜんねん-われ【前年割れ】〔名〕スル 売り上げや利益などの数値が前年を下回ること。補説 犯罪件数や死者数など、少ない方が好ましい数値については用いない。

せん-のう【仙翁】ナデシコ科の多年草。高さ約60センチ。全体に細毛が密生。夏、花びらの先が裂けた深紅色の5弁花を開く。中国の原産で、古くから観賞用に栽培される。仙翁花。季 秋

せん-のう【先王】「せんおう」の連声。

せん-のう【先皇】「せんおう」の連声。

せん-のう【洗脳】〔名〕スル ❶共産主義社会における思想改造。中華人民共和国成立後の、旧体制の知識人などに対する強制的な思想改造を非難したbrainwashingに由来。❷その人の主義や思想を根本的に改めさせること。「―されて組織に入る」

ぜん-のう【全納】〔名〕スル 納めるべきものをすべて納めること。「授業料を―する」

類語 納入・予納・前納・分納・納付・上納・納金・入金・納める・払い込む

ぜん-のう【全能】どんなことでもできること。完全無欠な能力。「全知―の神」

ぜん-のう【全農】㊀「全国農民組合」の略称。㊁《「全国農業協同組合連合会」の略称》昭和47年(1972)全購連と全販連とが合併して発足した農業協同組合の全国組織。農家が生産した農畜産物を消費者に供給する販売事業、および農業に必要な肥料・飼料・農業機械などの生産資材や農家の暮らしに必要な日用品・石油・ガスなどの生活資材を仕入れる購入事業を行う。JA全農。

ぜん-のう【前納】〔名〕スル 前もって納めること。期限の前に納めること。「代金を―する」⇔後納。

類語 納入・予納・全納・分納・納付・上納・納金・入金・納める・払い込む

ぜん-のう【前脳】脊椎動物の個体発生の初期に形成される三つの脳胞のうちの最前部。大脳と間脳になる。

せん-の-き【栓の木】ハリギリの別名。

ぜん-の-つとめ【禅の勤め】歌舞伎下座音楽の一。銅鑼と大太鼓で奏する鳴り物で、寺院や寂しい土手の場面などに用いる。禅囃子。ぜんづとめ。

ぜん-の-つな【善の綱】《善所に導く綱の意》❶万日供養や開帳のとき、仏像の手などにかけて参詣者などに引かせる5色の綱。仏にすがる意を表すという。❷葬式のとき、棺につないで引く白布の綱。

せん-の-りきゅう【千利休】[1522〜1591]安土桃山時代の茶人。堺の人。名は与四郎。宗易と号す。侘茶の大成者で、千家流の開祖。茶の湯を武野紹鴎に学ぶ。草庵風の茶室を完成し、朝鮮の茶碗や日常雑器を茶道具に取り入れ、また楽茶碗の制作・指導などをした。織田信長・豊臣秀吉に仕えたが、のち秀吉の命により自刃。

せん-ば【千把｜千歯】▶千把扱き

せんば【船場】大阪市中央区の商業地域。商社・銀行・問屋などが多く、大阪経済の中心地。豊臣秀吉が大阪城下町経営のため商人を集めて形成。名は運河の船着き場の意から。

ぜん-ば【前場】取引所で午前中に行われる売買。またその時間。午前立会。⇔後場。補説 前場の最初の取引を寄り付き、最後の売買を前引けという。

ぜん-ぱ【全波】ラジオ受信機で、短波と中波との総称。オールウエーブ。

ゼンパー〖Gottfried Semper〗[1803〜1879]ドイツの建築家。古典主義の研究者で、ドレスデンの宮廷劇場、ウィーンのブルク劇場を建てた。著「様式論」など。

せん-ばい【千倍】〔名・形動〕❶同じ数量を千度重ねたもの。また、その結果の数量。❷《近世語》この上もない喜怒哀楽の情を表す語。特に、至極満足の意。「うそにしても、是は―ぢゃ」〈浮・諸艶大鑑・六〉

せん-ばい【専売】〔名〕スル ❶他には売らせず、一手に販売すること。「当社が―する輸入食品」「新聞の―店」❷主として財政上の目的で、国が特定の物品の販売を独占すること。❸「専売特許❷」に同じ。「耶蘇の宗門は必ずしも正者―の場所に非ず」〈福沢・文明論之概略〉類語 独占・モノポリー

せん-ぱい【先輩】《先に生まれた人の意》❶年齢・地位・経験や学問・技芸などで、自分より上の人。⇔後輩。❷同じ学校や勤務先などに先に入った人。⇔後輩。類語 学兄・先学・先覚

せん-ぱい【戦敗】戦争に負けること。敗戦。まけいくさ。⇔戦勝。

ぜん-ぱい【全敗】〔名〕スル 戦った試合などのすべてに負けること。「リーグ戦に―する」⇔全勝。

ぜん-ぱい【全廃】〔名〕スル すべてやめること。全部廃止すること。「核兵器を―する」類語 中止

ぜん-ぱい【前拝】❶社殿や仏堂で、前後に向拝があるときの、正面のもの。⇔後拝。❷流れ造り本殿の母屋の前にある、一段低いひさしの部分。

せんばい-きょく【専売局】《「大蔵省専売局」の略称》大蔵大臣の管理下で、タバコ・塩・樟脳・アルコールの製造・販売などに関する事務を担当した官庁。昭和23年(1948)日本専売公社となった。

せんばい-けん【先買権】▶先買い権

せんばい-こうしゃ【専売公社】「日本専売公社」の略称。

せんばい-とっきょ【専売特許】❶特許の旧称。❷その人だけが得意とする技術・方法など。特技。おはこ。「古い歌謡曲なら彼の―だ」

類語 特技・得手・売り物・十八番・おはこ・お家芸・お株・お手の物・得意・達者

せん-ぱく【浅薄】〔名・形動〕考えや知識が浅く行き届いていないこと。また、そのさま。あさはか。「―な知識」派生 せんぱくさ〔名〕

類語 浅慮・短慮・無思慮・無考え・浅はか・軽はずみ・軽率・無知・愚か・愚かしい

せん-ぱく【船舶】❶人や荷物を載せて水上を走る交通機関。ふね。❷海商法上、商行為を目的として水上を航行する、櫓櫂船以外の船。

類語 船・舟艇・艦船

ぜん-はく【前×膊】前腕の旧称。

せんぱく-あんぜんけんさ【船舶安全検査】国際条約に基づいて国土交通省が行う、国内に寄港した外国船に対する安全検査。PSC(port state control)。

せんぱく-あんぜんほう【船舶安全法】船舶の耐航性と人命の安全との保持に必要な施設の設置・基準を定め、その検査・監督などについて規定する法律。昭和9年(1934)施行。

せんぱく-かんりにん【船舶管理人】船舶共有者の代理人として、船舶の利用に関する一切の行為をする権限をもつ者。

ぜん-はくぎゅう【冉伯牛】中国、春秋時代の人。孔門十哲の一人。名は耕。顔回・冉雍とともに徳行に優れていたといわれる。生没年未詳。

せんぱく-きょうゆうしゃ【船舶共有者】船舶を共有し、商行為を行う目的でそれを航海に供する者。

せんぱく-けんさ【船舶検査】管海官庁や船級協会が行う船舶の構造・設備などの検査。日本では船舶安全法により義務づけられ、国土交通省が主管する。

せんぱく-げんぼ【船舶原簿】船舶登録のため、船籍港を管轄する管海官庁に備えつける公簿。船舶の種類・船舶番号・船名・船籍港などを記載。

せんぱく-けんりょく【船舶権力】船長が航行の安全確保のため、海員を指揮監督し、また船内にある者に対して必要な命令をすることができる権限。

せんぱく-こうがく【船舶工学】船舶の設計や建造に関する理論・技術を研究する学問。造船学。

せんぱく-こくせきしょうしょ【船舶国籍証書】船舶の所属国籍を証明する公文書。

ぜんはく-こつ【前×膊骨】前腕骨の旧称。

せんぱく-じどうしきべつ-そうち【船舶自動識別装置】▶自動船舶識別装置

せんぱく-しょくいん【船舶職員】船長・航海士・機関長・機関士・通信長・通信士の職務を行う

者。海技従事者の資格を必要とする。

せんぱく-しんごう【船舶信号】船と船、船と陸との通信に使う信号。手旗信号・無線信号・発火信号など。

せんぱく-でんわ【船舶電話】船舶と陸上、また船舶どうしで通話できる、超短波を用いた無線電話。

せんぱく-とうき【船舶登記】船籍港を管轄する法務局・地方法務局またはその支局・出張所に備える船舶登記簿に、船舶の名称・所有権・賃借権・抵当権などに関して記載すること。

せんぱく-とうろく【船舶登録】船舶登記をしたあと、船舶原簿に船舶に関する事項を記載すること。この登録を経て、船舶国籍証書が交付される。

せんぱく-ほう【船舶法】日本船舶としての要件と船籍港・積量の測度・船舶登録・船舶国籍証書などについて定める法律。明治32年(1899)施行。

せんぱく-ほけん【船舶保険】海上保険の一。船舶の船体・機関・付属具などを保険の目的とし、その滅失や損傷によって生じた損害を塡補(てんぽ)するもの。

せんぱく-よくりゅう【船舶抑留】▶エンバーゴー

せんば-こ【千波湖】茨城県中部、水戸市の南の低地にある湖。桜川の浸食谷が那珂川の運ぶ土砂によってせき止められてできた。かつては農業用貯水池だった。東西1.3キロメートル、南北400メートル。近くの台地上に偕楽園があり、庭の泉水に擬せられる。

せんば-こき【千把▽扱き】稲・麦の脱穀用農具。竹片や鉄片を20〜30本、櫛(くし)の歯状に並べて台に固定し、これに穂を挟んでもみをしごき落とす。元禄年間(1688〜1704)以後、大正年間に足踏み式脱穀機が使われるまで全国の農村に普及し、作業の能率を高めた。せんば。せんこき。後家倒(ごけだお)し。

ぜんぱ-じゅしんき【全波受信機】▶オールウエーブ受信機

ぜんぱ-せいりゅう【全波整流】交流電流の正・負両波とも整流し、流れの向きを同じにすること。これに対し、正の部分だけ整流することを半波整流という。

せん-ばつ【×剪伐】〔名〕スル 枝などを切ること。

せん-ばつ【選伐】〔名〕スル 立ち木や枝を選んで切ること。「害虫のついた樹木のみを―する」

せん-ばつ【選抜】〔名〕スル 多数の中から基準・目的に合ったものを選び抜くこと。「正選手を―する」
(類語)選出・選考・セレクション・選ぶ

せん-ぱつ【先発】〔名〕スル ❶先に出発すること。「キャンプ地の下見のために―する」「―隊」⇔後発。❷野球などで、試合の最初から出場すること。「―投手」「―メンバー」❸先に開発すること。「―の低カロリー食品」⇔後発。

せん-ぱつ【洗髪】〔名〕スル 髪を洗うこと。髪洗い。

せん-ぱつ【染髪】〔名〕スル 髪を染めること。染毛(せんもう)。

ぜん-ばつ【漸伐】造林法の一。広域の森林を更新するために、天然に散分された種子が生育できるよう数回にわたって伐採すること。

せんぱつ-いやくひん【先発医薬品】《後発医薬品」に対して》特許期間の切れる前の新薬のこと。先発薬。➡ジェネリック❸

せんぱつ-げっしん【浅発月震】深さ300キロメートルを震源とする月震。➡月震

せんばつ-こうとうがっこうやきゅうたいかい【選抜高等学校野球大会】高校野球の大会の一。秋の地区大会の成績により各地区の代表チームが選抜され、翌年3月下旬から4月にかけて甲子園球場で開催される。第1回大会は大正13年(1924)。選抜。春の選抜。➡全国高等学校野球選手権大会

せんぱつ-ざい【染髪剤】染髪に用いる薬剤。

せんぱつ-じしん【浅発地震】震源の深さが70キロより浅い地震。➡深発地震

せんはっぴゃくよんじゅうはちねん-の-かくめい【一八四八年の革命】1848年から49年にかけてヨーロッパ各地に起こった革命の総称。フランスの二月革命、ドイツの三月革命、英国のチャーチスト運動など。

せんはつめい-しゅぎ【先発明主義】特許の出願が遅くなっても、先に発明したことを証明できれば特許権を認める方式。➡先願主義 (補説)米国が採用。

せんぱつ-やく【先発薬】▶先発医薬品

せんば-づる【千羽鶴】❶折り鶴を数多く糸に通して連ねたもの。瑞鳥の鶴が千羽そろうのを吉として、社寺に奉納する風習があり、現在では慰安や病気見舞いなどに人に贈ることも多い。❷多数の鶴を表した模様。

せんば-に【船場煮】塩鯖(しおさば)のぶつ切りを大根と一緒に煮た料理。

せんぱ-ばんぱ【千波万波】絶え間なく次々に寄せてくる波。「―を乗り越える」

ぜん-ばやし【禅×囃子】▶禅の勤(つと)め

ぜん-ばら【先腹】先妻の腹にできた子。さきばら。せんぷく。「一人は―にて、二十一なり」〈曽我・二〉

ぜん-ばらい【全払い】〔名〕スル 全額を払うこと。全部を一度に支払うこと。「料金を―する」

せん-ばん【千万】㊀〔名〕(多く副詞的に用いる) ❶さまざま。いろいろ。はなはだ。まったく。「一心を砕く」「―かたじけない」「返事に堪へかねて、思案すること―なり」〈仮・伊曽保・上〉❷万が一にも。万一。「是は―荒合戦(あらがっせん)の軍(いくさ)にうち負くる事あらば」〈太平記・一八〉㊁〔接尾〕形容動詞の語幹や性質・状態を表す体言に付いて、その程度がはなはだしいという意を添える。「無礼―」「迷惑―」(類語)至極

せん-ばん【千番】千回。転じて、多くの回数。

千番に一番の兼ね合い 千度やってみても一度成功するかどうかわからないほど可能性の少ないこと。きわめて困難なこと。

せん-ばん【先晩】先日の晩。先夜。

せん-ばん【先番】❶先にする順番になること。また、その順番。❷囲碁で、先に着手するほう。先手。

せん-ばん【旋盤】工作物を主軸に固定して回転させ、往復台上にある刃物を前後左右に動かし、工作物を軸対称状に切削する工作機械。普通旋盤のほかに工具旋盤・中刳(なかぐり)旋盤・タレット旋盤・自動旋盤・倣(なら)い旋盤などがある。

せん-ばん【線番】針金や電線などの太さを示す番号。1番から42番まであり、番号の小さいもののほうが太い。ワイヤゲージ。線番号。

せん-ばん【千般】《「せんぱん」とも》いろいろ。千万(せんばん)。「一首の歌に―の恨みを述べて」〈太平記・一二〉

せん-ぱん【先般】さきごろ。このあいだ。過日。「―の件、承知いたしました」「―申し上げたように」
(類語)この前・先頃・先日・先だって・この間・先度・過日

せん-ぱん【戦犯】「戦争犯罪人」の略。「A級―」

ぜん-はん【前半】《「ぜんぱん」とも》前後二つに分けた前のほうの半分。「試合の―が終わる」⇔後半。

ぜん-ばん【全判】枚葉(まいよう)印刷用紙の原紙標準寸法のもので、断裁されていない大きさのもの。A列全判・B列全判などがある。全紙。

ぜん-ばん【前晩】前日の晩。夕べ。前夜。「―父の客で使ったナイフやフォークを」〈志賀・大津順吉〉

ぜん-ばん【禅板】《「ぜんぱん」とも》座禅のとき、身を寄せかける板。長さ約50センチ、幅約6センチ、厚さ約1センチのもの。倚板(いばん)。

ぜん-ばん【膳番】膳部の番人。膳部の係。

ぜん-ぱん【全般】物事の全体。総体。「―にみられる傾向」「―的な知識」(類語)全体・全部・総体・一般

ぜん-はんき【前半期】1期または1年を2分した前のほうの半期。⇔後半期。

せん-ばんごう【線番号】▶線番(せんばん)

ぜん-はんしゃ【全反射】光が、屈折率の大きな物質から屈折率の小さな物質に入射するとき、入射角がある一定の角度より大きいと、境界面で全部反射される現象。

ぜんはんしゃ-プリズム【全反射プリズム】全反射を利用して光の進行方向を変えるプリズム。直角プリズム・五角プリズムなどがある。

ぜん-はんせい【前半生】人生を二分したときの前の半分。⇔後半生。

ぜんはん-せん【前半戦】競技や試合などの前半の部分。「選挙の―を有利に進める」⇔後半戦。

ぜん-はん-れん【全販連】《「全国販売農業協同組合連合会」の略称》農業協同組合の販売部門の全国的組織。昭和47年(1972)全購連と合併して全農となる。

せん-び【船尾】船の後端部。とも。⇔船首。

せん-び【戦備】戦争の準備。「―を整える」

せん-び【繊美｜繊×靡】〔名・形動〕ほっそりとして美しいこと。また、そのさま。「抱きしめたい程可憐なのは岡の―な淋しそうな姿」〈有島・或る女〉

せん-ぴ【先×妣】死んだ母。➡先考(せんこう)

せん-ぴ【先非】過去の過ち。前非。「―を悔いる」

せん-ぴ【戦費】戦争の遂行に要する費用。

せんぴ【鮮卑】古代、北アジアで活躍した遊牧民族。五胡の一。2世紀中ごろ、匈奴(きょうど)の滅亡後に全モンゴルを支配したが、その後は諸部族に分裂。五胡十六国時代に慕容(ぼよう)氏(燕)・乞伏(きっぷく)氏(秦)・禿髪(とくはつ)氏(涼)らが華北に建国、386年には拓跋(たくばつ)氏が北魏を建て華北を統一した。

ぜん-び【全美】〔名・形動〕完全で申し分のないこと。また、そのさま。「作者の意匠の浮べるままに、あくまで―にこしらうるも」〈逍遥・小説神髄〉

ぜん-び【全備】〔名〕スル 完全に備わっていること。「窮理器械も十分に―し」〈条野有人・近世紀聞〉

ぜん-び【善美】〔名・形動〕物事がよく、しかも美しいこと。りっぱで美しいこと。また、そのさま。「―を尽くした建物」「宗教は洪大なるに過ぎ、―なるに過ぎ」〈福沢・文明論之概略〉

ぜん-ぴ【前非】以前に犯した過ち。昔の悪事。先非。「―を悔い改める」

ぜん-ぴ【善否】よいことと、よくないこと。よしあし。「施政の―を議する」

ぜんび-か【全備花】▶完全花

せん-びき【線引き】〔名〕スル ❶線を引くこと。❷計画・予定などを図面・グラフ上に線を引いて表すこと。また、日限・数量などを区切ること。「都市再開発の―が遅滞する」「合格者を五人までと―する」❸ダイスを使って線材を引き抜き、直径を細くして長さを伸ばす加工法。

せんびき-こぎって【線引小切手】振出人または所持人が表面に二条の平行線を引いた小切手。他の銀行か自行の取引先に対してのみ支払うことができる一般線引小切手と、指定された銀行に対してのみ支払うことができる特定線引小切手とがある。不正な所持人に支払われることを防ぐためのもの。横線(おうせん)小切手。

せんびき-ざる【千×疋猿】布製の小さいくくり猿を数多く糸に連ね通した供え物。女児の災難よけ、技芸上達祈願などの意を込めて神仏に奉納する。

ぜん-びけ【前引け】取引所で、午前中の取引(前場(ぜんば))の最後に行われる売買。➡大引け

せんび-ざい【船尾材】船尾を構成する主要材。竜骨の後端に接続して立てる湾曲した材。

ぜんび-じゅうりょう【全備重量】航空機が、燃料・乗員・乗客など規定された搭載物を全部搭載したときの総重量。

せん-ぴつ【仙×蹕】《「蹕」は、さきばらいの意》行幸の行列。また、その車駕(しゃが)。聖駕(せいが)。「―を捧げ奉り、貴寺に送りつけて」〈平家・四〉

せん-ぴつ【染筆】〔名〕スル 筆に墨汁などを含ませること。書画をかくこと。揮毫(きごう)。潤筆。

ぜん-ひてい【全否定】すべてを否定すること。

せんび-とう【船尾灯】航海中、船尾に掲げる白色の灯火。

せんひめ【千姫】[1597〜1666]徳川秀忠の長女。豊臣秀頼(とよとみひでより)と政略結婚させられたが、大坂城落城後、本多忠刻(ほんだただとき)と再婚。夫の死後、出家して天樹院と号した。大坂城落城の際に姫の救出に功のあった坂崎出羽守の事件、忠刻没後の乱行などの俗

説があり、歌舞伎などに脚色されている。

せん-ひゃく【千百】幾百幾千。数の多いこと。「小言の―を並べた末が」〈独歩・馬上の友〉

せん-びょう【×疝病】センビャウ「疝気(せんき)」に同じ。

せん-びょう【線描】センベウ 物の形を線だけで描くこと。せんがき。「―画」類語 素描・点描・スケッチ・クロッキー

せん-ぴょう【先表】センベウ《「せんびょう」とも》前ぶれ。前表(ぜんぴょう)。「逆乱の―頻(しき)りに奏す」〈平家・六〉

せん-ぴょう【戦評】センピャウ 試合や勝負の経過や結果についての批評。

せん-ぴょう【選評】センピャウ 多くの作品の中からよいものを選んで、その批評をすること。また、その批評。

ぜん-ぴょう【全×豹】ゼンペウ《「晋書」王献之伝から》全体のありさま。全貌(ぜんぼう)。「彼是(ひし)相俟(ま)って始めて―を彷彿する事が出来るかも知れない」〈芥川・きりしとほろ上人伝〉→一斑(いっぱん)を見て全豹を卜(ぼく)す
類語 全体・全体像

ぜん-ぴょう【前表】ゼンペウ ❶前にあげた表。❷前ぶれ。前兆。「あさいのお家の織田どのにほろぼされる―だったのだと」〈谷崎・盲目物語〉

せん-びょうし【戦病死】センビャウシ〔名〕スル 軍人などが出征中に病気で死ぬこと。

せんびょう-しつ【腺病質】センビャウ 体格が貧弱で貧血ぎみの、虚弱で神経質な子供の体質。頸部(けいぶ)リンパ節結核のみられることが多かったところからの称。現在ほとんど用いられない。

せんび-ろう【船尾楼】船尾にある、上甲板より一段高い船楼。

せん-びん【先便】先に出した便り。前便。

せん-びん【洗瓶】容器や試料を洗浄するための化学実験用器具。先細の長管から蒸留水などを吹き出すようになっている。

せん-びん【船便】「ふなびん」に同じ。

せん-びん【×蝉×鬢】蝉(せみ)の羽のように透きとおって見える鬢。女性の美しい髪のたとえ。また、美人のこと。「一肩にふり乱れて」〈読・弓張月・続〉

ぜん-びん【前便】前回の便り。先便。⇔後便。

せん-ぶ【先負】暦注の六曜の一。万事に平静を吉とし、午前は凶、午後は吉とする日。先負日。せんまけ。さきまけ。

せん-ぶ【宣×撫】〔名〕スル 占領地で、占領政策の目的・方法などを知らせて、人心を安定させること。「住民を―する」「―工作」

せん-ぶ【旋舞】▶セマー

せん-ぷ【先夫】もとの夫。前夫。

せん-ぷ【先父】死んだ父。亡父。先考(せんこう)。

せん-ぷ【先婦】もとの妻。先妻。前婦。

せん-ぷ【宣布】〔名〕スル ❶政府などが公式に広く知らせること。「新憲法を―する」❷広く世の中に行き渡らせること。「教義を―する」類語 告示・公示・宣告・発布・公布・布告・告知・公告・触れ・広告

せん-ぷ【泉布】《「泉」は銭の意》流通貨幣。ぜに。

せん-ぷ【浅×膚】〔名・形動〕考え・知識などが浅いこと。また、そのさま。浅薄。「―には人をして―なる知見を得せしめ」〈中村訳・西国立志編〉

せん-ぷ【船夫】ふなのり。船頭。

ぜん-ぶ【全部】❶ある物事のすべて。みな。全体。「―の人がそろう」「―が―よいとは限らない」「仕事が―終わる」⇔一部。❷一そろいになる書物の、すべて。全冊。「叢書の―を復刻する」→すべて 用法
類語 すべて・皆・一切・全体・全般・総体

ぜん-ぶ【前部】前の部分。また、前の方。「車両の―が損傷する」⇔後部。

ぜん-ぶ【膳部】❶膳にのせて出す料理。食膳。「―を調える」❷料理を扱う人。料理人。膳夫(ぜんぷ)。
類語 料理・膳・食膳・ご馳走(ちそう)・佳肴(かこう)・酒肴(しゅこう)・菜(さい)・おかず・ディッシュ

ぜん-ぷ【全父】《All-Father》オーストラリアの未開民族などにみられる、至上神の父とみなされる人格的顕現。→至上神

ぜん-ぷ【前夫】前の夫。先夫。

ぜん-ぷ【前婦】前の妻。先妻。先婦。

ぜん-ぷ【膳夫】「膳部❷」に同じ。

せん-ぷう【仙風】凡人とは異なった、仙人のような風采・気質。「―道骨」

せん-ぷう【旋風】❶渦巻き状の風。直径50メートル以下で、竜巻より小規模のものをいう。つむじ風。つじ風。❷社会の反響を呼ぶような突発的な出来事。また、それによる反響。「文壇に―を巻き起こす」
類語 つむじ風・竜巻

せんぷう-き【扇風機】小型のモーターで羽根車を回転させて風を起こす機械。季 夏「一吹き瓶の花撩乱(りょうらん)す/虚子」

せんぷう-よう【旋風葉】セエフ 和装本の綴(と)じ方の一。折り本の前と後ろの表紙を1枚の紙または布に貼り付けて全体をくるむようにしたもの。他の部分は折った状態のまま背から独立しており、それが風でひるがえるところからこの名がついたといわれる。

せんぶ-え【千部会】ヱ 追善や祈願のために同じ経を千人の僧が一部ずつ読む法会。一人の僧が千回読むこともある。千部読経。千部経。

せん-ぶ-ぎょう【宣奉行】ギャウ 律令制で、詔書公布の手続き。詔書は中務卿(なかつかさきょう)に下され、卿が大輔(たいふ)に宣し、大輔はこれを奉じて少輔(しょう)に伝え、太政官(だいじょうかん)に送って行わせ、おのおのその姓名の下に宣・奉・行と記したもの。

ぜん-ぶぎょう【膳奉行】ブギャウ ❶室町時代、将軍が他家で供応を受ける際、その食事を管掌した臨時の役職。❷江戸幕府の職名。将軍の食事のことを管掌した。御膳奉行。

せん-ぷく【先腹】先妻の子。さきばら。せんばら。

せん-ぷく【船幅】船体のいちばん広い部分の幅。

せん-ぷく【船腹】❶船の胴体にあたる部分。「―に穴があく」❷船の、貨物を積み込む部分。また、その積載量。「―二五〇〇トン」❸輸送力としての船舶。多く、その数を表すときに用いる。「―が不足する」「―数」

せん-ぷく【潜伏】〔名〕スル ❶見つからないように、ひそかに隠れること。「地下に―する」❷体内に侵入した病原体が、まだ病気を起こさないでいること。
類語 (❶)逃げ隠れ・隠れる・潜(ひそ)む・忍(しの)ぶ・伏(ふ)す・潜(もぐ)る・紛(まぎ)れる・紛れ込む・逃げ込む・隠伏する・韜晦(とうかい)する・身を隠す・身を潜(ひそ)める・人目を盗む

ぜん-ぷく【全幅】❶紙面・画面などの、はばいっぱい。「―三〇センチの布地」❷あるだけ全部。あらんかぎり。ありったけ。「―の信頼を寄せる」

せんぷく-き【潜伏期】❶病原体に感染してから発病するまでの期間。腸チフスでは1〜3週間、麻疹(はしか)では10〜12日など。潜伏期間。❷ある刺激や原因が作用してから反応が現れるまでの期間。潜伏期間。

せんぷく-きかん【潜伏期間】▶潜伏期

せんぷく-こうがん【潜伏×睾丸】カウグワン ▶停留睾丸

せんぷくねん-せつ【千福年説】▶千年王国説

せんぷく-りん【千×輻輪】「千輻輪相」の略。

せんぷくりん-そう【千×輻輪相】サウ 仏の備えている三十二相の一。足の裏にある、千の輻(や)をもつ車輪の形の文様。

せんぷく-わたし【船腹渡し】▶沖渡し

せんぶ-しゅう【×贍部×洲】シウ ▶閻浮提(えんぶだい)

ぜんぶしょう-ぎし【全部床義歯】ギシヤウ ▶総入れ歯

せん-ぶつ【千仏】過去・現在・未来の三劫(さんごう)にそれぞれ現れるという千人の仏。特に現在の賢劫の千人の仏をいい、釈迦はその4番目の仏とされる。

せん-ぶつ【先仏】「前仏」に同じ。

せん-ぶつ【×塼仏|×甎仏】塼(煉瓦(れんが)のこと)に仏像を浮き彫りに表したもの。中国では六朝時代から唐代にかけて盛行。日本では奈良時代の橘寺・岡寺のものが知られる。

せん-ぶつ【遷仏】仏堂の修理または新築などのとき、仮堂に移しておいた仏像を、本堂へ移すこと。

ぜん-ぶつ【前仏】❶釈迦より前に世に出て教えを説いた仏。迦葉(かしょう)仏など。先仏。❷釈迦のこと。弥勒菩薩(みろくぼさつ)を後仏(ごぶつ)というのに対していう。先仏。

ぜんふつ-オープン【全▽仏オープン】フランスのパリで開催されるテニスの国際大会。1891年創設。ウィンブルドンテニス大会、全豪オープン、全米オープンとともに世界四大テニス選手権大会の一。四大会では唯一クレーコートで行われる。飛行家ローラン＝ギャロスの名を冠した会場で開催されることから、ローランギャロストーナメントともいう。

せんぶつ-くよう【千仏供養】クヤウ 千体の仏に供養する法会。

せんぶつ-どう【千仏洞】断崖の岩壁を掘り、内部に仏像を彫刻したり壁画を描いたりした石窟寺院。1900年に発見された、中国敦煌(とんこう)のものが有名。

ぜんぶ-はんけつ【全部判決】民事訴訟で、同一手続きに併合審理されている数個の請求の全部についてなされる終局判決。→一部判決

せん-ぶり【千振】❶リンドウ科の越年草。日当たりのよい山野などに生え、高さ約25センチ。茎は四角柱で暗紫色、葉は線形。秋、花びらの5裂した、紫色のすじのある白い花を開く。全体に苦味があり、胃腸薬に用いられる。名は、煎じて千回振り出してもまだ苦いことに由来。当薬(とうやく)。医者倒し。季 秋 ❷㋐脈翅(みゃくし)目センブリ科の昆虫の総称。体長1〜2.5センチ、翅(はね)の開張2〜4センチ。ヘビトンボに似るが、それより小形で黒色。単眼がない。幼虫は小さな流れにすみ、成虫は初夏のころ水辺を飛ぶ。㋑センブリ科の昆虫。北海道・シベリアに分布し、水辺の草上にみられる。

センプレ【イタリア sempre】《常に、の意》音楽用語で、通常、「センプレ‐フォルテ(常に強く)」などのように、他の標語や記号にそえて用いる。

せんぷろん【潜夫論】中国の政論書。10巻36編。後漢の王符著。147〜167年ごろ成立。当時の政治や社会の腐敗を儒家に法家を加味した立場から批判。

せん-ぶん【浅聞】見聞が浅いこと。

せん-ぶん【×撰文】〔名〕スル 碑文などの文章を作ること。また、その文章。「墓標の―」

せん-ぶん【線分】二点で限られた直線の一部分。有限直線。

せん-ぶん【選文】〔名〕スル ❶文を選ぶこと。また、その文。❷律令制で、叙位すべき官吏の名を列記した文書。

ぜん-ぶん【全文】文章の全体。「―を引用する」

ぜん-ぶん【前文】❶前の方に書いた文。「―に述べたとおり」❷手紙の冒頭に書く、時候のあいさつや安否のうかがいなどの文。❸法令の条項の前に置かれている文章で、制定の趣旨や基本原則などを記すもの。まえがき。「憲法―」
類語 序・序文・自序・はしがき・前書き・序言・緒言・序章・前付け・前置き・プロローグ

ぜんぶん-けんさく【全文検索】《full-text search》データベースやウェブページからある文字列を検索する際、全文書を対象として検索すること。

せんぶん-ひ【千分比】▶千分率

せんぶん-りつ【千分率】全量の1000分の1を単位として表す比率。千分比。パーミル。記号‰

せん-べい【煎餅】干菓子の一。小麦粉に卵・砂糖・水などを加えて溶いて焼いた瓦煎餅の類と、米の粉をこねて薄くのばし、醤油や塩で味つけして焼いた塩煎餅の類とがある。

せん-ぺい【×尖兵|先兵】❶軍隊の行動中、本隊の前方にあって警戒・偵察の任に当たる小部隊。❷他に先がけて、その分野・場所などに進出する人。「市場参入の―となる」

ぜん-べい【全米】❶米国全体。「―ヒットチャート」❷南北アメリカ大陸全体。

ぜん-ぺい【前兵】旧日本陸軍で、大部隊の行軍中の警戒部隊の一。ふつう大隊単位で編制され、前衛のさらに前方にあって警戒を行う。

ぜんぺい-オープン【全米オープン】《U.S. Open Championship》❶米国で最も権威のあるゴルフトーナメント。1895年に創設され、プロ・アマのいずれも参加できる。全英オープン、全米プロゴルフ選手権、

マスターズとともにゴルフの世界四大競技会の一。❷米国ニューヨーク郊外で開催されるテニスの国際大会。1881年にアマチュア大会として創設、1968年からプロ選手の参加が解禁された。コートはハードコート。ウィンブルドンテニス大会、全豪オープン、全仏オープンとともに世界四大テニス選手権大会の一。

ぜんべい-かがくざいだん【全米科学財団】►エヌ-エス-エフ(NSF)

ぜんべい-けいざいけんきゅうじょ【全米経済研究所】►エヌ-ビー-イー-アール(NBER)

ぜんべい-けんきゅうひょうぎかい【全米研究評議会】►エヌ-アール-シー(NRC)

ぜんべい-こうそくどうろ-こうつうあんぜんいいんかい【全米高速道路交通安全委員会】►エヌ-エッチ-ティー-エス-エー(NHTSA)

ぜんべい-しじょうシステム【全米市場システム】米国内の証券取引所や私設取引システムなどで売買される上場証券の気配情報や取引情報を集中化して公表し、最良の気配値を出している市場に注文を転送するシステム。1975年の証券市場改革(メーデー❷)において、証券取引所以外での上場証券の売買を認める規制緩和を実施する一方で、市場間の競争・透明性の確保を促進する目的で構築された。NMS(National Market System)。

ぜんべいじどうしゃ-ろうどうくみあい【全米自動車労働組合】米国の労働組合の一。自動車産業・農業・航空宇宙産業に従事する労働者によって組織される。米民主党の支持基盤の一つ。1935年設立。本部はデトロイト。UAW(United Auto Workers)。〔補説〕米国・カナダ・プエルト-リコに39万人以上の現役組合員と、60万人以上の退職組合員を擁する。傘下の単位労働組合は750以上。約1700社の企業と2500件の協定を結んでいる(2012年7月現在)。正式名称は、The International Union, United Automobile, Aerospace and Agricultural Implement Workers of America

ぜんべい-ぞうきはいぶんネットワーク【全米臓器配分ネットワーク】移植用臓器の斡旋を統括する米国の民間非営利団体。連邦政府の委託を受けて臓器調達移植ネットワーク(OPTN；Organ Procurement and Transplantation Network)を運営。臓器提供者および待機患者の情報を一元的に管理し、臓器を公正公平に配分する。1984年設立。本部はバージニア州リッチモンド。UNOS(United Network for Organ Sharing)。

ぜんべい-だいがくたいいくきょうかい【全米大学体育協会】►エヌ-シー-エー-エー(NCAA)

せんべい-ぶとん【煎餅布団】入れ綿の少ない、薄くて粗末な布団。

ぜんべい-プロゴルフせんしゅけん【全米プロゴルフ選手権】《PGA Championship》ゴルフの世界大会の一。1916年に創設された米国のプロトーナメント。全英オープン、全米オープン、マスターズとともに世界四大競技会の一。

ぜんべい-ライフルきょうかい【全米ライフル協会】►エヌ-アール-エー(NRA)

せん-ベース-エックス〘1000BASE-X〙最大通信速度が1Gbpsのギガビットイーサネットで使われるLAN伝送路の規格の一。Fibre Channelのケーブルを使用する。

せん-ベース-ティー〘1000BASE-T〙最大通信速度が1Gbpsのギガビットイーサネットで使われるLAN伝送路の規格の一。非シールドツイストペアケーブルを用いる。

ぜん-ぺき【全璧】《欠けたところのない玉の意》すべてが備わっていること。完璧。「一点の瑾(きず)を見て一の価を評す可らざるなり」〈福沢・文明論之概略〉

せん-ペスト【腺ペスト】ペストの代表的な病型。ネズミやノミによるかみ傷からペスト菌が感染し、近くのリンパ節がはれて痛み、次いで全身のリンパ節に広がる。肺ペストに移行することもある。

せん-べつ【選別】〔名〕(スル) 選び分けること。より分けること。「品種で一する」
〔類語〕より分ける・選ぶ・すぐる・選(よ)る・選(え)る・篩(ふる)う・選択・取捨・選定・選考・セレクト・ピックアップ

せん-べつ【×餞別】遠方に旅行する人や転居・転任などをする人に、別れのしるしとして金品を贈ること。また、その贈り物。はなむけ。「一を贈る」

せん-べん【先×鞭】《「晋書」劉琨伝の「常に恐る祖生の吾(われ)に先んじて鞭(むち)を著(つ)くるを」から》他に先んじて着手すること。「現地法人設立の一を着ける」

せん-ぺん【千変】〔名〕(スル) いろいろに変化すること。「一する景色」

ぜん-ぺん【全編｜全×篇】詩文や書物、また映画などの、一つの作品の全体。「一にみなぎる緊張感」

ぜん-ぺん【前編｜前×篇】書物・映画などで、2編または3編に分かれたものの最初の編。➡中編 ➡後編

せんぺん-いちりつ【千×篇一律】〔名・形動〕多くの詩がいずれも同じ調子で変化のないこと。転じて、多くの物事がみな同じ調子で、おもしろみのないこと。また、そのさま。「一な(の)正月映画」
〔類語〕一律・一様・無差別・等し並み

せんぺん-ばんか【千変万化】〔名〕(スル) さまざまに変化すること。「世情が一する」

せん-ぼ【羨慕】〔名〕(スル) うらやみ、したうこと。「後代の武夫をして一して以て武道を磨き」〈田口・日本開化小史〉

せん-ぼう【先坊】前の皇太子。前坊(ぜんぼう)。「一の御使ひにて東に下りにし」〈増鏡・春の別れ〉

せん-ぼう【×訕×謗】悪口をいうこと。誹謗(ひぼう)。

せん-ぼう【船房】船内の部屋。船室。「西京丸の一に此文を草す」〈独歩・愛弟通信〉

せん-ぼう【羨望】〔名〕(スル) うらやむこと。「一の的となる」「他人の栄達を一する」〔類語〕嫉視・嫉妬・羨む・ねたむ・そねむ・やっかむ・焼く・焼ける

せん-ぼう【×瞻望】〔名〕(スル) 遠く見渡すこと。「偕に戸外に出でて一したり」〈鴎外訳・即興詩人〉

せん-ぼう【×懺法】❶経を誦(じゅ)して罪過を懺悔(さんげ)する法要。法華懺法・観音懺法などがある。❷❶の際に誦する経文・偈(げ)文。❸懺悔の方法を説いた書。

せん-ぼう【×蘚×帽】スギゴケなど蘚類の蒴(さく)にかぶさる帽子状の器官。胞子が熟すと取れる。

せん-ぽう【仙方】「仙術」に同じ。

せん-ぽう【先方】❶さきの方。向こう。「一の山」❷相手方(がた)。「一の意向を聞く」⇔当方。
〔類語〕向こう・相手・相手方・先様

せん-ぽう【先×鋒】❶戦闘の際、部隊の先頭に立って進むもの。さきて。「一隊」❷運動・主張などの先頭に立つもの。「革新派の一となる」「急一」❸剣道や柔道などの団体戦で、最初に戦う人。➡次鋒 ➡中堅 ➡副将 ➡大将

せん-ぽう【×尖峰】槍の穂先のようにとがった峰。

せん-ぽう【旋法】《mode; ラテ modus》音階を、その主音の位置や音程関係の相異などにより細かく分類した音列。教会旋法、中国・日本の律旋法・呂旋法、インドのラーガなどがある。

せん-ぽう【戦法】戦闘の仕方。競技・試合などの戦い方。「奇襲一」〔類語〕戦術・戦略・兵法・軍略・三十六計・タクティックス・ストラテジー

ぜん-ぼう【全貌】全体の姿。物事の全体のありさま。「事件の一を暴く」〔類語〕全豹(ぜんぴょう)・全容・全体像

ぜん-ぼう【前坊】「先坊」に同じ。「桐壺の帝の御弟、一と申し奉りしが」〈謡・野宮〉

ぜん-ぼう【禅房】禅寺の宿坊。禅寺。また、寺院の僧坊。

ぜん-ぽう【前方】❶まえの方。前面。⇔後方。❷前部が四角いこと。〔類語〕前面・正面・向こう

ぜん-ぽう【善報】仏語。よいむくい。⇔悪報。

ぜん-ぽう【禅法】《「ぜんぼう」とも》仏語。禅定(ぜんじょう)による修行法。また、禅宗における坐禅の仕方。

ぜん-ほうい【全方位】すべての方角。あらゆる方面。「一から敵が迫る」「一カメラ」「一外交」

ぜんほうい-がいこう【全方位外交】特定の国とだけ親しい関係を持つのではなく、すべての国と平等な外交関係を保つこと。また比喩的に、外交に限らず、全体と均等につきあっていくこと。「市議会与党に偏ることなく一で市政を運営する」

ぜんぽう-いっち【前方一致】任意の二つの文字列を比較する際、文字列の最初の部分が一致すること。「あいうえお」と「あいうううう」の場合、最初の三文字「あいう」が前方一致となる。また「あいうえお」と「おあいうえお」の場合、前方一致する文字列はない。前方一致検索。➡後方一致

せんぼう-きょう【潜望鏡】潜水艦・戦車などで、密閉された内部から外部の状況を偵察するためなどに使われる、2個の直角プリズムとレンズとを組み合わせた反射望遠鏡。ペリスコープ。

せんぼう-こう【×懺法講】宮中で行われた法華懺法の法会。

ぜんぽうこうえん-ふん【前方後円墳】円形の墳丘に方形の墳丘を付設した古墳。平面形は円形と方形とから鍵穴形を呈する。古くは後円部のみに死者を葬ったが、のちには前方部にも葬った。車塚。瓢塚(ひさごづか)。

ぜんぽう-じ【善宝寺】山形県鶴岡市にある曹洞宗の寺。山号は竜沢山。平安時代、妙達の開いた天台宗の竜華寺を、永享年間(1429～1441)太年浄椿が再興。竜神を祭り、航海・漁業の守護神として信仰される。曹洞宗三祈祷所の一。

せん-ぼうちょう【線膨張】熱による固体の長さの変化。温度をセ氏1度上げたときの物質の長さの増加する割合を、その物質の線膨張率という。

せんぼうちょう-けいすう【線膨張係数】►線膨張率

せんぼうちょう-りつ【線膨張率】温度をセ氏1度上げたときの物質の長さの増加量と、もとの長さとの比。体積の変化を表す体膨張率の約3分の1となる。線膨張係数。

ぜんぼう-ちりめん【全紡▽縮×緬】縦横ともに紡績絹糸を用いて織った品質のよくない縮緬。

せんぼく【仙北】秋田県中東部にある市。市域のほぼ中央に田沢湖があり、岩手県との県境一帯は十和田八幡平国立公園の一部。秋田新幹線が通じる。平成17年(2005)9月に角館(かくのだて)町・田沢湖町・西木村が合併して成立。人口3.0万(2010)。

せん-ぼく【占×卜】占(うらな)うこと。また、占い。卜占。
〔類語〕占い・易・占(うら)・卜占・八卦(はっけ)・易断

ぜん-ほくく【全北区】❶動物地理区の一。北界に属し、東南アジア以外のユーラシア大陸、北アメリカ、サハラ砂漠以北のアフリカを含む広大な地域。新北亜区・カリブ亜区・旧北亜区・北極亜区に分けられる。動物相は他の区に比べて変化に乏しい。❷植物区系の一。北半球の温帯・亜寒帯・寒帯と北アフリカの一部を含む地域。ヤナギ科・クルミ科・キンポウゲ科・バラ科などの植物の分布中心となる地域。北極-亜北極区系区・日華区系区・東シベリア区系区など11の区系区に分けられる。

せんぼく-し【仙北市】►仙北

ぜんぼく-もく【全×蹼目】ペリカン目の旧称。

せん-ぼつ【戦没｜戦×歿】〔名〕(スル) 戦争で死ぬこと。戦死。「一した兵士を弔う」「一将士」
〔類語〕戦死・陣没・討ち死に・切り死に

せん-ぼつ【潜没】〔名〕(スル) 水中にもぐり込むこと。特に、潜水艦が急速に潜航すること。「一して魚雷艇をかわす」

せん-ぼん【千本】1本の千倍。転じて、本数が非常に多いこと。「一ノック」

ぜん-ぽん【善本】❶内容のよい本。また、校訂・注釈などが行き届いている本。「一をテキストに選ぶ」❷書誌学で、本文の系統が古く、保存状態のよい写本や版本。❸仏語。㋐仏の悟りを得るもとになる善根功徳。㋑功徳のもとになる善法。㋒浄土教で、南無阿弥陀仏の名号のこと。

せんぼん-ごうし【千本格子】縦の目が細かい格子。店先などに用いる。

せんぼん-しめじ【千本占地】キシメジ科のキノコ。秋、雑木林に生え、塊状の株から小さいキノコが多数出る。食用。釈迦しめじ。(季 秋)
せんぼん-づき【千本×搗き】新しい置き土の上などを、棒で何度も搗いて固めること。
せんぼん-ねんぶつ【千本念仏】㊀京都市上京区の引接寺(いんじょうじ)(千本閻魔堂)で、古くは3月に行われた念仏法会。現在は5月下旬、念仏狂言を主として行われる。壬生(みぶ)狂言・嵯峨大念仏とともに、京都三大念仏の一。閻魔堂大念仏。(季 夏) ㊁京都市上京区千本の大報恩寺(千本釈迦堂)で行われる涅槃会(ねはんえ)。千本の釈迦念仏。(季 春)
せんぼん-まつばら【千本松原】静岡県沼津市の海岸。造林されたクロマツの茂る砂丘が続く。千本浜。千本松。
せんぼん-やり【千本×槍】キク科の多年草。草原に生える。葉は根際につき、春と秋に形の異なる花をつける。春の花はタンポポに似て、白色で裏側は淡紫色を帯びる。秋の花は管状花だけからなる閉鎖花で槍を思わせる。むらさきたんぽぽ。
せんま ❶江戸時代、大坂の天神祭りなどで、巫女(みこ)に扮(ふん)してこっけいなしぐさをした者。「一の形(なり)をそのままに」〈浄・浪花鑑〉 ❷子供をののしっていう語。「あの一め、仕様がある」〈浄・歌祭文〉
ぜん-ま【▽染▽汚】仏語。煩悩(ぼんのう)で清浄な心をけがすこと。また、煩悩のこと。
せんまい《語源未詳。「センマイ」と書くことが多い》牛の四つある胃の3番目をいう。焼き肉やもつ鍋などの材料。
せん-まい【千枚】1枚の千倍。転じて、枚数が非常に多いこと。
せん-まい【洗米】洗った米。あらいよね。また、特に、神仏に供えるために洗った米。饌米(せんまい)。
せん-まい【×饌米】供物とする洗米。供米(くまい)。
ぜんまい【発=条|撥=条】弾力性に富んだ帯状などの鋼を、渦巻き状に巻いたばね。巻き締めて、そのほどけようとする力を動力として利用する。
(類語)ばね・スプリング
ぜんまい【×薇|紫=萁】ゼンマイ科の多年生のシダ。山野に生え、高さ0.5～1メートル。春先、胞子葉を出し、次いで、長三角形の小葉からなる羽状複葉の栄養葉を出す。どちらも芽生えは綿毛で覆われ、発条(ぜんまい)状に巻いている。若い葉は食用。ぜんまいわらび。(季 春)「一ののの字ばかりの寂光土/茅舎」
ぜんまい-おり【×薇織(り)】ゼンマイの若芽の綿毛を綿の繊維に撚(よ)り込んだ糸を横糸に、綿糸を縦糸に用いて織った織物。山形・秋田・青森地方で、防水性に富むので雨ガッパなどに利用した。
せんまい-がん【千枚岩】変成岩の一。泥質岩起源の細粒で薄くはがれやすい岩石。石英・絹雲母(きぬうんも)・黒雲母・緑泥石などが主成分。低温の広域変成作用でできたもので、変成の程度は粘板岩と結晶片岩との中間。
ぜんまい-じかけ【発=条仕掛(け)】ぜんまいの弾力で動くようにした装置。「一の時計」
せんまい-づけ【千枚漬(け)】❶塩漬けした聖護院かぶの薄切りを、昆布・みりん・唐辛子などで漬けた漬物。京都の名産。(季 冬)「うすら氷(ひ)の一を切にけり/孝作」 ❷シソの葉を重ねて味噌などで漬けたもの。宮崎県の名産。
せんまい-どうぐ【千枚道具】折紙千枚の骨董(こっとう)価値がある道具。刀剣の場合折紙1枚は1両に相当。千枚物。「此の無疵(むきず)一通り」〈浮・諸艶大鑑・四〉
せんまい-どおし【千枚通し】錐(きり)の一。何枚も重ねた紙を刺し通して穴をあけるのに用いる。
ぜんまい-ばかり【発=条×秤】ばねの伸びで物の重さをはかる秤。ばね秤。
せんまい-ばり【千枚張り】❶いく枚も張り重ねていて厚いこと。❷《「面(つら)の皮千枚張り」の略》非常にあつかましいこと。ずうずうしいこと。
ぜんまい-わらび【×薇×蕨】ゼンマイの別名。
ぜん-まく【善悪】「ぜんあく」の連声(れんじょう)。
せん-まけ【先負け】▶先負(せんぶ)
せんまつ【千松】《歌舞伎・浄瑠璃「伽羅先代萩(めいぼくせんだいはぎ)」中の乳人(めのと)政岡の子の名で、そのせりふ「侍の子というものは…お腹がすいてもひもじゅうはない」から》空腹であること。また、空腹の人。
せん-まん【千万】万の千倍。転じて、非常に数の多いこと。
千万人(せんまんにん)と雖(いえど)も吾(われ)往(ゆ)かん 《「孟子」公孫丑上から》良心に恥じるところがなければ、千万人の敵に対しても恐れることなく向かっていこう。
せんまん-むりょう【千万無量】限りなく数が多いこと。はかり知れないこと。また、そのさま。せんばんむりょう。「一の思い」
せん-み【仙味】世俗を脱した高尚な趣。
ぜん-み【禅味】禅の趣。禅の、俗気を離れた味わい。「一を帯びる」
せん-みつ【千三つ】❶《千のうち本当のことは三つしか言わない意》うそつき。❷《千に三つくらいしか話がまとまらない意》土地・家屋の売買や貸金などを斡旋(あっせん)する職業。また、その人。「一屋」❸《千品目出しても当たるのは三品目くらいの意》食品業界で、新商品の開発の難しさをいう言葉。
せん-みつ【繊密】〔名・形動〕細かくくわしいこと。また、そのさま。「一な情景描写」
せん-みつど【線密度】ある物理量が線状に分布しているとき、単位長さ当たりのその物理量。ふつう、質量についていう。
せん-みょう【宣命】天皇の命令を伝える文書の様式の一。漢文体を用いる詔・勅に対し、宣命書きで記されたもの。
宣命を含(ふく)・める 事情をよく言い聞かせて納得させる。因果を含める。
せんみょう-がき【宣命書(き)】宣命・祝詞(のりと)などに用いた、漢字による国語の文章表記の形式の一。体言や用言の語幹などは大きく、助詞・助動詞・用言の活用語尾などは1字1音の万葉仮名で小さく記した。
せんみょう-し【宣命紙】宣命を書き記す紙。普通は黄麻紙(おうまし)、伊勢神宮に奉るものは縹紙(はなだがみ)、賀茂神社に奉るものは紅紙を用いた。
せんみょう-たい【宣命体】宣命書きで記す宣命・祝詞の文体。
せんみょう-れき【宣明暦】中国、唐の徐昂(じょこう)が作った太陰太陽暦。中国では822年から71年間、日本では貞観3年(861)から貞享元年(1684)に貞享暦に改められるまで800年余りの間用いられた。
せん-みん【×賤民】❶身分の低い民。下賤の民。下民。❷社会的に最下層に置かれて差別された人々。律令制では良民と区別して陵戸・官戸・家人・公奴婢・私奴婢の5種があった。中世には、非人・河原者などとよばれた被差別民が存在し、近世、封建的身分制が確立されると最下層身分として穢多(えた)・非人が置かれ、きびしい差別が行われた。
せん-みん【選民】神に選ばれた、すぐれた民族。特に、ユダヤ民族が旧約聖書によって自らをさしていう語。「一思想」
せん-む【先務】まっさきになすべき務め。急務。
せん-む【専務】❶もっぱら行うべき務め。また、もっぱらその務めに当たること。「一車掌」❷「専務取締役」の略。
ぜんむい【善無畏】《梵 Subhakara-simha》[637～735]密教列祖の一。インドのマガダ国の王子。中央アジアを経て長安に入り、玄宗の勅命により「大日経」などを漢訳、中国密教の基礎をつくった。
せんむ-じゅつ【占夢術】夢の内容によって運命を予知しようとする呪術。古代から世界各地の民族によって行われた。
せんむ-とりしまりやく【専務取締役】会社の取締役のうち、社長を補佐して会社の業務執行に当たる取締役。実業界での名称で、一般に常務取締役の上位に置かれる役付取締役。
せんむ-は【戦無派】第二次大戦後に生まれた、戦争をまったく知らない世代。戦前派・戦中派・戦後派に対していう。
せん-めい【宣明】〔名〕スル 宣言して明らかにすること。「自国の立場を一する」
せん-めい【船名】船舶につけた固有の名称。
せん-めい【誓盟】誓約。盟約。「新議員及び先輩長老、与(とも)に皆其の一をなし」〈竜渓・経国美談〉
せん-めい【×闡明】〔名〕スル 明瞭でなかった道理や意義を明らかにすること。「教義を一する」
せん-めい【鮮明】〔形動〕〔文〕〔ナリ〕あざやかではっきりしているさま。「一な印象」「態度を一にする」「旗幟(きし)一」(派生)せんめいさ〔名〕(類語)鮮やか・くっきり・はっきり・ありあり・まざまざ・明らか・際(きわ)やか・さやか・明瞭(めいりょう)・分明・瞭然(りょうぜん)・画然(かくぜん)
ぜん-めい【×喘鳴】ぜいぜい、ひゅうひゅうという呼吸音。上気道に痰(たん)などがひっかかったときや気管支喘息の患者などにみられる。
せん-めつ【×殲滅】〔名〕スル すっかり滅ぼすこと。皆殺しにすること。「敵軍を一する」
ぜん-めつ【全滅】〔名〕スル 残らず滅びること。また、残らず滅ぼすこと。「味方が一する」「害虫を一する」
(類語)絶滅・壊滅・撲滅・殲滅(せんめつ)・根絶・根絶やし
せん-めん【洗面】〔名〕スル 顔を洗うこと。洗顔。
せん-めん【扇面】❶扇の表面。扇の地紙(じがみ)。また、扇形の料紙。❷扇子。おうぎ。
ぜん-めん【全面】❶一つの面の全体。新聞紙面などの1ページの全体。「壁の一」「一広告」❷すべての面。また、すべての方面。ある物事の全体。「立方体の一」「一改訂」(類語)全体
ぜん-めん【前面】❶前の方。表の方。「一に押し出す」❷「前線面」に同じ。(類語)前(まえ)・前方・正面・真正面(ましょうめん)・表(おもて)・表側・ファサード
せんめん-き【洗面器】顔を洗うときに湯・水を入れる器。
ぜんめん-こうこく【全面広告】新聞広告の定型の一つ。紙面の1ページ全てを使った広告。全広。
(類語)記事下広告・三八つ広告・突き出し広告・記事中広告・三行広告
ぜんめん-こうわ【全面講和】戦争終結にあたって、敵国を同じくして同盟関係にある全交戦国が、共同して講和条約を結ぶこと。また、ある一国が全交戦国と講和すること。⇒単独講和
せんめん-しゃきょう【扇面写経】扇形の料紙に金銀泥などで経文を書写したもの。装飾経の一種で、平安末期ごろに盛行。
せんめん-じょ【洗面所】❶洗面の設備をした場所。❷便所のこと。手洗い。(類語)便所・手洗い・化粧室・トイレット・WC・不浄・憚(はばか)り・雪隠・手水(ちょうず)場・厠(かわや)
ぜんめん-せんそう【全面戦争】戦争の目的・手段・地域などについて、いっさいの制限なしに行われる戦争。⇒限定戦争
ぜんめん-そっこう【全面測光】▶平均測光
せんめん-だい【洗面台】壁面などに取り付けた、洗面用のくぼみのある台。
ぜんめん-てき【全面的】〔形動〕すべての方面にわたるさま。「一な協力を得る」(類語)全く
せんめん-びょうぶ【扇面×屏風】書画を描いた扇面を装飾のモチーフとした屏風。実際に扇面を貼(は)りつけたもののほか、屏風地に直接描いたものもある。室町末期から盛行した。
せんめん-ほけきょう【扇面法華経】平安後期の装飾経。扇面形の料紙の表裏に法華経8巻と開経の無量義経、結経の観普賢経とを書写して10帖としたもの。各紙面に当時の風俗などを描いた下絵がある。大阪四天王寺などに6帖が現存。
せん-もう【染毛】〔名〕スル 毛髪を染めること。けぞめ。染髪。「白髪を一する」
せん-もう【×旃毛】毛織物の毛。
せん-もう【×剪毛】〔名〕スル ❶羊などの毛を刈り取ること。❷毛織物を仕上げる工程で、織物の表面に出たけばを切って織り目をはっきりさせたり、長さをそろえたりすること。

せん‐もう【旋毛】渦を巻くように生えている毛。つむじげ。

せん‐もう【腺毛】植物の表皮に生じる毛のような突起物で、特殊な液体を分泌するもの。先端の膨らんだ棍棒状のものが多い。食虫植物が消化液を出す毛、花の蜜腺の毛など。

せん‐もう【繊毛】細胞表面に密生する、極めて細く短い毛。鼻腔・気管・気管支・卵管などの表面や、原生動物の繊毛虫類の体表にみられ、運動性がある。

せん‐もう【×譫妄】外界からの刺激に対する反応が鈍り、錯覚・妄想・麻痺などを起こす意識障害。

ぜん‐もう【全盲】視力がまったくないこと。両眼とも失明の状態。また、その人。

せんもう‐うんどう【繊毛運動】繊毛虫類の体表や後生動物の体腔壁などにある繊毛の運動。オール状に動き、移動や摂食のために水流を起こしたり、老廃物を排出したりする働きをする。

せんもう‐じょうひ【繊毛上皮】繊毛細胞からなる上皮組織。

せんもう‐ちゅう【旋毛虫】旋毛虫科の線虫類。体長1～4ミリの糸状で、成虫は哺乳類の小腸に、幼虫は筋肉内に寄生する。ヒトには主に豚肉の生食から感染。日本には少ない。

せんもう‐ちゅう【繊毛虫】原生動物の一群の総称。体表は繊毛に覆われ、細胞核には大核と小核とがある。ゾウリムシ・ラッパムシ・ツリガネムシなど。滴虫類。

せんもう‐ほんせん【釧網本線】東釧路から標茶を経て網走に至るJR線。昭和6年（1931）全通。全長166.2キロ。

せん‐もん【占文】占いに現れた文言。「今度の地震、一のさす所」〈平家・三〉

せん‐もん【専門】❶限られた分野の学問や職業にもっぱら従事すること。また、その学問や職業。「彼の一は法律だ」「一外の仕事」❷もっぱら関心を向けている事柄。「趣味は釣り一です」(類語)専攻

せん‐もん【泉門】❶新生児の頭蓋の骨の境目で、骨化がまだ進んでいない結合組織膜の部分。左右の前頭骨と左右の頭頂骨とに挟まれた菱形のものを大泉門、左右の頭頂骨と後頭骨との間の三角形のものを小泉門という。成長とともに閉じる。ひよめき。おどりこ。顖門。❷黄泉国の門。あの世への入り口。

せん‐もん【羨門】横穴式石室の羨道の入り口。えんもん。

ぜん‐もん【前門】前の門。表門。

前門の虎後門の狼　《趙弼「評史」から》一つの災いを逃れても別の災いにあうたとえ。

ぜん‐もん【禅門】❶禅宗の法門。禅宗。❷俗人のままで剃髪し仏門に入った男子。禅定門。入道。➡禅尼

せんもん‐い【専門医】特定の臨床医学の分野に精通している医師。日本では学会の認定医をさす。

せんもん‐いん【専門員】国会の常任委員会に常置される、専門知識をもった職員。

せんもん‐か【専門家】ある特定の学問・事柄を専門に研究・担当して、それに精通している人。エキスパート。「経済の一」(類語)プロ・スペシャリスト・玄人

せんもん‐がいらい【専門外来】医療機関で、特殊な症状・病気を専門に診察する部門。特定分野の診療を得意とする専門医が担当する。リウマチ外来・糖尿病外来・禁煙外来などさまざまある。

せんもん‐がっこう【専門学校】❶専修学校制度で、高等学校卒業者に専門教育を施す学校。❷旧制の専門学校令に基づいて設立され、中等学校卒業者に専門的な学術・技芸を教授した学校。(類語)専修学校・各種学校

せんもん‐きょういく【専門教育】❶特定の分野または内容に関する専門的な教育。❷高度の知的、技術的な専門職業のための教育。

せんもん‐けんしゅうい【専門研修医】►レジデント

せんもん‐ご【専門語】学術・技芸などの専門の分野だけで使われる言葉。テクニカルターム。術語。

せんもんしょくぎょうにん‐ばいしょうせきにんほけん【専門職業人賠償責任保険】医師・看護師・弁護士・公認会計士・LPガス販売事業者など、専門的事業を営む者を対象とする損害賠償責任保険の総称。業務を遂行する上で他人の身体や財物に損害を与え、損害賠償責任を負うことになった場合に経済的損失を補填する。

せんもん‐てき【専門的】〔形動〕ある分野に特にかかわりのあるさま。ある分野に精通しているさま。「一な知識」

せんもん‐てん【専門店】特定の種類の商品だけを取り扱う小売店。

ぜん‐もんどう【禅問答】禅僧が悟りを開くために行う問答。修行者が疑問を発し、師がこれに答えるもの。転じて、真意がとらえにくい問答・会話。

せんもん‐のうきょう【専門農協】農業協同組合のうち、畜産・酪農・園芸・果樹・農村工業など特定の業種に関して営農指導、資材の共同購入、農産物の共同販売などを行うものをいう。総合農協（JA）とは異なり、金融業務や共済事業は行わない。

せんもん‐ばんこ【千門万戸】非常に多くの家。

せんもん‐ふう【浅文風】能で、世阿弥が九段階に分けたうちの第六位（中三位の第三）の芸格。芸に深みはないが、幽玄の基礎となる位。せんぶんふう。➡九位

せんもん‐やくざいし【専門薬剤師】医療の専門領域や薬物治療に関する高度な知識・技能を有する薬剤師として、各領域の学会・協会から認定を受けた薬剤師。日本病院薬剤師会が認定するがん専門薬剤師、感染制御専門薬剤師、精神科専門薬剤師、妊婦・授乳婦専門薬剤師、HIV感染症専門薬剤師などがある。

せん‐や【先夜】先日の夜。この間の夜。

せん‐や【戦野】戦場となった野原。また、戦場。

ぜん‐や【全野】すべての分野。「電子工学の一」

ぜん‐や【前夜】❶前の晩。昨夜。❷ある特定の日の前の晩。また、大事件などの起こる直前。「クリスマスの一」「革命一」(類語)昨夜・夕べ・昨晩・昨夕

せんやいちやものがたり【千夜一夜物語】《原題、アラ Alf laila wa laila》「アラビアンナイト」の本来のよび名。

せん‐やく【仙薬】❶飲むと不老不死の仙人になるという薬。❷非常によく効く薬。霊薬。

せん‐やく【先役】❶以前に務めた役目。❷以前にその役を務めた人。また、以前からその役にいる人。

せん‐やく【先約】❶以前からの約束。前約。「一を果たす」❷その申し出よりも以前に交わした、別の人との約束。「一があって出席できない」(類語)前約・先口

せん‐やく【洗薬】患部を洗う薬。あらいぐすり。

せん‐やく【煎薬】煎じて飲む薬。せんじぐすり。

ぜん‐やく【全訳】〔名〕スル　原文を省略することなく全部翻訳すること。また、その訳。「『資本論』を一する」⇔抄訳。

ぜん‐やく【前約】以前にした約束。先約。(類語)先約・先口

ぜんや‐さい【前夜祭】記念日や祝典などの前の晩に行われる催し。⇔後夜祭。(類語)宵祭り・イブ

せんや‐ぞめ【千弥染】染め色の名。紫色で大絞りに染めたもの。享保（1716～1736）のころ、歌舞伎俳優の女形中村千弥が用いて流行した。

せん‐ゆ【×穿×窬】壁に穴をあけたり、垣を越えたりして他人の家に忍び入ること。また、そのぬすびと。

せん‐ゆ【×僭×踰】身のほどを越えた振る舞いをすること。僭越。「叨りに一の罪を犯して」〈西周・明六雑誌三八〉

ぜん‐ゆ【全癒】〔名〕スル　病気やけががすっかり治ること。全快。「病院に入れば一するとの確かなる見込あらば兎も角」〈独歩・愛弟通信〉(類語)回復・快気・全治・全快・完治・根治・快癒・本復・治癒・平癒

せん‐ゆう【占有】〔名〕スル　❶自分の所有にすること。「土地を一する」❷民法上、自己のためにする意思をもって物を所持すること。(類語)専有・所有・独占・独り占め・壟断・支配・確保・保持・占める・握る・押さえる・手中に収める・我が物にする

せん‐ゆう【専有】〔名〕スル　ひとりだけで所有すること。「使用権を一する」「一面積」⇔共有。(類語)占有・所有・独占・独り占め・支配・確保

せん‐ゆう【戦友】❶同じ部隊に属して生活をともにし、戦闘に従事する仲間。戦場でともに戦った友。❷（比喩的に）仕事やスポーツなどで、厳しい競争を共に経験した仲間。「会社の黎明期に苦労を共にした一」「全国大会に出場した、かつての一たちが集う」

ぜん‐ゆう【冉有】►子有

せんゆう‐けん【占有権】占有という事実を法律要件として認められる物権。

せんゆう‐こうらく【先憂後楽】《范仲淹「岳陽楼記」の「天下の憂えに先んじて憂え、天下の楽しみに後れて楽しむ」から》国家の安危については人より先に心配し、楽しむのは人より遅れて楽しむこと。志士や仁者など、りっぱな人の国家に対する心がけを述べた語。

せんゆう‐じ【泉涌寺】►せんにゅうじ（泉涌寺）

せんゆう‐そけん【占有訴権】占有者が、占有を侵害されたり、そのおそれがあったりする場合に、侵害の排除などを請求できる権利。

せんゆうりだつぶつ‐おうりょうざい【占有離脱物横領罪】►遺失物等横領罪

せん‐よう【占用】〔名〕スル　独占して使用すること。特に、法的に河川・道路などを占拠して使用すること。「ゴルフ場が河川敷を一する」(類語)占有・専用・専有・独占・独り占め・占拠

せん‐よう【宣揚】〔名〕スル　広く世の中にはっきりと示すこと。「国威を一する」

せん‐よう【専用】〔名〕スル　❶特定の人だけが使うこと。「会員が一するプール」❷ある特定の目的・対象だけに使うこと。「洗顔一のクリーム」❸それだけをもっぱら使うこと。「一種の器械を一するは、四種の器械を兼用するの利に若かざるは」〈竜渓・経国美談〉(類語)占用・専有・愛用・常用・共用

せん‐よう【専要】〔名・形動〕最も大事なこと。きわめて大切なこと。また、そのさま。「全文意味の通じ易きを一とし」〈逍遥訳・自由太刀余波鋭鋒〉

せん‐よう【×閃×揺】光度の違う光線が交互に目を刺激するときに、目がちらちらする現象。フリッカー。

せん‐よう【×閃×耀】きらめき。かがやき。「美しく千筋に流れたる渓流の一よりも」〈花袋・春潮〉

せん‐よう【×僭用】〔名〕スル　身分・資格を越えて使用すること。

ぜん‐よう【冉雍】中国、春秋時代の学者。孔門十哲の一人。字は仲弓。徳行にすぐれていたという。生没年未詳。

ぜん‐よう【全容】全体の姿・形。また、内容のすべて。全貌。「山々がその一を現す」「事件の一を明らかにする」(類語)全体

ぜん‐よう【前葉】❶ひとつづりのものの、前の紙面。前のページ。❷脳下垂体の前部。

ぜん‐よう【善用】〔名〕スル　よい目的に用いること。また、うまく使うこと。「知識を一する」「余暇を一する」(類語)活用・利用・運用・使用・充用

せんよう‐かしゃ【専用貨車】特定の貨物を輸送するための構造・設備をもった貨車。「自動車一」

せんよう‐ぎょじょう【専用漁場】漁業権によって漁業権者だけが使用できる漁場。

せんよう‐けん【専用権】特定の人だけが特定の物や場所を使用し、他人の使用を禁止できる権利。「商標の一」

せんよう‐じっしけん【専用実施権】設定行為で定められた範囲内で特許発明・登録実用新案・登録意匠などを業として独占的に実施する権利。

せんよう‐せん【専用線】企業内の本社・支社など、特定の2地点を結ぶために電気通信事業者から

借り受けた専用のデータ通信回線。➡公衆回線

ぜんよう-たい【前葉体】シダ植物の配偶体。胞子の発芽したもので、ふつう緑色の平たい心臓形で大きさは約1センチ、裏面に造精器と造卵器をつける。扁平体。原葉体。

ぜんよう-でん【宣耀殿】平安京内裏十七殿の一。麗景殿の北、貞観殿の東にあり、後宮で女御・更衣などの居所。せんにょうでん。

ぜんよう-ピペット【全容ピペット】▶ホールピペット

ぜんよう-ホルモン【前葉ホルモン】▶脳下垂体前葉ホルモン

ぜんよう-もん【宣陽門】平安京内裏内郭十二門の一。東面の正門で、外郭の建春門と相対する。東の陣。左兵衛陣。東閤門。

ぜんよく-き【全翼機】主翼と垂直尾翼だけからなる飛行機。搭乗員室・客室・貨物室などを翼内に収め、原理的には効率がよい。

ぜん-ら【全裸】何も身につけていないこと。まるはだか。すっぱだか。(類語)裸・すっぽんぽん

ぜん-らく【漸落】〔名〕スル 相場や物価がしだいに下がること。⇔漸騰。

ぜんら-なんどう【全羅南道】▶チョルラナムド

ぜんら-ほくどう【全羅北道】▶チョルラブクド

せん-らん【戦乱】戦争のために世の中が乱れること。また、戦争。兵乱。「一の巷と化す」

(類語)兵乱・動乱・戦禍・乱・戦争・戦い・戦い・戦役・役・兵・兵馬・兵戈・干戈・会戦・合戦・交戦・事変・戦火・兵火・戦雲・戦塵・大戦・戦闘

せん-り【千里】1里の1000倍。また、きわめて遠い所。

千里の馬　1日に千里の道も走れるほどのすぐれた馬。転じて、すぐれた才能の人物。千里の駒。

千里の行も足下に始まる　《「老子」六四から》遠い旅路も足もとの第一歩を踏み出すことから始まる。どんな遠大な事業も手近なところから始まるというたとえ。千里の道も一歩より始まる。

千里の野に虎を放つ　危険なものを放置して、のちに災いを残すたとえ。

千里も一里　恋しい人の所に行くときは、遠い道もそれほど苦にならない。「惚れて通えば一、会わず戻ればまた千里」

せん-り【戦利】❶戦いに勝利すること。❷戦争で、敵の物品を奪い取ること。

せんり-がん【千里眼】遠方の出来事や将来のこと、また、隠れているものなどを見通す能力。また、その能力をもつ人。

せんり-きゅうりょう【千里丘陵】大阪府中北部、吹田・豊中・茨木・箕面市にまたがる丘陵。千里ニュータウン・万国博記念公園などがある。

せんり-きょう【千里鏡】望遠鏡のこと。

せんりきんらん-だいがく【千里金蘭大学】大阪府吹田市にある私立大学。明治38年(1905)創立の私立金蘭会女学校を源流として、平成15年(2003)に開学した女子大学。

せん-りつ【旋律】音楽の基本的要素の一。リズムを伴った楽音の連続的な連なりで、音楽的な内容をもったもの。節。メロディー。

(類語)節・節回し・調べ・メロディー

せん-りつ【戦慄】〔名〕スル 恐ろしくてからだが震えること。「事件の報道は視聴者を一させた」(類語)震撼・震駭・恐怖・身震い・粟立つ・寒毛立つ

ぜん-りつ【禅律】❶禅宗の律儀。❷禅宗と律宗。

ぜんりつ-せん【前立腺】男性の生殖器官の一。膀胱の頸部と尿道とを輪状に取り巻いている栗大の腺。アルカリ性の乳白色の液を分泌し、精液成分となる。摂護腺。前位腺。➡前立腺特異抗原

ぜんりつせん-えん【前立腺炎】前立腺の炎症。主に細菌感染によって起こり、排尿痛・頻尿・疼痛などの症状があり、急性の場合は発熱する。

ぜんりつせん-がん【前立腺×癌】前立腺にできる癌。排尿障害・排尿痛などがあり、ゆっくりと進行することが多く、骨などに転移することもある。

ぜんりつせん-とくいこうげん【前立腺特異抗原】前立腺から分泌される糖たんぱく質。正常な血中濃度は4.0ng/ml以下。10.0ng/mlを上回ると前立腺癌が疑われるため、腫瘍マーカーとしてスクリーニング検査に用いられる。また、前立腺癌の治療経過の指標としても重視される。前立腺肥大症や前立腺炎でも値が上昇することがあり、鑑別診断には、直腸診による触診・生検・MRI検査などが必要とされる。PSA(prostate specific antigen)。

ぜんりつせん-ひだいしょう【前立腺肥大症】前立腺が肥大して尿道を圧迫し、排尿障害を起こす病気。残尿があるために膀胱・尿管・腎臓の機能に障害を起こすことが多い。

せんりつてき-たんおんかい【旋律的短音階】自然的短音階の第6音と第7音を、上行のときのみ半音上げた短音階。

せんり-どうふう【千里同風】《遠く隔たった地にも同じ風が吹く意から》世の中がよく治まっていること。

せんり-ニュータウン【千里ニュータウン】大阪府中北部、千里丘陵の中央部に造成された住宅地。吹田市と豊中市とにまたがる。昭和37年(1962)入居開始。

せんり-ひん【戦利品】戦争で、敵から奪い取った物品。戦場または占領地で敵から押収して自国の所有とする動産。

せん-りゃく【浅略】❶思慮などが浅いこと。また、あさはかな策略。浅謀。❷《「浅略釈」の略》密教でいう四重秘釈の一。世間一般の表面的解釈。➡深秘

せん-りゃく【戦略】❶戦争に勝つための総合的・長期的な計略。➡戦術 ❷組織などを運営していくについて、将来を見通しての方策。「経営一の欠陥」「一的人生論」「販売一を立てる」(補説)具体的・実際的な「戦術」に対して、より大局的・長期的なものをいう。(類語)戦術・戦法・軍略・ストラテジー・三十六計

ぜん-りゃく【前略】❶文章の前の部分を省略すること。➡後略 ➡中略 ❷手紙文で、冒頭の時候のあいさつなどを省くという意で用いる語。冠省。

(類語)(❷)冠省・拝啓・謹啓・拝復・一筆啓上

せんりゃく-かく【戦略核】「戦略核兵器」の略。

せんりゃく-かくへいき【戦略核兵器】敵国の都市や工業地帯・重要軍事施設などの戦略目標を攻撃する核兵器。ICBM(大陸間弾道ミサイル)やSLBM(潜水艦発射弾道ミサイル)などを運搬手段とする。戦略核。

せんりゃく-けいざいたいわ【戦略経済対話】米国・中国間で経済・通商問題を議論する枠組み。2006年に米ブッシュ政権下で開始された。米中戦略経済対話。SED(strategic economic dialogue)。

せんりゃく-こくさいもんだい-けんきゅうじょ【戦略国際問題研究所】▶シー-エス-アイ-エス(CSIS)

せんりゃく-しげん【戦略資源】国内産業の安定・発展を図り、国の基盤を維持するために、安定的に確保する必要がある資源。石油・天然ガスなどのエネルギー資源や、鉄鉱石・レアメタルなどの工業原料資源など。戦略的資源。➡資源外交

せんりゃく-しゃ【戦略車】国内だけでなく外国での販売を目的に開発生産する自動車。世界戦略車。

せんりゃく-しょうひん【戦略商品】将来的な視点に立った長期的な販売計画に基づいて育成される商品。

せんりゃく-たんい【戦略単位】戦略目的を達成するための行動を実施できる最小単位。陸軍の場合は師団、海軍の場合は艦隊。

せんりゃくてき-ごけいかんけい【戦略的互恵関係】安全保障・外交・経済・環境・エネルギーなどさまざまな分野で共通の利益を目ざそうとする二国間関係。

せんりゃく-ばくげき【戦略爆撃】戦略に基づいて行う爆撃。直接敵軍を爆撃するのではなく、産業設備の破壊、都市爆撃や交通遮断などを実施する。

せんりゃく-ぶっし【戦略物資】戦争遂行上欠くことのできない食料・石油・重要金属などの物資。

せんりゃく-ぼうえいこうそう【戦略防衛構想】▶エス-ディー-アイ(SDI)

せんりゅう【川柳】㊀▶柄井川柳 ㊁江戸中期に発生した雑俳の一。前句付けの付句が独立した17字の短詩で、その代表的な点者であった初世柄井川柳の名による。季語や切れ字などの制約はなく、口語を用い、人生の機微や世相・風俗をこっけいに、また風刺的に描写するのが特色。川柳点。狂句。(類語)狂句・雑俳

せん-りゅう【潜流】海洋の表層部の下を、表面海流とは違った向きに流れる海流。赤道潜流など。

せん-りゅう【潜竜】▶せんりょう(潜竜)

せんりゅう-しゅ【×霰粒腫】▶さんりゅうしゅ(霰粒腫)

せんりゅう-てん【川柳点】柄井川柳が前句付けにつけた評点。また、その選句。

せんりゅう-ばく【潜流×瀑】水の落ち方から見た滝の分類の一。伏流水が岩壁の割れ目から流れ落ちる滝。

ぜんりゅう-ふん【全粒粉】《whole wheat flourの訳語》胚芽や麩(表皮)をつけたまま碾いて製した小麦粉。茶褐色を帯びていて、胚乳だけを碾いた小麦粉よりもビタミン・ミネラル・繊維質を多く含む。➡ブラウンブレッド

せん-りょ【千慮】いろいろと考えをめぐらすこと。

千慮の一失　《「史記」淮陰侯伝から》どんな知者でも、多くの考えのうちには一つぐらいは誤りもあるということ。十分に考えていても、思いがけない失敗があること。(補説)「浅慮の一失」と書くのは誤り。

千慮の一得　愚かな者でも、多くの考えの中には一つぐらいよい考えがあるということ。愚者も千慮に一得あり。

せん-りょ【浅慮】考えの浅いこと。あさはかな考え。⇔深慮。(類語)短慮・短見・浅見・無思慮・浅薄

ぜん-りょ【禅侶】❶禅宗の僧。禅僧。❷禅定を修する者。仏道修行者。僧侶。出家。

ぜん-りょ【×髯虜】《ひげづらのえびすの意》西洋人をさげすんでいう語。「神州も一被髪の域と相成り」〈染崎延房・近世紀聞〉

せん-りょう【千両】❶1両の1000倍。転じて、非常な大金。また、非常に価値が高いこと。「眼元一」「一目一の眺め」❷センリョウ科の常緑小低木。山地の林下に生え、高さ50〜80センチ。葉は長楕円形で縁にぎざぎざがあり、対生。夏、黄緑色の細かい花をつけ、実は冬に赤く熟す。観賞用に植え、正月には実のついた枝を飾る。関東南部以西に分布。くささんご。(季 冬)

せん-りょう【占領】〔名〕スル ❶一定の場所を独り占めすること。「四人分の座席を一人で一する」❷他国の領土を武力によって自国の支配下に置くこと。「敵国の首都を一する」「一軍」

(類語)占拠・占有・占める・領する・陣取る

せん-りょう【専領】〔名〕スル 一人だけで領有すること。「女は子供を一してしまうものだね」〈漱石・道草〉

せん-りょう【染料】繊維などを染めるのに用いる色素となる物質。植物性の藍・茜・鬱金、動物性のコチニール、鉱物性のカーキなど天然染料が用いられたが、現在はほとんどが合成染料。

せん-りょう【潜▽竜】《池や淵にひそんでいて、まだ天に昇らない竜の意》しばらく帝位に就かず、それを避けている人。また、世に出るよい機会にまだめぐりあわない英雄。せんりゅう。

せん-りょう【線量】放射線の量。放射線照射の大きさを表す照射線量、物質や生物が吸収した放射線の量を表す吸収線量など。

せん-りょう【選良】選ばれたすぐれた人。特に、選挙によって選び出された代議士のこと。

ぜん-りょう【全量】全体の重量。全体の容積。

ぜん-りょう【前涼】中国、五胡十六国の一。301年、漢人で涼州刺史の張軌が自立して建国。甘粛省西部を中心に勢力を張ったが、376年、前秦の苻

堅田に滅ぼされた。

ぜん-りょう【善良】〔名・形動〕性質のよいこと。性質がおだやかですなおなこと。また、そのさま。「—な市民」(派生)ぜんりょうさ〔名〕

(類語)正直・真っ正直・実直・純朴・朴直・朴訥・無辜・無垢

せんりょう-インク【染料インク】インクジェットプリンターで用いられるインクの一。インクが紙の繊維に浸透する性質をもつ。光沢や発色に優れ、色の再現性が良いが、水に濡れるとにじみやすい。⇒顔料インク

せんりょう-か【占領下】武力によって他国に支配されていること。また、その状態。「大国の—にある」

せんりょう-ぐん【占領軍】他国の領土を武力によって支配している軍隊。

せんりょう-けい【線量計】放射線の線量を測定する装置。X線、γ線の照射線量は気体の電離能力の大小により測定する。また、吸収線量は放射線を吸収することで物性が変化する固体や液体を用いる。放射線量計。

せんりょう-げんど【線量限度】放射線被曝の線量の制限値。この値を少しでも越えると人体にとって危険であることを示す。国際放射線防護委員会(ICRP)による勧告値(1990年)は一般人に対し1年当たり1ミリシーベルト、放射線業務従事者に対し特定の5年間の平均が1年当たり20ミリシーベルトとなっている。

せんりょう-さくもつ【染料作物】染料をとる目的で栽培する植物。ムラサキ・ベニバナ・アカネ・アイなど。

ぜんりょう-せい【全寮制】学生・生徒などの全員が寮に入って教育を受ける制度。「—の予備校」

せんりょう-どうぐ【千両道具】千両ほども価値のあるもの。「—の娘を、二十両の目腐り銀で女房に持たうや」〈浄・女腹切〉

せんりょう-とうりょう【線量当量】放射線の生物学的効果を表す量。各種放射線の細胞に与える傷害を示す線質係数と吸収線量との積で表す。単位には、もとレム、現在はシーベルトを用いる。

せんりょう-ばこ【千両箱】❶江戸時代の金貨幣保管用の容器。ふつう、小判千両を収納するので千両箱とよばれたが、二千両入り・五千両入りのものもあり、箱の大きさは一定しない。❷多額の金銭を生み出すもと。「お二人ながら竹屋の—でござります」〈洒・通言総籬〉

せんりょう-やくしゃ【千両役者】《1年間の給金を千両とるほどの役者の意》❶技芸・風格ともに備わった人気役者。❷技量にすぐれ、きわだった活躍をして周囲を魅了する人。「サッカー界の—」

(類語)名優・スター・花形・立て役者・大立者・座頭

せん-りょく【浅緑】薄い緑色。あさみどり。

せん-りょく【戦力】❶戦争を遂行するための力。兵力だけでなく、兵器など軍需品の生産力や物資輸送力を含めて、総合的な戦争遂行能力をいう。❷スポーツや政治・労働運動などで、戦う力。また、事を行ううえでの重要な働き手。「あの選手は—になる」

(類語)兵力・軍事力・武力・働き手・労働力

ぜん-りょく【全力】もっている限りの力。ありったけの力。「—を尽くす」「—を傾ける」

(類語)総力・死力・ベスト・底力・馬力・馬鹿力・余力

せんりょく-がい【戦力外】プロスポーツ界で、チームを構成する選手の枠外であること。解雇を意味する。「—を通告される」

せんりょく-がん【×閃緑岩】深成岩の一。花崗岩に似るが、有色鉱物が多くやや黒っぽい。斜長石・角閃石が主で、輝石や黒雲母を含むものもある。完晶質で粗粒ないし中粒。

せん-りん【線輪】コイルのこと。

ぜん-りん【前輪】車の前の車輪。⇔後輪。

ぜん-りん【善隣】隣国または隣家と仲よくすること。また、その隣国・隣家。「—の誼」

(類語)友好・親善・和親・修好・和・親和・宥和・協和

ぜん-りん【禅林】禅宗の寺。また、禅宗。

ぜんりん-がいこう【善隣外交】隣国との友好を深めるための外交政策。1930年代に米国が中南米諸国との協力体制を強化するためにとった内政不干渉・最恵国待遇などをかかげた政策をいう。

ぜんりん-くどう【全輪駆動】自動車で、すべての車輪を駆動させる方式。また、その車。

ぜんりん-くどう【前輪駆動】自動車で、前輪だけを駆動させる方式。また、その車。FF。「—車」

ぜんりんこくほうき【善隣国宝記】室町中期の外交史書。3巻。瑞渓周鳳著。文明2年(1470)ごろ成立。古代から室町中期に至る日本と中国・朝鮮半島との外交史と、室町幕府の外交文書などからなる。日本外交の通史であるとともに、室町期の外交の実態を知る基本史料。

ぜんりん-じ【禅林寺】京都市左京区にある浄土宗西山禅林寺派の総本山。山号は聖衆来迎山。開創は斉衡2年(855)、開山は空海の弟子真紹。以来真言道場であったが、承暦年間(1077〜1081)に永観が入寺して念仏道場となり、のち法然の弟子清遍や浄音が住持となり浄土宗となった。本尊は見返り阿弥陀如来として有名。所蔵の山越阿弥陀図は国宝。永観堂。

ぜんりんじ-どの【禅林寺殿】文永元年(1264)亀山天皇が母大宮院のために京都東山に建てた離宮。のち、南禅寺と改称された。

ぜん-りんしょうしけん【前臨床試験】新薬開発の段階で、人を対象とする臨床試験の前に行う試験。動物を使って有効性・安全性を調べる。非臨床試験。⇒動物実験

せん-るい【×蘚類】コケ植物の一群。湿った日陰などに群生する。茎・葉の分化がみられ、雌雄異株または同株。造卵器は茎の頂か枝の先につき、胞子体の若い蒴には蘚帽がある。スギゴケ・ミズゴケ・ヒカリゴケ・クロゴケなど。

せん-れい【先例】❶以前にあった同類の例。また、これまでのしきたり。前例。「—に従う」❷これからの基準になる初めての例。前例。「—となる」

(類語)前例・例・旧例・慣例・通例・常例・事例

せん-れい【洗礼】❶キリスト教徒となるために教会が執行する儀式。全身を水にひたすか、または頭部に水を注ぐことによって罪を洗い清め、神の子として新しい生命を与えられるあかしとする。バプテスマ。❷その後に影響を与えるようなことについて初めての経験をすること。また、ある集団の一員となるためなどに、避けて通れない試練。「新思想の—を受ける」「新入部員が特訓の—を受ける」

(類語)試練・経験・体験・通過儀礼・イニシエーション

せん-れい【船齢】船の進水後の経過年数。

せん-れい【繊麗】〔名・形動〕ほっそりとして美しいこと。また、そのさま。「—な割合に下顎骨の発達した」〈有島・或る女〉

せん-れい【鮮麗】〔名・形動〕あざやかできれいなこと。また、そのさま。「小さい弁当箱に入った—な鯛のおつくりなどを」〈近松秋江・青草〉

(類語)奇麗・美麗・流麗・清麗・優美・美しい・鮮やか

ぜん-れい【全霊】たましいのすべて。全精神力。「全身—」「木部の—はただ一目で…葉子の容姿に吸い込まれてしまった」〈有島・或る女〉

ぜん-れい【前例】❶「先例」に同じ。「この種の事件は—を見ない」❷前にあげた例。

(類語)先例・例・旧例・事例・類例・轍

せんれいしゃ-ヨハネ【洗礼者ヨハネ】▶バプテスマのヨハネ

せんれい-めい【洗礼名】▶クリスチャンネーム

せん-れき【戦歴】戦争・競技などに参加した経歴。「華々しい—を誇る」

ぜん-れき【前歴】今までの経歴。「—は問わない」

(類語)経歴・履歴・閲歴・略歴・出身・過去・学歴・職歴

せん-れつ【浅劣|×譾劣】〔名・形動〕あさはかでおとっていること。また、そのさま。「其学識固より—なりと雖ども」〈福沢・学問のすゝめ〉

せん-れつ【浅裂】〔名〕スル 葉の縁などが、浅く切れ込むこと。また、その切れ込み。

せん-れつ【戦列】❶戦闘を行う部隊や艦隊の隊列。❷闘争のための組織。「選挙運動の—に加わる」(類語)隊伍・隊列

せん-れつ【×賤劣】〔名・形動〕下品で劣っていること。また、そのさま。「此民にして此—に陥るは何ぞや」〈福沢・学問のすゝめ〉

せん-れつ【鮮烈】〔名・形動〕あざやかではっきりしていること。また、そのさま。「—な印象」

ぜん-れつ【全裂】〔名〕スル 葉・萼・花びらなどの縁の切れ込みが深く、基部にまで達していること。

ぜん-れつ【前列】前の方の列。⇔後列。

せん-れん【洗練|洗×煉|洗錬】〔名〕スル《物を洗い、または練ってよくする意から》❶詩歌・文章の表現を推敲して、よりよいものにすること。「—を極めた文体」❷人柄や趣味などを、あかぬけのした優雅・高尚なものにすること。「—された着こなし」

(類語)(❶)練る/(❷)垢抜ける・ソフィスティケート

ぜん-れん【前×聯】▶頷聯

せん-ろ【泉路】黄泉へのみち。死出の旅路。

せん-ろ【船路】船が通るみち。航路。ふなじ。

せん-ろ【船×艫】船の後部。とも。船尾。

せん-ろ【線路】❶車両を運行させるために路盤上に道床を設け、枕木をのせてレールを取り付けた軌道。また、それを含む鉄道通路の全体。❷送電線・電信線などの導線とその支持施設。

(類語)軌道・軌条・レール・鉄路

せん-ろう【仙郎】五位の蔵人の唐名。

せん-ろう【浅×陋】〔名・形動〕知識や考えがあさくてせまいこと。また、そのさま。「其見識の—なること」〈吉岡徳明・開化本論〉

せん-ろう【船楼】船の上甲板上の構造物。船首楼・船橋楼・船尾楼の総称。

ぜん-ろう【全労】㊀《「全国労働組合同盟」の略称》昭和5年(1930)日本労働組合同盟と労働組合全国同盟とが合同して結成した労働組合の全国組織。同11年総同盟㊀と合同。㊁「全労会議」の略。

ぜんろう-かいぎ【全労会議】《「全日本労働組合会議」の略称》昭和29年(1954)総評を脱退した右派系組合と総同盟が結成した労働組合の全国組織。同39年に同盟結成のため解散。

ぜんろう-れん【全労連】㊀「全国労働組合総連合」の略称。㊁《「全国労働組合連絡協議会」の略称》昭和22年(1947)の二・一スト後、産別会議・総同盟を中心に結成された労働組合の全国組織。同25年に団体等規正令によって解散。

せん-ろく【×撰録】〔名〕スル 文章を述作して記録すること。「各地の俗謡を—する」

せん-ろく【選録】〔名〕スル 選び出して記録すること。「史料として—する」

せん-ろっぽん【千六本|繊六本】《「繊蘿蔔」の唐音「せんろうぼ」の音変化》大根などを細長く刻むこと。また、刻んだもの。千切り。

せん-ろふ【繊×蘿×蔔】《蘿蔔は大根の意》大根を細長く刻んだもの。〈日葡〉

ぜん-わ【禅話】禅宗の修行・教義についての講話。

せん-わく【×煽惑】〔名〕スル 人をあおって心をまどわすこと。「民心を—したれば」〈中村正直・明六雑誌一二〉

ぜん-わん【前腕】腕のひじから手首までの部分。前膊。

ぜん-わん【膳×椀】膳と椀。また、食器類の総称。

ぜんわん-こつ【前腕骨】上肢骨のうち、ひじから手首までの骨。小指側の尺骨と親指側の橈骨とからなる。

ぜんわん-ぶち【膳×椀×淵】多くの膳や椀が必要なとき、頼むと貸してくれたという伝説上の淵。返さない人があってから貸さなくなったという。椀貸し淵。⇒椀貸し伝説

そ ❶五十音図サ行の第5音。歯茎の無声摩擦子音[s]と母音[o]とから成る音節。[so] ❷平仮名「そ」は「曾」の草体から。片仮名「ソ」は「曾」の初2画。補説「そ」は古く[tso](あるいは[ʃo][tʃo])であったかともいわれる。室町時代末にはすでに[so]であった。

そ【▽衣】 きぬ。ころも。着物。多く「おんそ(御衣)」「みそ・みぞ(御衣)」の形で用いる。「神ー織りつつ」〈神代紀・上〉

そ【×俎】 古代中国の祭器の一。いけにえの肉をのせる脚つきの木製の台。➡漢「そ(俎)」

そ【祖】 ❶ある血統・家系の初代。「当家のー」❷ある物事を始めた人。元祖。開祖。「天文学のー」➡漢「そ(祖)」

そ【▽背】 せ。せなか。多く、他の語と複合して用いる。「ーびら(背)」「ーとも(背面)」「辺つ波ーに脱き棄て」〈記・上・歌謡〉

そ【×疽】 悪性の腫れ物の一種。背中などにできる。癰の類。「ー潰されて止み」〈梁塵秘抄口伝・一〇〉

そ【×祚】 天子の位。「皇子御誕生あって、ーをつがしめん事も」〈平家・三〉➡漢「そ(祚)」

そ【租】 律令制における基本的物納課税の一。口分田・位田・功田などに課され、田一段につき稲二束二把(のち一束五把)を納めるもの。正倉に蓄積されて、毎年の出挙による利稲は地方各国の財源となった。➡庸 ➡調 ➡漢「そ(租)」

そ【素】 ❶染めてない絹。白絹。❷数学で、二つの数・式の一方がそれぞれ他で整除できない関係にあること。➡漢「そ(素)」

そ【粗・×麁】〔名・形動〕❶あらいこと。雑なこと。大まかなこと。また、そのさま。「表面のーなる物体に」〈寅彦・ルクレチウスと科学〉❷粗末なこと。また、そのさま。「只管服装のーなるを排して」〈逍遥・当世書生気質〉➡漢「そ(粗)」

そ【▽麻】 あさ。多く、他の語と複合して用いる。「山ー」「菅ー」「娘子らが続麻のたたり打ちー掛けうむ時なしに恋ひ渡るかも」〈万・二九九〇〉

そ【疎】〔名・形動〕❶間がすいていること。まばらなこと。また、そのさま。「人口密度がーな地域」「天網恢々ーにして漏らさず」⇔密。❷関係が薄いこと。うといこと。また、そのさま。「級友との仲がーになる」⇔親。➡漢「そ(疎)」

そ【×酥・×蘇】 牛や羊の乳を煮詰めて濃くしたもの。「凡そ諸国ーを貢ぐ」〈延喜式・民部省下〉

そ【楚】 中国の国名。㊀春秋戦国時代の国。戦国七雄の一。揚子江中流域を領有し、都は郢。春秋中期には陳・鄭・宋などを圧迫し、晋と対立。荘王は中原の覇者となったが、前223年、秦に滅ぼされた。㊁五代十国の一。許州の馬殷が後梁から招じられて、927年に建国。951年に南唐に併合されて滅亡。㊂北宋滅亡後の1127年、金が宋の旧領に建国。1か月余りで滅亡。➡漢「そ(楚)」

ソ〘イタリア sol〙❶洋楽の階名の一。長音階の第5音、短音階の第7音。❷日本音名ト音のイタリア音名。

ソ「ソビエト社会主義共和国連邦」の略。「日ー交渉」

そ【×其・×夫】〔代〕❶中称の指示代名詞。それ。「受付はーを受け取り」〈独歩・牛肉と馬鈴薯〉「妹が門行き過ぎかねつひさかたの雨も降らぬかーをよしにせむ」〈万・二六八五〉❷三人称の人代名詞。その人。「ーが言ひけらく」〈土佐〉

そ〔感〕❶馬を追うときの声。「左奈都良の岡に粟蒔きかなしきが駒は食ぐとも我はーともはじ」〈万・三四五一〉❷相手の注意を引く声。「あともーとも言はば、一定事も出で来なんと思ふ」〈義経記・三〉

そ ㊀〔終助〕サ変・カ変動詞の未然形、その他の動詞の連用形に付く。中世には、サ変動詞の連用形にも付く。❶副詞「な」と呼応して、禁止・制止の意を表す。…てくれるな。…なよ。「な恨み給ひー」〈徒然・六九〉❷副詞「な」は用いないで、禁止・制止の意を表す。…てくれるな。…なよ。「かく濫がはしくておはしー」〈今昔・一九・三〉補説 上代は「な」だけで「そ」を伴わない例もあり、禁止の意は「な」のほうにあって「そ」は軽く指示するにすぎなかったといわれるが、院政期ごろから中世にかけて❷の用法も現れた。㊁〔係助〕➡ぞ㊁

そ【▽十】〔語素〕他の語と複合して、十の意を表す。「三ー一文字」「八ーじ」

そ【×磯】〔語素〕《「いそ(磯)」の音変化》他の語と複合して、いその意を表す。「荒ー」「離れー」「ーなれ木」

ぞ「そ」の濁音。歯茎の有声破擦子音[dz]と母音[o]とから成る音節。[dzo] 補説 清音「そ」に対する濁音としては、本来、歯茎の有声摩擦子音[z]と母音[o]とから成る音節[zo]が相当するが、現代共通語では一般に[dzo]と発音する。しかし、[zo]とも発音し、両者は音韻としては区別されない。古くは[ʒo](あるいは[dʒo][dzo])であったかともいわれる。室町時代末には[zo]と発音され、近世江戸語以降[dzo]と発音された。

ぞ ㊀〔副助〕❶疑問を表す語に付いて、不定の意を表す。「どこーで休んでいくか」「誰ー合力ニ雇ワウ」〈天草本伊曽保・狼と狐〉❷「よく」「つい」などの副詞に付いて、上の語を強調する意を表す。「よくーがまんしてくれた」「ついー見たことがない」㊁〔係助〕名詞、活用語の連用形・連体形、副助詞などに付く。❶「ぞ」の付いた語・句を特に強く示す意を表す。「梅の花折りかざしつつ諸人の遊ぶを見れば都しー思ふ」〈万・八四三〉❷上代、活用語の已然形に直接付き、中古以降は、その下に接続助詞「ば」を伴ったものに付いて、理由・原因を強調して示す意を表す。…からこそ。…からか。「我が待ちし秋は来たりぬ妹と我と何事あれーひも解かずあらむ」〈万・二〇三六〉「いにしへも今も心のなければー憂きをも知らで年をのみふる」〈後撰・恋六〉❸文末用法。㋐相手に告げ知らせる意を込めて強く断定する意を表す。…だ。…のだ。…であるぞ。「ああしやごしや此は嘲咲ふー」〈記・中・歌謡〉「この返事はあるべきー」〈平家・四〉㋑疑問の語とともに用いて、問いただす意を表す。「ナゼニヲヌシワ何ヲモ知ラヌト言ウー」〈天草本伊曽保・イソポが生涯〉➡とぞ ➡もぞ ㊂〔終助〕名詞、活用語の終止形、断定の助動詞「じゃ」「だ」などに付く。❶自分の判断・決意を自分に言い聞かせ、念を押す意を表す。「これは弱ったー」「うまくいったー」❷自分の考えを強く主張し、念を押す意を表す。「そうはさせないー」「努力が肝心だー」❸推量の助動詞「う」「よう」、または名詞に付き、疑問の語と呼応して、反語・強調の意を表す。「そんな案をどうして承認できようー」「国民の声を聞かずしてなんの政治家ー」補説「ぞ」は本来、清音「そ」であったといわれ、上代から中古にかけて濁音化したという。係助詞「ぞ」が文中にある場合、「ぞ」を受ける文末の活用語は、原則として連体形で終わる(係り結びの法則)が、中世以降、その法則が衰え、㊀となった。また、㊁❸の用法から㊂が生じた。㊂は近世以降の用法。なお、係助詞「ぞ」は、係助詞「こそ」よりは弱く、係助詞「なむ」よりは強く指示する意をもつといわれる。

そ-あく【粗悪】〔名・形動〕粗末で質が悪いこと。また、そのさま。「ーな品」派生 そあくさ〔名〕
類語 悪質・不良

そ-あつ【阻×遏】〔名〕スル はばみとどめること。妨害すること。阻止。

ソアラー〘soarer〙計器を備えた高性能のグライダー。長時間・長距離の飛行ができる。上級滑空機。

そ-あん【素案】 原案になる前の、大もとの考え、案。

そい ❶メバルの別名。❷ニゴイの別名。さい。❸フサカサゴ科の一群の海水魚。体形はカサゴに似て、全長30〜40センチ。全体に黒色のクロソイ、緑黄色のシマソイ、灰黒色に黄の斑点のあるゴマソイなど。磯釣りの対象。食用。

そ-い【▽初位】 ➡しょい(初位)❶

そ-い【▽所為】 行い。しわざ。しょい。「昨日もかちぐりをおっことして、人のーにしたぢゃあねえか」〈洒・素見数子〉

そい【▽候ひ】《動詞「そ(候)う」の命令形「そうえ」が転じた「そえ」の音変化》「お…そひ」の形で、補助動詞として用いられる。お…なさい。「舅殿、お聞きー」〈虎寛狂・夷毘沙門〉

そ-い【素衣】 白色の衣服。しろぎぬ。

そ-い【素意】 前々から抱いている考え・願い。

そい【添ひ・▽傍】 ❶山の斜面。「岳の上より南のーを下りざまにおもむけたり」〈今昔・二五・五〉❷人や物のかたわら。そば。わき。「これを御笛に吹かせ給ふをーにさぶらひて」〈枕・二四五〉

そ-い【粗衣】 粗末な着物。粗服。「ー粗食」
類語 ぼろ・弊衣・つづれ・襤褸

そ-い【疎意】 うとんじる気持ち。隔意。

ぞい【沿い】〔語素〕名詞に付いて、それから離れないで進んだり並んでいたりする意を表す。「川ー」「線路ー」「山ー」

ぞ-い〔連語〕《終助詞「ぞ」＋終助詞「い」。近世語》活用語の終止形に付いて、単独の「ぞ」よりいくぶん柔らかい、聞き手への働きかけの気持ちを表す。終助詞「な」「なあ」「の」などを伴うこともある。「膾玉の小さいくせに、何で腹があらうー」〈滑・浮世床・初〉「わしが嚊が、いつ疫病で死んだーな」〈滑・膝栗毛・七〉

ソイ-インク〘soy ink〙《「ソイインキ」とも》「大豆インク」に同じ。

ソイザウルクロウクル〘Sauðárkrókur〙アイスランド北部の町。スカガフィヨルズル湾の奥に位置し、沖合には高さ約200メートルの断崖に囲まれたドラングエイ島が浮かぶ。同国北部ではアクレイリに次いで大きい。19世紀末に交易所が置かれ、現在は漁業、水産加工業が盛ん。

そい-じゃ〔接〕「それじゃ」の音変化。「ーお先に」

ソイ-ソース〘soy sauce〙《soyはダイズの意》醤油のこと。

そ-いつ【×其▽奴】〔代〕《「そやつ」の音変化》❶三人称の人代名詞。相手に近い人、または話題の人をぞんざいにいう語。「ーはだれだ」❷中称の指示代名詞。相手に近いもの、または話題のものをぞんざいにいう語。「ーを取ってくれ」「ーはありがたい」
類語 あいつ

そい-つ・く【添ひ付く】〔動カ四〕そばへ寄る。寄り添う。「なにぞ、なにぞと源中将はー・きて言へど」〈枕・一六一〉

ゾイデル-かい【ゾイデル海】《Zuider》オランダ北西部にあった湾。1932年に締め切り堤が完成しアイセル湖となった。

そい-と・げる【添(い)遂げる】〔動ガ下一〕文 そひと・ぐ〔ガ下二〕❶結婚してから死ぬまでを夫婦として過ごす。「苦楽をともにしてー・げる」❷困難や障害を乗り越えて、望みどおり夫婦になる。「周囲の反対を押し切ってー・げる」

そい-ね【添(い)寝】〔名〕スル 寄り添って寝ること。添い臥し。「赤ん坊にーする」
類語 共寝・同衾・雑魚寝・ごろ寝

そい-ば【添(い)歯】 八重歯のこと。

そい-ぶし【添い×臥し】〔名〕スル ❶「添い寝」に同じ。❷東宮・皇子などの元服の夜、公卿などの娘が選ばれて添い寝すること。また、その娘。「この折の後見なかめるを、ーにもと催させ給ひければ」〈源・桐壺〉

そい-ふ・す【添ひ×臥す】〔動サ四〕❶寄り添って横になる。添い寝する。「裳をだにもよう言はば着ぬさまにて御前にー・し」〈枕・二四六〉❷物に寄りかかってからだを横にする。「いみじくをかしげなる人、几帳のつらにー・して」〈堤・このついで〉

そい-ぼし【添(い)星】二十八宿の一、房宿の和名。➡房

ソイル〖soil〗土。土壌。

ソイル-アソシエーション〖soil association〗《soilは、土・土壌の意》イギリスの有機農業団体。1946年設立。本部ブリストル。73年に有機農産物の基準とシンボルマークを決め、その認定をしている。

そ-いん【素因】❶おおもとの原因。「事故の一を調べる」❷その病気にかかりやすい素質。〔類語〕要因・原因・もと・起こり・因・因由・真因・遠因

そ-いん【疎音】長い間、便りをしないこと。無沙汰。無音。そおん。「平素の一、恐縮に存じます」

そ-いん【訴因】検察官が起訴状に記載して裁判所に審理を求める、具体的な犯罪事実の主張。

そ-いんすう【素因数】整数の因数である約数のうち、素数であるもの。例えば、12の約数のうちの2と3。

そいんすう-ぶんかい【素因数分解】整数を素因数だけの積の形に分解すること。

そう ❶様態の助動詞「そうだ」の語幹。「この本はおもしろ一ね」➡そうだ❶ ❷伝聞の助動詞「そうだ」の語幹。「彼も行く一よ」➡そうだ❷

そう【双】㊀〔名〕二つで一組みとなるものの、両方。ふたつ。「一の肩」㊁〔接尾〕助数詞。一対のものを数えるのに用いる。「屏風一一」➡漢「そう(双)」

そ-う【▽左右】❶左と右。また、かたわら。さゆう。「一の手」「識り難くして、一を顧みる」〈今昔・九・二七〉❷左か右に落ち着くこと。決着。また、その成り行き。「吉一」「軍の一を待つとみるはひがごとか」〈平治・中〉❸年齢などの数を表す語に付き、その前後の数であることを示す語。「三十一、細作りな美人」〈蘆花・黒潮〉❹とやかく言うこと。非難すること。「頼長と申すは…人柄も一に及ばぬうへ」〈古活字本保元・上〉❺指図。命令。「御所へ申し入れて、その御一に依るべしとて」〈盛衰記・三九〉❻あれこれの知らせ。便り。手紙。「御一遅しとぞ責めたりける」〈太平記・二一〉

そう【壮】㊀〔名・形動〕❶意気が盛んで勇ましいこと。また、そのさま。「その志を一とする」❷30歳前後の血気盛んな年ごろ。また、その年ごろの男性。「一にして大家の貌がある」㊁〔接尾〕(「草」とも書く)助数詞。灸をすえる回数を数えるのに用いる。「此の日の灸、肩腎并せて曲池に百五十一」〈蕉軒日録〉➡漢「そう(壮)」〔類語〕勇ましい・雄雄しい・凜凜しい・勇壮・勇猛・勇敢・剛勇

そう【宋】中国の国名。㊀春秋時代の列国の一。周公旦が、殷の紂王の異母兄、微子啓を封じた国。都は商丘(河南省)。前286年に斉・楚・魏の三国に滅ぼされた。㊁南北朝時代の南朝最初の王朝。420年、東晋の武将劉裕が建国。都は建康(南京)。479年、8世の順帝が武将蕭道成(斉の高帝)に帝位を譲って滅びた。劉宋。㊂後周の節度使、趙匡胤が後周のあとを承けて、960年に建国。汴京を都とし、文治主義による君主独裁制を樹立。1127年、金の侵入により江南に移り、都を臨安(杭州)に置いた。それ以前を北宋といい、1279年に9代で元軍に滅ぼされるまでを南宋という。➡靖康の変 ➡漢「そう(宋)」

そう【▽姓】《「しょう」の直音表記》「せい(姓)❶」に同じ。「帝の御子、三春といふ一を賜はりて」〈宇津保・藤原の君〉

そう【宗】❶根本とするもの。おおもと。「好んで超邁を一として」〈漱石・吾輩は猫である〉❷祖先のうちで有徳の人。➡漢「しゅう(宗)」

そう【×叟】おきな。老翁。「舟に乗りたる一の帽子したるが」〈宇治拾遺・六〉➡漢「そう(叟)」

そう【奏】天子に申し上げること。また、その文書。「遺令の一」➡漢「そう(奏)」

そう【相】❶そのものの内面などを表す姿・形・ありさま。「憤怒の一」❷人や物の外面に現れた運勢・吉凶のきざし。人相・手相・家相など。「水難の一」❸文法で、動詞によって表される動作・作用の性質・あり方とその表現のしかたに関する範疇。受身・可能・自発・使役、また、自動・他動・敬譲など。態。❹ある物質の、どの部分をとってもその物理的、化学的性質が等しく、他と区別される領域。気体・液体・固体それぞれからなる相を気相・液相・固相という。➡漢「そう(相)」

そう【草】㊀〔名〕❶下書き。草稿。「一を起こす」❷「草書」の略。「楷、行、一」❸「草仮名」の略。「一の手」❹立花・生花の役枝の一。構成上、全体を支える枝。地にあたるもの。㊁〔接尾〕▶壮㊁ ➡漢「そう(草)」

そう【曹】❶役所の中の部屋。「退きて一に至る」〈今昔・九・三一〉❷仲間。また、一族。「後の一たらんものに伝へよ」〈読・弓張月・残〉➡漢「そう(曹)」

そう【×笙】「しょう(笙)」に同じ。「声いとおもしろく、一の笛吹きなどするを」〈源・賢木〉

そう【喪】「も(喪)」に同じ。「親の一にあひて侍りける法師のもとに」〈拾遺・雑秋・詞書〉➡漢「そう(喪)」

そう【×惣】室町時代、農村の自治組織。名主の中から選ばれた乙名・年寄・沙汰人などを中心に、寄合によって掟を定め、入会地・灌漑用水などの共同管理や年貢納入の請け負いを行った。惣村。惣中。➡漢「そう(惣)」

そ-う【疎雨】まばらに降る雨。「颯々たる西風に一を吹き来て」〈菊亭香水・世路日記〉

そう【葬】死者をほうむること。葬儀。「あすは上の町より結構なる一がある」〈咄・露がはなし・五〉➡漢「そう(葬)」

そう【装】❶よそおい。「一を凝らす」❷書物の体裁。装丁。「一を新たに再刊する」「フランス一」➡漢「そう(装)」

そう【僧】❶《梵 saṃghaの音写「僧伽」の略》㋐仏道を修行する人の集団。三宝の一。㋑仏道を修行する人。比丘。出家。法師。僧侶。❷ある宗教に属し、修行や伝道をする人。「カトリック一」➡漢「そう(僧)」〔類語〕僧侶・坊主・坊さん・御坊・お寺さん・僧家・沙門・法師・出家・比丘

そう【想】❶考え。思い。また、芸術作品などの構想。「一をめぐらす」「作品の一を練る」❷《梵 saṃjñāの訳》仏語。五蘊の一。対象の姿を心の中に思い浮かべる表象作用。➡漢「そう(想)」〔類語〕考え

そう【層】㊀〔名〕❶積み重なっているもの。重なり。「一をなす」❷地位・身分・職業や生活状態・意識などによって区分した集団。階層。「国民の幅広い一に支持される」「ファンの一が厚い」❸地層を区分するときの単位。累層。㊁〔接尾〕助数詞。建造物などの重なりを数えるのに用いる。「三一の塔」➡漢「そう(層)」〔類語〕(❷)階級・階層・クラス

そう【×箏】弦楽器の一。長さ180センチ前後の中空の胴の上に絹製の弦を13本張り、柱で音階を調節し、右手の指にはめた爪で演奏する。奈良時代に中国から伝来。雅楽用の楽箏のほか、箏曲用の筑紫箏・俗箏などがある。➡琴 ➡琴 ➡漢「そう(箏)」

そう【総】㊀〔名〕すべてのもの。全体。「大勢の川を渡さん時、一を力にして渡るべし」〈盛衰記・三五〉㊁〔接頭〕名詞に付いて、全部の、すべての、という意を表す。「一収入」「一トン数」➡漢「そう(総)」

そう【槽】琵琶の胴。➡漢「そう(槽)」

そう【操】みさお。節操。貞操。「謹て一を全うし」〈織田訳・花柳春話〉➡漢「そう(操)」

そう【×甑】古代中国で用いた土製などの蒸し器。湯を沸かす鬲と合わせて甗とする。こしき。

そう【騒】中国文学で、韻文の一体。屈原の「離騒」に由来する名称で、社会や政治に対する憂憤を述べたもの。騒体。楚辞体。➡漢「そう(騒)」

ソウ〖SAW〗《surface acoustic wave》▶弾性表面波

そ-う【沿う】〔動ワ五(ハ四)〕❶長く続いているものに、離れないように付き従う。何かに並行した形で続いている。「流れに一・ってくだる」「道路に一・ってケヤキが植えてある」❷(「添う」「副う」とも書く)方針や基準となるものに従い、それから離れないようにして何かを行う。「要求に一・った回答」〔類語〕(❷)適う・適する・合う・そぐう・当てはまる・適合する・適当する・合致する・即応する・ぴったりする

そう【▽候】〔動特活〕《動詞「そうろ(候)う」の音変化。中世語》❶「あり」の丁寧語。あります。ございます。「舜の時はさはさうなんだ」〈史記抄・一一〉❷補助動詞として丁寧の意を添えるのに用いられる。…ます。…あります。「腹帯ののびてみえさうぞ」〈平家・九〉「さてこそ第一は理、第二は智ではさうへ」〈西福寺本人天眼目抄・上〉〔補説〕(1)活用形は、未然形・連用形・終止形・連体形が「さう」、已然形・命令形が「さうへ」。なお、命令形相当のものに「そひ」「そへ」もある。(2)歴史的仮名遣いは「さふ」とも。

そ-う【添う・▽副う】《「沿う」と同語源》㊀〔動ワ五(ハ四)〕❶そばを離れずにいる。ぴったりつく。「影の形に一・うようにいつも一緒にいる」「病人に一・って歩く」❷夫婦になる。連れそう。「二人を一・わせてやりたい」❸親しく交際する。「人には一・うてみよ、馬には乗ってみよ」❹目的どおりになる。かなうようにする。「御希望には一・いかねます」❺すでにあるものの上に、他のものが加わる。付け加わる。「さらに趣が一・う」〔可能〕**そえる** ㊁〔動ハ下二〕「そえる」の文語形。〔類語〕付き添う・寄り添う

そう【▽然う】《「さ(然)」の音変化》㊀〔副〕❶そのように。「私も一思う」❷(あとに打消しの語を伴って)それほど。そんなに。「一大きくない」㊁〔感〕❶相手の言うことに肯定・同意するときに用いる語。「一、そのとおり」❷相手の言葉に対する問い返しや、半信半疑の気持ちを表すときに用いる語。「あら、一」「一、信じられないな」❸過去の出来事を思い出すときなどに用いる語。「一、あれは去年の夏のことだ」〔類語〕余り・そんな・大して・さほど・さして・さまで・それほど

然うは烏賊の金玉 「そうは行かぬ」の「いか」に「烏賊」を掛け、そうはいかないということをしゃれていう言葉。

然うは問屋が卸さない そんな安値では問屋が卸売りしない。そんなにぐあいよくいくものではないというたとえ。〔補説〕文化庁が発表した平成18年度「国語に関する世論調査」では、本来の言い方である「そうは問屋が卸さない」を使う人が67.7パーセント、間違った言い方「そうは問屋が許さない」を使う人が23.5パーセントという結果が出ている。

そう【荘】〔接尾〕アパート・旅館などの名に付けていう語。「日の出一」「臨海一」➡漢「そう(荘)」

そう【×艘】〔接尾〕助数詞。比較的小さい船を数えるのに用いる。「屋形船一一」

ぞう【判₌官】「じょう(判官)」に同じ。「右近の一なる人の」〈源・藤裏葉〉

ぞう【▽族】《「ぞく」の音変化》一族。また、子孫。「汝が一に、この国の守とはなさん」〈宇治拾遺・一五〉

ぞう【象】長鼻目ゾウ科の哺乳類の総称。陸上動物では最大。頭部が巨大で、鼻は上唇とともに長く伸び、人間の手と同様の働きをする。上あごの門歯が伸びて牙となり、臼歯は後ろから前へずれながら生え替わる。現生種はアフリカゾウ・アジアゾウに大別され、化石種にはマンモス・ナウマンゾウなどがある。➡漢「しょう(象)」

ぞう【像】❶物の形。人の姿。「障子に人の一が映る」「嘱望される青年の一」❷神仏・人・鳥獣などの形をまねて描いたりつくったりしたもの。「観音の一」❸物体から出た光線が鏡やレンズで反射または屈折して生じる、その物の形。実像と虚像とがある。「一を結ぶ」❹数学で、集合Aまたはその元から集合Bまたはその元への写像で、Aの要素に対応するBの要素。➡漢「ぞう(像)」
〔類語〕肖像・ポートレート・画像・影像・彫像・塑像・自画像・画面・実像・虚像・残像

ぞう【増】❶ますこと。ふえること。また、ふやすこと。「前年比三〇パーセントの一」「一ページ」⇔減。❷能面の一。女神・天女または高貴な女性などに用いる、気品のある若い女性の面。増阿弥が創始したものという。増女。➡漢「ぞう(増)」

ぞう【雑】❶和歌で歌題の分類の一。四季・恋などの部に属さないもの。歌集では雑歌、またはそれ

そ

を集めた部をいう。❷連歌・俳諧で、無季の付句。➡漢「ざつ(雑)」

ぞう【蔵】ザウ所有していること。また、その物。「好事家の—にかかる浮世絵」「国立博物館—」➡漢「ぞう(蔵)」

ぞう【贈】㊀〔名〕物をおくること。「A氏—の図書」㊁〔接頭〕官位を表す語に付き、死後におくられたものであるという意を表す。「—正一位」➡漢「ぞう(贈)」

ぞう【臓】ザウはらわた。内臓。「心ㇱの—」➡漢「ぞう(臓)」

臓を揉む 苦しい思いをする。心をくだく。気をもむ。「額に皺よせて—・んでせられし異見は」〈浮・子息気質・一〉

そう-あい【相愛】サウ〔名〕スル 互いに愛し合うこと。「相思—の仲」「この瞬時の愛はかの天上の霊魂の—するに殊ならざるべし」〈鷗外訳・即興詩人〉類語 相思

そう-あい【草×鞋】サウ わらじ。わらぐつ。そうかい。「自ら玉趾を—の塵に汚して」〈太平記・七〉

ぞう-あい【憎愛】にくむことと、あいすること。愛憎。

そうあい-だいがく【相愛大学】サウアイ 大阪市にある私立大学。昭和33年(1958)に相愛女子大学として開学。同57年に男女共学となり、現校名に改称。

そう-あかえ【×宋赤絵】 中国、宋代(金代)に作られた上絵付け陶器。化粧掛けした素地に透明な釉をかけ、その上から赤・緑・黄などの顔料で花鳥などを描いたもので、赤絵の先駆をなす。

ぞう-あく【増悪】〔名〕スル 病状などがさらに悪化すること。「病勢が—する」

そう-あげ【総揚げ】〔名〕スル その店のすべての芸者や遊女を揚げて遊ぶこと。

ぞう-あざらし【象海=豹】ザウ アザラシ科の哺乳類の総称。巨大な海獣で、雄は体長6.5メートル、体重3.5トンに達する。長い鼻を膨らませて大きな声を立てる。北アメリカの太平洋岸にキタゾウアザラシ、南極海を取り巻く島々にミナミゾウアザラシが分布。

そう-あたり【総当(た)り】❶試合に参加したチームや個人が、それぞれ全部の相手と試合をすること。「—制」❷くじ引きで、空くじのないこと。

そうあたり-こうげき【総当(た)り攻撃】暗号解読の手法の一。パスワードや暗号化に使われた鍵の、考えられるすべての組み合わせを試行すること。ブルートフォース攻撃。補説 この攻撃に対する安全性を高める方法としては、鍵の文字列の長さを増やし、試行する組み合わせの数を増加させることなどが挙げられる。

そう-あつ【総圧】流れている流体にかかる静圧と動圧との和。

そうあみ【相阿弥】サウアミ[?〜1525]室町後期の画家。真相とも称した。号、松雪斎・鑑岳。能阿弥の孫、芸阿弥の子で、同じく足利義政の同朋衆となり、「君台観左右帳記」の大成に尽力。諸芸に秀でたが、特に水墨画にすぐれた。➡三阿弥

ぞうあみ【増阿弥】室町前期の田楽師。新座に所属し、世阿弥と張り合った名手。生没年未詳。

そう-あん【草案】サウ 文章、特に規約などの下書き・原案。「—を練る」類語 原案・下書き・草稿・文案・稿

そう-あん【草×庵】サウ 藁・茅などで屋根をふいた粗末で小さい家。くさのいおり。類語 庵・庵・庵室・草堂・東屋

そう-あん【創案】サウ〔名〕スル 物事を最初に考え出すこと。また、その考え。「当社が—した方式」類語 案出・考案・発案・工夫・発明

そう-あん【僧×庵】僧の住むいおり。

そうあんしゅう【草庵集】サウアンシフ 室町前期の私家集。正編10巻、続編5巻。頓阿作。正編は正平14=延文4年(1359)、続編は正平21=貞治5年(1366)ごろに成立。二条派の歌人に尊ばれた。収録歌数二千余首。草庵和歌集。

そう-い【相違】サウヰ〔名〕スル 二つのものの間にちがいがあること。「事実と—がある」「案に—する」類語 違い・差異・異同・誤差・小異・大差・同工異曲・大同小異

相違無・い まちがいがない。確実である。「代金を—・く受け取る」「盗まれたのに—・い」

そう-い【草衣】サウイ ➡そうえ(草衣)

そう-い【創×痍】サウ ❶刃物などでからだに受けた傷。創傷。また、精神的痛手。「心の—をいやす」「満身—」❷手ひどく受けた損害。類語 外傷・創傷

そう-い【創意】サウ 新しい思いつき。独創的な考え。「—を凝らす」「—に富む」「—工夫」類語 趣向・新機軸

そう-い【僧衣】僧がまとう衣服。法衣。そうえ。

そう-い【僧位】ヰ 智徳や年臘によって僧に与えられる位階。天平宝字4年(760)、大法師位を最高位に、その下に伝灯・修行の二色を置き、それぞれ法師位・満位・住位・入位の四位を設け二色九階が制定された。のち、修行位が廃絶。貞観6年(864)にはその上に法印大和尚位・法眼和尚位・法橋上人位の三階が設けられ、それぞれ僧正・僧都・律師の階位とされた。のちには仏師や経師、医師などにも授けられたが、明治6年(1873)に廃止。

そう-い【総意】全員の一致した意見・考え。「—をくむ」「—を反映させる」

ぞう-い【造意】ザウ 計画すること。特に、悪事をくわだてること。「—至極のとがを」〈愚管抄・三〉

ぞう-い【贈位】ヰ〔名〕スル 生前の功労をたたえて死後に位階を贈ること。また、その位階。

ぞう-い【贈遺】ヰ 人に物品を贈ること。また、その物品。「包弁の人より、—の物を受けしことなし」〈中村訳・西国立志編〉

そう-いう【▽然ういう】〔連体〕そのような。そんな。「—態度がいけない」類語 そんな・そのよう・そう・そうした・然様な

そうい-がく【層位学】ソウヰ ➡層序学

そうい-くふう【創意工夫】サウイ 考えをめぐらせて、新しい方法や手段を見つけ出すこと。また、その方法や手段。「—の独特の味が付いています」〈太宰・やんぬる哉〉

そう-いっそう【層一層】〔副〕「いっそう」を強めていう語。「—緊張が高まる」

そう-いれば【総入れ歯】上または下の歯の全部を一続きに作った入れ歯。全部床義歯。総義歯。➡部分入れ歯

そういん【宗因】➡西山宗因

そう-いん【僧院】ヰン ❶寺で、僧が住む建物。また、寺院。❷修道院。

そう-いん【総員】ヰン ある団体・集団に属するすべての人員。全員。類語 皆・誰も・誰しも・誰も彼も・全員・一同・一統・満座・満場・みんな・皆皆

ぞう-いん【増員】ヰン〔名〕スル 人員・定員をふやすこと。また、ふえること。「職員を—する」⇔減員。

そう-うつ【×躁鬱】サウ 躁状態と鬱状態。

そううつ-しつ【×躁鬱質】サウウツシツ クレッチマーによる気質類型の一。快活な気分と、憂鬱な気分とが交互に現れる気質。循環気質。

そううつ-びょう【×躁鬱病】サウウツビヤウ ➡双極性障害

そう-うら【総裏】衣服の身頃・袖などの全体に裏布をつけること。また、そのように仕立てた衣服。

そううん【宋雲】中国、南北朝時代の北魏の僧。518年、孝明帝の命を受けてインドに行き、梵語経典を持ち帰った。生没年未詳。

そう-うん【層雲】十種雲形の一。灰色をした層状の雲で、地表付近にたなびく。略号はSt。霧雲。➡雲級

そう-うん【×漕運】サウ 船で物を運ぶこと。運漕。

そう-うん【×叢雲】むらがり立った雲。むらくも。

そううん-きょう【層雲峡】ゲフ 北海道中央部、大雪山北麓にある石狩川上流の峡谷。大函・小函と呼ばれる柱状節理の発達した景勝地や温泉がある。大雪山国立公園の一部。アイヌ語「ソ-ウン-ベッ」(滝のある川)を大正10年(1921)大町桂月が層雲峡の字を当てて紹介。

そううん-じ【早雲寺】サウウンジ 神奈川県足柄下郡箱根町にある臨済宗大徳寺派の寺。山号は金湯山。大永元年(1521)北条氏綱が父早雲の遺命により北条家の菩提寺として建立。開山は以天宗清。北条氏5代の墓、宗祇の墓がある。

そう-え【草▽衣】サウ 草を編むなどしてつくった粗末な衣服。隠者・僧などがまとう質素な衣。「—夕べの膚を隠さざれども」〈謡・関寺小町〉

そう-え【僧▽衣】➡そうい(僧衣)

ぞう-え【雑×穢】ザフ 病・死・出産・月経などのけがれ。「—を掃除し」〈盛衰記・二八〉

ぞう-えい【造営】ザウ〔名〕スル 社殿・宮殿などを建てること。「大仏殿を—する」類語 建築・建設・建造・築造・営造・建立・普請・作事・造作・新築・改築・増築・移築・建てる

ぞうえい-ざい【造影剤】ザウエイ X線の透視・撮影の際、臓器などの明確な像を得るために用いる薬品。硫酸バリウム・ヨード化油など。

ぞうえい-ぶぎょう【造営奉行】ザウエイブギヤウ 鎌倉幕府・室町幕府の職名。社寺などの造営をつかさどった。

ぞう-えき【増益】〔名〕スル ❶利益がふえること。「増収—」⇔減益。❷数をふやすこと。また、ふえること。「新聞局を創立するの易きより、其数非常に—し」〈小幡篤次郎訳・上木自由論〉

そう-えん【荘園】サウヱン ➡しょうえん(荘園)

そう-えん【送宴】送別の宴会。「—を催す」

そう-えん【桑園】サウ 桑を植えた畑。くわばたけ。

そう-えん【僧園】ヱン 修学のために僧徒の集まる学園。また、寺院。

そう-えん【×蒼鉛】サウ ビスマスのこと。

ぞう-えん【造園】ザウ 庭園・公園・動植物園・遊園地などをつくること。「—業」

ぞう-えん【増援】ヱン〔名〕スル 人員をふやして援助すること。「救助隊を—する」「—部隊」

ぞう-えん【雑縁】ザフ 仏語。仏道の修行や往生を妨げる種々の縁。邪見・誘惑・煩悩など。

そうえん-ざい【×蒼鉛剤】サウエンザイ ビスマスの入った薬剤。収斂・防腐作用があり、下痢止めや梅毒の治療に用いる。

そうえん-ふん【双円墳】サウヱン 二つの円墳が連結した形の古墳。日本には少ない。双墓。

ぞう-お【憎悪】ヲ〔名〕スル ひどくにくむこと。にくみ嫌うこと。「戦争を—する」類語 嫌悪・厭悪・憎む・嫌う・忌み嫌う・恨む・嫉む・呪う・嫌がる・厭う・敵視・仇視・嫉視・呪詛・唾棄・目の敵にする・白い目で見る

そう-おう【相応】サウ〔名・形動〕スル ❶つりあいがとれていること。ふさわしいこと。また、そのさま。「収入—な(の)暮らし」「能力に—した働き」❷仏語。心と、心の働きとが互いに結びついていること。また、心と対象世界との結合、因と果との結合、身・口・意の三業の結合などにもいう。類語 応分・分相応・相当・適当・適切・適正・つりあう・頃合い・程合い・見合う・合う・沿う・そぐう

そう-おう【荘王】サウワウ[?〜前591]中国、春秋時代の楚の王。在位、前614〜前591。春秋五覇の一人。名は侶。前597年、晋の景公を破って覇者となった。周王の使者に鼎の軽重を問うた逸話は有名。➡鼎の軽重を問う

そう-おう【挿×秧】サフアウ 早苗の植えつけ。田植え。

そう-おうせい【宋応星】[1590ころ〜1650ころ]中国、明末の学者。奉新(江西省)の人。字は長庚。食物・衣服・陶器・農具、その他、生活一般の技術を研究した。著「天工開物」など。

そう-おく【草屋】サウヲク ❶草ぶきの粗末な家。❷自分の家をへりくだっていう語。

そう-おどり【総踊(り)】ヲドリ 一座の者全員が出て踊ること。また、その踊り。

ぞうお-はんざい【憎悪犯罪】ゾウヲ ➡ヘイトクライム

そう-おん【×宋音】日本における漢字音の一。平安中期から鎌倉時代にかけて日本に伝えられた、宋・元時代の中国語の発音に基づくもの。従来、唐音とされていたものの一部で、主に禅僧によって伝えられ、禅宗関係の語に多い。「行火」の「あん」、「普請」の「しん」、「椅子」の「す」の類。唐宋音。

そう-おん【相恩】サウ 主君・主家などから代々恩義を受けていること。「三代—の主君」

そう-おん【×噪音】サウ ❶振動が不規則で、振動時間

【想】▻そう

×**咀** 音ソ慣　ショ漢‖かむ。かんで味わう。「咀嚼(そしゃく)」

×**岨** 音ソ呉　訓そば、そわ‖山が重なって険しい。そば立つ。「険岨(けんそ)」

×**沮** 音ソ呉　ショ漢　訓はばむ‖㊀〈ソ〉①はばむ。じゃまする。「沮止」②じゃまされてくじける。「沮喪」補説「阻」と通用。㊁〈ショ〉湿地。「沮洳(しょじょ)」

狙 音ソ呉　訓ねらう‖①動物の名。サル。「狙猴(そこう)」②ひそかにすきをうかがう。ねらう。「狙撃」

阻 音ソ漢　訓はばむ‖①地形が険しい。「険阻」②遮り止める。はばむ。「阻害・阻隔・阻止」難読悪阻(おそ・つわり)

×**俎** 音ソ呉　訓まないた‖①いけにえを載せる台。「俎豆(そとう)/樽俎(そんそ)」②料理をする台。まないた。「俎上/鼎俎(ていそ)」

祖〔祖〕 学5　音ソ呉漢　訓おや‖①家系を開いた人。また、それを継いだ各世代の重なり。「祖国・祖先/遠祖・家祖・皇祖・高祖・先祖(せんぞ)・父祖」②父母の父。親の親。「祖父・祖母/外祖・曽祖(そうそ)」③一派を開いた人。物事のもと。「祖師/開祖・教祖・始祖・鼻祖・仏祖」④のっとって従う。「祖述」⑤旅の安全を守る神。「道祖神」名付さき・のり・はじめ・ひろ・もと 難読御祖父(おじい)さん・御祖母(おばあ)さん・祖父(じじ)・祖母(ばば)

×**祚** 音ソ漢‖①天からくだされる幸福。「福祚」②天子の位。「皇祚・聖祚・践祚・重祚(ちょうそ)・帝祚」

租 音ソ漢　訓みつぎ‖①田畑の収穫に対して割り当てる税。年貢。また、一般に税金。「租税/課租・貢租・地租・田租・納租・免租・公租公課」②土地や家を借りる。「租界・租借」名付つみ・もと

素 学5　音ソ漢　ス呉　訓もと、もとより‖㊀〈ソ〉①染めてない絹。白絹。「素絹/縑素(けんそ)」②白い。白。「素衣・素雪/緇素(しそ)」③生地のままで手を加えてない。飾りけがない。「素材・素質・素朴/簡素・質素」④物事を成り立たせるもと。根本になるもの。「素因・素地・素粒子/元素・色素・毒素・要素」⑤もとからの。ふだんの。「素行・素志・素養/平素」⑥伴うべきものがない。「素餐(そさん)・素封家」⑦簡単な。「素読・素描」⑧元素の名に用いる語。「塩素・酸素・水素・炭素」㊁〈ス〉①地のままで何もつけていない。「素足・素顔・素手・素肌・素面(すめん)」②地位など何も持っていない。「素町人・素浪人」名付しろ・すなお・もと 難読素湯(さゆ)・素面(しらふ)・素人(しろうと)・素麺(そうめん)・素見(ひやか)す

措 音ソ漢　訓おく‖①物を置く。安定するように置く。「措辞・措置・措定」②ふるまい。「挙措」

粗 音ソ漢　訓あらい、ほぼ‖㊀〈ソ〉①大ざっぱで念入りでない。いいかげん。「粗雑・粗製・粗末・粗密・粗野・粗略/精粗」②物を勧めるとき謙遜を表す語。「粗品・粗酒・粗茶」㊁〈あら〉「粗筋」難読粗目(ざらめ)

組 学2　音ソ漢　訓くむ、くみ‖㊀〈ソ〉①何本かの太い糸をより合わせたひも。組みひも。「組綬(そじゅ)」②いくつかの要素を集め、一つのまとまりにくみ立てる。「組閣・組織・組成/改組」③組合のこと。「職組・労組」㊁〈くみ(ぐみ)〉「組曲・組長/白組・隣組・番組」

×**甦** 音ソ漢　訓よみがえる‖生きかえる。よみがえる。「甦生」補説「蘇」で代用することがある。

人**疏** 音ソ漢　ショ呉　訓うとい、うとむ、さかん‖①水路を分けて通す。「疏水・疏通」②関係が分け離れる。うとくなる。「疏遠」③粗末な。「疏食(そし)」④事柄の筋を分けていちいち説明する。「疏明/弁疏」⑤注釈をさらに細かく説き明かしたもの。注の注。「義疏(ぎそ・ぎしょ)・注疏」⑥箇条に分けて書く。また、その書状。「上疏・奏疏」補説①〜③は「疎」と通用。

疎 音ソ漢　訓うとい、うとむ、まばら、おろそか‖①一つ一つ離れている。まばら。「疎開・疎密・疎林/過疎・空疎」②人と人との関係にすきまがある。親しくしない。うとい。「疎遠・疎外・疎隔/親疎」③おろそか。大ざっぱ。粗末。「疎食(そし)・疎放・疎略・疎漏」④間をあけて通す。「疎水・疎通」

訴 音ソ漢　訓うったえる‖①裁きを求めるため上に申し出る。「訴訟・訴状・訴追・訴人/起訴・強訴(ごうそ)・告訴・讒訴(ざんそ)・直訴(じきそ)・勝訴・上訴・提訴・免訴」②不満・苦痛などを告げ知らせる。「哀訴・泣訴・愁訴」

×**詛** 音ソ漢　ショ呉　訓のろう‖のろう。のろい。「呪詛(じゅそ)」

塑 音ソ漢‖土をこねたり削ったりして物の像を作る。「塑像/彫塑・可塑性」

人**楚** 音ソ漢　訓すわえ、しもと‖①すっきりとしたさま。「楚楚/清楚」②苦しむ。痛む。「苦楚・酸楚」③中国古代の国名。「楚囚/四面楚歌」名付たか

遡（遡） 音ソ漢　訓さかのぼる‖さかのぼる。「遡及・遡求・遡源・遡行・遡江」補説「溯」は異体字。

×**鼠** 音ソ慣　訓ねずみ‖㊀〈ソ〉①動物の名。ネズミ。「鼠咬症(そこうしょう)/窮鼠・首鼠・田鼠・殺鼠剤」②こそこそと悪事を働く者のたとえ。「鼠賊」㊁〈ねずみ〉「鼠色・鼠算/野鼠」補説「鼡」は俗字。難読鼬鼠(いたち)・金海鼠(きんこ)・海鼠(なまこ)・鼹鼠(もぐら)・鼯鼠(ももんが)・栗鼠(りす)

礎 音ソ漢　訓いしずえ‖①建物の柱をのせる土台石。「礎石/基礎・定礎」②物事を成り立たせる根本。「国礎」名付き

人**蘇** 音ソ漢　ス呉　訓よみがえる‖①生きかえる。よみがえる。「蘇生」②草の名。シソ。「紫蘇」名付いき 難読蘇芳(すおう)・蘇格蘭(スコットランド)・蘇維埃(ソビエト)・耶蘇(ヤソ)

【宗】▻しゅう

【贈】▻ぞう

双〔雙〕 音ソウ(サウ)漢　訓ふた、ならぶ‖㊀〈ソウ〉①ふたつ。ペア。「双肩・双璧(そうへき)・双方・双翼・双生児」②二つならぶ。「無双」㊁〈ふた〉「双子・双葉」難読双六(すごろく)

▽**爪** 音ソウ(サウ)漢　訓つめ、つま‖㊀〈ソウ〉つめ。「爪牙(そうが)・爪痕(そうこん)/美爪術」㊁〈つめ(づめ)〉「生爪・深爪」㊂〈つま〉「爪先・爪楊枝(つまようじ)」難読爪哇(ジャワ)

壮〔壯〕 音ソウ(サウ)漢　訓さかん‖①血気盛んな年ごろ。勢いが盛ん。「壮健・壮士・壮丁・壮年/強壮・少壮」②意気に燃えている。勇ましい。「壮挙・壮絶・壮図・壮烈/悲壮・勇壮」③元気づける。「壮行会」④大きくて立派。「壮観・壮大・壮麗/広壮」名付あき・お・さかり・たけ・たけし・まさ・もり

早 学1　音ソウ(サウ)呉漢　サッ慣　訓はやい、はやまる、はやめる、さ‖㊀〈ソウ〉①ある時間の範囲で、はやいほう。「早期・早春・早朝・早晩」②通常の時期よりはやい。「早婚・早産・早熟・早世・早退/尚早」③時間をおかないさま。「早急・早早」㊁〈サッ〉㊀の③に同じ。「早急・早速」㊂〈はや(ばや)〉「早口・早早/足早・気早・最早(もはや)」㊃〈さ〉若い意を表す。「早苗・早乙女・早蕨(さわらび)」名付さき・はや 難読早稲(わせ)・早生(わせ)

争〔爭〕 学4　音ソウ(サウ)漢　訓あらそう、いかで‖①あらそう。あらそい。「争議・争奪・争点・争覇/競争・係争・抗争・政争・戦争・闘争・内争・紛争・論争」②いさめる。「諍(そう)」と同義。「争子・争臣/諫争(かんそう)」

人**宋** 音ソウ漢‖中国の国名、また、王朝名。「宋音・宋学・宋朝体/南宋・入宋(にっそう)・北宋」名付おき・くに

走 学2　音ソウ漢　訓はしる‖①はしる。「走行・走者・走破/競走・疾走・縦走・馳走(ちそう)・独走・帆走・暴走・奔走」②逃げる。「潰走(かいそう)・脱走・逃走・敗走」③はしり使いをする。「走狗(そうく)・走卒」名付ゆき 難読師走(しわす)

×**叟** 音ソウ漢　訓おきな‖年寄り。おきな。「迂叟(うそう)・野叟・老叟・三番叟(さんばそう)」

奏 学6　音ソウ漢　訓かなでる、もうす‖①意見をまとめて差し出す。君主に申し上げる。「奏上・奏請・奏聞(そうもん)/直奏(じきそう)・執奏・上奏・伝奏(てんそう)・内奏」②楽器をかなでる。「奏楽/演奏・合奏・間奏・吹奏・前奏・弾奏・独奏・伴奏」③成果を得る。「奏功・奏効」名付かな

×**匆** 音ソウ漢‖あわただしい。「匆匆・匆卒・匆忙」

相 学3　音ソウ(サウ)呉　ショウ(シャウ)漢　訓あい‖㊀〈ソウ〉①物の姿・ようす。「相貌(そうぼう)/形相(ぎょうそう)・血相・死相・色相・実相・諸相・真相・瑞相(ずいそう)・世相・人相・皮相・貧相・滅相・面相・様相」②物のありさまを見てその実相を判断する。「相術・相場(そうば)・相馬・相法」③たがいに。「相違・相関・相互・相思・相似・相談・相当」④一方から他方へ。次から次と。「相承・相続・相伝」⑤相模(さがみ)国。「相州/武相」㊁〈ショウ〉①君主を助ける大臣。「外相・宰相・首相・丞相(じょうしょう)・名相」②そばに付き添う。「相伴」㊂〈あい〉「相性(あいしょう)・相手・相宿/入相(いりあい)」名付あう・さ・すけ・たすく・とも・はる・み・みる 難読相模(さがみ)・相撲(すもう)・相応(ふさわ)しい

草 学1　音ソウ(サウ)呉漢　訓くさ‖㊀〈ソウ〉①くさ。「草本・草木/海草・香草・雑草・除草・毒草・牧草・本草(ほんぞう)・薬草・野草」②まだ開けていないころ。物事の始め。「草創・草昧(そうまい)」③下書き。「草案・草稿/起草・詩草」④漢字の書体の一。「草書/真行草」⑤ぞんざいな。粗末な。「草庵(そうあん)・草屋」⑥ぞんざいであわただしいさま。「草草」㊁〈くさ(ぐさ)〉「草木・草花/千草・七草・庭草・水草・若草」名付かや・しげ 難読通草(あけび)・車前草(おおばこ)・含羞草(おじぎそう)・酢漿草(かたばみ)・草臥(くたび)れる・草履(ぞうり)・煙草(タバコ)・草石蚕(ちょろぎ)・菠薐草(ほうれんそう)・海人草(まくり)・海仁草(まくり)・勿忘草(わすれなぐさ)・草鞋(わらじ)

荘〔莊〕 音ソウ(サウ)漢　ショウ(シャウ)呉‖㊀〈ソウ〉①おごそか。いかめしい。「荘厳・荘重」②いなかにある家。また、仮のすまい。宿泊所。「山荘・村荘・別荘・旅荘」③荘子のこと。「老荘」㊁〈ショウ〉①おごそか。おごそかにする。「荘厳(しょうごん)」②荘園(しょうえん)。「荘司(しょうじ)」名付たか・たかし・まさ

送 学3　音ソウ漢　訓おくる‖①出かける人を見おくる。「送迎・送別/歓送・葬送・奉送・目送」②人や物を別の所に運びおくる。「送還・送金・送電・送付・送料/運送・護送・転送・発送・返送・放送・輸送・郵送・陸送」

倉 学4　音ソウ(サウ)呉漢　訓くら‖㊀〈ソウ〉①穀物をしまうくら。広く、くら。「倉庫・倉廩(そうりん)/営倉・穀倉・社倉・正倉(しょうそう)・船倉・土倉」②あわてるさま。「倉皇・倉卒」㊁〈くら(ぐら)〉「倉敷料/校倉(あぜくら)・船倉・矢倉」

捜〔搜〕 音ソウ(サウ)慣　訓さがす‖すみずみまでさがし求める。「捜査・捜索/博捜」

挿〔插〕 [音]ソウ(サフ)[漢] [訓]さす、はさむ ‖ 物の間にさし込む。さしはさむ。「挿花・挿画・挿入・挿話」[難読]挿頭(かざし)

桑 [音]ソウ(サウ)[呉][漢] [訓]くわ ‖ ㊀〈ソウ〉①植物の名。クワ。「桑園・桑梓(そうし)・桑田」②(俗字「桒」の文字分析から)四八。「桑年」㊁〈くわ(ぐわ)〉「桑畑・桑原/山桑」[補説]「桒」は俗字。[難読]桑港(サンフランシスコ)

爽 [音]ソウ(サウ)[漢] [訓]さわやか ‖ ①さわやか。「爽快/颯爽(さっそう)・清爽」②夜があけて明るい。「昧爽(まいそう)」

×**搔** [音]ソウ(サウ)[呉][漢] [訓]かく ‖ つめでかく。「搔爬(そうは)・搔痒(そうよう)」[難読]足搔(あが)き・搔巻(かいまき)

掃 [音]ソウ(サウ)[呉][漢] [訓]はく、はらう ‖ ①ほうきでごみを除く。「掃除(そうじ)/清掃」②じゃまものを平らげる。「掃射・掃討・掃滅/一掃」

曽〔曾〕 [音]ソウ[漢] ゾ[呉] [訓]かつて、すなわち ‖ ㊀〈ソウ〉①かつて。以前に。「曽遊」②世代が重なること。「曽孫(そうそん)・曽祖父(そうそふ)・曽祖母(そうそぼ)」㊁〈ゾ〉かつて。以前に。「未曽有(みぞう)」[名付]なり・ます [難読]曽祖父(ひいじじ)・曽祖母(ひいばば)・曽孫(ひまご)

曹 [音]ソウ(サウ)[漢] ゾウ(ザウ)[呉] ‖ ㊀〈ソウ〉①つかさ。役人。役所の部屋。「法曹」②仲間。ともがら。「児曹」③軍隊の階級の一。「曹長/軍曹(ぐんそう)・兵曹・陸曹」④「曹達(ソーダ)」の略。「重曹」㊁〈ゾウ〉へや。つぼね。「曹司(ぞうし)」[名付]とも・のぶ [難読]軍曹(さかん)・将曹(さかん)

巣〔巢〕 [学]4 [音]ソウ(サウ)[漢] [訓]す ‖ ㊀〈ソウ〉①鳥のす。「営巣・燕巣(えんそう)・帰巣性」②ある物が集まっている所。「精巣・病巣・卵巣」③隠れ家。「巣窟(そうくつ)/賊巣」㊁〈す〉「巣箱/古巣」

窓 [学]6 [音]ソウ(サウ)[漢] [訓]まど ‖ ㊀〈ソウ〉①まど。「窓外/蛍窓・獄窓・車窓・船窓」②まどのある部屋。「学窓・深窓・同窓」㊁〈まど〉「窓口・窓辺/出窓・天窓」[補説]「窗」「窻」「牕」は異体字。

創 [学]6 [音]ソウ(サウ)[漢] [訓]つくる、きず、はじめる ‖ ①刃物による傷。「創痍(そうい)・創傷/金創・銃創・刀創」②初めて作り出す。はじめる。「創意・創刊・創業・創見・創作・創始・創造・創立/草創・独創」

喪 [音]ソウ(サウ)[呉][漢] [訓]も、うしなう ‖ ㊀〈ソウ〉①死者を弔う儀礼。「喪家(そうか)・喪礼/国喪」②なくす。失う。「喪失/阻喪」㊁〈も〉「喪主・喪中・喪服/服喪」

人**惣** [音]ソウ[漢] ‖ 全部をまとめる。すべる。すべて。「惣菜(そうざい)・惣領」[補説]「総」と通用。[名付]のぶ・ふさ

痩〔瘦〕 [音]ソウ[漢] [訓]やせる ‖ からだがやせる。「痩躯(そうく)・痩身/羸痩(るいそう)」

葬 [音]ソウ(サウ)[呉][漢] [訓]ほうむる ‖ 死者をほうむる。また、その儀式。「葬儀・葬式・葬送/火葬・仮葬・会葬・国葬・水葬・土葬・風葬・仏葬・埋葬・密葬」

装〔裝〕 [学]6 [音]ソウ(サウ)[漢] ショウ(シャウ)[呉] [訓]よそおう ‖ ㊀〈ソウ〉①衣類などを着けて身繕いする。「装身具/軍装・軽装・女装・正装・盛装・男装・武装・服装・扮装(ふんそう)・変装・洋装・略装・礼装」②外観をととのえる。「装飾/改装・新装・塗装・舗装・包装」③部品などをととのえる。「装置・装塡(そうてん)・装入・装備」④本や巻軸の外観をつくる。「装丁/表装・和装本」㊁〈ショウ〉①よそおい。「装束(しょうぞく)」②(「裳」の代用字)衣服。「衣装」

僧〔僧〕 [音]ソウ[呉][漢] ‖ 仏門に入って修行する人。お坊さん。聖職者。「僧院・僧職・僧徒・僧侶(そうりょ)/悪僧・高僧・拙僧・禅僧・尼僧・名僧・老僧」[難読]売僧(まいす)

想 [学]3 [音]ソウ(サウ)[呉] ソ[慣] [訓]おもう ‖ ㊀〈ソウ〉①心に思い浮かべる。おもう。おもい。考え。「想起・想像・想定・想念/回想・感想・奇想・空想・懸想(けそう)・幻想・思想・随想・発想・瞑想(めいそう)・妄想・予想・理想・連想」②まだできていない作品などに関する具体的なイメージ。「楽想・構想・詩想」㊁〈ソ〉おもい。「愛想」

×**愴** [音]ソウ(サウ)[漢] ‖ 悲しみに打ちひしがれる。「愴然/悽愴(せいそう)・悲愴」

×**滄** [音]ソウ(サウ)[呉][漢] ‖ 水の色が青々として広がるさま。「滄海・滄桑」

×**嗾** [音]ソウ[漢] [訓]そそのかす ‖ けしかける。「使嗾」

×**嗽** [音]ソウ[漢] [訓]すすぐ ‖ ①せきをする。せき。「咳嗽(がいそう)」②口をすすぐ。うがいをする。「含嗽」

層〔層〕 [学]6 [音]ソウ[漢] ‖ ①重なる。重なったもの。「層雲/下層・重層・断層・地層・表層・成層圏・電離層」②階を重ねた建物。階。「階層・高層」③ある基準で区分した、人々の集団。「知識層・中間層・読者層」④程度が大きいことを表す語。「一層・大層」

人**槍** [音]ソウ(サウ)[呉] [訓]やり ‖ ㊀〈ソウ〉やり。「槍術/真槍・刀槍」㊁〈やり〉「槍先/手槍」[名付]ほこ

人**漕** [音]ソウ(サウ)[漢] [訓]こぐ ‖ ①船をこぐ。「漕艇/競漕・力漕」②船で運ぶ。「漕運/回漕」[難読]阿漕(あこぎ)

人**漱** [音]ソウ[漢] [訓]すすぐ、くちすすぐ ‖ うがいをする。「盥漱(かんそう)・含漱」

×**箏** [音]ソウ(サウ)[漢] [訓]こと ‖ 弦楽器の一。そうのこと。「箏曲/楽箏」

総〔總〕 [学]5 [音]ソウ[漢] [訓]ふさ、すべて、すべる ‖ ①多くの物事を一つに締めくくる。「総括・総合」②全体をまとめて取り締まる。「総監・総裁・総長・総統・総督・総理」③全部。すべて。「総意・総会・総額・総数・総力・総選挙」④何本もの糸を一か所で締めて垂らしたもの。ふさ。「総角(そうかく)・総状」⑤上総(かずさ)国、また、下総(しもうさ)国。「総武/房総」[名付]のぶ・みち [難読]総角(あげまき)・上総(かずさ)・下総(しもうさ)

人**綜** [音]ソウ[漢] [訓]すべる、へ ‖ ①全部を一つにまとめる。統轄する。「綜合」②織機のおさ。へ。「錯綜」[補説]①は「総」と通用。

人**聡**〔聰〕 [音]ソウ[漢] [訓]さとい ‖ 物わかりがよい。賢い。さとい。「聡敏・聡明」[名付]あき・あきら・さ・さと・さとし・さとる・とき・とし・とみ

人**蒼** [音]ソウ(サウ)[呉][漢] [訓]あお、あおい ‖ ①あお。あおい。「蒼海・蒼蒼・蒼天」②あおざめて生気がない。色つやがない。「蒼古・蒼白/古色蒼然」③草木が茂るさま。「蒼蒼/鬱蒼(うっそう)」④おおぜい。「蒼生・蒼氓(そうぼう)」⑤あわてふためくさま。「蒼惶(そうこう)」

遭 [音]ソウ(サウ)[呉][漢] [訓]あう ‖ 思いがけず出あう。めぐりあう。「遭遇・遭難」

槽 [音]ソウ(サウ)[漢] [訓]ふね、おけ ‖ ①家畜の飼料を入れる桶。かいばおけ。「槽櫪(そうれき)/馬槽」②水などをためる容器。ふね。おけ。「水槽・浴槽」③おけのように中央部がくぼんだもの。「歯槽」[難読]湯槽(ゆぶね)

×**瘡** [音]ソウ(サウ)[漢] [訓]かさ ‖ ①できもの。かさ。「凍瘡・痘瘡・疱瘡(ほうそう)」②切りきず。「瘡痕・瘡瘢(そうはん)」

▽**箱** [学]3 [音]ソウ(サウ)[呉] [訓]はこ ‖ ㊀〈ソウ〉①車の荷ばこ。「車箱」②物を入れるはこ。「巾箱(きんそう)・百葉箱」㊁〈はこ(ばこ)〉「箱庭/重箱(じゅうばこ)・巣箱・手箱・本箱」

踪 [音]ソウ[漢] [訓]あと ‖ 足あと。ゆくえ。「踪跡/失踪」

操 [学]6 [音]ソウ(サウ)[呉][漢] [訓]みさお、あやつる ‖ ①手先でうまく扱う。「操業・操觚(そうこ)・操作・操車・操縦・操船・操舵」②からだを動かし鍛えること。「操練/体操」③心構えをしっかりもつこと。みだりに変えない志。「操守/志操・情操・節操・貞操・徳操」[名付]あや・とる・みさ・もち

×**艙** [音]ソウ(サウ)[呉][漢] ‖ 客や貨物を収容する船の部屋。ふなぐら。「艙口/船艙」

燥 [音]ソウ(サウ)[呉][漢] [訓]かわく、はしゃぐ ‖ ①かわく。「乾燥・枯燥・高燥」②(「躁」の代用字)落ち着かない。「焦燥」

×**簇** [音]ソウ[漢] ゾク[慣] [訓]むらがる ‖ 群がり集まる。「簇出・簇生」

×**糟** [音]ソウ(サウ)[呉][漢] [訓]かす ‖ 酒かす。「糟糠(そうこう)・糟粕(そうはく)」

霜 [音]ソウ(サウ)[漢] [訓]しも ‖ ㊀〈ソウ〉①しも。「霜害/降霜・晩霜」②としつき。「星霜」③白いもの、冷たいもの、厳しいものなどのたとえ。「霜鬢(そうびん)/秋霜・風霜」㊁〈しも(じも)〉「霜柱/露霜・初霜」

人**叢** [音]ソウ[漢] [訓]くさむら、むら、むらがる ‖ ①草が群がり生える。くさむら。「叢生/淵叢(えんそう)」②群がり集まる。多くのものの集まり。「叢雲・叢書/論叢」

騒〔騷〕 [音]ソウ(サウ)[呉][漢] [訓]さわぐ ‖ ①さわぐ。さわがしい。「騒音・騒然・騒動/狂騒・喧騒(けんそう)・物騒」②漢詩の一体。「騒体」③文学。風流。「騒客(そうかく)・騒人/風騒」[難読]潮騒(しおさい)

×**藪** [音]ソウ[漢] [訓]やぶ ‖ ㊀〈ソウ〉①草木が多く生えた所。やぶ。「藪沢/淵藪(えんそう)・林藪」②物事の集まり。「談藪」㊁〈やぶ〉「草藪・竹藪」[補説]「薮」は俗字。

藻 [音]ソウ(サウ)[呉][漢] [訓]も ‖ ㊀〈ソウ〉①水中に生える草の総称。も。「藻類/海藻・珪藻(けいそう)」②言葉のあや。あやのある文章。「才藻・詞藻・文藻」㊁〈も〉「藻屑(もくず)・藻塩/金魚藻」[難読]毬藻(まりも)

×**躁** [音]ソウ(サウ)[呉][漢] [訓]さわぐ ‖ さわがしく落ち着かない。「躁鬱(そううつ)/狂躁・軽躁・焦躁」

漢字項目 ぞう－1

【▽曹】▶そう
【象】▶しょう
【雑】▶ざつ

造 [学]5 [音]ゾウ(ザウ)[呉] [訓]つくる、みやつこ ‖ ①物をこしらえる。つくる。「造営・造花・造船・造本/改造・偽造・急造・建造・構造・醸造・人造・製造・創造・鋳造・捏造(ねつぞう・でつぞう)・模造・木造」②なす。行う。「造反」③ある所まで行きつく。至る。「造詣(ぞうけい)」④急であわただしい。「造次」[名付]いたる・なり [難読]国造(くにのみやつこ)

像 [学]5 [音]ゾウ(ザウ)[呉] ‖ ①目に映るものの姿・形。「映像・画像・虚像・現像・残像・実像・受像」②思い描くイメージ。「心像・想像・理想像」③実物をかたどってつくったもの。「胸像・偶像・座像・肖像・聖像・石像・彫像・銅像・仏像」[名付]かた・すえ・のり・み

増〔增〕 [学]5 [音]ゾウ[慣] [訓]ます、ふえる、ふやす ‖ ①ます。ふえる。「増加・増強・増減・増産・増資・増殖・増設・増大/加増・急増・激増・漸増・倍増」②程度がますますひどくなる。「増長」[名付]なが [難読]年増(としま)

憎〔憎〕 [音]ゾウ[慣] [訓]にくむ、にくい、にくらしい、にくしみ ‖ にくむ。にくしみ。「憎悪(ぞうお)/愛憎」[難読]生憎(あいにく)

蔵〔藏〕 [学]6 [音]ゾウ(ザウ)[呉] [訓]くら、かくす、おさめる ‖ ㊀〈ゾウ〉①中にしまっておく。隠して表に現さない。「蔵書・蔵匿/

漢字項目　ぞう-2

愛蔵・家蔵・死蔵・収蔵・所蔵・退蔵・貯蔵・内蔵・秘蔵・腹蔵・包蔵・埋蔵・冷蔵」②物をしまっておく建物。くら。「土蔵・宝蔵」③すべてを包括するもの。「経蔵・三蔵・律蔵」④大蔵省のこと。「蔵相」㊁〈くら(ぐら)〉「蔵元/穴蔵・金蔵・米蔵・酒蔵」(名付)おさむ・ただ・とし・まさ・よし (難読)蔵人・蔵王・西蔵

贈〔贈〕 音ゾウ㊉　ソウ㊊　訓おくる ‖ ㊀〈ゾウ〉①金や物をおくり与える。「贈呈・贈答・贈与・贈賄/遺贈・寄贈・恵贈」②死後に官位をさずける。「贈位/追贈」㊁〈ソウ〉㊀の①に同じ。「寄贈」

臓〔臟〕 学6　音ゾウ(ザウ)㊉ ‖ 体腔内の諸器官。「臓器・臓腑/肝臓・五臓・心臓・腎臓・脾臓・内臓」

×**贓** 音ゾウ(ザウ)㊎ ‖ ①不正な手段で手に入れた物。盗品。盗品を隠す。「贓品・贓物」②賄賂を受け取る。「贓吏」

がきわめて短く、音の高さが特定できない音。非楽音。❷「騒音」に同じ。

そう-おん【騒音】サウ 騒がしく、不快感を起こさせる音。また、ある目的に対して障害になる音。計量的には80デシベル以上の大きな音。「一防止」
(類語)雑音・ノイズ

そうおん-きせいほう【騒音規制法】サウオンキセイハフ 工場の事業活動や建設工事に伴って発生する騒音について必要な規制を行い、また自動車騒音の許容限度を定めることなどにより、生活環境を保全し、国民の健康の保護に資することを目的とする法律。昭和43年(1968)施行。

そうおんせい-なんちょう【騒音性難聴】サウオンセイナンチヤウ 大きな騒音の中に長時間いることで起こる難聴。騒音の激しい工事現場での長時間労働、ヘッドホンやイヤホンの長時間使用、パチンコ店の騒音や音楽など、さまざまな騒音が原因となる。爆発音やスピーカーのハウリングなどごく短時間の騒音でも起こる場合がある。

そう-か【早歌】サウ 《「そうが」とも》「宴曲」に同じ。

そう-か【宗家】「そうけ(宗家)」に同じ。「一の隆替は只此一挙にある事ゆえ」〈染崎延房・近世紀聞〉

そうか【草加】サウ 埼玉県南東部の市。江戸時代は奥州街道の宿場町。草加せんべいが名物。東京に隣接し、都市化が進む。人口24.4万(2010)。

草加越谷千住の先　《奥州街道の宿場が千住ではじまり、その先に草加・越谷と続くところから》草加を「然うか」に掛け、「ああそうなのか」ということをしゃれていう言葉。また、人が「そうか」というのをまぜ返す場合にいう言葉。

そう-か【草花】サウクワ くさばな。「此の萩一にあらず木なり」〈浄・先代萩〉

そう-か【挿花】サフクワ ❶花を髪などに挿すこと。❷花を生けること。生け花。(類語)華道・生け花・お花

そう-か【桑果】サウクワ 1本の花軸の上に多数の花がつき、結実して多肉・多漿の果実の集まりになったもの。桑・パイナップルなど。肉質集合果。

そう-か【窓下】サウ まどのした。まどのそば。「一に万巻の書を積み」〈織田訳・花柳春話〉

そう-か【喪家】サウ 不幸のあった家。喪中の家。

そう-か【痩果】ソウクワ 果皮が堅い膜質で、熟すと乾燥し、一室に1個の種子をもつもの。萼筒または花軸の一部が果実の一部を構成する。タンポポ・菊・キンポウゲなど。

そう-か【葬歌】サウ 死者をとむらうために歌われたり、演奏されたりする楽曲。葬送曲。

そう-か【装荷】サウ ❶電話回線で、通信電流の減衰を防ぐために、回線路の一定間隔ごとにコイルを直列に挿入すること。「一ケーブル」❷原子炉に燃料を入れること。

そう-か【僧家】▶そうけ(僧家)

そう-か【×葱花】ソウクワ ❶ネギの花。❷「葱花輦」の略。

そう-か【総嫁┊×惣嫁】江戸時代、上方で、街頭に立って客を引く最下級の売春婦。そうよめ。

そう-が【双×蛾】サウ 《「蛾」は眉の意》美人の眉。「宛転たる一は遠山の色、一たび笑めば百の媚なる」〈海道記〉

そう-が【▽爪牙】サウ ❶つめと、きば。転じて、人を傷つけ、また脅かすもの。魔手。「一をとぐ」❷主君や国家を守護する家来。主君の手足となって働く家臣。「一の臣」「一耳目」

爪牙に掛か・る　犠牲になる。「通り魔の一・る」

そう-が【奏賀】元日の朝賀の儀で、諸臣の代表者が賀詞を天皇に奏上すること。また、その代表者。

そう-が【草画】サウグワ 大まかな筆づかいで簡略に描いた墨絵や淡彩画。南画に多い。

そう-が【挿画】サフグワ 書物・雑誌などのさしえ。
(類語)挿絵・挿図・口絵・カット・イラストレーション

そう-が【▽唱歌】サウ 《「そう」は「しょう」の直音表記》楽に合わせてうたうこと。また、琴・琵琶などの旋律を口でうたうこと。しょうが。「一する声も人には勝れて」〈宇津保・俊蔭〉

そう-が【曹娥】サウ［130～143］中国、後漢の孝女。父の曹盱が洪水で溺れ死んだが遺体を発見できず、17日間泣き続け、ついにその川に身を投げた。のち、その川は曹娥江とよばれ、廟が建てられた。

そう-が【装画】サウグワ 書物の装丁のための絵。

ぞう-か【造化】ザウクワ ❶天地万物を創造し育てること。また、それをなす者。造物主。「一の神」❷造物主によってつくられたもの。自然。「一の妙」
(類語)自然・天然・森羅万象・天工・天造・原始

ぞう-か【造花】ザウクワ 紙・布などを使って、生花に似せてつくった花。つくりばな。

ぞう-か【増加】〔名〕スル 物の数量がふえること。また、ふやすこと。「人口が一する」⇔減少。
(類語)増大・増量・増殖・繁殖

ぞう-か【増価】〔名〕スル 資産、特に固定資産の再評価額が帳簿価額を超えること。「土地一税」

ぞう-か【雑歌】ザフ 歌集の部立ての一。万葉集では相聞・挽歌に属さないすべての歌をいう。古今集以後では、四季・賀・離別・羇旅・恋などに分類されない歌をいう。ぞうのうた。ぞう。ざっか。

ぞうが【増賀】［917～1003］平安中期の天台宗の僧。橘恒平の子。比叡山で良源に顕密を学び、諸国を遊行。のち多武峰に入って修行。著「玄義鈔」。

そう-かい【壮快】サウクワイ〔名・形動〕気力が充実し、気持ちのよいこと。元気にあふれ心地よいこと。また、そのさま。「一な気分」「一なパレード」
(類語)快い・爽快・快適・心地よい・楽・カンファタブル

そう-かい【草×芥】サウ 《「そうがい」とも》雑草とごみ。転じて、不要のもの。くず。

そう-かい【草×鞋】サウ ❶「そうあい(草鞋)」に同じ。「片足には一をはきたり」〈今昔・六・三〉❷「挿鞋」に同じ。「かく殿中にして一はきて勤め侍る」〈雑談集・九〉

そう-かい【挿×鞋】サフ 天皇が束帯着用の際に履く沓。浅沓に似た木製の履物で、外側に錦が張ってある。僧侶も法服着用の際に使用する。草鞋。

そう-かい【桑海】サウ 《「桑田変じて海となる」から》世の中の移り変わりの激しいこと。

そう-かい【爽快】サウクワイ〔名・形動〕さわやかで気持ちがよいこと。また、そのさま。「朝の一な気分」(派生)そうかいさ〔名〕 (類語)快い・さわやか・壮快・快適・心地よい・楽・カンファタブル

そう-かい【掃海】サウ〔名〕スル 航路の安全を確保するため、海中に敷設された機雷や不発爆弾などを捜索して除去すること。「湾内を一する」

そう-かい【僧戒】僧が守らなければならない戒律。沙弥の十戒、比丘の具足戒などがある。

そう-かい【僧階】僧侶の階級・位階。

そう-かい【×滄海┊×蒼海】サウ あおあおとした広い海。あおうなばら。

滄海変じて桑田となる　《儲光羲「献八舅東帰」から》広い海原が桑畑に変わる。世の中の移り変わりの激しいことのたとえ。桑田変じて海となる。桑田変じて滄海となる。滄海桑田。

そう-かい【総会】ソウクワイ その団体に所属する全員によって組織される会合。「株主一」「両院議員一」
(類語)大会・部会・例会

そう-かい【藻海】サウ 《Sargasso Sea》北大西洋のバーミューダ島付近、北緯20～35度の海域。アンチル海流・メキシコ湾流に囲まれて流れがよどみ、ホンダワラが水面に浮遊。ヨーロッパ産ウナギの産卵場。サルガッソー海。

そう-がい【窓外】サウグワイ まどのそと。「一の景色」
(類語)外・表・屋外・戸外・室外・野外・アウトドア

そう-がい【×嗽×咳】せき。咳嗽。

そう-がい【霜害】サウ 霜のために、農作物・果樹などが受ける損害。特に、晩霜や早霜による被害をいう。

そうかい-がん【層灰岩】ソウクワイ 火山灰と泥などの砕屑物とが混合して、水底に堆積・固結してできた堆積岩。

そうかい-けつぎ【総会決議】ソウクワイ 国連総会において行われる決議。加盟国に対する法的拘束力はなく、国際社会の意志を表明する意味あいが強い。加盟国が各1票の投票権を持ち、国際平和維持に関する勧告・安保理非常任理事国の選出・新加盟国承認などの重要問題は出席国の3分の2、その他の問題は過半数で可決される。国際連合総会決議。➡安保理決議 ➡国際連合 ➡国連決議

そうかい-そうでん【×滄海桑田】サウカイサウデン ▶滄海変じて桑田となる

ぞう-かいちく【増改築】〔名〕スル 増築と改築。また、それを行うこと。

そうかい-てい【掃海艇】サウカイ 掃海を主任務とする艦艇。

そうかい-の-いちぞく【×滄海の一×粟】サウカイ 《蘇軾「前赤壁賦」から》大海原に浮かぶ一粒の粟。人間の存在は、広大な宇宙からみれば非常に小さいものであるというたとえ。

そうかい-ぶね【双海船】サウカイ 近世の捕鯨で使われた船。2艘で1帖の網を展開する。

そうかい-や【総会屋】ソウクワイ 少数の株式を所有して株主総会に出席し、金品を目当てに嫌がらせを行ったり、議事進行の誘導をしたりする者。会社法による規制の対象になっている。特殊株主。

そうかいよう【宋会要】ソウクワイエウ 中国、宋代の政治・経済・社会制度の沿革を類別し、集大成した書。宋の宋綬らの奉勅撰。現行の「徐輯本宋会要稿」は、清の徐松が「永楽大典」収録分を編集したもの。

そうか-がっかい【創価学会】サウカガククワイ 法華系の新宗教。昭和5年(1930)牧口常三郎が創立した創価教育学会を、戸田城聖が同21年に再組織したもの。池田大作会長となってから公明党を結成。日蓮正宗の在俗信仰団体で大石寺が本山であったが、平成5年(1993)日蓮正宗との関係が絶たれた。

そう-がかり【総掛(か)り┊総懸(か)り】❶全軍で攻撃すること。総攻撃。❷全員が力を合わせて事に当たること。「一家一で大掃除をする」❸ある事に使った費用の総計。

ぞうか-かんすう【増加関数】ゾウカクワンスウ 変数の値を大きくすると、値が増加する関数。➡減少関数

そう-がき【草書(き)】サウ ▶そうしょ(草書)

そう-かく【総角】❶子供の髪形。あげまき。❷髪を❶にした子供。また、その年頃。「一の頃に早く怙恃を喪い」〈二葉亭・浮雲〉

そう-かく【総画】ソウクワク 一つの漢字の画の総数。総画数。「一索引」

そう-かく【騒客】サウ 《「騒」は漢詩の一体》詩人。文人。また、風流人。騒人。

そう-がく【×宋学】中国宋代の学者の唱えた学問の総称。特に周敦頤に始まり、程顥・程頤が究め、朱熹に至って大成された新しい儒教哲学をさし、狭義には朱子学をさす。経書の訓詁・注釈を重んじる漢・唐代の方法を改め、その哲学的解釈や儒教の実践に力を入れた。性理学。程朱学。➡朱子学

そう-がく【奏楽】〔名〕スル ❶音楽を演奏すること。また、その音楽。❷歌舞伎下座音楽の一。雅楽を模した鳴り物で、御殿・社寺などの場面に用いる。
類語 演奏

そう-がく【相学】人相・家相・地相などを見て、その人の性格や運勢などを判断する学問。

そう-がく【総額】全部を合計した金額。全額。

ぞう-がく【増額】〔名〕スル 金額をふやすこと。また、その額。「予算を一する」⇔減額。

そうかく-の-よしみ【総角の好み】幼児期からの親しい交際。

そうがく-ひょうじ【総額表示】▶消費税総額表示

そうかく-るい【双殻類】▶二枚貝

そうか-ケーブル【装荷ケーブル】装荷❶を施した遠距離送信用の電線。

そうか-し【草加市】▶草加

そうが-し【騒し】〔形シク〕《「さわがし」の音変化か》乱雑である。「一・しうはあらで、髪の振りやられたる」〈能因本枕・一八七〉

そうか-せい【走化性】媒質中の化学物質の濃度差に刺激されて起こる走性。ガの雌が発するフェロモンに雄がひかれるなど。化学走性。

そうか-せんべい【草加煎餅】埼玉県草加市名産の堅焼きの塩煎餅。

そう-がそすう【総画素数】デジタルカメラなどが備える撮像素子を構成する受光素子の総数。撮像素子の周辺部はノイズが発生しがちで、レンズの画質も低下するため、画像の記録には用いられない。そのため有効画素数は、総画素数より若干小さな値となる。

そうか-だいがく【創価大学】東京都八王子市にある私立大学。昭和46年(1971)の開学。

そう-がち【草勝ち】〔形動ナリ〕平仮名の中に草仮名が多くまじっているさま。「濃墨、薄墨、一に、うちまぜ乱れたるも」〈源・少女〉

そうか-ちゅうしゅつほう【層化抽出法】統計調査で、母集団から標本を抽出するとき、調査事項に影響をもつと考えられる既知の事柄によって母集団をいくつかの層(群)に分け、そこから適切な比率で標本を抽出する方法。層別抽出法。層別任意抜き取り。

そう-かつ【総括｜綜括】〔名〕スル ❶個々のものを一つにまとめること。全体をとりまとめて締めくくること。「各人の意見を一する」❷労働運動や政治運動で、それまでの活動の内容・成果などを評価・反省すること。「春闘を一する」類語 総合・統括・包括・一括・統合・統一・集約・集成・締め括り

そう-かつ【総轄】〔名〕スル 全体をまとめて、取り締まること。「事務を一する」類語 管理・管轄・管掌・統轄・分轄・直轄・所轄・所管・つかさどる

そうがっこうけい【創学校啓】江戸中期の国学書。1巻。荷田春満著。享保13年(1728)成立。幕府・諸藩の学校教育が儒教中心主義であることを批判し、国学を中心とした学校の設立を幕府に進言したもの。創造倭学校啓。

そうかつ-しつもん【総括質問】国会の委員会で、全閣僚出席のもとに、審議案件全般についてなされる質問。

そう-がな【草仮名】草書に書きくずした万葉仮名。これをさらに簡略にしたものが平仮名。草。

そう-がな【総仮名】全文を仮名だけで記すこと。また、その文章。

そうか-の-いぬ【喪家の狗】《「孔子家語」困誓から》不幸のあった家で、家人が悲しみのあまりえさをやるのを忘れ、元気のなくなった犬。転じて、ひどくやつれて元気のない人。一説に、宿なしになった犬の意とも。

ぞうか-の-さんじん【造化の三神】古事記で、天地開闢のときに高天原に出現し、万物生成化育の根源となった三神。天御中主神・高皇産霊神・神皇産霊神をいう。

そうか-へいきん【相加平均】n個の数値があるとき、それらを全部加えたものをnで割って得た数値。算術平均。

そう-がまえ【総構え】城や砦の外郭。また、その内部。総曲輪。

そう-がみ【総髪】❶女性の髪の結い方の一。かもじを使わないで自分の毛で結うもの。❷▶そうはつ(総髪)

ぞう-がめ【象亀】リクガメ科の大形のカメの総称。陸生では最大で、甲長1メートル以上にもなる。サボテン・草・木の葉などを食う。インド洋のアルダブラ諸島、太平洋のガラパゴス諸島に分布。乱獲のため絶滅に瀕し、国際保護動物に指定されている。

そう-がら【総柄】布地や衣服の全体に模様がつけられていること。また、そのもの。「一の振袖」

そうかり【僧伽梨】▶そうぎゃり(僧伽梨)

そうか-れん【葱花輦】屋根の上に金色の葱の花の形の飾りをつけた輿。天皇の略儀の行幸に用い、皇后・東宮の行啓にも用いた。なぎのはなのみこし。葱輦。

そう-がわ【総革】全体が革でできていること。また、その物。

そう-かん【主典】「さかん(主典)」に同じ。「さきの甲斐の一」〈古今・仮名序〉

そう-かん【壮漢】元気盛んな男。「八人の一直ちに櫂を挙ぐれば」〈独歩・愛弟通信〉

そう-かん【壮観】〔名・形動〕規模が大きくてすばらしい眺め。また、そのさま。「山頂からの一」「一な光景」派生 そうかんさ〔名〕類語 奇観・偉観・スペクタクル

そうかん【宗鑑】▶山崎宗鑑

そう-かん【相姦】社会通念上は考えられない男女間で行われる性交。「近親一」

そう-かん【相関】〔名〕スル 二つのものが密接にかかわり合っていること。「一する二国間の経済」
類語 関係・関連・連関・連係・関与・係わり・繋がり・結び付き・掛かり合い・引っ掛かり・絡み

そう-かん【相観】植物群落を形成する種類・密度などによって示される特徴的な景観。植物群系区分などの目安にする。

そう-かん【送還】〔名〕スル 送りかえすこと。特に、捕虜や不正入国者などを本国に送りかえすこと。「抑留者を一する」「強制一」

そう-かん【創刊】〔名〕スル 新聞・雑誌などの定期刊行物を新たに発行すること。「情報誌を一する」
類語 新刊・発刊・発行

そう-かん【僧官】朝廷から僧に与えられる官職。僧正・僧都・律師など。

そう-かん【総官】❶太政官の異称。❷中世、宣旨によって補せられ、荘園を管理した職。

そう-かん【総管】❶全体を総轄・管理すること。また、その職や人。❷奈良時代、畿内の治安維持や行政監察のために置かれた臨時の官。

そう-かん【総監】全体の事務・人員を統率・監督すること。また、その官職。「警視一」

そう-かん【総観】〔名〕スル 全体を観察すること。「倫敦都府より近傍六洲の地一瞩に一すべし」〈村田文夫・西洋聞見録〉

そう-がん【双眼】左右二つの目。両眼。

そう-がん【早雁】秋に早く渡って来る雁。

そう-がん【総願】▶四弘誓願

そう-がん【蒼顔】老人の青白い顔。「白髪一」

ぞう-かん【増刊】〔名〕スル 雑誌などの定期刊行物で、定まった時以外に刊行すること。また、その刊行物。「特別号を一する」「新年一号」類語 増刷

ぞう-かん【増感】化学反応や物理現象において、少量の物質を加えてその反応や変化を著しく促進させること。写真乳剤に微量の不純物や色素を加えて感度を高めるなど。

ぞう-かん【贈官】〔名〕スル 生前功績のあった人に、死後、朝廷から官職を贈ること。また、その官職。

ぞう-がん【象眼｜象嵌】〔名〕スル ❶工芸品の装飾技法の一。金属・陶磁・木材などの表面に模様を彫り、そのくぼみに金・銀・貝など他の材料をはめ込むもの。❷印刷で、鉛版などの修正箇所を切り取り、別の活字などをはめ込んで訂正すること。「新版で一行そっくり一する」❸布や紙に金泥や銀泥で描いた絵。泥絵。また、模様を色糸や金泥などで細く縁どりしたもの。

そうかん-かんけい【相関関係】❶二つのものが密接にかかわり合い、一方が変化すれば他方も変化するような関係。❷数学で、一方が増加すると、他方が増加または減少する、二つの変量の関係。

そうがん-きょう【双眼鏡】2個の望遠鏡の光軸を平行に並べ、遠方の物体を拡大し、両眼で立体的に見る光学器械。

そうかん-けいすう【相関係数】二つの変量間の相関関係の程度を示す数値。

そうかん-ごう【創刊号】新聞や雑誌などの定期刊行物で、最初に発行されるもの。第一号。

ぞうかん-ごう【増刊号】雑誌などの定期刊行物で、定まった時以外に刊行されるもの。増刊。「優勝を記念した一」

ぞうがん-こうぶつ【造岩鉱物】岩石を構成する鉱物。石英・長石・雲母・角閃石・輝石・橄欖石など数十種がある。

そうかん-こん【相姦婚】姦通によって離婚された者または刑の宣告を受けた者が、姦通の相手方とする婚姻。民法旧規定では禁止していた。

ぞうかん-ざい【増感剤】増感のために介在する物質。写真感光では、感光波長域を広めるための増感色素などをいう。

そう-かんじょう【総勘定】収支の全体についての勘定。

そうかんじょう-もとちょう【総勘定元帳】簿記で、すべての勘定口座を網羅した帳簿。標準式と残高式とがある。

そうかん-ず【相関図】数学で、二つの量の間の相関関係を表す図。二つの量を縦軸と横軸にとり、対応する量を座標上に点で表す。散布図。

そう-き【壮気】若々しく盛んな意気。
類語 元気・活気・血気・生気・精気・神気・鋭気・覇気・威勢・景気・活力・精力・気力

そう-き【早期】はやい時期。まだ物事が十分に進行していない時期。「胃癌の一発見」

そう-き【送気】換気の行われにくい場所などに、空気を送り込むこと。「一管」

そう-き【箒器】竹で編んだざる・かごの類。

そう-き【爽気】❶さわやかな空気。秋の涼気などにいう。❷すがすがしい気分。

そう-き【創起】〔名〕スル 物事をつくりだすこと。「新に憲法を一し」〈東海散士・佳人之奇遇〉

そう-き【喪期】喪に服する期間。

そう-き【想起】〔名〕スル 以前にあったことなどをおもいおこすこと。「設立時の趣意を一する」
類語 思う・思い浮かべる・思い起こす・思い出す・思い返す・追想する・回想する・回顧する

そう-き【総記】❶全体をまとめた記述。❷十進分類法による図書分類の一。特定分野に入れられない部門。記号は0。百科事典・雑誌・新聞など。

そう-ぎ【争議】❶立場を異にする者が互いに意見を主張して争うこと。❷「労働争議」「小作争議」の略。類語 労働争議・闘争・春闘

そうぎ【宗祇】[1421〜1502]室町後期の連歌師。姓は飯尾と伝えられる。別号、自然斎・種玉庵・見外斎。連歌を宗砌・心敬・専順に師事。また、古典を一条兼良に、和歌を飛鳥井雅親に学び、東常縁に古今伝授を受けた。「新撰菟玖波集」を撰進。著「吾妻問答」「萱草」「竹林抄」など。

そう-ぎ【奏議】君主に意見を申し上げること。また、その文書。

そう-ぎ【曹魏】中国、三国時代の魏の異称。始祖である曹操の姓からいう。

そう-ぎ【葬儀｜喪儀】死者をほうむる儀式。葬式。とむらい。

(類語)葬式・葬礼・弔い・葬送・野辺おくり・告別式

そうぎ【僧×祇】❶《梵 Mahā-sāṃghikaの音写「摩訶僧祇」の略》仏滅の約100年後、僧団分裂によって結成された進歩的な大衆部のこと。上座部に対する。❷仏教を修行する出家の集団。➡僧伽 ❸《「阿僧祇」の略》無数。無量。

ぞう-き【造機】機関や機械をつくること。

ぞうき【増基】平安中期の歌人。天暦(947～957)のころの比叡山の僧と伝えられる。号、庵主。歌は「後拾遺集」「新古今集」などにみえる。家集「増基法師集(庵主)」。生没年未詳。

ぞう-き【雑木】雑多な木。また、用材にはならない木。炭や薪などにする。ざつぼく。ぞうぼく。

ぞう-き【臓器】体内、特に胸腔・腹腔にある器官。

(類語)内臓・臓腑・五臓・五臓六腑・腸・臓物

ぞうき-いしょく【臓器移植】機能が障害された臓器の代わりに他の個体などから臓器や組織を移植すること。腎臓移植・心臓移植・骨髄移植など。

ぞうきいしょく-ほう【臓器移植法】《「臓器の移植に関する法律」の通称》臓器移植について定め、また、臓器売買の禁止などについて規定した法律。平成9年(1997)制定。同21年改正。改正法は脳死を人の死と定め、本人が生前に書面で拒否の意思表示をしていない場合、親族の同意があれば臓器提供できるようになった。また、15歳未満でも親族の同意があれば提供が可能になった。(補説)施行後11年間で国内での脳死移植は約80例にとどまり、特に子供への移植は、提供可能年齢が15歳以上と定められていたため事実上不可能だった。このため、多くの移植希望者が海外での移植に頼らざるを得なかったが、平成20年(2008)に国際移植学会が渡航移植の原則禁止を宣言したことなどにより、改正が求められていた。ただし、脳死を人の死とすることへの国民的合意は必ずしも十分とはいえず、脳死判定が適切に行われるか懸念する見方もある。

ぞうき-かんかく【臓器感覚】体内の諸器官や全身的な状態についての感覚。空腹・渇き・性欲・疲労・吐きけ・痛み・緊張など。内臓感覚。

そうきかんしょう-たいしょく【早期勧奨退職】中央官庁で幹部職に就けなかった官僚に定年前の退職を促す慣行。事務次官を頂点とするピラミッド型の官僚組織を維持するために行われてきたもので、おおむね50歳前後から退職の勧奨が行われる。退職者は各府省が斡旋する特殊法人や民間企業などに再就職するのが通例で、天下りの温床として指摘され、見直し・廃止が検討されている。➡官民人材交流センター

そうきけいかい-システム【早期警戒システム】レーダーとコンピューターを組み合わせて、侵入してくる航空機などを早期に探知・識別して、警報を発するシステム。航空自衛隊のバッジシステムの類。

そうき-けいかいじょうほう【早期警戒情報】❶早期警戒レーダーや早期警戒衛星がとらえた、敵対国などによるミサイル発射情報。防衛のため同盟国間で共有される。SEW(shared early warning)。❷約1～2週間先の天候が平年と大きく隔たる可能性が高まった場合に、気象庁が注意を呼びかけるために発表する情報。冷夏や豪雪などの異常な天候による被害を軽減することが目的。原則として毎週火曜日と金曜日に、5～8日後を最初の日とする7日間の平均気温が「かなり高い」または「かなり低い」となる確率が30パーセント以上と予測される場合に発表される。異常天候早期警戒情報。(補説)「かなり高い」「かなり低い」は気象庁の平均気温の階級区分で、昭和56年(1981)～平成22年(2010)の30年間の観測値をもとに高い方または低い方から10パーセントに入る極端な値である場合に用いられる。

そうきけいかい-せいど【早期警戒制度】金融庁が金融機関の経営状況を監視し、自己資本比率の悪化などが見られる場合に、早い段階で是正措置をとる制度。金融機関に収益性や資産内容などの報告を求め、経営改善を促す。平成14年(2002)の導入時は銀行を主な対象としていたが、その後、保険会社・証券会社・外国為替証拠金取引業者なども対象となった。

そうぎ-けん【争議権】労働者が使用者に対し、労働条件の改善などについて自己の主張を貫徹するため、団結してストライキその他の争議行為を行う権利。憲法の保障する労働基本権の一。

そうきけんぜんか-きじゅん【早期健全化基準】地方公共団体の財政の健全性に関する基準の一。財政健全化法で規定された実質赤字比率・連結実質赤字比率・実質公債費比率・将来負担比率のいずれかで基準値を超えた場合、財政健全化団体として自主的・計画的な財政の健全化が求められる。また、さらに悪化すると財政再生基準で審査される。➡財政再生基準

そうきけんぜんか-だんたい【早期健全化団体】▶財政健全化団体

そうぎ-こうい【争議行為】労働関係の当事者が、その主張を貫徹するため、またそれに対抗するために行う、業務の正常な運営を阻害する行為。労働者側ではストライキ・サボタージュなど、使用者側ではロックアウトなどがある。

そうきさいばい-ちいき【早期栽培地域】農林水産省が米(水稲)の作柄を調査する際の区分の一つ。早期栽培(台風を避けるため、8月中旬までに刈り取りをほぼ終える)の面積が3割以上を占める高知・徳島・宮崎・鹿児島の各県の該当地域と、二期作を行う沖縄の第一期稲が対象。沖縄以外の4県の普通栽培は遅場地帯に含まれる。

そうぎ-し【喪儀司】律令制で、治部省に属し、凶事の儀式、喪葬の具をつかさどった役所。大同3年(808)鼓吹司に合併。

そうぎし【僧×祇支】《梵 saṃkakṣikāの音写》袈裟の下につける衣。左肩に掛けて胸・わきを覆う。インドで比丘尼にのみ着用が許された。

そう-ぎし【総義歯】▶総入れ歯

そうき-しんじゅん【早期浸潤】結核の感染初期に、X線撮影で肺の一部に現れる円形の陰影。

ぞうき-せいざい【臓器製剤】動物の臓器を原料として製した薬剤。肝臓・胆嚢・膵臓・甲状腺などを用いた利胆薬・ホルモン剤など。

そうき-せつ【想起説】▶アナムネーシス

そうきたいしょく-しゃ【早期退職者】企業から退職金の優遇措置を受けることなどを条件に定年前に退職する者。雇用調整の一環として行われる希望退職・早期退職優遇制度に応じて退職した者を指すことが多いが、退職勧奨の承諾による者も含まれる。定年退職制の揺らぎや急速な景気悪化、企業の先行き不安感などから、50代だけでなく40代の雇用者にも対象者が広がりつつある。

そうぎ-だん【争議団】労働争議の際に、使用者などに対抗して一時的に組織される労働者の団体。

そう-きつ【蒼頡┊倉頡】▶そうけつ(蒼頡)

そうき-はすい【早期破水】分娩時に、子宮口が完全に開く前に破水すること。

ぞうき-ばやし【雑木林】さまざまの木が入りまじって生えている林。(類語)木立・林・森・森林・山林

そう-きへい【×槍騎兵】槍を持った騎兵。

そうき-ぼしせっしょく【早期母子接触】カンガルーケアのこと。特に、新生児集中治療室(NICU)に入院していない一般の新生児に対して行うものをいう。

そうぎ-もつ【僧×祇物】僧団の所有する財産。

そうぎゃ【僧×伽】《梵 saṃghaの音写。集団・会合の意》仏道修行をする僧の集団。広く在家を含めた集団をいうこともある。

そう-きゃく【双脚】左右2本のあし。両脚。

そうぎゃり【僧×伽▽梨】《梵 saṃghāṭiの音写》三衣の一。僧の正装衣で、9条から25条の布片を縫い合わせた1枚の布からなる袈裟。大衣。僧伽梨衣。そうかり。

そう-きゅう【早急】〔名・形動〕「さっきゅう(早急)」に同じ。「一な対応が望まれる」

そう-きゅう【送球】〔名〕スル ❶球技で、ボールを他の選手へ送ること。「二塁に一する」❷ハンドボールのこと。

そうきゅう【蒼虬】▶成田蒼虬

そう-きゅう【×蒼×穹】あおぞら。蒼空。蒼天。

(類語)蒼空・蒼天・天空・天穹・穹窿・太虚

そう-きゅう【×躁急】いら立ちいそぐこと。せっかちに事を運ぼうとすること。「成長の欲望は…余裕なき一となり」〈阿部次郎・三太郎の日記〉

ぞう-きゅう【増給】〔名〕スル 給料をふやすこと。また、ふえること。「全員一律に一する」⇔減給。

そうきゅう-きん【双球菌】球形の細菌が2個ずつ対になってつながっているもの。肺炎球菌・淋菌など。

そう-きょ【壮挙】壮大で意欲的な計画。また、その実現。「K2単独登頂の一をなしとげる」

(類語)快挙・美挙・義挙・美徳・フェアプレー

そう-ぎょ【双魚】❶2匹の魚。❷《遠来の客が置いていった2匹の鯉の腹中に手紙があったという「古楽府」の故事から》手紙のこと。双鯉。

そう-ぎょ【草魚】コイ科の淡水魚。全長約1メートル。コイに似るが口ひげがなく、背は灰褐色、腹面は淡色。川や沼にすみ、雑食性であるが水草も好む。中国の原産。利根川で繁殖。食用。ソーヒー。

そう-きょう【争競】〔名〕スル「競争」に同じ。「各権勢を分領し、互いに一するを以て、其国勢次第に進歩せり」〈永峰秀樹訳・代議政体〉

そう-きょう【×宋鏡】中国、宋代の鏡。漢鏡・唐鏡に比べて簡素であるが、実用的。

そう-きょう【曽鞏】[1019～1083]中国、北宋の文人。南豊(江西省)の人。字は子固。欧陽脩の門下で、感情を抑えた平易な文章で有名。唐宋八家の一人。

そう-きょう【×躁狂】〔名・形動〕浮かれ騒ぐこと。また、そのさま。「一な叫び声」

そう-ぎょう【早暁】明け方。払暁。

そう-ぎょう【相形】顔つき。形相。「非常に不平な一をして」〈長塚・土〉

そう-ぎょう【創業】〔名〕スル 事業を始めること。会社や店を新しく興すこと。「一して百年になる」➡起業(用法)

(類語)創立・開業・起業・始業

創業は易く守成は難し 《「貞観政要」論君道などから》新たに事業を興すよりも、それを衰えさせないように守っていくほうがむずかしい。

そう-ぎょう【僧形】僧の姿。髪を剃り、袈裟を着た姿。僧体。⇔俗形。

そう-ぎょう【操業】〔名〕スル 機械などを動かして作業をすること。また、その作業。「夜一〇時まで一する」「北洋で一する船団」(類語)作業・仕事・労働・労作・労務・役務・労役・業務・働く

ぞう-きょう【増強】〔名〕スル 人員・設備などを増やして機能を強化すること。「輸送力を一する」

(類語)強める・強化・補強・強まる・増進・増加・増大

ぞう-きょう【蔵教】《「三蔵教」の略》天台宗で、化法四教の第一。小乗教のこと。

ぞう-きょう【蔵経】「大蔵経」の略。

ぞう-ぎょう【雑行】❶浄土門で、阿弥陀仏以外の諸仏を礼拝するなどの、正行以外の行い。❷念仏以外の仏道修行。雑修。

そう-きょういく【早教育】学齢に達しないうちに行う教育。また特に、秀才教育あるいは才能開発の方法として、ごく幼い時期から施す教育。

そうぎょう-いた【創業板】㊀中国の新興企業向け証券市場。香港証券取引所のGEMのこと。㊁中国の深圳証券取引所に2009年に開設された新興企業向け市場の名称。ChiNext。(補説)創業板に対して、主要企業を対象とする証券市場は「主板」(メーンボード)と呼ばれる。

そうぎょう-け【創業家】(会社などの)創業者の一家。創業者につながる一族。

そうぎょうしゃ-りとく【創業者利得】サウゲフシャ 会社の設立に際して株式を引き受けた創業者が、保有する株式を株式市場に売りに出した際に取得できる、株式の時価と払込額面価額との差額。起業利得。

そうぎょう-たんしゅく【操業短縮】サウゲフ 生産過剰による価格の下落を防ぐために、企業が操業時間の短縮や生産設備の運転休止を行い、生産数量を低下させること。操短。

そうぎょう-ど【操業度】サウゲフ 一定期間における生産設備の利用の度合い。操業率。稼働率。

そうぎょう-はちまん【僧形八×幡】ソウギャウ 本地垂迹(ほんじすいじゃく)思想によって作り出された僧姿の八幡神像。一般に、座して錫杖(しゃくじょう)を持つ。平安初期以降、多くの彫像・画像が作られた。

そうぎょ-きゅう【双魚宮】サウギョ 黄道十二宮の第12宮。初めは魚座(うおざ)にあったが、歳差のため春分点が移動し、今は大部分が水瓶(みずがめ)座にある。

そう-きょく【×箏曲】サウ 邦楽の一。箏を主な伴奏楽器とする声楽曲、および箏を主奏楽器とする器楽曲。室町末期に成立した筑紫流箏曲の流れをくむ八橋検校(やつはしけんぎょう)が、江戸初期に八橋流を創始し、以後大きく発展。現在、生田流と山田流が二大流派。

そう-ぎょく【宋玉】中国、戦国時代の詩人。楚(そ)の人。頃襄(けいじょう)王に仕え、同郷の詩人である屈原の弟子といわれる。著「九弁」「招魂」「高唐賦」「神女賦」など。生没年未詳。

そうきょく-ガスりゅう【双極ガス流】サウキョクリウ ►双極分子流

そうきょく-し【双極子】サウキョク ある距離を隔てて対になって存在する、正負の電荷または磁極。前者を電気双極子、後者を磁気双極子とよぶ。ダイポール。

そうきょくし-モーメント【双極子モーメント】サウキョクシ 双極子の一方の極の電荷または磁荷の大きさと、両極間の距離との積の大きさをもつベクトル量。向きは、ふつう負から正への方向をとる。ダイポールモーメント。

そうきょく-せいうん【双極星雲】サウキョク 星形成領域の双極分子流、または恒星進化晩期における軸対称の質量放出により、可視光観測で星雲状に見える天体の総称。

そうきょくせい-しょうがい【双極性障害】サウキョクセイシャウガイ 快活な気分が支配的となる躁状態と、その逆に憂鬱な気分が支配的となる鬱状態を繰り返す慢性の病気。気分障害の一。中間期には正常な状態に復する。病のあとに精神的欠陥が残らない。躁鬱病。双極性感情障害。周期性精神病。循環病。

そうきょくせい-トランジスター【双極性トランジスター】サウキョクセイ《bipolar transistor》►バイポーラトランジスター

そうきょく-せん【双曲線】サウキョク 二次曲線の一。二つの定点からの距離の差が一定である点の軌跡。このときの二つの定点を双曲線の焦点という。

そうきょくせん-こうほう【双曲線航法】サウキョクセンカウハフ 電波航法の一。二点からの距離の差が一定な点は、この二点を焦点とする双曲線上にあるという原理を応用し、二つの発信局からの電波の到達時間差や位相差によって、船の位置を決める。ロラン・オメガ・デッカなどの航法は、その代表的なもの。

そうきょく-ぶんしりゅう【双極分子流】サウキョクブンシリウ 星形成領域に見られる分子流。ガスや塵が原始星に集まって円盤状になり、円盤と垂直な方向(原始星の回転軸の両極方向)に細く絞られた原始星ジェットを形成し、原始星から離れるに従い、周囲の物質を引きずって低温・高密度な分子流となる。速度は毎秒10キロメートル程度で、激しい質量放出を伴う。この二次的に形成された双極分子流を原始星ジェットと呼ぶこともある。分子双極流。双極ガス流。

そうきょく-めん【双曲面】サウキョク 二次曲面の一。直交座標系で、方程式

$$\frac{x^2}{a^2}+\frac{y^2}{b^2}-\frac{z^2}{c^2}=1 \text{ 及び } \frac{x^2}{a^2}-\frac{y^2}{b^2}-\frac{z^2}{c^2}=1$$

の表す曲面。双曲線面。

そう-ぎり【総×桐】全体を桐材で作ってあること。また、そのもの。三方桐・前桐に対していう。「―の箪笥(たんす)」

ぞうき-りょうほう【臓器療法】ザウキレウハフ 動物の臓器や臓器製剤を用いて、病気や機能障害を治療する方法。

そうき-るい【総×鰭類】古生代デボン紀中期に現れた硬骨魚類の一群。頭蓋骨(とうがいこつ)が前後二つの部分から構成されることが特徴。現生種にシーラカンスがある。

そう-きん【送金】〔名〕スル 金銭を送ること。また、その金銭。「代金を―する」 類語 仕送り

そう-きん【×鎗金】サウ 中国における漆器の装飾技法の一。漆塗りの面に毛彫りで文様を施し、金箔または金粉を押し込むもの。宋代から清代に盛行し、日本には室町時代に伝わって沈金(ちんきん)と称された。

そう-ぎん【相銀】サウ「相互銀行」の略。

ぞう-きん【雑巾】ザフ 汚れをふき取るための布。
類語 布巾・艶布巾・ダスター

ぞうきん-がけ【雑巾掛(け)】ザフキン〔名〕スル 雑巾でふき掃除をすること。「廊下を―する」

そうきん-かわせ【送金為-替】かはせ 為替決済方式の一。隔地者間の債権・債務決済などの際に現金を輸送せず、債務者から債権者へ銀行を通じて送金する決済方式。並為替。➡逆為替

そうきん-こぎって【送金小切手】送金為替の取り組みにあたり、送金手段として銀行が振り出す小切手。

ぞうきん-ずり【雑巾×摺り】ザフキン 壁と床板とが接する部分に打ち付ける細い横木。汚れや破損などを防ぐためのもの。

そうきん-るい【走×禽類】主に地上で生活し、よく走る鳥の総称。ダチョウ・キジ・ニワトリなど。

そうきん-るい【藻菌類】サウキン 真菌の一群。ミズカビ・ケカビなど。主に水生で、体は分岐した無色の菌糸からなる。分類学上は、ツボカビ類・サカゲカビ類・卵菌類・接合菌類として独立に扱われることが多くなっている。

そう-く【走×狗】狩猟の際、鳥や獣を追い立てるのに使われる犬。転じて、人の手先に使われる者。「社長派の―」「狡兎(こうと)死して―烹(に)らる」

そう-く【挿句】サフ「挿入句」に同じ。

そう-く【痩×軀】やせたからだ。痩身。「長身―」
類語 痩身・細身・やせ・やせっぽち・やせぎす・スマート・スリム

そう-ぐ【葬具｜喪具】サウ 葬式に使う道具。

そう-ぐ【装具】サウ ❶武装の際などに身につける器具。❷機能に障害のある体幹・四肢に装着する器具。コルセット・長下肢装具・股関節装具など。❸化粧の道具。❹室内などの飾りつけに用いる道具。

そう-ぐ【僧供】僧に対する供養。また、僧に施す供物。「我、寺にありし時、いたづらに―を請(う)け食ひてのみ過ぎき」〈今昔・一九・一九〉

ぞう-ぐ【雑具】ザフ いろいろの道具。ざつぐ。「資財―舟に積み」〈平家・五〉

そう-くう【×蒼空】サウ あおぞら。蒼穹(そうきゅう)。

そう-ぐう【曹禺】サウ［1910〜1996］中国の劇作家。本名は万家宝。湖北省の人。天津生まれ。清華大学在学中の1934年、中国近代劇史上画期的な作品「雷雨」を発表し、一躍文壇に登場。のち、「日出」「北京人」などを発表。ツァオ＝ユィ。

そう-ぐう【遭遇】サウ〔名〕スル 不意に出あうこと。偶然にめぐりあうこと。「山中で熊に―する」「事件現場に―する」 類語 際会・逢着・出会(でくわ)す・邂逅(かいこう)・鉢合わせ・会う・出会う・出くわす

ぞう-ぐう【造宮】ザウ 宮殿・神宮の造営。

ぞうぐう-しき【造宮▽職】ザウグウ 古代、宮殿などの造営をつかさどった臨時の役所。

そうぐう-せつ【遭遇説】サウグウ 太陽系の起源説の一。太陽の近くを他の恒星が通過した時に引き出された物質が惑星になったという説。微惑星説・潮汐(ちょうせき)説・連星説などがあるが、現在は支持されていない。

そうぐう-せん【遭遇戦】サウグウ 前進中の軍隊が、敵と不意に遭遇することによって起こる戦闘。

そう-ぐくり【総▽括り】〔名〕スル「総括(そうくく)り」に同じ。

そう-くずれ【総崩れ】くづれ 全体がくずれること。隊形や陣形が完全に乱れること。また、試合・競技などで全員が敗れること。「シード校が―となる」

そう-くつ【巣窟】サウ ❶居住する場所。すみか。「舟子漁夫の―と為り」〈服部誠一・東京新繁昌記〉❷悪党のすみか。悪人のかくれが。「麻薬密売人の―」

そう-ぐま【総×隈｜総暈＝渲】日本画で、線描きをして着色をする前に、主となる物の周囲を墨または他の色で淡くくまどること。

ぞう-くらげ【象水＝母】ザウ 軟体動物門腹足綱ゾウクラゲ科の巻き貝。クラゲの名が付くが、腔腸動物のクラゲではなく、体が透明な寒天質で海中を泳ぐところから名付けられた。体は細長く、体長約40センチ。背の中央に3センチほどの烏帽子(えぼし)状の薄い殻をもつ。温・熱帯域の海に広く分布する。

ぞう-ぐるま【雑車】ザフ 雑用に使う車。「―二、三百両取り集めて」〈太平記・九〉

そう-ぐるみ【総ぐるみ】全員が一体となること。「社員―で再建にとりくむ」

そう-ぐん【総軍】軍勢の全体。総軍勢。

そう-け【宗家】一門・一族の中心となる家柄。特に、芸道などで正統を伝えてきた家。また、その家の当主。家元。そうか。「茶の湯の―」
類語 本家・家元・総本家

そう-け【僧家】僧の住む家。また、僧侶。そうか。
類語 僧・僧侶・坊主・坊さん・御坊・お寺さん・沙門(しゃもん)・法師・出家・比丘(びく)

ぞう-げ【象牙】ザウ 象の上あごにある長く伸びた一対の門歯。細かい木目状の縞模様があり、適度の硬さなので細工物に用いられた。

そう-けい【早計】サウ〔名・形動〕早まった考え。十分に考えないで判断すること。また、そのさま。「そう結論するのは―だ」「―に失する」

そう-けい【奏慶】❶よろこびを申し上げること。❷官位に叙せられた者が、参内してお礼を申し上げること。

そう-けい【草径】サウ 草の茂った小道。

そう-けい【総計】〔名〕スル 全体をひっくるめて計算すること。また、その合計。「一か月の支出を―する」➡小計 類語 合計・集計・締め・延べ・計・トータル

そう-けい【×聡×慧】〔名・形動〕才知にすぐれること。また、そのさま。聡明。「其の―なりしこと知る可し」〈露伴・運命〉

そう-けい【×蒼×勁】サウ〔名・形動〕枯れた味があって力強いこと。また、そのさま。筆跡などにいう。

そう-げい【送迎】〔名〕スル 行く人を送り、来る人を迎えること。おくりむかえ。「客を車で―する」

ぞう-けい【造形｜造型】ザウ〔名〕スル 形のあるものをつくりだすこと。ある観念などから、ある形をつくりだすこと。また、そのもの。「歓喜のイメージを―する」「自然の―美」 類語 成型・整形

ぞう-けい【造詣】ザウ その分野についての広く深い知識や理解、また、すぐれた技量。「郷土芸能に―が深い」 類語 学識・蘊蓄(うんちく)・知識・教養・該博・学殖・素養・碩学(せきがく)・篤学・博学・博識・博覧・博覧強記・有識・物知り・生き字引

ぞう-げい【雑芸】ザフ ❶古代に行われた雑多な芸能。特に、中国から伝来した散楽(さんがく)系統の曲芸・奇術。雑伎(ざつぎ)。ざつげい。❷平安後期から鎌倉時代にかけて流行した歌謡の総称。催馬楽(さいばら)など古典的、貴族的なものに対して、今様(いまよう)・沙羅林(さらりん)・法文歌・神歌など民間から出たもの。「梁塵秘抄(りょうじんひしょう)」などに集録。ざつげい。

ぞうけい-き【造型機】ザウケイ 鋳型を多量に製作する機械。鋳型製造機。

ぞうけい-げいじゅつ【造形芸術】ザウケイ 実在する物質を媒介として空間的形象を表し、人間の視覚に訴えることを目的とする芸術。絵画・彫刻・工芸・建築の類。空間芸術。造形美術。

そう-げいこ【総稽古】「総浚(そうざら)い❷」に同じ。

そうけいしゅう【草径集】サウケイシフ 江戸末期の私家集。

3巻。大隈言道著。文久3年(1863)刊。自撰家集「戊午集」「今橋集」から撰した歌を分類したもの。

そうげいしゅち-いん【綜芸種智院】▶しゅげいしゅちいん(綜芸種智院)

そう-けい-じょうち【早慶上智】在京の私立難関校群である、早稲田大学・慶応義塾大学・上智大学の総称。➡早慶上理

そう-けい-じょう-り【早慶上理】在京の私立難関校群である、早稲田大学・慶応義塾大学・上智大学・東京理科大学の総称。(補説)東京理科大学を除いて「早慶上智」ともいう。

そうけい-せん【早慶戦】早稲田大学と慶応義塾大学との対校競技。特に、東京六大学野球リーグ戦における両校の試合。(補説)慶応義塾大学関係者は「慶早戦」と呼ぶが、早稲田大学関係者のみならず世間では「早慶戦」の呼び方が一般的。

そうけい-ちゅう【双係柱】▶係船柱

ぞうけい-びじゅつ【造形美術】▶造形芸術

そうけい-よさん【総計予算】一会計年度におけるすべての収入を歳入とし、すべての支出を歳出として予算に計上する方式。日本の予算制度はこの方式による。➡純計予算

そう-けいれい【宋慶齢】[1892〜1981]中国の政治家。広東省海南島の人。孫文夫人。宋美齢・宋子文の姉。日本に亡命中、孫文と結婚。孫文の死後、国民党左派に属し、蒋介石と対立。中華人民共和国成立とともに国家副主席に就任。ソン=チンリン。

ぞうげ-いろ【象牙色】やや黄色みを帯びた白色。アイボリー。(類語)乳色・乳白色・ミルク色・灰白色・オフホワイト・アイボリー

ぞうげ-かいがん【象牙海岸】▶コートジボワール

そう-げき【×怱劇｜×忩劇】非常にあわただしいこと。忙しくて落ち着かないこと。「一の巷」

ぞうげ-しつ【象牙質】歯の主要部をなす組織。黄白色で骨質より硬く、歯冠ではエナメル質に、歯根ではセメント質に覆われ、内部に歯髄がある。歯質。

そうけ-だ・つ【総毛立つ】〔動タ五(四)〕恐怖や寒さなどのために、全身の毛が逆立つ。身の毛がよだつ。「蛇と聞いただけで一・つ」

そう-けつ【送血】〔名〕スル 人工心肺装置を使用する際に、患者から脱血し人工心肺装置で酸素を加え二酸化炭素を取り除いた血液を患者の大動脈・大腿動脈に送り戻すこと。

そう-けつ【蒼頡｜倉頡】中国古代の伝説上の人物。黄帝の史官で、鳥の足跡から文字を創案したと伝えられる。そうきつ。

そう-げつ【壮月】陰暦8月の異称。(季 秋)

そう-げつ【相月】《「しょうげつ」とも》陰暦7月の異称。

そう-げつ【×陬月】正月の異称。

そう-げつ【霜月】❶霜と月の光。❷霜の降りた夜の、冷たく澄んだ月。❸陰暦11月の異称。しもつき。

ぞう-けつ【造血】〔名〕スル 体内で血液が生成されること。「一機能」

ぞう-けつ【増血】〔名〕スル 体内の血液をふやすこと。また、ふえること。「一剤」

ぞう-けつ【増結】〔名〕スル 列車の連結車両をふやすこと。「臨時に二両を一する」

そうげつ-かい【草月会】生け花の流派の一。昭和2年(1927)勅使河原蒼風が草月流として創始。形式や定型を超えて、造形的な新しい生け花の創造をめざす。

ぞうけつ-かんさいぼう【造血幹細胞】血液中の赤血球、白血球、血小板などの血液細胞を産生する細胞。この細胞には自己複製能があり、自らが分化して血液細胞になる。成人では主に骨髄に存在し、胎児では肝臓、脾臓、また臍帯血(臍帯と胎盤の中の血液)にも存在する。血球芽細胞。

ぞうけつ-きかん【造血器官】血球をつくる器官。胎児の肝臓・脾臓・骨髄、成人の骨髄など。

ぞうけつ-ざい【造血剤】血液中の赤血球・ヘモグロビンを増加させる薬剤。鉄剤や葉酸・ビタミンB_{12}・肝臓製剤など。貧血の治療に用いる。増血剤。

そう-けっさん【総決算】〔名〕スル ❶一定期間の収支のすべてについて行う決算。❷物事を締めくくること。結末をつけること。「この一年の活動を一する」

ぞうげ-の-とう【象牙の塔】《フランス tour d'ivoire》芸術至上主義の人々が俗世間を離れて楽しむ静寂・孤高の境地。また、現実から逃避するような学者の生活や、大学の研究室などの閉鎖社会。フランスの文芸評論家サント=ブーブがビニーの態度を評した言葉で、厨川白村がこれを紹介した。

ぞうげ-ぼり【象牙彫(り)】象牙を材料として彫刻したもの。牙彫。

ぞうげ-やし【象牙×椰子】ヤシ類のうち、種子の胚乳が非常に硬いものの総称。熱帯アメリカ・南洋諸島・アフリカなどに産し、高さ6〜10メートル、幹の頂部に羽状複葉の葉が多数つく。果実は長さ10〜20センチで丸く、中の白色の胚乳をボタンその他の細工物に用いる。

そう-けん【双肩】左右両方の肩。多く、責任や義務を負うもののたとえにいう。両肩。「一に担う」「国の将来は若者の一にかかっている」(類語)肩・両肩

双肩に担う 重要な任務を引きうける。責任を背負う。「日本の未来を一・う」

そう-けん【壮健】〔名・形動〕健康で元気なこと。また、そのさま。「父上は御一ですか」「一な人」(類語)元気・健康・健勝・清勝・健やか・健全・達者・丈夫・無事・まめ・つつがない・息災・無病息災・強壮・強健・頑健・矍鑠

そう-けん【送検】〔名〕スル 犯罪者・犯罪容疑者、また、捜査書類・証拠物件を警察から検察庁に送ること。「身柄を一する」➡書類送検

そう-けん【創見】従来にない新しい意見。独創的な見解。「一に富んだ論文」

そう-けん【創建】〔名〕スル 建物・機関などをはじめてつくること。「鎌倉時代に一された禅寺」

そう-けん【想見】〔名〕スル 思い浮かべること。想像してみること。「情景を一する」(類語)想像・仮想・空想・夢想・幻想・イメージ

そう-けん【総見】〔名〕スル 芝居・相撲などの興行を後援する目的で団体をつくり、全員で見物すること。総見物。「正月興行を芸者衆が一する」(類語)観劇・観戦・見物

そう-げん【壮言】意気の盛んな言葉。壮語。

そう-げん【宗源】万法の源の意。

そう-げん【草原】❶草が一面に生えている広い平地。くさはら。❷植物群系の一。主にイネ科植物からなり、それに低木が交じるか、または低木の全くない群落。ステップ(温帯草原)・サバンナ(熱帯草原)があり、高山草原・湿原なども含めていう。(類語)草原・湿原・サバンナ・ステップ

ぞう-げん【造言】いつわりの言葉。つくりばなし。うそ。「一蜚語」

ぞう-げん【増減】〔名〕スル 数量がふえたりへったりすること。また、ふやしたりへらしたりすること。「定期的に水かさが一する」

ぞう-げん【雑言】〔名〕スル ▶ぞうごん(雑言)

ぞう-げん【×讒言】「ざんげん(讒言)」の音変化。「いかなる一などのありけるにかと」〈源・柏木〉

そうけん-いん【総見院】京都大徳寺内にある塔頭の一。天正10年(1582)豊臣秀吉が織田信長の菩提を弔うために創建。

そうげん-が【×宋元画】中国、北宋・南宋および元代の絵画。日本では、特に桃山時代以前に舶来したものをいう。

そうげん-きこう【草原気候】▶ステップ気候

そう-けんぎょう【総検▽校｜×惣検▽校】❶中世、荘園や公領の職名。在地の最高責任者。❷中世、大寺社におかれた僧職。寺務の全体を総括した。❸室町時代以降、当道の最高責任者。全国の盲人を統轄した。

そうけん-じ【摠見寺】滋賀県近江八幡市にある臨済宗妙心寺派の寺。山号は遠景山(安土山とも)。天正年間(1573〜1592)正仲剛可を開山として織田信長が安土城内に建立。

そうげん-じ【藻原寺】千葉県茂原市にある日蓮宗の寺。山号は常在山。開創は建治2年(1276)、開山は日蓮、開基は斎藤兼綱。東身延とも称される。

そうげん-しんとう【宗源神道】吉田神道の異称。

そうげん-たいご【壮言大語】▶大言壮語

そうげん-の-せんじ【宗源の宣旨】吉田神道で、卜部家から諸社に、神宣と称して神階・社格・神号などを授けた文書。宗源神宣。

そう-けんぶつ【総見物】「総見」に同じ。

そう-こ【倉庫】❶貨物・物品などを貯蔵・保管するための建物。くら。❷法律で、倉庫営業者が他人の物品を保管するために設けた建物その他の設備。

そう-こ【桑戸】桑の木で作った戸。貧しい家。

そう-こ【桑弧】桑の木で作った弓。

そう-こ【操×觚】《觚は四角い木札。古代中国でこれに文字を書いたところから》詩文を作ること。文筆に従事すること。

そう-こ【×蒼古｜×蒼枯】〔ト・タル〕図〔形動タリ〕古めかしい中に深い趣のあるさま。「苔むして一とした石仏群」

そう-ご【壮語】〔名〕スル 意気の盛んなことを言うこと。えらそうに大きなことを言うこと。また、その言葉。壮言。「酒の勢いで一する」「大言一」(類語)大言壮語・豪語・広言・大ぶろしき・誇張・誇称

そう-ご【相互】一つの物事に関係する両方の立場。また、その両方が同じことをしあうこと。「一の親睦を深める」「一に依存する」(類語)交互に・互いに

そう-ご【×聡悟】《「聡明穎悟」の略》理解が早く、賢いこと。

そう-ご【×蒼×梧】アオギリのこと。

そうご【蒼梧】中国湖南省寧遠県にある山。中国古代の舜帝の墓があるとされる所。

ぞう-ご【造語】〔名〕スル 新語をつくること。既存の語を組み合わせるなどして新しい意味の言葉をつくること。また、その言葉。「新しい概念を表す言葉として一する」「明治期の一」

そうご-インダクタンス【相互インダクタンス】二つの電流回路に相互誘導があるとき、誘導起電力は他方の回路を流れる電流の時間的変化に比例するが、このときの比例定数のこと。相互誘導係数。➡相互誘導

そう-こう【双×鉤】❶書道の執筆法の一。筆の軸に親指と人差し指・中指をかけ、薬指を軽く添えて書く法。❷文字の上に薄紙を置き、輪郭だけを線で写し取ること。籠写し。籠字。籠抜き。

そう-こう【▽爪甲】つめ。

そう-こう【壮行】旅立ちに際して、その前途を祝し激励すること。「一会」

そう-こう【早行】早朝に旅立つこと。はやだち。「杜牧が一の残夢」〈野ざらし紀行〉

そう-こう【走向】傾斜している地層面と水平面とが交わってできる直線の方向。地層はこの方向に続いている。クリノメーターで測定。

そう-こう【走行】〔名〕スル 自動車などが走ること。「時速三〇〇キロで一する」「一距離」(類語)通行・運行・運転・ドライビング

そう-こう【奏功】〔名〕スル 目標どおりの成果があがること。功を奏すること。「和解工作が一する」

そう-こう【奏効】〔名〕スル ききめがあらわれること。「新薬が一する」

そう-こう【草稿】文章の下書き。原稿。(類語)原稿・下書き・草案・文案・稿・歌稿・画稿

そう-こう【送稿】〔名〕スル 原稿を送ること。「記事をファクシミリで一する」

そうこう【桑港】▶サンフランシスコ

そう-こう【×崢×嶸】■〔名〕❶山や谷のけわしさ。「険は一を排するに似たり」〈東海散士・佳人之奇遇〉

［総合振興局］総合振興局・振興局一覧

名称	所在地	旧支庁名
胆振総合振興局	室蘭市	胆振支庁
渡島総合振興局	函館市	渡島支庁
オホーツク総合振興局	網走市	網走支庁
上川総合振興局	旭川市	上川支庁
釧路総合振興局	釧路市	釧路支庁
後志総合振興局	倶知安町	後志支庁
宗谷総合振興局	稚内市	宗谷支庁
空知総合振興局	岩見沢市	空知支庁
十勝総合振興局	帯広市	十勝支庁
石狩振興局	札幌市	石狩支庁
根室振興局	根室市	根室支庁
日高振興局	浦河町	日高支庁
檜山振興局	江差町	檜山支庁
留萌振興局	留萌市	留萌支庁

❷人生のけわしさ。「人情反覆せる世路—の中にて」〈蘇峰・近来流行の政治小説を評す〉■〔ト・タル〕図〔形動タリ〕山などが、高くけわしいさま。「—たる一峯が」〈漱石・草枕〉

そう-こう【装甲】サウカフ〔名〕スル ❶甲よろいをつけて武装すること。❷敵弾を防ぐために船体や車体に鋼鉄板を張ること。また、その鋼鉄板。「—された車両」「—艦」

そう-こう【装×潢】サウクワウ《「潢」は紙を染める意》書画を表装すること。「一頗すこぶる美にして」〈鷗外・渋江抽斎〉

そう-こう【×綜×絖】ソウコウ 織機で、横糸を通すために、縦糸を上下に分ける器具。

そう-こう【×蒼×昊】サウカウ 青空。空。天。

そう-こう【操行】サウカウ 道徳的な面からみた、ふだんの行い。素行。品行。「—がよくない」

（類語）品行・素行・身持ち・行状・行跡

そう-こう【×艙口】サウ 船倉に貨物を出し入れするため、上甲板に設けられた四角い口。ハッチ。

そう-こう【×糟×糠】サウカウ ❶酒かすと米ぬか。転じて、粗末な食べ物。❷値打ちのないもの。つまらないもの。「清盛入道は平氏の—」〈平家・四〉

糟糠の妻は堂より下くださず　《「後漢書」宋弘伝から》貧しいときから苦労をともにしてきた妻を、富貴になってからも大事にして見捨てない。

そう-こう【霜降】サウカウ 二十四節気の一。10月23日ごろ。このころ、霜が降り始めるという。（季 秋）「—の陶すゑものつくる翁かな／蛇笏」

そう-こう【倉皇¦×蒼×惶】サウクワウ〔ト・タル〕図〔形動タリ〕あわてふためくさま。あわただしいさま。「何新なにしんはただ—として公主を負いまいらせて宮中を出ました」〈露伴・運命〉

そう-こう【▽然う×斯う】さうかう〔副〕スル あれこれと。何やかやと。「—するうちに駅に着いた」

（類語）あれこれ・とかく・とこう・何やかや

そう-ごう【相好】サウガウ ❶仏の身体に備わっている特徴。32の相と80種の好の総称。❷顔かたち。顔つき。表情。（類語）（❷）顔・顔付き・顔立ち・容貌・面構え・面差し・面立ち・面影・人相・面相・容色・血相・形相・剣幕・面魂・表情

相好を崩・す　にこやかな表情になる。顔をほころばせる。「孫の顔を見て—・す」

そう-ごう【僧号】ソウガウ 俗名にかわる僧としての名。

そう-ごう【僧綱】ソウガウ ❶僧尼を統率し諸寺を管理する官職。僧正・僧都そうづ・律師が置かれた。❷僧官と僧位の総称。僧正・僧都・律師と、法印・法眼ほふげん・法橋ほふけう。❸「僧綱領そうごうえり」「僧綱襟そうごうえり」の略。

そう-ごう【総合¦×綜合】ソウガフ〔名〕スル ❶個々別々のものを一つに合わせてまとめること。「全員の意見を—する」「各種目の得点を—する」❷㋐《synthesis》分析的思考によってとらえられたいくつかの部分・要素を結び合わせて統一的に構成すること。⇔分析。㋑《ドイ Synthese》ヘーゲル弁証法で、相互に矛盾する定立と反定立とを止揚すること。合ごう。ジンテーゼ。

（類語）統合・総括・統括・包括・一括・集約・集成

そう-ごう【総×髪】ソウガウ《「そうがみ」の音変化》「そうはつ（総髪）」に同じ。「前髪の首を—にして渡さうとは」〈浄・千本桜〉

ぞう-こう【増×劫】ゾウコフ 仏語。住劫において、人間の寿命が10歳から年々、または100年に1歳ずつ増して、8万4000歳まで増加していく過程。⇔減劫げんこう。

ぞう-こう【雑口】ザフ 悪口を言うこと。雑言ぞうごん。「腰が抜けて弓矢の義を忘れしと、韃靼だったん人の—にかけられんは必定」〈浄・国性爺〉

ぞう-こう【蔵×鉤】ザウ 古代、中国から伝来した遊戯の一。二組みに分かれ、一方の組の者が握りこぶしを出し、その中の一人が物を握っているのを、他方の組の者が言い当てるもの。

ぞう-ごう【贈号】ゾウガウ〔名〕スル 生前の功績をたたえて、死後に称号を贈ること。また、その称号。おくりな。諡号しごう。

そうごう-い【総合医】ソウガフ 性別・年齢・疾患などを問わず、幅広く診断と治療を行う医師。家庭医とほぼ同義で使われることが多い。（補説）「総合医構想」を進める厚生労働省は、地域の開業医を総合医と認定することで、地域の中核病院への患者の過度な集中を緩和し、初期診療と専門医療との役割分担を明確にすることを目指しているが、開業医の負担が増大するだけで地域医療の再生にはつながらないとする反論もある。

そうごう-えり【僧綱▽領】ソウガフ 後頭部が隠れるように、法衣ほうえの後ろ首に三角形の板を用いて、えりを隠して着ること。また、その着方。そうごうくび。

そうごう-かいはつ【総合開発】ソウガフ 経済開発・社会開発・国土保全などの全体のバランスを考えながら、一定の地域の利用・開発・整備を進めること。

そうごうかがくぎじゅつ-かいぎ【総合科学技術会議】ソウガフクワガクギジュツクワイギ 内閣府の重要政策会議の一つ。科学技術の総合的・計画的な振興を図るための基本政策立案、総合調整、大規模研究開発等の評価などを行う。平成13年（2001）設置。

そうごう-がくしゅう【総合学習】ソウガフガクシフ 各教科で学んだことを、一定の生活題材などによって総合し、認識の深化をはかる学習。合科学習。（補説）平成14年（2002）に導入された「総合的な学習の時間」を略していうことがあるが、総合学習はそれ以前から行われている学習法である。➡総合的学習

そうごう-かくとうぎ【総合格闘技】ソウガフ パンチやキックなどの打撃技のほか、関節技や投げ技、寝技など、あらゆる格闘技の技術を総合的に使って勝敗を争う格技。

そうごう-かぜい【総合課税】ソウガフクワゼイ 納税義務者の各種の所得を一つに合算した額に対して課税すること。➡分離課税

そうごう-がち【総合勝ち】ソウガフ 柔道の試合で、自分の得点「技あり」と、相手の「警告」という「技あり」同等の失点とを合わせて、「一本」の勝ちと見なすこと。

そうごう-きょうじゅ【総合教授】ソウガフケウジュ ▶合科教授

そうごうぎょうせい-ネットワーク【総合行政ネットワーク】ソウガフギャウセイ ▶エルジーワン（LGWAN）

そうごう-くび【僧綱×頸¦僧綱▽領】ソウガフ「僧綱領そうごうえり」に同じ。

そうごう-げいじゅつ【総合芸術】ソウガフ 各種の芸術の要素が協調・調和した形式で表出される芸術。楽劇・映画など。

そう-こうげき【総攻撃】〔名〕スル 全軍がいっせいに攻撃すること。大勢がいっせいに責めたてること。「敵の拠点を—する」「野党から—を食う」

（類語）攻撃・襲撃・急襲・強襲・突撃・進撃・進攻・侵攻・攻略・追撃・出撃・アタック

そうごうけんきゅう-だいがくいんだいがく【総合研究大学院大学】ソウガフケンキウダイガクヰンダイガク 神奈川県三浦郡葉山町にある国立大学院大学。昭和63年（1988）開設。平成16年（2004）国立大学法人となった。

そうごう-こうざ【総合口座】ソウガフ 普通預金と定期預金とを1冊の通帳にまとめ、普通預金の残高が不足した場合には定期預金を担保として自動的に借り入れができる仕組みの口座。

そうごう-ざっし【総合雑誌】ソウガフ 思想・政治・経済・文芸・科学など、さまざまの分野の論文・評論や創作などを総合的に掲載する雑誌。

そうごうしえん-しきん【総合支援資金】ソウガフシエン 減収・失業等により日常生活の維持が困難となった世帯を対象に、生活の再建に必要な資金を無利子または低利で貸し付ける制度。厚生労働省が定め、都道府県社会福祉協議会が実施する、生活福祉資金貸付制度による貸付資金の一つ。

そうこう-しゃ【装甲車】サウカフ 装甲❷を施した車両。特に、機関銃などで武装した軍用自動車。

そうごう-しゅうさんきぼしいりょうセンター【総合周産期母子医療センター】ソウガフシウサンキボシイレウ ▶周産期母子医療センター

そうごう-しゅぎ【総合主義】ソウガフ《フラ synthétisme》19世紀末、フランスでゴーギャンを中心として興った絵画運動。印象主義の分析的傾向への反動として主観と客観の総合を目ざした。象徴主義的な主題、平坦な色面と太い輪郭線の使用を特色とする。サンテティスム。

そうごう-しょ【僧綱所】ソウガフ 僧綱が参集して執務する役所。初め、奈良時代に薬師寺に設けられた。

そうごう-しょうしゃ【総合商社】ソウガフシヤウシヤ 多種多様な商品の輸出入貿易および広範な国内取引に携わる日本特有の巨大商社。金融機能・オルガナイザー機能・情報機能などももつ。

そうごう-しょく【総合職】ソウガフ ❶企業で、総合的職務に当たる職。昇進に限定がなく、転居を伴う転勤を条件とすることが多い。➡一般職❶ ❷2013年から実施される総合職試験で採用された国家公務員の通称。➡一般職❸（類語）官職

そうごうしょく-しけん【総合職試験】ソウガフショク 国家公務員の採用試験の一。それまでの一種試験に替えて、2013年度採用分から実施。大学院修了者が対象の院卒者試験と、大卒程度試験がある。国家公務員採用総合職試験。➡一般職試験（補説）従来の一種試験に合格した公務員が、いわゆるキャリアとして自動的に一定の出世ができたのに対し、総合職試験による公務員は必ずしもそのようなコースに乗るものではないとされる。

そうこう-じる【×糟×糠汁】サウカウ 米ぬか製のみそで調理した汁。〈日葡〉

そうごう-しんこうきょく【総合振興局】ソウガフ 北海道の行政区画の一。振興局とともに道庁の出先機関として道内の各地域に置かれる。平成22年（2010）4月、「北海道総合振興局及び振興局の設置に関する条例」により支庁を廃止して設置された。所管区域は旧支庁のものを継承している。➡表

そうこう-せい【走光性】ソウクワウ 生物が光の刺激に対して示す走性。光に向かう場合を正の走光性といい、集魚灯・誘蛾灯ゆうがとうはこれを利用したもの。光ひかり走性。

そうこうそうじょうぶんれつ-しょう【▽爪甲層状分裂症】サウカフソウジャウブンレツシャウ 爪の先端が層状にはがれた状態。乾燥と湿潤を頻繁に繰り返すことによって起こると考えられている。マニキュアの除光液に含まれるアセトンや洗剤など外的刺激によって起こることが多いが、甲状腺機能亢進症や低色素性貧血などの疾患が原因の場合もある。

そうごう-だいがく【総合大学】ソウガフ 4年制大学で、複数の学部をもつ大学。ユニバーシティー。➡単科大学

ぞう-こうたいごう【贈皇太后】ゾウクワウタイコウ 天皇の生母に、その死後贈られる尊号。

そうこう-ちゅう【層孔虫】樹状または塊状の群体をなし、石灰質の骨格をもつ化石動物。古生代・中生代に繁栄。腔腸こうちょう動物のヒドロ虫類に属するとされる。

そうごう-てき【総合的】ソウガフ〔形動〕個々の物事を一つにまとめるさま。「—な意見」「—に検討する」

そうごうてき-がくしゅう【総合的学習】ソウガフテキガクシフ《「総合的な学習の時間」の略》小学校・中学校・高等学校で、各教科の学習で学んだ知識を総合し、自ら考え解決する力を身につけさせることを目的とする学習活動。具体的な学習内容は各学校が保護者や地域の協力を得て独自に設定。（補説）平成14年（20

02)に小学校・中学校、同15年に高等学校に導入されたが、同20年には授業時間が大幅に縮小された。
そうこう-てんぼく【双×鉤塡墨】サウコウ 双鉤❷で写した文字の輪郭の内側を墨で塗り、同じような文字をつくること。
そうごう-のうきょう【総合農協】ソウガフノウケフ 農業協同組合のうち、営農指導、資材の共同購入、農産物の共同販売、生命・損害・年金等の共済事業、貯金・融資等の金融業務などを総合的に行うものをいう。JA全中・JA全農などを中心とするJAグループの単位農協のこと。⇒専門農協
そうこう-の-つま【×糟×糠の妻】サウカウ 貧しいときから連れ添って苦労をともにしてきた妻。⇒糟糠
そうごう-はんだん【総合判断】ソウガフ《ドイツ synthetisches Urteil》カントの用語。主語概念に含まれていない内容を述語として付け加える判断。この判断では、認識は拡張される。拡張的判断。⇔分析判断。
そうごう-びょういん【総合病院】ソウガフビヤウヰン 内科・外科その他複数の診療科をもち、病理などの臨床検査の設備もある、入院用ベッドを100以上備えている病院。
そうごうひょうか-ほうしき【総合評価方式】ソウガフヒヤウカハウシキ 一般競争入札の一種。官公庁が物品・役務の調達、建設工事の発注等で入札を行う際、業者から提示された価格だけでなく、提供される物品・インフラ等の品質や、環境に与える負荷の少なさ、省資源化など、あらかじめ設定された評価項目も勘案し、総合的に落札業者を決定する。企画競争入札とも類似するが、価格とのバランスが重視される。
そうごう-へんしゅう【総合編集】ソウガフヘンシフ 新聞編集の際に、各部が作成した記事材料を、整理部で選択総合して編集する方法。
そうごうほうりつしえん-ほう【総合法律支援法】ソウガフハフリツシヱンハフ 裁判などによる紛争解決のための制度の利用を容易にし、弁護士・司法書士などのサービスを身近に受けられるようにするための総合的な支援の実施および体制の整備について定めた法律。平成16年(2004)成立。この法律に基づき、同18年に日本司法支援センター(法テラス)が設立された。
そうごうんよう-せい【相互運用性】サウゴウンヨウ ►インターオペラビリティー
そうこ-えいぎょう【倉庫営業】サウコエイゲフ 他人のために物品を倉庫に保管することを目的とする営業。
そうごえんじょ-じょうやく【相互援助条約】サウゴヱンジヨデウヤク 他国から侵略を受けた場合、相互に援助することを約束した条約。
そうこ-かい【操×觚界】サウコ 文筆に従事する人々の社会。
そうこ-がいしゃ【倉庫会社】サウコグワイシヤ 倉庫営業をする会社。
そうご-がいしゃ【相互会社】サウゴグワイシヤ 社員の相互保険を目的とする社団法人。保険業法によってのみ認められる。相互保険会社。
そうごかくしょう-はかい【相互確証破壊】サウゴカクシヨウハクワイ ►マッド(MAD)
そうご-ぎんこう【相互銀行】サウゴギンカウ 昭和26年(1951)施行の相互銀行法に基づき、無尽会社から転換した中小企業専門の金融機関。普通の銀行業務のほか無尽業務も行った。平成元年(1989)から普通銀行に転換。同5年相互銀行法は廃止。
そう-こく【宗国】宗主と仰ぐ国。本家筋の国。
そう-こく【相克｜相×剋】サウ〔名〕スル ❶対立・矛盾する二つのものが互いに相手に勝とうと争うこと。「理性と感情が―する」❷五行説で、木は土に、土は水に、水は火に、火は金に、金は木にそれぞれ剋つとされること。五行相克。⇒相生
(類語)対立・拮抗・張り合う
ぞう-こく【造石】ザウ「造石数」の略。
ぞう-こく【造国】ザウ 平安中期から鎌倉時代にかけて皇居や寺社の造営を朝廷から請け負った国。
ぞう-こく【増石】〔名〕スル 酒・醬油などの生産高を増やすこと。⇔減石。
ぞうこく-し【造国司】ザウコク 造国の最高責任者。一般には守。
ぞうこく-すう【造石数】ザウコク 酒・醬油などの醸造高。造石高。
ぞうこく-ぬり【象谷塗】ザウコク 江戸末期の漆工、玉楮象谷が、タイの蒟醬と中国の存星などの漆器を独自に消化して創始した塗り物。中塗りの上に草花などを彫刻し、青・黄・紅などの色漆をつめて研ぎ出し、仕上げ塗りをしたもの。高松市の名産。
そう-こくはん【曽国藩】[1811～1872]中国、清末の政治家。湘郷(湖南省)の人。字は伯涵。号、滌生。太平天国の乱のときに義勇軍を組織して清朝を救い、また、初期の洋務運動を推進した。著「曽文正公全集」など。
そう-こくぶんじ【総国分寺】奈良時代、全国に置かれた国分寺を総轄した寺。奈良の東大寺のこと。
そう-こくぶんにじ【総国分尼寺】奈良時代、全国に置かれた国分尼寺を総轄した寺。奈良の法華寺のこと。
そうご-くみあい【相互組合】サウゴクミアヒ 組合員相互の利益を図るためにつくられる組合。健康保険組合・同業組合など。
そうご-コンダクタンス【相互コンダクタンス】サウゴ トランジスターや真空管などを用いた増幅回路において、出力電圧一定の場合の入力電圧の変化に対する出力電流の変化。入力電圧をE_1、出力電流をI_0とすると、相互コンダクタンスはI_0/E_1と表される。
そうご-さよう【相互作用】サウゴ ❶互いに働きかけ、影響を及ぼすこと。交互作用。❷物体どうしが互いに万有引力や電気力の影響を及ぼし、それぞれの運動状態を変えていくこと。基本的には素粒子にみられる。
そうこじけつ【操觚字訣】サウコジケツ 江戸中期の語学書。10巻。補編・遺編・続編5巻。伊藤東涯の草稿を子の伊藤東所が編纂。宝暦13年(1763)の東所の序文がある。漢文の文章作法を説き、同訓異義の漢字を集めてその差異を示したもの。
そうこ-しゃ【操×觚者】サウコ 文筆に従事する人。著述家・記者・編集者など。
そうご-しゅかんせい【相互主観性】サウゴシユクワンセイ《ドイツ Intersubjektivität》フッサールの用語。複数の主観の間で共通に成り立つこと。事物などの客観性を基礎づけるものとされる。間主観性。共同主観性。
そうご-しゅぎ【相互主義】サウゴ《principle of reciprocity》❶外交・通商関係で、相手国の自国に対する待遇と同等の待遇を与えようとする主義。❷外国人に権利を与える際、その外国人の本国が自国民に同等の権利を与えることを条件とする主義。
そうこ-しょうけん【倉庫証券】サウコ 倉庫営業者が寄託者の請求によって発行する有価証券。預り証券・質入証券・倉荷証券の総称。
ぞうご-せいぶん【造語成分】ザウゴ ►語素
そうご-ちょくつううんてん【相互直通運転】サウゴ「相互乗り入れ」❶に同じ。
そう-こつ【痩骨】からだがやせていること。また、やせ細ったからだ。「徒らに―を余せり」〈中村訳・西国立志編〉
ぞうこつ-き【蔵骨器】ザウコツ 火葬した遺骨を納めるための金銅や陶製などの容器。奈良時代から用いられた。
そうご-にんしょう【相互認証】サウゴ 製品の規格、技術者などの資格、特許、農作物の品種登録など、各国で基準の異なる事柄について、相互の水準が一致するとして他国の認定を認めること。輸出などに際し相手国の認定を受ける必要がなくなる。
そうご-のりいれ【相互乗(り)入れ】サウゴ〔名〕スル ❶経営主体の異なる交通機関が互いに相手の路線に車両などを入れて運行すること。相互直通運転。「私鉄と地下鉄が―する区間」❷異なる業者どうしが互いに設備・組織などを利用すること。「信用金庫と都市銀行の―」
そうご-ふじょ【相互扶助】サウゴ 互いに助け合うこと。互助。「―の精神」
そうごふじょ-ろん【相互扶助論】サウゴフジヨ 生存競争を原理とする進化論に反対して、クロポトキンが展開した主張。生物や社会の進化の主要因は生存競争ではなく、自発的な助け合いであるというもの。
そうごぼうえい-えんじょきょうてい【相互防衛援助協定】サウゴバウヱイヱンジヨケフテイ ►MDA協定
そうこ-ほうし【桑弧×蓬矢】サウコ《男子が生まれたとき、桑の木で作った弓と蓬の矢で天地四方を射て、将来の雄飛を祝ったという「礼記」射義にみえる中国古代の風習から》男子が志を立てること。
そうご-ほけん【相互保険】サウゴ 保険加入を希望する者が多数集まって団体を構成し、その団体が保険者となって構成員のために行う保険の方式。⇒営利保険
そうご-ゆうどう【相互誘導】サウゴイウダウ 二つの電流回路の間で、一方の回路の電流を変化させると、他方の回路に誘導起電力が生じる現象。
そうごゆうどう-けいすう【相互誘導係数】サウゴイウダウ ►相互インダクタンス
そう-コレステロール【総コレステロール】血液中のコレステロールの総量。LDLコレステロールやHDLコレステロールほかを合計した値。TC(total cholesterol)。
そう-こん【▽爪痕】サウ つめをたてたり、つめでひっかいたりしたあと。つめあと。
そう-こん【早婚】サウ ごく若い年齢で結婚すること。⇔晩婚。
そう-こん【草根】サウ 草の根。
そう-こん【曹錕】サウ[1862～1938]中国の政治家。天津の人。袁世凱とともに近代軍の創設に尽力。直隷派の巨頭で、袁の死後、1923年に大総統に就任したが、馮玉祥のクーデターにより失脚。ツァオ=クン。
そう-こん【創痕｜×瘡痕】サウ きずのあと。
そう-ごん【荘厳】サウ〔名・形動〕重々しくおごそかなこと。おごそかでりっぱなこと。また、そのさま。「―な式典」(類語)荘重・厳粛
ぞう-ごん【雑言】ザフ あれこれ悪口を言うこと。また、その悪口。ぞうげん。「―を浴びせる」「悪口―」
(類語)悪口・陰口・誹謗・謗り・中傷・悪口・悪態・罵詈・罵詈雑言
そうこんしゅう【草根集】サウコン 室町中期の私家集。15巻。正徹の歌を弟子の正広が編集したもの。文明5年(1473)の一条兼良の序がある。収録歌数1万一千余首。
そうごん-ミサ【荘厳ミサ】サウゴン ►ミサソレムニス
そうこん-もくひ【草根木皮】サウコン 草の根と木の皮。特に漢方薬に用いるもの。また、漢方薬のこと。そうこんぼくひ。
そう-さ【匝瑳】サフ 千葉県北東部の市。稲・野菜栽培や植木の生産が盛ん。平成18年(2006)1月、八日市場市・野栄町が合併して成立。人口4.0万(2010)。
そう-さ【走査】〔名〕スル テレビカメラなどで画像を多くの点や線状に分解し、それぞれの輝度・色相・色度などを順次に電気信号に変換すること。また逆に、受像機で電気信号を画像に組み立てること。
そう-さ【捜査】サウ〔名〕スル 捜して調べること。特に、捜査機関が犯人を発見・確保し、証拠を収集すること。また、その活動。「殺人事件を―する」「容疑者が―線上に浮かぶ」「科学―」「強制―」(類語)捜索・探索
そう-さ【操作】サウ〔名〕スル ❶機械などをあやつって動かすこと。「ハンドルを―する」「遠隔―」❷自分の都合のよいように手を加えること。「株価を―する」「帳簿を―する」(類語)運転・操縦・操る・扱う
そう-ざ【草座】サウ 法会の際に導師が敷く座具の一。四方に糸を出して草の葉にかたどったもの。釈迦が悟りを開いたとき、金剛座に吉祥草を敷いた故事による。
ぞう-さ【造作】ザウ・【雑作】ザフ ❶手間や費用のかかること。めんどう。「―もなく事を運ぶ」「―を掛ける」❷もてなし。ごちそう。「飛んだ御―を頂きます」〈鏡花・高野聖〉

そう-さい【相殺】ｻｳ〔名〕ｽﾙ ❶差し引いて、互いに損得がないようにすること。帳消しにすること。また、長所・利点などが差し引かれてなくなること。「貸し借りを―する」「それまでの実績が一度の失敗で―される」「それぞれの魅力を―し合う」❷二人が互いに相手方に対して同種の債権を有する場合、双方の債権を対当額だけ差し引いて消滅させること。
(類語)帳消し・棒引き・御破算・ちゃら

そう-さい【掃×洒】ｻｳ ほうきではき、水を注ぐこと。はききよめること。掃除。

そう-さい【喪祭】ｻｳ 喪に服することと祭祀を執り行うこと。

そう-さい【葬祭】ｻｳ 葬式と祭祀。死者を弔い、その霊を祭ること。「冠婚―」

そう-さい【僧斎】仏事などの際、僧を招いて食事を供すること。また、その食事。

そう-さい【総裁】❶政党・銀行・公社などの長として、全体を取りまとめる職務。また、その人。「―選挙」「日銀―」❷慶応3年12月9日(1868年1月3日)王政復古の大号令発布の際に設置された明治新政府の最高官職。議定・参与とともに三職の一。同4年廃止。

そう-ざい【総菜】【×惣菜】日常のおかず。副食物。
(類語)副食・おかず・菜

ぞう-ざい【造材】ｻﾞｳ 伐採した木を適当な長さに切って木材にすること。

ぞう-ざい【×贓罪】ｻﾞｳ「贓物罪」に同じ。➡盗品譲受け等罪

そうさい-かんぜい【相殺関税】ｻｳｻｲｸﾜﾝｾﾞｲ 輸出国が補助金や奨励金を交付して輸出価格を不当に引き下げた貨物が輸入された場合、輸入国がこれを相殺する目的で課する割り増し関税。

そうさい-きゅうふ【葬祭給付】ｻｳｻｲｷﾌ 通勤災害に対して給付される労災保険の一つ。死亡した労働者の葬祭を行う人に支給される。業務災害の場合は葬祭料という。

そうさい-けいやく【相殺契約】ｻｳｻｲ 二人が互いに債権を有する場合に、相互の債権を対当額だけ消滅させる契約。

そうさい-けん【相殺権】ｻｳｻｲ 破産法上、破産者に対して債務を負担している破産債権者が、破産債権とその債務を破産手続きによらずに相殺する権利。会社更生法や民事再生法などでも認められる。

そうさい-せいふ【総裁政府】フランス革命末期のブルジョア共和政府。1795年、共和暦第3年憲法によって成立。行政を担当する5人の総裁と、立法府としての二院制議会によって構成された。99年、ナポレオンのブリュメール18日のクーデターによって崩壊。執政政府。

そうさい-せん【総裁選】総裁選出のために行われる選挙。特に、日本では、自由民主党㊀のものを指すことが多い。

そう-ざいちょう【総在庁】ｿｳｻﾞｲﾁﾔｳ 諸大寺で、法会の際、総法務の下にあって衆僧を引率・指揮する職。また、その僧。

そうさい-りょう【葬祭料】ｻｳｻｲﾚｳ ❶葬式の費用。❷業務災害に対して給付される労災保険の一つ。死亡した労働者の葬祭を行う人に支給される。通勤災害の場合は葬祭給付という。

そうさがたきんせつばこうがく-けんびきょう【走査型近接場光学顕微鏡】ｿｳｻｶﾞﾀｷﾝｾﾂﾊﾞｸﾜｳｶﾞｸｹﾝﾋﾞｷｬｳ ►走査型近接場光顕微鏡

そうさがたきんせつばこう-けんびきょう【走査型近接場光顕微鏡】ｿｳｻｶﾞﾀｷﾝｾﾂﾊﾞｸﾜｳｹﾝﾋﾞｷｬｳ 近接場光という特殊な光を用いた顕微鏡。光の回折限界を超える分解能をもつ。不導体の試料でも大気中においても特別な処理をせずに観察できる。走査型プローブ顕微鏡の一。SNOM(scanning near field optical microscope)。NSOM(near field scanning optical microscope)。

そうさがたでんし-けんびきょう【走査型電子顕微鏡】ｹﾝﾋﾞｷｬｳ 電子顕微鏡の一。試料を電子線で走査し、試料から出る二次電子などを検出することで試料表面の観察を行う。光学顕微鏡に比べ、表面の立体構造の観察に適している。細胞のような生体試料の場合は、あらかじめ金や白金パラジウムなどを蒸着する必要がある。SEM(scanning electron microscope)。

そうさがたとうかでんし-けんびきょう【走査型透過電子顕微鏡】ｿｳｻｶﾞﾀﾄｳｸﾜﾃﾞﾝｼｹﾝﾋﾞｷｬｳ 電子顕微鏡の一。走査型電子顕微鏡と透過型電子顕微鏡の両方の特徴をあわせもつ。

そうさがたトンネル-けんびきょう【走査型トンネル顕微鏡】ｹﾝﾋﾞｷｬｳ 鋭くとがった探針(プローブ)を試料表面に近づけ、そこに流れる微弱なトンネル電流を利用し、原子レベルで試料表面の立体構造を観察できる顕微鏡。試料は導電性のものに限られる。走査型プローブ顕微鏡の一。1982年にドイツのG＝ビーニッヒ、スイスのH＝ローラーにより発明、二人はこの功績により86年にノーベル物理学賞を受賞。STM (scanning tunneling microscope)。

そうさがたプローブ-けんびきょう【走査型プローブ顕微鏡】ｹﾝﾋﾞｷｬｳ 鋭くとがった探針(プローブ)を試料表面に近づけることによって生じる局所的な物理現象を利用した顕微鏡の総称。トンネル電流を用いる走査型トンネル顕微鏡、原子間にはたらく力を利用する原子間力顕微鏡のほか、磁気や電位を評価する顕微鏡などが開発され、いずれも原子レベルの構造の観察が可能。探針の先から近接場光という特殊な光を試料に照射する走査型近接場光顕微鏡も含まれる。SPM(scanning probe microscope)。

そうさ-きかん【捜査機関】ｻｳｻｷｸﾜﾝ 法律により、犯罪捜査の権限が認められている国家機関。検察官・検察事務官・司法警察職員がこれにあたる。

そうさ-きょうりょくしゃ【捜査協力者】ｻｳｻｹﾌﾘﾖｸｼﾔ 警察の犯罪捜査に役に立つ情報を提供したり、張り込みなどの捜査活動に協力したりする人。

そう-さく【捜索】ｻｳ〔名〕ｽﾙ ❶行方不明の人や物をさがし求めること。「遭難者を―する」「―願」❷刑事訴訟法に基づき、裁判所・検察官・司法警察職員などが、証拠物件や犯人を発見するために、人の身体・物件・住居などを強制的に調べること。「家宅―」
(類語)捜査・探索

そう-さく【創作】ｻｳ〔名〕ｽﾙ ❶新しいものをつくり出すこと。「新式の工具を―する」❷文学・絵画などの芸術を独創的につくり出すこと。また、その作品。「物語を―する」「―舞踊」❸つくりごと。うそ。「そんな言い訳は彼の―だ」
(類語)作り事・虚構・フィクション・小説

そう-さく【総作】【×惣作】江戸時代、耕作者のいない田畑を、村や組などの共同所持として耕作し、年貢を負担すること。

ぞう-さく【造作】ｻﾞｳ〔名〕ｽﾙ ❶つくること。こしらえること。「其人物を―せば」〈逍遥・小説神髄〉❷家を建てること。また、その家。「離れを―する」❸建築内部の仕上げ材・取り付け材の総称。鴨居・敷居・長押・天井・床・建具など。「―に凝る」❹顔の目や鼻のつくり。目鼻立ち。「―の大きい派手な顔」
(類語)(❷)建築・建設・建造・築造・営造・造営・建立・普請・作事・新築・改築・増築・移築・建てる

そう-さくいん【総索引】❶全集などの全巻にわたって、項目や字句が検索できるように作られた索引。❷その文献に出ているすべての言葉のある場所を示した索引。

ぞうさく-つき【造作付(き)】ｻﾞｳｻｸ 貸家や売家に、建具・畳などの造作がついていること。

そうさく-ぶつ【創作物】ｻｳｻｸ ❶創作されたもの。特に、芸術作品にいう。❷人の知的創作活動の産物の総称。著作物・発明品・実用新案・意匠・商標など。

そうさ-し【匝瑳市】ｻﾌｻ ►匝瑳

そうさ-しゅうはすう【走査周波数】ｼｳﾊｽｳ ►リフレッシュレート

そうさ-せん【走査線】《scanning line》テレビやコンピューターのディスプレーなどの画面を構成する、電気信号による多数の横線。日本で現在主流のデジタルテレビ放送では1125本ある。

そう-さつ【相殺】ｻｳ〔名〕ｽﾙ ❶殺し合うこと。❷►そうさい(相殺)

そう-さつ【想察】ｻｳ〔名〕ｽﾙ あれこれと事情を推察すること。「以て其時代の人情風俗を―し得べきなり」〈田口・日本開化小史〉

ぞう-さつ【増刷】〔名〕ｽﾙ 追加して印刷すること。また、その印刷物。ましずり。「三千部―する」
(類語)増刊

そうさとくべつほうしょうきん-せいど【捜査特別報奨金制度】ｻｳｻﾄｸﾍﾞﾂﾎｳｼﾔｳｷﾝ 警察庁が実施する公的懸賞金制度。平成19年(2007)4月より導入。都道府県警察が捜査中の事件のうち、警察庁が指定したものについて、容疑者確保につながる有力な情報を提供した人に上限300万円の報奨金(特に必要がある場合は最大1000万円まで増額)が支払われる。匿名・警察職員およびその家族・共犯者などによる情報提供は対象から除外される。

ぞうさ-な・い【造作無い】ｻﾞｳｻ〔形〕図ざうさな・し〔ク〕手間がかからない。簡単である。また、手軽である。「―・く仕上げる」(類語)簡単・容易・楽・容易い・易しい・訳がない・安易・平易・軽易・手軽・手っ取り早い・易い・平たい・朝飯前・お茶の子さいさい

そうさ-ほうしょうひ【捜査報償費】ｻｳｻﾎｳｼﾔｳﾋ 警察の捜査活動にかかる諸経費、および情報提供者など捜査協力者への謝礼として使用する経費。➡捜査特別報奨金制度 (補説)平成15年(2003)前後から、高知県・北海道をはじめ各地の都道府県警察で捜査報償費の一部が不正に蓄えられ流用・横領されていた問題が発覚。内部調査により不適切な会計処理が確認されている。

そうさ-ほんぶ【捜査本部】ｻｳｻ 重要または特異な犯罪が発生したとき、捜査能力を統合的に発揮するため、警察本部や所轄警察署に臨時に組織される機関の名称。

そう-ざらい【総×浚い】〔名〕ｽﾙ ❶それまでに習ったものや学んだものを、すべて復習すること。「二学年の数学を―する」❷演劇・音楽・舞踊などで、公演に先立ち、本番どおりのけいこをすること。また、そのけいこ。総げいこ。

そう-さん【壮蚕】ｻｳ 蚕齢が四齢・五齢の蚕。

そう-さん【早参】ｻｳ ❶禅宗で、早朝の参禅。朝参。❷早く参上すること。「―して座に居たりけり」〈今昔・二七・九〉

そう-ざん【早産】ｻｳ〔名〕ｽﾙ 通常の分娩時期よりも早く出産すること。妊娠22週以降37週未満での分娩。➡過期産 ➡正期産

そう-ざん【僧残】仏教教団で、波羅夷に次ぐ重罪。13条から成る。一定期間僧尼としての資格を剝奪されるが、僧団への残留は許される。

ぞう-さん【増産】〔名〕ｽﾙ 生産量をふやすこと。「製品を―する」「―体制」⇔減産。

ぞうざん-うんどう【造山運動】ｻﾞｳｻﾞﾝ 陸上の大山脈や弧状列島の地質構造をつくる地殻変動。プレートの沈み込みや衝突によって、地層の褶曲、断層運動、広域変成作用、マグマの活動、著しい隆起などが起こる。造山作用。

そうざん-じ【早産児】ｻｳｻﾞﾝ 妊娠第24週以後第37週未満で生まれた新生児。

ぞうざん-たい【造山帯】ｻﾞｳｻﾞﾝ 造山運動の起こっている地帯、および起こった地帯。ヒマラヤ・アルプスなどの大山脈や弧状列島は新しい造山帯。

そう-し【双子】ｻｳ ふたご。双児。

そう-し【双糸】ｻｳ 2本の単糸を撚り合わせた糸。諸糸。諸撚り糸。双子糸。

そう-し【壮士】ｻｳ ❶壮年の男性。意気盛んな男性。❷明治中期、自由民権運動の活動家。また、政党に雇われた用心棒や運動員についてもいった。

そう-し【壮志】ｻｳ 盛んな意志。勇ましい大志。

そう-し【争子】ｻｳ 親の不正をいさめる子。

そうし【宋史】中国の二十四史の一。宋の歴史を記

したもの。元の脱脱らが勅命によって撰。1345年完成。本紀47巻・志162巻・表32巻・列伝255巻の全496巻。

そう-し【×宋詞】中国の宋代に盛行した韻文の形式。

そう-し【宗子】一門の長となるべき子。本家を継ぐべき子。

そう-し【宗×祀】尊びまつること。

そう-し【宗師】第一の師として尊敬すべき人。

そう-し【奏詞】天皇に申し上げる言葉。

そう-し【相思】サウ 互いに恋しく思うこと。(類語)相愛

そう-し【草紙｜草子｜双紙｜▽冊子】サウ《「さくし(冊子)」の音変化か》❶漢籍・和本などで、紙を綴とじ合わせた形式の書物。綴じ本。❷物語・日記・歌書など、和文で記された書物の総称。❸御伽おとぎ草紙・草くさ双紙など、絵入りの通俗的な読み物の総称。❹習字用の帳面。手習い草紙。❺書き散らしたままの原稿。「この―、目に見え心に思ふ事を」〈枕・三一九〉

(類語)折り本・綴じ本・巻子本・冊子

そう-し【荘子】サウ ㊀▶荘周そうしゅう ㊁中国、戦国時代の思想書。33編。荘周とその後学の著とされる。成立年代未詳。内・外・雑編に分かれ、初期道家の根本思想を寓話ぐうわを用いて説く。道教では尊んで「南華真経」と呼ぶ。曽子と混同を避けるため、「そうじ」と読むことが多い。

そう-し【桑×梓】サウ《昔、中国で、屋敷の垣根に桑と梓あずさとを植え、養蚕や器具用として子孫に残したという「詩経」小雅・小弁の故事から》父母を敬い、ふるさとを思うこと。転じて、ふるさと。故郷。

そう-し【掃司】サウ 律令制で、後宮十二司の一。施設の管理・清掃などをつかさどった役所。かもりづかさ。

そう-し【曽子】▶曽参そうしん

そう-し【創始】サウ〔名〕スル 新たに物事をはじめること。また、物事のはじまり。「新式の技法を―する」「―者」(類語)草分け・草創・始める・開ひらく・起こす・開業する・始業する

そう-し【×叢×祠】草むらなどにあるほこら。「一の露に御袖を片敷いて」〈太平記・五〉

そう-し【×叢誌】多くの事柄を集めて記した記録、または雑誌。

そう-し【▽繰糸】サウ〔名〕スル 煮た繭から糸をとって生糸にすること。また、その作業。「―工程」

そう-じ【双児】サウ ふたご。双生児。双子。

そう-じ【壮時】サウ 元気の盛んな時期。

そう-じ【▽床子】サウ《「そう」は「しょう」の直音表記》「しょうじ(床子)」に同じ。「上官などの居る―どもを、みな打ち倒し、損ひたり」〈枕・一六一〉

そう-じ【走時】地震波が震源からある地点に到達するまでに要した時間。

そう-じ【奏事】❶天皇に申し上げること。また、その事柄。❷《「奏事式」の略》律令制の文書形式の一。中程度の事柄を奏上するための書式。❸中世、幕府の訴訟過程における最終的な救済手続き。

そう-じ【相似】サウ〔名〕スル ❶形や性質が互いによく似ていること。「―した構造の建物」❷一つの図形を拡大または縮小した関係にあること。❸異種の生物の器官で、発生的には異なるが、機能が同じであるために形態が似ている現象。➡相同

(類語)類似・酷似・近似・共通・似たり寄ったり・類縁・髣髴ほうふつ・瓜二つ・生き写し・そっくり・そのまま・似る・似通う

そう-じ【草字】サウ 草書体の漢字。草文字そうもじ。

そうじ【荘子】サウジ ▶そうし(荘子)

そう-じ【送辞】送別の言葉。卒業式などで、在校生が卒業生におくる別れの言葉。

そう-じ【掃除】サウヂ〔名〕スル ❶はいたりふいたりして、ごみやほこり、汚れなどを取り去ること。「庭を―する」「ふきー」❷社会の害悪などを取り除くこと。「政界を―する」(類語)清掃・煤掃すすはき・煤払い

そう-じ【僧寺】てら。寺院。特に、尼寺に対して男僧の住する寺。

そう-じ【▽精×進】サウ「そうじん」の撥音の無表記。「一などせざらむ人々は、便びんなくや」〈狭衣・二〉

そう-じ【総持】ヂ《梵 dhāraniの訳。音写は陀羅尼》悪法を捨てて善法を持する意で、仏の説くところをよく記憶して忘れないこと。

そう-じ【×聡耳】すばやく聞きとる耳。転じて、よく理解する能力。

そう-じ【▽障子】サウ《「そう」は「しょう」の直音表記》「しょうじ(障子)」に同じ。「一貼はらすべきことなど」〈源・浮舟〉

そう-じ【操持】サウヂ〔名〕スル しっかりと守り続けること。「少年もし能よく堅く志意を生じ、これを―したらんには」〈中村訳・西国立志編〉

ぞう-し【▽曹司】ザウ ❶宮中や官庁内に設けられた女官・官吏などの部屋。「更衣の―を、ほかに移させ給ひて」〈源・桐壺〉❷貴族の邸内に部屋を与えられて仕えること。また、その人。「殿の内に年ごろ―して候ひつる人々」〈栄花・浦々の別〉❸貴族の邸内に設けられた、子弟の部屋。また、そこにすむ子弟。➡御曹司おんぞうし ❹平安時代の大学寮内の部屋。東曹と西曹とに分かれる。

ぞう-し【増資】〔名〕スル 資本金を増加すること。「事業拡張に伴って―する」⇔減資。

ぞう-し【雑仕】ザフ ❶平安時代以後、宮中に仕え、雑役や、行幸・行啓の供などをした下級の女官。雑仕女ぞうしめ。❷院・女院・摂関家その他貴人の邸やしきで雑役に従事した女性。雑仕女。❸鎌倉・室町幕府で、雑役に従事した下級女官。雑仕女。

ぞう-し【蔵司】ザウ 律令制で後宮十二司の一。神璽しんじ、三関さんかんの割符、天皇・皇后の衣服などをつかさどった役所。くらづかさ。

ぞう-し【贈×諡】〔名〕スル 諡おくりなをおくること。また、その諡。

ぞう-じ【造寺】ザウ 寺院を建てること。

ぞう-じ【造次】ザウ《古くは「そうし」「ぞうし」とも》とっさの場合。ごく短い時間。「尊い神の道を奉じて―にも顛沛てんぱいにも神の御恵を感謝せねばなりませぬ」〈魯庵・社会百面相〉

ぞう-じ【雑事】ザフ ❶雑多な事柄や用事。ざつじ。「―ども仰せられつるついでに」〈源・浮舟〉❷中世、年貢以外の種々の租税や労役。

そうしあらいこまち【草子洗小町｜草紙洗小町】サウシあらひこまち 謡曲。三番目物。宮中の歌合わせで、小野小町の相手となった大伴黒主は、小町の詠歌を盗み聞いて万葉集に書き入れ、古歌だと主張するが、小町が草子を洗うとその歌の文字が消える。草紙洗。

そうし-あわせ【草紙合(わ)せ】サウシあはせ 平安時代の物合わせの一。物語などの草紙の絵や表紙・綴じ方・料紙などの優劣を競い、判者はんじゃがそれを判定した遊戯。

そうじ-うお【掃除魚】サウヂうを 大形の魚の体表・口・えらなどに付着している寄生生物を食う魚。ホンソメワケベラなど、サンゴ礁にすむものに多く、相利共生の一例。

そうし-かいめい【創氏改名】サウシ 日本の植民地下の朝鮮に対する皇民化政策の一つで、朝鮮人の固有の姓を日本式の名前に改めさせようとした政策。1939年(昭和14)公布。45年消滅。

そうし-がみ【草紙紙】サウシ ❶手習い草紙の紙。習字用の紙。❷すき返しの紙。

ぞうし-がや【雑司ケ谷】ザフシ 東京都豊島区南部の地名。また、豊島区南部から文京区西部にまたがる地域名。鬼子母神きしもじん(法明寺)や、夏目漱石など文人の墓の多い雑司ヶ谷霊園がある。

ぞうし-かん【造士館】ザウシクワン 薩摩さつま藩の藩校。藩主島津重豪しげひでが安永2年(1773)に開設。和学・漢学・筆道の3科を課し、武芸の鍛錬も行った。

そう-しき【相識】サウ 互いに相手を知っていること。また、その人。知り合い。「―の間柄」

そう-しき【葬式】サウ 死者をほうむる儀式。葬儀。葬礼。とむらい。「―を出す」

(類語)葬儀・葬礼・弔い・本葬・密葬・仮葬・葬送

そう-しき【総指揮】全体の指図をすること。全員に対して指図をすること。「大会の―を務める」

ぞう-しき【雑色】ザフ ❶律令制における品部しなべ・雑戸ざつこの総称。❷蔵人所くろうどどころの下級職員。公卿の子弟などが任じられた。❸院の御所・摂関家などで、雑務に従事した無位の役人。❹鎌倉・室町幕府の雑役に当たった下級役人。小舎人こどねり・走衆はしりしゅうの類。

そうじ-きかん【相似器官】サウジキクワン 相似の関係にある器官。鳥の翼と昆虫の翅はねとコウモリの飛膜、サツマイモの芋とジャガイモの芋など。

そうしき-てつ【葬式鉄】サウシキ 廃線間際の路線や、引退直前の車両に熱中する鉄道ファン。

ぞうしき-でん【雑色田】ザフシキ 奈良・平安時代、特定の費用に充てるために定められた田地。放生田ほうじょうでん・采女田うねめでん・節婦田・唐人田など。ざっしきでん。

ぞうしき-どころ【雑色所】ザフシキ 雑色❸の詰めた所。

そうしき-ぶっきょう【葬式仏教】サウシキブツケウ 葬儀・法事などを形式的に執り行うのみで、人々の救済や真理の追究など、宗教本来の目的を失ってしまったとして、現代の仏教界を批判して言う語。

そうし-きゅう【双子宮】サウシ 黄道十二宮の第3宮。双子ふたご座に相当したが、歳差のため春分点が移動し、現在は牡牛おうし座付近にある。

そうじ-きょくせん【走時曲線】地震波の走時または到着時刻を縦軸に、震央距離を横軸にとり、その関係を示すグラフ。地震解析の基礎になる。

そうし-ぎり【草紙×錐】サウシ 手習い草紙などを綴じるのに用いる錐。千枚通し。

そうじく-けっしょう【双軸結晶】サウヂクケツシヤウ 光軸を2本もつ結晶。単斜晶系・三斜晶系のものがこれに属する。二軸性結晶。

そうじ-ぐち【▽障子口】サウジ 障子を立てた出入り口。「女君は、ただこの―、筋かひたるほどにぞ臥ふしたるべき」〈源・帚木〉

そうじ-けい【相似形】サウジ 互いに相似の関係にある図形。多角形では対応する辺の比と対応する角とが等しい。

そうじ-こ【双耳×壺】サウジ 左右一対の取っ手がついた壺。古代ギリシャのアンフォラなどが有名。

そうじ-こばん【草字小判】サウジ 文政小判の異称。裏面に草書体の「文」の字がある。草文小判。➡文政金銀

そうしさん-りえきりつ【総資産利益率】▶アール-オー-エー(ROA)

そうじ-じ【総持寺】ソウヂ 横浜市鶴見区にある曹洞宗の大本山。山号は諸岳山。もと石川県輪島市にあり、行基の開創と伝える真言宗の寺であったが、元亨元年(1321)請われて瑩山紹瑾けいざんじょうきんが入寺、曹洞宗に改めた。中世以来、永平寺との間でしばしば勢力争いがあった。火災により、明治40年(1907)現在地に移転。旧地には総持寺祖院を残す。

ぞうじ-し【造寺司】ザウジ 古代、寺院の造営や造仏の際、臨時に置いた職。造東大寺司など。

そうし-しばい【壮士芝居】サウシしばゐ 明治中期、自由党の壮士や青年知識階級の書生が、自由民権思想を広めるために始めた演劇。明治21年(1888)に角藤定憲すどうさだのり、同24年に川上音二郎が一座を興した。のち、新派劇に発展。書生芝居。

そうし-じゅ【相思樹】サウシ マメ科の常緑高木。葉は羽状複葉であるが早く脱落し、葉柄が細く平たくなって葉のようにみえる。5月ごろ、黄色の小花が球状に集まって咲き、豆果がなる。台湾・フィリピンの原産。熱帯地方で並木・生け垣とし、材は薪炭・家具用。台湾アカシア。

そう-じしょく【総辞職】〔名〕スル ❶ある役職に就いている全員がそろって辞職すること。「役員が―する」❷内閣総理大臣をはじめ、すべての国務大臣がそろって辞職すること。内閣総辞職。

ぞうし-ずみ【▽曹司住み】ザウシ 貴族の部屋住みの子弟。また、部屋住みの身分。「いまだ年若くして、官も成らず、四郎の君と云ひて、―にてぞありける時に」〈今昔・二八・三四〉

そうし-そうあい【相思相愛】サウシサウアイ 男女が互いに愛し合うこと。「―の仲」(類語)好い仲・恋仲

そう-した【▽然うした】〔連体〕そのような。そんな。「一御心配は無用です」【類語】そんな・そのような
そう-したら【▽然うしたら】〔接〕❶前の事柄を仮定し、その場合にあとの事柄が起こることを示す。「今日中に仕上げよう。一明日は出掛けられる」❷前の事柄を契機として、偶然あとの事柄が起こることを示す。「本を整理した。一千円札が出てきた」
そうし-ちょう【相思鳥】ヒタキ科の鳥。全長約15センチ。背中が暗緑色で、胸は橙色、くちばしが赤い。鳴き声がよく、姿も美しいので、古くから飼い鳥にする。中国南部からインドにかけて分布する。
そう-しつ【宗室】❶一族・一門の本家。宗家。❷天子の一族。❸茶道の裏千家で家元が継承して名乗る号。
そう-しつ【喪失】〔名〕スル うしなうこと。多く抽象的な事柄についていう。「資格を一する」「権威一」「記憶一」【類語】無くす・失う・落とす・無くなる・紛失・亡失・遺失・無くする・無くなす
そうじつ-き【桑実期】多細胞動物の発生初期の一段階。卵割が繰り返されて割球の数が増え、桑の実ように見える胚をもつ時期。
そう-して【▽然うして】㊀〔副〕前に述べた方法・手段によるさま。「一切るとうまくいく」「一食べるとおいしい魚だ」㊁〔接〕❶前述の事柄を受け、それに継続して、あるいはその結果生じる事柄を導く。そして。「朝、六時に起きた。一散歩に出かけた」「父が事業に失敗した。一わが家は没落した」❷前述の内容を受けて、さらに付け加えることを表す。そして。「富士山は高く、一美しい」【類語】それから・次いで・して
そうじ-て【総じて】〔副〕❶全部で。「一いくらの出費が」❷全般の傾向として。一般に。概して。「今年の夏は一雨が多かった」【類語】概して・一般・遍く・大抵・普通・全般に・多く・おしなべて・おおむね・大概・通例・通常・一体に・総体・およそ・広く
ぞうじ-てんぱい【造次×顛×沛】《「論語」里仁の「君子は食を終うる間も仁に違うこと無し。造次にも必ず是に於いてし、顛沛にも必ず是に於いてす」から》とっさの場合とつまずいて倒れる場合。わずかな時間のたとえ。
そう-じとう【総地頭・×惣地頭】一定地域の地頭を統轄する職。特に、鎌倉時代、領地を分割相続した小地頭の庶子たちを統率した、一族の嫡流を継ぐ者。惣領地頭。
そうじ-ねん【桑字年】「桑年」に同じ。
そう-しはいにん【総支配人】各部門・支店などの支配人の上に立って全体を統轄・管理する職。また、その人。
そうし-ばさみ【草紙挟み】草紙を挟んでおく道具。草紙とほぼ同じ大きさの2枚の板の間に草紙を挟み、それをひもで結ぶもの。草子形。
そうじ-ひ【相似比】相似の関係にある図形間で、対応する部分の長さの比。
そう-しぶん【宋子文】[1894〜1971]中国の政治家・財政家。広東省の人。宋慶齢の弟、宋美齢の兄。国民政府の財政部長・中央銀行総裁・外交部長・行政院長を歴任。1949年、米国に亡命。63年に帰台。ソン=ツーウェン。
そう-しぼり【総絞り】着物などの生地の全体が絞り染めで染めてあるもの。
そう-しほん【総資本】資本(自己資本)と負債(他人資本)とを合計したもの。
そう-じまい【総仕舞(い)】〔名〕スル ❶全部終わること。すっかり済ませること。❷全部を買いきること。また、全部を売りきること。「在庫を一する」❸遊郭で、その店の遊女を全部買い揚げること。総揚げ。
ぞうし-まち【▽曹司町】平安時代、宮中で、曹司を多く建て連ねた所。つぼねまち。
そう-じみ【▽正▽身】《「しょうじん」の音変化》その人自身。当人。本人。「さればよと心おごりするに、一はなし」〈源・帚木〉
そうし-みせ【草紙店】江戸時代から明治時代にかけて、草双紙などを売っていた店。絵草紙屋。
そう-じめ【総締め】❶小計をまとめた計算。全体の合計。総計。「費用の一」❷全体をとりまとめること。また、その人。
ぞうし-め【雑仕女】►雑仕
そうじ-もの【▽精▽進物】「しょうじんもの(精進物)」に同じ。「一のいとあしきをうち食ひ」〈枕・七〉
そう-しもん【宋之問】[656ころ〜712]中国、初唐の詩人。汾州(山西省)の人。字は延清。五言律詩の型を完成。沈佺期とともに「沈宋」と併称される。宮廷詩人として活躍したが、睿宗のとき、欽州(広東省)に流され、死を賜った。
そう-しゃ【壮者】壮年の人。働き盛りの人。「老人ながら一をしのぐ体力」
そう-しゃ【走者】❶競走の競技者。ランナー。「駅伝の一」❷野球で、塁に出ている攻撃側の選手。ランナー。「一一掃の三塁打」
そう-しゃ【宗社】宗廟と社稷。転じて、国家。「印度の開化、世界に先だちて而して其一の覆えりしこと幾回ぞ」〈雪嶺・真善美日本人〉
そう-しゃ【奏者】❶楽器を演奏する人。「バイオリン一」❷天皇・上皇に奏上する人。また、奏上の取り次ぎをする人。❸室町時代以降、武家で、関白・将軍に取り次ぎをする役。また、その人。❹「奏者番」の略。
そう-しゃ【捜射】〔名〕スル 敵が潜伏しているかどうかを探るために、弾丸などを発射すること。
そう-しゃ【掃射】〔名〕スル 機関銃などで、なぎ払うように射撃すること。「機銃を一する」
そう-しゃ【葬車・喪車】棺を運ぶ車。
そう-しゃ【僧舎】僧の住む家。寺。
そう-しゃ【操車】〔名〕スル 列車などの車両の編成・入れ替えや、配置などを行うこと。「臨時ダイヤにそって一する」
そう-じゃ【相者】人相見。そうにん。「一に逢ひ給ひて…と尋ね給ひければ」〈徒然・一四六〉
そう-じゃ【総社・×惣社】《「そうしゃ」とも》いくつかの神社の祭神を1か所にまとめて祭った神社。平安時代、参拝や祭祀の便宜のために、国司が国内諸社の神霊を国府の近くに勧請したのが起源。郡・郷などの総社もある。
そうじゃ【総社】岡山県南部の市。備中総社宮の門前町として発展。備中売薬と織物業で知られたが、現在は食品・金属工業が盛ん。作山古墳、雪舟の修行した宝福寺がある。人口6.6万(2010)。
ぞう-しゃ【増車】〔名〕スル 車両の台数や運転数を増やすこと。「ラッシュ時に一する」⇔減車。
ぞう-しゃ【雑舎】寝殿造りで、主殿の後方に設け、炊事関係、使用人の住居に使う建物。勝手方。
そうし-やくしゃ【壮士役者】壮士芝居の俳優。書生役者。
そうじゃ-し【総社市】►総社
そうしゃ-じょう【操車場】列車の編成や車両の入れ換え・整備などを行う場所。
そうしゃ-とう【宗社党】中国清末、辛亥革命に対抗し、清朝の擁護、帝政の回復を主張した党派。
そうしゃ-ばん【奏者番】江戸幕府の職名。大名や旗本が年始・五節句などに将軍に謁見するとき、その姓名の言上、進物の披露、将軍からの下賜品の伝達などをつかさどった。奏者役。
そう-しゅ【双手】両手。もろて。
そう-しゅ【宗主】❶本家の長。本家の嫡子。また、中心として尊び仰がれる人。❷古代中国、封建時代に諸侯を支配していた盟主。
そう-しゅ【喪主】葬式を営む主人。もしゅ。
そう-しゅ【×漕手】❶舟をこぐ人。こぎて。❷ボート競技で、舵手(コックス)に対し、オールでボートをこぐ人。
そう-しゅ【操守】信念を堅く守って、心変わりしないこと。節操。「死生の際に臨んで、その一を失わざる者は」〈中村訳・西国立志編〉
そう-しゅ【霜×鬚】霜のように白いあごひげ。
そう-じゅ【双樹】❶2本の木。一対の木。❷「娑羅双樹」の略。
そう-じゅ【×宋儒】中国、宋代の儒者の総称。程顥・程頤・朱熹など。
そう-じゅ【奏授】律令制の叙位の方法の一。大臣から奏聞し、天皇の裁可を経て位階を授けるもの。内外六位以下、内八位以上の叙位。明治憲法下では、正五位以下の叙位で行われた。➡勅授 ➡判授
そう-じゅ【送受】〔名〕スル 送ることと受けること。送信と受信。「ファクシミリで原稿を一する」
そう-じゅ【×叢樹】むらがって生えている木。
ぞう-しゅ【造酒】酒を醸造すること。酒造。
ぞう-しゅ【雑修】►ざっしゅ(雑修)
そう-しゅう【双袖】両方のそで。両袖。「一の垢膩を嘗め」〈服部誠一・東京新繁昌記〉
そう-しゅう【早秋】秋の初めごろ。初秋。《季 秋》【類語】初秋・新秋・孟秋
そう-しゅう【相州】相模国の異称。
そう-しゅう【荘周】中国、戦国時代の思想家。宋国の蒙(河南省)の人。老子とならぶ道家思想の中心人物で、個々の事物の価値や差異は見かけ上のものにすぎず、根元的にはすべて平等であるとし、自然にまかせる生き方を説いた。後世、南華真人と尊称された。荘子。生没年未詳。
そう-しゅう【爽秋】空気がさわやかで気持ちのよい秋。「一の候」
そう-しゅう【僧衆】《「そうしゅ」とも》多くの僧侶。衆僧。
そう-しゅう【×滄州】❶青々とした水に囲まれた州浜。人里を離れた水辺。❷仙人や隠者の住んでいる所。
そう-しゅう【総収】全体を統括すること。「専制の要素は国家の一及び活動に必要なり」〈雪嶺・真善美日本人〉
そう-しゅう【総州】上総国・下総国の総称。
そう-しゅう【総集・×湊集】〔名〕スル ❶すべてが集まること。また、すべてを集めること。「連続ドラマの一編」「重もなる者共一して、百事を議し」〈竜渓・経国美談〉❷漢籍で、多くの人の詩文を集めたもの。➡別集
そう-じゅう【操縦】〔名〕スル ❶人を思いどおりにあやつること。「部下の一法」❷航空機や大型機械を動かすこと。「旅客機を一する」
【類語】操作・運転・操る・扱う
ぞう-しゅう【増収】〔名〕スル 収入・収穫のふえること。「前年比で一割一する」「一増益」⇔減収。
そうじゅう-かん【操縦×桿】航空機の補助翼や昇降舵を操作するための棒状またはハンドル状の取っ手。
そうじゅう-し【操縦士】一定の資格・免許をもち、航空機を操縦する人。パイロット。
そうじゅう-しゃ【操重車】巨大で重い物体を持ち上げるクレーンを装置した鉄道車両。鉄道事故の復旧、橋桁の架設などに使う。鉄道クレーン。
そうじゅう-せつ【双十節】中華民国の建国記念日。辛亥革命の発端である1911年10月10日の武昌蜂起を記念する。10が重なることからいう。
そうしゅう-そう【掃愁×帚】《うれいを掃うる帚の意》酒の異称。「東坡は洒落して一とし、梵さまは呼びかへて般若湯といへり」〈読・胡蝶物語・前〉➡酒は憂いの玉箒
そうしゅう-もの【相州物】相模国の刀工の一派が鍛えた刀。鎌倉時代、鎌倉在住の新藤五国光に始まり、その弟子岡崎正宗が大成。室町後期には中心が小田原に移り、末相州物・小田原相州などと称された。
そう-じゅうりょう【総重量】包装・容器などの風袋をも含めた全体の重量。
そうじゅうろう-ずきん【宗十郎頭巾】江戸時代に歌舞伎俳優の初世沢村宗十郎が用いはじめたという頭巾。黒縮緬の袷で四角い筒形を作り、左右から後ろにかけて長い錣をつけて、額・ほお・あごを包むようにしたもの。
ぞう-しゅうわい【贈収賄】贈賄と収賄。賄賂を贈ることと受け取ること。「一事件」

そうじゅ-き【送受器】►プレスト❸
そう-じゅく【早熟】サウ〔名・形動〕スル ❶果物などが早く熟すること。また、そのさま。「―な品種」❷肉体や精神の発育が普通より早いこと。また、そのさま。「―な娘」「―した才子で、鋭敏すぎていて」〈鷗外・ヰタ・セクスアリス〉㊀晩熟。(派生)**そうじゅくさ**〔名〕
そうしゅ-けん【宗主権】他国の内政・外交などを支配・管理する権能。植民地などが独立する過程で、本国がその植民地に対してもつ例が多い。
そう-しゅご【総主語】述部の中に主語と述語とを含んだ述語節に対する主語のこと。「キリンは首が長い」の「キリンは」の類。
そうしゅ-こく【宗主国】従属国に対して宗主権をもつ国家。
ぞうしゅ-し【造酒司】ザウシュ ►みきのつかさ
そうしゅ-じんじゅう【草主人従】サウシュ「草」すなはち自然を尊重し、人間は自然に従わねばならぬという考え方。江戸時代のものという。出典不詳。
そう-しゅつ【早出】サウ〔名〕スル ❶家などを朝早く出ること。❷定刻より早く出勤すること。はやで。
そう-しゅつ【創出】サウ〔名〕スル 物事を新しくつくり出すこと。「付加価値を―する」
(類語)創造・創製・独創・創成・造成・創作・クリエート・生む・生み出す・作り出す
そう-しゅつ【簇出】〔名〕スル《慣用読みで「ぞくしゅつ」とも》群がり出ること。「新興宗教が―する」
そう-じゅつ【相術】サウ 人相・家相などを占う術。
そう-じゅつ【槍術】サウ 槍やりを使う武術。槍法。
そう-じゅつ【蒼朮】サウ ホソバオケラ・シナオケラの根茎。漢方で、利尿・解熱・健胃薬などに用いる。(季 夏)
ぞう-しゅつ【造出】ザウ〔名〕スル つくりだすこと。「石油から―した素材」
そう-しゅん【早春】サウ 春の初めごろ。初春。浅春。(季 春)「―の庭をめぐりて門を出でず/虚子」
(類語)春先・初春・孟春
そうしょ【宋書】中国の二十四史の一。南朝宋の歴史を記したもの。南朝梁の沈約しんやくらが斉の武帝の勅によって撰。488年完成。帝紀10巻・志30巻・列伝60巻の全100巻。
そう-しょ【奏書】天子に差し上げる文書。
そう-しょ【草書】サウ 書体の一。古くは、篆隷てんれいを簡略にしたもの。後代には、行書ぎょうしょをさらに崩して点画を略し、曲線を多くしたもの。そう。そうがき。
(類語)楷書・行書・隷書・篆書てんしょ・行草・三体・五体
そう-しょ【叢書】❶(「双書」とも書く)同じ種類・分野の事柄を、一定の形式に従って編集・刊行した一連の書物。シリーズ。「歴史物語―」❷多くの書物を集大成したもの。「四庫全書」「群書類従」の類。
(類語)シリーズ・文庫・ライブラリー
そう-じょ【層序】地層の重なっている順序。
ぞう-しょ【蔵書】ザウ 書物を所蔵していること。また、その書物。蔵本。「―家」
ぞうしょ-いん【蔵書印】ザウショ 蔵書に押して、その所有を示す印。
そう-しょう【双晶】サウシャウ 2個以上の鉱物の結晶が、一定の角度で規則正しく結合しているもの。水晶の接合双晶、斜長石の繰り返し双晶など。
そう-しょう【争訟】サウ 訴訟を起こして争うこと。また、その事件。
そう-しょう【宗匠】 文芸・技芸などの道に熟達しており、人に教える立場にある人。特に、和歌・連歌・俳諧・茶道・花道などの師匠。
(類語)先生・師・師匠・指南役・師範・師父・教師・教員・教諭・教授・教官・講師・ティーチャー・プロフェッサー・チューター・インストラクター
そう-しょう【相承】サウ〔名〕スル《「そうじょう」とも》弟子が師から、子が親から、学問・技芸・法などを次々に受け継ぐこと。「師資―」「父子―」
(類語)相伝・相続・継承・承継・踏襲
そう-しょう【相称】サウ ❶互いにつりあうこと。❷一つの平面または直線を中心に、その左右または上下が同形であること。シンメトリー。対称。❸生物体が、ある平面を境に、鏡像的に等しい部分に分けられること。人間の左右相称形、ヒトデの放射相称形など。
そう-しょう【創唱】サウシャウ〔名〕スル 人にさきがけて、最初に唱えること。「大陸移動説を―した科学者」
そう-しょう【創傷】サウシャウ 皮膚などに生じたきず。切創・刺創・割創など、きず口の開いているきず。
(類語)創痍そうい・外傷・怪我
そう-しょう【総称】〔名〕スル ある種類・範疇はんちゅうに含まれるものをまとめて呼ぶこと。また、その呼び名。「中生代に栄えた巨大爬虫類を―して恐竜という」
そう-しょう【藻礁】サウ 海藻類を繁殖させるための設備。ホンダワラやカジメなどを植え付けたコンクリート製ブロックを海中に沈めたもの。水質汚染などで衰退した藻場の再生に利用される。
そう-じょう【双調】サウデウ ❶日本音楽の十二律の一。基音の壱越いちこつより五律高い音で、中国の十二律の仲呂ちゅうりょ、洋楽のト音にあたる。❷雅楽の六調子の一。❶を主音とする旋法。
そう-じょう【宋襄】 中国、春秋時代の宋王、襄公のこと。
そう-じょう【奏上】〔名〕スル 天子に申し上げること。上奏。
そう-じょう【奏杖】 貴人の御前に文書を挟んで差し出すつえ。ふばさみ。ふづえ。
そう-じょう【奏状】 天子に奏上する文書。
そう-じょう【相生】サウジャウ《「そうしょう」とも》❶►そうせい(相生) ❷相性あいしょうがよいこと。また、相性。「お俊は庄兵衛と相剋そうこく、彦右衛門と―なるべし」〈露伴・いさなとり〉
そう-じょう【相承】サウ〔名〕スル ►そうしょう(相承)
そう-じょう【相乗】サウ〔名〕スル ❶二つ以上の数を掛け合わせること。また、その積。❷二つ以上の要因が同時に働くこと。「音響と照明とが―する演出効果」
そう-じょう【掃攘】サウジャウ〔名〕スル はらいのけること。特に江戸末期、異国の侵略をはらいのけること。「今此時に―せずんば」〈条野有人・近世紀聞〉
そう-じょう【葬場|喪場】サウヂャウ 葬式を行う場所。葬儀場。
そう-じょう【僧正】 僧綱そうごうの最高位。初めは一人であったが、のちに大僧正・僧正・権ごん僧正の3階級に分かれ、員数も十余人に増えた。
そう-じょう【僧肇】デウ［374～414］中国東晋の僧。長安の人。鳩摩羅什くまらじゅうの門下で、仏典漢訳を助け、理解第一と称された。著「宝蔵論」「肇論」など。
そう-じょう【層状】 幾重にもかさなっている状態。
そう-じょう【層畳】デフ〔名〕スル 幾重にもかさなること。「市の―して高く聳ゆる状は」〈鷗外訳・即興詩人〉
そう-じょう【総状】 ふさのような形。
そう-じょう【騒擾】サウ〔名〕スル 集団で騒ぎを起こし、社会の秩序を乱すこと。騒乱。擾乱。「過激派が―する」(類語)暴動・擾乱
ぞう-しょう【蔵相】ザウシャウ 大蔵大臣のこと。
ぞう-しょう【贈賞】 賞をおくること。「絵画賞の―式」
ぞう-じょう【増上】 仏語。力が加わり増大して、強大であること。
ぞうじょう-えん【増上縁】 仏語。❶他のものが果として生じるときの間接的原因と、生じることを妨げないすべてのもの。因縁・等無間縁とうむけん・所縁縁しょえんとともに四縁の一。❷浄土教で、三縁の一。名号を唱えれば、罪障が消滅し、臨終のときには必ず阿弥陀仏が来迎らいごうし、往生できること。
そうじょう-かじょ【総状花序】 無限花序の一。柄のある花を花軸に総状につけるもの。花軸の下の花ほど長い柄をもつので、三角錐状になる。フジ・ヒヤシンスなどにみられる。
そうじょう-が-たに【僧正谷】 京都市左京区、鞍馬山くらまやまの北西側、貴船きぶね神社との間にある谷。牛若丸が武術を修行したと伝えられる地。
そうじょうがんどうりゅうかてっこう-こうしょう【層状含銅硫化鉄鉱鉱床】 主に黄鉄鉱・磁硫鉄鉱・黄銅鉱などの集合体からなる層状の鉱床。海底火山活動による生成物が、広域変成作用を受けて形成されたものと考えられる。日本では愛媛県の別子銅山が典型で、別子型鉱床ともいう。キースラーガー。
そうじょう-こうか【相乗効果】サウジョウカウクワ 二つ以上の要因が同時に働いて、個々の要因がもたらす以上の結果を生じること。シナジー。「―を上げる」
そうじょう-ざい【騒擾罪】サウゼ ►騒乱罪
そうじょう-さよう【相乗作用】サウ 二つ以上の要因が組み合わさると、単独のときの作用の和よりも強力な作用を発揮する現象。
ぞうしょう-さんご【造礁珊瑚】ザウセウ 珊瑚礁をつくるイシサンゴ類。熱帯の浅い海底に成育し、石灰質を分泌しながら大きな群体を形成する。
ぞうじょう-じ【増上寺】 東京都港区芝公園にある浄土宗関東大本山。山号は三縁山。もと貝塚村(千代田区)にあった真言宗の光明寺を、元中2=至徳2年(1385)聖聡が改宗して現名称に改め、のち徳川家康の入府とともに徳川家の菩提所ぼだいしょとなって興隆した。慶長3年(1598)現在地に移転。関東十八檀林の一。
そうしょう-しょくぶつ【双子葉植物】サウシ 被子植物の一群。子葉は原則として2枚で、葉に網状脈をもち、茎には形成層がある。花びら・萼がくなどの数は4か5、またはその倍数が基本。花弁の合着の有無によって、離弁花類と合弁花類とに2分する。双子葉類。⇨単子葉植物
そうしょう-ずきん【宗匠頭巾】 円筒形で頂が平らな頭巾。連歌・俳諧・茶道などの宗匠が用いた。
そうじょう-せき【相乗積】 二つ以上の数を掛け合わせて得られる値。
そう-じょうたい【躁状態】サウジャウタイ 気分が著しく高揚した状態。陽気で開放的になり、興奮したり怒りっぽくなるなど、普段とは違う状態が続く。自信に満ちあふれ、いつもより多弁になるが、話題は次々と変わり、他人の意見に耳を貸さなくなる。睡眠時間が短くても平気で、自制がきかなくなり、買い物やギャンブルに大金を使うなどして、社会生活に支障をきたすことがある。双極性障害(躁鬱病)の主要な症状だが、他の疾患や薬物の影響などによっても起こる。⇨躁病
そうじょう-だいがく【崇城大学】 熊本市にある私立大学。昭和40年(1965)設立の熊本工業短期大学に始まり、同42年に熊本工業大学として発足。平成12年(2000)に現校名に改称。
そうじょう-でん【葬場殿】サウヂャウ 天皇が亡くなったとき、葬儀場に設ける仮の殿舎。そうばどの。
ぞうじょう-てん【増長天】《梵 Virūḍhakaの訳》四天王の一。須弥山しゅみせんの中腹に住し、南方世界を守護する神。像は赤色で甲冑かっちゅうをつけ、ふつう、右手に鉾ほこを持ち左手を腰に当てる姿に表す。増長天王。そうちょうてん。
そうじょう-の-じん【宋襄の仁】《「春秋左伝」僖公二二年から》無益の情け。つまらない情けをかけてひどい目にあうこと。宋の襄公が楚そと戦ったとき、公子の目夷もくいが敵が陣を敷かないうちに攻めようと進言したが、襄公が人の困っているときに苦しめてはいけないと言って敵に情けをかけたために負けてしまったという故事による。
そうじょう-ひ【相乗比】 いくつかの比の前項どうしの積と後項どうしの積との比。例えば、$a:b$と$c:d$の相乗比は$ac:bd$
そうしょう-ひん【装粧品】サウシ 化粧品・化粧用具などのこと。
そうじょう-へいきん【相乗平均】 n個の数値があるとき、それらを全部掛け合わせた積のn乗根。幾何平均。
そうじょう-べんえき【相乗便益】 ►コベネフィット
そうじょう-へんじょう【僧正遍昭|僧正遍照】 ►遍昭
ぞうじょう-まん【増上慢】〔名・形動〕❶仏語。

未熟であるのに、仏法の悟りを身につけたと誇ること。七慢の一。❷自分を過信して思い上がること。また、そういう人や、そのさま。「一をたしなめる」「極端に一なこの叔母に」〈嘉村・牡丹雪〉

そうしよう-るい【双子葉類】サウシエフ ▶双子葉植物

そうじょ-がく【層序学】地層の層序・分布・岩質・含有化石などを研究して地層を区分し、さらに他地域との対比を行い、地球の歴史、特に時間的な前後関係を明らかにする地質学の一分野。層位学。

そう-しょく【草食】サウ〔名〕スル 草や植物質のものを食物とすること。(類語)菜食

そう-しょく【曹植】サウ［192〜232］中国、三国時代の魏ぎの詩人。字あざなは子建。曹操の第3子。陳王に封ぜられたので、陳思王とも呼ばれる。五言詩にすぐれた。そうち。➡建安体 ➡七歩しちほの才

そう-しょく【装飾】サウ〔名〕スル 飾ること。美しく装うこと。また、その装い・飾り。「店内を一する」
(類語)飾り・修飾・文飾・虚飾・粉飾・化粧

そう-しょく【僧職】❶僧という職業。僧の身分。❷僧のする職務。法会・授戒・灌頂かんじょうなどの儀式や、その他の寺院・宗派の仕事。❸一宗の教師・住職。

そう-しょく【×蒼色】サウ 深い青色。「紅顔忽ち一と変じ」〈織田訳・花柳春話〉

ぞう-しょく【増殖】〔名〕スル ❶ふえること。また、ふやすこと。「資本を一する」❷生物の細胞・組織や個体が量的に増加すること。繁殖と同義に用いることもある。(類語)増加・増大・増量・繁殖

そうしょく-おん【装飾音】サウシヨク 音楽で、旋律などに趣を添えたりするために、飾りとして付加された音。特殊な記号や小音符によって示す。前打音・後打音・ターン・トリルなど。

そうしょく-か【装飾花】サウシヨククワ 雄しべ・雌しべが退化し、花びらや萼がくが発達した花。アジサイなど。

そうしょく-きょう【装飾経】サウシヨクキヤウ《「そうしょくぎょう」とも》料紙などに意匠をこらし、美しく装飾した写経。平安中期から鎌倉時代に盛行し、扇面法華経・平家納経などが有名。

そうしょくけい-だんし【草食系男子】サウシヨクケイ ▶草食男子

そうしょく-こふん【装飾古墳】サウシヨク 墓室の壁や石棺、横穴入り口の外壁などを、彩色画・浮き彫りなどで装飾した古墳。九州に多い。

そうしょく-し【装飾紙】サウシヨク 特殊な漉すき入れや印刷でデザインした装飾用の紙。製本・製箱の表装などに用いる。

そうしょく-せい【走触性】接触が刺激となって起こる走性。イトミミズが互いに密集したり、ミミズが餌箱の隅に集合したりする性質。接触走性。

そうしょく-せい【草食性】サウシヨク 動物の食性で、草食を主とするもの。

そうしょく-だんし【草食男子】サウシヨク 性格がおだやかで協調性に富み、恋愛や異性関係に対して執着の薄い男性。肉(肉欲)を求めないところから、草食動物になぞらえたもの。草食系男子。(補説)平成20年(2008)ごろからの流行語。コラムニスト深沢真紀の命名とされる。

そうしょく-どうぶつ【草食動物】サウシヨク 草食性の動物。

そうしょく-びじゅつ【装飾美術】サウシヨク 器具・建造物などの装飾を目的とする美術。

そうしょく-ひん【装飾品】サウシヨク 装飾に用いる物品。装飾物。

ぞうしょく-ろ【増殖炉】消費した核燃料以上に、新しい核燃料を生成する原子炉。高速増殖炉・熱中性子炉などがある。

そうしょ-たい【草書体】サウシヨ 草書の書体。草体。

ぞうしょ-ひょう【蔵書票】ザウシヨヘウ 書物の所蔵者を示すため、表紙裏などにはる紙片。エクスリブリス。

そうし-るい【双×翅類】サウシ 双翅目の昆虫の総称。ハエ・アブ・カ・ガガンボなど。刺す、またはなめるのに適する口をもつ。前翅ぜんし一対は膜質、後ろ翅は退化して棒状で、飛ぶときの平衡を保つ平均棍へいきんこんとなる。完全変態をする。

そうし-るい【総×翅類】▶アザミウマ

そう-しれいかん【総司令官】シレイクワン 司令官に指揮される複数の部隊を統率する上級指揮官。

そう-しん【壮心】サウ 勇ましく盛んな心。壮志。「獄屋の苦痛に一も摧くだけ」〈鉄腸・雪中梅〉

そう-しん【早×晨】サウ 朝の早いころ。早旦。早朝。

そう-しん【争心】サウ 人と争う心。「歓喜と一と親愛と」〈阿部次郎・三太郎の日記〉

そう-しん【争臣】サウ 主君の非行をいさめる臣下。諫臣かんしん。

そう-しん【奏申】天子に申し上げること。奏上。

そう-しん【奏進】〔名〕スル ❶天子に申し上げること。奏上。奏申。❷天子に差し上げること。「武家より貢馬十疋、沙金三千両これを一す」〈太平記・三〇〉

そう-しん【送信】〔名〕スル 信号を送ること。特に、電気信号を遠方に送ること。「緊急信号を一する」「メールを一する」⇔受信。(類語)発信

そう-しん【曽参】［前505〜?］中国、春秋時代の思想家。魯ろの武城(山東省)の人。字あざなは子輿しよ。孔子の弟子。孝行をもって知られる。曽子。

そう-しん【喪心｜喪神】サウ〔名〕スル ❶魂が抜けたように、ぼんやりすること。放心。「落胆一する」❷意識を失うこと。気絶。失神。「落雷のショックで一する」

そう-しん【痩身】❶やせたからだ。痩躯そうく。❷美容の目的でやせること。「一術」(類語)痩躯・細身・やせ・やせっぽち・やせぎす・スマート・スリム

そう-しん【総身】からだ全体。全身。そうみ。「一の力をふりしぼる」
(類語)全身・渾身こんしん・満身・総身そうみ・五体・からだ

そう-じん【▽精進】サウ《「そう」は「しょう」の直音表記》「しょうじん(精進)」に同じ。「御一にて、明け暮れ行ひておはす」〈源・須磨〉

そう-じん【騒人】サウ 詩人。文人。また、風流人。

ぞう-しん【造進】ザウ つくって献上すること。「鳥羽院の御願、得長寿院を一して」〈平家・一〉

ぞう-しん【増進】〔名〕スル 物事の勢いなどがいっそう激しくなること。また、激しくすること。「食欲が一する」「学力を一する」⇔減退。(類語)昂進こうしん

そうしんかのうか-けん【送信可能化権】ソウシンカノウクワ 著作者が、インターネットなどを介して著作物を自動的に公衆に送信できる状態にする権利を専有すること。著作権法に規定され、「送信可能化」とは、インターネット上のサーバーに著作物を置き、パソコンなどで閲覧・ダウンロードできる状態にすることなどをいう。

そうしん-き【送信機】無線通信で、信号を高周波電流に変えて送信アンテナに送る装置。⇔受信機。

そうじん-き【捜神記】サウジンキ 中国、六朝時代の志怪小説集。20巻本と8巻本が伝わる。東晋の干宝かんぽうの編。神仙・鬼神妖怪・死者の再生・動物の報恩復仇などの伝説や怪談を収める。

そうしん-ぐ【装身具】サウシン 装飾用に身につけるもの。アクセサリー。(類語)アクセサリー・服飾品

ぞうじんぐうし-ちょう【造神宮使庁】ザウジングウシチヤウ もと内務大臣の監督下にあり、伊勢神宮の造営、神宝・装束の調進などをつかさどった官庁。

そうしんけいこう-じ【痩身傾向児】ソウシンケイカウ 性別・年齢別・身長別に出した標準体重から求めた肥満度がマイナス20パーセント以下の体重の児童をいう。➡肥満傾向児 (補説)肥満度=(体重－身長別標準体重)÷身長別標準体重×100

そうしんしゃ-にんしょう【送信者認証】《sender authentication》▶送信元ドメイン認証

そうじん-ふ【宗人府】中国、明・清時代に、皇族(宗人)を監督した官庁。

そうしんもとドメイン-にんしょう【送信元ドメイン認証】《sender domain authentication》電子メールに記載された送信元が正しいかどうかを認証する技術の総称。送信元のIPアドレスをメールサーバーと照合する方法と、デジタル署名などで本人確認をする方法がある。スパムメールやフィッシング詐欺の防止に役立つ。送信者認証。

そう-ず【挿図】サフ 本文中にさしはさむ図。さしえ。
(類語)挿絵・挿画・口絵・カット・イラストレーション

そうず【添▽水】ソウヅ《「僧都そうず」からとも「案山子そほづ」の音変化からともいう。また、歴史的仮名遣いは「そふづ」とも》田畑を荒らす鳥獣を音で脅す仕掛け。流水を竹筒に導き、水がたまるとその重みで筒が傾いて水が流れ出し、軽くなって跳ね返るときに石を打って音を出すようにしたもの。のちに庭園などに設けられ、その音を楽しむようになった。ししおどし。(季 秋)「風雨やむ寺山裏の一かな/蛇笏」

そう-ず【僧都】ヅ 僧綱そうごうの一。僧正に次ぐ地位で、のちに大僧都・権大僧都・少僧都・権少僧都の4階級に分かれた。

そう-ず【▽請ず】サウ〔動サ変〕《「そう」は「しょう」の直音表記》招待する。しょうずる。「一・じ奉り給ひければおはしまさず」〈源・竹河〉

そう◦ず【▽候ず】サウ〔連語〕㊀《動詞「さう(候)」の未然形＋打消しの助動詞「ず」》多く補助動詞として用いられ、…でありません、…ませんの意を表す。「いやいや、これまでは思ひもよりー◦ず」〈平家・二〉➡さもそうず
㊁《「さう(候)」の未然形に推量の助動詞「うず」がついたものの音変化》多く補助動詞として用いられ、…でございましょう、…ましょうの意を表す。「よい甥ができー◦ずよ」〈四河入海・一一〉➡さもそうず

ぞう-す【蔵主】ザウ 禅寺の経蔵を管理する僧職。また、その人。

ぞう-す【蔵▽司】ザウ 蔵主ぞうすの居室。また、蔵主。

そう-すい【送水】〔名〕スル 水道や水路で水を送ること。「各家庭に一する」「一管」

そう-すい【総帥】全軍を率いる人。総大将。転じて、企業グループなどの大きな組織を率いる人。「財閥の一」

そう-すい【×蒼×翠】サウ 樹木が青々と茂っていること。「高山峨々として一を含み」〈鉄腸・雪中梅〉

そう-ずい【奏×瑞】瑞祥ずいしょうの事を奏上すること。また、その役目の人。律令制では、瑞祥が出現するとその国から太政官に報告し、ただちに天皇へ、あるいは翌年の元日にまとめて奏上した。

ぞう-すい【造水】ザウ〔名〕スル 海水や排水から塩分や不純物などを取り除いて、飲料水を作ること。

ぞう-すい【増水】〔名〕スル 水量がますこと。「雪解けで川が一する」⇔減水。

ぞう-すい【雑炊】ザフ 飯に魚貝や野菜などを加え、醤油味や味噌味の汁で粥かゆ状に煮たもの。おじや。(季 冬)「一に非力ながらも笑いけり/虚子」(補説)古くは多く「増水」と書いた。

そうすい-かじょ【総穂花序】クワジョ 無限花序のうち、単一の軸から出た複数の枝に花が1個ずつ付くもの。穂状花序・総状花序・頭状花序・散形花序など。

そう-すう【双数】サウ ある種の言語にみられる、文法範疇はんちゅうとしての数の一。目・手など常に対をなすもの、対をなす神々、さらに一般的に二つのものについて、これを示す特別の語形をもつ言語があり、その特別の語形をいう。サンスクリット・ギリシャ語など古い層の印欧語、インドのムンダ語、南アジアのモン-クメール語などにみられる。多くの言語では複数の中に入れられ、日本語にも文法範疇としての双数はない。両数。

そう-すう【総数】すべてをまとめた数。全体を合計した数。

ぞう-すう【増×嵩】分量・金額などがふえること。

そうず-からうす【添▽水唐臼】ソウヅ 添水と同じように作り、石を打つ部分に杵きねを取り付けて、米などをつくようにしたもの。そうずうす。

そう-すかん【総好かん】全員から嫌われること。「仲間から一を食う」(類語)鼻つまみ

そう-ずく【装×束】サウ「しょうぞく(装束)」に同じ。「二人の婿の一」〈落窪・一〉

そう-ず・く【装▽束く】サウ〔動カ四〕《名詞「そうずく(装束)」の動詞化》「しょうぞ(装束)く」に同じ。「舞の子ども、君達いとになく一・く」〈宇津保・嵯峨院〉

そう-すけくに【宗助国】［1207〜1274］鎌倉中期の武将。対馬つしまの守護代。文永の役で蒙古軍と戦い、

討死した。
ぞうず-さん【象頭山】香川県西部にある琴平山の異称。形が象の頭に似ているところからいう。標高521メートル。
ぞうず-せん【象頭山】インド中部の伽耶城西方の山。象の頭に似ているといわれる。釈迦が修行し、また説法したという所。伽耶山。
ぞうず-め-く【ᵛ上ᵛ衆めく】〘動カ四〙「じょうずめく」の直音表記。「上臈中臈のほどぞ、あまり引き入り―きてのみ侍るめる」〈紫式部日記〉
そう-する【奏する】〘動サ変〙図そう・す〘サ変〙❶天子に申し上げる。奏上する。「啓する」に対していう。「政務を―・する」❷音楽をかなでる。楽器などを演奏する。「ピアノを―・する」❸成果をもたらす。「非常手段が功を―・する」(可能)そうせる
(類語)(❶)申し上げる・申す・啓する/(❷)奏でる・弾く・爪弾く・囃す・かき鳴らす・弾ずる
そう-する【相する】〘動サ変〙図さう・す〘サ変〙物事の姿・ありさまなどを見て、そのよしあし・吉凶などを判断する。また、人相・手相・家相などを見て占う。「方角を―・する」
そう-する【草する】〘動サ変〙図さう・す〘サ変〙下書きをつくる。原稿を書く。「条文を―・する」
ぞう-する【蔵する】〘動サ変〙図ざう・す〘サ変〙❶おさめる。所蔵する。「万巻の書物を―・する」❷中に含みもつ。「数多くの問題を―・している」(類語)収める・入れる・仕舞う・仕舞い込む・収蔵する・収納する・格納する・含む・包含する・収録する・収載する
そう-せい【双生】同時に二人の子を産むこと。また、生まれること。
そう-せい【双声】二字熟語の各字の頭子音が同じであること。また、そういう熟語。「磊落」「髣髴」の類。➡畳韻
そう-せい【双星】並んで見える二つの星。牽牛星と織女星の類。
そう-せい【双清】東洋画の画題の一。梅と水仙を描いたもの。
そう-せい【壮盛】〘名・形動〙若くて元気がよいさま。また、若い盛り。「自ら修むるの志気、次第に―なることを得べきなり」〈中村訳・西国立志編〉
そう-せい【早世】〘名〙スル 早く世を去ること。早死に。若死に。夭折。「―した天才詩人」
(類語)早死に・若死に・夭折・夭逝
そう-せい【早生】❶植物の実などが普通より早くできること。わせ。「―の品種」⇔晩生。❷普通より早く生まれること。早産。
そう-せい【早成】❶早く成し遂げること。❷心身が普通より早く発達すること。早熟。「少年―の人ありと雖ども」〈中村訳・西国立志編〉
そう-せい【走性】自由に運動できる生物が外界の刺激に対して一定方向に移動または運動する性質。刺激の方に向かう場合を正の走性、遠ざかる場合を負の走性といい、刺激の種類により走光性・走化性・走熱性・走流性などに分類。趨性。タキシス。
そう-せい【奏請】〘名〙スル 天子に奏上して裁可を求めること。そうしょう。
そう-せい【相生】五行説で、木は火を、火は土を、土は金を、金は水を、水は木を生じるということ。そうじょう。➡相克
そう-せい【相制】互いに制し合うこと。
そう-せい【創世】世界を初めてつくること。また、世界のはじめ。
そう-せい【創成】〘名〙スル 初めてつくり上げること。また、初めてでき上がること。「―期」「維新の大業を―したり」〈小林雄七郎・薩長土肥〉
(類語)創造・創出・創製・創作・独創・クリエート
そう-せい【創製】〘名〙スル 商品などを初めてつくり出すこと。「江戸中期に―された菓子」
(類語)創造・創出・創成・創作・独創・クリエート
そう-せい【葬制】葬送に関する制度・習慣。風葬・水葬・土葬・火葬など、民族の生活様式や慣習または信仰形態に対応して、種々の様相を呈する。
そう-せい【ˣ蒼生】多くの人々。人民。あおひとぐさ。蒼氓。(類語)国民・人民・公民・市民・万民・四民・臣民・同胞・国人・国民・民・民草・億兆・蒼氓・赤子
そう-せい【ˣ叢生┊ˣ簇生】〘名〙スル 草木などが群がって生えること。「葦の―する水辺」(類語)密生・群生
そうぜい【宗砌】[?～1455]室町中期の連歌師。但馬の人。俗名、高山時重。山名氏の家臣で、連歌を梵灯に、和歌を正徹に学んだ。宗祇は門弟。著「初心求詠集」「古今連談集」など。
そう-ぜい【総勢】その集団の全部の人員。また、その数。「―でとりかかる」「―一〇名のスタッフ」
ぞう-せい【造成】〘名〙スル 手を加えて、ある形につくること。こしらえること。「工業用に―した埋立地」「宅地―工事」「―地」(類語)造作・営造・築造・普請・開発・地形・地固め・地均し・整地
ぞう-せい【増勢】増大する勢い。
ぞう-ぜい【増税】〘名〙スル 税率を上げるなどして税額をますこと。「物品税を―する」⇔減税。
そうせい-かい【創政会】自由民主党、田中派にあった派閥内派閥。昭和60年(1985)に竹下登・金丸信らが田中派内の勉強会として結成。翌年に解散したが、同62年にほぼ同じメンバーが経世会を発足させて田中派から独立した。
そうせい-き【創世記】《ラテン Genesis》旧約聖書の第1書。モーセ五書の一。世界と人類の創造、罪の起源と楽園追放、ノアの洪水、アブラハム・イサク・ヤコブそしてヨセフの生涯など、イスラエル民族の古い歴史を述べたもの。
ぞうせい-き【造精器┊蔵精器】シダ植物・コケ植物や藻類・菌類などの雄性の生殖器官。中に精子をつくる。➡造卵器
そうせい-さいばい【草生栽培】果樹園などで、地力を維持するため、牧草や雑草などを生えさせて地表面を被覆保護して行う栽培法。
そうせい-じ【双生児】同じ母体から同時に生まれた二人の子。1個の受精卵が2分割して育った一卵性では必ず同性、2個の卵子が同時に受精して育った二卵性では同性・異性どちらの場合もある。ふたご。
そうせい-じ【早生児】「早産児」に同じ。
そうせい-しゅ【早生種】野菜や果物などで、ふつうの時季よりも早く実る品種。わせしゅ。
そうせい-せい【早成性】動物が生まれてまもなく自立して生活する性質。馬・鯨などにみられる。離巣性。早熟性。⇔晩成性。
そうせい-せつ【相制説】哲学で、精神と身体との間に因果的相互作用を認める説。交互作用説。➡並行論
そう-せき【送籍】〘名〙スル 民法の旧規定で、婚姻や養子縁組などにより、その人の戸籍を他家の戸籍に送り移すこと。
そう-せき【僧籍】僧尼として認められた身分。得度・受戒を経て登録された籍。
そう-せき【踪跡】〘名〙スル ❶「蹤跡❶」に同じ。「―をとどめる」「英仏の史を閲し、往々此れに類似の―あるを見る」〈織田訳・花柳春話〉❷「蹤跡❷」に同じ。「―をくらます」
そうせき-うん【層積雲】十種雲形の一。団塊状または長い畝のように層状に集まった、灰色か白色の雲。全天を覆うことが多く、500～2000メートルの高さに現れる。略号はSc。曇り雲。畝雲。叢雲。➡雲級 (類語)雲
そうせき-ぼ【僧籍簿】各宗派の宗務所で、所属する僧尼の名称・得度などを記録する帳簿。僧帳。
そうせたい-しちょうりつ【総世帯視聴率】▶エッチ-ユー-ティー(HUT)
そう-せつ【早雪】時季よりも早めに降る雪。
そう-せつ【創設】〘名〙スル 施設や機関を新しくつくること。「学校を―する」「会の―メンバー」(類語)創立
そう-せつ【総説】〘名〙スル 全体をまとめて論じること。また、その文章。総論。「冒頭で―する」
(類語)汎論・総論・概論・通論・概説・略説・各論
そう-せつ【霜雪】❶霜と雪。❷年をとって白くなった頭髪やひげ。「頭に―をおく」
そう-せつ【ˣ叢説】多くの人の説を集めたもの。
そう-ぜつ【双絶】並ぶものがないほどすぐれていること。また、二つともこの上なくすぐれていること。「才美―の春子君」〈鉄腸・花間鶯〉
そう-ぜつ【壮絶】〘名・形動〙きわめて勇ましく激しいこと。また、そのさま。「―な最期を遂げる」「―な戦い」(派生)そうぜつさ〘名〙
そう-ぜつ【ˣ勦絶】〘名〙スル 滅ぼしつくすこと。皆殺しにすること。勦滅。「他日スパルタ軍来侵の根拠を―せんと」〈竜渓・経国美談〉
ぞう-せつ【造設】〘名〙スル 設備や建物をつくること。「児童公園を―する」
ぞう-せつ【造説】根拠のない話。「浮言―」
ぞう-せつ【増設】〘名〙スル 施設・設備などを、それまでのものに加えて設置すること。「パソコンにメモリーを―する」(類語)特設・仮設
ぞう-せつ【雑説】種々の風説。とりとめのないうわさ。ざっせつ。
そう-せっきん【曹雪芹】[1715ころ～1764ころ]中国、清の小説家。名は霑、字は芹圃。号は雪芹・芹渓など。満州貴族の出で、南京の名門に生まれたが、少年時代に家が没落。晩年、貧困のうちに小説「紅楼夢」の執筆に没頭したが、未完のまま病没。
ぞうせつ-ボード【増設ボード】▶拡張ボード
そう-ぜめ【総攻め】全軍で攻めること。総攻撃。
そう-せん【ˣ宋銭】中国、宋代に鋳造された銅銭。日本に輸入され、皇朝十二銭以後の国内通貨として、元銭・明銭とともに鎌倉時代から戦国時代にかけて流通した。元豊通宝・熙寧元宝などがある。
そう-せん【奏薦】〘名〙スル 天子に申し上げて推薦すること。
そう-せん【操船】〘名〙スル 船をあやつること。船舶を操縦すること。「―を誤る」「渦を避けて巧みに―する」「―技術」
そう-ぜん【ᵛ生前】《「そう」は「しょう」の直音表記》生きている間。せいぜん。しょうぜん。「―の親ならむ」〈堤・虫めづる姫君〉
そう-ぜん【窓前】まどのまえ。まどのそば。
そう-ぜん【僧膳】僧に供するための食膳。「いそぎ―仕立て、御堂へ送りけり」〈義経記・七〉
そう-ぜん【霜ˣ髯】霜のように白いほおひげ。
そう-ぜん【ˣ愴然】〘ト・タル〙図〘形動タリ〙悲しみに心をいためるさま。「艦上に黙して立つ人をして、―として涙あらしむ」〈独歩・愛弟通信〉
そう-ぜん【ˣ蒼然】〘ト・タル〙図〘形動タリ〙❶あおあおとしているさま。「―たる月光」❷薄暗くぼんやりしているさま。「―たる暮色に閉ざされる」❸古び、色あせているさま。「古色―」
(類語)青青・蒼蒼・蒼茫・蒼古
そう-ぜん【騒然】〘ト・タル〙図〘形動タリ〙ざわざわとさわがしいさま。また、不穏で落ち着かないさま。「場内が―となる」「物情―」
(類語)うるさい・やかましい・騒騒しい・騒がしい・かまびすしい・喧騒・喧喧囂囂
そう-ぜん【ˣ鏘然】〘ト・タル〙図〘形動タリ〙玉・金属などが鳴り響くさま。「鎖ばかりは敷石の上に落ちて―と鳴る」〈漱石・倫敦塔〉
ぞう-せん【造船】〘名〙スル 船を建造すること。「タンカーを―する」
ぞうせん-がく【造船学】▶船舶工学
ぞうせん-ぎごく【造船疑獄】昭和28～29年(1953～54)に起こった、計画造船による融資割当などに絡む海運・造船業界と与党自由党との贈収賄事件。犬養健法相の指揮権発動により捜査は打ち切られた。
そう-せんきょ【総選挙】衆議院議員の任期満了または衆議院の解散により、議員の定数の全部を改選する選挙。被選挙権は日本国民で満25歳以上。衆

議院議員総選挙。衆院選。➡通常選挙

そう-せんし【曽先之】中国、宋末・元初の学者。吉水(江西省)の人。字(あざな)は孟参(もうしん)。「十八史略」を著した。生没年未詳。

そうぜん-じ【崇禅寺】大阪市東淀川区にある曹洞宗の寺。山号は凌雲山。天平年間(729〜749)行基の創建。嘉吉2年(1442)細川持賢が将軍足利義教の菩提(ぼだい)を弔うために伽藍(がらん)を建立。境内に細川ガラシャの墓がある。

そうぜんじばば-の-あだうち【崇禅寺馬場の仇討】正徳5年(1715)崇禅寺門前で、遠城治左衛門・安藤喜八郎兄弟が末弟宗左衛門の敵(かたき)生田伝八郎を討とうとして返り討ちにあった事件。浄瑠璃の題材となった。

ぞうせん-じょ【造船所】ザウセンジョ 船舶の建造・改造・修理などを行う工場。

ぞうせん-だい【造船台】ザウセン 海または川に面する陸地に、船体を組み立てるために設けられた台。

そう-そ【奏×疏】臣下が君主に意見などを申し述べる文書。また、その文体。上疏(じょうそ)。

そう-そ【曽祖】「曽祖父」に同じ。

そう-そう【早早】サウサウ ㊀〔名〕その状態になってすぐの時。多く、他の語の下に付いて用いられる。「開店―から忙しい」「会う―用件を切り出す」㊁〔副〕急いで物事をするさま。はやばや。「あのようすだと―帰るだろう」「―に用事を済ませる」

そう-そう【草創】サウサウ ❶新しく物事を始めること。また、物事の始まり。「事業の―に携わる」「―期」❷神社・寺院などを初めて建てること。創建。
(類語)創始・革分け・始める・開(ひら)く・起こす

そう-そう【草×叢】サウ 草の茂った所。くさむら。

そう-そう【送葬】ソウ〔名〕スル「葬送」に同じ。「玄機は―の事を計らってやった」〈鴎外・魚玄機〉

そう-そう【曹操】サウサウ[155〜220]中国、三国時代の武将。魏(ぎ)の始祖。譙(しょう)(安徽(あんき)省)の人。字(あざな)は孟徳(もうとく)。後漢末、黄巾の乱の鎮圧を機に勢力を伸ばし、中国北部を統一。南下を試みたが、赤壁の戦いに敗れ、呉の孫権、蜀の劉備とともに天下を三分した。魏王となり、死後、武帝と追尊された。

そう-そう【葬送】サウ〔名〕スル 遺体を葬るために墓所まで送ること。のべおくり。送葬。「―する行列」

そう-そう【×滄桑】サウサウ「滄海桑田(そうかいそうでん)」の略。

そう-そう【×匆×匆|×怱×怱】㊀〔形動〕図〔ナリ〕❶あわただしいさま。忙しいさま。「朝食もとらず―に出勤する」「烏兎(うと)―」❷「草草(そうそう)❸」に同じ。❸忙しさのために、簡略にするさま。「公事(くじ)―にして」〈宇津保・沖つ白浪〉㊁〔ト・タル〕図〔形動タリ〕㊀❶に同じ。「―として日を送る」(類語)(㊀❶)(㊁)せわしい・せわしない・気ぜわしい・あわただしい・忽忙(そうぼう)・倥偬(こうそう)・席の暖まる暇(いとま)もない/(㊀❷)敬具・敬白・謹言・拝具・草草・かしこ・頓首・不一・不二

そう-そう【草草】サウサウ〔形動〕図〔ナリ〕❶簡略なさま。粗略なさま。また、もてなしや待遇が不十分なさま。「―に説明を終える」「お―でございました」➡御草草(おそうそう) ❷「匆匆(そうそう)㊀❶」に同じ。「―に引き上げる」❸手紙文の末尾に、急ぎ走り書きをしたことをわびる意で、書き添える語。「前略」「冠省」などと照応して用いる。匆匆。(類語)敬具・敬白・謹言・拝具・怱怱(そうそう)・かしこ・頓首・不一・不二

そう-そう【×淙×淙】〔ト・タル〕図〔形動タリ〕水が音を立てて、よどみなく流れるさま。「川瀬の音が―として聞える」〈独歩・運命〉

そう-そう【×嘈×嘈】サウサウ〔ト・タル〕図〔形動タリ〕声や物音が騒々しいさま。「虫の音は村雨のように絶えず―として」〈荷風・地獄の花〉

そう-そう【層層】〔ト・タル〕図〔形動タリ〕幾重にもかさなっているさま。「―と畳(たた)まるように繋っている針葉樹の集りは」〈島木健作・続生活の探求〉

そう-そう【×蒼×蒼】サウサウ〔ト・タル〕図〔形動タリ〕❶あおあおとしているさま。また、あおみを帯びているさま。「―たる大空」「顔色―として土の如し」〈織田訳・花柳春話〉❷草木があおあおと茂っているさま。「―たる夏草の茂み」(類語)草深い・こんもり・鬱蒼(うっそう)・鬱然(うつぜん)

そう-そう【×錚×錚】サウサウ〔ト・タル〕図〔形動タリ〕❶金属や楽器の音がさえて響くさま。「警邏剣履の響―たるを聞く」〈東海散士・佳人之奇遇〉❷多くのものの中で特にすぐれているさま。「―たる顔ぶれ」

そう-そう【×簇×簇】サウサウ〔ト・タル〕図〔形動タリ〕群がり集まるさま。ぞくぞく。「この植物は、茎の先に、―として花をつけた」〈芥川・煙草と悪魔〉

そう-そう【×蹌×蹌】サウサウ〔ト・タル〕図〔形動タリ〕よろめくさま。「只―として踉々(ろうろう)という形で吾妻橋へきかかったのです」〈漱石・吾輩は猫である〉

そう-そう【×叢×叢】〔ト・タル〕図〔形動タリ〕草木の群がり茂るさま。「―たる竹やぶ」

そう-そう【×鏘×鏘】サウサウ〔ト・タル〕図〔形動タリ〕❶玉や金属が触れ合って鳴り響くさま。また、高く美しい音の響くさま。鏘然。「柱頭の時辰儀―として正午を報ず」〈菊亭香水・世路日記〉❷盛んなさま。「服装から何から、だれが見ても硬派中の―たるものである」〈鴎外・ヰタ・セクスアリス〉

そう-そう【▽然う▽然う】サウサウ ㊀〔副〕(あとに打消しの語や反語を伴って)そんなに。それほどに。「―遊んではいられない」「―うまいぐあいにいくものか」㊁〔感〕❶忘れていたことをふと思い出したときに用いる語。「―、君に言うことがあった」❷相手の言葉や動作に賛意を表すときに用いる語。「―、そのとおりだ」

そう-ぞう【送像】ザウ〔名〕スル テレビジョンの映像を電波で送ること。「―効果」⇔受像。

そう-ぞう【創造】サウザウ〔名〕スル ❶新しいものを初めてつくり出すこと。「文化を―する」「―的な仕事」「―力」❷神が宇宙・万物をつくること。「天地―」
(類語)創出・発明・創製・創成・創作・独創・クリエート・生む・生み出す・作り出す

そう-ぞう【想像】サウザウ〔名〕スル 実際には経験していない事柄などを推し量ること。また、現実には存在しない事柄を心の中に思い描くこと。「―をたくましくする」「―上の動物」「縄文人の生活を―する」「―したとおりの結果になる」
(類語)推測・臆測(おくそく)・仮想・想見・空想・夢想・幻想・連想・イマジネーション (―する)思い描く・思う

想像が付・く 想像できる。見当が付く。「話の内容はだいたい―・く」「―・かない広さ」

想像を絶・する 想像できる範囲をはるかにこえている。「病気との―・するたたかい」

そう-ぞう【総総|×惣×惣】《「そうそう」とも》すべて。全部。また、全員。「何の彼(か)んのと―で六七両がものはある」〈魯庵・破垣〉

そうぞうがくえん-だいがく【創造学園大学】サウザウガクヱン 群馬県高崎市に本部のある私立大学。平成16年(2004)の開設。

そうそう-こうしんきょく【葬送行進曲】サウソウカウシンキョク 葬送に用いるゆっくりしたテンポの行進曲。ベートーベンの第3交響曲「英雄」の第2楽章、ショパンのピアノソナタ第2番の第3楽章など。

そうぞう・し サウザウ〔形シク〕《「寂々」または「索々」の字音を形容詞化した「さくさくし」の音変化という》あるべきものがなくて心が満たされない。もの足りない。さびしい感じである。「男君のおはせずなどして―・しき夕暮れなどばかりぞ」〈源・若菜〉

そうぞうし・い【騒騒しい】サウザウ〔形〕図さうざう・し〔シク〕❶物音や人声が多くてうるさい。さわがしい。「室内が―・い」❷大きな事件が続いて起こるなどして落ち着かない。不穏である。「世間が―・くなる」
(派生)そうぞうしげ〔形動〕 そうぞうしさ〔名〕
(類語)うるさい・やかましい・騒がしい・けたたましい・かまびすしい・かしましい・にぎやか・口うるさい・口やかましい・小やかましい・騒然・喧騒(けんそう)・喧喧囂囂(けんけんごうごう)

そうぞうてき-しんか【創造的進化】サウザウテキシンクワ《(フランス) L'évolution créatrice》ベルクソンの主著(1907年刊)の表題であるとともに、その哲学の根本概念。生命は、因果的、目的的な活動ではなく、予測できないような飛躍によって進化する創造的活動であるとする。
➡エランビタール

そうぞう-にんしん【想像妊娠】サウザウ 実際には妊娠していないのに、妊娠していると思い込み、月経停止・つわりや乳房が膨らむなどの徴候を示すもの。妊娠していないことがわかると徴候は消失する。

そうそう-の-へん【×滄桑の変】サウサウ 世の中の激しい移り変わり。➡滄海(そうかい)変じて桑田(そうでん)となる

そうそう-ふいつ【草草不一】サウサウ 手紙の末尾に添えて、走り書きで十分思いを尽くしていないという意を表す語。

そうぞう-りょく【想像力】サウザウ ❶想像する能力や、心の働き。「―を働かせる」❷カント哲学で、感性と悟性という二つの異質な能力を媒介する能力。構想力。

そうそう-ろうろう【×蹌×蹌×踉×踉】サウサウラウラウ〔ト・タル〕図〔形動タリ〕よろよろと歩くさま。蹌踉(そうろう)。「―たる足の運び」

そうぞき-た・つ【装▽束き立つ】サウゾ ㊀〔動タ四〕美しく着飾る。「まことに寅の時かと―・ちてあるに」〈枕・二七八〉㊁〔動タ下二〕美しく着飾らせる。「おほきにはあらぬ殿上わらはの、―・てられてありくもうつくし」〈枕・一五一〉

そうぞき-わ・く【装▽束き分く】サウゾ〔動カ下二〕それぞれ別々の装束をつける。「鳥、蝶に―・きたる童べ八人」〈源・胡蝶〉

そう-ぞく【早速】サウ ㊀〔名・形動〕「さっそく(早速)㊀」に同じ。〈日葡〉㊁〔副〕「さっそく(早速)㊁」に同じ。「―洪水をさまりき」〈地蔵菩薩霊験記・一三〉

そう-そく【相即】サウ〔名〕スル ❶仏語。事物の働きが自在に助け合い融け合っていること。❷二つの物事が密接に関わり合っていること。「―する文化と言語」

そう-そく【総則】全体に共通するきまり。基本となるきまり。➡細則 (類語)規則・決まり・定め・規定・規程・条規・定則・規約・約束・規準・規矩準縄(きくじゅんじょう)・規律・ルール・コード・本則・通則・細則・付則・概則・おきて

そう-ぞく【宗族】本家と分家をあわせた全体。一族。一門。中国では、父系の同族集団をいう。

そう-ぞく【相続】サウ〔名〕スル ❶家督・地位などを受け継ぐこと。跡目を継ぐこと。「宗家を―する」❷法律で、人が死亡した場合に、その者と一定の親族関係にある者が財産上の権利・義務を承継すること。現行民法では財産相続だけを認め、共同相続を原則とする。(類語)継承・相承・承継・踏襲

そう-ぞく【草賊】サウ ❶山野にひそむ盗賊。おいはぎ。❷こそどろ。❸反乱・一揆などを起こす賊徒をののしっていう語。「丈の知れたる―共」〈染崎延房・近世紀聞〉

そう-ぞく【装束】サウ ❶「しょうぞく(装束)❶」に同じ。「壺(つぼ)―」「―の袴(はかま)を取り寄せさせ給ひて」〈源・夕霧〉❷「しょうぞく(装束)❷」に同じ。「参りて奏せむ。車に―せよ」〈大鏡・花山院〉

そう-ぞく【僧俗】僧と俗世間の人。僧侶と俗人。

そうぞ・く【装▽束く】サウ〔動カ四〕《名詞「そうぞく(装束)」の動詞化》❶装束を身につける。「幼き人、参らまほしげに思ひたれば、―・かせていだし立つ」〈かげろふ・中〉❷装飾をほどこす。支度する。「唐めいたる船造らせ給ひける、急ぎ―・かせ給ひて」〈源・胡蝶〉

ぞう-そく【増速】〔名〕スル 速度を上げること。また、速度が上がること。「―機」

ぞうそく-き【増速機】➤増速装置

そうぞく-けん【相続権】サウゾク 相続の開始前または開始後において、相続人がもつ法律上の権利。

そうぞく-さいけんしゃ【相続債権者】サウゾク 相続財産に属する債務の債権者。被相続人の債権者で、相続により相続人を債務者とすることになった者。遺産債権者。

そうぞく-ざいさん【相続財産】サウゾク 相続によって相続人が被相続人から承継する一切の財産。

そうぞくじせいさんかぜい-せいど【相続時精算課税制度】サウゾクジセイサンクワゼイ 親が子に生前贈与を行った場合に、贈与ではなく相続の前倒しとして扱う制度。贈与者が65歳以上の親、受贈者が20歳以上の子(子が死亡している場合は20歳以上の孫)である場合に選択できる。特別控除額の2500万円まで贈与税が

非課税となり、これを超えた部分については一律20パーセントの税率が適用される。親が死亡した際は、同制度の適用分とその他の遺産を合算して相続税を精算する。平成15年(2003)に導入。

そうぞく-ぜい【相続税】ｻｳｿﾞｸ 相続または遺贈によって取得した財産に課せられる国税。

そうぞくぜい-ろせんか【相続税路線価】ｻｳｿﾞｸｾｲｰ ►路線価

ぞうそく-そうち【増速装置】ｿﾞｳｿｸｻｳﾁ ある回転軸の回転数を増加させて、他の回転軸へ伝える装置。風力発電で、風車の低速回転を高速にして発電機に伝える際などに用いられる。増速機。⇔減速装置。

そうぞく-にん【相続人】ｻｳｿﾞｸ ❶先代に代わってそのあとを継ぐ人。❷被相続人の財産上の地位を承継する人。

そうそく-ふり【相即不離】ｻｳｿｸ 互いに密接に関連していて離れないこと。「一の関係」

そうぞく-ぶん【相続分】ｻｳｿﾞｸ 同順位の相続人が二人以上いる時、各相続人が承継する遺産の持ち分。

そうぞく-ほう【相続法】ｻｳｿﾞｸﾊﾌ 相続に関する法の総称。特に、相続について規定する民法第5編をいう。

そうぞく-ほうき【相続放棄】ｻｳｿﾞｸﾊｳｷ 相続開始後に、相続人が相続を拒否する意思表示。3か月以内に家庭裁判所に申し出る必要がある。

そう-そつ【走卒】走り使いをするしもべ。

そう-そつ【倉卒¦草卒】ｻｳ・【×怱卒】ｿｳ〔名・形動〕❶突然であること。また、そのさま。だしぬけ。「かくーに会戦して」〈逍遥訳・自由太刀余波鋭鋒〉❷あわただしいこと。忙しくて落ち着かないこと。また、そのさま。「一の間(かん)」「一に辞去する」❸かるはずみであること。いいかげんであること。また、そのさま。「一な結論をしてはいけないと思って」〈寅彦・蒸発皿〉

そう-そふ【曽祖父】祖父母の父にあたる人。ひいじじ。曽祖。

そう-そぼ【曽祖母】祖父母の母にあたる人。ひいばば。

そう-そん【曽孫】孫の子。ひまご。
(類語)ひ孫・ひい孫・ひこ

そう-だ【操×舵】ｻｳ〔名〕ｽﾙ 船を思う方向に進めるために舵(かじ)を操作すること。「一室」「一手」(類語)運転

そうだｻｳ【助動】[そうだろ|そうだっ・そうで・そうに|そうだ(そうな)|そうな|そうなら|〇]❶㋐動詞・助動詞などの連用形、形容詞・形容動詞などの語幹に付き、語幹が1音節の形容詞には「さそうだ」、また助動詞「たい」「ない」に付くときは「たそうだ」「なそうだ」の形をとる。様態の意を表す。…というようすだ。今にも…するようなようすだ。「雨が降り**そうだ**」「彼はいかにもじょうぶ**そうだ**」「自信がなさ**そうだ**」「後ニ難ノ起リ**サウナ**事ヲバスルナ」〈天草本伊曽保・鳶と鳩〉㋑体言、または活用語の連体形に付く。❶㋐に同じ。「最前から見ますれば旅のお人様**さうな**が、どちらからござんした」〈伎・吉祥天女安産玉〉「おせきはどこにゐる。おれは死ぬる**さうな**」〈伎・夕霧七年忌〉❷活用語の終止形に付く。伝聞の意を表す。…ということだ。…という話だ。「手術後の経過がよい**そうで**安心した」「今日の試合は中止する**そうだ**」「女郎も好(す)い男をすてて、醜夫(ぶおとこ)を見えにする**さうだ**から」〈滑・浮世風呂・二〉(補説)語源は、「さま(様)」の音変化、あるいは「相」の字音ともいう「そう」に断定の助動詞「だ」の付いたもの。❶㋐の「そうだ」は室町末期から用いられ、古くは㋑のように体言や活用語の連体形にも付いて用いられた。一方、❷の「そうだ」は江戸時代からみられるが、活用は連用(そうで・そうに)、終止(そうだ・そうな)、連体(そうな)の三形だけである。❶❷とも会話文などでは、語幹に助詞「よ」「ね」「さ」を付けて「降りそうよ」「降るそうよ」などと用いることが多い。なお、❶の終止形「そうな」は、室町・江戸時代に用いられたが、現代語でも古風な表現に用いられる。「そな」となる場合もある。

そうにな・い ある動作が行われる可能性が小さいという判断や見通しを表す。「でき一・い仕事」「この水は飲め一・い」

そう-たい【双胎】ｻｳ 胎内に胎児を二つもつこと。

そう-たい【早退】ｻｳ〔名〕ｽﾙ 会社や学校を定刻より早く退出すること。はやびけ。「病気で一する」
(類語)早引け・忌引

そう-たい【相対】ｻｳ〔名〕ｽﾙ ❶向かい合うこと。向き合っていること。また、対立すること。「難題に一する」❷他との関係の上に存在あるいは成立していること。

そう-たい【草体】ｻｳ 草書の書体。草書体。

そう-たい【掃×苔】ｻｳ 墓の苔(こけ)をきれいに取り去ること。転じて、墓参り。特に盂蘭盆会の墓参りをいう。(季 秋)「一の埃あげたる箒かな/麦南」

そう-たい【僧体】僧の姿。僧形(そうぎょう)。法体(ほったい)。⇔俗体。

そう-たい【総体】□〔名〕物事の全体。「事件の一を把握する」□〔副〕❶全般に。一体に。総じて。「一よくできた」「子供は一に自己中心的だ」❷もともと。どだい。「一無理な相談だったのだ」
(類語)一般・全体・全般に・総じて・概して・多く・おしなべて・おおむね・大概・普通・通例・通常・一体に・およそ・広く・遍(あまね)く

そう-だい【壮大】ｻｳ〔名・形動〕規模が大きくてりっぱなこと。また、そのさま。「一な構想」「気宇一」(派生)そうだいさ〔名〕(類語)雄大・豪壮・巨大・大規模

そう-だい【相▽待】ｻｳ 仏語。二つのものが互いに相対関連して存在すること。⇔絶待。

そう-だい【総代】その関係者全員を代表する人。「卒業生一」

ぞう-たい【造替】ｻﾞｳ 社寺などの建物をつくりかえること。

ぞう-だい【増大】〔名〕ｽﾙ ふえて大きくなること。また、ふやして大きくすること。「不満が一する」「予算を一する」(類語)増加・増量・増殖・伸びる

そうたい-うんどう【相対運動】ｻｳﾀｲ 物理系で、一方の物体の位置と方向に対する、他方の物体の位置と方向の変化。一方の物体の位置と方向を原点とする座標系の中で、他方の変化が記述される。ニュートン力学・特殊相対論では慣性系が座標系である。

そうたい-おんかん【相対音感】ｻｳﾀｲ ある音の高さを他の音との関係において識別する能力。➡絶対音感

そうだい-かい【総代会】ｿｳﾀﾞｲｸﾜｲ 協同組合・信用組合・相互会社などで、組合員・社員を代表する総代が集まって開く最高の意思決定機関。株式会社の株主総会にあたる。

そうたい-がいねん【相対概念】ｻｳﾀｲ 他の概念と相関してはじめて存在しうるような概念。例えば、親・子など。絶対概念に対していう。

そうたい-くっせつりつ【相対屈折率】ｻｳﾀｲ 光が二つの媒質A、Bの境界面で屈折するときの屈折率。二つの媒質の絶対屈折率を n_A, n_B とすると、その比、n_B/n_A に等しい。

そうたい-けいご【相対敬語】ｻｳﾀｲ 話し手と聞き手、話題となる人物との関係で敬意の高低が定まる敬語の使い方。現代日本語の敬語は、相対敬語。通常「部長がおっしゃっています」と尊敬語を用いるが、来客などに対しては「部長が申しております」と謙譲語を用いて表現するなど。➡絶対敬語

そうたい-けん【相対権】ｻｳﾀｲ 特定の人に対してだけ主張できる権利。債権など。対人権。⇔絶対権。

そうたいげんし-しつりょう【相対原子質量】ｻｳﾀｲｹﾞﾝｼｼﾂﾘﾔｳ ►原子量

そう-たいこ【曹大姑】ｻｳ ►班昭(はんしょう)

そうたい-ごさ【相対誤差】ｻｳﾀｲ 真の値に対する誤差の割合。誤差の絶対値を測定値で割って得られる。

そうたい-しつど【相対湿度】ｻｳﾀｲ 空気中に含まれる水蒸気の量と、その温度の空気が含み得る水蒸気の最大量との比率。RH。

そうたい-しゅぎ【相対主義】ｻｳﾀｲ 哲学で、人間の認識や評価はすべて相対的であるとし、真理の絶対的な妥当性を認めない立場。ギリシャのソフィストたちが古典的代表者。⇔絶対主義。

そう-だいしょう【総大将】ｿｳﾀﾞｲｼﾔｳ 全軍を指揮する大将。

そうたいせい-げんり【相対性原理】ｻｳﾀｲｾｲ 物理法則はどの観測者(座標系)に対しても同じ形に表されるという原理。表現する座標系を変換しても形が変わらず、対等であるのでいう。

そうたい-せいぞんりつ【相対生存率】ｻｳﾀｲ 生存率を調整し、対象となる病気以外で死亡したケースを除外したもの。生存率を、対象者と同じ年齢・性別の集団が生存する確率で割った数値。

そうたいせい-りろん【相対性理論】ｻｳﾀｲｾｲ アインシュタインによって確立された物理学の基礎理論。1905年発表の特殊相対性理論は、光速度がすべての観測者に対して不変であることと相対性原理に基づいて、互いに等速度運動する観測者どうし(慣性系)に対して、電磁気学を含むすべての物理法則が同じ形で成立することを定式化したもの。この理論では、時間は観測者によって異なるという相対的なものとなる。15年発表の一般相対性理論は、等価原理と相対性原理に基づいて、互いに加速度運動する観測者どうし(加速系)を含む全座標系に対して、すべての物理法則が同じ形で成立することを定式化したもの。これによって万有引力の現象が説明された。

そうたい-そくど【相対速度】ｻｳﾀｲ 運動している物体を、運動している観測者が見るときの速度。

そうたい-てき【相対的】ｻｳﾀｲ〔形動〕他との関係において成り立つさま。また、他との比較の上に成り立つさま。「一な価値」「物事を一に見る」⇔絶対的。

そうたいてき-かじょうじんこう【相対的過剰人口】ｻｳﾀｲﾃｷｸﾜｼﾞﾖｳｼﾞﾝｺｳ 人口の絶対的増加によるのではなく、資本の有機的構成の高度化による相対的に過剰な労働者人口。流動的、潜在的、停滞的の三つの形態で存在する。産業予備軍。

そうたいてき-じょうよかち【相対的剰余価値】ｻｳﾀｲﾃｷ 剰余価値の一形態。総労働時間が変わらない場合、生産方法の発展・改良などによって必要労働時間が短縮され、その結果生じた剰余労働時間が生み出す剰余価値。⇔絶対的剰余価値。

そうたいてき-ひんこんりつ【相対的貧困率】ｻｳﾀｲﾃｷ ある国や地域の大多数よりも貧しい相対的貧困者の全人口に占める比率。OECDでは、等価可処分所得(世帯の可処分所得を世帯人数の平方根で割って算出)が全人口の中央値の半分未満の世帯員を相対的貧困者としている。相対的貧困率は、単純な購買力よりも国内の所得格差に注目する指標であるため、日本など比較的豊かな先進国でも高い割合が示される。➡絶対的貧困率 ➡貧困率

そうたい-どすう【相対度数】ｻｳﾀｲ 統計で、総度数に対する各階級の度数の割合。

そうたい-にんしん【双胎妊娠】ｻｳﾀｲ ふたごを妊娠すること。

そうたい-ねんだい【相対年代】ｻｳﾀｲ 地層の上下関係、化石の新旧、遺物の形式などから決められた、相対的な先後関係を示す年代。➡絶対年代

そうたい-パス【相対パス】ｻｳﾀｲ《relative path》コンピューターのファイルシステムにおける、ファイルの所在を指定する表記法の一。階層構造をもつファイルシステムの当該ファイルの位置を、起点となるディレクトリーから相対的に記述する。➡絶対パス

そうたい-ばんち【相対番地】ｻｳﾀｲ コンピューターの記憶装置において、基準になる番地に対する相対的な位置関係によって表す番地。➡絶対番地

そうたい-ひょうか【相対評価】ｻｳﾀｲﾋﾔｳｶ 個人の学力を、ある一定の集団内の相対的位置によって評価する方法。⇔絶対評価。

そうたい-ろん【相対論】ｻｳﾀｲ ►相対性理論

そうたいろんてき-りきがく【相対論的力学】ｻｳﾀｲﾛﾝﾃｷ アインシュタインの相対性理論の基本要求をみたす力学。ニュートン力学を四次元時空に拡張したもの。

そう-だか【総高】全部を合わせた数量。総計。

そうだ-がつお【宗太×鰹¦×惣太×鰹】ｿｳﾀﾞｶﾞﾂｵ サバ科の海水魚のマルソウダとヒラソウダの総称。カツオに似

て、全長約40センチ、背部は藍緑色で流紋状の縞がある。北海道からフィリピン・マレー諸島に分布。血合い肉が多く、削り節の原料とする。そうだ。(季 秋)
そうだ-きいちろう【左右田喜一郎】[1881～1927]経済学者・実業家。神奈川の生まれ。ドイツでリッケルトらの影響を受けて、日本に経済哲学を紹介した。左右田銀行頭取・貴族院議員。著「貨幣と価値」「経済哲学の諸問題」など。
そう-たく【×藪沢】雑木や雑草が生い茂っている湿地。転じて、物の集まっているところ。「学問の―」
そう-だち【総立ち】❶興奮したり驚いたりして、その場にいる全員が立ち上がること。「満場―になる」❷全員が出発すること。
そうたつ【宗達】▶俵屋宗達
そう-たつ【奏達】〔名〕スル《「そうだつ」とも》天皇に奏上して耳に入れること。
そう-たつ【送達】〔名〕スル ❶送り届けること。「書状を―する」❷訴訟上の書類を当事者その他の訴訟関係人に了知させるために送り届けること。裁判所書記官が取り扱う。(類語)送致・送付・移送・発送・託送・郵送・送る・届ける・送り付ける・送り届ける
そう-だつ【争奪】〔名〕スル 自分のものにしようとして、互いに争うこと。争って奪い合うこと。「首班の座を―する」「賜杯―戦」
(類語)略奪・奪略・略取・奪取・強奪
そうたつ-り【送達吏】裁判所からの訴訟関係の書類を送達する執行官・郵便集配人などの総称。
そう-たん【早旦】朝早いとき。早朝。早天。
そう-たん【争端】あらそいの発端。
そうたん【宗湛】▶小栗宗湛
そう-たん【草炭】草本類を主体とした泥炭。
そう-たん【操短】「操業短縮」の略。
そう-だん【相談】〔名〕スル 問題の解決のために話し合ったり、他人の意見を聞いたりすること。また、その話し合い。「―がまとまる」「―に乗る」「友人に―する」「身の上―」(類語)話し合い・打ち合わせ・下相談・談合・合議・協議・商議・評議・評定・鳩首・凝議・内談・示談（―する）諮る・計らう
そう-だん【装弾】〔名〕スル 銃砲に弾丸を込めること。「小銃に―する」
そう-だん【僧団】特別の修行をする僧侶の集団。
そう-だん【×叢談】いろいろの物語を集めたもの。「新聞の―を論じ〈服部誠一・東京新繁昌記〉
ぞう-たん【増反】〔名〕スル 田畑の作付面積をふやすこと。「自給率を上げるため―する」⇔減反。
ぞう-たん【増炭】〔名〕スル 石炭の産出量をふやすこと。また、石炭の産出量がふえること。
ぞう-だん【雑談】〔名〕スル《古くは「ぞうたん」》「ざつだん(雑談)」に同じ。「追懐の―は無邪気な笑い声に交って〈藤村・破戒〉
そう-たんかん【総胆管】左右からの肝管が合一した総肝管と、胆嚢管とが合一した所から、十二指腸に開口するまでの部分。
ぞうたんしゅう【雑談集】㊀鎌倉時代の仏教説話集。10巻。無住一円著。嘉元3年(1305)成立。「沙石集」より滑稽譚が多いが、教理性が強い。㊁俳文集。2巻。宝井其角編。元禄4年(1691)成立、翌年刊。上巻は俳論などの文章を、下巻は連句を中心に収録。
そうだん-ずく【相談▽尽く】物事を納得のいくまで相談した上で行うこと。「―で事を進める」
そうだん-やく【相談役】❶相談相手になる人。「若い人の―」❷会社などで、重大な事項について助言し、紛議の調停などにあたる役職。また、その人。
そうたん-りゅう【宗旦流】茶道の流派の一。千宗旦を開祖とし、江戸初期に成立。侘びに徹した茶の境地を伝える。
そう-ち【相知】互いに知っていること。また、その人。「―の間柄」
そう-ち【草地】草の生えている所。くさち。
そう-ち【送致】〔名〕スル ❶送り届けること。「書面を―する」❷訴訟事件に関する書類や被疑者などを、捜査機関から他の官署へ送り届けること。「検察に身柄を―する」❸家庭裁判所による処分として、対象者を少年院などに収容すること。
(類語)送達・送付・移送・送る
そう-ち【曹植】▶そうしょく(曹植)
そう-ち【瘦地】地味のやせた土地。やせち。
そう-ち【装置】〔名〕スル ❶ある目的のために、機械・器具などをそなえつけること。また、その設備。「濾過器を―する」「安全―」❷舞台装置のこと。
(類語)装備・設備・機械・機器・機具・器具・利器・機関・からくり・仕掛け・マシン・メカニズム・備える
ぞう-ち【増置】〔名〕スル 今よりもさらにふやして設置すること。「出張所を―する」
ぞう-ち【蔵置】倉庫などにしまっておくこと。
ぞう-ちく【増築】〔名〕スル すでにある建物に付け加えて建築すること。建て増し。「離れを―する」⇔減築。
(類語)建て増し・改築・築造・普請・造作・新築
そうち-さんぎょう【装置産業】生産工程が大規模な装置によって構成され、自動化されている産業。石油化学工業・鉄鋼業など。
そうち-せい【走地性】生物が重力の刺激に対して示す走性。カタツムリが斜面を上るなど。重力走性。
ぞうち-ぜい【増値税】中国の付加価値税。物品の売買、加工、修理役務に課税される。税率は品目により13パーセントまたは17パーセント。
そうちつ-りょう【宗秩寮】旧宮内省に所属した一部局。皇族・皇族会議・王族・公族・華族・爵位などに関する事務をつかさどった。
そう-ちゃく【早着】〔名〕スル 列車・航空機などが、定刻より早く着くこと。「パリ発の便は一時間―します」⇔延着。
そう-ちゃく【装着】〔名〕スル 身につけること。また、部品などを取りつけること。「シートベルトを―する」
(類語)着装・着用
そう-ちゅう【×惣中】《「そうぢゅう」とも》「惣」に同じ。
そう-ちょう【早朝】朝早いとき。朝早いうち。早旦。早天。「―出発する」(類語)朝方・朝っぱら
そう-ちょう【宋朝】㊀中国、宋の朝廷。また、その時代。㊁「宋朝体」の略。
そうちょう【宗長】[1448～1532]室町後期の連歌師。駿河の人。号、長阿・柴屋軒。和歌・連歌を宗祇に学んだ。著「雨夜記」「宗祇終焉記」、連歌集「壁草」など。
そう-ちょう【荘重】〔名・形動〕おごそかで重々しいこと。また、そのさま。「―な式典」(派生)**そうちょうさ**〔名〕(類語)荘厳・厳粛
そう-ちょう【曹長】軍人の階級の一。旧日本陸軍では下士官の最上位で、軍曹の上、准尉の下。
そう-ちょう【総長】❶全体を統轄・管理する職。「検事―」「事務―」❷総合大学の学長。旧制帝国大学と一部の私立大学での、学長の通称。現行制度では学長が正式の名称。帝国大学令(明治19年)に定められていたもの。(類語)学長
ぞう-ちょう【象鳥】▶エピオルニス
ぞう-ちょう【増長】〔名〕スル ❶《古くは「ぞうぢょう」とも》しだいに程度がはなはだしくなること。「依頼心が―する」❷しだいに高慢になること。つけあがること。「へたにほめると―する」
ぞう-ちょう【増徴】〔名〕スル 税金などを、今までの額よりも多く徴収すること。「住民税を―する」
そうちょう-こうけつあつ【早朝高血圧】朝起きたときの血圧が高い現象。心筋梗塞などの危険性が高いとされる。
そう-ちょうせき【曹長石】斜長石の一種。ナトリウムに富み、白または灰白色の半透明の柱状結晶。三斜晶系。花崗岩・流紋岩などに多い。
そうちょう-たい【×宋朝体】和文活字書体の一。縦線・横線の太さがほぼ等しく、やや右肩上がりの楷書書体。年賀状・名刺などの印刷に用いる。
ぞうちょう-てん【増長天】▶ぞうじょうてん(増長天)
そうちょう-るい【走鳥類】飛翔力がない代わりに走ることの得意な大形の鳥類。ダチョウ・レア・ヒクイドリ・キウイなど。走禽類。
そう-ついぶし【総追▽捕使】❶源頼朝が諸国に設置した職。行政・軍事・警察権をもつ。守護の前身。❷鎌倉時代、社寺の領地や荘園内で、警察・軍事をつかさどった職。
そう-つう【相通】江戸時代以前の歌学・国語研究用語。五十音図の同行・同段の内で、音が互いに通い合うという考え。「けけれ(上代東国方言)」と「こころ」「けぶり」と「けむり」など。「ハ行・ヤ行の動詞は、その同行に―するものは、その行のかなで書く」➡五音相通
そう-づり【総釣】江戸時代、元禄(1688～1704)のころに流行した髪形。下げ島田に結い、全体を笄で浮かせて釣ったもの。女子・若衆などが結った。
そう-で【総出】全員がそろって出ること。「一家―で迎える」
そう-てい【壮丁】❶成年に達した男子。一人前の働き盛りの男子。❷労役・軍役にあたる成年の男子。特に、明治憲法下で、徴兵検査を受ける義務のある満20歳の男子。(類語)男・男性・男子・男児・おのこ・壮夫・士・ますらお・丈夫・野郎・雄
そう-てい【草亭】草ぶきのあずまや。また、自分の家をへりくだっていう語。草屋。
そう-てい【送呈】〔名〕スル 他人に物を送って、差し上げること。「拙著を―いたします」
そう-てい【装丁｜装訂｜装×釘｜装×幀】〔名〕スル 製本の仕上げとして、書物の表紙・扉・カバーなどの体裁を整えること。また、その意匠。「凝った意匠で―する」(補説)装丁が書物の外側のデザインを意味するのに対し、装本は、レイアウトや材料の選択・印刷方法・製本様式までの形式を意味することが多い。
そう-てい【装×蹄】〔名〕スル 馬や牛に蹄鉄をつけること。
そう-てい【想定】〔名〕スル ある条件や状況を仮に設定すること。「火災を―して避難訓練をする」
(類語)仮定・設定・仮説
そう-てい【×漕艇】ボート、特に競技用のボートをこぐこと。
ぞう-てい【増訂】〔名〕スル 書物の内容を増補し、不備を訂正すること。「辞書を―する」
ぞう-てい【贈呈】〔名〕スル 人に物を贈ること。物を差し上げること。進呈。「花束を―する」
(類語)進呈・献上・進上・謹呈・謹上
そうてい-がい【想定外】事前に予想した範囲を越えていること。「―の円高ドル安」「―の爆発事故」⇔想定内。
そうてい-かわせレート【想定為-替レート】企業が事業計画を立てたり、業績の見通しを検討する際に、事前に基準値として決めておく外国為替相場。輸出企業の場合、想定したレートより円高になると収益が悪化する。
そうてい-ない【想定内】事前に予想した範囲の内に収まっていること。「この程度の相場の変動は―だ」「―の収益減」⇔想定外。
そうてい-もんどう【想定問答】出そうな質問を想定し、それに対する模範回答を用意すること。国会や地方議会、株主総会、面接試験などの対策として作られる。「―集」
そうです〔助動〕《様態または伝聞の助動詞「そうだ」の丁寧な表現》❶動詞・助動詞の連用形、形容詞・形容動詞の語幹に付き、語幹が1音節の形容詞には「さそうだ」、また、助動詞「たい」「ない」に付くときは、「たそうです」「なそうです」の形をとる。様態の意を表す。…というようすです。今にも…するようなようすです。「赤ちゃんは泣きだし**そうでした**」「いかにもうれし**そうですね**」❷活用語の終止形に付いて伝聞の意を表す。…ということです。…という話です。「この山で行方不明になった人があった**そうですね**」「ここは雨の多い所だ**そうです**ので、梅雨期が心配です」(補説)❶は、「○・そうでし・そうです・(そうです)・○・○」と活用し、❷は、「そうでしょ・そうでし・そうです・(そう

です)・○・○」と活用する。❶❷とも「そうです」を一語の助動詞とせず、助動詞「そうだ」の語幹「そう」に助動詞「です」の付いたものとする説もある。
そう-てん【早天】 早朝。早旦。「今日一より、此処に埋伏して」〈竜渓・経国美談〉
そう-てん【争点】 争いの的になっている主要点。「議論の一をしぼる」
(類語)問題・案件・件・一件・懸案・課題・題目・本題・論題・論点・テーマ・プロブレム
そう-てん【装塡】〔名〕スル 中に詰め込むこと。特に、銃砲に弾丸を込めること。「拳銃に弾丸を一する」
そう-てん【総点】 得点の総計。総得点。
そう-てん【蒼天】 ❶青空。大空。蒼空。❷春の空。❸天の造物主。天帝。
そう-てん【操典】 旧日本陸軍が作成した、各兵種の教育および戦闘についての典拠書。「騎兵一」
そう-てん【霜天】 霜の降りた冬の明け方の空。
そう-でん【相伝】〔名〕スル 代々受け継いで伝えること。「家訓を一する」「一子一」
そう-でん【送電】〔名〕スル 発電所から変電所または配電所に電力を送ること。⇔受電。(類語)配電
そう-でん【桑田】 くわばたけ。
桑田変じて海となる 《劉希夷「代悲白頭翁」から》「滄海変じて桑田となる」に同じ。
桑田変じて滄海となる ►滄海変じて桑田となる
そう-てんい【相転移】 物質がある相から別の相に移ること。融解・蒸発、凝縮・凝固など。相変化。
そうてん-かんそく【掃天観測】 望遠鏡などで一定の範囲を網羅的に観測すること。過去には地上の望遠鏡で星雲や星団のカタログ作成が主な目的だったが、近年は可視光以外にも電波望遠鏡や人工衛星に搭載されたX線望遠鏡、赤外線望遠鏡などの掃天観測や、地球に衝突する危険性がある小惑星・彗星などの小天体の捜索も行われている。
そうでん-せい【走電性】 電流の刺激によって起こる走性。陽極に向かう場合を正の、負極に向かう場合を負の走電性といい、自然界ではゾウリムシなど負の走電性が多い。電気走性。
そうでん-せん【送電線】 電力を送るための電線。
そうでん-ふだい【相伝譜代】 代々その主家に仕えていること。また、その家来。
そう-と【壮図】 規模が大きくてりっぱな計画。「一大一を抱く」「一半ばにして挫折する」
そう-と【壮途】 前途に大きな希望をもった勇ましい門出。「一に就く」
そう-と【桑都】 東京都八王子市の異称。かつて養蚕業や絹織物の生産が盛んであったことから。
そう-と【僧徒】 僧の仲間。
そう-とう【双頭】 一つのからだに二つの頭が並んでついているもの。両頭。「一政治」
そう-とう【争闘】〔名〕スル あらそいたたかうこと。闘争。「部曲が一してやまなかった時代には」〈柳田・山の人生〉(類語)喧嘩・諍い・争い・紛争・闘争・立ち回り・大立ち回り・抗争・暗闘・共闘・ゲバルト
そう-とう【相当】 ■〔名・形動〕スル ❶価値や働きなどが、その物事とほぼ等しいこと。それに対応すること。「五〇〇円一の贈り物」「ハイスクールは日本の高校に一する」❷程度がその物事にふさわしいこと。また、そのさま。「能力一の地位」「それ一な(の)覚悟がいる」「収入に一した生活」❸かなりの程度であること。また、そのさま。「一な(の)成果をおさめる」■〔副〕物事の程度が普通よりはなはだしいさま。かなり。「一勉強したらしい」
(類語)■(❶)適合・該当・適応・即応・順応/■(❸)かなり・大幅・随分・なかなか・大分・大分・大層・頗る・いやに・やけに・えらく・馬鹿に・余程・余っ程
そう-とう【相等】 互いに等しいこと。また、同値であること。
そう-とう【草頭】 ❶草の上。「暁霧尚平野に横わり、一零露多し」〈竜渓・経国美談〉❷草冠のこと。
そう-とう【掃討|掃蕩】〔名〕スル 残らず払い除くこと。勦討。「腐敗政治を一する」「一作戦」
(類語)追放・駆逐・放逐・駆除・撃退
そう-とう【曹洞】 「曹洞宗」の略。
そう-とう【勦討】〔名〕スル 「掃討」に同じ。「賊徒を一する」
そう-とう【想到】〔名〕スル 考えた結果その事に行き着くこと。「しかるべき結論に一する」
そう-とう【層塔】 幾重にもかさなった高い塔。三重の塔や五重の塔など。
そう-とう【総統】 ❶国政や軍事全体を統括すること。また、その官職。❷中華民国政府の最高官職。中華人民共和国成立後は事実上、台湾における最高指導者。❸大統領制を廃してヒトラーが就任した、ナチス-ドイツの最高官職。大統領・首相・党首を兼ねそなえた権限をもつ。
そう-とう【蒼頭】 ❶《昔、中国で兵卒は青い頭巾をかぶったところから》兵卒。雑兵。❷しもべ。下男。
そう-どう【相同】 異種の生物の器官で、形状や機能が異なるが、発生的には同一起源であること。
そう-どう【草堂】 草ぶきの家。草庵。また、自分の家をへりくだっていう語。草屋。
(類語)庵・庵・庵室・草庵・東屋
そう-どう【僧堂】 禅宗寺院で、僧が座禅や起居する建物。禅堂。雲堂。
そう-どう【騒動】 ❶多人数が騒ぎたてて秩序が乱れること。また、そのような事件や事態。「一を起こす」❷もめごと。争い。「お家一」
ぞう-とう【造塔】〔名〕スル 仏塔を建造すること。
ぞう-とう【贈答】〔名〕スル 品物・詩歌などをおくったり、おくり返したりすること。「書状を一する」「一品」
(類語)贈与・寄贈・寄付・恵贈・与える・遣る・贈る
そうどう-いでんし【相同遺伝子】 ❶減数分裂の時に対合する相同染色体上の遺伝子。❷同一の祖先に由来し、同じ構造・機能を持つ遺伝子。
そう-どういん【総動員】〔名〕スル 全員を集めてその事に当たらせること。「家中を一して捜す」
そうどう-うち【騒動打ち】 ►後妻打ち❷
ぞうとう-か【贈答歌】 二人、多くは男女が意中を述べ合ってやりとりする歌。
そうとう-かん【相当官】 その官等が他のある本官に等しい官位。「中将一」
そうどう-きかん【相同器官】 互いに相同の関係にある器官。人間の手と犬の前足と鯨の胸びれとコウモリの翼など。
そうとう-しゅう【曹洞宗】 禅宗の一派。鎌倉時代に道元が入宋して伝えた。福井県の永平寺と神奈川県の総持寺とを大本山とする。名は、中国で大成した洞山良价と弟子の曹山本寂によるといい、また禅宗六祖慧能が説法した曹渓と洞山良价の活躍した洞山によるともいう。
そうとう-すう【相当数】 かなりの数。「負傷者も一出たようである」
そうとう-ぜん【曹洞禅】 曹洞宗に伝わる禅。
そうどう-せん【双胴船】 船体を二つ並べ、つないで鋼甲板を張った船。安定性がよく、造波抵抗が少なく、高速力が得られる。カタマラン。
そうどう-せんしょくたい【相同染色体】 体細胞に2個ずつ対になってある同形同大の染色体。それぞれ両親の配偶子に由来し、減数分裂のときには相対して接着する。
そうとう-の-わし【双頭の鷲】 頭が二つある鷲。二つの権威を一つのからだに有していることの象徴として、古くは神聖ローマ帝国・ロシア帝国ロマノフ朝・オーストリア帝国などの紋章に描かれ、また、現在でもアルバニアの国旗に使われている。
そうどうみゃくかんざんい-しょう【総動脈幹残遺症】 ►総動脈幹症
そうどうみゃくかん-しょう【総動脈幹症】 重篤な先天性心疾患の一。心臓から血液を送り出す大動脈と肺動脈が2本に分かれず、両心室から1本の太い血管(総動脈幹)が生じ、そこから冠動脈・肺動脈・大動脈が枝分かれしている心奇形をさす。総動脈幹症の場合、肺に送り出される酸素の少ない静脈血と酸素の多い動脈血が、ともに総動脈幹に送り出されて混ざるため、全身に十分な酸素が供給されず、また、左心室は右心室より高い圧力で血液を全身に送り出しているため、肺にも通常より高い圧力で過剰な血液が送り出されることにより、心不全・呼吸不全を起こす。人工血管等で右心室と肺動脈をつなぐ手術を行う。総動脈幹残遺症。
そう-どうめい【総同盟】 ㊀《「日本労働総同盟」の略称》大正10年(1921)友愛会を改称して成立した労働組合の全国組織。数度の分裂ののち右派が主導権を握り、産業報国会の成立により昭和15年(1940)解散。㊁《「日本労働組合総同盟」の略称》㊀の指導者を中心に昭和21年に結成された労働組合の全国組織。その後、総評結成に際して分裂。同39年に同盟へと発展的解消。
そう-どうめいひぎょう【総同盟罷業】 ►ゼネラルストライキ
そう-とく【総督】 ❶全体をまとめて率いること。また、その官。特に、軍の総司令官。❷植民地などで、政務・軍務を統轄する官職。❸中国、明・清時代の地方長官。
そう-どく【瘡毒】 梅毒。かさ。
そうど・く〔動カ四〕《名詞「そうどう(騒動)」の動詞化か》ざわざわと騒ぐ。騒ぎたてる。「氷水召して水飯などとりどりに一・きつつ食ふ」〈源・常夏〉
ぞう-とく【蔵匿】〔名〕スル ❶人に見つからないように隠すこと。隠匿。「これを樹籬の中に一せんが為ならず」〈中村訳・西国立志編〉❷犯人や逃走者をかくまって、捜査機関による発見を妨げること。
そうとく-ふ【総督府】 植民地などで、総督が長官としてその政務を行う役所。日本も第二次大戦終結まで、台湾と朝鮮に設置していた。
そう-どしより【総年寄|惣年寄】 江戸時代、大坂などで町奉行の差配を受けて町政一般をつかさどった職。江戸の町年寄に相当する。
そうとめ【早乙女】 「さおとめ」の音変化。
そう-とも【然うとも】〔感〕相手の意見に全面的に同意する気持ちを表す語。まったくそのとおりだ。「一、それに違いない」
そう-とん【草墪|草墩】 腰掛けの一種。わらを芯にして、高さ約40センチの円筒形につくり、表面を錦で包んだもの。平安時代、宮中で節会・饗宴の際に公家が用いた。
そう-トン【総トン】 「総トン数」の略。
そうトン-すう【総トン数】 ❶船舶の総容積をトン単位で表すもの。商船によく使われ、統計・登録免許税などの算定の基礎となる。記号GT グロストン。➡トン❷ ❷合計したトン数。
そう-な【草名】 ►そうみょう(草名)
そうな〔助動〕►そうだ〔助動〕
ぞう-ながもち【雑長持】 衣服・調度以外の雑具を入れておく長持。「この木履は…嫁入りせし時、一に入れて来て」〈浮・胸算用・一〉
そう-な・し【双無し】〔形ク〕並ぶものがない。この上なくすばらしい。「園の別当入道は一・き庖丁者なり」〈徒然・二三一〉
そう-な・し【左右無し】〔形ク〕《「左右」はあれこれ、とやかく、の意》❶ためらわない。無造作である。「一・くは撃って蒐られず」〈紅葉・二人女房〉「一・く湯殿へ行きて、はだかになりて」〈宇治拾遺・三〉❷どちらともつかない。「なほこのこと一・くてやまむ、いとわろかるべし」〈能因本枕・二〇〉
そう-なみ【総並み|惣並み】 ❶それにあてはまるものの、すべて。「会津を一に立ちのき」〈浮・武家義理・二〉❷一般の傾向。世のならわし。「ここの一なればをかしからず」〈浮・胸算用・四〉
そう-なめ【総嘗め】 ❶災害などが、全体に及ぶこと。「火災は市街地を一にした」❷全部を負かすこと。また、賞などをすべて獲得すること。「強豪チームを一にする」「主要タイトルを一にする」

そう-なん【遭難】サウ〔名〕スル 災難に出あうこと。特に、登山や航海などで命を失うような危険にあうこと。「冬山で一する」類語 受難

そうなん-しんごう【遭難信号】船舶・航空機が遭難した時、救助を求めるために発する信号。従来は、無線電信のSOS、発煙筒、国際信号旗のNC旗による信号などが使われてきたが、現在は、人工衛星を利用した遭難通信システムが一般化しつつある。

そう-に【僧尼】僧と尼。男女の出家者。

ぞう-に【雑煮】ザフ 餅に具をあしらった汁物。地方により具はさまざまで、仕立ても澄まし汁・味噌汁といろいろ。主として正月の祝い膳に用いる。季 新年「三椀の一かゆるや長者ぶり/蕪村」

そう-にかい【総二階】2階建ての建物で、2階の面積が1階とほとんど等しいもの。

ぞうに-ばし【雑煮箸】ザフ 雑煮用の、柳を丸く削った祝い箸。太箸。

ぞうに-もち【雑煮餅】ザフ 雑煮。また、雑煮の餅。地方により丸餅・切り餅・欠き餅など形が異なり、煮る・焼くなど扱いにも違いがある。

そう-にゅう【挿入】サフ〔名〕スル 中にさし入れること。中にはさみこむこと。「イラストを一する」類語 挟む・挟み込む・挟み入れる・差し入れる・差し込む・挿す

そう-にゅう【装入】サウ〔名〕スル 中に入れること。詰め込むこと。「之を大砲の弾中に一して」〈竜渓・浮城物語〉

そうにゅう-か【挿入歌】サフ ドラマや映画の中で流す歌。普通、オープニング曲、エンディング曲以外の、劇中で流す歌をいう。劇中歌。

そうにゅう-く【挿入句】サフ ❶文中に、語句の補足、注釈などのために挿入された句。❷ ►エピソード❸

そうにゅう-ソート【挿入ソート】サフ《insertion sort》コンピューターでデータをある基準によって並べかえるソートのうち、最も基本的なアルゴリズムの一。データの要素を最初から順番にふたつずつ取り出して比較し、整列させていく。要素が逆に並んでいる場合、非常に時間がかかるという欠点がある。インサーションソート。基本挿入法。➡選択ソート

そう-にょう【▽爪×繞】サウ 漢字の繞の一。「爬」などの「爪」の称。

そう-にょう【走×繞】漢字の繞の一。「起」「越」などの「走」の称。

そう-にん【奏任】❶律令制における官吏任命形式の一。太政官の奏聞によって官に任じること。❷明治憲法下における官吏任命形式の一。内閣総理大臣の奏薦によって任命すること。➡勅任 ➡判任

そう-にん【相人】サウ 人相を見る人。人相見。「かしこき一ありけるを聞こしめして」〈源・桐壺〉

ぞう-にん【雑人】ザフ 身分の低い者。下賤の者。「車の前に一立ち隔てて見えざりしかば」〈徒然・四一〉

ぞう-にん【雑任】ザフ 律令制の諸官司で、四等官の下で種々の職に任じられた属官。官掌・史生・舎人など。

そうにん-かん【奏任官】明治憲法下で、奏任によって任命された三等以下九等までの高等官の称。

ぞうにん-ばら【雑人▽輩】ザフ《「ばら」は接尾語》雑人ども。武家では、具足を着用しない雑兵。「矢面の一そこのき候へとて」〈平家・一一〉

ぞうにん-ぶぎょう【雑人奉行】ザフ ►国奉行

そう-ね 〔感〕❶相手への同意を表す語。「一、それでいいだろう」❷結論を保留する気持ちを表す語。「一、まだ何とも言えませんね」

そうねい-じ【総寧寺】千葉県市川市国府台にある曹洞宗通幻派の寺。山号は安国山。開創は弘和3＝永徳3年（1383）、開山は通幻寂霊、開基は佐々木氏頼。近江に創建されたが、兵火などで諸国を転々とし、寛文3年（1663）現在地に移転。

そうねつりょうふへん-の-ほうそく【総熱量不変の法則】►ヘスの法則

そう-ねん【壮年】サウ 心身ともに成熟して働き盛りの年ごろ。また、その人。壮齢。
類語 壮齢・盛年・働き盛り・大人

そう-ねん【早年】サウ 年の若いころ。若年。「その一貧苦なりし時」〈中村訳・西国立志編〉

そう-ねん【桑年】サウ 48歳のこと。「桑」は「桒」とも書き、十の字四つと八の字一つとからなるのでいう。桑字年。

そう-ねん【想念】サウ 心の中に浮かぶ考え。
類語 思い・考え・思想・思念・念・気持ち・感懐・感想・所懐・胸懐・心懐・胸中・心中・心事・心情・心境・感慨・万感・偶感・思考・思索・一存

そうねんき-ちけい【壮年期地形】サウ 地形の浸食輪廻で、幼年期の次の時期にみられる地形。浸食が進んで山の形が険しくなり、V字谷や急斜面の入り組んだ地形。

ぞう-の-うた【雑の歌】ザフ ►雑歌

ぞう-の-おり【象の×檻】ザウ 沖縄県読谷村にあった在日米軍の楚辺通信所の通称。直径約200メートル、高さ約28メートルの巨大な円形のケージ型アンテナを備えた軍事通信傍受施設で、その外観から「象のオリ」と呼ばれた。補説 政府は地主457人に年間3億6500万円の賃借料を支払い同施設の用地を収用していたが、平成7年（1995）に一部の地主が契約更新を拒否。同8年から1年間は国が不法占拠する状態となった。政府は同9年に駐留軍用地特別措置法を改正し、用地収用を合法化。同18年に新通信施設が同県のキャンプハンセン内に建設されたのに伴い、同用地は日本に返還、施設は撤去された。

そう-の-こと【×箏の琴】サウ《「こと」は弦楽器の総称》「箏」に同じ。「一を盤渉調に調べて今めかしくかい弾きたる爪音」〈源・帚木〉

そう-の-ふえ【×笙の笛】サウ「笙」に同じ。「横笛はみづから、一は弾正の宮」〈宇津保・蔵開上〉

そう-は【争覇】サウ〔名〕スル ❶覇権を争うこと。「総裁の座をめぐって一する」❷優勝を争うこと。

そう-は【走破】〔名〕スル 予定した距離を走りとおすこと。「ラリーの全行程を一する」類語 完走

そう-は【×掻×爬】サウ〔名〕スル 治療や診断のため、子宮内膜をかきとること。また、人工妊娠中絶のため、子宮内の胎児を体外に出す手術。

そう-は【×蒼波】サウ あおい波。蒼浪。「一万里を隔てたれども」〈伽・御曹子島渡〉

そう-ば【相場】サウ ❶市場で取引されるその時々の商品・株式・債券・外国為替などの値段。時価。市価。「一が上向きになる」❷実物・現物・直物取引ではなく、市場における価格変動によって生じる差額で利益を得ようとする投機的取引。「一を張る」「一に手を出す」「一で当てる」❸ある物事についての世間一般の考え方や評価。また、世間並みと認められる程度。「親は口うるさいものと一が決まっている」「初任給は一並みだ」類語 定評・通念・通り相場

ぞう-は【増派】〔名〕スル すでに派遣してある人数に加えて、さらに派遣すること。「救助隊を一する」

そう-はい【送配】〔名〕スル おくりくばること。「電力を一する」

そう-ばい【早梅】サウ 早咲きの梅。季 冬「一や御室の里の売屋敷/蕪村」

そう-ばい【層倍】〔接尾〕助数詞。数を表す漢語に付いて、その倍数だけあることを表す。「三一の価」

ぞう-はい【増配】〔名〕スル 株式の配当や物資の配給量をふやすこと。「配当金を一する」⇔減配。

ぞう-はい【雑俳】ザフ ►ざっぱい（雑俳）

そうはいぶん-せいこう【総配分性向】企業による株主への利益還元の度合いを示す指標。企業が配当と自社株買いを通じて株主に配分した金額を、企業の純利益との比較で表す。企業の配当総額と、自社株買いに充てた金額の合計を、純利益で割って算出する。

ぞう-ばいりつ【像倍率】ザウ ►撮影倍率

そうば-がき【相場書】サウ ❶各種の相場を記載した文書。❷江戸時代、幕府が石代納のために諸国の米相場を書き上げさせた文書。

そう-はく【宗伯】中国、周の六卿の一。春官の長で、祭祀・礼儀をつかさどった。

そう-はく【×蒼白】サウ〔名・形動〕あおじろいこと。血の気がなく、あおざめていること。また、そのさま。「顔面一になる」類語 青白い・青ざめる

そう-はく【×糟×粕】サウ ❶酒のかす。❷よいところを取り去った残り。
糟粕を嘗・める 先人のまねをするだけで、独創性のないことのたとえ。「古人の一・める」

そう-はくひ【桑白皮】サウ 桑の根皮。漢方で消炎・利尿・鎮咳薬などに用いる。

そうば-し【相場師】サウ 実物取引をせず、相場の変動を利用して、売値と買値との価格差によって生じる差金の利益を得ることを職業としている人。

そうば-そうじゅう【相場操縦】サウ 不正な手段により、証券取引所（金融商品取引所）または商品取引所における相場を人為的に変動または固定させる行為。金融商品取引法で禁止されている。

そうはち【惣八｜宗八】狂言。還俗した惣八という料理人と、もと料理人のにわか坊主とが、互いの前身を知って仕事を取り替えているところへ、主人が戻ってきてあわてる。

そう-はつ【双発】サウ 発動機が2基ついていること。

そう-はつ【早発】サウ〔名〕スル ❶朝早く出発すること。はやだち。「山靄猶お暗らく、…駅馬の嘶いて旅客の一を促すを」〈織田訳・花柳春話〉❷定刻より早く出発すること。❸早い時期に発生すること。「一月経」

そう-はつ【総髪｜×惣髪】男子の髪形の一。月代を剃らず、髪を全体に伸ばし、頭頂で束ねたもの。束ねずに後ろへなでつけて垂らしたものもいう。江戸時代、医者・儒者・山伏などが多く結った。そうがみ。そうごう。

そう-はつ【霜髪】サウ 霜を置いたような白髪。

ぞう-はつ【増発】〔名〕スル ❶列車・バス・飛行機などの運行回数をふやすこと。「臨時列車を一する」❷紙幣などの発行をふやすこと。

そうはつ-き【双発機】サウ 2個のエンジンを備えた飛行機。

そうばつ-せい【双罰性】サウ 犯罪捜査を要請する国と、要請される国の双方で犯罪とされる行為についてのみ捜査協力をすること。

そうはつせい-ちほう【早発性痴×呆】サウ 統合失調症の旧称。

そうはつ-へいけい【早発閉経】サウ 通常より若い年齢（43歳未満）で卵巣の機能が停止し月経がなくなること。女性ホルモンの欠乏により、更年期障害・骨粗鬆症などが生じやすくなるため、ホルモン補充治療を行う。染色体異常や自己免疫疾患などが原因と考えられている。早発閉経と診断された女性が卵子提供による体外受精によって妊娠・出産した事例が国内でも報告されている。早発卵巣不全。補説 極端なダイエットやストレスなどが原因で長期間月経がない状態になることがあるが、多くの場合これは早発閉経ではなく、卵巣内に卵子があることが多い。

そうはつ-らんそうふぜん【早発卵巣不全】サウ ►早発閉経

ぞうは-ていこう【造波抵抗】ザウ 船など流体中を運動する物体が、波をつくり出すことによって受ける抵抗。高速になるほど大きくなる。

そう-ばな【総花】❶料亭・遊女屋などで客が使用人全部に出す祝儀。❷関係者全部にまんべんなく恩恵を与えること。「一的で指針を欠く予算」「一式」

そうば-ひょう【相場表】サウ ❶証券取引所（金融商品取引所）・商品取引所で、銘柄別・商品別に毎日の最高・最低・最終価格などを記録した表。❷商人が取り扱っている商品の価格を記載した表。

そう-はん【×宋版｜×宋板】中国の宋代に出版された書籍。造本・校勘ともにすぐれたものとして有名。その字体を宋朝体という。

そう-はん【相反】サウ ❶互いに反対であること。❷平面上の射影変換で、点を直線に、直線を点に移す変換のこと。

そう-はん【×瘡×瘢｜創×瘢】サウ きずあと。きず。「流

血を止むるには、烙鉄を以て一を灸る」〈中村訳・西国立志編〉

そう-ばん【双盤】❶寺院で法会に打ち鳴らす金属製の盤。❷歌舞伎の下座音楽に使われる楽器で、大形の当たり鉦に似たものを枠にかけ、撞木で打つもの。寺院やその付近の場面などに用いる。❸建築で、礎盤のこと。

そう-ばん【早晩】㊀〔名〕早いことと遅いこと。また、朝と夕。「二百十日の暴風と云うは…其一などは年に寄って異なるとも」〈西周・百一新論〉㊁〔副〕おそかれはやかれ。いずれ。「あの力士は一横綱になるだろう」(類語)何時か・孰れ・近日・そのうち・いずれ・近近・遅かれ早かれ・追って

ぞう-はん【造反】〔名〕スル 体制に逆らうこと。謀反を起こすこと。「若手の党員が一する」(補説)中国から輸入された語。1966年の文化大革命以後多用された。(類語)反対・不賛成・不同意・不承知・異議・異論・異存・批判・抵抗・対立・異を唱える・異を立てる

ぞう-はん【蔵版|蔵板】版木・紙型を所蔵していること。また、それで印刷した書物。

そうはんそく-ふき【相反則不軌】写真用フィルムの実効感度が長時間の露出などで低下する性質。天体写真の撮影などでは考慮する必要がある。

ぞうはん-ゆうり【造反有理】反逆には道理があるということ。1939年に毛沢東が演説で初めて用い、66年に始まった文化大革命のスローガンの一つとなった。

そう-ひ【曹丕】[187～226]中国、三国時代の魏の初代皇帝。在位220～226。曹操の長子。字は子桓。諡号は文帝。廟号は世祖。父を継いで魏王となり、後漢の献帝の禅譲によって帝位につき、洛陽を都と定め、国号を魏と号した。九品中正法を施行。詩文を好み、楽府にすぐれた。著「典論」など。

そう-び【壮美】〔名・形動〕❶壮大で美しいこと。また、そのさま。「一な王宮」❷壮麗で崇高な感じがする美しさ。「かの耶蘇の死などは…限りなく一だ」〈実篤・幸福者〉

そう-び【装備】〔名〕スル 必要な機器などを取り付けること。戦闘・登山など特定の目的に応じた用具をそろえたり身につけたりすること。また、その機器や用具。「魚探機を一する」「冬山用の一」(類語)設備・装置・備える

そう-び【×薔×薇】❶バラ。バラの花。しょうび。(季 夏)❷襲の色目の名。表は紅、裏は紫。

ぞう-ひ【×臧否】よいことと悪いこと。善悪。良否。また、よしあしを批判すること。

ぞう-ひ【雑肥】堆肥・焼土など、いろいろな雑物を含んだ肥料。

ぞうひき【象引】歌舞伎十八番の一。歌舞伎の荒事の演出形態で、荒事師と悪方が象を引き合うもの。元禄14年(1701)江戸中村座の「傾城王昭君」で、初世市川団十郎と初世山中平九郎が演じたのが最初という。

そう-ひぎょう【総罷業】▶ゼネラルストライキ

ぞうび-ちゅう【象鼻虫】ゾウムシの別名。

そう-ひつ【早筆】文章や文字を書くのが早いこと。〈日葡〉

そう-ひつ【走筆】はしり書き。早書き。

そう-ひつ【草筆】草書で書くこと。

ぞうひ-びょう【象皮病】リンパの循行障害のため、特に下肢の皮膚・皮下組織が象の皮のように厚く硬くなる慢性の病気。バンクロフト糸状虫がリンパ管内に寄生するために起こることが多い。アフリカ・東南アジア・中央アメリカなど熱帯地方に多く、日本では九州にみられる。

そう-びゃくしょう【×惣百姓】❶室町時代、惣に属する農民。❷江戸時代、本百姓のこと。

そう-ひょう【総評】㊀〔名〕スル 全体にわたって批評すること。また、その内容。「秋の美術展を一する」㊁《「日本労働組合総評議会」の略称》昭和25年(1950)7月、産別会議・全労連に対抗し、組合主義の立場で結成された労働組合の全国的中央組織。その後戦闘性を強め、労働運動の中心的存在となった。平成元年(1989)連合の発足により解散。

そう-びょう【走×錨】〔名〕スル 船舶が錨を下ろしたまま流されること。

そう-びょう【宗×廟】❶祖先のみたまや。祖先の位牌を置く所。❷皇室の祖先を祭るみたまや。伊勢神宮などをいう。(類語)廟・霊廟・霊屋・廟堂・聖廟

そう-びょう【×躁病】気分が異常に高揚し、開放的になったり怒りっぽくなったりする状態が続く精神疾患。気分障害の一つ。双極性障害(躁鬱病)の躁状態をいうことが多いが、鬱状態を伴わず躁状態だけが繰り返し現れる場合もある。

ぞう-ひょう【雑兵】❶身分の低い兵士。歩卒。ざっぴょう。❷取るに足りない者。下っ端。「我輩の如き一すら…一身を顧みるに遑なかったです」〈魯庵・社会百面相〉

ぞうひょうものがたり【雑兵物語】江戸前期の兵法書。2巻。松平信興著とされる。天和3年(1683)以前の成立。弘化3年(1846)刊。雑兵の話に託し、戦場・武備・武具などの重要事項を口語で記したもの。

そうび-るい【総尾類】昆虫のシミ類。シミ目の旧称。

そう-びれい【宋美齢】[1901～2003]中国の政治家。広東省海南島の人。蒋介石夫人。宋慶齢・宋子文の妹。1927年結婚以来、国民政府立法委員をはじめ要職を歴任。ソン=メイリン。

そう-びん【双×鬢】左右の鬢の毛。「一に白いものがまじる」

そう-びん【僧旻】▶旻

そう-びん【×聡敏】〔名・形動〕聡明鋭敏であること。また、そのさま。明敏。「一な才人」

そう-びん【霜×鬢】霜が降りたように白い鬢の毛。

ぞう-ひん【×贓品】「贓物」に同じ。

ぞう-びん【増便】〔名〕スル 飛行機・船・バスなどの、定期便の本数を増やすこと。「帰省バスを一する」⇔減便。

そう-びんきゅう【宋敏求】[1019～1079]中国、北宋の政治家・学者。趙州(河北省)の人。字は次道。「唐書」の編纂者の一人。著「長安志」「唐大詔令集」など。

そう-ふ【壮夫】壮年の男性。また、勇壮な男性。「三十に近き一なり」〈独歩・悪魔〉(類語)男・男性・男子・男児・壮丁・士・ますらお・丈夫・野郎・雄

そう-ふ【送付】〔名〕スル 送り届けること。送りわたすこと。「願書を事務局に一する」(類語)送致・送達・発送・郵送・送り付ける・送り届ける

そう-ふ【巣父】▶そうほ(巣父)

そう-ふ【×傖父】《「傖」は、いやしい、ひなびた、の意》いなかおやじ。いなかもの。

そう-ふ【総譜】▶スコア❷

そう-ふ【×孀婦】夫と死別した女性。寡婦。「又一公然と再醮す」〈村田文夫・西洋聞見録〉

そう-ぶ【創部】〔名〕スル 新しく部をつくること。「一当時のメンバー」

そう-ぶ【×菖×蒲】《「そう」は「しょう」の直音表記》「しょうぶ(菖蒲)」に同じ。「一ふく家に時鳥鳴けり」〈落窪・三〉

ぞう-ふ【贈×賻】喪に服している家への進物。

ぞう-ふ【臓×腑】五臓と六腑。はらわた。内臓。(類語)内臓・臓器・臓物・五臓・五臓六腑・腸

ソウ-フィルター【SAWフィルター】《surface acoustic wave filter》▶弾性表面波フィルター

そう-ふう【送風】〔名〕スル 風や空気を吹き送ること。「冷気を一する」

そう-ふう【霜×楓】霜がかかって紅葉した楓。

そうふう-き【送風機】圧力を与えて空気やガスを送り出す装置。建物や船舶・トンネルの換気、溶鉱炉・ボイラーの通風、セメント・穀物の空気輸送などに使用。ブロワー。

そう-ふく【双幅】左右一対に仕立てられた書画の掛け物。対幅。

そう-ふく【喪服】❶もふく。❷喪に服すること。服喪。「一の制」

そう-ふく【僧服】僧尼の着用する衣服。僧衣。

ぞう-ふく【増幅】〔名〕スル ❶振幅を大きくすること。特に、電気信号の振幅やエネルギーを増大させて出力すること。❷物事の程度や範囲を大きくすること。「国民の政治不信が一される」(類語)拡大・伸張・伸展・拡張・膨張・展開・拡充・成長・発展・伸びる・広がる

ぞうふく-き【増幅器】入力信号を増幅する装置。真空管やトランジスターを用い、電圧・電流の信号を、性質・特性はそのままに、より大きく変換させるもの。アンプリファイアー。アンプ。

そうふく-じ【崇福寺】㊀福岡市博多区にある臨済宗大徳寺派の寺。山号は横岳山。仁治2年(1241)湛慧が太宰府に創建。慶長5年(1600)黒田長政が現在地に移し、菩提寺として再興した。㊁長崎市鍛冶屋町にある黄檗宗の寺。山号は聖寿山。中国福建省の商人らが福州人の菩提寺として寛永6年(1629)創建。開山は超然。中興開山は即非如一。福州寺。支那寺。すうふくじ。

そうふ-さいむ【送付債務】債権者・債務者の住所または営業所以外の土地に目的物を送り届ける債務。当事者の合意によって生じる。➡持参債務 ➡取立債務

そう-ぶつ【総物|×惣物】盆・暮れに主人から奉公人に与える衣類などをいう。〈日葡〉

ぞう-ぶつ【造仏】仏像や仏具をつくること。

ぞう-ぶつ【造物】造物主がつくったもの。万物。自然。造化。

ぞう-ぶつ【×贓物】犯罪によって他人の財産を侵害し、手に入れた物。盗品の類。贓品。ぞうもつ。(類語)盗品・贓品

ぞうぶつ-くよう【造仏供養】仏像をつくって供物として捧げること。また、その法会。

ぞうぶつ-ざい【×贓物罪】盗品譲受け等罪の旧称。平成17年(1995)の刑法改正以前の呼称。贓罪。

ぞうぶつ-しゃ【造物者】「造物主」に同じ。

ぞうぶつ-しゅ【造物主】宇宙のすべての物をつくり、支配する神。造化の神。天帝。造物者。

そうぶ-の-かずら【×菖×蒲の×鬘】「あやめかずら」に同じ。「一赤紐の色にはあらぬを、領布、裙帯などして」〈枕・八九〉

そうぶ-の-こし【×菖×蒲の×輿】「あやめのこし」に同じ。「一朝餉の壺にかきたてて」〈讃岐典侍日記・下〉

そうぶ-の-さしぐし【×菖×蒲の挿し×櫛】5月5日の節句に用いる、菖蒲で作った挿し櫛。また、菖蒲の葉を櫛のようにさしたもの。「御節供まゐり、若き人々一さし」〈枕・三九〉

そうぶ-ほんせん【総武本線】東京から千葉を経て銚子に至るJR線。御茶ノ水・錦糸町間を含む。明治27～37年(1894～1904)両国・銚子間を開業、昭和7年(1932)御茶ノ水まで延長、同47年東京・錦糸町間の地下新線が開通。全長124.8キロ。

そうふれん【相府蓮|想夫恋|想夫憐】雅楽。唐楽。平調で新楽の中曲。舞は古くに絶えた。古代中国の晋の大臣王倹が官邸の池に蓮を植えて愛したことを叙した曲という。日本では男を恋する女心の曲とされ、小督局が天皇の愛をしのんで弾箏した話は有名。

そう-ぶん【▽処分】「そぶん(処分)」の音変化。「生ける時一してむ」〈落窪・四〉

そう-ぶん【×宋文】中国、宋代の文章。古文を模範としたもの。唐代まで主流であった四六駢儷文に替わる古文復興をいう。

そう-ぶん【奏文】天皇に意見を申し上げる文章。

そう-ぶん【奏聞】▶そうもん(奏聞)

ぞう-ぶん【増分】❶数量としてふえた分。❷数学で、変数の二つの値の差。関数$y=f(x)$において、変数xの二つの値x_1, x_2に対するyの値をそれぞれ$y_1=f(x_1)$, $y_2=f(x_2)$とするとき、x_2-x_1をxの増分、

y_2-y_1をyの増分といい、Δx, Δyと表すこともある。

そうぶん-こばん【草文小判】文政小判の異称。裏面に草書体で「文」の字がある。草字小判。➡文政金銀

そう-へい【僧兵】平安後期以降、興福寺・延暦寺・園城寺などの大寺で、武芸を練り、仏法守護の名目で戦闘に従事した僧。しばしば朝廷や幕府に強訴し、戦乱にも参加したが、織田信長・豊臣秀吉により滅ぼされた。悪僧。

そう-へい【操兵】兵士を訓練・指揮すること。

ぞう-へい【造兵】❶兵器を製造すること。❷「造兵廠」の略。

ぞう-へい【造幣】貨幣を製造すること。

ぞう-へい【増兵】〔名〕スル 兵士の数をふやすこと。兵力を増強すること。「戦局に応じて―する」

ぞうへい-がく【造兵学】兵器の開発や製造技術などについて研究する学問。

ぞうへい-きょく【造幣局】貨幣の鋳造のほか、勲章・賞牌などの製造や地金銀の精製分析、合金の製造、貴金属の品位証明などを行う独立行政法人。本局は大阪市にある。明治4年(1871)設立。平成15年(2003)3月までは財務省の付属機関。

そう-へいこう【相平衡】物質の複数の相が安定した状態で共存していること。

ぞうへい-し【造兵司】律令制で、兵部省に属し、兵器の製造などをつかさどった役所。

ぞうへい-しょう【造兵×廠】旧日本陸海軍で、兵器・弾薬・車両・艦船などの購入・設計・製造・修理などを担当した機関および工場。

そう-へき【双璧】❶一対の宝玉。❷ともに優れていて優劣のつけがたい二つのもの。「現代画壇の―」

そうへき-もん【藻壁門】平安京大内裏外郭十二門の一。宮殿の西面中央にある。佐伯門。西中御門。

そう-べつ【送別】〔名〕スル 別れて行く人を送ること。「―の辞」「転勤する同僚を―する」「―会」
(類語)見送り・壮行・歓送・送迎

そう-べつ【層別】〔名〕スル 統計調査などの際に、対象となる母集団を、いくつかの層に分けること。層化。

そう-べつ【総別│×惣別】㊀〔副〕総じて。概して。おおよそ。「―、役人ちゅうもんは上役に向うと価値のないもんじゃがのう」〈上司・太政官〉㊁〔名〕一般的なことと個別的なこと。すべてのこと。万事。「―につけて嘆きおぼしめせども」〈平家・三〉

そうべつ-にんいぬきとり【層別任意抜(き)取り】▶層化抽出法

そう-べん【総弁│総×辨】ある事をすべて処理すること。また、その職。

そう-へんい【相変異】生物個体群の密度に大きな変化があるときに、同一種の個体に形態・色彩・生理・行動などの著しい変化が現れる現象。普通は飛ばないワタリバッタが、大発生すると群飛して大移動するなど。

そう-へんか【相変化】▶相転移

そうべんもう-そうるい【双×鞭毛藻類】渦鞭毛藻類の別名。

そうへん-りゅう【宗×徧流】茶道の流派の一。千宗旦の門弟山田宗徧を開祖とする。宗旦流に武家風の力強さが加味されている。

そう-ほ【相補】互いに不足を補うこと。「―関係」

そう-ほ【巣父】中国古代の伝説上の隠者。樹上に巣を作って住んだという。そうふ。➡許由巣父

そう-ぼ【双墓】古墳の形式の一。円墳を二つ接続させた形のもの。

ぞう-ほ【増補】〔名〕スル 書物の内容に、新しいものを加え、不足を補うこと。「初版を―する」
(類語)補訂・補足・拾遺・補遺・補填・塡補・穴埋め

ぞう-ぼ【増募】〔名〕スル 募集の規模を拡大すること。「アルバイトを―する」

そう-ほう【双方】関係するものの両方。あちらとこちら。「―の言い分をきく」(類語)両人・両者・両方

そう-ほう【走法】陸上競技などでの、走り方。「ストライド―」「ピッチ―」

そう-ほう【宗法】中国、周代の家族制度。祖先を同じくする数家族で、大宗(本家)が小宗(分家)を統制し、祖先に対する祭祀などを行い、嫡長子相続などの規則を守った。

そう-ほう【奏法】楽器を演奏する技法。

そう-ほう【相法】人相・家相・地相などを見て、その吉凶・運命などを判断する方法。観相法。

そう-ほう【葬法】死体をほうむる方法。火葬・風葬・土葬・水葬など。

そう-ほう【×漕法】ボートなどをこぐ方法。

そう-ほう【総包│総×苞】花序全体を基部で包む小さいうろこ状の包の集まり。菊・タンポポなどにみられる。

そう-ほう【遭×逢】〔名〕スル 出会うこと。遭遇。「尚一層の不幸に―し」〈菊亭香水・世路日記〉

そう-ほう【操法】機械・器具などの取り扱い方。操縦・操作の方法。

そう-ほう【霜×蓬】霜が降りて白くなった蓬。生気のない、乱れた白髪のたとえにいう。「頭には―を戴き」〈謡・卒都婆小町〉

そう-ぼう【双×眸】両方のひとみ。両眼。

そう-ぼう【×怱忙】忙しくて落ち着かないこと。「―の間」「身生の―に逐われて」〈蘆花・不如帰〉
(類語)多忙・繁忙・繁多・繁劇・多事多端・多用・繁用・倥偬・怱怱・東奔西走・忙しい・せわしい・せわしない・気ぜわしい・あわただしい・目まぐるしい

そう-ぼう【相貌】❶顔かたち。容貌。「異様な―」❷物事のようす。様相。「陰惨な―を呈する」

そう-ぼう【草×莽】▶そうもう(草莽)

そう-ぼう【喪亡】〔名〕スル なくなること。ほろびること。また、うしなうこと。「尽く失敗―に至ると雖も」〈中村訳・西国立志編〉

そう-ぼう【僧坊│僧房】寺院内にある、僧の起居する建物。(類語)坊・禅室

そう-ぼう【僧帽】僧のかぶる帽子。

そう-ぼう【想望】〔名〕スル ❶慕い仰ぐこと。「半蔵が日ごろその人たちのことを―していた水戸の藤田東湖、戸田蓬軒なぞも」〈藤村・夜明け前〉❷心に思い描いて待つこと。「新社会の実現を日々に―しつつある者」〈河上肇・貧乏物語〉

そう-ぼう【×蒼×氓】民。人民。蒼生。(類語)国民・人民・公民・市民・万民・四民・臣民・同胞・国人・国民・民草・億兆・蒼生・赤子

そう-ぼう【×蒼×茫】〔ト・タル〕〔文〕〔形動タリ〕❶見渡すかぎり青々として広いさま。「―たる大海」❷ほの暗いさま。「―と暮れかけて来た窓ぎわの」〈里見弴・多情仏心〉

ぞう-ほう【増俸】〔名〕スル 俸給をますこと。給料をふやすこと。㊤減俸。

ぞう-ほう【蔵×鋒】書道の用筆法の一。筆鋒(筆の穂先)が筆画の外にあらわれないように書くこと。➡露鋒

ぞう-ぼう【像法】《「ぞうほう」とも》仏語。三時の第2期。正法の次の千年間。教法・修行は行われて正法時に似るが、悟りが得られなくなった時代。像法時。

そうぼう-きん【僧帽筋】後頭部から背中の正中線に沿って始まり、左右の鎖骨・肩甲骨に終わる菱形の筋肉。肩の運動に関与。名は、カプチン修道会士のかぶる長頭巾に形が似ることによる。

そう-ほうこう【双方向】通信や放送などで、情報伝達の方向が一方向でなく、受信側からも発信できる方式。「―CATV」「―中継器」

そうほう-こうい【双方行為】当事者双方の意思表示が合致して成立する法律行為。契約がその典型。➡合同行為　➡単独行為

そうほうこう-つうしん【双方向通信】▶デュープレックス

そうほうこう-テレビ【双方向テレビ】《interactive television》テレビ局(放送事業者)と視聴者が双方向にコミュニケーションを行えるテレビ放送。また、そのサービス。テレビ番組のアンケートに即時に回答したり、通信販売の商品を購入したりできる。インタラクティブテレビ。

そうほうこう-にんしょう【双方向認証】《interactive authentication》コンピューターネットワークなどにおける、認証方式の一。当事者双方がお互いに相手の正当性を検証すること。➡片方向認証

そうほうこう-バブルソート【双方向バブルソート】▶シェーカーソート

ぞうぼう-じ【像法時】▶像法

そうほうしゅう-せい【総報酬制】健康保険や厚生年金保険などの社会保険料、給付金額を算出するための基礎となる標準報酬として、月々の給与と並んで賞与も対象とする制度。平成15年(2003)4月から導入。➡標準報酬月額　➡標準賞与額

ぞうほう-たい【造胞体】▶胞子体

そうほう-だいり【双方代理】同一人が同時に当事者双方の代理人となって契約を締結すること。民法では原則として禁止している。

そうぼうてき-ちかく【相貌的知覚】生命のないものにも人間と同様な感情があり、表情があると感じること。太陽が笑ったり、月が悲しげにうなだれたりしていると感じるなど。

そうぼう-べん【僧帽弁】心臓の左心房から左心室への間にある弁。2枚からなり、血液の逆流を防ぐ。二尖弁。左房室弁。(補説)左心房が収縮するときに開いて左心室へ血液を送り込み、左心室が収縮するときに閉じて左心房への血液の逆流を防ぐ。

そうぼうべんきょうさく-けん-へいさふぜんしょう【僧帽弁狭×窄兼閉鎖不全症】心臓弁膜症の一つ。僧帽弁狭窄症と僧帽弁閉鎖不全症が同時に起きた疾患。

そうぼうべん-きょうさくしょう【僧帽弁狭×窄症】心臓弁膜症の一つ。僧帽弁口が狭くなり、左心房が収縮する時に、左心房から左心室へ血液が十分に送り出されなくなる疾患。左心房に血液がたまり、心房細動を起こしたり、血栓ができやすくなる。また、肺から左心房に血液が流れにくくなるため、肺が鬱血し肺水腫を起こすことがある。初期には息切れ・手足の冷えなどの自覚症状があり、重症になると心不全・脳梗塞などを発症する。MS(mitral stenosis)。

そうぼうべん-へいさふぜんしょう【僧帽弁閉鎖不全症】心臓弁膜症の一つ。左心室が収縮するときに、僧帽弁が完全には閉じなくなり、左心室から左心房へ血液が逆流する疾患。重症になると心不全を引き起こす。MI(mitral insufficiency)。MR(mitral regurgitation)。

そうほがた-きんぞくさんかまくはんどうたい【相補型金属酸化膜半導体】▶シーモス(CMOS)

ぞう-ぼく【雑木】「雑木」に同じ。

ぞう-ぼく【臓×卜】神にいけにえとして供えた動物を解体し、その内臓の形状によって物事の吉凶を判断し、予言すること。バビロニア・エトルリア・ローマなどで行われた。

そうほ-せい【相補性】❶量子力学的現象を記述するために、ボーアが提唱した概念。電子の位置と速さ、光の粒子性と波動性のように、不確定性原理から二つの量が同時に測定できない関係にある現象を互いに相補的であるといい、このような性質をいう。❷㋐遺伝で、突然変異を起こした染色体が一つの細胞内に2種あるとき、突然変異体の個々の作用以上の機能や形質が発現する現象。㋑核酸の塩基配列において、アデニンとチミンまたはウラシル、グアニンとシトシンが特異的に対合する現象。

ぞうほぶんけんびこう【増補文献備考】朝鮮の歴史書。250巻。李太王の命により朴容大らが編集。1908年刊。朝鮮の古今の文物・制度などを16項目に分類・集録したもの。

ぞうほももやまものがたり【増補桃山譚】歌舞伎狂言。時代物。5幕。河竹黙阿弥作。明治6年(18

73)東京村山座初演。同2年の「桃山譚」に3幕追加したもの。9世市川団十郎を中心とした活歴劇の代表作。伏見大地震に、加藤清正が桃山御殿へかけつけて忠誠を示す場面が、「地震加藤」として有名。

そう-ぼり【総堀|総×濠】城や市街の周囲にめぐらした堀。

そう-ぼり【総掘り】建築物を建てるとき、基礎工事に必要な区画全体を掘ること。べた掘り。➡壺掘り ➡布掘り

そう-ほん【草本】サウ ❶地上の茎は木部があまり発達せず、1年から数年で枯れる植物。くさ。「越年生—」➡木本 ❷下書き。草稿。

そう-ほん【送本】〔名〕スル 書物を発送すること。

そう-ほん【装本】サウ〔名〕スル 書物の体裁や外形を整えること。➡装丁

ぞう-ほん【造本】ザウ〔名〕スル 印刷・製本・装丁などをして本を作ること。また、その技術面の設計や作業。

ぞう-ほん【蔵本】ザウ 所蔵している書物。蔵書。

そうほん-か【双本歌】サウホン 旋頭歌のこと。

そう-ほんけ【総本家】一門の大もとの家。多くの分家が分かれ出た、もとの家。(類語)本家・宗家・家元

そう-ほんざん【総本山】❶本山の上位にあって、一宗・一派を統轄する寺。❷その分野全体の中心とみなされるところ。「東洋医学の—」
(類語)本山・大本山・本寺

そうほん-そう【草本層】サウホン 森林を階層構造とみた際の、地表面に生育する草本性の植物の部分。

そうほん-たい【草本帯】サウホン 高山帯のうち、主に草本植物が生育する地帯。お花畑とよばれる部分で、それより上は地衣帯、下は低木帯となる。高山草原。

そうま【相馬】サウマ ㊀福島県北東部の市。中心地区の中村はもと相馬氏の城下町。臨海工業や水産業が行われる。相馬野馬追いの行事は有名。人口3.8万(2010)。㊁福島県の太平洋岸沿い北部の郡名。かつては相馬市・原町市も含まれた。相馬氏の所領にあたる。㊂下総の地方名。利根川中流部、茨城県取手市・守谷市や千葉県柏市・我孫子市周辺にあたる。❶「相馬縮」の略。❷「相馬焼」の略。

そう-まい【草昧】サウ まだ世が開けきらず、秩序が整っていないこと。未開。「—の世」

そう-まい【爽昧】サウ 夜明け。昧爽。「—の気」

そうまい-しんじ【相米慎二】サウマイ［1948〜2001］映画監督。岩手の生まれ。「翔んだカップル」で監督デビュー。カットを控えた長回しの手法を用い、アイドル映画の名手として評価を得る。代表作「セーラー服と機関銃」「ションベン・ライダー」「台風クラブ」など。

そう-まがき【総×籬】►大籬

そう-まき【×鞘巻|▽左右巻】さやまき「さやまき」の音変化。「白き水干に、—をささせ」〈徒然・二二五〉

そうま-ぎょふう【相馬御風】サウマ［1883〜1950］評論家・詩人・歌人。新潟の生まれ。本名、昌治。「早稲田文学」の編集に参加、また三木露風・野口雨情らと早稲田詩社を興し、自然主義の立場から評論・口語自由詩を発表。晩年は良寛の研究に努めた。評論「黎明期の文学」「大愚良寛」、詩集「御風詩集」など。

そう-まくり【総×捲り】〔名〕スル 残らずまくること。転じて、ある物事について、片端から取り上げ、紹介したり論評を加えたりすること。「本年度文芸作品—」「角界を—する」

そうま-こっこう【相馬黒光】サウマコククワウ［1876〜1955］随筆家。宮城の生まれ。明治女学校卒。旧姓は星。本名、良。夫、相馬愛蔵とともに新宿中村屋を創業。荻原守衛や中村彝らの芸術家を援助した。著作に「黙移」など。

そうま-し【相馬市】サウマ ►相馬㊀

そうま-だいさく【相馬大作】サウマ［1789〜1822］江戸後期の南部藩士。本名、下斗米秀之進。もと南部家に臣従していた津軽家が、主家以上の権勢を得たことに義憤を感じて津軽侯殺害を計画したが発覚。江戸で捕らえられて刑死。

そうま-ちぢみ【相馬縮】サウマ 福島県相馬地方で産する木綿の縮。

そうま-とう【走馬灯】「回り灯籠」に同じ。《季 夏》「一月のひかりをやどしけり/万太郎」

そうまながれやま【相馬流れ山】サウマながれやま 福島県相馬地方の民謡。野馬追い行事にうたわれる歌。曲名は、藩主相馬氏の旧領地であった下総の流山にちなむ。

そうま-のまおい【相馬野馬追】サウマのまおひ ►野馬追

そうま-ぼんおどりうた【相馬盆踊(り)歌】サウマボンをどりうた 福島県相馬地方の盆踊り歌。秋田の甚句が山形県の庄内地方を経て伝えられたものという。相馬盆歌。

そうま-やき【相馬焼】サウマ 福島県相馬地方から産する陶器。慶安年間(1648〜1652)野々村仁清のもとで学んだ田代源吾右衛門(のち清治右衛門)の創始といわれる。走馬を描いたので、駒焼ともいう。相馬駒焼。相馬。

そう-み【相見】サウ「人相見」に同じ。

そう-み【総身】からだ全体。全身。そうしん。「—に傷を負う」「大男—に知恵が回りかね」
(類語)全身・渾身・満身・総身・五体・肢体・身・体・身体・肉体・体躯・図体・人身・人体・生体・ボディー

そう-みょう【草名】サウミャウ 草書体の署名。特に、名前の2字を合わせて1字のような形に書いたもの。そうな。➡花押 ➡書き判

そう-みょう【総名|×惣名】ミャウ「総称」に同じ。

そう-みょうだい【総名代】ミャウダイ 仲間全体の代表者。総代。

そう-みん【僧旻】►旻

そう-む【双務】サウ 契約当事者の双方が互いに義務を負うこと。「—協定」「—貿易」⇔片務。

そう-む【総務】組織全体に関する事務を扱うこと。また、その職にある人や、その部署。「—課」

ぞう-む【雑務】ザフ ❶►ざつむ(雑務) ❷訴訟に関する事務。「—の日なれば、記録所におはしまして」〈増鏡・むら時雨〉

そうむ-けいやく【双務契約】サウム 当事者の双方が互いに対価的な債務を負担する契約。売買・賃貸借・雇用など。⇔片務契約。

ぞう-むし【象虫|象=鼻=虫】ザウ 甲虫目ゾウムシ科の昆虫の総称。体長2センチほどで外皮は非常に硬く、吻が長く伸びて象の鼻を思わせる。幼虫・成虫とも植物性のものを食べ、多数の害虫も含まれ、世界に4万種以上が知られる。イネゾウムシ・クリシギゾウムシなど。象鼻虫。

そうむ-しょう【総務相】シャウ 総務大臣のこと。

そうむ-しょう【総務省】シャウ 国の行政機関の一。行政管理、地方自治、電気通信、放送、電波利用などに関する行政事務を担当する。平成13年(2001)に総務庁、自治省及び郵政省を統合して発足。外局として公害等調整委員会、消防庁を置く。

そうむ-だいじん【総務大臣】国務大臣の一。総務省の長。総務相。

そうむ-ちょう【総務庁】チャウ 各行政機関の組織・人事・運営、また特定の施策・事務の総合的調整を担当した中央行政機関。昭和59年(1984)総理府本府と行政管理庁の組織・機能を統合、総理府の外局として設置。平成13年(2001)自治省、郵政省と共に総務省に統合された。

そう-めい【×滄×溟】サウ あおく広い海。青海原。滄海。「孤月を渺茫たる—の上に眺めて」〈菊亭香水・世路日記〉

そう-めい【×聡明】〔名・形動〕❶《「聡」は耳がよく聞こえること、「明」は目がよく見えること》物事の理解が早く賢いこと。また、そのさま。「—な少年」❷神に供える餅・きびなど。「—とて、上にも宮にもあやしき物などかはらけに盛りて参らする」〈春曙抄本枕・一一七〉
(派生)そうめいさ〔名〕(類語)賢明・知的・明哲・賢い・発明・利口・鋭敏・機敏・俊敏・明敏・敏・鋭い・聡い・目聡い・賢しい・過敏・敏感・炯眼・利発・怜悧・慧敏・穎悟・英明・英邁・犀利・シャープ・一を聞いて十を知る・目から鼻へ抜ける

そうめい-きょく【奏鳴曲】►ソナタ

そう-めつ【掃滅|×勦滅】サウ〔名〕スル すっかり滅ぼしてしまうこと。「敵を—する」(類語)一掃・払拭

そう-めつけ【総目付】大目付の設置当初の称。

そう-めん【▽素麺|▽索麺】サウ《「さくめん」の音変化》塩水でこねた小麦粉に植物油を塗り、細く引き伸ばして、日に干しためん。ゆでて冷水にさらし、つけ汁で食する。煮たものは煮麺という。

そう-めん【層面】❶物が幾重にもかさなった面。❷►層理面

そう-めん【総面】面具の一つで、顔全体を防御するもの。

ぞう-めん【蔵面|造面】ザウ・【雑面】ザフ 舞楽面の一。長方形の厚紙に白絹を張り、墨で人の顔を象徴的に描いたもの。蘇利古・安摩などに用いる。

そう-もう【草×莽】サウマウ ❶草が茂っている所。くさむら。そうぼう。「地面は広大なるも只だ是れ一丘沢、無用の山川のみ」〈竜渓・浮城物語〉❷民間。在野。そうぼう。

そうもう-の-しん【草×莽の臣】サウマウ 官職に就かないで、民間にとどまっている人。在野の人。また、自分をへりくだっていう語。

そう-もく【草木】サウ 草と木。また、植物のこと。くさき。そうぼく。「山川—」
(類語)植物・くさき・本草・樹木・緑・プラント

そうもくこくど-しっかいじょうぶつ【草木国土×悉皆成仏】サウモクコクドシツカイジヤウブツ 仏語。草木や国土のように心をもたないものでさえ、ことごとく仏性があるから、成仏するということ。

そう-もくじ【総目次】書物などの全体の内容を示す目次。

そうもく-じょうぶつ【草木成仏】サウモクジヤウブツ 仏語。心をもたない草木でも、仏性を具えていて成仏するということ。天台宗・真言宗で説く。

そうもくずせつ【草木図説】サウモクヅセツ 江戸後期の植物図鑑。30巻。飯沼慾斎著。草部20巻は安政3〜文久2年(1856〜62)刊。木部10巻は未刊。日本の植物をリンネの分類による24綱目に分けて図解したもの。のちに牧野富太郎らが増訂版を刊行。

そうもく-ばい【草木灰】サウモク 草や木を焼いてできる灰。カリウム・燐酸などを多く含み、肥料にする。そうもくかい。

そう-もくろく【総目録】ある事柄を網羅して書き記した目録。「収蔵書—」

そう-もじ【草文字】サウ 草書体の文字。草字。

そう-もつ【僧物】寄進された、衆僧共有の物。法衣や寺の房舎など。

ぞう-もつ【雑物】ザフ 雑多なもの。こまごました財物。ざつぶつ。「徂徠の書、東涯の書もあったが…其他はごたごたした—ばかり」〈福沢・福翁自伝〉

ぞう-もつ【臓物】ザウ 内臓。特に、牛・豚・鳥・魚などのきもや、はらわた。もつ。
(類語)内臓・臓器・臓腑・五臓六腑・五臓・腸

ぞう-もつ【×贓物】ザウ ►ぞうぶつ(贓物)

ぞうもつ-りょうり【臓物料理】ザウモツレウリ 鳥・獣・魚などの内臓を使った料理。もつ料理。

そう-もとじめ【総元締め】全体を締めくくって管理する人。「興行の—」

そう-もよう【総模様】ヤウ 女性の和服で、全体に施される模様。また、その模様のある着物。➡裾模様

そう-もん【奏聞】〔名〕スル 天子に申し上げること。奏上。そうぶん。「民情を—する」

そう-もん【相聞】サウ ❶互いに相手のようすを尋ねること。消息を通わせ合うこと。❷万葉集で、雑歌・挽歌と並ぶ三大部立ての一。男女・親子・兄弟姉妹・友人など親しい間柄で贈答された歌が含まれるが、特に恋の歌が多い。

そう-もん【桑門】サウ《梵 śramaṇaの訳》出家して修行する人。僧侶。沙門。

そう-もん【僧門】仏門。仏道。「—に入る」

そう-もん【総門|×惣門】❶外構えの大門。また、城などの外郭の正門。❷禅宗寺院の表門。

そう-もん【×顋門】►ひよめき

そうもん-か【相聞歌】❶万葉集で、相聞に属する歌。❷恋の歌。

そうや【宗谷】㊀北海道北端の総合振興局。局所在地は稚内市。㊁日本最初の南極観測船。昭和13年(1938)耐氷型貨物船として建造。同31年砕氷船に改造され、第一次から第六次の観測に従事。

そう-や【霜夜】霜が降りた夜。しもよ。

そうや-かいきょう【宗谷海峡】北海道と樺太(サハリン)との間の海峡。夏は北上した対馬暖流が低温のオホーツク海と接し、濃霧が発生しやすい。ラペルーズ海峡。

そうや-きゅうりょう【宗谷丘陵】北海道北部にある丘陵。先端部に宗谷岬がある。氷河が凍結と融解を繰り返してできた「周氷河地形」が見られ、標高20メートルから400メートルの平坦でなだらかな丘陵が続く。

そう-やく【草薬】漢方で、草の葉や根を材料とした薬。また、漢方薬に対して、民間薬のこと。

そう-やく【装薬】〔名〕スル 弾丸を発射するため、薬室に火薬を装塡すること。また、その火薬。

ぞう-やく【雑役】❶雑用。また、雑用をする人。「男ども、―にとて参らす」〈源・竹河〉❷種々の労役。「―に課せて駆りつかひ」〈三宝絵・中〉

そうや-しちょう【宗谷支庁】宗谷総合振興局の旧称。

そうや-そうごうしんこうきょく【宗谷総合振興局】▶宗谷㊀

そうや-ほんせん【宗谷本線】函館本線旭川から名寄を経て稚内に至るJR線。全長259.4キロ。

そうや-みさき【宗谷岬】北海道北端の岬。宗谷海峡に臨む。北緯45度31分。

そう-ゆ【送油】〔名〕スル 原油を送ること。「製油所へ―する」「―管」

そう-ゆ【桑×楡】❶クワとニレ。また、広く樹木をいう。❷夕日が樹木の枝にかかること。夕方。夕日。❸一生の終わりの時期。晩年。「おのれは今六十にとなり―かげせまれば」〈近世畸人伝〉

桑楡且に迫らんとす 《「旧唐書」太宗本紀から》死期が迫っている。

そう-ゆ【総湯】温泉場で、旅館の外にある共同浴場。⇔内湯。

そう-ゆう【争友】意見や忠告をしてくれる友。

そう-ゆう【曽遊】《「ぞうゆう」とも》以前に訪れたことがあること。「―の地」

そう-ゆう【僧祐】[445〜518]中国、梁代の僧。建業の人。律学に精通し、「出三蔵記集」「弘明集」などを著した。

そう-ゆう【総有】共同所有の一形態で、最も団体的色彩の強いもの。財産の管理・処分などの権能は共同体に属し、その使用・収益の権能のみ各共同体員に属する。入会権など。➡共有 ➡合有

ぞうよ【増誉】[1032〜1116]平安後期の天台宗の僧。修験道に通じた。京都聖護院の開山。四天王寺・広隆寺・園城寺を歴住し、熊野三山検校から天台座主になった。

ぞう-よ【贈与】〔名〕スル ❶金品を人に贈ること。「現金を―する」❷当事者の一方が自己の財産を無償で相手方に与える意思を表示し、相手方が受諾することによって成立する契約。

類語 贈る・与える・寄贈・寄付・贈答・恵贈

そう-よう【×掻×痒】かゆいところをかくこと。「隔靴―」

そう-よう【総容】・【総様】その座にいる一同の人。みなみな。「一様へのお暇乞ひと」〈浮・御前義経記・八〉

そう-よう【×蒼×蠅】❶あおばえ。「毛扇をもて暑気を殺ぎ、―を払ひしめ」〈永峰秀樹訳・暴夜物語〉❷君側にいて、へつらう者のたとえ。

蒼蠅驥尾に付して千里を致す 《「史記」伯夷伝・索隠から》蒼蠅は遠くまで飛べないが、名馬の尾にとまれば千里も行くことができる。小人物でも賢者や俊傑の庇護によって功名が立てられることのたとえ。驥尾に付す。

そう-よう【×蒼×鷹】❶羽毛が青色を帯びている鷹。しらたか。❷《❶が猛々しいところから》情け容赦のない役人のたとえ。「郢都に―の忠心の翼も折れ、勅勘の身と成り給ひ」〈浄・嫗山姥〉

そう-よう【霜葉】霜で紅や黄に変色した葉。

ぞう-よう【雑用】❶▶ざつよう(雑用) ❷雑多なものの費用。雑費。「―がほしくなるから書物でも売ろうかということになる」〈子規・仰臥漫録〉

ぞう-よう【雑×徭】律令制で、令で定められた歳役のほかに、国司によって公民に課せられた労役。正丁は1年に60日、次丁は30日、中男は15日を限度とし、土木工事などに従った。ざつよう。

そう-よく【双翼】❶左右のつばさ。❷左右に張り出して位置する軍隊。両翼。

そう-よく【×澡浴】からだを洗い清めること。「一旬日、楼に坐し山に対して」〈東海散士・佳人之奇遇〉

そう-よこめ【総横目】戦国時代、大名家の職名。武将たちの行動を監察した役人の長。

そう-よさん【総予算】❶収支全部の予算。❷政府の一般会計全部の予算。

ぞうよ-ぜい【贈与税】個人からの贈与によって取得した財産に課される国税。

そうよ-よめいり【葬×輿嫁入り】《嫁入りした娘が再び生家に戻らないようにと、婚礼を葬礼になぞらえたところから》葬礼の輿に乗った嫁入り。

そう-らい【草×莱】❶荒れ果てた草地。また、生い茂った雑草。「狐兎の蹯ゆるに任せ―の埋むるに任せたる事」〈露伴・二日物語〉❷荒れ地。未開の地。転じて、田舎。「田疇ことごとく治まり―はなはだ辟け」〈中島敦・弟子〉

そう-らい【爽×籟】秋風のさわやかなひびき。(季 秋)「―や空にみなぎる月あかり/草城」

そうらい-し【草×莱子】❶時勢にうとい人。田舎者。❷《❶が腰にさしている刀の意という》粗末な刀。「この―を差して、ちょっと行ってくれろ」〈洒・多佳余宇辞〉

そうら・う【候ふ】〔動ハ四〕▶そうろう

そう-らん【争乱】争いが起こって世の中が乱れること。また、世の中を乱す争い。「―の世」類語 騒乱

そう-らん【奏覧】〔名〕スル 天子に奏上して御覧に入れること。

そう-らん【層×巒】重なり連なっている山々。

そう-らん【総覧】・【綜覧】〔名〕スル ❶全体にわたって目を通すこと。「紳士録を―する」❷関係事項をまとめて、全体を見通せるようにした書物。「文化史―」

そう-らん【総×攬】〔名〕スル 統合して一手に掌握すること。「統治権を―する」

そう-らん【×叢×蘭】群がり生えている蘭。

叢蘭茂らんと欲し秋風之を敗る 《「帝範」去讒から》芳香を放つ蘭の群生が繁茂しようとするが、冷たい秋風が枯らしてしまう。小人のさまたげによって、りっぱな人が力を発揮できないことのたとえ。

そう-らん【騒乱】事変が起こって、社会の秩序が混乱すること。また、そのような事変。騒擾。

類語 争乱・擾乱・動乱・混乱・騒擾・騒動

ぞうらん-き【造卵器】・【蔵卵器】コケ植物・シダ植物や車軸藻類の有性世代にみられる雌性の生殖器官。ふつう多細胞からなり、とっくり形で、中に1個の卵細胞がある。

そうらん-ざい【騒乱罪】多数の者が集まって暴行または脅迫を行い、ある地域の秩序・平和を乱す罪。刑法第106条が禁じ、首謀者は1年以上10年以下の懲役または禁錮に、指揮・率先した者は6か月以上7年以下の懲役または禁錮に、参加者は10万円以下の罰金に処せられる。騒擾罪。

そうらん-ぶし【ソーラン節】北海道の民謡。もと、ニシンの漁場での仕事歌。「ソーランソーラン」という囃子詞からの命名。沖揚げ音頭。

そう-り【層理】堆積物や堆積条件の変化によって生じる成層構造。地層の断面では、ほぼ平行な縞模様としてみられる。

そう-り【総理】〔名〕スル ❶全体を統一して管理すること。また、その役に当たる人。「国務を―する」❷「内閣総理大臣」の略称。

類語 内閣総理大臣・総理大臣・首相・宰相

ぞう-り【草履】歯がなく、底が平らで、鼻緒をすげてある履物。わら・藺草・竹皮などを編んだものや、ビニール・コルク・ゴムなどで作ったものがある。

類語 雪駄・草鞋

ぞう-り【×贓吏】賄賂をとる役人。不正な利益をむさぼる官吏。

ぞうりうち【草履打】浄瑠璃「加賀見山旧錦絵」の六段目の通称。局岩藤が中老尾上を草履で打って侮辱する場で、歌舞伎でも見せ場となっている。

そうり-がもん【総理衙門】《「総理各国事務衙門」の略称》中国清朝がアロー戦争後の1861年、外交事務を専門に扱うために設置した官庁。1901年に廃止され、外務部がこれに代わった。

そうり-きょうせい【相利共生】共生の一型で、両種ともに利益を受ける関係。アリとアブラムシ、ヤドカリとイソギンチャクの関係など。

ぞうり-くい【草履食い】草履の緒ですれて足を傷つけること。また、その傷。

ぞうりく-うんどう【造陸運動】大陸のような広大な地域が、地質構造を著しく変えないで隆起または沈降する運動。

ぞうり-げた【草履下▽駄】松材の台の表にわらで編んだ草履をつけ、木綿真田などの鼻緒をすげた下駄。形は駒下駄に似て、少し低い。

そうり-だいじん【総理大臣】▶内閣総理大臣

そうりだいじん-しじ【総理大臣指示】内閣総理大臣が、政策の実現や問題への対応を図るために、担当の国務大臣や行政機関などに発する指示のこと。総理指示。首相指示。

そう-りつ【相律】二つ以上の相が共存して平衡している不均一系物質における自由度を定める熱力学的法則。状態変数すなわち自由度を f、相の数を p、独立成分の数を n とすれば、$f=n+2-p$ で示される。

そう-りつ【創立】〔名〕スル 組織や機関を初めてつくること。創設。「会社を―する」「―記念日」類語 創設

ぞう-りつ【造立】「ぞうりゅう(造立)」の慣用読み。

そうりつ-ひ【創立費】株式会社などの設立に要した費用。繰延資産として計上することが認められている。

ぞうり-とり【草履取り】武家などに仕えて、主人の草履を持って供をした下僕。草履持ち。

そうり-ふ【総理府】内閣の各省の事務の総合調整、他の行政機関の所掌に属さない事務などを担当した国の行政機関。外局として、公正取引委員会・国家公安委員会・防衛庁・環境庁・総務庁・科学技術庁・経済企画庁・国土庁・沖縄開発庁・北海道開発庁・宮内庁などが置かれた。平成13年(2001)内閣府に改組。

そうりふ-れい【総理府令】総理府所管の行政事務に関して、内閣総理大臣が発した命令。明治憲法下の閣令、現在の内閣府令にあたる。

ぞうり-むし【草履虫】❶繊毛虫類ゾウリムシ科の原生動物。有機物の多い淡水にすむ。体長約0.2ミリ、細長い草履形で、繊毛を動かして移動する。❷ワラジムシの俗称。

そうり-めん【層理面】単層と単層との間の境界面。重なっている地層の接する面。地層面。層面。

ぞうり-もち【草履持ち】「草履取り」に同じ。

そう-りゅう【層流】低速で流れる粘性の流体にみられる層状をなす流れ。流線が規則正しい形をしている。➡乱流

ぞう-りゅう【造立】〔名〕スル《慣用読みで「ぞうりつ」とも》建物をたてること。また特に、寺院・仏塔・仏像などをつくること。建立。「劇場の属まで漸々に―して」〈条野有人・近世紀聞〉

ぞう-りゅう【造粒】粉末のものを固めて粒状にす

ること。

そうりゅう-せい【走流性】走性のうち、水流が刺激となって起こるもの。川魚が上流を向くなど。流れ走性。

そう-りょ【僧侶】出家して仏道を修行する人。また、その集団。僧徒。僧。(類語)僧・坊主・坊さん・御坊・お寺さん・僧家・沙門・法師・出家・比丘

そう-りょう【送料】品物を送るのにかかる料金。送り賃。「一込み」

そう-りょう【爽涼】〔名・形動〕外気がさわやかで、涼しく感じること。また、そのさま。「一な(の)気」(季 秋)「羚羊を見し一の裏穂高/蓼汀」

(類語)涼しい・清涼・爽快

そう-りょう【総量】全体の分量・重量。

そう-りょう【総領・惣領】❶家名を継ぐべき人。家の相続人。跡取り。❷いちばん初めに生まれた子。長男または長女。❸律令制以前、重要な国に置かれ、近隣数か国の政務を監督した職。すべおさ。❹中世、武士の族的結合の長。惣領地頭。❺全部を支配すること。「将軍があとをば母堂の二位の尼一して」〈愚管抄・六〉

(類語)長子・初子・初子・長男・長女・長兄・長姉

総領の甚六 長子は大事に育てられるので、その弟妹よりもおっとりしていたり、世間知らずであったりするということ。

そう-りょう【蒼竜】❶あおい竜。青竜。❷「青竜❶」に同じ。❸二十八宿のうち、東方にある七宿の総称。

ぞう-りょう【増量】〔名〕スル 分量がふえること。分量をふやすこと。「薬を一する」⇔減量。

(類語)増加・増大・増殖

そうりょう-きせい【総量規制】❶貸金業法などにおいて規定される、借りすぎ貸しすぎの防止策。年収の3分の1を超える借り入れを原則禁止とするもの。❷大気汚染や水質汚濁の防止にあたって、一定地域における汚染・汚濁物質の許容排出総量を算定し、これをその地域内の工場などに配分して、総排出量を規制する方式。❸平成2年(1990)バブル経済における土地価格の高騰を背景に、大蔵省(現財務省)が金融機関の不動産融資について行った規制。不動産向け融資の伸び率を金融機関の総貸出の伸び率以下に抑えるよう指導したもの。不動産融資総量規制。❹放送番組におけるCMや通販番組などの広告放送の時間数の上限に関する規定。日本民間放送連盟の放送基準では、週間のコマーシャルの総量は総放送時間の18パーセント以内とする、と規定している。また、総務省は、平成23年(2011)以降に新規参入するデジタル衛星放送事業者の審査基準の一つとして、テレビ通販などの広告放送の割合が3割を超えないことを掲げている。

そう-りょうじ【総領事】国家の在外機関である領事の最上級のもの。➡領事

そうりょう-しき【惣領職】室町時代、幕府・守護に安堵された惣領が一族を統率する権限とそれに伴う得分。武士団に対する公権力の介入が強まった結果成立した。

そうりょう-じとう【惣領地頭】►総地頭

そうりょう-すじ【総領筋】総領❶となるべき血筋。本家筋。嫡流。

そうりょう-せい【惣領制】主として鎌倉時代、武士における一族の結合形態。所領は分割相続されるが、惣領は庶子を統制し、一族の長として所領の支配、戦闘の指揮などに責任をもった。鎌倉中期以降は、しだいに長子の単独相続に移行。

そうりょう-のき【総領除き】江戸時代、病弱または不身持ちを理由に、主君の許可を得て長男に家督を継がせないこと。廃嫡。

そうりょう-ぶん【惣領分】中世、惣領が相続すべき土地・財産の分け前。

そうりょう-むすこ【総領息子】家の跡目を継ぐべき息子。長男。嫡子。

そうりょう-むすめ【総領娘】いちばん上の娘。長女。

そう-りょく【走力】速力・持久力などからみた、走る能力。走行に必要な力。

そう-りょく【総力】集団・国家などの全体の力。また、あるかぎりの力。「一をあげて取り組む」「一を結集する」(類語)全力・死力・底力・ベスト

そうりょく-せん【総力戦】国家や組織の全分野にわたる力を一つに集めて行う戦い。

そう-りん【双林】沙羅双樹の林。

そう-りん【双輪】❶二つの車輪。前後または左右の車輪。❷二つがそろってはじめて用をなす物事のたとえ。「快楽と実用とは、文学の両翼なり、一なり」〈透谷・明治文学管見〉

そう-りん【相輪】五重塔など仏塔の最上部にある金属製の部分。下から露盤・伏鉢・請花・九輪・水煙・竜舎・宝珠で構成。九輪だけをさしてもいう。インドの仏塔の傘蓋が発展したもの。

そう-りん【倉廩】米などの穀物を蓄えておくくら。米ぐらや穀物ぐら。

倉廩実ちて礼節を知る 《「管子」牧民から》生活が安定してはじめて礼儀を重んじるゆとりが生じる。衣食足りて礼節を知る。

そう-りん【僧林】多くの僧が修行する大寺。

そう-りん【霜林】霜のために枯れた林。

そう-りん【叢林】❶樹木が群がって生えている林。「一地帯」❷大きな寺院、特に、禅寺。禅林。

ぞう-りん【造林】〔名〕スル 木を植え育てて森林をつくること。計画的に木を植える人工造林法と、既成の森林に手入れをする天然造林法とがある。「土砂崩れを防ぐため一する」(類語)植樹・植林

そうりん-かんけい【相隣関係】隣接する不動産の所有者の間で、隣地の通行・排水・境界などについて相互の不動産の利用を調整し合う関係。

そうりん-き【巣林忌】「巣林子忌」に同じ。(季 冬)

そうりんし【巣林子】近松門左衛門の号。

そうりん-じ【双林寺】京都市東山区にある天台宗の寺。山号は金玉山。延暦24年(805)に最澄が唐から将来した経巻・仏具を納めるために桓武天皇が創建。開山は最澄と伝える。延暦寺建立後はその別院。室町時代、国阿が中興し時宗国阿派の本寺となったが、明治初期に天台宗となる。境内に西行庵・芭蕉庵がある。

そうりんし-き【巣林子忌】近松門左衛門(別号、巣林子)の忌日。陰暦11月22日。巣林忌。近松忌。(季 冬)

そうりん-しゃ【相隣者】相隣関係にある者。隣接する不動産の所有者。

そうりん-とう【相輪樘】・【相輪塔】塔婆の一種。1本の柱の上部に相輪を取り付けたもので、下に経巻などを納める。最澄が比叡山に建てたものが最も古く、日光輪王寺のものは有名。

ソウル 大韓民国の首都。漢江下流にある。漢城府と称して李氏朝鮮500年の首都。1910年韓国併合により朝鮮総督府が置かれ、京城と呼ばれた。45年解放でソウルと改称。翌46年特別市となる。李朝時代の史跡が多い。人口、行政区1003万(2008)。

ソウル〖soul〗《「ソール」とも》❶霊魂。魂。心。❷「ソウルミュージック」の略。

そう-るい【双涙】両眼からあふれ出る涙。

そう-るい【走塁】〔名〕スル 野球で、走者が塁から塁へはしること。ベースランニング。

そう-るい【痩羸】〔名・形動〕スル やせ衰えること。ひどくやつれること。また、そのさま。「其の身体は甚だ肥大ならず又た一ならず」〈竜渓・経国美談〉

そう-るい【藻類】主に水中や湿地に生育し、体内に葉緑素などの色素をもち、独立栄養を営む植物の総称。緑藻・紅藻・褐藻や、藍藻・珪藻など。

ぞう-るい【族類】「ぞくるい(族類)」の音変化。「さる時にあへる一にて、いとやむごとなし」〈源・夕霧〉

そうるい-ぼうがい【走塁妨害】野球で、守備側選手によって走者の走塁が妨げられること。走者はその妨害がなければ達したであろうと審判が判断した塁まで進塁できる。オブストラクション。

ソウル-おんがく【ソウル音楽】►ソウルミュージック

そう-ルビ【総ルビ】文章中のすべての漢字に振り仮名が付いていること。➡ぱらルビ

ソウル-フード〖soul food〗❶米国南部の黒人の伝統的な料理。豚の内臓の煮込み、ナマズのフライ、コーンブレッドなど。❷その地域に特有の料理。その地域で親しまれている郷土料理。「九州の一」

ソウルフル〖soulful〗〔形動〕感情(魂)のこもっているさま。特に音楽に関して多く用いられる。「一な歌声」

ソウル-ミュージック〖soul music〗1960年代以後の新しいアメリカ黒人音楽のスタイル。伝統的なリズム-アンド-ブルースと、洗練された同時代感覚が融合して生まれ、急速に広まった。ソウル音楽。

ソウル-メート〖soul mate〗《「ソウルメイト」とも》相性のいい人。心の友。

そう-れい【壮齢】元気で働き盛りの年ごろ。また、その年ごろの人。壮年。(類語)壮年・盛年・働き盛り

そう-れい【壮麗】〔名・形動〕規模が大きくて美しいこと。また、そのさま。「一な大聖堂」

(類語)豪壮・壮美・華麗・豪華・見事・立派・ゴージャス

そう-れい【草隷】❶草書と隷書。転じて、書道。❷古く、隷書を簡略化したもの。草書。

そう-れい【送礼】人を見送るときの礼儀。

そう-れい【喪礼】❶「葬礼」に同じ。❷服喪時の礼法。

そう-れい【葬礼】死者をほうむる儀式。とむらい。葬儀。葬式。喪礼。

(類語)葬式・葬儀・弔い・本葬・密葬・仮葬・葬送

そうれい【葱嶺】パミール高原の中国名。

そう-れい【総礼】❶全員で敬礼すること。❷茶道で、亭主のあいさつに対して、客一同が同時に礼をすること。点前の前後に主として行われる。

そう-れつ【壮烈】〔名・形動〕意気が盛んで激しいこと。勇ましくてりっぱなこと。また、そのさま。「一をきわめた戦い」「一な最期を遂げる」(類語)勇ましい・雄雄しい・凜凜しい・勇壮・勇猛・勇敢・剛勇・忠勇・果敢・精悍・壮・英雄的・ヒロイック(「一と」「一たる」の形で)敢然・決然・凜然・凜凜・凜乎・颯爽

そう-れつ【葬列】葬送の行列。

そう-れん【宋濂】[1310～1381]中国、明初の学者。浦江(浙江省)の人。字は景濂。号は潜渓。明開国にあたり、礼楽制度の整備に功績があった。太祖の命を受けて「元史」を編纂。著「宋学士全集」など。

そう-れん【葬殮・葬斂】なきがらを棺に納め、ほうむること。また、その儀式。

そう-れん【操練】〔名〕スル 兵士を実戦で役立つように訓練すること。教練。調練。練兵。

そう-れんしゅう【総練習】総仕上げのため、全員が集まって本番と同じように行う練習。

そう-ろ【走路】❶陸上競技などで、走者がはしるための道。コース。❷逃げ道。「一を断たれる」

そう-ろ【草廬】❶草ぶきの粗末な家。草庵。❷自分の住居をへりくだっていう語。

そう-ろ【草露】草に置くつゆ。はかないもののたとえにいう。「一の身」

そう-ろ【霜露】しもと、つゆ。消えやすいこと、はかないことにたとえる。「一の命」

そう-ろう【早老】年齢より早くふけること。

そう-ろう【早漏】性交の際に男性の射精が早すぎること。➡遅漏

そう-ろう【滄浪・蒼浪】㊀あおあおとした波。蒼波。「一の水の上、夜伽に雁鴎の傍近く来るも可笑しく」〈露伴・新浦島〉㊁(滄浪)川の名。中国湖北省を流れる漢水の一部の異称という。

滄浪の水清まば以て我が纓を濯うべし 《「楚辞」漁父から。このあとに、濁っているときは足を洗おうの意の文が続く》滄浪の水の流れがきれいなときは冠のひもを洗おう。何事も時勢のなりゆきに任

せるべきであることをいったもの。

そう-ろう【層楼】幾階もある高い楼閣。

そうろ・う【候ふ】〔動ハ四〕《「さぶらう」の音変化》❶身分の高い人のそばに控える。伺候する。「鈴の綱のへんに、布衣の者の―・ふは何者ぞ」〈平家・一〉❷「ある」「いる」の丁寧語。㋐対話や消息に用い、聞き手に対し、言葉遣いを丁重・丁寧に表現する。ございます。あります。「これなる磯べに様ありげなる松の―・ふ」〈謡・松風〉㋑自己の存在をいう場合に、へりくだる気持ちをこめたり、重々しく表そうとする気持ちを含めたりする。おります。「いろをし、ここに―・ふ」〈徒然・一一五〉❸（補助動詞）㋐形容詞の連用形や断定の助動詞「なり」の連用形「に」などに付く。「…である」の意の丁寧語。後世は候文として、重々しく表現する消息文などに多く用いられた。…でございます。「何事にて―・ふぞ」〈謡・松風〉㋑他の動詞の連用形に付いて、その動作を丁寧に、また、重々しく表現する。これも候文に多用された。…ます。「国へ帰りて早一月にも相成り―・う」〈藤村・家〉「聞こえ―・ふ名馬を見―・はばや」〈平家・四〉**補説**(1)現代でも、時に候文の重々しい口調を利用して、冷やかすような表現として用いることがある。「若い者は、仕事は楽なほうがいいの、転勤はいやでそうろうのと、勝手なことばかり言う」などはこの例。(2)鎌倉初期ごろ「さぶらふ」から変化したが、平家物語では男性が「さうらふ」を、女性は「さぶらふ」を用いている。

そう-ろう【×蹌×踉】〔ト・タル〕図〔形動タリ〕足もとがしっかりせず、よろめくさま。「―と椅子から立ち上った」〈芥川・山鴫〉

ぞうろ・う【▽候ふ】〔連語〕《断定の助動詞「なり」の連用形に、補助動詞「そうろう」の付いた「にそうろう」の音変化》…であります。…でございます。「身をまったうして敵を滅ぼすをもって、よき大将軍とはする―・ふ」〈平家・一一〉

そうろうしわ【滄浪詩話】中国の詩論書。1巻。宋の厳羽著。1230年代に成立。当時の散文化した詩風を批判し、詩の理想を杜甫・李白らの盛唐詩におく。

そうろう-てい【滄浪亭】中国、江蘇省蘇州市にある名勝。銭氏広陵王元璙の別園を北宋の蘇舜欽が得て築いた亭の名。

そうろう-ぶん【候文】文末に丁寧語の「候」を使う文語体の文章。書簡や公用文に用いられた。鎌倉時代に始まり、江戸時代にその書き方が定まった。現代でも手紙文に用いられることがある。

そう-ろく【僧録】五山・十刹以下の禅宗寺院の管理と、その人事をつかさどった僧職。天授5＝康暦元年(1379)足利義満により相国寺の春屋妙葩が任じられて以来、代々鹿苑院の院主が任じられ、江戸初期に南禅寺金地院の院主に職権が移った。僧録司。

そう-ろく【総録｜×惣録】江戸時代、検校・勾当の上にあり、盲人を統轄した官。

ぞう-ろく【蔵六】《4本の足と頭と尾の六つを甲の内に隠すところから》亀の異称。

ぞうろく【蔵六】[1822～1877]江戸末期から明治初期の陶工。京都の人。姓は真清水。五条坂に開窯。青磁・染め付けを得意とした。

そうろく-し【僧録司】▶僧録

そうろ-の-しつ【霜露の疾】寒さのためにかかる病気。

そう-ろん【争論】〔名〕スル ❶言い争うこと。口論。「―が絶えない」「―の種」❷議論をたたかわせること。論争。「与野党が激しく―する」
類語論戦・論争・論判

そう-ろん【相論】互いに論じること。訴訟して争うこと。「大徳寺にして、両家の御―を聞こしめし給ふ」〈戴恩記〉

そう-ろん【総論】内容を全体的にとらえて述べたもの。また、その文章。「哲学―」⇔各論。
類語汎論・概論・通論・総説・概説・略説・各論

総論賛成各論反対　ある案などについて、趣旨には賛成するが、個々の具体的事柄には異議をとなえること。

そうわ【宗和】▶金森宗和

そう-わ【送話】〔名〕スル 電話などで話を相手に送ること。**類語**通話

そう-わ【挿話】❶文章や談話の間にはさむ、本筋とは直接関係のない短い話。エピソード。❷ある人やある物事に関する、ちょっとしたおもしろい話。逸話。エピソード。

そう-わ【総和】全体を加えた数量。全体の合計。総計。「得点の―を出す」「各県の人口の―」

そう-わ【×叢話】いろいろの話を集めたもの。

ぞう-わい【贈賄】〔名〕スル 賄賂をおくること。⇔収賄。**類語**裏金・賄賂・まいない・袖の下・鼻薬・リベート・コミッション

ぞうわい-ざい【贈賄罪】公務員などに対し、賄賂を与えたり、その申し込みや約束をしたりする罪。刑法第198条が禁じ、3年以下の懲役または250万円以下の罰金に処せられる。**補説**刑法第197条が禁じる収賄罪・受託収賄罪・事前収賄罪・第三者供賄罪・加重収賄罪・事後収賄罪・斡旋収賄罪の、贈賄側に成立する罪。

そうわ-き【送話器】電話機の音声を相手に送るために、電気振動に変える装置。⇔受話器。

そう-わき【僧脇】能の役柄で、僧の姿で登場するワキ・ワキヅレ。

ぞう-わく【増枠】〔名〕スル 割り当ての枠をひろげること。「融資額を―する」

そうわ-りゅう【宗和流】茶道の流派の一。江戸初期に金森宗和が創始。金森流。

そえ【▽候へ】《動詞「そ(候)う」の命令形「そうえ」の音変化》「お…そへ」の形で、補助動詞として用いられる。お…なさい。「お直り―」〈虎寛狂・二千石〉

そえ【添え｜▽副え】❶そえること。また、そのもの。❷付き従うこと。補佐。「―になって力を仮してはくれまいか」〈露伴・五重塔〉❸おかず。副食物。❹(副え)生け花の役枝の一。真の枝にそえて、それを引き立たせる枝。❺主たるものにそう部分。かたわら。わき。「かたやまの―に埋み給ひね」〈宇治拾遺・一五〉❻「添え髪」の略。「髪はわづかなるを、いくつか―入れて」〈浮・一代女・六〉

ゾエア〖zoea〗十脚類の幼生の一型。ノープリウス期を経て変態したもの。カニ類ではこの段階のころ孵化する。有柄眼が完成し、付属肢ができてくる。プランクトンとして生活。

そ-えい【疎影】まばらな影。特に、梅の木の枝がまばらなさまにいうことがある。

そえ-いし【添(え)石】❶主な庭石に添えて置く石。❷風で屋根が飛ばされないように重しとして置く石。

そえ-うた【×諷歌】古今集仮名序にいう和歌の六義の一。他の事にこと寄せて思いを詠む歌。諷喩の歌。

そえ-うま【▽副え馬】馬車などで、主になって引く馬に付き従わせる馬。また、乗り換え用の馬。

そえ-がき【添(え)書(き)】〔名〕スル ❶書画や器物などに、その由来などを書き添えること。また、その文言。添え筆。❷手紙などの終わりに、さらに書き添えること。また、その文章。追って書き。添え筆。「署名のあとに―する」

そえ-がみ【添(え)髪】「入れ髪」に同じ。

そえ-ぎ【添(え)木｜▽副え木】❶草木などが倒れないように、支えとして木を添えること。また、その木。❷骨折した部分などを固定するために当てる板。副木。❸建材の継ぎ手や組み手を補強するために当てる木。

そえ-こ【▽副え子】腰刀の差し裏に差し込む小刀。裏差し。➡表差し

そえ-ごし【添へ×輿】葬送のとき、近親の人などが棺をのせた輿に付き添っていくこと。また、その人。「―したる人、さのみ愁ひにも沈まず、跡取りらしき者も見えず」〈浮・一代女・三〉

そえ-こと【×諷言】《「そえごと」とも》事物になぞらえるなどの技巧を用いた、当意即妙の言葉や和歌。「―と名付けて聞きも知らぬ歌の一両句など言ひかくることあり」〈無名抄〉

そえ-ことば【添え▽詞｜添(え)言葉】❶付け加えていう言葉。「自分の云い出した事を自分で打ち壊すような―を」〈有島・カインの末裔〉❷助言。口添え。❸古く、副詞・接続詞などのこと。

そえ-じ【添(え)字】❶本文の文字に書き添えた文字。送りがななど。❷数学で、同じ文字を用いて複数の変数を表すとき、それらを区別するために、文字のわきの上または下に添える小さな文字や数字。

そえじま-たねおみ【副島種臣】[1828～1905]政治家。佐賀の生まれ。尊王攘夷運動に奔走。明治政府の参与となって政体書の起草や版籍奉還に尽力。征韓論を主張して下野。のち、枢密顧問官・内務大臣を歴任。

そえ-しょ【添(え)書】「添え状」に同じ。

そえ-じょう【添(え)状】人を遣わしたり物を送ったりするときに、用向きなどを書いて添える手紙。添え書。添え文。

そえだ-あぜんぼう【添田啞蟬坊】[1872～1944]演歌師。神奈川の生まれ。本名、平吉。明治から大正にかけて、「ノンキ節」「ラッパ節」など世相風刺の演歌を自作自演し、人気を博した。

そえ-ち【添(え)地】ある土地に、別の土地を増し加えること。また、その加えた土地。

そえ-ぢ【添(え)乳】〔名〕スル 乳児に添い寝して乳を飲ませること。「―したままうとうとする」

そ-えつ【×楚越】中国、戦国時代の楚国と越国。敵国どうしであったことから、仲の悪いもののたとえにいう。

そえ-づかい【▽副へ使ひ】正使に付き添っていく使者。副使。「院宣の―に西国へ下りたりければ」〈盛衰記・三八〉

そえつ-どうしゅう【×楚越同舟】仲の悪い者どうしが同じ場所・境遇にあること。呉越同舟。

そえ-てがみ【添(え)手紙】「添え状」に同じ。「名のきこえた画家が―をしてくれた」〈鏡花・眉かくしの霊〉

ゾエトロープ〖zoetrope〗▶ゾートロープ

そえ-に〔接〕《「そゆゑ(其故)に」の音変化か》それゆえに。「―とてとすればかかりかくすればあな言ひ知らずあふさきるさに」〈古今・雑体〉

そえ-に〔連語〕…までも。…もまた。「年つもる雪とし聞けば今日―心とけてもいかが見ゆべき」〈弁内侍日記〉**補説**「そへ」は動詞「添う」の名詞形「添え」か。「に」については格助詞・間投助詞その他の説もある。

そえ-ばしら【添(え)柱】柱のそばに、補強などのために添えて立てる柱。

そえ-ふで【添(え)筆】▶添え書き❶

そえ-ぶみ【添(え)文】「添え状」に同じ。

そえ-もの【添(え)物】❶主となるものに付け加えたもの。「宴会の―」❷景品。おまけ。
類語付き物・おまけ

そえ-やく【添(え)役】主役の補助をする役。

そ・える【添える｜▽副える】〔動ア下一〕図そ・ふ〔ハ下二〕❶主となるもののそばにつける。補助として付け加える。「贈り物に手紙を―・える」「薬味を―・える」「介護の手を―・える」❷引き立たせるために付け加える。「興を―・える」「錦上花を―・える」❸付き添わせる。付き従わせる。「旅行に案内役を―・える」❹なぞらえる。「たな霧らひ雪も降らぬか梅の花咲かぬが代に―・へてだに見む」〈万・一六四二〉➡加える**用法**
類語加える・足す・付け足す・付け加える・添加

そ-えん【疎遠】〔名・形動〕遠ざかって関係が薄いこと。音信や訪問が久しく途絶えていること。また、そのさま。「平素の―をわびる」「―になる」「―な間柄」

そえん-ふう【×麁鉛風】能で、九位のうちの最下位(下三位の第三)の芸格。荒くて鈍重で、格に外れた芸境。➡九位

そお【曽於】鹿児島県北東部にある市。都城盆地

から南に広がる台地にあり、和牛生産が盛ん。平成17年(2005)7月に大隅町・財部町・末吉町が合併して成立。人口3.9万(2010)。

そお【×赭】赤色の土。また、その色。上代、顔料などに用いた。赭土。「仏造る真朱足らずは水溜まる池田の朝臣が鼻の上を掘れ」〈万・三八四一〉

ソーイング〖sewing〗縫いものをすること。裁縫。「ホーム―」「―セット」

そ-おう【素王】王の位はないが、王の徳を備えている人。儒家では孔子、道家では老子をいう。

そおき-ぶに【そおき▽骨】沖縄の料理用語で、豚の骨つきばら肉。

ソーク-ワクチン〖Salk vaccine〗ポリオウイルスをホルマリンで不活性化したワクチン。筋肉内に注射して用いる。1955年、米国の細菌学者J=E=ソークが開発。

ソーサー〖saucer〗コーヒー茶碗などの受け皿。

ソー-サーム-サーイ〖sō săm săi〗タイで用いられる胡弓の一種。椰子殻の半切に革を張ったハート形の胴と、胴の下にまで突出した硬木または象牙の長い棹から成り、3本のガット弦が張られている。

ソーサス〖SOSUS〗《sound surveillance system》米海軍が1950年代に開発した、ソファー(SOFAR)チャンネルを利用した海洋音響監視システム。地球規模の水中音響哨戒網を構築し、精密な潜水艦の探知を行った。現在、SOSUSは民間にも公開され、海底火山の活動やクジラの生態観測などにも活用されている。

そお-し【曽於市】▸曽於

ソーシャリスト〖socialist〗《「ソシアリスト」とも》社会主義者。

ソーシャリズム〖socialism〗《「ソシアリズム」とも》社会主義。

ソーシャル〖social〗《「ソシアル」とも》多く複合語の形で、社会的な、社交的な、の意を表す。「―クラブ」

ソーシャル-アドバタイジング〖social advertising〗公共広告。国・地方自治体や公共団体などが、広く社会を啓蒙したり、協力の呼びかけを行ったりするための広告。

ソーシャル-アプリケーション〖social application〗主にパソコンや携帯電話のSNS(ソーシャルネットワーキングサービス)で提供されるアプリケーションソフトの総称。ソーシャルゲームをはじめ、SNS内でのコミュニケーションを活性・促進するツール、ビジネスや学習に役立つアプリケーションなどがある。またSNSによっては、個人が開発したアプリケーションを公開できるサービスもある。ソーシャルアプリ。

ソーシャル-アントレプレナー〖social entrepreneur〗▸社会起業家

ソーシャル-インクルージョン〖social inclusion〗《「社会的包容力」「社会的包摂」などと訳される》障害者らを社会から隔離排除するのではなく、社会の中で共に助け合って生きていこうという考え方。

ソーシャル-ウエア《和 social＋wear》軽めの社交服。ちょっと改まった社交の場に着て行くドレスなど。

ソーシャル-エンジニアリング〖social engineering〗❶▸社会工学 ❷コンピューター犯罪の手法の一。パスワードや暗証番号などのセキュリティー上重要な情報を、身分を詐称して聞き出したり、キーボード操作を盗み見たりするなどの人的手段で不正に入手することを指す。ソーシャルハッキング。ソーシャルクラッキング。

ソーシャル-キャピタル〖social capital〗社会・地域での人々の信頼関係や結びつきを表す概念。抽象的な概念で、定義もさまざまだが、ソーシャルキャピタルが蓄積された社会では、相互の信頼や協力が得られるため、他人への警戒が少なく、治安・経済・教育・幸福感などに良い影響があり、社会の効率性が高まるとされる。直訳すると社会資本だが、インフラを意味する「社会資本」とは異なる。社会関係資本。

ソーシャルキャピタル-しすう【ソーシャルキャピタル指数】ソーシャルキャピタルを定量的に表す指数。内閣府の委託を受けて、民間シンクタンクの株式会社日本総合研究所が、平成14年度(2002)に調査を実施。結果を指数化して公表した。「つきあい・交流」「信頼」「社会参加」の3要素から構成される。都道府県別では、東京などの都市部で低く、鳥取・島根などの地方で高い傾向が見られる。

ソーシャル-クラッキング〖social cracking〗▸ソーシャルエンジニアリング

ソーシャル-ゲーム〖social game〗主にパソコンや携帯電話のSNS(ソーシャルネットワーキングサービス)で提供されるゲームの総称。ソーシャルアプリケーションの一種。SNSを通じて複数のプレーヤーとコミュニケーションをとり、協力や競争をしながらプレーできるなど、オンラインであることの特性を生かしたものが多い。ふつう、特別なアプリケーションソフトは必要とせず、ブラウザー上で楽しめる。

ソーシャル-コスト〖social cost〗社会的費用。

ソーシャル-コマース〖social commerce〗SNS、ブログ、ミニブログなどのソーシャルメディアと電子商取引(エレクトロニックコマース)を組み合わせて販売を促進するマーケティング手法。消費者の口コミなどや個人間のコミュニケーションが売上に対し重要な役割をもつ。

ソーシャル-スキル〖social skill〗社会の中で自立し主体的であるとともに、他の人との協調を保って生きるために必要とされる、生活上の能力。社会技能。

ソーシャルスキル-トレーニング〖social skills training〗ソーシャルスキル(社会技能)を身につけるための訓練。幼児教育や発達障害の指導、統合失調症のリハビリなどに利用される。ソーシャルスキルズトレーニング。SST。

ソーシャル-タギング〖social tagging〗ソーシャルブックマークや動画投稿サイトなどのウェブサイトに集積された情報に対し、ユーザーが自由にタグ(目印となるキーワード)を付与すること。多数のユーザーの視点により分類・整理されるという利点がある。

ソーシャル-ダンス〖social dance〗「社交ダンス」に同じ。ソシアルダンス。

ソーシャル-ダンピング〖social dumping〗低賃金や長時間労働などの劣悪な労働条件によって生産コストを引き下げてつくった商品を海外市場で廉売すること。

ソーシャル-デザイン〖social design〗どのような社会を築いていくかという計画。社会制度から生活基盤の整備に至るまで非常に幅が広い。

ソーシャル-ネットワーキング-サービス〖social networking service〗▸エス-エヌ-エス(SNS)

ソーシャル-ネットワーキング-サイト〖social networking site〗▸エス-エヌ-エス(SNS)

ソーシャル-ネットワーク〖social network〗❶▸社会的ネットワーク ❷▸エス-エヌ-エス(SNS)

ソーシャル-ハッキング〖social hacking〗▸ソーシャルエンジニアリング

ソーシャル-ビジネス〖social business〗❶環境・貧困などの社会的課題の解決を図るための取り組みを持続可能な事業として展開すること。低利融資を通じて貧困層の自立を支援し、ノーベル平和賞を授与されたグラミン銀行が典型例。⇨社会的企業 ❷環境・地域活性化・少子高齢化・福祉・生涯教育など社会的課題への取り組みを、継続的な事業活動として進めていくこと。地域の自立的発展、雇用創出につながる活動として有望視されている。

ソーシャル-ブックマーク〖social bookmark〗インターネット上でブックマークを公開し、他の利用者と共有ができること。また、そのサービス。ウェブサイトの志向や人気度、他の利用者によるコメントが付与される。SBM。ソーシャルブックマークサービス。

ソーシャルブックマーク-サービス〖social bookmark service〗「ソーシャルブックマーク」に同じ。SBS。

ソーシャル-ポリティック〖social politic〗「社会政策」に同じ。

ソーシャル-マーケティング〖social marketing〗従来の経営サイドに立ったマーケティングとは異なり、社会全体の利益を考慮したマーケティングをいう。

ソーシャル-メディア〖social media〗SNS、ブログ、ミニブログなど、インターネットを利用して個人間のコミュニケーションを促進するサービスの総称。オンラインショッピングのサイトで商品に関する口コミが書き込まれるBBSなども含まれる。

ソーシャル-ラーニング〖social learning〗社会人として生きていくために必要な学習。学校教育だけでなく、成人教育の分野にも及ぶ。

ソーシャル-ライセンス《social license to operateから》▸社会的営業免許

ソーシャル-ワーカー〖social worker〗社会福祉事業に従事する人。特に、職業として社会福祉事業に従事する専門家。⇨社会福祉士

ソーシャル-ワーク〖social work〗社会福祉事業。社会事業。

ソース〖sauce〗洋風の液体調味料、または、かけ汁。種類が非常に多く、ホワイトソース・トマトソース・ブラウンソースなどがある。また一般に、調味料のウスターソースのこと。

ソース〖source〗出どころ。みなもと。「ニュース―」

そおず【案=山=子】「そおど」の音変化。「あしひきの山田の―おのれさへ我をほしてふうれはしきこと」〈古今・雑体〉

ソーズ【索子】《中国語》マージャン牌のうち、竹の模様が彫ってあるもの。

ソース-コード〖source code〗プログラミング言語によって書かれた、コンピューター用プログラム。コンパイラーやアセンブラーで翻訳して用いる。ソースプログラム。⇨オブジェクトコード

ソース-ごかん【ソース互換】CPUやオペレーティングシステムが異なる動作環境で、同じソースコードを共有できること。一般に、それぞれの動作環境でコンパイルをする必要がある。ソースレベル互換。

ゾースト〖Soest〗ドイツ中西部、ノルトライン-ウェストファーレン州の都市。中世にハンザ同盟に加盟。旧市街にはロマネスク様式のザンクトパトリクリ聖堂や木組み造りの民家など、歴史的建造物が数多く残る。

ソースパン〖saucepan〗ソース作りなどに用いられる、柄のついた小型の深鍋。

ソース-プログラム〖source program〗▸ソースコード

ソース-ルーティング〖source routing〗TCP/IPネットワークで、パケットの通過経路を送信元から受信元に至るまで指定する方式。完全に経路選択を行うストリクトソースルーティングと、通過点をいくつか指定するルーズソースルーティングの2種類がある。

ソース-レードル〖sauce ladle〗ソースやドレッシングの取り分けに使う、小さい洋風の杓子。

ソースレベル-ごかん【ソースレベル互換】▸ソース互換

ソーセージ〖sausage〗塩漬けのあとに味付けをしてすりつぶした肉・内臓などを、子牛・豚などの腸に詰め、薫煙・湯煮した食品。腸詰め。

ソーセージ-ツリー〖sausage tree〗ノウゼンカズラ科の高木。アフリカ原産。30～40センチの赤いソーセージ形の果実がなるが、食用とはならない。

ソーダ〖オランダ soda〗【曹達】❶炭酸ナトリウムの俗称。また、化合物中のナトリウム成分。❷▸ソーダ水

ソーター〖sorter〗複写機で、複写物を分類したりページ順に集めたりする装置。

ソーダ-ガラス〖soda glass〗酸化ナトリウム・酸化カルシウム・二酸化珪素を主成分とする、最も普通のガラス。ソーダ石灰ガラス。

ソーダ-クラッカー〖soda cracker〗炭酸水素ナトリウム(重曹)を加えて軽く焼き上げたクラッカー。ビスケット類の一種。

ソーダ-こうぎょう【ソーダ工業】苛性ソーダ・ソーダ灰などを製造する化学工業の一分野。

ソーダ-しょうせき【ソーダ硝石】チリ硝石の別名。

ソーダ-すい【ソーダ水】水に無機塩類を溶かし、炭酸ガスを圧入した清涼飲料水。シロップなどを加えたものもある。炭酸水。ソーダ。(季 夏)
ソーダ-せっかい【ソーダ石灰】生石灰を水酸化ナトリウムの濃水溶液に浸し、熱して白色粒状にしたもの。炭酸ガスおよび水の吸収剤として使用。
ソーダ-せっけん【ソーダ石×鹸】油脂を水酸化ナトリウムで鹸化して作った石鹸。日常の化粧・洗濯などに使用する硬石鹸。
ソーダ-ばい【ソーダ灰】工業用に使われる、炭酸ナトリウム無水物。
ソーダ-パルプ〖soda pulp〗木材を水酸化ナトリウムとともに加熱してリグニンなどを分離・処理して作るパルプ。
ソーダ-ファウンテン〖soda fountain〗注ぎ口付きのソーダ水容器。炭酸ガスを封入したバルブを利用してソーダ水を作るサイホンで、注ぎ口からソーダ水が噴出する。ソーダサイホン。
ソーティング〖sorting〗〔名〕スル コンピューターで、レコードに含まれる特定の項目が、アルファベット順、数の大きい順など、ある一定の基準によって配列されるように、レコードを並べ替えること。ソート。
ソート〖sort〗〔名〕スル ❶分類すること。❷コンピューターで、データをある基準によって並べかえること。
そおど【案=山=子】かかし。そおず。「久延毘古は、今に山田の―といふぞ」〈記・上〉
ソード-テール〖swordtail〗カダヤシ科の淡水魚。雄は全長約12センチ、尾びれ下部が剣状に伸びる。すべて雌で生まれ、成長過程で雌雄に分かれる。メキシコ・グアテマラの原産で、色彩が美しく、観賞用に飼育。
ゾードホス-ピギ-しゅうどういん【ゾードホスピギ修道院】《Moni Zoodochos Pigi》ギリシャ南部、サロニコス湾のポロス島にある18世紀に創設された修道院。同島を構成するカラブリア島の南東部に位置する。主教会にはビザンチン美術の佳品があることで知られる。
ゾートロープ〖zoetrope〗《「ゾエトロープ」とも》等間隔に隙間をつけた円筒の内側に、連続する動きのある絵を帯状にして貼り付けたもの。回転させて隙間をのぞくと、絵が動いて見える。回転のぞき絵。
ゾーニング〖zoning〗区分すること。特に、都市計画などで、各地域を用途別に区画すること。
ソープ〖soap〗石鹸。
ソープ〖SOAP〗《simple object access protocol》遠隔地のコンピューターのデータやウェブサービスを呼び出して利用するための、XMLに基づいた通信プロトコルの一つ。
ソープ-オペラ〖soap opera〗テレビ・ラジオの連続メロドラマ。アメリカでスポンサーに石鹸会社が多かったところからいう。
そお-ぶね【×赭船】赤土で塗った船。「旅にしても恋しきに山下の赤の―沖に漕ぐ見ゆ」〈万・二七〇〉
ソープ-バスケット《和 soap＋basket》❶石鹸をいれておくかご。❷リボン手芸の一つ。石鹸に刺したピンをさまざまな色のリボンで包んでかごなどを編む。部屋の飾りなどにする。
ソープ-ランド《和 soap＋land》性的なサービスを売り物にした個室式の特殊浴場。昭和59年(1984)「トルコ風呂」から改称。
ソープレス-ソープ〖soapless soap〗油脂を原料とする石鹸以外の、表面活性剤。合成洗剤、特にアルキルベンゼンスルホン酸塩(ABS)をさす。
ソーホー〖SOHO〗《small office/home office》「スモールオフィスホームオフィス」の略。パソコンやインターネットを駆使して個人や中小企業がビジネスを展開する自宅や小規模の事業所のこと。
ソーホー　㊀(SoHo)《South of Houston Streetの略称》ニューヨーク市マンハッタン南西部の地区。1960年代に倉庫などを利用して芸術家たちが住むようになり、前衛芸術・ファッションの中心地。㊁(Soho)ロンドンの中心街地区にある歓楽街。外国人経営のレストランが多い。
ソーマ〖Rabban Bar Sauma〗[1220ころ～1294]元の大都(北京)生まれの、キリスト教ネストリウス派の僧。エルサレムへの巡礼を志し、1287年、イル-ハン国から使節として出発。コンスタンチノープル・ローマを経てパリに至り、フィリップ5世に歓待され、エドワード1世とも会見。バグダードで死去。
ソーマ〖梵 soma〗《蘇摩と音写》❶古代インドの植物の名。また、その液汁を発酵させて作った飲料。祭式の供物とされた。❷インドの神の一。❶を神格化したもの。
ソーミュール〖Saumur〗フランス中西部、メーヌ-エ-ロアール県の都市。ロアール川と支流トゥエ川に沿い、ロアールワインの産地として知られる。14世紀にアンジュー公により建てられたソーミュール城やルイ15世が創立した国立馬術学校がある。ソミュール。
ソーミュール-じょう【ソーミュール城】《Château de Saumur》フランス中西部の都市ソーミュールの、ロアール川を見下ろす高台にある城。13世紀に城塞として建造、14世紀にアンジュー公により現在の姿に改築された。装飾写本「ベリー公のいとも豪華なる時祷書」の9月の場面に描かれていることでも知られる。ロアール川流域の古城の一として、2000年に「シュリーシュルロアールとシャロンヌ間のロアール渓谷」の名称で世界遺産(文化遺産)に登録。ソミュール城。
ソーラー〖solar〗多く複合語の形で用い、太陽の、太陽の熱や光を利用した、の意を表す。「―カー」「―システム」
ソーラー-エー〖SOLAR-A〗►ようこう
ソーラー-エンジン〖solar engine〗太陽の熱エネルギーを機械的エネルギーに変換する装置。水などの蒸発膨張・冷却液化のサイクルを利用する。
ソーラー-カー〖solar car〗太陽光線のエネルギーを電気に変換して動く自動車。
ソーラー-クッカー〖solar cooker〗太陽熱だけを利用して、煮る・焼く・蒸すなどの調理を行う器具。パラボラ型や箱状にした鏡面で太陽熱を一点に集中させ、高温を得る。
ソーラー-システム〖solar system〗❶「太陽系」に同じ。❷太陽熱利用設備。
ソーラー-セール〖solar sail〗►太陽帆
ソーラー-セル〖solar cell〗►太陽電池
ソーラー-ダイナミクス-オブザーバトリー〖Solar Dynamics Observatory〗►エス-ディー-オー(SDO)
ソーラー-ハウス〖solar house〗太陽熱を利用して暖房・冷房・給湯などを行う設備を備えた住宅。
ソーラー-はつでん【ソーラー発電】►太陽光発電
ソーラー-パネル〖solar panel〗太陽電池板。➡太陽電池
ソーラー-パワー〖solar power〗太陽の熱や光から生じるエネルギー。
ソーラー-ビー〖SOLAR-B〗►ひので
ソーラー-ほ【ソーラー帆】►太陽帆
ソーラー-ポンド〖solar pond〗太陽エネルギーにより発電・給湯する仕組みの池。ハンガリーのネドブ湖で自然発生した塩水池からその仕組みが発見された。池の濃度を上から下へ高くし、太陽熱で温められた池の上層が冷えても下層の比重が高いために上昇せず保温されるもの。
ソーラス-じょうやく【ソーラス条約】《SOLASはsafety of life at seaの略》海上における人命の安全のための国際条約。タイタニック号遭難事件後の1914年に企画され、1929年ロンドンで採択。
ソーリオ〖Soglio〗スイス東部、グラウビュンデン州、上エンガディン地方の村。エンガディン谷の上流部、マローヤ峠を越えたブレガリア谷の奥に位置する。イタリア出身の画家、ジョバンニ＝セガンティーニの代表作が描かれた場所として知られる。
ソーリュー〖Saulieu〗フランス、コート-ドール県の町。12世紀創建のサンタンドシュ教会があり、柱頭彫刻はロマネスク様式の傑作として知られる。ソリュー。
ゾーリンゲン〖Solingen〗ドイツ西部の工業都市。中世より刃物工業が盛ん。
ソール〖sole〗❶足・靴などの底。「ラバー―」❷ゴルフで、クラブヘッドの底にあたる部分。
ソール〖SOR〗《synchrotron orbital radiation》シンクロトロン軌道放射。荷電粒子が磁場の中で円運動するとき、電磁波を放射すること。
ソール〖soul〗►ソウル
ソールズベリ〖Robert Arthur, 3rd Marquis of Salisbury〗[1830～1903]英国の政治家。ディズレーリのあとを継いで保守党党首となり、1885年から1902年にかけて三度首相に就任。南ア戦争などの帝国主義政策を推進。
ソールズベリ〖Salisbury〗英国イングランド南部、ウィルトシャー州の都市。同州の州都。ソールズベリ平原の南縁に位置する。11世紀頃、かつて町の中心だったオールドセーラムに城と大聖堂が建造され、13世紀に大聖堂が同地に移転。以降、大聖堂を中心に発展した。近郊に世界遺産(文化遺産)に登録されたストーンヘンジがある。ニューセーラム。
ソールズベリ-だいせいどう【ソールズベリ大聖堂】《Salisbury Cathedral》英国イングランド南部、ウィルトシャー州の都市ソールズベリにある大聖堂。11世紀頃、かつて町の中心だったオールドセーラムに建造され、13世紀に同地に移転。初期ゴシック様式の傑作として知られ、同国最高の123メートルの塔がある。
ソールド-アウト〖sold-out〗売り切れ。完売。
ソール-パターン〖sole pattern〗靴底に刻まれた模様。特に合成ゴム製の靴底にいう。
そ-おん【疎音】►そいん(疎音)
ソーン〖sone〗音の大きさを主観的に表す単位。1ソーンは、ふつうの人が聞く1000ヘルツ、40デシベルの音の大きさの感じ。
ゾーン〖zone〗地帯。区域。範囲。「スクール―」「―フォーカス」(類語)地域・区域・地区・地方・方面・一円・一帯・地帯・界隈・土地・地・境域・境・領域・エリア・境・区画
ゾーンうんちん-せい【ゾーン運賃制】タクシーの運賃に、上限・下限を設け、その範囲(ゾーン)内で複数の運賃が併存することを許可する制度。
ゾーン-シーエーブイ【ゾーンCAV】《zone CAV》►ゼットキャブ(ZCAV)
ゾーン-シーエルブイ【ゾーンCLV】《zone CLV》►ゼット-シー-エル-ブイ(ZCLV)
ソーンダイク〖Edward Lee Thorndike〗[1874～1949]米国の心理学者。動物の学習実験により効果の法則、練習の法則などを主張。のち、教育測定、語彙研究などに業績を残した。著「教育心理学」など。
ゾーン-ディフェンス〖zone defense〗バスケットボール・サッカーなどの球技で、各選手が守備地域を分担して守る防御法。➡マンツーマンディフェンス
ゾーン-バス《和 zone＋bus》バス利用の多い地域で、一方通行やバスレーンの優先化などにより、効果的な路線網の整備を行い、サービスの向上を目指すもの。
ゾーン-プレス《和 zone＋press》サッカーで、攻撃の前線と守備の最終線を狭めた陣形。また、その戦法。
そ-か【粗菓】粗末な菓子。人に菓子をすすめるときなどに謙遜していう語。
そ-か【×楚歌】古代中国の楚の国の歌。➡四面楚歌
そが【曽我】神奈川県の旧村名。曽我兄弟の養父祐信ゆかりの地。昭和31年(1956)小田原市と足柄上郡大井町とに分割合併。
そ-が【疎画】あらく描いた絵。筆数の少ない絵。
そが【蘇我】姓氏の一。古代の中央豪族。祖は武内宿禰というが未詳。大和朝廷の重臣として、仏教など大陸文化の導入に貢献したが、大化元年(645)宗家は滅亡。大和国高市郡蘇我が本拠地と推定される。

そ-かい【租界】中国の開港都市において、外国人がその居留地区の警察・行政権を掌握した組織および地域。1845年、英国が上海(シャンハイ)に設けて以来、一時は8か国27か所に及んだが、第二次大戦中にすべて返還された。一国が管轄する専管租界と複数国による共同租界とがあった。類語 衛星国・属国・従属国・保護国・植民地・自治領・属領・居留地

そ-かい【素懐】ソクワイ かねてからの願い。素願。また特に、出家・極楽往生の願い。「一を遂げる」

そ-かい【疎開】〔名〕スル ❶空襲・火災などによる損害を少なくするため、都市などに集中している住民や建物を地方に分散すること。「工場を一する」「学童一」「強制一」❷戦況によって、前進中の軍隊の距離・間隔をひらくこと。

そ-がい【阻害|阻×礙|阻×碍】〔名〕スル さまたげること。じゃますること。「生育を一する」
類語 邪魔・妨害・邪魔だて・障害・障壁

そ-がい【▽背▽向】そがひ ❶後ろ向き。背中合わせ。「お町は顔を真紅(まつか)にして一にもなられず」〈柳浪・骨ぬすみ〉❷後方。背後。「筑波嶺に一に見ゆる葦穂山悪しかるとがもさね見えなくに」〈万・三三九一〉

そ-がい【疎外】ソグワイ〔名〕スル ❶嫌ってのけものにすること。「新参者を一する」❷人間がみずから作り出した事物や社会関係・思想などが、逆に人間を支配するような疎遠な力として現出すること。また、その中での、人間が本来あるべき自己の本質を喪失した非人間的状態。❸ ▶自己疎外(じこそがい)

そ-がい【×鼠害】鼠(ねずみ)による害。

そ-がい〔形動〕(主に関西地方で)そのよう。そんなふう。「一なことは言うな」「一にせいでもよい」

そがかいけいざん【曽我会稽山】ソガクワイケイザン 浄瑠璃。時代物。五段。近松門左衛門作。享保3年(1718)大坂竹本座初演。曽我兄弟のあだ討ちを題材とし、一昼夜の出来事にまとめたもの。

そが-ぎく【▽承▽和菊|▽曽我菊】黄菊(きぎく)の異称。「かの見ゆる池べに立てる一の茂みさ枝の色のてこらさ」〈拾遺・雑秋〉

そか-ぎょ【遡河魚|×溯河魚】産卵のために海から川へさかのぼる魚。サケ・マスなど。昇流魚。さっかぎょ。⇔降河魚。

そが-きょうげん【▽曽我狂言】ソガキヤウゲン 曽我兄弟のあだ討ちを主題とした歌舞伎狂言。元禄期(1688〜1704)に形が整い、享保期(1716〜1736)から明治初年まで、江戸各座は吉例として初春狂言にした。➡曽我物

そが-きょうだい【曽我兄弟】ソガキヤウダイ 曽我祐成(すけなり)(十郎)・時致(ときむね)(五郎)の兄弟。建久4年(1193)富士の裾野の狩り場で、父のあだ、工藤祐経(くどうすけつね)を討ち、のちに謡曲・歌舞伎などの題材となった。

そ-かく【阻隔】〔名〕スル じゃまをして、へだたりをつくること。また、へだたりができること。

そ-かく【組閣】〔名〕スル 内閣を組織すること。「人材をすぐって一する」

そ-かく【疎隔】〔名〕スル うとくなって、へだたりができること。また、へだたりをつくること。「一が生じる」「ましてや内部生活の一した他人はなおさらの事である」〈寅彦・相対性原理側面観〉

そが-ごろう【曽我五郎】ソガゴラウ ▶曽我時致(ときむね)

ぞ-かし〔連語〕《係助詞「ぞ」+終助詞「かし」》…であるよ。…だぞ。「にぎはひ豊かなれば、人には頼まるる一」〈徒然・一四一〉

そが-じゅうろう【曽我十郎】ソガジフラウ ▶曽我祐成(すけなり)

そが-しょうはく【曽我蕭白】ソガセウハク [1730〜1781]江戸中期の画家。京都の人。本姓、三浦。名は暉雄(てるお)。曽我蛇足・直庵の画風を慕い、蛇足軒・蛇足十世と自称。荒々しい筆致で特異な人物画を描いた。

そが-すけなり【曽我祐成】[1172〜1193]鎌倉初期の武士。河津祐泰(かわづすけやす)の子。十郎と称した。曽我兄弟の兄。

そが-だそく【曽我蛇足】室町後期の画家。曽我派の始祖的な画家で京都の大徳寺真珠庵の襖絵(ふすまえ)を描いたと伝えられるが、経歴・生没年ともに未詳。そがじゃそく。

そが-ちょくあん【曽我直庵】安土桃山時代の画家。経歴は不明であるが、堺で蛇足6世を名のって活躍。粗豪な筆致で、漢画の手法を取り入れた花鳥画を多く描いた。生没年未詳。

そ-かつ【疎×闊】ソクワツ〔名・形動〕久しく会わないこと。親しくないこと。また、そのさま。疎遠。「自然友人の交際も一なるの理なれども」〈織田訳・花柳春話〉

そ-かつ【×蘇活】ソクワツ よみがえること。蘇生。

そが-ときむね【曽我時致】[1174〜1193]鎌倉初期の武士。河津祐泰(かわづすけやす)の子。五郎と称した。曽我兄弟の弟。

そが-どの【▽曽我殿】《曽我兄弟が貧乏であったところから》貧乏。「あたま付きは両替町、内証は一」〈浄・女腹切〉

そが-の-あめ【▽曽我の雨】《曽我兄弟があだ討ちをした陰暦5月28日は雨であったところから》陰暦5月28日に降る雨。

そが-の-いしかわのまろ【蘇我石川麻呂】(いしかわのまろ) [?〜649]飛鳥時代の朝臣。馬子の孫。本宗家の蝦夷(えみし)・入鹿(いるか)と反目、大化の改新に功を立て、孝徳天皇即位とともに右大臣に就任。のち、讒言(ざんげん)によって自殺。蘇我倉山田石川麻呂。

そが-の-いなめ【蘇我稲目】[?〜570]飛鳥時代の豪族。崇仏派の中心となり、物部(もののべ)・中臣(なかとみ)氏らと対立。皇室と姻戚関係を結び、蘇我氏全盛の礎をつくった。

そが-の-いるか【蘇我入鹿】[?〜645]飛鳥時代の豪族。蝦夷(えみし)の子。皇極天皇に仕えて権勢を振るい、山背大兄王(やましろのおおえのおう)の一家を滅ぼして全盛を誇った。大化の改新で中大兄皇子(なかのおおえのおうじ)らに暗殺された。

そが-の-うまこ【蘇我馬子】[?〜626]飛鳥時代の豪族。稲目の子。排仏派の物部守屋を滅ぼし、崇峻天皇を暗殺して実権を握った。日本最初の史書といわれる「天皇記」「国記」を撰録。

そが-の-えみし【蘇我蝦夷】[?〜645]飛鳥時代の豪族。馬子の子。父を継いで大臣となり、専横を極めた。子の入鹿(いるか)が暗殺されると、自邸に火をつけて自殺。

そが-の-くらやまだ-の-いしかわのまろ【蘇我倉山田石川麻呂】(いしかわのまろ) ▶蘇我石川麻呂(そがのいしかわのまろ)

そがのたいめん【曽我の対面】歌舞伎狂言。時代物。一幕。曽我兄弟がかたきの工藤祐経(くどうすけつね)に対面する場面。享保(1716〜1736)以後の江戸歌舞伎で、初春狂言の一番目大詰めに必ず演じられた。明治以降は河竹黙阿弥の台本により、「寿曽我対面」などの外題で一幕物として演じられる。対面。

そがのや【曽我廼家】日本最初の喜劇の劇団。明治37年(1904)曽我廼家五郎・十郎が創立。大阪を本拠に活動し、大阪俄(にわか)と歌舞伎とを演技の基盤とした。

そがのや-ごろう【曽我廼家五郎】ゴラウ [1877〜1948]喜劇俳優・作者。大阪の生まれ。本名、和田久一。明治37年(1904)曽我廼家十郎とともに劇団曽我廼家を結成、大阪の個性を強く身につけた俳優兼作家として活躍。のちに十郎と分かれ、「五郎劇」と称した。また、一堺漁人(いっかいぎょじん)の筆名で、多数の喜劇脚本を書いた。

そが-は【▽曽我派】日本の漢画系の画派。室町時代に曽我蛇足を始祖的な存在とする画派が現れ、安土桃山時代には曽我直庵、江戸時代には曽我蕭白の一派が活躍した。

そが-まつり【▽曽我祭】江戸の歌舞伎劇場で、曽我狂言を正月から5月まで継続興行した年に、曽我兄弟のあだ討ちのあった5月28日を中心に行った祭礼行事。文政期(1818〜1830)まで続いた。季 夏

そが-もの【▽曽我物】曽我兄弟の事跡を主題とした能・幸若舞(こうわかまい)・浄瑠璃・歌舞伎などの作品の総称。「元服曽我」「小袖曽我」「夜討曽我」など。➡曽我狂言

そがものがたり【曽我物語】軍記物語。12巻または10巻。作者未詳。鎌倉末期あるいは室町前期の成立か。曽我兄弟の生い立ちから、富士の狩り場で父のかたきの工藤祐経(くどうすけつね)を討つまでを描いたもの。後世の曽我物などの題材となった。

そがもようたてしのごしょぞめ【曽我綉侠御所染】(そがもようたてしのごしょぞめ) 歌舞伎狂言。世話物。6幕。河竹黙阿弥作。元治元年(1864)江戸市村座初演。柳亭種彦の読本「浅間嶽面影双紙(あさまがたけおもかげぞうし)」を脚色したもの。通称「時鳥(ほととぎす)殺し」「御所五郎蔵(ごしょのごろぞう)」。

ソカロ〖Zócalo〗メキシコ、メキシコシティにある中央広場。正式名称は「憲法広場」。広場の周囲には南北アメリカで最古最大の大聖堂(カテドラル)、国立宮殿(大統領政庁)、古代アステカ王国の遺跡(テンプロ-マヨール)、市庁舎がある。ソカロ広場。

そ-がん【素顔】白い顔。化粧をしていない顔。すがお。

そ-がん【素願】ソグワン 平素からの願い。素懐。

そ-がん【訴願】ソグワン〔名〕スル ❶うったえねがうこと。❷違法または不当な行政処分につき、特定の行政庁に対してその再審査を請求すること。昭和37年(1962)行政不服審査法の制定により廃止。

そ-き【祖忌】祖師の忌日。また、その法要。

そき【▽退き】《動詞「そ(退)く」の連用形から》遠く離れた場所。遠隔の地。果て。「山の一野の一見よと伴の部を班(あか)ち遣はし」〈万・九七一〉

そ-き【▽庶▽幾】〔名〕スル「しょき(庶幾)」に同じ。「これ一するところの合戦なり」〈太平記・三四〉

そぎ【▽削ぎ|×枌】《動詞「そぐ」の連用形から。古くは「そき」》「削ぎ板」に同じ。

そ-ぎ【素義】素人義太夫(しろうとぎだゆう)のこと。昭和初期の語。「…素義会」の形で、同好会の名称に用いられた。

そぎ-あま【▽削ぎ尼】髪を短くそいで肩のあたりに切りそろえた尼。「墨染めの袈裟に変はりし一姿」〈浄・伊賀越〉

そぎ-いた【▽削ぎ板|×枌板】《古くは「そきいた」》木を薄く削って作った屋根葺(ふ)き用の板。そぎ。

そき-え【▽退き▽方】へ 遠く離れたあたり。「山川の一を遠みはしきよし妹を相見ずかくや嘆かむ」〈万・三九六四〉

そぎ-えり【▽削ぎ襟】「半襟」に同じ。「早川織に一をかけて」〈浮・一代女・五〉

そぎ-おと・す【▽削ぎ落(と)す】〔動サ五(四)〕❶けずり落とす。けずりとる。「骨についた魚の肉を一・す」「贅肉(ぜいにく)を一・す」❷髪を切り落とす。「髪を一・しなどもせず」〈夜の寝覚・五〉

そぎ-きり【▽削ぎ切り】包丁をななめにして、肉や魚を薄く切ること。「フグを一にする」

そぎ-すえ【▽削ぎ末】ずゑ 髪の毛を削ぎ落としてそろえた末端。また、削ぎ落とした髪。「髪は尾花のやうなる一して」〈能因本枕・一八六〉

そぎ-す・つ【▽削ぎ捨つ】〔動タ下二〕❶髪を切る。また、髪を切って出家する。「清らなる御髪を一・てて」〈源・柏木〉❷省略する。はぶく。「いみじく事ども一・て、世の煩ひあるまじくと省かせ給へど」〈源・若菜下〉

そぎ-そで【▽削ぎ袖】振袖の袖の形の一。袖口を小さくし、袖下の角を丸く削ぎ取ったような形の袖。江戸初期に流行。

そきだ-く〔副〕程度のはなはだしいさま。たいへん。非常に。「一もおぎろなきかも」〈万・四三六〇〉

そぎ-だけ【▽削ぎ竹】先を削いでとがらせた竹。

そぎ-つぎ【▽削ぎ接ぎ|▽殺ぎ継ぎ】❶二つの木材の端を斜めに削ぎ落とし、その切り口を合わせて釘で止める接合法。❷金属と木、竹と木のように材質の異なったものを接合すること。また、そのもの。

そぎ-と・る【▽削ぎ取る】〔動ラ五(四)〕削いで取る。けずりとる。「耳を一・られる」

そぎ-ぶき【▽削ぎ×葺き|×枌×葺き】削ぎ板で屋根を葺くこと。また、その屋根。

そぎ-めつぎ【▽削ぎ芽接ぎ】接ぎ木の方法の一。台木の側面をはぐようにけずり、上部を開いて芽のついた接ぎ穂を挿入し、固定する。

そぎ-や【▽殺ぎ屋】製造元から見切り品を安く仕入れ、特価品を扱う露天商などに卸す問屋。

そ-きゃく【阻却】〔名〕スル しりぞけること。さまたげる

こと。「刑法上の違法性を一する」

そ-きゅう【訴求】〔名〕スル 広告や販売などで、消費者の購買意欲に働きかけること。「一対象」

そ-きゅう【遡及｜×溯及】〔名〕スル 過去にさかのぼって影響・効力を及ぼすこと。「規定の適用を四月に一して行う」

そ-きゅう【遡求】手形・小切手の支払いがないとき、または支払いの可能性が減じたとき、その所持人が、振出人や裏書人などに対し、代償として一定金額の支払いを請求すること。償還請求。

そきゅう-こう【遡及効】法律や法律要件の効力が、その成立以前にさかのぼって及ぶこと。

そきゅう-ぜんも【遡及全喪】厚生年金記録の改竄手法の一つ。会社が存続していて従業員が保険料を支払い続けているにもかかわらず、事業主が会社を清算したと偽り、期間を遡って厚生年金保険から脱退し、従業員の被保険者資格を喪失させて、未納分を相殺すること。この不正処理によって納付期間が25年未満となった従業員は年金を受給できない無年金者となる。補説 業績悪化などで年金滞納が続いた一部の会社が、この手法により保険料の支払いを不正に免れていた。社会保険事務所が厚生年金保険料の納付率を上げるため積極的に加担した事例も明らかになっている。

そ-きょう【疎狂｜×疏狂】そそっかしく、ひどく常識にはずれていること。

そ-ぎょう【祖業】祖先が始めた事業。今日まで祖先から受け継いできた事業。

そきょう-でん【承香殿】「しょうきょうでん(承香殿)」に同じ。「女御更衣参り給へり。その夜は一の御とのゐなり」〈宇津保・蔵開中〉

そく【×仄】「仄韻」の略。➡漢「そく(仄)」

そく【即】㊀〔名〕仏語。二つのものが互いに表裏の関係にあって分離できない状態。㊁〔副〕ただちに。すなわち。「言われたら一実行する」㊂〔接〕前者と後者とが同じであることを表す語。とりもなおさず。すなわち。「学者一教養人とは言えない」➡漢「そく(即)」 類語 すぐ・直ちに・早速・じき・すぐに・すぐさま・直接・即ち

そく【束】❶束ねたものを数える単位。稲など、10把をひとまとまりとしたもの。また、半紙10帖、すなわち200枚を1束という。「薪五一」❷矢の長さを測る単位。親指を除いた4本の指の幅を1束という。「大矢と申す定の物の、十五一におとってひくは候はず」〈平家・五〉➡漢「そく(束)」

そく【息】むすこ。子息。「君の処の一もはやく洋学をまなばせなせえ」〈魯文・安愚楽鍋〉➡漢「そく(息)」

そく【▽触】仏語。❶感覚器官である根と、認識対象物である境と、認識する心である識とが結びついたときに生じる精神作用。❷十二因縁の一。生まれて2、3歳までの、まだ接触感覚だけのころとする。❸六境の一。接触によって感覚される対象。

そく【×塞｜即｜則】▶乾漆❷

そく【▽職】《「しょく」の直音表記》官職。職務。「さやうの事しげき一には」〈源・澪標〉

そ-く【▽退く】㊀〔動カ四〕遠く離れる。遠ざかる。「雲離れ一・き居りとも我忘れめや」〈記・下・歌謡〉㊁〔動カ下二〕遠く離す。遠ざける。「赤見山草根刈り一・け合はすがへ争ふ妹しあやにかなしも」〈万・三四七九〉

そく【足】〔接尾〕助数詞。両足に履くひとそろいの物を数えるのに用いる。「靴二一」➡漢「そく(足)」

そく【則】〔接尾〕助数詞。列挙したきまりなどを数えるのに用いる。「会規の第三一」➡漢「そく(則)」

そ-ぐ【▽削ぐ｜▽殺ぐ】㊀〔動ガ五(四)〕《古くは「そく」》❶先端や出っぱりの部分を切り落とす。「敵兵の耳を一・ぐ」「剃刀で一・いで整髪する」❷斜めにけずる。斜めに薄く切る。「ゴボウを一・いで笹がきにする」❸先を斜めに切ってとがらせる。「竹を一・いで槍を作る」❹外に現れようとする勢いや、興味・関心などを奪い去る。「気勢を一・がれる」「興を一・ぐ」「意欲を一・ぐ」「期待を一・ぐ」❺省略する。簡単にする。「院にまうけさせ給へりけることどもも一・ぐとおぼししかど」〈源・鈴虫〉可能 そげる ㊁〔動ガ下二〕「そげる」の文語形。類語 削ぐ・剃る・彫る・剪む・削除

ぞく【俗】〔名・形動〕❶世のならわし。その土地や時代の風俗・習慣。「一に入っては一に従え」❷世間一般。民間。「一受け」「一では水戸の御隠居様という」〈福沢・福翁自伝〉❸民間で普通に行われること。ありふれていること。また、そのさま。「一に言う」「一なやり方」❹高尚でないこと。いやしいこと。また、そのさま。「一な趣味」「一な人間」❺出家していないこと。また、その人。「一に還る」「一の身」➡漢「ぞく(俗)」 類語 (③)平凡・ありきたり・並・凡俗/(④)通俗・卑俗・低俗・俗悪・野卑・俗っぽい・くだらない

ぞく【族】❶同じ祖先を持つ人々。同じ血統の人々。❷一定の身分や範囲を形づくる同種類のもの。同類の仲間。「社用一」❸生物分類学上の階級の一。科と属との間に必要に応じて設けられる。植物学では属との同音を避けて連とよぶ。❹きわめて小さい植物群落に対する生態学上の単位。同一種の数個体からなる小群をいう。❺元素の周期表の縦列にある化学元素の一群。各列ごとに似た性質のものが集まっており、銅族・希ガス族などとよぶ。➡漢「ぞく(族)」

ぞく【属】❶部下。従者。「朕にも六天八部の一あり」〈露伴・二日物語〉❷仲間。同類。「鬢なきものは浮屠の一にたぐへて」〈野ざらし紀行〉❸律令制で、寮・職・坊の主典。❹明治の官制で、判任文官。属官。❺生物分類学上の階級の一。科の下、種の上に位置する。➡漢「ぞく(属)」

ぞく【×粟】❶あわ。❷穀類。また、扶持米。「一を食む」「金を軽くし一を重くす」〈方丈記〉❸容積の単位。勺の1万分の1。➡漢「ぞく(粟)」

ぞく【賊】❶他人に危害を加えたり、他人の財物を奪ったりする者。「一が忍び込む」❷国家・社会の秩序を乱す者。➡漢「ぞく(賊)」 類語 追い剝ぎ・泥棒・盗人・盗賊・強盗・こそ泥・ギャング

ぞく【続】❶つづき。続編。「正一二巻からなる作品」❷書名などに付いて、それのつづきのものであることを表す。しょく。「一膝栗毛」「一文章規範」➡漢「ぞく(続)」

ぞく【×蔟｜×簇】▶まぶし(蔟)

ぞく-あく【俗悪】〔名・形動〕低級で下品なこと。また、そのさま。「一な雑誌」派生 ぞくあくさ〔名〕 類語 低俗・卑俗・野卑・下劣・くだらない・げす

ぞくあけがらす【続明烏】江戸中期の俳諧撰集。2冊。高井几董編。安永5年(1776)刊。与謝蕪村とその門人たちの連句・発句を集成したもの。蕪村七部集の一。

そく-あつ【側圧】流体が物体に添って流れるとき、物体の側面に及ぼす圧力。

そく-い【即位】〔名〕スル《「しょくい」とも》❶君主の位につくこと。❷「即位式」に同じ。

そく-い【足囲】靴のサイズ表示法の一。親指と小指の付け根を取り巻いた長さ。JIS(日本工業規格)では、6ミリ単位に分けられたAからGまでのアルファベットで表示される。➡足長

そく-い【▽続▽飯】《「そくいい」の音変化》飯粒を練りつぶして作った、粘りけの強いのり。そっくい。

そく-いい【▽続▽飯】「そくい(続飯)」に同じ。〈和英語林集成〉

そくい-しき【即位式】天皇が践祚ののち、皇位を継承したことを天下万民に公示する儀式。上代には践祚と即位との区別がなかったが、桓武天皇から践祚後に日を隔てて即位式を行う例ができ、貞観儀式の制定に至って区別することとなった。即位の礼。即位。

そく-いん【×仄韻】漢字の四声のうち、上声・去声・入声に属する韻。➡平韻

そく-いん【×惻隠】かわいそうに思うこと。同情すること。「一の情を催す」

そぐ・う〔動ワ五(ハ四)〕《多く「そぐわない」の形で用いる》釣り合う。似合う。「現状に一・わない制度」類語 見合う・釣り合う・似合う・即する・適う・適する・合う・沿う・当てはまる・適合する・適当する・合致する・即応する・ぴったりする

ぞく-うけ【俗受け】〔名〕スル 世間一般の人々の気に入ること。俗世間の評判を得ること。「一する芝居」

そく-え【▽退く▽方｜▽退く▽辺】「そきえ」に同じ。「天雲の一の極み」〈万・四二〇〉

そく-えい【即詠】〔名〕スル 即興でよむこと。「短歌を一する」

ぞく-えい【続映】〔名〕スル 映画を、期間を延長して上映すること。「好評につき、三週間一する」

そく-えん【測鉛】投げ入れて水の深さを測る器具。綱の先に鉛のおもりをつけたもの。

ぞく-えん【俗縁】世俗での縁故。特に、僧尼が出家する以前の親類・縁者。「一を絶つ」

ぞく-えん【続演】〔名〕スル 芝居などを予定の期間を延長して上演すること。「一か月一する」

そく-おう【即応】〔名〕スル ❶状況に応じてすばやく行動すること。「事故に一した処置」❷状況・情勢にあてはまること。「現実に一した考え」類語 (②)適合・該当・適応・相当・順応・適う・適する・合う・沿う・そぐう・当てはまる・適当する・合致する・ぴったりする

そく-おこり【×仄起(こ)り】漢詩の絶句および律詩で、第1句の第2字が仄字であること。また、その詩。仄起。➡平起こり

そく-おん【促音】日本語の音節の一。語中にあって、カ・サ・タ・パの各行の頭子音と同じ閉鎖音または摩擦音の調音の態勢で1音節をなすもの。「こっか(国家)」「いっさつ(一冊)」「カット」「あっぱれ」などのように、「つ」「ツ」を小さく書いて表す。つまる音。促声。外来語や方言音では、例外的に、ガ・ザ・ダ・バの各行やハ行音などの前に現れることもある。また、感動詞や擬声語などでは、「あっ」「きゃっ」のように、語末に現れることもある。➡直音

類語 清音・濁音・半濁音・清濁・鼻濁音・撥音・長音

ぞく-おん【属音】西洋音階で、主音の5度上の音。主音に次いで、調性上重要な音。下属音に対して、上属音ともいう。例えば、ハ長調・ハ短調ではト音。ドミナント。

そくおん-き【足温器】足を温める器具。季 冬

そく-おんびん【促音便】音便の一。主に活用語の連用形の語尾の「ち」「ひ」「り」が「て」「た」「たり」などの語に連なるとき、促音「っ」となること。「待って(←待ちて)」「歌った(←歌ひた)」「売ったり(←売りたり)」の類。広義には、名詞などの語中にみられる現象についてもいう。「追手(おひて→おって)」「真白(ましろ→まっしろ)」の類。➡イ音便 ➡ウ音便 ➡撥音便

類語 音便・イ音便・ウ音便・撥音便

そく-が【側×臥】〔名〕スル ❶わきを下にして横になること。➡仰臥 ➡伏臥 ❷人のそばに寝ること。類語 横臥・安臥・横たわる・寝転がる・寝そべる・横になる

そく-が【側芽】茎の側方から出る芽。種子植物では葉の付け根から出ることが多く腋芽ともいう。

ぞく-が【俗画】卑俗な絵。通俗画。

そく-がい【側×臥位】横を向いて寝た姿。腕を下にして横になった状態。➡臥位

ぞく-かい【続開】〔名〕スル ▶ぞっかい(続開)

ぞく-がい【賊害】殺傷すること。また、損害を与えること。「詔を矯けて藩籬を一す」〈太平記・一七〉

ぞくがい-こん【族外婚】所属する集団内では婚姻が禁止され、他集団に配偶者を求めなければならない婚姻の規制。リネージや氏族などの血縁集団にみられる。外婚。⇔族内婚。

ぞく-がく【俗学】世間に行われている、程度の低い学問。通俗的な学問。「一の徒」

ぞく-がく【俗楽】雅楽・能楽などに対して、民間に行われる音楽。主として江戸時代以降に発達した三味線音楽・箏曲・民謡・流行歌など。

そく-がめん【側画面】投影図法で、平画面と立画面とに対して垂直におかれた画面。

ぞく-がら【続柄】続柄の俗な言い方。

ぞく-かん【続刊】〔名〕スル ▶ぞっかん(続刊)

ぞく-がん【俗眼】世間一般の人々のものの見方。また、低俗な見識。「―で見る」

ぞく-き【俗気】▶ぞくけ(俗気)

ぞく-ぎいん【族議員】ギヰン ある特定の政策部門に関心と知識を持ち、政策の立案と実施に強い影響力を持つ議員。また、その議員グループ。関係する省庁や業界と結託して動くこともある。道路族(建設族)、郵政族、農林族、防衛族、文教族など。

そく-きょ【測距】▶そっきょ(測距)

ぞく-ぎょう【俗形】ギヤウ 俗人の姿。⇔僧形。

そくきょ-ぎ【測距儀】▶そっきょぎ(測距儀)

そく-ぎん【即吟】〔名〕スル その場ですぐに詩歌をつくること。また、その詩歌。「宴席で―する」

ぞく-ぐ【属具】付属する器具。「船舶の―」

ぞく-ぐん【賊軍】反逆者、特に朝廷に敵対する軍勢。

ぞく-け【俗気】俗っぽい気持ち。名誉や金銭にひかれる気持ち。ぞくき。「多分に―がある」

そく-げき【側撃】落雷した場所の近くにいて流れてきた電流に感電すること。➡側撃雷

そくげき-らい【側撃雷】雷撃の種類の一。直撃雷の周囲で起こる放電。雷の主放電路から分かれた放電路による場合と、樹木などに落雷し、付近の人や物に再放電する場合がある。雷のときに高い樹木の下にいると、側撃雷の被害にあうおそれがあり危険。

そく-げん【塞源】〔名〕スル 弊害などの生じる根本の原因をなくすこと。「抜本―」

ぞく-げん【俗言】❶世間で日常的に使う言葉。卑俗な言葉。俗語。➡雅言 ❷世間の評判・うわさ。

ぞく-げん【俗×諺】世間で言われていることわざ。俚諺りげん。(類語)ことわざ・諺語・俚諺・古諺

ぞく-げん【続弦】《琴瑟きんしつの弦が切れたのをつなぐ意》妻をなくした人が、再び妻をめとること。

ぞく-ご【俗語】❶文章語や雅語に対して、世間で日常的に用いる言葉。口語。❷あらたまった場面では使われないような卑俗な言葉。「てめえ」「やばい」の類。スラング。❸「俗諺ぞくげん」に同じ。「奢おごる者は久しからずと―にも云ひ伝へ」〈都鄙問答・四〉
(類語)話し言葉・口語

ぞくこじだん【続古事談】鎌倉時代の説話集。6巻。作者未詳。建保7年(1219)の成立とされる。「古事談」をまね、史話・故事・伝説などを仮名文で記したもの。

そく-さ【側鎖】鎖式化合物で、主鎖から枝分かれしている炭素鎖。また環式化合物で、環に結合している炭素鎖。

そく-さ【測鎖】距離を測定するのに用いる鉄製のくさり。長さ20メートルで、1メートルごとに真鍮しんちゅうの小片をつけてある。測鏈そくれん。

そく-ざ【即座】すぐその場。「即座に」の形で副詞的にも用いる。「―の機転」「―に応答する」
(類語)即刻・即時・時を移さず・間髪を入れず

そく-さい【息災】〔名・形動〕❶病気をしないで、元気なこと。また、そのさま。「―に暮らす」「無病―」❷仏の力で災難を防ぎ止めること。(類語)元気・健康・丈夫・無事・無病息災・健勝・清勝・健すこやか・壮健・健全・達者・まめ・恙無つつがない・強壮・強健・頑健・矍鑠かくしゃく

ぞく-さい【俗才】俗事に長じた才能。世才。
(類語)世知・世才

ぞく-さい【続載】〔名〕スル 新聞・雑誌などに、記事などを続けて掲載すること。「後半を次号に―する」

ぞく-ざい【×贖罪】▶しょくざい(贖罪)

そくさい-えんめい【息災延命】災難を防ぎ、長生きすること。延命息災。

そくさいせき【側砕石】▶側堆石そくたいせき

そくさい-にち【息災日】万事に吉であるという日。春は巳みの日、夏は申さるの日、秋は辰たつの日、冬は酉とりの日。

そくさい-ほう【息災法】ホフ 天災・戦禍・病気などの災厄を消滅させるための密教の修法。

そく-さく【測索】海の深さを測る綱。先端に測鉛を取り付け、海中に投げ入れて測る。

ぞくさ-こく【×粟▽散国】▶ぞくさんこく(粟散国)

漢字項目 **そく**

【塞】▶さい
【×燭】▶しょく

×**仄** 音ソク漢　訓ほのか‖①かたよる。傾く。「仄日」②かたよって。わきから。ほのかに。「仄聞」③漢字の四声のうち、上声・去声・入声にっしょうをいう。「仄韻・仄声/平仄ひょうそく」

即〔卽〕音ソク呉　訓つく、すなわち‖①そのものにぴったりくっつく。つく。「即位・即物的/相即・不即不離」②すなわち。とりもなおさず。「色即是空」③ただちに。すぐさま。その場で。「即応・即興・即決・即座・即死・即時・即日・即席・即売/一触即発」(名付)あつ・ただ・ちかし・ひと・みつ・より

束 学4　音ソク呉　訓たば、つか、つかねる‖㊀〈ソク〉①引き締めて一つにまとめる。「束帯・束髪/結束・収束」②動きがとれないように引き締める。「束縛/検束・拘束・約束」③一つにまとめたもの。たば。「幣束・維管束・二束三文」㊁〈たば〉「札束・花束」(名付)き・さと・つかぬ・つかね(難読)束子たわし・不束ふつつか

足 学1　音ソク呉　訓あし、たりる、たる、たす‖㊀〈ソク〉①あし。くるぶし、または、ももから下の部分。「足下・足跡/下足・手足・蛇足・纏足てんそく・土足」②あしで進むこと。歩み。「遠足・快足・禁足・駿足しゅんそく・長足・鈍足・発足」③人材。「高足・俊足」④十分にある。たりる。また、そのようにする。たす。「具足・充足・不足・補足・満足まんぞく」㊁〈あし〉「足跡・足軽/素足・手足・出足・船足」(名付)たり・なり・みつ・ゆき(難読)足掻あがき・足利あしかが・跑足だくあし・足袋たび・裸足はだし・百足むかで

促 音ソク呉　訓うながす‖①うながす。せきたてる。「促進・促成/催促・督促」②つまって縮まる。「促音/局促」(名付)ちか・ゆき(難読)偓促あくそく

則 学5　音ソク呉漢　訓のり、のっとる、すなわち‖①きまり。のり。ルール。「会則・規則・原則・校則・細則・準則・通則・鉄則・罰則・反則・変則・法則」②手本とする。のっとる。「則天去私」③すなわち。「則闕そっけつ」(名付)つね・とき・みつ

息 学3　音ソク呉　訓いき、やすむ、いこう、やむ‖㊀〈ソク〉①いき。いきをする。「気息・絶息・喘息ぜんそく・大息・嘆息・窒息」②生きる。生活する。「消息・生息・棲息せいそく」③休む。いこう。「安息・休息・脇息きょうそく」④やむ。しずめる。「息災/終息」⑤こども。むすこ。「息女/愛息・愚息・子息・令息」⑥利子。「利息」㊁〈いき〉「寝息・鼻息・青息吐息」(名付)おき・き・やす

捉 音ソク呉　訓とらえる‖とらえる。つかまえる。「把捉・捕捉」(難読)択捉えとろふ島

速 学3　音ソク呉漢　訓はやい、はやめる、はやまる、すみやか‖スピードがはやい。はやさ。「速記・速球・速達・速断・速度・速報/音速・加速・快速・急速・高速・早速さっそく・時速・失速・迅速・拙速・遅速・敏速・風速」(名付)ちか・つぎ・とお・はや・はやし・はやみ・めす

側 学4　音ソク漢　訓がわ、そば、そばめる‖㊀〈ソク〉①そば。かたわら。「側近・側室/君側」②片方に寄った所。横の面。「側壁・側面/舷側げんそく・左側・体側」③片方に寄せる。傾ける。そばめる。「側目/反側」④かたよって。ほのかに。「側聞」㊁〈がわ(かわ)〉「裏側・縁側・帯側・片側・金側・左側」

×**惻** 音ソク漢‖あわれみの気持ちが心に迫る。かわいそうに思う。「惻隠・惻惻」

測 学5　音ソク漢　訓はかる‖①深さ・長さ・広さなどをはかる。「測候・測深・測地・測定・測量/観測・計測・実測・目測」②おしはかる。推量する。「憶測・推測・不測・予測」(名付)ひろ

漢字項目 **ぞく**

俗 音ゾク呉‖①世間の習わし。「異俗・旧俗・習俗・土俗・風俗・民俗・良俗」②世間一般。「俗語・俗事・俗字・俗説・俗務/雅俗・脱俗・超俗・通俗・凡俗」③無風流で卑しい。「俗悪・俗臭・俗物・俗吏/低俗・卑俗・俚俗りぞく」④出家をしていない世間の人。「俗名/還俗げんぞく・在俗・僧俗・道俗」(名付)みち・よ

族 学3　音ゾク呉　訓やから‖①祖先を同じくする者の集団。一門。「遺族・一族・家族・血族・氏族・親族・同族・部族・民族」②家柄。「華族・貴族・皇族・士族」③種類を同じくするものの集まり。「魚族・語族・水族」④一族を皆殺しにする刑。「族滅」⑤(「簇」の代用字)群がり集まる。「族生」(名付)えだ・つぎ・つぐ

属〔屬〕学5　音ゾク呉　ショク漢　訓さかん‖㊀〈ゾク〉①付き従う。その範囲に入る。つながる。「属国・属性/帰属・軍属・係属・従属・所属・専属・直属・転属・配属・付属・隷属」②なかま。みうち。同類。「金属・眷属けんぞく・尊属・卑属」㊁〈ショク〉①つなげる。つづる。「属文」②目をつける。「属望・属目」(補説)㊁の②は「嘱しょく」と通用。(名付)つら・まさ・やす

人**粟** 音ゾク慣　訓あわ‖穀物の名。あわ。「粟散・粟粒」

賊 音ゾク呉‖①人を傷つけそこなう。害する。「賊害・賊心」②人を傷つけて財物をかすめる者。強盗。ぬすびと。「海賊・義賊・山賊・鼠賊そぞく・盗賊・馬賊」③時の政府や国家に反逆する者。謀反人。「賊軍・賊臣/奸賊かんぞく・逆賊・国賊」(難読)烏賊いか・木賊とくさ

続〔續〕学4　音ゾク呉　ショク漢　訓つづく、つづける‖㊀〈ゾク〉とぎれないで引きつづく。つづける。「続行・続出・続続・続編/永続・勤続・継続・後続・持続・接続・相続・存続・断続・連続」㊁〈ショク〉つづける。「続命」(名付)つぎ・つぐ・ひで(難読)続飯そくい

ぞくさるみの【続猿蓑】江戸中期の俳諧集。2冊。沾圃せんぽが撰したものに芭蕉と支考が加筆したとされる。元禄11年(1698)刊。蕉門の連句・発句が集められ、「軽み」の作風が示される。俳諧七部集の一。後猿蓑。

そく-さん【速算】〔名〕スル すばやく計算すること。「合計金額を―する」「―表」

そく-さん【測算】〔名〕スル はかって計算すること。「犁すきの柄を以て、始めて日月蝕を―せしと云い伝えたり」〈中村訳・西国立志編〉

ぞく-さん【×粟散】《古くは「そくさん」》あわ粒をまいたように細かく散らばっていること。

ぞくさん-こく【×粟散国】《古くは「そくさんこく」》あわ粒を散らしたような小国。インド・中国などの大国に対し、日本をいう。ぞくさこく。「いはんや―の主たるとして」〈太平記・一二〉

ぞくさん-へんじ【×粟散辺地】ヂ 辺地にある、あわ粒を散らしたような小国。粟散辺土。「況いはんや我が国は―の境さかひなり」〈太平記・三三〉

ぞくさん-へんど【×粟散辺土】「粟散辺地」に同じ。

そく-し【即死】〔名〕スル 事故などにあったその時点ですぐさま死ぬこと。「―状態」(類語)急死・急逝・頓死

そく-し【足糸】イガイ・アコヤガイなどの二枚貝が岩などに付着するために出す糸状の分泌物。

そく-し【側枝】中心の茎から側方へ出る枝。

そく-じ【×仄字】仄声に属する漢字。⇔平字ひょうじ。

そく-じ【即自】▶アンジッヒ❷

そく-じ【即事】その場の事柄。目の前のけしき・ようす。「―即詠」

そく-じ【即時】すぐその時。即刻。また、短時間。副

詞的にも用いる。「―の判断が要求される」「―徹退せよ」「―通話」
(類語)即刻・即座・時を移さず・間髪を入れず

ぞく-し【俗士】世間並みの人。また、見識のないつまらない人。俗人。

ぞく-し【賊子】❶親不孝な子。❷主君などに反逆する者。謀反むほん人。「乱臣―」

ぞく-じ【俗字】正字ではないが世間一般に使われている漢字。「恥」を「耻」、「卒」を「卆」、「館」を「舘」と書くなど。➡正字
(類語)略字・略体・異体字・簡体字・代用字・作り字・嘘字うそじ

ぞく-じ【俗耳】世間の人々の耳。俗人の耳。
俗耳に入り易やすい 世間一般の人々にわかりやすい。「―・いたとえ話」

ぞく-じ【俗事】世俗のわずらわしい事柄。日常の雑事。「―に追われる」「―にうとい」
(類語)世塵・世故・世事・俗塵・俗用

そくじ-かつ-たいじ【即自且つ対自】▶アン-ウント-フュールジッヒ

そくじ-きょうせい【即時強制】ソクジキヤウセイ 行政機関が国民の身体や財産に対して直接実力を行使して、行政上必要な状態を実現する作用。急迫の障害を除く必要上、やむをえない場合に限って法令で認めているもの。感染症患者の強制入院など。

そくじ-こうこく【即時抗告】ソクジカウコク 民事・刑事の訴訟で、裁判所の決定に対して一定の期間内(民事訴訟では7日、刑事訴訟では3日)にすることを要する不服申し立て。原則として執行停止の効力をもつ。

そくじ-じこう【即時時効】ソクジジカウ ▶即時取得

そくじ-しゅとく【即時取得】処分の権限のない動産の占有者を正当な権利者と誤信して取引し、平穏かつ公然に動産の占有を得た者が、その動産について所有権や質権を取得すること。善意取得。即時時効。

そくじ-しんさん【即時浸酸】蚕の卵の人工孵化ふか法の一。産卵後20時間ほどの卵を、一定時間塩酸に浸して孵化を促進する。即浸。

そく-しつ【側室】貴人のめかけ。そばめ。⇔正室/嫡室。

そく-じつ【×仄日】西に傾いた太陽。夕日。

そく-じつ【即日】事のあったその日。当日。副詞的にも用いる。「―発送する」「―開票」

そくしつ-き【足疾鬼|速疾鬼】《足が速いところから》羅刹らせつの異称。

そくじつ-きごう【即日帰郷】ソクジツキキヤウ 旧軍隊で、入隊した者が、病気などのために、即日郷里に帰されること。

そくじ-ばらい【即時払い】ソクジばらひ 支払いの請求があったとき、即時に現金で支払うこと。

そくじ-はん【即時犯】一定の法益の侵害またはその危険が発生すると同時に犯罪が完成し、終了するもの。殺人罪・放火罪など。即成犯。➡継続犯 ➡状態犯

そく-しゃ【速写】〔名〕スル 写真などを、すばやく写すこと。「一瞬の表情を―する」

そく-しゃ【速射】〔名〕スル 銃砲を、すばやく続けざまに発射すること。「ライフルを―する」

そく-しゃ【側車】「サイドカー」に同じ。

そくしゃ-けい【測斜計】▶クリノメーター

そくしゃ-ほう【速射砲】ハウ 砲弾を迅速に装塡そうてん・発射できる砲。特に、発射速度の速い中・小口径火砲をいう。転じて、早口でまくしたてることを形容していう語。

そく-しゅ【束手】手出しをしないこと。

そく-じゅ【測樹】樹木の材積・樹齢・生長量などを測定すること。

ぞく-しゅ【俗手】囲碁・将棋で、初心者が打ちそうな平凡な手。ぞくて。

ぞく-しゅ【俗趣】低俗な趣味。また、俗っぽいようす。

ぞく-しゅ【賊首】❶賊のかしら。❷賊の首。

ぞく-じゅ【俗儒】見識が狭く、つまらない学者。

そく-しゅう【束×脩】シウ 束ねた干し肉。古く中国で、師に入門するときなどの贈り物としたもの。転じて、入門するときに持参する謝礼。

そく-しゅう【速修】シウ〔名〕スル 語学や技術を短期間に修得すること。「英会話を―する」

そく-しゅう【速習】シフ〔名〕スル 技能を短期間でならうこと。「パソコンを―する」「―コース」

ぞく-しゅう【俗臭】シウ 金や名誉などに執着する世俗的な雰囲気。俗っ気。「―芬々ふんぷん」

ぞく-しゅう【俗習】シフ 世間一般のならわし。世俗の習慣。(類語)習慣・慣習

ぞく-しゅう【俗衆】❶世間一般の人々。大衆。❷僧侶に対して、在俗の人々。ぞくしゅ。(類語)大衆・民衆・公衆・民草たみくさ・庶民・平民・常民・人民・市民・勤労者・生活者・一般人・市井しせい人・世人せじん・群衆・マス

ぞく-じゅう【属従】〔名〕スル 付き従うこと。また、そのもの。「列国の大軍、之に―するあり」〈竜渓・経国美談〉

ぞく-しゅつ【続出】〔名〕スル 同じようなことが次々と続いて出たり起こったりすること。「反論が―する」「事故が―する」(類語)続発・連発・継起・続く・相次ぐ

ぞく-しゅつ【×簇出】〔名〕スル「そうしゅつ(簇出)」の慣用読み。

そく-しょ【足×蹠】「そくせき(足蹠)」の慣用読み。

そく-じょ【息女】ヂヨ 娘。特に、身分ある人の娘。また、他人の娘を敬っていう語。(類語)娘・お嬢様・令嬢・子女しじょ・児女・お嬢さん・箱入り娘・いとはん

ぞく-しょ【俗書】❶低俗な書物。❷気品に欠ける書風。俗筆。❸仏典以外の書物。外典げてん。「毛詩、論語、漢書、文選もんぜん等の―を読むに」〈今昔・一一・一二〉

そく-しょう【×仄声】シヤウ ▶そくせい(仄声)

ぞく-しょう【俗姓】シヤウ ❶僧が俗人であったときの姓。ぞくせい。「悲田院の尭蓮上人ぎょうれんしょうにんは、―は三浦の某なにがしとかや」〈徒然・一四一〉❷家柄。素性。「―歴々の浪人身を隠して」〈浮・永代蔵・六〉

ぞく-しょう【俗称】❶世間で通っている、正式でない呼び名。通り名。通称。❷僧の出家前の名。俗名ぞくみょう。
(類語)通称・通り名・あだ名・ニックネーム

ぞく-しょう【族称】明治維新後に定められた国民の身分上の呼称。華族・士族・平民の別があった。

ぞく-しょう【属星】シヤウ 陰陽道おんようどうで、生年によって決まり、その人の運命を支配するという星。生年の干支えとを北斗七星の各星にあてたもの。大属星。ぞくせい。

ぞく-しょう【賊将】シヤウ 賊軍の大将。

ぞく-じょう【俗情】ジヤウ ❶世俗のありさま。世間の事情や人情。「―に疎い」❷俗事にひかれる気持ち。名利にとらわれる心。「此の度の旅行は―を離れて、あく迄画工になり切るのが主意であるから」〈漱石・草枕〉

ぞくじょうもんぶんか【続縄文文化】ゾクジヨウモンブンクワ 本州の弥生時代から古墳時代にかけての、北海道の文化。縄文文化と同様、食料採集を基盤としていたのでこの名がある。のち、擦文さつもん文化に移行。

そくしょく-けい【測色計】色を数量的に測定する器機。標準色との比較によるもの、光電色度計によるもの、分光光度計によるものなどがある。色彩計。

そくじ-わたし【即時渡し】売買契約の成立と同時に、商品を引き渡すこと。

そく-しん【即心】仏語。今、あるがままの心。迷いの心そのまま。

そく-しん【即身】仏語。なまみのからだ。この身このまま。

そく-しん【促進】〔名〕スル 物事がはやくはかどるようにうながすこと。「販売を―する」(類語)推進・促す・助ける

そく-しん【×惻心】いたみ哀れむ心。惻隠の心。

そく-しん【測深】〔名〕スル 深さ、特に水深をはかること。「ダムの貯水を―する」

ぞく-しん【俗心】世俗的なことにひかれる心。名利や愛憎にとらわれる心。「―を去る」

ぞく-しん【俗信】自然現象などに対する観察・経験・解釈から起こり蓄積された知識。予兆・禁忌・呪術・卜占ぼくせん・憑つき物・妖怪など。

ぞく-しん【族親】一族。一門。親族。

ぞく-しん【賊心】❶害を加えようとする心。害心。❷反逆しようとする心。逆心。

ぞく-しん【賊臣】朝廷や主君にそむく臣下。

ぞく-しん【続伸】〔名〕スル 相場が引き続いて上がること。続騰。「電機株が―する」⇔続落。

ぞく-しん【続審】下級審の審理を基礎としながら、上級審においても新たな訴訟資料の提出を認めて事件の審理を続行して判決をすること。また、その審級。➡事後審 ➡覆審ふくしん

ぞく-じん【俗人】❶世俗の名利などにとらわれている人。風流を解さない教養の低い人。「―には理解できない趣味」❷僧に対して、世間一般の人。世俗の人。(類語)俗物

ぞく-じん【俗×塵】ヂン 浮世のちり。俗世間の煩わしい事柄。「―を避ける」(類語)俗事・世塵・世事・俗用

ぞく-じん【族人】一族の人々。一門の人。

ぞく-じん【属人】その人に属すること。法律などで、人を基本として考えること。⇔属地。

そくしん-がっきゅう【促進学級】ソクシンガクキフ 普通学級では学習が困難な学業不振児のために設けられる学級。日本では制度・名称ともに確立していない。

そくしん-き【測深器】水深を測定する装置や道具。測鉛・音響測深機など。

そくしん-ぎ【測深儀】▶音響測深儀

ぞくじん-きゅう【属人給】キフ 職務内容に関係なく、年齢・学歴・勤続年数などを基準にして定められている給与。年功賃金体系が代表的。

ぞくじん-しゅぎ【属人主義】人の居る場所を問わず、原則として本国法の適用を受けるべきであるとする主義。⇔属地主義。

そくしん-じょうぶつ【即身成仏】ソクシンジヤウブツ 真言密教の教義で、人間が現世の肉体のままで仏になること。生きたままで仏になること。

そくしんじょうぶつぎ【即身成仏義】ソクシンジヤウブツギ 平安時代の仏教書。1巻。空海著。即身成仏の原理と実践を経論を引用して説いたもの。即身義。

そくしん-ぜぶつ【即心是仏】仏語。心の本体は仏と異なるものではなく、この心がそのまま仏であるということ。即心即仏。

そくしん-そくぶつ【即心即仏】「即心是仏ぜぶつ」に同じ。

ぞく-しんとう【俗神道】タウ 儒教や仏教と習合・構成された両部神道や垂加神道などを、復古神道の立場から批判していう語。

そくしん-ねんぶつ【即心念仏】仏語。心と仏とが一体であるとする立場で、心の中に仏を念じること。観心念仏。

ぞくじん-ほう【属人法】ハフ 国際私法上、人の居る場所にかかわらず、人を基準として適用される法律。

そくしん-ぼだい【即身×菩▽提】仏語。現世で受けた人間の肉体のままで悟りを得ること。即身成仏。

そく-す【即す】㊀〔動サ五〕「そく(即)する」(サ変)の五段化。「生活に―・さない行動」㊁〔動サ変〕「そく(即)する」の文語形。

そく-ず【×蒴×藋】ヅ スイカズラ科の多年草。北海道を除く各地の山野に生え、高さ1～1.5メートル。葉は大形の羽状複葉。夏に白い小花が多数集まって咲く。実は小粒で赤く熟す。全草を乾かして入浴剤にする。くさにわとこ。

ぞく-す【属す】㊀〔動サ五〕「ぞく(属)する」(サ変)の五段化。「いかなる党派にも―・さない」㊁〔動サ変〕「ぞく(属)する」の文語形。

そく-する【即する】〔動サ変〕文そく・す〔サ変〕ぴったり適合する。「実情に―・した対策を練る」

そく-する【則する】〔動サ変〕文そく・す〔サ変〕基準に従う。のっとる。「内規に―・して処分する」
(類語)従う・準拠・立脚・準ずる・則る・依拠・よる

ぞく-する【属する】〔動サ変〕文ぞく・す〔サ変〕❶その組織・集団の構成員となる。所属する。また、部下となる。従属する。「資料室は総務部に―・する」「徳川方に―・する」❷その種類・分類の中に含まれる。「桜はバラ科に―・する」❸ある事柄が、その類のものと認められる。「旧聞に―・する話」❹依頼する。託

す。嘱する。「夢知らぬ人に望みを―・す」〈一葉・うもれ木〉❺文を作る。文章を書く。「わずかに一語をつづり一文を―・するを常とした」〈河上肇・貧乏物語〉
(類語)所属する・帰属する・従属する・帰する

ぞく-する【賊する】〔動サ変〕図ぞく・す〔サ変〕そこなう。害する。「国を―・する」

ぞく-する【▽嘱する】〔動サ変〕図ぞく・す〔サ変〕依頼する。託す。また、望みをかける。しょくする。「故郷の者一同足下に希望を―・しおったが」〈魯庵・社会百面相〉

ぞく-せ【俗世】▶ぞくせい(俗世)

ぞく-せい【×仄声】漢字の四声のうち、上声・去声・入声の総称。そくしょう。⇔平声

そく-せい【即世】《世を終わる意》人の死ぬこと。「其業も全からずして、―せり」〈蘭学事始〉

そく-せい【即成】その場ですぐにでき上がること。

そく-せい【即製】〔名〕スル てまや時間をかけず、その場ですぐに作ること。「酒の肴を―する」

そく-せい【促成】〔名〕スル 人工を加えて、植物などを早く生育させること。

そく-せい【促声】▶促音

そく-せい【速成】〔名〕スル 物事を早く仕上げること。短期間に成し遂げること。「営業マンを―する」

そく-せい【側生】植物の芽・花・根などが茎や根の主軸に対して側方につくこと。⇔頂生。

ぞく-せい【俗世】世の中。俗世間。ぞくせ。(類語)社会・世間・世・世の中・民間・巷間・市井・世俗・江湖・天下・世界・世上・人中・浮き世

ぞく-せい【俗姓】「ぞくしょう(俗姓)❶」に同じ。

ぞく-せい【族生|×簇生】〔名〕スル「叢生」に同じ。「小さい花が―しているが」〈寛彦・病室の花〉

ぞく-せい【族制】家族・氏族などのように、集団が血縁関係をもとにして組織されている制度。

ぞく-せい【属性】❶ある事物に属する性質・特徴。「ゴムの―である弾力性」❷哲学で、事物が本来具有する根本的性質。それなしには実体が考えられないような本質的な性質。❸コンピューターで、ファイルのもつ性質。また、表示・印刷などの際に設定する特性。アトリビュート。

ぞく-せい【属星】▶ぞくしょう(属星)

ぞく-せい【賊勢】賊軍の勢力。

ぞく-せい【続生】〔名〕スル 続いて生まれ出ること。また、続いて起こること。「事故が―する」

そくせい-さいばい【促成栽培】〔名〕スル 収穫時期を早める目的で、温室や温床で栽培すること。「キュウリを―する」➡抑制栽培

そくせい-どうぶつ【側生動物】海綿動物のこと。原生動物から後生動物に進化する系統から枝分かれしている意味でいう。

そくせい-ばくはつそうち【即製爆発装置】▶アイ-イー-ディー(IED)

そくせい-はん【即成犯】▶即時犯

ぞく-せかい【俗世界】我々が現在住んでいる世界。現世。俗世。娑婆。

そく-せき【即席】❶その場ですぐにすること。即座。「―に作った小話」❷手間ひまのかからないこと。「―ラーメン」

そく-せき【足跡】❶あしあと。歩いたあと。「諸国に―を残す」❷仕事のうえでの成果。業績。「物理学の発展に大きな―を残す」
(類語)業績・事績・歴史・来歴・道程・歴程・歩み・年輪

そく-せき【足×蹠】足の裏。足底。

ぞく-せき【族戚】親類。親族。親戚。

ぞく-せき【族籍】旧制度で、戸籍簿に記載された華族・士族・平民などの身分。

ぞく-せき【属籍】その人の属する国籍・本籍など。

そくせき-きん【足×蹠筋】足の裏の筋肉。足底筋。

そくせき-ついきゅう【足跡追及】臭いを手がかりに、追跡・捜索対象者の移動した経路をたどる能力。警察犬に必要な能力の一つ。(補説)警察犬の訓練では他に、服従(指導手の指示に従ってさまざまな動作を行う)・警戒(指導手の命令に従って行動し、隠れている犯人の発見、犯人への襲撃などを行う)・臭気選別(最初に嗅いだ臭いと同じ臭いの付いた布片を識別して持ち帰る)などの科目がある。

そくせき-ばくだん【即席爆弾】▶アイ-イー-ディー(IED)

そくせき-めん【即席麺】数分のゆで時間で、または熱湯をかけて数分おくだけで食べられるように加工した麺類。➡インスタントラーメン

そくせき-りょうり【即席料理】ありあわせの材料で即座に作る料理。

ぞく-せけん【俗世間】❶一般の人々が日常の暮らしをしているこの世。俗世。「―のわずらわしいつきあい」❷求道・修行に無関心な世俗の世界。出家しない者の世の中。俗人の世の中。俗世。
(類語)世俗・俗界・塵界・濁世・風塵

ぞく-せつ【俗説】確かな根拠もなく、世間に言い伝えられている話。

そく-せん【側線】❶鉄道線路のうち、列車の運転に常用する本線に対し、操車用・引き込み用などの線路。❷魚類・両生類の体の両側に線状に並んでいる感覚器官。水流や水圧の変化、振動などを感じとる。

そく-せん【塞栓】血管内で血流を妨げるもの。栓塞。

そく-ぜん【×惻然】〔ト・タル〕図〔形動タリ〕あわれに思って心をいためるさま。「自分を一炬に燬きはしないか、と思うと―とする」〈魯庵・社会百面相〉

ぞく-せん【賊船】賊徒が乗る船。また、海賊船。

そくせん-ざい【促染剤|速染剤】染色の際、染着力を増すために加える薬剤。酢酸・蟻酸など。

そくせん-しょう【塞栓症】細い血管やリンパ管の中に、血栓や外部から入った脂肪・空気・寄生虫卵・細菌などの異物が詰まり、流れを止めるために生じる病的状態。詰まった場所から末端の組織に壊死を起こす。血栓症・空気塞栓症などがある。

そくせん-そっけつ【速戦即決】持久戦にならないように、短時間で勝負をきめること。また、論争などで、短時間で物事の決着をつけること。

そく-せんりょく【即戦力】訓練や準備をしなくてもすぐに使える戦力。「―としての期待がかかる」

ぞく-そう【俗僧】名誉や利益に執着する僧。

ぞく-そう【俗×箏】八橋流をはじめ、その分派である生田流・山田流などの近代箏曲。また、それらの箏曲に用いられる箏。楽箏に対していう。

そく-そく【促促】〔ト・タル〕図〔形動タリ〕いそがしくするさま。また、せきたてるさま。「士に常禄ありて、俯仰衣食の資に―たらざるを得」〈雪嶺・真善美日本人〉

そく-そく【×惻×惻】〔ト・タル〕図〔形動タリ〕悲しみいたむさま。身にしみていたましく感じるさま。「遺命した父の―たる言葉は」〈中島敦・李陵〉

ぞく-ぞく【×簇×簇】〔ト・タル〕図〔形動タリ〕「そうそう(簇簇)」の慣用読み。

ぞく-ぞく〔副〕スル ❶寒けがするさま。「風邪で―(と)する」❷感情の高ぶりや緊張、また、恐怖などのために身震いするさま。「試合を前に―(と)する」
(類語)浮き浮き・わくわく・いそいそ・どきどきする

ぞく-ぞく【続続】〔副〕絶え間なく続くさま。「見物人が―(と)入場する」「投書が―(と)寄せられる」
(類語)延延・長長・脈脈・次次

そく-たい【束帯】律令制で定められた男子の朝服。日常の参朝の服だが、平安時代以降、天皇以下の文官武官が朝廷の儀式・公事に着用した。文官は縫腋の袍、武官は闕腋の袍を原則とする。構成は冠・袍・半臂・下襲・衵・単・表袴・大口・石帯・帖紙・笏・襪・靴などで、武官と帯剣勅許の文官は太刀を平緒で佩用する。昼の装束。

そく-だい【即題】❶その場で題を出して、詩歌や文章などを作らせること。また、その題。❷その場ですぐに答えさせる問題。

ぞく-たい【俗体】❶僧でない一般の人の姿。⇔僧体。❷詩歌などのありふれた様式。❸漢字の俗字。また、その字体。

ぞく-たい【俗▽諦】仏語。世間一般で認められる真実。世間の道理。浄土真宗では王法や世俗の仁義をいう。世諦。⇔真諦。

ぞくたい-じょうじゅう【俗▽諦常住】仏語。世俗的真理がそのまま不滅の真理であるとする考え方。日本の天台宗で説かれた。

そく-たいせき【側堆石】谷氷河の両側の縁に側壁からの岩屑が落ち、下流への移動に伴って土手状にできた岩石の集まり。側砕石。

ぞく-たく【▽属託|▽嘱託】《「ぞくたく」とも》❶報酬を払って依頼すること。金品を出して味方になるように頼むこと。「彼是に―して軍兵を招きよし」〈読・弓張月・続〉❷金品を懸けて罪人を捜すこと。また、その金品。「そのころ、奉行所より走り者の咎人を尋ねらるるに、―かかりたり」〈咄・私可多咄・三〉

そく-だく【即諾】〔名〕スル その場ですぐに承諾すること。二つ返事で引き受けること。「快く―する」

そく-たつ【速達】〔名〕スル ❶すみやかに届けること。また、届くこと。「其馬は専ら遠所に―するの、足脚に代わるの用を、為さしめんとす」〈竜渓・経国美談〉❷郵便物の特殊取扱の一つ。同種の他の郵便物よりも優先して、速やかに遅滞なく配達される。速達郵便。➡特殊取扱郵便

そくたつ-ゆうびん【速達郵便】速達❷の取り扱いをする郵便。また、その郵便物。

そく-だん【即断】〔名〕スル その場ですぐに判断したり決断したりすること。「今ここで―するわけにはいかない」「―即決」(類語)速断・速決・即決・決断

そく-だん【速断】〔名〕スル ❶すばやく判断して決定すること。「方針を―してほしい」❷早まった判断をすること。「一面だけを見て―するのは危険だ」
(類語)即断・速決・即決・決断

ぞく-だん【俗談】俗事についての話。世間話。

ぞくだん-へいわ【俗談平話】蕉風の俳論で、俳諧は日常の俗語・話し言葉を用い、それを雅語に匹敵するものに高めて風雅を表すべきだとするもの。

そく-ち【即知|即×智】その場ですぐに働く知恵。「諸将も―を感じ、即ち牝馬を繋ぎ駐め」〈竜渓・経国美談〉

そく-ち【測地】〔名〕スル 土地を測量すること。「建設予定地を―する」

ぞく-ち【俗知|俗×智】俗事に関する知恵。世俗的な知恵。

ぞく-ち【属地】❶付属している土地。属土。❷法律の適用などについて、その土地を基本にして考えること。⇔属人。

ぞく-ち【賊地】賊の支配する土地。また、賊が出没する土地。「細作を遣わして―の景況を探らせしに」〈染崎延房・近世紀聞〉

そくち-えいせい【測地衛星】地球の形状や、大陸間の距離、地殻の変動などを精密に測地するための人工衛星。

そくち-がく【測地学】地球表面の形や大きさなどを決めたり、地球上のある地点の位置を決めたりする方法を研究する地球物理学の一分野。

ぞくち-しゅぎ【属地主義】内外国人を問わず、その国の領域内にあるかぎり、すべてその国の法律の適用を受けるべきであるとする主義。⇔属人主義。

そくち-せん【測地線】曲面上で二点間を結ぶ曲線のうち、最短距離のもの。球面上では大円の弧。

ぞくち-ほう【属地法】国際私法上、人ではなく場所を基準にして適用される法律。

ぞく-ちゅう【×簇柱|族柱】ゴシック建築で、外見上細い円柱が多数組み合わさったように見える1本の柱。クラスタードコラム。

そく-ちゅうせいし【速中性子】▶高速中性子

そく-ちょう【足長】靴のサイズ表示法の一。足のかかとから、もっとも長い足指の先端までの長さ。JIS(日本工業規格)では5ミリ単位で表示される。➡足囲

ぞく-ちょう【俗調】俗世間で行われている調子。趣のない平凡な調子。

ぞく-ちょう【族長】一族の首長。一家の長。

ぞく-ちょう【続×貂】《趙王倫の一党が下僕

に至るまで高官に就いたので、貂(てん)の尾で飾った高官用の冠が足りなくなり、犬の尾で飾った間に合わせの冠が続くだろう、とそしられたという「晋書」趙王倫伝の故事から》❶すぐれたもののあとに、つまらないものが続くことのたとえ。❷他人の仕事を受け継いでいることをへりくだっていう語。

そく‐つう【足痛】足の痛み。

ぞくっ‐ぽ・い【俗っぽい】〔形〕いかにもありふれていて、品位に欠ける。通俗的だ。「―・い趣味」〔派生〕ぞくっぽさ〔名〕〔類語〕下劣・低俗・俗悪・卑俗・野卑・通俗・俗・くだらない・げす

そく‐づめ【即詰(め)】将棋で、連続王手で詰むこと。そくづみ。

そく‐てい【足底】あしのうら。「―紋」

そく‐てい【測定】〔名〕スル ある量の大きさを、計器や装置を用いて測ること。「気温の変化を―する」〔類語〕実測・測量・観測・測る・計測・計量・秤量(しょうりょう)・秤量(ひょうりょう)・計時・目測

ソグディアナ〖Sogdiana〗中央アジア、サマルカンドを中心とするザラフシャン川流域地方の古名。古来、東西交易路の要地で、現在は、ウズベキスタン・タジキスタンに属している。ソグド。

そくてい‐き【測程器】船舶の速力や航行距離を測定する器具。

そくてい‐けんまくえん【足底×腱膜炎】土踏まずを形成する足底腱膜がもろくなり、裂けて起こる炎症。朝起きて歩き始めた際にかかとの内側が痛むのが特徴。日中に痛まないのは、夜、睡眠中に修復された裂け目が朝の第1歩で再び切れるためとされる。湿布、足裏のストレッチが有効。踵骨棘(しょうこつきょく)。

そく‐てん【即点】俳諧などで、その場で批点をつけること。

そく‐てん【側転】〔名〕スル 体操で、開脚姿勢から両手を側方につき、倒立の姿勢を経て1回転すること。

そく‐てん【測点】測量の基準や目標とする点。

ぞく‐でん【俗伝】世間で言い伝えられている事柄。また、その言い伝え。〔類語〕伝説・言い伝え・伝承・物語

そくてん‐きょし【則天去私】《天に則(のっと)り私を去るの意》夏目漱石が晩年に文学・人生の理想とした境地。自我の超克を自然の道理に従って生きることに求めようとしたもの。漱石自身の造語。

そくてん‐ぶこう【則天武后】[624〜705]中国、唐の高宗の皇后。中国史上唯一の女帝。在位690〜705。姓は武。名は曌(しょう)。高宗の没後、子の中宗、弟の睿宗(えいそう)を廃立。唐の皇族・功臣らを滅ぼし、同族を重用、自ら帝位に就き、国号を周とした。クーデターで中宗が復位し、唐が再興したのち、病死。

そく‐ど【速度】❶物事の進む速さ。スピード。「一定の―で歩く」「制限―」❷単位時間に進んだ距離に方向を合わせたベクトル量。運動する物体の単位時間当たりの位置の変化を表す。単位にはメートル毎秒のほか、ノットが用いられる。

〔用法〕速度・速力・速さ――「速度(速力・速さ)を一定に保つ」など、進む程度を表す語としては相通じて用いられる。◆「速度」は自動車など物体が単位時間内に移動する距離の大小についていうほかに、機械などが単位時間内にする仕事の量の大小についても用いる。「高速道路を一〇〇キロの速度で走る」「この機械は一分間に百部の速度で製本する」◆「速力」は一般に、移動する距離の大小について表す。「この列車は現在時速二二〇キロの速力で走っております」◆「速さ」は最も普通に使われ、移動の距離についても仕事の量についても用いる。「飛ぶような速さで通り過ぎた」

〔類語〕速さ・スピード・ペース・ピッチ・テンポ・速力

そく‐ど【測度】〔名〕スル ❶はかること。特に、度数などをはかること。「この星の軌道及び動転の遅速を精(くわ)しく―して」〈中村訳・西国立志編〉❷数学で、長さ・面積・体積の概念の拡張として、一般の集合の部分集合に対して定義される量。

ソグド〖Sogd〗▶ソグディアナ

ぞく‐と【賊徒】❶盗賊の仲間。❷朝廷や政府に反逆する者ども。「―を討つ」

ぞく‐ど【属土】「属地❶」に同じ。

そく‐とう【即答】〔名〕スル その場ですぐに返答すること。「―を避ける」「要求に―する」〔類語〕速答・明答・確答

そく‐とう【速答】〔名〕スル すみやかに答えること。すぐに答えを出すこと。〔類語〕即答・明答・確答

そく‐とう【側頭】頭部の両側。「―部」

そく‐とう【×唧筒】ポンプのこと。

ぞく‐とう【族党】同族の者たち。

ぞく‐とう【属島】❶その国に所属する島。❷大きな島または本島に属する島。

ぞく‐とう【賊党】賊の仲間。賊徒。

ぞく‐とう【続投】〔名〕スル ❶野球で、投手が交代せずに引き続いて投球すること。❷交代せずに役目や職を続けること。「現党首がそのまま―する」

ぞく‐とう【続騰】〔名〕スル 物価や相場が引き続いて上がること。「円が―する」⇔続落。

ぞく‐どう【×贖銅】▶しょくどう(贖銅)

そくとう‐こつ【側頭骨】頭蓋(とうがい)の外側方、および頭蓋底の一部を占める左右一対の骨。内部に平衡器官・聴覚器官を収める。顳顬(しょうじゅ)骨。

そくとう‐よう【側頭葉】大脳半球の側面、外側溝とよぶ溝から下の部分。聴覚・言語・記憶などと関係のある領域。

そくど‐きごう【速度記号】楽曲の演奏速度を指示する記号。メトロノームを用い、基準となる音符の1分間の拍数を示す方法と速度標語で示す方法とがある。

そく‐どく【速読】〔名〕スル 本などを普通よりも速く読むこと。「―術」⇔遅読。

そくとく‐おうじょう【即得往生】念仏行者が命を終えるとただちに極楽浄土に往生すること。真宗では、真実信心が得られたそのときに往生が定まるとする。

そくど‐けい【速度計】運動体の速度を測定する計器。船舶・自動車・航空機などに取り付ける。スピードメーター。

そくど‐ひょうご【速度標語】楽曲の速度・緩急を指示する語。

そくど‐ベクトル【速度ベクトル】物理学において、物体の運動などを表すベクトル量としての速度。または、物体の速度などを矢印で図示したもの。いずれも、本来、速度が向きと大きさをもつベクトルであることを強調もしくは明示したものといえる。

そくど‐へんちょうかん【速度変調管】▶クライストロン

そくどよくせい‐そうち【速度抑制装置】▶スピードリミッター

ぞくない‐こん【族内婚】所属する集団内で配偶者を求めねばならない婚姻の規制。親族集団や、身分・職業・宗教などに基づく社会集団に認められる。内婚。⇔族外婚。

そく‐なん【息男】むすこ。子息。〔類語〕子供・子(こ)・子弟・愛児・子息・息子(むすこ)・倅(せがれ)・二世・令息・お坊っちゃん

ぞく‐なん【俗難】世間から非難されること。「女の縁に迷ひしと、―をはばかりしに」〈浄・国性爺〉

ぞく‐なん【賊難】賊のために災難を受けること。盗賊に物を盗まれること。「―に遭う」

ぞく‐に【俗に】〔連語〕世間で。世間一般に。「―いう試験地獄」➡俗

そく‐ねつ【足熱】足の部分をあたためること。また、足の部分があたたかいこと。「頭寒―」

ソグネフィヨルド〖Sognefjord〗ノルウェー南西部の同国最大の峡湾。ベルゲンの北80キロにあり、延長は204キロ、多くの支湾が樹枝状に発達。

ぞく‐ねん【俗念】俗事にとらわれる心。名誉や利益などを得たいと思う心。「―を去る」〔類語〕雑念・邪念・雑感

そく‐のう【即納】〔名〕スル 品物や金をすぐに納めること。「注文の品を―する」

そく‐はい【側背】側面と背面。「―から攻撃する」

そく‐ばい【即売】〔名〕スル 展示会場などで、展示品をその場で売ること。「出品作を―する」〔類語〕販売・専売・公売・密売・量販・多売・直販・直売

ぞく‐はい【俗輩】知識が乏しく教養の低い人たち。

そくばい‐ばん【即売版】スポーツ新聞で、駅売店やコンビニエンスストアなどで販売される版。宅配のための版(家庭版)と内容や構成が異なるため、区別して呼ぶ。

そく‐はく【促迫】〔名〕スル 厳しく迫ること。「返答を―する」

そく‐はく【側×柏】コノテガシワの別名。

そく‐ばく【束縛】〔名〕スル ❶まとめてしばること。しばり捕らえること。「一たび癖習を成せば、鉄鎖を以て―するよりも強し」〈中村訳・西国立志編〉❷制限を加えて行動の自由を奪うこと。「自由を―する」〔類語〕拘束・縛る・支配・規制・制約

そくばく【若干｜幾許】〔副〕「そこばく」に同じ。「―の油を取りて」〈紅葉・金色夜叉〉

そくばく‐でんし【束縛電子】物質中の原子や分子に束縛されて自由に移動できない状態の電子。

そく‐はつ【即発】〔名〕スル ただちに爆発すること。「一触―」

そく‐はつ【束髪】❶髪をたばねて結うこと。また、その髪。❷明治以降、女性の間に流行した西洋風の髪形。水油を使い、軽便で衛生的なため広まり、揚げ巻き・イギリス巻き・マーガレット・花月巻き・夜会巻き・S巻き・二百三高地など種々のものが生まれた。

ぞく‐はつ【続発】〔名〕スル ❶事件や事故などが続けざまに起こること。「雪でスリップ事故が―する」❷ある疾患によって別の疾患が続いて発生すること。「網膜疾患に―する緑内障」〔類語〕連発・続出・継起・続く・相次ぐ・度(たび)重なる・重なる

ぞくはつ‐かんせん【続発感染】▶二次感染

ぞくはつせい‐しんきんしょう【続発性心筋症】▶特定心筋症

ぞくはつせい‐むげっけい【続発性無月経】▶無月経

そくはつ‐ちゅうせいし【即発中性子】核分裂直後に放出される高速中性子。エネルギーは2メガ電子ボルト程度。1回の核分裂で、2ないし3個発生する。また不安定な状態にある核分裂生成物からは、β(ベータ)崩壊により遅発中性子が放出される。核分裂で放出される中性子のうち、99パーセントは即発中性子、1パーセントは遅発中性子であり、大多数を占める即発中性子が核分裂の連鎖反応で重要な役割をもつ。

ぞく‐ばなれ【俗離れ】〔名〕スル 考えや行動などが世間一般の人々とかけ離れていること。俗事に関心がないこと。世間離れ。「―した学者」

そ‐くび【素首】他人の首をののしっていう語。そっくび。

そくび‐おとし【素首落(と)し】相撲の手の一。からだを開きながら、出てくる相手の首をはたいて前に倒すもの。きまり手ははたき込みとなる。そっくびおとし。

そくび‐けい【測微計】▶マイクロメーター

そくび‐しゃく【測微尺】▶マイクロメーター

ぞく‐ひじり【俗▽聖】剃髪せず俗体のまま、戒を守り仏道を修行する人。有髪の僧。優婆塞(うばそく)。「いまだかたちは変へ給はずや。―とか、この若き人々のつけたなる」〈源・橋姫〉

そく‐ひつ【速筆】文字や文章などを書くのが速いこと。⇔遅筆。

そく‐ひつ【側筆】書画で、筆を傾け、穂の側面を用いて書くこと。⇔直筆(ちょくひつ)。

ぞく‐ひつ【俗筆】格にはずれた筆跡。俗悪な筆跡。

そくひ‐にょいち【即非如一】[1616〜1671]江戸前期の黄檗(おうばく)宗の僧。明の福清県(福建省)の人。師の隠元に続いて来日し、長崎崇福寺・宇治黄檗山に住した。小倉の福聚寺の開山。黄檗三筆の一人。

ぞく‐ひょう【俗評】世間一般の評価。世評。

そく‐ぶ【足部】足の部分。

ぞく‐ふ【族父】❶父方の曽祖父の兄弟の孫。おおおおじおじ。❷氏族・部族の長。

ぞく‐ふ【族譜】一族の系譜。系図。家譜。

そくふう-ききゅう【測風気球】ｷｷｭｳ 大気上層の風向・風速を観測するために飛ばす小形の気球。

ぞくふ-けん【族父権】氏族・部族の長がもっている統率権。

ぞく-ぶつ【俗物】世間的な名誉や利益などに心を奪われている、つまらない人物。俗人。「一根性」

ぞく-ぶつ【×贖物】►しょくぶつ(贖物)

そくぶつ-てき【即物的】〔形動〕❶主観を排して、実際の事物に即して考えたり、行ったりするさま。「きわめて―な表現」❷物質的なことや金銭的なことを優先して考えるさま。「―な生き方」

そく-ぶん【×仄聞｜側聞】〔名〕ｽﾙ 少し耳にはいること。人づてやうわさなどで聞くこと。「―したところでは」類語聞き伝え・伝聞・人づて・又聞き・風の便り・口コミ・聞く

ぞく-ぶん【俗文】❶日常的な言葉を用いた文章。❷内容の卑俗な文。

そく-へい【塞閉】〔名〕ｽﾙ ふさぎとじること。閉塞。「此富源を―し、以て怨を欧の強国に結ぶことをなさんや」〈東海散士・佳人之奇遇〉

ぞく-へい【賊兵】賊軍の兵。

そく-へき【側壁】側面の壁。側面の仕切り。

そくへき-きじゅうき【側壁起重機】ｷｼﾞｭｳｷ 建物の柱や壁に取り付けたジブクレーン。

ぞく-べっとう【俗別当】ﾍﾞｯﾄｳ 俗人で官命を受けて寺社の事務を管理する人。

そく-へん【側辺】かたわら。へり。側面。

そく-へん【側×扁】〔名〕ｽﾙ 魚類の体形が、体の左右から押しつぶしたように平たいこと。タイ・チョウチョウウオなどにみられる体形。

ぞく-へん【続編｜続×篇】書物・論文・映画などの正編や前編などに続く編。第2の編。

そく-ほ【速歩】❶速く歩くこと。はやあし。❷►早足(はやあし)❷

そく-ほう【速報】〔名〕ｽﾙ 事件や事の成り行きをすばやく知らせること。また、その知らせ。「地震発生を―する」「選挙―」類語急報・急告

そく-ほう【側方】ﾊﾞｳ 前後の方向に対して、左右の方向。わきの方。

ぞく-ほう【続報】〔名〕ｽﾙ 続けて報告や報道をすること。また、その報告や報道。「―が入る」

ぞく-ぼう【族望】ﾊﾞｳ 一族の名誉。また、名望のある一族・家柄。

ぞく-ぼう【属望】ﾊﾞｳ ►嘱望(しょくぼう)

そくほう-ばん【速報板】重要事件や最新情報などを速報する掲示板。

そくほ-き【測歩器】歩行時のからだの振動を利用して歩数をはかる計器。計歩器。歩数計。万歩計。

ぞく-ほん【俗本】通俗的な本。大衆的な本。俗書。

ぞくほんちょうもんずい【続本朝文粋】ｿﾞｸﾎﾝﾁｮｳﾓﾝｽﾞｲ ►本朝続文粋(ほんちょうぞくもんずい)

そく-みゃく【側脈】主脈から分かれ出ている葉脈。

そく-みょう【即妙】ﾒｳ〔名・形動〕「当意即妙」の略。「―な(の)受け答え」類語当意即妙

ぞく-みょう【俗名】ﾐｬｳ ❶仏門に入る前の名。在俗のときの名。❷僧が死者におくる戒名に対して、生存中の名。

ぞく-む【俗務】世間の煩わしい務め。

ぞく-めい【俗名】❶俗世間での名声。「―を求める」❷►ぞくみょう(俗名)

ぞく-めい【賊名】賊・朝敵であるという名。「―をきせられる」

そく-めつ【即滅】〔名〕ｽﾙ ただちにほろびること。また、ただちに消えてなくなること。

そく-めつ【×熄滅】〔名〕ｽﾙ 消えてなくなること。やむこと。消滅。「世間総体の説となり、争論の事、次第に―するときは」〈中村訳・自由之理〉

ぞく-めつ【族滅】〔名〕ｽﾙ 一族をすべて滅ぼすこと。「利勇が―せられしを」〈読・弓張月・拾遺〉

そく-めん【側面】❶正面に対して、横の面。物の上下・前後でない面。「箱の―」❷中心的でないわきの方面。「独立運動を―から支えた人物」❸いろいろの性質・特色などがあるうちの一つ。ある一面。「友人の意外な―を知る」❹数学で、角柱・角錐の、底面以外の面。類語横・横合い・横っちょ・横腹・サイド

そくめん-かん【側面観】ｸﾜﾝ 側面からの観察。客観的な立場からの観察。

そくめん-こうげき【側面攻撃】〔名〕ｽﾙ ❶敵の側面を攻撃すること。❷当面する問題に対し、他の方面から攻撃すること。「対立候補の私生活を洗って―する」

そくめん-ず【側面図】ﾂ 投影図法で物体を側画面に投影したときに得られる図。

そく-もく【側目】〔名〕ｽﾙ 目をそばだてること。よく注意して見ること。「蓋(けだ)し進化の理のしからしむる所、―怪訝すべき事にはあらねど」〈逍遥・内地雑居未来之夢〉

そく-もん【足紋】足の裏に見られる、指紋のような皮膚の凹凸。足底紋。また、広く足跡をいうこともある。

そく-や【即夜】その夜。当夜。「―出立する」

ぞく-よう【俗用】日常の煩わしく、つまらない仕事。世俗の雑事。俗事。「―に追われる」類語俗事・世塵・世故・世事・俗塵

ぞく-よう【俗謡】ｴｳ 民間でうたわれる歌謡。小唄・端唄(はうた)・民謡・流行歌など。類語俗曲・流行歌・歌謡曲

ぞく-よう【続用】〔名〕ｽﾙ 続けて使用すること。「この薬を―するのは好ましくない」

そく-よく【足浴】部分浴の一。足首から先を湯に浸して血行を促す温浴法。足湯(あしゆ)。あしよく。

そくら（「そくらをかう」の形で）おだてること。けしかけること。そくろ。「源三位毎夜―をかひに来る」〈柳多留・一二〉

ぞく-らく【続落】〔名〕ｽﾙ 相場が引き続いて下がること。「円が―する」⇔続伸/続騰。

ソクラテス〖Sōkratēs〗[前470または469～前399] 古代ギリシャの哲学者。アテネに生まれる。よく生きることを求め、問答法によって相手に自らの無知を自覚させ、真の認識に到達させようとした。しかしこの努力は理解を得られず、国家の信奉する神々を否定して青年たちに悪い影響を及ぼすという罪名で告発され、裁判で死刑を宣告され、毒杯を仰いで死んだ。著作はなく、その業績はプラトン・クセノフォンなどの資料から推定される。

ソクラテスのべんめい【ソクラテスの弁明】《原題、(ギリシャ)Apologia Sōkratūs》プラトンの著作。告発されたソクラテスが法廷において弁明する姿を描き、その哲学の真髄を呈示。

ゾクラフウ-しゅうどういん【ゾグラフウ修道院】ｼｭｳﾀﾞｳｲﾝ《Moni Zographou》ギリシャ北部、ハルキディキ半島にある東方正教会の聖地アトス山の修道院。9世紀末から10世紀初頭にかけて創設。ブルガリア正教会に帰属する。中世以降の重要な写本などを多数所蔵することで知られる。ゾグラフ修道院。

ぞく-り【俗吏】つまらない事務などを扱う役人。また、役人をあざけっていう語。類語属吏・下僚・属僚・属官・小吏・小官・下役・小役人

ぞく-り【属吏】地位の低い役人。下役。類語下僚・属僚・属官・小吏・小官・下役・俗吏・小役人

そく-りき【足力】「足力按摩(あんま)」の略。

そくりき-あんま【足力×按摩】手だけでなく足も使ってする按摩。

そく-りゅう【測流】ﾘｳ 海流の方向や速さを測定すること。特別に作った浮標を用いる。

ぞく-りゅう【俗流】ﾘｳ 俗人の仲間。低俗な考え方をする連中。「―と交わる」

ぞく-りゅう【×粟粒】ﾘﾌ 粟(あわ)の粒。あわつぶ。また、非常に小さい物のたとえ。「―大」

ぞくりゅう-けっかく【×粟粒結核】ｿﾞｸﾘﾌ 肺結核の病巣から結核菌が血液の流れによって運ばれ、いろいろな臓器に多数の粟粒大の結核結節が形成された病態。

ぞく-りょ【俗慮】「俗念」に同じ。

そく-りょう【速了】ﾚｳ 早合点すること。早のみこみ。「彼等は―にも、余を以て色を舞姫の群に漁するものとしたり」〈鷗外・舞姫〉

そく-りょう【側×稜】角柱・角錐の、側面と側面との交線。

そく-りょう【測量】ﾘﾔｳ〔名〕ｽﾙ ❶おしはかって考える。「母親の様子を―しては見たものの」〈紅葉・二人女房〉❷器具を用いて地表上の各点相互の位置関係や形状・面積などを測定し、図示すること。また、その理論および技術。「土地を―する」類語実測・測定・観測

ぞく-りょう【俗了】ﾚｳ〔名〕ｽﾙ 俗化してしまうこと。「よし玉えよし玉え、折角の清会を―してしまう」〈蘆花・黒潮〉

ぞく-りょう【属僚】ﾚｳ 下級役人の仲間。小役人。類語属吏・下僚・属官・小吏・小官・下役・小役人

ぞく-りょう【属領】ﾘﾔｳ 本国に付属した領土。属領地。類語衛星国・属国・従属国・保護国・植民地・自治領・租界・居留地

そくりょう-きかい【測量器械】ｿｸﾘﾔｳ 測量に使用する器械。コンパス(羅針儀)・トランシット(経緯儀)・レベル(水準儀)・六分儀など。

そくりょう-し【測量士】ｿｸﾘﾔｳ 測量法に定められた資格を有する測量の技術者。測量に関する計画を作成・実施する。

そくりょう-ず【測量図】ｿｸﾘﾔｳ 測量して作った地図。

そくりょう-せん【測量船】ｿｸﾘﾔｳ 海図や水路誌の作成のため、水路の測量、海流調査および海上気象の観測などに従事する船。

そくりょうせん【測量船】ｿｸﾘﾔｳｾﾝ 三好達治の第1詩集。昭和5年(1930)刊。「雪」「乳母車」「甃(いし)のうへ」など39編を収録。現代叙情詩の展開に大きな役割を果たした。

そくりょう-ひょう【測量標】ｿｸﾘﾔｳﾍｳ 測点を確定するために設けた標識。

そくりょう-ほう【測量法】ｿｸﾘﾔｳﾊﾌ 土地の測量を実施する際の基準・権能を定めている法律。昭和24年(1949)制定。

そく-りょく【速力】運動する物体の進む速さ。スピード。「―を出す」➡速度 用法

ぞく-るい【俗累】世間の煩わしい事柄。「―の羈絏(きせつ)牢として絶ち難きが故に」〈漱石・草枕〉

ぞく-るい【族類】一族。同族。親族。

ぞく-れい【俗礼】俗世間の礼儀。

ぞく-れい【属隷】他の支配下にあること。付き従うこと。また、その人。

そく-レス【即レス】〔名〕ｽﾙ 電子メールの受信後、即座に返信すること。掲示板(BBS)の書き込みに対して即座に返事を書くこと。また、その返信や返事。➡遅レス ➡亀レス

そく-れん【測×鏈】►測鎖(そくさ)

そく-ろう【足労】ﾗｳ 足を疲れさせること。足を運ばせること。「唯今からではそなたは―であろうに」〈犀星・山吹〉➡御足労

そく-ろう【側廊】ﾗｳ 教会堂建築の、身廊の両側にある廊。

ぞく-ろう【続労】ﾗｳ 奈良時代、官職をもたない者を役所に勤務させ、位を継続させたこと。のち、財物を納めて勤務の代わりとした。しょくろう。

ぞく-ろう【×贖労】ﾗｳ 平安時代、財物を官に納めて官位を得たこと。また、その財物。しょくろう。

ぞく-ろん【俗論】世俗のつまらない意見。卑俗な議論。

ぞくろん-とう【俗論党】ﾀｳ 元治元年(1864)の第一次長州征伐の際、幕府に恭順・謝罪しようと唱えた派に対する抗戦派からの呼称。

ぞく-わ【俗話】世俗の話。世間話。

ぞく-わおん【属和音】属音上に構成される和音。

そぐわし-い〔形〕文そぐは・し〔シク〕ふさわしい。につかわしい。「冬の日向に―・い、取纏めもない話をした」〈三重吉・小鳥の巣〉

そぐわ-ない〔連語〕《動詞「そぐう」の未然形＋打消しの助動詞「ない」》►そぐう

そくわん-しょう【側湾症】ｿｸﾜﾝｼﾔｳ ►脊柱(せきちゅう)側湾症

そげ【▽削げ｜▽殺げ】❶竹や木の薄くそげた小片。

木材などの表面にできたささくれ。また、それがからだに刺さったもの。とげ。❷「削ˇげ者」の略。「一めがつらは見たうもない」〈浄・浪花鑑〉
そ-けい【祖型】▶元型げんけい
そ-けい【素ˣ馨】モクセイ科の常緑低木。高さ約1メートル。ジャスミンの一種。葉は楕円形の小葉が5〜9枚ついた羽状複葉。夏、芳香のある白色の小花をつける。花は香料の原料。インドの原産。(季 夏)
そ-けい【粗景┊ˣ麁景】粗末な景品。商店で出す景品をへりくだっていう語。
そ-けい【ˣ鼠ˣ蹊┊ˣ鼠径】腹部と接する下肢の内側。ももつけね。鼠蹊部。
そけい-せん【ˣ鼠ˣ蹊腺】鼠蹊リンパ節のこと。
そけい-ぶ【ˣ鼠ˣ蹊部】▶鼠蹊そけい
そけい-ヘルニア【ˣ鼠ˣ蹊ヘルニア】鼠蹊部に、主として小腸が脱出してくる病気。男子では陰嚢いんのうまで下りてくることがある。子供では、先天的に腹壁の構成が不完全なときなどに起こることが多い。脱腸。
そけい-リンパせつ【ˣ鼠ˣ蹊リンパ節】鼠蹊部にある数十個のリンパ節の総称。下肢・外陰部のリンパ液を受け、腰リンパ節に送る。
そけいリンパ-にくがしゅ【ˣ鼠ˣ蹊リンパ肉芽腫】《医学では肉芽腫は「にくげしゅ」という》性病の一。クラミジア感染によって起こる。陰部に小さなただれができて数日で消え、その後2、3週間たつと鼠蹊部のリンパ節が腫はれて痛み、塊状となり、瘻孔ろうこうを生じて膿うみが出る。第四性病。ニコラ-ファーブル病。
そ-げき【狙撃】〔名〕スル 銃で、ねらって撃つこと。「要人が暴漢に一される」「一兵」(類語)ねらい撃ち
そげ-た・つ〔動タ四〕《「そげだつ」とも》❶しょんぼりする。「頼平一・つ顔ふり上げ」〈浄・関八州繋馬〉❷鳥肌がたつ。「ぞっと一・つ露時雨」〈浄・薑屋道満〉
そ-げつ【素月】❶明るくさえわたった月。「西より瞻みれば飛檐ひえん或時一を吐き」〈露伴・五重塔〉❷陰暦8月の異称。
ソケット〖socket〗❶電球や蛍光灯などを差し込むときの受け口となる、コードの先端部の器具。❷コンピューターのCPUやメモリーを基板などに取り付けるための受け口。(類語)コンセント・プラグ・差し込み
そげ-もの【ˇ削げ者】偏屈者。変わり者。そげ。「かの虎渓の橋を渡りし三人の一」〈浮・元禄大平記〉
そ・げる【ˇ削げる┊ˇ殺げる】〔動ガ下一〕図そ・ぐ〔ガ下二〕❶刃物などで削られたような形になる。「ほおの肉がげっそり一・げる」❷本筋からはずれる。普通とはちがっている。「常識には些さと欠けていたり、妙に一・げていたり」〈露伴・連環記〉
そ-けん【素見】〔名〕スル ▶すけん(素見)
そ-けん【素絹】❶練っていない生糸で織った絹。織文のない生絹すずし。❷「素絹の衣ころも」の略。
そ-けん【訴件】「訴訟事件」の略。
そ-けん【訴権】主として民事訴訟で、訴訟を提起して裁判所の審判を求めることのできる権利。判決請求権。
そげん【祖元】▶無学祖元むがくそげん
そ-げん【粗言┊ˣ麁言】粗末なことば。無礼なことば。粗語。そごん。
そ-げん【遡源┊ˣ溯源】〔名〕スル《慣用読みで「さくげん」とも》おおもとにまでさかのぼること。また、根本をきわめること。
そけん-の-ころも【素絹の衣】素絹で作った白い僧服。垂領たりくびで袖が広くて丈が長く、裾にひだがある。のち、宗旨・階級によって種々の染め色を用いる。そけん。
そこ【底】❶物のいちばん下。㋐容器その他くぼみのある物の、いちばん下の平らな部分。「コップの一」「箱の一が抜ける」㋑地面・水面から離れたいちばん下の所。「地の一」「海の一」㋒重なりのいちばん下。「積荷の一」❷物事の極まるところ。はて。極限。際限。「一の知れない実力」❸奥深い所。「腹の一から笑う」❹相場が下落して、いちばん安くなったところ。㊀天井。❺そのものがもつ真の力量。実力。「義経が乗たる大鹿毛おおかげは…薄墨にも一はまさりてこそあるらめ」〈盛衰記・三六〉(類語)(❶)底部・底面・ボトム/(❸)奥・奥底・内部/(❹)底値・底入れ・底打ち
(下接語)奥底・心の底・心ん底・手なべ底・谷底・奈落の底・水な底・胸な底 (そこ)上げ底・石底・糸底・大底・織底・川底・靴底・どん底・鍋なべ底・二重底・平ひら底・船な底
底が浅・い　人の器量・力量や物事の内容に深みがない。「一・い知識」
底が堅・い　相場が、下がりそうでいて下がらない。底堅い。
底が知れ◦ない　際限がわからない。程度がはなはだしい。「一◦ない強さ」
底が割・れる　隠していることやうそが相手に見破られてしまう。「すぐに一・れるうそ」
底を入・れる　❶相場が下がりきって、最低の値段になる。底値になる。底を打つ。❷十分に酒を飲む。「底ぬけは先づ一・れる」〈根無草・後〉
底を打・つ　「底を入れる❶」に同じ。「株価が一・つ」
底を叩た・く　「底をはたく」に同じ。「右の有り物すっぺりと一・けば」〈浮・万金丹・五〉
底を突・く　❶蓄えてあったものがなくなる。「運転資金が一・く」❷相場が下がり、底値になる。
底を叩は・く　中身を出し尽くす。底をたたく。「財布の一・く」
底を払・う　中身を出し尽くす。底をはたく。「在庫が一・う」
底を割・る　❶本心を打ち明ける。腹を割る。「一・って話し合う」❷相場が底値と思われたところからさらに下がる。
そ-こ【ˣ其ˇ処┊ˣ其ˇ所】〔代〕❶中称の指示代名詞。聞き手に近い場所、また、聞き手と話し手の双方が承知している場所・事柄をさす。㋐その場所。「一にある袋」㋑その点。その事。「一がむずかしいところだ」㋒その局面。「一でベルが鳴った」㋓その程度。それほど。「一まで言うなら仕方がない」㋔あなたのところ。「一にこそ多くつどへ給ふらめ」〈源・帚木〉❷二人称の人代名詞。おまえ。そなた。「一は今年何歳になりおる」〈魯庵・社会百面相〉❸不定称の指示代名詞。漠然とある場所をさす語。どこ。どこそこ。「思ふどち春の山辺にうちむれて一ともいはぬ旅寝してしか」〈古今・春下〉(類語)そっち・その辺・そこら・そこいら
其処とな・し　どこと特定するわけでなく、全体にわたっている。一帯にわたっている。「一・く山路は雪にうづもれて名を頼みこし白川の関」〈夫木・二一〉
其処とも知ら◦ず　どこをどうということもなく。どこともわからない。「思ふどち一◦ず行き暮れぬ花の宿かせ野辺のうぐひす」〈新古今・春上〉
其処へ持って来て　さらに加えて。そのうえ。「雨がやまなかった。一風がひどく吹き出した」
其処へ行くと　そういう点からいうと。その点に関しては。「宮仕えは窮屈だ。一自営業は気楽だ」
そ-ご【祖語】❶互いに親縁関係にある諸言語の源になる言語。ロマンス諸語に対するラテン語の類。❷一宗一派の開祖の言葉。
そ-ご【ˣ齟ˣ齬┊ˣ鉏ˣ鋙】〔名〕スル 物事がうまくかみ合わないこと。食い違うこと。ゆきちがい。「両者の意見に一をきたす」「計画が一する」(類語)ずれ・食い違い・行き違い・ジレンマ・矛盾・撞着どうちゃく・自家撞着・牴牾ていご・二律背反・背反・背理・不整合・不一致・扞格かんかく・対立・相克・相あい反する・食い違う
そこ-あげ【底上げ】〔名〕スル 低い数値・水準を高めること。「国民の生活水準を一する」
(類語)上積み・嵩かさ上げ・割増し・上乗せ・水増し・加算
そこ-い【底ˇ方】ひ 行きついてきわまる所。限り。奥底。はて。「濃き藍いろの目には、一知らぬ憂ありて」〈鴎外・うたかたの記〉
そこ-い【底意】心の奥に潜む考え。したごころ。「一を探る」
そこ-いじ【底意地】ヂ 心の奥底に隠しもつ心根。
底意地が悪・い　表面的には見えないが、心の奥底に意地の悪いところがある。「一・いやり方」
そこ-いたり【底至り】❶徹底していること。「江戸の人の腹を刳えぐるべき一の馳走をせんと」〈露伴・風流魔〉❷外観はそれほどではないが、表に出ないところが念入りで精巧にできていること。「近年難波なにわの風呂屋、何をか目当あてに一、あまつさへ此比は大寄おおよせといふ事をはじめ」〈浮・御前義経記・五〉
そこい-な・し【底ˇ方無し】〔形ク〕限りがない。はてしない。きわめて深い。「一・き淵やはさわぐ山川の浅き瀬にこそあだ波は立て」〈古今・恋四〉
そこ-いら【ˣ其ˇ処いら】㊀〔代〕中称の指示代名詞。❶「そこら㊀❶」に同じ。「一を散歩する」❷「そこら㊀❷」に同じ。「一の事情はどうなった」㊁〔名〕「そこら㊁」に同じ。「四〇か一の男」
そこ-いれ【底入れ】〔名〕スル 相場が下がり切って、それより下がる見込みがないこと。「相場が一する」➡底❹ ➡底打ち
そ-こう【狙公】猿を飼う人。猿回し。
そ-こう【祖考】カウ ❶死んだ祖父。また、死んだ祖父と死んだ父。㊀祖妣そひ。❷遠い先祖。
そ-こう【租貢】租税。年貢。貢租。
そ-こう【素行】カウ 平素の行状。ふだんの行い。「一が悪い」「一調査」(類語)品行・身持ち・行状・操行・行跡
そ-こう【粗ˣ肴】カウ 粗末な酒のさかな。また、人に勧める料理をへりくだっていう語。「粗酒一」
そ-こう【粗鉱】クワウ 採掘したままで、まだ選鉱してない鉱石。
そ-こう【粗鋼】カウ 圧延・鍛造などの加工をしてない、製造したままの鋼。この生産量は一国の工業力を測る指標となる。
そ-こう【遡江┊ˣ溯江】カウ〔名〕スル 川を上流にさかのぼること。特に、揚子江をさかのぼること。
そ-こう【遡行┊ˣ溯行】カウ〔名〕スル 流れを上流にさかのぼって行くこと。「渓流を一する」
(類語)遡上・遡航・逆行・さかのぼる
そ-こう【遡航┊ˣ溯航】カウ〔名〕スル 水流をさかのぼって航行すること。「船で大河を一する」
そ-こう【ˣ鼠口】ネズミの口。「一終ついに象牙なし」
鼠口終ついに象牙ぞうげなし　鼠の口に象牙が生えたためしはないという意から、つまらない人間に立派なことを言えるわけがないということ。
そこう【蘇合香】ソカウ 雅楽。唐楽。盤渉ばんしき調で新楽の大曲。舞は六人舞。インドのアショカ王が蘇合香そごうこうの薬草で大病の平癒したのを喜ぶ曲という。
そ-ごう【粗豪】ガウ〔名・形動〕あらあらしいこと。たけだけしいこと。また、そのさま。「主人が年若く一なるに似もやらず」〈蘆花・不如帰〉
そこ-うお【底魚】ウヲ 海底近く、または海底の砂泥中にすむ魚。ヒラメ・アンコウなど。㊀浮き魚うお。
そこう-けん【租鉱権】ソクワウ 他人の鉱区または鉱床において、契約に基づいて鉱物を採取する権利。
そごう-こう【ˣ蘇合香】ソガフカウ ㊀❶マンサク科の落葉高木。高さ約10メートル。葉は手のひら状に裂ける。花は小さく、淡緑色。小アジアに産する。❷❶の樹脂を原料とした香料。㊁▶そこう(蘇合香)
そこう-しょう【ˣ鼠ˣ咬症】ソカウシヤウ ネズミ・猫・イタチなどにかまれて1週間ないし数週間して発病する感染症。スピロヘータの一種またはスピリルムとよばれる病原体が原因で、傷口が熱をもって赤く腫はれ、寒け・発熱・頭痛・関節痛・リンパ節肥大などを伴う。
そこ-うち【底打ち】〔名〕スル 物価や相場が下落して、最も安値になること。「一感」「株価が一する」➡底❹ ➡底入れ
そこ-がえり【底ˇ反り】がへり 漢文訓読で、一つの字を一度訓読したあと、再度下のほうから返って訓じること。「未」を「いまだ…ず」、「当」を「まさに…べし」と読む類。再読。
そこ-かしこ【ˣ其ˇ処ˇ彼ˇ処】〔代〕指示代名詞。あちこち。方々。「部屋の一に本が散らばっている」
(類語)あちらこちら・ここかしこ・あちこち・おちこち
そこ-がた・い【底堅い】〔形〕図そこがた・し〔ク〕下げてきた相場がもっと下がりそうでいて下がらない。「一・い動き」
そこ-がため【底固め】下げてきた相場が売り物も出尽くして、下げようのないところで小幅な上げ下げ

を繰り返している状態。
そこ-きみ【底気味】心の底にそれとなく感じられる気持ち。「—のわるい心持もする」〈荷風・つゆのあとさき〉
そこきみ-わる・い【底気味悪い】〔形〕文そこきみわる・し〔ク〕何だかはっきりしないが、ひどく気味が悪い。「—・い薄笑い」
そ-こく【祖国】❶祖先からずっと住んできた国。自分の生まれた国。母国。「—を離れる」「—愛」❷民族が分かれ出たもとの国。➡母国〔用法〕
〔類語〕母国・故国・自国
そこくら-おんせん【底倉温泉】(ソコクラヲンセン) 神奈川県南西部、箱根町の温泉。蛇骨川(じゃこつがわ)と早川の合流点にあり、箱根七湯の一。泉質は塩化物泉。
そこ-ここ【×其▽処×此▽処】〔代〕指示代名詞。❶あちこち。いたるところ。「車が—で立ち往生している」❷そのところと、このところ。「天離(あまざか)る鄙(ひな)にしあれば—も同じ心そ」〈万・四一八九〉
〔類語〕所所(ところどころ)・所所(しょしょ)・そちこち
そこ-さしあみ【底刺(し)網】刺し網の一。長方形の網を海底に固定して張り、底魚やエビ・カニなどを網目に刺させて捕る。
そこ-しきあみ【底敷(き)網】敷き網の一。水底に方形の網を敷き、その上に来た魚を捕る。
そこ-しれ◦ない【底知れない】〔連語〕限度がわからない。無限の。「—◦ない力を発揮する」
そこ-しん【底心】心の奥底。しんそこ。そこごころ。「—には怖気(おじけ)は満ちている」〈宙外・独行〉
そこ-そこ【×其▽処×其▽処】〔代〕指示代名詞。❶どこそこ。その場所を明示しないでいう。「御車は門の下に、御供の人は—に」〈徒然・一〇四〉❷そこにもここにも。すみからすみまで。なにもかも。「一気のつく職人の」〈浄・氷の朔日〉
そこ-そこ ㊀〔副〕❶(多く「…もそこそこに」の形で)ある事を十分しおえないで先を急ぐさま。「食事も—に出かける」❷十分ではないが一応のレベルにあるさま。「—の評判を得る」㊁〔接尾〕数量を表す語に付いて、それに達するか、達しないかの程度である意を表す。「四〇—の男」〔類語〕適当
そこ-だくみ【底巧み|底▽企み】心の奥でのひそかなたくらみ。「同士討ちさする—」〈浄・先代萩〉
そこ-だら【底×鱈】タラ目ソコダラ科の海水魚。全長約40センチ。尾部は糸状で尾びれはない。相模(さがみ)湾の深海にすむ。またソコダラ科の総称で、トウジン・ネズミダラなどが含まれる。世界の深海に広く分布し、発光バクテリアを共生させた発光器をもつ。
そこ-ち【底地】借地権などの使用収益権が設定されている土地の所有権。また、その土地のこと。底地権。
そこ-ぢから【底力】ふだんは表面に出ないがいざというときに出てくる強い力。「大事な場面で—を発揮する」
そこち-けん【底地権】「底地」に同じ。
そこちけん-しゃ【底地権者】借地権などの使用収益権が設定されている土地の所有者。
そ-こつ【粗×忽|×楚×忽】〔名・形動〕❶軽はずみなこと。そそっかしいこと。また、そのさま。軽率。「—な男」「—な振る舞い」❷不注意なために引き起こしたあやまち。そそう。「—をわびる」❸唐突でぶしつけなこと。失礼なこと。また、そのさま。「ちかごろ—な申しごとぢゃが…わごりょの心得をもって戴せてくれさしめ」〈虎寛狂・米市〉〔派生〕そこつさ〔名〕
〔類語〕不注意・不調法
そこ-つ-いわね【底つ×磐根】(ソコツイハネ) 地の底にある岩。「大宮地(おほみやどころ)の—の極み」〈祝詞・大殿祭〉
そこ-つち【底土】下層にある土。下の方の土。
そこつち-けん【底土権】他人が開墾して小作・耕作の権利をもつ土地の所有権。➡上土(うわつち)権
そこつつのお-の-みこと【底筒之男命】(ソコツツノヲノミコト) 住吉大社に祭られている三神の一。➡住吉神(すみよしのかみ)
そこ-づみ【底積み】❶荷物を積むとき、いちばん下に積むこと。また、その荷物。「—にする」❷「底荷」に同じ。〔類語〕下積み
そこつ-もの【粗×忽者】粗忽な人。そそっかしい人。おっちょこちょい。
そこ-づり【底釣(り)】釣りで、おもりや餌(えさ)を水底まで沈めて釣ること。
そこ-で【×其▽処で】〔接〕❶前述の事柄を受けて、次の事柄を導く。それで。そんなわけで。「いろいろ意見された。—考えた」❷話題をかえたり、話題をもとにもどしたりすることを示す。さて。「—一つお願いがあります」〔類語〕それで
そこ-どころ【×其▽処所】㊀〔名〕(あとに打消しの語を伴って用いる)それどころ。「娘は—で無いから頻りに迫る」〈風葉・青春〉㊁〔代〕中称の指示代名詞。❶どこそこの所。「—ともなくいみじく苦しくし給ひて」〈源・若菜下〉❷そのところ。その点。「—はあなたのお取持故、お取結びにならぬと申す事もござりますまいが」〈伎・四十七石忠矢計〉
そこ-とり【底取り】茶道で、炉や風炉などの灰をすくい取る灰匙(はいさじ)。柄は竹の皮を巻き、その上を紺糸で巻き上げてある。
そこ-な【×其▽処な】〔連体〕《「そこなる」の音変化》そこにいる。そこにある。そこの。「顔を上げて—男女(おとこおんな)を見ることが出来ぬ」〈鏡花・高野聖〉
そこな・う【損なう|▽害う】(ソコナフ)〔動ワ五(ハ四)〕❶物をこわして、だめにする。傷つける。「器物を—・う」❷人の気持ちやからだの調子を悪くする。「感情を—・う」「健康を—・う」❸殺傷する。「一兵も—・うことなく」❹(動詞の連用形に付いて)㋐…するのに失敗する。「書き—・う」㋑…する機会を逸する。「乗り—・う」「見舞状を出し—・う」
〔類語〕(❶)損ねる・損ずる・壊す・破壊する・損壊する・毀損(きそん)する・破損する・損傷する・毀(こぼ)つ・傷付ける・欠く・砕く・割る・破る・崩す/(❹)損じる・とちる
そこ-なし【底無し】❶底がないこと。どこまでいっても底に達しないこと。際限なく深いこと。「—の沼」❷きりがないこと。「—の大酒飲み」
そこ-なだれ【底雪-崩】➤全層雪崩(ぜんそうなだれ)
そこ-に【底荷】船舶の積み荷が少ないときなど、重心を下げて転覆を防ぐために船底に積む砂・石・水など。底積み。バラスト。
そこ・ぬ【損ぬ】〔動ナ下二〕「そこねる」の文語形。
そこ-ぬけ【底抜け】〔名・形動〕❶物の底が抜けて、ないこと。また、その物。「—のバケツ」❷程度が並外れていて、際限がないこと。度外れなこと。また、そのさま。「—な(の)お人好し」「—に明るい性格」❸締まりのないこと。だらしがないこと。また、その人。「—野郎」❹「底抜け上戸(じょうご)」の略。❺相場がとめどもなく下落すること。
そこぬけ-さわぎ【底抜け騒ぎ】酒宴などで、歌ったり踊ったりして度外れに騒ぐこと。ばか騒ぎ。
そこぬけ-じょうご【底抜け上戸】(ジャウゴ) 非常な大酒飲み。酒豪。「そんならおれももう一盃やらう、と負けず劣らぬ—」〈滑・八笑人・初〉
そこぬけ-やたい【底抜け屋台】祭りなどのときに出す、床(ゆか)のない踊り屋台。周囲の囲いだけで、囃子方(はやしかた)はその中の地上に立って屋台とともに歩きながらはやしていく。
そこ-ね【底値】相場がいちばん低いときの値段。⇔天井値。
そこ・ねる【損ねる】〔動ナ下一〕文そこ・ぬ〔ナ下二〕❶㋐人の気持ちを傷つける。「機嫌を—・ねる」「感情を—・ねる」㋑からだの調子を悪くする。「働きすぎて健康を—・ねる」❷㋐物がこわれる。傷がつく。「私の琵琶はちと—・ねて役に立ちませぬ」〈虎寛狂・伯養〉㋑気持ちなどが、悪い状態になる。「ちと機嫌が—・ねた」〈虎寛狂・子盗人〉❸(動詞の連用形に付いて)㋐…するのに失敗する。「買い—・ねる」㋑…する機会を失う。「言い—・ねる」〔類語〕損なう・損ずる
そこ-のけ【×其▽処退け】❶「其方退(そっちの)け」に同じ。「もう勝負は—のありさまで」〈康成・抒情歌〉❷名詞に付いて、それをしのぐほどりっぱであるということを表す。はだし。「本職—の腕前」
そこ-ば【若=干|幾=許】〔副〕「そこばく」に同じ。「神(かむ)からや—貴き」〈万・三九八五〉
そこ-ばい【底×這い】(ソコバヒ) 相場や景気で、下落した状況が続くこと。経済活動が低調のまま、その状態が続くこと。「当面の輸出は—が続く」「粗鉄生産、—の状況」
そこ-はえなわ【底▽延縄】(ソコハヘナハ) タラなどの底魚をとるため、海底に固定する延縄。➡延縄(はえなわ)
そこはか-と〔副〕《「其処(そこ)は彼(か)と」の意という》❶(あとに打消しの語を伴って用いる)どこそことはっきりとは。確かには。「悩み給ふさま—見えず」〈源・若菜下〉❷何となく。あれやこれやと。「—思ひ続けて来てみればことしのけふも袖はぬれけり」〈新古今・哀傷〉
そこはかと-な・い〔形〕文そこはかとな・し〔ク〕何となくある事が感じられるさま。どこがどうということでない。「—・く漂う香り」
そこば-く【若=干|幾=許】〔副〕❶いくらか。いくつか。そくばく。「運動費の—を寄附した事もあった」〈広津和郎・風雨強かるべし〉「—選ばれたる人々に劣らず御覧ぜらる」〈宇津保・吹上下〉❷数量の多いさま。たくさん。多く。「寄手—討たれにければ、赤松わづかの勢になって」〈太平記・八〉❸程度のはなはだしいさま。たいへん。非常に。「—広き天竺」〈今昔・五・四〉
そこ-ばなれ【底離れ】景気が最悪の停滞期を脱し、上昇傾向に転じつつある状態。➡底入れ ➡底割れ
そこ-ひ【底×翳|内=障】眼球内に障害があって物の見えなくなる病気。ひとみの色によって、白そこひ(白内障)・青そこひ(緑内障)・黒そこひ(黒内障)とよばれる。内障眼。➡上翳(うわひ)
そこ-びえ【底冷え】〔名〕(スル) からだのしんまで冷えること。また、そのように寒いこと。「—する夜」〔季 冬〕
そこ-びかり【底光り】〔名〕(スル) 奥底に光がひそんでいるように見えること。また、その光。深みのある人柄・技芸などについてもいう。「磨き込まれて—する床柱」「—のする渋い芸」
そこ-びきあみ【底引(き)網|底×曳き網】引き網の一。袋網とその左右につく袖網(そであみ)、および引き綱とからなり、海底で網を引き回して底魚を捕る。
そこ-ほど【×其▽処程】〔代〕中称の指示代名詞。そこらあたり。そこら。「このごろの人の家の—にてぞありけんと覚え」〈徒然・七一〉
そこ-ほん【底本】「ていほん(底本)」に同じ。
そこ-まめ【底豆|底肉=刺】足の裏にできる肉刺(まめ)。
そこ-もと【×其▽処×許】〔代〕❶中称の指示代名詞。そこ。そこの所。そこらへん。「—は落ちたる所侍り」〈枕・一二〇〉❷二人称の人代名詞。同輩またはそれ以下の者をさす。そなた。そのもと。主に武士が用いた。「—へ推参してお目にかける物がある」〈浄・忠臣蔵〉
そこ-もの【底物】海底にすむ魚。カレイ・ヒラメ・アンコウなど。
そこゆえ-に【×其▽処故に】(ソコユヱ)〔連語〕それゆえに。それだから。「うつせみは物思(ものも)ひ繁し—心なぐさに」〈万・四一八九〉
そこ-ら【×其▽処ら】㊀〔代〕中称の指示代名詞。❶聞き手のいる場所のあたりをおおまかにさす。そのあたり。そのへん。「—を散歩してくる」❷聞き手に関する事柄のだいたいの程度をさす。そのくらい。そのへん。そこいら。「—が妥当だ」㊁〔名〕数量を表す語に、多く助詞「や」または「か」を介して付き、その数量に近いことを漠然とさしていう。その程度。そのくらい。「十(とお)や—の子供にはわかる道理がない」「駅まで二〇分か—で行ける」〔類語〕そこ・そこいら・そんじょそこら・その辺・そのくらい
そこ-ら〔副〕❶数多く。たくさん。「—の年ごろ、—のこがね賜ひて」〈竹取〉❷たいへん。非常に。「御送りの人ども、寺々の念仏の僧など、—広き野に所もなし」〈源・葵〉
そこら-あたり【×其▽処ら辺り】〔代〕中称の指示代名詞。❶そのあたり。その辺。「—を探してごらん」❷その程度。その辺。「卸値は—で手を打とう」❸それに関すること。その辺。「—をよく考えるがよい」
そこら-く〔副〕十分に。たくさん。しっかりと。「このくし

げ開くなゆめと—に堅めしことを」〈万・一七四〇〉
そこり【底り】潮が引いて海の底が出ること。また、釣りで最も潮が引いた時をいう。潮干(しおひ)。
そこ-る【底る】〔動ラ五(四)〕潮が引いて海底が現れ出る。「丁度海は—って居て、黒い州潟が遠くつづいて居る」〈真山・男五人〉
ソコルルメフメトパシャ-ばし【ソコルルメフメトパシャ橋】《トルコ Sokullu Mehmet Paşa Köprüsü》►メフメットパシャソコロビッチ橋
そこ-われ【底割れ】景気が低迷しているときに、さらに景気がいちだんと悪化すること。➡底入れ ➡底離れ
そ-ごん【粗言┊×麁言】►そげん(粗言)
そ-さい【粗菜】粗末な副食物。
そ-さい【×蔬菜】野菜。青物。「—園芸」
(類語)野菜・青物・青果・洋菜・果菜・花菜・根菜・葉菜
そ-ざい【素材】❶もとになる材料。原料。「—を生かした料理」❷まだ製材されてない材木。丸太の類。❸芸術作品の物的材料。絵画や彫刻における絵の具・石材や、文学や音楽における言語・楽音など。❹芸術作品の題材。「—を民話に求めた小説」(類語)原料・材料・材(ざい)・料(りょう)・資材・マテリアル・マチエール
そ-ざい【礎材】土台になる材料。基礎の材料。「—に自然石を使う」
ソサイエティー〖society〗►ソサエティー
そさい-き【×咀砕機】石炭・鉱石などのかたまりを二つの歯の間にはさんで大まかに砕く機械。ジョークラッシャー。
そさい-るい【×蔬菜類】人が副食物とする草本作物の総称。食用とする部分により、根菜類・茎菜類・葉菜類・花菜類・果菜類に大別される。
ソサエティー〖society〗《「ソサイエティー」とも》❶社会。社交界。「インダストリアル—」❷会。協会。団体名などに付けて用いる。「ジャパン—」
(類語)社会・団体・組織・結社・法人・組合・連盟・協会・ユニオン・アソシエーション
そ-ざつ【粗雑┊疎雑】〔名・形動〕いいかげんで大ざっぱなこと。また、そのさま。ざつ。「—な扱い」
(類語)粗末・疎略・乱暴
そ-さま【×其様】〔代〕《「そなたさま」の略》二人称の人代名詞。そなた。主として、近世の遊女などが相手を呼ぶのに用いた、親愛・尊敬の気持ちを表す語。「わしが—を恋ひ病」〈浄・反魂香〉
そ-さん【素×餐】功績も才能もないのに高い位にいて報酬を受けること。徒食。「隆季卿は、—の家に生まるると雖(いえど)も」〈盛衰記・四六〉
そ-さん【粗×餐】粗末な食事。他人に勧める食事をへりくだっていう語。「—を差し上げたい」
(類語)粗食・粗飯・粗膳
そ-さんさい【素三彩】中国、明代後期に始まり、清代に盛行した陶磁器。緑・黄・紫などの色を用い、花鳥や人物・風俗を描いたもの。
そ-し【阻止┊×沮止】〔名〕(スル) 妨げること。くいとめること。はばむこと。「反対派の入場を—する」(類語)阻む
そ-し【祖師】仏教で、一つの宗派を開いた人。禅宗の達磨(だるま)、日蓮宗の日蓮、浄土真宗の親鸞など。開祖。
そ-し【素子】❶基本的要素。エレメント。❷電気回路や機械回路で、その構成要素として全体の機能に重要な役割をもつ個々の単位部品。❸電信符号で、符号を構成する短点と長点。
そ-し【素志】平素から抱いている志。以前からもっている希望。「—を貫く」(類語)希望・志・所志・素志
そ-し【粗紙】質の悪い紙。
そ-し【疎▽食┊×疏▽食】粗末な食物。粗食。
そ-じ【素地】(チ)❶手を加えない、もともとの性質。きじ。したじ。❷何かをするときの基礎。土台。「—があるのでのみこみが早い」(類語)下地・基礎・土台
そ-じ【措辞】詩歌や文章などの、言葉の使い方や辞句の配置のしかた。「巧みな—」「—を練る」
そじ【楚辞】中国古代の文学作品集。戦国時代の楚の屈原の作品と、その作風にならった宋玉や後人の作品を集めた書。現行本は、漢の劉向(りゅうきょう)の編んだ16巻に、後漢の王逸が自作の1巻を加えたもので、17巻。「離騒」「九歌」「天問」などを収める。
そ-じ【▽十路】(ぢ)〔語素〕《古くは「そち」》10年を単位として、年齢を数えるのに用いる。「三(み)—」「七(なな)—、八(や)—は海にあるものなりけり」〈土佐〉
ソシアリスト〖socialist〗►ソーシャリスト
ソシアリズム〖socialism〗►ソーシャリズム
ソシアル〖social〗〔形動〕►ソーシャル
ソシアル-スキル〖social skill〗►ソーシャルスキル
ソシアル-ダンス〖social dance〗►ソーシャルダンス
ソシアル-ディレクター《和 social＋director》ホテルなどの外国人向けの案内役。日本語が話せない外国人客の代わりに電話をかけたり、商談の約束、飛行機の予約などの秘書的サービスをする。
ソシアル-ワーカー〖social worker〗►ソーシャルワーカー
ソジウム〖sodium〗ナトリウムの英語名。
そし-え【祖師会】(ヱ)►祖師忌(そしき)
ソシエタス-エウロペア〖ラテン Societas Europaea〗►欧州会社
ソシエテ-しょとう【ソシエテ諸島】(シヨタウ)《Société》太平洋南東部、フランス領ポリネシアの島群。主島はタヒチ島。名は英国ロイヤル-ソサエティー(王立協会)がクック探検隊を派遣したことによるが、1880年以来フランス領。
ソシオ〖スペイン socio〗会員の出資によって組織を運営する方式。また、そのような組織の会員。
ソシオグラム〖sociogram〗ソシオメトリーによって、集団内の人間関係や集団構造を図表化したもの。個人を円、選択(牽引)を実線、拒否(反発)を破線などで表した図で示される。
ソシオバイオロジー〖sociobiology〗1960年代から始まった動物社会学の新しい考え方。動物の社会行動を遺伝的適応の面から研究することを特徴とする。社会生物学。
ソシオメトリー〖sociometry〗人間関係や集団構造を、成員間の牽引や反発の頻度や強度などによって量的に測定しようとする理論や技術。米国の心理学者モレノらによって体系づけられた。➡ソシオグラム
ソシオロジー〖sociology〗社会学。
そし-き【祖師忌】祖師の命日に行う法要。日蓮宗の会式(えしき)、浄土真宗の報恩講、禅宗の達磨忌など。祖師会(そしえ)。
そ-しき【組織】〔名〕(スル) ❶組み立てること。組み立てられたもの。「奥座敷は一種の宿屋見た様な—に出来ている」〈漱石・満韓ところどころ〉❷一定の共通目標を達成するために、成員間の役割や機能が分化・統合されている集団。また、それを組み立てること。「組合を—する」「全国—」❸生物体を構成する単位の一で、同一の形態・機能をもつ細胞の集まり。さらに集まって器官を構成する。動物では上皮組織・結合組織・筋肉組織・神経組織、植物では分裂組織・永久組織などに分けられる。❹岩石を構成する鉱物の結晶度・大きさ・形・配列などのようす。石理。❺織物で、縦糸と横糸とを組み合わせること。織り方。「ラシャは—が密だ」(類語)(❶)構成・編成・編制・組成・構造・機構・体制・体系・組立て・仕組み・システム/(❷)団体・結社・集団・法人・組合・連盟・協会・ユニオン・ソサエティー・アソシエーション
そしき-えき【組織液】動物の組織の細胞間を満たす液体成分。脊椎動物では毛細血管から血漿(けっしょう)がしみ出したもので、細胞に酸素・栄養を与え排出物を受け、大部分はリンパ管に入り血管系に戻る。
そしき-か【組織化】(クワ)〔名〕(スル) まとまりのない個々のものを一つの組織にまとめること。「地域活動を—する」
そしき-かがく【組織化学】(クワガク)生物の組織内にある物質の成分分析・定量、および存在部位や移動を解析する生物学の一分野。
そしき-がく【組織学】生物の組織の構成や相互関係を研究する学問。
そしき-かんさいぼう【組織幹細胞】(カンサイバウ)►体性幹細胞
そしき-きゅう【組織球】(キウ)結合組織に定着しているマクロファージ。
そしき-しんがく【組織神学】キリスト教の教義を体系的、論理的に把握しようとする神学の一部門。
そしき-だ-つ【組織立つ】〔動タ五(四)〕ある秩序や体系のもとに統一される。「—った活動」
そしき-てき【組織的】〔形動〕共通の目的のために全体が一定の秩序をもって組み立てられているさま。「—な宣伝活動」
そしきてきはんざいしょばつ-ほう【組織的犯罪処罰法】(ハフ)►組織犯罪処罰法
そしき-ばいよう【組織培養】(バイヤウ)生物体の組織や細胞を取り出し、人工的に培養液中で増殖させること。
そしき-はんざい【組織犯罪】犯罪を効率的に遂行することを目的として、分業と協力とを手段とする組織による犯罪形態。すり集団や密輸・密売組織など。
そしきはんざいしょばつ-ほう【組織犯罪処罰法】(ハフ)《「組織的な犯罪の処罰及び犯罪収益の規制等に関する法律」の通称》平成11年(1999)に成立した組織犯罪対策三法の一つ。組織的に行われた殺人や詐欺事件などの犯罪に対する処罰強化、犯罪収益のマネーローンダリングの処罰、犯罪収益の没収・追徴などについて定める。資金源を遮断し、犯罪収益を剝奪することにより、組織的な犯罪を根絶することを目指している。組織的犯罪処罰法。
そしき-ひょう【組織票】(ヘウ)選挙で、ある団体がまとまって特定の政党や候補者に投じる票。
そしき-ほう【組織法】(ハフ)人の行為の基礎または組織について定める法。会社法など。➡行為法
そしき-もう【組織網】(マウ)網の目のように縦横に張りめぐらされた組織。
そしき-ろうどうしゃ【組織労働者】(ラウドウ)労働組合に加入し、組織されている労働者。
そ-しし【×膂×宍】《「そじし」とも。「背(そ)肉(しし)」の意》背筋(せすじ)の肉。「—のはづれ、肝(きも)のたばねな」〈盛衰記・三六〉
そしし-の-むなくに【×膂×宍の▽空国】《背中には肉は少ないところから》肥沃でない土地。「—を頓丘(ひたを)から国覓(くにま)ぎ行去(とほ)り」〈神代紀・下〉
そし-せいらい【祖師西来】禅宗の祖師達磨が西方のインドから中国に渡来し、二祖慧可(えか)に禅の真髄を伝えたこと。
そし-ぜん【祖師禅】祖師達磨の流れをくむ禅。教外別伝(きょうげべつでん)・不立文字(ふりゅうもんじ)を主張し、言語や文字によらず、直接師から弟子へ以心伝心で悟りが伝えられることを説く。南宗禅。
そし-たいよう【×麁枝大葉】(エウ)まばらな枝と大きな葉。文章を書くのに、細かな規則にとらわれないで、伸び伸びと筆をふるうことのたとえ。
そ-しつ【祖室】《祖師の室内の意》禅門。特に、達磨(だるま)大師の開いた禅門。
そ-しつ【素質】❶生まれつきもっている性質。「其品行の—は決して悪性なるに非ず」〈福沢・文明論之概略〉❷将来すぐれた能力が発揮されるもととなる性質や能力。「音楽家としての—に恵まれる」
(類語)質・資質・資性・美質
そしつじきょう【蘇悉地経】(ソシツヂキャウ)経典の一。3巻。善無畏訳。密教の聖典で、大日三部経の一。息災・増益(ぞうやく)・調伏(ちょうぶく)の3種の護摩法、灌頂(かんじょう)法、供養法などを説く。蘇悉地羯羅(そしつじから)経。
そ-して〔接〕「そうして」に同じ。「冬が去り、—春が来る」
そし-どう【祖師堂】(ダウ)祖師を祭った堂。特に禅宗で、達磨大師像を安置する堂。
そ-しな【粗品】粗末な品物。人に贈る品物や景品をへりくだっていう語。そひん。「—を進呈する」
(類語)寸志・安物
そし-のう【阻止能】電子や陽子などの荷電粒子が物質中を通過するとき、単位距離当たりに失う平均のエネルギー損失。

そしまり【蘇志摩利】雅楽。高麗楽(こまがく)。高麗双調の中曲。舞は四人舞。舞人は蓑笠(みのかさ)をつけ、高天原(たかまがはら)を追われた素戔嗚尊(すさのおのみこと)の苦難を写すという。長久楽。蘇尸茂利(そしもり)。

そしもり【曽尸茂梨┊蘇尸茂利】㊀素戔嗚尊(すさのおのみこと)が高天原(たかまがはら)を追われて行ったという古代朝鮮の地名。㊁ ▶蘇志摩利(そしまり)

そ-しゃ【素車】白木(しらき)づくりの車。葬送や罪人の護送に用いる。

そ-しゃく【×咀×嚼】〔名〕(スル) ❶口の中で食べ物をよくかみ砕き、味わうこと。「一して消化をよくする」❷言葉や文章などの意味・内容をよく考えて理解すること。「名言を一して味わう」
(類語)噛(か)む・噛み砕く・反芻(はんすう)

そ-しゃく【租借】〔名〕(スル) ある国が、特別の合意の上、他国の領土の一部を一定の期間を限って借りること。

そしゃく-き【×咀×嚼器】食物をかみ砕くことに関与する器官。

そしゃく-きん【×咀×嚼筋】咀嚼を行う筋肉。咬筋(こうきん)・側頭筋など。

そしゃく-ち【租借地】ある国が、他国から租借した土地。19世紀末から20世紀にかけて、中国に多くみられた。

そ-しゅ【粗酒】粗末な酒。上等でない酒。客に勧める酒をへりくだっていう語。

そ-じゅ【組×綬】玉佩(ぎょくはい)・勲章・記章などを身につけるための組みひも。

そ-じゅ【×詛呪】のろうこと。のろい。呪詛。

そ-しゅう【素秋】(シウ)《「素」は白の意。五行説で白色を秋に配するところから》秋の異称。(季 秋)

そ-しゅう【×楚囚】(シウ)《楚の鍾儀は晋に捕らわれた後も、自国の冠をつけていたという「春秋左伝」成公九年の故事から》他国に捕らわれた楚の国の人。転じて、他国に捕らえられ望郷の思いをいだく人。

そしゅう【蘇州】(シウ) 中国江蘇省南部の商工業都市。絹織物・刺繍(ししゅう)・金銀玉石細工が特産。水郷地帯で、付近に寒山寺などの名勝古跡が多い。スーチョウ。人口、行政区134万(2000)。

ソシュール〖Saussure〗㊀(Horace-Bénédict de 〜)[1740〜1799]スイスの地質学者・登山家。1786年のモンブラン初登頂を後援、翌年自らも登頂した。著「アルプス山旅行」。㊁(Nicolas-Théodore de 〜)[1767〜1845]スイスの植物生理学者。㊀の子。植物は根から窒素化合物を吸収し、ガス交換で二酸化炭素を吸収して酸素を放出することなどを発見。㊂(Ferdinand de 〜)[1857〜1913]スイスの言語学者。㊀の曽孫。ドイツに学び、パリやジュネーブで教育・研究にあたった。印欧語研究にめざましい業績をあげたほか、講義をまとめた「一般言語学講義」は言語理論の発展に大きな影響を及ぼし、構造主義言語学の礎となった。

そ-じゅつ【祖述】〔名〕(スル) 先人の説を受け継いで述べること。「師の説を一する」

そ-じゅん【蘇洵】[1009〜1066]中国、北宋の文章家。眉山(びざん)(四川省)の人。字(あざな)は明允(めいいん)。号は老泉。唐宋八家の一人。子の蘇軾(そしょく)・蘇轍(そてつ)と合わせて三蘇とよばれる。老蘇。

そ-しょう【訴訟】❶うったえ出ること。裁判を申し立てること。特に、紛争・利害の対立を法律的に解決・調整するために、公権力(裁判権)により、利害関係人を訴訟当事者として関与させて審判する手続き。民事訴訟・刑事訴訟などの別がある。「一を起こす」❷嘆願すること。哀訴すること。「思ひ切て亭主に一し」〈浮・娘気質・一〉 (類語)出訴・起訴・上訴・控訴・抗告・上告・提訴・反訴・訴える

そ-じょう【×俎上】(ジャウ) まないたの上。
俎上に載(の)・せる ある物事や人物を問題として取り上げ、いろいろな面から論じたり批評したりする。「政治改革を一・せる」
俎上の魚(うお)江海(こうかい)に移る 危険な状態を脱して安全なところに移ることのたとえ。

そ-じょう【訴状】(ジャウ) ❶民事訴訟で、訴えを提起するときに、当事者・法定代理人、請求の趣旨および原因などを記載し、第一審の裁判所に提出する書面。❷中世の訴訟で、訴人が訴えの趣旨を書いて幕府や領主に提出した文書。申し状。➡陳状

そ-じょう【遡上┊×溯上】(ジャウ)〔名〕(スル) 流れをさかのぼっていくこと。「アユが急流を一する」

そしょう-いにん【訴訟委任】(ヰニン) 訴訟の当事者が、その訴訟行為の代理を他人に委任すること。通常、弁護士に委任する。

そじょう-きゃっか【訴状却下】(ソジャウキャクカ) 原告から出された訴状の記載に不備があるとして裁判所が提訴を退けること。裁判所は訴状について原告・被告の氏名・住所、訴えの趣旨などの記載に不備がないか審査し、不備があれば補正命令を出し、不備の補正がなければ訴状却下を命令する。

そしょう-きろく【訴訟記録】訴訟に関して裁判所で保存しなければならない一切の書類をとじた帳簿。裁判所書記官が保管する。

そしょう-けいぞく【訴訟係属┊訴訟×繋属】ある事件が裁判所で訴訟中である状態。

そしょう-こうい【訴訟行為】(カウヰ) 訴訟法上の効果を直接生じさせる訴訟関係者(裁判所および当事者)の行為。

そしょう-こくち【訴訟告知】民事訴訟で、係属中の訴訟の当事者が、その訴訟に利害関係のある第三者に訴訟参加の機会を与えるため、訴訟を起こしていることを通知すること。

そしょう-さんか【訴訟参加】民事訴訟法上、当事者以外の利害関係のある第三者が係属中の他人間の訴訟に参加すること。補助参加と当事者参加とがある。

そしょう-じけん【訴訟事件】裁判所に訴えが提起されている事件。

そしょう-だいりにん【訴訟代理人】民事訴訟法上、当事者に代わって訴訟行為をする権限を認められているか、またはその権限をゆだねられている者。弁護士のほか、支配人・船舶管理人・船長など。刑事訴訟法上では、被告人が意思無能者である場合の法定代理人などをいう。

そしょう-てつづき【訴訟手続(き)】訴訟の提起から終結に至るまでの一切の手続き。

そしょう-とうじしゃ【訴訟当事者】(タウジシャ) 訴訟において、裁判所に対して裁判権の行使を求める者、およびその相手方。民事訴訟では、原告と被告、控訴人と被控訴人、上告人と被上告人など。刑事訴訟では、検察官と被告人。

そじょう-の-うお【×俎上の魚】(ソジャウノウヲ)《料理されるためにまないたにのせられた魚の意から》相手のなすに任せるより方法のない運命のたとえ。まないたの鯉(こい)。

そしょう-のうりょく【訴訟能力】訴訟当事者として自ら訴訟行為をし、また相手方や裁判所の訴訟行為を受けることができる能力。

そしょう-はんけつ【訴訟判決】民事訴訟法上、訴訟要件または上訴の要件が欠けていることを理由に、訴えまたは上訴を却下する判決。➡本案判決

そしょう-ひよう【訴訟費用】訴訟における裁判所および当事者が支出した費用のうち、法律に定められている範囲のもの。原則として敗訴の当事者や被告人の負担とされる。

そしょう-ぶつ【訴訟物】民事訴訟において、審判の対象となるもの。原告が訴訟上の請求として、その存否を主張する権利関係。訴訟の目的。訴訟の客体。

そしょう-ほう【訴訟法】(ハフ) 訴訟の手続きを定める法規の総称。民事訴訟法・刑事訴訟法など。手続法。

そしょう-ようけん【訴訟要件】(エウケン) 民事訴訟法上、本案判決をするための前提要件。裁判所が管轄権をもつこと、当事者が当事者能力をもつことなど。

そ-しょく【素食】❶肉を使わない野菜だけの料理。また、粗末な食事。「老伯が一をするのは、土地で好い牛肉が得られないからだと」〈鴎外・沈黙の塔〉❷なんの働きもないのに禄を食(は)むこと。素餐(そさん)。徒食。

そ-しょく【粗食┊×麁食】粗末な食事。また、それを食べること。「一に耐える」「粗衣一」 (類語)粗飯・粗餐(そさん)

そ-しょく【蘇軾】[1036〜1101]中国、北宋の政治家・文学者。眉山(びざん)(四川省)の人。字(あざな)は子瞻(しせん)。号は東坡(とうば)居士。唐宋八家の一人。父蘇洵(そじゅん)、弟蘇轍(そてつ)と合わせて三蘇とよばれる。王安石の新法に反対して左遷され、諸州の地方官を歴任。黄州では「赤壁賦」を生む。詞・書・画にもすぐれた。大蘇。蘇東坡。

そ-しら-ぬ【素知らぬ】〔連体〕知っているのにそうでないふりをするさま。「一顔で行き過ぎる」

そしり【×謗り┊×譏り┊×誹り】そしること。また、その言葉。「いわれのない一を受ける」 (類語)非難・悪口(わるくち)・悪態・陰口・誹謗(ひぼう)・中傷・悪口(あっこう)
謗りを免(まぬか)れ・ない 非難を受けて当然である。「不謹慎の一・ない」

そしり-はしり《「はしり」は音の似た語を繰り返して意味を強めたものか。一説に「素知り端(はし)知り」とも》❶物事の一部分。㋐ちょっとした会話。「おのれ等が一に、兄弟子の中言(ちゅうげん)を言ひをるか」〈浄・氷の朔日〉㋑少しばかり。「一は、及ばずながら存じてをりまする」〈伎・黄金鱐〉❷《「そしり」を「謗(そし)り」と解釈したところから》悪口。「同じ女中達と寄りこぞって内の事を一さ」〈滑・浮世風呂・三〉

そ-しりょう【粗飼料】(シレウ) 牧草・野草・サイレージ・わらなど、粗繊維含量が高く、養分含量の低い飼料。主に反芻家畜(牛など)に与えられる。➡濃厚飼料

そし・る【×謗る┊×譏る┊×誹る】〔動ラ五(四)〕他人を悪く言う。非難する。「陰で人を一・る」
(類語)貶(けな)す・腐す・扱(こ)き下ろす・けちを付ける

そ-しん【祖神】《「そじん」とも》神として祭る祖先。祖先である神。特に、皇室の祖先である天照大神。

そ-しん【素心】前々からもっている考え。素志。

そ-しん【蘇秦】中国、戦国時代の縦横家。洛陽(らくよう)(河南省)の人。字(あざな)は季子。鬼谷子に学び、遊説家として活躍。秦に対抗して燕(えん)・趙(ちょう)・韓・魏・斉・楚(そ)に合従(がっしょう)策を説いて同盟させる。張儀の連衡策に敗れたのち、斉で殺された。生没年未詳。

そ・す【×殂す】〔動サ変〕貴人が死ぬ。お亡くなりになる。「バワリア王ルウドキヒ第二世は、湖水に溺れて一・せられしに」〈鴎外・うたかたの記〉

そ・す【▽過す】〔動サ四〕動詞の連用形に付いて、その動作を度を過ごして熱心にする意を表す。しきりに…する。…しすぎる。「祝ひ一・しつと思ふ」〈かげろふ・中〉

そ・す【×蘇す┊×甦す】〔動サ変〕生き返る。よみがえる。「身体の死するは霊魂の去るなり、其一・するは霊魂の返るなり」〈田口・日本開化小史〉

そ-すい【疎水┊×疏水】❶灌漑(かんがい)・給水・発電などのため、土地を切り開いてつくった水路。「琵琶湖一」❷水になじみにくいこと。水との親和性が弱いこと。㊥親水。(類語)水路・掘り割り・運河

そすい-き【疎水基】水となじみにくい原子団。アルキル基・フェニル基などで、ベンゼンなどに親和性をもつので親油基ともいう。➡親水基

そすい-コロイド【疎水コロイド】分散媒である水とコロイド粒子との親和性が弱いコロイド。少量の電解質を加えると容易に凝結する。➡親水コロイド

そすい-せい【疎水性】水と親和性が小さいこと。水と結びつきにくい、水に溶けにくい、また、物の表面で水が薄く広がらないで水滴となるなどの性質を持つこと。親油性。㊥親水性。

そ-すう【素数】1とその数以外に約数がない正の整数。2・3・5・7・…など無限にある。㊥合成数。(補説)100までの素数は、2、3、5、7、11、13、17、19、23、29、31、37、41、43、47、53、59、61、67、71、73、79、83、89、97。25個ある。

ソステヌート〖イタリア sostenuto〗音楽で、音を十分保持して、また速度を抑え気味に演奏すること、の意。

そ-せい【素性】本来の性質。本性。すじょう。

そせい【素性】平安前期の歌人。三十六歌仙の一人。俗名、良岑玄利(よしみねのはるとし)。遍昭の子。左近将監、のち出家し、権律師(ごんのりっし)となる。歌は古今集・後撰集にある。家集「素性集」。良因朝臣(よしよりあそん)。生没年未詳。
そ-せい【粗製】作り方が粗雑なこと。雑なつくり。
そ-せい【組成】〔名〕(スル) ❶いくつかの要素・成分によってひとつのものを組み立てること。また、その組み立て。「五百名の代議士を以て―せる公会と」〈竜渓・経国美談〉 ❷化合物などを構成する成分およびその量の割合。(類語)構造・構成・組み立て・編成・組織・造り・骨組み・成り立ち・結構・コンストラクション
そ-せい【塑性】▶可塑性(かそせい)
そ-せい【×蘇生┊×甦生】〔名〕(スル) ❶息をふきかえすこと。生き返ること。よみがえること。「心臓マッサージで―する」 ❷生き返ったように元気になること。「傾きかけた事業を―させる」
(類語)(❶)生き返る・蘇(よみがえ)る・復活/(❷)復活・再生・起死回生・更生・回復・復旧・復元・還元・復興・復調
そ-ぜい【租税】❶租と税。年貢。❷国または地方公共団体が、その経費に充てるために、法律に基づいて国民や住民から強制的に徴収する金銭。国税と地方税とがある。税。税金。(類語)税・税金
そぜい-かいひ【租税回避】(ソゼイクワイヒ) 税率の低い国に所得を移したり、税制の抜け道を探したりして税負担を軽くしようとする行為。➡タックスヘイブン
そぜいかいひ-ち【租税回避地】(ソゼイクワイヒ-) ▶タックスヘイブン
そぜい-きゃくたい【租税客体】▶課税物件
そせいご-のうしょう【×蘇生後脳症】(-ナウシヤウ) 心停止が3分〜5分以上続いた後に心拍が再開した場合にみられる脳障害。脳への酸素供給が途絶えることで起こる。
そせい-しき【組成式】化合物を構成する原子の種類と、各原子の個数の最も簡単な整数比を示す化学式。実験的に定められたものを実験式ということもある。
そぜい-じょうやく【租税条約】(-デウヤク) 二国間で課税権を調整するための条約。外国で得た所得についてはその国にも課税権があるが、国内との二重課税を避けるため外国での課税率を軽減するなどの措置をとる。
そぜい-とくべつそち【租税特別措置】特定の政策目標を達成するため、税制上の特例として租税を減免あるいは増徴する措置。租特。
そぜいとくべつそちとうめいか-ほう【租税特別措置透明化法】(ソゼイトクベツソチトウメイクワハフ)《「租税特別措置の適用状況の透明化等に関する法律」の略称》租税特別措置の適用実態に関する調査の実施、国会への報告等について定めた法律。公平で透明性の高い税制実現のため、同措置の適用を透明化し、適切な見直しを行う。平成22年(2010)3月成立。
そせい-ひずみ【塑性×歪み】(-ひづみ) ▶永久歪み
そせい-ひん【粗製品】❶粗雑な製品。質の悪い品。❷精製品の原料となるもの。粗鋼の類。
そぜい-ふたんりつ【租税負担率】租税負担の割合を百分率で表したもの。通常は国民所得に対する租税収入金額の割合をいう。
そぜい-ほう【租税法】(-ハフ) 租税に関する法規の総称。国税通則法・国税徴収法・国税犯則取締法・所得税法・法人税法・相続税法・酒税法・地方税法などがある。税法。
そぜい-ほうりつしゅぎ【租税法律主義】(-ハフリツ-) 租税の課税または変更は、法律の定めによるとする原則をいう。日本国憲法第84条に定める。
そせい-らんぞう【粗製濫造┊粗製乱造】(-ランザウ) 粗悪な品をむやみにつくること。
そ-せき【疎斥】〔名〕(スル) きらってしりぞけること。疎外。「自ら列国に―せられて」〈竜渓・経国美談〉
そせき【疎石】▶夢窓疎石(むそうそせき)
そ-せき【礎石】❶建物の土台となる石。基礎となる石。いしずえ。「―を据える」 ❷物事の基礎。もとい。「市民運動の―を築く」
そせき-ぞう【組積造】(-ザウ) 建築で、煉瓦(れんが)・石材・ブロックなどを積み重ねてつくる構造。組積構造。
そ-せつ【素雪】白雪。「玄冬―のさむき夜は」〈平家・灌頂〉
そ-せつ【×鼠窃】ねずみのように人に隠れて物を盗むこと。また、その者。こそどろ。
そせん【狙仙】▶森狙仙(もりそせん)
そ-せん【祖先】❶家系の初代。❷家系の先代以前の人々。❸一族のもと。「人類の―」(類語)先祖
そ-ぜん【粗膳】粗末な料理。他人に供する食事をへりくだっていう語。
そ-ぜん【疎×髯】まばらなひげ。「白い―を生やした爺さんが」〈漱石・満韓ところどころ〉
そ-ぜん【×楚然】〔ト・タル〕図〔形動タリ〕あざやかなさま。「緑りの枝を通す夕日を背に…―として織り出されたる女の顔は」〈漱石・草枕〉
そせん-すうはい【祖先崇拝】祖先や祖霊に対する信仰。子孫や一族の加護を祈るのが一般的形態。その集団の結束を固めるのにも役立つ。日本をはじめ、東アジア・アフリカ・古代ヨーロッパなどに見られる。
そそ　女性の陰部の異称。
そ-そ【×楚×楚】〔ト・タル〕図〔形動タリ〕清らかで美しいさま。可憐(かれん)で美しいさま。多く若い女性についていう。「―とした人」「―たる風情」(類語)清楚・瀟洒(しょうしゃ)
そそ〔副〕❶かすかに吹く風の音を表す語。そよ。「荻の葉に風の―吹く夏しもぞ秋ならなくに哀れなりける」〈統詞花・夏〉 ❷静かに動くさま。そっと。「―と物を言うて給はれ」〈咄・露がはなし・三〉
そ-そ【×其×其】〔感〕注意を促すときに発する声。そら。「―、来たりにたなり」〈今昔・二八・四〉
そ-そう【阻喪┊×沮喪】(-サウ)〔名〕(スル) 気力がくじけて元気がなくなること。「士気が―する」「意気―」
そ-そう【祖宗】君主の、始祖と中興の祖。また、歴代の君主。「―の偉業」
そ-そう【粗相┊×麁相】(-サウ) ㊀〔名〕(スル) ❶不注意や軽率さから過ちを犯すこと。また、その過ち。「お客様に―のないように」 ❷大便や小便をもらすこと。「子供が遊びに夢中で―する」 ㊁〔名・形動ナリ〕❶粗末なこと。粗略なこと。また、そのさま。「扇なども、賜はせたらむは、―にぞあらむかし」〈栄花・わかばえ〉 ❷軽薄であること。そこつなこと。また、そのさま。「ある―なる人、据え風呂を取りちがへ井戸へはまりけるが」〈咄・御前男・一〉(類語)(㊀❶)失敗・落ち度・過失・不手際・過誤・手違い・失策・失態・不覚・しくじり・間違い・へま・どじ・ぽか・ミス・エラー/(㊀❷)失禁・おもらし・垂れ流し・遺尿・寝小便・おねしょ
そ-ぞう【粗造┊×麁造】(-ザウ)〔名・形動〕粗末につくること。粗悪なつくり。また、そのさま。「汽車まで旧式で、―で」〈藤村・破戒〉
そ-ぞう【粗×糙】(-ザウ)〔名・形動〕きめがあらいこと。また、そのさま。「外の―なる部分と内部の紙の如き質とは」〈柳河春三訳・開物新書〉
そ-ぞう【塑造】(-ザウ) 粘土などで塑像を造ること。
そ-ぞう【塑像】(-ザウ) 粘土など、可塑(かそ)性のある材料を用いて造った像。簡単な心木(しんぎ)にわらを巻き、上に厚く土をつける方法と、粗く彫刻した心木に薄く土をつける方法とがあり、奈良時代に盛行した。現代では多く、ブロンズ像などの原型として造られる。
そそう-び【粗相火】(ソサウ-) 過失から起こる火事。失火。
そそかし-い〔形〕図そそか・し〔シク〕《動詞「そそく」の形容詞化》「そそっかしい」に同じ。「―い人」
そぞ-がみ【そぞ髪】ぞっとして身の毛がよだつこと。「礫(はりつけ)と聞くも―、嫌や嫌や」〈浄・博多小女郎〉
そぞがみ-た-つ【そぞ髪立つ】㊀〔動タ四〕ぞっとして身の毛がよだつ。総毛だつ。「紅花の舌をひらひらと触(ふ)み出すつらつき、さしもの幡楽―・ち」〈浄・島原蛙合戦〉 ㊁〔動タ下二〕恐ろしさに身の毛をよだたせる。「やれやれ怖(こわ)や恐ろしと、―・てて立ち出づれば」〈浄・廿四孝〉
そそぎ【注ぎ】《古くは「そそき」》水などが飛び散ってかかること。「くだら川かはせをはやみあかごまのあしの―に濡れにけるかな」〈古今六帖・三〉
そそぎ-かいがん【曽々木海岸】石川県能登半島北部、輪島市にある岩石海岸。日本海の浸食でできた窓岩を中心に、断崖・奇岩が町野川河口から垂水(たるみ)の滝まで約2キロメートルにわたって続く。かつては能登の親不知(おやしらず)といわれた交通の難所だった。男性的な景勝地で、国の名勝・天然記念物に指定されている。能登半島国定公園に属する。
そそぎ-こ-む【注ぎ込む】〔動マ五(四)〕❶流し入れる。「石膏を型に―・む」 ❷あることに熱中し、心を傾ける。「新製品の開発に全力を―・む」
そそき-た-つ【そそき立つ】〔動タ四〕せかせかと大急ぎで物事をする。「―・ちて二月つごもりに参らせ給ふ」〈栄花・輝く藤壺〉
そそ-く〔動カ四〕❶取り急ぎ事をする。「初夜(そや)おこなふとて、法師―・けば」〈かげろふ・中〉 ❷落ち着かないでいる。そわそわする。「いつしか雛(ひひな)おしすゑて―・きゐ給へる」〈源・紅葉賀〉
そそ-く〔動カ下二〕「そそける」の文語形。
そそ-ぐ【注ぐ┊×灌ぐ】〔動ガ五(四)〕《室町時代ごろまで「そそく」》❶㋐流れ入る。流れ込む。「淀川は大阪湾に―・ぐ」 ㋑雨や雪などがとぎれなく降りかかる。「雨が―・ぐ」「降り―・ぐ」 ❷㋐流し入れる。また、容器に水などをつぐ。「田に水を―・ぐ」「茶碗に酒を―・ぐ」 ㋑涙を流す。「熱い涙を―・ぐ」 ㋒水などを上からかける。ふりかける。「盆栽に水を―・ぐ」 ㋓もっぱら、その方へ向ける。一つことに集中する。「心血を―・ぐ」「視線を―・ぐ」「全力を―・ぐ」(可能)そそげる
(一句)油を注ぐ・意を注ぐ・心血を注ぐ・火に油を注ぐ・満面朱を灑(そそ)ぐ・目を注ぐ
(類語)(❷㋐)注(つ)ぐ・淹(い)れる・盛る・よそう・盛り付ける・盛り込む・盛り合わせる
そそ-ぐ【▽雪ぐ┊▽濯ぐ】〔動ガ五(四)〕❶水で汚れを洗い落とす。すすぐ。「手足を―・ぐ」 ❷恥や汚名を新たな名誉を得ることによって消す。すすぐ。「恥辱を―・ぐ」(可能)そそげる
そ-ぞく【×鼠賊】小さな盗みをする泥棒。こそどろ。鼠盗。
そそ-くさ〔副〕落ち着かず、せわしなく振る舞うさま。あわただしいさま。「―(と)帰る」(類語)あたふた
そそ-く-る〔動ラ四〕❶せわしく指先を働かせる。あれこれといじる。「めづらかなる薬玉(くすだま)せむなど言ひて―・りゐたるほどに」〈かげろふ・下〉 ❷いそがしそうに物事をする。「心一つをちぢになして、立ち居つつ、おまし所の塵払ひ―・りて」〈落窪・一〉
そそく-れる〔動ラ下一〕図そそく・る〔ラ下二〕❶機会をのがす。仕損じる。多く動詞の連用形に付いて用いる。…そびれる。「言い―・れる」「敷居高く、帰り―・れ」〈浮・禁短気・三〉 ❷機会をのがしていらいらする。「妙に―・れた気持で別れて以来の対面だった」〈里見弴・今年竹〉
そそけ　髪などがほつれること。また、その髪。「鬢の―をなでつけ」〈浮・一代女・五〉
そそけ-がみ【そそけ髪】ほつれて乱れた髪。
そそけ-だ-つ【そそけ立つ】〔動タ五(四)〕❶「そそける」に同じ。「コートの裏地が―・つ」「髪の毛が―・つ」 ❷鳥肌がたったようになる。身の毛がよだつ。ぞっとする。「陰惨な映像を見て―・つ」
そそ-ける〔動カ下一〕図そそ・く〔カ下二〕布・紙などが、けばだつ。また、髪などが、ほつれる。そそけだつ。「―・けたセーター」「風で髪が―・ける」
そそっかし-い〔形〕図そそっか・し〔シク〕《「そそかしい」の促音添加》態度や行動に落ち着きがない、あわて者である。不注意で、とかく失敗をしがちである。軽はずみである。「―・くて始終忘れ物をしている」
(派生)そそっかしさ〔名〕(類語)慌て者・おっちょこちょい
そそなか-す【▽唆す】〔動サ四〕「そそのかす❶」に同じ。「家中の物を小盗みしたり、人の娘を―・したり」〈伎・幼稚子敵討〉
そそのか-す【唆す┊×嗾す】〔動サ五(四)〕❶その気になるように仕向ける。特に、おだてて悪いほうへ誘い入れる。「悪事を―・す」 ❷早くそうするように勧

める。せきたてる。「とく参り給はむことを━・し聞こゆれど」〈源・桐壺〉 類語 仕向ける・おだてる・教唆・指嗾
ソゾポル〘Sozopol〙ブルガリア東部、黒海に面する町。古代ギリシャの植民都市アポロニアに起源し、海上貿易の拠点として栄えた。旧市街には民族復興期の家々が建ち並んでいる。海岸保養地としても知られ、毎年9月に芸術祭が催される。
そそ-め・く〔動カ四〕❶《「ぞぞめく」とも》物音などがして落ち着かず、忙しそうに動く。ざわざわする。「滝口の弓鳴らし、沓の音し、━・き出づると」〈枕・五六〉❷ひそひそ話をする。ささやく。〈日葡〉
そそ-や〔感〕驚きや感動を示すときに発する語。それそれ。そうそう。そりゃ。「━など言ひて、灯とりなほし、格子放ちて」〈源・末摘花〉
そそ-や・く〔動カ四〕《「そそやぐ」とも》声をひそめてそっと話す。ささやく。「ふと参りて━・き申して出でにけり」〈愚管抄・五〉
そそり《動詞「そそる」の連用形から》❶浮かれ騒ぐこと。「下京の若手どもが━に目覚めてみれば」〈浮・諸艶大鑑・一〉❷遊郭などを浮かれ騒ぎながらひやかしてまわること。また、その人。「夏になると━ばかり多くって、銭になるやつは少ねえぞ」〈洒・卯地臭意〉❸「そそり芝居」の略。「顔見世舞ひ納めの日、━とて…二幕三幕ほど素人狂言をするなり」〈劇場新話・上〉❹茶の品質の名称。葉の巻き縮んでいないものを選び揃えた、中等のもの。〈和漢三才図会〉
そそり-あ・ぐ〔動ガ下二〕❶揺すって高く上げる。「━・げよ、揺り上げ」〈神楽・早歌〉❷おだてあげる。あおりたてる。「捌け過ぎたる近習が、━・げたる太鼓口」〈浄・鎌倉三代記〉
そそり-うた【そそり歌】「そそり節」に同じ。
そそり-きょうげん【そそり狂言】▶そそり芝居
そそり-しばい【そそり芝居】歌舞伎で、千秋楽の日などに、配役を取り替えたり、故意に筋や演出を変えたりして、余興としてふざけて上演した芝居。そそり狂言。
そそり-た・つ【そそり立つ】〔動タ五(四)〕❶高くそびえる。「氷壁が━・つ」❷心がうきうきする。「大将、雑兵━・ち」〈浄・本朝三国志〉 類語 聳える・そばだつ・切り立つ・屹立・聳立・対峙
そそり-た・てる【そそり立てる】〔動タ下一〕文そそりた・つ〔タ下二〕❶ある気持ちをしきりに起こさせる。あおり立てる。「好奇心が━・てられた」❷おだてあげる。騒ぎたてる。「瑞相めでたしめでたしと━・つれば」〈浄・浪花鑑〉
そそり-ぶし【そそり節】遊里を客がひやかしながら歩くときなどに口ずさむ流行歌。投節など。そそりうた。ぞめきうた。
そそ・る〔動ラ五(四)〕❶ある感情・行動を起こさせる。さそう。「冒険心を━・る」「涙を━・る」「食欲を━・る」❷そびえたつ。「天━・り高き立山」〈万・四〇〇三〉❸ゆする。ゆり動かす。また、ゆすって選り分ける。〈日葡〉❹浮かれる。浮かれ騒ぐ。そわそわする。「まだ肌寒き川風を酒に凌ぎて━・り行く」〈浄・油地獄〉❺遊里などを冷やかして歩く。「廊下ばかり━・りゃあがる」〈洒・辰巳之園〉
そぞろ【▽漫ろ】㊀〔形動〕文〔ナリ〕《「すずろ」と同語源》❶これといった理由もなしにそうなったり、そうしたりするさま。なんとなく。「━に寂しさを覚える」❷心が落ち着かないさま。そわそわするさま。「結婚式が近いので気も━だ」❸不本意なさま。意に満たないさま。「この君のかく━なる精進をしておはするよ」〈かげろふ・中〉❹かかわりのないさま。「━なる古い頭を白い布に包んでたてまったりけるに」〈平家・一二〉❺むやみなさま。やたら。「かたくななる人のその道知らぬは、━に神の如くに言へども」〈徒然・七三〉㊁〔副〕わけもなく。なんとなく。「━寒さが身にしみる」
そぞろ-あめ【▽漫ろ雨】小降りだが、いつまでもやまずに降る雨。「あやめ刈る鵜鷺のうき巣や━/樵花」〈虚栗〉
そぞろ-あるき【▽漫ろ歩き】〔名〕スル 当てもなく、気の向くままにぶらぶら歩き回ること。すずろありき。すずろあるき。「夕暮れの浜辺を━する」
そぞろ-うた【▽漫ろ歌】とりとめもない歌。「━うたうて、閑々と向ふの尾へ渡ればや」〈太平記・一七〉
そぞろ-えみ【▽漫ろ笑み】なんとなくほほえむこと。また、そのほほえみ。「━を洩せる顔色は」〈紅葉・金色夜叉〉
そぞろ-か〔形動ナリ〕背が高いさま。「いと白うをかしげにつぶつぶと肥えて━なる人の」〈源・空蝉〉
そぞろ-がま・し【▽漫ろがまし】〔形シク〕いかにも落ち着かない。すずろがまし。「山里の外面の岡の高き木に━・しき秋蝉の声」〈山家集・上〉
そぞろ-がみ【▽漫ろ神】人の心に取りついてなんとなく誘惑する神。すずろがみ。「━の、物につきて心を狂はせ」〈奥の細道〉
そぞろ・く【▽漫ろく】〔動カ四〕心に落ち着きがなくなる。そわそわする。すずろく。「兵杖を帯したる者どもも皆━・いてぞ見えける」〈平家・二〉
そぞろ-ごころ【▽漫ろ心】そわそわと落ち着かない心。浮ついた心。すずろごころ。
そぞろ-ごと【▽漫ろ言】とりとめのない言葉。つまらない言葉。すずろごと。「其の目を空しく見据えつつ━のように言出でたり」〈紅葉・金色夜叉〉
そぞろ-ごと【▽漫ろ事】とりとめもないこと。とるに足りないこと。すずろごと。「ある御所さまの古き女房の、━言はれしついでに」〈徒然・二三八〉
そぞろ-さむ・し【▽漫ろ寒し】〔形ク〕❶なんとなく寒々としている。「雪やや散りて━・きに」〈源・初音〉❷寒気をおぼえる。「入綾のほど、━・く、この世の事とも覚えず」〈源・紅葉賀〉
そぞろ-わ・し【▽漫ろはし】〔形シク〕心が落ち着かない。すずろわし。「いとど及びなき心地し給ふに、━・しきまでなむ」〈青表紙証本源・紅葉賀〉
そ-だ【粗×朶|×麁×朶】切り取った木の枝。薪に用いるほか、海苔篊などにも使う。
そ-だい【措大】❶優秀な書生。秀才。❷貧乏な書生。また、書生をあざけっていう語。窮措大。「ああ━われ、痩せて髪長き」〈鉄幹・泣菫と話す〉
そ-だい【粗大】〔名・形動〕❶あらっぽくて大まかなこと。また、そのさま。おおざっぱ。「綿密に奇麗になったり、━に奔放になる君の手跡」〈有島・宣言〉❷あらくて大きいこと。また、そのさま。「手足は━である」〈鷗外・魚玄機〉
そだい-ごみ【粗大×塵】❶家庭から廃品として出される大型ごみ。大型電気器具・家具など、普通ごみと別扱いに収集するもの。❷定年退職後や休日などに、自宅で所在なくすごしている夫をからかっていう言葉。昭和56年(1981)ごろから用いられた。
そだち【育ち】❶成長すること。また、成育の状態。「稲の━が早い」❷成長するときの環境やしつけ・教育など。育てられ方。「━のいい人」「氏より━」❸他の語の下に付いて、その場所に生まれて育つこと、また、育てられることの意を表す。「温室━」「山━」
類語 生い立ち
そだち-ざかり【育ち盛り】子供のからだが目に見えて成長する時期。伸び盛り。「━は食べ盛り」
そ-たつ【疎達|×疏達】❶物事の筋道が通ること。疎通。❷小さな事にこだわらないこと。
そだ・つ【育つ】㊀〔動タ五(四)〕❶生まれた生物が時間がたつにつれてしだいに大きくなり、成熟に向かう。成長する。生長する。「母乳で━・つ」「麦が━・つ」❷鍛えられ、力を身につけて一人前になる。「若手の投手が━・つ」「研究者が━・つ」❸㋐小さな規模で始めた物事が順調に発展する。「民主政治が━・つ」「会社が━・つ」㋑ある考え方・気持ちなどが着実に伸びる。「自立心が━・つ」「愛情が━・つ」㊁〔動タ下二〕「そだてる」の文語形。
類語 成長する・生長する・成育する・生育する・発育する・発達する・成熟する・生い立つ・長ずる
そだて【育て】育てること。「━の母」「子━」
そだて-あ・げる【育て上げる】〔動ガ下一〕文そだてあ・ぐ〔ガ下二〕一人前になるまで育てる。りっぱに育成する。「一流の演奏家に━・げる」
類語 養成する・育成する・薫陶する・育てる
そだて-の-おや【育ての親】❶その子供を実際に養育した親。養父母。養い親。➡生みの親 ❷ある物事の育成に尽力した人。「プロ野球の━」
そだ・てる【育てる】〔動タ下一〕文そだ・つ〔タ下二〕❶手間をかけて養い成長させる。養育する。「実の子同様に━・てる」「苗を━・てる」❷能力などが伸びるように教え導く。手を掛けてやったり、教え鍛えたりして、一人前として通用するまでにする。「後継者を━・てる」「選手を━・てる」❸㋐小さな規模で出発した組織・団体などを発展させる。「地場産業を━・てる」㋑ある考え方・気持ちなどが伸びていくように力を尽くす。「独立心を━・てる」「夢を━・てる」❹手なずける。おだてる。そそのかす。「人に━・てられ、けしかけられ」〈浄・油地獄〉➡養う 用法
類語 (❶)育む・養う・養育する・扶育する・哺育する・愛育する・撫育する (動植物を)飼育する・飼養する・栽培する・培養する/(❷)育成する・養成する・育て上げる・教える・導く・仕付ける・仕込む・薫陶・教育・訓育・薫育・教化・教学・文教・育英・指導・指南・教授・教習・手ほどき・コーチ/(❸㋑)養う・培う・育む・涵養する
そだ-まき【粗×朶巻(き)】魚を捕るために水中に沈める、竹や木の枝の束ねたもの。また、その漁法。魚やエビなどが入るのを待ち、周囲を網でおおって引き上げる。
そ-だ・る【▽具足る】〔動ラ四〕十分に備わり足りている。「八十種と━・れる人の」〈仏足石歌〉
そ-たん【粗炭】土質を含んだ粗悪な石炭。泥炭・亜炭など。
そたんしゅう【曽丹集】平安末期の私家集。1巻。曽禰好忠の作。毎月集と百首および源順らの答歌百首などからなる。書名は曽禰好忠が丹後掾であったところからの名。曽禰好忠集。
そち【▽帥】律令制で、大宰府の長官。そつ。
そ-ち【素地】▶そじ(素地)
そ-ち【措置】〔名〕スル ❶事態に応じて必要な手続きをとること。取り計らって始末をつけること。処置。「万全の━をとる」「適当に━する」❷安んじていること。また、物事をそのままに打ち捨てておくこと。「夷艦渡来の後…幕吏これを━するが故に天下騒然として」〈染崎延房・近世紀聞〉
ソチ〘Sochi〙ロシア連邦南西部、クラスノダール地方の保養都市。黒海東岸に面する。気候が温暖で、鉱泉浴などの保養施設も多い。2014年冬季オリンピックの開催都市。
そ-ち【×其▽方】〔代〕❶中称の指示代名詞。そちら。そっち。「御膳を━へこしらえよ」〈露伴・五重塔〉❷二人称の人代名詞。下位の者に対して用いる。おまえ。なんじ。「━の事ぢゃが、何事を言ふぞ」〈虎明狂・張蛸〉
ゾチアルポリティーク〘ドイツ Sozialpolitik〙▶ソーシャルポリティック
そち-こち【×其▽方×此▽方】㊀〔代〕指示代名詞。あちらこちら。あちこち。方々。「━を尋ねてみる」㊁〔副〕❶あれこれ。「━する中、昼も過ぎた」❷だいたい。かれこれ。「彼も、もう━四〇だろう」
そちとら【×其▽方▽人▽等】〔代〕二人称の人代名詞。下位の者に対して、単数にも複数にも用いられる。おまえ。おまえたち。「町人の━までこの恩を忘るるな」〈浄・宵庚申〉
そち-にゅういん【措置入院】精神保健福祉法に基づき、都道府県知事の権限で、精神疾患により自傷・他害のおそれのある患者を、複数の指定医(精神科医)の判定によって強制的に病院に入院させること。
そち-めいれい【措置命令】消費者庁が、景品表示法に違反して、商品の品質や値段について実際よりも優れている、または安価であると消費者が誤解するような不当表示などをした業者に、その行為の撤回、再発の防止を命じる行政処分。命令に違反した場合、2年以下の懲役刑または300万円以下の罰金

刑が科せられる。➡排除措置命令 (補説)以前は公正取引委員会が「排除命令」として行っていたが、平成21年(2009)9月に景品表示法の所管が公正取引委員会から消費者庁に移管されたのに伴い「措置命令」と名称が変更された。

そ-ちゃ【粗茶】粗末な茶。茶を人にすすめるときにへりくだっていう語。「―ですが一服どうぞ」

そ-ちゅう【×疏注┆×疏×註】注釈。また、前の注釈にさらにほどこした注釈。

そ-ちゅうし【祖沖之】[429～500]中国、南朝宋の数学者・天文学者。字は文遠。太史令(天文台長)。数学書「綴術」では、円周率の近似分数7分の22(約率)、113分の355(密率)、近似値3.1415926が記述されていたと伝えられる。大明暦を作成したことでも知られる。

そ-ちょう【租帳】奈良・平安時代、諸国から前年度の租の納入状況を中央に報告した帳簿。国司から太政官へ送られた。輸租帳。

そ-ちょう【×蘇張】中国、戦国時代のすぐれた遊説家である蘇秦と張儀。転じて弁舌のすぐれた人。雄弁家。

そちょう-の-べん【×蘇張の弁】弁舌がすぐれて巧みなこと。雄弁。蘇張の舌。

そち-ら【×其▽方】〔代〕❶中称の指示代名詞。㋐聞き手に近い方向をさす。「―は遠回りですよ」㋑聞き手のいる、またはその方向にある場所をさす。「私のほうから―に伺います」「―はもう暖かくなりましたか」㋒聞き手の近くにある物をさす。「―はお買い得ですよ」❷二人称の人代名詞。聞き手自身、また聞き手の側をさす。「―の意見を聞かせてください」❸三人称の人代名詞。聞き手のすぐそばにいる人をさす。同等以上の人に用いる。その人。「―を私に紹介してください」(補説)「そっち」よりも丁寧な言い方。(類語)こちら・こっち・そっち・あちら・あっち・かなた・向こう

そちら-こちら【×其▽方×此▽方】〔代〕「そちこち㊀」に同じ。「―をさがしまわる」

そ-ちん【訴陳】❶訴訟の内容を陳述すること。❷中世、訴人(原告)と論人(被告)がそれぞれ訴状と陳状により申し立てをすること。

そちん-じょう【訴陳状】訴人の訴状と論人の陳状。

そつ ❶手抜かり。手落ち。「―のない答え」❷むだ。むだな費用。「―ガ出ル」〈和英語林集成〉

　そつが無・い 手落ちがない。手抜かりがない。むだがない。「何をさせても―・い」

そつ【卒】❶下級の兵士。兵卒。「将も一も一丸となって戦う」❷「卒業」の略。「大―」❸「卒去」に同じ。❹「卒族」に同じ。➡漢「そつ(卒)」

そつ【▽帥】►そち(帥)

そ-つい【訴追】〔名〕スル ❶検察官が刑事事件について公訴を提起し、それを遂行すること。❷弾劾の申し立てをして裁判官・人事官の罷免を求めること。❸検事総長などが司法警察職員に対する懲戒処分を求めること。

そ-つう【疎通┆×疏通】〔名〕スル ふさがっているものがとどこおりなく通じること。また、筋道がよく通ること。「意思の―を欠く」「意思が―する」(類語)通う・通じる

そつ-えん【卒園】〔名〕スル 幼稚園または保育園を卒業すること。「―記念」(類語)卒業

そつ-えん【卒煙】〔名〕スル 喫煙をやめること。特に、一時的な禁煙ではなく、完全に喫煙を断つことをいう。(補説)平成12年(2000)ごろから広まり始めた語。

そつえん-しき【卒園式】幼稚園や保育園から卒園するに際し、行う儀式。

そっ-か【即下】すぐ下。また、すぐあと。「ある大きな口の債件が首尾よくかたがついた―で」〈蘆花・思出の記〉

そっ-か【足下】㊀〔名〕❶足の下。足もと。「―にひれ伏す」❷相手の足もと、あなたのそばの意で、手紙の脇付に用いる語。「田中太郎様―」㊁〔代〕二人称の人代名詞。同等、または、それ以下の相手に用いる敬称。貴殿。「―の御尽力を謝す」

(類語)(❷)侍史・机下・台下・座右・硯北・膝下・玉案下・御許・御前・拝

ぞっ-か【俗化】〔名〕スル 世俗の風潮に感化されること。下品で俗っぽくなること。「年を追って古都が―する」

ぞっ-か【俗家】僧ではない、普通の人。俗人。また、その家。

ぞっ-か【俗歌】世間のはやり歌。流行歌。

ぞっ-かい【俗戒】仏語。在家の信者が守らなければならない戒。五戒はその一。在家戒。

ぞっ-かい【俗界】世俗の人の住んでいる所。わずらわしい世の中。俗世間。

(類語)俗世間・世俗・塵界・濁世・風塵

ぞっ-かい【俗解】〔名〕スル 学問的ではなく、通俗的な解釈をすること。また、その内容。「語源―」

ぞっ-かい【賊×魁】賊徒のかしら。賊軍の大将。「一頼朝世に出て」〈染崎延房・近世紀聞〉

ぞっ-かい【続開】〔名〕スル 中断した会議などを引き続いて開くこと。「昼食後も審査会を―する」

ぞっ-かく【俗客】風流・風雅を理解できない人。また、僧に対して、在家の人。俗人。ぞっきゃく。「世間―の無礼なる何ぞ斯の如くなるや」〈織田訳・花柳春話〉

ぞっ-かく【属格】《genitive case》印欧語などでの格の一。主に所有・所属などの関係を示す格。日本語ではふつう、格助詞「の」で表す。

そっかく-き【測角器】角度を測る器具・器械。分度器・トランシットなど。角度計。

そっ-かざん【側火山】火山の中腹や裾野にできた小火山。富士山にある宝永山など。寄生火山。

そっ-かざん【×熄火山】►休火山

そっ-かん【速乾】短時間で乾くこと。すぐ乾くこと。「―性の塗料」

そっ-かん【測×桿】測量の目標・尺度として用いる木製の丸棒。長さ2～3メートルで、20センチごとに白・赤交互に塗ったもの。

ぞっ-かん【俗間】俗人の住む世の中。世間。民間。(類語)世間

ぞっ-かん【属官】❶上役に付き従う官吏。❷旧制度で、各官庁に所属する判任官の文官。属。

(類語)属吏・下僚・属僚・小吏・小官・下役・小役人

ぞっ-かん【続刊】雑誌などを引き続き刊行すること。また、その刊行物。「―を出す」

そっ-き【速記】〔名〕スル ❶すばやく書き記すこと。特に、速記術を用いて演説・談話などを書き取ること。「対談を―する」❷「速記術」の略。「―を覚える」❸「速記者」の略。「―を雇う」❹「速記録」の略。「―を読む」

そっ-き【測器】観測・測量などに使用する計測機器。「これ等の―を以て天象を観察する間に」〈中村訳・西国立志編〉

ぞっき ❶投げ売りなどによる安売り。❷全部ひとまとめにして売買すること。「何でもいいから突込んで、―で直をよく買ひなせえ」〈伎・霜夜鐘十字辻筮〉

そっき-きごう【速記記号】速記用の符号。ふつうの文字とは全く異なり、日本語の場合、仮名より多くの種類がある。

そっき-しゃ【速記者】速記をする人。また、速記を職業とする人。

そっき-じゅつ【速記術】特殊な記号を使って、演説・談話などを聞きながら書き取り、あとで普通の文字に直す技術。速記法。

ぞっき-ぼん【ぞっき本】定価を度外視した安値で投げ売りにされる出版物。見切り本。

ぞっき-や【ぞっき屋】ぞっき本を売る店。(補説)「ぞっき❷」の意からとも、「そぎや(殺屋)」の音変化とも。

そっ-きゅう【速急┆即急】〔名・形動〕大急ぎであること。また、そのさま。至急。早急。「―な(の)用件」

そっ-きゅう【速球】野球で、投手の投げる速度のはやい球。スピードボール。

そっ-きょ【卒去】〔名〕スル《「しゅっきょ(卒去)」の慣用読み》身分のある人が死ぬこと。特に律令制では、四位・五位の人の死をいう。「長門にて―せし錦小路頼徳の官爵を復る」〈染崎延房・近世紀聞〉

(類語)崩御・薨去・お隠れ・逝去

そっ-きょ【卒×遽】物事がにわかに起こること。突然のことで慌てること。

そっ-きょ【測距】〔名〕スル 目標までの距離を測ること。「レーザー―」「音響―」

そっ-きょう【即興】❶その場で起こる興味。「今宵限りの朧だものと、―にそそのかされて」〈漱石・虞美人草〉❷その場の感興を即座に詩歌や音楽などに作ること。「―の歌をよむ」

(類語)座興・余興・アトラクション・お慰み

そつ-ぎょう【卒業】〔名〕スル ❶学校の全課程を学び終えること。「大学を―する」「―式」(季 春)「校塔に鳩多き日や―す/草田男」❷ある段階や時期を通り過ぎること。「ボウリング通いはもう―した」

(類語)(❶)修業・修了・得業・巣立ち・卒・卒園（―する)終える/(❷)完了・通過

ぞっ-きょう【俗境】❶世俗の人の住む世界。俗世間。❷風流な趣のない所。俗っぽい土地。

そつぎょう-アルバム【卒業アルバム】卒業に際して、卒業生や教員に配られる写真帳。卒業生や教員の顔写真のほか、在学時の行事の様子を撮影した写真などが掲載されるものが一般的。

そっきょう-えんそう【即興演奏】楽譜によらず、演奏者が即興的に楽曲を創作したり主題を発展させたりしながら演奏すること。インプロビゼーション。

そっきょう-きょく【即興曲】即興的な気分をもつ器楽小品。19世紀ロマン派の作曲家に好まれた。アンプロンプチュ。

そっきょう-げき【即興劇】筋立てだけ決めておいて、あとは当意即妙のせりふやしぐさによって演じる劇。

そっきょう-し【即興詩】その時その場の感興を即興的にまとめた詩。

そつぎょう-しき【卒業式】卒業に際し、行う儀式。➡卒業❶

そっきょう-しじん【即興詩人】即興詩を得意の芸として諸国を放浪する詩人。◆書名別項。

そっきょうしじん【即興詩人】《原題、デンマ Improvisatoren》アンデルセンの小説。1835年刊。イタリアを舞台に、詩人アントニオの遍歴の旅と、友情、恋を描く。森鷗外の翻訳が有名。

そつぎょう-せい【卒業生】その学校を卒業する者。また、その学校を卒業した者。(季 春)

そっきょう-てき【即興的】〔形動〕その時、その場の雰囲気や感興にしたがって物事をするさま。「―な作品」

そつぎょう-りょこう【卒業旅行】就職や進学の決まった学生が卒業前に行く記念旅行。

そつぎょう-ろんぶん【卒業論文】大学の学部の学生が卒業に際して提出し、審査を受ける論文。卒論。

そっきょ-ぎ【測距儀】目標までの距離を測る装置。長さのわかっている基線の両端と目標とのなす角度を利用して測る。

ぞっ-きょく【俗曲】酒席などで座興に歌われる短い三味線声曲。都々逸・かっぽれ・さのさなど。

(類語)俗謡・流行歌・歌謡曲

そっき-ろく【速記録】速記術で書き取ったあと普通の文字に直したもの。演説・談話などの忠実な記録。

そっ-きん【即金】買った品物の代金をその場で支払うこと。また、その金銭。「―で買う」

そっ-きん【速筋】►速筋線維

そっ-きん【側近】権力者や貴人のそば近く仕えること。また、その人。「大統領の―」

(類語)側仕え・侍従

そっきん-せんい【速筋線維┆速筋繊維】骨格筋の筋線維の種類の一。ミオグロビンがほとんどないため白く見える。速い速度で収縮し、大きな力

を瞬間的に発揮する。瞬発力に優れた筋肉。速筋。白筋。白色筋。敏速筋。➡遅筋線維

ソックス〖socks〗くるぶしの上くらいまでの短い靴下。(類語)靴下・ストッキング・タイツ

ソックス〖SOx〗二酸化硫黄SO_2や三酸化硫黄SO_3などの硫黄酸化物のこと。ノックス(NOx)とともに大気汚染の主原因物質。

そっ-くつ【側屈】ｿｸｸﾂ〔名〕ｽﾙ からだを側方に曲げること。「一運動」

そっ-くび【素っ首】「そくび」の促音添加。

そっくり ㊀〔形動〕非常によく似ているさま。「父親に一な顔」㊁〔副〕欠けることのないさま。そのまま。残らず。全部。「昔の建物が一残る」

(類語)(㊀)瓜二つ・生き写し・そのまま・酷似・相似・似通う/(㊁)すべて・みな・何もかも・ことごとく・なべて・悉皆しっかい・残らず・余すところなく・漏れなく・逐一ちくいち・すっかり・洗い浚ざらい・一から十まで

そっくり其その儘まま 二つの物事・状態がまったく同じであるさま。「一に復元する」「金を一返す」

ぞっくり〔副〕残らず、全部。すっかり。そっくり。「根から一髪を切られた女の噂」〈秋声・仮装人物〉

そっくり-かえ・る【反っくり返る】ｿｯｸﾘｶｴﾙ〔動ラ五(四)〕《「そりくりかえる」の音変化》❶うしろや反対側にそり曲がる。そりかえる。「板が乾燥して一・る」❷いばってからだをそらせる。また、いばりくさった態度をとる。「自信ありげに一・る」

ソックレット〖socklet〗くるぶしまでの長さで、トップの部分を折り返した短い靴下のこと。主に婦人・子供用。

そっ-け【素っ気】(多く「そっけがない」「そっけもない」の形で)おもしろみ。味わい。愛想。「一のない応対」「味も一もない」

ぞっ-け【俗気】ｿﾞｸｹ ➤ぞくけ(俗気)

そっ-けつ【即決】ｿｸｹﾂ〔名〕ｽﾙ 即座に決定、または裁決すること。「緊急動議を一する」「即断一」

そっ-けつ【速決】ｿｸｹﾂ〔名〕ｽﾙ すばやく決めること。「採用を一する」「一戦法」

そっけつ-さいばん【即決裁判】ｿｸｹﾂ 公開の法廷で簡略な手続きにより、原則として1回の期日内に行われる裁判。軽微な犯罪事件に対する科刑手続きとして用いられる。死刑・無期・短期1年以上の懲役・禁錮に相当する事件には適用されない。実刑判決はなく、懲役・禁錮刑には執行猶予が付くが、事実誤認を主張して上訴することはできない。

そっけつ-の-かん【則×闕の官|即×闕の官】ｿｸｹﾂﾉｸﾜﾝ《「養老令」職員令の「太政大臣一人、…其の人なければ則ち闕かく」から》太政大臣だいじょうだいじんの異称。

そっけ-な・い【素っ気無い】〔形〕㊇そっけな・し〔ク〕他人に対する思いやりや温かさが感じられない。すげない。「一・く答える」「一・い態度」(派生)そっけなさ〔名〕(類語)すげない・つれない・よそよそしい・にべない・けんもほろろ・冷たい

ぞっ-けん【俗見】ｿﾞｸｹﾝ 俗人の見識。卑俗な考え。

そつ-ご【卒×伍】❶中国周代の軍隊及び人民の編成。五人一組を伍、百人一組を卒と称した。❷身分の低い者。庶民。❸兵卒の組。また、それに編入された者。

そっ-こう【即行】ｿｸｺｳ〔名〕ｽﾙ すぐ行うこと。即座に実行すること。「災害対策を一する」

そっ-こう【即効】ｿｸｺｳ・【即功】ｿｸｺｳ すぐにききめが現れること。「一を期待する」

そっ-こう【速攻】ｿｸｺｳ〔名〕ｽﾙ 競技・試合などで、相手にすきを与えず機敏に攻撃すること。また、そのような攻撃。「一して敵の機先を制する」

(類語)強攻・先攻・後攻・カウンターアタック

そっ-こう【速効】ｿｸｺｳ ききめがはやく現れること。㊀遅効。

そっ-こう【側溝】ｿｸｺｳ 排水のために道路や線路のわきに設ける溝。

そっ-こう【測光】ｿｸｸﾜｳ 光の強さを測ること。ふつう光度・照度・輝度・光束などの測定をいい、物理測定では光の放射エネルギーの測定をいう。

そっ-こう【測候】ｿｸｺｳ 気象を観測すること。

ぞっ-こう【俗講】ｿﾞｸｺｳ 中国、唐代に行われた仏教の講釈。仏教説話を描いた絵や韻文を用いるなどして平易に説いたもので、その台本を変文という。宋・元代には仏教を離れ、講談から通俗小説に発展した。

ぞっ-こう【属×絋】ｿﾞｸｸﾜｳ《「絋」は新しい綿の意。昔、中国で、綿を鼻や口に当てて呼吸の有無を確かめたことから》人の死に際。臨終。しょっこう。

ぞっ-こう【続行】ｿﾞｸｶｳ〔名〕ｽﾙ 引き続いて行うこと。「捜査を一する」(類語)続ける・ぶっ通し・ぶっ続け

ぞっ-こう【続航】ｿﾞｸｶｳ〔名〕ｽﾙ 続けて航行すること。「長く一することのできる船舶」

ぞっ-こう【続稿】ｿﾞｸｶｳ 続きの原稿を書くこと。また、その原稿。

そっこう-き【測光器】ｿｸｸﾜｳｷ 光の強さ・明るさの度合いを測る装置。光度計・照度計・光束計など。

そっこう-き【測高器】ｿｸｶｳｷ 樹木、建物などの高さを測定する器具。

そっこう-し【即効紙】ｿｸｶｳｼ 鎮静剤・清涼剤などを塗った紙。昔、頭痛・歯痛などのとき患部にはった。

そっこう-じょ【測候所】ｿｸｺｳｼﾞｮ 気象庁に付属する地方機関。担当地域の気象観測・地震観測を行い、一部では天気予報・気象警報などの発表も行っている。

そっこうせい-ひりょう【速効性肥料】ｿｯｶｳｾｲﾋﾚｳ 効果が短時日に現れる肥料。硫安・硫酸カリなど。

そっこう-やく【即効薬】ｿｸｶｳﾔｸ ききめがすぐに現れる薬。また、すぐに効果が現れるもののたとえ。「景気回復の一」

そっ-こく【即刻】ｿｸｺｸ すぐその時。すぐさま。即時。多く副詞的に用いる。「一判断を下す」「一退去せよ」(類語)即座・即時・時を移さず・間髪を容いれず

ぞっ-こく【属国】ｿﾞｸｺｸ 他の国の支配を受ける国。従属国。(類語)従属国・衛星国・保護国・植民地・自治領・属領

そっ-こつ【足骨】ｿｸｺﾂ 下肢骨のうち、足首から先の骨。足根骨・中足骨・指骨からなる。

ぞっ-こつ【俗骨】ｿﾞｸｺﾂ 卑しい生まれつき。卑しい気質。また、その人。「平常罵倒して居る一共と一つ穴の動物になるのは」〈漱石・吾輩は猫である〉

そっ-こん【即今】ｿｸｺﾝ ただいま。現在。目下。副詞的にも用いる。「一の政情は予断を許さない」「試合は一有利に展開しつつある」(類語)今・只今ただいま・現在・現時点・現時・現下・目下・刻下・時下

そっ-こん【側根】ｿｸｺﾝ 主根から枝分かれして生ずる根。枝根えだね。支根。

ぞっ-こん《古くは「そっこん」》㊀〔形動〕心底からほれ込んでいるさま。「彼は彼女に一だ」㊁〔副〕心から。まったく。「一ほれ込む」㊂〔名〕心の底。しんそこ。「あぁ一から嬉しかろ」〈浄・関八州繋馬〉

そっこん-こつ【足根骨】ｿｸｺﾝｺﾂ 足首・かかとを形づくる骨の総称。距骨・踵骨しょうこつと舟状骨・楔状骨けつじょうこつ3個・立方骨の7個からなる。跗骨ふこつ。

そつ-じ【卒×爾|率×爾】〔名・形動〕❶にわかなこと。また、そのさま。だしぬけ。突然。「驚ろかされた人のように、一な質問を掛けた」〈漱石・明暗〉❷軽率なこと。また、そのさま。かるはずみ。「為朝一に死すべからず」〈読・弓張月・続〉❸失礼な振る舞いをすること。無礼。「何の遺恨も候はねば一いたさん様もなし」〈浄・碁盤太平記〉

そつじ-ながら【卒×爾×乍ら】〔副〕突然で失礼だが。人に声を掛けたりするときに用いる。「一少々おたずねします」

そつ-じゅ【卒寿】《「卒」の俗字「卆」が「九」と「十」から成り立っているところから》数え年90歳のこと。また、その祝い。(類語)志学・破瓜はか・弱冠・而立じりつ・不惑・知命・耳順・華甲・還暦・古希・致仕・喜寿・傘寿・米寿・白寿・厄年

そっ・す【卒す】〔動サ変〕「しゅっす」に同じ。〈書言字考節用集〉

そっ-せん【率先|▽帥先】〔名〕ｽﾙ ひとの先に立って事を行うこと。進んで事をすること。「一して手伝う」(類語)音頭取り

漢字項目　そつ

【▽帥】➤すい

卒 (学)4 (音)ソツ(漢)　シュツ(漢)　(訓)おわる、おえる‖①下級の兵士。「弱卒・従卒・兵卒・邏卒らそつ」②急なさま。にわかに。「卒爾そつじ・卒然・卒中・卒倒/倉卒」③おわる。おえる。「卒業」④卒業のこと。「高卒・新卒」⑤身分の高い人が死ぬ。「卒去」⑥(俗字「卆」の文字分析から)九十。「卒寿」(補説)⑤は正しくは「シュツ」と読む。「卆」は俗字。(名付)たか (難読)卒塔婆そとば・何卒なにとぞ

率 (学)5 (音)ソツ(漢)　リツ(漢)　(訓)ひきいる‖㊀〈ソツ〉①全体をまとめてひきいる。「率先/引率・統率」②したがう。「率土そつど・率由」③あるがまま。「率直/真率」④急なさま。にわかに。「率爾そつじ/軽率」㊁〈リツ〉全体に対する部分の割合。「確率・高率・勝率・能率・倍率・比率・利率・百分率」(名付)のり・より

そつ-ぜん【卒然|率然】〔ト・タル〕㊇〔形動タリ〕事が急に起こるさま。だしぬけ。突然。しゅつぜん。「一として姿を消す」

そっせん-きゅうこう【率先×躬行】ｿｯｾﾝｷｳｶｳ 先頭に立ってみずから実践すること。

そっせん-すいはん【率先垂範】先頭に立って模範を示すこと。

そつ-ぞく【卒族】明治初期、軽輩武士に対する身分的呼称。明治5年(1872)世襲であった者を士族、1代限りの者を平民に編入して廃止。卒。

そっ-たく【×啐×啄】《「啐」はひなが卵の殻を破って出ようとして鳴く声、「啄」は母鳥が殻をつつき割る音》❶禅宗で、導く師家しけと修行者との呼吸がぴたりと合うこと。❷またとない好機。「利家も内々かく思ひ寄りし事なれば、一に同じ」〈太閤記・四〉

そっ-ち【×其▽方】〔代〕《「そち」の促音添加》中称の指示代名詞。「そちら」よりもややくだけた感じの語。「いま一へ行くから待っててくれ」「悪いのは一だ」➡そちら (類語)こちら・こっち・そちら・あちら・あっち・かなた・向こう

そっち-こっち【×其▽方×此▽方】《「そちこち」の促音添加》㊀〔代〕「そちこち㊀」に同じ。「一で虫が鳴く」㊁〔副〕「そちこち㊁」に同じ。「ちっと起こしたとって、一言やあがるから」〈洒・甲駅新話〉「もう一夜が明けるだらう」〈洒・廓宇久為寿〉

そっち-のけ【×其▽方▽退け】〔名・形動〕❶かまわずにほうっておくこと。また、そのさま。「勉強を一にして遊ぶ」❷本職をしのぐこと。また、そのさま。そこのけ。「玄人くろうと一の腕前」(類語)ほったらかし

そっ-ちゅう【卒中】脳卒中のこと。卒中発作。

そっ-ちょく【率直】〔名・形動〕ありのままで隠すところがないこと。また、そのさま。「一に言えば」「一な意見を求める」(補説)「卒直」と書くこともある。(派生)そっちょくさ〔名〕(類語)有り体てい・ありのまま・フランク

そっ-と【率土】陸地の続くかぎり。国の果て。「一のうち、いづくに鬼神のすむべきぞ」〈伽・酒呑童子〉

そっ-と〔副〕ｽﾙ ❶音を立てないように物事をするさま。静かに。「障子を一閉める」❷他人に気づかれないように物事をするさま。こっそり。ひそかに。「秘密を一打ち明ける」❸干渉しないで、静かにしておくさま。「しばらく一しておこう」❹少し。ちょっと。「沢山にあらば、皆々を申し入れうが、一した樽を下された程に」〈虎明狂・口真似〉(類語)(❷)こっそり・ひそか・忍びやか・内内うちうち・内内ないない・内密・内裏うちうら・内緒・内分・内聞・秘密

ぞっ-と〔副〕ｽﾙ 寒さや恐怖などのために、また、強い感動を受けて、からだが震え上がるさま。「一寒気をおぼえる」「今地震が来たらと思うと一する」「一するほどの美人」

ぞっとし◦ない おもしろくない。あまり感心しない。「引出物にするには一◦ない品だ」(補説)文化庁が発表した平成18年度「国語に関する世論調査」では、「今の映画は、余りぞっとしないものだった」を、本来の意味である「おもしろくない」で使う人が31.3パーセ

ント、間違った意味「恐ろしくない」で使う人が54.1パーセントと、逆転した結果が出ている。

そっ-とう【卒倒】ソッ〔名〕スル 脳貧血などにより突然意識を失って倒れること。「驚きのあまり―する」

(類語)昏倒こんとう・倒れる・ひっくり返る

そつ-どく【卒読】〔名〕スル 読みおえること。読了。また、ざっと読むこと。「手紙を―する」「終わりのほうは…駈け足で―した」〈嘉村・業苦〉

そっと-の-ひん【率土の浜】《「詩経」小雅・北山から》陸地と海との接する果て。また、国土。

ソット-ボーチェ〖イタ sotto voce〗音楽の演奏標語の一つ。「小声でささやくように」の意。

そっと-も〔副〕少しも。ちっとも。あとに打消しの語を伴って用いる。「―苦しうござりませぬ」〈咄・鹿の子餅〉

そっ-ぱ【反っ歯】《「そりは」の音変化》上の前歯が普通よりも斜め前方に出ていること。また、その歯。出っ歯。

ソッパ-デ-アホ〖スペイン sopa de ajo〗スペイン料理のニンニクを使ったスープ。オリーブ油でいためたニンニクにブイヨン、トーストしたフランスパンなどを加え、卵をおとしたもの。

そつひこ-まゆみ【▽襲津×彦真弓】葛城かつらぎの襲津彦が用いたという強い弓。「葛城の―荒木にも頼めや君が我が名告のりけむ」〈万・二六三九〉

ソップ〖オランダ sop〗スープ。

ソップ-がた【ソップ形】相撲で、やせた力士の体形のこと。スープを作るのに鶏がらを用いるところからいう。➡鮟鱇あんこう形

そっ-ぽ【▽外▽方】《「そっぽう」の音変化》よその方向。別の方。

外方を向・く 見るべき方向を見ないで、よその方向を見る。転じて、服従・協調しない態度をとる。「部下に―・かれる」

そっ-ぽう【▽外方】ソッ ❶《「そはう(其方)」の音変化か》「そっぽ」に同じ。「厭いやな顔をして―を向いて了しまう」〈風葉・下士官〉❷《「そっ頬ぽ」からともいう》頬ほおを乱暴にいう語。横っつら。「―を打はり曲げるが主義で」〈二葉亭・浮雲〉

そっぽう-めっぽう【▽外方滅法】ソッポウメッポウ〔副〕《「めっぽう」を強めた語》めったやたらに。めちゃくちゃに。「死ぬるとも一人死なうかと―打ち立つる」〈浄・博多小女郎〉

そつ-ろん【卒論】「卒業論文」の略。

そで【袖】❶衣服の身頃みごろについて、両腕を覆うもの。和服ではたもとの部分を含めていう。「―をたくしあげる」❷建造物・工作物などの本体の両わき、または片方にあるもの。門のわきの小さな門、机のわきの引き出しなど。❸舞台の左右の端。「―で出を待つ」❹文書の初め、右端の余白。❺鎧よろいの付属具。肩からひじの部分を覆い、矢や刀を防ぐもの。❻牛車ぎっしゃや輿こしなどで、出入り口の左右の張り出した部分。(類語)(❶)振袖・留袖・袂たもと

(下接語)大袖・角袖・片袖・元禄げんろく袖・小袖・籠手こて袖・衮竜こんりょうの袖・七分袖・削そぎ袖・誰たが袖・筒袖・壺つぼ袖・詰め袖・鉄砲袖・留袖・長袖・薙なぎ袖・名残の袖・花の袖・半袖・平袖・広袖・振袖・巻袖・丸袖・諸もろ袖・両袖

袖打ち合わ・す かしこまって左右の袖を寄せ合わせる。相手に対する敬意を表す。袖掻き合わす。「―・せて立ちたるこそをかしけれ」〈枕・七六〉

袖返・す ❶袖を裏返しにする。こうして寝ると、夢に恋人が現れるという俗信があった。「我妹子わぎもこに恋ひてすべなみ白たへの―・ししは夢に見えきや」〈万・二八一二〉❷舞うときなどに、袖をひるがえす。「のどかに―・す所を」〈源・花宴〉

袖反・る 袖や袂たもとが風にひるがえる。

袖掻き合わ・す 「袖打ち合わす」に同じ。「少将―・せ、生きたる人に物を申すやうに、泣く泣く申されけるは」〈平家・三〉

袖片敷・く 片袖を敷いて寝る。独り寝をする。袖を片敷く。「別れにし妹が着せてしなれ衣―・きてひとりかも寝む」〈万・三六二五〉

袖すり合うも多生たしょうの縁えん 「袖振り合うも多生の縁」に同じ。

袖に時雨しぐ・る 袖に時雨が降りかかる。袖に涙が落ちるたとえ。「我ながら思ふか物をとばかりに―・るる庭の松風」〈新古今・雑中〉

袖に縋すが・る 袖にとりついて哀れみを請う。助けを求める。「知人の―・って命をつなぐ」

袖に◦する 親しくしていた人をないがしろにする。冷淡にあしらう。「恋人を―◦する」

袖に露つゆ置・く 露がかかって袖がぬれる。また、涙で袖がぬれる。「草の葉にあらぬたもとも物思へば―・く秋の夕暮れ」〈山家集・下〉

袖に湊みなとの騒・ぐ 港に波が打ち寄せて騒ぐように、袖に涙がひどく流れる。「思ほえず―・ぐかなもろこし舟の寄りしばかりに」〈伊勢・二六〉

袖振り合うも多生たしょうの縁えん 道で人と袖を触れあうようなちょっとしたことでも、前世からの因縁によるものだ。袖すり合うも多生の縁。➡多生の縁 (補説)「多生」は、仏語で、何度も生まれ変わること。「他生の縁」とも書くが、「多少の縁」と書くのは誤り。

袖振・る ❶別れを惜しんだり、愛情を示したりするために、袖を振る。「白波の寄そる浜辺に別れなばいともすべなみ八度やたび―・る」〈万・四三七九〉❷袖を振って舞う。「唐人の―・ることは遠けれど立ち居につけてあはれとは見き」〈源・紅葉賀〉

袖纏まき干ほ・す 《「纏き干す」は、共寝の枕にして乾かすこと》共寝して、涙に濡れた袖を乾かす。

袖を片敷かたし・く 「袖片敷く」に同じ。

袖を絞・る 涙でぬれた袖を絞る。ひどく涙を流すことにいう。「墨染の―・りつつ、泣く泣く罷まかり出でられけり」〈平家・灌頂〉

袖を連つら・ねる 大ぜいの人が連れ立って行く。また、行動を共にする。「―・ねて出かける」

袖を通・す 衣服を着る。特に、はじめてその衣服を着ることにいう。「新しいスーツに―・す」

袖を引・く ❶袖を引いて人を誘う。催促する。「早く帰ろう、と母親の―・く」❷人の袖を引いてそっと注意する。「もっと小さい声でと―・く」

袖を広ひろ・ぐ 《袖を広げて金品を受けることから》物乞いをする。

袖を分か・つ 一緒にいた人と別れる。関係を断つ。袂たもとを分かつ。「盟友と―・つ」

そで-あみ【袖網】漁網の両わきに、さらに補助的に取り付ける網。

そ-てい【措定】❶ある事物・事象を存在するものとして立てたり、その内容を抽出して固定する思考作用。❷「定立」に同じ。

ゾディアック〖zodiac〗黄道帯。また、黄道十二宮およびその図。➡ホロスコープ

ソディー〖Frederick Soddy〗[1877～1956]英国の物理化学者。放射性元素の崩壊現象を研究し、同位体の存在を初めて主張。1921年、ノーベル化学賞受賞。著「放射能」「原子の説明」など。

そで-いか【袖烏=賊】ソデイカ科の頭足類。約80センチの外套膜がいとうまくの全縁にひれがあるイカ。暖海域に分布し表層を遊泳。おおとびいか。

そで-いし【袖石】石段の左右に置く石。耳石みみいし。

そていじえん【祖庭事苑】ソテイジエン 中国の字典。8巻。宋の睦庵善卿撰。1098～1110年刊。「雲門録」などの禅宗関係の図書から熟語二千四百余語を採録し、その典拠を示して注釈を加えたもの。

そで-うつし【袖移し】他人から見えないように、自分の袖から相手の袖へこっそりと渡すこと。内密に渡すこと。「妻め、商人あきびとを喚よびて玉を―に返し渡しつ」〈今昔・二・三三〉

そで-うら【袖裏】衣服の袖の裏につける布。

ソテー〖フランス sauté〗西洋料理で、肉や魚や野菜をバターなどでいため焼きにすること。また、その料理。「ポークー」

そで-おうぎ【袖扇】ソデおうぎ 江戸時代、奥女中の中老以上の者が持つ扇。長さ6寸7分(約20.3センチ)。黒塗りの骨に鳥の子紙をはり、縁起のよい絵を描いた。

そで-がい【袖貝】ソデがひ スイショウガイ科の巻き貝で、殻口の外唇が袖のように張り出した形のものの総称。シドロガイ・マガキガイ・ベニソデガイなど。

そでがうら【袖ケ浦】千葉県中西部、東京湾沿いの市。京葉工業地域の一部で、埋め立て地に石油化学工場がある。人口6.0万(2010)。(補説)もとは東京湾の東一帯、船橋から木更津にかけての沿岸の称。

そでがうら-し【袖ケ浦市】➤袖ケ浦

そで-かがみ【袖▽鑑】袖にはいるぐらいの小さな案内書。

そで-がき【袖垣】❶建物などのわきに添える幅の狭い垣。❷和船の艫ともの ほうに、垣根のように高く作ったもの。

そで-がき【袖書(き)】❶古く、書面の袖(右端)に字句を書き添えたこと。また、その字句。国司などが認否の文言を記したものが多い。❷手紙の追伸。古くは書面の袖に書いた。おってがき。

そで-がさ【袖×笠】袖を頭上にかざして笠の代わりにすること。「柳の五重に紅の袴着て、―かづける女房あり」〈盛衰記・四二〉

そでがさ-あめ【袖×笠雨】袖笠でしのげるほどのわずかな雨。「―のやどりにも心とどめぬかり枕」〈浄・歌念仏〉

そで-ガッパ【袖ガッパ】袖をつけ、和服仕立てにしたカッパ。➡カッパ

そで-カバー【袖カバー】洋服の袖口からひじまでの部分を包んで保護する、筒状のおおい。腕カバー。

そで-かぶり【袖▽被り】葬送に際して、女性が白衣でからだを包み、その左袖を頭からかぶって背にたらすこと。

そで-かべ【袖壁】建物から外部へ突出させる幅の狭い壁。目隠し・防火・防音などのために用いる。

そで-がらみ【袖×搦み】江戸時代、罪人などを捕らえるのに用いた三つ道具の一。長い柄の先にたくさんの鉄のとげをつけ、犯人の袖などに絡ませて引き倒した。錑もじ。狼牙棒ろうがぼう。➡刺股さすまた ➡突棒つくぼう

そで-がわら【袖瓦】ソデがはら 切妻屋根などの端に用いる瓦。螻蛄羽けらば瓦。

そ-てき【祖逖】[266～321]中国、東晋の武将。字あざなは士稚。元帝にすすめて後趙こうちょうの石勒せきろくと戦い、黄河以南を晋の領土に回復した。

そで-ぎちょう【袖×几帳】ソデキチャウ 袖で顔をおおい隠すこと。袖を几帳に見立てていう語。そでのきちょう。「さて後に―など取りのけて」〈能因本枕・八六〉

そで-きり【袖切り】虹梁こうりょうの両端部の、斜めに薄く欠き取った部分。

そで-ぐくみ【袖▽包み】袖で包むようにすること。「怪しき物に、火をただほのかに入れて、―に持たり」〈源・末摘花〉

そで-ぐくり【袖▽括り】狩衣かりぎぬ・水干すいかん・直垂ひたたれなどの袖口に、長短交互に通した緒お。初めは行動に便利なようにこの緒をくくったが、のちには一種の装飾となった。袖の下に垂れた緒の先は露つゆという。

そで-ぐち【袖口】袖の端の、手首が出る部分。

そで-ぐり【袖×刳り】洋服の身頃みごろで、袖をつける部分のくり。アームホール。

そで-ぐるみ【袖▽包み】「袖袍そでほう」に同じ。

そでぐろ-づる【袖黒鶴】ツル科の鳥。全長約140センチ。全身白色で、初列風切り羽と初列雨覆いが黒く、顔の前面は赤い。シベリアで繁殖しインドで越冬。日本には迷鳥としてまれに渡来。

そで-ごい【袖乞い】ソデごひ〔名〕スル こじきをすること。また、こじき。ものもらい。「路端で―する」

そで-ごうろ【袖香炉】ソデガウロ ❶着物の中にしまって携帯する香炉。常に水平になるような仕掛けになっている。袖炉しゅうろ。❷地歌の曲名。鍔屋次郎兵衛かざりやじろべえ作詞、峰崎勾当みねざきこうとう作曲。天明5年(1785)に没した豊賀検校とよがけんぎょうの追善の曲として作られたもの。

そで-しぐれ【袖時-雨】袖に涙が落ちかかるのを、しぐれにたとえていう語。袖のしぐれ。「月もかたぶく胸の闇、髪のおくれのばらばらと、子に迷ひゆく―」〈読・本朝酔菩提・三〉

そで-した【袖下】❶和服で、袖の下端の部分。袖底。❷洋服で、わきの下の袖付けの位置から袖口までの部分。❸袖丈そでたけのこと。「一九寸に足らず」〈浮・一代男・二〉❹「袖の下」に同じ。「後家の—から、何にも成る物、大分もらひて」〈浮・好色盛衰記・一〉❺内密。ないしょ。「昔も今もかはらぬか、かの—のいひかはし」〈浄・薩摩歌〉

そでし-の-うら【袖師浦】静岡県静岡市東部、旧清水市の袖師の海岸。また、島根県松江市馬潟の中海の湖岸。一説に松江市の宍道湖しんじこ岸とも。〔歌枕〕「から衣—のうつせ貝むなしき恋に年の経ぬらむ」〈後拾遺・恋一〉

そで-しょう【袖章】ㇱャゥ 制服の袖につけて、所属・階級などを示す記章。

そで-じるし【袖印｜袖▽標】戦場で敵味方を見分けるため、鎧よろいの袖につけたしるし。主に布切れを用いた。袖の笠標かさじるし。

そで-ずきん【袖頭巾】ヅキン 江戸時代、女性が用いた、着物の袖の形をした頭巾。袖口から顔を出すようにしてかぶる。のち、御高祖おこそ頭巾となった。

そで-たけ【袖丈】衣服の袖の長さ。和服では袖山から袖下まで、洋服では肩先から袖口までの長さ。

そで-だたみ【袖畳み】和服の略式の畳み方。着物の背を内へ二つに折って、両袖を合わせてそろえ、袖付けのあたりで折り返す。

そ-てつ【×蘇鉄】ソテツ科の常緑低木。高さ約3メートル。葉は羽状複葉で、幹の最上部に束生する。雌雄異株。雌花は大胞子葉が多数重なって球形、雄花は小胞子葉が多数らせん状に並んで紡錘形をし、受精は精子による。八丈島・九州南部から南に自生。関東以南の暖地では観賞用に栽培される。幹の髄や種子のでんぷんを食用にするが、発癌はつがん物質を含む。名は、枯れかかったときに鉄釘を打ち込むとよみがえるというのに由来。〔季 花=夏〕

そ-てつ【蘇轍】［1039～1112］中国、北宋の政治家・文学者。眉山びざん(四川省)の人。字あざなは子由。号は潁浜遺老えいひんいろう。唐宋八家の一人。父蘇洵そじゅん・兄蘇軾そしょくと合わせ三蘇とよばれる。小蘇。著「詩伝」「春秋伝」など。

そで-つき【袖付き】❶「袖付け」に同じ。❷袖のついている衣服。「そでなし」に対していう。

そで-つけ【袖付け】衣服の袖と身頃みごろを縫いつけること。また、その部分。そでつき。

そでつけ-ごろも【袖付け衣】❶端袖はたそでのついた長袖の衣。「宮人の—秋萩ににほひ宜よろしき高円たかまとの宮」〈万・四三一五〉❷袖のついた衣。肩衣かたぎぬに対していう。「頸付うなつきの童髪わらはがみには結ひ幡はたの—着し我を」〈万・三七九一〉

そで-つま【袖×褄】着物の袖と褄。また、服装。身なり。「うち解くる世なく、—うち乱れずつくろひ居たり」〈たまきはる〉

袖褄を引・く 異性に言い寄る。「—・くにも、遠慮なく声高にして」〈浮・五人女・二〉

そで-とめ【袖止(め)｜袖留(め)】❶江戸時代、女子が成人に達した時、振袖をその半分ほどの普通の袖丈に縮めること。また、その祝い。とめそで。❷吉原で、振袖新造から、その上の階級である部屋持ちの留袖新造になること。また、その儀式。そでつめ。

そ-で-な-い【▽然で無い】〔形〕〔文〕そでな・し〔ク〕❶いけない。悪い。また、そっけない。「余り憎いな、—・い為方だ」〈紅葉・金色夜叉〉❷そうではない。違う。「安い物を高う売り、—・い物を、そぢゃと言うて売るを」〈虎明狂・末広がり〉

そで-なし【袖無し】❶袖のついていない衣服。「—のワンピース」❷「袖無し羽織」の略。〔季 冬〕「—を著て湖畔にて老いし人／虚子」

そでなし-ばおり【袖無し羽織】袖のない羽織。ちゃんちゃんこ。

そで-の-あめ【袖の雨】着物の袖をぬらす雨。悲しみの涙で袖がぬれることのたとえ。「またひとしきり—、晴間はしばしなかりけり」〈逍遥・桐一葉〉

そで-の-うめ【袖の梅】悪酔いや二日酔いの薬。江戸新吉原の名物。

そで-の-うら【袖の浦】着物の袖が涙にぬれているのを、浦に見立てていう語。「忍びねの涙たたふる—になづまず宿る秋の夜の月」〈山家集・中〉

そでのうら【袖の浦】㊀神奈川県鎌倉市、七里ヶ浜の別称。㊁山形県酒田市、最上川河口付近の海岸。〔歌枕〕「—のなみ吹きかへす秋風に雲の上まで涼しかるらむ」〈新古今・雑上〉

そで-の-かみ【袖の紙】女性が袂たもとなどに入れておく携帯用のちり紙。

そで-の-きちょう【袖の×几帳】キチャウ「袖几帳」に同じ。「—など取り捨てて、思ひなほり給ふめりし」〈枕・八二〉

そで-の-こ【袖の子】《僧が托鉢たくはつの際に袖を広げて布施米を受けたところから》稲の別名。「宇治山のすそのの小田の苗代にいくらかまきし—の種」〈丹後守為忠百首〉

そで-の-こおり【袖の氷】コホリ 涙にぬれた袖がこおること。悲しみに閉ざされた心のたとえ。「よそにても、思ひだにおこせ給はば、—も溶とけなむかし」〈源・真木柱〉

そで-の-しがらみ【袖の▽柵】流れる涙を袖でせき止めること。袖を川をせき止めるしがらみに見立てていう語。「涙とまるまじきを、まして—せきあへぬまであはれに」〈源・幻〉

そで-の-しぐれ【袖の時-雨】「袖時雨そでしぐれ」に同じ。「野山のけしき、まして—をもよほしがちに」〈源・椎本〉

そで-の-しずく【袖の×雫】シヅク 袖にかかる涙。「よそにふる人は雨とも思ふらむ我が目にちかき—を」〈和泉式部集・上〉

そで-の-した【袖の下】人目につかないように袖の下から贈る物。内密に贈る品物や金銭。そでした。わいろ。「—を使う」「—を握らせる」〔類語〕賄賂・まいない・裏金・鼻薬・リベート・コミッション・贈賄・収賄

そで-の-つゆ【袖の露】袖にかかる露。袖が涙にぬれるたとえ。「暮れかかるむなしき空の秋を見ておぼえずたまる—かな」〈新古今・秋上〉

そで-の-ふち【袖の×淵】涙が流れて袖をぬらすことを、淵にたとえていう語。「年月の恋もうらみもつもりては昨日にまさる—かな」〈式子内親王集〉

そで-の-みなと【袖の×湊】ひどく泣いて袖がぬれるのを、絶えず波の打ち寄せる港にたとえた語。「かげなれて宿る月かな人知れずよなよなさはぐ—に」〈続後撰・恋二〉

そでのみなと【袖湊】古く福岡市の那珂川下流域の入海にあった港。唐船でにぎわっていたが慶長年間に埋没した。

そで-の-わかれ【袖の別れ】男女が互いに重ね合った袖を解き放して別れること。きぬぎぬの別れ。「白たへの—は惜しけども思ひ乱れて許しつるかも」〈万・三一八二〉

そで-の-わたり【袖の渡り】宮城県石巻市北上町橋浦にあったという渡し場。〔歌枕〕「みちのくの—の涙川心のうちにながれてぞすむ」〈相模集〉

そではぎさいもん【袖萩祭文】浄瑠璃「奥州安達原おうしゅうあだちがはら」の三段目切きりの通称。雪中、娘お君に手を引かれて、父母の住む門口にたどり着いた盲人の袖萩が、祭文にことよせて切々と思いを述べる。

そで-ばしら【袖柱】本柱の左右に立てた補強用の小柱。

そで-はば【袖幅】衣服の袖の幅の寸法。洋服では平面に広げた袖の横幅、和服では袖口から袖付けまでの長さ。

そで-はん【袖判】古文書で、文書の袖(右側空白部)に署した花押。

そで-びょうぶ【袖×屏風】ビャウブ 袖で物を覆い隠すこと。袖を屏風に見立てていう語。「時子は机の上で—をして」〈白鳥・泥人形〉

そで-ぶき【袖×袘｜袖×衽】着物の袖口を、裏布が表布より出た形に仕立てたもの。また、その部分。そでぐるみ。➡袘ふき

そで-ふくりん【袖覆輪】袖口がすり切れるのを防ぐために別布でくるみ縫いにしたもの。

そでふり-ぐさ【袖振草】ススキの別名。

そでふる-やま【袖振山】奈良県の吉野山の勝手明神の裏山。天武天皇が吉野宮で琴を奏して「少女おとめども少女さびすと唐玉を袂に纏まきて少女さびすも」〈琴歌譜〉と歌うと、雲中に天女が現れて舞を舞い、五度袖をひるがえしたという。五節ごせちの舞の起源となったと伝えられる。〔歌枕〕

そで-べい【袖塀】門の両側にある低い塀。

そで-ぼそ【袖細】直垂ひたたれの一種。動きやすいように袖を細く詰めて作った上着。

そで-まく【袖幕】劇場の舞台左右の端に下がっている幕。

そで-まくら【袖枕】着ている着物の袖を枕とすること。また、その袖。「せきあへず涙にぬるる—かわかずながら幾夜へぬらん」〈夫木・三二〉

そで-まくり【袖×捲り】〔名〕スル 衣服の袖をまくり上げること。うでまくり。

そで-みやげ【袖土-産】袖に入れて持参する手軽な土産。手土産。「扇三本—」〈浄・手習鑑〉

そでもぎ-さん【袖もぎ▽様】その前で転んだときは、着物の片袖をもぎとって置いてこないと災難にあうとされる、路傍の神。中国・四国地方に多い。

そで-やま【袖山】❶和服で、袖の上端の折り目になる部分。❷洋服で、袖付けの山形になった部分全体。また、その頂点。❸芝居の大道具で、舞台の袖の張り物に描かれた背景の山。

ソテロ〖Luis Sotelo〗［1574～1624］スペインのフランシスコ会宣教師。慶長8年(1603)来日。徳川家康・伊達政宗の知遇を得て布教。遣欧使節支倉常長はせくらつねながの案内役を勤め、キリシタン禁制後再度来日したが、火刑により殉死。

そ-てん【素点｜粗点】測定・観察・テストなどで得られる生の点数。数値変換を行って偏差値や百分率などにする前の基礎資料。

そ-でんか【素電荷】➤電気素量

そと【外】❶特定の仕切られた範囲から出た広い部分。⇔うち。㋐一定の区域の外方、外部。「部屋の—へ出る」「—から見た日本」㋑家・屋敷などの建物の外部の空間。屋外。戸外。「—で遊ぶ」「—は寒い」❷物の表に向いた方。外面。そとがわ。「箱の—を白く塗る」「感情を—に表す」❸自分の家庭とは別の所。よそ。「—から帰る」「夕食を—で済ませる」❹関係者以外の人や場所。部外者。他人。よそ。「機密が—に漏れる」「仕事を—に出す」❺世の中。世間。「少しは—の空気を吸ってこい」❻仏教を「内」というのに対して、儒教。

〔類語〕(❶㋐)外方・外部・外界・域外・圏外・枠外・埒外らちがい・外側がわ/(❶㋑)表おもて・屋外・戸外・室外・野外・窓外そうがい・アウトドア/(❷)外面・表面・表おもて・外側がわ

外が内うち 外出がちである。そとをうち。「旦那殿は—、御神酒通ごして、うかうかと」〈浄・重井筒〉

外を家に・する 外出ばかりしていて家に落ち着かないたとえ。内を外にする。

そ-と〔副〕❶こっそりと。そっと。「帯の間より時計出して、一見やるを」〈木下尚江・火の柱〉❷少し。ちょっと。そっと。「たべ酔ひ候へども、御所望を仕らねば慮外にて候ふほどに、—いたさう」〈咄・きのふはけふ・上〉

そと-あげ【外揚げ】和裁で、衣服のあげをあらかじめ外側に縫い込んでおくこと。⇔内揚げ。

そと-あるき【外歩き】〔名〕スル 外を出歩くこと。外出。また、外勤。「仕事で—する」

そ-とう【×俎豆】昔の中国の祭器の名。俎と豆。俎はいけにえの肉をのせるまないた、豆は菜を盛るたかつき。転じて、礼法。

そ-とう【粗陶】タウ 中国先史時代、砂まじりの粘土で焼成された粗製の土器。➡細泥陶さいでいとう

そ-とう【粗糖】タウ 精製していない砂糖。

そ-とう【×鼠盗】タウ「鼠賊そぞく」に同じ。

そ-どう【祖堂】ダウ ❶先祖を祭った廟びょう。祖廟。❷祖師を祭った堂。祖師堂。

そ-どう【祖道】ダウ ❶旅立ちのとき、道祖神を祭って

道中の安全を祈ること。また、旅立つ者を送る宴。「一の筵を張ろうって催しだ」〈魯庵・くれの廿八日〉❷祖師の示した教え。
そどう【素堂】ソダウ ▶山口素堂
そ-どう【粗銅】乾式精錬で、銅の原鉱を溶鉱炉で熱して硫化銅(Ⅰ)の鈹を作り、これを転炉に入れて酸化・遊離させた半製品の銅。
そとうば【卒塔婆】「そとば(卒塔婆)」に同じ。
そ-とうば【蘇東坡】▶蘇軾
そと-うみ【外海】湾や入り江ではなく、陸地の外側に広がる海。また、陸地から遠く離れた海。外洋。がいかい。⇔内海。
そと-おもて【外表】布地の表面を外側にして畳むこと。⇔中表。
そとおり-ひめ【衣通姫】《美しさが衣を通して輝く姫の意》允恭天皇の妃。皇后忍坂大中姫の妹。皇后のそねみを考えて河内に隠れた。和歌三神の一として、和歌山市の玉津島神社に祭られている。衣通郎女。弟姫。
そとかいふ-かいがん【外海府海岸】新潟県佐渡島西部にある岩石海岸。北端の弾崎から長手岬付近の約60キロメートルにわたり、高さ20メートルの海岸段丘と断崖が続く佐渡島観光の中心地。佐渡弥彦米山国定公園に属する。弾崎を境に内海府海岸に対する。
そと-がけ【外掛(け)】相撲の決まり手の一。両手で相手のまわしを引き寄せ、右(左)足を相手の左(右)足の外側から掛けあおむけに倒す技。⇒内掛け
そと-がこい【外囲い】建造物や敷地などの周囲を囲うもの。塀・柵など。
そと-が-はま【外ヶ浜】津軽半島北部にある町。また、同半島の陸奥湾に面した地域、青森市と東津軽郡一帯の古称。善知鳥の伝説で知られる。
そとがはま-まち【外ヶ浜町】▶外ヶ浜
そと-かべ【外壁】建物の外側の壁。がいへき。
そと-がま【外釜】釜を風呂桶の外側に取り付けた風呂。⇔内釜。
そと-がまえ【外構え】門・垣・塀など、家屋敷の外見のつくり。また、その門・垣・塀など。
そと-がわ【外側】❶ある物や仕切りの、外のほう。外部。面。「窓の一をふく」⇔内側。❷ある範囲の中で、中心から遠いほう。「一のコースを走る」⇔内側。❸その事柄に関係のない側。外部。「紛争の一にいる」⇔内側。
(類語)外・外部・外方・外界・域外・圏外・枠外・埒外
そと-ぎらい【外嫌い】外出を嫌って家にばかりいること。また、その人。出ぎらい。⇔内嫌い。
そ-とく【租特】「租税特別措置」の略。
そ-どく【素読】〔名〕スル 書物、特に漢文で、内容の理解は二の次にして、文字だけを声に出して読むこと。すよみ。「論語を一する」
そと-ぐるま【外車】❶外側に装置した車輪。⇔内車。❷汽船の舷側外に装置された水車のような形の車輪。がいしゃ。
そと-ぐるわ【外郭】❶城の外周に巡らしたくるわ。がいかく。とぐるわ。⇒内郭 ❷外側の囲い。また、外まわりの区画。がいかく。「最後の球を打つ為に、一の線の一角に立った」〈藤村・破戒〉
そと-ごうし【外格子】❶外側に引き上げて開ける格子。⇔内格子。❷家の外側にある格子。⇔内格子。
そと-さぶらい【外侍】「遠侍」に同じ。「一には若侍共の数来り集まれり」〈盛衰記・三九〉
そと-じろ【外城】❶本丸に対して、外郭のこと。❷根城に対して、出城のこと。端城。
そとぜい-ほうしき【外税方式】本体価格と、それに消費税率を掛けた税額を別に併記する方式。⇒消費税総額表示
そと-せん【外鐫】桶の外側などを削るのに用いる刃の曲がった鉋。⇔内鐫。
そと-そで【外袖】❶和服の、後ろ身頃につく袖。後ろ袖。⇔内袖。❷洋服で、二枚袖(二枚の布でつくる袖)のうち、外側になる部分。⇔内袖。
そと-ぞり【外反り】日本刀のように、刀身の反りが峰の方に反っているもの。⇔内反り。
そと-づけ【外付(け)】《external》ハードディスクやディスクドライブなどの周辺機器を、パソコンに内蔵せず、ケーブルなどを用いて外部から接続すること。「一のハードディスク」
そと-づら【外面】❶物の外側の面。がいめん。⇔内面。❷他人との応対などに見せる顔つきや態度。「一のいい人」⇔内面。(類語)上面・皮相・上辺・表面・外見・外見・外面・表向き・見掛け・外観・みてくれ・見た目・なりふり
そと-で【外出】〔名〕スル 戸外へ出かけること。がいしゅつ。「親子で一する」
そと-どい【外樋】建物の軒に設けた、外から見える雨樋。⇔内樋。
そと-ながし【外流し】❶屋外に設けた流し。❷門付けなどが往来を流して歩くこと。また、その人。
そと-にしき【外錦】世間体を繕うこと。見えを張ること。「内裸でも一」〈浄・天の網島〉
そと-のり【外法】容器・管・構造物や2本の柱の間などの外側のさし渡し寸法。⇔内法。
そとば【卒塔婆・率都婆・卒都婆】《梵 stūpaの音写。髪の束・頭部の意》❶仏舎利を安置したり、供養・報恩をしたりするための建造物。インド・中国では土石や塼を積み、日本では木材を組み合わせてつくる。塔。塔婆。そとうば。❷死者の供養のため、墓石の後ろに立てる細長い板。上方左右に五輪塔の形を表す五つの刻みを入れ、表裏に梵字・経文・戒名・没年月日などを記す。板塔婆。そとうば。
そとばこまち【卒都婆小町】謡曲。四番目物。観阿弥作。卒都婆に腰を掛けて高野山の僧にたしなめられた老女小野小町が、狂乱の体となり、百夜通いのありさまを再現する。そとわこまち。
そと-はちもんじ【外八文字】❶遊女の揚屋入りなどのときの歩き方。いったん内側に向けたつま先を外側に開いて歩くこと。⇒内八文字 ❷弓道で、両足のつま先を外側に約60度開く構え方。
そと-びらき【外開き】ドアなどが外側へ開くこと。また、そのような構造。⇔内開き。
そと-ぶた【外蓋】二重のふたがある容器の、外側のふた。
そと-ぶところ【外懐】着物を着たとき上前と下前との間にできるふところ。⇔内懐。
そと-ぶろ【外風呂】❶建物の外に別に設けてある風呂。❷個人の家にある風呂に対して、銭湯やもらい湯のこと。⇔内風呂。
そと-べい【外塀】いちばん外側の塀。また、家屋敷の周囲の塀。
そと-べり【外耗】穀物を搗いたときの減り高の残高に対する比。外割耗。⇔内耗。
そと-ぼう【外房】千葉県、房総半島南東部、太平洋沿岸の称。安房の外側の意。冬も温暖で草花の栽培が盛ん。南房総国定公園に属する。⇒内房
そとぼう-せん【外房線】千葉から大網を経て安房鴨川に至るJR線。大網で東金線を分岐する。昭和4年(1929)全通。全長93.3キロ。
そと-ぼり【外堀・外壕・外濠】城の外を囲む堀。また、二重に巡らした堀のうち、外側の堀。⇔内堀。
外堀を埋める 敵の城を攻めるには、まず外側の堀から埋める。転じて、ある目的を達成するためには、周辺の問題からかたづけていく。
そと-まご【外孫】他家に嫁した娘や分家した息子にできた子。がいそん。⇔内孫。
(類語)孫・内孫・初孫・初孫
そと-また【外股】足先が外側に向く歩き方。そとわ。⇔内股。
そと-まわり【外回り】❶家・屋敷・城などの外側の周囲。「家の一を掃除する」❷会社などで、外に出て取引先などを回って歩くこと。また、その人。外勤。❸外側を回ること。特に、電車・バスなどの環状線で外側を走る路線。⇔内回り。
そと-み【外見】外から見えるようす。外観。がいけん。「一を気にする」(類語)格好・上面・皮相・上辺・表面・外見・外面・外面・表向き・見掛け・外観・みてくれ・見た目・なりふり
ソドミー〖sodomy〗男色や獣姦など、自然に反した性愛。旧約聖書に記された、悪徳の都市ソドムにちなむ称。
そと-みす【外御簾】江戸時代の歌舞伎劇場で、東西の一階桟敷のうち、内御簾に続いた6間ずつの客席。⇒内御簾
ソドム〖Sodom〗旧約聖書「創世記」に記されている都市名。死海南端付近にあったと伝えられ、その住民の罪悪のために、ゴモラの町とともに神の火に焼かれて滅びたという。罪悪に対する神の審判の例として、聖書にしばしば登場する。
そと-むき【外向き】❶外の方へ向いていること。❷国際社会に飛び出す意欲のあること。広く外部社会に目を向けていること。また、そういう傾向。「一の若者を育てる」「現政権には一の政策が乏しい」⇔内向き。❸▶とむき(外向き)
そと-むそう【外無双】相撲の決まり手の一。四つに組んだ上手で相手の差し手を抱え、自分の差し手は抜いて相手の反対側の足のひざの外側に手のひらを当て、からだをひねって倒す技。
そと-め【外目】❶外側寄り。「一の球を狙う」❷他人が見たときの感じ。「一が気になる」
そとも【背面・外面】《「背つ面」の音変化》❶後ろの方。また、そとがわ。そと。「暇を告て、堂の一に出行きたり」〈竜渓・経国美談〉❷山の日の当たる方から見て後ろになる側。北側。⇔影面。「我が大君のきこしめす一の国の」〈万・一九九〉
そとも【蘇洞門】福井県西部、若狭湾に突出した内外海半島の先端にある景勝地。6キロメートルにわたって、海食洞の大門・小門をはじめ唐船島・獅子岩・夫婦亀岩・碁石浜などが続く。国指定名勝。若狭湾国定公園に属する。
そと-もうこ【外蒙古】現在のモンゴル国が占める地域の旧称。がいもうこ。
そとも-の-みち【山陰道】山陰道の古称。
そと-もも【外股・外腿】ももの外側。
そと-ゆ【外湯】温泉旅館などで、宿泊用の建物とは別に外に設けた浴場。⇒内湯
そと-ろじ【外露地・外路地】茶室の露地のうち、待合から中門に至る外側の露地。⇒内露地
そと-わ【外輪】❶つま先を外側に向けて歩くこと。また、その足。⇔内輪。❷外側の輪。がいりん。
ソトワール〖フランス sautoir〗❶厚手で、ずんどう型の浅鍋。ソテーや煮込み料理に用いる。外輪鍋。❷女性用の胸元までの長い首飾りのこと。金・銀などの鎖状のもので、時計や小さな財布をつるすこともある。また、リボンに勲章風のアクセサリーをつるしたもののこともいう。
そと-わく【外枠】外側の枠。特に競馬で、スタートのとき馬が入る枠で、コースの外側の枠。⇔内枠。
そとわこまち【卒都婆小町】▶そとばこまち
そと-わに【外鰐】鰐足の一。両足のつま先を外の方に向ける歩き方。外股。⇔内鰐。
そと-わり【外割】元高と歩合高との和に対する歩合高の比。70円の品物を100円で売れば、外割3割の利となる。
そと-わりびき【外割引】❶手形などの代金を支払い期日前に支払う時、その時から支払い期日までの利息を割り引いて計算すること。割引料と手取金の合計が手形の額面金額となる。真割引。❷外割の割引。125から25を引くことを、外2割5分引という類。
そとわり-べり【外割耗】▶外耗
ソナー〖SONAR〗《sound navigation ranging》超音波を発信し、その反射波から水中の物体や魚群を探知したり、深さを測ったりするのに用いる装置。
そない〔形動〕(関西地方で)そのよう。そんなふう。語

幹を副詞的にも用いる。「一なことはせんでも」「一言うたらあかん」

そな-う【供ふ】〔動ハ下二〕「そな(供)える」の文語形。

そな-う【備ふ|▽具ふ】〔動ハ下二〕「そな(備)える」の文語形。

そなえ【供え】❶神仏に供えること。また、その食べ物や品物。供え物。おそなえ。❷「供え餅」の略。

そなえ【備え|▽具え】❶ある事態が起こった場合などに対する準備・用意。「万全の一で試験にのぞむ」❷防備の態勢・陣立て。「国境の一を固める」
(類語)用意・支度・準備・設け・手配・手配り・手回し・手筈・手当て・段取り・膳立て・道具立て・下拵え・下準備・態勢・整備・備える

備え有れば患い無し 万一に備えて、あらかじめ準備をしておけば、事が起こっても少しも心配事がない。備えあれば憂えなし。

そなえ-つけ【備え付け】設備としてそこに用意されていること。また、そのもの。「部屋に一の家具」

そなえ-つ-ける【備え付ける】〔動カ下一〕図そなへつ・く〔カ下二〕一定の場所に設備して、使えるようにしておく。「防犯ベルを一・ける」(類語)備える

そなえ-もち【供え餅】神仏に供える鏡餅。おそなえ。

そなえ-もの【供え物】神仏に供える物。供物。おそなえ。

そな-える【供える】〔動ア下一〕図そな・ふ〔ハ下二〕《「備える」と同語源》神仏や高貴な人などに物をささげる。「霊前に花を一・える」(類語)捧げる・献ずる・奉る・差し上げる・貢ぐ・奉ずる・奉奠する

そな-える【備える|▽具える】〔動ア下一〕図そな・ふ〔ハ下二〕❶ある事態が起こったときにうろたえないように、また、これから先に起こる事態に対応できるように準備しておく。心構えをしておく。「万一に一・える」「地震に一・える」「試験に一・えて夜遅くまで勉強する」❷必要なときにいつでも使えるように、前もって整えておく。設備や装置を用意しておく。「各室に空調設備が一・えてある」「応接セットを一・える」❸必要なものを、どこも足りないところがないように持っている。具備する。「資格を一・える」「あらゆる条件を一・えている」❹生まれたときから自分のものとしてもっている。身につけている。「人徳を一・えている」
(類語)(❶)準備する・用意する・支度する・手配する・手配りする・手当てする/(❷)備え付ける・しつらえる・設ける・設備する・設置する・装備する・装置する・完備する/(❸❹)有する・具備する・具有する

そ-ながら【×其ながら】〔連語〕《代名詞「そ」＋接続助詞「ながら」》そっくりそのままではあるが。「かをる香は一それにあらぬかな花橘は名のみなりけり」〈和泉式部集・下〉

ソナグラフ〖Sonagraph〗音波などの周波数や強度の時間的変化を分析して記録する装置。音声の分析・発音の矯正などに用いる。商標名。

ソナグラム〖sonagram〗ソナグラフによって記録された図形。黒白の濃淡模様として表される。

ソナタ〖イタリア sonata〗独奏曲または室内楽曲の形式の一。その内容は時代によって大きく異なるが、バロック期には緩-急-緩-急の4楽章構成の教会ソナタと、種々の舞曲を連ねた室内ソナタとが典型的となった。18世紀後半以降、古典派・ロマン派の作曲家によって大きな発展をとげ、第1楽章にソナタ形式を用いた4楽章形式が中心となった。奏鳴曲。

そ-な-た【×其▽方】〔代〕❶中称の指示代名詞。話し手から遠い場所・方向などを示す。そちら。そっち。「少女は一を注視して」〈二葉亭訳・あひゞき〉❷二人称の人代名詞。おまえ。「一は夏中何をして暮されしや」〈渡部温訳・伊蘇普物語〉

ソナタ-けいしき【ソナタ形式】器楽形式の一。通例二つの主題を対比的に用い、主題の提示・展開・再現の3部から構成される。ソナタや交響曲の第1楽章などに用いられる。

そなた-さま【×其▽方様】そちらのほう。「今日はなほ桂殿にとて、一におはしましぬ」〈源・松風〉

ソナタ-ダ-カメラ〖イタリア sonata da camera〗《camera は、部屋・室の意》室内ソナタ。バロック時代の多楽章ソナタのうち、主として舞曲楽章によるものをいうが、非舞曲楽章を含むものもある。「ソナタ-ダ-キエザ」に対していう。➡ソナタ

ソナタ-ダ-キエザ〖イタリア sonata da chiesa〗《chiesa は、教会の意》教会ソナタ。バロック時代の多楽章ソナタのうち、一般に非舞曲形式による緩-急-緩-急の4楽章構成をとるものをいう。「ソナタ-ダ-カメラ」に対していう。➡ソナタ

ソナチネ〖イタリア sonatine〗内容・形式ともに小規模なソナタ。小奏鳴曲。

そ-な-る【×磯×馴る】〔動ラ下二〕《「そ」は「いそ(磯)」の音変化》❶潮風のために、木の枝や幹が地面をはうように延びる。「荒磯の波に一・れて這ふ松はみさごのゐるぞ便りなりける」〈山家集・中〉❷風になびく。「くれたけのおきふし風に一・れきてよなよな秋とおどろかすなり」〈秋篠月清集〉

そ-なれ【×磯×馴れ】潮風のために、木の枝や幹が地面にはうように生えていること。また、その木。「をちこちに花咲きぬれば鷺のゐる一の松に見ぞ紛へける」〈散木集・一〉

そなれ-ぎ【×磯×馴れ木】潮風のために傾いて生えている木。「一のそなれそなれてむす苔のまほならずとも逢ひ見てしがな」〈千載・恋三〉

そなれ-まつ【×磯×馴れ松】潮風のために傾いて生えている松。

そなれ-むぐら【×磯×馴×葎】アカネ科の常緑多年草。海岸の岩に生え、よく分枝し、高さ5〜20センチ。小さい卵形の葉が多数対生する。夏から秋、枝の先に白い小さな花が咲く。

そなわ-る【備わる|▽具わる】㊀〔動ラ五(四)〕❶必要なものが不足なくそろい、整っている。また、設備・装置などが用意してある。「公共施設の一・った都市」「全室にスプリンクラーが一・っている」❷生まれながらに自分のものとしてもっている。ある才能や性質が身についている。「気品が一・る」「生まれついて一・った才能」❸(「…にそなわる」の形で)その地位に就く。「十六にて后妃の位に一・り」〈平家・灌頂〉㊁〔動ラ下二〕㊀❶に同じ。「一・れし玉の小櫛をさしながら」〈後拾遺・哀傷〉(類語)揃う・有する・具備する

ソニー-エンタテインメント-ネットワーク〖Sony Entertainment Network〗ソニー・コンピュータエンタテインメント社が運営するコンテンツ配信サービス。インターネットテレビ・ブルーレイディスク関連機器・プレイステーション3・パソコン・スマートホンなどで、ビデオオンデマンドによる映像配信と音楽配信を行っている。平成23年(2011)に「Qriocity」から現名称になり、プレイステーションネットワークのサービスの一部を取り込み、ゲームおよび電子書籍のコンテンツ配信が加わった。(補説)平成23年に現名称になった時点では、日本での音楽配信サービスは未提供。

ソニー-リーダー〖Sony Reader〗ソニーが開発した、電子書籍を閲覧する携帯端末機器。表示部分にイーインク社の電子ペーパーを採用。音声出力端子があり、デジタルオーディオプレーヤーとしても利用できる。同社の製品リブリエの後継機。

ソニック〖sonic〗多く複合語の形で用い、音の、音響の、の意を表す。「スーパー一(=超音速)」

ソニック-ブーム〖sonic boom〗音速以上で飛行するジェット機などの衝撃波によって生ずる爆発音。

そに-どり【×鴗】カワセミの古名。そに。

そにどり-の【×鴗の】〔枕〕カワセミの羽が青いところから、「青」にかかる。「一青き御衣を」〈記・上・歌謡〉

そ-にん【訴人】❶訴え出た人。告訴人。❷中世、訴訟の原告。➡論人 ❸目明かし。岡っ引き。❹訴え出ること。「おのれ少しの欲にめでて、ようー しをったな」〈浄・大経師〉

そね【×确|×埆】石の多い、やせた土地。「浅茅原小一を過ぎ」〈顕宗紀・歌謡〉

そ-ね〔連語〕《終助詞「そ」＋終助詞「ね」。上代語》「な…そね」の形で用いられる。…(し)てくれるなよ。「今替る新防人が舟出する海原の上に波な咲きー」〈万・四三三五〉

そねざき【曽根崎】大阪市北区の地名。大阪駅前の繁華街。

そねざきしんじゅう【曽根崎心中】浄瑠璃。世話物。3巻。近松門左衛門作。元禄16年(1703)大坂竹本座初演。曽根崎天神で起きたお初と徳兵衛との情死事件を扱ったもので、近松世話物の第1作。お初徳兵衛。

そねざき-しんち【曽根崎新地】大阪市北区の地名。宝永元年(1704)以後に蜆川の南側に開発された新地で、遊里として繁栄した。

そねざき-てんじん【曽根崎天神】大阪市北区曽根崎にある露天神社の通称。祭神は少彦名神・菅原道真。近松門左衛門作の浄瑠璃「曽根崎心中」の舞台となったことから、女主人公の名をとってお初天神ともいう。

ソネット〖sonnet〗ヨーロッパ叙情詩の一形式。13世紀イタリアに始まり、14行からなる。四・四・三・三、または四・四・四・二の行構成をとり、脚韻をふむ。14行詩。小曲。(類語)詩・うた・詩歌・韻文・詩賦・賦・吟詠・ポエム・バース・詩編・叙情詩・叙事詩・定型詩・自由詩・バラード・新体詩

そね-の-よしただ【曽禰好忠】平安中期の歌人。丹後掾であったところから、曽丹後・曽丹といわれた。当時の貴族歌壇から排斥された自由清新な歌風は、後世になって評価された。家集に「曽丹集」がある。生没年未詳。

そねま-し【▽嫉まし|▽妬まし】〔形シク〕《動詞「そねむ」の形容詞化》そねみたいさまである。ねたましい。「いかなる者の又かくはするやらんと、一・しくおぼえければ」〈宇治拾遺・一三〉

そねみ【▽嫉み|▽妬み】そねむこと。ねたみ。嫉妬。「人の一を受ける」(類語)ねたみ・ひがみ

そね-む【▽嫉む|▽妬む】〔動マ五(四)〕他人の幸せや長所をうらやみねたむ。嫉妬する。「人の才能を一・む」➡妬む(用法)
(類語)ねたむ・やっかむ・やく・やける・羨む・羨望・嫉妬・嫉視

その【園|×苑】❶果樹・花・野菜などを植えた一区画の土地。庭園。「梅の一」❷ある物事が行われる場所。また、ある特定の場所。「学びの一」「女の一」
(類語)庭・庭園・ガーデン

そ-の【×其の】㊀〔連体〕《代名詞「そ」＋格助詞「の」から》❶空間的、心理的に聞き手に近い人や物をさす。「一男は何者だ」「一服はどこで買いましたか」❷聞き手が当面している事柄や場面をさす。今の。「一仕事が終わったら、次を頼むよ」「一調子で進めてください」❸現在、話に出ている、または、話に出たばかりの事柄をさす。「一日はとても暑かった」「一話はもうやめよう」❹全体をいくつかに分けた中の、ある部分をさす。「一一、一二」㊁〔感〕すらすら言えないときなどに、つなぎに発する語。「まあ、一、何て言うか」「ほら、一、例の件ですが」
(類語)これ・それ・あれ・どれ・この・あの・どの・かの

其の足で ある場所に行き、そこからそのまますぐに別の所へ行くさま。「駅へ人を送って行った一買い物をしてくる」

其の罪を憎んで其の人を憎まず 《「孔叢子」刑論から》罪は憎むべきであるが、その罪を犯した人は憎むべきではない。

その-あやこ【曽野綾子】[1931〜]小説家。東京の生まれ。本名、三浦知寿子。夫は作家三浦朱門。各国を取材し、戦争・社会・宗教など幅広いテーマで執筆。作品に「遠来の客たち」「神の汚れた手」など。芸術院会員。平成15年(2003)文化功労者。

そのいろ-づき【×其色月】陰暦8月の異称。

そ-のう【×嗉×嚢】鳥や昆虫・ミミズ・軟体動物などの消化管の一部。食道に続く袋状のもので、食べた物を一時的に蓄える。

その-う【園▽生】植物を植えて栽培する庭園。そ

の。「風のはげしさに一の竹の露こぼれける露の身ぞ」〈露伴・二日物語〉

そのうえ【×其の上】ソノウヘ〔接〕前の事柄を受けて、それにさらにある事が付け加わることを表すときに用いる。それに加えて。さらに。「守備はいいし、一足も速い」[類語]それに・且つ・しかも・かてて加えて・あまつさえ・更に・かつまた・なおかつ・おまけに・加うるに・のみならず・しかのみならず・そればかりか・同時に

そのうち【×其の内】〔副〕それが実現するまでに、それほど時日を要しないことを表す語。近いうち。「また一お伺いします」「一雨が降るだろう」[類語]近日・いずれ・やがて・近近・遅かれ早かれ・早晩・追って

そのおもかげ【其面影】二葉亭四迷の小説。明治39年(1906)発表。秀才の教師小野哲也が義妹小夜子との恋に悩み、性格破綻者として没落していく姿を描く。

その-おり【×其の折】ソノヲリ その時。その節せつ。「一はお世話になりました」

その-かた【×其の方】㊀〔代〕三人称の人代名詞。「そのひと」を敬意を込めていうときに用いる。「一をお招きしましょう」㊁〔名〕その方面。「一ならでおぼし放つまじき綱も侍るをなむ」〈源・東屋〉

そのかた-さま【×其の方様】その方面に関係のある人。その身内の人。「一かと覚えたる男女」〈太平記・三〉

その-かみ【×其の上】(副詞的にも用いる)❶過ぎたその時。当時。「一倫敦ロンドン留学中」〈漱石・満韓ところどころ〉❷事の行われた、その時。「今一人は手をとらへて死にけり。一親いみじく騒ぎて」〈大和・一四七〉[類語]昔・往時・往年・往昔・いにしえ

その-かみ【園神】平安京の宮内省に祭られていた神。大物主神おおものぬしのかみであるという。そののかみ。➡韓神からかみ

そのから-かみ【園韓神】平安京の宮内省に祭られていた、園神そのかみと韓神からかみの併称。そのからのかみ。

その-かわり【×其の代(わ)り】ソノカハリ〔接〕それに代わることとして。それとひきかえに。「ノートを貸すよ。一金を貸してくれ」

その-かん【×其の間】何かが行われているあいだ。「アメリカに行っていた一の事情は何も知らない」

その-ぎ【×其の儀】そのようなわけ。そのような事情。そのこと。「一ばかりは御容赦下さい」

その-くせ【×其の癖】〔接〕❶前述の事柄を受けて、それと相反する事柄を導く。それなのに。それにもかかわらず。「彼は、やせていて、一大飯食らいだ」❷そのうえ。「わしも仲間の太々講だいだいこうで、一講親といふものだから」〈滑・膝栗毛・五〉[類語]それなのに・さりとて

そ-の-くに【襲国】九州南部の古地名。神話や伝説上の熊襲くまその本拠地で、現在の鹿児島県霧島市・曽於そお市を中心とする地域にあたるといわれる。

ソノケミルミネセンス〖sonochemiluminescence〗➤音化学ルミネセンス

その-ご【×其の後】ある事があったあと。それ以来。以後。副詞的にも用いる。「事件の一は知らない」「一いかがお過ごしですか」[類語]以後・以降・以来・爾後じご・爾来じらい・あと・向こう・そののち・後ご・事後・直後

その-こと【×其の事】取り立てていうような事柄。大事な用事など。「用ありて行きたりとも、一果てなば、とく帰るべし」〈徒然・一七〇〉

其の事となし ❶取り立てていうこともない。なんということもない。「一・けれど、世の中の物語などしつつ」〈源・蜻蛉〉❷特定のこととは限らず、何事につけても。「堀川相国は、美男のたのしき人にて、一・く過差を好み給ひけり」〈徒然・九九〉

そのこま【其駒】神楽歌の一。舞を伴う。神の乗り物の駒を歌って、惜別の情を表した歌。「その駒ぞや」で始まる。

ソノシート〖Sonosheet〗ビニールなどで作られた薄手のやわらかいレコード。商標名。

その-じつ【×其の実】実際のところ。本当のところ。副詞的にも用いる。「生活ははでに見えるが、一ふところは苦しいんだ」

その-すじ【×其の筋】ソノスヂ ❶その方面。その道。「一に通じている人」❷その方面に関係している官庁。特に、警察。「一のお達しにより」

その-せつ【×其の節】その時。その折。「一はありがとうございました」

その-た【×其の他】前に述べたもののほかのもの。そのほか。「野菜、肉類、一の食料品」「一大勢」[類語]自余・余

そのだがくえん-じょしだいがく【園田学園女子大学】ソノダガクヱンヂョシダイガク 兵庫県尼崎市にある私立大学。昭和13年(1938)創立の園田高等女学校を源流として、同41年に開設。

そのだたじまコレクション-さいぼう【園田・田島コレクション細胞】ーサイバウ 世界各地のモンゴロイド系少数民族の血液試料から単離したヒトB細胞を研究用に形質転換したもの。園田・田島コレクションは、南米・カムチャツカ半島を中心に世界200か所以上で3500人以上の混血の進んでいない少数民族から採取された血液試料。園田俊郎鹿児島大学名誉教授と田島和雄愛知県がんセンター研究所長らが疫学的研究のため30年近い年月をかけて収集した。滅亡した民族の検体も含まれ、学術的に貴重な試料として注目されている。コレクションを管理する理化学研究所が、EBV感染により増殖能を獲得させたB細胞株(不死化B細胞株)を研究用に提供している。

その-だん【×其の段】そのようなこと。その件。「一はまげてお許しのほどを」

その-て【×其の手】❶その手段・計略。そういうやり方。「一はもう古い」❷そのような種類。「一の生地は、今切らしています」

其の手は食わ・ない そんなやり方にはだまされない。

其の手は桑名くわなの焼き蛤はまぐり 《「食わない」に地名の「桑名」を掛け、さらにその地の名物「焼き蛤」を続けたもの》そんなやり方にはだまされない、の意をしゃれて言った言葉。

その-でん【×其の伝】そのやり方。その考え方。「また一でいこう」

その-のち【×其の後】その時からあと。副詞的にも用いる。「一二人の運命は大きく変わっていった」

その-ば【×其の場】❶その事が行われた場所。「偶然一に居合わせた」❷すぐその場所。すぐその席。即座。「難問を一でたちまち解いた」

そのば-かぎり【×其の場限り】その時だけのことで、あとには関係しないこと。「一の話」

そのば-しのぎ【×其の場×凌ぎ】あとのことは考えずに、その場だけをとりつくろうこと。また、そうした態度・口実。一時しのぎ。そのばのがれ。「一の答弁」[類語]その場逃れ・当座逃れ・当座しのぎ・一時逃れ・一時しのぎ・糊塗こと・間に合わせ・姑息こそく

その-はず【×其の×筈】そうであるのは当然のこと。「それも一」「欠席するのも一、病気だそうだ」

そのはち【薗八】㊀江戸中期の浄瑠璃太夫。薗八節の祖。宮古路豊後掾みやこじぶんごのじょうの門弟で、享保年間(1716〜1736)に京都で一流を始め、門下に2世薗八・春富士正伝の逸材を生んだ。宮古路薗八。生没年未詳。㊁「薗八節」の略。

そのはち-ぶし【×薗八節】浄瑠璃の流派の一。享保年間(1716〜1736)宮古路薗八が京都で創始、2世薗八(宮薗鸞鳳軒みやぞのらんぽうけん)が大成した。哀艶な曲調で一時期流行したが、現在は古曲の一つに数えられている。宮薗節。

そのば-のがれ【×其の場逃れ】「其の場凌しのぎ」に同じ。「一のうそ」

そのはら【園原】長野県下伊那郡阿智村にある台地。[歌枕]「一や伏屋におふる帚木ははきぎのありとは見えてあはぬ君かな」〈新古今・恋一〉

その-ひ【×其の日】❶その当日。「一は寒かった」❷さしあたっての今日。今日現在。「一の暮らしに追われる」

そのひ-かせぎ【×其の日稼ぎ】定職がなく、その日の都合であちこちで稼ぐこと。[類語]その日暮らし

そのひ-ぐらし【×其の日暮(ら)し】❶その日の収入で、その日をやっと過ごすこと。また、そのような余裕のない生活。❷目的や理想もなく、毎日を何となく過ごせればそれでいいという生き方。「一の怠惰な生き方」[類語]その日稼ぎ

そのひ-すぎ【×其の日過ぎ】「其の日暮らし」に同じ。「一の貧しき者、稼げども稼げども一升の米の価をだに儲もうけかねし」〈仮・浮世物語・二〉

そのひ-そのひ【×其の日×其の日】1日1日。毎日毎日。「一を大切に生きる」

その-ひと【×其の人】㊀〔名〕❶人を表す語の下に付けて、それを強調する。ほかならぬその人。当人。「最初に逃亡したのは、ほかでもない司令官一だった」❷その分野ですぐれた力をもっている人。その分野で著名な人。「政界に一ありと言われた男」❸わざと名を伏せて漠然とさす場合、特定できない人をさす場合に用いる。だれそれ。「その月、何の折、一のよみたる歌はいかに」〈能因本枕・二〇〉㊁〔代〕三人称の人代名詞。すぐ前に話題になった人、聞き手に近い人を指す。「そのかた」「そちら」に比べて敬意は低い。「一のことは引き受けた」

そのひゃんうたき-いしもん【園比屋武御岳石門】沖縄県那覇市にある拝所はいしょの石門。首里城の守礼門と歓会門の中間にあり、石門と後方の山地を総称して園比屋武御岳という。石門は永正16年(1519)に建立。昭和8年(1933)国宝に指定されたが、沖縄戦で大破。戦後、修復され、同47年重要文化財。平成12年(2000)「琉球王国のグスク及び関連遺産群」の一つとして世界遺産(文化遺産)に登録。

ソノブイ〖sonobuoy〗音響探知機を備えたブイ。潜水艦や魚群の探知、海底の地殻構造の探査に使用。

その-ぶん【×其の分】❶その程度。それだけのこと。また、そうした事情。「一ではまず失敗するだろう」❷それに相当する分。「休みをとった一あとでがんばらなくてはいけない」

その-へん【×其の辺】❶そのあたり。その近く。「一を散歩してこよう」❷その程度。それくらい。「一でやめたほうがいい」❸そういった方面のこと。そういう点。「一の事情がわからない」[類語]そのあたり・近所・近く・付近・近辺・近隣・近傍・界隈かいわい・近回り・近間ちかま・最寄り・そば

その-ほう【×其の方】ソノハウ〔代〕❶中称の指示代名詞。その方向。また、その方面のこと。「商店街は一にはない」「一がおもしろい」❷二人称の人代名詞。同等または目下の者に対して用いる。おまえ。そち。「マヅーワ何事ヲ知ッタゾ」〈天草本伊曽保・イソポが生涯〉

その-まさぞう【園正造】ーマサザウ［1886〜1969］数学者。京都の生まれ。京大教授。群論の研究に始まり、論文「合同について」「イデアルの分解について」を発表。後年、「市場均衡の安定条件」などを発表し経済学にも寄与。

ソノマ-バレー〖Sonoma Valley〗米国カリフォルニア州中北部にある同国有数のワイン産地。カリフォルニアワインの発祥地として知られる。

その-まま【×其の×儘】㊀〔名〕❶その状態のとおりで変化のないこと。もとのまま。今のまま。あるがまま。「一の姿勢でいる」「見てきた一を話す」❷そのものに完全に似ていること。そっくり。「実戦一の演習」㊁〔副〕前の動作から、すぐ次の動作に移るさま。すぐに。「横になるなり、一寝てしまった」[類語]瓜うり二つ・そっくり・生き写し・酷似・相似・似通う

その-みち【×其の道】❶専門の職業・学問・技術などの方面。「一の権威」「一にかけては並ぶ者がいない」❷色事・遊び事に関する方面。

その-むかし【×其の昔】昔。また、それよりもっと昔。「一、山には魔物が住んでいた」

その-むき【×其の向き】❶その方向・方面。また、その方面に関係している人。関係者。「一の専門家」❷その方面のことを取り締まる役所。そのすじ。「一からのお達し」❸ある物事を特に好むこと。また、そのような人。「一には喜ばれる珍しい酒」

そのめ【園女】➤斯波園女しばそのめ

その-もと【×其の▽許】〔代〕二人称の人代名詞。同等または目下の者に用いる。そなた。そこもと。「一にも御無用のかた然るべし、と意見したり」〈蘭学事始〉

その-もの【×其の物】❶いま問題になっている事物。当のもの。「一ずばりの形容」❷名詞または形容動詞の語幹の下に付けて、上の語の意味を強調する気持ちを表す語。まぎれもなくそのようであること。それ自身。「善人一」「元気一」❸取り立てて言うようなもの。「一ともなけれど、宿り木といふ名、いとあはれなり」〈能因本枕・四七〉

そのやま-しゅんじ【園山俊二】[1935〜1993]漫画家。島根の生まれ。早大在学中から漫画家としての活動を始める。飄々ひょうひょうとしたタッチでほのぼのとした日常を描くユーモア漫画が、広い読者層を得る。代表作「ギャートルズ」「花の係長」「ペエスケ」など。

そのゆきかげ【其雪影】江戸中期の俳諧撰集。2冊。高井几董きとう編。明和9年(1772)刊。与謝蕪村ぶそんとその門人たちの連句・発句を集成したもの。蕪村七部集の一。

その-よう【×其の様】ヤウ〔形動〕文〔ナリ〕そういうふう。そのとおり。そんな。さよう。「一な話は聞いていない」類語 そんな・そういう・そう・そうした・然様さような・それほど・然ほど・余り

ソノリティー〘sonority〙❶楽器や人の声の響き。反響。❷音声学で、音の聞き取りやすさの度合いをいう。人間の音声では開母音がソノリティーがもっとも大きく、無声子音がもっとも小さい。可聴度。

ソノルミネセンス〘sonoluminescence〙▶音ルミネセンス

そ-は【粗葉】粗末なタバコ。自分のタバコを人にすすめるときにへりくだっていう語。「誠に一で御座いまして」〈里見弴・安城家の兄弟〉

そば【×岨】《「稜そば」と同語源。古くは「そわ」》山の切り立ったけわしい所。がけ、絶壁など。「ふるはたの一の立木にゐる鳩の友よぶ声のすごき夕暮れ」〈新古今・雑中〉

そば【▽側・▽傍】❶空間の隔たりがあまりない所。近く。「駅の一の交番」❷その動詞の表す動作・状態と時間の隔たりがないことを表す語。すぐそのあと。するとすぐ。「作る一から食べる」

用法 そば・わき――「そば」は、その物から全方向の距離を示すが、「わき」はその物から左右の距離を示す。したがって、「わき」が「そば」に含まれてしまう場合には、たとえば「歩いている人のそば(わき)を自転車が通り過ぎた」のように相通じて用いられる。◇「先生の家のそばまで来て迷ってしまった」の「そば」は、その物からやや離れた周辺までを意味する。「わき」は、「ポストは売店のわきにある」のように、すぐ横にあることを意味する。「耳のわきのほくろ」は、耳の横にあることをいう。◇「近く」は、「そば」とほとんど違いはない。「近く(そば)まで来たので寄ってみた」では、「近く」の方が「そば」よりもやや範囲が広いといえよう。◇類似の語「かたわら」は文章語的である。

類語(❶)傍かたわら・脇わき・横・片方かたえ・手もと・手近・身辺・間近・近く・付近・近辺・近傍・近所・最寄り・許もと・足元・際きわ・ほとり・端はた

そば【×稜】❶物の角かど。りょう。「石の一の、折敷の広さにてさし出でたるかたそばに」〈宇治拾遺・六〉❷袴はかまのももだち。「ねりばかまの一高くはさみ、神璽をわきにはさみ」〈平家・一一〉❸ブナの古名。「奥山の秋の深さを来て見れば一もまさきも紅葉しにけり」〈経信集〉

そば【蕎=麦】❶タデ科の一年草。高さ40〜70センチ。茎は赤みを帯び、葉は心臓形で先がとがる。夏または秋、白色や淡紅色の花びら状の萼がくをもつ小花を総状につける。実は三角卵形で緑白色、乾くと黒褐色になり、ひいてそば粉を作る。中央アジアの原産で、古く渡来し栽培される。そばむぎ。くろむぎ。(季 花=秋)「山畠や一の白さもぞっとする/一茶」❷《「蕎麦切り」の略》蕎麦粉につなぎを加え、水でこねて薄く延ばし、細く切ったもの。ゆでてつけ汁につけたり、汁をかけたりして食べる。

ソバージュ〘フランス sauvage〙《野性の、の意》毛先から細かいパーマをかけてウエーブをつけた、野性味のある髪形。1970年代半ばにフランスで発表されて以来流行した。

そ-はい【×鼠輩】ネズミのように取るに足りない者。つまらない連中。「数にも足らぬ一の小賊一名ひとりも遁のがさず」〈染崎延房・近世紀聞〉

そば-いなり【蕎=麦稲▽荷】稲荷鮨の飯の代わりに、油揚げの中にゆでたそば❷を詰めたもの。酢で締めたそばを使う場合もある。

そば・う【▽戯ふ】そばふ〔動ハ下二〕「そばえる」の文語形。

そばえ【▽戯へ】そばへ 日照り雨。「時雨しければ、ばらばらの一や神の留守見舞」〈西国船〉

そば・える【▽戯える】そばへる〔動ア下一〕文そば・ふ〔ハ下二〕❶風が甘えかかるように、やわらかく吹く。「冷たい頸元に一・える軽い風に吹かれていると」〈秋声・あらくれ〉❷動物などがたわむれる。「犬は木陰を離れて…原中で羽虫を一・えて居る」〈風葉・青春〉❸なれ親しんでふざける。甘える。「一・へたる小舎人童こどねりわらはなどに、ひきはられて泣くもをかし」〈枕・三九〉❹日照り雨が降る。〈俚言集覧〉補説 室町時代以降はヤ行にも活用した。➡戯そばゆ

そば-おしき【▽傍▽折敷】そばをしき 饗饌きょうせん用の、脚つきの角盆。平折敷に脚をつけたもの。

そば-がお【▽側顔】そばがほ〔名・形動ナリ〕❶よこがお。「首筋ひき立てて、折れ返りかひろぐ一の、ほのぼの御簾に透きて見ゆるは」〈狭衣・三〉❷関心を示さない顔をするさま。「かばかりの絆ほだしどもを行きちがはせて、いとかう、一なる御心つよさは」〈夜の寝覚・三〉

そば-がき【蕎=麦×掻き】そば粉を熱湯でこねたもの。醤油をつけたり、そばつゆや小豆あんをかけたりして食べる。そば練り。(季 冬)

そば-かす【蕎=麦×滓】❶「蕎麦殻そばがら」に同じ。❷(「雀斑」とも書く)《色と形が❶に似ているところから》顔面にできる茶色の細かい斑点。「一美人」

そば-がら【蕎=麦殻】ソバの実をひいて粉をとったあとの殻。枕などに詰める。そばかす。

そば-き【▽側木】弓の外竹とだけと内竹うちだけとの間に挟む木。

そば-きり【蕎=麦切り】▶蕎麦❷

そば-こ【蕎=麦粉】ソバの実をひいて作った粉。そば切り・そばがきなどにする。

そば-ざま【▽側▽方・▽側様】〔名・形動ナリ〕❶かたわらの方。側面。「この童、鼻をひんとて、一に向きて鼻をひるほどに」〈宇治拾遺・二〉❷正義や道理に背きはずれること。また、そのさま。「されば一なるわろき心得なり」〈蓮如御文章〉

そば-しゅう【▽側衆】江戸幕府の職名。将軍に近侍し、交替で宿直して城中の諸務を処理した。若干名の者は御側御用取次といい、将軍と老中以下諸役人との間の取り次ぎを行った。御側衆。

そば-ずし【蕎=麦×鮨】飯の代わりにそば切りを使ったすし。主に巻きずしにする。

そば-そば【▽側▽側】はしばし。すみずみ。「その頃ほひ聞きしことの、一思ひ出でらるるは」〈源・行幸〉

そばそば・し【×稜×稜し】〔形シク〕❶かどばっている。「優婆塞うばそくがおこなふ山の椎しいがもとあな一・しとこにしあらねば」〈延宝版宇津保・菊の宴〉❷親しめない。よそよそしい。「常はすこし一・しく心づきなき人の」〈源・帚木〉

そば-だ・つ【×峙つ・×聳つ】㊀〔動タ五(四)〕《「稜そば立つ」の意。古くは「そばたつ」とも》❶山などがかどばって高く立つ。そびえる。「峻けわしい岩山が壁のように一・っている」〈宙外・独行〉❷かどが立つ。「詞ことば一・つ親と親」〈浄・妹背山〉㊁〔動タ下二〕「そばだてる」の文語形。類語(㊀❶)聳そびえる・そそり立つ・切り立つ・屹立きつりつ・聳立しょうりつ・対峙たいじ

そば-だ・てる【×欹てる】〔動タ下一〕文そばだ・つ〔タ下二〕❶一方の端を高くする。「ぐにゃりとして居し肩を一・て」〈露伴・五重塔〉❷㋐耳や目の注意力をそのほうへ集中させる。「外の騒ぎに耳を一・てる」㋑枕などから頭をもちあげて聞き耳をたてる。「枕を一・てる」❸高くそびえたたせる。「巌石峨々として道すなほならぬ山なれば、岩角を一・てて」〈義経記・七〉

そば-ちょく【蕎=麦×猪口】「そばちょこ(蕎麦猪口)」に同じ。

そば-ちょこ【蕎=麦×猪▽口】《「そばちょく」とも》口径・高さとも6〜8センチくらいの陶磁製の器。➡猪口 補説 盛りそばのつけ汁の容器に使われるようになってからの名。江戸時代末からか。

そ-ばつ【疎伐】「間伐」に同じ。

そば-づえ【▽側×杖・▽傍×杖】そばづゑ けんかのそばにいて打ち合う杖で打たれること。転じて、自分と関係のないことのために被害を受けること。とばっちり。類語 巻き添え・とばっちり・累・影響・刺激・煽あおり・波紋・余波・皺しわ寄せ

側杖を食・う 自分と関係のないことで思わぬ災難を受ける。「他人のけんかの一・ってけがをする」「事故の一・って待ち合わせに遅れる」

そば-づかえ【▽側仕え】そばづかへ 主君のそば近くに仕えること。また、その人。そばづとめ。類語 側近・侍従

そば-つき【▽側付き】わきから見たようす。みかけ。外観。「一ざればみたるも」〈源・帚木〉

そば-つぎ【▽側次・▽傍▽続】❶武家時代の衣服の一。袖なし羽織のように作り、上着や鎧よろいの上に着用。能装束としても用いる。❷小直衣このうしの別名。

そば-づくえ【▽傍机】「脇机わきづくえ」に同じ。

そば-づたい【×岨伝い】そばづたひ《古くは「そわづたい」》険しい山道を伝って行くこと。また、道が険しいがけに沿っていること。「一に行く」「一の難路」

そば-づとめ【▽側勤め】「側仕え」に同じ。

そば-つゆ【蕎=麦▽汁】そばを食べるときにつけたり、かけたりする汁。

そば-どころ【蕎=麦▽処】❶良質のソバがとれる土地。❷そば屋のこと。看板などに書く。

そば-な【蕎=麦菜】キキョウ科の多年草。山地に自生し、高さ約90センチ。葉は互生し、長卵形で縁にぎざぎざがある。夏から秋、紫色で釣り鐘状の花を下向きに開く。

そば-ねり【蕎=麦練り】▶蕎麦掻そばがき

そば-の-き【×稜の木・蕎=麦の木】❶ブナの古名。〈和名抄〉❷アカメモチの古名。「木は桂、五葉、柳、橘。一、はしたなき心地すれども」〈能因本枕・四七〉

そば-はら【▽側腹】❶横腹。わきばら。「宮の左の御一に矢一筋たちければ」〈平家・四〉❷《「そばばら」とも》妾めかけから生まれること。また、その人。めかけばら。〈日葡〉

そば-ひら【▽側平】かたわら。そば。わき。「その山の一を巡れば」〈竹取〉

そば-ボーロ【蕎=麦ボーロ】そば粉を用いて焼いた和風ボーロ。京都の銘菓。

そば-まんじゅう【蕎=麦×饅▽頭】そばマンヂュウ そば粉などで皮を作り、中に小豆あんを入れたまんじゅう。

そば-みち【×岨道】《古くは「そわみち」》険しい山道。そばじ。「城趾しろあとへは…曲折うねった一を通って行くのであるが」〈二葉亭訳・あひゞき〉類語 崖道・険路

そば-みち【▽側道】本道に沿った狭い道。間道。

そば・む【▽側む】《名詞「そば(側)」の動詞化》㊀〔動マ四〕❶横を向く。わきを向く。「尼君を恥ぢらひて、一・みたるかたはらめ」〈源・宿木〉❷片隅に寄る。横に寄る。「恥ぢしらひて遠く一・みて居たれば」〈今昔・二二・七〉❸うらむ。すねる。「一・み恨み給ふべきならねば」〈源・澪標〉❹かたよる。正道をはずれる。「申楽に一・みたる輪説とし」〈花伝・一〉㊁〔動マ下二〕「そばめる」の文語形。

そば-むぎ【×蕎麦】ソバの古名。〈和名抄〉

そば-む・く【▽側向く】㊀〔動カ四〕横を向く。「少し一・きたる姿、まことにらうたげなり」〈宇治拾遺・一〇〉㊁〔動カ下二〕横へ向ける。「何とて我より御顔を一・け給ふぞ」〈ぎやどぺかどる・上〉

そば-め【▽側目】わきの方から見ること。第三者として見ること。また、その見えるようす。はた目。「一には上品に見える」

側目にか・く ❶横目に見る。「月をすこし一・けつ

つ〉〈平家・四〉❷冷たい目で見る。「御気色もあしく、傍輩も、—・けければ」〈曽我・一〉

そば‐め【▽側▽妻|▽側女】❶本妻以外にそばに置く妻。めかけ。❷そば近くに仕える女性。「土岐之助…—に手をかけしを」〈伎・敵討浦朝霧〉

そば‐める【▽側める】〔動マ下一〕文そば・む〔マ下二〕❶横に向ける。また、視線をそらす。そむける。「目を—・めたくなるようなむごさ」❷わきへ寄せる。「身ヲ—・メテ通ル」〈和英語林集成〉

そば‐や【蕎=麦屋】そばやうどんなどを食べさせる店。また、それを業とする人。

蕎麦屋の湯桶ゆとう　《そば湯を入れる湯桶には四角い胴の角に口がついているところから》人の話にわきから口出しをすること。また、その人。

そば‐やく【▽側役】主君のそば近くに仕える役。また、その人。近侍。

そば‐ゆ【蕎=麦湯】❶そばをゆでた湯。そばのつけ汁に加えて飲む。❷そば粉を湯で溶いた飲み物。(季冬)「旅先の軽き恙つつがの—かな/たかし」

そば‐ゆ【▽戯ゆ】〔動ヤ下二〕《「そば(戯)う」が中世以降ヤ行に転じて用いられた語。終止形は「戯ゆる」となる例が多い》「そばえる」に同じ。「此の間は久しう乗らぬに依って、殊の外—・ゆる事ぢゃ」〈虎寛狂・止動方角〉

そば‐ようにん【▽側用人】江戸幕府の職名。将軍に近侍し、老中の上申その他を伝え、可否を献議する要職で、老中の次に位した。御側御用人。

そ‐はん【粗飯|×麁飯】粗末な食事。人に食事を進めるときにへりくだっていう語。粗餐そさん。
(類語)粗食・粗餐・粗膳

そ‐ばん【礎盤】唐様建築で、柱と礎石との間に用いられた石または木の盤。刳り形装飾がある。双盤。

そ‐はんのう【素反応】ハンノウ 複雑な化学反応を構成する、一つ一つの基本的な反応。

そ‐ひ【祖×妣】死んだ祖母。また、死んだ祖母と死んだ母。⇔祖考。

そび【×鴗】カワセミの古名。〈和名抄〉

ソピアネ〖Sopianae〗ハンガリー南西部の都市ペーチの旧称。ソピアナエ。

そびえ‐た・つ【×聳え立つ】〔動タ五(四)〕山などがとりわけ高く立つ。「雪野の果てに—・つ雷電峠を」〈有島・生れ出づる悩み〉

ソビエツカヤ‐ガバニ〖Sovetskaya Gavan'〗ロシア連邦南東部、ハバロフスク地方の港湾都市。日本海最北部、ソビエツカヤ湾に面する。バイカルアムール鉄道(バム鉄道)の東の終点。

ソビエト〖ロシア Sovet〗❶《評議会・会議の意》ソ連の政治的基礎であった組織。選挙された代議員によって構成される代表会議で、1905年、ペテルブルクの労働者が組織したのに始まる。17年の二月革命後は労働者・兵士代表ソビエトとして革命の指導的機関となり、ソ連成立とともに農民代表ソビエトを加え、正式の権力機関となった。村や市から州・地方・各共和国の各段階に設けられ、頂点に全連邦の最高会議があった。❷「ソビエト社会主義共和国連邦」の略。(補説)「蘇維埃」とも書く。

ソビエト‐きょうさんとう【ソビエト共産党】キョウサントウ ソ連の政党。1898年創立のロシア社会民主労働党を母体とし、1918年ロシア共産党、25年全連邦共産党、52年ソビエト共産党と改称。マルクス主義を指導理論としてロシア革命を指導。革命後は政権を掌握して社会主義体制建設の中心となり、他の政党を禁止して一党独裁制をしいた。90年、複数政党制を承認、91年解散。ソ連共産党。

ソビエト‐しゃかいしゅぎきょうわこくれんぽう【ソビエト社会主義共和国連邦】シャカイシュギキョウワコクレンパウ ユーラシア大陸北部を占める世界最初の社会主義国。1917年の二月革命で帝政ロシアが倒れたあと十月革命により建国。22年に15の共和国からなる多民族国家として成立し、91年解体。首都モスクワ。計画経済により、豊富な地下資源の開発と工業生産が大規模に発展、農業もコルホーズ・ソフホーズで大規模に行われた。ソビエト連邦。ソ連邦。ソ連。(補説)ソ連解体時に独立した国は、アゼルバイジャン・アルメニア・ウクライナ・ウズベキスタン・エストニア・カザフスタン・キルギス・グルジア・タジキスタン・トルクメニスタン・ベラルーシ・モルドバ・ラトビア・リトアニア・ロシアの15か国。

ソビエト‐れんぽう【ソビエト連邦】レンパウ ソビエト社会主義共和国連邦の略称。

ソビエト‐ロシア〖Sovet Rossiya〗ソビエト社会主義共和国連邦の俗称。

そび・える【×聳える】〔動ア下一〕文そび・ゆ〔ヤ下二〕❶山などが非常に高く立つ。そそりたつ。「雲に—・える霊峰」「高層住宅が—・える団地」❷ほっそりしている。すらりとしている。「人ざまいとあてに—・えて、心恥づかしきけはひぞしたる」〈源・明石〉(類語)そそり立つ・そばだつ・切り立つ・屹立きつりつ・聳立しょうりつ・対峙たいじ

そびき‐もの【×聳き物】連歌・俳諧で、天象のうち、雲・霞かすみ・霧・煙などをいう語。連歌では3句隔てるものとする。

そび・く【▽誘く】〔動カ五(四)〕❶さそいをかける。だましてさそう。「重々しく—・きかけると、酒井は事も無げな口吻くちぶり」〈鏡花・婦系図〉❷無理やりに引っぱっていく。しょびく。「山主公のお館へ、—・いて行くがおいらが役目」〈伎・名歌徳〉

そび・く【×聳く】〔動カ四〕❶そびえる。「—・ける石巌として」〈三蔵法師伝古点・九〉❷雲・煙などがたなびく。「黒雲空に—・きて」〈今昔・七・一一〉

そ‐ひつ【粗筆|×楚筆】❶粗末な筆。❷へたな筆跡。自分の筆跡をへりくだっていう語。拙筆。

そび‐やか【×聳やか】〔形動ナリ〕ほっそりとしたさま。すらりとしたさま。「白く—に柳をけづりて作りたらむやうなり」〈源・横笛〉

そびや‐か・す【×聳やかす】〔動サ五(四)〕そびえるようにする。肩などを、ことさら高く上げる。「肩を—・して歩く」

そび‐や・ぐ【×聳やぐ】〔動ガ四〕すらりと高く伸びている。ほっそりしている。「いたう—・ぎ給へりしが」〈源・松風〉

そび・ゆ【×聳ゆ】〔動ヤ下二〕「そびえる」の文語形。

そ‐ひょう【粗氷】零度以下に過冷却した霧や雲の微細な水滴が、樹木や岩などに凍りついてできた透明または半透明の氷。霧氷の一。(季冬)

そ‐びょう【祖×廟】ベウ 祖先の霊をまつる御霊屋みたまや。

そ‐びょう【素描】ベウ〔名〕スル ❶黒・セピアなどの単色の線で物の形象を表し、また陰影をつけた絵。絵画の習作や下絵として描かれるが、完成品としても鑑賞される。デッサン。「静物を—する」❷要点を簡単にまとめて書くこと。また、その文章。「歳末の庶民生活を—する」「文壇—」(類語)スケッチ・クロッキー・デッサン・下絵・絵・絵図・絵画・図画・図絵・画・イラスト・イラストレーション・カット・描えがく・描かく・象かたどる・描写・写生・模写・点描・線描・寸描

そ‐びょう【粗描】ベウ〔名〕スル 大ざっぱに描写すること。また、その描写。

そ‐びら【▽背】《「背そ平ひら」の意》せ。せなか。「其二人に冷かな—を向けた結果に外ならなかった」〈漱石・門〉

そび・る〔動ラ下二〕「そびれる」の文語形。

そび・れる〔動ラ下一〕文そび・る〔ラ下二〕その行為をする機会を失う。…しそこなう。多く動詞の連用形に付いて用いられる。「つい聞き—・れた」

そ‐ひん【粗品|×麁品】「そしな」に同じ。

そ‐ふ【祖父】父母の父親。おじいさん。⇔祖母。
(類語)おじいさん

そ‐ふ【粗布】❶粗末な布。❷織り目のあらい布。

そ‐ぶ【蘇武】[前140ころ～前60]中国、前漢の武将。杜陵とりょう(陝西せんせい省)の人。字あざなは子卿しけい。匈奴きょうどに使節として行き、19年間抑留されたが、節を守りとおして帰国した。➡雁かりの使い

ソファー〖sofa〗背もたれや座面にクッションが効き、ゆったりと座れる長椅子。(類語)椅子・腰掛け・ベンチ

ソファー〖SOFA〗《Status of Forces Agreement》駐留米軍の地位に関する協定。地位協定。➡日米地位協定

ソファー〖SOFAR〗《sound fixing and ranging》音速が極小となる海中の音波伝達経路。SOFARチャンネルを介すると、散乱・吸収されにくい低周波の音波は、大洋をまたぐような非常に長い距離にまで伝わる。➡ソーサス(SOSUS)

ソファー‐ベッド〖sofa bed〗背もたれを倒すと寝台になるソファー。

ソフィア〖Sofia〗ブルガリア共和国の首都。同国西部の盆地に位置し、ローマ帝国時代から軍事・交通の要所。機械・冶金工業が盛ん。人口、行政区116万(2008)。

ソフィア〖ギリシャ sophia〗哲学で、英知。知恵。➡英知❷

ソフィスティケーション〖sophistication〗❶詭弁きべん。また、詭弁を弄ろうすること。❷都会風に洗練されていること。

ソフィスティケーテッド〖sophisticated〗〔形動〕(人格・考え方・趣味・服装などが)洗練されているさま。都会的な。「—なピアノ演奏」

ソフィスティケート〖sophisticate〗〔名〕スル 趣味、考え、態度などが都会的に洗練されていること。「—されたもてなし」(類語)洗練・垢あか抜ける

ソフィスト〖sophist〗《知者の意》前5世紀ごろの古代ギリシャで、アテネを中心として弁論術や政治・法律などを授けた職業的教育家たち。プロタゴラス・ゴルギアスらが代表者。後世では転じて詭弁家を意味するようになった。詭弁学派。

ソフィズム〖sophism〗詭弁きべん。へ理屈。

ソフォクレス〖Sophoklēs〗[前496ころ～前406ころ]古代ギリシャの三大悲劇詩人の一人。形式・内容ともに古典悲劇の完成者とされる。「アンティゴネ」「エレクトラ」「オイディプス王」など7編が現存。ソポクレス。➡ギリシャ悲劇

そ‐ふく【素服】❶染めてない白地の衣服。❷喪服。「故人が為に、いかでかはここに—着せざらんとて」〈著聞集・一六〉

そ‐ふく【粗服|×麁服】粗末な衣服。

ソフト〖soft〗〔名・形動〕❶感触・印象などが、優しくて柔らかなさま。また、そのようなもの。「—な語り口」「—な色合い」❷「ソフト帽」の略。❸「ソフトクリーム」の略。❹「ソフトボール」の略。❺「ソフトウエア」の略。⇔ハード。

ソフトウエア〖software〗❶機器類を用いて行う物事の、情報・理論など無形の部分。⇔ハードウエア。❷コンピューターの、処理の手順を示すプログラムの総称。SW。⇔ハードウエア。

ソフトウエア‐エンジニアリング〖software engineering〗工業製品の製造にみられる工学的手法をソフトウエア作成に取り入れた工学の一分野。大型の工業製品、例えば航空機・船舶などは各部分に分割して製造し、組み立て完成品とするが、ソフトウエアも分割して、その作成進行状況の管理などを行おうとするもの。ソフトウエア工学。

ソフトウエア‐かいはつかんきょう【ソフトウエア開発環境】カイハツクワンキヤウ《software development environment》▶開発環境

ソフトウエア‐かいはつキット【ソフトウエア開発キット】《software development kit》▶エス‐ディー‐ケー(SDK)

ソフトウエア‐きき【ソフトウエア危機】《software crisis》ハードウエアの急速な発展・普及にともなって、ソフトウエアの供給が需要に追いつかなくなるという予測。システムエンジニアやプログラマーなどの人的資源の不足が心配され、ソフトウエア工学的な手法による対策が考えられた。

ソフトウエア‐こうがく【ソフトウエア工学】《software engineering》▶ソフトウエアエンジニアリング

ソフトウエアこうせい‐かんり【ソフトウエア構成管理】コウセイクワンリ《software configuration management》ソフトウエアの開発工程全般における成果物(ソースファイル、データ、仕様書などの文書資料)の構成や変更履歴を管理すること。またはそのための手法や仕組みを指す。ソフトウエアの大規模化、開発拠点

の複数化や分散化が進む中、その重要性が増しつつある。SCM。

ソフトウエアしようきょだく-けいやく【ソフトウエア使用許諾契約】《software license agreement》コンピューターのソフトウエアを使用する際に、利用者が遵守すべき条件をまとめたもの。知的財産保護に関する制限などがある。

ソフトウエア-シンセサイザー〖software synthesizer〗コンピューター上でシンセサイザーの機能を実現するソフトウエア。従来のシンセサイザーは電子回路を用いて音を合成する専用の装置だったが、コンピューターの処理能力の向上に伴い、音の発振と合成をソフトウエアで行えるようになった。ソフトシンセ。バーチャルシンセ。

ソフトウエア-ちょさくけん【ソフトウエア著作権】《software copyright》ソフトウエアを著作物とみなして設定された権利。

ソフトウエア-テスト〖software test〗コンピューターのプログラムが正しく動作するかを調べること。内部の整合性に着目するホワイトボックステストと、データの入出力に着目するブラックボックステストがある。また、プログラムを小さな単位に分割して行うものを単体テスト、単体テストが済んだ部分をいくつか組み合わせて行うものを結合テスト、すべての部分を結合して行うものをビッグバンテストという。

ソフトウエア-デプロイメント〖software deployment〗▶デプロイメント

ソフトウエア-とっきょ【ソフトウエア特許】《software patent》コンピューターのソフトウエアに関する特許。日本では従来、ハードウエアと一体となった装置やソフトウエアを記録した記憶媒体を対象とした特許が認められていたが、平成14年(2002)の特許法改正により、ネットワークを通じて提供されるプログラムを含め、特許の対象となった。

ソフトウエア-ハウス〖software house〗コンピューターのプログラム開発・販売・保守やシステム設計を行う会社。ソフトハウス。

ソフト-カード-ミルク〖soft curd milk〗胃の中でできるカード(凝固物)が少なくなるように処理した牛乳。育児用調製粉乳の原料に多く用いられる。

ソフト-カラー〖soft collar〗洋服で、芯を入れたり、のりを付けたりしないで、やわらかい感じに仕立てた襟。

ソフト-グッズ〖soft goods〗非耐久消費財。消耗品。特に繊維製品をさす。

ソフト-クリーム《soft ice creamから》あまり温度を下げず、柔らかく作ったアイスクリーム。ソフトアイスクリーム。

ソフト-クロマキー〖soft chroma key〗カラーテレビでの画面合成技術。クロマキーで、合成画面を作る際、合成した境界に不自然なぎざぎざや縁取りを出さず、人の影や煙などの淡い被写体でもきれいに抜き出せるもの。➡クロマキー

ソフト-コピー〖soft copy〗コンピューターの処理結果を、ディスプレーなどに一時的に表示したもの。➡ハードコピー

ソフト-コンタクトレンズ〖soft contact lens〗水分を含む柔らかい材質で作られたコンタクトレンズ。角膜への刺激が少なく、光学中心のズレが少ないなどの利点があるが、耐久性や光学的精密さはハードコンタクトレンズに劣る。

ソフト-サイエンス〖soft science〗従来の科学そのものに対して、科学の利用の仕方を扱う科学をさす。

ソフト-さんぎょう【ソフト産業】情報産業など、第三次産業でも特に無形物を商品としている産業。

ソフトシェル-クラブ〖soft-shell crab〗ワタリガニ科の大形のカニ、ガザミの一種ブルークラブの脱皮直後のもの。アメリカ東海岸のものが輸入されている。やわらかい殻ごと空揚げ・フライなどにする。

ソフト-シンセ〖soft synth〗▶ソフトウエアシンセサイザー

ソフト-セル〖soft sell〗商品の良さを間接的・情緒的に訴求する広告や販売法。⇔ハードセル。

ソフト-タッチ《和 soft＋touch》柔らかい感触であること。また、言葉遣いや態度がおだやかであること。「一の紳士」

ソフト-テニス〖soft tennis〗軟式庭球。軟式テニス。平成4年(1992)に日本ソフトテニス連盟により、正式名称に定められた。

ソフト-トップ〖soft top〗オープンカーの幌のこと。また、幌型車のこと。

ソフト-ドラッグ〖soft drug〗麻薬のうち、マリファナ・メスカリンなどの習慣性のないものをいう。⇔ハードドラッグ。

ソフト-ドリンク〖soft drink〗アルコール分を含まない飲料。

ソフトノミックス《和 soft＋economics(経済学)から》産業の中心が知識集約型産業やサービス産業に移行するような経済状態をいう語。また、産業の中心をソフト産業に移行させるような経済政策をもいう。

ソフト-バイク《和 soft＋bike》エンジンの排気容量が50cc以下の原動機付き自転車。小型軽量で軽快に使えるもの。

ソフト-ハウス《software houseから》▶ソフトウエアハウス

ソフト-バレー「ソフトバレーボール」の略。

ソフト-バレーボール《和 soft＋volleyball》日本で考案された簡易バレーボール。4人ずつ2チームに分かれ、ゴム製のやわらかいボールを打ち合う球技。コートは、バドミントンと同じ大きさのものを利用する。ソフトバレー。

ソフト-パワー〖soft power〗その社会の価値観、文化的な存在感、政治体制などが他国に好感を持って迎えられ、外交に有利に働くこと。米国ハーバード大教授ジョセフ=ナイの提唱。⇔ハードパワー。➡スマートパワー

ソフトバンク-ホークス〖SoftBank Hawks〗▶福岡ソフトバンクホークス

ソフト-ビジネス《和 soft＋business》知識・情報・技術などの頭脳労働を提供する事業。

ソフト-フォーカス〖soft focus〗写真・映画などの撮影で、画面に柔らかい印象を与えるため焦点をぼかすこと。軟焦点。

ソフト-ぼう【ソフト帽】フェルトなどの柔らかい生地で作った男性用の帽子。山の中央部に溝を作ってかぶる。中折れ帽子。ソフトハット。

ソフトボール〖softball〗野球に似た球技。また、それに使用するボール。ボールは大きくて柔らかく、ゲームはふつう7回、投球はアンダースローに限られるなどが野球と異なる。(類語)野球

ソフト-マネー〖soft money〗米国で、選挙運動に際して寄せられる、投票推進、選挙啓蒙などの名目の寄付金。選挙管理委員会の規制を受けないので、候補者の政治資金となる。➡ハードマネー

ソフト-ムード《和 soft＋mood》おだやかな雰囲気。

ソフト-ライナー〖soft-liner〗穏健派。柔軟路線の人。

ソフト-ランディング〖soft landing〗❶軟着陸。特に、宇宙船が、ロケットエンジンの逆噴射で速力をおさえながらゆっくりと着陸すること。⇔ハードランディング。❷高成長を安定へ導く過程で、不況などを招かないように徐々に成長速度を低下させること。また、そのような経済政策。軟着陸。⇔ハードランディング。❸交渉やもめ事で、無理に言い分を通そうとせず、よく話し合って結論を出すこと。軟着陸。「被害者住民の意向を汲みながら一をはかる」

ソフト-ルック《和 soft＋look》一見してソフトな感じを与えるファッション。やわらかな生地を使い、ドレープを入れたゆったりしたシルエットなどを特徴とする。

ソフト-ローン〖soft loan〗貸し出し条件の緩やかな借款。

ソフトワイヤード-エヌシー〖soft-wired NC〗「シーエヌシー(CNC)」に同じ。特にハードワイヤードNCに対していう語。

そ-ふぼ【祖父母】祖父と祖母。

ソフホーズ〖ロシア sovkhoz〗《「ソホーズ」とも》大規模な機械化農業を行った、ソ連の国営農場。1919年に発足。協同組合的なコルホーズと異なり、生産手段はすべて国有で、労働者は賃金の支払いを政府から受けた。91年、ソ連解体後、一部自営農化。

ソプラニスタ〖イタリア sopranista〗ソプラノの音域の声をもつ男性歌手。

ソプラノ〖イタリア soprano〗❶女声の最高音域。また、その声域の歌手。❷対位法の楽曲で、最上声部。❸同一属の楽器の中で最も音域の高いもの。

ソプラノ-きごう【ソプラノ記号】《soprano clef》ハ音記号の一。五線の第1線上に中央ハ音をおく記号。➡音部記号

そ-ぶり【素振り】表情や態度・動作に現れたようす。「よそよそしい一をみせる」(類語)振り・風・様子・体・格好・ジェスチャー

ソブリン〖sovereign〗独立国家。また、主権者。統治者。

ソブリン-ウエルス-ファンド〖sovereign wealth fund〗▶政府系投資ファンド

ソブリン-さい【ソブリン債】《sovereign bond》各国政府が発行、保証している国債。一般に信用格付けが高い。➡公共債

そ-ぶん【処分】遺産を譲与・分配すること。また、その遺産。そうぶん。「御一もなくて、うせさせ給ひにけり」〈栄花・ゆふしで〉

ぞべ-いと【ぞべ糸】片撚りをした細い絹のしつけ糸。主に和裁に用いる。

ぞべ-ぞべ〔副〕スル ❶長い着物を身につけて、動作にしまりのないさま。ぞべらぞべら。「自分の一した絹の着物と」〈長与・青銅の基督〉❷緊張感がなく、だらしないさま。ぞべらぞべら。「東京風の女中の様子も、そんなに一しては居なかった」〈秋声・黴〉

ぞべら-ぞべら〔副〕スル「ぞべぞべ」に同じ。「一した日本服や、ぎごちない丸髷姿」〈秋声・あらくれ〉

ぞべ-る〔動ラ四〕ごろっと横になる。寝る。「もう一・らしゃりましたか」〈滑・膝栗毛・二〉➡寝そべる

そ-べん【措弁｜措辨】〔名〕スル 物事をうまく取りはからい、処置すること。「百事を一し得るの人物なれば」〈竜渓・経国美談〉

そほ【赭】▶そお(赭)

そ-ぼ【祖母】父母の母親。おばあさん。⇔祖父。(類語)おばあさん

そ-ほう【祖法】祖先から代々伝わる法。

そ-ほう【素封】《「史記」貨殖伝から。「素」はむなしい、「封」は領土の意》位や領土はないが、諸侯に匹敵する富を持っていること。また、その人。大金持ち。

そ-ほう【粗放｜疎放】〔名・形動〕綿密でなく、あらっぽいこと。大まかでしまりがないこと。また、そのさま。「一な性質」

そ-ぼう【素望】ふだんからもっている望み。宿望。素願。「今こそ已れの一を達する、時節到来せり」〈竜渓・経国美談〉

そ-ぼう【粗紡】紡績工程の初めの段階で、原料の綿を引き伸ばして撚りをかけ、太い糸状にすること。➡精紡

そ-ぼう【粗暴】〔名・形動〕性質や動作があらあらしくて、乱暴なこと。また、そのさま。「一な男」(派生)そぼうさ〔名〕(類語)乱暴・むちゃくちゃ・暴挙・狼藉・無法・乱行・蛮行・暴状・暴行・暴力・腕力沙汰・荒くれ・凶暴・狂暴・猛悪・野蛮

そほう-か【素封家】大金持ち。財産家。(類語)金持ち・富豪・金満家・大尽・成金・財閥・長者・物持ち

そほう-のうぎょう【粗放農業】自然力の働きを主とし、資本や労働力を加えることの少ない農業。⇔集約農業。

そぼう-はん【粗暴犯】暴力によって他人に損害を与えた犯罪者。(補説)警察白書では、暴行・傷害・脅迫・恐喝・凶器準備集合の罪を犯した者をさす。

ソホーズ〘ロシア sovkhoz〙▶ソフホーズ
そぼかたむき-こくていこうえん【祖母傾国定公園】コクテイコウエン 大分・宮崎県境の祖母山・傾山を中心とする山岳国定公園。高千穂峡・行縢むかばき山・矢筈やはず岳などがある。
そ-ぼく【素朴┊素×樸】〘名・形動〙❶自然のままに近く、あまり手の加えられていないこと。単純で発達していないこと。また、そのさま。「一な遊び」「一な漁法」「一な疑問」❷人の性質・言動などが、素直で飾り気がないこと。また、そのさま。「一な人柄」〘派生〙そぼくさ〘名〙〘類語〙純朴・木訥ぼくとつ・質朴・質実・真率・自然・無為・有るがまま・ナチュラル
そ-ぼく【粗朴┊粗×樸】粗末で飾り気のないこと。
そぼく-じつざいろん【素朴実在論】《naive realism》哲学で、主観と独立して物質的対象からなる世界が実在するという主張。特に認識論では、知覚や認識はこのような外界を忠実に反映・模写して成立するという。➡模写説
そぼ-さん【祖母山】大分・宮崎県境西部にある山。九州山地の主峰をなし、標高1756メートル。名は、神武天皇の祖母、豊玉姫をまつることに由来。
そぼ-そぼ〘副〙雨がしとしとと降るさま。しょぼしょぼ。「霎雨あまー降り出だして」〈読・弓張月・前〉
ソポチャニ-しゅうどういん【ソポチャニ修道院】シュウダウヰン《Manastir Sopoćani》セルビア、ラシュカ地方の都市遺跡スタリラスにある修道院。13世紀の創建。17世紀にオスマン帝国によって破壊されたが、20世紀に入り修復されている。内部には中世に描かれたフレスコ画が残る。1979年に「スタリラスとソポチャニ」として世界遺産(文化遺産)に登録された。
そぼ-つ【×濡つ】《古くは「そほつ」「そほづ」》㊀〘動タ四〙❶雨や涙などにしっとり濡れる。うるおう。「浅みにや人はおりたつ我がかたは身も一・つまで深きこひぢを」〈源・葵〉❷雨がしとしとと降る。そぼ降る。「あけぬとてかへる道にはこきたれて雨も涙もふり一・ちつつ」〈古今・恋三〉➡降り濡そぼつ ㊁〘動タ上二〙㊀❶に同じ。「あさ氷とくる間もなき君によりなどてー・つる袂なるらむ」〈拾遺・恋二〉〘補説〙現代では「濡れそぼつ」などの形で文章語としてのみ用いられる。また、㊀❷は、連用形の用例しかないので、活用は上二か四段か判定しがたい。〘類語〙濡れる・湿る・潤う・湿す・濡らす・潤す・濡れそぼつ・湿気しける・潤む・そぼ濡れる・しょぼたれる・しょぼ濡れる・潮たれる
ソポト〘Sopot〙ポーランド北部の都市。グダニスクとグディニアの間に位置し、合わせて「三連都市」と呼ばれる大都市圏を形成。19世紀より海岸保養地として知られる。
そぼ-ぬ・れる【そぼ×濡れる】〘動ラ下一〙図そぼぬ・る〘ラ下二〙ずぶぬれになる。「雨にー・れて来た辛つらさも全く忘れて居た」〈花袋・田舎教師〉
そほ-ぶね【×赭船】▶そおぶね
そぼ-ふ・る【そぼ降る】〘動ラ五(四)〙《古くは「そほふる」とも》雨がしとしとと降る。「小雨ー・る街」〘類語〙ぱらつく・ちらつく・しぐれる・降りしきる・降りこめる
そぼ・る【▽戯る】〘動ラ下二〙❶ふざける。はしゃぐ。「うちー・れたるは、さる方にをかしく罪ゆるされたり」〈源・常夏〉❷しゃれる。気取る。「今の世の上手におはすれど、あまりー・れて癖ぞ添ひたるめる」〈源・梅枝〉
そぼろ〘名・形動〙❶魚や肉などをほぐして味つけし、いり上げた食品。「鳥ー」❷ぼろぼろに乱れているさま。みすぼらしくやつれたさま。また、そのような容姿や衣服。「一髪」「なりもーなその上に、顔の構へもただならぬ」〈伎・四谷怪談〉❸ばらばらで細かいこと。また、そのさま。「鞍下くらの極というところを、一に刻んでヨ」〈魯文・安愚楽鍋〉
そ-ほん【素本┊×麁本】▶すほん(素本)❶
そ-ほん【粗×笨┊×麁×笨】〘名・形動〙大まかでぞんざいなこと。細かいところまで行き届いていないこと。また、そのさま。粗雑。「一な愛し方ではあっても、嘘のない情合を傾けていた」〈野上・迷路〉〘類語〙大雑把・粗雑
そま【×杣】❶「杣山そまやま」に同じ。「一入り」❷「杣木そまぎ」に同じ。❸「杣人そまびと」に同じ。❹▶我が立つ杣〘補説〙「杣」は国字。
そま【×蘇摩】▶ソーマ
そ-まい【租米】租税として納める米。年貢米。
そま-かく【×杣角】山から切り出した材木を、斧おので荒削りしただけの角材。日本農林規格では、幅によって大中小に分ける。
そま-かた【×杣方┊×杣形】草や木の茂った所。「一に道やまどへるさを鹿の妻どふ声の繁くもあるかな」〈千載・秋下〉
そま-がわ【×杣川】ガハ 切り出した杣木を流して運ぶ川。「一の筏の床の浮き枕夏は涼しきふしどなりけり」〈曽丹集〉
そま-ぎ【×杣木】杣山に生えている木。また、杣山から切り出した木材。そま。
そまくしゃ【蘇莫者】雅楽。唐楽。盤渉ばんしき調で古楽の中曲。舞は一人舞で、猿面をつける。笛役が一人侍立して竜笛を吹く。聖徳太子が笛を吹き、山神が舞った姿とされる。そまくさ。
そま-ごや【×杣小屋】杣人そまびとの小屋。きこり小屋。
そま-だし【×杣出し】杣木を杣山から切り出すこと。材木を山から切り出すこと。
そ-まつ【粗末┊×麁末】〘名・形動〙❶作り方などが、大ざっぱなこと。品質などが上等でないこと。また、そのさま。「一な家」「一な食事」➡御粗末おそまつ ❷いいかげんに扱うこと。ないがしろにすること。また、そのさま。「食べ物を一にするな」「一な扱いを受ける」〘類語〙粗雑・粗略・粗悪・雑・貧相・チープ
ソマトスタチン〘somatostatin〙成長ホルモンの分泌抑制作用などを有するホルモン。視床下部・脳下垂体や膵臓ランゲルハンス島δデルタ細胞などで産生される。
ソマトトロピン〘somatotropin〙成長ホルモン。脳下垂体前葉から分泌されるホルモンで、分子量約2万2000のペプチド。成長促進作用・たんぱく質同化促進作用などがある。
そま-どり【×杣取り】❶杣木を伐採すること。また、造材すること。❷木材を斧おのなどで少しずつ削ること。
そまな-け【×蘇摩那華】《「そまな」は梵 sumanāの音写》仏典に現れるインドの花。黄白色で香りが強く、花汁から香油の蘇油を作る。
そま-びと【×杣人】杣木を切ったり運び出したりする人。きこり。そま。
そま-みち【×杣道】杣人そまびとしか通らないような、細くてけわしい山道。
そま-むぎ【×蕎麦】ソバの古名。「隣なりける家の畠に一を植ゑて侍りけるを」〈著聞集・一二〉
そま-やま【×杣山】木材を切り出す山。また、木材にするための木を植えた山。そま。
ソマリア〘Somalia〙アフリカ東端の民主共和国。首都モガディシオ。ソマリア半島を占め、インド洋とアデン湾に面する。牧畜が盛ん。1960年、イタリア信託統治領とイギリス保護領とが独立・合併して成立。社会主義政権を経て、1990年代に内戦状態となり、国内で複数の勢力が独立を宣言している。人口1011万(2010)。
ソマリランド〘Somaliland〙アフリカ大陸の東端、インド洋に突出した半島の地域。サイの角の形をしていることから「アフリカの角」とよばれ、大部分をソマリアが占める。
そま・る【染まる】〘動ラ五(四)〙❶染料や絵の具・墨などがついたりしみ込んだりして、その色になる。「みごとな藍にー・った布地」「全身朱あけにー・る」❷光のぐあいなどであたりの色が変わる。「夕日にー・る」「山が若葉の緑にー・る」❸ある考えや思想などの影響を受ける。また、よくない習慣がすっかり身につく。「土地の風習にー・る」「悪にー・る」
そ-まん【粗慢┊疎慢】〘名・形動〙考え方ややり方などが、大ざっぱで、いいかげんなこと。また、そのさま。「きわめて一な政策」
そ-まんじゅ【蘇曼殊】[1884～1918]中国、清末・民国初期の詩人・文学者。横浜に生まれ、母は日本人。名は玄瑛げんえい、字あざなは子穀。曼殊は僧号。革命運動に参加。辛亥しんがい革命後は幻想的作風を示した。自伝的小説「断鴻零雁記だんこうれいがんき」。スー＝マンチュー。
そみ-かくだ【▽曽▽美加久▽堂┊×蘇×民書▽札】山伏・修験者しゅげんじゃなどのこと。「幾かへり行ききの嶺のーすずかけ衣着つつなれけん」〈金槐集・下〉
そ-みつ【疎密┊粗密】まばらなことと細かいこと。粗雑であることと精密であること。「人口分布に一がある」
そ-みつ【×酥蜜┊×蘇蜜】酥油そゆと蜂蜜。薬用とした。また、甘い物のたとえにいう。「地より甘泉湧出す。味一の如し」〈神皇正統記・序〉
そみつ-は【疎密波】媒質中に密度の疎なところと密なところとが次々とできて進行方向に伝わっていく波。空気中を伝わる音波など。縦波。
ソミュール〘Saumur〙▶ソーミュール
ソミュール-じょう【ソミュール城】ジャウ《Château de Saumur》▶ソーミュール城
そみん-しょうらい【×蘇民将来】シヤウライ ❶神に宿を貸した善行により茅ちの輪の法を教えられ、子孫に至るまで災厄を免れることを約束された説話上の貧者の名。➡茅ちの輪 ❷疫病よけの護符の名。柳の木を六角または八角の塔状に削り、「大福長者蘇民将来子孫人也」などと墨書し、小正月に諸所の社寺で分与する。
そ・む【初む】〘動マ下二〙「そ(初)める」の文語形。
そ・む【染む】㊀〘動マ五(四)〙❶色が他のものについたり、しみ込んだりする。そまる。「のび上がって、血にー・んだ太刀をふりかざした」〈芥川・偸盗〉❷他から影響・感化を受ける。そまる。「汚濁おじょくにー・んだ今の身の上を」〈宇野浩二・苦の世界〉❸(現代語では、多く打消しの語を伴い)深く感じる。強く心がひきつけられる。「心にー・まない縁談」「意にー・まない仕事」「歓喜涙かんぎのなみだこぼれて渇仰肝にー・む」〈平家・七〉❹病気になる。感染する。「はかなくて病ひにさへー・ませ給ふ由」〈読・雨月・木備津の釜〉㊁〘動マ下二〙「そ(染)める」の文語形。
そ-むき【背き】❶うしろの方。背面。「なきすみのふなせを過ぎて今みればーに霞む淡路島山」〈夫木・二三〉❷出家すること。遁世とんせい。「多うは思ひなり給ひにし、御世の一なれば」〈源・鈴虫〉
そむき-ざま【背き様┊背き▽状】〘形動ナリ〙裏表が反対であるさま。「ゆだけの片の身を縫ひつるが、一なるを見つけで」〈枕・九五〉
そむき-そむき【背き背き】〘形動ナリ〙互いに心がしっくりしないさま。離れ離れ。「かたみにこそは頼みをかけて、後見思ひきこえめと、思ひわたるに、一にさし隔てて」〈夜の寝覚・二〉
そ-む・く【背く┊×叛く】《「背そ向く」の意》㊀〘動カ五(四)〙❶㋐取り決めたことや目上の人の考え・命令などに従わずに反抗したり反対したりする。さからう。「約束にー・く」「親の言いつけにー・く」㋑謀反する。はむかう。「主君にー・く」❷世間や、ある人のもとから離れて行く。去る。離反する。「世をー・く(＝出家スル)」「妻にまでー・かれる」❸予想されることと反対の結果になる。「四番打者の名にー・かぬ大活躍」「ファンの期待にー・く」❹その方向に背中を向ける。「結び灯台のうす暗い灯ひにー・いて」〈芥川・偸盗〉〘可能〙そむける ㊁〘動カ下二〙「そむける」の文語形。
〘用法〙そむく・さからう――「親に背く(逆らう)」「主人の意に逆らう(背く)」などの場合、目上の人の言うことを聞かないの意では相通じて用いられる。◇「そむく」は、反抗の意思を言葉よりも行動で表す方に重点がある。「期待にそむく」「約束にそむく」「…の名にそむく」などの使い方は、「さからう」にはない。◇「さからう」は、反抗の意思を言葉や行動で表すことで、「上司にさからって左遷される」は、従わないことから口答えまでを背景に含んでいる。◇「川の流れにさからって泳ぐ」の使い方は「そむく」にはない。◇類似の語「たてつく」は、よりはっきりと反対の意思を言葉と行動に表すことで、特定の対象にしぼられる。「権力(教師)にたてつく」
〘類語〙反する・逆らう・盾突く・歯向かう・違たがう・悖もとる

そ-む・ける【背ける】〔動カ下一〕図そむ・く〔カ下二〕《「背×向ける」の意》❶後ろやわきの方へ向かせる。視線や顔をそらす。「気まずさに顔を一・ける」「目を一・ける」❷心を離す。離反する。「督は、日に添へて人にも一・けられゆくに」〈増鏡・新島守〉
（類語）逸らす・外す

そむ-な・い〔連語〕《「そうもない」の意の「そもない」の音変化》…しそうもない。「やあ、参らいで、かなひ一・い坊主ぢゃ」〈狂言記・宗論〉

ソムリエ〘フランス sommelier〙レストランで、客の相談にのってワインを選び、サービスをする専門職。➡コンセイエ

ソムリエール〘フランス sommelière〙女性のソムリエ。

そめ【染め】染めること。また、染めた色や染めたもの。「一に出す」「一がよくない」「絞り一」

ぞめ【初め】〔語素〕動詞の連用形に付けて、その動作をはじめてする意を表す。「渡り一」「書き一」

そめ-あがり【染(め)上(が)り】染め上がること。また、その出来栄え。「一がよい」

そめ-あげ【染(め)上げ】染め上げること。また、その出来栄え。「きれいな一」

そめあげ-もん【染(め)上げ紋】染め抜きにした紋。染め紋。

そめ-あ・げる【染(め)上げる】〔動ガ下一〕図そめあ・ぐ〔ガ下二〕ある色に染めて仕上げる。そめおえる。「紺色に一・げる」

そめい【染井】東京都豊島区北東、巣鴨・駒込付近の旧地名。染井霊園がある。江戸時代、植木屋が多かった。ソメイヨシノの発祥地。

そ-めい【疎明】【×疏明】❶いいわけ。弁明。❷確信ではなく、確からしいという推測を裁判官に生じさせる当事者の行為。または、これに基づき裁判官が一応の推測を得ている状態。➡証明

そめ-いい【染め▽飯】クチナシの実で山吹色に染めた強飯。駿河国瀬戸(現在の静岡県藤枝市内)の名物で、静岡県の郷土料理。

そめ-いと【染(め)糸】染めた糸。色糸。

そめい-よしの【染井▽吉野】バラ科の落葉高木。エドヒガンとオオシマザクラの雑種といわれる。葉は広い倒卵形。4月ごろ葉より先に、淡紅色から白色となる花が咲く。広く植栽され、木の生長は早いが寿命は短い。名は江戸末期に染井の植木屋が広めた吉野桜に由来。(季 春)

そめ-いれ【染(め)入れ】種々の色をまぜて染め出すこと。また、染め出したもの。

そめ-いろ【染(め)色】染料で染めた色。また、その色調。

そめいろ【蘇迷盧】《梵 Sumeruの音写》須弥山。

そめ-かえ【染(め)変え|染(め)替え】染め変えること。また、そのもの。「一が利く」

そめ-かえし【染(め)返し】染め返すこと。また、そのもの。染め直し。「兄のお下がりの一」

そめ-かえ・す【染(め)返す】〔動サ五(四)〕色がさめたり、汚れたりしたときなど、改めて同じ色に染める。また、別の色に染める。「羽織を解いて一・す」

そめ-か・える【染(め)変える|染(め)替える】〔動ア下一〕図そめか・ふ〔ハ下二〕染めてあるものを、別の色に染め直す。「浅葱地を黒に一・える」

そめ-がすり【染め×絣|染め飛=白】織り上げたあとで布地にかすり模様を染め出したもの。

そめ-がた【染(め)型】❶染め出す模様。また、その原型。❷「染め型紙」の略。

そめがた-がみ【染(め)型紙】染め出す模様を彫り抜いた原型の紙。

そめ-がみ【染(め)紙】❶種々の色に染めた紙。いろがみ。❷《黄色や紺に染めた紙を用いたところから》仏教の経典をいう斎宮の忌み詞。染め草。「経、仏など忌みて、なかご、一など言ふなるもをかし」〈徒然・二四〉

そめ-がら【染(め)柄】染め出した色合いや模様。

そめ-かわ【染川|染河】福岡県中部、太宰府天満宮の付近を流れる御笠川のこと。逢初川。思川。
（歌枕）「一をわたらむ人のいかでかは色になるてふことのなからむ」〈伊勢・六一〉

そめ-かわ【染(め)革】色や模様を染めつけた革。いろがわ。「一の財布」

そめ-き【染(め)木】❶染色に用いる草木。アカネ・スオウなど。染め草。❷「錦木❷」に同じ。

ぞめき【▽騒き】《古くは「そめき」》❶浮かれさわぐこと。「祭が過ぎた、あの一ももう遠い岬へ移って了った」〈白秋・祭のあと〉❷遊郭や夜店などをひやかしながら歩くこと。また、ひやかし客。「一一時出盛る五丁目一円に人波打て」〈紅葉・伽羅枕〉

ぞめき-うた【▽騒き歌】「そそり節」に同じ。「一に、ほほかぶりせし男どもの」〈滑・膝栗毛・六〉

そめ-ぎぬ【染め▽衣】色を染めた着物。

ぞめ・く【▽騒く】〔動カ五(四)〕《古くは「そめく」》❶浮かれさわぐ。「茂作は一・くようにいいながら」〈万太郎・露芝〉❷遊郭や夜店などを、ぞろぞろさわぎながら歩く。また、ひやかして歩く。「いざ町でも一・いて来まそ」〈風葉・亀甲鶴〉（類語）騒ぐ

そめ-くさ【染め▽種】染色に用いる材料。染料。

そめ-くさ【染(め)草】❶「染め木❶」に同じ。❷「染め紙❷」に同じ。

そめ-こ【染(め)粉】粉末にしてある染料。

そめ-こそで【染(め)小袖】色染めの小袖。藍色のものが多い。

そめ-じ【染(め)地】染色するための生地。また、染色した布地。

そめ-しょうぞく【染(め)装束】束帯を構成する袍以外の中着や袴を規定によらない好みの色目・文様にした装束。祭事などに一日晴として許された。

そめ-そめ【染め染め】〔副〕《「そめぞめ」とも》❶墨痕あざやかに書くさま。「五大力菩薩と、一と筆を動かせける」〈浄・氷代蔵・一〉❷情のこもったさま。しみじみ。「初めのほど嘲りしことのくやしく、一と返事をして」〈浮・五人女・三〉

そめ-だ・す【染(め)出す】〔動サ五(四)〕染めて文字や模様を表す。「白地に紺で屋号を一・す」

そめ-つき【染(め)付き】❶色・模様の染まりぐあい。❷思いそめること。また、思い詰めること。「藤も在所に稀男、あづまに深く一の」〈浄・淀鯉〉

そめ-つけ【染(め)付け】❶染めつけること。また、その色や模様。❷藍色の模様を染め出した布地や衣服。❸陶磁器の装飾技法の一。また、その陶磁器。白地に呉須で下絵付けをし、その上から透明な釉をかけて焼成すると、青色または青紫色に発色する。中国では元代に盛んになり、青花・釉裏青という。日本では江戸初期の伊万里焼に始まる。（類語）染色・染め物・着色・捺染・型染め

そめ-つ・ける【染(め)付ける】〔動カ下一〕図そめつ・く〔カ下二〕❶染めて色や模様をつける。「花柄を一・けた茶碗」❷心に強く印象づける。「私の疑惑を強く一・けたものの一つでした」〈漱石・こゝろ〉

そめ-でら【染寺】奈良県葛城市にある浄土宗の石光寺の通称。天智天皇のころの創建と伝えられる。中将姫が曼荼羅を織った糸を染めたという井戸があるところからの名。

そめ-どの【染殿】□❶平安時代、宮中や貴族の邸内で糸や布の染め物をした建物。❷染物師。また、染物屋。〈日葡〉□藤原良房の邸宅。京都の正親町の南、京極の西にあったという。

そめ-なおし【染(め)直し】染め直すこと。また、そのもの。

そめ-なお・す【染(め)直す】〔動サ五(四)〕染めてあるものを改めて再び染める。「母の羽織を一・して着る」

そめ-ぬき【染(め)抜き】❶染め抜くこと。また、そのもの。❷染め糊や蝋を用いて、防染して染め抜いた文様染め。

そめぬき-もん【染(め)抜き紋】白く染め抜きにして表した紋。最も正式の紋で、日向紋と陰紋がある。➡書き紋 ➡縫い紋

そめ-ぬ・く【染(め)抜く】〔動カ五(四)〕模様を地色のままに残し、他の部分を染める。「家紋を一・く」

そめ-のり【染め×糊】織物に模様などを染め抜くときに用いる糊。

そめ-は【染(め)羽】《「そめば」とも》染めた矢羽根。ワシやクグイの白羽を染めたもの。

そめ-ば【染(め)歯】鉄漿で染めた歯。

そめ-むら【染め▽斑】一様に仕上がるはずの染色に不自然な濃淡ができること。また、その濃淡。

そめ-もの【染(め)物】❶布などを染めること。また、染めた布。❷結婚して女が歯に鉄漿をつけて黒く染めること。「かがみ見て一をするはづかしさ」〈柳多留・一〇〉（類語）染色・染め付け・着色・捺染・型染め

そめもの-し【染(め)物師】染め物を職業とする人。紺屋。そめや。そめし。

そめ-もよう【染(め)模様】地と違う色で染め出した模様。

そめもよういもせのかどまつ【染模様妹背門松】浄瑠璃。世話物。2巻。菅専助作。明和4年(1767)大坂北堀江座初演。お染久松の情死事件を脚色したもので、紀海音作「お染久松袂の白しぼり」の改作。

そめ-もん【染(め)紋】「染め上げ紋」に同じ。

そめ-や【染(め)屋】染め物を職業とする家。また、その人。染物師。

そめ-ゆう【染め木=綿】「しめゆう」に同じ。

そめ-りょう【染(め)料】「染料」に同じ。

そ・める【初める】〔動マ下一〕図そ・む〔マ下二〕《「染める」と同語源か》動詞の連用形に付いて、…しはじめるの意を表す。「桜の花の咲き一・めるころ」「夜が白々と明け一・める」「見一・める」

そ・める【染める】〔動マ下一〕図そ・む〔マ下二〕❶染料などを使って色をつける。また、しみこませて色や模様をつける。「髪を一・める」「セーターを赤く一・める」❷光などが、あたりの色を変える。ある色にする。「紅葉が照り輝くように野山を一・める」「夕日が家々の白壁を赤く一・めている」❸(恥ずかしさなどのために)顔を赤らめる。「恥じらいでほおを一・める」❹そのことに関心を寄せる。思いを深くする。「陶器に心を一・める」❺(「手をそめる」の形で)あることにとりかかる。着手する。「悪事に手を一・める」❻(「筆をそめる」の形で)書きはじめる。また、(筆で)絵や字を書く。「小説に筆を一・める」

そめ-わけ【染(め)分け】〔名〕スル 染め分けること。また、その布地。「紺と白に一したのれん」

そめわけ-たづな【染(め)分け手綱】種々の色に染め分けた手綱。染め手綱。

そめ-わ・ける【染(め)分ける】〔動カ下一〕図そめわ・く〔カ下二〕いくつかの色に分けて染める。「三色に一・けた幕」

そ-めん【×梳綿】紡績工程で、混綿・開綿・打綿の工程を経た綿の繊維をさらに開き、細かいごみや短い繊維を除いて、太いひも状の繊維の束にすること。

そ-めん【粗面】ざらざらした面。あらい面。

そめん-がん【粗面岩】火山岩の一。灰白・淡緑・淡紅色などを呈し、斑晶はアルカリ長石が主で、斜長石・黒雲母・角閃石などがある。石基はアルカリ長石の短冊状の小さな結晶がほぼ平行に配列し、斑晶をよけるようにうねって並ぶ組織が特徴的である。

そ-も【▽抑】〔接〕《代名詞「そ(其)」＋係助詞「も」から》物事の根源を説き起こすとき、または改めて問題を提起するときに用いる。いったい。そもそも。それにしても。「一、われの始めて君を見まつりしは」〈荷風・ふらんす物語〉

ぞ-も〔連語〕《係助詞「ぞ」＋係助詞「も」。古くは「そも」とも》❶文中にあって、その付く語を感動を込めて強く示す意を表す。「これ」を受ける文末の活用語は原則として連体形をとる。…はまあ。「いかにある布勢の浦一ここだくに君が見せむと我を留むる」〈万・四〇三六〉❷多く文末にあって、疑問の意を表す語とともに用いられ、感動を込めて強く示す意を表す。(いっ

たい)…かなあ。「うちわたすをちかた人に物申すわれそのそこに白く咲けるは何の花―」〈古今・雑体〉
そ-もう【×梳毛】羊毛繊維をくしけずって短いものを取り除き、長い繊維を平行にそろえること。また、その長い繊維。
そもう-おりもの【×梳毛織物】梳毛糸、またはそれに他の糸をまぜて織った毛織物の総称。サージ・ウーステッド・ギャバジンなど。
そもう-し【×梳毛糸】梳毛でつむがれた糸。
そも-さん【▽作×麼▽生|×怎×麼▽生|×什×麼▽生】〔副〕《中国宋代の俗語から。もと、禅問答のとき、相手の返事を促すのに用いた語》さあどうだ。いかに。「それにてとるべし、さなくばとらせじ、―と言ふ」〈仮・可笑記・五〉
そ-もじ【×其文字】〔代〕《「そなた」の「そ」に「もじ(文字)」を添えた語》二人称の人代名詞。そなた。あなた。「―の鼻を削そひで見せられ候へ」〈咄・きのふはけふ・上〉補説 中世には女性が目上の男性に対して用いる語であったが、近世以降、対等または目下の男性に、または男性から女性に用いるようになり、目上の場合には「そもじ様」を用いるようになった。
そも-そも【▽抑】㊀〔名〕《接続詞「そもそも」が文頭に置かれるところから》最初。発端。副詞的にも用いる。「この話には―から反対だった」「目的が―違う」㊁〔接〕改めて説き起こすときに用いる語。いったい。だいたい。さて。「―人間というものは」
類語 元来・もともと・本来・大体・どだい・自体
ソモタラ《Sumatraから》スマトラから渡来した香木の名。スモタラ。補説「蘇門答剌」とも書く。
ぞ-もと　事の起こり。原因。「十六両ただしられ、それが―に嘉平次が、うろたへ始め」〈浄・生玉心中〉
そも-や〔副〕《接続詞「そも」＋間投助詞「や」から》いったいまあ。「我等夫婦は―幾許いくばくの恥辱を受くるならん」〈紅葉・金色夜叉〉
そもや-そも〔連語〕「そもそも」を強めた語。いったいぜんたい。「―これがとってかへらるるものか」〈浮・一代女・四〉
そ-や【▽初夜】「しょや(初夜)」に同じ。「―といひしかども、夜もいたう更けにけり」〈源・若紫〉
そ-や【▽征矢|▽征×箭】戦場で使う矢。狩り矢・的矢などに対していう。
そ-や【粗野】〔名・形動〕言動が下品であらあらしくて、洗練されていないこと。また、そのさま。「―な振る舞い」「―な育ち」類語 乱暴・荒っぽい・荒荒しい・がさつ・野蛮・手荒・手荒い・荒い
ぞ-や〔連語〕《古くは「ぞや」。係助詞「ぞ」＋間投助詞「や」》❶感動を込めて強く示す意を表す。…だなあ。…なのだよ。「この河は西国一の大河―」〈平家・九〉❷多く、疑問語を伴って用いられる。…であるか。…であろうか。「かかる事のいつ―ありしか」〈徒然・七一〉
そや・す〔動サ五(四)〕❶おだてあげる。そそのかす。「褒ほめ―・す」「横町も表もお前の手下だよと―・すに」〈一葉・たけくらべ〉❷はやしたてる。ひやかす。「浮気鳥と―・されて」〈浄・女腹切〉
そ-やつ【×其×奴】〔代〕三人称の人代名詞。相手に近い人、また話題の人をののしったりするのに用いる。そいつ。「―のしわざだ」
そ-ゆ【×酥油|×蘇油】牛乳から製した、バターに似た油。食用にし、また密教で護摩の修法で用いる。
ソユーズ〖ロシ Soyuz〗ロシアの二～三人乗りの有人宇宙船の名。第19号が1975年に米国アポロ宇宙船とのドッキングに成功。
そよ〔副〕風がかすかに吹くさま。また、物が揺れてたてるかすかな音などを表す語。「風が―とも吹かない」「負ひ征箭そやの―と鳴るまで」〈万・四三九八〉
そ-よ〔感〕ふと思い出したときや、あいづちを打つときなどに用いる語。そうだ。そうそう。それそれ。「御前にこそわりなくおぼさるらめと言へば、―、などかうはとて」〈源・夕顔〉➡そよや
ぞ-よ〔連語〕《終助詞「ぞ」(古くは係助詞「ぞ」の文末用法)＋間投助詞「よ」》断定した内容を、さらに念を押す気持ちを表す。…なのだよ。…だぞ。「それはいともて離れたること―」〈源・朝顔〉「与次兵衛が回し者、彦介を踏んだ―」〈浄・寿の門松〉
そ-よう【素養】ソヤウ ふだんの練習や学習によって身につけた技能や知識。たしなみ。「絵の―がある」
類語 嗜たしなみ・心得・教養・知識・蘊蓄うんちく・学識・造詣ぞうけい・学問・学殖
そ-よう【×楚腰】ソエウ《楚の霊王が、腰の細い美人を好んだという故事から》美人の細い腰。柳腰やなぎごし。
そよう-きょう【蘇陽峡】ソヤウケフ 熊本県中央東部にあるU字形の峡谷。五ヶ瀬川上流が浸食してできた。阿蘇あその南外輪山に連なる標高550メートルの高原にあり、約200～300メートルのほぼ垂直に切り立った絶壁が約10キロメートルにわたって続く。
そ-よう-ちょう【租庸調】ソヨウテウ ❶中国、隋・唐代の均田法下の税法。給田を受けた丁男(21～59歳)に課したもので、租は粟ぞく2石、庸は年20日(閏年は22日)の労役、または代納として1日当たり絹3尺、調は絹2丈と綿3両、または布2.5丈と麻3斤。8世紀後半、均田法の崩壊とともに両税法に移行した。❷律令制で、唐制にならって行われた税制。➡租 ➡庸 ➡調
そよが・す【▽戦がす】〔動サ五(四)〕風が草や木の葉などをかすかに揺らす。「秋風が梢こずえを―・す」
そよ-かぜ【▽微風】そよそよと吹く風。びふう。
そよぎ【▽戦ぎ】そよぐこと。「薄すすきの穂の―」
そよ・ぐ【▽戦ぐ】〔動ガ五(四)〕風に吹かれて草や木の葉などがかすかに音をたてて揺れ動く。「風に―・ぐ葦あし」
そよご【冬=青】モチノキ科の常緑低木。山地に自生。葉は楕円形で堅い。雌雄異株で、6月ごろ白い花が咲く。実は丸く紅色に熟す。葉から褐色の染料をとり、材でそろばん珠などを作る。ふくらしば。
そよ-そよ〔副〕❶風が静かに心地よく吹くさま。また、風に吹かれて草木の葉などがかすかに音をたてて揺れ動くさま。「春風が―(と)吹く」「木の葉が―(と)揺れる」❷広く、物の触れ合う音や物の動くときに発する音を表す語。がさがさ。「谷の底のかたより、物の―と来る心地のすれば」〈宇治拾遺・六〉
そよ-そよ〔感〕《「そよ」を重ねた語》そうだ、そうだ。「風ふけば楢ならのうら葉の―と言ひ合せつついづち散るらむ」〈詞花・冬〉補説 和歌では多く、風の「そよそよ」に掛けて用いる。
ぞよ-ぞよ〔副〕小さい虫などが多く集まっているさま。ぞろぞろ。「塗渡とわたる蟻、散る蜘蛛の子とうようよ―沸き出でて来るのは」〈二葉亭・浮雲〉
そよ-ふ・く【そよ吹く】〔動カ五(四)〕風が静かに心地よく吹く。「春風―・く空を見れば」〈文部省唱歌・朧月夜〉
そ-よみ【素読み】「素読そどく」に同じ。「四人の子供に四書の―をさせけるは殊勝なり」〈浮・永代蔵・五〉
ぞよ-めき　たくさんの人々の声などが騒がしく聞こえること。また、その声。ざわめき。「満場の―ばったり止んで」〈蘆花・黒潮〉
そよ-め・く〔動カ五(四)〕❶風が静かに吹いて、草や木の葉を揺り動かす。「蕭条しょうじょうとした藪やぶが、かすかにこずえを―・かせて」〈芥川・偸盗〉❷きぬずれ、人のざわめきなどの音がする。「人の―・きて参る気色のありければ」〈今昔・二七・二〉
そよ-や〔感〕《感動詞「そよ」＋間投助詞「や」から》❶驚いたり同感したりするときなどに発する声。そうだ。そうそう。「―、さる事ありきかし」〈かげろふ・下〉❷歌謡の囃子詞はやしことば。「―、小柳によな、下がり藤の花やな」〈梁塵秘抄・一〉
そより〔副〕「そよろ」に同じ。「一叢ひとむらの修竹が、―と夕風を受けて」〈漱石・草枕〉
そよろ〔副〕風が静かに吹くさまや、物が軽く触れ合ってたてる音を表す語。そより。「―と響く白楊はくようと毛欅ぶなの森の奥に」〈晶子・フォンテンブロオの森〉
そら【空|▽虚】㊀〔名〕❶頭上はるかに高く広がる空間。天。天空。「東の―が白む」「鳥のように―を飛び回りたい」「―高く舞い上がる」❷晴雨などの、天空のようす。天候。空模様。「今にも降り出しそうな―」❸その人の居住地や本拠地から遠く離れている場所。または、境遇。「異国の―」「旅の―」「故郷の―を懐かしむ」❹(多く「そらもない」の形で)心の状態。心持ち。心地。また、心の余裕。「生きた―もない」「観菊などという―は無い」〈二葉亭・浮雲〉❺すっかり覚え込んでいて、書いたものなどを見ないで済むこと。「山手線の駅名を―で言える」❻家の屋根や天井裏、木の梢こずえなど、高いものの上部。てっぺん。「それがしが木の―にゐれば」〈狂言記・柿山伏〉㊁〔形動ナリ〕❶他に心を奪われ、ぼんやりして当面の事柄に対応できないでいるさま。うわのそら。「たもとほり往箕ゆきみの里に妹を置きて心―なり土は踏めども」〈万・二五四一〉❷はっきりした理由もなく事が起こるさま。偶然。「二人の人、同じ夜、―に相会へり」〈今昔・九・三三〉❸確かな根拠もなく推量するさま。「それ、しかあらじと、―にいかがは推し量り思ひくたさむ」〈源・帚木〉㊂〔接頭〕名詞・動詞・形容詞などに付く。❶それらしく思われるが実際はそうでない、という意を表す。うそ。いつわり。「―涙」「―笑い」「―とぼける」❷実体のない、事実でない、などの意を表す。「―耳」「―音ね」❸あてにならない、信頼できない、などの意を表す。「―頼み」❹はっきりした理由のない、わけのわからない、なんとなく、などの意を表す。「―恐ろしい」「―恥ずかしい」類語 (㊀❶)天・天空・天穹てんきゅう・穹窿きゅうりゅう・蒼穹そうきゅう・太虚たいきょ・上天・天球・青空・青天井・宙ちゅう・空くう・空中・虚空こくう・中空ちゅうくう・中天・上空・大空/(㊀❷)天気・天候・日和ひより/(㊂)偽り・嘘・法螺ほら・嘘っぱち・嘘八百・虚偽・二枚舌・はったり・虚・虚言・虚辞・そら言・そら音
空知しらぬ雨あめ　《空から降ったわけではない雨という意から》涙のこと。
空飛ぶ鳥も落とす　空を飛んでいる鳥さえも落とす力を持つ。きわめて権勢の強いことのたとえ。飛ぶ鳥を落とす。
空に標しめ結・う　空に標縄しめなわを結い渡すような、不可能なこと、思ってもかいのないことを思い煩う。「いかでかはかばかりの御有様も聞かましと、―・ふ恋しさに」〈浜松・四〉
空に知しられぬ雪ゆき　《空から降ったわけではない雪という意から》舞い散る桜の形容。
空に三みつ廊下　天候が、降ろうか・照ろうか・曇ろうかの三つの「ろうか」のどれであるか定まらないことを「廊下」に掛けていったもの。
空吹く風　吹き過ぎていく風を気にとめないように、周囲のことに無関心であること。どこ吹く風。「―と聞き流す」
空を歩・む　心が乱れて落ち着かないさま、足もともおぼつかないさまのたとえ。「冠などの落ち行くも知らず、―・む心地して」〈増鏡・月草の花〉
空を使・う　❶知っていても、知らないふりをする。そらとぼける。「―・ってとりあわない」❷うそを言う。「早くしないと帰れなくなると―・うのだった」〈高見・故旧忘れ得べき〉
そら【曽良】▶河合曽良かわいそら
そら〔感〕注意を促すときなどに発する語。それ。「―行くぞ」「―見ろ」
そら〔副助〕副助詞「すら」の音変化。「下品げぼんの人―、この太子の形、有様を見ては近づかじ」〈今昔・三・一五〉
そら〔連語〕「それは」の音変化。くだけた会話に用いられる。「―そうだ」
ゾラ〖Émile Zola〗[1840～1902]フランスの小説家。「実験小説論」を著し、自然主義文学の方法を唱道。その実践として「居酒屋」「ナナ」「大地」などの作品を含む「ルーゴン-マッカール叢書」20巻を発表した。後年、ドレフュス事件を弁護。➡実験小説
そら-あい【空合(い)】そらあひ ❶空のようす。空模様。「まことに気まぐれな―」〈二葉亭訳・あひゞき〉❷事の成り行き。情勢。「凄すさまじき東亜西欧の―」〈露伴・露団々〉
ソラーロ-さん【ソラーロ山】《Monte Solaro》イタリア南部、ナポリ湾の南に浮かぶカプリ島南部にある山。同島の最高峰で標高589メートル。アナカプリ地区からリフトで結ばれる。山裾の景色を一望にできる

ため、観光客に人気がある。

そ-らい【×徂×徠】〔名〕スル 行き来すること。往来。「さまざまな幻が、…ひっきりなく―すると」〈芥川・偸盗〉

そらい【徂徠】▶荻生徂徠

そらい-がくは【×徂×徠学派】▶古文辞派

そら-いびき【空×鼾】寝入ったふりをしてかく、いびき。

そら-いろ【空色】❶晴れた空のような色。薄い青色。❷空模様。「一俄かに一変して、黒雲墨の如く渦巻き起こり」〈逍遥・当世書生気質〉 類語 青・真っ青・青色・藍・青藍・紺青・紺碧・群青・紺・瑠璃色・縹・花色・露草色・納戸色・浅葱・水色・ブルー・インジゴ・コバルト・シアン・ウルトラマリン・マリンブルー・スカイブルー

そら-うそぶ・く【空×嘯く】〔動カ五(四)〕❶「そらとぼける」に同じ。「―・いて、まるで取り合うけしきがない」〈芥川・虱〉❷相手をばかにした態度をとる。生意気な態度を示す。「ツンと―・き、烟草を環に吹いている」〈二葉亭・浮雲〉

そらうで【空腕】狂言。主人が腕自慢の太郎冠者を試そうと夜道を使いに出す。太郎冠者は途中こわさのあまり黒く見えるものを追剝と思って、借りてきた主人の太刀を差し出して助けを請い、あとをつけてきた主人に取り上げられる。太郎冠者は帰ってから自慢話をし、太刀を見せられて驚く。

そら-えい【空▽酔ひ】酒に酔ったふりをすること。そらみだれ。「―をし、そらごとをして参り給はず」〈宇津保・蔵開中〉

そら-おがみ【空拝み】尊敬しているふりをすること。「これは―にて、詞づかひもあそばせづくしなり」〈滑・浮世風呂・三〉

そら-おそろし・い【空恐ろしい】〔形〕文そらおそろ・し〔シク〕将来どうなるかと、言いようのない不安を感じてこわい。「近年の科学の発達ぶりには―・くさえなる」 派生 そらおそろしげ〔形動〕そらおそろしさ〔名〕 類語 もの恐ろしい・怖い・恐ろしい・おっかない・不安・恐れる・心配・懸念・危惧・危懼・疑懼

そら-おぼえ【空覚え】❶書いたものを見ないで済むように、すっかり記憶すること。暗記。❷確かでない記憶。うろおぼえ。❸想像によって見当をつけること。はっきり目に見えない物事まで、なんとなく感じ取ること。「こよなくあらずや侍らむ。かしこう―する朝臣なりや」〈宇津保・内侍督〉 類語 (❷)うろ覚え

そら-おぼめき【空おぼめき】知らない顔をすること。そしらぬふり。「御心のやうにつれなく―したるは、世にあらじな」〈源・蛍〉

そら-おぼれ【空おぼれ】とぼけたふりをすること。そらとぼけ。「我身こそあらぬ様なれそれながら―する君は君なり」〈源・若菜下〉

そら-がくれ【空隠れ】いつわって、いないふりをすること。「世の中の人の心の浮雲に―する有明の月」〈詞花・雑下〉

そら-かぞう【空数ふ|▽天数ふ】〔枕〕地名の「大津」「大坂」など「おほ」を語頭にもつ語にかかる。かかり方は、おおよそに数える意からなど諸説あるが、不明。「―大津の児が逢ひし日におほに見しくは今ぞ悔しき」〈万・二一九〉

そら-きかず【空聞かず】わざと聞こえないふりをすること。「我を捨てていづくへゆくぞとの給へ共、―して」〈平家・九〉

そら-ぎき【空聞き】聞いていないふりをして実は聞いていること。

そら-ぎしょう【空起▽請】いつわって誓いをたてること。また、その文書。空誓文。

そ-らく【×殂落|×徂落】天子が死ぬこと。崩御。

そら-けいはく【空軽薄】心にもない世辞をいうこと。からせじ。「だましすませて一討ちにしてくれんと、笑顔つくって―」〈浄・双生隅田川〉

そら-ごころ【空心】偽りの心。うわのそらの気持ち。「いとゆゆしき事になむ、なでふ―にてかは」〈宇津保・蔵開中〉

そら-ごと【空言|▽虚言】うそ。いつわり。 類語 偽り・嘘・法螺・そら・嘘っぱち・嘘八百・虚偽・虚・虚言・虚辞・そら音

そら-ごと【空事|▽虚事】本当ではない事柄。つくりごと。

そら-ざま【空様|空▽方】❶空の方向。上の方。上向き。「馬は、…首を―につとあげると」〈芥川・偸盗〉❷あおむけ。「女は身を―に、両手に握った手綱をうんと控えた」〈漱石・夢十夜〉

そら-ざや【空×鞘】❶刀身よりもずっと長く作ったさや。❷余裕。ゆとり。「―モナイ人」〈日葡〉❸中身と外見が違うこと。「仲人の―もなき無疵もの」〈柳多留拾遺・初〉

そら-さわぎ【空騒ぎ】「からさわぎ」に同じ。「殿の人々―すれば」〈宇津保・藤原の君〉

そら-じぎ【空辞宜】口先だけの、心にもない遠慮。「もう飲やせぬ、と―は五月蠅いほど仕ながら」〈露伴・五重塔〉

そら-じに【空死に】死んだふりをすること。「死せしと見えしは―にして」〈井上勤訳・狐の裁判〉

そら-じょうご【空上戸】酒を飲んでも酔いが少しも顔に出ないこと。また、その人。盗人上戸。

そら-しょうもん【空証文】いつわりの証文。

そら-しらず【空知らず】わざと知らないふりをすること。「その家の男主も―してあることなりけり」〈今昔・二三・一六〉

そら・す【反らす】〔動サ五(四)〕❶まっすぐな物、平らな物を弓なりに曲げる。「ベニヤ板を―・す」❷からだを後ろの方へ弓なりに曲げる。そりかえらせる。「身を―・す」「得意気に胸を―・す」

そら・す【▽逸らす】〔動サ五(四)〕《「反らす」と同語源。それるようにする意》❶向かうべき方向・目標からわきの方へ向ける。他へ転じる。「話を―・す」「視線を―・す」❷とらえそこなう。逃がす。のがす。「ボールを―・す」❸(多く、打消しの形で)人の機嫌をそこなう。「人を―・さない応対ぶり」 類語 外す・かわす

そら-すずめだい【空×雀×鯛】スズメダイ科の海水魚。岩礁やサンゴ礁にすみ、全長7センチくらい。体は長卵形で、鮮青色。幼魚では腹と尾びれが黄色。本州中部以南に分布。観賞用。

そらせ-いた【▽逸らせ板】ペルトン水車で、ノズルからの噴流の向きを変える板。ノズルの出口に取り付けてあり、動力を加減するための装置。

そら-ぜいもん【空誓文】《「そらせいもん」とも》「空起請」に同じ。「但しは当座まかなひに金取りだましの―か」〈浄・氷の朔日〉

そら-せじ【空世辞】「からせじ」に同じ。「番頭が―をいう」〈鏡花・高野聖〉

そらぞら-し・い【空空しい】〔形〕文そらぞら・し〔シク〕言動に誠意・真実味のないことが見えすいているさま。「―・いほめことば」 派生 そらぞらしげ〔形動〕そらぞらしさ〔名〕 類語 白白しい

そら-だき【空▽薫き|空▽炷き】❶前もってたくか別室でたくかして、どこからともなくにおってくるように香をたきくゆらすこと。「簾内より―の香、馥しく匂ひ出でぬ」〈今昔・二四・六〉❷どこからともなくにおってくるよいにおい。「にほひくる花橘の―はまがふ蛍の火をやとるらん」〈夫木・七〉

そらだき-もの【空▽薫き物】そらだきの香。「―、いと心にくく薫り出で」〈源・若紫〉

そら-だのみ【空頼み】〔名〕スル 頼みにならないことを頼りにすること。むなしい期待をすること。「―に終わる」「だれか助けてくれるかと―する」

そら-だのめ【空頼め】あてにならないことを頼みに思わせること。むだな期待をさせること。「さだめなくきえかへりつる露よりも―するわれはなになり」〈かげろふ・上〉

そらち【空知】北海道中部の総合振興局。局所在地は岩見沢市。

そらち-がわ【空知川】石狩川の支流。日高山地に源を発し、富良野盆地を流れて夕張山地を横断、滝川市で石狩川に合流する。

そらち-しちょう【空知支庁】空知総合振興局の旧称。

そらち-そうごうしんこうきょく【空知総合振興局】▶空知

そらっ-とぼ・ける【空っ×惚ける】〔動カ下一〕「そらとぼける」に同じ。「あら待ってた癖に―・けて」〈漱石・虞美人草〉

そら-で【空手】《「そらて」とも》これといった理由もなく手が痛むこと。神経痛・リューマチなどで腕が痛む症状。

そら-どけ【空解け】結んである帯や紐などが自然にほどけること。「―のしそうな帯を」〈魯庵・社会百面相〉

そらとぶ-えんばん【空飛ぶ円盤】円盤状の飛行物体。多く、円盤状の未確認飛行物体(UFO)をさす。

そら-とぼけ【空×惚け】そらとぼけること。そらっとぼけ。

そら-とぼ・ける【空×惚ける】〔動カ下一〕知っているのに知らないふりをする。そらっとぼける。「―・けてばかりいて答えない」 類語 かまとと・知らんぷり・頬被り・とぼける・しらばくれる・しらを切る

そら-な【空名】身に覚えのないうわさ。あだな。「―ヲタテル」〈和英語林集成〉

そら-なき【空泣き】〔名〕スル 泣きまね。うそ泣き。「―して同情を引く」

そら-なき【空鳴き】本当かと思わせるように鳴くこと。鳴き声をまねること。「天の戸を明けぬ明けぬと言ひなして―しつる鳥の声かな」〈後撰・恋二〉

そら-なげき【空嘆き】嘆くふりをすること。「―をうちしつつ、なほ装束し給ひて」〈源・真木柱〉

そら-なさけ【空情け】愛情があるように見せかけること。いつわりの愛情。「ただかりそめの御言の葉、―かけられ参らせ候うても」〈伽・をこぜ〉

そら-なみだ【空涙】いかにも悲しそうに見せかけて流す涙。いつわりの涙。「―にだまされる」

そら-に【空似】まったく血縁関係がないのに、顔つきなどがよく似ていること。「他人の―」 類語 生き写し

そら-に-みつ〔枕〕「大和」にかかる。「―大和を置きて」〈万・二九〉 補説 古来の枕詞「そらみつ」を「そらにみつ」と用いたのは柿本人麻呂とされる。

ソラニン〖solanin〗ナス科植物に含まれるアルカロイドの一種。ジャガイモの芽などに多く、食べすぎると嘔吐・めまいなどの中毒症状を起こす。

そら-ね【空音】❶実際には鳴っていないのに聞こえるような気がする音。また、鳴らそうとしないのに、たまたま鳴ってしまう楽器の音。「風が吹きつけたり、小僧の手が障ったりして、―を出す事があります」〈漱石・吾輩は猫である〉❷いつわりの言葉。うそ。「―を吐く」❸鳥などの鳴き声をまねて出す声。なきまね。「夜をこめて鳥の―ははかるとも世に逢坂の関は許さじ」〈枕・一三六〉

そら-ね【空値】実際よりも高くつけている値段。かけ値。「飾りたる烏帽子の内、いづれか所望候ぞ、よきもあしきも―なし」〈浄・烏帽子折〉

そら-ね【空寝】〔名〕スル 寝たふりをすること。そらねむり。嘘寝。「―して聞こえないふりをする」 類語 狸寝入り

そら-ねいり【空寝入り】〔名〕スル 寝入ったふりをすること。たぬき寝入り。「―して油断させる」

そら-ねむり【空眠り】〔名〕スル 眠ったふりをすること。そらね。「―して返事をしない」

そら-ねんじゅ【空念×誦】「空念仏」に同じ。

そら-ねんぶつ【空念仏】信心もないのに、もっともらしく念仏を唱えること。また、念仏を唱えるふりをすること。空念誦。からねんぶつ。

そら-の-あし【空の足】「空の便」に同じ。「濃霧で―が乱れる」

そら-の-うみ【空の海】空を海に見立てていう語。「―に雲の波たち月の舟星の林にこぎかくる見ゆ」〈拾遺・雑上〉

そら-の-げんかんぐち【空の玄関口】《その土地への航空機の入り口になることから》空港のこと。

そら-のごい【空▽拭ひ】ごひ ふき取るふりをすること。「―をして、さらにこそ白まね」〈源・末摘花〉

そら-の-びん【空の便】航空機を利用した人や物資などの輸送。空の足。「台風で―に遅れが出る」

そら-ばか【空馬鹿】馬鹿なふりをすること。「織田信長なんぞも始めは―を遣って居たぜ」〈滑・七偏人・初〉

そら-ばし【空箸】嫌い箸の一。一度箸をつけておきながら、取らずに箸を引いてしまうこと。

そら-はずか・し【空恥づかし】はづかし〔形シク〕なんとなく恥ずかしい。「世にあらむ事こそまばゆくなりぬれと怖ろしく―・しき心地して」〈源・若菜下〉

そら-ばら【空腹】❶腹痛らしくみせかけること。「あら腹痛や、痛や痛やと―病めど」〈浄・丹波与作〉❷切腹のふりをすること。「―切って城を落ちしは忠信が謀ど」〈浮・万金丹・四〉❸腹を立てたふりをすること。「それは合点の行かぬことを承るとて、―を立ちけるところに」〈咄・戯言養気集・上〉

そら-びき【空引き】「空引き機ばた」の略。

そらびき-ばた【空引き機】古来、日本で紋織りに用いられた織機。文様を表すのに必要な通し糸を取り付けるために、高機たかの上部に鳥居状の枠を付けたもの。ジャカード機の導入により衰退。

そら-ひじり【空▽聖】名ばかりのひじり。にせひじり。えせ聖人しょう。「仁俊は女心あるものの―たつる、など申しけるを」〈著聞集・五〉

そら-べん【空弁】《「空港弁当」の略。「駅弁」のもじり》国内線空港で売っている弁当。駅弁と同様、空港ごとに特色がある。

そら-へんじ【空返事】〔名〕スル 気のない、口先だけの返事をすること。なまへんじ。からへんじ。「其時限りおいおいと―して」〈一葉・にごりえ〉

そら-ほでり【空火照り】夕日で空が赤く映えること。夕焼け。「その夕暮れの―して」〈浮・一代男・五〉

そら-ほど〔副〕「それほど」の音変化。「一精算をしてかかる訳でもあるまいけれど」〈紅葉・二人女房〉

そら-ぼめ【空▽誉め｜空褒め】《「そらほめ」とも》心にもないことを言って、口先でほめること。「妙な穿うがちと―に」〈人・辰巳園・後〉

そら-まけ【空負け】偽って負けること。負けたふりをすること。〈和英語林集成〉

そら-まめ【空豆｜蚕＝豆】マメ科の野菜。高さ約60センチ。茎は四角柱で、葉は1～3対の小葉からなる羽状複葉。春、葉の付け根に白色または紫色の蝶形花を開く。種子を包む莢さやは直立し、空に向かってつく。種子を塩ゆでや煮豆のほか、味噌・醤油・あんなどの材料に、茎・葉は飼料や肥料にする。北アフリカおよび西南アジアの原産。さんとう。のらまめ。〘季 夏｜花＝春〙「父と子のはしり―とばしたり／桂郎」

そら-みだれ【空乱れ】「空酔そらよい」に同じ。「今朝も、いといたう―して」〈源・胡蝶〉

そら-みつ〔枕〕「大和やまと」にかかる。語義・かかり方未詳。「―大和の国はおしなべて我こそ居れ」〈万・一〉➡そらにみつ

そら-みみ【空耳】❶実際にはない音や声が聞こえたように思うこと。「母の声がしたと思ったが、―だった」❷聞いているのに聞こえないふりをすること。「―を走らす」「―を使う」〘補説〙❶で、外国語の歌詞などを日本語に聞きなすことを空耳ということもある。
〘類語〙幻聴

そら-め【空目】〔名〕スル ❶実際にはないものが見えたような気がすること。「見たと思ったが、―だったのかも知れない」❷ひとみを上にあげて見ること。うわめ。「もんは安心してよこになり、―をして」〈犀星・あにいもうと〉❸見ていながら見ないふりをすること。「―して死なせたも」〈浄・会稽山〉

空目を使・う 上目で見る。上目使いをする。「―・って暫く天井を見詰めながら」〈虚子・俳諧師〉

そら-め・く【空めく】〔動カ四〕確かでないようにみえる。浮わついた感じがする。「宮仕へせず―・きたりとて」〈平中・一〉

そらめ-づかい【空目使い｜空目遣い】づかひ〔名〕スル ❶どこを見ているのかわからないような、うつろな目つきをすること。❷上目を使うこと。うわめづかい。

そら-ものがたり【空物語】とりとめもない物語。でたらめな物語。「雨にもさはらず詣まうできて、―などしける男の」〈後撰・恋五・詞書〉

そら-もよう【空模様】もやう ❶空のようす。天候のぐあい。「雨になりそうな―」❷事の成り行き。情勢。「険悪な―」〘類語〙雲行き

そら-やみ【空病み】にせの病気。仮病けびょう。「その時この女房は―をして」〈伽・さいき〉

そら-ゆめ【空夢】見もしないのに、見たように作り上げて人に話す夢。また、正夢まさゆめと違って、現実には夢で見たようにならなかった夢。「そは必ずしも漠然たる―ではなかったろう」〈柳田・山の人生〉

そら-よい【空酔い】ひ〔名〕スル 航空機の動揺のために気分が悪くなり、頭痛・吐き気などがすること。➡乗り物酔い

そら-よみ【空読み】文句をそらんじて読むこと。暗唱。「大般若―を好みて業となし」〈古事談・三〉

そら-よろこび【空喜び｜空▽悦び】❶なんとなくうれしく思うこと。「この馬こそはや我が物よと思ひつつ―して」〈盛衰記・一九〉❷喜んだかいのないこと。ぬかよろこび。「身共も公家になる楽しみ。―の裏が来て、恥をさらす縛り縄」〈浄・手習鑑〉

ソラリス〖Solaris〗米国サン・マイクロシステムズ（現オラクル）社が開発したUNIX系のオペレーティングシステム。

ソラリゼーション〖solarization〗写真撮影で、露出が極端に過度になると、現像した画像の明暗が逆転している現象。反転現象。また、それを利用した写真技法。

そら-りんき【空×悋気】根拠がないのにやきもちを焼くこと。「一人留守寝の床の内…辛気しんき辛気の―」〈浄・鑓の権三〉

そら-わらい【空笑い】らひ〔名〕スル おかしくもないのに無理に笑うこと。作り笑い。「詮方なさそうに―しつつ頭を掻いていた」〈魯庵・社会百面相〉

そらん・じる【×諳んじる】〔動ザ上一〕「そら（諳）んずる」（サ変）の上一段化。「歌詞を―・じる」

そらん・ずる【×諳んずる】〔動サ変〕〘文〙そらん・ず〔サ変〕《「そらにす」の音変化》書いたものを見ないでそのとおりに言う。そらで覚える。暗誦する。そらんじる。「条文を―・ずる」

そり【反り】《動詞「そ（反）る」の連用形から》❶反ること。弓なりになること。また、その程度。「板の―を直す」❷刀身の湾曲。また、その度合い。❸弦つるを張らない弓の湾曲。また、その度合い。❹（刀身と鞘さやとの関係から、「そりが合う」「そりを合わせる」などの形で用いる）人の性向や、世の風潮。また、それとの相性。「上役と―が合わない」「世間の―に合わぬことも多い」〈福沢・福翁自伝〉❺相撲で、相手のわきの下に頭を入れ、後ろへ反りかえって倒す技。居反り・たすき反り・しゅもく反りなど。

反りが合・う ►反り❹

反りを打・つ ❶反ったように曲げる。そりかえらせる。「波頭は吹きつける風に―・って」〈有島・生れ出づる悩み〉❷すぐ抜けるように刀の鞘さやを上向きにして身構える。「―・っておどしても、割符を取らずにおかうかと、ずばと抜けば」〈浄・博多小女郎〉

反りを返・す 「反りを打つ❷」に同じ。「ありのままにこの事語らずは後とは言はじと、―・して怒れば」〈浮・一代男・四〉

そり【×剃り】❶そること。また、そりぐあい。「―を入れる」❷かみそり。「―を当てなくっちゃ駄目ですぜ」〈漱石・草枕〉

そり【×橇】雪や氷の上を滑らせて走る乗り物または運搬具。〘季 冬〙「一の道雪あたらしくかがやけり／秋桜子」

ソリアーノ-きゅうでん【ソリアーノ宮殿】《Palazzo Soliano》イタリア中部、ウンブリア州の都市オルビエートにあるゴシック様式の宮殿。13世紀末から14世紀にかけてローマ教皇ボニファティウス8世により建造。1階は現代の彫刻家エミリオ＝グレコの作品を展示する美術館、2階は大聖堂付属博物館で、シエナ派の板絵などの傑作を所蔵している。

そり-あじ【×剃り味】ぢ ひげなどをそるときの、滑らかにそれるかどうかの感じ。「―のいい刃」

そり-あと【×剃り跡】ひげなどをそったあと。「青々とした―」

そり-おと・す【×剃り落（と）す】〔動サ五（四）〕毛髪・ひげなどをそって落とす。「まゆを―・す」

そり-かえ・る【反（り）返る】かへる〔動ラ五（四）〕❶反って後ろの方へ曲がる。また、ひどく反る。「―・った板」❷胸を張り、からだをぐっと後ろへ曲げる。そっくりかえる。いばった態度などにいう。「いすに―・って高笑いする」〘類語〙のけ反る・反っくり返る・ふん反り返る

そり-がたな【反（り）刀】刀身の反っている刀。

ソリカムスク〖Solikamsk〗ロシア連邦、ペルミ地方の都市。ウラル山脈西麓、ボルガ川支流のカマ川沿いに位置し、河港を有す。15世紀に岩塩採掘の拠点になり、17世紀末には製塩業で栄えた。近年はマグネシウムやレアアースの精錬工場がある。

そり-くい【×剃り×杭｜×剃り×杙】ひ ひげをそったあとの短く伸びた毛を、杭に見立てていう。「法師らがひげの―馬繋つなぎいたくな引きそ僧ほうしは泣かむ」〈万・三八四六〉

そり-くつがえ・る【反り覆る】がへる〔動ラ四〕後ろへそりかえる。そっくりかえる。「物もまだ言はぬちごの―・り、人にもいだかれず泣きたる」〈枕・七〇〉

そりこ【蘇利古】雅楽。高麗楽こまがく。高麗壱越いち調の小曲。舞は四人舞で、蔵面ぞうめんをつけ、楚ずわいを持つ。番舞つがいまいは壱鼓いっこなど。竈祭舞かまどまつりまい。

そり-こぼ・す【×剃り▽毀す】〔動サ五（四）〕髪の毛をそり落とす。「惜しげもなくクリクリに―・した儘を」〈寅彦・嵐〉

そり-こぼ・つ【×剃り▽毀つ】〔動タ四〕「そりこぼす」に同じ。「道にて天窓あたまを―・ち」〈浄・千本桜〉

そり-こみ【×剃り込み】剃り込むこと。また、剃り込んだ生え際。「―を入れる」

そり-こ・む【×剃り込む】〔動マ五（四）〕生え際などを深くそる。「額の隅を―・む」

そり-さ・ぐ【×剃り下ぐ】〔動ガ下二〕頭髪を頂から下の方へそる。「月代さかやきは耳の元まで―・げ」〈仮・浮世物語・一〉

そり-さげ【×剃り下げ】月代さかやきを広く剃り下げて両鬢びんを細く残した髪形。江戸時代に、中間ちゅうげん・小者こもの・奴やっこなどの間で行われた。

ソリシター〖solicitor〗英国などで、事務弁護士。法廷弁護士（バリスター）に対して、依頼された事件の書類作成などの裁判事務を扱う。

そりじた-おん【反（り）舌音】《retroflex》舌先を前部硬口蓋よりも後方に向けてそり返らせて調音する言語音。ヒンディー語やスウェーデン語などに認められる。反転音。

ソリスト〖フランス soliste〗❶独唱者。独奏者。❷物語性のあるバレエで、プリマやコール・ド・バレエと区別され、一人、または二、三人で踊る踊り手。

ぞり-ぞり ㊀〔副〕髪やひげをそる音を表す語。じょりじょり。「ひげを―（と）そる」㊁〔名〕散髪、または頭髪をいう幼児語。「大分―が生えました」〈滑・浮世風呂・三〉

そり-だし【×橇出し】積雪の中を、木材をそりに載せて運び出すこと。

そり-たた・す〔動サ四〕《「す」は尊敬の助動詞》語義未詳。いそいそと出発する、まっすぐ高くお立ちになる、などの説がある。「天の浮橋にうきじまり―・して」〈記・上〉

そり-たて【×剃り立て】毛髪・ひげなどをそったばかりであること。

ソリダリティー〖solidarity〗連帯。社会連帯。

ソリッド〖solid〗〔名・形動〕❶固体。また、固体状であるさま。「―にした整髪料」❷堅固なさま。硬質であるさま。また、うつろでなく中まで密であるさま。「シンセサイザーを多用した―なサウンド」「プラスチックの―モデル」

ソリッド-サーキット〘solid circuit〙固体電子回路。真空管の代わりにトランジスタや集積回路などの半導体で作られた超小型電子回路。
ソリッド-ステート〘solid-state〙《固体状態の意》固体自身の電子現象を利用した回路・装置。空間利用の真空管に対していう。トランジスタ・ダイオード・ICなど。
ソリッドステート-アンプ《solid-state amplifierから》トランジスタを使用したアンプ。
ソリッドステート-ディスク〘solid-state disk〙►半導体ディスク
ソリッドステート-ドライブ〘solid-state drive〙►半導体ディスク
ソリッド-タイヤ〘solid tire〙空気の代わりにゴムを充塡したタイヤ。パンクはしないが弾力性に乏しい。クレーン車・トレーラーなどの特殊車両に使用。
ソリッド-モデル〘solid model〙❶プラスチック・金属・木などで作製した精密模型。❷コンピューターグラフィックスで三次元物体を、実物に近い、中身の詰まったものとして表現した形状モデル。
ソリティアー〘solitaire〙一人でするゲーム。特に、トランプの一人遊び。
ソリトン〘soliton〙粒子のようにふるまう孤立した波、すなわち空間的に局在する非線形の波動。伝播するときにも波形や速度を変えず、また互いに衝突しても形を変えずに通り抜ける性質をもつ。1965年に米国のN＝J＝ザブスキーとM＝D＝クルスカルが発見し、命名した。
そり-はし【反(り)橋】中央が高く、弓状に曲線を描いている橋。太鼓橋。類語 橋・太鼓橋・丸木橋・八つ橋・釣り橋・橋梁・跳ね橋・桟橋・ブリッジ
そりはし-しぎ【反×嘴×鷸】シギ科の鳥。全長23センチくらい。くちばしが長く、上に反っている。アフリカ・ユーラシア・オーストラリアに分布。日本では春・秋に海岸や河口でみられる。
そり-はふ【反(り)破風】上面が凹形の曲線をなす破風。⇔起り破風。
そり-み【反(り)身】からだを後ろの方へ反らせること。また、その姿勢。いばった態度にもいう。「土俵際で一になってこらえる」「一に、顎をつき出し…二人を見くだして」〈里見弴・多情仏心〉
そりゃ　■〘感〙相手の注意を促したり、驚いたりしたときに発する語。掛け声や囃し詞としても用いられる。それ。そら。「一、そっちへ向かったぞ」「一、進め」■〘連語〙《「それは」の音変化》それは。そのものは。そりゃあ。「一、よかった」
　そりゃ聞こえませぬ伝兵衛さん　浄瑠璃「近頃河原達引」で、お俊のくどきの冒頭。それは納得できない、の意をしゃれて言う言葉。
そりゃあ〘連語〙《「それは」の音変化》「そりゃ」に同じ。「一困る」「一見事な踊りだった」
そ-りゃく【粗略｜疎略｜×麁略】〘名・形動〙物事の扱い方などが丁寧でないこと。また、そのさま。そんざい。「一な扱い」「環境問題を一にする」
ソリュー〘Saulieu〙►ソーリュー
そ-りゅうし【素粒子】❶物質や場を構成する最小単位とみられる粒子。電子・陽子・中性子・ニュートリノ・光子などと、その反粒子をも含めた総称。質量・スピン・電荷によってバリオン・中間子・レプトン・ゲージ粒子に大別され、これらは一定の条件下で相互に転化し得る。また、基本粒子クオークをもいう。❷朝日新聞の夕刊1面に掲載されているコラム。➡天声人語
そりゅうし-ぶつりがく【素粒子物理学】素粒子の構造・性質・相互作用などを研究し、自然界の最も基本的な物理法則を探究する物理学の一分野。理論的には素粒子論といい、特殊相対性理論と量子論を基礎として場の理論・量子電磁力学からゲージ理論・大統一理論などを展開する。実験的には加速器を使って加速・高エネルギー化した粒子を必要とすることから、高エネルギー物理学ともいう。
ソリューション〘solution〙❶解明。解決。❷溶解。また、溶液。❸業務上の問題点や課題を解決するための手段、または主にそのために導入される情報システム全般を指す。システムを構築することをシステムインテグレーションと呼ぶ。
そりゅうし-ろん【素粒子論】►素粒子物理学
そ-りょう【素量】具体的なある種類の量で存在しうる最小単位。「電気一」
そり-わたどの【反(り)渡殿】反り橋のように中央が高く反り上がっている渡り廊下。主に寝殿造りにみられる。
そ-りん【疎林】立ち木のまばらな林。
ソリン〘Solin〙クロアチア南部、アドリア海に面する都市スプリトの近郊にある町。古代ローマ時代の都市遺跡サロナがある。
ソリング-きゅう【ソリング級】《soling class》全長8.15メートルの三人乗りヨット。また、それを用いた競技。艇の底の中心線に垂下板(センターボード)がついている。
そ-る【反る】〘動ラ五(四)〙❶まっすぐな物、平らな物が弓なりに曲がる。「表紙が一・る」「板が一・る」❷からだ、またはその一部が後ろの方へ弓なりに曲がる。のけぞる。また、弓なりに曲げる。「指が一・る」「一・って歩く」「背中を一・らせる」可能 それる 類語 曲がる・たわむ・しなう・しなる・湾曲・たわわ
そ-る【×剃る】〘動ラ五(四)〙毛髪やひげなどを、かみそりなどで根元からきれいに切り落とす。「ひげを一・る」補説 なまって「する」ともいう。可能 それる 類語 削る・そぐ・彫る・剪む・剪む
そ-る【▽逸る】《「反る」と同語源》■〘動ラ四〙❶鳥が手もとから離れて飛び去る。「争へば思ひにわぶるあま雲にまづ一・る鷹ぞ悲しかりける」〈かげろふ・中〉❷思いがけない方へ向かう。それる。「このごろ、御心一・り出でて、化粧ばやりたりとは見ゆや」〈落窪・一〉■〘動ラ下二〙「それる」の文語形。
ゾル〘Sol〙コロイド粒子が液体中に分散していて流動性のあるもの。気体中に分散している場合はエーロゾル・エアゾールという。➡ゲル
ゾルゲ-じけん【ゾルゲ事件】昭和16年(1941)駐日ドイツ大使館顧問ゾルゲ(Richard Sorge)と尾崎秀実らが日本の政治・軍事に関する機密をソ連に通報した疑いで逮捕された事件。両名は同19年処刑。
ソルジェニーツィン〘Aleksandr Isaevich Solzhenitsïn〙[1918～2008]ソ連・ロシアの小説家。スターリニズムおよびソビエト政府に批判的な作品を発表。1970年ノーベル文学賞受賞。74年に国外追放されたが、94年帰国。作「イワン＝デニーソビッチの一日」「ガン病棟」「収容所群島」など。
ソルジャー〘soldier〙兵士。兵隊。軍人。
ソルダム〘soldum〙スモモの一品種。ニホンスモモとセイヨウスモモの交配種。日本のスモモの主要品種の一。果皮は緑色で、果肉は赤く甘酸っぱい。
ソルテア〘Saltaire〙イングランド北部、マンチェスターの北東にある産業集落跡。19世紀中頃の産業革命期に、事業家タイタス＝ソルテア卿が理想的な産業集落を造りあげようとしたもので、工場を中心に、労働者の住宅、教会、公園、学校などが計画的に造られた。2001年、世界遺産(文化遺産)に登録された。
ソルト〘salt〙塩。食塩。「クッキング一」
ソルト〘SALT〙《Strategic Arms Limitation Talks》1969年に開始されたアメリカ・ソ連間の戦略兵器制限交渉。第一次(SALT Ⅰ)は72年暫定協定を結び、第二次(SALT Ⅱ)は79年条約調印したが発効しないまま85年失効。➡スタート(START)
ソルドトナ〘Soldotna〙米国アラスカ州南部、キーナイ半島西岸にある町。キーナイ川の下流に面し、キングサーモンフィッシングの拠点として知られる。
ソルトヒル〘Salthill〙アイルランド西部の港湾都市ゴールウエーの西郊にある海岸保養地。ゴールウエー湾に臨み、海水浴やマリンスポーツを楽しめるほか、ホテル、遊園地、ゴルフ場などがある。
ソルトレーク-シティ〘Salt Lake City〙米国ユタ州の州都。グレートソルト湖の南東に位置する。モルモン教教徒が建設した町で、その総本部がある。人口、行政区18万(2008)。
ソルビット〘Sorbit〙グルコースの還元によって得られる糖アルコールの一種。甘味をもつ無色の結晶。リンゴやナシなどの果実に含まれる。ビタミンC・界面活性剤などの製造原料、甘味料や利尿剤などに用いられる。ソルビトール。化学式$C_6H_{14}O_6$
ソルビトール〘sorbitol〙►ソルビット
ソルビン-さん【ソルビン酸】《sorbic acid》食品添加物の合成保存料。カビ・細菌・酵母などの発育を阻止する作用がある。
ソルファターラ〘Solfatara〙イタリア南部、カンパニア州の都市ポッツォーリにある火口。フレグレイ平野(カンピフレグレイ)火山地帯公園に位置する。約4000年前の噴火で生じた火口で、今もなお硫黄噴気孔群から盛んに蒸気が上がっている。
ソルフェージュ〘solfège〙歌詞を用いず母音またはドレミファの音名を用いて行う歌唱訓練。また、それから発達し、音楽理論や視唱・読譜・暗譜・聴音などの能力を養う音楽の基礎教育。
ソルベ〘sorbet〙洋酒と果汁を調合して軽く凍らせた氷酒。シャーベット。
ソルベー-ほう【ソルベー法】《Solvay process》1860年、ベルギーの工業化学者E＝ソルベーによって発明された、食塩と石灰石とを原料とするソーダ灰(炭酸ナトリウム)の工業的製法。アンモニアソーダ法。
ソルベンシーマージン-ひりつ【ソルベンシーマージン比率】《solvency marginは、支払い余力の意》通常の予測を超えるリスクに対して、保険会社にどの程度の保険金の支払い余力(余裕資金)があるかを示す指標。銀行の自己資本比率に相当する。平成8年(1996)施行の改正保険業法に基づいて導入。この比率が200パーセントを超えていれば安全と見なされる。保険金支払い余力比率。
ソルボンヌ-だいがく【ソルボンヌ大学】《Sorbonne》►パリ大学
ソルミゼーション〘solmization〙音楽で、音階や旋法上の各音をそれぞれ異なった単純な音節によって表すこと。今日では、一般に、ドレミファなどを用いて旋律を歌うことがよく行われている。
ゾルレン〘Sollen〙►ゾレン
ソルント〘Solunto〙イタリア南部、シチリア島、シチリア自治州の都市パレルモの東郊にある古代遺跡。カタルファノ山の頂上に位置する。紀元前4世紀頃に古代カルタゴ人の植民都市が置かれた場所で、当時の住居や貯水槽などが残る。
ソルントン-シャッター〘Thornton shutter〙►ローラーブラインドシャッター
ソルントン-タイプ〘Thornton type〙►ローラーブラインドシャッター
それ【×其れ】■〘代〙❶中称の指示代名詞。㋐聞き手が持っている物、または、聞き手のそばにある物をさす。そのもの。「ちょっと一を見せてください」㋑聞き手がいま話題にしたばかりの事物などをさす。そのこと。そのもの。「一はいつの話ですか」「ああ、一ならお隣です」㋒聞き手が当面している事柄をさす。そのこと。「一が済んだら、早く寝なさいよ」㋓親しい関係にある聞き手のそばにいる人をさす。その人。「へえ、一がおまえの兄貴か」㋔聞き手が現にいる場所をさす。そこ。「そなたは一にお待ちやれ」〈虎明狂・今参〉❷二人称の人代名詞。聞き手に対する敬意をこめて用いる。あなた。「一はさこそおぼすらめども、己は…とは思ひ侍らず」〈徒然・一四一〉■〘感〙人に注意を促すときなどに発する語。そら。ほら。「一見なさい」「一行け」■〘接〙(「夫れ」とも書く)《漢文の「夫」の訓読から》文頭に用いて語調を整える語。そもそも。いったい。「一山伏と言っぱ、役の行者のあとを継ぎ」〈虎清狂・蟹山伏〉アクセント■はソレ、■■はソレ。
類語 これ・あれ・どれ・この・その・あの・どの・かの
　其れかあらぬか　❶そのためかどうか。「一此頃…帰宅が遅くなって」〈魯庵・社会百面相〉❷そうであ

るか、そうでないか。「去年(こぞ)の夏鳴きふるしてしほととぎす—声のかはらぬ」〈古今・夏〉

其れから其れと　物事が引き続いて起こるさま。次から次へと。それからそれへと。「—話を移す」

其れから其れへと　「それからそれと」に同じ。「—用を言いつける」

其れから其れまで　そうなったらそれまでのことだ。しかたがない。「これ程までに言うてみて、聞かずば—よ」〈浮・御前義経記・六〉

それ来た　待ちかまえていたものが来たときに発する言葉。「『ライト、大きいぞ』『—、任せろ』」

それ御覧(ごらう)　「それ見ろ」「それ見たことか」を穏やかにいった言葉。「—、切符は売り切れてたでしょ」

其れというのも　前に述べた事柄を受けて、その原因・理由についての説明を次に述べることを示す。そのわけは。なぜならば。「あの家は何か変だ。—人が出入りするのを見たことがない」

其れにつけても　あとの事柄を、前述の事柄と特に関連づけて導くときに用いる。そのことと関連しても。「—一度連絡したほうがよい」

其れにとりて　その場合でも。そのうちでも。「—、三つの石を捨てて十の石につくことは易(やす)し」〈徒然・一八八〉

其れに引き替えて　これから述べることが前に述べたことと対照的であることを示す。それに比べて、まったく異なり。それにひきかえ。「長男は健康そのものなんだが、—次男のほうは病弱でね」

其れにも拘(かかわ)らず　前述の事柄を受けて、そこから期待・予想される内容とは相反する結果になることを表す。それなのに。「雨が激しくなった。—試合は続行された」

其れはさておき　話題を他に転じるときに用いる。ところで。それはそれとして。閑話休題。「—個別の問題の検討に移ろう」

其れはそうと　話題を転じる意を表す。それはそれとして。「—、前回の旅行はどうでしたか」

其れは其れとして　話題を転じるときに用いる。それはさておき。「—今日の主題に入ります」

其れはともあれ　それはさておき。それはとにかく。「—出発を急ぎましょう」

其れはない　相手の言動を強く非難・否定するときに用いる言葉。それはいけないよ。それはだめだよ。「今日になって行けないなんて、—でしょう」

それ見たことか　忠告を聞かずに失敗した相手などに対していう言葉。それ見ろ。「—だから気をつけろと言ったのに」

それ見ろ　「それ見たことか」に同じ。「—負けたじゃないか」

其れもそうだ　そういうのももっともだ。「あんな会社はだめだというが、—やめてしまおう」

其れも其のはず　そうなるのも当然なこと。それももっともなこと。「二人はうり二つだが、—双子だった」

そ-れい【祖霊】先祖の霊。「—を祭る」
類語 み霊・英霊・英魂・神霊・霊魂・精霊・魂魄(こんぱく)・忠霊・尊霊・亡魂・魂・霊

そ-れい【粗×糲】精白してないあらごめ。また、そのあらごめを用いた粗末な食事。

ソレイユ〘フランス soleil〙❶太陽。❷向日葵(ひまわり)。

それ-がし【▽某】〘代〙❶不定称の指示代名詞。その名がわからない人や事物をさす。また、その名をわざとぼかしていう場合にも用いる。だれそれ。なにがし。某(ぼう)。なにがし。「内大臣、右大将藤原朝臣—」〈宇津保・楼上下〉❷一人称の人代名詞。わたくし。「—が栗毛の馬は」〈沙石集・八〉補説❷は中世以降の用法。もとは謙譲の意であったが、のちには尊大の意を表す。主に男子の用語。
類語(❶)誰それ・誰誰・なにがし・誰がし・某・某氏・何某/(❷)我・吾人(ごじん)・余・我が輩・自分

それがし-かれがし【▽某彼▽某】〘代〙不定称の人代名詞。名をはっきり示さずに二人以上をさしていう。だれかれ。「庁には又何者か候と言へば、—と言ふ」〈宇治拾遺・一四〉

それから　夏目漱石の小説。明治42年(1909)発表。人妻三千代に恋を告白した教養のある遊民、長井代助の苦悶を描く。

それ-から〘接〙❶前述の事柄に続いて、あとの事柄が起こることを表す。その次に。そして。「家を出て、—駅へ向かった」❷前述の事柄に加えて、あとの事柄を示す。「鉛筆—下敷きを買った」
類語 そして・次いで・して

それ-かれ【×其れ彼】〘代〙不定称の人代名詞。その名を示さずに複数の人をさす。だれだれ。だれかれ。「院の殿上には誰々かありつると人の問へば、—など四、五人ばかり言ふに」〈枕・一〇八〉

それ-きり【×其れ切り｜×其れ▽限り】《「それぎり」とも。副詞的にも用いる》❶それが最後であること。それっきり。「話が—になってしまう」「先月遊びに来たが—顔を見せない」❷それが全部であること。それっきり。「—持ち合わせがないのか」

それ-くらい【×其れ位】(くらゐ)《「それぐらい」とも》その程度・分量。物事の程度を軽んじたり強調したりする時にもいう。副詞的にも用いる。それだけ。そのくらい。「—のことでくよくよするな」「—勉強すれば十分だ」

それ-こそ【×其れこそ】〘副〙そのことを強調するさま。まちがいなく。本当に。「失敗したら、—取り返しがつかない」

それ-さま【×其れ様】〘代〙❶二人称の人代名詞。多く女子が、尊敬・敬愛の気持ちを込めて用いる。あなたさま。「さだめて—たちも、話に聞いてゐやり申すだんべいが」〈滑・膝栗毛・二〉❷三人称の人代名詞。あのかた。「—へ御状ひとつ」〈浮・一代女・二〉

それ-しき【×其れ式】〘連語〙《「しき」は副助詞》その程度。それくらい。「わずか」「たった」のような軽んずる気持ちを言外に含む。「—のことに驚くな」

それ-しゃ【×其れ者】❶その道に通じている人。専門家。くろうと。❷芸者。遊女。商売女。「—の果てぞとは思われぬまでに」〈逍遥・当世書生気質〉

それ-じゃ(ぢゃ)　㊀〘接〙「それでは㊀」のくだけた言い方。それじゃあ。「—彼は来そうもないね」「—君の意見を聞こう」㊁〘感〙「それでは㊁」のくだけた言い方。それじゃあ。「—、またね」㊂〘連語〙「それでは㊂」のくだけた言い方。それじゃあ。「—許可はできない」

それしゃ-あがり【×其れ者上(が)り】過去に芸者や遊女であった人。

それ-そうおう【×其れ相応】(サウオウ)〘名・形動〙それにふさわしいこと。それにつりあうこと。また、そのさま。其れ相当。「—な(の)礼はする」

それ-それ【×其れ×其れ】㊀〘感〙❶人に注意を促したり、行動を促したりするときに用いる語。さあさあ。「—、早くしないと間に合わないよ」❷相手の意見に同意するときに用いる語。そうだそうだ。「—、そのとおり」㊁〘代〙遠称の指示代名詞。複数の事物や人を指し示す。かれこれ。だれかれ。「今めかしきは—と選(え)り整へさせ給ふ」〈源・絵合〉

それ-ぞれ【×其れ×其れ｜▽夫れ▽夫れ】複数の物・人の、ひとつひとつ・ひとりひとり。おのおの。めいめい。副詞的にも用いる。「—が自分の道を選ぶ」「地方によって—習慣が違う」類語 各各・個個・別別
用法 **それぞれ・おのおの**——「持っていく荷物のそれぞれ(おのおの)に名札をつける」「切符はそれぞれ(おのおの)自分で持ちなさい」のようにひとつひとつの意では相通じて用いられる。◇「それぞれ」は、「人それぞれに好みが違う」「映画も芝居もそれぞれ魅力がある」のように、複数の人や物の個々を異なるものとしてとらえる傾向がある。この場合に「おのおの」を使うのは適当でない。また、「それぞれ」は人や物だけでなく事柄についても用いて、「料理、洋裁それぞれに才能を発揮する」などという。◇「おのおの」は、「会員のおのおのが意見を言った」「出品されたどの作品もおのおの力作である」のように、ひとりひとり、ひとつひとつを同列に扱って、個を含んだ全体という意味合いがある。◇類似の語に「めいめい」がある。「めいめい」は、人についてのみ使う。全体を問題とせず、ひとりひとりという意味で使う。「切符はめいめいお持ち願います」

それ-だから〘接〙そうであるから。だから。「難しい仕事だが、—やる気も起こる」

それ-だけ【×其れ丈】(副詞的にも用いる)❶特定の、その物事。そのことだけ。そのものだけ。「—は勘弁してくれ」❷その程度・分量・範囲。それくらい。それほど。「君は—の人間か」「わずかだが—でも収穫だ」「—努力すれば十分だ」❸程度などが、それにつりあうこと。それ相応であること。「値段は高いが—の品物だ」「人はよいが—にだまされやすい」「続ければ—進歩する」

それ-だのに〘接〙「それなのに」に同じ。「—西洋人が日本に来て交易するのを何の角(か)のというは」〈加藤弘之・交易問答〉

それ-だま【▽逸れ玉】目標からそれた玉。目標からはずれて別の方向へ飛んだ弾丸。流れ玉。

それっ-きり【×其れっ切り｜×其れっ▽限り】「それきり」を強めていう語。「—手紙もよこさない」

それ-で〘接〙❶前述の事柄を受けて、それを理由としてあとの事柄を導く場合に用いる。それだから。それゆえ。そういうわけで。「納得できなくて、—また質問したのです」❷前の事柄を受けて、話題を他に転じたり、相手に話を促したりするときに用いる。そして。「—、これからどうしようか」「—、どうなったの」
類語(❶)そこで・それゆえ・それだから・だから・よって・従って・ゆえに

それ-てい【×其れ体】その程度のこと。それくらい。「なるほど—の思ひならば」〈浮・懐硯・一〉

それで-いて〘接〙前に述べた事柄とは、似つかわしくない事柄を次に述べる意を表す。それでいながら。それなのに。「腕は半人前、—料金は一人前にとるんだから」

それで-こそ〘連語〙「それで」を強めていう語。そうであればこそ。「—プロだ」

それ-では　㊀〘接〙❶前に示された事柄を受けて、それに対する判断・意見などを導く。そういうことなら。それなら。では。それじゃ。「—いずれ手にはいるね」「—こうしたらどうか」❷物事をその時点で始めたり終えたりすることを示す。では。それじゃ。「—私から発言しよう」「—これで打ち切りとします」㊁〘感〙別れのあいさつに用いる語。では。それじゃ。「また会えるといいね。—」㊂〘連語〙そういうことでは。そういう状態では。それじゃ。「—まるで解決にならない」「—私の顔が立たない」類語 そうすると・それなら・そうしたら・では

それ-でも〘接〙そうであっても。「失敗の可能性は大きい。—やめるわけにはいかない」類語 だが・しかし・でも・とはいえ

それでも地球は動いている　地動説を主張したガリレオ=ガリレイが、宗教裁判でその説を撤回させられたときに、つぶやいたという言葉。

それ-どころ【×其れ▽処】(あとに打消しや反語の表現を伴って)とてもその程度ではないの意を表す。「—の騒ぎではない」「君に文句などない。—か感謝したい気持ちだ」

それと-なく【×其れと無く】〘副〙遠回しに。それとなしに。「—断る」「妙なうわさが—耳に入る」類語 暗に

それとなし-に【×其れと無しに】〘副〙それとなく。それとはなしに。「—注意する」

それ-とも〘接〙あるいは。または。もしくは。「コーヒーか、—紅茶か」類語 または・もしくは・ないし・あるいは

それ-なのに〘接〙そうであるのに。それだのに。「努力はしている。—報われない」類語 そのくせ・さりとて

それ-なら〘接〙そういうことなら。それでは。「面会できないのですね。—帰ります」類語 そうしたら・では

それ-なり【×其れなり】❶その状態のままで変わらないこと。そのまま。それきり。副詞的にも用いる。「交渉は—で進展がない」「交信は—とだえている」❷いちおうそれはそれとして認められること。それ相応。「話し合えば—の成果はある」

それなり-けり【×其れなりけり】《「なり」を助動詞「なり」ととって「けり」を添えたもの》そのままになってし

まうこと。それきり。それなり。「舌喰ひ切る所存見えし時、縄ほどきて—に済みぬ」〈浮・諸艶大鑑・一〉

それなれば-こそ〔接〕そうであるからこそ。だからこそ。「君には将来がある。—忠告するのだ」

それ-に〔接〕❶そのうえ。それに加えて。「晴れたし、—風もない」❷そうであるのに。それなのに。「殿上の台盤には人もつかず。—、豆一盛りやをらとりて」〈枕・一〇八〉❸それにより。その結果。「右大臣にまかせ申すとだに言ひやり給はざりければ、—こそ菅原の大臣御心のままにまつりごち給ひけれ」〈大鏡・時平〉(類語)その上・且つ・しかも・かてて加えて・かつまた・なおかつ・おまけに・加うるに・のみならず・しかのみならず・そればかりか・同時に・更に・あまつさえ

それに-しては〔接〕前に述べた事柄から当然予想されるような結果になっていないことを次に述べる意を表す。「今日は日曜日なんだが、—人出が少ない」

それに-しても〔接〕それはそれとして認めるとしても。それはそうだとしても。「—困ったことになったね」

ソレノイド〖solenoid〗導線をらせん状に巻いた円筒状のコイル。

それ-のみ【×其れのみ】〔副〕《西鶴の小説に独特の用法》それだけでなく。それのみならず。それのみか。「—、宵より秋の夜の明くるまでとやかく思ふままになるこそ無念いくたびか」〈浮・一代男・二〉

それ-は【×其れは】〔連語〕その物事に対する感動などが、形容のしようもないほどであったときに用いる語。なんとも言えず。「旅行中は—楽しい毎日でした」

それ-ばかり【×其れ▽許り】❶そこに示されている分量・程度。多く、その少ないことを強調するときに用いる。そんな程度。「—の金では足りない」❷そのことだけ。そのことばかり。「さっきから—言っている」

そればかり-か【×其れ▽許りか】〔副〕すでに相当の程度であるのに、その上さらに。「君の利益にはならないし、—全体の損失になる」

(類語)然も・その上・かつ・かつまた・なおかつ・おまけに・加うるに・のみならず・しかのみならず・かてて加えて・同時に・更に・あまつさえ・それに

それは-それは【×其れは×其れは】〔連語〕「それは」を強めていう語。「—美しい人でした」

それ-ほど【×其れ程】(副詞的にも用いる)❶そこに示されている程度。特に、その程度がはなはだしい場合に用いる。そのくらいまで。「—の気持ちがあればやれるだろう」「—好きなら結婚すればいい」❷(あとに打消しの語を伴って用いる)特にそれと問題になるほど。とりたてていうほど。「世間は騒いでいるが、—の事件ではない」「—気にしていない」

それ-まで【×其れ×迄】❶時間・状態・動作などが限界に達したことを表す。それで終わり。「この条件でいやなら契約は—だ」「おしゃべりは—」❷物事がある程度にまで達したことを表す。副詞的にも用いる。そんなにまで。それほどまで。「会社を—にするには大変な苦労だった」「よくも—我慢したね」

それ-も【×其れも】〔連語〕❶前に述べた事柄についての補足の説明を加える。「彼は学位を取ったんだよ。—二十歳でだよ」❷前の事柄と後の事柄が逆接の関係にあることを示す。それでも。そうであっても。「おぼろげにても人の入る山ならず。—立ち入りて見る事は候はねども」〈義経記・五〉

それ-や【×其れ屋】水商売の店。特に、遊女屋。それやど。「さすが—の女房とて」〈浄・重井筒〉

それ-や【▽逸れ矢】目標からはずれて他の方向へ飛んでいく矢。流れ矢。

それや-これや【×其れや×此れや】〔連語〕そのことやこのことや。いろいろ。「年の瀬は—で忙しい」

それ-ゆえ【×其れ故】〔接〕前の事柄を理由としてあとの事柄を導く。だから。「—申請を却下する」

それ-ら【×其れ▽等】〔代〕中称の指示代名詞。「それ」の複数形。「山と川と海、—がすべて美しい」

ソレル〖Georges Sorel〗[1847〜1922]フランスの社会思想家。サンジカリスムの理論的指導者で、議会主義の偽善に対して、暴力の倫理性を説いた。著「暴力論」など。

そ・れる【▽逸れる】〔動ラ下一〕文そ・る〔ラ下二〕❶別の方向へ行く。目標からはずれる。「弾が—・れる」「投球が—・れる」❷本筋から離れる。通るべき筋道をはずれて、思いがけない方向へ行く。「話が脇道へ—・れる」❸音の調子がはずれる。「管絃の調子も—・れにけり」〈義経記・七〉

(類語)かわす・そらす・外す・外れる

そ-れん【素練】白い練絹。

そ-れん【疎×簾】目のあらいすだれ。

ソ-れん【ソ連】ソビエト社会主義共和国連邦の略称。

ゾレン〖ドイツ Sollen〗当為。ゾルレン。⇔ザイン。

ソレント〖Sorrento〗イタリア南部、ナポリ近郊の港湾都市。カプリ島への観光基地。

ソ-れんぽう【ソ連邦】ソビエト社会主義共和国連邦の略称。

ソロ〖イタリア solo〗❶歌唱・演奏・演技などを一人で行うこと。「—で歌う」「—クライミング」❷「ソロホーマー」の略。

ソロ〖Solo〗インドネシア、ジャワ島東部を流れる川。スラカルタの北方でほぼ東流に転じる。ブンガワン-ソロともいい、民謡に歌われる。

そろ【▽候】〔動特活〕《「そうろう」の音変化》「ある」の丁寧語。多く補助動詞として用いる。「いかでか惜しからで**そろ**べき」〈曽我・一〉(補説)活用形は、未然形「そろは」「そろ」、連用・終止・連体形「そろ」、已然・命令形「そろへ」。

候べく候　❶「そうろう(候)」に同じ。女性の手紙に多く用いられた。「さてさて無沙汰に思ひまゐらせ—とも書いてやれ」〈松の葉・三〉❷《❶を適当に崩して書いて通用させたところから》いいかげんにすること。やりっぱなしにすること。「日切りまでは—の揚げづめ」〈浮・御前義経記・六〉

ゾロアスター〖Zoroaster〗古代イランの宗教家で、ゾロアスター教の開祖。生存年代は不明であるが、前7世紀中ごろから前6世紀後半とする説が有力。ドイツ語名ツァラトゥストラ。

ゾロアスター-きょう【ゾロアスター教】《Zoroaster》古代イランのゾロアスターを開祖とする宗教。聖典「アベスター」によると、宇宙の歴史は、善神アフラ=マズダーと暗黒の神アングラ=マイニュ(アフリマン)との闘争であり、最終的には善神が勝利し、最後の審判と全世界の浄化ののち、新しい完全な世界を確立するとする。祭壇の聖火を善神の象徴とするので、拝火教ともいわれる。中国には南北朝のころに伝わり、祆教と呼ばれ、唐代に盛行。ササン朝ペルシアはこれを国教としたが、7世紀イスラム教徒の征服によって衰微。多くの信徒は、インドに逃れた。現在も、インドの西海岸ムンバイを中心に信者がおり、パールシー(parsee)と呼ばれる。マズダ教。

そろい【×揃い】㊀〔名〕❶そろっていること。欠けたところがないこと。また、そのもの。「全巻—の文学全集」❷衣服の色や柄などが同じであること。「帽子と—のマフラー」㊁〔接尾〕❶助数詞。ひと組になっているものを数えるのに用いる。「百科事典ひと—」❷《連濁により「ぞろい」とも》名詞に付いて、全体がそればかりであることを表す。「秀才—」「力作—」

(類語)組み・セット・一式・対・一対・番い・ペア

そろい-ぶみ【×揃い踏み】❶相撲で、中入り後に幕内の全力士が土俵上に並んで正面に向かい、四股を踏むこと。特別の場合に行われる。❷▶三役揃い踏み

そ-ろう【粗×陋┊×麁×陋】〔名・形動〕粗野でいやしいこと。また、そのさま。「甚だ—にして完全ならざれども」〈中村訳・西国立志編〉

そ-ろう【疎漏┊粗漏】〔名・形動〕大ざっぱで、手落ちがあること。また、そのさま。「調査に—がある」「—な計画」

そろ・う【×揃う】〔動ワ五(ハ四)〕❶二つ以上のものの、形・大きさなどが同じになる。「粒が—・う」「高さの—・った家並み」❷整然と並ぶ。「机が一列に—・う」❸全体が一つにまとまる。調和する。「足並みが—・う」「合唱の声が—・う」❹必要なもの、あるべきものが集まる。欠けたところなく備わる。「条件が—・う」「資料が—・う」「走、攻、守の三拍子が—・った選手」

(類語)(❶)合う・一致する・平均する/(❷)整う/(❹)出揃う・集まる・勢揃いする

揃いも揃って　同類のものがそろっていることを強めていう言葉。多くは悪い意味に用いる。「兄弟三人—変わり者だ」

そ-ろうせん【蘇老泉】▶蘇洵

そろえ【×揃え】㊀〔名〕そろえること。また、そろえたもの。「十貫目入り五つ、青竹にて—の大男にさし荷はせ」〈浮・胸算用・二〉㊁〔接尾〕❶助数詞。ひと組になっているものを数えるのに用いる。「花嫁衣裳一—」❷《連濁により「ぞろえ」とも》名詞に付いて、全体が同じようであること、また、整い並ぶことなどを表す。「勢—」「供—」

そろえ-ばし【×揃え箸】嫌い箸の一。口中や食器の上などで箸先をそろえること。

そろ・える【×揃える】〔動ア下一〕文そろ・ふ〔ハ下二〕❶二つ以上のものの、形・大きさなどを同じにする。「ひもの長さを—・える」「彼とセーターの柄を—・える」❷(二つ一組みのものなどを)きちっと整った状態にする。整然と並べる。「脱いだ履物を—・える」「両手をひざの上に—・える」❸全体を一つにまとめる。調和させる。「口を—・えて反対する」「色調を—・える」❹必要なもの、あるべきものを集める。欠けたところがないようにする。「スタッフを—・える」「機材を—・える」「耳を—・えて借金を返す」

(類語)調える・取り揃える・調う・揃う

ソロー〖Henry David Thoreau〗[1817〜1862]米国の思想家・随筆家。エマソンの影響を受け、その哲学を実践するためにウォールデン池畔で自給自足の生活を送った。著「森の生活」「市民としての反抗」など。

ソロ-がわ【ソロ川】▶ソロ(Solo)

そろく【疎勒】カシュガルの古名。

ソログープ〖Fyodor Kuz'mich Sologub〗[1863〜1927]ロシアの小説家・詩人。前期象徴派の代表者。幻想的・耽美的作品を残した。小説「小悪魔」、戯曲「死の勝利」、詩集「碧い空」など。

そろ-そろ〔副〕❶動作が静かにゆっくりと行われるさま。そろり。「—(と)歩く」「幕が—(と)上がる」❷ある時期・状態になりつつあるさま。ぼつぼつ。「話が—佳境にはいってきた」「—出かけよう」

(類語)(❶)そろり・ゆるゆる・ゆっくり・遅遅・遅い・緩慢・緩徐・遅緩・スロー・スローモー/(❷)もう・やがて・直・間もなく・程なく・今にも

そろそろと北山時雨　「来た」に「北山」の「きた」を掛け、そろそろやって来たということをしゃれていった言葉。➡北山時雨

ぞろ-ぞろ〔副〕❶多くの人や動物などが引き続いて動くさま。「取り巻きが—(と)ついて歩く」「幼虫が—(と)はい出る」❷長いものを引きずるさま。「着物のすそを—(と)引きずる」

ぞろっぺえ〔名・形動〕(主に関東地方で)いい加減でだらしないこと。また、そういう人や、そのさま。ぞろっぺい。ぞろっぺ。「—な身なり」

ソロトゥルン〖Solothurn〗スイス北西部、ソロトゥルン州の州都。ジュラ山脈南麓、アーレ川に面する。旧市街には聖ウルス聖堂、イエズス教会など、12世紀から18世紀に建てられた歴史的建造物が数多く残る。

そろ-ばん【▽算盤┊▽十露盤┊▽珠盤】❶日本や中国で用いる計算器具。底の浅い横長の箱を上下二段に分け、縦一行ごとに上段に1個または2個、下段に4個または5個の串刺しの珠を置いたもの。上段の珠は五を、下段の珠はおのおの一の数を示し、串刺しの軸のそれぞれで桁を表し、指で珠を上下させ、加減乗除を行う。中国では14〜16世紀にかけて普及、日本には室町末期に伝来したといわれる。❷計算。勘定。また、特に、損得の計算。「読み、書き、—」「—が細かい」

算盤が合・う　❶計算が合う。「何度やっても—・わない」❷採算がとれる。「—・わない仕事」

算盤が持てない　採算がとれない。商売にならない。そろばんが合わない。
算盤の玉にはずれ　計算した分以外の金。おもてむきでない余分の金。
算盤を置く　そろばんに玉を置いて計算する。損得の計算をする。
算盤を弾く　そろばんを使って計算する。転じて、損得を計算する。「どのくらいもうかるか―・いてみる」
そろばん-うらない【▽算盤占い】そろばんで吉凶を判断する占い。算易。
そろばん-かんじょう【▽算盤勘定】金銭的な損得についての勘定。金銭勘定。「その仕事は―抜きで引き受けよう」
そろばん-ぎ【▽算盤木】和風建築の基礎工事で、打ち込んだ杭の上に架け渡した横木。
そろばん-しぼり【▽算盤絞(り)】算盤の珠を並べたような文様の絞り染め。手ぬぐいに多く用いられた。
そろばん-ずく【▽算盤▽尽く】何をするのにもまず損得を考え、損をしないようにすること。勘定高いこと。「―でしか動かない人」
(類語)計算ずく・勘定ずく・金銭ずく
そろばん-ぜめ【▽算盤責め】▶石抱き
そろばん-だか・い【▽算盤高い】〔形〕損得の勘定に細かい。打算的である。勘定高い。「―・い商人」
そろばん-だま【▽算盤▽珠】❶そろばんに使ってある珠。❷勘定。計算。「幺麼いう―でしょうナ」〈魯庵・社会百面相〉
ソロフキ〘Solovki〙ロシア連邦北西部、ソロベツキー諸島の略称。
ソロプチミスト〘Soroptimist〙女性実業家や職業婦人などで構成される女性のための国際的な社会福祉団体(Soroptimist International)に所属する会員。「女性にとって最善のもの」の意を表すラテン語から。
ソロベツキー-しゅうどういん【ソロベツキー修道院】《Solovetskiy monastïr'》ロシア連邦北西部、白海のオネガ湾に浮かぶソロベツキー諸島にある修道院。15世紀にキリロベロゼルスキー修道院からやって来た二人の修道士により創設。16世紀から19世紀にかけて、数々の大聖堂、住居、作業場が建造された。また、ロシアの北方防備を目的として、八つの塔をもつ堅固な城壁が築かれた。ロシア革命後、同国初の強制収容所が置かれ、第二次大戦前に閉鎖。修道士による復興が進められている。1992年、「ソロベツキー諸島の文化と歴史遺産群」の名称で世界遺産(文化遺産)に登録された。
ソロベツキー-しょとう【ソロベツキー諸島】《Solovetskie ostrova》ロシア連邦北西部、白海のオネガ湾に浮かぶ諸島。大小六つの島で構成される。アルハンゲリスク州に属する。ソロベツキー修道院などの歴史的建造物があり、1992年、「ソロベツキー諸島の文化と歴史遺産群」の名称で世界遺産(文化遺産)に登録された。ソロフキ。
ソロ-ホーマー〘solo homer〙野球で、走者がいないときに打ったホームラン。
そろま【▽曾呂間】❶「曾呂間人形」の略。❷愚鈍な人。のろま。「おらんだにて馬鹿をヘケレンツウといへば、上方にてあほう―といふ」〈洒・通人の寐言〉
そろま-にんぎょう【▽曾呂間人形】操り人形の一種。のろま人形の亜流と考えられる。のちにはのろま人形の意となり、主に江戸では「のろま」、京坂では「そろま」が使われた。
ぞろ-め【ぞろ目】❶二つのさいころを振って、同じ目が出ること。❷連勝式の競馬・競輪などで同じ枠内の馬や選手が、1着・2着になること。❸全ての桁の値が同じであること。また、年・月・日などの全ての桁の値がそろっていること。「22年2月22日」など。
ぞろ-め・く〔動カ四〕ぞろぞろと続く。「人間が…極楽へぞろりぞろりと―・くによって」〈虎明狂・朝比奈〉
ソロモン〘Solomon〙イスラエル王国第3代の王。在位、前961ころ～前922ころ。ダビデ王の子。通商を振興して経済を発展させ、エルサレムに神殿や宮殿を建設、いわゆる「ソロモンの栄華」を現出したが、国民は重税に苦しみ、死後、国土は分裂した。知者・詩人として知られ、しばしば「ソロモンの知恵」「ソロモンの箴言」として言及される。生没年未詳。
ソロモン-しょとう【ソロモン諸島】《Solomon Islands》㊀南太平洋西部、ニューギニア島の東に位置する諸島。ブーゲンビル島・ブカ島はパプアニューギニアに、他の島はソロモン諸島国に属する。㊁メラネシアにある国。ソロモン諸島の大部分を占め、首都はガダルカナル島のホニアラ。コプラなどを産する。英国の保護領から1978年に独立。人口56万(2010)。
ぞろ-やく【ぞろ薬】《「先発医薬品」の特許が切れるとぞろぞろ発売されるところから生まれた俗語。「ゾロ薬」とも書く》「ジェネリック❸」のこと。
そろり〔副〕❶静かにゆっくりと動作が行われるさま。そろそろ。「―と足を踏みだす」「―、―(と)歩く」❷すべるようになめらかに動くさま。するり。「―と部屋を抜け出る」
ぞろり〔副〕❶多くのものが一続きにつながっているさま。「各界の名士が―と居並ぶ」❷だらしない感じに和服を着くずしているさま。また、場違いにはでな衣装を着ているさま。「棒縞の綿入半纏を―と羽織って」〈鏡花・註文帳〉
そろり-しんざえもん【曾呂利新左衛門】豊臣秀吉の臣。堺の人。鞘師を業とし、鞘に刀がよく合ったので、「そろり」の異名がついたという。頓知に富み、和歌・茶事・狂歌にもすぐれたというが、実在を疑う説もある。生没年未詳。
ソロレート-こん【ソロレート婚】《sororate marriage》妻が死んだときに、夫が、妻の姉妹の一人と再婚する婚姻形態。アフリカのツワナ族、中央アジアのキルギス族などにその例が見られる。⇔レビレート婚。
ソロン〘Solōn〙〔前640ころ～前560ころ〕アテネの政治家・詩人。ギリシャ七賢の一人。諸改革を行い、ギリシャの民主政の基礎を作った。
そわ【×岨】▶そば(岨)
ソワール〘フランス soir〙夕方。晩。
そわか【×蘇×婆×訶┊×薩×婆×訶】《梵 svāhāの音写。円満・成就などと訳す》仏語。幸あれ、祝福あれ、といった意を込めて、陀羅尼・呪文などのあとにつけて唱える語。そばか。
そわ・す【添わす】㊀〔動サ五(四)〕「添わせる」に同じ。「二人は逆ても―・されぬ容子だから」〈長塚・土〉㊁〔動サ下二〕「そわせる」の文語形。
そわ・せる【添わせる】〔動サ下一〕図そは・す〔サ下二〕❶添うようにさせる。「付き人を―・せて外出させる」❷夫婦にさせる。結婚させる。「いずれよい人を見つけて―・せてやろう」
そわ-そわ〔副〕スル 気持ちや態度が落ち着かないさま。「発表待ちで朝から―する」(類語)せかせか・わさわさ・せかつく・うろうろ・うろちょろ・どぎまぎ・おたおた・まごまご・どぎどぎ・もじもじ・もぞもぞ
そわそわ-し・い〔形〕図そはそは・し〔シク〕そわそわしている。落ち着かないようすだ。「何とはなく―・い町筋に」〈三重吉・小鳥の巣〉
そわ-つ・く〔動カ五(四)〕落ち着かないようすをする。そわそわする。「父が、―・いて、人目を憚るようにしていたのと思い合わせ」〈宮本・伸子〉
そわ-づたい【×岨伝い】▶そばづたい
そわ-みち【×岨道】▶そばみち
そわ・る【添わる】〔動ラ五(四)〕付け加わる。加わって増す。「青みがかった色が―・って来る」〈荷風・ふらんす物語〉
ソワレ〘フランス soirée〙❶夜会。❷婦人用の夜会服。イブニングドレス。❸演劇・音楽会などで、夜間の興行。➡マチネー
そん【村】地方公共団体の一。市・町とともに都道府県に属する。むら。「村」をすべて「そん」と読む県と、「そん」「むら」の混在する県とがある。➡むら(村)
➡漢「そん(村)」
そん【孫】❶子孫。「当家五代の―」❷血筋。血統。「姉は父御の―を継ぎ」〈浄・堀川波鼓〉➡漢「そん(孫)」
そん【×巽】易の八卦の一。算木で☴に表す。従順卑下の徳を表し、方位では東南に配する。
そん【尊】㊀〔名〕中国古代の酒器。一般に、アサガオ状に開いた口と膨らんだ胴、末広がりの台をもつ。㊁〔接頭〕人に関する語に付いて、相手または相手方の人を敬意を込めていうのに用いる。「―夫人将に何処に行かんとするや」〈織田訳・花柳春話〉㊂〔接尾〕助数詞。仏を数えるのに用いる。「釈迦三―」
➡漢「そん(尊)」
ソン〘スペイン son〙メキシコ・キューバ・中米諸国などスペイン語圏の各地で伝統的な民謡や民俗舞曲をさす称。
そん【損】〔名・形動〕❶利益を失うこと。また、そのさま。不利益。「―を出す」「―な取引」⇔得。❷努力をしても報われないこと。また、そのさま。「正直者が―をする」「―な性分」⇔得。❸そこなうこと。こわすこと。「一命を―にすべきなり」〈曽我・一〉➡漢「そん(損)」
(類語)(❶)不利益・損失・損害・損亡・欠損・実損・差損・赤字・出血・持ち出し・採算割れ・実害/(❷)不利・不利益・不為・不得策
損がいく　損をする。「自分の望通りにならなくたって元々で損は行かないのだから」〈漱石・吾輩は猫である〉
損なこととは露知らず　そんなことは少しも知らないということと、損になる仕事は少しも知らないということをかけて、しゃれていった言葉。
そん-い【×巽位】東南の方角。たつみ。
そん-い【尊意】相手を敬って、その意思や意見をいう語。お考え。おぼしめし。「―を承る」
(類語)貴慮・尊慮・賢慮・御意・貴意・思し召し
ぞん-い【存意】考えていること。思うところ。「唯我輩の―には」〈福沢・学問のすゝめ〉(類語)考え・存念・所存
そん-いっせん【孫逸仙】▶孫文
そん-えい【村営】村が経営すること。「―バス」
そん-えい【尊詠】他人を敬って、その人のよんだ詩歌をいう語。
そん-えい【尊影】他人を敬って、その写真・肖像などをいう語。
そん-えき【損益】❶減ることと、増えること。また、減らすことと、増やすこと。❷損失と利益。損得。
(類語)利害・得失・損得
そんえき-かんじょう【損益勘定】簿記で、決算の際に純損益を算定するために総勘定元帳に設ける集合勘定。借方には費用に属する諸勘定の残高を振り替え、貸方には収益に属する諸勘定の残高を振り替えるので、貸借差額は純損益を表す。
そんえき-けいさんしょ【損益計算書】貸借対照表とともに財務諸表の中心をなすもので、一会計期間における企業の経営成績を明らかにするために作成される計算書。当該期間に属するすべての収益とこれに対応するすべての費用を記載し、それらの差額として当期純損益を表示する。P/L.
そんえき-ぶんきてん【損益分岐点】収益と費用が等しくなって、損益がゼロになる売上高。売上高がこの点以下では損失が生じ、それ以上になると利益が生じる。損益分岐点売上高。
そんえきぶんきてん-うりあげだか【損益分岐点売(り)上(げ)高】▶損益分岐点
そんえきぶんきてん-ひりつ【損益分岐点比率】損益分岐点売上高が実際の売上高の何パーセントに当たるかを示す数値。損益分岐点売上高を実際の売上高で割って出す。この数値が低いほど収益が高く、不況にも強いことになる。
そんえん-ほうしんのう【尊円法親王】〔1298～1356〕伏見天皇の皇子。名は守彦。青蓮院門跡となり、のち、天台座主。書にすぐれ、青蓮院流を開いた。著「入木抄」。尊円親王。
そんえん-りゅう【尊円流】▶青蓮院流
そん-おう【村翁】村の老人。いなかの老人。
そん-おう【村×媼】村の老女。いなかの老女。
そん-おう【尊王┊尊皇】▶そんのう(尊王)

そん-か【村家】村の家。いなかの家。いなかや。
そん-か【尊下】手紙の脇付の一。男性が同輩に対して用いる。貴下。
そん-か【尊家】「尊宅」に同じ。
そん-かい【村会】❶「村議会」の略。「一議員」❷旧制で、村の議決機関。
そん-かい【損壊】〔名〕スル　こわれること。また、こわすこと。「地震で一した家屋」「器物を一する」
類語 破損・損傷・破壊・毀損・破砕・砕破・全壊・壊滅
そん-がい【尊骸】貴人の死骸を敬っていう語。「驪て一を増上寺に葬り」〈条野有人・近世紀聞〉
そん-がい【損害】〔名〕スル　そこない、傷つけること。利益を失わせることや、失うこと。また、事故などで受けた不利益。損失。「取引で一をこうむる」「吾人の安全幸福を一するは必然なり」〈植木枝盛・天賦人権辨〉
類語 損・損失・実害・赤字・被害・不利益・損亡・欠損・実損・差損・出血・持ち出し・採算割れ
ぞん-がい【存外】〔名・形動〕物事の程度などが予想と異なること。また、そのさま。案外。副詞的にも用いる。「一な(の)好成績」「一早い解決」
類語 思いのほか・案外・思いがけない・慮外・望外・予想外・意表・意外
そんかい-ぎいん【村会議員】村議会議員の通称。
そんがいたんぽ-けいやく【損害担保契約】当事者の一方が他方に対して、一定の事項または事業などから受けるかもしれない損害を填補することを約する契約。
そんがい-ちょうさひ【損害調査費】保険会社が、保険事故に関する調査をしたときに要した人件費や物件費などの費用。
そんがい-ばいしょう【損害賠償】他人に与えた損害を填補し、損害がないのと同じ状態にすること。民法上、債務不履行と不法行為を主な原因とし、被害者はそれを請求する権利がある。「一請求権」
そんがいばいしょう-めいれい-せいど【損害賠償命令制度】殺人・傷害(過失犯は除く)など一定の刑事事件において、刑事裁判の判決後、引き続き同じ裁判所で損害賠償請求の審理を行う制度。犯罪被害者保護制度の一つで、平成20年(2008)12月から導入。従来は刑事裁判とは別に民事裁判で審理していた損害賠償請求手続きなどの負担減・効率化を目的とする。犯罪被害者等(犯罪等により害を被った人及びその家族または遺族)から被告人に対し損害賠償請求の申し立てがあった場合、被告人に有罪判決が言い渡された後、同じ裁判所で刑事記録を取り調べるなどして、原則4回以内の審理で決定が下される。決定に異議申し立てがある場合や、長期化する場合は民事裁判に移行する。
そんがい-ほけん【損害保険】偶然の事故によって生ずる損害を填補する目的の保険。火災保険・海上保険・自動車保険など。損保。
そんがい-ほけんきん【損害保険金】損害保険で、建物や家財などの損失・損害に対して支払われる保険金。➡費用保険金
そんがいほけんけいやくしゃ-ほごきこう【損害保険契約者保護機構】損害保険会社が破綻した際に、保険契約者を保護し、保険事業に対する信頼を維持することを目的として設立された法人。破綻した損保会社の保険契約を引き継ぐ救済保険会社に対して資金援助を行うほか、救済会社が現れないときは機構が保険契約を引き受ける。保険業法に基づいて平成10年(1998)に設立。国内で営業するすべての損保会社(再保険専門会社等の例外を除く)が加入し、同機構に資金を拠出している。
そんがいほけんとうろく-かんていにん【損害保険登録鑑定人】損害保険会社から委嘱を受け、建物・動産の保険価額の評価、損害額の算出、事故の原因・状況などの調査にあたる者。一般社団法人日本損害保険協会の試験に合格し、同協会に登録されている。
そんがいほけんりょうりつさんしゅつ-きこう【損害保険料率算出機構】損害保険の保険料率の基礎となる参考純率や基準料率を算出し、損保会社に提供する組織。同機構は、損保各社から提供されたデータを基にこれらを算出し、金融庁長官に届け出て、審査を受ける。「損害保険料率算出団体に関する法律」が根拠。損害保険料率算定会と自動車保険料率算定会の再統合により、平成14年(2002)設立。NLIRO(Non-Life Insurance Rating Organization of Japan)。
そん-かく【尊閣】❶他人を敬って、その家をいう語。転じて、他人に対する敬称。❷自分の父に対する敬称。
そん-がっきゅう【村学究】田舎にいて見聞の狭い学者。また、見識の浅い学者を軽蔑していう語。「先生は決して一らしい窮屈な生活けちけちした生活はして居ません」〈独歩・運命〉
そん-かてい【孫過庭】[648ころ～703ころ]中国、唐の書家。字は虔礼(一説に過庭が字とも)。王羲之の書法を学び、草書にすぐれた。「書譜」を著す。
そん-かん【尊×翰】他人を敬って、その手紙をいう語。尊書。類語 手紙・御状・御書・懇書・貴書・貴翰・貴札・芳書・芳信・芳翰・芳墨・尊書・台翰・朶雲
そん-がん【尊顔】他人を敬って、その顔をいう語。お顔。「御一を拝する」類語 尊容
そん-き【損気】《「短気」に音を合わせて「損」に「気」を添えた語。「短気は損気」の形で用いられる》損をする気質。
そん-き【尊貴】〔名・形動〕きわめてとうといこと。また、そういう人や、そのさま。「一な家柄」
そん-ぎ【村議】「村議会議員」の略。
そん-ぎ【尊儀】《「尊貴の儀容」の意》❶仏・菩薩の像や貴人の肖像・位牌などを敬っていう語。❷香典のこと。
ぞん-き〔名・形動〕思いやりがないこと。また、そのさま。「はたでお前さんがみてるような、そんな一なもんじゃないんだよ」〈里見弴・多情仏心〉
そん-ぎかい【村議会】地方公共団体である村の意思を決定する議決機関。村議会議員によって構成される。
そんぎかい-ぎいん【村議会議員】村議会を構成する議員。村民から公選される。村会議員。村議。
そんぎ-せん【村議選】《「村議」は「村議会議員」の略》村議会議員を選出するための選挙。
そん-きょ【村居】村に住むこと。いなかずまい。
そん-きょ【×蹲×踞・×蹲居】〔名〕スル　❶うずくまること。しゃがむこと。そんこ。「其の近傍なる公園中に、一する者も、少からず」〈竜渓・経国美談〉❷貴人が通行するとき、両ひざを折ってうずくまり、頭を垂れて行う礼。また、後世、貴人の面前を過ぎるとき、ひざと手を座につけて会釈すること。❸相撲や剣道で、つま先立ちで深く腰を下ろし、十分ひざを開き、上体を正した礼の姿勢。
そん-きょう【尊▽敬】〔名〕スル　「そんけい(尊敬)」に同じ。「人望を得て諸人の一を受くるのみならず」〈鉄腸・花間鶯〉
そん-ぎり【損切り】〔名〕スル　値下がりした株式・証券や外貨などを売って、損失を確定すること。ロスカット。ストップロス。➡利食い
そん-きん【損金】❶損失となった金銭。⇔益金。❷法人税法上の用語で、資本などの取引によるものを除いた法人の資産の減少をきたす原価・費用・損失のこと。⇔益金。
そんきん-ぶくろ【損金袋】宴席などで、祝儀を入れて渡す袋。散財袋。祝儀袋。
ソング〖song〗歌。歌謡。「テーマー」類語 歌謡・歌・唄
ソングライター〖songwriter〗ポピュラー音楽を作詩または作曲する人。「シンガーー」
ソングライティング〖songwriting〗曲を作ること。(特に)ポピュラーソングの作詞・作曲をすること。

漢字項目　そん

存　学6　音ソン(呉)　ゾン(漢)　‖ ㊀〈ソン〉①現にある。生きている。「存在・存続・存廃・存否・存亡・存立/依存・既存・共存・現存・厳存・残存・自存」②保ち持つ。「恵存」③いたわり尋ねる。「存問」㊁〈ゾン〉①保ち持つ。「温存・保存」②生きながらえる。「存生・存命/実存・生存」③思う。心得る。「存意・存外・存念・存分/異存・一存・所存」名付 あきら・あり・ある・さだ・すすむ・たもつ・つぎ・なが・のぶ・まさ・やす

村　学1　音ソン(呉)(漢)　訓むら ‖ ㊀〈ソン〉①むらざと。いなか。「村落/寒村・漁村・郷村・山村・農村・僻村・離村」②地方行政区画の一。「村長・村民税/町村」㊁〈むら〉「村人・村八分」名付 すえ・つね

孫　学4　音ソン(呉)(漢)　訓まご ‖ ㊀〈ソン〉①子の子。まご。「愛孫・外孫・子孫・児孫・従孫・曽孫」②同じ血筋を引く者。子孫。「天孫・末孫」㊁〈まご〉「孫娘/初孫」名付 さね・ただ・ひこ・ひろ

尊　学6　音ソン(呉)(漢)　訓たっとい、とうとい、たっとぶ、とうとぶ、みこと ‖ ①値うちや位が高い。たっとい。「尊厳・尊属・尊大・尊卑/独尊」②敬い大切にする。たっとぶ。「尊敬・尊崇・尊重/追尊・自尊心」③相手の事柄に冠して敬意を表す語。「尊翰・尊顔・尊兄・尊体・尊父・尊慮」④仏や貴人を尊んでいう語。「三尊・至尊・釈尊・世尊・本尊」名付 たか・たかし

損　学5　音ソン(呉)(漢)　訓そこなう、そこねる ‖ ①減らしたり傷つけたりする。そこなう。「損壊・損傷・損耗・損料/汚損・毀損・減損・破損・磨損」②利益を減らすこと。不利益。「損失・損得/欠損」名付 ちか

遜(遜)　音ソン(呉)(漢)　訓へりくだる ‖ ①退いて他にゆずる。「遜位」②へりくだる。「謙遜・不遜」③ひけを取る。「遜色」

人 **樽**　音ソン(呉)(漢)　訓たる ‖ ㊀〈ソン〉さかだる。たる。「樽酒・樽俎」㊁〈たる(だる)〉「樽酒/四斗樽」補説 人名用漢字表(戸籍法)の字体は「罇」。

漢字項目　ぞん

【存】➤そん

そん-くん【尊君】〔代〕二人称の人代名詞。男性が、相手の男性を敬っていう。尊公。貴公。貴君。
そん-けい【孫卿】荀子の尊称。
そん-けい【尊敬】〔名〕スル　❶その人の人格をとうといものと認めてうやまうこと。その人の行為・業績などをすぐれたものと認めて、その人をうやまうこと。「互いに一の念を抱く」「一する人物」❷文法で、聞き手や話題の主、また、その動作・状態などを高めて待遇する言い方。➡尊敬語　類語 (❶)敬愛・敬慕・敬仰・景仰・長敬・崇敬・崇拝・私淑・傾倒・心酔・心服・敬服(一する)敬う・敬する・尊ぶ・尊ぶ・崇める・仰ぐ・慕う
そん-けい【尊兄】㊀〔名〕自分の兄または他人の兄を敬っていう語。㊁〔代〕二人称の人代名詞。男性が、ほぼ同等の相手の男性を敬っていう。貴兄。大兄。類語 賢兄・令兄
そんけいかく-ぶんこ【尊経閣文庫】東京都目黒区にある図書館。旧加賀藩主前田家の和漢の典籍・文書を多数所蔵。第5代綱紀の収集品が中心。
そんけい-ご【尊敬語】敬語の一。話し手が聞き手や話題の主、また、その動作・状態などを高めて待遇することを言い表すもの。「いらっしゃる」「めしあがる」などの敬語動詞、接辞「お」「ご」(「お荷物」「御主人」)、助動詞「れる」「られる」や補助動詞「お…になる」(「書かれる」「お読みになる」)などがある。
類語 謙譲語・丁寧語・尊大語

そん-けん【孫堅】[157ころ～192]中国、後漢末の武将。孫権の父。黄巾の乱の平定に参加、続いて董卓の軍と戦った。のち、荊州の攻略の際に戦死。孫権により武烈皇帝と追尊された。

そん-けん【孫権】[182～252]中国、三国時代の呉の建国者。在位222～252年。孫堅の子。富春(浙江省)の人。字は仲謀。諡号は大帝。父・兄の事業を継いで、江東六郡を支配し、赤壁の戦いでは劉備と同盟し曹操の軍を破った。

そん-けん【尊見】他人を敬って、その意見をいう語。高見。

そん-げん【損減】〔名〕スル へること。また、へらすこと。減損。「功用は、之が為に―せられざりき」〈中村訳・西国立志編〉

そん-げん【尊厳】〔名・形動〕とうとくおごそかなこと。気高く犯しがたいこと。また、そのさま。「人間の―を守る」「其―なる爵位にふさわしい世継ぎが出来たのを」〈若松訳・小公子〉 (派生)そんげんさ〔名〕 (類語)貫禄・威徳・威厳・威儀・権威

そんげん-し【尊厳死】人間としての尊厳を保ったままで命をまっとうすること。回復の見込みのない状態や苦痛のひどい状態の際に生命維持装置を無制限に使わないなどの対応がなされる。(類語)安楽死

そん-こ【×蹲×踞・×蹲▽居】〔名〕スル ►そんきょ(蹲踞)

そん-ご【孫呉】中国、春秋時代の兵法家の孫武と呉起。また、その書「孫子」と「呉子」。

ソンコイ-がわ【ソンコイ川】《Song Coi》ホン川の異称。

そん-こう【村×巷】村里のちまた。村里。

そん-こう【孫康】中国、晋代の学者。京兆(陝西省)の人。家が貧しく油が買えないため、雪あかりで読書したという故事で知られる。➡蛍雪

そん-こう【損耗】〔名〕スル ►そんもう(損耗)

そん-こう【尊公】〔代〕二人称の人代名詞。男性が、相手の男性を敬っていう。貴公。貴君。尊君。
(類語)貴殿・尊台・貴台・尊堂・貴公

そん-ごう【尊号】尊んでいう称号。尊称。特に、天皇・上皇・皇后・皇太后などの称号。

そんごう-じけん【尊号事件】寛政元年(1789)光格天皇が実父の典仁親王に太上天皇の尊号を贈ろうとして、江戸幕府に拒否された事件。

そん-ごくう【孫悟空】中国の長編小説「西遊記」に登場する怪猿。石から生まれ、変化の術と觔斗雲の術とを修得して天宮を騒がせ、如来によってとりおさえられる。のち、天竺に経文を取りにいく玄奘三蔵に助け出され、猪八戒、沙悟浄とともに道中の81難から玄奘を守り、目的を果たす。

ソンゴムナラ-とう【ソンゴムナラ島】《Songo Mnara》タンザニア南東部沖合、インド洋上に浮かぶ小島。14世紀から15世紀に栄え、アラブ人の居住地やモスクなどの廃墟が残る。1981年、隣のキルワキシワニ島の遺跡群とともに「キルワキシワニとソンゴムナラの遺跡群」として世界遺産(文化遺産)に登録されたが、遺跡の浸食や破壊に対する管理体制の欠如を問われ、2004年に危機遺産リストに登録された。

そん-ざ【尊▽者】「そんじゃ(尊者)」の直音表記。「阿難―ぞおはしける」〈梁塵秘抄・二〉

そん-ざい【存在】〔名〕スル ❶人間や事物が、あること。また、その人間や事物。「神の―を信じる」「歴史上に―する人物」「クラスの中でも目立つ―」❷《being; Sein》哲学で、あること。あるもの。有。㋐実体・基体など他のものに依存することなく、それ自体としてあるもの。㋑ものの本質としてあるもの。㋒現実存在としてあることやあるもの。特に、人間の実存。㋓現象として主観に現れているものや経験に与えられているもの。㋔判断において、主語と述語とを結合する繋辞。「sはpである」の「ある」。
(類語)(❶)実在・実存・現存・現在・厳存・存立・所在・既存 (―する)存する・在る・居る

ぞん-ざい〔形動〕図〔ナリ〕❶いいかげんに物事をするさま。投げやり。粗略。「仕事を―にする」❷言動が乱暴で礼を失しているさま。不作法。「―な口のきき方」「―に積荷を扱う」(類語)いい加減・適当・生半可・投げ遣り・でたらめ・ちゃらんぽらん・無責任・乱暴

そんざい-かち【存在価値】その存在を意義あるものとして認めるような、人や物事のもつ価値。「―を示す」「広告塔という点で、彼の―は大いにある」

そんざい-かん【存在感】人や物が確かな存在であると印象づける感じ。「強い―のある役者」「圧倒的な―」

そんざい-こんきょ【存在根拠】►実在理由

そんざいとじかん【存在と時間】《原題、Sein und Zeit》ハイデッガーの哲学書。1927年刊。人間存在の意味を、伝統的な存在論から脱却し、時間性の面からとらえようとし、さらに、存在一般の根拠へと問題を形而上学的に発展させたもので、実存主義の代表的著作。

そんざいとむ【存在と無】《原題、L'Être et le Néant》サルトルの哲学書。1943年刊。無神論的実存主義の原典といわれ、存在するものはすべて善とするキリスト教的存在論を否定した画期的な著作。特に人間存在の細密な分析と、他者の追究を行っている。

そんざい-めいだい【存在命題】「…は存在する」「…がある」という形の命題。

そんざい-りゆう【存在理由】►実在理由

そんざい-ろん【存在論】《Ontologie》あらゆる存在者が存在しているということは何を意味するかを問い究め、存在そのものの根拠またはその様態について根源的・普遍的に考察し、規定する学問。アリストテレスの第一哲学以来、形而上学の中枢に位置し続けている哲学の基礎的部門。存在学。本体論。オントロギー。

そんざいろんてき-しょうめい【存在論的証明】神の存在証明の一。神は最も完全なものである、その完全性には存在も含まれていなければならない、故に神は存在する、とするもの。アンセルムスが最初に行った。本体論的証明。

そん-さつ【尊札】他人を敬って、その手紙をいう語。尊書。尊翰。

そん-し【孫子】㊀孫武または孫臏の敬称。㊁中国、戦国時代の兵法書。1巻13編。呉の孫武の著といわれる。成立年代未詳。始計・作戦・軍形・兵勢などに分け兵法を論じる。「呉子」とともに孫呉と並称される。1972年に発見された竹簡により、現在の「孫子」は孫武の「孫子兵法」の一部であり、別に孫臏の「孫臏兵法」が存在したことが解明された。

そん-し【尊師】師を敬っていう語。
(類語)先生・師・師匠・師父・恩師

そん-し【損紙】印刷・製本で、使用に堪えない紙。また、製紙の作業工程から出る、くず紙。破れ。

そん-じ【損じ】損じること。また、損じた箇所。「書き―の葉書」「釣道具の―を直して呉れ」〈円朝・怪談牡丹灯籠〉

そん-じ【遜辞】へりくだっていう言葉。謙辞。

ぞん-じ【存じ】知っていること。承知していること。「結果は御―の通りです」➡御存じ

ぞん-じ【存知】►ぞんち(存知)

ぞんじ-あ・げる【存じ上げる】〔動ガ下一〕図ぞんじあ・ぐ〔ガ下二〕「知る」「思う」の意の謙譲語。「お名前は―・げております」「御清祥にてお過ごしのことと―・げます」

ぞんじ-がけな・い【存じ掛け無い】〔形〕図ぞんじがけな・し〔ク〕「思いがけない」の意の謙譲語。「まったく―・いことでございまして」

そん-しつ【損失】❶そこない失うこと。特に、財産や利益などを失うこと。「多大の―をこうむる」㊥利益。❷電力・動力などのエネルギーが有効に利用されず、不要な熱などの形で失われること。
(類語)損・損害・実害・赤字・被害・不利益・損亡・欠損・実損・差損・出血・持ち出し・採算割れ

ぞんじ-つき【存じ付き】気づいたこと。思いつき。「私の―を申しませうか」〈虎寛狂・鬮罪人〉

ぞんじ-つ・く【存じ付く】〔動カ五(四)〕「思いつく」「気づく」の意の謙譲語。「火中に投没いたし候えば、則ち火気に化し、発響致候より、はからず―・き候」〈魯文・安愚楽鍋〉

そんしつ-ほてん【損失補塡】証券会社が、株式・債券など有価証券の売買で生じた顧客の損失の全部または一部を補塡すること。(補説)かつては大口顧客の投資損失を埋め合わせるために飛ばしなどの不適切な取引が行われたが、平成3年(1991)の証券取引法(現・金融商品取引法)改正で禁止された。

ぞんじ-の-ほか【存じの外】思いのほか。「―遅くなりまして申し訳ございません」

そん-しゃ【村社】旧制度の社格の一。郷社の下、無格社の上。多くは村の鎮守の社などが列格され、社掌が置かれていた。

そん-しゃ【損者】交際しても損をする人。損友。㊥益者。

そん-じゃ【尊者】❶目上の人。身分の尊い人。「君主一人を無上の―として之を仰ぎ」〈福沢・福翁百話〉❷《梵 āyuṣmatまたはāryaの訳。前者は長寿、後者は高貴の意》仏弟子や阿羅漢などの尊称。のちに祖師や先徳にも用いる。「日蓮―」❸大臣などの大饗のとき、正客として上座に座る人。親王または位の高い人を選ぶ。「小野宮の大臣の大饗行ひ給ひけるに、九条大臣は―にてなむ参り給へりける」〈今昔・二四・三〉❹裳着の式のとき、腰のひもを結ぶ役。腰結い。「―の大臣の御引出物など、かの院よりぞ奉らせ給ひける」〈源・若菜上〉

そん-しゃく【尊爵】尊い位。栄爵。

そんしゃ-さんゆう【損者三友】《「論語」季氏から》損者となる3種の友人。心の正しくない友、うわべはよいが誠実さのない友、口先だけで誠意のない友。㊥益者三友。

そん-しゅ【村酒】田舎でつくる酒。地酒。村醸。

そん-しゅ【×樽酒】樽に入っている酒。たるざけ。

そん-しゅく【尊宿】年老いた、徳の高い僧。また、有徳の長老。「有智高行の―たりと言へども」〈太平記・二〉

そん-じゅく【村塾】村の子弟を教育する塾。

そん-じゅつ【存×恤】〔名〕スル あわれみねぎらうこと。慰問し恵むこと。「他人を―する為に倹省を務むるは」〈中村訳・西国立志編〉

そん-しょ【尊書】「尊翰」に同じ。

そん-しょ【損所】こわれた箇所。破損・損傷した部分。「自分の生命とまで思っているこの学校の―を調べようともしなかった」〈上司・太政官〉

そん-じょ〔語素〕「そんじょう」の音変化。

そん-しょう【尊尚】〔名〕スル とうとぶこと。「有恩の人に相違ないから、一親愛して」〈二葉亭・浮雲〉

そん-しょう【尊称】尊敬の気持ちをもって呼ぶ表現。㊥卑称。(類語)敬称

そん-しょう【尊勝】❶尊くすぐれていること。❷「尊勝法」の略。

そん-しょう【損傷】〔名〕スル 人や物などが損なわれ傷つくこと。また、損ない傷つけること。「―を受ける」「車体を―する」(類語)損壊・破損・怪我・毀損・汚損・損耗・磨損

そん-じょう【村醸】「村酒」に同じ。

そん-じょう【尊上】目上の人。長上。尊者。

そん-じょう【尊丈】手紙の脇付の一。尊下。

そん-じょう【尊×攘】「尊王攘夷」の略。「―派の志士」「―思想」

そん-じょう【遜譲】へりくだり譲ること。「―の美徳なることを知らずして」〈露伴・露団々〉

そん-じょう〔語素〕事物・場所・時・人などについて、具体的な名をあげずに示すのに用いる。「その」「それ」「いつ」「だれ」などの上に付いて、語の意味を強める。そんじょ。「その外は―その頸、その御頸」〈平家・一〇〉「―それこそ、昆布売りに行き会うて」〈虎明狂・昆布売〉

ぞん-じょう【存生】〔名〕スル この世に生きていること。存命。生存。「我が身が―せる間に於ては」〈道

遥・内地雑居未来之夢〉〔類語〕生存・生息・存命・在世・生きる・生かす・在る・存(ぞん)する・永らえる

そんしょう-だらに【尊勝×陀羅尼】尊勝仏頂の悟りや功徳(くどく)を説いた陀羅尼。読誦(どくじゅ)すると罪障消滅や除災・延寿の功徳があるとされる。仏頂尊勝陀羅尼。

そんしょう-ぶっちょう【尊勝仏頂】(ーブッチャウ) 胎蔵界曼荼羅の釈迦院にある五仏頂の一。釈迦如来の仏頂から現出した仏頂尊のうち、最勝のものとされ、一切の害障を除くという。仏頂尊勝。

そんしょう-ほう【尊勝法】(ーホフ) 尊勝仏頂を本尊として尊勝陀羅尼を誦(じゅ)する、密教の修法。息災・増益・滅罪・安産などのために行われる。

そん-しょく【遜色】他に比べて劣っていること。見劣り。「入賞作に比べても一のない出来だ」
〔類語〕欠陥・難点・短所・傷・癖(くせ)・難

そんじょ-そこら【そんじょ×其▽処ら】(そんぢょーそこら)〔代〕「そこら」を強めていう語。「一のものとは違う」

ぞんじ-より【存じ寄り】❶自分や身近な者の意見や気持ち。「自身ノ一ヲ用ユル」〈和英語林集成〉❷自分や身近な者の知り合いをへりくだっていう語。「近くに一の家がございます」

ぞんじ-よ・る【存じ寄る】〔動ラ四〕「思いつく」「思い当たる」の意の謙譲語。「偽り枕交はせしに一・らぬ祝言の結納(ゆひのう)」〈浄・関八州繋馬〉

そん・じる【損じる】〔動ザ上一〕「そんずる」(サ変)の上一段化。「上司の機嫌を一・じる」

ぞん・じる【存じる】〔動ザ上一〕「ぞんずる」(サ変)の上一段化。「私の一・じるところを申し上げます」

そん-しん【尊信】〔名〕(スル) 尊び信頼すること。また、尊んで信仰すること。「その住職の一する宗教のことを想像し」〈藤村・夜明け前〉〔類語〕信仰・信心・敬神・崇拝・渇仰(かつごう)・帰依(きえ)・信教・入信・狂信・宗教

そん-しん【尊神】〔名〕(スル)《「そんじん」とも》神をあがめ尊ぶこと。また、その神。「アポルローと称する有名の一にして」〈竜渓・経国美談〉

そん-しん【尊親】❶親を尊ぶこと。❷尊いことと親しいこと。また、尊び親しむこと。「一ともに是をかねたるは父一人なり」〈曽我・一一〉

ぞん-しん【存心】心中に思うところ。考え。存意。「ちょっとおめえの三絃(さみせん)を願はうといふ一だ」〈滑・八笑人・二〉

そん-すう【尊崇】〔名〕(スル) 尊びあがめること。尊敬。そんそう。「祖先を一する」

そん・する【存する】〔動サ変〕〔文〕そん・す〔サ変〕《「ぞんずる」とも》❶存在する。ある。「古くから当地に一・する風習」❷生きている。生きながらえる。生存する。「この世に人類の一・する限り」❸無くならずに残っている。「今なお記憶に一・する」❹残しとどめる。たもつ。「旧態を一・する制度」〔類語〕(❶)存在・実在・実存・現存・現在・厳存(げんそん)・存立・所在・既存・在(あ)る・居(い)る/(❷)生きる・生存する・生息する・存命する・在る・永らえる・存生・在世・生かす

そん・する【損する】〔動サ変〕〔文〕そん・す〔サ変〕❶財産や利益を失う。損をする。「競馬で一・する」❷努力などがむだになる。「わざわざ出かけて一・した」
損して得(とく)取れ　初めは損をしても、それをもとに大きな利益を得るようにせよ。

そん・ずる【損ずる】〔動サ変〕〔文〕そん・ず〔サ変〕❶物がこわれる。また、物をこわす。「地震で建物が一・ずる」「たたいて机を一・ずる」❷状態などが悪くなる。また、状態などを悪くする。病気になる。「健康が一・ずる」「名声を一・ずる」「人の機嫌を一・ずる」❸収益などをへらす。「不景気で利益を一・ずる」❹動詞の連用形に付いて、しくじる、うっかりしそこなう、などの意を表す。「手紙を書き一・ずる」「急(せ)いては事をし一・ずる」〔類語〕損なう・損ねる・痛む・壊す・壊れる・傷つく・損傷する・毀損(きそん)する・汚損する・損耗する・磨損する・腐る

ぞん・ずる【存ずる】〔動サ変〕〔文〕ぞん・ず〔サ変〕❶「知る」「承知する」の意の謙譲語。「知らぬ一・ぜぬでらちがあかない」❷「思う」「考える」の意の謙譲語。「お変わりなくお過ごしのことと一・じます」〔補説〕現代では多く「ます」を伴った形で、聞き手に対して、改まった気持ちをこめて丁重に言うのに用いる。
〔類語〕思う・考える・思い巡らす・思(おぼ)し召す・承知

そん-せい【村政】村の行政。

そん-ぜい【村税】村が賦課・徴収する租税。➡市町村税

ぞん-せい【存星｜存清】漆器の装飾技法の一。漆地に色漆で文様を描くか、文様を彫って色漆をつめこみ、輪郭や細部に沈金(ちんきん)を施したもの。中国、明代に始まる。日本の茶人がつけた名称。

そん-ぜん【尊前】神仏や身分の高い人の前を敬っていう語。おんまえ。「東照神霊の一に於て」〈染崎延房・近世紀聞〉

そん-そ【×樽×俎｜尊×俎】酒樽(さかだる)といけにえを載せる台。転じて、酒や料理の出る宴席。

ぞんぞ〔副〕寒けを覚えるさま。また、恐ろしさに震え上がるさま。ぞくぞく。「以前の事を思ひ出せば、ちりけもとが一とする」〈浮・子息気質・四〉

そん-そう【村×叟】村の年寄り。村翁。

そん-そう【村荘】(ーサウ) 田舎(いなか)。また、田舎の別荘。

そん-そう【尊▽崇】〔名〕(スル)「そんすう(尊崇)」に同じ。「一個の家長を一して」〈逍遥・小説神髄〉

そん-ぞう【尊像】(ーザウ) 神仏や身分の高い人の姿をうつした像。また、他人の像を敬っていう語。

そん-ぞく【存続】〔名〕(スル) 引き続き存在すること。また、引き続き残しておくこと。「会の一が危ぶまれる」「鉄道路線を一させる」〔類語〕持続・長続き・永続・連続・継続・続く・打ち続く・引き続く

そん-ぞく【尊属】ある人を基準として、親族関係において先の世代にある血族。父母・祖父母などの直系尊属と、おじ・おばなどの傍系尊属とに分ける。⇔卑属。

そんぞく-さつじん【尊属殺人】自己または配偶者の直系尊属を殺す罪。普通の殺人より刑が重く、死刑または無期懲役に処せられたが、最高裁判所はこの規定を憲法14条に定める法の下の平等の原則に違反するとした。平成7年(1995)の刑法改正で削除された。尊属殺。

そんぞく-しん【尊属親】親族のうち、尊属の関係にある者。⇔卑属親。

そんそ-せっしょう【×樽×俎折衝】宴席のなごやかな談笑のうちに話し合いを進め、交渉を有利に展開させること。外交上のかけひき。

そん-たい【尊体】❶他人を敬って、その身体をいう語。おからだ。❷肖像・仏像などを敬っていう語。

そん-だい【尊大】〔名・形動〕いばって、他人を見下げるような態度をとること。また、そのさま。高慢。横柄。「一な口のきき方」〔派生〕そんだいさ〔名〕
〔類語〕横柄・傲然(ごうぜん)・高慢

そん-だい【尊台】〔代〕《「台」は相手に対する敬称》二人称の人代名詞。あなたさま。貴台。男子が手紙などで、目上の男子を敬って用いる。
〔類語〕貴殿・貴台・尊堂・貴公・尊公

そんだい-ご【尊大語】待遇表現の一。話し手が自身を上位に置いて、尊大な意識のもとに表現するもの。「おれさま」「許してつかわす」など。
〔類語〕謙譲語・尊敬語・丁寧語

そん-たいじん【尊大人】相手を敬っていう語。〈和英語林集成〉

そん-たく【×忖度】〔名〕(スル) 他人の心をおしはかること。「相手の真意を一する」

そん-たく【尊宅】他人を敬って、その家をいう語。尊家。尊堂。〔類語〕お宅・尊堂・高堂・貴宅・尊家

ソンタグ〖Susan Sontag〗[1933～2004]米国の女性批評家・作家。芸術や医療、政治など幅広い分野について批評を加えた。特に映画や写真などの視覚メディアへの批評は有名。小説「死の葬具」、評論「反解釈」「写真論」「隠喩としての病」など。

そん-ち【存置】〔名〕(スル) 現存の機関・施設・制度などを、そのまま残しておくこと。存続。「現地の対策本部を一する」〔類語〕存続・残存・残す

ぞん-ち【存知】《「ぞんじ」とも》❶よく知っていること。理解していること。「今は礼儀を一してこそふるまふべきに」〈平家・一〉❷覚悟していること。「後日の訴訟を一して」〈平家・一〉〔類語〕承知

そん-ちょう【村長】(ーチャウ) 地方公共団体である村の長。村民による公選で選出される。任期は4年。

そん-ちょう【尊長】(ーチャウ) 目上の人。長上。「一者」

そん-ちょう【尊重】〔名〕(スル) 価値あるもの、尊いものとして大切に扱うこと。「人権を一する」
〔類語〕重んずる・重視

そんちょう-ほうしんのう【尊澄法親王】(ーホフシンワウ) 宗良親王(むねながしんのう)の法号。

そんちょう-りゅう【尊朝流】(ソンテウリウ) 書道の青蓮院(しょうれんいん)流の一派。伏見宮邦輔親王(くにすけしんのう)の王子尊朝法親王(1552～1597)が創始したもの。

そんちん-りゅう【尊鎮流】(ーリウ) 書道の青蓮院(しょうれんいん)流の一派。後柏原天皇の皇子尊鎮法親王(1504～1550)が創始したもの。

ソンツェン-ガンポ〖Sroṅ-btsan sgam-po〗[581?～649]古代チベット王国(吐蕃(とばん))を建設した王。チベット高原の諸族を初めて統一して国家体制を確立。妃としたネパールの王女と唐の文成公主によって仏教が伝えられた。スロンツァン＝ガンポ。

ゾンデ〖(ドイツ) Sonde〗❶尿道・食道・胃・十二指腸・直腸などに挿入して診断や治療に使う細い管。❷「ラジオゾンデ」の略。

そん-でん【損田】律令制で、台風・大水・霜・ひでり・虫などの天災によって収穫が減った田。減収が5割の田は租を、7割の田は租・調を、8割以上の田は租・庸・調を免じられた。不熟田。

そんでん-し【損田使】損田を視察するために派遣された使者。

そん-どう【村童】村の子供。

そん-どう【村道】(ーダウ) ❶村を通る道。❷公道の一。村の経費でつくり、村で管理している道路。

そん-どう【尊堂】(ーダウ) ㊀〔名〕他人を敬って、その住居をいう語。尊宅。お宅。「一御改築のよし」㊁〔代〕二人称の人代名詞。相手を敬っていう語。あなた様。手紙などで多く用いる。〔類語〕(㊀)お宅・尊宅・高堂・貴宅・尊家/(㊁)貴殿・尊台・貴台・貴公・尊公

そん-とく【損得】損することと得すること。損失と利得。損益。「一を離れた仕事」「一抜きの商売」
〔類語〕利害・得失・損益

そんとく-ずく【損得▽尽く】(ーづく) もっぱら損得をもとにして行動すること。「一で請け負った仕事」

そんな〔形動〕❶聞き手、または、そのそばにいる人が当面している事態や、現に置かれている状況がそのようであるさま。それほどの。そのような。「一話は聞いたことがない」「一に嫌ならやめなさい」❷聞き手のそばにある、または、聞き手がもっているものがそのようであるさま。それほど。そのような。「僕も一服が着てみたい」「一に高い時計、よく買えたね」〔補説〕連体形に「そんな」「そんなな」の二形がある。連体形として一般には「そんな」の形が用いられるが、接続助詞「ので」「のに」などに続くときは「そんなな」の形が用いられる。「状況がそんななのに、よく無事でいられたものだ」〔類語〕(連体修飾語として)そのような・そうした・そういう・然様(さよう)な (連用修飾語として)そのように・そう・それほど・然(さ)程(ほど)く・余り
そんなこんな　そのようなことや、このようなこと。あれやこれや。種々の事情。「一で遅くなった」

そん-ない【村内】村のうち。

そん-なら〔接〕「それなら」の音変化。「君は行かないのか。一僕も行かないよ」

ソンネット〖sonnet〗▶ソネット

ぞん-ねん【存念】いつも念頭にあって忘れないこと。たえず心に思っていること。また、考え。所存。「作品の完成よりほかに、なんの一もない」〔類語〕考え

そん-のう【尊王｜尊皇】(ーワウ)《「そんおう」の連声(れんじょう)》朝廷を尊ぶこと。勤王。

そんのう-じょうい【尊王×攘×夷】(ソンワウジャウイ) ❶中国で、周の王室を尊敬し、異民族の中国侵犯を打ち払った

こと。❷(「尊皇攘夷」とも書く)日本で江戸末期、尊王論と攘夷論とが結びついた政治思想。朱子学の系統を引く水戸学などに現れ、下級武士を中心に全国に広まり、王政復古・倒幕思想に結びついていった。勤王攘夷。尊攘。

そんのう-ろん【尊王論┊尊皇論】ソンワウ 皇室を神聖なものとして尊敬することを主張した思想。古代の天皇神聖の思想が近世において展開し、幕末には攘夷論と結び、明治維新には王政復古論として現れ、明治以後の絶対主義的天皇制の基礎となった。

ぞん-の-ほか【存の外】思いのほか。存外。「交際(つきあ)ってはーやさしい処があって」〈一葉・にごりえ〉

そん-ぱい【存廃】存続と廃止。制度・施設などを残すこととなくすこと。「会のーについて話し合う」

そん-ぱい【尊拝】とうとびおがむこと。「日本国民の霊場としてーする芝の山内に」〈福沢・福翁自伝〉

ソンバトヘイ〖Szombathely〗ハンガリー西部の都市。オーストリアとの国境近くに位置する。紀元前1世紀半ば、古代ローマ皇帝クラウディウスによりサバリアと呼ばれる植民都市が建設され、紀元後2世紀初頭に属州パンノニアの州都になった。オスマン帝国の支配を免れたため、同国最大級のバロック様式の教会であるソンバトヘイ大聖堂、司教館、フランチェスコ修道会の教会など歴史的建造物が残っている。

ソンバトヘイ-だいせいどう【ソンバトヘイ大聖堂】ダイセイダウ《Szombathelyi székesegyház》ハンガリー西部の都市ソンバトヘイにあるバロック様式の大聖堂。同国第三の規模を誇る。18世紀末から19世紀初めにかけて、オーストリアの建築家メルキオル=ヘフェレの設計により建造。祭壇には同じくオーストリア出身の画家フランツ=アントン=マウルベルチによるフレスコ画がある。大聖堂の隣にはローマ遺跡園があり、古代ローマ時代の住居跡などが見られる。

ゾンバルト〖Werner Sombart〗[1863〜1941]ドイツの経済学者・社会学者。経済体制の概念を確立して、経済社会の全体的把握を試みた。著「近代資本主義」「三つの経済学」など。

そん-ぴ【存否】❶存在するかしないかということ。「そうした事実のーが疑問だ」❷健在かどうかということ。安否。「生存者のーが気づかわれる」

そん-ぴ【村費】村の費用。

そん-ぴ【尊卑】身分などが尊いことと卑しいこと。貴賤(きせん)。「ー貴賤の別なく」

ゾンビ〖zombie〗ブードゥー教で、まじない師が生き返らせて操る死人。また一般に、呪術(じゅじゅつ)などによって生きた姿を与えられた死体。

ゾンビ-クラスター〖zombie cluster〗►ボットネット

ゾンビ-コンピューター〖zombie computer〗►ゾンビパソコン

そん-ぴつ【尊筆】他人を敬って、その筆跡や手紙をいう語。

ゾンビ-パソコン《zombie personal computerから》コンピューターウイルスやワームに感染したり、不正アクセスのためのバックドアを仕掛けられたりしたことに利用者が気付かないまま、使用または放置されているパソコン。迷惑メールの送信や不正アクセスの中継点に悪用される可能性がある。ゾンビマシン。ゾンビPC。

ゾンビ-ピーシー【ゾンビPC】《zombie PC》►ゾンビパソコン

そんぴぶんみゃく【尊卑分脈】南北朝時代の系図。洞院公定(とういんきんさだ)ら洞院家の人々の編。後人の加除訂正のため、異本ごとに巻数・配列が異なる。源・平・藤・橘など諸氏の系図を集大成したもの。諸家大系図。

ゾンビ-マシン〖zombie machine〗►ゾンビパソコン

そん-ぴん【孫臏】中国、戦国時代の斉の兵法家。同学の龐涓(ほうけん)に才能をねたまれ、両足を切断されたが、のち、斉の威王に軍師として仕え、龐涓の率いる魏(ぎ)軍を破った。➡孫子

そん-ぶ【孫武】中国、春秋時代の兵法家。斉(山東省)の人。呉王の闔閭(こうりょ)に仕え、その功を助けた。呉起とともに兵法の祖といわれる。➡孫子

そん-ぷ【村夫】村の男。いなかの男。

そん-ぷ【村婦】村の女。いなかの女。

そん-ぷ【尊父】他人の父を敬っていう語。補説「尊父」「母堂」「芳名」「老公」などの語頭に「ご(御)」を付けるのは敬意の重複になるが、書き言葉では多く使われる。類語 父君(ふくん)・父君(ちちぎみ)・父御・御親父(ごしんぷ)・父

そん-ぷうし【村夫子】《「そんふうし」とも》村の学者。田舎の先生。また、見識の狭い学者をあざけっていう語。「毎日子供たちを教えに行くーの身に甘んじている」〈藤村・夜明け前〉

ソンブレロ〖スペイン sombrero〗スペイン・メキシコや米国南西部などで用いる帽子。麦わらまたはフェルト製で、山が高く、つばが広い。

そん-ぶん【孫文】[1866〜1925]中国革命の指導者・政治家。広東(カントン)省香山の人。字(あざな)は逸仙。号、中山。初め医師となったが、革命運動に入り、1894年興中会を組織、1905年、東京で中国革命同盟会を結成し、三民主義を綱領とした。辛亥(しんがい)革命で臨時大総統に就任後、政権を袁世凱(えんせいがい)に譲ったが、その独裁化に抗して第二革命を開始。19年、中華革命党を中国国民党と改組、24年、国共合作を実現し、革命推進のため広東から北京に入ったが病死した。著「三民主義」「建国方略」など。スン=ウェン。

ぞん-ぶん【存分】㊀〔名・形動〕物事を思いどおりにすること。満足のゆくまですること。また、そのさま。「ーに楽しむ」「ーな活躍を期待する」「思うー歌う」㊁〔名〕❶考え。思い。「我々がーには、命を限りにいざやただ、近衛殿へ参りつつ」〈仮・恨の介・下〉❷恨み。意趣。「此のーを申さずには置くまい」〈虎寛狂・縄綯〉 類語 十分・思うさま・良く・みっちり・みっしり・篤(とく)と・万万(ばんばん)・十二分・フル・自由

そんぶん-しゅぎ【孫文主義】►三民主義

そん-ぼ【尊母】他人の母を敬っていう語。類語 母君・母堂・母御(ははご)・母上・お母様・母

そん-ぽ【損保】「損害保険」の略。

そん-ぼう【存亡】ソンバウ 存在と滅亡。存続するか消滅するかということ。そんもう。「会社のーをかけた企画」「危急ーの秋(とき)」

そん-ぼう【損亡】ソンバウ〔名〕スル ►そんもう(損亡)

そん-ぽう【尊奉】〔名〕スル とうとび、つかえること。あがめ、したがうこと。「必ずーす可き天地自然の一大定規あるを」〈馬場辰猪・天賦人権論〉

そんぼう-の-き【存亡の機】ソンバウ 引き続き存在するかここで滅びてしまうかという非常に重大な時。存亡の秋(とき)。

そん-ぼく【尊墨】他人を敬って、その筆跡や手紙をいう語。〈日葡〉

そん-みん【村民】村の住民。むらびと。

そんみん-ぜい【村民税】村が課する住民税。➡市町村民税

そん-めい【尊名】❶他人を敬って、その氏名をいう語。お名前。芳名。「御ーはかねてより伺っておりました」❷尊い名誉。類語 芳名・名前・高名(こうめい)・貴名

そん-めい【尊命】他人を敬って、その命令をいう語。ご命令。類語 命令・言い付け・命(めい)・令(れい)・指令・下命・指示・指図(さしず)・号令・発令・沙汰(さた)・主命・君命・上意・達し・威令・厳令・厳命・仰せ・懇命

ぞん-めい【存命】〔名〕スル この世に生きていること。「父のー中はお世話になりました」「祖父母とも一しております」類語 生存・生息・存生・在世・生きる・生かす・在る・存(ながら)える・永らえる

ぞんめい-ふじょう【存命不定】フヂャウ 生きるか死ぬかわからないこと。「ある人、もっての外にわづらひ、ーの時」〈咄・きのふはけふ・上〉

そん-めつ【存滅】存在することと滅亡すること。「霊魂のーに関するがごとき一大事」〈倉田・愛と認識との出発〉

そん-めん【尊面】「尊顔」に同じ。

そん-もう【存亡】ソンマウ►そんぼう(存亡)

そん-もう【損亡】ソンマウ・【損毛】ソンマウ〔名〕スル 損失を受けること。利益を失うこと。そんぼう。「事業不振でーをきたす」
類語 損・被害・不利益・損失・損害・欠損・実損・差損

そん-もう【損耗】〔名〕スル《「そんこう」の慣用読み》使って減ること。また、減らすこと。消耗。「機械のーが甚だしい」「いたずらに体力をーする」
類語 消耗・減損・減

そん-もん【存問】〔名〕スル 安否を問うこと。見舞うこと。「病人をーし」〈中村訳・西国立志編〉

そん-ゆう【村有】ソンイウ 村が所有すること。「ー林」

そん-ゆう【村×邑】ソンイフ むら。むらざと。村落。

そん-ゆう【損友】ソンイウ 交わって損になる友人。⇔益友。

そんゆう-ほうしんのう【尊融法親王】ソンユウホフシンワウ 朝彦親王(あさひこしんのう)の法号。

そん-よう【存養】ソンヤウ〔名〕スル《「孟子」尽心上の「其の心を存し其の性を養うは、天に事(つか)うる所以なり」から》本来の心を失わないようにして、その善性を養い育てること。「道徳に深きの士は己が心をーするの功に因りて」〈西村茂樹・日本道徳論〉

そん-よう【尊容】❶仏像や身分の高い人の尊い顔や姿。❷他人を敬って、その顔や姿をいう語。「ーに接する」「ーを拝する」類語 尊顔

そん-らい【尊来】他人を敬って、その来訪をいう語。光来。

そん-らく【村落】山村・農村・漁村などの集落。村里。類語 村・集落・農村・漁村・山村

そんらく-きょうどうたい【村落共同体】近代社会成立以前の、土地の共有や共同利用を基礎とし、成員の地縁的な相互扶助と規制によって営まれる閉鎖的、自給自足的な共同体。

そんらく-し【村落×址】人類が農耕生活をするようになって、一定の地に定住してつくった村落のあと。

そん-らん【尊覧】他人を敬って、その人が見ることをいう語。高覧。

そん-り【村吏】村の役人。村役場の吏員。

そん-り【村里】むらざと。村落。

そん-りつ【存立】〔名〕スル 存在し、成り立っていくこと。「国家がーするための条件」
類語 実在・実存・現存・現在・厳存(げんそん)・所在・既存・在(あ)る・居(い)る

そん-りつ【村立】村の費用で設立し、維持すること。「ー小学校」

そん-りゅう【存留】ソンリウ〔名〕スル 残しとどめておくこと。また、残りとどまること。「許多(あまた)の好画を世上にーして」〈中村訳・西国立志編〉

そん-りょ【尊慮】他人を敬って、その考えをいう語。お考え。尊意。「願くは此の后(のち)は、少しくーを、止(とど)められんことを」〈竜渓・経国美談〉
類語 考え・貴慮・賢慮・御意(ぎょい)・貴意・尊意・思(おぼ)し召し

ぞん-りょ【存慮】考え。存念。思慮。「藩主のーも在るべければ其意に任せ申すべし」〈染崎延房・近世紀聞〉

そん-りょう【尊霊】ソンリャウ 故人の霊魂を敬っていう語。みたま。そんれい。
類語 み霊・英霊・英魂・神霊・祖霊・霊魂・精霊・魂魄(こんぱく)・忠霊・亡魂・魂・霊

そん-りょう【損料】ソンレウ 衣服・器具などを借りるとき、その損耗を償う意味で支払う料金。借り賃。使用料。「ーを払って衣装を借りる」

そんりょう-がし【損料貸し】ソンレウ〔名〕スル 損料を取って貸すこと。賃貸し。「差配の質屋がーするを幸いに」〈紅葉・二人女房〉

そんりょう-や【損料屋】ソンレウ 料金を取って衣服・夜具・器具などを貸す店。また、その職業。

そん-れい【尊霊】►そんりょう(尊霊)

そん-ろう【村老】ソンラウ ❶村の老人。田舎の年寄り。村翁。野老。❷村役(むらやく)の長。

そん-ろう【尊老】ソンラウ 老人を敬っていう語。

そん-わ【尊話】他人を敬って、その人のする話をいう語。

た ❶五十音図タ行の第1音。歯茎の無声破裂子音[t]と母音[a]とからなる音節。[ta] ❷平仮名「た」は「太」の草体から。片仮名「タ」は「多」の初3画。

た【手】《「て(手)」の交替形》て。多く、他の語の上に付いて複合語をつくる。「―枕」「―折る」「―なごころ」

た【他】❶示されたもの以外のもの。ほか。「―は推して知るべし」「―チーム」❷自分以外の人。ほかの人。他人。「―の迷惑を顧みない」❸ほかの場所。よそ。「住所を―に移す」➡[漢]「た(他)」
[類語]ほか・よそ・他人・別

た【田】耕して稲などを栽培する土地。ふつうは水を引き水稲を栽培する水田をさす。畑に対していう。たんぼ。「―を打つ」
[…語]青田・荒(あら)田・新(あら)田・荒れ田・植え田・門(かど)田・刈り田・黒田・塩田・代(しろ)田・白田・泥田・沼田・冬田・古田・水田（だ）浅田・稲(いな)田・陸(おか)田・小(お)田・牡蠣(かき)田・隠し田・草田・棚田・築(つき)田・苗代(なわしろ)田・野田・蓮(はす)田・穭(ひつじ)田・深田・外持(ほまち)田・谷(やち)田・病(やまい)田・山田・早稲(わせ)田
[類語]水田・たんぼ・田地

田にも畦(あぜ)にも腥物(なまぐさもの)つけて　《どうせ田んぼも畦もやるのなら、ついでに魚や肉もつけてやろう、の意》相手かわいさに、分別なく何もかも与えることのたとえ。田も遣(や)ろう畦も遣ろう。

た【多】❶多いこと。また、多いもの。❷勝ること。重んじること。➡[漢]「た(多)」

多と・する　価値の高いものと認める。ありがたく思う。「永年の好意を―・する」

た【×咫】「あた(咫)」に同じ。「八(や)―烏(がらす)」

た【▽為】ため。多く格助詞「に」または「の」を伴って用いる。「竜(たつ)の馬(ま)を我(あれ)は求めむあをによし奈良の都に来む人の―に」〈万・八〇八〉

た【▽誰】〔代〕不定称の人代名詞。だれ。たれ。「―にかも依らむ神の宮人」〈記・下・歌謡〉➡誰(た)が

た〔助動〕[たろ|○|た|た|たら|○]《助動詞「たり」の連体形「たる」の音変化》活用語の連用形に付く。連用形が撥音便、およびガ行がイ音便となる場合には連濁で「だ」となる。❶動作・作用が過去に行われた意を表す。「昨日出張から帰ってき**た**」「時きぬとふる里さして帰る雁(かり)こぞき**た**道へまたむかふなり」〈為忠集〉❷動作・作用の完了を表す。「原稿をやっと書い**た**よ」「先陣が橋を引い**た**ぞ、あやまちすなと、どよみけれども」〈平家・四〉❸実現していない動作・状態を仮に実現したと考えていう意を表す。「話が出**た**時点で考えよう」「今度会っ**た**とき話すよ」❹動作・作用の結果が存続している意を表す。…ている。…てある。「割れ**た**ガラス窓から風が吹き込む」「アル犬肉(しし)ヲ含ンデ川ヲ渡ルニ、ソノ川ノ真ン中デ含ン**ダ**肉ノ影ガ水ノ底ニ映ッタヲ見レバ」〈天草本伊曽保・犬が肉を含んだ事〉❺動作・存在の確認の意を表す。「あれ、君はそこにい**た**の」「坊やは今年いくつだっ**た**」❻命令の意を表す。「さあ、どんどん歩い**た**、歩い**た**」❼決意を表す。「もうやめ**た**」「よし、その品買っ**た**」❽(「…たらどうか」「…たらいかがでしょうか」などの形で)助言したり提案したり勧誘したりする場合に用いられる。「この件は継続審議ということにし**たら**いかがでしょうか」[補説]❹は連体形の用法。❺❻❼は、終止形の文末における用法。仮定形「たら」は、多く「ば」を伴わないで「雨が降ったら中止だ」などと使われ、「遅いからもう帰ったら」のように文末に用いられて❽の意を表す。

たきり…◦ない　《「たきり」は過去の助動詞「た」の連体形＋接続助詞「きり」。「ない」は打消しの助動詞。動詞または使役・受身の助動詞に付く》ある動作・作用が行われたのが最後で、その後に本来期待される動作・作用が行われていないことを表す表現。「家を出たきり帰ってこない」

たところで…◦ない　《「たところで」は過去の助動詞「た」の連体形＋名詞「ところ」＋格助詞「で」。「ない」は打消しの助動詞、または形容詞》前件に未成立・既成立の事柄を条件として示し、後件にそれが無駄になるか、もっと悪い状態になってしまうという話し手の意見を主張する言い方。「こんなにお金があったところで使い切れない」「今さら悔やんだところで始まらない」[補説]この表現で前件に未成立の事柄を述べる場合は、「たとえ～(と)しても」と似た意味になるが、後件に意志・希望・命令などの表現がこないという点が異なる。

た〔係助〕係助詞「は」が直前の字音語の入声音(にっしょうおん)ツ・チと融合して音変化したもの。室町時代を中心に能・狂言・平曲などに行われたが、本文表記は「は」のままであることが多い。「今日は(こんにった)瓜畑へ見廻うてようすを見うと存ずる」〈虎寛狂・瓜盗人〉➡は〔助詞〕

た〔接頭〕動詞・形容詞・副詞などに付いて、語調を整える。「―ばかる」「―やすい」「―ゆらに」

だ 「た」の濁音。歯茎の有声破裂子音[d]と母音[a]とからなる音節。[da]

だ【打】野球やゴルフなどで、ボールを打つこと。打撃。「―のチーム」➡[漢]「だ(打)」

だ【×兌】易の八卦(はっけ)の一。算木で☱の形に表す。沢や少女にかたどり、方位では西に配する。

だ【駄】㊀〔名〕荷役に使う馬。駄馬。「―一疋を給はせよ」〈大鏡・道長下〉㊁〔接頭〕名詞に付いて、値うちのないもの、つまらないもの、粗悪なものなどの意を表す。「―菓子」「―じゃれ」㊂〔接尾〕助数詞。馬1頭に負わせる荷物の量を1駄として、その数量を数えるのに用いる。江戸時代には36貫(約135キロ)を定量とした。「旦那はお駕(かご)かおむまか。お荷物はいく―ほどござります」〈滑・膝栗毛・三〉➡[漢]「だ(駄)」

だ【×攤】平安時代からの、さいころを使った遊戯の一。さいの目の大小で勝負を決める。「宮にも、殿上人集まりて―打ち、遊びするに」〈宇津保・あて宮〉

攤打(う)・つ　攤の遊びをする。双六(すごろく)をする。

だ〔助動〕[だろ|だっ・で|だ|(な)|なら|○]《連語「である」の音変化形「であ」がさらに音変化したもの》名詞、準体助詞「の」などに付く。❶断定する意を表す。「今日は子供の誕生日**だ**」「学生は怠けるべき**で**はない」「熱が高いの**なら**会社を休みなさい」「それも遅ければきかない物**だ**ぞ」〈雑兵物語・上〉❷終止形「だ」を間投助詞的に用いて、語調を強める意を表す。「それは**だ**、お前が悪いんだよ」➡だろう ➡のだ [補説]現代語「だ」は室町時代以来の語で、関西の「じゃ(ぢゃ)」に対し、主として関東で使われた。「だ」が用いられる文体は「である」とともに常体とよばれ、敬体の「です」「であります」と対比される。「だ」の未然形・仮定形は、動詞・形容詞・助動詞「れる・られる・せる・させる・た・たい・ない・ぬ・らしい」などの終止形にも付く。連体形の「な」は、形式名詞「はず」「もの」などや、「の」「ので」「のに」に連なる場合に限って使われる。

だ〔助動〕助動詞「た」が動詞連用形撥音便、およびイ音便に付く場合の音変化。「読ん**だ**」「呼ん**だ**」「泳い**だ**」➡た〔助動〕

だ【×朶】〔接尾〕助数詞。❶枝についている花ぶさを数えるのに用いる。「万―の桜」❷雲や山など、かたまりになっているものを数えるのに用いる。「四五―の山の雨に粧へる色、両三行の雁の雲に点ずる秋」〈和漢朗詠・上〉➡[漢]「だ(朶)」

たあ【他阿】[1237～1319]鎌倉中期の時宗の僧。法号は真教房蓮阿、のち他阿弥陀仏。一遍と教化事業を進め、二祖遊行(ゆぎょう)上人ともよばれた。

ター〖tar〗《tape archival formatから》複数のファイルをひとつにまとめるアーカイブ形式。データの圧縮は行わない。

漢字項目　た

【太】▻たい

他　[学]3　[音]タ[呉][漢]　[訓]**ほか**、あだし‖①当面のものや自分以外の事柄。ほか。ほかの。「他国・他日・他社・他人・他方・他力(たりき)/自他・諸他・排他・利他」②あるべき心と違う。「他意・他心」[名付]おさ・ひと [難読]他所(よそ)

多　[学]2　[音]**タ**[呉][漢]　[訓]**おおい**‖数や量がおおい。「多寡・多少・多数・多多・多忙・多様・多量/過多・許多・最多・雑多・繁多」[名付]おおし・かず・な・なお・まさ・まさる [難読]数多(あまた)・歌留多(カルタ)・博多(はかた)

汰　[音]**タ**[慣]‖不要のものを流し去る。良いものと悪いものをより分ける。「沙汰(さた)・淘汰(とうた)」

漢字項目　だ

【蛇】▻じゃ

打　[学]3　[音]**ダ**[慣]　チョウ(チャウ)[呉]　[訓]**うつ**‖①うつ。たたく。「打撃・打倒・打撲/殴打・強打・痛打・乱打・連打」②その動作をする意を表す語。「打開・打算」③野球などで、ボールを打つこと。「打者・打数・打率/安打・犠打・好打・代打・投打・凡打」[補説]個数の単位「ダース」にあてることがある。[難読]毬打(ぎっちょう)・金打(きんちょう)・只管打坐(しかんたざ)・打擲(ちょうちゃく)・打打発止(ちょうちょうはっし)・博打(ばくち)

×**朶**　[音]ダ[慣]‖枝などが垂れ下がる。また、枝。「朶雲(だうん)/耳朶(じだ)・粗朶・万朶」[補説]「朵」は異体字。

妥　[音]**ダ**[慣]‖おだやかに落ち着く。事がおさまる。「妥協・妥結・妥当」[名付]やす

人**陀**　[音]ダ[呉]　タ[漢]‖梵語の音訳字。「陀羅尼(だらに)/阿弥陀(あみだ)・仏陀・曼陀羅(まんだら)」

×**拿**　[音]ダ[漢]　ナ[呉]‖とらえる。つかまえる。「拿獲・拿捕」[難読]拿破崙(ナポレオン)

唾　[音]**ダ**[慣]　[訓]**つば**‖①つば。「唾液・唾壺(だこ)/咳唾(がいだ)」②つばを吐くようにして嫌う。「唾棄」[難読]固唾(かたず)

人**舵**　[音]ダ[呉]　[訓]かじ‖船のかじ。「舵機・舵手/操舵・方向舵」

堕〔墮〕　[音]**ダ**[呉]　[訓]おちる、おとす‖①おちる。おとす。「堕胎」②悪い状態に陥る。「堕罪・堕落」

惰　[音]**ダ**[呉]‖①だれてしまりがない。だらける。「惰気・惰弱・惰眠/勤惰・怠惰・遊惰」②これまでの状態を変えない。「惰性・惰力」

人**楕**　[音]ダ[慣]‖長円形。「楕円」

駄　[音]**ダ**[呉]　タ[漢]　[訓]におうま‖㊀〈ダ〉①馬に荷を積む。また、その積み荷。「駄賃/荷駄」②荷負い馬。「駄馬」③価値の低いもの。「駄犬・駄作・駄文・駄弁・駄本/無駄」㊁〈タ〉はきもの。「下駄・雪駄(せった)」

×**懦**　[音]ダ[漢]‖気が弱い。意気地がない。「懦弱/怯懦(きょうだ)」

たあ〔連語〕《係助詞「は」が、その直前の音と融合して変化したもの》❶格助詞「と」や「事」の「と」に「は」の付いた「とは」の音変化。「秋毫(しゅうごう)も厭味なこ―有りゃしないわネ」〈二葉亭・浮雲〉❷助動詞「た」や「そなた」「こなた」の「た」に「は」の付いた「たは」の音変化。「紙片(かみぎれ)へ飯粒を貼って胡魔化してやっ―ね」〈漱石・吾輩は猫である〉

だあ〔感〕❶驚きあっけにとられたときに発する声。「―となる」❷歌舞伎の立ち回りなどで殺される者が発する声。また転じて、死ぬ意にも用いる。「こっちが―と言ってしまふと、死人に口なしよ」〈滑・八笑人・初〉

た-あい【他愛】自分のことよりもまず他人の幸福や利益を考えること。愛他。利他。

たあい-な・い【他愛無い】〔形〕[文]たあいな・し〔ク〕「たわいない」に同じ。「―・い冗談」[補説]「他愛」は当て字。[派生]たあいなさ〔名〕

ダーウィニズム〘Darwinism〙ダーウィンが唱えた進化論のうち、進化を主として自然選択説・適者生存の考えで説明する立場、およびそれに基づく思想。

ダーウィン〘Charles Robert Darwin〙[1809～1882]英国の博物学者。進化論を提唱。1831年から5年にわたりビーグル号の世界一周航海に加わり、動植物や地質を調査。58年にA＝R＝ウォーレスと連名で進化論について発表。翌年「種の起源」を刊行。ほかに著「人間の由来」「ビーグル号航海記」など。

ダーウィン〘Darwin〙オーストラリア北部にある港湾都市。国際航空路の要地。旧名パーマストン。博物学者C＝R＝ダーウィンにちなみ改称。

ダーウィン-フィンチ〘Darwin's finch〙スズメ目ホオジロ科に属する小鳥。ガラパゴス諸島とココス島に14種ほどが分布する。島ごとに著しい変化があり、ゾウガメとともに、ダーウィンが進化論を築くための重要な材料となった。

ダーウィン-レア〘Darwin's rhea〙全長約95センチのダチョウに似た鳥。ペルー南部からアルゼンチン南部のパタゴニアにかけてのアンデス山脈の高地にすむ。数は減少している。

ダーウェント-きょうこく【ダーウェント峡谷】キョウコク《Derwent》英国イングランド中部の都市、バーミンガムの北にある峡谷。18世紀の後半に、リチャード＝アークライトが初めて水力紡績機を稼動させ、20世紀末まで操業していた紡績工場マッソンミルが当時のまま残っていることで知られる。峡谷の中には工場や集合住宅が点在し、独特の景観を作り出している。2001年に、世界遺産(文化遺産)に登録された。

ターキー〘turkey〙❶七面鳥。❷ボウリングで、3回続けてストライクを出すこと。

ターキッシュ-コーヒー〘Turkish coffee〙►トルココーヒー

ターキン〘takin〙ウシ科の哺乳類。大形のカモシカで、体高約1.2メートル。がっしりした体つきで、角は水平に伸びる。中国南西部・ヒマラヤ東部・ミャンマー北部に分布。国際保護動物。

ダーク〘dark〙〔名・形動〕❶暗いこと。黒みがかっていること。また、そのさま。「—な赤」「—ブラウン」⇔ライト。❷表面からは見えないさま。闇に隠されているさま。「社会の—な部分」

タークー【大沽】中国河北省、天津市東部、渤海ぼっかい湾に面する港。海河をはさんで塘沽タンクーと対する。

ダーク-エージ〘the Dark Ages〙暗黒時代。特にヨーロッパの中世前期、5～10世紀をいうが、文芸復興期までの中世全体をさすこともある。➡暗黒時代❷

ダーク-エネルギー〘dark energy〙►暗黒エネルギー

ダーク-サイド〘dark side〙社会や人生の暗黒面。

ダーク-スーツ〘dark suit〙濃紺など、黒っぽい色調の紳士スーツ。

タークスケイコス-しょとう【タークスケイコス諸島】ショトウ《Turks and Caicos》西インド諸島、バハマの南にあるイギリス海外領土。タークス諸島・ケイコス諸島から成る。漁業・製塩業が盛んだったが近年は観光業などに注力。人口2万(2010)。

ダーク-チェンジ〘dark change〙演劇・映画で、暗転。

ダーク-バッグ〘dark bag〙昼光のなかで感光材料を取り扱うのに用いる光を通さない材質でできた袋。袖口そでぐちから手を入れてフィルムの詰め替え、現像タンクへの撮影ずみフィルムの巻き込みなどを行う。

ダーク-ファイバー〘dark fiber〙敷設済みであるが未稼働の光ファイバーのこと。通信事業者同士の貸し借りに使われる。

ダーク-プール〘dark pool〙証券会社などの金融機関が、機関投資家などの注文を匿名で付け合わせて行う取引。証券取引所など公開の市場を通さず、市場での取引価格を参照したり、取引参加者同士が直接、価格や数量などの条件を交渉して価格を決定する。➡取引所外取引

ダーク-ホース〘dark horse〙❶競馬で、予想外の活躍をして番狂わせを演じるかもしれない馬。穴馬。❷実力は未知だが、有力と思われる競争相手。

ダーク-マター〘dark matter〙►暗黒物質

ダークルーム〘darkroom〙暗室。フィルム現像や印画をプリントするために、外光を遮ることができる部屋。

ターゲット〘target〙❶標的。まと。また、販売などの対象。「若い女性を—にした雑誌」❷物理学で、高速の粒子を当てる電極。

ターゲット-ゾーン〘target zone〙目標相場圏。変動相場制において、関係通貨当局が設定する為替レートの変動許容幅。➡ターゲットプライス

ターゲット-ドローン〘target drone〙対空火器の目標とする、遠隔操縦の無人標的機。

ターゲット-プライス〘target price〙目標価格。変動相場制において、関係通貨当局が設定する為替レート。➡ターゲットゾーン

ターゲット-ポリシー〘target policy〙►ターゲティングポリシー

ターゲティング-ポリシー〘targeting policy〙産業政策の一つで、特定の産業分野を政府が戦略的に育成すること。日本では高度先端産業の代表である半導体・コンピューターの育成など。

ターコイズ〘turquoise〙❶トルコ石のこと。❷「ターコイズブルー」の略。

ターコイズ-ブルー〘turquoise blue〙トルコ石のような緑がかった明るい青色。「—の空」

ダーコム〘DARCOM〙《Development and Readiness Command》開発・即応部隊。武器・通信・エレクトロニクスなどの開発・計画およびその運用・指導を行う、米陸軍の機構。

ターサイ【塌菜】►ターツァイ

ターザン〘Tarzan〙米国の作家エドガー＝ライス＝バローズの冒険小説の主人公。アフリカのジャングルの王者として活躍する白人。数多く映画化され、中でもジョニー＝ワイズミュラー主演のものが有名。

ターザン-ロープ《和 Tarzan＋rope》太めのロープを格子状に編んで作った子供用の遊具。フィールドアスレチックなどで見られる。[補説]英語ではrope swing。

ダーシ〘dash〙►ダッシュ❷

タージー〘ペルシア Tāzī〙唐・宋時代の中国人がアラビアおよびアラビア人に対して用いた呼称。広くイスラム教徒をよぶのにも用いた。[補説]「大食」とも書く。

タージ-マハル〘Tāj Mahal〙インド北部のアグラにある廟堂。ムガル朝のシャー＝ジャハーン帝が妃のために建てたもので、1632年から約20年かけて完成。装飾美術の粋をこらした白大理石造りで、代表的イスラム建築として知られる。1983年、世界遺産(文化遺産)に登録された。

ダージリン〘Darjeeling〙インド北東部の保養都市。ヒマラヤ山脈南麓の標高約2050メートルの高地にある。茶の名産地。

ダース《dozenから》数量の単位の一。12個、また12個のもの一組み。「鉛筆半—」[補説]「打」とも書く。

ター-スーシー【大四喜】《中国語》マージャンの役満貫の一。東・南・西・北の四風牌スーフォンパイを各3個または4個そろえて上がったもの。だいスーシー。

た-あそび【田遊び】その年の稲の豊作を予祝する神事芸能。多く正月に、社寺の境内などで田打ちから収穫に至る一連の農作業を模擬的に演じる。地方により、御田おんだ・御田祭り・御田植え祭りなどともいう。(季 新年)

ダーダネルス-かいきょう【ダーダネルス海峡】カイキョウ《Dardanelles》トルコ北西部、マルマラ海とエーゲ海との間にある海峡。古くから黒海と地中海とを結ぶ交通の要衝。

タータン〘tartan〙多くの色を使った格子柄の綾織り毛織物。また、その柄。もと、スコットランドで氏族を表す紋章や儀式用の飾り章に用いられたもの。タータンチェック。

タータン-チェック《和 tartan＋check》「タータン」に同じ。

タータン-トラック〘Tartan track〙陸上競技用の、合成ゴムを固めたものを敷いた走路。水はけがよく、全天候型。タータン。商標名。

ターツ【塔子】《中国語》マージャンで、数牌の2個の数が連続しているもの。

ダーツ〘darts〙❶洋裁で、平面の布をからだに合わせて立体的に仕上げるため、布にひだを取ってつまみ縫いした部分。❷投げ矢遊び。羽のついた短い矢を的に投げて得点を競う室内遊戯。
[類語](❶)ギャザー・プリーツ・ひだ

ターツァイ【塌菜】《中国語》アブラナ科の中国野菜。葉は濃緑色で、しわがある。

ダーティー〘dirty〙〔形動〕❶汚れているさま。汚いさま。「—な裏町」❷道徳的に汚れたさま。卑劣なさま。「—なイメージの政治家」

ダーティー-ボム〘dirty bomb〙►汚い爆弾

ダーティー-ワーク〘dirty work〙汚れる仕事。いやな仕事。また、不正な、まっとうでない仕事。

タート〘tart〙「タルト」に同じ。

ダート〘dart〙ダーツに用いる、羽のついた短い矢。

ダート〘dirt〙《土の意》❶荒れた土の路面。「オフロードバイクで—の林道を走る」❷「ダートコース」の略。

ダート-コース〘dirt course〙競馬で、細かい土または砂を厚く敷きつめてつくった走路。⇔ターフコース。

ダート-トライアル〘dirt trial〙モーターレースの一。不整地に設定されたコースを走り、所要時間を競うもの。

ダートムーア-こくりつこうえん【ダートムーア国立公園】コクリツコウエン《Dartmoor National Park》英国イングランド南西部、デボン州にある国立公園。総面積954平方キロメートル。ヒースが茂った荒野が広がり、灌木かんぼく群、岩山、先史時代の住居跡、古城などが点在する。公園内の四つの町、プリンスタウン、ポストブリッジ、ニューブリッジ、ヘイトアに観光案内所が置かれている。

タートル〘turtle〙亀。特に、海亀。➡トータス

タートルネック〘turtleneck〙《カメの首の意》とっくり襟のこと。

タートルネック-カラー〘turtleneck collar〙►タートルネック

タートレット〘tartlet〙►タルトレット

ターナー〘Joseph Mallord William Turner〙[1775～1851]英国の画家。光と大気の表現に基づく、煙るような空間構成の風景画を制作。印象派に大きな影響を与えた。作「雨・蒸気・速力」など。

ターナー〘turner〙❶フライ返し。❷轆轤ろくろ。

ターナー-しょうこうぐん【ターナー症候群】ショウコウグン 身体は女性であるが、第二次性徴の発達がみられず、小人症を示す病気。性染色体の異常によるもので、X染色体が1本しかない。米国の内分泌学者ターナー(H.H.Turner)が報告。

ターナー-レビュー〘Turner Review〙英国の金融サービス機構(FSA)会長ターナー卿が、財務大臣の諮問に対する答申として、2009年3月に提出した報告書。08年の金融危機を教訓に、再発防止のための規制強化を訴えた。金融機関の自己資本比率の引き上げや、返済義務がなく資本性が高い普通株による自己資本増強、流動性の確保、報酬制度の見直し、ヘッジファンド・格付け会社の規制等を提言。

ターニップ〘turnip〙ヨーロッパ原産の蕪かぶのこと。

ターニング〘turning〙❶回転。方向転換。❷水泳で、ターンをすること。❸ホッケーで、球の周囲を回り、からだで相手のプレーを妨害すること。

ターニング-ポイント〘turning point〙変わり目。転換期。

ダーパ〘DARPA〙《Defense Advanced Research Projects Agency》国防高等研究計画局。先端軍事技術研究プロジェクトを指導する米国国防総省の機関。1972年、前身のARPA(高等研究計画局)から改称。

ターバン〖turban〗❶頭に巻くスカーフ状の長い布。本来はイスラム教徒の男子のかぶり物で、帽子の上または直接頭に巻いたもの。色や巻き方で、身分・宗派・部族を表す。❷❶を巻いた形の婦人帽。
ダーバン〖Durban〗南アフリカ共和国の港湾都市。クワズール-ナタール州の都市。インド洋に臨み、重要貿易港。人口、都市圏347万(2007)。
ダービー〖Derby〗㊀英国の名家の一。競馬のオークスやダービーは第12代のダービー卿が創設した。㊁❶英国、ロンドン郊外のエプソムで毎年6月上旬に行われる、サラブレッド3歳馬による競馬。距離1.5マイル(約2400メートル)。クラシックレースの一つで、1780年創始。現在、世界各地でこの名をつけた類似のレースが行われている。❷日本で、❶にならって毎年5月に行われる「東京優駿競走」の通称。五大クラシックレースの一。日本ダービー。❸首位をめざして何人もが競いあうこと。「ハーラー―」「ホームラン―」
ダービー-タイ〖Derby tie〗先端が剣先のようにとがった結び下げのネクタイ。ダービー卿が使用したのでこうよぶ。
ダービー-ハット〖Derby hat〗黒フェルトの丸形の山高帽。ダービー卿が競馬場でかぶっていたもの。日本では明治・大正時代に流行。
ダービー-マッチ〖derby match〗サッカーなどで、同一地域に本拠地をおくチーム同士の試合。ダービー。
タービディメトリー〖turbidimetry〗微細粒子が浮遊する懸濁液などの濁りの度合い(濁度)を測定する比濁分析の手法の一。懸濁液に光を投射して入射光と透過光の強度比を測定し、その対数値が濃度に比例することを利用する。吸光比濁法。
タービュランス〖turbulence〗乱気流。乱気流による航空機の大揺れ。
タービン〖turbine〗流体を羽根車に当て、流体のエネルギーを回転運動に変換して動力を得る原動機。水力タービン・蒸気タービン・ガスタービンなど。
ターフ〖turf〗❶芝。芝生。❷「ターフコース」の略。
タープ《tarpaulinから》タールを塗った防水シート。野外で日除けや雨除けに使う。最近では、樹脂加工したものが多く用いられる。ターポリン。
ターフ-コース〖turf course〗競馬で、芝を敷いた走路。芝コース。⇔ダートコース。
ターフスキー〖turfski〗▶グラススキー
ターフル〖オランダ tafel〗テーブルのこと。また、洋食。「花模様のある『ラセン』に懸けたる『―』に倚り」〈鉄腸・花間鶯〉
ターブル-ドート〖フランス table d'hôte〗西洋料理の定食。⇔アラカルト。
ターヘル-アナトミア　ドイツの医師クルムスが著した「Anatomische Tabellen(解剖図譜)」を、オランダの医師ディクテンがオランダ語訳した「Ontleedkundige Tafelen」の、日本での通称。杉田玄白・前野良沢らによる「解体新書」の原著となった。
ターボ〖turbo〗「ターボチャージャー」の略。
ターボジェット-エンジン〖turbojet engine〗ジェットエンジンの一。ガスタービンの排気ガスを利用し、燃焼ガスをジェットノズルから噴出させて、その反動で推進力を得る。噴流速度が大きく、高音速から超音速の航空機に適する。ターボジェット。
ターボチャージャー〖turbocharger〗内燃機関で、出力を増すために、排気ガスを利用してタービンを回転させ、送風機を回してシリンダー内に新しい空気や混合気を圧縮して送り込む装置。ターボ過給器。
ターボファン-エンジン〖turbofan engine〗航空機用エンジンの一。ジェットエンジンの前面に取り付けたファンで空気を圧縮し、一部をタービンの燃焼に利用し、残りはファンノズルから直接大気中に噴出させて推進力を得る。大型航空機に使用。
ターボプロップ-エンジン〖turboprop engine〗ジェットエンジンの一。ガスタービンの軸出力でプロペラを駆動して推進力を得るとともに、排気ガスの噴出による反動力も推進力とする。比較的低速の中型航空機に適する。プロップ-ジェット。ターボプロップ。
ターボル〖Tábor〗チェコ南部、南ボヘミア地方の都市。15世紀前半のフス戦争において、神聖ローマ皇帝に抵抗したフス派の急進的な勢力が軍事拠点として建設。城壁に囲まれた旧市街は敵の侵入に備えた複雑な路地が多い。フス戦争の軍事的指導者ヤン=ジシカの名を冠したジシカ広場の周囲には、後期ゴシック様式の旧市庁舎(現在はフス派博物館)、キリストの変容教会などの歴史的建造物がある。
ターポン〖tarpon〗大西洋の熱帯域にすむ海水魚。全長約1.5メートルで、釣魚(ちょうぎょ)として有名。
ダーマト「ダーマトグラフ」の略。
ダーマトグラフ〖dermatograph〗《「デルマトグラフ」とも。dermato- は皮膚の、の意の連結詞》クレヨンのような柔らかい油性の芯に厚紙を巻いた、鉛筆形筆記具。紙をむいて芯を出して使う。ガラスや印画紙、フィルムなどの滑らかな面でも書ける。また、外科手術で皮膚に目印を記すのにも用いる。商標名。ダーマト。(補説)「グリーシーペン」などと言い換える。
た-あみだぶつ【他阿弥陀仏】㊀時宗の本山、遊行寺の住職が代々用いる別号。㊁▶他阿(たあ)
ターミナル〖terminal〗❶鉄道・バスなどの終着駅。また、交通路線が集中し、発着する所。「―ホテル」「バスー」「エアー」❷電気機器や電子回路における入出力端子。❸コンピューターの、入出力を行う端末装置。
(類語)駅・停車場・ステーション・停留所・ストップ
ターミナル-アダプター〖terminal adapter〗異なるタイプのインターフェースをもつ通信機器を接続するための、信号変換装置。一般にはパソコンやモデム、電話、FAXをISDN回線に接続する際に用いられる。略称はTA。
ターミナル-ケア〖terminal care〗末期癌(がん)患者など、回復の見込みのない患者の苦痛を緩和し、精神的に支え、生を全うできるように行う介護・医療。終末医療。➡クオリティー-オブ-ライフ
ターミナル-ビル《和 terminal buildingから》空港で、管制塔・税関・サービス部門などが集まる建物。
ターミネーター〖terminator〗❶終結させるもの。❷コンピューターの周辺機器を数珠(じゅ)つなぎにするときに、電気的な整合のため終端につける器具。終端抵抗。
ターミノロジー〖terminology〗特定の分野の専門用語。術語。
ターム〖term〗❶学術用語。専門語。テクニカルターム。❷期間。期限。
ダームスタチウム〖darmstadtium〗10族に属する人工放射性元素。1994年、ドイツ、ダルムシュタットの重イオン研究所(GSI)のグループが鉛208にニッケル62を衝突させて生成した。名称は、研究所の所在地であるダルムシュタットにちなむ。元素記号Ds　原子番号110。
タームものしさんたんぽしょうけん-かしだしせいど【ターム物資産担保証券貸出制度】2008年のリーマンショック後に深刻化した信用収縮を緩和するため、FRB(米連邦準備制度理事会)が打ち出した制度。09年3月開始。住宅ローン・商業用不動産ローン・クレジットカードローン・自動車ローンなど期限(ターム)のある債権(資産)が元になった証券を担保として、FRBが融資を行う。証券が融資の適格担保となるには、格付けなど所定の要件を満たす必要がある。同制度を通じてFRBが一部のローンを最終的に引き受けることになるため、ローンによる貸し出しが増加することを見込んでいる。TALF(Term Asset-Backed Securities Loan Facility)。
ターム-ローン〖term loan〗融資金額・金利・期限・返済条件などを定めた契約書を交わして行われる証書貸付。貸付期間は通常1年以上。➡コミットメントライン
ダーメ〖ドイツ Dame〗夫人。奥方。
ターメリック〖turmeric〗ウコンの地下茎を乾燥した香辛料。黄色色素を含み、カレー粉・たくあん漬などの着色料として用いる。染料にもする。
ターラ〖梵 tāla〗インド音楽の理論用語で、時間と拍節とリズムの総合的な組織をさす。また、舞踊の際の小型シンバルのこと。タール。
ダーラナ〖Dalarna〗スウェーデン中部の地方名。鉄、銅を豊富に産する。ムーラ、レートビーク、ファールン、レクサンドなどの町があり、シリアン湖、ベスマン湖、ルン湖が点在する。民族的な伝統文化が色濃く残り、各町で行われる夏至祭には数多くの観光客が訪れる。
ダーラム〖Durham〗▶ダラム
ダーラム-じょう【ダーラム城】《Durham Castle》▶ダラム城
ダーラム-だいせいどう【ダーラム大聖堂】《Durham Cathedral》▶ダラム大聖堂
ダーリ〖Vladimir Ivanovich Dal'〗[1801～1872]ロシアの作家・民俗学者・辞書編者。海軍軍医・官吏を経て作家となり、短編小説を執筆。その後、民族学的資料を収集、その分析・編纂(へんさん)に専念する。詩人プーシキンとの親交も有名。編著「ロシアことわざ集」「生きた大ロシア語詳解辞典」など。
ターリバーン〖Taliban〗▶タリバーン
ダーリン〖darling〗最愛の人の意。夫婦や恋人どうしの間で相手に呼びかけるときなどに用いる語。
ダーリング-がわ【ダーリング川】《Darling》オーストラリア南東部を南西に流れる川。マレー川の最長の支流。
タール〖tahr〗ウシ科の哺乳類。ヤギに近縁で、体高0.6～1メートル。三日月形の短い角をもち、首から肩にかけてたてがみ状の長毛がある。ヒマラヤ地方から中央アジアの山岳に分布。
タール〖tar〗石炭・木炭などの固体有機物の乾留によって生じる黒色または褐色の粘性の油状物質。主成分は炭化水素。コールタール・木タール・石油タールなど。
タール〖Thar〗インドとパキスタンとの国境一帯に広がる砂漠。塩湖が多く、石灰などの地下資源がある。大インド砂漠。
タールけい-しきそ【タール系色素】石炭タール、石油タールを原料とする合成色素。鮮やかな赤、黄、緑、青の色があり、食品や化粧品の着色に使われるが、健康に有害として使用を禁止する国が増加、現在はタールにかわり、ナフサが原料に使われている。
タール-サンド〖tar sand〗▶オイルサンド
た-あるじ【田主】❶田祭りを主宰する人。❷田植えを指揮する人。たぬし。たろうじ。(季 夏)
ターレ「ターレットトラック」の略称。
ターレ〖Thale〗ドイツ中部、ザクセン-アンハルト州の町。ハルツ山脈の山間に位置する。1949年から90年にかけて旧東ドイツに属した。魔女が酒宴を開いたというヘクセンタンツプラッツ(魔女の踊り場)があり、魔女にまつわる伝説や祭事で知られる。
ターレット-せんばん【ターレット旋盤】《turret lathe》多数の刃物と工具を取り付けたターレットヘッドを使用して加工を行う旋盤。大量生産に適する。
ターレット-トラック〖Turret Truck〗《「ターレット」は「旋回するもの」の意》原動機・駆動装置を収めた円筒形の車体の後に荷台を付けた小型運搬車。商標。ハンドルは車体の上にあり、立って運転する。車体の下の駆動輪を90度横にするとほとんど直角に曲がり、小回りが利く。工場・卸売市場などの構内用。略称、ターレ。
ターレル〖ドイツ Thaler〗15世紀末から19世紀にかけて、ヨーロッパ各地で用いられた銀貨。ドイツでは通貨単位に使われた。
ターン〖turn〗〔名〕スル ❶回転すること。また、向きを変えること。「U―」❷水泳・マラソンで、折り返すこと。ターニング。「中間地点を―してゴールに向かう」「クイックー」❸社交ダンスで、旋回すること。❹スキーで、回転すること。特に、クリスチャニアをいう。❺音楽の装飾音の一。主要音の上の音から始まって、主要音とその下の音を経て主要音に帰るもの。回音。

だ-あん【駄×鞍】牛馬の背に荷物をつけるときに置くくら。荷ぐら。

ターンアラウンド-タイム〖turnaround time〗コンピューターに依頼されたプログラムを計算させて望みの形式の結果を依頼者に渡すまでの時間。コンピューターの全体としての処理速度を示す尺度となる。

ターンアラウンド-ビジネス〖turnaround business〗経営の危機に陥った事業を再生させる実務。事業再生実務。その担当者をターンアラウンドマネージャーという。

ターンオーバー〖turnover〗❶ラグビー・アメリカンフットボール・バスケットボールなどで、エラーや反則によってボールの保持権が相手方に移ること。❷競泳で、一定の距離や時間の間に水をかくストロークの数。❸皮膚の新陳代謝現象。基底細胞が角質層に移行し、皮膚表面からはがれていく過程。健康な皮膚は約28日間でターンオーバーを繰り返す。

ターンキー〖turnkey〗プラント輸出や海外建設工事などでの契約方式の一。鍵かぎを回せば設備が稼働する状態にして引き渡すという意味での一括受注契約のこと。

ターンテーブル〖turntable〗❶レコードプレーヤーで、レコードをのせる回転盤。❷鉄道などで、車両の向きを変える回転台。

ダーンドル〖dirndl〗ドイツのバイエルン地方やオーストリアのチロル地方の民族服。上半身がからだにぴったりフィットし、ウエスト絞りでゆったりとしたギャザースカートが特徴の服のこと。

ターンパイク〖turnpike〗有料道路。

た-い【他意】心の中に隠している別の考え。特に、相手に対する悪意。ふたごころ。「別に一はない」

た-い【田居】ゐ 田のある所。たんぼ。また、田舎。「筑波嶺の裾廻すその一に秋田刈る妹いもがり遣らむ黄葉もみ手折らな」〈万・一七五八〉

たい【体】㊀〔名〕❶からだ。身体。「一を預けて寄り切る」❷そのものとしてのかたち。すがた。「論文としての一を整える」❸物事の本質をなすもの。「名は一を表す」❹生け花で、天または地の役枝やくえだのこと。❺四則算法の可能な集合。有理数全体・実数全体・複素数全体など。しかし自然数全体・整数全体などは体ではない。㊁〔接尾〕助数詞。神仏の像や死体などを数えるのに用いる。「仏像一一」➡漢「たい(体)」 類語 体からだ・身体・肉体・身・ボディー・肉塊・ししむら・骨身・体躯たいく・図体ずうたい・肢体したい・五体ごたい・人身じんしん・人体・生体

体もな・い　くだらない。つまらない。らちもない。「何の一・いことを言ひやって」〈洒・南閨雑話〉

体をかわ・す　からだの向きを変えてよける。「ひらりと一・す」

体を成・す　まとまった形になる。形がととのう。「会社としての一・す」「文章の一・していない」

体を引・く　あとへ下がる。「一・いてよける」

たい【対】❶対照をなすこと。また、反対の関係にあること。「男の一は女」❷互いに相手関係にあること。「巨人一中日戦」❸数を表す語の間に入れて、数量の比例・割合を表す語。「三一二の割でまぜる」❹同等の力量・資格であること。「一で碁を打つ」❺二つで一組みとなるもの。つい。「ある時宣宗が一句を得て一を挙人きょじん中に求めると」〈鴎外・魚玄機〉❻「対の屋」の略。「ひんがしの一の西の廂」〈枕・八〉❼名詞などの上に付けて、比較・交渉・戦いなどの相手であることを表す。「一前年比」「一欧州貿易」➡漢「たい(対)」 類語 相対・差し向かい・差し・真向かい・反対

たい【胎】❶母体の子が宿るところ。子宮。また、宿った子。❷「胎蔵界」の略。➡漢「たい(胎)」

たい【堆】❶1か所にうず高く積もっていること。また、そのもの。「大なる其葉枯れ乾き落ちて、一をなす」〈蘆花・自然と人生〉❷海底で、平らな頂をもつ隆起部。プランクトンが多く好漁場となる。北海道天塩沖の武蔵堆、能登半島沖の大和堆など。バンク。➡漢「たい(堆)」

たい【隊】❶ある目的のために二人以上が集まって一団となっているもの。また、一団となったものの並び方。隊列。「一を組む」❷兵士で組織された集団。軍隊。部隊。➡漢「たい(隊)」

類語 (❶)組・仲間・集団・一群・一団・班・チーム・パーティー/(❷)軍隊・軍勢・軍・部隊

たい【態】❶かたち。すがた。ありさま。てい。❷《voice》文法で、動詞によって表される動作・作用の性質・あり方とその表現のしかたに関する範疇。能動態・受動態など。なお、完了態のように、相(aspect)の意味にも用いることがある。➡漢「たい(態)」

たい【×鯛】たひ スズキ目タイ科の海水魚の総称。体は楕円形で著しく側扁し、多くは淡紅色。脂肪が少ないので味が落ちにくく、縄文時代からすでに食用にされている。姿が美しく、また、「めでたい」に通じるところから縁起のよい魚とされ、祝い膳ぜんに尾頭つきで用いられることが多い。マダイ・キダイ・チダイやクロダイ・ヘダイなどがあるが、特にマダイをさす。

鯛の尾より鰯いわしの頭　大きい団体で人の後に従うよりは、小さな団体でもそのかしらとなるほうがよいということ。鶏口となるも牛後となるなかれ。

タイ〖Thai〗インドシナ半島中央部を占める立憲王国。首都バンコク。米・ゴム・錫などを産出。上座部仏教が行われる。13世紀初めからスコタイ朝・アユタヤ朝と続き、1782年チャクリ王朝となり、1932年に専制君主制を廃し現在に至る。旧称シャム。人口6709万(2010)。補説「泰」とも書く。

タイ〖tie〗❶ネクタイ。「アスコット一」❷競技・試合などで、得点や記録が相手または他の競技者と同じであること。「スコアを一に持ちこむ」❸楽譜で、同じ高さの二つの音符を結ぶ弧線。両音符は間に切れ目のない1音として演奏される。

たい〔助動〕〔たかろ｜たく・たかっ｜たい｜たい｜たけれ｜○〕《希望の助動詞「たし」の連体形「たき」の音変化》動詞、および助動詞「れる」「られる」「せる」「させる」の連用形に付く。❶話し手の希望を表す。「御飯を食べたい」「日比ひごろ月日がおがみたいと思うたに」〈虎明狂・腰祈〉❷話し手以外の人の希望を表す。「読みたいなら貸すよ」「やめたい人はやめればいい」❸「ある」「である」「なさる」「くださる」や尊敬の助動詞「れる」「られる」に付いて、他に対する希望・要求を表す。…てほしい。「正直者がばかを見ない世の中でありたい」「別表を参照されたい」補説「たい」が他動性の動詞に付く場合、希望の対象を表すのに、「水を飲みたい」「水が飲みたい」のように「…ヲ…タイ」「…ガ…タイ」の両形を、室町時代以来用いてきている。連用形「たく」の音便形「とう(たう)」は中世から行われているが、現代語では、「ございます」「存じます」を伴うときにかぎって行われる。また、接続助詞「て」を伴う場合、「たくって」となることもある。❸は多く文章語に用いる。

た-い〔接尾〕《形容詞型活用図た・し(ク活)。「いたし」の頭母音が脱落したものか》名詞や動詞の連用形などに付いて、形容詞をつくる。❶その事のはなはだしい意を表す。「めで一・い」「うしろめ一・い」❷そのような状態であることを表す。「けむ一・い」「つめ一・い」補説 促音が挿入されて、「…ったい」となることもある。「じれったい」「やぼったい」など。

たい【袋】〔接尾〕助数詞。袋ふくろに入れたものを数えるのに用いる。「茶二〇一」➡漢「たい(袋)」

だい【大】〔名・形動〕❶形・規模・数量などの大きいこと。また、そのさま。「声を一にする」⇔小。❷程度のはなはだしいこと。また、そのさま。「責任は一である」❸その社会で水準以上にすぐれていること。盛んなこと。りっぱなこと。また、そのさま。「僅か一代で今日の一を為したという」〈島木健作・生活の探求〉❹「大の月」に同じ。⇔小。❺同名の父子のうち、父のほうを示す。「一デュマ」⇔小。❻田畑の面積の単位。太閤検地以前は240歩ぶ。以後は200歩。❼「大学」の略。「小・中・高・一」❽物を表す語の下に付いて、それとほぼ同じ大きさであることを表す。「こぶし一の石」「実物一に作る」「等身一の像」❾名詞・形容動詞に付いて接頭語的に用いる。㋐数量や形・規模などが大きい意を表す。「一豊作」「一庭園」「一辞典」「一洪水」㋑㋐㋒の意に加えて尊敬または賛美する意を表す。「一先輩」「一僧正」㋒状態や程度を表す語に付いて、そのさまがはなはだしい意を表す。「一好き」「一混乱」「一失敗」➡大の ➡漢「だい(大)」

大なり小なり　大きくても小さくても。程度の差こそあれ。多かれ少なかれ。「一人には欠点がある」

大の虫を生かして小の虫を殺す　やむをえない場合は、大きなものを救うために小さなものを犠牲にするたとえ。

大は小を兼ねる　大きいものは、小さいものの役目もすることができる。

だい【代】㊀〔名〕❶ある人が家や地位を受け継いでその地位にある期間。また、ある人が生きている間。「一が替わる」「孫子まごの一」❷得た品物やサービスなどに対して渡す金銭。代金。「車一」❸代わりにすること。また、その人。「師範一」「病気とか何とか云う時には男の一をして水も汲む」〈福沢・福翁自伝〉❹代表電話番号であることを示す語。❺地質時代の最大の区分。紀を包括し、古生代・中生代・新生代に分けられる。㊁〔接尾〕❶年数に付けて、時期や年齢のおおよその範囲を示すのに用いる。「昭和四〇年一」「一〇一の若者」❷家・位・名前などを継いだ順序を数えるのに用いる。「徳川三一将軍家光」➡漢「だい(代)」

代は見てのお帰り　代金は、見て気に入ったら帰りに払って下さい、の意。見世物で、客の呼び込みに用いる言葉。

だい【代】中国、五胡十六国時代の国。鮮卑の族長拓跋猗盧たくばついろが晋から封ぜられて建国(315〜376)。北魏はその後裔。

だい【台】㊀〔名〕❶物をのせるもの。また、人がのるためのもの。「人形を一の上に据える」「踏み一」❷周囲よりも高い平らな土地。地名の一部として用いられることが多い。❸ものの基礎となるもの。土台。ベース。「ケーキの一を焼く」「プラチナーの指輪」❹「台木」の略。「接ぎ木の一にする」❺物見などのために築いた高い建物。高殿。高楼。うてな。「楚王の一の上の夜の琴きんの声」〈源・東屋〉❻「台盤」の略。「御一などまかでて」〈紫式部日記〉❼食事。「一など参りたれば、少し食ひなどして」〈かげろふ・下〉㊁〔接尾〕助数詞。❶車両や機械などを数えるのに用いる。「計算機三一」❷年齢や値段などのおおよその範囲を表すのに用いる。「二〇歳一で父を失う」「一ドルが一〇〇円一になる」❸印刷や製本で16ページ分あるいは32ページ分などを1台として、その数を数えるのに用いる。折おり。「一六一二五六ページの本」➡漢「だい(台)」

だ-い【×朶×頤】❶頤おとがいを動かして食べること。食欲の盛んなこと。また、うらやみ欲しがること。「海路の要地なるを以て甚だ一せり」〈栗本鋤雲・匏菴十種〉❷強い国が弱い国を征服しようとすること。

だい【第】㊀〔名〕りっぱな家。やしき。邸宅。「基経の一に所謂臨時の客があった時の事である」〈芥川・芋粥〉㊁〔接頭〕数を表す語に付いて、ものの順序を表すのに用いる。「世界一一の都会」「一五巻」「一三レース」「一六感」➡漢「だい(第)」

だい【題】㊀〔名〕❶書物、または文章・芸術作品などの趣旨・内容を簡潔に、総括的に示す見出しの語句。標題。タイトル。「一をつける」❷詩歌などに詠み込む事柄。「秋の風物を一に歌を詠む」❸解答を求めて出す質問。問題。㊁〔接尾〕助数詞。試験などの問題を数えるのに用いる。「五一できた」➡漢「だい(題)」 類語 (㊀❶)題名・題目・題号・標題・表題・外題げだい・内題・名題なだい・作品名・書名・書目・編目・演題・画題・タイトル・仮題・原題

題を出・す　こちらから注文をつけておく。「此の中の返報に、丸裸になっとなされ、恨みに存ぜぬ、と一・しておくからは」〈浮・禁短気・五〉

ダイ〖dye〗髪を染めること。「ヘア一」

タイア〖tire〗➤タイヤ

ダイア　➤ダイヤ

漢字項目 たい

【大 代 台】▶だい
【▽帝 ▽諦】▶てい

太 学2 音タイ呉漢 タ慣 訓ふとい、ふとる ‖ ㊀〈タイ〉①豊かに大きい。「太陰・太鼓・太山・太陽」②はなはだしい。「太古・太平」③第一番。はじめ。「太極・太子・太初・太祖」④尊い者に添える語。「太公・太后・太閤たいこう」㊁〈タ〉①第一番。「太郎」②ふとい。ふといもの。「根太ねだ・丸太」㊂〈ふと(ぶと)〉「太股ふともも/極太ごくぶと・肉太・骨太」名付うず・おお・しろ・たか・と・ひろ・ひろし・ふと・ふとし・ます・み・もと 難読太宰だざい・太政だじょう・太刀たち・太夫たゆう・心太ところてん・明太めんたい・猶太ユダヤ

体〔體〕 学2 音タイ呉 テイ漢 訓からだ ‖ ㊀〈タイ〉①四肢・骨格などで組み立てられたものとしてのからだ。「体育・体温・体格・体質・体重・体操・体力/巨体・五体・死体・上体・身体・人体・聖体・胴体・肉体・女体・病体・裸体・老体」②各部分を組み立てたまとまりのある形や組織。「体系・体制/詩体・字体・政体・全体・団体・文体」③一定の形や働きをもつ存在。「体積/液体・機体・客体・球体・実体・主体・船体・天体・媒体・物体・本体」④身につける。「体験・体得」⑤「体言」の略。「連体詞」㊁〈テイ〉見かけのようす。「体裁/憎体にくてい・人体にんてい・風体・面体」補説「躰」は「體」の俗字。名付なり・み・みる・もと 難読為体ていたらく

対〔對〕 学3 音タイ呉漢 ツイ唐 訓むかう、こたえる ‖ ㊀〈タイ〉①向かい合う。二つが向き合う。「対岸・対決・対抗・対座・対策・対象・対比・対面・対立/絶対・相対・敵対・反対」②相手になって受け答えする。「応対・接対」③二つで一組のもの。「対偶」④対島つしま国。「対州」㊁〈ツイ〉㊀の③に同じ。「対句/一対」

耐 音タイ慣 訓たえる ‖ もちこたえる。たえる。「耐火・耐久・耐震・耐熱・耐乏・耐用/忍耐」名付つよし

待 学3 音タイ漢 訓まつ ‖ ①まち受ける。まつ。「待機・待避・待望/期待」②もてなす。取り扱う。「待遇/歓待・虐待・招待・接待・優待」名付なが・まち・みち

怠 音タイ漢 ダイ呉 訓おこたる、なまける、だるい ‖ 心がたるんでなまける。「怠惰・怠慢/過怠・緩怠・勤怠・倦怠けんたい」名付やす

人**殆** 音タイ漢 訓ほとんど ‖ あぶない。あやうい。「危殆」名付ちか

胎 音タイ呉漢 ‖ ①母体内に子が宿ること。また、その子。「胎児・胎生・胎動/懐胎・受胎・堕胎」②胎児を宿す所。「胎盤/母胎・換骨奪胎」③物事の起こるもと。きざし。「禍胎・胚胎はいたい」名付はら・み・もと

人**苔** 音タイ漢 訓こけ ‖ ①下等植物の名。コケ。「青苔・蘚苔せんたい」②コケ状のもの。「舌苔」難読海苔のり

退 学5 音タイ呉漢 訓しりぞく、しりぞける、すさる、しさる、のく、ひく ‖ ①後ろに下がる。しりぞく。しりぞける。「退却・退陣・退避/撃退・後退・辞退・撤退・敗退」②身を置いていた場所や地位から去る。「退位・退院・退学・退官・退席・退庁/引退・早退・脱退・勇退」③勢いが弱まり衰える。「退化・退屈/減退・衰退」④(「頽」の代用字)くずれる。「退勢・退廃」⑤(「褪」の代用字)色があせる。「退色」名付のき

帯〔帶〕 学4 音タイ呉漢 訓おびる、おび ‖ ㊀〈タイ〉①おび。おび状のもの。「衣帯・眼帯・靱帯じんたい・声帯・束帯・着帯・紐帯ちゅうたい・じゅうたい・包帯」②身につける。おびる。「帯出・帯電・帯刀・帯黒色/拐帯・携帯」③そばに伴う。「帯同/妻帯・所帯・付帯・連帯」④ある範囲の地域。おび状の範囲。「一帯・温帯・寒帯・地帯・時間帯・植物帯」㊁〈おび〉「帯革/角帯・腰帯・腹帯・兵児帯へこおび」名付たらし・よ 難読帯刀たてわき・たちはき

泰 音タイ呉漢 ‖ ①ゆったりと落ち着いている。「泰然・泰平/安泰」②はなはだしい。「泰西・泰東」③中国の山、泰山。「泰斗」④タイ国。「日泰」名付とう・ひろ・ひろし・やす・やすし・ゆたか・よし

堆 音タイ呉漢 ツイ唐 訓うずたかい ‖ ㊀〈タイ〉高く積み上げる。うずたかい。「堆積・堆肥」㊁〈ツイ〉いくつも重ねる。「堆紅ついこう・堆朱」

袋 音タイ漢 訓ふくろ ‖ ㊀〈タイ〉ふくろ。「魚袋・風袋・郵袋」㊁〈ふくろ(ぶくろ)〉「胃袋・紙袋・手袋・戸袋・寝袋」難読足袋たび・布袋ほてい

逮 音タイ漢 ‖ ①及ぶ。「逮夜」②相手に手が届く。捕らえる。「逮捕」

替 音タイ呉 訓かえる、かわる ‖ ①入れかわる。「交替・代替」②衰える。「隆替」難読為替かわせ

貸 学5 音タイ呉漢 訓かす ‖ かす。「貸借・貸与/賃貸・転貸」

隊 学4 音タイ漢 ‖ ①組織され一団となった集まり。「隊員・隊商・隊長・隊列/横隊・楽隊・縦隊・編隊」②特に、兵の集団。「軍隊・除隊・大隊・部隊・兵隊・連隊」

滞〔滯〕 音タイ慣 訓とどこおる ‖ ①物事が一所にとどまって進まない。とどこおる。「滞貨・滞納/延滞・凝滞・渋滞・遅滞・沈滞・停滞」②ある場所に足をとめる。「滞欧・滞空・滞在・滞日・滞留」

×**腿** 音タイ呉漢 訓もも ‖ ももとすねの総称。「下腿・大腿」

態 学5 音タイ呉漢 訓わざ ‖ 身や心の構え。広く、ありさま。ようす。「態勢・態度/擬態・旧態・形態・姿態・事態・失態・実態・醜態・重態・状態・常態・酔態・世態・生態・媚態びたい・変態・容態」名付かた 難読態態わざわざ

×**頽** 音タイ漢 訓くずれる ‖ 形や勢いがくずれてだめになる。「頽勢・頽唐・頽廃/衰頽・廃頽」補説「退」を代用字とすることがある。難読胡頽子ぐみ

人**黛** 音タイ漢 訓まゆずみ ‖ ①まゆずみ。「翠黛すいたい・粉黛」②黒ずんだ青色。「黛青/翠黛」

戴 音タイ呉漢 訓いただく ‖ ①頭の上にのせる。「戴冠/不倶戴天ふぐたいてん」②うやうやしく上にささげて持つ。「推戴・頂戴・奉戴」

漢字項目 だい

【内】▶ない
【弟 ▽提】▶てい

人**乃** 音ダイ漢 ナイ呉 訓なんじ、すなわち、の ‖ ㊀〈ダイ〉なんじ。「乃公・乃父」㊁〈ナイ〉すなわち。そこで。「乃至ないし」名付おさむ 難読乃公だいこう・木乃伊ミイラ

大 学1 音ダイ呉 タイ漢 訓おお、おおきい、おおいに ‖ ㊀〈ダイ〉①形・数量・規模などがおおきい。「大小・大胆・大地・大仏/遠大・過大・拡大・寛大・巨大・強大・広大・細大・甚大・盛大・増大・長大・莫大ばくだい・肥大」②すぐれてりっぱである。「大王・大徳/偉大」③重要である。「大事」④程度がはなはだしい。「大吉・大分」⑤等級・位がこの上なく高い。「大学・大臣・大統領」⑥おおよそ。「大体」⑦大きく見せる。いばる。「誇大・尊大・夜郎自大」⑧大学のこと。「音大・私大」㊁〈タイ〉①㊀の①〜⑥に同じ。「大火・大家・大海・大概・大器・大国・大作・大使・大樹・大衆・大暑・大将・大成・大切・大層・大任・大変・大略・大量・大老」②相手を敬っていう語。「大兄」㊂〈おお〉「大型・大空・大幅・大水・大文字」名付お・おおき・たかし・たけし・とも・なが・はじめ・はる・ひろ・ひろし・ふと・まさ・まさる・もと・ゆき・ゆたか 難読大人うし・おとな・大凡おおよそ・大鋸屑おがくず・大臣おとど・おおおみ・大原女おはらめ・大蛇おろち・大夫たいふ・たゆう・大角豆ささげ・大刀たち・大蒜にんにく・大和やまと

代 学3 音ダイ呉 タイ漢 訓かわる、かえる、よ、しろ ‖ ㊀〈ダイ〉①位置や役割を他のものと入れかえる。かわりのもの。「代案・代議・代行・代打・代替・代表・代用・代理/城代・総代・名代みょうだい」②品物のかわりに支払う金銭。「代金/地代・茶代」③当主が入れかわっていく各期間。世。時代。「代代/初代・世代・先代・前代・当代・年代・百代・譜代・末代・歴代」④歴史上の区分された期間。「近代・現代・古代・上代」㊁〈タイ〉①順序が入れかわる。「代謝/交代」②期間。世。「永代・希代」㊂〈よ〉「神代・千代・御代みよ」㊃〈しろ〉「代物/形代かたしろ・苗代なわしろ・糊代のりしろ」名付とし・のり・より 難読網代あじろ・月代さかやき

台〔臺〕 学2 音ダイ呉 タイ漢 訓うてな ‖ ㊀〈ダイ〉①周囲が見渡せるように高く造った建物や構造物。うてな。「灯台・番台・露台・楼台」②政府の役所。「弾正台」③平らで小高い土地。「台地/高台たかだい」④その上に物をのせたり、据えたりするもの。「台座/鏡台・見台・燭台しょくだい・寝台・船台・砲台」⑤基礎になるもの。「台紙・台帳・台本/土台」⑥相手に対する敬称。「貴台・尊台・老台」⑦車や機械などを数える語。「台数」⑧数量の大体の範囲を示す語。「大台おおだい」㊁〈タイ〉①㊀の①に同じ。「台閣/舞台」②貴人また相手の物や動作に冠して敬意を表す語。「台翰たいかん・台命・台覧」③天台宗のこと。「台密」④台湾。「日台」⑤(「颱」の代用字)タイフーン(typhoon)の音訳。「台風」⑥(「擡」の代用字)持ち上げる。「台頭」補説「台」と「臺」は、もと別字。㊀の②③以外は「臺」が本来の表記。名付もと 難読台詞せりふ

第 学3 音ダイ呉 テイ漢 ‖ ①一段一段と並ぶ順序。段階。「次第」②古代中国の官吏登用試験。広く、試験のこと。「科第・及第・登第・落第」③やしき。邸宅。「邸第・聚楽第じゅらくだい」名付くに・つき

題 学3 音ダイ呉 ‖ ①書物や作品の内容を表す名。巻頭につけた見出し。タイトル。「題字・題名/改題・外題げだい・内題・表題・副題・傍題・無題」②解答を求める問い。テーマ。「課題・解題・議題・主題・宿題・出題・難題・本題・命題・問題・例題・論題・話題」③最初に書き記す文。「題辞・題跋だいばつ」④詩文などを書き記す。「題画・題額」名付みつ

だい‐あく【大悪】 大きな悪事。極悪ごくあく。また、大悪人。「一無道ぶどう」⇔小悪。

ダイアグラム〖diagram〗▶ダイヤグラム

ダイアゴナル〖diagonal〗 ❶対角線。また、斜めの線。「一ライン」❷斜め45度の文目あやを特徴とする毛織物。冬物衣料に多く使われる。

だい‐あじゃり【大×阿×闍▽梨】 ❶密教で、伝法灌頂かんじょうを授ける資格をもつ阿闍梨。灌頂の師。❷両界曼荼羅まんだらの諸仏を供養する法会の導師。

ダイアジン〖diazine〗 サルファ剤サルファダイアジンの商品名。肺炎・淋病りんびょう・化膿性疾患などに用いられた。

たい‐あたり【体当(た)り】〔名〕スル ❶からだ全体を激しく相手にぶつけること。「一をくわせる」「一してドアのロックを破る」❷捨て身になって事に当たること。「一の演技」
類語 力一杯・精一杯・精精・鋭意・極力・燃焼

たい‐あつ【耐圧】 圧力にたえること。「一構造」

たいあつ-がま【耐圧釜】▶オートクレーブ
タイ-アップ〘tie-up〙〔名〕スル 協力・提携して行うこと。「地元の新聞社と—する」「—広告」
(類語)共同・合同・協同・連携・提携・連名・催合(もやい)・協力・協賛・参与・チームワーク・共催・関与
タイアップ-アド〘tie-up ad〙相乗り広告。同じ業界や異業種の企業が共同で行う広告。
ダイアナ〘Diana〙ローマ神話の女神ディアナの英語名。
ダイアナ〘Diana Frances Spencer〙《称号Diana, Princess of Wales》[1961〜1997]英国の元皇太子妃。後のスペンサー伯爵家の三女として生まれる。幼稚園勤務ののち、1981年20歳でチャールズ皇太子と結婚、ウィリアム、ヘンリーの二人の王子を出産。96年離婚が成立。離婚後も多くの慈善団体へ支援を行い、エイズや癌(がん)撲滅運動、地雷禁止運動などに積極的にかかわった。97年パリで自動車事故死。
たい-あみ【×鯛網】タイを捕るのに用いる巻き網。瀬戸内海の鯛縛網(たいしばりあみ)が有名。(季 春)「—や浜街道は山に入り/百閒」
だい-あみ【台網】建て網の中で規模の大きいもの。マグロ・ブリなどの大形の回遊魚を対象とする。大謀(だいぼう)網・大敷(おおしき)網がある。
ダイアモンド〘diamond〙▶ダイヤモンド
ダイアライザー〘dialyzer〙血液透析器。人工透析器。人工腎臓(じんぞう)。
だい-あらかん【大×阿羅漢】阿羅漢の中で最もすぐれた者。また、阿羅漢の尊称。
ダイアリー〘diary〙日記。日誌。日記帳。
ダイアル〘dial〙▶ダイヤル
ダイアレクト〘dialect〙方言。地方なまり。
ダイアローグ〘dialogue〙❶対話。問答。会話。❷小説・演劇などで、対話の部分。⇔モノローグ。
(類語)科白(せりふ)・台詞(せりふ)・台詞(だいし)・独白・モノローグ
ダイアログ-ボックス〘dialog box〙パソコンの操作画面上で、動作確認の要求やエラーメッセージの表示をするウインドーのこと。通常、他のウインドーより手前に表示される。
たい-あん【大安】暦注の六曜の一。万事によいとされる日。大安日。「—吉日」
たい-あん【対案】すでにある提案に対して示す、別の案。
だい-あん【代案】ある案の代わりに出す案。
(類語)案・対案
だいあん-じ【大安寺】奈良市大安寺町にある高野山真言宗の別格本山。南都七大寺の一。推古天皇25年(617)聖徳太子の発願で建立された熊凝精舎(くまごりしょうじゃ)に始まると伝え、その後、十市郡に移り百済(くだら)大寺、高市郡に移り高市大寺、のち大官大寺と改称。霊亀2年(716)平城京に移り、大安寺となった。奈良時代、三論宗の根本道場として道慈などが活躍。東大寺に次ぐ大寺で、南大寺とも称された。中世以降、衰微。
だいアンティル-しょとう【大アンティル諸島】《Greater Antilles》西インド諸島の西部から中部を占める諸島。キューバ・ジャマイカ・イスパニョーラ・プエルトリコなどの島々からなる。⇨小アンティル諸島
たい-あんでん【大安殿】▶おおやすみどの
たい-い【大医】非常にすぐれた医者。名医。「竜動(ロンドン)より—某を招て」〈織田訳・花柳春話〉
たい-い【大尉】❶軍人の階級の一。尉官の最上位で、少佐の下、中尉の上の位。旧海軍では「だいい」と称した。❷太政(だいじょう)大臣の唐名。❸古代中国の武官名。正しくは「太尉」。
たい-い【大意】❶文章で、言おうとしている要点。大体の意味。おおよその趣旨。「—をとらえる」❷雄大な考え、または意図。大志。「—は人おのおのにある」〈藤村・夜明け前〉(類語)要点・要旨・要約・論旨・主旨・趣旨・趣(おもむき)
たい-い【台位】❶古代中国で、天子を補佐する三つの最高の官。三公。❷律令官職のうち、太政大臣・左大臣・右大臣・内大臣の総称。転じて宰相。
たい-い【体位】❶体格や運動能力・健康状態などを総合してとらえられる、からだの強さ。「—の向上」❷何かをするときのからだの位置・姿勢。
(類語)体勢・構え・ポーズ・姿勢・居ずまい
たい-い【胎衣】▶胞衣(えな)
たい-い【胎位】胎児が子宮内でとる位置。正常姿勢では頭が下になっている。
たい-い【退位】〔名〕スル 国王や皇帝などがその位をしりぞくこと。
だい-い【代位】〔名〕スル ❶他人に代わってその地位に就くこと。❷他人の法律上の地位に代わって、その人の権利を取得し、行使すること。「債権者に—して登記を行う」
だい-い【題意】❶作品などの題に込められている意味。❷出題のねらい。
たいい-いじょう【胎位異常】子宮内での胎児の位置に異常がある状態。頭が下を向いている状態(頭位)が正常な胎位とされ、それ以外の場合(横位・斜位・骨盤位)、分娩の途中で頭部がつかえて胎児に危険が及ぶ可能性があるため、帝王切開が必要となることが多い。
たい-いき【帯域】一帯。地帯。「周波数—」
たいいきじょきょ-フィルター【帯域除去フィルター】《band rejection filter》▶バンドエリミネーションフィルター
たいいき-せいげん【帯域制限】インターネットなどのコンピューターネットワークにおいて、単位時間当たりのデータ通信量を制限すること。ネットワークの混雑を緩和し、利用者全体の通信サービスの保証とサーバーの負荷軽減を目的とする。定額制のインターネット接続サービスやスマートホンのパケット通信サービスにおいて、大量のデータ転送を行う一部の利用者に対して行われることが多い。
たいいきそし-フィルター【帯域阻止フィルター】《band elimination filter》▶バンドエリミネーションフィルター
たいいきつうか-フィルター【帯域通過フィルター】《band pass filter》▶バンドパスフィルター
たいいき-はば【帯域幅】データ通信などに用いられる電波、電気信号、光信号の周波数の範囲。上限と下限の幅のこと。一般に、帯域幅が広いほど通信速度が速い。バンド幅。バンドワイズ。
たいいき-へんすう【大域変数】▶グローバル変数
たいいき-ほしょう【帯域保証】インターネットなどのコンピューターネットワークにおいて、回線の混雑などの利用状況を問わず、通信速度の下限が保証されていること。
たいいき-ほしょうがた【帯域保証型】インターネットなどの通信サービスにおいて、通信速度を保証する方式。⇨ギャランティー型
たい-いく【体育】知育・徳育に対して、適切な運動の実践を通して身体の健全な発達を促し、運動能力や健康な生活を営む態度などを養うことを目的とする教育。また、その教科。
たいいく-かん【体育館】屋内で運動競技を行うために設けられた建物。
たいいく-ずわり【体育座り】《「たいいくすわり」とも》腰を下ろし、両膝を手で抱えた座り方。体操座り。三角座り。(補説)小学校などの集会で長い時間立っていられない生徒が増え、腰を下ろさせたことに始まるという。
たいいく-の-ひ【体育の日】国民の祝日の一。10月の第2月曜日。もとは10日。スポーツに親しみ、健康な心身をつちかう日。東京オリンピック大会開会の日を記念して、昭和41年(1966)制定。(季 秋)
だい-いし【台石】建築物などの土台として据える石。土台石。礎石。
だいい-そけん【代位訴権】▶債権者代位権
だい-いち【第一】㊀〔名〕❶順序のいちばんはじめ。最初。「本日—の試合」「朝—に新聞を読む」❷最もすぐれていること。「その方面では—の技術者」❸最も重要であること。「健康を—に考える」「安全が—だ」㊁〔副〕ほかのことはともかくとして。何よりもまず。「—その言いぐさがおかしい」「—聞こうにもだれもいない」(類語)最初・初め・一次・原初・嚆矢(こうし)・手始め・事始め・まず・優先・一番・真っ先・初発・先頭・いの一番・トップ
だいいち-いんしょう【第一印象】物事や人に接したとき、最初に受けた感じ。「—が悪い」
(類語)印象・感じ・イメージ・感触・心象・心証・インプレッション
だいいち-インターナショナル【第一インターナショナル】1864年にロンドンで結成された、世界最初の国際的な労働者組織。創立宣言と規約はマルクスが作成した。のちに、マルクス・エンゲルス派とプルードン・バクーニン派との対立が深刻化し、パリコミューンののち分裂、76年解散した。国際労働者協会。⇨第二インターナショナル ⇨第三インターナショナル
だいいち-うちゅうそくど【第一宇宙速度】▶宇宙速度❶
だいいち-かんぎょうぎんこう【第一勧業銀行】▶日本勧業銀行
だいいち-ぎ【第一義】❶最も大切な根本的な意義、または価値。「教育の—」「—的な問題」❷仏語。最高の道理。究極の真理。勝義。
だいいち-きしゃ【第一汽車】中国の自動車会社グループ。1953年設立。上海汽車、東風汽車とともに中国の国有三大自動車会社グループの一つに数えられる。設立当初は旧ソ連の自動車会社の支援を受け、主にトラックを生産。1958年より自社ブランド紅旗の乗用車の製造が始まった。ドイツのフォルクスワーゲン、日本のトヨタ自動車、マツダとの合弁会社をもつ。FAW(First Automobile Works)。中国第一汽車集団公司。一汽。
だいいちぎ-たい【第一義×諦】仏語。世俗を超えた究極的な真理。涅槃(ねはん)・真如(しんにょ)・実相など。真諦。勝義諦。
だいいちぎ-てん【第一義天】仏語。最高の真理である空(くう)の理を天にたとえて、その空に住するところから、仏のこと。
だいいち-きょうわせい【第一共和制】フランス革命期の1792年、国民公会の王政廃止によって成立したフランス最初の共和制。1804年、ナポレオン1世の皇帝即位による第一帝政の成立で崩壊。
だいいち-けいようし【第一形容詞】ク活用の形容詞。
だいいちケーラー-びょう【第一ケーラー病】成長期の小児(特に男児)に見られる骨端症の一。足舟状骨に血行不良や持続的な負荷がかかることで生じ、足背内側や足船状骨に痛みを伴う。2年程度で自然治癒することが多いが、歩行障害を生じることもある。⇨第二ケーラー病
だいいち-こうぎょうだいがく【第一工業大学】鹿児島県霧島市にある私立大学。昭和30年(1955)創立の南日本飛行学校を源流として、同43年に九州学院大学として開設。同60年に現校名に改称した。工学部の単科大学。
だいいちごう-ひほけんしゃ【第一号被保険者】国民年金の被保険者の種別の一。国民年金のみに加入している人。自営業者・学生・無職者など。
だいいち-ざ【第一座】禅宗の寺院で、座禅のとき第一位に座る僧。首座。
だいいちじ-さんぎょう【第一次産業】英国の経済学者コーリン=クラークによる産業分類の一。農業・牧畜業・水産業・林業・狩猟業などの産業をいう。⇨第二次産業 ⇨第三次産業
だいいちじ-せいちょう【第一次性徴】雌雄が示す身体的特徴のうち、生殖腺(せいしょくせん)および生殖器の差異。
だいいちじ-せかいたいせん【第一次世界大戦】三国同盟(ドイツ・オーストリア・イタリア)と三国協商(イギリス・フランス・ロシア)との対立を背景として起こ

った世界的規模の戦争。1914年6月のサラエボ事件をきっかけに開戦。同盟側にはトルコ・ブルガリアなどが、協商側には同盟を脱退したイタリアのほかベルギー・日本・アメリカ・中国などが参加した。4年余りにわたってヨーロッパ戦場を中心に激戦が続いたが、18年11月、ドイツの降伏によって終結。翌年のパリ講和会議でベルサイユ条約が成立した。欧州大戦。第一次大戦。ＷＷⅠ(World War Ⅰ)。

だいいちじ-せんりゃくへいきさくげんじょうやく【第一次戦略兵器削減条約】―センリヤクヘイキサクゲンデウヤク ▶スタートワン(STARTⅠ)

だいいち-せいしつ【第一性質】ロックの認識論で、延長・運動・静止・凝固性・形状・数などの、物それ自体に内在する客観的な性質。➡第二性質

だいいち-せかい【第一世界】冷戦期に西側の国々を指した語。第三世界に対していう。西欧諸国・米国・日本など。➡第二世界 ➡第三世界

だいいちせだい-けいたいでんわ【第一世代携帯電話】アナログ式携帯電話。日本では平成12年(2000)9月にサービス終了。➡第二世代携帯電話 ➡第三世代携帯電話 ➡第四世代携帯電話

だいいち-せっしょく【第一接触】▶初虧しよき

だいいち-ていせい【第一帝政】フランス最初の帝政。1804年にナポレオン1世が帝位についてから、14年に退位するまで。百日天下の期間を含むこともある。

だいいち-てつがく【第一哲学】アリストテレスの哲学で、自然的存在などの特殊な存在ではなく、存在を存在一般として問題にし、その根本原理を研究する部門。形而上学。

だいいちにん-しゃ【第一人者】ある社会や分野で、いちばんすぐれていると認められた人。「臨床医学の―」(類語)権威・大御所・泰斗たいと・大家たいか・巨匠・耆宿きしゆく・オーソリティー

だいいち-にんしょう【第一人称】▶一人称

だいいち-ふじん【第一夫人】一夫多妻が認められている社会で、第一位の妻。正妻。嫡妻。正室。

だいいち-ぶんや【第一分野】保険業法で規定する保険の分類の一つで、終身保険・養老保険など生命保険業のこと。生命保険固有分野。➡第二分野 ➡第三分野

だいいちボスポラス-ばし【第一ボスポラス橋】《1. Boğaziçi Köprüsü》▶ボスポラス橋

だいいち-みぶん【第一身分】フランス革命以前、貴族・ブルジョアとともに三部会の第一部を構成した聖職者身分。

だいいち-やっかだいがく【第一薬科大学】―ヤククワダイガク 福岡市にある私立大学。昭和35年(1960)に開設した、薬学専門の単科大学。

だいいち-りゅう【第一流】―リウ 同類の中で第一の等級に属すること。また、その人や、そのもの。第一級。一流。「―の指揮者」

だいいち-れっとうせん【第一列島線】―レツタウセン 中国の海域における軍事的防衛ラインの一つで、九州・沖縄から台湾・フィリピン・インドネシアの諸島群などを結ぶ線。中国海軍は1980年代半ばに提唱された「近海積極防衛戦略」などに基づいて軍事力を増強し、それまでの沿岸防衛から近海・外洋へと展開している。この軍事戦略において近海と外洋を分ける目標ラインとされる。➡第二列島線

たい-いつ【太一｜泰一｜太乙】❶中国の古代思想で、天地・万物の生じる根源。宇宙の本体。❷天を主宰する神の名。北極星の神格化されたもの。古代中国、特に漢代に崇拝された。❸「太一星」に同じ。

だいいっしゅ-うんてんめんきょ【第一種運転免許】道路交通法による、一般自動車の運転免許。大型・中型・普通・大型特殊・大型二輪・普通二輪・小型特殊・原付および牽引けんいんの9種類がある。

だいいっしゅ-きんゆうしょうひんとりひきぎょう【第一種金融商品取引業】―キンユウシヤウヒントリヒキゲフ 金融商品取引法で規定される金融商品取引業の一。有価証券関連の売買・市場デリバティブ取引・外国市場デリバティブ取引、これら取引の媒介・取次・代理、有価証券等精算取次、有価証券等保管業務、有価証券の引き受け・募集・私募、店頭デリバティブ取引・その媒介・取次・代理、PTS(私設取引システム)等運営業務など、旧証券取引法の規定による証券業に近い業務を行う。

だいいっしゅ-じゅうきょちいき【第一種住居地域】―ヂユウキヨチヰキ 都市計画法で定められた用途地域の一。住居の環境を保護するために定められる地域。3000平方メートル以上の店舗・事務所や、住環境を害する工場・遊技場・娯楽施設などは建設できない。

だいいっしゅ-ちゅうこうそうじゅうきょせんようちいき【第一種中高層住居専用地域】―チユウカウソウヂユウキヨセンヨウチヰキ 都市計画法で定められた用途地域の一。中高層住宅の良好な住居環境を保護するために定められる地域。住宅のほか、学校・児童厚生施設・500平方メートル以下の店舗などが建設できる。

だいいっしゅ-ていそうじゅうきょせんようちいき【第一種低層住居専用地域】―テイソウヂユウキヨセンヨウチヰキ 都市計画法で定められた用途地域の一。低層住宅の良好な住居環境を保護するために定められる地域。住宅のほか、診療所・小中学校・日常生活に必要な50平方メートル以下の店舗併用住宅が建築できる。

だいいっしゅデメリット-りょうりつ【第一種デメリット料率】―レウリツ 自動車保険において、所有・使用自動車が10台以上のフリート契約者で、損害率の高い契約者について適用する保険料の割増料率。フリート契約を結んでいる全車両に適用される。

だいいっしゅ-ゆうびんぶつ【第一種郵便物】―イウビンブツ 内国郵便物の一。普通の手紙のこと。封書。定形・定形外・郵便書簡・特定封筒郵便物(レターパック)がある。

だいいっ-しん【第一審】訴訟事件を最初に審判する審級。一審。

たいいつ-せい【太一星】❶中国の天文学で、北極星をさす。ただし、古代では、北極星ではなく、小熊座こぐまざ星が太一❷の居所と考えられた。❷陰陽道おんようだうで、北天を運行して兵乱・禍災・生死をつかさどるという星。

だいいっ-せい【第一声】就任のあいさつや選挙演説など、活動の始めに公の場で最初に発せられる言葉。「立候補の―をあげる」

たいいつ-せん【太一占】陰陽道おんようだうで、太一星の運行の方角により吉凶を占うもの。太一式。

だいいっ-せん【第一線】❶戦場で、いちばん敵に近い戦線。最前線。❷ある方面の、最も活発で中心となる位置。「音楽界の―で活躍する」「―を退く」(類語)最前線・戦線

だいいっ-とう【第一党】―タウ その議会で、議席数をもっとも多くもつ政党。また、政党政治で、政権を担当する政党。

だいいっ-ぽ【第一歩】物事の始まり、または始め。第一の段階。「世界平和への―を踏み出す」

だい-いとく【大威徳】―ヰトク「大威徳明王」の略。

だいいとく-みょうおう【大威徳明王】ダイヰトクミヤウワウ《梵Yamāntakaの訳》五大明王の一。本地は阿弥陀如来で、西方を守護して、人々を害する毒蛇・悪竜や怨敵おんてきを征服するという。頭・腕・脚が六つずつあり、剣・鋒ほう・輪・杵しよを持ち、怒りの形相をして火炎に包まれ、水牛に乗る姿の像が多い。閻曼徳迦えんまんとくか。六足尊。

たいいのむすめ【大尉の娘】タイヰのむすめ《原題、ロシアKapitanskaya dochka》プーシキンの歴史小説。1836年刊。プガチョフの反乱を背景に、司令官の娘マリアと士官グリニョフとの恋など、さまざまな事件を、グリニョフの手記のかたちで描く。

だいい-べんさい【代位弁済】ダイヰ― 第三者が債務者に代わって弁済した場合に、債権者のもっていた債権・担保権などが弁済者に移転すること。

たいい-ほう【対位法】タイヰハフ ❶それぞれ独立した旋律を担う声部を、いくつか同時に組み合わせて楽曲を構築する作曲技法。コントラプンクト。❷建築・文学・映画などで、二つのまったく対照的な様式・発想などを組み合わせて構成する方法。

たい-いん【大隠】悟りきっていて、俗事に心を乱されない隠者。

大隠は市しに隠る《王康琚「反招隠詩」から》真の隠者は、人里離れた山中などに隠れ住まず、かえって俗人にまじって町中で超然と暮らしているということ。大隠は朝市ちようしに隠る。

たい-いん【太陰】月のこと。太陽に対していう。

たい-いん【対飲】向かい合って酒を飲むこと。対酌。

たい-いん【退院】―ヰン〔名〕スル ❶入院していた患者が、病状が回復して病院から出ること。「先月―したばかりです」⇔入院。❷議員が議院から退出すること。⇔登院。❸住職がその地位を退いて隠居すること。❹江戸時代、僧に科した刑罰。その職を解いて寺から退去させること。刑の宣告を受けてから一度寺に立ち帰ることができる。➡追院

たい-いん【退隠】〔名〕スル 職を退き、暇な身分となること。「社会から―したと同様の今の父に」〈漱石・行人〉

たい-いん【隊員】―ヰン 隊に所属している人。隊を構成する人。

タイ-イン《tie-in advertisingの略》メーカーと小売店が共同で行う広告。タイイン広告。タインアド。

だい-いん【代印】〔名〕スル 本来印を押すべき人の代わりに、別の人がその印を押すこと。また、その印。

だい-いん【代員】―ヰン 他人の代わりにその業務をする人。代人。代理人。

ダイ-イン〖die-in〗犠牲者に擬して大地に横たわり抗議の表明をする示威行為。1960年代に核軍備に反対して米国の市民グループが始めた。

たいいんきゅうふ-とくやく【退院給付特約】タイヰンキフフ― 生命保険における特約の一。病気やけがで入院給付金の支払い対象となり、保険会社が定める一定期間の入院をした後、生存したまま退院した場合に給付金が支払われる。死亡による退院は支払いの対象にならない。

ダイイング-メッセージ《和 dying＋message》推理小説などで、殺人事件の被害者が死ぬ直前に書き残したメッセージ。多く、犯人を知る手がかりとなる。

だいいん-くん【大院君】ダイヰンー 朝鮮、李朝における国王の実父の尊号。

だいいんくん【大院君】ダイヰンクン[1820～1898]朝鮮李朝末の王族・政治家。李太王の父。本名、李昰応りしおう。李太王初期に権力を握ったが、極端な排外鎖国政策と天主教迫害で外国の干渉を受け、また皇后閔妃びんひ一派と争って敗れ、失脚した。

たいいん-げつ【太陰月】▶朔望月さくぼうげつ

たいいんたいよう-れき【太陰太陽暦】タイインタイヤウ― 太陰暦を、太陽の動き、すなわち季節にも合わせて作った暦。太陰暦の12か月は1太陽年より約11日少ないので、19年に7回の閏月うるうづきを置くなどして調節する。中国などの古代暦や日本の旧暦はこれに属する。陰暦。

たいいん-ちょう【太陰潮】―テウ 潮の満ち干のうち、月の引力によって生じる部分。太陽潮より大きい。

たいいん-ねん【太陰年】太陰暦に基づく1年。太陰月を12回繰り返す時間。354日で、太陽年より約11日短い。

たいいん-ひょう【太陰表】―ヘウ 天文表の一。月の黄経・黄緯・視差などの算出表を収めたもの。天体観測や航海などで用いる。

たいいん-れき【太陰暦】月の満ち欠けを基準にして作った暦。1朔望月さくぼうげつは29.5306日なので29日と30日の月を組み合わせて1年を12か月とし、30年に11回の割合で30日の月を二度続ける。季節とは合わない。現行のものはイスラム暦のみ。広くは太陰太陽暦を含めていう。陰暦。➡太陽暦

たい-う【大雨】おおあめ。豪雨。

だい-ういきょう【大茴香】―ウイキヤウ モクレン科の常緑低木。シキミに似て、葉の付け根に黄白色の花をつ

ける。果実は袋果が星状に並んでつく。果実を乾燥させたものを八角・スターアニスなどといい、香辛料や健胃薬に用いる。中国南部およびインドシナ原産。

だいういきょう-ゆ【大×茴香油】ダイウイキョウの果実を水蒸気蒸留して得られる油。無色または黄色の液体で、主成分はアネトール。香料に使用。

だい-うちゅう【大宇宙】《macrocosm》宇宙そのもの。人間と宇宙とに類比関係があると考える立場から、人間を小宇宙とするのに対していう。

たい-うん【泰運】安らかになる気運。泰平の気運。

たい-うん【×頽運】勢いのおとろえる気運。衰運。

だいうん-いん【大雲院】京都市東山区にある浄土系の単立の寺。山号は竜池山。天正15年(1587)織田信長・信忠の菩提を弔うため、正親町天皇の勅により、二条御池御所の地に貞安が創建。のち、豊臣秀吉が寺町通に移し、昭和48年(1973)現在地に移転。境内に石川五右衛門の墓がある。

だい-うんが【大運河】中国の東部、天津から黄河・揚子江を横切り、杭州まで縦貫する運河。全長約1800キロ。隋の煬帝の時に開かれ、元代に完成。万里の長城とともに中国の二大土木事業といわれる。

だいうん-じ【大雲寺】中国、唐の則天武后が諸州に建立した寺。日本の国分寺はこれをならったものといわれる。

だい-え【大会】規模の大きい法会。大法会。

だいえ【大会】謡曲。五番目物。金春禅竹作という。天狗が魔術によって、釈迦が霊鷲山で行った説法のようすを再現するが、帝釈天がその術を破る。

だい-え【大▽衣】《「たいえ」とも》三衣の一。9条ないし25条の袈裟。僧伽梨。

たい-えい【退×嬰】しりごみして、ひきこもること。進んで新しいことに取り組もうとする意欲に欠けること。「—の風がはびこる」「—主義」

だいえい【大永】《「たいえい」とも》室町後期、後柏原天皇・後奈良天皇の時の年号。1521年8月23日〜1528年8月20日。

だい-えい【代詠】〔名〕スル 当人に代わって詩歌を作ること。また、その詩歌。

だい-えい【題詠】あらかじめ決められた題によって詩歌を作ること。また、その作品。

だい-えいだん【大英断】重要な決定をする際に下す、非常にすぐれた決断。

だいえい-ていこく【大英帝国】イギリス本国とその自治領・植民地を含めた称。17世紀から用いられ、現在ではその大半が独立し、一部を除いてイギリス連邦を構成。イギリス帝国。

たいえい-てき【退×嬰的】〔形動〕進んで新しいことに取り組もうとしないさま。「—な時代精神」

だいえい-はくぶつかん【大英博物館】《British Museum》ロンドンにある国立博物館。1759年に開館。エジプト・ギリシャ・アジア各地の美術品・文化史資料を所蔵。古文書・古版本を収蔵する図書館は、1972年に分離して大英図書館となった。

たいえき【太液】中国の歴代王朝の宮殿にあった池の名。漢代には長安城外の未央宮内に、唐代には大明宮内に、明・清代には北京の西苑内にあった。太液池。

たい-えき【体液】動物の体内を満たしている液体の総称。脊椎動物では血液・リンパ・組織液に分けられる。

たい-えき【退役】〔名〕スル 将校・准士官で後備役が満期になり、また傷病などのため兵役を退くこと。「—将校」 (類語)引退・退陣・退職・退任・退官・辞職・辞任・勇退・下野・リタイア

たいえきせい-めんえき【体液性免疫】▶液性免疫

たいえき-の-ふよう【太液の×芙×蓉】《白居易「長恨歌」から》太液に咲く蓮の花。美人の顔にたとえる。

ダイエタリー-ファイバー〖dietary fiber〗食物繊維。穀物の外皮や豆類、葉菜などに多く含まれ、整腸作用があり、不足すると心疾患・大腸癌・糖尿病などの原因になる。

たい-えつ【大悦】大きな喜び。大喜び。「—至極に存じます」

だいえつ【大越】中国から独立した後のベトナムで用いられた国号。李朝時代の1054年から、阮朝成立後の1804年に越南と改められるまで使用された。ダイベト。

ダイエット〖diet〗〔名〕スル 健康または美容上、肥満を防ぐために食事を制限すること。「—して体重を落とす」「—食品」

だい-エネ-ほう【代エネ法】▶石油代替エネルギー法

だい-えり【台襟】洋服の襟の土台となる、首回りを覆う帯状の部分。

だい-えん【大円】❶大きな円。❷球面を中心を通る平面で切ったときにできる切り口の円。

だいえん【大宛】中国漢代、西域のフェルガナ盆地にあったイラン系民族の国名。また、その地域名。名馬といわれる汗血馬の産地で、漢の武帝はこれを得るために遠征を行った。

だいえんきょう-ち【大円鏡×智】仏語。仏の四智の一。密教では五智の一。大きな丸い鏡が万物の形を映すように、すべてを正確に照らす智慧。

だいえん-こ【大塩湖】▶グレートソルト湖

だい-えんざん【大円山】兜の鉢の形式の一。頂辺を中心に半球形に作ったもの。甲冑師明珍の命名という。

たいえん-れき【大×衍暦】中国、唐の玄宗が僧一行に作らせた太陰太陽暦。729年から施行され、761年まで用いられた。日本では天平宝字7年(763)から90余年間採用された。

たい-おう【対応】〔名〕スル ❶同種の二つのものが向かい合い、対になっていること。「四辺形の互いに—する角」❷ある物事が、他の範疇に属する物事と、対立・相当する関係にあること。「ギリシャ文字のαは、ローマ字の*a*に—する」❸互いにつりあいがとれていること。「文章の書き出しと結びを—させる」❹周囲の状況などに合わせて事をすること。「現実に—した処置」「—策」❺二つの集合*A*、*B*があって、*A*のどの要素にも、*B*の要素が少なくとも一つ定まる規則があること。ふつう、*A*から*B*への対応という。

(類語)(❹)対処・収拾・善処・後始末・尻拭い

たい-おう【滞欧】〔名〕スル ヨーロッパに滞在すること。「特派員として—する」

だい-おう【大王】勢力や功績のある王に対する敬称。「アレキサンダー—」

(類語)王・国王・帝王・皇帝・キング・王様

だい-おう【大黄】タデ科の多年草の数種の総称。中国西部の高山に自生し、高さ約2.5メートル。葉は大きく、手のひら状に裂けている。夏、緑白色の多数の花が総状に咲く。根茎は肥大し、乾燥したものを漢方で緩下剤・健胃剤にする。日本でもカラダイオウが栽培される。

だい-おう【×乃翁】〔代〕《「乃」は汝の意》一人称の人代名詞。男の老人が、子や目下の者に向かって、自分をさしていう語。ないおう。「—児の言を用いず」〈織田訳・花柳春話〉

だいおう-いか【大王烏=賊】ダイオウイカ科の頭足類。最大のイカで胴長約1.6メートル、全長約6メートル。日本近海の深海にすむ。タイセイヨウダイオウイカは全長約16メートルになる。

たいおう-げんり【対応原理】量子論的なある量と古典物理学上の量との間には性質が異なるにもかかわらず、一定の対応が成り立つという理論。1918年に理論物理学者ボーアが提唱。

だいおう-ざき【大王崎】三重県、志摩半島南東端の岬。断崖上に灯台がある。伊勢志摩国立公園の景勝地の一。

だいおう-しょう【大王松】マツ科の常緑高木。葉は針形で長さ20〜60センチ、3枚ずつ束になって垂れる。北アメリカの原産。だいおうまつ。

だい-おうじょう【大往生】〔名〕スル 少しの苦しみもなく安らかに死ぬこと。また、りっぱな死に方であること。「—を遂げる」

(類語)死ぬ・永逝・死亡・死去・死没・長逝・永眠・往生・逝去・他界・物故・絶息・絶命・お陀仏・死する・辞世・成仏・昇天・崩御・薨去・卒去・瞑目・落命・急逝・夭折・夭逝

だいおう-やし【大王×椰子】ヤシ科の常緑高木。高さ20〜40メートル。幹の頂に羽状複葉の葉が集まってつく。熱帯アメリカの原産で、八丈島などで栽培。

ダイオード〖diode〗整流・検波・スイッチなどの働きをする二極素子。元来は二極真空管をさしたが、現在は半導体ダイオードをさす。

ダイオキシン〖dioxin〗ポリ塩化ジベンゾダイオキシンの通称。2個のベンゼン環が2個の酸素原子で結びつけられた構造を骨格とする塩素化合物で、多くの異性体があるが、特に四塩素ジベンゾダイオキシン(TCDD)をさす。猛毒で、強い催奇性・発癌性をもつ。昭和40年(1965)ごろから除草剤として使われたが、同46年使用禁止。ジオキシン。

だい-おしょう【大和尚】徳の高い僧。

たい-おとし【体落(と)し】柔道の投げ技の一。相手を前隅に崩し、踏み込んだ足を支点とし、両手で前下に強く引き落とす技。

たい-おん【体温】動物体の温度。体内の物質代謝の反応によって生じ、定温動物ではほぼ一定、変温動物では外界の温度とともに変化する。人間ではセ氏36.5〜37.0度が普通。

だい-おん【大音】大きな音。また、大きな声。「—上げて名乗る」〈謡・正尊〉

だい-おん【大恩】大きな恩。深い恩。厚恩。

(類語)高恩・厚恩

大恩は報ぜず　小さな恩義は負い目に感ずるが、あまりに大きすぎる恩義はかえって気づかず、それに報いようともしないものだ。

だい-おん【大▽陰┊▽太▽陰】暦注の八将神の一。土星の精で、太歳神の皇妃という。この神の方角に向かって嫁取り・出産することを忌む。大陰神。

たいおんき【戴恩記】江戸前期の歌学書。2巻。松永貞徳著。正保元年(1644)ごろ成立。天和2年(1682)刊。著者の師事した細川幽斎・里村紹巴らの故事やその歌学思想を平易に述べたもの。

だい-おんき【大遠忌】浄土宗で、宗祖法然の50年ごとの年忌。浄土真宗では宗祖親鸞の50年ごとの年忌をいう。➡遠忌

だい-おんきょう【大音響】大きな音。「—に包まれる」

だいおん-きょうしゅ【大恩教主】釈迦牟尼の尊称。

たいおん-けい【体温計】体温をはかる温度計。体温器。検温器。

だい-おんじょう【大音声】大きな声。おおごえ。「—をあげる」(類語)大声

たいおん-ちょうせつ【体温調節】恒温動物で、体温をいつもほぼ一定に調節する作用。大脳にある体温中枢によって支配され、外界の温度が高いときは発汗や呼吸を盛んにして放熱し、低いときは体表の血管を収縮させて放熱を防いだり、筋肉を活動させて体温を上げたりする。

たいか【大化】飛鳥時代、孝徳天皇の時の年号。日本最初の公式の年号。645年6月19日〜650年2月15日。

たい-か【大火】《古くは「だいか」とも》被害が広範囲に及ぶ火事。大きな火事。大火災。〔季 冬〕

(類語)火事・火災・火難・出火・失火・炎上・小火・自火・近火・急火・怪火・不審火・祝融・回禄

たいか【大夏】㊀漢代中国での北部アフガニスタンに対する呼称。ふつうバクトリア王国をさすとされるが、これを滅ぼしたトハラをさすとする説もある。㊁中国、五胡十六国の一。407年、匈奴の赫連勃勃が、後秦から独立して建国。431年に吐谷渾に

よって滅ぼされた。夏。㊂ ►西夏

たい-か【大家】❶大きな家。りっぱな家屋。❷ある分野で、特にすぐれた見識・技能をもっている人。「日本画の―」❸「たいけ(大家)」に同じ。
(類語)巨匠・名匠・権威・第一人者・泰斗・耆宿・大御所・オーソリティー

たい-か【大過】❶大きなあやまち。大変な失敗。「―なく定年まで勤める」❷きわめて大きいこと。「陸奥と云ふは、如何ほどのひろき国ぞと問ひ給へば、―の国にて候」〈義経記・一〉

たい-か【大×廈】大きな建物。りっぱな構えの建物。

大廈の材は一丘の木にあらず 《王褒「四子講徳論」から》大きな建物は、一つの山の木だけでできているわけではない。大事業は必ず大勢の力によって成就するもので、決して一人だけの力でできるものではないということ。

大廈の顛れんとするは一木の支うる所にあらず 《「文中子」事君から》大きい建物が倒れかけているのを、1本の木で支えることはできない。大勢がすでに傾きかけているときには、とうてい一人の力では支えることができないということ。

たい-か【大禍】❶大きなわざわい。大きな災難。❷「大禍日」の略。

たい-か【対価】他人に財産・労力などを提供した報酬として受け取る財産上の利益。

たい-か【耐火】火熱に強いこと。燃えにくいこと。高熱にも耐えること。「―金庫」

たい-か【退化】〔名〕スル ❶進歩が止まって以前の状態に逆戻りすること。また、衰えたり規模が小さくなったりすること。「記憶力が―する」⇔進化。❷生物の個体発生または系統発生の過程において、器官・組織などが縮小・衰退、あるいは消失すること。人間の虫垂・尾骨などはその例。⇔進化。
(類語)退歩・後退・悪化・後戻り

たい-か【帯化】植物の奇形の一種で、茎・根などが扁平に広がること。ケイトウ・ヤマユリ・エニシダなどの花序では普通にみられる。石化。

たい-か【堆花】器物の表面に有色土を筆や篦で盛り上げ、絵や文様を表したもの。また、その技法。

たい-か【袋果】裂開果の一。1枚の心皮から生じた子房が成熟した果実。縫い目状の線に沿って裂け、種子を出す。トリカブト・シャクヤクなど。蓇葖。

たい-か【滞貨】〔名〕スル ❶商品が売れ残ってたまっていること。また、その商品。ストック。「倉庫に大量に―する」❷貨物が輸送しきれないでたまっていること。また、その貨物。

たい-が【大牙】天子や将軍の居所・陣営に立てる旗。竿上に大きな象牙の飾りをつける。

たい-が【大河】㊀大きな川。幅が広くて、水量も多い川。㊁黄河のこと。(類語)大川

たいが【大雅】㊀詩経の分類の一。31編。六義の一つである雅を、小雅とともに構成する。周王朝の儀式・宴席などでうたった詩で、周の歴史を主題とした叙事的内容のものもある。㊁ ►池大雅

たい-が【大×駕】天子の乗り物。竜駕。

たい-が【台×駕】高貴な人を敬って、その乗り物をいう語。

たい-が【胎芽】❶植物の芽で、養分を蓄え、地上に落ちて新しい個体をつくるもの。ヤマノイモ・ユリのむかごなど。❷受精後第8週までのヒトの胎児。

タイガ〘ロシア tayga〙北半球の亜寒帯に広がる針葉樹林帯。エゾマツ・トドマツなどが大部分。狭義にはシベリアのものをさす。

だい-か【代価】❶商品の値段。代金。❷ある事柄を成し遂げるために生じた犠牲や損害。「権利獲得のために支払った―」(類語)代金・料金・手数料・代

だい-か【台下】❶高殿の下。楼下。❷身分の高い人を敬っていう語。閣下。❸手紙の脇付の一。相手に対する敬意を表す。
(類語)(③)侍史・机下・足下・座右・硯北・膝下・玉案下・御許・御前・拝

だい-が【大我】《「たいが」とも》❶仏語。真如の永遠なる自在の働き。狭い見解や執着から離れた自由自在の悟りの境地。⇔小我。❷インド哲学で、宇宙の本体としての唯一絶対の精神。⇔小我。

だい-が【題画】内容に合わせて詩や文を書き添えた絵。また、詩や文の内容を表した絵。

タイガー〘tiger〙虎。

ダイカー〘duiker〙ウシ科の哺乳類で小形のレイヨウ。アフリカに約20種が生息。

タイガース〘Tigers〙►阪神タイガース

タイガー-フィッシュ《giant tigerfish から》アフリカに分布する、コイ目カラシン科の淡水魚。全長約1.8メートル、体重約60キロに達する大形魚で、性質は荒い。

たい-かい【大会】❶大規模な集まり。大きな会合。「弁論―」❷ある組織や会の全体的な会合。「党―」「組合―」(類語)総会・部会・例会

たい-かい【大海】《古くは「だいかい」とも》❶大きな海。おおうみ。おおうなばら。❷茶入れの一。口が広く大ぶりで平たい形のもの。
(類語)海・海洋・大洋・海原・領海・公海・大海原・青海原・内海・内海・外海・外海・わたつみ

大海の一粟 広大な所にきわめて小さい物があることのたとえ。人間存在のはかなさなどにいう。滄海の一粟。大海の一滴。

大海の一滴 「大海の一粟」に同じ。

大海は芥を択ばず 広い海はどんなごみでも受け入れる。度量が広く、よく人を受けいれることのたとえ。大海は塵を択ばず。

大海を手で塞く とうてい不可能なことをしようとすること、特に、仕事の困難さに対してあまりにも無力なことのたとえ。

たい-かい【大塊】❶大きなかたまり。❷大地。地球。また、造物主。

たい-かい【台×槐】三台と三槐。すなわち、古代中国の最高官位であった三公の異称。三公は天の紫微宮を守る三台星に配され、また、周代の朝廷で3本の槐を植え、三公がそれに向かって座ったところからいう。

たい-かい【退会】〔名〕スル 会から退き、会員でなくなること。「学会から―する」⇔入会。

たい-がい【大害】《「だいがい」とも》大きな損害。大きな災害。「―をこうむる」

たい-がい【大概】㊀〔名・形動〕❶物事の全部ではないが、その大部分。ほとんど。だいたい。たいてい。副詞的にも用いる。「―の人は知らない」「漱石の作品は―読んだ」「朝食は―パンだ」❷物事のおおよその内容。あらまし。概略。大要。「計画の―を説明する」❸物事の程度などがありふれていること。また、そのさま。たいてい。「―な(の)ことには驚かない」❹物事の程度があまり極端にならないこと。ある程度でやめておくこと。また、そのさま。ほどほど。「―な(の)ところで切り上げなさい」「いたずらも―にしろ」㊁〔副〕❶かなりの程度に達するさま。いいかげん。「―嫌になる」❷推測がかなり確かなさま。たぶん。おそらく。「これだけ言っておけば―大丈夫だろう」
(類語)大抵・ほとんど・だいたい・一般・普通・全般に・総じて・概して・多く・おしなべて・おおむね・通例・通常・一体に・総体・およそ・広く・遍く

大概に・する ほどほどにする。ある程度のところでやめておく。「ふざけるのも―・しろ」

たい-がい【体外】身体の外部。⇔体内。

たい-がい【対外】外部、あるいは外国に対すること。「―試合」「―政策」⇔対内。

たいがい-さいけん【対外債権】外国に対する債権。⇔対外債務。(補説)日本の対外債権には、米国国債の所有分などがある。

たいがい-さいむ【対外債務】外国に対する債務。⇔対外債権。

たいがいしさんふさい-ざんだか【対外資産負債残高】►国際投資ポジション

だい-がいしゃ【大会社】❶規模の大きな会社。❷会社法で定義される株式会社の種類。最終事業年度の貸借対照表で、資本金の計上額が5億円以上、または負債の部に計上した額の合計額が200億円以上のいずれかに該当する株式会社をいう。

たいがい-しゅけん【対外主権】国家が外国に対して行使できる主権。

たいがい-じゅせい【体外受精】❶母体外で受精が行われること。魚類など水生動物に多い。⇔体内受精。❷卵巣から成熟した卵子を取り出して試験管の中で精子と受精させ、子宮内へ移して着床させる方法。不妊症の際などに行われる。

たいがいしんだんよう-いやくひん【体外診断用医薬品】疾病の診断に使用する医薬品で、身体に直接使用しないもの。血液・尿便・唾液などを検査するために使用する試薬のこと。

だい-かいてん【大回転】「大回転競技」の略。

だいかいてん-きょうぎ【大回転競技】スキー競技のアルペン種目の一。滑降と回転の中間的な性格をもつ。標高差300メートル以上、4メートルから8メートルの幅の旗門を30以上設定したコースを滑り、所要時間を競うもの。リーゼンスラローム。ジャイアントスラローム。GS。

だい-がいねん【大概念】論理学における定言的三段論法で、大前提に含まれ、結論の述語となる概念。大名辞。

だいがいねんふとうしゅうえん-の-きょぎ【大概念不当周延の虚偽】論理学における定言的三段論法で、前提では不周延である大概念を結論で周延させるために生じる虚偽。例えば、「すべての動物愛護者は心の優しい人である。彼は動物愛護者ではない。故に、彼は心の優しい人ではない」の類。

たいがい-ひばく【体外被×曝】►外部被曝

だい-がえ【代替え】「だいたい(代替)」の重箱読み。「―輸送」「―地」

たいか-きんゆう【滞貨金融】滞貨になっている商品を担保にして融資を受けること。滞貨融資。

たい-かく【台閣】《「だいかく」とも》❶たかどの。楼閣。❷国家の政治を行う機関。政府。内閣。「―に列する」(類語)政府・行政府・政庁・政権・内閣・官府・官庁・官衙・官・国・公儀・お上

たい-かく【体格】骨組み・肉づき・太りぐあいなどから見た身体の形。からだつき。「―がいい」(類語)体つき・体躯・恰幅・背恰好・筋骨・肉付き

たい-かく【対角】四角形で、互いに向かい合う角。また、三角形の一辺に対して向かい合う角。

たい-かく【対格】ヨーロッパ諸語などの文法で、主に直接目的語を表す格。動作の目標や対象を表す。

たい-がく【大岳|大×嶽】大きい山。大山。

たい-がく【台岳】㊀中国の天台山の異称。㊁比叡山の異称。

たい-がく【怠学】学問をなまけること。学校へ行くのをなまけること。

たい-がく【退学】〔名〕スル ❶学生・生徒が在学中に、特別の理由で、自発的に学校をやめること。また、学校側から強制的にやめさせられること。退校。「中途―」「―処分」❷規定の課程を修得して、学校をやめること。「在学三年を期とし、期満つれば則―し」〈大槻修二・日本教育史略〉(類語)退校・放校・中退

だい-かく【大角】北斗七星の南東に橙色に輝く、牛飼い座のα星アルクトゥルスの中国名。麦星。

だい-かく【大覚】仏語。❶悟りを開くこと。大きな悟り。大悟。❷悟りを得た人。仏。

だい-がく【大学】❶高等教育の中核をなす教育機関。学術の中心として、広く知識を授けるとともに、深く専門の学芸を教授研究することなどを目的とする。修業年限は4年を原則とするが、2年ないし3年の短期大学もある。大学は、学部のほかに大学院、研究所・付属病院などを設置することができる。日本では、明治以後設立。明治19年(1886)の帝国大学令、大正7年(1918)の大学令などにより規定され、第二次大戦後は、学校教育法に基づいて設置され、今日に至っている。❷「大学寮」の略。

(類語)ユニバーシティー・カレッジ・短大・大学校

だいがく【大学】中国、戦国時代の思想書。1巻。著者・成立年未詳。もと「礼記」の中の一編であったが、宋の司馬光が抜き出して「大学広義」1巻を作り、のち、程顥・程頤が定本を、1189年に朱熹が「大学章句」を作って、四書の一とした。治者の倫理・道徳に関する三綱領・八条目を立て、儒教の学問の階梯を説いたもの。(補説)三綱領は治者の目標となる明明徳・止至善・新民の三つ。八条目は三綱領を実現するための修養で、格物・致知・誠意・正心・修身・斉家・治国・平天下の八つ。

だい-がく【題額】❶額に漢詩などを書くこと。また、その額。❷寺号や氏名などを記して戸口や門などに掲げた額。

だいがく-いも【大学芋】乱切りにしたサツマイモを油で揚げ、甘いたれをからませ、黒ゴマを振りかけた食品。

だいがく-いん【大学院】大学の学部の上または独立に設置される機関。学術の理論および応用を教授・研究し、その深奥を究めて文化の進展に寄与することを目的とする。修士課程と博士課程とがある。

だいがくいん-せい【大学院生】大学院の学生。院生。

だいがくいん-だいがく【大学院大学】学部組織をもたず、大学院レベルの課程のみで構成され専門的研究を中心とする大学。米国のジョンズ=ホプキンズ大学がこの構想で創立。日本では国立の総合研究大学院大学が平成元年(1989)に発足した。

だいがく-かいほう【大学開放】公開講座などにより、大学教育の機会を広く一般社会に開放すること。大学拡張。

だいがくきじゅん-きょうかい【大学基準協会】大学・短期大学などを評価する機関の一。公益財団法人。各大学が掲げる理念・目的・教育目標の達成度、教育・研究活動の充実度などを、原則として7年周期で評価し、問題点が指摘された場合は、大学に対して改善を求める。昭和22年(1947)設立。平成16年(2004)に文部科学省の認証評価機関に認証された。(補説)大学・短期大学は、7年以内ごとに、文部科学大臣が認証する評価機関の認証評価を受けることが義務付けられている。大学基準協会の他に、独立行政法人大学評価・学位授与機構、日本私立大学協会、一般財団法人短期大学基準協会などがあり、各大学は評価を受ける機関を任意に選ぶことができる。

だいがくきょうどうりようきかん-ほうじん【大学共同利用機関法人】国立大学法人法の規定により、大学共同利用機関の設置を目的として設立された法人。

たいかく-けんさ【体格検査】体格を検査すること。一般には身長・体重・胸囲などの測定をいう。身体検査。

だいかく-じ【大覚寺】京都市右京区にある真言宗大覚寺派の大本山。山号は嵯峨山。もと嵯峨天皇の離宮を、貞観18年(876)皇女正子が仏寺とした。開山は恒寂法親王。以後代々、法親王が入寺。のち、後嵯峨・亀山上皇に続いて、後宇多上皇が入寺して中興。所蔵の後宇多天皇宸翰「御手印遺告」「弘法大師伝」は国宝。嵯峨御所。大覚寺門跡。

だい-がくし【大学士】《内閣大学士の略称》中国、明・清代の官名。唐・宋代の殿閣大学士の後身で、内閣の機密に参与し、実質的に宰相の役を務める官となった。

たいかく-しすう【体格指数】体重(キログラム)を身長(メートル)で二度割った数値。日本肥満学会では、18.5未満を「やせ」、18.5以上〜25.0未満を「ふつう」、25.0以上を「肥満」とし、数値によって肥満Ⅰ度〜Ⅳ度に分ける。日本人は22前後が最も病気にかかりにくいとされる。BMI。ボディーマス指数。

だいかくじ-とう【大覚寺統】鎌倉後期から南北朝時代、持明院統と皇位を争った亀山天皇の系統。鎌倉幕府の干渉により一時は交互に皇位に就いたが、南北朝時代、吉野に南朝を立て、元中9=明徳3年(1392)北朝と合体。後宇多上皇が大覚寺に住んだことによる名称。➡持明院統

だいかくじ-は【大覚寺派】大覚寺を大本山とする、古義真言宗の一派。

だい-がくしゃ【大学者】学識の非常にすぐれた学者。偉大な学者。

だいがく-せい【大学生】大学の学生。

だいかく-せそん【大覚世尊】《「大覚」と「世尊」との併称》仏の尊称。

たいかく-せん【対角線】多角形で、隣り合わない二つの頂点を結ぶ線分。また多面体で、同一平面上にない二つの頂点を結ぶ線分。

だいがく-とうこう【大学東校】東京大学の前身の一。幕末の医学所が医学校を経て、明治2年(1869)に改称したもの。東京医学校を経て、同10年に東京大学医学部となった。

だいがく-なんこう【大学南校】東京大学の前身の一。幕末の開成所を明治初年(1868)開成学校、そして大学南校と改称。洋学教育が行われた。同10年東京医学校と合併して東京大学となった。

だいがくにゅうがくしかく-けんてい【大学入学資格検定】高等学校を卒業していないなどの理由で大学受験の資格をもたない人のために、高等学校卒業者と同等以上の学力があることを認定する試験。昭和26年(1951)から実施され、平成17年(2005)高等学校卒業程度認定試験に移行。大検。➡高校卒業程度認定試験

だいがくにゅうし-センター【大学入試センター】昭和52年(1977)、国公立大学共通第1次学力試験を担当するために設置された機関。同54年第1回共通第1次学力試験を実施。平成2年(1990)第1回大学入試センター試験を実施。同13年独立行政法人へ移行。

だいがくにゅうしセンター-しけん【大学入試センター試験】➤センター試験

だいがく-ノート【大学ノート】筆記帳の大きめのもの。ふつうB5判で、主に大学生が好んで使うところからいう。

だいがく-の-かみ【大学頭】❶律令制で、大学寮の長官。従五位上相当。学生の試験と釈奠のことを管掌。❷江戸時代、昌平坂学問所の長官。元禄4年(1691)林信篤が任命され、以後代々林家が世襲。

だいがく-の-じち【大学の自治】大学が国家権力その他種々の外的干渉を受けずに、自主的に学問研究・教育に関する諸事項を決定・遂行する権利を有すること。➡学問の自由

だいがく-びょういん【大学病院】医科大学や医学部のある大学に付属している病院。

だいがく-べっそう【大学別曹】平安時代、有力氏族が子弟のために大学寮近くに設けた寄宿施設。和気氏の弘文院、藤原氏の勧学院、橘氏の学館院など。

だいがく-よびもん【大学予備門】第一高等中学校、のちの第一高等学校の前身。東京大学の予備機関として、東京開成学校普通科・官立東京英語学校を併せて、明治10年(1877)成立。同19年分離独立し、第一高等中学校となった。

だい-かぐら【太神楽｜代神楽】❶伊勢神宮へ一般の参詣人が奉納する神楽。御師の邸内で行われた。太太神楽。❷❶から転じた江戸時代の大道芸。もとは伊勢神宮や熱田神宮の下級神官が全国各地を回って神事としての獅子舞を行うものであったが、しだいに曲芸や茶番などを行うようになった。

だいがく-りょう【大学寮】律令制で、式部省に属して中央官庁の官吏養成に関する教育と事務を管掌した機関。明経・文章・明法の3本科と算道・書道の2付随学科があり、教官の博士・助教のほかに四等官の事務職員がいた。おおつかさ。大学。

だいがく-れい【大学令】官学以外に公・私立大学を認め、その目的・組織および監督を規定した法令。大正7年(1918)公布。昭和22年(1947)に廃止され、学校教育法がこれにかわった。

だいがくわくもん【大学或問】江戸中期の経済政策書。熊沢蕃山著。2巻。貞享3年(1686)成立。人君の天職以下22か条にわたって経世済民政策を論じている。幕政批判を含む内容のため、蕃山が下総国古河に幽閉される原因となった。

たいか-けんちく【耐火建築】主要構造部が耐火構造で、延焼のおそれのある部分には防火戸などを設置した建築物。

だい-かこ【大過去】インド=ヨーロッパ語などで、過去において完了・継続していたことを示す時制。過去の出来事をそれ以前の出来事の結果・影響として表すもの。過去完了。

たいか-こうぞう【耐火構造】建築の主要部分が高熱に対して強く、たとえ焼けても補修程度で再使用できるような構造。鉄筋コンクリート造り、耐火被覆を施した鉄骨造りなど。

たいか-こうろう【大厦高楼】大きな家屋とたかどの。豪壮な建物をいう。

だい-がさ【台笠｜台傘】❶近世、大名行列などのとき、袋に入れ長い棒の先につけて、小者に持たせたかぶり笠。❷(台傘)傘袋に納めた妻折り傘。高位の人の外出の際に飾り傘として用いた。

たいか-ざい【耐火材】「耐火材料」に同じ。

たいか-ざいりょう【耐火材料】高熱に耐えうる材料。耐火煉瓦・耐火粘土・耐火モルタルなど。耐火材。

だい-かし【代貸し】《「だいがし」とも》貸元の代理をつとめる人。

だい-かしょう【大和尚｜大和上】「だいおしょう(大和尚)」の天台宗で用いる読み方。

たいが-しょうせつ【大河小説】一個人や一群の人々の生涯や歴史を、時代の流れとの関連のなかでとらえていこうとする壮大な長編小説。1920年代、フランスに始まる。ロマン=ロランが自作「ジャン=クリストフ」を大河にたとえたことに由来する。マルタン=デュ=ガールの「チボー家の人々」、デュアメルの「パスキエ家の記録」など。

だい-がしら【大頭】幸若舞の流派の一。室町末期から江戸初期にかけて栄えた。

ダイ-カスト《die castingから。「ダイキャスト」とも》金属製の精密な鋳型の中に、溶かした合金を圧力をかけて流し込み鋳造する方法。普通鋳物より寸法精度が高く、大量生産ができる。

たいかせいのう-わりびき【耐火性能割引】火災保険の契約に際し、保険対象建物が一定の耐火性能基準を満たす場合に適用される保険料の割引。

たいか-ぜんだい【大化前代】日本史上の時代区分の一。大化の改新以前の6、7世紀ころ、従来の氏姓制度がゆきづまり、国家的な官司機構が整えられはじめた大和政権時代末期をいう。

だい-かぞく【大家族】❶多人数の家族。❷直系家族のほかに傍系親族までも含む多人数の家族。

たい-がため【体固め】レスリングで、相手を押さえ込み、自分の体重をかけてフォールする技の総称。

だい-かつ【大喝】〔名〕スル大きな声でしかりつけること。また、その声。「一一声」「思いとどまれと一して」〈露伴・新浦島〉

(類語)譴責・叱る・怒る・叱咤・叱責・叱りつける・一喝・お目玉・大目玉

だい-がっく【大学区】❶明治5年(1872)の学制による教育行政上の単位区画、および大学設置の区画。全国を8区分したもので、それぞれに大学の設置を定めた。❷公立高等学校の通学区域で、全県1区または数区の大規模なもの。

だい-かっこ【大括弧】➤角括弧

だい-がっこう【大学校】❶国の行政機関などの付属機関として設けられた学校。防衛大学校・気

象大学校・水産大学校など。学校教育法に定める大学には含まれない。❷明治2年(1869)明治政府が昌平坂学問所を中心に開成所・医学所を統合して設けた教育機関。❸大学の俗称。「私の卒業した米国の—を去るときに」〈内村・後世への最大遺物〉
(類語)大学・ユニバーシティー・カレッジ

タイ-カッブ〖Ty Cobb〗►カッブ

たいか-ど【耐火度】耐火の程度。火熱により軟化変形するときの温度で表し、ふつうゼーゲル錐の番号で示す。

だい-カトー【大カトー】►カトー㊀

たいか-にじゅういっかじょうようきゅう【対華二十一箇条要求】第一次大戦中の大正4年(1915)、日本が中国に受諾させた21か条の要求。山東省の旧ドイツ権益の継承、満鉄権益期限の99か年延長などを要求し受諾させたが、これに対し、中国国内では反日運動がまきおこった。

たいか-にち【大禍日】暦注の一。旅行・建築・葬式などを忌むという悪日。

たいか-ねんど【耐火粘土】高熱でも溶解しない粘土。木節粘土など。耐火煉瓦などの原料に用いる。

たいか-の-かいしん【大化の改新】大化元年(645)から翌年にかけて中大兄皇子・中臣鎌足が中心となって行った、蘇我氏打倒に始まる一連の政治改革。唐の律令制を手本として、公地公民制による中央集権国家建設を目的としたもの。皇族・豪族の私有地・私有民の廃止、地方行政制度の確立、班田収授の法の実施、租庸調などの統一的な税制の実施などをうたった改新の詔を公布。大宝元年(701)の大宝律令の制定によってその政治制度は確立した。

たいか-ペイント【耐火ペイント】►耐熱塗料

たいか-へき【耐火壁】コンクリートや石材などの耐火材でつくった壁。

だいか-べんさい【代価弁済】抵当不動産の所有権またはその上の地上権を買った者が、抵当権者の請求に応じて売買代金を抵当権者に支払い、抵当権を消滅させること。

だい-からうす【台唐臼｜台×碓】杵の足踏み部分に台をつけた唐臼。臼を地面に埋め込んだ固定的な地唐臼に対して、杵・臼のしかけ全体を持ち運び可能にしたもの。

だい-がらん【大×伽藍】寺の大きな建物。

たいか-れんが【耐火×煉瓦】高温に耐える煉瓦。耐火粘土を主原料としてつくり、鉄鋼業・ガラス工業などの窯炉に使用。

だい-カロリー【大カロリー】►カロリー❷

だい-がわり【代替(わ)り】〔名〕(スル) 次の代にうつること。将軍・戸主・経営者などが替わること。

だい-がわり【台替(わ)り】〔名〕(スル) 相場が上がって値段の単位が一つ上のものに変わること。例えば、700円台から800円台になったような場合にいう。(対)台割れ。

たい-かん【大汗】モンゴル民族の皇帝に対する称号。1206年のチンギス=ハンの即位に始まる。

たい-かん【大×旱】ひどいひでり。おおひでり。(季夏)「—や泥泉地獄ふつふつと/誓子」

たい-かん【大官】位の高い官職。また、その地位にある人。高官。(対)小官。

たい-かん【大×姦｜大×奸】非常に悪賢いこと。また、その人。

大姦は忠に似たり　《「宋史」呂誨伝から》大悪人は、巧みに自分の本性を包み隠して、主君の気に入るように勤めるから、まるで忠臣のように見える。

たい-かん【大患】❶重い病気。大病。重病。「—に倒れる」❷大きな心配事。「国家の—」
(類語)大病・重病・重症・重患

たい-かん【大観】〔名〕(スル) ❶広く全体を見渡すこと。大局を眺めること。「世界の政情を—する」❷雄大な景色。壮大な眺め。「山頂からの—」

たい-かん【大艦】大きな軍艦。

たい-かん【大鑑】その一冊だけで、ある部門の主なことがわかるように書いてある本。「園芸—」

たい-かん【太監】中国の官名。遼代は大府・少府の長官。元代から清代にかけては宦官の官庁の長官。転じて、宦官の俗称。

たい-かん【台×翰】相手を敬って、その手紙をいう語。尊翰。芳書。(類語)手紙・御状・御書・懇書・貴書・貴翰・貴札・芳書・芳信・芳翰・芳墨・尊書・尊翰・朶雲

たい-かん【台観】物見の楼台。たかどの。

たい-かん【体幹】体の主要部分。胴体のこと。また、その筋肉。「—を鍛える運動器具」

たい-かん【体感】〔名〕(スル) ❶からだで感じること。また、からだが受ける感じ。❷皮膚や内臓の諸器官に加えられた刺激による感覚。暑さ・寒さ・痛み・飢え・渇き・性欲・吐きけなどの感覚。有機感覚。
(類語)感覚・知覚・官能・五感・肉感・感触・感じ

たい-かん【対×捍】逆らい手向かうこと。特に、中世、年貢・公事の徴収などをめぐって地頭・名主が国司・荘園領主の命令を拒否し、抵抗すること。

たい-かん【耐寒】寒さに耐えること。「—訓練」

たい-かん【退官】〔名〕(スル) 官職をやめること。官吏が職を退くこと。「六〇歳で—する」
(類語)引退・退陣・退職・退任・退役・辞職・辞任・勇退・下野・リタイア

たい-かん【▽諦観】►ていかん(諦観)

たい-かん【戴冠】〔名〕(スル) 国王が即位のしるしとして王室伝来の王冠を頭にのせること。

たい-がん【大願】《「だいがん」とも》❶大きなことを成し遂げようという願い。❷仏語。仏が衆生を救おうとする誓願。

たい-がん【台顔】他人を敬って、その顔をいう語。尊顔。「—を拝する」

たい-がん【対岸】向こう側の岸。向こう岸。
(類語)向こう岸・川向こう・彼岸

対岸の火事　《向こう岸の火事は、自分に災いをもたらす心配のない意から》自分には関係がなく、なんの苦痛もないこと。対岸の火災。

たい-がん【対顔】〔名〕(スル) 顔を合わせること。面と向かうこと。対面。

だい-かん【大巻】巻数や紙数の多い書物。

だい-かん【大寒】二十四節気の一。1月20日ごろ。このころ、寒さが一年のうちで最も厳しい。(季冬)「—といふ壁に突きあたりたる/万太郎」➡小寒

だい-かん【代官】❶中世、主君の代わりとして事にあたった者の総称。特に、守護・地頭の代官である守護代・地頭代をさすことが多い。❷荘官の一。一定額の年貢納入を請け負い、支配の実務を行った。❸戦国時代、大名のもとで地方役人として実務に当たった者。❹江戸時代、幕府・諸藩の直轄地の行政や治安をつかさどった地方官の称。

だい-がん【代願】〔名〕(スル) 他の人に代わって神仏に祈願すること。また、その人。
(類語)祈願・発願・願う・願掛け・立願・誓願・祈り・祈念・祈祷・黙祷

たいかん-おんど【体感温度】からだに感じる暑さ・寒さなどの度合いを数量で表したもの。気温のほか風速・湿度・日射なども関係する。実効温度・不快指数などがある。

たいかんきょほう-しゅぎ【大艦巨砲主義】《「だいかんきょほうしゅぎ」とも》❶海軍力の増強には大口径の主砲と厚い装甲を持つ大型戦艦が必要とする考え方。(補説)第一次世界大戦後の軍縮時代を除き、第二次大戦前まで世界の海軍国が巨大戦艦を建造した。典型は日本の大和と武蔵。❷(比喩的に)大きな組織や大掛かりな設備が、強い競争力を持つとする考え方。大きすぎて柔軟性を欠き、小回りの利かないところを冷やかして言うこともある。

だいがん-じ【大巌寺】千葉市中央区大巌寺町にある浄土宗の寺。山号は竜沢山、院号は玄忠院。開創は天文20年(1551)ごろ、開基は原胤栄、開山は道誉貞把。

たいかん-しき【戴冠式】新国王が、即位のあとに行う戴冠の儀式。

だいかん-しょ【代官所】❶代官❹が事務を執った役所。❷代官の支配下にある土地。

たいがん-じょうじゅ【大願成就】〔名〕(スル) 大願がかなうこと。

だい-かんじん【大勧進】㊀寺院建立などのために寄付集めに従事する僧。㊁浄土宗の大本願とともに、善光寺㊀の寺務をつかさどる天台宗の寺。善光寺の境内にある。

たいかん-そくど【体感速度】数字で表される速度ではなく、人が視覚や振動などから感じる速い、遅いの感覚。例えば、同じスピードで走る車に乗っている場合、狭い道を走っているときや、視点の低いゴーカートに乗っているときなどには速いと感じる感覚をさす。乗り物の速度以外に、球速、パソコンの起動速度、アプリケーションの処理速度、インターネットへのアクセス速度など、さまざまな場面で用いられる。「110キロで向かってくるソフトボールは、野球における—で150キロ以上に感じられる」

だいかん-だいじ【大官大寺】大安寺の旧称の一。高市郡夜部村(現在の明日香村)にあったときの名称の一つで、それまでの高市大寺の名を天武天皇5年(677)に改称したもの。

たいかん-だんどうミサイル【対艦弾道ミサイル】►エー-エス-ビー-エム(ASBM)

たいかん-ちあん【体感治安】統計に表されたものではなく、人々が日常生活の中で漠然と感じる治安の善し悪しに関する感覚。「—が悪化する」

だい-がんな【台×鉋】樫の台木のついた鉋。現在普通に用いられる鉋。室町時代に作られ、それ以前の突き鉋・槍鉋に対していう。

たいかん-の-うんげい【大×旱の雲×霓】《「孟子」梁恵王下から》日照り続きに待ち望む、雨の前触れである雲や虹。ひどく待ち焦がれている物事のたとえ。

だいかんみたて-しんでん【代官見立新田】江戸時代、幕領の代官が開発可能な土地を見立てて農民に開発させた新田。成功した場合には新田年貢の10分の1が代官に給与された。

だいかんみんこく【大韓民国】朝鮮半島の38度線以南に、1948年に成立した国。首都ソウル。初代大統領は李承晩。韓国。人口4864万(2010)。➡朝鮮 ➡三十八度線

たいがん-レンズ【対眼レンズ】❶接眼レンズのこと。❷接眼レンズを構成するレンズのうち、最も眼に近いレンズ。逆に眼から遠いレンズを視野レンズという。

たい-き【大気】㊀〔名〕天体の表面を取り巻いている気体の層。普通は地球の空気をさし、地上1000キロまで存在して太陽の強烈な紫外線やX線を遮るとともに保温の役割などを果たす。その95パーセントは地上20キロ以下にあって、上層ほど希薄。㊁〔形動〕〔文〕〔ナリ〕心が広く、こせこせしないさま。「—な人で…札を撒いて歩いたという話を」〈秋声・黴〉
(類語)空気・気・外気・エア

たい-き【大器】❶大きな入れ物。(対)小器。❷人並みはずれてすぐれた才能・器量。また、それのそなわった人物。大人物。「未完の—」(対)小器。
(類語)英傑・傑物・俊傑・怪傑・偉人・大人物・逸材・大物・鳳雛・麒麟児・女傑・巨星・巨人

たいき【台記】平安時代の公卿藤原頼長の日記。12巻。保延2年(1136)から久寿2年(1155)までの部分が現存。鳥羽院政期の基本史料。宇治左府記。宇左記。宇槐記。槐記。治相記。

たい-き【対機】仏語。❶説法の際、相手の機根に対応すること。❷説法する相手。教えを聞く人。

たい-き【待機】〔名〕(スル) 準備をととのえて機会の来るのを待つこと。「救護班が—する」「自宅—」
(類語)控え・控える・待つ

たい-き【堆起】うずたかく盛り上がること。「鼻は面中に在りて、—せるものなれば」〈蘭学事始〉

たい-き【隊旗】隊と名のつく団体のしるしの旗。
たい-ぎ【大義】❶人として守るべき道義。国家・君主への忠義、親への孝行など。「一に殉じる」❷重要な意義。大切な事柄。「自由平等の一を説く」
(類語)(❶)道徳・倫理・道義・徳義・人倫・人道・世道・公道・公徳・正義・規範・仁義・徳・道・モラル・モラリティー/(❷)大義名分
大義親を滅す 《「春秋左伝」隠公四年から》君主や国家の大事のためには、肉親の情をも顧みない。大義のためには親兄弟をも犠牲にする。
たい-ぎ【大疑】大きな疑問。大いに疑うこと。
大疑は大悟の基 大いに疑問を持つことは、のちに大きな悟りをひらくもとになるということ。
たい-ぎ【大儀】〔名・形動〕❶即位式・朝賀など、朝廷で行われる最も重要な儀式。大典。➡中儀 ➡小儀 ❷重大な事柄。大事なこと。「一の前の小儀」❸やっかいなこと。また、そのさま。おっくう。めんどう。「今から出かけるのは一だ」❹疲れなどのため何もする気になれないこと。また、そのさま。「すわっているのも一そうに見える」❺他人の労をねぎらうときに用いる語。ご苦労。「『一じゃ』と、利仁が声をかける」〈芥川・芋粥〉❻費用のかかること。また、そのさま。「縁付きの時分、さのみ一になきやうに、覚悟よろしき仕方なり」〈浮・胸算用・三〉
(類語)(❶)栄典・祝典・祝儀・祭典・祭礼・祭儀・大祭・大礼・大典・典礼・盛儀・儀式・式典
たいぎ【太祇】►炭太祇
たいぎ【体技】「格技」に同じ。
だい-き【大機】仏語。大乗の教えを受け、それを実践する資質。また、その資質を有する者。⇔小機。
だい-ぎ【代議】〔名〕スル ❶他人に代わって議すること。❷国民の選挙によって選ばれた議員が、国民を代表して政治を議すること。
だい-ぎ【台木|×砧木】❶接ぎ木の台にする木。接ぎ台。❷物の台にする木。「下駄の一」
たいき-あつ【大気圧】►気圧❶
だいぎ-いん【代議員】政党や労働組合などの大会に、各地域・職場から選出され、代表として討議や議決に参加する人。
たいき-おせん【大気汚染】産業・交通など人間の活動によって作り出される工場排煙や車の排気ガスなどの有害物質によって大気が汚されること。人体や生態系に悪影響を及ぼす。
たいきおせん-ぼうしほう【大気汚染防止法】工場などから生じる煤煙や自動車の排気ガスなどを規制し、大気汚染を防止するとともに、被害が発生した場合の事業者の損害賠償責任について定めている法律。昭和43年(1968)施行。
たいき-おん【帯気音】►有気音
たいき-かがく【大気科学】大気中で起こる物理現象、および大気の組成や成り立ちについて研究する学問。気象学や気候学を含む地球科学の一分野に位置づけられる。
たいき-かんりゅう【大気環流】►大気大循環
たいき-けん【大気圏】地球を包んでいる大気の存在する範囲。気温分布によって対流圏・成層圏・中間圏・熱圏に分かれる。気圏。
たいぎ-ご【対義語】❶同一言語の中で、意味が正反対の関係にある語。一方を否定すれば必ず他方になる関係の「男↔女」「生↔死」などの場合、程度の差を表す「大きい↔小さい」「遠い↔近い」「よい↔悪い」などの場合、一つの事柄を見方や立場をかえて表現する「売る↔買う」「教える↔習う」などの場合がある。アントニム。反意語。反義語。反対語。❷広く❶に加えて対照的な関係にある語、例えば「天↔地」「北極↔南極」などをも含めていう。
(類語)反意語・反対語・アントニム
たいき-こう【大気光】超高層大気の原子・分子が太陽紫外線により発光する現象。観測される時刻により、夜間大気光・昼間大気光・薄明大気光に分けられる。
だい-きこう【大気候】日本・大陸といった、広い地域にわたる気候。➡中気候 ➡小気候
たいき-さ【大気差】地表で見る天体の見かけの方向と、その真の方向との差。光が大気中で屈折するために生じる。気差。
たいき-じ【待機児】「待機児童」に同じ。
だいぎ-し【代議士】国民から選ばれ、国民を代表して国政を議する人。特に、衆議院議員をいうことが多い。(類語)政治家・議員
だいぎし-かい【代議士会】衆議院に議席を持つ各政党・会派が、衆議院本会議の前に、所属の衆議院議員を集めて開催する会議。衆議院議員会。衆議院議員総会。➡両院議員総会
たいきじしょうひ-でんりょく【待機時消費電力】「待機電力」に同じ。
たいき-じどう【待機児童】認可保育所への入所要件を満たし、申し込みがされているが、施設の不足や保育希望時間の調整がつかないなどの理由によって入所できないでいる児童。
だいぎ-せい【代議制】国民が選挙によって代表者を選出し、代表者の構成する議会を中心として政治を行う制度。議会制度。
だいぎ-せいじ【代議政治】代議制度によって行われる政治。
たいき-せいどう【大気制動】►空力ブレーキ
たいき-せっぽう【対機説法】相手の素質・能力に従って法を説くこと。
たいき-そくど【対気速度】航行中の航空機の、周囲の空気流に対する速度。➡対地速度
たいき-だいじゅんかん【大気大循環】全地球的な規模の大気の循環。高温の赤道付近と低温の極付近との間に大規模な熱対流が起こり、それに地球の自転が影響するため三つの対流に分かれ、これらが地表付近で風として吹くとき、貿易風・偏西風・偏東風となる。大気環流。
だい-きち【大吉】❶縁起や運勢がこの上なくよいこと。非常にめでたいこと。⇔大凶。❷「大吉日」の略。
大吉は凶に還る それ以上の吉がないところから、かえって凶に近づくということ。
だいきち-にち【大吉日】非常に縁起のよい日。大吉の日。
たいき-でんき【大気電気】大気中で起こる電気現象の総称。雷をはじめとする放電現象、電離した窒素や酸素の分子による大気電流などを指す。気象電気。
たいき-でんりょく【待機電力】電気製品で、使用していない間にも、時刻表示や起動時間短縮などのために常に消費されている電力。待機時消費電力。
たい-きとう【戴季陶】[1891〜1949]中国の政治家。四川省の生まれ。名は伝賢。号は天仇。日本に留学後、革命運動に入り、孫文の死後は国民党右派の領袖。国民政府委員・考試院長を歴任。著「日本論」など。タイ=チータオ。
たいき-ニュートリノ【大気ニュートリノ】地球大気の上層部に宇宙線が衝突することで生じるニュートリノ。宇宙線(主に高エネルギーの陽子線)が大気分子の原子核と衝突してできるπ中間子やμ粒子が崩壊し、電子ニュートリノとμニュートリノが生成される。日本のスーパーカミオカンデによる大気ニュートリノ観測実験において、大気上層部から飛来するニュートリノと地球の裏側から地球内部を通って飛来するニュートリノの数を比較することで、ニュートリノがわずかにでも質量をもつ場合に起こるニュートリノ振動という現象が確認された。
たいき-ばんせい【大器晩成】《「老子」41章から》大きな器が早く出来上がらないように、大人物は世に出るまでに時間がかかるということ。
たいき-ブレーキ【大気ブレーキ】►空力ブレーキ
だい-きぼ【大規模】〔名・形動〕物事の仕組み・構造などが大がかりなこと。また、そのさま。「一な(の)地震」(類語)大がかり・豪壮・雄大・壮大・巨大
だいきぼこうりてんぽ-ほう【大規模小売店舗法】《「大規模小売店舗における小売業の事業活動の調整に関する法律」の通称》小売業の正常な発達を図るため、大規模小売店舗とその周辺の中小小売業との利害を調整することを目的とする法律。昭和49年(1974)施行。平成12年(2000)の大規模小売店舗立地法施行にともない廃止。大店法。
だいきぼこうりてんぽりっち-ほう【大規模小売店舗立地法】周辺地域の生活環境を保持するため、大規模小売店舗の設置と運営方法に配慮し、小売業の健全な発達をはかることを目的とする法律。大規模小売店舗法に代わり平成10年(1998)制定、同12年施行。大店立地法。
だいきぼ-さいがい【大規模災害】大地震、大洪水など広い範囲にわたり、被害額も大きい災害。
だいきぼじしんたいさく-とくべつそちほう【大規模地震対策特別措置法】大規模な地震による災害から国民の生命・身体および財産を保護するために定めた法律。地震防災対策強化地域の指定、地震観測体制の整備、地震防災体制の整備、地震防災応急対策などについて、地震防災に関する特別の措置を定める。昭和53年(1978)成立。同59年施行。大震法。
だいきぼ-しゅうせきかいろ【大規模集積回路】►エル-エス-アイ(LSI)
だいぎ-ぼたん【台木×牡丹】ボタンの原種。花が劣っているので接ぎ木の台木に用いられる。
たいぎ-めいぶん【大義名分】❶人として、また臣として守るべき道義と節度。「一にもとる」❷行動のよりどころとなる道理。また、事を起こすにあたっての根拠。「一が立つ」(類語)大義
たいぎめいぶん-ろん【大義名分論】君臣・父子の別をわきまえ、上下の秩序や礼節を重んじる思想。江戸時代、封建社会の倫理的支柱とされ、幕末には天皇に対する忠誠を求める尊王論へとすり替えられた。
たい-きゃく【対客】来客に対面すること。また、対面している客。たいかく。
たい-きゃく【退却】〔名〕スル 戦いに敗れてあとへさがること。また、物事の成り行きが不利になってひきさがること。後退。「形勢不利とみて一する」
(類語)退散・退去・退避・避難
たい-ぎゃく【大逆】《「だいぎゃく」とも》人の道にそむく最も悪質な行為。君主や親を殺す類。
たいぎゃく-ざい【大逆罪】天皇・太皇太后・皇太后・皇后・皇太子・皇太孫に対して危害を加え、または加えようとすることによって成立した罪。犯した者は死刑に処せられることになっていた。昭和22年(1947)の刑法改正で廃止。
たいぎゃく-じけん【大逆事件】明治43年(1910)多数の社会主義者・無政府主義者が明治天皇の暗殺計画容疑で検挙された事件。大逆罪の名のもとに24名に死刑が宣告され、翌年1月、幸徳秋水ら12名が処刑された。幸徳事件。
たいぎゃく-むどう【大逆無道】はなはだしく人の道に背き、道理を無視すること。また、その行為。
ダイ-キャスト►ダイカスト
たいきゅう【大邱】►テグ(大邱)
たい-きゅう【耐久】長くもちこたえること。長持ちすること。「一レース」「一性」
たい-きゅう【待球】野球で、打者が球を打たずに、四球になるのを待ったり、打ちやすい球がくるまで待ったりすること。ウエーティング。
だい-きゅう【大弓】長さ7尺5寸(約2.25メートル)の普通の弓。半弓・楊弓などに対していう。
だい-きゅう【代休】日曜・祭日などの休日に出勤した代わりにとる休暇。
たいきゅう-きょうそう【耐久競走】スキー競技のノルディック種目の一。30キロまたは50キロの距離を競走するもの。
だい-きゅうし【大休止】比較的長く休憩すること。また、その休憩。もと軍隊の用語で、行軍などに際して用いられた。
だい-きゅうし【大臼歯】小臼歯の奥にある臼

歯。上下左右に3本ずつある永久歯で、いちばん奥のものが親知らずとよばれる。後臼歯こうきゅうし。

だいきゅう-しょうねん【大休正念】ダイキウシャウネン［1215〜1289］鎌倉時代の臨済宗の中国僧。大休派の祖。温州永嘉(浙江省)の人。北条時宗の招きを受けて文永6年(1269)来日し、建長寺・円覚寺などに歴住、浄智寺を開創した。仏源禅師。

たいきゅう-しょうひざい【耐久消費財】タイキウセウヒザイ 長期の使用に耐える消費財。自動車・テレビ・家具など。耐久財。

だいきゅうせい-ひんけつ【大球性貧血】ダイキウセイ― 貧血の分類の一。赤血球が通常よりも大きくなっている貧血。赤血球ができる過程に何らかの異常が疑われる。巨赤芽球性貧血などでみられる。➡小球性貧血 ➡正球性貧血

たいきゅう-りょく【耐久力】タイキウ― 長くもちこたえられる力。長く持続させる力。

たい-きょ【大挙】〔名〕スル ❶多数のものが一団となって行動すること。副詞的にも用いる。「―襲来する」「―しておしかける」❷大規模な企て。大きな事業。「全国制覇の―」

たい-きょ【太虚┊大虚】❶おおぞら。虚空こくう。「広漠たる―」❷古代中国の宇宙観で、宇宙の本体である気の根元的形態。気が散じて空虚になっている状態をさす。

(類語)空・天・天空・天穹てんきゅう・穹窿きゅうりゅう・蒼穹そうきゅう・上天・天球・青空・青天井・宙ちゅう・空そら・空中・虚空こくう・中空ちゅうくう・中天・上空・大空

たい-きょ【退去】〔名〕スル 今いる場所から立ち去ること。立ちのくこと。「国外に―する」「―命令」

(類語)退散・退避・退却・避難・去る・遠ざかる・遠のく・離れる・立ち去る・引き払う・引き上げる・辞去・失うせる・退のく・下がる・退どく・立ち退く・引き下がる

たい-きょ【退居】俗世間から遠ざかって静かに生活すること。隠居。

たい-ぎょ【大魚】大きな魚。大鱗。

大魚を逸いっする 大きな手柄を立てそこなう。また、大きな利益を手にしそこなう。

たい-ぎょ【大漁】▶たいりょう(大漁)

たい-きょう【大×饗】ダイキャウ《「だいきょう」とも》❶盛大な饗宴。❷平安時代、宮中または大臣家で正月に行った大がかりな宴会。二宮にぐう大饗と大臣大饗を恒例のものとした。おおあえ。

たい-きょう【体協】タイケフ「日本体育協会」の略称。

たい-きょう【胎教】タイケウ 妊婦が精神的安定に努めて、胎児によい影響を与えようとすること。

たい-きょう【退京】タイキャウ〔名〕スル 都を立ちのくこと。現在では、ふつう東京を去ること。

たい-きょう【滞京】タイキャウ〔名〕スル 都に滞在すること。現在では、ふつう東京に滞在すること。「留守居役の者一両名―して」〈染崎延房・近世紀聞〉

たい-ぎょう【大業】タイゲフ ❶規模の大きい事業。重大な事業。「維新の―」❷天下を治める仕事。帝王の事業。「経国の―」❸律令制で、官吏登用試験の最終試験に合格すること。また、その人。

(類語)偉業・覇業・難業

たい-ぎょう【怠業】タイゲフ〔名〕スル ▶サボタージュ

たい-ぎょう【戴顒】［378〜441］中国、南北朝時代の宋の学者。銍ちつ(安徽あんき省)の人。字あざなは仲若ちゅうじゃく。官の召請を辞し、隠者として過ごした。荘子の大旨を述べ、「逍遥しょうよう論」を著した。

だい-きょう【大凶┊大×兇】❶(大凶)縁起や運勢がこの上なく悪いこと。⇔大吉。❷この上もなく大きな罪悪。また、大悪人。

だい-きょう【大経】ダイキャウ 宗派で重要とされる経典。天台宗では涅槃ねはん経、浄土教では無量寿経をさす。

だい-きょうかん【大叫喚】ダイケウクワン「大叫喚地獄」の略。

だいきょうかん-じごく【大叫喚地獄】ダイケウクワンヂゴク 八大地獄の第五。叫喚地獄の下にあり、五戒を破った者が落ちるとされ、呵責かしゃくの激しさに大声で泣き叫ぶという。

だい-きょうきん【大胸筋】前胸部の最も広く大きい筋肉。鎖骨の下から上腕部の付け根まで、正中線に沿ってある。上腕の運動や呼吸運動に関与する。

だい-きょうこう【大恐慌】ダイキョウクワウ 1929年10月、ウォール街のニューヨーク株式市場大暴落を契機として起こった世界的な恐慌。産業や経済に大きな打撃を与え、1933年ごろまで続いた。

だい-きょうじ【大経師】ダイキャウジ ❶昔、朝廷御用の、経巻・仏画などを表装した職人の長。造暦にあたった賀茂・幸徳井両家から新暦を受け、大経師暦を発行する権利を与えられた。❷表具師。

だいきょう-じ【題経寺】ダイキャウ― ▶柴又帝釈天しばまたたいしゃくてん

だい-ぎょうじ【大行事】ダイギャウジ ■大法会の際に指揮する僧。■滋賀県日吉神社の山王二十一社の一。大行事権現。

だいきょうじむかしごよみ【大経師昔暦】ダイキャウジむかしごよみ 浄瑠璃。世話物。3巻。近松門左衛門作。正徳5年(1715)大坂竹本座初演。京都の大経師の妻おさんと手代茂兵衛との密通事件を脚色したもの。近松三姦通物さんかんつうものの一。通称「おさん茂兵衛」。

たいきょう-しょうきょう【大喬小喬】ダイケウセウケウ 中国三国時代、呉の喬公の二人の娘。姉の大喬は孫策の、妹の小喬は周瑜しゅうゆの妻となった。ともに美貌びぼうで兵書を好んだといわれ、画題にされる。二喬。

たいきょう-せんぷ【大教宣布】ダイケウ― 明治維新政府が祭政一致・国体強化の一環として展開した国民教化政策。神道精神の高揚を目的としたが、仏教側の反対などで挫折。

たい-きょく【大曲】❶規模の大きな楽曲。⇔小曲。❷雅楽で、規模・格式から大・中・小に分けたうちの最上位の曲。唐楽と高麗楽こまがくに4曲ずつある。

たい-きょく【大局】❶物事の全体のありさまや、成り行き。大勢。「時代の―を見る」「―的見地に立つ」❷囲碁で、部分でなく大づかみにみた勝負の局面。

(類語)大勢・ビッグピクチャー・全体像・大枠・あらまし・大筋・大要・枠組み・アウトライン・フレーム・骨格・大綱・骨組み・目安

たい-きょく【太極】古代中国の宇宙観で、万物を構成する陰陽二つの気に分かれる以前の根元の気。南宋の朱熹しゅきは、太極は天地万物の根拠の理であると考えた。

たい-きょく【対曲】異なる方向に伸び、しかも同時に形成された二つの山脈や弧状列島が、ある角度をなして接していること。

たい-きょく【対局】〔名〕スル 囲碁または将棋の対戦を行うこと。(類語)手合い・手合わせ・勝負

たい-きょく【対極】反対側の極。対立する極。「思想的に―をなす」(類語)反対

たいきょく-かん【大局観】―クワン 物事の全体的な状況や成り行きに対する見方・判断。

たいきょく-き【太極旗】大韓民国の国旗。白地の中央に赤と青で太極を表す図を配置し、その周囲に四つの卦けが描かれている。1949年制定。

たいきょく-けん【太極拳】中国で、明代末から清代初ごろに始められたという拳法。円を描くようなゆっくりした動作を深呼吸に合わせて行うのが特徴で、現在では武術としてよりも健康法として中国政府が奨励している。

たいきょくずせつ【太極図説】タイキョクヅセツ 中国、宋代の哲学書。1巻。周敦頤しゅうとんい著。成立年未詳。宇宙の生成、人倫の根源を表すとされる「太極図」と、それに施した249字の解説からなる。のち、朱熹しゅきが「太極図説解」を著したため、朱子学の聖典とされた。

だいぎょく-でん【大極殿】▶だいごくでん(大極殿)

だい-きらい【大嫌い】ダイきらひ〘形動〙非常に嫌いなさま。「―な食べ物」「うそつきは―だ」

ダイキリ〖daiquiri〗カクテルの一。ラムをベースにライムジュースなどを加えたもの。

だい-ぎり【大切り┊台切り】❶杣角そまかくの両端を切り取ること。❷木挽こびき用の大形の横挽き鋸のこぎり。両側に柄をつけ、二人で交互に引く。❸棒状鋼材の切断機。

たいき-りょうほう【大気療法】―レウハフ 肺結核など呼吸器病の患者に、戸外の新鮮な空気を吸わせて治療する方法。

タイ-きろく【タイ記録】競技などで、今までに出ている記録と同じ記録。「世界―」

たい-きん【大斤】律令制における重さの単位。16両を1斤とし、3斤を大1斤とする。稲束などの計量に用いた。⇔小斤。

たい-きん【大金】多額の金銭。大きな金高きんだか。「―をはたく」

たい-きん【大禁】重い禁制。厳しい法度はっと。

たい-きん【退勤】〔名〕スル 勤務が終わって、勤め先から退出すること。「六時に―する」⇔出勤。

だい-きん【代金】品物の買い手が売り手に支払う金。代価。(類語)料金・代価・代・有料・勘定・会計・支払い・精算・お愛想あいそ・レジ・お代・清算・決済

だいきんとりたて-てがた【代金取立手形】輸出者から委任を受けた取引銀行が為替手形を輸入国の銀行へ送って代金を取り立ててもらい、その取り立て代金の入金が確認されてから輸出者に支払う方式をとる場合の手形。

だいきん-ひきかえ【代金引換】―ひきかへ ❶品物の受け渡しを代金の支払いと同時にすること。❷郵便物の特殊取扱の一。差出人の依頼により、代金と引き換えに郵便物を受取人に渡し、その代金が郵便局から差出人に送金される。代金引換郵便。代引郵便。代引き。➡特殊取扱郵便 ❸「代金引換サービス」の略。

だいきんひきかえ-サービス【代金引換サービス】ダイキンヒキかへ― 運送業者が販売業者の依頼により受取人に代金と引き換えに商品を渡し、その代金を販売業者に送付する業務。対価として運送業者は手数料を受け取る。インターネット通販の普及で、クレジットカード以外の決済方法として利用数が増加。商品の受け取り側が購入に関して記憶が曖昧あいまいな場合などには、受け取りを留保したり、拒否したりすることができる。代金引換。代引き。➡代金引換郵便

だいきんひきかえ-ゆうびん【代金引換郵便】ダイキンひきかへイウビン 代金引換❷の取り扱いをする郵便。また、その郵便物。

たい-く【体×躯】からだ。また、からだつき。体格。「しなやかな―」(類語)体つき・体格・恰幅かっぷく・背恰好せかっこう・筋骨・肉付き・からだ・身み・体たい・身体しんたい・肉体・図体ずうたい・肢体したい・五体ごたい・全身・満身・総身そうしん・総身そうみ・人身じんしん・人体・生体・ボディー・肉塊・ししむら・骨身

たい-ぐ【大愚】❶非常に愚かなこと。また、その人。⇔大賢。❷自分をへりくだっていう語。

だい-く【大工】❶主として木造の家屋などを建てたり、修理したりする職人。また、その仕事。「船―」「日曜―」❷律令制で、木工寮もくりょう・修理職しゅりしき・大宰府などに属し、諸種の造営に従った職。おおたくみ。おおきたくみ。❸中世、木工職人の長。

(類語)左官・鳶職とびしょく・宮大工・船大工・叩たたき大工

だい-く【大区】明治初期の地方行政区画の一。いくつかの小区を包括したもので、区長を置いた。➡小区

だいく【第九】ベートーベン作曲の交響曲第9番ニ短調の通称。1824年完成。第4楽章にシラーの詩による独唱および合唱が付いている。

だい-く【題句】❶題を与えられて作る句。❷巻頭に書く題目の句。

たい-くう【大空】❶おおぞら。❷《「だいくう」とも》仏語。まったく何もないこと。人も物も実体がなく十方世界が空であること。

たい-くう【体×腔】「たいこう(体腔)」の慣用読み。医学ではこの読みを用いる。

たい-くう【対空】空からの攻撃に対抗すること。「―砲火」「―ミサイル」

たい-くう【滞空】航空機で空中を飛び続けたり、気球などで空中にとどまったりすること。「―時間」

たい-ぐう【対偶】❶二つで組みになっているもの。対つい。「この線は、鬢びんの下端の線などと目立った―を

た

している」〈寅彦・浮世絵の曲線〉❷対句ﾂｲｸ。❸論理学で、「pならばqである」に対して、仮定および結論を否定し同時に両者を逆にした「qでなければpでない」という形の命題。原命題が真ならば、その対偶も必ず真となる。➡裏 ➡逆

たい-ぐう【待遇】〔名〕ｽﾙ ❶人をもてなすこと。あしらい。「―の良いホテル」「大切な客として―する」❷給与・勤務時間など、雇用者の勤労者に対する取り扱い。処遇。「―を改善する」「高給で―する」❸ある地位に準じた取り扱いを受けること。役職などを表す語に付けて用いる。「課長―」

用法待遇・処遇――「相当の待遇(処遇)を考えている」のように、その人の取り扱い方の意では相通じて用いられる。◆「待遇」は、その時のもてなし方や、働く者の地位・給与の条件などについて用いる。「待遇の良い旅館」「待遇の改善を掲げて会社と交渉する」など。また、「部長待遇」のように、ある地位に準じた扱いの意は「処遇」にはない。◆「処遇」は、組織の中での地位・職務などについての扱いをいう。「名誉会長として処遇する」

類語処遇・知遇・礼遇・優遇・厚遇・優待・歓待・扱う

だい-くういじだい【大空位時代】ﾀﾞｲｸｳｲｼﾞﾀﾞｲ 神聖ローマ帝国の皇帝位が実質的に空位であった時代。1254年(または1256年)のホーエンシュタウフェン朝の断絶から、1273年のハプスブルク朝の成立まで。

たいくうきょう-しゅじゅつ【体×腔鏡手術】ﾀｲｸｳｷｮｳｼｭｼﾞｭﾂ ►腹腔鏡手術

だい-ぐうじ【大宮司】❶伊勢神宮や熱田ｱﾂﾀ・宇佐・阿蘇・香椎ｶｼｲ・宗像ﾑﾅｶﾀ・気比ｹﾋﾞなどの神宮・神社の神職の長。おおみやづかさ。だいくじ。❷明治4年(1871)から同10年まで、伊勢神宮および官・国幣大社に、その後は伊勢神宮にだけ置かれた神職の長。

たいくう-しょうめい【耐空証明】航空機の安全性について、機体の構造・強度および飛行性能が基準に適合しているという国土交通大臣の証明。

たいぐう-ひょうげん【待遇表現】ﾀｲｸﾞｳﾋｮｳｹﾞﾝ 聞き手や話題の中の人物に対して、話し手の尊敬や卑しめの気分を言い表す言語表現。➡敬語 ➡卑罵語ﾋﾊﾞｺﾞ

タイクーン〖tycoon〗主に実業界での大物・実力者。日本語の大君ﾀｲｸﾝ(=徳川将軍)から。

だいく-がしら【大工頭】❶大工たちを統率して建築作業に携わる人。棟梁ﾄｳﾘｮｳ。❷江戸幕府の職名。作事奉行ｻｸｼﾞﾌﾞｷﾞｮｳに属して配下の大工を統率した。

だいく-げいじゅつ【第九芸術】発声映画(トーキー)のこと。無声映画を第八芸術というのに対していう。

たい-くつ【退屈】〔名・形動〕ｽﾙ ❶することがなくて、時間をもてあますこと。また、そのさま。「散歩をして―をまぎらす」「読む本がなくて―する」❷飽き飽きして嫌けがさすこと。また、そのさま。「―な話」「―な人」❸疲れて嫌になること。「呪咀ｼﾞｭｿすることの及ばぬとて、かの后たち―し給ふ」〈伽・熊野の御本地〉❹困難にぶつかってしりごみすること。「聞きしにもなほ過ぎたれば、官軍御方ﾐｶﾀを顧みて、―してぞ覚えける」〈太平記・一六〉❺仏語。修行の苦難に負け、精進の気をなくすこと。**派生**たいくつさ〔名〕**類語**所在ない・手持ち無沙汰・持て余す・飽きる・倦ｳむ・倦怠ｹﾝﾀｲ・食傷・飽き飽き・うんざり・げんなり・懲り懲り・辟易ﾍｷｴｷ・閉口

たいくつ-しのぎ【退屈×凌ぎ】退屈をまぎらすこと。また、その手段。ひまつぶし。「―にビデオを見る」

たい-くばり【体配り】からだを構えること。また、その構え方。身構え。

だいく-ぶるまい【大工振(る)舞(い)】ﾀﾞｲｸﾌﾞﾙﾏｲ 新築した家の親類縁者が、その当人や大工を招き、酒食をふるまうこと。

タイ-クリップ〖tie clip〗ネクタイ止め。

たい-ぐるま【×鯛車】ﾀｲ 郷土玩具の一。張り子または木製の鯛に車をつけて引き回すようにしたもの。鹿児島県霧島市・新潟県三条市・埼玉県鴻巣ｺｳﾉｽ市などのものが知られる。

だいクレムリン-きゅうでん【大クレムリン宮殿】《Bol'shoy Kremlyovskiy dvorets》►クレムリン大宮殿

だいぐれん-じごく【大▽紅×蓮地獄】ﾁﾞｺﾞｸ 八寒地獄の第八。極寒のために亡者のからだが裂け、赤い蓮の花のようになるという地獄。

たい-くん【大君】❶君主の尊称。❷江戸時代、外国に対して用いた徳川将軍の称。

たい-くん【大勲】大きな手柄。偉大な勲功。

たい-くん【帯勲】勲章を身につけること。勲章を有していること。「―者」

たい-ぐん【大軍】兵の数の多い軍隊。多くの軍勢。「―を率いる」

大軍に関所なし 大勢で攻められると関所など役に立たない。大軍は防ぎようがないことをいう。

たい-ぐん【大郡】❶面積が広く、戸数・人口の多い郡。❷古代の郡の等級の一。大化の制では40里の郡。律令制では20里以下16里以上の郡。

たい-ぐん【大群】動物などが非常に多く集まってつくる群れ。「バッタの―」

たい-ぐん【退軍】軍勢をまとめ、その陣地から退くこと。退陣。「―殊に整然として」〈竜渓・経国美談〉

だい-くんい【大勲位】ｸﾝｲ 日本最高の勲位。

だいくんい-きっかしょう【大勲位菊花章】ﾀﾞｲｸﾝｲｷｯｶｼｮｳ ❶大勲位菊花章頸飾ｹｲｼｮｸおよび大勲位菊花大綬章の総称。❷大勲位菊花大綬章の副章。菊花章。

だいくんい-きっかしょうけいしょく【大勲位菊花章×頸飾】ﾀﾞｲｸﾝｲｷｯｶｼｮｳｹｲｼｮｸ 日本の最高勲章。明治21年(1888)大勲位菊花大綬章の上位のものとして、ヨーロッパの制度に倣い、制定された。大勲位菊花大綬章とともに、またはそれを有する人に対し、特に授与される。菊花章頸飾。

だいくんい-きっかだいじゅしょう【大勲位菊花大×綬章】ﾀﾞｲｸﾝｲｷｯｶﾀﾞｲｼﾞｭｼｮｳ 大勲位に叙せられた人に授与される日本の勲章。明治10年(1877)制定された。頸飾ｹｲｼｮｸで正章をのど下に垂れ、副章を左胸につける。頸飾を着用しないときは、大綬を右肩から左脇に垂れて正章を掛け、副章を左胸につける。菊花大綬章。

たい-け【大家】金持ちの家。また、社会的地位や身分の高い家柄。たいか。

たい-げ【帯下】女性の性器からの分泌物。こしけ。白ｼﾛ帯下。

たい-けい【大兄】❶兄を敬った言い方。❷男性が、自分より少し年上、または同輩の男性を敬っていう語。主に手紙に用いる。

たい-けい【大系】ある分野の主な文献や著書を体系的にまとめ編集したもの。「国史―」

たい-けい【大計】大規模な計画。「国家百年の―を立てる」

たい-けい【大経】❶大きなすじみち。不変の法則。大道。❷経書を、その分量により大・中・小に分けたとき、分量の多いもの。「礼記」「春秋左氏伝」をさす。➡小経 ➡中経

たい-けい【大慶】大きなよろこび。この上なくめでたいこと。「―至極に存じます」

類語同慶・御慶・めでたい

たい-けい【体刑】❶身体に損傷を加える刑罰。かつて行われていた笞刑ﾁｹｲ・黥刑ｹﾞｲｹｲ・烙印ﾗｸｲﾝなど。身体刑。❷自由刑の俗称。

たい-けい【体形】からだのかたち。からだつき。「―を整える」**類語**形ｶﾀﾁ・形姿・スタイル・格好

たい-けい【体系】❶個々別々の認識を一定の原理に従って論理的に組織した知識の全体。❷個々の部分が相互に連関して全体としてまとまった機能を果たす組織体。

類語組織・体制・構造・造り・組み立て・骨組み・仕組み・成り立ち・構成・編成・組成・機構・機序・機制・結構・コンストラクション・システム・メカニズム

たい-けい【体型】体格の型ｶﾀ。やせ型・肥満型など。「―に合わせて服を作る」

たい-けい【隊形】部隊の並んだ形。横隊・縦隊など。「―を組む」「戦闘―」

だい-けい【台形】四角形のうちで、一組の対辺が平行なもの。梯形ﾃｲｹｲ。

だい-げいこ【代稽古】師匠の代理として、弟子などに稽古をつけること。

だい-けいちょう【大計帳】ﾀﾞｲｹｲﾁｮｳ 律令制で、四度公文ﾖﾄﾞﾉｸﾓﾝの一。諸国でその年の所管の戸口や庸・調などの数量を記載し、太政官に提出した帳簿。大帳。

だいけいちょう-し【大計帳使】ﾀﾞｲｹｲﾁｮｳｼ 四度使ﾖﾄﾞﾉﾂｶｲの一。全国の国衙ｺｸｶﾞから大計帳を太政官に送り届けた使者。大帳使。

たいけい-てき【体系的】〔形動〕系統的。統一的。「―な研究」「―にまとめる」

たいけい-どうぶつ【袋形動物】動物界の一門。体は左右相称、短円筒形または糸状などで、体腔があり袋状の体制をし、体表はクチクラに覆われる。輪虫・線虫・線形虫・鉤頭虫ｺｳﾄｳﾁｭｳなどの綱に分けられる。また線形動物・輪形動物の二門とされることもある。

たいけい-ゆでん【大慶油田】中国黒竜江省中南部にある大油田。建国10周年の1959年に発見されたのを記念して名づけられたもの。ターチン-ユーティエン。

タイ-ゲーム〖tie game〗スポーツで、同点引き分けの試合。

だい-げき【大外記】律令制で、外記ｹﾞｷのうちの上位のもの。➡外記

だいけごん-じ【大華厳寺】東大寺の異称。

たい-けつ【対決】〔名〕ｽﾙ 両者が、面と向かい合って事の決着をつけること。また、困難に正面から立ち向かうこと。「東西両横綱の―」「悪と―する」

類語角逐・対抗・勝負・戦う

だい-けつ【代決】〔名〕ｽﾙ ある人の代理で決裁すること。

だい-げっし【大月氏】匈奴ｷｮｳﾄﾞに追われて西遷し、バクトリア(大夏)を支配した月氏の主力。のち、この地方に起こったクシャン(貴霜)朝をも中国では大月氏とよんだ。➡月氏

タイゲテ〖Taygete〗►タユゲテ

たい-けん【大剣】大きなつるぎ。大刀。

たい-けん【大圏】❶大きな輪形。❷地球表面の大円。

たい-けん【大権】明治憲法下における天皇の統治権。特に、帝国議会の参与によらずに天皇が行使する権限。

たい-けん【大憲】重要な憲章。憲法。

たい-けん【大賢】非常に賢い人。↔大愚。

大賢は愚ｸﾞなるが如ｺﾞとし 非常に賢い人は、知識をひけらかしたりしないから、一見愚かな人のように見える。大知は愚のごとし。

たい-けん【体験】〔名〕ｽﾙ ❶自分で実際に経験すること。また、その経験。「貴重な―」「戦争を―する」❷《ﾄﾞｲ Erlebnis》哲学で、個々の主観のうちに直接的または直観的に見いだされる生き生きとした意識過程や内容。特に、生の哲学ではその中心概念をなす。➡経験**用法**

類語経験・見聞・洗礼・苦汁・苦杯・見聞き・耳目

たい-けん【帯剣】〔名〕ｽﾙ 刀剣を腰につけること。また、その刀剣。帯刀。佩刀ﾊｲﾄｳ。「―した儀仗兵」

たいげん【大元帥】《「帥」の字は読まないのをとする。「だいげん」とも》「大元帥明王ﾀｲｹﾞﾝﾐｮｳｵｳ」の略。

たい-げん【大言】〔名〕ｽﾙ《「だいげん」とも》❶物事を誇張していうこと。えらぶって大きいことを言うこと。また、その言葉。高言。「―を吐く」❷りっぱな言葉。堂々とした言葉。

たいげん【太原】中国、山西省の省都。黄河の支流、汾河ﾌﾝｶﾞの東岸にあり、製鉄・機械工業が盛ん。明代に建造された正方形の城壁が残る。人口、行政区256万(2000)。タイユワン。

たい-げん【体言】単語を文法上の性質から分類したものの一。自立語の中で、活用がなく、主語となることのできるもの。品詞より上位の概念を表すために用いられ、一般に名詞・代名詞の2品詞に細分される。なお、学説により、名詞・代名詞・数詞の3品詞に細分することもあり、また、形容動詞を認めずに、その語幹に相当するものを体言に含めることもある。↔

用言。
たい-げん【体現】〔名〕スル 思想・観念などを具体的な形であらわすこと。身をもって実現すること。「画家の美意識を―した作品」
(類語)表現・表わす・表出・具現・表明・表白・名状・筆舌・描出・形象化・形容する
だい-けん【大検】「大学入学資格検定」の略。➡高校卒業程度認定試験
だい-げん【代言】〔名〕スル ❶本人に代わり言い分を述べること。「原告の主張を―する」❷「代言人」の略。「三百―」
だい-げん【題言】「題辞」に同じ。
だいげんかい【大言海】国語辞書。5冊。大槻文彦著。昭和7～12年(1932～37)刊。著者没後の出版で、「言海」を増補・改訂したもの。語源の記述が多い。約8万語収録。
たいげんきょう【太玄経】タイゲンキャウ 中国、漢代の哲学書。10巻。揚雄撰。易に老荘思想を取り入れ、易占を社会情勢に応じた合理的なものにしようとしたもので、易の陰陽二元論の代わりに、始・中・終の三元をもって宇宙万物を説明した。太玄。
たいけん-こうろ【大圏航路】―カウロ 地球の大圏上に沿った、船や航空機の航路。二地点間の最短距離となる。大圏コース。
たいけん-じこう【大権事項】―ジカウ 明治憲法下で、天皇の大権に属した事項。帝国議会の召集・開会、法律の裁可、文武官の任免、陸海軍の統帥、宣戦、講和、条約の締結、栄典の授与など。
たいげんしょう【体源抄】タイゲンセウ 室町時代の雅楽書。13巻。豊原統秋(とよはらのむねあき)の著。永正9年(1512)成立。雅楽の秘伝や楽器の伝来などについて和漢の書を広く引用し、記述したもの。
だい-けんしょう【大憲章】―ケンシャウ ➤マグナカルタ
だい-げんすい【大元帥】㊀全軍を統率する総大将。日本では、明治憲法下での陸海軍の統率者としての天皇の称。㊁➤たいげん(大元帥)
たいげん-そうご【大言壮語】―サウゴ〔名〕スル 実力不相応な大きなことを言うこと。また、その言葉。「勝ってみせると―する」(類語)誇張・誇称・豪語・壮語・広言
たいげん-どめ【体言止(め)】和歌・俳諧などで、最後の句を体言で終わらせること。余韻・余情を生じさせる効果がある。名詞止め。
だいげん-にん【代言人】弁護士の旧称。
たいげん-の-ほう【大元帥の法】―ホフ 正月8日から14日までの7日間、宮中の治部省(後世は醍醐理性院)で、国家鎮護のために大元帥明王を本尊として行った修法。敵国降伏を祈願して臨時に行うこともあった。
たいけん-ばん【体験版】コンピューターやゲーム機で、無料または廉価で体験利用できるよう、機能や利用期間を制限したソフトウエア。試用版。
だい-けんみ【大検見】➤おおけみ
たいげん-みょうおう【大元帥明王】―ミャウワウ 四天王・八部衆などの諸鬼神を従え、国家を鎮護する夜叉(やしゃ)神。密教で尊信され、像は四面八臂(はっぴ)・六面八臂などあり、怒りの相を表す。阿吒嚩迦(あたばく)。
たいけん-めいれい【大権命令】明治憲法下で、大権事項を内容とした命令。勅令の一種で、官制・軍令・栄典令・恩赦令などがこれにあたる。
たいけん-もん【待賢門】平安京大内裏外郭十二門の一。東面の中央で、陽明門の南、郁芳門の北にある。中御門(なかのみかど)。
たいけん-もんいん【待賢門院】―モンヰン [1101～1145]鳥羽天皇の皇后、藤原璋子(ふじわらのしょうし)の院号。父は藤原公実。元永元年(1118)皇后となり、崇徳(すとく)・後白河両天皇を産んだ。
たいけんもん-の-たたかい【待賢門の戦い】―たたかひ 平治元年(1159)平治の乱の際、待賢門付近で源義朝の軍と平重盛の軍が行った合戦。重盛は源義平と戦い、敗退した。
たい-こ【大戸】❶大酒飲み。上戸(じょうご)。「盃上に置いて曰く、郎―と雖(いえど)も鯨口に非ず」〈服部誠一・東京新繁昌記〉❷律令制で、大戸・上戸・中戸・下戸の四等戸の第一。一戸内に八人以上の正丁がいる戸。
たい-こ【大呼】〔名〕スル《「だいこ」とも》大声で叫ぶこと。「路傍の石に坐して―して曰く」〈織田訳・花柳春話〉
たい-こ【大故】大きな不幸。父母の喪。「父の―に及ばんとするを報ず」〈織田訳・花柳春話〉
たい-こ【大×賈】大商人。富裕な商人。豪商。「思い寄らぬ貴賓と―との来遊に会い」〈露伴・風流魔〉
たい-こ【太古】非常に遠い昔。大昔。有史以前。
(類語)大昔・古代・上古・上代
たい-こ【太湖】中国江蘇省にある淡水湖。面積2428平方キロメートル。タイフー。
たい-こ【太鼓】❶打楽器の一。木製・金属製などの胴の両面または片面に皮などを張ったもの。撥(ばち)や手で打ち鳴らす。❷「太鼓持ち」の略。❸「御太鼓結び」の略。
太鼓も撥(ばち)の当たりよう たたき方しだいで太鼓の音が大きくもなり小さくもなるということ。やり方しだいで人の応じ方も変わることのたとえ。
太鼓を叩(たた)・く 人の言うことに調子を合わせて機嫌をとる。太鼓を持つ。「得意先に―・く」
太鼓を持・つ 「太鼓を叩(たた)く」に同じ。「勘六が女郎狂ひの―・ちにきたが、頭が痛い」〈浮・一代男・五〉
たい-ご【大語】〔名〕スル「大言(たいげん)」に同じ。
たい-ご【対碁】囲碁で、技量が対等であること。
たい-ご【対語】❶向かい合って話をすること。❷意味の上で対立・反対、または対照的な語。「白↔黒」「積極↔消極」「上↔下」「長い↔短い」「和↔洋」など。対義語。ついご。❸熟語で相対する事物からなるもの。「男女」「干満」「日月」「和漢」など。ついご。❹一つ一つの単語に対応していること。
たい-ご【隊×伍】兵士の組織された集団。また、そのきちんと並んだ組・列。隊列。「―を組む」(類語)戦列
タイ-ご【タイ語】シナ-チベット諸語の一。広義には中国南部やインドシナ半島などで話されるタイ族の言語をさし、狭義にはタイ王国の国語をさす。単音節語的で声調をもつなど、中国語に近い特徴をもつ。
だい-こ【大▽根】「だいこん(大根)」の音変化。
だい-ご【大悟】〔名〕スル《「たいご」とも》❶はっきりと理解すること。「最初は一寸解らなかったが…豁然(かつぜん)―した」〈木下尚江・良人の自白〉❷仏語。迷妄を脱して真理を悟ること。
だい-ご【×醍×醐】五味の第五。牛や羊の乳から精製した、最上の味のもの。仏の悟りや教えにもたとえる。
だいご【醍醐】京都市伏見区の地名。醍醐寺がある。
たいこ-いしゃ【太鼓医者】医術がへたで、人の機嫌をとって世を渡る医者。
たい-こう【大公】❶ヨーロッパの君主の一門の男子をいう語。❷ヨーロッパの小国の君主をいう語。その国を大公国という。「ルクセンブルク―」
たい-こう【大功】❶大きな手柄・功績。「―を立てる」❷大規模な事業。「―を成す者は衆に謀(はか)らず」❸古代中国の喪服の一。粗い織り目の麻布で作り、9か月の喪に用いた。➡小功
たい-こう【大巧】―カウ 非常にたくみであること。
大巧は拙(せつ)なるが如(ごと)し 《「老子」45章から》真の名人は小手先を使ってよく見せようとはしないから、一見つたないように見える。
たい-こう【大江】―カウ ㊀大きな川。大河。㊁揚子江(ようすこう)のこと。
たい-こう【大行】―カウ ❶すぐれたおこない。また、大事業。❷「大行天皇」の略。
大行は細瑾(さいきん)を顧みず 《「史記」項羽本紀から》大事業を成就しようとする者は、ささいなことにはこだわらない。
たい-こう【大孝】―カウ この上もない孝行。至孝。
たい-こう【大効】―カウ 大きな効果。「遠足は二人の間を密接にするのに―があった」〈実篤・世間知らず〉
たい-こう【大綱】―カウ ❶ある事柄の根本となるもの。大本(おおもと)。「条約の―を定める」❷大づかみにとらえた内容。大要。「事業の―を示す」(類語)大枠・あらまし・大筋・大要・アウトライン・骨格・大局・骨組み
たい-こう【太公】㊀❶父、または祖父のこと。❷他人の父を敬っていう語。❸高齢者を敬っていう語。㊁➤太公望(たいこうぼう)
たい-こう【太后】太皇太后、または皇太后の称。
たい-こう【太×閤|大×閤】―カフ ㊀摂政・太政(だいじょう)大臣に対する敬称。のち、関白辞任後も内覧の宣旨を受けた人、または関白の位を子に譲った人の称。㊁豊臣秀吉のこと。
たい-こう【体×腔】―カウ 動物の体壁と内臓との間のすきま。扁形(へんけい)動物以上の動物に発達し、哺乳類では横隔膜により胸腔と腹腔とに分かれる。たいくう。
たい-こう【対向】―カウ〔名〕スル 互いに向き合うこと。「―ページ」「進んでこれと―し、少しも戦慄せず」〈中村訳・西国立志編〉(類語)向かい合わせ・対面
たい-こう【対抗】―カウ〔名〕スル ❶互いに勝利を争うこと。互いに張り合うこと。「他店に―して安く売る」「―策を練る」「都市―野球」❷私法上、当事者間で効力の生じた法的関係を第三者に主張すること。❸競馬・競輪などで、本命と優勝を争うと予想される馬や選手。(類語)角逐・対決・競争・向かう・突っかかる・挑む・立ち向かう・かかる・ぶつかる・対する
たい-こう【対校】―カウ〔名〕スル ❶学校と学校とが対抗して競技などを行うこと。「―試合」❷古典などの、異本どうしをつき合わせて校合(きょうごう)すること。「三種の写本を―する」❸原稿または前の校正刷りとつき合わせて誤りを正すこと。
たい-こう【退行】―カウ〔名〕スル ❶後方にさがること。「若しも敵軍寄せ来たらば…打ち散らさんと、粛々として―せり」〈竜渓・経国美談〉❷銀行員が仕事を終えて銀行を出ること。また、銀行員が退職すること。❸生物の発達や進化がある段階で止まり、むしろ元に戻るような変化を起こすこと。❹心理学で、困難な状況に遭遇したとき、精神発達上より未熟で幼稚な段階の行動を示すこと。❺天体の、逆行のこと。
(類語)逆行・逆流・逆走・あと戻り・あとずさり・逆戻り・後進・後退・退歩・遡行・後ろ向き
たい-こう【退紅|×褪紅】❶薄紅(うすくれない)の染め色。あらぞめ。❷薄紅色に染めた狩衣(かりぎぬ)。仕丁(じちょう)などが着用した。
たい-こう【退校】―カウ〔名〕スル ❶学生・生徒が在学中に中途で学校をやめること。また、やめさせること。退学。「―処分」❷「下校(げこう)」に同じ。
(類語)退学・放校・中退
たい-こう【退耕】―カウ 官職を退いて、農耕に従事すること。転じて、官職を退いて民間に下ること。
たい-こう【帯×鉤】中国、戦国時代から漢代にかけて盛行した鉤(かぎ)状の帯金具。青銅製のほか、鉄・軟玉製などがある。
たい-ごう【対合】―ガフ ➤シナプシス
だい-こう【代行】―カウ〔名〕スル 当事者に支障があるときなどに、代わってその職務を行うこと。また、その人。「事務手続きを―する」「学長―」
だい-こう【代香】―カウ 代理の焼香をすること。また、その人。
だい-こう【代講】―カウ〔名〕スル 本来行うべき人に代わって講演や講義などをすること。また、その人。「ほかの教授が―する」
だい-こう【×乃公】〔代〕一人称の人代名詞。男性が、目下の人に対して、または尊大に、自分をさしていう語。我が輩。ないこう。「それでも筆者は断じて―ではないと言い張り」〈佐藤春夫・晶子曼陀羅〉
乃公出(い)でずんば 他の者に何ができるのか、我が輩が出なければならないの意。自信を表す言葉。
だい-ごう【大剛】―ガウ《「だいこう」「たいこう」「たいごう」とも》非常に強いこと。また、その人。
だい-ごう【大豪】―ガウ ❶大富豪。❷大豪傑。「五畿内、中国に聞えた―の士」〈菊池寛・形〉
だい-ごう【題号】―ガウ 書物などの題目。表題。
(類語)題・題名・題目・標題・表題・外題(げだい)・内題・名題(なだい)・作品名・書名・書目・編目・演題・画題・タイトル
だいこう-いん【大光院】ダイクワウヰン 群馬県太田市にある浄土宗の寺。山号は義重山。慶長18年(1613)徳

川家康が新田義重の菩提所として建立。開山は、呑竜。関東十八檀林の一。新田寺。子育て呑竜。太田の呑竜。

だいこうかい-じだい【大航海時代】15世紀から17世紀前半にかけて、ポルトガル・スペインを中心とするヨーロッパ諸国が地球規模の遠洋航海を実施して新航路・新大陸を発見し、積極的な海外進出を行った時代。バスコ=ダ=ガマのインド航路開拓、コロンブスのアメリカ大陸発見、マゼランの世界周航などが行われ、世界史上に、近代植民地体制の確立という転機をもたらした。発見時代。

たいこう-き【太×閤記】豊臣秀吉の一代記の総称。寛永3年(1626)ごろ成立の小瀬甫庵著「甫庵太閤記」22巻がその代表的なもの。史料的価値の高い川角三郎右衛門著「川角太閤記」5巻のほかに、「絵本太閤記」「真書太閤記」が流布。浄瑠璃には近松門左衛門の「本朝三国志」や近松柳らの「絵本太功記」、歌舞伎には4世鶴屋南北の「時桔梗出世請状」などがある。

たいこう-ぎょ【大口魚】タラの別名。

たいこう-ぎり【太×閤×桐】紋所の名。桐の花と葉を図案化したもので、豊臣秀吉が愛用したといわれる。

たいこう-けんち【太×閤検地】豊臣秀吉が行った全国的な検地。天正10年(1582)開始。1歩を6尺3寸四方、300歩を1反、田畑の等級を上・中・下・下々の四段階と定め、枡を京枡に一定して石高を算定し、耕地1筆ごとに耕作者を検地帳に記載して年貢負担者を確定した。これによって荘園制下の所有関係が整理され、近世封建制度の基礎が確立された。天正の石直し。

たいこう-さんみゃく【太行山脈】中国の華北平原・黄土高原の境を南北に走る山脈。河北省北西部から南西走して山西省南部に至る。延長約400キロ。タイハン山脈。

たいこう-しゃ【対向車】自分の車と逆の方向に進行する車。

たいこう-しゃせん【対向車線】対向車の走る車線。

たいこう-しょく【退紅色】やや薄い紅色。淡紅色。

たいこう-しょく【退黄色|×褪黄色】薄い黄色。クリーム色。

たいこう-せつ【待降節】イエス=キリストの降誕を待ち、その準備をする教会暦の期節で、11月30日に最も近い日曜日からクリスマスの前日まで。8世紀以後、最初の日曜日が教会暦の一年の初めとなった。降臨節。アドベント。(季 冬)

だいこうぜん-じ【大興善寺】中国、隋の文帝が582年に都の長安に建立した寺。隋・唐を通じて長安第一の大寺。756年、不空が灌頂道場を開いてからは密教の中心寺院となり、日本の円仁・円珍らも修行した。会昌の法難(845年)以後は荒廃。現在は興善寺として復興された。

たい-こうたいごう【太皇太后】先々代の天皇の皇后。

たいこうたいごう-ぐう【太皇太后宮】❶太皇太后の宮殿。❷太皇太后の敬称。

たいこ-うち【太鼓打】半翅目タイコウチ科の昆虫。池沼にすむ。体長約3.5センチで、体は土色、紡錘形で平たく、腹端に長い呼吸管をもつ。前脚は鎌状で、小魚・昆虫などを捕食する。水中からつまみ出すと、前脚を太鼓をたたくように動かす。本州以南、台湾に分布。

たいこうてき-しんか【退行的進化】系統発生の過程における退化が適応的な意義をもつ場合を、進化の一環とみなしていう語。

たいこう-テスト【退行テスト】▶リグレッションテスト

たいこう-てんのう【大行天皇】天皇の死後、まだ諡号を贈られていない間の尊称。先帝の意味にも用いる。

だい-こうどう【大講堂】㊀❶学校・会社などの講堂のうち、大きいもの。❷寺院にある大きな講堂。㊁比叡山延暦寺の堂舎の一。東塔にあり、天長元年(824)創建。再三火災にあい、現存のものは昭和31年(1956)の火災後に移建。大日如来を本尊とし、弥勒菩薩・文殊菩薩・十一面観音・桓武天皇像を安置する。

たいこう-どうぶつ【体×腔動物】体腔をもつ後生動物の総称。扁形動物以上の高等動物をいう。

たいこう-ば【対抗馬】❶競馬で、本命と優勝を争うと予想される馬。❷競技や選挙などで、実力の見合う競争相手。

だいこうふしょう-じ【大光普照寺】埼玉県児玉郡神川町にある天台宗の寺。山号は金鑽山。聖徳太子の開創と伝え、のち円仁が中興。元山大師の寺として知られる。

たいこう-ぶんか【対抗文化】▶カウンターカルチャー

だいこう-へんじょう【代行返上】厚生年金基金が国に代わって運用・給付を行っていた老齢厚生年金の一部(報酬比例部分から過去の報酬の再評価・物価スライド部分を除く部分)の支給義務を国に返上し、この代行以外の上積み給付部分の支給義務を確定給付型企業年金へ移行すること。移行した確定給付型企業年金の形態としては、規約型企業年金と基金型企業年金とがある。平成14年(2002)に施行された確定給付企業年金法で代行返上が認められるようになった。

たいこう-ぼう【太公望】㊀中国、周代の政治家。姓は呂、名は尚、字は子牙。渭水で釣りをしていて、周の文王に見いだされ、先君太公の望んでいた賢人だとして太公望とよばれたといわれる。文王・武王を助けて殷を滅ぼし、その功によって斉に封ぜられた。兵書「六韜」の著者ともいわれる。㊁《㊀の故事から》釣りをする人。釣りの好きな人。

だいこうほう【大公報】中国の日刊新聞。1902年、天津で創刊。上海の「申報」と並ぶ有力紙となる。日本の新聞を参考にし、写真も掲載。49年、共産党に接収されて「進歩日報」と改題。53年、上海大公報と合併して大公報の原名に復帰。66年「前進報」と改題し、翌年末に廃刊。

たいこう-みち【太×閤道|大×閤道】《「たいこうどう」とも》豊臣秀吉が行軍し、また整備したと伝えられる道。関東から西に多い。

たいこう-ようけん【対抗要件】当事者間で効力の生じた法律関係または権利関係を、第三者に対して主張するための要件。不動産物権の得喪・変更における登記など。

だい-こうり【大行×李】旧日本陸軍で、食糧・衣料などを運んだ部隊。

たいこ-おどり【太鼓踊(り)】腹に太鼓や羯鼓をつけて打ちながら踊る、風流系の民俗芸能。かんこ踊り・臼太鼓踊り・風流獅子舞など各地に分布する。

だいこ-おろし【大▽根卸し】「だいこんおろし」に同じ。

だいご-かいどう【醍醐街道】京都市伏見から醍醐・山科・逢坂関を経て、滋賀県大津市に至る道。醍醐路。

たいこ-かた【太鼓方】能楽の囃子方のうち、太鼓を専門に受け持つ者。現在、観世・金春の二流派がある。

だいご-きょうわせい【第五共和制】1959年にド=ゴールによって成立し、現在に至るまで続いているフランスの共和制。第四共和制に比べて大統領の権限が強化され、立法府である国民議会の権限は縮小されている。

たい-こく【大国】❶国土の広い国。また、勢力の強大な国。「経済―」「超―」❷律令制で、面積や人口などによって諸国を大・上・中・下の四等級に分けたうちの第一位の国。大和・河内・武蔵・常陸・陸奥・肥後など。(類語)強国・列強

たい-ごく【大獄】重大な犯罪事件で多くの人が捕らえられること。「安政の―」

だい-こく【大黒】㊀「大黒天」の略。㊁❶僧侶の妻。梵妻。「尼僧ともつかず、―ともつかず」〈藤村・破戒〉❷「大黒舞」の略。

だいこく-がさ【大黒傘】近世、大坂の大黒屋が大黒天の印を押して売り出した番傘。粗末だが丈夫な作りで、江戸では番傘の総称になった。

だいこく-こう【大黒講】大黒天を信仰する者の講中。

だいこく-こがね【大黒金=亀=子】コガネムシ科の昆虫。体長約2.5センチ。体は楕円形で厚みがあり、黒色。雄には長い角がある。山地の牧場にみられ、地中に穴を掘り獣糞を集めて産卵する。

たいこく-しゅぎ【大国主義】国際関係において、経済力・軍事力に勝っている国がその力を背景として小国に対してとる高圧的な態度。

だいこく-じょうぜ【大黒常是】江戸時代の銀座役人の世襲名。➡常是

たいこく-しょく【帯黒色】黒みを帯びた色。

だいこく-ずきん【大黒頭巾】焙烙頭巾の異称。七福神の大黒天がかぶっているのでいう。

だいこく-てん【大黒天】《梵 Mahākālaの訳》❶もとインドで破壊を意味する暗黒の神。密教では、大自在天の眷族として三宝を守護し飲食をつかさどる神となり、忿怒相を示す。寺の厨房などに祭られた。❷七福神の一。米俵の上に乗り、頭巾をかぶり、打ち出の小槌を持ち、大きな袋を肩に担ぐ像で表される。中世以降、大国主命と同一視されて広く信仰され、恵比須とともに福徳の神とされる。

だいごく-でん【大極殿】大内裏朝堂院諸殿舎の北方に建つ正殿。中央に高御座を設けて天皇の御座とし、即位・大嘗会などの重要な行事が行われた。平安京の建物は東西11間、南北4間で単層四注造。緑の瓦に金銅の鴟尾をあげ、前方の東西にそれぞれ青竜・白虎の2楼があった。治承元年(1177)焼失後は再建されなかった。だいぎょくでん。

だいこく-ねずみ【大黒×鼠】シロネズミの別名。白色が吉兆とされ、福をもたらす大黒天の使いとされた。

だいこく-ば【大黒歯】上あごの第一切歯のうち左側のものの俗称。右側のものを恵比須歯という。

だいこく-ばしら【大黒柱】❶民家の土間と床との境の中央に立てる、特に太い柱。また、建物の中央に最初に立てる柱。亭主柱。❷家や国の中心となって、それを支える人。「チームの―」(類語)柱・支柱・床柱

だいこく-ぼうし【大黒帽子】大黒頭巾に似た、上が平らな丸形で縁のない帽子。明治中期に男性がかぶった。大黒帽。

だいこく-まい【大黒舞】㊀室町時代から江戸時代にかけて行われた門付け芸の一。正月に大黒天の面をつけて赤い頭巾をかぶり、打ち出の小槌を持って門口に立ち、新作した祝いの詞を歌いながら舞う。民俗芸能として、山形県・鳥取県などに残存。(季 新年)㊁歌舞伎舞踊。常磐津。本名題「舞奏いろの種蒔」。天保12年(1841)江戸市村座初演。3世桜田治助作詞、5世岸沢式佐作曲。当時浅草奥山で評判の大黒舞を写したもの。

だい-こくみん【大国民】❶大国の国民。❷りっぱな国民。

だいこくや-こうだゆう【大黒屋光太夫】[1751〜1828]江戸中期の船頭。伊勢の人。名は幸太夫とも書く。天明2年(1782)米を江戸に回漕中に暴風にあい、アリューシャン列島アムチトカ島に漂着。ロシアに10年間滞留し、エカチェリーナ2世に謁見。その時の記録に「北槎聞略」がある。

タイ-こくりつこうえん【タイ国立公園】《Taï》コートジボワール南西部にある国立公園。リベリアとの国境を流れるカバレイ川とサッサンドラ川の間にある。西アフリカに残された最後の原生熱帯雨林地帯の一つで、コビトカバをはじめ、ボノボ(ピグミーチンパンジー)など多くの貴重な生物が生息する。1982年、世界遺産(自然遺産)に登録された。

だいこくれんが【大黒連歌】狂言。子祭りに信者たちが大黒天に連歌を奉納すると、大黒天が現れて打ち出の小槌や袋などの宝を与える。
たいこ-ざ【太鼓座】能舞台の囃子座のうちで、太鼓方のすわる所。舞台奥の後座の、向かって左のあたり。
だいご-さん【醍醐山】京都市伏見区東部にある山。山上に西国十一番札所の准胝堂がある。日野岳。
だい-ごし【台越し】輦台に乗って川を渡ること。「—にいたさう。なんぼぢゃ」〈滑・膝栗毛・三〉
だいご-じ【醍醐寺】京都市伏見区にある真言宗醍醐派の総本山。山号は深雪山・笠取山。開創は貞観16年(874)、開山は聖宝。笠取山全山が寺域で、准胝堂や如意輪堂などのある山上を上醍醐、三宝院・金堂・五重塔のある山麓を下醍醐という。江戸時代、三宝院は修験道当山派の拠点だった。国宝の五重塔は創建当初のもので、京都における最古の塔。ほかに多数の国宝・重要文化財・古文書を所蔵。平成6年(1994)「古都京都の文化財」の一つとして世界遺産(文化遺産)に登録された。
だいごしゅ-ゆうびんぶつ【第五種郵便物】もと、内国郵便物の一。印刷物・商品見本などを内容とし、開封とした。現在は第一種に統合。
たいこ-じょろう【太鼓女郎】江戸初期の上方遊郭で、琴・三味線・胡弓などを弾いたり舞をまったりして宴席を取り持った囲女郎。
たいこ-せき【太湖石】浸食による奇形の石灰岩。庭石や盆石に使う。もと太湖で多く産出した。日本では岐阜県明星山から産出。
だいごせだい-コンピューター【第五世代コンピューター】電子管で作った第1世代コンピューター、トランジスタの第2世代、大規模集積回路(LSI)の第3世代、超LSIで作った第4世代のコンピューターに次ぐ、次世代のコンピューター。昭和57年(1982)から旧通産省の第5世代コンピュータープロジェクトで計画され、音声・画像などの直接入力、自然言語による会話処理、学習・連想などの高い知能をもたせることなどが研究された。プロジェクトは平成6年(1994)に終了。
たいこ-だい【太古代】先カンブリア時代の前半。始生代。
だいこ-たき【大根焚き】京都市右京区鳴滝の了徳寺で、12月9日に行う行事。大根を煮て開山の親鸞上人に供え、信者にも分ける。(季 冬)
たいこ-たたき【太鼓×叩き】❶太鼓をたたくこと。また、その人。❷「太鼓持ち❷」に同じ。
たい-こつ【×腿骨】大腿骨・下腿骨のこと。
たいご-てってい【大悟徹底】仏語。悟りきって、絶対の真理と一体になること。
だいご-てんのう【醍醐天皇】[885～930]第60代天皇。在位897～930。宇多天皇の第1皇子。名は敦仁。藤原時平・菅原道真を登用し、延喜元年(901)に菅原道真が藤原時平に讒されてからは、時平を重用して親政を行い、後世「延喜の治」と称された。治世中に「三代実録」「古今集」「延喜格式」を編纂させた。
たいこのおとちゆうのさんりゃく【太鼓音智勇三略】歌舞伎狂言。時代物。4幕。河竹黙阿弥作。明治6年(1873)東京村山座初演。武田・徳川の戦いを背景にした活歴風の作品で、のち新歌舞伎十八番に編入された。通称「酒井の太鼓」。
だいご-の-さんりゅう【×醍×醐の三流】真言宗の小野六流のうち、聖宝の孫弟子の定海・聖賢・賢覚を祖とする三宝院流・金剛王院流・理性院流の総称。
だいご-の-はなみ【醍醐の花見】慶長3年(1598)豊臣秀吉が醍醐寺の三宝院で開いた花見の宴。
たいこ-ばし【太鼓橋】太鼓の胴のようにまん中が半円形に反った橋。(類語)橋・ブリッジ・丸木橋・八つ橋・釣り橋・反り橋・橋梁・跳ね橋・桟橋
たいこ-ばめ【太鼓羽目】両面を板張りにした羽目。
たいこ-ばら【太鼓腹】太鼓の胴のように丸く張り出した腹。
たいこ-ばり【太鼓張り】❶戸や間仕切りで、骨組みの両面に紙や板を張って中を空洞としたもの。❷《「太鼓張り襖」の略》❶のようにつくり、框も引き手もつけない襖。茶室によく用いられる。坊主襖。
たいこ-ばん【太鼓判】❶太鼓のように大きな印判。転じて、確実であるという保証。❷江戸時代以前につくられた甲州金の一。表面外周の装飾が太鼓の皮留めの装飾に似ているところからいう。
太鼓判を捺・す　その人物や品物の質などが絶対によいものであると保証する。太鼓のような判を捺す。「プロが—・した腕前」
たい-ごはん【×鯛御飯】▶鯛飯
たいこ-びょう【太鼓×鋲】頭部が半球形をした鋲。装飾用。
だいごふくりゅう-まる【第五福竜丸】昭和29年(1954)3月、南太平洋ビキニ環礁で米国が行った水爆実験の「死の灰」を浴びて犠牲者を出した、静岡県焼津の木造遠洋マグロ漁船。この事件は翌30年の広島での第1回原水爆禁止世界大会開催の発端となった。現在は東京都の夢の島公園に記念保存。
だいご-み【×醍×醐味】❶仏語。仏陀の、最上で真実の教え。❷物事の本当のおもしろさ。深い味わい。「読書の—を味わう」(類語)興・曲・味わい・持ち味・味み
たいこ-むし【太鼓虫｜水=蠆】トンボの幼虫、やごの俗称。(季 夏)
たいこ-むすび【太鼓結び】▶御太鼓結び
たいこ-もち【太鼓持(ち)｜幇=間】❶宴席に出て客の遊びに興を添えることを職業とする男性。幇間。❷人にへつらって気に入られようとする者。太鼓たたき。「あいつは社長の—だ」
たいこ-やき【太鼓焼(き)】「今川焼き」に同じ。
だい-ごり【代×垢離】近世、伊勢参宮をする人に頼まれ、その人に代わって伊勢神宮の近くの宮川の水で垢離をすること。また、それを職業とする人。
だいご-りゅう【×醍×醐流】真言宗声明の一流派。醍醐寺の僧定遍の創始で、横笛の譜を基にしてその旋律を定めた。
たいご-ルビ【対語ルビ】▶グループルビ
だいご-れつ【第五列】敵対勢力の内部に紛れ込んで諜報などの活動を行う部隊や人。スペイン内乱の際、4個部隊を率いてマドリードを攻めたフランコ派のモラ将軍が、市内にも攻囲軍に呼応する5番目の部隊がいると言ったことによる。第五部隊。
たい-こん【大婚】天子・君主の結婚。
たい-こん【胎金】《「たいごん」とも》胎蔵界と金剛界。胎金両部。金胎。
タイゴン〖tigon〗ネコ科の哺乳類。飼育下で雄トラと雌ライオンの間に生まれた一代雑種で、体色はライオン的で、トラに似た褐色の縞模様があり、雄にはたてがみが発達する。
だい-こん【大根】《「おおね」を音読みにした語》❶アブラナ科の越年草または一年草。白い長大な円柱状の根をもつ。葉は長く、羽状に深く裂ける。春、約1メートルの茎が伸び、淡紫色または白色の多数の花が咲く。ヨーロッパの原産で、日本には古く中国から渡来。根・葉を食用とする。春の七草の一。すずしろ。つちおおね。だいこ。(季 冬｜花=春)「流れゆく—の葉の早さかな／虚子」❷演技力のない役者をあざけっていう語。大根役者。
だいこん-あし【大根足】太くて不格好な女性の足をいう語。
だいこん-おろし【大根卸し】❶大根をおろし器ですりおろした食物。おろし大根。おろし。❷大根をおろす道具。おろし金。おろし器。
たいこん-きかん【待婚期間】女性が婚姻の解消または取り消しの日から再婚を禁止される期間。民法は6か月としている。再婚禁止期間。再婚期限。
だいこん-じま【大根島】島根県北東部、中海にある楯状火山島。最高点は大塚山の42メートル。面積約5平方キロメートル。玄武岩からなり、東部にある溶岩洞穴は幽鬼洞と呼ばれ「溶岩隧道」として国の特別天然記念物に、竜渓洞と呼ばれる第二溶岩隧道は天然記念物にそれぞれ指定されている。薬用ニンジン、県花のボタンなどの栽培が盛ん。古称「タコ島」。
だいこん-じめ【大根注=連】神棚などに飾る太めの注連縄。(季 新年)
だいこん-そう【大根草】バラ科の多年草。山野に生え、高さ10センチ～1メートル。葉はダイコンに似る。初夏、黄色の5弁花を開く。
だいこん-の-としとり【大根の年取り】《新潟・長野などで》旧暦10月10日の十日夜のこと。この日に大根畑に入ってはいけないという。大根の年越し。大根の年夜。
だいこん-の-としや【大根の年夜】▶大根の年取り
だいこん-はむし【大根葉虫】ハムシ科の昆虫。体長4ミリほどで黒褐色。幼虫は大根などアブラナ科の野菜の害虫。本州から沖縄にかけてみられる。
だいこん-やくしゃ【大根役者】「大根❷」に同じ。
たいこんりょうぶ-の-みね【胎金両部の峰】大峰山の異称。熊野側を胎蔵界、吉野側を金剛界とし、胎金両部を修める修験者が峰入りするところからいう。
たい-さ【大佐】軍人の階級の一。佐官の最上位で、少将の下、中佐の上。旧海軍では「だいさ」と称した。
たい-さ【大差】大きな差。数値・程度などの大きな違い。「どちらにしても—はない」⇔小差。(類語)違い・相違・異同・誤差・小異・差異・同工異曲・大同小異
たい-さ【堆砂】上流から流れ込み、貯水池の底に溜まった土砂。
たい-ざ【対座｜対×坐】〔名〕スル 互いに向かい合ってすわること。また、その席。「机を隔てて—する」(類語)円座・車座・膝詰め
たい-ざ【胎座】被子植物の子房内で、胚珠が心皮につく部分。
たい-ざ【退座】〔名〕スル ❶その集まりなどの席から去ること。退席。「会議の途中で—する」❷役者などがその属する一座をやめること。退団。
だい-ざ【台座】❶物を載せておく台。❷仏像や肖像彫刻などを安置する台。仏像の台座としては須弥座・蓮華座・禽獣座など多様な形式がある。
台座後光を仕舞う　《仏像から台座と後光とを取り去ると威厳がなくなってしまうところから》面目・地位などを失う。また、生命を失う。
台座の別れ　《人間の胴体を台座にたとえて》首が胴を離れること。死んでしまうこと。「何がさて相違あらば—、御存分になさいませ」〈浄・千本桜〉
たい-さい【大才】すぐれた才能・器量。また、それをもつ人。
たい-さい【大祭】❶規模の大きい祭り。❷もと祭祀令によって定められた、神宮および神社の重要な祭り。特に、伊勢神宮の祈年祭・月次祭・神嘗祭・遷宮祭など。❸皇室で、天皇がみずから行う祭り。元始祭・皇霊祭・神嘗祭・先帝祭など。(類語)例祭・本祭り・陰祭り・栄典・祝典・祝儀・祭典・祭礼・祭儀・大儀・大礼・大典・典礼・盛儀・儀式・式典
たい-さい【太宰】古代中国の官名。百官の長で、天子を補佐して諸政をつかさどった。
たい-さい【太歳】㊀木星の異称。㊁暦注の八将神の一。木星の精で、その年の十二支と同じ方角に位置し、その方角がその年の吉とされる。太歳神。
たい-さい【体菜】アブラナ科の野菜。葉は杓子形で肉厚。寒さに強い。漬物などにする。中国の原産。杓子菜。たいな。
たい-さい【体裁】▶ていさい(体裁)
たい-ざい【大罪】《「だいざい」とも》大きな罪。重い罪。「—を犯す」(類語)重罪
たい-ざい【滞在】〔名〕スル よそに行って、ある期間そこにとどまること。逗留。「ホテルに—する」(類語)逗留・居留・滞留・居る・とどまる
だい-ざい【題材】創作や研究などの主題となるもの。「作文の—を選ぶ」(類語)材料・話題・トピック・論

た

題・題目・主題・本題・テーマ
だい-さいいん【大斎院】▶選子内親王(せんしないしんのう)
だい-さいがい【大災害】規模の大きな災害。特に、大地震、大型台風、火山の噴火など、人間の社会生活や生命に大きな被害をもたらす自然災害。
だいさいがい-さいけん【大災害債券】▶キャットボンド
たいさい-じつ【大祭日】大祭が行われる日。たいさいび。
たいさい-せつ【大斎節】▶四旬節(しじゅんせつ)
たい-さいぼう【体細胞】生物体を構成する細胞のうち、生殖細胞以外の細胞の総称。
たいさいぼう-クローン【体細胞クローン】皮膚や臓器など特定の組織に分化した体細胞を用いて遺伝的に同一の個体を作りだすクローン技術。皮膚や乳腺などの体細胞から取り出した核を、別の個体から採取し核を取り除いた卵細胞に移植して再構築胚を作製し、さらに仮親となる別の個体に移植して作る方法が一般的。(補説)体細胞クローン動物は出生前後や若齢期の死亡率が高い。これは、再構築胚が十分な全能性(生体を構成するすべての細胞に分化する能力)を獲得していないために起こると考えられている。
たいさいぼう-ぶんれつ【体細胞分裂】真核生物の最も一般的な分裂・増殖方法。染色体が縦裂して両極へ分離し、母細胞と同じ染色体数が娘細胞(じょうさいぼう)に分配される。
だい-さぎ【大鷺】サギ科の鳥。全長89センチくらいで全身白色。水辺でみられる。温・熱帯地方に分布。日本では、冬鳥として本州以南に渡来する亜種と、夏鳥または漂鳥として本州以南で繁殖する亜種(チュウダイサギ)とがある。ももじろ。
たい-さく【大作】規模の大きい作品。また、すぐれた作品。傑作。「―にとりくむ」「話題の―」
(類語)名作・傑作・佳作・佳編・秀作・労作・力作
たい-さく【対策】❶相手の態度や事件の状況に対応するための方法・手段。「人手不足の―を立てる」「―を練る」「税金―」❷律令制で、官吏登用試験の一。文章(もんじょう)博士が問題を出して文章得業生(とくごうしょう)に答えさせるもの。また、その答案。(類語)策・方策・施策・手・企て・一計・秘策・対応策・善後策・得策
だい-さく【代作】〔名〕スル その人に代わって作品をつくること。また、その作品。「弟子に―させる」
(類語)模造・偽造・偽作・贋作(がんさく)・贋造
だい-さく【題作】与えられた題によって詩歌や文章を作ること。また、その作品。
たい-さつ【大冊】紙数が多くて厚い書物。形の大きい書物。
たい-さつ【大刹】大きな寺。巨刹。たいせつ。
たい-さばき【体捌き】柔道・剣道などで、相手を制しながら巧みにからだを移動・変化させること。
たい-さん【大盞】大きなさかずき。大杯。
たい-さん【耐酸】酸におかされにくいこと。
たい-さん【退散】〔名〕スル 立ち去ってちらばること。また、その場からのがれ去ること。「悪霊が―する」「雲行きが怪しいからそろそろ―しよう」
(類語)退去・退避・退却・避難・去る・遠ざかる・遠のく・離れる・立ち去る・引き払う・引き上げる・辞去・失(う)せる・退(の)く・下がる・退(ど)く・立ち退く・引き下がる・引っ込む・後(あと)にする
たい-ざん【大山｜太山】大きな山。
大山鳴動して鼠(ねずみ)一匹 事前の騒ぎばかりが大きくて、実際の結果が小さいことをいう、西洋のことわざ。(補説)「大山」は「泰山」とも書く。
大山も蟻穴(ぎけつ)より崩る 大きな山も小さな蟻(あり)の穴からしだいに崩れる。ちょっとした油断がもとになって大きな災難を招くことのたとえ。
たい-ざん【泰山｜岱山｜太山】㊀中国、山東省中部にある名山。標高1524メートル。中国五岳の一。古来信仰の対象となり、秦・漢時代から皇帝が封禅(ほうぜん)の儀式を行った所。玉皇廟など古跡が多い。1987年、世界遺産(文化遺産)に登録された。岱宗。タイーシャン。㊁高く大きな山。
泰山の安きに置く 泰山のように、どっしりと安定させる。
泰山は土壌を譲らず 《「史記」李斯伝から》泰山が小さな土くれでも受け入れて大きな山となったように、大人物はどんなに小さな意見でも取り入れて見識を高めていくというたとえ。
泰山を挟(わきばさ)みて北海を超ゆ 《「孟子」梁恵王から》泰山をわきにかかえて渤海(ぼっかい)湾を飛び越える。人間の力ではとうていできないことのたとえ。
だい-さん【大参】禅宗で、住職が法堂(はっとう)に上って修行僧に仏法を説くこと。上堂。➡小参
だい-さん【代参】〔名〕スル 本人の代わりに神社・仏閣へ参詣すること。また、その人。(類語)お参り・参拝
だい-さん【第三】❶3番目。3回目。❷相対する関係にある二つ以外のもの。当事者以外のもの。「―の人物」❸連歌・連句で、発句(ほっく)・脇句の次に付ける第3句。脇句から場面を一転させる句で、多く「て」で止める。
だいさん-インターナショナル【第三インターナショナル】1919年、レーニンの率いるロシア共産党を中心とする各国の共産党および左派社会民主主義者グループによってモスクワで創設された国際的な労働者組織。ソ連共産党指導のもとに世界革命を目ざす急進的な方策をとったが、1943年、ソ連の政策転換によって解散した。共産主義インターナショナル。コミンテルン。
だいさん-うちゅうそくど【第三宇宙速度】▶宇宙速度❸
だいさん-かいきゅう【第三階級】▶第三身分
だいさん-き【第三紀】地質時代の区分の一。新生代の前半。6500万年前から170万年前まで。暁新世・始新世・漸新世・中新世・鮮新世に細分され、前三者を古第三紀、後二者を新第三紀という。哺乳類や被子植物が繁栄し、アルプス・ヒマラヤなどの大山脈がほぼできあがった。
だいさんき-そう【第三紀層】▶第三系
だいさん-きょうわせい【第三共和制】1870年、普仏戦争に敗北したナポレオン3世が退位し、第二帝政の崩壊の結果、成立したフランスの共和制。1940年、ナチス-ドイツに敗れて崩壊した。
だいさん-きょく【第三極】❶(南極、北極に次ぐ極地)ヒマラヤ山脈をいう。第三の極地。❷政治、軍事、経済などの二大勢力に割って入り、あわよくば主導権を取ろうとねらう新興勢力。「米国、欧州経済の―をねらう中国」(類語)第三勢力
だいさん-けい【第三系】第三紀に形成された地層や岩石。日本ではこの地層の分布が広く、石炭・石油・金属鉱床に富む。第三紀層。
だい-さんげん【大三元】マージャンの役満貫の一。白板(パイパン)・緑発(リューファ)・紅中(ホンチュン)の三元牌を各3個または4個そろえて上がったもの。
たいさん-ごうきん【耐酸合金】酸に腐食されたり溶解されたりしにくい合金の総称。耐食合金、耐熱合金と共通するものが多い。
だいさんごう-ひほけんしゃ【第三号被保険者】国民年金の被保険者の種別の一。二号被保険者に扶養されている20歳以上60歳未満の配偶者で年収130万円未満の人。保険料は配偶者が加入している厚生年金や共済組合が負担する。
だいさん-ごく【第三国】当事国以外の国。その問題などに直接関係のない国。「―が調停に立つ」
だいさんごく-じん【第三国人】第三国の人。特に、第二次大戦後、米国占領下の日本に在留していた朝鮮人・中国人をいった語。
だいさんごく-ていじゅう【第三国定住】政治的な弾圧や紛争、経済的な理由で周辺の国に逃れ、難民となった人々を別の国が受け入れて定住させる制度。受け入れを予定する第三国は、UNHCR(国連難民高等弁務官事務所)が作成したリストに基づいて難民キャンプなどに調査団を派遣し、当人の意思を確認するなどの手続きを踏む。
だいさん-さいむしゃ【第三債務者】ある債権関係の債務者に対してさらに債務を負う者。
たいさん-じ【大山寺】神奈川県伊勢原市大山(おおやま)にある真言宗大覚寺派の寺。山号は雨降山(あぶりさん)。開創は天平勝宝7年(755)、開山は良弁。鎌倉末期に真言僧の願行が再興、江戸時代には大山講として関東一円に信仰された。神仏分離後は、阿夫利(あふり)神社と大山不動尊に分立。おおやまでら。
たいさん-じ【太山寺】㊀神戸市西区にある天台宗の寺。山号は三身山。霊亀2年(716)元正天皇の勅願により藤原宇合(ふじわらのうまかい)が定恵を開山として建立と伝える。㊁愛媛県松山市にある真言宗智山派の寺。山号は滝雲山。用明天皇のころ、真野長者の建立と伝える。四国八十八箇所第52番札所。
だいさんじ-さんぎょう【第三次産業】英国の経済学者コーリン=クラークによる産業分類の一。商業・運輸通信業・金融業・公務、その他のサービス業が含まれる。
だいさん-しじょう【第三市場】店頭市場のこと。証券取引所(金融商品取引所)の市場第一部と市場第二部に対していう。
だいさん-しゃ【第三者】当事者以外の人。その事柄に直接関係のない者。(類語)他人・局外者
だいさんしゃきょうわい-ざい【第三者供賄罪】公務員が特定の職務行為を行うよう、または行うべき職務をしないよう依頼(請託)され、第三者への賄賂を供与させたり、その要求・約束をしたりする罪。刑法第197条の2が禁じ、5年以下の懲役に処せられる。供賄罪。
だいさんしゃ-しっこう【第三者執行】債権者をだます目的で、債務者が第三者と共謀して自己の財産の差し押さえをさせること。強制執行を免れるための悪質な手段の一。三者執行。
だいさんしゃ-はさん【第三者破産】倒産会社の債権者(第三者)の申し立てにより行われる、破産法に基づいた破産手続きのこと。債権者破産。➡自己破産 ➡準自己破産
だいさんしゃ-わりあて【第三者割当】新株発行に際して、発行会社の役員・従業員・取引先・提携先・金融機関など会社となんらかの関係がある特定の者に新株引受権を与えること。➡縁故募集
だいさんしゃわりあて-ぞうし【第三者割当増資】株主であるかを問わず、特定の第三者に新株引受権を与える第三者割当によって増資を行うこと。この増資によって会社の自己資本を充実させ、財務内容を健全化することができる。
だいさん-しゅとくしゃ【第三取得者】担保物権の設定を受けている物について、新たに所有権または用益物権を取得した第三者。
だいさんしゅ-ゆうびんぶつ【第三種郵便物】内国郵便物の一。新聞・雑誌などの定期刊行物で郵便事業株式会社(日本郵便)の承認したものを内容とし、開封とする。(補説)年4回以上発行される定期刊行物で、1回の発行部数が500部以上、だれでも入手でき、定価が表示されていること、などの条件があり、通常の定形外郵便物よりも低料金で郵送できる。障害者団体向けに、さらに低廉な心身障害者用低料第三種郵便物(障害者郵便)もある。
だいさん-しん【第三審】第二審に対する上級の審判。上告審。
だい-さんせいぼんち【大鑽井盆地】オーストラリア中東部に広がる大規模な盆地。深層の被圧地下水を掘り抜き井戸によって利用し、降水量の不足を補い、牧畜が行われる。
だいさん-せいりょく【第三勢力】対立する二大勢力の間にあって、いずれにも属さない第三の中立的勢力。(類語)第三極
だいさん-せかい【第三世界】アジア・アフリカ・ラテンアメリカなどの開発途上国のこと。第二次大戦後の冷戦期に、西側諸国(第一世界)と東側諸国(第二世界)のどちらにも属さない国々として称されたもの。

だいさん-セクター【第三セクター】国や地方公共団体(第一セクター)と民間企業(第二セクター)の共同出資によって設立される事業体。地域開発など本来は国や地方公共団体が行うべき事業を、民間の資金・能力の導入によって官民共同で行おうとするもの。三セク。

だいさんせだい-けいたいでんわ【第三世代携帯電話】ITU(国際電気通信連合)が定めたIMT-2000標準に準拠するデジタル携帯電話。アナログ信号を用いた第一世代、デジタル信号で電波の利用効率を高めた第二世代に続いて登場。3G。➡第一世代携帯電話 ➡第二世代携帯電話 ➡第四世代携帯電話

だいさん-せっしょく【第三接触】▶生光せい

だいさん-ていこく【第三帝国】《ドイツ das Dritte Reich》ナチス統治時代のドイツの異称。神聖ローマ帝国、ホーエンツォレルン家のドイツ帝国に続く第3の帝国の意。

だいさんてんきゅうせだい-けいたいでんわ【第三・九世代携帯電話】ダイサンテンキュウセダイ ITU(国際電気通信連合)が定めたIMT-2000標準に準拠する第三世代携帯電話の中で、高速データ通信に特化して改良された通信規格をもつもの。第三・五世代携帯電話をさらに改良した通信規格や第四世代携帯電話に近いLTEなどの技術を採用するものを指す。下り方向の最大通信速度として100Mbps程度、第四世代携帯電話への移行が容易な通信規格であることなどが求められる。3.9G。

だいさんてんごせだい-けいたいでんわ【第三・五世代携帯電話】ITU(国際電気通信連合)が定めたIMT-2000標準に準拠する第三世代携帯電話の中で、高速データ通信に特化して改良された通信規格をもつもの。高速化技術にHSDPAなどを採用し、下り方向の最大通信速度として数Mbpsから十数Mbps程度を可能とする。3.5G。

だいさん-とう【第三党】ダウ 政界で二大政党に次ぐ勢力をもつ政党。

だいさん-にんしょう【第三人称】▶三人称

だいさん-のうしつ【第三脳室】ナウシツ 間脳の中心部にある脳室。左右の側壁を挟むように視床があり、下方に視床下部がある。

だいさん-の-しんじん【第三の新人】昭和20年代後半、戦後派に次いで登場した世代の作家の総称。安岡章太郎・吉行淳之介・遠藤周作など。➡戦後派文学

だいさん-の-ひ【第三の火】原子力のこと。燃料の空気中での燃焼による第一の火、電熱線の発熱などによる第二の火に対して、核分裂による発熱をいう。

だいさん-の-ビール【第三のビール】原料に麦芽を使用したビールや発泡酒に対し、麦芽以外の原料を使用したり、別種のアルコール飲料を発泡酒に加えるなどしてつくられたアルコール飲料の通称。ビールと区別するため「新ジャンル」とも呼ばれる。麦芽や麦の代わりに大豆や小麦、トウモロコシなどを原材料として使うものが多く、風味やのどごし、アルコール度数など多様な種類がある。当初、酒税法上のビールの類に属さないため税率が低く、安価で販売されたが、平成18年(2006)の酒税法改正で酒類の分類が再編され、酒税が引き上げられた。その他の発泡性酒類。➡ビール系飲料

たいざん-ふくん【泰山府君】㊀㊀中国の泰山に住むという神。道教では人の生死をつかさどる神で、日本では素戔嗚尊すさのおのみことに配され、また仏家では、閻魔王えんまおうの侍者として人の善悪行為を記録するとも、地獄の一王ともいう。㊁《「たいさんぶくん」「たいざんぶくん」とも》謡曲。五番目物。金剛流。世阿弥作。桜町中納言が桜の花の寿命を惜しんで泰山府君を祭っていると、天女が一枝を手折って天に昇る。やがて泰山府君が現れ、天女を責めて花の寿命を延ばす。㊁桜の一品種。花は八重で淡紅色。

だいさん-ぶんや【第三分野】保険業法で規定する分類の一つで、生命保険業(第一分野)と損害保険業(第二分野)のどちらの保険会社でも取り扱うことのできる分野。医療保険・傷害保険・介護保険などが該当する。➡第一分野 ➡第二分野 (補説)保険業法では第一分野と第二分野を同じ保険会社で取り扱うことは認めていない。かんぽ生命は第三分野商品にあたる、がん保険事業への参入を目指し金融庁・総務省などに加入限度額規制の改正を要望しているが、政府が株式を保有するかんぽ生命の参入が民業の圧迫につながるとの懸念もある。

たいさん-ぼく【大山木|泰山木】モクレン科の常緑高木。葉は大きく長楕円形で表面につやがあり、裏面に褐色の毛が密生する。5、6月ごろ、白色の大きな花を開き、強い芳香を放つ。北アメリカの原産で、日本には明治初期に渡来し、庭園で栽培される。(季 花＝夏)「磔像たくぞうや―は花終んぬ/誓子」

たいざん-ほくと【泰山北斗】《「唐書」韓愈伝賛から》泰山と北斗星。転じて、その道の大家として最も高く尊ばれる人。泰斗。
(類語)権威・第一人者・大家たいか・巨匠・耆宿きしゅく・大御所おおごしょ・オーソリティー

だいさん-みぶん【第三身分】フランス革命以前、聖職者・貴族とともに三部会を構成した平民身分。大商人・法学者など都市のブルジョワをさすが、革命直前には平民全体をさして用いられた。第三階級。

たい-し【大旨】文章・論説などの、おおよその趣旨。

たい-し【大志】大きなこころざし。将来に対する遠大な希望。「少年よ―をいだけ」(類語)志・抱負

たい-し【大使】❶外交使節の最上位のもの。臨時的な特派大使と常駐の特命全権大使とがあるが、普通には後者をさす。❷朝廷・幕府などの中央政府機関の命を受けて公式に派遣される使者。❸遣唐使の正使。

たい-し【大×祀】❶律令制で、祭りの前の1か月間、身心を潔斎して行った最も重要な祭祀。践祚大嘗祭せんそだいじょうさいがこれにあたる。➡小祀 ➡中祀 ❷国家に慶事のあるとき、特に祝う日。❸古代中国で、天子がみずから行った最も重要な祭事。

たい-し【太子】㊀❶皇位を継ぐものと定められている皇子や王子。東宮とうぐう。ひつぎのみこ。❷古代中国の、天子や諸侯の世継ぎ。㊁「聖徳太子」の略。
(類語)皇太子・東宮

たいし【太子】㊀大阪府南東部、南河内郡の地名。二上山にじょうざんの西麓で、小野妹子おののいもこの墓、聖徳太子の廟びょうなどがある。㊁兵庫県南西部、揖保いぼ郡の地名。姫路市の西隣にあり、斑鳩寺いかるがでら・いかるがじは聖徳太子の建立といわれる。

たい-し【太史|大史】古代中国の官名。天文・暦法、また、国の法規や宮廷内の諸記録のことなどをつかさどった史官および暦官の長。

たい-し【太始】いちばんはじめ。おおもと。特に、天地の開けたはじめ。太初。

たい-し【太師|大師】❶中国、周代の三公の一。天子の師となり補佐する官。❷太政大臣だいじょうだいじんの唐名。

たい-し【隊士】その隊に属する武士・兵士。

たいじ【大治】ダイヂ《「だいじ」とも》平安後期、崇徳天皇の時の年号。1126年1月22日～1131年1月29日。

たい-じ【対自】▶フュールジッヒ

たい-じ【対×峙】ヂ〔名〕スル ❶山などが、向かい合ってそびえること。「谷を隔てて―する岩峰」❷対立する者どうしが、にらみ合ったままじっと動かずにいること。「橋を挟んで両軍が―する」(類語)(❶)そそり立つ・そばだつ・屹立きつりつ・聳立しょうりつ・切り立つ/(❷)向かう

たい-じ【胎児】哺乳類の母胎内にあってまだ出生しない子。人間では妊娠第8週以後の人間としての形が明らかになったものをいう。

たい-じ【退治|対治】ヂ〔名〕スル ❶悪いものや害を及ぼすものをうち滅ぼすこと。「ネズミを―する」「鬼―」❷仏語。煩悩ぼんのうや怠惰な心を断つこと。
(類語)征討・征伐・討伐

たい-じ【帯磁】〔名〕スル 磁気を帯びること。磁化。

だい-し【大史】律令制で、神祇官・太政官だいじょうかんの主典さかんのうち、少史の上に位するもの。

だい-し【大姉】❶比丘尼びくにまたは地位のある在家の女性を敬っていう語。❷女性の法名につける称号。男性の居士こじに対するもの。

だい-し【大師】㊀❶仏・菩薩ぼさつの尊称。❷朝廷から高僧に対して贈られる称号。死後に贈られる場合が多い。日本では貞観8年(866)に最澄さいちょうが伝教大師の称号を贈られたのが最初。❸高徳の僧の敬称。㊁弘法大師のこと。(類語)上人・阿闍梨あじゃり・三蔵

だいし【大師】神奈川県川崎市川崎区の地名。川崎大師(平間へいけん寺)がある。付近は京浜工業地帯の一部で、化学工業が盛ん。

だい-し【台紙】物を置いたり、写真・図画や印刷用の版下などを貼りつけたりするための紙。

だい-し【台詞】「せりふ」に同じ。

だい-し【第四】4番目。4回目。だいよん。

だい-し【題詞】❶「題辞だいじ」に同じ。❷▶詞書ことばがき❶

だい-し【題詩】❶決められた題によって詩を作ること。また、その詩。❷書物の巻頭に題目・標題として掲げる詩。

だい-じ【大士】《梵 mahāsattvaの訳。「だいし」とも》仏語。❶仏・菩薩ぼさつの尊称。摩訶薩まかさつ。❷悟りを求める心を起こした人。道心堅固な僧。

だい-じ【大字】❶大きな文字。大文字。❷漢数字の「一・二・三」などの代わりに用いる「壱・弐・参」などの文字。証書などで用いる。

だい-じ【大寺】規模の大きな寺院。主に維持費などが国から支給された官寺をいう。大刹たいさつ。おおでら。

だい-じ【大事】㊀〔名〕❶重大な事柄。容易でない事件。「国家の―」❷大がかりな仕事。大規模な計画。「―を成す」「―を企てる」❸たいへんな結果。非常に心配な事態。「―に至らないで済む」❹出家して悟りを開くこと。「―を思ひたたん人は」〈徒然・五九〉
㊁〔形動〕図〔ナリ〕❶価値あるものとして、大切に扱うさま。「―な品」「親を―にする」「どうぞ、お―に」❷重要で欠くことのできないさま。ある物事の存否にかかわるさま。「―な用を忘れていた」「今が―な時期だ」
➡大切たいせつ(用法)
(類語)(㊀❶❷)大事だいじ・一大事・重大事・大変・本丸・一丁目一番地/(㊁❷)重要・大切・肝心・肝心要かなめ・肝要・切要・緊要・喫緊・重大・主要・須要しゅよう・必須

大事に懸か・ける 大切にする。丁重に扱う。「八円を―・けて、世の中に巡査ほどのものはないと済ましているのが」〈鏡花・夜行巡査〉

大事の中に小事なし 大事の場合には、小事を顧みる余裕がない。

大事の前の小事 ❶大事をなすには、小事にも気をつけ油断してはならない。❷大事をなそうとするときは、小事にかまってはいられない。

大事を取・る 軽々しく物事をしない。用心し、自重する。「―・って仕事を休む」

だい-じ【大慈】仏語。仏・菩薩ぼさつが衆生しゅじょうをいつくしみ苦しみを救う、その広大な慈悲。

だい-じ【台辞】「台詞せりふ」に同じ。

だい-じ【題字】❶書物の表題の文字。❷書物の巻頭や画幅・石碑の上部に書き記す文字。題辞の文字。

だい-じ【題辞】書物の巻頭や画幅・石碑の上部に記す言葉。題詞。題言。

だいし-いちばん【大死一番】自我を一切捨てて仏道に身をささげること。転じて、死んだ気になって精いっぱいやること。「―難局にあたる」

たいし-え【太子会】ヱ 聖徳太子の忌日の2月22日に催される法会。(季 春)

ダイジェスティブ-ビスケット〖digestive biscuit〗麦粉を使って作る、甘みを抑えた、やわらかくて消化のよいビスケット。

ダイジェスト〖digest〗〔名〕スル 書物などの内容を、わかりやすく要約すること。また、要約したもの。「論文を―した記事」「―版の映画」
(類語)要旨・大意・要約・摘要・レジュメ・梗概・論旨

ダイジェスト-アクセスにんしょう【ダイジェストアクセス認証】《digest access authentication》

た

►ダイジェスト認証

ダイジェスト-にんしょう【ダイジェスト認証】《digest authentication》インターネット上で利用者を識別して正当性を検証する方式の一。アクセスが制限されたウェブサイトなどにおいて、ユーザー名(利用者の名前)とパスワードを、ハッシュ関数を用いて暗号化し、サーバー側へ転送してアクセスの可否を検証する。情報を暗号化しないベーシック認証に比べ、第三者による盗聴や改竄かいざんに対する安全性が高い。ダイジェストアクセス認証。

タイシェト〖Tayshet〗ロシア連邦中部、イルクーツク州の都市。シベリア鉄道とバイカルアムール鉄道(バム鉄道)が分岐する交通の要地として知られる。

だいじおん-じ【大慈恩寺】中国、唐の高宗が648年、長安(現・西安)に建立した寺。玄奘げんじょうを首座じゅざとし、翻経院を設けて仏典の漢訳を行い、法相宗を広めた。会昌の法難で廃絶したが、大雁塔は現存。慈恩寺。➡雁塔㊁

だいし-がゆ【大師×粥】大師講❶の日に食べる小豆がゆ。そば切りを加えて食べることが多い。知恵粥。十八粥。(季冬)

だいし-がわら【大師河原】だいしがはら 神奈川県川崎市川崎区の地名。また大師町の旧称。➡大師

たいし-かん【大使館】タイシクワン 特命全権大使が駐在国において公務を執行する公館。国際法上、本国の領地と同一に見なされ、不可侵権が認められる。

たい-しき【体式】体裁ていさいと方式。形式。

だいし-き【第四紀】►だいよんき(第四紀)

たいしき-ちょう【太▽食調|大▽食調】テウ《「たいじきちょう」とも》雅楽の六調子の一。平調ひょうじょうの音を主音とする旋法。

タイしき-ボクシング【タイ式ボクシング】►ムエタイ

だい-しきょう【大司教】ダイシケウ カトリック教会の聖職の一。一国あるいは一地方の統轄者として司教の上に置かれる。

だい-しくう【大司空】古代中国の官名。周代には冬官の長として土木工作をつかさどった。漢代に監察を任とした御史大夫を改称し、大司馬・大司徒とともに三公と称した。後漢以降は司空という。

たいし-こう【太子講】聖徳太子を奉賛する講。江戸時代には大工など職人の間に広まった。

たいし-こう【太史公】►司馬遷しばせん

だいし-こう【大師講】❶11月23日夕方から24日にかけて行われる民間行事。家々で小豆がゆ・団子などを食べる。智者大師・弘法大師・元三がんざん大師などを祭る地方もある。(季冬)「細々と日枝の煙や一/嘯山」❷天台宗で、伝教大師最澄さいちょうの忌日である6月4日に行われる法会。伝教会。六月会みなづきえ。❸真言宗で、月ごとの21日に弘法大師空海への報恩のために行う講会。

だいし-ごう【大師号】ガウ 朝廷から贈与される大師の称号。

だい-じざい【大自在】㊀❶仏語。思いのままに自利他利の行を行えること。また、その人。❷少しの束縛も障害も受けないで、思いのままであること。自由奔放であること。「大胆は道義を蹂躙じゅうりんして一に跳梁ちょうりょうする」〈漱石・虞美人草〉㊁「大自在天」の略。

だいじざい-てん【大自在天】《梵 Maheśvara の訳。音写は摩醯首羅まけいしゅら》もとヒンズー教のシバ神の異称。仏教に入り仏法守護神となる。像は一般に三目八臂はっぴで、三叉戟さんさげきを手にし、白牛に乗る姿に表す。密教では伊舎那いしゃな天と同体とする。自在天。

だいじ-じ【大慈寺】熊本市にある曹洞宗の寺。山号は大梁山。弘安元年(1278)寒巌義尹かんがんぎいんの開山。戦国時代、一時衰退したが、加藤清正による寺領寄進を機に復興。江戸時代は、九州地方の曹洞宗僧録所。大慈寺文書を所蔵。

だい-じしん【大地震】ダイヂシン 揺れが激しく、被害の大きい地震。地震学ではマグニチュード7以上の規模の地震をいい、マグニチュード8以上のものは特に巨大地震ということもある。おおじしん。➡マグニチュード

(補説)「だいじしん」「おおじしん」は古くからどちらの用例もみられるが、NHK(日本放送協会)では「おおじしん」と読んでいる。

たいじせい-アルコールしょうこうぐん【胎児性アルコール症候群】シャウコウグン 妊娠中の女性が習慣的に飲酒すると、アルコールの影響で胎児に先天異常・行動障害・神経障害などが生じること。異常、障害の程度は妊婦の体質や環境、飲酒の量などにより異なる。FAS(fetal alcohol syndrome)。

だいし-せいびょう【第四性病】シャウ ►だいよんせいびょう(第四性病)

だいし-せっしょく【第四接触】►復円ふくえん

だい-しぜん【大自然】はかりしれない大きな自然。偉大な自然。「一の懐にいだかれる」

たい-した【大した】〔連体〕❶程度がはなはだしいさまをいう語。非常な。たいへんな。度はずれた。「一ものだ」「一数にのぼる」❷あとに打消しの語を伴って、特に取り立てて言うほどのことではないという気持ちを表す。それほどの。「一ことはない」「一用事ではない」(類語)偉い

だいじ-だいひ【大慈大悲】仏語。一切衆生の苦を取り除き、楽を与える広大無辺な慈悲。特に、観世音菩薩ぼさつの広大な慈悲。また、観世音菩薩。

たいし-ちょう【太子町】チャウ ►太子

たい-しつ【体質】❶からだの性質。遺伝的素因と環境要因との相互作用によって形成される、個々人の総合的な性質。「風邪をひきやすい一」「特異一」❷団体・組織などがもつ、性質や特徴。「日本人の一に合わない思想」

たい-しつ【対質】〔名〕スル 訴訟で、被告人・証人などの供述に食い違いがあるとき、両者を相対させて互いに言い分を述べさせる形で尋問すること。

たい-しつ【耐湿】湿気に対して強いこと。湿気にあっても変質しにくいこと。「一性」

たい-しつ【退室】〔名〕スル その部屋から出て行くこと。「答案を書き終えた者から一する」↔入室。

たいしつ-かいぜん【体質改善】❶食事・運動・服薬などの方法によって、体の性質を変えること。❷人事・機構・運営方針などを改めることによって、従来の弊害を取り除いたり、新しい状況に対応できる性質の組織に変えたりすること。「業界の一を図る」

だいじっきょう【大集経】ダイジフキャウ「大方等だいほうどう大集経」の略。だいしゅうきょう。

だい-しっこう【代執行】ダイシッカウ 行政上の強制執行の一。法律または行政処分によって命じられた行為を、義務者が履行しない場合、行政庁が自らこれを行い、または第三者に行わせ、その費用を義務者から徴収すること。

たいしつ-てき【体質的】〔形動〕原因が、そのものの体質にかかわっているさま。「党の一な欠陥」

たい-して【大して】〔副〕❶(あとに打消しの語を伴って)特に問題にする程度ではないさま。さほど。それほど。「一気にかけてはいない」❷程度のはなはだしいさま。大いに。「角力になりましてからは一惣次郎も最屓ひいきにして」〈円朝・真景累ヶ淵〉

(類語)あまり・さほど・さして・それほど・さしたる・さまで・そう・そんなに

だい-しと【大司徒】古代中国の官名。周代には地官の長として戸口・田土・財貨・教育をつかさどった。前漢末に丞相じょうしょうを改めて大司徒とし、大司馬・大司空とともに三公と称した。後漢以降は司徒という。

たいし-どう【太子堂】ダウ 聖徳太子の像を祭ってある堂。

だいし-どう【大師堂】ダウ 真言宗の寺院で、弘法大師の像を安置する堂。

だいじ-な・い【大事ない】〔形〕文だいじな・し〔ク〕《「ない」は意味を強める接尾語。近世語》きわめて大切である。「これは近頃一・いものと言ひ出してより」〈浮・曲三味線・二〉

だいじ-な・い【大事無い】〔形〕文だいじな・し〔ク〕あまり心配することはない。さしつかえない。たいしたことはない。「さあ、どんな事するのや知らんが、まずうても一・い」〈鏡花・歌行灯〉(類語)大丈夫

だい-しのう【大司農】中国漢代、九卿の一。銭穀・金帛など、中央政府の財政をつかさどった。三国時代以降は司農と改称。

だいし-の-つえ【大師の×杖】ツヱ 大師講の日、供膳に添える長い箸はし。東北・北陸地方では、大師は子沢山であったので、この箸を短く折って分け与えたとか、団子をさして子供を育てたとかいう伝承がある。

だい-しば【大司馬】古代中国の官名。周代には夏官かかんの長として軍事・運輸をつかさどった。漢代に軍事を任とした太尉を大司馬と改称し、大司徒・大司空とともに三公と称した。後漢以降は再び太尉という。

たい-しぼう【体脂肪】バウ 体内に蓄えられた脂肪。皮下脂肪、内臓脂肪など。

だい-じほう【大字報】中国で、大型の壁新聞のこと。1957年の反右派闘争以降発展、文化大革命のなかで定着した。

たいしぼう-けい【体脂肪計】タイシバウ 人の体脂肪率を測定する機器。身長・体重・年齢・性別などを入力、計器の上に立ち付属具を持って腕を伸ばし、微弱な電圧をかけて計測するものなどがある。骨密度や測定時の体内水分量によって誤差が生じやすい。

たいしぼう-りつ【体脂肪率】タイシバウ 全体重に占める体脂肪の割合。パーセントで表される。一般に、男性で25パーセント、女性で30パーセントを超えると肥満と判定される。

たいし-まげ【太子×髷】聖徳太子像にみられる角髪みずらのように、髪を左右に分け、両耳のあたりで輪に結んだ髪形。

だいしみず-トンネル【大清水トンネル】ダイシミヅ 群馬・新潟県境、上越新幹線の上毛高原・越後湯沢間のトンネル。長さ22.22キロ。昭和56年(1981)完成。

たい-しゃ【大社】㊀❶きわめて大きな神社や、由緒ある名高い神社。❷古く、神社を格式によって大・中・小に分けたうちの第一位の神社。❸明治4年(1871)から実施された神社制度の社格で、官幣大社・国幣大社のこと。社号としては出雲大社のみに許された。㊁「出雲大社」の略。

(類語)神社・社やしろ・神宮・稲荷いなり・八幡はちまん・鎮守・本社・摂社・末社・宮

たい-しゃ【大射】►射礼じゃらい

たい-しゃ【大赦】《古くは「だいしゃ」とも》❶恩赦の一。政令で定めた罪について、有罪の判決を受けた者に対しては判決の効力を失わせ、まだ有罪の判決を受けていない者に対しては公訴権を消滅させるもの。❷律令制の刑罰免除の一。死罪などの重罪をも許したこと。(類語)恩赦・特赦・減刑

たい-しゃ【代×赭】❶赤鉄鉱を原料とする黄褐色または赤褐色の顔料。中国山西省代県から産するものが有名なので、この名がある。❷「代赭色」の略。

たい-しゃ【代謝】〔名〕スル ❶古いものと新しいものが次々と入れ替わること。「新陳一」❷生体内で、物質が次々と化学的に変化して入れ替わること、また、それに伴ってエネルギーが出入りすること。(類語)交代・入れ替え・更迭こうてつ・代替だいたい・交番・チェンジ

たい-しゃ【対者】向かい合っている者。対象となる者。また、対戦などの相手。

たい-しゃ【退社】〔名〕スル ❶勤務している会社を辞めること。「一身上の都合で一する」「定年一」↔入社。❷その日の勤めを終えて会社から退出すること。「五時半に一する」↔出社。

だい-しゃ【代車】修理や車検などに出した自動車の代わりとして使う車。

だい-しゃ【台車】❶鉄道車両の車体を支えて走行する装置。台枠・車軸・車輪などからなる。❷荷台に車輪と取っ手をつけた、運搬用の手押し車。

だい-しゃ【題者】題を出す人。特に、詩歌の会のとき、題を選定する人。

だい-じゃ【大蛇】大きなへび。おろち。

大蛇を見るとも女を見るな 女性は人を惑わして修行の妨げとなるから、大蛇よりもおそるべきものであ

るという戒め。

たいしゃ-いじょう【代謝異常】生体内における代謝のはたらきが正常でないこと。また、そのために引き起こされる症状。生まれつき特定の酵素などが欠如している先天性のものと、痛風や糖尿病のように臓器障害によって起こるものとがある。

たいしゃ-いろ【代×赭色】代赭❶に似た、褐色を帯びた黄色または赤色。

たいしゃ-きょう【大社教】▶出雲大社教

たい-しゃく【対酌】〔名〕スル 向かい合って酒をくみかわすこと。差し向かいで酒を飲むこと。対飲。「愛嬌ある丸顔の男と相―して」〈魯庵・社会百面相〉

たいしゃく【帝釈】「帝釈天」の略。

たい-しゃく【貸借】〔名〕スル ❶貸すことと借りること。貸し借り。「金銭を―する」❷民法上、消費貸借・使用貸借・賃貸借の総称。❸簿記で、貸方と借方。
(類語)貸し借り

たいしゃく-きょう【帝釈峡】広島県北東部、帝釈川の峡谷。長さ約20キロにわたって、石灰岩台地の浸食による、断崖絶壁・奇岩・深淵などがみられる。

たいしゃく-さん【帝釈山】栃木県日光市と福島県南会津郡南会津町・同檜枝岐村にまたがる山。帝釈山脈の中央に位置する。標高2060メートル。かつては奥深い幻の山といわれたが、林道・登山道ができて容易に登れるようになった。平成19年(2007)8月、尾瀬国立公園の一部として会津駒ヶ岳・田代山とともに新たに国立公園に指定された。

たいしゃく-さんみゃく【帝釈山脈】栃木県北西部と福島県南西部の県境を走る褶曲山地。那須火山帯と並走する男鹿岳(標高1777メートル)・荒海岳(標高1581メートル)・帝釈山・黒岩山(標高2163メートル)と東西に連なる。山嶺線は太平洋流域と日本海流域の分水界となっている。

だいしゃく-しぎ【大×杓×鷸｜大尺×鷸】シギ科の鳥。シギ類中最大で全長約60センチ。くちばしが非常に長く、下方に曲がっていて、干潟でカニ・シャコなどを食べる。背は黒褐色の縦斑があり、腰は白い。日本では春・秋にみられる。

たいしゃく-たいしょうひょう【貸借対照表】損益計算書・キャッシュフロー計算書とともに財務諸表の中心をなすもので、一定時点における企業の財政状態を明らかにするために作成される計算書。すべての資産・負債・資本の有り高を記載し、一覧できるように表示したもの。バランスシート。B/S。

たいしゃく-てん【帝釈天】《梵 Śakra-devānam-Indraの訳》梵天と並び称される仏法守護の主神。十二天の一つで、東方を守る。忉利天の主で、須弥山上の喜見城に住むとされる。ヒンズー教のインドラ神が仏教に取り入れられたものという。

たいしゃく-とりひき【貸借取引】顧客から信用取引の委託を受けた証券会社が、決済に必要な金銭または有価証券を証券金融会社から借り入れる取引。

たいしゃく-めいがら【貸借銘柄】貸借取引を行うことができる株式の銘柄。

たいしゃ-しょうこうぐん【代謝症候群】▶メタボリックシンドローム

たいしゃ-せき【代×赭石】土状をした軟質の赤鉄鉱。顔料や研磨材に利用。また、漢方で補血・止血薬に用いる。

たいしゃ-づくり【大社造(り)】神社本殿形式の一。日本古代の建築様式を残すもので、屋根は檜皮葺きで、切妻造り、妻入り。代表例は出雲大社本殿。おおやしろづくり。

だいしゃひようたんぽ-とくやく【代車費用担保特約】自動車保険における特約の一。車両保険の保険金が支払われる事故にあったとき、修理などで被保険自動車が使用できなくなった期間中にかかったレンタカーや代車などの費用が支払われる。代車無料サービス特約。

だいしゃむりょうサービス-とくやく【代車無料サービス特約】▶代車費用担保特約

だい-しゃりん【大車輪】❶大きい車輪。❷鉄棒・平行棒・段違い平行棒などで、バーを支点として体をまっすぐに伸ばしたまま大きく回転する技。❸ある目的を達成するために、一生懸命にやること。「―で仕上げる」

たい-しゅ【大酒】〔名〕スル《「だいしゅ」とも》酒をたくさん飲むこと。また、その人。おおざけ。おおざけのみ。「限度をわきまえず―する」「―家」

たい-しゅ【太守】❶平安時代以後、親王の任国と定められていた上総・常陸・上野の3か国の守の称。❷一般に、幕府の高官や領主のこと。江戸時代には、国持大名の俗称。❸古代中国の郡の長官。秦代に創設された郡守を漢代に改称したもの。のち州制の施行によって刺史と改められ、宋代以後は知事の雅称となった。

たい-しゅ【対手】❶相手。「―国」❷対戦相手。「棋戦の―」

たい-しゅ【退守】〔名〕スル しりぞいて守ること。生活態度などが、きわめて消極的なこと。「永く一都城の中に―せば」〈竜渓・経国美談〉

たい-じゅ【大儒】すぐれた儒学者。また、大学者。

たい-じゅ【大樹】❶大きな木。大木。「寄らば―の陰」❷「大樹将軍」の略。(類語)大木・巨木

だい-しゅ【大衆】多くの僧の集まり。また、その僧たち。衆徒。だいす。「山門の―に仰せて、平家を追討せらるべし」〈平家・一〉

だい-じゅ【大×綬】《「たいじゅ」とも》勲章を身につける綬の、最も大きなもの。大勲位菊花大綬章・宝冠大綬章・桐花大綬章などの勲章を帯びるのに用いる。

たい-しゅう【大州】大きい陸地。大陸。

たい-しゅう【大衆】❶多くの人。多衆。❷社会の大部分を占める一般の人々。特に、労働者・農民などの勤労階級。民衆。「―の支持を得る」「一般―」❸社会学で、孤立して相互の結びつきを持たず、疎外性・匿名性・被暗示性・無関心などを特徴とする集合的存在をいう。(類語)(❶)群衆/(❷)民衆・公衆・民草・庶民・平民・常民・人民・市民・勤労者・生活者・一般人・市井人・世人・俗衆・マス

たい-しゅう【体臭】❶からだから発散するにおい。皮膚の汗腺や皮脂腺からの分泌物などによる。❷作品などを通して感じられる、作者の独特な個性。「―がにじみでた文体」「―のない雑誌」

たい-しゅう【対州】対馬国の異称。

たいじゅう【太十】浄瑠璃「絵本太功記」の10段目「尼ケ崎」の段の通称。

たい-じゅう【体重】からだの重さ。からだの目方。「片足に―をかける」(類語)ウエート・重さ・重量・目方

だい-じゅう【台十】「台十能」の略。

たいしゅう-うんどう【大衆運動】一定の政治的、経済的、社会的、文化的な目的の実現のために、大衆が主体となって行う運動。

たいしゅう-えんげき【大衆演劇】大衆を観客の対象とする娯楽本位の演劇。軽演劇・レビュー・ミュージカルなど。

たいしゅう-か【大衆化】〔名〕スル 一般の人々の間に広く行き渡ること。一般大衆のものになること。また、そのようにすること。「海外旅行が―する」

たいしゅう-かぜい【大衆課税】収入の少ない一般大衆に租税を負担させること。消費税など。

だいしゅうきょう【大集経】▶だいじっきょう(大集経)

たいじゅう-けい【体重計】体重をはかるはかり。

たいしゅうげいごう-しゅぎ【大衆迎合主義】▶ポピュリズム❸

たいしゅう-ざっし【大衆雑誌】大衆向けの娯楽雑誌。

たいしゅう-し【大衆紙】ゴシップ記事や娯楽的な内容などを多く取り扱う新聞。英国などの階級社会において、労働者層に好まれる。ポピュラーペーパー。⇨高級紙

たいしゅう-しゃかい【大衆社会】政治・経済・社会・文化のあらゆる領域で、大衆が重要な役割を果たす社会。特徴は、技術的合理性、役割の専門化、人間関係の非人格化、人口の集中化、またその反面の、孤独、個性喪失などである。

たいしゅう-しょうせつ【大衆小説】一般大衆を対象にして書かれた通俗的、娯楽的な小説。大衆文学。

たいしゅう-しょくどう【大衆食堂】比較的安価で料理を提供する、一般大衆向きの食堂。

たいしゅう-せい【大衆性】一般大衆の共感を呼び、親しまれる性質を備えている傾向。「芸術に―が求められる時代」

たいしゅう-そうさ【大衆操作】情報や宣伝手段などを利用して、大衆の思想や行動を特定の方向に誘導すること。

だいしゅう-そうぞく【代襲相続】相続人が相続の開始以前に死亡し、またはその他の事由により相続権を失ったときに、その者の子が代わって相続すること。

たいしゅう-てき【大衆的】〔形動〕一般大衆に受け入れられるさま。「―な娯楽」

たいしゅう-デモクラシー【大衆デモクラシー】▶大衆民主主義

たいしゅう-でんたつ【大衆伝達】▶マスコミュニケーション

だい-じゅうのう【台十能】置くのに便利なように下部に台をとりつけた十能。台十。

だいじゅうはち-がん【第十八願】阿弥陀仏のたてた四十八願中の18番目の願。内容から念仏往生の願とも、最も重要なので王本願ともいう。

たいしゅう-ぶんがく【大衆文学】大衆の興味を主眼とし、その娯楽的要求にこたえて書かれた文学。時代小説・家庭小説・推理小説・ユーモア小説など。大衆文芸。⇨純文学

たいしゅう-ぶんげい【大衆文芸】▶大衆文学

たいしゅう-みんしゅしゅぎ【大衆民主主義】大衆社会を基盤に成立する現代の民主主義。普通選挙の実施などにより、大衆の政治参加が実現したが、他方で官僚制の増大やマスコミの発達により、一方的に管理されやすい状況をもたらす面がある。大衆デモクラシー。マスデモクラシー。

たいしゅう-もの【大衆物】文芸・映画・演劇などで、一般大衆の興味を目当てにした作品。

たいしゅう-やく【大衆薬】▶一般用医薬品

だいじゅうよん-じゅんかん【第十四循環】▶だらだら陽炎景気

たいしゅう-ろせん【大衆路線】❶大衆の生活と要求に基づいて政策を立て運動を進めていこうとする方針。❷大衆に受けようと物事をする姿勢。「―をねらった映画」

だい-しゅきょう【大主教】聖公会・イギリス国教会・東方正教会で、主教の上位に置かれる聖職者。

だいしゅきょう-きょうかい【大主教教会】《Biserica Patriarhiei》ルーマニアの首都ブカレストの中心部にある教会。統一広場近くの丘の上に建つ。17世紀半ば、ワラキア公の敷地内に領主コンスタンティン＝バサラブにより建造。聖人ディミトリチ＝バサラボフの聖体を安置する。総主教教会。

たい-しゅく【退縮】〔名〕スル ❶おそれて小さくなること。ひるむこと。畏縮。「セーベ人日に勢を得て、スパルタ人日々に―し」〈竜渓・経国美談〉❷成育した組織や器官などが、縮小すること。

だいじゅ-じ【大樹寺】愛知県岡崎市にある浄土宗西山派の寺。山号は成道山。開創は文明7年(1475)、開基は松平親忠。徳川氏の祖、松平家の菩提寺。為恭寺。

だいじゅ-しょう【大×綬章】大綬のついている勲章。「菊花―」

たいじゅ-しょうぐん【大樹将軍】《「後漢書」馮異伝から。後漢の馮異という将軍は、諸将が功績を誇るときも、一人大樹の下に引っ込んで功を誇らなかったという故事による》将軍、または征夷大将軍の異称。

たい-しゅつ【退出】〔名〕スル 今までいた場所からしり

ぞいて出ること。特に、おおやけの場所や貴人の前などから出ること。「法廷から—する」
(類語)退場・退席・中座・下がる

たい-しゅつ【帯出】〔名〕スル 備品などを身につけて持ち出すこと。「許可を得て原簿を—する」「禁—」

たい-じゅつ【体術】素手、または短い武器を持ってする攻撃・防御の術。特に柔術をさす。

だい-しゅひつ【大手筆】大いに筆をふるってすぐれた文章を書くこと。また、その文章。そのような文章を書く人にもいう。

たい-じゅんかん【体循環】心臓の左心室から送り出された血液が、大動脈を通って身体各部の毛細血管でガス交換などを行い、静脈・大静脈を経て右心房に戻る循環経路。両生類以上の動物でみられる。大循環。➡肺循環

だい-じゅんかん【大循環】❶ ►体循環 ❷ ►大気大循環

たい-しょ【大所】❶小さな点にこだわらない、広くて大きな立場。❷晴れの場所。「無上の上手なりとも、又、目利き、一にてなくば、よく出で来る事あるべからず」〈花伝・六〉

たい-しょ【大書】〔名〕スル 文字などを大きく書くこと。また、文意を誇張して書くこと。「特筆—する」(類語)特筆・特記・明記

たい-しょ【大暑】❶厳しい暑さ。極暑。酷暑。「記録的な—」❷二十四節気の一。7月23日ごろ。一年のうちで、最も暑い時期。(季 夏)「念力のゆるめば死ぬる—かな/鬼城」
(類語)猛暑・暑気・酷暑・極暑・激暑・厳暑・炎暑・暑さ・暑熱・炎熱・酷熱・向暑・残暑

たい-しょ【太初】天地の開けはじめた時。太始。

たい-しょ【台書】他人を敬って、その手紙をいう語。台翰。台墨。

たい-しょ【対処】〔名〕スル ある事柄・状況に合わせて適当な処置をとること。「緊急事態に—する」
(類語)対応・収拾・善処・後始末・尻拭い

たい-しょ【対×蹠】《「たいせき(対蹠)」の慣用読み》向かい合わせた足の裏のように、二つの物事が全く反対の関係にあること。正反対。「—点」(類語)反対

たい-しょ【耐暑】暑さに耐えること。

たい-しょ【退所】〔名〕スル ❶勤務していた研究所・役所など、「所」のつく組織を辞めること。⇔入所。❷その日の勤めを終えて研究所・役所などから退出すること。❸刑期を終えて刑務所を出ること。⇔入所。❹養護老人ホーム・児童養護施設・知的障害児施設・授産施設などの社会福祉施設から出て生活すること。⇔入所。➡通所

だい-しょ【代書】〔名〕スル ❶他の人に代わって文書を書くこと。代筆。「手紙を—してもらう」❷「代書人」の略。(類語)代筆・他筆・代署

だい-しょ【代署】〔名〕スル 本人に代わって署名すること。また、その署名。

だい-じょ【大序】義太夫節で、時代物の第一段の最初の部分。特に、「仮名手本忠臣蔵」の第一段「鶴ケ岡」の段をさし、歌舞伎でもこの場の通称に用いる。

たいしょう【大正】大阪市中西部の区。昭和7年(1932)に港区から分区して成立。大正時代にできた大正通りからの名。

たいしょう【大正】大正天皇の時の年号。1912年7月30日〜1926年12月25日。

たい-しょう【大匠】《「だいしょう」とも》技量のすぐれた大工。また、腕前のりっぱな職人。

たい-しょう【大将】《「だいしょう」とも》❶全軍または一軍の指揮・統率をする者。❷軍人の階級の一。将官の最上位で、中将の上。❸近衛府の長官。左右各一人。❹剣道や柔道などの団体戦で、最後に戦う人。➡先鋒 ➡次鋒 ➡中堅 ➡副将 ❺一つの集団の中のかしら。「お山の—」❻同輩・目下の男性を、親しみやからかいの気持ちを込めて呼ぶ語。「よう—、元気か」(類語)将軍・主将・キャプテン・首将

たい-しょう【大笑】〔名〕スル 大いに笑うこと。大声で笑うこと。おおわらい。「一—番」「呵呵—」

たい-しょう【大勝】・【大×捷】〔名〕スル 大きな差をつけて勝つこと。大勝利。「—を博する」「参院選で—する」(類語)圧勝・楽勝・快勝・完勝・辛勝

たい-しょう【大詔】天皇が広く国民に告げる言葉。詔勅。おおみことのり。

たい-しょう【大賞】最もすぐれたものに与えられる最高の賞。グランプリ。「歌謡—」
(類語)賞・グランプリ

たい-しょう【大×檣】メーンマストのこと。

たい-しょう【太衝】陰暦9月の異称。

たい-しょう【対症】症状に対処すること。

たい-しょう【対称】❶ものとものとが互いに対応しながらつりあいを保っていること。「左右—」❷二つの図形が、点・線・面などについて互いに向き合う位置関係にあること。それぞれ点対称・線対称・面対称とよぶ。シンメトリー。❸結晶面の間の規則正しい関係の一。結晶面のある面による鏡像、またはそれをある軸のまわりに回転させたものが、他の結晶面に一致する性質。❹ ►二人称
(類語)(❶❷)シンメトリー・線対称・点対称・面対称

たい-しょう【対象】❶行為の目標となるもの。めあて。「幼児を—とする絵本」「調査の—」❷哲学で、主観・意識に対してあり、その認識や意志などの作用が向けられるもの。

たい-しょう【対照】〔名〕スル ❶二つの物事を照らし合わせて比べること。「訳文を原文と—する」「—表」❷全く性質の違う物どうしを並べ比べたとき、その違いがきわだつこと。また、その取り合わせ。コントラスト。「明と暗がおもしろい—をなす」「—の妙」
(用法)対照・対比——「筆者が違う同一人物の伝記を対照(対比)して読む」「色の対照(対比)が鮮やかだ」など、比べ合わせるの意では相通じて用いられる。◆違いがきわだつの意では「対照」の方が多く使われる。「二人の性格は剛と柔のいい対照だ」「対照の妙」などでは「対比」は用いない。◆「対比」は、二つ以上のものを比べて、その違いをはっきりさせる意で多く使われる。「目標数と達成数を対比したグラフ」◆類似の語「比較」は、比べ合わせて違いを考える意では最も広く使われる。「昨年同期の物価と比較する」「比較にならない実力の差」などでは、普通「対照」「対比」は使わない。
(類語)照合・対比・照らし合わせる・比べる

たい-しょう【対償】《法律用語》「対価」に同じ。「労働の—として受け取る報酬」

たい-しょう【待詔】❶天子の命令を待つこと。みことのりの下るのを待つこと。❷古代中国の官名。経学・文章の人を任命して、天子の詔に応じさせたもの。❸中国の宮廷の画院で最高位の画家。

たい-しょう【胎生】仏語。四生の一。母胎から生まれるもの。人間や獣の類。

たい-しょう【隊商】砂漠地方などで隊を組んで旅する商人の一団。キャラバン。

たい-じょう【太上】❶最もすぐれたもの。きわめてよいもの。最良。「—は形を離れて普遍の念に入る」〈漱石・虞美人草〉❷天子の尊称。

たい-じょう【太常】中国の官名。漢代に秦代の奉常を改称したもので、天子の宗廟の祭礼をつかさどった。のち一時、太常寺・大宗伯などと改称され、清代まで続いた。

たい-じょう【体状】物の姿形、ありさま。

たい-じょう【怠状】〔名〕スル ❶平安後期から鎌倉時代にかけて、罪人に提出させた謝罪状。過状。❷自分の過失をわびる旨を書いて人に渡す文書。わび状。あやまり証文。「たちまちに名符を書きて、文差に差して—を具して」〈今昔・二五・九〉❸過ちをわびること。あやまること。謝罪。「とかく—して許りにけるとかや」〈著聞集・一〉

たい-じょう【退城】〔名〕スル 城を退出すること。下城。

たい-じょう【退場】〔名〕スル ❶会場・競技場などから出て行くこと。「選手団が—する」「—処分」⇔入場。❷俳優などが、舞台から引き下がること。「下手に—する」⇔登場。(類語)退出・退席・中座

たい-じょう【退譲】〔名〕スル 自分を卑下して人に譲ること。謙退。謙譲。「自らを誇示するものあれば、自らを—するものあり」〈透谷・各人心宮内の秘密〉

たい-じょう【帯×仗】〔名〕スル 武器を身につけること。

たい-じょう【帯状】帯のように一定の幅があって細長く続く形。おびじょう。

だい-しょう【大小】❶大きいことと小さいこと。大きいものと小さいもの。「事の—にかかわらず報告する」❷大刀と小刀。「—を腰に帯びる」❸大鼓と小鼓。❹大の月と小の月。
大小は武士の魂 大小の刀には武士の精神が宿っており、武士にとって最も大切なものである。

だい-しょう【大証】「大阪証券取引所」の略称。

だい-しょう【大▽聖】仏道の悟りを開いた人の尊称。釈迦。菩薩にもいう。

だい-しょう【代将】「准将」に同じ。

だい-しょう【代償】❶本人に代わってつぐなうこと。代弁。❷他人に与えた損害に対して、金品や労力でつぐないをすること。「かけた迷惑の—を支払う」❸目的を達するために、犠牲にしたり失ったりするもの。「命を—として勝利を手にする」❹欲求などが満たされないとき、代わりのもので欲求を満たそうとすること。「—行為」(類語)(❶❷)補償・賠償・弁償・報償・償う・損料・見返り/(❸❹)犠牲・いけにえ・償い

だいし-よう【大師様】►大師流

だい-じょう【大判=官】律令制で、判官のうちの上位の官。少判官の上。

だい-じょう【大乗】《梵 mahāyānaの訳。理想に達するための大きな乗り物の意》❶仏教の二大流派の一。自己の解脱だけを目的とするのでなく、すべての人間の平等な救済と成仏を説き、それが仏の真の教えの道であるとするもの。大乗仏教。⇔小乗。❷大乗の経典。特に、法華経をいう。

だい-じょう【大×嘗】「大嘗祭」に同じ。

だい-じょう【台状】台のような形をしていること。小高くて上部が平らな形。

たいしょうあんごうか-ほうしき【対称暗号化方式】►共通鍵暗号

たいしょう-いけ【大正池】長野県中西部、上高地にある湖。大正4年(1915)の焼岳噴火による溶岩が梓川をせき止めてできたもので、土砂の流入により当初より規模が小さくなっている。

だいしょう-いり【大小入り】歌舞伎の下座音楽で、三味線に合わせて大鼓・小鼓を打ち合わせるもの。時代物の立ち回りに用いる。

だいじょう-いん【大乗院】奈良興福寺の門跡。寛治元年(1087)隆禅が開創。代々摂関家の子弟が入り、一乗院と交互に興福寺別当職に就いた。明治維新後に廃絶。

だいじょういん-じしゃぞうじき【大乗院寺社雑事記】大乗院の第19世門跡である尋尊の日記。宝徳2年(1450)から永正5年(1508)に至る。応仁の乱前後の政治・経済・社会を知る上での重要史料。

だいじょう-え【大乗会】三会の一。五部の大乗経を講説賛嘆する法会。承暦3年(1079)に始まり、毎年10月に京都法勝寺で行われる。

だいじょう-え【大×嘗会】大嘗祭に行われる節会。

たいしょう-えび【大正海=老|大正×蝦】クルマエビ科の大形のエビ。体長27センチくらい、淡灰色で尾扇の先が暗褐色。黄海・東シナ海などに分布。食用。大正のころから市場に出現。高麗蝦。

だいじょう-かい【大乗戒】►菩薩戒

たいしょう-かぎあんごう【対称鍵暗号】►共通鍵暗号

たいしょうかぎあんごうか-ほうしき【対称鍵暗号化方式】►共通鍵暗号

たいしょうがた-マルチプロセッサー【対称型マルチプロセッサー】►エス-エム-ピー(SMP)

たいしょうがた-マルチプロセッシング【対称型マルチプロセッシング】►エス-エム-ピー(SMP)

たいしょうがた-レンズ【対称型レンズ】カメラのレンズなどの光学系を構成するレンズ群の配置が、前後で対称になっているもの。絞りは中央に置かれる。構造が単純で歪曲が小さいため広角レンズに向く。

だいじょう-かん【▽太政官】❶律令制で、神祇官と並ぶ中央の最高行政機関。八省以下を統轄して政務を行った。長官は太政大臣で、これに次いで左右大臣があり、のちに内大臣が置かれた。事務局として少納言局・弁官局が付属した。おおいまつりごとのつかさ。❷▶だじょうかん(太政官)❶

だいじょうかん-さつ【▽太政官札】▶だじょうかんさつ(太政官札)

だいじょうかん-ちょう【▽太政官×牒】太政官から、寺社などの直接の管轄系統外へ下した公文書。太政官印が捺印された。官牒。

だいじょうかん-にっし【▽太政官日誌】▶だじょうかんにっし(太政官日誌)

だいじょうかん-ぷ【▽太政官符】太政官から八省・諸国に命令を下した公文書。のち、官宣旨で代用されるようになった。官符。

だいじょうかん-ふこく【▽太政官布告】▶だじょうかんふこく(太政官布告)

だい-しょうき【大祥忌】人が死んで翌々年の命日に行う法要。三回忌。三周忌。

だいじょうぎしょう【大乗義章】中国隋代の仏教書。20巻。慧遠著。成立年未詳。仏教教理を5部に分け、大乗・小乗にわたって教義を説いたもの。仏教の百科事典的性格をもつ。

だいじょうきしんろん【大乗起信論】インド古代の仏教書。馬鳴作と伝えられるが疑問も多い。成立年未詳。漢訳は梁の真諦訳1巻、唐の実叉難陀訳2巻がある。大乗仏教の中心思想を理論と実践の両面から説いたもの。起信論。

だいじょう-きゅう【大×嘗宮】大嘗祭を行うために新設される古様の宮殿。柴垣で囲み、悠紀殿・主基殿・廻立殿などを建てる。

だいじょう-きょう【大乗経】大乗の教えを説いた経典。般若経・法華経・華厳経など。

たいしょう-く【大正区】▶大正

たい-しょうぐん【大将軍】《「だいしょうぐん」とも》❶古代、朝廷に反抗するものを征討するために派遣された官軍の総指揮官。「征東—」❷平安末期、武臣を統御する人。❸鎌倉時代以来、江戸時代まで武家政権の長。➡征夷大将軍❷ ❹徒党などの指導者。かしら。おさ。頭領。頭目。❺暦注の八将神の一。金星(太白)の精で、この神のいる方角は、三年塞がりといって、万事に忌まれた。

たいしょう-げんご【対象言語】《object language》ある言語について語るとき、その語られる言語。例えば、英語について日本語で語るときの英語の類。➡メタ言語

たいしょう-げんごがく【対照言語学】言語学の一分野。同系統か否かを問わず、二つ以上の言語を対比してその相違を明確にとらえようとするもの。

だいじょうげんろん【大乗玄論】中国隋代の仏教書。5巻。吉蔵著。成立年未詳。三論宗の教理を空観中道の立場で説いた、大乗仏教の概論。大乗玄義。大乗玄。

たいしょう-ご【対照語】同一言語の中で、意味が対照的な関係にある語。例えば「形式↔内容」「原因↔結果」「保守↔革新」「たて↔よこ」「アマ↔プロ」。また、「紅白」や「黒白」の、紅と白、黒と白など、対語❷から生じたものもある。

だい-しょうこ【大×鉦鼓】《「たいしょうこ」とも》「おおしょうこ」に同じ。

だいしょう-こうどう【代償行動】欲求が満たされない場合、それを別の形で満たそうとする行動。

だい-しょうこく【大相国】《「たいしょうこく」とも》太政大臣の唐名。

たいしょう-ごと【大正琴】大正初期、名古屋の森田伍郎が考案した弦楽器。長さ約60センチ、幅約15センチの木製の胴に金属弦2本を張り、音階を表示した丸い鍵をつけたもの。左指で鍵を押さえ、右手の義甲で弾く。その後、3〜9弦のものが作られ、現在は5弦が多用されている。

だいじょう-さい【大×嘗祭】天皇が即位後初めて行う新嘗祭。その年の新穀を天皇が天照大神および天神地祇に供え、自らも食する、一代一度の大祭。祭場を東西2か所に設け、東を悠紀、西を主基と称し、神に奉る新穀をあらかじめ卜定して献供させた国々の斎田から召した。おおなめまつり。おおにえのまつり。だいじょう。

だい-しょうじ【大床子】天皇が食事や理髪のときに座る長方形で4脚の台。

だいしょうじ【大聖寺】石川県加賀市の中心部の地名。中世、白山五院の一つの大聖寺の門前町として興った。絹織物業で有名。

だいじょう-じ【大乗寺】㊀石川県金沢市長坂町にある曹洞宗の寺。山号は東香山。弘長3年(1263)に加賀守護家の富樫家尚の招きで真言宗の澄海が開創。のちに曹洞宗に転じ徹通義介が開山。富樫氏が衰えると寺地を転々とし、現在地には元禄10年(1697)に移転。㊁兵庫県美方郡香美町にある高野山真言宗の寺。山号は亀居山。天平17年(745)行基の開創という。寛政年間(1789〜1801)密蔵・密英らにより再興。この折、親交のあった円山応挙はじめ一門が、ふすま・屏風絵などを揮毫したので、応挙寺とも称する。

だいしょうじ-がわ【大聖寺川】石川県南西部を流れる川。福井県との県境にある大日山(標高1368メートル)に源を発し、北西流して加賀市の中心街大聖寺を通り、塩屋で日本海に注ぐ。長さ40キロ。上流域の九谷には国の史跡九谷窯跡があり、中流域には山中温泉・鶴仙渓峡など観光地がある。また、北潟湖との合流点近くの川沿いには常緑広葉樹木の原生林鹿島の森が広がり、国の天然記念物に指定されている。

たいしょう-しき【対称式】式の中のどの二つの文字を交換しても値の変わらない式。例えば、$x^2+y^2+z^2$など。

たいしょう-じく【対称軸】一つの直線を軸にして図形が線対称であるときの、その直線。

だいしょうじ-の-おもの【大床子の▽御物】清涼殿の昼の御座にある大床子でする天皇の正式の食事。

だいじょうしょうごんきょうろん【大乗荘厳経論】大乗経典。13巻。無着著、唐の波羅頗伽羅蜜多羅訳。菩薩の発心と修行について説いたもの。大乗荘厳論。

たいしょう-しょく【対照色】▶反対色

だいしょう-しょくせい【代償植生】何らかの人為的干渉を受けて生育している植物の集団。畦の雑草群落、植林、社寺林など。自然植生の代償として生じた植生の意。

たい-しょうすう【帯小数】整数と小数の和でできている数。4.235など。↔純小数。

たいしょう-ずけい【対称図形】対称❷の関係にある図形。

たいしょうせい-の-じはつてきやぶれ【対称性の自発的破れ】▶自発的対称性の破れ

だいしょうせい-はっかん【代償性発汗】手掌多汗症などの局所多汗症の治療のため胸部交感神経遮断術を受けた後にみられる副作用。手のひら・足の裏・腋などの発汗が抑えられる代わりに、背・腰・腹・大腿部に温熱性発汗が増える。

たいしょう-せいへん【大正政変】大正2年(1913)憲政擁護運動で第三次桂太郎内閣が倒された政変。➡護憲運動

たいしょう-だいがく【大正大学】東京都豊島区に本部のある私立大学。大正15年(1926)天台宗大学・豊山大学(真言宗豊山派)・宗教大学(浄土宗)が合併して旧制大学として成立。その後、智山専門学校(真言宗智山派)も合併し、昭和24年(1949)新制大学に移行。

だいじょう-だいじん【▽太政大臣】❶律令制で、太政官の最高の官。適任者のない場合は「則ち闕く」として欠員とするので、則闕の官ともいう。おおきおおいもうちぎみ。おおきおとど。❷▶だじょうだいじん(太政大臣)❷

だいしょう-たいとう【大小対当】論理学で、対当関係の一。主語と述語、また質(肯定・否定)を同じくするが、量(全称・特称)を異にする二つの判断の真偽関係。➡対当関係

だい-じょうだん【大上段】❶剣道で、頭上に高く刀を振りかざす構え。上段の構えを強めた言い方。❷相手を威圧するような、いたけだかな態度をとること。また、物事の視点となるものを、高く掲げること。「法律を—に振りかざす」

たいしょう-てき【対症的】〘形動〙❶症状のそれぞれに対するさま。「—な治療」❷表面的な状況に対処するだけで、根本的な解決を考えないさま。「—な方策」

たいしょう-てき【対照的】〘形動〙二つの事物の違いが、非常にきわだって認められるさま。「—な二人の性格」

だいじょう-てき【大乗的】〘形動〙❶仏教で説く大乗の道理にかなっているさま。「—な教義」❷個人的な利害などにとらわれずに、広い立場に立って判断・行動するさま。「—な見地」

たいしょう-デモクラシー【大正デモクラシー】大正期に顕著となった民主主義的思潮。都市中間層の政治的自覚を背景に、明治以来の藩閥・官僚政治に反対して護憲運動・普通選挙運動が展開され、吉野作造の民本主義や自由主義・社会主義の思想が高揚した。

たいしょう-てんのう【大正天皇】[1879〜1926]第123代の天皇。在位1912〜1926。明治天皇の第3皇子。名は嘉仁。大正10年(1921)病気のため、皇太子裕仁(昭和天皇)を摂政に任じた。

だいじょう-てんのう【▽太上天皇】天皇の譲位後の尊称。太上皇。上皇。たいじょうてんのう。だじょうてんのう。

だいじょう-にゅうどう【▽太政入道】太政大臣の職にありながら、出家して仏門に入った人。

だいしょうねつ-じごく【大焦熱地獄】八大地獄の第七。焦熱地獄の下にあり、炎熱で焼かれ、その苦は他の地獄の10倍とされる。五戒を破った者および浄戒の尼を犯した者が落ちるという。

だい-じょうふ【大丈夫】《「だいじょうぶ」とも》りっぱな男子。ますらお。偉丈夫。「豪放な—」

だい-じょうぶ【大丈夫】㊀〘名〙▶だいじょうふ(大丈夫) ㊁〘形動〙図〘ナリ〙❶あぶなげがなく安心できるさま。強くてしっかりしているさま。「地震にも—なようにできている」「食べても—ですか」「病人はもう—だ」❷まちがいがなくて確かなさま。「時間は—ですか」「—だ、今度はうまくいくよ」〘補説〙近年、形容動詞の「大丈夫」を、必要または不要、可または不可、諾または否の意で相手に問いかける、あるいは答える用法が増えている。「重そうですね、持ちましょうか」「いえ、大丈夫です(不要の意)」、「試着したいのですが大丈夫ですか」「はい、大丈夫です(可能、または承諾の意)」など。㊂〘副〙まちがいなく。確かに。「—約束は忘れないよ」

〘類語〙㊁(❶❷)平気・安心・安全・万全・心配無い・支障無い・差し支え無い・大事無い・無事・安泰・平安・安寧・安穏・小康・確実・無難・無害・穏やか・平穏・平らか・温和

だいじょう-ぶっきょう【大乗仏教】▶大乗❶

だいしょう-ヘラクレス【大証ヘラクレス】▶ヘラクレス㊁

だいしょう-べん【大小便】大便と小便。

たいしょう-ほう【対照法】修辞法の一。相反する事物を対照させて、両者の状態をいっそうはっきりさせる技法をいう。「月とすっぽん」「提灯に釣鐘」の類。

た

だいじょう‐ほうおう【▽太上法皇】ダイジャウホフワウ 太上天皇が出家入道したのちの尊称。法皇。だじょうほうおう。

だいじょうほうおんぎりんじょう【大乗法苑義林章】ダイジョウホフヲンギリンジャウ 中国唐代の仏教書。7巻。窺基(きき)著。成立年未詳。唯識(ゆいしき)宗の教学を体系づけて説いたもの。義林章。

たいじょう‐ほうしん【帯状×疱×疹】タイジャウハウシン 粟粒から小豆大の水疱性の発疹が一定の末梢神経の走行に沿って帯状に生じる皮膚病。水痘帯状疱疹ウイルスによって起こる。

だいしょう‐まえ【大小前】ダイセウまへ 能舞台で、大鼓方と小鼓方の定位置の中間の前あたりの場所。本舞台の正面後方になる。

だい‐じょうみゃく【大静脈】ジャウミャク 静脈血を集めて右心房に導く静脈の本幹。頭部・胸部・上肢部から集める上大静脈と、下肢および腹腔内臓器から集める下大静脈とがある。

たいしょう‐めん【対称面】一つの平面に関して図形が面対称であるときの、その平面。

だい‐しょうり【大勝利】大きく差をつけて勝つこと。圧倒的な勝利。大勝。

たいしょう‐りつ【対称律】集合の要素*a*、*b*に対してある関係〜が定められていて、*a*〜*b*ならば*b*〜*a*であるという法則。

たいしょう‐りょうほう【対症療法】タイシヤウレウハフ ❶病気の原因に対してではなく、その時の症状を軽減するために行われる治療法。痛みに鎮痛剤を与えるなど。姑息(こそく)的療法。⇔原因療法。❷根本的な対策とは離れて、表面に表れた状況に対応して物事を処理すること。「―では問題は解決しない」

たいじょう‐ろうくん【太上老君】タイジャウラウクン 道教で、老子を神格化した称。後漢以後さまざまな伝説とともに神格化され、六朝時代に道教の神の一つとしてこの名が定着した。

たいしょかん【大織冠】タイショクワン ㊀幸若舞曲。室町後期成立。作者未詳。藤原鎌足が、八大竜王に奪われた宝珠を海士(あま)を使って取り返すという玉取り伝説に取材したもの。㊁(大職冠)浄瑠璃。時代物。五段。近松門左衛門作。正徳元年(1711)大坂竹本座初演。㊀などをもとに、藤原鎌足の蘇我入鹿(そがのいるか)討伐に玉取り伝説を配して脚色したもの。➡たいしょっかん(大織冠)

たい‐しょく【大食】〔名〕スル ❶普通以上にたくさん食べること。また、その人。おおぐい。「体格のわりには―する」「無芸―」⇔小食。❷ ▶タージー
類語 大食い・牛飲馬食・健啖(けんたん)

大食は命の取り越し 大食いは死期をはやめるということ。大食短命。

大食腹に満つれば学問腹に入(い)らず 食いすぎて満腹になると、頭の働きが鈍くなるということ。

たい‐しょく【体色】動物の体表面の色彩。色素の存在によるものと、鳥の羽やチョウの翅(はね)のように光の干渉や回折によるものとがある。

たい‐しょく【耐食|耐×蝕】金属・木材などが腐食しにくいこと。「―性」

たい‐しょく【退色|×褪色】〔名〕スル 日光などにさらされて、色がだんだん薄くなること。色があせること。また、その色。「―したカーテン」類語 洗い晒(ざら)し

たい‐しょく【退職】〔名〕スル 勤めている職をやめること。現職をしりぞくこと。「定年で―する」➡辞職 用法
類語 引退・退陣・退任・退役・退官・辞職・辞任・勇退・下野・リタイア

たい‐しょく【×黛色】❶まゆずみの色。❷山や樹木などの青黒く見える色。黛青。

たいしょく‐かん【大食漢】大食する人。健啖(けんたん)家。ふつう男性についていう。

たいしょく‐きょうさいねんきん【退職共済年金】共済組合に加入して保険料を納付し、老齢基礎年金の受給資格のある被保険者が退職して一定年齢(一般に65歳)に達したときに、老齢基礎年金に上乗せして支給される年金(経過措置で65歳以前に支払われる場合もある)。賃金報酬に比例した額が給付される。➡公的年金 ➡障害共済年金 ➡遺族共済年金

たいしょく‐きん【退職金】退職する際に、雇い主などから退職者に支給される金銭。多くは一時金であるが、年金形式のときもある。退職手当。

たいしょく‐ごうきん【耐食合金】ガフキン 酸、アルカリ、水、海水などによる腐食を受けにくい合金の総称。ステンレスをはじめとする鉄合金、アルミニウム合金、銅合金、ニッケル合金、チタン合金などが知られる。

たいしょく‐さいぼう【大食細胞】サイバウ ▶マクロファージ

たいしょくしゃ‐いりょうせいど【退職者医療制度】イレウセイド 会社・官庁などを退職した人が老人保健制度の適用を受けるまでの間、加入する医療保険制度。平成20年(2008)の新たな高齢者医療制度の創設に伴い廃止となったが、2014年度までは移行期間として65歳未満の退職者本人・被扶養者に同制度は存続され、65歳以上75歳未満の人は一般の国民健康保険に切り替わることになった。退職者医療制度の加入条件は、(1)国民健康保険に加入していること。(2)老人保健制度(平成20年4月以降は後期高齢者医療制度)の適用を受けていないこと。(3)厚生年金や共済年金などの受給者で、加入期間が20年以上または40歳以降で10年以上あること。受診時の一部負担金は本人・被扶養者ともに基本は3割。

たいしょく‐ねんきん【退職年金】❶「退職共済年金」に同じ。❷企業が永年勤続した従業員の退職または死亡の際に給付する年金。➡企業年金 ➡適格退職年金

たいしょく‐へんか【体色変化】ヘンクワ 動物の体色が変わること。特に保護色などのように能動的、規則的な変化をいい、色素の拡散・集中や増減によって起こる。

たいしょ‐こうしょ【大所高所】カウショ 小さな点にこだわらない、広く全体を見通すような観点・視野。「―から物事を判断する」

たい‐しょっかん【大織冠】シヨククワン《「だいしょっかん」とも》❶大化の改新後定められた冠位制で最高の冠位。のちの正一位に相当する。実際には藤原鎌足が授けられただけである。❷藤原鎌足の称。

たいしょ‐てき【対×蹠的】〔形動〕二つの物事が正反対の関係にあるさま。「―な立場」

だいしょ‐にん【代書人】❶官公署などに提出する書類の代書を業とする人。❷司法書士の旧称。❸行政書士の旧称。

だい‐しらず【題知らず】和歌の題名や詠まれた事情が明らかでないこと。また、その和歌。詞書(ことばがき)に用いられた。

だい‐じり【台尻】小銃の銃床の下部の、肩に当てる幅の広い部分。

たいじ‐りつ【帯磁率】▶磁化率(じかりつ)

だいし‐りゅう【大師流】リウ 弘法大師空海を始祖とするという和様書道の一流派。室町末期に成立し、江戸初期ごろ大師流と称されるようになった。空海の書を誇張させた書風。

たい‐じる【退治る】タイヂル〔動ザ上一〕《名詞「たいじ(退治)」の動詞化》❶退治する。討ち滅ぼす。「頭の白い鼠や頭の黒い鼠もちと―・じるが善い」〈子規・墨汁一滴〉❷料理をたいらげる。「刺身は綺麗に―・じてしまってあったので」〈鴎外・青年〉

たいじ‐ルビ【対字ルビ】▶モノルビ

たい‐しろ【対代|台代】寝殿造(しんでんづく)りの邸宅で、対(たい)の屋の代わりとした放ち出(いで)、あるいは廊(ろう)。

たい‐しん【大身】身分が高いこと。位が高く禄の多いこと。また、その人。「此お方は御―の御華族様」〈一葉・にごりえ〉⇔小身。

たいしん【大秦】漢代の中国で、ローマ帝国あるいはその東方領土の呼称。

たい‐しん【大進】《「だいじん」「だいしん」とも》律令制で、中宮職(ちゅうぐうしき)・皇太后宮職・東宮坊・京職・修理職(しゅりしき)・大膳職などの判官(じょう)のうち、少進の上に位するもの。

たい‐しん【大震】激しい地震。大地震。

たい‐しん【対審】当事者を相対させて行う訴訟の審理。民事訴訟では口頭弁論、刑事訴訟では公判期日の手続きをさし、公開を原則とする。

たい‐しん【耐震】建物などがかなり強度の地震に耐え、壊れたり傷んだりしないこと。「―性」

たい‐しん【退身】〔名〕スル ある事柄から身を引くこと。特に、官職を退くこと。致仕(ちし)。「―の取做し頼むの外、予も別に思案はないわえ」〈逍遥・桐一葉〉

たい‐しん【戴震】[1723〜1777]中国、清の思想家・考証学者。休寧(安徽(あんき)省)の人。字(あざな)は慎修、また東原。江永に学び、銭大昕(せんだいきん)に認められ、「四庫全書」纂修官となった。音韻・訓詁(くんこ)・天文・数学・歴史・地理の諸分野を研究。「声韻(せいいん)表」「方言疏証」「水経注」などを校定。著「孟子字義疏証」「原善」など。

たい‐じん【大人】❶からだの大きい人。巨人。❷一人前の人間。おとな。だいにん。⇔小人(しょうじん)。❸徳の高いりっぱな人。度量のある人。大人物。「―の風格を備えた人」⇔小人。❹地位や身分の高い人。❺父・師、その他の成人男子に対する敬称。うし。「―にも曽(かつ)て御覧に入れましたナ」〈魯庵・社会百面相〉
類語 (❶)大男・巨人・巨漢・ジャイアント/(❷)人間・人(ひと)・人類・人倫・万物の霊長・考える葦(あし)・ホモサピエンス・人物・仁(じん)・者(もの)/(❸❹)君子・人士・高士・士人

大人は大耳(たいじ) 徳の高いりっぱな人は、聞く態度も大らかで、小事をいちいち耳にとめないこと。

大人は赤子(せきし)の心を失わず 《「孟子」離婁下から》高徳の人は、赤ん坊のように純粋な心をなくさないでいるということ。また、君主たる者は、赤子を慈しむように民心を大切にするということ。

たい‐じん【対人】❶自分以外の人に対すること。❷人間に対してのものであること。「―保険」⇔対物。

たい‐じん【対陣】ヂン〔名〕スル 向かい合って陣を構えること。「川を挟んで敵と―する」

たい‐じん【退陣】ヂン〔名〕スル ❶陣を構えていた位置から軍隊を後方にしりぞかせること。❷今まで就いていた重要な地位から身をひくこと。辞職。「首相が―する」類語 (❶)撤退・撤収・撤兵/(❷)引退・退職・退任・退役・退官・辞職・辞任・勇退・下野・リタイア

たい‐じん【滞陣】ヂン〔名〕スル ある場所に一定期間陣を置くこと。「郡県西辺に―せる独逸兵は」〈新聞雑誌一〇〉

たい‐じん【太甚】〔形動〕図〔ナリ〕物事の程度のはなはだしいさま。「人民順従の度―なるときに於て」〈永峰秀樹訳・代議政体〉

だい‐しん【代診】〔名〕スル 担当の医師に代わって診察すること。また、その人。代脈(だいみゃく)。

だい‐じん【大尽|大臣】❶財産を多く持っている人。財産家。大金持ち。❷遊里で多くの金を使って豪遊する客。類語 金持ち・富豪・金満家・素封家・成金・財閥・長者・物持ち

だい‐じん【大臣】❶国務大臣または各省大臣の称。❷律令制で、太政官の長官。太政大臣・左大臣・右大臣・内大臣をいう。おおいもうちぎみ。おとど。おおおみ。類語 閣僚

だい‐じん【大神】神を敬っていう語。尊い神様。大御神(おおみかみ)。おおかみ。

だいじん‐あそび【大尽遊び】遊里で多くの金を使ってはでに遊興すること。

だいしんいっとうし【大清一統志】中国、清代の地理書。清の版図全域にわたる地誌で、勅命によって前後3回編纂(へんさん)された。第一次は全356巻、徐乾学らの撰で1743年完成。第二次は全424巻、和珅(わしん)らの撰で1784年完成。第三次は全560巻、穆彰阿(ぼくしょうあ)らの撰により1842年完成。

だいしんいっとうよず【大清一統輿図】ダイシンイツトウヨヅ 中国、清代の地理書。全31巻。清の版図を中心にアジアの全域にわたる地図で、胡林翼の撰により1863年刊行。皇朝中外一統輿図。

だいしん‐いん【大審院】ヰン 明治憲法下で、最高の

位置にあった司法裁判所。明治8年(1875)設置。昭和22年(1947)廃止。現在の最高裁判所と異なり、司法行政権などはもたなかった。

たいしん-か【耐震化】〘名〙スル 強い地震でも建造物が倒壊、損壊しないように補強すること。そのような構造に造りかえること。「学校の—工事」

たいしんかいしゅうそくしん-ほう【耐震改修促進法】《「建築物の耐震改修の促進に関する法律」の通称》地震による建築物の倒壊等の被害から国民の生命・身体・財産を保護するために、建築物の耐震改修を促進する措置を講じ、耐震安全性の向上を図ることを目的とした法律。阪神・淡路大震災を教訓に制定された。平成7年(1995)施行。各都道府県は、国土交通大臣が定めた基本方針に基づいて、数値目標や必要な施策などを盛り込んだ耐震改修促進計画を定めなければならない。

だいしんかいてん【大清会典】中国、清代の総合法典。清朝の制度・典礼を集めたもので、勅命によって編纂された。康熙会典(全162巻)、雍正会典(全250巻)、乾隆会典(全281巻)、嘉慶会典(全1142巻)、光緒会典(全1590巻)の5種からなる。だいしんえてん。

だいじん-かぜ【大尽風】大尽ぶること。金持ちであるのをひけらかすこと。「札びら切って、—を吹かしているお爺さんが」〈秋声・あらくれ〉

だいじん-がね【大尽金｜大尽銀】大尽遊びのために高利で借りる金。「親の呑み込まぬ—」〈浮・敗毒散・四〉

たいしん-かん【耐震管】耐震性能に優れた継ぎ手構造を持つ水道管やガス管。地震対策だけでなく、軟弱地盤の地盤沈下対策としても用いられる。

たいじん-かんけい【対人関係】他人との関係。個人と個人との結びつきからみた人間関係。

だいじん-かんぼう【大臣官房】各省大臣に直属し、機密に関する事項・財政・人事・文書管理などの事務を取り扱う部局。

だいじん-きはん【大臣規範】《「国務大臣、副大臣及び大臣政務官規範」の通称》国務大臣・副大臣・大臣政務官の倫理基準と職務について定めたもの。平成13年(2001)に閣議決定された。営利企業の役職員との兼職を禁じ、有価証券・不動産等の取引などの自粛を求めている。

だいじん-きゃく【大尽客】遊里で豪遊する客。

たいしん-きょうど【耐震強度】建物の地震に対する強さのこと。昭和56年(1981)に建築基準法施行令が改正され、現行の新耐震基準が定められた。同基準では、震度5強程度の地震ではほとんど損傷を生じず、震度6強から7程度の大地震でも人命に危害を及ぼすような倒壊等の被害を生じない強度を目標とすることが求められる。[補説]平成17年(2005)、建築士が構造計算書を偽造し、震度5強程度の地震で倒壊するおそれのあるマンションが建設・販売された、耐震強度偽装問題(構造計算書偽造問題)が発覚。住居・商業施設・公共施設などの耐震性能に対する関心が高まった。

たいじん-きょうふしょう【対人恐怖症】恐怖症の一。人と会うのがこわいという強迫観念のある神経症。

だい-じんぐう【大神宮｜太神宮】㊀天照大神を祭る伊勢の皇大神宮(内宮)。また、天照大神。㊁伊勢の皇大神宮(内宮)と豊受大神宮(外宮)の総称。

たいじん-くんし【大人君子】徳の高い人格者。

だいじん-け【大臣家】摂家・清華家に次ぐ家柄。太政大臣にのぼる資格をもつが、近衛大将を兼任できない。藤原氏の正親町三条・三条西、源氏の中院の三家。

たいじん-けん【対人権】▶相対権

たいしん-けんちく【耐震建築】地震の際の震動に耐えうるように構築された建物。

たいしん-こうぞう【耐震構造】地震の揺れに抵抗できる強固な部材、筋交いなどの仕様で建物の強度を確保する構造。➡免震構造 ➡制振構造

たいじん-こく【大人国】巨大なからだの人ばかりが住むという想像上の国。巨人国。

だい-しんさい【大震災】大地震による大規模な災害。特に、大正12年(1923)の関東大震災、または平成7年(1995)の阪神・淡路大震災、同23年の東日本大震災など。

たいしん-じ【大×秦寺】中国、唐代に長安など各地にあったネストリウス派キリスト教(景教)寺院の称。はじめ波斯寺とよばれたが、のち、大秦の宗教であることから改められた。

たいじんじらいきんし-じょうやく【対人地雷禁止条約】《「対人地雷の使用、貯蔵、生産及び移譲の禁止並びに廃棄に関する条約」の通称》対人地雷の使用・貯蔵・生産・移譲などを全面的に禁止する条約。締約国に貯蔵・埋設地雷の廃棄・除去を義務付けるとともに、地雷除去・被害者支援に関する国際協力などを規定している。カナダ政府やNGOの地雷禁止国際キャンペーンが主導するオタワプロセスにより、1997年12月に採択。99年3月に発効した。160か国が締約している(2012年7月現在)。日本は1997年12月に署名、98年9月に批准・加盟。オタワ条約。

たいしんしんだん-わりびき【耐震診断割引】地震保険の契約に際し、保険対象建物が地方公共団体などによる耐震診断または耐震改修の結果、建築基準法に定める耐震基準を満たすことが確認された場合に適用される保険料の割引。[補説]契約開始日が平成19年(2007)10月1日以降のものに適用。割引率は10パーセント。

たいじん-しんよう【対人信用】債務者または第三者の総財産に基づく信用。⇔対物信用。

たいしん-せい【耐震性】建物などの、地震に耐えられる度合い。「—を高める」

だいじん-せいむかん【大臣政務官】各省と内閣府に置かれ、大臣を助け、特定の政策や企画に参加し、政務を処理する特別職の国家公務員。平成13年(2001)の中央省庁再編に伴い、政務次官を廃止して設置された。政務官。

たいしん-ぞめ【太申染】元禄(1688〜1704)ごろ、江戸三十間堀の材木屋で太申と号した和泉屋甚助が宣伝のため、「太申」の2字を小紋に染め出して役者中村伝九郎に着せ、売り広めたもの。伝九郎染。

たいじん-たんぽ【対人担保】▶人的担保

たいしんとうきゅう-わりびき【耐震等級割引】地震保険の契約に際し、保険対象建物が国が定める基準に合致する耐震等級を有している場合に適用される保険料の割引。[補説]契約開始日が平成13年(2001)10月1日以降のもの。割引率は耐震等級に応じて10〜30パーセント。

だいしんど-ちか【大深度地下】地下40メートル以深、または、建築物の基礎杭の支持地盤上面から10メートル以深の地下。[補説]平成13年(2001)施行の「大深度地下の公共的使用に関する特別措置法」による概念。

だいじん-の-たいきょう【大臣の大×饗】平安時代、毎年正月、または新たに大臣に任じられたとき、大臣が親王・公卿・殿上人などを招いて催した大規模な宴会。大臣家の大饗。

たいじんばいしょう-ほけん【対人賠償保険】自動車事故により、自分の車の同乗者、相手の車の搭乗者、歩行者などを死亡させたりけがを負わせてしまい、損害賠償責任を負うことになったとき、自動車損害賠償責任保険で支払われる保険金を超える部分について保険金が支払われる自動車保険。運転者本人やその家族については補償されない。

だいじん-ばしら【大臣柱】❶能舞台で、正面の向かって右手前にある柱。ワキ座の側にあるので、脇柱ともいう。❷歌舞伎舞台で、向かって右側にある柱。のちにはこれに対する左側の柱も併称。

だいジンバブエ-こくりつきねんぶつ【大ジンバブエ国立記念物】《Great Zimbabwe》ジンバブエ南部、ジンバブエ高原南端にある大規模な石造遺跡。花崗岩の丘の上に建つ「アクロポリス」や、高さ約10メートル、外周約250メートルに及ぶ石壁が囲む「神殿」、「谷の遺跡」と呼ばれる集落の遺構からなる。1986年、世界遺産(文化遺産)に登録された。グレートジンバブエ遺跡。

だい-じんぶつ【大人物】度量の大きな人物。偉大な人物。[類語]大物・大器・英傑・偉物・傑物・傑士・傑人・人傑・俊傑・怪傑・偉人・逸材・女傑・巨星・巨人・英雄・ヒーロー・老雄・群雄・奸雄・両雄・風雲児・雄

だいしん-ほう【大震法】▶大規模地震対策特別措置法

だいじん-まい【大尽舞】江戸中期ごろから江戸新吉原でうたわれた25段からなる謡い物。最初は舞もあったらしい。享保期(1716〜1736)の道化役者、中村吉兵衛の創始という。

だいじん-めし【大臣召】平安時代、大臣❷に任ずるために天皇がその人を宮中に召すこと。また、大臣任命の儀式。

たいしん-りっぽうこうし【体心立方格子】立方体の形をした単位格子の八つの頂点と中心が格子を作る点になっている空間格子。

たいじん-ろんしょう【対人論証】論理学で、論点相違の虚偽の一。論者の地位・職業・経歴・性格・主義などを理由にして、論者の主張の真偽を判断しようとするもの。

たい・す【対す】㊀〘動サ五〙「たい(対)する」(サ変)の五段化。「巨漢力士に—・すは小兵の技能派」㊁〘動サ変〙「たい(対)する」の文語形。

だい-す【台子】茶道具の棚物の一。風炉・釜・水指などの一式を飾るもの。入宋した南浦紹明が帰朝のとき仏具としてもたらしたと伝えられる。及台子・真台子・竹台子・桑台子・高麗台子などがある。

ダイス〘dice〙さいころ。また、さいころを用いた遊び。

ダイス〘dies〙雄型を成形するための、雌型の工具。一般には雄ねじを切る工具をいう。

だい-ず【大豆】マメ科の一年草。高さ約60センチ。茎の先はやや蔓状になり、全体に粗い毛がある。葉は3枚の小葉からなる複葉。夏から秋、紫紅色か白色の蝶形花を開き、莢の中にふつう2、3個の種子ができる。中国の原産。若い実は枝豆としてゆでて食べ、熟した種子は豆腐・味噌・醤油などに広く利用する。みそまめ。あぜまめ。おおまめ。[補説]種子は、たんぱく質と脂肪を豊富に含むことから「畑の肉」とも呼ばれる。乾燥した種子100グラム中のたんぱく質は35.3グラム、脂質は19.0グラム。対して、和牛もも肉の赤身100グラム中に含まれるたんぱく質は20.7グラム、脂質は10.7グラムとなっている。

だいず-あぶら【大豆油】▶だいずゆ(大豆油)

たい-すい【大水】❶大きな河川や湖。❷おおみず。洪水。〈日葡〉

たい-すい【大酔】〘名〙スル ひどく酒に酔うこと。「軍服を着た兵士が、それこそ—して」〈宮本・伸子〉
[類語]酩酊・泥酔・大酒・酔う・酔っ払う・出来上がる・沈酔する・乱酔する・飲まれる・虎になる・酔い潰れる・ぐでんぐでん・べろべろ・べろんべろん・へべれけ

たい-すい【耐水】水がしみ通らないこと。また、水によって変質や破損しないこと。「—性」「—ベニヤ」

たい-すい【退水】〘名〙スル あふれ出た水がひくこと。

たいすい-し【耐水紙】水をはじくように加工した紙。パラフィン・油脂・シリコン樹脂・渋などをしみこませたり塗ったりして製造する。

たいすい-そう【帯水層】礫や砂からなる透水層で、地下水を含んでいる地層。

だいず-インク【大豆インク】《「大豆インキ」とも》植物油インクの一。石油系溶剤の代わりに大豆油を使用した印刷用インク。ソイインク。[補説]1970年代のオイルショックを受けて米国で研究・開発されたもの。新聞印刷を中心に広く普及している。

たい-すう【大数】❶値の大きい数。また、物の数が多いこと。❷おおよその数。概数。❸おおよそ。あらまし。副詞的にも用いる。「此の扇子と申す物が、—

骨の十本有る物でござる」〈虎寛狂・萩大名〉
たい-すう【対数】$x=a^y$（$a≠1$, $a>0$, $x>0$）という関係があるとき、yをaを底とするxの対数といい、$y=\log_a x$と表す。xを対数yの真数という。
だい-すう【代数】「代数学」の略。
だい-すう【台数】自動車や機械などの数。「新製品の販売─」
だいすう-がく【代数学】数の代わりに文字を用い、計算の法則・方程式の解法などを主に研究する数学の一分野。現在では、代数系の研究をいう。
たいすう-かんすう【対数関数】aを1でない正の数とするとき、xを正の数として、$y=\log_a x$で定められる関数。指数関数の逆関数。
だいすう-かんすう【代数関数】数学で、超越関数でない関数。多項式$f(x, y)$に対して、方程式$f(x, y)=0$によって定まるxの関数yをいう。有理関数・無理関数など。
だいすう-きかがく【代数幾何学】代数的に定義された多様体の性質を研究する数学の一分野。
だいすう-きょくせん【代数曲線】点の座標を未知数として、代数方程式で表される曲線。
だいすう-けい【代数系】いくつかの算法と作用の与えられた、代数的構造の集合。群・環・体など。
だい-スーシー【大四喜】▶タースーシー
だいすう-しき【代数式】有限個の数字と文字を四則と根号の記号で結びつけた式。有理式（整式・分数式）・無理式など。
たいすう-じゃく【対数尺】数直線上に常用対数目盛りをつけた物差し。
だいすうてき-すう【代数的数】係数が有理数である代数方程式の根になりうる数。
たいすう-の-ほうそく【大数の法則】確率論の基本法則の一。ある試行を何回も行えば、確率は一定値に近づくという法則。例えば、さいころを何回も振れば1の目の出る確率は6分の1に近づくなど。
たいすう-ひょう【対数表】常用対数の値を表にしたもの。自然対数のものもある。
たいすう-ほうがんし【対数方眼紙】縦・横の一方または両方に常用対数の目盛りをつけた方眼紙。
だいすう-ほうていしき【代数方程式】式がすべて代数式でできている方程式。
だいすう-わ【代数和】正・負の数や式を加法記号で結んだ式。減法も負数の和としたときにいう。
だいず-かす【大豆×粕】大豆から油を絞りとったあとのかす。飼料・肥料とする。
だい-すき【大好き】〔形動〕非常に好きであるさま。「─な菓子」「SF小説が─だ」
だい-スキピオ【大スキピオ】▶スキピオ㊀
だい-すけごう【代助郷】江戸時代、定助郷村が災害などのため役負担を免除された際、その分の負担を課せられた村。
タイ-スコア〖tie score〗競技で、得点が同じであること。タイ。
たい-スペクトル【帯スペクトル】接近した多くの線スペクトルが集まって帯状に見えるスペクトル。分子スペクトルなど。バンドスペクトル。
だいず-ゆ【大豆油】大豆からとった油。半乾性か乾性で、食用にするほか硬化油・ボイル油に用いる。だいずあぶら。
たい-する【体する】〔動サ変〕文たい・す〔サ変〕命令や教えなどを心にとどめて守るようにする。「遺訓を─・する」「首脳部の意を─・して交渉にあたる」
たい-する【対する】〔動サ変〕文たい・す〔サ変〕❶二つのものが向かい合う。また、あるものに向き合う。「机を挟んで二人が─・する」「海に─・して建つ家」❷ある対象に向かう。「家族に─・する思いやり」「将来に─・する期待」❸人に接する。応対する。「客に愛想よく─・する」❹立ち向かう。相手にして争う。「最強チームに─・する」❺対応する。応じる。「質問に─・する答え」「記事に─・して反響があった」❻比較する。比べる。「プロに─・しても見劣りしない」❼対になる。「善に─・する悪」〔類語〕(❶)向き合う・相対する・面する・向かう/(❹)戦う・挑む・突っかかる・向かう・立ち向かう・かかる・ぶつかる・対抗する
たい-する【帯する】〔動サ変〕文たい・す〔サ変〕❶身につける。特に、武器などを腰につける。おびる。「両刀を─・する」❷身にそなえる。保持する。「所帯、所職を─・する程の人の」〈平家・三〉
だい-する【題する】〔動サ変〕文だい・す〔サ変〕❶題をつける。表題・題名とする。「『自画像』と─・した絵」❷題字・題辞を書く。「彼らが─・せる一字一画は」〈漱石・倫敦塔〉
だいスンダ-れっとう【大スンダ列島】インドネシアのスンダ列島の西半部の称。スマトラ・ジャワ・ボルネオ・スラウェシ各島と付属島からなる。
たい-せい【大成】〔名〕スル ❶長時間を費やして、仕事や研究などを完全にしとげること。「事業を─する」「近代医学の─者」❷業績を成し遂げてすぐれた人になること。「学者として─する」❸多くの資料などを集めて一つの秩序だったものにすること。また、そのもの。集大成。「万葉集─」〔類語〕達成・成就・速成
たい-せい【大声】❶大きな声。おおごえ。「─を発する」❷高尚な音楽。上品な音律。
大声里耳に入らず《『荘子』天地から》すぐれた音楽は俗人の耳には受け入れられない。高尚な議論は俗人に理解されにくいということ。
たい-せい【大青】アブラナ科の越年草。高さ約90センチ。葉は互生し、長楕円形で、基部が茎を包む。初夏、黄色い花が咲く。中国の原産。葉にインジゴを含み、染料をとる。
たい-せい【大政】天下国家の政治。
たい-せい【大勢】❶物事の一般的な傾向。大体の状況。「試合の─が決まる」「─に影響はない」❷世のなりゆき。天下の形勢。「社会の─に従う」❸大きな権勢。強い勢力。「政府は必ず─大力を以て圧抑すべく」〈永峰秀樹訳・代議政体〉〔類語〕大局・傾向・形勢・流行・トレンド・動向・趨勢・傾き・気味・性向・趣向・流れ・全体像・ビッグピクチャー
たい-せい【大聖】聖人の中でも特にりっぱな人格を備えている人。最もすぐれた聖人。
たい-せい【体制】❶各部分が統一的に組織されて一つの全体を形づくっている状態。「経営の─を立て直す」「厳戒─」❷社会が一定の原理によって組織だてられている状態。政治支配の形式。社会の仕組み。「資本主義─」「幕藩─」❸その時代の社会を支配する権力。「─側」「反─運動」❹詩文の形式・体裁。「字法句法の軽捷なる、─音調の流麗なる」〈鷗外訳・即興詩人〉❺生物体の諸器官の配置や分化の状態などの、構造上の基本形式。
〔類語〕組織・体系・構造・制度・造り・組み立て・骨組み・仕組み・成り立ち・構成・編成・組成・機構・機序・機制・結構・コンストラクション・システム・メカニズム
たい-せい【体勢】からだの構え。姿勢。「崩れた─を立て直す」
〔類語〕姿勢・構え・ポーズ・体位・居ずまい・格好
たい-せい【対生】〔名〕スル 葉が茎の一つの節に2枚向かい合ってつくこと。対生葉序。
たい-せい【耐性】❶環境の変化に対して適応していく生物の能力。❷病原菌などが一定の薬物に対して示す抵抗力。
たい-せい【胎生】❶受精した卵子が胎盤によって直接母体につながり、栄養を受けて発育し、親とほぼ同じ姿になって生まれること。単孔類を除く哺乳類にみられる発生方法。㊁卵生。❷植物の種子が結実後も枝についたまま発芽し、ある程度まで育ってから親株を離れること。オヒルギ・メヒルギなどにみられる。
たい-せい【退勢｜×頽勢】勢いが衰えること。衰退の形勢にあること。衰勢。「社の─を挽回する」
たい-せい【泰西】《西の果ての意》西洋。または、西洋諸国。「─名画」㊁泰東。〔類語〕西洋・欧米・西欧・欧州・西方・南蛮・あちら・ヨーロッパ
たい-せい【態勢】ある物事や情勢に対してとる構え。「受け入れの─を整える」「24時間─を取る」
〔補説〕「態勢」はそのことに対する構え・準備の意に、「体制」は整った状態・秩序立った仕組みの意に重点がある。〔類語〕姿勢・態度・用意・支度・準備・備え・設け・手配・手配り・手回し・手筈・手当て・段取り・膳立て・道具立て・下拵え・下準備・整備・備える
たい-せい【×黛青】まゆずみのように濃い青色。遠山などの青々として奥深い色。青黛。
たい-せい【戴聖】中国、前漢の学者。梁（河南省）の人。字は次君。叔父の戴徳を大戴とよぶのに対し、小戴とよぶ。「礼」を后蒼に学び、現在の「礼記」である「小戴礼」49編を作った。生没年未詳。
たい-ぜい【大税】▶正税
たい-ぜい【大勢】人数の多いこと。多数の人。おおぜい。「きんじょとなりの人々が、─かけつけ」〈魯文・西洋道中膝栗毛〉
たいせい-ウイルス【耐性ウイルス】ある薬剤に抵抗性を持つウイルス。
たいせい-か【耐性化】〔名〕スル 耐性を持つようになること。
たいせいか-ウイルス【耐性化ウイルス】耐性を持つようになったウイルス。
たいせいがくいん-だいがく【太成学院大学】大阪府堺市にある私立大学。平成10年（1998）に開学した。
たいせい-かじつ【胎生果実】母樹についているうちに中の種子が発芽を始める果実。
たいせい-がわ【体制側】権力を握り、現在の社会を支配している側。
たいせい-かんさいぼう【体性幹細胞】生体のさまざまな組織にある幹細胞。造血幹細胞・神経幹細胞・皮膚幹細胞などがあり、限定された種類の細胞にしか分化しないものや、広範囲の細胞に分化するものなどさまざまある。成体幹細胞。組織幹細胞。
たいせい-ぎょ【胎生魚】母魚の輸卵管のふくれた部分で発育し、ある程度成長してから生まれる魚類。エイ・サメ類や、メバル・ウミタナゴなどでみられる。卵胎生魚。
たいせい-きょう【大成教】「神道大成教」の略称。
たいせい-きん【耐性菌】▶薬剤耐性菌
たいせい-けん【対世権】▶絶対権
だい-せいし【大勢至】「大勢至菩薩」の略。
たいせい-しっこ【大声疾呼】〔名〕スル 大声で激しく呼ぶこと。大声で盛んに叫びたてること。「変革の急務を─する」
だいせいし-ぼさつ【大勢至菩薩】▶勢至菩薩
だい-せいせん【大西遷】▶長征
たいせい-でん【大成殿】孔子廟の正殿。日本では江戸湯島にあった聖堂がその例。聖堂。先聖殿。
だい-せいどう【大聖堂】▶カテドラル
たいせい-どうぶつ【胎生動物】胎生である動物。単孔類を除く哺乳類の総称。
たいせい-ほうかん【大政奉還】政権を天皇に返上すること。慶応3年（1867）10月14日、江戸幕府の第15代将軍徳川慶喜が政権を朝廷に返上することを申し入れ、朝廷が翌15日それを受け入れたこと。これによって鎌倉幕府以来約700年続いてきた武家政治は終了した。
だい-せいもん【大誓文】決して間違いのないことを誓うこと。また、その誓いを表す語。神かけて。「─色をやめて」〈浮・三所世帯〉
たいせい-よう【大西洋】《Atlantic Ocean》三大洋の一。南北アメリカ大陸とヨーロッパ大陸・アフリカ大陸との間にある大洋。総面積約8244万平方キロメートル。平均水深3926メートル。地球表面の約6分の1を占める。
たいせいよう-けんしょう【大西洋憲章】1941年8月、英国首相チャーチルと米国大統領ルーズベルトが大西洋上で会談して発表した共同宣言。第二次大戦と戦後の世界秩序についての構想を示したもので、領土の不拡大、政体選択の自由、各国間の経済協力、恐怖および欠乏からの解放、公海の

自由、武力行使の放棄などを内容とし、のちの国連憲章の基本理念となった。

たいせいよう-ひょうじゅんじ【大西洋標準時】タイセイヤウヘウジユンジ アメリカ大陸の標準時の一。カナダの大西洋岸、ベネズエラ、ブラジル中部、チリなどで使われる。協定世界時より4時間遅く、日本標準時より13時間(夏時間の場合は12時間)遅い。AST(Atlantic standard time)。

たいせいようまぐろるいほぞん-こくさいいいんかい【大西洋×鮪類保存国際委員会】タイセイヤウまぐろルイホゾンコクサイヰヰンクワイ ▶アイキャット(ICCAT)

たいせいよくさん-かい【大政翼賛会】—クワイ 昭和15年(1940)近衛文麿このえふみまろらが中心となり、新体制運動推進のために結成した官製組織。全政党が解散し、これに加わった。同20年6月、国民義勇隊へ発展的解消。

たい-せき【大石】❶大きな石。おおいし。❷囲碁で、長く連結している石。まだ完全に目をつくっていない場合をさすことが多い。「—が死ぬ」

たい-せき【体積】立体が空間で占める大きさ。
(類語)容積・容量・嵩かさ・質量

たい-せき【対席】〔名〕スル ❶席が向かい合うこと。また、席を向かい合わせにすること。❷両者が同一の会合に出席すること。「東西の両首脳が—する」

たい-せき【対×蹠】▶たいしょ(対蹠)

たい-せき【退席】〔名〕スル その席から立ち去ること。その場をさがること。「会議の途中で—する」
(類語)退場・退出・中座

たい-せき【堆石】❶石を高く積むこと。また、その石。❷氷河によって運ばれて堆積した礫れき・砂・粘土などの混合した岩屑がんせつ。また、それによってつくられた堤防状の地形。モレーン。氷堆石。堆石堤。

たい-せき【堆積】〔名〕スル ❶いく重にも高く積み重なること。積み重ねること。また、そのもの。「土砂が—する」「倉庫に貨物が—する」❷水・風・氷などによって移動した岩石の破片や生物の遺骸いがいが、最後に水底や地表に静止し、集積する現象。(類語)集積

たい-せき【滞積】〔名〕スル 貨物や仕事などがさばききれずにたまること。「歳暮の品が配送所に—する」

たいせき-がん【堆積岩】堆積し固まってできた岩石。成因により砕屑さいせつ岩・火山砕屑岩・生物岩・化学岩に大別され、砂岩・凝灰ぎょうかい岩・石灰岩・チャートなどがある。水成岩。沈積岩。成層岩。➡火成岩 ➡変成岩

たいせき-こうしょう【堆積鉱床】—クワウシヤウ 地表の岩石が風化・浸食され、運搬・堆積の過程で有用鉱物が濃集してできた鉱床。砂鉱床・残留鉱床など。水成鉱床。

たいせき-さよう【堆積作用】堆積するはたらき。

たいせき-じ【大石寺】静岡県富士宮市にある日蓮正宗の総本山。山号は大日蓮華山。開創は正応3年(1290)、開山は日興。南条時光の外護げごを受けた。明治45年(1912)富士派を日蓮正宗と改称。

たいせき-だんせい【体積弾性】物体の体積変化に伴って現れる弾性。ピストン筒内で圧縮された気体が元に戻ろうとするなど。流体の弾性はすべてこれである。➡形状弾性

たいせき-だんせいりつ【体積弾性率】圧縮率の逆数。容積弾性率。

たいせき-てき【対×蹠的】〔形動〕「たいしょてき(対蹠的)」に同じ。「—な文化」

たいせき-ねつ【堆積熱】堆積した木の葉や枯れ草、家畜の排出物などが発酵・腐敗して生じる熱。

だい-せきはん【大赤斑】木星の赤道よりやや南に観測される大気の渦。周囲より濃い赤茶色を呈し、地球2〜3個ぶんの直径を持つ。17世紀中ごろに発見されるが18世紀には観測されなかった時期があり、現在の渦が発見時のものとは別物である可能性もある。

たいせき-へいや【堆積平野】川・湖岸・海岸に土砂が堆積して形成された平野。扇状地・三角州・氾濫はんらん原など。

たいせき-みつど【体積密度】▶密度❸

たい-せち【大▽切】〔形動ナリ〕「たいせつ(大切)」に同じ。「ただいま—に聞こゆべき事のあるを」〈浜松・五〉

たい-せつ【大刹】大きい寺院。大規模な寺。巨刹。おおでら。たいさつ。

たい-せつ【大雪】❶激しく降る雪。多く積もった雪。おおゆき。❷二十四節気の一。12月7日ごろ。(季 冬)

たい-せつ【大節】❶人の守るべき大きな節操。大切なみさお。君臣・父子・男女などの間における節義。「年猶、壮おうしと雖ども、慷慨にして—あり」〈竜渓・経国美談〉❷国家の存亡にかかわる重大事。

たい-せつ【体節】動物体の頭から尾にかけて周期的に繰り返される構造単位。環形動物・節足動物に典型的にみられ、各体節の中に一つまたは数個の器官が反復して存在する。

たい-せつ【耐雪】積雪や降雪に対してもちこたえること。「耐寒—設計の機関車」

たい-せつ【×頽雪】くずれ落ちる雪。雪崩なだれ。

たい-せつ【大切】〔形動〕図〔ナリ〕❶もっとも必要であり、重んじられるさま。重要であるさま。「—な条件」「—な書類」❷丁寧に扱って、大事にするさま。「本を—にする」「命を—にする」❸急を要するさま。「—なる事有りて、夜を昼にて上れば」〈今昔・一六・二〇〉
(派生)たいせつさ〔名〕
(用法)大切・大事——「大切な(大事な)会議」「大切に(大事に)している着物」のように、必要で重んずべきさまの意では相通じて用いられる。◆また、「水を大切(大事)に使う」「友情を大切(大事)にする」のように、かけがえのないものとして心を配り、丁寧に扱うさまの意の場合も両語とも使える。◆「おからだを大切に」「どうぞ、お大事に」などは、ともに日常語ではあるが、「大事」のほうがよりくだけた感じがある。◆「任務の大切さを知る」などでは、「大切」が優勢である。◆「大事」には、根本的な事柄の意もある。「国家の大事」「大事を決行する」◆類似の語の「重要」は、物事・事柄の根本・中心にかかわって重んずべきであるさまを表し、「大切」「大事」よりも文章語的である。「歴史上重要な事件」「重要参考人」(類語)重要・大事だいじ・肝要・肝心・得難い・貴重・珍重・珍しい・貴い・稀まれ・稀有けう・高貴・異色・異彩・珍貴・珍稀ちんき

たいせつ-きかん【体節器官】—キクワン 環形動物で、原則的に体節ごとに一対ずつある腎管。

たいせつ-ざん【大雪山】㊀《「だいせつざん」とも》北海道中央部の火山群。主峰の旭岳は北海道の最高峰で標高2291メートル。㊁中国、四川省西部にある山脈。最高峰はミニヤコンカ(貢嘎こんか山)の標高7556メートル。㊂台湾北部、雪山の南にある山。標高3529メートル。

だいせつざん-こくりつこうえん【大雪山国立公園】—コクリツコウヱン 北海道中央部にある日本最大の山岳自然公園。大雪山のほか、トムラウシ山や十勝岳連峰、然別湖しかりべつこ、層雲峡・天人峡などが含まれる。

だいぜつ-そう【大舌相】—サウ 仏の三十二相の一。仏の舌が広く、髪の生え際にまで届くくらい長いこと。嘘偽りのない相とされる。広長舌。

たいせつ-どうぶつ【体節動物】体が多数の体節からなる動物。環形動物と節足動物とをいう。

たいせつ-な・い【大切ない】〔形〕図たいせつな・し〔ク〕《「ない」は強意の接尾語。近世語》非常に大事である。「此の薬は—・い物」〈浄・伊賀越〉

たい-せん【大川】大きな川。おおかわ。大河。

たい-せん【大船】大きな船。おおぶね。江戸時代では一般に、回船で500石積以上、軍船で60挺だて以上の和船をいう。

たい-せん【大戦】参加兵員の多い激しい戦争。また、広範囲にわたって行われる大規模な戦争。特に、第一次または第二次大戦をいう。
(類語)交戦・対戦・決戦・応戦・抗戦・一戦・夜戦・白兵戦・前哨ぜんしょう戦・実戦・戦争・戦いくさ・戦たたかい・戦役せんえき・役えき・兵へい・兵馬へいば・兵戈へいか・干戈かんか・会戦・合戦かっせん・事変・戦火・兵火・戦乱・兵乱・戦雲・戦塵せんじん・戦禍せんか・戦闘

たい-せん【対戦】〔名〕スル 相対して戦うこと。競技などで相手となって戦うこと。「横綱と—する」「一成績を五分にする」(類語)交戦・決戦・応戦・抗戦・大戦・一戦・夜戦・白兵戦・前哨ぜんしょう戦・実戦・勝負・戦う

たい-せん【×苔×蘚】苔類と蘚類の総称。コケ類。蘚苔。

たい-せん【滞船】〔名〕スル 船を港湾などに停泊させること。また、その船。

たい-ぜん【大全】❶十分に備わり欠けるところがないこと。完備すること。十全。❷その物事に関する事項を漏れなく集成・編集した書物。「神学—」

たい-ぜん【大漸】病気がしだいに重くなること。特に、帝王の病についていう。〈色葉字類抄〉

たい-ぜん【泰然】〔ト・タル〕図〔形動タリ〕落ち着いていて物事に驚かないさま。「—として構える」「—たる態度」(類語)落ち着く・平気・平静・冷静・事も無げ・平ちゃら・平気の平左・無頓着むとんちゃく・大丈夫・悠然・自若じじゃく・平然・冷然・恬然てんぜん・けろりと・しれっと・しゃあしゃあ・ぬけぬけ・のめのめ・おめおめ・事ともせず・何のその・何処どこ吹く風・屁への河童かっぱ・痛くも痒かゆくもない

だい-せん【大山】鳥取県西部の休火山。中国地方の最高峰で、標高1729メートル。古来山岳信仰で栄え、大山寺がある。伯耆ほうき富士。

だい-せん【大仙】《「たいせん」とも》❶偉大な仙人。また、仙人のように俗世間を超えた境界にあるすぐれて尊い人。大仙人。❷如来にょらいの異称。

だいせん【大仙】秋田県中東部、雄物おもの川中流域にある市。秋田新幹線や秋田自動車道が通る県内交通の要衝。平成17年(2005)3月に大曲おおまがり市、神岡町、西仙北にしせんぼく町、中仙町、協和町、南外なんがい村、仙北町、太田町が合併して成立。人口8.8万(2010)。

だい-せん【題×簽】和漢の書籍の表紙に題名などを記してはる細長い紙片または布片。外題紙げだいし。貼はり外題。

だい-ぜん【大膳】❶チドリ科の鳥。全長約30センチ。北極圏のツンドラで繁殖し、熱帯地方で越冬する。日本には春・秋に渡来し、海岸・河口・干潟でみられる。❷「大膳職だいぜんしき」の略。

だいせん-いん【大仙院】—ヰン 京都市北区にある大徳寺の塔頭たっちゅう。永正6年(1509)古岳宗亘こがくそうこうにより開山。本堂と大灯国師の墨跡は国宝。同10年ごろつくられた方丈の庭園は、枯山水の石庭で有名。

だいせんおき-こくりつこうえん【大山隠岐国立公園】—コクリツコウヱン 鳥取県の大山、島根県の隠岐諸島を中心に、島根半島・三瓶山さんべさん、岡山県と鳥取県との境にある蒜山ひるぜんを含む国立公園。

だい-せんかい【大千界】「大千世界」の略。

だいせん-かざんたい【大山火山帯】—クワザンタイ 中部地方の白山に始まり、中国地方の大山・三瓶山さんべさんを経て、九州の雲仙岳に続く火山帯。最近は白山周辺を別とする説が有力。白山火山帯。

だい-せんきょく【大選挙区】1選挙区から2名以上の議員を選出する選挙区。死票が少なく、少数派も選出される利点がある。➡小選挙区 ➡中選挙区

だいせんげん-だけ【大千軒岳】北海道南西部、松前半島にある山。標高1072メートル。山頂からは、函館山、奥尻島、津軽海峡などが一望できる。お花畑が見られることでも有名。

だいせん-こふん【大山古墳｜大仙古墳】大阪府堺市にある仁徳天皇陵と伝える5世紀の古墳。日本最大級の前方後円墳で、全長486メートル、高さ34メートル。百舌鳥耳原中陵もずのみみはらのなかのみささぎ。仁徳陵古墳。

たいせん-ざん【大船山】大分県南西部、竹田市久住くじゅう地区にある火山。九重くじゅう火山群で唯一の円錐状火山。標高1786メートル。山頂東側に火口湖の御池おいけ、北側に米窪よねくぼ・段原だんばるの二重火口がある。山頂一帯には国指定天然記念物のミヤマキリシマの大群落がある。阿蘇くじゅう国立公園の一部。

だいせん-し【大仙市】▶大仙

だいせん-じ【大山寺｜大仙寺】鳥取県西伯郡大山町、大山の中腹にある天台宗の別格本山。山号は角磐山。草創は奈良時代。古くから山岳修験道

た

の道場であったが、貞観年間(859～877)円仁が堂宇を建立し、天台宗に改めたという。明治維新後の神仏分離で廃寺となったが、明治36年(1903)復号を許された。

だいせん-じ【大泉寺】山梨県甲府市古府中町にある曹洞宗の寺。山号は万年山。開創は大永年間(1521～1528)、開山は天桂禅長、開基は武田信虎。武田信玄の墓がある。

だいぜん-じ【大善寺】山梨県甲州市にある真言宗智山派の寺。山号は柏尾山。開創は養老2年(718)、開山は行基と伝える。国宝の本堂は、後宇多天皇の勅願によって再建されたもの。藤切り会式・鳥居焼きの行事が行われる。ぶどう薬師。

だいぜん-しき【大膳▽職】律令制で、宮内省に属し、宮中の食事や儀式の饗膳などをつかさどった役所。おおかしわでのつかさ。

たいぜん-じじゃく【泰然自若】〘ト・タル〙図〘形動タリ〙落ち着いていて物事に動じないさま。「―として騒がず」

たいせんしゃ-ほう【対戦車砲】戦車を射撃するための小型の砲。高速度で、貫徹力が強い。最近はバズーカ砲や小型ミサイルなどが用いられる。

だい-せんせかい【大千世界】仏語。三千大千世界の一。中千世界を千集めたもので、仏の教化の及ぶ範囲の意に用いる。

だい-ぜんてい【大前提】❶論理学で、三段論法の2前提のうち、大概念を含む前提。❷あるものの、成立・存在の根本となる条件。「人命尊重が―だ」

だいぜん-の-だいぶ【大膳大夫】大膳職の長官。

だいぜん-りょう【大膳寮】旧宮内省にあった一部局。天皇の供御・饗宴などをつかさどった。

たい-そ【太祖】❶中国・朝鮮などの王朝で、始祖の皇帝の称。宋の趙匡胤、元のチンギス＝ハン、明の朱元璋、清のヌルハチ、李氏朝鮮の李成桂などが有名。❷物事がそこから始まったおおもと。また、ある事柄の始祖。

たい-そう【大宗】物事の初め。おおもと。また、ある分野での権威ある大家。

たい-そう【大喪】❶「大喪の礼」の略。❷旧制で、天皇・太皇太后・皇太后・皇后の喪に服すること。たいも。

たい-そう【大×棗】ナツメの果実を乾燥させたもの。漢方で緩解・強壮・利尿薬などに用いる。

たい-そう【大葬】天皇・太皇太后・皇太后・皇后の葬儀。

たい-そう【大×簇｜太×簇】❶中国音楽の十二律の一。基音の黄鐘より二律高い音。日本の十二律の平調にあたる。❷陰暦1月の異称。

たい-そう【太宗】中国の王朝で、その事業や徳行が太祖に準じる皇帝の称。唐の李世民、宋の趙匡義、元のオゴタイ、清のホンタイジなどが有名。

たい-そう【体操】❶健康や体力の保持・増進などを目的とする規則的、合理的な身体運動。目的や対象により種々あり、幅広い内容が含まれる。「美容―」「ラジオ―」❷「体操競技」の略。❸学校教科の「体育」の旧称。(類語)運動・スポーツ

たい-そう【大層】㊀〘形動〙図〘ナリ〙❶程度や分量がはなはだしいさま。たいへん。ひどい。「―な暑さ」「―な剣幕で怒りだす」❷おおげさなさま。ぎょうさん。「つまらないことを―に言う」❸大規模なさま。りっぱであるさま。「―な学者」「―な披露宴」㊁〘副〙非常に。たいへん。「―役に立つ」

(用法)**大層・大変**――「大層(大変)面白い映画だった」「私は大層(大変)驚いた」など、はなはだしさをいう場合には相通じて用いられる。◆「大層」は「大変」に比べ、やや改まった場面で使う。「大層困惑致しております」◆おおげさなさまを表す「大層」に「御」が付いて、あまりにもおおげさである、おおげさなわりに中身がないの意で使われることがある。「御大層なあいさつにはあきれた」「御大層な結婚式でうんざりした」◆「大変」には容易でない、重大だ、の意の形容動詞用法がある。「あの山に登るのは大変だ」「大変なことになった」など。なお、「大層だ」の形は普通は使われない。

(類語)大袈裟・オーバー・事事しい・誇大・随分・とても・非常・大変・異常・極度・桁外れ・桁違い・並み外れ・格段・著しい・甚だしい・すごい・ものすごい・計り知れない・恐ろしい・ひどい・えらい・極めて・至って・甚だ・頗る・至極・極・いとも・実に・まことに・大いに・いたく・ひどく・恐ろしく・滅法

大層も無・い　とんでもない。愚にもつかない。「―・い事をお云いでないよ」〈円朝・怪談牡丹灯籠〉

たい-ぞう【大造】大きな手柄。大きな効果。

たい-ぞう【胎蔵】「胎蔵界」の略。

たい-ぞう【退蔵】〘名〙スル　物資・金銭などを使用せずにしまいこんでおくこと。「貴重な文献が―されている」「能力を―する」

だい-そう【代走】野球で、走者の代わりに走ること。また、その人。ピンチランナー。

たいぞう-いん【退蔵院】京都市右京区にある妙心寺の塔頭の一。所蔵の如拙筆「瓢鮎図」は国宝。枯山水の庭園は狩野元信作と伝える。

たいぞう-かい【胎蔵界】❶密教で説く二つの世界の一。金剛界に対して、大日如来の理性の面をいう。仏の菩提心が一切を包み育成することを、母胎にたとえたもの。蓮華によって表象する。❷「胎蔵界曼荼羅」の略。

たいぞうかい-まんだら【胎蔵界×曼×荼羅】密教の両界曼荼羅の一。大日経に基づいて、大日如来を主尊とし、その分身・眷属・護法諸尊を四方に図式的に配したもの。中台八葉院を中央に内外四重よりなるので、四重円壇ともいう。灌頂の本尊として用いる。➡金剛界曼荼羅

たいぞう-かへい【退蔵貨幣】▶蓄蔵貨幣

たいそう-ぎ【大喪儀】大喪の儀式。

だいぞう-きょう【大蔵経】仏教の聖典を総集したもの。経・律・論の三蔵を中心に、それらの注釈書を加えたもの。一切経。蔵経。

たいそう-きょうぎ【体操競技】徒手または器械用具を用いて技術の優劣を競う競技。男子は床運動・鞍馬・つり輪・跳馬・平行棒・鉄棒の6種目、女子は跳馬・段違い平行棒・平均台・床運動の4種目。団体・個人・種目別の順に行われ、それぞれ規定・自由演技に分けて採点し、順位を決める。

だい-そうじょう【大僧正】僧綱の最高位。僧正の上位。

だい-そうず【大僧都】僧綱の一で、僧都の最上位。文武天皇2年(698)道昭が初めて任じられた。

たいそう-ずわり【体操座り】《「たいそうすわり」とも》「体育座り」に同じ。

だい-そうとう【大総統】辛亥革命後、1912年から24年までの中華民国の元首の称号。選挙によって就任。任期は5年。のち、総統と改称。

たいそう-の-れい【大喪の礼】天皇の葬儀。国の儀式として内閣により執り行われる。

たいそう-らし・い【大層らしい】〘形〙図たいそうら・し〘シク〙いかにも大げさである。「―・く言い触らす」

だい-そえい【大祚栄】[?～719]中国、渤海国の建国者。在位698～719。高句麗の遺民や靺鞨族を統一して独立。震国王と称した。のち713年、唐によって渤海郡王に封じられた。

たい-そく【大則】根本となる重要な規則。基本となる大原則。

たい-そく【大息｜太息】〘名〙スル　大きなため息をつくこと。嘆くこと。「天を仰いで―する」「長―」

たい-そく【体側】からだの側面。「―を伸ばす」

たい-ぞく【大賊】大変な悪事を働く賊。大盗。

タイ-ぞく【タイ族】《Thai》インドシナ半島・マレー半島・ラオス・ミャンマーなど東南アジア大陸部に広く居住し、タイ系諸語を話す民族。もと、中国の四川省・雲南省に住んでいたが、7、8世紀ころ南下し、先住民族のクメール族などと混血して現在に至る。

だい-ぞく【大俗】❶僧でない世俗の人。「―の身で、そのやうな事がなるものか」〈虎明狂・花子〉❷非常に俗っぽいこと。「こんな手妻のきいた料理よりか、やっぱり―に葱の白根と鴨沢山に」〈滑・続膝栗毛・一〉

たい-そせい【体組成】脂肪・筋肉・骨・水分など、身体を組織する成分。

だい-そつ【大卒】《「大学卒業」の略》大学を卒業していること。また、その人。

たいそ-よしとし【大蘇芳年】▶月岡芳年

だい-それた【大それた】〘連体〙身分・常識などから大きく外れているさま。とんでもない。度外れた。「―考えを抱く」「―罪を犯す」(類語)とんでもない・途方もない・とてつもない・もってのほか・法外・不届き

だい-そん【大損】《「たいそん」とも》大きな損失や損害。おおぞん。

たい-だ【怠惰】〘名・形動〙なまけてだらしないこと。また、そのさま。「―な人」

(類語)怠慢・横着・無精・懈怠・懶惰

だい-だ【代打】野球で、その打順の選手に代わって打者となること。また、その人。ピンチヒッター。

たい-たい【対対】互いに優劣がつけられないこと。五分五分。「合戦は―とは申せども」〈三河物語・一〉

タイタイ【太太】《中国語》奥様。夫人。

タイ-ダイ《tie-dyeing から》❶絞り染め。❷絞り染めの効果をだすために部分的に白く染め抜いた生地。

だい-たい【大体】㊀〘名〙細かい点を除いた主要な部分。また、全体を大づかみにしたところ。あらまし。おおよそ。「事件の―を語る」「―の人が出席する」㊁〘副〙❶物事の要点、また数量などを、大づかみにとらえるさま。あらかた。おおよそ。「話は―わかった」「駅まで―五分だ」❷もとはと言えば。そもそも。「―言い出したのは君だよ」

(用法)**大体・おおよそ**――「大体(おおよそ)の見当はついている」「事情は大体(おおよそ)わかった」「大体(おおよそ)一〇〇万円かかる」など、大部分・あらましの意では、相通じて用いられる。◆「大体」は、細部を除いた主な部分、また漏れているものもあるが、あらかたの意で、「漱石の小説は大体は読んだ」では、まだ読んでない作品も少しあることを言外に含んでいる。◆「夜は大体家に居る」の「大体」は「おおよそ」に置き換えることはできない。◆「おおよそ」は細部を問題にしないで全体を大まかにとらえていう語であるから、「おおよその説明」では、細部についての説明は省かれていることになる。(類語)(❶)ほぼ・九分九厘・およそ・大抵/(❷)元来・もともと・本来・どだい・自体

だい-たい【大隊】軍隊の編制上の単位。連隊の下で、2ないし4中隊からなる。

だい-たい【大×腿】脚の付け根から膝までの部分。ふともも。もも。「―部」➡小腿 (類語)太もも・もも

だい-たい【代替】〘名〙スル　それに見合う他のもので代えること。かわり。「路面電車を廃止しバスで―する」「―地」(類語)交代・入れ替わり・更迭・チェンジ

だい-だい【大内】《古くは「たいだい」とも》「大内裏」の略。おおうち。「―の旧跡、神祇官の前なる樗の木に」〈太平記・九〉

だい-だい【▽太▽太】「太太神楽」の略。

だい-だい【代代】何代も続いていること。よよ。また、歴代。副詞的にも用いる。「―酒屋を営む」

(類語)歴代・歴世・累代

だい-だい【×橙｜臭＝橙｜回＝青＝橙】❶ミカン科の常緑小高木。葉は楕円形で先がとがり、葉柄に翼がある。初夏、香りのある白い花を開く。実は丸く、冬に熟して黄色になるが、木からは落ちないで翌年の夏に再び青くなる。実が木についたまま年を越すところから「代々」として縁起を祝い、正月の飾りに用いる。果汁を料理に、果皮を漢方で橙皮といい健胃薬に用いる。(季 花＝夏｜実＝冬)「―は実を垂れ時計はカチカチと/草田男」❷「橙色」の略。

だい-だい【大大】〘副〙❶大きい感じを与えるさま。太っているさま。「低くても―として豊満に見えるけれども」〈谷崎・細雪〉❷広く場所をとっているさま。「両脚を無遠慮に伸ばし、―と寝そべりだした」〈長与・竹沢先

生と云ふ人〉
だいだい-いろ【×橙色】赤みがかった黄色。オレンジ色。(類語)オレンジ色・蜜柑色・柿色
だいたい-かくまく【代替角膜】►角膜再生
だいだい-かぐら【▽太▽太神-楽｜大大神-楽】❶伊勢神宮に奉納される太神楽のうち、最も大がかりな神楽。❷歌舞伎の下座音楽の一。❶の曲をまねた鳴り物で、笛・大太鼓・大拍子などを使う。
だいたい-きん【大×腿筋】大腿にある筋肉の総称。大腿二頭筋・大腿四頭筋など、太くて長いものが多い。
だいたい-けい【代替刑】禁錮・懲役刑の受刑者を刑務所に収容せず、代わりに社会奉仕などをさせること。
だいだい-こう【▽太▽太講】►伊勢講
だいたい-こつ【大×腿骨】大腿の中軸をなす骨。人体の中で最も大きい管状骨。上端は球状となって股関節をつくり、下端は太くなって膝関節をつくる。
だいたい-ざい【代替財】相互に他の代わりをなし、同一の欲望を満足させられる財。バターとマーガリンなど。競争財。➡補完財
たいだい-し〔形シク〕あるまじきことだ。もってのほかだ。「かく世の中の事をも思ほし捨てたるやうになりゆくは、いと―・しきわざなり」〈源・桐壺〉(補説)「たぎたぎし」の音変化といわれるが未詳。
だいだい-し・い【大大しい】〔形〕文だいだい・し〔シク〕太っているさま。「葉子は潮風に色もやや赫くなって、―・く肥っていた」〈秋声・仮装人物〉
だいたい-しっこう【代替執行】強制執行の一方法。債務者が債務を履行しない場合に、裁判に基づき、債権者が第三者に債務行為を代行させ、その費用を債務者から強制的に徴収すること。➡直接強制 ➡間接強制
だいたい-しとうきん【大×腿四頭筋】大腿の前面にある最も大きい伸筋。四つの筋群に分かれ、下腿を伸ばし、股関節を曲げる働きをする。
だいだい-ず【×橙酢】橙の果実からしぼった汁。酢として調味料に用いる。ポンス。ポン酢。
だいだい-てき【大大的】〔形動〕大がかりに物事をするさま。「―な報道」
だいたいてき-ふんそうかいけつ【代替的紛争解決】►裁判外紛争解決手続き
だいたい-どうみゃく【大×腿動脈】►股動脈
だいたい-にとうきん【大×腿二頭筋】大腿の後面外側にある大きい屈筋。膝を曲げ、外側方にねじる働きをする。
だいたい-ぶ【大×腿部】「大腿」に同じ。
だいたいふかのう-せい【代替不可能性】他のものと置き換えられないこと。唯一無二のかけがえのない存在であること。交換不可能性。単独性。(補説)社会はそれを構成する個人が代替可能な役割を担うことで成立している。しかし、例えば親しい友人を亡くす経験をしたとき、他にもユニークな友人がいるから構わないとは思わないように、人には、友人といった社会的役割やユニークであるといった個性には還元できない唯一無二性がある。
だいたい-ぶつ【代替物】取引上、同種・同等・同量の他物で代えることができる物。金銭・米など。(対)不代替物。
だいたい-フロン【代替フロン】オゾン層を破壊する特定フロンの代わりに使用されるフロン。ハイドロクロロフルオロカーボン(HCFC)、およびハイドロフルオロカーボン(HFC)。冷蔵庫・空調機の冷媒などに広く利用されているが、温室効果が極めて強いため、将来的に製造・使用を中止することが決定している。
だい-だいり【大内裏】《「たいだいり」とも》古代、天皇の居所である内裏と政府諸官庁の置かれた一区画。平城京・平安京などでは都城内の北部中央に位置する。平安京大内裏の規模は東西約1164メートル、南北約1394メートル。宮城。
だいだいりずこうしょう【大内裏図考証】平安京大内裏についての考証書。30巻。裏松固禅著。寛政9年(1797)完成。諸書を抄出し図を掲げ、大内裏の殿舎の位置・構造・沿革などを考証・説明したもの。
だいたいれい【大戴礼】中国の経書。85編。そのうち39編が現存。前漢の戴徳撰。漢代以前の諸儒学者の礼説を集成したもの。大戴記。だたいれい。➡礼記
だい-だく【代諾】〔名〕スル 本人の代わりに承諾すること。法律行為や治療などにおいて、本人に十分な判断能力が備わっていない場合に、本人の代理として同意・承諾の手続きをすること。
だい-たすう【大多数】あるまとまった数のうちの、ほとんど全部。「若者が入場者の―を占める」
タイ-タック〖tie tack〗ネクタイ留めの一。頭部に装飾を施した短いピンをネクタイの上から刺して留め、鎖をつけてワイシャツのボタンホールに通して留める。
タイタニア〖Titania〗►ティタニア
タイタニック-ごう【タイタニック号】《Titanic》英国の豪華客船。当時世界最大の4万6328総トン。1912年処女航海中に、ニューファンドランド沖で氷山に衝突し沈没。1500人を超える犠牲者を出した。
だいだ-ぼうし【大太法師】伝説上の巨人。怪力をもち、富士山を一夜でつくり上げたとか、榛名山に腰掛けて利根川で足を洗ったりしたとかいう、さまざまな伝承がある。だいだらぼうし。だいだらぼっち。だいだぼっち。だいだらぼう。
だいだ-ぼっち【大太法師】「だいだぼうし(大太法師)」に同じ。
タイダル-ベイズン〖Tidal Basin〗米国の首都ワシントンの中心部のナショナルモールにある池。1897年、ポトマック川の潮位変化を調整するために、河岸の一部を埋め立てて造られた。1912年に日本が贈った桜の並木がある。西ポトマック公園、東ポトマック公園に挟まれる。
ダイダロス〖Daidalos〗ギリシャ神話中の人物で、建築・工芸の名人。クレタ島に迷宮(ラビリンス)を建造したが、ミノス王によってその中に幽閉され、人工の翼を使って子のイカロスとともに脱出した。
タイタン〖Titan〗㊀ギリシャ神話の巨人神族ティタンの英語名。㊁土星の第6衛星。1655年にホイヘンスが発見。名は㊀に由来。土星系で最大で、太陽系の全衛星でもガニメデに次ぐ。窒素を主成分とする濃密な大気から液体メタンの雨が降り、メタンの川や湖も存在する。直径は約5150キロ(地球のおよそ0.4倍)。平均表面温度はセ氏マイナス180度。
たい-だん【対談】〔名〕スル 向かい合って話し合うこと。また、ある事柄について二人で話し合うこと。対話。「政治改革をテーマに―する」➡鼎談
(類語)会話・話・話し合い・対話・談・談話・懇話・懇談・面談・歓談・雑談・談笑・閑談・語らい・カンバセーション
たい-だん【退団】〔名〕スル ある団体からぬけること。「球団を今季限りで―する」(対)入団。
だい-たん【大胆】〔名・形動〕❶度胸がすわっていること。思い切りよくやってのけること。また、そのさま。「―に自説を述べる」「―なデザイン」(対)小胆。❷図太いこと。ずうずうしいこと。また、そのさま。「おめえのやうにひとの亭主を盗む―はしねえよ」〈人・辰巳園・四〉(派生)だいたんさ〔名〕(類語)不敵・豪胆・豪放・放胆
だい-だんえん【大団円】演劇や小説などの最後の場面。すべてがめでたく収まる結末についていう。「―を迎える」(類語)大詰め・終幕・大切り
だい-だんな【大×檀那】「おおだんな❶」に同じ。「あらありがたの―」〈伎・勧進帳〉
だいたん-ふてき【大胆不敵】〔名・形動〕度胸があって、恐れを知らないこと。また、そのさま。「―な面がまえ」
たい-ち【大知｜大×智】《「だいち」とも》いちだんとすぐれた知恵。また、それをもつ人。
大知は愚の如し《蘇軾「賀歌欧陽少司致仕啓」から》真の知者は、知識や知恵をむやみにひけらかすようなことはしないので、一見愚者のようにみえる。大賢は愚なるがごとし。
たい-ち【大痴｜大×癡】《「だいち」とも》非常に愚かなこと。大愚。
たい-ち【対地】空中から地上に、また海上から陸地に対すること。「―攻撃」
たい-ち【対置】〔名〕スル 二つの物事を対照させるようにおくこと。向き合うように据えること。「東西に塔を―させる」
だいち 地球観測衛星の愛称。JAXA(宇宙航空研究開発機構)が開発し、平成18年(2006)1月に打ち上げられた。設計寿命3年、目標寿命5年を超えて稼働し、23年5月に運用終了。全世界650万シーンの撮影、大規模災害の観測・情報提供、森林伐採監視・気候変動の影響監視など多くの実績を残した。後継機となる陸域観測技術衛星2号(ALOS-2)は2013年度に打ち上げ予定。ALOS(Advanced Land Observing Satellite)。
だい-ち【大地】《古くは「だいぢ」》天に対する、地。また、広大な土地。「―の恵み」「緑の―」◆人工衛星「だいち」は別項。(類語)地・土・土地
大地に槌 《大地を槌で打つということから》確実で絶対に失敗しないことのたとえ。
だいち【大地】《原題The Good Earth》パール=バックの長編小説。1931年刊。32年刊「息子たち」、35年刊「分裂した家」とともに三部作「大地の家」を構成し、貧農の身から大地主になった王竜とその一家の3代にわたる歴史を描く。
だい-ち【代地】かわりの土地。代替地。
だい-ち【代知】江戸時代、大名・家臣などの知行所を代えること。また、代わりに与えられる知行所。
だい-ち【代置】〔名〕スル あるべきものの代わりに別のものを置くこと。
だい-ち【台地】表面が比較的平らで、周囲より一段と高い地形。ほぼ水平な地層からなる。
(類語)高台・丘・丘陵・高地
だいち-がし【代地河岸】東京都台東区柳橋の、隅田川の河岸の通称。
だい-ぢから【大力】非常に強い力。また、その持ち主。だいりき。おおぢから。「一来法師といふ―の早業ありけり」〈平家・四〉
だいち-げんぶがん【台地玄武岩】広大な溶岩台地をつくっている玄武岩。マグマがそのまま地殻の割れ目を通って噴出したものと考えられる。高原性玄武岩。
たいち-せいしきどう【対地静止軌道】►静止軌道
たいち-そくど【対地速度】航空機の、地面に対する速度。➡対気速度
たいち-どうききどう【対地同期軌道】►同期軌道
だいちどろん【大智度論】「大品般若経」の注釈書。100巻。竜樹著と伝えられる。鳩摩羅什訳。仏教の百科全書的な書。智度論。大論。
たい-ちゃづけ【×鯛茶漬(け)】鯛の刺身を飯にのせ、醤油・薬味などを添え、茶をかけたもの。鯛茶。
たいちゅう【台中】台湾中西部の都市。周辺は米・サトウキビなどの産地。タイチョン。
たい-ちゅう【体中】からだのなか。体内。「斯くの如き人の―にも」〈竜渓・経国美談〉
たい-ちゅう【対中】中国に対すること。「―貿易」
たい-ちゅう【胎中】女性のはらのなか。胎内。
だいちゅう-じ【大中寺】栃木県栃木市大平町西山田にある曹洞宗の寺。山号は大平山。開創は延徳元年(1489)、開山は快庵妙慶。関東地方、曹洞宗の三本山の一。
たいちゅう-てんのう【胎中天皇】応神天皇の異称。神功皇后が応神天皇を懐妊のまま朝鮮半島に出兵したと伝えられるところからの名。
たい-ちょ【大著】❶すぐれた著作。他人を敬って、その著作をいう語。❷ページ数や冊数の多い著作。
たい-ちょう【台聴】身分の高い人がきくこと。台

聞。
たい-ちょう【体長】チャウ 動物のからだの長さ。
たい-ちょう【体調】テウ からだの調子。からだの状態。「―を整える」「―が良い」〘類語〙健康・調子・あんばい・加減・コンディション・本調子・呼吸・具合・状態
たい-ちょう【退庁】チャウ〔名〕スル 官吏が仕事を終えて役所から出ること。「定時に―する」⇔登庁。
たい-ちょう【退朝】テウ〔名〕スル 朝廷から退出すること。「主人リシスは例よりも早く―せしと見えて」〈竜渓・経国美談〉
たい-ちょう【退潮】テウ ❶潮がひくこと。ひきしお。❷盛んだった勢いが衰えること。「景気の―」
〘類語〙減退・後退・下火・下り坂・尻すぼまり・落ち目・左前・不振
たいちょう【泰澄】[682?〜767?]奈良時代の山岳修験者。越前の人。通称、越の大徳。加賀国白山を開創したと伝えられる。
たい-ちょう【隊長】チャウ ❶軍隊で、一隊の兵士の指揮権をもつ人。❷ある目的で集まった一団・一隊を統率・指揮する人。「観測隊の―」
だい-ちょう【大帳】チャウ ❶「大計帳」に同じ。❷「台帳❶」に同じ。「一雲を翻し、そろばん丸雪をはしらせ」〈浮・永代蔵・一〉❸「台帳❸」に同じ。「―を見ざるの誤にして」〈滑・膝栗毛・四〉
だい-ちょう【大腸】チャウ 消化管のうち、小腸と肛門との間の太い腸の部分。盲腸・結腸・直腸に分けられ、腸内細菌による発酵や水分の吸収などが行われる。
だい-ちょう【台帳】チャウ ❶商店で、売買の金額などを記しておく帳簿。大福帳。「仕入れ―」❷ある物事の基礎的な事実を記載しておく帳簿。「土地―」❸歌舞伎の上演用脚本。せりふ・ト書きなどが毛筆で書かれたもの。台本。正本。根本。大帳。
だいちょう-えん【大腸炎】ダイチャウ 大腸の炎症。急性と慢性とがあり、細菌性のものは急性の場合が多い。下痢・腹痛・粘血便などの症状がある。
たいちょう-かく【対頂角】タイチャウ 二つの直線が交わってできる四つの角のうち、互いに向かい合っている角。
だいちょう-カタル【大腸カタル】ダイチャウ カタル性の大腸炎。➡カタル
だいちょう-きん【大腸菌】ダイチャウ 腸内細菌の一種。グラム陰性の桿菌。ビタミン合成などの機能があるが、病原になることもある。糞便中に必ず見られるので、水などの汚染検査の指標とされる。
だいちょう-さ【大潮差】ダイテウ 潮の干満の差が最も大きいときの平均的な差の値。
だいちょう-じ【大長寺】ダイチャウ 大阪市都島区にある浄土宗の寺。本尊は阿弥陀仏。浄瑠璃「心中天の網島」で知られる小春と紙屋治兵衛の墓がある。
だいちょう-ポリープ【大腸ポリープ】ダイチャウ 大腸の粘膜にできる、いぼのようなはれもの。発生する数も大きさもさまざま。高齢者に多い。中には癌になるものもある。➡ポリープ
たい-ちり【×鯛ちり】たひ 鯛の身を主材料にしたちり鍋。〔季 冬〕
だい-ちん【大×椿】《「荘子」逍遥遊から》中国古代の伝説上の大木の名。8000年を春とし、8000年を秋として、人間の3万2000年がその1年にあたるという。転じて、人の長寿を祝っていう語。
タイツ〖tights〗伸縮性のある布地を用いて、腰から下をぴったりとおおうように作られた衣服。バレエなどのスポーツ着として、また、防寒用に使用。
〘類語〙ソックス・ストッキング・靴下
だい-つう【大通】遊里・遊芸などの方面の事情によく通じていること。また、その人。
たい-づき【隊付き】ある部隊に付属していること。
だい-つき【台付き】台がついていること。また、そのもの。「―のろうそく」
たい-てい【大抵】㊀〔名〕❶事柄の主要な部分。「事の―を知る」❷事柄のあらまし。だいたいのようす。また、全体のうちの大部分。おおよそ。おおかた。「―の人が賛成している」㊁〔形動〕❶（多くあとに打消しの語を伴って用いる）普通であるさま。「苦労は―ではない」「琴や三味線は―で善いから、十分に学問をさせる」〈鉄腸・雪中梅〉❷大部分に及ぶさま。「―な者は見たばかりで烟に巻かれるそうだ」〈魯庵・社会百面相〉❸ちょうどよい程度であるさま。ほどほど。「勉強も―にしなさい」㊂〔副〕❶ほとんどすべてに及ぶさま。たいがい。「温泉なら―行った」「休日は―家で過ごす」❷かなり確かだと推測するさま。ほぼ間違いなく。十中八九。「八時過ぎなら―会えるだろう」❸（あとに打消しの語を伴って用いる）ひととおりに。ありきたりに。「あの妹御のお才様は、一気立てのよいお人ぢゃないけれど」〈伎・幼稚子敵討〉❹ひととおりでなく。相当に。「是でも―銭をかけて習ったのだあ」〈滑・浮世風呂・前〉〘類語〙（㊀❶）大概・大体・大方・あらかた・大部分・ほとんど・おおむね・概して・多く・普通・通例／（㊁❷）多分・恐らく・まず・大方・十中八九
たい-てい【大帝】すぐれた帝王。「ピョートル―」
たい-てい【太弟｜大弟】天子の弟。特に、皇位を継承すべき天皇の弟。
たい-てい【台×鼎】主要な三大臣。三人の政治上の最高責任者。転じて、高官。
たい-てい【退廷】〔名〕スル ❶法廷から外へ出ること。「証人が―する」⇔入廷。❷朝廷から退出すること。退朝。
たいていごらん【大抵御覧】江戸後期の洒落本。1冊。朱楽菅江作。安永8年（1779）刊。当時の江戸の新名所三景を背景にその賑わいを描く。書名は、中国宋代の類書「太平御覧」のもじり。
たい-てき【大敵】おおぜいの敵。また、強い敵。手ごわい相手。強敵。「油断―」⇔小敵。
たい-てき【対敵】〔名〕スル ❶敵にむかうこと。敵として相対すること。敵対。「―する構えを見せる」❷敵とする相手。「一の党より弁駁せられ」〈中村訳・西国立志編〉
だい-デュマ【大デュマ】▶デュマ㊀
たい-てん【大典】❶重大な儀式。大儀。大礼。「即位の―」❷重要な法典。大法。「不磨の―」❸律令制で、大宰府の主典で少典の上に位するもの。
〘類語〙栄典・祝典・祝儀・祭典・祭礼・祭儀・大祭・大儀・大礼・典礼・盛儀・儀式・式典
たい-てん【退店】〔名〕スル 売り上げ不振、営業方針の転換などで商売をやめ、店を閉めること。閉店。〘補説〙デパートなどに出店している商店が撤退することをもいう。
たい-てん【退転】〔名〕スル ❶仏語。修行を怠り、一度得た悟りを失って低いほうに落ちること。❷落ちぶれて他の地へ移ること。「商売をやめて深川佐賀町の寮に―した」〈万太郎・末枯〉❸中断すること。「矢叫びの声の―もなく、鏑の鳴り止むひまもなく」〈平家・四〉❹しだいに衰えること。「谷々の講演摩滅して、堂々の行法も―す」〈平家・二〉
たい-てん【戴天】天をいただくこと。この世に生きてあること。「不倶―」
たいでん【大田】▶テジョン
たい-でん【帯電】〔名〕スル 物体が電気を帯びること。「衣類が―する」
だいてん【大典】[1719〜1801]江戸中期の臨済宗の僧。近江の人。名は顕常、字は梅荘。大典は号。京都の相国寺住持。対馬に赴任、幕府の朝鮮修文職として国交文書を司る。著作に「小雲棲稿」「皇朝事苑」「北禅遺草」など。
だい-てん【大×篆】漢字の書体の一。金文から派生した複雑な書体。籀書。籀文。➡篆書
たい-でんあつ【耐電圧】高い電圧がかかっても、絶縁性を失って大電流を通す絶縁破壊を生じにくいこと。
たい-てんきゅう【戴天仇】タイテンキウ ▶戴季陶
だい-てんぐ【大天×狗】❶大きい天狗。位の高い、力のある天狗。❷非常に高慢なこと。また、その人。「銘々―で、他人を軽蔑し」〈鉄腸・雪中梅〉
だい-てんし【大天使】キリスト教で、天使の9階級のうち、第8階級の天使。ミカエル・ガブリエル・ラファエルなど。
だいてんしミハイル-きょうかい【大天使ミハイル教会】ケウクワイ《Tsarkva Sveti Arhangel Mihail》ブルガリア中部の町トリャブナにある教会。13世紀、第二次ブルガリア帝国の時代に創建。木彫細工が施されたイコノスタシス（教会内陣の障壁）があり、多数のイコンを所蔵することで知られる。
たいでん-たい【帯電体】正または負の電気を帯びた物体。
だいでんぽう-いん【大伝法院】ダイデンボフヰン ▶根来寺
だい-てんもく【台天目】台にのせた天目茶碗。また、点茶を客にすすめるのに、天目茶碗を畳にじかに置かないで台にのせて扱う作法。
たい-と【泰斗】「泰山北斗」の略。「医学界の―」
タイト〖tight〗〔名・形動〕❶きついこと。かたくしっかりしていること。密着していること。また、そのさま。「―な結び目」「―なスーツ」❷商品の需要供給の関係が逼迫していること。品薄なこと。また、そのさま。「需給が―に推移する」❸「タイトスカート」の略。
たい-ど【大度】度量の大きいこと。「強いて寛仁―を示そうとして」〈里見弴・多情仏心〉
たい-ど【胎土】陶磁器の本体を形づくる粘土。
たい-ど【堆土】うず高く積もった土。堆積土。
たい-ど【態度】❶物事に対したときに感じたり考えたりしたことが、言葉・表情・動作などに現れたもの。「落ち着いた―を見せる」「―がこわばる」❷事に臨むときの構え方。その立場などに基づく心構えや身構え。「慎重な―を示す」「反対の―を貫く」「人生に対する―」❸心理学で、ある特定の対象または状況に対する行動の準備状態。また、ある対象に対する感情的傾向。〘類語〙姿勢・態勢
態度が大き・い 思い上がった、無礼な態度である。横柄な態度である。「大先輩に対して―・い」
だい-と【大斗】斗栱の最下部にある大きな方形の斗。柱のすぐ上または台輪の上にある。
だい-と【大都】大きな都市。大都会。
だいと【大都】中国、元の国都。現在の北京。モンゴル語でカンバリク（汗の都城の意）ともよばれた。
だいドイツ-しゅぎ【大ドイツ主義】19世紀、オーストリアを主体として、ほぼ旧神聖ローマ帝国の全領域を統合するドイツを建設しようとする立場。プロイセンを中心に統一をはかろうとする小ドイツ主義に対する。
たい-とう【大盗】タウ《「だいとう」とも》おおどろぼう。大盗賊。
たい-とう【大統】天皇の系統。皇統。将軍など支配者の系統をいう場合もある。
たい-とう【大×纛】タウ ❶軍中で用いる大きな旗。また、天子の乗り物の左に立てる旗。❷天皇のいる陣営。大本営。
たいとう【台東】東京都の区名。昭和22年（1947）浅草・下谷の両区が合併。上野の高台の東の意から命名。商工業が盛ん。人口17.6万（2010）。
たいとう【台東】台湾南東部の都市。サトウキビを産し、製糖業の中心地。タイトン。
たい-とう【台頭｜×擡頭】〔名〕スル ❶頭をもたげること。勢いを増してくること。「改革派が―する」❷上奏文などで、貴人の名やそれに関する語の出てくるとき、敬意を表して改行し、一段高く書くこと。〘類語〙登場
たい-とう【対当】タウ〔名〕スル ❶向かい合うこと。❷つりあうこと。相当。❸▶対当関係
たい-とう【対等】〔名・形動〕相対する双方の間に優劣・高下などの差のないこと。また、そのさま。同等。「―な(の)口をきく」「―な(の)立場」
〘類語〙同等・同列・同級・等し並み・同席・同位
たい-とう【帯刀】タウ〔名〕スル 刀を腰に差すこと。また、腰に差した刀。佩刀。
たい-とう【泰東】《東の果ての意》東洋。⇔泰西。
たい-とう【×頽唐】タウ ❶くずれ落ちること。❷道徳的で健全な精神が失われていること。退廃。
たい-とう【×駘×蕩】タウ〔ト・タル〕図〔形動タリ〕❶さえぎるものなどがなく、のびのびとしているさま。「復讐の挙を全然忘却した―たる瞬間を」〈芥川・或日の大石

内蔵助〉❷春の情景などが、平穏でのんびりとしているさま。「―たる春光」「春風―」

たい-どう【胎動】〔名〕スル ❶母胎内で胎児が動くこと。妊娠5か月過ぎから感じるようになる。❷新しい物事が、内部で動き始めること。また、内部の動きが表面化し始めること。「独立の気運が―する」

たい-どう【帯同】〔名〕スル 一緒に連れていくこと。「技術者を―して現地に赴く」

だい-とう【大刀】❶大きな刀。太刀。❷武士が差した大小2本の刀のうち、大きいほうの刀。

(類語)刀・剣・剣・刀剣・太刀・大刀・名刀・宝刀・軍刀・牛刀・日本刀・青竜刀・サーベル・銃剣

だい-とう【大東】東の果て。極東。また、日本の異称。

だいとう【大東】大阪府東部の市。生駒山麓に、野崎参りで知られる野崎観音(慈眼寺)がある。住宅や工場が多い。人口12.7万(2010)。

だい-とう【大唐】《「たいとう」とも》中国の唐朝、また、中国の美称。「―西域記」

だい-とう【大塔】㊀❶大きな塔。❷密教寺院の七堂の一つで、大規模な多宝塔。また特に、多宝塔で、初重が円形平面のもの。根来寺大塔など。㊁高野山金剛峰寺の根本大塔のこと。

だい-どう【大同】❶だいたい同じであること。「小異を捨てて―につく」❷一つの目的のために多くの者が一つにまとまること。(類語)団結・大同団結

だいどう【大同】中国山西省北部の炭鉱・工業都市。近郊に雲崗石窟がある。人口、行政区153万(2000)。タートン。

だいどう【大同】平安初期、平城天皇・嵯峨天皇の時の年号。806年5月18日～810年9月19日。

だい-どう【大道】❶幅の広い道。大通り。また、その路上・道ばた。「―で物を売る」❷人の行うべき正しい道。根本の道徳。「政の―を誤る」

(類語)(❶)大通り・表通り・広小路・大路・街路・ストリート・並木道/(❷)道義・正義・人道・人倫・義・仁義

大道廃れて仁義あり 《「老子」18章から》人の道理が自然に行われていた昔は、仁義という人為的な道徳は必要なかった。世の道理が失われたから、仁義をことさらに唱える必要が生じたのである。

だいとうあ-きょうえいけん【大東亜共栄圏】太平洋戦争下、日本が唱えた標語。欧米の植民地支配にかわって日本を中心として東亜の諸民族による共存共栄を樹立することを掲げ、日本のアジア支配を正当化しようとしたもの。

だいとうあ-せんそう【大東亜戦争】太平洋戦争の日本側での当時の呼称。

だい-とう-あ-てい-こく【大東亜帝国】大東文化大学・東海大学・亜細亜大学・帝京大学・国学院大学もしくは国士館大学の総称。(補説)東海大学を加えず「大東」を大東文化大学の略とする場合もある。

だい-とういつりろん【大統一理論】素粒子の基本的な相互作用である電磁相互作用、弱い相互作用、強い相互作用を統一的に記述する理論。ゲージ理論を土台にして作られた。この理論から陽子崩壊や宇宙初期におけるモノポールの生成が予言されているが、いずれも観測されていない。また、同理論に超対称性を導入した超対称大統一理論の構築も進められている。GUT(grand unified theory)。

だいとう-いん【大洞院】静岡県周智郡森町にある曹洞宗の寺。山号は橘谷山。応永18年(1411)如仲天誾が開創し、梅山聞本が開山。戦国時代以降、東海地方へ教勢を拡大する拠点となった。

だいどう-えきしゃ【大道易者】道路上に店を出して、占いをする易者。

たいとう-がく【対当額】ある価値に相当する金額。

たいとう-かんけい【対当関係】論理学で、二つの判断がそれぞれ同じ主語と述語とをもち、それらが量と質のいずれか、またはその両方が異なっているとき、その両判断の間の真偽関係。矛盾対当・反対対当・小反対対当・大小対当の4種類に分類される。

たいとう-く【台東区】▶台東

だいどう-げい【大道芸】盛り場や街頭で演じて見せる芸。見物料を受けたり、物売りの人集めに行ったりする。

だいどう-こう【大同江】朝鮮民主主義人民共和国の狼林山脈に源を発し、平壌を経て黄海に注ぐ川。全長431キロ。テドンガン。

だいとう-こくし【大灯国師】宗峰妙超の勅諡号。

たいとう-ごめ【大唐米】▶たいとうまい(大唐米)

たいとう-ごめん【帯刀御免】江戸時代、特別の家柄や功労により、武士でない者に帯刀を許したこと。

だいとうごろく【大灯語録】室町時代の仏教書。3巻。応永33年(1426)刊。大灯国師宗峰妙超の法語を集めたもの。

だいとうさいいきき【大唐西域記】中国唐代の僧玄奘の西域・インド旅行の見聞録。12巻。弟子の弁機の編録により646年成立。地理・風俗・言語・仏教事情・産物・伝説などを、629年から645年までの遊歴の順に記したもの。西域記。だいとうせいいきき。

たいとう-ざき【太東崎】千葉県南東部、九十九里浜南端の岬。岬から南側にかけて自生する海浜植物群落は天然記念物。太東岬。

だいとう-し【大東市】▶大東

だい-どうし【代動詞】《pro-verb》同じ動詞の反復使用を避けるために用いる動詞。英語のdoの類。

だい-どうじ【大童子】❶寺院で召し使う童子のうち、上童子の下、中童子の上にある者。「御供に―の大きやかに年ねびたる四十人」〈栄花・初花〉❷年のたけた童子。年かさの童子。「いただきはげたる―の」〈宇治拾遺・一〉

だいとう-じま【大東島】沖縄諸島の東方にある大東諸島のこと。沖縄県に属し、北大東島・南大東島・沖大東島からなる。また、特に、南大東島のこと。

だいどうじ-ゆうざん【大道寺友山】［1639～1730］江戸前期の兵法家。山城の人。名は重祐。通称、孫九郎。北条氏長・山鹿素行に兵法を学び、越前の松平家などに仕えた。著「岩淵夜話」「武道初心集」など。

だいどう-しょうい【大同小異】〔名・形動〕小さな違いはあっても、大体が同じであること。また、そのさま。「―な(の)意見」

(類語)違い・相違・異同・誤差・小異・大差・同工異曲・差異・別・分かち

だいどう-しょうにん【大道商人】道路のかたわらに露店を出して商売をする人。露店商。

たいとう-じょうやく【対等条約】国際上、権利や義務の対等な国家間の条約。平等条約。

だいどう-すじ【大道筋】大通りの道筋。街道の通り筋。「堺の―に、長崎商ひして」〈浮・男色大鑑・五〉

だいどう-だいがく【大同大学】名古屋市にある私立大学。昭和39年(1964)に大同工業大学として開学。平成21年(2009)に現校名に改称した。

だいどう-たまき【大道珠貴】［1966～］小説家。福岡の生まれ。アルバイト生活を経て、ラジオドラマの脚本を執筆するかたわら小説を書き始める。「しょっぱいドライブ」で芥川賞受賞。他に「裸」「背く子」など。

だいどう-だんけつ【大同団結】〔名〕スル 複数の党派や団体が、ある目的のために、主張などの少しの違いは問題としないで力を合わせること。「―して要求を勝ち取る」(類語)団結・大同

だいどうだんけつ-うんどう【大同団結運動】明治19～22年(1886～89)民権派による反政府運動。後藤象二郎が民権各派の大同団結を唱えて中心的指導者となったが、後藤の黒田内閣入閣で挫折。

だいとうないてんろく【大唐内典録】中国、唐代の仏教書。10巻。道宣編。664年成立。「歴代三宝紀」「法経録」「仁寿録」や西明寺の蔵経を参照して編集した一切経の目録。後漢以後の経典を集録。内典録。道宣録。

だいとう-の-みや【大塔宮】㊀《比叡山延暦寺の大塔に住んだところから》天台座主になった皇族。㊁護良親王の異称。また親王を祭る鎌倉宮の異称。

たいとう-ふ【大統譜】皇統譜の一。天皇と皇后に関する諸事項を記載した系譜。名・父母・誕生・命名・践祚・元号・即位礼・成年式・大婚・崩御・追号・大喪儀・陵所などを登録する。

だいとうぶんか-だいがく【大東文化大学】東京都板橋区に本部のある私立大学。大正12年(1923)国費で設立された大東文化学院(専門学校)に始まる。昭和24年(1949)私立の東京文政大学となり、同28年、現校名に改称。

たいとう-まい【大唐米】イネの一品種。米粒が小さく細長で薄い赤斑のあるもの。赤米。太米。唐法師。たいとうごめ。

だいどう-みせ【大道店】路上で物を売る簡単なつくりの店。露店。

だい-どうみゃく【大動脈】❶心臓の左心室から全身に血液を送り出す動脈の本幹。上行大動脈・大動脈弓・下行大動脈に区分され、下行大動脈はさらに胸大動脈と腹大動脈とに分かれる。❷重要な交通路。「東西日本を結ぶ―」

だいどうみゃく-かいり【大動脈解離】3層構造になっている大動脈壁の内膜の亀裂から中膜に血液が流入することにより、中膜が2層に解離し、本来の血管内腔とは別に新しい血流路(偽腔)ができた状態。壁が薄くなるため、瘤状に隆起し、破裂を起こしやすくなる。動脈硬化・高血圧により起こる場合が多い。解離性大動脈瘤。

だいどうみゃくない-バルーンパンピング【大動脈内バルーンパンピング】急性心筋梗塞や心不全などで心機能が低下した場合に用いられる治療法。胸部大動脈内にバルーンカテーテルを挿入し、心拍に合わせてバルーンを膨張・収縮させることによって心臓のポンプ機能を補助する。IABP(Intra-aortic balloon pumping)。(補説)心臓の拡張期にバルーンを膨張させて、冠状動脈への血流を増加させ、心筋への酸素供給量を増やす一方、収縮期にバルーンを急速に収縮させて、左心室からの血液の送出を補助する。

だいどうみゃく-べん【大動脈弁】心臓の左心室と大動脈を隔てる半月弁。左心室が収縮するときに開いて血液を大動脈へ送り出し、拡張するときに閉じて逆流を防ぐ。

だいどうみゃくべんきょうさく-けん-へいさふぜんしょう【大動脈弁狭×窄兼閉鎖不全症】心臓弁膜症の一。大動脈弁狭窄症と大動脈弁閉鎖不全症が同時に起きた疾患。

だいどうみゃくべん-きょうさくしょう【大動脈弁狭×窄症】心臓弁膜症の一。左心室が収縮するときに、大動脈弁が十分に開かなくなり、血液が十分に送り出されなくなる疾患。重症になると、失神・狭心症・心不全などを引き起こす。

だいどうみゃくべん-へいさふぜんしょう【大動脈弁閉鎖不全症】心臓弁膜症の一。左心室が拡張するときに、大動脈弁が完全には閉じなくなり、大動脈から左心室へ血液が逆流する疾患。重症になると心不全を引き起こす。

だい-とうりょう【大統領】❶共和制国家の元首。国民の直接選挙または議会での選挙などによって選出される。米国などのように行政府の首長として強い権限をもつ国もあれば、形式的存在の国もある。❷芝居に出演している役者などに対して、親しみを込めて呼び掛けるときに用いる語。「待ってました、―」(類語)元首・君主

だいとうりょう-けいざいしもんいいんかい【大統領経済諮問委員会】▶シー-イー-エー(CEA)

だいとうりょう-ふ【大統領府】連邦行政の

長、国家元首、四軍の最高司令官などを兼ねるアメリカ合衆国大統領の直属機関。大統領の職務遂行を補佐する。1939年、ルーズベルト大統領が設置。

たいとう-れき【大統暦】中国、明代の1368年、漏刻博士元統が元の授時暦に基づいて作った暦。二百数十年にわたって施行された。日本でも貞享元年(1684)に採用されたが、わずか半年で渋川春海の貞享暦に代えられた。

タイド-えんじょ【タイド援助】ーエンジヨ ►紐付き援助

だい-とかい【大都会】ートクワイ 規模が大きく、にぎやかな都会。大都市。

たい-とく【体得】〔名〕スル 体験を通して知ること。理解して自分のものにすること。「技を—する」
（類語）会得・同化・覚える・学ぶ・学習・習得・つかむ・のみこむ・マスター・身に付ける

たい-とく【戴徳】中国、前漢の学者。梁(りょう)(河南省)の人。字(あざな)は延君。甥(おい)の戴聖(たいせい)を小戴とよぶのに対し、大戴とよぶ。戴聖とともに「礼」を后蒼(こうそう)に学び、「大戴礼(だいたいれい)」85編を作った。生没年未詳。

たい-どく【体読】文字面に表れた意味だけでなく、その奥にある真意を読み取ること。⇔色読(しきどく)。

たい-どく【胎毒】乳幼児の頭や顔にできる皮膚病の俗称。母体内で受けた毒が原因と思われていた。現代医学では、脂漏性湿疹・急性湿疹・膿痂疹(のうかしん)性湿疹などをいう。

だい-とく【大徳】《「たいとく」とも》❶偉大な徳。りっぱな徳。❷仏のこと。また、高徳の僧。転じて、一般に、僧。❸金持ち。有徳(うとく)。大徳人。
大徳は小怨(しょうえん)を滅す 《「春秋左伝」定公五年から》大きな徳は小さなうらみを消してしまう。恩恵が大きければ、わずかの怨恨など気にならなくなる。

だい-どく【大毒】《「たいどく」とも》たいへんな毒。また、大きな害となるもの。

だい-どく【代読】〔名〕スル 人に代わって読むこと。「祝辞を—する」

だいとく-じ【大徳寺】京都市北区にある臨済宗大徳寺派の大本山。山号は竜宝山。開創は正中元年(1324)、開山は宗峰妙超(しゅうほうみょうちょう)、開基は赤松則村。後醍醐天皇から勅額を賜り、五山の一となったが、のち、その位を辞し在野的寺格を保つ。応仁の乱で焼失したが、堺の豪商の帰依を得て一休宗純が再建。多数の塔頭(たっちゅう)があり、また、国宝の唐門は聚楽第(じゅらくだい)の遺構と伝えられる。有名な茶室・茶庭も多い。

だいとくじ-は【大徳寺派】臨済宗の一派。大徳寺を本山とし、妙超(みょうちょう)を派祖とする。

だい-とこ【大▽徳】「だいとく(大徳)❷」に同じ。「いと尊き—なりけり」〈源・若紫〉

だい-どこ【台▽所】「だいどころ」の音変化。

たいと-ごめ【大▽唐米】ベンケイソウ科の多年草。海岸の岩地に生え、高さ約10センチ。茎は地をはい、細かく枝分かれする。葉は米粒状で、密につく。5〜7月ごろ黄色い花を開く。

だい-どころ【台所】❶家の中で食物の調理や炊事をする場所。厨(くりや)。勝手。炊事場。だいどこ。❷会社・団体などの内部で、金銭の出し入れをする所。また、金銭上のやりくり。「会社の—を預かる」「—は火の車だ」（類語）(❶)キッチン・勝手・厨房/(❷)経済・やりくり・収支・家計・内証・勝手向き・手許(てもと)

だいどころ-じじょう【台所事情】ージジヤウ 家計の状態。会社・団体などの財政状況。「我が家の—」「—が好転する」➡台所❷

だいどころ-ぶね【台所船】料理を供するために本船に付きしたがう船。厨(くりや)船。

だい-とし【大都市】人口が多く、商工業・経済・文化・政治などの中心となる都市。

だいとしこうつう-センサス【大都市交通センサス】ダイトシカウツウー 国土交通省が行う交通統計調査の一。首都圏・中京圏・近畿圏の三大都市圏における鉄道・乗合バス・路面電車などの大量公共交通機関の利用実態を明らかにする目的で、昭和35年(1960)から5年毎に実施されている。調査結果は、国や地方公共団体の都市計画、および通勤通学時の混雑緩和・乗り継ぎの円滑化・バリアフリー化推進などの交通政策の基礎資料として活用される。

タイト-スカート〖tight skirt〗腰の部分から裾まで、からだに密着した形のスカート。

タイト-バック〖tight back〗製本の背の様式の一。表紙の背と中身の背とを密着させて固めたもの。

だいと-ひじき【大斗肘木】ーひぢき 斗栱(ときょう)の一形式。大斗の上にのせた肘木で、直接桁(けた)を受けるもの。

タイトフィット《tightfittingから》体にぴったり合った衣服。また、衣服がぴったり合った状態。

タイド-プール〖tide pool〗干潮時に海辺の岩場にできる潮だまり。

だいトリアノン-きゅうでん【大トリアノン宮殿】《Grand Trianon》フランス北部、イブリーヌ県の都市、ベルサイユにあるベルサイユ宮殿の離宮の一。17世紀にルイ14世が中国風の宮殿を建造し、後にフランスの後期バロック建築の第一人者であるジュール=マンサールが改築。第一次大戦後、連合国とハンガリーの間の講和条約(トリアノン条約)がここで結ばれた。グラントリアノン。

タイド-りつ【タイド率】政府開発援助(ODA)のうち、紐付き援助(タイド援助)の占める割合。

タイトル〖title〗❶表題。題名。❷肩書き。称号。❸選手権。また、その保持者の資格。「—を奪う」❹本や映画・レコードなど、表題のある作品。❺映画・テレビの字幕。特に、題名・配役などの字幕。
（類語）題・表題・題目・題名・仮題・原題・題号・標題・外題(げだい)・内題・名題(なだい)・作品名・書名・書目・編目・演題・画題

タイトル-バー〖title bar〗コンピューターの操作画面における、各ウインドー上端部分。アプリケーションソフトの種類やファイル名を表示する。

タイトル-バック《title backgroundから》映画・テレビで、題名や配役などの字幕の背景になる画面。

タイトル-ページ〖title page〗書物の題名・編著者名・発行所などを記した巻頭のページ。

タイトルホルダー〖titleholder〗選手権保持者。また、ホームラン王・新人王などの称号を獲得した人。

タイトル-マッチ〖title match〗選手権をかけた試合。選手権試合。

タイトル-ロール〖title role〗演劇・映画などで、作品の題名になっている役柄。「ハムレット」のハムレット役、「アマデウス」のモーツァルト役など。

タイトロープ〖tightrope〗綱渡りに使う張り綱。危険を冒すこと、危ない橋を渡ることのたとえに用いる。

タイド-ローン〖tied loan〗貸付金の用途をあらかじめ指定し、その運用を監督する借款。ひも付き融資。⇔アンタイドローン。

たい-な【大×儺】追儺(ついな)で、悪鬼を追い払う役。➡追儺

ダイナー〖diner〗❶食堂車。❷簡易食堂。

たい-ない【体内】からだの内部。体中。⇔体外。

たい-ない【対内】内部、あるいは国内に対すること。「—政策」⇔対外。

たいない【胎内】新潟県北東部、飯豊(いいで)山地から発する胎内川流域を占める市。チューリップの球根栽培が盛ん。平成17年(2005)9月に中条町・黒川村が合併して成立。人口3.1万(2010)。

たい-ない【胎内】妊娠した母親の子宮の中。胎中。

たいない-カレンダー【体内カレンダー】生物が持つ、日照時間の変化などからおおよそ1年の周期を感じ取る機能。概年時計。概年リズム。➡生物時計

だい-ないき【大内記】律令制で、内記のうち上位の官職。だいだいき。➡内記

たいない-くぐり【胎内▽潜り】❶仏像の胎内や洞穴などをくぐり抜けること。生まれ替わりの信仰による民間習俗。❷人がやっとくぐれるほどの洞穴や石室・雪洞。

たいない-し【胎内市】►胎内

たいない-じゅせい【体内受精】母体内で行われる受精。陸生動物に多くみられ、ふつう交尾を伴う。⇔体外受精。

たいない-チップ【体内チップ】体内に埋め込み、種々の情報を発信する集積回路。医療情報や身分証明用の個人情報、位置の確認などに利用される。

たいない-どけい【体内時-計】►生物時計

たいない-ひばく【体内被×曝】►内部被曝

たいない-ぶつ【胎内仏】仏像の胎内に納められた小仏像。平安時代以後にみられる。

だい-なごん【大納言】❶律令制で、太政官(だいじょうかん)の次官。大臣に次ぐ官で、正三位相当。大臣とともに政務に参与し、大臣不参のときは代行した。亜槐(あかい)。亜相。おおきものもうすつかさ。❷明治初期の太政官制における官職。左右大臣・参議とともに太政官を構成した。❸「大納言小豆(あずき)」の略。

だいなごん-あずき【大納言小-豆】ーあづき アズキの一品種。粒が大きくて色が濃い。尾張の名産なので尾張大納言に掛けていったもの。

だい-なし　中間(ちゅうげん)・小者などが着た紺無地で筒袖の着物。「御門脇の長屋より紺の—」〈浄・宵庚申〉

だい-なし【台無し】㊀〔名・形動〕ひどく汚れたり傷んだりして、役に立たなくなること。物事がすっかりだめになること。また、そのさま。「雨で着物が—だ」「計画が—になる」「一生を—にする」㊁〔副〕(多く否定的な表現に用いて)全然。まるで。「お客へ上げる茶が—水になりました」〈伎・名歌徳〉（類語）駄目・ふい・おじゃん・無駄・挫折・おしまい・わや・ぽつ

ダイナトロン〖dynatron〗本来、負性抵抗を有する電圧電流特性をもった四極真空管をさしたが、現在では、拡大解釈して負性抵抗を有する素子をいう。ダイナトロン特性。ダイナトロン発振。

ダイナブック〖Dynabook〗❶パーソナルコンピューターが登場する以前に、米国の計算機科学者、アラン=ケイが提唱した理想的な小型コンピューターの概念モデル。❷東芝が開発・販売するノートパソコンのブランド名。

ダイナマイト〖dynamite〗ニトログリセリンを珪藻土(けいそうど)や綿火薬などにしみ込ませた爆破薬。1866年にスウェーデンのノーベルが発明。

ダイナミズム〖dynamism〗❶そのものがもつ力強さ。迫力。「大画面と大音響の—」❷機械や人間などの力強い動きを表現しようとする芸術上の主義。未来派によって主張された。❸►力本説(りきほんせつ)

ダイナミック〖dynamic〗〔形動〕動的なさま。力強く生き生きと躍動するさま。「—な演技」⇔スタティック。

ダイナミック-エッチティーエムエル【ダイナミックHTML】《dynamic hypertext markup language》対話性や動きのあるウェブページを作成するために策定されたHTMLの拡張仕様。

ダイナミック-サイネージ〖dynamic signage〗►デジタルサイネージ

ダイナミックス〖dynamics〗力学。動力学。

ダイナミック-スピーカー〖dynamic speaker〗強い磁界内に可動コイルを入れ、音声電流を流すと可動コイルが振動し、コーン形やドーム形の振動板に伝わって音波を放射するスピーカー。ひずみが少なく音質がよいので、現在最も広く使用。

ダイナミック-ディーエヌエス【ダイナミックDNS】《dynamic DNS》DNSのデータベースを自動的に更新する技術。➡DNS

ダイナミック-ディスク〖dynamic disk〗ハードディスクの管理機能の一。米国マイクロソフト社のWindows2000以降のオペレーティングシステムで採用。ハードディスクの追加を容易にするなどの特長がある。

ダイナミック-マイクロホン〖dynamic microphone〗強い磁場の中に置かれた導体が音波などで振動すると、その導体の両端子間に電圧が現れる現象を利用したマイクロホン。

ダイナミック-メモリー〖dynamic memory〗記憶された情報の状態が常に変化しているメモリー。放電によってデータが消えるため、データを保持するためには常に通電しておく必要がある。例えば、磁気ディスクメモリー・半導体ダイナミックメモリーなど。

➡スタティックメモリー

ダイナミック-ラム〘dynamic RAM〙《dynamic random-access memory》►ディーラム(DRAM)

ダイナミック-レンジ〘dynamic range〙信号の再現能力を表す値。識別または再現可能な最も強い信号と、最も弱い信号との比。単位にdB(デシベル)やbit(ビット)を用いる。アンプやスピーカーなどの音響分野では通常、音圧比で表し、最大出力と雑音レベルの比などをいう。またデジタルカメラの撮像素子、液晶ディスプレーやプラズマテレビなどの表示装置においては最も明るい部分と最も暗い部分の信号の比を表す。Dレンジ。

ダイナモ〘dynamo〙発電機。

ダイナモ〘DYNAMO〙《dynamic modelsから》コンピューターのシミュレーション言語の一。自動制御におけるフィードバック理論を基礎としたもので、主に経済システムのモデルの記述に用いる。

ダイナモメーター〘dynamometer〙動力計。

ダイナモ-りろん【ダイナモ理論】地磁気の原因に関する最も有力な学説。地球の外核をなす鉄などからなる流体の対流運動による発電作用で電流が誘起され、磁場が生じるというもの。

たいなん【台南】台湾南西部の商工業都市。製糖業が盛ん。台湾最古の都市で、史跡が多い。

だい-なん【大難】《「たいなん」とも》大きな災難。大変な難儀。⇔小難。(類語)大厄

たいに【▽大為×爾】仮名文字を習得するための、同じ仮名を二度用いないで47字全部を使った五・七調の歌。「あめつちの詞」に次いで作られ、「いろは歌」に先行するものと考えられている。源為憲の「口遊」にみえる。「たゐにいて(田居に出で)なつむわれをそ(菜摘む我をぞ)きみめすと(君召すと)あさりおひゆく(あさり追ひ行く)やましろの(山城の)うちゑへるこら(打ち酔へる子等)もはほせよ(藻は干せよ)えふねかけぬ(え舟繋けぬ)」

だい-に【大弐】律令制で、大宰府の次官のうち、最上位のもの。権帥を欠くときに実務を執った。

だい-に【第二】❶2番目。2回目。❷過去の物事・人物の再現・再来とみなすもの。「一の石油ショック」

タイニー〘tiny〙〘形動〙小さいさま。「一なTシャツ」

だいにいん-クラブ【第二院クラブ】参議院にあった院内会派。昭和37年(1962)参議院同志会(旧緑風会)が市川房枝らの無所属クラブと合同で結成。58年の参議院選挙で比例代表制が導入されたのに伴い、無所属議員が比例選挙に立候補できるよう、青島幸男が中心となり政党化された。二院クラブ。

だいに-インターナショナル【第二インターナショナル】1889年パリで結成された、各国社会主義政党の連合組織。第一次大戦で、各国の党がインターナショナリズムを放棄して戦争に協力したため解体。1920年、第三インターナショナル(コミンテルン)の成立後、そのプロレタリア独裁に対抗して再建されたが、第二次大戦によって消滅。51年結成の社会主義インターナショナルに受け継がれた。国際社会主義者会議。➡社会主義インターナショナル

だいに-うちゅうそくど【第二宇宙速度】►宇宙速度❷

だいに-かいしゃ【第二会社】第二次大戦後、戦時補償の打ち切りや海外資産の喪失によって経営難に陥った企業が、企業再建整備法に基づいて設立した新会社。転じて、ある会社が解散したのち、その資産・営業などを承継して設立した新会社のこともいう。

だいに-ぎ【第二義】主眼の意義でないこと。根本的な問題でないこと。

だいに-きょうわせい【第二共和制】1848年の二月革命によって成立したフランスの共和制。1852年、大統領ルイ=ナポレオンの皇帝即位による第二帝政の成立で崩壊。

だいに-くみあい【第二組合】企業内の労働組合を脱退した組合員や、まだ組合に加入していなかった従業員などによって別個に結成された労働組合。既存の組合に対していう。(補説)経営側に敵対的な既存組合と比べ、経営側と協調的な姿勢を取るものが多い。➡御用組合

だいに-げいじゅつ【第二芸術】余技的、遊戯的な芸術。昭和21年(1946)桑原武夫が現代俳句の前近代性を評した語。

だいに-けいようし【第二形容詞】シク活用の形容詞。➡第一形容詞

だいにケーラー-びょう【第二ケーラー病】足指付け根部分の骨(中足骨骨頭)に生じる骨端症の一。10代の女性に生じることが多く、歩行時などに痛みを伴う。骨の無腐性壊死が第三指・第四指付け根の骨などに起こり、関節の変形・痛み・腫れを生じる。原因は不明。フライバーグ病。➡第一ケーラー病

だいに-けんし【第二県紙】地方紙のうち、単一の都道府県で発行され、部数などの上で県紙に準ずる新聞。

だいにごう-ひほけんしゃ【第二号被保険者】国民年金の被保険者の種別の一。国民年金の加入者で、厚生年金や共済年金にも加入している人。会社員・公務員など。

だいにじ-さんぎょう【第二次産業】英国の経済学者コーリン=クラークによる産業分類の一。製造業・鉱業・建設業・ガス電気事業などが含まれる。ただし、鉱業を第一次産業、建設・ガス・電気を第三次産業へ分類する場合もある。

だいにじ-せいちょう【第二次性徴】雌雄が示す身体的特徴のうち、生殖腺・生殖器を除く差異。体つきや声の質、ひげ、ライオンのたてがみや鶏のとさかなど。

だいにじ-せかいたいせん【第二次世界大戦】日本・ドイツ・イタリアなどの枢軸国とアメリカ・イギリス・フランス・ソ連などの連合国との間で行われた世界的規模の戦争。1939年のドイツのポーランド侵入によって始まり、イギリス・フランスの対独戦争、独ソ戦争、太平洋戦争と拡大した。初め、枢軸国が優勢であったが、のち、連合国が優位に立ち、1943年イタリアが降伏、1945年5月ドイツが降伏。また、日本もソ連の対日参戦とアメリカによる広島・長崎への原子爆弾投下によって、同年8月に降伏し、大戦は終結した。第二次大戦。WWⅡ(World War Ⅱ)。

だいにしゅ-うんてんめんきょ【第二種運転免許】道路交通法による免許区分の一。タクシーやバスなどの営業用旅客自動車を運転するための免許。大型・中型・普通・大型特殊および牽引の5種類がある。

だいにしゅ-きんゆうしょうひんとりひきぎょう【第二種金融商品取引業】金融商品取引法で規定される金融商品取引業の一。受益証券・抵当証券・集団投資スキーム持分等の募集・私募、みなし有価証券関連の売買・市場デリバティブ取引・外国市場デリバティブ取引や、これら取引の媒介・取次・代理、有価証券・みなし有価証券関連以外の市場デリバティブ取引等のいずれかを業務とする。

だいにしゅ-じゅうきょちいき【第二種住居地域】都市計画法で定められた用途地域の一。主として住居の環境を保護するために定められる地域。住宅のほか、1万平方メートル以下の店舗・事務所や、遊技場・娯楽施設・ホテル、住環境を悪化させない小規模工場なども建設が認められる。

だいにしゅ-ちゅうこうそうじゅうきょせんようちいき【第二種中高層住居専用地域】都市計画法で定められた用途地域の一。主として中高層住宅の良好な住居環境を保護するために定められる地域。必要な利便施設の建設が認められるが、1500平方メートル以上または3階以上の店舗・事務所などは建設できない。

だいにしゅ-ていそうじゅうきょせんようちいき【第二種低層住居専用地域】都市計画法で定められた用途地域の一。主として低層住宅の良好な住居環境を保護するために定められる地域。住宅のほか、診療所・小中学校・日常生活に必要な150平方メートル以下の店舗併用住宅が建築できる。

だいにしゅ-ゆうびんぶつ【第二種郵便物】内国郵便物の一。郵便はがきのこと。通常はがき・往復はがきがある。小包はがきは平成15年(2003)販売を中止した。

だいに-しん【第二審】第一審の判決に対して控訴があった場合に、控訴裁判所の行う審理。控訴審。

だいに-しんごうけい【第二信号系】パブロフが人間の言語機能を条件反射の視点から呼んだ言い方。直接経験による条件反射を第一信号系というのに対し、第一信号系を基礎にことばによって間接的に学習する言語条件反射をいう。

だいに-しんそつ【第二新卒】新卒で就職してから数年程度で退社した人。(補説)就職や転職において、就業経験のない新卒の学生と、前職での経験を生かすことのできる社会人との間に位置づけられる。

だいに-せいしつ【第二性質】ロックの認識論で、感覚器官への物の作用によって知覚されるにすぎない性質。色・音・味など。➡第一性質

だいに-せかい【第二世界】冷戦期に東側の国々を指した語。第三世界に対していう。ソ連・東欧諸国など。➡第一世界 ➡第三世界

だいにせだい-けいたいでんわ【第二世代携帯電話】デジタル技術を利用した携帯電話。通信方式として、日本ではPDC方式、ヨーロッパではGSM方式を採用。2G。➡第一世代携帯電話 ➡第三世代携帯電話 ➡第四世代携帯電話

だいに-せっしょく【第二接触】►食既

たい-にち【対日】日本に対すること。日本を相手とすること。「一貿易」

たい-にち【滞日】〘名〙スル 日本に滞在すること。「ロケのため三か月一する」(類語)在日・駐日

だいにち【大日】《「たいにち」とも》「大日如来」の略。

たいにち-かんじょう【対日感情】外国人が日本に対していだいている感情。

だいにち-きょう【大日経】真言三部経の一。7巻。唐の善無畏・一行の共訳。真言密教の根本経典で、大日如来の説法を編したもの。大毘盧遮那成仏神変加持経。毘盧遮那経。

だいにちきょう-しょ【大日経疏】大日経の注釈書。20巻。唐の善無畏講説、一行が筆録。8世紀初めに成立。密教の理論書として重要。東密で用い、台密ではその改訂版「大日経義釈」14巻を用いる。

だいにち-く【大日供】大日如来を供養する法会。

たいにち-こうわじょうやく【対日講和条約】❶►サンフランシスコ講和条約 ❷サンフランシスコ講和条約に調印しなかった国との平和条約。中国国民政府・インド・ビルマなどと個別に結んだ。

たいにち-しょう【対日照】晴れた夜に、黄道上の太陽と正反対の方向にぼんやり見える微光。

だいにち-だけ【大日岳】㊀長野県と新潟県の県境にある白馬連峰の一峰。標高2766メートル。小蓮華山。㊁富山県東部、立山連峰の一峰。標高2498メートル。その東にある奥大日岳は標高2606メートル、西にある前大日岳は標高1779メートル。㊂新潟県北東部、飯豊山地の最高峰。標高2128メートル。㊃岐阜県北西部、白山山地の一峰。標高1709メートル。三国嶺。㊄奈良県南部、大峰山脈の一峰。標高1568メートル。

だいにち-どう【大日堂】大日如来を安置してある堂。

だいにち-にょらい【大日如来】《梵 Mahāvairocanaの訳。音写は摩訶毘盧遮那。光明遍照とも訳す》真言密教の教主。宇宙の実相を仏格化した根本仏。像は宝冠をつけ結髪した菩薩形に表される。曼荼羅では主座を占め、智の面を示す金剛界では智拳印、理の面を示す胎蔵界では法界定印を結ぶ。遍照如来。毘盧遮那。

たいにち-りじかい【対日理事会】太平洋戦争後の日本を管理するための、連合国軍最高司令

官の諮問機関。1945年12月に東京に設置され、米・英・ソ・中の四国代表で構成。52年4月、サンフランシスコ講和条約発効により消滅。

だい-にっぽん【大日本】日本国の美称。古くは「おおやまと」と称したが、平安時代ごろから音読。中世には大日如来の本国とする説があった。だいにほん。

だいにっぽん-ていこく【大日本帝国】明治憲法時代の日本の国号。

だいにっぽんていこく-けんぽう【大日本帝国憲法】明治22年(1889)2月11日、明治天皇によって公布され、翌年11月29日に施行された欽定憲法。天皇主権を原理とする成文憲法で7章76か条からなる。天皇の大権、臣民の権利・義務、帝国議会の組織、輔弼機関、司法、会計などについて規定。伊藤博文を中心に井上毅らが起草した。昭和22年(1947)日本国憲法の施行により廃止。明治憲法。旧憲法。帝国憲法。

だいに-ていせい【第二帝政】ナポレオン3世が帝位に就いた1852年から、普仏戦争の敗北により消滅するまで、約20年間続いたフランスの帝政。

だいに-とうかいじどうしゃどう【第二東海自動車道】東海地方を横断する高速自動車国道の一。計画では東京都世田谷区と愛知県名古屋市を結ぶもので、うち神奈川県海老名市と愛知県豊田市間の路線を新東名高速道路とよぶ。豊田市以西は伊勢湾岸自動車道。

だいに-にんしょう【第二人称】▶二人称

だいに-の-さんみ【大弐三位】平安中期の女流歌人。藤原宣孝の娘で、母は紫式部。名は賢子。大宰大弐高階成章の妻。家集に「大弐三位集」がある。生没年未詳。

だいにのせい【第二の性】《原題、Le Deuxième Sexe》ボーボワールの女性論。2巻。1949年刊。女性を男性主体の社会によって二次的、客体的にされた存在であるととらえ、女性の主体性獲得による解放を実存主義の立場から説く。

だいに-ぶんや【第二分野】保険業法で規定する保険の分類の一つで、火災保険・自動車保険など損害保険業のこと。損害保険固有分野。➡第一分野 ➡第三分野

だいにボスポラス-ばし【第二ボスポラス橋】《2. Boğaziçi Köprüsü》▶ファーティフスルターンメフメット橋

だい-にほん【大日本】▶だいにっぽん(大日本)

だいにほんえんかいじっそくろく【大日本沿海実測録】江戸後期の地理書。13巻14冊。伊能忠敬著。文政4年(1821)以前に成立。「大日本沿海輿地全図」に添えて幕府に提出した各地の記録。輿地実測録。

だいにほんえんかいよちぜんず【大日本沿海輿地全図】江戸後期の日本地図。伊能忠敬作。寛政12年(1800)北海道の実測を開始、その後幕府の命令で全国を測量。忠敬の死後、弟子の高橋景保によって文政4年(1821)完成。明治以降の地図の基本資料となった。伊能図。

だいにほんこきろく【大日本古記録】史料集。東京大学史料編纂所編。昭和27年(1952)以降刊行中。各時代の代表的日記などの古記録を翻刻・校訂し、傍注や頭注を加えたもの。

だいにほんこくごじてん【大日本国語辞典】国語辞書。初版4冊。上田万年・松井簡治編。大正4～8年(1915～19)刊。成句・諺語の類も収め、解釈は詳細でほとんど出典を示している。約22万語所収。

だいにほんこもんじょ【大日本古文書】史料集。東京大学史料編纂所編。明治34年(1901)以降刊行中。編年文書・家わけ文書・幕末外国関係文書の三系統に区分される。編年文書は朱鳥元年(686)から宝亀11年(780)のものを、幕末外国関係文書は嘉永6年(1853)以降の文書を、年代順に配列。家わけ文書は武家や寺社などの所蔵者ごとに編纂している。

だいにほん-さんぎょうほうこくかい【大日本産業報国会】産業報国会の全国連合組織。

だいにほんし【大日本史】江戸時代の歴史書。397巻。徳川光圀の命により、明暦3年(1657)水戸藩が史局を設けて編纂に着手、明治39年(1906)完成。神武天皇から後小松天皇までの歴史を漢文の紀伝体で記述。南朝を正統とし、幕末の勤王思想に大きな影響を与えた。

だいにほんしりょう【大日本史料】史料集。東京大学史料編纂所編。明治34年(1901)以降刊行中。六国史以降明治維新までの史料を編年体にまとめたもの。全体を16の編に分け、平安初期の第1編と鎌倉初期の第4編が完結。

だいにほんじんめいじしょ【大日本人名辞書】人名事典。3冊。田口卯吉編。明治17～19年(1884～86)刊。古代からの日本人名を集録・解説し、出典を明示したもの。

だいにほんちめいじしょ【大日本地名辞書】地名事典。6巻7冊。吉田東伍著。明治33～40年(1900～07)刊。日本各地の地名を、旧国郡の区分により配列し、その由来・史跡・地形などを解説。

だいにほん-ふじんかい【大日本婦人会】昭和17年(1942)愛国婦人会・国防婦人会・大日本連合婦人会を統合して結成された婦人団体。軍人援護・防空訓練など戦争完遂のために20歳以上の婦人を強制加入させた。

だいにほん-ぶとくかい【大日本武徳会】明治28年(1895)平安奠都1100年を記念し、古武道の保存奨励を目的に結成された全国的武術団体。第二次大戦後解散。

だいにほんやし【大日本野史】江戸時代の歴史書。291巻。飯田忠彦著。嘉永5年(1852)完成。「大日本史」に引き続き、後小松天皇から仁孝天皇までの歴史を漢文の紀伝体で記述。本紀21巻・列伝270巻からなる。野史。

だいに-みぶん【第二身分】革命前のフランスで、三部会の第二部を構成した貴族身分。

だい-にゅう【代入】〔名〕スル 代数式の中の文字を、特定の数や他の文字・式などで置き換えること。

だいにゅう-ほう【代入法】連立方程式で、一つの式の一つの未知数を他の未知数で表し、それを他の式に代入して最初の未知数を定め、解いていく方法。

だいに-れっとうせん【第二列島線】中国の海域における軍事的防衛ラインの一つで、伊豆・小笠原諸島からグアム・サイパンを含むマリアナ諸島群などを結ぶ線。中国海軍は1980年代半ばに提唱された「近海積極防衛戦略」などに基づいて軍事力を増強し、それまでの沿岸防衛から近海・外洋へと展開している。この軍事戦略において外洋の範囲を示す目標ラインとされる。➡第一列島線 (補説)中国は2020年の運用を目標に通常型空母建設に着手しているほか、原子力空母建設構想など海軍力の整備・増強を表明しており、同国の軍拡が懸念されている。

だいにレベル-ドメイン【第二レベルドメイン】《second level domain》▶セカンドレベルドメイン

たい-にん【大任】重大な任務。重い責任のある役目。大役。「一を果たす」「一を帯びる」

たい-にん【体認】〔名〕スル 自分のものとして体験的に会得すること。

たい-にん【耐忍】〔名〕スル たえしのぶこと。忍耐。「一してこれを実行すること屢々なり」〈鷗外・舞姫〉

たい-にん【退任】〔名〕スル 任務をやめること。役目をしりぞくこと。「任期途中で一する」(類語)引退・退陣・退職・退役・退官・辞職・辞任・勇退・下野・リタイア

だい-にん【大人】❶おとな。➡中人 ➡小人 ❷仏・菩薩のこと。「一の覚知する所なり」〈正法眼蔵・八大人覚〉(類語)大人

だい-にん【代人】本人に代わって事を行う人。代理人。名代。「一を立てる」

だい-にん【代任】〔名〕スル 本人の代わりに任務を行うこと。また、その人。「大使を一する」

ダイニング〖dining〗❶食事。❷「ダイニングルーム」の略。❸洋風の飲食店。洋食屋。「昔懐かしい下町食堂風の一」

ダイニング-キッチン《和 dining＋kitchen》食堂兼用の台所。DK。(類語)台所・キッチン・厨房・勝手

ダイニング-ルーム〖dining room〗洋風建築で、食事をする部屋。食堂。(類語)食堂

だいねい-じ【大寧寺】山口県長門市にある曹洞宗の寺。山号は、東顱山。応永17年(1410)大内教弘の建立、石室真梁の開山。天文20年(1551)陶晴賢に追われた大内義隆が寺内で自刃。

たい-ねつ【耐熱】高熱に耐え、変質しないこと。「一性」

だい-ねつ【大熱】❶非常に高い体温。高熱。「この半月の一にからだはさながら燃えがらのごとくなって」〈蘆花・思出の記〉❷ひどい暑さ。炎熱。大暑。

たいねつ-ガラス【耐熱ガラス】急熱・急冷に耐えるガラス。広くは軟化点の高いものをいう。石英ガラス・高珪酸ガラスなど。

たいねつ-ごうきん【耐熱合金】高温での耐食性あるいは強度にすぐれた合金。代表的なものは耐熱鋼で、鉄・クロム・ニッケル・コバルトなどが主成分。

たいねつ-とりょう【耐熱塗料】硼砂・ガラス粉末・粘土・石綿など、着火しにくい物質を混入した塗料。耐火ペイント。

だい-ねんぶつ【大念仏】❶大声で阿弥陀仏の名を唱えること。また、その法会。陰暦3月15日に東京隅田川のほとりの木母寺で行われるものが有名。❷釈迦牟尼仏の名を唱えること。また、その法会。陰暦3月6日から15日まで京都嵯峨の清涼寺釈迦堂で行われるものが有名。❸「大念仏宗」または「大念仏寺」の略称。

だいねんぶつ-じ【大念仏寺】大阪市平野区にある融通念仏宗の総本山。山号は大源山、院号は諸仏護念院。開創は大治2年(1127)、開山は良忍。兵火によって一時期衰退したが、鎌倉末期に法明が中興。

だいねんぶつ-しゅう【大念仏宗】融通念仏宗の別称。

たい-ねんれい【体年齢】《「からだねんれい」とも》体重・体脂肪率・内臓脂肪レベルなどから算出した基礎代謝量を基準値と比較して出した数値。体組成と年齢との関係を知る目安になる。(補説)一般に基礎代謝量は18歳を最高として加齢とともに低下する。数値が実年齢相当より低ければ体組成が若いということになる。

だい-の【大の】〔連体〕❶大きな。りっぱな。一人前の。「一おとなが涙を流す」❷非常な。たいへんな。「一仲よし」

たい-のう【滞納｜怠納】〔名〕スル 納付する義務のある者が、定められた期間内に金銭や物品を納めないこと。「会費を一する」(類語)未納

だい-のう【大脳】脳の主要部分。左右の大脳半球とそれを結ぶ脳梁があり、半球の表面には多数のしわやひだがある。表層は大脳皮質で覆われ、神経線維が多く通っている内部は白質(大脳髄質)と呼ばれる。

だい-のう【大農】❶広い農地を所有する農家。大百姓。豪農。⇔小農。❷多くの資本と機械力とをもってする大規模な農業。

だい-のう【代納】〔名〕スル ❶本人に代わって金品を納めること。❷本来納めるべきものの代わりに、別のものを納めること。「地代を農作物で一する」(類語)金納・物納

だい-のうかい【大納会】取引所で、一年の最後の立ち会い。通常12月28日。⇔大発会。

だいのう-きていかく【大脳基底核】大脳皮質と視床・脳幹を結びつけている神経核の集まり。線条体・淡蒼球・黒質・視床下核からなる。運動調節・認知機能・感情・動機づけや学習などさまざまな機能を担う。

たいのう-しょぶん【滞納処分】租税が滞納されたときに、国家または地方公共団体が滞納者の財産を差し押さえ、公売に付してその売上金から徴収する行政処分。

だいのう-はんきゅう【大脳半球】脳の最大の部分。左右の半球が対をなし、各半球は溝または裂によって前頭葉・頭頂葉・後頭葉・側頭葉・島に分けられる。内部に脳室がある。➡右脳 ➡左脳

だいのう-ひしつ【大脳皮質】大脳半球の表層を覆う灰白色の部分。人間では大部分が新皮質で、神経細胞が数層に並び、感覚・運動および精神活動の中枢があり、旧皮質・古皮質の部分では本能的行動をつかさどる。灰白質。

だいのうひしつ-きていかく-へんせいしょう【大脳皮質基底核変性症】パーキンソン症状(筋肉の固縮・動作緩慢・歩行障害など)と大脳皮質症状(失行・失語など)が同時に起こる病気。中年期以降に発症し、緩やかに進行する。一方の腕が思うように動かせない、動きが遅くなるなどの症状に続いて、同じ側の脚、反対側の腕・脚にも運動障害が起こる。前頭葉・頭頂葉に萎縮が見られるが発症の機序は不明。パーキンソン病関連疾患として厚生労働省の特定疾患(難病)に指定されている。

だいのう-へんえんけい【大脳辺縁系】大脳半球の内側面にある古皮質・旧皮質の総称。脳梁・海馬などが属し、本能や情動の中枢で、新皮質の縁にある。

たい-の-うら【鯛ノ浦】千葉県南部、鴨川市の海岸。タイ生息地で、特別天然記念物に指定。日蓮の誕生に際し大鯛が飛び上がったという伝説の地。妙ノ浦。

たい-の-え【×鯛の餌】ウオノエ科の甲殻類のうち、タイの口の中に寄生するものの総称。体長2〜4センチで、淡黄色ないし乳白色。

だいの-おとこ【大の男】一人前の男。成人した男。「一のすることではない」

だい-の-じ【大の字】「大」という字。また、その形に似たもの。特に、両手両足を広げて寝た形。「芝生に一になる」

だい-の-つき【大の月】1か月の日数が陽暦で31日、陰暦で30日の月。⇔小の月。

たいのむこ-げんぱち【×鯛の婿源八】マツカサウオの別名。

だい-の-もの【台の物】❶大きな台の上にのせた料理または進物。❷遊郭などで、台屋から取り寄せる料理。大きな台の上に料理を盛りつけ、松竹梅などに形づくったもの。

たい-の-や【対の屋】寝殿造りで、主人の起居する寝殿に対して東・西や北につくった別棟の建物。妻や子女が住み、透き渡殿や渡殿で寝殿と結ばれる。

たいのや-づくり【対の屋造(り)】屋根の形式の一。切妻造りで、庇を設けたもの。

たい-は【大破】〔名〕スル ❶物がひどくこわれること。また、ひどくこわすこと。「事故で車体が一する」➡中破 ➡小破 ❷相手をひどく打ち負かすこと。「エースを欠いた相手チームを一する」(類語)倒壊・全壊・丸潰れ

だい-ば【台場】㊀江戸末期、海防の目的で要害の地につくった砲台。➡品川台場 ㊁東京都港区の地名。東京港埋立13号地の北部を占め、臨海副都心を形成する。東京港の浚渫土砂でできた13号地を、1982年に港・江東・品川の3区で分割。一般に、分割された江東区青海・品川区東八潮も含め、13号地全域を「お台場」と呼ぶことが多い。

だいば【提婆】㊀《梵 Āryadevaの音写》3世紀のインドの仏教哲学者。中観哲学派の祖。ナーガールジュナ(竜樹)の弟子となり、空の理法を説いた。著「百論」「百字論」など。聖天。㊁「提婆達多」の略。転じて、悪逆な人。また、人をののしっていう語。「やい、業さらしめ、一め」〈浄・油地獄〉

ダイバー〔diver〕❶潜水をする人。また、潜水夫。潜水士。❷水泳の飛び込みをする人。また、その競技の選手。❸スカイダイビングをする人。スカイダイバー。

ダイバーシティー〔diversity〕《「ダイバシティー」とも》❶多様性。相違点。❷企業で、人種・国籍・性・年齢を問わずに人材を活用すること。こうすることで、ビジネス環境の変化に柔軟、迅速に対応できると考えられている。❸携帯電話などで、複数のアンテナで電波を受信し、受信状況の良い方を使う技術。

ダイバージョン〔diversion〕❶転換。(資金の)流用。❷航空機が、目的飛行場の天候不良などで、他の飛行場に着陸すること。

ダイバーズ-ウオッチ〔diver's watch〕潜水者用の時計。100メートル以上潜っても防水がきき、暗い水中でも夜光塗料などにより文字盤が読める。

ダイバーター〔diverter〕プラズマが核融合炉壁に触れないようにするための補助磁石。

ダイ-ハード〔die-hard〕最後まで頑張ること。また、頑強に抵抗する人。

ダイバート〔divert〕〔名〕スル《方向転換の意》天候などの都合で航空機が目的地に着陸できず、代替空港に着陸すること。

たい-はい【大杯｜大×盃】大きなさかずき。大白。

たい-はい【大×旆】❶日月と昇竜・降竜とを描いた大きな旗。昔、中国で、天子または将軍が用いた。❷堂々たる旗印。「自由平等の一を掲げる」

たい-はい【大敗】〔名〕スル ❶ひどく負けること。スポーツなどで大差で敗れること。おおまけ。「味方のミスが続いて一する」「宿敵に一を喫する」❷「大敗日」の略。(類語)惨敗・完敗・全敗・負ける・敗れる・参る・敗北・敗退・惜敗・やられる・土がつく・一敗地にまみれる・屈する・伏する・屈服する・膝を屈する

たい-はい【退廃｜×頽廃】〔名〕スル ❶衰えてすたれること。くずれ荒れること。廃頽。「旧家が一する」❷道徳的な気風がすたれて健全な精神を失うこと。「一した社会」

たい-はい【帯×佩｜体配｜体拝】❶太刀を身に帯びること。また、その姿。「容儀一絵にかくとも筆に及びがたし」〈平家・五〉❷芸能や武術の、身の構えや作法。「一、身遣ひと申すもこれなり」〈花伝・三〉

だい-はい【代拝】〔名〕スル 本人に代わって参拝すること。また、その人。

たいはい-てき【退廃的】〔形動〕道徳的にくずれて不健全なさま。デカダン。「一な時代の風潮」

たいはい-にち【大敗日】暦注の一。大凶日として、合戦などを嫌うという日。

たいはい-は【退廃派】▶デカダンス

だい-ばかり【台×秤】比較的大型の物の重さを量るはかり。量ろうとする物を台の上にのせ、その重量を、てこやばねによって目盛りのある棹や盤に伝えるようにしたもの。かんかんばかり。

たい-はく【大白】「大杯」に同じ。「一を挙げて…祝せざるを得ず」〈小林雄七郎・薩長土肥〉

たい-はく【太白】❶「太白星」の略。❷絹糸の太く白いもの。❸精製した純白の砂糖。たいはくさとう。❹サツマイモの一品種。たいはくいも。❺「太白飴」の略。

たいはく【太白】仙台市南部の区名。新興住宅地。

たい-はく【戴白】頭に白髪をいただくこと。頭髪が白いこと。また、その人。老人。

たいはく-あめ【太白×飴】精製した純白の砂糖を練り固めて作った飴。

たいはく-く【太白区】▶太白

たいばく-ざい【耐爆剤】▶アンチノック剤

たいはく-さんみゃく【太白山脈】▶テベクさんみゃく(太白山脈)

たいはく-じん【太白神】陰陽道で、方角神の名。金星の精で、大将の姿をし、兵事や凶事をつかさどる。日ごとに遊行の方角を変え、その方角に向かって外出などを忌む。一日回り。

たいはく-せい【太白星】金星の異称。

だい-ばこ【台箱】江戸時代、市中を回る髪結いが、結髪の道具を入れて持ち歩いた箱。

だい-はじめ【代始め】帝位・将軍職・家督などを継いだ始めの年。「我朝改元の例は一または革命、革令…等の事によれり」〈折たく柴の記・下〉

だいばだった【提婆達多】《梵 Devadattaの音写》釈迦の従兄。釈迦の弟子となったが、のちに背き、阿闍世王をそそのかして師を殺害しようとして失敗。天授。

だいばだった-ぼん【提婆達多品】法華経の第十二品。提婆達多と竜女の成仏を通して、悪人などの成仏を説く。

だい-はち【大八｜代八】「大八車」の略。

だいはち-ぐるま【大八車】荷物運搬用の二輪車で、二、三人でひく大型のもの。八人の代わりをする車の意からとも、大津八町の約で、その地に昔からあったからともいう。

だいはち-げいじゅつ【第八芸術】文芸・音楽・絵画・演劇・建築・彫刻・舞踊に次いで、8番目に現れた芸術。映画、特に無声映画のこと。

だいはちよう-の-くるま【大八葉の車】牛車の八葉の車の一。車の箱にかいた八葉の文様が大きく、高位の者が用いたもの。おおはちようの車。

たい-ばつ【体罰】肉体に直接苦痛を与える罰。

たい-はつ【大発】大型の発動機艇。

だい-ばつ【題×跋】❶題辞と跋文。❷巻物や書物の末尾につける文章。跋文。

だい-はっかい【大発会】取引所で、1年の最初の立ち会い。通常1月4日。⇔大納会。

タイバック〔tieback〕カーテン用のリボンで、窓や扉の片側にカーテンを寄せるときの止め飾り。

だいはつねはんぎょう【大般涅槃経】㊀小乗経典。3巻。法顕訳。釈迦の入滅前後のことを記したもの。㊁大乗教典。原典は失われ、北涼の曇無讖訳の40巻本(北本)と、これを慧厳らが修正した36巻本(南本)とがある。釈迦の入滅前に説いた教説、一切衆生にはすべて仏性が備わり、その仏性をもつものは成仏できると説く。涅槃経。

たい-はん【大半】全体の半数を超えていること。半分以上。過半。大部分。副詞的にも用いる。「出席者の一は初心者だ」「構想は一でき上がっている」(類語)多く・一般・大抵・たくさん

たい-はん【大藩】❶領地の広い藩。禄高の多い藩。❷明治元年(1868)禄高で諸藩を大・中・小の三等に分けたもののうちの、40万石以上の藩。同3年には15万石以上に改正。

たい-はん【退帆】〔名〕スル 船が帆をかけて帰って行くこと。「渡来の亜船昨十二日一いたするに付」〈条野有人・近世紀聞〉

たい-ばん【胎盤】子宮内にあって、胎児と臍帯によってつながり、母体との物質交換を仲介する海綿状・盤状の器官。胎児の娩出のあと脱落する。

だい-ばん【大盤】《「たいばん」とも》食物や水などを入れるための大きな器。

だい-ばん【台盤】《「だいはん」とも》公家の調度の一。食器や食物をのせる台。4脚・横長の机状で、朱または黒の漆塗り。上面は縁が高く、中が低い。

たいばんエキス-ちゅうしゃ【胎盤エキス注射】▶プラセンタ注射

だい-はんじ【大判事】❶律令制で、刑部省や大宰府の上級の判事。中判事の上。❷明治2年(1869)の制度で、最上級の判事。

だい-ばんじゃく【大盤石｜大×磐石】❶大きな岩。❷物事の基礎がしっかり据わって、揺るぎのないこと。「一の備え」

だいばん-どころ【台盤所】❶台盤を置く所。宮中では、清涼殿の一室で女房の詰め所。貴族の家では、食物を調理する台所。❷大臣・大将など貴人の妻の称。奥方。御台所。

だい-はんにゃ【大般若】㊀㊀「大般若経」の略。㊁狂言。和泉流。信者の家で、神楽をあげにきた神子と祈祷をしにきた僧が鉢合わせをし、僧の経は神楽の調子に引き込まれてしまう。㊁「大般若経会」の略。

だいはんにゃ-きょう【大般若経】大乗経典。600巻。唐の玄奘訳。「仁王経」「般若心経」以外の般若部諸経を集大成したもので、16部からなる。般若波羅蜜の義、諸法皆空の理を説いたもの。大般若波羅蜜多経。

だいはんにゃきょう-え【大般▽若経会】大般若経を転読する法会。国家鎮護のため東大寺・

大安寺・薬師寺などで行われた。
たい-ひ【対比】〔名〕スル ❶二つのものを並べ合わせて、違いやそれぞれの特性を比べること。「両者を―する」❷二つの性質あるいは量の違ったものを並べると、その違いが著しくなる現象。コントラスト。「明暗の―」❸離れた地域にある地層が、互いに同時代のものかどうかを決めること。鍵層や示準化石を用いて行う。➡対照〔用法〕
〔類語〕対照・照合・照らし合わせる・比べる
たい-ひ【待避】〔名〕スル ❶安全な場所などによけて、危険の過ぎるのを待つこと。「台風の通過を湾内で―する」❷列車が通過するのを、他の列車が別の線路に入って待つこと。
たい-ひ【退避】〔名〕スル その場所を退いて危険を避けること。避難。「津波の前に高台まで―する」
〔類語〕退散・退去・退却・避難
たい-ひ【堆肥】わら・落葉などを積み重ね、腐らせて作った肥料。つみごえ。
たい-ひ【貸費】〔名〕スル 学資などの費用を貸し付けること。また、その金。「―生」
たい-び【大尾】最後。終局。終わり。〔類語〕最後
たい-び【×黛眉】まゆずみでかいた眉。
だい-ひ【大悲】㊀仏語。衆生の苦しみを救う仏・菩薩の大きな慈悲。「大慈―」㊁「大悲菩薩」「大悲観音」の略。
だいひ-かく【大悲閣】㊀観世音菩薩像を安置した仏堂。観音堂。㊁京都市西京区嵐山山腹にある黄檗宗の寺、千光寺の山号。角倉了以の建立で、源信の作と伝えられる千手観音を本尊とする。
だいひ-かんのん【大悲観音】㊀観世音菩薩の総称。㊁六観音の一、千手観音の異称。
だい-びき【代引き】《「だいひき」とも》❶「代金引換」の略。❷「代金引換サービス」「代金引換郵便」などの略。
だい-ひきもの【台引き物】客への土産として、膳部に添えて出す肴・菓子の類。「ありがた加田海布の―」〈浄・宵庚申〉
だいびき-ゆうびん【代引郵便】代金引換❷の取り扱いをする郵便、また、その郵便物の略称。
たいひ-ごう【待避×壕】敵の砲弾などを避けるために掘った穴。
だいひ-さ【大悲▽者】➡だいひしゃ(大悲者)
たいひ-さん【×玳皮×盞・×玳×玻×盞】《「玳皮」は玳瑁の甲羅(鼈甲)の意》中国江西省吉州窯で宋代から元代にかけて作られた天目茶碗。釉の調子が鼈甲に似ることに由来する、日本での呼称。鼈盞。吉州天目。
だいひ-しゃ【大悲者】仏語。大慈悲者の意で、諸仏や諸菩薩、特に観世音菩薩をいう。だいひさ。
だいひ-じゅ【大悲呪】千手観音の功徳を説く82句の陀羅尼。「千手観音大悲陀羅尼経」に記される。
たいひ-じょ【待避所】❶待避する所。非常の際に避難する場所。❷橋の上やトンネルの中などで、保線や工事の関係者などが列車の通過を待つために設けられた場所。
タイピスト〖typist〗タイプライターを打って、文書を印字するのを職業とする人。
たいひ-せん【待避線】単線の鉄道などで、他の列車が通過するのを待つために設けられた線路。
だいひ-たもんてん【大悲多聞天】大慈悲を示す多聞天。毘沙門天。
たい-ひつ【大筆】❶大きな筆。❷筆跡・詩文などのすぐれたもの。また、それらを書く能力。「紫女の―をもてするというとも」〈逍遥・小説神髄〉
だい-ひつ【大×弼】❶律令制で、弾正台の次官。少弼の上に置かれた。❷孝謙天皇の時の紫微中台、およびそれを天平宝字2年(758)に改称した坤宮官の次官。
だい-ひつ【代筆】〔名〕スル 本人に代わって書くこと。代書。「母の手紙を―する」〔類語〕代書・他筆・代署
だい-ピット【大ピット】➡ピット㊁
たいひつ-とくしょ【大筆特書】〔名〕スル 強調して書くこと。特筆大書。「社史の中で―されるべき事柄」
たいひ-てき【対比的】〔形動〕二つのものを比べることでその違いがはっきりするさま。「兄弟の性格を―に表現する」
だいひのせんろっぽん【大悲千禄本】黄表紙。1冊。芝全交作、北尾政演(山東京伝)画。天明5年(1785)刊。不景気のため、千手観音が千本の手を損料貸しするという物語。
だいひ-の-ゆみ【大悲の弓】仏・菩薩が慈悲の心で衆生の煩悩の悪魔を降伏させるのを、弓にたとえていう語。「―には智恵の矢をはめて」〈謡・田村〉
だいびばしゃろん【大毘婆沙論】小乗論書。唐の玄奘訳。200巻。「発智論」の注釈書で、小乗の教理の集大成ともいうべき書。阿毘達磨大毘婆沙論。婆沙論。婆沙。
だいひ-ぼさつ【大悲×菩×薩】㊀衆生の苦しみを救う菩薩。また特に、観世音菩薩の異称。㊁鎌倉時代の律宗の高僧、覚盛の諡号。
だい-びゃく【大百】❶歌舞伎の鬘の一種で、大百日鬘のこと。❷《❶が大盗賊や妖術者などの役に用いられたところから》大悪党。「そんな大それた真似の出来る―じゃあない」〈万太郎・春泥〉
だい-びゃくえ【大白▽衣】㊀「大白衣法」の略。㊁《「大白衣観音」の略》三十三観音の一、白衣観音のこと。
だいびゃくえ-ほう【大白▽衣法】大白衣観音を本尊とする密教の修法。円仁が唐より伝え、台密の秘法として相伝された。東密では白衣観音法にあたる。
だいびゃく-ごしゃ【大白▽牛車】大白牛の引く車。「法華経」譬喩品に説く三車または四車の一。仏乗または菩薩乗にたとえる。だいびゃくぎっしゃ。
たい-ひょう【体表】からだの表面。
たい-びょう【大病】重い病気。重病。大患。
〔類語〕重病・重症・重患・大患
大病に薬なし 物事が極度に達したときには、手の施しようがないという意のたとえ。
たい-びょう【大×廟】㊀天子・諸侯の始祖を祭るみたまや。宗廟。㊁伊勢神宮の異称。
だい-ひょう【大兵】〔名・形動〕《「たいひょう」とも》❶からだが大きいこと。また、そのさまや、そのような人。「肥胖した―な男で」〈魯庵・社会百面相〉⇔小兵。❷弓を引く力が強いこと。また、その人。精兵。〈日葡〉〔類語〕大柄・大形・大ぶり
だい-ひょう【代表】〔名〕スル ❶その中の一部であるものが全体をよく表していること。また、そのもの。「日本を―する風景」「若者を―する意見」❷法人・団体や多数の人に代わって、その意思を他に表示すること。また、その人。「卒業生を―して答辞を述べる」「世界会議の日本―」❸その技術や能力が特にすぐれているということで、ある集団の中から選ばれた人。「―選手」〔類語〕代わり
だいひょう-けん【代表権】代表として対外的に物事を行う権限。特に、法人を代表する権限。
だいひょう-さく【代表作】ある時代・流派やある作者の、特徴を最もよく示している作品、またはその中で最もすぐれた作品。「自然主義文学の―」「ピカソの―」
だい-びょうし【大拍子】❶里神楽などに用いる打楽器の一種で、締め太鼓の胴の長いもの。細桴で一方の皮を打つ。❷歌舞伎の下座音楽で、❶のほか、大太鼓と篠笛あるいは能管が入る鳴り物。神社の場面などに用いる。
だいひょう-しっこうやく【代表執行役】委員会設置会社において、執行役の中から取締役会が選任する役職。企業の業務執行に責任をもち、対外的には通常の株式会社の代表取締役と同様に会社を代表する。
だいひょう-しつもん【代表質問】国会で、首相・閣僚による演説の後、各党・会派の代表による質問。地方議会でも行われる。
だいひょう-しゃいん【代表社員】合名会社・合資会社において、会社を代表する権限をもつ社員。
たいびょう-せい【耐病性】農作物の、病害に対する抵抗性。
たいひょう-せん【耐氷船】北極海、南極海の氷海で海氷の圧力、衝撃に耐えて航行できる強固な船体と強力な機関を持つ船。砕氷船のように氷で覆われた水域を、氷を砕きながら航行することはできない。規格については船級協会によって異なる。
だいひょう-そしょう【代表訴訟】会社が取締役などに対する責任を追及する訴えを提起しない場合に、株主が、みずから原告となって会社のために提起する訴訟。代位訴訟。株主代表訴訟。
だいひょう-ち【代表値】統計で、調査した集団の特徴を示す値。平均値・中央値・並数(モード)など。
だいひょう-てき【代表的】〔形動〕全体を代表するのに適しているさま。「―な意見」「―作家」
だい-ひょうでん【大票田】選挙で、人口が集中する都市部など、多数の得票を見込むことのできる地域。
だいひょう-とりしまりやく【代表取締役】株式会社の取締役会の決議によって選任され、業務を執行し、かつ会社を代表する権限をもつ取締役。
だいひょう-ばんごう【代表番号】会社などで、2回線以上電話を架設している場合、それらの代表として定めておく一つの電話番号。
だいひょう-みんしゅせい【代表民主制】➡間接民主制
タイピン〖tiepin〗「ネクタイピン」に同じ。
だい-ひん【代品】代わりの品物。代物。
タイピング〖typing〗〔名〕スル タイプライターや、ワープロ・パソコンなどのキーを打つこと。また、その技術。
ダイビング〖diving〗〔名〕スル ❶水中に頭から飛び込むこと。また、水泳の飛び込み競技。❷飛び込むように宙に身を躍らせること。「―して受け止める」「スカイ―」❸水中に潜ること。潜水。「スキン―」❹飛行機の急降下。
ダイビング-キャッチ〖diving catch〗〔名〕スル 野球で、頭のほうから身を躍らせて打球を捕ること。「ライン際の飛球を―する」
ダイビング-ヘッド《和 diving＋head》サッカーのヘッディングプレーの一つで、低く飛んできたボールに対して、頭から突っ込んではじくこと。
たい-ふ【大夫】❶中国、周代の職名。卿の下、士の上。❷律令制で、一位以下五位までの者の称。また特に、五位の通称。❸伊勢神宮の神職。五位の位をもつ権禰宜。❹江戸時代、大名の家老を敬っていう語。❺松の別名。➡大夫
たい-ふ【大父】祖父。おおじ。
たい-ふ【大府】❶古代中国の官名。周の六官の一。財政をつかさどった。❷大蔵省の唐名。
たい-ふ【大×輔・大▽副】律令制で、八省および神祇官の次官のうち、少輔・少副の上に位する者。
たい-ふ【太×傅】❶中国、周代の三公の一。天子の師傅となる官。❷左大臣の唐名。また、太政大臣の唐名。
たい-ふ【貸付】〔名〕スル 金銭・土地・建物などを貸し付けること。「資金を―する」
たい-ぶ【大部】《「だいぶ」とも》❶一つの書物などの冊数や巻数の多いこと。また、そのページ数・紙数の多いこと。大冊。「―の著作」「―の書類」❷大部分。ほとんど全部。「火災により古記録の―を失う」
たい-ぶ【退部】〔名〕スル 部と名のつく団体からぬけること。部活動をやめること。「―届」「合唱部を―する」⇔入部。
タイプ〖type〗〔名〕スル ❶型。型式。「古い―の機械」❷人間を何らかの基準で分類して、その共通する特性をとりだした型。「理想の―の人」「芸術家―」❸「タイプライター」の略。❹タイプライターを打ち印字すること。「書類を―する」〔類語〕型・パターン・式・類型・型式・型式・様式・モデル
だい-ふ【×乃父】《「乃」は汝の意》❶父が、子に対して自分をいう語。❷他人の父。また一般に、父。
〔類語〕父・父親・男親・てて・てて親・お父さん・お父さ

ま・おやじ・ちゃん・父じゃ人・阿父あふ・慈父・パパ

だい-ふ【内府】▶ないふ(内府)

だい-ぶ【大分】㊀〘名・形動〙数量や程度がかなり多かったり進んでいたりすること。また、そのさま。相当。だいぶん。「彼が去って―になる」「おそらく北向の―の沖を越えて」〈緑雨・おぼろ夜〉㊁〘副〙思ったよりも数が多かったり、程度がはなはだしかったりするさま。相当。ずいぶん。だいぶん。「本を―買った」「今日は―寒い」➡可成なり(用法)
(類語)随分・余程・大分だいぶん・余っ程・ずっと・かなり・相当・なかなか・大層・頗すこぶる・いやに・やけに・えらく

だい-ぶ【大夫】律令制で、職しきおよび坊の長官。「右京―」「東宮―」

ダイブ〖dive〗〘名〙スル ❶水中に飛び込むこと。また、水中にもぐること。❷宙に身を躍らせること。❸飛行機が急降下すること。

タイプ-いんさつ【タイプ印刷】タイプライターで原紙に印字し、謄写機にかけて印刷する方法。また、その印刷物。

たい-ふう【大風】強い風。おおかぜ。

たい-ふう【台風｜×颱風】北太平洋西部の熱帯海上、北緯5～20度付近で発生し、最大風速が毎秒17.2メートル以上の熱帯低気圧。8月、9月に多い。(季 秋)「―の心支ふべき灯を点ず/楸邨」
(類語)低気圧・野分き

たいふう-いいんかい【台風委員会】タイフウイインクワイ 北西太平洋または南シナ海で発生する台風の観測と災害防止のための国際組織。1968年アジア太平洋経済社会委員会とWMO(世界気象機関)によって設立。日本ほか12か国および2地域が参加。事務局はフィリピンのマニラ、情報交換の中心「太平洋台風センター」は日本の気象庁におかれている。2000年以降、台風の国際名は参加各国語により命名。

だいふう-し【大風子】イイギリ科の落葉高木。葉は細長く、互生する。東南アジアの原産。種子から大風子油をとる。

だいふうし-ゆ【大風子油】ダイフウシの種子から得る油。黄色または黄褐色で、特異なにおいを放つ。かつてはハンセン病の治療に用いられた。

たいふうせいのう-わりびき【耐風性能割引】損害保険の契約に際し、国土交通大臣が定める耐風性に関する基準に合致する建物の場合に適用される保険料の割引。

たいふう-の-め【台風の目】❶台風の中心の、風が弱く、雲が切れた区域。台風眼たいふうがん。(季 秋)「梯子はしごあり―の青空へ/三鬼」❷激しく動いている物事の中心にあり、それを引き起こす原因となっている人や物。

タイフーン〖typhoon〗台風。

だい-ぶきん【台布巾】食卓などを拭うための専用のふきん。

たい-ふく【大幅】大きな掛け物・掛け軸。

たい-ふく【大腹｜太腹】〘名・形動〙❶おおきなはら。ふといはら。❷度量の大きいこと。また、そのさま。「―な先生の事だから」〈真山・家鴨飼〉

たい-ふく【体×輻】相称面によって分けられる、生物体の部分。相互に対応する。左右相称の動物では左半部と右半部の2個、八放サンゴ類では8個ある。

だい-ふく【大福】❶大きな福運。非常に富んで運のよいこと。「―者じゃ」❷「大福餅だいふくもち」の略。

だい-ぶく【大服｜大福】《「たいふく」とも》「おおぶく」に同じ。

だいぶく-ちゃ【大服茶】《「だいふくちゃ」とも》「おおぶくちゃ」に同じ。

だい-ふくちゅう【大腹中】度量の大きいこと。ふとっぱら。「これには―の大殿様も聊いささか御機嫌を損じたと見えまして」〈芥川・地獄変〉

だいふく-ちょう【大福帳】ダイフクチャウ《「大帳」に福運を願って「福」を加えたもの》商家で、売買勘定の元帳。得意先ごとに口座を設け、取引状況を明らかにした。

だいふく-ちょうじゃ【大福長者】ダイフクチャウジャ 非常に富裕な人。大金持ち。「この邦綱卿は―にておはすれば」〈平家・五〉

だいふく-もち【大福餅】あんを餅の皮で包んだ和菓子。

だい-ふけい【大不敬】❶皇室に対する不敬。❷律の八虐の一。格式の高い神社や天皇に対する犯罪。特にきびしい罰が下された。

だいふ-せん【大府宣】大宰府だざいふの帥そちまたは大弐だいにが、管下の役人に下した公文書。大宰府庁宣。

だい-ぶたい【大舞台】▶おおぶたい❸

たい-ぶつ【対物】物・物体または物件に対すること。「―保険」⇔対人。

だい-ぶつ【大仏】丈六(高さ1丈6尺、すなわち約4.8メートル)以上の大きな仏像。奈良東大寺の盧舎那仏るしゃなぶつ、鎌倉高徳院の阿弥陀如来などが有名。

だい-ぶつ【代物】代わりの品物。代品。

だいぶつ-かいげん【大仏開眼】大仏が完成したときに目を入れて入魂する供養の法会。入眼式。大仏開眼供養。

たいぶつ-きょう【対物鏡】タイブツキャウ 対物レンズ。

たいぶつさがくしゅうりひようたんぽ-とくやく【対物差額修理費用担保特約】タイブツサガクシウリヒヨウタンポ 自動車保険における特約の一。対物賠償事故で相手自動車の修理代がその車の時価を超える場合、修理代と時価額の差額を過失割合に応じて補償する。対物超過修理費特約。

だい-ぶっし【大仏師】❶仏師の敬称。❷奈良時代、官寺の造仏所で造仏に携わった仏師の長。❸平安時代中期以降、有力寺院に所属し、多数の仏師を従えて大規模な仏像製作にあたった責任者。

だいぶつ-しょうほう【大仏商法】ダイブツシャウハフ 奈良の大仏に参詣する客が立ち寄るのを待つだけで、進んで客を集める努力をしない奈良商人の消極性をいう語。(補説)古くは、大仏に参詣する客を捉えて逃さない奈良商人の商売上手を言ったともいう。

たいぶつ-しんよう【対物信用】抵当権・質権など、担保として提供される物に基づく信用。⇔対人信用。

たいふつ-だいどうめい【対仏大同盟】フランス革命の波及とナポレオンの大陸支配に対抗するため、イギリスを中心とするヨーロッパ諸国が結んだ同盟。1793年から1815年にかけて7回にわたって結成された。

たいぶつ-たんぽ【対物担保】▶物的担保

たいぶつちょうかしゅうりひ-とくやく【対物超過修理費特約】タイブツテウクワシウリヒ ▶対物差額修理費用担保特約

だいぶつ-でん【大仏殿】大仏を安置した殿堂。奈良東大寺や京都方広寺のものが有名。

たいぶつばいしょう-ほけん【対物賠償保険】タイブツバイシヤウ 自動車事故により、相手の自動車や家屋・電柱・ガードレールなど、他人の財物に破損・汚損・滅失などの損害を与え、損害賠償責任を負うことになったとき、保険金が支払われる自動車保険。対象は他人の財物なので、自身や家族の所有物については補償されない。

たいぶつ-プリズム【対物プリズム】望遠鏡の対物レンズの前に装着する大型のプリズム。一度に多数の天体のスペクトルを調べる分光観測に用いられる。

だいぶつ-べんさい【代物弁済】債務者が債権者の承諾を得て、本来負担していた給付に代えて他の給付で債務を消滅させること。

だいぶつ-もち【大仏餅】大仏の形を焼き印で押した餅菓子。江戸時代、京都の誓願寺門前や方広寺大仏殿前の餅屋で売り出したのが始め。奈良名物のものは東大寺にまつわり、鎌倉時代から伝わる。

だいぶつ-よう【大仏様】ーヤウ 鎌倉初期の建築様式。僧重源ちょうげんが東大寺再建にあたり中国宋の様式を取り入れたもの。柱に指肘木さしひじき、天井に化粧屋根、用木には彩色を施すのが特徴。東大寺南大門や浄土寺浄土堂などがその代表。天竺様てんじくよう。

たいぶつりんじひようたんぽ-とくやく【対物臨時費用担保特約】自動車保険における特約の一。対物事故を起こした際、被害者に対する謝罪のために要した菓子折り代・花代や交通費などの費用を補償する。

たいぶつ-レンズ【対物レンズ】望遠鏡や顕微鏡などで、対象物に近い側のレンズ。対物鏡。➡接眼レンズ

たいぶ-てい【太武帝】[408～452]中国、北魏第3代の皇帝。在位423～452。宰相の崔浩さいこうの補佐を得て、南朝と修交に努め、華北統一を完成。

たいふ-の-ほうがん【大夫の×判官】ーハウグワン 検非違使庁けびいしちょうの尉じょう(六位相当)で五位に任ぜられた者。大夫の尉。五位の尉。

タイプ-ひょうほん【タイプ標本】ーヘウホン 採集された生物が新種であるか、既存種であるかを定める基準となる標本。基準標本。

タイプフェース〖typeface〗活字の書体。

だい-ぶぶん【大部分】ほとんどの部分。副詞的にも用いる。大半。おおかた。「出席者の―が賛成する」「仕事は―終わった」(類語)殆ほとんど・大方・大抵

タイプライター〖typewriter〗指で鍵盤けんばんをたたいて、文字や記号を紙面に印字する機械。欧文のものは米国のC＝L＝ショールズが試作しレミントン父子社が1873年に実用機を販売。仮名文字のものは明治31年(1898)黒沢貞次郎が創案。和文のものは杉本京太が大正5年(1916)に発売。印字機。

だい-ブリテン【大ブリテン】▶グレートブリテン

だい-プリニウス【大プリニウス】▶プリニウス㊀

タイブレーカー〖tiebreaker〗ソフトボールで7回を終わって同点の場合に、決着を早くつけるために行うゲーム方法。前イニングの最終打者を2塁走者として、無死2塁からプレーを開始する。旧称タイブレーク。(補説)テニスや野球では、同様のゲーム方式をタイブレークという。

タイ-ブレーク〖tie break〗❶テニスで、ゲームカウントが一般的に6対6になったときに、決着を早くつけるために行うゲーム方法。2ポイント以上の差をつけて7ポイントを先取したほうをそのセットの勝者とするもの。❷ソフトボールで、タイブレーカーの旧称。(補説)野球でも一部の国際大会ではタイブレークが適用されている。ワールドベースボールクラシックでは第2回大会から適用。延長13回以降は無死1・2塁からプレーを開始する。

たい-ぶん【台聞】身分の高い人が聞くこと。台聴。

だい-ぶん【大分】㊀〘名・形動〙「だいぶ(大分)㊀」に同じ。「それにしても―の無沙汰をした」〈鏡花・日本橋〉「―な御親類だと友へ言ひ」〈川柳評万句合〉㊁〘副〙「だいぶ(大分)㊁」に同じ。「水かさが―ふえた」「このあいだより―涼しい」

だいぶんこう-ぶんか【大×汶口文化】ーブンクワ 中国黄河下流域に栄えた新石器時代の文化。竜山文化に先行して興り、約2000年続いた。土器に彩陶・黒陶を含む。ターウェンコー文化。

たい-ぶんすう【帯分数】整数部分と分数部分とでできている数。

たい-へい【大兵】たくさんの兵士。大軍。

たい-へい【大柄】大きな権力。大きな権柄けんぺい。

たい-へい【大×瓶】大きなかめ。大がめ。

たい-へい【大弊】はなはだしい弊害。

たい-へい【太平｜泰平】〘名・形動〙❶世の中が平和に治まり穏やかなこと。また、そのさま。「―の夢を破る」「―な(の)世」「天下―」❷「太平楽㊁」に同じ。「わざと弱味をみせぬつもりの―なり」〈滑・続膝栗毛・九〉(類語)平和・和平・昌平・安寧・静寧・ピース

たい-べい【対米】米国に対すること。「―輸出」

タイペイ【台北】▶たいほく(台北)

たいへいき【太平記】㊀南北朝時代の軍記物語。40巻。小島法師作と伝えられるが未詳。応安年間(1368～1375)の成立とされる。鎌倉末期から南北朝中期までの約50年間の争乱を、華麗な和漢混交文で描く。㊁「太平記読み」の略。

たいへいき-こうしゃく【太平記講釈】ーカウシャク ▶太平記読み

たいへいきしょう【太平記鈔】タイヘイキセウ 江戸初期の注釈書。40巻8冊。世雄房日性(円智)著か。慶長15

年(1610)刊とされる。太平記の難語句・地名・人名に詳細な注解を施す。

たいへいきちゅうしんこうしゃく【太平記忠臣講釈】タイヘイキチュウシンコウシャク 浄瑠璃。時代物。10段。近松半二・三好松洛らの合作。明和3年(1766)大坂竹本座初演。「仮名手本忠臣蔵」などの先行作を参考に、赤穂義士の仇討あだうちを脚色したもの。

たいへいき-よみ【太平記読み】江戸時代に、道端などで太平記などの軍記物を講釈すること。また、それを職業とした人。のちの講談のもとという。太平記講釈。軍書読み。

たいへいぎょらん【太平御覧】中国宋代の類書。1000巻。太宗の命で李昉りぼうらが編集。983年(太平興国8年)成立。55門に分かれ、現在伝わらない書を含め1690種の文献を引用し、項目別に分類したもの。

たいへいこうき【太平広記】タイヘイクワウキ 中国の説話集。500巻。宋の太宗の命で李昉りぼうらが編。978年(太平興国3年)成立。漢から宋初までの説話・伝奇などを92項目に分けて収録。引用書目475種。「枕中記」なども含まれ、後世の文学作品の材料ともなった。

たいへい-ざん【太平山】秋田県中西部の山。標高1170メートル。山頂に太平山三吉みよし神社の奥宮がある。

たいへい-づか【大▽瓶▽束】大仏様建築にみられる瓶子へいじ形の束。上部に斗ますを載せ、下部に結綿ゆいわたとよぶ彫刻がある。

たいへい-てんごく【太平天国】中国清朝末期、洪秀全を指導者とする上帝会を中心に建てられた国。1851年、広西省桂平県金田村に挙兵し、新国家樹立を宣言。1853年には南京ナンキンを占領し、天京と改め首都とした。キリスト教思想のもとに、清朝打倒・土地私有反対・経済的平等をうたったが、64年、曾国藩そうこくはん・李鴻章・ゴードンらの連合軍によって鎮圧された。弁髪を禁じたため長髪賊の乱ともいう。

たいへい-どう【太平道】―ダウ 中国、後漢末の2世紀後半、張角が起こした宗教結社。病気治しの教法を中心に多くの信徒を得た。五斗米道とともに道教の源流をなした。➡黄巾こうきんの乱

たいへい-よう【太平洋】―ヤウ《Pacific Ocean》三大洋の一。南北アメリカ大陸・アジア・オーストラリア大陸・南極大陸の間にある世界最大の大洋。地球表面の約3分の1を占め、総面積約1億6500万平方キロメートル。平均水深4282メートル。名は、マゼランが1520〜21年に南太平洋を横断したときに平穏な航海だったことに由来。

たいへいようあんぜんほしょう-じょうやく【太平洋安全保障条約】タイヘイヤウアンゼンホシヤウデウヤク 1951年、対日講和条約の成立とともに、アメリカ・ニュージーランド・オーストラリア3国間で締結された相互安全保障条約。アンザス。

たいへいよう-がかい【太平洋画会】タイヘイヤウグワクワイ 美術団体。明治34年(1901)明治美術会解散後、同会会員であった満谷国四郎みつたにくにしろうらが結成。白馬会とともに明治洋画壇の中心勢力になった。昭和32年(1957)太平洋美術会と改称。

たいへいようがわ-きこう【太平洋側気候】タイヘイヤウがは― 日本列島の太平洋側に特徴的な気候。冬は晴天が多く乾燥して、夏は湿潤で暑く、梅雨や台風による降水も多い。太平洋岸式気候。➡日本海側気候

たいへいよう-しまサミット【太平洋島サミット】タイヘイヤウ― ▶ピー-アイ-エフ(PIF)

たいへいようしょとう-フォーラム【太平洋諸島フォーラム】タイヘイヤウショタウ― ▶ピー-アイ-エフ(PIF)

たいへいよう-せんそう【太平洋戦争】タイヘイヤウセンサウ 第二次大戦のうち、アジア・太平洋地域で行われた、日本と米国・英国・オランダ・中国など連合国との戦争。昭和16年(1941)日本の真珠湾攻撃によって始まり、初め日本が優勢であったが、同17年半ば以降連合軍が優位に立った。同20年、広島・長崎への原子爆弾投下とソ連の参戦によって日本がポツダム宣言を受諾、無条件降伏し、終結した。戦争中、日本では大東亜戦争と称した。アジア太平洋戦争。

たいへいよう-ひょうじゅんじ【太平洋標準時】タイヘイヤウヘウジュンジ アメリカ大陸の標準時の一。カナダのバンクーバー、米国のサンフランシスコやロサンゼルスなどで使われる。協定世界時より8時間遅く、日本標準時より17時間(夏時間の場合は16時間)遅い。西海岸標準時。PST(Pacific standard time)。

たいへいよう-プレート【太平洋プレート】タイヘイヤウ― 太平洋の大部分を占める海洋プレート。東太平洋海膨かいぼう・太平洋南極海嶺かいれいで生じ、西北西ないし北西方向へ移動して、アリューシャン海溝・日本海溝などで沈み込む。

たいへいよう-ベルトちたい【太平洋ベルト地帯】タイヘイヤウ― 南関東から中京・阪神・瀬戸内を経て北九州に至る連続的な工業先進地帯。

たいへいようもんだい-ちょうさかい【太平洋問題調査会】タイヘイヤウモンダイテウサクワイ《Institute of Pacific Relations》太平洋周辺諸国の相互理解を深めるために、種々の調査研究を行った民間の国際的協力機関。1925年に設立。日本も参加したが、実質的活動は60年まで。IPR。

たいへいらく【太平楽】㊀雅楽。唐楽。太食調たいしきちょうで新楽の中曲。朝小子ちょうこし・武昌楽・合歓塩がっかえんからなる合成曲。舞は四人舞。即位の大礼のあとなどに演じる。番舞つがいまいは陪臚ばいろなど。武昌破陣楽。㊁〘名・形動〙《㊀が悠長な曲とされたところから》勝手なことを言ってのんきにしていること。勝手気ままにふるまうこと。また、そのさま。太平。「酒を飲みながら―を並べる」「―な暮らしぶり」〔類語〕気楽・のんき・安楽

たい-へき【大×辟】《「辟」は刑の意》重い刑罰。「―を犯したるを頸銭くびぜにてわび言し」〈鑑草〉

たい-べつ【大別】〘名〙スル 大まかに分類すること。また、大体の区別。「夏服と冬服に―する」⇔小別。〔類語〕分割・二分・両分・掻き分ける

たいべつ-さんみゃく【大別山脈】中国東部の河南・湖北・安徽あんき各省境にある山脈。淮河わいがと揚子江との分水嶺をなす。ターピエ山脈。

たい-へん【大変】㊀〘名・形動〙❶重大な事件。大変事。一大事。「国家の―」❷物事が重大であること。また、そのさま。「―な失敗をする」「大型台風の通過で―な被害を受ける」「弥次さんおめえ何のまねをしたのだ―をやらかしたぜ」〈魯文・西洋道中膝栗毛〉❸苦労などが並々でないこと。また、そのさま。「―な目にあう」「毎日の暮らしが―だ」〔派生〕たいへんさ〘名〙㊁〘副〙程度のはなはだしいさま。非常に。たいそう。「―おもしろい」「―失礼しました」➡大層たいそう〔用法〕〔類語〕異常・極度・桁けた外れ・桁違い・並み外れ・格段・著しい・甚だしい・すごい・ものすごい・計り知れない・恐ろしい・ひどい・えらい・とても・非常に・はなはだ・大いに・きわめて・すこぶる・ごく・大事・大層・至って・至極しごく・いとも・実に・まことに・いたく・ひどく・恐ろしく・滅法めっぽう

たい-へん【大編│大×篇】詩歌・文章の長くて雄大なもの。大作。雄編。

たい-へん【対辺】三角形で、一つの内角と向かい合った辺。また四角形で、向かい合った辺どうし。

たい-べん【胎便】新生児が出生後の数日間に排泄する黒色の大便。腸粘液・胆汁成分・コレステリン結晶・羊水などからなる。かにばば。かにくそ。

だい-へん【代返】〘名〙スル 学校などで、出欠をとるとき、本人の出席を装うために欠席者に代わって返事をすること。

だい-べん【大弁│大×辨】律令制で、太政官だいじょうかんの判官じょうである弁官のうち、中弁の上位。従四位上相当。おおともい。➡弁官

だい-べん【大弁│大×辯】すぐれた弁舌。能弁。

大弁は訥とつなるが如ごとし《「老子」45章から》人の心を動かすようなすぐれた弁舌家は、余計なことを言わないから、かえって口べたのようにみえる。

だい-べん【大便】肛門から排出される、食物のかすや腸粘膜からの分泌物などのかたまり。便。糞くそ。〔類語〕うんこ・うんち・便・糞くそ・ばば・糞ふん・糞便・人糞

だい-べん【代弁│代×辨】〘名〙スル ❶本人に代わって他の人が債務を弁償すること。「修理費用を―する」❷事務の代理をすること。「―業」

だい-べん【代弁│代×辯】〘名〙スル 本人に代わって意見・要求などを述べること。「若者の意見を―する」

だいべん-しゃ【代弁者】本人に代わって話をする人。また、政府や団体の見解や所信の公表を担当する人。スポークスマン。

たい-ほ【太保】▶たいほう(太保)

たい-ほ【台輔】古代中国で、三公の位にあって天子を補佐し、百官を統率する者。

たい-ほ【退歩】〘名〙スル あともどりすること。能力や技術などが以前より低くなること。後退。「記憶力が―する」⇔進歩。〔類語〕退化・悪化・後戻り・冷える・逆行・逆流・逆走・あと戻り・あとずさり・逆戻り・後進・後退・退行・遡行・後ろ向き

たい-ほ【逮捕】〘名〙スル ❶人の身体に直接力を加えて身柄を拘束すること。❷検察官などの捜査機関が裁判官の発する令状(逮捕状)で被疑者を引致し、一定期間抑留するための強制手段。現行犯は、だれでも逮捕状なしに逮捕できる。「真犯人を―する」〔類語〕検挙・挙げる・召し捕る・手が後ろに回る・捕る・捕らえる・引っ捕らえる・取り押さえる・引っ括くくる・捕つかまえる・捕獲する・拿捕だほする・捕縛する・検束する

たい-ぼ【大母│太母】祖母。おおば。

たい-ほう【大方】―パウ ❶度量の大きいこと。また、その人。❷学問や見識の広いこと。また、その人。❸ほとんど。大部分。おおかた。副詞的にも用いる。「―の花主だんな」〈魯文・西洋道中膝栗毛〉❹立派な道。仏の道。「久しく―に迷ふ」〈霊異記・上・序〉

たい-ほう【大邦】―パウ 国力のある大きな国。大国。

たい-ほう【大宝】非常に貴い宝。重宝。至宝。

たいほう【大宝】《「だいほう」とも》文武天皇の時の年号。701年3月21日〜704年5月10日。

たい-ほう【大法】―パフ 重大な法規。大切なきまり。

たい-ほう【大封】大きな封地を与えること。また、その封地。

たい-ほう【大砲】―パウ 火薬の爆発力を利用して大きな弾丸を発射する兵器。弾道の形状によるカノン砲・榴弾りゅうだん砲・迫撃砲、攻撃する目標による高射砲・対戦車砲などの区分があり、特殊な大砲としては列車砲・無反動砲・ロケット砲・原子砲などがある。〔類語〕火器・火砲

たい-ほう【大×鵬】古代中国の想像上の大鳥。「荘子」逍遥遊によれば、鯤こんという魚が化したもので、翼は三千里に達し、一飛びに9万里ものぼるという。

たい-ほう【太▽保│大▽保】❶古代中国の官名で、三公の一。天子の徳を保ち安んずる官。たいほ。❷右大臣の唐名。たいほ。

たい-ぼう【大望】―バウ ▶たいもう(大望)

たい-ぼう【体貌】―バウ からだつきと顔つき。すがたかたち。容貌。

たい-ぼう【耐乏】―ボフ 物資のとぼしい状態を耐え忍ぶこと。「―生活」

たい-ぼう【待望】―バウ〘名〙スル 物事の実現や出現を待ち望むこと。待ちこがれること。「―の新人」「福祉施設の充実を―する」〔類語〕渇望・切望・熱望・希求

だい-ほう【大宝】仏語。❶仏教の教え。❷菩薩ぼさつの異称。❸密教の修法に使用する護摩壇の異称。

だい-ほう【大法】―ホフ ❶すぐれた仏の教法。仏法。❷大乗の教法。❸密教の修法で最も重んじられる大がかりな修法。

だいぼう-あみ【大謀網】定置網の一。岸近くから沖にかけて張る垣網と、魚の入る網口をあけた楕円形の身網とからなり、沿岸を回遊するブリ・マグロ・イワシなどを捕る。

だいほうおん-じ【大報恩寺】京都市上京区にある真言宗智山派の寺。山号は瑞応山。承久3年(1221)義空の開創。初め倶舎・天台・真言の三宗兼学で、江戸時代に真言宗となった。本堂は国宝。釈迦如来・十大弟子・六観音などの諸像は鎌倉時代の作。通称、千本釈迦堂。

たいほう-ぐん【帯方郡】タイハウ― 中国後漢末に遼東の

太守、公孫康が朝鮮半島楽浪郡の南部に設置した郡。南接する韓・濊貊(わいはく)族に備えた。約110年続き、313年、韓・濊族に滅ぼされた。邪馬台国(やまたいこく)の女王卑弥呼(ひみこ)の朝貢で知られる。

たいほう-こうき【大鵬幸喜】［1940～］力士。第48代横綱。北海道出身。生まれは樺太(からふと)（サハリン）。本名、納谷幸喜(なやこうき)。柏戸とともに「柏鵬(はくほう)時代」を築き、その強さと人気から「巨人・大鵬・卵焼き」といった流行語が生まれた。優勝32回。引退後、一代年寄大鵬を襲名。平成21年（2009）文化功労者。➡柏戸剛（第47代横綱）➡栃ノ海晃嘉（第49代横綱）

だい-ほうし【大胞子】 シダ植物で、雌雄異型の胞子のうち、大形のもの。発芽して雌性の前葉体になる。種子植物の胚嚢(はいのう)に相当する。イワヒバ・ミズニラ・サンショウモなどにみられる。➡小胞子

たいぼう-しき【戴帽式】 看護学校（看護学科）で規定の課程を修了した後、初めて看護帽を着用する式。

だいほうしゃくきょう【大宝積経】《「宝積」は法の宝の集積の意》大乗経典。120巻。菩提流志(ぼだいるし)編および訳。713年完成。チベット語訳もある。大乗経典49部を集めたもの。

たい-ぼうちょう【体膨張】 熱による物体の体積の膨張。

たいぼうちょう-けいすう【体膨張係数】 ▶体膨張率

たいぼうちょう-りつ【体膨張率】 物体の温度をセ氏1度上げたときの体積の増加量と、もとの体積との比。線膨張率の約3倍となる。体膨張係数。

だい-ほうてい【大法廷】 最高裁判所で裁判官全員による審判機関としての合議体。事件が憲法問題・判例変更などの重要問題にかかわる場合に構成される。➡小法廷

だいほうどうだいじっきょう【大方等大集経】 大乗経典。60巻。北涼の曇無讖(どんむしん)訳。大集部の経典を集めたもの。仏が十方の仏・菩薩(ぼさつ)を集めて大乗の法を説いたもの。大集経(だいじっきょう)。

だい-ほうへい【大奉幣】 大嘗祭(だいじょうさい)にあたり、伊勢神宮以下、京畿七道の神社に奉る幣帛(へいはく)。大幣。

たいほう-りつりょう【大宝律令】 大宝元年（701）刑部(おさかべ)親王・藤原不比等(ふひと)らが中心となって編集した法令集。律6巻・令11巻からなり、天平宝字元年（757）の養老律令施行まで国の基本法典となった。全文は伝存しないが、令集解(りょうのしゅうげ)などによって条文の一部を知ることができる。➡律令

タイボー〖TIBOR〗《Tokyo Interbank Offered Rate》東京オフショア市場での銀行間における為替取引金利。ユーロ円金利の参照レート。東京市場銀行間取引金利。➡ライボー（LIBOR）

たいほおよびかんきん-ざい【逮捕及び監禁罪】 人の移動の自由を不法に奪う罪（逮捕罪）と、人を限られた場所に不法に閉じこめる罪（監禁罪）。刑法第220条が禁じ、3か月以上7年以下の懲役に処せられる。逮捕監禁罪。

ダイポール〖dipole〗❶▶双極子(そうきょくし) ❷使用電波の波長の2分の1より短い左右相称アンテナ。双極アンテナ。

ダイポール-げんしょう【ダイポール現象】 ▶ダイポールモード現象

ダイポールモード-げんしょう【ダイポールモード現象】《dipole は、二極、双極の意》夏、インド洋熱帯域の東部（インドネシア側）の海水面温度が低くなり、西部（アフリカ側）の海水面温度が高くなる現象。東側では乾燥して少雨、西側では多雨となるなど、異常気象をもたらす。この現象が起こると日本の夏は猛暑となる。ダイポール現象。IOD（Indian Ocean Dipole）。➡エルニーニョ現象

ダイポール-モーメント〖dipole moment〗▶双極子モーメント

たいほかんきん-ざい【逮捕監禁罪】 ▶逮捕及び監禁罪

たいほきょだく-せいきゅう【逮捕許諾請求】 国会の会期中に、国会議員を逮捕する許諾を議院に求めること。〔補説〕国会議員は不逮捕特権を有するが、逮捕許諾請求を受けた議院で逮捕許諾決議案が可決されると、逮捕が可能になる。

たいほく【台北】 台湾北部にある台湾最大の都市。日清戦争後の日本の領有時代には台湾総督府が置かれた。現在は中華民国政府行政院の直轄市。総統府や竜山寺、近郊に故宮博物院などがある。人口265万（2011）。タイペイ。

たい-ぼく【大木】 大きな木。大樹。巨木。

大木の下に小木(しょうぼく)育つ 大きな勢力をもつもののもとには、その庇護(ひご)を受けているものが多くいることのたとえ。

大木は風に折られる 大木は風当たりが強く折られやすい。高い地位にいる人は、他人からねたみや非難を受けやすいことのたとえ。

たい-ぼく【台墨】 他人を敬って、その手紙をいう語。芳墨。台書。台翰(たいかん)。

たいほく-ていこくだいがく【台北帝国大学】 日本統治時代の台湾の台北に、日本によって設置された官立大学。昭和3年（1928）設立。昭和20年（1945）、台湾の中華民国復帰後、国立台湾大学へと改組・改名された。

タイポグラフィー〖typography〗❶活版印刷術。❷印刷の体裁上の、文字の書体・大きさ・配列の仕方など視覚効果の総称。

たいほこうしゃしょうがいほしょう-とくやく【対歩行者傷害補償特約】 ▶対歩行者等事故傷害補償保険特約

たいほこうしゃとうじこしょうがいほしょうほけん-とくやく【対歩行者等事故傷害補償保険特約】 自動車保険における特約の一。歩行者・自転車で走行中の人・相手自動車の同乗者を死傷させてしまったとき、被害者の損害額が対人賠償保険または自賠責保険などで支払われる保険金を上回る場合に、対人賠償保険の保険金に上乗せして保険金が支払われる。対歩行者傷害補償特約。

だい-ぼさつ【大×菩×薩】 ❶菩薩の尊称。❷修行が進んで不退の位に上った菩薩。退転の菩薩を小菩薩というのに対していう。❸「八幡(はちまん)大菩薩」の略。

だいぼさつ-とうげ【大菩薩峠】 ㊀山梨県北東部にある峠。多摩川上流と甲府盆地とを結ぶ、青梅(おうめ)街道の要所。㊁中里介山の長編小説。大正2年（1913）から昭和16年（1941）にかけて発表。作者の死により未完。幕末を舞台に、虚無的な剣士机竜之助をめぐる数十人に及ぶ人物の流転のさまを描く。

だいぼさつ-れい【大菩薩嶺】 山梨県北東部にある山。標高2057メートル。大菩薩峠の北約2キロメートルに位置する。山頂南面は草原が広がり、眺望もよい。山麓には天目山・景徳院など、戦国武将の武田氏に関する史跡が多い。秩父多摩甲斐国立公園に属する。大菩薩岳。

たいほ-じょう【逮捕状】 捜査機関による被疑者の逮捕を許可する旨を記載した裁判官の発する令状。

たいほちし-ざい【逮捕致死罪】 ▶逮捕等致死傷罪

たいほとうちししょう-ざい【逮捕等致死傷罪】 不法に人を逮捕または監禁し、死傷させる罪。刑法第221条が禁じ、傷害罪・傷害致死罪などよりも重い刑が科せられる。逮捕致死傷罪。逮捕致死罪。逮捕致傷罪。

タイ-ホルダー〖tie holder〗ネクタイを留めるためのアクセサリーの総称。

タイポロジー〖typology〗類型論。類型学。

たい-ほん【大本】 基礎になるもの。おおもと。「妥(やす)きが家内の治る―とも謂つべく」〈紅葉・二人女房〉
〔類語〕根本・大根(おおね)・根(ね)・本(もと)・根元(ねもと)・根底・基底・根幹・基本・本質・根源・本源・基礎・基盤・基幹・基部

たい-ぼん【大▽犯】《「だいぼん」とも》大きな罪。重大な罪。大罪。「この重衡卿―の悪人たるうへ」〈平家・一一〉

だい-ほん【台本】 演劇・映画・放送などで、演出のもととなる、せりふやト書きなどを書いた本。脚本。
〔類語〕脚本・戯曲・シナリオ・オリジナル

だい-ほんえい【大本営】 明治以降、戦時または事変の際に、天皇に直属して陸海軍を統帥した最高機関。明治26年（1893）に定められ、のち常設の機関となって太平洋戦争の終末まで存続した。

だいほんえい-はっぴょう【大本営発表】 ❶太平洋戦争中、大本営が国民に向けて発表した、戦況に関する情報。末期には、戦況が悪化しているのにもかかわらず、優勢であるかのような虚偽の発表をくり返した。❷転じて、政府や有力者などが発表する、自分に都合がよいばかりで信用できない情報。

だい-ほんがん【大本願】 ㊀仏語。仏・菩薩(ぼさつ)の、衆生(しゅじょう)を済度しようという大きな願い。㊁天台宗の大勧進とともに、長野の善光寺を管理する浄土宗の尼寺。

だい-ぼんげ【大凡下】 身分の低い者。「みずから―の一人として」〈芥川・或旧友へ送る手記〉

たいぼん-げじょう【退凡下乗】 仏語。摩訶陀(まかだ)国王の頻婆娑羅(びんばしゃら)によって釈迦説法の地、霊鷲山(りょうじゅせん)に建てられた2本の卒塔婆(そとば)に示された語。1本には下乗と記し、王は乗り物からおりて歩き、もう1本には退凡と記し、凡人の立ち入りを禁じたという。この四字を制札に書いて寺院の門前に立てる。

だい-ほんざん【大本山】 総本山の下にあって、その宗派に属する末寺を統轄する寺。〔類語〕本山・本寺

たいぼん-さんかじょう【大▽犯三箇条】 鎌倉時代、守護に与えられた職務権限。大番役の催促と謀反人および殺害人の追捕の三条をいう。

だい-ぼんてん【大▽梵天】 色界四禅天(しきかいしぜんてん)の中の初禅天にある天。また特に、初禅天の第三。梵衆天・梵輔天を従える天。また、その主。仏法の守護神。

たい-ま【大麻】 ❶幣(ぬさ)を敬っていう語。おおぬさ。❷伊勢神宮などで授ける神符。❸アサの別名。また、その葉や樹脂から製する麻薬。麻酔・鎮静・催眠・幻覚などの作用がある。日本では大麻取締法で規制されている。マリファナ。ハシシュ。

たいま【当麻】 奈良県北西部、葛城(かつらぎ)市の地名。二上山(にじょうざん)のふもとにある。

たい-ま【対馬】 ❶「平手(ひらて)❷」に同じ。❷将棋の技量が互角であること。

タイマー〖timer〗❶タイムスイッチのこと。「―を七時にセットする」❷ストップウオッチのこと。❸競技などの計時係。❹「セルフタイマー」の略。

たい-まい【大枚】《昔、中国の銀貨の餅銀(べいぎん)の大きいものをいったところから》金額の大きいこと。また、多額のお金。大金(たいきん)。「―をはたく」「―五十両」

たい-まい【×瑇×瑁｜×玳×瑁】 ウミガメ科のカメ。甲長約1メートル。背面の甲は黄褐色に黒褐色の斑紋があり、鱗板(りんばん)は瓦状に重なり合う。口の先端はくちばし状。熱帯・亜熱帯の海洋に分布。甲は鼈甲(べっこう)として装飾品の材料になる。べっこうがめ。〔季 夏〕

だい-まいり【代参り】 ❶本人の代わりに社寺に参詣すること。また、その人。だいさん。❷「代待ち」に同じ。「愛宕様への―」〈浮・諸艶大鑑・八〉

たい-まく【胎膜】 胎児を包む膜状のもの。漿膜(しょうまく)・羊膜・尿膜からなる。

たいま-ごうきん【耐摩合金】 ▶減摩合金

たいま-し【大麻糸】 アサの繊維から作った糸。

だい-マゼランうん【大マゼラン雲】 南天の旗魚(かじき)座にある棒渦巻き銀河。地球からの距離16万光年。大マゼラン星雲。➡マゼラン雲

だい-マゼランせいうん【大マゼラン星雲】 ▶大マゼラン雲

だい-まち【代待ち】 日待ち・月待ち・庚申(こうしん)待ちなどに、他人に代わって社寺に参詣すること。また、その人。笠に筆、腰に矢立をさし、依頼者の氏名・年齢などを書き留めた。代参り。「十七夜―の通りしに、十二灯を包みて」〈浮・五人女・三〉

たい-まつ【松＝明｜×炬】《「たきまつ（焚松）」の音変化か》松の樹脂の多い部分を細かく割り、束ねたもの。火をつけて照明に用いた。のち、竹やアシなども

用いるようになった。打ち松。続松(ついまつ)。継(つ)ぎ松。松火。

たい-まつ・る【▽奉る】〘動ラ四〙「たてまつる」の音変化。「かぢとりして幣(ぬさ)―・らするに」〈土佐〉

たいま-でら【当麻寺】奈良県葛城(かつらぎ)市にある高野山真言宗および浄土宗兼宗の寺。正称は二上山禅林寺。推古天皇20年(612)聖徳太子の弟の麻呂子(まろこ)王が河内(かわち)に建立した万宝蔵院を、天武天皇10年(681)役小角(えんのおづの)が移転、改称したという。奈良時代建造の東塔・西塔をはじめ国宝・重文多数を所蔵。

たいま-とりしまりほう【大麻取締法】(ハフ) 麻薬の原料となる大麻およびその製品の栽培・所持・譲渡・使用などを取り締まる法律。昭和23年(1948)施行。薬物四法の一。

だい-まなこ【大眼】額(ひたい)に目が一つだけある化け物。関東・東北では、2月8日・12月8日の夜に来るといってこの日のこと(事八日(ことようか))をもいい、目籠(めかご)を屋外に立てて追い払う行事をする。一つ目小僧。

だい-マニラ【大マニラ】フィリピンの首都マニラと、その周辺市町で形成される地域。1948年から76年まで首都だったケソンシティも含まれる。大マニラ首都圏。

たいま-の-けはや【当麻蹶速】垂仁天皇時代の力持ちで、相撲の祖とされる人。大和国当麻の住人。朝廷に召されて、野見宿禰(のみのすくね)と力比べをし、肋骨(ろっこつ)を折って死んだとされる。

たいま-まんだら【当麻曼荼羅】当麻寺に伝わる阿弥陀浄土変相図。観無量寿経に基づくもので、縦横約4メートル。天平宝字7年(763)藤原豊成の娘法如(中将姫)が蓮糸で織ったという伝説があるが、実際は絹糸の綴(つづ)れ織り。鎌倉時代以降、模本が多く作られた。

たいままんだらえんぎ【当麻曼荼羅縁起】 鎌倉中期の絵巻。2巻。当麻曼荼羅の製作にまつわる説話を描いたもの。鎌倉市光明寺蔵。

たいま-もの【▽当麻物】鎌倉中期、当麻寺付近に住んでいた刀工の作った刀。国行・国清など。

たいま-ゆ【大麻油】アサの種子から採取した油。ペンキ・ワニス・石鹸(せっけん)などの原料とするほか、灯油としても用いる。あさのみあぶら。

たいま-れき【大麻暦】毎年、伊勢神宮の神宮司庁から発行されるこよみ。

たい-まん【怠慢】〘名・形動〙当然しなければならないことをしないこと。なまけて、おろそかにすること。また、そのさま。「―な行政」「職務―」
(類語)怠惰・横着・無精・懈怠(けたい)・懶惰(らんだ)

だい-まんだら【大×曼×荼羅】❶四種曼荼羅の一。大日経具縁品に説かれる内容に基づき諸尊の姿を図に描いたもの。❷日蓮宗で本尊とする曼荼羅。妙法蓮華経と大書し、周囲に諸尊の名を書いたもの。

たい-みそ【×鯛味×噌】(たひ) 味噌に鯛のそぼろをまぜた、なめ味噌の一種。

たい-みつ【台密】日本の天台宗で伝える密教。最澄・円仁(えんにん)・円珍らが入唐(にっとう)して伝えたもので、空海の東密に対していう。延暦寺・園城寺を中心に発達。

たいみつ-じゅうさんりゅう【台密十三流】(ジフサンリウ) 台密の13の流派。根本大師流・慈覚大師流・智証大師流の根本3流、および慈覚大師流のうちの谷流の蓮華(れんげ)流・院尊流・三昧(さんまい)流・仏頂流・味岡(みおか)流・智泉流・穴太(あのう)流・法曼(ほうまん)流・功徳流・梨本(なしもと)流の10流。

だい-みゃく【代脈】〘名〙(スル) 「代診」に同じ。

だい-みょう【大名】(ミャウ) ❶平安末・鎌倉時代、多くの名田(みょうでん)を所有した者。大名主(だいみょうしゅ)。❷鎌倉時代、大きな所領をもち、家の子・郎等(ろうどう)を従えた有力な武士。❸室町時代、有力な守護。守護大名。❹戦国時代、諸国を支配し、家臣に知行地を与えて統轄した者。戦国大名。❺江戸時代、将軍に直属した1万石以上の武家。将軍との親疎関係から親藩・譜代・外様、領地の関係から国持・准国持・城主・城主格(無城だが城主と同格)・無城の別があった。

だいみょう-あずけ【大名預け】(ダイミャウアヅケ) 江戸時代、幕府が罪人を大名に預けて拘禁したこと。

だいみょう-がい【大名買い】(ダイミャウガヒ) 商人の勧めるままに、鷹揚(おうよう)に品物を買い取ること。

だいみょう-がし【大名貸し】(ダイミャウ) 江戸時代、両替商などの町人が大名を相手に金を貸し付けたこと。また、それを業とした人。

だいみょう-かぞく【大名華族】(ダイミャウクワゾク) 江戸時代に大名で、明治維新後に華族となった者。

だいみょう-ぎ【大名気】(ダイミャウ) こせこせしない鷹揚(おうよう)な気質。「高うて買はぬといふことなし。…ここを以て―とはいへり」〈浮・胸算用・五〉

だいみょう-ぎょうれつ【大名行列】(ダイミャウギャウレツ) ❶江戸時代、大名が参勤交代などの公式の外出に際し、格式に応じた規定の人数・装備などをととのえて行った行列。❷議員・大学病院の教授などが、供を大ぜい引き連れて歩くことを皮肉った語。

だいみょう-げい【大名芸】(ダイミャウ) 実際には役に立たない芸。殿様芸。

だいみょう-けんどん【大名倹×飩】(ダイミャウ) 漆絵のあるりっぱな器に盛ったそば、またはうどん。「―よしにして、やっぱり食べつけたぶっかけの渡し守がよござりまする」〈浄・矢口渡〉

だいみょう-じま【大名×縞|大明×縞】(ダイミャウ) 細かい縦縞。また、その織物。ふつう、縞糸1本に対して地糸3〜4本。大名筋。

だい-みょうじん【大明神】(ミャウジン) ❶神号の一。神名の下につけ、明神をさらに尊んでいう称。「稲荷(いなり)―」❷人名・事物名などの下につけ、それを神に見立て、強い願望や祈念を表す。親しみをこめたからかいの意で用いられることもある。「かかあ―」

だいみょう-せせり【大名挵=蝶】(ダイミャウ) セセリチョウ科のチョウ。翅(はね)は黒褐色で、前翅に大小の白紋がある。林縁に多くみられ、花に集まる。幼虫の食草はヤマノイモなど。

だいみょう-そう【題名僧】(ダイミャウ) 経供養のときなどに経文の題目を読み上げる僧。題目僧。

だいみょう-ちく【大名竹|大明竹】(ダイミャウ) ❶カンザンチクの別名。❷ナリヒラダケの別名。

だいみょう-にち【大明日】(ダイミャウ) 暦注の一。万事に大吉であるとする日。大明。

だいみょう-びきゃく【大名飛脚】(ダイミャウ) 江戸時代、大名が国元と江戸藩邸との通信のために設置した飛脚。

だいみょう-ひけし【大名火消し】(ダイミャウ) 江戸時代、幕府から火消し役を命じられた大名所管の消防団。江戸城や寛永寺・増上寺など市内の要所の防火に当たり、衣装の美を競い、家名を惜しんで勇敢に働いた。➡定(じょう)火消し ➡町火消し

だいみょう-ぶしん【大名普請】(ダイミャウ) 費用を惜しまないで、ぜいたくなつくりの家を建てること。

だいみょう-やしき【大名屋敷】(ダイミャウ) 江戸時代、将軍から与えられた諸大名の江戸藩邸のこと。明暦の大火後は非常の際の備えとして中・下屋敷が与えられた。

だいみょう-りょうごくせい【大名領国制】(ダイミャウリャウゴクセイ) 戦国大名の領国支配の体制。荘園制を否定し、主従制に基づく権力編成で土地・人民の支配を行い、完結した封建権力としての性格をもつ。

だいみょう-りょこう【大名旅行】(ダイミャウリョカウ) 多くの費用をかけて行うぜいたくな旅行。

だいみんいっとうし【大明一統志】中国、明代の地理書。全90巻。英宗の勅命によって李賢らが撰。1461年成立。明の版図を京師・南京・中都・興都の4門に分けてその地理などを詳細に記したもの。明一統志。

だいみんかいてん【大明会典】(ダイミンクワイテン) 中国、明代の総合行政法典。全180巻。孝宗の勅命によって徐溥(じょふ)らの撰。楊廷和らの修訂により1509年刊行。これを正徳会典といい、張居正らが増修し、1587年に成った全228巻のものは万暦会典といわれる。だいみんえてん。

タイミング〖timing〗ある物事をするのに最も適した時機・瞬間。「―が合わない」「―を外す」「グッド―」

だいみん-ずきん【大▽明頭巾】(ヅキン) 紫縮緬(むらさきちりめん)の袖頭巾。宝暦(1751〜1764)のころ、大坂の女形俳優中村富十郎が、江戸で防寒のために作ったといわれる。初期には男性も用いたが、のちには女性専用となった。御高祖(おこそ)頭巾。

たいみん-たちばな【大▽明×橘】ヤブコウジ科の常緑小高木。葉は互生し柄があり、革質で細長い。雌雄異株。4月ごろ紫がかった白い小花が密生して咲く。本州中部以南の海に近い山林中に分布。ひちのき。そげき。

たいみん-ちく【大▽明竹】イネ科の植物。高さ3〜5メートル。稈(かん)の表面に多数の細い縦線がある。葉は線形で細長く、ねじれることが多い。九州南方諸島および沖縄の原産で、観賞用。

たい-む【隊務】軍隊においてなすべき務め。軍隊の事務。

タイム〖thyme〗シソ科の多年草。茎は地をはい、枝が直立して披針形の葉をつけ、低木状となる。夏に淡紅紫色の小花が咲く。全体に強い芳香があり、香辛料として料理に用いる。地中海沿岸地方の原産。立麝香草(たちじゃこうそう)。木立百里香(きだちひゃくりこう)。

タイム〖time〗❶時。時間。時刻。「ディナー―」「フル―」❷速さを争う運動競技で、所要の時間。記録。「―をはかる」「いい―が出る」「ラップ―」❸運動競技の試合で、審判が競技を一時中止させること。また、その時間。競技者が要求することもある。「―をかける」(類語)(❶)時間・時・アワー/(❸)たんま・待った

タイム〖Time〗米国の週刊ニュース雑誌。1923年に創刊。ニュースを分類した編集が特色。

だい-む【代務】〘名〙(スル) 本人に代わって事務を処理すること。

ダイム〖dime〗米国・カナダの10セント硬貨。

タイム-アウト〖time-out〗❶試合時間に規定のあるスポーツで、選手交代・作戦協議などのためにとる競技の一時中止。試合時間には含まれない。競技休止時間。❷コンピューターに接続された周辺装置や、コンピューターネットワークの接続先に対し、何らかの処理要求を送った際、所定の時間内に何も応答がないこと。

タイム-アップ〖time's up〗規定の時間が切れて、試合などが終了すること。

タイム-オーバー《和 time＋over》決められた範囲の時間を超えること。時間超過。(補説)英語ではover the time limit

タイムカード〖timecard〗タイムレコーダーに挿入して出退の時刻などを記録するカード。

タイム-カプセル〖time capsule〗その時代の文化を後世に伝えるため、物品や記録などを納めて地中に埋めておく容器。

タイムキーパー〖timekeeper〗運動競技や放送番組などで時間を計り、記録する人。計時係。

タイム-シェアリング〖time-sharing〗❶「タイムシェアリングシステム」の略。❷1年間を1週単位で分割して、リゾートマンションなど保養施設の利用権を購入すること。

タイムシェアリング-システム〖time-sharing system〗1台の大型コンピューターを端末装置などから同時に複数の人が利用するシステム。コンピューターは各端末からの命令を細かく分けて処理する。時分割方式。TSS。

タイムシフト-さいせい【タイムシフト再生】▶追っかけ再生

タイムズ〖The Times〗イギリスの代表的な日刊高級紙。1785年ロンドンで創刊。保守的な論調で、英国の政治・外交に影響を与える。1981年にニューズ-コーポレーションに買収され、その傘下に入った。発行部数は約44万581部(2011年6月)。ロンドン-タイムズ。

タイム-スイッチ〖time switch〗時計とスイッチを組み合わせ、設定した時刻に自動的に電気を入れたり切ったりする器具。タイマー。

タイムスケジュール〖timeschedule〗(学校などの時間割りの意味から)日程。日取り。

タイムズ-スクエア〖Times Square〗ニューヨーク市マンハッタンの中心地区。ブロードウエーと7番街との交差点および周辺の盛り場。もとニューヨークタイムズ社のビルがあった。➡ニューヨークタイムズ

タイム-スタンプ〖time stamp〗❶►タイムレコーダー ❷コンピューターで、ファイルに記録される、作成日時や更新日時などのデータ。❸►時刻認証

タイム-スリップ《和 time＋slip》現実の時間・空間から過去や未来の世界に瞬時に移動すること。多く、SFに描かれる。

タイム-セール〖time sales〗民間放送で、一定の放送時間に分けて番組提供の広告主に切り売りすること。民間放送経営の財源となる。

タイム-チャーター〖time charter〗一定の期間を限って船主が庸船者に船舶を利用させ、対価として庸船料を収受すること。定期庸船。

タイムテーブル〖timetable〗時間割り。時刻表。

タイム-トライアル〖time trial〗自転車の競技種目の一。競技者が一定の距離を一人ずつ疾走し、タイムの優劣によって順位を決定するもの。

タイムトライアル-ロードレース〖time trial road race〗自転車の団体道路競走。四人で1チームを編成し、チームごとに一定の間隔をおいてスタート、100キロの完走タイムで順位を決める。チームで3番目にゴールした選手のタイムを基準にする。

タイム-トラベル〖time travel〗タイムマシンによって過去と未来を自由に行き来すること。タイムトリップ。

タイム-トリップ〖time trip〗►タイムトラベル

タイム-トンネル〖time tunnel〗タイムマシンの一種で、異なる時間・空間の世界につながるという想像上のトンネル。

タイムピース〖timepiece〗時計。特に、精度の高い機械時計のこと。

タイム-ペナルティー〖time penalty〗アイスホッケーで、反則行為のあった選手に対し、一定時間退場を命じること。

タイム-マシン〖time machine〗《英国の作家ウェルズの小説から》過去や未来へ時間を超えて自由に航行できるという空想上の機械。

タイム-マネージメント《和 time＋management》時間管理。時間のやりくり。

ダイムラー〖Gottlieb Daimler〗[1834〜1900]ドイツの機械技術者。高速回転ガス機関を完成し、ガソリン自動車の製作に成功。ダイムラー自動車会社(のちベンツ社と合併)を設立。

タイムライン〖timeline〗❶時刻表。時間割。❷簡易ブログの一つ、ツイッターにおいて、投稿されたごく短い文(ツイート)を時系列に表示したもの。TL。❸SNSの一つ、フェースブックのプロフィールページにおいて、過去の投稿を年表形式で閲覧したり、特定の時期を選択して表示したりする機能。

タイム-ラグ〖time-lag〗互いに関連する事柄の間に起こる、時間のずれ。「外国市場との間に—がある」

タイムリー〖timely〗〘形動〙❶タイミングがよいさま。好都合なさま。「—な発言」❷「タイムリーヒット」の略。

タイムリー-エラー《和 timely＋error》野球で、相手チームの得点に直接結びつく失策。

タイムリー-ディスクロージャー〖timely disclosure〗株式関係で、会社情報の適時開示をいう。インサイダー取引規制の一環として、株価に影響を与える内部情報を一般投資家に適時適切に公開することが必要とされている。

タイムリー-ヒット〖timely hit〗野球で、塁上の走者を生還させる安打。適時打。

タイム-リミット〖time limit〗ぎりぎり許される時間。制限時間。また、時間切れ。

だいむりょうじゅきょう【大無量寿経】ダイムリョウジュキャウ ►無量寿経

タイム-レース〖time race〗自転車・スケート・ボートなど、出場者の記録によって成績順位をつける競技法の総称。

タイム-レコーダー〖time recorder〗時計と印字装置とを組み合わせ、時刻をカードに記録する器械。従業員の出退時刻の記録などに用いる。

タイムレス〖timeless〗〘形動〙時代を超越しているさま。「語り継がれていく—な作品」

たい-め【対▽面】「たいめん」の撥音の無表記。「なかずみの君おはしければ、—して」〈宇津保・俊蔭〉

だい-め【台目｜大目】❶茶室の畳で、普通の畳の約4分の3の大きさのもの。台子だいすと風炉先屏風ふろさきびょうぶを置く分を切り捨てた寸法に由来する。台目畳。❷昔、田1町についてその収穫の4分の1を税として引いたこと。❸薬種の目方で、1斤きんの4分の3。❹半分以上、または3分の2のこと。〈日葡〉

だい-め【代目】〘接尾〙助数詞。世代を数えるのに用いる。「二—」「六—菊五郎」

たい-めい【大名】❶大きな名誉。大きな名声。「普く天下の財貨を以ても買いがたき程の不朽の—を得たり」〈中村訳・西国立志編〉❷►だいみょう(大名)

たい-めい【大命】君主や天皇の命令。

たい-めい【台命】将軍または三公・皇族などの命令。転じて、貴人の命令。「予かねて—あらざる向は」〈染崎延房・近世紀聞〉

たい-めい【待命】❶命令の出るのを待っていること。❷公務員などがその地位を保ちながら、一時的に職務を担当しないこと。特に、職務や任地が決まっていないこと。「—大使」

だい-めい【題名】書物や作品の標題。(類語)題・表題・題目・タイトル・仮題・原題・題号・標題・外題げだい・内題・名題なだい・作品名・書名・書目・編目・演題・画題

たいめい-がっき【体鳴楽器】ガクキ それ自体の振動によって音を発する楽器の総称。打つ、振る、こする、はじく、などさまざまな奏法のものがある。木琴・カスタネットなど。➡打楽器

たいめい-きゅうしょく【待命休職】キウショク 公務員などが待命期間を過ぎたら退職することを前提に、その期間中給与を受けながら休職すること。

たいめい-こうか【大命降下】カウカ 大日本帝国憲法下で、天皇が元老や重臣などの助言などに基づいて、内閣総理大臣の候補者に組閣を命じること。

だい-めいし【代名詞】❶品詞の一。自立語のうち、特定または一般の名称を用いず、人・事物・場所・方向などを直接に指示する語。人称代名詞・指示代名詞に大別される。❷そのものを典型的に表しているもの。「うさぎ小屋は日本の住宅の—となった」

たい-めし【×鯛飯】たひ ❶鯛のそぼろをのせた飯。❷飯を炊く途中で鯛の身をのせ、醤油味で炊き上げる飯。❸鯛の刺身をごま醤油に浸し、熱い飯にのせて食べるもの。

だいメテオロン-しゅうどういん【大メテオロン修道院】シウダウヰン《Moni Megalou Meteorou》►メガロメテオロン修道院

たい-めん【体面】人が世間に対してもっている誇りや面目。世間体てい。「—を保つ」「—を汚す」
(類語)世間体・体裁・外聞・格好・名誉・名な・名聞みょうもん・面目・面子メンツ・一分いちぶん・沽券こけん・声価・信用・信望・信頼・信任・人望・定評・評判・名望・声望・徳望

たい-めん【対面】〘名〙スル ❶顔を合わせて会うこと。「旧友と二十年ぶりに—する」❷互いに向き合うこと。➡面会(用法)
(類語)(❶)面会・面接・会見・インタビュー・顔合わせ・見合い・会う・お目にかかる・まみえる・拝顔・拝眉・拝謁／(❷)対向・向かい合わせ

たい-めん【×鯛麺】たひ 蒸したり焼いたりした鯛を、丸ごと、ゆでたそうめんと盛り合わせたもの。

たいめん-こうつう【対面交通】カウツウ 車道と歩道との区別のない道路で、車は左側、人は右側と、向かい合って通行すること。

たいめん-さんじゅう【対面三重】サンヂュウ 歌舞伎下座音楽の一。「曽我の対面」で、曽我兄弟の出に用いられる三重。

たいめん-てつどう【泰緬鉄道】テツダウ《「泰」はタイ、「緬」はビルマのこと》太平洋戦争中、日本軍がインパール作戦の物資輸送のため、タイ・ビルマ(ミャンマー)間に建設した鉄道。タイ側はクワイ川に沿う。連合国捕虜や現地人が動員され、数万の死者を出し、「死の鉄路」ともよばれた。

たい-も【大喪】►たいそう(大喪)

たい-もう【大望】マウ 大きな望み。たいぼう。「—を抱く」

だい-もう【大網】マウ 胃の下部から垂れて腸の前面を覆う脂肪に富んだ薄い膜。胃腸を保護する。大網膜。

たいもう-ふで【胎毛筆】生後初めて切った赤ん坊の頭髪で作った筆。誕生記念などにする。

だい-もく【題目】❶書物や作品などの標題。❷討議や研究などで、問題として取りあげる事柄。❸日蓮宗で唱える「南無妙法蓮華経」の7字。❹(多く「お題目」の形で)口先だけで、実質のともなわないこと。「お—ばかり並べる」(類語)(❶)題・表題・題名・タイトル・仮題・原題・題号・標題・外題げだい・内題・名題なだい・作品名・書名・書目・編目・演題・画題／(❷)話題・トピック・論題・主題・本題・テーマ・題材・問題・案件・件けん・一件・懸案・課題・論点・争点・プロブレム

だいもく-おどり【題目踊(り)】をどり 民俗芸能の一。太鼓などに合わせて法華経の題目を唱えながら踊る集団舞踊。京都市左京区涌泉寺ほか数か所に伝わる。

だいもく-こう【題目講】日蓮宗の信者の親和と経済的共済を図る講。

だいもく-しゅう【題目宗】《題目❸を唱えるところから》日蓮宗のこと。

だいもく-だいこ【題目太鼓】❶日蓮宗で、題目を唱えながら打つうちわ太鼓。❷歌舞伎の下座音楽の一。❶を取り入れたもので、寺院の場などの雰囲気を出す。

ダイモス〖Deimos〗火星の第2衛星。1877年に発見された。名の由来はギリシャ神話の恐慌の神。非球形で長径は15キロ、短径は11キロ。表面温度はセ氏マイナス40度。デイモス。➡フォボス

たい-もつ【退▽没】仏語。上地から下地へ、楽の世界から苦の世界へ落ちること。

だい-もつ【代物】❶かわりの品物。❷品物の代金。代価。転じて、金銭。「道具の—はいただきましたが」〈滑・膝栗毛・七〉

だいもつ-の-うら【大物浦】兵庫県尼崎市大物町にあった、淀川の旧河口の港。源義経が屋島攻めに船出した地。

ダイモニオン〖ギリシャ daimonion〗ソクラテスが重大事に際して、しばしば心の中で聞いたという神霊の合図。主に禁止の形で送られたといわれる。

だい-もん【大門】❶寺院のいちばん外側にある大きな門。禅寺などの正門。多くは、方位をつけて、東大門・南大門などとよぶ。総門。➡おおもん(大門) ❷社会的に地位の高い家柄。大家たいか。

だい-もん【大紋】❶大形の紋。❷布製の直垂ひたたれの一。菊綴きくとじの下に家紋を大きく染め抜いたもの。室町時代に始まり、江戸時代には五位の武家で諸大夫以上の通常礼装となり、長袴を用いた。

だい-もん【代紋】やくざの一家を表す紋章。

ダイモン〖ギリシャ daimōn〗►デーモン(ギリシャ神話)

だい-もんじ【大文字】㊀❶大きな文字。❷「大」という漢字。大の字。❸「大文字の火」の略。(季 秋)㊁「大文字山」の略。

だいもんじ-そう【大文字草】サウ ユキノシタ科の多年草。山地の湿気のある岩に生え、高さ10〜30センチ。葉は手のひら状に浅く裂ける。夏から秋に、白い5弁花をつけ、3弁は小さく、2弁は長いので「大」の字に似る。(季 秋)「鐘釣の—を忘れめや／虚子」

だいもんじ-の-ひ【大文字の火】8月16日(もとは陰暦7月)の夜、京都如意ヶ岳にょいがたけの斜面に火床で大の字を作り、これに火をつけて盆の送り火とする行事。

だいもんじ-やま【大文字山】京都市左京区にある、東山連峰中の山。如意ヶ岳の西に連なり、標高466メートル。➡大文字の火

たい-や【逮夜】仏教で、葬儀の前夜。また、忌日の前夜。

タイヤ〖tire〗《「タイア」とも》鉄道車両・自動車・自転車などの車輪の外側にはめる鉄製またはゴム製の輪。
だい-や【台屋】遊郭で、料理を調える仕出し屋。
ダイヤ《「ダイヤモンド」の略》❶金剛石。❷トランプで赤い◆の模様。また、その模様のついた札。
ダイヤ「ダイヤグラム」の略。「臨時―」
だいや-がわ【大谷川】栃木県日光市を流れる川。西部の中禅寺湖から発して東流し、塩谷町との境で鬼怒川に注ぐ。
たい-やき【鯛焼(き)】鯛の形の鉄型に溶いた小麦粉の生地を流し込み、あんを入れて焼いた菓子。(季 冬)「前へ進む眼して―三尾並ぶ/草田男」
タイヤ-きかい【タイヤ機械】タイヤ製造に必要な各種機械の総称。
たいや-ぎょう【逮夜経】逮夜につとめる読経。
たい-やく【大厄】❶大きな災難。❷いちばん気をつけなければならないとされる厄年。数え年で、男性は42歳、女性は33歳。(類語)大難
たい-やく【大役】❶責任の重い役目。重大な任務。大任。「委員長の―を果たす」❷演劇・映画などで、重要な役。「―を振られる」❸花札で、大きな手役または場役。(類語)難役
たい-やく【大約】おおよそであること。あらまし。大体。「支出の―を算出する」「此冬も――万句に達し候事」〈子規・墨汁一滴〉(類語)凡そ
たい-やく【対訳】原文と訳文を対照できるように並べて記すこと。また、その書物。「―聖書物語」
たい-やく【退役】役職からしりぞくこと。〈和英語林集成〉
だい-やく【代役】演劇・映画・放送などで、演じる予定の人に代わってその役を演じること。また、その人。「急遽―を立てる」(類語)スタントマン・吹き替え
たいやく-しょうじょう【退薬症状】►禁断症状
ダイヤグラム〖diagram〗❶線図。図表。❷列車など、交通機関の運行状況を1枚の図に表示したもの。また、その運行予定。ダイヤ。
タイヤ-コード〖tire cord〗タイヤのトレッド部の厚いゴム層の中に鋳込まれる織布のこと。昔は木綿であったが、現在では合成繊維やカーボンファイバー・スチールなどが用いられている。
タイヤ-チェーン〖tire chain〗雪道などでのスリップを防止するために自動車の駆動輪に装着する鎖。チェーン。
たいや-ていりゅう【鯛屋貞柳】[1654～1734]江戸中期の狂歌師。大坂の人。鯛屋という屋号の菓子商の出身。本名、永田良因、のち言因。通称、善八。別号、油煙斎など。紀海音の兄。上方狂歌壇の第一人者。著「置みやげ」など。
だいや-てつざん【大冶鉄山】中国、湖北省南東部にある鉄鉱石の鉱山。
ダイヤフラム〖diaphragm〗金属または非金属の弾性薄膜。圧力計・流量計などの計器、電話機の振動板、ポンプなどに利用する。
たいや-まいり【逮夜参り】僧侶が逮夜に、檀家へ行って読経すること。
ダイヤモンド〖diamond〗《「ダイアモンド」とも》❶炭素の同素体の一。数ミリから数センチの結晶または破片の形で産出し、ふつう正八面体。純粋なものは無色透明。硬度は最高。宝石のほか、工業用として研磨材・切削工具などに利用。人工的に合成もされる。金剛石。ダイヤ。❷野球で、本塁と三つの塁に囲まれた部分。内野。
ダイヤモンド-うすまく【ダイヤモンド薄膜】ある物質の上に生成させたダイヤモンド結晶の膜。耐摩耗性・耐薬品性・熱伝導に優れ、電気的特性もよい。
ダイヤモンド-ゲーム《和 diamond＋game》卓上遊戯の一。六角の星形の盤上で、15個の持ち駒を相手側の陣へ早く移動させた者が勝ちとなる。
ダイヤモンド-こうたく【ダイヤモンド光沢】►金剛光沢
ダイヤモンドこん-しき【ダイヤモンド婚式】結婚60周年(または75周年)を祝う式。また、その祝い。ダイヤモンド婚。➡表「結婚記念式」
ダイヤモンド-ダスト〖diamond dust〗太陽の光できらきら輝く細氷。寒冷地で、晴天の日、気温零下15度以下、無風で湿度の高いとき、空気中の水蒸気が細氷となって浮遊する現象。日を受けて金色や虹色に輝く。
ダイヤモンドトロン〖Diamondtron〗三菱電機が開発したアパーチャーグリル方式のブラウン管の商標。
ダイヤモンド-フォッグ〖diamond fog〗針状・角柱状などさまざまな氷の結晶からできた霧。
ダイヤモンド-リング〖diamond ring〗皆既日食で、太陽が月に隠れる直前と太陽が現れ始めた直後に、太陽光が一か所だけもれて強く輝き、ダイヤモンドの指輪のように見える現象。
ダイヤル〖dial〗《「ダイアル」とも》❶自動式電話機の回転数字盤。また、それを回して電話をかけること。❷ラジオの周波数を合わせるつまみ。また、その目盛り盤。❸時計・羅針盤などの指針盤。
ダイヤルアップ-アイピーせつぞく【ダイヤルアップIP接続】《dial-up IP connection》電話回線やISDN回線など公衆回線を利用してネットワークに接続する方法。必要なときだけネットワークに接続することができる。個人でのインターネット接続にも一般的に利用されている。
ダイヤルアップ-せつぞく【ダイヤルアップ接続】►ダイヤルアップIP接続
ダイヤルアップ-ルーター〖dial-up router〗電話回線を用いてインターネットに接続する際に用いるルーターのこと。
ダイヤル-イン《和 dial＋in》多数の電話を有する会社などで、外線が交換手を通さずに直接内線に通じる方式。(補説)英語ではdirect inward dialling system。
ダイヤル-かいせん【ダイヤル回線】《dial line》アナログ電話回線の方式の一。発信時の電話番号の伝達において、数字に対応した回数のダイヤル・パルス信号を発する。ダイヤル式電話に使用。パルス回線。(⇔)プッシュ回線。
ダイヤル-キューツー【ダイヤルQ_2】電話による情報サービスの一種。情報提供者に代わって、電話会社(NTT)が電話料金とともに情報料金を徴収するもの。商標名。ダイヤルキュー。
ダイヤル-ゲージ〖dial gauge〗微小な長さや変位を精密に測定する計器。測定する物に当てた測定心棒のわずかな動きが歯車を利用して拡大され、指針が目盛りを指し示す。ふつう一目盛りが0.01ミリで、0.001ミリのものもある。
ダイヤル-ロック〖dial lock〗❶何桁かの数字を合わせて解錠する錠前。多く、自転車などの盗難防止用に使われ、平行して並ぶ回転体に刻まれた3～4桁の数字を合わせて解錠する。❷携帯電話や携帯ラジオなどの、キー操作を無効にする機能の一。キーロック。
タイヤ-ローラー〖tire roller〗路面を締め固めるために用いる、数多くのゴムタイヤ状のローラーを並べた車両。
たい-ゆう【大勇】《「だいゆう」とも》本当の勇気。真に必要なときにあらわす勇気。「小節に関わらぬが―也」〈一葉・別れ霜〉(⇔)小勇。
　大勇は怯なるが如し　《蘇軾「賀欧陽少師致仕啓」から》真に勇気ある人は、むやみに人と争うようなことはしないから、一見おくびょう者に見える。
　大勇は闘わず　《「淮南子」説林訓から》真に勇気のある人は、むやみに人と争わないということ。
たい-ゆう【大憂】❶大きなうれい。たいそうな心配事。❷父母の死。また、天子の崩御。
たい-ゆう【体用】❶本体とその作用。たいよう。❷連歌・俳諧で、山・水辺・居所に関する語を分類して、その本体となる「峰」「海」などを体、その作用・属性を表す「滝」「浪」などを用としたこと。❸能楽で、基本的な芸と、そこから生じる風趣。
たいゆう-かい【大勇会】自由民主党にあった派閥の一。平成11年(1999)、加藤紘一による宏池会継承に反発した河野洋平・麻生太郎らが独立し、結成した。河野派㊁。➡為公会
たいゆ-れい【大庾嶺】中国、江西省と広東省との境にある山。唐代に張九齢が梅を植えて梅嶺と名づけ、名所となった。ターユイリン。
たい-よ【貸与】〘名〙スル 金や物を貸し与えること。返すことを条件として金品の使用を許すこと。「住居および制服を―する」(類語)貸付・貸し
たいよう 昭和50年(1975)2月に打ち上げられた科学衛星SRATSの愛称。東京大学宇宙航空研究所(後の宇宙科学研究所、現JAXA＝宇宙航空研究開発機構)が開発。太陽活動の静穏期における超高層大気(主に熱圏)のプラズマ観測を数年にわたって続けた。また太陽のX線、紫外線放射の観測も行った。同55年6月に運用終了。
たい-よう【大用】❶大きな作用。大事な働き。❷大きな効用・効果。「いよいよ道をあがめて、年来の功を積むを、能を智る―とするなり」〈花鏡〉
たい-よう【大洋】大きい海。広い海。大海。太平洋・大西洋・インド洋を三大洋、北極海・南極海を加えて五大洋という。(類語)海・海洋・大海・海原・外洋・公海・大海原・青海原・外海・外海・わたつみ
たい-よう【大要】❶大切なところ。大事な点。❷大体のところ。あらまし。概要。「法案の―について説明する」「首相発言は―左のとおりである」
(類語)重点・主眼・眼目・軸足・立脚点・立脚地・力点・主力・重き・重視・要点・要所・要・ポイント・要領・キーポイント・急所・つぼ・概略・概要・あらまし・大筋・概括・粗筋・およそ・枠組み・アウトライン・フレーム・骨格・大局・大綱・骨組み・目安
たい-よう【太陽】❶太陽系の中心にある恒星。地球からの距離は約1.5億キロ。直接見える部分を光球といい、外側には彩層やコロナがある。光球の半径は地球の109倍、質量は33万倍、平均密度は1.4。表面温度はセ氏約6000度。恒星としては大きさも明るさもふつうの星で、エネルギーは中心における水素の核融合反応によってまかなわれている。地球上の万物を育てる光と熱の源となっている。❷物事の中心となるもの、人に希望を与えるもの、輝かしいものなどのたとえ。「心の―」◆人工衛星・雑誌は別項。(類語)日・天日・日輪・火輪・金烏・日天子・白日・赤日・烈日・お日様・お天道様・今日様・サン・ソレイユ(太陽の光)陽光・日光・日色・日差し・日影・天日
たいよう【太陽】総合雑誌。明治28年(1895)創刊、昭和3年(1928)廃刊。博文館発行。高山樗牛・大町桂月・上田敏らの論説・文芸時評・人物評論・小説などを掲載。
たい-よう【体用】❶文法で、体言と用言。❷►たいゆう(体用)
たい-よう【対揚】〘名・形動〙スル ❶君命にこたえて、その主旨を広く世の中に示しあらわすこと。「朝旨に―し開化富強の基本を建んとす」〈新聞雑誌四五〉❷つりあっていること。また、そのものや、そういうさま。匹敵。対等。「味方と敵と―すべきほどの勢にてだに候はば」〈太平記・八〉「―一相手」〈日葡〉❸相対すること。「何ともなき取集勢を―して合戦をせば」〈太平記・二二〉❹仏語。㋐仏の説法に対して問答し、仏意を正しく理解すること。㋑法会で散華の式のとき、仏法・世法の常住・安穏を願う偈を唱えること。また、その偈文や僧。
たい-よう【耐用】使用に耐えること。機械などの、期間や回数についていう。「―限度」
たい-よう【態様｜体様】物事のありさま。状態。ようす。「都市生活の―を写す」(類語)状態・有り様・様子・動静・様相・模様・様態・具合・状況・概況・情勢・形勢・容体・気配・調子
だい-よう【大用】❶大便。「小用と違うて、―は工面が悪い」〈続鳩翁道話・三〉❷►たいよう(大用)
だい-よう【代用】〘名〙スル あるものに代えて別のもの

を使うこと。「糊がないので飯粒を一する」「一品」〔類語〕応急・場当たり

たいよう-あく【大洋亜区】動物地理区の一。大洋区に属し、南西太平洋諸島の地域。鳥類・爬虫類などに固有種が多い。

だいよう-かんごく【代用監獄】警察署の留置施設を拘置所(監獄)の代用として使うこと。監獄法の改廃に伴い、現在は「代用刑事施設」と呼称される。

だいよう-かんじ【代用漢字】常用漢字表にない漢字で書くべき語を、表内の同音の漢字に置き換えて書き表すときに用いる漢字。「劃然→画然」「煖房→暖房」の「画」「暖」など。

たいよう-ぎ【太陽儀】►ヘリオメーター

だいよう-きょういん【代用教員】旧制度の小学校で、免許状を有しないで教員を勤めた者。

たいよう-く【大洋区】動物地理区の一。南界に属し、ニュージーランド・南西太平洋諸島・南極大陸の3亜区に分けられる。

たいよう-けい【太陽系】太陽、およびその引力によって太陽を中心に運行している天体の集団。水星・金星・地球・火星・木星・土星・天王星・海王星の8個の惑星とその衛星、さらに準惑星・太陽系小天体(小惑星・彗星や流星物質・ガス状の惑星間物質など)からなる。海王星のさらに外側を回る冥王星は、長く惑星とされていたが、2006年に国際天文学連合により新たに準惑星に分類された。

たいようけいがいえん-てんたい【太陽系外縁天体】《trans-Neptunian objects》太陽系の天体のうち、海王星の軌道外にある天体の総称。冥王星・エリス、カイパーベルト天体・オールトの雲などからなる。外縁天体。海王星以遠天体。トランスネプチュニアン天体。TNO。

たいようけいがい-わくせい【太陽系外惑星】►系外惑星

たいようけい-けん【太陽系圏】►太陽圏

だいよう-けいじしせつ【代用刑事施設】被疑者や被告人の身柄を拘束するために、法務省が所管する刑事施設の代わりに、警察の留置施設を用いること。以前は「代用監獄」と呼ばれた。

たいようけい-しょうてんたい【太陽系小天体】《small solar system bodies》太陽系の天体のうち、惑星・準惑星、それらの衛星を除く小規模な天体の総称。小惑星・彗星や流星物質・ガス状の惑星間物質などからなる。2006年に開催された国際天文学連合で定義。SSSB。

だいよう-けっしょう【代用血×漿】大量失血の際に低血圧に陥らないよう、血液の代用として用いる輸液。ゼラチン液・デキストランなど。人工血液ともいうが、酸素運搬能力はない。

たいよう-けん【太陽圏】太陽風が届く範囲。太陽から噴き出す太陽風とそれに伴う磁場は、銀河系の星間物質とその磁場にぶつかって境界面(ヘリオポーズ)を形成する。その境界の内側の空間を指す。太陽磁気圏。太陽系圏。ヘリオスフィア。

たいようこう-はつでん【太陽光発電】太陽電池などを利用して太陽の光エネルギーを電気に変換すること。ソーラー発電。

たいようこうはつでん-システム【太陽光発電システム】太陽の光エネルギーを直接電気に変換するシステム。発電時にCO_2を発生しない、余剰電力を電力会社に売ることができる、などの利点がある。⇒太陽光発電

たいようこうはつでんふきゅうかくだい-センター【太陽光発電普及拡大センター】経済産業省の住宅用太陽光発電補助金交付に関する業務を取り扱う、一般社団法人太陽光発電協会内の組織。通称、J-PEC(Japan Photovoltaic Expansion Center)。

たいよう-こくてん【太陽黒点】►黒点

たいよう-じ【太陽時】太陽の日周運動を基準にした時刻。視太陽時と平均太陽時とがある。

たいよう-じきけん【太陽磁気圏】►太陽圏

たいよう-じつ【太陽日】太陽が、ある子午線を通過してから再びその子午線を通過するまでの時間。視太陽日と平均太陽日とがあり、ふつう後者をさす。

たいよう-しゅう【大洋州】►オセアニア

だいよう-しょうがっこう【代用小学校】明治40年(1907)3月以前に、公立小学校にすべての児童を就学させられない特別な事情のあるとき、市町村内または町村学校組合内につくられた私立の尋常小学校。代用私立小学校。

だいよう-しょうけん【代用証券】►代用有価証券

だいよう-しょく【代用食】主食、特に米の代わりにする食品。芋類・麺類など。

たいよう-しん【太陽神】太陽を信仰の対象として神としたもの。古代神話などにみられる。

たいよう-しんわ【太陽神話】太陽の発生・運行・形体・光と熱などの諸現象を擬人化したり、また太陽神のなりたちなどを説く神話。古代文明地域に多くみられる。

たいようしんわ-せつ【太陽神話説】諸民族の神話の意味を解釈する鍵が、太陽を中心とする自然現象にあるとする学説。英国の言語学者マックス=ミュラーが唱えた。

たいよう-すうはい【太陽崇拝】自然崇拝の一。太陽を生命の創造者、牧畜の守護者、作物の育成者として宗教的崇拝の対象とするもの。

たいよう-せいさく【太陽政策】大韓民国政府の朝鮮民主主義人民共和国に対する友好的外交政策の通称。1998年に大統領に就任した金大中(キム-デジュン)が推進し、盧武鉉(ノ-ムヒョン)政権に継承された。政治的目的のために経済を利用しない政経分離を基本に、圧力を用いず、人道支援・経済協力・文化交流などを通じて将来的に南北統一を図ろうとする宥和政策。1991年に盧泰愚(ノ-テウ)政権下で締結された「南北基本合意書」に基づいて、金大中が南北間の相互協力・和解を進め、2000年に南北首脳会談が行われ「南北共同宣言」が締結された。〔補説〕2006年、北朝鮮が国連の反対を押し切る形で核実験を行ったことから、太陽政策がその資金供給源になった可能性があるとして、政策の是非が論議されている。07年に発足した李明博(イ-ミョンバク)政権内でも太陽政策に関する評価は分かれている。

たいようせい-はいえん【大葉性肺炎】炎症が一つの肺葉全体に起こる肺炎。肺炎双球菌か肺炎桿菌の感染により、せき・たん・高熱・呼吸困難・胸痛などの重い症状を呈する。クループ性肺炎。クルップ性肺炎。

たいようせい-もうまくえん【太陽性網膜炎】►太陽性網膜症

たいようせい-もうまくしょう【太陽性網膜症】太陽を直視することで起こる網膜障害。太陽を見つめると、可視光線や赤外線が眼底に達し、網膜の中心にある黄斑に火傷が生じる。視野の中心がぼやけ、視力が低下する。黄斑の中心部にある中心窩に損傷を受けると視力が著しく低下する。日食の観察によって発症するものを日食網膜症という。太陽性網膜炎。日光網膜症。日光網膜炎。

たいよう-ぞく【太陽族】昭和30年(1955)石原慎太郎の小説「太陽の季節」から生まれた流行語。既成の秩序を無視して、無軌道な行動をする若者たちをいった。

たいよう-ちゅう【太陽虫】肉質類の原生動物。直径約50マイクロメートルの球状の体から偽足を放射状に出す。池沼のプランクトンの一。

たいよう-ちゅう【太陽柱】►サンピラー

たいよう-ちょう【太陽鳥】スズメ目タイヨウチョウ科の鳥の総称。全長9～25センチ。雄の羽は金属光沢がある。くちばしが細長く、花蜜を吸う。アフリカ・アジア南部・オーストラリアに約100種が分布。サンバード。

たいよう-ちょう【太陽潮】月および太陽などによって起こる潮の満ち干のうち、太陽の引力による部分。⇒太陰潮

たいよう-ちょう【太陽×蝶】モルフォチョウ科で最大のチョウ。翅は黒褐色で、体の中央から前部にかけて白色から橙色に変わる帯がある。南アメリカのアマゾン川流域を中心に分布。太陽モルフォ。

たいようてい-かくだいせつ【大洋底拡大説】►海洋底拡大説

たいよう-ていすう【太陽定数】地球が太陽からの平均距離にあるときに受ける放射エネルギーの量。値は毎分1平方センチメートルあたり約1.96カロリーで、地上では大気に吸収されて約半分となる。

たいよう-でんち【太陽電池】太陽エネルギーを電気エネルギーに変換する装置。半導体の光電効果などを利用するもの。シリコン太陽電池など。ソーラーセル。

たいよう-でんぱ【太陽電波】太陽から放射される電波。

たいよう-とう【大洋島】►洋島

たいよう-とう【太陽灯】太陽光線に似て、紫外線を多量に放射する高圧水銀灯。医療や滅菌に用いる。

たいよう-とう【太陽党】平成8年(1996)羽田孜を中心に結成。政界再編の中核となることを目指したが、2年後(1998)に国民の声・フロムファイブとともに民政党を結成した。

たいよう-どうききどう【太陽同期軌道】人工衛星がとる軌道の一。年間を通じて、衛星の軌道面に対し太陽のなす角が常に一定となる軌道をいう。衛星直下の地表における太陽の入射角が一定となり、同一条件の下で地表を観測できるため、準回帰軌道と組み合わせて地球観測衛星の軌道として利用されることが多い。SSO(Sun-synchronous orbit)。

たいよう-どうきじゅんかいきどう【太陽同期準回帰軌道】人工衛星がとる軌道の一。太陽同期軌道と準回帰軌道を組み合わせたもの。衛星直下の地表における太陽の入射角が一定となり、同一条件の下で地表を観測できることに加え、一定周期で同一地点の上空に戻ってくるため、地球観測衛星の軌道として利用されることが多い。

だいよう-にく【代用肉】❶肉の代わりにする食品。小麦粉のグルテンやダイズのたんぱく質などが使用される。❷牛肉や豚肉などの代わりにする安価な肉。

たいよう-ニュートリノ【太陽ニュートリノ】太陽中心部の核融合反応によって発生するニュートリノ。太陽から飛来するニュートリノは電子ニュートリノであり、陽子がヘリウムに変換する際に生成される。その発生量の測定値が理論的な予想値に比べて少なく、長い間、現代物理学上の未解決の問題(太陽ニュートリノ問題)だったが、ニュートリノがわずかにでも質量をもつ場合に起こるニュートリノ振動により説明できることがわかった。

たいよう-ねん【太陽年】太陽が春分点を通過してから再び春分点に来るまでの時間。1太陽年は365.2422日。春分点が黄道上を動くため恒星年より短い。回帰年。

たいよう-ねんすう【耐用年数】❶建物・機械など固定資産の税務上の減価償却を行うにあたって、減価償却費の計算の基礎となる年数。財務省令に定められている。❷転じて、機器などが使用に耐える年数。「バッテリーの一を最大限に延ばす使い方」

たいよう-の-とう【太陽の塔】大阪府吹田市の万博記念公園内にある建造物。昭和45年(1970)に開催された万国博覧会のシンボルとして岡本太郎が制作。円筒形の胴に2本の腕と三つの特徴的な顔面をもつ。高さ約70メートル。

たいようのないまち【太陽のない街】徳永直の小説。昭和4年(1929)発表。大正15年(1926)の共同印刷争議を題材に、労働組合の闘争とその敗北を描いたプロレタリア文学の代表作。

たいようのみやこ【太陽の都】《原題、イタリア La

città del sole》カンパネラのユートピア物語。1623年刊。哲学者の教皇が指導者の理想国家を描く。

たいよう-はんせん【太陽帆船】太陽帆(宇宙帆)を主推進装置とする宇宙船。宇宙帆船。

だいよう-ひん【代用品】ある物の代わりに用いる、間に合わせの品。代替品。

たいよう-ふう【太陽風】太陽のコロナから放出されるプラズマの流れ。速さは秒速320〜770キロ。主に電子と陽子からなり、地磁気のため地表には到達しない。彗星の尾が太陽の反対側に伸びたり、磁気嵐・オーロラなどが起こったりするのはこれが原因。たいようかぜ。

たいよう-フレア【太陽フレア】▶フレア❸

たいよう-ほ【太陽帆】宇宙船の推進力として、太陽や恒星からの光や粒子風の圧力を利用する装置。帆船の帆が風を受けて進むように、宇宙船に取り付けられた薄膜により光を反射して推進する。燃料を必要としないため、宇宙空間での遠距離移動の手段として有望視されている。平成22年(2010)5月、日本のJAXAにより太陽帆実証機IKAROSが打ち上げられた。ソーラーセール。ソーラー帆。宇宙帆。

たいようめん-けいか【太陽面経過】▶日面通過

たいようめん-つうか【太陽面通過】▶日面通過

だいよう-ゆうかしょうけん【代用有価証券】株式の信用取引や商品の先物取引において、証券会社や商品取引員が顧客から預かる委託保証金の代わりに用いられる有価証券。代用証券。

たいよう-れき【太陽暦】地球の公転運動すなわち1太陽年を基本単位にした暦。エジプト暦に始まり、ユリウス暦・グレゴリオ暦と改良され、現在世界各国で使用。1年を365日とし、西暦年数が4で割り切れる年を閏年とするが、100の倍数になる年は400の倍数でない限り平年とする。日本では明治6年(1873)から太陰太陽暦に替わって採用し、新暦ともよぶ。陽暦。➡太陰暦

たいよう-ろ【太陽炉】太陽光をレンズや反射鏡で集中し、高熱を得る装置。数千度の高温を発生することができ、発電や調理などに利用される。また、オリンピックの聖火はギリシャのオリンピアで太陽炉を用いて採火される。

たい-よく【大欲┊大×慾】《「だいよく」とも》❶非常に欲の深いこと。また、その人。❷強い欲望。

大欲は無欲に似たり　❶大望を抱く者は、小さな利益などを顧みないから、一見無欲のように見える。❷欲の深い者は、欲のために目がくらんで損を招きやすく、結局無欲と同じ結果になる。

たいよ-けん【貸与権】著作者が、著作物の複製物を公衆に貸与する権利。主にレコード・ビデオなどの複製物が対象となる。

だい-よん【第四】4番目。だいし。

だいよん-かいきゅう【第四階級】❶第三階級(市民階級)に対して、労働者階級をいう語。➡プロレタリアート ❷ジャーナリズム、また、ジャーナリストのこと。封建時代の三つの階級に次ぐ第四の新たな社会勢力となったところからいわれる。➡第四権力

だいよん-き【第四紀】地質時代の区分の一。新生代の最後の時代で、約170万年前から現在まで。更新世と完新世とに区分される。氷河時代にあたり、人類が発展し、現在の地形が形成された。だいしき。

だいよん-きょうわせい【第四共和制】第二次大戦末期、1944年に成立したフランスの共和制。インドシナ戦争やアルジェリア独立戦争など諸問題を抱え、1958年ドゴールにより第五共和制に移行。

だいよん-けい【第四系】第四紀に形成された地層や岩石。

だいよん-けんりょく【第四権力】ジャーナリズムのこと。国家三権である立法・司法・行政に次ぐ影響力をもつことから。➡第四階級❷

だいよんしゅ-ゆうびんぶつ【第四種郵便物】内国郵便物の一。特に安い料金または無料で、通信教育・視覚障害者向けの点字および録音物・植物種子・学術刊行物などを内容とし、原則として開封とする。

だいよん-せいびょう【第四性病】鼠蹊リンパ肉芽腫症のこと。古くから性病として知られる淋病・軟性下疳・梅毒に次いで病原体が判明したのでいう。だいしせいびょう。

だいよんせだい-けいたいでんわ【第四世代携帯電話】第三世代携帯電話の通信速度をより高めた次世代の携帯電話サービスのこと。4G。➡第一世代携帯電話 ➡第二世代携帯電話 ➡第三世代携帯電話

だいよんせだい-げんご【第四世代言語】アプリケーションソフトを使う一般のユーザーが、対話形式で設計・開発ができるプログラミング言語。機械語を第一世代、アセンブリー言語を第二世代、FORTRANやCOBOLなどの高級言語を第三世代と呼ぶことに由来する。

だいよん-のうしつ【第四脳室】第三脳室の後部に続く菱形の脳室。左右と後端の3か所で蜘蛛膜下の腔所と連絡。

だいよん-の-ひ【第四の火】核融合によるエネルギーのこと。➡第三の火

たいら【平】福島県いわき市の地名。市の中心地区。近世、安藤氏らの城下町として発展。旧平市。

たいら【平】姓氏の一。皇族賜姓の豪族で、桓武平氏・仁明平氏・文徳平氏・光孝平氏などの流れがある。最も栄えたのは桓武平氏の葛原親王の流れで、高棟王の子孫は中央貴族として栄え、高望王の子孫のうち、一族は関東に勢力を築いてのちの鎌倉幕府の中核を占めた。また、高望王の曽孫維衡の子孫は伊勢を根拠地として伊勢平氏とよばれ、平氏政権を樹立して栄えたが、文治元年(1185)壇ノ浦の戦いで滅亡した。

たいら【平ら】㊀〔形動〕㊁〔ナリ〕❶高低や起伏のないさま。でこぼこでないさま。「―な地形」「運動場を―にならす」❷おだやかで安定しているさま。「心を―にする」「世が―に治まる」❸(多く「おたいらに」の形で用いる)かしこまってすわったりしないで、楽な姿勢でいるさま。「皆―に、趺坐をかき給え」〈花袋・田舎教師〉㊁〔名〕(地名の下に付け、多く「だいら」の形で)山に囲まれた、広い平地。「松本―」「日本―」

だいら【平ら】「たい(平)ら㊁」に同じ。「善光寺―」

タイラー〖Edward Burnett Tylor〗[1832〜1917]英国の人類学者。初めて文化の概念を確立し、諸文化の比較研究を可能とした。また、宗教の起源をアニミズムであるとし、進化説を展開。人類学の父とよばれる。著「原始文化」「人類学」など。

タイラー〖John Tyler〗[1790〜1862]米国の政治家。第10代大統領。在任1841〜1845。無所属。第9代大統領のハリソンが在任中に病死したため、副大統領から大統領に就任。テキサス併合や海軍の再編を成し遂げた。➡ポーク

たいら-いちめん【平ら一面】一様に広く行き渡っていること。ひらいちめん。「潮煮で飯を食ふ下戸と、唐茄子のあべ川を食ふ上戸は、―の押し物だ」〈滑・浮世風呂・四〉

たいら-か【平らか】〔形動〕㊁〔ナリ〕❶高低や起伏がないさま。たいらなさま。「―な道」❷落ち着いていて静かなさま。「波―な湾内」「天下を―にする」❸心が穏やかなさま。「心中―でない」「苦のなさそうな―な寝息が」〈宮本・伸子〉❹物事が滞りなく進むさま。「いと―に男子生み給へれば」〈落窪・二〉〔類語〕安全・静か・無事・安泰・平安・安寧・安穏・小康・安心・確実・無難・無害・大丈夫・穏やか・平穏・温和

たいら-がい【平貝】タイラギの別名。

たいらぎ【平らぎ】仲直りすること。また、平和になること。和睦。「この―の覚束なかるべきを告げしに」〈鴎外訳・即興詩人〉

たいらぎ【玉=珧】ハボウキガイ科の二枚貝。貝殻は三角形で、殻長約20センチ。殻表は緑褐色で半透明。内湾の泥底に殻頂を突き刺して立っている。貝柱は大きく、食用。たいらがい。〔季 冬〕

たいら・ぐ【平らぐ】㊀〔動ガ五(四)〕❶穏やかになる。おさまる。しずまる。「たぎりたる脳の漸く―・ぎて」〈漱石・薤露行〉❷平らになる。「山の頂の少し―・ぎたるより、煙は立ちのぼる」〈更級〉❸病気が治る。全快する。「朱雀院の御薬のこと、なほ―・ぎはてたまはぬにより、楽人などは召さず」〈源・若菜上〉㊁〔動ガ下二〕「たいらげる」の文語形。

たいら-け・し【平らけし】〔形ク〕平穏である。静かである。「四つの舟舟舳並べ―・く早渡り来て」〈万・四二六四〉

たいら・げる【平らげる】〔動ガ下一〕㊁たひら・ぐ〔ガ下二〕❶反抗する者や敵を討ち、世をしずめる。平定する。「賊を―・げる」❷すっかり食べてしまう。「二人前の料理を―・げる」❸高低をなくす。平らにする。ならす。「粗削りに―・げたる樫の頸筋を」〈漱石・虞美人草〉「金ほらんがためにさかしき峰を―・げ」〈十訓抄・七〉〔類語〕(❷)食べる

たいらだて-かいきょう【平舘海峡】青森県北部、津軽半島と下北半島との間にある海峡。幅11キロメートル。付近はタラの好漁場として知られ、ホタテガイの養殖も盛ん。本州と北海道を結ぶ海上交通の要路。

たいら-の-あつもり【平敦盛】[1169〜1184]平安末期の武将。一ノ谷の戦いで熊谷直実に討たれた。従五位下だったが官職がなかったため、無官の大夫とも。

たいら-の-かげきよ【平景清】[?〜1196]平安末期の武将。伊勢の人。源義仲と戦い、のち、頼朝に降伏。断食して死んだという。伯父大日坊を殺したので悪七兵衛とよばれ、勇名は謡曲・浄瑠璃などの素材となった。

たいら-の-かねもり【平兼盛】[?〜990]平安中期の歌人。三十六歌仙の一人。光孝天皇の玄孫。従五位上駿河守。家集に「兼盛集」がある。

たいら-の-きょう【平の京】平安京。今の京都。たいらのみや。たいらのみやこ。「―にうつらるる始めに」〈愚管抄・二〉

たいら-の-きよもり【平清盛】[1118〜1181]平安末期の武将。忠盛の長子。通称、平相国・入道相国。法号、浄海。保元の乱・平治の乱で躍進し、源氏の勢力を抑えて従一位太政大臣となった。対宋貿易を振興し、六波羅政権を樹立。娘徳子を高倉天皇の妃とし、その子安徳天皇の即位により皇室の外戚として威を振るった。のち、反平氏勢力との内乱のさなか、熱病で没した。

たいら-の-くにか【平国香】[?〜935]平安中期の武将。高望の子。初名、良望。常陸大掾として関東に威を振るったが、甥の将門に殺された。

たいら-の-これひら【平維衡】平安中期の武将。貞盛の子。伊勢平氏の祖。武勇にすぐれ、源頼信・平致頼・藤原保昌とともに四天王と称された。常陸介・佐渡守などを歴任、のち伊勢守となった。生没年未詳。

たいら-の-これもち【平維茂】平安中期の武将。叔父貞盛の養子となったが最年少で、順位が15番目にあたり、世に余五とよばれた。山城の鬼女退治など武勇伝説がある。余五将軍。生没年未詳。

たいら-の-これもり【平維盛】[1158〜1184ころ]平安末期の武将。重盛の長子。源頼朝と富士川に対陣中、水鳥の羽音に驚いて敗走。のち、源義仲追討に進撃したが、砺波山で大敗。その後滝口入道のもとで出家し、那智で入水。桜梅少将。小松中将。

タイラノサウルス〖Tyrannosaurus〗▶ティラノサウルス

たいら-の-さだふん【平貞文】[?〜923]平安時代の歌人。名は「さだふみ」とも。平貞文家歌合を主催、歌は「古今和歌集」以下の勅撰集に26首。「平中」の称で知られ、「平中物語」の主人公、好色の美男子と伝えられる。平定文。

たいら-の-さだもり【平貞盛】平安中期の武将。国香の子。父の死後、藤原秀郷とともに力を合わせて、父を殺した平将門を下総の猿島に討った。のち、鎮守府将軍。生没年未詳。

たいら-の-しげこ【平滋子】建春門院の実名。

たいら-の-しげひら【平重衡】[1157〜1185]平安末期の武将。清盛の子。源頼政を宇治川で破り、東大寺・興福寺を焼いた。のち、一ノ谷の戦いで敗れ、捕らえられて鎌倉へ送られたが、南都僧徒の要求により木津川で斬られた。

たいら-の-しげもり【平重盛】[1138〜1179]平安末期の武将。清盛の長子。保元・平治の乱の功により左近衛大将・内大臣。清盛による後白河法皇幽閉を諫止。病のため退官、父に先だって病死。謹直、武勇にすぐれた人物と伝えられる。灯籠大臣。小松殿。小松内府。

たいら-の-たかもち【平高望】桓武平氏の祖。桓武天皇の皇子葛原親王の孫。寛平元年(889)平朝臣の姓を受け、上総介となり、現地に土着して関東に勢力を築いた。高望王。生没年未詳。

たいら-の-ただつね【平忠常】[967〜1031]平安中期の武将。高望の曽孫。法名、常安。上総介・武蔵押領使を歴任。長元元年(1028)内乱を起こしたが、源頼信の討伐に降伏し、護送上洛の途中美濃で病死。千葉氏・上総氏の祖。

たいら-の-ただのり【平忠度】[1144〜1184]平安末期の武将・歌人。忠盛の子。清盛の弟。薩摩守。藤原俊成に師事して和歌をよくし、平氏西走の途中、京都に引き返して師に詠草1巻を託した話は有名。一ノ谷の戦いで戦死。

たいら-の-ただもり【平忠盛】[1096〜1153]平安末期の武将。正盛の子。清盛の父。白河・鳥羽上皇の信任が厚く、検非違使から刑部卿に累進、内昇殿を許された。日宋貿易により財力を得、公家的素養もあって平氏の宮廷における地歩を築いた。

たいら-の-ときこ【平時子】[?〜1185]平清盛の妻。重盛・宗盛・知盛・重衡・徳子の母。三后に准ぜられ、清盛没後、剃髪して二位の尼と称された。壇ノ浦の戦いで安徳天皇を抱いて入水。

たいら-の-ときただ【平時忠】[1128〜1189]平安末期の公卿。時子・滋子の兄。検非違使別当・権大納言。平氏政権中の重要な地位を占めた。「平氏にあらざれば人にあらず」の言葉は有名。壇ノ浦の戦いの後捕らえられ、能登に流されて没した。平大納言。

たいら-の-とくこ【平徳子】建礼門院の実名。

たいら-の-とももり【平知盛】[1152〜1185]平安末期の武将。清盛の四男。権中納言。源頼政を宇治で、源行家を播磨室山で破った。一ノ谷の戦いで奮戦し、のち、壇ノ浦の戦いで入水。謡曲・浄瑠璃などに脚色される。

たいら-の-のりつね【平教経】[1160〜1185]平安末期の武将。教盛の子。能登守。勇猛で、源義仲の軍を水島に破り、屋島の戦いでは佐藤継信を射殺。壇ノ浦の戦いで源義経を取り逃がして入水。

たいら-の-のりもり【平教盛】[1128〜1185]平安末期の武将。忠盛の子。清盛の弟。保元・平治の乱の功で正三位権中納言となった。清盛の邸の門のわきに居を構えて、門脇殿とよばれた。源行家を播磨に破ったが、壇ノ浦の戦いで入水。

たいら-の-まさかど【平将門】[?〜940]平安中期の武将。高望の孫。下総を本拠として土着豪族の伝統的勢力を継承、伯父国香を殺し、関東の最強豪族となった。下総猿島に王城を営み、文武百官を置いて新皇と称したが、平貞盛・藤原秀郷に攻められて敗死。

たいら-の-まさこ【平政子】▶北条政子

たいら-の-まさもり【平正盛】平安後期の武将。清盛の祖父。白河上皇に認められ、伊勢守・因幡守・讃岐守などを歴任。伊勢平氏興隆の基を築いた。生没年未詳。

たいら-の-むねもり【平宗盛】[1147〜1185]平安末期の武将。清盛の三男。従一位内大臣。源義仲の軍に追われ、安徳天皇を奉じて京を離れた。のち、義経の軍に一ノ谷の戦いで敗れ、壇ノ浦の戦いで大敗。捕らえられて近江で斬られた。

たいら-の-やすより【平康頼】平安末期、後白河院の近臣。鹿ヶ谷の議に参加し、俊寛らとともに鬼界ヶ島に流され、翌年許されて帰り、仏門に入った。法名、性照。著「宝物集」。生没年未詳。

たいら-の-よしかど【平良門】平将門の遺子として浄瑠璃・歌舞伎などに脚色されている人物。浄瑠璃「関八州繋馬」や、読本「善知鳥安方忠義伝」などに登場する。

たいら-の-よりもり【平頼盛】[1131〜1186]平安末期の武将。忠盛の子。その住居を池殿といい、池の大納言と称した。母、池の禅尼が源頼朝を救ったので、平氏敗北後も鎌倉に招かれて厚遇されたが、平氏滅亡後出家した。法名、重蓮。

たい-らん【大乱】大いに乱れること。戦乱や事変などで世の中が非常に乱れること。「応仁の―」

たい-らん【台覧】皇族など高貴な人が見ること。

たい-らん-しっ-け【胎卵湿化】仏語。四生のこと。胎生・卵生・湿生・化生の略。

タイラント〖tyrant〗❶暴君。圧制者。専制君主。「船長は、全く、始末にいかぬ―であった」〈葉山・海に生くる人々〉❷古代ギリシャの僭主。

タイランド〖Thailand〗タイの英語名。

たい-り【大利】《「だいり」とも》❶大きな利益。巨利。⇔小利。❷大勝利。〈日葡〉

大利は利ならず　あまりに大きすぎる利益は、ちょっと見ても利益があるようには見えない。

だい-り【大理】《「たいり」とも》❶根本にある道理。❷中国古代の官名。追捕・糾弾・裁判・訴訟などをつかさどった。❸検非違使別当の唐名。❹刑部省の唐名。

だいり【大理】㊀中国雲南省北西部の都市。大理石の名産地。唐代の南詔国、宋代の大理国の首都。ターリー。㊁937年、タイ族の段思平が中国雲南省に建てた国。1254年、フビライ-ハンに滅ぼされた。

だい-り【内裏】❶大内裏の中の天皇の居所を中心とする御殿。平安京の場合、外郭は、東西約342メートル、南北約303メートル、内郭は、東西約173メートル、南北約218メートルあった。御所。皇居。禁裏。禁中。大内。➡十七殿❷「内裏雛」の略。

[類語]⑴皇居・御所・宮城・宮中

だい-り【代理】〔名〕スル ❶本人に代わって事を処理すること。また、その人。「父の―を務める」「交渉に―を立てる」「課長―」❷ある人が、本人のために第三者に対して意思表示を行い、または第三者から意思表示を受けることによって、その法律効果が直接本人について生じること。法定代理・任意代理などがある。[類語]⑴補欠・候補

だい-リーガー【大リーガー】〖major-leaguer〗大リーグ(メジャーリーグ)の選手。メジャーリーガー。

だい-リーグ【大リーグ】▶メジャーリーグ

だいり-かいたい【代理懐胎】代理出産のために妊娠すること。

だい-りき【大力】❶非常に強い力。また、強い力のある人。「一無双」❷仏や如来などの大神通力。

だいり-ぎょう【代理業】代理商の営業。

たい-りく【大陸】❶海面上に現れている広大な陸地。ユーラシア・アフリカ・北アメリカ・南アメリカ・オーストラリア・南極の六大陸がある。❷日本からアジア大陸、特に中国をさしていう語。❸英国からヨーロッパ大陸をさしていう語。[類語]陸・陸地・内陸

たいりくいどう-せつ【大陸移動説】古生代後期まで一つの大陸塊(パンゲア)をなしていたものが、分裂し移動して現在の位置に至ったという説。1912年にドイツのウェーゲナーが提唱。1950年代以降、古地磁気学などの進歩により見直され、海洋底拡大説・プレートテクトニクスに発展。大陸漂移説。

たいりくおうだん-てつどう【大陸横断鉄道】大陸の東西の(両岸)地方を結ぶための鉄道。北アメリカ大陸やオーストラリア大陸のものなどがある。

たいりく-かいぎ【大陸会議】アメリカ独立革命のとき、北米13植民地の代表が集まりイギリス本国に対抗するため開いた会議。第1回は1774年、第2回は1775年に開かれ、ワシントンを総司令官に任命し、1776年には独立宣言を発表した。

たいりくかん-だんどうミサイル【大陸間弾道ミサイル】▶アイ-シー-ビー-エム(ICBM)

たいりく-きだん【大陸気団】大陸上で発生する気団。乾燥しているのが特徴。シベリア気団などがある。➡海洋気団

たいりく-しゃめん【大陸斜面】大陸棚の外縁から大洋底に続く、やや急傾斜の斜面。水深約200〜3000メートルの地域。場所によっては海溝へと続く。

たいりくせい-きこう【大陸性気候】大陸内部にみられる気候。気温の日変化・年変化が大きく、降水量は少ない。➡海洋性気候

たいりく-だな【大陸棚】海岸から水深約200メートルまでの傾斜の緩やかな海底。沿岸資源として重要視される地域。陸棚。

たいりく-てき【大陸的】〔形動〕❶大陸に特有なさま。いかにも大陸らしいさま。「―な気候風土」❷心が広く小事にとらわれないさま。また、性格がのんびりしているさま。「―なものの考え方」

たいりく-とう【大陸島】▶陸島

たいりく-ばらたなご【大陸蕃=薇×鰱】コイ科の淡水魚。全長約5センチ。バラタナゴに似るが、雄の腹びれ前部に白色帯がある。関東、木曽川、近畿に分布。

たいりくひょうい-せつ【大陸漂移説】▶大陸移動説

たいりく-ひょうが【大陸氷河】▶氷床

たいりくふうさ-れい【大陸封鎖令】1806年、フランス皇帝ナポレオン1世が、トラファルガー海戦に敗れた報復としてヨーロッパ大陸諸国と英国との通商断絶を図って出した勅令。ヨーロッパ諸国の経済を窮迫させ、ナポレオンの没落を早めた。ベルリン勅令。

たいりく-プレート【大陸プレート】地球表面を覆うプレートのうち、その上部が大陸であるもの。ユーラシア・北アメリカ・アフリカの各プレート。

たいりく-ほう【大陸法】ドイツ・フランスなど、ローマ法の影響を強く受けたヨーロッパ大陸諸国の法律。成文法を中心として成り立つ。➡英米法

たいりく-ろうにん【大陸浪人】明治から昭和前半期まで、中国大陸各地に居住・放浪して、種々の画策を行った日本の民間人の称。政治的理想を抱く者もいたが、不平士族や国家主義者が多かった。支那浪人。

だいり-けん【代理権】代理人の行為が直接本人に法律効果を生じさせうる法律上の地位または資格。

だいり-こうい【代理行為】❶民法上、代理人が本人のためにする行為。❷行政法上、第三者のなすべき行為を行政主体が代わって行う行政行為。第三者自らがしたのと同じ効果を生ずる。

だいり-こうかん【代理交換】手形交換所に加盟している銀行などの金融機関が、直接参加できない未加盟金融機関の委託を受けて、手形・小切手などの交換を行うこと。

だいり-こうし【代理公使】公使に次ぐ、外交使節の第3の階級。信任状は派遣国の外務大臣から接受国の外務大臣に送られる。臨時代理公使とは異なる。

だいり-さま【内裏様】❶内裏の敬称。❷宮中の貴人、特に天皇の尊称。大内様。❸内裏雛を丁寧にいう語。

だいりしき【内裏式】平安前期の有職故実書。3巻。嵯峨天皇の勅命により、藤原冬嗣らが撰。弘仁12年(821)成立。天長10年(833)清原夏野らが改訂。宮中の年中行事の方式などを定めたもの。

だいり-しゅっさん【代理出産】不妊夫婦の依頼

で、妻以外の女性に妊娠、出産してもらうこと。体外受精した受精卵を第三者の女性の子宮に入れ出産してもらう場合と、第三者の女性が人工授精を行って出産する場合とがある。代理母出産。代理懐胎。➡代理母

だいり-しょう【代理商】シャウ 一定の商人のために、継続してその営業に関する取引の代理または媒介をする商人。保険代理商など。

だいり-じょうろう【内裏上×臈】ジャウラフ 宮中に仕える身分の高い女官。➡上臈

だいり-しょばつ【代理処罰】外国で犯罪を犯し、逃亡してきた自国民や第三国人を、自国の法に基づいて処罰する制度。犯罪があった国からの要請や証拠提供に応じて行われる。国外犯処罰。[補説]「犯罪人引き渡し条約」を締結している国に対しては、求めに応じて容疑者を拘束し、引き渡す。

だいり-せき【大理石】石灰岩が変成作用を受けてできた粗粒の方解石からなる岩石。結晶質石灰岩。また、美しい石灰岩も総称し、建築・装飾用の石材として用いる。中国雲南省大理から産するものが有名であったところからの名。マーブル。

だいりせき-きゅうでん【大理石宮殿】《Mramornïy dvorets》ロシア連邦北西部、レニングラード州の都市サンクトペテルブルグにある新古典主義様式の宮殿。ネバ川に面する。18世紀後半、エカチェリーナ2世の愛人だった貴族グレゴリー＝オルロフの命により、イタリア人建築家アントニオ＝リナルディの設計で建造。ヨーロッパやロシアから集めた32種類もの大理石をふんだんに用いて華麗な装飾が施された。現在はロシア美術館の別館として利用されている。

だいり-せんそう【代理戦争】サウ ❶ある国が直接の当事者とならずに、他の国や集団を身代わりに立てる戦争。❷（比喩的に）表だって争えない、対立する二者に代わる立場にある者が利害を争うこと。「今回の市長選挙は国政の―の様相を呈する」

だいり-せんゆう【代理占有】イウ 本人が物を直接所持するのではなく、他人に所持させている場合の占有。賃貸人が、賃借人の所持によって目的物の上にもつ占有など。

だいり-たいし【代理大使】特命全権大使が欠けたとき、またはその職務を遂行できないとき、一時的にその代理を務める大使。正式には臨時代理大使という。

たい-りつ【対立】〘名〙スル 二つのものが反対の立場に立つこと。また、二つのものが互いに譲らないで張り合うこと。「兄と―する」「意見が―する」「―候補」[類語]鼎立ていりつ・確執・反対・矛盾・撞着どうちゃく・自家撞着・齟齬そご・牴牾ていご・二律背反・背反・背理・不整合・不一致・扞格かんかく・相克・相あい反する・食い違う

たいりつ-いでんし【対立遺伝子】ヰデンシ 対ついになった形質を支配する遺伝子。相同染色体上の同じ遺伝子座に位置する。対立因子。

たいりつ-いんし【対立因子】▶対立遺伝子

たいりつ-けいしつ【対立形質】対立遺伝子によって支配される対ついになった形質。メンデル遺伝をし、表現型として発現するほうを優性・顕性、発現しないほうを劣性・潜性という。エンドウの花の色における赤色と白色など。

たいりつ-じく【対立軸】ヂク 対立する議論、抗争の中心である事柄。両者の考え方の違い。争点。「与野党の―が明確になる」

たいりつ-せつ【対立節】一つの文の中で、意味の関係上、互いに対等の資格をもって結合している節。「悪人は衰え、善人は栄える」のそれぞれの節の類。

だいり-てん【代理店】一定の会社などの委託を受けて、その取引の代理を行う店・会社。代理商の営業所。

だいり-とうひょう【代理投票】タウヘウ 選挙人が身体の故障などのために候補者の氏名を書けない場合に、投票管理者の選任する者の代筆によって行われる投票。

だいり-にん【代理人】❶他人の代理をする人。❷代理権を有し、本人に代わって意思表示をしたり受けたりする権限をもつ人。

だいり-はは【代理母】代理出産を行う女性。サロゲートマザー。ホストマザー。[補説]受精卵を移植した牛や羊などの雌を「代理母」ということがある。

だいりはは-しゅっさん【代理母出産】▶代理出産

だいリビアアラブしゃかいしゅぎじんみんジャマーヒリーヤ-こく【大リビアアラブ社会主義人民ジャマーヒリーヤ国】ダイリビアアラブシヤクワイシユギジンミン《The Great Socialist People's Libyan Arab Jamahiriya》カダフィ政権時代のリビアの正式名称。

だいり-びな【内裏×雛】雛人形の一。天皇・皇后をかたどった男女一対の雛人形。内裏様。内裏。〔季 春〕[補説]男性の人形のみを指して「内裏」「お内裏様」と呼ぶのは誤り。

だいり-ぶ【代理部】新聞社・雑誌社、その他の機関に付属して、信用ある各種の商品を取り次ぎ販売する所。

だいり-ぶしん【内裏普請】《内裏の建築には多くの日数がかかるところから》事の処理にぐずぐずと手間取ること。「―といふ世話を思ひ、わざとぐにゃぐにゃしてゐたり」〈浄・当麻中将姫〉

たい-りゃく【大略】❶（副詞的にも用いる）㋐大体の内容。あらまし。概略。「経緯の―を述べる」㋑数量や程度のおおざっぱなところ。おおよそ。大体。「被害は―一億円にのぼる」❷すぐれた知恵とはかりごとがあること。「素意―の人なければ、比道かく速かに開くべからず」〈菊池寛・蘭学事始〉[類語]凡およそ

たい-りゅう【対流】リウ 熱せられた流体が上部へ移動し、周囲の低温の流体が流れ込むことを繰り返す現象。これに伴って熱が伝わることを対流伝熱という。熱対流。

たい-りゅう【滞留】リウ〘名〙スル ❶物事が順調に進まずとどこおること。停滞。「雪のため貨物輸送が―する」❷旅先でしばらくとどまっていること。滞在。逗留とうりゅう。「ロンドンに半年ほど―する」[類語]止まる

たいりゅう-けん【対流圏】タイリウ 大気圏の区分の一。地表から極地方では高さ約8キロ、赤道地方では約17キロまでの大気の層。日射により対流を生じ、雲・雨などの気象現象はこの圏内で起こる。上面を圏界面といい、その上は成層圏になる。

たいりゅう-じ【太竜寺】徳島県阿南市にある高野山真言宗の寺。山号は舎心山。開創は延暦17年(798)と伝えられる。空海修行の地。四国八十八箇所第21番札所。

たいりゅう-そう【対流層】タイリウ 天体の中で対流が起きている部分。地球の場合、大気循環が生じる大気圏や地質学的な時間尺度で粘性流体とみなされる地球内部のマントルに相当する。太陽などの恒星の場合、エネルギーが放射ではなく主に対流により運ばれる領域を指す。

たいりゅう-でんねつ【対流伝熱】タイリウ ▶対流

たいりゅう-でんりゅう【対流電流】タイリウデンリウ ▶運搬電流

たい-りょ【大▽呂】❶中国音楽の十二律の一。基音の黄鐘こうしょうより一律高い音。日本の十二律の断金たんぎんにあたる。たいろ。❷陰暦12月の異称。

たい-りょう【大猟】―レフ 狩猟で獲物の多いこと。鳥や獣が多くとれること。⇔不猟。

たい-りょう【大量】―リヤウ〘名・形動〙❶数量の多いこと。たくさんなこと。また、そのさま。多量。「―な(の)商品をさばく」⇔少量。❷度量が大きいこと。心が広いこと。また、そのさま。「―な(の)人物」「―大度たいど」⇔小量。[類語]（❶）多量・豊富・潤沢・豊・たくさん・多く・多い・数数かずかず・多数・数多すうた・無数・大勢おおぜい・夥おびただしい・いっぱい・あまた・多多・いくらも・いくらでも・どっさり・たっぷり・十二分に・ふんだんに・腐るほど・仰山ぎょうさん・十分/（❷）太っ腹・雅量・広量

たい-りょう【大漁】―レフ 漁で獲物の多いこと。豊漁。たいぎょ。⇔不漁。[類語]豊漁

たい-りょう【大領】―リヤウ《「だいりょう」とも》❶律令制で、郡司の長官。こおりのみやつこ。おおきみやつこ。❷大国の領主。「天が下を掌握し、四海に羽打つ―なれど」〈浄・三日太平記〉

たい-りょう【体量】―リヤウ からだの重さ。体重。「五月六日には―十二貫五百目」〈花袋・田舎教師〉

たい-りょう【耐量】―リヤウ 中毒は起こしても死には至らない、薬物の最大の量。

たい-りょう【退寮】―レウ〘名〙スル 寮生活をやめて、寮から出ること。「結婚して―する」⇔入寮。

だい-りょう【代料】―レウ ❶代金。代価。❷代用とする材料。

たいりょう-おどり【大漁踊(り)】タイレフヲドリ 漁師が大漁を祈願し、祝うために行う踊り。千葉県九十九里浜地方のものが有名。

たいりょう-せいさん【大量生産】タイリヤウ 機械力によって、規格化・標準化された製品を大量に生産すること。量産。マスプロダクション。

たいりょうはかい-へいき【大量破壊兵器】タイリヤウハクワイ 一挙に多数の人間を殺傷する兵器。核兵器・化学兵器・生物兵器など。WMD(weapons of mass destruction)。➡通常兵器 ➡PSI

たいりょう-ばた【大漁旗】タイレフ 漁船が帰港するとき、大漁であったことを知らせるために掲げる旗やのぼり。

たいりょう-びんぼう【大漁貧乏】タイレフビンボフ 大漁のために魚の価格が大幅に下がり、かえって漁民の収入が少なくなること。転じて、一般に供給が大幅に需要を上回り価格が低下すること。➡豊作貧乏

たいりょう-ぶし【大漁節】タイレフ 大漁を祈願し、祝うときに歌われる民謡。各地にあるが、千葉県銚子のものが有名。

たいりょうほゆう-ほうこくしょ【大量保有報告書】タイリヤウホイウ 上場または店頭登録されている有価証券を取得して、発行済み総数の5パーセント超に達した場合に、取得者が提出する書類。金融商品取引法により提出が義務付けられている。市場の透明性を高める目的があり、保有割合や目的などを記載する。➡大量保有報告制度

たいりょうほゆう-ほうこくせいど【大量保有報告制度】タイリヤウ《株券等の大量保有の状況等に関する開示制度」の通称》上場または店頭登録している法人の株券等の保有者が、その法人の発行済み総数の5パーセントを超えて所有する場合、報告書の提出を義務付ける制度。株券・新株予約権付社債券・株券預託証券・投資証券・株券信託受益証券などが対象。大量保有報告書の提出後、株券等保有割合が1パーセント以上増減した場合は、変更報告書を提出する。制度開始当初は紙面での提出が認められていたが、平成19年(2007)4月以降はEDINETエディネットでの提出が義務化されている。5パーセントルール。

たい-りょく【体力】❶労働や運動に耐える身体の力。また、病気に対する抵抗力。「若いだけに―がある」「―の限界」「―測定」❷《比喩的に》組織が活動するための力。特に、企業の経営において、収益性・生産性・資金力・安定性・成長の可能性などのこと。「会社に―があるうちに新商品を開発する」[類語]原動力・エネルギー・活力・精力・パワー・精・動力・馬力

たいりょく-うんどうのうりょく-ちょうさ【体力・運動能力調査】―テウサ 文部科学省が行う国民の体力・運動能力に関する調査。体育指導の資料や行政上の基礎資料として用いる。調査結果は10月頃公表される。小学生から高齢者まで年代別に7〜9項目の体力・運動テストを行い、加齢に伴う変化や年次推移を把握する。

たいりょく-しょうぶ【体力勝負】❶身体の力で争うこと。「知力よりも―だ」❷企業が資本・生産能力・営業能力などを振りかざして争うこと。「外国資本と国内資本の―」「値下げ合戦による持久戦で―となる」

たいりょく-ねんれい【体力年齢】運動能力を実年齢と比較して出した数値。[補説]測定方法は種々あるが、一般に運動能力が高いと体力年齢は低くなる。

たいりょく‐へき【耐力壁】建物の荷重と水平力の地震力・風圧とに耐える、構造的に重要な壁体。間仕切り壁のような構造的耐力のない壁に対していう。たいりょくかべ。

たい‐りん【大倫】人として踏むべき人倫の大道。

たい‐りん【大輪】《「だいりん」とも》花の大きさが普通のものより大きいこと。また、その花。

たい‐りん【台臨】太皇太后・皇太后・皇后の三后または皇族が、その場に出席すること。

だいりん‐しょうじゃ【大林精舎】(―シャウジャ) インド中部の毘舎離国(びしゃりこく)にあった精舎。釈尊の遺跡の一。

タイル〘tile〙陶磁器製などの薄板。壁・床などに張る仕上げ材。「―張り」「リノリウム―」

たい‐るい【対塁】〘名〙(スル) 敵と向かい合うようにとりでを築くこと。戦場で敵と対陣すること。また一般に、向かい合っていること。「饌を隔てて―して頻に杯の遣取を」〈鷗外・懇親会〉

たい‐るい【×苔類】コケ植物の一群。湿った地上または樹皮に生え広がる。葉状体のものと茎状体のものとがあり、体の表面に胞子体をつくって繁殖する。ゼニゴケ・ジャゴケ・ウロコゴケなど。

たい‐れい【大礼】❶国家・朝廷の重大な儀式。特に、即位の儀式。大典。❷人の一生の中で最も重要な礼式。冠・婚・葬・祭など。[類語]栄典・祝典・祝儀・祭典・祭礼・祭儀・大祭・大儀・典礼・盛儀・式典

たい‐れい【台嶺】㊀中国浙江省の天台山のこと。㊁比叡山を天台山に模して唐風によぶ称。台岳。

たい‐れい【×頽齢】心身の能力が衰えてしまうほどの高齢。老齢。「世田ケ谷の老人も亦―を云いわけにして出て来なかった」〈荷風・つゆのあとさき〉

たいれい‐ふく【大礼服】宮中の儀式・饗宴(きょうえん)のときに着用した礼服。官等または文官・武官により区別があった。明治5年(1872)に洋式の文官大礼服を制定。第二次大戦後廃止。

ダイレクト〘direct〙〘形動〙介在するものがなく、直接であるさま。「―な回答」「―な表現」「打球は外野フェンスに―に当たった」[類語]直接

ダイレクト‐エックス〘DirectX〙米国マイクロソフト社がマルチメディア機能を強化するために提供するウインドウズ用の拡張API群。

ダイレクト‐カッティング〘direct cutting〙レコーディングを行う際、マスター音源をいったんテープに録音して編集せずに、いきなりディスクにカッティングすること。また、そのレコードやCD。

ダイレクト‐シネマ〘direct cinema〙1960年代に米国で始まったドキュメンタリー映画の一形式。撮影と同時に録音し、ナレーションを入れず、事実をそのまま伝えることを目ざす。

ダイレクト‐ショー〘Direct Show〙米国マイクロソフト社のマルチメディア系拡張API群、DirectXに含まれるAPIの一。ストリーミングに対応する。

ダイレクト‐スパイク〘direct spike〙バレーボールで、相手側から返ってきたボールを、直接相手コートに打ち込むスパイク。

ダイレクト‐セール〘direct sale〙通信販売などで、商品を直接消費者に売ること。ダイレクトマーケティング。

ダイレクト‐セールス〘direct sales〙セールスマンによる訪問販売。

ダイレクト‐そっこう【ダイレクト測光】(―ソククワウ) TTL測光の一。露光中にフィルム面やCCDなどのイメージセンサーに当たる光を測光する。昭和50年(1975)にオリンパス光学工業(現オリンパス)が初採用。

ダイレクト‐タッチ〘direct touch〙ラグビーで、自陣22メートルラインの内側以外から蹴(け)ったボールが選手やグラウンドに触れず、タッチラインの外に出ること。蹴った地点と平行なタッチライン上で、相手ボールのラインアウトとなる。

ダイレクト‐ディスク〘direct disc〙ダイレクトカッティングによって完成したレコードやCD。

ダイレクト‐ドライブ〘direct drive〙テープレコーダーやレコードプレーヤーで、安定した回転が得られる低速モーターを、キャプスタンやターンテーブルに直結して駆動させる方式。

ダイレクト‐マーケティング〘direct marketing〙カタログ・ダイレクトメール・雑誌・テレビ・電話など各種のメディアを通じて、消費者に直接商品情報を提供する販売促進方法。

ダイレクト‐メール〘direct mail〙個人あてに直接送りつける広告。広告主が特定の個人あてに郵便やメール便を使って直接メッセージを送付すること。宛名広告。郵送広告。DM。

ダイレクト‐メッセージ〘direct message〙ツイッターの機能の一。電子メールのように、特定の相手だけに向けて送られる非公開のメッセージ。DM。

ダイレクト‐メモリーアクセス〘direct memory access〙➡ディー‐エム‐エー(DMA)

ダイレクトリー〘directory〙住所氏名録。人名録。紳士録。

たい‐れつ【隊列】隊を組んでつくった列。「―を組んで行進する」[類語]隊伍・戦列

たい‐れん【体練｜体錬】からだを鍛錬すること。

たい‐れん【対×聯】➡ついれん(対聯)

だいれん【大連】中国遼寧省の工業・港湾都市。遼東半島の南端に位置する。1898年にロシアが租借、東洋経営の根拠地として建設し、ダルニーと命名。日露戦争後は日本の租借地となり大連と改称。第二次大戦後、旅順と合併して旅大市となったが、1981年に再び大連と改称。人口、行政区325万(2000)。ターリエン。

だい‐れんりつ【大連立】議会の第1党と第2党による連立政権。平時には対立している大政党どうしが、戦争や経済危機などの大きな課題に対処するために組むことが多い。挙国一致政権。[補説]第一次大戦中や戦間期の英国、また、第二次大戦後にはドイツやイスラエルで多く見られた。日本では平成19年(2007)11月に、自民党と民主党の間にこの構想が持ち上がったが立ち消えになった。

たい‐ろ【大呂】➡たいりょ(大呂)

たい‐ろ【大路】幅の広い道。大道。おおじ。

たい‐ろ【退路】退却する道すじ。⇔進路。[類語]逃げ道・抜け道・抜け穴

たい‐ロ【対ロ】ロシア連邦に対すること。「―外交」

たい‐ろう【大老】(―ラウ) ❶豊臣時代の職名。五奉行の上にいて政務を総轄した最高の執政官。➡五大老 ❷江戸幕府の職名。必要に応じて老中の上に置かれ、政務を総轄した最高の職。定員1名。

たい‐ろう【大×牢｜太×牢】(―ラウ) ❶中国で、天子が社稷(しゃしょく)を祭るときの、牛・羊・豚などの供え物。❷りっぱな料理。ごちそう。「―の滋味、煮焼て一鍋三百銅」〈魯文・安愚楽鍋〉❸江戸時代、江戸小伝馬町の牢で戸籍のある庶民の犯罪者を入れた牢。

たい‐ろう【大浪】(―ラウ) 大きな波。おおなみ。

たい‐ろう【大×粮】(―ラウ) 律令制で、諸司・諸寮の下級官人に支給された米・塩・布など。

たい‐ろう【退老】(―ラウ) 年をとって職務から退き、隠居すること。

たい‐ろく【大×禄】多くの禄高。高禄。⇔小禄。

だい‐ろく【第六】6番目。6回目。

だいろく‐いしき【第六意識】仏語。唯識学派で立てる八識の6番目、意識のこと。前五識が感覚知であるのに対し、分別判断の働き。

だいろく‐てん【第六天】仏語。欲界六天の第六。他化自在天(たけじざいてん)。

タイロス〘TIROS〙《television and infrared observation satellite》タイロス衛星。NASA(ナサ)(米航空宇宙局)が開発した初期の気象衛星。1960年に世界最初の気象衛星として1号が打ち上げられ、65年までに10機が打ち上げられた。

だいろっ‐かん【第六感】(ダイロク―) 《五感以外にあって五感を超えるものの意》理屈では説明のつかない、鋭く本質をつかむ心の働き。インスピレーション。勘。直感。霊感。「―が働く」[類語]予感・直感・虫の知らせ

たい‐ろん【対論】〘名〙(スル) 両者が向かい合って、または、ある事柄について対抗して議論すること。また、その議論。「両陣営が集い、―する」

たい‐わ【対話】〘名〙(スル) 向かい合って話し合うこと。また、その話。「市長が住民と―する」[類語]話し合う・語らう・会話・話・話し合い・対談・談・談話・懇話・懇談・面談・歓談・雑談・談笑・閑談・語らい

だい‐わ【台輪】❶建物や指物の上方または下方にある平たい横木。禅宗仏堂の柱の頂部、たんすの地板の下などにみられる。❷山王鳥居・稲荷(いなり)鳥居などの柱上で島木を受ける円盤状のもの。

だい‐わくせい【大惑星】❶準惑星・太陽系小天体(小惑星・彗星など)に対し、水星から海王星までの8個の惑星のこと。❷➡木星型惑星

たいわ‐げき【対話劇】対話を中心に構成される劇。

たいわ‐しゃ【対話者】❶対話をする相手の人。❷法律で、意思表示をただちに了知できる状態にある相手方。電話・手旗信号の場合も含まれる。⇔隔地者。

だい‐わじょう【大和尚｜大和上】(―ワジヤウ) ❶戒和上としての最高を意味する尊称。鑑真(がんじん)に贈られたものを最初とする。❷➡だいおしょう(大和尚)

だいわ‐とりい【台輪鳥居】(―とりゐ) ➡稲荷鳥居(いなりとりい)

たいわ‐へん【対話編】対話の形式で書かれた著作。主としてプラトンの著作をいう。

だい‐わり【台割(り)】雑誌・書籍の印刷の際、1回で印刷される版面数の割り振り。

だい‐われ【台割れ】相場が下がって値段の単位が一つ下のものに変わること。80円台から70円台になったような場合にいう。⇔台替わり。

たいわ‐ろせん【対話路線】戦争や暴力に訴えるのではなく、外交や交渉、話し合いによって物事を進めていこうとする方針。「―を打ち出す」

たいわん【台湾】中国の福建省と台湾海峡を隔てて南東にある島。台湾本島、澎湖(ポンフー)諸島その他の島々からなる。高山族が住む明末清初から漢民族が来住、中国領となった。日清戦争後の1895年から日本領となり、1945年日本の敗戦に伴い中国の統治に復した。49年に中華民国蔣介石(しょうかいせき)政権がここに移り台北を臨時首都とした。面積約3万6000平方キロメートル。人口2302万(2010)。

たいわん‐かいきょう【台湾海峡】(―カイケフ) 中国大陸と台湾島との間にある海峡。東西の幅130〜260キロ。好漁場。

たいわんかんけい‐ほう【台湾関係法】(タイワンクワンケイハフ) 台湾に対する基本政策について規定した米国の国内法。1979年制定。[補説]1979年の米中国交正常化に伴う米台断交後も、台湾との同盟関係を維持するために米議会が制定。米国は、台湾を国家と同様に扱い、防衛兵器を供与できるとしている。これに対して「一つの中国」を掲げる中国は内政干渉にあたると非難している。

たいわん‐ぎんこう【台湾銀行】(―ギンカウ) 日本統治下の台湾における中央銀行。明治32年(1899)設立され、第二次大戦後に閉鎖。

たいわん‐こうそくてつどう【台湾高速鉄道】(―カウソクテツダウ) 台湾を縦貫する高速鉄道。2007年開業で、台北駅と高雄市郊外の左営駅を約90分で結ぶ。車両は日本のJRグループが、軌道や運行システムは欧州の企業群が受注・開発した。台湾新幹線。THSR(Taiwan High Speed Rail)。

▷ **台湾高速鉄道の駅**
(南港)―台北―板橋―桃園―新竹―(苗栗)―台中―(彰化)―(雲林)―嘉義―台南―左営―(高雄)
[注]括弧内は未開業

たいわん‐ざる【台湾猿】オナガザル科の哺乳類。台湾特産で、山地に大群で暮らす。大きさ・体色はニホンザルに似るが、尾は長い。台湾おながざる。

たいわん‐しゅっぺい【台湾出兵】㊀台湾に漂着した琉球漁民の殺害を理由に、明治7年(1874)日本政府が西郷従道(さいごうつぐみち)の率いる征討軍を派遣し、清国から償金を出させた事件。征台の役。㊁明治28年(1895)日清戦争の結果日本領となった台湾で、一部反乱が収まらず、北白川宮能久(よしひさ)親王の率い

る近衛師団が出兵した事件。

たいわん-しょご【台湾諸語】台湾先住民の諸言語。マレー-ポリネシア語族のインドネシア語派に属する。アタヤル語・アミ語・パイワン語・ブヌン語などが含まれる。

たいわん-しんかんせん【台湾新幹線】▶台湾高速鉄道

たいわん-そうとく【台湾総督】台湾総督府の最高行政長官。

たいわん-そうとくふ【台湾総督府】日本の台湾統治のための中央行政官庁。明治28年(1895)台北市に設置。昭和20年(1945)廃止。

たいわん-だいじしん【台湾大地震】1999年9月21日、台湾中部南投県集集付近を震源として発生したマグニチュード7.7の地震。死者約2000人、全壊建物約1万棟の被害があった。現地では集集地震と呼ばれる。

たいわん-ちゃ【台湾茶】台湾産の茶。ウーロン茶やジャスミン・ランなどの花茶が有名。

たいわん-ていきあつ【台湾低気圧】冬から春にかけて台湾近海に発生する温帯低気圧。急速に発達しながら本州南岸を北東に進み太平洋側に雨や雪を降らせる。東シナ海低気圧。

たいわん-どじょう【台湾泥=鰌】スズキ目タイワンドジョウ科の淡水魚。全長約60センチ。形態・生態ともカムルチーに似ていて、ともに雷魚とよばれるが、体側の斑紋が小さい。中国南部・台湾の原産で、日本には台湾から渡来、関西地方で野生化した。ライヒー。

たいわん-パナマ【台湾パナマ】台湾・沖縄などで産する、アダンの葉の繊維で作った夏帽子。パナマに似ているが、薄茶色で安価。台湾帽。

たいわん-ひのき【台湾×檜】ヒノキ科の常緑高木。台湾に産し、ヒノキによく似るが、小さい。

たいわん-ぼうず【台湾坊主】❶禿頭病の俗称。❷台湾低気圧の俗称。

たいわん-やまねこ【台湾山猫】ベンガルヤマネコの別名。

たいわん-りす【台湾×栗×鼠】リス科の哺乳類。中形で、背側が淡緑褐色、腹側が灰褐色。四肢が短く、耳が短く丸い。主に樹上で暮らす。台湾の原産。伊豆大島をはじめ日本各地で野生化。

た-いん【多淫】〔名・形動〕性的欲望が盛んなこと。淫事が過ぎること。また、そのさま。「一な(の)人」

ダイン〖dyne〗CGS単位系の力の単位。1ダインは質量1グラムの物体に作用して毎秒毎秒1センチメートルの加速度を生じさせる力の大きさで、10万分の1ニュートン。記号dyn

タイン-ブリッジ〖Tyne Bridge〗英国イングランド北東部の都市ニューカッスルにある、タイン川に架かる橋。1925年から28年にかけて建造。全長約390メートルで建造当初は世界最大のアーチ橋だった。

タインマウス〖Tynemouth〗英国イングランド北東部の都市ニューカッスル近郊の町。北海に注ぐタイン川の河口に位置し、海岸保養地として知られる。11世紀創建のベネディクト派の修道院跡や、中世に建てられ第二次大戦においても海岸防備に使われたタインマウス城がある。タインマス。

た-う【多雨】雨の日が多いこと。また、雨量の多いこと。

タウ〖Τ｜τ｜tau〗❶〈Τ・τ〉ギリシャ語アルファベットの第19字。❷〈τ〉τ粒子の記号。

た・う【耐ふ｜堪ふ】〔動ハ下二〕「た(耐)える」の文語形。

ダウ〖dhow〗アラビア半島沿岸からインド洋にかけ、アラビア人が古くから使っている木造帆船。大三角帆を装備し、船脚が速い。

ダウ〖Dow〗「ダウ平均株価」の略。特に、ダウ工業株30種平均のこと。

た-うえ【田植(え)】苗代で育てた稲の苗を水田に移し植えること。(季 夏)「渓流の音に雨添ふ一かな/水巴」

たうえ-うた【田植(え)歌｜田植(え)唄】民謡の一つで、田植えをしながらうたう仕事歌。もと、田の神をたたえて豊作を祈願するためのもの。上代から行われ、田舞・田歌などにも取り入れられている。さおとめうた。さつきうた。

たうえ-おどり【田植(え)踊(り)】東北地方で小正月に行われる、田遊びを風流化した踊り。地方によってはえんぶり・春田打ちなどともいう。

たうえ-き【田植(え)機】イネの苗を田に移植する機械。箱育苗(マット苗・ポット苗)を台にのせ、植えつけ爪で一株ずつ挟み出しながら一定間隔に植えつける。

たうえ-じょうぎ【田植(え)定規】田植えのとき、苗の間隔を一定にするため、田に目印をつける農具。

たうえ-の-しんじ【田植(え)の神事】▶御田植え祭り

タウオン〖tauon〗▶タウ粒子

ダウガフピルス〖Daugavpils〗ラトビア南東部、ゼムガレ地方の都市。ダウガバ川沿いに位置する。首都リガに次ぐ同国第2の都市。13世紀にリボニア騎士団が建てた城を中心に建設し、当時はドイツ語名でデュナブルクと呼ばれた。その後ポーランド、帝政ロシアに支配され、モスクワ・ワルシャワ間の鉄道の経由地となった。皇帝アレクサンドル3世によりドビンスクと改称され、ラトビア独立後の1920年に現名称になった。ナポレオン1世によるロシア遠征時に帝政ロシア軍の拠点となったダウガフピルス要塞が有名。ダウガウピルス。ダウカフピルス。

ダウガフピルス-ようさい【ダウガフピルス要塞】《Daugavpils cietoksnis》ラトビア南東部の都市ダウガフピルスにある要塞。18世紀にロシア皇帝アレクサンドル1世により建造。ナポレオン1世によるロシア遠征時に帝政ロシア軍の拠点となった。バルト三国に現存する要塞の中で最も原型を留めたものとして知られる。

ダウ-こうぎょうかぶさんじっしゅへいきん【ダウ工業株三十種平均】米国のダウジョーンズ社が発表する平均株価指数。工業を中心に金融・通信など、ニューヨーク証券取引所やNASDAQに上場された、主要業種の優良銘柄30種を対象に算出される。世界の経済に影響を及ぼす米国の株式市場の動向を捉える指標として重視されている。ダウ。ダウ工業株平均。ニューヨークダウ工業株。➡ダウ平均株価

ダウ-こうぎょうかぶへいきん【ダウ工業株平均】▶ダウ工業株三十種平均

た-うこぎ【田五=加=木】キク科の一年草。田のあぜや湿地に生え、高さ0.5～1メートル。秋、黄色い花をつける。実に逆向きのとげをもつ。ひっつき。(季 秋)「溝川に一の花暮れにけり/麦人」

ダウしき-へいきんかぶか【ダウ式平均株価】▶ダウ平均株価

タウシッグ〖Frank William Taussig〗[1859～1940]米国の経済学者。ハーバード大学教授。正統学派を継承し、国際貿易や関税に関する研究に多くの業績を残した。著「合衆国関税史」「経済学原理」など。

ダウジョーンズ-へいきんかぶか【ダウジョーンズ平均株価】▶ダウ平均株価

ダウジング〖dowsing〗棒や振り子などの器具を用いて、水脈や鉱脈を探り当てる占い。

ダウス〖Dowth〗▶ドウス

た-うた【田歌】田植えの仕事歌。また、それを儀式歌謡にしたもの。大嘗祭の田舞、各地の社寺の田植え神事や田遊びの田植え歌に古い田歌が残る。(季 夏)「午の貝一音なく成りにけり/蕪村」

た-うち【田打ち】春、田植えの準備のため、田を鋤きかえすこと。田を打つこと。(季 春)「水流れきて流れゆく一かな/不器男」

たうち-うた【田打ち歌】田打ちのときに歌う民謡。豊作を祈願し、予祝する歌詞が多い。

たうち-しょうがつ【田打ち正月】多く正月11日に行う農耕の予祝儀礼。田畑に出て二くわか三くわ耕したあと、松の枝を植えたりして唱え言をする。くわはじめ。(季 新年)

タウト〖Bruno Taut〗[1880～1938]ドイツの建築家。「鉄の記念塔」「ガラスの家」「色彩建築」やベルリンの集合住宅の設計・建築で注目されたが、ナチス政権を逃れ、1933年(昭和8)来日。桂離宮など日本の伝統的な建築の美をたたえ、研究書も多く残した。著「日本美の再発見」「日本文化私観」など。

た-うど【田▽人】《「たひと」の音変化》田仕事に従事する人。田子。「この一どもの歌ふ歌を聞こし召せば」〈栄花・御裳着〉

ダウト〖doubt〗《疑う意》トランプゲームの一。各自が手持ちのカードを裏返しのまま番号順に出し合い、相手に不審のあるときは「ダウト」と声をかけて札を改める。それが偽札ならば出した人が、正しい番号順ならばダウトをかけた人が場札を全部引きとる。早く手札をなくせば勝ち。

ダウナー〖downer〗「鎮静剤」に同じ。

た-うなぎ【田×鰻】タウナギ目タウナギ科の淡水魚。体は細長く、粘液に覆われる。胸びれ・腹びれ・うろこがなく蛇のように見える。性転換を行い、幼魚は雌で大形のものは雄。本州各地・マレー半島・東インド諸島に分布。かわへび。

タウ-ニュートリノ〖tau neutrino｜τ-neutrino〗3種類あるニュートリノのうちの一。弱い相互作用に関与し、τ粒子と対になって現れる。τ粒子は崩壊すると反電子ニュートリノとτニュートリノを放出して電子に変化したり、反μニュートリノとτニュートリノを放出してμ粒子に変化したりする。2000年に初めて検出された。記号ντ

ダウニング-がい【ダウニング街】《Downing Street》英国ロンドンのウエストミンスター地区にある通りの名。首相官邸や外務省などがこの通りに面しているため、英国政府の代名詞ともされる。

ダウニングがい-じゅうばんち【ダウニング街十番地】《英語では、10 Downing Street》英国ロンドンのウエストミンスター地区にある英首相官邸の住所。首相や英政府そのものの代名詞として用いられる。ナンバーテン。

たうば・る【▽似る】〔動ラ四〕▶とうば(似)る

たうば・る【▽賜る｜▽給る】〔動ラ四〕▶とうば(賜)る

たう・ぶ【▽賜ぶ】〔動バ四〕▶とう(賜)ぶ

ダウ-へいきん【ダウ平均】▶ダウ平均株価

ダウ-へいきんかぶか【ダウ平均株価】株式市場の株価水準を表す指標である平均株価の一。権利落ちなどの特殊な株価変動を修正して算出された修正平均株価で、米国のダウ-ジョーンズ(DJ)社が計算方式を開発。この方式を用いて、ニューヨーク証券市場やNASDAQの銘柄から米国の株価指数を算出して発表している。特に、「ダウ工業株30種平均」が有名。構成銘柄は企業の業績や経済動向に応じて入れ替えられる。他に、ダウ輸送株20種平均・ダウ公共株15種平均・ダウ総合65種平均があり、2008年から世界の150銘柄を対象とするグローバルダウも公表されている。ダウ。ダウ平均。NYダウ。ニューヨーク平均株価。➡単純平均株価

だ-うま【駄馬】❶荷物を運搬する馬。荷馬。だば。❷乗馬用にならない馬。だば。

たうめ【▽専女】▶とうめ

ダウラギリ〖Dhaulagiri〗ネパール中部、ヒマラヤ山脈中の高峰群。第1峰は標高8167メートルで、1960年にスイス隊が初登頂に成功。サンスクリット語で白い山の意。

だ-うり【駄売り】馬に積んだ荷物をそのまま売ること。また、その人。駄卸。

タウ-りゅうし【タウ粒子｜τ粒子】素粒子の一。質量は電子の約3500倍、電荷は正・負、スピン半整数。記号τ。タウオン。

たう-りん【多雨林】熱帯降雨林。降雨林。

タウリン〖taurine〗アミノ酸の一種。牛の胆汁や魚などに多く含まれ、血中コレステロールを下げる。

タウン〖town〗町。市街。「ベッドー」「ダウンー」 (類語)町・市井・巷

だ-うん【×朶雲】《唐の韋陟いちょくは5色に彩られた書簡箋を常用し、本文は侍妾に書かせ、署名だけを自分でして、みずから「陟の字はまるで五朶雲(垂れ下がった5色の雲)のようだ」と言ったという「唐書」韋陟伝の故事から》他人を敬って、その手紙をいう語。(類語)手紙・御状ごじょう・御書ごしょ・懇書・貴書・貴翰きかん・貴札きさつ・芳書・芳信・芳翰ほうかん・芳墨・尊書・尊翰そんかん・台翰たいかん

ダウン〖down〗下羽。特に、水鳥の羽毛の下に生える、むく毛。柔らかく保温性に富む。 (類語)羽毛・毛・羽・フェザー

ダウン〖down〗〔名〕スル ❶下がること。また、下げること。「イメージがーする」「生産量をーする」「スピードー」「コストー」⇔アップ。❷㋐ボクシングで、倒れるなどして競技不能の状態になること。「連打を受けてーする」「ノックー」「スリップー」㋑疲労や病気などで、物事を続けられなくなること。「風邪をこじらせてーする」㋒機械などが故障すること。「システムー」❸ゴルフのマッチプレーや球技などで、リードされていること。⇔アップ。❹《「ダン」とも》野球で、1イニング中のアウトの数。死。「ツーー、フルベース」

タウンウエア〖townwear〗外出着。街着まちぎ。

ダウン-ウエア〖down wear〗ダウンを布地の間に挿入し、キルティングして作った衣服の総称。ダウンベスト・ダウンジャケットなどの種類がある。

タウン-ウオッチング〖town watching〗街の風景を観察すること。街行く人を眺めること。

ダウン-クオーク〖down quark〗第1世代に属するクオークで、電荷が−1/3のもの。記号はd。6種類あるクオークの中で2番目に軽い。1964年、M=ゲルマンとG=ツワイクが提唱したクオーク模型において予言され、すでにその存在を示す証拠が見つかっている。クオーク理論によれば、ダウンクオークはアップクオークとともに核子を構成し、陽子は2個のアップクオークと1個のダウンクオーク、中性子は1個のアップクオークと2個のダウンクオークで構成される。

ダウンサイジング〖downsizing〗規模を縮小すること。コストダウンや効率化のために小型化すること。

タウン-し【タウン誌】都市の一定地域での催し物や生活情報などを掲載した雑誌。

タウンシップ〖township〗❶アメリカ合衆国・カナダで行われた公有地を分割する土地制度。経緯線に沿って碁盤目状に分割し、6マイル平方を一単位としてタウンシップと呼称する。❷南アフリカの旧アパルトヘイト政策の一環として、都市近郊に設けられた黒人専用居住区。

ダウン-ジャケット〖down jacket〗ダウン(羽毛)を布地の間に入れた上着。軽く、保温性に富む。

ダウン-しょうこうぐん【ダウン症候群】シンドローム《Down's syndrome》染色体の異常により、知能障害と特異な顔貌がんぼうを示す疾患。1866年に英国の医師ダウンが報告。蒙古もうこ症。ダウン症。

タウンズ〖Charles Hard Townes〗[1915〜]米国の物理学者。レーダー研究からメーザーを開発し、レーザーを完成。1964年、ソ連のN=G=バソフ、A=M=プロホロフとともにノーベル物理学賞受賞。

ダウンスイング〖downswing〗❶ゴルフで、スイングの一連の動作のうちのクラブを振り下ろす動作。❷野球で、上から下へたたきつけるようにバットを振る打法。

ダウンスキャン-コンバーター〖down-scan converter〗▶スキャンコンバーター

ダウンストリーム〖downstream〗❶原子炉から取り出された後の、使用済み核燃料の処理・貯蔵・輸送・処分などの工程。❷通信回線における下流方向のこと。またはその伝送路のこと。インターネットなどのコンピューターネットワークの場合、利用者の端末を、衛星通信の場合は地上局を下流とする。

タウンズビル〖Townsville〗オーストラリア、クイーンズランド州北東部の都市。貿易港。

ダウンゾーニング〖downzoning〗一定地域を対象に建築物の指定容積率を引き下げ、無秩序な開発の規制を図る制度。一方で、住宅併用のオフィスビル建設など優良な開発計画に対しては元の容積率や緩和した容積率を認め、地域の改善を誘導しようとする。アメリカでは1980年代以来、大都市で行われており、日本も平成4年(1992)6月に誘導容積制度という類似の制度を導入した。

ダウン-タイム〖down time〗コンピューターシステムやネットワークサービスなどが稼動停止している時間のこと。

ダウンタウン〖downtown〗都市の下町。商業地域や繁華街。➡アップタウン (補説)「下町」とも訳されるが、英語ではふつう、ニューヨークのウォール街のような金融・ビジネスの中心地をさす。

ダウンバースト〖downburst〗積乱雲の下で強い下降気流が地面にぶつかり、水平に向きを変えて突風となる現象。急に発生して数分で消滅するが、離着陸時の航空機にとっては危険。水平に広がったときの直径が4キロメートル未満のものをマイクロバースト、それ以上のものをマクロバーストという。

タウン-ハウス〖town house〗低層の連続住宅で、共用の庭をもつもの。

ダウンビート〖downbeat〗音楽用語で、下拍。強拍。⇔アップビート。

ダウンヒル〖downhill〗❶下り坂。❷スキーの滑降競技。

ダウンフォース〖downforce〗F1などのレーシングカーで、駆動力を強め、操縦性を高めるために車体を路面に押しつける空気力学的な力。マイナスのリフト(負の揚力)。

ダウン-プルーフ〖down proof〗《ダウンを通さないの意》ダウンジャケットなどで、羽毛の飛び出しを防ぐために生地に特殊コーティングを施したもの。

タウンページ NTTの職業別電話帳の愛称。インターネット版の「iタウンページ」もある。

タウンマネージメント-きかん【タウンマネージメント機関】キワン 地域の中心市街地を盛んにするため、商工会・商店街組合・企業・市民・行政機関が協力して展開する事業を総合的に調整する組織。基本構想を市町村に提出、認定されると国・自治体から補助がある。TMO(town management organization)。

タウン-ミーティング〖town meeting〗政治家や閣僚などが一般市民に対して行う対話型の集会。(補説)本来は、米国の一部で採用されている地方自治制度の名称。有権者全員が集まり、行政や立法などに直接参加するもの。

ダウンライト〖downlight〗光源を天井に埋め込み、下方を直接に照明する方法。

ダウンリンク〖downlink〗通信回線の下り方向、またはその通信速度や使用する周波数帯域のこと。➡アップリンク

ダウンロード〖download〗〔名〕スル インターネットなどで、通信回線を介してまとまったデータ(ファイル)をホストコンピューターから受信すること。⇔アップロード。

たえ【×栲|×梓】たへ ❶カジノキなどの繊維で織った白い布。❷布類の総称。「にきー」「あらー」

たえ【▽妙】たへ〔形動〕図〔ナリ〕❶不思議なまでにすぐれているさま。何ともいえないほど美しいさま。「一なる楽の音」❷きわめてじょうずなさま。「歌にあやしくーなりけり」〈古今・仮名序〉(類語)素晴らしい・素敵すてき・見事みごと・立派・最高・絶妙・卓抜・秀逸・結構・目覚ましい・輝かしい・えも言われぬ

たえ-い・る【絶え入る】〔動ラ五(四)〕❶息が絶えて死ぬ。「一・るような声」❷気絶する。「童神子わらはみこは、夜半ばかりにはかにー・りにけり」〈平家・一〉 (類語)事切れる・絶え果てる・死ぬ

たえ-がた・い【堪え難い】たへ〔形〕図たへがた・し〔ク〕がまんすることができない。辛抱できない。「ー・い苦痛」「ー・い屈辱」(派生)たえがたさ〔名〕(類語)辛い・苦しい・憂うい・しんどい・苦痛である・切ない・やりきれない・たまらない・遣やる瀬ない・悲しい・物悲しい・うら悲しい・痛ましい・哀れ・哀切・悲愴ひそう・悲痛

たえ-か・ねる【堪え兼ねる】たへ〔動ナ下一〕図たへか・ぬ〔ナ下二〕これ以上、がまんできなくなる。こらえきれなくなる。「激痛にー・ねてうめく」

だ-えき【唾液】唾液腺から分泌される無色・無味・無臭の液体。大部分は水分で、ムチンやでんぷん分解酵素のプチアリンなどが含まれる。つば。つばき。(類語)つば・よだれ・つばき・生つば・かたず

だえき-せん【唾液腺】口腔内にあって唾液を分泌する腺。哺乳類では耳下腺・顎下がっか腺・舌下腺などがある。唾腺。

だえきせん-せんしょくたい【唾液腺染色体】ハエ・カなどの双翅そうし類の唾液腺細胞の静止核にみられる巨大な染色体。普通の染色体の100〜150倍もあり、全長にわたって横縞がある。遺伝学的研究の材料とされる。唾腺染色体。

たえ-こも・る【絶え籠もる】〔動ラ四〕世間との交渉を絶って引きこもる。「かくー・りぬる野山の末にも」〈源・橋姫〉

たえ-しの・ぶ【堪え忍ぶ|耐え忍ぶ】たへ〔動バ五(四)〕つらさや苦しさをがまんする。じっと辛抱する。「苦しい生活をー・ぶ」「悲しみをー・ぶ」(類語)耐える・忍ぶ・こらえる・辛抱する・我慢する・忍耐する・隠忍する・忍従する・頑張る

たえ・す【絶えす】㊀〔動サ変〕絶えるようになる。なくなる。尽きてしまう。「かがり火にたちそふ恋の煙こそ世にはー・せぬほのほなりけれ」〈源・篝火〉㊁〔動サ四〕絶えるようにする。たやす。「花を摘み、香かうをー・さず」〈浮・五人女・五〉

たえ-ず【絶えず】〔副〕とぎれることなく、引き続き行われているさま。間断なく。いつも。「一水が湧わき出ている」(類語)常に・常時・常常・終始・始終・ずっと

たえ-だえ【絶え絶え】㊀〔名・形動〕❶今にもとぎれそうでいながら、やっと続いていること。また、そのさま。「息もーな(の)ようす」「蚊遣の煙のーになったのを見て」〈鷗外・蛇〉❷続かずにきれぎれになること。とぎれとぎれになっていること。また、そのさま。「啜泣きは、まだーに聞えていた」〈芥川・秋〉「朝ぼらけ宇治の川霧ーにあらはれ渡るせぜのあじろ木」〈千載・冬〉㊁〔副〕長く続かずに時々切れるさま。とぎれとぎれ。「大殿おほいどのにはーまかで給ふ」〈源・帚木〉

たえ-て【絶えて】〔副〕❶ある事柄がとだえて長い時間がたったさま。その後ずっと。「卒業以来ー久しい御無沙汰である」❷あとに打消しの語を伴って、否定の意を強める語。全然。一向に。「そのような事件はー聞いたことがない」❸まったく。まことに。「玉の緒のー短き命もて年月長き恋もするかな」〈後撰・恋二〉

たえ-ぬ・く【耐え抜く】たへ〔動カ五(四)〕最後までじっとがまんする。最後まで持ちこたえる。「寒さにー・く」

たえ-の-うら【妙ノ浦】たへ 鯛ノ浦たいのうらの異称。

タエバスコヤ〖Taevaskoja〗エストニア南部の村。アファヤ川沿いの渓谷、洞窟、泉をはじめ、緑豊かな自然景観で知られる。

たえ-は・てる【絶え果てる】〔動タ下一〕図たえは・つ〔タ下二〕❶全く絶えてしまう。すっかりなくなってしまう。「人通りがー・てる」「望みがー・てる」❷息が絶えてしまう。死んでしまう。「遠い異国でー・てる」(類語)事切れる・絶え入る

たえま【当麻】謡曲。五番目物。世阿弥作。念仏僧が大和の当麻たいま寺を参詣すると、阿弥陀の化身の老尼と観世音の化身の侍女が現れて中将姫の話を語り、その夜、僧の夢に中将姫が現れ、仏法の徳をたたえて舞をまう。

たえ-ま【絶え間】❶物事の中断しているあいだ。「雨のー」「ーなく来客がある」❷広がっているものの、切れている部分。切れ間。「雲のー」(類語)始終

たえま-な・い【絶え間ない】〔形〕図たえまな・し〔ク〕物事が中断することがない。途絶えることなく続くさま。休みない。「ー・く流れる時間」「ー・い進化」

たえもん【太▽右▽衛門】たゑもん 美しい女。美人。「喜多八、見さっし、美しいーだ」〈滑・膝栗毛・初〉(補説)寛政

(1789〜1801)のころ、江戸で美しい牡丹を栽培するので有名だった牡丹屋太右衛門から出た語。また、「たゑもんどんの乙姫様が…」の童謡から出たともいう。

た・える【耐える|堪える】〔動ア下一〕図た・ふ〔ハ下二〕❶苦しいこと、つらいこと、嫌なことをじっとがまんする。辛抱する。こらえる。「厳しい訓練に―・える」「暑さに―・える」「憤慨に―・えない」❷外部から加えられる強い力や作用に対しても、屈したり影響を受けたりせず、抵抗する力をもつ。もちこたえる。「重労働に―・える」「高温に―・える構造」❸㋐(堪える)それをする能力がある。その力量がある。「任に―・える」㋑性能・力などがなくならずにある。「まだ使用に―・える」❹(堪える)わざわざそうするだけの価値がある。…に値する。「鑑賞に―・える作」「読むに―・えない」➡堪える(用法)
(類語)(❶)耐え忍ぶ・忍ぶ・こらえる・辛抱する・我慢する・忍耐する・隠忍する・忍従する・頑張る/(❷)持ち堪える・踏み堪える・凌ぐ・打ち克つ/(❹)値する・足りる・足る

た・える【絶える】〔動ア下一〕図た・ゆ〔ヤ下二〕❶続いていたものが途中で切れて続かなくなる。とぎれる。「人通りが―・える」「仕送りが―・える」❷切れたあと完全になくなってしまう。なくなる。尽きる。「血筋が―・える」「けんかが―・えない」❸呼吸が止まる。死ぬ。「命が―・える」(類語)やむ・とだえる・とぎれる

だ-えん【×楕円|×橢円】二つの定点からの距離の和が一定な点の軌跡。二定点を楕円の焦点という。長円。

だえん-あんごう-ほうしき【×楕円暗号方式】➡楕円曲線暗号

だえん-うんどう【×楕円運動】楕円形の軌道を描く運動。

たえんき-さん【多塩基酸】塩基度が2以上の酸。硫酸(二塩基酸)・燐酸(三塩基酸)など。

だえんきょくせん-あんごう【×楕円曲線暗号】《elliptic curve cryptosystem》楕円曲線という特殊な関数を用いた公開鍵暗号の総称。解を得ることが困難な楕円曲線上の離散対数問題の数学的な性質に基づく。

だえん-ぎんが【×楕円銀河】形による銀河の分類の一。渦巻き構造がなく、楕円状に見える銀河。形は円形から扁平なものまで、質量も極めて大きいものから小さいものまである。星間物質はほとんどなく、種族Ⅱの星からなる。楕円星雲。➡渦巻き銀河

だえん-けい【×楕円形】楕円状をなす形、あるいは、それに近い形。

だえん-せいうん【×楕円星雲】➡楕円銀河

だえん-たい【×楕円体】楕円面によって囲まれている立体。

だえん-へんこう【×楕円偏光】➡回転偏光

だえん-めん【×楕円面】二次曲面の一。方程式

$$\frac{x^2}{a^2}+\frac{y^2}{b^2}+\frac{z^2}{c^2}=1$$

で表される曲面。$a=b$, $b\neq c$ のときは回転楕円面となり、$a=b=c$ のときは球面となる。

たお【×撓】❶山頂の道のある所。峠。〈日葡〉❷山と山の間のくぼまった所。鞍部。〈文明本節用集〉

タオイズム〖Taoism〗道教。また、老荘哲学。

た-おうぎ【田扇】三重県伊勢市楠部で、5月下旬の伊勢神宮御田植え祭りに用いるうちわ。これで田をあおいで害虫を追い払うまじないとし、また、家の柱にかけて安産のお守りとする。

た-おおい【手覆】甲冑の籠手の、ひじから先の部分。また、特に手の甲をおおう部分。

たおか-のりお【田岡典夫】[1908〜1982]小説家。高知の生まれ。フランスから帰国し、俳優学校で学んだ後に作家活動に入る。郷里の土佐を舞台とした時代小説で知られる。「強情いちご」およびその他の作品で直木賞受賞。他に「しばてん榎文書」「小説野中兼山」「権九郎旅日記」など。

たおか-れいうん【田岡嶺雲】[1870〜1912]評論家・中国文学者。高知の生まれ。本名、佐代治。社会主義評論で活躍。著「壺中観」「明治叛臣伝」「数奇伝」など。ほとんどが発売禁止に処せられた。

た-おこし【田起(こ)し】収穫後や稲を植える前の乾いた田の土を掘り起こし、細かく砕く作業。田打ち。

た-おさ【田▽長】❶田の主。農夫の長。❷《「田長鳥」または「死出田長」の略》ホトトギスの別名。➡死出の田長

たおさ-どり【田▽長鳥】ホトトギスの別名。

たお・す【倒す】〔動サ五(四)〕❶力を加えて、立っている状態のものを横にする。横にねかす。また、ころばす。「木を―・す」「からだを―・す」「足をかけて―・す」❷(「殪す」「斃す」「仆す」とも書く)殺す。「銃で―・す」「一刀のもとに―・す」❸勝負で相手を打ち負かす。打ち破る。「優勝候補のチームを―・す」❹政体・国家などを存続できなくする。くつがえす。滅ぼす。転覆する。「内閣を―・す」「幕府を―・す」❺借りた金を返さず、相手に損害を与える。ふみたおす。「飲食代を―・す」(可能)たおせる
(類語)(❶)ひっくり返す・覆す・転がす・転ばす・倒す・裏返す・翻す・跳ね返す・転覆・逆転・逆様(横にする)寝かす・横たえる/(❸)破る・討つ・討ち果たす・なぎ倒す・打ち破る・打ち負かす・打ち取る・下す・屠る・やっつける・打倒する・ノックアウトする

たお-たお〔副〕しなやかなさま。たおやかなさま。たわたわ。「夕日の光をあびて―と羽ばたいてゆく五位のむれを」〈中勘助・銀の匙〉

たお・む【×撓む】㊀〔動マ四〕曲がる。傾く。たわむ。「花が咲いては―・うだ枝に実がなる」〈田植草紙〉㊁〔動マ下二〕曲げる。傾ける。「稲の柱をおし―・めねば扱かれぬ」〈田植草紙〉

ダオメー〖Dahomey〗アフリカ西部の共和国ベナンの旧称。ダホメー。

たお-やか〔形動〕図〔ナリ〕《「たお」は「たわ(撓)」の音変化》❶姿・形がほっそりとして動きがしなやかなさま。「―な少女のからだ」「―になびく柳」❷態度や性質がしとやかで上品なさま。「―な女性」「―な身のこなし」(派生)たおやかさ〔名〕

たお-や・ぐ〔動ガ四〕物腰・態度がもの静かで上品になる。しなやかになる。「母君は、ただいと若やかにおほどかにて、やはやはとぞ―・ぎ給へりし」〈源・玉鬘〉

たおや-め【手▽弱女】たおやかな女性。なよなよと優美な女性。たわやめ。⇔益荒男。
(類語)女・女性・女子・婦女・婦女子・おなご・おみな・あま・女史・雌・婦人・女人・女人・ウーマン

たおやめ-ぶり【手▽弱女振り】女性的で、優美・繊細な歌風。万葉集の「ますらおぶり」に対し、主として古今集以後の勅撰集に広くみられる詠みぶりをいう。

たおり【×撓り】山の稜線のくぼんで低くなっている所。鞍部。たわ。「高山の峰の―に射目立ててしし待つごとく」〈万・三二七八〉

タオル〖towel〗❶布面に小さな糸の輪を織り出した綿織物。柔軟で吸水性に富む。タオル地。❷タオル地製の西洋手ぬぐい。「バス―」
(類語)手拭・手拭い・ハンカチ・お絞り・手巾

タオルを投げる ボクシングで、敗色濃厚で選手がこれ以上戦えないと判断して、その選手のセコンドがリング内にタオルを投げ入れ、試合の放棄を表明すること。転じて、意欲を喪失して中途でやめるたとえ。

た-お・る【手折る】〔動ラ五(四)〕❶道具を使わないで手で花や枝を折る。「桜の一枝を―・る」❷女性をわがものにする。「うら若い淑女を―・る」
(類語)折る・へし折る・折れる

たお・る【倒る】〔動ラ下二〕「たおれる」の文語形。

タオル-ケット《和 towel＋blanketから》夜具、特に上掛けとして用いられる厚手で大きめのタオル地。

タオルミーナ〖Taormina〗イタリア南部、シチリア島、シチリア自治州の町。海抜250メートルの高台に位置し、イオニア海を望む観光保養地として知られる。古代ギリシャ、ローマの植民都市が置かれた。紀元前3世紀に造られて現在も使われている円形劇場がある。

たおれ【倒れ】❶倒れること。ころぶこと。❷貸した金などを取り戻せないこと。貸し倒れ。損失。「もしあがらぬと、あなたのお―ぢゃがようござりますか」〈滑・膝栗毛・五〉❸(他の語の下に付き、「だおれ」の形で)㋐そのものに溺れて身上をつぶすこと。「京の着―、大阪の食い―」㋑見せかけだけで実体が伴わないこと。「看板―」「計画―」

だおれ【倒れ】「たお(倒)れ❸」に同じ。「食い―」「位―」

たおれ-かか・る【倒れ掛(か)る】〔動ラ五(四)〕❶倒れて物にもたれかかる。「植木が垣根に―・っていた」❷倒れはじめる。また、今にも倒れそうである。「―・った電柱」

たおれ-こ・む【倒れ込む】〔動マ五(四)〕倒れてしまう。「足の痛みに耐えかねて―・む」

たおれ-ふ・す【倒れ伏す|倒れ×臥す】〔動サ五(四)〕倒れて横たわる。また、倒れて泣く。「長いすに―・す」「げに面影の花松かとて、抱きあひて―・す」〈謡・丹後物狂〉

たお・れる【倒れる】〔動ラ下一〕図たふ・る〔ラ下二〕❶立っている状態を続けられなくなって横になる。支える力を失ってころんだり、倒壊したりする。「暴風で木が―・れる」「石につまずいて―・れる」❷病気になって床につく。「心労で―・れる」❸(「殪れる」「斃れる」「仆れる」とも書く)命を奪われる。殺される。死ぬ。「敵弾に―・れる」❹勝負で負かされる。屈する。「横綱が―・れる」「三振に―・れる」❺政体・国家などがくつがえる。滅びる。「内閣が―・れる」❻資金などが続かなくなり仕事がゆきづまって、店・会社などがつぶれる。倒産する。「不景気で―・れる会社が多い」(類語)(❶)ひっくり返る・覆る・転がる・転げる・転ぶ・倒ける・転倒する・横転する・転覆する・倒壊する・卒倒する・昏倒する・潰れる/(❷)寝込む・寝付く・臥せる・寝る/(❸)死ぬ・亡くなる・死する・没する・果てる・眠る・瞑する・逝く・事切れる・身罷る・先立つ・旅立つ

倒るる所に土を掴む 「転んでもただは起きない」に同じ。「受領は―・めとこそ」〈今昔・二八・三八〉

倒れて後已む 《「礼記」表記から》死ぬまで努力しつづけて屈しない。

倒れても土を掴む 「倒るる所に土を掴む」に同じ。

だ-おろし【駄卸】馬に積んだ荷物を、そのままおろし売りにすること。駄売り。

た-か【多寡】多いことと少ないこと。多いか少ないかの、その量・額。多少。「人員の―は問わない」

たか【高】《他の語の下に付いて複合語をつくるときは、一般に「だか」となる》❶数量・金額などを合計したもの。収穫量や知行の額、また金銭の総額など。「生産―」「石―」「現在―」「持ち出した資本の―迄話した」〈漱石・門〉❷基準となる額に比べて高値であること。「五円―の相場」❸程度の高いこと。また、限度・限界。㋐物事のゆきつくところ。つまるところ。「死ぬるを―の死出の山」〈浄・曽根崎〉㋑せいぜいのところ。「二、三年は稽古だの何だのと何にもならねえ。十両が―だ」〈洒・通神蔵〉➡高が❹物事の要点や、あらまし。大略。「―をさへのみこめば、その上は時の才覚」〈浄・娥歌かるた〉❺名詞・動詞の上に付いて複合語をつくる。㋐形や位置が高い意を表す。「―殿」「―照らす」㋑音声が大きい意を表す。「―笑い」「―話」「―鳴る」㋒りっぱだという意のほめことばとして用いる。「―知る」「―敷く」

高が知・れる 程度がわかる。大したことはない。「数が多いといっても―・れている」

高を括・る その程度を予測する。大したことはないと見くびる。「―・って手ひどい目にあう」

たか【×鷹】タカ目タカ科の鳥のうち、小形ないし中形のものの総称。多く生きた動物を食し、鋭いつめをもち、くちばしの先は鋭く鉤形に曲がる。鷹狩りには

オオタカ、地域によりクマタカが用いられた。ハイタカ・ノスリ・チュウヒ・トビなど。〖季 冬〗「一一つ見つけてうれしいらこ崎/芭蕉」

鷹は餓(う)えても穂を摘まず　鷹はどんなに飢えても穀物は食べない。高潔な人は、どんなに困っても、道理に合わない金品は受けないことのたとえ。

鷹を合わ・す　鷹を放って、鳥を捕らえさせる。

たか【▽竹】〔語素〕他の語の上に付いて複合語をつくる。たけ。「一むら」「一はら」

た-が【他我】自我に対して、他人に存在すると考えられる我。

たが【×箍┊×篐】竹を割き、編んで輪にしたもの。桶(おけ)・樽(たる)などの外側にはめて締めかためるのに用いる。金属製のものもある。

箍が緩(ゆる)・む　緊張がゆるんだり、年老いたりして、しっかりしたところがなくなる。締まりがなくなる。「組織の一・む」「一・んで遊びほうける」

箍を締・める　ゆるんだ規律や心持ちを引き締める。「連勝に浮かれる選手たちの一・める」

箍を外(はず)・す　規律や束縛から抜け出す。はめを外す。「今日一日は一・して大騒ぎしよう」

た-が【▽誰が】〔連語〕《代名詞「た」＋格助詞「が」》❶(連体修飾語としての用法)だれの。「一ために鐘は鳴る」「防人にゆくは一背と問ふ人を見るがともしさ物思(ものもひ)もせず」〈万・四四二五〉❷(主語としての用法)だれが。「一踏みそめしかたみぞと」〈藤村・初恋〉「玉簾一許さばかひま求むべき」〈伊勢・六四〉

だ-が〔接〕前に述べた事柄と反対・対立の関係の内容を述べるのに用いる語。そうではあるが。けれど。だけど。「失敗した。一有意義な経験だった」

(類語)ところが・しかし・けれども・が・けれど・それでも・でも・しかしながら・然るに・ただ

ダガー〖dagger〗❶記述記号の「†」。参照符や注に用いる。短剣符。❷❶の記号のような形の短剣。短刀。両刃のナイフで、投げて使うこともある。ダガーナイフ。

たか-あがり【高上(が)り】❶高い所にのぼること。「桂馬(けいま)の一」❷費用が予想以上にかかること。❸上座につくこと。❹思い上がること。「人は分もなうて一をしたがるぞ」〈玉塵抄・二〉

たか-あぐら【高胡=坐】無遠慮にあぐらをかくこと。「一で居座る」

たか-あし【高足】❶足を高く上げて歩くこと。❷足が長いこと。あしだか。❸竹馬のこと。❹膳(ぜん)などの足の高いもの。こうそく。❺田楽で、十字形の棒の横木に両足をのせて跳び歩く芸。また、その道具。こうそく。❻歌舞伎の大道具の一つで、二重舞台のうち最も高いもの。2尺8寸(約85センチ)の高さで、御殿・寺院の建物や高い土手などに用いる。

たかあし-がに【高足×蟹】クモガニ科の世界最大のカニ。雄は両脚を伸ばすと3メートルを超える。日本特産で、本州の太平洋岸の海底にすむが、春の産卵期には浅海に移動する。

たか-あしだ【高足駄】普通より歯の高い足駄。現在の高下駄に相当。➡平足駄(ひらあしだ)

ダガー-ナイフ〖dagger knife〗▶ダガー❷

ダ-カーポ〖(イタリア) da capo〗楽譜で、曲の初めに戻って演奏することを指示する語。略号D.C.

ダ-カーポ-アリア〖(イタリア) da capo aria〗17世紀後半から18世紀中ごろにかけて重用され、発展したアリアの形式。A・B・Aの三部形式によるもの。

たか-あみ【高網】❶鳥網の一。水辺に高さ2メートルほどの竹を向かい合わせて立て、もち糸を張り、カモなどを捕る。❷巻網の一。袖網(そであみ)と袋網とからなり、ムロアジを捕る。

ダカール〖Dakar〗セネガル共和国の首都。アフリカ大陸西端のベルデ岬にある。南アメリカ大陸に最も近い。人口、行政区108万(2007)。

たか-アルコール【多価アルコール】分子中に水酸基を2個以上もつアルコール。エチレングリコール(二価)、グリセリン(三価)など。

ダカール-ラリー〖Dakar rally〗世界的な自動車ラリー競技大会。創始者はフランスのティエリー＝サビーヌ。フランスのパリからセネガルのダカールまで約1万2000キロメートルを走破する「パリ-ダカールラリー」として1979年に創設。92年以降はほぼ毎年ルートを変更しながら開催され、名称も変更されたが、日本では現在も「パリダカ」の愛称で呼ばれる。(補説)砂漠などの厳しい自然環境や政情不安定な地域を通過することから「世界一過酷なレース」ともいわれる。2007年まではアフリカで開催されてきたが、治安の悪化により2008年に初めて中止を余儀なくされ、2009年からは南米のアルゼンチン・チリに舞台を移して開催されている。日本人では、1997年に篠塚建次郎、2002、2003年に増岡浩が四輪の部で優勝している。

た-かい【他界】〔名〕(スル)❶自分が属さない世界。よその世界。❷死後の世界。あの世。来世。また、夢や忘我状態のときに魂がさまよう所。❸死ぬことを婉曲にいう語。「祖父は昨年暮れに一しました」

(類語)永逝・永眠・長逝・逝去・死去・死亡・死没・物故・往生・成仏・昇天・急逝・落命・絶命・絶息

たか・い【高い】〔形〕(文)たか・し〔ク〕❶㋐物が、地面などの基準になるところから、かなり上の位置にある。「日が一・い」「頭上一・く翻る旗」「手を一・く上げる」⇔低い。㋑垂直方向への伸びぐあいが大きい。基準となる面からの出っ張りが大きい。「一・く積み上げる」「一・い鼻」⇔低い。❷㋐声量が大きい。また、音声の振動数が多い。音域が上である。「興奮して声が一・くなる」「一・い音の出る楽器」⇔低い。㋑広く知れわたっている。「名声が一・い」「悪名が一・い」❸㋐物事の程度が他よりも上である。また、水準よりも上である。「教養が一・い」「お目が一・い」「格調一・い作品」「香りが一・い花」⇔低い。㋑目標などがりっぱである。高邁・高遠である。「志が一・い」「プライドが一・い」⇔低い。❹㋐数値が大きい。また、度合いが大きい。「温度が一・い」「平均年齢が一・い」「栄養価が一・い」⇔低い。㋑金額がかさむさま。また、ある金額に占める割合が大きいさま。「一・く売れる」「税金が一・い」⇔低い/安い。❺他人を見下すさま。おごりたかぶるさま。多く「お高い」の形で用いる。「お一・い人」「乙に一・く留まって平気でいるじゃないか」〈漱石・明暗〉➡御高(おたか)い　(派生)たかさ〔名〕

(…句)腰が高い・敷居が高い・頭(ず)が高い・鼻が高い・目が高い・父の恩は山より高し

(類語)上・高度・高次・高等・高級・上位・上級・ハイグレード・ハイクラス・ハイレベル

高きに登るは必ず低きよりす　《「書経」太甲下から》物事を進めるには順序があり、まず手近なところから始めなければならないことのたとえ。

高く付(つ)・く　安いものを買ったつもりが、後日の出費でかえって高いものになってしまう。「結局、一・いてしまった」

たがい【互い】(たがひ)相対する関係にある二者。双方、または、そのひとつひとつ。「お互い」の形でも用いる。「一の意思を尊重する」「一が譲り合う」

互いに素(そ)　❶二つの整数が1または－1以外の公約数をもたないこと。❷二つの整式が定数以外の公約数をもたないこと。❸二つの集合が共通部分をもたないこと。

たがい【▽違い】(たがひ)ちがっていること。合っていないこと。相違。「評判に一はない」

だ-かい【打開】〔名〕(スル)困難な状態や行き詰まった事情などを切り開いて、解決の糸口をつけること。「局面を一する」「一策」(類語)突破・打破・ブレークスルー

たかい-きとう【高井几董】(たかゐ-)[1741～1789]江戸中期の俳人。京都の人。名は小八郎。別号、晋明・春夜楼など。与謝蕪村(よさぶそん)の高弟で、のち夜半亭3世を継いだ。編著「其雪影」「あけ烏(がらす)」、句集「井華(せいか)集」など。

たかい-こうざん【高井鴻山】(たかゐ-)[1806～1883]幕末・明治初期の陽明学者。信濃の人。本名、市村健。京都で梁川星巌(やながわせいがん)に、江戸で佐藤一斎に師事。攘夷(じょうい)論・公武合体論を唱えた。明治維新後、東京・長野に高矣義塾(たかいぎじゅく)を開いた。

たかいし【高石】大阪府南部の市。大阪湾に面し、臨海住宅地として発達。海岸はかつて高師の浜の景勝地として知られた。人口6.0万(2010)。

たかいし-し【高石市】▶高石

たがい-ずく【互い▽尽く】(たがひづく)当事者どうしで相談したうえのこと。「常に密夫する事も、皆一なり」〈浮・好色貝合〉

たがい-せん【互い先】(たがひ-)囲碁や将棋で、互いに優劣のない者が交互に先手になって対局すること。相先(あいせん)。➡定先(じょうせん)

たがい-ちがい【互い違い】(たがひちがひ)双方から入れかわること。また、二つのものが一つおきに置かれること。交互。「大小一に並べる」

たかいど【高井戸】(たかゐど)東京都杉並区の地名。もと甲州街道の宿駅。

たがい-に【互いに】(たがひ-)〔副〕双方が同じようなことをしあうさま。また、同じような状態にあるさま。「一顔を見合わす」「一助け合う」

(類語)交互に・相互に・かわりばんこ・代わる代わる

たか-いぬ【×鷹犬】鷹狩りに用いる犬。

たか-いびき【高×鼾】音の大きいいびき。また、ぐっすり寝入っていること。「騒ぎをよそに一をかく」

たがい-め【▽違ひ目】(たがひ-)物事の食い違っているところ。「その中に一ありて、つつしませ給ふべきことなむ侍る」〈源・若紫〉

たかい-ゆういち【高井有一】(たかゐイウイチ)[1932～　]小説家。東京の生まれ。本名、田口哲郎。共同通信社勤務のかたわら、立原正秋(たちはらまさあき)らと同人誌「犀(さい)」を創刊。「北の河」で芥川賞受賞。他に「この国の空」「夜の蟻(あり)」「高らかな挽歌」「時の潮(うしお)」など。日本芸術院会員。

たかい-らんざん【高井蘭山】(たかゐ-)[1762～1838]江戸後期の読本(よみほん)作者。江戸の人。名は伴寛。通称、文左衛門。作「絵本三国妖婦伝」「星月夜顕晦録(ほしづくよけんかいろく)」など。

たが・う【▽違う】(たがふ)㊀〔動ワ五(ハ四)〕❶相違する。一致しない。ちがう。「寸分一・わない」❷ある基準からはずれる。また、従わない。そむく。「予想に一・わぬ結果」「神の教えに一・う」㊁〔動ハ下二〕「たがえる」の文語形。

たか-うきぼり【高浮(き)彫(り)】浮き彫りの一。絵・模様・文字などを厚く浮き上がらせたもの。高肉彫り。⇔薄浮き彫り。

たか-うすべお【×鷹護=田=鳥尾┊高薄▽部尾】(-うすべを)矢羽の一。うすべおの、斑の部分が多いもの。たかうすびょう。➡うすべお

たか-うね【高畝】地平面から15センチくらい高く盛りあげた畝。排水・通気がよいので、水分の多い土地や乾燥を好む作物栽培時に用いる。

たがえ【▽違え】(たがへ)❶たがえること。ちがえること。❷「方違(かたたが)え」に同じ。「一こそはせましか」〈かげろふ・下〉

た-がえ・す【▽耕す】(-がへす)〔動サ四〕《「田返す」の意。古くは「たかえす」》田畑の土を掘り返す。たがやす。「此頃のしづが一・すからすきの」〈土御門院集〉

た-がえ・る【手返る】(-がへる)〔動ラ四〕鷹狩りで、放った鷹が鷹匠の手に返る。「おぼつかな一・る鷹もいかならんかりばの小野の雪ぐれの空」〈夫木・一八〉

たが・える【▽違える】(たがへる)〔動ア下一〕(文)たが・ふ〔ハ下二〕❶一致しないようにする。くいちがわせる。「順序を一・える」「方針を一・える」❷すでに決まったことに従わないようにする。そむく。「約束を一・える」❸判断や行動を誤る。まちがえる。「計算を一・える」「道を一・える」❹方違(かたたが)えをする。「いづくにか一・へむ」〈源・帚木〉

たかお【高尾】(たかを)東京都八王子市の地名。高尾山の東麓にある。多摩御陵などがある。

たかお【高尾】(たかを)江戸時代、江戸新吉原の三浦屋に抱えられた遊女の源氏名。11代続いた。「子持ち高尾」「万治高尾」「紺屋高尾」などの異称をもつ者もいた。

たかお【高雄】(たかを)台湾南西部の港湾・工業都市。台湾第2の都市で、重工業が盛ん。旧称、打狗(ターカオ)。

人口、都市圏83万(1970)。カオション。

たかお【高雄┆高尾】京都市右京区の地名。清滝川に沿う景勝地で、北に接する栂尾・槙尾とともに三尾とよばれる紅葉の名所。高雄山中腹には神護寺がある。

たか-おうぎ【高扇】❶田楽の道具の一。さおの先に大きな扇をつけたもの。❷扇を高く上げてゆっくりあおぐこと。得意そうなさまにいう。「上下を見上げ見下ろして、━を使ひて」〈今昔・三一・六〉

たか-おか【高丘┆高岡】高いおか。岡。

たかおか【高岡】富山県北西部の市。古くから鋳物などを生産。最近はアルミ工業も盛ん。前田利長が築いた高岡城の跡がある。平成17年(2005)11月、福岡町と合併。人口17.6万(2010)。

たかおか-し【高岡市】▶高岡

たかおか-しんのう【高岳親王】真如の俗名。

たかおか-ほうかだいがく【高岡法科大学】富山県高岡市にある私立大学。平成元年(1989)に開設された。法学部の単科大学。

たか-おかみ【高龗】記紀神話で、闇龗とともに水をつかさどる竜神。京都の貴船神社の祭神。

たかお-こくていこうえん【高尾国定公園】▶明治の森高尾国定公園

たかお-さん【高尾山】東京都八王子市にある山。標高599メートル。多くの動植物がみられ、明治の森高尾国定公園に指定される。山頂に薬王院有喜寺がある。

たかおさんげ【高尾懺悔】歌舞伎舞踊。長唄。本名題「高尾懺悔の段」。藤本斗文作詞、杵屋新右衛門作曲。延享元年(1744)江戸市村座初演。傾城高尾の亡霊が現れて生前のことを懺悔するもの。

たかお-まんだら【高雄曼荼羅】京都高雄の神護寺蔵の、現存する日本最古の両界曼荼羅。天長年間(824～834)空海が唐から請来した彩色原本をもとに赤紫綾地に金泥・銀泥の描線を用いて描いたもので、唐代の画風を的確に伝える。

たか-か【多花果】▶複果

たか-が【高が】〘副〙程度・質・数量などが、取るに足りないさま。問題にするほどの価値のないさま。「━子供となめてかかる」「━一度の失敗」

たか-がい【鷹飼い】❶狩猟用に、鷹を飼い慣らして訓練すること。❷「鷹匠❶」に同じ。

たかがかり-もの【高掛(か)り物】江戸時代、村高に応じて賦課された付加税の総称。

たか-がね【高金】多額の金銭。大金。「━出した奉公人を、いけふさぶさしい色男め」〈人・梅児誉美・四〉

たか-がや【高茅┆高萱】ススキなどの、細くて丈の高い草。

たか-からげ【高絡げ┆高紮げ】着物の裾を高くからげること。また、その格好。

たか-がり【鷹狩(り)】飼い慣らし訓練した鷹や隼を山野に放って、野鳥・小獣を捕らえさせる狩猟。古く朝鮮半島から伝来したといわれ、宮廷・武家に長く伝わった。放鷹。鷹野。(季 冬)

たか-かんすう【多価関数】独立変数の一つの値に対して従属変数の値が二つ以上対応しうるような関数。

たか-き【高木】丈の高い木。喬木。こうぼく。

たか-き【高城】山地にある城。高い土地に構えたとりで。「宇陀の━に鴫罠張る」〈記・中・歌謡〉

たかぎ-あきみつ【高木彬光】[1920～1995]推理作家。青森の生まれ。本名、誠一。江戸川乱歩の推奨で「刺青殺人事件」が刊行されデビュー。「能面殺人事件」で探偵作家クラブ賞受賞。他に「成吉思汗の秘密」「白昼の死角」「破戒裁判」など。

たかぎ-いちのすけ【高木市之助】[1888～1974]国文学者。愛知の生まれ。九大・名大教授。万葉集など古代文学を中心に、文芸学的研究にすぐれた業績を残した。著「吉野の鮎」「古文芸の論」など。

たかぎ-かねひろ【高木兼寛】[1849～1920]衛生学者。日向の人。海軍軍医総監。日本初の医学博士。有志共立東京病院(東京慈恵会医大病院の前身)を設立したほか、海軍の食事を麦飯に替えて脚気の防止に努めたことで知られる。

たかぎ-ていじ【高木貞治】[1875～1960]数学者。岐阜の生まれ。東大教授。代数学における類体論を研究、日本の数学が国際的に認められる基礎を築いた。著「解析概論」「代数的整数論」など。

たかぎ-とくこ【高木徳子】[1891～1919]舞踊家・女優。東京の生まれ。本名、とく。旧姓、永井。浅草常盤座において歌とダンスで人気を博し、浅草オペラの先駆者として活躍した。

たかぎ-のぶこ【高樹のぶ子】[1946～　]小説家。山口の生まれ。本名、鶴田信子。「光抱く友よ」で芥川賞受賞。恋愛小説を多く書く。「HOKKAI」で芸術選奨。他に「水脈」「透光の樹」など。

たか-きび【高黍】モロコシの別名。

たかぎ-もりみち【高木守道】[1941～　]プロ野球選手・監督。愛知の生まれ。昭和35年(1960)中日に入団。巧みな二塁守備と盗塁で活躍。引退後、平成4年(1992)から4年間中日の監督を務め、同24年ふたたび中日監督に就任。

た-かく【多角】❶かどの多いこと。❷いろいろな方面にわたること。(類語)多方面・多面・多岐・多様・多種

た-がく【多額】〘名・形動〙金額がかさむこと。また、そのさま。「━な(の)寄付」⇔少額。(類語)巨額・高額

だ-かく【拿獲】〘名〙スル　つかまえて、ぶんどること。拿捕。

たかく-あいがい【高久靄厓】[1796～1843]江戸後期の南画家。下野の人。谷文晁・池大雅らに学び、さらに明・清画法を研究した。

たかく-か【多角化】〘名〙スル　多方面・多分野にわたるように拡大すること。「経営を━する」

たかく-けい【多角形】三つ以上の線分で囲まれた平面図形。三角形・四角形・五角形などという。多辺形。たかっけい。

たかく-けいえい【多角経営】一企業が数種の業種を同時に経営すること。企業成長・経営安定・危険分散などを目的とする。

たかく-しょうじょう【他覚症状】患者以外の人が客観的にとらえることのできる症状。

たかくす-じゅんじろう【高楠順次郎】[1866～1945]仏教学者。広島の生まれ。旧姓、沢井。号、雪頂。東京外語校長・東大教授・東洋大学長。英国でマックス=ミュラーに師事し、インド学・梵語学を学ぶ。昭和19年(1944)文化勲章受章。「大正新修大蔵経」「南伝大蔵経」など編著が多い。

たかく-てき【多角的】〘形動〙いくつかの方面にわたるさま。「━に検討する」

たかく-のうぎょう【多角農業】労働力・土地・機械・施設などを効率よく活用し、稲作・野菜・果樹・草花・畜産などを組み合わせて行う農業のこと。

たがくのうぜいしゃ-ぎいん【多額納税者議員】明治憲法下における貴族院の勅任議員の一。各府県ごとに多額の直接国税を納める満30歳以上の男子の中から互選された議員。任期は7年。

たかく-ぼうえき【多角貿易】2国間貿易における収支の不均衡を防ぎ、貿易の拡大を図るために、3か国以上で多角的決済方式によって行われる貿易。三角貿易など。

たかくま-さんち【高隈山地】鹿児島県、大隅半島西部にある山地。鹿児島湾沿いに南北に連なり、北は霧島市福山町付近から南は鹿屋市古江付近まで南北約25キロ、東西約15キロ続く。そのうち標高1000メートル以上の山岳群を総称して高隈山と呼ぶこともある。最高点は大箆柄岳で1236メートル。自生ツツジ・照葉樹林のほか渓谷・山岳など景観に富む。

たか-ぐもり【高曇(り)】空の高いところに一面に雲がかかって、曇っていること。雲量が9以上で、高層雲・高積雲が他の雲よりも多い場合をいったが、現在の気象観測では使用しない。

たか-くら【高倉】建物の床を高くし、柱で支える構造の倉。ネズミの害や湿気などを防ぐ。現在でも奄美群島や東南アジアなどにみられる。

たか-くら【高座】一段高く設けた座席。天皇の玉座などの類。こうざ。

たかくら-てんのう【高倉天皇】[1161～1181]第80代の天皇。在位1168～1180。後白河天皇の第7皇子。名は憲仁。後白河法皇の院政下に即位し、平清盛の娘徳子(建礼門院)を皇后としたが、法皇と清盛の不和を憂えて安徳天皇に譲位。

たかくら-の【高座の】〘枕〙高座の上に御蓋がつるされるところから、「みかさ」にかかる。「━三笠の山に鳴く鳥のやめば継がるる恋もするかも」〈万・三七三〉

たかくら-りゅう【高倉流】衣紋の流派。室町時代から高倉家がその流儀によって公家の装束の着付けに携わり、のちに公家・武家の装束調進にも当たった。➡山科流

たかくわ-らんこう【高桑闌更】[1726～1798]江戸中期の俳人。加賀の人。名は忠保または正保。蕉風の復興に努め、天明の俳諧中興に貢献。編著「芭蕉翁消息集」「俳諧世説」、句集「半化坊発句集」など。

たか-げた【高下駄】歯の高い下駄。歯は差し歯で、磨り減ると差し替える。➡足駄

たか-ごえ【高声】張り上げた声。大声。「━を出す」「━でわめき立てる」

たか-ごし【高腰】腰を高くして、からだをかがめないこと。

高腰を掛か・く　いばって腰掛ける。傲慢な態度をとる。「某に一礼もぬかさいで、━・けて」〈虎明狂・犬山伏〉

たか-ことば【鷹詞】タカを使う人が用いる特殊な言葉。近世に、公家や武家の間で流行した。鷹が身振いすることを「たぶるい」という類。

たか-さ【高さ】❶高いこと。また、その度合い。「━を測る」「天井の━まで積み上げる」❷図形の上下の長さ。三角形の頂点から底辺に垂直におろした線の長さなど。

た-がさ【田笠】田植えなどの際にかぶるかさ。

たかさ-アクセント【高さアクセント】日本語などにみられる高低を主としたアクセント。高低アクセント。➡強さアクセント

たかさき【高崎】群馬県南部の市。中山道の宿場町。今も鉄道交通の要地。井伊直政が和田城を高崎城と名づけて以来の名。商工業や福達磨の製造が盛ん。白衣大観音がある。平成18年(2006)1月、周辺4町村を、10月に榛名町を編入。同21年6月、吉井町を編入。旧新町は飛び地となっている。人口37.1万(2010)。

たかさき-けいざいだいがく【高崎経済大学】群馬県高崎市にある市立大学。昭和27年(1952)設置の市立短期大学を母体に、同32年4年制大学として発足。平成23年(2011)公立大学法人となる。

たかさき-けんこうふくしだいがく【高崎健康福祉大学】群馬県高崎市にある私立大学。平成13年(2001)の開設。同17年に大学院を設置した。

たかさき-し【高崎市】▶高崎

たかさき-しょうかだいがく【高崎商科大学】群馬県高崎市にある私立大学。平成13年(2001)の開設。商学部の単科大学。同18年大学院を設置。

たかさき-せん【高崎線】大宮と高崎とをつなぐJR線。信越・上越方面に向かう列車はすべて経由。全長74.7キロ。

たかさき-たび【高崎足袋】江戸中期、高崎で作られた足袋。木綿の地に木綿糸で刺し縫いをし、足首の部分の高さがやや低いもの。

たかさき-まさかぜ【高崎正風】[1836～1912]歌人。薩摩の生まれ。桂園派の八田知紀に師事。御歌所所長。著「進講筆記」「埋木廼花」など。

たかさき-やま【高崎山】大分市西部、別府湾に臨む山。標高628メートル。ニホンザルの群棲は日本最

大で天然記念物。

たかさ-ゲージ【高さゲージ】機械加工の際に、工作物の高さの測定や罫書(けがき)に用いる測定器。ハイトゲージ。

たかさご【高砂】㊀兵庫県南部の市。加古川河口にあり、播磨灘(はりまなだ)に面する。重化学工業が盛ん。人口9.4万(2010)。➡高砂神社 ㊁謡曲。脇能物。世阿弥作。阿蘇(あそ)の神官が高砂の浦へ来ると、住吉(すみのえ)と高砂の松の精が現れて松の長寿と和歌の繁栄を語り、人の世をことほぐ。㊂㊁に基づく種々の邦楽曲。長唄・一中節など。㊃台湾の異称。

たかさご-し【高砂市】►高砂㊀

たかさご-じんじゃ【高砂神社】兵庫県高砂市にある神社。祭神は須佐之男命(すさのおのみこと)・櫛名田比売命(くしなだひめのみこと)・大己貴命(おおなむちのみこと)。境内に、謡曲「高砂」で有名な相生(あいおい)の松がある。俗称、ぎおんさん。

たかさご-そう【高▽砂草】(ーサウ) キク科の多年草。日当たりのよい野原に生え、高さ約30センチ。葉は羽状に裂け、初夏、周囲が淡紫色で中央が白色の花を開く。

たかさご-ぞく【高▽砂族】台湾に住む高山族に対する日本統治期の呼称。

たかさご-だい【高▽砂台】州浜(すはま)形の台に相生(あいおい)の松を立て、その下に尉(じょう)と姥(うば)の人形を立てた飾り物。

たかさご-の【高▽砂の】〔枕〕高砂の地が松と尾上(おのえ)の鐘で名高いところから、「まつ」「尾上」にかかる。「一まつといひつつ年を経て変はらぬ色と聞かば頼まむ」〈後撰・恋四〉

たかさご-の-まつ【高砂の松】兵庫県高砂市、高砂神社境内にある、黒松と赤松とが基部で合した相生(あいおい)の松。現在のものは5代目。

たかさご-ゆり【高▽砂百=合】ユリ科の多年草。葉は線形で、密に互生。夏、テッポウユリに似た白い花をつける。種子から容易に発芽し、観賞用。台湾の原産。

たかさぶ-りゅうたつ【高三隆達】[1527～1611]室町末期・安土桃山時代の日蓮宗の僧。堺の人。日本に渡来した宋人の子孫で、書道・連歌・音曲などに非凡な才能を発揮。諸種の音曲を折衷して独特の隆達節を創始し、庶民の間に流行させた。

たかさぶろう(タカサブラウ) キク科の一年草。あぜ道などに生え、高さ約30センチ。葉や茎に毛があってざらつく。夏、中央が淡緑色で周囲が白色の花を開く。

たか-さん【多化蚕】(タクワー) 1年に数回孵化(ふか)し、世代を繰り返す蚕。ふつう3回以上のものをいう。

たか-し【×鷹師】❶「鷹匠(たかじょう)❶」に同じ。❷もと宮内省式部職に属し、鷹狩りをつかさどった職員。

だ-がし【駄菓子】(ーグワシ) 粗糖・雑穀などで作った菓子。豆板・あめ・かりんとうなど。一文菓子。「一屋」

タカ-ジアスターゼ〖Taka-Diastase〗 高峰譲吉が麹(こうじ)かびから創製した消化酵素剤の商標名。

たか-しお【高潮】(ーしほ) 台風通過による強風や気圧の変化により、海水面が異常に高まる現象。風津波。暴風津波。(季 秋)「一ののちの青海舟大工/静塔」
(類語)潮(うしお)・潮(しお)・満潮・満ち潮・干潮・引き潮

たか-し・く【高敷く】〔動カ四〕りっぱに治める。たかしる。「やすみしし我がおほきみの一・かすやまとの国は」〈万・一〇四七〉

たか-しこ【▽竹矢▽籠】竹筒で作った矢の容器。「一かき負ひて、真弓うちかたげて」〈著聞集・一二〉

たかし-こぞう【高師小僧】地下水の鉄分が植物体のまわりに沈殿してできた管状の褐鉄鉱の団塊。愛知県豊橋市南部の高師原に産するものが有名。

たかしな-えいし【高階栄子】丹後局(たんごのつぼね)の本名。

たかしな-たかかね【高階隆兼】鎌倉後期の絵師。絵所預(えどころあずかり)。大和絵技法の完成者とされる。「春日権現(かすがごんげん)験記絵巻」「春日明神影向御車図」が現存。生没年未詳。

たかし-の-はま【高師の浜】大阪府高石市の大阪湾に面する海岸。かつて白砂青松の景勝地として知られた。高師の浦。〔歌枕〕「沖つ波一の浜松の名にこそ君を待ちわたりつれ」〈古今・雑上〉

たかしま【高島】㊀滋賀県北西部にある市。近畿中心部と北陸を結ぶ西近江路、若狭路が縦貫する。平成17年(2005)1月にマキノ町、今津町、朽木(くつき)村、安曇川(あどがわ)町、高島町、新旭町が合併して成立。人口5.2万(2010)。㊁長崎県西彼杵(にしそのぎ)郡にあった町。高島・中ノ島・端(は)島からなり、海底炭田で知られた。平成17年(2005)1月に長崎市に編入。

たか-しま【鷹島】長崎県北部、伊万里湾口にある島。松浦市に属する。付近には元寇の古跡が多い。

たかしま-いし【高島石】滋賀県の高島地方で産出する粘板岩や輝緑凝灰岩。硯石(すずりいし)に用いる。

たかしま-かえもん【高島嘉右衛門】(ーカヱモン) [1832～1914]実業家・易断家。常陸の人。号、呑象(どんしょう)。横浜で材木商・建築請負業などを営む。東京・横浜間の鉄道・国道工事に尽力。易学を研究し、「高島易断書」を著した。

たかしま-し【高島市】►高島㊀

たかしま-しゅうはん【高島秋帆】(ーシウハン) [1798～1866]江戸後期の兵学者・砲術家。日本近代砲術の祖。長崎の人。名は舜臣(きみおみ)。通称、四郎太夫。オランダ人に蘭学・兵学・砲術を学び、高島流を創始。ペリー来航を機に講武所砲術指南役となる。

たか-しまだ【高島田】髻(もとどり)の根を高く上げて結った島田まげ。御殿女中などの髪形であったが、明治以降、花嫁の正装となった。根を最も高く上げたものを文金高島田という。高髷(たかまげ)。

たかしま-たんこう【高島炭鉱】(ータンクワウ) 長崎県高島町(現、長崎市)の海底炭田。慶応3年(1867)日本で最初に洋式採炭法が行われた。昭和61年(1986)閉山。

たかしま-べいほう【高島米峰】[1875～1949]宗教家・評論家。新潟の生まれ。仏教清徒同志会(のちの新仏教同志会)を組織、仏教界の革新に努め、また廃娼運動などにも活躍。のち東洋大学学長。著「般若心経講話」「一休和尚伝」など。

たかしま-や【高島屋】歌舞伎俳優市川左団次・小団次、およびその一門の屋号。

たが-じゃくし【多賀×杓子】滋賀県犬上郡多賀町の多賀大社で、祈願する人たちに神符と一緒に分け与える杓子。

たか-じゅせい【他家受精】異なる個体間の受精。動物では一般的な方法。植物では異株間、さらに同一株内の異なる花の間の受精をもさし、「他花受精」とも書く。➡自家受精

たか-じゅふん【他家受粉】花粉が別の個体または別の株の花の雌しべについたときに受精できること。異花受粉。

たか-じょう【×鷹匠】(ージヤウ) ❶鷹を飼育・訓練し、鷹狩りに従うことを職とした人。鷹飼い。鷹師。(季 冬) ❷もと宮内省式部職に属し、鷹師を補佐した職員。

たが-じょう【多賀城】(ージヤウ) ㊀現在の宮城県多賀城市に築かれた古代の城柵。奈良時代に陸奥(むつ)国府・按察使(あぜち)・鎮守府が置かれ、東北経営の拠点であった。㊁宮城県中部の市。仙台市と塩竈(しおがま)市との間にあり、都市化が著しい。多賀城碑・多賀城跡がある。人口6.3万(2010)。

たがじょう-し【多賀城市】(たがジヤウー) ►多賀城㊁

たがじょう-ひ【多賀城碑】(たがジヤウー) 宮城県多賀城市の多賀城跡にある石碑。高さ1.8メートル余。碑面には、京・蝦夷(えぞ)・常陸(ひたち)・下野(しもつけ)・靺鞨(まっかつ)の国境から多賀城までの距離、多賀城の建置および修造の由来が刻まれ、天平宝字6年(762)12月1日の日付がある。壺(つぼ)の碑(いしぶみ)。古代の三碑の一。

たか-し・る【高知る】〔動ラ四〕❶りっぱに建造する。「真弓の岡に宮柱太敷きいましみあらかを一・りまして」〈万・一六七〉❷りっぱに治める。「我が大君神の命(みこと)の一・らす布当(ふたぎ)の宮は」〈万・一〇五三〉

たかしる-や【高知るや】〔枕〕りっぱな宮殿が日光を遮るところから、「天(あめ)の御陰(みかげ)」にかかる。「一天(あめ)の御陰天知るや日の御陰の」〈万・五二〉

たかすえ-の-むすめ【孝標女】(たかすゑー) ►菅原孝標女(すがわらのたかすえのむすめ)

たかすぎ-しんさく【高杉晋作】[1839～1867]江戸末期の勤王家。長門(ながと)の人。号、東行(とうぎょう)。長州藩に仕え、松下村塾に学び、奇兵隊を組織した。四国艦隊下関砲撃事件には正使として和議を結び、のち藩論を討幕に統一、第二次長州征伐の幕府軍を破った。

たか-すなご【高▽砂｜高砂子】小高く盛り上がった砂地。

たかす-ぼんち【鷹巣盆地】秋田県北部にある盆地。米代(よねしろ)川中流と阿仁(あに)川沿いの地域にある断層盆地。面積230平方キロメートル。段丘・台地が広がる。

たかす-よしじろう【高須芳次郎】(ーよしジラウ) [1880～1948]評論家。大阪の生まれ。号、梅渓。明治文学史および水戸学の研究に業績を残した。著「東洋思想十六講」「日本現代文学十二講」など。

たか-せ【高瀬】❶川の瀬の浅い所。浅瀬。❷「高瀬舟」の略。

たか-せい【多化性】(タクワー) 昆虫の、1年に3回以上の世代を繰り返す性質。

たかせ-がわ【高瀬川】(ーがは) ㊀長野県北西部の川。槍ヶ岳に発して北流し、大町市街付近から南流して犀(さい)川に注ぐ。上流に高瀬・七倉ダムがある。㊁京都市にある運河。鴨川から分水し、伏見を経て淀川に通じる。慶長16年(1611)角倉(すみのくら)了以が開削し同19年完成。水深が浅く、高瀬舟を用いたところからいう。

たかせ-じんじゃ【高瀬神社】富山県南砺(なんと)市にある神社。祭神は大己貴命(おおなむちのみこと)ほか二神を配祀。越中国一の宮。

たかせ-ぶね【高瀬舟】川船の一。古代から中世にかけては小形で底が深く、近世になって大形で底が平たく浅くなった。◆書名別項。

たかせぶね【高瀬舟】森鷗外の小説。大正5年(1916)発表。弟殺しの罪により、高瀬舟で島流しになる喜助の、知足の境地と安楽死の問題を描く。

た-が-そで【▽誰が袖】《「古今集」春上の「色よりも香こそあはれと思ほゆれ誰が袖ふれし宿の梅ぞも」の歌から》❶匂袋(においぶくろ)の名。衣服の袖の形に作った袋を二つひもで結び、たもと落としのようにして携帯した。❷細長い楊枝(ようじ)さし。❸桃山時代から江戸時代にかけて流行した種々の豪華な婦人の衣装を衣桁(いこう)にかけた図。屏風(びょうぶ)などに描かれた。❹衣服の片袖の形や文様を意匠に取り入れた器物。香合(こうごう)・向付(むこうづけ)・茶碗・水指(みずさし)などがある。

たか-ぞら【高空】空の高い部分。また、澄みきって高く見える空。

たかだ【高田】新潟県南西部、上越市の中心地区。江戸時代は松平氏、榊原氏の城下町。豪雪地帯で、日本のスキー発祥の地。旧高田市。

たか-だい【高台】❶周囲よりも高く、平らになっている土地。だい。❷取引所の立会場で、指定銘柄の取引を行う係員がいる一段高い所。高場(たかば)。
(類語)台地・丘・丘陵・高地・高所・小山

たが-たいしゃ【多賀大社】滋賀県犬上郡多賀町にある神社。旧官幣大社。祭神は伊邪那岐命(いざなぎのみこと)・伊邪那美命(いざなみのみこと)。長寿の神として信仰される。多賀大明神。多賀神社。俗称、お多賀さん。

たか-だか【高高】《古くは「たかたか」》㊀〔副〕❶㋐きわだって高いさま。「旗を一と掲げる」㋑声や音が大きく響き渡るさま。「一と読み上げる」「サイレンが一と鳴る」❷最高に見積もっても大したことではないさま。せいぜい。「一一〇〇円の出費」「一子供の足だ、遠くまではいけまい」➡精精(せいぜい)(用法) ㊁〔形動ナリ〕背伸びをするようにして、今か今かと待ちこがれるさま。「あをによし奈良にある妹が一に待つらむ心然(しか)にはあらじか」〈万・四一〇七〉(類語)たかが・せいぜい・ものの・ほんの・唯・たった・わずか・僅僅(きんきん)

たかたか-ゆび【高高指】「たけたかゆび(丈高指)」の音変化。

たかた-さなえ【高田早苗】(ーさなへ) [1860～1938]教

育家・政治家。江戸の生まれ。大隈重信の東京専門学校(のちの早稲田大学)の創立に参画。同校で主に憲法学を講じ、のち総長。その間、衆議院議員当選6回。第二次大隈内閣では文相を務めた。

たかだ-じけん【高田事件】明治16年(1883)自由民権運動に対して行われた弾圧事件。新潟県高田(現、上越市)の自由党員が政府高官暗殺計画を口実に逮捕され、処罰された。

たか-だすき【高×襷】たすきで袖を高くからげること。

たかだち【高館】衣川ころもがわの館たての異称。

たか-だちん【高駄賃】高い駄賃。高額の賃金。「一かくからは、大事の家職」〈浄・冥途の飛脚〉

たかだ-ともきよ【高田与清】▶小山田与清おやまだともきよ

たか-たぬき【×韝】鷹狩りで、鷹を腕にとまらせるときに用いた革製の手袋。

たかだのばば【高田馬場】東京都新宿区の地名。江戸時代に馬場があり、堀部安兵衛の仇討ちの地として有名。たかたのばば。

たかだ-は【高田派】浄土真宗十派の一。親鸞しんらんの弟子真仏の系統。三重県津市の専修寺せんじゅじ(もと下野国芳賀郡高田にあった)を本山とする。真宗高田派。

たかた-ひろあつ【高田博厚】[1900〜1987]彫刻家。石川の生まれ。高村光太郎に師事し、渡仏してロマン=ロランやルオーなどと交遊。肖像彫刻をよくし、文筆にもすぐれた。

たかだ-へいや【高田平野】新潟県南西部に広がる平野。荒川水系の堆積によって形成された。面積280平方キロメートル。中心都市は上越市。上越米の穀倉地帯。頸城くびき平野。

たか-だま【▽竹玉】細い竹を管玉くだたまのように輪切りにして、ひもで継ぎ合わせたもの。神事に用いる。一説に、竹につけた玉という。「我あが独り子の草枕旅にし行けば一をしじに貫ぬき垂たれ」〈万・一七九〇〉

たかだ-まつばら【高田松原】岩手県陸前高田市にある砂浜海岸。広田湾に注ぐ気仙川が運んだ土砂と潮流の影響による長さ2キロメートルの遠浅の砂浜。7万本のアカマツとクロマツの林が砂防林として続く名勝であったが、平成23年(2011)3月の東北地方太平洋沖地震による津波で松林は壊滅した。

たかた-みのる【高田実】[1871〜1916]新派俳優。東京の生まれ。川上音二郎一座に入り、のち河合武雄・喜多村緑郎・井上正夫らと新派全盛時代を生み出し、「新派の団十郎」といわれた。

たがためにかねはなる【誰がために鐘は鳴る】《原題 For Whom the Bell Tolls》ヘミングウェイの長編小説。1940年刊。スペイン内乱で政府軍に参加したアメリカ人青年ロバート=ジョーダンとゲリラの娘との、愛と犠牲的な死を描く。

たかだや-かへえ【高田屋嘉兵衛】たかたや [1769〜1827]江戸後期の海運業者。淡路の人。西国・北国から松前に航路を開き、幕府の択捉えとろふ島開拓に参加。文化9年(1812)ゴロブニン幽囚の報復としてロシアの軍艦に捕らえられ、翌年帰国。のち、両国の融和に尽力。

たかた-やすま【高田保馬】[1883〜1972]社会学者・経済学者。佐賀の生まれ。京大教授。人々の結合を重視する立場から社会関係を分析。唯物史観に次ぐ社会学史観を提起。著「社会学原理」「勢力論」など。

たか-だんし【高×檀紙】▶大高檀紙おおたかだんし

たかちほ【高千穂】宮崎県北部、西臼杵にしうすき郡の地名。五ヶ瀬川の上流の町。天孫降臨神話にちなむ高天原たかまがはら・天岩戸あまのいわとなどの地名がある。

たかちほ-きょう【高千穂峡】―ケフ 宮崎県北部、五ヶ瀬川上流の峡谷。阿蘇山の溶岩が浸食されたもので、名勝・天然記念物。

たかちほ-だいがく【高千穂大学】東京都杉並区にある私立大学。高千穂高等商業学校に始まり、高千穂経済専門学校を経て、昭和25年(1950)高千穂商科大学として発足。平成12年(2000)に現校名に改称。

たかちほ-ちょう【高千穂町】―チャウ ▶高千穂

たかちほ-の-みね【高千穂峰】宮崎県南西部、霧島山の高峰。標高1574メートル。天孫降臨の地といわれ、山頂に天逆鉾あまのさかほこがある。

たかちほ-の-みや【高千穂宮】日本神話で、彦火火出見尊ひこほほでみのみことから神武天皇東征までに置かれた、九州日向ひゅうがの皇居。

たか-ちょうし【高調子】―テウシ ❶声などの調子のかん高いこと。声を張り上げること。また、そのような声。❷相場が上がりぎみであること。

たか-ちょうちん【高▽提▽灯】―チャウチン《「たかぢょうちん」とも》「高張り提灯」に同じ。

たかつ【高津】神奈川県川崎市北西部の区名。昭和57年(1982)宮前区を分区。影向ようごう寺がある。

だ-かつ【蛇×蝎|蛇×蠍】へびとさそり。人が恐れ嫌うもののたとえ。「一のごとく嫌う」

たか-つか【高塚】墳丘をそなえた古墳。高塚古墳。

たか-つかい【×鷹使い】―つかひ 鷹狩りのときに鷹を使う人。鷹匠たかじょう。

たか-つかさ【主=鷹=司】▶しゅようし(主鷹司)

たかつかさ【鷹司】五摂家の一。鎌倉中期、近衛家実の四男兼平が京都の鷹司室町に住んだのに始まる。子孫は摂政・関白を世襲。

たかつ-がわ【高津川】―がは 島根県南西部を流れる川。山口県との県境にある平家ヶ岳(標高1066メートル)に源を発して北流し、支流を合わせて益田市内を貫流して日本海に注ぐ。長さ81キロ。上流の渓谷ではアユ漁が盛ん。

たか-つき【高×坏】食物を盛る、高い足つきの小さな台。古くは主に土器であったが、のちには木で作り、漆塗りなどを施すようになった。角かく高坏と丸高坏とがある。腰高こしだか。たかすき。

たかつき【高槻】大阪府北東部の市。もと永井氏の城下町。化学工業などが盛ん。大阪市と京都市との間にあり、住宅地としても発展。人口35.7万(2010)。

たか-つぎ【高接ぎ】接ぎ木の一方法。かなりの大きさに生長した木の太い部分に枝を接ぐもの。品種の更新や老木の樹勢をとりもどすのに用いられる。

だ-がっき【打楽器】ダ― 手やばちで、打ったり振ったりして音を出す楽器の総称。一定の音律をもつもの(木琴・ティンパニなど)と、もたないもの(カスタネット・シンバルなど)とがある。また振動するものの様態により体鳴楽器と膜鳴楽器に分類される。

たかつき-し【高槻市】▶高槻

たかつ-く【高津区】▶高津

たかっ-けい【多角形】タカク― ▶たかくけい(多角形)

だかつ-し【蛇×蝎視】〔名〕スル 蛇やさそりを嫌うように、ひどく忌み嫌うこと。「舶来の文物を一する」

たかつど-きょう【高津戸峡】―ケフ 群馬県東部、みどり市にある峡谷。渡良瀬川の渓谷で、足尾山地の南限に位置する。長さ約800、幅約50メートルの景勝地。「関東の耶馬渓やばけい」といわれる。高津戸渓谷。

たか-づの【高角】兜かぶとの鍬形くわがたの一。角の先端を開かずに高くとがらせたもの。

高角打・つ　高角を兜かぶとの前立てとしてつける。「一・ったる甲かぶとの緒しめ」〈平家・四〉

たかつ-の-みや【高津宮】仁徳天皇の皇居。大阪市中央区法円坂の難波宮跡にあったといわれる。

たかつま-やま【高妻山】新潟県妙高市と長野県長野市の境にある山。戸隠とがくし連峰の最高峰で、標高2353メートル。連峰中心の戸隠山北部にあり、五地蔵山(標高1998メートル)・乙妻おとつま山(標高2318メートル)とともに戸隠裏山と呼ばれる。戸隠富士。

たか-て【高手】ひじから肩までの部分。たかうで。

たか-で【高で】〔副〕❶取るに足りないさま。たかだか。「是皆ひとつにしてから、一二貫目か三貫目」〈浮・胸算用・二〉❷はじめから。そもそも。「命惜しい程なら一身をうつこともない」〈浄・生玉心中〉

たかて-こて【高手小手】両手を後ろにまわして、首から縄をかけ、二の腕から手首まで厳重に縛り上げること。「一に縛り上げる」「巡査は直ぐに一に引っ括くくった」〈木下尚江・良人の自白〉

たか-てらす【高照らす】〔枕〕天高く照るの意から、「日」にかかる。「一日の皇子みこ」〈万・四五〉

たか-とうだい【高灯台】❶高い柱に取り付けた灯台。また、丈の高い灯台や灯明台。❷トウダイグサ科の多年草。山野に自生し、高さ約70センチ。有毒。漢方では根を通経・利尿薬にする。

たか-とうろう【高灯籠】《「たかどうろう」とも》❶石灯籠の一。台石をピラミッド形にいく層にも高く積み重ねたもの。❷人の死後、七回忌まで毎年盂蘭盆うらぼんのある7月に高く立てる灯籠。(季 秋)「一滅きえなんとするあまたたび/蕪村」❸高い櫓やぐらの上部に灯を入れて、船の航行の標識としたもの。

たかとお【高遠】たかとほ 長野県伊那市の地名。もと内藤氏らの城下町。大奥女中の絵島が流された地。高遠頼継の築いた高遠城の跡がある。

たかとき【高時】歌舞伎狂言「北条九代名家功ほうじょうくだいめいかのいさおし」の上の巻の通称。

たか-どの【高殿】高くつくった建物。高楼。

たか-とび【高飛び|高跳び】〔名〕スル ❶高く飛び上がること。❷犯罪者などが遠くの土地へ逃げること。「海外へ一する」❸高いバー(横木)を跳び越える跳躍競技の総称。立ち高跳び・走り高跳びなど。

類語 逃亡・出奔・逐電・逃走・脱走・夜逃げ

たか-とびこみ【高飛(び)込み】水泳の飛び込み競技で、水面からの高さ5メートル、7.5メートル、10メートルの固定した台から行う飛び込み。

たか-と・ぶ【高飛ぶ】〔動バ四〕空高く飛ぶ。「み空行く雲にもがも一・ぶ鳥にもがも」〈万・五三四〉

たか-どま【高土間】観客席が枡ます形式の時代の歌舞伎劇場で、1階の東西桟敷の前通りに、土間より一段高く設けられた席。➡平土間ひらどま

たか-どまり【高止まり】〔名〕スル 相場や価格などが高値のままで下がらない状態をいう。「輸入量が減り牛肉価格が一している」⇔下げ止まり。

たか-とり【高取り】江戸時代、多額の知行ちぎょうを受けること。また、その人。

たかとり-やき【高取焼】福岡県から産する陶器。文禄・慶長の役後、黒田長政に従って渡来した朝鮮の陶工八山はっさん(のち高取八蔵と改名)が鷹取山麓で開窯したのが始まり。初期のものを古高取といい、寛永7年(1630)白旗山麓に築窯し、小堀遠州の指導で作られた茶器を遠州高取という。遠州七窯の一。

たか-な【高菜】カラシナの栽培品種。辛みがあって、漬け物にする。おおな。(季 夏)

たかなが-しんのう【尊良親王】―シンワウ [1311〜1337]後醍醐天皇の第2皇子。名は「たかよし」とも。元弘の変で土佐に流された。足利尊氏あしかがたかうじの離反には新田義貞とともに戦い、越前金ヶ崎城を守ったが、落城し、自害した。

たか-なし【高無し】限度がないこと。度を超えていること。無制限。不遠慮。「隣座敷に今まで一にさわぎたる血気の客共」〈浮・娘気質・一〉

たか-なみ【高波|高▽浪】❶高い波。おおなみ。特に、高潮のときに押し寄せる高い波。❷興奮して感情が高まるさまのたとえ。「感動の一が押し寄せる」

類語 大波・波濤はとう・荒波・激浪・怒濤

たか-なり【高鳴り】❶高らかに鳴り響くこと。また、その音。❷興奮して胸がどきどきすること。

たか-な・る【高鳴る】〔動ラ五(四)〕❶高らかに鳴り響く。「一・る声援」❷動悸どうきが激しくなる。胸がどきどきする。「期待に胸が一・る」類語 (1)鳴る・響く・鳴り響く・響き渡る・鳴り渡る・轟く/(2)ときめく・胸騒ぎ

たか-なわ【高縄】―なは 鳥を捕らえるために、縄に黐もちをつけて高く張っておくもの。

たかなわ【高輪】たかなは 東京都港区の地名。山の手台地にあり、住宅地。泉岳寺がある。

たかなわ-はんとう【高縄半島】たかなはハンタウ 愛媛県中央部、瀬戸内海に突き出た半島。大部分は500〜1000メートルの山地で、最高峰は東三方ヶ森ひがしさんぽうがもり(標高1233メートル)。北は来島くるしま海峡に面し今治いまばり平野が、東は燧灘ひうちなだに面し周桑しゅうそう平野が、西は斎灘いつきなだに面し松山平野が広がる。南は中央構造線にほ

ぼ沿って石鎚(いしづち)山断層崖となっている。一部は瀬戸内海国立公園に属する。

たか-に【高荷】❶馬の背などに高く積み上げた荷物。❷江戸時代、木綿反物などを高く積み重ねて背負い、市中を売り歩いた者。また、その荷。

たかにく-ぞうがん【高肉象眼】(ーザウガン) 象眼技法の一。はめ込むほうの金属面を地の面より浮き上がらせるもの。

たか-にくぼり【高肉彫(り)】❶彫金の技法の一。文様を高く浮き上がらせるもの。厚手の金属の地の部分を深く彫る、金属板を裏から打ち出して表から彫りととのえるなどの方法がある。❷▶高浮き彫り

たが・ぬ【×縮ぬ】〔動ナ下二〕「たがねる」の文語形。

たか-ね【高音】❶鳥の鳴き声や音楽の調子の高いこと。「鶯の—」❷高低2種の三味線の合奏で高い音のほう。上調子(うわぢょうし)。❸能管・一節切(ひとよぎり)・尺八などの曲名・曲節名。高音域で始まる曲が多い。

たか-ね【高値】❶値段の高いこと。高い値段。⇔安値。❷取引市場で、1日とか1か月といった一定期間のうちでついた最も高い値段。⇔安値。
〔類語〕高価・高め・割高・高い

たか-ね【高×嶺┊高根】高い山。高い峰。「富士の—」〔類語〕高峰・高山・峻嶺(しゅんれい)・峻峰(しゅんぽう)・奇峰

たがね【×飴】語義未詳。上代の食物の名という。「われ今まさに八十平瓮(やそひらか)をもちて、水無しにして—を造らむ」〈神武紀〉

たがね【×鏨┊×鑽】金属を切断したり削ったりするのに用いる鋼鉄製の手工具。木工に用いる鑿(のみ)にあたる。丸・角・平などがある。

たかね-おろし【高×嶺×颪】高い山の上から吹きおろしてくる風。

たかね-ざくら【高×嶺桜】ミネザクラの別名。

たがね-そう【×鏨草】(ーサウ) カヤツリグサ科の多年草。山地に生え、高さ20〜30センチ。長い地下茎をのばして繁殖。葉は長楕円状の披針(ひしん)形で鏨を思わせる。ささすげ。

たかね-つかみ【高値×掴み】相場がまだ上がると思って買ったところ、その直後に下がり、結果的に高い値段で買ってしまうこと。

たかね-つめくさ【高×嶺爪草】ナデシコ科の多年草。高山に自生し、高さ4〜7センチ。葉は線形。夏、白い花を開く。

たかね-なでしこ【高×嶺×撫子】ナデシコ科の多年草。中部以北の高山帯の岩石地に自生し、高さ約20センチ。花は濃紅色の5弁花で、縁は細く深く裂けている。

たかね-ななかまど【高×嶺七×竈】バラ科の落葉低木。中部以北の山地に自生し、高さ約1メートル。葉は羽状複葉。7月ごろ、紅色がかった白い小花を多数つけ、実は秋に赤く熟す。

たかね-の-はな【高×嶺の花】遠くから見るだけで、手に入れることのできないもの、あこがれるだけで、自分にはほど遠いもののたとえ。

たかね-ばら【高×嶺薔=薇】バラ科の落葉低木。本州・四国の高山に自生。葉は羽状複葉。7月ごろ、淡紅色の花を開く。

たかね-ひかげ【高×嶺日=陰=蝶】ジャノメチョウ科のチョウ。北アルプスの高山帯に分布。翅(はね)の開張約4センチ、淡褐色で褐色のすじがある。近縁のダイセツタカネヒカゲは天然記念物で、北海道に分布。

たかね-びけ【高値引け】取引市場で、終わり値がその日の最高の値段になること。⇔安値引け。

たが・ねる【×絡ねる】〔動ナ下一〕文たが・ぬ〔ナ下二〕《「たかねる」とも》集めて一つにまとめる。たばねる。つかねる。「赤いハンケチを膝の上で—・ねて見せる」〈虚子・風流懺法〉

たか-ねんぶつ【高念仏】声を高く張り上げて念仏を唱えること。たかねぶつ。「阿弥陀仏、阿弥陀仏と—申して」〈盛衰記・一八〉

たか-の【×鷹野】「鷹狩り」に同じ。「—を致いて、野駆けでござる」〈虎明狂・引敷智〉

たかの-いわさぶろう【高野岩三郎】(ーいはサブラウ)［1871〜1949］統計学者・社会問題研究家。長崎の生まれ。房太郎の弟。大原社会問題研究所所長。第二次大戦後は、日本社会党顧問・日本放送協会会長。

たかの-がわ【高野川】(ーがは) 京都市内を流れる淀川水系の一。京都市左京区と滋賀県大津市との境にある途中越(とちゅうごえ)(標高370メートル)付近に源を発して敦賀(つるが)街道(国道367号)に沿って流れ、多くの支流を合わせて左京区田中下柳町で鴨川に注ぐ。長さ21キロ。水質が染色に適しているため下流では友禅染が行われる。流域のほとんどが風致地区。

たかのさと-としひで【隆の里俊英】［1952〜2011］力士。第59代横綱。青森県出身。本名、高谷俊英。優勝4回。引退後、年寄鳴戸。➡千代の富士貢(第58代横綱)　➡双羽黒光司(第60代横綱)

たかのす【鷹巣】秋田県北秋田市の地名。奥羽本線と秋田内陸縦貫鉄道の分岐点で、米代(よねしろ)川流域の中心地。

たかの-すじゅう【高野素十】(ースジフ)［1893〜1976］俳人。茨城の生まれ。本名、与巳(よしみ)。高浜虚子に師事し、「ホトトギス」で活躍。句集「初鴉」「雪片」など。

たか-のぞみ【高望み】〔名〕(スル) 身分や能力以上の高い望みをもつこと。分不相応な望み。「—しないで分相応な生活を送る」

たかの-たつゆき【高野辰之】［1876〜1947］国文学者。長野の生まれ。東京音楽学校・大正大学教授。上田万年に師事。歌謡・演劇史を研究。著「日本歌謡史」「日本歌謡集成」「日本演劇史」など。

たかの-ちょうえい【高野長英】(ーチャウエイ)［1804〜1850］江戸末期の蘭学者。陸奥(むつ)国水沢の人。名は譲(ゆずる)、のち長英。号、瑞皐(ずいこう)。長崎でシーボルトの鳴滝塾に学び、江戸で開業。渡辺崋山らと尚歯会を組織、開港論を唱えて投獄されたが脱走。沢三伯と称して江戸に潜入、医療・訳述に専念したが、幕吏に襲われて自殺。著「夢物語」ほか、蘭書の翻訳も多い。

たか-の-つめ【×鷹の爪】❶ウコギ科の落葉小高木。高さ3〜5メートル。夏、黄緑色の小花をつける。材は軟らかく、経木・箸などにする。いものき。❷トウガラシの一品種。実は円筒形で先がとがり、上向きにつく。赤く熟し、辛みが強い。❸上等の茶の名。「立つ客をしばしおさえる—」〈柳多留・一四三〉

たか-の-は【×鷹の羽】❶鷹の尾の羽。矢羽に用いる。❷紋所の名。鷹の羽とその斑紋をかたどったもの。「違い鷹の羽」「並び鷹の羽」など。❸蒲鉾(かまぼこ)の一。斜めに荒い筋を入れて板につけて焼いたもの。❹タカノハダイの別名。

たかのは-だい【×鷹の羽×鯛】(ーダひ) スズキ目タカノハダイ科の海水魚。全長約40センチ。体は台形で側扁し、体側に9本の赤褐色の斜走帯がある。ひれは黄褐色で、尾びれには白い小円点が散在。本州中部以南の沿岸に分布。食用。

たかのはな-こうじ【貴乃花光司】(ークワウジ)［1972〜 ］力士。第65代横綱。東京都出身。本名、花田光司。17歳2か月で十両昇進、19歳5か月で幕内優勝、20歳5か月で大関昇進など、数々の最年少記録を更新。兄の若乃花とともに一時代を築いた。優勝22回。引退後、一代年寄貴乃花を襲名。二子山部屋を貴乃花部屋と改称。➡曙太郎(第64代横綱)　➡若乃花勝(第66代横綱)

たかの-ふさたろう【高野房太郎】(ーふさタラウ)［1869〜1904］労働運動家。長崎の生まれ。岩三郎の兄。渡米して職工義友会を組織。ゴンパーズの知己を得、AFL(米国労働総同盟)のオルグとして明治29年(1896)帰国。翌年、片山潜らと労働組合期成会を結成。また、消費組合である共栄社を設立。

たかの-らんてい【高野蘭亭】［1704〜1757］江戸中期の漢詩人。江戸の人。名は惟馨。字(あざな)は子式。17歳で失明。荻生徂徠(おぎゅうそらい)の門人。著「蘭亭詩集」。

たか-は【×鷹派】相手と妥協せず、自分の主張を貫くために、強硬に事を運ぼうとする立場に立つ人。また、武力解決をしようとする強硬派。⇔鳩派(はとは)。
〔類語〕強硬派・武闘派

たか-ば【高場】❶観客席が枡(ます)形式の時代の劇場で、1階後方の追い込み場の一隅にあった高い場所。係が詰めて、客席の割り当てや場内の監視などをした。❷▶高台❷

たか-ば【高歯】下駄の歯の高いこと。また、その下駄。あしだ。

たか-ば【×鷹場】鷹狩りをする場所。

たか-ばい【高×這い】(ーばひ) 尻を高く上げてはうこと。「あわてて—に這いのきながら」〈芥川・偸盗〉

たかはぎ【高萩】茨城県北東部の市。明治以後、常磐炭田の炭鉱町として発展。製材・製紙や肉牛飼育が盛ん。人口3.1万(2010)。

たかはぎ-し【高萩市】▶高萩

たかはし【高梁】岡山県西部、高梁川中流域にある市。もと板倉氏の城下町。臥牛(がぎゅう)山にある松山城は現存唯一の山城。旧称松山を明治2年(1869)に改称。人口3.5万(2010)。

たか-はし【高橋】高くかけ渡した橋。「石上(いそのかみ)布留(ふる)の—高々に妹が待つらむ夜ぞふけにける」〈万・二九九七〉

たかはしうじぶみ【高橋氏文】(たかはしうぢぶみ) 奈良時代の古記録。朝廷の内膳司に仕えた高橋氏が、安曇(あずみ)氏との勢力争いをめぐり、自家の優位を示すために延暦8年(789)朝廷に提出した家記とこれを裁定した同12年の太政官符。逸文として伝わる。

たかはし-おさむ【高橋治】(ーをさむ)［1929〜 ］小説家。千葉の生まれ。映画監督を経て執筆活動に入り、戯曲・小説を手がける。伝記物の他、叙情的な恋愛小説でも広い読者層を得る。「秘伝」で直木賞受賞。他に「絢爛(けんらん)たる影絵」「派兵」「風の盆恋歌」など。

たかはし-おでん【高橋お伝】［1851〜1879］夫殺しその他の悪事を重ね、明治初期に処刑された女性。群馬の生まれ。その行状は仮名垣魯文「高橋阿伝夜叉譚(やしゃものがたり)」、河竹黙阿弥「綴合於伝仮名書(とじあわせおでんのかなぶみ)」などに脚色された。

たかはし-かげやす【高橋景保】［1785〜1829］江戸後期の天文学者。大坂の人。至時(よしとき)の子。字(あざな)は子昌。号、観巣。書物奉行兼天文方筆頭として語学・地理学を修め、伊能忠敬(いのうただたか)の測量事業を監督、「大日本沿海輿地全図」を完成。のち、シーボルト事件の主犯として捕らえられ獄死。

たかはし-かずみ【高橋和巳】［1931〜1971］小説家・中国文学者。大阪の生まれ。戦後文学の影響を受け、知識人のあり方を追求した長編を発表。小説「悲の器」「邪宗門」「散華」など。

たかはし-かつひこ【高橋克彦】［1947〜 ］小説家。岩手の生まれ。浮世絵研究家として美術館に勤務後、執筆活動に入る。江戸時代に対する知識を生かした時代物の推理小説の他、怪奇小説、SF、ミステリーなどを幅広く手がける。「緋(あか)い記憶」で直木賞受賞。他に「写楽殺人事件」「総門谷」「炎(ほむら)立つ」など。

たかはし-かつみ【高橋克巳】［1890〜1925］化学者。和歌山の生まれ。鈴木梅太郎の門下。タラの肝油からビタミンAを抽出。

たかはし-がわ【高梁川】(ーがは) 岡山県西部の川。鳥取との県境に源を発し、南流して倉敷市で瀬戸内海に注ぐ。長さ111キロ。

たかはし-きいちろう【高橋揆一郎】(ーキイチラウ)［1928〜2007］小説家。北海道の生まれ。本名、良雄。住友石炭鉱業退社後、執筆に専念。「伸予」で芥川賞受賞。他に「ぽぷらと軍神」「友子」など。

たかはし-げんいちろう【高橋源一郎】(ーゲンイチラウ)［1951〜 ］小説家。広島の生まれ。「さようなら、ギャングたち」で作家デビュー、吉本隆明の激賞を受ける。「優雅で感傷的な日本野球」で三島由紀夫賞受賞。他に「日本文学盛衰史」など。

たかはし-けんじ【高橋健自】［1871〜1929］考古学者。宮城の生まれ。東京帝室博物館に勤務して古墳時代の鏡や埴輪などの研究に貢献。著「鏡と剣と玉」など。

たかはし-けんぞう【高橋健三】(ーケンザウ)［1855〜1898］官吏・ジャーナリスト。江戸の生まれ。明治22年(1889)より官報局長。また同年、岡倉天心らと月刊

美術雑誌「国華」を創刊。同26年には大阪朝日新聞に入社、同29年、内閣書記官長に就任。

たかはし-これきよ【高橋是清】[1854～1936]財政家・政治家。江戸の生まれ。日本銀行総裁・蔵相を経て、首相・政友会総裁などを歴任。昭和初期にも再三蔵相を務め、金融恐慌・世界大恐慌に対処。二・二六事件で暗殺された。

たかはし-ざんむ【高橋残夢】[1775～1851]江戸後期の国学者。京都の人。香川景樹に師事し、国語の語源研究で一音一義説を唱えた。著「残の夢」「言霊名義考」「国字定源」など。

たかはし-し【高梁市】►高梁

たかはし-しんきち【高橋新吉】[1901～1987]詩人。愛媛の生まれ。「ダダイスト新吉の詩」によって、日本のダダイスムの創唱者となり、現代詩の先駆をなした。詩集「胴体」、小説「ダダ」など。

たかはし-たかこ【高橋たか子】[1932～]小説家。京都の生まれ。本名、和子。夫は作家高橋和巳。夫の死後、本格的に小説を書き始める。昭和50年(1975)洗礼を受け、カトリック作家に転じた。作品に「空の果てまで」「誘惑者」「きれいな人」など。

たかはし-でいしゅう【高橋泥舟】[1835～1903]江戸末期の幕臣。江戸の人。名は政晃。槍術家で講武所師範役。鳥羽伏見の戦い後、徳川慶喜に恭順説を説き、上野寛永寺で慶喜を護衛した。山岡鉄舟・勝海舟とともに幕末の三舟と称された。

たかはし-どうはち【高橋道八】江戸後期に始まる清水焼陶工の代々の名。➡仁阿弥道八

たかはし-なおこ【高橋尚子】[1972～]マラソン選手。岐阜の生まれ。平成12年(2000)シドニーオリンピック女子マラソンで2時間23分14秒の五輪記録で優勝。日本の女子陸上種目初のオリンピック金メダリスト。国民栄誉賞を受賞。

たかはし-の-むしまろ【高橋虫麻呂】奈良前期の歌人。天平(729～749)の初め、朝廷に仕え、後年は地方官として常陸国に赴任。伝説を題材にした長歌・短歌が万葉集に残る。家集「高橋虫麻呂歌集」。生没年未詳。

たかはし-みちつな【高橋三千綱】[1948～]小説家。大阪の生まれ。スポーツ新聞記者などを経て作家生活に入る。「九月の空」で芥川賞受賞。自作の「真夜中のボクサー」で映画製作にもかかわる。他に「退屈しのぎ」「空の剣」「明日のブルドック」など。

たかはし-ゆいち【高橋由一】[1828～1894]洋画家。江戸の生まれ。初め川上冬崖、のちワーグマンに師事。明治6年(1873)私塾、天絵楼を創立。油彩による写実を追求。作「花魁」「鮭」など。

たかはし-よしお【高橋義夫】[1945～]小説家。千葉の生まれ。編集者を経て小説家となる。個性的な時代小説で知られ、「狼奉行」で直木賞受賞。他に「闇の葬列」「秘宝月山丸」「北緯50度に消ゆ」など。

たかはし-よしとき【高橋至時】[1764～1804]江戸中期の天文学者。大坂の人。号、東岡。通称、作左衛門。麻田剛立に師事。幕府天文方として寛政の改暦事業に成功。編訳「ラランデ暦書管見」。

たかはし-るみこ【高橋留美子】[1957～]漫画家。新潟の生まれ。少年及び青年向けの漫画を描く女流の第一人者。コメディータッチのSFやスラップスティック、現代の若者の恋愛など多様なジャンルを描き、絶大な人気を得る。代表作「うる星やつら」「めぞん一刻」「犬夜叉」など。

たかはた【高畠】山形県南東部、東置賜郡の地名。中世は伊達氏の城下町、近世は天領となった。洋ナシなどの産地。

たか-ばた【高機】《「たかはた」とも》手織り機の一。腰板に腰掛け、踏み木を足で踏んで2枚の綜絖を交互に上下させて織るもの。地機より丈が高く、構造・機能の進歩した織機で、錦・綾などを織るのに用いる。大和機。

たかはた-いさお【高畑勲】[1935～]アニメーション作家。三重の生まれ。はじめテレビアニメを演出・監督、のちアニメ映画の脚本・監督を手がける。「風の谷のナウシカ」など、宮崎駿監督作品のプロデュースでも知られる。監督作品は「火垂るの墓」「おもひでぽろぽろ」「平成狸合戦ぽんぽこ」など。

たかばたけ-かしょう【高畠華宵】[1888～1966]挿絵画家。愛媛の生まれ。本名、幸吉。大衆雑誌や少年少女雑誌の挿絵で人気を博した。

たかばたけ-たつしろう【高畠達四郎】[1895～1976]洋画家。東京の生まれ。フランスに留学、帰国後、独立美術協会の創立に参加。詩的な風景画で知られた。

たかばたけ-もとゆき【高畠素之】[1886～1928]社会思想家。群馬の生まれ。堺利彦の売文社に入り、社会主義雑誌「新社会」の編集に参加。日本で初めて「資本論」を完訳。

たかはた-ふどう【高幡不動】►金剛寺㊂

たかはた-まち【高畠町】►高畠

たか-はな【高花】►天道花

たか-ばなし【高話】〔名〕スル 大きな声で話をすること。また、その話。「船頭が―する聞馴れぬ埃及語には」〈荷風・ふらんす物語〉

たか-はま【高浜】砂が高く積もっている浜。一説に、広く長い浜の意という。「豊国の企救の―高々に君待つ夜らはさ夜ふけにけり」〈万・三二二〇〉

たかはま【高浜】㊀愛知県中部の市。境川の東岸にあり、瓦製造・養鶏・人形生産が盛ん。人口4.4万(2010)。㊁福井県西端、大飯郡の地名。若狭湾に臨み漁業が盛ん。海岸は海水浴場。

たかはま-きょし【高浜虚子】[1874～1959]俳人・小説家。愛媛の生まれ。本名、清。正岡子規に師事。俳誌「ホトトギス」を継承して主宰、多くの門下を育てた。句風は客観写生・花鳥諷詠に立ち、平明で余情が深い。文化勲章受章。著「虚子句集」「五百句」、小説「風流懺法」「俳諧師」など。

たかはま-し【高浜市】►高浜㊀

たかはま-ちょう【高浜町】►高浜㊁

たかばやし-よういち【高林陽一】[1931～2012]映画監督。京都の生まれ。学生時代から8ミリ・16ミリの映画を制作、海外で評価されたのち、国内でも注目される。暗い情念にエロスをにじませた作品が人気を呼ぶ。代表作「すばらしい蒸気機関車」「本陣殺人事件」「西陣心中」など。

たかはら-やま【高原山】栃木県北部にある複合火山。鶏頂山(標高1765メートル)・釈迦ヶ岳(1795メートル)などからなる。

たか-はり【高張り】❶値を高くして欲ばること。また、その人。❷「高張り提灯」の略。

たかはり-ぢょうちん【高張り提灯】長いさおの先につけて高く掲げる提灯。祝儀・不祝儀・祭礼・非常時などに用いた。高張り。高提灯。

たか-ば・る【高張る】〔動ラ四〕値を高くつける。高く売る。「それからは身請け穿鑿。親方が―・る」〈浄・浪花鑑〉

たか-ひ【高日】高く天に照る日。また、天上。

高日知ら・す 《天上を治める意から》天皇・皇族など高貴の人が死去する。「泣沢の神社に神酒据ゑ祈れども我が大君は―・しぬ」〈万・二〇二〉

たか-ひかる【高光る】〔枕〕空高く輝き光る意から、「日」にかかる。「―日の御子やすみしし我が大君」〈記・中・歌謡〉

たか-ひく【高低】《「たかびく」とも》高いことと低いこと。また、高い所と低い所とがあって平らでないこと。でこぼこ。こうてい。「―のある道」

たか-ひざまずき【高跪き】両ひざを地につけて腰を伸ばした姿勢。また、その姿勢をとること。「―という居ずまひに」〈杜・五六〉

たか-びしゃ【高飛車】〔名・形動〕❶将棋で、浮き飛車のこと。❷相手に対して高圧的な態度をとること。また、そのさま。「―な物言い」「―に出る」

類語 頭ごなし・高圧的・居丈高

たか-びと【鷹人】鷹狩りをする人。鷹匠。

たかひと-しんのう【幟仁親王】[1812～1886]有栖川宮韶仁親王の第1王子。明治天皇の書道・歌道の師範を務めた。

たか-ひも【高紐】❶鎧の後胴に続く肩上の先端と前胴の胸板とをつなぎ、懸け外しの鞐をつけた紐。近世は、相方が引き合うことから相引きの緒ともいう。❷当世具足の引き合わせの緒。

たかひら【高平】平安中期、備前の刀工。包平・助平とともに三平の一人。生没年未詳。

たかひら-こごろう【高平小五郎】[1854～1926]外交官。陸奥の生まれ。欧米各国の公使を歴任。ポーツマス講和会議で小村寿太郎とともに全権委員。

たか-ぶ【高歩】高い歩合の利息。高利。

たか・ぶ【高ぶ】〔動バ上二〕思い上がる。高慢になる。高ぶる。「心―・びて順ふこと無し」〈安閑紀〉

たか-ふだ【高札】❶►こうさつ(高札) ❷入札で最も値段の高いもの。

たか-ぶり【高ぶり|昂り】❶高ぶること。興奮すること。「感情の―」❷尊大なこと。また、その振る舞い。「―来たれば恥もまた来たる」

たか-ぶ・る【高ぶる|昂る】〔動ラ五(四)〕❶気分・感情などが高まる。興奮状態になる。「神経が―・る」「気持ちが―・る」❷思い上がった態度をとる。尊大に振る舞う。「使用人に―・った口を利く」

類語 のぼせる・激する・かっとなる・いきり立つ・逸り立つ・わくわくする・ぞくぞくする・どきどきする

たか-ふわごう【他家不和合】異株、特にある特定の品種の花粉を受粉した場合、受精せず結実しないこと。交雑不和合。

たかべ【沈鳧|鸍】コガモの古名。〈和名抄〉

たかべ【鰖】スズキ目タカベ科の海水魚。全長約20センチ、背部は青緑色で黄色の縦帯がある。本州中部以南の太平洋岸に分布。プランクトンをえさとし岩礁地帯に多い。美味。(季 夏)

たか-べい【高塀】高くつくった塀。

たか-ほ【高帆】江戸時代、大型帆船の本帆の上に、高くかける小型の帆。

たか-ぼうき【竹箒】►たけぼうき(竹箒)

たか-ぼうし【高帽子】帽子の山の高いもの。山高帽子。

たかほこ-ぬま【鷹架沼】青森県下北半島の付け根にあり、太平洋から海水が流れ込む海跡湖。周囲22キロメートル、面積5.7平方キロメートル、水深7メートル。かつては高鹹水湖だったが淡水化された。ガン・カモ類の重要生息地。

たかま-が-はら【高天原】日本神話で、天照大神をはじめ多くの神々が住んでいたとされる天上の世界。「根の国」「底つ国」に対する世界で、それらの中間に「葦原の中つ国」「顕国」があるとされた。たかまのはら。

たか-まき【高捲き】〔名〕スル 沢の登降で、通過困難な滝や岩壁を避けて、山腹を高く迂回すること。

たか-まきえ【高蒔絵】蒔絵の技法の一。模様の部分を肉上げし、その上に蒔絵を施したもの。鎌倉中期に始まる。➡平蒔絵

たか-まくら【高枕】❶木枕の上に小さなくくり枕をつけたもの。日本髪の髪形の崩れるのを防ぐために用いられた。箱枕・舟底枕など。❷枕を高くして寝ること。何も心にかけずぐっすり眠ること。安心しきっていることのたとえ。「放火犯がつかまって―で眠れる」

たか-まげ【高髷】「高島田」に同じ。

たかまつ【高松】㊀香川県中部の市。県庁所在地。四国の玄関口として海陸交通の要地。もと松平氏の城下町。高松城趾・屋島・栗林公園などがある。平成17年(2005)9月に塩江町を、18年1月に牟礼町・庵治町・香川町・香南町・国分寺町を編入。人口41.9万(2010)。㊁岡山市北区の地名。

たかまつ-くうこう【高松空港】香川県高松市にある空港。国管理空港の一。平成元年(1989)新高松空港として開港。同3年現名称に変更。➡拠点空港

たかまつ-し【高松市】►高松㊀

たかまつ-じょう【高松城】㊀高松㊁にあった城。戦国時代、毛利氏の属将清水宗治の居城。天正10年(1582)羽柴秀吉(豊臣秀吉)の水攻めで開城。㊁高松㊀にある城。生駒親正いこまちかまさが築城。寛永19年(1642)松平頼重が入封後、親藩松平氏の居城。月見櫓やぐらが現存。玉藻城。

たかまつ-だいがく【高松大学】高松市にある私立大学。平成8年(1996)の設立。

たかまつづか-こふん【高松塚古墳】奈良県高市郡明日香村にある7世紀末か8世紀初めの円墳。男女の従者像や青竜・白虎・玄武・星座などの極彩色の壁画が昭和47年(1972)に発見された。国の特別史跡。

たかまつ-の-みや【高松宮】皇族の一家。江戸初期、後陽成天皇の皇子好仁よしひと親王に始まる。その後有栖川ありすがわ宮と改称、威仁たけひと親王のとき継嗣が絶え、大正2年(1913)大正天皇の第3皇子宣仁のぶひと親王が高松宮の称号を賜り、有栖川宮家の祭祀を継承。

たが-まつり【多賀祭】滋賀県犬上郡多賀町にある多賀大社の例祭。毎年4月22日に古式の神事を行い、犬上郡の名家から祭の頭人とうにんを選び、昔の装束で神幸に供奉させる。

たか-まど【高窓】煙出しや彩光のために部屋の天井近くに設けた窓。

たかまど-の-みや【高円宮】宮家の一。昭和59年(1984)、三笠宮崇仁たかひと親王の第3子憲仁のりひと親王が創立。

たかまど-やま【高円山】《古くは「たかまとやま」》奈良市春日山の南に続く山。西麓に聖武天皇の離宮があった。[歌枕]「ますらをのさつ矢手た挟み立ち向かふ―に春野焼く」〈万・二三〇〉

たかま-の-はら【高▽天原】《「たかあまのはら」の音変化》❶「たかまがはら」に同じ。❷大空。天空。「曇りなく―に出でし月八百万代やおよろずよの鏡なりけり」〈風雅・賀〉

たかま-やま【高間山┊高天山】奈良県にある金剛山の異称。

たか-まゆ【高眉】公家の子弟が元服するとき、眉をそり落とし、その上に墨で二つの丸い点を描いたもの。➡殿上眉てんじょうまゆ

たか-ま・る【高まる】〔動ラ五(四)〕物事の程度が増してくる、高くなる、大きくなる、また、強くなる。「人気が―・る」「波音が―・る」「関心が―・る」

たか-み【高み】周囲より高い場所。「―に立つ」
[類語]高所・高台・高位
高みの見物けんぶつ　第三者の立場から、興味本位に物事の成り行きを傍観すること。

たか-みくら【高▽御▽座】❶大極殿だいごくでんまたは紫宸殿ししんでんの中央に設けられていた天皇の席。元旦・即位などの大儀のとき用いられた。今は、京都御所紫宸殿に設けられ、即位礼のときにだけ用いられる。3層の黒塗りの壇の上に八角形の屋形を据え、玉座をしつらえる。❷天皇の位。皇位。

たかみ-さんち【高見山地】三重・奈良両県にまたがる山地。主峰高見山を中心に東西約40キロ、標高1000メートル前後の山が連なる。スギ・ヒノキの美林地帯で、冬の樹氷は有名。山地の西半分は室生むろう赤目青山国定公園の一部、東半分は赤目一志いちし峡三重県立自然公園に属する。奥宇陀うだ山地。

たかみ-じゅん【高見順】[1907～1965]小説家。福井の生まれ。本名、高間芳雄。プロレタリア文学運動に参加、検挙されて転向。鋭敏な感覚で、孤立した知識人の姿を描き出す。晩年は日本近代文学館の開設に尽力。小説「故旧忘れ得べき」「如何なる星の下もとに」、詩集「樹木派」「死の淵より」など。

たか-みず【高水】みず川などの水かさが増えて水位が上がること。また、その水。増水。

たかみ-せんせき【鷹見泉石】[1785～1858]江戸後期の武士・蘭学者。下総しもうさの人。名は忠常。古河こが藩の家老で大塩平八郎の乱平定を指揮。また、地図・地理書を収集し、海外地理を研究。

たかみね-こうげん【高峰高原】長野・群馬の県境、浅間山西方にある標高2106メートルの高峰山周辺の高原。車坂峠を中心とし、高峰温泉がある。

たかみね-じょうきち【高峰譲吉】[1854～1922]応用化学者。富山の生まれ。英国留学後、和紙・製塩・酒造の研究に従事。渡米し、タカジアスターゼを創製、アドレナリンを発見。後年、米国に帰化。

たかみね-ひでお【高嶺秀夫】[1854～1910]教育家。会津の生まれ。米国オスウィーゴ師範学校に留学。ペスタロッチ主義による開発教育を唱えるとともに、東京師範学校などで日本の教員養成教育の改革に貢献した。著「教育新論」など。

たかみね-ひでこ【高峰秀子】[1924～2010]映画女優。北海道の生まれ。本姓、松山。旧姓、平山。夫は映画監督の松山善三。5歳から子役として映画に出演し、「デコちゃん」の愛称で親しまれた。その後「綴方つづりかた教室」などのヒット作でヒロインを演じ、人気女優となる。戦後は木下恵介監督の「二十四にじゅうしの瞳」「カルメン故郷に帰る」、成瀬巳喜男なるせみきお監督の「浮雲うきぐも」などに主演し、映画スターとして活躍した。著作に自伝的エッセー「わたしの渡世日記」などがある。

たかみむすひ-の-かみ【高皇産霊神┊高御産巣日神】日本神話で、天地開闢かいびゃくのとき、高天原たかまがはらに出現した神。天御中主神あめのみなかぬしのかみ・神皇産霊神かみむすひのかみとともに造化の三神の一。天照大神とともに、高天原の至上神。生成の霊力を持ち、太陽神としての性格ももつ。別名、高木神たかぎのかみ。たかみむすびのかみ。

たかみや【高宮】滋賀県中東部、彦根市の地名。もと中山道の宿場町として繁栄。

たかみや-ぬの【高宮布】彦根市高宮で産する麻織物。

たかみ-やま【高見山】三重県松阪市と奈良県吉野郡との境にある山。標高1248メートル。

たか-・む【高む】〔動マ下二〕「たかめる」の文語形。

たかむこ-の-くろまろ【高向玄理】[?～654]飛鳥あすか時代の朝臣。渡来人の子孫。遣隋使小野妹子おののいもこに随行。帰国後、僧旻みんとともに国博士くにのはかせに任ぜられ、大化の改新政府の重臣となった。のち、遣唐押使となり、長安で客死。たかむくのくろまろ。

たか-むしろ【▽竹×莚┊▽竹×席┊×簟】細く割った竹や籐とうで編んだむしろ。夏の敷物。[季 夏]「浴ゆあみして且かつうれしさよ―／召波」

たかむな【×筍┊×笋】➡たかんな

たか-むなさか【高胸坂】上を向いて寝ている胸を坂にたとえていう語。「天若日子が朝床にい寝し―にあたりて死にき」〈記・上〉

たか-むら【▽竹×叢┊×篁】竹が群がって生えている所。たけやぶ。

たかむら-かおる【高村薫】[1953～]小説家。大阪の生まれ。本名、林みどり。リアリティーに満ちた社会派ミステリーで人気を集める。描写力の確かさに定評があり、映像化された作品も数多い。「マークスの山」で直木賞受賞。他に「黄金を抱いて翔とべ」「リヴィエラを撃て」「レディ・ジョーカー」など。

たかむら-こううん【高村光雲】[1852～1934]彫刻家。江戸の生まれ。旧姓、中島。幼名、光蔵。仏師高村東雲の門人で、その姉の養子となり、高村姓を継いだ。光太郎の父。伝統的木彫の近代化に尽力。作「老猿」など。

たかむら-こうたろう【高村光太郎】[1883～1956]詩人・彫刻家。東京の生まれ。光雲の子。欧米に留学。ロダンに傾倒。帰国後、「パンの会」に加わり、「スバル」に詩を発表。近代美術の紹介に努めた。また、岸田劉生らとフュウザン会を結成。詩集「道程」「智恵子抄」「典型」、翻訳「ロダンの言葉」、彫刻に「手」など。

たかむらものがたり【篁物語】物語。1巻。作者未詳。成立年代については平安中期から鎌倉初期まで諸説ある。小野篁の生涯を描いた、2部からなる実録風の短編物語。小野篁集。篁日記。

たかむれ-いつえ【高群逸枝】[1894～1964]女性史研究者。熊本の生まれ。昭和5年(1930)平塚らいてうと無産婦人芸術連盟を結成。のち「母系制の研究」「招婿婚の研究」などを著して女性史研究を確立。

たか-め【高め】〔名・形動〕❶位置がやや高いこと。また、そのさま。「内角―のボール」⇔低め。❷値段が比較的高いこと。大きい数字であること。また、そのさま。「雪害のため野菜が―だ」⇔安め。
[類語]高値たかね・高価・割高・高い

た-がめ【田×鼈┊水=爬=虫】半翅はんし目タガメ科の昆虫。水田や沼にすみ、体長6センチくらい。体は長卵形で扁平、暗黄褐色。鎌状の前脚で他の昆虫や魚・カエルなどを捕らえて体液を吸う。かっぱむし。こうやひじり。どんがめ。[季 夏]

たか・める【高める】〔動マ下一〕[文]たか・む〔マ下二〕程度の低いものを高くする。「評判を―・める」「声を―・める」⇔低める。

たか-めん【高免】江戸時代、年貢の賦課率が高いこと。⇔下免げめん。

たか-もがり【▽竹虎=落】竹製のもがり。竹矢来。

たか-もく【高目】囲碁で、碁盤の隅の4線と5線の交点。

たか-もく【×鷹目】鳥網の一目。タカ・ハヤブサ・コンドル・ヘビクイワシ各科からなり、ミサゴ科をもうけることもある。全世界に分布し、ほとんどが肉食性。ワシタカ目。

たかもち-おう【高望王】➡平高望たいらのたかもち

たかもち-びゃくしょう【高持百姓】➡本百姓ほんびゃくしょう

たか-もも【高▽股】ももの上の方。

たか-ももだち【高▽股立ち】袴はかまの股立ちを高く取り、活動しやすくすること。また、その姿。

たか-もり【高盛(り)】椀わんなどに食物を高く盛ること。また、そのように盛ったもの。高盛り物。

たかもり【高森】熊本県阿蘇郡、阿蘇山の南郷谷にある地名。

たかもり-まち【高森町】➡高森

たか-やか【高やか】〔形動ナリ〕❶物の丈や高さなどがいかにも高く感じられるさま。「―なる萩につけて」〈源・夕顔〉❷声や音などがいかにも大きく感じられるさま。「御車のうちより、―に神楽歌をうたはせ給ひしは」〈大鏡・伊尹〉

たか-やく【高役】江戸時代、石高に応じて賦課された臨時の夫役。金銭による代納も行われた。

たか-やぐら【高×櫓】高く築いたやぐら。

たがやさん【鉄=刀=木】マメ科の高木。高さ約15メートル。葉は羽状複葉。花は黄色。材は黒色で堅く、板目の模様が美しい。インド・東南アジアに分布。細工用材。

たがやさん-みなしがい【鉄=刀=木身無貝】イモガイ科の巻き貝。殻高12センチくらい。殻表は褐色で白いうろこ模様がある。魚食性。歯舌の毒性は強く危険。紀伊半島以南の浅海にすむ。

た-がやし【耕し】田畑をたがやすこと。たがえし。耕作。[季 春]「―のせかせかするよ道境ひ／蛇笏」

た-がや・す【耕す】〔動サ五(四)〕《「たかえ(田返)す」の音変化》作物を作るために、田畑の土を掘り返す。「荒れ地を―・す」[可能]たがやせる
[類語]鋤すく・鋤き返す

たかやす-げっこう【高安月郊】[1869～1944]詩人・劇作家・評論家。大阪の生まれ。本名、三郎。詩作のかたわら、イプセンの作品などを翻訳・紹介。また、新歌舞伎を発表。詩集「夜濤集」、戯曲「江戸城明渡」「桜時雨」、評論「東西文学比較評論」など。

たかやす-じょう【高安城】大阪府八尾市と奈良県生駒郡平群へぐり町の境にある高安山にあった古代の山城。天智天皇6年(667)築城。昭和53年(1978)発掘調査が行われた。

たかやす-びょう【高安病】脈無し病のこと。明治41年(1908)に眼科医の高安右人みぎとが最初に報告したところからの称。

たかやす-りゅう【高安流】❶能の大鼓おおつづみ方の流派の一。室町末期、高安与右衛門道善を流祖とする。❷能のワキ方の流派の一。高安与右衛門の

子孫与八郎が、金剛座のワキ方金剛又兵衛のツレ伊右衛門から伝書を譲られて創始したという。

たかやなぎ-けんじろう【高柳健次郎】[1899〜1990]電子工学者。静岡の生まれ。日本のテレビジョン技術の開拓者で、昭和2年(1927)初の映像送受信に成功。文化勲章受章。

たか-やま【高山】高い山。こうざん。

たかやま【高山】岐阜県北部の市。飛騨地方中部を占める。一位一刀彫・春慶塗・渋草焼などの工芸が盛ん。高山祭は有名。町割りが似るところから小京都とよばれ、もと江戸幕府の直轄領で、陣屋跡がある。平成17年(2005)2月、丹生川村、清見村、荘川村、宮村、久々野町、朝日村、高根村、国府町、上宝村を編入。面積が日本最大の市。人口9.3万(2010)。

たかやま-うこん【高山右近】[1552〜1615]安土桃山時代のキリシタン大名。名は長房。洗礼名、ジュスト。摂津の高槻城主、のち、明石城主。江戸幕府の禁教令によってマニラに追放後、病没。利休門下七哲の一人。

たかやま-し【高山市】▶高山

たかやま-そうぜい【高山宗砌】▶宗砌

たかやま-ちょぎゅう【高山樗牛】[1871〜1902]評論家。山形の生まれ。本名、林次郎。東大在学中に小説「滝口入道」を発表し、「帝国文学」発刊に参加。「太陽」を主宰。日本主義を唱えた。のちニーチェの思想を賛美し、晩年は日蓮に傾倒した。著「美的生活を論ず」「わが袖の記」など。

たかやま-ひこくろう【高山彦九郎】[1747〜1793]江戸中期の勤王家。上野の人。名は正之。諸国を行脚して勤王思想を提唱。時勢に憤激して九州久留米で自刃。林子平・蒲生君平とともに、寛政の三奇人の一人。

たかやま-ほんせん【高山本線】岐阜から高山を経て富山に至るJR線。富山・高山間は全通時まで飛越線と称した。全長225.8キロ。

たかやま-ぼんち【高山盆地】岐阜県北部にある盆地。中心は高山市。

たかやま-まつり【高山祭】岐阜県高山市で行われる、4月14・15日の日枝神社の山王祭と10月9・10日の八幡神社の八幡祭のこと。人形などを飾った豪華な屋台が出る。

たか-やりど【高▽遣り戸】❶高い所につくった引き戸。❷清涼殿の南の渡殿にある引き戸。

たか-ゆか【高床】高い柱を立ててその上に床を張った建物。日本では弥生時代の米倉、古墳時代の豪族の邸宅、出雲大社の本殿、奈良東大寺正倉院など。東南アジアからメラネシアにかけての住居では一般的。

たかゆく-や【高行くや】〔枕〕隼が空高く飛んでいく意から、人名「はやぶさわけ」にかかる。「―はやぶさわけさざき取らさね」〈記・下・歌謡〉

たか-ゆすり【高強=請】威圧的に金品をねだること。「盗人たけだけしいと、その―くはぬくはぬ」〈浄・千本桜〉

たか-ようじ【高×楊枝】❶ゆうゆうと食後の楊枝を使うこと。満腹のさまにいう。「武士は食わねど―」❷何もしないでいること。ぶらぶら遊んでいること。「那麼思想は全く自分には無いからと―である」〈紅葉・多情多恨〉

たかよし-しんのう【尊良親王】▶たかながしんのう(尊良親王)

たから【宝▽財▽貨】❶世の中に数少なく、特に貴重なもの。宝物。財宝。「家に伝わる―」❷財産。金銭。「悖って来る―の悖って出るに任せ」〈露伴・寝耳鉄砲〉❸ほかのものと取り替えることのできない、特に大切なもの。また、かけがえのない人。「国の―ともいうべき人材」「子―」➡御宝

(類語)宝物・財宝・財物・財貨

宝さかって入る時はさかって出る《「礼記」大学の「貨悖りて入る者は、また悖りて出ず」から》不正に手に入れた財宝は、結局、つまらない目的のために使い捨てられる。悪銭身につかず。

宝の持ち腐れ　❶役に立つ物を持ちながら、使わないでしまっておくこと。❷才能・手腕がありながら、それを活用しないこと。

宝の山に入りながら手を空しくして帰る　《「正法念経」から》よい機会にあいながら、その好機を逃がし、なんの利益も得られないで終わる。

宝は身の差し合わせ　財宝は、持っていれば急場に持ち主の身を救うものになる。

宝は湧き物　財宝は得ようとすれば得られるものだということ。金銀は湧き物。

だ-から〔接〕《断定の助動詞「だ」+接続助詞「から」から》前に述べた事柄を受けて、それを理由として順当に起こる内容を導く語。そうであるから。それゆえ。「親切な人だ。―みんなに好かれる」

(類語)それで・従って・よって・故に・すなわち

たからい-きかく【宝井其角】[1661〜1707]江戸前期の俳人。蕉門十哲の一人。江戸の人。初め、母方の姓榎本を名のった。別号、宝晋斎・晋子など。「虚栗」「枯尾華」を編集し、蕉風の発展に尽力。芭蕉没後は洒落ふうに傾き、江戸座を興した。句集「五元集」、句文集「類柑子」など。

たからい-ばきん【宝井馬琴】[1903〜1985]講談師。5世。愛知の生まれ。本名、大岩喜三郎。講談協会会長を務め、「寛永三馬術」「加賀騒動」などを得意とした。

たから-か【高らか】〔形動〕図〔ナリ〕いかにも高いさま。高々としたさま。「声―に歌う」「行進曲が―に鳴り響く」

たから-がい【宝貝】タカラガイ科の巻き貝の総称。貝殻は卵形、背面は滑らかで光沢が強く、斑紋がある。腹面の細長い殻口の両縁に刻み目があり、生きているときは殻を外套膜が包んでいる。熱帯地方の浅海に多い。古代に貨幣として使用。ホシダカラガイ・ハチジョウダカラガイなど。こやすがい。

たからがわ-おんせん【宝川温泉】群馬県北部、みなかみ町にある温泉。利根川支流の宝川の渓谷に臨む。泉質は単純温泉。

たから-くじ【宝×籤】地方自治体の財政資金を調達し、収益金を公共事業などの資金に充てるために売り出すくじ。当籤金付証票。(類語)くじ・富くじ・ロト・ナンバーズゲーム・トト・くじ引き・福引き

たから-さがし【宝探し】❶財宝を探し求めること。❷宝物に擬して、物品を砂場や物かげなどに隠しておき、探させる遊び。

た-がらし【田芥=子】❶キンポウゲ科の越年草。田や溝に生え、高さ40〜50センチ。葉は三つに深く裂けている。春、黄色い小花を多数開く。辛みがあり、有毒。漢名、石竜芮。たぜり。❷タネツケバナの別名。

たから-ジェンヌ《「パリジェンヌ」のもじり》宝塚歌劇団の俳優のこと。

たからじま【宝島】《原題 Treasure Island》R=L=スチーブンソンの小説。1883年刊。海賊フリントの財宝を隠した宝島の地図を偶然手に入れたジム少年が、死闘の末に宝を持ち帰るまでを描く。

たからづか【宝塚】兵庫県南東部の市。阪急電鉄が観光地として開発。温泉・宝塚大劇場がある。戦後、住宅地化。人口22.6万(2010)。

たからづか-いりょうだいがく【宝塚医療大学】兵庫県宝塚市にある私立大学。平成23年(2011)開学。

たからづか-かげきだん【宝塚歌劇団】宝塚市に本拠を置く女性だけの歌劇団。大正2年(1913)設立の宝塚唱歌隊が宝塚少女歌劇を経て、昭和15年(1940)現名に改称。ミュージカル・レビューなどを上演。

たからづか-し【宝塚市】▶宝塚

たからづか-だいがく【宝塚大学】兵庫県宝塚市などにある私立大学。昭和62年(1987)に宝塚造形芸術大学として開学。平成22年(2010)現校名に改称した。

たから-づくし【宝尽(く)し】❶いろいろな縁起のいい宝物を並べたてたもの。❷如意宝珠・宝鑰・打ち出の小槌・金嚢・隠れ蓑・丁字などの形を寄せて描いた模様。

たから-でら【宝寺】▶宝積寺

たから-の-いち【宝の市】10月17日、18日に大阪の住吉大社で行われる神事。農家で使う升などを売る市が立つ。升市。(季 秋)「買勝や―の国みやげ/才麿」

たから-の-きみ【宝の君】大切に思う主君。大事な主君。

たからのつち【宝の槌】狂言。打ち出の小槌だとだまされて古い太鼓のばちを買った太郎冠者が、何も出ないので主人にいろいろ言いわけをする。

たから-の-やま【宝の山】❶宝物のたくさんある山。また貴い山。❷大きな利益が得られたり、かねてからの願い事が実現したりする、いい機会。

たから-ぶね【宝船】縁起物の一。宝物・米俵・七福神などを乗せた船。また、それを描いた絵に「なかきよのとをのねぶりのみなめざめなみのりぶねのおとのよきかな」という回文歌を書き、正月2日の夜、枕の下に敷いて寝るとよい初夢を見るという。(季 新年)「一目出度さ限りなかりけり/虚子」

たからぶね-うり【宝船売り】縁起物の宝船の絵を売り歩く人。正月、「おたから、おたから」と呼び売りした。

たから-むすび【宝結び】❶ひもの結び方の一。角形・鍬形・蝶形などに結んだもの。❷紋所の名。❶の形を図案化したもの。

たから-もの【宝物】宝として珍重する物品。財宝。ほうもつ。(類語)宝・財宝・財物・財貨

たかり【▽集り】人をおどして金品をまき上げること。また、その行為をする者。「ゆすり―」

たか-る【▽集る】〔動ラ五(四)〕❶一つところにあつまる。よりあつまる。群がる。「見物人が黒山のように―る」「バラに油虫が―る」❷人に金品をせびる。また、おどして奪い取る。「先輩に食事を―る」「不良グループに―られる」(類語)集う・すだく・集まる・群がる・群れる・屯する

たがる〔助動〕〔たがら｜たがり・たがっ｜たがる｜たがる｜たがれ｜○〕《希望の助動詞「たし」の語幹「た」+接尾語「がる」から》動詞、および助動詞「れる」「られる」「せる」「させる」の連用形に付く。❶話し手以外の人の希望を表す。「この子はお菓子を食べたがってしかたがない」❷(「たがっても」の形で)話し手の希望を表す。「私がどんなに退院したがっても、医者が許してくれない」(補説)「たがる」は鎌倉時代から用いられるようになる。

タガログ-ご【タガログ語】《Tagalog》ルソン島を中心に話し手をもつフィリピンの有力言語。マレー-ポリネシア語族に属する。➡ピリピノ語

タガログ-ぞく【タガログ族】《Tagalog》フィリピンのマニラを中心にルソン島中部、ミンドロ島などに居住するフィリピンの主要民族。タガログ語を話す。

た-がわ【田川】田の間を流れる川。あぜがわ。

たがわ【田川】福岡県北東部の市。筑豊炭田の中心都市として発展。昭和44年(1969)の閉山後はセメント工業が盛ん。人口5.1万(2010)。

たか-ワクチン【多価ワクチン】インフルエンザなど、病原菌に種々の型がある場合に、それぞれに応じた抗原を含むように作られたワクチン。

たがわ-し【田川市】▶田川

たがわ-すいほう【田河水泡】[1899〜1989]漫画家。東京の生まれ。本名、高見沢仲太郎。前衛美術グループ「MAVO」の一員として活動したのち、犬の軍隊生活を描いた「のらくろ」シリーズを執筆、絶大な人気を集めた。他に「窓野雪夫さん」「蛸の八ちゃん」など。

たか-わらい【高笑い】〔名〕スル 大きな声で笑うこと。哄笑。「無遠慮に―する」(類語)笑い・大笑い・哄笑・爆笑・呵呵大笑・抱腹絶倒

たか-わり【高割(り)】江戸時代の村で、石高に応じて年貢・諸役や村入用などを割り当てること。

た-かん【多感】〔名・形動〕ちょっとしたことにも感情を動かされること。感じやすいこと。また、そのさま。

「—な(の)青年」**類語**多情・繊細・デリケート
タカン〘TACAN〙《tactical air navigation system》戦術航法装置。軍用機の短距離航行を支援する電波装置の一つ。地上局からの極超短波(UHF)により、直線距離と方向を与える。
だ-かん【×朶×翰】相手を敬って、その手紙をいう語。朶雲。貴翰。
だ-かん【×兌換】〔名〕スル ❶とりかえること。ひきかえること。❷銀行券や政府紙幣を正貨と引き換えること。
だ-かん【蛇管】▶じゃかん(蛇管)
だかん-ぎんこうけん【×兌換銀行券】発券銀行が持参人に対し、いつでも券面金額だけの正貨と引き換えることを約束した銀行券。現在は廃止。
だかん-けん【×兌換券】「兌換銀行券」の略。
たかん-さよう【他感作用】ある植物の影響で、他の植物の生長が影響されること。アレロパシー。
たかんしき-かごうぶつ【多環式化合物】分子内に環状構造を二つ以上もつ化合物。環どうしがくっついているものを縮合環とよぶ。
だかん-しへい【×兌換紙幣】正貨との引き換えが保証されている紙幣。⇔不換紙幣。
だかん-じゅんび【×兌換準備】発券銀行や政府が兌換❷に備えて保有する正貨準備。金銀貨・金銀地金など。
たかん-しょう【多汗症】汗が多く出る状態。精神的なものと生理的なもの、全身的なものと局所的なものなどがある。
たかんな【×筍¦×笋】《古くは「たかむな」とも表記》タケノコの古名。たこうな。「雪中の—、師走のやまももも」〈著聞集・一八〉
タガンログ〘Taganrog〙ロシア連邦南西部、ロストフ州の都市。アゾフ海のタガンログ湾に面し、港湾を有す。18世紀末、ピョートル1世がロシア艦隊の軍港を建設したことに起源する。その後、オスマン帝国の占領を経て、エカチェリーナ2世の時代にロシア領になった。19世紀に小麦などの積み出し港として発展。小説家・劇作家チェーホフの生地。
たき【▽丈¦▽長】「たけ(丈)」に同じ。「身—一丈ひとつゑ」〈景行紀〉
た-き【多岐】〔名・形動〕道筋がいくつにも分かれていること。物事が多方面に分かれていること。また、そのさま。「話題が—にわたる」
類語多角・多方面・多面・多種・多様
たき【滝】❶懸崖からほぼ垂直方向に落下する水の流れ。瀑布。**季 夏**「昼見たる—の夜の音聞きにけり/万太郎」➡直瀑 ➡段瀑 ➡渓流瀑 ➡潜流瀑 ➡分岐瀑 ❷傾斜の急な所を激しい勢いではしり下る水流。急流。奔流。「石走る—もとどろに鳴く蟬の声をし聞けば都し思ほゆ」〈万・三六一七〉
類語瀑布・白滝・飛瀑・飛泉・垂水・水簾
た-ぎ【多技】多くの技芸。また、多くの技芸に通じていること。多芸。
た-ぎ【多義】多くの意味。また、一つの語がいくつもの意味をもつこと。
た-ぎ【▽弾棋¦▽弾▽碁】「たんぎ(弾棋)」の撥音の無表記。「碁双六の盤、調度、—の具など」〈源・須磨〉
だ-き【唾棄】〔名〕スル つばを吐きすてること。転じて、非常に軽蔑して嫌うこと。「—すべき行為」**類語**憎悪・嫌悪・嫌忌・蛇蝎視・憎む・嫌う・忌み嫌う
だ-き【×舵機】船のかじ。操舵機。
だ-き【惰気】だらけた気分。なまけ心。「—を生じる」「—満々」
ダキア〘Dacia〙ドナウ川下流の湾曲部北岸の地域の古称。古代ローマ帝国の属州の一。ほぼ現在のルーマニアにあたる。
だきあい-しんじゅう【抱(き)合い心中】〔名〕スル 抱き合ってする心中。男女が互いに抱き合ったまま情死すること。
だき-あ・う【抱(き)合う】〔動ワ五(ハ四)〕互いに相手を抱く。「—・って再会を喜ぶ」**類語**抱える・抱く・抱く・抱きかかえる・抱きしめる・抱く・抱擁
たき-あが・る【炊(き)上(が)る】〔動ラ五(四)〕炊いていた飯などができあがる。「御飯が—・る」
たき-あげ【×焚き上げ】❶神社の庭でかがり火をたくこと。お焚き上げ。❷護摩の火に札をくべ、その燃えがらの昇りぐあいで吉凶を占うこと。❸江戸時代以来の富士講の行事。浅間神社や富士塚の上で、先達の行者が護摩の火を焚き、無病息災・家内安全などを祈る。
だき-あ・げる【抱(き)上げる】〔動ガ下一〕文だきあ・ぐ〔ガ下二〕抱いて上の方に持ち上げる。「子供を—・げる」
たき-あわせ【炊(き)合(わ)せ】魚と野菜など2種類以上の材料を別々に煮て、盛り合わせたもの。
だき-あわせ【抱(き)合(わ)せ】抱き合わせること。「—販売」
だきあわせ-はんばい【抱(き)合(わ)せ販売】よく売れる商品に売れ行きの悪い商品を組み合わせて売りつける販売方法。消費者の選択の自由を奪うとして独占禁止法で禁止されている。
だき-あわ・せる【抱(き)合(わ)せる】〔動サ下一〕文だきあは・す〔サ下二〕❶抱き合うようにする。また、組み合わせる。「減税と増税とを—・せる」❷売れ行きのよい品に売れ行きの悪い品を組み合わせて売る。「売れ残りの品を—・せる」
たきい-こうさく【滝井孝作】[1894～1984]小説家・俳人。岐阜の生まれ。俳号、折柴。初め河東碧梧桐に師事。のち長編小説「無限抱擁」で、独特の私小説作家として知られるようになる。句集「折柴句集」、小説「良人の貞操」「俳人仲間」など。
だきいし-そう【抱(き)石葬】先史時代の埋葬の一形式。死者の胸か腹に石塊をのせたもの。死者の悪霊のはたらきを防ぐためとする説がある。
だき-いね【抱(き)稲】紋所の名。葉のついた稲を左右から丸く向かい合わせた形を描いたもの。
たきいれ-あみ【×焚き入れ網】かがり火をたいて魚をおびき寄せて捕らえる網。
タキーレ-とう【タキーレ島】《Isla Taquile》ペルーとボリビアの国境にあるチチカカ湖に浮かぶペルー領の島。湖畔の町プノから約45キロメートルに位置する。島民に伝わる織物文化があり、2005年に「タキーレとその織物技術」の名でユネスコの無形文化遺産に登録された。
だき-うば【抱(き)乳-母¦抱き×姥】子守りだけをする乳母。乳乳母・本乳母に対していう。
だき-おこ・す【抱(き)起(こ)す】〔動サ五(四)〕抱いて起こす。かかえて起こす。「病人を—・す」
たき-おとし【×焚き落(と)し】たきぎの燃えたあとに残っている火。おき。
だき-おもだか【抱き沢=瀉】紋所の名。沢瀉の葉を2枚向かい合わせ、その中に花を入れたもの。
だき-おろ・す【抱(き)下ろす】〔動サ五(四)〕抱いて下へおろす。「子供を車から—・す」
タキオン〘tachyon〙常に光速を超える速さをもつ仮想粒子。特殊相対性理論には矛盾しないが、実験的には確認されていない。普通の粒子と違い、速くなるほどエネルギーが減ると考えられている。
だきかえり-けいこく【抱返渓谷】秋田県中東部にある渓谷。田沢湖の南、雄物川支流の玉川中流に南北約14キロメートル続き、「東北の耶馬渓」と呼ばれる景勝地。名の由来は、かつては道が狭く往来する人が抱き合ってくるりと回って向きを変え道をゆずったことから。抱返渓。
だき-かか・える【抱き抱える】〔動ア下一〕文だきかか・ふ〔ハ下二〕腕でかかえ持つ。腕をまわして落ちないように支え持つ。「けが人を—・える」
類語抱える・抱く・抱く・抱きしめる・抱き合う・抱擁
たき-かくだい【滝鶴台】[1709～1773]江戸中期の医師。長門の人。名は長愷。通称、弥八。儒学を山県周南・服部南郭に学び、医学を山脇東洋らに学んだ。また、仏教・和歌・国史にも通じた。
たき-かけ【▽薫き掛け】❶髪に香をたきしめるために、中に香炉を入れて枕にする箱。❷衣類に香をたきしめること。また、その香り。「わけらしき小袖の仕立て、—残りて」〈浮・五人女・四〉
だき-かご【抱(き)籠】「竹夫人」に同じ。
だき-がしわ【抱き×柏】紋所の名。柏の葉が左右に向かい合った形を描いたもの。
たき-かてい【滝和亭】[1832～1901]幕末から明治の画家。江戸の生まれ。本名、謙。字は子直。別号、蘭田。南画を学び、花鳥画にすぐれた。
たき-がら【×焚き殻】香・石炭などを焚いて残ったもの。もえかす。もえがら。
たきかわ【滝川】北海道中部の市。函館本線・根室本線の分岐点。道立畜産試験場がある。人口4.3万(2010)。**補説**空知川をさすアイヌ語の「ソーラプチ-ペッ」(滝がごちゃごちゃ落ちている川)の意訳。
たき-がわ【滝川】山の谷間などの急流。「瀬を早み岩にせかるる—のわれても末にあはむとぞ思ふ」〈詞花・恋上〉
たきがわ-かずます【滝川一益】[1525～1586]安土桃山時代の武将。近江の人。名は彦右衛門。織田信長の臣として伊勢の長島城主。次いで関東管領として上野の厩橋城主。小牧・長久手の戦いで徳川家康に敗れて出家した。
たきがわ-きょう【多岐川恭】[1920～1994]小説家。福岡の生まれ。本名、松尾舜吉。本格推理小説、時代小説、ミステリー、SFなど広い分野で作品を発表。巧みなストーリー展開と綿密な性格描写で多くの読者を得た。「落ちる」で直木賞受賞。他に「濡れた心」「イブの時代」「ゆっくり雨太郎捕物控」など。
たきかわ-し【滝川市】▶滝川
たきかわ-じけん【滝川事件】《「たきがわじけん」とも》昭和8年(1933)鳩山一郎文相が、京都帝国大学法学部の滝川幸辰教授を、その著「刑法読本」や講演内容が赤化思想であるとして罷免した事件。同学部教授団や学生らが抗議運動を起こしたが、当局の弾圧で崩壊した。京大事件。
たきがわ-じけん【滝川事件】▶たきかわじけん
たきかわ-ゆきとき【滝川幸辰】[1891～1962]刑法学者。岡山の生まれ。京都帝国大学教授のときに滝川事件が起きて休職を命じられた。第二次大戦後に復職し、その後法学部長・総長を歴任。著「刑法講義」「激流」など。➡滝川事件 **補説**「たきがわゆきとき」と読まれる場合もあるが、京都大学人事記録に拠って「たきかわ」とした。
たきがわ-ゆきとき【滝川幸辰】▶たきかわゆきとき
たき-ぎ【薪】《焚き木の意》燃料にする細い枝や割り木。まき。「枯れ枝を—にする」「—をくべる」
類語薪・榾・柴・粗朶
薪樵る 薪の行道をする。「—・る讃歎の声も」〈源・御法〉
薪尽く ❶《法華経》序品の「仏この夜滅度し給ふこと、薪尽きて火の滅するがごとし」の句から》釈迦が入滅する。「二月の中の五日は、鶴の林に—・きにし日なれば」〈増鏡・序〉❷命が尽きる。死ぬ。「惜しからぬこの身ながらもかぎりとて—・きなむことの悲しさ」〈源・御法〉
薪に油を添・える ▶火に油を注ぐ
薪に花 粗野ではあっても、やさしい風情があることのたとえ。
薪を抱きて火を救う 《「戦国策」魏策から》薪を抱いて、火を消そうと火元に近づく。害を除こうとして、かえって害を大きくすることのたとえ。
たきぎ-こる【薪×樵る】〔枕〕薪を切る鎌の意から、「鎌倉」にかかる。「—鎌倉山の木垂る木をまつと汝が言はば恋ひつつやあらむ」〈万・三四三三〉
たきぎ-の-いっきゅうじ【薪の一休寺】酬恩庵の異称。
たきぎ-のう【薪能】❶奈良興福寺の修二会の際、大和猿楽四座によって夜ごと薪をたいて演じられた神事能。幕末で廃絶したが、近年復興し、5月11日・12日に行われる。**季 夏** ❷夕方から夜にかけ、野外で薪をたいて行われる能。❶をまねて戦後興っ

たもので、多くの社寺で行われる。

たきぎ‐の‐ぎょうどう【薪の行道】ギャウダウ 法華八講の第3日に、行基作といわれる「法華経をわが得しことは薪こり菜つみ水汲くみ仕へてぞ得し」の歌を唱えながら、薪を背負い、水桶をになった者を列に加えて、僧たちが行う行道。歌は提婆達多品だいばだったぼん中に、仏が法華経を得るため「水を汲み、薪を拾い、食じきを設け」て、阿私仙に従ったとあるのに基づく。

だき‐ぐせ【抱(き)癖】乳児の、抱かれないと泣き止まなかったり眠らなかったりするくせ。

たき‐ぐち【×焚き口】かまど・ストーブ・ボイラーなどの、火を焚きつける口。また、燃料を入れる口。

たき‐ぐち【滝口】❶滝が落ちはじめる所。滝の落ち口。❷清涼殿の北東にある、御溝水みかわみずの落ちる所。❸平安・鎌倉時代、蔵人所くろうどどころに属し、❷の詰め所にいて、宮中の警衛に当たった武士。滝口の武士。

たきぐち‐しゅうぞう【滝口修造】シウザウ［1903～1979］詩人・美術評論家。富山の生まれ。ダダイスム・シュールレアリスムの芸術論により作詩。現代芸術理論の紹介者・評論家として活躍。著「近代芸術」など。

たきぐち‐どころ【滝口所】滝口❷にある、内裏警護の武士の詰め所。滝口の陣。

たきぐち‐にゅうどう【滝口入道】ニフダウ ㊀平安末期の僧。本名、斎藤時頼ときより。平重盛に仕え、滝口の武士のとき、建礼門院の雑仕女ぞうしめの横笛と恋愛、父の茂頼にいさめられて19歳で出家。嵯峨さが往生院で修行し、のち高野山清浄心院に入った。㊁高山樗牛たかやまちょぎゅうの歴史小説。明治27年(1894)発表。平家の滅亡を背景に、斎藤時頼と横笛との悲恋を描く。

たきぐち‐の‐じん【滝口の陣】ヂン ▶滝口所

たぎ‐ご【多義語】多くの意味をもっている語。

たきこみ‐ごはん【炊(き)込み御飯】魚介・肉・山菜などを入れ、味付けして炊いた御飯。

たき‐こ・む【炊(き)込む】〔動マ五(四)〕飯の中に、肉や山菜などを一緒に入れ、味を付けて炊く。「竹の子を―・んだ飯」

だき‐こ・む【抱(き)込む】〔動マ五(四)〕❶腕の中にかかえ入れる。「子を―・む」❷味方に引き入れる。仲間に誘い込む。「敵の一人を金で―・む」
〔類語〕引き入れる・引き込む・巻き込む・取り込む

たき‐こ・める【▽薫き込める】〔動マ下一〕文たきこ・む〔マ下二〕香をたいて、香りを衣服などに染み込ませる。たきしめる。「長着ながぎに香を―・める」

だき‐ざさ【抱き×笹】紋所の名。左右2枚の笹の葉を抱き合わせた形のもの。

たきざわ‐ばきん【滝沢馬琴】たきざは― ▶曲亭馬琴きょくていばきん

たきざわ‐みえこ【滝沢美恵子】たきざは― ［1939～ ］小説家。新潟の生まれ。本名、美枝子。「ネコババのいる町で」で芥川賞を受賞。他に「悲恋斬るべし」「舞台裏」など。

タキシー〖taxi〗▶タクシー

タキシード〖tuxedo〗燕尾服えんびふくに代わる、男子の夜間用略式礼服。シングル襟、背広形の上下で、襟に黒絹をかぶせ、ズボンの側線も黒絹で縁取る。ネクタイは黒の蝶ちょう結び。ニューヨークのタキシード公園のクラブ員が制服として着用したことからの名。

タキシード‐ルック〖tuxedo look〗礼装用のタキシードのデザインを日常的なファッションに取り入れたスタイルのこと。タキシードコートなど。

タキシス〖taxis〗「走性」に同じ。

たき‐しぼり【滝絞(り)】染め模様の一。大形のたて絞り。

たき‐じま【滝×縞】織物の縦縞の一。太い筋からしだいに細い筋になる縞模様。

たき‐し・める【×焚き▽染める】〔動マ下一〕文たきし・む〔マ下二〕香をたいて衣服などに染み込ませる。「香を着物に―・める」

だき‐し・める【抱(き)締める】〔動マ下一〕文だきし・む〔マ下二〕力を込めてしっかりと抱く。「再会したわが子を―・める」〔類語〕抱える・抱だく・抱きかかえる・抱いだく・抱き合う・抱擁

たき‐しゅうぞう【高城修三】シウザウ［1947～ ］小説家。香川の生まれ。本名、若狭雅信。出版社勤務ののち、学習塾経営のかたわら小説を発表。「榧かやの木祭り」で芥川賞受賞。他に「約束の地」「糺ただすの森」など。

だき‐すく・める【抱き×竦める】〔動マ下一〕文だきすく・む〔マ下二〕抱きしめて、身動きができないようにする。「強く―・める」

タキストスコープ〖tachistoscope〗瞬間露出機。視覚刺激を1000分の1秒程度の正確さで与えることができる装置。広告物の文字・図形などの見え方、認知に必要な時間などを実験する。

たき‐せいいち【滝精一】［1873～1945］美術史家。東京の生まれ。号、拙庵。和亭の子。日本美術史学の育成に尽力。また、美術雑誌「国華」の主幹を務めた。

たきだいら‐じろう【滝平二郎】たきだひら―ジラウ［1921～2009］切り絵作家。茨城の生まれ。第二次大戦後に木版画家として独立。のちに切り絵に転じ、昭和45年(1970)、「花さき山」で第1回講談社出版文化賞(ブックデザイン部門)を受賞。他に「八郎」「モチモチの木」など。

たぎたぎ・し〔形シク〕道に凹凸や高低があって歩きにくいさま。また、足もとがおぼつかないさま。「車駕みくるまの経ける道狭さく地さ―・しかりき」〈常陸風土記〉

たき‐だし【炊(き)出し】災害時などに、飯を炊いて配ること。

たきた‐ちょいん【滝田樗陰】［1882～1925］編集者。秋田の生まれ。本名、哲太郎。「中央公論」主幹。同誌を総合雑誌に発展させ、多くの作家を育成した。

たき‐たて【炊(き)立て】炊きあがったばかりであること。「―の御飯」

たきた‐ゆう【滝田ゆう】―イウ［1932～1990］漫画家。東京の生まれ。本名、祐作。田河水泡たがわすいほうの弟子を経て、漫画家としての活動を開始。東京の下町の路地裏を舞台とした作品を多く描く。代表作「寺島町奇譚きたん」「ぼくの昭和ラプソディ」「裏町セレナーデ」など。

たきた‐ようじろう【滝田洋二郎】―ヤウジラウ［1955～ ］映画監督。富山の生まれ。成人映画を手がけた後、「コミック雑誌なんかいらない!」で一般映画に進出。平成21年(2009)に、監督作品「おくりびと」がアカデミー賞の外国語映画賞を受賞。他に「病院へ行こう」「僕らはみんな生きている」「陰陽師おんみょうじ」など。

たぎち【×滾ち｜▽激ち】水が激しく流れること。また、その流れ。「武庫川むこがわの水脈みおを速みか赤駒のあがく―に濡れにけるかも」〈万・一一四一〉

たぎ・つ【×滾つ｜▽激つ】〔動タ四〕《「たきつ」とも》❶水が激しく流れる。水が逆巻きうねる。「山川も依りて仕ふる神ながら―・つ河内かふちに舟出せすかも」〈万・三九〉❷心が激しく動く。いらだつ。「音楽の響、―・つ心を澄ましつつ」〈謡・養老〉

だき‐つ・く【抱(き)付く｜抱(き)着く】〔動カ五(四)〕両腕を相手のからだなどにまわしてとりつく。「子供が母親に―・く」〔類語〕つかまる・しがみつく・取りつく・すがりつく・かじりつく・むしゃぶりつく

たき‐つけ【×焚き付け】まきなどの主となる燃料に火をつけるために用いる、燃えやすい物。

たき‐つ・ける【×焚き付ける】〔動カ下一〕文たきつ・く〔カ下二〕❶火をつけて燃やしはじめる。「風呂を―・ける」❷人をそそのかして何かをさせる。けしかける。「若者を―・けて運動を起こさせる」
〔類語〕あおる・けしかける・そそのかす・アジる・扇動する

たき‐つ‐せ【滝つ瀬】《「たぎつせ」とも。「つ」は「の」の意の格助詞》水の激しく流れる瀬。また、滝。「宇治の渡りの―を見つつ渡りて」〈万・三二四〇〉

たきつせ‐の【滝つ瀬の】〔枕〕《「たぎつせの」とも》流れの速い意から、「はやし」にかかる。「―はやき心を何しかも人めづつみのせきとどむらむ」〈古今・恋三〉

たぎつひめ‐の‐みこと【湍津姫命｜多岐都比売命】日本神話で、天照大神と素戔嗚尊すさのおのみことの誓約うけいのときに、素戔嗚尊の剣から生まれた三女神の一。福岡県の宗像むなかた大社の祭神で、中津宮に鎮座するとされる。

たき‐つぼ【滝×壺】滝が落ち込んで深い淵となっている所。〔季 夏〕

たぎ‐てき【多義的】〔形動〕一つの言葉が多くの意味をもっているさま。また、話の内容などが多くの意味に解釈できるさま。「―な寓話」

タキトゥス〖Publius Cornelius Tacitus〗1、2世紀ころ、ローマ帝政時代の歴史家・政治家。貴族出身で護民官・執政官・アジア州総督などを歴任。帝政に批判的で、共和政を理想とした。著「ゲルマニア」「歴史」「年代記」など。

たき‐どの【滝殿】滝に臨むように建てた殿舎。〔季 夏〕「―に人あるさまや灯一つ／鳴雪」

だき‐と・める【抱(き)留める】〔動マ下一〕文だきと・む〔マ下二〕両腕でかかえておさえとどめる。「倒れかかる人を―・める」

だき‐と・る【抱(き)取る】〔動ラ五(四)〕自分の方へ抱くようにして受け取る。「赤子を―・る」

たき‐なみ【滝波】落下する滝の水。「岩にかけ川瀬に音やあまるらむ雨さへ添ひてふるの―」〈為尹千首〉

だきに‐てん【荼枳尼天｜吒枳尼天｜茶吉尼天】《梵 Ḍākinīの音写》仏教の鬼神で、密教では、胎蔵界曼陀羅まんだら外院にあって、大黒天に所属する夜叉やしゃ神。自在の通力をもって6か月前に人の死を知り、その心臓を食うといわれる。日本では狐の精とされ、稲荷いなり信仰と混同されている。

だき‐ね【抱(き)寝】〔名〕スル 抱いて寝ること。「乳飲み子を―する」

たき‐の‐いと【滝の糸】滝の水が筋をなして落ちるようすを、糸が垂れ下がるのに見立てていう語。滝の白糸。「流れくるもみち葉見れば唐錦―もて織れるなりけり」〈拾遺・冬〉

た‐きのう【多機能】機能が多いこと。道具・設備などが、さまざまな働きを備えていること。「―プリンター」

たきのう‐けいたいでんわ【多機能携帯電話】▶スマートホン

たきのう‐しゅうへんそうち【多機能周辺装置】―シウヘンサウチ ▶エム‐エフ‐ピー(MFP)

たきのう‐プリンター【多機能プリンター】▶エム‐エフ‐ピー(MFP)

たきのがわ【滝野川】たきのがは 東京都北区の地名。もと江戸近郊の農村、また東京市の区の一で、田端あたりまで含まれた。名はこの地を流れる石神井しゃくじい川の急流に由来。

たぎ‐の‐きょぎ【多義の虚偽】論理学で、推理において、使用する言葉が多義であるために生じる虚偽。語意曖昧あいまいの虚偽。

たき‐の‐しらいと【滝の白糸】「滝の糸」に同じ。「春来ればー いかなれや結べどもなほあわに見ゆらむ」〈拾遺・雑春〉

たきのしらいと【滝の白糸】戯曲。泉鏡花の小説「義血侠血」を脚色したもの。明治28年(1895)川上音二郎一座により浅草座で初演。滝の白糸とよばれる水芸人と向学の青年村越欣也の悲恋物語。新派の代表狂言の一。

たき‐のぼり【滝登り】滝を流れに逆らってのぼること。「鯉の―」

たき‐のみ【滝飲み】酒などを一息に飲みほすこと。

たき‐び【×焚き火】❶戸外で集めた落ち葉や木片などを燃やすこと。また、その火。〔季 冬〕「捨てし身や―にかざす裏表／茅舎」❷明かりや暖をとるためなどに薪を燃やすこと。また、その火。「あまりに夜寒に候ふほどに…―をして」〈謡・黒塚〉

たき‐ふさ【×髻】「たぶさ」に同じ。「―の中より設まけし弦を採り出して」〈記・中〉

たき‐ぼうよう【多岐亡羊】―バウヤウ《枝道が多すぎて逃げた羊を見失ってしまったという「列子」説符の故事から》学問をする者が枝葉末節にとらわれると、本質を見失うこと。また、学問の道が多方面に分かれすぎると真理を求めにくくなること。方針が多すぎて、どれをとるべきかに迷うことのたとえ。亡羊の嘆。

だき‐み【抱(き)身】鴨かも・合鴨などの胸肉。

たきみ‐かんのん【滝見観音】―クワンオン 三十三観音の一。断崖だんがいに座して滝を見ている姿の観音。

だき‐みょうが【抱き×茗荷】―メウガ 紋所の名。茗荷の

芽が左右に向き合っている形のもの。

たき-もと【滝本】滝の水が落ちる所。滝壺(たきつぼ)。「聞こゆる滝にしばらく打たれてみんとて、―へぞ参りける」〈平家・五〉

たきもと-りゅう【滝本流】ﾘｳ ►松花堂流(しょうかどうりゅう)

たき-もの【×焚き物】燃料として焚くもの。たきぎ。まき。

たき-もの【▽薫物|×炷物】種々の香を調合して作った練り香。また、それをたくこと。

たきもの-あわせ【▽薫物合(わ)せ】ｱﾊｾ 種々の練り香を持ち寄り、それをたいて優劣を争う平安時代の宮廷遊戯。➡香合わせ

たきもの-の-こ【▽薫物の▽籠】薫き物の上にかぶせる籠。その上に着物をかけて香をたきしめる。ふせご。

たきもの-ひめ【▽薫物姫】織女星。乞巧奠(きこうでん)の際に一晩中薫き物をしたところからという。

だき-もり【抱き守】幼児を抱いて守りをすること。また、その人。「ふたりの乳母ども銘々に―いたせし子」〈浮・桜陰比事・一〉

たきやしゃ-ひめ【滝夜叉姫】平将門(たいらのまさかど)の娘と伝えられる女性。妖術を使って活躍する話が「善知鳥安方(うとうやすかた)忠義伝」や歌舞伎に脚色されている。

だ-きゅう【打×毬】ﾀﾞｷｳ 奈良時代、中国から伝わった遊戯。左右に分かれ、馬上あるいは徒歩で毬杖(ぎっちょう)を持ち、紅白の毬(まり)を互いに自分方の毬門に打ち入れることを争うもの。平安時代の宮廷貴族の間に盛行したが中絶し、江戸時代に復活した。毬打(ぎっちょう)。

だ-きゅう【打球】ﾀﾞｷｳ 野球・ゴルフなどで、たまを打つこと。また、打ったたま。

たぎゅうらく【打毬楽】ﾀｷﾞｳ 雅楽。唐楽。太食(たいしき)調で新楽の中曲。舞は四人舞。毬杖(ぎっちょう)を持ち、毬(まり)を打つようすを舞にしたもの。玉会(ぎょくえ)打毬楽。

た-きょう【他郷】ｷｬｳ 故郷でないよその土地。
(類語)外国・他国・異国・異邦・外邦・他邦・異朝・異境・異郷・異土・外地・海外・海彼(かいひ)・外(と)つ国

た-ぎょう【た行|タ行】ｷﾞｬｳ 五十音図の第4行。た・ち・つ・て・と。

た-ぎょう【他行】ｷﾞｬｳ〔名〕ｽﾙ よそへ行くこと。外出すること。たこう。「明日から―するかも知れないが」〈木下尚江・火の柱〉

だ-きょう【妥協】ｹﾌ〔名〕ｽﾙ 対立した事柄について、双方が譲り合って一致点を見いだし、おだやかに解決すること。「―の余地がない」「安易に―する」「―案」(類語)譲歩・互譲・折り合い・歩み寄り・譲り合い・手打ち

だ-ぎょう【だ行|ダ行】ｷﾞｬｳ 五十音図で、「た行」に対する濁音の行。だ・ぢ・づ・で・ど。

たぎょう-しょう【多行松】ﾀｷﾞｬｳ 美し松のうち、枝の広がりの大きいもの。➡美し松

だきょう-てん【妥協点】ﾀﾞｹﾌ 互いに歩み寄って一致できるところ。

た-きょく【多極】❶電極が多いこと。❷勢力が分散して、それぞれが対立している状態。「―化」

たきょく-かん【多極管】ｸﾜﾝ 4個以上の電極をもつ電子管。多極真空管。

だき-よ・せる【抱(き)寄せる】〔動サ下一〕図だきよ・す〔サ下二〕抱いて引き寄せる。「恋人を―・せる」

たぎら・す【×滾らす】〔動サ五(四)〕たぎるようにする。煮えたたせる。わきあがらせる。「湯を―・す」「情熱を―・す」

たきりびめ-の-みこと【田霧姫命|多紀理毘売命】日本神話で、天照大神と素戔嗚尊(すさのおのみこと)との誓約(うけい)のときに、素戔嗚尊の剣から生まれた三女神の一。福岡県の宗像(むなかた)大社の祭神で、沖津宮に鎮座するとされる。田心姫(たごりひめ)。

たぎ・る【×滾る】〔動ラ五(四)〕❶水がさかまいて激しく流れる。「川瀬が―・る」❷煮えたつ。「湯が―・る」❸激する気持ちが盛んにわきおこる。わきあがる。「青春の血潮が―・る」「―・る闘志」(類語)沸く・沸騰する・煮え返る・燃える・高ぶる・激する

たき-れんたろう【滝廉太郎】ﾚﾝﾀﾗｳ［1879～1903］作曲家。東京の生まれ。ドイツに留学。日本の洋楽揺籃(ようらん)期にすぐれた才能を示した。代表作「荒城の月」「箱根八里」「鳩ぽっぽ」、ほかに歌曲「四季」など。

タギング〖tagging〗データファイルやウェブサイトの情報に、タグと呼ばれる短いフレーズや単語を付与すること。情報の属性や内容を表すタグを付与することにより、検索や整理が容易になる。

たく【多久】佐賀県中央部の市。明治以降は炭鉱町として発展。ビワ・ミカンを産する。遺跡や多久聖廟(せいびょう)がある。人口2.1万(2010)。

たく【宅】❶住居。住まい。「先生のお―」❷自分の住居。我が家。「明日―へおいでください」❸妻が、他人に対して自分の夫をいう語。「―がそのように申しました」➡御宅(おたく) ➡漢「たく(宅)」
(類語)(❶❷)家・うち・家屋・屋舎(おくしゃ)・住宅・住家(じゅうか)・住居・家宅・私宅・居宅・自宅・居(きょ)・住まい・住みか・ねぐら・宿(やど)(尊敬)お宅・尊宅・尊堂・高堂・貴宅(謙譲)拙宅・弊宅・陋宅(ろうたく)・陋居・陋屋(ろうおく)・寓居(ぐうきょ)/(❸)夫・主人・亭主・旦那・ハズ・夫君・内の人・宿六

たく【沢】めぐみ。恩恵。恩沢。「海内久しく穏かにして人民泰平の―を楽みたりしかども」〈田口・日本開化小史〉➡漢「たく(沢)」

たく【卓】物を置く台。机。テーブル。「―を囲む」「マージャン―」➡漢「たく(卓)」
(類語)机・テーブル・食卓・飯台・卓袱台(ちゃぶだい)・デスク

たく【×柝】拍子木。また、拍子木を打つこと。「庫裏(くり)で夕食を知らせる―が鳴っている」〈倉田・出家とその弟子〉

たく【×栲】コウゾの古名。「常に―の皮を取りて木綿(ゆう)を造る」〈豊後国風土記〉

たく【託】えらぶって言うこと。「天文を知らねえからだとか、―を言はれるに違えねえが」〈滑・七偏人・五〉➡御託(ごたく) ➡漢「たく(託)」

たく【×鐸】❶銅または青銅製の大型の鈴。扁平な鐘の中に舌(ぜつ)があり、上部の柄(え)を持って振り鳴らす。古代中国で教令を伝えるときに用い、文事には木鐸、武事には金鐸を用いたという。鐸鈴。ぬて。ぬりて。❷大形の風鈴(ふうりん)。➡漢「たく(鐸)」

た・く【炊く】〔動カ五(四)〕《「焚く」と同語源》❶米などの穀物を煮て食べられるようにする。「かゆを―・く」「赤飯を―・く」❷(西日本で)煮る。「野菜を―・く」(可能)たける (類語)炊(かし)ぐ・煮る・ゆでる

た・く【▽長く】〔動カ下二〕「た(長)ける」の文語形。

た・く【×焚く】〔動カ五(四)〕❶燃料を燃やす。また、火にくべて燃やす。「石炭を―・く」「落ち葉を―・く」❷火を燃やして湯をわかす。「風呂を―・く」❸(「炷く」「薫く」とも書く)火をつけて香をくゆらす。「線香を―・く」❹写真撮影でストロボを発光させる。「フラッシュを―・く」(可能)たける
(一句)霧不断の香を焚く・豆を煮るに萁(まめがら)をたく・林間に酒を煖(あたた)めて紅葉(こうよう)を焼(た)く・藁(わら)を焚く
(類語)燃す・燃やす・焼く・くべる

た・く【×綰く】〔動カ四〕❶髪をかき上げて束ねる。「人皆は今は長しと―・けと言へど」〈万・一二四〉❷舟をあやつる。「大舟を荒海(あるみ)に漕ぎ出で八(や)舟―・け我が見し児らがまみは著(しる)しも」〈万・一二六六〉❸《「だく」とも》手綱をあやつる。「石瀬野(いはせの)に馬―・き行きてをちこちに鳥踏み立て」〈万・四一五四〉

タグ〖tag〗《「札」の意》❶►タッグ ❷コンピューターで扱う文書において、テキストデータ中に埋め込む特殊な記号や文字列のこと。デザイン、レイアウト、論理構造、意味を記述する。主にHTMLやXMLといったマークアップ言語で用いられる。

た・ぐ【▽食ぐ】〔動ガ下二〕食う。飲む。「米だにも―・げて通らせ」〈皇極紀・歌謡〉

だく【×跑】「跑足(だくあし)」の略。

だ-く【駄句】つまらない俳句。へたな俳句。自分の俳句を謙遜していうときにも用いる。

だく【諾】承知すること。引き受けること。また、その語。「―の返事を得る」➡漢「だく(諾)」

だ・く【抱く】〔動カ五(四)〕《「いだく」の音変化》❶㋐腕を回して、しっかりとかかえるように持つ。「子供を―・く」「肩を―・く」㋑卵をかえすために、鳥が卵の上にしゃがむ。「親鳥が卵を―・く」❷男性が女性と共寝をする。同衾(どうきん)する。「男に―・かれる」❸人をまきぞえにする。人を罪に陥れる。「手前(てめえ)も俺も是までだ、手前が―・くか俺が―・くか」〈伎・小袖曽我〉➡抱(かか)える (用法) (可能)だける (類語)抱える・抱(いだ)く・抱きかかえる・抱きしめる・抱き合う・抱擁・ハグ

ダグ-アウト〖dugout〗►ダッグアウト

だく-あし【×跑足|諾足】馬が前脚を高く上げてやや速く歩くこと。並足(なみあし)と駆け足との中間の速度。ま

漢字項目 たく

【度】►ど

宅 (学)6 (音)タク(漢)‖すまい。やしき。「宅診・宅地/火宅・帰宅・旧宅・居宅・私宅・自宅・社宅・住宅・拙宅・邸宅・転宅・別宅・本宅」(名付)いえ・おり・やか・やけ

人 **托** (音)タク(呉)(漢)‖①手のひらに物をのせる。「托鉢(たくはつ)」②物を受けてのせる台。「托子/花托・茶托」③たのむ。あずける。「托生(たくしょう)/依托」(補説)③は「託」と通用する。

択〔擇〕(音)タク(漢) (訓)えらぶ‖チェックして選び出す。「択伐・択抜/簡択・採択・選択・二者択一」(名付)えらむ (難読)択捉(えとろふ)

沢〔澤〕(音)タク(漢) (訓)さわ‖㊀〈タク〉①湿地。さわ。「沢畔/山沢・沼沢・藪沢(そうたく)」②物が豊かにあること。うるおい。「沢山/潤沢・贅沢(ぜいたく)」③人に施す恵み。「恩沢・恵沢・徳沢・余沢」④つや。「光沢・色沢・手沢」㊁〈さわ〉「沢辺・沢水/涸沢(からさわ)」(名付)ます (難読)沢瀉(おもだか)・沢庵(たくあん)

卓 (音)タク(呉)(漢)‖①ひときわ高く抜きんでている。「卓越・卓見・卓効・卓説・卓絶・卓抜・卓立/超卓」②高い台。机。テーブル。「卓球・卓子・卓上/円卓・座卓・食卓」(名付)すぐる・たか・たかし・つな・とお・まこと・まさる・もち (難読)卓袱(しっぽく)・卓袱台(ちゃぶだい)

拓 (音)タク(呉)(漢) (訓)ひらく‖①土地を切り開く。「拓殖・拓地/開拓・干拓」②石碑の文字などを紙に摺(す)りとること。石摺(ず)り。「拓本/乾拓・魚拓・手拓」

人 **啄**〔啄〕(音)タク(呉)(漢) (訓)ついばむ‖くちばしでつつく。ついばむ。「啄木」

託 (音)タク(呉)(漢) (訓)かこつける、かこつ、ことづける‖①他にあずける。ゆだねる。「託送・託児所/依託・委託・寄託・供託・結託・受託・嘱託・信託・請託・負託」②他の事にかこつける。「託言/仮託」③神が他の口を借りて告げる。「託宣/神託」(名付)より

人 **琢**〔琢〕(音)タク(呉)‖鑿(のみ)などで打って玉の形をととのえる。「琢磨/彫琢」(補説)「琢」「琢」ともに人名用漢字。(名付)あや・たか

× **磔** (音)タク(漢) (訓)はりつけ‖罪人のからだを張りつけて市中にさらすこと。また、罪人を柱にしばって刺し殺す刑。「磔刑・磔殺」

濯 (音)タク(漢) (訓)すすぐ、そそぐ、ゆすぐ‖水ですすぎ洗う。「洗濯」(名付)あろう

× **謫** (音)タク(漢)‖罪によって遠方に流される。「謫所・謫仙/流謫(るたく)」

× **鐸** (音)タク(漢)‖①大きな鈴。「銅鐸・木鐸(ぼくたく)」②風鈴(ふうりん)。「風鐸」

漢字項目 だく

諾 (音)ダク(漢) (訓)うべなう‖①よろしいと承知する。うべなう。「諾意・諾否/一諾・応諾・快諾・許諾・受諾・承諾・然諾・内諾」②承知する返事。はい。「唯唯諾諾(いいだくだく)」(名付)つぐ (難読)諾威(ノルウェー)

濁 (音)ダク(慣) ジョク(ヂョク)(呉) (訓)にごる にごす‖㊀〈ダク〉①水がにごる。「濁酒・濁流/混濁・清濁・白濁」②行いなどがけがれている。「濁世(だくせ・だくせい)/汚濁」③音がにごる。濁音。「濁点/清濁・本濁・連濁」㊁〈ジョク〉㊀の②に同じ。「濁世(じょくせ)/汚濁・五濁・劫濁(こうじょく)」(難読)濁声(だみごえ)・濁酒(どぶろく)

た、その足なみ。だく。鹿足。
たく-あつかい【宅扱い】鉄道荷物・貨物運送の種別の一。15キロまでの小荷物を、差出人の家から受取人の家まで配達するもの。
たく-あん【沢×庵】「沢庵漬け」の略。
沢庵のおもしに茶袋 効き目のないたとえ。
たくあん-そうほう【沢庵宗彭】[1573〜1645]江戸初期の臨済宗の僧。但馬の人。一凍紹滴の法を継ぎ、大徳寺の住持となる。寛永6年(1629)紫衣事件で出羽に流され、のち赦免。徳川家光建立の東海寺の開山となる。著「不動智神妙録」など。
たくあん-づけ【沢×庵漬(け)】《沢庵和尚が始めたからとも「貯え漬け」の音変化ともいうが未詳》干し大根を糠と塩とで漬けたもの。(季 冬)「来て見ればーの石一つ/嵐雪」
たぐい【類い｜▽比い】《動詞「たぐう」の連用形から》❶同じ種類のもの。同類。「市場にこの一の物が出まわる」「小動物の一」❷同じ程度のもの。同等のもの。「一まれな才能」❸一緒にいるもの。仲間。「同じさまにものし給ふなるを、一になさせ給へ」〈源・若菜〉❹対になっているもの。夫婦や兄弟・姉妹。「一おはせぬをだに、さうざうしく思しつるに」〈源・葵〉❺何人かの人。連中。「必ずあるべき加階などをだにせずなどして、嘆く一いと多かり」〈源・賢木〉(類語)仲間・同類・一類・一党・徒輩・徒・ともがら・やから
だく-い【諾意】承諾する意向。
たく-いつ【択一】二つ以上のものの中から一つを選ぶこと。「二者一」
たぐい-な・い【類いない】〔形〕図たぐひな・し〔ク〕他にくらべるものがないほど、その程度がはなはだしい。「一・い剣の達人」
たぐい-まれ【類い×稀】〔形動〕図〔ナリ〕非常に数が少なく、珍しいさま。めったにないことであるさま。「一な美しさ」「一なる才能」
たぐ・う【▽類う｜▽比う】㊀〔動ワ五(ハ四)〕❶同等のものとして肩を並べる。匹敵する。「この世に一・うべきものがない」❷並ぶ。添う。「たぐひよく一・へる妹を」〈孝徳紀・歌謡〉❸共に行く。伴う。「雪あられなどの風に一・ひて降り入りたるも」〈枕・七六〉㊁〔動ハ下二〕「たぐえる」の文語形。
たく-えつ【卓越】〔名・形動〕スル 群をぬいてすぐれていること。また、そのさま。「一した技術」「これ等の一なる人」〈中村訳・西国立志編〉
(類語)卓抜・卓出・卓絶・傑出・抜群
たくえつ-ふう【卓越風】ある地域で、ある期間内に最も吹きやすい風。常風。
たぐ・える【▽類える｜▽比える】〔動ア下一〕図たぐ・ふ〔ハ下二〕❶並べて比較する。また、なぞらえる。「他に一・えるものがない」❷並ばせる。添わせる。「花の香を風のたよりに一・へてぞ鶯さそふしるべにはやる」〈古今・春上〉❸一緒に行かせる。伴わせる。「かくのみし行方迷はばわが魂を一・へやせまし道のしるべに」〈平中・二五〉❹まねる。ならう。「鳥類、畜類の、人に一・へて歌を詠む」〈謡・白楽天〉
だく-おん【濁音】五十音図のカ・サ・タ・ハ行の仮名に濁音符「゛」を付けて表すガ・ザ・ダ・バの各行の音節。濁音の各頭子音は有声音である。なお、清濁の対立は有声・無声音の対立関係とは必ずしも一致しない。➡清音 ➡半濁音 ➡拗音
(類語)清音・半濁音・鼻濁音・拗音・撥音・促音・長音
だくおん-ぷ【濁音符】➤濁点
たく-けい【×磔刑】➤たっけい(磔刑)
たく-げん【託言】❶他のものにかこつけた言葉。口実。❷ことづて。伝言。
た-くさ【手草】《「たぐさ」とも》歌ったり舞ったりするときなどに、手に持つもの。神楽の採り物としての笹など。「天の香山の小竹葉を一に結ひて」〈記・上〉
た-ぐさ【田草】田の中に生える雑草。田の草。
たく-さい【卓才】非常にすぐれた才能。また、その持ち主。
たく-さつ【×磔殺】〔名〕スル はりつけにして殺すこと。「帝益々怒りて之を一し」〈露伴・運命〉
たぐさ-づき【田草月】陰暦5月の異称。
たくさり-こうき【田鎖綱紀】[1854〜1938]日本語速記術の創始者。陸奥の人。欧米の速記術を研究して日本語速記法を考案、明治15年(1882)「日本傍聴筆記法」を発表した。他に「新式速記術」など。
たく-さん【沢山】〔名・形動〕❶数量の多いこと。また、そのさま。多数。副詞的にも用いる。「一な(の)贈り物」「本を一持っている」❷数量が十分であること。十分で、それ以上はいらないこと。また、そのさま。「お説教はもう一だ」❸(名詞に付き、多く「…だくさん」の形で)それが十分であったり、十分すぎたりするさま。「子一」「盛り一」
(類語)(❶)多く・数数・多数・数多・無数・多量・大量・大勢・夥しい(副詞用法で)いっぱい・あまた・多多・いくらも・いくらでも・ざらに・ごろごろ・どっさり・たっぷり・十二分に・豊富に・ふんだんに・腐るほど・ごまんと・わんさと・しこたま・たんまり・うんと・たんと・仰山・なみなみ・十分・しっかり・がっつり
だく-さん【沢山】「たくさん(沢山)❸」に同じ。「子一」
たくさん-そう【沢山さう】〔形動ナリ〕《近世語》いかにも沢山あるように、ぞんざいに扱うさま。「悪い人でも親は親、一に思ったのが今では悔しい」〈浄・浪花鑑〉
たく-し【多久市】➤多久
たく-し【×托子】茶托。たくす。
たく-し【卓子】机。テーブル。卓。「一の上のお盆から」〈啄木・二筋の血〉
たく-し【度支】❶中国の官名。魏・晋以後、全国の会計に関する事務を担当した。❷主計寮の唐名。
たく-じ【託児】幼児を預けること。また、預かって保育すること。「一施設」
たくし-あ・げる【たくし上げる】〔動ガ下一〕図たくしあ・ぐ〔ガ下二〕衣服の袖や裾などを、手で引き上げる。まくり上げる。「ズボンを一・げる」
タクシー〖taxi〗貸し切りの形で旅客を運送する、営業用の乗用自動車。タキシー。
タクシーウエー〖taxiway〗飛行場の誘導路。滑走路と駐機場との間の航空機の通路。
タクシーム〖アラビア taqsīm｜トルコ taksīm〗アラブやトルコの音楽において重要な器楽形式。独奏楽器による即興演奏で、自由なリズムにのって、あるマカームの性格をいかんなく表現する。➡マカーム
タクシーメーター〖taximeter〗タクシーが備えている、走行距離や所要時間を測定して料金を表示する計器。
タクシーング〖taxiing〗航空機が自力で誘導路などを走行すること。地上走行。
たくし-か・く〔動カ下二〕続けざまにものを言う。まくしたてる。「口々に言ひたいことを一・け、しゃべりまはって帰りける」〈浄・太功記〉
たく-しき【卓識】すぐれた判断力や考え。すぐれた見識。卓見。(類語)卓見・高見・達見・達識
たくし-こ・む【たくし込む】〔動マ五(四)〕❶たぐって手元に入れる。引き入れて自分の物にする。たぐり込む。「網を一・む」「金を一・む」❷着物のはしょった部分を帯などの下に挟み込む。また、シャツなどの裾をスカートやズボンの中へ押し込む。「帯揚げを帯の間に一・む」
たくじ-しょ【託児所】保護者に代わって乳幼児を預かり、保育する施設。➡保育所
タグ-システム〖tag system〗商品の下げ札(タグカード)をコンピューターで情報処理することによって商品管理を行うこと。
タクシム〖Taksim〗トルコ北西部の都市イスタンブールの新市街中心部の一地区。「タクシム」とはアラビア語で「分割、分配」を意味し、オスマン帝国時代に、都市の各方面に水を送っていた分水設備があることに由来する。中心部にはタクシム広場がある。
タクシム-ひろば【タクシム広場】《Taksim Meydanı》トルコ北西部の都市イスタンブールの新市街中心部にある広場。中央に1928年に完成した共和国記念碑が建ち、トルコの近代化を推進した共和国初代大統領ケマル＝アタチュルクの銅像がある。ここから南西方向に向かい、イスタンブールきっての繁華街イスティクラール通りが延びる。
たく-しゃ【沢×瀉】サジオモダカの塊茎。漢方で利尿・止渇薬などに用いる。
だく-しゅ【濁酒】にごりざけ。どぶろく。(季 秋)
たく-しゅつ【卓出】〔名〕スル 他にぬきんでてすぐれていること。「一した作品」
(類語)卓抜・卓越・卓絶・傑出
たく-しょ【×謫所】罪を得て流された所。配所。
たく-しょう【×托生｜託生】身を他のものにまかせて生きながらえること。「一蓮一」
たく-じょう【卓上】机やテーブルなどの上。「一ライター」「一ピアノ」(類語)机上
たくじょう-えんぜつ【卓上演説】宴会の出席者が自分の席で行う、格式ばらないあいさつ。テーブルスピーチ。
たくじょう-せんばん【卓上旋盤】卓上に据え付け、小さな部品の加工に用いる小型旋盤。
たくじょう-でんわ【卓上電話】机やテーブルなどに置いて、固定せずに使用する電話。
たくじょう-ひょうざん【卓状氷山】上面が平坦な巨大氷山。南極海に多く、厚さ1000メートルに及ぶものもある。
たく-しょく【拓殖｜拓植】未開の荒地を切り開いて、そこに住みつくこと。「一事業」
だく-しょく【濁色】濁った色。ある色相の純色に白および黒を同時に加えた色。➡清色
たくしょく-だいがく【拓殖大学】東京都文京区に本部がある私立大学。明治33年(1900)設立の台湾協会学校に始まり、旧制東洋協会大学となり、大正15年(1926)拓殖大学、昭和24年新制大学へ移行。
た-くじり【手×抉り】上代、土を指先でえぐりへこませて作った粗末な土器。神前の供え物を盛ったもの。「天の一八十枚」〈神武紀〉
たく-しん【宅診】〔名〕スル 医者が自分の家で患者を診察すること。➡往診
タクシング〖taxiing〗➤タクシーング
たく・す【託す｜×托す】㊀〔動サ五〕「たく(託)する」(サ変)の五段化。「将来に希望を一・す」(可能)たくせる ㊁〔動サ変〕「たくする」の文語形。
たく・す【×謫す】〔動サ変〕罪によって遠方へ流す。配流する。「道真は筑紫に一・せられ」〈福沢・文明論之概略〉
だく-すい【濁水】にごった水。にごり水。
(類語)泥水・泥水・汚水・下水・廃水
たく・する【託する｜×托する】〔動サ変〕図たく・す〔サ変〕❶自分がなすべきことを他の人に頼む。まかせる。「後事を友人に一・する」❷人に頼んで品物などを届けてもらう。用件を他の人にことづける。「伝言を一・する」❸気持ちや意見などを他の物にことよせて表す。「思いのたけを歌に一・する」
(類語)預ける・頼む・委ねる・任せる・寄託・預託・信託・委託・委任・付託・依託・委嘱・依嘱・嘱託
だく・する【諾する】〔動サ変〕図だく・す〔サ変〕他人からの頼みなどを承知する。引き受ける。承諾する。「協力を一・する」(類語)承知・承諾・了承・了解・承認・承引・承服・納得・同意・受諾・応諾・許諾
だく-せ【濁世】政治や道徳の乱れた世。だくせい。「一に交わる」➡じょくせ(濁世)
たく-せい【×柝声】拍子木を打つ音。
だく-せい【濁世】➤だくせ(濁世)
だく-せい【濁声】澄んでいない声。にごった声。だみごえ。
だくせい-けいやく【諾成契約】当事者双方の合意だけで成立する契約。売買・賃貸借・請負など。➡要物契約
たく-せつ【卓説】すぐれた意見や論説。「高論一」
(類語)卓見・卓論・高説・高見・高論
たく-ぜつ【卓絶】〔名〕スル 他に比べるものがないほどすぐれていること。きわだってすぐれていること。「一した業績を残す」(類語)卓抜・卓出・卓越・傑出

たく-せん【託宣】〔名〕スル 神仏が人にのりうつったり夢の中に現れたりして、その意志を告げること。また、そのお告げ。神託。➡御託宣ごたくせん
類語 神託・お告げ・示現・預言

たく-せん【×謫仙】天上界から罪によって人間界に追放されたという仙人。脱俗した人や、非凡な才能の持ち主、大詩人などのたとえにいう。

たく-ぜん【卓然】〔ト・タル〕文〔形動タリ〕ひときわ抜きん出ているさま。きわだってすぐれているさま。「彼は—として世俗の外に立ち」〈子規・墨汁一滴〉

たく-そう【託送】〔名〕スル 人にたのんで送ること。特に、荷物を運送業者などに頼んで送ること。「百科事典を—する」類語 配送・宅配・送付・送達・発送・郵送

たくそう-てにもつ【託送手荷物】運輸機関が旅客から預かって輸送する手荷物。チッキ。

たくそう-でんぽう【託送電報】電話利用者が電話で電報局に依頼して発信する電報。電話電報。

たく-だ【×橐×駝】《「橐」は袋の意》❶ラクダの別名。❷《柳宗元りゅうそうげんの「種樹郭橐駝伝」にみえる、郭という背の曲がった植木職人が「橐駝」と呼ばれたところから》植木職人。庭師。

だく-だく【諾諾】〔ト・タル〕文〔形動タリ〕他人の言葉にさからわないで承諾するさま。「唯唯いい—と従う」

だく-だく〔副〕❶汗や血などが続けてたくさん流れ出るさま。「汗が—(と)流れる」❷胸がどきどきするさま。どきどき。「胸も—ひったりと、汗ははだへをひたしけり」〈浄・用明天王〉

たく-ち【宅地】❶家屋の敷地。また、住居を建てるための土地。❷地目の一。建物の敷地として用いられる土地。類語 土地・地所・地面・用地・敷地・料地

たく-ち【拓地】土地をきりひらくこと。開墾などによって新しく利用できる土地をつくること。

た-ぐち【田口】田の水の取り入れ口。水口みなくち。

たぐち-うきち【田口卯吉】[1855〜1905]経済学者・文明史家。江戸の生まれ。号、鼎軒ていけん。「東京経済雑誌」を創刊、自由貿易を唱えて政府の経済政策を批判。明治27年(1894)より衆議院議員。「群書類従」「国史大系」を編集・刊行。著「日本開化小史」など。

たくち-ぞうせい【宅地造成】—ザウセイ 住宅用地にするために、農地・山林などを整地したり、道路を新設したりすること。

たくちたてもの-とりひきぎょう【宅地建物取引業】—とりひきゲフ 宅地・建物の取引を行う営業。国土交通大臣または都道府県知事の免許を受けることが必要。

たくちたてものとりひきぎょう-ほう【宅地建物取引業法】タクチたてものとりひきゲフハフ 宅地建物取引業者の免許制度や業務上の規制などを定めた法律。昭和27年(1952)制定。購入者の利益保護、宅地・建物の流通の円滑化、宅地建物取引業の健全な発展の促進を目的として定められた。宅地建物取引主任者に義務づけられた重要事項説明や、手付金額の設定など、消費者保護のための規制が設けられている。免許制度では宅地建物取引主任者の資格・条件や免許の有効期限(5年)、事務所内の設置人数(5人に1人、案内所には1人以上)などが定められている。社会の動向に対応して、契約前に説明すべき重要事項や取引に関する規制などが、法令改正により追加されている。宅建業法。宅建法。

たくちなみ-かぜい【宅地並み課税】—クワゼイ 市街化区域内の農地・林地に対する固定資産税などを、宅地に準じて課税すること。

た-ぐつ【田×沓】イノシシの皮などで作ったくつ。田畑の作業に用いた。

だく-つ・く〔動カ四〕不安や驚きなどのために心臓がどきどきする。動悸どうきがする。だくめく。「—・く胸も押し鎮め」〈浄・廿四孝〉

たく-づの【×栲▽綱】コウゾなどの繊維で作った綱。たくなわ。

たくづの-の【×栲▽綱の】〔枕〕コウゾで作った綱が白いところから、「しろ」「しら」にかかる。「—新羅しらきの国ゆ」〈万・四六〇〉

タクティカル〖tactical〗〔形動〕戦術的な。戦術上の。「交渉を有利に導く—な提案」

タクティクス〖tactics〗▶タクティックス

タクティックス〖tactics〗戦術。用兵策略。

だく-てん【濁点】濁音であることを示すために、清音のかなの右肩に打つ二つの点。「が」「ざ」などの「゛」。濁音符。

タクト〖tact ドイツ Takt〗❶拍子。拍節。❷指揮棒。❸機転。如才なさ。「もうそこには葉子は—を用いる余裕さえ持っていなかった」〈有島・或る女〉

ダクト〖duct〗冷暖房・換気・排気などのための空気の通路となる導管。また、ガスや水の通るパイプをまとめて配管する筒状の場所にもいう。

だく-ど【濁度】水の濁りの程度を示す基準。ポリスチレン混合粒子の濁液などを標準として測定する。単位は、度。透視比濁法(濁度標準と目視で比較)、透過光測定法、散乱光測定法などの測定方法がある。水道水の水質基準値は2度以下。

だくど-けい【濁度計】▶比濁計

たくない-きき【宅内機器】▶シー-ピー-イー(CPE)

たく-なわ【×栲縄】—なは コウゾの繊維で作った縄。たくづの。「—の千尋ちひろの縄打ち延はへ」〈記・上〉

たくなわ-の【×栲縄の】たくなはー〔枕〕長い栲縄の意から、「長き」「千尋ちひろ」にかかる。「—長き命を欲ほりしくは」〈万・七〇四〉

たく-ぬの【×栲布】コウゾの繊維で織った白布。「いかなれば恋にむさるる—のなほさゆみなる人の心ぞ」〈夫木・三三〉

たく-のみ【宅飲み】《若者言葉》仲間のだれかの自宅に集まって開く飲み会。安上がりで気楽という利点がある。⇔街飲み。

だく-のり【×跑乗り】やや足早に馬を駆けさせること。跑足だくあしで馬を駆けさせること。

たく-はい【宅配】〔名〕スル 新聞・荷物などを、顧客の家々に配達すること。類語 運ぶ・配達・配送・運送・輸送・郵送・移送・発送・運搬・搬送・逓送

たくはい-びん【宅配便】比較的小さな荷物を各戸へ配送する輸送便。荷主の戸口から届け先の戸口までの迅速な配達を特徴とする。

たくはい-ボックス【宅配ボックス】集合住宅の共用部分などに設置される、不在時に宅配便などを受け取るための設備。荷物をボックスに入れると錠がかかり、暗証番号やICカードなどをもつ受け取り人のみが開けられる仕組み。

たく-はつ【×托鉢】〔名〕スル 僧尼が修行のため、経を唱えながら各戸の前に立ち、食物や金銭を鉢に受けて回ること。乞食こつじき。行乞ぎょうこつ。

たく-ばつ【択伐】〔名〕スル 用材などに適した木を選んで切り、その跡に後継樹を育てるなどして、森林の更新を図ること。皆伐かいばつに対していう。

たく-ばつ【択抜】〔名〕スル 多くの中から選び出すこと。えりぬき。選抜。

たく-ばつ【卓抜】〔名・形動〕スル 他のものをはるかに抜いてすぐれていること。また、そのさま。「—なセンスの持ち主」「—した技量」
類語 卓出・卓越・卓絶・傑出・特出・抜群

たくばつ-けい【拓跋珪】▶道武帝

たくはつ-しゅうどうかい【×托鉢修道会】—シウダウクワイ 13世紀以後、ヨーロッパで組織されたカトリック修道会。清貧を理想とし、托鉢によって布教を進める。フランチェスコ会・ドミニコ会など。

たく-ばん【宅番】❶家の番人。❷江戸時代、罪を犯して蟄居ちっきょを命じられた者の居宅を、番士をつけて看視させたこと。また、その番士。

だく-ひ【諾否】引き受けることと、断ること。承諾するかしないか、ということ。「—を御一報下さい」

たく-ひつ【卓筆】すぐれた筆跡、また、文章。

たく-ひれ【×栲領=巾】栲布たくぬので作ったひれ。「天つ少女の天つ—」〈謡・梅〉

たくひれ-の【×栲領=巾の】〔枕〕❶領巾ひれの色が白いところから、「白」「鷺さぎ」にかかる。「—白浜波の寄りもあへず」〈万・二八二二〉❷領巾を首にかける意から、「かけ」にかかる。「—かけまく欲しき妹の名を」〈万・二八五〉

たく-ふ【卓布】食卓を覆う布。テーブルクロス。「今白い—を挟んでハムエクスを平げつつある」〈漱石・虞美人草〉

たく-ぶすま【×栲×衾】㊀〔名〕コウゾなどの繊維から作った夜具。「むしぶすま柔にこやが下に—さやぐが下に」〈記・上・歌謡〉㊁〔枕〕たくぶすまの色が白いところから、「しら」にかかる。「—白山風しらやまかぜの寝ねなへども」〈万・三五〇九〉

た-くふら【手×腓】「たこむら」に同じ。「さ猪ゐ待つと我が立たせば—に虻あむ掻き着き」〈雄略紀・歌謡〉

たく-べん【宅弁】《「タク弁」とも書く》自宅に事務所を置いて営業を行う弁護士。➡いそ弁 ➡軒のき弁 ➡携帯弁

タグボート〖tugboat〗港湾などで大型船舶を曳航えいこうする小型船。引き船。

たく-ぼく【拓墨】拓本をとること。

たく-ぼく【×啄木】❶キツツキの別名。❷「啄木組ぐみ」の略。

たくぼく【啄木】琵琶の曲名。「流泉りゅうせん」「楊真操ようしんそう」とともに三秘曲の一。

だく-ぼく【▽凸▽凹】道などが平坦でなく凹凸おうとつのあること。でこぼこ。「胸はだくだく—の坂の下へと別れける」〈浄・丹波与作〉

たくぼく-おどし【×啄木▽威 ×啄木×縅】—をどし 鎧よろいの威の一。啄木組の糸を用いて威したもの。

たくぼく-ぐみ【×啄木組】《キツツキが木をついばんだ跡に似るところから》白・萌黄もえぎ・紫などの色糸をまだらに組む紐ひもの組み方。鎧よろいの威おどしや刀の下げ緒、掛け軸の紐などに用いる。啄木打ち。

たくぼく-ちょう【×啄木鳥】—テウ キツツキの別名。

たくぼ-ひでお【田久保英夫】—ひでを[1928〜2001]小説家。東京の生まれ。米軍キャンプに働く学生アルバイトを主人公にした「深い河」で芥川賞受賞。短編の名手として知られる。他に「辻火」「髪の環わ」「触媒」「海図」「木霊こだま集」など。

たく-ほん【拓本】木・石・器物などに刻まれた文字・文様を紙に写し取ったもの。また、その技法。紙を当て、水を刷はいて密着させたのち墨を湿したたんぽで上からたたく湿拓と、水に湿さずに乾打碑かんだひなどで上から摺する乾拓とがある。石摺り。搨本とうほん。

たく-ま【×琢磨】〔名〕スル《「詩経」衛風・淇澳から》玉などをとぎみがくこと。転じて、学問・技芸などを練り磨いて向上につとめること。「切磋せっさ—」「意を曲げても句調を—し」〈逍遥・小説神髄〉

ダグマー〖DAGMAR〗《Defining Advertising Goals for Measured Advertising Results》目的による広告効果管理法。広告効果を、認知・理解・選好・購買という態度変容の各段階についてあらかじめ目標設定し、この目標と実際の調査結果とを照合して、広告活動を管理しようとするもの。1961年、アメリカのR＝H＝コーレイが創案した。

たくま-ざる【巧まざる】〔連語〕当人が意識しないで自然に表れる。「—ユーモア」

たくまし・い【×逞しい】〔形〕文たくま・し〔シク〕❶からだが頑丈で、いかにも強そうに見える。「—・い腕」❷意志が強く、多少のことではくじけない。「—・い精神」❸意気や勢いが満ちあふれている。「—・い生命力」「—・い食欲」「想像力が—・い」派生 **たくましげ**〔形動〕**たくましさ**〔名〕類語 屈強・強靭きょうじん・頑強・頑健・強健・タフ・不死身

たくましき-ボイラー【田熊式ボイラー】水管ボイラーの一種。田熊常吉が大正2年(1913)に考案。上部の汽水ドラムと下部の水ドラムとを直水管群で直結したもの。多量の蒸気が得られる。

たくましく・する【×逞しくする】〔動サ変〕文たくましく・す〔サ変〕思う存分にする。ほしいままにする。たくましゅうする。「想像を—・する」

たくましゅう・する【×逞しゅうする】たくましうする〔動サ変〕文たくましう・す〔サ変〕「たくましくする」のウ音便。「政府虚威を—・すれば人民はこれを震い恐れ」〈福沢・学

問のすゝめ〉
たくまず-して【巧まずして】〔連語〕そうなることを意識したり、効果を考えたりしたわけではなくて。はからずも。「童話が—痛烈な社会批判となる」
タグ-マッチ〖tag match〗▶タッグマッチ
たくま-は【宅磨派|×詫磨派|託間派】絵仏師の一派。宅磨為遠を祖とし、鎌倉時代には京都中心の長男勝賀の系統と、鎌倉中心の三男為久の系統とが活躍。宋画の様式を取り入れて仏画に新生面を開いた。東寺所蔵「十二天図屛風」など。
たくま・る〔動ラ五(四)〕しわが寄ったりたるんだりしてしわくちゃになる。「着物が—・る」
たくみ【内=匠】《「巧み」と同語源》❶宮廷の工匠。❷「内匠寮」「内匠寮」の略。➡内匠寮❶
たくみ【巧み|▽工|▽匠】《動詞「巧む」の連用形から》㊀〔名〕❶細工師・大工など、手先や道具を使って物を作る職人。工匠。「飛驒の—」❷技巧や意匠。「—を凝らす」❸美しいものを作りだすわざやはたらき。「霊妙不可思議な自然の—」〈里見弴・多情仏心〉❹はかりごと。くわだて。たくらみ。「我も男児となりや汚い—を腹には持たぬ」〈露伴・五重塔〉㊁〔形動〕図〔ナリ〕(巧み)物事を手際よく、じょうずに成し遂げるさま。「—に難関を切り抜ける」「馬を操るのが—な人」
(類語)上手・うまい・巧妙・絶妙・達者・器用
たくみ-づかさ【内=匠▽寮】▶内匠寮❶
たくみ-どり【巧み鳥|巧み▽婦】《巣を作るのが巧みなところから》❶キツツキの別名。❷ミソサザイの古名。〈和名抄〉
たくみ-の-かみ【内=匠▽頭】内匠寮の長官。従五位下相当。うちのたくみのかみ。
たくみ-りょう【内=匠寮】❶令外の官。中務省に属し、宮中の器物・造営、殿舎の装飾をつかさどった役所。うちのたくみのつかさ。たくみづかさ。❷宮内省の部局の一。庭園・土木・建築に関することを管掌。
たく・む【▽巧む|▽工む】〔動マ五(四)〕❶いろいろと工夫する。技巧や趣向を凝らす。「—・まざる効果」「矢張見た眼は恋人同士の道行と映ずるように—・まれている」〈谷崎・吉野葛〉❷策略をめぐらす。「悪事を—・む」
たくむ-しょう【拓務省】旧内閣各省の一。日本の植民地行政を統轄した中央官庁。昭和4年(1929)に設置され、同17年、大東亜省の設置に伴い廃止された。
だくめ・く〔動カ四〕「だくつく」に同じ。「仕付けぬ事をすれば胸が—・く」〈虎寛狂・連歌盗人〉
たく-も【×焚く藻】塩をとるために海藻を焼くこと。また、その海藻。「降る雪に—の煙かき絶えてさびしくもあるかしほがまの浦」〈新古今・冬〉
たく-よう【×托葉】葉柄またはその基部につく葉状片。ふつう一対ある。双子葉植物に多くみられ、葉が生長すると落ちるものが多い。
たく-よう【×擢用】▶てきよう(擢用)
たく-らく【卓×犖】㊀〔名・形動〕すぐれて他からぬきんでていること。また、そのさま。「豪邁—にして、…益々家学を弘む」〈田口・日本開化小史〉「宝祚の護持を致す事、諸寺に—せり」〈太平記・一五〉㊁〔ト・タル〕図〔形動タリ〕この上なく、すぐれているさま。「—たる将帥となり」〈中村訳・西国立志編〉
たく-らく【拓落】落ちぶれること。不遇なこと。
たくらく-しつろ【拓落失路】落ちぶれて失意の底にあること。また、しりぞけられて出世の道を失うこと。「意気相投じた達雄は、もはや—の人となった」〈藤村・家〉
タグ-ラグビー〖tag rugby〗子供や初心者、レクリエーション向けの簡易ラグビー。タックルやスクラムなどの激しい身体接触がなく、ボールを持った者が腰の両脇に付けた帯状の布(タグ)を取られるとパスしなければならない。
ダグラス〖Douglas〗英国イングランドとアイルランドの間にあるマン島の南東部の港湾都市。同島の首都。17世紀から18世紀にかけて密輸を含めた貿易の拠点として発展。島の歴史や世界的に有名なオートバイレースを紹介するマンクス博物館がある。
ダグラス〖Frederick Douglass〗［1818～1895］米国の黒人運動家。奴隷の子として生まれたが北部に逃亡。奴隷制廃止運動に尽力し、リンカーンの大統領選挙を後援するなど黒人の権利獲得に大きな役割を果たした。ハイチ駐在アメリカ公使などを歴任。著作に「フレデリック=ダグラス自叙伝」がある。
ダグラスありさわ-の-ほうそく【ダグラス有沢の法則】世帯主の収入が高いほど、配偶者が職を持たないという法則。米国のP=H=ダグラスと日本の有沢広巳の研究による。
ダグラス-ヒューム-ルール〖Douglas-Home rules〗英国において、政権移行を円滑に行うために設けられた規則。下院の任期満了16か月前から、野党の政治家が各省庁の幹部と政権移行のための協議を行うことができる。ダグラス=ヒュームは1964年に制度化された当時の首相の姓。当初は任期満了6か月前からだったが、92年に期間が拡大された。
ダグラス-ファー〖Douglas fir〗「アメリカ松」のこと。スコットランド生まれのアメリカ人デビッド=ダグラスが初めてこの木を英国に紹介したところからの名称。
たくらだ【田蔵田】ジャコウジカに似た獣で、ジャコウジカを狩るとき、飛び出してきて殺されるという。転じて、自分に無関係なことで死んだり傷ついたりするもの。愚かもの。まぬけ。「さてもさても、これほどの—は、なしと思ひて」〈伽・物くさ太郎〉
た-くら・ぶ【た比ぶ|た▽較ぶ】〔動バ下二〕くらべる。比較する。「昔と今とを—・ぶるなり」〈嵯峨本方丈記〉
タクラマカン〖Taklamakan〗中国、新疆ウイグル自治区、タリム盆地の中央部を占める砂漠。
たくらみ【▽企み】たくらむこと。くわだて。多く、よくない計画をいう。「—を見抜く」(類語)策略・計略・機略・謀略・陰謀・権謀・謀計・はかりごと・画策・策動・術策・奸策・詭計・悪だくみ・わな
たくら・む【▽企む】〔動マ五(四)〕くわだてる。よくないことを計画する。もくろむ。「謀反を—・む」
(類語)謀る・企てる・もくろむ・しくむ・策する
たく-らん【×托卵】鳥が他種の鳥の巣に卵を産み、抱卵・育雛をさせる習性。日本ではホトトギス・カッコウ・ジュウイチ・ツツドリにみられる。
だく-らん【濁乱】▶じょくらん(濁乱)
た-ぐり【手繰り】たぐること。また、その用具。「一網」「一船」
たぐり【▽吐り】はくこと。また、はいたもの。へど。「—に生れる神の名は、金山毘古神」〈記・上〉
たぐり-あ・げる【手繰り上げる】〔動ガ下一〕図たぐりあ・ぐ〔ガ下二〕両手を交互に動かして上に引き上げる。「ロープを—・げる」
たぐり-か・く〔動カ下二〕続けざまにしゃべる。まくしたてる。「さぞ本望でござらうと—・け—・け口説き」〈浄・二つ腹帯〉
たぐり-ぐるま【手繰り車】井戸などで、つるべの綱をたぐるために仕掛けた滑車。
たぐり-こ・む【手繰り込む】〔動マ五(四)〕たぐって自分の手元へ引き寄せる。「網を船に—・む」
(類語)引っ張る・引き寄せる・手繰り寄せる
たぐり-だ・す【手繰り出す】〔動サ五(四)〕たぐって、少しずつ引き出す。「徐々に記憶を—・す」
たく-りつ【卓立】〔名〕スル 他にぬきんでて立っていること。ひときわ目立ってすぐれていること。「其放縦不羈世俗の外に—せしところを見るに」〈子規・俳人蕪村〉
だく-りゅう【濁流】にごった水の、激しい流れ。
(類語)急流・奔流・激流・懸河
たく-りょう【宅料】❶借家料。家賃。❷住宅費として役所または会社などから在職者に給与される金銭。住宅手当。
だく-りょう【諾了】〔名〕スル 承知すること。了解すること。「期日変更の申し出を—する」
たぐり-よ・せる【手繰り寄せる】〔動サ下一〕図たぐりよ・す〔サ下二〕たぐって手元へ引き寄せる。「綱をひいて舟を—・せる」
(類語)引っ張る・引き寄せる・引き付ける・手繰り込む
たく・る ㊀〔動ラ五(四)〕《手繰る意から》❶衣服の袖や裾などをまくり上げる。たくしあげる。たくりあげる。「シャツの袖を—・る」❷無理に奪い取る。引っ張って取る。ひったくる。「御堪忍とすがり付き、簪を—・れば」〈浄・堀川波鼓〉❸無理に頼む。せがむ。「こりゃさ、拝み申す、くれ申せと、—・りかかれば」〈浄・宵庚申〉❹動詞の連用形に付いて、荒々しく事を行う、盛んに行う、などの意を表す。「塗り—・る」㊁〔動ラ下二〕「たくれる」の文語形。
た-ぐ・る【手繰る】〔動ラ五(四)〕❶両手で代わる代わる引いて手元へ引き寄せる。「ザイルを—・る」❷物事をそれからそれへと引き出す。一つ一つもとへたどる。「記憶を—・る」(可能)たぐれる
(類語)引く・引っ張る・引き寄せる・繰る
たぐ・る【▽吐る】〔動ラ四〕❶口からはく。へどをはく。もどす。「口より—・れる物を以て」〈神代紀・上〉❷せきをする。また、こみあげる。「老泣きに—・り上げたる持病の痰火」〈浄・兜軍記〉
たくれい-ふうはつ【×踔×厲風発】《韓愈「柳子厚墓誌銘」から》才気にすぐれ、弁舌が鋭いこと。「—、大敵に遇いて益々壮なり」〈露伴・運命〉
たく・れる〔動ラ下一〕図たく・る〔ラ下二〕めくれてしわが寄る。「下着が—・れる」
た-ぐろ【田▽畔】田のくろ。あぜ。
たく-ろう【宅浪】《「自宅浪人」の略》予備校に通わず自宅で受験勉強をするなどして、次の機会の準備をすること。また、その人。
だく-ろう【濁浪】にごった波。
たく-ろん【卓論】すぐれた議論。りっぱな論説。
(類語)名論・卓説・高論・正論・至論・鉄案
ダクワーズ〖dacquoise〗▶ダックワーズ
たくわ・う【蓄ふ|▽貯ふ】㊀〔動ハ四〕「蓄える」に同じ。「みくしげに—・ひ置きて」〈万・四二二〇〉㊁〔動ハ下二〕「たくわえる」の文語形。
たくわえ【蓄え|▽貯え】たくわえておくこと。また、たくわえたもの。「—が底をつく」(類語)貯蓄・備蓄・貯金・貯蔵・蓄積・積み立て・ストック
たくわ・える【蓄える|▽貯える】〔動ア下一〕図たくは・ふ〔ハ下二〕❶金銭や品物などを、のちに役立てるために大切にためておく。「子供の学資を—・える」「食糧を—・える」❷知識・力などを、必要に応じて発揮できるように身につけておく。「実力を—・える」❸髪やひげを生やしておく。「ひげを—・える」❹自分のものとして手元に養っておく。「一人の外妾を—・えて居たが」〈荷風・地獄の花〉(類語)溜める・取り置く・積み立てる・積み上げる・貯蔵する・貯蓄する・蓄積する
たく-わん【沢×庵】「たくあん」の音変化。
たけ【丈|▽長】❶人や物の高さ。「身の—」「草の—」❷衣服の全体または部分の長さ。「スカートの—を詰める」「袖—」❸馬の、足から肩までの高さが4尺(約1.2メートル)から4尺9寸(約1.5メートル)までのものの称。転じて、背丈の高い馬のこと。❹あるだけ全部。ある限り。ありたけ。「思いの—を打ち明ける」❺いきおい。また、軍勢。「軍の—劣りたるに依て」〈今昔・一〇・一〉❻歌論で、歌の品位や風格。「歌の心たくみに—及びがたく」〈近代秀歌〉
(下接語)有りっ丈・居丈・襟丈・思いの丈・着丈・草丈・首丈・首っ丈・心の丈・背丈・袖丈・対丈・成る丈・軒丈・身丈・身の丈・裄丈
(類語)(1)身長・身丈・身の丈・背丈・背・背・上背/(2)身丈・着丈
丈高・し 歌学の用語。気高くのびのびしている。崇高で壮大な美しさがある。「詞も姿もことの外に—・く、又景気もあり」〈無名抄〉
丈なす 身長と同じくらいの長さである。「—黒髪」
た-け【他化】人を教え導くこと。化他。
た-け【他家】よその家。また、ほかの家筋。
たけ【竹】❶イネ科タケ亜科の多年生植物の総称。長く横にはう地下茎から地上茎がまっすぐに伸びる。茎には節があり、節と節の間は中空。地下茎から出

た若芽を竹の子といい、食用にする。花はふつう数年から数十年の周期で開き、地上茎はその後枯れる。小形のものを一般に笹(ささ)ともいう。マダケ・モウソウチク・ハチク・アズマザサ・クマザサなど種類は多い。竹細工・団扇(うちわ)・簾(すだれ)・茶せんなどのほか、建築材料・観賞用など用途は広い。《季 花=夏｜実=秋》❷❶で作った管楽器。笛・尺八など。

〔一覧〕糸竹・幹(から)竹・川竹・呉(くれ)竹・笹(ささ)竹・煤(すす)竹・篠(しの)竹・弱(なよ)竹・苦(にが)竹・群(むら)竹・若竹（だけ）青竹・綾(あや)織り竹・綾竹・斎(い)み竹・衣紋(えもん)竹・雄竹・飾り竹・今年竹・竿(さお)竹・逆さ竹・錆(さび)竹・三年竹・四角竹・自在竹・篠(しの)竹・削(そ)ぎ竹・垂木(たるき)竹・力竹・筒竹・樋(とい)竹・生(なま)竹・業平(なりひら)竹・根曲がり竹・野竹・火吹き竹・真竹・雌竹・虎落(もがり)竹・矢竹・四つ竹・輪竹・割り竹・割れ竹

竹植(う)うる日　陰暦5月13日。この日に竹を植えると枯れないという中国の俗信がある。竹酔日(ちくすいじつ)。《季 夏》「降らずとも―は蓑(みの)と笠(かさ)/芭蕉」

竹に油を塗る　よく滑るところから、口が達者なことのたとえ。

竹に雀(すずめ)　❶竹にスズメのいる図柄。日本画の画題。❷取り合わせのよいことのたとえ。❸紋所の名。笹竹(ささたけ)で丸を作り、その中にスズメが向き合っているもの。上杉氏・長尾氏・伊達氏などが用いた。

竹八月に木(き)六月　竹は陰暦8月に、木は陰暦6月に切るのが最もよいということ。

竹を割ったよう　《竹は一直線に割れるところから》気性のさっぱりしているさま。「―な性格の人」〔補説〕「竹を切ったよう」とするのは誤り。

たけ【岳｜×嶽】《「だけ」とも》❶高くて大きい山。高山。❷山のいただき。頂上。〈日葡〉

たけ【×茸】きのこ。

た-げ〔接尾〕《希望の助動詞「たい」の語幹＋接尾語「げ」から》動詞の連用形に付いて、形容動詞の語幹をつくり、…たそうなようすだ、の意を表す。「物言い―な顔つき」

だけ〔副助〕名詞、活用語の連体形、一部の助詞に付く。❶分量・程度・限度を表す。…ほど。…くらい。…かぎり。「走れる―走ってみよう」「どれ―の人が苦しんでいるか」❷範囲を限定する意を表す。…ばかり。…のみ。「学校―でなく家庭での指導も大切だ」❸慣用的に用いられ、種々の意を表す。㋐「…ば…だけ」「…たら…ただけ」の形で、一方の程度が高まるのに比例して、他方の事柄・状態の程度も高まる意を表す。…につれていっそう。「注意すればする―反抗する」「読書したら読書した―人生の深みが増す」㋑多く「…だけあって」「…だけのことはある」「…だけに」の形で、素質・能力・価値が相応に発揮される意を表す。「横綱―あって強い」「苦労した―のことはある」➡だけに　㋒「…だけでは」「…だけでも」の形で、限定された条件を表す。「口先―では実現できない」「名前―でも参加してほしい」➡だけに　〔補説〕「だけ」は名詞「たけ(丈)」から転じたもので、近世以降になって助詞として用いられるようになった。もとの名詞「たけ」は副詞「ありったけ」などに名残をとどめている。

た-けい【他形】鉱物の形で、他の鉱物に妨げられて、その鉱物固有の結晶面をもてないもの。➡自形

た-けい【多形】❶化学組成が同じで、互いに結晶構造が異なる関係にあるもの。方解石と霰石(あられいし)、ダイヤモンドと石墨など。同質異像。❷同一種の生物で、個体の形態や形質が多様であること。ハチでは女王バチと働きバチなど。

た-げい【多芸】〔名・形動〕多くの技芸・技能をもっていること。また、そのさま。「―な人」「―多才」

多芸は無芸　多芸の者は、かえって一つの芸に精通しにくく、すぐれた芸をもっていないということ。

たけい-か【多形花】(クワ) 同一種の植物で、二つ以上の形状を示す花。菊・アジサイなどにみられる。

たけい-たけお【武井武雄】(たけゐたけを)［1894～1983］童画家・版画家。長野の生まれ。「童画」という名称の創始者で、初期童画界の代表者の一人。

たけうち-せいほう【竹内栖鳳】［1864～1942］日本画家。京都の生まれ。本名、恒吉。初号、棲鳳。四条派の画風に西洋画法を取り入れ、独自の画風を確立。文化勲章受章。

たけうち-つなよし【武内つなよし】［1922～1987］漫画家。神奈川の生まれ。本名、綱義。少年剣士が活躍する「赤胴鈴之助」の第1回のみを描いて急死した福井英一の跡を継ぎ2回以降を執筆、人気を得た。他に「少年ジェット」「コンドルキング」など。自ら「小説赤胴鈴之助」も手がける。

たけうち-よしみ【竹内好】［1910～1977］中国文学者・評論家。長野の生まれ。魯迅(ろじん)の研究・翻訳とともに、独自の見識で近代日本文化を批判。著「魯迅」「国民文学論」など。

たけ-うま【竹馬】❶子供の遊び道具。㋐2本の竹ざおの途中に横木をつけ、それに足をのせて、さおの上部を握って歩くもの。高足(たかあし)。《季 冬》「―やいろはにほへとちりぢりに/万太郎」㋑竹の先に木などで作った馬の頭の形をつけ、これにまたがって遊ぶもの。㋒葉のついた竹のもとの方にひもをつけて馬に見立て、これにまたがって遊ぶもの。❷江戸時代、ざるを中心に竹4本を組み合わせたものを棒の両端に天秤(てんびん)のように下げ、品物を運ぶのに用いたもの。大名行列の後尾につきしたがったり、行商人が用いたりした。

ダゲー-とう【ダゲー島】(タウ)《Dagö》エストニア西部にあるヒーウマー島のスウェーデン語名。

ダゲール〖Louis Jacques Mandé Daguerre〗［1787～1851］フランスの画家・写真家。オペラの背景画家であったが、銀板写真術(ダゲレオタイプ)を完成、近代写真術の祖といわれる。➡銀板写真

たけ-えん【竹縁】竹材を並べて張った縁台・縁側。

たけお【武雄】(たけを) 佐賀県西部の市。古くからの温泉地。窯業が盛ん。平成18年(2006)3月、山内町・北方町と合併。人口5.1万(2010)。

たけ-お【▽猛▽男｜▽猛▽夫｜丈▽夫】(を) 強く勇ましい男。たくましく強い男。ますらたけお。ますらお。「近藤勇、土方歳三等の―を取しずめ」〈蘆花・黒潮〉

たけお-し【武雄市】(たけを) ▶武雄

たけ-がえし【竹返し】(がへし) 伝承的な子供の遊びの一。長さ15センチ、幅2センチほどの竹べら数本を上に投げて手の甲で受け、そのまま滑り落として全部を表か裏かにそろえることを競う。竹なんご、六歌仙などともいう。

たけ-がき【竹垣】竹を組んだり編んだりして作った垣。たかがき。

たけ-かご【竹籠｜竹×籃】細い竹や細く割った竹を編んで作ったかご。

たけ-がたな【竹刀】▶竹光(たけみつ)

だけ-がらす【岳×鳥｜岳×鴉】《「たけがらす」とも》ホシガラスの別名。

たけ-がり【×茸狩(り)】山林に出かけて食用のキノコを探してとること。きのこ狩り。《季 秋》「―のから手で戻る騒ぎかな/一茶」

たけかわ【竹河】(たけかは) 源氏物語第44巻の巻名。薫大将14、5歳から23歳。鬚黒(ひげくろ)大将死後の子女たちの身の上を描く。

だけ-かんば【▽岳×樺】カバノキ科の落葉高木。高山や北地にみられ、樹皮は淡褐色ではげやすい。5月ごろ、雄花と雌花がつく。草紙樺(そうしかんば)。

たけ-かんむり【竹冠】漢字の冠の一。「笑」「筆」などの「竹」の称。

だ-げき【打撃】〔名〕(スル)❶物を激しく打つこと。「頭部に―を与える」❷思いがけず、または突然に心の痛手や物の損害を与えること。「父の死で大きな―を受ける」「台風は農作物に―を与えた」「仮令(たとい)此の戦争が露西亜の専制を―する上に」〈木下尚江・良人の自白〉❸野球で、打者が投手の投球を打つこと。バッティング。❹物理学で、物体に、その位置が変わらないと見えるほどの短時間に作用する、非常に大きな力。〔類語〕衝撃・ショック・ダメージ

だげき-すう【打撃数】▶打数

たけ-きり【竹切り｜竹▽伐り】❶刀剣の試し切り。また、刀剣の練習のために立ててある竹を切ること。❷「竹切祭」の略。

だげき-りつ【打撃率】▶打率

たけきり-まつり【竹切祭】京都市の鞍馬寺で6月20日に行われる行事。本堂前に並べた大竹4本を、東西に分かれた法師が山刀で切り、その遅速でその年の豊凶を占う。鞍馬の竹伐り。《季 夏》

たけ-ぎれ【竹切れ】《「たけきれ」とも》竹の切れ端。

たけ-くぎ【竹×釘】竹を削って作った釘。指物などに用いる。

たけくらべ　樋口一葉の小説。明治28～29年(1895～96)発表。吉原遊郭に近い下谷大音寺付近を舞台に、美登利と信如との幼い恋を描く。

たけ-くらべ【丈比べ｜丈▽競べ】〔名〕(スル)❶高さを比べ合うこと。特に、背の高さを比べること。❷連歌で、17字の長句に長句を、14字の短句に短句を付ける誤りを犯すこと。

たけ-ごうし【竹格子】(カウシ) 細竹を組み合わせて作った格子。

たけ-ごし【竹×輿】竹を編んで作った輿。

たけこし-よさぶろう【竹越与三郎】(ヨサブラウ)［1865～1950］政治家・歴史家。埼玉の生まれ。号、三叉(さんさ)。「国民新聞」などの記者として活躍。雑誌「世界之日本」主筆。政友会代議士・枢密顧問官などを歴任。著「新日本史」「日本経済史」「二千五百年史」など。

たけこま-じんじゃ【竹駒神社】宮城県岩沼市にある神社。祭神は倉稲魂神(うかのみたまのかみ)・稚産霊神(わくむすびのかみ)・保食神(うけもちのかみ)。竹駒明神。竹駒稲荷。

たけ-ざいく【竹細工】竹を材料にして細工物を作ること。また、その細工物。

たけ-ざお【竹×竿｜竹×棹】(ざを) 竹の幹で作った竿。

たけざき-すえなが【竹崎季長】(すゑなが) 鎌倉後期の武将。肥後の人。元寇(げんこう)で奮戦、肥後の海東郡を所領とした。「蒙古襲来絵詞」は自分の武功を記念するために描かせたものという。生没年未詳。

たけ-し【▽猛し】〔形ク〕❶強く勇ましい。勇敢で屈することがない。「大倭国(おほやまとのくに)に、吾二人に益(ま)さりて―・き男(を)は坐しけり」〈記・中〉❷勢いが盛んである。「かの宮にもさこそ―・うのたまひしが」〈源・真木柱〉❸気が強い。気丈夫である。「人は―・く思ふらむかし、そら寝して知らぬ顔なるさまよ」〈枕・一二五〉❹まさっている。すぐれている。「わが宿世はいと―・くぞ覚え給ひける」〈源・若菜上〉❺安心していられる。「いとかばかりの御宿世なれば、誰も―・う心安くおぼされたり」〈栄花・楚王の夢〉❻(「たけきこと」の形で)精いっぱいである。「面影添ひて忘れがたきに、―・き事とは」〈源・明石〉

だけ-しか〔連語〕《副助詞「だけ」＋係助詞「しか」》下に打消しの語を伴って、特定の事柄以外のものを全く否定する意を表す。「しか」の強調表現。「会場には本人―入れない」

たけ-じざいてん【他化自在天】仏語。六欲天の一。他の欲望を自在に受けて楽しむことができるところとされる。自在天。➡天魔

たけした-のぼる【竹下登】［1924～2000］政治家。島根の生まれ。中学教師を経て昭和33年(1958)衆議院議員初当選。官房長官・大蔵大臣などを歴任後、同62年に田中(角栄)派を分裂させ経世会を結成。同年、中曽根首相の指名で後継首相となる。消費税導入やリクルート事件などへの批判で支持率が低下、平成元年(1989)内閣総辞職。その後も自民党最大派閥の領袖として影響力を発揮した。➡宇野宗佑

たけした-は【竹下派】自由民主党にあった派閥の一。創政会・経世会の昭和60年(1985)から平成4年(1992)における通称。首相退任後も影響力を行使し続ける田中角栄に不満を持つ竹下登・金丸信らが、昭和60年に田中派内の勉強会として創政会を結成。翌々年に田中派の大多数を率いて経世会として独立し、自民党内で最大の影響力を保った。のちの平成研究会につながる。➡小渕派

たけ-しぼ【竹×皺】竹を並べたように、縦にしわの入った織物。

たけしま【竹島】❶島根県、隠岐島(おきのしま)の北西にあ

る島。男島・女島と付近の岩礁からなる。第二次大戦後、韓国との間で領土権係争中。韓国名、独島ドクト。❷鬱陵ウルルン島の日本での旧称。

たけしま-はごろも【武島羽衣】[1872〜1967]歌人・詩人・国文学者。東京の生まれ。本名、又次郎。古典主義的な美文・韻文で知られ、「花」「天然の美」は広く愛唱されている。共著「美文韻文花紅葉」など。

たけしま-ゆり【竹島百=合】ユリ科の多年草。高さ約1メートル。葉は輪生。春の終わりごろ、花びらが厚く、黄橙色で内側に赤い点のある大花をやや下向きにつける。観賞用。鬱陵ウルルン島の原産。

たけしま-らん【竹×縞×蘭】ユリ科の多年草。本州中部の高山の針葉樹林下に生え、高さ15〜30センチ。葉は卵形で、2列に並ぶ。夏、長い柄のある淡赤褐色の花が垂れてつき、実は赤く熟す。

たけ-ジュバン【竹ジュバン】汗が衣服にしみないように、シノダケ・アシなどを短く切り、中に糸を通して編んだジュバン。夏の下着。「汗に朽ちば風すすぐべし—/嵐雪」〈虚栗〉

たけ-す【竹×簀】「竹簀の子」に同じ。

たけ-すがた【丈姿・▽長姿】❶身のたけとからだつき。身長と風采。「一整ひ美しげにて」〈源・澪標〉❷和歌の格調と風体。「歌の—、ことにみえ侍り」〈慈鎮和尚自歌合〉

たけ-すだれ【竹×簾】竹を編んで作ったすだれ。

ダゲスタン〖Dagestan〗ロシア連邦にある21の共和国の一。カフカス山脈東部北麓、カスピ海の西岸に位置する。多数の民族が混在するが、多くはイスラム教徒。首都はマハチカラ。

たけ-すのこ【竹×簀の子】❶細い竹や細く割った竹を編んで作った敷物。たけす。❷雨露がたまらないように、竹を並べて作った縁側や床。たけす。

たけぞえ-しんいちろう【竹添進一郎】タケゾヘシンイチラウ[1841〜1917]外交官・漢学者。肥後天草の生まれ。号、井井せいせい。明治15年(1882)朝鮮弁理公使。甲申こうしんの政変に関与。のち東大教授。著「左氏会箋かいせん」など。

たけた【竹田】大分県南西部の市。もと中川氏の城下町。滝廉太郎作曲「荒城の月」ゆかりの岡城跡がある。市内各所に湧水がある。平成17年(2005)4月に直入なおいり郡3町と合併。人口2.4万(2010)。

たけだ【武田】㊀姓氏の一。㊁中世、甲斐かいの守護・戦国大名の家。清和源氏。源義光の三男義清が甲斐国北巨摩きたこま郡武田村に土着してからこの名を称したと伝えられる。

た-げた【田下▽駄】水田の作業時に使用する木製・大形の履物。深田にはまらないためにはくものと、代しろ踏みに使われるものとがある。《季 夏》

たけだ-いずも【竹田出雲】イヅモ 浄瑠璃作者・興行師。㊀(初世)[?〜1747]別号、千前軒。竹本座の座元。経営に才腕を振るうとともに、浄瑠璃も書いた。代表作「蘆屋道満大内鑑あしやどうまんおおうちかがみ」など。㊁(2世)[1691〜1756]初世の子。名は清定。別号、小出雲、のち千前軒・外記。竹本座座元として経営・演出に手腕を発揮、浄瑠璃の最盛期をもたらした。代表作に並木宗輔・三好松洛らとの合作「菅原伝授手習鑑」「義経千本桜」「仮名手本忠臣蔵」など。

たけだ-かつより【武田勝頼】[1546〜1582]戦国時代の武将。信玄の子。父の没後、その領国を継いで織田・徳川と対立。長篠ながしのの戦いに大敗。織田信長に攻められて天目山麓で自刃。

たけたか-ゆび【丈高指】指の中でいちばん長い指。中指のこと。たかたかゆび。(類語)親指・人差し指・中指・薬指・小指・拇指ぼし・食指・高高指・紅差し指

たけだ-がわ【竹田川】ガハ 福井県北部を流れる川。九頭竜くずりゅう川の支流の一。坂井市丸岡町の丈競たけくらべ山(標高1045メートル)東方に源を発し、あわら市南部を流れて再び坂井市に入り、三国みくに町で九頭竜川に合流する。長さ39キロ。

たけだけ-し・い【▽猛▽猛しい】〔形〕図たけだけ・し〔シク〕❶勇ましくて強そうである。「—い武将」❷ずうずうしい。ずぶとい。「盗人ぬすっと—・い」(派生)たけだけしげ〔形動〕たけだけしさ〔名〕

たけだ-こううんさい【武田耕雲斎】カウウンサイ[1803〜1865]江戸末期の勤王家。水戸藩士。名は正生。徳川斉昭なりあきに仕え、家老。尊攘派の筑波山挙兵を助け、天狗てんぐ党の首領となり、同志を率いて上洛の途中、加賀藩に降伏。敦賀つるがで斬首された。➡筑波山事件

たけた-し【竹田市】▶竹田

たけだ-しばい【竹田芝居】シバヰ 江戸時代のからくり芝居。寛文2年(1662)初世竹田近江が大坂道頓堀で創始。からくりのほか、子供芝居も上演した。

たけだ-しんげん【武田信玄】[1521〜1573]戦国時代の武将。名は晴信。信玄は法名。父信虎を廃して甲斐かいの守護となり、信濃一円を制し、上杉謙信と対立、数度に及び川中島で合戦。のち、京都進出を企てて三方ヶ原で徳川家康を破り、三河に入ったが、陣中で病死。「信玄家法(甲州法度)」の制定、信玄堤の名で知られる治水工事など、領国経営にも尽くした。

たけだ-たいじゅん【武田泰淳】[1912〜1976]小説家。東京の生まれ。「蝮まむしのすゑ」などによって戦後派作家として注目され、以後、現実の社会問題と取り組んだ作品が多い。小説「風媒花」「ひかりごけ」「森と湖のまつり」「富士」、評伝「司馬遷」など。

たけ-だち【丈立ち】立ったときのからだの高さ。せたけ。「—いとよきほどなる人の」〈大和・一七三〉

たけだ-つとむ【武田孟】[1896〜1990]教育者・野球指導者。広島の生まれ。昭和27年(1952)明大の野球部長となり、33年同大学長。のち全日本大学野球連盟会長、日本学生野球協会会長を歴任。学生野球の発展に尽力した。

たけだ-の-みや【竹田宮】旧宮家の一。明治39年(1906)北白川宮能久親王の第1皇子恒久王が創始。昭和22年(1947)皇籍離脱。

たけ-たば【竹束】❶竹を切りそろえて束ねたもの。❷近世の戦場で用いた盾の一。丸竹を束にし、これを並べて矢や銃弾を防いだ。

たけたば-うし【竹束牛】近世の戦場で、木組みに竹束を並べて立てかけたもの。

たけたば-みち【竹束道】矢や銃弾を防ぐために竹束の盾で囲って、敵に攻め入るのに用いた通路。

たけだ-びし【武田×菱】紋所の名。菱形四つを菱形に組み合わせたもの。甲斐の武田氏の紋。四割菱よつわりびし。割菱。

たけだ-ゆうきち【武田祐吉】イウキチ[1886〜1958]国文学者。東京の生まれ。厳密な文献学的方法に基づいて万葉集などの上代文学を研究、多くの校訂や考証を行った。著「上代国文学の研究」など。

たけだ-りゅう【武田流】リウ ▶甲州流こうしゅうりゅう

たけだ-りんたろう【武田麟太郎】リンタラウ[1904〜1946]小説家。大阪の生まれ。新感覚派的手法による小説「暴力」でプロレタリア文学の作家として出発、のち市井しせいの庶民の生態を描いた「日本三文オペラ」などを発表。雑誌「人民文庫」を主宰。ほかに「銀座八丁」「一の酉とり」「井原西鶴」など。

たけ-ち【▽高▽市】《「たかいち」の音変化》土地の高い所にある市。「大和のこの—に小高る市の高処たかど」〈記・下・歌謡〉

たけち-ずいざん【武市瑞山】[1829〜1865]幕末の尊攘派志士。土佐の人。通称、半平太。郷士の子で、土佐勤王党を組織。吉田東洋らの佐幕開国論に対抗。東洋を暗殺し、一時藩論を尊攘に導いたが、藩主山内容堂に入れられず、切腹を命じられた。

たけ-ちつ【竹×帙】巻子本かんすぼん・経巻などの巻物を包む帙の一種。細くけずった竹を色糸で編み、布で縁どりしたもの。奈良時代に多く用いられた。

たけち-てつじ【武智鉄二】[1912〜1988]演出家・評論家・映画監督。大阪の生まれ。本姓、川口。はじめ古典芸能を研究・評論、のち若手歌舞伎役者らを用いて古典歌舞伎を演出し、「武智歌舞伎」として注目を集める。また、能や狂言の形式で現代劇を上演。映画作品「白日夢」「黒い雪」など。

たけち-の-くろひと【高市黒人】奈良前期の万葉歌人。持統・文武朝に旅の歌を残し、叙景歌の先駆をなすといわれる。生没年未詳。

たけち-の-みこ【高市皇子】[654〜696]天武天皇の第1皇子。壬申じんしんの乱に際し、天武天皇を助けて活躍。皇太子草壁皇子の死後、太政大臣。万葉集に3首の歌が伝わる。

た-けつ【多血】〔名・形動〕❶体内の血液の量の多いこと。❷感情的で激しやすいこと。血の気の多いこと。また、そのようなさま。「多感—な(の)青年」

だ-けつ【妥結】〔名〕スル 利害の対立する二者が、同意に達して約束を結ぶに至ること。双方が互いに折れ合って、話がまとまること。「交渉が—する」(類語)締結・成約・締約

たけつ-かん【多血漢】感情的で激しやすい性質の男。血の気の多い男。

たけ-つぎ【丈継ぎ】踏み台や脚立きゃたつなど、高い所にある物を取るときに用いる台。

たけつ-しつ【多血質】ヒポクラテスの体液説に基づく気質の4分類の一。快活、楽天的、社交的で、気が変わりやすい気質。

た-けっしょう【多結晶】タケツシヤウ 全体が同一の単結晶からなり、部分によりその結晶軸の方向が異なる結晶固体。普通の金属などはこの類。➡単結晶

たけつ-しょう【多血症】シヤウ 血液の絶対量、特に赤血球が多い状態。赤血球増加症。

たけっしょう-シリコン【多結晶シリコン】タケツシヤウ 小さな珪素(シリコン)の結晶の集合体。単結晶シリコンより作りやすく、安価。IC・太陽電池などに利用される。

たけ-づつ【竹筒】竹を横に切って底部に節を残し、水などを入れるのに用いる筒。たけづっぽう。

たけ-づっぽう【竹づっぽう】バウ「竹筒」に同じ。

たけ-でっぽう【竹鉄砲】デツパウ 篠竹しのだけで作った鉄砲のおもちゃ。竹筒にヤツデや杉の実を詰め込み、棒で先端へ押し出してから、別の実を押し込んで空気圧で発射させるもの。

だ-けど〔接〕「だけれど」のくだけた言い方。

たけとみ-じま【竹富島】沖縄県、八重山諸島の一島。隆起珊瑚礁さんごしょうからなる小島。西の西表いりおもて島などとともに竹富町に属する。サトウキビを産する。

だ-けども〔接〕「だけれども」のくだけた言い方。「声はとてもいい。一曲がよくないね」

たけとも-そうふう【竹友藻風】サウフウ[1891〜1954]詩人・英文学者。大阪の生まれ。本名、乕雄とらお。上田敏に学び、英米に留学して英文学を修めた。詩集「祈祷」「浮彫」、翻訳「神曲」など。

たけとり-の-おきな【竹取翁】竹取物語に登場する人物で、竹を取るのを業とする老人。

たけとりのおきなのものがたり【竹取翁物語】竹取物語の異称。

たけとりのおきなのものがたりかい【竹取翁物語解】江戸後期の注釈書。6巻。田中大秀おおひでの著。文政9年(1826)成立、天保2年(1831)刊。竹取物語の注釈の諸説を集成・統一した精細なもの。

たけとりものがたり【竹取物語】平安初期の物語。1巻。作者・成立年未詳。竹取翁たけとりのおきなによって竹の中から見いだされ、育てられたかぐや姫が、五人の貴公子の求婚を退け、帝の召命にも応じず、八月十五夜に月の世界へ帰る。仮名文による最初の物語文学。竹取翁物語。かぐや姫の物語。

たけ-とんぼ【竹×蜻×蛉】玩具の一。プロペラ状に削った竹の中心に軸を挿して、両手で回転させて飛ばして遊ぶ。

たけ-なが【丈長】〔名・形動〕❶丈が長いこと。衣服などが身長に比べて長いこと。また、そのさま。「—な(の)髪」「和服を—に着付ける」❷「丈長奉書」の略。❸丈長奉書や杉原紙などを畳んで、元結の上に飾りに結んだもの。平元結ひらもとゆい。長平紙ながひら。

たけ-ながし【竹流し】❶水を通して砂金などを沈殿させるために設けた竹製の樋とい。❷室町末期から戦国時代にかけて、竹を二つに縦割りにした形状の鋳型に溶かした金銀を流し込んでつくった秤量ひょうりょう貨幣。竹流し金。竿金さおきん。

たけなか-はんべえ【竹中半兵衛】[1544～1579]戦国時代の武将。美濃の人。本名、重治(しげはる)。長篠(ながしの)の戦いの功を認められ、豊臣秀吉の謀将として活躍。

たけなが-ほうしょ【丈長奉書】質が厚くて糊(のり)けがなく、普通より長い奉書紙。縦1尺6寸(約48センチ)、横2尺3寸(約70センチ)のもの。丈長。

たけなわ【×酣┊×闌】〘名・形動〙行事・季節などが最も盛んになった時。盛りが極まって、それ以後は衰えに向かう時。また、そのようなさま。真っ盛り。真っ最中。「酒宴は今が―だ」「春―な(の)山野に遊ぶ」「齢(よわい)―」〘類語〙最中(さいちゅう)・最中(さなか)・真っ最中・真っ只中・真っ盛り・最高潮・頂点・佳境・ピーク

だけ-に〘連語〙《副助詞「だけ」＋格助詞「に」》❶限定の意を強める。…に限って。「友だち―話す」❷…であるから、なおのこと。「期待が大きかった―失望も大きかった」❸…であるから、それにふさわしく。「りっぱな人物―多くの人から慕われている」

たけに-ぐさ【竹似草┊竹煮草】ケシ科の多年草。山野や荒地に生え、高さ1～2メートル。茎は中空で、葉は菊に似て大きく、裏面が白い。茎や葉に有毒の黄褐色の汁を含む。夏、白色の小花を多数円錐状につける。チャンパぎく。〘季 夏〙

たけにし-ひろこ【竹西寛子】[1929～]文芸評論家・小説家。広島の生まれ。出版社勤務ののち執筆生活に入る。小説「兵隊宿」で川端康成文学賞、「管弦祭」で女流文学賞受賞。他に、評論「往還の記」、評伝「山川登美子」など。芸術院会員。

たけぬなかわわけ-の-みこと【武渟川別命┊建沼河別命】孝元天皇の皇子大彦命(おおびこのみこと)の御子。日本書紀によれば崇神天皇の四道将軍の一人と伝えられる。阿部臣(あべのおみ)らの祖。

たけ-の-あき【竹の秋】《竹の葉が黄ばんでくるところから》陰暦3月の異称。竹秋(ちくしゅう)。〘季 春〙「一月に小督(こごう)の墓掃かん／鳴雪」

たけ-の-あみど【竹の編み戸】細い竹または割り竹を編んで作った戸。多く貧しい家をいう。「あやしの―のうちより」〈徒然・四四〉

たけのうち-しきぶ【竹内式部】[1712～1767]江戸中期の神道家。越後の人。名は敬持。号、羞斎(しゅうさい)・周斎・正庵。式部は通称。垂加神道を学び、京都で公家に尊王論を説き、追放(宝暦事件)。のち明和事件に連座し、八丈島に流される途中、三宅島で病死。

たけのうち-とうげ【竹内峠】大阪府南河内(みなみかわち)郡太子(たいし)町と奈良県葛城(かつらぎ)市の府県境にある峠。標高289メートル。金剛山地の二上(にじょう)山雌岳(標高474メートル)南側に位置する。昔、飛鳥(あすか)の都と難波(なにわ)を結ぶ交通の要所だった。

たけのうち-の-すくね【武内宿禰】大和朝廷の初期に活躍したという伝説上の人物。記紀によれば第8代孝元天皇の曽孫で、景行・成務・仲哀・応神・仁徳の5朝に仕え、大臣となり、神功皇后を助けて新羅(しらぎ)出兵などに功績があったという。葛城(かつらぎ)・巨勢(こせ)・平群(へぐり)・蘇我(そが)・紀氏などの祖とされる。

たけのうち-りゅう【竹内流】現存する柔術最古の一流派。天文元年(1532)に作州の人、竹内中務大夫久盛が創始したと伝える。柔術・捕手・小具足・拳・棒・杖などを含む。

たけ-の-うてな【竹の▽台】清涼殿の東庭にある、呉竹(くれたけ)の台(だい)と河竹(かわたけ)の台の総称。たけのだい。

たけ-の-かわ【竹の皮】竹の子を包んでいる鱗片(りんぺん)状の皮。生長するに従って自然にはげ落ちる。食物を包んだり、また、裂いて笠や草履などの材料にしたりする。たけかわ。

たけのかわ-づつみ【竹の皮包み】食物などを竹の皮で包むこと。また、包んだもの。

たけ-の-こ【竹の子┊×筍┊×笋】❶竹の地下茎から生え出る若芽。褐色の毛の密生した皮を幾重にもかぶる。モウソウチク・マダケ・ハチクなどのものを食用にする。〘季 夏〙「月なななめ―たけとなりにけり／漱石」❷「筍医者」の略。❸「筍生活」の略。

竹の子の親勝(まさ)り《たけのこは生長が早く、たちまち親竹より高くなるところから》子が親よりすぐれていることのたとえ。

たけのこ【竹の子┊笋】狂言。畑に生えたたけのこの所有をめぐって畑主と隣の藪(やぶ)主とが争い、仲裁人が取りなし、結局、相撲で勝負をつけ畑主が勝ちをおさめる。

たけのこ-いしゃ【×筍医者】《やぶ医者にも至らないという意》技術が未熟で拙劣な若い医者。〘類語〙藪医者(やぶいしゃ)・藪・藪井竹庵(やぶいちくあん)

たけのこ-がい【×筍貝】シチクガイ科の巻き貝。四国以南の浅海の砂底にすむ。貝殻は細長い円錐形。殻表は黄白色で各螺層(らそう)に茶褐色の斑点が2列ずつある。

たけのこ-がさ【×筍×笠】竹の皮を裂いて編んだかぶり笠。竹の皮笠。法性寺(ほっしょうじ)笠。

たけ-のこぎり【竹×鋸】竹で鋸の形に作ったもの。鋸挽(び)きの刑に用いた。

たけのこ-ごはん【×筍御飯】▶筍飯(たけのこめし)

たけのこ-せいかつ【×筍生活】たけのこの皮を1枚ずつはぐように、身の回りの衣類・家財などを少しずつ売って食いつないでいく生活。

たけのこ-づゆ【×筍梅-雨】《伊勢・伊豆地方の船乗りの言葉から》たけのこの出る陰暦4、5月ごろに吹く南東風のこと。湿気が多く、雨を伴うことが多い。筍流し。〘季 夏〙

たけのこ-むし【×筍虫】ウマバエの幼虫。たけのこ状をしている。

たけのこ-めし【×筍飯】たけのこを細かく刻んで煮しめたものをまぜて炊いた飯。筍御飯。〘季 夏〙

たけのこ-めばる【×筍目張】フサカサゴ科の海水魚。全長約35センチ。岩礁にすみ、体色は灰褐色や黄褐色など。たけのこの出るころに漁獲されるのでこの名があり、塩焼き・煮つけなどにして賞味。

たけのこ-めん【×筍面】丸い床柱の下部前面を畳寄せの面にそろえて平らに削ったもの。削り面が三角状になり、たけのこの形に似るところからいう。たけのこづら。

たけのさとうた【竹の里歌】正岡子規の歌集。伊藤左千夫ら編。明治37年(1904)刊。短歌544首、長歌15首、旋頭歌(せどうか)12首を集成した遺稿集。

たけのした-の-たたかい【竹下の戦い】建武2年(1335)駿河の足柄村竹下において、建武政権に反した足利尊氏(あしかがたかうじ)が、その追討を命じられて東下した新田義貞の軍を破った合戦。

たけの-じょうおう【武野紹鷗】[1502～1555]室町後期の富商・茶人。堺の人。号、一閑居士・大黒庵。歌学を三条西実隆に学ぶ。茶の湯では村田珠光の孫弟子にあたり、侘(わ)びの境地を確立、千利休・津田宗及・今井宗久らの門弟を養成した。

たけ-の-その【竹の園】❶竹の生えている園。竹林(ちくりん)。竹の園生(そのう)。ちくえん。❷《中国の漢代、梁(りょう)の孝王が、東庭に竹を植えて修竹苑と称したところから》皇族の異称。竹の園生。「伝へ来て世々に変はらぬ―身にうき節を残さずもがな」〈新千載・雑中〉

たけ-の-そのう【竹の園▽生】「竹の園」に同じ。「日暮るれば―にぬる鳥のそこはかとなく音をも鳴くかな」〈続古今・雑下〉

たけ-の-ともしび【竹の▽灯火】▶結び灯台

たけ-の-は【竹の葉】❶竹についている葉。笹(ささ)の葉。竹葉。❷《「竹葉(ちくよう)」を訓読みにした語》酒のこと。「―にまがきの菊を折りそへて花を吹くらむ玉の杯」〈夫木・三二〉

たけ-の-はる【竹の春】《若竹が生長し、新葉の盛りになるところから》陰暦8月の異称。竹春(ちくしゅん)。〘季 秋〙「おのが葉に月おぼろなり―／蕪村」

たけ-の-ふし【竹の節】❶竹の幹にあるくぎり。❷脇障子(わきしょうじ)などの上に用いる欄間飾り。親柱の上下に玉縁とよぶ水平材を架け渡し、間に栈(さん)をたすき状に入れたもの。

たけのぶ-よしたろう【武信由太郎】[1863～1930]英語学者。鳥取の生まれ。英字新聞「ジャパンタイムズ」「英語青年」を創刊。海外への日本紹介に努めた。著「武信和英大辞典」。

たけ-の-まる【竹の丸】紋所の名。葉のついた竹を曲げて円形にしたもの。笹の丸。

たけ-の-み【竹の実】竹・笹の果実。小麦に似た長楕円形で、食用となるが味は悪い。〘季 秋〙

たけ-の-みや【多気宮】伊勢国多気郡にあった斎宮(さいぐう)の宮殿。

たけ-ばし【竹箸】竹製の箸。

たけ-ばし【竹橋】東京都千代田区、北の丸公園の南東にある橋。江戸城の内堀に架かる橋の一。

たけ-ばしご【竹×梯子】2本の長く太い竹に、横段として木材を結わえつけたはしご。

たけばし-じけん【竹橋事件】明治11年(1878)東京竹橋の近衛砲兵隊の兵士二百六十余名が起こした反乱事件。陸軍卿山県有朋はこの事件を契機に軍人訓戒・軍人勅諭を発し、軍律の強化をはかった。

たけばし-もん【竹橋門】江戸城内郭門の一。北の丸の南東で、清水門と平河門との間にあった。

たけ-ばやし【竹林】竹の群がり生えている所。たけやぶ。ちくりん。

たけはら【竹原】広島県中南部、瀬戸内海に面する市。江戸時代は塩田や海運で栄えた。精錬所、火力発電所がある。頼山陽ゆかりの旧宅がある。人口2.9万(2010)。

たけはら-し【竹原市】▶竹原

たけひき-のこぎり【竹×挽き×鋸】竹の横びきに用いる鋸。帯状で薄い歯が曲がらないように、弓形の背金(せがね)を添えてある。たけびきのこ。

たけ-ひご【竹×籤】▶籤(ひご)

たけひさ-ゆめじ【竹久夢二】[1884～1934]画家・詩人。岡山の生まれ。本名、茂次郎。大きな瞳に愁いをたたえた、夢二式美人は一世を風靡(ふうび)し、多数の詩画集を世に送った。「宵待草」の作詩者としても有名。

たけふ【武生】福井県にあった市。平成17年(2005)10月、今立町と合併し越前市となった。➡越前㊀㊁

たけ-・ぶ【▽猛ぶ┊×建ぶ┊×誥ぶ】〘動バ上二〙たけだけしい振る舞いをする。雄々しく振る舞う。「楯を執りて軍(いくさ)の中に―・びしめて」〈雄略紀〉

たけ-ぶえ【竹笛】篠竹(しのだけ)で作った横笛。篠笛。

たけふ-し【武生市】▶武生

たけぶん-がに【武文×蟹】《元弘の乱に兵庫の海で死んだ秦武文(はたのたけぶん)が生まれ変わったといわれるところから》ヘイケガニの別名。

たけべ-あやたり【建部綾足】[1719～1774]江戸中期の読本(よみほん)作者・俳人・国学者・画家。津軽弘前の人。本名、喜多村久域(きたむらひさむら)。俳号、涼袋。画号、寒葉斎。賀茂真淵の門人。江戸で俳諧を業としたが、のち和歌に転じた。晩年は読本の作者となり、また文人画をよくした。読本「本朝水滸伝(すいこでん)」「西山物語」、画集「寒葉斎画譜」など。

たけべ-かたひろ【建部賢弘】[1664～1739]江戸中期の数学者。江戸の人。通称、彦次郎。号、不休。兄賢明とともに関孝和の門に入り、演段術を発展させた。円理(円弧の長さの計算法)を帰納法によって確立。天文暦理にも長じた。著「円理綴術」「不休綴術」など。

たけべ-たいしゃ【建部大社】滋賀県大津市にある神社。旧官幣大社。祭神は日本武尊(やまとたけるのみこと)。武の神として信仰される。近江(おうみ)国一の宮。

たけべ-とんご【建部遯吾】[1871～1945]社会学者。新潟の生まれ。東大社会学講座の初代担当教授。コントの社会学理論を基礎として、社会学を体系化。貴族院議員。著「理論普通社会学」「応用社会学十講」など。

たけ-べら【竹×箆】竹を削って作ったへら。

たけ-ぼうき【竹×箒】竹の小枝を束ね、竹の幹を柄としたほうき。地面を掃くのに用いる。たかぼうき。

たけみかづち-の-かみ【武甕槌神┊建御雷神】日本神話で、伊弉諾尊(いざなぎのみこと)が火神を切り殺したとき、剣に付着した血から化生(けしょう)した神。経津主神(ふつぬしのかみ)とともに、葦原の中つ国に派遣され、国譲りの交渉に

成功。また、神武東征においても、天皇の危難を救った。鹿島神宮の祭神。

たけみくまり-じんじゃ【建水分神社】大阪府南河内郡千早赤坂村にある神社。祭神は天水分神あめのみくまりのかみ・天御中主命あめのみなかぬしのみことほか。境内には、楠正成くすのきまさしげをまつる南木なんぼく神社がある。

たけみずわけ-じんじゃ【武水別神社】たけみづわけ― 長野県千曲ちくま市にある神社。祭神は武水別神たけみずわけのかみと八幡大神。別称、八幡宮。

たけ-みつ【竹光】《刀匠の名の兼光・国光などの「光」をつけていう》❶竹を削って、刀身にみせかけたもの。❷よく切れない刀をののしっていう語。

(類語)竹刀しない・木刀・赤鰯あかいわし・なまくら刀

たけみつ-とおる【武満徹】―とほる［1930〜1996］作曲家。東京の生まれ。ほぼ独学で作曲を学び、独創的な音響世界を創りあげた。勅使河原宏監督の「砂の女」、小林正樹監督の「怪談」、黒沢明監督の「乱」などの映画音楽でも知られる。芸術院賞受賞。作品に「弦楽のためのレクイエム」「地平線のドーリア」「ノヴェンバー-ステップス」など。

たけみなかた-の-かみ【建御名方神】日本神話で、大国主命の子。武神としての性格をもつ。武甕槌神たけみかづちのかみらが葦原の中つ国の国譲りを大国主命に迫ったとき、大国主命の命令で武甕槌神と力比べを行ったが敗れて信濃諏訪湖に逃れ、この地から出ないと誓った。諏訪大社の祭神。

たけみや-けいこ【竹宮恵子】［1950〜 ］漫画家。徳島の生まれ。少女漫画の地位を確立し、後進を牽引した第一人者。SF・恋愛もの・歴史ものなど多彩なジャンルを手がける。特に美少年を主人公とした作品に定評がある。代表作「風と木の詩うた」「地球テラへ…」「ファラオの墓」など。

たけ-むら【竹群¦竹×叢】竹やぶ。竹林。たかむら。

たけもと【竹本】㊀姓氏の一。㊁竹本義太夫に始まる、浄瑠璃(義太夫節)の太夫の家名。また、歌舞伎の伴奏音楽としての義太夫節の通称。

たけもと-ぎだゆう【竹本義太夫】―ギダイフ ㊀(初世)［1651〜1714］浄瑠璃の太夫。義太夫節の始祖。大坂の人。本名、五郎兵衛。初め清水きよみず理兵衛に播磨はりま節を学んで清水理太夫と名のったが、貞享元年(1684)大坂に竹本座を開設して竹本義太夫を名のり、元禄11年(1698)ごろに受領して竹本筑後掾ちくごのじょう藤原博教と称した。近松門左衛門を作者に迎えて操り芝居を興行し、人形浄瑠璃を大成。㊁(2世)［1691〜1744］大坂の人。初世義太夫に師事。近松晩年の世話物などを初演。竹本政太夫を名のったが、享保19年(1734)2世義太夫を襲名。翌年、竹本上総少掾かずさのしょうじょうを受領、のち竹本播磨少掾を再受領。

たけもと-こしじだゆう【竹本越路太夫】―こしぢダイフ 義太夫節の太夫。㊀(2世)竹本摂津大掾せっつだいじょうの前名。㊁(3世)［1865〜1924］大坂の生まれ。2世の門弟。大正4年(1915)文楽座の櫓下やぐらしたとなった。大正期の代表的太夫。

たけもと-ざ【竹本座】人形浄瑠璃の劇場。貞享元年(1684)初世竹本義太夫が大坂道頓堀に創設。近松門左衛門を座付き作者とし、東の豊竹座と人形浄瑠璃全盛期の興行を2分した。明和4年(1767)廃座。西の芝居。

たけもと-せっつだいじょう【竹本摂津大掾】［1836〜1917］義太夫節の太夫。大坂の生まれ。本名、二見亀太郎、通称、金助。5世竹本春太夫に師事。初め南部太夫、のち2世越路太夫を襲名。明治36年(1903)摂津大掾を受領。美声家で、明治期の文楽を代表する名人。

たけもと-ちくごのじょう【竹本筑後掾】►竹本義太夫㊀

たけもと-りゅう【竹本流】―リウ 浄瑠璃の一派。広義には、義太夫節のこと。狭義には、豊竹座の東風ひがしふうに対する竹本座の西風にしふうの浄瑠璃をいう。

たけ-や【竹屋】❶竹を売る店、または売る人。❷竹でつくった粗末な家。

竹屋の火事 《竹が燃えると、はじけて音を出すところから》怒って、ぽんぽん言うさまをいう。

たけや-がみ【竹屋紙】赤黒く染めた厚手の大きな油紙。江戸時代、江戸日本橋の竹屋がタバコ入れに加工して売ったことからついた名。羊羹ようかん紙。

たけ-やぶ【竹×藪】たくさんの竹が生えている所。たけばやし。たかむら。たかやぶ。

(類語)竹林・藪畳・たかむら・笹藪ささやぶ

竹藪に矢を射るよう 《見えない目標に向かって矢を射る意から》むだなことのたとえ。

たけ-やま【×茸山】きのこの生える山。また、きのこの生えている山。(季秋)

たけや-まち【竹屋町】《京都の竹屋町で作ったという》金紗きんしゃの織物の一つ。茶・萌黄もえぎ・紺などの色の紗の地に平金糸で文様を織り出したもの。元和年間(1615〜1624)に堺に来た中国人から技術を得たという。竹屋町裂れ。

たけやま-みちお【竹山道雄】―みちを［1903〜1984］評論家・ドイツ文学者。大阪の生まれ。小説「ビルマの竪琴」、評論「昭和の精神史」など。

たけ-やらい【竹矢来】竹をあらく交差させてつくった囲い。

たけ-やり【竹×槍】竹ざおの先を鋭く斜めに切り落として、槍の代わりに用いるもの。

たけ-ようじ【竹×楊枝】―ヤウジ 竹を薄く細く削り、その端に毛を植えつけた楊枝。歯を磨くのに用いる。

た-げり【田×鳧¦田▽計里】チドリ科の鳥。全長32センチくらい。後頭部に長い冠羽があり、上面は金属光沢のある緑色で、胸が黒く、腹は白い。アジア・ヨーロッパに分布し、日本には主に冬鳥として田の刈り跡などに渡来。たどり。(季冬)

たけり-くる・う【▽猛り狂う】―くるふ〔動ワ五(ハ四)〕興奮して、大声で叫んだり暴れたりする。「―・った群衆」

たけり-た・つ【×哮り立つ】〔動タ五(四)〕けものなどが興奮して、盛んに大声でほえたてる。「―・つ獅子しし」

たけり-た・つ【▽猛り立つ】〔動タ五(四)〕すっかり興奮する。ひどく興奮する。「―・つ心を抑える」

(類語)いきり立つ・息巻く・殺気立つ・興奮・激高

たける【梟=帥¦▽建】古代、その地方に威を振るっていた勇猛な種族の長の称。「日本やまと―」「出雲―」

た・ける【▽長ける¦×闌ける】〔動カ下一〕図た・く〔カ下二〕❶盛りの時期・状態になる。たけなわになる。「日が―・ける」「春が―・ける」❷盛りの時期・状態を過ぎる。「年―・けた人」「更ふけ―・ける」❸ある方面にすぐれている。長じる。熟達している。「弁舌に―・ける」「世故せこに―・ける」

(類語)長じる・勝る・秀でる・優れる・凌しのぐ

闌けたる位くらい 世阿弥の能楽論で、修行を積み至高の段階に達したのちの自在な芸の境地。闌位らんい。

たけ・る【×哮る】〔動ラ五(四)〕けものなどが荒々しくほえる。また、大声で叫ぶ。「猛虎もうこが―・る」

たけ・る【▽猛る】〔動ラ五(四)〕❶荒々しく行動する。激しく荒れる。暴れる。「―・る馬を押さえる」「海が―・る」❷興奮して、早くそのことをしようとする。荒々しい気持ちになる。「―・る心を抑える」

(類語)逸はやる・勇む・奮う・気負う・勇み立つ・奮い立つ

た・げる〔連語〕《「てあげる」の音変化》動詞の連用形に付いて、その動作を他の人にしてやる意を表す。俗な言い方。「服を買っ―・げる」

たける-べ【▽建▽部】大和朝廷時代の部民べみんの一。日本武尊やまとたけるのみことの名を残すために設けられたという名代部なしろべ。

ダゲレオ-タイプ〖daguerreotype〗銀板写真のこと。フランス人画家ダゲールが1837年に発明したことから。

だ-けれど〔接〕「だけれども」に同じ。

だ-けれども〔接〕前に述べたことと相反することをいうときに用いる。そうではあるが。だけど。だけども。だけれど。「話はよく分かった。―承諾するわけにはいかない」

た-けん【他見】ほかの人が見ること。また、ほかの人に見せること。「―をはばかる書類」

た-げん【他言】〔名〕スル ►たごん(他言)

た-げん【多元】❶互いに独立した二つ以上の要素があること。物事を成立させる要素・根源が複数あること。⇔一元。❷数学で、元げんが二つ以上あること。

た-げん【多言】〔名〕スル 口数の多いこと。ものを多く言うこと。たごん。「―を弄ろうする」「説明に―を要しない」⇔寡言。(類語)千言万語・万言・百万言・贅言ぜいげん

だ-けん【打鍵】ピアノ・タイプライター・通信機などの鍵盤を打つこと。

だ-けん【駄犬】血統のわからない雑種の犬。雑犬。

だげん-がっき【打弦楽器】―ガクキ ピアノなど、弦をハンマーなどでたたいて音を出す楽器の総称。

たげんご-ドメインめい【多言語ドメイン名】►アイ-ディー-エヌ(IDN)

たげんし-ぶんし【多原子分子】3個以上の原子からできている分子。水、アンモニアなど。ふつう、分子量1万以上のものは高分子とよばれる。

たげん-てき【多元的】〔形動〕物事の要素・根源がいくつもあるさま。「―な考え方」⇔一元的。

たげんてき-こっかろん【多元的国家論】―コクカロン 国家主権の絶対性を否定し、国家を本質的には他の社会集団と同じ結社の一つとして見ようとする自由主義的理論。

たげん-びょうしゃ【多元描写】―ベウシャ 小説の描写法の一種で、いくつかの視点から事件や人物などを客観的に描くこと。⇔一元描写。

たげん-ほうそう【多元放送】―ハウソウ いくつかの地点または放送局からの送信を、同時に1か所で受けながら一つの番組に構成する放送。

たげん-ほうていしき【多元方程式】―ハウテイシキ 2個以上の変数をもっている方程式。

たげん-ろん【多元論】哲学で、世界を相互に独立な複数の根本的な原理によって説明しようとする立場。万物の根源を地・水・火・風とした古代ギリシャのエンペドクレスの説など。➡一元論 ➡二元論

たこ【×凧¦紙=凧】細く割った竹で作った骨組みに紙を張って糸を結びつけ、風を利用して空高く飛ばして遊ぶ玩具。絵凧・字凧・奴やっこ凧など種々ある。いかのぼり。いか。(季春)「糸のべて―の尾垂るる水田かな／子規」(補説)「凧」は国字。

たこ【胼=胝¦×胝】繰り返し圧迫を受けた皮膚の部分が角質化し厚くなったもの。骨の出っぱったところにできやすい。ペンだこや座りだこ、肘ひじだこなど。べんち。「耳に―ができるほど聞かされた」

たこ【×蛸¦章=魚¦×鮹】❶頭足綱八腕目の軟体動物の総称。卵円形の頭状のところが胴で、内臓が収まっており、口状の漏斗からは墨・水・排泄物などを出す。頭は目のあるところで、口を俗にからすとんびといい、その下に8本の腕をもつ。腕には吸盤があるが、イカと異なりいぼ状。すべて海産で、肉食性。日本にはマダコ・イイダコ・ミズダコなどが分布し、食用にする。(季夏)「中年の逢瀬おうせの夜市―を購あがなふ／寒々」❷►蛸胴突たこどうづき ❸「蛸配当」の略。

蛸の糞くそで頭に上がる 《蛸の胴が頭のように見えて、糞が頭にあると考えたところから》自分は思い上がって得意になっているが、他人からはいやしめられていることのたとえ。

蛸の共食い 同類のものが互いに害し合うことのたとえ。

た-ご【他語】他の語。ほかの言葉。

た-ご【田子】田を耕作する人。農民。「白い股引に藁草履わらぞうりを穿いた―そのままの恰好して〈嘉村・途上〉」

た-ご【担=桶】水や糞尿ふんにょうなどを入れて、天秤棒てんびんぼうにになって運ぶおけ。にないおけ。たごおけ。

だ-こ【唾×壺】❶つばを吐き入れるつぼ。たんつぼ。❷タバコ盆の灰吹き。吐月峰とげっぽう。

たこ-あげ【×凧揚げ】たこを空高くあげること。また、その行事。(季春)

たこ-あし【×蛸足】❶器物などの足で、蛸の足のような形をしたもの。❷1か所からいくつかに分かれて出ていること。「―配線」

たこあし-はいせん【×蛸足配線】一つのコンセントから次々に多数のコードを引き、電気器具を接続す

ること。タコの足のように、あちこちに広がり分かれているさまにいう。

たこあし-はいとう【×蛸足配当】▶蛸配当

たこ-いと【×凧糸】凧揚げに用いる、よりの強い太い木綿糸。

た-こう【他行】〔名〕スル「たぎょう(他行)」に同じ。「此両三日職務上―したり」〈蘆花・不如帰〉

た-こう【他校】ほかの学校。よその学校。

た-こう【多幸】〔名・形動〕非常にしあわせなこと。また、そのさま。「御―を祈ります」「―な一生」
(類語)多祥・多福・万福・幸福・幸せ・幸い・幸ち・福・果報・冥利・至福・浄福・清福・ハッピー

た-こう【多項】数学で、項が複数あること。

た-ごう【多×劫】きわめて長い年月。永劫。

だ-こう【蛇行】〔名〕スル ❶蛇がはうように、くねくねと左右に曲がって行くこと。「道が―する」「―運転」❷河川が曲がりくねって流れること。メアンダー。曲流。(類語)曲がりくねる・くねる・うねる・ジグザグ

たこう-しき【多項式】❶二つ以上の単項式を加号または減号で結んだ式。⇔単項式。❷▶整式

たこう-しつ【多孔質】多数の細孔をもつこと。木炭などにみられ、吸着能力と関係する。

たこう-ていり【多項定理】代数で、三項以上の多項式の累乗を多項の同次式として表す公式。例えば、$(a+b+c)^3=a^3+b^3+c^3+3a^2b+3a^2c+3ab^2+3b^2c+3ac^2+3bc^2+6abc$

たこうな【×筍】「たかんな」の音変化。「―をつと握り持ちて」〈源・横笛〉

だ-ごえ【駄肥】緑肥・堆肥・厩肥など、金銭のかからない肥料。

たご-おけ【▽担×桶】「たご(担桶)」に同じ。

タゴール〖Rabindranath Tagore〗[1861〜1941]インドの詩人・小説家・思想家。インドの近代化を促し、東西文化の融合に努めた。ベンガル語で作品を書き、一部を自ら英訳。1913年、ノーベル文学賞受賞。詩集「ギーターンジャリ」、小説「ゴーラ」など。

たこ-かぎ【×蛸×鉤】長いさおの先に鉤を取り付けた、蛸を捕る漁具。

たこ-がっせん【×凧合戦】凧を高く揚げて、その距離を競ったり、凧の糸を切り合ったりする遊び。地方によっては年中行事としたり、2、3メートルの大凧を作ったりして行うところもある。(季 夏)

たこ-からげ【×蛸▽絡げ】蛸が足をあげた姿のように、着物の裾の周囲をまくりあげること。

た-こく【他国】❶自分の国でない国。よその国。外国。❷自分の生まれた土地でない土地。他郷。❸自分の土地を離れてよそへ行くこと。「其の家たたむ時は―して二たびかせぎ出し」〈浮・織留・二〉
(類語)外国・海外・異国・異邦・異境・異郷・他郷・外邦・他邦・異朝・異土・外地・海彼・外つ国

だ-こく【打刻】〔名〕スル ❶金属など硬いものに文字や数字を打ち記すこと。「観光地の記念メダルに名前を―する」❷タイムレコーダーなどで時刻を打ち記すこと。「出社時間を―する」

だ-ごく【堕獄】悪業によって地獄に落ちること。堕地獄。「罪ニースル」〈日葡〉

たこくせき-きぎょう【多国籍企業】2か国以上の国に生産・販売拠点を所有または支配して、世界的規模で活動する巨大企業。

たこくせき-ぐん【多国籍軍】国連安全保障理事会の決議により、軍事的強制措置を取るために加盟諸国が派遣する軍隊。1991年湾岸戦争の際の米国を中心として編制された例などがある。⇨国連軍

たこ-くらげ【×蛸水=母｜章=魚水=母】鉢クラゲ綱タコクラゲ科の腔腸動物。傘は半球形で直径約20センチ、寒天質中に共生する藻類のため褐色をしていることが多い。下面にある口のまわりから8本の口腕が垂れ、その先に棒状の付属器が垂れる。本州中部以南の内湾などで夏にみられる。

たごくら-こ【田子倉湖】福島県南西部、只見川上流にある人造湖。田子倉ダムの完成でできた。面積10平方キロメートル、湖面標高510メートル、水深52メートル。湖の名は水没した田子倉集落の名にちなむ。越後三山只見国定公園に指定されている。

たごくら-ダム【田子倉ダム】福島県南西部、只見川上流にあるダム。堤高145メートル。有効貯水量3億7000万立方メートル。

タコグラフ〖tachograph〗タコメーターの目盛りを連続して時間的に記録する装置。

たご-さく【田×吾作｜田五作｜田子作】農民、または田舎の人をいやしめてよぶ語。

た-ごし【手越し】物を手から手へ渡していくこと。手渡しで運ぶこと。「大坂に継ぎ登れる石群を―に越さば越しかてむかも」〈崇神紀・歌謡〉

た-ごし【手×輿｜▽腰×輿】輿の一。前後二人で轅を手で腰の辺りに持ち添えて運ぶ乗り物。てごし。ようよ。

タコス〖スペイン tacos〗メキシコ料理の一。炒めたひき肉、チーズ・レタスなどを、トウモロコシ粉を薄焼きにしたトルティーヤに挟み、サルサソース(香辛料をきかせたトマトソース)などをつけて食べるもの。

たこ-ずきん【×蛸頭巾】頂を丸く縫いあげた頭巾。主に紫の布帛を用いた。

たこ-つぼ【×蛸×壺】❶海底に沈め、蛸が入るのを待って引き上げる素焼きの壺。(季 夏)❷戦場で、兵士一人がひそむように掘った穴。

たこ-つり【×蛸釣(り)】❶蛸を釣ること。❷格子窓などから、先端にかぎをつけた竿を使って室内の物を盗み出すこと。

ダゴ-とう【ダゴ島】《Dagö》▶ダゲー島

たこ-どうつき【×蛸胴突き】くい打ちや地突きなどに用いる道具。堅い木材で作った重い円柱形の頭部に2ないし4本の取っ手をつけたもの。たこ。たこつき。

たごと-の-つき【田▽毎の月】長野県更級郡冠着山(姨捨山)のふもとの、小さな水田の一つ一つに映る月。名月として知られる。たごとづき。⇨姨捨山

たこ-にゅうどう【×蛸入道】❶《坊主頭に似ているところから》タコのこと。❷僧または坊主頭の人をあざけっていう語。蛸坊主。

たこ-の-あし【×蛸の足】ベンケイソウ科の多年草。湿地に生える。高さ約70センチ。茎はまっすぐに伸び、先のとがった細い葉をつける。夏、茎の先に黄白色の小花を多数つけ、蛸の足状に見える。沢紫苑。

たこ-の-うら【多祜の浦】富山県氷見市の南にあった布勢の湖の湖岸。現在の上田子・下田子や十二町潟のあたり。藤の名所として知られた。(歌枕)「―の底さへにほふ藤波をかざして行かむ見ぬ人のため」〈万・四二〇〇〉

たご-の-うら【田子ノ浦】静岡県富士市南部の海岸。古くは富士川河口以西をさした。富士山眺望の名所や白砂青松の地として知られる。(歌枕)「―ゆうち出でて見ればま白にそ富士の高嶺に雪は降りける」〈万・三一八〉

たこ-の-き【×蛸の木】タコノキ科の常緑小高木。幹の下部から多数の気根を伸ばし、蛸の足に似る。枝の頂に細長い葉が密生。雌雄異株。果実はパイナップル状で、種子は食用とされる。小笠原諸島など亜熱帯地方に産する。

たこ-の-まくら【×蛸の枕｜海=燕】タコノマクラ科のウニ。体は楕円形で平たく、長径12センチくらい。褐色で背面に五つの花びら状の模様があり、とげはごく短い。本州中部以南の浅海の砂泥底にすむ。

たこ-はい【×蛸配】「蛸配当」の略。

たこ-はいとう【×蛸配当】《蛸は空腹のときに自分の足を食うといわれるところから》株式会社において、配当しうる利益がないのに決算時の操作によって計算上の利益を生み出し、配当を行うこと。違法配当。たこ。たこはい。蛸足配当。

たこ-ひき【×蛸引き】《「蛸引き包丁」の略》切っ先の四角い、細身で刃の長い包丁。刺身をつくるのに使う。(補説)かつて関東で多く用いられ、関西では柳葉包丁が使われた。

たこ-ぶね【×蛸船】アオイガイ科の頭足類。暖海域にみられる浮遊性のタコで、雌は産卵のために殻長9センチほどの舟形の殻をつくる。ふねだこ。

たこ-べや【×蛸部屋】第二次大戦前に、北海道・樺太の炭鉱などでみられた労働者の宿舎。過酷な労働を強い、ここに入ると蛸壺の蛸のように出られなくなるところからいう。⇨飯場制度

たこ-ぼうず【×蛸坊主】「蛸入道」に同じ。

タコマ〖Tacoma〗米国ワシントン州中西部の港湾都市。木材加工と、その積み出しが盛ん。レーニア火山を中心とする国立公園への入り口。

タコムサット〖TACOMSAT〗《Tactical Communications Satellite》米空軍が1969年に打ち上げた戦術通信衛星。前線に展開する陸上部隊や軍用機、艦船などとの通信連絡手段として通信衛星導入の実現性を検証するために打ち上げられた実験衛星。72年運用停止。TACSATとも。

た-こむら【手×腓】腕の内側の肉のふくれている部分。たくふら。「―に虻搔き着き」〈記・下・歌謡〉

タコメーター〖tachometer〗エンジンなどの回転速度を測定し、目盛り盤に毎秒または毎分当たりの回転数を表示する計器。回転速度計。回転計。

たこ-やき【×蛸焼(き)】溶いた小麦粉に刻んだ蛸や紅しょうが・削り節などを加え、丸いくぼみのある鉄の焼き鍋で球状に焼いたもの。関西に始まる。

タコライス《和 tacos(スペイン)+riceから》沖縄料理の一。タコスの具材であるひき肉、チーズ、レタスなどを飯の上にのせ、サルサソースで味をつけたもの。

たごり-ひめ【田心姫】▶田霧姫命

た-こん【多恨】〔名・形動〕うらむ気持ちや、後悔する気持ちの多いこと。また、そのさま。「多情―」「人生は斯の如く―なり」〈透谷・明治文学管見〉

た-ごん【他言】〔名〕スル 秘密などを他の人に話すこと。口外すること。たげん。「―は無用」「―されては困る」
(類語)口外・漏洩・暴露・リーク・漏らす・口走る

た-ごん【多言】「たげん(多言)」に同じ。

た-ざ【▽打×坐】すわること。座禅をすること。

た-さい【多才】〔名・形動〕いろいろな才能をもっていること。また、そのさま。「多芸―な(の)人」

た-さい【多妻】一人の男性が二人以上の妻をもつこと。「一夫―」

た-さい【多彩】〔名・形動〕❶色の種類の多いこと。いろどりが多く美しいこと。また、そのさま。「―なネオンサイン」❷変化や種類が多くにぎやかなこと。また、そのさま。「―な顔ぶれ」「―な行事」(類語)多種・多様・いろいろ・さまざま・数数・種種・とりどり

た-ざい【多罪】❶罪の多いこと。❷手紙などで、無礼や過失をわびるのに用いる語。「乱筆―」

ださ・い〔形〕あかぬけしないことを俗に言う語。やぼったい。「―・い趣味」

だ-ざい【▽大宰｜▽太宰】《古くは「だざい」とも》❶「大宰府」の略。❷大宰府の官人。(補説)ふつう、官名は「大」、地名は「太」と書き分ける。

だ-ざい【堕在】〔名〕スル 悪い場所や下の地位に落ちて、そのままそこにとどまること。「英霊の俊児、亦遂に鬼窟裏に―して」〈漱石・野分〉

だ-ざい【堕罪】罪に落ちること。罪人となること。

だざい-おさむ【太宰治】[1909〜1948]小説家。青森の生まれ。本名、津島修治。井伏鱒二に師事。自虐的、反俗的な作品を多く発表。玉川上水で入水自殺。作「津軽」「斜陽」「人間失格」など。⇨桜桃忌

だざい-しゅんだい【太宰春台】[1680〜1747]江戸中期の儒学者。信濃の人。名は純。字は徳夫。別号、紫芝園。荻生徂徠に学び、経世学の分野で徂徠学を発展させた。著「聖学問答」「経済録」など。

たざいたいせい-アシネトバクターきん【多剤耐性アシネトバクター菌】治療薬として使用されている多くの抗菌薬が効かないアシネトバクター菌。

たざいたいせい-きん【多剤耐性菌】複数の薬剤に対して耐性を獲得した細菌やウイルスなどの病原微生物。突然変異や、同じ薬剤を長期間使用す

ることによって出現し、薬剤の効果が低下したり失われたりする。

たざいたいせい-りょくのうきん【多剤耐性緑×膿菌】治療薬として使用されている多くの抗菌薬が効かない緑膿菌。健康な人に感染しても発症しないが、抵抗力の低下した患者が感染・発症すると肺炎・敗血症などを起こすことがある。

だざい-の-ごんのそち【▽大宰権▽帥】大宰府の権官。令外の官。親王が正官である帥に任じられる場合、代わって政務を執った。だざいのごんのそつ。

だざい-の-しょうに【▽大宰少弐】大宰府の次官。大宰大弐の下に位した。

だざい-の-そち【▽大宰▽帥】大宰府の長官。平安時代以後は多く親王が任命された。だざいのそつ。

だざい-の-だいに【▽大宰大弐】大宰府の次官。親王が帥に任じられて権帥もないときは、代理に府務を統率した。

だざい-ふ【▽大宰府】律令制で、九州および壱岐・対馬を管轄し、また、外交・海防などに当たった役所。長官の帥以下の四等官のほか祭祀をつかさどる主神が置かれた。平安時代以後、親王が帥に任じられるようになって政務は権帥が執ったが、中世には実際の機能を失った。現在の福岡県太宰府市に遺跡がある。遠の朝廷。おおみこともちのつかさ。

だざいふ【太宰府】福岡県中西部の市。昭和57年(1982)市制。古代、大宰府が置かれた地。太宰府天満宮・大宰府都府楼跡・観世音寺など史跡が多い。人口7.0万(2010)。

だざいふ-し【太宰府市】►太宰府

だざいふ-てんまんぐう【太宰府天満宮】福岡県太宰府市にある神社。祭神は菅原道真。延喜19年(919)勅により社殿を造営。京都の北野天満宮とともに、全国の天満宮の本宮で、文道の祖神として信仰される。太宰府神社。

た-さいぼう【多細胞】一個体をつくっている二つ以上の細胞。

たさいぼう-せいぶつ【多細胞生物】多くの細胞からなる生物。普通に見られる多くの動植物はこれに属する。⇒単細胞生物

たさか-ともたか【田坂具隆】[1902〜1974]映画監督。広島の生まれ。ヒューマニズムを基調とする作風が特徴。代表作「五人の斥候兵」「路傍の石」など。

たざき-そううん【田崎草雲】[1815〜1898]日本画家。帝室技芸員。名は芸。幕末には足利藩士として尊王運動に奔走したが、維新後は画業に専心。文人画の指導的な役割を果たした。作品に「蓬莱仙宮図」など。

た-さく【多作】〔名〕スル 作品を多く作ること。制作数が多いこと。「一家」⇔寡作。(類語)濫作

だ-さく【駄作】出来の悪い作品。取るに足りない作品。(類語)拙作・愚作・凡作・下作

だ-ざけ【駄酒】味や質のよくない酒。「一でもうちくらって、唐辛子をかっ噛り」〈浄・五枚羽子板〉

た-さつ【他殺】他の人に殺されること。⇔自殺。(類語)殺人・殺害・人殺し

たざわ-おんせん【田沢温泉】長野県小県郡青木村にある温泉。別所温泉の近くにある。泉質は硫黄泉。

たざわ-こ【田沢湖】秋田県中東部にあるカルデラ湖。面積25.5平方キロメートル。最大深度は423.4メートルで日本第1位。

たざわこ-せん【田沢湖線】盛岡から田沢湖を経て奥羽本線大曲に至るJR線。昭和41年(1966)全通。全長75.6キロ。

た-さん【多産】〔名〕スル ❶子供をたくさん産むこと。「一系」「一種」❷産物などが多くとれること。「この地方では雑穀を一する」

た-ざん【他山】❶ほかの山。よその山。❷ほかの寺。他寺。

他山の石 よその山から出た、つまらない石。転じて、自分の修養の助けとなる他人の誤った言行。「他社の不祥事を一として会計の透明化をはかる」⇒他山の石以て玉を攻むべし (補説)質の悪い石でも玉を磨くのに役立つということから、良い言行を手本にする意味で使うのは誤り。文化庁が発表した平成16年度「国語に関する世論調査」では、本来の意味である「他人の誤った言行も自分の行いの参考となる」で使う人が26.8パーセント、間違った意味「他人の良い言行は自分の行いの手本となる」で使う人が18.1パーセントという結果が出ている。

他山の石以て玉を攻むべし 《「詩経」小雅・鶴鳴から》よその山から出た質の悪い石でも、自分の玉を磨くのに役立てることができる。転じて、他人の誤った言行でも、自分の修養の助けとなること。

だ-さん【打算】〔名〕スル 勘定すること。利害や損得を見積もること。「一が働く」「人間の年月と猫の星霜を同じ割合に一するのは」〈漱石・吾輩は猫である〉(類語)勘定・計算・算用・そろばん

たさん-えんき【多酸塩基】酸度が2以上の塩基。水酸化カルシウム(二酸塩基)・水酸化アルミニウム(三酸塩基)など。

ださん-てき【打算的】〔形動〕何事をするにも損得を考えて行うさま。計算高いさま。「一な考え方」

た-し【他志】裏切りの心。ふたごころ。異心。

た-し【他紙】ほかの新聞。特に、他社発刊の新聞。

た-し【他誌】ほかの雑誌。特に、他社刊行の雑誌。

たし【立し】動詞「た(立)つ」の連用形「たち」の上代東国方言。「荒し男も一やはばかる不破の関越えて我は行く」〈万・四三七二〉

た-し【多士】多くのすぐれた人物。

た-し【多子】子供の数が多いこと。子だくさん。

たし【足し】不足分を補うこと。おぎない。「学費の一にする」「腹の一になるものを食べる」

たし〔助動〕[（たく）・たから・たく・たかり・たし・たき・たかる・たけれ・○]《形容詞「いたし」の音変化という》動詞、および助動詞「る」「らる」「す」「さす」「しむ」の連用形に付く。❶話し手の希望を表す。…たい。「近う参って、見参にも入り**たかり**つれども」〈平家・一〇〉❷話し手の他に対する希望や期待を表す。…てほしい。「あり**たき**ことは、まことしき文の道、作文、和歌、管絃の道」〈徒然・一〉❸話し手以外の人の希望を表す。「屋島へ帰り**たく**は、一門の中へ言ひ送って、三種の神器を都へ返し入れ奉れ」〈平家・一〇〉(補説)「たし」は「まほし」に代わって、鎌倉時代に盛んに用いられたが、近世以降「たい」に引き継がれる。現代では「今月末までに上京され**たし**」といった文語調の文に用いられることもある。

た-じ【他事】ほかのこと。その人に関係のないこと。余事。よそごと。(類語)人事・他人事・余所事

他事ながら あなたに直接関係のないことですが、の意で、手紙で自分のことを述べるときに用いる言葉。「元気でおりますので、一御休心ください」

た-じ【多事】〔名・形動〕❶仕事や用事などが多く、忙しいこと。また、そのさま。「一な生活」「一多端」❷事件や災難などが多く、世間の騒がしいこと。また、そのさま。「一多難」「口に云い尽せない一な一年の月日が横たわっているのを」〈宮本・伸子〉(類語)多忙・多用・多端・繁忙・繁多・繁用

た-じ【多時】多くの時間。長い間。「茫然たる事一」〈漱石・草枕〉

だし【山-車｜花=車】祭礼のとき、引いて練り歩く屋台。人形や花などを飾りつける。やま。ほこ。だんじり。(季 夏)(類語)檀尻・山鉾・屋台・練り物

だし【出し】❶ものを出すこと。出したもの。❷(「出汁」とも書く)鰹節・昆布などを煮出して作る、うまみのある汁。出し汁。また、その材料となる鰹節・昆布・煮干しなど。「一を入れる」「一をとる」❸何かの目的を達するための手段・方便にするもの。「友人の栄転を一に一杯やる」❹幟などの頭につける飾りもの。❺兜や人形の頭につける厚紙の飾りもの。❻「出し風」に同じ。❼出城のこと。城の出丸。〈日葡〉

出しに◦する 自分の利益のために利用する。だしに使う。「家人の看病を一◦して休暇をとる」

出しに使・う 「出しにする」に同じ。「子供を一・う」

だし-あい【出し合い】互いに自分の金や物を出すこと。

だし-あ・う【出し合う】〔動ワ五(ハ四)〕互いに自分の持っているものを出す。「資金を一・って事業を始める」

タシーラク〖Tasiilaq〗デンマーク領グリーンランド南東部の町。旧称アンマサリク。セルミリクフィヨルドとイカサルティバク海峡により、本島と隔てられたアンマサリク島にある。19世紀末にデンマーク人により交易拠点が設けられ、同島東岸で最も大きい町になった。

だし-いれ【出し入れ】〔名〕スル 出すことと入れること。出したり入れたりすること。「一自由の口座」「食器を一する」(類語)出入り・出入り・出入

だし-おき【出し置き】手もとに出して置くこと。出したままにしておくこと。また、そのもの。「一の漬け物」

だし-おくれ【出し遅れ】だしおくれること。また、言いそびれること。「案内状の一」

だし-おく・れる【出し遅れる】〔動ラ下一〕図だしおく・る〔ラ下二〕❶出す機会をのがす。「年賀状を一・れる」❷きりだすのがおくれる。言いそびれる。「一・れてゐる中に吉田方より申し出して」〈浮・一代男・六〉

だし-おしみ【出し惜しみ】〔名〕スル 出し惜しむこと。「会費を一する」

だし-おし・む【出し惜しむ】〔動マ五(四)〕金銭や物品などを惜しんで、なかなか出さないでいる。出ししぶる。けちけちする。「寄付金を一・む」

たしか【確か｜×慥か】㊀〔形動〕図〔ナリ〕❶危なげなく、しっかりしているさま。「基礎が一だ」「一な足どり」❷信頼できるさま。安心できるさま。また、確実であるさま。「腕前は一だ」「一な情報」「明日こそ一に払います」❸働き・能力が正常であるさま。「記憶力は一だ」「おい、気は一か」❹正確であるさま。「一な数はつかんでいない」(派生)たしかさ〔名〕㊁〔副〕かなり信頼できると判断・推察するときに用いる語。まず、まちがいなく。「一割引で買えるはずだ」

(類語)(㊀❶❷)確実・堅実（連体修飾語として）確固たる・確然たる・確たる・確とした・しっかりした/(❹)正確・精確・確実・明確・定か・明らか

だし-かぜ【出し風】《船出をするのによい風の意》陸地から沖へ吹く強い風。出し。

たしか・む【確かむ｜×慥かむ】〔動マ下二〕「たしかめる」の文語形。

たしか・める【確かめる｜×慥かめる】〔動マ下一〕図たしか・む〔マ下二〕調べたり人に聞いたりして、あいまいな物事をはっきりさせる。確認する。「真相を一・める」「点呼をして人数を一・める」

(類語)確認する・見定める・見極める・突き止める

だし-がら【出し殻】❶出し汁や煎じ薬を煮出したあとのかす。❷茶を入れたあとのかす。茶がら。

たしからし・い【確からしい】〔形〕信頼できるさま。確実である可能性が高いさま。「一・い事例」

たしからし-さ【確からしさ】数学で、確率のこと。

たじかん-りろん【多時間理論】量子力学と特殊相対性理論を結びつける際、空間と時間を同等に扱うために、粒子がそれぞれ固有の時間をもつとする理論。英国の物理学者P=A=M=ディラックが提唱。昭和18年(1943)、朝永振一郎は多時間理論を拡張して、空間の各点についてそれぞれ固有の時間を対応させた超多時間理論を発表した。

た-しき【多識】〔名・形動〕多くの物事を知っていること。博識。「博学で一な(の)人」

た-しぎ【田×鷸】シギ科の鳥。全長27センチくらい、茶褐色で斑紋があり、くちばしはまっすぐで長い。日本では旅鳥か冬鳥で、水田や湿地・河原などでみられる。(季 秋)

たしき-うん【多色×暈】黒雲母・角閃石などが、ジルコンなどの放射性鉱物を含んでいるとき、その周りにできる球状の多色性の強い変色帯。多色性ハロー。たしょくうん。

タジキスタン〖Tadzhikistan〗中央アジアの共和国。アフガニスタン・中国と国境を接する。首都ドゥシ

ャンベ。1991年ソ連邦解体に伴い独立。住民はタジク人・ウズベク人が多い。綿・絹織物を産する。旧称タジク。人口749万(2010)。

たしき‐せい【多色性】偏光顕微鏡で白色偏光を通して見た鉱物の色が、偏光の振動方向により異なる現象。たしょくせい。

たしきせい‐ハロー【多色性ハロー】多色暈たしょくうん。

だし‐きって【出し切手】江戸時代、大坂にある諸藩の蔵屋敷が発行した保管証券。これと引き換えに米や貨物が蔵出しされた。

だし‐ぎぬ【出▽衣】「いだしぎぬ」に同じ。「下簾したすだれより―出して」〈太平記・二〉

だし‐き・る【出し切る】〘動ラ五(四)〙全部出してしまう。出しつくす。「力を―・る」

タジク〘Tadzhik〙タジキスタンの旧称。

たしけ・し【確けし】〘形ク〙たしかであるさま。「良き事を始めたまひて金くがねかも―・くあらむと思ほして」〈万・四〇九四〉

だし‐げた【出し桁】建物の軒先などの、出し梁ばり・腕木などの先に載せて前方に出した桁。

たじげん‐データぶんせき【多次元データ分析】▶オンライン分析処理

タシケント〘Tashkent〙ウズベキスタン共和国の首都。中央アジア最大の工業都市。古来、交通の要衝。人口、行政区214万(2001)。

たじげん‐ぶんせきしょり【多次元分析処理】▶オンライン分析処理

だし‐こ【出し子】❶だし汁を取るための干した雑魚ざこ。煮干し。❷振り込め詐欺などの犯罪に利用された預金口座から現金を引き出す役をいう隠語。➡掛け子 ➡受け子

だ‐じごく【堕地獄】ダゴク「堕獄だごく」に同じ。「あらゆる日常の瑣事の中に―の苦痛を感じなければならぬ」〈芥川・侏儒の言葉〉

だし‐こんぶ【出し昆布】出し汁をとるのに用いる昆布。だしこぶ。

たし‐さいさい【多士済済】〘名・形動〙▶たしせいせい(多士済済)

たし‐ざん【足し算】ある数に他の数を足して合計を求める計算。加法。寄せ算。加え算。⇔引き算。

だし‐しぶ・る【出し渋る】〘動ラ五(四)〙ためらって、気持ちよく出そうとしないでいる。金品などを出し惜しむ。「参加費を―・る」

だし‐じゃこ【出し雑=魚】煮物・味噌汁などの出しに使う小ざかなの干物。煮干し。いりこ。

だし‐じる【出し汁】かつお節などの削り節や昆布・煮干しなどを煮出した汁。汁物・煮物などの味をよくするために用いる。煮出し汁。だし。

タシスム〘フランス tachisme〙《tache(斑まだら)から》キャンバスに絵の具を垂らした色斑しきはんで表現する絵画の技法。➡ドリッピング

たし‐せいせい【多士▽済▽済】〘名・形動〙《「詩経」大雅・文王の「済済たる多士、文王以て寧やすんず」から》すぐれた人材が多く集まっていること。また、そのさま。たしさいさい。「―な(の)顔ぶれ」

たしせんたく‐ほう【多肢選択法】ハフ ▶マルチプルチョイス

たし‐だか【足し高】江戸幕府の職俸制の一。家禄以上の役高の職についた場合、その在職中に限って、家禄と役高との差額を職務手当として加俸するもの。人材登用のため8代将軍徳川吉宗が設けた制度。

たじ‐たじ たぢたぢ〘副〙❶困難に直面したり、相手の力に圧倒されたりしてひるむさま。「鋭い質問に―となる」❷足もとがおぼつかないさま。よろよろ。「突かれて孝助―と石へ躓つまずき」〈円朝・怪談牡丹灯籠〉

たしだし‐に〘副〙《「たしに」の「たし」を重ねて強めた語》確実に。十分に。しっかりと。「笹葉に打つや霰あられの―率ゐ寝てむ後は」〈記・下・歌謡〉

だし‐ちゃ【出し茶】煎じ出して飲む茶。煎じ茶。

た‐しつ【多湿】〘名・形動〙湿気が多いこと。湿度が高いこと。また、そのさま。「高温―な(の)土地」
類語 高湿・湿潤・陰湿

た‐じつ【他日】❶将来における不定の日をさす語。いつか別の日。後日。「―を期する」❷以前の日。過ぎ去った日。類語 何時か・後日・近日・またの日

だしっ‐ぱなし【出しっ放し】出してそのままにしておくこと。物を出したままであとの始末をしないこと。「水を―にする」「干し物を―にする」

たしな・い【足し無い】〘形〙文たしな・し〘ク〙❶不十分である。足りない。乏しい。「二人は又押し黙って闇の中で―・い食物を貪り喰った」〈有島・カインの末裔〉❷苦しい。つらい。「恵めぐみを施して困しく―・きを振すくふ」〈仁徳紀〉

だし‐なげ【出し投げ】相撲で、相手のまわしを取り、一方の足を大きく後方に引きながら半身に開き、相手をはわせるように投げる技。上手うわて出し投げと下手したて出し投げとがある。

たじ‐な・し【他事無し】〘形ク〙❶一つのことに専念して他のことを顧みない。余念がない。「ただ囲碁ごを打つほかは、―・し」〈宇治拾遺・一二〉❷気遣いがいらない。うちとけている。「この五人は我らが仲間―・う話し明かす仲」〈浄・博多小女郎〉

たしなみ【×窘み】くるしむこと。くるしみ。困窮。「黎元おおみたからの―を救ひたまひき」〈推古紀〉

たしなみ【×嗜み】❶このみ。また、趣味や余技。❷芸事などに関する心得。このみ。「多少は英語の―もある」❸つつしみ。節度。「―を忘れる」❹ふだんの心がけ。用意。「紳士の―」類語 素養・心得

たしなみ‐ごころ【×嗜み心】たしなむ心。つつしみの心。「大夫に気をのまれて、我と身に―のできて」〈浮・一代女・一〉

たしな・む【×窘む】㊀〘動マ四〙苦しむ。なやむ。辛苦する。「行きてさまよひ、居てなげき、昼も夜も―・みて」〈出雲国風土記〉㊁〘動マ下二〙「たしなめる」の文語形。

たしな・む【×嗜む】〘動マ五(四)〙❶このんで親しむ。愛好する。「酒を―・む」❷このんでそのことに励んでいる。芸事などの心得がある。「謡曲を―・む」❸つつしむ。気をつける。用心する。「少しは行いを―・みなさい」❹前もって用意しておく。心掛ける。「自然、鬢びんを剃らうと思うて、某それがしは剃刀かみそりを―・うだ」〈続狂言記・六人僧〉❺見苦しくないように整える。「下女までも、堪忍なる程に―・みける」〈浮・好色盛衰記・四〉類語 好む・好く・楽しむ・親しむ・愛好する

たしな・める【×窘める】〘動マ下一〙文たしな・む〘マ下二〙❶よくない点に対して注意を与える。いましめる。「不作法を―・める」❷苦しめる。なやます。「外国人を追払わんとし、却て其夷狄いてきに―・めらるる」〈福沢・学問のすゝめ〉
類語 戒める・諫いさめる・咎とがめる・叱る・諭す

たし‐に〘副〙しっかりと。十分に。たしかに。「―は率ゐ寝ず」〈記・下・歌謡〉

だし‐ぬ・く【出し抜く】〘動カ五(四)〙他人のすきに乗じたり、あざむいたりして、自分が先に事をなす。「他紙を―・くスクープ」

だし‐ぬけ【出し抜け】〘名・形動〙❶予期しないことが起こること。また、そのさま。いきなり。唐突。突然。「―に声をかけられる」❷だしぬくこと。「おれを―にしてみんな出たな」〈滑・浮世風呂・二〉
類語 急・にわか・突然・急遽きゅうきょ・唐突・短兵急・突如・いきなり・やにわに・不意に・ふと

だし‐ばり【出し×梁】小屋組みで、小屋梁に続いて軒桁のきげたの位置より先へ長く差し出した梁。

た‐しぶ【田渋】田の水あか。

たし・ぶ【×嗜ぶ】〘動バ四〙「嗜たしなむ」に同じ。〈名義抄〉

だし‐ふづくえ【出し▽文机】▶出いだし文机ふづくえ

だし‐べい【出し塀】射撃や物見の便宜のために、また下から登りにくくするために、城郭の塀の一部を外へ突き出すように築いたもの。

たじま【但馬】たぢま 旧国名の一。山陰道に属し、今の兵庫県の北部にあたる。但州たんしゅう。

たじま‐うし【▽但馬牛】たぢま 但馬地方で古くから役肉兼用として飼養されてきた和牛。現在では、兵庫県が管理する種雄牛のみを交配に用い、同県内で生まれ、育成された黒毛和牛をいう。筋線維が細かく、上質の霜降り肉を産し、神戸ビーフ・松阪牛・近江牛などの銘柄牛の素牛もとうしとなっている。➡たじまぎゅう

たし‐まえ【足し前】マヘ 不足を補うこと。また、そのために必要な分量や金額。「費用の―を出す」

だし‐まえ【出し前】マヘ 費用を分担するときの、その人の負担すべき費用。

だし‐まき【出し巻(き)】「出し巻き卵」の略。

だしまき‐たまご【出し巻(き)卵】鶏卵をかきまぜたものにだし汁を加え、鍋に薄く広げて巻き取るように焼いた料理。だしまき。

たじま‐ぎゅう【▽但馬牛】たぢま 兵庫県内で繁殖・肥育・出荷された但馬牛たじまうしの肉で一定の基準に適合したもの。銘柄牛肉の一。但馬ビーフ。補説 但馬牛たじまぎゅうの中でさらに一定の品質基準を満たすものが神戸ビーフとして認定される。

たじま‐じんじゃ【田島神社】佐賀県唐津市にある神社。祭神は田霧姫命たぎりひめのみことほか。

たじまもり【田道間守】たぢまもり 古代の伝説上の人物。新羅しらぎ王子天日矛あめのひぼこの子孫。記紀によれば、第11代垂仁天皇の勅により、常世とこよの国から非時香菓ときじくのかくのこのみ(橘)を10年かけて持ち帰ったが、すでに天皇は亡くなっていたので、悲嘆して陵の前で殉死したと伝えられる。三宅連みやけのむらじの祖。

たじみ【多治見】たぢみ 岐阜県南部の市。美濃焼の名で知られる陶磁器の生産地。平成18年(2006)1月、笠原町を編入。人口11.3万(2010)。

たじみ‐くになが【多治見国長】たぢみ [1289〜1324] 鎌倉後期の武士。美濃多治見の人。土岐氏一族。通称、四郎次郎。後醍醐天皇の命で土岐頼兼とともに討幕の計に加わったが発覚し、六波羅軍に襲われて戦死。

たじみ‐し【多治見市】たぢみ ▶多治見

たしみ‐だけ【た▽繁み竹】生い茂っている竹。「本には、い組竹生ひ、末すゑへには―生ひ」〈記・下・歌謡〉

たじみ‐やき【多治見焼】たぢみ ▶美濃焼みのやき

たし・む【×嗜む】〘動マ五(四)〙このむ。すく。たしなむ。たしぶ。「御米は又酸いものを―・む人となった」〈漱石・門〉

だし‐もの【出し物】❶(「演し物」とも書く)演劇・演芸などで上演する作品や種目。演目。❷その演者の最も得意とする演目。❸料理屋などの、客に出す飲食物。「帳場でも間違えれば―も後れる」〈二葉亭・浮雲〉

た‐しゃ【他社】ほかの会社。「同業―」⇔自社。

た‐しゃ【他者】❶自分以外のほかのもの。他人。❷哲学で、あるものに対する他のもの(他のあるもの)。自己に対してある何かあるもの。⇔自己。
類語 他人・第三者・よそ者

た‐しゃ【多謝】〘名〙スル ❶厚く礼を述べること。「多年の御厚誼に―する」❷深くおわびすること。書簡文などで多く用いる。「妄言もうげん―」
類語 万謝・深謝・陳謝

だ‐しゃ【打者】野球で、相手投手の投球を打つ人。バッター。

たしゃうんてんきけんたんぽ‐とくやく【他車運転危険担保特約】自動車保険における特約の一。他人の自動車を運転中に事故を起こした場合、自動車の所有者の保険を使わずに、自分が加入している保険から優先して補償するもの。他車運転特約。

たしゃうんてん‐とくやく【他車運転特約】▶他車運転危険担保特約

たし‐やか【確やか】〘形動ナリ〙確かであるさま。しっかりしているさま。「諸事御頼みましませと、さも―には云ひけれど」〈浄・藍染川〉

た‐しゃく【他借】他人から金品などを借り受けること。「金がなくて―いたす位さ」〈滑・虚誕計・前〉

だ‐じゃく【惰弱|×懦弱】〘名・形動〙❶気持ちに張りがなく、だらけていること。意気地のないこと。また、そのさま。柔弱。「不勉強で―な学生」❷勢力や体力などが弱いこと。また、そのさま。「―なチームを特訓する」類語 柔弱・軟弱・虚弱・ひよわ・薄弱・脆弱ぜいじゃく

だし-やぐら【出し矢倉｜出し×櫓】❶城郭の外に張り出して造られたやぐら。❷肩にかついで移動できる簡単なやぐら。かきやぐら。❸和船の舳先(へさき)や艫(とも)に突き出して造られたやぐら。出し屋根。

だ-じゃれ【駄×洒▽落】へたなしゃれ。くだらないしゃれ。「―を飛ばす」(類語)地口・語呂合わせ・洒落(しゃれ)・軽口・冗談・ジョーク・ギャグ・親父ギャグ

た-しゅ【多種】たくさんの種類。また、種類の多いこと。(類語)種種・各種・諸種・多様・多彩・数数・いろいろ・さまざま・いろんな・とりどり

た-しゅ【多趣】おもしろみや、味わいの多いこと。趣味豊かなこと。

だ-しゅ【×舵手】❶船のかじをとる人。かじとり。❷ボートレースのコックス。

た-しゅう【他宗】ほかの宗教・宗派・宗旨。

た-しゅう【多衆】多くの人。おおぜい。大衆。

た-じゅう【多重】ﾀﾞﾁﾞｭｳ いくつも重なること。また、いくつも重ねること。

たじゅうおんせい-ほうそう【多重音声放送】ﾀﾁﾞｭｳｵﾝｾｲﾊｳｿｳ ►音声多重放送

たじゅう-さいむ【多重債務】ﾀﾁﾞｭｳ 複数の消費者金融や信販会社などから借り入れること。特に、すでにある借金の返済のために別の業者からさらに借り入れ、借金が増え続ける状態のこと。経済不況による生活苦、無計画なカードローンの利用、違法業者からの借り入れなど、さまざまな要因がある。多重多額債務。➡クレサラ問題

たじゅうさいむ-しゃ【多重債務者】ﾀﾁﾞｭｳｻｲﾑｼｬ 複数の消費者金融などから金を借りている人。特に、多額の借り入れをしたために、返済困難な状態に陥っている人。➡多重債務 ➡クレサラ問題

たじゅう-しょり【多重処理】ﾀﾁﾞｭｳ コンピューターで、複数の単位の作業を並行して処理すること。中央処理装置を2台以上用いたり、1台で時間割方式によって行ったりする。

たじゅう-じんかく【多重人格】ﾀﾁﾞｭｳ 一人の人間の中に、相矛盾する複数の独立した人格が存在するようにみえる状態。人格が交代すると交代前の記憶がなくなることもある。(補説)この傾向のある人が、必ずしも「解離性同一性障害」と診断されるわけではない。➡解離性障害

たじゅう-せい【多重星】ﾀﾁﾞｭｳ 天球上で2個以上の恒星がきわめて接近して見えるもの。多くの場合、肉眼では一つに見える。二重星・三重星などとよぶ。

たじゅうたがく-さいむ【多重多額債務】ﾀﾁﾞｭｳﾀｶﾞｸ ►多重債務

たじゅう-つうしん【多重通信】ﾀﾁﾞｭｳ 電気信号に変換した情報を、一つの伝送路を使って同時に多数送る方式の通信。周波数帯域を分割したり、時間的に少しずつずらして伝送したりする方法で行う。

たじゅう-とう【多重塔】ﾀﾁﾞｭｳ 三重塔・五重塔のように、屋根が何層も重なっている塔。多層塔。

たじゅうは-でんそうろ【多重波伝送路】ﾀﾁﾞｭｳ ►マルチパス

たしゅうふかいさん-ざい【多衆不解散罪】騒乱罪にあたる行為をし、権限のある公務員から解散の命令を3回以上受けても解散しない罪。刑法第107条が禁じ、首謀者は3年以下の懲役または禁錮に、その他の者は10万円以下の罰金に処せられる。不解散罪。

たじゅう-プログラミング【多重プログラミング】ﾀﾁﾞｭｳ《multiprogramming》►マルチタスク

たじゅう-プロセッサー【多重プロセッサー】ﾀﾁﾞｭｳ ►マルチプロセッサー

たじゅう-ほうそう【多重放送】ﾀﾁﾞｭｳﾊｳｿｳ 一般にテレビ放送で、電波の使用周波数間の未使用周波数を利用して、音声や文字・図形の情報を提供する放送。

たじゅう-ろこう【多重露光】ﾀﾁﾞｭｳﾛｸﾜｳ 写真撮影時にフィルム1こまに2回またはそれ以上露光する写真技法。また、同じ印画紙に二つ以上のネガの焼き付けを行う技法。

たしゅ-せんゆう【他主占有】ﾀｼｭｾﾝｲｳ 所有の意思をもたない占有。賃借人・質権者などの占有がこれにあたる。⇔自主占有。

たしゅ-たよう【多種多様】ﾀｼｭﾀﾔｳ〔名・形動〕種類が多く、さまざまであること。また、そのようなさま。「人の趣味は―だ」「―な職業」

た-しゅつ【他出】〔名〕ｽﾙ 外へ出かけること。自分の家を出てよそへ行くこと。外出。「大病を患ってから―することはまれになった」

た-しゅみ【多趣味】〔名・形動〕多方面に趣味をもっていること。また、そのさま。「―な(の)人」

だ-じゅん【打順】野球で、打者が打席に入る順番。バッティングオーダー。

た-しょ【他所｜他処】❶ほかの場所。別の土地。よそ。「―に移り住む」「―者」❷ほかの場所へ移ること。「それさへ―せられなば、まいていかにいかに」〈栄花・衣の珠〉

た-しょ【他書】ほかの書物。「―にない特色」

た-しょう【他生】ﾀｼｬｳ ❶仏語。今生(こんじょう)からみて、前世(ぜんせ)と来世(らいせ)。❷そのものの力ではなく、他の原因によってあるものを生じること。(類語)二世(にせ)・三世・三界

他生の縁(えん) 「多生の縁」に同じ。

た-しょう【他称】人称の一。三人称。

た-しょう【多少】ﾀｾｳ ㊀〔名〕❶数量の多いことと少ないこと。多いか少ないかの程度。「―にかかわらず、ご注文に応じます」❷《「少」は助字》多いこと。たくさん。「人の家に―の男子を生ぜるは此れを以て家の栄えとす」〈今昔・一・一九〉㊁〔副〕数量のあまり多くないさま。程度のあまり大きくないさま。いくらか。少し。「―難点がある」「―遅れるかもしれない」

(用法)多少・若干――「その意見に対しては多少(若干)疑問がある」「原案に多少(若干)手を加えた」など、数量・程度が少なく、はっきり示せない場合には、相通じて用いられる。◇「多少のばらつきがあってもかまわない」「朝晩は多少冷えるでしょう」「病状も多少落ち着いた」のように、大目に見たり全体からすればほんの少しという気持ちで言う場合は、「多少」のほうがふさわしい。「若干」は文語的で語感が硬い。「募集人数は若干名」「若干の問題を話し合う」などでは、「若干」だけが用いられる。

(類語)㊀(❶)多寡・大小・高低・軽重/㊁少し・いくらか・幾分・若干・多かれ少なかれ

多少とも いくらかでも。少しでも。幾分かは。「―お役に立てば幸いです」

た-しょう【多生】ﾀｼｬｳ 仏語。❶何度も生まれ変わってくること。❷多くのものを生かすこと。「一殺―」

多生の縁(えん) この世に生まれ出るまで、何度も生死を繰り返している間に結ばれた因縁。前世で結ばれた縁。「袖振り合うも―」(補説)「他生の縁」とも書く。

た-しょう【多祥】ﾀｼｬｳ 幸いの多いこと。多く、手紙文に用いる。多幸。多福。「御―を祈ります」

(類語)多幸・多福・万福(ばんぷく)

た-しょう【多照】ﾀｾｳ 日の照る時間が多いこと。

た-しよう【多子葉】ﾀｼｴﾌ 子葉が3枚以上になる現象。松・モミなどにみられる。

た-じょう【多情】ﾀｼﾞｬｳ〔名・形動〕❶情が深くて、感じやすいこと。また、そのさま。「―な青年期」「―多感」❷異性に対する心が移りやすいこと。また、そのさま。移り気。「―な人」(類語)(❶)多感・敏感・繊細/(❷)浮気・移り気・飽き性・気移り

だじょう-いっぺん【▽打成一片】ﾀﾞｼﾞｬｳ ❶禅宗で、一切の執着を捨てて座禅に専念し、対象と心とが平等一体になること。❷他を顧みず、一つのことをつきつめていくこと。一心不乱。「倩(つらつら)が―にて主君の謀叛を止めたらば」〈浄・河内国姥火〉

だじょう-かん【▽太政官】ﾀﾞｼﾞｬｳｸﾜﾝ ❶明治維新政府の最高官庁。慶応4年(1868)閏4月の政体書により議政官以下七官を置き太政官と総称、翌年の官制改革で民部以下六省を管轄。明治18年(1885)内閣制度の発足に伴い廃止。❷►だいじょうかん(太政官)❶

だじょうかん-さつ【▽太政官札】ﾀﾞｼﾞｬｳｸﾜﾝ 明治政府の発行した最初の紙幣。慶応4年(1868)5月発行されたが、不換紙幣に国民が慣れないため、流通は困難をきわめた。

だじょうかん-ちょう【▽太政官×牒】ﾀﾞｼﾞｬｳｸﾜﾝﾃﾌ ►だいじょうかんちょう(太政官牒)

だじょうかん-にっし【▽太政官日誌】ﾀﾞｼﾞｬｳｸﾜﾝ 慶応4年(1868)2月から明治10年(1877)1月まで発行された明治政府の機関紙。

だじょうかん-ぷ【▽太政官符】ﾀﾞｼﾞｬｳｸﾜﾝ ►だいじょうかんぷ(太政官符)

だじょうかん-ふこく【▽太政官布告】ﾀﾞｼﾞｬｳｸﾜﾝ 明治初年、太政官が公布した法令の形式。明治19年(1886)公文式の制定により廃止。

たしょう-ごう【多生×劫】ﾀｼｬｳｺﾞﾌ「多生曠劫(たしょうこうごう)」に同じ。

だじょう-こう【▽太上皇】ﾀﾞｼﾞｬｳｸﾜｳ「太上天皇(だいじょうてんのう)」に同じ。

たしょう-こうごう【多生×曠×劫】ﾀｼｬｳｸﾜｳｺﾞﾌ 仏語。何度も生まれ変わり死に変わりする久遠(くおん)の時間。

だじょう-だいじん【▽太政大臣】ﾀﾞｼﾞｬｳ ❶►だいじょうだいじん(太政大臣)❶❷❷明治新政府の職名。明治4年(1871)設置。太政官の長官で、国政を総轄し、陸・海軍を統帥した。同15年廃止。

たじょう-たかん【多情多感】ﾀｼﾞｬｳ〔形動〕図〔ナリ〕感情が豊かで感受性の鋭いさま。「―な少年時代」

たじょう-たこん【多情多恨】ﾀｼﾞｬｳ〔名・形動〕感じやすいために、うらんだり悔やんだりする気持ちの多いこと。また、そのさま。「芸術家は本来―だから」〈漱石・吾輩は猫である〉◆書名別項。

たじょうたこん【多情多恨】ﾀｼﾞｬｳﾀｺﾝ 尾崎紅葉の小説。明治29年(1896)発表。亡妻に対する主人公鷲見柳之助(すみりゅうのすけ)の愛情の微妙な推移を、言文一致の文体で描く。

だじょう-てんのう【▽太上天皇】ﾀﾞｼﾞｬｳﾃﾝﾜｳ ►だいじょうてんのう(太上天皇)

だじょう-にゅうどう【▽太政入道】ﾀﾞｼﾞｬｳﾆﾌﾀﾞｳ ►だいじょうにゅうどう(太政入道)

たじょう-ぶっしん【多情仏心】ﾀｼﾞｬｳ 感じやすく移り気であるが、人情にあつい性質。◆書名別項。

たじょうぶっしん【多情仏心】ﾀｼﾞｬｳﾌﾞｯｼﾝ 里見弴(さとみとん)の小説。大正11〜12年(1922〜23)発表。主人公藤代信之の女性遍歴を通して人間の真心を描く。

だじょう-ほうおう【▽太上法皇】ﾀﾞｼﾞｬｳﾎﾌﾜｳ ►だいじょうほうおう(太上法皇)

た-しょく【他色】鉱物が、その中に含まれる不純物などによって呈する色。水晶が黒や紫色になるなど。仮色(かしょく)。➡自色(じしょく)

た-しょく【多色】たくさんの色。さまざまな色。

た-しょく【多食】〔名〕ｽﾙ いつもより、またはほかの人よりたくさん食べること。「生野菜を―する」

たしょく-ずり【多色刷(り)】1色刷り・2色刷りに対して、3色以上の色を使って印刷したもの。

たしょく-せい【多色性】►たしきせい(多色性)

たしょばらい-てがた【他所払い手形】ﾀｼｮﾊﾞﾗﾋ 取引先から取り立てを依頼された手形のうち、支払場所である銀行の所在地が交換可能地域外にあるため、自店が加盟している手形交換所では交換できないもの。⇔当所払い手形。

たしらか【×甕】水を入れる土製素焼きのうつわ。大嘗会(だいじょうえ)のときなどに天皇の手水(ちょうず)の水を入れる。

た-しろ【田代】田地。田。水田。

たしろ-いも【田代芋｜田代×薯】タシロイモ科の単子葉植物の総称。熱帯に分布。大形の地下塊茎は多量のでんぷんを含み、精製して食料とする。

たじろが・す〔動サ五(四)〕しりごみさせる。動揺させる。「視線を―・さずじっと見詰める」

たじろぎ《古くは「たじろき」》❶たじろぐこと。気おくれすること。「少々のことでは―もしない」❷うまく進行できないでぐずぐずすること。ためらうこと。逡巡(しゅんじゅん)。「さやうならむ―に、絶えぬべきわざなり」〈源・帚木〉

たじろ・ぐ〔動ガ五(四)〕《古くは「たじろく」》❶相手の勢いに圧倒されて、ひるむ。しりごみする。「捨て身の攻勢に―・ぐ」❷ひけをとる。劣る。「文(ふみ)の道は、

少し—・くとも〈宇津保・俊蔭〉
[類語]しりごむ・ひるむ・ためらう・おじける・たじたじ

たしろ-さんき【田代三喜】[1465～1537]室町末期の医師。武蔵の人。号は範翁・廻翁など。後世方(ごせいほう)医学の祖。明(みん)に渡って医学を学び、帰国後は鎌倉、足利、古河と移って医療に従事。弟子に曲直瀬(まなせ)道三がいる。

たしろ-じま【田代島】宮城県東部、牡鹿(おしか)半島西岸沖にある島。石巻市に属する。周囲12キロメートル、面積3平方キロメートル。リアス式海岸が多く風光明媚。南三陸金華山国定公園に属する。

たしろ-しょうい【田代松意】江戸前期の俳人。別号、談林軒など。西山宗因の門人。江戸で「談林十百韻(とっぴゃくいん)」を編む。編著「談林軒端(のきば)の独活(うど)」「功用群鑑」など。生没年未詳。

たしろ-やま【田代山】栃木県日光市と福島県南会津郡南会津町にまたがる山。帝釈(たいしゃく)山脈の中央に位置する。標高1971メートル。テーブル状に広がる頂上に湿原が見られる。平成19年(2007)8月、尾瀬国立公園の一部として会津駒ヶ岳・帝釈山とともに新たに国立公園に指定された。

だし-わり【出し割(り)】醤油・酢などをだし汁で薄めたもの。あえ物・つけ汁にする。

た-しん【他心】他人の心。また、二心(ふたごころ)。他意。

タジン〖tajine〗北アフリカ地域で使用される土鍋。また、それを使った肉や野菜などの蒸し料理。平たい鍋に円錐(えんすい)形の蓋(ふた)がついており、内部の蒸気が蓋の内側について冷やされ、鍋の中に戻る仕組みになっている。タジン鍋。

だ-しん【打診】〔名〕(スル)❶医者が患者の胸や背などを指先や打診器でたたき、その音で診察すること。❷相手の意向を確かめるために、前もってようすをみること。「各人の意向を—する」

だ-しん【打×鍼】鍼(はり)の頭部を円形の小槌(こづち)で打ち、患部を刺激する方法。

だ-じん【打陣】(ヂン)野球で、打者の顔ぶれ。打撃陣。

だしん-き【打診器】打診に用いる医療器具。打診槌(つい)など。

たしん-きょう【多神教】(ケウ)多数の神々を信じ礼拝する宗教。それぞれの神が固有の活動領域をもつ。古代ギリシャ・ローマの宗教など。⇒一神教

たじん-せんばん【多刃旋盤】2台ある刃物台に数個の削り刃を取り付け、同時に何種類かの切削を行う旋盤。

タジン-なべ【タジン鍋】▶タジン

だしん-ぶっこう【蛇心仏口】▶じゃしんぶっこう(蛇心仏口)

タス〖TASS〗▶イタル-タス

た・す【足す】〔動サ五(四)〕❶㋐付け加える。また、増し加えて一定の線に満たす。不足する分を補う。「言葉を—・す」「味つけにみりんを—・す」㋑足し算をする。「三日分の売り上げを—・す」❷(「用をたす」の形で)必要なことをすます。用足しをする。「ついでに私用を—・す」[可能]たせる
[類語]加える・添える・補う・付け足す・付け加える

たず【▽鶴|田▽鶴】(たづ)ツルの別名。歌語として用いられる。「若の浦に潮満ち来れば潟をなみ葦辺をさして—鳴き渡る」〈万・九一九〉

だ・す【出す】〔動サ五(四)〕《「いだす」から変化した語》❶自分の範囲内のものを外の方へ動かす。㋐ある所の中から外部へ移す。「小鳥をかごから—・す」㋑ある場所からほかの方へ進み行くようにする。「舟を—・す」㋒ある場所に行かせる。また、ある目的のために特定の場所に差し向ける。「使いに—・す」「競技大会に選手を—・す」㋓特定の場所に届ける。「小包を—・す」「願書を—・す」「見本市に—・す」❷㋐隠れているもの、しまってあるものなどをおもてに現す。人目に触れるようにする。「二の腕を—・す」「ぼろを—・す」㋑蓄えてある力などを外に示す。「実力を—・す」㋒おもてだったところに発表する。掲示や掲載して公表する。また、書物を出版する。「新聞に謝罪文を—・す」「名前を—・す」「全集を—・す」㋓食してもらうために、飲食物を人前に用意する。供する。「酒を—・してもてなす」㋔店を構えて営業を始める。「支店を—・す」㋕声や顔つきなどに表す。「大声を—・す」「喜びを顔に—・す」❸新たに存在させる。㋐新しく発生させる。生じさせる。「芽を—・す」「ぼやを—・す」㋑味・味わいを生じさせる。「うまみを—・す」「つやを—・す」㋒水分などを外へ放出させる。「汗を—・す」「膿(うみ)を—・す」㋓新しい事物をつくる。生む。「この県は首相を二人—・している」㋔産出する。「良質の鉱石を—・す地帯」㋕勢いなどをさらに加える。いっそう増す。「スピードを—・す」㋖ある事態・結果をもたらす。「死傷者を—・す」「結論を—・す」❹(動詞の連用形に付いて)㋐そうすることによって外や表面に現れるようにする意を表す。「しぼり—・す」「見つけ—・す」㋑その動作を始める意を表す。「降り—・す」「笑い—・す」[可能]だせる
[…句]顎(あご)を出す・足を出す・居候三杯目にはそっと出し・噯(おくび)にも出さない・我を出す・顔を出す・楽屋から火を出す・陰で舌を出す・口に出す・口を出す・暗闇(くらやみ)の恥を明るみへ出す・地金を出す・舌を出す・尻尾(しっぽ)を出す・精を出す・だまを出す・駄目を出す・角を出す・手を出す・脳天から声を出す・暇を出す・藪(やぶ)をつついて蛇を出す
[類語]動かす・移す・送る・遣る・放つ・発する・現す・生む

出すことは舌を出すのも嫌い ひどく出し惜しみすること、非常にけちであることのたとえ。

た-すう【多数】❶人や物の数が多いこと。「—の参拝客」「—の書物」「市民が—参加する」⇔少数。❷大部分。大半。「出席者の—は若者が占める」
[類語]沢山・大勢・多勢・大人数・数数(かずかず)・数多(あまた)・無数・多量・大量

だ-すう【打数】野球で、打者が打撃を完了した数。打席数から四死球・犠打および打撃妨害・走塁妨害による出塁の数を引いた数で、打率算定の基礎となる。打撃数。アットバット。

たすう-いけん【多数意見】❶合議体の評決もしくは表決で多数を占めた意見。❷最高裁判所における裁判で裁判官の過半数を占める意見となり、判決とされた意見のこと。日本の裁判所では、最高裁においてのみ各裁判官の意見が表示され、下級裁判所では裁判官の個別意見は示されない。法廷意見。[補説]最高裁の判決文には、多数意見とは別に、各裁判官の個別意見を表示することができる。個別意見には、多数意見に賛成するが意見を補足する「補足意見」、多数意見の結論には賛成するが理由づけが異なる「意見」、多数意見と結論を異にする「反対意見」がある。

たすう-けつ【多数決】会議などで、賛成者の多い意見によって物事を決めること。また、その方式。

たすうだいひょう-せい【多数代表制】(タスウダイヘウ)❶多数の票を得た者を当選者とする選挙方法。絶対多数代表制と比較多数代表制とがある。❷ある選挙区の有権者の多数派に議席を独占させる選挙制度。小選挙区単記投票制・大選挙区完全連記投票制など。⇔少数代表制。

たすう-は【多数派】属する人数が多いほうの派。⇔少数派。

たずか-な・し【方=便無し】(たづかなし)〔形ク〕「たずきなし」に同じ。「—・き雲居にひとりねをぞ泣くつばさ並べし友を恋ひつつ」〈源・須磨〉

たず-が-ね【田▽鶴が音】(たづ)❶鶴の鳴き声。「—の悲しき夕(よひ)は」〈万・四三九九〉❷鶴のこと。「—の悲しく鳴けばはろばろに家を思ひ出」〈万・四三九八〉

たすか・る【助かる】〔動ラ五(四)〕❶死や危険な状態から免れる。「このけがでは—・るまい」「奇跡的に—・る」❷被害・災害などにあわなくてすむ。「物置が焼けただけで母屋は—・った」❸労力・費用・負担などが少なくてすむ。楽である。「手伝ってくれるので—・る」「物価が安くて—・る」

タスカロラ-かいえん【タスカロラ海淵】太平洋北西部、千島海溝の中央部にある深所。深さ8514メートル。1874年、米国のタスカロラ(Tuscarora)号が発見。

タスカン-ぼう【タスカン帽】《Tuscan hat》イタリアのトスカナ地方に産する麦稈真田(ばっかんさなだ)で作った上質の夏帽子。

たすき【×襷|手×繦】❶和服の袖やたもとがじゃまにならないようにたくし上げるためのひも。背中で斜め十文字に交差させ両肩にまわして結ぶ。❷一方の肩から他方の腰のあたりに斜めにかける、輪にした細長いひも。「次走者に—を渡す」❸ひもや線などを斜めに交差させること。また、そのような形や模様。❹漢字で、「戈」などの「ノ」の部分。❺古代、神事に奉仕するための物忌みのしるしとして肩にかけるひも。「白たへの—を掛けまそ鏡手に取り持ちて」〈万・九〇四〉[補説]「襷」は国字。

た-ずき【方=便|活=計】(たづき)《「手(た)付(つ)き」の意。「たつき」とも》❶生活の手段。生計。「此地に善き世渡の—あらば」〈鴎外・舞姫〉❷事をなすためのよりどころ。たより。よるべ。「言ふすべの—もなきは我が身なりけり」〈万・四〇七八〉❸ようす。状態。また、それを知る手がかり。「世の中の繁き仮廬(かりいほ)に住み住みて至らむ国の—知らずも」〈万・三八五〇〉

たすき-がけ【×襷掛(け)】❶たすきをかけること。また、その姿。❷ひもや縄などを斜めに交差させてかけること。❸子供の髪置(かみおき)の祝いに用いる麻苧(あさお)。❹▶襷反(たすきぞ)り

たすきがけ-じんじ【×襷掛(け)人事】合併した官庁・企業などが、幹部として、元の組織ごとにそれぞれの出身者を均等に就かせる人事。[補説]旧組織どうしの勢力を均衡させるために行う。例えば、当期は会長・専務は旧A社から、社長・常務は旧B社から選び、次期にはこれと逆の任用を行うなど。

たすき-ざん【×襷桟】たすきの形に斜めに交差させた桟。

たすき-ぞり【×襷反り】相撲のきまり手の一。相手の差し手のひじをつかみ、その腕の下をくぐるようにして腰を落とし、一方の手で相手の足を内側から取って自分の背後に落とす。つたえぞり。たすきがけ。

たずき-な・し【方=便無し】(たづきなし)〔形ク〕頼るものがない。よるべがない。また、方法がない。「この人の—・しと思ひたるを、もてなし助けつつ」〈源・夕顔〉

たすき-ぼし【×襷星】二十八宿の一、翼宿(よくしゅく)の和名。⇒翼(たすき)

タスク〖task〗❶課せられた仕事。職務。❷コンピューターで処理される仕事の単位。ふつう一つのアプリケーションソフトが行っている作業全体をさす。

たす・く【助く|▽扶く】〔動カ下二〕「たすける」の文語形。

タスク-バー〖task bar〗ウインドウズの操作画面における下端部分。アプリケーションソフトを起動するスタートボタンや、起動中のソフトウエアのファイル名、常駐ソフトのアイコンなどが表示される。

タスク-フォース〖task force〗❶機動部隊。❷特別な任務を遂行する部門・チーム。

タスク-ライト《和 task＋light》部屋全体の照明のほかに、作業する人にとって必要な明るさが届くように配慮された機能的な照明。

たすけ【助け|▽扶け】❶たすけること。また、その人。「—を呼ぶ」❷手助けしたり補ったりするもの。「友人の忠告が—になる」

たすけ-あい【助け合い】(あひ)助け合うこと。「歳末—運動」

たすけ-あ・う【助け合う】(ふ)〔動ワ五(ハ四)〕互いに力を貸し合う。「—・って危機を乗り切る」

たすけ-だ・す【助け出す】〔動サ五(四)〕危険や困難から逃れさせる。救出する。救い出す。「事故現場から負傷者を—・す」

たすけ-ぶね【助け船】❶水上での遭難を救助するために出す船。救助船。❷人が困っているときに助けるもの。助勢。「返答に詰まった友人に—を出す」

たす・ける【助ける|▽扶ける|▽援ける|▽佐ける】〔動カ下一〕図たす・く〔カ下二〕❶力を貸して、危険な状態から逃れさせる。救助する。「おぼれている子を

―・ける」「命を―・ける」❷経済的に困っている人などに金品を与えて苦しみ・負担を軽くする。救済する。「被災者を―・ける」❸（「佐ける・輔ける・佑ける」とも書く）不十分なところを補い、物事がうまく運ぶように手助けする。助力する。補佐する。「仕事を―・ける」「家業を―・ける」❹ある働きがより好ましい状態になるようにする。促進させる。促す。「成長を―・けるホルモン」「消化を―・ける」❺倒れたり傾きそうになるのを支える。「子どもに―・けられて駅の階段をのぼる」
類語（❶）救う・救い出す・救助する・救出する・救護する／（❷）救援する・救済する・救恤する・援護する・援助する・扶助する／（❸❹）助ける・手伝う・手助けする・助力する・幇助する・助勢する・加勢する・助太刀する・力添えする・協力する・援助する・応援する・支援する・後押しする・守り立てる・バックアップする・フォローする・力を貸す・手を貸す・肩を貸す・促進する・助長する・補助する・補佐する

タスコ〖Taxco〗メキシコ中部、ゲレロ州の都市。16世紀前半から金、銀を産し、1743年に銀の大鉱脈が発見されてから大きく発展した。鉱脈は枯れたが、植民地時代の街並みや名産の銀細工で知られ、多くの観光客が訪れる。

たずさ・う【携ふ】㊀〔動ハ四〕❶手を取り合う。連れ立つ。「我妹子と―・ひ行きてたぐひて居らむ」〈万・七二八〉❷ある物事に関係する。たずさわる。「東国武士は夫までも弓箭に―・ひて候へば」〈愚管抄・五〉㊁〔動ハ下二〕「たずさえる」の文語形。

たずさ・える【携える】〔動ア下一〕図たづさ・ふ〔ハ下二〕❶手にさげて、また、身につけて持つ。「手土産を―・えて訪問する」❷連れ立って行く。伴う。「家族を―・えて渡米する」❸（「手を携える」の形で）手を取り合う。また、協力する。「二人手を―・えて歩く」「互いに手を―・えて研究を進める」

たずさわ・る【携わる】〔動ラ五（四）〕❶ある物事に関係する。従事する。「学問に―・る」「農業に―・る」❷手を取り合う。連れ立つ。「よち子らと手―・りて遊びけむ」〈万・八〇四〉
類語かかわる・取り組む・タッチする

たずそう【携ふ】〔動ハ四〕►たずさう

ダスター〖duster〗❶ちりやほこりを払う道具。はたき・ぞうきんなど。❷「ダスターコート」の略。

ダスター-コート《和 duster＋coat》ほこりよけに着る軽いコート。ダストコート。

たずたず・し〔形シク〕《「たどたどし」の古形》はっきりしなくて不安である。おぼつかない。また、心細い。「夕闇は道―・し月待ちて」〈万・七〇九〉

ダスト〖dust〗❶ちり。ほこり。ごみ。❷空中に浮遊する細かいちりや結晶。「ダイヤモンド―」

ダスト-コア〖dust core〗►圧粉磁心

ダスト-シュート〖dust chute〗高層建築にある、ごみ落とし用の縦穴の設備。

ダスト-ボックス《和 dust＋box》ごみ箱。ごみを入れる容器。➡ダストボックス方式

ダストボックス-ほうしき【ダストボックス方式】収集日に関係なくいつでも家庭ごみを出せるように、地域内や集合住宅などで共有できる大形容器を設置する方式。補説昭和40年代ごろから自治体でも盛んに導入されたが、ごみの分別化などが進んだことから、平成22年（2010）東京都府中市での撤去を最後にすべての自治体で廃止。

たず・ぬ【訪ぬ】〔動ナ下二〕「たず（訪）ねる」の文語形。

たず・ぬ【尋ぬ】〔動ナ下二〕「たず（尋）ねる」の文語形。

たずね【尋ね】たずねること。「お―の件」「内儀みずから出て来ての―に」〈緑雨・油地獄〉

たずね-あぐ・む【尋ねあぐむ】〔動マ五（四）〕目的の場所を尋ねあてることができず、どうしたらよいか困る。「訪問先を―・んで引き返す」

たずね-あ・てる【尋ね当てる】〔動タ下一〕図たづねあ・つ〔タ下二〕あちこち探して目的のものを見つけ出す。「友人の転居先を―・てる」

たずね-あわ・せる【尋ね合（わ）せる】〔動サ下一〕図たづねあは・す〔サ下二〕あちこちに聞く。問い合わせる。「身元を―・せる」

たずね-い・ず【尋ね出づ】〔動ダ下二〕「たずねだす」に同じ。「いづくよりかかる子を―・でて」〈宇津保・俊蔭〉

たずね-い・る【尋ね入る】〔動ラ四〕さがしてある場所にはいり込む。「ある山里に―・ること侍りしに」〈徒然・一一〉

たずね-さた【尋ね沙汰】取り調べて処置すること。「一々に召し取って―つかまつるべし」〈平家・二〉

たずね-だ・す【尋ね出す】〔動サ五（四）〕あちこちさがし求めて見つける。「旧友の所在を―・す」

たずね-と・る【尋ね取る】〔動ラ四〕❶さがし出して手に入れる。見つけて引き取る。「紫の縁―・り給へりし折」〈源・若菜上〉❷探求して習得する。「跡のままに―・りたる昔の人は」〈源・若菜下〉

たずね-びと【尋ね人】行方がわからなくて捜されている人。

たずね-もの【尋ね物】さがしている品物。さがし物。

たずね-もの【尋ね者】行方を捜されている人。尋ね人。➡御尋ね者

たず・ねる【訪ねる】〔動ナ下一〕図たづ・ぬ〔ナ下二〕《「尋ねる」と同語源》会うためにその人のいる所に行く。ある目的があってわざわざその場所へ行く。訪問する。おとずれる。「旧友を―・ねる」「秘湯を―・ねる」「史跡を―・ねる」類語訪れる・訪問する・訪う・見舞う・伺う・お邪魔する・訪う

たず・ねる【尋ねる・×訊ねる】〔動ナ下一〕図たづ・ぬ〔ナ下二〕❶所在のわからないものなどをさがし求める。「家出した子を―・ねる」「生き別れの母を―・ねる」❷物事のおおもとなどを明らかにしようと調べたり考えたりする。「日本語の起源を―・ねる」「真理を―・ねる」❸わからないことを人に聞く。質問する。問う。「道を―・ねる」「安否を―・ねる」
類語問う・聞く・伺う・質す・質問する

たずね-わ・ぶ【尋ね×侘ぶ】〔動バ上二〕さがしあてることができないで気落ちする。さがしあぐねる。「武蔵野は袖ひつばかりわけしかど若紫は―・びにき」〈後撰・雑二〉

タスポ〖taspo〗社団法人日本たばこ協会が発行する、成人識別のためのICカード。自動販売機でタバコを購入する際に必要となる。プリペイド式の電子マネー機能を備える。未成年者の喫煙防止を目的として平成20年（2008）から全国で順次導入。補説「タバコ＋アクセス＋パスポート」からの造語。

タスマニア〖Tasmania〗オーストラリア大陸の南東にある島。オーストラリアの一州。州都ホバート。オランダ人タスマンが1642年に発見。面積6万7800平方キロメートル。南西部にある5つの国立公園を含む地域は、1982年に世界遺産（自然遺産）に登録された。その後、岩絵の残る洞窟などが89年に追加登録されたことから、複合遺産となった。

タスマニア-タイガー〖Tasmanian tiger〗►袋狼

タスマニア-デビル〖Tasmanian devil〗フクロネコ科の哺乳類。体長47～80センチ。黒色で体のわりに頭と口が大きい。タスマニア島だけに分布。ふくろあなぐま。ふくろぐま。

タスマン〖Abel Janszoon Tasman〗［1603～1659］オランダの探検家。東インド会社の船長で、タスマニア・ニュージーランド・フィジー島などを発見。

だ・する【堕する】〔動サ変〕図だ・す〔サ変〕物事がよくない状態に陥る。「生活が放縦に―・する」

ダズン〖dozen〗「ダース」に同じ。

た-せい【他姓】他人の姓。「―を冒す（＝名乗ル）」

た-ぜい【多勢】《古くは「たせい」》人数の多いこと。大勢。「―をたのんで掛け合いに行く」⇔無勢。
類語大勢・大人数・多数

多勢に無勢　相手が多人数なのに対して少人数なので、勝ち目がないこと。

だ-せい【打製】打ちつけてつくること。

だ-せい【惰性】❶これまでの習慣や勢い。❷►慣性

たせい-おんがく【多声音楽】►ポリフォニー

だせい-けい【惰性系】►慣性系

たせい-ざっしゅ【多性雑種】二対以上の異なる対立遺伝子をもつ両親間の雑種。

だせい-せっき【打製石器】打ち欠いたり剝いだりして仕上げた石器。日本では無土器時代から縄文時代・弥生時代に使用。➡磨製石器

たせかい-かいしゃく【多世界解釈】量子力学に基づいた世界観の一つ。コペンハーゲン解釈の世界観を粒子の観測者にまで拡大し、観測とは無関係に、世界すべてがあらゆる状態の重ね合わせであるとする解釈。

だ-せき【打席】野球で、バッターボックスのこと。また、そこに打者として立つこと。

だ-せき【唾石】唾液中の石灰分が固まってできた結石。顎下腺・舌下腺に多くできる。

だせき-すう【打席数】野球で、打者として打席に立った回数。➡打数

たせ-こ【田瀬湖】岩手県中部、花巻市東和町にある人造湖。猿ヶ石川上流に造られた田瀬ダムの周囲45キロメートルにおよぶ大貯水池。コイ・ヘラブナなど20種類の淡水魚が生息する。レジャー施設も多く、観光地となっている。

た-せつ【他説】ほかの説。他人の説。

だ-せつ【打設】〔名〕スル 建築の基礎となるコンクリートを、枠の中に流しこむこと。打ち込み。

た-ぜり【田×芹】❶セリの別名。❷タガラシの別名。

た-せん【他薦】〔名〕スル 他人が推薦すること。「後任に―される」⇔自薦。

た-せん【多選】選挙で、同じ人が何度も当選すること。「―市長に新顔が挑む」

だ-せん【打線】野球で、そのチームの打者の顔ぶれと、その力量。「―にむらがない」

だ-せん【唾腺】►唾液腺

た-そ【誰そ】〔連語〕《代名詞「た」＋助詞「そ」》❶だれだ。「―、この門たたくは」〈宇治拾遺・一〇〉❷目下の者に呼びかける語。だれか。だれかいないか。「やいやい、―をらぬか」〈虎寛狂・釣狐〉

だ-そう【惰走】〔名〕スル 惰性で走りつづけること。

たぞうき-ふぜん【多臓器不全】生命の維持に必要な複数の臓器の機能が連鎖的に低下した状態。腎臓・呼吸器・肝臓・血液系・心血管系（循環器系）・消化器・神経系のうち2つ以上が同時または連続して機能不全に陥った、致命的状態をいう。重度の外傷・熱傷・感染症・ショックなどで起こる。

たそう-こうりゅう【多相交流】周波数が等しく、位相が異なる二つ以上の交流を一組にした電流。誘導電動機の始動が容易な三相交流が広く用いられる。

たぞえ-てつじ【田添鉄二】［1875～1908］社会主義者。熊本の生まれ。米国に留学。日本社会党創立に参加。直接行動論に対して議会政策論を展開。

たそが・る【黄＝昏る】〔動ラ下二〕「たそがれる」の文語形。

たそ-がれ【黄＝昏】《古くは「たそかれ」。「誰そ彼は」と、人の見分けがつきにくい時分の意》❶夕方の薄暗い時。夕暮れ。❷盛りを過ぎて終わりに近づこうとするころ。「人生の―」

たそがれ-ぐさ【黄＝昏草】ユウガオの別名。

たそがれ-づき【黄＝昏月】たそがれ時に見える月。陰暦3、4日ごろの月。

たそがれ-どき【黄＝昏時】夕暮れ時。夕方。➡かわたれどき

たそがれ-どり【黄＝昏鳥】ホトトギスの別名。

たそが・れる【黄＝昏れる】〔動ラ下一〕図たそが・る〔ラ下二〕《名詞「たそがれ」の動詞化》❶日が暮れて薄暗くなる。「空が―・れる」❷盛りを過ぎて衰える。「―・れて生気のない人」

た-そく【多足】❶足の数が多いこと。❷不足などを

補うもの。たしまえ。たし。「家賃の―にする考もあった」〈近松秋江・別れたる妻に送る手紙〉

だ‐そく【蛇足】《昔、中国の楚(そ)の国で、蛇の絵をはやく描く競争をした時、最初に描き上げた者がつい足まで描いてしまったために負けたという「戦国策」斉策上の故事から》付け加える必要のないもの。無用の長物。[類語]余計・余分・不必要・不要・不用・無用・無益・無駄(むだ)・無くもがな・あらずもがな

たそく‐るい【多足類】節足動物のうち、足が多数あるものの総称。ムカデ・ゲジ・ヤスデなど。

タソス‐とう【タソス島】―タウ《Thasos》ギリシャ、エーゲ海北部の島。中心地はタソス(旧称リメナス)。最初にフェニキア人が定住し、紀元前7世紀にパロス島の植民都市となった。古くから金と大理石の産地として知られ、紀元前6世紀から5世紀にかけて栄えた。古代ローマ、東ローマ帝国に続いてオスマン帝国の支配下に置かれた。

たそや‐あんどん【▽誰×哉行▽灯】江戸新吉原の遊郭で、各妓楼の店先に立てた、屋根形をのせた辻(つじ)行灯。たそやあんどう。

たた【×楯】「たて」の古形。「―並(な)めて」〈記・中・歌謡〉

タタ〖Tata〗ハンガリー北西部の町。湖や泉が多く「水の都」と称され、14世紀以降は王侯貴族の狩猟地、保養地として知られた。ウレグ湖畔には15世紀初めに築かれたタタ城やエステルハージ家の宮殿などがある。

た‐た【多多】〔副〕❶数がきわめて多いさま。たくさん。「至らぬところが―ある」❷多ければ多いほど。「軽蔑は―益益恬然と虚偽を吐かせるものである」〈芥川・侏儒の言葉〉[類語]沢山・多く・数数(かずかず)・多数・数多・無数・いっぱい・あまた

多多益益(ますます)**弁**(べん)**ず**　❶多ければ多いほどうまく処理する。手腕・才能にすぐれ、余裕のあるさまにいう。❷多ければ多いほどよい。

ただ【▽徒┊×只】《「直(ただ)」と同語源》■〔名〕❶取り立てて値打ちや意味がないこと。普通。「―の人」「―のからだではない」❷何事もなく、そのままであること。無事。「見つかったら―では済まない」❸(只)代金のいらないこと。また、報酬のないこと。無料。「―でくれる」「―で働く」■〔形動ナリ〕❶ありきたり。また、ありのまま。「―なる絹綾など取り具し給ふ」〈源・宿木〉❷何事もないさま。「朝露のおくる思ひに比ぶれば―に帰らむ宵はまされり」〈和泉式部日記〉[補説]■❸は「只」の字を「ロ」と「ハ」とに分け、俗に「ろは」という。
[類語](■❶)普通・一般・通常・標準・平凡・並み・常(じょう)・当たり前・在り来たり/(❸)無料・ろは・フリー・サービス・無償・無代・無給・無報酬

徒では済まないぞ　このままでは済まない、必ず仕返しをする、の意で、別れぎわに言う言葉。ただでは置かないぞ。「おぼえていろ。―」

徒の鼠(ねずみ)**ではない**　尋常の者ではない。油断のならないやつである。

只より高いものはない　ただで何かをもらうと、代わりに物事を頼まれたりお礼に費用がかかったりして、かえって高くつく。

ただ【▽直】■〔名・形動ナリ〕❶曲がっていないこと。また、そのさま。まっすぐ。「春霞井の上(へ)ゆ―に道はあれど」〈万・一二五六〉❷隔てるもののないこと。また、そのさま。直接。じか。「―に逢(あ)はば逢ひかつましじ石川に」〈万・二二五〉❸時間を置かないこと。また、そのさま。すぐ。「今宵は―に臥し給へれ」〈落窪・二〉■〔副〕❶まっすぐに。「磐城山―越え来ませ磯崎の」〈万・三一九五〉❷直接に。じかに。「―今日も君には逢はめど人言を繁み逢はずて恋ひ渡るかも」〈万・二九二三〉❸よく似ているさま。さながら。まるで。「御髪(みぐし)のかかりたるさま…―かの対の姫君にたがふ所なし」〈源・賢木〉

ただ【▽唯┊×只┊▽但】《「直(ただ)」と同語源》■〔副〕❶そのことだけをするさま。それよりほかにないと限定するさま。ひたすら。もっぱら。「―時間ばかりかかる」「―無事だけを祈る」❷数量・程度などがごく少ないさま。わずかに。たった。「正解は―の三人だった」「―一度しか休まない」❸(「ただ」＋動詞の連用形＋「に」＋動詞の形で)そのことだけが行われるさま。ひたすら。「―泣きに泣く」■〔接〕前述の事柄に対して、条件をつけたりその一部を保留したりするときに用いる。ただし。「出かけていい。―、昼までには帰るように」[類語](■❶)ひたすら・専ら・単(ひとえ)に・唯(ひた)に・偏(ひとえ)に・一心(いっしん)に/(❷)たった・わずか・僅僅(きんきん)・たかだか/(■)但し・尤(もっと)も・とは言え・だが

ただ…までだ　《「までだ」は、副助詞「まで」＋断定の助動詞「だ」》事態はそれだけで、それ以外の事を考える必要はないという意味を表す。事態の成立が未来のとき、動作主体が話し手の場合は決意、話し手以外の場合は確認を意味する。事態の成立が過去のときは、言い訳として説明するような消極的な理由の表明に用いる。「これだけ誠意を尽くしても応答がないのなら、ただ単独で強行するまでだ」「念のためただ聞いてみたまでです」

だだ【駄駄】子供などが甘えてわがままを言うこと。「―を言う」[補説]「駄駄」は当て字。「じだんだ(地団駄)」の音変化とも「嫌だ嫌だ」の略からともいう。
[類語]わがまま・勝手・無茶・無理

駄駄を捏(こ)**・ねる**　子供などが甘えて無理やわがままを言う。「買ってほしさに―・ねる」

ダダ〖(フランス) dada〗❶「ダダイスム」の略。❷「ダダイスト」の略。

だだ〔接頭〕名詞・動詞・形容詞などに付いて、程度がはなはだしい、めちゃくちゃであるなどの意を表す。「―黒い」「―漏れ」

ただ‐あり【▽徒有り】〔名・形動ナリ〕飾り気がないこと。ありふれていること。また、そのさま。ありのまま。平凡。「をかしきすぢなど立てたることはなう、―なるやうなるを」〈枕・四九〉

タタール〖Tatar〗■❶モンゴル系の一部族の名称。のち、モンゴル族の総称。韃靼(だったん)。➡モンゴル㊀❷ロシア連邦内に居住するトルコ系諸種族の総称。タタール人。■➤タタールスタン

タタール‐かいきょう【タタール海峡】―カイケフ「間宮海峡」に同じ。韃靼(だったん)海峡。

タタールスタン〖Tatarstan〗ロシア連邦に属する共和国の一。ボルガ川の中流とその支流カマ川下流域にあり、首都はカザン。石油・化学工業が盛ん。基幹民族はタタール人だがロシア人も多い。

た‐たい【多胎】二人以上の子供を同時に妊娠していること。

た‐だい【多大】〔名・形動〕数量・規模などが非常に大きいこと。また、そのさま。「―な(の)損害を被る」➡莫大(ばくだい)[用法]
[類語]甚大・膨大・莫大・絶大

ただ‐い【▽直居】―ゐ　板敷きなどに直接すわること。「―にゐるに、むしろ、たたみをとらせばやと思へども」〈宇治拾遺・九〉

ただ‐い【▽徒居┊×只居】―ゐ　なにもしないでむだに時を過ごすこと。「暫時も―せず」〈浮・永代蔵・四〉

だ‐たい【だ体】口語文体の一。「面白い本だ」「態度が立派だ」のように、文末の指定表現に「だ」を用いることを基調とするもの。「である体」に比べ、口語性が強く、話しかけるような調子になる。常体。だ調。➡である体　➡です体

だ‐たい【堕胎】〔名〕(スル)胎児を人為的に流産させること。子をおろすこと。

だ‐たい【▽大体】〔副〕《「だいたい」の音変化》もともと。どだい。「おいらは―職人だから」〈洒・南閨雑話〉

だ‐だいこ【▽大太鼓】雅楽の舞楽に用いる大型の太鼓。鼓面の直径は約2メートル、周囲に火焔(かえん)の装飾があり、2本の桴(ばち)で打つ。左方・右方用で、模様・色彩が異なる。火焔太鼓。

だたい‐ざい【堕胎罪】女性が自身の胎児を母体内で殺し、流産させる罪。刑法第212条が禁じ、1年以下の懲役に処せられる。[補説]母体保護法が条件付きながら人工妊娠中絶を認めているため、本罪を禁じる法は事実上、空文化している。

たたい‐じ【多胎児】一人の母親から同時に生まれた複数の子供。

ダダイスティック〖dadaistic〗〔形動〕ダダイスム的な。ダダ的な。「―なロックバンド」

ダダイスト〖(フランス) dadaïste〗ダダイスムを信奉する人。ダダ。

ダダイスム〖(フランス) dadaïsme〗第一次大戦中から戦後にかけて欧米に興った芸術運動。既成のあらゆる芸術的・社会的価値体系を否定し、極端な反理性・反道徳主義を唱えた。ダダイズム。ダダ。

ダダイズム〖dadaism〗➤ダダイスム

たたい‐にんしん【多胎妊娠】二人以上の胎児を同時に妊娠していること。胎児の数により、双胎・品胎(ひんたい)(三児)・四胎などとよぶ。

ただ‐いま【×只今┊▽唯今】■〔名〕❶今この時。現在。「―の時刻は午前九時です」「―用意しています」❷ごく近い過去。ほんの少し前。今しがた。「―の報告に異議がある」「―帰ってきたところです」❸ごく近い未来。すぐ。じき。「―お持ちします」■〔感〕帰宅のときのあいさつの語。「只今帰りました」の略。「『―』『お帰りなさい』」[類語]今・現在・現時点・現時・現下・目下・刻下・即今(そっこん)

たたい‐もんだい【多体問題】物理学で、相互作用する3個以上の質点からなる系の運動を規定する問題。古典力学でも量子力学でも解析的に解は出ず、適切な近似法を用いる。原子核における核子の系、結晶内の電子・原子の集合などの運動も扱われる。

たた・う【▽称ふ】たたふ〔動ハ下二〕「たた(称)える」の文語形。

たた・う【×湛ふ】たたふ〔動ハ下二〕「たた(湛)える」の文語形。

ただ‐うど【▽徒人┊▽直人┊×只人】「ただびと」の音変化。

たたえ‐ごと【▽称え言┊▽称え▽辞】たたへ―　ほめていう言葉。賛辞。

たたえ‐な【▽称え名】たたへ―　❶功績などをほめたたえて呼ぶ名。❷通称。通り名。「―を小文吾となん喚(よ)ばれ給ふ」〈読・八犬伝・八〉

たた・える【▽称える】たたへる〔動ア下一〕文たた・ふ〔ハ下二〕❶ほめていう。ほめる。「健闘を―・える」❷名付けていう。称する。「大塚殿と―・へたり」〈読・八犬伝・八〉[類語]褒める・褒めたたえる・愛(め)でる・嘉(よみ)する・賞する・称する・賛する・持て囃(はや)す・持ち上げる・称賛する・称美する・称揚する・推賞する・嘉賞(かしょう)する

たた・える【×湛える】たたへる〔動ア下一〕文たた・ふ〔ハ下二〕❶液体などをいっぱいに満たす。「池に水を―・える」「目に涙を―・える」❷ある表情を浮かべる。感情を顔に表す。「満面に笑みを―・える」「愁いを―・える」[補説]室町時代以降はヤ行にも活用した。
[類語]漲(みなぎ)らす・溜(た)める・満たす・張る

ただ‐か【▽直香┊▽直▽処】語義未詳。その人自身、そのもの自体の意か。一説に、その人のけはいやようすの意ともいう。「聞かずして黙(もだ)もあらましをなにしかも君が―を人の告げつる」〈万・三三〇四〉

たたかい【戦い┊闘い】たたかひ　❶戦争。戦闘。「ゲリラとの―」❷競争。試合。勝負。「ライバルとの―」❸抗争。闘争。「貧困との―」「労使の―」
[類語]争い・いさかい・いがみ合い・小競り合い・戦(いくさ)・戦闘・戦争・闘争

たたかい‐がまえ【闘い構え】たたかひがまへ　➤闘構(とうがまえ)

たたかい‐ぬ・く【戦い抜く】たたかひ―〔動カ五(四)〕最後まで戦う。「諦めずに―・く」

たたかい‐の‐にわ【戦いの庭】たたかひのには　戦争が行われている場所。戦場。「―に一人の小さき僧出で来たりて」〈今昔・一七・三〉

たたか・う【戦う┊闘う】たたかふ〔動ワ五(ハ四)〕《動詞「たた(叩)く」の未然形に反復継続の助動詞「ふ」の付いたものからとも、「叩き合ふ」の音変化とも》❶武力を用いて互いに争う。戦争する。「反乱軍と―・う」❷互いに技量などを競い、勝負を争う。競争する。試合する。「強豪と―・う」「優勝をかけて―・う」❸思想や利害の対立する者どうしが自分の利益や要求の獲得のために争う。「労使が―・う」「賃上げのために

—・う」❹苦痛や障害を乗りきろうとする。打ち勝とうと努力する。「困難と—・う」「病気と—・う」❺互いにたたき合う。「うつ浪に満ちくる潮の—・ふを楯が崎とはいふにそありける」〈夫木・二六〉〔可能〕たたかえる
〔類語〕(❶)争う・渡り合う・切り結ぶ・交戦する・合戦する・会戦する・衝突する・激突する・戦闘する・一戦を交える・砲火を交える・兵刃を交える・干戈(かんか)を交える・奮戦する・奮闘する/(❷)勝負する・対戦する・対する/(❸)争う・闘争する・対決する・抗争する/(❹)立ち向かう・抗する・あらがう・抵抗する・格闘する

ただ-がお【▽徒顔|×只顔】(がほ) 化粧していないありのままの顔。素顔(すがほ)。「この女房の湯より上がって、—ならんを見せて」〈太平記・二一〉

たたかわ-す【戦わす】(たたかはす)〔動サ五(四)〕力・技などを激しくきそい合う。「意見を—・す」

たたき【×叩き|×敲き】❶打つこと。また、その人。「太鼓—」❷(「三和土」とも書く)叩き土に石灰や水をまぜて練ったものを塗り、たたき固めて仕上げた土間。のちにはコンクリートで固めた土間。「玄関の—」❸カツオをおろして表面を火であぶり、そのまま、あるいは手や包丁の腹でたたいて身を締めてから刺し身状に切ったもの。薬味や調味料を添える。❹「たたきなます」の略。❺生の魚肉・獣肉などを包丁の刃でたたいて細かくした料理。❻石の表面をたたいてならし細かい槌(つち)のあとを残す仕上げ方。石工(いしく)の語。❼俗に、強盗のこと。「—に入る」❽江戸時代の刑罰の一。罪人の肩・背・尻をむちで打つもの。重敲き(100打)と軽敲き(50打)があった。❾江戸時代、正月や祭礼などに手拍子をとり、早口に文句を唱えながら門付けをした芸人。たたきのよじろう。よじろう。❿義太夫節の曲節の一。❾の唱えごとの節を取り入れたもの。⓫落語や講釈で、前座を務める者。

たたき-あい【×叩き合い】(あひ) たたき合うこと。「マスコミどうしの—」

たたき-あ・う【×叩き合う】(あふ)〔動ワ五(ハ四)〕❶互いにたたく。打ちあう。「肩を—・って労をねぎらう」❷冗談などを言い合う。また、互いにはげしく言い合う。「軽口を—・う」「にくまれ口を—・う」

たたき-あげ【×叩き上げ】下積みから苦労して一人前になること。また、その人。

たたき-あ・げる【×叩き上げる】〔動ガ下一〕〔文〕たたきあ・ぐ〔ガ下二〕❶たたいてつくりあげる。「漆喰(しっくい)で—・げた二坪程の土間に」〈漱石・吾輩は猫である〉❷下積みの苦労を重ねて技量を磨き、一人前になる。「見習いから—・げた職人」❸金銭・財産を使い果たす。「遂には皆—・げて」〈仮・浮世物語・一〉

たたき-あみ【×叩き網】網を半円形に張り、水面をたたいて魚をそこに追い込んで捕る漁法。

たたき-いし【×叩き石】❶手に直接にぎって槌(つち)(ハンマー)として使った石器の総称。❷わらをたたいて柔らかくするための台石。

たたき-うり【×叩き売り】❶大道商人などが、品物をのせた台などをたたいて威勢よく口上を述べながら、少しずつ値引きして売ること。「バナナの—」❷大安売り。投げ売り。〔類語〕大安売り・投げ売り・捨て売り・乱売・特売・廉売・ダンピング・蔵浚(くらざら)え・棚浚え・セール・バーゲンセール

たたき-う・る【×叩き売る】〔動ラ五(四)〕❶大道商人などが叩き売りをする。「安物の陶器を—・る」❷大安売りをする。また、売ることを強調していう語。「土地を二束三文で—・る」

たたき-おこ・す【×叩き起(こ)す】〔動サ五(四)〕❶戸などをたたいて、眠っている人の目を覚まさせる。「突然の来訪者に—・される」❷眠っている人を無理に起こす。「電話で—・される」

たたき-おと・す【×叩き落(と)す】〔動サ五(四)〕❶たたいて落とす。「柿の実を—・す」❷その地位などから力ずくで下ろす。「社長のいすから—・す」

たたき-がね【×叩き×鉦】仏具の一。念仏の際、座に伏せて撞木(しゅもく)でたたき鳴らす鉦。伏せ鉦。鉦鼓(しょうこ)。

たたき-き・る【×叩き切る】〔動ラ五(四)〕❶たたいて切る。「ロープを石で—・る」❷勢いよく切る。切ることを強調していう語。「一刀のもとに—・る」

たたき-ごぼう【×叩き▽牛×蒡】(ごばう) 牛蒡を切ってゆで、すりこぎなどでたたいて、ごま酢や甘酢で味をつけたもの。おせち料理によく用いる。〔季 新年〕

たたき-ごま【×叩き独=楽】白木のままの、高さ4、5センチのこま。竹または木の棒の端に細長いきれをつけ、これをむちにしてたたいて回す。

たたき-こ・む【×叩き込む】〔動マ五(四)〕❶たたいて深く入れる。勢いよく打ち込む。「楔(くさび)を—・む」❷乱暴に中へ入れる。ぶちこむ。「牢(ろう)へ—・む」❸厳しく教え込む。しっかりと覚えさせる。「芸のいろはを—・まれる」「地図を頭に—・む」
〔類語〕(❸)教え込む・仕込む・詰め込む・仕付ける・鍛え上げる

たたき-ころ・す【×叩き殺す】〔動サ五(四)〕たたいて殺す。なぐり殺す。また、殺すことを強調していう語。ぶちころす。「棒で—・す」
〔類語〕殴り殺す・打ち殺す・ぶち殺す・殴殺・撲殺

たたき-こわ・す【×叩き壊す】(こはす)〔動サ五(四)〕たたいてめちゃめちゃに破壊する。「壺を—・す」〔類語〕ぶち壊す・打ち壊す・打ち砕く・叩き割る・打ち割る

たたき-だい【×叩き台】批判・検討などを加えて、よりよい案を得るための原案。
〔類語〕原案・草案・文案・試案・腹案

たたき-だいく【×叩き大工】へたな大工。また、主に簡単な仕事をする大工。

たたき-だ・す【×叩き出す】〔動サ五(四)〕❶たたきはじめる。打ちだす。「太鼓を—・す」❷たたいて追い出す。また、勢いよく追い出す。「店から—・される」❸金属をたたいて、模様などを浮き出させる。「一枚の銅板から—・した仮面」
〔類語〕追い出す・追い立てる・追い払う・追っ払う・はじき出す・つまみ出す・ほうり出す・打ち払う

たたき-た・てる【×叩き立てる】〔動タ下一〕〔文〕たたきた・つ〔タ下二〕しきりにたたく。「間拍子おもしろく畳を—・てる音」〈万太郎・ゆく年〉

たたき-つ・ける【×叩き付ける】〔動カ下一〕〔文〕たたきつ・く〔カ下二〕❶激しく打ちつける。「背中からマットに—・ける」「窓に—・ける雨」❷激しい勢いで差し出す。「辞表を—・ける」❸相手に無理に押しつける。否応なしに従わせる。「老母をたらし、—・け、あんまりななされやう」〈浄・曽根崎〉❹幼児の背中を軽くたたいて寝かしつける。「蚊帳の内へ入り赤児を—・け」〈伎・四谷怪談〉

たたき-つち【×叩き土】花崗岩(かこうがん)などが風化してできた土。漆喰(しっくい)土。

たたき-つぶ・す【×叩き潰す】〔動サ五(四)〕❶物をたたいてつぶす。「ゴキブリを—・す」❷徹底的にやっつける。「野望を—・す」「反対派を—・す」

たたき-な【×叩き菜】七草がゆに用いる菜。正月6日の晩あるいは7日の朝にまな板にのせてたたく行事がある。

たたき-なお・す【×叩き直す】(なほす)〔動サ五(四)〕たたいて、まっすぐにする。転じて、ねじ曲がった品行や心構えを正すために再度鍛える。「性根を—・す」

たたき-なっとう【×叩き納豆】納豆を包丁でたたき細かくしたもの。納豆汁・納豆あえなどに用いる。

たたき-なます【×叩き×膾】アジ・イワシ・キスなどの身を包丁でたたきつぶし、味噌や酢味噌で和えたもの。漁船の上でつくるので、沖なますともいう。

ただ-ぎぬ【▽徒▽衣】染色したり練ったりしてない衣。「唐綾(からあや)、一—つまぜず、皆赤色」〈宇津保・あて宮〉

たたき-のめ・す【×叩きのめす】〔動サ五(四)〕❶激しくなぐりつけて、起き上がれないようにする。「強いパンチで—・す」❷言葉で激しく攻撃するなどして、意気をすっかり失わせる。「鋭い論評に—・される」
〔類語〕打ちのめす・叩き伏せる・打ち据える

たたき-ばし【×叩き箸】嫌い箸の一。食事中、お代わりを頼むときなどに、食器を箸でたたくこと。

たたき-ふ・せる【×叩き伏せる】〔動サ下一〕〔文〕たたきふ・す〔サ下二〕❶なぐって倒す。「一撃のもとに—・せる」❷徹底的に相手をやっつけて屈服させる。「暴論を—・せる」

たたき-わけ【×叩き▽別け】等分に分けること。山分け。「利徳(りとく)は茶屋と—」〈魯文・安愚楽鍋〉

たたき-わ・る【×叩き割る】〔動ラ五(四)〕たたいて割る。たたいて壊す。打ち破る。「花瓶を—・る」
〔類語〕割る・打ち割る・叩き壊す

たた・く【×叩く|×敲く】〔動カ五(四)〕❶㋐手や道具を用いて打つ。また、続けて、あるいは何度も打つ。「ハエを—・く」「肩を—・く」㋑打って音を出す。「手を—・いて呼ぶ」「太鼓を—・く」㋒強く打つ。なぐる。ぶつ。「棒で—・く」「尻を—・く」㋓さかんに当たる。雨・風が打ちつける。「窓を—・く雨」❷魚肉を包丁で打つようにして細かく切ったり柔らかくしたりする。「アジを—・く」❸㋐攻撃を加えて相手を負かす。やっつける。「敵の精鋭を—・く」「出はなを—・く」㋑厳しく仕込む。鍛える。「新弟子のうちに—・いておく」㋒相手の言論・文章などを徹底的に批判する。強く非難する。「新聞に—・かれる」❹相手の考えを聞いたり、ようすを探ったりする。打診する。「先方の意向を—・く」❺値段をまけさせる。値切る。買いたたく。「二束三文に—・いて買う」❻すっかり使ってしまう。はたく。「財布の底を—・く」❼(多く「…口をたたく」の形で)さかんに、またいろいろに言う。「むだ口を—・く」「陰口を—・く」❽(「門をたたく」などの形で)教えを請うためにたずねる。「師の門を—・く」❾《扇子などで演台をたたくところから》講談を演じる。「一席—・く」❿将棋で、歩(ふ)を打ち捨てる。⓫《鳴き声が戸をたたく音に似ているところから》クイナが鳴く。「早苗とるころ、水鶏(くひな)の—・くなど」〈徒然・一九〉➡打つ〔用法〕〔可能〕たたける
〔…句〕頤(おとがい)を叩く・口を叩く・尻(しり)を叩く・底を叩く・太鼓を叩く・出端(でばな)を叩く・門を叩く
〔類語〕打つ・殴る・ぶつ・小突く・はたく・ひっぱたく・張る・食らわす

叩けば埃(ほこり)が出る　どんなものでも細かく調べれば、欠点や弱点が見つかるものである。

叩けよさらば開かれん　《新約聖書「マタイによる福音書」第7章から》ひたすら神に祈り、救いを求めれば、神は必ずこたえてくださる。転じて、積極的に努力すれば必ず目的を達成することができる。

ただ-く【×只句】連歌で、発句以外の句をいう。

たたく・る〔動ラ四〕しわくちゃにする。めちゃめちゃにする。「袴の裾、踏み—・って」〈浄・反魂香〉

ただ-こえ【▽直越え】まっすぐに越えること。「—のこの道にてし押し照るや」〈万・九七七〉

ただ-ごと【▽徒言|×只言】《古くは「ただこと」》技巧などを用いない、ありのままの言葉。歌語でも比喩でもない日常の言葉。「これは、—に言ひて、物にたとへなどもせぬものなり」〈古今・仮名序〉

ただ-ごと【▽徒事|×只事|▽唯事】《古くは「ただこと」》取り立てていうほどのこともない事柄。普通のこと。多く、あとに打消しの語を伴って用いる。「あの騒ぎは—ではない」

ただごと-うた【▽徒言歌】古今集仮名序の和歌の六義(りくぎ)の一。物にたとえないで、ありのままに詠んだ歌。江戸時代、小沢蘆庵(おざわろあん)が理想の風体として主張した。

たた-さ【▽縦さ】たての方向。たて。たてさま。「—にもかにも横さも奴(やっこ)とそ」〈万・四一三二〉

ただ-さえ【▽唯さえ】(さへ)〔連語〕「ただでさえ」に同じ。「—暗い室(へや)の天井も」〈漱石・倫敦塔〉

ただ-さ・す【▽直差す】〔動サ四〕日光が直接照らす。直射する。「朝日の—・す国、夕日の日照る国なり」〈記・上〉

たた-さま【▽縦様|▽縦▽方】〔形動ナリ〕❶たてになっているさま。立てたさま。たて。「琵琶の御琴を—に持たせ給へり」〈枕・九四〉❷まっすぐ。「草生ひ茂りたるを、長々と—にいけば」〈枕・二二三〉

ただ-し【但し】《副詞「ただ」に副助詞「し」が付いたものから》㊀〔接〕❶前述の事柄に対して、その条件や例外などを示す。しかし。「入場自由。—、子供はお断り」❷前述の事柄に対する推量や疑問を導く。ひ

ょっとすると。もしかしたら。「十月を神無月と言ひて神事にはばかるべきよしは、記したる物なし…一、当月、諸社の祭なき故にこの名あるか」〈徒然・二〇二〉❸前述の事柄に対して、別の事柄を並立させる。それとも。もしくは。「江戸橋の田村屋にせうか。一西村がおさよが所で乗らうか」〈洒・辰巳之園〉㊁〔副〕「ただ」を強めた語。「一三宝の加護に非ずは」〈今昔・一二・一六〉[類語]なお・ただ・もっとも・とは言え・とは言うものの・さはあれ・しかし

ただ-じ【▽直路｜▽直▽道】ヂ《古くは「ただち」》❶目的の所へまっすぐ行く道。「妹に逢はむと一から我は来つれど」〈万・二六一八〉❷物事の正しい筋道や、なりゆき。「しかと一はしらねども」〈浄・花洛受法記〉

ただし・い【正しい】〔形〕図ただ・し〔シク〕❶形や向きがまっすぐである。㋐形が曲がったりゆがんだりしていない。「線に沿って一・く並べる」㋑血筋などの乱れがない。「由緒一・い家柄」❷道理にかなっている。事実に合っている。正確である。「一・い解答のしかた」「一・い内容」「公選法は一・くは公職選挙法という」❸道徳・法律・作法などにかなっている。規範や規準に対して乱れたところがない。「行いを一・くする」「礼儀一・い態度」「一・い判決」[派生]ただしさ〔名〕[類語]（❶㋐）正確・精確・的確（㋑）正統・直系／（❷）正当・至当・適切・適正・公正・中正／（❸）正式・正規・正則・規範的・本格的

ただし-がき【但(し)書(き)】「但し」の語を書き出しにして、前文の内容などについての説明・条件・例外などを書き添えた文。「契約書の末尾に一を付ける」[類語]断り書き・なお書き・追って書き・備考・補足

ただし-は【但しは】〔接〕「但し㊀❸」に同じ。「此通用金で塩を買うと味噌を買うと、一来年先来年迄貯えて置うと」〈加藤弘之・交易問答〉

タタ-じょう【タタ城】《Tatai vár》ハンガリー北西部の町タタにある城。15世紀初頭、ハンガリー王ジグモンド(神聖ローマ皇帝ジギスムント)がウレグ湖畔に建造。現在は古代ローマ時代の出土品や城の歴史を紹介する博物館になっている。ウレグ城。

たた-す【立たす】〔連語〕《動詞「た(立)つ」の未然形＋尊敬の助動詞「す」》お立ちになる。「皇子の尊の馬並めてみ狩り一・しし」〈万・四九〉

ただ・す【正す】〔動サ五(四)〕❶よくないところ、まちがっているところをなおす。正しくする。「誤植を一・す」❷乱れているところを整える。「姿勢を一・す」「襟を一・す」[可能]ただせる [類語]直す・改める・訂す・修正する・是正する・規正する・改善する・改良する・改正する・補正する・訂正する

ただ・す【×糺す】〔動サ五(四)〕《「正す」と同語源》物事の理非を明らかにする。罪過の有無を追及する。「事件の真相を一・す」「事の是非を一・す」[可能]ただせる [類語]調べる・問う・追及する・糾問する

ただ・す【▽質す】〔動サ五(四)〕《「正す」と同語源》不明な点などを聞いて、明らかにする。問い確かめる。「疑問点を専門家に一・す」[可能]ただせる
[類語]聞く・問う・尋ねる・確かめる・問い質す・聞き質す・問い合わせる・聞き合わせる・質問する

タタ-スチール〖Tata Steel〗インドの製鉄会社。同国西海岸、マハラシュトラ州の州都ムンバイに本社を置く。1907年設立。財閥タタグループの主要会社の一つ。2007年に英国・オランダ系のコーラス社を買収し、世界有数の製鉄会社になった。

ただす-つかさ【弾＝正＝台】▶だんじょうだい(弾正台)❶

ただす-の-かみ【糺の神】京都市左京区の賀茂御祖神社と、その摂社の河合神社の祭神。

ただす-の-もり【糺の森】京都市左京区の賀茂御祖神社内の森。賀茂川・高野川の合流点にある。和歌で「質す」に掛けて用いられることが多い。[歌枕]「偽りを一のゆふだすきかけつつちかへ我をおもはば」〈新古今・恋三〉

たたずまい【×佇まい】❶立っているようす。また、そこにあるもののありさま。そのもののかもし出す雰囲気。「家並みの一」「庭園の落ちついた一」❷身を置くところ。暮らし方。また、なりわい。「人間さまざまの一」〈人・梅児誉美・三〉
[類語]空気・雰囲気・気分・感じ・様子・気配・気色・におい・ムード・アトモスフィア

たたずま・う【×佇まふ】〔動ハ四〕《動詞「たたずむ」の未然形＋反復継続の助動詞「ふ」から》じっと立ち止まっている。「われはと思ひたる女房の、のぞきけしきばみ、奥の方に一・ふを」〈枕・三〉

たたずみ【×佇み】身の置きどころ。また、生活。「馬を取られては…一が叶はぬ」〈浄・丹波与作〉

たたずみ-あり・く【×佇み▽歩く】〔動カ四〕あちらこちらで立ち止まりながら歩く。「六波羅辺に一・いて聞きけれども」〈平家・三〉

たたず・む【×佇む｜×彳む】〔動マ五(四)〕❶しばらく立ち止まっている。じっとその場所にいる。「花の下に一・む」❷そのあたりをうろつく。「まだ暁に門のわたりを一・めば」〈堤・貝合〉[類語]立ち尽くす・突っ立つ

ただ-ただ【▽唯▽唯｜×只×只】〔副〕「ただ」を強めていう語。ひたすら。もっぱら。「一みごとというほかはない」「一友の無事を祈る」

ただち-に【直ちに】〔副〕❶間に何も置かないで接しているさま。直接。じかに。「窓は一通りに面している」「その方法が一成功につながるとは限らない」❷時間を置かずに行動を起こすさま。すぐ。「通報を受ければ一出動する」
[類語]すぐ・すぐに・すぐさま・じき・じきに・早速・即

だだちゃ-まめ【だだちゃ豆】《「だだちゃ」は山形県庄内地方の方言で「おやじ」の意》山形県鶴岡地方特産の枝豆。独特の風味がある。8月旧盆の頃から収穫。

だだっ-こ【駄駄っ子｜駄駄っ▽児】だだをこねる子供。ききわけのない子供。
[類語]驕児・きかん坊・やんちゃ・腕白

だだっ-ぴろ・い【だだっ広い】〔形〕やたらに広い。必要以上に広い。だだびろい。「一・い部屋」
[類語]ひろびろ・空漠・茫漠・漠漠

ただ-で-さえ【▽唯でさえ】〔連語〕通常の場合でさえ。そうでなくても。たださえ。「一安いのに、バーゲンともなると破格の安さだ」

ただ-とみお【多田富雄】[1934〜2010]免疫学者。茨城の生まれ。昭和46年(1971)サプレッサーT細胞の発見で注目される。免疫学と分子生物学の分野で活躍するほか、執筆活動や、医療や科学をテーマにした能楽の創作なども行った。文化功労者。

ただ-とも　ソフトバンクモバイルが提供する携帯電話サービスの商標名。決められた時間帯において、同社の携帯電話どうしでの通話が無料になるもの。また転じて、同種のサービスにより、無料通話が可能な相手。

ただ-とり【×只取り】〔名〕スル《「ただどり」とも》ただで手に入れること。代償を払わないで自分のものにすること。

只取り山の時鳥　ただで手に入れることを、しゃれていう語。只取り山。「酒は奈良からや、京からや、伊丹からや、池田からや、一」〈胆大小心録〉

ただ-なか【▽直中｜×只中】❶まん中。「大海の一に浮かぶ島」❷まっ最中。まっ盛り。「暴風雨の一に外出する」❸その代表。随一のもの。「当世女の一、広い京にもまたあるべからず」〈浮・五人女・三〉

たたな-づく〔枕〕❶幾重にも重なっている意から、「青垣」「青垣山」にかかる。「一青垣山籠れる大和しうるはし」〈記・中・歌謡〉❷かかり方未詳。「柔膚」にかかる。「夫の命の一柔膚すらを」〈万・一九四〉

たた-なめて【×楯▽並めて】〔枕〕楯を並べて弓を射る意から、「射」の音を含む地名「伊那佐」「泉」にかかる。「一泉の川の水脈絶えず」〈万・三九〇八〉

ただ-なら・ず〔連語〕❶普通でない。ただごとでない。「一・ぬけはい」❷(「…もただならず」の形で)それどころの程度ではない。「犬猿も一・ぬ仲」❸ひときわすぐれている。「霧いたう降りて一・ぬ朝ぼらけに」〈源・賢木〉❹からだの状態が普通でない。妊娠している。「男、夜な夜な通ふほどに…身も一・ずなりぬ」〈平家・八〉

たたなわ・る【▽畳なわる】〔動ラ五(四)〕幾重にも重なる。また、重なり合って連なる。「お召の羽織の裾が…座布団の上に一・って」〈鷗外・青年〉「登り立ち国見をせせば一・る青垣山」〈万・三八〉

ただ-なんれい【多田南嶺】[1698〜1750]江戸中期の国学者。摂津の人。名は義俊。壺井義知らに音義説・有職故実を学び、また、八文字屋自笑の浮世草子の代作もしたという。著「旧事紀偽撰考」「伊呂波声母伝」など。

ただ-に【▽唯に】〔副〕単に。もっぱら。ただ。多く、下に打消しの語を伴う。「一勉学のみならずスポーツにもすぐれている」

ただ-の-まんじゅう【多田満仲】源満仲の異称。

ただ-のり【×只乗り】〔名〕スル　料金を払わないで乗り物に乗ること。無賃乗車。➡薩摩守
[類語]キセル・薩摩守・便乗

ただのり【忠度】謡曲。二番目物。世阿弥作。須磨の浦で野宿した僧の夢に平忠度の霊が現れ、読み人知らずとなっている千載和歌集の自作の歌に作者名をつけてほしいと頼み、一の谷の戦いでの最期のありさまを語る。

ただ-ばたらき【×只働き】〔名〕スル❶報酬をもらわないで働くこと。「厚意で一する」❷働いてもその効果のないこと。「努力が一に終わる」

ただ-はて【▽直▽泊て】まっすぐ目的地へ行って泊まること。「大伴の三津の浜辺に一にみ舟は泊てむ」〈万・八九四〉

ただ-びと【▽徒人｜▽直人｜×只人】《古くは「ただひと」》❶普通の人。常人。凡人。「げに一にはあらざりけりとおぼして」〈竹取〉❷天皇や皇族に対して、臣下の人。「二条の后のまだ帝にも仕うまつり給はで、一にておはしましける時」〈伊勢・三〉❸官位の低い人。貴族に対して、身分の低い人。「一の、上達部の北の方になり」〈枕・二三六〉❹世俗の人。俗人。僧に対していう。「聖人…初め、一にましましける時には」〈今昔・四・二四〉

だだ-びろ・い【だだ広い】〔形〕図だだびろ・し〔ク〕「だだっぴろい」に同じ。「黒ずんだ、一・い台所に」〈三重吉・山彦〉

たたふし-の-まい【×楯節舞】▶吉志舞

た-だま【手玉】手くびに巻きつけた装飾用の玉。「足玉も一もゆらに織る服を」〈万・二〇六五〉

たたまり【▽畳まり】積もりに積もること。「宿賃の一の算用をなされぬ」〈浮・色三味線・二〉

たたま・る【▽畳まる】〔動ラ五(四)〕❶たたんだ状態になる。「一・ったふとんを片付ける」❷積み重なる。「いろいろごたごた一・り」〈宮本・伸子〉

たたみ【畳】❶和室の床に敷くもの。わらを重ねて麻糸で締めた床に、藺草で編んだ表をつけ、ふつう、両縁に布でへりをつける。❷履物の表につける、藺草・籐・竹の皮などで編んだもの。❸古く、敷物の総称。むしろ・こも・薄べりの類。平安時代から行われ、初めは貴人の座る所にだけ置かれ、室町時代ごろからは部屋全体に敷き詰めるようになった。❹(畳み)たたむこと。「折り一の傘」
[…畳](だたみ)青畳・石畳・板畳・岩畳・貴人畳・客畳・霜畳・袖畳み・手前畳・床畳・踏み込み畳・藪畳
[類語]茣蓙・筵・薦

畳の上で死・ぬ　事故死や変死ではなく、あたりまえの死に方をする。

畳の上の水練　「畳水練」に同じ。

畳の塵を毟・る　恥ずかしがって顔を上げないようすや、手持ちぶさたで退屈しているようすにいう。畳の縁を毟る。

ただ-み【▽直身｜▽正身】本人自身。「家人の斎ひ待たねか一かも過ちしけむ」〈万・三六八八〉

たたみ-あ・げる【畳み上げる】〔動ガ下一〕図たたみあ・ぐ〔ガ下二〕❶すべてをたたんでしまう。たたみ終える。「全員の布団を一・げる」❷積み重ねる。積み上げる。「赤い煉瓦と白い石帯とで一・げられた

柱〈風葉・青春〉❸たたむようにして、まくりあげる。「草摺(くさずり)を—・げて、ふた刀刺すところを」〈謡・実盛〉

たたみ-いす【畳み椅子】たたんで持ち運びができるように作った椅子。

たたみ-いと【畳糸】畳表や縁(へり)などを縫うのに用いる、青麻で作った太い糸。

たたみ-いわし【畳×鰯】カタクチイワシの稚魚を板海苔状に平らに干し固めた食品。軽く火であぶって食する。

たたみ-おび【畳み帯】帯芯を入れないで、1枚の布を折りたたんだだけの略式の帯。

たたみ-おもて【畳表】藺草(いぐさ)の茎などと麻糸とで織ったござ。畳の表につける。産地により備後(びんご)表・琉球表などがある。

たたみ-がえ【畳替え】〔名〕(スル) 畳表を取り替えて新しくすること。(季 冬)「青桐は柱のごとし—/青畝」

たたみ-か・ける【畳み掛ける】〔動カ下一〕図たたみか・く〔カ下二〕❶相手に余裕を与えないように、立て続けに行う。「—・けて質問する」❷たたもうとする。たたみ始める。「洗濯物を—・けてやめる」

たたみ-がみ【畳み紙】►たとうがみ(畳紙)

ただみ-がわ【只見川】福島県西部を北流する川。尾瀬に発し、阿賀野川に合流する。長さ137キロ。奥只見・田子倉など発電用ダムが多い。

たたみ-こ・む【畳み込む】〔動マ五(四)〕❶折りたたんで中に入れる。「新聞にちらしを—・む」「テーブルの脚を内側に—・む」❷心の中に深くとどめる。しっかり記憶する。「忠告を胸に—・む」❸「畳み掛ける❶」に同じ。「—・んで言う」

たたみ-こも【畳▽薦】㊀〔名〕畳にする薦。「一隔て編む数かよはさば道の芝草生ひざらましを」〈万・二七七七〉㊁〔枕〕薦を幾重にも重ねるところから、「重(へ)」の音をもつ地名「平群(へぐり)」にかかる。「命の全(また)けむ人は—平群(へぐり)の山の熊白檮(くまかし)が葉を髻華(うず)にさせその子」〈記・中・歌謡〉

たたみ-さし【畳刺(し)】畳をさして作ること。また、その職人。

たたみ-ざわり【畳触り】❶畳に触れた感じ。畳の感触。❷畳への触れ方。立ち居振る舞いのこと。「座配万事がしっとりとしてざわつかず、—の格別なもので」〈浮・禁短気・六〉

たたみ-ざん【畳算】占いの一種。簪(かんざし)やキセルを畳の上に投げ、その向き、または落ちた所から畳の端までの編み目の数をかぞえ、その丁・半によって吉凶を占う。主に遊里で行われた。

たたみ-じき【畳敷(き)】床に畳が敷いてあること。また、その場所。

たたみ-じゃく【畳み尺】折り畳むことができるものさし。折り尺。畳み物差し。

たたみ-しょく【畳職】畳を作る職人。

たたみ-じわ【畳み×皺】衣服や紙などをたたんでおくことによってできるしわ。

たたみ-すいれん【畳水練】《畳の上で行う水泳の訓練の意》理屈ばかりで実地の訓練が欠けているため、実際には役に立たないこと。畳の上の水練。畑水練。

タタミゼ〔(フランス) tatamiser〕生活に畳(たたみ)を取り入れるなど、日本風の室内装飾や様式を取り入れること。

ただみ-せん【只見線】上越線小出(こいで)と磐越西線会津若松とを結ぶJR線。昭和46年(1971)全通。大部分が福島県西部の只見川沿いを走り、六十里越(ろくじゅうりごえ)トンネルで新潟県と結ばれる。

たたみ-つき【畳付き】❶表面に畳表をつけたもの。下駄・草履などにいう。❷陶磁器、特に茶碗・茶入れなどの底の、畳にじかに触れる部分。

たたみ-な・す【畳みなす】〔動サ四〕幾重にも重ねる。「すくよかならぬ山の気色、木深く世離れて—・し」〈源・帚木〉

たたみ-ばしご【畳み×梯子】携帯などに便利なように、折りたためるように作った梯子。

たたみ-ばり【畳針】畳の床(とこ)に畳表や縁(へり)を縫いつけるのに用いる太い針。

たたみ-ぶね【畳み船】近世、折りたたんで陸上を持ち運び、必要なときに組み立てて使った軍用船。

たたみ-べり【畳▽縁】畳のふち。また、そこにつける布。

たたみ-め【畳(み)目】❶紙・布などをたたんだときにできる折り目。「—のしわをのばす」❷畳表の編み目。畳の目。

たたみ-ものさし【畳み物差(し)┊畳み▽尺】携帯に便利なように、折りたためるように作ったものさし。

たたみ-やたい【畳み屋台】折りたたんで運搬できるようにつくった小型の屋台。

たた・む【畳む】〔動マ五(四)〕❶広げてある物を折り返して重ねる。折って小さくまとめる。「布団を—・む」「ハンカチを—・む」❷広げたものを折るようにして閉じたり、すぼめたりする。「扇を—・む」「傘を—・む」❸その場所で続けてきた商売や生活をやめてしまう。片付けて、よそへ移る。引き払う。「所帯を—・む」「店を—・む」❹心の中に秘めておく。「胸に—・んで話さない」❺構築のために石などを敷き詰めたり、積み重ねたりする。「温泉ごのみに石で—・みました風呂は」〈鏡花・眉かくしの霊〉❻幾重にも重ねる。積み重ねる。「翠りを—・む春の峰」〈漱石・草枕〉❼俗に、暴力でいためつける。やっつける。「ひと思いに—・んでしまえ」❽積み重なる。「用ガー・ンデキタ」〈和英語林集成〉

(可能)たためる (類語)(❶)折り畳む・折り重ねる・折る/(❷)すぼめる・つぼめる・閉(と)じる/(❸)片付ける・仕舞う・閉じる・閉(し)める・引き払う

ただ-むか・う【▽直向かふ】〔動ハ四〕まっすぐに向く。じかに向き合っている。「御食(みけ)向かふ淡路の島に—・ふ敏馬(みぬめ)の浦の」〈万・九四六〉

ただむき【▽腕┊×臂】うで。肩からひじまでを「かいな」というのに対して、ひじから手首までの部分。「白—枕(ま)かずけばこそ」〈記・下・歌謡〉

ただ-め【▽直目】直接に見ること。まのあたりに見ること。「語り継ぐからにもここだ恋しきを—に見けむ古壮士(いにしへをとこ)」〈万・一八〇三〉

タタ-モーターズ〔Tata Motors〕インドの自動車会社。同国西海岸、マハラシュトラ州の州都ムンバイに本社を置く。1945年設立。財閥タタグループの主要会社の一つ。主にバス、トラックを生産。90年代より乗用車の生産に力を入れ、98年に同国初の独自開発の乗用車を発売。2008年には世界で最も安い量産自動車を発表した。

ただ-もの【×只者┊▽徒者】普通の人。尋常の人。なみの人。多く打消しの語を伴って用いる。「あの不敵な面構えは—ではない」

だだ-もれ【だだ漏れ】《「だだ」は接頭語》はなはだしく漏れ出ること。際限なく漏れること。「情報が—になる」

ただ-もんめ【×只×匁】《「匁」は昔の金銭の単位》ただ。無料。「下戸(げこ)の処へ、おまけに—の妓(こ)なんですから」〈鏡花・卵塔場の天女〉

ただ-ゆうけい【多田裕計】〔1912～1980〕小説家・俳人。福井の生まれ。「長江(ちょうこう)デルタ」で芥川賞受賞。戦後、石田波郷(はきょう)の俳誌「鶴」に参加。俳誌「れもん」創刊、主宰。他に「アジアの砂」「芭蕉」、句集「浪漫抄」など。

ただよ・う【漂う】〔動ワ五(ハ四)〕❶空中・水面などに浮かんで揺れ動く。一つ所にとどまらずゆらゆら動いている。「波のまにまに—・う」「空を—・う雲」❷あてもなくあちこち歩く。さまよう。「異郷に—・う」「他国を—・い歩く」❸香りなどが風に運ばれたりしてそのあたりに満ちる。「梅の香が—・う」❹ある雰囲気やけはいがそのあたりに満ちている。そのあたりに何となく感じられる。「妖気が—・う」「険悪な空気が—・う」❺落ち着かない。不安定である。「そのすぢとも見えず—・ひたる書きざま」〈源・常夏〉❻ひるむ。たじろぐ。「少しも—・はず戦ひける間、人馬共に気疲れて」〈太平記・一四〉

(類語)浮かぶ・たゆたう・流れる・さまよう・漂流する

ただよし【忠吉】〔1572～1632〕江戸初期の刀工。肥前の人。本名、橋本新左衛門。埋忠明寿(うめただみょうじゅ)に学び、鍋島家に仕えた。武蔵大掾(むさしだいじょう)を受領し、忠広と改名。

ただよわ・し【漂はし】〔形シク〕落ち着かず頼りない。不安定だ。「みな思ふさまに定まり、—・しからで、あらまほしくて過ぐしたまふ」〈源・蛍〉

ただよわ・す【漂わす】〔動サ五(四)〕❶ただようようにする。ただよわせる。「梅の香をあたりに—・す」「口もとに微笑を—・す」❷よるべないようにさせる。落ち着かない状態にする。「無品(むほん)の親王の外戚(げしゃく)の寄せなきにては—・さじ」〈源・桐壺〉

たたら【踏=鞴┊蹈=鞴】❶足で踏んで空気を送る大形のふいご。鋳物師が用いる。❷(「鑪」とも書く)❶の装置をした砂鉄精錬炉。

踏鞴を踏・む ❶たたらを踏んで空気を送る。❷勢いよく向かっていった的が外れて、から足を踏む。

だだら-あそび【駄駄羅遊び】遊里で、金銭を浪費して遊ぶこと。転じて、無意味な遊び。

だだら-だいじん【駄駄羅大尽】遊里で、金銭を湯水のように使い豪遊する客。「身はこの廓(さと)へ通ひつめ、当世—と、人に知られて」〈伎・浮世柄比翼稲妻〉

たたら-はま【多多良浜】福岡市東区、博多湾に面する海岸。元寇(げんこう)の古戦場。また、延元元=建武3年(1336)足利尊氏(あしかがたかうじ)・直義の兄弟が菊池武敏を破った地。

たたら-ぶき【踏=鞴吹き】砂鉄と良質の木炭をまぜて粘土製の方形炉に入れ、たたらで送風して鉄をつくる方法。日本古来の製鉄法。

たたら-ぼし【たたら星】二十八宿の一、婁宿(ろうしゅく)の和名。➡婁(ろう)

たたら-まつり【踏=鞴祭(り)】►鞴(ふいご)祭り

ただら-め【×爛ら目】「爛(ただ)れ目」に同じ。

たたり【×祟り】❶神仏や怨霊(おんりょう)などによって災厄をこうむること。罰(ばち)・科(とが)・障りと同義的に用いられることもある。「山の神の—」❷行為の報いとして受ける災難。「悪口を言うと、後の—が恐ろしい」

(類語)罰(ばち)・天罰・災い・呪い・報い

たたり【絡=垜】糸のもつれを防ぐ道具。方形の台に柱を立てて経糸(たていと)をかけるもの。「娘子(をとめ)らが績麻(うみを)の—打ち麻(そ)掛け」〈万・二九九〇〉

たたり-め【×祟り目】たたりにあうとき。災難をこうむるとき。「弱り目に—」

たた・る【×祟る】〔動ラ五(四)〕❶神仏や怨霊(おんりょう)などが災いをする。「物の怪(け)に—・られる」❷何かが原因となって悪い結果が生じる。「無理が—・って病気になる」「日ごろの不勉強が最後まで—・る」

(類語)響く・影響する・差し響く・跳ね返る・災いする

ただ・る【×爛る】〔動ラ下二〕「ただれる」の文語形。

ただれ【×爛れ】ただれること。また、ただれた状態。

ただれ-め【×爛れ目】目のふちが赤くただれる病気。また、その目。ただらめ。

ただ・れる【×爛れる】〔動ラ下一〕図ただ・る〔ラ下二〕❶炎症などのために皮膚や肉がやぶれくずれる。「傷口が—・れる」❷物事にふけり、それにおぼれる。抑制がなく乱れる。「酒に—・れた生活」

たたわ・し【×湛はし】〔形シク〕❶物事が完全無欠で満ち足りている。「望月(もちづき)の—・しけむと我(あ)が思ふ皇子(みこ)の命(みこと)は」〈万・三三二四〉❷いかめしく、りっぱである。おごそかである。「これぞ—・しきやうにて、むまのはなむけしたる」〈土佐〉

た-たん【他端】他のはし。もう一方のはし。

た-たん【多端】〔名・形動〕❶複雑で多方面にわたっていること。また、そのさま。「多岐—」❷事件や仕事が多くて忙しいこと。また、そのさま。多忙。多事。「国事—」「誠に家事—に」〈福沢・福翁自伝〉

たたん-がみ【畳ん紙】「畳紙(たとうがみ)」に同じ。「旅の調度など取らする物から—に書きてとらする」〈後撰・離別・詞書〉

ただんしき-ロケット【多段式ロケット】機体を数段に分け、第一段から次々に点火して燃焼噴射させ、燃焼ずみの部分を順次切り離す方式のロケット。

ただん-へんそくき【多段変速機】大小の歯車を組み合わせて、機械の回転速度を変える装置。有段変速機。➡無段変速機

たち【太-刀｜大=刀】《「断ち」の意》❶長大な刀剣の総称。短小の「かたな」に対していう。❷刃を下に向けて腰につり下げる長大な刀剣。刃を上に向けて帯にさす「かたな」に対していう。[補説]本来は平安中期ごろまでの直刀(ちょくとう)は「大刀」、それ以降の反り刀は「太刀」と書いて区別する。[類語]刀・剣(けん)・剣(つるぎ)・刀剣・大刀(だいとう)・日本刀・青竜刀・サーベル

たち【立ち】[一]〔名〕❶立つこと。また、立っていること。「お一の方は速やかに御着席下さい」❷旅立つこと。旅に出ること。出発。「だから松野さんが一を延ばしなすったのです」〈木下尚江・良人の自白〉➡御立(おた)ち ❸時の経っていくこと。経過。「月日の一が早い」❹燃えてなくなること。尽きること。「一の早い炭」❺釣りで、水深のこと。また、水面から棚までの深さ。「一を取る」[二]〔接頭〕動詞に付いて、意味を強めたり、やや改まった感じを表したりする。「一まさる」「一向かう」

た-ち【多知｜多×智】知恵の多いこと。「たとひ一禅定有りとも淫をたたずば」〈貞享版沙石集・四〉

たち【▽質】❶生まれつきもっている性質や体質。資質。「辛抱強い一だ」「日焼けしやすい一」❷物事の性質。「いたずらにしては一が悪い」[類語]性(しょう)・性分・性質・気質・気性(きしょう)・気立て・資性・資質・体質

たち【▽館】❶国司・郡司などの官舎。「甲斐国に一の侍なりけるものの、夕ぐれに一をいでて」〈宇治拾遺・三〉❷貴人の邸宅。やかた。「ほととぎす一を通していふ許になくときくにも」〈かげろふ・下〉❸貴人を敬っていう語。やかた。「大弐の御一の上の」〈源・玉鬘〉❹小規模の城塞をなした地方豪族の居所。多く土塁や壕が巡らしてあった。屋敷。たて。「次の日兵衛佐の一へ向かふ」〈平家・八〉

たち【▽達】〔接尾〕人を表す名詞や代名詞に付く。❶複数であることを表す。「子供一」「僕一」❷複数の意とともに尊敬の意をも表す。「大舟にま梶しじ貫(ぬ)き此の我子を唐国へ遣るいはへ神一」〈万・四二四〇〉[補説]上代では、神・天皇・高貴な人に限って用いられた。

[用法]たち・がた・ども・ら――いずれも人が複数であることを示す接尾辞。◆「たち」は「公達(きんだち)」のように元来、若干の敬意を伴う表現であったが、現在では普通に「ぼくたち」「私たち」のように自称に付けたり、「犬たち」「鳥たち」のように動物にも用いるようになった。◆近ごろ「道具たち」のように物に「たち」を付けることがみられるが、これは正しい使い方とはいえない。◆「がた」は敬意を含んだ接尾辞で、「あなたがた」「先生がた」などと用いる。◆「ども」には見下す気持ちが含まれ、「がきども」「野郎ども」のように使う。また、自称の代名詞に付くと謙遜(けんそん)の意を示す。「私ども」「手前ども」◆「ら」は使われる範囲が広い。「彼ら」「子供ら」のように敬意を含まない場合、「お前ら」のように蔑視を表す場合、自称の代名詞に付いて謙遜の意を表す場合、「それら」「これら」のように指示代名詞に付いて物の複数を表す場合などがある。◆敬意の程度は「あなたがた→あなたたち→お前ら」の順に低くなる。[類語]方(がた)・共(ども)・等(ら)・連(れん)・等(とう)・等等

だち《「友達」の略》「友達」の俗な言い方。「まぶ一」

だち【立ち】〔語素〕《動詞「た(立)つ」の連用形から》❶名詞の下に付いて、そのつくりのさまを表す。「顔一」「目鼻一」❷車などに付ける牛馬の数や船の櫓(ろ)の数などの下に付けて、その数で成り立っていることを表す。だて。「四頭一の車」「八挺一の船」❸地名や身分などを表す名詞の下に付いて、出身地やおいたちを表す。「この辺の海賊は定めて熊野一の奴原にてこそあるらめ」〈著聞集・一二〉

たち-あい【立(ち)会(い)】❶その場にいて物事の成り行きや結果を見守ること。また、その人。「関係者の一を求める」❷取引所で、会員が集まって売買を行うこと。「後場の一」

たち-あい【立(ち)合(い)】❶双方から出て向かい合うこと。また、出あって勝負を争うこと。試合。「真剣での一」❷相撲で、両力士が仕切りから立ち上がる瞬間の動作。「一から一気に押し出す」❸田楽・猿楽などで、競演すること。同じ曲を数人が舞う場合と、別曲を一番ずつ舞う場合とがあった。❹江戸幕府の評定所の定日会合の一。寺社・町・勘定の三奉行のほか、大目付・目付が出席し、評議する。

たちあい-えんぜつ【立会演説】互いに違った意見をもつ人々が、同じ場所で、交互に行う演説。「一会」

たちあいがい-とりひき【立会外取引】➤時間外取引

たちあい-じかん【立(ち)会(い)時間】証券取引所などで取引が行われる時間。午前中を前場(ぜんば)、午後を後場(ごば)という。[補説]東京証券取引所の場合、前場は午前9時から午前11時30分まで。後場は午後0時30分から午後3時まで。

たちあい-じょう【立会場】取引所で、売買取引を行う場所。場(ば)。たちあいば。➡場立ち [補説]日本では、コンピューターシステム化が進んだため廃止されている。

たちあい-ていし【立会停止】取引所で、売買量が急増して処理が不能となったときや相場に急激な変動が起こったときなど、秩序を保つために一時立ち会いを停止すること。停会。

たちあい-にん【立会人】あとの証拠のために、その場に立ち会う人。「選挙の一」

たちあい-ば【立会場】➤たちあいじょう(立会場)

たち-あ・う【立(ち)会う】〔動ワ五(ハ四)〕物事の成り行きや結果を見守るため、その場にいる。証人・参考人などとしてその場に臨む。「開票に一・う」

たち-あ・う【立(ち)合う】〔動ワ五(ハ四)〕❶互いに勝ち負けを争う。「正々堂々と一・う」❷互いに行き会う。「山並の宜しき国と川なみの一・ふ里と」〈万・一〇五〇〉

たち-あおい【立×葵】アオイ科の越年草。高さ約2メートル。葉は心臓形で浅い切れ込みがある。花茎は長く、梅雨のころに、紅・白・紫色などの大きな花を下から上へ順に開く。観賞用。はなあおい。つゆあおい。からあおい。あおい。[季 夏]「三方に蝶のわかれし一/汀女」

たち-あかし【立ち明かし】「立て明かし」に同じ。「所々の篝火一月の光もいと明きに」〈栄花・初花〉

たち-あか・す【立(ち)明かす】〔動サ五(四)〕立ったままで夜を明かす。「私は一夜(ひとよ)車室の隅に一・した」〈啄木・札幌〉

たち-あがり【立(ち)上がり】❶立ち上がること。❷動作などを始めたばかりのところ。でばな。「一が悪い投手」❸機械などが始動すること。「コンピューターの一が遅い」

たち-あがり【裁(ち)上(が)り】布や紙などを裁ちおえること。また、できばえ。

たち-あが・る【立(ち)上がる】〔動ラ五(四)〕❶座ったりかがんだりしている姿勢から身を起こして立つ。「いすから一・る」❷よくない状態に陥ったものが再び勢いを取り戻す。「地震の痛手から一・る」❸行動を起こす。「反対運動に一・る」❹上の方に立つ。立ちのぼる。「砂ぼこりが一・る」❺相撲で、仕切りから身を起こし、勝負を始める。「制限時間の前に一・る」❻機械が動き始める。また、コンピューターのプログラムが起動する。「このパソコンは一・るのが速い」❼《❻からの派生》設置される。開設される。「年金記録を審査する第三者委員会が一・る」

[類語]起きる・起き上がる・立つ

たちあがれ-にっぽん【たちあがれ日本】平成22年(2010)に結成された保守政党。与謝野馨(よさのかおる)ら4議員が自民党を離党し、郵政選挙の前に離党していた平沼赳夫と合流し結成。保守主義と財政再建をかかげる。

たち-あげ【立(ち)上げ】❶コンピューターで、プログラムを起動させること。「パソコンの一に失敗する」❷企画立案して始動させること。設立すること。「ウェブサイトの一にかかわる」「対策本部の一に手間取る」

たち-あ・げる【立(ち)上げる】〔動ガ下一〕❶コンピューターで、プログラムを起動させる。「ワープロソフトを一・げる」❷企画立案して始動させる。また、設立する。「新ビジネスを一・げる」「ウェブサイトを一・げる」「地方選に向けて選挙事務所を一・げる」

たち-あるき【立(ち)歩き】立つことと歩くこと。また、立って歩くこと。

たち-い【立(ち)居｜▽起ち居】❶立ったり座ったりの動作。日常的な動作。起居(ききょ)。「一が不自由だ」❷立って、そこにいること。「天(あま)晴れて、千里に雲の一もなく」〈読・雨月・菊花の約〉

たち-いえ【建(ち)家】建っている家。たてや。

たち-い・ず【立ち▽出づ】〔動ダ下二〕❶立って外へ出る。その場を去る。「ここなるこれかれ送りに一・でたれば」〈かげろふ・中〉❷立って来る。出て来る。「かの小柴垣(こしばがき)のほどに一・で給ふ」〈源・若紫〉❸表だったところに出る。出しゃばる。「数ならぬ人の並びきこゆべきおぼえにもあらぬを、さすがに、一・でて、人もめざましと思す事やあらむ」〈源・薄雲〉❹表面に出る。現れてくる。「打ちそへて、もとよりの憎さも一・でて」〈源・桐壺〉

たち-いた【裁(ち)板】布や紙を裁つときなどに台として用いる長方形の板。裁ち台。裁ち物板。

たち-いた・る【立(ち)至る｜立ち▽到る】〔動ラ五(四)〕物事がそのような状況・事態になる。「倒産という事態に一・る」[類語]辿り着く・至る

たち-いち【立(ち)位置】❶立っている場所。「カメラに映るよう役者の一を変える」❷周囲の状況の中でその人が取る立場。立脚点。「作家としての一を確立する」

[類語]立脚点・立脚地・立場・地位・位置・ポジション

たちい-ふるまい【立(ち)居振(る)舞(い)】立ったり座ったりの身のこなし。日常の動作。たち振る舞い。

[類語]立ち振る舞い・起居・行住坐臥(ぎょうじゅうざが)・挙措

たち-いり【立(ち)入り】❶たちいること。中にはいること。「部外者の一を禁ずる」❷その家に親しく出入りすること。また、その人。❸「立入検査」「立入調査」の略。❹江戸時代、大坂の諸大名蔵屋敷に出入りして御用をつとめた商人。御立入(おたちいり)。

たちいり-きんし【立入禁止】一定の場所にはいることを禁止すること。

たちいり-けんさ【立入検査】行政機関の職員が、行政法規の遵守を確認するため、事務所・営業所・工場・倉庫などにはいり、業務状況または帳簿書類・設備その他の物件を検査すること。臨検検査。

たちいり-ちょうさ【立入調査】警察官が必要と認めるときに、古物商・質屋・風俗営業店などにはいり、内容を調査し、関係者に質問すること。

たち-い・る【立ち居る】〔動ワ上一〕❶立ったり座ったりする。起居(ききょ)する。「手一つ弾き取れば、師を一・ゐ拝みて喜び」〈源・東屋〉❷雲などが現れて、空に浮かんでいる。「中空に一・ゐる雲のあともなく身のはかなくもなりにける哉」〈伊勢・二一〉

たち-い・る【立(ち)入る】〔動ラ五(四)〕❶ある場所の中にはいる。はいりこむ。「工事現場に一・る」❷ある物事に深くはいりこむ。また、当事者の私事などにかかわり合う。干渉する。「他人の私生活に一・る」「一・ったことをお聞きしますが」

[類語]入り込む・踏み込む・乗り込む・押し入る

たち-うお【太-刀魚】スズキ目タチウオ科の海水魚。全長約1.5メートル。体は細長く側扁が著しい。尾端は糸状。歯は鋭い。体表はうろこがなくてグアニンで覆われ、銀白色。海中では頭を上にして、直立している。世界の暖海に分布し、夏季、西日本に近づく。食用のほか、表皮のグアニンを模造真珠の塗料に利用。老齢の個体にまれに骨腫が見られるが、その肉を食しても害はない。[季 秋]「一をぬたにすべくも習ひけり/青々」

たち-うす【立(ち)臼】地上にすえて、餅などをつく臼。たてうす。

立ち臼に菰(こも) 太った女が着物を着て帯をしめた姿の形容。

立ち臼も二階へ登る ありえないことが起こることの

たとえ。
たち-うち【太-刀打ち】〔名〕スル ❶太刀で打ち合ってたたかうこと。❷まともに張り合って競争すること。多く、あとに打消しの語を伴う。「若さには―できない」「まともに―してはかなわない」❸槍の口金から血溜まりまでの称。太刀走り。
たちうち【立ち▽射ち】▶立射❶
たちうばい【太刀奪】▶たちばい
たち-うり【立(ち)売り】〔名〕スル 一定の場所に店を構えず、駅の構内や路上などに立って物を売ること。また、その人。「駅弁の―」
たち-うり【裁(ち)売り】布などを必要な長さだけ切って売ること。切り売り。
たち-え【立ち▽枝】高く伸びた枝。そびえたった枝。「わが宿の梅の―や見えつらむ思ひのほかに君が来ませる」〈拾遺・春〉
たち-えり【立(ち)襟】折り曲げないで立てて仕立ててある襟。スタンドカラー。つめえり。
たち-おうじょう【立(ち)往生】〔名〕スル ❶立ったままの姿勢で死ぬこと。立ち死に。「弁慶の―」❷その場に止まったり途中で行き詰まったりしたまま、処置のしようもなく、動きのとれないこと。「吹雪で汽車が―する」「壇上で―する」
たち-おくれ【立(ち)後れ｜立(ち)遅れ】たちおくれること。着手する時機を失うこと。「受験勉強の―がもろに響く」
たち-おく・れる【立(ち)後れる｜立(ち)遅れる】〔動ラ下一〕文たちおく・る〔ラ下二〕❶人より遅く立ち上がる。「相手力士に―・れる」❷人よりおくれて物事に着手する。先を越される。また、遅くなって時機を失う。「選挙運動に―・れる」❸物事の進歩などが標準より劣る。「社会保障制度が―・れている」❹死に遅れる。先に死なれる。「睦ましかるべき人にも―・れはべりにければ」〈源・若紫〉
類語 遅れる・出遅れる・後れをとる
たち-おと【太-刀音】太刀で物を切ったり、太刀を打ち合ったりする音。
たち-おとし【裁(ち)落(と)し】余分なものとして切り取られた部分。特に製紙や製本の仕上げ裁ちで出る紙のくず。
たち-おと・す【裁(ち)落(と)す】〔動サ五(四)〕裁ち切って不必要な部分を取り除く。「布を―・す」
たち-おどり【太-刀踊(り)】高知県を中心に分布する民俗芸能。普通は20人ほどの若者が二人一組になって、太刀または太刀花(両端に紙花をつけた棒)を打ち合わせながら踊る。花取り踊り。
たち-およぎ【立(ち)泳ぎ】〔名〕スル 頭を水面上に出し、からだを立てたままで泳ぐこと。
たち-おりがみ【太-刀折(り)紙】❶太刀に添える鑑定書。➡折り紙 ❷太刀や馬を贈るときの目録にした折り紙。
たち-おろし【裁(ち)下ろし】❶新調したばかりの着物。仕立ておろし。❷衣服を仕立てる寸法。
たち-か・う【裁ち替ふ｜裁ち換ふ】〔動ハ下二〕布などを裁ちなおして衣服を作りかえる。「蟬の羽も―・へてける夏衣」〈源・夕顔〉
たち-かえり【立(ち)返り｜立(ち)帰り】㊀〔名〕行ってすぐに帰ること。「―にもと思へども、おのづから日頃経ることも」〈浜松・二〉㊁〔副〕❶折り返してすぐに。手紙などを受け取ってすぐに返事を返すさま。「御返しに…鳥の声は孟嘗君のにやときこえたれば、―、孟嘗君のにはとりは…とあれば」〈枕・一三六〉❷繰り返し何度も。「―泣けども我は験しなみ思ひわぶれて寝る夜しそ多き」〈万・三七五九〉❸もとの時点に戻って。「梅の匂ひにぞ、いにしへのことも―恋ひしう思ひ出でらるる」〈徒然・一九〉
たち-かえ・る【立(ち)返る｜立(ち)帰る】〔動ラ五(四)〕❶もとの位置や状態に戻る。「初心に―・って勉強する」❷手紙の返事などを折り返し、すぐにする。折り返す。「行きと行きて―・らむも心ぐるし」〈源・蜻蛉〉❸同じことを何度もする。繰り返す。「―・りつつ御せうそこ申させ給ふ」〈宇津保・国譲上〉❹(「年立ち返る」の形で)新年を迎える。年が改まる。「あらたまの年―・る朝より待たるる物はうぐひすの声」〈拾遺・春〉類語 返る・戻る・引き返す・立ち直る・舞い戻る
たち-かか・る【立(ち)掛(か)る】〔動ラ五(四)〕❶立とうとする。立とうとして途中でやめる。立ちかける。「いすから―・る」❷立ち向かう。かかっていく。「勇猛果敢に―・る」
たち-がく【立楽】立ったままで雅楽を演奏すること。また、その雅楽。屋外での舞楽の伴奏などで行われる。りゅうがく。⇔居楽
たち-かく・す【立ち隠す】〔動サ四〕霞や霧などが立ちこめて、さえぎり隠す。「山桜わが見にくれば春霞峰にも尾にも―・しつつ」〈古今・春上〉
たち-かく・る【立ち隠る】〔動ラ下二〕何かの陰に身を隠す。「さるべき所に―・れ給ひて」〈源・賢木〉
たち-かけ【太-刀懸(け)】❶太刀をかけること。また、その台。❷「太刀懸の草摺」の略。
たち-かげ【太-刀影】❶太刀のひらめく光。「夕日脚の事なれば、―の障子にすきて見えければ」〈曽我・六〉❷太刀のおかげ。武功のおかげ。「御―を以て、信州更級へ帰参申したし」〈甲陽軍鑑・二八〉
たちかけ-の-くさずり【太-刀懸の草×摺】▶射向の草摺
たち-がしら【立(ち)頭】能・狂言で、立ち衆を統率する役。立ち衆頭。
たち-かぜ【太-刀風】❶刀を振る勢いで起きる風。❷激しく太刀を振るって戦うありさま。「筑前守の―に驚き、草木もなびき従ひ」〈武家名目抄〉
たち-かた【立(ち)方】❶能楽で、囃子方に対して、シテ方・ワキ方・狂言方のこと。❷歌舞伎・日本舞踊で、地方に対して、立って舞い踊る者。
たち-かた【裁(ち)方】布地を裁断する方法。
たち-がたり【立(ち)語り】能の間狂言の形式の一。シテの中入り後、狂言方が舞台常座で立ったまま、独りで物語るもの。
た-ちから【田力｜▽租】《「たぢから」とも》律令制で、田に課された租税。田租。➡租
た-ぢから【手力】腕の力。「おれよりももっと―を養え」〈芥川・老いたる素戔嗚尊〉
たぢからお-の-みこと【手力男命】▶天手力男命
たち-がらみ【太-刀絡み】鎧の上に、太刀をつけるための道具。皮やふじづるで輪を作り、太刀をくくりつける。
たち-がれ【立(ち)枯れ】〔名〕スル 草木が立ったまま枯れてしまうこと。類語 草枯れ・冬枯れ・霜枯れ
たちがれ-びょう【立(ち)枯れ病】農作物の根や地際の茎がおかされて、急に枯れてしまう病害。土壌中の細菌・かびの寄生による。
たち-が・れる【立(ち)枯れる】〔動ラ下一〕文たちが・る〔ラ下二〕草や木が立ったままで枯れる。「街道沿いの松が―・れる」
たちかわ【立川】東京都中西部の市。旧陸軍の飛行場があったが、第二次大戦後、米軍が進駐し、昭和52年(1977)返還された。現在、自衛隊の基地と昭和記念公園がある。人口18.0万(2010)。
たちかわ-し【立川市】▶立川
たちかわ-ぶんこ【立川文庫】明治末期から大正中期にかけて、大阪の立川文明堂から刊行された少年向けの小型の講談本。講談師玉田玉秀斎や山田阿鉄らが共同執筆。「猿飛佐助」「霧隠才蔵」などの忍術物が人気を博した。たつかわぶんこ。
たち-かわり【立(ち)代(わ)り】〔副〕代わる代わる。たびたび。「入れ代わり―来客がある」
たちかわり-いりかわり【立(ち)代(わ)り入(り)代(わ)り】〔副〕「入れ代わり立ち代わり」に同じ。「全校の学生が―ぶつかる力競べ」〈蘆花・思出の記〉
たちかわ-りゅう【立川流】真言密教の一派と陰陽道との混合により成立した流派。性的な結合を唱える邪教とされた。平安後期、武蔵国立川の陰陽師が唱え、文観が広めて大流行したが、慶長以後ほとんど絶えた。
たち-かわ・る【立ち代はる｜立ち替はる】〔動ラ四〕❶移りかわる。「―・り古き都となりぬれば道の芝草長く生ひにけり」〈万・一〇四八〉❷入れかわる。交替する。「唐衣―・りぬる春の世にいかでか花の色も見るべき」〈栄花・疑ひ〉
たち-き【立(ち)木】地面に生えて立っている木。
たち-ぎえ【立(ち)消え】❶火が燃え上がらずに中途で消えてしまうこと。❷事件・計画などがいつの間にかなくなること。「旅行の話が―になる」類語 中止・とりやめ・打ち切り・中絶・途絶・沙汰止み・お流れ・尻切れとんぼ
たち-ぎき【立(ち)聞き】〔名〕スル ❶立ち止まって他人の会話をこっそり聞くこと。盗み聞き。「廊下で―する」❷轡の頭の輪。面繋をつける所。また、そこと面繋をつなぐひも。類語 盗み聞き・盗聴
たち-き・く【立(ち)聞く】〔動カ五(四)〕《「たちぎく」とも》❶立ったままで聞く。「校庭で先生の話を―・く」❷物陰に隠れるように立ち止まって、人の話をこっそり聞く。盗み聞く。「月より外に―・ける人ありとも知らで」〈樗牛・滝口入道〉
たちき-ぶつ【立(ち)木仏】立ち木のまま彫り出した仏像。また、そのように似せて彫成した仏像。仏教と霊木信仰とが結びついて8世紀ごろ発生したもので、10〜12世紀の遺品が多い。
たち-ぎみ【立ち君】昔、夜、道端に立ち、客を引いた娼婦。古くは辻君と区別された。「とこも定めぬ―は、これも世渡るならひとて」〈浄・卯月の紅葉〉
たち-きり【断(ち)切り】❶断ち切ること。断ち切ったままにすること。「―のロープ」❷口絵・挿絵・表紙などの画面を仕上げ寸法よりやや大きく印刷しておき、仕上げのときにその一部を裁ち落として紙面いっぱいに印刷されているようにすること。
たち-き・る【断(ち)切る】〔動ラ五(四)〕❶(「裁ち切る」「截ち切る」とも書く)刃物などで切りはなす。「布を半分に―・る」❷かかわりやつながりを切って、関係をなくす。「腐れ縁を―・る」「未練を―・る」❸さえぎり止める。遮断する。「補給路を―・る」
類語 絶つ・切る・切り離す・振り切る・思い切る
たち-ぎれ【裁(ち)切れ】裁断してある布。
たち-ぎわ【▽発ち際】ちょうど出かけようとする、その時。出発のまぎわ。「―に客が来る」
たち-・く【立ち来｜▽起ち来】〔動カ変〕❶やってくる。来る。「近江より朝―・くればうねの野にたづぞ鳴くなる明けぬこの夜は」〈古今・大歌所御歌〉❷雲・霧・波・風などがわき起こってくる。「吾家の方よ雲居―・くも」〈記・中・歌謡〉
たち-ぐい【立(ち)食い】〔名〕スル 立ったままでものを食べること。「―そば」類語 立食
たち-く・く【立ち▽潜く】〔動カ四〕間をくぐる。くぐって行く。「あしひきの木の間―・くほととぎすかく聞きそめて後恋ひむかも」〈万・一四九五〉
たち-ぐされ【立(ち)腐れ】〔名〕スル 草木などが立ったままで腐ること。また、建物などが手入れをしないために荒れ朽ちてしまうこと。
たち-くず【裁ち×屑】紙や布などを裁断したときに出る残りくず。
たち-くたび・れる【立ち草=臥れる】〔動ラ下一〕文たちくたび・る〔ラ下二〕長い時間立ちつづけて疲れる。「電車で―・れる」
たち-くだ・る【立ち下る】〔動ラ四〕程度が低くて劣る。「その人ならず―・れる際には」〈源・若菜上〉
たち-くらみ【立(ち)暗み｜立ち×眩み】〔名〕スル《「たちぐらみ」とも》立ち上がるときに、または立っているときに急にめまいがすること。また、そのめまい。「風呂あがりに―する」
たち-げ【立(ち)毛】❶農作物の収穫する前の状態。「金では取れないと見ると帳場は―の中に押収してしまう」〈有島・カインの末裔〉❷寝ないで立っている毛。
たち-げいこ【立(ち)稽古】演劇の稽古で、台本の読み合わせのあと、実際に立って各自の動作・表情をつけながら練習すること。
たちげ-さしおさえ【立(ち)毛差(し)押(さ)え】

おさえ 小作料が滞納または不納のとき、その代償として地主が、刈り取る前の小作地の稲を差し押さえること。青田差し押さえ。

たち-こ・える【立(ち)越える】〔動ア下一〕図たちこ・ゆ〔ヤ下二〕❶越える。過ぎていく。「国境の峠を一・える」「一身の利害を一・える」❷まさる。すぐれる。「外の姫たちに一・えて美しとおもうところもなく」〈鴎外・文づかひ〉❸出て行く。出かけて行く。「嵯峨野の方ゆかしく候間に、一・え一見せばやと思ひ候ふ」〈謡・野宮〉

たち-ごし【立(ち)腰】相撲で、腰の重心を低くしていない姿勢で立っていること。

たち-ごしらえ【太-刀×拵え】太刀の柄・鍔・鞘などの装備、およびそれに施された意匠。

たちこみ【立(ち)込み】釣りで、川または海の浅場に入って魚を釣ること。

たち-こ・む【立(ち)込む┊立ち▽籠む】㊀〔動マ五(四)〕❶ある場所に集まって込み合う。混雑する。たてこむ。「境内は参詣の人々で一・んでいる」「ことに人多く一・みて」〈徒然・四一〉❷川釣りで、川の中に入って立ち、釣り糸を垂れる。「深みに一・みアユをねらう」㊁〔動マ下二〕「たちこめる」の文語形。

たち-こ・める【立(ち)込める┊立ち▽籠める】〔動マ下一〕図たちこ・む〔マ下二〕霧や煙などがその場所一面に満ち広がる。「室内に甘い香りが一・める」

たち-さ・う【立ち▽塞ふ】〔動ハ下二〕立ってさえぎり止める。立ちふさぐ。「波一・へて入れずもあらなむ」〈土佐〉[補説]古くは四段活用か。

たち-さか・ゆ【立ち栄ゆ】〔動ヤ下二〕❶草木などが盛んに茂る。「山の峡に一・ゆる葉広熊白檮」〈記・下・歌謡〉❷時を得て栄える。時めく。繁栄する。「一・え給へるこそ、たぐひなきやんごとなさなめれ」〈増鏡・内野の雪〉

たち-さき【太-刀先】❶太刀の刃の先。切っ先。「一をかわす」❷切りかかる勢い。また、口や筆によって攻撃する勢い。「一鋭く政府を攻撃する」

たち-ざけ【立(ち)酒】❶立ったまま酒を飲むこと。また、その酒。❷出発に際して飲む酒。旅行や婚礼・葬送など、家から出かけるときに飲む酒。「一のんで誰を野送り」〈浄・油地獄〉

たち-さばき【太-刀×捌き】太刀の使いよう。

たち-さ・る【立(ち)去る】〔動ラ五(四)〕立ってその場所から去る。たちのく。「黙って一・る」[類語]下がる・去る・引き上げる・辞去する・退去する・退散する

たち-さわ・ぐ【立(ち)騒ぐ】〔動ガ五(四)〕《古くは「たちさわく」》❶風・波などが立って激しい音をたてる。「波が一・ぐ」❷㋐ひどく騒ぐ。騒ぎたてる。「群衆が一・ぐ」㋑激しく動く。「胸が一・ぐ」
[類語]騒ぐ・騒ぎ立てる・沸き返る・荒れる・暴れる

たち-さわ・る【立(ち)障る】〔動ラ五(四)〕❶干渉する。関与する。「成るたけ一・らねえ方が穏便だと」〈木下尚江・良人の自白〉❷さまたげになる。「追払へどもお言葉に甘えて猶々この辺へ一・り」〈滑・八笑人・二〉

たち-し・く【立ち▽頻く】〔動カ四〕次から次へと休みなく立つ。しきりに立つ。「英遠の浦に寄する白波いや増しに一・き寄せ来あゆをいたみかも」〈万・四〇九三〉

たち-しな・う【立ち×撓ふ】〔動ハ四〕しなやかに立つ。なよやかに立つ。「一・ふ君が姿を忘れずは世の限りにや恋ひ渡りなむ」〈万・四四四一〉

たち-じに【立ち死に】立ったままの姿勢で死ぬこと。立ち往生。「矢七つ八つ射立てられて、一にこそ死ににけれ」〈平家・七〉

たち-しのぶ【立忍】ホウライシダ科の常緑多年生のシダ。暖地のやや乾いた地に生え、高さ30〜60センチ。シノブに似て、葉は細かく裂ける。寒忍。

たち-しゅう【立(ち)衆】能・狂言の端役で、数人が同じ役目で一団となって登場するもの。能で軍勢・従者など、狂言で町衆・小鬼など。たちしゅ。

たち-しょうべん【立(ち)小便】〔名〕スル 道端などで、立って小便をすること。たちしょん。

たち-しょん【立ちしょん】〔名〕スル《「しょん」は「小便」の略》「立ち小便」に同じ。

たち-すがた【立(ち)姿】❶立っている姿。❷舞いをする姿。舞い姿。「久しうこなたの御一を拝見致しませぬによって」〈虎寛狂・比丘貞〉

たち-すくみ【立ち×竦み】《「たちずくみ」とも》❶立ったまま動けなくなること。「其処に一になった」〈森田草平・煤煙〉❷「仏」をいう斎宮の忌み詞。「三宝の名をも正しく言はず。仏をば一」〈沙石集・一〉

たち-すく・む【立ち×竦む】〔動マ五(四)〕❶恐ろしさや驚きなどで、立ったまま動けなくなる。「事故現場を目撃して一・む」❷身動きしないで、立ちつづける。「腰痛きまで一・み給へど」〈源・宿木〉

たち-すじ【太-刀筋】❶太刀の使い方。剣を扱う才能。「一が乱れない」「一がよい」❷相手を責めたてる言葉や文章。太刀先。「ホホと笑う慣れきった返しの一」〈露伴・五重塔〉

たち-ずみ【立(ち)炭】三炭の一。夜咄の茶事で、ひと通りの茶事が終わったあと、客をもう少しひきとめる意味で、亭主が炉に二つ三つの炭をつぎたすこと。これを機会に客は席を立つ。止め炭。

たち-せき【立(ち)席】❶演芸場などの、立ち見の席。❷座席指定の乗り物に、座る席がない状態で乗ること。また、その場所。

たち-そ・う【立(ち)添う】〔動ワ五(ハ四)〕❶離れないでそばにいる。よりそう。つきそう。「恋人の影も一・う」〈鏡花・歌行灯〉❷ある状態に他のものが付け加わる。「御匂の一・ひたれば」〈源・蛍〉❸人のあとを追って死ぬ。「程もなくまた一・ひぬべきが、口惜しくもあるべきかな」〈源・夕顔〉

たちそば-の【立ち柧=棱の】〔枕〕ソバノキの実が小さく少ないところから、「実のなけく」にかかる。「肴乞はさば一実のなけくを」〈記・中・歌謡〉

たち-だい【裁(ち)台】布地の裁断に用いる台。

たち-た・つ【立ち立つ】〔動タ四〕あちこちで一面に立つ。次々に飛び立つ。「国原は煙一・つ海原はかまめ一・つ」〈万・二〉

たち-ぢしゃ【立萵=苣】チシャの栽培品種。葉は長楕円形で、直立し、半結球状。コスレタス。

たち-ちゃばん【立(ち)茶番】かつら・衣装をつけ、化粧をして芝居をもじったこっけいなしぐさをする素人演芸。茶番狂言。口上茶番に対していう。

たち-つかい【太-刀遣い】《「たちづかい」とも》❶刀をつかうこと。また、そのつかい方。❷刀のつかい方がじょうずな人。太刀さばきのうまい人。

たち-つ・ぐ【立ち継ぐ】〔動ガ四〕あとを継ぐ。先の人のあとを引き継いで立つ。「いまだ子もなければ、一・ぐべき人もなし」〈増鏡・新島守〉

たち-つく・す【立(ち)尽(く)す】〔動サ五(四)〕感激したり呆然となったりして、いつまでもじっと立っている。「なすすべもなくその場に一・す」
[類語]立つ・佇む・突っ立つ・立ちすくむ

たち-つくり【立(ち)作り┊断(ち)作り】大饗のときなどに肴を調進すること。また、その調理のために臨時に設けられた所。

たち-つけ【裁(ち)着け】「裁たっ着け」に同じ。「六十余りなる男、鬢髭白く…、一を着て杖を突き」〈仮・浮世物語・二〉

たち-つづ・く【立ち続く】㊀〔動カ四〕❶すぐあとに続く。連なる。「劣らず一・き给ひにける世々の覚え有様」〈源・若菜上〉❷並んで立つ。立ち並ぶ。「棟に棟次第に一・き」〈浮・胸算用・三〉㊁〔動カ下二〕「たちつづける」の文語形。

たち-つづ・ける【立(ち)続ける】〔動カ下一〕図たちつづ・く〔カ下二〕❶長時間立ったままでいる。「開場を待って一・ける」❷「立ち続く㊀❷」に同じ。「人家地をあらそひて、竈の煙一・けたり」〈奥の細道〉

たちっ-ぱなし【立ちっ放し】立ったままでいること。「一で待ち続けた」

たち-つぼすみれ【立×壺×菫】スミレ科の多年草。有茎の代表種で、山地や路傍に最も普通にみられる。葉は先のとがった心臓形で、托葉は細く裂けている。春、淡紫色の花を横向きに開く。

たち-づめ【立(ち)詰め】長時間立ったままでいること。たちどおし。「満員電車の中を一で通う」「一日中一だった」[類語]立ち通し・立ちっぱなし・立ちん坊

たち-つらな・る【立(ち)連なる】〔動ラ五(四)〕並んで立つ。立ち並ぶ。「旅館が一・る温泉街」

たち-ど【立ち▽所┊立ち▽処】❶立っている所。たちどころ。「五月山木の下やみにともす火は鹿の一のしるべなりけり」〈貫之集〉❷物のあるべき所。置くべき所。「書きたるさま筆の一も知らぬやうなるに」〈浜松・五〉

たち-どおし【立(ち)通し】長い時間立ったままでいること。立ち詰め。「一で働く」
[類語]立ちっぱなし・立ちづめ・立ちん坊

たち-とお・す【立(ち)通す】〔動サ五(四)〕最後まで立ったままでいる。終始立ちつづける。「席がなくて映画が終わるまで一・した」

たち-どころ【立ち所】立っている所。たちど。「六波羅の門前には馬車の一もなくせきあひたるに」〈古活字本平治・上〉

たちどころ-に【立(ち)所に】〔副〕時を移さず、その場ですぐに実現するさま。たちまち。すぐさま。「どんな難題でも一解決してみせる」

たち-どま・る【立(ち)止(ま)る┊立(ち)留(ま)る】〔動ラ五(四)〕《「たちとまる」とも》❶歩くのをやめてその場に立つ。歩みを止める。「呼ばれて一・る」❷他へ移らないで、そのままそこにとどまる。「思ひのままならむ人は今までも一・るべくやはある」〈源・真木柱〉❸宿泊する。特に、妻や愛人の所に泊まる。「かやうに一・り給ふ折々あれば」〈源・薄雲〉

たち-とり【太-刀取り】❶《「たちどり」とも》切腹の介錯をする人。また、刑場で死罪の者の首を切る役目の人。❷相撲で、太刀持ち。

たち-なおり【立(ち)直り】立ち直ること。もとのようになること。「景気の一が遅れる」

たち-なお・る【立(ち)直る】〔動ラ五(四)〕❶倒れそうになったものが、もとに戻る。「よろめいたがすぐ一・った」❷悪い状態から、もとの状態に戻る。「ショックから一・る」「相場が一・る」
[類語]なおる・戻る・返る・復する・持ち直す・巻き返す・立ち返る・舞い戻る・よみがえる

たち-ながら【立ち×乍ら】〔副〕《立ったままでの意から》ほんのちょっと。ちょっとの間。「一こなたに入り給へ、とのたまひて」〈源・夕顔〉

たち-な・む【立ち▽並む】〔動マ四〕立って並ぶ。たちならぶ。「上達部の一・み給へるに」〈枕・八九〉

たち-なら・す【立ち▽均す┊立ち▽平す】〔動サ四〕踏みつけて平らにする。また、平らにするほど、その地を幾度も訪れる。「海石榴市の八十の衢に一・し結びし紐を解かまく惜しも」〈万・二九五一〉

たち-なら・す【立ち慣らす┊立ち×馴らす】〔動サ四〕なれて親しむようにする。なじませる。「さを鹿のわきて一・すらむも心ことなり」〈枕・六七〉

たち-なら・ぶ【立(ち)並ぶ】㊀〔動バ五(四)〕❶並んで立つ。「アパートが一・ぶ」❷才能・力量などが同じほどである。肩を並べる。「技術で彼に一・ぶ人はいない」㊁〔動バ下二〕同列に並べる。同じように扱う。「さりとも明石の列には一・べ給はざらまし」〈源・玉鬘〉

たち-な・る【立ち×馴る】〔動ラ下二〕いつもその場所にいてなれ親しむ。「局どもの前わたるいみじう、一・れたらむ心地もさわぎぬべしかし」〈枕・九二〉

たち-ぬい【裁(ち)縫い】〔名〕スル 布を裁って縫うこと。衣服などを仕立てること。針仕事。さいほう。「夜鍋仕事に一する」

たち-ぬ・う【裁ち縫ふ】〔動ハ四〕布を裁って衣服などに縫う。「一・はぬ衣着し人もなきものをなに山姫の布さらすらむ」〈古今・雑上〉
裁ち縫わぬ衣着る人《縫った布の衣服を着ないで、木の葉などを着る人の意》仙人のこと。

たち-ぬ・る【立ち×濡る】〔動ラ下二〕立ったまま雨などに濡れる。「あしひきの山のしづくに妹待つと我一・れぬ山のしづくに」〈万・一〇七〉

たち-の-うお【太-刀の魚】タチウオの別名。

たち-の-お【太-刀の緒】▶佩き緒

たち-のき【立(ち)退き】立ち退くこと。特に、住まいを明け渡してよそへ移ること。「区画整理で—を迫られる」

たちのき-りょう【立(ち)退き料】土地・家屋の貸し主が、借り主に明け渡しを求めるとき、移転による損失を補償するために支払う金銭。

たち-の・く【立(ち)退く】〔動カ五(四)〕❶その場を立ち去り、よそへ移る。「デモ隊が—・かされる」❷住まいを明け渡してよそへ移る。「建て替えのためアパートを—・く」(類語)下がる・去る・立ち去る・引き払う・引き上げる・引き下がる・退去する・退散する

たち-のぼ・る【立(ち)上る】〔動ラ五(四)〕煙などが空へ高く上がる。「噴煙が—・る」

たち-のみ【立(ち)飲み】〔名〕スル 立ったままで飲むこと。「酒屋で—する」

たちのみ-や【立(ち)飲み屋】カウンターのみで椅子がなく、立ったまま飲食する形態の酒場。

たち-は【立ち端‖起ち端】❶立つべき機会。また、立ち去るしおどき。「殊のほかの大酒にて、—を忘れて候」〈伽・猿源氏〉❷立つべき場所。「下駄が重なり合って足の—がねえだ」〈滑・浮世風呂・三〉

たち-は【立(ち)葉】蓮の葉や木の葉などの、1本の茎に支えられて立っているもの。「浮葉に露の玉動ぎ—に風の軟吹ける」〈露伴・五重塔〉

たち-ば【立場】❶人の立つ場所。立っている所。❷その人の置かれている地位や境遇。また、面目。「苦しい—に追い込まれる」「負けたら—がない」❸その状況から生じる考え方。観点。立脚点。「医者の—からの発言」「賛成の—をとる」「第三者の—」(類語)(❷)立つ瀬・地歩・地位・境遇・事情・状況・肩身・世間体・体面・面目/(❸)見地・視点・観点・見方・立脚点・拠り所

たちばい【太刀奪】狂言。太郎冠者が通行人の太刀を奪おうとして逆に主人の小刀を取られ、主人は待ち伏せてその男を捕らえるが、太郎冠者の失敗で逃がしてしまう。たちうばい。

たち-はき【帯＝刀‖授＝刀】❶太刀を帯びること。また、その人。❷「帯刀の舎人」の略。❸「帯刀の役」の略。❹ナタマメの別名。

たちはき-せんじょう【帯＝刀先生】帯刀の舎人❷の長。帯刀の長。

たちはき-の-じん【帯＝刀の陣】東宮坊の帯刀の舎人の詰め所。

たちはき-の-とねり【帯＝刀の舎＝人】❶武器を帯びて、主に天皇の身辺および宮中の警衛に当たった下級官人。近衛舎人の前身。また、近衛舎人をも称した。たてわき。❷東宮坊の舎人のうち、武器を帯びて東宮の身辺および御所の警備に当たった者。東宮帯刀。たてわき。

たちはき-の-やく【帯＝刀の役】鎌倉・室町幕府の職名。将軍の参内・社参などのときに、太刀を帯びて供をした役。

たち-ばさみ【裁ち×鋏】布地の裁断に用いる、やや大型のはさみ。ラシャばさみ。ラシャ切りばさみ。洋裁ばさみ。

たち-はし・る【立ち走る】〔動ラ四〕《「たちばしる」とも》❶立って走っていく。また、走り回る。「—・り叫び袖振りこいまろび」〈万・一七四〇〉❷こまめに働く。「よめの発明者臥具とり片づけて、御手水御膳よと残りなく—・る」〈胆大小心録〉

たち-はだか・る【立ちはだかる】〔動ラ五(四)〕❶手足を広げて、行く手をさえぎるように立つ。立ちふさがって、さえぎる。「出口に—・る」❷大きな障害が行く手にあって邪魔をする。「険しい山が前方に—・る」「将来に—・る大きな壁」

たち-はたら・く【立(ち)働く】〔動カ五(四)〕こまめに動き回って働く。「朝からまめまめしく—・く」

たちばな【×橘】❶ミカン科の常緑小高木。枝にとげをもち、葉は小さい。6月ごろ、白い5弁花を開く。実は小さく、黄熟しても酸味が強く苦みもあり食用にはしない。日本たちばな。(季 実=秋‖花=夏)「青き葉の添ふ—の実の割かれ/草城」❷カラタチバナの別名。❸生食された柑橘類の総称。❹紋所の名。タチバナの葉と実とを組み合わせて描いたもの。

たちばな【橘】㊀姓氏の一。㊁古代の有力な氏。敏達天皇5世の孫美努王の妻、県犬養三千代が和銅元年(708)に橘宿禰を賜り、のち、その子の葛城王(橘諸兄)・佐為王が母の氏姓を受けて臣籍に移ったのに始まる。

たちばな-あけみ【橘曙覧】[1812〜1868]江戸末期の歌人・国学者。越前の人。姓は井手とも。号、志濃夫廼舎。田中大秀に国学を学び、「独楽吟」など清新で自由な歌風を生んだ。家集「志濃夫廼舎歌集」など。

たちばな-えなお【橘枝直】▶加藤枝直

たち-ばなし【立(ち)話】〔名〕スル 立ったままで話をすること。また、その話。「道端で—する」

たちばな-しゅうた【橘周太】[1865〜1904]陸軍軍人。長崎の生まれ。日露戦争中、大隊長として首山堡の争奪戦で戦死。海軍の広瀬武夫中佐と並んで「軍神橘中佐」と称された。

たちばな-しらき【橘樸】[1881〜1945]中国研究家・ジャーナリスト。大分の生まれ。早大中退。王道国家論など満州国の理念を説き、合作社運動を進める。著作に「支那思想研究」「支那社会研究」など。

たちばな-しんとう【×橘神道】江戸時代に普及した神道の一派。橘三喜が唱道し、垂加神道派の玉木正英が大成。橘家神道。

たちばな-ずいちょう【橘瑞超】[1890〜1968]探検家。愛知の生まれ。浄土真宗本願寺派僧侶。大谷光瑞の探検隊の第2次・第3次中央アジア探検に参加し、敦煌などの遺跡を発掘。ウイグル文字の解読にも成功した。著作に「中亜探検」など。

たちばな-そとお【橘外男】[1894〜1959]小説家。石川の生まれ。中学退学、服役など波瀾万丈の若年期を経た後に作家となる。エキゾチックな題材を扱った、猟奇的な幻想小説を多く発表。「ナリン殿下への回想」で直木賞受賞。他に「陰獣トリステサ」「ある小説家の思い出」など。

たちばな-ちかげ【橘千蔭】▶加藤千蔭

たちばな-づき【×橘月】陰暦5月の異称。

たちばな-でら【橘寺】奈良県高市郡明日香村にある天台宗の寺。正称は仏頭山上宮皇院菩提寺。開創は推古天皇14年(606)で、聖徳太子建立七か寺の一。太子誕生の地、また勝鬘経を講じた地と伝える。現在の堂宇は元治元年(1864)再興のもの。

たちばな-どり【×橘鳥】ホトトギスの別名。

たちばな-なんけい【橘南谿】[1753〜1805]江戸中期の医者・文人。伊勢の人。本名、宮川春暉。字は恵風。別号、梅仙。京都で漢方医学を学び、文学にも造詣が深い。全国を遍歴して「西遊記」「東遊記」を著し、医学上の創見も多い。著「傷寒外伝」など。

たちばな-の-かちこ【橘嘉智子】[786〜850]嵯峨天皇の皇后。仏法への信仰があつく、京都嵯峨に檀林寺を建てたので、世に檀林皇后という。橘氏の私学として学館院を設立。

たちばな-の-ならまろ【橘奈良麻呂】[?〜757]奈良時代の貴族。諸兄の子。父の死後、藤原仲麻呂との対立から騒乱の主謀者として捕らえられ、獄死したとされる。

たちばな-の-なりすえ【橘成季】鎌倉中期の文学者。諸兄の末裔光季の養子といわれる。伊賀守。文学・音楽にすぐれ、建長6年(1254)「古今著聞集」を編集した。生没年未詳。

たちばな-の-はやなり【橘逸勢】[?〜842]平安初期の官人・能書家。奈良麻呂の孫。遣唐留学生として入唐。帰国後、承和の変に連座して捕らえられ、伊豆へ流される途中没した。三筆の一人であるが、真跡と断定できるものは残っていない。

たちばな-の-みちよ【橘三千代】▶県犬養橘三千代

たちばな-の-もろえ【橘諸兄】[684〜757]奈良前期の官人・歌人。母は県犬養橘三千代。光明皇后の異父兄。初め葛城王。のち、臣籍に降り、橘宿禰諸兄と改めた。藤原不比等の四子が病没したのち右大臣・左大臣に昇り、政権を握ったが、藤原仲麻呂の台頭後は振るわなかった。

たちばなひめ【橘媛】▶弟橘媛

たちばなふじん-ずし【橘夫人厨子】光明皇后の母、橘三千代の念持仏と伝える阿弥陀三尊像を安置する木造の厨子。法隆寺金堂天蓋を模した天蓋付きの龕と須弥座および台脚からなり、高さ約2.7メートル。三尊・蓮池などの金工技術、黒漆塗りの龕の扉に金泥で描かれた線描画や須弥座の彩色画などは奈良初期の貴重な遺例。

たちばな-ほくし【立花北枝】[?〜1718]江戸中期の俳人。蕉門十哲の一人。加賀の人。別号、鳥翠台・寿夭軒。通称、研屋源四郎。「奥の細道」行脚の途次の芭蕉に入門。編著「山中問答」「卯辰集」など。

たちばな-むねしげ【立花宗茂】[1569〜1642]安土桃山・江戸初期の武将。筑後柳川城主。豊臣秀吉に仕えて文禄の役・慶長の役に活躍。関ヶ原の戦いで西軍に属して敗れ、のち、徳川家康に仕えた。大坂夏の陣後、柳川城主に復帰。

たちばな-もどき【×橘▽擬】バラ科の常緑低木。枝にはとげがあり、長楕円形の葉を密につける。初夏、黄白色の花が密生して咲き、実は平たい球形で橙黄色に熟す。中国の原産。庭木や生け垣などにする。ピラカンサ。ほそばのときわさんざし。

たちばな-もりべ【橘守部】[1781〜1849]江戸後期の国学者・歌人。伊勢の人。本姓は飯田。号、池庵・椎本など。江戸で独学して古典・古語に通じ、本居宣長の学説に対抗して独自の学説を立てた。著「稜威道別」「万葉集檜嬬手」「助辞本義一覧」など。

たちばな-や【橘屋】歌舞伎俳優の屋号。12世以後の代々の市村羽左衛門、およびその一門が用いる。

たちばな-やき【×橘焼(き)】すりつぶした魚の肉をビワの実の大きさに丸め、クチナシで黄色に色づけし、たれ味噌で煮てカラタチの枝に挿した料理。

たち-はな・る【立ち離る】〔動ラ下二〕隔たる。遠ざかる。「—・れて、さるべきことをも言ひやり」〈源・帚木〉

たちばな-わん【橘湾】㊀徳島県東部、阿南市にある湾。島が多く、弁天島には天然記念物の亜熱帯性植物群落がある。㊁長崎県の千々石湾の異称。日露戦争時の陸軍中佐橘周太の名にちなむ。

たちばな-を【×橘を】〔枕〕橘の木を守るために番人を置く意から、地名の「守部」にかかる。「—守部の里の門田早稲」〈万・二二五一〉

たち-はばとび【立(ち)幅跳び】踏み切り板の上に立ち、助走をしないで立ったまま両足をそろえて前方に跳び、その距離を競うもの。

たちば-ふかく【立羽不角】[1662〜1753]江戸中期の俳人。名は定之助。平明な浮世調の作風で、俳諧の大衆化に貢献。著作は「蘆分船」など多数。

たち-ばら【立ち腹】❶《「たちはら」とも》腹を立てやすいこと。怒りっぽいこと。また、そのような性質。「この聖人は極めて—にぞ有りける」〈今昔・一九・一〇〉❷立ったままで切腹すること。「武家に生まれた不祥には、大門口で—切り」〈浄・反魂香〉

たちばらい-てがた【他地払い手形】支払地と、為替手形の支払人または約束手形の振出人の住所地とが異なる手形。㊥同地払い手形。

たちはら-きょうしょ【立原杏所】[1785〜1840]江戸後期の文人画家。水戸の人。翠軒の長男。名は任。字は子遠。別号、東軒など。谷文晁に学び、中国明・清代の絵を研究。

たちはら-すいけん【立原翠軒】[1744〜1823]江戸後期の儒学者。水戸藩士。名は万。字は伯時。別号、東里。徂徠学と折衷学を学び、彰考館総裁となった。「大日本史」の校訂に努め、水戸藩政にも尽力。著「海防集説」「西山遺聞」など。

たちはら-まさあき【立原正秋】[1926〜1980]小説家。朝鮮の生まれ。能に深く傾倒し、独特な美意識と叙情性にあふれた作風で人気を集め、多くのベストセラーを生み出した。「白い罌粟けし」で直木賞受賞。他に「薪能たきぎのう」「帰路」「冬のかたみに」など。

たちはら-みちぞう【立原道造】ーみちザウ［1914〜1939］詩人。東京の生まれ。堀辰雄・室生犀星むろうさいせいに師事。リルケを好み、「四季」の同人として音楽的な叙情詩を発表した。詩集「萱草わすれぐさに寄す」「暁と夕の詩」など。

たち-ばん【立(ち)番】〔名〕スル 立って見張りをすること。また、その人。「警備のため入り口で―する」
(類語)見張り・番・監視・ピケ

たち-び【立ち日】人があの世へ旅立った日。死んだ日。忌日。命日。「無縁にするも不便ふびんゆゑ、今日を―に、七七日なななぬか」〈伎・三人吉三〉

たち-びな【立ち×雛】立った姿にこしらえた、男女一対のひな人形。最初は紙で作ったので紙びなともよぶ。(季 春) ⇔座り雛。

だち-びん【▽抱瓶】沖縄で用いられる携帯用の酒瓶。陶製で、ひもで肩からつり、腰に当てやすいように断面が三日月形をしている。

たち-ぶくろ【太-刀袋】太刀を入れる袋。

たち-ふさが・る【立(ち)塞がる】〔動ラ五(四)〕前に立って、行く手をさえぎる。立ちふたがる。「大手を広げて―・る」「困難が―・る」
(類語)立ちはだかる・遮る・抑える・妨げる・せきとめる

たち-ふるまい【立(ち)振(る)舞(い)】ーふるまひ ❶「立ち居振る舞い」に同じ。❷《「たちぶるまい」とも》旅に出るにあたって、人を招いて別れの飲食をすること。「支度の出来た所へ媒妁なこうど夫婦が乗込む。そこで簡略な―があって」〈紅葉・二人女房〉

たち-ふるま・う【立(ち)振(る)舞う】ーふるまふ〔動ワ五(ハ四)〕日常のなにげない動作をする。行動する。「思うままに―・う」「ごく自然に―・う」

たち-ぼうちょう【裁(ち)包丁】ーバウチャウ「裁ち物包丁」に同じ。

たち-ぼとけ【立(ち)仏】立ち姿の仏像。また、立っている仏。

たち-ま・う【立ち舞ふ】ーまふ〔動ハ四〕❶立って舞う。舞を舞う。「もの思ふに―・ふべくもあらぬ身の袖うち振りし心知りきや」〈源・紅葉賀〉❷世に出て交わる。交際する。立ちまじる。「なほ世に―・ふべくも覚えぬ物思ひの」〈源・柏木〉❸雲・雪や木の葉などが、舞うように漂う。「きのふけふ雲の―・ひかくろふは花の林をうしとなりけり」〈伊勢・六七〉

たち-まえ【立(ち)前】ーまへ ❶旅に立つ前。出発する前。❷仕事に対する報酬。かせぎ。日当。「その日の―を此方こっちへちゃくぶくして」〈魯文・安愚楽鍋〉

たち-まさ・る【立ち増さる】〔動ラ四〕雲・波などが、いっそう多く立つ。「松島の風にしたがふ波なれば寄るかたにこそ―・りけれ」〈かげろふ・上〉

たち-まさ・る【立(ち)勝る】〔動ラ五(四)〕他よりすぐれる。まさる。「実力では彼のほうが―・る」
(類語)勝る・優れる・凌しのぐ・長たける・秀でる・抜きん出る

たち-まじ・る【立(ち)交じる】〔動ラ五(四)〕その仲間や場に加わる。群れに入る。「主人が元世に―・っている頃に」〈鴎外・妄想〉

たち-まち【立(ち)待ち】❶立って待つこと。❷「立ち待ち月」の略。

たちまち【×忽ち】〔副〕《「立ち待ち」の意からか》❶非常に短い時間のうちに動作が行われるさま。すぐ。即刻。「うわさが―広がる」「飲めば―効く薬」「―のうちに売り尽くす」❷思いがけなく、ある事態が発生するさま。にわかに。急に。「空が―曇って雨が降り出した」❸(多く「たちまちに」の形で)現に。確かに。まさに。「閻魔王の所にゐて至るに、―に一人のやむごとなき僧まします」〈今昔・六・一一〉 (類語)すぐに・急に・ただちに・不意に・にわかに・立ち所に・急激に・急遽きゅうきょに

たちまち-づき【立(ち)待ち月】《立って待っている間に出る月の意》陰暦17日の夜の月。特に、陰暦8月17日の月。たちまちのつき。(季 秋)「古き沼―を上げにけり/風生」➡居待ち月 ➡寝待ち月

たち-ま・つ【立ち待つ】〔動タ四〕立ったままで待つ。「来こめやとは思ふものからひぐらしの鳴く夕暮れは―・たれつつ」〈古今・恋五〉

たち-まよ・う【立(ち)迷う】ーまよふ〔動ワ五(ハ四)〕霞・霧・煙などが立ち去らずに辺りに漂う。また、匂いなどが立ちこめる。「駈け去った車の後に、えも云われず―・った化粧の匂い」〈荷風・すみだ川〉

たち-まわり【立(ち)回り】ーまはり ❶あちこち歩き回ること。また、ある所に立ち寄ること。「―先」❷振る舞い。特に、自分が有利になるような行動。「如才ない―」❸演劇・映画などで、切り合いや殴り合いなどの場面。殺陣たて。❹つかみ合ったり、殴り合ったりするけんか。乱闘。「町なかではでな―を演じる」❺能で、大鼓・小鼓や太鼓を加えた囃子はやしに笛のあしらいで、シテが舞台を静かに一巡する所作。
(類語)喧嘩けんか・諍いさかい・争い・つかみ合い・もみ合い・取っ組み合い・小競り合い・大立ち回り・乱闘

たち-まわ・る【立(ち)回る】ーまはる〔動ラ五(四)〕❶あちこち歩き回る。「知人の間を―・って資金を集める」❷振る舞う。行動する。特に、人々の間に立って自分が有利になるように動く。「派閥間でうまく―・る」❸外出して、ある所に立ち寄る。また、犯罪者が逃走中ある所に立ち寄る。「知人宅に―・ったところを逮捕された」❹演劇・映画などで、切り合いや殴り合いの演技をする。「―・るシーン」
(類語)駆けずり回る・飛び回る・駆け回る・飛び歩く

たち-み【立(ち)見】❶立ったままで見物すること。❷劇場で、一幕ごとの料金を払い、立ったままで見ること。また、その場所。幕見。一幕見。「―席」

たち-み【立(ち)身】❶立って身構えること。立ち上がろうと身構えること。❷立っているからだ。立ち姿。

たち・みる【立ち見る】〔動マ上一〕立って見る。「家のあたり我わが―・みれば」〈万・五〇九〉

たち-むか・う【立(ち)向(か)う】ーむかふ〔動ワ五(ハ四)〕❶向かって立つ。向き合う。「壁に―・う」❷正面から向かっていく。対抗する。「権力に―・う」❸困難な物事に対して、まっこうから取り組んで、事の処理に当たる。「難局に―・う」(類語)戦う・向かう・挑む・ぶつかる・対する・対抗する・抗する・あらがう・抵抗する・逆らう・盾突く・反抗する・歯向かう・手向かう

たち-めい【太-刀銘】刀剣の銘で、左腰に刃を下にして佩はいたとき、茎なかごの差表さしおもて側になる方に彫ったもの。➡刀銘かたなめい

たち-めぐ・る【立ち巡る┊立ち▽回る】〔動ラ四〕歩きまわる。「―・りつつ見給へば」〈源・宿木〉

たち-もち【太-刀持(ち)】❶武家で、主人の太刀を持ってそばに侍する小姓。❷相撲で、横綱の土俵入りの際、太刀を持って後ろに従う力士。太刀取り。

たち-もとお・る【立ち徘=徊る】ーもとほる〔動ラ四〕あちこち歩き回る。彷徨ほうこうする。「木この間より移ろふ月の影を惜しみ―・るにさ夜ふけにけり」〈万・二八二一〉

たち-もど・る【立(ち)戻る】〔動ラ五(四)〕もとに戻る。前の状態や場所にかえる。「本論に―・る」「本来の自分に―・る」

たち-もの【断(ち)物】神仏に願がんをかけ、願い事が成就するまで、ある種の飲食物をとらないこと。また、その飲食物。塩断ち・茶断ちなど。

たち-もの【裁(ち)物】布や紙などを寸法に合わせて裁つこと。また、裁つことになっている布や紙。

たちもの-いた【裁(ち)物板】「裁ち板」に同じ。

たちもの-ぼうちょう【裁(ち)物包丁】ーバウチャウ 布や紙などを裁つのに使う、刃の広くまるい包丁。裁ち包丁。

たち-やく【立役】❶もと、歌舞伎で、座って演奏する地方じかたに対し、立って演技をする者の総称。立方たちかた。❷歌舞伎で、女方おんながた・子役以外の男の役の総称。❸歌舞伎の役柄の一。敵役かたきやく・老役ふけやくなどを除いた常識のある善人の男の役。主人公ともなる。

たち-やすら・う【立(ち)休らう】ーやすらふ〔動ワ五(ハ四)〕立ったまま先へ進まないでいる。たたずむ。「丁度―・おうという一本の樹立こだちも無い」〈鏡花・高野聖〉「雪降りたりし暁に―・ひて」〈源・幻〉

たち-やなぎ【立柳】ヤナギ科の落葉小高木。平野の水辺に生える。葉は細長い楕円形で、裏面がやや白い。雌雄異株で、4月ごろ、葉とともに黄色の雄花と淡緑色の雌花が穂状に咲く。

たち-やま【立山】富山県の立山たてやまの古称。「―に降り置ける雪を常夏に見れども飽かず神かむからならし」〈万・四〇〇一〉

たちやま-みねえもん【太刀山峰右衛門】ーみねエモン［1877〜1941］力士。第22代横綱。富山県出身。本名、老本弥次郎。得意の突っ張りは一突ひとつき半と一月ひとつき半とをかけて「四十五日」といわれた。優勝11回。1敗を挟み、43連勝、56連勝を記録。➡若島権四郎ごんしろう(第21代横綱) ➡大木戸森右衛門もりえもん(第23代横綱)

たちゅうさいもん-きょう【多×鈕細文鏡】タチウサイモンキャウ 古代鏡の一。凹面鏡で、背面の中心を外れたところに2、3個の鈕ちゅう(つまみ)があり、細い線による鋸歯きょし文を中心とした文様がある。中国の起源で朝鮮半島で発達し、日本では弥生時代の墳墓から出土。

たち-ゆ・く【立(ち)行く】〔動カ五(四)〕❶時が過ぎていく。経過する。「月日が―・く」❷暮らしや商売が成り立っていく。「経営が―・かない」❸旅に出かけていく。出立する。「あしひきの片山雉きぎし―・かむ君に後おくれて現うつしけめやも」〈万・三二一〇〉

た-ちょう【多調】ーテウ 音楽で、同時に二つまたはそれ以上の異なった調性を用いること。

だ-ちょう【×駝鳥】ーテウ ダチョウ目ダチョウ科の鳥。現生の鳥類では最大で、雄は頭高約2.5メートル、体重約135キロ。頭は小さく、くびが細長い。足の指は2本。脚が強大で走るのが速いが、翼が小さく飛べない。アフリカのサバンナに分布。

たち-よみ【立(ち)読み】〔名〕スル 本屋の店頭で、本を買わないで立ったまま読むこと。「雑誌を―する」

たち-よ・る【立(ち)寄る】〔動ラ五(四)〕❶近くに行く。近寄る。「窓辺に―・る」❷目的地へ行く途中、ついでに訪れる。「帰りがけに書店に―・る」❸波が起こって寄せてくる。「年を経て波―・らぬ住江のまつかひなしと聞くはまことか」〈竹取〉❹頼って身を寄せる。「わび人のわきて―・る木のもとは頼むかげなく紅葉散りけり」〈古今・秋下〉(類語)寄る・寄り道する

たち-りゅうわん【館柳湾】ーリウワン［1762〜1844］江戸後期の漢詩人。越後の人。名は機、字あざなは枢卿、柳湾は号。亀田鵬斎ぼうさいに学ぶ。下級役人として飛騨高山などに赴任、退官後は江戸の目白台で詩作に専念。著作に「柳湾漁唱」「林園月令」など。

たち-ろんりがく【多値論理学】真・偽しか考えない二値論理学に対し、命題の真理値を三つ以上あるものとして構成した論理学。➡様相論理学

たち-わか・る【立ち別る】㊀〔動ラ四〕「立ち別れる」に同じ。「女男にょなんの両宗―・って各おのおの座に着かれて後のち」〈浮・禁短気・二〉㊁〔動ラ下二〕「たちわかれる」の文語形。

たち-わか・れる【立(ち)別れる】〔動ラ下一〕図たちわか・る〔ラ下二〕別れていく。別れ去る。別々になる。「人の流れが左右に―・れる」

たち-わき【立×涌】▶たてわく

たち-わざ【立(ち)技】柔道やレスリングで、立った姿勢で掛ける技。⇔寝技。

たち-わずら・う【立ち煩ふ】ーわづらふ〔動ハ四〕❶立ち続けてつらい思いをする。立ちくたびれる。「夜一夜―・ひて帰るとて」〈大和・七六〉❷立ち去りがたく思う。「とかく―・ふなる庭のたたずまひも」〈源・賢木〉❸車の置き場がなくて困る。「隙もなう立ち渡りたるに、よそほしう引き続きて―・ふ」〈源・葵〉

たち-わた・る【立ち渡る】〔動ラ四〕❶霧・雲などが、あたり一帯に広がる。「狭井河さゐがはよ雲―・り」〈記・中・歌謡〉❷車や人などが一面に立ち並ぶ。「弦うち二十人…二なみに―・れり」〈紫式部日記〉❸一方から他方に移動する。「この夜らはさ夜ふけぬらし雁が音の聞こゆる空ゆ月―・る」〈万・二二二四〉

たち-わ・る【裁(ち)割る┊断(ち)割る】〔動ラ五

(四)〕❶切って割る。切って分け放す。「薪を―・る」❷切り裂く。切り開く。「魚の腹を―・る」

だ-ちん【駄賃】❶駄馬による運送の料金。転じて、品物の運送料。❷使い走りなどの簡単な雑用に対して与える金品。「おつかいの―」
(類語)手間賃・チップ・心付け・小遣い

だちん-うま【駄賃馬】駄賃を取って荷物を運ぶ馬。駄馬。荷馬。

たちん-ぼう【立ちん坊】❶長い時間ずっと立ちつづけていること。立ちどおし。たちんぼ。「―で待ち続ける」❷明治から大正のころ、道端に立っていて、通りがかりの車の後押しなどをして駄賃をもらった人。たちんぼ。(類語)立ち通し・立ちっぱなし・立ちづめ

たつ【立】和船で、船体や上部構造に用いる柱状の部材の総称。垣立・車立・大立など。立つ木。

たつ【×辰】❶十二支の一つで、その5番目。❷方角の名。東から南へ30度の方角。東南東。❸昔の時刻の名。今の午前8時ごろ、およびその後の2時間。または午前8時前後の2時間。❹❶にあたる年や日。❺陰暦3月の異称。

たつ【竜】「りゅう(竜)」に同じ。

たつ【×闥】❶宮中の小門。転じて、宮中。❷門。とびら。「―は堅く閉められ」〈露伴・暴風裏花〉

た・つ【立つ】㊀〔動タ五(四)〕❶ある場所にまっすぐ縦になっている。㋐足を伸ばしてからだを縦に支える。「通路に―・つ」㋑草や木が地に生える。「街路樹が―・つ」㋒長いものや高大なものが直立して位置する。「看板が―・つ」「電柱が―・つ」㋓とがったものが突き刺さる。「とげが―・つ」「歯が―・たない」㋔突き出た形のものが生じる。「霜柱が―・つ」❷座ったり横になったりしていたものが起き上がる。また、低い位置から高く上る。㋐身を起こす。立ち上がる。「呼ばれたら―・ちなさい」㋑伏せていたものが起きる。「髪の毛が―・つ」「鳥肌が―・つ」㋒煙や蒸気などが空中に上がり漂う。「土ぼこりが―・つ」㋓鳥や虫などが飛び上がる。「(昆虫ガ)ブンと鼻先へ―・って来たのを」〈風葉・青春〉❸身を起こしてその場を離れる。「席を―・つ」「手洗いに―・つ」❹(「起つ」とも書く)決意して事を起こす。奮起する。「反対運動に―・つ」❺戸や障子が閉じる。「雨戸が―・っている家」❻自然界の現象・作用が目立って現れる。㋐雲・月などが空高くかかる。「虹が―・つ」「霞が―・つ」㋑風・波などが起こる。「涼風が―・つ」「土用波が―・つ」❼㋐ある立場や状況に置かれる。「先頭に―・つ」「苦境に―・つ」㋑重要な役目・地位につく。「教壇に―・つ」「証人に―・つ」「衆議院議員候補に―・つ」㋒高位につく。「東宮に―・つ」㋓目的をもってある場所に身を置く。「署名を求めて街頭に―・つ」❽度合いが強くなって明らかになる。㋐はっきり耳目に認められる。「声が―・つ」「目に―・つ」㋑世に知れ渡る。「うわさが―・つ」「人気が―・つ」㋒はっきり示される。「あかしが―・つ」「値が―・つ」❾新しい季節が始まる。「秋―・つころのものがなしさ」❿事物が新たに設けられる。㋐催しなどの場が開かれる。「市が―・つ」㋑理論などが新しくつくり示される。「新説が―・つ」㋒目標などが定まる。「予定が―・つ」「見通しが―・たない」㋓割り算で商が成り立つ。「六を二で割ると三が―・つ」⓫㋐盛んに気泡が生じる。「泡が―・つ」㋑湯などが沸く。「風呂が―・つ」⓬感情が激する。たかぶる。「腹が―・つ」「気が―・つ」⓭技能などがいちだんとすぐれる。「弁が―・つ」「腕の―・つ職人」⓮物事が好ましい形で成り立ったり維持されたりする。㋐目的にかなって使用価値がある。「役に―・つ」㋑損なわれないで保たれる。「面目が―・つ」「暮らしが―・つ」㋒筋道がきちんと通る。また、しっかりと成立する。「道理が―・つ」「義理が―・つ」「言い訳が―・たない」㋓認められて世間を渡る。「小説家として―・つ」⓯乗り物などがとどまって、ある場所を占める。「雲林院、知足院などのもとに―・てる車ども」〈枕・二二二〉⓰動詞の連用形のあとに付いて複合語をつくる。㋐その状態が盛んであることを表す。「はやり―・つ選手」「湯が煮え―・つ」㋑その動作がにわかであることを表す。「思い―・ったが吉日」(可能)たてる
㊁〔動タ下二〕「た(立)てる」の文語形。
(下接句)秋風が立つ・足元から鳥が立つ・彼方立てれば此方が立たぬ・一分が立つ・腕が立つ・男が立つ・面影に立つ・顔が立つ・風下に立つ・角が立つ・川中には立てども人中には立たれず・気が立つ・糞の役にも立たぬ・暮らしが立つ・後悔先に立たず・小腹が立つ・先に立つ・背負って立つ・白羽の矢が立つ・世間が立つ・薹が立つ・年立つ・名が立つ・名に立つ・歯が立たない・腹が立つ・火の無い所に煙は立たぬ・額に箭は立つとも背に箭は立たず・人と屛風は直ぐには立たず・人目に立つ・筆が立つ・弁が立つ・的が立つ・耳に立つ・向かう鹿に矢が立たず・目に立つ・物も言いようで角が立つ・役に立つ・夢枕に立つ・用に立つ
(類語)佇む・立ち尽くす・突っ立つ・立ち上がる・起きる・起き上がる

立たむ月　次の月。来月。「―ばかりになんまかり帰るべきと言ひて」〈後撰・恋三・詞書〉

立っているものは親でも使え　急用のときは、だれでもよいからそばに立っている者を使え。

立つ鳥跡を濁さず　立ち去る者は、あとが見苦しくないようにすべきであるということ。退きぎわのいさぎよいことのたとえ。

立つより返事　人から呼ばれたら、立ち上がるよりも先に返事をすべきであるということ。

立てば歩めの親心　▶這えば立て、立てば歩めの親心

立てば芍薬座れば牡丹歩く姿は百合の花　美人の姿を形容する言葉。

た・つ【建つ】㊀〔動タ五(四)〕《「立つ」と同語源》建物などがつくられる。「新居が―・つ」「石碑が―・つ」㊁〔動タ下二〕「た(建)てる」の文語形。

た・つ【▽発つ】〔動タ五(四)〕《「立つ」と同語源》出発する。出立する。「九時の列車で―・つ」
(類語)発する・出発する・出かける・旅立つ

た・つ【▽経つ】〔動タ五(四)〕《「立つ」と同語源》❶時が過ぎる。「日が―・つ」「いつまで―・っても帰ってこない」❷ろうそくや油などが燃え尽きる。「線香は、まだ半分も―・って居ない」〈菊池寛・名君〉
(類語)過ぎる・経る・移る・去る・過ぎ去る・過ぎ行く

た・つ【絶つ|断つ】〔動タ五(四)〕❶つながっているものを切り離す。切断する。「鎖を―・つ」「糸を―・つ」❷㋐これまで続いていた物事・関係などをやめて終わりにする。つながり・縁を切る。「酒を―・つ」「消息を―・つ」「国交を―・つ」㋑断ちものをする。「茶を―・つ」❸終わらせる。尽きさせる。「命を―・つ」「望みが―・たれる」❹道などをさえぎって通わなくする。「糧道を―・つ」「回路を―・つ」(可能)たてる
(下接句)跡を絶つ・韋編三度絶つ・快刀乱麻を断つ・舌の剣は命を絶つ・塵を絶つ・根を絶つ・腸を断つ・筆を断つ
(類語)やめる・よす・断ち切る・切る

た・つ【裁つ|×截つ】〔動タ五(四)〕《「絶つ」と同語源》紙や布などを、ある寸法に切る。特に、衣服に仕立てるために型に合わせて布地を切る。「生地を―・つ」
(類語)切る・裁ち切る・切り抜く・裁断・断裁・カット

た・つ【▽献つ】〔動タ下二〕たてまつる。献上する。「神まつる月をあすとや山人のみむろのさかき今日―・ててけり」〈夫木・一六〉

た・づ〔動ダ下二〕「たでる」の文語形。

だつ【駄津】ダツ目ダツ科の海水魚。全長約1メートル。体は細長く、側扁する。上下両あごが伸びて長いくちばし状となり、鋭い歯がある。背側は緑褐色、腹側は白色。食用。

だつ【×獺】カワウソの別名。

だ・つ〔接尾〕《動詞「た(立)つ」の接尾語化したもの》㊀《動詞五(四)段型活用》名詞や形容詞・形容動詞の語幹などに付いて、そのようなようすを帯びる、そのような状態が現れるという意を表す。「殺気―・つ」「さかしら―・つ」「むらさき―・ちたる雲の細くたなびきたる」〈枕・一〉㊁《動詞下二段型活用》㊀に同じ。「兵―・つる法師ありき」〈宇治拾遺・九〉

だつ【脱】〔語素〕名詞に付いて、その境遇から抜け出す、の意を表す。「―サラリーマン」

だつ【奪】〔語素〕名詞に付いて、奪う、獲得する、などの意を表す。「―三振」「―タイトル」

だつあ-にゅうおう【脱亜入欧】アジアを離れ、ヨーロッパ諸国の仲間入りを目指すこと。明治維新以降、欧米諸国の文化を採り入れて近代化を進めた日本の風潮をいう。

たつ-い【達意】自分の考えが十分に相手に理解されるように表現すること。「―の文章」

だつ-い【脱衣】〔名〕スル 衣服を脱ぐこと。だつえ。「―場」⇔着衣。

だつ-え【脱▽衣】❶▶だつい(脱衣) ❷江戸時代、僧尼に科した刑罰の一。僧籍から除くもの。

だつ-えい【脱営】〔名〕スル 兵士が兵営・営舎から脱走すること。「暗闇にまぎれて―する」

だつえ-ば【奪衣婆|脱衣婆】三途の川の岸にいて、亡者の衣服をはぎ取り、衣領樹の上に待つ懸衣翁に渡すという老女の鬼。

だつ-えん【脱塩】含まれている塩類を除く操作。一般水から無機塩類を除いて純水にしたりすること。また、原油の無機塩類を蒸留前に除くこと。

た-つか【手▽束】手に握ること。握り持つこと。「中央に―ばかりなる木一株有るのみ」〈出雲国風土記〉

だっ-か【脱化】〔名〕スル ❶昆虫などが殻をぬいで姿を変えること。❷古い形式・習慣から抜け出して新しくなること。「旧態から―する」

ダッカ〖Dhaka〗バングラデシュ人民共和国の首都。デルタ地帯にあり水路が多い。ムガル帝国時代以来、ベンガル地方の中心都市。ジュートの集散地。人口、都市圏533万(2001)。

だっ-かい【脱会】〔名〕スル 属していた会から抜けること。「意見の違いから―する」

だっ-かい【奪回】〔名〕スル 奪われたものを取り戻すこと。奪い返すこと。奪還。「選手権を―する」
(類語)奪還・回復・挽回

だっ-かく【脱殻】〔名〕スル ❶ひながかえって卵の殻から抜け出ること。❷穀粒からもみがらを取り除くこと。脱穀。

だっ-かく【奪格】《ablative》インド-ヨーロッパ語などにおける文法用語で、格の一。動作の出自(…から)・手段(…によって)・原因(…のために)などの関係を表す。ラテン文法に由来する用語。従格。

たつ-がしら【竜頭】❶竜の頭の形をしたもの。兜の前立物、または葬礼の旗頭につけて飾りとする。りゅうず。❷「竜の口❶」に同じ。

たつがしら-の-かぶと【竜頭の×兜】鉢の真向から天辺にかけて竜の姿を作りつけた兜。

たつか-づえ【手▽束×杖】手に握り持つ杖。「―腰にたがねて」〈万・八〇四〉

だっかつ-かんしつ【脱活乾漆】乾漆の一。脱乾漆。➡乾漆❷

たつか-ゆみ【手▽束弓】手に握り持つ弓。たつかの弓。「―手に取り持ちて朝狩に君は立たしぬ棚倉の野に」〈万・四二五七〉

たっ-かん【達観】〔名〕スル ❶広く大きな見通しをもっていること。遠い将来の情勢を見通すこと。「時勢を―する」❷目先のことや細かなことに迷わされず、真理・道理を悟ること。俗事を超越し、さとりの境地で物事にのぞむこと。「人生を―する」

たつ-がん【達眼】物事の深奥を見通す鋭い眼力。達見。「―の士」(類語)眼力・眼光・心眼・慧眼

だっ-かん【脱監】〔名〕スル 囚人が監獄から脱走すること。脱獄。

だっ-かん【脱簡】書物の中の一部が抜けていること。章・編の脱落や落丁のあること。

だっ-かん【奪還】〔名〕スル 奪われたものを取り戻すこと。奪い返すこと。奪回。「陣地を―する」
(類語)奪回・回復・挽回

だつ-かんさ【脱感作】アレルギー疾患の治療法の

一。過敏性の原因となるアレルゲンをごく少量注射し、しだいにその量を増して過敏性を減弱させる方法がとられる。除感作。減感作。➡感作

だっ-かんしつ【脱乾漆】▶脱活乾漆(だっかつかんしつ)

た-つき【方便】▶たずき(方便)

たつぎ【×鐇】《「たつき」とも》木を伐採するのに用いる刃はばの広い大きな手斧(ちょうな)。「斧一を二三度ばかりうち立つるほどに」〈今昔・一一・二二〉

だっ-き【妲己｜妲妃】㊀「妲」は字(あざな)。「己」は姓。中国、殷(いん)の紂王(ちゅうおう)の寵妃(ちょうき)。淫楽・残忍を極め、王とともに周の武王に殺害された。㊁性悪で人に害を与える女。「一のお百」

だっ-きゃく【脱却】〔名〕(スル) 古い考え方や欠点などを捨て去ること。また、よくない状態から抜け出すこと。「旧弊を一する」「危機を一する」
(類語)脱出・脱皮・打開・打破

たっ-きゅう【卓球】(タク キウ) 中央にネットを張った長方形の台の両端に競技者が位置し、セルロイド製のボールをラケットで打ち合い得点を競う球技。国際式の硬式と日本式の軟式とがある。シングルス・ダブルス・混合ダブルスのほか団体戦がある。ピンポン。テーブルテニス。

だっ-きゅう【脱臼】(ダッキウ)〔名〕(スル) 骨の関節が外れること。「右腕を一する」(類語)骨折・捻挫・挫(くじ)く

たっきゅう-びん【宅急便】(タクキフ) 宅配便の商標名。➡宅配便

たっ-きょ【×謫居】(タク)〔名〕(スル) 罪によって、自宅に引きこもったり、遠くの土地へ流されたりしていること。また、その地の住居。

だっ-きょ【脱去】〔名〕(スル) ❶脱ぎ去ること。取りのけること。❷のがれ去ること。逃げること。

タッキング〘tacking〙ヨットで、艇首を風上に向けるようにしながら、風を受ける舷を他方に変えること。上手回し。

ダッキング〘ducking〙ボクシングで、アヒルが水面をくぐるように、頭をすばやく下げて相手の打撃を避けること。

タック〘TAC〙《total allowable catch》一定の海域における特定の水産資源の量を減少させないための、漁獲量の上限。国連海洋法条約により、沿岸国はTACを定め、自国漁船がこれを満たさない場合は他国漁船の入漁を認めなければならない。漁獲可能量。

タック〘TAC〙《Tactical Air Command》米国戦術空軍。1992年、SAC(戦略空軍)と統合してACC(戦闘空軍)に改組された。

タック〘tuck〙洋裁で、布の一部を小さくたたんで縫ったひだ。体形との調整、また、装飾用に作る。

タッグ〘tag〙《「タグ」とも》付け札。荷札や、商品に下げる値札など。

タッグ〘tag〙《「タグ」とも》❶鬼ごっこ。また鬼ごっこでタッチすること。❷「タッグマッチ」の略。❸「タッグチーム」の略。「一を組む(=協力する。連携して事に当たる)」

ダック〘DAC〙《Development Assistance Committee》開発援助委員会。OECD(経済協力開発機構)の内部委員会の一。先進国が開発途上国に対して行う経済援助の拡大と効率化を目標とし、援助の額と質について定期的に検討を行う。1961年、DAG(開発援助グループ)を改組して設立。

ダック〘DAC〙《digital-to-analog converter》デジタル信号をアナログ信号に変換する装置。

ダック〘duck〙あひる。鴨(かも)。

ダッグアウト〘dugout〙《待避壕(たいひごう)の意》野球場で、監督・コーチやグラウンドに出ていない選手の控え席。地面より一段低くつくられている。ベンチ。

タック-イン〘tuck in〙シャツやブラウスの裾(すそ)をスカートやパンツなどの中へ押し込むこと。また、裾などをからげたり、たくし上げたりすること。

たつくし【竜串】高知県土佐清水市、千尋(ちひろ)岬基部にある海岸。奇岩の景勝地。サンゴがみられる海域公園がある。

タックス〘tax〙税金。「ノー一」

タックス-イーター〘tax eater〙税金の無駄遣いをして私利をむさぼる役人と、彼らと結んで不当な利益を手にする民間人をさしていう語。

タックス-オン-タックス〘tax on tax〙▶二重課税

タックス-シェルター〘tax shelter〙❶租税回避策。❷国外源泉所得に税制上の優遇措置を行っている国。タックスヘイブンの一形態。

タックス-フリー〘tax free〙免税。非課税。

タックスフリーダム-デー〘tax freedom day〙1月1日からその日までの全所得が、1年分の税金の総額に達する日のこと。米国でいわれる言葉で、その日から以後は、すべて自分のための稼ぎになるということ。

タックスフレーション〘taxflation〙《tax+inflationから》間接税などの税金が引き上げられると、その一部が価格に転嫁されて物価を押し上げ、このことを契機にインフレを招くことをいう。

ダックスフント〘(ドイツ) Dachshund〙犬の一品種。ドイツの原産。胴が長く四肢が短い。元来はアナグマ猟の猟犬。

タックス-ヘイブン〘tax haven〙《havenは、避難所の意》外国企業に対し、税制上の優遇措置をとっている国または地域。租税回避地。租税避難地。

タックスペイヤー〘taxpayer〙納税者。納税義務者。

タッグ-チーム〘tag team〙《「タグチーム」とも》❶プロレスで、二人以上のレスラーからなるチーム。タッグマッチを行うチーム。また、格闘技で、二人以上で組んだチーム。タッグ。❷スポーツに限らず、ある目的を実現するために複数のグループで混成したチーム。タッグ。「営業と開発が連携して強力な一が生まれる」

ダックテール〘ducktail〙あひるの尾のような髪形。1950年代アメリカで流行したショートヘア。

タッグ-マッチ〘tag match〙プロレスで、一組二人、ないしは三人で組み、二組の一人ずつがリング内で戦い、手でタッチしては交代を繰り返す試合形式。

た-づくり【田作り】《「たつくり」とも》❶田を耕すこと。また、その人。❷ごまめ。昔、田の肥料にしたことからの名という。正月の祝い肴(ざかな)にする。(季 新年)「一や庵の肴(さかな)も海のもの／子規」

タックル〘tackle〙〔名〕(スル) ❶体当たりすること。走る相手に組み付くこと。「逃げる犯人に一する」❷ラグビーで、球を持っている相手チームの選手に組み付いて倒すか、ボールを地面に触れさせて前進を阻むこと。❸アメリカンフットボールで、スクリメージの際のラインの中軸となるポジション。❹釣り道具。

た-づく・る【手作る】〔動ラ四〕手で紐(ひも)を結ぶなどして身づくろいする。着用する。「大和の忍(おし)の広瀬を渡らむと足結(あよひ)一・り腰作らふも」〈皇極紀・歌謡〉

タックル-ボックス〘tackle box〙釣りの小道具を入れて携帯するための箱。

ダックワーズ〘dacquoise〙メレンゲに粉末アーモンドを加えて小判型に焼き、クリームをはさんだ洋菓子。ダクワーズ。

たっ-け〔連語〕《過去・完了の助動詞「た」+終助詞「け」。上に付く語によっては「だっけ」とも》❶過去のことを詠嘆の気持ちをこめて思い返す意を表す。「あのときは大いに慌て一」「この川で遊んだっけ」❷確認の問いかけの意を表す。「君も知ってい一」「この本は読んだっけ」(補説)終助詞とする説もある。

だっ-け〔連語〕《断定の助動詞「だ」+終助詞「け」》❶事項を過去のこととして詠嘆の気持ちをこめて思い返す意を表す。「昔はよく小説を読んだもの一」「みんなで遊んだのはこの路地一」❷返答を求めたり確認したりする意を表す。「君の年はいくつ一」

たっ-けい【×磔刑】(タク) はりつけの刑。はりつけ。

だっ-けつ【脱血】〔名〕(スル) 人工心肺装置を使用する際に、患者の大静脈・大腿静脈から血液を体外に取り出すこと。脱血した血液は人工心肺を循環させて酸素を取り込ませ、患者の大動脈・大腿動脈に送血される。

漢字項目 たつ

達 (学)4 (音)タツ(漢) ダチ(呉) (訓)たち ‖ ㊀〈タツ〉①障りなく通じる。道がとおる。「闊達(かったつ)・四通八達」②目的・目標とするところに行きつく。「達成／栄達・窮達・到達・発達」③物事によく通じる。じょうずにこなす。「達人・達文／熟達・上達・先達(せんだつ)・暢達(ちょうたつ)・明達・練達」④品物などを届ける。「送達・速達・調達・配達」⑤言葉や命令を告げ知らせる。「既達・厳達・口達・示達・執達・申達・通達・伝達」㊁〈たち(だち)〉「公達(きんだち)・友達(ともだち)・私達・子供達」(名付)かつ・さと・さとる・しげ・すすむ・ただ・たて・と・とお・とおる・のぶ・ひろ・みち・よし (難読)御用達(ごようたし)・曹達(ソーダ)・伊達(だて)・達磨(だるま)

×撻 (音)タツ(漢) ‖ うちのめす。むちうって励ます。「鞭撻(べんたつ)」

漢字項目 だつ

脱 (音)ダツ(慣) (訓)ぬぐ、ぬげる、ぬく、ぬける ‖ ①外側を覆っているものを取り去る。ぬぐ。「脱衣・脱穀・脱皮・脱帽／着脱」②ある枠や組織から抜ける。抜け出す。はずれる。「脱会・脱却・脱臼(だっきゅう)・脱獄・脱出・脱線・脱退・脱法／逸脱・離脱」③ある物から要素の一部を抜き取る。取れて無くなる。「脱脂・脱臭・脱色・脱毛／虚脱・剝脱(はくだつ)」④有るべきものが抜け落ちて無い。「脱簡・脱字・脱文・脱漏／誤脱・漏脱」⑤俗っぽさから抜け出ている。あっさりとしてこだわりがない。「滑脱・解脱(げだつ)・洒脱(しゃだつ)・超脱」

奪 (音)ダツ(慣) (訓)うばう ‖ 他人のものを力ずくで抜き取る。うばう。「奪回・奪還・奪取／強奪(ごうだつ)・簒奪(さんだつ)・収奪・侵奪・争奪・剝奪(はくだつ)・与奪・略奪」

たっ-けん【卓見】(タク) 物事を正しく見通す、すぐれた意見・見識。卓識。「一の持ち主」
(類語)高見・達見・卓識・達識・卓説・高説

たっ-けん【達見】物事を広く、また先々まで見通す、すぐれた意見・見識。達識。「一の士」
(類語)卓見・高見・卓識・達識・卓説・高説

だっ-けん【脱剣】身に帯びた刀剣をはずすこと。

たっけんぎょう-ほう【宅建業法】(タクケンゲフハフ)「宅地建物取引業法」の略。

だっこ【抱っこ】〔名〕(スル) だくこと、だかれることをいう幼児語。「父親に一してもらう」(類語)おんぶ・肩車

だつ-ご【脱誤】〔名〕(スル) 文字などが抜けていたり、まちがっていたりすること。誤脱。

たっ-こう【卓効】(タクカウ) 薬などの、すぐれたききめ。「この温泉は皮膚病に一がある」

だっ-こう【脱×肛】(ダッカウ) 痔疾(じしつ)の一。肛門の粘膜や直腸下端の粘膜が肛門外に出てしまうこと。

だっ-こう【脱稿】(ダッカウ)〔名〕(スル) 原稿を書きおえること。「長編小説を一する」(類語)擱筆(かくひつ)・絶筆

だつこうぎょうか-しゃかい【脱工業化社会】(ダツコウゲフクワシヤクワイ) 工業中心の社会がさらに発展して、知識・情報・サービスが重要な役割を果たす社会。

だっ-こく【脱穀】〔名〕(スル) 稲・麦などの穀粒を穂から取り離すこと。「庭先で一する」(季 秋)

だつ-ごく【脱獄】〔名〕(スル) 囚人が監獄から逃げ出すこと。破獄。(類語)破獄・脱牢(だつろう)・破牢・牢破り・牢抜け

だっこく-き【脱穀機】稲・麦などを脱穀する農機具。

タッサー〘tussah〙柞蚕(さくさん)の繭からとった絹糸。また、その平織り絹布。太めの横糸が粗めの横畝の表面をつくり出すので、夏の婦人服地などに使われる。これに似た風合いのポプリンをさすこともある。

だっ-さい【×獺祭】❶《「礼記」月令から》カワウソが自分のとった魚を並べること。人が物を供えて先祖を祭るのに似ているところからいう。獺祭魚。おそまつり。うそまつり。❷《晩唐の詩人李商隠が、文章を作るのに多数の書物を座の周囲に置いて参照し、自ら

「獺祭魚」と号したところから》詩文を作るとき、多くの参考書を周囲に広げておくこと。

だっさい‐き【×獺祭忌】《子規が獺祭書屋主人と号したところから》9月19日の正岡子規の命日。《季 秋》「うち晴れし淋しさみずや―/万太郎」

だっさい‐ぎょ【×獺祭魚】「獺祭❶❷」に同じ。

だつ‐サラ【脱サラ】《「脱サラリーマン」の略》サラリーマンをやめて、独立して商売や仕事を始めること。

だっ‐さん【脱酸】❶精錬過程で、金属や合金に混入した過剰の酸素を除去すること。❷油脂の精製過程で、遊離の脂肪酸を除くこと。

だつ‐さんしん【奪三振】野球やソフトボールで、投手が打者を三振に打ち取ること。「連続―」「―王」

たっ‐し【達し】官公庁から国民や下級官庁に対して出す通告・命令。ふれ。「その筋のお―により」[補説]「達示」とも当てて書く。[類語]命令・ふれ・沙汰・下知・下命・言い付け・指図・指示・指令

たっ‐し【達士】ある物事に熟達した人。練達の士。

だっ‐し【脱脂】〘名〙スル 物に含まれている脂肪分を取り去ること。

だっ‐し【脱×屣】❶履物をぬぎ捨てること。転じて、未練なく物を捨て去ること。❷《「孟子」尽心上から》帝王が執着なく位を去ること。

だつ‐じ【脱字】文章や印刷物などで、書き落としたり組み落としたりした文字。「誤字―」➡衍字

たっし‐がき【達し書(き)】達しを書いた文書。官公庁の通達書。達し文。

たっ‐しき【達識】物事を広く深く見通す見識。達見。[類語]卓識・達見・卓見・高見

だっし‐だいず【脱脂大豆】大豆から脂肪を取ったあとのもの。大豆たんぱく・味噌・醤油などの原料や、飼料・肥料として用いる。大豆粕。豆粕。

だっし‐にゅう【脱脂乳】牛乳から乳脂肪分を除去したあとのもの。加工乳・脱脂粉乳・ヨーグルト・アイスクリームなどの原料にする。

たっし‐ぶみ【達し文】「達し書き」に同じ。

だっし‐ふんにゅう【脱脂粉乳】脱脂乳を濃縮・乾燥して粉末状にしたもの。製菓・料理などに使う。スキムミルク。

だっし‐めん【脱脂綿】原綿に含まれている不純物・脂肪分を取り去って漂白・精製した綿。吸水性がよく、多く医療に使用。

たっ‐しゃ【達者】㊀〘名〙学問・技芸などの道に熟達している人。達人。「馬術の―」㊁〘形動〙〘文〙〘ナリ〙❶物事に慣れていて、巧みなさま。「計算が―だ」「口が―だ」「―な芸」❷からだが丈夫で健康なさま。「―に暮らしている」「足腰が―だ」❸うまく立ちまわって抜け目のないさま。したたかであるさま。「金儲けにかけては―なやつだ」
[類語](㊁❶)うまい・上手・巧み・器用・手慣れる・堪能/(❷)元気・健康・丈夫・息災・壮健・健勝・健やか・矍鑠

だっ‐しゅ【奪取】〘名〙スル 奪い取ること。力ずくで取ること。「政権を―する」「敵陣を―する」
[類語]横取り・強奪・略取・略奪・収奪・簒奪・剝奪

ダッシュ〖dash〗〘名〙スル ❶激しく突進すること。特にスポーツで、短い距離を全力疾走すること。「スタートから―する」❷語句と語句との間に入れる「―」の記号。構文の中断・転換、語句の省略などのときに用いる。ダーシ。中線。❸ローマ字の右肩につける「′」の記号。「A′」「b′」など。❹数学で、文字の右肩に付けて導関数であることを示す記号。「f′」など。
[類語]突進・直進・疾走・疾駆・スプリント

ダッシュ〖DASH〗《drone anti-submarine helicopter》米海軍の魚雷搭載の潜水艦攻撃用無人ヘリコプター。

だっ‐しゅう【脱臭】〘名〙スル 臭気を取り除くこと。

だつ‐じゅう【脱渋】渋柿の渋をアルコールなどを用いて不溶化し、渋味をなくすこと。

だっしゅう‐ざい【脱臭剤】臭気をとる薬剤。活性炭・活性白土など吸着性を利用したものが多い。

だっ‐しゅつ【脱出】〘名〙スル 危険な場所や好ましくない状態から抜け出すこと。「苦境を―する」
[類語]脱却・脱走・逃走・逃避・退避・退散

だっしゅつ‐シュート【脱出シュート】旅客機での緊急脱出に際し、圧縮ガスが吹き込まれて自動的に伸び膨らむ、ゴムやナイロンなどでできた滑り台。非常脱出シュート。脱出スライド。

だっしゅつ‐スライド【脱出スライド】▶脱出シュート

だっしゅつ‐そくど【脱出速度】▶宇宙速度

ダッシュボード〖dashboard〗自動車で、運転席とエンジン室の間を区切る仕切り板。フロントガラスの下方の計器盤やスイッチ類が並んでいる部分。

だつ‐じょう【奪情】律令制で、喪に服している人に、役所のつとめにつくように命じること。

だっ‐しょく【脱色】〘名〙スル 本来含んでいる色や染め色をぬきとること。「髪の毛を―する」

だっしょく‐ざい【脱色剤】色素をぬきとる薬剤。酸化剤・還元剤などを用いる。

たっしり〘副〙十分に。たっぷり。「(姉ト妹ノ)どちらにも女な子がござるによって、両姪(＝刀ノ銘ニカケル)―とあると申します」〈狂言記・粟田口〉

タッシリ‐ナジェール〖Tassili n'Ajjer〗アルジェリア南東部、リビアとの国境付近のサハラ砂漠中央部にある岩山の山地。およそ8000年から2000年前に描かれた岩絵が多く残る。1982年、世界遺産(自然遺産・文化遺産)に登録された。

たつ‐じん【達人】❶技芸・学問の奥義に達している人。達者。「剣道の―」❷深く物事の道理に通じた人。「人生の―」[類語]名人・名手・大家・エキスパート

達人は大観す　広く道理に通じた人は、物事の全体を見極めるので、判断を誤ることがない。

だつ‐じん【脱×塵】世の中のわずらわしさからのがれること。俗塵を避けること。脱俗。

たっ‐す【▽塔主|▽塔▽司】禅宗で、塔頭をつかさどる役。また、その僧。

だっ‐すい【脱水】〘名〙スル 物に含まれている水分を取り除くこと。結晶から結晶水を取り去ることや、化合物中の水素と酸素とを水分子の形で奪うことなどもいう。[類語]水切り

だっすい‐き【脱水機】脱水に使う機械。遠心分離式・真空式などのものがある。

だっすい‐ざい【脱水剤】吸湿性の強い物質や、水と化学的に反応しやすい物質で、脱水の目的に用いられるもの。濃硫酸・五酸化二燐・塩化カルシウム・ソーダ石灰・シリカゲルなど。乾燥剤などに使用。

だつずい‐しっかん【脱髄疾患】神経線維(軸索)の髄鞘に起こる病気の総称。アレルギー・自己免疫・ウイルス感染などが原因で生じる。多発性硬化症・急性散在性脳脊髄炎など。

だっすい‐しょう【脱水症】体内の水分および電解質が欠乏した状態。多汗・多尿、重度の下痢などの場合に起こる。脱水症状。

だっすい‐しょうじょう【脱水症状】▶脱水症

だっすいそ‐こうそ【脱水素酵素】▶デヒドロゲナーゼ

たっ・する【達する】〘動サ変〙〘文〙たっ・す〘サ変〙❶㋐ある場所・目的地に行きつく。至る。「登山隊が山頂に―・する」㋑物事の内容が伝わり届く。「噂が教師の耳にも―・する」㋒ある数値になる。一定の数値に届く。「被害は二億円にも―・した」「募金が目標額に―・する」㋓ある状態・程度になる。「世界的水準に―・する」❷学問・技芸に深く通じる。熟達する。「一芸に―・した人」❸物事をなしとげる。はたす。達成する。「望みを―・する」❹告げ知らせる。伝える。わからせる。「命令を―・する」
[類語]及ぶ・至る・着く・通ずる・届く・上る

だっ・する【脱する】〘動サ変〙〘文〙だっ・す〘サ変〙❶好ましくない状態・境遇などからぬけ出る。のがれる。脱出する。「窮地を―・する」「旧弊を―・する」「煩悶から―・する」❷加わっていた組織や仲間などからぬける。脱退する。「同盟関係を―・する」❸抜け落ちる。もれる。「名簿に彼の名前が―・していた」❹身につけているものをとる。ぬぐ。「一寸と帽を―・して挨拶し」〈鉄腸・花間鶯〉❺含まれているもの、つまっているものを取り除く。「コルク栓を―・する」「脱水機で水分を―・する」❻仕上げる。原稿を書き終える。「稿を―・する」

たつ‐せ【立つ瀬】立場。世間に対する面目。「君に断られては私の―がない」[類語]立場・面目

たっ‐せい【達成】〘名〙スル 成し遂げること。目的を果たすこと。「大記録を―する」「目標を―する」
[類語]成就・完遂・実現・成功

だつ‐ぜい【脱税】〘名〙スル 納税義務者が故意に税額の一部または全部の申告をせず、納付を免れること。

だっ‐せき【脱籍】〘名〙スル ❶籍から抜け出ること。「―して素人となり」〈逍遥・当世書生気質〉❷戸籍から除くこと。戸籍から抜け落ちていること。

タッセル〖tassel〗衣類・カーテンなどの端につける房飾り。

タッセル‐シューズ〖tassel shoes〗タッセル(房飾り)付きのスリップオンタイプの靴のこと。

だっ‐せん【脱船】〘名〙スル 船長の許可なく、乗組員が船から下りたまま帰船しないこと。

だっ‐せん【脱線】〘名〙スル ❶汽車や電車などの車輪が線路からはずれること。「列車が―する」❷話や行為が本筋から横道にそれること。「話が―する」

タッソ〖Torquato Tasso〗[1544～1595]イタリアの詩人。ルネサンスからバロック期にかけて活躍。叙事詩「解放されたエルサレム」、牧歌劇「アミンタ」。タッソー。

だっ‐そ【脱×疽】▶壊疽

だっ‐そう【脱走】〘名〙スル 束縛されている場所から抜け出して逃げること。「集団で―する」「―兵」
[類語]脱出・離脱・逃走・逃亡・エスケープ

だつ‐ぞく【脱俗】〘名〙スル 世間から離れて、俗事にわずらわされないこと。俗事に執着しないで、あっさりしていること。超俗。「―の境」

だつぞく‐の‐はん【脱×粟の飯】もみがらを取り去っただけで精白してない米を炊いた飯。玄米飯。

だっそ‐ちりめん【だっそ▽縮×緬】江戸時代、縦糸に木綿糸、横糸に絹糸を使った、縮緬のような織物。

タッソ‐ひろば【タッソ広場】《Piazza Tasso》イタリア南部、カンパニア州の都市ソレントにある中心広場。ソレント出身、ルネサンスからバロック期にかけて活躍した詩人タッソにちなむ。中央にソレントの守護聖人アントニオの像がある。

たっ‐そん【達尊】世間一般に尊ばれるもの。学徳・爵位・年齢など。

たった〘副〙《「ただ(唯)」の音変化》❶数量が少ないことを強調するさま。わずか。ほんの。「出発まで―一時間しかない」「―の一〇〇円だ」❷ごく近い過去を強調するさま。「―こないだのように思っていたけれど」〈三重吉・桑の実〉❸ひたすら。いちずに。「―説かせませ」〈狂言記・宗論〉
[類語]ただ・たかだか・わずか・ほんの・僅僅

たつた【竜田】㊀奈良県生駒郡斑鳩町の地名。三郷町の竜田大社から勧請したといわれる竜田神社がある。㊁謡曲。四番目物。旅僧が大和国三郷の竜田明神に参拝すると、竜田姫の霊が現れて明神の縁起を語り、紅葉をめでて神楽を舞う。

たつた‐あげ【竜田揚(げ)】魚肉・鶏肉などに醤油とみりんで下味をつけ、かたくり粉をまぶして油で揚げたもの。揚げた色から紅葉の名所の竜田川にちなんでいう。

タッターソール〖tattersall〗▶タッタソール

だっ‐たい【脱退】〘名〙スル 属している団体・組織から抜けること。「組合を―する」
[類語]離脱・退会・退団・退部・脱会・脱党・離党

だっ‐たい【奪胎|脱胎】〘名〙スル ❶他人の詩文の発想・形式を取り入れて新しく自分のものを作ること。「換骨―」❷ごく薄い胎土に釉を厚く塗って磁器を作ること。また、その磁器。

たった‐いま【たった今】《「ただいま(只今)」の音変化。副詞的にも用いる》❶ほんの少し前。今しがた。「―の出来事」「―起きた」❷今すぐ。即刻。「―出て

行け」

たつた-がわ【竜田川｜立田川】㊀奈良県北西部、生駒山地の東側を南流して大和川に注ぐ川。古くからの紅葉の名所。上流を生駒川という。〔歌枕〕「―もみぢば流る神なびのみむろの山に時雨ふるらし」〈古今・秋下〉㊁《古今集・秋下の「たつた川もみぢ乱れて流るめり渡らば錦なかや絶えなむ」から》模様の名。流水にもみじの葉を散らしたもの。

タッタソール〘tattersall〙地色と対照的な色を用いたオーバーチェックのこと。ロンドンの馬市場「タッタソール」で馬用の毛布柄に用いられたことからの名。

タッタソール-チェック〘tattersall check〙「タッタソール」に同じ。

たつた-たいしゃ【竜田大社】奈良県生駒郡三郷町にある神社。旧官幣大社。祭神は天御柱命・国御柱命。鎮風・五穀豊穣の神として、古来信仰される。竜田本宮。俗に竜田風神とも。

たつた-ひこ【竜田彦｜竜田比古】延喜式にみえる竜田比古竜田比女神社の祭神の一。風をつかさどる神。「我が行きは七日は過ぎじ―ゆめこの花を風にな散らし」〈万・一七四八〉

たつた-ひめ【竜田姫｜竜田比女｜立田姫】❶延喜式にみえる竜田比古竜田比女神社の祭神の一。❷奈良の都の西方にある竜田山にいるという、秋をつかさどる女神。五行説で西が秋にあたるところからいう。東の佐保姫に対する。〔季 秋〕

たつた-やま【竜田山｜立田山】奈良県北西部、三郷町と大阪府柏原市との間の山地の古名。大和から河内へ行く「竜田越え」の山。

だっ-たん【脱炭】製鋼工程で、転炉の溶融銑鉄中の含有炭素を燃焼によって減少させること。

だったん【×韃×靼】モンゴル系部族の一。8世紀ころから東モンゴリアに現れ、のちモンゴル帝国に併合された。宋ではモンゴルを黒韃靼、トルコ系部族オングートを白韃靼と称し、明では滅亡後北方に逃れた元の遺民を韃靼と称した。タタール。

だったん-かいきょう【韃靼海峡】「間宮海峡」に同じ。タタール海峡。

だったん-そば【×韃×靼蕎＝麦】蕎麦の一種。広くアジアの高山地域に生育する。実に一般の蕎麦よりも多くのルチンを含むことから、健康効果が注目される。苦みが強いため苦蕎麦とも呼ばれる。

たっち【立っち】〔名〕スル 立つことをいう幼児語。

タッチ〘touch〙〔名〕スル ❶さわること。触れること。「軽く相手の腕に―する」❷スポーツで、手やからだの一部、またはボールなどが触れること。「―の差で負けた」「二塁寸前で―された」❸かかわりを持つこと。関係。関与。「プライベートな問題にはいっさい―しない」❹手でさわった感じ。手ざわり。触感。「絹に似た―の合成繊維」❺鍵盤楽器のキー、パソコン・ワープロのキーボードなどを押すこと。また、その押し方や押したときの感じ。「このタイプライターは―が重い」❻芸術作品の作風。絵画の筆触、文学の筆致など。「―の荒い絵」「力強い―で描く」〔類語〕(❶)触れる・触る・接する・擦る・接触する・触接する／(❸)携わる・かかわる・立ち入る／(❻)筆使い・筆致・筆触

タッチの差　ほんのちょっとした違い。ごく小さな違い。特に、短い時間の差・へだたり。「―で電車に乗り遅れた」

ダッチ〘Dutch〙❶オランダ人。オランダ語。❷多く複合語の形で用い、オランダ風の、オランダの、の意を表す。「―アイリス」

ダッチ-アイリス〘Dutch iris〙アヤメ科の多年草。オランダで品種改良されたもの。観賞用。4～5月ごろ、頂に2～3個の大形の花をつける。

タッチ-アウト《和 touch＋out》❶野球で、守備側の野手が、ボールを塁から離れている走者に触れてアウトにすること。❷バレーボールで、アタックしたボールが相手側のブロッキングに当たって、コートの外に出ること。相手側の失点となる。

ダッチ-アカウント〘Dutch account〙割り勘。

タッチ-アップ〔名〕スル《和 touch＋up》野球で、フライが打たれたとき、塁上の走者が捕球を見届けるため、塁についていること。捕球後は進塁を試みることができる。

タッチ-アンド-ゴー〘touch and go〙飛行機が着陸して一瞬車輪を滑走路に接触させたあと、直ちに離陸する動作。離着陸訓練のために行う。

ダッチ-オーブン〘Dutch oven〙《米国建国時代にオランダ商人が売り歩いたからという》鋳鉄製の厚い鍋。フライパン型、つる付きの鍋型など、型も大きさも種々ある。

タッチ-キー《和 touch＋key》軽く押すだけで回路が切れたりつながったりする、機械のキーボタン。銀行の現金自動預金機などに多く使われている。

タッチ-キック〘touch kick〙ラグビーで、ボールをタッチラインの外に出すことをねらって蹴るキック。22メートルラインの内側またはペナルティーキックの場合は、ボールが出た地点でのラインアウトで試合再開となるため、陣地を取ることをねらって行う。

ダッチ-コーヒー〘Dutch coffee〙細かくひいたコーヒーに水を加え、長い時間をかけて滴下させたコーヒー。水出しコーヒー。

タッチ-システム〘touch system〙タイプライターやレジスターなどのキーを見ないで打つ方法。

タッチ-スクリーン〘touch screen〙タッチパネルを備え、画面を指で触れることにより、文字の入力やメニューの選択ができるディスプレー。

タッチ-センサー〘touch sensor〙異なる複数の機能のそれぞれを、ディスプレーの画面を触るだけで選べる入力方式。

タッチ-タイピング〘touch-typing〙キーボードのキーを見ないで、正しく文字を打ち込むこと。

タッチダウン〘touchdown〙〔名〕スル ❶アメリカンフットボールで、相手のエンドゾーンにボールを持ち込むこと。得点は6点。TD。❷ラグビーで、防御側のプレーヤーが味方のインゴールでボールを地面に押さえること。

タッチ-ネット《和 touch＋net》テニス・バレーボール・卓球などの競技中に、ラケット・身体・着衣などがネットに触れること。失点となる。ネットタッチ。

ダッチ-ハーバー〘Dutch Harbor〙米国アラスカ州、アリューシャン列島東部のウナラスカ島にある町。米国海空軍の基地。

タッチパッド〘touchpad〙➡トラックパッド

タッチパネル〘touchpanel〙コンピューターの入力装置の一。座標を感知する透明のパネルをディスプレーの上にかぶせ、ペンや指で押してデータ入力や指示をするもの。近年はマルチタッチ式のディスプレーを搭載したスマートホン、タブレット型端末、携帯型ゲーム機などが広く普及している。

タッチ-フットボール〘touch football〙アメリカンフットボールの危険度を減らした競技。タックルの代わりに両手でボールを持ったプレーヤーにタッチする。1チーム11名編成。

タッチ-ペン〘touch pen〙「スタイラスペン」に同じ。

タッチ-ホイール〘touch wheel〙機器を操作する入力装置の一。円盤状のタッチセンサーを指で押したり滑らせたりすることにより、種々の操作を行う。米国アップル社の携帯型デジタルオーディオプレーヤー、iPodの一部に搭載されている。

ダッチ-ボブ〘Dutch bob〙少女のおかっぱ頭のこと。ストレートヘアの前髪を下げ、まっすぐに切ったり、横分けで後頭部に向けて真横にカットした型。

タッチ-ミュージアム《和 touch museum》展示品を手で触れることのできる美術館。目の不自由な人々にも美術鑑賞の機会を提供するもの。

タッチ-メソッド〘touch method〙➡タッチシステム

たっち-もん【達智門】《「だっちもん」とも》平安京大内裏外郭十二門の一。北面し、偉鑒門の東にある。たじいもん。たていもん。

ダッチャ〘Datça〙トルコ南西部の町。ダッチャ半島の南側、地中海のヒサーリョヌ湾に面する。同半島の中心地であり、海岸保養地として知られる。付近には美しい海岸や島々が点在する。

だっ-ちゃく【脱着】〔名〕スル とりつけたり、とりはずしたりすること。着脱。「替え刃を―する」

たっ-ちゅう【▽塔▽頭｜▽塔中】《唐音》❶禅宗で、大寺の高僧の死後、弟子がその徳を慕って墓の塔の頭に構えた寮舎。❷大寺院の敷地内にある小寺院や別坊。脇寺。

だっ-ちょう【脱腸】腸または腹壁の一部が腹壁のすきまなどから外側に押し出されること。腹部ヘルニア。

だっちょう-かんとん【脱腸×嵌頓】脱腸を起こした腸が、脱出した裂け口のところで絞められて腸閉塞を起こす状態。

だっちょう-たい【脱腸帯】脱腸、主に鼠蹊ヘルニアの際、腸管の脱出を防止し、自然治癒を促すための医療器具。ヘルニアバンド。

タッチライン〘touchline〙サッカーやラグビーなどの競技場で、両ゴールラインを直角に結ぶ長辺の線。➡ゴールライン❶

タッチ-ラグビー〘touch rugby〙ラグビー選手の練習から生まれたスポーツ。基本的ルールはラグビーに準ずるが、タックル・スクラム・キックはしない。守備側はボールを持った人の体にタッチし、6回タッチすると攻守交代。1チーム6人で、試合時間とグラウンドの広さはラグビーの半分程度。

ダッチ-ロール〘Dutch roll〙飛行機が激しく横揺れしながら首を振り、8の字を描くように飛ぶ状態。

ダッチ-ワイフ〘Dutch wife〙❶竹夫人のこと。❷模造の性器を有する等身大の女性代用人形。

タッチング〘tatting〙シャトルという舟形の編み具を操作し、1本の糸で小さな輪をたくさんつくって連ねるレース編み。衣服の装飾、テーブルクロスなどの縁飾りに用いる。タッチングレース。

たっ-つけ【裁っ着け｜立っ付け】《「たちつけ」の音変化》「裁っ着け袴」の略。

たっつけ-ばかま【裁っ着け×袴】袴の一。ひざから下を細くし、下部を脚絆のように仕立てたもの。もと、多く武士の旅行用、のちに行商人・農民の仕事着として用いた。現在では、相撲の呼び出しが用いている。伊賀袴。

たつつ-まい【▽殊×儛】上代の舞の一。侏儒の姿を模し、立ったり座ったりして舞うものという。

たっ-て【達て】〔副〕無理を承知で強く要求・希望するさま。是非とも。どうあっても。「―欲しいというのではない」「―の願い」「―お前が其処を退かないというのなら」〈露伴・蘆声〉〔補説〕「達」は当て字。

〔類語〕強いて・敢えて・押して・むりやり・是非・無理

たって〔接助〕《過去の助動詞「た」の終止形に接続助詞「とて」の付いた「たとて」の音変化》動詞・形容詞、一部の助動詞の連用形に付く。ガ・ナ・バ・マ行の五段活用動詞に付く場合は「だって」となる。逆接の仮定条件を表す。…ても。…たとしても。「笑われ―かまわない」「いくら捜し―いるはずがない」

たって〔連語〕《格助詞「と」と動詞「いう」の連用形に接続助詞「たって」の付いた「といったって」の音変化》名詞、活用語の終止形、動詞と一部の助動詞の命令形、一部の助詞に付く。上に促音の付いた「ったって」の形をとることが多い。ある事柄を認めるにしても、全面的にではないという気持ちを表す。…といっても。…としても。「登山―、ハイキング程度さ」「来いっ―すぐには行けない」「買うっ―近くに店はないよ」〔補説〕打ち解けた話し言葉で用いられる。

だって〔接〕《助詞「だって」の接続詞化したもの》相手に反論したり、相手の反対を予想しつつ理由や言い訳を述べる場合に用いる。そうはいっても。でも。なぜかというと。「とても間に合いません。―人手が足りません」

だって㊀〔接助〕《接続助詞「たって」が、ガ・ナ・バ・マ行の五段活用動詞の連用形に付く場合の形》「たって」に同じ。「ここなら泳い―かまわない」㊁〔係助〕《断定の助動詞「だ」に係助詞「とて」の付いた「だとて」の音変化という》名詞・副詞、一部の助詞に付く。「でも」

に似るが、語調がより強い。❶ある事柄を例示し、それが他と同様、または、同様であるという意を表す。…もやはり。…でも。「鯨―人間の仲間だ」「ここから―見える」❷いくつかの事柄を並べて例示し、すべてが同類であるという意を表す。「水銀―鉛―公害のもとだ」「野球―テニス―うまい」❸疑問・不定を表す語、または、数量・程度を表す語に付いて、例外なくそうである意を表す。…でも。…も。「だれ―知っている」「一度―姿を見せない」㊁〔終助〕《係助詞「だって」の文末用法から》引用句に付く。相手の言葉に対して、非難・驚きの気持ちを込めて強調する意を表す。「欲しいくせに、いらない―さ」「なぜ休んだか―。病気だよ」

だってん-もん【談天門】▶だんてんもん(談天門)

タッド〖TAD〗《Thrust Augmented-Delta》米国の推力強化デルタ。デルタは人工衛星打ち上げ用ロケット。

だっ-と【脱×兎】逃げていくウサギ。非常に速いことのたとえ。「―の勢い」「―の如く駆け出す」

ダット〖DAT〗《digital audio tape》音声をデジタル信号化してテープで録音・再生するシステム。また、そのテープのこと。音質がよく、コピーによる音質の劣化もない。ディーエーティー。

たっと・い【尊い｜貴い】〔形〕図たっと・し〔ク〕《「たふとし」の音変化。やや古風な語》「とうとい」に同じ。「―・い教え」「嫂(あによめ)の贈物が…彼には―・かった」〈漱石・それから〉派生たっとさ〔名〕

たつ-どう【達道】ダウ《「たっとう」とも》古今東西を通じて一般に行われるべき道徳。君臣・父子・夫婦・兄弟・朋友の五つの道。達徳。

だっ-とう【脱刀】ダウ 腰に帯びている刀をとりはずすこと。また、帯刀をやめること。

だっ-とう【脱党】ダウ〔名〕スル 所属している党から抜けること。「―して新党結成に参加する」

たっ-とく【達徳】「達道(たつどう)」に同じ。

たっと・ぶ【尊ぶ｜貴ぶ】〔動バ五(四)〕《「たふとぶ」の音変化》「とうとぶ」に同じ。「人の命を―・ぶ」

たっと・む【尊む｜貴む】〔動マ五(四)〕《「たふとむ」の音変化》「とうとぶ」に同じ。「自分の芸術的良心を計る物差しとして―・みたいと思った」〈芥川・戯作三昧〉

だっ-とん【脱×遁】〔名〕スル 抜け出し逃げること。「児を懐ろにして―し、走る」〈織田訳・花柳春話〉

た-づな【手綱】❶馬具の一。轡(くつわ)の左右に結びつけ、人が手に取って馬を操る綱。❷人を動かし、また物事を処理する手加減。「家計の―を握る」❸「手綱染め」の略。❹烏帽子(えぼし)の上に締める鉢巻き。「烏帽子に―打たせて」〈盛衰記・三四〉❺ふんどし。まわし。室町時代から江戸時代の初めにかけて用いた語。「相撲はこれがはじめなれば…―も腰も切れぬべし」〈曽我・一〉

手綱を締・める ❶馬が勝手に走らないように手綱を引きしぼって持つ。❷勝手な言動をしたり、気を緩めたりしないように他人を抑制する。「活を入れてスタッフの―・める」

手綱を引き締・める 「手綱を締める」に同じ。

たづな-さばき【手綱×捌き】❶馬を乗りこなす腕前。❷人を動かしたり、統括したりする腕前。

たづな-ぞめ【手綱染(め)】《馬の手綱に多くあるところから》白布に幅3センチくらいの斜めの筋を、紫・浅葱(あさぎ)・紅などでだんだらに染め出したもの。だんだら染め。

たつ-なみ【立つ波｜立つ▽浪】逆巻く波頭(なみがしら)を図案化した模様。近世、染織などに用いられた。

たつなみ-がい【立▽浪貝】ガヒ アメフラシ科の巻き貝。潮間帯の岩礁にすむ。体長約20センチで緑褐色、体表に多くの小突起があり、触ると紫色の液を出す。貝殻は小さい三角形で、殻頂が曲がっている。本州中部以南に分布。

たつなみ-そう【立▽浪草】サウ シソ科の多年草。野原や丘陵に生え、高さ20～40センチ。茎に白い毛がある。夏、多数の紫色や白色の唇形花を穂状につける。季 夏

たつなみ-の【立つ波の】〔枕〕❶波が次々に寄せくる意から、「しくしく」に、また「寄る」と同音の「夜」にかかる。「君は来ず我(あれ)は故なく―しくしくわびしかくて来(こ)じとや」〈万・三〇二六〉「秋もなほ天の河原に―よるぞみじかき星合のそら」〈続後撰・秋上〉❷立つ波の音の意から、「音(おと)」にかかる。「薫(かをり)分くる程にきにけり―音に聞きてしこや難波潟(なにはがた)は」〈和泉式部集・下〉

たつの 兵庫県南西部の市。もと脇坂氏の城下町で、古い町並みが残る。薄口醤油・揖保(いぼ)そうめんの産地。平成17年(2005)10月に龍野市・新宮町・揖保川町・御津(みつ)町が合併して成立。人口8.1万(2010)。

たつの【辰野】長野県上伊那郡の地名。伊那盆地の北端にあり、JRの中央本線と飯田線が分岐する。

たつの【龍野】兵庫県南西部にあった市。平成17年(2005)10月、新宮町・揖保川(いぼがわ)町・御津(みつ)町と合併、たつの市となる。➡たつの

たつ-の-いち【×辰の市】古代、大和国添上郡(現在の奈良市内)に、辰の日ごとに定期的に立った市。「無き名のみ―とはさわげどもいさまだ人をうるよしもなし」〈拾遺・恋二〉

たつ-の-おとしご【竜の落(と)し子】ヨウジウオ科の海水魚。内湾の藻場に多く、全長約10センチ、褐色。体は骨板に覆われ、頭部は馬に似て、腹びれ・尾びれを欠き、細長く伸びた尾部を海草に巻きつけて休んだり、直立したまま静かに移動したりする。雄は下腹部に育児嚢(いくじのう)を備え、雌が産み入れた卵を孵化(ふか)させる。日本では同属のオオウミウマ・イバラタツなどもいる。干物を安産のお守りにする。海馬(かいば)。うみうま。うまうお。たつのこま。

たつの-きんご【辰野金吾】[1854～1919]建築家。佐賀の生まれ。英国に留学。明治から大正の建築界に指導的役割を果たし、日本建築学会会長などを歴任。作品に日本銀行本店旧館・東京駅などがある。

たつ-の-くち【竜の口】❶銅・鉄などで竜頭を作り、口から水が出るようにしたもの。神社の手洗い場などにみられる。❷樋(とい)の口の水を吐き出す部分。

たつのくち【竜ノ口】㊀神奈川県藤沢市片瀬の地名。鎌倉時代に刑場があり、日蓮の法難、元使の処刑などの地。㊁東京都千代田区丸の内1丁目付近の旧称。江戸城西の丸下の和田倉門のあたり。堀の水が道三堀へ落ちる所に当たっていたのでいう。

たつの-し【たつの市】▶たつの

たつの-し【龍野市】▶龍野

たつ-の-ま【竜の馬】非常にすぐれた馬。駿馬(しゅんめ)。竜馬(りゅうめ)。「―を我(あれ)は求めむあをによし奈良の都に来む人の為(たに)に」〈万・八〇八〉

たつの-まち【辰野町】▶辰野

たつ-の-みや【竜の宮】「竜宮(りゅうぐう)」に同じ。

たつの-ゆたか【辰野隆】[1888～1964]フランス文学者・随筆家。東京の生まれ。辰野金吾の長男。東大でフランス文学を講じ、門下から渡辺一夫・小林秀雄らが輩出。著「ボオドレエル研究序説」「忘れ得ぬ人々」など。

たっ-ぱ【立っ端｜建っ端】❶建築用語で、高さのこと。「軒の―」❷一般的な物の高さ。また、背の高さ。「―のある俳優」

タッパーウエア〖Tupperware〗食品を入れるポリエチレン製の密封容器。商標名。タッパー。補説「タッパー」も商標名。「プラスチック製容器」「密閉容器」などと言い換える。

たっ-ぱい【▽答拝】《「たふはい」の音変化》❶大饗(だいきょう)のときなどに、身分の高い人の来場に際し、主人が堂をおりて迎え、互いに拝礼したこと。「お供廻りもかるがると地に鼻付けて主が―」〈浄・盛衰記〉❷丁寧なもてなし。「御馳走―請けながら」〈浄・女護島〉

たっ-ぱい【達拝】能の型の一。両手を高めに前に出してひじを広げ、拳(こぶし)を顔の前で合わせる。一種の拝礼で、ワキの名のりのあとなどに行う。

ダッハシュタイン-さんかい【ダッハシュタイン山塊】サンクワイ《Dachstein》オーストリア中部、ザルツカンマーグート地方にあるカルスト地形の山塊。アルプス東端、北部石灰岩アルプスの一部。最高峰はダッハシュタイン山で標高2996メートル。山麓にあるハルシュタット湖の西岸に面する観光保養地、ハルシュタットとともに、1997年、「ザルツカンマーグート地方のハルシュタットとダッハシュタインの文化的景観」の名称で世界遺産(文化遺産)に登録された。

だっ-ぱん【脱藩】〔名〕スル 江戸時代、武士が藩籍を抜けて浪人になること。「庄内自余の―士等に漸次(しだい)に領内へ斫(き)り込まれ」〈染崎延房・近世紀聞〉

だっ-ぴ【脱皮】〔名〕スル ❶昆虫類や爬虫(はちゅう)類などが、成長のため古くなった外皮を脱ぎ捨てること。❷古い考え方や習慣から抜け出して新しい方向に進むこと。「旧弊からの―を図る」

たっぴ-ざき【竜飛崎】青森県北西部、津軽半島北西端の岬。北海道の白神岬と青函トンネルで結ばれる。津軽国定公園の一部。

たっぴつ〔形動〕図〔ナリ〕満ちあふれるほどたくさんあるさま。「杯洗(はいせん)の水は…水ぎれだ。かわりを―にもってきな」〈魯文・安愚楽鍋〉

たっ-ぴつ【達筆】〔名・形動〕❶巧みに文字や文章を書くこと。また、書いたものや、そのさま。「―をふるう」「―な人」❷勢いのある筆使い。

だっ-ぴつ【×捺筆】書道で、右斜めに下がる筆使い。

だっぴ-ホルモン【脱皮ホルモン】脱皮を起こさせるホルモン。昆虫では前胸腺ホルモン、甲殻類ではY器官のホルモン、脊椎動物では甲状腺ホルモンなど。

タップ〖tap〗❶雌ねじを切る工具。雌ねじ切り。❷電気の引き出し線用導線に、接続部品のついたもの。㋐電源と電気器具との中継に用いるコードで、一方にコンセント、他方にプラグがついたもの。「テーブル―」㋑コイルや抵抗器の中間から引き出した導線に端子のついた部分。コイルの巻き数や抵抗値を変えるのに用いる。❸水道の蛇口。給水栓。❹ボウリングでストライクゾーンに入りながら、ピンが1本だけ残ること。

タップ〖tap〗〔名〕スル ❶靴の鋲(びょう)。❷床などを音をたてて踏むこと。また、タップダンスのこと。「―を踏む」❸物を軽くたたくこと。指先でつつくこと。「画面を―する」

タップ-シュート《和 tap＋shoot》バスケットボールで、ゴール前に投げ上げられたボールや、リングなどに当たって跳ね返ってきたボールをジャンプして片手または両手でつかみ、そのままの体勢で行うシュート。

タップ-ダンス〖tap dance〗金具を打ちつけた靴のつま先とかかとで床をリズミカルに踏み鳴らして踊るダンス。米国の黒人が考案したもので、1920～30年代に流行。

タップ-パンツ〖tap pants〗タップダンスに用いるような、丈が短く裾(すそ)広がりで、ウエストにギャザーやタックをとった比較的ゆったりしたパンツのこと。

タップミノー〖topminnow〗北米原産の、カダヤシ科の淡水魚。メダカに似る。和名、蚊絶やし。

たっぷり㊀〔形動〕図〔ナリ〕❶満ちあふれるほど十分にあるさま。「―な水で麺(めん)をゆでる」❷名詞の下に付いて、ある要素が普通よりも多めであることを表す。「皮肉―」「自信―」㊁〔副〕❶㊀❶に同じ。「コップに―(と)牛乳を注ぐ」❷分量などに余裕のあるさま。「―(と)した仕立ての服」「時間は―(と)ある」❸少なめに見積もっても、それだけの数量は十分にあるさま。「駅まで―二〇分はかかる」

類語 たくさん・一杯・十分・しっかり・たんと・ごまんと・わんさと・うんと・ふんだん・なみなみ・がっつり

ダッフル〖duffel｜duffle〗《原産地であるベルギーの都市名から》❶けば立った厚手で粗織りの毛織物。毛布やコート地に用いる。❷「ダッフルコート」の略。

ダッフル-コート〖duffel coat〗厚手のウール地でつくった、フードつきのスポーティーな短いコート。前を浮き形の留め具と飾りひもで留める。

たつ-ぶん【達文】❶理路整然として、意味のよく通る文章。伝えようとすることが、よくわかる文章。❷生き生きとした文章。達者に書かれた文章。

(類語)名文・美文・雅文・才筆・麗筆
だつ-ぶん【脱文】抜け落ちた文句・文章。
だっ-ぷん【脱×糞】〔名〕スル 大便をすること。
(類語)排便・通じ・便通・快便
たつ-べ【▽竹×瓮】筌うえのこと。《季 冬》「淀の魚―にまよふ一つかな/蛇笏」
たつ-へん【立偏】漢字の偏の一。「竣」「竦」などの「立」の称。
たつ-べん【達弁｜達×辯】よどみなくすらすらと話すこと。達者な弁舌。能弁。「―の士」(類語)快弁・雄弁・能弁・流暢りゅうちょう・多弁・饒舌じょうぜつ・立て板に水
だつ-ぼう【脱帽】〔名〕スル ❶敬意を表して、かぶっている帽子をぬぐこと。❷相手に敬意を示すこと。感服すること。「彼の勇気ある行動には―した」
(類語)シャッポを脱ぐ・兜かぶとを脱ぐ
だっ-ぽう【脱法】ダツ 法律に触れないような方法で法律で禁止していることを行うこと。うまく法の裏をかくこと。「―行為」
だっぽう-ドラッグ【脱法ドラッグ】ダツパ 発情作用がある、快感が得られるとして秘かに流行している薬物。麻薬や覚醒剤のように法律で使用・所持を規制されてはいないが、乱用すると健康に有害であり、死亡することもある。厚生労働省・東京都などではこれを違法ドラッグと呼んでいる。
だっ-ぽく【脱北】〔名〕スル《「だつほく」とも》北朝鮮(朝鮮民主主義人民共和国)の人民が国を脱出すること。
だっぽく-しゃ【脱北者】社会的・経済的困難などを理由に、北朝鮮(朝鮮民主主義人民共和国)から国外に脱出した人。脱北民。だつほくしゃ。
だっぽく-みん【脱北民】「脱北者」に同じ。だつほくみん。
だつ-ま【▽達摩】㊀数珠に通してある大玉。親玉。㊁►だるま(達磨)
たつ-まき【竜巻】空気の細長くて強い渦巻き。直径数十～数百メートルで、積乱雲の底から漏斗状に雲が垂れ下がり、海面や地上に達する。風速は毎秒100メートルを超えることもあり、海水・砂塵さじんを空中に巻き上げ、家屋を破壊する。海上で起こると水を巻き上げ、竜が天に昇るさまに似ているところからいう。
たつまつ-はちろべえ【辰松八郎兵衛】ハチロベエ [?～1734]江戸中期の人形遣い。初世。女方人形の名手。竹本義太夫と協力、近松門左衛門の「曽根崎心中」のお初などで人気を博す。のち江戸に下り、辰松座を興した。
たつまつ-ふう【×辰松風】《江戸中期、辰松八郎兵衛が結い始めたところから》男子の結髪の一。元結で髷まげの根を高く巻き上げ、毛先を極端に下向きにしたもの。これにならって島田髷の根を高く結った髪形を辰松島田といった。
たつ-み【×辰×巳｜×巽】❶辰と巳みとの中間の方角。南東。また、南東から吹く強い風。❷《江戸城の東南方にあたるところから》江戸深川の遊里のこと。
たつみ-あがり【×辰×巳上(が)り】〔名・形動〕❶言葉や動作が荒々しいこと。また、そのさま。「俺おれが家はむかし代官だぞよ、と二言めには―に成りますので」〈鏡花・眉かくしの霊〉❷声が調子はずれに甲高いこと。また、そのさま。「―のとんきょ声」〈浄・盛衰記〉❸江戸深川の遊女や芸者の出身であること。「焼くはづさ―の小指なり」〈柳多留・一〇四〉
たつみ-げいしゃ【×辰×巳芸者】江戸深川の芸者のこと。男装をまねて宴席で羽織を着たので、羽織芸者ともよばれ、意気と侠気きょうきを売り物にした。
たつみ-ことば【×辰×巳言葉】江戸深川の遊里で用いられた言葉。吉原の「ありんす」に対して「ござんす」を用い、威勢のよさを売り物とした。
たつみのその【辰巳之園】洒落本。1冊。夢中散人寝言先生むちゅうさんじんねごとせんせい作。明和7年(1770)刊。江戸の遊里深川を描いた最初の洒落本。
たつみ-よしひろ【辰巳ヨシヒロ】[1935～]漫画家。大阪の生まれ。本名、嘉裕よしひろ。自身の作品を、従来の漫画とは異なる手法であるとして「劇画」と名づけた。作品に「劇画大学」「劇画漂流」など。
たつみ-りゅうたろう【辰巳柳太郎】リュウタラウ [1905～1989]俳優。兵庫の生まれ。本名、新倉武一。豪放な芸風で、島田正吾とともに新国劇を支えた。当たり役は「国定忠治」「月形半平太」など。
だつ-もう【脱毛】〔名〕スル ❶毛が抜け落ちること。また、抜けた毛髪。抜け毛。❷美容のために不要な部分の毛を抜いて取り除くこと。(類語)禿はげる
だつもう-ざい【脱毛剤】からだのむだ毛を取り除くための塗布剤。除毛剤。
だつもう-しょう【脱毛症】シャウ 主に頭髪が脱落して地肌がむき出しになった状態。円形脱毛症や若年性・老人性・結髪性のものなどがある。禿頭とくとう病。
た-づら【田面】田の表面。たのも。また、田のほとり。「―の闇を、蛍が光の線を引いて飛んだ」〈島木健作・生活の探求〉
ダツラ〔ラテン Datura〕ナス科チョウセンアサガオ属の一年草または多年草。観賞用。熱帯アメリカ原産。夏から秋に淡黄色から白色に変わるらっぱ状の花をつける。葉や種は猛毒。寒さに弱い。
だつ-らく【脱落】〔名〕スル ❶抜け落ちること。必要な記述などが抜け落ちること。「名簿に二、三の名前が―している」❷行動をともにしてきた集団や仲間についていけなくなること。「同志から―する」「レース前半で先頭グループから―する」
(類語)欠落・欠如・遺漏・脱漏
だつ-り【脱離】〔名〕スル 抜け出ること。また、抜けて離れること。離脱。「永久にこの止み難き苦痛を―する能わざる可し」〈芥川・開化の殺人〉
だつ-りゃく【脱略】〔名〕スル 抜かし省くこと。また、抜け落ちること。「西教に於てはこの職分の一項を―したり」〈中村訳・自由之理〉
だつ-りゃく【奪略｜奪×掠】〔名〕スル 力ずくで奪い取ること。略奪。「家畜が―される」〈中島敦・李陵〉
(類語)略奪・強奪・略取・奪取・収奪
だつ-りゅう【脱硫】ダツリウ 物質中に含まれている硫黄分または硫黄化合物を除去すること。
だつ-りょく【脱力】〔名〕スル からだから力が抜けて、ぐったりしてしまうこと。また、意欲・気力が衰えること。気持ちの張りがなくなること。「―感」「下肢―」「頓珍漢な受け答えに―する」
だつ-りん【脱輪】〔名〕スル ❶自動車・飛行機などの車輪が、走行中に外れること。❷自動車などが、走行中に道路の外に車輪を踏み外すこと。落輪。「道端の側溝に―する」❸列車が脱線すること。
だつ-ろう【脱×牢】ラウ〔名〕スル ❶牢から逃げ出すこと。脱獄。❷束縛からのがれること。「この寂寥から―するために」〈三重吉・小鳥の巣〉
(類語)脱獄・破獄・破牢・牢破り・牢抜け
だつ-ろう【脱漏】〔名〕スル あるはずのものが抜け落ちること。遺漏。「文章に―した部分がある」
(類語)脱落・遺漏・欠落・欠如
だつ-ろう【脱×蝋】ラフ 石油留分中から、含まれている蝋分(パラフィン)を除くこと。潤滑油などの低温での流動性をよくするために行う。
たて【立て】㊀〔名〕❶立ててあること。「―看板」❷酒宴。遊興。「こりゃ―に行く大尽衣装ぢゃ」〈浄・歌祭文〉❸他人の分の遊興費も払ってやること。おごり。「わたしが―でござります」〈伎・韓人漢文〉❹筋。筋道。「なあに、そりゃあ軍書の講釈だ。あっちのは―が違はあ」〈滑・浮世床・初〉❺おきて。とりきめ。「この廓の―だといっても」〈人・娘節用・前〉㊁〔接頭〕人・役目などを表す名詞に付いて、その役目の中心であること、首位であることを表す。「―女形おやま」「―行司」「―三味線」「―役者」㊂〔接尾〕❶動詞の連用形に付いて、その動作が終わったばかりであることを表す。「炊き―の御飯」「でき―のビル」❷助数詞。㋐連続しての負けを数えるのに用いる。「下位チームに三―をくう」㋑勝負事などの回数を数えるのに用いる。「博奕をして遊びけるに、一―に五貫十貫立てければ」〈太平記・三三〉
たて【建て】信用取引や先物取引で、売買の契約をしたこと。「売り―」「買い―」「―玉ぎょく」
たて【盾｜×楯】❶敵の矢・石・剣などを防ぐための板状の武具。手に持つ手盾と、地上に並べておく垣盾かいだてとがある。大きさや形はさまざまで、材料も木・皮・金属などがある。❷防ぎ守る手段。また、自分の立場などを守るために使うもの。「証文を―に立ち退きを迫る」
盾に取・る ❶防御物として、その陰に隠れる。「立木を―・る」❷ある物事を言い訳・言いがかりなどの材料とする。「法律を―・って権利を主張する」
盾の半面 種々の見方のできる物事の一面だけをいう、かたよった態度のたとえ。
盾の両面を見よ 物事は、表と裏の全体を観察したうえで正しく判断せよ。
盾を突・く 戦いのために盾を地面に突き立てる。転じて、反抗する。逆らう。たてつく。
たて【殺＝陣】演劇・映画などで、乱闘・捕り物・斬り合いなどの演技。たちまわり。「―を習う」「―師」
たて【縦｜▽経｜×竪】❶上下の方向。また、その長さ。「首を―に振る」「―書き」⇔横。❷前後の方向。また、その長さ。「―に一列に並ぶ」⇔横。❸立体や平面のいちばん長い方向。「布を―に裂く」⇔横。❹南北の方向。「大陸を―に貫く大河」⇔横。❺身分・階級・年齢などによる、人間の上下の関係。「―社会」⇔横。❻織物の縦糸。⇔横。
縦から見ても横から見ても いろいろの角度から見ても。どう見ても。「―新入生だ」
縦の物を横にもしない めんどうくさがって、何もしないたとえ。横のものをたてにもしない。
たて【▽館】土塁や堀を巡らした住居。規模の小さい城。たち。「衣川の―」「城郭をかまへず堀一重の御―に御座候事」〈甲陽軍鑑・三九〉
たで【×蓼】タデ科タデ属の植物の総称。イヌタデ・ハナタデ・オオケタデ・サクラタデなど。また特に、葉を和風香辛料とするヤナギタデなどをさす。《季 夏｜花＝秋》「到来の酢に―摘む妹が宿/虚子」
蓼食う虫も好き好き タデの辛い葉を食う虫もあるように、人の好みはさまざまであるということ。
だて【伊＝達】〔名・形動〕❶意気や侠気きょうきをひけらかすこと。また、そのさま。「―な若い衆」「男―」❷人目を引くはでな服装や振る舞いをすること。見えを張ること。また、そのさま。「―や酔狂ではない」❸好みがしゃれていること。考え方がさばけていること。また、そのさま。粋いき。「―に着こなす」「さすが茶人の妻、物好きもよく気も―に」〈浄・鑓の権三〉(補説)人目につくようにする意の「立つ」の連用形「立て」からとも、伊達政宗の家来がはでな服装であったからともいう。
(類語)粋いき・洒落しゃれ・気障きざ・派手・酔狂
伊達の薄着うすぎ 厚着をすると格好が悪くなるので寒くても見えをはって薄着をすること。
だて【伊達】㊀北海道南西部、内浦湾に面する市。もと中心部は紋鼈もんべつといった。明治初年に伊達支藩の亘理わたり藩の藩主と家臣団が入植し、その旧邸は現在、開拓記念館。野菜栽培が盛ん。平成18年(2006)3月、大滝村を編入。人口3.6万(2010)。㊁福島県北東部、福島盆地東半を占める市。奥州伊達氏発祥の地。モモなど果樹農業が盛ん。平成18年(2006)1月、伊達町・梁川やながわ町・保原ほばら町・霊山りょうぜん町・月舘町が合併して成立。人口6.6万(2010)。(補説)日本にある同名の市は、㊀㊁と広島県府中市・東京都府中市との2組みだけ。
だて【伊達】㊀姓氏の一。㊁鎌倉から江戸にかけての御家人、大名。藤原北家の流。朝宗の時、源頼朝の奥州征伐に従った功により、当時の陸奥むつの伊達郡を与えられ、伊達氏を称したのが始め。のち政宗のとき東北一の大名となった。伊予の伊達氏は分家。
だて【立て】〔接尾〕❶名詞、動詞の連用形、形容詞の語幹などに付いて、取り立ててそのようなようすをする、実際以上にそれを誇示してみせようとする、などの意を表す。「かばい―」「賢かしこ―」「心安―」❷車につける牛馬の数や船の艪ろの数などに付けて、それだけの数で成り立っていることを表す。「二頭―の

馬車」「八挺(はっちょう)一の船」❸作品や項目・種類などの数を表す。「三本一の興行」

だて【建て】〔接尾〕建築物や階数を表す語に付いて、そのような建て方のものであることを表す。「三階一」「一戸一の住宅」

だ-て〔連語〕《断定の助動詞「だ」＋終助詞「て」》…だよ。「たって俳諧する者などに生ずる病一」〈滑・浮世風呂・前〉 補説 江戸後期ごろ、医者・儒者などが好んで用いた。

たで-あい【×蓼藍】アイの別名。

たて-あ・う【立て合ふ】〔動ハ四〕抵抗する。たてつく。張り合う。「汝われに一・はん、心幼き事な言ひそ」〈著聞集・一二〉

たて-あかし【立て明かし】庭などに立てて照明に用いるたいまつの類。たちあかし。「所々に一して還御急がし奉るけしき見ゆるも」〈とはずがたり・三〉

たて-あげ【立挙】《物の上端からさらにいちだん高く突き出た部分の意から》❶鎧(よろい)の胴の上部の前後で、胸と背とをおおう部分。衡胴(かぶきどう)の上につく。❷臑当(すねあて)の上部で、膝頭をおおう部分。❸毛沓(けぐつ)の上部で、足首をおおう部分。

たて-あな【×竪穴｜縦穴】地面から垂直に掘った穴。

たてあなしき-じゅうきょ【×竪穴式住居】▶竪穴住居

たてあなしき-せきしつ【×竪穴式石室】古墳の頂きから掘り下げた穴の周囲に板石を積んだ石室。棺を収めたあと天井石をのせ、土で覆う。3～5世紀の古墳にみられる。➡横穴式石室

たてあな-じゅうきょ【×竪穴住居】地面を数十センチ掘り下げた面を床とする半地下構造の家。日本では縄文時代・弥生時代に盛んで、古墳時代以降しだいに消滅した。アジア・アメリカの寒冷地帯では最近まで使用。竪穴式住居。

たて-あみ【建(て)網｜立(て)網】定置網の一。魚群の通路に垣網を張り、袋網に誘導して捕る漁法。

ダディ〖daddy〗父をいう幼児語。おとうちゃん。

たて-いし【立(て)石】❶庭園にかざりとしてまっすぐに立てて置いた石。横石に対していう。❷道しるべや墓標などとして立てた石。

たていし-みさき【立石岬】福井県南部、敦賀(つるが)半島先端にある岬。海岸は海食崖が発達し、海面下は波食台になっている。高さ110メートルの場所に明治14年(1881)、日本人が設計・建造した最初の立石岬灯台があり、近くに原子力発電所もある。

たて-いた【立(て)板】❶立てかけてある板。立ててある板。❷牛車(ぎっしゃ)の車箱の両側の称。❸木目(もくめ)が縦に通っている板。

立て板に水　よどみなく、すらすらと話すことのたとえ。⇔横板に雨垂れ。

たて-いと【縦糸｜▽経｜▽経糸】織物の縦方向に通っている糸。⇔横糸。

たて-いれ【立(て)入れ｜▽達入れ】❶義理や意気地を立て通すこと。意地の張り合い。たてひき。「もっと実のある面白い一が何(ど)の位あったか知れないと思うがね」〈眉山・ゆふだすき〉❷下げ墨をして柱などがまっすぐかどうか見ること。

たていわ-いせき【立岩遺跡】福岡県飯塚市立岩にある弥生時代の遺跡群の総称。石包丁の生産所跡や、前漢鏡・銅矛・鉄剣などの副葬品を伴う多数の甕棺(かめかん)墓が発見された。

たて-うす【立(て)臼】「立ち臼」に同じ。

たて-うた【立唄】長唄などで、唄方の首席となって他の唄方をリードする人。また、その唄方としての格式。たて。

たて-うねおり【▽経畝織(り)｜×竪畝織(り)】縦糸を密にしたり太い横糸を用いたりして、横の方向に畝のように盛り上がった筋を出す織物。

たて-うり【建(て)売り】家を建て、それを販売すること。また、その建物。「一住宅」

たて-えいそう【×竪詠草】和歌の書式の一。小奉書・杉原紙・美濃紙などを二つ折りにし、さらに内へ五つに折り、記名、歌題、上の句、下の句を順次各枠内に書く。2首の場合は、1首を3行目に、他の1首を4行目に、いずれも2行書きにする。⇔横詠草。

たて-えぼし【立×烏▽帽子】頭部の峰(みね)を高く立てたままにして折り曲げない烏帽子。たちえぼし。

たて-えり【×竪襟】被布(ひふ)やコートの前身頃(まえみごろ)に、打ち合わせ分として縦に長くつく布。

だて-えり【伊＝達襟】和服で、長着を2枚重ねに見せるために、襟の下に付ける別襟のこと。付け比翼をさらに略式化したもの。用途により白羽二重や、色・柄物を選び、おしゃれを兼ねる。

だて-おとこ【伊＝達男】人目を引く、しゃれた身なりの男。また、侠気(きょうき)のある男。侠客。男だて。

たて-おもだか【立沢＝瀉】紋所の名。オモダカの立った葉と花とを図案化したもの。

たて-おやま【立女＝形】歌舞伎で、一座の女方俳優の中で最高位の者。

だて-おんな【伊＝達女】格好のよさで人目を引く女。いきな女。

たて-がい【立(て)会】遊芸などの、おさらいの会。また、浄瑠璃の同一外題を何人かで分担したりして、全曲を通して演じる会。

たて-かえ【立(て)替え】〔名〕スル　立て替えること。また、その金銭。「私が一しておいた」

たて-かえ【建(て)替え】〔名〕スル　建て替えること。また、その建物。改築。「社屋を一する」

たて-か・える【立(て)替える】〔動ア下一〕図たてか・ふ〔ハ下二〕他人に代わって一時、代金を支払う。「電車賃を一・える」

たて-か・える【建(て)替える】〔動ア下一〕図たてか・ふ〔ハ下二〕古くなった家などを建て直す。改築する。「母屋を一・える」

たて-がき【縦書(き)】文字などを縦に並べて書くこと。⇔横書き。

たて-かけ【立(て)掛(け)｜立(て)懸(け)】❶立てかけておくこと。❷江戸時代に流行した男の髪形の一。髻(もとどり)を大きくとって、髷(まげ)を後頭部に立てかけるように結ったもの。宝永(1704～1711)ごろに浄瑠璃語りの江戸半太夫が結いはじめたものという。

たて-か・ける【立(て)掛ける｜立(て)懸ける】〔動カ下一〕図たてか・く〔カ下二〕他のものにもたせかけて立てる。「さおを壁に一・ける」

たて-かご【立て×駕▽籠】出発地から目的地まで通して雇う駕籠。通し駕籠。「一ならべて、男ざかりの若い者乗りちらして通りける」〈浮・織留・四〉

たて-がさ【立(て)傘】❶江戸時代に用いられた長柄の大きな傘。ビロードやラシャなどで作った袋に入れ、大名行列などの際に供の者に持たせた。❷武具の一。❶の形をした指物(さしもの)。

たて-かじ【立て×舵】和船の航行のとき、舵を舵床(かじどこ)に直角に向けること。また、その状態の舵。

たて-がすり【▽経×絣】縦糸だけで絣模様を織り出した織物。矢絣など。

たて-がたき【立敵】歌舞伎の役柄の一。同一狂言の敵役の中で、最も重い敵役。実悪(じつあく)の場合が多い。

たてがた-ピアノ【縦型ピアノ｜×竪型ピアノ】▶アップライトピアノ

たて-かぶ【建(て)株】取引所に上場されている株式。上場株。

たて-がまち【×竪×框｜縦×框】戸・障子など建具の左右両側に取り付けてある縦の枠。

たて-がみ【立(て)紙｜×竪紙】料紙を横長のまますき目のとおり縦に用いること。また、そのように記した文書や書状。➡折り紙 ➡切り紙

たて-がみ【立(て)髪】月代(さかやき)をそらずに長く伸ばした髪形。元禄(1688～1704)ごろ、伊達男たちに好まれた。

たて-がみ【×鬣】馬や雄のライオンなどのくびの背側に生えている長い毛。たちがみ。

たてがみ-おおかみ【×鬣×狼】イヌ科の哺乳類。体に比べて四肢が長く、体高約80センチ。体は赤褐色で足が黒く、頭から肩にかけて黒いたてがみがある。性質は穏和。ブラジルなど南アメリカの草地や湿原に単独で暮らす。

たてかわ-えんば【立川焉馬】▶烏亭焉馬

たて-がわら【×竪瓦】壁の腰などに張りつける平たい瓦。

たてかわ-りゅう【立川流】江戸時代の宮形(みやがた)彫りの一派。宝暦(1751～1764)のころ、信濃国諏訪の立川和四郎が創始したといわれる。

たて-かん【立(て)看】「立て看板」の略。特に学生語で、ベニヤ板に意見・主張などを記して校舎内外に立てかけたもののこと。

たて-かんばん【立(て)看板】壁・塀・電柱などに立てかけておく看板。たてかん。 類語 看板・立て看・プラカード・金看板・一枚看板・表看板

だて-ぎ【伊＝達着】だてな着物。はでな着物。

たて-きょうげん【立(て)狂言｜建(て)狂言】人形浄瑠璃で、1日の興行の主となる演目。

たて-ぎょうじ【立行司】大相撲で、最高位の行司。腰に短刀を帯びて土俵に上がる。現在は木村庄之助と式守伊之助。

たて-ぎょく【建(て)玉】株式の信用取引や商品の先物取引で、売買約定をしたままま だ未決済のもの。買ったままで未決済の状態を買建玉、売ったままで未決済の状態を売建玉という。ポジション。

たてきり-あみ【建(て)切り網】大きな帯状の網を建てて仕切り、漁群を閉じ込めて捕る漁法。

たて-き・る【立(て)切る｜▽閉て切る】〔動ラ五(四)〕❶間に物を立てて仕切りをする。しきる。「ふすまで大広間を一・る」❷戸・障子などをすっかり閉ざす。しめきる。「障子を一・った部屋」❸考えや態度を最後まで押し通す。立て通す。「大方お前が聞ちがえと一・りて」〈一葉・大つごもり〉❹そのことにかかりきる。「内外の取片付けやら振舞いの用意に一・ってる際に」〈左千夫・告げびと〉

たて-く【立(て)句｜×竪句】俳諧の連句で、第1句。単独に作られる発句(ほっく)と区別していう。

たて-ぐ【建具】戸・障子・襖(ふすま)など、建物と外部、また建物の内部を仕切るためにもうけた開閉できるもの。

たでくうむし【蓼喰ふ虫】谷崎潤一郎の小説。昭和3～4年(1928～29)発表。離婚の機会を待っている名目だけの夫婦、要と美佐子の心理的経緯を描く。古典的、純日本的なものへ回帰する作者の転機を示した作品。

たてぐ-かなもの【建具金物】建具に取り付けて用いる金具。ちょうつがい・引き手・錠など。

たて-ぐし【縦串】サンマ、アユなどを焼くのに頭から尾へと串を刺すこと。また、その串。➡横串❶

たて-くび【▽項】くびの後ろの部分。えりくび。うなじ。「童の一を取りて」〈宇治拾遺・一〉

たて-ぐみ【縦組(み)】印刷で、各行が縦読みになるように活字を並べる組み方。

だてくらべおくにかぶき【伊達競阿国戯場】㊀歌舞伎狂言。時代物。初世桜田治助・笠縫専助合作。安永7年(1778)江戸中村座初演。伊達騒動に累(かさね)与右衛門の伝説を加え、脚色したもの。㊁浄瑠璃。時代物。達田弁二・吉田鬼眼・烏亭焉馬(うていえんば)合作。安永8年(1779)江戸肥前座初演。㊀の浄瑠璃化。

たてけずり-ばん【立(て)削り盤】主として溝削り加工に使用される、刃物が上下運動する工作機械。スロッター。スロッティングマシン。

たて-ご【×竪子】格子や障子の縦方向の組子(くみこ)。

たて-こう【立(て)坑｜縦坑｜×竪坑】垂直に掘り下げた坑道。運搬路や通気に用いる。

たてこう-ほうしき【立(て)坑方式】立て坑を中心にして行われる採炭・採鉱の方式。

だて-ごころ【伊＝達心】華美や遊興を好む心。「都は恋の名所とて、おのづからなる一」〈浄・烏帽子折〉

だて-ごしらえ【伊＝達×拵え】人目を引くように派手に作ること。また、そのように作られたもの。「一の大小」〈浄・近江源氏〉

たて-ごと【×竪琴】ハープ・リラなど、縦に張った弦を

弾奏する楽器。

たて-こ・む【立(て)込む】㊀〔動マ五(四)〕❶1か所に多くの人が集まって混雑する。込み合う。「売り場に客が―・む」❷仕事や用件が一時に多く重なる。「仕事が―・んで休日もとれない」㊁〔動マ下二〕「たてこめる」の文語形。[類語]込む・込み合う・ごった返す・ごたつく・犇めく・犇めき合う・混雑する・雑踏する

たて-こ・む【建(て)込む】〔動マ五(四)〕家などがすきまなく立ち並ぶ。「民家の―・む旧市街」

たて-こ・める【立(て)込める｜立て▽籠める｜▽閉て込める】〔動マ下一〕図たてこ・む〔マ下二〕❶中にいっぱいに満ちる。たちこめる。「線香のかおりが―・める」❷戸・障子などをきっちりとしめきる。「雨戸を―・める」❸辺りを取り囲んでとじこめる。たてこむ。「松林の中は濃く水蒸気を―・めたまま」〈風葉・青春〉

たて-こも・る【立(て)籠もる｜盾籠もる】〔動ラ五(四)〕《「たてごもる」とも》❶戸などをしめきって中にこもる。「書斎に―・って執筆する」❷城や要塞にこもって敵の攻撃を防ぐ。「城に―・る」

[類語]閉じこもる・ひきこもる・こもる

たて-ざ【×楯座】南天の小星座。鷲座の南西、天の川の中にあり、8月下旬の午後8時ごろ南中する。学名Scutum

たて-ざ【×竪座】いろりばたの、客の座る席。敷物が奥の方に向かって縦に敷かれるための名称。寄座。客座。➡横座

たて-さくしゃ【立作者】歌舞伎の座付き狂言作者の中で筆頭の者。

たて-ざし【立(て)刺(し)】足袋の底に使う、白木綿の厚地織物。

たて-ざひょう【縦座標】直交座標において、平面上の任意の点Pからx軸と平行な線を引き、y軸との交点をMとした場合の、原点OからMまでの長さ。y座標。㊥横座標。

たて-ざま【縦様｜縦▽方】《古くは「たてさま」》たての方向。たて。「三味線を邪険に取って、衝と―に引立てる」〈鏡花・歌行灯〉

たて-ざみせん【立▽三味線】▶たてじゃみせん

たて-さる【×竪猿】雨戸などに取り付ける猿で、上下に動かして戸締まりをするもの。

たて-ざん【×竪桟｜縦桟】戸の縦がまちに平行についている桟。

たて-し【立師｜殺=陣師】立ち回りの型を考案し、出演俳優に教える専門家。

たて-じ【建地】足場・竹矢来・仮板囲いなどの柱。

たて-じ【縦地】織物の縦糸の方向。また、縦糸に従って裁断した布。

だて-し【伊達市】▶伊達

だて-し【伊=達師】はでな衣裳や所作の、だてな役のうまい俳優。

たて-しお【立(て)塩】❶魚介類を洗ったり、材料に塩味を含ませたりするときに用いる食塩水。❷魚介・野菜などを食塩水に漬け込む塩蔵法。

たて-じく【縦軸】❶直交座標の縦の軸。y軸。❷(比喩的に)時間の経過を縦と見て、過去から現在へのつながり。「先祖から今への―として古典がある」㊥横軸。

たて-じとみ【立て×蔀｜×竪×蔀】細い木を縦横に組んだ格子の裏に板を張り、地上に立てて目隠しにするもの。

たてしな-おんせん【蓼科温泉】長野県茅野市、蓼科山の南麓にある温泉。泉質は単純温泉・炭酸水素塩泉・酸性泉など。近くの滝ノ湯・親湯などと蓼科温泉郷をなす。

たてしな-こ【蓼科湖】長野県中東部、蓼科高原にある灌漑用の人造湖。昭和26年(1951)、蓼科山南麓につくられた。湖面標高1250メートル、水深5メートル、面積0.08平方キロメートル、周囲0.95キロメートル。ひょうたん形の湖で、湖岸に縄文時代の御座岩遺跡がある。観光地。

たてしな-こうげん【蓼科高原】長野県中東部、蓼科山麓の高原。白樺湖・女神湖・蓼科湖や蓼科温泉郷などがある観光地。

たてしな-やま【蓼科山】長野県中東部、八ヶ岳連峰北端の火山。標高2530メートル。諏訪富士。

たて-じま【縦×縞｜×竪×縞｜立×縞】織物の縦糸の方向に織り出した縞模様。また、その織物。➡横縞

だて-じめ【伊=達締め】伊達巻きの端を結んで締められるように改良した細帯。着崩れを防ぐため、帯下に締める。

だて-しゃ【伊=達者】人目につく、しゃれた身なりの人。特に、いきでおしゃれな男性。ダンディー。だてもの。[類語]ダンディー

たて-しゃかい【縦社会】人間関係において、役職・階級など上下の序列が重視される社会。

たて-じゃみせん【立三味線】《「たてしゃみせん」とも》長唄・浄瑠璃などで、2挺以上の三味線で演奏する場合、その首席として他をリードする演奏者。また、その三味線奏者としての格式。たてざみせん。

だて-しゅ【伊=達衆｜▽達衆】《「たてしゅ」「だてしゅう」「だてし」とも》❶だてを好む人。粋な好みの人。また、そのような連中。「のんこに髪結うてのらしい、一自慢と言ひそな男」〈浄・天の網島〉❷侠客。男だて。「及ばずながら―の端くれ…江戸の男と立てられる」〈伎・霊験曽我籬〉

たて-じょう【盾状｜×楯状】たてのような形。

たてじょう-かざん【×楯状火山】火山形態の一。粘性のきわめて小さい玄武岩質の溶岩からなる、楯を伏せたような形の傾斜の緩やかな火山。ハワイのマウナロア火山など。アスピーテ。

たてじょう-ち【×楯状地】先カンブリア時代の基盤岩が広く露出している低く平らな地域。長い間の浸食作用で平坦化され、楯を伏せたようになだらかで、大陸の中核をなす。カナダ楯状地など。

たで-す【×蓼酢】《「たでず」とも》タデの葉をすりつぶし、酢・だしをまぜたもの。アユの塩焼きなどに添える。

だて-すがた【伊=達姿】人目につく、いきな姿。

たて-すじ【縦筋】縦にとおった筋。縦の線。

たて-ずな【立(て)砂】車寄せの前の左右両側に、編み笠のような形に高く丸く盛り上げた砂。牛車の軛や輿の轅などをもたせかけるためという。

たて-せんばん【立(て)旋盤】主軸を垂直に立てた旋盤。主軸を中心に水平面内で回転するテーブル上に工作物を取り付けて切削する。ターニングミル。

だて-そうどう【伊達騒動】江戸初期、仙台藩伊達家に起こったお家騒動。万治3年(1660)藩主伊達綱宗は不行跡のかどで幕府から隠居を命ぜられ、幼少の綱村が家督を相続。その後見役伊達兵部宗勝が家老原田甲斐宗輔らと宗家横領を企てたとして、伊達安芸宗重が幕府に訴えた。寛文11年(1671)大老酒井忠清邸での評定の席で宗重は宗輔に斬られ、宗輔も殺害された。「伽羅先代萩」など、歌舞伎・浄瑠璃の題材となった。

だて-ぞめ【伊=達染(め)】はでな色や模様に染めること。また、そのように染めた着物。「わかわかとしたる人なれば、―の着る物に」〈咄・鹿の巻筆・五〉

たてぞめ-せんりょう【建染(め)染料】そのままでは水に溶けず、一度還元操作を施してから染める染料。染めた繊維は空気中で酸化してもとの染料の色に戻る。インジゴ系染料・インダンスレン系染料などがあり、木綿・羊毛の染色に使われる。バット染料。

たて-だい【縦題】俳諧で、雪・月・花・鶯・桜・柳のような、漢詩・和歌・連歌にも通じて詠まれる正式の題。たてのだい。➡横題

たて-だし【▽点出し】茶の湯で、茶を茶室の客の前でたてずに、水屋でたてて運び出すこと。大寄せの茶会などで行う略式の方法。

たてだて・し〔形シク〕《「たてたてし」とも》強情で腹を立てやすい。かどかどしい。「腹悪しく、―・しかりけるが」〈沙石集・九〉

たてだんせい-けいすう【縦弾性係数】▶ヤング率

たてだんせい-りつ【縦弾性率】▶ヤング率

たて-ちが・う【立て違ふ】〔動ハ下二〕互い違いに立てる。互いに重ならないように立てる。「几帳どもの―・へたるあはひより見通されて」〈源・蜻蛉〉

だて-ちひろ【伊達千広】[1802～1877]幕末の歌人・国学者。和歌山藩士。陸奥宗光の実父。号は自得。藩の重職として財政改革を推進したが失脚、脱藩して公武合体を画策した。著作に「大勢三転考」などがある。

たて-つき【×楯突き】《古くは「たてづき」か》❶戦場で楯を立てること。また、その役目の兵。「すくやかならん―を一人賜び候へ」〈盛衰記・二〇〉❷たてつくこと。「かなはぬまでも―など し給へかし」〈宇治拾遺・一五〉

たて-つ・く【盾突く｜×楯突く】〔動カ五(四)〕《古くは「たてづく」か》目上の人に対して逆らう。従わずに文句を言ったりして反抗する。たてをつく。「上官に―・く」「親に―・く」[類語]逆らう・反抗する・歯向かう・手向かう・抗する

たて-つけ【立(て)付け】続けざまに事を行うこと。立て続け。「ウイスキイを―に三杯引掛け」〈魯庵・社会百面相〉

たて-つけ【建(て)付け】戸や障子などの建具の取り付け、またその開閉のぐあい。「ドアの―が悪い」

たて-つ・ける【立(て)付ける】〔動カ下一〕図たてつ・く〔カ下二〕立て続けにする。「そう―・けていただくと、夜席がつとまりやせん」〈魯文・安愚楽鍋〉

たて-つ・ける【建(て)付ける】〔動カ下一〕図たてつ・く〔カ下二〕戸や障子などをぴったりと閉める。また、そうなるように建具を取り付ける。「ふすまを―・ける」

たて-つづ・く【立(て)続く】㊀〔動カ五(四)〕同じことや似たことが続けて起こる。「お客様が来たとなると不思議に―・くし」〈有島・或る女〉㊁〔動カ下二〕続けて立てる。立て並べる。「車どもいみじく―・けみる」〈宇津保・国譲下〉

たて-つづ・く【建て続く】㊀〔動カ四〕続いて建っている。建ち並ぶ。「次第に賑はひ来たり、民屋四方に―・き」〈色道大鏡・一三〉㊁〔動カ下二〕続けて建てる。建て並べる。「表口三十間、裏行六十五間を家蔵に―・け」〈浮・永代蔵・二〉

たて-つづけ【立(て)続け】同じことや似たことが間を置かずに続けて行われること。つづけざま。「―の不幸に見舞われる」「―に歌いまくる」

[類語]続けざま・引き続き

たて-つぼ【立(て)坪】土・砂利などの容積の尺貫法の単位。1立て坪は6尺(約1.8メートル)立方。りゅうつぼ。➡平坪

たて-つぼ【建坪】建物が地表を覆っている坪数。建築面積。➡延べ坪

たて-づま【×竪×褄｜立て×褄】▶襟下

たて-て【立てて】〔副〕主として。もっぱら。特に。「学問を―し給ひければ」〈源・少女〉

たて-ど【立て▽所｜立て▽処】❶物を立てる所。たてどころ。「刀の―もおぼえずして涙を流しければ」〈平治・中〉❷筆の置きどころ。筆づかい。「そぞろに筆の―も覚え参らせず」〈仮・恨の介・下〉

たて-どい【×竪×樋｜縦×樋】❶屋根から地面へ垂直方向に取り付けた樋。❷溜め池の堤に縦に設けて用水を引く尺八形をした樋。穴をいくつかあけ、穴栓を上下させて水量を調節する。

たて-とおし【立(て)通し】《「たてどおし」とも》❶ある態度や状況を最後まで続けること。「逃げたいにも逃場がなく―にしつっこく問い詰められ」〈荷風・腕くらべ〉❷桑の栽培法で、小枝などを剪定しないで放置し、芽葉だけを摘み取る方法。

たて-とお・す【立(て)通す】〔動サ五(四)〕❶最後まで立てておく。立てつづける。「旗を―・す」❷主義・方針などを変えないで貫く。ある態度や状況を最後まで続ける。押し通す。「意地を―・す」

たて-なおし【立(て)直し】❶改めてもう一度立てること。「旅行プランの―」❷(「建て直し」とも書く)悪くなったものを、もとの状態に戻すこと。「販売態勢の

—」「チームの—」

たて-なおし【建(て)直し】たてなほし ❶家などを新たに建て直すこと。改築。❷ ▶立て直し❷

たて-なお・す【立(て)直す】たてなほす〔動サ五(四)〕❶倒れたり傾いたりしたものを直して、もとどおりに立てる。「ビーチパラソルを—・す」「よろけた体勢を—・す」❷(「建て直す」とも書く)悪くなったものを、再び以前の状態に戻す。再建する。「赤字財政を—・す」「組織を—・す」❸それまでの計画・方針などをやめ、改めてもう一度立てる。「年次計画を—・す」

たて-なお・す【建(て)直す】たてなほす〔動サ五(四)〕❶家などを壊して新たに建てる。改築する。「古い校舎を—・す」❷ ▶立て直す❷

たて-なお・る【立(て)直る】たてなほる〔動ラ五(四)〕直ってもとのようになる。たちなおる。「せっかく—・ろうとしている小さな胸に」〈藤村・夜明け前〉

たて-なが【縦長】〔名・形動〕横より縦のほうが長いこと。また、そのさま。「—な(の)写真」

たで-ながし【×蓼流し】タデの葉の汁を川に流し、アユなどの魚を中毒させて捕る漁法。

たて-なし【楯無】《楯を必要としないほどじょうぶに作ってある意》㊀源氏八領の鎧(よろい)の一。㊁甲斐武田家に伝えられた鎧の一。

たて-なみ【縦波】❶船の前方あるいは後方から寄せる波。⇔横波。❷波の進行方向と同じ方向に媒質が振動するような波。音波や地震のP波など。疎密波。⇔横波。

たて-にしき【▽経錦】縦糸で模様と色を表した錦。中国では漢から隋代に盛行したが、織り方が複雑で、色数も制限されたため、緯錦(ぬきにしき)の発達に伴って衰えた。けいきん。➡緯錦

たて-ぬき【▽経▽緯】❶機(はた)の縦糸と横糸。けいい。❷縦と横。けいい。❸事の始終。すべて。「源氏、狭衣—に覚え、歌詠み、連歌を好みて」〈十訓抄・一〉

たて-ぬ・く【立て抜く】〔動カ四〕最後まで押し通す。たてとおす。「捨身の品も所を変へて、おさんに—・く心の道」〈浄・天の網島〉

たて-ね【建値｜立(て)値】《「建値段」の略》製造業者が卸売業者に対して設定する販売価格。取引価格の基準となるもの。

たて-ねだん【建値段｜立(て)値段】▶建値(たてね)

たての-のぶゆき【立野信之】[1903～1971]小説家。千葉の生まれ。軍隊での生活を経てはじめプロレタリア作家として活躍するが、検挙された後は転向。現代史を題材とした作品を執筆した。「叛乱(はんらん)」で直木賞受賞。「友情」は転向文学の先駆けとされる。他に「明治大帝」「軍隊病」など。

たて-ば【立(て)場｜建場】❶江戸時代、宿場と宿場の間の街道などで、人足・駕籠(かご)かきなどの休息した所。明治以後は人力車や馬車などの発着所をいう。❷人の多く集まる所。たまり場。❸位置。たちば。❹業者がその日に集めた廃品を買い取る問屋。

たで-ば【×熮場｜×焚場】木造船の底を外から火であぶって、船食虫を殺したり、船板にしみ込んだ水分を除いたりする作業をする場所。川口や浜辺に設けられ、海水の干満を利用して船を引き揚げる。

たて-はき【帯＝刀】▶たちはき

たて-ばし【立(て)箸】椀に盛った飯の中央に箸を突き立てること。死者に供える一膳飯の作法であることから、嫌い箸の一とされる。

たて-ばた【×竪機】縦糸を垂直に張り、横糸を通して織る織機。敷物・絨緞(じゅうたん)などを織るのに使用。

たては-ちょう【×蛺×蝶｜立羽×蝶】てふ 鱗翅(りんし)目タテハチョウ科の昆虫の総称。一般に中形のチョウで、活発に飛び、止まると翅(はね)を立て下げする。アカタテハ・クジャクチョウ・オオムラサキなど。

たて-ばな【立(て)花】《「たてはな」とも》❶花瓶に立てて仏前などに供える生花。❷室町末期に様式が定まった、床飾りの花。のち立花(りっか)に発展した。❸「華」の字を、「花」と区別していう語。

たては-もどき【擬＝蛺＝蝶｜立羽×擬】タテハチョウ科の昆虫。翅(はね)は橙黄色で、前後の翅に大小2個ずつの円紋、外縁に暗褐色の波状紋がある。九州南部以南にふつうにみられる。

たてばやし【館林】群馬県南東部の市。もと秋元氏などの城下町。5代将軍徳川綱吉が城主であったこともある。文福茶釜の話で知られる茂林寺がある。人口7.9万(2010)。

たてばやし-し【館林市】▶館林

たて-ひき【立て引き｜▽達引き】❶義理や意気地を立て通すこと。また、そのために起こる争い。「美女をめぐる恋の—」「この釣船の三ぶが尻持った—」〈浄・浪花鑑〉❷談判。交渉。「そこへ何かの—さんせ、ここらで我ら粋を通し夜食の扶持にありつかう」〈浄・妹背山〉❸気前をみせて、他人の代わりに金品を出すこと。また特に、遊女が客の遊興費を出すこと。「さよじさんに一本借りて—をしてあげてやったに」〈洒・通言総籬〉

たてひき-ずく【立て引き▽尽く】づく 意地を張り合うこと。いじずく。「あの衆の指すものを、ささないでもくやしいから、—で」〈滑・膝栗毛・二〉

たて-ひ・く【立(て)引く｜▽達引く】〔動カ五(四)〕❶義理を立て通す。また、意地を張り合う。「兄弟分の友誼(よしみ)で此事はいわないと—・いて呉れるなら」〈円朝・真景累ヶ淵〉❷義理や意地で他人のために金を立て替えたり支払ったりする。また特に、遊女が客の遊興費をみずから負担する。「女が—・いて呼ぶので」〈鷗外・ヰタ・セクスアリス〉

たて-ひざ【立(て)膝】〔名〕スル 片ひざを立てて座ること。また、その姿勢。たちひざ。
類語 横座り・あぐら・割り膝

たて-ひょうぐ【×竪表具】へうぐ 書画などを縦長の軸物に表装すること。また、そのもの。

たて-ひょうご【立(て)兵庫】ひやうご 女性の髪の結い方の一。兵庫髷(まげ)の一種で、多く遊女が結ったもの。

たて-ぶえ【縦笛｜×竪笛】尺八・篳篥(ひちりき)・クラリネット・オーボエ・リコーダーなど、縦に構えて吹く笛。日本では特にリコーダーをさす場合が多い。➡横笛

たてふし-の-まい【×楯節舞】まひ ▶吉志舞(きしまい)

たて-ふだ【立(て)札】法度(はっと)・禁制など、人々に知らせたいことを書いて立てた木の札。➡高札(こうさつ)

たて-ぶみ【立(て)文｜×竪文】書状の形式の一。書状を礼紙(らいし)で巻き、その上をさらに白紙で包んで、包み紙の上下を筋違(すじか)いに左、次に右へ折り、さらに裏の方へ折り曲げるもの。折り曲げた部分を紙縒(こより)で結び、表に名を記す。捻(ひね)り文。

たて-フライスばん【立(て)フライス盤】刃物の回転主軸を垂直方向に立てた形で取り付けたフライス盤。平面・溝・側面・曲面の削りが可能。

たて-ぶん【立て分】義理を立てること。「一通も封を切らぬが、いづれも様への—」〈浄・宵庚申〉

たて-ボイラー【立(て)ボイラー】円筒胴体が立てて据え付けられる小形のボイラー。効率は低いが、据え付け面積が小さくてすむ。

たて-ぼし【立(て)干し｜建(て)干し】遠浅の海中に網を建て回し、潮が引いたときに残された魚を捕る漁法。江干し。江切り。たて。

たて-ぼり【縦堀｜×竪堀】山城の周囲の斜面に、城に対して垂直に掘られた堀。➡横堀

たて-まい【建米】❶江戸時代の帳合米(ちょうあいまい)取引で、その日のうちに転売・買い戻しを行わない米。夜越米(よごしまい)。❷第二次大戦前の米穀取引所で、取引の標準とした米。

だて-まいり【伊＝達参り】まゐり 本当の信心からではなく、みえで参詣すること。「足をそらそら空吹く風に散らぬ色香の—」〈浄・油地獄〉

たて-まえ【立前｜建前】まへ ❶原則として立てている方針。表向きの考え。「—と本音」「—を崩す」❷行商人や大道商人が商品を売るときの口上。売り声。「さあさあこれからがこちの商売…、ああこりゃ—どころぢゃない」〈浄・歌祭文〉
類語 主義・方針・信条・指針

たて-まえ【建前】まへ 家屋の建築で、基礎の上に柱・梁(はり)・棟など主な骨組みを組み立てること。また、その時に行う祝い。棟上げ。上棟(じょうとう)式。

たて-まえ【▽点前｜立前】まへ 茶道で、抹茶をたてる作法。てまえ。

たて-まき【▽経巻(き)】織物製造の準備工程で、縦糸を整経(せいけい)して織機の滕(ちきり)に巻きつけること。

だて-まき【伊＝達巻(き)】❶幅10センチくらいの細帯。帯を締める下ごしらえのために長着のお端折(はしょ)りを整えた上に巻き、両端を結ばず挟んで始末する。博多織が多い。❷白身魚のすり身をまぜた卵の厚焼きを、渦巻き形にすだれで巻いたもの。

だてまき-ずし【伊＝達巻き×鮨】煮たシイタケや田麩(でんぶ)などを芯にした鮨飯を厚焼き玉子で巻いた鮨。

だて-まさお【伊達正男】まさを[1911～1992]野球選手・指導者。大阪の生まれ。早大では捕手兼投手として投打に活躍。卒業後は社会人野球チームの全大阪に入り、都市対抗野球で優勝に導く。戦後、同球団の選手兼任監督。阪急ブレーブス(現オリックス)のピッチングコーチも務めた。

だて-まさむね【伊達政宗】[1567～1636]安土桃山時代から江戸初期にかけての武将。出羽の人。畠山・蘆名氏を倒して奥州を制覇。のち、豊臣秀吉に仕えて朝鮮に出陣。関ヶ原の戦い・大坂の陣には徳川方につき仙台藩の基礎を固めた。キリシタンに関心をもち、支倉常長(はせくらつねなが)をローマに派遣。幼時に右眼を失明し独眼竜と称された。

たて-まし【建(て)増し】〔名〕スル たてますこと。また、たてました箇所。増築。「子供部屋を—する」
類語 増築・改築・移築・再建

たて-ま・す【建(て)増す】〔動サ五(四)〕現在ある建物に、新しい部分を建て加える。増築する。「書斎を—・す」

たて-まだ・す【立て▽遣す｜▽奉▽遣す】㊀〔動サ四〕使いや物などを差し上げる。「天皇崩(かむあが)りましたりと聞きて弔使(とぶらひ)を—・せり」〈皇極紀〉㊁〔動サ下二〕㊀に同じ。一説に、さしあげさせるの意かとも。「まぼりもの—・せむ」〈宇津保・藤原の君〉

たてまつ-とうもう【立松東蒙】▶平秩東作(へずつとうさく)

たてまつり-もの【奉り物】❶献上する品物。みつぎもの。「百済(くだら)の—をけがしみだれりといふ」〈神功紀〉❷《尊敬語「たてまつる」から》貴人の衣服。お召し物。「おほやけの—は、おろそかなるをもてよしとす」〈徒然・二〉

たてまつ・る【奉る】㊀〔動ラ五(四)〕❶「やる」「おくる」の、その対象を敬っていう謙譲語。上位の人に差し上げる。献上する。「貢ぎ物を—・る」❷動作の対象への敬意を失い、「やる」「おくる」をからかっていう。「あだ名を—・る」❸形だけある地位に就けて、敬意を払ったことにする。祭り上げる。「会長に—・って口出しをさせない」❹その動作を受ける人を主として、尊敬語として用いる。㋐「飲む」「食う」の尊敬語。召し上がる。「壺なる御薬—・れ」〈竹取〉㋑「着る」の尊敬語。お召しになる。「御袴着のこと、一の宮の—・りしに劣らず」〈源・桐壺〉㋒「乗る」の尊敬語。お乗りになる。「乗り給ふ」より敬意が強い。「女御殿、対の上は一つに—・りたり」〈源・若菜下〉❺(補助動詞)動詞の連用形に付いて謙譲の意を添え、その動作の及ぶ相手を敬う。…申し上げる。…さしあげる。「御神体を移し—・る」「よろしく願い—・ります」㊁〔動ラ下二〕《㊀に使役の意が加わったもの。一説に、四段「奉る」と同義とも》❶人を通して、差し上げる。差し上げさせる。「小さき人して—・れたれば」〈かげろふ・中〉❷使いの者を参上させる。使いを差し上げる。「惟光を—・れ給へり」〈源・若紫〉補説 ㊁は、未然形と連用形の用例しかないが、通常、下二段と認めている。
類語 供える・捧げる・献ずる・差し上げる・貢ぐ・奉ずる・奉奠(ほうてん)

たてまつ-わへい【立松和平】[1947～2010]小説家。栃木の生まれ。本名、横松和夫。早稲田大学在学中から創作をはじめる。卒業後、種々の職業を経験し、宇都宮市役所に勤務したのち作家活動に専念。「道元禅師」で泉鏡花文学賞受賞。他に「遠雷」「卵洗い」「毒」など。

たて-まわ・す【立(て)回す｜建(て)回す】まはす〔動

サ五(四)】ぐるっと取り巻くように立てる。たてめぐらす。「裾の方には金屏風が—•してある」〈漱石・満韓ところどころ〉

たて-みつ【立て×褌】相撲のまわしで、股間を通る立て帯となっている部分。相手の前たてみつを取ることは禁じ手。

たて-むすび【縦結び】こま結びで、結んだ両端が結び目の上下にくるように結ぶこと。また、そのように結んだもの。

だて-むねなり【伊達宗城】[1818～1892]江戸末期から明治初期の政治家。伊予宇和島藩主として、島津久光・山内豊信らと公武合体を推進。維新後は民部卿兼大蔵卿、清国への欽差全権大使などを歴任した。

だて-めがね【伊＝達眼-鏡】実際はかける必要がないのに、外見を飾るためにかける眼鏡。

たて-もの【立者】❶一座の中ですぐれた役者、また人気役者。立役者。❷仲間の中でおもだった者。あたまかぶ。「不良少年の黒表中の—だけに」〈里見弴・多情仏心〉

たて-もの【立(て)物】❶兜の鉢につける飾り金物。前立・後立・脇立・頭立などがある。❷能楽で、女神・天人などの役が用いる天冠に立てる飾り物。❸埴輪の異称。❹弓の的の異称。❺大切なもの。「先づ第一の—は米」〈浄・先代萩〉

たて-もの【建物】人が住んだり、物を入れたり、仕事をしたりするために建てたもの。建築物。
(類語)建造物・建築物・ビルディング

たて-もの【×竪物】竪表具にした軸物。

だて-もの【伊＝達者】「だてしゃ」に同じ。

たてものじょうとときやくつき-しゃくちけん【建物譲渡特約付借地権】借地借家法に基づく定期借地権の一。契約期間満了後、借地上の建物を地主が購入する。借地権の存続期間は30年以上でなければならない。書面での契約は不要。

だて-もよう【伊＝達模様】江戸初期から中期にかけて流行した、小袖の大形のはでな模様。刺繍・絞りなどを応用した。

だて-もん【伊＝達紋】花鳥・山水・文字などを図案化してつくった、はでな紋。江戸中期以降、芸妓・遊女などが衣服に用いた。

たて-や【建屋】機器・設備を格納した建物。「原子炉—」

たて-や【建家】建ててある家。建物。

たて-やく【立役】❶「立役者❶」に同じ。❷上方歌舞伎で、侠客を演じる俳優。

たて-やくしゃ【立役者】❶芝居の一座で中心になる役者。立者。立役。❷物事の中心となって重要な役割を果たす人。「軍縮会議の—」
(類語)名優・千両役者・スター・花形・大立者・座頭

たて-やのじ【×竪やの字】女帯の結び方。背中に肩から斜めに「や」の字形に結ぶもの。宝暦(1751～1764)のころ、歌舞伎俳優2代目瀬川路考の創始という。やの字結び。

たて-やま【立て山】狩猟・伐採などを禁じた山。とめ山。

たて-やま【立山】富山県東部にある山。数峰からなり、大汝山は標高3015メートル、雄山は2992メートル。立山黒部アルペンルートが通じる。古来、山岳信仰が盛ん。古称、たちやま。

たてやま【館山】千葉県、房総半島南部の市。もと里見氏、次いで稲葉氏の城下町。館山湾に臨み、海水浴場としてにぎわう。米作や野菜・花卉を栽培、イワシ漁などが盛ん。人口4.9万(2010)。

たてやまくろべ-アルペンルート【立山黒部アルペンルート】富山県富山市の電鉄富山駅と長野県大町市の信濃大町駅を結ぶ観光ルート。鉄道・バスのほかケーブルカー・トロリーバス・ロープウエーを利用して立山を横断する。弥陀ヶ原や黒部湖などの景勝地がある。

たてやま-し【館山市】▶館山

たてやま-ぶし【立山節｜▽館山節】俗曲・端唄。もとは富山県立山地方の民謡で、明治28年(1895)ごろ東京の花柳界で流行、全国に広まった。

たてやま-わん【館山湾】千葉県南西部、浦賀水道に面した湾。北は大房岬から南は洲崎までに囲まれる。湾奥には約4キロメートルの砂丘が続き、海浜は海水浴場としてにぎわう。南房総国定公園の一部。湾内が波静かで鏡の面に似ていることから「鏡ヶ浦」ともいう。

たて-ゆれ【縦揺れ】〔名〕スル ❶船や飛行機が左右軸を中心にして上下に揺れること。ピッチング。❷地震で、垂直に揺れること。

たて-よこ【縦横｜▽経▽緯】❶たてとよこ。よこたて。❷たて糸とよこ糸。たてぬき。

たてよこ-ざた【縦横沙汰】かれこれの評判。いろいろの取り沙汰。「—を聞きふれて」〈浄・淀鯉〉

たてよこ-ちりめん【▽経▽緯×縮×緬】縦糸と横糸に同じ強撚糸を用いて織った縮緬。ジョーゼット。

だて-ら〔接尾〕《接尾語「だて」＋状態を表す接尾語「ら」》(多く「だてらに」の形で)性別や身分・立場などを表す語に付き、それらの性や身分・立場などにふさわしくない、不相応の意を表す。「女—に」「法師—」

たてり-あきない【立てり商ひ】米市で手元に米の現物がなく、思惑だけで売買すること。空米相場。「北浜の米市は…一刻の間に、五万貫目の—もあることなり」〈浮・永代蔵・一〉

たてり-そうけい【立入宗継】[1528～1622]安土桃山時代の京都の金融業者。宮廷の御倉職に任ぜられ、正親町天皇の命で織田信長の上洛を促した。

た-てる【立てる】〔動タ下一〕図た・つ〔タ下二〕❶ある場所にものを縦にして位置させる。㋐起き立った状態にする。「書棚に本を—•てる」㋑長いものを直立させて据える。「煙突を—•てる」「屏風を—•てる」㋒とがったものを刺し込む。「猫がつめを—•てる」㋓突き上がった形のものをつくる。「けばを—•てる」「角を—•てる」❷座ったり横になったりしているものを起こす。「片ひざを—•てる」「襟を—•てる」❸ある現象や作用を目立たせたり生じさせたりする。㋐煙や蒸気などを立ちのぼらせる。「湯気を—•てる」㋑風・波などを起こす。「白波を—•てて走る」❹人を差し向ける。出発させる。「使いを—•てる」❺表明した決意で身を律する。「誓いを—•てる」「願を—•てる」❻(「閉てる」とも書く)戸や障子をしめる。「ぴったり襖を—•てる」❼㋐ある立場や状況に置く。「間に人を—•てて交渉する」㋑重要な役目・地位につかせる。「証人に—•てる」「候補に—•てる」㋒高位につかせる。「后に—•てる」❽度合いを強めて、明らかにする。㋐はっきり耳目に認められるようにする。「足音を—•てる」㋑世に知れ渡らせる。「浮き名を—•てる」❾事物や状態を新たにつくり仕立てる。㋐物事を新たにつくり示す。「新記録を—•てる」「学説を—•てる」㋑目標などを考え定める。「見通しを—•てる」「対策を—•てる」㋒縦目の線をつくり示す。「髪に櫛目を—•てる」❿㋐盛んに気泡を生じさせる。「泡を—•てる」㋑湯などを沸かす。「風呂を—•てる」㋒(「点てる」とも書く)抹茶に湯を注いでまぜ合わせる。「お薄を—•てる」⓫感情を高ぶらせる。「腹を—•てる」⓬注意を向ける。「聞き耳を—•てる」⓭物事を好ましい形で成り立たせたり維持させたりする。㋐目的にかなって使用価値のあるものとする。「役に—•てる」㋑損なわずに保つ。「顔を—•てる」「暮らしを—•てる」㋒世間に認められた存在とする。「文学で身を—•てる」㋓すぐれたものとして尊重する。「年長者を—•てる」㋔矛盾なく認められるようにする。道理・順序を正しくする。「筋道を—•てて話す」⓮(「経てる」とも書く)時を経過させる。月日を過ごす。「愛妻のことを思い悩んでわびしい月日を—•てて来た」〈近松秋江・青草〉⓯進行をとめて、そのままの状態におく。「もとの位置に馬車を—•てて待っていた」〈大仏・地霊〉⓰鳥などを飛び立たせる。「朝狩に五百つ鳥—•て夕狩に千鳥踏み—•て」〈万・四〇一一〉⓱動詞の連用形に付いて、物事を盛んに行う意を表す。「書き—•てる」「騒ぎ—•てる」(類語)(❶❷)起こす・据える
(…句)青筋を立てる・頭から湯気を立てる・異を立てる・伺いを立てる・我を立てる・顔を立てる・角を立てる・聞き耳を立てる・義理を立てる・煙を立てる・後家を立てる・志を立てる・情を立てる・世間の口に戸は立てられぬ・腹を立てる・人の口には戸が立てられない・人を立てる・身を立てる・操を立てる・耳を立てる・目に角を立てる・目くじらを立てる

た-てる【建てる】〔動タ下一〕図た・つ〔タ下二〕《「立てる」と同語源》❶建物などをつくる。「ビルを—•てる」「記念碑を—•てる」❷新しい国や都市をつくる。「都を—•てる」(類語)造る・築く・構える・組む・組み立てる・建築・築造・建造・建設・造営・営造・普請・建立・建立・新築

た-でる〔動ダ下一〕図た・づ〔ダ下二〕❶はれものを薬湯で蒸す。湿布する。「股の所を白い湯でしきりに—•でて居る」〈漱石・吾輩は猫である〉❷虫害や湿害を防ぐために、木造船の船底をわらなどを燃やしてあぶる。「船ヲ—•デル」〈和英語林集成〉

たて-ろ【立炉｜×竪炉】軸が上下に通っていて燃料と鉱石とを同一場所に入れることができる炉。焙焼や溶鉱のときの蒸留に使われる。

たて-ろ【×竪×絽】縦の方向に透き目を織り出した絽織り。夏羽織に多く用いる。➡横絽

たて-わき【立×涌】▶たてわく

たて-わき【帯＝刀】▶たちはき

たて-わく【立×涌】文様の一。相対する2本の曲線の中央がふくれ、両端がすぼまった形を縦に並べたもの。親王や関白の袍・指貫・袿などの織り文に用いる。中に描く文様によって、雲立涌・笹立涌・松立涌などの種類がある。たてわき。たちわき。

たて-わけ【立て分け】ことのいわれ。理由。すじみち。「若き衆其の—を知らねば」〈甲陽軍鑑・四〇〉

たて-わり【縦割(り)】❶上から下に切り割ること。(⇔)横割り。❷組織が上下関係を中心に運営されること。「一行政」(⇔)横割り。

た-てん【他店】よその店。ほかの店。

だ-てん【打点】❶野球で、打者が安打・犠牲打・四死球などによって自軍にもたらした得点。❷テニスやバレーボールなどの球技で、球を打つ位置。「高い—から球を打ち込む」

だ-でん【打電】〔名〕スル 電報・電信を打つこと。

たてん-かんじょう【他店勘定】銀行簿記で、外国為替取引における相手銀行との間に発生する債権・債務を処理するために設定した勘定。コルレス勘定。

だ-てんし【堕天使】キリスト教で、悪魔のこと。神の試練に堪えきれず下界に堕とされた天使、特に、その首領ルシフェル。

た-と【田×堵｜田▽刀】平安時代、荘園・公領の田畑を耕作し、年貢・公事を納めた農民。たとう。でんと。

たとい【×譬ひ｜▽喩ひ】「例え」に同じ。「累代の—にもやならんとて」〈宇津保・吹上上〉

たとい【仮＝令｜縦＝令｜▽縦い】〔副〕❶(あとに逆接条件を表す「ても」「でも」「とも」などを伴って)仮にある事柄を想定しながら、結果はそれに影響されないことを表す。もし…だとしても。仮に。よしんば。たとえ。「—失敗しようとも悔いはない」❷(多く、あとに「ば」を伴って)もし。仮に。「—汝此の国を治らば、必ずそこなひやぶる所多けむとおもふ」〈神代紀・上〉
(補説)語源はハ行四段活用の動詞「たとふ」の連用形と推測されるが、「たとふ」の確かな例は見当たらない。漢文訓読系の語とされる。
(類語)もし・仮に・もしか・よしんば

た-とう【多党】多くの党派。

た-とう【多頭】一つのからだに頭が多くあること。転じて、一つの組織にかしらに立つ人が複数いること。

たとう【畳＝紙】「たとうがみ」の略。

たと・う【×譬ふ｜▽喩ふ】㊀〔動ハ四〕「例える」に同じ。「法文聖教の中にも—•へるなるは」〈大鏡・後一条院〉㊁〔動ハ下二〕「たとえる」の文語形。

た-どう【他動】❶他に働きかけること。また、他から

働きかけられること。「偶然と―とで成し遂げられ」〈里見弴・安城家の兄弟〉❷「他動詞」の略。

た-どう【多動】場面や状況に応じて集中することが難しく、絶えず動き回わっている状態。児童が授業中に教室の内外を落ち着きなく徘徊するといった行動異常をさしていう。「―児」➡ADHD

だ-とう【打倒】ダウ〔名〕スル うちたおすこと。うちまかすこと。「独裁制を―する」類語 倒す・討つ・打ち倒す・打ち破る・薙なぎ倒す・打ち負かす・撃破

だ-とう【妥当】ダウ〔名・形動〕スル 実情によくあてはまっていること。適切であること。また、そのさま。「―な方法をとる」「現実社会に―する政策」類語 適当・適切・適正・適確・順当・穏当・至当・相応・好適

用法 **妥当・穏当**――「妥当(穏当)な結果」「そう考えるのが妥当(穏当)なところだ」など、無理がなく適切であるの意では、相通じて用いられる。◇「妥当」は適切でぴったり当てはまっているようす。「妥当な結論」「妥当とはいえない」◇「穏当」は、まあまあで無理のないようす。「穏当な処置」「穏当な解決」◇「君が議長になるのが妥当な線だが、今回は彼に譲るのが穏当なところだろう」のように、「妥当」は積極的、「穏当」は消極的な評価を表すのに用いられる。◇類似の語に「順当」がある。「順当」は、そのような結果になるのが当然である意が強い。「優勝候補の順当な勝利」「順当にいけば、次期社長は私だ」などには、「妥当」「穏当」は用いない。

タトゥー〖tattoo〗入れ墨。類語 入れ墨・彫り物・刺青

たとう-かい【多島海】タタウ ㊀多数の島々が点在する海域。㊁エーゲ海の異称。

たとう-がみ【▽畳紙】タタウ《「たたみがみ」の音変化》❶折り畳んで懐中に入れ、鼻紙や詩歌の詠草などに用いる紙。懐紙かいし。ふところがみ。❷厚い和紙に渋または漆を塗って折り目をつけた紙。結髪や着物を包むのに使用。

たどう-し【他動詞】動詞を意味の上から分類した一。その動詞の表す動作や作用が直接他に働きかけたり、他をつくり出したりする働きとして成り立つもの。動作・作用が及ぶ対象は、ふつう格助詞「を」で表される。「本を読む」「窓を開ける」の「読む」「開ける」などの類。⇔自動詞。

たとう-せい【多党制】タタウ 政党が多数存在して、政権の獲得を争っている政治制度。民主主義の実現に必要な条件とされる。

だとう-せい【妥当性】ダタウ ❶うまく適合する度合い。「―に欠ける」「―を問う」❷哲学で、認識や価値や意味などが普遍的、必然的に是認される場合、それらがもつ性質。

たとう-せいじ【多頭政治】タトウ 政治体制の一。複数の同格の指導者によって行われる政治。古代ローマの三頭政治の類。

たどう-てき【他動的】〔形動〕みずからの意志によらず、他から動かされるさま。「余儀なく―に選定させられる」

たとう-るい【多糖類】タタウ 加水分解によって2分子以上の単糖類を生じる糖類。狭義にはセルロース・でんぷん・グリコーゲンなど高分子の糖をいう。

たとえ【例え／×譬え／▽喩え】たとへ ❶たとえること。また、たとえられた語句や事柄。比喩。「―に引く」❷同じような例。「世間の―にもれない」

類語 (❶)比喩ひゆ・形容・比況／(❷)例・実例・事例・一例・具体例・例証・引き合い

たとえ【仮＝令／縦＝令／▽縦え】たとへ〔副〕《「たとい」の音変化か》「たとい(仮令)❶」に同じ。「―親友でも許せない」「―むだになってもやってみよう」

たとえ…としても　前件で仮定の事柄の成立を認めた場合でも、後件ではそれに影響されない結果が展開される表現。「たとえ天と地がひっくり返ったとしても私の考えは変わりません」

たとえ-うた【×譬え歌】たとへ ❶古今集・仮名序の和歌の六義りくぎの一。物にたとえて詠んだ歌。漢詩の六義の「興」にあたる。❷➤譬喩歌ひゆか

たとえ-ごと【×譬え言】たとへ たとえにする言葉。比喩ひゆ。

たとえ-ごと【×譬え事】たとへ たとえにする事柄。

たとえ-ば【例えば】たとへ〔副〕❶前に述べた事柄に対して具体的な例をあげて説明するときに用いる語。例をあげていえば。「球技、―野球やテニスが好きだ」❷多く「ようだ」「ごとし」を伴って、ある事柄を他の事にたとえるときに用いる語。あたかも。「君の勉強は、―春の雪のようで、一向に結果が積み重ならない」❸ある場合を仮定するときに用いる語。もしも。仮に。「―ここが外国なら」「これは―の話だがね」❹てっとり早く言うと。端的に言えば。「―日本国二人の将軍と言はればや」〈平家・六〉

類語 (❷)あたかも・さながら・まるで

たとえ-ばなし【×譬え話】たとへ ある事柄をわかりやすくするために、他のことを引き合いに出していう話。寓話。

たと・える【例える／×譬える／▽喩える】たとふ〔動ア下一〕文たと・ふ〔ハ下二〕わかりやすく説明するために、ある物事を引き合いに出していう。なぞらえる。「人生を旅に―・える」「―・えようもない美しさ」

類語 なぞらえる・見なす・見たてる・擬する

譬えん方無・し　ほかのものと比べようがない。「なほ匂はしさは―・く美しげなるを」〈源・桐壺〉

た-どき【方＝便】「たずき」に同じ。「立ちて居て―を知らにむら肝きもの心いさよひ」〈万・二〇九二〉

た-どく【多読】〔名〕スル 本をたくさん読むこと。

類語 乱読

た-どころ【田所／田▽荘】❶田のある所。田地。❷大化の改新以前の豪族の私有地。❸荘園・公領制下で、現地で実務を執った役職。

たど-さん【多度山】三重県北部、桑名市にある山。養老山地南東端に位置する。標高403メートル。頂上からの眺望がよく、東斜面は急な崖となっている。山麓に古い歴史をもつ多度大社があり、5月4、5日の例祭で行われる上げ馬神事は県の無形民俗文化財に指定されている。

たとしえ-な・し【×譬へ無し】たとしへ〔形ク〕たとえようがない。くらべようがない。「すこし荒れたりつる院の内、―・く狭げにさへ見ゆ」〈源・若菜下〉

たど-じんじゃ【多度神社】三重県桑名市にある神社。祭神は天津彦根命あまつひこねのみこと・天目一箇命あめのまひとつのみこと。雨乞いに霊験ある神として信仰される。多度大神宮。多度大社。俗称、北伊勢大神宮。

たどたど-し・い〔形〕文たどたど・し〔シク〕❶未熟であったり機能が十分でなかったりするため、物事を行うようすが危なっかしい。とどこおりなく行われず、おぼつかない。「―・い英語」「―・い足どり」❷あたりのようすがぼんやりとしているさま。また、音・声などがかすかであるさま。「なかなかに折りや惑はむ藤の花たそかれ時の―・しくは」〈源・藤裏葉〉派生 たどたどしげ〔形動〕たどたどしさ〔名〕類語 ぎごちない・おぼつかない・拙つたない・へた・拙劣・拙悪・稚拙・未熟・幼稚

たどつ【多度津】香川県北西部、仲多度郡の地名。瀬戸内海に面し、金毘羅参りの上陸地として発達。

たどつ-ちょう【多度津町】チャウ ➤多度津

タトバン〖Tatvan〗《「タトワン」とも》トルコ東部の都市。同国最大の湖、バン湖の西岸に位置し、対岸の都市バンと鉄道連絡船で結ばれる。

タトラ-さんち【タトラ山地】《Tatra》スロバキア・ポーランド国境、カルパチア山脈西部の山地。最高峰は標高2663メートルのゲルラホフスカ山。

タドラット-アカクス〖Tadrart Acacus〗リビア西部、サハラ砂漠のアルジェリアとの国境付近の地域。紀元前1万2000年ごろから西暦100年ごろまでに描かれたと考えられる岩絵が多数発見されている。これらは、1985年「タドラット・アカクスのロックアート遺跡群」の名で世界遺産(文化遺産)に登録された。

タトランスカー-ロムニツァ〖Tatranská Lomnica〗スロバキア北部の町。タトラ山地の麓に位置し、国立公園に指定されたビソケータトリへの観光拠点として知られる。タトラ電気鉄道の東端の駅があるほか、ロムニツキー山(標高2634メートル)の山頂とケーブルカーで結ばれている。タトラ山地の自然や人々の生活を紹介する博物館がある。

たどり【×辿り】❶たどること。探し求めながら行くこと。「家を出でて見るだにあかき夜半の月入らむ山路に―あらすな」〈隆信集〉❷物事の本質や筋道をよく探究すること。また、その能力。「心若き―少なさに」〈源・常夏〉

たどり-つ・く【×辿り着く】〔動カ五(四)〕尋ね求めながら、やっと目的地に行き着く。また、苦労のすえに、やっと行き着く。「ようやく山頂に―・く」

類語 至る・届く・着く・立ち至る

たど・る【×辿る】〔動ラ五(四)〕❶道筋に沿ってめざす方向へ進む。「家路を―・る」❷歩きにくい道や知らない道を確かめながら苦労して行く。迷いながら手探りで進む。「山道を一歩一歩と―・る」「いばらの道を―・る」❸筋道を追ったり、手がかりを頼ったりして探し求めていく。次から次へと尋ね求める。「話の筋を―・る」「記憶を―・る」「伝つてを―・る」❹事態がしだいにある方向へ進んでいく。「破滅の一途を―・る」「話が平行線を―・る」❺あれこれ物事を考え迷う。「しばしは夢かとのみ―・られしを」〈源・桐壺〉可能 たどれる 類語 赴く・出向く・行く・向かう

たどろ-たどろ〔副〕《「たどるたどる」の音変化》歩みのはかどらないさま。たどたどしいさま。「―と行くほどに」〈伽・横笛草紙〉

タトワン〖Tatvan〗➤タトバン

た-どん【▽炭団】❶粉炭こなずみにふのりを加えて練り、丸くして乾燥した燃料。季 冬「炭取にいつから残る―かな／乙字」❷俗に、相撲の星取表で負けの印。黒星。

炭団に目鼻めはな　色黒で、目鼻だちのはっきりしない顔のたとえ。

た-な【田菜】タンポポの古名。〈和名抄〉

たな【▽店／棚】❶《「見せ棚」の略》商店で、商品を陳列しておく場所。みせ。❷奉公先の商店。また、職人の出入り先の商店。➡御店おたな ❸貸家。借家。「末造の気に入った―が二軒あった」〈鴎外・雁〉

たな【棚】❶物をのせておくために板を横に渡したもの。「―をつる」「本―」❷植物のつるを広くはわせるため、木や竹を組んで高い所にかけ渡したもの。「藤―」❸岩壁で、人が立てるほどの段になっている所。❹魚の遊泳層。また、魚が餌を食う深さのこと。「浮きを調節して―を取る」❺大陸棚、または陸棚。❻和船で船体の左右の外板。➡船棚 ❼薪炭・木材などを積んだ空間の体積を測る単位。1棚は、長さ3尺、高さ・幅とも6尺、すなわち、108立方尺(3.00526立方メートル)、または、長さ2尺・幅10尺・高さ5尺、すなわち、100立方尺の体積。

…棚(だな) 閼伽あか棚・網棚・岩棚・恵方えほう棚・縁起棚・蚕かいこ棚・飾り棚・神棚・荒神棚・精霊しょうりょう棚・書棚・食器棚・大陸棚・魂たま棚・違い棚・茶棚・中ちゅう棚・釣り棚・床とこ棚・床脇とこわき棚・蔵徳とく棚・戸棚・袋棚・藤ふじ棚・葡萄ぶどう棚・船ふな棚・書ふみ棚・本棚・盆棚・見世みせ棚

棚から牡丹餅ぼたもち　思いがけない好運を得ること、労せずしてよいものを得ることのたとえ。たなぼた。

棚に上・げる　知らん顔をして問題にしない。不都合なことには触れずにおく。「自分のことは―・げて人の悪口ばかり言う」

棚の物を取って来るよう　たやすく物が得られることのたとえ。

たな〔接頭〕動詞に付いて、すっかり、まったく、十分に、などの意を添える。「―ぐもる」「―知る」

ダナー〖Duner〗イチゴの一品種。昭和25年(1950)に米国から導入。酸味と香りが特徴で広く普及したが、近年はより改良された品種の登場で流通量が減っている。

たな-あきない【▽店商い／棚商い】たなあきなひ 店を構えて商売すること。店売り。みせあきない。「―に掛けはかたくせぬ事なれども」〈浮・一代女・四〉

たな-あげ【棚上げ】〔名〕スル ❶需給の調節などのため、一時商品を市場へ出さないこと。「―株」❷問題を一時的に未処理・未解決のままにしておくこと。「法案を―する」類語 保留・留保

たな-い【▽種井】〘名〙苗代にまく籾種(もみだね)を浸すのに使う井戸、または池。たないけ。たねい。(季 春)「ふつふつと泡の出て来る―かな/子規」
たな-いた【棚板】❶棚にする板。❷茶の湯の棚物の段状になる板。❸船棚に使う板。
たな-うけ【▽店請け】〘名〙スル 借家人の身元保証をすること。また、その人。
たな-うけ【棚受け】棚板を支えるもの。
たなうけ-にん【▽店請け人】店請けをする人。店子の身元保証人。
た-な-うら【▽掌】《手の裏の意》てのひら。たなごころ。たなうち。「―の内にこがねの大殿をつくらむといふとも」〈宇津保・忠こそ〉
ダナエ〖Danaē〗ギリシャ神話で、アルゴス王アクリシオスの娘。父により青銅の部屋に閉じ込められたが、黄金の雨となって流れ入ったゼウスと交わり、英雄ペルセウスを産んだ。
たな-おろし【棚卸(し)】▽店卸(し)】〘名〙スル ❶決算などの際に、商品・製品・原材料などの在庫を調査して数量を確かめること。資産評価を含めていう場合もある。「年度末に―する」(季 新年)「物陰に笑ふ鼠や―/一茶」❷人や物の欠点を一つ一つ数えあげて、言い立てること。「客の―をする」
たなおろし-しさん【棚卸資産】企業が販売または加工を目的として保有する資産で、商品・製品・半製品・原材料・仕掛品など。流動資産に属する。(補説)評価基準として、以前は原価法と低価法の選択適用が認められていたが、会計基準の改正により平成20年度から低価法に一本化された。取得原価の評価方法としては、個別法・先入先出法・平均原価法・売価還元法などがある。
たなおろし-ひょう【棚卸表】〘ヘウ〙棚卸しの結果を記載した表。
た-なか【田中】田の中。また、田に囲まれた所。転じて、いなか。「―の一と筋道の五六町ほどは何も無きに」〈露伴・夜の雪〉
たなか-あかまろ【田中阿歌麿】[1869～1944]日本の湖沼学・陸水学の開拓者。東京の生まれ。ベルギーのブリュッセル大学で地理学を学ぶ。帰国後、全国の主要湖沼を科学的に調査。昭和6年(1931)日本陸水学会を創立。著「諏訪湖の研究」「野尻湖の研究」など。
たな-がい【棚飼い】〘ガヒ〙蚕を数段の蚕棚で飼うこと。多く稚蚕飼育に行われる。
たな-がえ【▽店替へ】〘ガヘ〙借家を替えること。転居。「孟子のおふくろさまは、三たび―をさしったとある」〈滑・浮世風呂・四〉
たなか-おうどう【田中王堂】〘ワウダウ〙[1867～1932]哲学者・評論家。埼玉の生まれ。本名は喜一。米国留学中にデューイの思想を学び、日本にプラグマティズム哲学を紹介。著「哲人主義」「我が非哲学」など。
たなか-おおひで【田中大秀】〘おほひで〙[1777～1847]江戸後期の国学者。飛騨の人。号、千種園(ちくさぞの)など。本居宣長(もとおりのりなが)の門人。著「竹取翁物語解(たけとりのおきなものがたりかい)」「土佐日記解」など。
たなか-かくえい【田中角栄】[1918～1993]政治家。新潟の生まれ。昭和22年(1947)衆議院議員に当選。同47年首相に就任し、日中国交正常化を実現した。また、日本列島改造論を唱えたが、地価高騰や狂乱物価を招き破綻。同49年首相を辞職後、ロッキード事件で逮捕された。➡三木武夫
たなか-かつお【田中勝雄】〘かつを〙[1898～1995]野球選手・監督。大阪の生まれ。早大の外野手で、首位打者を3度獲得。昭和9年(1934)には社会人野球チーム全大阪の監督となり、都市対抗野球でチームを優勝に導いた。
たなか-ぎいち【田中義一】[1864～1929]軍人・政治家。陸軍大将。山口の生まれ。原内閣の陸相として軍備拡張に尽力し、シベリア出兵を遂行。立憲政友会総裁を経て、昭和2年(1927)組閣。治安維持法改悪、共産党弾圧を行い、対中国積極外交を推進したが、張作霖(ちょうさくりん)爆殺事件の責任を負って総辞職。
たなか-きぬよ【田中絹代】[1909～1977]映画女優。山口の生まれ。少女時代からスターの地位を確立、晩年まで第一線にあった。監督としても活躍。出演作「愛染かつら」「西鶴一代女」「サンダカン八番娼館・望郷」など。
たなか-こういち【田中耕一】〘カウイチ〙[1959～]技術者・生化学者。富山の生まれ。たんぱく質など生体高分子の質量分析法を開発し、平成14年(2002)ノーベル化学賞を受賞。博士などの学位をもたない一般会社員の受賞として話題になった。同年、文化勲章受章。
たなか-こうたろう【田中耕太郎】〘カウタラウ〙[1890～1974]法学者。鹿児島の生まれ。東大教授。商法・法哲学に業績を残した。第二次大戦後は、文相・最高裁判所長官・国際司法裁判所判事などを歴任。文化勲章受章。著「世界法の理論」など。
たなか-こみまさ【田中小実昌】[1925～2000]小説家。東京の生まれ。戦後の混乱期に風俗の世界に身を投じ、さまざまな職業を体験する。飄々(ひょうひょう)としたユーモラスなタッチの中に人間の悲しさを描き出した。「浪曲師朝日丸の話」「ミミのこと」で直木賞受賞。他に「ポロポロ」「幻の女」など。チャンドラーなどの推理小説の翻訳も評価が高い。
たな-がし【▽店貸し】〘名〙スル 人に家屋を貸すこと。
たなか-しょうすけ【田中勝介】江戸初期の貿易商。京都の人。慶長15年(1610)日本へ漂着した前ルソン総督ドン=ロドリゴのメキシコへの出発に同行、翌年帰国。太平洋を横断した最初の日本人。生没年未詳。
たなか-しょうぞう【田中正造】〘シャウザウ〙[1841～1913]政治家。栃木の生まれ。明治23年(1890)衆議院議員、以後足尾銅山鉱毒問題に取り組み、同34年には議員を辞して天皇に直訴。次いで谷中村の遊水池化に反対。晩年は治水事業に尽力。➡足尾銅山鉱毒事件
たなか-しょうへい【田中正平】〘シャウヘイ〙[1862～1945]物理学者・音楽理論家。兵庫の生まれ。ドイツでヘルムホルツに師事、音階の純正調理論を研究し、純正調オルガンを発明。邦楽にも理論的解明を与えた。著「純正調の研究(独文)」「日本和声の基礎」。
たなかだて-あいきつ【田中館愛橘】[1856～1952]物理学者。岩手の生まれ。東大教授。明治24年(1891)の濃尾大地震を機に震災予防調査会を設立。緯度観測所、航空研究所の設立やローマ字・メートル法の普及に貢献。昭和19年(1944)文化勲章受章。
たなか-ちかお【田中千禾夫】〘ちかを〙[1905～1995]劇作家・演出家。長崎の生まれ。慶大卒。芸術院会員。「おふくろ」で注目され、文学座創立に参加。戦後、俳優座に入る。「教育」で読売文学賞、「マリアの首」で岸田演劇賞。他の作品に「雲の涯(はて)」「千鳥」など。
たなか-とつげん【田中訥言】[1767～1823]江戸後期の画家。尾張の人。京都に出て土佐派を学んだが、のち大和絵の古典を研究し、復古大和絵派の祖となった。
たなか-は【田中派】自由民主党にあった派閥の一。七日会・木曜クラブなどの昭和47年(1972)から同62年における通称。同47年に田中角栄らが佐藤派の大多数を率いて独立。田中は直後に首相に就任し、自派を七日会と称した(同55年からは木曜クラブ)。田中の首相退任後も拡大を続け、大平・鈴木・中曽根内閣など他派の首相の政権にも絶大な影響力を行使した。のちの平成研究会につながる。➡竹下派 (補説)田中の死後も、利益誘導・開発重視・金権政治などの代名詞として「田中派政治」といった言葉が使われている。また、田中自身が田中派会長を務めたことはない。
たなか-ひさしげ【田中久重】[1799～1881]幕末・明治初期の技術者。久留米の人。からくり人形を製作してからくり儀右衛門とよばれた。万年時計や日本最初の機関車模型を製作。明治8年(1875)日本最初の民間機械工場を作り、今日の東芝の基礎を築いた。
たなか-ひでみつ【田中英光】[1913～1949]小説家。東京の生まれ。太宰治に師事し、ボート選手としてオリンピックに出場した体験をもとに「オリンポスの果実」を発表。太宰の墓前で自殺。ほかに小説「地下室から」「野狐(やこ)」など。
たなか-ふじまろ【田中不二麿】[1845～1909]政治家。愛知の生まれ。岩倉使節団に随行して欧米の教育制度を調査。帰国後、文部大輔として学制の改革を企図した教育令を制定。のち司法卿・枢密顧問官・法相などを歴任。
たなかみ【田上】滋賀県大津市南部の地名。田上川は網代(あじろ)で氷魚(ひお)をとる名所。(歌枕)「―やせぜの早瀬に梁(やな)さして」〈曽丹集〉
たなか-みちたろう【田中美知太郎】〘ミチタラウ〙[1902～1985]哲学者。新潟の生まれ。京大教授。古代ギリシャ哲学、特にプラトン研究に業績をあげた。文化勲章受章。著「ロゴスとイデア」「プラトン」など。
たなか-メモランダム【田中メモランダム】昭和2年(1927)の東方会議の決定に基づき、田中義一首相が天皇に上奏したとされる文書。同4年に中国側が暴露し、その内容が以後の日本の中国侵略と一致していたために日本の侵略性を証明する重要資料とされたが、現在はその信憑性は疑われている。
たなか-よしき【田中芳樹】[1952～]SF作家。熊本の生まれ。本名、美樹(よしき)。スペースオペラ「銀河英雄伝説」シリーズ、ファンタジー「アルスラーン戦記」シリーズなどで知られる。他に「創竜伝」シリーズ、「タイタニア」「風よ、万里を翔(か)けよ」など。
たな-がり【▽店借り】〘名〙スル 家を借りて住むこと。また、その人。借屋ずまい。「よその商人が―して入り込んでいる気がする」〈寅彦・丸善と三越〉
たな-ぎょう【棚経】〘ギャウ〙盂蘭盆会(うらぼんえ)のとき、僧侶が精霊棚(しょうりょうだな)の前で読経すること。(季 秋)「ひあはひの風に―すみにけり/水巴」
たなぎら・う【棚▽霧らふ】〘たなぎらふ〙〘連語〙《動詞「たなぎる」の未然形＋反復継続の助動詞「ふ」。上代語》雲が空全体に広がる。霧が一面にかかる。「―ひ雪も降らぬか梅の花咲かぬが代(しろ)にそへてだに見む」〈万・一六四二〉
たな-ぐも【棚雲】横に長く引いている雲。たなびく雲。「天の八重―を押し分けて」〈記・上〉
たな-ぐも【棚蜘=蛛】タナグモ科のクモの総称。家屋内の薄暗い隅に棚状の網を張るイエタナグモ、生け垣などに棚状の網を張るクサグモ・コクサグモ、石垣のすきまなどに網を張るヤチグモなどがある。
たな-ぐも・る【棚曇る】〘動ラ四〙空一面に雲が広がる。すっかり曇る。とのぐもる。「―・り雪は降り来(く)さ曇り雨は降り来(く)」〈万・三三一〇〉
たなぐら【棚倉】福島県南東部、東白川郡の地名。もと丹羽氏の城下町。
タナグラ〖Tanagra〗古代ギリシャのボイオティア地方にあった都市。
タナグラ-にんぎょう【タナグラ人形】〘ニンギャウ〙古代ギリシャで作られたテラコッタ製の彩色人形。ヘレニズム時代の風俗を表す。タナグラ地方の墳墓から出土したのでこの名がある。
たなぐら-まち【棚倉町】▶棚倉
たな-こ【▽店子】家を借りている人。借家人。⇔大家(おおや)。
たなご【×鱮】❶コイ科タナゴ亜科の淡水魚。全長約10センチ。体は細長く、一対の口ひげは短く、背部は暗褐色、他は銀白色。産卵期の雄は背部から腹部にかけ青緑色から淡桃色、黒色に変わる婚姻色を示す。関東・東北地方の平野部の川や沼にすむ。食用。❷コイ目コイ科タナゴ亜科の淡水魚の総称。産卵管を二枚貝の排水管に挿入し、内部のえらに卵を産みつけ、稚魚は孵化(ふか)後しばらく貝の中で成長したのちに外へ出る。産卵期の雄には美しい婚姻色を示すものが多い。アジア・ヨーロッパの温帯に広く分布し、日本にはタナゴ・ヤリタナゴ・ゼニタナゴ・

バラタナゴなど15種が知られ、イタセンパラ・ミヤコタナゴは天然記念物。❸ウミタナゴの別名。

た-なごい【手▽拭ひ】てぬぐい。たのごい。「一の箱つかはすとて」〈続後拾遺・離別・詞書〉

たな-ごおり【棚氷】大陸氷河が海に張り出して浮いている部分。厚さ100〜300メートル、先端部で卓状氷山を分離する。南極大陸のロス棚氷が有名。

た-な-ごころ【▽掌】《手の中心の意》てのひら。手の裏。たなうら。(類語)手の平・手の裏・手の内・平手

掌に・する　手に握る。思いのままに支配する。「おいおい当城を一・し」〈逍遥・桐一葉〉

掌の中　手の中にあるように物事が思いのままになること。

掌の玉　手の中の宝玉。大切なもの、また愛児・愛妻をたとえていう語。掌中の珠。

掌を合わ・す　手を合わせて拝む。合掌する。「九院こぞって一・せ」〈太平記・一四〉

掌を返・す　❶物事がたやすくできることのたとえ。「一・すよりやさしいわざ」❷簡単に態度や考え方などが変わることのたとえ。手のひらをかえす。「一・したように態度を変える」

掌を指・す　物事がきわめて明白で疑問の余地もないことのたとえ。

たな-さがし【棚捜し】❶棚をさぐって物を求めること。特に、台所の棚をさがしての、盗み食い。❷遊里で、揚屋の客が夜更けに起き出し、酒を飲んで興じること。「都の一を昼になして遊興十一人の太鼓もち」〈浮・三所世帯〉❸人の欠点・短所をさがして悪く言うこと。「様々と人の一するがな」〈浄・先代萩〉

た-な-さき【▽手先】❶手のさき。ゆびさき。❷鷹狩りで、鷹を止めておく左手のゆびさき。徒前。

たな-さき【▽店▽前】みせのまえ。みせさき。

たな-ざらえ【棚×浚え｜▽店×浚え】〔名〕スル 在庫を整理するため、残っている商品の安売りをすること。たなざらい。「決算のために一する」

たな-ざらし【棚×晒し｜▽店×晒し】❶品物が売れないで、いつまでも店に残っていること。また、その商品。❷問題を未解決・未処理のまま、いつまでも放置しておくこと。「かねてからの案件を一にする」

たなし【田無】東京都中北部にあった市。青梅街道の宿場町として発達。西武新宿線が通じる住宅地。平成13年(2001)保谷市と合併して西東京市となった。➡西東京

たなし-し【田無市】▶田無

たな-した【▽店下】商家の軒下。店さき。

たな-したて【棚仕立て】棚を作って果樹の枝を横に張らせる栽培法。ナシ・ブドウなどで行われる。

たな-し・る【たな知る】〔動ラ四〕十分に知る。わきまえる。「そを取ると騒く御民も家忘れ身も一・らず」〈万・五〇〉

た-な-すえ【▽手末】手の先。指の先。「千引の石を一にささげて来て」〈記・上〉

たなすえ-の-みつぎ【▽手末の▽調】上代の租税の一。女子が織った布帛を献じたもの。➡弓弭の調

た-な-そこ【▽手底｜▽掌】《「たなぞこ」とも》てのひら。たなごころ。「軒より雨滴を一に受け」〈鉄腸・南洋の大波瀾〉

たな-だ【棚田】急な傾斜地に、階段状に作った田。

たな-だて【▽店立て】〔名〕スル 家主が借家人を追い立てること。

たな-ちん【▽店賃】家の借り賃。家賃。借家料。

たな-つ-もの【▽穀】《田からとれる物の意》❶稲の種子。また、稲。「稲を以て一と為す」〈神代紀・上〉❷穀物。「五つの一を送り給ふ」〈天智紀〉

たな-てまえ【棚▽点前】茶の湯で、茶道具を棚に飾り付けておいて行う点前。

タナトス〖ギリシャ thanatos〗㊀ギリシャ神話で、死を擬人化した神。眠りの兄弟、また夜の子とされる。㊁フロイトの用語で、生の本能に対する、無機物の不変性に帰ろうとする死の本能(衝動)のこと。

たななし-おぶね【棚無し小舟】船棚のない小さな舟。丸木舟、一枚棚の小舟など。「いづくにか舟泊てすらむ安礼の崎漕ぎたみ行きし一」〈万・五八〉

タナナリブ〖Tananarive〗アンタナナリボの旧称。

たな-はし【棚橋】手すりのない、板を渡しただけの橋。

たな-ばた【七-夕｜棚機｜織=女】五節句の一。7月7日の行事。この夜、天の川の両側にある牽牛星・織女星が、年に一度会うといい、この星に女性が技芸の上達を祈ればかなえられるといって、奈良時代から貴族社会では星祭りをした。これは中国伝来の乞巧奠であるが、一方日本固有の習俗では、七日盆(盆初め)に当たり、水浴などの禊をし、この両者が合体した行事になっている。たなばたまつり。(季 秋)「一のなかうどなれや宵の月/貞徳」

たなばた-おくり【七-夕送り】七夕が終わって飾り竹を川や海に流すこと。

たなばた-おどり【七-夕踊(り)】▶小町踊り

たなばた-づき【七-夕月】陰暦7月の異称。

たなばた-つ-め【棚機つ女】❶織女星のこと。「彦星と一と今夜逢ふ天の川門に波立つなゆめ」〈万・二〇四〇〉❷機を織る女。「我がためと一のそのやどに織る白たへは織りてけむかも」〈万・二〇二七〉

たなばた-まつり【七-夕祭(り)】「たなばた」に同じ。

たな-び・く【棚引く】〔動カ五(四)〕❶雲や霧また煙が横に長くただよう。「煙が一・く」「霞が一・く」❷長く集め連ねる。「数千騎の軍兵を一・いて都へ入り給ふ由」〈平家・三〉(補説)「たな」は接頭語。また、「なびく」に接頭語「た」のついたものともいう。

たなべ【田辺】㊀和歌山県南部の市。熊野参詣の交通の要地として、紀州藩家老安藤氏の城下町を中心に発展。田辺湾北側の天神崎は日本のナショナルトラスト運動の先駆として知られる。平成17年(2005)5月、龍神村、中辺路町、大塔村、本宮町と合併。熊野本宮大社も市域に含まれる。人口7.9万(2010)。㊁京都府南部、綴喜郡にあった旧町名。平成9年(1997)市制施行して京田辺市となった。

たなべ-し【田辺市】▶田辺㊀

たなべ-じゅうじ【田部重治】[1884〜1972]登山家・英文学者。富山の生まれ。大学時代から登山を始め、多くの紀行文を通じて登山界に大きな影響を与えた。著「山と渓谷」「峠と高原」「山行く心」など。

たなべ-せいこ【田辺聖子】[1928〜]小説家。大阪の生まれ。「感傷旅行(センチメンタル・ジャーニイ)」で芥川賞受賞。大阪弁を生かしたユーモア溢れるエッセーで知られる。他に「新源氏物語」「花衣ぬぐやまつわる…」「ひねくれ一茶」など。平成12年(2000)文化功労者。同20年文化勲章受章。

たなべ-はじめ【田辺元】[1885〜1962]哲学者。東京の生まれ。京大教授。新カント学派の影響をうけて科学批判を展開。また、ヘーゲルの観念弁証法とマルクスの唯物弁証法とを研究・批判し、独自の絶対弁証法を提唱。著「科学概論」「ヘーゲル哲学と弁証法」。

たなべ-ひさお【田辺尚雄】[1883〜1984]音楽学者。東京の生まれ。東大卒。東洋音楽学会初代会長。武蔵野音大教授。日本および東洋音楽の科学的研究の先駆者で、正倉院楽器調査などに従事。学士院賞受賞。昭和56年(1981)文化功労者。著作に「日本音楽史」「東洋音楽史」など。

たなべ-むねひで【田辺宗英】[1881〜1957]実業家。山梨の生まれ。後楽園スタヂアム(現在の東京ドーム)の創立に尽力し、昭和17年(1942)社長に就任。同27年には日本プロボクシングの初代コミッショナーとなる。

たな-ぼた【棚×牡▽丹】《「棚から牡丹餅」の略》思いがけない好運を得ること。「一の当選」

たな-まいり【棚参り】盆・正月に、分家の者が本家の仏壇を拝みに行くこと。先祖参り。

た-な-また【▽手股】指と指との間。「御刀の手上に集まれる血、一より漏き出でて」〈記・上〉

たな-まつり【▽種祭(り)】▶水口祭り

たな-もの【▽店者】商家に勤める番頭・手代・丁稚などをいう。御店者。

たな-もの【棚物】茶の湯で、茶席の道具畳に据えて、水指・茶入れ・薄茶器・羽箒・香合・柄杓・蓋置などを飾るのに用いる棚の総称。袋棚・四方棚・桑小卓など。

た-ならし【田▽均し｜田▽平し】田植えの前に、田の表面を平らにすること。また、それに用いる農具。

た◦なり〔連語〕連語「たんなり」の撥音の無表記。「声いといたうつくろひ一。なり」〈かげろふ・下〉

た-なれ【手慣れ｜手×馴れ】❶扱いなれていること。「言問はぬ木にはありともうるはしき君が一の琴にしあるべし」〈万・八一一〉❷飼いならしてあること。よくなついていること。「わが門のひとむらすすき刈り飼はむ君が一の駒も来ぬかな」〈後撰・恋二〉

た-なわ【手縄】❶鵜匠が鵜につけて使う縄。❷馬を引くためにつける縄。てなわ。➡差し縄

た-なん【多難】〔名・形動〕災難や困難の多いこと。また、そのさま。「一な(の)生涯を送る」「多事一」(類語)険しい・困難・至難・難儀・難渋・大変

たなん-ぼう【▽種ん棒】▶苗印

たに【谷｜▽渓｜×谿】❶地表にできた狭くて細長いくぼ地。浸食作用でできた河谷・氷食谷が一般的であるが、断層運動や褶曲運動でできた断層谷や褶曲谷もある。「千尋の一」❷細長くくぼんでいる部分。また、波の山と山との間の低い所。「気圧の一」「景気の一」❸二つの屋根の斜面が交わる、くぼんだ所。(類語)峡谷・渓谷・幽谷・空谷

だ-に【駄荷】馬に負わせた荷物。「一のつづらを幸と」〈浄・伊賀越〉

だに【壁=蝨｜×蜱｜×螨】《古くは「たに」とも》❶ダニ目の節足動物の総称。体は頭・胸・腹の区別がない楕円形で、ふつう歩脚は四対。種類が多く、人畜について血を吸うイエダニ・ツツガムシなどのほか、食料品につくコナダニ・ホコリダニ、農作物を加害するハダニなど有害なものが知られるが、無害な種類のほうがはるかに多い。❷自分では働かず、ゆすり・たかりで暮らす嫌われ者。「街の一」(補説)「螨」は国字。

だに〔副助〕名詞、活用語の連体形・連用形、副詞、助詞に付く。❶仮定・意志・願望・命令などの表現を下に伴って、取り上げた事柄が最小限であることを強く示す。せめて…だけでも。「ここに心にもあらでかくまかるに、昇らむを一見送り給へ」〈竹取〉❷軽い事柄をあげて他のより重い事柄のあることを類推させる意を表す。…さえも。…でさえ。…だって。「消息を一言ふべくもあらぬ女のあたり(=身辺)を思ひける」〈伊勢・七三〉(補説)上代では❶が主で、❷は「すら」の領域であったが、平安時代には多く打消しの表現と呼応する形で「すら」の領域をも兼ねるようになった。また、平安時代の末ごろからは添加の意の「さへ」に近い用法も現れ、室町時代には❷の用法は「さへ」が代用するようになった。

だ-に〔連語〕《断定の助動詞「だ」＋接続助詞「に」》❶(終助詞的に用いて)軽い感動の意を添える。…だからなあ。…なのになあ。「恰ど仕立物に掛ったとこ一」〈逍遥・内地雑居未来之夢〉❷逆接的な接続を表す。…なのに。「あれは夏あるくもん一霜枯には珍らしいの」〈滑・浮世床・初〉❸順接的な接続を表す。…だから。「久しぶり一、ちょっと参らうかと思ひやす」〈洒・辰巳之園〉

たに-あい【谷▽間】山と山との間のくぼんだ土地。たにま。(類語)谷間

たに-あし【谷足】スキーで、斜面に横向きに立ったときの谷側(低いほう)にある足。㊥山足。

たに-うつぎ【谷▽空木】スイカズラ科の落葉低木。本州以北の日本海側の山地に自生。葉は卵形で先がとがり、裏面は白っぽい。5月ごろ、紅色の花が集まって咲く。(季 夏)

ダニエル〖Daniel〗旧約聖書「ダニエル書」の主人公。前6世紀初め、バビロンの捕囚とされたイスラエルの青年貴族の一人。卓越した預言の才能をもち、異教徒の中でイスラエルの信仰を守り、迫害と戦った信

仰の勇者。

ダニエル〖John Frederic Daniell〗[1790～1845]英国の化学者。ダニエル電池などを発明。

ダニエルしょ【ダニエル書】旧約聖書の預言書の一。ダニエルが書いたとする説もあるが、前2世紀ごろシリア王アンティオコス4世の迫害に苦しむユダヤ人を励ますためダニエルの名で書かれたとされる。後代の黙示文学に影響を与えた。

ダニエル-でんち【ダニエル電池】硫酸亜鉛溶液中の亜鉛を陰極、硫酸銅溶液中の銅を陽極とし、両液を素焼き板で仕切った一次電池。起電力は約1.1ボルト。1836年、ダニエルが考案。

たにおか-やすじ【谷岡ヤスジ】[1942～1999]漫画家。愛媛の生まれ。本名、泰次。強烈なタッチで描かれたナンセンスなギャグ漫画を発表。個性的なキャラクターと台詞回しで話題を呼び、「鼻血ブー」など多くの流行語を生んだ。代表作「ヤスジのメッタメタガキ道講座」「アギャキャーマン」など。

たに-おとし【谷落(と)し】柔道の横捨て身技の一。組んだ相手をあおって起こし、崩すと同時に片足を横から相手両足の後方に深く突っ込み、自分の体を捨てて相手を真後ろに倒す技。

たにがき-は【谷垣派】自由民主党の派閥の一。宏池会分裂時の一方の派の平成17年(2005)から同20年における通称。小里派を谷垣禎一が継承。同20年に古賀派に合流して宏池会再統合を果たした。

たに-かぜ【谷風】日中、谷底から山頂に向かって斜面を吹きのぼる風。山の斜面は谷底よりも早く暖められるために吹く。

たにかぜ-かじのすけ【谷風梶之助】[1750～1795]江戸後期の力士。第4代横綱。陸奥の人。横綱在位4年8か月。優勝21回。63連勝の記録をもつ。一説には、実質的な横綱の初代ともいわれる。➡丸山権太左衛門(第3代横綱) ➡小野川喜三郎(第5代横綱)

たに-がわ【谷川】谷間を流れる川。渓流。
(類語)渓流・小川・細流・せせらぎ

たにがわ-おんせん【谷川温泉】群馬県北部、水上町にある温泉。利根川支流の谷川の渓谷に臨む。泉質は単純温泉。

たにがわ-がん【谷川雁】[1923～1995]詩人・評論家。熊本の生まれ。東大卒。本名、巌。三井三池炭鉱争議や安保闘争支援で知られる。詩集に「大地の商人」、評論に「工作者宣言」「原点が存在する」など。

たにかわ-ことすが【谷川士清】[1709～1776]江戸中期の国学者・神道家。伊勢の人。名は昇。号、淡斎。日本書紀を重んじ、古典・古語の研究に業績を残した。著「日本書紀通証」「和訓栞」など。

たにがわ-だけ【谷川岳】群馬・新潟の県境にある山。標高1978メートル。一ノ倉岳・万太郎山などとともに谷川連峰を形づくり、群馬県側の一ノ倉沢に代表される急峻な岩壁によって知られる。天候が急変しやすく、日本のアルピニズムの隆盛期には多くの遭難者があり、「魔の山」と呼ばれた。

たにかわ-てつぞう【谷川徹三】[1895～1989]哲学者。愛知の生まれ。法政大総長。哲学で深い洞察を示す一方、宮沢賢治研究などの文学・芸術分野でも活躍。また、「人類主権」の立場からの平和運動でも著名。著「生の哲学」「茶の美学」「宮沢賢治の世界」など。

たに-かんじょう【谷干城】[1837～1911]軍人・政治家。陸軍中将。土佐藩士。名は「たてき」とも。戊辰戦争に功を立て、西南戦争では熊本鎮台司令長官。のち、伊藤内閣の農商務相。

たに-ぎきょう【谷×桔▽梗】キキョウ科の多年草。山地の木陰に生え、高さ約10センチ。全体に柔らかい。夏、白い釣鐘形の花を開く。

た-にぎ・る【手握る】〔動ラ四〕❶手を握る。こぶしを握る。「面忘れだにも得すやと—・りて打てども懲りず恋といふ奴」〈万・二五七四〉❷手に握る。「猟弓を—・り持ちて」〈万・八〇四〉

た-にく【多肉】肉が多く、肥えていること。また植物で、茎・葉・果実質が厚くなっていること。

たにく-か【多肉果】▶液果

たに-ぐく【谷×蟇】ヒキガエルの古名。「ここに—まをしつらく」〈記・上〉

たにく-しょくぶつ【多肉植物】茎や葉が肥厚して多量の水分を蓄える植物の総称。乾燥地や塩分の多い土地に生え、表皮にクチクラが発達したものが多い。サボテン・アッケシソウ・リュウゼツラン・ベンケイソウ・アロエなど。多漿植物。肉質植物。

たに-ぐち【谷口】谷の入り口。

たにぐち-ごろう【谷口五郎】[1901～1980]野球選手・指導者。佐賀の生まれ。早大で投手として活躍し、同校の黄金時代を築いた。卒業後、大連実業団に入り都市対抗野球で投打に活躍、チームを優勝に導く。戦後は巨人・大洋(現横浜DeNA)のコーチを務め、多くの投手を育成した。

たにぐち-しゅうらく【谷口集落】河川が山間部から平野に出るところに開けた集落。山方と里方との物資の交易地となる。渓口集落。

たにぐち-せんきち【谷口千吉】[1912～2007]映画監督。東京の生まれ。黒沢明との共同脚本「銀嶺の果て」で監督デビュー。代表作は、漁場を舞台にした荒々しいタッチの「ジャコ万と鉄」、反戦映画として名高い「暁の脱走」など。

たにぐち-ぶそん【谷口蕪村】▶与謝蕪村

たにぐち-まさはる【谷口雅春】[1893～1985]宗教家。「生長の家」の創始者。兵庫の生まれ。大正時代、大本教の機関誌の編集に携わったのち同教を去り、昭和4年(1929)神示を受けて、独自の教義を確立。修養誌「生長の家」を刊行し、光明思想の布教にあたった。著「生命の実相」など。

たにぐち-よしろう【谷口吉郎】[1904～1979]建築家。石川の生まれ。東工大教授。日本の伝統的な様式を継承した近代建築を多数設計。作品に東宮御所・東京国立近代美術館など。また明治村の設立に尽力し、初代館長となった。文化勲章受章。

たにく-よう【多肉葉】多量の水分を含み、肉厚となった葉。

たに-けい【谷啓】[1932～2010]俳優・ミュージシャン・コメディアン。東京の生まれ。コミックバンド「ハナ肇とクレージーキャッツ」のメンバーとしてテレビ番組「シャボン玉ホリデー」などに出演し人気を集めた。他にも舞台「屋根の上のバイオリン弾き」や映画「釣りバカ日誌」への出演など、多方面で活躍した。

たに-こう【谷行】修験者が峰入りのとき、同行者の中に生じた病人を、掟によって谷間へ突き落として行ったこと。

たにこう【谷行】謡曲。四・五番目物。山伏の帥の阿闍梨一行とともに峰入りした松若は、途中風邪にかかって谷行に処せられるが、山伏たちの祈祷により伎楽鬼神が現れて蘇生させる。

たに-こうしゅう【谷甲州】[1951～]小説家。兵庫の生まれ。本名、谷本秀喜。青年海外協力隊としてネパール在勤中に作家デビュー。航空宇宙軍史シリーズなどのSFのほか、山岳小説シリーズもある。「火星鉄道一九」「終わりなき索敵」など。

たにざき-じゅんいちろう【谷崎潤一郎】[1886～1965]小説家。東京の生まれ。精二の兄。第二次「新思潮」同人。「刺青」などで永井荷風に認められ、耽美的作風に新境地を開く。関西移住後は古典的な日本美に傾倒、独自の世界を築いた。文化勲章受章。小説「痴人の愛」「蓼喰ふ虫」「春琴抄」「細雪」、随筆「陰翳礼讃」、「源氏物語」現代語訳など。

たにざきじゅんいちろう-しょう【谷崎潤一郎賞】谷崎潤一郎を記念して昭和40年(1965)に創設された文学賞。年に1回、優れた文学作品に対して贈られる。谷崎賞。

たにざき-せいじ【谷崎精二】[1890～1971]小説家・英文学者。東京の生まれ。潤一郎の弟。はじめ文芸同人雑誌「奇蹟」に、のち「早稲田文学」に作品を発表する。小説に「離合」「地に頬つけて」など。また、ポーの翻訳なども手がけた。

た-にし【田×螺】タニシ科の巻き貝の総称。水田・池沼の泥中で越冬し、春、水底に現れる。貝殻は丸みのある円錐形で、殻高3.5～7センチ。殻表は滑らかで黒緑色。卵胎生。日本には、大形のオオタニシ、中形のマルタニシ・ナガタニシ、小形のヒメタニシがいる。食用。(季 春)「光輪を負ひて貧しき—かな/茅舎」

たにし-きんぎょ【田螺金魚】江戸後期の洒落本作者。江戸神田の医師鈴木位庵と伝えられる。「契情買虎之巻」などを著し、のちの人情本に大きな影響を与えた。生没年未詳。

たに-じちゅう【谷時中】[1598～1649]江戸初期の儒学者。土佐の人。名は素有。僧名、慈沖。一時、仏門に入ったが、還俗。南村梅軒に学び、南学派(土佐の朱子学派)を隆盛にした。門人に野中兼山・山崎闇斎らがいる。著「素有文集」「語録」など。

たに-そこ【谷底】谷の最も深い所。谷の底。

たに-たてき【谷干城】▶たにかんじょう(谷干城)

たに-の-と【谷の戸】谷の入り口。谷口。「—を閉ぢや果てつるうぐひすの待つに音せで春も過ぎぬる」〈拾遺・雑春〉

たに-ひょうが【谷氷河】谷に沿って流下する氷河。流下速度は1年間に数十から数百メートルで、U字形の氷食谷を形成する。

たに-ふけ【谷▽深】谷の深い所。「—をも嫌はず、懸け入り懸け入り一日戦ひ暮らしけり」〈平家・八〉

たに-ふところ【谷懐】山に深く囲まれた谷あい。

たに-ぶんちょう【谷文晁】[1763～1840]江戸後期の画家。江戸の人。名は正安。通称、文五郎。別号、写山楼・画学斎など。広く和漢洋の画法を学び、独自の南画で一家をなした。また、松平定信の愛顧を受けて西洋画の遠近法・陰影法を取り入れた「公余探勝図巻」を描いたほか、「集古十種」の挿絵も担当。

たに-へん【谷偏】漢字の偏の一。「谺」などの「谷」の部分。

たに-ま【谷間】❶谷の中。たにあい。❷高いものの間の低い所。「ビルの—」❸活動などの盛んでない部分。「景気の—」「福祉の—」(類語)谷間

たに-まち【谷町】大相撲で、力士のひいき筋・後援者のこと。明治の末ごろ、大阪谷町筋4丁目の相撲好きの外科医が相撲取りからは治療代を取らなかったところからいう。

たにま-の-ひめゆり【谷間の姫百＝合】スズランの別名。

たにまのゆり【谷間の百合】《原題、フランス Le Lys dans la vallée》バルザックの長編小説。1835年刊。熱烈に求愛する青年貴族フェリックスにひかれながらも、自制して精神的な愛でこたえる伯爵夫人の内面の悲劇を描く。

だに-も〔連語〕《副助詞「だに」＋係助詞「も」》❶取り上げた事柄が望みの最小限であることを強く示す。せめて…だけでも。「三輪山を然も隠すか雲—心あらなも隠さふべしや」〈万・一八〉❷軽い事柄をあげてより重い他の事柄のあることを類推させる意を表す。…でさえも。「年—十とて四つは経にけるをいくたび君をたのみ来ぬらむ」〈伊勢・一六〉

ダニューブ-がわ【ダニューブ川】《Danube》ドナウ川の英語名。

たにょう-しょう【多尿症】尿の分泌や排泄が異常に多い状態。多量の液体摂取や神経性興奮などのほか、萎縮腎・糖尿病・尿崩症などが原因。

たに-りゅう【谷流】天台密教の一派。比叡山の東塔南谷に住んでいた皇慶を祖とする。

たに-わたし【谷渡し】❶レンギョウの枝の長く垂れたもの。❷ナンテンハギの別名。

たに-わたり【谷渡り】❶谷を渡ること。特に鶯などが、谷から谷へと鳴きながら渡ること。また、その鳴き声。❷シダのオオタニワタリの別名。

た-にん【他人】❶自分以外の人。ほかの人。「—まかせの態度」「—のことはわからない」❷血のつながりのない人。親族でない人。「赤の—」「遠くの親類よ

り近くの一」❸その事柄に関係のない人。第三者。「内部の問題に一を巻き込む」「一の出る幕ではない」〘類語〙(❶)人(ひと)・他(た)・他者・余人(よじん)・人様(ひとさま)/(❷)よそ様・よその人/(❸)第三者・局外者

他人の疝気(せんき)を頭痛に病む　自分に関係のない物事で心配をすることのたとえ。

他人の空似(そらに)　血筋のつながっていない者が偶然によく似ていること。

他人の飯(めし)を食・う　親元を離れ、他人の家に奉公するなどして、実社会の経験を積む。

他人の別(わか)れ棒(ぼう)の端(はし)　夫婦が離別すると全く他人となってしまい、互いに棒切れのようにしか顧みないこと。

他人は食い寄り　不幸のあったとき、他人は悲しみを分かつというより饗応にありつくために集まってくる。親(しん)は泣き寄り他人は食い寄り。

たにん-あつかい【他人扱い】(あつかひ)〔名〕(スル) 親族や親しい人を、他人のようによそよそしくあつかうこと。

たにん-ぎょうぎ【他人行儀】(ぎやうぎ)〔名・形動〕他人に対するように、うちとけないこと。また、そのさま。「仲間内なのに一なあいさつ」

タニング-ルーム〖tanning room〗美容を目的に太陽灯で紫外線を当てて日焼けさせる施設。

たにん-ごと【他人事】自分に無関係な人についてのこと。「まるで一のような顔をしている」〘補説〙本来は「ひとごと」と読んだ語。〘類語〙人事・余所事・他事

たにん-しほん【他人資本】企業の総資本のうち、金融機関や取引先などから調達した資本。支払手形・買掛金・借入金・社債などからなり、貸借対照表上は負債として記載される。借入資本。⇔自己資本。

た-にんず【多人数】「たにんずう(多人数)」に同じ。「水戸の藩士等一にて」〈染崎延房・近世紀聞〉

た-にんずう【多人数】人数の多いこと。また、大勢の人。たにんず。⇔少人数。

たにん-づきあい【他人付(き)合い】(づきあひ) 親しみのない、よそよそしい付き合い。他人行儀の交際。

たにん-どんぶり【他人丼】牛肉・豚肉など、鶏肉以外の肉を使って親子丼のように作った丼物。

たにん-むき【他人向き】他人どうしのように情愛のないようすや態度。「主人が見る目はばかりて、一なる折からに」〈浄・生玉心中〉

たにん-やど【他人宿】奉公人の勤め口の世話をし、また、仮親となって身元保証をしてやる家。人宿(ひとやど)。「一に雑用(ざふよう)を払って」〈滑・浮世風呂・三〉

た-ぬき【手⁺貫|⁺韝】布などで作り、手や腕を覆って保護するもの。籠手(こて)。うでぬき。

たぬき【ˣ狸|ˣ狢】❶イヌ科の哺乳類。頭胴長50〜68センチ。体はずんぐりしていて、尾が太く、脚が短く、耳は丸くて小さい。毛は厚く、密生した下毛と荒く長い差し毛とがある。木の根元のうろや岩穴、アナグマの放棄した巣穴などをねぐらとする。夜行性で、雑食性。驚くと仮死状態になることがある。日本・中国・アムール地方に分布。毛皮は防寒用に、毛は毛筆に使用。昔話などに人を化かすとしてよく登場する。〘季 冬〙「戸をたたく一と秋を惜しみけり/蕪村」❷人のよさそうなふりをしていて、実際はずるがしこい者。「あの親父はとんだ一だ」❸「狸饂飩(うどん)」「狸蕎麦(そば)」などの略。❹「狸寝入り」の略。「一を決めこむ」

狸の睾丸(きんたま)八畳敷き　狸の陰嚢(いんのう)の非常に大きいことをいう言葉。大きく広がった物のたとえ。

たぬき-あやめ【ˣ狸菖=蒲】タヌキアヤメ科の多年草。九州南部、沖縄の水湿地に自生し、高さ0.5〜1メートル。葉はアヤメに似て線形で基部は茎を包む。8〜10月ごろ、褐色の毛を密生した穂に黄色い花をつける。

たぬき-うどん【ˣ狸ˣ饂ˣ飩】刻みねぎと揚げ玉をのせたかけうどん。

たぬき-おやじ【ˣ狸親▽父】(おやぢ) 年老いてずるがしこい男をののしっていう語。たぬきじじい。

たぬき-がお【ˣ狸顔】(がほ) 人をばかにしたような、そらとぼけた顔。

たぬき-じじい【ˣ狸ˣ爺】(ぢぢい)「狸親父(おやぢ)」に同じ。

たぬき-じる【ˣ狸汁】❶狸の肉を野菜とともに味噌で煮た汁。〘季 冬〙「一座中の一人ふと消えぬ/紅緑」❷蒟蒻(こんにゃく)を肉の代用にし、牛蒡(ごぼう)・大根などをいためて入れた味噌または醤油仕立ての汁。

たぬき-そば【ˣ狸蕎=麦】刻みねぎと揚げ玉をのせたかけそば。

たぬき-どん【ˣ狸丼】熱い飯の上に天かすをのせ、天つゆをかけたもの。東京の早稲田大学近くの弁当屋が元祖という説がある。

たぬき-ねいり【ˣ狸寝入り】〔名〕(スル) 眠っているふりをすること。空寝(そらね)。「一して聞き耳を立てる」

たぬき-の-はらつづみ【ˣ狸の腹鼓】月夜に狸が腹をたたいて楽しむという言い伝え。

たぬきのはらつづみ【狸腹鼓】狂言。大蔵・和泉(いずみ)流。雌狸が尼に化けて猟師に殺生を戒めるが、見破られて命ごいに腹鼓を打ち、すきを見て逃げる。

たぬき-ばばあ【ˣ狸▽婆】年老いてずるがしこくなった女をののしっていう語。

たぬき-ばやし【ˣ狸ˣ囃子】夜中に、どこからともなく聞こえてくる祭り囃子。俗に、狸が打つ腹鼓という。

たぬき-ぶえ【ˣ狸笛】風琴(ふうきん)の上部に狸の形をしたものをつけ、それを押して鳴らす玩具。

たぬき-まめ【ˣ狸豆】マメ科の一年草。原野に生え、高さ20〜60センチ。茎や葉の裏に褐色の細毛が密に生える。夏から秋に紫色の花を密につけ、花は正面から見るとタヌキの顔に似ている。ねこまめ。

たぬき-も【ˣ狸藻】タヌキモ科の多年生の食虫植物。池や水田に浮かび、葉は細かく羽状に分かれ、捕虫袋をもつ。夏、10〜25センチの花茎を出し、黄色い唇形花を開く。球状の芽をつくって水底に沈んで冬を越す。

たぬき-らん【ˣ狸ˣ蘭】カヤツリグサ科の多年草。亜高山帯の湿地に自生し、高さ約60センチ。葉は広い線形。夏、楕円形で紫褐色の大きい穂を垂れ、狸の尾を思わせる。

たぬま-おきつぐ【田沼意次】[1719〜1788]江戸中期の幕臣。遠江(とおとうみ)相良(さがら)城主。第10代将軍徳川家治の側用人から老中となり、幕政の実権を掌握。積極的な経済政策を進めたが、賄賂政治が横行し、子の意知(おきとも)が城内で斬られてのち、勢力を失って失脚。

たぬま-じだい【田沼時代】江戸中期、田沼意次が側用人・老中として幕政の実権を握っていた明和4年(1767)から天明6年(1786)の時期をいう。印旛沼(いんばぬま)の開拓、蝦夷(えぞ)地の開発、商業資本の利用など積極的な政策がとられたが、一方では賄賂政治に堕するなどの弊害もみられた。

タヌム-の-いわえ【タヌムの岩絵】(いはヱ)《Tanum》スウェーデン南西部、オスロ湾に面する町タヌムにある岩絵。青銅器時代のものといわれ、花崗岩(かこうがん)の岩壁に人間や動物、そりや船などの道具、狩猟をする様子などが線画で描かれている。1994年に、「タヌムの線刻画群」として世界遺産(文化遺産)に登録された。ターヌムの岩絵。

ダヌンツィオ〖Gabriele D'Annunzio〗[1863〜1938]イタリアの詩人・小説家・劇作家。耽美派の代表者。官能性とモラルとの葛藤(かっとう)を英雄主義により克服しようとした。第一次大戦後、国家主義運動に参加。詩集「アルチヨーネ」、小説「快楽」「罪なき者」「死の勝利」、戯曲「聖セバスチャンの殉教」など。ダンヌンツィオ。

たね【多禰|多褹】上代、種子島(たねがしま)と付近の島々を併せて一国とした称。

たね【種】❶植物が発芽するもとになるもの。種子(しゅ)。「一を蒔(ま)く」❷㋐人または動物の系統を伝えるもととなるもの。精子。「一を宿す」「馬の一をつける」㋑(「胤」とも書く)血筋。血統。父親の血筋をさすことが多い。また、それを伝えるものとしての、子。「高貴の一」❸物事の起こる原因となるもの。「混乱の一」「悩みの一」❹話や小説などの題材。「うわさの一になる」❺料理の材料。また、汁の実(み)。「おでんの一」「すし一」❻裏に隠された仕掛け。「手品の一を明かす」❼よりどころとするもの。「生活の一」「飯の一」❽物の、質。「客一」〘類語〙(❶)種子/(❸)原因・もと・因(いん)・因由・素因・要因・一因・導因・誘因・近因・遠因/(❺)材料・具

〘一句〙商いは草の種・苦は楽の種・品玉も種から・生業(なりわい)は草の種・楽は苦の種苦は楽の種

種が割・れる　仕掛けやたくらみなどが明らかになる。「いんちき商法の一・れる」

種も仕掛けもない　「しかけがない」を強めていった言葉。

種を蒔(ま)・く　▶蒔く❷

種を宿(やど)・す　妊娠する。子をはらむ。

たね-あかし【種明かし】〔名〕(スル) 手品などの仕掛けを見せて説明すること。また、一般に、裏の事情などを説明すること。「事件のからくりを一する」

たね-あぶら【種油】菜種をしぼって作る油。菜種油。

たね-い【種井】(ゐ)▶たない

たね-いた【種板】写真撮影用の感光板。乾板。たねばん。

たね-いも【種芋】種とするため、冬の間貯蔵しておくサトイモ・ジャガイモ・サツマイモなど。芋種。〘季 春〙「一を栽(う)ゑて二日の月細し/子規」

たね-うし【種牛】牛の繁殖や品種改良のために飼う雄の牛。

たね-うま【種馬】馬の繁殖や品種改良のために飼う雄の馬。

たね-おろし【種下ろし】〔名〕(スル) 田畑に作物の種をまくこと。種蒔(ま)き。〘季 春〙

たね-が-いけ【多鯰ヶ池】鳥取県東部、鳥取市北東部にある湖。面積約2.4平方キロメートル、最大水深16メートル。鳥取砂丘の裏に位置し、浸食谷が砂丘を防いでできた閉塞(へいそく)湖。淡水富栄養湖。山陰海岸国立公園に属する。

たね-が-しま【種子島】㊀鹿児島県、大隅半島の南方海上にある細長い島。鉄砲伝来の地。面積約446平方キロメートル。㊁火縄銃の俗称。種子島に漂着したポルトガル人によって伝えられたところからの名。種子島銃。

たねがしま-うちゅうセンター【種子島宇宙センター】(うちう) 種子島の南東端、南種子町(みなみたねちょう)茎永にある、気象・通信衛星や実験用ロケットの打ち上げ・観測を行う施設。昭和41年(1966)設置。

たねがしま-ときたか【種子島時尭】[1528〜1579]戦国時代の武将。大隅(おおすみ)種子島の領主。天文12年(1543)漂着したポルトガル人から鉄砲2挺を購入し、その操法と製法を家臣に研究させた。

たね-がみ【種紙】▶蚕卵紙(さんらんし)

たね-かわ【種川】(がは) 江戸時代、サケの産卵や稚魚を保護して増殖を図った施設およびその制度。越後村上藩の三面川(みおもてがわ)の例が著名。

たね-がわり【種変(わ)り|ˣ胤変(わ)り】(がはり) ❶母が同じで父の違う兄弟姉妹。種違い。❷授粉の工夫により植物の変種を作り出すこと。また、その変種。〘類語〙(❶)異父

たね-ぎれ【種切れ】品物・材料などがなくなること。「言いわけはもう一だ」

たね-こうじ【種ˣ麹】(かうぢ) 麹をつくるもと。コウジカビを繁殖させた粉砕穀物やふすまなどで、醤油・味噌など用途別に異なる菌種・材料でつくられる。

たね-ごえ【種肥】種子に施す肥料。種子の発芽の促進や、発芽後の生育助成のために行う。

たねさし-かいがん【種差海岸】青森県南東部、八戸(はちのへ)市の海岸。名勝地。海上の蕪島(かぶしま)はウミネコの繁殖地で、天然記念物。

たね-じ【種字】活字の母型を作るための原型。

たね-ず【種酢】食酢醸造のとき、アルコールから酢酸(さくさん)に変える酢酸発酵のもとになるもの。酢酸菌、または発酵の済んだもろみの一部。

た-ねずみ【田ˣ鼠】田畑にすむクマネズミ。

たね-せん【種銭】❶銭を造るとき、鋳(い)型の模型となる銭。❷金をためるときのもとにする金銭。

たねだ-さんとうか【種田山頭火】[1882～1940]俳人。山口の生まれ。本名、正一。地主の長男に生まれたが、生家破産後出家し、各地を遍歴しながら自由律による句作をした。句集「草木塔」など。

たね-たまご【種卵】雛にかえす卵。繁殖用の卵。

たね-だわら【種俵】稲の種もみを入れて、種井・種池などにつけておく俵。(季 春)「—つつき遊べる小魚かな/虚子」

たね-ちがい【種違い｜×胤違い】「種変わり❶」に同じ。

たね-つけ【種付け】〔名〕スル 家畜の繁殖や品種改良のために、優良種の雄を雌に交配させること。「春に—した牛」(類語)交配・交雑・掛け合わせる

たねつけ-ばな【種漬花｜種付花】アブラナ科の越年草。田や水辺などに生え、高さ20～30センチ。4、5月ごろ、白い小花を総状につける。米の種もみを水に浸すころに花が咲くのでいう。たがらし。(季 春)

たね-つち【種土】三和土の原料にする土。花崗岩が風化してできたもの。

たね-つぼ【種×壺】信楽・伊賀・丹波・備前などの古窯で焼かれた陶製の壺。もと農民が種子の貯蔵に用いたといわれ、古来茶人が水指・茶壺などに転用。無釉の炻器質で、赤褐色のものが多い。

たね-とり【種取り】❶植物の種子を採取すること。(季 秋)❷新聞・雑誌などの記事の材料を取りにいくこと。また、その人。❸子を産ませるために飼っておく動物。

たね-なし【種無し】❶果実に種がないこと。また、その果実。「—ぶどう」❷物事をするのに、材料などがないこと。「—で話が続かない」❸子種がないこと。

たねなし-すいか【種無し▽西×瓜】種子のできないスイカ。三倍体が不稔性であることを利用し、二倍体の普通のスイカをコルヒチンで処理して四倍体を作り、この雌しべに二倍体の花粉を付け、三倍体の種子を得て育てる。

たね-ばさみ【▽種▽子×鋏】《「たねはさみ」とも》鹿児島県種子島名産の洋鋏。代々の鍛冶職人が手作りで製造、10年は切れ味を保つという。

たね-はら【種腹｜×胤腹】父と母。実の両親。「——つの兄もある、妹もあれど」〈浄・氷の朔日〉

たね-ばん【種版｜種板】▶たねいた

たね-び【種火】いろりなどで、いつでも火がおこせるように残しておく少しの火。また、ガス器具などで、いつでも点火できるようにつけておく小さい火。

たね-ぶた【種豚】豚の繁殖や品種改良のために飼う雄の豚。

たね-ほん【種本】著作・講義などのよりどころとする書物。

たね-まき【種×蒔き｜種×播き】〔名〕スル ❶田や畑に植物の種をまくこと。播種。種おろし。❷八十八夜の前後に、稲のもみを苗代にまくこと。(季 春)「—や万古ゆるがず榛名山/鬼城」

たねまきさんば【種蒔三番】歌舞伎舞踊「舌出し三番」の異称。

たねまくひと【種蒔く人】文芸雑誌。大正10年(1921)創刊、同12年廃刊。小牧近江らが執筆し、プロレタリア文学の出発点となった。

たね-まゆ【種繭】蚕を殺さず、採卵用とする繭。

たねむら-すえひろ【種村季弘】[1933～2004]独文学者・文芸評論家。東京の生まれ。怪奇幻想文学などを対象に独自の文芸・美術評論を展開。「ビンゲンのヒルデガルトの世界」で芸術選奨、著作集「種村季弘のネオ・ラビリントス」で泉鏡花文学賞受賞。他に「吸血鬼幻想」「悪魔礼拝」など。

たね-もの【種物】❶栽培用の野菜・草花の種。(季 春)❷穀類の総称。❸関東で、かけそば・かけうどんに、てんぷら・卵・油揚げなどの具をのせたもの。❹シロップや小豆などを入れた氷水。

たね-もみ【種×籾】種として苗代にまくために選んでとっておくもみ。

たねやま-が-はら【種山ヶ原】岩手県、奥州市・気仙郡住田町・遠野市にまたがる高原。南北20キロメートル、東西11キロメートルに広がる。物見山(標高871メートル)が最も高く、標高600～870メートルの草原。放牧地として知られる。種山高原。

たね-わた【種綿】まだ綿繰りにかけない、種の入っているままの綿。

た-ねん【他年】将来のいつかの年。後年。「成功を—に期す」(類語)後年・後日・何時か

た-ねん【他念】ほかのことを思う心。余念。「—なく研究に励む」(類語)余念・他意

た-ねん【多年】多くの年月。長い年月。長年。「—苦労を共にしてきた仲」(類語)永年・永代・永劫

た-ねん【多念】数多く称名念仏すること。

たねん-ぎ【多念義】浄土宗の宗祖である法然の門人、長楽寺隆寛を祖とする一派の説く教義。終生念仏を続けることにより極楽往生できるというもの。⇔一念義。

たねん-せい【多年生】草本植物が3年以上にわたって生存すること。

たねんせい-しょくぶつ【多年生植物】草本植物で、茎の一部、地下茎、根などが枯れずに残り、毎年茎や葉を伸ばすもの。常緑のラン・オモト、冬に地上部が枯れるススキ・ハルジョオンなど。宿根草。多年生草本。多年草。

たねんせい-そうほん【多年生草本】「多年生植物」に同じ。

たねん-そう【多年草】「多年生植物」に同じ。

だの〔並助〕体言や用言の終止形などに付く。全体の中からいくつかの事柄を同列に並べあげる意を表す。「出張—会議—と毎日忙しい」「好き—嫌い—とわがままばかり言う」

た-のう【多能】〔名・形動〕❶多くの技芸を身につけていること。多方面に才能があること。また、そのさま。「—な(の)芸術家」「多芸—」❷多くの機能をもっていること。また、そのさま。「—な(の)工具」

だ-のう【惰農】なまけものの農夫。

たのう-こうさくきかい【多能工作機械】1台で数種の異なった工作が可能な工作機械。

たのうだ-ひと【頼うだ人】〔連語〕自分の頼みとする人。主人。「こちの—のやうに、ものを急に仰せ付けらるるお方はござらぬ」〈虎寛狂・末広がり〉

たのうほうせいらんそう-しょうこうぐん【多×嚢胞性卵巣症候群】▶ピー-シー-オー-エス(PCOS)

た-の-かみ【田の神】田の守護神。春に里に下って田の神となり、秋には山に帰って山の神になるという。作神。農神。

たのかみ-おくり【田の神送り】田の神が山に帰るのを送る農村の行事。9月9日のお九日、10月10日の十日夜、11月の霜月祭りなど、地方によって日は異なる。

た-の-くさ【田の草】田に生える雑草。田草。

たのくさ-とり【田の草取り】田植えのあと、田に生える雑草を取り除くこと。田草取り。(季 夏)

た-のごい【手▽拭ひ】「てぬぐい」に同じ。「東の門に居て、布の—を前に敷きたり」〈今昔・一六・二三〉

たのし・い【楽しい】〔形〕図たの・し〔シク〕❶満ち足りていて、愉快な気持ちである。「毎日を—・く過ごす」「テンポのよい—・い曲」「—・いピクニック」❷富裕である。金持ちである。「堀川相国は、美男の—・しき人にて」〈徒然・九九〉❸作物の出来が豊かである。「この年頃は、いとこそ—・しけれ」〈大鏡・道長上〉(派生)たのしがる〔動ラ五〕たのしげ〔形動〕たのしさ〔名〕たのしみ〔名〕(類語)嬉しい・喜ばしい・欣快・愉快・嬉嬉・欣欣・欣然・満悦・御機嫌

たのしび【楽しび】楽しみ。「風雨に犯されずして、しづかに過ぐすを—とす」〈徒然・一二三〉

たのし・ぶ【楽しぶ】〔動バ四〕楽しむ。「山沢に遊びて、魚鳥を見れば心—・ぶ」〈徒然・二一〉

たのしみ【楽しみ】〔名・形動〕❶たのしいと感じること。また、たのしむ物事。趣味や娯楽。「登山の—を知る」「釣りが唯一の—です」❷たのしいこととして期待すること。また、そのさま。「将来が—な子供」(類語)娯楽・レクリエーション

楽しみ尽きて哀しみ来たる 《陳鴻「長恨歌伝」から》このうえない楽しみの後には、かならず悲しみがおそってくる。楽しみが極まると、かえって悲しい気持ちになる。また、楽しみは永久には続かないものだ。

たのしみ-なべ【楽しみ鍋】鳥・魚・野菜などを鍋に入れて煮ながら食う鍋。寄せ鍋の類。

たのし・む【楽しむ】〔動マ五(四)〕❶満ち足りていることを実感して愉快な気持ちになる。「独身生活を—・む」「休日を—・む」「余生を—・む」❷好きなことをして満足を感じる。「読書を—・む」「ドライブを—・む」❸先のことに期待をかけ、そうなることを心待ちにする。「子供の成長を—・む」❹富む。裕福になる。「仏御前がゆかりの者どもぞ、始めて—・み栄えける」〈平家・一〉(可能)たのしめる (類語)(❶❷)興ずる・堪能する・満喫する・享受する・享楽する・エンジョイする

たのし-や【楽し屋】暮らしの豊かな家。「子の代に金銀の置き所なき—とぞなりける」〈浮・織留・六〉

ダノッター-じょう【ダノッター城】《Dunnottar Castle》英国スコットランド北東部、アバディーンシャー州の町ストーンヘブン南郊にある城跡。13世紀、北海に突き出た断崖の上に築造。17世紀まで増改築が繰り返されたが、クロムウェルの侵攻を受けて破壊された。ダノター城。

だ-のに〔接〕前述の事柄を受けて、それと相反する内容を導く。なのに。それなのに。「待っていた。—、とうとう来なかった」

た-の-み【田の実】❶稲の実。和歌では多く「頼み」に掛けて用いる。たのむ。「のちまきの遅れて生ふる苗なれどあだにはならぬ—とぞ聞く」〈古今・物名〉❷租税。「この秋の—を、おさめ果つるをまちて」〈読・弓張月・拾遺〉

たのみ【頼み｜×恃み｜×憑み】❶たのむこと。依頼すること。また、その内容。願い。「—を聞き入れる」❷たよりにすること。あてにすること。「年金を—にする」❸結納。「密通をいたせしこと、神もって存ぜず、それゆゑ—も受納いたせし所に」〈滑・膝栗毛・発端〉

たのみ-い・る【頼み入る】〔動ラ五(四)〕心から頼む。頼み込む。「相手方に何度も—・る」

たのみ-おさめ【頼み納め】江戸時代、質入れした田畑からの収穫を全部質取人が利得とし、質入人は高額の質金を得た代わりに年貢・諸役を負担すること。幕府はこれを禁止した。らいのう。

たのみ-きり【頼み切り】たよりきること。また、そのもの。「吹雪面を撲って、—の提灯の半丁ごとに消ゆる夜」〈蘆花・思出の記〉

たのみ-こ・む【頼み込む】〔動マ五(四)〕熱心に頼む。強く頼む。「就職の世話を—・む」

たのみ-すくな・い【頼み少ない】〔形〕図たのみすくな・し〔ク〕❶頼りになるものが少なくて心細い。「—・い顔ぶれで交渉に臨む」❷長く生きられそうもない。「お蔦の—・い風情は」〈鏡花・婦系図〉

たのみ-だる【頼み×樽】結納として贈る酒樽。「媒を入れて、—をしかけておくられける」〈浮・一代女・五〉

たのみ-て【頼み手】頼む側の人。依頼をする人。

たのみ-でら【頼み寺】代々帰依してとむらいをしてもらう寺。菩提寺。「—へ願うて袈裟も衣もちゃんと請けて置いたてや」〈浄・歌祭文〉

たのみ-どころ【頼み所】❶たよりにする所。たのみとする人。たよりどころ。「君より他に—がない」❷依頼する事柄。「—を明確にする」

たのみ-の-つな【頼みの綱】頼りにしてすがる人や物を綱にたとえていう語。「—が切れる」

た-の-む【田の▽実】《「たのみ」の音変化》❶「田の実❶」に同じ。❷「田の実の祝い」の略。また、その祝いの贈答品。❸陰暦8月1日の異称。

た-の-む【田の▽面】「たのも」の音変化。和歌などで「頼む」に掛けて用いる。「みよしのの里は荒れにし秋の野に誰を—の初雁の声」〈夫木・一二〉

た-の・む【手飲む】〔動マ四〕手ですくって飲む。和歌で、多く「頼む」に掛ける。「山城の井手の玉水手にむすび―・みしかひもなき世なりけり」〈伊勢・一二二〉

たの・む【頼む｜×恃む｜×憑む】㊀〔動マ五(四)〕❶相手に、こちらが希望するようにしてくれることを伝えて願う。依頼する。「用事を―・む」「口外しないよう―・む」「代筆を―・む」❷たよりになるものとしてあてにする。力としてたよる。「大黒柱と―・む人」「数を―・んで強行する」❸用事や処置を他にゆだねる。まかせて、すっかりしてもらう。「子供を―・んで夫婦で出かける」「あとを―・む」❹何かをしてもらうために呼ぶ。また、注文する。「医者を―・む」「タクシーを―・む」「出前を―・む」❺他家に行って案内を請う。「たのみましょう」「たのもう」などの形で、感動詞的に用いる。「『―・む』と案内を乞う」〈漱石・草枕〉❻信用する。信頼する。「東人こそ言ひつることは―・まるれ」〈徒然・一四一〉 (可能)たのめる ㊁〔動マ下二〕頼りに思わせる。あてにさせる。「待つ人は障りありて、―・めぬ人は来たり」〈徒然・一八九〉
(類語)(❶)請う・求める・願う・仰ぐ・依頼する・要請する・懇請する・懇望する・懇願する・請託する・お願いする/(❸)託する・嘱する・委ねる・任せる・預ける・委託する・依託する・委嘱する・依嘱する・嘱託する・やってもらう/(❹)言い付ける・注文する・発注する・オーダーする・用命する・予約する・申し込む
頼む木の下に雨漏る　《せっかく木陰に雨宿りしたのに、そのかいもなくそこにも雨が漏ってくる、という意から》頼みにしていたのにあてがはずれること。

たのむ-の-いわい【田の▽実の祝(い)】❶陰暦8月1日、稲の初穂を田の神・氏神などに供える穂掛けの行事。また、贈り物を相互に取り交わした民間行事。田の実の節。❷《「たのむ」が「頼む」に通じるところから》主君に太刀・馬・唐物などを献じ、主君からも返礼の物を賜る儀式。鎌倉中期から行われ、江戸時代には徳川家康が江戸入城を8月1日としたため、元日と並ぶ重要な式日となった。田の実の節。

たのむ-の-かり【田の▽面の×雁】田に下りている雁。和歌などで、多く「頼む」に掛けて用いる。「わが方によると鳴くなるみ吉野の―をいつか忘れむ」〈伊勢・一〇〉

たのむ-の-せち【田の▽実の節】「田の実の祝い」に同じ。

たのむら-ちくでん【田能村竹田】[1777〜1835]江戸後期の文人画家。豊後の人。名は孝憲。字は君彝。藩政に対する不満から官を辞し、頼山陽・浦上玉堂などの文人墨客と交わる。「亦復一楽帖」に代表される清高淡雅な絵を描く一方、詩文にもすぐれた。画論書に「山中人饒舌」。

たのめ【頼め】《下二段動詞「たの(頼)む」の連用形から》自分を頼りにさせること。期待させること。「行く先の御―、いとこちたし」〈源・夕顔〉

たのめ-ちぎ・る【頼め契る】〔動ラ四〕約束して頼りにさせる。「限りなく深きことを―・り給へれば」〈源・総角〉

た-の-も【田の▽面】田のおもて。田の表面。「―に水あふれ」〈独歩・武蔵野〉

たのもう【頼もう】〔連語〕▶頼む㊀❺

たのもし【頼▽母子｜×憑子】「頼母子講」に同じ。

たのもし・い【頼もしい】〔形〕図たのも・し〔シク〕❶信頼できる。頼みにできて心強い。「若いがなかなか―・い」「―・い味方」❷期待できて楽しみである。「将来が―・い」❸金持ちである。裕福である。「若かりし折は、まことに―・しくてありし身なり」〈宇治拾遺・一〇〉 (派生)たのもしがる〔動ラ五〕たのもしげ〔形動〕たのもしさ〔名〕

たのもし-こう【頼▽母子講】金銭の融通を目的とする民間互助組織。一定の期日に構成員が掛け金を出し、くじや入札で決めた当選者に一定の金額を給付し、全構成員に行き渡ったとき解散する。鎌倉時代に始まり、江戸時代に流行。頼母子。無尽講。
(類語)講・無尽

たのもし-ずく【頼もし▽尽く】ひたすら頼もしく思わせること。互いに信用して頼みにすること。「今時の仲人、―にはあらず」〈浮・永代蔵・一〉

たのもし-だて【頼もし立て】頼もしく思わせるように振る舞うこと。「―が身のひしで、だまされさんしたものなれども」〈浄・曽根崎〉

たのもし-どころ【頼もし所】頼もしく思う人。頼るところ。「かく京にもまかでねば、―に籠もりてものし侍るなり」〈源・若紫〉

たのもし-びと【頼もし人】頼みに思う人。信頼する人。「この聖を―にて過ぐし給ひ」〈浜松・三〉

たのも-にんぎょう【頼も人形】《「頼も」は「田の実」から》中国・四国・九州地方で、8月1日に団子に紙の衣装などを着せかけて作る人形。

た-は【他派】ほかの宗派・党派・流派。

たば【束｜×把】㊀〔名〕物をひとまとめにしてくくったもの。「薪を―にする」㊁〔接尾〕助数詞。たばねたものを数えるのに用いる。「花二―」「ねぎ一―」(類語)房
束になって掛か・る　大勢の人が一緒になって一つのものに向かう。「―・ってもかなわない大男」

だ-は【打破】〔名〕スル《古くは「たは」とも》❶攻撃して負かすこと。「強敵を―する」❷束縛・抵抗・妨害などを取り除くこと。「因習を―する」(類語)打開・突破

だ-ば【駄馬】❶荷物を運ぶ馬。荷馬。❷下等な馬。だうま。

だ-ば【×駝馬】ラクダのこと。

た-ばい【多売】〔名〕スル　品物をたくさん売ること。大量に売りさばくこと。「薄利―の商法」(類語)量販・大売出・乱売

たバイト-もじ【多バイト文字】《multibyte character》▶マルチバイト文字

たば・う【×庇ふ｜▽貯ふ】〔動ハ四〕❶害などから大切に守る。かばう。「与一殿討たれ給ひぬと聞きて後は誰ゆゑ身をば―・ふべき」〈盛衰記・二〇〉❷大切にしまっておく。蓄える。「生り物類なら何にても、―・うて虫は入れまいに」〈浄・八百屋お七〉

ダバオ〘Davao〙フィリピン南部、ミンダナオ島南東部の港湾都市。第二次大戦前はマニラ麻の主産地で、日本人が入植。日本へのラワン材や、近年はバナナの積み出し港。人口、行政区115万(2000)。

タバガ〘Tabaga〙ロシア連邦東部、サハ共和国の村。首都ヤクーツクの南西約20キロメートル、レナ川上流に位置する。タバガ岬はレナ川を一望できる展望地として知られる。

た-ばかり【▽謀り】❶思いめぐらすこと。思案。工夫。「鍵なければ、開くべき―をしつつ」〈宇津保・蔵開上〉❷だますこと。また、はかりごと。謀略。「この女の―にや負けむとおぼして」〈竹取〉

たばかり-ごと【▽謀り事】はかりごと。謀計。謀略。「博打に責められ困じて、かの―を申す」〈宇津保・忠こそ〉

た-ばか・る【▽謀る】〔動ラ五(四)〕❶計略をめぐらしてだます。たぶらかす。「敵を―・る」❷計画・方法などを思いめぐらす。工夫する。「子安貝とらむと思しめさば―・り申さむ」〈竹取〉❸相談する。「いかがすべきと―・り給ひけり」〈大和・一七一〉(類語)騙す・ごまかす・偽る・欺く・騙る・誑かす・一杯食わす

タパ-クロス〘tapa cloth〙樹皮布。南洋諸島で、コウゾと同系統のカジの木の皮繊維で作る布。主に室内装飾用。

タバコ〘ポルトガル tabaco〙【煙草｜莨】❶ナス科の多年草。日本では一年草。高さ1.5〜2メートルになり、大きい楕円形の葉が互生する。夏、細長いらっぱ状の淡紅色の花を多数開く。葉にニコチンを含み、喫煙用に加工したり、殺虫剤の原料としたりする。南アメリカの原産で、桃山時代に輸入。(季 花=秋)❷タバコの葉を乾燥・加工したもの。火をつけて吸煙する。

タバコ-いれ【タバコ入れ】タバコ❷を入れる容器。特に、刻みタバコを入れる携帯用の袋。多くキセル筒と対になっている。

タバコ-が【タバコ×蛾】ヤガ科のガ。翅は開張約3.5センチ、黄褐色で褐色の波状紋がある。幼虫はタバコ・トマト・ナスなどの新葉を食害する。

タバコ-きり【タバコ切り】タバコの葉を刻むこと。また、それを業とする人。タバコ刻み。「花屋、―、駕籠舁きの西隣に」〈浮・一代男・三〉

タバコ-じぎょうほう【たばこ事業法】葉タバコの生産・買い入れや、タバコの製造・販売などについて規定した法律。昭和59年(1984)施行。国内で生産される葉タバコは日本たばこ産業株式会社がすべて買い入れることや、同社以外によるタバコの製造を禁止することなどが定められている。

タバコ-ぜい【タバコ税】製造タバコに対して課される間接税。国税のほかに、道府県たばこ税・市町村たばこ税がある。

タバコ-せん【タバコ銭】タバコを買う金。転じて、タバコ一箱分くらいのわずかの金。小遣いや心付けなどにいう。タバコ代。

タバコ-ぼん【タバコ盆】火入れ・灰吹きなどの喫煙具をのせる盆や小さな箱。

タバコモザイク-ウイルス〘tobacco mosaic virus〙タバコの葉にモザイク病を起こすウイルス。初めて結晶化されたウイルスとして有名。

た-ばさみ【手挟み】神社建築などで、向拝柱の斗栱と垂木との間に取り付けられた板。刳り形などの装飾が施される。

た-ばさ・む【手挟む】〔動マ五(四)〕❶手や脇にはさんで持つ。「弓矢を―・む」「書類を―・む」❷腰に帯びる。「大小ヲ腰ニ―・ム」〈和英語林集成〉(類語)挟む

タ-ハジュラット-しんでん【タハジュラット神殿】《Ta' Ħaġrat》マルタ共和国にある先史時代の巨石神殿。マルタ島北西部の町イムジャールの近郊に位置する。紀元前3600年から3200年頃に建造された大小二つの巨石構造物があり、多数の陶器や神殿の模型などが発掘されている。1980年と92年に、マルタ島のイムナイドラ・スコルバ・タルシーン・ハジャーイム、ゴゾ島のジュガンティーヤとともに「マルタの巨石神殿群」として世界遺産(文化遺産)に登録。

た-ばし・る【た走る】〔動ラ五(四)〕激しく飛び散る。「軒庇を―・る霰のように」〈徳永・太陽のない街〉「霜の上に霰―・り」〈万・四二九八〉

たば・す【▽賜ばす】〔動サ下二〕《動詞「た(賜)ぶ」の未然形＋尊敬の助動詞「す」から》《多く「…てたばせたまふ」の形で》…してくださる。「願はくは、あの扇の真中射させて―・せ給へ」〈平家・一一〉

タパス〘スペイン tapas〙酒のつまみ。

タバスコ〘Tabasco〙赤唐辛子の熟したものに酢・塩を加えた辛味ソース。ピザやスパゲッティなどにかける。タバスコソース。商標名。(補説)「ペッパーソース」などと言い換える。

た-はた【田畑｜田×畠】田と畑。でんばた。
(類語)農地・耕地・農場・農園・田畑・土地

たばた【田端】東京都北区南端の地名。田端駅は京浜東北線と山手線の分岐点。駅の西側は山手台地で住宅地、東側は荒川西岸低地で工場が多い。

たはたえいたいばいばい-きんしれい【田畑永代売買禁止令】▶でんぱたえいたいばいばいきんしれい(田畑永代売買禁止令)

た-はつ【多発】〔名〕スル❶多く発生すること。「交通事故が―する」❷多くの発動機を備えていること。
(類語)頻発・群発・激発

たはつ-き【多発機】推進用の発動機、または発動機とプロペラを2基以上備えた飛行機。双発機・三発機・四発機など。

たはつせい-こうかしょう【多発性硬化症】中枢神経系の白質部分に、多発的、散在的に髄鞘(ミエリン鞘)が破壊される脱髄変化が起こる病気。原因不明。視力障害・運動失調・感覚異常などの症状がみられる。厚生労働省の特定疾患の一つ。MS(multiple sclerosis)。

たはつせい-こつずいしゅ【多発性骨髄腫】血液細胞の一つである形質細胞の癌。免疫グロブリンをつくる形質細胞が癌化すると、異常な抗体が大量に産生され、正常な抗体が著しく減少する。このた

め免疫機能が低下し、骨髄の造血機能が阻害される。一般に60歳以降に発症する。主症状は骨の痛み・骨破壊・貧血・全身倦怠など。薬物療法のほか、造血幹細胞移植なども行われる。平成20年(2008)に治療薬としてサリドマイドの使用が承認された。

たーばなれ【手離れ┊手放れ】手を離れること。別れること。「防人(さきもり)に立ちし朝明(あさけ)の金門出(かなとで)に一惜しみ泣きし児らはも」〈万・三五六九〉

たば・ぬ【束ぬ】〔動ナ下二〕「たばねる」の文語形。

たばね【束ね】❶一つにくくること。また、くくったもの。❷組織などをまとめること。また、その役。「あれだけの奉行人の一をして」〈万太郎・ゆく年〉❸▶嚊(かか)束ね

たばね-がみ【束ね髪】後ろで無造作に束ねた髪。

たばね-ぎ【束ね木】束にした薪。「一の当座買ひ」〈浮・一代男・三〉

たば・ねる【束ねる】〔動ナ下一〕図たば・ぬ〔ナ下二〕❶細長いものなどを一つにまとめてくくる。たばにする。「稲を一・ねる」「紙を一・ねる」❷組織などをまとめてとりしきる。「業界を一・ねる」
類語 括(くく)る・束(つか)ねる・絡げる・ひっくくる

たはら【田原】愛知県南東部、渥美(あつみ)半島を占める市。渡辺崋山ゆかりの史跡や縄文期の人骨出土で知られる吉胡(よしご)貝塚がある。平成15年(2003)田原町、赤羽根町が合併して成立。同17年に渥美町を編入。人口6.4万(2010)。

たはら-し【田原市】▶田原

たば・る【▽賜ばる┊▽給る】〔動ラ四〕❶「もらう」「受ける」などの意の謙譲語。いただく。頂戴する。たまわる。「我が君にわけは恋ふらし一・りたる茅花(つばな)を食(は)めどいや痩(や)せに痩す」〈万・一四六二〉❷神の許しを得て、通らせていただく。「色深く背なが衣は染めましを御坂一・らばまさやかに見む」〈万・四四二四〉

たばる-ざか【田原坂】㊀熊本市北部にある坂。明治10年(1877)の西南戦争の激戦地。㊁熊本県の民謡。西南戦争で死んだ九州男子をしのんで、明治37〜38年(1904〜1905)ごろ作られた。

た-はん【▽打飯】《「だはん」とも》僧が食事を作ること。また、僧の食事。

だ-ばん【打板】禅寺などで、時刻を知らせる合図に魚板を打つこと。また、その魚板。

たばん-るい【多板類】軟体動物門の一綱。ヒザラガイ類。体は小形で平たく、背面に8個の殻が縦に並ぶ。多殻類。

た-ひ【手火】手に持って道などを照らす火。たいまつ。「神の皇子(みこ)の出(い)でましの一の光そここだ照りたる」〈万・二三〇〉

たび【足-袋┊▽単皮】主として和装のときに、足にはく袋状の履き物。甲と底との部分からなり親指だけが別に分かれ、現在では鞐(こはぜ)留めになっている。キャラコ・別珍などで作り、古くは革製のものもあった。防寒・礼装に用いる。季冬「一はいて寝る夜ものうき夢見かな/蕪村」類語 地下足袋

たび【度】㊀〔名〕❶何かの行われる、または行われた、その時。おり。「この一はお世話になります」❷回数。度数。「一を重ねるうちに上達する」❸その時はいつも。その時ごとに。「会う一に大きくなっている」㊁〔接尾〕助数詞。度数を表すのに用いる。「三(み)一当選する」「いく一か繰り返す」

たび【旅】❶住んでいる所を離れて、よその土地を訪ねること。旅行。「かわいい子には一をさせよ」「日々一にして一を栖(すみか)とす」〈奥の細道〉❷自宅を離れて臨時に他所にいること。「あるやうありて、しばし、一なる所にあるに」〈かげろふ・上〉類語 旅行・長旅・羇旅(きりょ)・遠出・行旅・客旅(かくりょ)・旅路(たびじ)・道中・旅歩き・周遊・ツアー・トラベル・トリップ・ジャーニー
下接語 御(お)旅・帰らぬ旅・神の旅・死出の旅・長旅・俄(にわ)旅・一人旅・船旅・股(また)旅・宿無し旅

旅の恥(はじ)は搔(か)き捨て 旅先では知っている人もいないから、どんなに恥ずかしいことをしてもその場限りのものである。

旅は憂いもの辛(つら)いもの 旅先では知人もなく、とかく心配やつらいことが多いものである。

旅は情け人は心 旅では人の情けが何よりもありがたく感じられるし、また、人は心の持ち方が最も大切である。

旅は道連れ世は情け 旅では道連れのあることが心強く、同じように世を渡るには互いに情けをかけることが大切である。

タピ〖TAPI〗《telephony application programming interface》コンピューターで電話やファックスを操作するためのAPI。米国インテル社とマイクロソフト社が開発。ウインドウズ上で利用することができる。ティーエーピーアイ。➡API

だ-ひ【打碑】碑面の文字を石摺(いしず)りにすること。

だび【×荼×毘┊×茶×毗】《(パーリ)jhāpetiあるいはこれに近い俗語の音写。焼身・焚焼の意》死体を焼いて弔うこと。火葬。

荼毘に付・す 火葬にする。「遺体を郷里で一・す」

ダビ〖David〗パナマ西部の都市。同国第3の人口を擁する。チリキ県の県都。コスタリカとの国境に近く、農産物の集散地として発展。

ダビ〖Eugène Dabit〗[1898〜1936]フランスの小説家。庶民の哀歓を日常生活を通して描いた。作「プチ=ルイ」「北ホテル」など。

たび-あきない【旅商い】(ーあきなひ)〔名〕(スル) 旅をしながら商品を売り歩くこと。また、その人。行商。

たび-あきんど【旅▽商▽人】旅商いをする人。行商人。たびあきゅうど。

たび-あるき【旅歩き】旅をして回ること。特に、興行や行商をして回ること。類語 旅行・旅(たび)・遠出・行旅(こうりょ)・客旅(かくりょ)・羇旅(きりょ)・旅路(たびじ)・道中(どうちゅう)

たび-い【旅居】(ーゐ) 自宅を離れて他の場所にいること。また、旅先のすまい。たびずまい。「例の家にもえ行かず、すずろなる一のみして」〈源・蜻蛉〉

たび-いし【×礫】《「たび」は粒の意か》小さい丸い石。小石。つぶて。「鷲を見て一塊(つぶて)を拾ひ集めて擲(な)げ打つに」〈霊異記・中〉

タピエス〖Antoni Tàpies〗[1923〜2012]スペインの画家。定形を否定するアンフォルメル画家の一人。画面に砂や土を混ぜたり、ぼろ布を貼りつけたりした抽象画で知られる。

タピオカ〖(スペイン・ポルトガル) tapioca〗キャッサバの根茎からとったでんぷん。根茎をすりつぶして水に放ち、水中に沈殿したでんぷんを得る。何回か水をかえ、沈殿をくり返すことによって、根茎に含まれる有毒なシアン酸を除去する。食用。

たび-おくり【旅送り】旅立つ人を途中まで見送ること。「一江戸是きりの所まで」〈柳多留・五三〉

たび-がえり【旅帰り】(ーがへり) 旅から帰ること。

たび-かさな・る【度重なる】〔動ラ五(四)〕同じようなことが何度も続いて起こる。「一・る不祥事」
類語 続く・相次ぐ・重なる・継起する・続発する・連発する・続出する

たび-かず【度数】繰り返しの数。回数。どすう。

たび-かせぎ【旅稼ぎ】よその土地へ行って働いて収入を得ること。でかせぎ。

たび-がらす【旅×烏┊旅×鴉】《ねぐらをもたない鳥の意》定住しないで、旅から旅へと渡り歩く人。また、よその土地から来た人を卑しめていう語。

たび-げいにん【旅芸人】地方を回って稼いで歩く芸人。旅稼ぎの芸人。

たび-こ【旅子】旅回りの少年俳優で、男色の相手をしたもの。「一狂ひを心ざしけるに」〈浮・永代蔵・五〉

たび-こうぎょう【旅興行】(ーコウギヤウ) 各地を回って演芸・見世物などの興行をすること。また、その興行。

たび-ごこち【旅心地】「旅心」に同じ。「旅衣七日余りの足を一に移す」〈漱石・虞美人草〉

たび-ごころ【旅心】❶旅をしているときの心持ち。旅の心。旅情。たびごこち。「一を味わう」❷旅に出たいと思う気持ち。「一を誘われる」

たび-ごと【度▽毎】そのときにはいつも。その都度。「食事の一にお祈りをする」

たび-ごろも【旅衣】旅で着る衣服。旅装束。

たび-さき【旅先】旅行をしている土地。旅行中の場所。旅行先。「一から絵葉書が届く」

たび-さし【足-袋刺(し)】刺し縫いをして足袋を作ること。また、その職人。

たび-ざし【旅差(し)】江戸時代、庶民が旅をするときに護身用に差した刀。道中差し。

たび-じ【旅路】(ーぢ) 旅をして行く道筋。また、旅の途中。道中。「一に就く」「死出の一」類語 旅行・旅(たび)・行旅(こうりょ)・客旅(かくりょ)・羇旅(きりょ)・道中(どうちゅう)・旅歩き

たびし-かわら【×礫瓦】(ーかはら)《「たびし」は「たびいし」の音変化で小石の意》取るに足りない者。下賤の者。「一などまで喜び思ふなる御位改まりなどするを」〈源・蓬生〉

たび-じたく【旅支度】〔名〕(スル)❶旅行の用意をすること。❷旅行をするときの服装。旅装束。旅装。
類語 出で立ち・身支度・旅装

たび-しばい【旅芝居】(ーしばゐ) 旅興行でする芝居。また、旅興行している一座。

たび-しょ【旅所】▶御旅所(おたびしょ)

だび-しょ【×荼×毘所】荼毘をする所。火葬場。やきば。

たび-しょうぞく【旅装束】(ーシヤウゾク) 旅をするときの服装。旅支度。旅装。

たび-しょうにん【旅商人】(ーシヤウニン)「たびあきんど」に同じ。

たび-すがた【旅姿】旅装束をした姿。

たび-すごろく【旅▽双六】▶道中双六(どうちゅうすごろく)

たび-すずり【旅×硯】旅行に携帯する小さい硯。

タピストリー〖tapestry〗▶タペストリー

たび-ずまい【旅住(ま)い】(ーずまひ) 旅先の住まい。また、旅先での生活。

たび-ずみ【旅住み】日常の住居を離れて仮に住んでいること。また、その場所。「一苦しうし侍れば」〈宇津保・蔵開上〉

たび-ずもう【旅相-撲】(ーずまふ) 旅興行で行う相撲。

タピスリー〖(フランス) tapisserie〗▶タペストリー

たび-せん【旅銭】旅に必要な金銭。旅費。

たび-そう【旅僧】各地を回って修行して歩く僧。行脚僧。類語 雲水・行脚僧・虚無僧・山伏・雲衲(うんのう)・普化僧・薦僧(こもそう)・行者・修験者・梵論(ぼろ)

だび-そう【×荼×毘葬┊×茶×毗葬】(ーサウ) 荼毘(火葬)にするだけの葬式。儀式を行わないのが普通。

たび-たこく【旅他国】故郷を離れて他国へ旅をすること。「身を楽に一致せども」〈浄・氷の朔日〉

たび-だち【旅立ち】〔名〕(スル) 旅に出ること。出発すること。かどで。「新生活への一」「朝早く一する」
類語 出発・スタート・門出・出動

たび-だ・つ【旅立つ】〔動タ五(四)〕❶㋐旅に出る。かどでをする。「北海道へ一・つ」㋑新しい生活に向けて出発する。かどでをする。「社会人として人生に一・つ」❷亡くなる。死ぬ。「天国へ一・つ」❸旅先にいる。旅に出ている。「一・ちたる所にて下衆どもざれゐたる」〈枕・九六〉❹旅人らしいようすである。旅先のようである。「中にたてる人も一・ちて狩衣なり」〈かげろふ・上〉類語 (❷)死ぬ・亡くなる・死する・没する・果てる・眠る・瞑(めい)する・逝(ゆ)く・斃(たお)れる・事切れる・身罷(みまか)る・先立つ

たび-たび【度度】〔副〕何度も繰り返し行われるさま。いくども。しばしば。「一注意したが聞き入れない」「一の不始末をわびる」
用法 たびたび・しばしば——「たびたび(しばしば)事故の起こる交差点」など、同じ事が繰り返される意では相通じて用いられる。◆「たびたび」が日常一般のことに多く使われる日常語であるのに対し、「しばしば」は文章語的用法が多い。「たびたびお邪魔してすみません」「戦争は人間の歴史にしばしば繰り返される愚行だ」◆類似の語に「よく」がある。何度もの意では「たびたび」と同じように使われるが、十分に、念を入れての意で「よく注意した」というような用いられかたもする。
類語 よく・しばしば・ちょくちょく・往往・ちょいちょい

たび-たま・う【▽賜び▽給ふ】(ーたまふ)〔動ハ四〕《下位者

にくれてやるの意を含む動詞「た(賜)ぶ」に補助動詞「たま(給)う」の付いたものから。命令形が用いられる》❶「やる」「くれる」の意の尊敬語。お与え下さる。「宝をわれに—・へ」〈虎寛狂・節分〉❷(補助動詞)動詞の連用形、またはそれに接続助詞「て」を添えた形に付いて、…てくださる、の意を表す。「私に銀子一貫目得さして—・へ」〈咄・露がはなし・三〉

たび-だんす【旅×箪×笥】茶道具の棚物の一。携帯用の桐木地製の棚で、千利休が豊臣秀吉の小田原の陣に従った際に考案したという。利休箪笥。

タヒチ-とう【タヒチ島】《Tahiti》南太平洋、フランス領ポリネシアの主島。ソシエテ諸島にある火山島で、面積約1040平方キロメートル。中心都市はパペーテ。住民はポリネシア系で、19世紀以来フランス領。観光地。ゴーギャンが多くの絵画を描いた所としても知られる。コプラ・サトウキビ・真珠などを産出。

た-ひつ【他筆】他の人が書くこと。他人の筆跡。
(類語)代筆・代書・代署

たび-づかれ【旅疲れ】旅をしたために出る疲労。

ダビット〖Gerard David〗[1460?～1523]オランダの画家。静穏な宗教画・肖像画を多く制作。作「キリストの洗礼」「エジプト逃走中の休憩」など。ダビト。

ダビッド〖Jacques Louis David〗[1748～1825]フランスの画家。新古典主義の代表者。ナポレオン1世の首席宮廷画家となった。作「サンベルナール峠のボナパルト」「ナポレオンの戴冠式」など。

たび-で【旅出】旅行に出発すること。出立。

ダビデ〖David〗古代イスラエル統一王国第2代の王。在位、前1000ころ～前960ころ。南方のユダと北方のイスラエルを統合してエルサレムに首都を定め、イスラエル史上最大の繁栄をもたらし、後世理想の王とたたえられた。旧約聖書に、彼の名を冠する数多くの信仰詩がある。ソロモン王の父。

たび-でたち【旅出立ち】《「たびでだち」とも》旅行の身ごしらえ。旅支度。旅装束。旅装。「馬三四疋、乗れる男は—にて」〈蘆花・自然と人生〉

ダビデ-の-ほし【ダビデの星】正三角形に逆向きの正三角形を重ね合わせてできる星形。ユダヤ人やユダヤ教の象徴とされ、イスラエルの国旗にも描かれる。

た-びと【田人】《「たひと」とも》田を耕す人。田子。農夫。「唯一の食を送るにこそ」〈記・中〉

たびと【旅▽人】《古くは「たひと」とも》「たびびと」の音変化。「家ならば妹が手まかむ草枕旅に臥やせるこの—あはれ」〈万・四一五〉

たび-どころ【旅所】自宅を離れて宿る所。旅先の宿所。旅宿。「この大弐の土忌みに—にありけるを」〈浜松・三〉

たび-どり【旅鳥】渡りの途中、春・秋に定期的に姿を見せる鳥。日本ではシギ・チドリ類に多い。

たび-な-れる【旅慣れる｜旅×馴れる】〔動ラ下一〕図たびな・る〔ラ下二〕何度も経験しているため旅の諸事をうまくこなせる。「—・れた服装」

たび-にっき【旅日記】旅行中に見聞したものや感懐を記す日記。

たび-にん【旅人】旅から旅へと渡り歩く人。各地を転々と渡り歩いている博徒などをいう語。

たび-ね【旅寝】〔名〕スル 自宅を離れ、よそで寝ること。旅先で泊まること。旅まくら。「異郷に—する」
(類語)外泊・寝泊まり・宿泊・野宿・素泊まり・旅宿・投宿・止宿・仮寝・泊まる・宿る

たび-ねずみ【旅×鼠】レミングの別名。大群をつくって大移動をするところからいう。

たび-の-そら【旅の空】❶旅行していて眺める空。❷旅行先の土地にいること。家郷を離れている境遇。「—にあって故郷を思う」

たび-の-みや【旅の宮】▶御旅所

たび-はだし【足-袋×跣】下駄や草履を履かないで、足袋のまま地面を歩くこと。また、その姿。「—で、あわてて外に飛び出す」

た-ひばり【田雲=雀】セキレイ科の鳥。全長16センチくらい。羽色は褐色で、同じセキレイ科のビンズイに酷似。歩くとき尾を上下に振る。日本では冬鳥として渡来し草原や田畑でみられる。(季 秋)

たび-びと【旅人】旅行をしている人。旅行者。

たびびと-ざん【旅人算】文章題の一。二人の旅人の歩く速さ・時間・距離の三つの関係をもとに、出会ったり追いついたりするのに要する時間や距離を求める計算。

たびびと-の-き【旅人の木】オウギバショウの別名。りょじんぼく。

たび-まくら【旅枕】旅先で眠ること。旅寝。「—を重ねる」「郭公その神山の—ほの語らひし空ぞ忘れぬ」〈新古今・雑上〉

たび-まね-し【度▽遍し】〔形ク〕度数が多い。頻繁である。間断がない。「夜のほどろ出でつつ来らく—・くなれば我が胸切り焼くごとし」〈万・七五五〉

たび-まわり【旅回り】興行や商売をして各地を回ること。また、その人。「—のサーカス団」
(類語)巡業・どさ回り

たび-もの【旅物】遠い産地から消費地に輸送されてきた魚類や野菜類。レール物。

たび-や【旅屋】宿駅などの、旅人を泊める家。「都を出て、近江国甲賀の—に著く」〈盛衰記・二七〉

たび-やかた【旅館】旅人を泊める家。宿屋。りょかん。「浮かれ女の浮かれてやどる—すみつきがたき恋もするかな」〈六百番歌合・恋下〉

たび-やくしゃ【旅役者】地方を巡業して回っている役者。どさ回りの役者。

たび-やつれ【旅×窶れ】〔名〕スル 旅の疲れからやつれてみえること。たびやせ。「—した顔」

たび-やど【旅宿】旅行先の宿舎。りょしゅく。

たび-やどり【旅宿り】旅先で宿泊すること。また、その宿。たびやど。「はたすすき小竹を押しなべ草枕—せす古思ひて」〈万・四五〉

たびゅうど【▽旅▽人】《古くは「たびゅうと」とも》「たびびと」の音変化。「光陰は百代の—なり」〈魯文・西洋道中膝栗毛〉

たび-ゆき【旅行き】旅に出ること。「—に行くと知らずて母父に言申さずて今ぞ悔しけ」〈万・四三七六〉

たびゆき-ごろも【旅行き衣】「旅衣」に同じ。「泉川渡り瀬深み我が背子が—濡れひたむかも」〈万・三三一五〉

たび-ゆ-く【旅行く】〔動カ四〕旅に出る。旅行する。「潮速み磯廻に居れば潜きする海人とや見らむ—・く我を」〈万・一二三四〉

た-びょう【多病】〔名・形動〕病気がちなこと。よく病気をすること。また、そのさま。「才子—」
(類語)病弱・蒲柳の質

たび-よそおい【旅装い】旅行のときの服装。旅装束。旅支度。りょそう。

タビラ〖Tavira〗ポルトガル南部の都市。ジラオン川の河口に位置する。紀元前よりフェニキア人、ギリシャ人の港が置かれ、現在も古代ローマ時代に築かれた橋が残る。イスラム支配時代の建物をポルトガル王が改築した城塞や、モスク跡に建てられたゴシック様式のサンタマリア-ド-カステロ教会などがある。

たびらこ【田平子】❶キク科の越年草。本州以西の田やあぜに生える。高さ約10センチ。葉はロゼット状で羽状に裂ける。早春、黄色い頭状花を開く。若葉はゆでて食用とする。春の七草のホトケノザは本種をさす。かわらけな。こおにたびらこ。(季 新年)「—や洗ひあげおく雪の上/冬葉」❷キュウリグサのこと。❸タナゴの別名。

たびら-ゆき【太平雪】《「だびらゆき」とも》薄くて大片の雪。春の淡雪。だんびら雪。かたびら雪。「鶯の音に—降る/凡兆」〈猿蓑〉

ダビング〖dubbing〗〔名〕スル ❶録音・録画されたものを別のテープなどに複製すること。「ビデオテープを—する」❷映画・放送などで、せりふ・音など別々に録音したものを、伴奏音楽や擬音を追加しながら、1本のフィルムまたはテープにまとめること。

ダビング-テン【ダビング10】デジタルテレビ放送の番組に制御信号を組み込み、HDDレコーダーなどに録画したあと、DVDやブルーレイディスク(BD)、携帯プレーヤー用メモリーカードなどに9回まで複製(コピー)することができる仕組み。10回目はデータがディスクやカードに移動(ムーブ)してレコーダーには残らない。また、コピー先のDVD・BDなどからの再コピーはできない。コピーワンスの不便さを解消するために考えられたもので、平成20年(2008)著作権団体と家電メーカーの間で補償金を巡る話し合いが成立し、同年7月から解禁となった。

ダ-ビンチ〖da Vinci〗▶レオナルド=ダ=ビンチ

た-ふ【太布】シナノキやコウゾなどの樹皮の繊維を紡いで粗く平織りにした布。農山村の衣料に用いた。

た-ふ【多夫】ひとりの女が同時に複数の夫をもつこと。「一妻—」

タフ〖tough〗〔形動〕頑丈なさま。強い体力と不屈な精神力を備えているさま。「—なからだ」
(類語)強靱・逞しい・不死身・丈夫

タブ〖tab〗❶引っ張ったりつるしたりするためのつまみ。引き輪や金具など。❷衣服の袖口やポケットなどについているたれ。❸コンピューターやタイプライターなどのキーボード上にある「tab」または「Tab」と記されたキー。ワープロソフトや表計算ソフト、タイプライターなどで、あらかじめ設定した位置まで用紙やカーソルを移動する機能をもつ。またはそのための制御文字を指す。タブキー。❹タブブラウザーなどのアプリケーションソフトにおいて、ひとつのウインドー内に表示した複数の画面を切り替えて閲覧、利用する方式。GUIの仕組みの一。

タブ〖tub〗おけ。また、浴槽。「バス—」

た・ぶ【食ぶ】〔動バ下二〕「たべる」の文語形。

た・ぶ【▽賜ぶ｜▽給ぶ】〔動バ四〕❶「与える」「くれる」の意の尊敬語。「たまう」と同義だが、与える相手を低めて、上位者から下位者へ物などをくれてやるという気持ちが強い。お与えになる。くださる。「娘を我に—・べと伏し拝み」〈竹取〉❷(自己側の動作に用いる)㋐目下の者に対する尊大な語気を表す。くれてやる。「汝が詞のやさしさに箭一つ—・ばん」〈古活字本保元・中〉㋑尊者に対する会話・消息などで、自己側の第三者への行為を語るときに用い、与える相手を低めることによりかしこまりあらたまった気持ちを表す。与えます。くれてやります。「わらはべに物もえ—・ばで」〈宇津保・忠こそ〉❸(補助動詞)動詞の連用形、またそれに接続助詞「て」を添えた形に付く。㋐その動作をする人を敬う気持ちを表す。…してくださる。…なさる。「なほうれしと思ひ—・ぶべきものたいまつり—・べ」〈土佐〉㋑自己の動作に付けて用い、目下の者に対する尊大な語気を表す。…してやる。…してくれる。「質の瘦かへし—・ぶぞ」〈宇治拾遺・一〉㋒尊者に対する会話・消息などで自己側の動作に付けて用い、かしこまりあらたまった気持ちで、…してくれます、…してやりますの意を表す。「人の告げ—・びしかば、いとあやしくおぼえ侍りしかど」〈宇津保・忠こそ〉

だ-ふ【×懦夫】意気地のない男。臆病な男。「愚夫—に至りてはひたすら伊勢の神風を祈の外他事なし」〈条野有人・近世紀聞〉

ダフ〖duff〗ゴルフで、ボールを正確にとらえることができずに、手前の地面を激しくたたくこと。

だ-ぶ【打歩】▶うちぶ(打歩)

ダファー〖duffer〗ゴルフで、ダフを何度もする下手なゴルファー。ダッファー。

タフィー〖taffy〗砂糖・水あめと水を合わせて高温で煮詰め、ナッツなどを加えて固めたキャンデー。

タブー〖taboo｜tabu〗《ポリネシア tapu(はっきり印をつけられた、の意)から》❶聖と俗、清浄と不浄、異常と正常とを区別し、両者の接近・接触を禁止し、これを犯すと超自然的制裁が加えられるとする観念・風習。また、禁止された事物や言動。未開社会に広くみられる。禁忌。禁制。「宗教上の—を犯す」❷ある集団の中で、言ったり、したりしてはならないこと。法度。「彼にはその話は—だ」(類語)(❷)禁句・忌み言葉

タフ-ガイ〖tough guy〗疲れを知らない、たくましい男。精力的な男。

タブ-キー〖tab key〗▶タブ❸

た-ふく【多福】幸福の多いこと。多幸。

た-ぶさ【腕|手房】て。てくび。また、うで。「折りつればーにけがる立てながら三世の仏に花奉る」〈後撰・春下〉

た-ぶさ【髻】髪の毛を頭上に集めて束ねたところ。もとどり。

た-ふさぎ【犢=鼻=褌|褌】《古くは「たふさき」か》肌につけて、陰部を覆うもの。下ばかま。とうさぎ。「真裸にて、ーばかりをして」〈宇治拾遺・一二〉

たふさぎ-いわい【褌祝(い)】▶ふんどしいわい

たふし-の-さき【手節の崎】三重県鳥羽市答志島北東端の黒崎周辺の古称。〔歌枕〕「くしろ着くーに今日もかも大宮人の玉藻刈るらむ」〈万・四一〉

た-ぶせ【田伏せ|田廬】田にこしらえた仮小屋。田の中の番小屋。「然とあらぬ五百代小田を刈り乱りーに居れば都し思ほゆ」〈万・一五九二〉

タフタ〖taffeta〗細い横畝があり、光沢と張りの強い薄地で平織りの絹織物。リボンや高級婦人服などに用いる。琥珀織。

ダフタウン〖Dufftown〗英国スコットランド北東部の町。19世紀にファイフ侯ダフが帰還兵のために整備した町で、名称は彼の名前に由来する。スペイサイド地区の代表的なウイスキーの名産地の一。12世紀創建のバルベニー城がある。

たぶ-たぶ〔副〕❶液体が容器にあふれるほどに入っているさま。なみなみ。「宇都宮、(サカズキニ)ーと受けて」〈伽・猿源氏〉❷たっぷりとしているさま。また、ゆったりとしているさま。「後句には、同音などにて、長々ーと上げ流して、言ひ下すべし」〈能作書〉

だぶ-だぶ㊀〔副〕スル ❶容器に液体がたくさん入っていて揺れ動くさま。「バケツの水がー(と)揺れる」「ビールの飲みすぎで腹がー(と)する」❷液体がたくさんふりかかるさま。「ソースをー(と)かけて食べる」❸衣服などが大きすぎてゆるいさま。また、太りすぎて、肉がたるんでいるさま。ぶかぶか。「兄のお下がりのー(と)したズボン」❹《「南無阿弥陀仏」にかけて》経を読むさまを表す語。「ここにーといふ僧あれば、かしこにぶうぶうをいふ俗あり」〈滑・浮世風呂・前〉㊁〔形動〕❶㊀❶に同じ。「飲みすぎで腹がーになる」❷㊀❸に同じ。「ーなシャツ」 アク㊀はダブダブ、㊁はダブダブ。

た-ぶつ【他物】❶ほかの物。別の物。❷他人の所有物。

だ-ぶつ【陀仏】「阿弥陀仏」の略。➡御陀仏

だ-ぶつ【駄物】「だもの」に同じ。

だぶ-つ・く〔動カ五(四)〕❶液体が入れ物にいっぱいで揺れ動く。「水で腹がー・く」❷衣服などが大きすぎてだぶだぶしている。また、張っているべきものが、たるむ。「背広がー・く」「ー・いた腹の肉」❸金銭や品物がありあまる。「資金がー・く」

た-ぶっけん【他物権】他人の所有物の上に成立する物権。地上権・永小作権・地役権・入会権・留置権・抵当権など。

たぶて【礫】小石。つぶて。「ーにも投げ越しつべき天の川隔てればかもあまたすべなき」〈万・一五二二〉

タフト〖Taft〗㊀(William Howard ～)［1857～1930］米国の政治家。第27代大統領。在任1909～1913。フィリピン総督・陸軍長官を歴任後、共和党から大統領に当選。➡ウィルソン ㊁(Robert Alphonso ～)［1889～1953］米国の政治家。㊀の子。上院労働委員長としてタフト-ハートレー法を立案。

タフトハートレー-ほう【タフトハートレー法】1947年6月に制定された米国の労使関係法の通称。提案者タフト㊁と下院労働委員長ハートレー(F.Hartley)の名に由来。クローズドショップ制の禁止、ストライキの禁止などを内容とし、35年のワグナー法で認めた労働者の諸権利を大幅に修正した。

タプナード〖フランス tapenade〗フランス南東部プロバンス地方の料理で、黒オリーブ・アンチョビー・オリーブオイル・香草で作ったペースト。にんにく、油漬けのマグロなどを加えてもよく、パンに塗ったり、ゆで卵の黄身と混ぜて白身に入れてオードブルにしたり、グリルした魚料理用のつけ合わせにしたりする。

ダフニ-しゅうどういん【ダフニ修道院】《Daphni》アテネ西郊にある修道院。東ローマ帝国最盛期の11世紀を代表する建物。ドームの中心にイエス=キリストが描かれている。1990年に「ダフニ修道院群、オシオスルカス修道院群およびヒオス島のネアモニ修道院群」として世界遺産(文化遺産)に登録された。

ダフニス〖Daphnis〗㊀ギリシャ神話で、シシリアの羊飼い。ヘルメスとニンフの子。その美貌で、神々やニンフに愛された。牧歌の創始者とされる。㊁土星の第35衛星。2005年に発見。名は㊀に由来。公転軌道が2番目に土星に近く、環の「キーラーのすき間」にある。非球形で平均直径は約7キロ。

た-ぶね【田舟】❶深田に浮かべて、肥料や刈り取った稲を押し運ぶのに用いる小舟。弥生時代から用いられている。❷水郷や沼などで、乗用や農作物の運搬などに使用される平底の簡単な作りの舟。

ダフネ〖Daphnē〗ギリシャ神話で、河の神の娘。アポロンの愛を拒んで逃げる途中、父に助けられて月桂樹に変えられた。

タフ-ネゴシエーター〖tough negotiator〗手ごわい交渉相手。

タフネス〖toughness〗疲れを知らず、タフなこと。

たぶ-の-き【椨】クスノキ科の常緑高木。暖地の海岸近くに生え、高さ10～15メートル。葉は長楕円形で厚い。初夏、黄緑色の花が円錐状に集まって咲く。実は丸く、黒紫色に熟す。材は建築・家具などに、樹皮や葉は黄八丈の染料や線香に用いる。いぬぐす。たまぐす。やまぐす。

タブ-ブラウザー〖tab browser〗一つのウインドーに表示した複数のウェブページを切り替えて閲覧することができるブラウザー。タブというGUIの仕組みの一つを利用する。他の一般的なブラウザーと異なり、新しいウェブページを開くたびに、ウインドーが作成されるという煩雑さがない。

た-ぶみ【田文】中世、一国の荘園・公領における田畑の面積や領有関係などを詳しく記した田籍簿。大田文・図帳など。田籍。

だふ-や【だふ屋】《「だふ」は「ふだ(札)」を逆さ読みにした語》需要の多い入場券や乗車券をあらかじめ買っておいて、券を持たない人に高く売りつける者。

たぶ-やか〔形動ナリ〕ゆったりしているさま。「大紋の袖ーに座敷へ通れば」〈浄・盛衰記〉

タブラ〖ヒンディー tablā〗インドの代表的な太鼓。木製または陶製の底のある釜形の胴の上面に革を張ったもの。低音用の太鼓バヤと一組でタブラという。

たぶら-か・す【誑かす】〔動サ五(四)〕だまして惑わす。人をあざむく。「言葉たくみにー・される」〔類語〕騙す・たばかる・騙る・欺く・偽る・ごまかす・惑わす・化かす・一杯食わす

タブラチュア〖tablature〗五線譜によらず、数字や文字による記譜法。16～18世紀のヨーロッパで、リュートなど撥弦楽器の奏法譜として使用。

タブラトゥーラ〖ラテン tabulatura〗▶タブラチュア

タブラ-バヤ〖ヒンディー tablā-bāyām̱〗北インド音楽で用いる太鼓。右手でたたくタブラと左手でたたくバヤの併称で、2個一組で演奏する。両者とも片面に膜を張り、手のひらや指で打って音を出す。タブラ。

タフ-ラブ〖tough love〗麻薬中毒になった家族や友人の治療のために、見守りながら厳しい態度を取ること。見守る愛。愛の鞭。

タブラ-ラサ〖ラテン tabula rasa〗《何も書かれていない書板の意》ロックの認識論での用語。生まれながらの人間の心には白紙のように生得観念はないという主張のたとえ。

ダブり《動詞「ダブる」の連用形から》物事が重複すること。「受付番号にーがある」

タブリーズ〖Tabriz〗イラン北西部の商業都市。古くから交通の要地。絨毯の集散地。人口、行政区140万(2006)。

タブリエ〖フランス tablier〗エプロンのこと。元来は、ドレスやスカートの汚れを防ぐために着るものであるが、これが独立したウエアとして作られ用いられるようになったもの。タブリエドレス。

ダブリュー〖W|w〗❶英語のアルファベットの第23字。❷〈W〉《west》西を示す記号。❸〈W〉《woman》女性を表す略号。㊥M。❹〈W〉《ドイツ Wolfram》タングステンの元素記号。❺〈W〉《watt》電力の単位、ワットの記号。❻〈W〉《waist》胴まわりを表す記号。ウエスト。

ダブリュー-アール〖WR〗《wide receiver》アメリカンフットボールで、ワイドレシーバー。

ダブリュー-アール-シー〖WRC〗《World Rally Championship》世界ラリー選手権。公認を受けた車両により、世界各地で年間十数戦が戦われる。FIA(国際自動車連盟)主催。

ダブリュー-アイ-エヌ〖WIN〗《Work Incentive》勤労奨励措置。米国の、生活保護受給者に職業を提供するための連邦施策。

ダブリュー-アイ-エル-ピー-エフ〖WILPF〗《Women's International League for Peace and Freedom》婦人国際平和自由連盟。男女平等社会と世界平和の実現を目指す団体。1915年結成。本部はジュネーブ。WILとも。

ダブリュー-イー-エー〖WEA〗《Workers' Educational Association》労働者教育協会。英国最大の成人に教育を行うための団体。1903年設立。本部はロンドン。

ダブリュー-イー-エフ〖WEF〗《World Economic Forum》世界経済フォーラム。世界の1200以上の企業や団体が加盟する非営利の公益財団。1971年創設。毎年1月末に、各国の財界人、政府関係者、学者などを招待してスイスの観光地ダボスで開催するダボス会議や、競争力比較に関する年次レポートで知られる。本部はジュネーブ。

ダブリュー-イー-シー-ピー-エヌ-エル〖WECPNL〗《weighted equivalent continuous perceived noise level》航空機騒音の国際的評価単位。航空機騒音の特異性、継続時間、昼夜の別などを加味している。加重等価平均感覚騒音レベル。うるささ指数。W値。

ダブリュー-イー-ティー〖WET〗《western European time》▶西部欧州標準時

ダブリュー-イー-ピー〖WEP〗《wired equivalent privacy》無線LANの暗号化方式の規格。脆弱性を改善したWPAが新規に開発された。

ダブリュー-イー-ユー〖WEU〗《Western European Union》西欧同盟。NATO内の西欧10か国(英国・フランス・ベルギー・オランダ・ルクセンブルク・ドイツ・イタリア・スペイン・ポルトガル・ギリシャ)の軍事機構。1948年、英国・フランス・ベルギー・オランダ・ルクセンブルクの5か国により旧ソ連の脅威に対処する集団防衛機構として発足、55年に旧西ドイツとイタリアを加えた7か国からなる西欧同盟に改組。93年のEU(欧州連合)発足にともない、西欧同盟の使命はEUに引き継がれ、2011年に活動を終了した。

ダブリュー-エー-エス〖WAS〗《web application server》▶アプリケーションサーバー

ダブリュー-エー-ダブリュー-エフ〖WAWF〗《World Association of World Federalists》世界連邦主義者世界協会。WFM(世界連邦運動)の前身。

ダブリュー-エー-ディー-エー〖WADA〗《World Anti-Doping Agency》▶世界アンチドーピング機構

ダブリュー-エー-ブイ〖WAV〗《wave-form audio format》▶ウェブファイル

ダブリュー-エー-ワイ〖WAY〗《World Assembly of Youth》世界青年会議。世界各国の青年団体の連合体。活動の基礎を世界人権宣言におき、環境、人権をはじめ、さまざまな分野における青年たちの役割推進を目的とする。1949年発足。本部はマレーシアのメラカ。

ダブリュー-エス〖WS〗《work station》▶ワークス

テーション

ダブリュー-エス〔WS〕《worldscale》タンカー運賃指標。タンカーの基準運賃率。正式には、world-wide tanker nominal freight scaleという。

ダブリュー-エス〔WS〕《workshop》▶ワークショップ

ダブリュー-エス-エックス-ジー-エー〔WSXGA〕《Wide Super XGA》パソコンのディスプレーなどにおける、1600×1024ピクセル（ドット）の解像度を指す。SXGAの横幅を広げたもの。ワイドSXGA。

ダブリュー-エス-エックス-ジー-エー-プラス〔WSXGA+〕《Wide Super XGA plus》パソコンのディスプレーなどにおける、1680×1050ピクセル（ドット）の解像度を指す。WSXGAをひと回り大きくしたもの。ワイドSXGA+。

ダブリュー-エス-シー〔WSC〕《WorldSkills Competition》▶国際技能競技大会

ダブリュー-エス-ジェー〔WSJ〕《The Wall Street Journal》▶ウォールストリートジャーナル

ダブリュー-エス-ピー-エー〔WSPA〕《World Society for the Protection of Animals》世界動物保護協会。動物保護団体の国際ネットワーク。1981年WFPA（世界動物保護連盟）とISPA（国際動物愛護協会）が統合して発足。本部はロンドン。

ダブリュー-エックス-ジー-エー〔WXGA〕《wide extended graphics array》パソコンのディスプレーなどにおける、1280×768ピクセル（ドット）の解像度を指す。XGAの横幅を広げたもの。ワイドXGA。➡XGA ➡WXGA+

ダブリュー-エックス-ジー-エー-プラス〔WXGA+〕《wide extended graphics array plus》パソコンのディスプレーなどにおける、1440×900ピクセル（ドット）の解像度を指す。WXGAの縦・横ともに幅を広げたもの。ワイドXGA+。➡VGA ➡SXGA ➡UXGA ➡QXGA

ダブリュー-エッチ〔WH〕《White House》ホワイトハウスのこと。

ダブリュー-エッチ-エー〔WHA〕《World Hockey Association》世界ホッケー協会。1972年設立の北米のプロアイスホッケーリーグ。79年、NHL（National Hockey League）に吸収される形で統合。

ダブリュー-エッチ-エヌ-エス〔WHNS〕《wartime host nation support》戦時受け入れ国支援。➡ホストネーションサポート

ダブリュー-エッチ-エフ〔WHF〕《World Heart Federation》世界心臓連合。1978年、国際心臓学会と国際心臓連盟が合併しISFC（国際心臓連合）を設立。98年、現称に改名。

ダブリュー-エッチ-オー〔WHO〕《World Health Organization》世界保健機関。国際連合の専門機関の一。保健事業の指導、衛生条約の提案、情報・援助の交換などを行う。1948年設立。本部はジュネーブ。

ダブリュー-エヌ-ビー-エー〔WNBA〕《Women's National Basketball Association》NBAの女子版として1997年6月、8チームでスタートした、女子プロバスケットボールリーグ。2012年現在12チームで構成。全米女子バスケットボール協会。

ダブリュー-エフ〔WF〕《work factor method》ワークファクター法。動作分析により標準作業時間を決める方法の一つ。

ダブリュー-エフ-エス〔WFS〕《Women's Feature Service》ウィメンズ・フィーチャー・サービス。途上国の女性記者が発信するニュースを世界に配信する非営利組織。本部はニューデリー。1978年設立。

ダブリュー-エフ-エム〔WFM〕《World Federalist Movement》世界連邦運動。既存の国家の主権を委譲された世界連邦の成立を目指すコスモポリタンの国際組織。1947年にWAWF（世界連邦主義者世界協会）として創設。91年から現名称。本部はニューヨーク。

ダブリュー-エフ-シー〔WFC〕《World Food Conference》世界食糧会議。世界の食糧問題を討議するため、1974年130か国が参加して行われた国連主催の会議。世界の食糧不足、飢餓を解消するための合意事項を採択、74年世界食糧理事会（WFC）、77年国際農業開発基金（IFAD）を設立。

ダブリュー-エフ-ティー-ユー〔WFTU〕《World Federation of Trade Unions》世界労働組合連盟。世界労連。1945年、56か国、65組織、6600万人の代表を結集してパリで結成された国際的労働組合組織。49年、東西の対立から英・米などの反共的労働組合が脱退して、ICFTU（国際自由労連）を結成した。本部はアテネ。

ダブリュー-エフ-ディー-ワイ〔WFDY〕《World Federation of Democratic Youth》世界民主主義青年連盟。旧社会主義諸国の青年団体を中心に、1945年設立された左派系の国際青年団体。本部はブダペスト。

ダブリュー-エフ-ビー〔WFB〕《World Fellowship of Buddhists》世界仏教徒連盟。仏教徒の国際組織。1950年結成。本部はバンコク。

ダブリュー-エフ-ピー〔WFP〕《World Food Programme》世界食糧計画。国連の多国間食糧援助機関。途上国の経済社会開発プロジェクトのための食糧援助、食糧不足に対する援助を行う。1963年設立。本部はローマ。

ダブリュー-エフ-ピー-エー〔WFPA〕《World Federation for the Protection of Animals》世界動物保護連盟。1953年設立。81年ISPA（国際動物愛護協会）と統合し、WSPA（世界動物保護協会）となる。

ダブリュー-エフ-ユー-エヌ-エー〔WFUNA〕《World Federation of United Nations Associations》国際連合協会世界連盟。各国のUNA（国際連合協会）の統括団体。1946年創設。事務局はニューヨークとジュネーブ。➡UNA

ダブリュー-エム-エー〔WMA〕《Windows Media Audio》音声データの圧縮技術の一。米国マイクロソフト社が開発。同社のWindows Media Playerの標準的な音声ファイル形式であり、DRM（デジタル著作権管理）技術にも対応している。

ダブリュー-エム-オー〔WMO〕《World Meteorological Organization》世界気象機関。国際連合の専門機関の一。国際間の協力のもとに気象観測業務の標準化や迅速な気象情報の伝達に関する活動を統合する組織。世界気象監視計画、世界気候計画などの研究・調査計画を行う。1873年創立のIMO（国際気象機関）の後身として1950年に設立。本部はジュネーブ。日本は53年（昭和28）に加盟。

ダブリュー-エム-ディー〔WMD〕《weapons of mass destruction》▶大量破壊兵器

ダブリュー-エム-ピー〔WMP〕《Windows Media Player》▶ウインドウズメディアプレーヤー

ダブリュー-エム-ブイ〔WMV〕《Windows Media Video》米国マイクロソフト社が開発した映像データの符号化形式。ウインドウズメディアプレーヤーで再生できる。WMV形式。

ダブリューエムブイ-けいしき【WMV形式】▶ダブリュー-エム-ブイ（WMV）

ダブリュー-エル-エム〔WLM〕《Women's Liberation Movement》▶女性解放運動

ダブリュー-エル-ビー〔WLB〕《work-life balance》▶ワークライフバランス

ダブリュー-キュー-ブイ-ジー-エー〔WQVGA〕《wide quarter video graphics array》PDA（個人用情報機器）や携帯電話のディスプレーなどにおける、400×240ピクセル（ドット）の解像度を指す。QVGAの横幅を広げたもの。ワイドQVGA。➡VGA

ダブリュー-シー〔WC〕《water closet》便所。手洗い。トイレット。(類語)便所・手洗い・洗面所・化粧室・トイレット・不浄・憚（はばかり）・雪隠・手水（ちょうず）場・厠（かわや）

ダブリュー-ジー〔WG〕《working group》▶ワーキンググループ

ダブリュー-シー-アール-ピー〔WCRP〕《World Conference of Religions for Peace》世界宗教者平和会議。諸宗教間の対話と相互理解を通じ、平和のための宗教協力を推進することを目的とする。1970年インドのガンジーの平和主義を基礎に発足。

ダブリュー-シー-イー-イー〔WCEE〕《World Conference of Earthquake Engineering》世界地震工学会議。1956年以降、ほぼ4年ごとに開催されている国際会議。

ダブリュー-シー-イー-ディー〔WCED〕《World Commission on Environment and Development》環境と開発に関する世界委員会。1984年に日本の提案で設立され、地域環境問題に詳しい各国の21人が討議を続け、87年第8回討議で最終報告書をまとめ終了した。通称、国連環境特別委員会。委員長を務めたノルウェーのブルントラント首相の名前から、ブルントラント委員会ともいう。➡サステイナブルデベロップメント

ダブリュー-シー-エス〔WCS〕《World Conservation Strategy》世界自然資源保全戦略。世界保全戦略。IUCN（国際自然保護連合）がユネップ（国連環境計画）の委託を受け、1980年に作成した地球環境保全と自然保護のための指針。地球の自然資源保全のため、新しい国際的経済秩序と環境倫理の確立が必要として、持続可能な開発の概念を打ち出した。91年には「新世界保全戦略」が策定された。

ダブリュー-シー-エフ〔WCF〕《World Curling Federation》世界カーリング連盟。世界のカーリング競技を統括する団体。1966年国際カーリング連盟（ICF；International Curling Federation）として設立。91年現在名に改称。

ダブリュー-シー-エル〔WCL〕《World Confederation of Labour》国際労働組合連合。国際労連。1920年に結成された国際キリスト教労働組合連合が、68年に改組・改称したもの。再組織後は信仰とは無関係で、WFTU（世界労連）、ICFTU（国際自由労連）に次ぐ第3の国際的中央組織となった。2006年、ICFTUなどとともにICTU（国際労働組合総連合）に統合。

ダブリュー-シー-オー〔WCO〕《World Customs Organization》世界税関機構。関税協力理事会。各国の関税制度の標準化と税関行政の国際協力を進めるための国際機関。WTO（世界貿易機関）より原産地規制に関する協定の策定作業を委託されている。1952年設立。日本は64年に加盟。本部はブリュッセル。条約上の名称は、CCC（Customs Co-operation Council）。

ダブリュー-シー-シー〔WCC〕《World Council of Churches》世界教会協議会。プロテスタント諸教会、東方正教会、聖公会などで作られている全世界の教会の協力機関。ローマ-カトリック教会もオブザーバーを派遣している。1948年設立。

ダブリュー-シー-ティー〔WCT〕《World Championship Tennis》世界テニス選手権大会。男子選手の世界選手権。1967年開始、1989年終了。

ダブリュー-シー-ディー-エム-エー〔W-CDMA〕《wideband code division multiple access》携帯電話の通信方式の一。第三世代携帯電話（3G）と呼ばれる。NTTドコモの携帯電話「FOMA」、ソフトバンクモバイルの「SoftBank 3G」が採用。

ダブリュー-シー-ピー〔WCP〕《World Climate Program》世界気候計画。WMO（世界気象機関）がユネップ（国連環境計画）やユネスコ（国連教育科学文化機関）などと共同で推進している気候問題に関する国際的な研究計画。

ダブリュー-シー-ピー〔WCP〕《World Council of Peace》世界平和評議会。平和・反核運動をおこなう世界組織。1950年設立。事務局はアテネ。

ダブリュー-ジェー-シー〔WJC〕《World Jewish Congress》世界ユダヤ人会議。1936年にジュネーブで設立された。4年ごとに総会を開く。

ダブリュー-スリー-シー〔W3C〕▶ダブリューダブリューダブリュー（WWW）コンソーシアム

ダブリュー-せんしょくたい【W染色体】雌が異型、雄が同型の場合の性染色体で、雌にだけ含まれるもの。雌がZ染色体とW染色体をもち、雄がZ染色体を2本もつ。➡Z染色体
ダブリュー-ダブリュー-エフ〖WWF〗《World Wide Fund for Nature》世界自然保護基金。世界の野生生物とその生息地を保護するための基金。1961年設立の世界野生生物基金(WWF; World Wildlife Fund)を、1986年に現名称に改称。本部はスイスのグラン。
ダブリューダブリュー-かこう【WW加工】《WWは、wash-and-wear》洗っても型崩れせずに着られる加工をした衣類。
ダブリュー-ダブリュー-ダブリュー〖WWW〗《world wide web》►ワールドワイドウェブ
ダブリュー-ダブリュー-ダブリュー〖WWW〗《World Weather Watch Programme》世界気象監視計画。国際協力によって全球的規模で気象を監視し、気象の予報精度を高めようとするもの。WMO(世界気象機関)により1963年に開始。
ダブリューダブリューダブリュー-コンソーシアム【WWWコンソーシアム】《WWW Consortium》インターネットのワールドワイドウェブ(WWW)技術に関する標準化を進める非営利団体。W3C。
ダブリューダブリューダブリュー-サーバー【WWWサーバー】《WWW Server》►ウェブサーバー
ダブリューダブリューダブリュー-ブラウザー【WWWブラウザー】《WWW browser》►ブラウザー
ダブリューダブリュー-ツー〖WWⅡ〗《World War Ⅱ》►第二次世界大戦
ダブリューダブリュー-ワン〖WWⅠ〗《World War Ⅰ》►第一次世界大戦
ダブリュー-ち【W値】►ダブリュー-イー-シー-ピー-エヌ-エル(WECPNL)
ダブリュー-ティー〖WT〗《walkie-talkie》►ウォーキートーキー
ダブリュー-ティー-アイ〖WTI〗《West Texas Intermediate》►WTI原油
ダブリューティーアイ-げんゆ【WTI原油】米国テキサス州西部などで生産される原油。ニューヨークマーカンタイル取引所(NYMEX)に上場され、国際的な原油価格の指標の一つとなっている。WTI(West Texas Intermediate)。ウエストテキサス-インターミディエート。
ダブリュー-ディー-エム〖WDM〗《wavelength division multiplexing》波長分割多重。光ファイバーを利用する通信技術の一。異なる波長の光信号を同時に使うことにより、高速で大容量のデータ通信を可能とする。
ダブリュー-ティー-オー〖WTO〗《World Trade Organization》世界貿易機関。GATTに代わって、世界貿易の自由化と秩序維持の強化を目ざす国際機関。1995年1月に発足。鉱工業製品や農産物のほか、通信・金融などのサービス貿易や知的財産権なども対象とする。本部はジュネーブ。
ダブリュー-ティー-オー〖WTO〗《World Tourism Organization》世界観光機関(UNWTO)の旧略称。
ダブリュー-ティー-オー〖WTO〗《Warsaw Treaty Organization》►ワルシャワ条約機構
ダブリューティーオー-きょうてい【WTO協定】〘ニクア〙世界貿易機関(WTO)を設立するためのマラケシュ協定と四つの付属書からなる国際協定。
ダブリュー-ティー-シー〖WTC〗《World Trade Center》►ワールドトレードセンター
ダブリュー-ディー-シー〖WDC〗《World Drivers Championship》世界ドライバーズ選手権。FIA(国際自動車連盟)が、1年のシーズンを通じて最も優れた成績をあげたFIグランプリレースのドライバーに与える世界チャンピオンのタイトル。1950年に設けられた賞。
ダブリュー-ティー-ビー〖WTB〗《wing three-quarter back》ラグビーで、4人のスリークォーターバックのうち、左右両翼の二人のプレーヤー。ウイング。➡CTB
ダブリュー-ティー-ユー-シー〖WTUC〗《World Trade Union Congress》世界労働組合会議。労働者の国際組織結成について話し合うために、英国、米国、旧ソ連、中国を含む世界の労働組合の代表が出席して1945年2月ロンドンで開催された会議。同年9月にはパリで第2回会議が開かれ、労働組合の国際組織として WFTU(世界労働組合連盟)が結成された。しかし、欧米など西側諸国と旧ソ連を中心とする東側諸国の労働組合による運動方針をめぐる対立から、同49年、欧米諸国の組合がWFTUを脱退、あらたにICFTU(国際自由労働組合連盟)を結成、東西冷戦下で国際労働運動はWFTUとICFTUに分裂した。
ダブリュー-はい【W杯】《Wはworldの頭文字、杯はcupの訳語》►ワールドカップ
ダブリュー-ビー〖WB〗《warrant-linked bond》►ワラント債
ダブリュー-ビー〖W/B〗《waybill》運送状。貨物輸送目録。
ダブリュー-ピー〖WP〗《wild pitch》野球で、ワイルドピッチ。
ダブリュー-ピー〖WP〗《word processor》►ワードプロセッサー
ダブリュー-ピー〖WP〗《working party》作業部会。各種委員会などで、実質討議・研究を行う下部協議体。
ダブリュー-ピー-アイ〖WPI〗《wholesale price index》►卸売物価指数
ダブリューピーアイ-プログラム【WPIプログラム】《World Premier International Research Center Initiative》►世界トップレベル国際研究拠点形成促進プログラム
ダブリュー-ビー-エー〖WBA〗《World Boxing Association》世界ボクシング協会。米国が中心となって誕生した世界ボクシングの統括団体。最も古い歴史をもつ国際ボクシング機構。NBAとして1920年に結成。62年から現名称。本部はパナマシティー。
ダブリュー-ピー-エー〖WPA〗《Wi-Fi protected access》米国の業界団体Wi-Fiアライアンスが提唱した無線LANの暗号化方式の規格の一。以前に採用されたWEPの脆弱性を改善したもの。後継版にWPA2がある。
ダブリュー-ピー-エー-ツー〖WPA2〗《Wi-Fi protected access 2》米国の業界団体Wi-Fiアライアンスが提唱した無線LANセキュリティの規格の一。WPAの後継版で、より強力なAES暗号を採用。
ダブリュー-ピー-エム〖w.p.m.〗《words per minute》モールス通信における1分間の送信語数。語/分。毎分…語。
ダブリュー-ビー-シー〖WBC〗《white blood cell》白血球のこと。
ダブリュー-ビー-シー〖WBC〗《World Boxing Council》世界ボクシング評議会。中南米が中心となって誕生した世界ボクシングの統括団体。1968年にWBA(世界ボクシング協会)から分裂。本部はメキシコ。
ダブリュー-ビー-シー〖WBC〗《World Baseball Classic》►ワールドベースボールクラシック
ダブリュー-ピー-シー〖WPC〗《wood plastic combination》木材とプラスチックでできた合成木材。木材の空隙に樹脂液を注入したもの。床材などに用いられる。
ダブリュー-ピー-シー〖WPC〗《World Petroleum Congress》世界石油会議。1933年ロンドンで第1回開催。第二次大戦中の中断をはさみ、4年に一度開催される。
ダブリューピーダブリュー-しょうこうぐん【WPW症候群】〘ニクチン コウグン〙《Wolff-Parkinson-White syndrome》発作性上室性頻拍の一種。心房と心室の間で電気刺激を伝える房室結節とは別に、もう一つ副伝導路(ケント束)が存在するため、房室結節とケント束の中で電気刺激が旋回することにより、頻拍が発生する。治療はカテーテルアブレーションによって副伝導路を焼灼する。房室回帰性頻拍。
ダブリュー-ビー-ティー〖WBT〗《web-based training》eラーニング(コンピューターを利用した教育)のうち、特にインターネットとワールドワイドウェブ技術を利用する場合を指す。ウェブラーニング。
ダブリュー-ブイ-エフ〖WVF〗《World Veterans Federation》世界在郷軍人連盟。旧軍人による国際平和組織。本部はパリ。
ダブリュー-ボソン【Wボソン】《W boson》素粒子間の弱い相互作用を媒介するウイークボソンの一。質量は陽子の約86倍、スピンは1、電荷は1または−1をとる。ワインバーグサラム理論でその存在が予言され、1983年にCERN(欧州合同原子核研究機関)の陽子・反陽子衝突実験で実証された。Wボゾン。W粒子。
ダブリュー-ユーエスビー〖WUSB〗《wireless universal serial bus》無線通信に超広帯域無線を利用したUSBの規格。最大転送速度は480Mbps、最大127個の機器を同時接続できる。ワイヤレスUSB。
ダブリュー-ユー-エックス-ジー-エー〖WUXGA〗《Wide Ultra XGA》パソコンのディスプレーなどにおける、1920×1200ピクセル(ドット)の解像度を指す。UXGAの横幅を広げたもの。ワイドUXGA。
ダブリュー-ラン〖WLAN〗《wireless local area network》►無線LAN
ダブリュー-りゅうし【W粒子】〘ニリ ラシ〙►Wボソン
ダブリュー-ワン〖WWAN〗《wireless wide area network》►無線WAN
ダブリン〖Dublin〗アイルランドの首都。ダブリン湾に面した港湾都市。セントパトリック大聖堂・大学・ダブリン城などの歴史的建造物が多い。人口、行政区50万、都市圏100万(2002)。ブラークリーア。
ダブリン-かいぎ【ダブリン会議】〘ニクワ イギ〙2008年5月に開催された、クラスター弾に関する外交会議の通称。オスロプロセスの一環としてアイルランド政府が主催。日本を含む111か国が参加し、クラスター爆弾禁止条約を採択した。
ダブリン-じょう【ダブリン城】〘ニジ ヤウ〙《Dublin Castle》アイルランドの首都ダブリン中心部にある城。リフィー川の南、旧市街のデイムストリートに面する。13世紀初頭、バイキングの要塞があった場所に建造。大部分は18世紀から19世紀に建てられたもので、一部の塔が建造当初のノルマン様式の外観を留めている。創建以来、約750年に渡り英国支配の象徴であり、1922年まで英国の総督府が置かれた。
たぶ・る【▽狂る】〔動ラ下二〕正気を失う。気が狂う。「一・れたる醜(しこ)つ翁(おきな)の言(こと)だにも」〈万・四〇一一〉
ダフ・る〔動ラ五〕《duffを動詞として用いたもの》ゴルフで、ボールを打ちそこねて、手前の地面をたたく。「一・って池に入れる」
ダブル〖double〗❶二重。2倍。また、同じ物事が二つ重なること。「兄弟の一受賞」「一スコア」❷ウイスキーなどの量の単位。約60ミリリットル。➡シングル ❸「ダブルベッド」の略。また、ホテルの二人用客室。「一を予約する」➡シングル ❹「ダブルブレスト」の略。「一の上着」➡シングル ❺ワイシャツの袖(そで)やズボンの裾(すそ)に折り返しのあるもの。➡シングル ❻「ダブル幅」の略。➡シングル ❼►ダブルス
ダブ・る〔動ラ五〕《名詞「ダブル」の動詞化》❶二重になる。重複する。同じ物事が二つ重なる。「字が一・って見える」「昨日は会合が二つ一・った」❷落第して同じ学年を二度する。留年する。「卒業単位が足りなくて一年一・った」❸野球で、ダブルプレーをする。「一・られてチェンジとなる」❹テニスなどで、ダブルフォールトをする。「サーブを一・る」
〘類語〙重複する・重なる・かぶる
ダブル-アックス〖double ax〗急峻な氷壁を、アイスバイルやアイスハンマーを両手に使って登攀すること。ピオレ-トラクション。
ダブル-イーグル〖double eagle〗ゴルフで、アルバトロスのこと。米国での言い方。

ダブル-インカム〘double income〙1世帯に二つの収入源があること。共働き世帯。ダブルポケット。
ダブル-ウィッシュボーン《double wishbone suspensionから》自動車の独立懸架(サスペンション)の一型式。ウィッシュボーンとは鳥の胸のV形をした骨のことで、その形をした腕を上下に配し、上下のV字の頂点で車輪を吊つる。
ダブル-エクスポージャー〘double exposure〙二重露出。1コマのフィルムに2回露出して、別々に写した二つの被写体を一つの画面に重ねる技法。多重露出。
ダブル-オーバーヘッド-カムシャフト〘double overhead camshaft〙自動車エンジンで、シリンダーの上部に、弁を開閉するカムシャフトが吸気用・排気用の2本付いている構造のもの。ツインカム。DOHC。
ダブルカセット-デッキ《和 double＋cassette deck》2台分の録音・再生メカニズムを1台に内蔵し、1台でテープどうしのコピーができるカセットデッキ。
ダブル-カフス〘double cuffs〙折り返して、カフスボタンで留める形のカフス。
ダブル-カラー〘double collar〙❶2枚重なった状態の折り襟。❷取りはずしのきくワイシャツの襟。
ダブル-キャスト〘double cast〙演劇で、二人の俳優が同一の役を、公演期間中交代で演じること。二重配役。
ダブル-クラッチ〘double-clutch〙自動車運転で、変速の際にクラッチを二度切ってギアを切り替える方法。
ダブル-クリック〘double click〙〔名〕スル コンピューターで、マウスのボタンを二度連続して押すこと。
ダブル-コース〘double course〙►ダブルトラック
ダブル-コンタクト〘double contact〙バレーボールで、同一人が連続して二度ボールに触れること。反則になるが、最初のレシーブとブロックには適用されない。ドリブル。
ダブル-シャープ〘double sharp〙重嬰記号じゅうえいきごう。
ダブルス〘doubles〙テニス・卓球・バドミントンなどで、二人一組となり、二人対二人で行うゲーム。複試合。ダブル。⇔シングルス。
ダブル-スーツ《和 double＋suit》ダブルブレスト(ボタンを二列に配したデザイン)のスーツ。
ダブル-スカル〘double sculls〙ボート競技の二人乗りスカル。オリンピック種目。
ダブル-スクール《和 double＋school》二重通学。資格や技術を身につけるため、大学のほかに、専門学校などへ通うこと。学歴だけでは実社会の厳しい競争に勝ち残れないという今日の状況を反映して増加の傾向にある。
ダブル-スコア〘double score〙スポーツの試合などで、一方の得点が他方の2倍あること。
ダブル-スタンダード〘double standard〙仲間内と部外者、国内向けと外国向けなどのように、対象によって異なった価値判断の基準を使い分けること。二重基準。
ダブル-スチール〘double steal〙野球で、二人の走者が同時に盗塁すること。重盗。
ダブル-スリーブ〘double sleeve〙2枚の袖そでが重なった形の袖。下袖はぴったり腕に合い、その上に、広がった袖が重ねてある。
ダブル-せんきょ【ダブル選挙】同じ日に2種類の選挙が行われること。衆議院選、参議院選、都道府県知事選、市町村長選、都市町村議選などを組み合わせて、二つの選挙を同じ日に実施すること。
ダブル-タイヤ〘double tire〙トラック・バスなどで、荷重が大きく、後輪タイヤ1本では担えないので2本としたもの。タイヤは2本でも一輪として数える。
ダブル-ダッチ❶《double Dutch》ちんぷんかんな言葉。❷《Double Dutch》2本の縄を逆に回す間を跳ぶ縄跳び。
ダブル-チェック〘double check〙〔名〕スル ❶二回点検すること。再点検。再確認。❷チェスで、二つの駒で同時に王手をかけること。⇒チェック❻
ダブル-ディップ〘double dip〙►二番底
ダブル-デッカー〘double-decker〙二重甲板の船。また、2階建てのバス・電車。
ダブル-トーン〘double tone〙印刷で、1枚の原画から濃淡または色彩の別に撮影した2枚のネガを作り、それぞれから版を起こして刷り重ねる方法。調子を豊かにしたり色彩効果を上げたりする。
ダブル-トラッキング〘double tracking〙鉄道などが複線であること。特に、1路線に航空会社2社が運航すること。二社運航。
ダブル-トラック〘double track〙スピードスケートで、2名の走者が各自のコースを滑るように区分されている滑走路。走者はバックストレッチで外側と内側のコースを入れ代わる。セパレートコース。ダブルコース。⇒シングルトラック
ダブル-ドリブル〘double dribble〙バスケットボールやハンドボールで、ドリブルをした選手が一度ボールを両手で支え持って、さらに続けてドリブルすること。バイオレーションとなって、相手ボールになる。
ダブル-ニット〘double knit〙表編み糸と裏編み糸を、別糸で同時に編んだ二重のニット。
ダブル-ノックアウト〘double knockout〙ボクシングで、選手どうしが同時に打ち合ってともに倒れ、ノックアウトになること。
ダブルバイト-もじ【ダブルバイト文字】►2バイト文字
ダブル-ハイフン〘double hyphen〙二重線のハイフン。「ガリレオ゠ガリレイ」のように、外国人の姓名を区切るときなどに使う記号「゠」。
ダブル-バインド〘double bind〙二重拘束。二つの矛盾した命令を受け取った者が、その矛盾を指摘することができず、しかも応答しなければならないような状態。英国生まれの米国の文化人類学者グレゴリー゠ベイトソンが1950年代に提唱した。
ダブル-バスーン〘double bassoon〙►コントラファゴット
ダブル-はば【ダブル幅】シングル幅の2倍の織物。ふつう、1.42メートル、または1.37メートル幅のもの。⇒シングル幅
ダブル-ハル〘double-hull〙船、特にタンカーの二重船殻構造。船体の強度を高め、原油流出汚染を防止するためのもの。
ダブル-パンチ〘double punch〙❶ボクシングで、同じ手で二度連続して打つこと。❷一度に二つの痛手を受けること。「病気と倒産の一をくらう」
ダブルハンド-ストローク〘double hand stroke〙テニスで、ラケットの柄を両手で持って打つこと。両手打ち。
ダブル-ファウル〘double foul〙バスケットボールで、両方のチームの選手が同時にパーソナルファウルを犯すこと。両選手にファウルを記録したあと、ボールを持っていた側の攻撃から再開される。どちらもボールを持っていない場合は、ジャンプボールとなる。
ダブル-フォールト〘double fault〙テニス・九人制バレーボールなどで、サーブを2回続けて失敗すること。失点となる。
ダブル-ブッキング〔名〕スル《和 double-booking》ホテルや飛行機などで、二重に予約を受けること。また、一般に約束などを二重にしてしまうこと。⇒オーバーブッキング
ダブル-フラット〘double flat〙重変記号じゅうへんきごう。
ダブル-プレー〘double play〙野球で、守備側の連続したプレーによって攻撃側の二人を一度にアウトにすること。併殺。重殺。ゲッツー。
ダブル-ブレスト〘double-breasted〙洋服で、前の重なり部分を多くし、ボタンを2列に配した上着やコート。ダブルボタン。
ダブル-ベース〘double base〙ソフトボールで、接触プレーによる事故防止のために1塁に二つのベースを置くこと。フェア側に白色、ファウル側にオレンジ色のベースが置かれ、打者走者はオレンジ色のベースを踏む。
ダブル-ベース〘double bass〙►コントラバス
ダブルヘッダー〘doubleheader〙野球で、同じチームどうしが、同じ日に同じ球場で2回試合すること。
ダブル-ベッド〘double bed〙二人用の、幅の広い寝台。⇒シングルベッド
ダブルヘリカル-ギア〘double-helical gear〙斜歯はすば歯車を2個組み合わせた形の、左右両まわりにねじれた歯車。山歯やまば歯車。
ダブル-ヘリックス〘double helix〙二重螺旋らせん。DNAの分子構造モデル。
ダブル-ボギー〘double bogey〙ゴルフで、当該ホールのパーより2打多い打数。
ダブル-ポケット《和 double＋pocket》二つの財布で家計を賄うことから、夫婦共働きのこと。⇒ダブルインカム
ダブル-ボタン►ダブルブレスト
ダブルマイナー-ペナルティー〘double minor penalty〙アイスホッケーで、マイナーペナルティーを同時に二つ犯すこと。⇒マイナーペナルティー
ダブル-ミーニング〘double meaning〙詩文などで、一つの語に二つ以上の意味をもたせること。⇒掛け詞ことば
ダブル-メジャー〘double major〙大学で、まったく異なる二つの分野を専攻すること。二科目を対等に専攻して学ぶこと。ダブルメイジャー。⇒メジャーマイナー
ダブル-リード〘double reed〙楽器の発音体の簧したが2枚あるもの。例えば、オーボエ・ファゴット・バグパイプなどの簧。複簧ふくこう。
ダブル-ワーカー《和 double＋worker》定職をもちながら、夜間や休日には他の仕事をして収入を得ている人。
ダブル-ワーク《和 double＋work》定職をもちながら、夜間や休日には他の仕事をすること。収入の不足を補うために副業をもつこと。
タブレット〘tablet〙❶錠剤。❷木・象牙などの薄板に文字を書いたもの。標札、書板などの類。❸鉄道の単線区間で、1区間に1列車のみの通行を認めるものとして、発駅の駅長が運転乗務員に交付する金属製の通行票。通票。❹コンピューターで、図形作成などに用いる板状の入力装置。❺「タブレット型端末」の略。
ダブレット〘doublet〙首から腰の辺りまでを、からだに密着して覆う男性の上着。14世紀から17世紀ごろまで西洋で用いられた。
タブレットがた-たんまつ【タブレット型端末】《tablet-type device》液晶ディスプレーなどの表示部分にタッチパネルを搭載し、指で操作する携帯情報端末の総称。タブレット端末。タブレット型情報端末。〔補説〕タブレットパソコンとほぼ同義だが、タブレットパソコンが通常のパソコンのオペレーティングシステム(またはその派生版)を採用し、ノートパソコンのキーボードを省いて、小型軽量化を進めたものであるのに対し、タブレット型端末はスマートホンやデジタルオーディオプレーヤーの延長として、タッチパネルなどのユーザーインターフェースやインターネットの通信機能を維持したまま、ディスプレーを大型化し、メディアプレーヤーとしての使いやすさを充実させたものといえる。前者は主に2000年にマイクロソフト社が提唱したタブレットPC構想に基づく一連のコンピューターを指し、後者は2010年にアップル社が発表したiPadに代表される。
タブレット-パソコン《tablet personal computerから》液晶ディスプレーなどの表示部分にタッチパネルを搭載し、ペンや指で操作するパーソナルコンピューターの総称。小型軽量で携帯性に優れた機種が多く、ディスプレー部分単体で使用し、処理装置と記憶装置を内蔵するタイプ、ノートパソコンと同様にキーボードを装備するタイプ、ディスプレーとキーボードを分離・装着して使用できるタイプの3種類に分類される。タブレットパーソナルコンピューター。⇒タブレット型端末

タブレット-ピーシー【タブレットPC】《tablet PC》2000年に米国マイクロソフト社が提唱したタブレットパソコンの規格。または、同規格に基づく一連のパソコンの総称。液晶ディスプレーなどの表示部分にタッチパネルを搭載し、ペンや指で操作する。オペレーティングシステムとして、同社のWindows XPにタブレットPC独自の機能を追加した派生版(Windows Vista以降は、あらかじめ標準機能として統合)を採用する。➡タブレットパソコン

タブロイド〖tabloid〗新聞・雑誌などで、日本の一般的な新聞紙の半ページ分の大きさの型。タブロイド判。

タブロイド-し【タブロイド紙】判型がタブロイド判の新聞。多く、イギリスなどの大衆紙のこと。「ザ-サン」「デーリー-ミラー」などが有名。

タブロイド-ばん【タブロイド判】▶タブロイド

タブロー〖フランス tableau〗❶完成された絵画作品。エチュード・デッサンなどに対していう。❷壁画・天井画に対し、カンバス・板に描かれた絵。

たぶろ-か・す【×誑かす】〔動サ四〕「たぶらかす」に同じ。「人の心—・して」〈源・柏木〉

た-ぶん【他聞】ほかの人に聞かれること。他人の耳に入ること。「—をはばかる話」(類語)人聞き

た-ぶん【多分】㊀〔名・形動〕❶数量・金額の多いこと。また、そのさま。たくさん。多く。「—な(の)寄付にあずかる」「ビタミンを—に含んだ果物」❷(多く「多分に」の形で)かなりの程度であるさま。相当。「考えすぎる傾向が—にある」❸あるものの多くの部分のこと。大部分。また、多数。「心苦しいからと云うは少分で、その—は」〈二葉亭・浮雲〉➡御多分 ㊁〔副〕ある事柄についての推量を表す。たいてい。おそらく。「—雨だろう」「—大丈夫だと思う」㊥㊀はタブン、㊁はタブン。

(用法)多分・おそらく——「多分(おそらく)今日は帰りが遅くなります」「Aチームが多分(おそらく)優勝するだろう」など、推量の意では相通じて用いられる。◆両語は過去の推量にも用いる。「あれは多分おととしの暮れだったと思う」「彼はおそらくその事実を知っていたであろう」◆「おそらく」は、その原義から、悪いほうの可能性が高いと推量する気持ちが残り、「おそらく後悔するだろう」のような用法が中心となる。◆「多分」の方がややぞんざいで、「おそらく」の方があらたまった丁寧な言い方になる。「多分彼は来ないだろう」「おそらく彼は来ないでしょう」◆類似の語に「きっと」がある。口頭語で、「Aチームがきっと優勝するだろう」のように、「多分」や「おそらく」と同様に用いるが、「きっと」の方が実現の確かさが強い。

(類語)おそらく・大抵・おおかた・思うに・どうやら・定めし

た-ぶん【多聞】❶多くの物事を聞き知っていること。物知り。「博学—」❷多くの人に漏れ聞こえること。「事—に及ばば」〈太平記・一〉

タブン〖tabun〗神経ガスの一種。アーモンドのようなにおいのする液体。猛毒で、吸入すると呼吸筋の麻痺により窒息死する。

だ-ぶん【駄文】❶つまらない文章。へたくそな文章。❷自分の文章を謙遜していう語。

(類語)文章・拙文・乱文・悪文

たぶんかつ-そっこう【多分割測光】《multi-zone metering》TTL測光の一。画面を複数のエリアに分割し、エリアごとの測光をして最終的な露出を決める方式。評価測光。マルチパターン測光。多分割評価測光。

たぶんかつひょうか-そっこう【多分割評価測光】《multizone metering》▶多分割測光

た-べ【田▽部】上代、屯倉を耕作するために置かれた農民の集団。

たべ-あるき【食べ歩き】その土地の名物料理や珍しい食べ物を、あちこち食べて回ること。「一人で気楽な—を楽しむ」

たべ-ある・く【食べ歩く】〔動カ五(四)〕おいしいものを求めて、いろいろな店や場所に足を運ぶ。「各地の郷土料理を—・く」

たべ-あわせ【食べ合(わ)せ】❶「食い合わせ」❶に同じ。「スイカと天ぷらでは—が悪い」❷複数の食べ物を組み合わせて食べること。また、その相性。「日本酒と—のよい料理を研究する」

たべ-かけ【食べ掛け】食べかけること。また、その食物。くいかけ。「子供の—の菓子」

たべ-か・ける【食べ掛ける】〔動カ下一〕図たべか・く〔カ下二〕食べようとする。食べはじめる。また、途中まで食べる。「—・けて席を立つ」

たべ-かす【食べ×滓】❶食べ残した食物。また、食べてしまったあとの残り物。❷食べたあと、歯の間に挟まったりして口中に残っているもの。

たべ-くらべ【食べ比べ】同じような種類の素材や料理をいくつか食べて、味を比較すること。「銘柄米の—」

たべ-くら・べる【食べ比べる】〔動バ下一〕図たべくら・ぶ〔バ下二〕同じような種類の素材や料理をいくつか食べて、味を比較する。「名店のそばを—・べる」

たべ-ごろ【食べ頃】食べるのに適したころあい。また、その時分。くいごろ。「—に熟れたメロン」

たべ-ざかり【食べ盛り】食欲のいちばん盛んな成長期。また、その年ごろの子供。

たべ-さし【食べ▽止し】「食い止し」に同じ。

たべ-さ・す【食べ▽止す】〔動サ五(四)〕「食い止す❶」に同じ。

たべ-すぎ【食べ過ぎ】食べ過ぎること。くいすぎ。(類語)食い過ぎ・過食・暴飲暴食

たべず-ぎらい【食べず嫌い】「食わず嫌い」に同じ。(補説)「食う」を「食べる」に美化語的に言い換えたものか。「食わず嫌い」が本来の形。

たべ-す・ぎる【食べ過ぎる】〔動ガ上一〕図たべす・ぐ〔ガ上二〕度を過ごして食べる。適当な程度以上に食べる。くいすぎる。「—・ぎて腹をこわす」

タペストリー〖tapestry〗麻・ウール・絹などを用いて、絵や模様を織り出したつづれ織り。また、それを用いた壁かけ。タピストリー。タピスリー。

たべ-たけお【田部武雄】[1906〜1945]野球選手。広島の生まれ。明大で活躍後、大日本東京野球倶楽部(現巨人)に参加。昭和10年(1935)の米国遠征では109試合で105盗塁の活躍をするが、のち巨人の内紛により退団。プロ公式戦の記録は存在しない。沖縄で戦死。

たべ-だち【食べ立ち】出された食事を食べ終わるとすぐに立ち去ること。いただきだち。「急ぎやすから—にいたしやせう」〈滑・続膝栗毛・九〉

たべ-ちら・す【食べ散らす】〔動サ五(四)〕食い散らす。食いちらかす。「さんざん—・して残す」

たべ-つく・す【食べ尽(く)す】〔動サ五(四)〕すべて食べてしまう。

たべ-つ・ける【食べ付ける】〔動カ下一〕図たべつ・く〔カ下二〕❶ふだんよく食べる。食べなれている。「—・けない御馳走」「—・けた母の味が懐しい」❷使い慣れている。習慣となっている。「このやうな座敷には—・けぬこの親仁」〈浄・歌祭文〉

タペット〖tappet〗内燃機関で、カムの運動を吸・排気弁に伝える棒状の部品。

たべ-で【食べ出】満腹感が得られる度合いの高さ。食い出。「この店の丼は—がある」

たべ-のこ・す【食べ残す】〔動サ五(四)〕全部食べないで残す。くいのこす。「食欲がなくて—・す」

たべ-ほうだい【食べ放題】▶食い放題

たべ-もの【食べ物】食用にするもの。また、飲み物に対して、噛んで食べるもの。しょくもつ。(類語)食品・食料・食糧・食物・食い物・糧食・糧

たべもの-や【食べ物屋】❶料理を食べさせる店。飲食店。❷食料品を売る店。

たべ-よごし【食べ汚し】食べよごすこと。また、その料理や食器。

たべ-よご・す【食べ汚す】〔動サ五(四)〕ぞんざいに食べて、あとをきたなくする。「行儀悪く—・す」

た・べる【食べる】〔動バ下一〕図た・ぶ〔バ下二〕《尊敬語「たぶ」(四段)に対応する謙譲語》❶食物をかんで、のみこむ。「生で—・べる」「ひと口—・べてみる」❷暮らしを立てる。生活する。「なんとか—・べていくくらいの蓄えはある」❸㋐「食う」「飲む」の謙譲語。いただく。食ぶ。「御仏供のおろし—・べむと申すを」〈枕・八七〉㋑「食う」「飲む」を、へりくだる気持ちをこめて丁寧にいう語。「さかづきが—・べたいと申して参られてござる」〈虎明狂・老武者〉「私は茶が嫌ひだから、これを—・べます」〈滑・浮世風呂・前下〉(補説)本来は上位者からいただく意。ありがたくいただいて食す意から、自己の飲食する行為をへりくだって言うようになり、さらに、「食う」をやわらげていう丁寧な言い方に変わった。現代語では「食う」に比べれば丁寧な言い方であるが、敬意はほとんどない。また、現代では一般に飲む行為には用いられない。(類語)(❶)食う・食する・喫する・したためる・食らう・平らげる・ぱくつく・頬張る・掻き込む・つつく・賞味する・味わう・口にする・箸を付ける(弁当を)使う(尊敬)召し上がる・上がる・召す・聞こし召す(謙譲)頂く・頂戴する(動物が)食む・ついばむ/(❷)食う・暮らす・やってゆく・生活する・口を糊する・糊口を凌ぐ

だべ・る【駄▽弁る】〔動ラ五〕《名詞「だべん(駄弁)」の動詞化》とりとめもないおしゃべりをする。「喫茶店で—・って時間を過ごす」

た-へん【田偏】漢字の偏の一。「町」「畔」などの「田」の称。

た-べん【多弁｜多×辯】〔名・形動〕よくしゃべること。言葉数の多いこと。また、そのさま。饒舌。「—能なし」「酒を飲むと—になる」

(類語)饒舌・口まめ・おしゃべり

だ-べん【駄弁｜駄×辯】用もないことをべらべらしゃべること。むだなおしゃべり。「—を弄する」(類語)おしゃべり・無駄話・雑談・よもやま話・世間話・余談

たへん-けい【多辺形】三つ以上の線分で囲まれた平面図形。多角形。

たぼ【×髱｜×髩】❶日本髪で、襟足にそって背中の方に張り出した部分。たぼがみ。たぶ。関西では「つと」という。❷若い女性をさす俗な言い方。「いい—でもあったら」〈滑・膝栗毛・初〉

だ-ほ【×拿捕｜×拏捕】〔名〕スル 捕らえること。特に、軍艦などが他国の船舶などをその支配下におくこと。「領海侵犯の漁船を—する」

だ-ぼ【▽太×枘｜駄×枘】石材や木材を接ぐとき、両材の接合面に差し込んでずれを防ぐ小片。だぼそ。

ダボ「ダブルボギー」の略。

たほい-や【たほい屋】静岡県などで、イノシシなどを追うための番小屋。やらい小屋。

た-ほう【他方】❶ほかの方面。別の方向。また、二つのものの、もう一方。「一方は丸、—は四角」❷(副詞的に用いて)ほかの方面から見ると。一方。「—、悪いこととは必ずしもいえない」

(類語)片方・片一方・片割れ・一方

た-ほう【他邦】ほかの国。他国。異邦。

(類語)外国・他国・異国・異邦・外邦・異朝・異境・異郷・異土・外地・海外・海彼・外つ国・他郷

た-ほう【多方】種々の方面。多方面。「—にわたる趣味」

た-ほう【多宝】「多宝如来」の略。

た-ぼう【多忙】〔名・形動〕非常に忙しいこと。また、そのさま。「—を極める」「—な(の)身」

(類語)忙しい・多用・多事・多端・繁忙・繁多・繁用・忙殺・繁劇・怱忙・倥偬・怱怱・席の暖まる暇もない・猫の手も借りたい

た-ぼう【多望】〔名・形動〕将来に多くの希望がもてること。また、そのさま。「前途—」「—な安之助の未来のなかには」〈漱石・門〉

だ-ほう【打法】球技で、バットやラケットなどで球を打つ方法。「飛距離の出る—」

だ-ぼう【打棒】野球で、打撃のこと。「—が振るう」

たほうせい-しぼうさいぼう【多胞性脂肪細胞】▶褐色脂肪組織

たほう-とう【多宝塔】仏塔の一形式。本来は多

宝如来を安置する塔をさす。日本では上層を円形、下層を方形とした塔身の二重塔をいい、下層屋根上の亀腹（かめばら）が特徴。現存最古の例として鎌倉時代初頭の石山寺のものがある。

たほう-にょらい【多宝如来】《梵 Prabhūta-ratnaの訳》東方の宝浄世界の教主。法華経・見宝塔品で、法華の説法のある所に宝塔を出現させ、説法の真実を証明し讃嘆（さんたん）し、半座を譲って釈迦を請じ入れたという仏。多宝仏。

た-ほうめん【多方面】〘名・形動〙多くの方面や分野。種々の方面にわたること。また、そのさま。「―から調査を進める」「―な(の)知識」
〘類語〙多方・多面・多岐・多角的

タ-ポーン〘タイ tà phōn〙タイの樽形（たるがた）両面太鼓。ピーパート編成におけるリズムの中心で、台にのせて両手で演奏する。➡ピーパート

たぼ-がみ【×髱髪】▶髱（たぼ）❶

だ-ぼく【打撲】〘名〙(スル) からだを強く打ちつけたり、たたいたりすること。「頭部を強く―する」「全身―」
〘類語〙打ちつける・ぶつける・殴打・パンチ・打擲（ちょうちゃく）

だぼく-しょう【打撲傷】打撲によってできた傷。皮膚は破れることなく、皮下組織が損傷を受けたもの。打ち身。〘類語〙打ち身・打ち傷・挫創・挫傷

たぼ-さし【×髱差(し)】髱を張り出すために、髪の内へ入れる結髪具。針金で形を作って綿で包み、紙を張って黒漆を塗ったもの。古くは鯨のひげを使った。すみやり。つとばり。つとさし。たぶさし。

だぼ-シャツ　だぼだぼした、大きめのシャツ。特に、丸首で太い長袖の男性用下着。

たぼ-しん【×髱心】髱を張り出すために髪の中に入れる心（しん）。

ダボス〘Davos〙スイス東部、グラウビュンデン州にある観光保養地。標高1560メートル。同国屈指のスキーリゾート。19世紀末の鉄道開通を機にサナトリウムやホテルが建てられ、国際的な保養地になった。トマス＝マンの小説「魔の山」の舞台として知られる。各国の政財界のリーダーが集まるダボス会議の開催地。

ダボス-かいぎ【ダボス会議】《Davos Convention》毎年1回、スイスのダボスに各国の政財界のトップが集まり開催されるセミナー。➡WEF

だぼ-だぼ㊀〘副〙(スル)❶衣服などが大きすぎて体型に合わないさま。「―したユニホーム」❷やや粘り気のある液体などを十分すぎるほど注ぐさま。「―(と)ソースをかける」❸容器などに入れた液体が揺れ動いて鈍い音をたてるさま。「飲んだ水がおなかで―(と)する」㊁〘形動〙㊀❶に同じ。「―なズボン」㋐㊀はダボダボ、㊁はダボダボ。

た-ほどき【田▽解き】田の土を細かに耕すこと。小切り。切り返し。

たぼ-どめ【×髱留(め)】髱の毛が乱れないように、挟んでおく金属や鼈甲（べっこう）の留めピン。つとばさみ。

だぼ-はぜ【だぼ×鯊】小さいハゼ類を軽んじた呼び方。チチブ・ドロメ・アゴハゼをさすことが多く、ごり・どんこなどともいう。〘季 夏〙

たぼ-みの【×髱×蓑】毛髪で蓑の形に作った髱差し。毛の薄い髱に用いる。つとみの。

だ-ぼら【駄▽法×螺】くだらないほら。でたらめで大げさな話。「―を吹く」

だ-ほん【駄本】読む価値のない書物。

たま【玉｜球｜▽珠】㊀〘名〙❶球体・楕円体、またはそれに類した形のもの。㋐球形をなすもの。「―の汗」「露の―」「目の―」㋑丸くまとめられたひとかたまり。「毛糸の―」「うどんの―」㋒レンズ。「眼鏡の―をぬぐう」「長い―で撮る」㋓球技などに用いるボール。まり。また、投球などの種類。「遅い―」「―を打つ」「―をとる」㋔玉突きの球。転じてビリヤードや、そのゲームをいう。「友人と―を突く」㋕電球。「切れた―を取り替える」㋖そろばんで、はじく丸い粒。そろばんだま。「帳簿を開いて―を置く」㋗(「弾」「弾丸」とも書く)銃砲の弾丸（だんがん）。「―が飛びかう」「―を込める」㋘鶏卵。玉子。「掻（か）き―」❷㋐丸い形の美しい石の総称。宝石や真珠など。「―を磨く」「―で飾る」㋑きわめて大切に思う貴重なもの。「掌中の―」㋒張りがあって美しく、清らかなもの。「―の肌」❸人を丸め込むために策略の手段として使う品物・現金。「ゴルフ会員権を贈賄の―に使う」❹美しい女性。また、転じて芸者・遊女。「上―」❺あざけりの気持ちで、人をその程度の人物であるときめつける語。やつ。「あいつもたいした―だよ」❻《「金玉（きんたま）」の略》睾丸（こうがん）。❼紋所の名。❷㋐を図案化したもの。㊁〘接頭〙名詞に付く。❶神事や高貴な物事に付いて、それを褒めたたえる意を添える。「―垣」「―襷（たすき）」❷玉のように美しいもの、玉をちりばめたものなどの意を添える。「―藻」「―櫛笥（くしげ）」〘類語〙(㊀❶㋓)ボール・まり
〘…句〙傷無き玉・傷に玉・衣（ころも）の裏の珠・掌中の珠・掌（たなごころ）の玉・手の内の珠・驪竜（りりょう）頷下（がんか）の珠

球が走・る　投球にスピードが乗り威力を増す。

玉敷・く　玉を敷き並べる。また、玉を敷いたように美しいようすである。「―・ける清きなぎさを潮満てば飽かず我行く帰るさに見む」〈万・三七〇六〉

玉散・る　❶玉となって飛び散る。「―・る汗」「奥山にたぎりて落つる滝つ瀬に―・るばかり物な思ひそ」〈後拾遺・雑六〉❷刀剣の刃が、すごみを帯びて光りきらめく。「抜けば―・る氷の刃（やいば）」

玉となって砕くとも瓦（かわら）となって全（まった）からじ　《「北斉書」元景安伝から》男子たる者は、名誉のために死ぬことはあっても、いたずらに生きながらえるだけのつまらない生涯を送りたくはない。

玉なす　❶玉のような形になっている。「―汗」❷玉のように美しく立派である。「竹葉の一滴を―金盃に移し」〈浮・一代女・一〉

玉に瑕（きず）　それさえなければ完全であるのに、ほんの少しの欠点があること。「体が弱いのが―だ」

玉に使・う　たくらみの手段に使う。「わざと須河奴（め）を―・って、しばしば牛肉屋へ出掛たがネ」〈逍遥・当世書生気質〉

玉琢（みが）かざれば器（うつわ）を成さず　《「礼記」学記から》生まれつきすぐれた才能を有していても、学問や修養を積まなければ立派な人間になることはできない。玉磨かざれば光なし。

玉磨かざれば光な・し　「玉琢（みが）かざれば器（うつわ）を成さず」に同じ。

玉を懐（いだ）いて罪あり　《「春秋左伝」桓公一〇年から》身分不相応のものを持つと、とかくわざわいを招くことになる。

玉を転がす　非常に高く美しい声の形容に用いる言葉。「―ようなソプラノ」

たま【多摩】㊀東京都南西部の市。もと神奈川県の多摩村で、明治26年(1893)東京府に編入。近年、宅地化が進む。人口14.8万(2010)。㊁神奈川県川崎市の区。生田緑地・読売ランドなどがある。

たま【▽偶｜▽適】〘名・形動〙まれであること。めったにないこと。また、そのさま。「―の休み」「彼は―に来る」〘類語〙まれ・珍しい

たま【霊｜▽魂｜×魄】「たましい❶」に同じ。「肝っ―」「人―」「空蟬のからは木ごとにとどむれど―のゆくへを見ぬぞかなしき」〈古今・物名〉

霊合・う　互いに思う心が一つに結ばれる。「―・へば相寝るものを」〈万・三〇〇〇〉

だま　❶小麦粉を水で溶くなどしたとき、よく溶けないでできるぶつぶつのかたまり。❷米などを炊いたとき、煮えきらないでかたまりとして残ったもの。

だま　凧（たこ）の糸を操る技法の一。凧を上昇させるために糸を繰り出すこと。

だまを食わ・す　《糸で凧をあやつる意から》だます。「猪鍋（ししなべ）を百目買うてやるはずだが、此中（このじゅう）の晩も―・した」〈滑・浮世床・初〉

だまを出・す　《凧の糸をすっかり繰り出す意から》心の中のすべてをさらけ出す。「只（ただ）拙者が男丈（おとこだけ）にそこ迄（まで）は―・さない」〈漱石・草枕〉

たま-あし【球足】野球・ゴルフなどで、打球の飛ぶ速さ、また、勢い。「―が速い」「―が伸びる」

たま-あじさい【球紫＝陽＝花】ユキノシタ科の落葉小低木。本州・四国にみられ、葉は楕円形で先がとがる。夏、総苞（そうほう）に包まれた球状のつぼみをつけ、紫色の小花が多数集まって咲く。

たま-あみ【玉網】魚をすくい上げるのに用いる柄のついた丸い網。たもあみ。

たまあられ【玉あられ】江戸中期の語学書。1巻。本居宣長（もとおりのりなが）著。寛政4年(1792)刊。雅文を書くための言葉の正しい用法を説いたもの。

たま-あられ【玉×霰】❶霰の美称。〘季 冬〙❷小さな粒状に作った米菓の名。

ダマール〘dammar｜damar〙東南アジア産のフタバガキ科の樹木から得られる天然樹脂の一。主成分はトリテルペン。アルコール・テレビン油・石油・ベンゼンなどによく溶け、コーパルとともにワニス・ラッカーなどに用いる。ダンマル。ダンマー。

た-まい【田舞｜田×儛】五穀豊穣（ごこくほうじょう）を祈念して行われた古代儀式舞踊。民間の田仕事での歌舞が、宮廷に入って儀式化したもの。大嘗祭（だいじょうさい）のとき、主基（すき）方の人が奏したほか、伊勢・春日（かすが）などの神社でも行われた。戦国時代に中絶し、今は大阪の住吉大社など2、3の神社に名残を伝える。でんぶ。

たま-いし【玉石】河川などにある丸い石。直径20〜30センチのものを建築の基礎や垣・庭などに使用。

たま-いと【玉糸】玉繭❷からとった糸。太くて節が多く、節織りや銘仙に用いる。節糸（ふしいと）。

たまいと-おり【玉糸織(り)】玉糸で織った絹織物。節糸織り。玉織り。

たま-いれ【玉入れ】小学校などで、二組み以上に分かれ、竿の先につけたかごの中に玉を投げ入れ、入れた数で勝敗をきめる競技。

たま・う【賜う｜▽給う】㊀〘動ワ五(ハ四)〙《上位から下位に物や恩恵を与える意から、その動作主を敬う語となる。現代では文語的な文章か、特別の堅い言い方でないと尊敬語としては用いない》❶「与える」「くれる」の尊敬語。お与えになる。くださる。「おほめのお言葉を―・う」❷人をおよこしになる。「このありつる人―・へ」〈伊勢・六二〉❸自己側の動作に用い、尊大な語気を表す。目下の者に与える。くれてやる。「そこらの年頃、そこらの金（こがね）―・ひて」〈竹取〉❹特に命令形は、上にくるはずの動詞を略して、命令・勧誘の意を表す。なさい。「いざ、―・へよ(＝イラッシャイヨ)」〈源・若紫〉「あなかま、―・へ(＝オダマリナサイ)」〈源・若菜上〉❺(補助動詞)動詞・助動詞の連用形に付く。㋐その動作主が恩恵を与えてくださる意を表す。…てくださる。「神が恩恵を垂れ―・う」㋑その動作主を尊敬する意を表す。お…になる。お…なさる。「すぐれて時めき―・ふありけり」〈源・桐壺〉㋒尊敬の助動詞「す」「さす」に付いて「せ(させ)たまふ」の形で、程度の強い尊敬の意を表す。「たふとく問はせ―・ふ」〈竹取〉㋓同輩以下の者に対し、親しみをこめたりやわらかに命令したりするのに用いる。「そんなにくよくよし―・うな」「早く行き―・え」㊁〘動ハ下二〙❶「もらう」の意の謙譲語。多く、飲食物の場合に用いる。いただく。頂戴する。「魂は朝夕（あしたゆふべ）に―・ふれど我（あ）が胸痛し恋の繁きに」〈万・三七六七〉❷(補助動詞)㋐主として動詞「聞く」「見る」に付いて、その動作を、恩恵を与えてくれる人(尊者)から受ける、いただくの意を表す。(尊者に)…させていただく。「是の如きことを我聞き―・へき」〈金光明最勝王経古点〉㋑(かしこまりあらたまった会話・消息で用いる。平安中期以降の用法)自己または自己側の動作として用いる動詞(主として「思う」「見る」「聞く」)に付いて、聞き手に対してその動作をへりくだる意を表す。…させていただきます。…します。「かかる御事を見―・ふる(＝拝見スル)につけて、命長きは心憂く思う―・へらるる(＝存ゼラレマスル)世の末にも侍るかな」〈源・須磨〉

たま-うき【玉浮き】釣り道具の、球形の浮き。

たまうさぎ【玉兎】歌舞伎舞踊。清元。本名題「玉兎月影勝（たまうさぎつきのかげかつ）」。2世桜田治助作詞、清沢万吉作曲。七変化「月雪花名残文台（つきゆきはななごりのぶんだい）」の一つで、文政3年(1820)江戸中村座初演。兎が影勝団子をつく所作や、狸との立ち回りをみせる。

たま-うち【玉打ち｜×毬打ち】▶毬打

たま-うどぅん【玉陵】沖縄県那覇市にある、琉球王国第二尚氏王統の墓。16世紀初頭、尚真王によって、父の尚円王を葬るために造られた。沖縄戦で大きな被害を受けるが、戦後に修復され、昭和47年(1972)全体が国指定史跡、玉陵墓室石牆が国の重要文化財(建造物)。平成12年(2000)「琉球王国のグスク及び関連遺産群」の一つとして世界遺産(文化遺産)に登録された。

たまえ【賜え｜▽給え】《補助動詞「たまう」の命令形》❶恩恵をお授けください、与えてくださいの意を表す。現代では文語的な文に用いる。「神よ、恵みを垂れ―」❷(給え)友人または目下の者に対する、穏やかな命令の意を表す。明治時代の書生言葉から。「まあ、席につき―」「君も一杯やり―」

たま-おくり【霊送り｜▽魂送り】「精霊送り」に同じ。(季 秋)「―身にそふくさの夕かな/暁台」⇔霊迎え。

たまおくり-び【霊送り火】「送り火」に同じ。

たまおし-こがね【球押金=亀=子】コガネムシ科の一群の昆虫。獣糞を丸め、後ろ向きに後ろ脚で転がして巣に運び、これに卵が産め込まれ、幼虫は内部を食べ、蛹から成虫になって出てくる。地中海沿岸・アフリカ・インド・中国・台湾などに広く分布するが、日本にはいない。ファーブルの「昆虫記」に出てくるヒジリタマオシコガネなど。糞転がし。スカラベ。

たま-おち【玉落ち】江戸時代、春・夏・冬の年3回、浅草の蔵前で旗本・御家人に知行米・扶持米を交付する順を決める抽選法。各自の氏名および受け取り高を記した紙片を丸めて箱に入れ、その中から下に落ちた紙片の人から順に交付した。

たまお-の-ほし【▽魂緒の星】▶魂讃星

たま-おり【玉織(り)】▶玉糸織り

たまか〔形動〕図〔ナリ〕❶倹約でつましいさま。「新たに湯を沸かす手数と、薪の倹約とが出来るので、田舎の―な家ではよくやる事だ」〈左千夫・春の潮〉❷細かい点にまで心を配って物事をするさま。誠実。実直。まめやか。「身はぞんざいになって、―なる奉公厭になって」〈浮・禁短気・三〉

たま-がい【玉貝】タマガイ科の巻き貝の総称。貝殻は球卵形で殻表は滑らか。体は大きく、貝殻を包み込む。砂中に潜って二枚貝を捕らえ、殻に穴をあけて肉を食う。ツメタガイなど。

たま-がき【玉垣】《古くは「たまかき」》皇居・神社の周囲に巡らした垣。垣が二重にあるときは外側のものをいう。斎垣。瑞垣。

たまがき-の【玉垣の】〔枕〕❶玉垣を「みづがき(瑞垣)」ともいうところから、「みつ」にかかる。「―三津の港に春なれば」〈曽丹集〉❷玉垣の内の意から、「うち」にかかる。「―内外の神の御末にて」〈謡・羽衣〉

たまがき-の-うちつくに【玉垣の内つ国】日本国の美称。「玉垣の内つ御国の朝霞光へだてぬ春は来にけり」〈夫木・一〉

たま-かぎる【玉かぎる】〔枕〕玉がほのかに輝く意から、「夕」「日」「ほのか」「はろか」「ただ一目」などに、また「磐垣淵」にもかかる。「―夕さり来れば」〈万・四五〉「―ほのかに見えて別れなばもとなや恋ひむ逢ふ時までは」〈万・一五二六〉

たまかじ-ぞうこく【玉楮象谷】[1807～1869]幕末・明治初期の漆工。讃岐国高松の人。本名、藤川為造。通称、正直・敬造。蒟醤や中国漆器の技術を独自に消化して象谷塗を創始。

たま-がしわ【玉×柏】かしわの美称。「美濃山にしじに生ひたる―」〈催馬楽・美濃山〉

たま-がしわ【玉▽堅×磐】《「かしわ」は「かたしわ(堅磐)」の略》堅い岩の美称。「難波江の藻にうづもるる―顕はれてだに人を恋ひばや」〈千載・恋一〉

だまか・す【×騙かす】〔動サ五(四)〕だます。あざむく。だまくらかす。「甘い言葉で―・す」

たま-かずら【玉▽葛｜玉×蔓】㊀〔名〕つる草の美称。「―はふ木あまたになりぬれば絶えぬ心のうれしげもなし」〈伊勢・一一八〉㊁〔枕〕つるがのび広がるところから、「長し」「延はふ」「繰る」「絶えず」などにかかる。「―延へてしあらば年に来ずとも」〈万・三〇六七〉

たま-かずら【玉×鬘】㊀〔名〕❶古代の装飾品の一。多くの玉を糸に通した髪飾り。「押木の―を持たしめて」〈記・下〉❷かつら・かもじの美称。「あれを見よしらが女の―」〈誹諧連歌抄・恋〉㊁〔枕〕玉鬘を頭にかけるところから、「懸く」またその「かけ」の類音「影」にかかる。「―かけぬ時なく恋ふれども」〈万・二九九四〉「―影に見えつつ忘らえぬかも」〈万・一四九〉

たまかずら【玉鬘】㊀源氏物語第22巻の巻名。光源氏、34歳から35歳。成人して筑紫から上京した玉鬘が、源氏の養女となるいきさつを描く。㊁㊀の女主人公の名。頭中将の娘。母は夕顔。筑紫から上京し、源氏に養われ、貴公子たちに懸想されるが、鬚黒大将の妻となる。㊂(「玉葛」とも書く)謡曲。四番目物。金春禅竹作。源氏物語に取材。玉鬘の霊が死後も晴れぬ妄執を打ち明ける。

たま-かぜ【玉風】東北・北陸地方の日本海沿岸で、冬に北西から吹く暴風をいう。たばかぜ。(季 冬)

たま-かつま【玉勝間】㊀〔名〕かつまの美称。編み目の細かい竹籠。㊁〔枕〕かつまの中子と蓋が合い、その編み目が締まっている意から、「あふ」「しま」にかかる。「―逢はむと言ふは誰なるか」〈万・二九一六〉

たまかつま【玉勝間】江戸後期の随筆。14巻、目録1巻。本居宣長著。寛政5年(1793)起稿し、享和元年(1801)に没するまで書き続けた。寛政7～文化9年(1795～1812)刊。宣長の学問・芸術・人生への考えを記したもの。

たま-かつら【玉×桂】月の中にあるというカツラの木。また、月の異称。「のちつひにいかにせよとか―恋ひする宿に生ひまさるらむ」〈新撰万葉・恋〉

たま-がわ【玉川】㊀川の名。全国に6か所あり、総称して六玉川という。宮城県塩釜市・多賀城市を流れる、野田の玉川。東京都を流れる、調布の玉川(多摩川)。滋賀県草津市を流れる、野路の玉川。京都府綴喜郡を流れる、井手の玉川。大阪府高槻市を流れる、三島(千鳥)の玉川。和歌山県高野山奥院付近を流れる、高野の玉川。〔歌枕〕㊁六玉川を題材とする箏曲・浄瑠璃などの題名、または通称。

たま-がわ【多摩川｜玉川】関東南部を流れる川。秩父山地の笠取山に源を発し、東京都に入り、下流で神奈川県との境を流れて東京湾に注ぐ。河口付近を六郷川ともいう。長さ138キロ。東京の上水道の水源。古称、調布の玉川。

たまがわ-おんせん【玉川温泉】秋田県東部、仙北市にある温泉。焼山の西麓、玉川の上流にある。泉質は塩化物泉・含鉄泉・酸性泉など。

たまがわ-かつたろう【玉川勝太郎】[1896～1969](2世)浪曲師。東京の生まれ。本名、石渡金久。2世広沢虎造と並び称される名調子で、「天保水滸伝」を得意とした。

たまがわ-じょうすい【玉川上水】東京都羽村市で多摩川の水を取り入れ、新宿区四谷大木戸に至る用水路。江戸時代、江戸の飲料水供給のため、玉川庄右衛門・清右衛門兄弟によって承応3年(1654)に完成。明治以後も使用され、昭和40年(1965)までは淀橋浄水場へ、現在は東村山浄水場へ送水。

たまがわ-だいがく【玉川大学】東京都町田市にある私立大学。昭和4年(1929)中学部までの玉川学園として開校。同22年に旧制大学となり、同24年、新制大学へ移行。

たまがわ-ほととぎす【玉川杜=鵑】ユリ科の多年草。山地の湿地に生え、高さ30～50センチ。葉は楕円形で、基部が茎を抱く。夏、紫色の点のある黄色い花を開く。名は京都府の井手の玉川にちなむ。

た-まき【手×纏｜▽環｜×鐶】《手に巻くものの意》❶上代の装身具。玉や鈴にひもを通して手に巻いたもの。くしろ。❷弓を射るとき、左のひじを覆う籠手。弓籠手。〈和名抄〉

手纏の端無きが如し　環状の手纏のように、いつまでも巡り巡って、終わるところのないたとえ。

たまぎく【玉菊】[1702～1726]江戸中期の遊女。江戸新吉原の太夫をつとめ、才色兼備で諸芸にすぐれた。

たまぎく-どうろう【玉菊灯籠】玉菊の追善のため新吉原で引手茶屋の軒ごとに掛け連ねた盆灯籠。年中行事の一つとなった。

たま-ぎぬ【玉▽衣｜▽珠▽衣】玉を飾ったような美しい衣服。りっぱな衣服。たまごろも。「白妙の露の―上にきてからなでしこの花やねぬらん」〈夫木・九〉

たま-ぎぬ【玉絹】縦糸に生糸または玉糸、横糸に玉糸を用いて平織りにした絹織物。埼玉・福島・群馬県などの産。

たまぎぬ-の【玉▽衣の】〔枕〕美しい衣服のきぬずれの音から、その擬声語「さゐさゐ」にかかる。「―さゐさゐしづみ家の妹に」〈万・五〇三〉

たまきはる▶たまきわる

たま-きび【玉×黍】❶トウモロコシの別名。❷タマキビガイの別名。

たまきび-がい【玉×黍貝】タマキビガイ科の巻き貝。潮間帯の岩礁上に群生し、貝殻は球状の円錐形。乾燥に強い。たまきび。

たまき-やま【玉置山】奈良県南部、吉野郡十津川村にある山。標高1076メートル。大峰山脈最南端、十津川と北山川の合流点北側に位置する。大スギで知られるほか、9合目に「熊野三社の奥の院」ともいわれる玉置神社がある。

たま-きゅうりょう【多摩丘陵】関東地方南西部、多摩川と境川との間の丘陵。西は高尾山麓から東は横浜市まで伸びる。宅地化が進行。

たまき-りゅう【玉▽置流】和様書道の流派の一。御家流の分派で、玉置半助を祖とする。

たま-ぎ・る【▽魂▽消る】㊀〔動ラ五(四)〕「たまげる」に同じ。「『人殺し!』と老婆の―・る声」〈木下尚江・良人の自白〉㊁〔動ラ下二〕こわがる。びくびくする。「いとほしやさらに心の幼びて―・れらるる恋もするかな」〈山家集・下〉

たまきわる【たまきはる】鎌倉前期の日記。1巻。藤原俊成の娘、建春門院中納言の作。建保7年(1219)成立。女房として宮中に仕えた生活を、老後になって回想したもの。書名は冒頭の和歌の句による。建春門院中納言日記。建寿御前日記。

たま-きわる【▽魂▽極る】〔枕〕「命」「世」「うち(現)」「わ」などにかかる。語義・かかり方未詳。「―命惜しけどせむすべもなし」〈万・八〇四〉「―宇智の大野に」〈万・四〉〔補説〕語義は「魂きはまる」で生まれてから死ぬまでの意とするが、諸説がある。

たま-く【多摩区】▶多摩㊁

たま-ぐし【玉串｜玉×籤】❶《古くは「たまくし」とも》幣帛の一。サカキなど常緑樹の小枝に紙の幣あるいは木綿をつけ神前に供えるもの。神霊の依ってくるものと考えられることもある。「―奉奠」❷❶に用いるサカキ。また、サカキの別名。「神風や―の葉を取りかはしうちとの宮に君をこそ祈れ」〈新古今・神祇〉

たま-くしげ【玉×櫛×笥｜玉×匣】㊀〔名〕くしげの美称。「この箱を開きて見てばもとのごと家はあらむと―少し開くに」〈万・一七四〇〉㊁〔枕〕❶くしげを開けたり蓋をしたりするところから、「あく」「ひらく」「覆ふ」にかかる。「―明けまく惜しきあたら夜を」〈万・一六九三〉「―開けてさ寝にし我ぞ悔しき」〈万・二六七八〉「―覆ふをやすみ明けていなば」〈万・九三〉❷くしげの蓋と身にかけて、「身」「二上山」「三諸」にかかる。「―身のいたづらになればなりけり」〈後撰・雑一〉「―二上山に月傾きぬ」〈万・三九五五〉「―みもろの山のさな葛」〈万・九四〉❸大切なものの意から、「奥に思ふ」にかかる。「―奥に思ふを見たまへ我が君」〈万・三七六〉

たまぐし-りょう【玉串料】神道で、儀式のときに神前にささげる供物の金品。

たま-くしろ【玉×釧】㊀〔名〕玉をつないで作った腕

輪。「其の女鳥の王の御手に纏かせる―を取りて己が妻に与へき」〈記・下〉 ㊁〔枕〕手に巻く意から、「まく」「手に取り持つ」にかかる。「一まき寝ぬる妹もあらばこそ」〈万・二八六五〉「我が恋ふる児を―手に取り持ちて」〈万・一七九二〉

たま-ぐす【玉×樟】タブノキの別名。

たまぐすく-ちょうくん【玉城朝薫】［1684～1734］琉球の官人・舞踊家。中国の冊封使を歓待するため、踊奉行として組踊を創作した。作品に組踊五番「執心鐘入」「二童敵討」「女物狂」「孝行の巻」「銘苅子」など。

たま-ぐすり【玉薬｜弾薬】銃砲弾を発射するのに用いる火薬。だんやく。「剣砲に―を込め」〈条野有人・近世紀聞〉

た-まくら【手枕】腕を枕として眠ること。てまくら。「朝寝髪我は梳らじ愛しき君が―触れてしものを」〈万・二五七八〉 (類語)手枕・腕枕・肘枕

だまくら-か・す【×騙くらかす】〔動サ五(四)〕「だます」を強調した俗な言い方。「弟を―・す」

たま・げる【▽魂▽消る】〔動ガ下一〕《「たまきえる」の音変化》非常に驚く。肝をつぶす。びっくりする。たまぎる。「人出の多いのには―・げた」 (類語)驚く・仰天する・びっくりする・動転する・喫驚する・驚愕する・驚倒する・一驚する・驚嘆する・唖然とする・愕然とする・呆気にとられる・肝をつぶす・腰を抜かす

たま-こ【多摩湖】東京都東大和市北部、狭山丘陵にある人造湖。都の上水道用水源として柳瀬川をせき止め、昭和2年(1927)完成。村山貯水池。

たま-ご【卵】❶鳥・虫・魚などの雌から産み出される、殻や膜に包まれた球形のもの。孵化すると子になる。卵。「―を産む」「―がかえる」❷(「玉子」とも書く)鶏の卵。鶏卵。❸まだ一人前にならない人。修業中の人。「学者の―」❹物事の起こりはじめ。未成熟なもの。「台風の―」

(下一)泡雪卵・磯巻き卵・煎り卵・落とし卵・寒卵・金の卵・コロンブスの卵・地卵・種卵・生卵・半熟卵・牡丹卵・茹で卵

(類語)(❷)鶏卵・白身・卵白・黄身・卵黄

卵に目鼻　色白でかわいらしい顔だちのたとえ。

卵の四角と女郎の誠　四角い卵がないように、遊女が客に真心をもつはずがないこと。あるはずのないことのたとえ。

卵を見て時夜を求む　《「荘子」斉物論から》卵のうちから、鶏となって時を告げることを待ち望む。順序を考えず、せっかちに結果を求めるたとえ。

卵を渡・る　きわめて危険なことのたとえ。「乱れて歌ふ鶏の、―・るあやうさの」〈浄・歌念仏〉

たまご-いろ【卵色】❶鶏卵の黄身の色。薄黄色。❷鶏卵の殻の色。白茶色。

たまご-がた【卵形】鶏卵に似た楕円形。たまごなり。らんけい。

たまご-ざけ【卵酒】酒に鶏卵の黄身と砂糖を加え、温めた飲み物。寒さ防ぎや風邪のときに用いる。(季 冬)「岡惚で終りし恋や―／草城」

たまご-じょう【卵城】《Castel dell'Ovo》イタリア南部の都市ナポリ、サンタルチア地区にある古城。12世紀にノルマン人により要塞として建造された。名称は、魔術師が城に埋め込んだ卵が割れる時、ナポリに災いが起きるという伝説にちなむ。アンジュー家の時代には倉庫として使われ、続くスペイン支配時代には要塞化が進められた。カステルデッローボ。

たまご-せんべい【卵煎餅】小麦粉生地の煎餅で、原料に鶏卵の黄身をまぜて焼いたもの。

たまご-たけ【卵×茸】テングタケ科のキノコ。夏から秋に、山林内に生え、傘の色は鮮紅色、ひだや茎は黄色。根元は卵状の白い壺で包まれる。食用になるが、日本ではあまり食べない。

たまご-つなぎ【卵×繋ぎ】そば切りなどで、つなぎに鶏卵を用いること。また、そのもの。

たまご-てんぐたけ【卵天×狗×茸】テングタケ科のキノコ。初めは卵形。平らに開くと傘の直径7～10センチで、表面は帯黄緑色または暗緑色、ひだや茎は白い。根元は卵状の白い壺で包まれる。日本をはじめ北半球に広く分布。近縁のシロタマゴテングタケ・ドクツルタケとともに猛毒で知られる。

たま-ごと【玉琴】玉で飾った琴。また、琴の美称。「―、和歌に心をなし」〈浮・織留・六〉

たまご-どうふ【卵豆腐】鶏卵をといて同量または2倍のだし汁を加え、調味し、流し箱で蒸し豆腐状に固めたもの。

たまご-とじ【卵×綴じ】❶汁の多い煮物の仕上げに鶏卵をといて流し、材料を包むようにした料理。❷かけうどん・かけそばの上に鶏卵をといて流し込み、とじたもの。

たまご-どんぶり【卵丼】タマネギを煮たものにといた鶏卵を流し込んで固め、どんぶりの飯にかけたもの。たまどん。

たまご-なり【卵▽形】「たまごがた」に同じ。「一の胴がふわっと乗かっている様子は」〈漱石・草枕〉

たまご-べに【卵紅】歌舞伎の小道具の一。卵の殻に小さな穴をあけて糊紅を入れたもの。血を見せる場面で、これをつぶして用いる。

たまご-まき【卵巻(き)】鶏卵を薄く焼いて他の材料を包んだもの。

たま-ごめ【弾込め｜玉▽籠め】〔名〕スル 銃砲に弾丸をこめること。また、装填された銃。「―したる猟銃を」〈鏡花・琵琶伝〉

たまご-やき【卵焼(き)】鶏卵をかきまぜ、調味料やだし汁で味つけをして焼いた料理。また、それを作るための底の浅い四角い鍋。

たまご-ゆ【卵湯】鶏卵に砂糖を加えてかきまぜ、熱湯を注いで作った飲み物。

たま-ごりょう【多摩御陵】「多摩陵」に同じ。

たま-ころがし【玉転がし】❶玉を転がすこと。また、その遊戯。❷ビリヤードのこと。「―に負けて」〈魯文・胡瓜遣〉

たま-ごろも【玉衣｜▽珠衣】「たまぎぬ」に同じ。「雲晴れぬ五月きぬらし―むつかしきまで雨じめりせり」〈六条宰相家歌合〉

たま-ざいく【玉細工】石やガラスなどの玉を材料として細工すること。また、その細工物。

たま-さか【▽偶さか｜▽適さか】㊀〔副〕(「に」を伴っても用いる)❶思いがけないさま。偶然であるさま。たまたま。「―めぐりあった好機」「―に旧友と出会う」「―の来客」❷機会が数少ないさま。まれに。たまに。「―郷里に帰ることもある」「―の休日」㊁〔形動ナリ〕❶まれであるさま。「通ふ人もいと―なり」〈源・手習〉❷めったにないと思われるさま。ひょっとしてそうなるさま。万一。「もし天竺に―に持て渡りなば」〈竹取〉 (類語)偶然・たまたま・ひょっこり

たまさか-どり【▽偶さか鳥】ホトトギスの別名。

たまさき-じんじゃ【玉前神社】千葉県長生郡一宮町にある神社。祭神は玉埼神(玉依姫命)。関東武士の信仰を受けた。上総国一の宮。玉前大明神。

たま-ざさ【玉×笹｜玉×篠】笹の美称。「朝日さす光を見ても―の葉わけの霜を消たずもあらなむ」〈源・藤袴〉

たま-ざし【球差(し)｜球指(し)】球面の曲率半径や、薄板の厚さなどを測定する器械。球面計。球尺。

たま-サボテン【玉サボテン】サボテン科植物のうち、茎が球状や短柱状をしているもの。

たま-ざん【▽珠算｜玉算】そろばんを使ってする計算。しゅざん。

たま-し【多摩市】▶多摩㊁

だまし【×騙し】❶だますこと。欺くこと。「―の手口」「子供―」❷だます人。欺く人。かたり。「都の―にだまされた」〈狂言記・粟田口〉

たましい【魂｜×魄】❶生きものの体の中に宿って、心の働きをつかさどると考えられるもの。古来、肉体を離れても存在し、不滅のものと信じられてきた。霊魂。たま。「―が抜けたようになる」「仏作って―入れず」❷心の活力。精神。気力。「仕事に―を打ち込む」❸それなしではそのものがありえないくらい大事なもの。「刀は武士の―、鏡は女の―」❹(多く「…だましい」の形で)そのものの固有の精神。また、気構え。「大和―」「負けじ―」❺思慮。分別。「いみじう―おはすとぞ世人に思はれ給へりし」〈大鏡・道隆〉❻素質。天分。才気。「筆とる道と、碁うつこととぞ、あやしう―のほど見ゆるを」〈源・絵合〉❼《武士の魂とされるところから》刀。「わが夫のこの―、婿引出に」〈浄・彦山権現〉 (類語)(❶)霊魂・心霊・魂魄・霊・み霊・精・精霊・生き霊・英魂・英霊・神霊・祖霊・忠霊・尊霊・亡魂・幽魂・死霊／(❷)精魂・心魂・精神力・精気・生気・スピリット・ソウル

魂が抜・ける　気力がなくなる。いくじがなくなる。「疲れきって―・けた顔」

魂を入れ替・える　心を改める。性根を入れ替える。「これからは―・えて精進します」

魂を飛ば・す　すっかり夢中になる。有頂天になる。「雪より白き肌に、誰も―・し」〈浮・歌三味線・一〉

魂を冷や・す　非常に驚き恐れる。肝を冷やす。

だましい【魂｜×魄】「たましい(魂)❹」に同じ。「大和―」

だまし-うち【×騙し討ち】だましておいて、不意に討ち取ること。油断させておいて、いきなりひどい仕打ちをすること。「―にあう」 (類語)奇襲・急襲・不意討ち

だまし-え【×騙し絵】❶視覚的な錯覚を利用した隠し絵。❷▶トロンプルイユ

たま-しき【玉敷き】玉を敷いたように美しいこと。また、その場所。「―の都のうちに棟を並べ」〈方丈記〉

たま-しぎ【玉×鷸】チドリ目タマシギ科の鳥。全長24センチくらいのシギ。雌のほうが羽色は美しく、一雌多雄。雄が抱卵・育雛を行う。アジア・アフリカ・オーストラリアに分布し、日本は繁殖の北限。

たましき-ごかい【玉敷沙＝蚕】多毛綱タマシキゴカイ科の環形動物。体長約30センチ。体は黒く、後半部は細い。砂泥中にU字形の穴を掘ってすむ。釣りのえさにする。くろむし。どんべい。ちんちろむし。

たましき-の-にわ【玉敷きの庭】宝石を敷きつめたように美しい庭。特に、御所の庭。「萩の戸の花も色そふ白露に千代の数みる―」〈新葉・秋上〉

たま-じくうけ【球軸受(け)】▶ボールベアリング

だまし-こ・む【×騙し込む】〔動マ五(四)〕すっかりだます。「―・んで寸分も疑われない」

たま-しずめ【▽鎮▽魂】❶魂を落ち着かせ鎮めること。ちんこん。❷「鎮魂の祭」の略。

たましずめ-の-まつり【▽鎮▽魂の祭(り)】㊀肉体から遊離しようとする魂や、遊離した魂を肉体に落ち着かせるための儀式。㊁宮中で、陰暦11月の中の寅の日(新嘗祭の前日)に行われた祭儀。天皇・皇后・皇太子などの魂を鎮め、御代の長久を祈ったもの。みたまふり。ちんこんさい。

たま-しだ【玉羊＝歯】ツルシダ科の常緑・多年生のシダ。暖地の海岸に自生。葉は長さ約50センチで羽状複葉。根に褐色で球形の塊茎をつけ、水分を蓄える。葉を切り花に使う。

たましま【玉島】岡山県南西部、倉敷市の地名。近世、瀬戸内海・高梁川の商業港として発展。旧玉島市。繊維・機械工業などが盛ん。

たましま-がわ【玉島川】佐賀県北部を流れる川。唐津湾に注ぐ。神功皇后がこの川でアユを釣って魚占いをしたことが古事記・日本書紀・肥前国風土記にみえる。松浦川。

たま-じゃり【玉砂利】粒が丸く、やや大きい砂利。

たま-しろ【霊代】神または人の霊魂の代わりとして祭るもの。みたましろ。

たま-じわ・う【霊▽幸ふ】〔動ハ四〕霊力をふるって加護する。「―神も我をば打棄てこそ」〈万・二六六一〉 (補説)一説に「神」にかかる枕詞とする。

だま・す【×騙す】〔動サ五(四)〕❶うそを言って、本当でないことを本当であると思い込ませる。あざむく。たぶらかす。「人を―・して金を取る」「まんまと―・される」❷他のことに気をまぎれさせて落ち着かせる。機嫌をとってなだめる。「子供を―・して寝かせる」❸機械などの調子をみて手加減しながらなんとか作動さ

せる。「旧式の機械を―・し―・し使う」(可能)だませる
(用法)だます・あざむく――「友人をだます(欺く)」「銀行員をだまして(欺いて)大金を引き出す」など、うそを信じさせる意では、相通じて用いられる。◆「だます」は「うまいことを言ってだます」のように、うそを本当と思い込ませる行為に重点があるが、「欺く」は「誓い合った恋人を欺く結果になった」のように、信頼に反する行動に対して用いられる傾向がある。また、「だます」は口頭語、「あざむく」は文章語といえる。◆「だます」には、すかしたりなだめたりする意もある。「だだをこねる子供をだましながら連れ帰る」「おんぼろ自動車をだましだまし走らせる」◆「欺く」には「昼を(も)欺く明るさ」のような用法がある。◆類似の語「偽る」は、事実と異なることを故意に言う意が強い。「年齢を偽る」「警察官と偽って取り調べるふうをする」
(類語)欺く・ごまかす・偽る・たばかる・騙(かた)る・誑(たぶら)かす・はぐらかす・化かす・一杯食わす

騙すに手(て)無し ❶巧みにだまされてしまうと、防ぐ手段はない。❷だます以外に方法がない。

ダマスカス〖Damascus〗シリア-アラブ共和国の首都。シリア砂漠西端のオアシス都市で、古代から東西交通の要地。661～750年、イスラム帝国ウマイヤ朝の首都として繁栄。現存する世界最古の都市の一。絹織物・金銀細工など伝統的な手工業が営まれる。旧市街は1979年、「古都ダマスクス」として世界遺産(文化遺産)に登録された。人口、行政区168万(2008)。アラビア語でディマシュク。ダマスクス。

ダマスク〖damask〗《シリアのダマスカスで発達したところから》斜文織りまたは繻子(しゅす)の地に色糸・金銀糸などで模様を織り出した緞子(どんす)風絹織物。家具・テーブルクロスなど室内装飾用。

ダマスクス〖Damascus〗▶ダマスカス

たまずさ【玉×梓｜玉▽章】(たまづさ)《「たまあずさ」の音変化。❹が原義》❶手紙。消息。「御なつかしき―とる手おそしと」〈蘆花・不如帰〉❷巻いた手紙の中ほどをひねり結んだもの。ひねり文。結び文。多く艶書(えんしょ)にいう。❸《種子の形が結び文に似ているところから》カラスウリの別名。❹《古く便りを伝える使者は梓(あずさ)の杖を持っていたところから》使者。使い。「何時(いつ)しかと待つらむ妹(いも)に―の言(こと)だに告げず去(い)にし君かも」〈万・四四五〉(類語)手紙・書簡・書信・書状・書面・紙面・信書・私信・私書・書(しょ)・状・一書・手書・親書・手簡・書札(しょさつ)・尺牘(せきとく)・書牘(しょとく)・雁書(がんしょ)・消息・便り・文(ふみ)・レター・封書・はがき・絵はがき・郵便

たまずさ-どうふ【玉▽章豆腐】(たまづさ)豆腐を封書の形に細長く薄く切って、冷水に浮かべたもの。

たまずさ-の【玉×梓の】(たまづさ)〔枕〕手紙を梓の木に結びつけて使者に持たせ、妹(いも)のもとへやる意から、「使ひ」「妹」にかかる。「―使ひを見れば逢ひし日思ほゆ」〈万・二〇九〉「―妹は玉かも」〈万・一四一五〉

たまずさ-むすび【玉▽章結び】(たまづさ)▶吉弥(きちや)結び

たま-すじ【球筋】(すぢ)❶野球で、投球のコース。球道。❷ゴルフで、ボールの飛ぶ方向、飛び方。

たま-すだれ【玉×簾｜▽珠×簾】❶玉で飾ったすだれ。また、すだれの美称。たまだれ。❷ヒガンバナ科の多年草。地下の鱗茎(りんけい)から細長い葉が群がって出る。夏、高さ約30センチの茎を出し、クロッカスに似た白い花をつける。南アメリカの原産。(季 花=夏)

たま-すり【玉▽磨り】玉をすって細工をすること。また、その職人。たまつくり。〈文明本節用集〉

たま-だいがく【多摩大学】東京都多摩市にある私立大学。平成元年(1989)の開設。同5年に大学院を設置した。

たま-だすき【玉×襷】㊀〔名〕たすきの美称。「衣の袖に―上げ」〈盛衰記・一八〉㊁〔枕〕❶たすきを項(うなじ)に懸けるところから、「うね」「懸く」にかかる。「―畝傍(うねび)の山の」〈万・二九〉「―かけず忘れむ事計(ことばか)りもが」〈万・二八九八〉❷「雲」にかかる。万葉集・一三三五の「玉だすき雲飛山(うねびやま)」を読み誤ったところからという。「―雲ゐる山の初桜花」〈夫木・四〉

たま-だな【▽魂棚】「精霊棚(しょうりょうだな)」に同じ。(季 秋)「―の奥なつかしや親の顔/去来」

たま-たま【▽偶｜▽適｜▽会】〔副〕❶時おり。時たま。たまに。「春とはいえ―寒い日がある」❷偶然に。ちょうどその時。「一駅で旧友にあった」(類語)偶然・たまさか・丁度・折よく・運よく・折しも・折節(おりふし)

たま-だれ【玉垂れ】《「たますだれ」の音変化》❶玉で飾ったすだれ。また、すだれの美称。たますだれ。❷ワサビ・ヤマノイモ・みじん粉・砂糖を合わせて作ったあんを求肥(ぎゅうひ)で巻いた棹物(さおもの)菓子。

たまだれ-の【玉垂れの｜玉×簾の】〔枕〕❶玉を「緒(を)」に通して垂れる意から、「を」にかかる。「―越智(をち)の大野の朝露に」〈万・一九四〉❷御簾(みす)を垂れる意、またその編み目が透く意から、「たれ」「みす」「すける」などにかかる。「慣れてこそ心にかかれ―見ずは忘るるひまもあらまし」〈新続古今・恋二〉「―すける心と見てしより」〈拾遺・恋一〉

たま-ぢしゃ【球萵=苣】レタスの別名。また、結球性のレタスをいい、結球のゆるいものをサラダ菜ということもある。

たま-つき【玉突き】❶室内遊戯の一。撞球(どうきゅう)。ビリヤード。❷《❶の球が次々に他の球に当たるところから》追突された車が前方に押し出されて、次々と前の車に追突すること。「―事故」

たま-つくり【玉作り｜玉造り】玉をつくること。また、その職人。

たまつくり【玉造】大阪市の天王寺区から中央区の東部にまたがる地名。古代に玉造部が居住した。

たまつくり-おんせん【玉造温泉】(ヲンセン)島根県松江市にある温泉。泉質は塩化物泉・硫酸塩泉で、出雲風土記にも記される古湯。付近は瑪瑙(めのう)などの産地で、古代玉造部が置かれた。

たまつくり-おんせんきょう【玉造温泉郷】(ヲンセンキャウ)宮城県大崎市北西部にある温泉地。鬼首(おにこうべ)温泉郷と鳴子温泉郷とに分かれる。

たまつくり-べ【玉作▽部｜玉造▽部】大化前代、玉類の製造に従事して朝廷に仕えた部民(べみん)。

たまつ-しま【玉津島】和歌山市和歌浦の地名。かつては島。玉津島神社がある。(歌枕)「一見れども飽かずいかにして包み持ち行かむ見ぬ人のため」〈万・一二二二〉

たまつしま-じんじゃ【玉津島神社】和歌浦にある神社。祭神は稚日女命(わかひるめのみこと)・神功皇后・衣通姫命(そとおりひめのみこと)。古来、和歌三神の一として信仰される。

たま-つばき【玉×椿】❶ツバキの美称。(季 春)❷ネズミモチの別名。

たま-で【玉手】玉のように美しい手。また、手の美称。「―さし交(か)へあまた夜も寝(い)ねてしかも」〈万・一五二〇〉

たま-てばこ【玉手箱】❶美しい手箱。特に、浦島太郎が、竜宮の乙姫(おとひめ)からもらって帰ったという箱。❷秘密にして、容易には人に見せない大切なもの。

たま-どうぶつこうえん【多摩動物公園】(ドウブツコウエン)東京都日野市にある都営の自然動物公園。昭和33年(1958)開園。丘陵の自然を生かした放し飼い方式や、大規模な昆虫館などを特徴とする。

たま-どこ【玉床】ふしどの美称。「明日よりは我が―を打ち払ひ君と寝(い)ねずてひとりかもねむ」〈万・二〇五〇〉

たま-どの【玉殿】❶りっぱな御殿。❷《稲荷神社の狐の像が宝の玉を持っているところから》狐のこと。「稲荷前をぶら付いて、かの―につままりゃせぬかの」〈浄・忠臣蔵〉

たま-どの【霊殿｜▽魂殿】❶死者の霊を祭った所。たまや。❷葬送の前にしばらく遺体を納めておく殿舎。たまや。「昔物語に、―に置きたりけむ人のたとひを、思ひ出でて」〈源・夢浮橋〉

たま-とり【玉取り】数個の玉を手で交互に投げ上げては受けとめる曲芸。品玉(しなだま)。弄丸(ろうがん)。

たまとり-まつり【玉取祭】福岡市箱崎町の筥崎(はこざき)宮の正月3日の祭り。木製の玉を裸になった大勢の若者が奪い合って豊年を占う行事。同様の行事が各地にある。玉せせり。

たまな【玉名】熊本県北西部の市。菊池川の河港として発達。島原湾に面し、ノリの養殖やミカンの栽培などが盛ん。玉名温泉がある。平成17年(2005)10月、岱明(たいめい)町・横島町・天水町と合併。人口7.0万(2010)。

たま-な【玉菜｜球菜】キャベツの別名。

たま-なえ【玉苗】(なへ)「早苗(さなえ)」に同じ。

たまな-し【玉名市】▶玉名

たま-なし【玉無し】〔名・形動〕そのものがもつ、よさを失うこと。また、そのさま。だいなし。「ひとり息子を―にしたように歎いて」〈二葉亭・平凡〉

たまな-やが【甘=藍夜×蛾】ヤガ科の昆虫。翅(はね)は開張約5センチで、黒色や暗褐色の紋がある。幼虫は根切り虫といわれ、農作物の大害虫。

たまにしき-さんえもん【玉錦三右衛門】(サンヱモン)[1903～1938]力士。第32代横綱。高知県出身。本名、西内弥寿喜(やすき)。晩年は双葉山の好敵手として一時代を築いたが、昭和13年(1938)巡業中に病死した。優勝9回。➡常ノ花寛市(第31代横綱) ➡武蔵山武(第33代横綱)

たま-ニュータウン【多摩ニュータウン】東京都南西部、多摩丘陵に開発された大規模住宅地。多摩・稲城・八王子・町田の4市にまたがる。

たま-ねぎ【玉×葱】ユリ科ネギ属の野菜。高さ約50センチ。地下の鱗茎(りんけい)は球形または偏球形で、刺激性のにおいをもち、食用。葉や茎は管状。秋、白い小花が集まって球状に咲く。ペルシアの原産で、明治の初めに日本に渡来。オニオン。(季 夏)「貧なる父―噛んで気を鎮む/三鬼」

たまの【玉野】岡山県南部の市。児島半島東部を占める。宇野港は四国への連絡船発着地として発展。造船所、精錬所がある。人口6.5万(2010)。

たま-の-あせ【玉の汗】玉のように吹き出した大粒の汗。(季 夏)「美しき詞(ことば)にも似ぬ―/杉風」

たま-の-い【玉の井】(ゐ)よい水の出る井戸。また、井戸の美称。たまい。「我ならぬ人にくますな行きずりに結び置きつる―の水」〈風雅・雑中〉

たまのい【玉の井】(たまのゐ)東京都墨田区東向島にあった私娼窟。永井荷風が「濹東綺譚」で描いた所。

たまのい【玉井】(たまのゐ)謡曲。脇能物。観世・金剛・喜多流。観世小次郎信光作。記紀に取材。彦火火出見尊(ひこほほでみのみこと)が釣り針を探しに竜宮へ行き、玉の井戸のほとりで豊玉姫と契りを結ぶ。

たま-の-うてな【玉の▽台】美しくりっぱな建物。玉楼(ぎょくろう)。ぎょくだい。「いづこかさして、とおもほしなせば、―も同じことなり」〈源・夕顔〉

たまのうみ-まさひろ【玉の海正洋】[1944～1971]力士。第51代横綱。愛知県出身。本名、谷口正夫。昭和46年(1971)盲腸の手術後、27歳の若さで急死。優勝6回。➡佐田の山晋松(しんしょう)(第50代横綱) ➡北の富士勝昭(第52代横綱)

たま-の-うら【玉の浦】和歌山県南東部、那智勝浦町の海辺。(歌枕)「我(あ)が恋ふる妹は逢はさず―に衣片敷きひとりかも寝む」〈万・一六九二〉

たま-の-お【玉の緒】(を)❶玉を貫き通した細ひも。また、その宝玉の首飾り。「初春の初子(はつね)の今日の玉箒(たまばはき)手に取るからに揺らく―」〈万・四四九三〉❷《玉をつなぐ緒が短いところから》短いことのたとえ。「逢ふことは―ばかり思ほえてつらき心の長く見ゆらむ」〈伊勢・三〇〉❸《魂(たま)の緒の意から》生命。いのち。「―よ絶えなば絶えねながらへば忍ぶることの弱りもぞする」〈新古今・恋一〉

たま-の-おぐし【玉の小×櫛】(をぐし)玉で飾った櫛。また、美しい櫛。「さしながら昔を今につたふれば―ぞ神さびにける」〈源・若菜上〉

たまのおぐし【玉の小櫛】(たまのをぐし)「源氏物語玉の小櫛」の略称。

たまのおくりわけ【玉の緒繰分】(たまのをくりわけ)江戸後期の語学書。5巻。東条義門著。天保12年(1841)刊。本居宣長の「詞(ことば)の玉緒(たまのを)」を補訂したもの。

たま-の-おごと【玉の小琴】(をごと)玉で飾った琴。また、美しい琴。「ひざに伏す―の事なくはいたくここだく我恋ひめやも」〈万・一三二八〉

たまのお-の【玉の緒の】〔枕〕❶玉を通す緒の意で、その長短から「長し」「短し」、乱れたり切れたりすることから「思ひ乱る」「絶ゆ」「継ぐ」、玉が並んでいるようすから「間もおかず」などにかかる。「―長き春日を」〈万・一九三六〉「―絶えたる恋の繁きこのころ」〈万・二三六六〉❷魂の緒の意から、「現し」「いのち」にかかる。「―現し心や年月の行きかはるまで妹に逢はざらむ」〈万・二七九二〉

たま-の-おび【玉の帯】石帯。ごくのおび。

たまのおや-じんじゃ【玉祖神社】山口県防府市にある神社。祭神は玉祖命ほか一座。周防国一の宮。玉祖大明神。俗称、たまっさま。

たま-の-かんざし【玉の×簪】ユリ科の多年草。葉は長楕円形で、縁は軽く波打つ。夏から秋に、白色で香りのある花を総状につける。花は夕方開き、朝閉じる。中国の原産で、観賞用に栽培。

たま-の-こし【玉の×輿】❶貴人の乗るりっぱな輿。❷女性が婚姻によって手にする富貴な身分。

玉の輿に乗・る　女性が、高い身分の人や多くの財産を所有する人の妻になる。

たま-の-さかずき【玉の杯┊玉の×巵】玉で作った杯。また、美しい杯。ぎょくはい。「思ふどちかり場の小野にまと居してさしこそかはせ―」〈丹後守為忠百首〉

玉の巵底無きが如し　《「韓非子」外儲説右上から》外見はきわめてよいが、肝心なところが欠けていて使いものにならないもののたとえ。

たまの-し【玉野市】▶玉野

たま-の-すがた【玉の姿】玉のように美しい姿。「月日夜は過ぐは行けども母父が―は忘れせなふも」〈万・四三七八〉

たま-の-はだ【玉の肌】玉のように美しい肌。主に女性のなめらかな肌をほめていう語。たまはだ。

たま-の-みささぎ【多摩陵】▶たまりょう(多摩陵)

たま-のり【玉乗り┊球乗り】曲芸の一。大きな玉の上に乗り、足で転がしながら種々の芸を演じるもの。また、その人。

たま-のれん【▽珠▽暖×簾】球や管の形をした玉を貫いた糸を何本も下げ、のれんにしたもの。

たま-ばえ【×癭×蠅】双翅目タマバエ科のハエの総称。体は蚊を小さくしたような大きさ。細長い脚と幅広い翅をもつ。幼虫が植物に寄生して虫こぶをつくるもの、植物の葉を巻くもの、アブラムシ・ダニなどを捕食するものなどがある。

たま-はがね【玉鋼】砂鉄を原料に、たたら製鉄法によって造られた良質の鋼材。日本刀を作った。

たま-はし【玉橋】橋の美称。「上つ瀬に―渡し下つ瀬に舟浮けする」〈万・一七六四〉

たま-ばち【×癭蜂】膜翅目タマバチ科のハチの総称。小形で、多くは黒色か褐色。幼虫は植物に寄生し、虫癭(虫こぶ)をつくる。クリタマバチ・クヌギタマバチなど。ふしばち。

たま-ばはき【玉×箒】《「たまははき」とも》❶玉の飾りをつけたほうき。正月の初子の日に蚕室を掃くのに用いた。「初春の初子の今日の―手に取るからに揺らく玉の緒」〈万・四四九三〉❷ほうきを作る草の名。コウヤボウキやホウキグサの古名という。「―刈り来鎌麻呂むろの木と棗が本をかき掃かむため」〈万・三八三〇〉❸美しいほうき。〈日葡〉❹憂いを払うほうきにたとえて、酒の異名。「患へを払ふ―、いかな大事も好物に」〈浄・妹背山〉

たま-はやす【玉はやす】〔枕〕「むこ」にかかる。語義・かかり方未詳。「―武庫の渡りに天伝ふ日の暮れ行けば家をしぞ思ふ」〈万・三八九五〉

たま-びじゅつだいがく【多摩美術大学】東京都世田谷区に本部がある私立大学。昭和10年(1935)設立の多摩帝国美術学校に始まり、多摩造形芸術専門学校を経て、同28年に新制大学として発足。

たま-ひろい【球拾い】野球などで、練習時グラウンドの周辺に散った球を拾い集めること。また、もっぱらその役に当たる選手。

たま-ぶき【玉×蕗】キク科の多年草。山林に生え、高さ0.5～1.5メートル。葉は大きく広卵形で、裏面は綿毛が密生し白みを帯びる。葉の付け根にむかごができる。晩秋、多数の白い花をつける。

たま-ぶさ【玉▽総】端を玉のように丸くしたふさ。

たま-ぶち【玉縁】❶美しい縁。また、きれいに縁どりしたもの。❷布の裁ち目に別布をつけて細く縁どったもの。縫いしろの始末やボタンホールなどに用いる。パイピング。❸㋐西洋建築で、建物の隅に取り付ける、断面が半円形の刳り形。㋑竹の節欄間で、上下にある横木。㋒建仁寺垣や袖垣の、割り竹や萩の幹の束で作った縁。

たまぶち-がさ【玉縁×笠】江戸時代、万治年間(1658～1661)のころから流行した婦人用の一文字笠。縁が美しく編んであったところからの名という。

たま-ふり【▽魂振り】❶活力を失った魂を再生すること。広義には、鎮魂を含めていう。❷鎮魂の祭のこと。

たま-ぶりぶり【玉振り振り】▶ぶりぶり㊀❶

たま-へん【玉偏】漢字の偏の一。「珍」「理」などの「王」の部分の称。ぎょくへん。

たま-べん【玉弁┊玉×瓣】簡単な逆止め弁やポンプ弁に使われる球形の弁。

たま-ぼうき【玉×箒】❶「たまばはき」に同じ。「憂を掃う―と云う訳かね」〈蘆花・黒潮〉❷タムラソウの別名。

たま-ぼこ【玉×鉾┊玉×桙┊玉矛】《「たまほこ」とも》❶玉で飾ったほこ。また、ほこの美称。❷《枕詞「たまぼこの」のかかり方から》道。「この程はしるもしらぬも―の行きかふ袖は花の香ぞする」〈新古今・春下〉

たまぼこ-の【玉×鉾の】〔枕〕「道」「里」にかかる。語義・かかり方未詳。「―道行き暮らし」〈万・七九〉「―里人皆に我恋ひめやも」〈万・二五九八〉

たまほめ-ぼし【▽魂×讃星】二十八宿の一、鬼宿の和名。魂緒の星。➡鬼

たま-ま・く【玉巻く┊玉×纏く】〔動カ四〕❶玉を巻きつけて飾る。「梓弓末に―・きかくすすそ寝ななななりにし奥をかぬかぬ」〈万・三四八七〉❷クズなどの若葉の葉先が玉のように巻く。「白露に色変りゆく秋萩は―・く葛もかひなかりけり」〈宇津保・忠こそ〉

たま-まつ【玉松】松の美称。「み吉野の―が枝は愛しきかも君がみ言を持ちて通はく」〈万・一一三〉

たままつ-みさお【玉松操】[1810～1872]江戸末期から維新期の国学者。京都の人。本名、山本真弘。岩倉具視の側近となり、王政復古計画に参画。維新後、新政府の方針と合わず職を辞した。

たま-まつり【霊祭(り)┊▽魂祭(り)】陰暦7月の盆を中心にして、祖霊を迎えて祭りをすること。精霊祭り。盂蘭盆会。〔季 秋〕「夜かよふ蝶あはれなり―/闌更」〔類語〕盂蘭盆・盆・精霊会・新盆・旧盆

たま-まゆ【玉繭】❶繭の美称。❷2匹またはそれ以上の蚕が一緒になって作った繭。玉糸・紡ぎ糸・真綿の原料として使用。同功繭。〔季 夏〕

たま-みず【玉水】㊀❶清らかな水、また、滝。❷雨だれなどの水滴の美称。「軒の―の音も楽しい」〈藤村・千曲川のスケッチ〉「雨やまぬ軒の―数知らず」〈後撰・恋一〉㊁京都府綴喜郡井手町にあった、井手の玉川。〔歌枕〕「いかにせむうさのつかひは許されず恋しき人はいでの―」〈実方集〉

たま-みずき【玉水木】モチノキ科の落葉高木。本州中部以西の山地に自生。葉は長楕円形で滑らか。雌雄異株。5、6月ごろ緑白色の小花を密につけ、秋に赤い丸い実を結ぶ。〔季 秋〕

たま-みそ【玉味×噌】ソラマメを煮て麹と塩とをまぜ、団子に丸めて藁苞に包み、炉の上やかまどのそばに1、2年置いて熟成させた味噌。味噌玉。

たま-むかえ【霊迎え┊▽魂迎え】「精霊迎え」に同じ。〔季 秋〕「はまなすの数朱くれなゐ―/林火」⇔霊送り。

たまむかえ-どり【▽魂迎え鳥】ホトトギスの別名。

たま-むし【玉虫┊吉=丁=虫】❶㋐甲虫目タマムシ科の昆虫。体長約3.5センチ。体は紡錘形。翅は緑色の地に紅紫色の縦縞があり、金属光沢があって美しく、古くから装飾に用いられた。幼虫は桜・ケヤキなどの材部を食害する。本州以南から台湾に分布。やまとたまむし。〔季 夏〕「―の光残して飛びにけり/虚子」㋑タマムシ科の昆虫の総称。体は紡錘形で堅く、足は短い。主に黒色で、青緑色や赤色の金属光沢のある種もある。❷イラガの幼虫。タナゴ釣りのえさにする。

たまむし-いろ【玉虫色】❶タマムシの翅のように、光線のぐあいで緑色や紫色などに変わって見える染め色、または織り色。❷見方や立場によっていろいろに解釈できるあいまいな表現などをたとえていう語。「―の答弁」

たまむし-おり【玉虫織(り)】縦糸・横糸に異なる色糸を用いて緻密に織り、光線の反射によってタマムシの羽のように色の変化がある織物。裏地・レーンコート地などに使う。

たまむし-かいき【玉虫海気】縦横の糸の色を変えて織り、光の反射によってタマムシの羽のように色が変化して見える絹織物。

たまむし-の-ずし【玉虫の厨子】法隆寺に伝わる飛鳥時代の宮殿形厨子。檜造り、外面は黒漆塗り。高さ226.6センチ。須弥座上の宮殿形は入母屋造り・錏葺きで当代の建築様式を伝え、各部に施された透かし彫りの金具の下にタマムシの羽を置いたのでこの名がある。内部は金銅押出しの千体仏で覆われ、三方の扉及び背面と須弥座四面の彩色画は日本最古の本格的絵画の遺品として貴重。

たま-むすび【玉結び】❶▶小間結び ❷江戸中期、元禄(1688～1704)ころに流行した女性の髪形。背に垂らした髪の端を折り返して輪に結ぶもの。

たま-むすび【▽魂結び】魂がからだから浮かれ出るのを結びとどめるまじない。また、「袋草紙」によると、人魂に出会ったときは、「魂は見つ主は誰とも知らねども結びとどめよ下がひのつま」という歌を三度唱え、男は左、女は右の褄を結び、3日後にこれを解く風習があったという。「思ひあまり出でにし魂のあるならむ夜ふかく見えば―せよ」〈伊勢・一一〇〉

たま-も【玉×裳】裳の美称。「あみの浦に舟乗りすらむ娘子らが―の裾に潮満つらむか」〈万・四〇〉

たま-も【玉藻】藻の美称。「荒磯にぞ―は生ふる」〈万・一三五〉

たま-もい【玉×盌】玉製の盌。また、美しい盌。たまり。「―に水さへ盛り」〈武烈紀・歌謡〉

たまも-かる【玉藻刈る】〔枕〕❶藻を刈る情景から、海辺の地名「敏馬」「処女」「辛荷」などにかかる。「―敏馬を過ぎて夏草の野島の崎に舟近付きぬ」〈万・二五〇〉❷沖にかかる。「―沖辺は漕がじ」〈万・七二〉

たま-もく【玉目】木目が渦巻き形のきれいな模様になったもの。クス・ケヤキなどにみられる。

たまも-なす【玉藻なす】〔枕〕藻が漂いなびく意から、「浮かぶ」「寄る」「なびく」にかかる。「もののふの八十宇治川に―浮かべ流せれ」〈万・五〇〉「波のむたか寄りかく寄る―寄り寝し妹を」〈万・一三一〉「―なびき寝し児を」〈万・一三五〉

たま-もの【▽賜┊▽賜物】❶恩恵や祝福として与えられたもの。たまわりもの。「水は天からの―」❷あることの結果として現れたよいもの、または事柄。成果。「努力の―」

たまも-の-まえ【玉藻の前】鳥羽上皇の寵を得たという伝説上の美女。異国から来た金毛九尾の狐で、陰陽師に見破られて那須の殺生石になったという。謡曲「殺生石」や浄瑠璃・歌舞伎に脚色された。

たまものまえあさひのたもと【玉藻前曦袂】浄瑠璃。時代物。五段。近松梅枝軒・佐川藤太合作。文化3年(1806)初演。浪岡橘平らの同名の先行作を改作。天竺から唐土・日本と渡った金毛九尾の狐の伝説を脚色したもの。

たまも-よし【玉藻よし】〔枕〕《「よ」「し」は間投助詞》讃岐の海の藻をほめる意から、「讃岐」にかかる。「―讃岐の国は」〈万・二二〇〉

たま-や【玉屋】㊀❶玉㊀❷㋐をつくったり売ったりする店。また、その人。❷江戸時代、シャボン玉を売った人。㊁花火製造元の屋号。江戸時代、鍵屋かぎやと並称され、その花火は両国の川開きで名物だった。

たま-や【霊屋】❶死者の霊魂を祭ってある堂。❷葬送の前に一時遺骸を安置する所。❸墓の上にのせる小さい屋形。上屋うわや。雨覆あまおおい。野屋のや。
〘類語〙廟・霊廟・廟堂・宗廟・聖廟

たま-ゆら【玉ˇ響】〘副〙少しの間。ほんのしばらく。「一も心を休むべき」〈方丈記〉〘補説〙「玉響たまかぎるきのふの夕見しものを今日の朝あしたに恋ふべきものか」〈万・二三九一〉の「玉響」を「たまゆらに」とよんだところからできた語。玉がゆらぎ触れ合うことのかすかなところから、「しばし」「かすか」の意味に用いられた。

タマヨ〖Rufino Tamayo〗[1899～1991]メキシコの画家。インディオ芸術を基礎に欧州の前衛様式を取り入れ、独自の象徴的世界を描いた。

たま-よけ【弾ˇ除け¦玉ˇ除け】銃弾を防ぐこと。また、防ぐもの。

たま-よばい【ˇ魂呼ばい】よばひ「魂呼たまよび」に同じ。

たま-よび【ˇ魂呼び】死者の名を呼んで、離れていく魂を呼び戻す儀礼。枕頭ちんとうや屋根の上で、あるいは井戸の底に向かって大声で呼ぶ。たまよばい。

たまより-ひめ【玉依姫】《「たまよりびめ」とも》㊀神霊を宿す女性。巫女みこなどの称。㊁㊀日本神話で、海の神の娘。鸕鶿草葺不合尊うがやふきあえずのみことの妃となり、神日本磐余彦尊かむやまといわれひこのみこと(神武天皇)ら四子を産んだ。㊁賀茂伝説で、建角身命たけつぬみのみことの娘。丹塗矢にぬりや(火雷神ほのいかずちのかみ)と結婚し、別雷神わけいかずちのかみを産んだ。

たま-ラシャ【玉ラシャ】表面に毛羽けばを立て、小さい玉状に丸めてある毛織物。コート地などにする。

たまり【ˣ溜まり】❶もののたまること。また、たまっている所。「水一」❷人の集まる場所。たまり場。「仲間の一になっている店」❸相撲の土俵下で審判委員・行司・力士が控える所。「力士が一に入る」❹味噌からしたたった汁。❺「溜まり醤油じょうゆ」の略。❻敵の攻撃を支えること。こらえふみとどまること。「ひと一もない」「だれでも年取った人は、こうと言ったら一がないんですわ」〈三重吉・桑の実〉

たまり-か・ねる【ˇ堪り兼ねる】〘動ナ下一〙図たまりか・ぬ〘ナ下二〙がまんしきれなくなる。こらえきれない。「寂しさに一・ねて泣きだす」

だまり-こく・る【黙りこくる】〘動ラ五(四)〙いつまでもじっと黙っている。口を閉じたまま話そうとしない。「何を聞いても一・っている」
〘類語〙黙る・沈黙する・押し黙る・黙する

だまり-こ・む【黙り込む】〘動マ五(四)〙黙ったままの状態になる。「一・んで考えている」

たまり-じょうゆ【ˣ溜まりˣ醤油】―じやう 醤油の一。大豆を使ったもろみの中に漉こしかごを入れ、その中にたまってくる液をくみ取るもの。濃厚で美味であるが、芳香は乏しい。

たまり-づめ【ˣ溜詰】江戸時代、大名が江戸城に登城した際、黒書院の溜の間に席を与えられること。また、その大名。親藩や譜代の重臣から選ばれ、老中とともに政務上の大事に参画した。溜の間詰。

たまり-の-ま【ˣ溜の間】江戸城中黒書院にあり、親藩や譜代大名が詰めていた部屋。

たまりのま-づめ【ˣ溜の間詰】▶溜詰たまりづめ

たまり-ば【ˣ溜まり場】仲間がいつも寄り集まる一定の場所。「学生の一になっている喫茶店」

たまり-みず【ˣ溜まり水】―みづ たまって流れない水。

たま-りょう【多摩陵】東京都八王子市にある大正天皇陵。上円下方墳。多摩御陵ごりょう。たまのみささぎ。
➡武蔵陵墓地

タマリロ〖スペイン tamarillo〗ペルー原産の果実。卵大で、太めの紡錘形。果皮は赤と黄色でつやがある。果肉は果皮と同色。トマトに似た香りと、わずかな酸味、淡白な甘味をもつ。種子ごと生食する。英語名はツリートマト(tree tomato)。

タマリン〖tamarin〗キヌザル科タマリン属の哺乳類の総称。リス大の小形の猿。果実・昆虫を主食とする。パナマからアマゾン川流域にかけて分布。

だまりん【黙りん】黙っていること。また、その人。だんまり。だまりん坊。「洒落もむだもいっかう言はず、ただぼうぜんと一なり」〈滑・膝栗毛・初〉

タマリンド〖スペイン・ポルトガル tamarindo〗マメ科の常緑高木。葉は長楕円形の小葉からなる羽状複葉。淡黄色の花が集まって咲く。果肉を清涼飲料、緩下剤に利用。熱帯アフリカ・インドの原産。タマリンドの木。

たま・る【ˇ堪る】〘動ラ五(四)〙《「溜まる」と同語源》こらえる。がまんする。保ちつづける。下に打消しの語を伴って用いることが多い。「こう暑くては一・らねぇ」

堪ったものではな・い　「たまらない」を強めていう語。「朝から晩までこき使われては一・い」

堪ら・ない　❶その状態を保てない。「そんなに乱暴に着たら服が一。ない」❷感情などをがまんできない。「腹がへって一。ない」「友だちに会いたくて一。ない」❸この上なくよい。なんともいえないほどいい。「仕事のあとの一服は一。ない」❹程度がはなはだしい。「映画が一。なく好きだ」

堪るものか　(動詞の連用形に接続助詞「て」の付いた形を受けて)そのようなことが起こるはずがない。そのような状態のままにしておくわけにはいかない。「幽霊などいて一」「へこたれて一」

たま・る【ˣ溜まる】〘動ラ五(四)〙❶物事が少しずつ積もり集まって多くなる。1か所に集まってとどまる。「ごみが一・る」「水が一・る」「耳垢みみあかが一・る」「ストレスが一・る」❷(「貯まる」とも書く)たくわえが多くなる。「資金が一・る」❸なすべき物事が処理されず、しだいに増えていったりとどこおったりしたままである。「仕事が一・る一方だ」「部屋代の支払いが一・る」❹とどまって動かない。静止する。「しばしは矢にかせがれて、一・るやうにぞ見えし」〈古活字本保元・中〉

ダマル〖ḍamaru〗❶インドおよびチベットの振鼓ふりつづみ。砂時計形の胴をもつ両面太鼓で、胴にひもを巻いて先を垂らし、振ることによってひもの端の小球が膜面を打つ。➡振鼓 ❷インド北部のカシミールやパキスタン東北部の旧フンザ王国などの片面鍋なべ形太鼓。

だま・る【黙る】〘動ラ五(四)〙❶ものを言うことをやめる。無言になる。また、泣くのをやめる。「一・って人の話を聞く」「急に一・ってしまった」「泣く子も一・る」❷自分の意見・主張などを言わない。また、積極的に働きかけない。「一・って引きさがる」「一・って休む」「一・って見ているだけだ」〘類語〙黙もだす・黙する・黙りこくる・押し黙る・沈黙する・緘黙かんもくする・口をつぐむ・口を閉じる・口を閉ざす

たまわ・す【賜はす】たまはす〘動サ下二〙《動詞「たま(賜)う」の未然形＋尊敬の助動詞「す」から》「たまう」より強い敬意を表す。お与えになる。御下賜になる。また、補助動詞としても用いる。「不死の薬に、また、壺つぼ具して、御使ひに一・す」〈竹取〉「のぼり物し給ふなるを告げ一・せで」〈大和・五八〉

たま-わた【玉綿】収穫したままで、種を除いてない綿花。「今まで一を繰って」〈浮・織留・六〉

たまわり-もの【賜り物】たまはり― いただいた品物。頂戴物ちょうだいもの。拝領物。

たまわ・る【賜る[賜わる]¦ˇ給わる】たまはる〘動ラ五(四)〙❶「もらう」の意の謙譲語。目上の人から物などをいただく。ちょうだいする。「日ごろお客様からご愛顧を一・っております」「禄ども、しなじなに一・り給ふ」〈源・桐壺〉❷「与える」の意の尊敬語。鎌倉時代以降の用法。目上の人が物などをくださる。「臣下に金一封を一・る」❸神の許可を得て、通行を許してもらう。「足柄あしがらのみ坂一・り顧みず我あれは越くえ行く」〈万・四三七二〉❹(補助動詞)動詞の連用形、また、それに「て」を添えた形に付いて用いる。㋐「…てもらう」の意の謙譲語。…ていただく。「まげて許し一・らん」〈徒然・八七〉㋑「…てくれる」の意の尊敬語。鎌倉時代以降の用法。…てくださる。「われをも舟に乗せて一・り候へ」〈謡・隅田川〉〘類語〙(1)貰もらう・押し頂く・授かる・頂く・頂戴ちょうだいする・拝領する・拝受する・申し受ける／(2)与える・授ける・くださる・下賜する

たみ【民】❶国家や社会を構成する人々。国民。❷君主国で君主の支配下にある人々。臣民。❸キリスト教で、神に従うものとしての人間。〘類語〙国民・人民・同胞・民草・蒼生そうせい・蒼氓そうぼう・臣民・赤子せきし・万民・大衆・民衆・公衆・庶民・平民・常民・市民・勤労者・生活者・一般人・市井しせい人・世人せじん・俗衆・群衆・マス

民信なくば立たず　《「論語」顔淵から》社会は政治への信頼なくして成り立つものではない。孔子が、政治をおこなう上で大切なものとして軍備・食生活・民衆の信頼の三つを挙げ、中でも重要なのが信頼であると説いたことから。民信無くんば立たず。

民の口を防ぐは水を防ぐより甚はなはだし　《「国語」周語から》人民の言論を完全に封じることは、治水・防水工事よりも困難であり、危険である。言論の自由を奪うことの危険性をのべた言葉。

だみ【ˇ彩】❶金泥きんでい・銀泥で彩色すること。「一漆うるし」❷「彩潰だみつぶし」の略。

ダミー〖dummy〗❶本物の替わりとなるもの。見本。模型。また、模造品。❷モデル人形。替え玉人形。映画のトリック撮影、衝突や落下などの実験、射撃やフットボールの練習などに用いる。❸洋装店などで、衣装を着せておく人台(ボディー)やマネキン人形。❹同一の企業であるが、便宜上別名にしている身代わり会社。ダミー会社。❺ラグビーなどで、球をパスするように見せながらボールを離さず、ふいにからだをかわして相手を抜く方法。
〘類語〙替え玉・身代わり・形代・スケープゴート

ダミー-ガバメント〖dummy government〗ある国の思いのままにあやつられる政権。傀儡かいらい政権。〘補説〙英語では、puppet governmentのほうが普通。

ダミー-ヘッド〖dummy head〗樹脂やスポンジ状の材質で作られた、人間の頭の形をした録音器。耳のところにマイクを取り付けて録音を行うと、再生したときに臨場感が得られる。

タミール-ご【タミール語】▶タミル語

タミール-ぞく【タミール族】▶タミル族

だみ-え【ˇ彩絵¦ˇ濃絵】―ゑ ❶極彩色と金箔・銀箔を併用した、強烈な色彩効果をもつ障屏画しょうへいが。桃山時代に隆盛をみた。❷濃彩を施した絵。

たみ-くさ【民草】人民を草にたとえた語。あおひとぐさ。「無智盲昧の一の疑い怪しむ」〈杢太郎・南蛮寺門前〉〘類語〙国民・人民・公民・市民・万民ばんみん・四民・臣民・同胞・国人こくじん・国民くにたみ・民衆・億兆おくちょう・蒼生そうせい・蒼氓そうぼう・赤子せきし

だみ-ごえ【ˣ訛み声¦ˇ濁声】―ごゑ 低く歯切れの悪い耳ざわりな声。また、なまりの強い声。
〘類語〙声・悪声・金切り声・どら声・胴間声

た-みず【田水】―みづ 田の水。田に張った水。

た-みぞ【田溝】田と田との間にある溝。

だ-みそ【駄味ˣ噌】つまらない自慢話。手前味噌。「悪口を腹さんざ言った後が一の拳げだらう」〈滑・浮世風呂・三〉

た-みち【田ˇ路¦田道】田の間の道。あぜ道。畷なわて。

だみ-つぶし【ˇ彩潰し】蒔絵まきえの技法の一。彩刷毛だみばけ・地塗り筆で塗りつぶすこと。

た-みの【田ˣ蓑】農作業をするときに着用する蓑。

たみ-の-かまど【民のˣ竈】人民が飯を炊くかまど。庶民の生活。「たかき屋にのぼりて見れば煙立つ一はにぎはひにけり」〈新古今・賀〉

たみ-の-けぶり【民のˇ煙】民家のかまどから立つ炊事の煙。「国富める一のほど見えて雲まの山にかすむ炭がま」〈拾遺愚草・中〉

たみ-の-つかさ【民＝部＝省】▶みんぶしょう(民部省)

たみの-の-しま【田蓑の島】大阪市の淀川河口付近にあったといわれる島。堂島川の田蓑橋にその名が残る。〘歌枕〙「雨により一をきてみればなにはかくれぬ我が身なりけり」〈貫之集〉

タミフル〖Tamiflu〗インフルエンザ治療薬「オセルタミビル」の商品名。

たみや-けんじろう【田宮謙次郎】―ケンジラウ［1928～2010］プロ野球選手・監督。茨城の生まれ。昭和24

年(1949)阪神に投手として入団。肩の故障により外野手に転向し、以降、打率3割以上を7度記録した。引退後は東映・日拓の監督を務めた。

たみや-とらひこ【田宮虎彦】[1911〜1988]小説家。東京の生まれ。庶民的なヒューマニズムに貫かれた多くの作品を書いた。作「足摺岬」「落城」など。

た-みょう【他名】❶ほかの名。別名。❷他家の名跡。

タミル-ご【タミル語】《Tamil》ドラビダ語族に属する言語。インド南東部のタミル-ナド州を中心に、スリランカ北部などでも話されている。

タミル-ぞく【タミル族】《Tamil》インド南東部を中心にスリランカ北部などにも居住し、ドラビダ語族に属するタミル語を用いる民族。古くから海上交易を行い、王朝をたて独自のヒンズー文化を栄えさせた。東南アジア各地やアフリカなどへの移民が多い。

だ-みん【惰眠】なまけて眠ること。転じて、何もしないで怠けていること。活気のまるでないこと。「突如としてその—から覚めた」〈芥川・葱〉

惰眠を貪る　なまけて眠ってばかりいる。なすべきことをしないで、いいかげんに暮らしている。

タム〖Igor' Evgen'evich Tamm〗[1895〜1971]ソ連の物理学者。核物理学研究に有用な「チェレンコフ効果」の理論的解明に成功。1958年、ノーベル物理学賞受賞。

た-む【▽回む¦×廻む¦×迂む】〔動マ上二〕❶まわる。めぐる。「沖つ鳥鴨といふ舟は也良の崎—・みて漕ぎ来と聞こえ来ぬかも」〈万・三八六七〉❷道などが折れ曲がる。「岡崎の—・みたる道を」〈万・二三六三〉

た-む【×溜む】〔動マ下二〕「た(溜)める」の文語形。

た-む【矯む】〔動マ下二〕「た(矯)める」の文語形。

ダム〖dam〗発電・利水・治水・砂防などの目的で、河川をせき止め、上流部に水を蓄える構造物。アーチダム・重力ダム・バットレスダム・ロックフィルダム・アースダムなどがある。堰堤。(類語)堰・堰堤

ダム〖Carl Peter Henrik Dam〗[1895〜1976]デンマークの生化学者。ビタミンKを発見し、その性質や生理作用を研究・解明。1943年、ノーベル生理学医学賞受賞。

だ-む【▽彩む】〔動マ四〕《「たむ」とも》❶彩色する。いろどる。「赤木の柄の刀に—・みたる扇差し添へ」〈義経記・七〉❷金箔や銀箔をはる。「一つを五匁づつにして上を金銀に—・みて」〈浮・一代男・八〉

だ-む【×訛む】〔動マ五(四)〕《古くは「たむ」とも》言葉がなまる。声がにごる。「聞馴れぬ—・みたる声が聞えた」〈魯庵・社会百面相〉「言葉—・みて」〈源・橋姫〉(補説)「た(回)む」からの派生で、文や言葉が折れまがるの意とし、活用も上二段とする説がある。

ダムウエーター〖dumbwaiter〗貨物用の小型エレベーター。レストランで料理や食器を上下させるものや、商品などを上下の階に輸送するものなど。

た-むかい【手向かひ】「てむかい」に同じ。「人は言へども—もせず」〈神武紀・歌謡〉

た-むけ【手向け】❶神仏や死者の霊に物を供えること。また、その物。「—の香華」❷別れる人へのはなむけ。餞別。「卒業生に対して—の言葉を呈する」❸《峠には道祖神などの境の神が祭られており、そこで旅の安全を祈って供え物をしたところから》山路をのぼりつめた所。峠。「恐みと告らずありしをみ越路の—に立ちて妹が名告りつ」〈万・三七三〇〉

たむけ-うた【手向け歌】神仏などへの手向けに詠んでささげる歌。

たむけ-ぐさ【手向け草】《「たむけくさ」とも》たむけにする物。神仏や死者などに供える品。「白波の浜松が枝の—幾代までにか年の経ぬらむ」〈万・三四〉

たむけ-の-かみ【手向けの神】旅人の道中の安全を守る神。峠や坂の上に祭られ、昔は、旅人が幣を手向けた。道祖神。

たむけ-ばな【手向け花】神仏や死者の霊に供える花。

たむけ-みず【手向け水】神仏や死者の霊に供える水。

たむけ-やま【手向け山】道路の神や坂の神などが祭られている峠や山。もと、一般的な呼び名であったものが、滋賀県の逢坂山や奈良市若草山の西方など、固有名詞となった所も多い。

たむけやま-じんじゃ【手向山神社】奈良市雑司町にある神社。祭神は応神天皇・比売神・仲哀天皇・神功皇后。東大寺の守護神として、宇佐八幡宮の分霊を勧請したもの。東大寺八幡宮。手向山八幡宮。

た-む・ける【手向ける】〔動カ下一〕(文)たむ・く〔カ下二〕❶神仏や死者の霊に供物をささげる。「霊前に花を—・ける」❷旅立つ人や別れていく人にはなむけをする。「卒業生に別れの言葉を—・ける」

ダム-こ【ダム湖】人造湖の一。ダムによってできた人工の湖。

ダムサイト〖damsite〗ダム建設の用地。

た-むし【田虫】白癬の一種。皮膚に小さな丸い斑点ができ、周囲に円状に広がり、中央部の赤みが薄れて輪状の発疹となり、かゆみがひどい。股間にできるものを「いんきんたむし」ともいう。頑癬。ぜにたむし。ぜにむし。

ダムしき-はつでん【ダム式発電】水力発電で、河川の水流をダムでせきとめ、水位の差を利用してダム直下の発電所で発電する方式。➡水路式発電

たむしば　モクレン科の落葉小高木。山地に生え、葉は細長い。早春、葉より先にコブシによく似た白い大きい花を開く。本州、四国、九州に分布。主に日本海側に多い。

た-むだ・く【×拱く】〔動カ四〕《「手抱く」の意》腕を組む。「—・きて我はいまさむ」〈万・九七三〉

タム-タム〖tam-tam〗打楽器の一。オーケストラなどで用いられる銅鑼。

ダムダム-だん【ダムダム弾】小銃・拳銃弾の一種。着弾の衝撃で鉛が露出し傷口が拡大する。1907年、ハーグ会議で使用禁止を決定。英国がインドの内乱鎮圧のため、カルカッタ(現コルカタ)近郊のダムダム(dumdum)造兵廠で最初に作ったところからの名。

た-むなで【た▽空手¦た▽徒手】手に何も持たないこと。すで。「—にいでます」〈景行紀〉

ダム-ニャン〖dram snyan〗チベットのロングリュート型撥弦楽器。羊皮または蛇皮を張った小さな胴と、付け根が稜角形に両側に突き出した棹からなり、小さな義甲を用いて奏する。

ダム-ひろば【ダム広場】《de Dam》オランダの首都、アムステルダムの中心部にある広場。アムステル川を堰き止めたダムがあった場所。同市の歴史的な発祥の地であり、市名の由来でもある。第二次大戦の戦没者記念塔があるほか、西側に王宮、その北側に新教会がある。

たむら【▽屯¦▽党】「たむろ❶」に同じ。「人皆—有り」〈推古紀〉

たむら【田村】福島県中東部、阿武隈高地西麓にある市。あぶくま洞、入水鍾乳洞の二つの鍾乳洞がある。平成17年(2005)3月に滝根町、大越町、都路村、常葉町、船引町が合併して成立。人口4.0万(2010)。

たむら【田村】謡曲。二番目物。今昔物語などに取材。旅僧が清水寺に参詣すると、坂上田村麻呂の霊が現れて寺の縁起と軍功を語る。

たむら-あきこ【田村秋子】[1905〜1983]新劇女優。東京の生まれ。本姓、伴田。夫の友田恭助と築地座を結成、戦後は文学座に出演した。主演作に「ヘッダ=ガブラー」「ママの貯金」など。

たむら-こまじろう【田村駒治郎】[1904〜1961]実業家。大阪の生まれ。関西の繊維問屋田村駒、太陽レーヨンの社長。財力を生かしてプロ野球球団の経営に参画。昭和25年(1950)松竹ロビンスのオーナーとなり、セリーグ初優勝を果たした。社会人野球の発展にも力を尽くした。

たむら-し【田村市】▶田村

たむら-しげる[1949〜]絵本作家・イラストレーター。東京の生まれ。本名、田村茂。昭和51年(1976)「ありとすいか」で絵本作家としてデビュー。その後はイラスト、漫画、映像などさまざまな分野での作品を発表する。代表作は「よるのさんぽ」「うちゅうスケート」、画集「ファンタスマゴリア」など。

たむら-じんじゃ【田村神社】香川県高松市にある神社。祭神は田村大神で、猿田彦命など五神のことという。讃岐国一の宮。定水明神。

たむら-そう【田村草】キク科の多年草。山地の草原に生え、高さ1〜1.5メートル。夏から秋、アザミに似た紅紫色の花をつける。葉は羽状に深く裂け、とげはない。たまぼうき。(季 秋)

たむら-たいじろう【田村泰次郎】[1911〜1983]小説家。三重の生まれ。第二次大戦後、「肉体の悪魔」「肉体の門」を発表、肉体文学の作家として脚光を浴びた。

たむら-としこ【田村俊子】[1884〜1945]小説家。東京の生まれ。本名、佐藤とし。幸田露伴に師事し、同門の小説家田村松魚と結婚。男女の相克の世界を官能的に描いた。作「あきらめ」「木乃伊の口紅」など。

たむら-りゅういち【田村隆一】[1923〜1998]詩人。東京の生まれ。明大卒。第二次大戦後、鮎川信夫らと「荒地」を創刊。戦後詩の旗手として活躍。「言葉のない世界」で高村光太郎賞、「詩集1946〜1976」で無限賞、「奴隷の歓び」で読売文学賞、「ハミングバード」で現代詩人賞を受賞。ほかに「四千の日と夜」など。推理小説の紹介・翻訳でも知られる。

タムレ〖ポリネシア tamure〗タヒチ島に伝わっている情熱的なリズム。また、そのリズムにのっておどる踊り。

たむろ【▽屯】❶仲間や同じ職業の人々などが寄り集まっていること。また、その集団・場所。❷明治時代、特に巡査の詰めている所。駐在所。「—へ訴えて出るがいい」〈逍遥・内地雑居未来之夢〉

たむろ-じょ【▽屯所】たむろする所。巡査や兵隊の駐在所。とんしょ。「巡査さんにつかまって、—へ留められて」〈総生寛・西洋道中膝栗毛〉

たむろ・する【▽屯する】〔動サ変〕(文)たむろ・す〔サ変〕❶一つ所に大ぜいの人が集まる。「盛り場に—・する若者」❷兵隊が群れ集まる。「兵は宮殿外東西にはなれて—・した」〈中勘助・鳥の物語〉(類語)集まる・集う・群れる・群がる・固まる・参集

ため【▽為】❶利益があること。役立つこと。「—にならない本」「子供の—を思う」❷原因・理由。わけ。「雨の—に延期する」❸目的や期待の向かうところ。「健康の—に運動をする」❹一定の関係のあること。…にとっては。「私の—には叔父にあたる」(類語)利益・便益・一利・益・得・裨益・実利・メリット・得る所

為にする　ある目的に役立てようとする下心をもって事を行う。「我輩固より—・する所ありて私立を主張するに非ず」〈福沢・学問のすゝめ〉

為になる　役に立ったり、利益になったりする。「先生の話は、とても—・った」

ため【×溜め】❶ためておくこと。また、ためておくところ。「バックスイングに—をつくる」❷こえだめ。❸江戸時代、牢内で重病になった者および15歳未満の者を入れた施設。浅草と品川にあった。

だ-め【駄目】〔名・形動〕《❺が原義》❶よくない状態にあること。また、用をなさない状態にあること。また、そのさま。「暑さで食べ物が—になる」「重病で、もう—らしい」「—なやつ」❷効果がないこと。また、そのさま。むだ。「いくら頼んでも—だ」「—でもともと」❸しようとしてもできないこと。また、そのさま。不可能。「これ以上歩けと言われてもとても—だ」❹してはいけないこと。「ここでタバコを吸っては—だ」「黙って入っては—だ」❺囲碁で、両者の境にあってどちらの所有にもならない目。❻演劇などで、演出・演技などの悪い点についての注意や注文。「—が出る」
(類語)(❶)台無し・お釈迦・ふい・おじゃん・わや・おしまい・アウト・絶望的・お手上げ・処置無し・不可・失格・どうしようもない・しようがない・いけない・なって

ない・腑甲斐ふがいない・情け無い・箸はしにも棒にも掛からない・無能・役立たず/(❷)無駄・無益・無意味・無効・甲斐かい無い/(❸)無理・不可能/(❹)御法度ごはっと・不可・禁止・厳禁・無用・禁物・罷まかり成らぬ

駄目で元元　かりに実行して失敗したとしても、何もしなかった場合と結果は同じであったと考えること。思い切って行動するように促す言葉として使う。だめもと。

駄目を押お・す　《囲碁で、駄目を詰める意から》❶念のために確かめる。念を押す。「本当にいいのかと―・す」❷試合などで、ほとんど勝ちが決まってから、さらに得点を重ねたりして、勝ちを確定的なものにする。「追加得点して―・す」

駄目を出だ・す　演劇などで、俳優に演技上の注意を与える。転じて、仕事などのやり直しを命じる。「主役の演技に―・す」「宣伝プランに―・す」

駄目を踏ふ・む　何の益もないことをする。無駄なことをする。「―・んで夜なかに下宿へ帰る程馬鹿気た事はない」〈漱石・坊っちゃん〉

ため-い【×溜め井】ゐ用水をためておく井戸。

ため-いき【×溜め息】気苦労や失望などから、また、感動したときや緊張がとけたときに、思わず出る大きな吐息。「―が出るほど残念だ」「―をつく」
(類語)吐息・嘆息

ためいき-の-はし【溜め息の橋】《Ponte dei Sospiri》イタリア北東部の都市ベネチアにある、ドゥカーレ宮殿と旧監獄を結ぶ、運河上に架かる橋。この橋を渡り監獄に入れられた罪人たちが溜め息をつくことから名付けられた。漁色・冒険の生涯を送ったカサノバが脱獄に成功したという逸話が残る。

ため-いけ【×溜め池】灌漑かんがい・防火などの用水をためておく人工の池。(類語)貯水池・浄水池・遊水池

ダメージ〖damage〗損害。損傷。打撃。痛手。「―を与える」「大きな―を受ける」

ため-おけ【×溜め×桶】をけ ❶肥料とする糞尿をためておく桶。また、運ぶときに用いる桶。❷醸造場で、酒・醤油などを入れておいたり運んだりするのに用いる桶。❸「天水桶てんすいおけ」に同じ。

だめ-おし【駄目押し】〘名〙スル ❶駄目を押すこと。念のためもう一度確かめておくこと。「取引先の担当者に―する」❷スポーツの試合で、勝負がほとんどきまっているのにさらに得点を加え、勝利を決定的にすること。「―のホームラン」

ため-がき【▽為書(き)】❶書画の落款らっかんに、だれのために、また、何のために書いたかを付記すること。また、付記した字句。❷公職選挙のとき、「…候補の為に」として「必勝・祈御健闘」などと大書して事務所に届ける激励ビラ。

ため-くち【ため口】《「ため」は、さいころ賭博で二つのさいの目が同じになること》年下の者が年長者に対等の話し方をすること。ためぐち。「―をきく」「―をたたく」(補説)1960年代に不良少年の隠語として始まり、80年代には一般に広まったという。

ため-こ・む【×溜め込む】〘動マ五(四)〙ためてしまいこむ。盛んにためる。「たんまり金を―・む」

ためし【▽例｜▽様】❶前にすでにあったこと。先例。前例。「けんかで勝った―がない」❷手本になるようなこと。模範。規範。「かの御教へこそ、長き―にはありけれ」〈源・梅枝〉(類語)例れい・先例・前例

ためし【試し｜▽験し】ためすこと。こころみ。多く「ためしに」の形で副詞的にも用いる。「ものは―だ」「―に使ってみる」

ためし-ぎり【試し斬り】刀剣の切れ味を調べるため、実際に物や人を切ってみること。

ためし-ざん【試し算】検算。

ためし-もの【試し物】試し斬りにするもの。「首を斬られ手足をもがれ、―になるとても」〈浄・大経師〉

ため・す【試す】〘動サ五(四)〙物事の良否・真偽や能力の程度などを実際に調べ確かめる。こころみる。「機械が動くかどうか―・してみる」「体力の限界を―・す」➡試こころみる (用法) (可能)ためせる (類語)試みる・実験・試験・試行・テスト・エクスペリメント

ため-ずき【×溜め×漉き】紙の手漉き法の一。簀すをはめた漉桁すきけたへ紙料液をすくい入れ、揺り動かして繊維の絡みをよくし、水を漏下させて紙の層を得るもの。➡流し漉き

ため-ずく【▽為▽尽く】づく 何事もその人のためを思ってすること。また、その人のためにするように見せかけること。おためずく。「肝煎りの嚊かかが―いうて近所へ沙汰なしに」〈浮・禁短気・三〉

ため-すじ【▽為筋】すぢ 利益になる事柄。利益になる客筋。おためすじ。「其が又所帯の方から謂えば、―にもなる所だから」〈紅葉・多情多恨〉

だめ-だし【駄目出し】〘名〙スル《もと演劇用語。「駄目を出す」の名詞化》欠点・弱点などを指摘すること。また、仕事などのやり直しを命じること。➡駄目を出す

だめ-づまり【駄目詰(ま)り】囲碁で、死活や攻め合いなどの場合、双方の駄目が詰まっていて着手が制限され、打ちたい箇所に打てない状態。

ため-つ-もの【多▽明物｜多▽米都物｜▽味物】❶味のよい食べ物。うまいもの。「鼻口また尻より、種々くさぐさの―を取り出だして」〈記・上〉❷大嘗会だいじょうえのとき、臣下に賜る酒・食べ物の総称。「献ずるところの―」〈貞観儀式・四〉

ためなが-しゅんすい【為永春水】[1790～1843]江戸後期の人情本作者。江戸の人。本名、鷦鷯貞高ささきさだたか。号、2世南仙笑楚満人・狂訓亭主人など。式亭三馬の弟子となり、江戸の町人生活や男女の情痴世界を描いて人情本の形式を確立。天保の改革で風紀を乱したとして手鎖の刑を受け、憂悶ゆうもんのうちに病没。著「春色梅児誉美しゅんしょくうめごよみ」「春色辰巳園」「春告鳥」など。

ため-なみだ【×溜め涙】泣くまいとこらえて目にたまった涙。「言い終るや、堰せき止めかねし―、はらはらと流しぬ」〈樗牛・滝口入道〉

ため-に【▽為に】〘接〙前に述べた事柄が原因であることを表す語。それゆえに。それで。「却ってそういう私自身の不幸をあてにして仕事をしに来た私は、―困惑したほどであった」〈堀辰雄・美しい村〉

ため-ぬり【×溜め塗(り)】漆塗りの一種。朱またはベンガラで漆塗りして乾燥させたあと、透漆すきうるしで上塗りしたもの。半透明の美しさがある。花塗り。

ため-ます【×溜め×枡】下水や用水をためて、くみ取りやすくしたり、他の管へ送ったりするます。

ため-みず【×溜め水】みづ 防火用などにためておく水。

だめ-もと【駄目元】「駄目で元元」の略。「―で出演を頼んでみる」

ためらい【躊=躇い】ためらひ 決めかねてぐずぐずしていること。ちゅうちょ。「なんの―もなく答える」
(類語)躊躇ちゅうちょ・逡巡しゅんじゅん・猶予・遅疑・二の足を踏む

ためらい-きず【躊=躇い傷】ためらひ 自殺しようとして体につけた、致命的ではない傷。また、その傷痕。

ためら・う【躊=躇う】ためらふ〘動ワ五(ハ四)〙❶あれこれ考えて迷う。決心がつかずにぐずぐずする。ちゅうちょする。「言っていいものかどうか―・う」「―・わずに実行に移す」❷㋐気を落ち着ける。心を静める。「皆出ではてぬるに―・ひて」〈かげろふ・上〉㋑病勢を押さえつける。「さらにえ―・ひやり給はで、苦しき中にもかしこまり申し給ふ」〈源・柏木〉❸ちゅうちょして一つ所をぶらぶらする。うろつく。「五、六度まで引き返し引き返し―・ひめたり」〈盛衰記・二〇〉(類語)渋る・躊躇ちゅうちょする

た-めり〘連語〙《連語「たんめり」の撥音の無表記》…ているようだ。…ていると思われる。「をかしき匂ひこそ心もとなうつき―めれ」〈枕・三七〉

た・める【×溜める】〘動マ下一〙図た・む〘マ下二〙❶少しずつ集めて量をふやす。集めたものを減らさずに取っておく。集めたくわえる。「雨水を―・める」「目に涙を―・めて哀願する」❷(「貯める」とも書く)たくわえを多くする。「小金こがねを―・める」❸力などを発揮するのをぎりぎりまで押さえて、たくわえておく。「腰を―・めて打つ」❹物事の決まりをつけず、とどこおらせる。なすべき物事をかたづけないまま残してしまう。「仕事を―・める」「家賃を―・める」❺釣りで、さおの弾力性を利用して魚の引きに耐え、魚を弱らせる。❻とどめる。とめる。「追っかけて討手をだに下したらば、敵、足を―・むまじかりしを」〈太平記・八〉
(類語)(❶)蓄える・集める・貯蔵する・蓄積する・集積する・蓄蔵する・貯留する/(❷)貯蓄する・蓄財する・貯金する・積み立てる/(❹)延納する・延滞する

た・める【矯める｜×揉める｜×撓める】〘動マ下一〙図た・む〘マ下二〙❶曲がっているものを伸ばしたり、まっすぐなものを曲げたりして、形を整える。また、曲げて、ある形をつくる。「籤ひごを―・める」「―・めて枝ぶりをよくする」❷悪い性質・習慣や癖などを改めなおす。矯正する。また、手を加えて型にはめようとする。「フォームを―・める」「情をも―・めず欲をもいとわない生の肯定は」〈藤村・夜明け前〉❸事実を故意に曲げる。いつわる。「彼女はこの不正を―・める為に…馴れ馴れしい素振りを示した」〈芥川・玄鶴山房〉❹片目を閉じてねらう。ねらいをつける。また、じっと見る。「何やら、もの思わしげな清葉の容子ようすを、最もう一度―・めて視て」〈鏡花・日本橋〉「テッポウヲ―・ムル」〈日葡〉
(類語)仕込む・躾しつける・調教する・矯正する・直す

矯めつ眇すがめつ　あるものを、いろいろの方面からよく見るようす。「作品を―眺める」

た-めん【他面】物事のもう一方の面。別の側面。副詞的にも用いる。「―から見れば」「気の強い人だが、―案外情にもろい」(類語)片面・半面・反面・一面

た-めん【多面】❶多くの平面。❷多くの方面・分野。「―にわたって事業を営む」(類語)多角・多方面・多岐

だ-めん【打綿】綿糸紡績工程の一。開綿によりほぐされた綿をさらにほぐして不純物を除き、むしろ状のラップをつくること。「―機」

ためん-かく【多面角】同一平面上にないいくつかの角が頂点を共有してできる、とがった形。

ためん-ざし【多面指(し)】将棋・囲碁・チェスなどで、同時に複数の人を相手にして指すこと。

ためん-せい【多面性】あるもののもつ、多くの方面にわたる性質。

ためん-たい【多面体】四つ以上の平面で囲まれた立体図形。立方体・直方体・四面体など。

ためん-てき【多面的】〘形動〙ものの在り方や見方がいろいろな方面にわたっているさま。「試案に―な検討を加える」

ためん-ひょうか【多面評価】ヒャウカ ▶三百六十度評価

たも【▽賜も｜▽給も】《動詞「たもる」の命令形「たもれ」の音変化》❶ください。「盃こちへ―」〈浮・新色五巻書・三〉❷(動詞の連用形に接続助詞「て」を添えた形に付いて)…してください。「放して殺して―と言ふも聞かず」〈浄・浪花鑑〉

たも【攩=網】「たもあみ」の略。

だも〘副助〙《副助詞「だに」＋係助詞「も」の音変化》…でさえも。…ですらも。おもに漢文訓読系統の文章にみられる。「科学の法則を、想像―及ばざる昔に引張れば」〈漱石・思ひ出す事など〉「男は功に―報ぜられず」〈平家・六〉

たも-あみ【×攩網】竹や針金の枠に袋状の網を張り、柄をつけ、魚をすくうのに使う小形の網。たも。

ダモイ〖ロシア domoy〗《家へ、故郷へ、故国へ、の意》帰国。帰還。第二次大戦後、シベリアからの帰還兵が持ち帰った語。

た-もう【多毛】からだに毛が多いこと。毛深いこと。
(類語)毛深い・毛むくじゃら

たも・う【▽賜ふ｜▽給ふ】たまふ ㊀〘動ハ四〙▶たまう ㊁〘動ハ下二〙▶たまう

たもう-さく【多毛作】同じ耕地で年3回以上、作物の作付け・収穫をすること。➡一毛作 ➡二毛作

たもう-しょう【多毛症】シャウ うぶ毛が生える所に多数の硬毛を生じる状態。部分的なものと全身的なもの、先天的なものと後天的なものとがある。

たもう-るい【多毛類】多毛綱の環形動物の総称。体は細長く、頭部には触手・眼点があり、胴には剛毛をもった多数のいぼ足がある。多くは海産。天然飼

料として重要。ゴカイ・ケヤリムシなど。
た-もくてき【多目的】〘名・形動〙同時に種々の目的をもっていること。また、そのさま。「―に利用する施設」
たもくてき-げんしろ【多目的原子炉】発電の他、熱エネルギーを多方面に利用しようとする原子炉。
たもくてき-しつ【多目的室】利用のしかたを限定せず、さまざまな目的で使用できるようにした部屋。
たもくてき-ダム【多目的ダム】洪水調節・発電・灌漑(かんがい)・上水道などの目的を兼ねて築造されたダム。
ダモクレス〖Damocles〗小惑星の一。1991年にオーストラリアのロバート=マックノートにより発見。名称はシラクサの王ディオニシオスの廷臣ダモクレスに由来する。周期彗星に似た楕円軌道をもつダモクレス族の小惑星の中で最初に発見され、その軌道は近日点が火星付近、遠日点が天王星付近という、一般的な小惑星とは大きく異なることで知られる。
ダモクレス-ぞく【ダモクレス族】小惑星の分類の一つ。周期彗星に似た楕円軌道をもつが、彗星特有の尾やコマを伴わない。逆行小惑星の多くが含まれる。またオールトの雲に由来し、外惑星による重力散乱を受けたものと考えられている。主な小惑星はダモクレス。
ダモクレス-の-つるぎ【ダモクレスの剣】栄華の中にも危険が迫っていること。シラクサの王ディオニシオスの廷臣ダモクレス(Damocles)が王位の幸福をほめそやしたところ、王が彼を天井から髪の毛1本で剣をつるした王座に座らせて、王者の身辺には常に危険があることを悟らせたという故事による。
ダモダル-がわ【ダモダル川】(がは)《Damodar》インド東部を流れ、コルカタの南西でフーグリ川に注ぐ川。流域は石炭・雲母などの産地。
た-も・つ【保つ】〘動タ五(四)〙《「手(た)持つ」の意とも、「持つ」に接頭語「た」が付いたものとも》❶ある状態を変えないで続ける。「常時、室内は二〇度に―・たれている」❷損なわれたり乱れたりしないように、ある状態を守りつづける。もちこたえる。維持する。「若さを―・つ」「面目を―・つ」「秩序を―・つ」❸その状態が変わらないで長く続く。もつ。「からだが―・たない」「寿命が―・つ」❹自分の物として持つ。所有する。「―・つ所の財宝を」〈曽我・三〉❺天下を治める。統治する。「必ず世の中―・つべき相ある人なり」〈源・賢木〉(可能)たもてる (類語)支える・持ちこたえる
た-もと【×袂】《「手(た)本(もと)」の意から》❶和服の袖付けから下の、袋のように垂れた部分。❷そば。きわ。「橋の―」❸ふもと。すそ。「山の―」❹肩からひじまでの部分。「娘子(をとめ)らが娘子さびすと韓玉(からたま)を―に巻(ま)かし」〈万・八〇四〉
袂に縋(すが)・る　願いを聞いてもらうまでは離すまいと、人のたもとをとらえる。転じて、相手の同情を引いて助けを求める。「―・って食いつなぐ」
袂の露(つゆ)　たもとにかかる涙。「君のみや花の色にも立ちかへで―は同じ秋なる」〈後拾遺・哀傷〉
袂を絞・る　たもとをしぼるほど涙を流す。ひどく泣く。「両親に―・らせた事は有(あ)っても」〈二葉亭・浮雲〉
袂を連・ねる　人と行動を共にする。「賛同者として―・ねる」
袂を分か・つ　行動を共にした人と別れる。関係を断つ。離別する。「盟友と―・つ」
たもと-おとし【×袂落(と)し】タバコ入れや汗ふきなどを挟む小さい袋。ひもの両端に一つずつ結びつけ、ふところを通して左右のたもとに落としておくもの。
た-もとお・る【徘=徊る】〘動ラ四〙あちこちと歩きまわる。うろつく。「をみなへし咲きたる野辺を行き巡り君を思ひ出―・り来ぬ」〈万・三九四四〉
たもと-くそ【×袂×糞】たもとの底にたまるごみ。
たもと-どけい【×袂時-計】懐中時計。「秒を刻む―の音」〈漱石・道草〉
だ-もの【駄物】つまらない物。大した値うちのない品。だぶつ。
た-もり【田守】秋の田の番をすること。また、その人。(季 秋)「稲塚の戸塚につづく―かな/其角」
たも・る【▽賜る｜▽給る】〘動ラ四〙《「たまはる」が転じた「たもうる」の音変化》❶くださる。「半分はみどもにも―・れ」〈虎明狂・連歌毘沙門〉❷(補助動詞)動詞の連用形に接続助詞「て」を添えた形に付いて、目下の者に対して丁寧に言う気持ちを表す。…てくださる。「逢はせて―・れ」〈松の葉・一〉
た-もん【他門】❶ほかの一門。自分の属する一族以外の氏族。また、芸道・学問などで、その流派以外の流派。❷ほかの宗門・宗派。
た-もん【多門｜多聞】❶城の石垣の上に築いた長屋造りの建物。兵器庫と防壁を兼ねる。松永久秀が大和国佐保山に築いた多聞城の形式からの名という。多聞櫓(やぐら)。❷本宅の周囲に建てた長屋。❸江戸城中の御殿女中が使った下女。❷の所へこれらの女たちを置き、用事のあるときに「多門、多門」と呼んだところからこの名があるという。御端(おはした)。
た-もん【多聞】㊀仏語。仏法を多く聞いて身を持すること。㊁「多聞天」の略。
たもんいんにっき【多聞院日記】(タモンヰンニッキ)興福寺多聞院の院主の長実房英俊ほかの日記。46冊。文明10年(1478)から元和4年(1618)に至る。戦国時代から近世初期の社会・文化を知る貴重な史料。
だ-もんだから〘接〙《「だものだから」の音変化》というわけで。だから。「同じ年代がそろった。―話がはずんでね」
だ-もんで〘接〙《「だもので」の音変化》それで。だから。「昨夜は飲み過ぎた。―調子が悪い」
たもん-てん【多聞天】《梵 Vaiśravanaの訳。音写は毘沙門(びしゃもん)》四天王の一。常時、如来の道場を守り、法を聞くことが最も多いことからの名。北方を守る仏法守護の神将。甲冑(かっちゅう)をつけ、両足に悪鬼を踏まえ、手に宝塔と宝珠または鉾(ほこ)を持った姿で表される。日本では福徳の神。多聞天王。毘沙門天。
た-や【他屋｜他家】❶女性が月経または出産の際に不浄であるとして、炊事の火を別にしてこもった小屋。別屋。他火小屋(たびごや)。❷月経。
た-や【田屋】田の番をするために建てた小屋。また、耕作期間だけ住むために建てた田の小屋。
た-やく【田役】社寺の修繕などの費用に充てるために田地に課した税。
たやす【田安】㊀姓氏の一。㊁徳川御三卿の一。8代将軍徳川吉宗の次男宗武が江戸城田安門内に屋敷を与えられたのに始まる。
たや・す【絶やす】〘動サ五(四)〙❶すっかりなくす。絶つ。「悪の根を―・す」❷なくなったままにしておく。きらす。「火種を―・す」「微笑を―・さない」(可能)たやせる (類語)滅ぼす・滅する・根絶・一掃
た-やす・い【容=易い】〘形〙㊦たやす・し〘ク〙❶わけなくできるさま。容易である。やさしい。「いとも―・く解決する」❷軽率である。軽々しい。「司位高き人をば―・きやうなれば入れず」〈古今・仮名序〉➡易(やさ)しい (用法) (派生)たやすげ〘形動〙たやすさ〘名〙
(類語)やさしい・やすい・造作ない・訳ない・簡単・容易・楽楽・易易(やすやす)・難無く・苦も無く
たやす-むねたけ【田安宗武】[1715～1771]江戸中期の国学者・歌人。徳川吉宗の子。田安家を興す。荷田在満(かだのありまろ)・賀茂真淵(かものまぶち)を召し抱えて国学を学ぶ。万葉調の歌人としても有名。著「歌体約言」「天降言(あもりごと)」など。徳川宗武。
たやす-もん【田安門】江戸城内郭門の一。九段坂から北の丸に入る門。
たやま-かたい【田山花袋】(タヤマクワタイ)[1871～1930]小説家。群馬の生まれ。本名、録弥。「文章世界」の主筆となり、平面描写論を主張、「蒲団」「生」などで自然主義文学の代表作家の一人となった。ほかに「田舎教師」「時は過ぎゆく」「百夜(もも)」など。
たや-りきぞう【田谷力三】(タヤリキザウ)[1899～1988]テノール歌手。東京の生まれ。浅草オペラで活躍。晩年まで美声を保ち、現役として歌い続けた。
ダヤン-ハン〖Dayan Khan〗[?～1533ころ]15世紀末から16世紀初めにかけてのモンゴルの君主。内モンゴルを初めて統一した。(補説)「達延汗」とも書く。
た・ゆ【絶ゆ】〘動ヤ下二〙「た(絶)える」の文語形。
た-ゆい【手結】(たゆひ)上代の服装の一つで、袖口(そでぐち)を結ぶこと。また、その紐(ひも)。
たゆ・い【×弛い｜×懈い】〘形〙㊦たゆ・し〘ク〙❶疲れて力が出ない。だるい。「腕の―・くなるのも苦にせず」〈佐藤春夫・晶子曼陀羅〉❷気がきかない。心の働きが鈍い。「あやしく―・くおろかなる本性(ほんじゃう)にて」〈源・若菜下〉(派生)たゆげ〘形動〙
たゆう【▽大▽夫｜▽太▽夫】(タイフ)❶➤たいふ(大夫)❶ ❷神主・禰宜(ねぎ)などの神職の称。たいふ。❸御師(おし)の称。❹芸能をもって神事に奉仕する者の称号。❺猿楽座の座長。江戸時代以降は、観世・金春(こんぱる)・宝生・金剛の四座の家元をさして、観世太夫などという。古くは能のシテ役をさした。❻説経節および義太夫節などの浄瑠璃系統の音曲の語り手。また、義太夫など、名前としても使う。❼歌舞伎で、立女形(たておやま)の敬称。❽近世後期、大道芸・門付け芸などの芸人の称号。万歳の太夫など。❾官許の遊女のうち最上位。松の位。
たゆう-かい【▽大▽夫買ひ】(タイフがひ)大夫職の遊女を買うこと。また単に、遊女を買うこと。また、その人。傾城(けいせい)買い。「道通りが左近殿を―と言うたげな」〈浄・阿波鳴渡〉
たゆう-かのこ【▽大▽夫鹿の子】(タイフ)型を使って染め出した鹿の子模様。江戸時代、貞享(1684～1688)のころ、京都の藤屋善右衛門が染め始めたという。だいうかのこ。
たゆう-ぐるい【▽大▽夫狂ひ】(タイフぐるひ)遊女買いに夢中になること。傾城(けいせい)狂い。「今日からは―」〈浄・博多小女郎〉
たゆう-ご【▽大▽夫子】(タイフ)将来、立女形(たておやま)となるべき素質のある歌舞伎の年少俳優。たゆうこ。「容貌(かたち)も人にすぐれて―にもなるべきものと思ひしに」〈浮・胸算用・四〉
たゆう-しょく【▽大▽夫職】(タイフ)大夫の位の遊女。最高級の遊女。
たゆう-だな【▽太▽夫棚】(タイフ)江戸時代の劇場で、浄瑠璃の太夫と三味線弾きが座って、浄瑠璃を演奏した所。床(ゆか)。
たゆう-もと【▽太▽夫元】(タイフ)演劇・演芸などの興行責任者。本来は役者全体を監督する者をいった。江戸では座元が兼ねた。
たゆ-げ【×弛げ｜×懈げ】〘形動〙㊦〘ナリ〙疲れてぐったりしたさま。だるそうなさま。「―に頬杖をついている」
タユゲテ〖Taygete〗木星の第20衛星。他の多くの惑星とは逆向きに公転する。2000年に発見。名の由来はギリシャ神話のゼウスの愛人。非球形で平均直径は約5キロ。タイゲテ。
たゆたい【揺=蕩い｜猶=予い】(たゆたひ)たゆたうこと。「梢の―」「気持ちの―」
たゆた・う【揺=蕩う｜猶=予う】(たゆたふ)〘動ワ五(ハ四)〙❶ゆらゆらと揺れ動いて定まらない。「波間に小舟が―・う」❷気持ちが定まらずためらう。心を決めかねる。「強悪非道の曲物(くせもの)も女と見て少し―・う内に」〈鉄腸・花間鶯〉(類語)ゆらめく・ゆれる・ぐらつく
たゆみ【×弛み】たゆむこと。緊張がゆるむこと。油断。「―もなく励む」
たゆみ-な・い【×弛み無い】〘形〙㊦たゆみな・し〘ク〙心のゆるむことがない。なまけない。とだえることがない。「―・い努力」
たゆ・む【×弛む】㊀〘動マ五(四)〙❶(ふつう、打消しの語を伴って用いる)緊張がゆるむ。油断する。なまける。「倦(う)まず―・まず励む」❷勢いが弱まる。「たぐへくる松の嵐や―・むらむ尾上にかへるさをしかの声」〈新古今・秋下〉❸疲れる。くたびれる。「足―・めば、この児を肩に乗せ背に負うて」〈太平記・二〉❹張ったものがたるむ。ゆるむ。「糸ガ―・ム」〈日葡〉㊁〘動マ下二〙気持ちをほぐす。油断させる。「御物の怪の―・めけるにや」〈源・夕霧〉
たゆら〘形動ナリ〙語義未詳。揺れ動いて安定しないさまの意か。たよら。「筑波嶺の岩もとどろに落つる水よにも―に我が思はなくに」〈万・三三九二〉

た-よう【他用】❶別の用事。ほかの用事。「課長は、あいにく一で外出しております」❷ほかの目的に使うこと。他の使い道。「社内資料の一を禁じる」

た-よう【多用】〔名〕スル ❶用事の多いこと。忙しいこと。「御一中すみませんが」❷多く使用すること。「外来語を一する」(類語)(❶)多忙・多事・多端・繁忙・繁多・繁用・忙殺・繁劇・忽忙そうぼう・倥偬こうそう・忽忽そうそう・席の暖まる暇いとまもない・猫の手も借りたい・忙しい

た-よう【多様】〔名・形動〕いろいろと種類の違ったものがあること。また、そのさま。さまざま。「一な人材」「一な価値観」「多種一」(派生)たようさ〔名〕(類語)さまざま・各種・種種・諸種・いろいろ・多種・多彩・数数・いろんな・とりどり

たよう-か【多様化】〔名〕スル 様式・傾向が、さまざまに分かれること。「考え方が一している」

た-よく【多欲｜多×慾】〔名・形動〕多くをほしがること。欲が深いこと。また、そのさま。「一な人」

たよせ-に【手寄せに】〔副〕❶はるかに隔たっているさま。「天照大神あまてらすおおみかみを一拝みたまふ」〈天武紀・上〉❷事のついでに。「忍びかね摘つみ知らするをみなへし一折ると思ひうとむな」〈夫木・一一〉

たよ-たよ〔副〕❶力が弱ってたよりないさま。よわよわしいさま。「知死期ちしごは不思議のいい目を見せて、一として火鉢に凭よった」〈鏡花・湯島詣〉❷しなやかなさま。なよなよ。「綺羅の袂を弄びながら、一としたさまで」〈芥川・きりしとほろ上人伝〉

たよら〔形動ナリ〕「たゆら」に同じ。「足柄あしがらの刀比とひの河内に出づる湯のよにも一に児ろが言はなくに」〈万・三三六八〉

たより【頼り｜便り】❶(頼り)何かをするためのよりどころとして、たよっているもの。頼み。「地図を一に家を探す」「兄を一にする」❷(便り)何かについての情報。手紙。知らせ。「一が届く」「風の一に聞く」❸縁故。てづる。「一を求めて上京する」❹都合のよいこと。便利なこと。「凄涼たる夜色…落ち行くには一よしと」〈竜渓・経国美談〉❺あることをするきっかけ、手がかり。「彼の幽玄なる仏道をも窺い見るべき一となる」〈逍遥・小説神髄〉❻つくりぐあい。配置。「簀子すのこ、透垣すいがいの一をかしく」〈徒然・一〇〉(類語)(❷)音信・音沙汰・沙汰・手紙・消息

たより-がい【頼り▽甲×斐】がい 頼りにするだけのねうち。頼っただけの効果。「さすが一のある先輩だ」

たより-な・い【頼り無い】〔形〕〔文〕たよりな・し〔ク〕❶たよりにならない。あてにならない。心もとない。「一・い返事」「一・い人」❷たよりになるものがない。「由縁ゆかりの人を失い、一・き身となりしにつけ」〈逍遥・当世書生気質〉(派生)たよりながる〔動ラ五〕たよりなげ〔形動〕たよりなさ〔名〕

たより-なし【頼り無し】❶頼りがいのない人。たのみにならない人。❷頼りとする金のない人。貧乏人。貧困者。「徳人、一の家のうちの作法など書かせ給へりしが」〈大鏡・伊尹〉

たより-や【便り屋】江戸時代、料金を取って手紙や荷物を配達したもの。町飛脚まちびきゃく。便利屋。

たよ・る【頼る｜▽便る】〔動ラ五(四)〕《「手た寄る」の意》❶たのみとする。つてを求めて近づく。「友人を一・って上京する」❷助けとして用いる。依存する。「つえに一・って歩く」「自然の恵みに一・る」(可能)たよれる (類語)縋すがる・たのむ・依存する

た-よわ・し【手弱し】〔形ク〕弱い。かよわい。「岩戸いはと割る手力たぢからもがも一・き女をみなにしあればすべの知らなく」〈万・四一九〉

たら【多羅】《梵 tālaの音写》❶「多羅樹たらじゅ」の略。❷「多羅葉たらよう」の略。

たら【×楤｜×桜】タラノキの別名。

たら【×鱈｜大＝口＝魚】タラ目タラ科の魚の総称。あごに1本のひげがあり、背びれは三つ、しりびれは二つある。日本近海にはマダラ・スケトウダラ・コマイを産する。たいこうぎょ。(季 冬)「薬苞やくつつみや在所にもどる一のあご/犀星」(補説)「鱈」は国字。

たら〔副助〕《「とやら」の音変化。近世上方語から》下に「言う」「申す」などの動詞を伴って、不確かな気持ちを提示するのに用いる。とか。「大見屋の娼婦おやま大角さん一いふのでおます」〈洒・色深狭睡夢〉

たら ㊀〔係助〕《「といったら」の音変化》名詞、活用語の終止形・命令形に付く。多く「ったら」の形をとる。❶話題として、人や物事を取り上げ、予想外であるという意や蔑視する意を表す。「彼っ一案外はにかみやね」「私の学校っ一ずいぶん古いのよ」❷ある状態・性質を取り上げ、それが普通の程度を超えていることを表す。「つまらないっ一ないんだ」「彼の秀才ぶりっ一抜群だ」❸強調の意を表す。「行くっ一行くよ」「よせっ一よせよ」㊁〔終助〕《係助詞「たら」の文末用法から》名詞、活用語の終止形・命令形に付く。❶じれったいという気持ちを込めて相手に促す意を表す。「ねえ、お父さんー」❷驚き・いらだちなどの気持ちを表す。「まあ、あなたっ一」「いいかげんにしろっ一」

たら〔終助〕《過去の助動詞「た」の仮定形「たら」の、仮定を表す「ば」を伴わない用法が固定化したもの》活用語の連用形に付いて婉曲に命令・勧告する意を表す。「早く着替えしー」「とにかく返事だけしといー」

ダラー〘dollar〙►ドル

たらい【×盥】たらい《「てあら(手洗)い」の音変化》湯水を入れ、顔や手足などを洗うための容器。洗濯や行水などに用いる平たいおけ。洗面器より大型のもの。古くは多く取っ手がついていた。(類語)桶おけ・バケツ

ダライ-ばん【ダライ盤】《蘭 draaibankから》旋盤。

たらい-ぶね【×盥船】たらい たらいを船に用いたもの。

たらい-まわし【×盥回し】たらいまわし〔名〕スル ❶あおむけに寝て、足でたらいを回す曲芸。❷人や物、また権利・地位などを、ある限られた範囲内で、順送りにすること。「病院を転々と一にされる」「権力の座を一する」

ダライ-ラマ〘Dalai Lama〙チベット仏教ゲルク派(黄帽派)の教主の尊称。この称号は歴代教主の法名がギャムツォ(大海の意。モンゴル語でダライ)で終わることに基づく。「ラマ」はチベット語で師の意。転生者が代々その地位を相続し、観音菩薩の化身とされて絶対的信仰を集め、1642年、ダライ＝ラマ政権樹立後は、チベットの聖・俗両権を掌握。(補説)「達頼喇嘛」とも書く。

たら・う【足らう】たらう〔動ワ五(ハ四)〕❶資格や力量などが十分に備わっている。「それほど自分は一・わぬものであろうか」〈紅葉・多情多恨〉❷十分である。満足である。「一・ワヌコトナシ」〈和英語林集成〉「一・はで悪しかるべき大事どもなむかたがた多かる」〈源・帚木〉

たらか・す【×誑かす】〔動サ五(四)〕だます。たぶらかす。「鼻毛をよまれ魂魄を一・されて」〈露伴・いさなとり〉

だら-かん【だら幹】《堕落した幹部の意》自己の地位を利用して私の利益をはかる指導者。特に、労働運動で、資本家と妥協して私利をはかり、運動を不利に導く指導者をいう。「それには内部の一の力に待つところが多いのである」〈武田・日本三文オペラ〉

だ-らく【堕落】〔名〕スル《❹が原義》❶生活がくずれ、品行がいやしくなること。節操を失うこと。身をもちくずすこと。「酒がもとで一する」❷物事がその本来あるべき正しい姿や価値を失うこと。「小説も一したものだ」「政治の一」❸おちぶれること。零落。「此の長物に頼って官途に在るは…、日ならずして一せん」〈服部誠一・東京新繁昌記〉❹落ちること。墜落。「仰げば高山突兀とつこつとして頭上に一し来らんとし」〈鉄腸・雪中梅〉❺仏語。道心を失って悪道に落ちること。(類語)腐敗・荒廃・退廃・自堕落

ダラクマ〘drachma〙►ドラクマ

だらけ〔接尾〕名詞に付く。❶それのために汚れたり、それが一面に広がったりしているさまを表す。「血一」「どろ一」❷それがたくさんあるという意を表す。「傷一」「間違い一」「借金一」(類語)まみれ・みどろ

だら・ける〔動カ下一〕❶緊張感がなくて、気持ちやからだにしまりがなくなる。だらしなくなる。「こう暑くては、からだが一・けてしまう」「一・けた生活」❷なまける。おこたる。「一・けて勉強をしない」

たら-こ【×鱈子】タラの卵巣。特に、スケトウダラの卵巣を塩漬けにしたもの。秋から冬にかけて最も美味とされる。(季 冬)

タラゴナ〘Tarragona〙スペイン北東部、地中海に面した都市。ローマ帝国時代にはタラコの名で、首都ローマに次ぐ大都市として栄えた。当時の遺跡として、城壁や円形劇場、水道橋などが残る。2000年、世界遺産(文化遺産)に登録された。タラゴーナ。

たら-こぶ【×鱈▽昆布】タラの身と生しいたけ・おぼろ昆布で仕立てたすまし汁。こぶだら。

タラゴン〘tarragon〙キク科ヨモギ属の多年草。シベリア原産。葉は芳香があり、タラゴンビネガーを作ったり、香味料としたりする。エストラゴン。

たらし【垂らし｜▽滴し】液体をたらすこと。したたり。たれ。「レモン汁をひと一」「はな一」

たらし【×誑し】だますこと。あざむくこと。また、その人。「女一」「今の奴めは、一めにてありけるぞや」〈虎明狂・栗田口〉

だらし（下に打消しの語を伴って用いる）動作・態度などが、きちんとしていること。しっかりしていること。しまり。「泣くなんて一がない」「一のない服装」(補説)「しだら」の変化した語という。

たらし・い〔接尾〕《形容詞型活用〔文〕たらし〔シク活〕》名詞、形容詞・形容動詞の語幹に付いて、いかにもそのような感じがする、その性質が強い、などの意を表す。「貧乏一・い」「にくー・い」(補説)促音が挿入されることも多い。「長ったらしい」「嫌みったらしい」など。

たらし-こみ【垂らし込み｜×溜込】日本画の技法の一。色を塗って乾かないうちに他の色を垂らし、にじみの効果を生かすもの。俵屋宗達の創案と考えられ、琳派りんぱが多く用いた。

たらし-こ・む【×誑し込む】〔動マ五(四)〕だまして自分の思うようにする。「甘い言葉で一・む」

だらし-な・い〔形〕〔文〕だらしな・し〔ク〕❶きちんとしていない。整っていない。「一・いかっこう」「床に一・く寝そべる」❷節度がない。しまりがない。「お金に一・い人」「自分の子供のことになると全く一・い」❸体力や気力がない。根性がない。「このくらいでへたばるなんて一・い」(派生)だらしなげ〔形動〕だらしなさ〔名〕(類語)ぐうたら・ずぼら・ものぐさ

たら-じゅ【多羅樹】ヤシ科の常緑高木。高さ約20メートル。葉は手のひら状の複葉。インドで古くから葉を短冊状に切り、鉄針で経典を書くのに用いた。うちわやし。

たら・す【垂らす】〔動サ五(四)〕❶たれるようにする。ぶらさげる。「前髪を一・す」「釣り糸を一・す」❷液体などを少しずつ流し落とす。したたらす。「よだれを一・す」(類語)(❶)吊す・ぶら下げる/(❷)滴らす・流す

たら・す【×誑す｜×蕩す】〔動サ五(四)〕❶ことば巧みにだます。たぶらかす。「女を一・すことがお上手ですのね」〈木下尚江・良人の自白〉❷子供などをなだめすかす。「泣く子を一・し」〈浮・一代男・四〉

たら-ず【足らず】〔接尾〕数詞に付く。❶その数値に満たないという意を表す。…弱じゃく。「一〇人一の集まり」❷その数値にも満たないほどだと、小さいことを強調する意を表す。たった…ぐらい。「三畳一の部屋」

ダラス〘Dallas〙米国テキサス州北東部の商工業都市。綿花の取引地として栄え、石油・航空機工業が発達。1963年、ケネディ大統領が暗殺された地。人口、行政区128万(2008)。

たらず-がち【▽不▽足勝ち】〔形動〕〔文〕〔ナリ〕不足なことが多いさま。「衣食も一なれば」〈鴎外・舞姫〉

だら-すけ【▽陀羅助】❶「陀羅尼助だらにすけ」に同じ。「洞呂川どろかわの一を、請うけ売る人がござりますれば」〈浄・千本桜〉❷文楽人形の首かしらの一。中年の嫌みのある役に用いる。

タラスコン〘Tarascon〙フランス南部、ブーシュ-デュ-ローヌ県の町。ローヌ川に面する。ローマとニームを結ぶ軍事上の要地にあり、14世紀から15世紀にプロバンス伯が建てたタラスコン城がある。19世紀フランスの小説家ドーデ㊀による「タルタラン三部作」と呼ばれる物語の舞台にもなった。

たらず-まい【▽不▽足米】「不足前たらずまえ」に同じ。

たらず-まえ【▽不▽足前】ヘ《「たらずまい」とも》足りない分。不足分。また、不足を補充する分。たしまえ。「稼いでも稼いでも、朝夕の出入に―を責められ」〈柳浪・黒蜥蜴〉

タラソテラピー〖フランス thalassothérapie〗海洋療法。海藻を食べたり体に塗って赤外線を浴びたりする療法や、海水プールでの弛緩(しかん)療法などさまざまな療法がある。

たら-だけ【多良岳】長崎・佐賀両県にまたがる火山群の主峰。標高996メートル。山頂付近に多良岳神社や金泉寺がある。最高峰の経ヶ岳は1076メートル。

たら-たら〔副〕❶液体が少しずつ続けざまにしたたり落ちるさま。「―(と)汗を流す」「インクが―(と)こぼれる」❷好ましくない文句をたくさん並べたてて言うさま。「―(と)おせじを言う」「不平―」(類語)ぽたぽた・ぽとぽと・ぼたぼた・ぼとぼと・だらだら

だら-だら〔副〕スル《「たらたら」を強調した言い方》❶液体がたくさん流れつづけるさま。「血が―(と)出る」❷道がゆるやかな傾斜になっているさま。「坂道が―(と)続く」❸変化の乏しい状態が長く続くさま。「会議が―(と)長引く」❹気分などがゆるんでしまりのないさま。「―(と)した生活」

だらだら-おり【だらだら下り】坂などの傾斜のなだらかなくだり。

だらだらかげろう-けいき【だらだら陽＝炎景気】平成14年(2002)2月から同19年10月まで69か月間続き、戦後最長となった景気拡大期の呼び名の一。与謝野馨経済財政相が同21年1月30日の記者会見で質問に答えて発言した。景気拡大の実感が伴わないまま期間だけは長く続き、はかなく終わった、との印象から。この期間は、賃金が伸び悩み、消費は拡大せず、経済成長率は低調だった。その後、サブプライムローン問題を発端とする同20年の世界金融危機の影響で後退期に入った。以前の最長記録は高度成長期の「いざなぎ景気」(第6循環)で昭和40年(1965)11月から同45年7月までの57か月間。第14循環。いざなみ景気。➡景気循環

だらだら-きゅう【だらだら急】ヂキ 初めはゆるやかで、にわかに急になること。

だらだら-ざか【だらだら坂】ゆるやかに長く続く坂。

たらち-お【垂乳▽男】ヲ《「垂乳女(たらちめ)」からの類推で生じた語》生みの父。父親。「―の帰るほどをも知らずしていかで捨ててし雁の卵子(かりのこ)ぞ」〈元輔集〉

たらちし【垂乳し】〔枕〕「母」にかかる。語義・かかり方未詳。「―母に懐(むだ)かえ」〈万・三七九一〉

たらちし-の【垂乳しの】〔枕〕「母」にかかる。語義・かかり方未詳。「―母が目見ずておほほしく」〈万・八八七〉

たらちし-や【垂乳しや】〔枕〕「母」にかかる。語義・かかり方未詳。「―母が手離れ」〈万・八八六〉

たらちね【垂乳根】《枕詞「たらちねの」から》❶母。母親。「―の消えやらで待つ露の身を風より先にいかでとはまし」〈増鏡・新島守〉❷親。両親。父母。「―はいかに哀れと思ふらむ三年になりぬ足たたずして」〈今鏡・六〉❸父。父親。「―もまた垂乳女(たらちめ)もうせはてて頼む陰なき歎きをぞする」〈拾玉集・一〉

たらちね-の【垂乳根の】〔枕〕「母」「親」にかかる。語義・かかり方未詳。「―母が問はさば風と申(まを)さむ」〈万・二三六四〉「―親のいさめし転寝(うたたね)は」〈拾遺・恋四〉

たらち-め【垂乳女】《「垂乳根(たらちね)」からの類推で生じた語》生みの母。母親。「―や止まりて我を惜しまましかはるにかはる命なりせば」〈千載・哀傷〉

タラッサ〖Thalassa〗海王星の第4衛星。1989年にボイジャー2号の接近で発見された。名の由来はギリシャ神話の海の女神。海王星系で2番目に内側の軌道を公転しており、ナイアッドなどと同じく、いずれは海王星に落下すると考えられる。非球形で平均直径は約80キロ。

タラップ〖オランダ trap〗船舶・航空機などの乗り降りに用いるはしご段。

ダラディエ〖Édouard Daladier〗［1884～1970］フランスの政治家。急進社会党総裁。1933、34年首相。35年、人民戦線内閣に参加。38年に再度首相となり、ミュンヘン協定に調印。大戦勃発後辞任。

だらに【×陀羅尼】《梵 dhāraṇīの音写。総持・能持と訳す》梵文(ぼんぶん)を翻訳しないままで唱えるもので、不思議な力をもつものと信じられる比較的長文の呪文。陀羅尼呪。呪。➡真言(しんごん)

だらに-がね【×陀羅尼鐘】陀羅尼を読みながら鐘をつくこと。また、その鐘の音。➡だらり

だらに-じゅ【×陀羅尼呪】陀羅尼のこと。また、その呪文。

だらに-すけ【×陀羅尼助】キハダやニガキなどの木皮の煎(せん)じ汁を濃縮して干した薬。きわめて苦く、腹痛に用いる。僧が陀羅尼を誦するとき眠けを防ぐために口に含んだという。吉野の大峰山から全国に普及した。だらすけ。

タラ-の-おか【タラの丘】ヲカ《Hill of Tara》アイルランド東部、ミース州の町、ナバンの南郊にある丘。ケルト人の上王(大小の諸国で構成される連合国家の王)の戴冠式が行われた。王座の中心とされる場所に立石が残っている。11世紀頃までケルト人の政治的、宗教的な中心地だったと考えられている。

たら-の-き【×楤の木】ウコギ科の落葉低木。山野に自生。幹はまっすぐに伸び、枝や葉にとげがある。葉は卵形の小葉からなる羽状複葉。8月ごろ、白色の小花を群生し、実は黒く熟す。若芽は食用。たら。

たら-の-め【×楤の芽】タラノキの若芽。食用とする。(季 春)

たら-ば【×鱈場】タラのとれる漁場。(季 冬)

たらば-がに【×鱈場×蟹｜多羅波×蟹】タラバガニ科の甲殻類。体形はカニに似るが、ヤドカリの仲間。甲幅約25センチ、脚を広げると1メートル以上になる。暗紫色で多くのとげがある。北海道以北に分布、タラの漁場に多い。肉は美味。(季 冬)

タラハシー〖Tallahassee〗米国フロリダ州北西部の都市。同州の州都。19世紀から20世紀初頭にかけて、綿花などの農産物の集散地として発展。

たら-ふく【×鱈腹】〔副〕たくさん飲み食いするさま。腹いっぱい。「餅を―食う」(補説)「鱈腹」は当て字。(類語)満腹・くちい・腹一杯

ダラブッカ〖アラビア darabukka〗アラブやトルコ、また、その影響圏に広く分布する酒杯形の片面太鼓。両掌(りょうて)と指でさまざまな音色を出す。➡トンバク

たら-ぼ【×楤穂】タラノキの若芽。楤(たら)の芽。

たら-ぼさつ【多羅菩薩】《梵 Tārāの音写。きらめくものの意》胎蔵界観音院の一尊。観音菩薩の目の光から生じたといわれ、女性の姿をし、合掌した手に青い蓮華(れんげ)の花を持つほか、種々に表される。多羅尊観音。

タラマサラタ〖taramasalata｜taramosalata〗➤タラモサラタ

たらま-じま【多良間島】沖縄県、先島(さきしま)諸島の宮古島と石垣島の中間にある島。面積約20平方キロメートル、最高点が34.4メートル。大半が10～15メートルの平坦な島。全島が琉球(りゅうきゅう)石灰岩からなる。サトウキビを中心とした農業が盛ん。豊年祭は国の重要無形民俗文化財に指定。

たら◦む〔連語〕《完了の助動詞「たり」の未然形＋推量の助動詞「む」》…ただろう。…ているだろう。…たような。「人しげく、ひたたけ―◦む住まひは、いと本意なかるべし」〈源・須磨〉

ダラム〖dram〗ヤード-ポンド法の質量の単位。常用では、1ダラムは16分の1オンスで、約1.772グラム。薬用では、8分の1薬量オンスで、約3.888グラム。ドラム。

ダラム〖Durham〗英国イングランド北部、ダラム州の都市。同州の州都。10世紀末、聖カスバートの遺品安置のため創設された教会に起源する。産業革命以降、炭鉱地帯の中心地として発展。鉱工業が盛ん。歴史的建造物が多く、世界遺産(文化遺産)に登録されたダラム城とダラム大聖堂がある。ダーラム。

ダラム-じょう【ダラム城】ジヤウ《Durham Castle》英国イングランド北部の都市ダラムにある城砦。1072年にウィリアム1世によって築かれたもので、ノルマン様式による英国最大の城。のちにダラム司教に譲渡され、歴代の司教はプリンスビショップと呼ばれ栄華を誇った。1986年、隣接する大聖堂とともに「ダラム城と大聖堂」として世界遺産(文化遺産)に登録された。ダーラム城。

ダラム-だいせいどう【ダラム大聖堂】ダイセイダウ《Durham Cathedral》英国イングランド北部の都市ダラムにある大聖堂。10世紀末、聖カスバートの遺品安置のため創設された教会に起源する。後期ノルマン様式の傑作として知られる大聖堂は11世紀から13世紀にかけて建造。1986年、隣接して建てられているダラム城とともに「ダラム城と大聖堂」として世界遺産(文化遺産)に登録された。ダーラム大聖堂。

タラモサラタ〖taramasalata｜taramosalata〗《タラモは魚の卵の意》ほぐした塩漬けのたらこをマッシュポテトまたはパンのペーストと合わせ、オリーブ油・レモン汁・塩などで調味したもの。パンやクラッカーに塗って食べる。ギリシャの料理。タラマサラタ。タラモサラダ。

たら-よう【多羅葉】ヱフ モチノキ科の常緑高木。暖地の山地に生え、高さ約10メートル。葉は長楕円形で大きい。雌雄異株で、春、黄緑色の小花を密生する。葉面に傷をつけて文字を書くことができるので、経文を書くタラジュにちなんで名をつけられた。もんつきしば。のこぎりしば。

たらり〔副〕しずくがしたたり落ちるさま。「油汗が―と流れ落ちる」

だらり【×陀羅▽尼】《「だらに」の音変化》陀羅尼鐘(だらにがね)のこと。特に、京都建仁寺東鐘楼の百八陀羅尼鐘をいう。「どんどんぐりのづしを出づれば建仁寺、―が鳴るぞ、だらつくまいぞ」〈浄・女腹切〉

だらり ㊀〔副〕❶力なく垂れ下がっているさま。「旗が―と下がる」❷しまりのないさま。だらしのないさま。「暑さで―とする」「のんべん―」㊁〔名〕「だらり結び」の略。

だらり-の-おび【だらりの帯】だらり結びにした帯。江戸時代に女性の間で流行し、現代では京都の舞妓(まいこ)にみられる。

だらり-むすび【だらり結び】結んで両端をだらりと長く下げる帯の結び方。

たら-れば〔連語〕《「もし…していたら(したら)、もし…していれば(すれば)」の意》事実とは無関係な仮定の話。また、事実とは異なることを仮定してする後悔。してもしかたがない話という意味で使われることが多い。

たらわ・す【足らはす】タラハス〔動サ四〕❶満たす。満足させる。「天地(あめつち)に―し照りて我(わ)が大君敷きませばかも楽しき小里(をさと)」〈万・四二七二〉❷《動詞の連用形に付いて》十分…する。やり遂げる。「霞立つ長き春日を天地(あめつち)に思ひ―・し」〈万・三二五八〉

タラン〖TARAN〗《test and repair as necessary》故障が明白でないかぎり、修理をしないでおくこと。コンピューターなど修理による性能低下の危険性の大きい機械類に採られる方式。

タランチュラ〖tarantula〗❶南ヨーロッパで、人がかまれると狂ったように踊りだすという伝説のある毒グモ。コモリグモといわれるが、毒性は弱い。❷アメリカで、トリトリグモなどの大形のクモ。

タランテラ〖イタリア tarantella〗イタリア南部の舞曲。急速な8分の6拍子または8分の3拍子で、しだいに激しさを増していくのが特色。

タラント〖ギリシャ talanton〗古代ギリシャ・ヘブライの重量単位、貨幣単位。タレント。

タラント〖Taranto〗イタリア南部、プーリア州の港湾・工業都市。タラント湾の北部に位置する。紀元前8世紀にスパルタ人により建設され、紀元前4世紀に古代ギリシャの植民都市群の中心地になり、海洋貿易の拠点として栄えた。19世紀末以降、第二次大戦後の復興期に至るまで、海軍工廠(こうしょう)、造船所、製鉄所などが建設された。旧市街には、タラント大聖堂、サンドメニコマッジョーレ教会、アラゴン家のフェルディナンド1世が建てた城などの歴史的建造物が残されている。ターラント。

タラント-だいせいどう【タラント大聖堂】ーダイセイダウ《Cattedrale di Taranto》イタリア南部、プーリア州の都市タラントの旧市街にある大聖堂。正式名称はサンカタルド大聖堂。タラントの守護聖人カタルドを祭る。10世紀の創建。11世紀から12世紀にかけてロマネスク様式で再建、17世紀から18世紀にかけてバロック様式の装飾が施された。内部には創建当初のビザンチン様式のモザイクが残る。

ダランベール〘Jean Le Rond D'Alembert〙[1717〜1783]フランスの物理学者・数学者・思想家。ダランベールの原理を樹立。積分学・流体力学・哲学の発展と啓蒙に努めた。ディドロと「大百科全書」を編集し数学の項および「総序」を執筆。

たり〔助動〕〔たら｜たり｜たり｜たる｜たれ｜たれ〕《完了の助動詞「つ」の連用形に動詞「あり」の付いた「てあり」の音変化》ラ変以外の動詞、および動詞型活用の助動詞の連用形に付く。❶動作・作用の継続・進行を表す。…ている。…てある。「おもしろく咲き**たる**桜を長く折りて」〈枕・四〉❷動作・作用が完了し、その結果が状態として存在する意を表す。…た。…ている。…てある。「くらもちの皇子(みこ)おはし**たり**、と告ぐ」〈竹取〉❸動作・作用が完了する意を表す。…た。…てしまう。「春風に一もみ二もみもまれて、海へさっとぞ散っ**たり**ける」〈平家・一一〉〘補説〙中世以降は、他の完了の助動詞「つ」「ぬ」「り」および過去の助動詞「き」「けり」などの用法をしだいに吸収し、「たる」を経て現代語の「た」に引き継がれる。➡た　➡つ　➡ぬ　➡り

たり〔助動〕〔たら｜たり・と｜たり｜たる｜たれ｜たれ〕《格助詞「と」に動詞「あり」の付いた「とあり」の音変化》体言に付く。事物の状態や性質などを強く断定する意を表す。…である。…だ。「けふは人のうへ**たり**といへども、あすは我が身のうへ**たる**べし」〈平治・下〉➡たる　➡なり　〘補説〙断定の「たり」は平安時代以後の漢文訓読文や和漢混交文に用いられた。

たり〔接助〕《文語の完了の助動詞「たり」から》用言、一部の助動詞の連用形に付く。ガ・ナ・バ・マ行の五段活用動詞に付く場合は「だり」となる。❶㋐動作や状態を並列して述べる。「泣い一笑っ一する」「とんだり跳ね一する」㋑反対の意味の語を二つ並べて、その動作・状態が交互に行われることを表す。「暑かっ一寒かっ一の異常な陽気」「足を上げ一下げ一する運動」❷(副助詞的に用いられ)同種の事柄の中からある動作・状態を例示して、他の場合を類推させる意を表す。「車にひかれ一したらたいへんだ」❸(終助詞的に用いられ)軽い命令の意を表す。「早く行っ一、行っ一」〘補説〙「たり」は中世以降、文語的な「…ぬ…ぬ」に対し口語として動詞の連用形だけに付く形で用いられた。❶は、並立助詞として扱われる場合もあるが、近世後期からはあとのほうを省略して「…たり…」の形をとる場合もみられる。

たり【▽人】〔接尾〕助数詞。「三(み)」「四(よ)」など和語の数詞に付いて、人を数えるのに用いる。「み一」「よ一」

ダリ〘Salvador Dali〙[1904〜1988]スペインの画家。幻覚や意識下の世界を写実的手法で表現し、シュールレアリスムに一時代を画した。商業美術でも活躍。

だり〔接助〕▶たり〔接助〕

ダリア〘dahlia〙キク科の多年草。高さ1.5〜2メートル。地下の塊根から芽が出る。葉は羽状に裂ける。夏から秋にかけ赤・紫・黄色などの大形の花が咲く。メキシコ原産。観賞用に栽培され、多くの品種がある。名はスウェーデンの植物学者A＝ダール(Dahl)にちなむ。天竺牡丹(てんじくぼたん)。ダリヤ。〘季 夏〙「曇る日は曇る隈(くま)もつ一かな/未井」

タリアテッレ〘伊 tagliatelle〙パスタの一種。平たい、ひも革状の麺。

ダリウス〘Darius〙▶ダレイオス

タリウム〘thallium〙硼素族元素の一。単体は鉛に似た軟らかい白色金属。有毒。殺虫・殺鼠剤とする。元素記号Tl　原子番号81。原子量204.4。

たり-お【垂り尾】ヲ 長く垂れ下がっている尾。たれお。しだりお。「庭つ鳥鶏(かけ)の一の乱れ尾の長き心も思ほえぬかも」〈万・一四一三〉

タリオ〘ラテ talio〙被害者が受けたのと同種の害を加害者に加える処罰法。刑罰は犯罪に対する応報であるとする考え方に基づくもので「目には目を、歯には歯を」などの言葉で知られる。同害刑。同害報復刑。

たり-かつよう【タリ活用】ークワツヨウ 文語形容動詞の活用形式の一。「堂々たり」「平然たり」などのように、終止形の語尾が「たり」の形をとるもの。元来、「堂々と」「平然と」などの形が動詞「あり」に結びついた「堂々とあり」「平然とあり」の音変化したもので、「たら・たり(と)・たり・たる・たれ・たれ」と変化する。語幹はほとんどが漢語。口語では、「堂々と」「堂々たる」の形で残存するが前者は副詞、後者は連体詞として扱う。なお、本辞典では、この類を〔ト・タル〕と表示。➡ナリ活用

た-りき【他力】❶自分以外のものの力。他人の助力。⇔自力。❷仏語。衆生(しゅじょう)を悟りに導く仏・菩薩(ぼさつ)の力。仏・菩薩の加護。特に、浄土門で、一切の衆生を救おうと発願した阿弥陀仏の力。弥陀の本願の力。⇔自力。

たりき-きょう【他力教】ーケウ 阿弥陀仏の本願の力に頼ってのみ救われると説く教え。他力門。⇔自力教。

たりき-しゅう【他力宗】ひたすら阿弥陀仏を信仰し、その力によって成仏することを求める宗派。浄土宗・浄土真宗など。⇔自力宗。

たりき-ねんぶつ【他力念仏】他力の救いを信じて阿弥陀仏の名を唱える念仏。⇔自力念仏。

たりき-ほんがん【他力本願】ーホングワン ❶《他力(阿弥陀仏)の本願の意》仏語。自らの修行の功徳によって悟りを得るのでなく、阿弥陀仏の本願によって救済されること。浄土教の言葉。❷《誤用が定着したものか》俗に、自分の努力でするのではなく、他人がしてくれることに期待をかけること。人まかせ。

たりき-もん【他力門】「他力教」に同じ。

たり-くび【垂▽領｜垂×頸】襟(えり)を肩から胸の左右に垂らし、引き合わせて着用すること。直垂(ひたたれ)・素襖(すおう)などの方領(ほうりょう)はこの形式。水干(すいかん)は盤領(まるえり)であるが、鎌倉時代のころから襟を折り込んで垂領に着る着用法が普通となった。➡盤領(あげくび)

たり-けり〔連語〕《完了の助動詞「たり」の連用形＋過去の助動詞「けり」》…ていた。…てしまったことだ。「飼ひける犬の、暗けれど主を知りて飛びつき一けるとぞ」〈徒然・八九〉

た-りつ【他律】❶自らの意志によらず、他からの命令、強制によって行動すること。⇔自律。❷他の領域に支配されること。❸《ドイ Heteronomie》カントの道徳哲学で、意志が理性の先天的な法則に従わず、感性の、自然的欲望に拘束されること。⇔自律。

だ-りつ【打率】野球で、安打数を打数で割った率。打撃率。バッティングアベレージ。

タリバーン〘Taliban〙《タリブ(イスラム神学生)」の複数形。「タリバン」「ターリバーン」とも》アフガニスタンのイスラム原理主義者による武装集団。1996年9月首都カブールを占領して内戦後のアフガニスタンを支配。偶像崇拝を排斥する立場から同国バーミヤンの石仏を破壊した。2001年9月のアメリカ同時多発テロの指導者ビンラディンをかくまったとしてアメリカ軍の攻撃を受け、11月に政権は崩壊した。06年ころから再び攻勢を強めている。

タリバン〘Taliban〙▶タリバーン

たり-ひずみ【×撓り×歪み】ーヒヅミ ❶たわんだりゆがんだりすること。「一ないつるかけの升ではかる恋路でも」〈浄・松風村雨〉❷欠点。なんくせ。「召使ひは一を付けて、段々に隙(ひま)遣(や)らはし」〈浄・忠臣蔵〉

タリフ〘tariff〙関税。関税表。関税率。

タリファ〘Tarifa〙スペイン南部、アンダルシア州の港町。イベリア半島最南端のタリファ岬があり、ジブラルタル海峡の最狭部をなす。711年、スペインで最初にイスラム教徒の支配下になり、現在も城壁や要塞の跡が残る。漁業、缶詰工業が盛ん。

タリフ-エスカレーション〘tariff escalation〙傾斜関税。製造業を保護するために、原材料を無税またはきわめて低い関税で輸入し、半製品・製品については加工度の高いものほど関税率を高くする関税構造をいう。

タリフ-クオータ〘tariff quota〙関税割当制。一定期間内に輸入される特定物品につき割り当て数量までは低税率または無税を適用し、それを超えるものには逆に高税率を適用する二重税率制度。

たり-ふし〔副〕《頭を垂れ伏して、の意か》ねんごろに。「法皇の御事を一申されければ」〈平家・四〉

たり-ほ【垂り穂】稲・麦・粟(あわ)などの、実って垂れ下がっている穂。〘類語〙瑞穂・初穂・稲穂・落ち穂

ダリボルカ〘Daliborka〙チェコ共和国の首都プラハのプラハ城東端にある円塔。15世紀末に投獄されたダリボルという騎士の名に由来する。ダリボルは獄中でバイオリンを手にし、練習の後に名手となり、演奏により食料などの寄進を受けていたという。これを題材として作曲家スメタナがオペラを作ったことで知られる。

タリム-がわ【タリム川】ーがは《Tarim》中国西部、タリム盆地を流れる内陸河川。天山山脈などに源を発した川が合流し、タクラマカン砂漠の北辺を東に流れ、ロプノールに注ぐ。〘補説〙「塔里木河」とも書く。

だり-むくり　❶酔っ払い。呑んべえ。「私ども二人は名代の一にござります」〈滑・素人狂言紋切形・下〉❷人を罵倒する語。分からず屋、因業者などの類。「やい此の一めえ」〈滑・大山道中膝栗毛・二〉

だり-むく・る〔動ラ四〕❶すっかり酔ってだらしがなくなる。「どこの亭主もてんでんに一・るから」〈滑・四十八癖〉❷失敗する。しくじる。「酒と博奕(ばくち)で一・り」〈伎・覗機関〉

だり-むくれ　❶「だりむくり❷」に同じ。「トンチキ、こっぽう人、一のよいよいといふのだ」〈滑・浮世床・初〉❷しくじり。失敗。「七兵衛の一で青菜に塩々陣を引いてからは」〈滑・八笑人・五〉

だり-むく・れる〔動ラ下一〕「だりむくる❶」に同じ。「一・れ切って呂律(ろれつ)も回らねえ癖に」〈滑・浮世風呂・二〉

タリム-ぼんち【タリム盆地】《Tarim》中国、新疆(しんきょう)ウイグル自治区南部にある盆地。北を天山山脈、南を崑崙(こんろん)山脈、西をパミール高原に囲まれ、中央部にタクラマカン砂漠がある。古代には、その周辺のオアシス都市を結んでシルクロードが発達した。

た-りゅう【他流】ーリウ ほかの流儀。他の流派。

たりゅう-じあい【他流試合】タリウジあひ 武術などで、他の流派の人とする試合。

た-りょう【他領】ーリヤウ 他国の領地。他人の領分。

た-りょう【多量】ーリヤウ〘名・形動〙分量の多いこと。また、そのさま。大量。「一な(の)雨」⇔少量。〘類語〙大量・豊富・潤沢・豊か・たくさん・多く・多い・数数(かずかず)・多数・数多(あまた)・無数・大勢(おおぜい)・夥(おびただ)しい・いっぱい・あまた・多多・どっさり・ふんだんに・腐るほど・ごまんと・わんさと・しこたま・たんまり・うんと・たんと・仰山(ぎょうさん)

たりょう-きゅう【多稜宮】《Granovitaya Palata》▶グラノビータヤ宮殿

た-りょく【多力】〘名・形動〙力や権力の強いこと。また、そのさま。「肥えふとりて一なる国王に、父はいかでか敵し得べき」〈鴎外・うたかたの記〉

だ-りょく【打力】❶打つ力。❷野球で、選手の打撃力。また、チームの攻撃力。

だ-りょく【惰力】惰性の勢い。「一で走行する」

た・りる【足りる】〔動ラ上一〕❶過不足なく必要なだけのものがある。十分である。「眠りが一・りる」「頭数が一・りない」❷何かをするのにそれで十分である。なんとか間に合う。「電話で用が一・りる」「人手は今のところ一・りている」❸(ふつう、動詞の連体形に「にたりる」の付いた形で)それだけの値うちがある。値する。「信頼するに一・りる人物」「恐れるに一・りない」〘補説〙四段活用の「足る」から転じ、近世から江戸で用いられるようになったもの。
〘類語〙(❷)間に合う・間に合わせる・堪(た)える

足り◦ない　頭の働きが普通より劣っている。「少し一。

ない人」

タリン〖Tallinn〗《デンマーク人の町の意》エストニア共和国の首都。フィンランド湾に面する港湾・工業都市。11世紀にデンマーク人が建設、13世紀にハンザ同盟都市となる。1997年、城壁に囲まれた旧市街が世界遺産(文化遺産)に登録された。人口、行政区40万(2008)。レバル。

タリン-せいれいきょうかい【タリン聖霊教会】《Tallinna Püha Vaimu kirik》エストニアの首都タリンの旧市街にある教会。14世紀以前に礼拝堂として創設。15世紀にベルント=ノトケが制作した木製の主祭壇をはじめ、宗教改革の難を逃れた宝物が残されている。

タリン-だいせいどう【タリン大聖堂】《Tallinna Toomkirik》エストニアの首都タリンのトームペアの丘の上にある大聖堂。正式名称は聖母マリア大聖堂。13世紀にデンマーク人により建造された同国最古の教会。17世紀に火災で焼失したが直ちに再建された。外観の大部分はゴシック様式で、尖塔と内装はバロック様式。内部には創建当初のものも含め、貴族やギルドなどの多数の墓碑が残る。

たる《文語の断定の助動詞「たり」の連体形》❶資格を表す。…であるところの。「学生**たる**もの、勉強すべきである」❷取り上げた事柄を、強調して、説明する意を表す。「その表情**たる**まさしく鬼そのものであった」〘補説〙文章語的表現に用いられる。

たる【×樽】酒・醤油などを入れて蓄えたり、持ち運んだりするための木製の容器。たがでしめた円筒状のおけの形をし、固定したふたがある。「酒―」
〘類語〙酒樽・ビヤ樽・角樽・柳樽・薦被り

た・る【足る】〘動ラ五(四)〙❶「足りる」に同じ。「配慮が―・らぬ」「一見するに―・る」❷満足する。「―・るを知らざる者は富むといえども貧し」
〘類語〙(❷)満ち足りる・充足する
足ら◦ない　「足りない」に同じ。「頭の―◦ないやつ」

た・る【垂る】㊀〘動ラ四〙❶物の末端が下方へさがる。たれさがる。「あさましう高うのびらかに、先の方少し―・りて」〈源・末摘花〉❷したたる。流れおちる。「父の命はたくづのの白ひげの上ゆ涙―・り嘆きのたばく」〈万・四四〇八〉㊁〘動ラ下二〙「たれる」の文語形。〘補説〙中世初期に「垂らす」が用いられるようになり、他動詞としては下二段の「垂る」と併用されるようになった。その影響で自動詞のほうにも変化が生じ、自動詞の四段「垂る」はしだいに用いられなくなった。現代では自動詞としては「垂れる」、他動詞としては「垂れる」と「垂らす」がある。

ダル〖dull〗〘形動〙動作が鈍いさま。活気のないさま。「あたりの空気を一層―にする」〈里見弴・善心悪心〉

たるい【垂井】岐阜県南西部、不破郡の地名。美濃国府の地で、中山道の宿場町。茶・干し柿を特産。

だる・い【▽怠い｜×懈い】〘形〙〘文〙だる・し〘ク〙《「たるい」とも》❶疲れや病気などで、からだを動かすのがおっくうである。かったるい。「高熱で全身が―・い」❷しまりがない。ゆるい。「縄ガー・イ」〈和英語林集成〉「下髪の―・い姿」〈浮・男色大鑑・七〉❸のろい。不十分である。「ちっと商ひが―・いと」〈伎・四谷怪談〉
〘派生〙だるげ〘形動〙だるさ〘名〙
〘類語〙おっくう・かったるい・けだるい

たるい-ちょう【垂井町】▶垂井

たるい-とうきち【樽井藤吉】［1850〜1922］政治家・社会運動家。奈良の生まれ。自由民権運動に参加し、明治15年(1882)東洋社会党を結成。大井憲太郎らの大阪事件に連座。のち、衆議院議員。大アジア主義を主張、「大東合邦論」を著した。

たる-いれ【×樽入れ】〘名〙スル ❶不漁のとき、他の大漁のほうへ樽酒を贈ってともに酒宴して大漁にあやかること。❷婚約成立のしるしとして、婿方から嫁方へ柳樽を贈ること。きまりざけ。

ダル-エス-サラーム〖Dar es Salaam〗タンザニア連合共和国の実質上の首都。インド洋に面する港湾都市で、コーヒー・サイザル麻・綿花などを輸出。人口、行政区296万(2008)。

たる-かいせん【×樽×廻船】江戸時代、大坂から江戸へ、主として酒樽荷などを運んだ船。船足が速く、幕末には菱垣廻船を圧倒した。たるぶね。

たる-がき【×樽柿】渋柿を空いた酒樽に詰め、樽に残るアルコール分で渋を抜いて甘くした柿。樽抜き。

たるがた-しゅうさ【×樽型収差】▶樽型歪曲

たるがた-わいきょく【×樽型×歪曲】カメラなどの光学系に生じる歪曲収差の一。画面周辺部の直線が外側に向かって曲がるため、方眼面を撮影すると樽の形のように膨らむ。広角レンズに生じやすい。樽型収差。⇨糸巻き型歪曲

タルカム-パウダー〖talcum powder〗滑石の粉を主体とした散布薬。入浴後の汗止めなどに用いる。ベビーパウダー。

たる-き【垂木｜×棰｜×椽｜×榱｜▽架】屋根を支えるため、棟から軒先に渡す長い木材。はえき。たりき。

タルキートナ〖Talkeetna〗米国アラスカ州中南部の町。タルキートナ川、スシトナ川などの合流点にあり、20世紀初頭、ゴールドラッシュで栄えた。マッキンリーへの登山の拠点として知られる。

たるき-がた【垂木形】屋根のつまに、垂木と平行に取り付ける板。

たるき-だけ【垂木竹】竹で作った垂木。また、それに用いる竹。かやぶきの屋根などに用いる。

タルキニア〖Tarquinia〗ローマの北西にある都市。エトルリア人の遺跡があり、郊外のモンテロッツィで6000を超える墳墓群が発掘された。墓にはフレスコ画が残り、エトルリア人の生活を知ることができる。2004年「チェルベテリとタルキニアのエトルリア古代都市群」として世界遺産(文化遺産)に登録された。

たるき-ばな【垂木鼻】垂木の先端。また、その装飾。

たるき-わり【垂木割(り)】垂木の配置法。垂木間の空きの広狭により本繁割り・吹き寄せ割り・疎割りなどがある。

タルク〖talc〗滑石のこと。

タルクシェン-しんでん【タルクシェン神殿】《Tarxien》▶タルシーン神殿

ダルクローズ〖Émile Jaques-Dalcroze〗［1865〜1950］スイスの音楽教育家。ウィーン生まれ。リズムと身体運動を結びつけた教育方法リトミックを創始し、世界各国の音楽教育・舞踏教育に大きな影響を与えた。ジャック=ダルクローズ。

タルケク〖Tarqeq〗土星の第52衛星。2007年に発見。名の由来は北欧神話の月の神。非球形で平均直径は約7キロ。タルクェク。

タルコフスキー〖Andrey Arsen'evich Tarkovskiy〗［1932〜1986］ソ連の映画監督。詩的、象徴的作風により、精神的な閉塞状況下における魂の救済の問題を追求。1984年に亡命。作「僕の村は戦場だった」「惑星ソラリス」「サクリファイス」など。

ダルゴムイシスキー〖Aleksandr Sergeevich Dargomïzhskiy〗［1813〜1869］ロシアの作曲家。ロシア国民楽派の一人。ロシア語の抑揚を生かした朗唱様式を完成し、ムソルグスキーらに大きな影響を与えた。歌劇「ルサルカ」「石像の客」など。

たる-ざかな【×樽×肴】贈り物の酒樽と酒のさかな。「歳暮の御使者とて、太刀目録、御小袖、―」〈浮・胸算用・五〉

たる-ざけ【×樽酒】樽詰めの酒。

タルシーン-しんでん【タルシーン神殿】《Tarxien》マルタ共和国にある先史時代の巨石神殿。マルタ島東部、首都バレッタの南東約5キロメートルに位置する。紀元前3600年から2500年頃に建造され、渦巻きや家畜などの彫刻が施された四つの巨石構造物が残る。動物のいけにえを神に捧げ、豊穣を祈る儀式などが行われた場所と考えられている。1980年と92年に、マルタ島のイムナイドラ・スコルバ・タハジュラット・ハジャーイム、ゴゾ島のジュガンティーヤとともに「マルタの巨石神殿」として世界遺産(文化遺産)に登録された。タルクシェン神殿。

ダルシマー〖dulcimer〗ピアノの前身にあたるヨーロッパの打弦楽器。台形をした共鳴箱の上に多数の弦を水平に張り、2本の桴またはハンマーで打つ。西アジアのサントゥールと同系統の楽器。

タルスキ〖Alfred Tarski〗［1902〜1983］米国の数学者・論理学者。ポーランド生まれ。のち米国に移住・帰化した。記号論理学における意味論の開拓者で、現代記号論理学の発展に多大な貢献をした。主著「形式言語における真理概念」。

タルスス〖Tarsus〗トルコ南部の都市。地中海から15キロメートル内陸に位置。古くからトロス山脈を横断する通商路の要衝で、古代ローマの属州キリキアの首都となった。キリスト教の使徒パウロの生地であり、パウロゆかりとされる井戸があるほか、古代ローマの軍人・政治家、マルクス=アントニウスがエジプトの女王クレオパトラを同地に招いた際に通った門が残る。

ダル-セーニョ〖伊 dal segno〗楽譜で、𝄋記号まで戻って繰り返すことを指示する語。略号D.S.

たる-だい【×樽代】結納・転宅などのとき、祝儀として酒を贈る代わりに、酒代として包む金銭。

タルタル-ステーキ〖tartar steak〗《「タルタル」はタタール(韃靼)の意》生の牛肉をたたいて挽き肉状にしてから塩とこしょうで味付けし、上に卵黄をのせた肉料理。玉ねぎ・ピクルスなどの薬味を添える。

タルタル-ソース〖tartar sauce〗マヨネーズに、ゆで卵・タマネギ・パセリやキュウリのピクルスなどのみじん切りをまぜて作ったソース。フライやサラダなどに用いる。

タルチュフ〖仏 Le Tartuffe〗モリエールの戯曲。5幕。1664年初演。にせ信者タルチュフの行動を通じ、宗教の偽善を批判・風刺した喜劇。

タルティーニ〖Giuseppe Tartini〗［1692〜1770］イタリアのバイオリン奏者・作曲家。バイオリンの重音奏法を完成。協奏曲・ソナタなどを多数作曲し、特にソナタ「悪魔のトリル」は有名。

タルティーニエフ-ひろば【タルティーニエフ広場】《Tartinijev trg》▶タルティーニ広場

タルティーニ-ひろば【タルティーニ広場】《Tartinijev trg》スロベニア南西部、アドリア海に面する港町ピランの中心広場。18世紀イタリアのバイオリン奏者ジュゼッペ=タルティーニの生家に面し、中央にはタルティーニの立像がある。タルティーニエフ広場。

タルト〖蘭 taart〗ゆずあんをカステラで巻いた菓子。愛媛県松山の名産。

タルト〖仏 tarte〗パイの一種。果物などをパイ皮の上にのせて焼いたもの。タート。

タルド〖Jean Gabriel de Tarde〗［1843〜1904］フランスの社会学者・犯罪学者。社会の成立を、心理的な個人間の模倣によるとし、デュルケームの社会実在論と対立。また、群集に対する公衆の概念を明確にした。著「模倣の法則」「世論と群集」など。

タルトゥ〖Tartu〗エストニア中南部の都市。ドイツ語名ドルパット。首都タリンに次ぐ同国第2の都市。エマユギ川沿いに位置する。11世紀にキエフ大公ヤロスラフ1世が城を築き、13世紀にリボニア騎士団の支配下に置かれた。その後ハンザ同盟都市として発展。17世紀にスウェーデン王による同国最古の大学が設置され、現在でも学問・文化の中心として知られる。

ダルトナイド-かごうぶつ【ダルトナイド化合物】▶定比化合物

ダルト-ビラ〖Dalt Vila〗スペイン東部、イビサ島の中心都市イビサの旧市街の名称。16世紀に建造された城壁に囲まれ、大聖堂や考古学博物館がある。

タルトレット〖仏 tartelette〗小形のタルト。菓子型を用いて焼く。

ダルトン〖Dalton〗▶ドルトン

たる-にんぎょう【×樽人形】柳樽に着物を着せて編み笠などをかぶせ、人形に見立てて宴席や花見の場などで手で持って踊らせたもの。特に元禄(1688〜1704)ころに流行。

たる-ぬき【×樽抜き】❶樽のふたを抜くこと。❷樽柿にして渋を抜くこと。また、その柿。樽柿。

タルノボ〖Tarnovo〗ブルガリア中北部の都市ベリ

コタルノボの旧称。

タルバガン〘talbaghan〙リス科の哺乳類。マーモットの仲間。体長約50センチ。四肢は太くて短い。モンゴルの草原にすみ、地中に巣穴をつくる。

たる-ひ【足る日】物事の十分に満ちたりた、よい日。吉日。「今日の生日いくひの一に」〈祝詞・神賀詞〉

たる-ひ【垂氷】つらら。氷柱。「日さし出でて、軒の一の光り合ひたるに」〈源・浮舟〉

たるひと-しんのう【熾仁親王】タルヒトシンノウ ►有栖川宮熾仁親王ありすがわのみやたるひとしんのう

たる-ひろい【×樽拾ひ】タルヒロイ 酒屋が得意先の空き樽を集めて歩くこと。また、その仕事をする小僧。「一あやうい恋の邪魔をする」〈柳多留・初〉

ダルフール-ふんそう【ダルフール紛争】ーフンサウ スーダン西部のダルフール地域で2003年に発生した紛争。政府が支援するアラブ系民兵組織と、非アラブ系の反政府勢力との抗争が激化。約20万人が死亡し、約200万人が難民となった。〔補説〕国際的な人道支援活動が行われ、アフリカ連合国連ダルフールミッション(UNAMID ; African Union-United Nations Mission in Darfur)が平和維持活動を展開。カタール政府などの仲介で和平交渉が進められている(2012年7月現在)。

たる-ぶね【×樽船】►樽廻船たるかいせん

タルボス〘Tarvos〙土星の第21衛星。2000年に発見。名の由来はケルト神話の牡牛。土星から遠い軌道を公転する。非球形で平均直径は約13キロ。

だるま【達磨】《梵 Bodhidharmaの音写、菩提ぼだい達磨の略》㊀中国禅宗の始祖。インドのバラモンの出身と伝え、6世紀初め中国に渡り、各地で禅を教えた。嵩山すうざんの少林寺で面壁九年の座禅を行ったという。達磨大師。円覚大師。生没年未詳。➡達磨忌 ㊁❶達磨大師の座禅の姿にまねた張り子の人形。手足がなく、紅衣をまとった僧の形で、底を重くして、倒してもすぐ起き上がるように作る。商売繁盛・開運出世などの縁起物とされ、最初に片目だけ入れておき、願いごとのかなった時、もう一方の目をかきこむ風習がある。❷丸いもの、赤いものなど❶の形に似たものの称。「雪一」「火一」❸売春婦。寝ては起き寝ては起きするところからいう。「一茶屋」❹►法㊂

だるま-いち【▽達磨市】縁起物の張り子達磨を売る市。多く、東日本で年末から3月にかけて行われる。〔季 新年〕「大風の森ゆるがせり一／秋桜子」

だるま-いと【▽達磨糸】足踏み式の製糸機械で製した生糸。自転車取糸。

だるま-いんこ【▽達磨×鸚×哥】インコ科の鳥。全長約35センチで体は緑色。雄のほおに太く黒い線がある。南・東南アジアに広く分布。飼い鳥とされる。

だるま-うた【▽達磨歌】禅問答のように、わけのわからない歌のこと。特に藤原定家らの新傾向の歌風をあざけっていった呼称。

たるまえ-さん【樽前山】タルマヘ 北海道南西部、支笏しこつ湖の南東、苫小牧市と千歳市との境にある火山。標高1041メートル。明治42年(1909)の大爆発で火口丘に高さ約130メートルの溶岩円頂丘が一夜で再生した。

だるま-おこぜ【▽達磨×鰧】ーをこぜ オニオコゼ科の海水魚。全長約15センチ。頭部にこぶが多数ある。日本南部からオーストラリアに分布。

だるま-おとし【▽達磨落(と)し】❶輪形の数個の木片の上にのせた達磨のおもちゃを、木づちで木片を横に打ち飛ばし、順次位置を下げていく遊戯。❷高い台上の達磨のおもちゃを、紅白に分かれた子供たちが小球を投げつけて落とす遊戯。

だるま-がえし【▽達磨返し】ーがへし 女性の髪形の一。髪の先をひねって髷まげの裏側に入れ簪かんざしで止めたもの。江戸末期から明治にかけ、下町の伝法肌でんぽうはだの年増が多く結った。

だるま-がえる【▽達磨×蛙】ーがへる アカガエル科のカエル。体長5〜6センチ。トノサマガエルに似るが後肢は短く、ずんぐりして、背面に黒色円紋がある。日本特産種で、山陽地方に多い。

だるま-き【▽達磨忌】禅宗で、10月5日の達磨大師の忌日に行う法会。〔季 冬〕「一や達磨に似たる顔は誰／漱石」

だるま-ぎく【▽達磨菊】キク科の多年草。海岸の岩に生え、高さ30〜60センチ。よく枝分かれし、茎・葉に毛が多くビロード状になる。秋、周囲が青紫色で中心が黄色の頭状花を開く。観賞用に栽培。

ダルマシアン〘Dalmatian〙►ダルメシアン

だるま-しゅう【▽達磨宗】❶禅宗のこと。❷中世に、藤原定家らの和歌の新風を、禅問答のようにわけがわからないと、あざけっていった語。

だるま-ストーブ【▽達磨ストーブ】形が張り子の達磨に似た、石炭投げ込み式の簡単な構造のストーブ。

だるま-だいし【達磨大師】達磨㊀の尊称。

ダルマチア〘Dalmatia〙クロアチア西部、アドリア海沿岸地方の称。保養地が多い。

だるま-はがし【▽達磨剝がし】人の着ている羽織をはぎとって奪うこと。また、その盗人。

だるま-ぶね【▽達磨船】木船の一種で、長さのわりに幅が広い大伝馬船。貨物の運送に用いる。鋼製のものもある。だるません。

だるま-や【▽達磨屋】私娼を置いている宿。あいまいや。「一の年増や、義太夫語かたりの顔などを」〈秋声・足迹〉

たる-まる【×樽丸】酒樽に用いる木材。

たるみ【×弛み】たるむこと。また、その度合い。ゆるみ。「靴下の一」「心の一」

たる-み【垂▽水】垂れ落ちる水。滝。「命を幸さきく良けむと石走いはばしる一の水をむすびて飲みつ」〈万・一一四二〉

たるみ【垂水】兵庫県神戸市西部の区名。明石海峡に臨む。宅地化が進む。

たるみ-く【垂水区】►垂水

たる-みこし【×樽▽御×輿】酒の空き樽で作ったみこし。祭礼などに子供が担ぐもの。〔季 夏〕

たるみず【垂水】タルミヅ 鹿児島県中部、大隅半島西岸の市。鹿児島湾に臨み、桜島に近く、火山灰のしらす台地が多い。ミカン・エンドウの栽培やハマチ・クルマエビの養殖などが盛ん。人口1.7万(2010)。

たるみず-し【垂水市】タルミヅ ►垂水

たる・む【×弛む】㊀〔動マ五(四)〕❶ぴんと張っていたものがゆるむ。「ロープが一・む」「目の皮が一・む」❷張りつめた気持ちがゆるむ。しまりがなくなる。「一・んだ気分をひきしめる」㊁〔動マ下二〕「たるめる」の文語形。〔類語〕緩む・緩める・だれる・だらける・たゆむ

タルムード〘ヘブライ Talmud〙《教訓の意》ユダヤ教の宗教的典範。モーゼ律法および社会百般の事項に対する口伝的解答を集大成したもの。本文ミシュナとその注釈ゲマラの2部からなる。4世紀末ごろ編集されたパレスチナタルムードと6世紀ころまでに編集されたバビロニアタルムードがあり、一般には後者をさす。中世から現代に至るユダヤ人の精神文化を知る重要文献。

ダルムシュタット〘Darmstadt〙ドイツ中部、ヘッセン州の都市。14世紀以降、ヘッセンダルムシュタット大公国の首都として栄えた。19世紀末から20世紀にかけて大公エルンスト＝ルートウィヒが国内各地から芸術家を集め、芸術家コロニーを作ったことで知られる。コロニーの中心地には、オーストリアの建築家、ヨーゼフ＝オルブリッヒが設計したユーゲントシュティールの建造物群が残っている。

ダルム-ひろば【ダルム広場】《Place d'Armes》►アルム広場

ダルメシアン〘Dalmatian〙《「ダルマシアン」とも》犬の一品種。クロアチアのダルマチア地方の原産。体形はポインターに似て、白色の地に黒などの丸い斑点がある。

たる・める【×弛める】〔動マ下一〕文たる・む〔マ下二〕たるむようにする。ゆるめる。「綱を一・める」

たるや-おせん【樽屋おせん】江戸前期、大坂天満の樽屋の妻。隣家の長左衛門との不義を夫に知られて自殺。「樽屋おせん歌祭文」に歌われ、井原西鶴の「好色五人女」や浄瑠璃・歌舞伎の題材となった。

ダルヤン〘Dalyan〙トルコ南西部の町。キョイジェイズ湖とエーゲ海をつなぐダルヤン川東岸に位置する。対岸にあった古代都市カウノスはヘレニズム時代・古代ローマ時代を通じて海上交易の拠点として栄えた。付近には白い砂浜が広がる美しい海岸が点在し、海岸保養地として知られる。

たれ　醤油味の「たれ」に漬けて干した鯨の肉。千葉県房総地方南部の特産。

たれ【垂れ】❶たれること。また、たれているもの。「更紗の一を下げた、どす暗い料理場で」〈三重吉・小鳥の巣〉❷垂れ駕籠かごのむしろ戸。❸帯やひもの端の結び下がり。❹剣道の防具で、胴の下に垂らして腰部を保護するもの。❺煮物や焼き物の、調味用の汁。鍋物や、焼き鳥・照り焼き・蒲焼かばやきなどに用いる。❻「垂れ味噌みそ」の略。❼能に用いる仮髪かはの一。両鬢びんの所から肩の少し下まで垂らす。黒垂くろたれと白垂とがある。❽漢字の構成部位の一。上から左下に垂れている部分。字形によって「厂(がんだれ)」「广(まだれ)」などとよぶ。❾(接尾語的に用いて)その性質や状態をはっきり示すものをののしる意を表す。「ばか一」「しみっ一」「はな一」

タレ　「タレント❷」の略。多く複合語の形で用いられる。「外一(＝外国人タレント)」

たれ【▽誰】〔代〕不定称の人代名詞。近世からしだいに「だれ」が一般的となり、現代では文語脈の中に残る。「これにて見苦しとは一も得言わじ」〈鴎外・舞姫〉「嬢子をとめども一をし枕まかむ」〈記・中・歌謡〉

誰かある　家人・下人などを呼ぶときの言葉。たれかおらぬか。「いかに、一」〈謡・安宅〉

誰か烏からすの雌雄を知らんや　《「詩経」小雅・正月から》烏の雌雄の区別を誰がつけられようか。人の心や物事の善悪・優劣の判定が難しいことのたとえ。

だれ　❶だれること。「生活の一」❷相場に活気がなくなり、やや安くなること。

だれ【誰】〔代〕《古くは「たれ」》不定称の人代名詞。❶名を知らない人、または、その人とはっきりわからない人をさす。「あの人は一だ」「一に渡せばよいのか」❷(「だれか」の形で)自分以外の不特定の人をさす。「一か来たようだ」「一か欲しい人にあげよう」❸(「だれも」の形で、打消しの語を伴って)全面的な否定を表す。「一もいない」➡たれ(誰)

〔類語〕どなた・何者・どの方・どの人・どいつ・何奴なにやつ

誰に見しょとて紅鉄漿べにかねつきょうぞ　歌舞伎舞踊「京鹿子娘道成寺きょうがのこむすめどうじょうじ」の詞章。あとに「みんなぬしへの心中立て」と続く。誰に見せようとして顔に紅をひき、お歯黒を塗ったりしましょうか、みんな恋しいあなたに真心を見せるためです、の意で、男につれなくされた女の恨み言の決まり文句。

たれ-あま【垂れ尼】髪を短く切って垂らしている尼。また、その髪形。そぎあま。さげあま。「頭髻たぶさを剪きりて、形貌かたちは一」〈読・八犬伝・四〉

ダレイオス〘Dareios〙(1世)[前558ころ〜前486]古代ペルシア、アケメネス朝の王。在位、前522〜前486。国内の反乱を鎮圧し、インダス川からマケドニアに至る全オリエントを支配。また、財政の整備や国道建設を行い、中央集権体制を確立してペルシア帝国の基礎をつくった。ダリウス1世。

たれ-えい【垂れ×纓】►垂纓すいえい

タレーラン〘Charles Maurice de Talleyrand-Périgord〙[1754〜1838]フランスの政治家。フランス革命期の三部会議員。ナポレオン帝政下で外相となる。スペイン・ロシア遠征に反対し、ナポレオン没落後は王政復古に協力して、再度外相。ウィーン会議ではフランス全権として自国領土の保全に成功。

たれ-かご【垂れ×駕▽籠】左右に藺いむしろを垂れ下げた小形のかご。

たれ-がし【▽誰▽某】〔代〕「だれそれ」に同じ。「いづれの家の一とかおぼしめし候らん」〈保元・上〉

たれ-がみ【垂れ髪】結い上げずに肩のあたりに垂れ下げた髪形。おかっぱ。振り分け髪。

だれ-かれ【誰彼】〔代〕《古くは「たれかれ」》不定称

の人代名詞。特定しない複数の人をいう語。あの人、この人。「—の容赦はない」

だれかれ-なし-に【誰彼無しに】〔連語〕だれかれの区別なく。だれにでも。「—声をかける」

たれ-ぎぬ【垂れ絹|垂れ▽衣】昔、上から垂れ下げて仕切りや目隠しに用いた布。帳(とばり)。

だれ-ぎみ【だれ気味】〔名・形動〕❶緊張が失われていること。だらけはじめていること。また、そのさま。「—な(の)後半戦」❷相場に活気がなくなり、やや安くなること。また、そのさま。

たれ-こみ【垂れ込み】たれこむこと。密告。

たれ-こ・む【垂れ込む】〔動マ五〕密告する。「極秘情報を新聞に—・む」

たれ-こ・める【垂れ込める|垂れ▽籠める】〔動マ下一〕図たれこ・む〔マ下二〕❶雲などが低く垂れてあたりを覆う。「雨雲が—・める」❷とばりやすだれなどを下ろして閉じこもる。家の中に閉じこもって外へ出ない。「二人は、奥二階の八畳の座敷に、もの静かに—・めていた」〈里見弴・多情仏心〉

たれ-さが・る【垂れ下(が)る】〔動ラ五(四)〕下の方へさがる。ぶらさがる。「枝が—・る」
(類語)下がる・垂れる・しだれる・ぶら下がる

だれ-しも【誰しも】〔連語〕《代名詞「だれ」＋連語「しも」。古くは「たれしも」とも》「だれも」を強めた言い方。だれでも。だれだって。「—幸せを願う」
(類語)皆・誰(だれ)も・誰でも・誰も彼も

だれ-しらぬ【誰知らぬ】〔連語〕(打消しの語を伴って)だれも知らない。皆が知っている事柄を強調していうときに用いる。「—者とてない話」

タレス【Thalēs】[前624ころ〜前546ころ]古代ギリシャの哲学者。哲学の祖とされる。ギリシャ七賢人の一人。ミレトス学派の創始者で、万物の根源は水と考えた。日食の予言やピラミッドの高さの測定なども行った。

ダレス【John Foster Dulles】[1888〜1959]米国の政治家。1950年にトルーマン大統領のもとで国務省顧問となり対日講和条約の締結に尽力。53年、アイゼンハワー大統領時代に国務長官となり、反共産主義政策を積極的に推進した。

だれ-それ【誰▽某】〔代〕《古くは「たれそれ」》不定称の人代名詞。具体的な名をあげないで人をさしたり、名のわからないときに人をさしたりする語。なにがし。「—に聞いた話」「—とかいう人も来ていた」
(類語)誰誰・なにがし・誰がし・それがし・くれがし・某(ぼう)・某氏・何某(なにぼう)

だれ-だれ【誰誰】《古くは「たれたれ」》不定称の人代名詞。❶具体的でなく、漠然と二人以上の人をさす語。だれとだれ。「今日の参加者は—か」❷なんとかいう人。だれそれ。「どこの—かわからない」
(類語)誰それ・なにがし・誰がし・それがし・くれがし・某(ぼう)・某氏・何某(なにぼう)

たれつけんしゅつき-シーティー【多列検出器CT】▶マルチスライスCT

タレット-せんばん【タレット旋盤】《turret》心押し台の代わりに回転台を備え、それに各種の刃物または工具を放射状に取り付けた旋盤。回しながら各種の加工が連続してできる。

だれでも-トイレ【誰でもトイレ】高齢者、車椅子使用者、乳幼児連れや妊婦、排泄器官障害者など、さまざまな人が利用しやすいように設計されたトイレ。平成8年(1996)に公布された「東京都福祉のまちづくり条例施行規則」で用いられた言葉。

たれ-どき【▽誰時】「かわたれどき」に同じ。〈和英語林集成〉

たれどき-ぼし【▽誰時星】明け方に見える金星の異称。明けの明星。かわたれぼし。「暁の—も清澄(すみ)の海原とほくのぼる山かな」〈廻国雑記〉

たれ-ながし【垂れ流し】〔名〕(スル) たれながすこと。「—公害」

たれ-なが・す【垂れ流す】〔動サ五(四)〕❶大小便を無意識のうちに出してしまう。また、排泄した大小便を始末しないで放置する。「—・して歩く」❷工場廃水や汚水などを処理しないまま、河川・海・下水道などへ放流する。「生活排水を—・す」

たれ-ぬの【垂れ布】❶部屋の出入り口などに垂れ下げた布。平安時代には、帳(とばり)の役もした。「湯殿の—をときおろして」〈宇治拾遺・三〉❷看板がわりに店に垂れ下げるのれん。「下京に目ぐすしあり。—に、金こ目ぐすりやとあり」〈咄・きのふはけふ・上〉

たれ-の-ひと【▽誰の人】なんという人。どういう人。たれびと。「さ雄鹿の萩に貫き置ける露の白玉あふさわに—かも手に巻かむちふ」〈万・一五四七〉

だれ-ば【だれ場】講談・落語などで、客が退屈するような地味な場面。

たれ-びと【▽誰人】〔代〕不定称の人代名詞。なんという人。どんな人。だれ。「—にも見出し得ぬ訳だ」〈漱石・吾輩は猫である〉

だれ-ひとり【誰一人】〔連語〕《古くは「たれひとり」とも》だれも。一人も。下に打消しの語を伴って用いる。「当時を知る人は—いない」「—として信じない」

たれ-まく【垂れ幕】垂れ下げた幕。また、標語などを書いて高い所から下げる細長い布。

たれ-みそ【垂れ味×噌】煮物などの調味料で、味噌に水を加えて煮つめ、袋でこして滴らせた汁。たれ。

たれ-みみ【垂れ耳】❶耳たぶの垂れ下がった耳。❷犬などの、立っていない耳。

たれ-め【垂れ目】目じりが下がっていること。また、その目。下がり目。

だれも-かも【誰も▽彼も】〔連語〕《古くは「たれもかも」》あの人もこの人も。すべての人が。だれもかれも。「—が噂している」
(類語)皆・みんな・誰(だれ)も・誰しも・全員・総員・一同

だれも-かれも【誰も彼も】〔連語〕「だれもかも」に同じ。「—同じ意見だ」

たれ-もの【垂れ物】生け花の花材で、垂れさせて生けることのできるもの。

たれゆえ-そう【▽誰故草】(タレユヱサウ) アヤメ科の多年草。西日本の低山地に自生。葉は長さ15〜25センチの線形で、基部は赤みを帯びる。初夏、アヤメに似た紫色の花をつける。愛媛あやめ。

た・れる【垂れる】〔動ラ下一〕図た・る〔ラ下二〕❶㋐ひと続きのものの端が下の方へ低く、力なく下がる。また、一部分が下がった状態で位置する。「電線が—・れる」「雲が低く—・れる」「目じりが—・れている」㋑水などが何かをつたって少しずつ落ちる。しずくとなって下に落ちる。したたり落ちる。「水が—・れる」「よだれが—・れる」❷㋐ひと続きのものの端を下の方へだらりと下げる。たらす。「釣り糸を—・れる」「首を—・れる」㋑目上の者が目下の者に示したり、与えたりする。「教えを—・れる」「恵みを—・れたもう」㋒のちのちまで残す。「名を後世に—・れる」㋓(「放れる」とも書く)大小便や屁(へ)などをする。排泄(はいせつ)する。「寝小便を—・れる」㋔「言う」を卑しめていう語。「文句を—・れる」❸「剃る」の忌み詞。また、刃物がよく切れる。「あんまりよい月影に額—・れうと思うて」〈浄・重井筒〉「鉄漿(かね)をくれる箸ぢゃが、—・るるかしらぬ」〈浮・一代男・一〉(類語)(❶㋐)下がる・しだれる・垂れ下がる・ぶら下がる/(❶㋑)滴る・垂らす・零(こぼ)れる・零れ落ちる・伝う・流れ落ちる

ダレル【Lawrence George Durrell】[1912〜1990]英国の小説家・詩人。「ジュスティーヌ」「バルタザール」「マウントオリーブ」「クレア」の4部からなる「アレクサンドリア四重奏」で知られる。

だ・れる〔動ラ下一〕❶気持ちなどがゆるんで、しまりがなくなる。緊張感がなくなる。だらける。「生活態度が—・れる」「試合が途中で—・れる」❷あきて退屈する。「観客が—・れる」❸相場に活気がなくなり、やや安くなる。

タレント【talent】❶才能。素質。技量。「音楽の—がある」❷芸能人。特に、テレビ・ラジオ番組に出演する歌手・俳優・司会者や文化人など。「テレビ—」「人気—」❸▶タラント (類語)(❷)役者・俳優・芸人

タレント-ぎいん【タレント議員】(ギヰン) タレントと政治家を兼業している、またはタレントから政治家に転身した議員。芸能人のほか、作家やスポーツ選手などについてもいう。➡タレント候補

タレント-こうほ【タレント候補】芸能やスポーツなど政治以外の分野で知名度が高く、そのことを利用して選挙活動を行う候補者。➡タレント議員

タレント-ショップ《和 talent＋shop》有名タレントが経営する店。東京の原宿、京都の嵐山、長野の軽井沢などに多い。

タロ-いも【タロ芋】《ポリネシア taro》サトイモ科の多年草。熱帯地方で栽培され、芋を主食とする。日本では奄美大島や沖縄でミズイモとよばれ、栽培される。

た-ろう【太郎】(タラウ) ❶長男。また、長男に多くつけられる名。「一姫二—」❷最初のもの、最大のもの、最高のものをさす語。地名や名詞に添えて用いる。「坂東—(＝利根川)」「丹波—(＝夕立)」

だろ・う(ダラウ)〔連語〕《断定の助動詞「だ」の未然形＋推量の助動詞「う」》不確かな断定、あるいは推定の意を表す。「彼はきっと成功する—・う」「むこうの山が南アルプス—・うか」➡のだろう (補説)現代語では、主に「う」「よう」が話し手の意志を表すのに対し、「だろう」は広く用言に接続して推量を表すのに用いられる。「だろう」を一語の助動詞とみる説もある。

たろう-かじゃ【太郎▽冠者】(タラウクワジヤ) 狂言の役柄の一。大名・主に対する従者・召し使いとして登場する人物。主人より主要な役回りに立つことも多い。

たろう-づき【太郎月】(タラウ) 1月の異称。(季 春)

たろう-の-ついたち【太郎の朔＝日】(タラウ) (中国・四国・九州などで)2月1日をいう語。1月15日の小正月から起算して、初めての朔日であるところからいう。ひとひ正月。初ついたち。(季 春)

たろう-ぼう【太郎坊】(タラウバウ) 昔、京都の愛宕山(あたごやま)・鞍馬山(くらまやま)や富士山などにすんでいたという大天狗の名。

たろ-しろ【太▽郎四▽郎】人形浄瑠璃社会で、しろうと、または、ばか者・たわけ者のこと。たろうしろう。「むごく—にされるわい」〈滑・浮世風呂・三〉

タロット【tarot】「タロットカード」の略。タロー。

タロット-カード【tarot card】太陽・月・悪魔などを描いた22枚の寓意(ぐうい)札と56枚の数位札からなる、占い専用のカード。トランプの前身ともいえるカードで、ヨーロッパで古くから用いられている。

たろべえ【太▽郎▽兵▽衛】(タロベヱ) ぐずぐずしていて役に立たないこと。また、その人。たろうべえ。「隣の—来かかり」〈咄・聞上手〉

たろべえ-かご【太▽郎▽兵▽衛×駕▽籠】(タロベヱ) 違っているようにみえても結果は同じことの意。江戸時代、寛政(1789〜1801)末から文化(1804〜1818)年間にかけての流行語。駕籠かきの太郎兵衛が泥酔して駕籠に乗ったが、底を抜いてやはり歩かねばならなかったという故事から出たという。「太郎兵衛歩(あゆ)びやれ」「太郎兵衛駕籠歩びやれ」ともいう。「やっぱり—だ。しかたがねえ」〈滑・続膝栗毛・五〉

たわ【×撓】㊀〔形動〕図〔ナリ〕「たわわ」に同じ。「一歳柿などはすでに枝も—に実っている」〈蘆花・思出の記〉㊁〔名〕❶山の尾根のくぼんで低くなった所。山の鞍部(あんぶ)。たおり。「山の—より御船を引き越して逃げ上り行(い)でましき」〈記・中〉❷枕などに押されてついた髪の癖。「朝ね髪誰が手枕に—つけてけさは形見に振り越してみる」〈金葉・恋上〉

タワー【tower】塔。また、塔状の高層建築物。「東京—」「ツイン—ビル」(類語)塔・尖塔

タワー-クレーン【tower crane】▶塔形クレーン

タワー-パーキング《和 tower＋parking》狭い敷地内に多くの車を駐車させるねらいから生み出された高層駐車場。

タワー-ブリッジ【Tower Bridge】英国ロンドンのテムズ川に架かる橋。二つのゴシック風の塔がある上下2層の鉄橋。下橋ははね橋で、船舶の通行時に上方に開く。1894年完成。

タワーリシチ【(ロシア) tovarishch】同志。仲間。タワリシチ。

たわい ❶(下に「ない」を伴って用いる)㋐言動がしっかりしていて、正気であること。「すっかり酔って、まるで—がない」㋑しっかりした考え。また、思慮分別。「—のない話」「年がいもなく—のないことを言う」㋒手ごたえ。張り合い。「—もなく負ける」❷正体なく酒に酔うこと。酩酊。「御免候へ、—、—」〈浄・忠臣蔵〉

たわい-な・い【たわい無い】〔形〕図たわいな・し〔ク〕《「たあいない」とも》❶正体がない。また、しまりがない。「—・く眠りこける」❷しっかりした考えがない。また、幼くて思慮分別がない。「—・く冗談を交わす」「—・い子供のいたずら」❸手ごたえや張り合いがない。「—・く負ける」(派生)たわいなさ〔名〕(補説)「他愛無い」と書くのは当て字。
(類語)大人気ない・心ない・無分別・無考え

たわ・く【▽戯く】たは〔動カ下二〕「たわける」の文語形。

たわけ【▽戯け】たは ❶ふざけること。ばかげた言動。「—が過ぎる」❷おろかもの。ばかもの。また、人をののしっていう語。

戯けを尽く・す 非常にばかげた言動をする。「若気の至りで—・す」

たわけ・し【▽戯けし】たは〔形ク〕❶ばかばかしい。ふざけている。「地理も事情もしらぬいの、つくしに尽す—・き業も」〈魯文・西洋道中膝栗毛〉❷みだらである。好色がましい。「わらはを見てなめげにも、—・き心を発(おこ)したれば」〈読・弓張月・前〉

たわけ-もの【▽戯け者】たは おろかもの。ばかもの。また、人をののしっていう語。「この—めが、何をする」

たわ・ける【▽戯ける】たはける〔動カ下一〕図たは・く〔カ下二〕❶ふざけたことをする。ばかなことをする。たわむれる。「—・けたことを言うな」❷常識からはずれたことをする。特に、みだらな行いをする。「遂にひそかに—・けぬ」〈允恭紀〉

たわ-ごと【▽戯言】たは《古くは「たわこと」とも》たわけた言葉。ばかばかしい話。また、ふざけた話。「—を聞くほど暇じゃない」「—をぬかすな」(類語)痴れ言・無駄口・寝言・ざれ言・妄言・うわごと・でたらめ

たわし【▽束子】たは わらやシュロの毛などをたばねて作ったもので、物をこすって洗うのに使う道具。(補説)歴史的仮名遣いを「たわし」とする説もある。

たわ・し【▽戯し】たは〔形シク〕みだらである。好色である。「さすがに—・しきに、からみまはさせておきたらむ」〈落窪・一〉

たわだ-ようこ【多和田葉子】[1960〜]小説家。東京の生まれ。ドイツの書籍輸出会社に入社しハンブルクに赴任、退社後も当地に生活拠点をおく。「犬婿入り」で芥川賞受賞。他に「容疑者の夜行列車」「ヒナギクのお茶の場合」「球形時間」など。

たわ-たわ【×撓×撓】〔形動〕図〔ナリ〕枝などがたわみしなうさま。「下の蜜柑は…大きな木ばかりへ—にまぶれ附いて実(な)っている」〈三重吉・小鳥の巣〉

たわぶ・る【▽戯る】たはぶる〔動ラ下二〕《「たわむれる」の古形》「たわむれる」に同じ。「しきたへの床の辺去らず立てれども居れどもともに—・れ」〈万・九〇四〉

たわぶれ【▽戯れ】たはぶれ「たわむれ」に同じ。「—にものたまふべきことにあらず」〈宇津保・俊蔭〉

たわぶれ-あそび【▽戯れ遊び】たはぶれ たわむれて遊ぶこと。あそびごと。遊戯。「—を好みて、心のままなる官爵にのぼりぬれば」〈源・少女〉

たわぶれ-ごと【▽戯れ言】たはぶれ「たわむれごと」に同じ。「おしなべたらぬ若人どもに、—などのたまひつつ」〈源・帚木〉

たわぶれ-ごと【▽戯れ事】たはぶれ「たわむれごと」に同じ。「—もまめごとも、同じ心に慰めかはして」〈源・椎本〉

たわぶれ-にく・し【▽戯れにくし】たはぶれ〔形ク〕たわむれにすることができない。冗談ごとでは済まされない。「心づから—・きをり多かれど」〈源・梅枝〉

たわみ【×撓み】たわむこと。また、その度合い。「稲穂の—」

たわみ-かん【×撓み管】クワン 自由に屈曲できる金属管やゴム管。フレキシブルパイプ。可撓(かとう)管。

たわみ-つぎて【×撓み継(ぎ)手】軸継ぎ手の一。軸心のずれをある程度許容できるようにしたもの。激しい衝動や震動が予想されるものに使用。フレキシブルカップリング。可撓(かとう)継ぎ手。

たわ・む【×撓む】㊀〔動マ五(四)〕❶他から力を加えられて弓なりに曲がる。しなう。「実の重みで枝が—・む」❷飽きて疲れる。心がくじける。「我が心は決して—・むことなし」〈鴎外訳・即興詩人〉➡撓(とう)(用法)㊁〔動マ下二〕「たわめる」の文語形。
(類語)曲がる・反る・しなう・しなる・湾曲・たわわ

たわむ・る【戯る】たはむる〔動ラ下二〕「たわむれる」の文語形。

たわむれ【戯れ】たはむれ ❶遊び興じること。遊戯。❷ふざけること。冗談。また、本気ではなくて、遊び半分なこと。「—に文章を綴る」「—の恋」❸男女がいちゃつくこと。(類語)遊び・遊戯・遊(すさ)び・気晴らし・慰み事・娯楽・遊技・ゲーム・プレー・レジャー・レクリエーション

たわむれ-がき【戯れ書(き)】たはむれ たわむれに書くこと。また、書いたもの。いたずらがき。らくがき。

たわむれ-ぐち【戯れ口】たはむれ たわむれていうこと。また、その言葉。ざれごと。冗談。

たわむれ-ごころ【戯れ心】たはむれ 本気でない軽い気持ち。ふざけた気分。「—で口説く」

たわむれ-ごと【戯れ言】たはむれ たわむれていう言葉。ざれごと。冗談。

たわむれ-ごと【戯れ事】たはむれ たわむれにすること。ざれごと。「児童(こども)までが話(はなし)の真似して棒切ふりまわす—」〈露伴・いさなとり〉

たわむ・れる【戯れる】たはむれる〔動ラ下一〕図たはむ・る〔ラ下二〕❶遊び興じる。何かを相手にして、おもしろがって遊ぶ。「子犬が—・れる」「波と—・れる」❷ふざける。また、冗談を言う。「人をからかって—・れる」❸みだらなことをする。また、男女がいちゃつく。「女に—・れる」(類語)じゃれる・ふざける・はしゃぐ・たわける・いちゃつく

たわ・める【×撓める】〔動マ下一〕図たわ・む〔マ下二〕たわむようにする。弓なりに曲げる。「枝を—・める」

たわ-やか〔形動〕図〔ナリ〕しなやかなさま。優美なさま。たおやか。「—なからだつき」

たわ-やす・し【▽容▽易し】たは〔形ク〕❶容易である。たやすい。「この玉—・くえ取らじを」〈竹取〉❷軽率である。軽々しい。「なみなみの—・き御振舞ならねば」〈源・末摘花〉

たわや-め【手▽弱女】《「たわや」は「撓(たわ)」に接尾語「や」の付いたもの。「手弱」は当て字》なよなよとした女性。たおやめ。「—の思ひたわみてたもとほり我(あれ)はぞ恋ふる舟梶(ふなかぢ)をなみ」〈万・九三五〉

たわら【俵】たは ❶わらや、かやなどを編んで作った袋。穀類・芋類・木炭などを入れるのに用いる。❷ナマコの別名。(補説)歴史的仮名遣いを「たわら」とする説もある。

たわら-がえり【俵返り】たはらがへり 玩具の一。紙で作った俵状のものに土のおもりを入れ、起きあがり小法師(こぼし)のようにしたもの。

たわら-くにいち【俵国一】たはら[1872〜1958]金属学者。島根の生まれ。ドイツに留学後、日本の金属組織学を確立。また、砂鉄精錬法などの技術史的研究でも活躍。文化勲章受章。

たわら-ぐみ【俵茱=萸】たはら トウグミの別名。

たわら-ご【俵子】たはら ナマコの別名。

たわら-ごし【俵腰】たはら 俵のように太い腰。「庄野のふとのお米が—に食ひついて」〈浄・丹波与作〉

たわら-ぜめ【俵責め】たはら 江戸時代の拷問の一。俵に詰めて首だけ出し、山積みにしてむち打ったもの。キリシタンを改宗させるために用いたといわれる。

たわら-とうた【俵藤太】たはら 藤原秀郷(ふじわらのひでさと)の異称。

たわら-ぼうし【俵法師】たはらボフシ 桟俵(さんだわら)を擬人的にいう語。さんだらぼっち。

たわら-むかえ【俵迎え】たはらむかへ 奈良周辺で、正月三が日に吉野の人が大黒天など福の神の像を印刷した札を売り歩くのを買って祝った風習。

たわら-めぬき【俵目▽貫】たはら 太刀の柄(つか)の鮫皮(さめかわ)の上に打つ、装飾性の高い目貫。鋲頭(びょうがしら)が俵の形に似るのでいう。俵鋲(たわらびょう)。

たわら-もの【俵物】たはら ❶俵に入れてあるもの。米穀や海産物など。❷江戸時代の長崎貿易で、輸出品であった水産物のうち煎海鼠(いりなまこ)と乾鮑(ほしあわび)の2品をいう。のち、鱶鰭(ふかひれ)を加えて3品とした。ひょうもつ。

たわらや-そうたつ【俵屋宗達】たはらやソウタツ 桃山から江戸初期にかけての画家。俵屋は家号。伊年・対青軒の印を用いた。宗達光琳(こうりん)派、いわゆる琳派の祖。京都の上層町衆の出身とみられ、本阿弥光悦書の和歌巻の金銀泥下絵を描き、また扇面画や色紙絵などに大和絵の伝統を新解釈した斬新(ざんしん)な装飾的画法を示し、水墨画にも新風を吹き込んだ。「風神雷神図」など屏風(びょうぶ)の大作も多い。生没年未詳。

たわらやま-おんせん【俵山温泉】たはらやまヲンセン 山口県北西部、長門市にある温泉。木屋(こや)川の渓谷に臨む。泉質は単純温泉。

たわら-ゆき【俵雪】たはら ▶雪捲(ゆきま)き

たわ・る【▽戯る】たはる〔動ラ下二〕❶遊び興じる。遊びたわむれる。「秋くれば野べに—・るる女郎花(をみなへし)いづれの人か摘までみるべき」〈古今・雑体〉❷みだらな行為をする。「人皆のかく迷(まと)へればうちしなひ寄りてそ妹(いも)は—・れてありける」〈万・一七三八〉❸くだけた態度をとる。また、ふざける。「公けざまは、少し—・れてあざれたる方なりし」〈源・藤裏葉〉❹あることに、われを忘れてふける。物事におぼれる。「ひたすら—・れたる方にはあらで」〈徒然・三〉

たわれ【▽戯れ】たはれ 遊ぶこと。放蕩すること。たわむれ。「年の若き折—せむ」〈梁塵秘抄・二〉

たわれ-うた【▽戯れ歌】たはれ たわむれに作る歌。こっけいな歌。また、狂歌。

たわれ-お【▽戯れ▽男】たはれを 好色な男。放蕩(ほうとう)する男。道楽者。「すこしもそういう—と違うところがないかのように思った」〈藤村・春〉

たわれぐさ【多波礼草】たはれ 江戸後期の随筆。3巻。雨森芳洲(あめのもりほうしゅう)著。寛政元年(1789)刊。和漢古今の故事などを、雅俗折衷体で記したもの。

たわれ-ごと【▽戯れ言】たはれ「たわむれごと」に同じ。

たわれ-な【▽戯れ名】たはれ ❶狂歌師などの雅号。狂号。狂名。❷みだりがわしい評判。情事のうわさ。浮き名。「遠つ山宮城が原の萩みると秋は儚き—ぞ立つ」〈曾丹集〉

たわれ-びと【▽戯れ人】たはれ たわむれる人。浮気者。好色な人。「対の御方いと色めかしう、世の—にいひ思はれ給へるに」〈栄花・さまざまの喜び〉

たわれ-め【▽戯れ女｜▽遊女】たはれ ❶好色な女。身持ちの悪い女。「蕩子(たはれを)—の痴情にも近い多くのあわれさを考えたのも」〈藤村・新生〉❷あそびめ。うかれめ。遊女(ゆうじょ)。「浪の上に浮かれて過ぐる—も頼む人には頼まれぬかは」〈六百番歌合・恋下〉

たわ-わ【×撓】〔形動〕図〔ナリ〕実の重さなどで木の枝などがしなうさま。たわ。「枝も—に実る」

タワンティン-スーユ〖Tawantin Suyu〗▶インカ帝国

たん【丹】❶硫黄と水銀の化合した赤土。辰砂(しんしゃ)。また、その色。に。❷黄色みを帯びた赤色顔料。日本画に用いる。鉛の酸化物で、人工的に製造される。鉛丹。黄丹。❸薬。特に、道家における長寿・不老不死の薬。「—を練り、真を修し、天地とともに寿(いのちなが)しとぞ」〈読・弓張月・続〉➡漢「たん(丹)」(類語)赤・朱

たん【反｜▽段】❶(「端」とも書く)布類の長さの単位。鯨尺で幅9寸(約34センチ)、長さ2丈6尺から2丈8尺(約10メートル)。だいたい一人分の衣服に要する長さ。❷土地の面積の単位。1町の10分の1(約10アール)。10畝、また、300歩。もとは360歩。❸距離の単位。6間(約11メートル)。❹和船の帆の幅をいう単位。おおよそむしろ1枚の幅で、3尺(約91センチ)。➡漢「はん(反)」「だん(段)」

たん【担】❶延喜式にみられる単位。荷物の数や量を示し、一人が担ぐ量を1担とする。❷▶ピクル ➡漢「たん(担)」

たん【単】❶「単試合」の略。㊀複。❷「単勝式」の略。➡漢「たん(単)」

たん【胆】❶肝臓。きも。❷からだの中で、勇気や度胸の生じるもとと思われているところ。きもったま。「世に骨無き人は多く一有る人は稀なれば」〈露伴・風流魔〉➡漢「たん(胆)」

胆が据わ・る　物事に恐れたり驚いたりせず、大胆になる。きもがすわる。「一・った人物」補説「胆が座る」と書くのは誤り。

胆斗の如し　《「蜀志」姜維伝から》きもが一斗升のようである。非常に大胆であることのたとえ。

胆は大ならんことを欲し心は小ならんことを欲す　《「旧唐書」孫思邈伝から》人は、度胸は大きく、注意は細かでありたいものである。➡胆大心小

胆を奪・う　人を驚かしてきもをつぶさせる。「口で言わんでも行為で見付けて、昇の一・って」〈二葉亭・浮雲〉

胆を練・る　物事に動じないように、精神力を鍛える。「一・って度胸を養う」

たん【短】欠けていること。また、劣っていること。欠点。短所。「人の一を言う」⇔長。➡漢「たん(短)」

短を捨てて長を取る　《「漢書」芸文志から》欠点や短所を除いて、美点や長所を参考とし、取り入れる。

たん【嘆/×歎】❶なげくこと。ため息をつくこと。「髀肉の一」「慨世の一」❷心を強く動かされること。感心すること。➡漢「たん(嘆・歎)」

たん【×痰】❶気道から吐き出される粘液性の分泌物。「一を切る」❷痰に悩む病気。「久しう一を煩うて」〈浄・丹波与作〉➡漢「たん(痰)」

たん【端】❶物事の初めの部分。いとぐち。きっかけ。「先ず我より事の一を開き」〈福沢・学問のすゝめ〉❷►たん(反)❶　➡漢「たん(端)」類語糸口・端緒・緒

端を発・する　それがきっかけになって物事が始まる。「領土問題に一・した紛争」

タン〖tongue〗牛・豚などの舌の肉。「一シチュー」

だん【旦】旦那。「分らない一じゃねえか」〈鏡花・婦系図〉➡漢「たん(旦)」

だん【団】一つの組織にまとまっている集まり。仲間。団体。また、その団体の名称に付けて用いる。「一の名誉のためにがんばる」「消防一」「サーカス一」➡漢「だん(団)」

だん【段】㊀〔名〕❶上方へ高くのぼるように重なっている台状のもの。また、その一つ一つ。段々。「石の一を上る」「一を踏み外す」❷上下に区切ったものや順に重なったものの一つ一つ。「寝台車の上の一」❸段組みで分けられた、文字をレイアウトする列の一つ一つ。日本の多くの新聞では、上下15段で1面が構成される。❹㋐長く続く文章のひとくぎり。段落。「文を三つの一に分ける」㋑浄瑠璃など、語り物のひとくぎり。「『義経千本桜』の鮨屋の一」㋒掛け算の九九で被乗数を同じくするもの。「二の一を唱える」㋓五十音図で、行に対し、「あ」「い」「う」などの列。「た行う一」❺武道や囲碁・将棋などで、技量によって与えられる等級。ふつう、初段から10段まである。「一を取る」❻ある事柄をそれとさす語。「無礼の一お許しください」❼物事の一局面。そういう場合。「いよいよという一になって逃げだす」❽否定や疑問の語を伴って、それどころではないという気持ちを表す語。そういう程度。それほどの程度。「痛かったのなんのという一じゃない」㊁〔接尾〕❶助数詞。階段状、または層をなしたものを数える。「階段を二一ずつ駆け上がる」「三一組みのページ」❷武道や囲碁・将棋などの技量の程度を表す。「柔道三一の腕前」➡漢「だん(段)」類語(㊀❹㋐)段落・章段・パラグラフ・章・節/(㊀❼)場合・時・折・ところ・際・場

だん【断】決定すること。決断。「最終的に一を下す」「経営陣に一を迫る」➡漢「だん(断)」
類語決断・決定・判断・論決・評決・裁決

だん【暖/×煖】あたたかいこと。あたたかさ。➡漢「だん(暖・煖)」

暖を取・る　からだを暖める。「たき火で一・る」

だん【×緞】❶だんだらに染め分けた糸で組んだり織ったりしたもの。白地に横縞模様が表れる。赤緞・紫緞などがあり、太刀の平緒や馬の手綱などに用いられる。❷初め白くしだいに濃い色にしたもの。

だん【談】あることについて話をすること。また、その話。「関係者の一によると」「成功一」➡漢「だん(談)」
類語会話・話・話し合い・対話・対談・談話・懇話・懇談・面談・歓談・雑談・談笑・閑談・語らい

だん【壇】❶土を盛り上げてつくった、祭りその他の儀式を行う場所。❷他より一段高くこしらえた場所。演壇・講壇など。「拍手を浴びて一をおりる」❸《梵maṇḍalaの訳。音写は曼荼羅》密教で、修法のとき、仏像などを安置し、供物などを供える場所。インドでは土壇、中国・日本では多く木壇を使用。➡漢「だん(壇)」

ダン〖John Donne〗[1573〜1631]英国の詩人・聖職者。17世紀の形而上派詩人の中心的存在。現代詩にも影響を与えた。詩集「第二周年の詩」、「説教集」など。

ダン〖down〗►ダウン❹

だんあく-しゅぜん【断悪修善】►だんなくしゅぜん(断悪修善)

だん-あげ【壇上げ】忌明けのしるしに酒宴を開くこと。また、その酒宴。

たん-あたり【反当(た)り/▽段当(た)り】田畑の広さ1反についてのこと。たんとう。「一の収穫」

だん-あつ【弾圧】〔名〕スル　おさえつけること。特に、支配者が権力を行使して反対勢力の活動を抑圧すること。「言論を一する」
類語抑圧・圧迫・威圧・強圧・暴圧・圧制

だん-あわせ【段合(わ)せ】地歌・箏曲の合奏法の一。数段からなる曲または手事で、同拍数の段構造をもつ二つの段を合奏すること。同一曲の異なる段で行う場合と、異曲間の場合とがある。

だん-あん【断案】❶ある事柄について最終的に決定された考え・方法・態度。「どうか、こうか一に到着したらしく思ったのは、一時過ぎであった」〈鷗外・雁〉❷►結論❷　類語断・決断・結論

たん-い【×坦×夷】〔名・形動〕土地などが平らなこと。また、そのさま。平坦。「一なる大道を択ばば」〈竜渓・経国美談〉

たん-い【単衣】❶ひとえの着物。ひとえもの。「一と雖も甚だ薄し」〈服部誠一・東京新繁昌記〉❷1枚の着物。

たん-い【単位】❶ものの量をはかるための基準として定められた量。ヤード・ポンド・尺・貫・円・ドル・メートル・グラム・アールなど。「一符号」❷物事を数値で表す際に、計算の基になるもの。「億一の金が動く」「一面積当たりの収穫」❸一定の組織を構成している要素。「家族は社会構成の一をなす」「グループ一で行動する」❹高校・大学で、進級・卒業の資格を認定するために用いられる学課履修計算の基準。一般に学習時間により決定される。「一が足りず留年する」❺禅宗で、僧堂での座位。座席の上に名札がはってある。

たん-い【短衣】丈の短い衣服。

だん-い【段位】柔道・剣道・囲碁・将棋などで、技量の等級を表す位。「級」の上にある位。

だん-い【暖衣/×煖衣】衣服を十分に着て身を暖かくすること。また、暖かい衣服。

たんい-えん【単位円】半径が1の円。ふつう座標の原点を中心とする。

たんいがた-とうししんたく【単位型投資信託】►ユニット型投資信託

たんいかぶ-せいど【単位株制度】額面金額の合計が5万円になる株式をもって一単位とし、単位未満株式を有する株主には、株主総会の議決権などの権利の行使が認められないという制度。昭和57年(1982)の商法改正による単元株制度導入に伴い廃止された。平成13年(2001)

だん-いき【暖域】低気圧の温暖前線と寒冷前線とにはさまれた暖気の領域。

だん-いくま【団伊玖磨】[1924〜2001]作曲家・指揮者・随筆家。東京の生まれ。東京音楽学校卒。芸術院会員。団琢磨の孫。山田耕筰、諸井三郎らに師事。昭和28年(1953)、芥川也寸志、黛敏郎と「三人の会」を結成。創作オペラ「夕鶴」「楊貴妃」「ひかりごけ」、随筆「パイプのけむり」など。平成11年(1999)文化功労者。

たんい-くみあい【単位組合】労働組合の連合組織の中で、最下部の単位をなす組合。独自の規約・役員をもち、独立した活動をなす組合。単組。

たんい-けい【単位系】基本単位と、それから導かれた組み立て単位との総称。国際単位系(SI)・CGS単位系・MKS単位系など。

たんい-けつじつ【単為結実】被子植物で、受精が行われないまま子房が発育し、種子のない果実ができる現象。単為結果。

たんい-げん【単位元】集合の演算＊について、集合のどんな要素 a に対しても $a*e=e*a=a$ を満たす要素 e。加法での 0 や乗法での 1 など。

たんい-こうし【単位格子】結晶を形づくる空間格子の単位となる最小平行六面体。単位胞。

たんいしょう【歎異抄】►たんにしょう

たんい-せいしょく【単為生殖】有性生殖の一変形で、卵が受精なしで単独に発生するもの。雌が雄と関係なしに新個体を生ずる現象。ミジンコ・アブラムシなどにみられ、人為的に起こすこともできる。処女生殖。単性生殖。

だん-いた【段板】階段の踏み板。

たん-いつ【単一】〔名・形動〕❶ただ一つであること。単独であること。また、そのさま。「一な(の)行動をとる」❷そのものだけで、他にまじりもののないこと。複雑でないこと。また、そのさま。「一な(の)民族による国家」「一生産」類語単独・唯一

たんいつ-おうしゅうぎていしょ【単一欧州議定書】►エス-イー-エー(SEA)

たんいつ-きかい【単一機械】てこ・滑車・ねじなどのように、最も単純な機械。

たんいつ-くみあい【単一組合】規約上、個人加入の形式をとり、内部に支部や分会などの組織をもつ労働組合。

たんいつクローン-こうたい【単一クローン抗体】►モノクローナル抗体

たんいつ-こっか【単一国家】単一の中央政府が対外的にも対内的にも国を代表するようになっている国家。単一国。⇔複合国家。

たんいつ-しんきょう【単一神教】多数の神の並存を認めるが、特定の一神を主神として崇拝する宗教。また、この崇拝される神が特定神に限らず、時々変わるものを特に交替神教という。マックス＝ミュラーがベーダの宗教に与えた名。

たんいつ-ぶつ【単一物】その物一つで一体を形成しているもの。その物一つで一つの名称をもつもの。

たんいつ-ヨーロッパぎていしょ【単一ヨーロッパ議定書】►エス-イー-エー(SEA)

たんい-でんか【単位電荷】►電気素量

たんい-のうきょう【単位農協】農業協同組合法に基づいて、15人以上の農業者によって設立される協同組合。市町村・地域ごとに組織される総合農協(JA)と、畜産・園芸・果樹など業種別に組織される専門農協がある。

たんい-ぶんすう【単位分数】分子が1の分数。1/2、1/3など。

たんい-ベクトル【単位ベクトル】大きさ1のベクトル。平面または空間において、直交する座標軸の向きにとった単位ベクトルを基本ベクトルという。

だんい-ほうしょく【暖衣飽食】暖かい着物を着て、飽きるほど食べること。十分に恵まれた生活をいう。

たんい-まく【単位膜】生体膜の基本単位とされる、二つのたんぱく質層が間に脂質層を挟む構造の膜。1959年に米国の解剖学者J＝D＝ロバートソンが提唱したが、現在はこれを修正した流動モザイクモデルが支持されている。

たんいろうどう-コスト【単位労働コスト】ある量の物を作るのに必要な労働経費を示す指標。

漢字項目 たん

【反】►はん
【▽段｜壇｜×檀】►だん
【▽貪】►どん
【▽堪】►かん
【▽湯】►とう

丹 音タン呉漢　訓に、あかい ‖ ①鉱物の一。辰砂しんしゃ。に。「丹砂たんしゃ・たんさ」②赤色の顔料。赤い色。に。「丹朱・丹青・丹頂」③丹砂を配合した不老不死の仙薬。「丹薬/仙丹・練丹術」④練り上げた薬。「反魂丹はんごんたん・万金丹まんきんたん」⑤まごころ。「丹精・丹念」⑥丹波たんば国、または丹後たんご国。「丹州」名付あかし・あきら・に・まこと 難読雲丹うに・甲比丹カピタン・切支丹キリシタン・牡丹餅ぼたもち

旦 音タン呉漢　ダン慣 ‖ ㊀〈タン〉あさ。夜明け。「旦夕/一旦・元旦・月旦・歳旦・早旦」㊁〈ダン〉「檀」の略字。「旦那」名付あき・あきら・あけ 難読巴旦杏はたんきょう・文旦ぶんたん・ぼんたん

人**坦** 音タン呉漢 ‖ ①高低や凹凸がない。「坦坦/平坦」②おだやかで率直である。「坦懐」名付あきら・かつ・しずか・たいら・ひら・ひろ・ひろし・やす・ゆたか

担〔擔〕 学6 音タン呉漢　訓かつぐ、になう ‖ ①肩にかつぐ。「担架・担夫/荷担」②責任などを引き受ける。「担税・担当・担任・担保/負担・分担」難読担桶たご

単〔單〕 学4 音タン呉漢　訓ひとえ ‖ ①ひとえの着物。「単衣たんい」②ただ一つ。ひとり。「単一・単価・単科・単記・単身・単数・単独・単発」③それだけで一つと数えられるまとまり。「単位・単元・単語」④複雑でない。「単純・単調/簡単」⑤書きつけ。紙片。「菜単・伝単」名付いち・ただ 難読単衣ひとえ

炭 学3 音タン呉漢　訓すみ ‖ ㊀〈タン〉①すみ。「薪炭・石炭・塗炭・氷炭・木炭」②石炭のこと。「炭坑・炭鉱・炭塵たんじん・炭田/褐炭・黒炭・採炭・選炭・泥炭・粉炭・無煙炭」③炭素のこと。「炭化・炭酸」㊁〈すみ(ずみ)〉「炭火/堅炭・白炭」難読炭櫃すびつ・炭団たどん

胆〔膽〕 音タン呉漢　訓きも ‖ ①内臓器官の名。六腑の一。「胆汁・胆石・胆嚢たんのう/臥薪嘗胆がしんしょうたん」②どっしりと落ち着いた精神力。きもったま。「胆力/剛胆・小胆・大胆・放胆・落胆」③心の底。本当の気持ち。「肝胆・魂胆」難読海胆うに・熊の胆い・竜胆りんどう

人**耽** 音タン漢　訓ふける ‖ 物事に深入りする。ふける。「耽溺たんでき・耽読・耽美」

×**袒** 音タン漢 ‖ はだぬぎになる。ひとはだ脱ぐ。加勢する。「左袒・偏袒」

×**啖** 音タン漢 ‖ むさぼり食う。「健啖」難読啖呵たんか

探 学6 音タン漢　訓さぐる、さがす ‖ ①奥深くさぐりを入れる。「探求・探究・探検・探査・探索・探知・探偵・探訪/内探」②景色などを見にたずねていく。「探春・探勝・探梅」難読探湯くかたち

淡 音タン漢　訓あわい ‖ ㊀〈タン〉①色などが濃くない。あわい。「淡黄・淡彩・淡粧/濃淡」②塩けがない。「淡湖・淡水」③気持ちがあっさりしている。情が厚くない。「淡交・淡淡・淡泊/枯淡・恬淡てんたん・冷淡」④淡路あわじ国。「淡州」㊁〈あわ〉「淡雪」名付あわ・あわし・あわじ 難読淡海おうみ・淡竹はちく

×**蛋** 音タン漢 ‖ ①鳥の卵。「蛋黄たんおう・蛋白」②中国の南方で水上生活をする部族。「蛋民」難読皮蛋ピータン

短 学3 音タン呉漢　訓みじかい ‖ ㊀〈タン〉①長さや時間の幅が小さい。「短歌・短期・短剣・短縮・短小・短波・短文・短命/最短・長短」②足りない。劣っている。「短見・短所・短慮/浅短・一長一短」③気みじか。「短気」㊁〈みじか〉「短夜/手短」難読短尺たんざく

嘆〔嘆〕 音タン呉漢　訓なげく、なげかわしい ‖ ①悲しんで、はあとため息をつく。なげく。「嘆願・嘆声・嘆息/慨嘆・嗟嘆さたん・愁嘆・長嘆・痛嘆・悲嘆」②感じ入ってため息をつく。ほめる。「嘆賞/詠嘆・感嘆・驚嘆・賛嘆・賞嘆」

×**痰** 音タン漢 ‖ 気管から出る粘液。「痰壺たんつぼ/喀痰かくたん・血痰・検痰・去痰薬」

人**歎** 音タン呉漢　訓なげく ‖ ①なげく。ため息をつく。「歎息/慨歎・長歎」②感心してほめる。「一読三歎」補説「嘆」と通用する。人名用漢字表(戸籍法)の字体は「歎」。

端 音タン呉漢　訓はし、は、はた、はした ‖ ㊀〈タン〉①形・姿勢がきちんと整っている。「端座・端正・端然・端麗/異端」②はし。「端末/一端・極端・口端・上端・舌端・先端・突端・北端・末端・両端」③物事の始まり。いとぐち。「端緒/戦端・途端・発端ほったん」④事柄。「多端・万端」⑤正に。ありのままに。「端的」㊁〈はし(ばし・ぱし)〉「端端/一端いっぱし・片端」㊂〈は(ば・ぱ)〉「端数はすう・端役/軒端・半端はんぱ」㊃〈はた(ばた)〉「道端・炉端・井戸端」名付ただ・ただし・ただす・なお・はじめ・まさ・もと 難読木端こっぱ・端女はしため・端折はしょる

綻 音タン漢　訓ほころびる ‖ 縫い目がほどける。破れる。「破綻」

×**憚** 音タン漢　訓はばかる ‖ 恐れはばかる。遠慮して避ける。「畏憚いたん・忌憚」

×**潭** 音タン漢　訓ふち ‖ ①水を深くたたえた所。ふち。「潭水/深潭・碧潭へきたん」②底深いさま。「潭潭」

人**箪** 音タン呉漢 ‖ 竹製のまるい容器。物を入れる箱。「箪笥たんす/一箪・瓢箪ひょうたん」補説人名用漢字表(戸籍法)の字体は「簞」。

誕 学6 音タン漢 ‖ ①大げさなうそを言う。でたらめ。「虚誕・荒誕・妄誕」②子供が生まれる。「誕生/降誕・生誕」名付のぶ

鍛 音タン呉漢　訓きたえる ‖ ①金属を打ちきたいて上質のものにする。「鍛工・鍛造・鍛鉄」②心身などをきたえて強くする。「鍛練」名付かじ 難読鍛冶かじ

×**譚** 音タン漢 ‖ 物語を語る。また、物語。「譚詩/奇譚」

漢字項目 だん

【旦】►たん

団〔團〕 学5 音ダン呉　トン唐 ‖ ㊀〈ダン〉①まるい。まるくまとまる。「団扇だんせん・団団・団欒だんらん/大団円」②ひとかたまりに集まったもの。「団塊・団結・団地/一団・星団・船団・寒気団・原子団」③同類の人の集まり。人が集まってつくる組織。「団員・団体・団長/楽団・球団・教団・結団・公団・集団・退団・入団・兵団」④「団体」の略。「団交/経団連」㊁〈トン〉まるい。まるいもの。「団栗どんぐり/金団・水団・炭団たどん・蒲団ふとん」名付あつ・まどか・まる 難読団扇うちわ・団居まどい

男 学1 音ダン漢　ナン呉　訓おとこ ‖ ㊀〈ダン〉①おとこ。「男子・男児・男女・男性・男装・男優」②五等爵の第五位。「男爵」㊁〈ナン〉①おとこ。「男色/下男げなん・美男・善男善女ぜんなんぜんにょ」②むすこ。「次男・嫡男・長男・一男一女」㊂〈おとこ〉「男前/作男さくおとこ・間男まおとこ」名付お・おと 難読男郎花おとこえし・益荒男ますらお

段 学6 音ダン呉　タン漢　訓きだ ‖ ㊀〈ダン〉①登降できるようにした台状のもののつながり。台状のもの。「段丘・段段/石段いしだん・階段・上段・雛段ひなだん」②物事の区切り。「段階・段落/章段・前段・特段・分段・別段」③区切られた等級。「段位/高段・初段・昇段・値段・有段」④手だて。やりかた。「算段・手段」㊁〈タン〉土地の面積の単位。約一〇アール。反たん。「段収・段別」

断〔斷〕 学5 音ダン呉　訓たつ、ことわる ‖ ①たち切る。切り分ける。「断裁・断頭・断髪・断片・断面/横断・遮断・縦断・寸断・切断・分断」②とぎれる。物事をやめる。「断食だんじき・断酒・断水・断絶・断続・断念/間断・禁断・中断・不断」③きっぱりと決める。「断案・断定/英断・果断・決断・処断・診断・推断・速断・独断・判断・予断」④思いきって。「断乎だんこ・断行・断然」⑤ことわる。「無断」名付さだ・さだむ・たけし・とう

弾〔彈〕 音ダン呉　訓ひく、はずむ、たま、はじく ‖ ①弦をはじいて楽器を奏でる。「弾琴・弾奏/連弾」②指でぴんとはじく。「弾指」③罪をあばく。責めたてる。「弾圧・弾劾/糾弾・指弾」④はねかえす。はずむ。「弾性・弾力」⑤鉄砲のたま。「弾丸・弾道・弾薬/実弾・銃弾・肉弾・爆弾・被弾・砲弾・防弾」

暖 学6 音ダン漢　ノン唐　訓あたたか、あたたかい、あたたまる、あたためる ‖ ①あたたかい。「暖衣・暖気・暖冬・暖流/温暖・寒暖・春暖」②あたためる。「暖房・暖炉」名付あつ・はる・やす 難読暖簾のれん・暖気のんき

×**煖** 音ダン漢　訓あたたかい、あたためる ‖ あたたかい。あたためる。「煖衣・煖炉」補説「暖」と通用。

談 学3 音ダン呉 ‖ ①話す。語る。「談笑・談判・談論/会談・懇談・相談・対談・筆談・密談・面談」②話。話した事柄。「縁談・怪談・奇談・巷談こうだん・講談・史談・政談・破談・美談・漫談・余談」名付かた・かね

壇 音ダン呉　タン漢 ‖ ㊀〈ダン〉①土を小高く盛り、上を平らにした所。「花壇・祭壇」②他より一段高くした設備。「壇上/演壇・教壇・降壇・登壇・仏壇」③学芸の専門家の社会。「歌壇・画壇・楽壇・詩壇・俳壇・文壇・論壇」㊁〈タン〉㊀の①に同じ。「土壇場どたんば」

人**檀** 音ダン呉　タン漢　訓まゆみ ‖ ㊀〈ダン〉①香木の名。「檀香/栴檀せんだん・白檀びゃくだん」②ニシキギ科の落葉樹の名。マユミ。「檀紙」③梵語の音訳字。布施。「檀家・檀那」㊁〈タン〉木の名。「黒檀・紫檀」

雇用者報酬を、物価変動を排除して算出される実質国内総生産で割った数値。上昇は製品価格の値上げにつながる。ULC(unit labor cost).

たん-いん【探韻】‥ヰン 詩会で、列席者が韻にする字を出し、くじ引きで1字ずつをもらい受け、漢詩を作ること。平安時代、花宴などの際に行われた。

たん-いん【▽貪淫｜▽貪×婬】非常に色を好むこと。

だん-いん【団員】‥ヰン 団体を構成する人。団に所属する人。類語成員・メンバー・仲間・一員・会員

だん-う【弾雨】弾丸が雨のように激しく飛んでくること。また、その弾丸。「砲煙―」

だん-う【暖雨】暖かい雨。春の雨をさす。

たん-うん【淡雲】うすくたなびく雲。うすぐも。

だん-うん【断雲】きれぎれの雲。ちぎれぐも。

たん-え【丹絵】‥ヱ 墨摺すみずりに、丹の朱色を主として緑や黄などを筆で彩色した浮世絵。浮世絵版画の初期のもので、延宝年間(1673〜1681)末ごろからみられる。

たん-えき【丹液】不老不死の薬。仙薬。

たん-えき【胆液】►胆汁たんじゅう

だん-えん【団円】‥ヱン【名・形動】❶まるいこと。また、そのさま。「―なる地球」〈中村訳・西国立志編〉❷円満であること。また、そのさま。「政府人民の別ありと雖も、原来―なる一物にして」〈西村茂樹・明六雑誌三九〉❸欠ける所もなく完全に終わること。「弓張月拾遺の篇、凡およそ十巻にして―をなせり」〈読・弓張月・拾遺〉➡大団円

ダン-エンガス〖Dun Aengus〗▶ドンエンガス
たん-お【ᐁ貪汚】欲が深くて心がいやしいこと。
たんおう-らん【端黄卵】卵黄が一方の極に片寄って分布している卵。魚類・鳥類などにみられる。
だんおち【ˣ檀ᐁ越】▶だんおつ
だんおつ【ˣ檀ᐁ越】《梵 dāna-patiの音写。施主の意》寺や僧に布施をする信者。檀那。檀家。だんおち。
だん-おり【段織(り)】横糸に色・太さ・材質などの異なる糸をまぜて織り、高低や色合いなどを横方向に段状に表した織物。
たん-おん【単音】音声学で、音声の連続を分解して得られる最も小さい音の単位。大別して、母音と子音に分けられる。音韻論における音素に該当する。
たん-おん【短音】短い音。短く響く音。⇔長音。
たん-おんかい【短音階】全音階のうち、主音と第3音とが短3度をなす音階。第6音および第7音の違いによって、自然的短音階・和声的短音階・旋律的短音階の3種がある。⇔長音階。
たん-おんがく【単音楽】▶モノフォニー
だん-おんたい【暖温帯】温帯のうち、亜熱帯に近い地帯。
だんおんたい-りん【暖温帯林】▶暖帯林
たんおん-もじ【単音文字】▶音素文字
たん-か【丹花】赤い花。紅色の花。
たん-か【担架】病人や負傷者を乗せて運ぶ道具。2本の棒の間に人を乗せるための布などを張ったもの。
たん-か【単価】商品などの1個当たり、または1単位当たりの値段。(類語)価格・値段・価・値・物価
たん-か【単果】1個の花に生じた1個の子房からできた果実。大部分の果実はこれに属する。梅・桃・リンゴなど。
たん-か【炭化】〔名〕スル ❶加熱によって有機物質が分解し、炭素に富んだ物質になること。❷他の物質が炭素と化合すること。また、炭化物であること。
たん-か【ˣ啖ˣ呵】❶《❸が原義》喧嘩をする際などの、勢いよく言葉が飛び出す歯切れのよい言葉。❷香具師が品物を売るときの口上。❸(「痰火」と書く)せきと一緒に激しく出る痰。また、ひどく痰の出る病気。「―は胸にせきのぼせば」〈浄・歌祭文〉(補説)「啖呵」は当て字。
啖呵を切・る　《痰火がなおると胸がすっきりするところから》歯切れのいい言葉で、勢いよくまくしたてる。「江戸っ子が威勢のいい―・る」
たん-か【短歌】和歌の一体。五・七・五・七・七の5句31音からなる歌。発生については諸説あるが、万葉時代には成立し、平安時代以降、長歌・旋頭歌などがほとんど作られなくなり、和歌といえば短歌をさすようになった。みそひともじ。みじかうた。⇒長歌
(類語)三十一文字・和歌・長歌・旋頭歌・連歌・狂歌
たん-か【ˣ痰火】▶啖呵❸
たん-か【ˣ譚歌】▶バラード❷❸
たん-が【淡画】薄く彩色した絵。淡彩の絵。
たん-が【端雅】〔形動〕文〔ナリ〕きちんとしてみやびやかなさま。端正で雅趣に富むさま。「いと美しく―なる貴女の肖画あり」〈露伴・露団々〉
だん-か【ˣ檀家】一定の寺に属し、寺に金品を寄進している家。檀越。だんけ。
タンカー〖tanker〗船内にタンクを備え、石油・液化石油ガス・硫酸などを運送する専用貨物船。ふつうオイルタンカーをさす。油送船。油槽船。
たん-かい【ˣ坦ˣ懐】心がひろくわだかまりのないこと。物事にこだわらないこと。「虚心―」
たんかい【湛海】[1629〜1716]江戸前期の真言宗の僧・仏師。伊勢の人。諸国を遍歴後、生駒山に入山し、宝山寺を開いた。五大明王像・不動明王像など激しい忿怒像を刻んだ。
たん-がい【ˣ痰ˣ咳】たんと、せき。また、たんのからむせき。
だん-かい【団塊】❶かたまり。❷堆積岩中に存在する、周囲より硬いかたまり。
だん-かい【段階】❶階段。❷ある基準によって区切った能力や品質などの順序。等級。「大きさによって―をつける」❸物事の順序。「―を追って説明する」❹物事が進行していく途中で区切られた一つの状態。「すでに手後れの―にきている」
(類語)ステップ・順序
だん-かい【暖海】水温の比較的高い海。
だん-がい【断崖】垂直に切り立ったがけ。きりぎし。「―絶壁」(類語)崖・絶壁・懸崖
だん-がい【弾劾】〔名〕スル ❶犯罪や不正をはっきりさせて、責任をとるように求めること。「政府の失政を―する」❷法令によって身分保障のある公務員の非行に対し、国会の訴追によって罷免または処罰する手続き。日本では裁判官・人事官について弾劾制度があり、その手続きを、裁判官の場合は裁判官弾劾裁判所、人事官の場合は最高裁判所が行う。
(類語)非難・指弾・論難・糾弾・攻撃・批判・責める
だんがい-さいばんしょ【弾劾裁判所】公の弾劾による罷免の訴追を受けた裁判官を裁判するため、国会に設けられる裁判所。衆参両議院の議員各7名の裁判員で構成される。訴追については裁判官訴追委員会が行う。裁判官弾劾裁判所。
だんがい-しゅぎ【弾劾主義】犯罪がある場合、国家が進んで訴訟手続きをせず、原告の訴えをまって裁判所がこれを審判する方式。⇒糾問主義
だんかい-ジュニア【団塊ジュニア】昭和46〜49年(1971〜1974)ごろの第2次ベビーブーム時代に生まれた人々。団塊の世代の子供にあたる世代であることから。
だんかい-スタイルシート【段階スタイルシート】《cascading style sheets》▶シー-エス-エス(CSS)
たんかい-とう【探海灯】海上で使用する探照灯。
だんかい-の-せだい【団塊の世代】昭和22〜24年(1947〜1949)ごろの第1次ベビーブーム時代に生まれた世代。他世代に比較して人数が多いところからいう。
だんかい-ろしゅつ【段階露出】カメラで、適正な露出の決定が難しい場合に、露出を少しずつ変えて複数枚の撮影をすること。⇒オートブラケティング
たんか-うり【ˣ啖ˣ呵売り】大声で口上を述べたてて物品を売ること。また、その人。巧みな話術で客の買い気を誘う商売方法。バナナのたたき売りなど。
だん-がえし【段返し】地歌・箏曲の合奏法の一。段合わせで合奏したあと、受け持ちを交換して、ふたたび段合わせを行うこと。
たんか-カルシウム【炭化カルシウム】カルシウムの炭化物。生石灰とコークスを電気炉で熱して得られる灰色の固体。水を加えるとアセチレンを発生する。石灰窒素の製造原料。化学式CaC_2　カーバイド。炭化石灰。
たんか-きごう【単価記号】▶アット
たんかく-ぎゅう【短角牛】❶▶日本短角種　❷▶ショートホーン
たんかくそうしょ【丹鶴叢書】江戸後期の叢書。154冊。紀州新宮藩主水野忠央編。弘化4〜嘉永6年(1847〜53)刊。歌集・物語・故実・記録・国史などの稀覯本を集めたもの。書名は新宮城を別名丹鶴城というのにちなむ。
たんか-けいそ【炭化ˣ珪素】珪石とコークスを電気炉で熱して得られる化合物。純粋なものは無色。きわめて硬く、酸におかされず、高温でも他と反応しにくい。研磨剤・耐火物・発熱体などに使用。化学式SiC　金剛砂。
たんか-こう【短歌行】連句の一体。表4句、裏8句、名残の表8句、名残の裏4句の24句をもって一巻とするもの。⇔長歌行。
たんか-し【ˣ啖ˣ呵師】威勢のよい口上で品物を売る人。香具師。
たんか-すいそ【炭化水素】炭素と水素だけからなる有機化合物の総称。配列が鎖状か環状かによって大別され、さらに鎖式炭化水素はメタン系・エチレン系・アセチレン系に、環式炭化水素は脂環式・芳香族に分類される。ハイドロカーボン。HC(hydrocarbon)。
だん-かずお【檀一雄】[1912〜1976]小説家。山梨の生まれ。「日本浪漫派」に参加。奔放な生き方を貫き、無頼派と称された。「長恨歌」「真説石川五右衛門」で直木賞受賞。他に「リツ子・その愛」「リツ子・その死」「火宅の人」など。
だん-かずら【段ᐁ葛】葛石を積んで一段高くつくった道。特に、鎌倉鶴岡八幡宮の参道をいう。
たんか-せっかい【炭化石灰】炭化カルシウムのこと。
たんか-だいがく【単科大学】学部が一つだけの大学。商科大学・医科大学など。⇒総合大学
タンガニーカ〖Tanganyika〗アフリカ南東部、タンザニアの大半部を占める地域。1885年ドイツ領東アフリカ、1920年英国委任統治領を経て61年に独立、64年ザンジバルと合併してタンザニアとなる。
タンガニーカ-こ【タンガニーカ湖】アフリカ南東部、大地溝帯にある断層湖。南北に細長く、大部分はタンザニアとコンゴ民主共和国との国境をなす。面積3万2000平方キロメートル。最大深度は1470メートルで、世界第2位。
たんか-の-くちびる【丹花の唇】赤い花のように魅力的な美人の唇。「薄汚なき手拭無遠慮に―を掩いし心無さ」〈露伴・風流仏〉
たんか-ばい【ˣ啖ˣ呵売】「たんかうり」に同じ。
たんかひ-か【単花被花】不完全花の一。萼か花びらのどちらかの花被を欠くもの。桑やテッセンなど。単被花。
たんか-ぶつ【炭化物】炭素と、それより陽性の金属・珪素・硼素などの元素との化合物。炭化カルシウム・炭化珪素など。
たんか-ほう【炭化法】紡毛糸の製造工程で、羊毛繊維に混じっている植物性繊維を硫酸・塩酸などを用いて除去する方法。
たん-がら【丹殻】❶オヒルギの別名。❷オヒルギの樹皮からとる染料。樹皮を煎じた汁に布帛を浸し、絞って石灰水に通すと赤茶色に染まる。紅樹皮。
たん-がら【炭殻】石炭の燃えかす。石炭がら。
たんから-しばい【たんから芝居】田舎回りの芝居。たんから。
ダンガリー〖dungaree〗デニムの一種。デニムとは逆に、横糸に濃紺などの染め糸を用い、縦糸に漂白した糸を用いたもの。作業衣、遊び着などにする。もと、インド産粗製の綿服地。⇒デニム
タンガロイ〖Tungalloy〗炭化タングステンとコバルトなどの粉末とを焼結して作る、焼結炭化物合金の一。日本での商標名。硬度はダイヤモンドに次ぐ。切削工具の刃先、線引きダイスなどに使用。
たん-かん【丹款】まごころ。赤心。赤誠。誠意。
たん-かん【胆管】肝臓でつくられた胆汁を十二指腸へ運ぶ通路。肝管と胆嚢から来る胆嚢管、それらが合流した総胆管からなる。輸胆管。
たん-かん【単館】映画を、一つの映画館だけで上映すること。単館上映。「―劇場」⇒ミニシアター
たん-かん【単簡¦短簡】〔名・形動〕単純でわかりやすいこと。また、そのさま。簡単。「純粋で―な芝居が出来そうなものだ」〈漱石・三四郎〉
たん-かん【ᐁ貪官】「どんかん(貪官)」に同じ。
たん-かん【短観】「日銀短観」の略。
たん-がん【単眼】水晶体とその下方の小網膜とからなる簡単な目。節足動物の多足類・クモ類・昆虫類などにみられる。
たん-がん【単願】受験の際、1校だけに願書を提出すること。「―推薦」⇒併願
たん-がん【ˣ赧顔】顔を赤くすること。また、恥じること。赤面。「イヤ実に―に堪えません」〈逍遥・内地雑居未来之夢〉
たん-がん【嘆願¦ˣ歎願】〔名〕スル 事情を詳しく述べて熱心に頼むこと。懇願。「釈放を―する」
(類語)懇願・熱願・哀願・懇請・懇望・直訴・直願
だん-かん【断簡】きれぎれになって残っている文

書・書簡。文書の切れはし。「一零墨」

ダンカン〖Duncan〗カナダ、ブリティッシュコロンビア州の州都ビクトリアの北西約60キロメートルにある町。カウチン族の居留地があり、トーテムポールがいたるところで見られる。

ダンカン〖Isadora Duncan〗[1878～1927]米国の女流舞踊家。モダンダンスの先駆者といわれる。ギリシャ風の衣装を着け、素足で即興的に踊った。

だん-がん【断岸】切り立ったけわしいがけ。断崖。「一生懸命に一を攀ずる場合の如き」〈西田・善の研究〉

だん-がん【弾丸】❶銃弾や砲弾の総称。❷鉄砲のたまのように速いことのたとえ。「一ライナー」❸古代中国で、小鳥などを捕らえるために、はじき弓につけて飛ばしたたま。はじきだま。(類語)銃弾・鉄砲玉・砲弾・砲丸・散弾・実弾・凶弾・流れ弾

弾丸黒子の地　はじき弓のたまやほくろほどの、きわめて狭く小さい土地。猫の額ほどの土地。

たんかん-えん【胆管炎】胆管に起こる炎症。急性であることが多い。発熱と黄疸、右上腹部の痛みを伴う。大部分は大腸菌などの細菌が感染して起こる。重症になると敗血症を生じ、命にかかわることがある。

たんかん-がん【胆管×癌】胆管にできた悪性腫瘍。肝内胆管癌と肝外胆管癌とに分けられるが、通常、肝外胆管癌をいう。胆管が閉塞して胆汁の流れが滞ることで、閉塞性の黄疸症状を引き起こす。肝臓やリンパ節に転移しやすい。

たんかん-げきじょう【単館劇場】▶ミニシアター

たんかんさいぼう-がん【胆管細胞×癌】胆管癌のうち、肝臓内の胆管から発生する癌。原発性肝癌の一つ。肝内胆管癌。

たんかん-じょうえい【単館上映】▶単館

だんがん-どうろ【弾丸道路】自動車専用の高速道路。昭和20年代(1945～1954)に用いられた語。

だんがん-れっしゃ【弾丸列車】弾丸のように速い列車の意。昭和13年(1938)東京・下関間を結ぶ広軌幹線鉄道の計画中に用いられた語。

たん-き【単記】〔名〕スル　選挙の投票で用紙1枚に一人だけの名前を書くこと。⇔連記。

たん-き【単機】ただ1機の飛行機。また、編隊を組まないで、単独で飛行する軍用機。

たん-き【単騎】❶ただひとり馬に乗ってゆくこと。また、一人の騎士。一騎。❷マージャンで、雀頭以外は完成し、雀頭のもう1枚の牌を待つ形。

たん-き【胆気】どんなことをも恐れない気力。度胸。きもったま。「一と自由とをみずから誇っていた」〈倉田・愛と認識との出発〉

たん-き【短気】〔名・形動〕辛抱ができず、すぐ怒ったりいらいらしたりすること。また、そのさま。気みじか。短慮。「一を起こす」「見かけによらず一な人だ」
(類語)気短・性急・短慮・せっかち・おこりっぽい

短気は損気　短気を起こすと、結局は自分の損になる。「損気」は「短気」に語呂を合わせたもの。短気をいましめた言葉。

短気は未練の元　短気を起こすと後悔することが多く、未練が生じるようになる。

たん-き【短期】短い期間。短期間。「一決戦」「一講習」⇔長期。

だん-き【断機】織りかけた機の糸をたち切ること。

断機の戒め　▶孟母断機の教え

だん-き【弾機】ばね。ぜんまい。「精細なるは時計の一となる可し」〈福沢・文明論之概略〉

だん-き【暖気┊×煖気】暖かい気候。また、あたたかい程度。あたたかさ。「室内は、スチームの一でいっぱいに温まっていた」〈徳永・太陽のない街〉

だん-ぎ【弾棋┊弾×碁】《「たんぎ」とも》遊戯の一。四角い中高の盤の両方に6個または8個の白黒の石を並べ、対座した二人が交互にその石をはじいて、相手の石に当たれば取り、当たらなければ取られる。指石。いしはじき。たぎ。

だん-ぎ【談義┊談議】〔名〕スル　❶話し合うこと。相談すること。「一を重ねる」❷物事の意義・内容などをやさしく説くこと。また、その話。「教育一」❸意見すること。教えさとすこと。こごと。「今日は今しもお一を始めたところと見え」〈柳浪・骨ぬすみ〉❹仏法の因果の道理を説くこと。また、その話。法談。
(類語)説教・説法・講話・講演・講釈

タンギー〖Yves Tanguy〗[1900～1955]フランス生まれの画家。のち米国に帰化。茫洋とした無限空間に有機的形態の奇妙な物質を配した、非現実的な独自の画風で、シュールレアリスムの代表的画家の一人となった。

だんき-うんてん【暖機運転】▶アイドリング

たんき-かしつけ【短期貸付】期限が1年未満の貸付。また、その貸付金。

たん-きかん【短期間】短い期間。わずかなあいだ。短期。

たんききんゆう-しじょう【短期金融市場】返済期間が1年以下の短期資金を調達・運用する取引が行われる金融市場の総称。参加者が金融機関に限定されるインターバンク市場と、譲渡性預金(CD)・コマーシャルペーパー(CP)・割引短期国債(TB)・政府短期証券(FB)などを扱い一般企業も参加できるオープン市場がある。

たんき-きんり【短期金利】1年以内の預金・債券・コマーシャルペーパー(CP)などに適用される金利。日本では日銀が公開市場操作を通じて調節を行う無担保コール翌日物金利(コールレート)が短期金利の代表的指標とされ、他の短期金利に影響を与える。➡長期金利

だん-ぎく【段菊】クマツヅラ科の多年草。高さ約60センチ。全体に毛があり灰色を帯びる。9～11月、葉の付け根ごとに数段、紫色の小花が密集して咲く。九州西部に分布。観賞用に栽培。花が葉腋ごとに段をなして咲くところからこの名がある。らんぎく。

だん-きくさ【団菊左】歌舞伎で、明治期の東京劇壇の三大名優、9世市川団十郎・5世尾上菊五郎・初世市川左団次をいう。

たんきこうしゃさい-とうししんたく【短期公社債投資信託】▶公社債投資信託

たんき-こくさい【短期国債】償還期間が1年以内の国債。日本の場合、割引短期国債(TB)と政府短期証券(FB)の2種類がある。➡中期国債 ➡長期国債 (補説)割引短期国債と政府短期証券は、平成21年(2009)2月から、国庫短期証券(T-Bill)の統一名称で統合発行されている。

たんき-こつ【担×鰭骨】魚類のひれの基部にあって、それを支えている骨。鰭骨。

たんき-しきん【短期資金】❶通常、1年未満の短期間に回収される資金。短期運転資金など。❷金融機関相互間でごく短期間に貸借される資金。コール資金など。

だん-きずい【段祺瑞】[1865～1936]中国の軍人・政治家。北洋軍閥安徽派の首領。合肥(安徽省)の人。字は芝泉。袁世凱の腹心として、辛亥革命後、陸軍総長。袁の死後、北京政府の実権を握り、南方革命派を弾圧した。トアン＝チーロイ。

タンギスタ〖スペイン tanguista〗タンゴを踊る人。

たんきせいさん-とりひき【短期清算取引】清算取引の一。決済期限が当日またはその翌日と定められているもの。繰り延べを望む者には1か月以内に限って認められる。第二次大戦前に行われていたが、昭和18年(1943)廃止。⇔長期清算取引。

だんぎ-そう【談義僧】仏教の教義をおもしろく平易に説き聞かせる僧。また、経典などを解釈して聞かせる僧。説教する僧。

たんき-だいがく【短期大学】昭和25年(1950)に発足した2年制ないし3年制の大学。専門の学芸を教授・研究し、職業または実生活に必要な能力を育成することを主な目的とする。短大。

だんき-だん【暖気団】❶発生地よりも低温の地域へ移動した気団。➡寒気団 ❷隣接の気団よりも相対的に暖かい気団。

たんき-てがた【短期手形】期限の短い手形。通常、振出日後2か月程度以内の支払期日が記載されている手形。

たんき-てつどう【単軌鉄道】▶モノレール

たんき-とうひょう【単記投票】一人の選挙人が、投票用紙に候補者1名だけを書いてする投票。⇔連記投票。

たんきにゅうしょ-せいかつかいご【短期入所生活介護】▶ショートステイ

たんきにゅうしょ-りょうようかいご【短期入所療養介護】▶ショートステイ

たんきのう-はんどうたい【単機能半導体】▶個別半導体

たんき-プライムレート【短期プライムレート】銀行が優良企業向けの短期貸出に適用する最優遇金利。標準金利。短プラ。⇔長期プライムレート。

だんぎ-ぼん【談義本】江戸時代、宝暦(1751～1764)から安永(1772～1781)ごろにかけて多く刊行された滑稽な読み物。宝暦2年刊の静観坊好阿の「当世下手談義」に始まる。談義僧・講談師などの口調をまね、おかしみの中に教訓をまじえ、社会の諸相を風刺した。滑稽本の先駆をなす。談義物。

だんぎ-まいり【談義参り】寺院などに説教・法話を聞きに行くこと。「おれらが一して一文投げる賽銭さへ」〈浄・重井筒〉

だんぎ-もの【談義物】▶談義本

たんきゃく-るい【端脚類】端脚目の甲殻類の総称。体は左右に扁平で、眼には柄がない。トビムシ・ワレカラなど。

たん-きゅう【単球】白血球の一。核を一つもち、内部に顆粒が少ない。血球中最大で、遊走し、食作用は非常に強い。人間では全白血球の4～8パーセントを占める。単核白血球。

たん-きゅう【探求】〔名〕スル　あるものを得ようとしてさがし求めること。さがし出して手に入れようとすること。「幸福の一」「貴重本の所在を一する」
(類語)探る・探す・探索・追求

たん-きゅう【探究】〔名〕スル　物事の意義・本質などをさぐって見きわめようとすること。「真理の一」「生命の神秘を一する」
(類語)追究・考究・研究・討究・講究・究理

だん-きゅう【段丘】河岸や海岸または湖岸に沿って平坦面と急崖が階段状に配列している地形。土地の相対的隆起を示すものと考えられ、成因や分布から、河岸段丘・海岸段丘などに区分する。

だん-きゅう【弾弓】❶繰り綿をはじき打って柔らかにする弓の形をした器具。綿弓。唐弓。❷▶だんぐう

だん-きょう【断橋】中途でこわれて落ちている橋。「二人は一の上迄来て留まった」〈漱石・虞美人草〉

たん-ぎょく【単玉】構成枚数が一つである写真レンズ。

だん-ぎょくさい【段玉裁】[1735～1815]中国、清の考証学者。金壇(江蘇省)の人。字は若膺。号、懋堂。戴震に師事、文字訓詁の学に長じ、「説文解字注」「六書音韻表」などを著した。

たんきょく-し【単極子】▶モノポール

たんきょく-でんい【単極電位】▶電極電位

たんきょく-ゆうどう【単極誘導】円柱状の磁石を回転させ、軸の一端と側面に導線をつなぐと電位差が発生し電流が流れる現象。電磁誘導の一例として、1832年に英国の物理学者M＝ファラデーが発見。回転の角速度をω、磁石の断面を貫く磁束をϕとすると、起電力Eは、$E=\phi\omega/2\pi$で表される。

だんぎょ-けい【断魚渓】島根県中部、邑智郡邑南町にある、江川支流の濁川の渓谷。滝があり、名勝地。

たんき-よほう【短期予報】翌々日までの天気予報。今日・今夜・明日・明後日に分け、1日に5回、

各地の気象台から発表される。

たん-きょり【短距離】❶距離が短いこと。短い距離。➡中距離 ➡長距離 ❷「短距離競走」「短距離競泳」などの略。(類語)近距離

たんきょり-きょうそう【短距離競走】(ニキョウソウ) 陸上競技で、短い距離の競走。オリンピック種目では100メートル・200メートル・400メートルの距離で行う競走の総称。➡百メートル走 ➡二百メートル走 ➡四百メートル走

たんきょり-そう【短距離走】「短距離競走」の略。

たんきょり-りちゃくりくき【短距離離着陸機】▶エストール機

たんきょり-りょく【短距離力】物質間にはたらく力のうち、力の大きさが距離の2乗の逆数より速やかに減少するもの。核力のほか、核子、原子、分子の間にはたらく電磁気力、重力以外の力を指す。近距離力。⇔長距離力。

たん-きり【×痰切り】❶のどにつかえた痰をとめること。また、その薬。❷「痰切り飴(あめ)」の略。

だん-ぎり【段切り】邦楽で、1曲の最終部分。義太夫節などでは、各段の終わりの部分。また、それに伴う囃子(はやし)。だんぎれ。

たんきり-あめ【×痰切り×飴】大豆・ゴマ・ショウガをまぜた固飴(かたあめ)を薄く延ばして長さ2センチほどに切ったもの。痰切りの効があるとされる。

たんきり-まめ【×痰切豆】マメ科の蔓性(つるせい)の多年草。暖地の山野にみられ、全体に褐色の毛がある。葉は3枚の小葉からなる複葉。夏、黄色い蝶形花をつけ、秋に莢(さや)が赤く熟すと2個の黒い種子を出す。種子を煎(せん)じて痰を切る民間薬にする。外郎豆(ういろうまめ)。巾着豆(きんちゃくまめ)。きつねまめ。

だん-ぎれ【段切れ】▶段切り

たん-きん【鍛金】金属を打ってきたえ、板や線・立体などの形状にのばして器物をつくること。また、その技法。打ち物。鎚金(ついきん)。鍛冶(たんや)。

たん-ぎん【▽断金｜▽断吟】日本音楽の十二律の一。基音の壱越(いちこつ)より一律高い音で、中国の十二律の大呂(たいりょ)、洋楽の嬰(えい)ニ音にあたる。

だん-きん【断金】《『易経』繋辞上の「二人心を同じくすれば、其の利(と)きこと、金を断つ」から》金をも断ち切るほどかたい友情。また、それによって結ばれた間柄のたとえ。「一の交わり」

だん-きん【断琴】琴の弦を断ち切ること。

だん-きん【弾琴】琴をひくこと。

タンギング〖tonguing〗管楽器の演奏で、舌による音の出し方の技法の総称。

だんきん-の-ちぎり【断金の契り】《『水経注』の淯水から》固く結ばれた友情のたとえ。

だんきん-の-まじわり【断琴の交わり】(はまじ)《中国、春秋時代、琴の名手伯牙が自分の奏でる心を完全に理解した友人鍾子期の死後、琴の弦を断ったという「列子」湯問の故事から》最も心の通い合う友情。

たん-く【短句】❶みじかい句。字数の少ない句。⇔長句。❷連歌・連句で、短歌の下(しも)の句にあたる七・七の句。下の句。⇔長句。

たん-く【短×躯】背の低いこと。短身。⇔長躯。(類語)短身・ちび・ちんちくりん

タンク〖tank〗❶液体や気体を貯蔵する容器。「ガス一」「ガソリン一」❷戦車。第一次大戦で初めて製作されたとき、秘密保持のためタンク(水槽)と呼んだところからいう。

だん-ぐう【弾▽弓】矢の代わりに弾丸を弦(つる)ではじき、射る弓。はじきゆみ。だんきゅう。だんぐ。

タングート〖Tangut〗6世紀から14世紀にかけて、中国西北部からチベット北部で活躍したチベット系民族。一族の李元昊(りげんこう)が1038年に西夏を建国した。党項。

タンク-しゃ【タンク車】液体・気体・粉などの輸送用のタンクを備えた鉄道貨車や自動車。

ダンク-シュート《和 dunk＋shoot》バスケットボールで、高く跳んでゴールの真上からボールをたたき込むようにシュートすること。(補説)英語では dunk shot で、dunkはパンをミルクなどに浸す意。

タングステン〖tungsten〗クロム族元素の一。単体は光沢のある白色または灰白色の金属。融点は金属中最高でセ氏3387度。電球のフィラメントや電極、合金などに利用。主要鉱石は鉄マンガン重石・灰重石(かいじゅうせき)など。名はスウェーデン語で重い石の意。元素記号W　原子番号74。原子量183.8。ウォルフラム。

タングステン-こう【タングステン鋼】(ニカウ) 鋼にタングステンを加えて耐熱性・耐磨耗性を高めた合金。切削工具などに利用。

タングステン-タイプ〖tungsten type〗電灯光用のリバーサルカラーフィルムのこと。写真電球のもつ色温度3200～3400度ケルビンの光源の光質にカラーバランスを合わせて製造されたもの。

タングステン-でんきゅう【タングステン電球】(ニデンキウ) フィラメントにタングステンを使った白熱電球。1908年に米国のクーリッジが発明。現在用いられている電球はほとんどがこれにあたる。タングステンランプ。

タングステン-フィラメント〖tungsten filament〗タングステンでできた細い線。タングステンは融点が高くて蒸発速度が遅く、細い線が容易に作製できる。白熱電球用のフィラメント、電子管での熱電子放出用、低融点物質の蒸着用の加熱線に利用される。

タングステン-フィルム〖tungsten film〗▶タングステンタイプ

タングステン-ランプ〖tungsten lamp〗▶タングステン電球

たん-ぐつ【短靴】足首から下だけの浅い靴。(類語)靴・シューズ・パンプス・ハイヒール・ローヒール

タンク-トップ〖tank top〗ランニングシャツに似た、首と腕とが大きく露出する形の女性用の上着。もと室内プール(タンク)で着用した男性用水着の上半部(トップ)に似るところからの名称。

だん-ぐみ【段組み】1枚の用紙に列を分けて文字をレイアウトすること。

タングラム〖tangram〗正方形の板を三角形や四角形など七つの図形に切り分け、さまざまな形を作って楽しむパズル。

だん-ぐるま【段車】動力をベルトで伝導する装置で、直径の異なるいくつかの車を大きさの順に重ね合わせて一体とし、これにベルトを掛け換えることによって回転速度を変えるもの。

タンク-ローリー《和 tank＋lorry》円筒形のタンクを備えた、液体・気体運搬専用の貨物自動車。

たんクローン-こうたい【単クローン抗体】(ニカウタイ) ▶モノクローナル抗体

だん-くん【檀君】朝鮮の伝説上の始祖。平壌に降臨して開国、治世1500年と伝えられる。

だん-け【×檀家】▶だんか

ダンケ〖ドイツ danke〗(感) ありがとう。

たんけい【湛慶】[1173～1256]鎌倉時代の仏師。運慶の長男。法印にのぼる。父没後は慶派を主宰。代表作に三十三間堂の千手観音坐像などがある。

たん-けい【短径】▶短軸(たんじく)

たん-けい【短景】日が短いこと。短日。「冬期一の候」

たん-けい【短×檠】室内用の灯火具の一。低い柱の上部に受け皿があり、下の台は長方形の箱になっている燭台。茶の湯の夜咄(よばなし)・暁などの茶事に用いる。

たんけい【端渓】㊀中国広東省肇慶市付近の西江を指す。硯石(すずりいし)の産地。㊁「端渓硯」の略。

たん-げい【端×倪】(名)(スル)《「荘子」大宗師から。「端」ははじめ、「倪」はおわりの意》❶物事の初めと終わり。事の始終。❷物事の本と末、終わりと始めを推しはかること。あらかじめ予想すること。推測。「この子の才能には一すべからざるものがある」

だん-けい【男系】男子だけで継承していく家系。また、父方の血筋。⇔女系。

たんけい-けん【端渓×硯】端渓石で作った硯(すずり)。美しい斑文(はんもん)があり、墨のおりもよく、古来珍重される。

たんけい-せき【端渓石】端渓に産する古生代の輝緑凝灰岩。色は黒・青・緑・紫などがあり、最高級の硯(すずり)石として有名。

タンゲーロ〖スペイン tanguero〗タンゴの愛好家。

たんげ-けんぞう【丹下健三】(ニザウ) [1913～2005]建築家。愛媛の生まれ。第二次大戦後の日本建築界の代表者の一人。広島平和記念館・東京都庁舎などを設計。文化勲章受章。

たんげ-さぜん【丹下左膳】林不忘(はやしふぼう)の小説の登場人物。「新版大岡政談」などに隻眼隻腕のニヒルな剣士として描かれる。

だん-けち【断▽結】▶だんけつ(断結)

たん-けつ【×痰血】痰(たん)。また、汚い分泌物。

たん-げつ【単月】前後の月から切り離した、ある1か月間。「一とはいえ黒字達成」「4月一では前年同月比120パーセントの売上」

たん-げつ【淡月｜×澹月】薄くかすんだ月。おぼろ月。(季 春)

たん-げつ【端月】《「端」は、はじめの意》陰暦正月の異称。

たん-げつ【×潭月】深く水をたたえた淵に映る月。

だん-けつ【団結】(名)(スル) 多くの人が共通の目的のために一つにまとまること。「チームの一が固い」「一して春闘を闘う」(類語)連帯・結束・協同・大同団結

だん-けつ【断決】はっきりと決めること。判断して決定すること。決断。「起頭の一一こそ、実に終身の勢力なれ」〈中村訳・西国立志編〉

だん-けつ【断結】仏語。煩悩(ぼんのう)を断ち切ること。だんけち。

だんけつ-けん【団結権】労働者が、労働条件の維持・改善について使用者と対等な立場で交渉するために、労働組合を結成する権利。憲法の保障する労働基本権の一。

たん-けつごう【単結合】(ニケフガフ) 共有結合のうち、電子対一つを含むもの。一重結合。

たん-けっしょう【単結晶】(ニケッシャウ) 全体が一つの結晶からなり、どの部分の結晶軸も平行になっている結晶固体。➡多結晶

ダンケルク〖Dunkerque〗フランス北部、ドーバー海峡に面する港湾都市。鉄鋼業が盛ん。第二次大戦中の1940年、ドイツ軍に敗れたイギリス・フランス軍が劇的撤退をした地。

ダンケルド〖Dunkeld〗英国スコットランド中部の町。テー川を挟んでバーナムと向かい合う。町の歴史は古く、ピクト王国時代に起源し、13世紀建造のダンケルド大聖堂がある。17世紀末のダンケルドの戦いにおいて、町は大きな被害を受けたが18世紀に再建され、当時の家並みが残っている。

ダンケルド-だいせいどう【ダンケルド大聖堂】(ニダイセイダウ)《Dunkeld Cathedral》英国スコットランド中部の町ダンケルドにある大聖堂。アイオナ島から移した聖コロンバの遺骨を納めた修道院に起源。13世紀中頃から16世紀初頭にかけて建造され、ゴシック様式とノルマン様式が混在する。17世紀末のダンケルドの戦いで大聖堂の半分が廃墟となったが、現在もスコットランド教会の教区教会として利用されている。

たん-けん【探検｜探険】(名)(スル) 危険を冒して未知の地域に入り、実地に調べること。「極地を一する」

たん-けん【短見】見通しのない意見。目先だけの見解。浅見。

たん-けん【短剣】❶みじかい剣。⇔長剣。❷時計の短針。⇔長剣。(類語)短刀・匕首(あいくち)・どす・懐剣・懐刀・守り刀

たん-げん【単元】一定の教育目的のためにひとまとめにされた学習計画。教材や学習活動を主題ごとに関連をもたせて組織したもの。カリキュラムの構成単位。学習単元。

たん-げん【端厳】(名・形動) 姿などが整っていて威厳のあること。また、そのさま。たんごん。「唇、頤、両頬へかけて見事に神々しく整った、一な輪廓」〈谷崎・少年〉

だん-けん【断見】仏語。生は現世限りのものであるとし、因果の理法や善悪の業果を無視する誤った見解。⇒常見

だん-げん【断言】〘名〙スル 確信をもってきっぱりと言いきること。「絶対に失敗はないと―する」
類語 言い切る・確言・明言・言明・喝破・道破

だん-げん【断弦｜断×絃】❶楽器の弦が切れること。また、切れた弦。❷《琴瑟(きんしつ)を夫婦の仲にたとえるところから》妻に死別すること。妻の死。

たんげん-がくしゅう【単元学習】教材を学ぶ側の意識にあわせてひとまとまりの経験となるよう学習をすすめる教育方法。米国で発達、第二次大戦後わが国でも盛んに行われた。

たんげん-かぶ【単元株】株主総会での議決権行使や、株式を売買する際に必要な一定の株式数。会社の定款で定める。

たんげんかぶ-せいど【単元株制度】会社が定款により株式の一定数をまとめたものを1単元とし、株主の議決権は1単元に1個とする制度。平成13年(2001)商法改正による単位株制度廃止に伴い導入された。端株(1株に満たない端数の株式)制度と並存体制であったが、同18年5月会社法施行に伴い端株制度が廃止され、単元株制度に一本化された。

たんげんし-ぶんし【単原子分子】1個の原子でできている分子。希ガスのヘリウム・ネオンなど。一原子分子。

だんげん-てき【断言的】〘形動〙▶定言的(ていげんてき)

たん-こ【炭庫】石炭を貯蔵しておく倉庫。石炭庫。

たん-こ【淡湖】▶淡水湖

たん-こ【短呼】発音しやすいように、本来は長音節の語を短音節にして発音すること。例えば、「ちょうちょう(蝶々)」を「ちょうちょ」というなど。対長呼。

たん-こ【×蜑戸】海人(あま)の家。漁家。

たんご【丹後】㊀旧国名の一。現在の京都府北部にあたる。和銅6年(713)丹波国から分国。㊁「丹後縮緬(ちりめん)」「丹後縞」の略。

たん-ご【単語】文法上、意味・職能をもった最小の言語単位。例えば「鳥が鳴く」という文は、「鳥」「が」「鳴く」の三つの単語からなる。日本語では自立語・付属語に大別される。

たん-ご【端午｜端五】五節句の一。5月5日の節句。もと中国の行事。軒に菖蒲(しょうぶ)や蓬(よもぎ)を挿し、粽(ちまき)・柏餅を食べて邪気をはらう。近世以降、男児のいる家では鯉幟(こいのぼり)を立て、甲冑(かっちゅう)や武者人形を飾って祝うようになった。現在は、こどもの日として国民の祝日になっている。端午の節句。重五(ちょうご)。端陽。(季 夏)「二人子を預けて病める―かな/波郷」

タンゴ〘スペイン tango〙19世紀後半にアルゼンチンの首都ブエノスアイレスで起こった、4分の2拍子系のダンス音楽。また、それに合わせて踊るダンス。ハバネラ・ミロンガ・カンドンベなどの舞曲が融合してできたものといわれる。

だん-こ【断固｜断×乎】㊀〘ト・タル〙図〘形動タリ〙周囲の状況や意見に左右されないさま。態度などがきっぱりとしているさま。「―として反対する」「―たる決意」㊁〘副〙㊀に同じ。「―拒否する」類語 断然・毅然(きぜん)

だん-ご【団子】❶米や雑穀の粉をこねて丸め、蒸したりゆでたりしたもの。あん・きな粉をまぶしたり、焼いて醤油をつけたりして食べる。「花より―」「黍(きび)―」❷❶のように丸いもの。また、ひとかたまりになったもの。「ひき肉を―にする」「走者がゴール直前で―になる」

だん-ご【段碁】囲碁で、初段以上の技量。また、その技量のある人。

たんごあまのはしだておおえやま-こくていこうえん【丹後天橋立大江山国定公園】京都府北部、丹後半島の海岸と高原、山岳地域からなる国定公園。平成19年(2007)、若狭湾国定公園から分離した丹後半島海岸地区と、世屋高原地区、大江山連峰地区を合わせて新しく指定された。日本三景の天橋立、酒呑童子の伝説をもつ大江山などがある。

たん-こう【丹紅】赤い色。くれない。

たん-こう【単行】〘名〙スル ❶単独でおこなうこと。また、単独で行くこと。「凡そ人生の細事、各々―すれば、甚だ緊要ならざるに似たり」〈中村訳・西国立志編〉❷それだけを独立しておこなうこと。多く他の語と複合して用いる。「―犯」

たん-こう【単×鉤】書道の執筆法の一。親指と人差し指で筆の軸を持って書くもの。⇒双鉤

たん-こう【炭坑】石炭を採掘するために掘られた穴。石炭坑。

たん-こう【炭鉱｜炭×礦】石炭を掘り出す鉱山。
類語 鉱山・金山・銀山・銅山

たん-こう【探鉱】金属・非金属鉱床や石炭層・石油鉱床を探り、その位置・形・品位・埋蔵量などを調査すること。通常の地質調査のほか、磁気・電気・重力・地震波などを利用する物理探査が行われる。

たん-こう【淡交】《「荘子」山木の「君子の交りは淡きこと水の若(ごと)し」から》あっさりした交わり。君子の交際をいう。

たん-こう【淡紅】薄い赤色。薄紅(うすべに)。淡紅色。

たん-こう【淡黄】薄い黄色。淡黄色。

たん-こう【×蛋黄】卵の黄身。卵黄。

たん-こう【短甲】古代に使用された鎧(よろい)の一種。鉄板を鋲(びょう)で留めたり、革紐(かわひも)でとじたりして胴部を覆ったもの。胴丸(どうまる)などより丈が短い。

たん-こう【鍛工】金属をきたえること。また、その職工。鍛冶(かじ)。

たん-こう【鍛鋼】鍛造用の鋼材。鋼塊を成形加工したもの。

だん-こう【団交】「団体交渉」の略。「大衆―」

だん-こう【団鉱】粉状の鉱物を固めて塊状にしたもの。

だん-こう【男工】男性の職工。男子工員。
類語 工員・職工・女工

だん-こう【断口】❶物を断ち切った面。断面。きりくち。きれくち。❷鉱物が外力を受け、劈開(へきかい)面以外の方向で割れたときに現れる割れ口。劈開と異なり不規則な割れ目になり、貝殻状、多片状、鋸歯状、針状のものがある。

だん-こう【断交】〘名〙スル 交際をやめること。特に、国家間の交流を絶つこと。「領土問題をめぐって両国が―する」類語 絶交・断絶

だん-こう【断行】〘名〙スル 困難や反対を押しきって強い態度で実行すること。「機構改革を―する」
類語 決行・敢行・強行・実行・実践・行動・躬行(きゅうこう)・励行・履行・実施・施行(しこう)・執行・遂行・行う

だん-こう【断郊】郊外の田野、森林などを横断すること。「―競走」

だん-こう【×檀香】香木の栴檀(せんだん)・白檀・紫檀などの総称。

だん-ごう【談合】〘名〙スル《古くは「だんこう」》❶話し合うこと。相談。「―したうえで決定する」❷談合行為、入札談合のこと。類語 相談・打ち合わせ・下相談・話し合い・合議・協議・商議・評議・評定(ひょうじょう)・鳩首(きゅうしゅ)・凝議(ぎょうぎ)・内談・示談

だんごう-うけおい【談合請負】複数の請負人があらかじめ入札価格や利益分配などについて話し合いをしておいて、請負入札すること。

だんこう-きょうそう【断郊競走】▶クロスカントリー

だんこうき-よほう【暖候期予報】春から初秋までの天候の予報。毎年3月10日に気象庁予報部から発表される。晩霜(ばんそう)の有無、梅雨の時期と性格、夏の暑さ、台風発生の見通し、秋の訪れなど。

だんごう-こうい【談合行為】競売(けいばい)または入札に際して、複数の競争者があらかじめ入札価格や落札者などを話し合って決めること。⇒入札談合

だんごう-ざい【談合罪】競売(けいばい)や入札の競争者たちが、あらかじめ相談して誰が落札するかを決め、入札価格の調整などをする罪。⇒競売等妨害罪

たんこう-しき【単項式】加減の記号を含まない整式で、$2x$, xy^2 などのように文字と数字との積として表されたもの。対多項式。

だんごう-ずく【談合▽尽く】話し合いのうえで決めること。相談ずく。「―で事態を収拾する」

たんこう-のうりょく【▽堪航能力】船舶が通常の航海に耐え、安全に航行できる能力。構造・船齢・航海の長短などによって異なる。

たんこう-ば【鍛工場】金属を鍛造する作業場。

だんこう-ばい【×檀香梅】❶クスノキ科の落葉低木。山地に自生。葉は卵形。雌雄異株。早春、葉より先に、黄色の小花が並んで咲く。実は丸く、熟すと赤い。中国の原産で、観賞用。鬱金花(うこんばな)。❷トウロウバイの別名。

たんこう-ばくやく【炭鉱爆薬】炭鉱で使用することを旧通産省が認めていた爆薬。検定爆薬。

だんごう-ばしら【談合柱】相談相手として頼る人。「これからが大事の思案、火燵(こたつ)のやぐらを―」〈浄・淀鯉〉

たんこう-ぶし【炭坑節】福岡県の民謡。筑豊・三池炭坑地帯で、選炭作業にうたわれた仕事歌。曲はラッパ節から出たものという。第二次大戦後に騒ぎ歌・盆踊り歌として全国に広まった。北九州炭坑節。

たんこう-ほう【単行法】特定の事項について、独立して制定されている法律。少年法・建築基準法など。

たんこう-ぼん【単行本】全集・叢書(そうしょ)などの中の一冊としてでなく、単独に出版される本。

たんこう-るい【単孔類】単孔目の原始的な哺乳類の総称。肛門・尿管・卵管が、鳥類や爬虫(はちゅう)類のように単一の排泄孔(はいせつこう)に開く。卵生で、卵からかえった子は母親の腹部の乳腺から乳を飲んで育つ。歯はなく、口はくちばしとなる。オーストラリア区に分布し、カモノハシ・ハリモグラなどが含まれる。

たんこう-ろ【鍛工炉】鍛工場の、鉄を熱するための炉。火力を強めるためのふいごの設備がある。

タンゴール〘tangor〙柑橘(かんきつ)類の一種で、ミカン類とスイートオレンジ類との交雑種。

だん-ごく【断獄】❶罪を裁くこと。断罪。❷罪を裁いて斬罪に処すること。打ち首。死罪。

だん-ごく【暖国】《「だんこく」とも》あたたかい気候の国・地方。類語 南国

だんご-ざか【団子坂】東京都文京区千駄木から谷中(やなか)・上野に通じる坂。明治時代、菊人形の名所。

たんご-さんち【丹後山地】京都府北西部・兵庫県北東部に広がる山地。東西約40キロメートル、南北約20キロメートルのほぼ長方形の区域。主峰は大江山で、400〜600メートルの低い山々からなる。円山(まるやま)川と由良(ゆら)川の間を占め、南に福知山盆地、西に豊岡盆地などの山間沖積地を形成する。かつては丹後縮緬(ちりめん)の機業が盛んだった。

たんご-じま【丹後×縞】丹後地方から産出した縞の絹織物。多くは紬(つむぎ)で、黒か茶色の地に朽葉(くちば)色か萌葱(もえぎ)色で縦縞を表したもの。

たんご-ちりめん【丹後▽縮×緬】丹後地方から産出する縮緬。多くは白生地で、友禅や小紋に染められる。江戸時代、享保(1716〜1736)のころ、絹屋佐平治が西陣の技法を学んで創始したものという。

たんご-の-せっく【端午の節句】「端午」に同じ。

たんご-の-つぼね【丹後局】[?〜1216]鎌倉初期、後白河法皇の寵姫(ちょうき)。本名、高階栄子(たかしなえいし)。法皇の没後、その娘宣陽門院に譲られた所領(長講堂領)を背景に院政の陰の実力者として力をふるった。

だんご-ばな【団子鼻】先が団子のように丸い形をした鼻。だんごっぱな。

たんご-はんとう【丹後半島】京都府北部にある日本海に突出した半島。若狭湾の西端をなす。奥丹後半島。与謝(よさ)半島。

たん-こぶ【たん×瘤】こぶの俗な言い方。こぶたん。「目の上の―」

たんご-ふじ【丹後富士】青葉山の異称。

だんご-むし【団子虫】オカダンゴムシ科の甲殻類。体長14ミリくらい。灰褐色から青灰色。全体がかまぼこ形で、触れると体を丸める。倒木や石の下、落ち

葉の中に多い。広くは、海岸の小石の間にいるハマダンゴムシなどを含め、体を丸めることのできる陸生のものを総称する。

たん-こん【単婚】一夫一婦の婚姻。モノガミー。⇒複婚

たん-ごん【端厳】〔名・形動〕▶たんげん(端厳)

だん-こん【男根】男性の外部生殖器。陰茎。なんこん。

だん-こん【弾痕】弾丸の当たったあと。

だんこん-き【男根期】精神分析の用語。肛門期に続く小児性欲発達の第三段階。3〜6歳ぐらいまでの、性器が性感の場所になるが、性の対象を求めるに至らない時期。

だんこん-すうはい【男根崇拝】生殖器崇拝の一。男根を、多産・豊穣・開運をもたらす呪力をもつものとして崇拝すること。古代から行われ、天然の木石または男根をかたどったものを、崇拝の対象とする。

たん-さ【丹砂】▶辰砂しんしゃ

たん-さ【探査】〔名〕スル 未知の物事について、さぐり調べること。「鉱脈の有無を一する」

(類語)探索・調査・精査・踏査・探る・調べる

たん-さ【嘆×嗟｜×歎×嗟】なげくこと。嗟嘆。

たん-ざ【単座｜単×坐】座席が一つしかないこと。一人乗りであること。「一戦闘機」

たん-ざ【端座｜端×坐】〔名〕スル 姿勢を正して座ること。正座。「一して経を読む」(類語)正座・座る・座す・腰掛ける・掛ける・着座する・着席する・安座する・静座する・黙座する・腰を下ろす

だん-さ【段差】❶碁ご・将棋しょうぎ・武道などの段位の差。❷段状の高低の差。「車道と歩道との一」

だん-ざ【団座｜団×坐】多人数が円形にすわること。まどい。車座。

ダンサー〖dancer〗❶西洋舞踊の踊り手。舞踊家。❷ダンスホールで、客の相手をして踊ることを職業とする女性。

たん-さい【単彩】1色だけでいろどること。

たん-さい【淡彩】薄くいろどること。あっさりした彩色。(対)濃彩。

たん-さい【淡菜】イガイの別名。また、イガイやムラサキイガイを煮て干した食品。

たん-さい【短才】才能が乏しいこと。また、その人。自分の才能をへりくだっていう。「浅知一」

たん-ざい【炭材】木炭にする材木。クヌギ・ナラなど。

だん-さい【断裁】〔名〕スル 紙などを、たち切ること。また、不要の書類などを切断・破棄すること。裁断。「規格に合わせて一する」

(類語)切断・裁断・分断・寸断・両断・横断・縦断

だん-ざい【断罪】〔名〕スル ❶罪をさばくこと。罪に対して判決を下すこと。断獄。「責任者を一する」❷斬首の刑。斬罪。うちくび。「あはれ一流刑にも行はせばや」〈太平記・二一〉

(類語)裁判・裁き・審判・裁断・裁定・裁決

たんさい-が【淡彩画】グヮ 淡彩を施した絵。墨絵にあっさりと彩色したものなど。

だんさい-き【断裁機】紙などを寸法に合わせてたち切ったり、また製本したもののへりを切り落としたりするのに用いる機械。

たん-さいぼう【単細胞】ーサイバウ ❶単一の細胞。❷考え方が一面的で単純な人。物事をあまり深く考えないたちの人。

たんさいぼう-せいぶつ【単細胞生物】タンサイバウー 生活史を通して、体が単一の細胞からできている生物。アメーバやゾウリムシなどの原生動物・細菌・珪藻などにみられる。⇒多細胞生物

だんざえもん【弾左▽衛門】ダンザヱモン 江戸時代、関八州および陸奥・甲斐・伊豆・駿河の12か国のえた・非人を支配した頭かしら代々の称。江戸に拠点を置いた。

たん-さく【単作】同じ農地に一種類の作物だけを栽培すること。「稲の一地帯」

たん-さく【探索】〔名〕スル《古くは「たんざく」》❶未知の事柄などをさぐり調べること。「古代史の謎を一する」「海底を一する」❷罪人の行方や罪状などをさぐり調べること。「事件の背後関係を一する」

(類語)調査・捜索・捜査・捜し物・探る・調べる

たん-ざく【短冊｜短▽尺｜短▽籍】❶細長く切った薄い木や紙の小片。字を書いたり、しるしとして物につけたりする。たんじゃく。❷和歌・俳句などを書くための細長い料紙。ふつう、縦36センチ、横6センチぐらいで、下絵や金銀箔で装飾を施したものもある。たんじゃく。❸「短冊形」の略。「大根を一に切る」❹「拈ひねり書ぶみ❶」に同じ。「日に一度一を出だして」〈宇津保・祭の使〉

たんざく-いし【短冊石】短冊形に切った石。庭の敷石などに使用する。

たんざく-かけ【短冊掛(け)】短冊をはさんで壁や柱にかけるようにしたもの。板や布などで作る。たんざくばさみ。

たんざく-がた【短冊形】短冊のような細長い長方形。

たんざく-ぎり【短冊切り】野菜などを短冊形に切ること。

たんざく-どうふ【短冊豆腐】短冊形に切った豆腐。

たんざく-ばこ【短冊箱】点茶に必要な茶器を入れる細長い縦型の箱。けんどん開きの戸がつき、ふた裏に短冊をはって野掛けなどに用いる。金森宗和の考案による。宗和箪笥だんす。短冊箪笥。

たん-さつ【探察】〔名〕スル 人の行動や情況などをさぐり調べること。偵察。「敵情を一する」

たん-さつ【短札】短い手紙。また、自分の書状をへりくだっていう語。短紙。

タンザニア〖Tanzania〗東アフリカの連合共和国。法律上の首都はドドマ。大陸側のタンガニーカと、インド洋上のザンジバルとが1964年に合併して成立。綿花・サイザル麻・コーヒーを産する。セレンゲティ国立公園をはじめ野生動物保護区がある。人口4189万(2010)。

ダンサブル〖danceable〗〔形動〕リズミカルでダンスに適したさま。「一なアレンジ」

たんざわ【丹沢】タンザハ「丹沢山地」の略。

たんざわおおやま-こくていこうえん【丹沢大山国定公園】タンザハおほやまコクテイコウエン 神奈川県北西部、丹沢山地を中心とする国定公園。登山ルートも整備されているレクリエーション地帯。

たんざわ-こ【丹沢湖】タンザハー 神奈川県西部、足柄上郡山北町にある人造湖。酒匂さかわ川の支流河内かわち川上流をせき止めて造られた多目的ダム(三保ダム)の貯水池。面積2.2平方キロメートル、総貯水量6490万立方メートル。西丹沢の観光地。丹沢大山国定公園に属する。

たんざわ-さんち【丹沢山地】タンザハー 神奈川県北西部から山梨・静岡両県にまたがる山地。丹沢大山国定公園を占める。最高峰は蛭ヶ岳ひるがたけで標高1673メートル、丹沢山・塔ノ岳・大山おおやまなどがある。丹沢山塊。

たんざわ-やま【丹沢山】タンザハー 丹沢山地の中心にある山。標高1567メートル。また、丹沢山地の主峰群の総称。

たん-さん【単産】《「産業別単一労働組合」の略》職種の別なく、同一産業に働く労働者によって組織されている労働組合。日本では普通、企業別組合を単位組合とする産業別連合体をいう。

たん-さん【炭酸】❶二酸化炭素が水に溶けて生じる弱い酸。水溶液としてのみ存在。化学式H_2CO_3 ❷「炭酸水」の略。

たん-ざん【炭山】石炭の出る山。炭坑のある山。

たん-ざん【談山】多武峰とうのみねの異称。

たんさん-アンモニウム【炭酸アンモニウム】炭酸のアンモニウム塩。白色で光沢のある結晶。水によく溶け、分析試薬・医薬品などに用いる。化学式$(NH_4)_2CO_3$

たんさん-いんりょう【炭酸飲料】ーインレウ サイダーやコーラなど、炭酸ガスの泡による刺激で清涼感を出した飲み物。

たんさん-えん【炭酸塩】炭酸の水素原子が金属に置換された塩。

だんさん-かじょ【団散花序｜団×繖花序】ークワジョ 短い花軸に柄のない花が密集してつく花序。ワレモコウ・ヤマボウシなどでみられ、上から順に下へと咲く。団集花序。

たんさん-ガス【炭酸ガス】二酸化炭素のこと。

たんさんガス-きろくけい【炭酸ガス記録計】ボイラーの燃焼状態を検査するために、煙道ガス中の炭酸ガスの濃度を連続的に分析・記録する装置。

たんさんガス-レーザー【炭酸ガスレーザー】二酸化炭素を用いる気体レーザー。1964年、米国ベル研究所で開発された。波長9.4〜10.6マイクロメートルで赤外線を発する。高出力のレーザーが得られるため、レーザー加工、レーザー溶接をはじめ、産業用途で使われることが多い。CO_2レーザー。

たんさん-カリウム【炭酸カリウム】炭酸のカリウム塩。潮解性のある白色の粉末。水に溶けやすく、水溶液はアルカリ性。木灰に多く含まれ、水で抽出したものが灰汁あく。軟石鹸・ガラス・医薬品などに利用。化学式K_2CO_3

たんさん-カルシウム【炭酸カルシウム】炭酸のカルシウム塩。天然には石灰石・大理石・方解石などとして産する。強熱すると二酸化炭素と酸化カルシウムに分解する。水には溶けにくい。セメント・顔料や酸性土壌の中和剤として使用。化学式$CaCO_3$

たんさん-こてい【炭酸固定】▶炭酸同化作用

たんさん-し【炭酸紙】▶カーボン紙

たんざん-じんじゃ【談山神社】奈良県桜井市多武峰とうのみねにある神社。祭神は藤原鎌足ふじわらのかまたり。鎌足の子、定慧じょうえにより創建された妙楽寺聖霊院が起源。天文元年(1532)に再建された木造十三重塔がある。大織冠たいしょくかん社。多武峰社。

たんさん-すい【炭酸水】炭酸ガスの発泡性水溶液。天然には炭酸泉としてわき出るが、製造もされ、清涼飲料などに用いる。プレーンソーダ。

たんさんすいそえん-せん【炭酸水素塩泉】泉質の一。ナトリウムイオン・炭酸水素イオンを主成分とする温泉。皮膚疾患・やけど・糖尿病などに効くほか、肌をなめらかにする効果があるとされる。ナトリウム泉。重曹じゅうそう(炭酸水素ナトリウム)を含むことから重曹泉ともいった。

たんさんすいそ-ナトリウム【炭酸水素ナトリウム】炭酸の一水素ナトリウム塩。白色の微細な結晶。加熱すると二酸化炭素を発生して炭酸ナトリウムとなる。水溶液は弱アルカリ性。医薬品・消火剤などに利用。化学式$NaHCO_3$　重炭酸ナトリウム。重炭酸ソーダ。重曹。酸性炭酸ナトリウム。

たんさん-せっかい【炭酸石灰】ーセキクワイ 炭酸カルシウムのこと。

たんさん-せん【炭酸泉】「二酸化炭素泉」に同じ。

たんさん-ソーダ【炭酸ソーダ】炭酸ナトリウムのこと。

たんさん-てっこう【炭酸鉄鉱】ーテツクワウ▶菱鉄鉱りょうてっこう

たんさんどうか-さよう【炭酸同化作用】タンサンドウクワー 生物が二酸化炭素を吸収して有機物を合成する生理作用。緑色植物が行う光合成のほか、細菌が行う化学合成・光合成がある。炭酸同化。炭酸固定。炭素同化作用。炭素固定。二酸化炭素固定。

たんさん-ナトリウム【炭酸ナトリウム】炭酸のナトリウム塩。無水物はソーダ灰ともいい、白色の粉末で吸湿性がある。一〇水和物は洗濯ソーダともいい、無色の結晶。水溶液は強アルカリ性。石鹸・ガラス・陶器や水酸化ナトリウムなどの製造原料とし、製紙・染色・漂白・洗浄にも使用。化学式Na_2CO_3　炭酸ソーダ。ソーダ。

たんさん-マグネシウム【炭酸マグネシウム】マグネシウムの炭酸塩。無色の結晶。天然には菱苦土石りょうくどせきとして産出。強熱すると分解し二酸化炭素を放って酸化マグネシウムになる。歯磨き粉・医薬や耐火物などの原料にする。化学式$MgCO_3$

たん-し【丹師】絵師。画家。「一が筆も及ばじ」〈盛衰記・二八〉

たん-し【単子】▶モナド

たん-し【単糸】紡績したままの1本の糸。これを何本

か引きそろえ、より合わせて撚糸にする。羽糸。
たん-し【淡紫】薄い紫色。淡紫色。
たん-し【短枝】節と節の間が年々わずかしか伸びない枝。イチョウ・カラマツなどにみられる。
たん-し【短紙】「短札」に同じ。
たん-し【短詩】短い詩。短い形式で書かれた詩。
たん-し【短資】短期資金。特にコール資金のこと。
たん-し【端子】電気回路のはしにつけて、他の回路や素子と接続するための器具。ターミナル。
たん-し【×箪▽食】竹の器に入れた飯。
たん-し【×譚詩】►バラード❶
たん-じ【嘆辞｜×歎辞】❶感嘆の言葉。❷感動詞のこと。
だん-し【男子】❶男の子。男児。⇔女子。❷男性。おとこ。また、一人前のおとこ。「一の本懐」⇔女子。
(類語)(❶)男の子・男児・少年・ボーイ/(❷)男・男性・男児・野郎・雄・おのこ・壮丁・壮夫・士・ますらお・丈夫・紳士・殿方・ジェントルマン
男子家を出ずれば七人の敵あり　男が世間に出て活躍すると、多くの敵ができるものだ。
男子の一言金鉄の如し　男がいったん口に出した言葉は、堅く守って破ることはない。
だん-し【断×嘴】養鶏で、鶏どうしの尻つつきや羽食いなどを防ぐため、くちばしの先端を切り落とすこと。
だん-し【弾糸】❶琴・三味線などの弦楽器をひくこと。❷胞子を散布する糸状の器官。スギナでは胞子に付着し、苔類では胞子嚢内に胞子と共在しており、湿っているときは胞子に絡みつき、乾燥すれば伸びて胞子をはじき出す。
だん-し【弾指】〔名〕スル《古くは「たんじ」「だんじ」とも》❶仏語。㋐曲げた指の爪を親指の腹にかけて強くはじくこと。許諾・警告・忌避や歓喜などの意を表す所作。㋑きわめて短い時間の単位。一万二千弾指を一昼夜とする。❷非難すること。排斥すること。「其浮薄遊惰を悪んで以て之れを一せざる者なしと」〈菊亭香水・世路日記〉
だん-し【弾詞】中国の語り物の一。明から清にかけて流行、現在でも南方で行われ、琵琶・三弦・洋琴などを伴奏にする。
だん-し【×檀紙】和紙の一。楮を原料とし、縮緬状のしわがある上質の和紙。大きさによって大高・中高・小高に分けられ、文書・表具・包装などに用いられる。平安時代には陸奥から良質のものが産出されたので陸奥紙ともいった。さらに古くは、檀を原料としたので、真弓紙とも書かれた。
だん-じ【男児】❶男の子。「一服」⇔女児。❷成人の男性。また、一人前の男性。「日本一」
(類語)(❶)男の子・男子・少年・ボーイ/(❷)男・男性・男子・野郎・雄・おのこ・壮丁・壮夫・士・ますらお・丈夫・紳士・殿方・ジェントルマン
たんし-あい【単試合】►シングルス
タンジール〖Tangier〗モロッコの北端、ジブラルタル海峡に臨む港湾都市。地中海の入り口という戦略上の要地で、列強が進出、1925年に永世中立の国際管理都市となる。56年、モロッコ独立に伴い返還された。タンジャ。タンジェ。
タンジェ〖Tangier〗►タンジール
タンジェント〖tangent〗《原義は、…に接触している、…に接する、の意》三角比・三角関数の一。直角三角形で、一つの鋭角について、底辺に対する対辺の比。また、これを一般角に拡張して得られる関数。記号tan　正接。正接関数。
たん-じかん【短時間】短い時間。わずかの間。⇔長時間。
たんじかん-よほう【短時間予報】数時間先までの、きめの細かい天気予報。現在、降水についての予報が実用化されている。
たんじかん-ろうどうしゃ【短時間労働者】パートタイム労働法で規定される労働者。同じ事業所に雇用される労働者よりも、1週間あたりの所定労働時間が短い労働者のこと。パート・パートタイマー・アルバイト・嘱託・臨時雇い・契約社員など、企業内の呼び名はさまざまあるが、先の基準に当てはまる場合は同法が適用される。
たんし-き【担子器】担子菌類の菌糸の末端に生じ、ふつう4個の担子胞子をつくる細胞。
たん-しき【単式】❶単純な方式・形式。⇔複式。❷「単勝式」の略。「連勝一」⇔複式。❸「単式簿記」の略。⇔複式。(類語)略式・定式
たん-しき【胆識】胆力と見識。実行力を伴う見識。
だん-じき【断食】〔名〕スル　修行・祈願などの目的で、一定の期間、自発的に食物を断つこと。「一療法」
(類語)絶食
たんしき-かざん【単式火山】比較的単純な形と構造をもつ火山。富士山など。単一火山。➡複式火山
だんじき-づき【断食月】►ラマダーン
たんしき-ぼき【単式簿記】取引の貸借記入をせず、現金の収支、商品の増減などだけを記入する簿記。大福帳・家計簿など。➡複式簿記
だんし-きょう【弾指▽頃】「弾指の間」に同じ。「三過門間の老病死一一去来今とも、彼様の事をや申すべき」〈太平記・三〇〉
たんし-きょく【×譚詩曲】►バラード❸
たんしきん-るい【担子菌類】真菌類の一群。主に菌糸が集まって傘状の子実体をなし、傘の裏面などに担子器を生じ、担子胞子をつくるもの。一般にキノコとよばれるものの多くが含まれる。マツタケ・サルノコシカケ・ショウロなど。
たん-じく【短軸】楕円の直交する二つの軸のうち、短いほうの軸。短径。⇔長軸。
たんじく-けっしょう【単軸結晶】光軸が1本だけの結晶。正方晶系・六方晶系・三方晶系の結晶がこれに属する。一軸性結晶。一軸結晶。
たんし-こしょう【×箪▽食×壺×漿｜×箪▽食×瓢×漿】《「孟子」梁恵王下から》竹の器に盛った飯と、壺に入れた飲み物。また、飲食物を携えて軍隊などを歓迎すること。「降参の者共、はっと一して、大御酒果物御前につらね」〈浄・日本武尊〉
だんじ-こ・む【談じ込む】〔動マ五(四)〕要求や抗議を強い態度で申し入れる。「補償を当局に一・む」
たん-じじつ【短時日】わずかな日数。短い期間。
だんし-すいちく【弾糸吹竹】琴などをひき、笛などを吹くこと。音曲を楽しむこと。
だんしち【団七】㊀浄瑠璃「夏祭浪花鑑」の登場人物。元禄8年(1695)ころ、大坂の高津祭礼の宵宮に長町裏で舅を殺した魚売りの団七がモデルという。団七九郎兵衛。㊁文楽人形の首の一。町のならず者など、主として敵役に用いる。
だんしち-じま【団七×縞】柿色の太い碁盤縞。団七㊀の衣装に用いられ、一般に流行した。
タン-シチュー《和 tongue＋stew》牛などの舌をソースで煮込んだ料理。(補説)英語では stewed tongue
たん-しつ【丹漆】赤色のうるし。あかうるし。
たん-しつ【炭質】石炭や木炭などの品質や性質。
たん-じつ【旦日】明日。また、明朝。
たん-じつ【短日】日中の時間の短い冬の日。日照時間の短い日。(季 冬)「一や馬車を駆りたる小買物/虚子」
だん-しつ【暖室｜×煖室】あたたかい部屋。暖房などを用いてあたためた部屋。温室。
たん-じつげつ【短日月】わずかの月日。短い期間。「一で仕上げる」
たんじつ-しょくぶつ【短日植物】日照時間が短くなると花をつける植物。キク・コスモス・イネなどで、夏から秋にかけて開花する植物に多い。➡長日植物
たんじつ-しょり【短日処理】短日植物を早期開花させるために、遮光して日長を短くすること。
だんじ-て【断じて】〔副〕❶何が何でも。必ず。断固として。「一やり遂げてみせる」❷(あとに打消しの語を伴って)どうしても。決して。「一許せない」
(類語)決して・絶対に・ゆめ・ゆめゆめ・金輪際
断じて行えば鬼神も之を避く　《「史記」李斯伝から》断固とした態度で行えば、鬼神でさえその勢いに気おされて避けて行く。決心して断行すれば、どんな困難なことも必ず成功することのたとえ。
たん-しどう【譚嗣同】[1865～1898]中国、清末の思想家。瀏陽(湖南省)の人。字は復生。康有為の変法論に共鳴して政治改革を主張。戊戌の政変に参加したが、保守派のクーデターで捕らえられて刑死。
だんし-の-かん【弾指の間】指をはじくだけのきわめて短い時間。「芭蕉の断末魔も既にもう、一に迫ったのであろう」〈芥川・枯野抄〉
たんし-ひょういん【×箪▽食×瓢飲】《「論語」雍也から》簡素な飲食物。また、清貧の生活に安んじることのたとえ。➡一箪の食一瓢の飲
タンジビリティー〖tangibility〗企業の総資産の質に注目する指標。企業の解散時における換金性・回収性の観点から、資産区分ごとに掛け目を設定し、例えば、現金・預金は100パーセント、売上債権は70パーセント、棚卸資産は30パーセントの価値が見込めるなどと想定。掛け目を適用した後の金額を合計して、総資産や自己資本の額と比較し、企業が保有する資産の実質的価値を判断する。
タンジブル〖tangible〗〔形動〕実体があるさま。実際に触れることができるさま。手触り感があるさま。「情報をより一なものに作り替える」
たん-しゃ【丹砂】►辰砂
たん-しゃ【単車】エンジンつきの二輪車。オートバイ・スクーターなど。
たん-しゃ【単射】数学で、集合 A から集合 B への写像で、A の異なる要素には B の異なる要素が対応するもの。一対一の写像。
たん-しゃ【炭車】採掘した石炭を運ぶ箱車。
タンジャ〖Tanja〗►タンジール
たんしゃ-きせき【単斜輝石】単斜晶系に属する輝石の総称。普通輝石・翡翠輝石など。
たん-じゃく【短尺｜短▽冊｜短▽籍】►たんざく(短冊)
だん-しゃく【男爵】❶もと五等爵の第五位。➡爵❷「男爵芋」の略。
だんしゃく-いも【男爵芋】ジャガイモの一品種。やや球形で、目のところのくぼみが深い。明治40年(1907)北海道の川田男爵が米国から導入。生産量は多い。
たんしゃ-しょうけい【単斜晶系】結晶系の一。3本の結晶軸のうち二軸は直交し、前後軸だけ上下軸と斜交するもの。三軸の長さはそれぞれ異なる。正長石・石膏など。
だん-しゃ-り【断捨離】不要なものを断ち、捨て、執着から離れることを目指す整理法。平成22年(2010)ごろからの流行語。
たん-シャリベツ【単舎利別】白砂糖の水溶液。薬剤などの甘味づけに用いる。単シロップ。単舎。
たん-しゅ【丹朱】❶赤い色。朱。❷►辰砂
だん-しゅ【断酒】〔名〕スル《古くは「だんじゅ」とも》きっぱりと酒をやめること。禁酒。
だん-しゅ【断種】〔名〕スル　精管や卵管の手術などによって生殖機能を除くこと。
だん-しゅ【×檀主】施主。檀越。「一大きに哭きて言はく」〈霊異記・中〉
たん-しゅう【丹州】丹波あるいは丹後の異称。
たん-しゅう【反収｜▽段収】田畑1反(約10アール)当たりの作物の収穫高。
たん-しゅう【但州】但馬の異称。
たん-しゅう【淡州】淡路の異称。
たん-しゅう【短袖】短い袖。また、その衣服。
たん-しゅう【端舟】❶小舟。ボート。端艇。❷法律で、航行推進力として機関または帆を使用しない舟。
たん-しゅう【騨州】飛騨の異称。
たん-じゅう【炭住】炭鉱で働く人々とその家族のために会社が建てた社宅。
たん-じゅう【胆汁】肝臓で生成され、十二指腸に分泌される黄褐色の消化液。胆嚢にいったん集められ、必要に応じて分泌される。主成分は胆汁酸・胆汁色素で、脂肪酸の消化・吸収を容易にする。胆液。

たん‐じゅう【短銃】ピストル。拳銃。
だん‐しゅう【男囚】男性の囚人。
たんしゅうき‐じしんどう【短周期地震動】地震の際に発生する、周期1秒以下の小刻みな揺れ。中低層の建物が共振しやすい。周期が0.5秒以下のものを極短周期地震動、1～2秒のものをやや短周期地震動という。➡長周期地震動
たんしゅうき‐すいせい【短周期×彗星】周期彗星のうち、公転周期が200年以下のもの。ケプラーの法則(第三法則)によれば、公転周期200年の軌道長半径は34.2天文単位(海王星と冥王星の間)に相当するが、離心率が大きい長楕円軌道の場合、遠日点はカイパーベルトを超える。そのため短周期彗星の起源はカイパーベルトであると考えられている。ハレー彗星、エンケ彗星、スイフトタットル彗星、テンペルタットル彗星などが知られる。⇔長周期彗星。
たんじゅう‐さん【胆汁酸】胆汁の主成分の一。肝細胞でコレステロールから合成され、脂肪酸を乳化する働きをする。腸内で大部分は再吸収され、肝臓に戻る。
たんじゅう‐しきそ【胆汁色素】胆汁の主成分の一。ヘモグロビンの代謝産物で、ビリルビンという黄褐色の色素。糞便の色はこれによる。血清中に過剰に存在する状態が黄疸。
たんじゅう‐しつ【胆汁質】ヒポクラテスの体液説に基づく気質の4分類の一。激情的で怒りっぽく攻撃的な気質。胆液質。
たん‐じゅうせん【単縦線】楽譜で、小節を区切る1本の縦線。➡複縦線
だんじゅうろう【団十郎】㊀➡市川団十郎 ㊁《代々の市川団十郎が荒事を得意としたところから》荒っぽいこと。「―で出ましたと母くろう」〈柳多留・一七〉
だんじゅうろう‐ちゃ【団十郎茶】くすんだ赤茶色。市川団十郎(5世)がこの色の衣装を用いて以来、市川家の伝統色となった。
たん‐しゅく【短縮】〔名〕スル 時間・距離などの長さをちぢめて短くすること。また、ちぢまって短くなること。「労働時間を―する」「―授業」
(類語)収縮・萎縮・縮小・縮約・凝縮・圧縮・濃縮・縮める・約める・詰める・切り詰める・狭める・約する
たん‐しゅく【端粛】かたち・動作などが整っていて、おごそかであること。「希臘の彫刻の理想は、―の二字に帰するそうである」〈漱石・草枕〉
たんしゅく‐じゅぎょう【短縮授業】学校で、授業の実施時間が通常よりも短いこと。
たん‐しゅん【探春】春の景色や趣をたずねて郊外に出かけること。また、その遊び。
たん‐じゅん【単純】〔名・形動〕❶そのものだけで、まじりけがないこと。他の要素などが混入していないこと。また、そのさま。「言葉どおりの―な意味」❷機能・構造・形式などがこみいっていないこと。また、そのさま。「―な計算ミス」「―な機械」⇔複雑。❸考え方やとらえ方が素直であること。とらえ方などが一面的で浅いこと。また、そのさま。「その見方は―すぎる」「彼は意外に―なところがある」「―明快な論理」⇔複雑。❹条件・制限などがないこと。また、そのさま。「―に権利を承継する」(派生)たんじゅんさ〔名〕
(類語)(❶)純粋・純・純然・純一/(❷)簡単・簡略・簡素・簡約・簡潔・手短・簡便・簡易・安直・シンプル/(❸)素朴・純真・ナイーブ・浅はか
たんじゅん‐いきざい【単純遺棄罪】►遺棄罪
たんじゅん‐おうりょうざい【単純横領罪】►横領罪
たんじゅん‐おん【単純音】►純音
たんじゅん‐おんせん【単純温泉】泉質の一。1キログラム当たりの溶存物質量が1グラム未満の温泉。刺激が少なく、病後の健康回復などに向く。単純泉。
たんじゅん‐か【単純化】〔名〕スル こみいっている物事を単純にすること。「機構を―する」
たんじゅん‐ご【単純語】単語のうち、構成上それよりも小さく分解することのできない語。「ちち(父)」「はは(母)」など。➡複合語
たんじゅん‐さいせいさん【単純再生産】蓄積を伴わず、同一規模で反復される再生産。➡拡大再生産 ➡縮小再生産
たんじゅん‐しゃかい【単純社会】個人や組織が未分化で、同質的な小社会。スペンサーやデュルケームが用いた概念で、最も原初的な社会をいう。
たんじゅん‐しゅうわいざい【単純収賄罪】►収賄罪
たんじゅん‐しょうにん【単純承認】相続人が被相続人の権利・義務を無条件で承認し、その一切を継承すること。➡限定承認
たんじゅん‐せん【単純泉】「単純温泉」に同じ。
たんじゅん‐たんぱくしつ【単純×蛋白質】加水分解したときにアミノ酸だけを生じる蛋白質。複合蛋白質に対している。
たんじゅん‐とばくざい【単純賭博罪】►賭博罪
たんじゅん‐へいきん【単純平均】何個かの数をそのまま全部加えたものを、その個数で割って得た数。算術平均。相加平均。
たんじゅんへいきん‐かぶか【単純平均株価】個々の銘柄の終わり値の株価を合計し、その銘柄数で割って求めた平均株価。株価水準をとらえるための一指標。➡ダウ平均株価
たんじゅんマトリクス‐えきしょう【単純マトリクス液晶】►単純マトリックス液晶
たんじゅんマトリクス‐ほうしき【単純マトリクス方式】►単純マトリックス液晶
たんじゅんマトリックス‐えきしょう【単純マトリックス液晶】《simple matrix liquid crystal》液晶ディスプレーの作動方式の一。画面の垂直方向と水平方向に格子状に導線が配され、2方向から電圧をかけることにより、交点にあたるドットのオン・オフを制御する。構造が単純なため、低コストという利点がある。➡アクティブマトリックス液晶
たんじゅんマトリックス‐ほうしき【単純マトリックス方式】►単純マトリックス液晶
たんじゅん‐りん【単純林】►純林
たんじゅん‐ろうどうしゃ【単純労働者】特別な技能や経験を必要としない、だれでもできる簡単な作業をする労働者。
たん‐しょ【短所】劣っているところ。欠点。また特に、人の性質などのよくない面。「そそっかしいのが私の―だ」⇔長所。(類語)難点・欠陥・傷・癖・難
たん‐しょ【端書】はしがき。
たん‐しょ【端緒】《慣用読みで「たんちょ」とも》物事の始まり。いとぐち。手がかり。「―を開く」
(類語)糸口・手がかり・緒・端・はじめ・起こり・元・発端・濫觴・嚆矢・権輿・起源・根源・源
だん‐しょ【壇所】修法のための壇を設けた所。
だん‐じょ【男女】おとことおんな。なんにょ。
(類語)両性・性・雌雄
男女七歳にして席を同じゅうせず 《「礼記」内則から》7歳にもなれば、男女の別を明らかにし、みだりに交際してはならないということ。
たん‐しょう【単称】❶簡単な名称。単純な呼び名。❷1個の事物だけを言い表すこと。また、その名称。❸論理学で、判断の主張が、主語の指示する唯一の事物だけにあてはまること。➡全称 ➡特称
たん‐しょう【単勝】「単勝式」の略。
たん‐しょう【探勝】〔名〕スル 景勝の地を訪ねて、その風景を楽しむこと。「秋たけなわの郊外を―する」
(類語)観光・行楽・遊山
たん‐しょう【短小】〔名・形動〕長さが短くて形が小さいこと。また、そのさま。「―だが壮健なからだ」⇔長大。(類語)短い・短め・寸足らず・寸詰まり・矮小
たん‐しょう【短章】❶短い文章。短い詩歌。❷律詩の異称。
たん‐しょう【嘆称】【×歎称】・【嘆賞】【×歎賞】〔名〕スル すぐれたものとして感じ入ること。つくづく感心して褒めたたえること。称嘆。賞嘆。「作品の見事な出来栄えに―する」(類語)詠嘆・喝采・感嘆・賞嘆・感服・賛嘆・称賛・絶賛・三嘆・礼賛・激賞・賛美・称揚
たん‐しょう【嘆傷】【×歎傷】なげき、いたむこと。なげき悲しむこと。
たん‐じょう【誕生】〔名〕スル ❶人が生まれること。出生。生誕。「長男が―する」❷生まれて1回目の誕生日。「―を過ぎて歩きはじめた」❸物事や状態が新しくできること。「文化センターの―を祝う」「新政権が―する」(類語)(❶)出生・出生・生誕・降誕・生まれる・産する・生を享ける・産声を上げる・呱呱の声を上げる・生まれ落ちる・孵る・出来る/(❸)発生・生成・成立・発足・出現・登場・旗上げ
だん‐しょう【男×妾】情夫として女に養われている男。おとこめかけ。
だん‐しょう【男×娼】男色を売る者。かげま。
だん‐しょう【断章】❶詩や文章の断片。詩や文章から抜き出した一部分。❷「断章取義」に同じ。
だん‐しょう【談笑】〔名〕スル 打ち解けて楽しく語り合うこと。「お茶の卓を囲んで―する」(類語)歓談・懇談・懇話・睦言・会話・話・話し合い・対話・対談・談・談話・面談・雑談・閑談・語らい・カンバセーション
だん‐じょう【弾正】❶「弾正台」の略。❷弾正台の職員の総称。
だん‐じょう【壇上】演壇・教壇などの上。
だん‐じょう【壇場】修法壇や戒壇などの壇を設けてある場所。
たんじょう‐え【誕生会】釈迦の誕生日を祝って4月8日に行われる法会。灌仏会。仏生会。
たんじょう‐じ【誕生寺】㊀岡山県久米郡久米南町にある浄土宗の寺。山号は栃社山。法然誕生の地に、建久4年(1193)弟子の蓮生(熊谷直実)が創建。産湯井戸などの遺跡が残る。㊁千葉県鴨川市小湊にある日蓮宗の寺。山号は小湊山。日蓮誕生の地に、建治2年(1276)日家が佐久間重貞の外護を得て創建。元禄16年(1703)に現在地に移転。
たんしょう‐しき【単勝式】競馬・競輪などの投票法(かけ方)で、1着だけを当てる方式。単勝。➡複勝式 ➡連勝式
だんしょう‐しゅぎ【断章取義】作者の本意や詩文全体の意味に関係なく、その中から自分の役に立つ章句だけを抜き出して用いること。
たんしよう‐しょくぶつ【単子葉植物】被子植物の一群。子葉は1枚で、主に草本。ふつう茎には維管束が散在し、形成層がなく、茎や根は二次肥大成長を行わない。根は主にひげ根で、葉には平行脈があり、花の各部分は3またはその倍数が多い。イネ・ユリ・ランなど。単子葉類。➡双子葉植物
たんじょう‐せき【誕生石】生まれた月に当てて定めた宝石。起こりはユダヤ教の高僧が祭服に12個の石を飾ったことによるといわれる。

▷ **誕生石**
1月:ガーネット　2月:アメシスト　3月:アクアマリン・ブラッドストーン　4月:ダイヤモンド　5月:エメラルド　6月:パール・ムーンストーン　7月:ルビー　8月:サードニックス・ペリドット　9月:サファイア　10月:オパール・トルマリン　11月:トパーズ　12月:ターコイズ・ラピスラズリ

だんじょう‐だい【弾正台】❶律令制で、非違の取り締まり、風俗の粛正などをつかさどった役所。検非違使が置かれてからは形骸化した。ただすつかさ。❷明治2年(1869)太政官制下に設置された警察機関。同4年、司法省に合併。
たんしょうてん‐レンズ【単焦点レンズ】《fixed focal lens》焦点距離が固定されたカメラのレンズのこと。焦点距離が変えられるタイプとして、ズームレンズやバリフォーカルレンズがある。
たんしょう‐とう【探照灯】強い光源と反射鏡によって遠方まで照らし出せるようにした灯。サーチライト。
たんしょう‐はんだん【単称判断】論理学で、主語が単独概念である判断。➡全称判断 ➡特称判断
たんじょう‐び【誕生日】人の生まれた日。毎年迎える誕生の記念日。誕辰。バースデー。
たんじょう‐ぶつ【誕生仏】釈迦が誕生したと

き、右手で天を指し、左手で大地を指して「天上天下唯我独尊」と唱えたという姿をかたどった像。灌仏会のときにこの像に甘茶を注ぐ。〔季 春〕
たんしょう-ほう【探傷法】製品や材料の内部にある傷を対象とする非破壊検査。
たんしよう-るい【単子葉類】►単子葉植物
だんじょかくさ-しすう【男女格差指数】►ジェンダーギャップ指数
だんじょ-きょうがく【男女共学】同一学校・同一学級で男女が同時に教育を受けること。➡共学
たん-しょく【単色】❶1色だけで他の色のまじっていない色。「青を—で使う」❷プリズムによって太陽光線を分光したときの七原色の一つ一つの色。
たん-しょく【▽貪食】〘名〙スル「どんしょく(貪食)」に同じ。「禿鷲らは…屍骸を見つけて—し」〈中勘助・鳥の物語〉
だん-しょく【男色】►なんしょく(男色)
だん-しょく【暖色】暖かい感じを与える色。赤・橙・黄の系統の色。温色。➡寒色
たんしょく-けい【単色計】►モノクロメーター
たんしょく-こう【単色光】波長が単一の光。スペクトルで分けたとき、それ以上分解できない光。
たんしょく-こうき【単色光器】►モノクロメーター
だんじょこようきかいきんとう-ほう【男女雇用機会均等法】《「雇用の分野における男女の均等な機会及び待遇の確保等に関する法律」の通称》募集・採用、配置、福利厚生、退職、解雇などにおける男女の差別的な取り扱いの禁止、セクシュアルハラスメントの防止措置などを定める。昭和47年(1972)施行の勤労婦人福祉法を「雇用の分野における男女の均等な機会及び待遇の確保等女子労働者の福祉の増進に関する法律」として同60年に改正、翌年から施行。平成11年(1999)から現名称。
だんじょ-どうけん【男女同権】男女両性の法律上の権利や社会的待遇などが同等であり、差別されないこと。
だんじょ-ほう【断叙法】修辞上で、接続の関係を示す語を省くなどして、文章の力を強めたり、余韻をもたせたりする法。例えば「一筆啓上、火の用心、おせん泣かすな、馬肥やせ」の類。⇔接叙法。
ダンジョン〘dungeon〙地下牢。土牢。
だん-じり【×檀尻｜車＝楽】❶祭礼の際の練り物の一。車のついた屋根つきの屋台で、中で囃子物をしながら引き回す。主として関西以西の語で、関東では山車という。❷歌舞伎下座音楽の一。双盤と大太鼓ではやすもので、上方の祭礼の場面などに用いる。檀尻囃子。（類語）山車・山鉾
だんじり-まい【×檀尻舞】檀尻❶の上で、囃子に合わせて舞う舞。
たん-じる【嘆じる｜×歎じる】〘動ザ上一〙「たんずる」(サ変)の上一段化。「文化の頽廃を—・じる」
だん-じる【断じる】〘動ザ上一〙「だん(断)ずる」(サ変)の上一段化。「罪を—・じる」
だん-じる【弾じる】〘動ザ上一〙「だん(弾)ずる」(サ変)の上一段化。「琴を—・じる」
だん-じる【談じる】〘動ザ上一〙「だん(談)ずる」(サ変)の上一段化。「日本経済を—・じる」
たんじろう【丹次郎】為永春水作の人情本「春色梅児誉美」の主人公。複数の女性に愛されたので、江戸末期の色男の代名詞となった。
たんし-ろん【単子論】►モナド論
たん-しん【丹心】まごころ。赤心。「唯和して真率なる—あるのみ」〈福沢・学問のすゝめ〉
たん-しん【丹唇】あかいくちびる。朱唇。
たん-しん【単身】❶一人だけであること。ただ一人。単独。「—上京する」❷家族のいないこと。特に、結婚していないこと。また、その人。ひとりみ。独身。「—者用住宅」（類語）一人・単独・独身・シングル
たん-しん【単親】両親のうち、片方の親しかいないこと。「—家庭」
たん-しん【▽貪心】貪欲な心。欲の深い心。
たん-しん【短身】背が低いこと。また、そのからだ。⇔長身。（類語）短躯・ちび・ちんちくりん
たん-しん【短信】手短に書いたたより。また、新聞・雑誌などの短いニュース。
たん-しん【短針】時計の短いほうの指針。時針。短剣。⇔長針。
たん-しん【誕×辰】誕生日。「その凱勝を顕わし、—を祝せんことを欲しけるが」〈中村訳・西国立志編〉
たん-じん【丹▽参】シソ科の多年草。高さ40〜80センチ。葉は羽状複葉。春、青紫色の唇形の花を総状につける。根は太くて長い円柱状、外面は朱紅色で、乾かしたものを漢方薬として婦人病などに用いる。中国に分布。日本ではまれに栽培。
たん-じん【炭×塵】炭坑内などに浮遊する石炭の微細な粉。
だん-しん【団信】「団体信用生命保険」の略。
たんしん-かてい【単親家庭】「一人親家庭」に同じ。
ダンシング〘dancing〙おどること。舞踊。ダンス。「—チーム」
たんしん-し【単振子】►単振り子
たんしん-じゅう【単身銃】銃身が1本の銃。特に、単発の散弾銃をさすことが多い。
たんしん-せたい【単身世帯】ひとり暮らしであること。未婚のほか、離婚・死別・子の独立などを経て単身で暮らす人のこと。単独世帯。シングル世帯。
たん-しんどう【単振動】最も基本的な振動で、等速円運動をその円の直径上に投影したのと同じように動く、物体の往復運動。往復に要する時間を周期、半径を振幅という。単調和振動。調和振動。
たんじん-ばくはつ【炭×塵爆発】炭坑内の炭塵に引火して起こる爆発。
たんしん-ふにん【単身赴任】〘名〙スル 所帯持ちが、家族を置いて一人で任地におもむくこと。
たん-す【×箪×笥】衣類、装身具などを収納する、木製の家具。大小の引き出しや戸棚からできている。
（類語）茶箪笥・物入れ・チェスト・ドレッサー
ダンス〘dance〙舞踊。特に社交ダンスをいうこともある。「フォーク—」「ジャズ—」（補説）イメージをとらえた表現や踊りを通して仲間とのコミュニケーションを豊かにし、感じを込めて踊ったり、自己を表現したりすることに楽しさや喜びを味わうことのできる運動として、中学校・高等学校の体育の学習領域に採用されている。創作ダンス・フォークダンス・現代的なリズムのダンスから選択。地域や学校の実態に応じて社交ダンスなど他のダンスが採用されることもある。中学校では平成24年度(2012)から必修となった。
（類語）踊り・舞踏・舞踊・舞
たん-すい【炭水】❶石炭と水。❷炭素と水素。
たん-すい【淡水】塩分をほとんど含まない水。まみず。（類語）真水
たんすい【淡水】台湾北部、淡水河河口の地名。貿易港として栄えた。タンショイ。
たん-すい【×湛水】水田などに、水をたたえること。
たん-すい【×潭水】底深くたたえられた淵の水。
だん-すい【断水】〘名〙スル 水道の給水が止まること。また、水道の給水を止めること。「夜間—する」
だん-すい【暖×翠】春、暖かくなり草木が緑に色づくこと。また、春の晴れた日の山の色。
たんすい-が【淡水河】台湾北部を北流し、台湾海峡に注ぐ川。全長約159キロ。タンショイホー。
たんすい-かいめん【淡水海綿】タンスイカイメン科の海綿動物の総称。湖沼の水草・岩などに着生し、形は板状・塊状・樹枝状などで、柔らかい。ヌマカイメンなど。
たんすい-かぶつ【炭水化物】炭素と水とが結合した形の化学式で表せる化合物。炭素・水素・酸素からなる、糖類およびその類縁化合物のこと。生物界に広く分布し、体の構成成分・エネルギー源として重要。主に緑色植物によって二酸化炭素・水から合成され、動物はそれを食物として摂取。含水炭素。
たんすい-ぎょ【淡水魚】淡水にすむ魚類。一生を淡水で過ごすコイ・フナなどと、ある時期海に入るアユ・ウナギ・サケなどとがある。⇔海水魚。
たんすい-くらげ【淡水水＝母】淡水にすむクラゲ。マミズクラゲなど。
たんすい-こ【淡水湖】淡水の湖。水中に含まれている塩類が1リットル中に0.5グラム以下の湖をいう。淡湖。
たんすい-しゃ【炭水車】テンダー機関車の後部に連結される、石炭や水を積んだ車両。テンダー。
たんすい-しんじゅ【淡水真珠】淡水産の二枚貝のイケチョウガイ・カワシンジュガイ・カラスガイなどがつくる真珠。イケチョウガイでは養殖も行われる。
たん-すいせん【単水栓】水栓の一種。混合水栓に対して、水と湯のどちらか一方だけを吐水口から出す水栓のこと。
たんすい-そう【淡水藻】淡水に生育する藻類。アオミドロなどの緑藻、スイゼンジノリなどの藍藻、カワモズクなどの紅藻、珪藻など。海藻に対していう。
たんすい-ちょくはん【×湛水直×播】稲の栽培で、耕して代掻きも済んだ水田に、直接種もみをまく方法。寒冷地に適する。➡乾田直播
たん-すいろ【短水路】競泳用プールで、水路の長さが25メートル以上、50メートル未満のもの。一般には25メートルのプールをいう。同距離の長水路と比べた場合、ターンが多くなるために好記録が生まれやすい。⇔長水路。
たん-すう【単数】❶数が一つであること。単一であること。⇔複数。❷インド-ヨーロッパ語などの文法で、人や事物の数が一つであることを示す語形。名詞・代名詞、およびこれを受けて変化する動詞・形容詞・冠詞などにみられる。⇔複数。（類語）単一・唯一
たんす-かぶ【×箪×笥株】自宅や貸金庫などに保管している株券のこと。➡株券電子化
たんす-かぶけん【×箪×笥株券】►箪笥株
たんす-ちょきん【×箪×笥貯金】「箪笥預金」に同じ。
ダンス-パーティー〘dance party〙大ぜいが集まってダンスを楽しむ催し。舞踏会。
ダンス-ホール〘dance hall〙舞踏場。特に、客に社交ダンスをさせる有料の施設。
たんす-よきん【×箪×笥預金】《たんすに入れておくことが多いところから》家庭内に保管されている現金。株券や金などの財産を含んでいう場合もある。箪笥貯金。
たん-ずる【嘆ずる｜×歎ずる】〘動サ変〙図たん・ず〘サ変〙❶なげかわしく思う。また、なげき、いきどおる。慨嘆する。「運命の皮肉を—・ずる」❷感心する。感嘆する。「旋律の美しさに—・ずる」
（類語）嘆く・託つ・悲しむ・愁える・悲嘆する・愁嘆する・痛嘆する・嗟嘆する・嘆息する・長嘆する
だん-ずる【断ずる】〘動サ変〙図だん・ず〘サ変〙❶きっぱりと決める。決定する。「偽物と—・ずる」❷裁いて罪を決める。裁断を下す。「罪を—・ずるに私見を交えず」❸断ちきる。特に、迷いを断つ。「種々の煩悩を—・じて仏となることを示す」〈今昔・一・二〉
だん-ずる【弾ずる】〘動サ変〙図だん・ず〘サ変〙《中世では多く「たんずる」》❶楽器の弦をかき鳴らす。かなでる。「琴を—・ずる」❷罪や不正を追及する。弾劾する。「互に彼般の不品行あれば、着々其罪を—・じて」〈逍遥・当世書生気質〉
（類語）奏でる・奏する・弾く・爪弾く・囃す・かき鳴らす
だん-ずる【談ずる】〘動サ変〙図だん・ず〘サ変〙❶話す。語る。説く。論ずる。「国政を—・ずる」❷相談する。話し合う。「結論に達するまで—・ずる」❸要求を受け入れるようかけあう。談判する。「当局に—・ずる」（類語）話す・語らう・語り合う・懇談する・面談する・諮る・持ち掛ける・掛け合う
たんせい 昭和46年(1971)2月に打ち上げられた試験衛星MS-T1の愛称。東京大学宇宙航空研究所(現 JAXA、宇宙航空研究開発機構)が開発。名称は東京大学のスクールカラー、「淡青」に由来する。ロケットの性能試験と、宇宙空間における人工衛星の内部環境や挙動についての確認を行った。以降、衛星技術の確立に向けて、たんせい2号、たんせ

い3号、たんせい4号が開発された。

たん-せい【丹青】❶赤と青。丹碧。❷絵の具。また、彩色。「一の妙を尽くす」❸《「たんぜい」とも》絵画。また、絵の具で描くこと。「一の技に長じる」

たん-せい【丹誠｜丹精】〔名〕スル《古くは「たんぜい」とも》❶(丹誠)飾りけや偽りのない心。まごころ。誠意。丹心。赤心。「一を尽くす」「一を込める」❷心を込めて物事をすること。「母の一になる手料理」「一して盆栽を育てる」

たん-せい【単声】音楽で、単一の声部のみを持つこと。モノフォニー。

たん-せい【単性】❶生物が雌雄のどちらか一方だけの生殖器官をもつこと。❷生物が雌雄のどちらか一方の性の子孫だけを生じる現象、または性質。

たん-せい【嘆声｜×歎声】なげいたり感心したりしたときに発する声。ため息。「思わず一をもらす」

たん-せい【端正｜端整】〔名・形動〕❶姿・形や動作などが正しくてきちんとしていること。また、そのさま。「一な字」❷(端整)顔だちなどが美しく整っていること。また、そのさま。「一な目鼻立ち」

(類語)整然・端然・小綺麗こぎれい・綺麗・麗しい・美しい・端麗・秀麗・美麗・流麗・見目好みめよい・見目麗しい

たん-ぜい【担税】租税を負担すること。

たんぜい【弾誓】[1552〜1613]安土桃山時代・江戸初期の浄土宗捨世派の僧。尾張の人。各地を遍歴、佐渡で修行中に阿弥陀の説法を感得。のち、京都大原の阿弥陀寺などを開いた。

だん-せい【男生】男子の生徒。男生徒。「日本医学校にはいって、一ばかりの間に交って」〈鴎外・青年〉⇔女生。

だん-せい【男声】声楽で、男性による声部。テノール・バリトン・バスなど。「一合唱」⇔女声。

だん-せい【男性】❶おとこ。男子。一般に成年の男子をいう。⇔女性。❷インド-ヨーロッパ語系の文法で、名詞・代名詞・形容詞などの性の区別の一。女性・中性に対する。

(類語)男・男子・男児・野郎・雄・おのこ・壮丁そうてい・壮夫・士し・ますらお・丈夫じょうふ・紳士・殿方・ジェントルマン

だん-せい【弾性】外力で変形した物体が、力を取り去るともとに戻ろうとする性質。

だんせい-エネルギー【弾性エネルギー】変形している弾性体の蓄えている位置エネルギー。ひずみのエネルギー。

たんせい-か【単性花】ヅク 雄しべ・雌しべの一方だけをもつ花。不完全花。雌雄異花。⇔両性花。

たんせい-かざん【単成火山】クヮザン 1回の噴火で形成された火山。溶岩円頂丘・火山砕屑さいせつ丘など。⇔複成火山。

たんせい-がっしょう【単声合唱】ガッシャウ 単声による合唱。

だんせい-けいすう【弾性係数】▶弾性率

だんせい-げんかい【弾性限界】物体に外力を加えたときの弾性を保つ限界の応力で、外力を取り除いたあとにもとに戻らなくなる限界点。弾性限度。

だんせい-げんど【弾性限度】▶弾性限界

だんせい-ゴム【弾性ゴム】生ゴムに硫黄または硫黄化合物を加えて、適度の弾性をもたせたゴム。普通のゴム。

たんせい-ざっしゅ【単性雑種】▶一遺伝子雑種いちいでんしざっしゅ

たんせい-さんごう【たんせい三号】サンガウ 昭和52年(1977)2月に打ち上げられた試験衛星MS-T3の愛称。東京大学宇宙航空研究所(現JAXAジャクサ、宇宙航空研究開発機構)がたんせい2号の後継として開発。ロケットの性能試験と地球の磁力線に沿った安定的な姿勢制御に成功。ガスジェットの噴出による姿勢制御には失敗した。同年3月に運用終了。

だんせい-さんらん【弾性散乱】原子・陽子・中性子・電子・光子など粒子どうしの衝突において、衝突前後で粒子の数や種類が変わらず、運動エネルギーの和が保存される場合をいう。また、量子力学的な波の散乱としても扱われる。⇔非弾性散乱。

だんせい-し【男性誌】主に男性をターゲットに編集された雑誌。

だんせい-し【弾性糸】ゴムのように伸縮性がある糸。ポリウレタン製の弾性糸としてスパンデックスが知られる。

だん-せいしき【段成式】[?〜863]中国、晩唐期の文人。臨淄りんし(山東省)の人。字あざなは柯古。詩人としてよりも、古今の多くの異聞を記した「酉陽雑俎ゆうようざっそ」20巻の著者として知られる。

たんぜい-しゃ【担税者】実際に税を負担する者。直接税では納税義務者と同一であるが、間接税では異なる。

だんせい-しょうとつ【弾性衝突】衝突の前後で2物体の力学的エネルギーが保存されている衝突。物体の変形、熱の発生、内部エネルギーの変化などによりエネルギーを失う非弾性衝突に対し、完全弾性衝突という場合もある。

だんせい-しんどう【弾性振動】弾性体の、ひずみに伴う応力が復元力となって起こる振動。棒・板・ばねなどの振動や地震波など。

たんせい-せいしょく【単性生殖】▶単為生殖たんいせいしょく

だんせい-せんい【弾性線維｜弾性繊維】ヰ 結合組織を構成する線維の一。血管壁や肺組織などに多く含まれ、たんぱく質のエラスチンからなり、弾性に富む。

だんせい-たい【弾性体】弾性をもっている物体。特に、ゴムなどのような弾性限界の大きい物体をいうこともある。

だんせい-てき【男性的】〔形動〕いかにも男性らしいさま。力強さ・たくましさなどの男の特徴を備えているようすにいう。「一なスポーツ」「一な海岸線」

(類語)男らしい・雄雄しい

ダンセイニ〖Lord Dunsany〗[1878〜1957]アイルランドの劇作家・小説家。幻想的、風刺的な作風で、短編小説も残した。戯曲「アラビア人の天幕」「山の神々」など。

たんせい-にごう【たんせい二号】ニガウ 昭和49年(1974)2月に打ち上げられた試験衛星MS-T2の愛称。東京大学宇宙航空研究所(現JAXAジャクサ、宇宙航空研究開発機構)がたんせいの後継として開発。ロケットの性能試験と地球磁場を利用する人工衛星の姿勢制御(磁気トルカ)の確認を行った。同49年3月に運用終了。

だんせい-の-ほうそく【弾性の法則】ハフソク ▶フックの法則

だんせい-は【弾性波】弾性体内を伝わる波。地震波や音波など。縦波と横波とがある。

だんせい-び【男性美】性質・体質などの点で、男性特有の美しさ。

だんせい-ひょうめんは【弾性表面波】ヘウメンハ 弾性体の表面を伝播する波(表面波)。はじめ地震学の分野で発見され、レイリー波と名付けられた。その後、圧電素子上の波を利用する弾性表面波フィルターなどが考案された。表面弾性波。SAWソー(surface acoustic wave)。

だんせいひょうめんは-フィルター【弾性表面波フィルター】ダンセイヘウメンハ 圧電効果を示す弾性体上の表面波がもつ性質や特徴を利用したフィルター。圧電体の表面に形成した櫛くし形の電極を適当に配置することにより、特定の帯域の電気信号のみを通す素子ができる。素子の小型化が可能で量産化も容易なため、テレビや携帯電話などで広く利用される。表面弾性波フィルター。SAWソーフィルター。

だんせい-へんけい【弾性変形】外力を受けて変形した物体が、外力をとり除くと完全に元の形に戻るような変形。

だんせい-ホルモン【男性ホルモン】▶雄性ゆうせいホルモン

たんせい-よんごう【たんせい四号】ヨンガウ 昭和55年(1980)2月に打ち上げられた試験衛星MS-T4の愛称。東京大学宇宙航空研究所(現JAXAジャクサ、宇宙航空研究開発機構)がたんせい3号の後継として開発。ロケットの性能試験、太陽電池パネルの展開、フライホイールによる姿勢制御実験に成功。X線分光器による太陽フレアの観測も行った。同58年5月に運用終了。

だんせい-りつ【弾性率】弾性体に外力を加えて変形させるとき、弾性範囲内での応力とひずみとの比率。弾性係数。

たんぜい-りょく【担税力】税を負担する能力。

だんせい-りょく【弾性力】力を加えられて変形をしている物体が、反作用として他に及ぼす力。その総力は弾性エネルギーに等しい。

たん-せき【旦夕】❶朝と晩。朝夕。朝暮。❷つねづね。始終。副詞的にも用いる。「一怠らず」❸差し迫っていること。危急が切迫していること。短時間。「自己おのれは一に死を待ちぬ」〈蘆花・不如帰〉

(類語)朝夕あさゆう・朝夕ちょうせき・朝晩

旦夕に迫・る 今日の夕方か明朝かというほど事態がさしせまっている。「命めいー・る」

たん-せき【胆石】胆汁の成分が濃縮してつくられる結石。

たん-せき【×袒×裼】帯から上の衣服を脱いで肌を出すこと。はだぬぎ。

たん-せき【×痰×咳】❶たんと、せき。❷たんが出るせき。

たん-せき【×儋石｜担石】《「石」は古代中国で容量をはかる単位。「儋」は2石、「担」は1石》わずかな量の米穀。転じて、わずかなこと、ささいなこと。

儋石の貯たくわえ わずかな米穀の貯え。わずかな貯え。儋石の儲もうけ。

儋石の禄ろく わずかな給料。

たんせき-しょう【胆石症】シャウ 胆嚢たんのうや胆管に胆石ができる病気。腹痛・黄疸おうだん・発熱などを伴うが、無症状の場合もある。胆石。

たん-せつ【短折】若死に。夭折ようせつ。

たん-せつ【鍛接】金属の接合部を半溶融状態まで熱し、ハンマーやロールなどで圧力を加えて接合する方法。

だん-せつ【断×截｜断切】〔名〕スル たちきること。また、たちきれること。切断。「発露刀一たび彼の心機を一するや」〈透谷・心機妙変を論ず〉

だん-ぜつ【断絶】〔名〕スル ❶続いてきたもの、受け継がれてきたものが、絶えること。廃絶すること。「家が一する」❷結びつきや関係が、切れること。また、関係などをたちきること。「世代の一」「国交を一する」❸まったくなくしてしまうこと。根絶すること。「悪弊を一する」❹執着をたちきること。「君は全く恋慕の念を一しましたか」〈露伴・露団々〉

(類語)絶つ・絶える・途絶える・途切れる・途絶・中止・中断・中絶・ストップ・沙汰止み・お流れ・立ち消え・打ち切り

だんせつ-の-おうぎ【団雪の扇】アフギ《中国前漢の成帝の愛妃、班婕妤はんしょうよが「怨歌行」で、寵を失ったわが身を、月のように円く雪のように白い扇にたとえたところから》男の愛を失った女、男に顧みられなくなった女のたとえ。秋の扇。秋扇しゅうせん。

たん-せん【単線】❶1本の線。❷「単線軌道」の略。⇔複線。

たん-せん【▽段銭】《「だんせん」とも》中世、即位・内裏修理・寺社造営・将軍宣下せんげなどに際し、朝廷・幕府などがその費用に充てるため、臨時に諸国の田地から段数に応じて徴収した金銭。室町時代以後、恒常化した。

たん-せん【短箋】❶長さの短い用紙。❷文面の短い手紙。簡単な書簡。

たん-ぜん【丹前】❶防寒のための部屋着の一種。厚く綿を入れた広袖ひろそでの着物。丹前風呂に通う客の風俗からこの名が出た。京坂に起こり、江戸の「どてら」に似る。〘季 冬〙❷丹前風呂に通う町奴などの風俗。丹前風。丹前姿。また、その姿をした者。❸雪駄せったの鼻緒の一種。丹前姿の人が多く用いたもの。❹歌舞伎の特殊演技の一。丹前姿を舞台化したもので、特殊な手の振り方、足の踏み方をして歩く。丹

前六方。丹前振り。⑤歌舞伎の下座音楽の一。④に用いる合方。⑥「丹前節」の略。〔類語〕綿入れ・どてら

たん-ぜん【淡然┊×澹然】〔ト・タル〕〔文〕〔形動タリ〕あっさりしているさま。また、静かなさま。「月已に―として東天に在り」〈独歩・愛弟通信〉

たん-ぜん【×湛然】〔ト・タル〕〔文〕〔形動タリ〕水が十分にたたえられよどんでいるさま。また、静かで動かないさま。「―たる水の底に明星程の光を放つ」〈漱石・幻影の盾〉

たん-ぜん【×赧然】〔ト・タル〕〔文〕〔形動タリ〕恥じて顔の赤くなるさま。赤面するさま。「俊三思わず―と苦笑して我に返れば」〈木下尚江・良人の自白〉

たん-ぜん【端然】〔ト・タル〕〔文〕〔形動タリ〕姿勢などが乱れないできちんとしているさま。「―と座る」

だん-せん【団扇】①うちわ。②軍陣で用いた軍配団扇ぐんばいうちわ。「大将―おっ取って」〈浄・国性爺〉

だん-せん【断線】〔名〕スル ①線や糸の切れること。また、切れた線。②電線・電話線などが切れて通じなくなること。「台風で―する」

だん-ぜん【断然】㊀〔ト・タル〕〔文〕〔形動タリ〕態度のきっぱりとしているさま。また、最後まで押しきって物事をやり遂げるさま。「政府はナゼ―たる政略を施されんのか」〈鉄腸・花間鶯〉㊁〔副〕①きっぱりと心を決めるさま。「私は―反対だ」②(あとに打消しの語を伴って)決して。絶対に。「―認めない」③ずばぬけて。なみはずれて。「―彼がトップだ」〔類語〕断固・毅然きぜん

たんぜん-おび【丹前帯】丹前姿の人が用いた幅の広い帯。

たんせん-きどう【単線軌道】ーキダウ 一つの軌道を上り下りの列車が共用する鉄道線路。

たんぜん-すがた【丹前姿】江戸初期に流行した旗本奴・町奴などの風俗。丹前風呂の湯女ゆなの勝山かつやまの姿に起こったものという。丹前風。勝山風。

たんぜん-たてがみ【丹前立(て)髪】丹前姿の男の髪形。月代さかやきをそらないで伸ばしたもの。立て髪。

たんぜん-ふう【丹前風】「丹前姿」に同じ。

たんせん-ぶぎょう【▽段銭奉行】ーブギヤウ 室町幕府の職名。段銭の徴収などをつかさどったもので、段銭国分奉行と段銭総奉行とがあった。

たんぜん-ぶし【丹前節】江戸前期、承応～寛文(1652～1673)のころ、江戸の遊里で流行した歌謡。丹前風呂の湯女ゆな吉野が始めたものという。

たんぜん-ぶり【丹前振り】▶丹前④

たんぜん-ぶろ【丹前風呂】江戸初期、江戸の神田佐柄木さえき町、堀丹後守の邸の前にあった町風呂。容色のすぐれた湯女ゆなを置いて、遊客を誘い、繁盛したという。明暦3年(1657)禁止。

たんぜん-もの【丹前物】歌舞伎舞踊の一系統で、丹前姿を舞踊化したもの。元禄期(1688～1704)に成立。

たんぜん-ろっぽう【丹前六方】ーロクパウ・【丹前六法】ーロクパフ ▶丹前④

たん-そ【炭×疽】①炭疽菌の感染によって起こる人畜共通の感染症。血液の中で菌が増殖し、敗血症を起こす。主に牛・馬・羊・豚に伝染し、人に感染することもある。日本では家畜伝染病予防法の監視伝染病(家畜伝染病)、人間の場合は感染症予防法の四類感染症とされる。脾脱疽ひだつそ。炭疽熱。②多肉の果実や芋・豆などに発生する病害。子嚢菌しのうきんや不完全菌によるもので、茎や葉では病斑を生じて枯れ、果実ではくぼみを生じて暗黒色となり腐敗する。炭疽病。

たん-そ【炭素】炭素族元素の一。無定形炭素・石墨(黒鉛)・ダイヤモンドの3種の同素体がある。融点・沸点が高く、水や溶剤に不溶。燃焼すると二酸化炭素になる。同位体のうち質量数12の炭素は原子量の基準とされる。元素記号C　原子番号6。原子量12.01。カーボン。

だん-そ【断礎】こわれた礎石。「零落せる城壁、都市の―」〈竜渓・経国美談〉

たん-そう【担送】〔名〕スル 病人やけが人などを担架にのせて運ぶこと。「―車」

たん-そう【単相】ーザウ ①「単相交流」の略。②減数分裂後の、染色体数が普通の体細胞の半分の数である核相。nで表す。胞子や配偶子などのもの。➡複相

たん-そう【単層】①一つの層で構成されること。「プラスチック―シート」②地層区分の最小単位。上下を層理面で限られ、岩質はほぼ均質で、厚さ1センチから1メートル程度の地層。

たん-そう【炭層】地層中の石炭の層。石炭層。

たん-ぞう【鍛造】ーザウ 金属素材を加熱し、ハンマーやプレスでたたき、成形し靭性じんせいを与えていく加工法。

だん-そう【男装】ーザウ〔名〕スル 女性が、男性の服装をしたり男性に扮装したりすること。「―の麗人」

だん-そう【断想】ーザウ 折に触れて浮かんでくる断片的な考え。また、それを記したもの。「―を綴る」

だん-そう【断層】①地層や岩石が割れ目を生じ、それを境にして両側に食い違いを生じているもの。また、その割れ目。②意見や考え方などの大きなずれや食い違い。「世代間の―」

だん-そう【弾奏】〔名〕スル ①弦楽器を演奏すること。「ギターを―する」「―楽器」②人を弾劾して上奏すること。

だん-そう【弾倉】ーザウ 連発銃で、補充用の弾丸をこめる部分。

だん-そう【談×叢┊談×藪】①話のたねが尽きないこと。また、豊富な話題。「実に滑稽の―、落語の淵海と謂うべし」〈増山守正・西京繁昌記〉②興味のある話をたくさん集めた本。

だん-ぞう【×檀像】ーザウ 白檀びゃくだん・栴檀せんだんなどを用いて作った彫像。平安時代に多くみられる。

だんそう-がい【断層崖】断層運動によって生じた急斜面。地表に露出した断層面など。

だんそう-かいがん【断層海岸】断層崖だんそうがいからなる海岸。直線状の切り立った急斜面をつくる。

だんそう-かくれき【断層角×礫】断層の形成に伴い、岩石が破砕されて生じた角張った礫岩。

たんぞう-きかい【鍛造機械】タンザウー 金属素材を鍛造するための機械。空気ハンマー・蒸気ハンマー・液圧プレスなど。

たんそう-きゅう【淡×蒼球】タンサウキウ 大脳基底核を構成する神経核の一つ。外節と内節がある。内節は線条体や淡蒼球外節から抑制性の入力、視床下核から興奮性の入力を受け、視床へ抑制性の出力を行う。外節は間接路と呼ばれる神経回路に介在し、線条体から抑制性の入力を受け、淡蒼球内節・黒質網様部へ出力する。また、視床下核から興奮性の入力を受け、視床下核へ抑制性の出力を行う。

だんそう-こ【断層湖】断層運動によって生じた凹地にできた湖。諏訪湖など。

たんそう-こうりゅう【単相交流】タンサウカウリウ 一つの電源と負荷との間を2本の線で結んで一つの回路を作るもの。電圧・電流の変化が一つの正弦波で表される交流。家庭用のものはこれ。

だんそう-こく【断層谷】断層の変位によって生じた谷。

だんそう-さつえい【断層撮影】体内の任意の断面を撮影する方法。X線や核磁気共鳴を利用したものなどがあり、肺結核の病巣や腫瘍などの発見・診断に用いる。

だんそう-さんち【断層山地】断層運動によって形成された山地。両側または片側が断層崖で限られている。地塁や傾動地塊など。

だんそう-せん【断層線】断層面と地表面とが交わる線。

だんそう-たい【断層帯】多数の断層面が密集する帯状の地域。

だんそう-ねんど【断層粘土】断層面に沿って岩石が細かに砕かれ、粘土状になったもの。

だんそう-ぼんち【断層盆地】断層運動によって沈降して生じた盆地。周縁の少なくとも一方は断層崖で限られている。

だんそう-めん【断層面】断層でずれを生じた面。

たんそう-りん【単層林】樹冠の部分が均一になっている林。同一種の樹木を同時期に植栽する人工林に多い。⇔複層林。

たんそ-かごうぶつ【炭素化合物】ークワガフブツ 炭素を含む化合物。すべての有機化合物が含まれる。一酸化炭素や二酸化炭素などの酸化物、炭酸塩や炭化物は含まれない。

たんそ-きん【炭×疽菌】炭疽①の病原体。グラム陽性の比較的大きな桿菌かんきんで、土壌中に長期間生息。〔補説〕生物兵器に利用されることがある。米国では同時多発テロ事件の直後、胞子を含む白い粉末が郵便物で送付される事件が発生し、死傷者を出した。

たん-そく【探測】〔名〕スル 物事の状態などをさぐり測ること。特に、天体・気象などの現象を観測すること。「超新星を―する」

たん-そく【短足】足が短いこと。「胴長―」

たん-そく【嘆息┊×歎息】〔名〕スル 悲しんだりがっかりしたりして、ため息をつくこと。また、そのため息。「―をもらす」「不運をかこって―する」
〔類語〕ため息・吐息・嘆く・悲しむ・愁える・託かこつ・嘆たんずる・悲嘆・愁嘆・痛嘆・嗟嘆さたん・長嘆

だん-ぞく【断続】〔名〕スル 時々とぎれながら続くこと。「強い雨が―して降る」「―的に聞こえる」

だんぞく-き【断続器】電路を遮断したり規則的に開閉させたりする装置。電鈴などに用いる。インタラプター。

たんそく-ききゅう【探測気球】ーキキウ 高層気象の観測に用いる気球。自記気象器械やラジオゾンデをつるして空中にあげ、一定の高度に達すると気球が破れ、器械が落下する。

たんそ-こう【炭素鋼】ーカウ 2パーセント以下の炭素を含有する鉄。加工が容易で、プレス成形用薄板や各種工具に用いられる。その含有量が高いほど鋼は硬くなるがもろくなる。一般的に広く使用されることから、普通鋼ともいう。➡特殊鋼

たんそ-こてい【炭素固定】▶炭酸同化作用

たんそ-さ【炭素鎖】多くの炭素原子が鎖状または環状に結合した化合物における、炭素原子間の結びつきのこと。

たんそ-じゅうし【炭素一四】ージフシ 炭素の質量数14の放射性同位体。天然には宇宙線の中性子と大気上層での窒素との核反応によって生成し、大気中に二酸化炭素として存在する。β崩壊し、半減期は5730年。生物が死ぬと大気中の二酸化炭素と生体内との交換がなくなるため、放射性炭素年代測定法に利用される。^{14}C。C14。

たんそじゅうし-ねんだいそくていほう【炭素一四年代測定法】タンソジフシネンダイソクテイハフ ▶放射性炭素年代測定法

たんそじゅうし-ほう【炭素一四法】タンソジフシハフ ▶放射性炭素年代測定法

たんそ-せんい【炭素繊維】ーセンヰ 合成繊維のポリアクリロニトリルやコールタールピッチなどを原料に高温で炭化して作った繊維。強度・弾性・耐薬品性・電導度にすぐれ、軽いので、航空機材料・スポーツ用品など用途が広い。カーボンファイバー。

たんそせんい-きょうかプラスチック【炭素繊維強化プラスチック】タンソセンヰキヤウクワー ▶シー-エフ-アール-ピー(CFRP)

たんそどうか-さよう【炭素同化作用】タンソドウクワー ▶炭酸同化作用

たんそねんだい-そくていほう【炭素年代測定法】ーソクテイハフ ▶放射性炭素年代測定法

たんそはいしゅつ-けん【炭素排出権】地球温暖化の原因とされる二酸化炭素を排出する権利。企業間・政府間で取引され、排出権を売買する取引市場も開設されている。二酸化炭素排出権。カーボンクレジット。➡温室効果ガス排出権 ➡排出量取引 ➡シカゴ気候取引所

たんそ-マイクロフォン【炭素マイクロフォン】マイクロフォンの一。炭素粒間の接触抵抗の変化を利用して、音波を電流の変化に換える装置。

だん-ぞめ【段染(め)】布帛ふはくや糸を種々の色で横

段に染めること。また、染めたもの。だんだら染め。

だんそん-じょひ【男尊女卑】ヒヂョ 男性を重くみて、女性を軽んじること。また、そのような考え方や風習。⇔女尊男卑。

たん-だ【単打】野球で、打者が一塁に達することができた安打。ワンベースヒット。シングルヒット。

たん-だ【短打】❶野球で、バットを短く持ち、小さく振り、確実に打っていく打撃。❷「単打」に同じ。⇔長打。

たんだ【▽唯】〔副〕《「ただ」の撥音添加》「ただ」を強めていう語。「—一人の息子」〈有島・星座〉

たん-たい【担体】❶物理学で、物質中の電流の担い手。電子・イオンなど。キャリア。❷化学で、ごく微量のものを取り扱う場合に、それを付加させるための多量の物質。微量の放射性同位体を分離する際に加える安定同位体、少量の触媒の活性を大きくするために用いる支持体・希釈剤など。❸生物体で、種々の物質と結合し輸送する物質。たんぱく質であることが多い。

たん-たい【単体】❶単一の物体。また、複数あるうちの、一つの物体。❷一種の元素だけからなる物質。金・銀・ダイヤモンドや酸素など。⇔化合物。❸企業グループの中で、そこに含まれる一つ一つの会社のこと。「—決算」

たん-だい【胆大】胆力が大きいこと。大胆。豪胆。

たん-だい【探題】❶詩歌で、いくつかの題の中からくじで探り取った題によって作ること。さぐりだい。❷寺院で経典を論議するとき、論題を選定し、問答後にその論旨の可否を評定する役僧。題者。探題博士。❸鎌倉・室町幕府の職名。遠隔の要地において、その地方の政治・軍事・裁判などをつかさどった。六波羅探題・鎮西探題・九州探題・奥州探題など。

たん-だい【×毯代】布帛ふはくを染めて毛氈もうせんの代用とした敷物。宮中で床子しょうじや倚子いしの下に敷いた。

たん-だい【短大】「短期大学」の略。

だん-たい【団体】❶ある目的のために、人々が集まって一つのまとまりとなったもの。「—で見学する」「—旅行」「—割引」❷二人以上の者が共同の目的を達成するために結合した集団。法人・政党など。「政治—」「宗教—」〘類語〙(❶)集団・一団・一行いっこう・グループ・サークル・パーティー・チーム・クラブ・サロン/(❷)組織・結社・法人・組合・連盟・協会・ユニオン・ソサエティー・アソシエーション

だん-たい【弾帯】❶機関銃の銃弾を連結した帯。❷銃弾を収納して身に着ける帯。❸銃弾や砲弾に自旋運動を行わせるために、弾丸に装着した帯。

だん-たい【暖帯】温帯のうち、亜熱帯に近い地帯。暖温帯。

だんたいいにん-じむ【団体委任事務】ダンタイイニンジム 法律または政令により、国または他の地方公共団体から当該地方公共団体に委任される事務。平成11年(1999)廃止、自治事務として再編成された。➡自治事務 ➡機関委任事務

たん-たいぎ【炭太祇】[1709〜1771]江戸中期の俳人。江戸の人。40歳を過ぎてから京都の大徳寺の僧となり、のち島原遊郭に不夜庵を結び、与謝蕪村よさぶそんらと俳諧三昧ざんまいの生活を送る。句集「太祇句選」など。

だんたい-きょうぎ【団体競技】ダンタイキャウギ 団体が対抗して行う競技。⇔個人競技。

だんたい-きょうやく【団体協約】ダンタイケフヤク 個人と団体との間または団体相互間で結ばれる契約。労働協約など。

たんたい-けっさん【単体決算】一つの会社だけでの収支決算。単独決算。➡連結決算

だんたい-けんきん【団体献金】政治献金の一つ。宗教団体・労働組合・業界団体などから政党が直接または政治資金団体を経由して受け取る献金。企業献金と合わせて企業・団体献金という場合もある。企業が架空の団体を設けて不正な迂回献金を行う場合があるとされ、透明性が疑問視されている。

だんたい-こうしょう【団体交渉】ダンタイカウセフ 労働組合や争議団が、使用者またはその団体と労働条件その他について交渉すること。団交。

だんたいこうしょう-けん【団体交渉権】ダンタイカウセフケン 労働者が団結して使用者と団体交渉をする権利。憲法の保障する労働基本権の一。

たんだいしょうしんろく【胆大小心録】タンダイセウシンロク 江戸後期の随筆。3巻。上田秋成著。文化5年(1808)成立。自伝や人物評・国学・和歌など、広い分野にわたる論評を収録。

たんだい-しんしょう【胆大心小】タンダイシンセウ《「旧唐書」孫思邈伝の「胆は大ならんことを欲し、心は小ならんことを欲す」から》大胆で、かつ細心であること。度胸は大きく、注意は細かく払うべきこと。

だんたいしんよう-せいめいほけん【団体信用生命保険】住宅ローンを組んだ人が、ローン返済途中で死亡または高度障害などになった場合に、金融機関のローン残高を塡補する目的の保険。団信。

たんたい-テスト【単体テスト】《unit test》ソフトウエアテストの一。動作対象を小さな単位に分割してテストすることを指す。➡結合テスト ➡ビッグバンテスト

だんたいとう-きせいれい【団体等規正令】ポツダム政令の一。民主主義・平和主義の健全な育成のため、軍国主義的、極端な国家主義的、暴力主義的、反民主主義的な団体の結成および指導行為の禁止を目的としたもの。昭和24年(1949)制定、同27年に破壊活動防止法の制定により廃止。

だんたい-ほけん【団体保険】企業などの団体の代表者が保険契約者となり、その団体に所属する者を一括して被保険者とする保険。

たんたい-ゆそう【担体輸送】生体膜などに存在する担体が、特定の物質と結合し、その物質に細胞膜などを通過させること。

だんたい-りん【暖帯林】暖帯に発達する森林。カシ・シイ・クスノキなどの常緑広葉樹を主とする。日本では九州・四国と、本州中南部に分布。暖温帯林。

たん-だ・う【探▽題ふ】タンダフ〔動ハ下二〕《名詞「たんだい(探題)」の動詞化》❶さがしたずねる。たずね求める。「この血を—・へ化生の者を退治仕らうずるにて候」〈謡・土蜘蛛〉❷さぐって調べる。よく調べて考える。「根をたんでえて見りゃあ、みんなおめえに尽くす心で」〈洒・辰巳婦言〉

たん-だか【反高｜▽段高】江戸時代、新開の地で地質・水利が悪く収穫不安定な場合、反別だけを検定して石高をつけないこと。

たんだ・く【×拱く】〔動カ四〕《「たむだく」の音変化》両手を組む。両手を合わせて拝礼する。転じて、ある方向に向かう。「人間の水は南、星は北に—・くの、天あまの海面うなも雲の波」〈謡・天鼓〉

だん-たくま【団琢磨】[1858〜1932]実業家。福岡の生まれ。米国に留学。工部省三池鉱山局に勤務後、三井に移り、のち、三井合名会社理事長に就任。三井財閥の最高指導者となったが、血盟団団員に暗殺された。

だん-だら【段だら】❶いくつにも段になっていること。だんだん。「—模様」❷「段だら縞」の略。❸「段だら染め」の略。

タンタライト〖tantalite〗▶タンタル石

だんだら-ざか【段だら坂】段状にしだいに高くなっている坂。段のある坂。

だんだら-じま【段だら×縞】だんだら筋の織物。「—の帯」

だんだら-すじ【段だら筋】ずぢ 一段一段で色の違う横縞模様。

だんだら-ぞめ【段だら染(め)】▶段染め

タンタル〖ドイツ Tantal〗バナジウム族元素の一。鋼灰色で展性・延性に富み、耐酸性がよい。化学工業用耐酸材・電子管材料などに利用。元素記号Ta　原子番号73。原子量180.9。

タンタル-せき【タンタル石】鉄・マンガン・ニオブ・タンタルの酸化物からなる鉱物。黒色で、柱状や板状結晶。斜方晶系。一般に、コルタンという鉱石として産出し、ニオブがタンタルより多いものをコルンブ石、タンタルがニオブより多いものをタンタル石と呼ぶ。タンタライト。

タンタロス〖Tantalos〗ギリシャ神話で、小アジアの富裕な王。ゼウスの子。神の怒りによって、地獄で永久の飢渇に苦しめられたという。

たん-たん【×潭×潭】〔形動タリ〕水が深くたたえられているさま。「深淵—として」〈盛衰記・三五〉

たん-たん【×坦×坦】〔ト・タル〕〔文〕〔形動タリ〕❶地形や道路などのたいらなさま。「—と続く道」❷何事もなく時の過ぎるさま。変化のないさま。「—たる余生を送る」

たん-たん【×眈×眈】〔ト・タル〕〔文〕〔形動タリ〕鋭い目つきで獲物をねらうさま。また、野心をもって機会をねらうさま。「—とチャンスを待つ」「虎視—」

たん-たん【淡淡｜×澹×澹】〔ト・タル〕〔文〕〔形動タリ〕❶色・味・感じなどが、あっさりしているさま。淡泊なさま。「—たる色調」❷態度・動作などが、あっさりしてこだわりがないさま。「心境を—と語る」❸水が静かに揺れ動くさま。「—として水が流れる」
〘類語〙淡白・恬淡てんたん・あっさり・さばさば

たん-たん【×湛×湛】〔ト・タル〕〔文〕〔形動タリ〕❶水などがいっぱいにたたえられているさま。「—と水をたたえた湖」❷露がいっぱいに降りているさま。「試みに露斯ろしの—たるを誦ずえはむ」〈本朝文粋・八〉

だん-だん【段段】㊀〔名〕❶いくつかの段のあるもの。また特に、階段。「裾が—になっているスカート」「石の—を上る」❷事柄の一つ一つ。条々。次第。「御無礼の—御寛恕かんじょ下さい」❸いくつかに切れること。きれぎれ。「剣—に折れにけり」〈謡・盛久〉㊁〔副〕❶順を追ってゆっくりと変化してゆくさま。しだいしだいに。「病気は—快方に向かう」「—と春めいてきた」「—に難しくなる」❷次から次へと続くさま。かずかず。あれやこれや。「そこには—深い事情があるんだがね」〈漱石・虞美人草〉㊂〔感〕《「だんだんありがとう」の略。京都の遊里で用いられた語》いろいろとありがとう。「斗量さん、—」〈洒・うかれ草紙〉アクセント㊀はダンダン、㊁はダンダン、またはダンダン。〘類語〙㊀(❶)階段・階梯かいてい・階・きざはし・石段・石階/㊁(❶)次第に・徐徐に・追い追い・漸次ぜんじ・歩一歩・一歩一歩・着着ちゃくちゃく・日に日に・日増しに・漸ぜんく・年年ねんねん

段段よくなる法華ほっけの太鼓「だんだん良く成る」の「なる」に、法華宗の団扇うちわ太鼓が「鳴る」を掛けて続けた言葉遊び。

だん-だん【団団】〔ト・タル〕〔文〕〔形動タリ〕❶形の丸いさま。「むら躑躅つつじが—と紅白の模様を青い中に印していたのが」〈漱石・それから〉❷露が多く集まっているさま。「露—」「其滴露となりて—たるを知り」〈西周・明六雑誌二二〉

だんだん-こ【断断固｜断断×乎】〔ト・タル〕〔文〕〔形動タリ〕「断固」を強めていう語。態度などが非常にきっぱりとしているさま。「—として拒否する」

だんだん-ばたけ【段段畑】山や丘の斜面に段状につくられた畑。だんばた。

タンタン-メン【担担麺】《「天秤棒てんびんぼうで担いで売り歩いた麺」の意》中国の四川料理の一。ゆでた中華麺に、すりごま・ラー油などを入れた辛みの強いスープをかけたもの。

たん-ち【探知】〔名〕スル 隠されているものをさぐって知ること。「敵の動向を—する」「金属—機」
〘類語〙察知・感知

だん-ち〔名・形動〕「段違い」の略。「—な(の)すばらしさ」「こっちのほうが—においしい」

だん-ち【団地】住宅を計画的、集団的に建てた区域。また、それに似た体裁で集団的に開発された工場・倉庫などの区域。工業団地・流通団地など。

だん-ち【暖地】気候の暖かい地方。⇔寒地。

だん-ちがい【段違い】ちがひ〔名・形動〕❶能力・技術・品質などに、非常な違いがあって、くらべものにならないこと。格段の差があること。また、そのさま。「—な(の)実力」❷二つの物の高さが異なること。「—の床ゆか」〘類語〙格段・数段・桁違い・大違い・大差

だんちがい-へいこうぼう【段違い平行棒】ダンチガヒヘイカウボウ 女子体操競技種目の一。平行に設置された高さ

の違う2本の鉄棒を使い、車輪・ひねり・空中局面を伴う技・支持回転などで構成される演技を停止することなく行う。鉄棒の高さは2.4〜2.5メートルと1.6〜1.7メートル。

だん-ちく【×葮竹┊暖竹】イネ科の多年草。暖地の海岸や河岸に群生。高さ約3メートル。茎は中空で節がある。秋、紫色で円錐状の穂をつける。よしたけ。

だんち-サイズ【団地サイズ】かつてあった公団住宅などの間取りに合わせた、一般より少し小さめの家具や畳などの寸法。

ダンチヒ〘ドイツ Danzig〙グダニスクのドイツ語名。

だんち-ほけん【団地保険】火災・落雷・破裂・爆発・風災・雹ひょうなどによる損害のほか、家主への賠償、日常生活での賠償事故などによる損害を填補する目的の保険。団地やマンションの建物と、その建物に収容される家財が保険の対象となる。マンション保険。

だん-ちゃ【団茶】茶の葉を蒸して茶臼でついてかたまりにしたもの。削って使用する。中国唐代に始まり、日本へは奈良時代に伝来。

だん-ちゃ【×磚茶】《「磚」は煉瓦れんがの意。「たんちゃ」とも》紅茶または緑茶を円形・方形などに蒸し固めた茶。少しずつほぐして煎じたり湯に溶かしたりして飲む。中国を中心にチベット・モンゴル・ネパールなどで行われる。

だん-ちゃく【弾着】発射した弾丸が的にとどくこと。また、その到達地点。着弾。

だんちゃく-きょり【弾着距離】❶弾丸の発射地点から、その到達地点までの距離。❷弾丸の到達する最大距離。

だんちゃく-てん【弾着点】発射した銃砲の弾丸が到達した地点。

たんちゃめ-ぶし【谷茶前節】沖縄県の民謡で、踊り歌。沖縄本島中部西海岸の漁村、谷茶村(現、恩納村おんなそん谷茶)の生活をコミカルに歌ったもの。

たん-ちゅう【炭柱】炭坑で、地面や上層の沈降・崩落を防ぐため、採掘せずに残しておく石炭層。安全炭柱。

たんちゅうしき-さいたん【炭柱式採炭】炭柱を規則的に残しながら掘り進める採炭の方式。

たん-ちょ【単著】(「共著」に対し)一人の著者による著作。

たん-ちょ【端緒】「たんしょ(端緒)」の慣用読み。

たん-ちょう【丹頂】チャウ ツル科の鳥。全長約1.4メートル、全身白色で、頭頂は裸出して赤く、くびと翼の次列および三列風切り羽が黒い。アジア北東部に分布。北海道の湿地には周年生息する。特別天然記念物。丹頂鶴。

たん-ちょう【単調】テウ〘名・形動〙変化に乏しく、一本調子であること。また、そのさま。「一な毎日」「一なリズム」[派生]たんちょうさ〘名〙[類語]平板・一本調子

たん-ちょう【探鳥】テウ 野鳥をさがして観察すること。バードウオッチング。「一会」

たん-ちょう【短調】テウ 短音階に基づく楽曲の調子。マイナー。[対]長調。

だん-ちょう【団長】チャウ 団と名の付く集団を統率・代表する人。「訪日団の一」

だん-ちょう【断腸】チャウ はらわたを断ち切ること。はらわたがちぎれるほど、悲しくつらいこと。「一の思い」[補説]中国、晋の武将、桓温が三峡を旅したとき、従者が捕らえた子猿を追って母猿が百里あまり岸伝いについてきて、やっと船に飛び移り、そのまま息絶えた。その腹をさくと腸はみなずたずたに断ち切れていたという「世説新語」黜免ちゅつめんの故事による。

だんちょう-か【断腸花】ダンチャウクワ シュウカイドウの別名。

たんちょう-かじょ【単頂花序】タンチャウクワジョ 有限花序の一。花軸の頂端に1個の花をつけるもの。チューリップ・カタクリ・ケシなどにみられる。

たんちょうくしろ-くうこう【たんちょう釧路空港】タンチャウクシロクウカウ 釧路空港の愛称。

たんちょう-づる【丹頂鶴】タンチャウ「丹頂」に同じ。

だんちょう-てい【断腸亭】ダンチャウ 永井荷風が大正5年(1916)から同7年にかけて住んだ、新宿区余丁町よちょうまちの家。庭に断腸花(シュウカイドウ)が植えてあったことに由来する名称。[補説]荷風はこの家で、大正6年(1917)に、日記「断腸亭日乗」を書き始めた。

たんちょうわ-しんどう【単調和振動】タンテウワ ▶単振動

だんちょね-ぶし【だんちょね節】大正時代にはやった歌。各節の終わりに「ダンチョネー」というはやし言葉が入る。

だん-ちりめん【段▽縮×緬】縦糸に撚よりのない生糸、横糸に強く撚りをかけた糸と撚りをかけない糸とを交互に用いて平織りにし、しわのある部分とない部分を横段に織り出した縮緬。

だん-つう【段通┊×緞通】《中国語「毯子タンツ」から》屋内敷物用織物のうち、手織りの高級品の称。地糸に麻糸や綿糸を使い、羊毛などの毛を結びつけて立毛にし、さらに各種の色糸を織り込んで模様を表したもの。古くはペルシア(イラン)を中心とする中近東でつくられ、シルクロードを経て中国に伝わった。日本でも天保年間(1830〜1844)に、堺さかいなどでそれらをまねて織られた。[季 冬]

だん-つく【旦つく】「旦那だんな」を軽んじていう語。

たん-づつ【短筒】銃身のみじかい鉄砲。短銃。

たん-つば【×痰唾】たんと、つば。また、たん。

たん-つぼ【×痰×壺】たんやつばを吐き入れる壺。

ダンテ〘Dante Alighieri〙[1265〜1321]イタリアの詩人。フィレンツェの人。ルネサンス文学の先駆者で、早逝したベアトリーチェへの精神的愛を終生の詩作の源泉とした。政治家としても活躍。政変による追放後、放浪のうちに著作を続けた。叙情詩「新生」、叙事詩「神曲」、論文「俗語論」「饗宴」「帝政論」など。

たん-てい【探偵】〘名〙スル ❶他人の行動・秘密などをひそかにさぐること。また、それを職業とする人。「一日の動きを一する」「私立一」❷敵の機密や内情をさぐること。また、その役目。スパイ。隠密おんみつ。密偵。「軍事一」「幕府の一が甚だ恐ろしい」〈福沢・福翁自伝〉[類語]密偵・スパイ・探る

たん-てい【端艇┊短艇】小舟。ボート。

だん-てい【断定】〘名〙スル ❶物事にはっきりした判断をくだすこと。また、その判断。「証言を虚偽と一する」「一的に言う」❷文法で、ある事物に対して、何であるか、どんなであるかを判断することを表す言い方。文語では助動詞「なり」「たり」、口語では助動詞「だ」「です」や「である」「であります」などの語を付けて言い表す。指定。[類語]決断・決定・断・判断・英断・即断・速断・勇断・独断・専断・明断・決心・決意

ダンディー〘dandy〙〘名・形動〙男性の服装や振る舞いが洗練されていること。また、そのさま。「一なスタイル」[類語]伊達者だてしゃ・洒落者しゃれもの

ダンディー〘Dundee〙英国スコットランド東部の港湾都市。北海のテー湾北岸に位置する。同国最大のジュート工業のほか、造船、リンネル、食品などの工業が盛ん。15世紀に建てられたスコットランド最古の鐘楼オールドスティープルをもつセントメアリー教会のほか、ロバート＝スコットが南極探検を行ったRSSディスカバリー号や、19世紀の木造軍用帆船HMフリゲートユニコーンが残る。

ダンディー-ルック《和 dandy＋look》いきな男っぽいイメージを特徴とするスタイル。女性用のパンツ、サスペンダー、男物ではドレスシャツなど。

たんてい-しょうせつ【探偵小説】タンテイセウセツ ▶推理小説

ダンディズム〘dandyism〙❶おしゃれ、伊達だてに徹する態度。19世紀初め、イギリスの青年の間に流行したもので、その影響はフランスにも及んだ。❷その男性の、生活様式・教養などへのこだわりや気取り。「既製服を身につけないのも彼の一の一端だ」

たんてい-もの【探偵物】犯罪事件の探偵を題材とした小説・戯曲・映画などの総称。推理物。

たん-てき【端的】[一]〘形動〙❶はっきりとしているさま。明白。「不満の一な現れ」❷まのあたりに起こるさま。たちどころであるさま。「一な効果を示す」❸てっとりばやく要点だけをとらえるさま。「一に言う」[二]〘名〙《「端」は正、「的」は実の意》正しいこと。真実。「一を知らんと欲せば」〈沙石集・一〇〉[類語]明白・明瞭・明快・平明・簡明・簡潔・直截ちょくせつ

たん-でき【×耽溺┊×酖溺】〘名〙スル 一つのことに夢中になって、他を顧みないこと。多く不健全な遊びにおぼれることにいう。「酒色に一する」[類語]ふける・溺れる・凝る・惑溺・いかれる

たんでき【耽溺】岩野泡鳴の小説。明治42年(1909)発表。初期自然主義文学の代表作で、主人公の作家田村義雄の愛欲におぼれる生活を描く。

たん-てつ【鍛鉄】❶鉄をきたえること。また、きたえた鉄。❷「錬鉄れんてつ」に同じ。

タンデム〘tandem〙❶縦に座席の並んだ二人乗りの自転車。❷縦に馬をつないだ2頭馬車。

タンデム-きかん【タンデム機関】キクワン 再熱(再生)蒸気タービンで、2から4個のシリンダーを同軸上に縦に並べた機関。串形くしがた機関。

タンデム-ミラー〘tandem mirror〙開放端系磁場閉じ込め方式の一つ。プラズマ電位を制御することにより、プラズマ損失を小さくする。

たん-でん【丹田】へその少し下のところで、下腹の内部にあり、気力が集まるとされる所。「臍下せいか一」

たん-でん【単伝】〘名〙スル ❶仏の教法を一人の僧だけが相続すること。❷仏の教法を、言葉や文字によらず、心から心へ正しく伝えること。以心伝心。

たん-でん【炭田】炭量・炭質ともに経済価値のある石炭層が存在する地域。

だんてん-もん【談天門】平安京大内裏外郭十二門の一。西面の南端にある。馬寮めりょうの門。だってんもん。だていもん。

たん-と【×坦途】平坦な道。坦道。「めいめいの方向は一の如く明かで」〈虚子・俳諧師〉

たん-と〘副〙❶数量の多いさま。たくさん。たっぷり。「まだ一残っている」「一おあがり」❷程度のはなはだしいさま。非常に。「一きのどくがる顔つき」〈浮・一代男・八〉[類語]ごまんと・どっさり・わんさと・うんと・ふんだん・なみなみ・一杯・十分・しっかり・がっつり

だん-と【×檀徒】檀家の人々。

たんとう【丹東】中国北東部、遼寧りょうねい省の工業都市。瀋丹しんたん鉄道の起点。鴨緑江おうりょくこうをはさんで朝鮮民主主義人民共和国の新義州と鉄橋で結ばれる。製材や製糸業が行われる。旧称、安東。人口、行政区78万(2000)。タントン。

たん-とう【反当┊▽段当】タウ ▶反当たんあたり

たん-とう【担当】タウ〘名〙スル 一定の事柄を受け持つこと。「営業部門を一する」「一者」[類語]受け持ち・係・担任・当番・扱う

たん-とう【単刀】タウ ❶一振りの刀。❷ただ一人で刀を振るうこと。

たん-とう【探討】タウ〘名〙スル 物事を深くさぐり調べること。探究。「真理実事を一するを好むの心は」〈中村訳・西国立志編〉

たん-とう【探湯】タウ「くかたち(探湯)」の音読み。

たん-とう【短刀】タウ 短い刀。長さ1尺(約30.3センチ)以下の刀の総称。俗に九寸五分くすんごぶという。用途から刺刀さすが、所持のしかたから懐刀ふところがたな・腰刀こしがたな、拵こしらえから鞘巻さやまき・合口あいくちなどともいう。[類語]短剣・あいくち・どす・懐剣・懐刀・守り刀

たん-とう【短頭】頭を真上から見たとき、前後の長さに比して左右の幅の比が小さく丸い形のもの。[対]長頭。

たん-どう【丹銅】亜鉛分が3〜20パーセントの黄銅。赤みを帯び、軟らかい。仏具・建築の材料にする。

たん-どう【×坦道】ダウ 平坦な道。坦途。「車は一条一を走りぬ」〈独歩・入郷記〉

だん-とう【断頭】首を切り落とすこと。くびきり。

だん-とう【弾頭】ミサイルや魚雷などで、爆薬を詰めた先端部分。「核一」

だん-とう【暖冬】平年より暖かい冬。[季 冬]

だん-どう【弾道】ダウ 発射された弾丸が目標に達するまでに描く軌跡。

だんどう-がく【弾道学】ダンダウ 弾道を研究する学問。

弾丸の運動状況を研究する学問。

たんどう-きかん【単動機関】爆発圧力や蒸気の圧力をピストンの片面にだけ受けて運動する往復機関。⇒複動機関

だんどう-けんりゅうけい【弾動検流計】▶衝撃検流計

だんとう-じょう【断頭場】罪人の首を切り落とす場所。くびきりば。

だんとう-だい【断頭台】罪人の首を切り落とすための台。ギロチン。

だんどう-だん【弾道弾】▶弾道ミサイル

たんとう-ちょくにゅう【単刀直入】〘名・形動〙《一人で刀を持って敵に切り込む意から》直接に要点を突くこと。遠回しでなく、すぐに本題に入ること。また、そのさま。「―な言い方」

(類語)端的・直截・率直・あからさま・露骨

ダンドゥット〘インドネシア dangdut〙インドネシア都市部の労働者階級に絶大な支持を受けるポピュラー音楽。マレーの大衆歌謡ムラユー音楽にインドの映画音楽やイスラムのダンス音楽、ロックなどの要素を加え、ロマ＝イラマが1960年代後半に創始した。名称はインドネシアの両面太鼓クンダンが出す音の擬声語から。

だんどう-ミサイル【弾道ミサイル】ロケットエンジンを動力として、慣性誘導装置により放物線に近い弾道を描いて飛ぶミサイル。射程距離が長く高速度で飛行するため、発見や迎撃が困難となる。弾道弾。BM(ballistic missile) ⇒ミサイル

だんどうミサイル-はかいそち-めいれい【弾道ミサイル破壊措置命令】▶破壊措置命令

だんどうミサイル-ぼうえい【弾道ミサイル防衛】▶ビー-エム-ディー(BMD)

たんとう-るい【単糖類】加水分解によってそれ以上簡単な糖に分けられない糖類。ぶどう糖・果糖など。

たんど-き【端度器】測定器の一。基準となる一定の長さ・厚さなどを備えていて、それで他を測定するもの。ブロックゲージ・限界ゲージなど。

たん-どく【丹毒】皮膚の外傷などから連鎖状球菌が感染して起こる真皮の炎症。顔や手足に多く、境界のはっきりした赤い腫れができ、熱感や痛みを伴う。ペニシリンが有効。

たん-どく【単独】〘名・形動〙ただ一人、また、ただ一つであること。他から独立していること。また、そのさま。「―で登頂する」「―に存在する」(類語)単身・独自

たん-どく【×耽読】〘名〙スル 読みふけること。夢中になって読むこと。「深夜まで推理小説を―する」

だん-どく コシジロキンパラの別名。

だんどく【×檀特】カンナ科の多年草。カンナに似て、花は真紅色で小形。熱帯地方の原産で、日本には江戸時代に渡来。(季 秋)

たんどく-かいそん【単独海損】船舶または積み荷などが航海上の事故のために被った損害や費用を、船主または荷主が単独で負担するもの。⇒共同海損

たんどく-かいにゅう【単独介入】一つの国または地域が、他の国や地域と連携することなく、単独で為替介入を実施すること。⇒協調介入

たんどく-がいねん【単独概念】単数の個体にのみ用いられる概念。例えば「富士山」「プラトン」「この本」など。個体概念。

たんどく-きかん【単独機関】一人だけで組織される機関。各省大臣や都道府県知事など。⇔合議機関。

たんどく-けっさん【単独決算】▶単体決算

たんどく-こう【単独行】パーティーを組まずに、一人で登山すること。単独登山。

たんどく-こうい【単独行為】当事者の一方の意思表示だけで成立する法律行為。契約の解除や遺言など。一方行為。⇒双方行為 ⇒合同行為

たんどく-こうどう【単独行動】一人、また一組織だけでする行動。

たんどく-こうわ【単独講和】共同交戦国のうちの一国がその同盟国から離脱して単独に敵国と結ぶ講和。また、複数の相手国のうちのある一国とだけ単独に結ぶ講和。⇒全面講和

たんどく-せい【単独制】裁判もしくはこれに準じる手続きで、審判に当たる裁判所を一人の裁判官で構成すること。また、その制度。⇔合議制。

たんどくせい-かんちょう【単独制官庁】一人の自然人で構成される官庁。各省大臣・都道府県知事など。⇔合議制官庁。

たんどくせい-さいばんしょ【単独制裁判所】裁判官が一人で審判を行う裁判所。簡易裁判所がその典型で、地方裁判所・家庭裁判所は単独制の場合と合議制の場合とがある。単独裁判所。⇔合議制裁判所。

たんどく-せいはん【単独正犯】一人で犯罪を実行すること。また、その罪。⇒共同正犯

たんどく-せたい【単独世帯】▶単身世帯

だんどく-せん【檀特山】《梵 Daṇḍakaの音写》北インドのガンダーラ地方にあり、釈迦の前身、須大拏太子が菩薩の修行をしたという山。悉達太子が苦行した山とする俗説もある。弾多落迦山。

たんどく-そうぞく【単独相続】一人の相続人が単独で遺産を相続すること。長子相続・末子相続など。⇒共同相続

たんどく-ないかく【単独内閣】議院内閣制の下で、一つの政党だけで組織する内閣。⇔連立内閣。

だん-トツ【断トツ】《「断然トップ」の略》2位以下とは大きな差をつけて首位にある状態をいう俗語。

だんど-ぼろぎく【段戸襤＝褸菊】キク科の一年草。山地の日当たりのよい地に生え、高さ30センチ～1.5メートル。秋、淡緑色の頭状花を多数つける。アメリカの原産。帰化植物。名は愛知県の段戸山で発見されたことにちなむ。

タントラ〘梵 tantra〙❶ヒンズー教で、シバ神の妃をシャクティ(性力)として崇拝するシャークタ派の諸聖典の通称。❷中世インドに成立した後期密教聖典の称。また、密教経典の総称。「―仏教」

たん-どり【反取り】〘段取り〙江戸時代の年貢徴収方法の一。租率を定めないで1反当たりの年貢の高を決め、それに面積を掛けて算定する方法。関東で多く行われた。⇒厘取り

だん-どり【段取り】❶芝居などで、筋の展開や組み立てのしかた。❷物事を行う順序や手順。また、その準備。「式の―をつける」

(類語)手順・手はず・手続き・順序・用意・支度・準備・備え・設け・手配・手配り・手回し・手当て・膳立て・道具立て・下拵え・下準備・態勢・整備・備える

タンドリー-チキン〘tandoori chicken〙インド料理の一。ヨーグルトと香辛料に漬け込んだ鶏肉を、タンドールとよぶ壺型のかまどで焼いたもの。

ダントン〘Georges Jacques Danton〙[1759～1794]フランスの政治家。フランス革命時のジャコバン党の指導者の一人で、革命政府の法相となり、反革命弾圧を指導。のち、ジロンド党の追放、恐怖政治の終結を主張し、ロベスピエールと対立、断頭台で処刑された。

たんな【▽手▽綱】《「たづな」の音変化》❶馬の手綱。〈日葡〉❷したおび。ふんどし。「この子、ちりめんの―をして」〈仮・仁勢物語・上〉

だんな【×檀那｜旦那】《梵 dānaの音写》❶ほどこし。布施。転じて、布施をする人。檀越。檀家。❷商家の奉公人などが男の主人を敬っていう語。「店の大―」❸商人が男の得意客を、また役者や芸人が自分のひいき筋を敬っていう語。また一般に、金持ちや身分のある男性を敬っていう。「―、これはよい品でございますよ」「顔見世に―衆を招く」❹妻が夫をいう語。他家の夫をいう場合もある。「お宅の―」❺妾の主人。パトロン。「―がつく」「―を取る」

(類語)夫・主人・亭主・ハズ・夫君・宅・内の人・宿六

タンナー〘tanner〙なめし革業者。

だん-な-い〘形〙《「だいじな(大事無)い」の音変化か。近世上方語》大したことはない。支障ない。かまわない。「どしても―いが、とるにしくはないさかい」〈滑・膝栗毛・七〉

だんなく-しゅぜん【断悪修善】《「だんあくしゅぜん」の連声》仏語。悪を断ち切り、善を修行すること。

だんな-げい【旦那芸】❶商家の主人などがなぐさみに習いおぼえた芸事。❷《江戸蔵前や日本橋魚河岸の商家の主人たちが好んだところから》一中節と河東節のこと。これに対して、常磐津と清元節を職人芸という。

だんな-でら【×檀那寺】自分の家が帰依して檀家となっている寺。菩提寺。

だんな-どり【旦那取り】❶主人に仕えること。奉公すること。❷妾となること。「母親はもう四十歳になるのだそうだが、―のような事をしているらしいのだ」〈宇野浩二・苦の世界〉

たんな-トンネル【丹那トンネル】東海道本線の熱海・函南間のトンネル。長さ7841メートル。工事着工から16年かかり、昭和9年(1934)開通。北側に新丹那トンネルがある。

だんな-ば【旦那場】商人・職人などが得意先を敬っていう語。得意場。「村でも気の好さ相な―では必ず借銭をした」〈森田草平・煤煙〉

だんな-ぼうず【×檀那坊主】檀那寺の坊主。菩提寺の僧。「四十九日の朝は―呼びて夕食に精進あげて」〈浮・置土産・一〉

だんな-やまぶし【×檀那山伏】祈祷などのためにその家に出入りして信仰を受けている山伏。「―が来て変成男子の行ひ」〈浮・胸算用・二〉

たん-なり〘連語〙《完了の助動詞「たり」の連体形に伝聞推定の助動詞「なり」の付いた「たるなり」の音変化》…たそうだ。…たらしい。「君は小督がゆゑにおぼしめし沈ませ給ひ―なり」〈平家・六〉

だんな-りゅう【×檀那流】檀那僧都覚運を祖とする天台宗の一学派。恵心流と共に恵檀二流と称された。

たん-なる【単なる】〘連体〙それだけで、ほかに何も含まないさま。ただの。「―うわさにすぎない」

たん-なんこう【単軟×膏】蜜蝋に植物油をまぜて製した黄色の軟膏。他の軟膏をつくる基剤。

たん-に【単に】〘副〙(あとに「だけ」「のみ」などの語を伴って)その事柄だけに限られるさま。ただ。ただに。「―個人のみの問題にとどまらない」

たんにしょう【歎異抄】鎌倉時代の法語集。1巻。著者を親鸞の弟子の唯円とする説が一般的。親鸞没後に成立。浄土真宗の聖典で、18条からなり、前の10条は親鸞の法語、あとの8条は親鸞没後の末徒の異義への批判を所収。

たん-にん【担任】〘名〙スル ❶一定の任務を担当すること。「月謝小遣其他は宗助の方で―しなければ義理が悪い」〈漱石・門〉❷学校で、学級や教科を受け持つこと。また、その人。「新しいクラスを―する」

(類語)担当・受け持ち・係・当番

タンニン〘tannin〙一般に、水溶液が強い収斂性をもち、皮をなめす性質のある物質の総称。数種の有機化合物の混合物。植物界に広く存在し、俗に渋ともいい、五倍子・没食子に多く含まれる。皮なめし剤・媒染剤・インクなどに利用。

タンニング〘tanning〙❶日焼けすること。太陽光や太陽灯などを浴びて、皮膚を黒くすること。❷動物の皮をなめすこと。なめし革にすること。

タンニン-さん【タンニン酸】❶タンニンの加水分解によって生じる有機酸。❷五倍子・没食子などから得るタンニン。

たん-ぬ【足んぬ】《動詞「た(足)る」の連用形に完了の助動詞「ぬ」の付いた「たりぬ」が音変化したものの名詞化》みちたりること。満足。「腹ヲタテ身ノ焔ヲモヤイテ、ソシリマワッテ、ナヲ―セネバ」〈天草本伊曽保・イソポが生涯〉⇒堪能

ダンヌンツィオ〘D'Annunzio〙▶ダヌンツィオ

だん-ねつ【断熱】〘名〙スル 外部との熱の出入りをさえぎること。「二重窓にして―する」

だんねつ-ざい【断熱材】熱の遮断および保温のために用いる、熱を伝えにくい材料。石綿・ガラス繊維・コルクなど。

だんねつ-しょうじ【断熱消磁】ニネッ ショウジ 液体ヘリウム中で常磁性体を強く磁化したのち、急に断熱的に磁界を取り去って、絶対温度1度以下の極低温を得る方法。断熱消磁冷却。磁気冷却。

だんねつ-しょうじれいきゃく【断熱消磁冷却】ニネッ ショウジ レイキャク ►断熱消磁

だんねつ-へんか【断熱変化】ニネッ ヘンカ 熱力学で、外部との熱の出入りなしに行われる物体の状態変化。

だんねつ-ぼうちょう【断熱膨張】ニネッ ボウチョウ 気体が外部との熱のやりとりなしに膨張する現象。このとき気体は外部に仕事をして温度が下がる。

ダンネマン〘Friedrich Dannemann〙[1859～1936]ドイツの科学史家・科学教育者。ボン大学教授。自然科学史の分野を開拓し、科学史の著作を多数残した。主著「大自然科学史」。

たん-ねん【丹念】〘名・形動〙細かいところにまで注意を払うこと。心を込めて丁寧に行うこと。また、そのさま。入念。「資料を一つ一つ—に調べる」「—な細工」(派生)たんねんさ〘名〙
(類語)丁寧・念入り・入念・克明・周到

たんねん【湛然】[711～782]中国、唐の僧。天台宗中興の祖。常州晋陵(江蘇省)の人。荊渓けいけい尊者・妙楽大師ともよばれる。智顗ちぎの著述の研究と普及に努めた。著「法華玄義釈籤」「止観大意」など。

だん-ねん【断念】〘名〙スル 自分の希望などを、きっぱりとあきらめること。「進学を—する」
(類語)あきらめる・思い切る・観念・往生

タンネンベルク〘ドイツ Tannenberg〙ポーランド北東部の村、ステンバルクの旧称。もとドイツ領。

タンネンベルク-の-たたかい【タンネンベルクの戦い】ータタ カヒ 第一次大戦初期の1914年8月、ドイツ東部国境、タンネンベルク付近でヒンデンブルクの指揮するドイツ軍が、サムソノフ率いるロシア軍を全滅させた戦い。

たん-のう【胆×嚢】ータナウ 肝臓の下面にある袋状の器官。肝臓でつくられた胆汁を一時的に蓄え、必要に応じて十二指腸へ排出する。

たん-のう【堪能】㊀〘名〙スル《「た(足)んぬ」の音変化。「堪能」は当て字》❶十分に満足すること。「おいしい料理を—する」❷気が済むこと。納得すること。「せめてのことに様子を語り、—させて給たべかし」〈浄・五枚羽子板〉㊁〘形動〙図〘ナリ〙《㊀に「堪能」の字が当てられ「かんのう(堪能)」と混同されてできたもの》技芸・学問などにすぐれているさま。「英会話に—な社員」
(類語)楽しむ・満喫・興ずる・享受・享楽・エンジョイ

たん-のう【端脳】ーナウ 脊椎動物の前脳の前半部。高等動物では大脳半球となる部分。終脳。

たんのう-えん【胆×嚢炎】タンナウ 胆嚢の炎症。大腸菌などの細菌感染や胆石などが原因で起こり、右上腹部の激痛や吐き気・黄疸おうだんなどの症状がみられる。

だん-の-うら【壇ノ浦】㊀山口県下関市、早鞆はやともの瀬戸の北岸一帯。源平合戦最後の戦場として知られる。➡壇ノ浦の戦い ㊁物事の悲劇的な結末のたとえ。

だんのうらかぶとぐんき【壇浦兜軍記】浄瑠璃。時代物。五段。文耕堂・長谷川千四合作。享保17年(1732)大坂竹本座初演。近松門左衛門の「出世景清」の改作。三段目口くちの「阿古屋あこやの琴責ことぜめ」のくだりが有名。

だんのうら-の-たたかい【壇ノ浦の戦い】ータタカヒ 寿永4年(1185)壇ノ浦で行われた源平最後の合戦。平氏は源義経を総大将とする源氏の軍に敗れ、安徳天皇は二位尼(平時子)とともに入水、大将平宗盛も捕らえられ、平氏は滅亡。

だんのつ【×檀×越】ダン ヲツ「だんおつ」の連声れんじょう。

たんば【丹波】㊀旧国名の一。現在の京都府中部と兵庫県東部にまたがる。古くは「たには」と称した。㊁兵庫県中東部、中国山地の東端の市。太平洋に注ぐ加古川と日本海に注ぐ竹田川(下流で由良川に合流)の源流域。平成16年(2004)11月に柏原かいばら町、氷上ひかみ町、青垣町、春日町、山南町、市島町が合併して成立。人口6.8万(2010)。

たん-ぱ【短波】波長が10～100メートル、周波数が3～30メガヘルツの電波。電離層で反射されるので遠距離通信に使用。デカメートル波。HF(high frequency)。➡長波❶ ➡中波

タンパ〘Tampa〙米国フロリダ州、フロリダ半島西岸の港湾都市。タンパ湾の最奥部に位置する天然の良港に恵まれ、農産物や鉱産物の集散地として発展。気候が温暖な観光保養地としても知られる。

だん-ぱ【暖波】寒帯地方や温帯地方で、異常に温暖な空気に覆われる現象。➡熱波

ダン-パ「ダンスパーティー」の略。学生用語。

ダンバー〘Dunbar〙英国スコットランド南東部の港町。北海のフォース湾南岸に面する。米国の国立公園の父と称されるジョン＝ミューアの生家がある。13世紀末、エドワード1世率いるイングランド軍がスコットランド軍を破ったダンバーの戦いの舞台として知られる。

ダンパー〘damper〙❶振動エネルギーを消散させて衝撃または振動の振幅を軽減する装置。自動車・鉄道車両などに使用。制振器。吸振器。❷ピアノ・チェンバロなどで、弦の振動を止める装置。

ダンパー-せん【ダンパー線】《damper wire》アパーチャーグリル方式のブラウン管の画面に見られる水平の細い線のこと。

たん-はい【炭肺】塵肺じんぱいの一。炭塵を吸入し、肺に沈着して起こる呼吸器病。炭坑労働者に多い職業病。炭粉沈着症。炭素肺。

たん-ばい【探梅】梅の花を求めてたずね歩くこと。(季 冬)「—や遠き昔の汽車に乗り/誓子」

たんばいち【丹波市】奈良県天理市の中心部の地名。

たん-はき【×痰吐き】吐き出したたんを受けるための器。痰壺たんつぼ。

たん-ぱく【淡泊｜淡白｜×澹泊】〘名・形動〙❶味・色・感じなどが、あっさりしていること。また、そのさま。「—な味の料理」⇔濃厚。❷性格や態度がさっぱりしていること。こだわりやしつこさがないこと。また、そのさま。「金銭に—な人」(類語)(❶)あっさり・さっぱり/(❷)からっと・さっぱり・さばさば・あっさり

たん-ぱく【×蛋白】❶卵の白身。卵白。❷「蛋白質」の略。

だん-ばく【段×瀑】水の落ち方から見た滝の分類の一。落ち口から流れ出た水が、途中で岩などにぶつかって段を作りながら落下する滝のこと。二つ段のあるものを二段瀑、三つのものを三段瀑という。➡直瀑

たんぱく-こう【×蛋白光】ークワウ 固体や液体に光を当てたとき、物質内部の散乱によって出てくる光。オパール(蛋白石)やコロイド溶液などで見られる。乳光。オパレセンス。

たんぱく-しつ【×蛋白質】生物の細胞の主成分であり生命現象に直接深く関与している、窒素を含む高分子の有機化合物。約20種のアミノ酸がペプチド結合によりつながったもので、種類は多い。単純たんぱく質と複合たんぱく質とに分けられる。プロテイン。

たんぱくしつぶんかい-こうそ【×蛋白質分解酵素】ーカウ ソ たんぱく質のペプチド結合を加水分解する酵素の総称。ペプシン・トリプシン・キモトリプシンなど。プロテアーゼ。

たんぱく-しょうかこうそ【×蛋白消化酵素】ーセウクワカウソ たんぱく質を分解する消化酵素。胃液のペプシン、膵液すいえきのトリプシン・キモトリプシン、腸液のエレプシンなど。

たんぱく-せき【×蛋白石】非晶質の含水珪酸けいさん鉱物。半透明または不透明の乳白色で、不純物により種々の色が現れる。美しい真珠光沢のあるものは宝石となる。オパール。

たんぱく-せんい【×蛋白繊維】ーセン ヰ ダイズ・牛乳・ラッカセイなどのたんぱく質を原料に用いて作った繊維。絹や羊毛に類似した性能をもつが、堅牢ではない。

たんば-ぐち【丹波口】京の七口の一。京都から老ノ坂を経て丹波方面に至る街道口。

たんぱく-にょう【×蛋白尿】ーネウ 尿中に一定量以上のたんぱく質がまざっている状態。生理的なものと、腎臓・泌尿器疾患に多くみられる。

たんば-ぐり【丹波×栗】丹波地方産の大粒の栗。おおぐり。

たんば-こうち【丹波高地】ーカウ チ 京都府中部・兵庫県東部に広がる高地。中国山地の最東端に位置し、山地内に亀岡・福知山・篠山ささやまなどの盆地がある。準平原が隆起し、川によって浸食された高原状の地形で、標高約600～800メートル。浸食から取り残された残丘ざんきゅうとして皆子みなご山(標高972メートル。京都府最高峰)・愛宕あたご山(標高924メートル)などの比較的高い山もある。丹波高原。丹波山地。

たんば-ごえ【丹波越え】❶京都から山を越えて丹波へ行くこと。❷かけおちすること。また、破産や勘当などで逃亡すること。近世、京都の者が丹波へ逃げることが多かったところからいう。「—の身となりて、道なきかたの草分衣、茂右衛門おさんの手を引きて」〈浮・五人女・三〉

たんば-し【丹波市】►丹波㊁

だん-ばしご【段×梯子】幅の広い板をつけたはしご状の階段。(類語)梯子・縄梯子・梯子段

だん-ばた【段畑】「段段畑だんだんばたけ」に同じ。

たんば-たろう【丹波太郎】ーラウ 京阪地方で、陰暦6月ごろ丹波方面に立つ夕立ち雲。

たんば-ちゃ【丹波茶】《「たんばぢゃ」とも》丹波産の茶。粗茶の意に用いられた。

たん-ぱつ【単発】❶発動機が1基であること。❷1発ずつ発射すること。❸一度きりであとの続かないもの。連続せずに1回で完結するもの。「—ドラマ」(類語)散発・暴発・不発

たん-ぱつ【短髪】みじかい髪。

だん-ぱつ【断髪】〘名〙スル ❶髪を切ること。長髪を短く刈ったり、髷まげを切り落としたりすること。❷髪を首筋のあたりで切りそろえた女性の髪形。昭和初期に流行。ボブスタイル。

たんぱつ-き【単発機】発動機を1基備えた飛行機。

だんぱつ-しき【断髪式】力士が引退または廃業するときに、髷まげを切る儀式。

たんぱつ-じゅう【単発銃】1発ごとに弾丸を装塡そうてんする仕組みの銃。➡連発銃

だんぱつ-れい【断髪令】明治4年(1871)に公布された男子結髪廃止の布令。

だん-ばな【段鼻】鼻筋に高低の段がついた鼻。

たんば-の-やすより【丹波康頼】[912～995]平安中期の医師。丹波の人。丹波宿禰すくねの姓を賜った。隋・唐の医学を集大成した「医心方いしんほう」を完成。

たんぱ-ほうそう【短波放送】ーハウ ソウ 短波を用いて行う放送。遠距離まで伝わる特性があるので国際放送に用いられる。

たんば-ほおずき【丹波酸＝漿】ーほほ づき ホオズキの一品種。萼がくが大きい。

たんば-やき【丹波焼】兵庫県篠山市今田こんだ町上立杭かみたちくい・下立杭を中心に産する陶器。古くは須恵器系で、桃山時代以降は施釉せゆう陶が主流となり茶器も制作。

たんばよさく【丹波与作】丹波の馬方。のち江戸へ出て出世し、武士になった。寛文(1661～1673)ごろから、関の小万との情事を俗謡に歌われ、浄瑠璃・歌舞伎にも脚色された。

たんばよさくまつよのこむろぶし【丹波与作待夜の小室節】浄瑠璃。世話物。3巻。近松門左衛門作。宝永4年(1707)大坂竹本座初演。与作と関の小万の恋に子別れの物語を脚色したもの。滋野井子別れの段が有名。

だん-はらみつ【×檀波羅蜜】《「だんぱらみつ」とも。「檀」は布施の意》六波羅蜜の一。悟りを得るために、他人に財宝・真理を施す修行。布施波羅蜜。

タンバリン〘tambourine〙打楽器の一。円形の木製枠の片面に皮膜を張り、枠の周囲に金属製の薄い小円盤をつけたもの。打ったり振ったりして金属板を鳴りひびかせて演奏する。タンブリン。

たん-ばん【胆×礬】《「たんぱん」とも》硫酸銅からなる鉱物。青色半透明で光沢がある柱状・板状結晶。三斜晶系。硫化銅鉱床に二次鉱物として産出。吐剤・除虫剤などに用いる。

たん-パン【短パン】運動用のショートパンツ。

タンパン〘フランス tympan〙西洋建築において、玄関の頭上、アーチと梁に囲まれた部分。彫刻などの装飾が施されていることが多い。ティンパヌム。

だん-ぱん【談判】〔名〕スル 事件やもめごとに決着をつけるために相手方と話し合うこと。交渉。「騒音問題について工場に―する」「膝詰め―」
(類語)交渉・折衝・渉外・外交・掛け合う・駆け引き

たんぱん-かん【担板漢】《「たんばんかん」とも》板をかつぐと、片側しか見えないように、物事の一面だけを見て全体を見ることができない人のたとえ。

たん-はんけい【短半径】楕円の短軸の半分。楕円の中心を通る半径のうちで最も短く、必ず長軸に直交する。半短径。

たんばん-しき【単板式】►ワン-シー-シー-ディー(1CCD)

たんばん-ほう【単板法】写真 写真術で、直接原板に陽画を現像させる方法。ポラロイドカメラなど。

たんばん-ほうしき【単板方式】デジタル ►ワン-シー-シー-ディー(1CCD)

たんばん-るい【単板類】軟体動物門の一綱。カンブリア紀からデボン紀に栄えた貝類で、現生種にはネオピリナが知られる。単殻類。

たんび【▽度】「たび(度)」を強めていう語。「見る―に感心する」

たん-び【×耽美】美を最高の価値として、ひたすらその世界に心を傾け陶酔すること。

たん-び【嘆美・×歎美】〔名〕スル 感心してほめること。「大きな自然の法則を―する声」〈漱石・行人〉

たん-ぴ【単比】一つの比。a：bの比。⇔複比。

たん-ぴ【短×臂】臂ひじから手首までが短いこと。腕前が劣ることのたとえ。

だん-び【断尾】イヌ・ネコ・ウマなど、家畜の尾の一部または全部を切り取ること。

だん-ぴ【団×匪】㊀集団をなす匪賊ひぞく。㊁義和団ぎわだんの異称。

だん-ぴ【断碑】割れて欠けた石碑。

だん-ぴ【断×臂】ひじを断ち切ること。➡慧可えか断臂

ダンピア〘William Dampier〙[1652～1715]英国の航海者。1699年から1701年にかけて海軍の命令でオーストラリア周辺海域を探検、ダンピア諸島などを発見。1708年から11年にかけては世界周航を行った。著「新世界周航記」など。

タンピコ〘Tampico〙メキシコ東部、メキシコ湾岸の港湾都市。油田地帯にあり、石油化学工業が盛ん。

だんぴ-じけん【団匪事件】►義和団ぎわだん事件

たんび-しゅぎ【×耽美主義】美に最上の価値を認め、それを唯一の目的とする、芸術や生活上の立場。19世紀後半、フランス・イギリスを中心に興ったもので、ボードレール・ワイルドなどが代表的。日本では明治末期に森鷗外・上田敏によって紹介され、雑誌「スバル」「三田文学」や第二次「新思潮」によった永井荷風・谷崎潤一郎らに代表される。唯美主義。

だん-ぴつ【断筆】〔名〕スル 文筆活動をやめること。筆を折る。「小説家が―する」

たんび-は【×耽美派】耽美主義を奉じる一派。唯美派。

たん-ぴょう【単票】デジタル 1枚ずつ裁断してあるプリンター用紙。連続用紙に対していう。カットシート。

たん-ぴょう【短評】ニュース 短くまとめた批評。寸評。

たん-ぴょう【×箪×瓢】デジタル ❶飯を盛る器と、水を入れる器。❷茶道具で、ひょうたんを逆さにしたように、上が大きく下が小さく膨らんだ形のもの。茶入れ・水指さし・釜などにある。

だん-びら【段平】《「だびらひろ」の音変化。「だんびら」とも》幅の広い刀。また、刀のこと。段平物。

たん-ぴん【単品】❶品物・商品で、一つの種類、または1個のもの。❷セットになっている品物のうちの一つ。「この茶碗は―ではお取り扱いしません」

ダンピング〘dumping〙〔名〕スル ❶採算を無視した低い価格で商品を投げ売りすること。不当廉売。❷外国市場を確保するため、国内価格よりも低い価格で商品を外国へ販売すること。(類語)売り出し・安売り・特売・廉売・投げ売り・捨て売り・叩たたき売り・乱売・蔵浚ざらえ・見切り売り・セール・バーゲンセール

ダンピング-かんぜい【ダンピング関税】ニュース 外国のダンピングによって、国内産業が損害をこうむるおそれがある場合などに、その産業を保護するため課する高率関税。ダンピング防止税。不当廉売関税。

ダンピング-しょうこうぐん【ダンピング症候群】ニュース 胃を手術で切除した患者の食後に起こる悪心おしん・嘔吐おうと・脱力感・動悸どうき・発汗などの一連の症状。食物が急速に小腸に移動することによる。

ダンピング-ファクター〘damping factor〙音響機器で、低音再生に際し、音の過度の振動を減少させる制動係数。スピーカーのインピーダンスをアンプの出力インピーダンスで割った値。値が小さければ音の歯切れが悪く、大きければ制動のしすぎになる。

ダンピング-マージン〘dumping margin〙不当廉売の利幅をいう。正価販売の利幅より小さい。

タンピング-ローラー〘tamping roller〙地盤を締め固めるための土木機械。鉄のローラーに突起を付けたもの。大型の土木工事に使われる。

たん-ぶ【反歩・▽段歩】田畑の面積を反を単位として数えるのに用いる語。「一〇一の田」➡反たん

たん-ぷ【担夫】荷物をになう人夫。〈色葉字類抄〉

だんぶ〔副〕勢いよく水に落ちる音を表す語。ざんぶ。「小川へ―とはね落とされ」〈浄・油地獄〉

ダンプ〘dump〙〔名〕スル《どさっと落とす意》❶「ダンプカー」の略。❷コンピューターで、記憶装置内やファイルの内容を、ディスプレーなど他の装置に表示したり移したりすること。また、その内容。エラー検出などに利用。

ダンファームリン〘Dunfermline〙英国スコットランド東部の港町。11世紀にスコットランド王マルコム3世が王宮を置き、17世紀までスコットランド王国の首都だった。18世紀から20世紀にかけて、リンネルをはじめとする繊維産業で栄えた。11世紀創建のベネディクト派修道院、ダンファームリン修道院や王宮跡がある。アメリカの鉄鋼王アンドルー=カーネギーの生地として知られ、生家やゆかりの公園がある。

ダンファームリン-しゅうどういん【ダンファームリン修道院】ニュース《Dunfermline Abbey》英国スコットランド東部の港町ダンファームリンにある修道院。11世紀にスコットランド王マルコム3世の王妃マーガレットがベネディクト派修道院を創設。マルコム3世とマーガレット王妃、デビッド1世、ロバート1世らが埋葬されている。かつての王宮跡が隣接する。

だん-ぷう【暖風】あたたかい風。

だんぷう【檀風】謡曲。四・五番目物。宝生・金剛・喜多流。太平記に取材。日野資朝ひのすけともの子梅若が佐渡島で父のかたきの本間三郎を討ち、熊野権現の加護で無事に都へ帰る。

タンブーラ〘tambura〙インドの主に古典音楽の伴奏に用いられる撥弦はつげん楽器。木製または匏ひさご製の胴と長くて比較的太い棹さおからなる。ドローンとして常に開放弦が奏される。➡ドローン

タンブール〘フランス tambour〙❶建物の柱を構成する円筒形の石材。❷ドームを高くするために円天井の下部に挿入する円筒形の石材。

タンブール〘ペルシア ṭanbūr〙西アジア・中央アジアのリュート属の撥弦はつげん楽器の総称。半球形の木製の胴に長いさおを付け、3～10本の金属弦を張り、指または義甲ではじいて演奏する。

ダンプ-カー《和 dump＋car》荷台部分を傾斜させて積み荷を一度に下ろせるようにした運搬用自動車。ダンプトラック。(補説)英語でdump carは車体が傾斜する鉄道貨車のこと。

たん-ぷく【単複】❶単純と複雑。「―さまざまな事情がある」❷単数と複数。「一同形の語尾変化」❸テニス・卓球などの試合で、シングルスとダブルス。❹競馬・競輪などで、単勝と複勝。

だん-ぶくろ【段袋・▽駄袋】❶布製の大きな荷物袋。❷幕末から明治初期にかけて武士が訓練のとき用いた、袴を改良したゆったりとしたズボン。

たん-プラ【短プラ】「短期プライムレート」の略。

タンブラー〘tumbler〙❶底の平たい大形のガラス製コップ。❷機械などの、回転する部品。「―乾燥機」
(類語)コップ・グラス・ジョッキ

タンブラー-スイッチ〘tumbler switch〙電気のスイッチで、つまみを上下または左右に倒すことによって開閉する方式のもの。

タンブラン〘フランス tambourin〙フランスのプロバンス地方起源の、胴の長い太鼓。また、この太鼓の伴奏による4分の2拍子の活発で急テンポの舞踊。

ダンフリース〘Dumfries〙英国スコットランド南西部の都市。ニス川下流部に位置し、河港都市として発展。スコットランドを代表する詩人ロバート=バーンズが晩年の6年間を過ごした地であり、バーンズの家や霊廟、記念館などがある。ダンフリーズ。

たん-ふりこ【単振(り)子】重くて小さい物体を細い強い糸でつるした振り子。振れ幅が小さいときには単振動をする。

ダンブリ-せき【ダンブリ石】《danburite》カルシウムと硼素ほうその珪酸塩けいさんえん鉱物。黄白色または無色で光沢がある柱状結晶。斜方晶系。黄玉に似る。

タンブリン〘ドイツ Tamburin〙►タンバリン

タンブリング〘tumbling〙マットの上で連続的に行う跳躍・転回運動の総称。

ダンプリング〘dumpling〙小麦粉に卵・牛乳・バターなどを加えて練り、団子状にしてゆでたもの。シチューやスープの実に用いる。

タンブル-かんそうき【タンブル乾燥機】ニュース《drying tumblerから》洗濯ものを乾燥させる回転式の乾燥機。

たん-ぶん【単文】文法で、文の構造上の分類の一。一つの文において、主語・述語の関係が1回だけで成り立っているもの。「鳥が鳴く」「犬が速く走る」などの類。➡複文 ➡重文

たん-ぶん【短文】短い文。短い文章。⇔長文。

たんぶんせつ-へんかん【単文節変換】デジタル コンピューターで漢字を入力する際の、かな漢字変換の代表的な方式の一。キーボードで一つの文節を入力するたびに変換する。現在は連文節変換が主流となっているが、同音異義語を入力する際、誤変換が少ないという特長がある。文節変換。

たん-ぺい【短兵】短い武器。弓矢や長槍・長剣などに対して、刀剣や手槍てやりの類。「―ヲモッテ攻メル」〈和英語林集成〉

だん-ぺい【団平】「団平船」の略。

だん-べい〔連語〕《「であるべし」の音変化。多く関東地方で用いる》だろう。「もう昼―」➡べい〔助動〕

だん-ぺい【談柄】《僧侶が談話のさいに手に持つ払子ほっすの意から》話の種。話題。「意外な方面へ―を落とした」〈芥川・路上〉

たんぺい-きゅう【短兵急】デジタル〔形動〕文〔ナリ〕❶だしぬけであるさま。ひどく急なさま。「あまりにも―な話で対処に困る」「―に結論を急ぎすぎる」❷刀剣などをもって急激に攻めるさま。「官軍弥いよいよ勝に乗って―に拉とりひしぐ」〈太平記・一五〉(類語)急・にわか・出し抜け・突然・急遽きゅうきょ・唐突・不意・忽然こつぜん・俄然がぜん・突如・いきなり・不意に・ふと・矢庭に

だんぺい-ぶね【団平船】和船の一。幅が広く、底を平たく頑丈につくった船。石・材木・石炭・土砂などの重量物の近距離輸送に用いた。

ダンベガン-じょう【ダンベガン城】ニュース《Dunvegan Castle》英国スコットランド北西岸、ヘブリディーズ諸島の島、スカイ島の北西岸にある城。同島を支配した氏族の一、マクラウド家の居城として13世紀ごろに建造された。歴代当主とその妻の肖像画、一族に勝利をもたらすという伝説がある旗などを展示する。

たん-ぺき【丹×碧】赤色と青色。丹青。

たん-べつ【反別・▽段別】❶田を1反ごとに分ける

こと。1反を単位とすること。また、それに課税すること。❷町・反・畝・歩の単位で表した田畑の面積。

ダンベッグ-とりで【ダンベッグ砦】《Dunbeg Fort》アイルランド南西部、大西洋に向かって突き出たディングル半島の南西岸にある石積みの遺跡。ケルト人以前の鉄器時代から10世紀頃まで使われていたとされる。

たんべつ-わり【反別割(り)】旧制で、田畑の面積を標準として賦課した租税。

ダンベル〘dumbbell〙亜鈴(あれい)。

タンペレ〘Tampere〙フィンランド南西部の都市。水位の異なるナシ湖、ピュハ湖を利用した水力発電により、工業都市として発展。ハメーンリンナまで続く湖沼地帯の観光航路の拠点として知られる。

たん-べん【単弁｜単×瓣】花弁が一重であるもの。

たん-ぺん【短辺】長方形の、短いほうの辺。⇔長辺。

たん-ぺん【短編｜短×篇】詩歌・小説・映画などの短い作品。➡長編

だん-ぺん【断片】あるまとまったものの、一部分。きれはし。「記憶の—をつなぎ合わせる」

(類語)部分・箇所(かしょ)・ところ・部位・一部・一部分・局部・局所・細部・一端(いったん)・一斑(いっぱん)・一節(いっせつ)・件(くだり)・パート・セクション・点・切れ・切れ端・端くれ・切片

だん-ぺん【断編｜断×篇】文章や文書の一部分。きれはし。「日記の—」

だん-ぺん【談片】談話の一部分。「手帳を取り出して、老人の—を書取る用意をした」〈荷風・腕くらべ〉

たんべん-か【単弁花】(クヮ) 単弁の花。一重咲きの花。

たんぺん-しょうせつ【短編小説】(…セウセツ) 短い形式の小説。単一な筋と緊密な構成で主題を打ち出すのが特色。(類語)コント

だんぺん-てき【断片的】〘形動〙切れ切れで、まとまりのないさま。「—な知識」「—にしか聞いていない」

たん-ぼ【旦暮】❶朝晩。あけくれ。旦夕。❷時機が迫っていること。「城中糧尽き、陥落—に在るを知りしより」〈竜渓・経国美談〉

たん-ぼ【▽田×圃】《「たのも(田面)」あるいは「たおも(田面)」の音変化か。「田圃」は当て字》田。水田。(類語)田・水田・田地

たんぽ 綿などを丸めて皮や布で包んだもの。けいこ用の槍の頭につけたり、拓本をとるとき墨を含ませたりするのに用いる。

たん-ぽ【担保】〘名〙スル ❶将来生じるかもしれない不利益に対して、それを補うことを保証すること、または保証するもの。抵当。「土地を—に入れる」❷債務者が債務を履行しない場合に備えて債権者に提供され、債権の弁済を確保する手段となるもの。物的担保と人的担保とがある。❸(特に、物品などの形(かた)を取らないで)その事を保証するもの。「消費者保護実現の—はない」「法律によって—する」(類語)質・形(かた)

たん-ぽ【▽湯×婆】《唐音》❶湯たんぽ。(季 冬)❷京阪地方で、酒を温めるのに用いる、銅・真鍮製の筒形の器をいう。ちろり。

ダンボ〘Dumbo〙ウォルト=ディズニー-プロ製作のアニメーション映画の題名。1941年製作。また、その主人公の、耳がふつりあいに大きな子象の名前。

タンホイザー〘Tannhäuser〙ワグナー作曲のオペラ。全3幕。1845年ドレスデンで初演。中世ドイツの伝説をもとにワグナー自身が台本を作成。騎士で吟遊詩人のタンホイザーとエリーザベト姫との愛を描く。

たん-ぼいん【短母音】長母音に対して、短く発音された母音。日本語では、1拍(モーラ)におさまる母音をさす。⇔長母音。

たん-ほう【単方】(…パウ) 他の薬剤を加えず、その薬剤だけで薬を作ること。

たん-ぼう【探訪】(…バウ)〘名〙スル《「たんぽう」とも》社会の出来事や実態をその現場に行ってさぐり歩くこと。「下町情緒を—する」「社会—」

たん-ぼう【短×鋒】毛筆で、穂の長さが太さに比べて短いもの。

だん-ぼう【男房】(…バウ) ►なんぼう(男房)

だん-ぼう【暖房｜×煖房】(…バウ)〘名〙スル 建物や部屋の内部を暖めること。また、その装置。「ストーブで—する」(季 冬)⇔冷房。

だん-ぽう【暖飽】(…パウ)「暖衣飽食」の略。

だん-ぽう【×檀方】(…パウ) 檀家。檀徒。「建立だの再建(さいこん)だのと、氏子や—はいふもさら」〈滑・浮世風呂・四〉

だんぼう-きぐ【暖房器具】(ダンバウ…) 暖房用の器具。こたつ・ストーブなど。

たんほうこう-つうしん【単方向通信】(タンハウカウ…) ►シンプレックス

たんほうこう-にんしょう【単方向認証】(タンハウカウ…) ►片方向認証

だんぼう-しゃ【暖房車】(ダンバウ…) 暖房装置のある列車・電車または自動車。(季 冬)

たんほうせい-しぼうさいぼう【単胞性脂肪細胞】(タンハウセイシバウサイバウ) ►白色脂肪組織

だんぼう-そうち【暖房装置】(ダンバウサウチ) 建物に備え付けられた暖房用の装置。いろり・きりごたつ・暖炉・セントラルヒーティングなど。

だん-ボール【段ボール】波状に成形した中心(しん)紙の片面または両面に厚紙をはり合わせた板紙。包装の箱にする。

たんぽ-かけめ【担保掛(け)目】担保物件の価格よりも低く評価する際の比率。金融機関が貸付を行う場合に徴求する担保物件や証券会社が信用取引の委託証拠金の代用として預かる有価証券の時価などに対して適用される。

たんぽ-かしつけ【担保貸付】銀行などの金融機関が担保をとって行う貸付。担保付貸付。

たんぽ-せいきゅうけん【担保請求権】(…セイキウ…) 当事者間の特約または法律の規定に基づき、担保の提供を請求しうる権利。

たんぽつき-こうさい【担保付公債】元利金支払いを保証するために、物的担保の付された公債。

たんぽつき-しゃさい【担保付社債】元利の支払いを確実にするため、起債会社と信託会社との信託契約によって物的担保の付された社債。

たんぽ-ぶつ【担保物】❶担保として提供される物品。❷質入れする物。しちぐさ。抵当物。

たんぽ-ぶっけん【担保物権】債権の担保を目的とする物権。民法上、留置権・先取特権・質権・抵当権の4種がある。

たんぽぽ【蒲=公=英】キク科タンポポ属の多年草の総称。野原や道端に生え、根際から羽状に深く裂けた葉を放射状に出す。3、4月ごろ、花茎を伸ばし、頂に黄色または白色の舌状花のみからなる頭状花を開く。種子は上部に白い毛をつけて風に飛ぶ。葉を食用とし、根などを漢方で催乳に用いる。日本ではカントウタンポポ・カンサイタンポポ・エゾタンポポ・シロバナタンポポなどが自生し、セイヨウタンポポが帰化している。蒲公英(ほこうえい)。(季 春)「—のかたさや海の日も一輪/草田男」

たんぽぽ-いろ【蒲=公=英色】タンポポの花弁のような色。鮮やかな黄色。

たんぼ-みち【▽田×圃道】たんぼの中を通っている道。あぜみち。(類語)農道・あぜ道

たんぽ-やり【たんぽ×槍】先にたんぽをつけた、けいこ用の槍。

だんぼらぼ〘副〙水中に物が落ちる音を表す語。どんぶり。どぶん。「大勢かかって、—ほとりも知れぬ海の中」〈浄・博多小女郎〉

タンポン〘ドイ Tampon〙脱脂綿やガーゼを丸めて、薬剤をつけて局所に当てたり詰めたりして止血や分泌物の吸収に用いるもの。綿球。止血栓。

たんほんい-せいど【単本位制度】(タンホンヰ…) 本位貨幣が金または銀の単一である貨幣制度。➡複本位制度

たんま 子供が遊戯中に、一時中断を要求したり合図したりするときの語。「待った」の「ま」と「た」を逆にしたものからとも、「タイム」の音変化からともいう。

たん-まい【反米｜▽段米】中世、朝廷や幕府などが、即位・将軍宣下などの際に臨時に反別に課した税米。

だん-まく【段幕】紅白や5色の布を、横になん段か縫い合わせた幕。

だん-まく【弾幕】多数の弾丸を一斉に発射し、弾丸の幕を張ったようにすること。「—を張る」

たん-まつ【端末】❶はし。すえ。❷コンピューターの入出力装置のある部分。

たんまつ-アダプター【端末アダプター】《terminal adapter》►ターミナルアダプター

たんまつ-き【端末機】►端末装置

たんまつ-きき【端末機器】►端末装置

たんまつ-そうち【端末装置】(…サウチ) 離れた所からコンピューターを操作するための装置・機器。LANやインターネットなどのコンピューターネットワークを通じてホストコンピューターとデータのやり取りをしたり、処理を行ったりする。通常、記憶装置をほとんどもたず、ディスプレーとキーボードとを備える。同様の役割をもつソフトウエアを意味することもある。ターミナル。端末機。

だん-まつま【断末魔｜断末摩】《「末魔」は、梵 marmanの音写。身体内にある特殊な急所で、何かがこれに触れると死ぬという》息を引き取るまぎわ。臨終。「—の苦しみ」(類語)いまわ・死に際・往生際・死に目・末期・臨終・終焉(しゅうえん)

たんまり〘副〙❶たくさんあるさま。非常に多いさま。どっさり。「—もうける」「—(と)ため込む」❷ゆったりと落ちついているさま。のんびり。「ほんにほんに—と湯へもはいられません」〈滑・浮世風呂・二〉

(類語)山ほど・しこたま・一杯・たくさん・多く・多い・数数(かずかず)・多数・数多(あまた)・無数・多量・大量・大勢(おおぜい)・夥(おびただ)しい・あまた・多多・いくらも・いくらでも・ざらに・ごろごろ・どっさり・たっぷり・十二分に・豊富に・ふんだんに・腐るほど・ごまんと・わんさと・うんと・たんと・仰山(ぎょうさん)・なみなみ・十分・しっかり・がっつり

だんまり【▽黙り】《「だまり」の撥音添加》❶だまっていて、ものを言わないこと。また、その人。「何を聞かれても—をきめこむ」❷ことわりのないこと。無断。「不実に考えりゃあ、—で不意と出発(たつ)て行くかも知れない」〈柳浪・今戸心中〉❸歌舞伎の演出で、暗やみの中で、登場人物が無言で探り合うようすを様式化したもの。また、その場面。暗闘。暗挑。(類語)黙秘

ダンマルク〘Danmark〙「デンマーク」のデンマーク語による呼称。

たん-み【淡味｜×澹味】あっさりした味。うす味。

たん-みん【×蛋民｜×蜑民】中国南部の水上生活民。漁業・水産業を生業とし、独得の風俗・習慣をもっていた。現在は激減。蛋家。

たん-めい【旦明】夜明け。明け方。

たん-めい【短命】〘名・形動〙❶寿命の短いこと。若くして死ぬこと。また、そのさま。「—な家系」⇔長命。❷物の存在期間や有効期間の短いこと。また、そのさま。「—内閣」(類語)薄命

たん-めいすう【単名数】一つの単位だけを用いて表した数。120秒、3.5メートルの類。➡複名数

たんめい-てがた【単名手形】手形上の債務者が一人である手形。裏書がない約束手形や引受済みの自己宛為替手形がこれにあたる。➡複名手形

だん-めつ【断滅】〘名〙スル 絶えてなくなること。また、絶やし滅ぼすこと。滅亡。「先生と私との今までの関係は必—するだろうと思ったからです」〈荷風・つゆのあとさき〉

たん◦めり〘連語〙《完了の助動詞「たり」の連体形に推量の助動詞「めり」の付いた「たるめり」の音変化》「ためり」に同じ。「帝、院などまでこそ皆おぼし合はせ—◦めれ」〈狭衣・四〉

たん-めん【×耽×湎】酒色にふけること。耽溺(たんでき)。

タンメン【湯麺】《中国語》いためた肉や野菜の具をのせた塩味の中華そば。また、汁めんの総称。

だん-めん【断面】❶物を任意の線で切断した切り口。「地層の—」❷ある角度から見た物事の状態や様子。「社会の—」「生活の一—」

だんめん-ず【断面図】(…ヅ) 建物や物品などを垂直に切ったと仮定して、その断面を表した図。

だん-めんせき【断面積】立体を平面で切断したときにできる断面の面積。

たん-もう【短毛】動物のからだの、短い毛。「一種」
たん-もち【×痰持(ち)】痰の出る持病のあること。また、その人。
たん-もの【反物｜▽段物】❶大人の和服などの一着分である一反に仕上げられている布地。❷和服用織物の総称。呉服。(類語)布・布地・生地・服地・太物
だん-もの【段物】❶能で、1曲の中心となる謡いどころ・舞いどころ・囃子どころのうち、クセ・狂いなどのような定型に属さないもの。「熊野」の文の段など。❷浄瑠璃で、各段のうちの有名または特殊な一段。道行・景事などを集めたものを「段物集」という。❸常磐津や新内などで、義太夫節の一段または一部を借りて語る曲。⇔端物。❹常磐津・清元・長唄などで、語り物的な、または劇的構成をもった長編の曲。また、それを地とする舞踊。⇔端物。❺箏曲で、1曲が数段で構成されている器楽曲。また、その形式。「六段」「八段」など。調べ物。
たん-や【短夜】夏の短い夜。みじかよ。⇔長夜。
たん-や【鍛冶】金属を加熱して打ちきたえ、いろいろな道具をつくること。かじ。
タンヤオ【断么】《中国語》マージャンで、二から八までの数牌だけの組み合わせで上がったもの。断么九。
たん-やく【丹薬】❶漢方で、練り薬。❷道教で、不老不死の薬。
だん-やく【弾薬】弾丸とそれを発射するための火薬の総称。「一庫」(類語)火薬・硝薬・爆薬
たん-ゆう【胆勇】ものに動じない勇気があること。「一無双」「その生平一ありて、性行純実なる一斑を見るに足れり」〈中村訳・西国立志編〉
たんゆう【探幽】►狩野探幽
だん-ゆう【男優】男性の俳優。⇔女優。
たん-よう【単葉】❶葉全体が1枚の葉身からなる葉。普通の葉。桜などの葉。⇔複葉。❷飛行機の主翼が1枚であること。⇔複葉。
たんよう-き【単葉機】主翼が1枚の飛行機。単葉飛行機。
たん-よく【▽貪欲】〔名・形動〕「どんよく（貪欲）」に同じ。「汝の一を遂んとするも」〈織田訳・花柳春話〉
たん-らく【×耽楽】〔名〕スル 楽しみにふけること。また、酒色にふけること。「尽くその書籍を売り、文芸の一を屏絶せり」〈中村訳・西国立志編〉
たん-らく【短絡】〔名・形動〕スル ❶電気回路で、電位差のある二点間をきわめて抵抗の小さい導体で接続すること。また、絶縁が破れて、抵抗の小さい回路ができること。ショート。「一事故」❷事柄の本質を考えず、またとるべき手順を踏まえずに、原因と結果、問いと答えなどを性急に結びつけてしまうこと。また、そのさま。「一な発想」「わずかな事例から一して結論に導く」
だん-らく【段落】❶長い文章を内容などからいくつかに分けた区切り。形式的に、1字下げて書きはじめる一区切りをいうこともある。段。パラグラフ。❷物事の区切り。切れ目。「陰と日向の一が確然として」〈漱石・三四郎〉➡一段落 (類語)章段・段・パラグラフ・章・節
たんらく-しけん【短絡試験】電気機器の性能、故障の有無、諸特性を調べるために、回路を短絡させて行う検査。
たんらく-はんのう【短絡反応】目標に向かう力に動かされて、いっさいの知的判断を経ずになされる直接的行動。近道反応。
たん-らん【▽貪×婪】〔名・形動〕「どんらん（貪婪）」に同じ。「彼の頭脳は溌剌として、新鮮な水を含む海綿のように一にすべてを吸収した」〈島木健作・続生活の探求〉
だん-らん【団×欒】〔名〕スル ❶月などがまるいこと。また、まるいもの。❷集まって車座に座ること。まどい。「三人して一して食った」〈花袋・田舎教師〉❸親しい者たちが集まって楽しく時を過ごすこと。「食後に家族が一する」(類語)会議・会・会合・集まり・集会・寄り合い・ミーティング・座談会・集い・まどい
たん-り【単利】元金に対してだけつける利息。⇔複利。
たん-り【単離】〔名〕スル 混合物から、ある化合物を純粋な物質として取り出すこと。
だん-り【談理】理論を語り合うこと。また、その理論。「然しそんな一では勿論ない」〈梶井・瀬山の話〉
ダンリガ〖Dangriga〗中央アメリカ、ベリーズの東部の町。スタンクリーク州の州都。カリブ海沿岸の黒人、ガリフナ族と中国系の移民が多い。
たんり-ほう【単利法】利息計算方法の一。前期間の利息を元金に繰り込まず、元金に対してだけ利息を計算する方法。⇔複利法。
たん-りゃく【胆略】大胆で知略のあること。「一ある者に非ざれば」〈柳河春三編・万国新話〉
たん-りゅう【×湍流】速い流れ。はやせ。急流。
だん-りゅう【暖流】まわりの海水より温度の高い海流。塩分は高く、プランクトンは少ない。黒潮・対馬暖流・メキシコ湾流など。⇔寒流。(類語)潮流・寒流
たんりゅう-こうぞう【単粒構造】土壌の粒子がそれぞれ独立して集積し、その間になんらの関係のない構造。ゆるい砂土や粘土分の多い土など。➡団粒構造
だんりゅう-こうぞう【団粒構造】土壌の粒子が小さなかたまりを形成している構造。保水性に富みながら排水性・通気性もよく、作物の生育に適する。火山灰土の腐植層にみられる。➡単粒構造
たん-りょ【短慮】〔名・形動〕❶考えがあさはかなこと。思慮の足りないこと。また、そのさま。「一な行動をつつしむ」❷気の短いこと。また、そのさま。短気。せっかち。「一を起こす」「一性急な人」
(類語)(❶)浅慮・浅薄・無知・疎い/(❷)気短・短気
たんりょう-たい【単量体】重合体の構成単位となる低分子量の化合物。モノマー。
たん-りょく【胆力】事にあたって、恐れたり、尻ごみしたりしない精神力。ものに動じない気力。きもったま。「一を練る」(類語)度胸・肝っ玉
たん-りょく【淡緑】うすいみどり色。うすみどり。
だん-りょく【弾力】❶外力が加わって変形した物体が、もとの形に戻ろうとする力。❷圧迫をはね返そうとする力。また、事情や状態に応じるために自在に変化できる力。「計画に一をもたせて考える」
だんりょく-せい【弾力性】❶物体の弾力に富む性質。「一のある若々しい肌」❷思考や行動などの状況に応じて変化できる性質。柔軟性や融通性。「一のある考え方」
たんりょく-ぼん【丹緑本】►たんろくぼん（丹緑本）
たん-りん【▽貪×吝】欲が深くて、けちなこと。「一奢侈誹謗の類は何れも不徳の著しきものなれども」〈福沢・学問のすゝめ〉
だん-りん【×檀林｜談林】《「栴檀林」の略。僧の集まりを栴檀の林にたとえたもの》❶仏教の僧徒の学問修行の道場。室町末期から行われ、江戸時代の浄土宗の関東十八檀林は有名。❷寺の異称。❸「談林風」「談林派」の略。
だんりん-こうごう【檀林皇后】橘嘉智子の異称。
だんりん-じ【檀林寺】京都市右京区嵯峨にあった寺。承和年間（834〜848）檀林皇后により創建、開山は唐僧義空。室町時代、京都尼寺五山の一となったが、廃絶。その地に足利尊氏が天竜寺を建てた。
たんりんし-ようせい【担輪子幼生】トロコフォラの別名。
だんりんとっぴゃくいん【談林十百韻】江戸前期の俳諧集。2冊。田代松意編。延宝3年（1675）刊。松意ら江戸の俳人が西山宗因の発句を巻頭に興行した九吟百韻10巻を収める。談林派俳風を興す契機となった書。
だんりん-は【談林派】►談林風
だんりん-ふう【談林風】大坂の西山宗因を中心に延宝年間（1673〜1681）に盛行した俳諧の一派。また、その俳風。貞門一派の伝統的な方式に対し、奇抜な俳風で自由な表現形式をとった。蕉風が興るとともに衰退。宗因風。談林派。
ダンルース-じょう【ダンルース城】《Dunluce Castle》英国、北アイルランド北部、コーズウエー海岸にある城。アントリム州の町ポートラッシュの東約5キロメートルに位置する。14世紀以前に建造され、元は要塞として使われていた。17世紀に付近一帯の領主だったスコットランド貴族マクドネル家の居城に改築された。現在、内部は建造当時のままに再現され、ビジターセンターを併設する。
ダン-レアリー〖Dún Laoghaire〗アイルランドの首都ダブリンの南郊にある港町。ウェールズのホリーヘッドと航路で結ばれ、英国との海上交通の玄関口にあたる。国立海事博物館がある。
たん-れい【▽貪戻】〔名・形動ナリ〕欲が深く人の道に背くこと。また、そのさま。どんれい。「最屓の沙汰の致す所、一人一ならざりせば」〈読・近世說美少年録・二〉
たん-れい【端麗】〔名・形動〕姿・形が整っていて、美しいこと。また、そのさま。「一な顔だち」
(類語)綺麗・麗しい・美しい・秀麗・美麗・流麗・壮麗・見目好い・見目麗しい・端整・佳麗・艶美・艶麗・あでやか・妖艶・豊麗・妖美
たん-れつ【単列】1列。ひとならび。
だん-れつ【断裂】〔名〕スル 切れて裂けること。「靭帯一」
たんれつ-きかん【単列機関】1列または放射状に配列した多数のシリンダーを、1本のクランク軸で接続して動力を伝える機関。
たん-れん【鍛錬｜鍛練】〔名〕スル ❶金属を打ってきたえること。❷きびしい訓練や修養を積んで、技芸や心身を強くきたえること。「精神を一する」(類語)修練
だん-れん【団練】中国の郷村の住民による武装自警組織。唐宋代に起こり、清代に盛行。団防。
たん-れんが【短連歌】前句と付句との2句からなる連歌。短歌の上の句に下の句をつける場合と、その逆の場合とがある。➡長連歌
たん-ろ【×坦路】平らな道。坦道。
だん-ろ【暖炉｜×煖炉】火をたいて部屋を暖める炉。特に、壁に設けたもの。(季 冬)「一片のパセリ掃かるる一かな/不器男」
ダンロー-けいこく【ダンロー渓谷】《Gap of Dunloe》アイルランド南部、ケリー州の都市、キラーニーの近郊にある渓谷。キラーニー国立公園西部、マクギリーカディ山脈とパープル山の間に位置する。
だんろ-き【断路器】高電圧の電気回路に使われるスイッチ。回路に電流が流れていない状態で、回路の開閉を行うために使用する。変電所などで送電系統を切り替えたり、保守点検を行う際に機器を回路から確実に切り離したりするために使用される。断路器には電源を遮断する機能はなく、遮断器で電流を遮断してから、断路器を開放して回路から切り離す。ジスコン。DS(disconnect switch)。
たんろく-ぼん【丹緑本】江戸時代、寛永（1624〜1644）から元禄（1688〜1704）ごろに刊行された古浄瑠璃・幸若舞曲・仮名草子などの挿絵入り版本。丹（赤）・緑・黄などの色を彩色。えどりぼん。たんりょくぼん。
だん-ろん【談論】〔名〕スル 談話と議論。また、互いに意見を述べて話し合うこと。「学友と一して深更に及ぶ」
だんろん-ふうはつ【談論風発】〔名〕スル 談話や議論が活発に行われること。「客がたずねて行くと、一する」〈藤村・千曲川のスケッチ〉
だん-わ【談話】〔名〕スル ❶話をすること。会話。はなし。「なごやかに一する」「一室」❷ある事柄に関して、非公式にまたは形式ばらずに意見を述べること。また、その内容。「首相の一」(類語)話し合い・会話・語らい・話・対話・対談・談・懇話・懇談・面談・歓談・雑談・談笑・閑談・カンバセーション
だん-わ【暖和】〔名・形動〕気候があたたかくおだやかなこと。また、そのさま。「殊に天気も一にて春の日と思わるる程なれば」〈鉄腸・花間鶯〉
だん-わく【断惑】《連声で「だんなく」とも》仏語。煩悩や迷いをたち切ること。

ち ❶五十音図タ行の第2音。硬口蓋の無声破擦子音[tʃ]と母音[i]とから成る音節。[tʃi] ❷平仮名「ち」は「知」の草体から。片仮名「チ」は「千」の全画から。(補説)「ち」は、古くは歯茎の無声破裂子音[t]と母音[i]とから成る音節[ti]であったが、室町時代末にはすでに[tʃi]と発音されていた。

ち【千】100の10倍。せん。また、他の語に付いて複合語をつくり、数の多いことを表す。「一歳」「一万」「百に一に人は言ふとも月草の」〈万・三〇五九〉

ち【父】上代、男子を敬っていった語。「おほぢ(祖父)」のように他の語の下に付く場合は連濁のため「ぢ」となることがある。「甘らに聞こし以ち食せ、まろが一」〈記・中・歌謡〉

ち【地】❶天に対して、地上。人間が生活し、動植物が生息・繁茂する大地。「天と一」❷地面。地上。「枯れ葉が一に落ちる」❸海に対して、陸地。おか。「一の果て」❹場所。ところ。「安住の一」「思い出の一」❺領土。「隣国と一を接する」❻荷物・掛け物・本などの下の部分。「天一無用」⇔天。❼「天・地・人」と三段階に分けたときの、2番目。三つ一組のものの中位。➡漢「ち(地)」
(類語)大地・土・土地・地域・区域・地区・地方・方面・一円・一帯・地帯・界隈・境域・境・領域・エリア・ゾーン・境・区画

地から湧・く 今まで影も形もなかったものが突然現れる。「天から降ったか一・いたか」

地に落・ちる 盛んであった評判や権威などが、全く衰え廃れる。「国の威信が一・ちる」

地に塗・れる 敗北または失敗して、再び立ち上がることができなくなる。「一敗一・れる」

地を易うれば皆然り 《「孟子」離婁下から》人は皆、地位や境遇が異なるので、その意見や行為も異なるが、立場を変えれば、することも一致する。

地を掃・う ほうきではき清めるように、すっかりなくなる。「古い金貨はあの時に一・ってしまったことを覚えている」〈藤村・夜明け前〉

ち【血】❶動物の血管内を流れる体液。血液。血潮。「赤い一」「一が出る」➡血液 ❷血縁。血統。血筋。「一のつながり」「一は争えない」❸人のもつ感情や思いやり。「若い一がたぎる」
(下一語)悪血・生き血・産血・膿血・返り血・黒血・毒血・生血・古血・悪血(ぢ)鼻血
(類語)血液・鮮血・生き血・人血・冷血・家系・血筋・血脈・血統・家筋・筋目・毛並み・家・家門・一門・一族・血族・氏

血が通・う ❶血が流れている。生きている。「赤い一・った人間」❷形式的、事務的でなく人間味が感じられる。「一・った福祉政策」

血が騒・ぐ 気持ちが高ぶって、じっとしていられなくなる。心がおどる。「冒険好きの一・ぐ」

血が繋が・る 血縁関係にある。「一・っていない親子」

血が滲むよう 「血の出るよう」に同じ。

血が上・る のぼせる。興奮する。逆上する。

血が引・く 顔が青ざめる。ぞっとする。「あまりの恐怖に、顔から一・く」

血が沸・く 感情が高まる。「若い球児の一・く」

血で血を洗・う 《「旧唐書」源休伝から》❶殺傷に対して、殺傷で応じる。「一・う抗争」❷血のつながっている者どうしが争う。

血と汗 激しい情熱と努力のたとえ。「一の結晶」

血となり肉となる ❶食べた物がよく吸収されて栄養となる。❷学んだ知識・経験などが完全に身について将来の活動に役立つようになる。

血に飢・える 傷つけたり殺したりしたいような、激しくすさんだ気分になる。「一・えた狼」

血の出るよう 非常に心身を苦しめ、努力するたとえ。血が滲むよう。「一な苦労」

血は争えない 子どもが父母から気質・性向を受け継いでいることは否定しようがない。血筋は争えない。

血は水よりも濃い 血筋を引いた間柄は、他人に対するより親密であることのたとえ。

血も涙もな・い 全く人情味がない。冷酷そのものである。「一・い借金の取り立て」

血湧き肉躍る 勇ましくて興奮させられる。

血を啜る 《中国では昔、誓いを立てるときにいけにえの血をすすったところから》心から誓うたとえ。

血を吐く思い ひどくつらい思い。

血を引・く 血筋を引き継ぐ。「画家の一・く」

血を見る 争いで死傷者を出す。「言い争いはついに一見るに至った」

血を分・ける 血族の関係にある。「一・けた弟」

ち【乳】❶ちち。乳汁。「一兄弟」「添え一」「みどり子の一乞ふがごとく」〈万・四一二二〉❷《形が乳首に似ているところから》羽織・幕・旗などにつけた、ひもやさおを通すための小さな輪。「ひもを一に通す」❸釣鐘の表面にある、いぼ状の突起。❹乳房。乳首。「一の下」「胸をあけて一などくくめ給ふ」〈源・横笛〉❺「乳金物」の略。

ち【知‖智】❶物事を認識したり判断したりする能力。知恵。「一・情・意」❷(智)《梵 jñāna または、梵 prajñā の訳》仏語。事物や道理を識知・判断・推理する精神作用。また、真理を観ずるところの智慧や、悟りの意にも用いる。➡漢「ち(知・智)」
(類語)知識・認識・知性・理性・理知・知恵・インテリジェンス・人知・衆知・全知・奇知・才知・悟性・故知・英知

智に働けば角が立つ情に棹させば流される 理知だけで割り切っていると他人と衝突するし、他人の感情を気遣っていると、自分の足元をすくわれる。夏目漱石の小説「草枕」の冒頭の部分。

知は力なり 人間の知性の優位を説いたF＝ベーコンの思想を端的に言いあらわした言葉。

ち【治】❶世の中がよくおさまっていること。また、おさまるようにすること。「延喜の一」❷まつりごと。政治。「徳川一五代の一」❸病気をなおすこと。「風の一どもをせさせ給ふ」〈栄花・玉の村菊〉➡漢「じ(治)」

治に居て乱を忘れず 《「易経」繋辞下から》太平の世にも戦乱の時を忘れず、準備を怠らない。

ち【茅】チガヤの古名。「浅茅原一生に足踏み心ぐみ我が思ふ児らが家のあたり見つ」〈万・三〇五七〉

ち【笞】❶刑罰に用いる、むち。しもと。❷律の五刑のうち最も軽い刑。むちで打つもの。10打から50打までの五等がある。笞刑。笞罪。➡漢「ち(笞)」

ち【痴‖癡】❶愚かなこと。また、その人。「聖既に多情、一固より多情」〈織田訳・花柳春話〉❷三毒の一。無明であること。➡漢「ち(痴)」

ち【路‖道】みち。道路。「大坂に遇ふや嬢子を道問へば直には告らず当芸麻一を告る」〈記・下・歌謡〉(補説)地名の下に付くときは、「あづまぢ」「しなのぢ」のように、多く連濁で「ぢ」となる。➡じ(路)

ち【鉤】釣り針。ちい。「弟時に既に兄の一を失ふ」〈神代紀・下〉

ち【徴】中国・日本音楽の階名の一。五声の第4音。宮に次いで重要な音。➡漢「ちょう(徴)」

ち【箇‖個】〔接尾〕助数詞。数を数えるのに用いる。「嬢子のい隠る岡を金鉏も五百一もがも鉏きばぬるもの」〈記・下・歌謡〉(補説)連濁により「ぢ」となることがある。➡じ(箇)

ち〔語素〕指示代名詞の下に付いて、方角・場所・時間などの意を表す。「こ一(此方)」「いず一(何処)」

ち【霊】〔語素〕自然の事物などの名詞の下に付いて、それが神秘的な力をもつ意を表す。「いかず一(雷)」「おろ一(大蛇)」「みず一(水霊)」

ぢ 「ち」の濁音。現代共通語では「じ」と発音上の区別はなく、硬口蓋の有声破擦子音[dʒ]と母音[i]とから成る音節。[dʒi] (補説)現代仮名遣いでは、この音節の仮名として、一般には「じ」が用いられるが、二語の連合による連濁(「はなぢ(鼻血)」「まぢか(間近)」など)と同音の連呼(「ちぢみ(縮)」「ちぢめる(縮める)」など)の場合には「ぢ」も用いられる。「ぢ」は、古くは[di]の音であったが、室町時代末には[dʒi]と発音されていた。それでも、なお「じ」(発音[ʒi])とは区別されていたが、江戸時代に入り、両者の発音上の区別はなくなった。

ぢ【箇‖個】〔接尾〕▶じ(箇)

チアーノ〘Galeazzo Ciano〙[1903～1944]イタリアの政治家。ムッソリーニの娘婿。外相として日独伊三国同盟を締結。ムッソリーニ追放の陰謀に加担して処刑された。チャーノ。

ち-あい【血合(い)】 カツオ・マグロなどの背骨近くにある暗赤色の部分。血を多く含む。

チア-ガール《和 cheer＋girl》チアリーダー。

チア-ダンス〘cheer dance〙チアリーダーたちによる、華やかで活発な集団ダンス。現在では、応援活動から離れて、チームによる演技を競い合う競技となっている。

チアノーゼ〘ドイツ Zyanose〙皮膚や粘膜が青紫色になった状態。血液中の酸素の減少によるもので、呼吸困難や血行障害によって起こる。藍青症。

チア-ホーン《和 cheer＋horn》スポーツ観戦の際に観客が鳴らす応援用のラッパ。

チアミン〘thiamine〙ビタミンB_1の化学名。サイアミン。

チアリーダー〘cheerleader〙女子の応援団員。ふつう数名が一組になって、ポンポンなどを持ち、動きの多い派手な応援をする。チアガール。

ち-あれ【血荒れ】流産の古称。〈俚言集覧〉

ち-あわせ【血合(わ)せ】 古い風習の一。水の中に各々の血を垂らし、まじるかまじらないかによって、血縁関係を確かめた。

ち-あん【治安】世の中が治まって安らかなこと。社会の秩序・安寧が保たれていること。「一を維持する」
(類語)公安・保安

ちあん-いじほう【治安維持法】 国体の変革と私有財産制度の否認を目的とする結社や行動を処罰するために定められた法律。大正14年(1925)制定、昭和16年(1941)全面的に改正。共産主義活動を抑圧するなど、思想弾圧の手段として濫用された。同20年廃止。

ちあんけいさつ-ほう【治安警察法】 集会・結社・大衆運動などの取り締まりを目的として、明治33年(1900)に制定された法律。昭和20年(1945)廃止。

ちあん-しゅつどう【治安出動】警察の力では治安を維持できない緊急事態に対応する自衛隊の出動。内閣総理大臣の命令による出動と、都道府県知事の要請を認めて内閣総理大臣が命ずる出動とがある。

ちあん-りっぽう【治安立法】 公共の治安を維持するために、思想・表現・集会・結社などを権力的に取り締まることを目的とする立法。

ち-い【地衣】▶地衣類

ち-い【地位】 ❶社会やある組織の中で、人や物の占めている位置。身分や立場など。「高い一に就く」「生産物中、重要な一を占める」❷存在している場所。位置。「ありゃ、いい一にあるが、誰の家なんですか」〈漱石・草枕〉(類語)位置・ポスト・ポジション・椅子・位・格・肩書き・役職・役付き・階級・身分・席

ち-い【地異】地震・津波・洪水・噴火など、地上に起こる異変。地変。「天変一」

ち-い【地維】 大地を支えていると考えられた綱。転じて、大地。「山岳河海を震撼して天柱摧け一折るるかと怪まるばかり」〈魯庵・社会百面相〉➡天柱

チー【七】《中国語》数の7。七つ。

チー【吃】《中国語》マージャンで、順子をつくるときに必要な牌を左隣の人が捨てたとき、「チー」と言ってその牌をとること。

ち-いお【千▽五▽百】ﾁｲﾎ 数の非常に多いこと。無数。「一日に一の産屋立てむ」〈記・上〉

ちいお-あき【千▽五▽百秋】ﾁｲﾎｱｷ 限りなく長い年月。永遠。千歳。千秋。「葦原の一の瑞穂の国は」〈神代紀・下〉

ちい-かくにん【地位確認】ﾁｲ 権利・義務や、法律関係の存在・不存在を争う「確認の訴え」の一つ。主に民事裁判で争われ、原告の法律的地位について確認する。(補説)例えば、会社から解雇された社員が解雇事由を不当と考える場合、社員としての地位の確認を求めて訴えることができる。認められれば解雇は無効となり、未払い賃金が支払われる。

ち-いき【地域】ﾁｲｷ ❶区画された土地の区域。一定の範囲の土地。「一の代表」「防火一」❷(日本、または国際社会が)独立国として承認していない領域。また、ある国の領土の一部であるが、本国とは別の体制を認められている区域、自治領、植民地などをいう。台湾、パレスチナ、プエルトリコなど。

(類語)区域・地区・地方・方面・一円・一帯・地帯・界隈かいわい・土地・地ち・境域・境さかい・領域・エリア・ゾーン・境きょう・区画

ち-いき【値域】ﾁｲｷ 関数$y=f(x)$で、xがとる定義域内のすべての値に対応して、yがとる値の範囲。

ちいき-アイピーもう【地域IP網】ﾁｲｷｱｲﾋﾟｰﾓｳ《regional IP network》NTT東日本・西日本が都道府県単位で運営する基幹通信回線網。

ちいき-いりょう【地域医療】ﾁｲｷｲﾘｮｳ 地域住民の健康維持・増進を目的として、医療機関が主導し、地域の行政機関・住民・企業などが連携して取り組む総合的な医療活動。疾病の治療・予防、退院後の療養・介護・育児支援など幅広い分野に及ぶ。

ちいきうんえい-がっこう【地域運営学校】ﾁｲｷｳﾝｴｲｶﾞｯｺｳ 保護者や地域住民が一定の権限を持って運営に参画する公立学校。日本におけるコミュニティースクール。保護者や地域住民などで構成される学校運営協議会が学校運営の基本方針を承認し、教育活動などについて意見を述べる。

ちいき-かいはつ【地域開発】ﾁｲｷ 特定の地域を対象に総合的な資源開発や工業開発、国土保全事業を行うこと。経済開発および社会開発を目的とする。

ちいき-がっこうきょうぎかい【地域学校協議会】ﾁｲｷｶﾞｯｺｳｷｮｳｷﾞｶｲ 公立学校の運営に保護者や地域住民の意見を取り入れるための第三者機関。学校運営協議会制度が導入される以前に設置されていた。

ちいきかつどうしえん-センター【地域活動支援センター】ﾁｲｷｶﾂﾄﾞｳｼｴﾝ 障害者に創作的活動・生産活動の機会を提供することにより、社会との交流を促進し、自立した生活を支援する施設。障害者自立支援法に基づいて市町村が行う地域生活支援事業の一つ。地域活動センター。

ちいきかつどう-センター【地域活動センター】ﾁｲｷｶﾂﾄﾞｳ ❶地域住民の活動・相互交流の場として設置される施設。❷ ▶地域活動支援センター

ちいき-がんとうろく【地域×癌登録】ﾁｲｷ 都道府県や市町村といった地域を対象に、その地域に居住する癌患者の情報を登録して整理すること。癌の種類・進行度、治療内容、年齢・性別、罹患率、生存率などのデータを蓄積して、地域や国の癌予防・癌治療に向けた対策や、患者支援などに活用する。

ちいき-きゅう【地域給】ﾁｲｷｷﾕｳ 「地域手当」に同じ。

ちいき-こうきかくどうろ【地域高規格道路】ﾁｲｷｺｳｷｶｸﾀﾞｳﾛ 高規格道路の一種で、高規格幹線道路と一体となって自動車による高速交通網を形成する自動車専用道路、もしくは同様の規格を有する道路のこと。地域発展の中心となる拠点を連結する、地域の交流や連携を促進するなどの機能を有する道路。

ちいきしげんかつようしんじぎょうてんかいしえん-じぎょう【地域資源活用新事業展開支援事業】ﾁｲｷｼｹﾞﾝｸﾜﾂﾖｳｼﾝｼﾞｹﾞﾌﾃﾝｶｲｼｴﾝｼﾞｹﾞﾌ 地域の特色ある産業資源を活用した、商品開発・販路開拓を支援する取り組み。経済産業省中小企業庁が実施。認定を受けた中小企業・公益法人等に対し、商品の市場調査・試作品開発・展示会出展等にかかる経費の一部を補助金として交付する。

ちいき-しゃかい【地域社会】ﾁｲｷｼｬｸﾜｲ ある一定の地域に、共通した社会的特徴をもって成立している生活共同体。コミュニティー。

ちいきしゃかい-がっこう【地域社会学校】ﾁｲｷｼｬｸﾜｲｶﾞｯｶｳ ▶コミュニティースクール

ちいき-しゅうさんきぼしいりょうセンター【地域周産期母子医療センター】ﾁｲｷｼｳｻﾝｷﾎﾞｼｲﾚｳ ▶周産期母子医療センター

ちいきしゅけん-せんりゃくかいぎ【地域主権戦略会議】ﾁｲｷｼｭｹﾝｾﾝﾘｬｸｸﾜｲｷﾞ 地域主権改革に関する施策を検討・推進するため、民主党政権下で内閣府に設置された機関。閣議決定により平成21年(2009)11月発足。内閣総理大臣を議長とし、関係閣僚・有識者により構成。

ちいきしゅけん-せんりゃくしつ【地域主権戦略室】ﾁｲｷｼｭｹﾝ 地域主権戦略会議の事務局として、法制化等に関連する実務を担当する組織。地方分権改革推進委員会の事務局だった地方分権改革推進室を改組し、平成21年(2009)に内閣府に設置。

ちいき-しょうがいしゃしょくぎょうセンター【地域障害者職業センター】ﾁｲｷｼｬｳｶﾞｲｼﾔｼｮｸｹﾞﾌ 高齢・障害・求職者雇用支援機構が設置・運営する障害者職業センターの一つ。全国47都道府県に設置され、公共職業安定所と連携しながら、職業相談から就職支援・職場適応まで一貫した職業リハビリテーションを行う。

ちいき-せい【地域制】ﾁｲｷ 都市計画法における用途地域規制のこと。

ちいき-せいとう【地域政党】ﾁｲｷｾｲﾀｳ 国の一地域を本拠地として活動する政治団体や政党の通称。欧米・アジアなど各国に存在する。ローカルパーティー。(補説)日本では、平成21年(2009)の民主党による政権交代後も政府が効果的に政策を実施できない状態が続く中、国会議員やタレントから地方公共団体の首長に転身した全国的に知名度の高い政治家が、地方分権や行政改革などを唱えて地域政党を結成する動きが目立っている。名古屋市を中心に活動する「減税日本」や大阪府を基盤とする「大阪維新の会」などが知られ、首長新党と呼ばれることもある。海外ではイタリアの北部同盟やカナダのケベック連合などが有名。

ちいき-だいひょうせい【地域代表制】ﾁｲｷﾀﾞｲﾍｳｾｲ 地域を単位とする選挙区から代表者を選出して議会に送る制度。⇒職能代表制

ちいき-だんたい【地域団体】ﾁｲｷ ❶一定の地域内の住民に対し、法の認める範囲で支配権を有する団体。都道府県・市町村などの地方公共団体がこれにあたる。❷一定地域に居住している人々の集団。

ちいきだんたい-しょうひょう【地域団体商標】ﾁｲｷﾀﾞﾝﾀｲｼｬｳﾍｳ 地域名と地域特産の商品名とを組み合わせた商標。「米沢牛」など。出願者は事業協同組合などの団体。商標法の改正により、平成18年(2006)4月から認められた。

ちいき-だんぼう【地域暖房】ﾁｲｷﾀﾞﾝﾊﾞｳ 1か所の暖房機関から多くの建物に暖房用の熱源を供給する方式。

ちいき-ちく【地域地区】ﾁｲｷ 都市計画法で定められた土地の区分。都市計画区域内の土地を利用目的によって類別し、建築物などについて必要な制限を課すことによって、土地を合理的に利用する目的で定められたもの。用途地域、特別用途地区・特定用途制限地域・特例容積率適用地区・高層住居誘導地区、高度地区・高度利用地区、特定街区・都市再生特別地区、防火地域・特定防災街区整備地区、景観地区、風致地区、駐車場整備地区、臨港地区、歴史的風土特別保存地区、歴史的風土保存地区、緑地保全地域・緑化地域、流通業務地区、生産緑地地区、伝統的建造物群保存地区、航空機騒音障害防止地区などがある。

ちいき-つうか【地域通貨】ﾁｲｷﾂｳｸﾜ 特定の地域や共同体においてのみ流通する通貨。中央銀行ではなく、市民やNPOなどが発行する。(補説)日本では、高齢者の送迎や掃除の手伝いなど住民間の助け合い活動に対して支払われ、その地域内の商店で金券として使用できる形態のものが多い。

ちいき-てあて【地域手当】ﾁｲｷ 勤務地による生計費の差を調整するために支給される手当。寒冷地手当など。地域給。

ちいき-とうそう【地域闘争】ﾁｲｷﾄｳｻｳ 労働組合が中心となり、農民・市民・中小商工業者と提携して、その地域での共通課題の実現のために行う共同闘争。

ちいき-ねこ【地域猫】ﾁｲｷ 特定の飼い主ではなく、その地域に住む人々が共同で飼育と管理をしている猫。餌やり、ふんの清掃、繁殖防止のための避妊手術、猫に関する住民どうしのトラブル解消などの活動を行う。

ちいきふっこう-チーム【地域復興チーム】ﾁｲｷﾌｯｺｳ ▶ピー・アール・ティー(PRT)

ちいき-ほうかつしえんセンター【地域包括支援センター】ﾁｲｷﾊｳｸﾜﾂｼｴﾝ 高齢者への総合的な生活支援の窓口となる地域機関。市町村または市町村から委託された法人が運営し、主任介護支援専門員・保健師・社会福祉士が必ず配置される。介護予防の拠点として、高齢者本人や家族からの相談に対応し、介護、福祉、医療、虐待防止など必要な支援が継続的に提供されるように調整する。平成2年(1990)に設置された在宅介護支援センターの機能を充実させるために同18年4月に改正・施行された介護保険法に基づいて創設された。

ちいき-ほうもん【地域訪問】ﾁｲｷﾊｳﾓﾝ 学校の教師が、児童・生徒の自宅の場所を確認するために、その地域を訪問すること。家庭訪問とは異なり、各家庭の保護者との面談はしない。

ちいき-ほけん【地域保険】ﾁｲｷ 自営業者・農林水産業者・無職者など、職域保険に加入していない人を対象とする社会保険。国民健康保険・国民年金がこれにあたる。

ちいきみっちゃくがた-とくていしせつ【地域密着型特定施設】ﾁｲｷﾐｯﾁｬｸ 介護専用型特定施設のうち、入居定員が29人以下の施設。

ちい-きょうてい【地位協定】ﾁｲｹﾌ ❶駐留米軍の地位に関する協定。SOFA(Status of Forces Agreement)。❷特に、日米地位協定のこと。

ちいき-りょうりつ【地域料率】ﾁｲｷﾚｳﾘﾂ リスク細分型自動車保険で、地域によって異なる保険料率のこと。自動車事故の多い地域は高く、少ない地域は低く設定されている。

ちいき-れいだんぼうシステム【地域冷暖房システム】ﾁｲｷﾚｲﾀﾞﾝﾊﾞｳ 地域内の複数の建物に対して一元的に冷暖房や給湯を行うシステム。個別に冷暖房を行う場合よりもエネルギーの利用効率が高く、経済性や環境保全の面で有利になる。

ち-いく【知育｜×智育】徳育・体育に対して、知識の習得によって知能を高めることを目的とする教育。

チーク〖cheek〗❶ほお。❷《「チークカラー」の略》ほおべに。❸「チークダンス」の略。

チーク〖teak〗クマツヅラ科の落葉高木。熱帯から亜熱帯の産。材は堅いので建築材・船材とする。

チーク-カラー《和 cheek＋color》頬紅ほおべに。チーク。(補説)英語では、ルージュ(rouge)という。

ちいく-がんぐ【知育玩具】ﾁｲｸｸﾞﾜﾝｸﾞ 遊びながら子供の知的発達を促すのに役立つおもちゃ。

チーク-タイム《和 cheek＋time》ディスコやダンスパーティーなどで、スローテンポの曲がかかって男女がチークダンスを踊る時間。

チーク-ダンス《和 cheek＋dance》男女が互いにほおを寄せ合って踊るダンス。

ちいさ-い【小さい】ﾁｲｻ〖形〗(文)ちひさ・し〔ク〕❶物の形・容積・面積が、狭い空間や場所しか占めていない。「一・い家」「一・い花」(対)大きい。❷量・数が少ない。「記事を一・く扱う」「利幅が一・い商売」「一・い声で話す」(対)大きい。❸程度がわずかである。「影響が一・い」「朝晩の温度差が一・い」(対)大きい。❹規模が普通以下である。「一・い台風」「一・い会社」(対)大きい。❺範囲が狭い。「一・い問題も大事にする」❻心

が狭い。度量が狭い。「気が—・い」「人物が—・い」⇔大きい。❼ささいなさま。あまり重要でない。「—・いことでくよくよするな」⇔大きい。❽年齢が少ない。幼少である。「—・いころからよく知っている」⇔大きい。❾卑下した状態である。ちぢこまっている。「隅の方で—・くなっている」❿金銭の単位が下である。こまかい。「一万円札を—・くする」派生ちいさげ〔形動〕ちいささ〔名〕

用法ちいさい・ちいさな——「もう少し小さい(小さな)声で話しなさい」「もっと小さい(小さな)ほうがいい」など、意味の上では、相通じて用いられる。◆「小さい」には「小さい家」「小さくなる」「小さかった」のように活用があるが、「小さな」は「小さな家」「小さな希望」「声の小さな人」のように体言の前にしか使えない。◆例えば「小さい家」と「小さな家」とでは、前者はある基準に照らし合わせての客観的な形容だが、後者は表現者の主観的な判断が入っている場合がある。すなわち、「小さい家」は標準以下の意であるが、「小さな家」は標準以上であっても、周囲に比べてとか、持ち主の社会的地位から見ればとかを考えての表現になる場合がある。

小さくな・る　身を縮める。恐縮したり遠慮したりして、かしこまる。「社長の前で—・っている」

ちいさ-がたな【小さ刀】❶腰刀の異称。❷近世、武士が登城の際に用いた、柄糸を巻いた鐔つきの短刀。殿中差し。小刀。

ちいさ-な【小さな】〔形動〕❶容積・面積が狭い空間・場所だけを占めるさま。「字の一本」⇔大きな。❷数・量が少ないさま。「一音で聞く」⇔大きな。❸程度が少ないさま。「一被害で済む」⇔大きな。❹規模がわずかであるさま。また、範囲が狭いさま。「一集まりに出る」⇔大きな。❺価値や重要性が乏しいさま。「一問題」⇔大きな。❻年少であるさま。「一時からの友人」⇔大きな。➡小さい用法

補説「ちいさな」という連体形だけが用いられる。これを連体詞とする説もあるが、「声の小さな人」のように、述語としても用いられる点が一般の連体詞とは異なる。類語小さい・ちっちゃい・ちっぽけ・矮小・寸足らず・ちんちくりん

ちいさな-せいふ【小さな政府】政府の経済政策・社会政策の規模を小さくし、市場への介入を最小限にし、市場原理に基づく自由な競争によって経済成長を促進させようとする考え方。規制を緩和し、民間の活力を引き出すことで経済社会の発展を目指すが、その一方で、個人の自己責任が厳しく問われるようになり、格差が生じやすくなる。税や社会保障費など国民負担率は低く抑えられるが、「低負担低福祉」となる傾向がある。⇔大きな政府。➡フリードマン ➡夜警国家

ちいさ-やか【小さやか】〔形動ナリ〕いかにも小さな感じのするさま。「母屋にいと—にてうち臥し給ひつるをかき抱きて」〈堤・花桜をる少将〉

ちいさ-わらわ【小さ▽童】小さい子供。特に、宮中で雑用に使った子供。ちさわらわ。「或いは—、徳大寺などこれを用ふ」〈言継卿記・天文八年〉

ちい-しょくぶつ【地衣植物】▶地衣類

チーズ〖cheese〗牛などの乳を乳酸菌や酵素を加えて凝固させ、微生物の作用によって発酵・熟成させた食品。ナチュラルチーズとプロセスチーズに大別される。乾酪。

チーズケーキ〖cheesecake〗クリームチーズ・カテージチーズなどを用いて作った洋菓子。

チーズ-スプレッド〖cheese spread〗塗って食べるタイプのチーズ。クリームチーズをベースに、サーモン・エビ・ハムなどを加え、さまざまな風味を味わえるものも多い。

チーズ-フォンデュ〖cheese fondue〗スイスのチーズ料理の一。チーズにワインを加え、加熱してどろどろに溶かし、小さい角形に切って串に刺したパンにからめて食べる。➡フォンデュ

チーゼル〖teasel〗ラシャカキグサの別名。

チーター〖cheetah〗《「チータ」とも》ネコ科の哺乳類。大きさや斑紋はヒョウに似るが、牙やつめの威力は劣る。地上の動物では最も速く走り、瞬間時速110キロにも達する。アフリカ、インドの一部に分布する。国際保護動物。

漢字項目 ち

【×弛】▶し
【治 ▽持】▶じ
【▽徴】▶ちょう
【質】▶しつ

地 学2 音チ漢　ジ(ヂ)呉　訓つち ‖ ㊀〈チ〉①天に対して、下方に広がる土地。大地。「地下・地球・地形・地軸・地質・地上・地図/大地・天地・陸地」②一定の土地。場所。「地域・地価・地区・地帯・地点・地方/外地・各地・基地・現地・耕地・産地・借地・生地・整地・宅地・敵地・転地・当地・平地・僻地・墓地・余地・領地」③よって立つところ。身分や立場。「地位・地歩/見地・門地」④ある特定の境域。状況。「危地・窮地・境地・死地・実地」⑤副詞をつくる助字。「驀地」㊁〈ジ〉①大地。土地。「地獄・地所・地震・地面/田地・路地・露地」②その土地。「地酒・地元」③加工する前の土台をなすもの。「地金/生地・紺地・下地・素地・無地」④本性。もちまえ。「地力/意地・意気地」名付くに・ただ 難読驀地

池 学2 音チ漢　訓いけ ‖ ㊀〈チ〉①いけ。ほり。「池魚・池沼・池畔/園池・金城湯池・貯水池」②水などをためるもの。「硯池・電池・墨池」㊁〈いけ〉「古池」

知 学2 音チ呉漢　訓しる ‖ ①物事の本質をしる。対象を心に感じ取る。「知覚・知識・知命/感知・察知・周知・熟知・承知・認知・未知・予知」②しらせる。「下知・告知・通知・報知」③相手を理解し、つきあう。しりあい。「知音・知己・知遇・知人・知友/旧知・辱知」④物事を見抜く力がある。理解する能力。ちえ。「知恵・知者・知能・知略/英知・奸知・機知・故知・才知・人知・世知・頓知・無知・理知・良知」⑤取りしきる。つかさどる。「知県・知事」名付あき・あきら・おき・かず・さと・さとし・さとる・ちか・つぐ・とし・とも・のり・はる 難読知客・不知火

値 学6 音チ漢　訓ね、あたい ‖ ㊀〈チ〉①物のねうち。「価値」②数の大きさ。「極値・数値・同値・絶対値・偏差値」③出あう。「値遇」㊁〈ね〉「値段/高値・安値」

恥 音チ呉漢　訓はじる、はじ、はじらう、はずかしい ‖ ㊀〈チ〉①はじる。はじ。「恥辱/羞恥・無恥・廉恥」②隠し所。陰部。「恥骨・恥部・恥毛」㊁〈はじ〉「赤恥」補説「耻」は俗字。

致 音チ呉漢　訓いたす ‖ ①めざすところまで届ける。至らせる。「引致・招致・送致・誘致・拉致」②最後まで行き着く。「致死・致命傷」③物事の行き着くところ。「一致・合致・極致」④気持ちのおもむくところ。「雅致・筆致・風致」⑤仕事や役目を返す。「致仕」名付いたる・おき・とも・むね・ゆき・よし

×**笞** 音チ呉漢　訓むち、しもと ‖ むち。むち打つ。「笞刑・笞杖/鞭笞」

人**智** 音チ呉漢 ‖ ①物事をよく理解する。賢い。「智愚・智者」②物事を理解する能力。「智慧・智能/叡智・奸智・才智・明智」補説「知」と通用する。名付あきら・さかし・さと・さとし・さとる・とし・とみ・とも・のり・まさる・もと 難読智利

遅〔遲〕 音チ漢　訓おくれる、おくらす、おそい ‖ ㊀〈チ〉①進み具合がぐずぐずしている。おそい。「遅疑・遅速・遅滞・遅遅・遅筆/巧遅」②予定の時間を過ぎてしまう。おくれる。「遅延・遅刻・遅配」㊁〈おそ〉「遅寝・遅番」

痴〔癡〕 音チ呉漢　訓おこ、しれる ‖ ①知恵が足りない。おろか。「痴人・痴態・痴鈍・痴呆/音痴・愚痴」②男女関係で理性を失ったさま。「痴情・痴話/情痴」③物事に夢中になること。「書痴」

稚 音チ漢　訓わかい、いとけない ‖ 年が若い。成熟していない。「稚気・稚魚・稚拙/幼稚」補説「穉」は本字。名付のり・わか・わく 難読稚児・丁稚

置 学4 音チ呉漢　訓おく ‖ ①一定の場所に据える。おく。「置換/安置・位置・拘置・装置・対置・配置・放置・留置」②ある機関を設ける。「存置・廃藩置県」③物事に決まりをつける。「処置・措置」名付おき・き・やす

×**雉** 音チ漢　訓きじ、きぎし、きぎす ‖ ①鳥の名。キジ。「雉兎/白雉」②土を築き固めた城の垣根。名付のぶ・ふさ 難読雉子

人**馳** 音チ漢　訓はせる ‖ 馬を走らせる。「馳駆・馳走/背馳」名付とし・はやし

緻 音チ漢 ‖ きめが細かい。行き届いてくわしい。「緻密/巧緻・細緻・精緻」

ちい-たい【地衣帯】植物の垂直分布の一。高山帯の最高部で、主に地衣類やコケ類が生え、高等植物はほとんど生育しない地帯。

ちい-ちい　虫、特にノミやシラミをいう小児語。

チーチャ【起家】《中国語》マージャンで、最初に親になる人。

チート〖cheat〗《ごまかし、不正行為の意》コンピューターゲームで、プレーヤーがプログラムを不正に改造すること。

ちい-と〔副〕《「ちと」の音変化》少し。ちょっと。「一待ってくれや」

ちい-にいさん【小兄さん】何人かいる兄のうち、自分に年齢の近い方を敬っていう語。➡大兄さん

チーニュ〖Tignes〗フランス南東部、ローヌ-アルプ地方の町。アルプス山脈西部に広がる同国屈指のスキーエリア。標高2100メートル。1992年アルベールビル冬季オリンピック大会の会場にもなった。グランモットというヨーロッパ最大の氷河スキー場があることで知られる。ティーニュ。

ちい-ねえさん【小姉さん】何人かいる姉のうち、自分に年齢の近い方を敬っていう語。➡大姉さん

チーハー【字華】《中国語》36種の熟語を記した紙を配り、胴元の伏せた熟語を予想するとばく。中国本土で流行し、明治期、日本にも伝わった。

チーパオ【旗袍】《中国語》女性用のワンピース式の中国服。

チーフ〖chief〗❶組織・集団などの長。主任。「支店の一になる」❷「チーフオフィサー」の略。

チープ〖cheap〗〔名・形動〕安いこと。安っぽいこと。また、そのさま。「一なレジャー」

チーフ-アンパイア〖chief umpire〗野球で、主審。球審。

チーフー【芝罘】中国山東省の都市、煙台の古称。

チーフ-エグゼクティブ-オフィサー〖chief executive officer〗企業の最高経営責任者。取締役社長あるいは会長。CEO。

チーフ-オフィサー〖chief officer〗船舶の一等航海士。チーフメート。

チープ-ガバメント〖cheap government〗▶安価な政府

チープ-シック〖cheap chic〗安価なものによってシックに装ったり飾ったりすること。

チーフ-セコンド〖chief second〗ボクシングで、選手介添え人の主任。

チーフ-メート〖chief mate〗▶チーフオフィサー

ち-いほ【千▽五▽百】▶ちいお

チーホー【地和】《中国語》マージャンの役満貫の一。子が最初の自摸で上がったもの。

ちいほぜん-の-うったえ【地位保全の訴え】解雇された労働者が解雇無効を理由に、その企

ち

業の従業員としての地位を保全する仮処分を裁判所に申請すること。

チーホノフ〘Nikolay Semyonovich Tikhonov〙[1896〜1979]ソ連の詩人。第二次大戦中のソ連人民の戦いを歌った「キーロフはわれらとともに」「レニングラード物語」などで知られる。

チーマー《和 team＋er》茶髪にしたりピアスをしたりしてゲームセンターやコンビニにグループ(チーム)でたむろしている不良少年。通行人に因縁を付けて金銭を脅し取ったりすることもあった。[補説]昭和末期から平成初期にかけて目立った。東京渋谷のセンター街が発祥の地という。

チーマージャン【芝麻醤】《中国語》中華調味料の一つで、すりゴマにゴマ油とサラダ油を混ぜペースト状にしたもの。香りがよく、あえ物やたれに用いる。

ちい-ママ【小ママ】《多く「チーママ」と書く》酒場などで、女主人(ママ)に次ぐ立場の女性。

ち-いみ【血忌(み)】❶出産・月経を不浄として忌むこと。出産の場合は夫にも忌みが及ぶものとされる。赤不浄。❷「血忌み日」の略。

ちいみ-び【血忌(み)日】暦注の一。鍼灸や、鳥獣を殺すことなどを嫌った。ちいみにち。

チーム〘team〙ある目的のために協力して行動するグループ。組。スポーツや共同作業についていわれる。「―を組む」「野球―」
[類語]集団・グループ・組・班・パーティー・団体・仲間・一群・一団・隊・一行・サークル・クラブ・サロン

チーム-いりょう【チーム医療】異なる診療科の医師どうしのほか、看護師・作業療法士・栄養士・医療ソーシャルワーカーなどが一緒になって行う医療。

チーム-カラー〘team color〙スポーツで、そのチームの特色や個性。また、そのチームを象徴する色。

チーム-ケア〘team care〙医療関係者と福祉関係者とが一体となって行う介護。

チーム-スピリット《Team Spirit Exerciseから》米太平洋統合軍司令官の計画する米韓合同軍事演習の通称。

チーム-ティーチング〘team teaching〙❶数名の教師がチームを作り、複数学級の生徒を弾力的にグループ分けしながら行う授業の形態。❷学級担当の教師が進める授業に、その教師とチームを組む他の教師が入り、生徒の習熟度などに合わせて担当教師を助力しつつ行う授業の形態。

チームパーシュート-レース〘team pursuit race〙自転車トラック競技の一つ。団体追い抜き競走。各4人を1チームとした2チームがホームストレッチとバックストレッチから同時にスタートし、4000メートルの距離で勝敗を争う。チームの第3走者が先にゴールするか、相手の第3走者を追い抜いたほうが勝ちとなる。

チーム-プレー〘team play〙個人の成績よりも、チームの勝利や仕事の円滑化を優先させた共同プレー。

チームメート〘teammate〙同一のチーム内の仲間。共同の仕事に従事する同僚。

チームワーク〘teamwork〙チームの成員が協力して行動するための、チーム内の団結や連係。また、そのような協力態勢。「―に欠ける」[類語]共同・合同・協同・連携・提携・連名・共有・共用・催合い・タイアップ・協力・協賛・参与・共催・関与

ち-いるい【地衣類】菌類と藻類の共生体であるが、単一の生物のようにみえるものの総称。共生菌は子嚢菌類が多く、共生藻類は緑藻か藍藻。樹や岩の上、地上に生育し、極地や高山でもよく育つ。ウメノキゴケ・チズゴケ・イワタケ・リトマスゴケなど。地衣植物。地衣。

ち-いろ【千▽尋】▶ちひろ(千尋)

ち-いん【知音】《中国の春秋時代、琴の名人伯牙は親友鍾子期が亡くなると、自分の琴の音を理解する者はもはやいないと愛用していた琴の糸を切って再び弾じなかったという「列子」湯問などの故事から》❶互いによく心を知り合った友。親友。「年来の―」❷知り合い。知己。「―を頼る」❸恋人となること。また、恋人。なじみの相手。「しをらしき女は大方―ありて」〈浮・一代男・三〉

ち-いん【×智印】仏語。仏・菩薩が内に備えている智慧を象徴する印。

ち-いん【遅引】[名]スル ながびくこと。期日におくれること。「工事が―する」

ちいん-にょうぼう【知音女房】好きで一緒になった女房。恋女房。「そりゃわしが―ぢゃわいな」〈滑・膝栗毛・八〉

ち-うし【乳牛】《「ちうじ」とも》乳をとる雌牛。ちちうし。にゅうぎゅう。〈和名抄〉

ち-うみ【血×膿】血がまじった膿。

ちうん【智蘊】[?〜1448]室町中期の連歌師。本名、蜷川新右衛門親当。足利義教に仕え、和歌を正徹に学んだ。著「親当句集」。

ち-え【千▽枝】たくさんに枝分かれした枝。ちえだ。「和泉なるしのだの森の葛の葉の―にわかれてものをこそ思へ」〈古今六帖・二〉

ち-え【千重】たくさん重なること。「ま幸くて妹が斎はば沖つ波―に立つとも障りあらめやも」〈万・三五八三〉

ち-え【知恵|×智×慧】❶物事の道理を判断し処理していく心の働き。物事の筋道を立て、計画し、正しく処理していく能力。「―を借りる」「生活の―」❷(智慧)仏語。相対世界に向かう働きの智と、悟りを導く精神作用の慧。物事をありのままに把握し、真理を見極める認識力。
[類語]知性・理性・理知・インテリジェンス・知・人知・衆知・全知・奇知・才知・悟性・故知・英知

知恵出でて大偽あり 《「老子」18章から》人間が素朴であった昔は、自然のままの生活で平和であったが、時代が下って、人間の知恵が発達すると、人為的な掟が盛んに作られるようになる。

知恵が回・る すぐにその場にふさわしい判断ができる。「いたずらとなると、よく―・る子だ」

知恵は小出しにせよ 知恵は一時に出してしまわずに、時に応じて少しずつ出すのがよい。

知恵を借・りる 人に相談して、よい考えや方法を教えてもらう。「この際、長老の―・りるべきだ」

知恵を絞・る あれこれ苦心して考える。

知恵を付・ける わきの人が入れ知恵をする。

チェア〘chair〙いす。特に、背もたれのある一人用のものをいう。「アーム―」「ロッキング―」

チェア-スキー《和 chair＋ski》1本のスキー板の上に取り付けられたいすに座り、左右のアウトリガーでバランスを取りながら滑走する、身体障害者用のスキー。[補説]英語では、sit-ski。

チェアパーソン〘chairperson〙議長。司会者。女性に対する差別を避けるために、「チェアマン」に代えて用いられる語。[類語]議長・チェアマン

チェアマン〘chairman〙❶議長。司会者。❷組織・団体の長。「Jリーグの―」[類語]議長・チェアパーソン

ちえい【智永】中国南朝末・隋代の僧・書家。会稽(浙江省)の人。王羲之7世の孫といわれる。作「真草千字文」など。生没年未詳。

チェイサー〘chaser〙❶追跡者。追っ手。❷強い酒のあとにすぐに飲む水や軽い飲み物。

ちえ-いず【知恵伊豆】松平信綱の通称。

チェーホフ〘Anton Pavlovich Chekhov〙[1860〜1904]ロシアの小説家・劇作家。さりげない出来事のうちに、日常性のなかで俗物化していく人間への批判と人生の意味への問いかけをこめ、風刺とユーモアに富む文体で描いた。小説「退屈な話」「曠野」「六号室」、戯曲「かもめ」「ワーニャ伯父さん」「三人姉妹」「桜の園」など。

チェーホフ〘Chekhov〙ロシア連邦、サハリン州(樺太)南部の町。ユジノサハリンスクの北約130キロ、間宮海峡に面する。1945年(昭和20)以前の日本領時代には野田とよばれ、漁業と炭鉱業が行われていた。

チェーン〘chain〙❶鎖。一般に、環状の金属が連なったものをさす。実用から装飾用まで用途に応じて材質、太さは種々ある。「ドア―」「金の―」❷自転車やオートバイで、ペダルやエンジンの推力を車輪に伝えるための鎖。❸積雪時の車の走行の際に、滑らないようにタイヤに装着する鎖。タイヤチェーン。❹同一資本による経営系統。小売店・ホテル・劇場などがある。❺ヤード-ポンド法の長さの単位。1チェーンは22ヤードで、約20.1168メートル。
[類語]分流・分かれ・支流・傍流・傍系・枝・門流

チェーン-カッター《和 chain＋cutter》鋼鉄の刃をもち、はさみの形をした、ドアチェーンなどの金属を切断するための工具。

チェーン-ステッチ〘chain stitch〙刺繍で、輪をつないで鎖状につくる線刺しの技法。

チェーン-ストア〘chain store〙一つの企業が多数の店舗を直接に経営・管理する小売業の組織形態。チェーン店。連鎖店。

チェーン-スモーカー〘chain smoker〙切れ目なしにタバコを吸い続ける人。

チェーン-ソー〘chain saw〙動力鋸の一。鎖状の鋸歯を原動機で回転駆動し、樹木などを切る工具。

チェーン-てん【チェーン店】▶チェーンストア

チェーン-ブロック〘chain block〙滑車に歯車を組み合わせて鎖をかけた、重量物をつり上げる機械。

チェーン-メール〘chain mail〙次から次へと多数の人々に転送することを促す内容をもつ電子メールのこと。ねずみ算式に増えるため、ネットワークやメールサーバーの負荷を増大させる原因となる。

チェカー〘ロシア Cheka〙全ロシア非常委員会。1917年12月、反革命や投機活動を取り締まるために設置された機関。22年に廃止され、ゲー-ペー-ウーに引きつがれた。

ち-えき【地役】❶他人の土地を自分の便益のために利用すること。❷「地役権」の略。

ちえき-けん【地役権】ある土地の便益のために、他人の土地を利用する物権。契約によって設定される。他人の土地を通行したり、そこから引水したりする権利など。

チェ-ギュハ【崔圭夏】[1919〜2006]韓国の政治家。第10代大統領。江原道出身。1941年、東京高等師範学校卒業。戦後、外交官僚として活躍。76年国務総理となり、79年朴大統領暗殺により大統領に就任。翌年、全斗煥による軍事クーデターに圧され辞職。さいけいか。➡チョンドファン

チェキルゲ〘Çekirge〙トルコ北西部の都市ブルサの一地区。市街北西部に位置し、古代ローマ時代より温泉が湧出することで知られ、温泉付きのホテルや湯治場が集まっている。オスマン帝国のスルターン、ムラト1世の霊廟や、初期オスマン文学の宗教詩人スレイマン=チェレビの墓がある。

ちえ-くらべ【知恵▽競べ|知恵比べ】知恵の優劣をきそいくらべること。

チェコ〘Czech〙ヨーロッパ中部の共和国。首都プラハ。ボヘミア地方とモラバ地方とからなる。中世末、ボヘミア王国が繁栄。第一次大戦後スロバキアと合併してオーストリア-ハンガリー帝国から独立、チェコスロバキア共和国となる。93年、スロバキアと分離して、チェコ共和国となる。人口1020万(2010)。チェヒ。チェスコ。

ちえ-こう【×智×慧光】仏語。❶仏・菩薩の備える智慧の輝き。❷阿弥陀仏の十二光の一。生きとし生けるものの無知の闇を滅する光明。

チェコ-ご【チェコ語】インド-ヨーロッパ語族のスラブ語派に属する言語。チェコ共和国の公用語。

ちえこしょう【智恵子抄】高村光太郎の詩集。昭和16年(1941)刊。恋愛から、結婚、死別までの、妻智恵子への愛を歌う。

チェコスロバキア〘Czechoslovakia〙チェコとスロバキアが合併して、1918年にオーストリア-ハンガリー帝国から独立し、建設された共和国。39年、ナチス-ドイツに併合。44年に回復し、60年に社会主義共和国となり、69年に連邦制へ移行。東欧民主化の中で、89年に共産党政権崩壊。90年、国名から「社会主義」を削除。93年、チェコ共和国とスロバキア共和国に分離。

チェサピーク-わん【チェサピーク湾】《Chesapeake》

米国、大西洋岸中部にある湾。南北に長く、メリーランド・バージニア両州に囲まれる。
チェシメ〖Çeşme〗《「チェシュメ」とも》トルコ西部、エーゲ海に面する町。イズミルの西約80キロメートル、チェシメ半島に位置する。古くから温泉保養地であり、近年は海岸保養地として有名。ギリシャ領のヒオス島をはじめとするエーゲ海の島々への観光拠点として知られる。14世紀にジェノバ人が築き、オスマン帝国時代に改築された城塞が残っている。
ちえ-しゃ【知恵者】チエ 知恵のすぐれている人。
(類語)才子・才人・才物
チェジュ-ド【済州島】朝鮮半島の南西にある火山島で、韓国最大の島。中央に漢拏ハルラ山(標高1950メートル)がそびえる。大韓民国領。周辺の島と共に済州特別自治道をなす。道都は済州。放牧・ミカン栽培・漁業などが行われる。面積約1845平方キロメートル。漢拏山・拒文岳コムンオルムの溶岩洞窟群・城山日出峰ソンサンイルチュルボンは、2007年に世界遺産(自然遺産)に登録された。さいしゅうとう。チェジュとう。
チェジュ-とう【済州島】チタ ▶チェジュド
チェジュ-とくべつじちどう【済州特別自治道】ニトクベツジチドウ 大韓民国南端、済州島を占める自治体。道都は済州。韓国最高峰の漢拏ハルラ山がある。温暖な気候に恵まれ観光業が盛ん。2006年、済州道に自治権が与えられ特別自治道となった。済州チェジュ特別自治道。
チェス〖chess〗西洋将棋。白・黒16個ずつの駒(キング・クイーン・ビショップ・ナイト・ルーク・ポーン)を市松模様の盤に並べ、交互に動かして相手のキングを詰めるゲーム。
チェスキー-クルムロフ〖Český Krumlov〗チェコ、プラハの南約140キロメートルにある都市。13世紀に領主の城館が築かれたことに始まる。ルネサンス様式やバロック様式などの融合した町並みや、13世紀に建てられたチェスキークルムロフ城などが現在も残る。1992年に、「チェスキークルムロフ歴史地区」として世界遺産(文化遺産)に登録された。
チェスキークルムロフ-じょう【チェスキークルムロフ城】ニジャウ《Zámek Český Krumlov》チェコ南部、南ボヘミア地方の都市チェスキークルムロフにある城。13世紀に領主ビートコフ家がブルタバ川に臨む崖の上に建造。増改築が繰り返された結果、ゴシック、ルネサンス、バロック各様式が混在する大規模な複合建築になった。バロック様式の庭園、ボヘミア国王バーツラフ4世の牢獄として使われた地下室(現在は現代美術のギャラリー)などがある。1992年に、「チェスキークルムロフ歴史地区」として世界遺産(文化遺産)に登録された。
チェスキーシュテルンベルク-じょう【チェスキーシュテルンベルク城】ニジャウ《Hrad Český Šternberk》チェコ共和国の首都プラハ郊外にあるゴシック様式の城。プラハの南約40キロメートル、サーザバ川を見下ろす崖の上に位置する。13世紀に同地方の有力な貴族だったズデスラフ家(後のシュテンベルク家)により建造。17世紀の三十年戦争の際に大きな被害を受け、城内はバロック様式に改修された。
チェスケー-ブデヨビツェ〖České Budějovice〗チェコ南部の都市。ブルタバ川とマルシェ川の合流点に位置する。ボヘミア地方南部最大の都市で、政治や商業の中心地。ビール醸造が有名。13世紀、ボヘミア国王プジェミスル＝オタカル2世により建設された。岩塩や銀の交易で発展。旧市街中心部のオタカル2世広場の周囲にはバロック様式の市庁舎、聖ミクラーシュ教会と黒塔などの歴史的建造物が数多く残っている。ドイツ語名ブートワイスまたはブートバイス。
チェスター〖Chester〗英国イングランド北西部、チェシャー州の都市。同州の州都。ディー川下流部に位置する。古代ローマ人駐屯地が置かれた場所で、同国最大の円形劇場跡や城壁が残っている。チューダー朝様式の木造の建物が並ぶザロウズ、中世に巡礼地として栄えたチェスター大聖堂、ウィリアム征服王が築いたチェスター城など、歴史的建造物が多い。
チェスター-じょう【チェスター城】ニジャウ《Chester Castle》英国イングランド北西部、チェシャー州の都市チェスターにある城。11世紀にウィリアム征服王が築き、13世紀にヘンリー2世が改築した。敷地内にチェシャー軍事博物館がある。
チェスター-だいせいどう【チェスター大聖堂】ニダイセイダウ《Chester Cathedral》英国イングランド北西部、チェシャー州の都市チェスターにある大聖堂。10世紀創建の聖ワーバラを祭った教会に起源し、後にベネディクト派修道院になった。ノルマン様式やゴシック様式などさまざまな建築様式が混在し、身廊しんろうの木造の天井やステンドグラスの美しさで知られる。
チェスタートン〖Gilbert Keith Chesterton〗[1874〜1936]英国の小説家・批評家。カトリックの立場から、警句・逆説を駆使した文明批評を行った。また、ブラウン神父を探偵役とした推理小説のシリーズでも有名。評論「ディケンズ論」など。
チェスターフィールド〖chesterfield〗隠しボタンで、ビロード製の狭い上襟のついたひざ丈の紳士用オーバーコート。最初に着用した19世紀の英国の政治家チェスターフィールドの名にちなむ。
チェスタ-の-とう【チェスタの塔】ニタフ《Cesta》イタリア半島北東部の独立国家サンマリノ共和国、ティターノ山の山頂部にある塔。城壁に囲まれた旧市街の見張りのため、14世紀に建造。現在は古武器博物館になっている。
チェスト〖chest〗❶子供や男性の膨らみのない胸部。➡バスト ❷整理だんす。大型の収納箱。
(類語)胸・胸部・胸腔きょうこう・胸郭きょうかく・胸板むないた・胸間きょうかん・胸元むなもと・胸先むなさき・胸倉むなぐら・懐ふところ・胸壁・バスト
ちぇすと〔感〕詩吟・演説などの高潮した際に、聴衆から発する声援のかけ声。江戸末期ごろ、鹿児島地方からはやった。
チェスト-パス〖chest pass〗バスケットボールで、胸の前から両手で押し出すように行うパス。
チェダー-チーズ〖Cheddar cheese〗代表的な硬質のナチュラルチーズの一。クリーム色で、少し酸味がある。英国南部のチェダー地方の原産。
チェタツヤ〖Cetățuie〗▶コステシュティ
チェチェン〖Chechen〗ロシア連邦にある21の共和国の1つ。カフカス山脈北麓に位置する。イスラム教スンニー派で「ノフチ(ノアの民)」を自称するチェチェン人が基幹民族。ソ連崩壊直前の1991年11月に独立を宣言。ロシア中央政府と2回交戦したが制圧された。➡カフカスの火薬庫
チェチェン-せんそう【チェチェン戦争】ニセンサウ チェチェン共和国とロシアとの間で行われた戦争。1991年にロシアからの独立を宣言したチェチェンに対し、これを認めないロシアが94年にチェチェンへ侵攻(第1次チェチェン戦争)。停戦期間(97年1月〜99年8月)を挟んだ後、チェチェン武装勢力が隣接するロシア領内のタゲスタン共和国へと侵攻したことを契機に、ロシア軍がチェチェン空爆を開始(第2次チェチェン戦争)。2009年まで紛争状態が続いた。
チェチリエンホーフ-きゅうでん【チェチリエンホーフ宮殿】《Schloß Cecilienhof》▶ツェツィリエンホーフ宮殿
ちえっ〔感〕物事がうまくいかなかったときなどに発する声。また、舌打ちをする音。ちぇ。「—、しようがないなあ」
チェッカー〖checker〗❶赤・黒12個ずつの丸い駒を、市松模様の盤上に並べ、交互に動かして相手の駒を飛び越えて取り合うゲーム。西洋碁。❷「チェック❷」に同じ。❸「チェッカーフラッグ」の略。
チェッカー-フラッグ〖checkered flag〗自動車レースなどで、合図のために振られる白と黒の市松模様の旗。
チェック〖check〗〔名〕スル ❶小切手。「トラベラーズ—」❷格子縞の模様。チェッカー。「タータン—」❸書類などを照合すること。また、照合済みの印をつけること。また、その印。「該当箇所を—する」❹調べて、不都合なものが入り込むのを阻止すること。「人の出入りを—する」「ボディー—」❺点検、調査、確認などの意で使う。「あの店は要—」「周辺の病院を—しておく」❻チェスで、王手をかけること。また、その宣言。❼▶チッキ (類語)調べる・検する・閲えつする・閲みする・改める・検査・点検・検分・吟味・実検・臨検・検閲・査閲・監査
ちえ-づ-く【知恵付く】✕智✕慧付く】チヱ〔動カ五(四)〕成長するに従って子供に知恵が備わってくる。「—く年ごろ」
チェック-アウト〖check-out〗〔名〕スル ホテルなどで、支払いを済まして部屋を引き払うこと。⇔チェックイン。
チェック-アンド-バランス〖checks and balances〗政治権力が特定部門に集中するのを防ぐために、権力相互間で抑制と均衡を保たせること。また、その原理。抑制均衡。
チェック-イン〖check-in〗〔名〕スル ❶ホテルなどで、到着して宿泊手続きをとること。⇔チェックアウト。❷空港のカウンターで、搭乗手続きをすること。
チェックオフ〖checkoff〗使用者が組合員である労働者の賃金から組合費を天引きし、一括して労働組合に渡す制度。
チェック-サム〖check sum〗データ転送が正しくなされたことを調べる検出方法の一。いくつかのデータ列に分割し、データ列の数値の和であるチェックサムを同時に送信する。受信側でも同様にデータ列の数値の和を求め、チェックサムと一致するかどうかを調べることにより、転送エラーの検出をする。
チェック-デジット〖check digit〗0、1の二進数で表したコンピューターの信号に、誤りが含まれているかどうかを検出するために加えるビット。
チェック-バック〖check back〗主にリバーシブルコートなどに使われている両面仕上げの素材で、特に裏が格子柄になっているもの。
チェック-バルブ〖check valve〗逆止め弁。
チェックブック〖checkbook〗「小切手帳」に同じ。
チェックブック-ジャーナリズム〖checkbook journalism〗話題の人物や事件の中心人物などに特別の報酬を払って契約し、独占的に行う報道活動。札束報道主義。
チェック-プライス〖check price〗輸出業者による過当競争や安値輸出から輸出市場の混乱が生じるのを防ぐため、輸出価格につき最低価格を設定し、それ以下の価格での輸出を認めない制限価格。
チェックポイント〖checkpoint〗❶判断を下すために、調べて確かめなければならない点。「病院を選ぶときの—」❷検問所。また、確認する所。「一〇キロの—通過タイム」
チェック-ボックス〖check box〗コンピューターの操作画面において、複数の選択肢から任意の複数個を選択する場合に用いられる。ひとつだけの選択肢を選択する場合は、ラジオボタンが使われる。
チェックメート〖checkmate〗チェスで、王手詰め。また、その宣言。
チェックライター〖checkwriter〗小切手や手形などに金額の数字を精密に刻印する器具。
チェック-リスト〖check list〗確認・検討を要する事項を列挙した表。照合表。
チェッリーニ〖Benvenuto Cellini〗[1500〜1571]イタリア、ルネサンス期の彫金師・彫刻家。フィレンツェに生まれるが、決闘・殺人・陰謀等に関係しフィレンツェを追われ、ローマ、マントバ、フランス等を遍歴する。その波瀾の生涯を綴つづった「自伝」は有名。チェリーニ。
ちえ-なみ【千重波】千重✓浪】ちへ いく重にも重なり合って押し寄せる波。「朝なぎに—寄せ夕なぎに五百重いほへ波寄す」〈万・九三一〉
ちえなみしき-に【千重波✓頻に】ちへなみしきに〔副〕波がいく重にも重なり合うようにしきりに。「ひと日には—思へども」〈万・四〇九〉
ちえ-ねつ【知恵熱】チヱ 乳児にみられる原因のわからない発熱。昔は知能の発達と関係があると考えられていた。
ちえ-の-いた【知恵の板】チヱ 玩具の一。四角・三角・円など、形の違う小さい板をさまざまな形に組み

立てて遊ぶもの。知恵筏(ぢえいかだ)。

ちえ-の-かがみ【知恵の鏡】チエ 知恵がすぐれて明らかなことを鏡にたとえていう語。「知恵の鏡も曇る」の形で、正常な判断ができなくなることをいう。

ちえ-の-けん【×智×慧の剣】チエ 仏語。煩悩を断ち切る智慧の力を剣にたとえていう語。智剣。智慧の利剣。

ちえ-の-こま【知恵の駒】チエ 玩具の一つ。正方形の駒を縦横4個ずつ並べることのできる浅い箱に、番号を記した15個の駒を置き、1個分の空地を利用して、駒を動かし、番号順に並べ変えるもの。

ちえ-の-もちぐされ【知恵の持ち腐れ】チエ すぐれた知恵をもちながら、それをあまり役立てないでいること。

ちえ-の-わ【知恵の輪】チエ ❶玩具の一。いろいろな形の金属の輪を組み合わせたり、解いたりして遊ぶもの。❷紋所の名。九つの輪ちがいの模様。❸文殊菩薩(もんじゅぼさつ)をまつった寺院にある円形の石の輪。くぐると知恵を授かるという。

ちえ-ば【知恵歯】チエ 親しらず歯のこと。

チェビオット〖cheviot〗イギリスのイングランドとスコットランドの境界にあるチェビオット-ヒルズ周辺を原産地とする羊毛から織られたツイード生地。

チェビシェフ〖Pafnutiy L'vovich Chebïshev〗[1821～1894]ロシアの数学者。解析的数論の創始者の一人で、確率論・関数近似論などの分野で業績を残した。チェビシェフの多項式、チェビシェフの不等式は有名。

チェファルー〖Cefalù〗イタリア南部、シチリア島の都市。同島北西部のティレニア海に面し、マドニエ州立自然公園の一部をなす。中世の面影を残す旧市街には、12世紀にノルマン朝シチリア王ルッジェーロ2世が建てたチェファルー大聖堂がある。

チェファルー-だいせいどう【チェファルー大聖堂】ダイセイドウ《Duomo di Cefalù》イタリア南部、シチリア島、シチリア自治州の都市チェファルーにある、ノルマン様式の大聖堂。12世紀にノルマン朝シチリア王ルッジェーロ2世により建造。内部は16世紀に改装されたが、創建当初につくられたビザンチン様式の荘厳なモザイクが残っている。

ちえ-ぶくろ【知恵袋】チエ ❶知恵のすべてが入っているという袋。転じて、ありったけの知恵。「—を絞る」❷仲間の内でいちばん知恵のある人。「わが党の—」

チェボクサリ〖Cheboksarï〗《「チェボクサル」とも》ロシア連邦西部、チュバシア共和国の首都。ボルガ川に面する河港都市。中世よりチュバシ人の集落がつくられ、17世紀から18世紀にかけてボルガ川流域の交易の要地として栄えた。1925年より共和国の首都。ロシア革命後の赤軍指揮官ワシリー=チャパーエフの生地。

チェボクサル〖Cheboksarï〗▶チェボクサリ

ちえ-まけ【知恵負け】チエ 知恵があるため、考えすぎて、かえって失敗すること。

ちえ-もんじゅ【智慧文殊】チエ《諸尊の中で智慧が最も秀でているところから》文殊菩薩のこと。

チェリー〖cherry〗桜。また、サクランボウ。桜桃。(季 春)

チェリー-トマト〖cherry tomato〗ミニトマトの一品種。果実が小さく赤いところからの名。

チェリー-ブロッサム〖cherry blossom〗桜の花。

チェリオ〖cheerio〗〘感〙乾杯や別れの際に言う語。おめでとう。万歳。御機嫌よう。

チェリスト〖cellist〗チェロ演奏家。

チェリビダッケ〖Sergiu Celibidache〗[1912～1996]ルーマニア生まれの指揮者。おもにドイツで活躍し、ベルリン-フィルハーモニーやミュンヘン-フィルハーモニーなどを指揮した。完璧主義者として知られ、生前はレコード録音を拒否し続けた。

チェリモヤ〖cherimoya〗バンレイシ科の低木。ペルー、エクアドルの山地原産。果実は緑色。果肉は白くて甘酸っぱく、生食される。

チェリャビンスク〖Chelyabinsk〗ロシア連邦、ウラル山脈南東にある工業都市。鉄鋼・冶金(やきん)・機械工業が盛ん。人口、行政区109万(2008)。

チェルケウア〖Ċirkewwa〗地中海中央部の島国、マルタ共和国の港。マルタ島北西部に位置し、ゴゾ島のイムジャールとフェリーで結ばれる。ダイビングスポットとしても知られる。

チェルシー〖Chelsea〗㊀ロンドン南西部の一地区。ケンジントンアンドチェルシー王立区に属す。国立陸軍博物館や19世紀の評論家・歴史家、トーマス=カーライルの邸宅がある。㊁米国ニューヨーク市マンハッタン南西の地区名。1990年ごろからギャラリーが増え、ソーホーに続く芸術の発信地として知られる。

チェルシー-ブーツ〖Chelsea boots〗《Chelseaは、ロンドンの地名》ヒールがやや高く、サイドにゴアが付き、ジッパー留めになっているくるぶしぐらいの長さのブーツ。初期のビートルズが履いていた。

チェルトーザ-ディ-パビア〖Certosa di Pavia〗▶パビア修道院

チェルトナム〖Cheltenham〗英国イングランド南西部の都市。1715年に鉱泉が発見されて以来、温泉保養地として発展。1830年に建てられたリージェント様式のピットビルパンプルームや、作曲家グスタフ=ホルストの生家だったホルスト博物館がある。毎年3月にチェルトナム競馬場で障害競走の祭典が催される。

チェルニー〖Karl Czerny〗[1791～1857]オーストリアのピアノ奏者・教育家・作曲家。ベートーベン・クレメンティらに師事。ピアノのための練習曲を多数作曲し、その教則本は今日でも広く用いられる。ツェルニー。

チェルヌイシェフスキー〖Nikolay Gavrilovich Chernïshevskiy〗[1828～1889]ロシアの小説家・思想家。1862年に逮捕され、20年以上に及ぶ流刑生活を送った。小説「何をなすべきか」、評論「芸術と現実との美学的関係」など。

チェルノーゼム〖chernozem〗温帯の半乾燥気候下の草原地帯に発達する肥えた土壌。黒色の厚い腐植層、その下に炭酸カルシウムの集積層が重なる。ウクライナから西シベリア南部にかけて広く分布するほか、北アメリカにも分布。黒土。黒色土。

チェルノッビオ〖Cernobbio〗イタリア北部、ロンバルディア州の町。コモの北西約2キロメートル、コモ湖に面する観光保養地。16世紀に枢機卿(すうききょう)トロメオ=ガッリオにより建造された館があり、現在はイタリア式庭園をもつホテルになっている。

チェルノブイリ〖Chernobïl'〗ウクライナ共和国の首都キエフの北約100キロにある都市。1986年4月26日、同地の原子力発電所の事故により、ヨーロッパを中心に広く放射能汚染をもたらした。

チェルビニア〖Cervinia〗イタリア北西部の町。マッターホルンの山麓、標高2000メートル以上に位置する。イタリア屈指の山岳リゾートとして知られ、モンテチェルビノ(マッターホルン)山頂を挟んでスイスのツェルマットと接し、国境を越えてスキー客が多い。

チェルベテリ〖Cerveteri〗ローマの北西約50キロメートルにある都市。エトルリア人の遺跡があり、近年その古代墳墓が発掘された。前7世紀のバンディタッチャ墳墓が名高い。2004年「チェルベテリとタルキニアのエトルリア古代都市群」として世界遺産(文化遺産)に登録された。

チェレスタ〖イタリア celesta〗鍵盤(けんばん)つき打楽器の一。外見は小型のアップライトピアノに似るが、発音原理は鉄琴と同じで、鍵盤を押すとハンマーが金属製の音板をたたいて音を出す。

チェレポベツ〖Cherepovets〗ロシア連邦北西部、ボログダ州の都市。リビンスク貯水池につながるシェスクナ川沿いに位置し、河港を有す。14世紀にボスクレセンスキー修道院が創設されたことに起源し、交易の要地として栄えた。1955年に鉄鋼コンビナートが建設され、鉄鋼業の中心地になった。

チェレムノイ-きゅうでん【チェレムノイ宮殿】《Teremnoy dvorets》▶テレムノイ宮殿

チェレムホボ〖Cheremkhovo〗ロシア連邦中部の都市。州都イルクーツクの北西約130キロメートルに位置し、シベリア鉄道が通る。19世紀末に採炭が始まり、イルクーツク炭田の中心地の一つになった。

チェレンコフ〖Pavel Alekseevich Cherenkov〗[1904～1990]ロシア連邦の物理学者。γ(ガンマ)線に照射される水の発光現象を研究し「チェレンコフ効果」を発見。この効果を利用して高速の荷電粒子の速度を測定する装置はチェレンコフ計数管と呼ばれる。1958年、ノーベル物理学賞受賞。

チェレンコフ-カウンター〖Cherenkov counter〗荷電粒子が、物質中を、物質中での光速度より速く通過すると光を発する特性を利用した荷電粒子の計数管。考案者のロシアの物理学者チェレンコフの名にちなむ。チェレンコフ計数管。

チェレンコフ-けいすうかん【チェレンコフ計数管】ケイスウクワン ▶チェレンコフカウンター

チェレンコフ-こう【チェレンコフ光】クワウ《Cherenkov light》チェレンコフ効果で放射される光。

チェレンコフ-こうか【チェレンコフ効果】カウクワ 荷電粒子が物質中を、その物質中での光の速度よりも速く走るときに光の放射を起こす現象。1937年、チェレンコフが発見。

チェレンコフ-ほうしゃ【チェレンコフ放射】ハウシャ ▶チェレンコフ効果

チェロ〖cello〗擦弦楽器の一。バイオリン属の大型・低音楽器で、全長約120センチ。ビオラより1オクターブ低く調弦され、奏者は椅子にかけ、両膝の間に楽器をはさんで演奏する。セロ。

チェロキー〖Cherokee〗アメリカ先住民の一部族。イロコイ語族に属し、ジョージア・テネシー・アラバマ・バージニアなどに居住した。

ち-えん【地縁】住む土地に基づいてできる縁故関係。「—社会」➡血縁

ち-えん【遅延】〘名〙スル 予定された期日や時間におくれること。また、長引くこと。「雪のために列車が—した」「—証明」(類語)遅刻・遅れる・手遅れ・延びる・遅滞・延滞・延引・延着・遅参・遷延・順延

チェンジ〖change〗〘名〙スル ❶㋐交換すること。「部品を—する」㋑両替すること。「円をドルに—する」㋒切りかえること。「ギアを—する」❷㋐入れ替わること。交替すること。「早番を遅番に—する」㋑野球・アメリカンフットボールなどで、攻守の交替。また、テニス・バレーボールなどで、チェンジコートのこと。❸変化すること。「イメージ—」「モデル—」(類語)交換・交代・互換(ごかん)・取り換え・付け替え・入れ替え・引き換え・入れ替わり・更迭(こうてつ)・代替(だいたい)・交番・代謝

チェンジ-アップ〖change-up〗野球で、投手が打者のタイミングを狂わせるために、速球のときと同じ投球動作で緩い変化球などを投げること。

チェンジオーバー〖changeover〗▶スワップ取引

チェンジ-オブ-ペース〖change of pace〗野球で、投手が球速や投球の間合い・コースなどを変えて投げること。

ちえん-じかん【遅延時間】▶レイテンシー

チェンジ-コート《和 change＋court》テニス・卓球・バレーボールなどで、各セット終了後や一定の得点を獲得したのちなどにコートを交替すること。チェンジ。コートチェンジ。

ちえん-しゅうだん【地縁集団】シフダン 一定地域に居住していることに基づいてつくられる社会集団。地縁団体。➡血縁集団

チェンジリング〖changeling〗(故意に、また、うっかりと)取り替えられた子供。(補説)妖精が、かわいい子供と醜い子供とを取り替えたという西洋のおとぎ話から。

チェンジ-レバー《和 change＋lever》自動車・機械などの回転速度を変えるための桿(かん)。

チェンストホバ〖Częstochowa〗ポーランド南部の都市。オーデル川の支流バルタ川に沿う。第二次大戦後、製鉄業を中心にいち早く工業化が進んだ。14世紀創建のヤスナグラ修道院は「黒いマドンナ」と称される聖母画で知られ、数多くの巡礼者が訪れる。

ちえん-ちゅうせいし【遅延中性子】▶遅発中性子

チェンナイ〖Chennai〗インド南東部、ベンガル湾に面する港湾都市。南インドの商工業・政治・文化の中

心。綿織物・機械工業などが盛ん。英国の植民拠点として発展。人口、行政区434万、都市圏656万(2001)。旧称、マドラス。

ちえん-は【遅延波】▶マルチパス

チェンバー〖chamber〗部屋。また、会議所。

チェンバー-ミュージック〖chamber music〗室内楽。

ちえん-ばいしょう【遅延賠償】債務の履行が遅れることによって生じる損害の賠償。

チェンバレン〖Basil Hall Chamberlain〗[1850〜1935]英国の日本学者。号は王堂。明治6年(1873)来日。東京大学で博言学を講じ、日本語・日本文化を研究した。同44年離日。著「英訳古事記」「日本近世文語文典」「日本口語文典」など。チャンバレン。

チェンバレン〖Chamberlain〗㊀(Joseph 〜)[1836〜1914]英国の政治家。1886年自由党を離れ、自由統一党を結成。植民地相となり、帝国主義政策を推進。㊁(Joseph Austen 〜)[1863〜1937]英国の政治家。㊀の長男。郵政相・蔵相を歴任。1925年、外相としてロカルノ条約を締結。同年、ノーベル平和賞受賞。国際連盟の支持者。㊂(Arthur Neville 〜)[1869〜1940]英国の政治家。㊀の次男。保健相・蔵相を歴任。1937年に首相となり対独宥和政策をとったが失敗。39年、ドイツに宣戦。

チェンバレン〖Owen Chamberlain〗[1920〜2006]米国の物理学者。核物理学を専攻し、1955年に反陽子を発見。1959年、ノーベル物理学賞受賞。

チェンバロ〖イタリア cembalo〗16〜18世紀に広く用いられた鍵盤楽器。打鍵すると鳥の羽軸などで作られた爪が金属製の弦をはじいて音を出す。18世紀末以降衰退したが、近年は古楽演奏などでよく用いられる。ハープシコード。クラブサン。

チェン-マイ〖Chiang Mai〗タイ北部の都市。ランナータイ王国の首都として繁栄した。古寺院が多く、観光地。チーク材などの集散地。

チェンマイ-イニシアチブ〖Chiang Mai initiative〗東アジア域内で緊急時に通貨安定のため外貨準備(主にドル)を融通しあう通貨スワップ協定。東南アジア諸国連合(ASEAN)および日本・中国・韓国の計13か国が参加。ある国が短期の投機取引を繰り返す投機筋などから通貨を売り浴びせられ、為替レートが急落し、貿易決済や為替介入に必要な外貨が不足した場合、その国の通貨と引き換えに他国からドルを借り受けて買い支える仕組み。1997年のアジア通貨危機の反省から、2000年5月にタイのチェンマイで開催されたASEANプラス日中韓の財務相会議で創設が合意され、当初は二国間通貨スワップ取極のネットワークとして構築されたが、10年に多国間通貨スワップ取極に移行した。資金規模は2400億ドル。CMI。

ちえん-りそく【遅延利息】金銭債務の不履行の場合に、弁済期が過ぎたことによる損害賠償として支払わなければならない金銭。延滞利息。

ち-おも【乳▽母】うば。めのと。ちも。「婦人を取りて―湯母及び飯嚼湯坐とし給ふ」〈神代紀・下〉

ち-おや【乳親】❶母親の代わりに乳を飲ませて子を育てる女。うば。めのと。❷実母より先に新生児に乳を飲ませて仮の親子関係を結んだ人。乳飲み親。乳代。乳付け親。

チオりゅうさん-ソーダ【チオ硫酸ソーダ】▶チオ硫酸ナトリウム

チオりゅうさん-ナトリウム【チオ硫酸ナトリウム】亜硫酸ナトリウムに硫黄を加えて得られる結晶。五水和物は俗にハイポと呼ばれ、無色の柱状結晶で、湿気によって風解または潮解する。写真の定着液や、水道水の塩素を除くのに使用。化学式$Na_2S_2O_3$　チオ硫酸ソーダ。

ち-おろし【血下ろし】胎児をおろすこと。堕胎。「誰とも定めがたき―」〈浮・諸艶大鑑・一〉

ち-おん【地温】地表や地中の温度。

ちおん-いん【知恩院】京都市東山区にある浄土宗の総本山。正しくは華頂山大谷寺知恩教院。開創は承安5年(1175)、法然が結んだ吉水の庵室に始まり、入寂後の文暦元年(1234)源智が諸堂を建立、知恩院大谷寺と号した。現在の堂宇は寛永10年(1633)の焼失後、徳川家光の再興による。国宝の「法然上人絵伝」など多数の文化財を所蔵。吉水禅房。

ちおん-こうばい【地温勾配】地中の温度が深さとともに上昇する割合。地表の浅いところでは、100メートルごとに1〜3ケルビン程度上昇する。一方、深度100キロメートル以深ではマントルの対流により勾配は小さく、1キロメートル毎に1ケルビン程度上昇する。地下増温率。

ちおん-じ【知恩寺】京都市左京区にある浄土宗四大本山の一。山号は長徳山。円仁の開創といわれ、上賀茂神社の神宮寺だったが、法然の弟子源智が法然の御影堂を建立し改称した。元弘元年(1331)悪疫流行の際、後醍醐天皇の勅命を受け8世住持空円が百万遍念仏を修したところ疫病がやんだことにより、百万遍の寺号を賜った。今出川釈迦堂。

ち-か【地下】❶地面の下。土の下。地中。「―二階」㊦地上。❷死後の世界。冥土。泉下。「―に眠る」❸表面に表れない所。社会の表面から隠れて行う社会運動や政治運動などの非合法面をさす。「―に潜行する」[類語]地底

地下に潜る　取り締まりの目の届かない所で、秘密に非合法な政治活動や社会運動をする。

ち-か【地価】❶土地の売買価格。「―が高騰する」❷課税標準となる土地の価格で、固定資産課税台帳に記載してあるもの。

ち-か【治下】ある国や政権の支配のもとにあること。統治下。「イギリスの―にある島」

チカーノ〖Chicano〗メキシコ系のアメリカ人。

ち-かい【地界】❶土地の境界。また、土地。❷地上の世界。㊦天界。

ち-かい【地階】建築で、地盤面より下に設けられた階。

ち-かい【地塊】断層によって両側または周辺を囲まれた地殻のかたまり。断層地塊。

ち-かい【知解】‖【×智解】知識の力で悟ること。ちげ。

ちかい【誓い】❶神仏に誓うこと。願。「禁酒禁煙の―を立てる」❷将来、ある事を必ず成し遂げようと決心または約束すること。「―を交わす」❸衆生を救おうとする仏・菩薩の願い。誓願。弘誓。
[類語]約束・取り決め・申し合わせ・契り・固め・指切り・約・約定・契約・協約・協定・結約・盟約・誓約・確約・保証・公約・口約・内約・黙約・黙契・宣誓・血盟・起請・アグリーメント・アポイントメント・アポイント

ちか-い【近い】〔形〕文ちか・し〔ク〕二つのものが空間的、時間的に、また心理的に離れていないさま。❶距離の隔たりが少ない。遠くない。「駅に―・い」㊦遠い。❷時間の隔たりが少ない。「正月が―・い」「―・いうちに完成する」「年のせいかトイレが―・い」㊦遠い。❸関係が密である。親密である。「半年の交際で―・い間柄になる」「首相に―・い人々」㊦遠い。❹血のつながりが密接である。「―・い親戚」㊦遠い。❺性質・内容・程度などの隔たりが少ない。「オレンジ色に―・い赤」「理想に―・い相手」㊦遠い。❻(「目が近い」の形で)近眼である。「細かい字を見すぎて目が―・くなった」㊦遠い。[派生]ちかさ〔名〕[類語](❶)間近い・程近い・間近・じき・すぐ・至近・指呼の間・咫尺の間・目睫の間・目と鼻の先・ついそこ

ち-がい【痴×騃】〔名・形動〕おろかなこと。また、そのさま。「われ等二人の間にはまだ―なる歓楽のみ存じたりしを」〈鷗外・舞姫〉

ち-がい【稚貝】貝類で、幼生期の浮遊生活を終え、砂や岩に定着するようになって間もないもの。

ちがい【違い】❶違うこと。異なること。「趣味の―」「実力の―」「三つ―の姉」❷誤ること。まちがい。「文字の―を正す」
[下接語]板違い・従兄弟違い・入れ違い・色違い・打ち違い・大違い・御門違い・思い違い・思惑違い・掛け違い・門違い・考え違い・勘違い・気違い・食い違い・計算違い・桁違い・見当違い・心得違い・作違い・筋違い・擦れ違い・互い違い・種違い・段違い・手違い・畑違い・場違い・腹違い・引き違い・一足違い・人違い・打っ違い・間違い・見込み違い・眼鏡違い・目利き違い・目違い・行き違い・了見違い
[類語]差異・相違・異同・誤差・小異・大差・同工異曲・大同小異・別・分かち

ちかい-うんどう【地塊運動】地塊が、断層を境にして種々異なる方向に動く運動。地塊内部の変形は少ない。

ちか-いえか【地下家蚊】アカイエカの変種。吸血しなくても産卵し、ビルや地下鉄など暖房のある所で特に増殖する。

ちかい-ごと【誓い言】誓いの言葉。誓言。ちかごと。

ちが-いそ　コンブ科の褐藻。宮城県以北の海岸の干潮線付近に生え、形はワカメに似て、中肋がある。若いものは食用。えぞわかめ。

ちがい-だか【違い×鷹】▶違い鷹の羽

ちがい-たかのは【違い×鷹の羽】紋所の名。鷹の羽2枚を交差させたもの。ちがいだか。

ちがい-だな【違い棚】床の間の脇にある棚で、2枚の棚板を左右に食い違いに取り付けたもの。上下の棚板の間に海老束を入れ、上の棚板の端に筆返しをつける。

ちがい-づけ【違い付け】連歌・俳諧の付け方の一。前句と反対の意味のことば・題材などを付けるもの。「春」に対して「秋」を付けるなど。違いてには。

ちがい-な・い【違いない】〔連語〕❶応答の言葉として、肯定の返事を表す。そのとおりだ。「お互いにもう年だね」「―・い」❷(「…にちがいない」の形で)きっと…である。…にきまっている。「雨が降るに―・い」「犯人は男に―・い」

ちかい-の-あみ【誓いの網】仏・菩薩が必ず衆生を救おうと願い定めた誓いを網にたとえていう語。弘誓の網。

ちかい-の-うみ【誓いの海】仏が衆生を救おうとする誓いの広く深いことを、海にたとえていう語。弘誓の海。

ちかい-の-ふね【誓いの船】仏が衆生を悟りに導こうとする誓いを、人を彼岸に運ぶ船にたとえていう語。弘誓の船。

ちかい-ぶみ【誓い文】神仏に対する誓いの言葉を書いた文。せいもん。

ちがい-ほうけん【治外法権】国際法上、特定の外国人(外国元首・外交官・外交使節など)が現に滞在する国の法律、特に裁判権に服さない権利。

ちがい-め【違い目】❶違っているところ。食い違い。❷筋かいに組んであるところ。

ちか・う【誓う】‖【▽盟う】〔動ワ五(ハ四)〕❶神仏に対してあることを固く約束する。「神かけて―・う」❷他人に対して、あることの実行を固く約束する。また、自分の心中で固く決意する。誓約する。「将来を―・う」「必勝を心に―・う」❸仏・菩薩または神が、国土を守り、衆生を救おうと願う。「頼もしな法の守りと―・ひてぞ我が山もとを神はしめけん」〈玉葉集・神祇〉
[可能]ちかえる [類語]約束・約する・取り決める・申し合わせる・言い合わせる・契る・請け合う・誓約・契約・確約・宣誓・公約・盟約・血盟・特約・起請

ちが・う【違う】㊀〔動ワ五(ハ四)〕❶㋐比べてみて同じでない状態を呈する。相違する。異なる。「見方が―・う」「習慣が―・う」「―・った角度から見る」㋑両者の間に隔たりがある。差がある。また、他と異なってまさっている。「親子ほども年が―・う」「格が―・う」「おつむの出来が―・う」❷前に考えていたことや取り決めたことが現実のそれと同じでない。「話が―・う」「約束と―・う」❸基準となるもの、正しいものと一致しない状態である。まちがっている。「計算が―・う」「答えが―・っている」「『もしもし市役所ですか』『いいえ、―・います』」❹本来の位置からずれたり、正常でない状態になったりする。「足の筋が―・った」「気が―・う」❺(動詞の連用形に付いて)すれちがう、交差する、の意を表す。「出迎えと行き―・う」「すれ―・う」❻顔を合わせないようにする。「木曽に―・はん

と、丹波路にさしかかって播磨の国へ下る」〈平家・八〉
㊁〔動ハ下二〕「ちがえる」の文語形。
(用法)ちがう・ことなる――「考え方がそれぞれ違う(異なる)人の集まり」「事実と違う(異なる)報道」など、同じではないの意では相通じて用いられる。◇「異なる」は比べてみて同じでないことを表すにとどまるが、「違う」は「約束が違う」「答えが違う」「気が違う」など、あるべきこと・状態から外れることをも言う。「格が違う」「性能が違う」など、一定の水準から隔たりがある場合にも使われる。◇「異なる」は、「異なる二点を通る直線は一本のみである」など、数学用語で用いるほか、「記載の金額と現金内容の異なる場合」など文章語的である。◇類似の語に「相違する」がある。「事実と相違する」などでは相通じて用いられるが、「案に相違する」は「相違する」だけの用法。
(一句)勝手が違う・気が違う・口と腹とは違う・桁が違う・筋が違う
(類語)異なる

ちか-うんどう【地下運動】「地下活動」に同じ。

ちがえ【違え】違えること。交差させること。「筋―」

ちがえ-だな【違え棚】▶違い棚

ちがえ-やりど【違え▽遣り戸】2筋の溝のある敷居の上で、2枚の戸を入れ違えにして開閉するやり戸。

ちが・える【違える】〔動ア下一〕図ちが・ふ〔ハ下二〕❶ちがうようにする。ちがわせる。「最初の予定と針路を―・える」❷誤る。まちがえる。「字を―・えて書く」「集合時間を―・える」「電車に乗り―・える」❸そむく。反する。守らない。たがえる。「約束を―・える」「日限を―・える」❹交差させる。「たすきに―・えて結ぶ」❺筋や関節などが、正常な位置からはずれる、また、はずす。「首筋を―・える」「寝―・える」❻夢ちがえをする。「みし夢を―・へわびぬる秋の夜ぞねがたきものとおもひしりぬる」〈かげろふ・上〉(類語)間違う

ちか-おとり【近劣り】近寄って見ると遠くで見るよりも劣って見えること。「人知れず、―しては思はずやあらむ」〈源・総角〉⇔近優り。

ちか-がい【地下街】都市の駅近くや繁華街などの地下に設けられた商店街。

ちか-がつえ【近▽餓え】飲食してすぐまた空腹を感じること。また、その人。色欲についてもいう。「愚僧は生まれ付いたる―、…腹中窮困にせまり」〈浄・太功記〉

ちか-かつどう【地下活動】非合法的な組織的反体制政治活動。権力側からの弾圧をさけるため、法律的責任の所在を不明確にして行うもの。地下運動。

ち-がき【血書(き)】〔名〕スル 血で文字を書くこと。また、その文書。ちぶみ。けっしょ。「―した誓紙」

ちかき-まもり【近▽衛】「このえ(近衛)」に同じ。「照るひかり―の身なりしを」〈古今・雑体〉

ちかきまもり-の-つかさ【近▽衛▽府】▶このえふ(近衛府)

ちか-ぎんこう【地下銀行】(俗語)正規の銀行では扱わない海外への送金を代行する非合法の私的金融機関。手続きの際に身分証明が不要だが、手数料が高額であることが多い。国際的な資金洗浄にも利用される。

ち-かく【地角】❶大地のすみ。遠く隔たった土地の果て。❷岬のこと。地嘴。

ち-かく【地格】インド-ヨーロッパ語などにおける文法用語で、格の一。存在や動作の位置・場所(で・において)などの関係を表す格。位格。

ち-かく【地核】▶核❻

ち-かく【地殻】地球の表層部。モホロビチッチ不連続面までの部分。大陸地域では厚さが平均35キロあり、上部は花崗岩質岩石、下部は玄武岩質岩石からなる。海洋地域では厚さ5〜10キロで、玄武岩質岩石からなる。

ちかく【近く】㊀〔名〕❶近い所。近辺。「―にある公園」「―の商店」❷数詞の下に付いて、それには達しないが、ほぼそれに近いくらい、の意を表す。「三十―の男」「五時―に終わった」㊁〔副〕近いうちに。遠からず。まもなく。「―完成の予定です」

ち-かく【知覚|×智覚】〔名〕スル ❶思慮分別をもって知ること。「物の道理を―する」❷感覚器官を通して外界の事物や身体内部の状態を知る働き。(類語)感覚・官能・五感・体感・肉感・感触・感じ・感ずる

ち-がく【地学】地球およびその構成物質に関する科学。地質学・地球物理学・地球化学・岩石学・鉱物学・海洋学・気象学・地形学などを含む。高等学校の教育課程では天文学も含めている。地球科学。

ちかく-きんこう【地殻均衡】▶アイソスタシー

ちかくきんこう-せつ【地殻均衡説】▶アイソスタシー

ちかく-けい【知覚計】皮膚の知覚を測定する器具。触覚計など。

ちかく-しんけい【知覚神経】▶感覚神経

ちかく-ねつりゅうりょう【地殻熱流量】地球内部から地表へ流れ出る熱量。地温勾配とそこの岩石の熱伝導率との積で求められ、平均値は1平方メートル当たり約69ミリワット。

ちかく-へんどう【地殻変動】❶地球内部のエネルギーによって地殻が変形・変位を起こす運動。隆起・沈降・造山運動・地塊運動など。❷(比喩的に)諸活動の基盤となる方式・組織が変化すること。「パチンコ業界に―が起こっている」

ちかく-まひ【知覚麻×痺】知覚がなくなった状態。脳・神経機能などの障害によって生じる。

ちか-けい【地下茎】地中にある植物の茎。根のように養分を蓄えたり繁殖の役をしたりするものが多い。形態から根茎・塊茎・球茎・鱗茎などに分けられる。⇔地上茎。(類語)花茎・茎・蔓

ちか-けいざい【地下経済】税制や政府による種々の規制から逃れてなされ、実態が報告されないために統計で把握されていない経済活動。アングラ経済。➡アングラマネー

ちか-ケーブル【地下ケーブル】地中に埋設される送電線などのケーブル。

ちか-けつじつ【地下結実】地上で咲いた花が、受精後、地中にもぐって実を結ぶこと。落花生などにみられる。

ちか-けん【地下権】他人の土地の地下だけを使用する物権。地上権の一種で、地下鉄や地下駐車場などに適用。

ちか-こうさく【地下工作】❶非合法の政治活動・社会運動を秘密裏に行うこと。❷ある目的を達成するために、あらかじめ秘密裏に働きかけなどの活動を行うこと。裏面工作。「早期妥決のために―をする」

ちか-こうじ【地価公示】地価公示法に基づいて、適正な地価形成のために、全国の標準地の価格を国土交通省が毎年公示するもの。また、その制度。売買実例価額や不動産鑑定士等による鑑定評価価額などを基に国土交通省の土地鑑定委員会が判定する。地価公示制度。➡路線価

ちか-こうじせいど【地価公示制度】▶地価公示

ちか-ごと【誓言】誓いの言葉。せいげん。「たしかにわれに具せんといふ―たてよ」〈宇治拾遺・一四〉

ちか-ごろ【近頃】㊀〔名〕このごろ。最近。近来。副詞的にも用いる。「―の若い者は」「―手に入れた品」㊁〔副〕《「近ごろになく」の意から》はなはだ。非常に。「―かたじけなし」〈咄・露がはなし・二〉㊂〔形動ナリ〕❶大変結構だ。「それは―にて候」〈謡・芭蕉〉❷もってのほかだ。「やい石見守、―なる雑言」〈浄・本朝用文章〉➡最近(用法)
(類語)最近・このごろ・昨今・当今・今節・当節・この節・この所・近時・近来・近年

ちかごろかわらのたてひき【近頃河原達引】浄瑠璃。世話物。3巻。作者未詳。天明2年(1782)江戸外記座初演。元禄期(1688〜1704)に京都で起こったお俊伝兵衛の心中事件に取材したもの。中の巻「堀川猿回しの段」が有名。通称「堀川」。

ちがさき【茅ケ崎】神奈川県中南部、相模湾に臨む市。保養地・住宅地として発展。人口23.5万(2010)。

ちがさき-し【茅ケ崎市】▶茅ケ崎

ちか・し・い【近しい|▽親しい】〔形〕図ちか・し〔シク〕人と人とが心理的に近い関係にあるさま。したしい。親密である。「―・くつきあう」「―・い間柄」(補説)近世以降の語。「ちかい」よりは意味範囲がせまく心理的な近さを言う意に限定される。(派生)ちかしげ〔形動〕ちかしさ〔名〕(類語)親しい・睦まじい・親密・親愛・和気藹藹・懇ろ・仲良し・心安い・気安い・懇意・昵懇・懇親・別懇・仲が良い・気が置けない

近しき仲にも垣を結え ▶近しき仲にも礼儀あり

近しき仲にも礼儀あり 親しい間柄では、ことさらに礼儀を忘れずに接するべきである。親しき仲にも礼儀あり。近しき仲にも垣を結え。

ちかしき-よこあな【地下式横穴】古代墳墓の一。地面から垂直に掘りおろした底から横方向に掘って玄室を造ったもの。南九州の5〜6世紀のものが有名。地下式土壙。

ちか-しげん【地下資源】地中に埋蔵されている天然資源。有用鉱物のほか、石油・石炭・天然ガス・地下水・地熱なども含まれる。

ちか-しつ【地下室】地面より下につくられた部屋。地階の部屋。

ちか-すい【地下水】地中の土砂や岩石のすきま・割れ目などに存在する水。自由地下水と被圧地下水とがある。

ちか-すいめん【地下水面】自由地下水の表面。

ちか-ぜい【地価税】土地の保有コストを引き上げて土地投機を抑制し、土地の有効利用を図るために設けられた国税。土地の相続税評価額に一定の税率をかけて課税するが、農地・公共的用地や基準面積内の住宅用地は原則として非課税。平成4年(1992)施行。バブル経済の崩壊による地価の下落と経済の低迷を理由に、同10年度以降は課税を停止。

ちか-ぞうおんりつ【地下増温率】▶地温勾配

ちか-そくりょう【地下測量】地下坑内の測量。

ちか-そしき【地下組織】地下活動を行うための非合法の組織。

ち-がたな【血刀】血のついている刀。

ちか-たび【地下足‐袋】「じかたび」のこと。「地下足袋」と当てたところからできた語。

ちか-ちか〔副〕スル ❶強い光線などに刺激されて、目が痛むような感じがするさま。「対向車のライトで目が―(と)する」❷周囲が暗い中で、光が点滅するさま。「町の灯が―(と)またたく」
(類語)ぴかり・ぴかぴか・きらり・きらきら・ぎらり・ぎらぎら・てかてか・てらてら・ちらちら

ちか-ぢか【近近】〔副〕❶時間的に隔たらないさま。ごく近いうちに。きんきん。「―引っ越しするつもりです」❷距離的に近いさま。ごく近くに。「―と寄ってのぞき込む」(類語)近日・そのうち・いずれ・遅かれ早かれ・早晩・追って・何時か

ちか-つ-おうみ【近つ淡海|近江】《「つ」は「の」の意の格助詞》琵琶湖のこと。浜名湖を「遠つ淡海」というのに対し、都に近い湖の意でいう。また、近江国の古称。

ちか-づき【近付き】知り合うこと。親しくなること。また、その人。知り合い。「お―になりたい」

ちか-づ・く【近付く】㊀〔動カ五(四)〕❶あるものがある場所の近くに移動する。「目的地に―・く」「台風が本土に―・く」❷それを行う時期が近くなる。ある期日・刻限が迫る。「開会式が―・く」「終わりに―・く」❸積極的に親しくなろうとする。親密さを求める。近寄る。「財産目当てに社長令嬢に―・く」❹めざすものに近い状態になる。似てくる。「先代の芸に―・く」「限りなく本物に―・く」㊁〔動カ下二〕「ちかづける」の文語形。(類語)近寄る・寄る・来る・迫る・差し迫る・押し迫る・押し詰まる・切迫する・やってくる・来る・訪れる・来訪する・到着する・着く

ちか-づ・ける【近付ける】〔動カ下一〕図ちかづ・く〔カ下二〕❶近くへ寄せる。「船を岸壁に―・ける」「顔を―・けてのぞきこむ」❷人を近寄らせる。また、人と人とを親しくさせる。「危険な人物を―・けない」「パーティーで二人を―・ける」❸めざすものに近い状態にする。「目標額に―・ける」

ちかっ-て【誓って】〔副〕《神仏に誓いをたてて、の意から》❶きっと。必ず。「来年こそ―優勝します」❷(あとに打消しの言葉を伴って)決して。「―うそは申しません」(類語)絶対

ちか-てつ【地下鉄】《「地下鉄道」の略》都市などで、地下にトンネルを掘り、そこに敷設した鉄道。世界最初のものは1863年に英国ロンドンで開通。日本では昭和2年(1927)東京の浅草・上野間が最初。

ちか-どう【地下道】ダウ 建物と建物、道路と道路を結ぶために地下に設けられた、歩行用の道。
(類語)トンネル・隧道ずいどう・坑道・地下街

ち-かなもの【乳金物】門扉の釘隠しとして打つ乳房形の金物。饅頭まんじゅう金物。ちちかなもの。

ちが-の-うら【千賀浦】宮城県松島湾南西部の浜辺。塩釜しおがまの浦。千賀の塩釜。(歌枕)「みちのくの―にて見ましかばいかにつつじのをかしからまし」〈道綱母集〉

ちか-の-しま【値嘉島】長崎県の五島列島と平戸島などを含めた古称。「次に―を生みき」〈記・上〉

ちか-ば【近場】今いる所から比較的近い所。近所。近間ちかま。「昼食は―で済ませる」

ちか-び【近火】❶火に近いこと。また、火に近づけること。「―で焼く」❷近所の火事。きんか。

近火で手を焙あぶる 手近なもので間に合わせることのたとえ。また、目先の小利を追うことのたとえ。

ちか-ま【近間】あまり離れていない場所。近所。「買物はなるべく―で済ませる」
(類語)近所・近隣・最寄り・隣近所・近く・付近・近辺・近傍・界隈かいわい・近回り・その辺へん・そば

ちか-まさり【近▽優り】〔名〕スル 離れているときよりも、近くにいるときのほうが、よく見えたり感じられたりすること。「俊三の想って居たにも増して―する親切に」〈木下尚江・良人の自白〉「聞こしめししにも、こよなき―を」〈源・真木柱〉⇔近劣り。

ちかまつ-き【近松忌】近松門左衛門の忌日。陰暦11月22日。巣林子忌そうりんしき。巣林忌。(季 冬)「けふも亦心中ありて―/虚子」

ちかまつ-しゅうこう【近松秋江】シウカウ [1876～1944]小説家。岡山の生まれ。本名、徳田浩司。情痴におぼれる自己を赤裸々に描いた。作「別れたる妻に送る手紙」「疑惑」「黒髪」など。

ちかまつ-とくぞう【近松徳三】トクザウ [1751～1810]江戸後期の歌舞伎作者。大坂の人。初名、徳蔵、次に徳叟とくそう。近松半二に入門。上方の歌舞伎壇で活躍。代表作「伊勢音頭恋寝刃いせおんどこいのねたば」。

ちかまつ-はんじ【近松半二】[1725～1783]江戸中期の浄瑠璃作者。大坂の人。儒学者穂積以貫ほづみいかんの子。2世竹田出雲の門人。その作の多くは合作であったが、舞台技巧にすぐれていた。代表作「奥州安達原」「本朝廿四孝」「妹背山婦女庭訓いもせやまおんなていきん」「新版歌祭文」など。

ちかまつ-もんざえもん【近松門左衛門】モンザヱモン [1653～1724]江戸中期の浄瑠璃・歌舞伎作者。越前の人。本名、杉森信盛。別号、巣林子そうりんし。坂田藤十郎のために脚本を書き、その名演技と相まって上方歌舞伎の全盛を招いた。また、竹本義太夫のために時代物・世話物の浄瑠璃を書き、義太夫節の確立に協力した。代表作「国性爺合戦こくせんやかっせん」「曽根崎心中」「心中天網島しんじゅうてんのあみじま」「女殺油地獄おんなごろしあぶらのじごく」「傾城けいせい仏の原」など。(補説)忌日となる陰暦11月22日は、近松忌のほか巣林子忌、巣林忌ともいう。

ちか-まわり【近回り】マハリ〔名〕スル ❶近道を通って行くこと。「―して駅に行く」❷近くのあたり。近辺。「―へだけ独りででも出掛けられる母親は」〈白鳥・牛部屋の臭ひ〉(類語)近所・近く・付近・近辺・近隣・近傍・界隈かいわい・近間ちかま・その辺へん・最寄り・そば

ちか-みち【近道】〔名〕スル ❶目的地に早く行ける道。「―すれば十分で家に着く」❷目的に早く達する方法。てっとり早い手段。早道。「出世の―」(類語)近回り・裏街道・裏通り・裏道・抜け道・間道・横道・脇道・枝道

ちかみち-はんのう【近道反応】ハンオウ ▶短絡反応たんらくはんのう

ちか-め【近め】〔名・形動〕ある位置からやや近いこと。また、そのさま。「速球を―に投げる」⇔遠め。

ちか-め【近目|近▽眼】❶近視。近視眼。⇔遠目。❷目先のことにとらわれた見方。あさはかな考え。「目の先ばかり見える―どもを相手にするな」〈鴎外・阿部一族〉(類語)(❶)近視・近眼きんがん

ち-がや【×茅|×茅×萱|白=茅】イネ科の多年草。原野に群生し、高さ約60センチ。晩春、葉より先に「つばな」とよぶ円柱状の花穂をつける。根茎を漢方で茅根ぼうこんといい、利尿・止血薬とする。しげちがや。(季 秋)「すごすごと日の入る山の―かな/紅緑」

ちか-やか【近やか】〔形動ナリ〕いかにも近いさま。また、親しそうなさま。「ことつけて、―に馴れ寄り給ふ」〈源・常夏〉

ちか-よ・せる【近寄せる】〔動サ下一〕文ちかよ・す〔サ下二〕❶近くに寄せる。近づける。接近させる。「耳を―・せて聞く」❷親しくなるようにし向ける。「人を―・せない性格」

ちか-よ・る【近寄る】〔動ラ五(四)〕❶近くに寄る。近づく。「―・ってよく見る」❷親しくなるようにする。かかわりをもつ。「あの仲間には―・るな」(類語)寄る

ちから【力】❶人や動物にもともと備わっている、自ら動き、または他の物を動かす働き。体力。「筋肉の―」「あらん限りの―を出して戦う」❷物事をするときに助けとなるもの。助力。「先輩を杖とも―とも頼む」「金の―で政界に進出する」❸ききめ。効果。効力。「彼の発言には大いに―がある」「薬の―でせきが止まる」❹学問・技芸などの能力。力量。実力。「国語の―が不足だ」「まだ翻訳の―が足りない」「―のある選手」❺影響力。権力。「親の―で就職する」「―の政治」❻腕力。暴力。「―で事を解決する」「―に訴える」❼気力。迫力。「―のある文章」「―なげに答える」「―が抜ける」❽努力。骨折り。「―を尽くして平和に貢献する」「医師の―で全治した」「―を惜しむ」❾資力。財力。「娘を大学にやる―がない」❿物体の静止あるいは運動している状態に変化を起こさせたり、物体に変形を生じさせたりする作用。大きさはベクトル量で表され、単位はニュートン。力の働きかたの違いによって、弾性力・摩擦力などに区別される。重力・電気力・磁気力などは場の力とよばれ、原子核の内部の粒子が及ぼし合う核力も場の力の一つ。
(…語)(ぢから)腕力・糞くそ力・小力・底力・手た力・馬鹿ばか力・痩やせ力・藪やぶ力
(類語)権威・威厳・威信・威名いめい・威望・名望・威光・威風・威力・権力・勢威

力及ばず ❶努力したが願いや思いがかなわない。力が足りない。「―落第してしまった」❷他に適当な方法がない。しかたがない。やむを得ない。「不吉なりとてしきりに辞し申しけれども、勅命なれば―」〈平家・六〉

力尽・きる 持っている力をすべて使い果たし、それ以上の力が出せなくなる。「―・きて降服する」

力に余・る 自分の力以上のことである。手に負えない。力が及ばない。「今度の任務は―・る」

力に◦する 頼りとする。よりどころにする。「兄を―◦する」

力にな・る ❶人のために骨を折る。助力する。「及ばずながら―・りましょう」❷頼りになる。「子どもが―・ってくれますので元気が出ます」

力山やまを抜き気は世を蓋おおう 《「史記」項羽本紀から。漢の劉邦に垓下で包囲されたとき、絶望した楚の項羽がうたった詩の一節》山を抜き取るほど力が強く、世を圧倒するほど気力が盛んである。抜山蓋世ばつざんがいせい。

力を合わ・せる 同じ目的のために、一緒になって物事をする。協力する。「―・せて解決する」

力を入・れる 一生懸命になって物事をする。熱心に努力する。骨を折る。「進学指導に―・れる」

力を◦得える 助力を得たように勢いづく。「援軍に―◦得て攻勢に転じる」

力を落と・す 元気を失う。落胆する。がっかりする。「受験に失敗して―・す」

力を貸・す 手助けをする。援助する。助力する。「工場の再建に―・す」

力を込・める 力を入れる。「―・めて説得する」

力を尽く・す 精いっぱいの努力をする。「会社の再建に―・す」

ちから【主=税】主税寮しゅぜいりょうのこと。

ちから【▽税】《民の力の意から》古代、民から国家に奉るみつぎもの。租そ・庸よう・調などの総称。貢みつぎ。ぜい。

ちから-あし【力足】❶相撲で、四股しこのこと。❷強く力をこめて足を踏みおろすこと。また、その足。「二人が踏みける―に」〈太平記・一七〉

ちから-あわせ【力合はせ】アハセ 力の強さを競いあうこと。転じて、相撲。「九月ながつきの―に勝ちにけり我がかたをかを強く頼みて」〈山家集・下〉

ちから-いし【力石】力試し・力比べに持ち上げる大きな石。神社の境内などに置いてある。

ちから-いっぱい【力一杯】〔副〕持っている力を全部出すさま。力の限り。精いっぱい。「―引っ張る」「―声援する」(類語)精一杯・極力・力任せ・精精・鋭意・体当たり・燃焼・力ずく・腕ずく

ちから-いり【力入り】力を入れること。努力。尽力。「同じくはわが―をし」〈源・帚木〉

ちから-うどん【力×饂×飩】餅を入れたかけうどん。

ちから-おとし【力落(と)し】頼みとするものや希望がなくなって、がっかりすること。「このたびの御不幸で、さぞお―のことでしょう」
(類語)気落ち・気抜け・力抜け・拍子抜け

ちから-おび【力帯】からだに力を入れられるように、特に強く帯を締めること、また、その帯。

ちから-がみ【力紙】❶力の強くなることを祈って、噛かんで丸めた紙を仁王像に投げつけること。また、その紙。❷とじ目や合わせ目などを補強するために張る紙。❸相撲で、土俵上の力士がからだを拭い清める紙。半紙を半分に切ったもの。化粧紙。❹歌舞伎の荒事の鬘かつらにつける紙。

ちから-がわ【力革】ガハ ❶馬具の名。鐙あぶみを下げるために鞍橋くらぼねの居木いぎと鐙の鉸具頭かこがしらとをつなぐ革。❷近世、鎧よろいの袖の裏面や佩楯はいだての家地いえじに、伸び縮みを抑えるためにつけた革。

ちから-ぎ【力木】他の物に添えて、その物を支えたり強化したりする棒杭。

ちから-ぐさ【力草】❶オヒシバの別名。❷(「力種」とも書く)頼りになるもの。力と頼むもの。「砂は足もとからくずれ、―と頼む昼顔はもろくちぎれてすべりおちる」〈寅彦・花物語〉❸タカが捕らえた鳥の飛び立つのを防ぐために片方の足で力を入れてつかむ草。〈日葡〉

ちから-ぐさり【力×鏈】急勾配こうばいの屋根に登ることができるように、棟から軒先に垂れさげたくさり。

ちから-ぐら【▽税倉】上代、租税としての稲米を納めた倉。

ちから-くらべ【力▽競べ|力比べ】❶肉体的な力の強さをくらべ合うこと。「息子と―をする」❷学問や技術などの優劣をきそうこと。

ちから-ぐるま【力車】荷物を積んで、人力で運ぶ車。荷車。「恋草を―に七車積みて恋ふらく我わが心から」〈万・六九四〉

ちから-げ【力毛】❶筆の穂先に用いる主要な毛。❷強健な人の胸・腕・脛すねなどに生える毛。「胸をおふる―」〈幸若・和田宴〉

ちから-ご【力碁】定石にとらわれず、乱戦を好み、自分の読みを頼りに打つ碁。また、その棋風。

ちから-ごえ【力声】ゴヱ 力を入れるときに発する声。えいえい声。「打つ波の音―、命限りと攻めあひしが」〈浄・浦島年代記〉

ちから-こぶ【力×瘤】❶力をこめて腕を曲げるとき、二の腕の内側にできる筋肉の隆起。❷力を入れて行うこと。熱心に尽力すること。「語学教育に―を入れる」

ちから-しごと【力仕事】特に体力を必要とする仕事。肉体労働。(類語)重労働・手仕事・荒仕事・作業

ちから-しね【▽税▽稲】上代、税ちからとして納めた稲。

ちから-しば【力芝】イネ科の多年草。原野・路傍に生え、高さ30～80センチ。葉は線形。初秋、黒紫色で長い芒のぎのある小穂を密生し、円柱状の大きな穂を

ち

つくる。根が強く、抜き取るのに力がいる。みちしば。

ちから-しば【力×柴】ナギの別名。

ちから-じまん【力自慢】力の強さを自慢すること、また、その人。

ちから-しょうぎ【力将棋】定跡にとらわれず、自分の力量に頼って指す将棋。手(て)将棋。

ちから-ずく【力▽尽く】❶持っている力を出しきって事にあたること。「―で成し遂げる」❷腕力や権力によって強引に事を運ぶこと。「―で承知させる」(類語)極力・力一杯・精一杯・力任せ・精精・鋭意・体当たり・燃焼・腕ずく・乱暴

ちから-ずもう【力相-撲】技よりも力に頼ってとる相撲。また、両力士が十分に力を出し合って勝負する相撲。

ちから-ぜめ【力攻め】策略を用いず、武力にまかせて攻めること。「この城の為体(ていたらく)、―にし候はば、左右(さう)無く落つべからず候」〈太平記・六〉

ちから-ぞえ【力添え】〘名〙スル 他人の仕事を手助けすること。力を貸すこと。助力。援助。「よろこんでお―します」(類語)手助け・後押し・肩入れ・加勢・助太刀・後ろ盾・人助け・助ける・助(す)ける・手伝う・助力・幇助(ほうじょ)・助勢・協力・援助・応援・支援・守(も)り立てる・バックアップ・フォロー・力を貸す・手を貸す・肩を貸す・補助する・補佐する

ちから-だけ【力竹】茶室で、下地窓の外側に、壁の補強と装飾を兼ねて立てられる竹の柱。間柱(あいばしら)。

ちから-だて【力立て】力のあることを自慢すること。うでだて。「平常(つね)の―は空(から)いばりとけなされて」〈一葉・たけくらべ〉

ちから-だのみ【力頼み】力としてたよりにすること。心強いよりどころとすること。「先輩を―にする」

ちから-だめし【力試し】体力や能力の程度をためすこと。「―に模擬テストを受ける」

ちからぢから・し【力力し】〘形シク〙いかにも力強く感じられるさま。「爪弾きをいと―・しうし給ひて」〈落窪・一〉

ちから-づ・く【力付く】㊀〘動カ五(四)〙勢いがつく。気力が出る。「彼女の励ましでようやく―・いた」㊁〘動カ下二〙「ちからづける」の文語形。

ちから-づ・ける【力付ける】〘動カ下一〙図ちからづ・く〘カ下二〙元気が出るように励ます。元気づける。「温かい言葉で―・ける」
(類語)励ます・引き立てる・激励・声援

ちから-づな【力綱】❶力を出すために握る綱。特に、分娩時に産婦がいきむために握る綱。❷すがって頼りにするもの。「友情を―にして生きる」

ちから-づよ・い【力強い】〘形〙図ちからづよ・し〘ク〙❶いかにも力がありそうに見えるさま。力がこもっていて頼もしく感じられるさま。「―・い横綱の土俵入り」「―・い演説」❷たよりになるさま。安心できるさま。気強い。「彼に来てもらえば―・い」

ちから-な・い【力無い】〘形〙図ちからな・し〘ク〙❶体力・気力を失って元気がない。「―・くつぶやく」「―・い足取り」❷しかたがない。どうしようもない。「さらんには―・しとて、そののち沙汰もなかりしを」〈平家・四〉

ちから-ぬけ【力抜け】〘名〙スル 心の張りを失うこと。落胆すること。「試合が延期になって―する」
(類語)気落ち・気抜け・拍子抜け・力落とし

ちから-ぬの【力布】❶和服の袖付け・八つ口止まり、洋服のボタン・スナップを縫いつける部分などに補強のために当てる小さな布。ちからぎれ。❷裁断した角のほつれを防ぐために当てる共切れ。❸和服で、絹布・薄物のひとえ物の肩明き部分につける細い斜め布。

ちから-の-かぎり【力の限り】能力や体力などをすべて出し尽くして。「―戦う」

ちから-の-かみ【主=税▽頭】主税寮の長官。

ちから-の-つかさ【主=税▽寮】▶しゅぜいりょう(主税寮)

ちから-の-のうりつ【力の能率】▶力のモーメント

ちから-の-モーメント【力のモーメント】物体をある軸または点のまわりに回転させようとする力の働きを表す量。力の大きさと、その点から力の作用線までの距離との積で表される。力の能率。

ちから-ばめ【力×嵌め】強い力を加えてはめ込む嵌合(かんごう)法の一。圧入。

ちから-びと【力人┊健=児】❶力の強い人。強壮な男子。「軍士(いくさびと)の中の―の軽くはやきをえり集めて」〈記・中〉❷古代、兵士のうち特に選ばれた強健な者。

ちから-ぶそく【力不足】〘名・形動〙与えられた役目を果たすだけの力量がないこと。「落選は私の―によるものだ」➡役不足❷

ちから-まかせ【力任せ】〘名・形動〙ありったけの力を出すこと。また、そのさま。「―な打法」「―に引っ張る」(類語)乱暴・力一杯・精一杯・極力・精精・鋭意・体当たり・燃焼・力ずく・腕ずく

ちから-まけ【力負け】〘名〙スル ❶腕力や実力が足りないために負けること。「横綱とまともに組んでは―する」❷力を入れすぎて、かえって負けること。

ちから-まさり【力勝り┊力▽優り】力が他人より強いこと。また、その人。「―に逢うて始終は叶はじと覚ゆるぞ」〈太平記・二九〉

ちから-みず【力水】相撲で、土俵の傍らに桶に入れて備えられ、力士が取組の前に口をすすいだりする水。化粧水。清めの水。「―をつける」

ちから-もち【力持(ち)】❶力の強いこと。また、その人。❷石・米俵などの重い物を持ち上げて力量を示すこと。また、その技を見せる見せ物や、それをする人。

ちから-もち【力餅】❶食べると力がつくという餅。❷▶汁(しる)の餅 ❸満1年の誕生日に、健康を祈って子供に背負わせたり踏ませたりする餅。立ち餅。

ちから-りょう【主=税寮】▶しゅぜいりょう(主税寮)

ちから-わざ【力業】❶体力を要する仕事。力仕事。肉体労働。「―を引き受ける」❷力の強さに頼ってするわざ。「―で投げ飛ばす」「―で採決する」

ちか-ルックレポート【地価LOOKレポート】国土交通省が四半期ごとに実施・公表する地価動向調査。全国主要都市の一等地150地区を対象とし、前回調査との比較を行う。平成20年(2008)から公表開始。基準地価・公示地価・路線価などが年1回の実施であるのに対し、地価LOOKレポートは3か月ごとに実施されるため、地価動向を先行的に把握することができる。主要都市の高度利用地地価動向報告。

ち-かろ【地火炉】▶じかろ(地火炉)

チカロフ〖Chkalov〗ロシア連邦の都市オレンブルグの旧称。

ち-かん【地官】中国の周代における六官(りくかん)の一。地方行政や教育・人事などをつかさどった。

ち-かん【×弛緩】〘名〙スル「しかん(弛緩)」の慣用読み。

ち-かん【遅緩】〘名・形動〙ゆっくりしていること。おそいこと。また、そのさま。「―な薬効」「特に小心謹慎にして、事を作す―なるのみ」〈中村訳・西国立志編〉(類語)遅い・のろい・のろくさい・まだるい・まだるっこい・とろい・緩慢・緩徐・スロー・スローモー・遅遅(ちち)・のろのろ・そろそろ・ゆっくり

ち-かん【痴漢】❶女性にみだらないたずらをしかける男。❷ばかな男。おろかもの。しれもの。「秋毫も採(と)るべき所なきの―たり」〈菊亭香水・世路日記〉(補説)❶は元来その行為を行う男の意であったが、最近では「電車内で女性に痴漢をしたとして訴えられる」のように「痴漢行為」の略の意でも用いる。

ち-かん【置換】〘名〙スル ❶置きかえること。「文字を記号に―する」❷数学で、相異なるn個のものの順列を、他の順列に並べ換える操作。❸ある化合物中の原子や原子団を、他の原子や原子団で置きかえる化学反応。置換反応。

ち-き【地気】《「ぢき」とも》❶大地の精気。動植物の成育を助ける地の生気。❷地から立ちのぼる気。水蒸気。❸土壌中の空気。炭酸に富み、酸素が少ない。❹その土地の気。気候。「―清潔にして、人に疾病少きを以て」〈輿地誌略・四〉

ち-き【知己】❶自分のことをよく理解してくれている人。親友。「この世に二人とない―を得る」❷知り合い。知人。「―を頼って上京する」

ち-き【稚気┊×穉気】子供のような気分。子供っぽいようす。「―に富む」「―愛すべし」

ちき〘接尾〙人の状態を表す語に付いて、そのような人、そのような奴(やつ)の意を表す。「高慢―」「とん―」

ち-ぎ【千木】❶社殿などで、破風の先端が棟上にのびて交差した木。先端が縦削ぎ・横削ぎのもの2種があり、横削ぎのものは氷木(ひぎ)ともいう。棟上に別に取りつけた置き千木もある。❷草葺(くさぶ)き民家の大棟に上げてあるX字形の組み木。

ち-ぎ【地×祇】地の神。国土の神。国つ神。⇔天神。

ちぎ【扛=秤┊杠=秤】《「ちき」とも》「ちぎり(扛秤)」に同じ。

ち-ぎ【乳木】護摩(ごま)にたく護摩木の一。にゅうぼく。

ちぎ【智顗】[538～597]中国、隋の僧。天台宗の第三祖だが、実質的には開祖。華容(湖南省)の人。姓は陳。字(あざな)は徳安。初め慧思(えし)に師事。天台山にこもって、法華経の精神と竜樹の教学を中国独特の形にし、天台教学を確立。隋の煬帝(ようだい)から信任され、智者の号を受けた。著に「法華文句」「法華玄義」「摩訶止観」の三大部ほかがある。智者大師。天台大師。

ち-ぎ【遅疑】〘名〙スル 疑い迷って、すぐに決断しないこと。ぐずぐずためらっていること。「暫く―する様子であったが」〈谷崎・吉野葛〉

ち-ぎ【痴戯】欲情におぼれた愚かな行為。

ちき-しょう【▽畜生】「ちくしょう(畜生)」の音変化。

チキソトロピー〖ドイツ Thixotropie〗コロイド溶液などで、ゲルをかきまぜると流動性のゾルに変わり、放置しておくと再びゲルに戻る性質。揺変性。

チキソトロピック〖thixotropic〗▶チキソトロピー

ちぎ-ばかり【×扛×秤┊×杠×秤】「ちぎり(扛秤)」に同じ。

ちぎ-ばこ【千木箱】《もと神社の千木の余材で作ったところから》東京の芝大神宮の9月の祭礼の際、生姜市(しょうがいち)で売る小判形の檜(ひのき)の曲物(まげもの)の絵箱。外面に丹・緑青・胡粉などで藤の花を描き、中に飴(あめ)やいり豆を入れる。女性がたんすの中に納めておくと衣服のふえるまじないになるという。ちぎびつ。

チキムラ〖Chiquimula〗グアテマラ南東部の都市。チキムラ県の県都。ホンジュラスとの国境に近く、世界遺産に登録された隣国のマヤ遺跡、コパンへの観光拠点としても知られる。

ち-ぎも【血肝】鶏の肝臓。

ちきゅう 日本の海洋研究開発機構が建造した地球深部探査船。水深2500メートルの深海底から深度7500メートルまでの地殻を掘削することができ、マントルや巨大地震発生域への到達を目指す。世界初のライザー式科学掘削船で、統合国際深海掘削計画の主力船として研究活動を行っている。全長210メートル、海面からの高さ121メートル、幅38メートル、総トン数約5万6752トン、最大速力12ノット、最大乗船人員200人、建造総額593億円。平成17年(2005)完成。

ち-きゅう【地久】《「老子」7章の「天長地久」から》大地が永久に変わらず存在すること。

ちきゅう【地久】雅楽。高麗楽(こまがく)。高麗双調の準大曲。舞は四人または六人で、常装束に鼻高の朱面をつけ、鳳凰(ほうおう)形の甲(かぶと)をかぶる。番舞(つがいまい)は万秋楽。円地楽。

ち-きゅう【地球】太陽系の3番目の惑星で、人類をはじめ各種生物が住む天体。太陽からの平均距離は約1.5億キロで、自転周期は23時56分4秒、公転周期は365.2564日。形はほぼ回転楕円体で、赤道半径6378キロ、極半径6357キロ。地殻・マントル・核からなり、平均密度は1立方センチ当たり5.52グラム。年齢は約46億年。表面は窒素と酸素とを主成分とする大気に囲まれ、水がある。衛星を1個もち、月と呼ぶ。総人口約70億人(2012)。◆地球深部探査船「ちきゅう」は別項。

地球は青かった　1961年4月、初の宇宙飛行を終えて帰還したソ連の宇宙飛行士ガガーリンの言葉。大気圏外から初めて地球を見た感動の言葉。

ち-きゅう【恥丘】チキウ 女性の下腹部の恥骨結合上の皮膚表面にあたる、やや隆起している部分。陰阜いんぷ。

ちきゅう-おんだんか【地球温暖化】チキウヲンダンクワ 地球全体の平均気温が上昇する現象。生態系に悪影響を及ぼすおそれがある。主な原因は、人工的に排出される二酸化炭素やメタンなどの温室効果ガスであるとされ、産業革命以降、化石燃料を大量に使用することで加速化したとされる。

ちきゅうおんだんかたいさく-ぜい【地球温暖化対策税】チキウヲンダンクワタイサクゼイ 二酸化炭素の排出抑制や地球温暖化対策の財源確保を目的とする環境税。既存の石油石炭税に特例を設けて税率を上乗せするもので、家庭・企業に広く薄く課税する。平成24年(2012)10月から段階的に導入される予定。

ちきゅうおんだんかぼうし-じょうやく【地球温暖化防止条約】チキウヲンダンクワバウシデウヤク ▶気候変動枠組み条約

ちきゅうがい-せいめい【地球外生命】チキウグワイ― 地球以外の惑星や宇宙空間など、地球の大気圏外に生存している生命体。知的生命でないものも含む。また、宇宙飛行士や宇宙船内の実験用生物など地球に由来するものは含まない。

ちきゅう-かがく【地球化学】チキウクワ― 地球全体、または各構成部の化学組成やその発生・移動・変化の機構などを、化学的方法で研究する学問。

ちきゅうがた-わくせい【地球型惑星】チキウがた― 太陽に近い水星・金星・地球・火星の4惑星。巨大惑星と比べて形や質量が小さく、密度や自転周期が大きく、衛星が少ない。➡木星型惑星 ➡天王星型惑星

ちきゅうかんきょう-ファシリティー【地球環境ファシリティー】チキウクワンキヤウ― ▶ジェフ(GEF)

ちきゅうかんきょうへんどう-かんそくミッション【地球環境変動観測ミッション】チキウクワンキヤウヘンドウクワンソク― 宇宙航空研究開発機構(JAXAジャクサ)が推進する地球観測計画。国際的枠組みの全球地球観測システム(GEOSS)と連携する。数機の水循環変動観測衛星(GCOM-W)と気候変動観測衛星(GCOM-C)を打ち上げ、宇宙から地球全体の環境変動を長期間継続的に観察する。GCOM-Wは平成24年度(2012)、GCOM-Cは24年度以降を目途にそれぞれ1号機が打ち上げられる予定。海面水温・降水量・水蒸気量・土壌水分、および雲・エアロゾル・植生・氷雪などのデータを集め、気候変動予測・気象予報・食料資源管理などに利用する。GCOMジーコム(Global Change Observation Mission)。

ちきゅう-かんそくえいせい【地球観測衛星】チキウクワンソクヱイセイ カメラ・可視光センサー・赤外線センサーなど、各種センサーを搭載し、宇宙から地上の状態を観測する人工衛星。

ちきゅうかんそくにかんする-せいふかんかいごう【地球観測に関する政府間会合】チキウクワンソクにクワンするセイフカンクワイガフ 全球地球観測システム(GEOSS)の構築を推進する国際的な組織。平成17年(2005)の第3回地球観測サミットで設置が決定された。本部はジュネーブ。日米欧を含む88か国と欧州委員会、およびWMO・UNESCO・FAOなど64の国際機関が参加(2012年7月現在)。GEO(Group on Earth Observations)。➡地球環境変動観測ミッション

ちきゅう-ぎ【地球儀】チキウ― 地球をかたどって作った模型。球の表面に経線・緯線、水陸分布などが記入され、両極を通る軸の周りを回転するようにしてある。

ちきゅうきんぼう-しょうわくせい【地球近傍小惑星】チキウキンバウセウワクセイ 火星より内側の地球近傍に軌道をもつ小惑星の総称。軌道要素によって分類されたアポロ群、アテン群、アモール群という三つの群があり、2012年7月までに8900個以上見つかっている。その中で地球に0.05天文単位(約750万キロメートル)以内に接近し、直径100メートル以上のものは「潜在的に地球と衝突する恐れがある小惑星」(PHA)と呼ばれ、NASA(米航空宇宙局)による追跡プロジェクト(NEAT)が続けられている。地球接近小惑星。アポロアモールアテン型小惑星。AAA天体。NEA(near earth asteroid)。

ちきゅうきんぼう-しょうわくせいついせき【地球近傍小惑星追跡】チキウキンバウセウワクセイツイセキ ▶ニート(NEAT)

ちきゅうきんぼう-てんたい【地球近傍天体】チキウキンバウ― 地球の近傍に軌道をもつ天体の総称。小惑星や彗星など、約9000個以上の天体が知られている(2012年7月現在)。そのうち地球への衝突の危険性が指摘されているものが1300個以上あり、捜索と軌道予測が行われている。地球接近天体。NEO(near earth object)。

ちきゅう-コロナ【地球コロナ】チキウ― 地球大気の最外層が発する大気光。水素による輝線が最も強い。

ちきゅう-サミット【地球サミット】チキウ― ㊀《Earth Summit》地球環境の保全をテーマに、1992年6月リオデジャネイロで開催された国際会議。環境と開発に関するリオ宣言、アジェンダ21、森林保全などに関する原則声明を採択。気候変動枠組条約、生物多様性条約への署名が行われた。国連環境開発会議。環境と開発に関する国連会議。UNCED(United Nations Conference on Environment and Development)。㊁2002年8〜9月にヨハネスブルグで開催された国連の国際会議「持続可能な開発に関する世界首脳会議(WSSD; World Summit on Sustainable Development)」の通称の一つ。ヨハネスブルグサミット、環境開発サミット、リオ＋10などとも呼ばれる。➡ESD

ちきゅう-しょう【地球照】チキウセウ 新月の前後、月の欠けて見える部分が、地球から反射した太陽光に照らされて薄明るく見える現象。

ちきゅう-せつ【地久節】チキウ― 皇后の誕生日。➡天長節

ちきゅうせっきん-しょうわくせい【地球接近小惑星】チキウセッキンセウワクセイ ▶地球近傍小惑星

ちきゅうせっきん-てんたい【地球接近天体】チキウセッキン― ▶地球近傍天体

ちきゅう-だえんたい【地球×楕円体】チキウダヱン― 地球の形と大きさをジオイドに基づいて定めた回転楕円体。

ちきゅう-ちょうせき【地球潮×汐】チキウテウ― 月や太陽の引力(潮汐力)によって起こる地球の周期的変動。海と同様の潮汐現象が固体部分に生ずるもので、地面の上下運動のほか、重力変化や土地の伸縮もみられる。

ちきゅう-ていきどう【地球低軌道】チキウテイキダウ ▶低軌道

ちきゅう-ぶつりがく【地球物理学】チキウ― 物理学の手法を用いて地球全体や、その各部分を研究する学問。測地学・地震学・地球電磁気学・海洋学・気象学などを含む。

ちきゅう-みさき【地球岬】チキウ― 《「チキウ岬」とも書く》北海道南西部、室蘭市にある岬。太平洋に臨み、岬の周辺は断崖が10数キロメートル続く景勝地。

ち-ぎょ【池魚】池の中の魚。

池魚の殃わざわい 災難の巻き添えをくうこと。特に、類焼にあうこと。〔補説〕池の中に落ちた珠たまを取るために宋王が池の水をかき出させたが珠は見あたらず、池の魚はみな死んでしまったという「呂氏春秋」孝行覧の故事から。また、楚の国で城門の火事が起こったとき、火を消そうとして池の水を用いたために魚が全部死んだという故事によるともいう。

ち-ぎょ【稚魚】卵からかえってまもない魚。

ち-きょう【地峡】―ケフ 二つの主な陸地を結ぶ細くて狭い陸地。スエズ地峡・パナマ地峡など。

ち-きょう【地境】―キヤウ 土地のさかい。領域のさかい。「自国の―を守り」〈西周訳・万国公法〉

ち-ぎょう【地形】―ギヤウ ▶じぎょう(地形)

ち-ぎょう【知行】―ギヤウ〔名〕スル ❶職務を執行すること。❷平安・鎌倉時代、与えられた知行国の国務を執り行うこと。❸中世・近世、領地や財産を直接支配すること。❹近世、幕府や藩が家臣に俸禄として土地を支給したこと。また、その土地。❺俸禄。扶持ふち。

ち-ぎょう【×智行】―ギヤウ 智恵と修行。智識と徳行。「一兼備の誉れ、諸寺に人無きがごとし」〈太平記・二〉

ちきょうぎょう-ほう【地教行法】チケウギヤウハフ ▶地方教育行政法

ちぎょう-こく【知行国】チギヤウ― 特定の皇族・貴族または社寺に、ある国の知行権を与える制度。また、その国。知行国主は子弟・近臣を国司に推薦し、別に目代もくだいを送って現地の国務に当たらせ、収入の大部分を収得した。院政時代に発達。分国。

ちぎょう-しょ【知行所】チギヤウ― 知行している土地。また、支配している土地。江戸時代では、旗本の封地。

ち-きょうだい【乳兄弟】―キヤウダイ 血縁はないが、同じ女性の乳で育てられた人どうし。

ちぎょう-だか【知行高】チギヤウ― 江戸時代、所領地の石高こくだか。

ちぎょう-づけ【知行付け】チギヤウ― 知行の場所や石高こくだかなどを記した文書。

ちぎょう-でら【知行寺】チギヤウ― 幕府から寺領として知行所を与えられている寺。門跡寺院や各宗本山など。

ちぎょう-とり【地形取り】ヂギヤウ― 築城のときなどに、自然の地形ちけいを取り入れ利用すること。

ちぎょう-とり【知行取り】チギヤウ― 武家時代、禄を知行でもらうこと。また、その人。

ちぎょう-ぬすびと【知行盗人】チギヤウ― 知行を受けながら、それだけの才能や功績のない者をののしっていう語。禄ろく盗人。「枕刀に手も掛けず、あまっさへ秘書まで奪はれ、打ち殺されたは―」〈伎・幼稚子敵討〉

ちきょう-ほう【地教法】チケウハフ ▶地方教育行政法

ちぎょう-やく【知行役】チギヤウ― 知行高に応じて主君のために出す夫役や金銭・穀物。所領役。

ちぎょう-わり【知行割り】チギヤウ― 知行地を大名や旗本・御家人・家臣などへ割り当てること。知行配当。

ちぎょく【智旭】[1599〜1655]中国、明末の天台宗の僧。蘇州(江蘇省)の人。字あざなは藕益ぐうえき。号、八不道人。儒学を学び、のち仏教の天台・唯識などの諸学に精進、諸宗を体系づけようとし、またキリスト教(景教)も研究。著「閲蔵知津」など。霊峰藕益大師。

ちきり【×榺┆千切り】❶織機で、縦糸を巻くのに用いる、木製で中央のくびれた棒状の部品。おまき。輪鼓りゅうご。〈和名抄〉❷紋所の名。❶を図案化したもの。❸「榺締め」の略。

ちぎり【扛=秤┆杠=秤】《「ちきり」とも》❶竿秤さおばかりの一。竿の上のひもに棒を通し、二人で担って量るもの。1貫目(3.75キロ)以上の重いものを量る。❷繭や卵・貨幣などの重さを量る小さな秤のこと。

ち-ぎり【乳切り】❶「乳切り木」の略。❷人の乳の高さほどに切ること。また、その長さ。「刀の長さはつか共に―なるがよし」〈役者論語・耳塵集〉

ちぎり【契り】❶ちぎること。約束。誓い。「師弟の―」❷男女が情交すること。「一夜の―」❸前世から定められた宿縁。因縁。「二世にせの―」

〔類語〕因縁・宿縁・奇縁・機縁・腐れ縁・悪縁・約束・取り決め・申し合わせ・誓い・固め・指切り・約やく・約定・契約・協約・協定・結約・盟約・誓約・確約・公約・口約・内約・黙約・黙契・宣誓・血盟・起請・アグリーメント・アポイントメント・アポイント

契りを交わ・す 互いに約束する。特に、男女が夫婦になることを約束する。「固く―・した仲」

契りを籠こ・む 夫婦の交わりを結ぶ。「浦人に―・め、この男子をのこをまうけしゆゑ」〈浄・国性爺〉

契りを結・ぶ 互いに約束する。特に、夫婦の約束をする。

ちぎりき【千切木】狂言。連歌の集まりをじゃましてたたき出された太郎が、女房に励まされて一同の家々へ仕返しに行き、相手が居留守を使うととたんにいばる。

ちぎり-き【乳切り木┆千切り木】両端を太く、中央をやや細く削った棒。物を担うほか、護身用にも用いた。棒ちぎり。ちぎり。

ちきり-じめ【×榺締め】木や石材をつなぐために埋め込む木片または金属。両端が広く、中央が狭くくびれている。ちきり。

ち-ぎ・る【千切る】㊀〔動ラ五(四)〕❶手などでこまかに切り離す。こまかにばらばらにする。「花びらを―・る」❷もぎとる。むしりとる。「つきたての餅を―・る」〔可能〕ちぎれる ㊁〔動ラ下二〕「ちぎれる」の文語形。㊂〔接尾〕《動詞五(四)段型活用》動詞の連用形に付

ち

いて、その意を強め、はなはだしく…する、盛んに…する、という意を表す。「ほめ—る」(類語)刻む・切る・裁つ・ちょん切る・ぶった切る・かき切る・切り刻む・切り抜く・刎ねる・切り込む・切り出す

ちぎ・る【契る】〔動ラ五(四)〕❶固く約束する。「盟友を—る」❷夫婦の約束を結ぶ。「二世を—る」❸男女が肉体的な関係を結ぶ。「男と—る」

ちぎれ-ぐも【千切れ雲】細かくちぎれた雲。ちぎれちぎれの雲。

ちぎれ-ちぎれ【千切れ千切れ】〔形動〕図〔ナリ〕いくつもにちぎれているさま。きれぎれ。「—な記憶をつなぎ合わせる」

ちぎれ-ふで【千切れ筆】使い古して穂先がすり切れた筆。禿筆。

ち-ぎ・れる【千切れる】〔動ラ下一〕図ちぎ・る〔ラ下二〕❶細かく切れる。細かくばらばらになる。「ずたずたに—・れる」「雲が—・れる」❷もぎとったように切れる。ねじきれる。「寒くて耳が—・れそうだ」「本の表紙が—・れる」(類語)破れる・破ける・裂ける・綻びる・切れる・擦り切れる・張り裂ける・破裂する・パンクする

ち-きん【遅筋】▶遅筋線維

チキン〘chicken〙㊀〔名〕鶏のひな。また、その肉。また一般に、鶏肉。「ロースト—」㊁〔名・形動〕臆病であること。弱気であること。また、そのさま。「—レース」「—な男」

ち-ぎん【地銀】「地方銀行」の略。

チキン-カツレツ〘chicken cutlet〙鶏肉のカツレツ。チキンカツ。

チキン-ゲーム〘chicken game〙▶チキンレース

ちきん-せんい【遅筋線維|遅筋繊維】骨格筋の筋線維の種類の一。ミオグロビンを多く含むため赤く見える。遅い速度で収縮し、小さな力を長時間発揮し続けることができる。持久力に優れた筋肉。遅筋。赤筋。赤色筋。緩徐筋。➡速筋線維

チキン-ナゲット〘chicken nugget〙骨なしの鶏の肉を一口大に切って揚げた料理。

チキン-フラワー〘chicken flower〙料理で、ローストチキンの脚に巻く紙製の飾り。

チキン-ライス《和 chicken＋rice》本来は、米と鶏肉・タマネギ・マッシュルームなどをいため、調味して炊き込んだもの。一般には、冷や飯と材料をいためてトマトケチャップあるいはトマトピューレや塩で調味したもの。

チキン-ラン〘chicken run〙▶チキンレース

チキン-レース《和 chicken＋race》相手の車や障害物に向かい合って、衝突寸前まで車を走らせ、先によけたほうを臆病者(＝チキン)とするレース。チキンゲーム。チキンラン。

チキン-ロール〘chicken roll〙鶏肉で野菜などを巻き、焼いたり蒸したりした料理。ロールチキン。

ち-く【地区】❶ある限られた範囲内の土地。地域。❷行政上、ある目的のために特に指定された地域。「風致—」(類語)区域・地帯・地方・境域・区画・一円・一帯・界隈・境域・境域・領域・エリア・ゾーン

ち-く【×馳駆】〔名〕スル ❶馬を走らせること。「草原を—する」❷走りまわること。また、あれこれと力を尽くすこと。奔走。「東西に—すること、茲に十五年」〈鉄幹・東西南北〉❸競争すること。「たとい愚鈍の人と—するとも」〈中村訳・西国立志編〉(類語)走る・疾駆・疾走

ちく【築】建築してからの年数を表す語。「一五年のマンション」➡漢「ちく(築)」

ち-ぐ【値▽遇】縁あってめぐりあうこと。特に、仏縁あるものにめぐりあうこと。ちぐう。「大慈大悲の薩埵に—し奉らば」〈太平記・二〇〉

ち-ぐ【痴愚】❶愚かなこと。また、その人。「外形を飾らんとして却て益人を—に導くは」〈福沢・文明論之概略〉❷精神遅滞の中等度のもの。➡精神遅滞

ちく-あさ【築浅】建築されてからの年数が浅いこと。「—物件」

ちくあん【竹×庵】《「藪井竹庵」の略》藪医者のこと。

ちく-いち【逐一】順を追って、一つ残らず取り上げていくこと。何から何まで全部。いちいち。副詞的にも用いる。「事の—はあとで話そう」「留守中の出来事を—報告する」(類語)一つ一つ・いちいち・個別・項・個・詳しい・すべて・何もかも・ことごとく・なべて・皆・皆・悉皆・残らず・余す所なく・漏れなく・すっかり・そっくり・洗い浚い・一から十まで

ち-ぐう【知遇】人格・能力などを認められて、厚く待遇されること。厚遇。値遇。「—を得る」

ち-ぐう【値遇】〔名〕スル ❶「値遇」に同じ。「大唐の玄奘法師に—し奉り」〈中島敦・悟浄出世〉❷「知遇」に同じ。「—を得た君臣の間に」〈鴎外・阿部一族〉

ちく-えん【竹園|竹×苑】「たけのその」に同じ。

ちくおん-き【蓄音機|蓄音器】円盤レコードの溝に針を接触させ、録音した音を再生する装置。回転台・ピックアップ・サウンドボックスからなる。1877年、エジソンが発明。再生は、はじめ針の振動を機械的に増幅して振動板に伝える方式で、のちに、針の振動を電気信号に変換して行われるようになった。

ちく-かん【竹×竿】▶ちっかん(竹竿)

ちく-かん【竹簡】▶ちっかん(竹簡)

ちく-きん【竹琴】▶ちっきん(竹琴)

ちくけい【竹渓】中国山東省泰安市にある景勝の地。

ちく-けいかく【地区計画】都市内の中規模の地区について住みよい環境を作るため、生活道路・小公園の整備、建物の用途・高さ制限などを、市区町村と土地・建物の所有者が話し合って決める計画。

ちくけい-の-りくいつ【竹渓の六逸】中国唐代、竹渓に遊んだ六人の賢者の称。李白・孔巣父・韓準・裴政・張叔明・白陶沔の六人。

ちく-けん【畜犬】▶ちっけん(畜犬)

ちく-ご【逐語】翻訳・解釈などで、文の一語一語を忠実にたどること。逐字。「—的に訳す」

ちくご【筑後】㊀福岡県南西部の市。筑紫平野南部にあり、中心の羽犬塚はもと肥後街道の宿場町。筑後梨・花むしろの産地。人口4.9万(2010)。㊁旧国名の一。現在の福岡県南部にあたる。古くは筑紫の一部。

ちく-こう【竹工】▶ちっこう(竹工)

ちく-こう【築港】▶ちっこう(築港)

ちくご-がわ【筑後川】九州北部を流れる九州第一の川。大分県西部の久住山に源を発する川(玖珠川)と、阿蘇火山に発する川(大山川)とが合流し(三隈川)、筑紫平野に出て有明海に注ぐ。長さ143キロ。筑紫次郎。

ちくごがわ-の-たたかい【筑後川の戦い】正平14＝延文4年(1359)征西将軍懐良親王・菊池武光らの南朝軍が、足利方の少弐頼尚らを筑後川付近で破った戦い。

ちくご-けんさく【逐語検索】▶インクリメンタルサーチ

ちくご-し【筑後市】▶筑後㊀

ちくご-ぶし【×筑後節】《竹本義太夫が筑後掾を受領したところから》義太夫節の異称。

ちくご-やく【逐語訳】〔名〕スル 原文中の一語一語を忠実にたどって訳すこと。また、その訳文。逐字訳。➡意訳

ちくさ【千種】名古屋市東部の区名。昭和12年(1937)区制。同30年猪高村を編入、同50年東部を名東区として分区。

ち-ぐさ【千草|千▽種】《「ちくさ」とも》❶いろいろの種類の草。やちぐさ。「庭の—」(季 秋)❷「千草色」の略。

ち-ぐさ【乳草】▶ちちぐさ

ち-ぐさ【千▽種】〔名・形動ナリ〕《「ちくさ」とも》種類が多いこと。また、そのさま。いろいろ。種々。「秋の野に乱れて咲ける花の色の—に物を思ふころかな」〈古今・恋二〉

ちくさ-ありこと【千種有功】[1797～1854]江戸後期の歌人。京都の人。号は千千廼舎。左近衛権中将に至り、堂上派に属したが、香川景樹らと交わって、新風の和歌を志した。歌集「千千廼舎集」など。

ちくさい【竹斎】仮名草子。2巻。富山道冶作。元和(1615～1624)末年ごろ成立。やぶ医者竹斎が、にらみの介という下僕を供に、こっけいを演じながら京から江戸に下る物語。

ち-くさ・い【血臭い】〔形〕図ちくさ・し〔ク〕《近世語》血のにおいがするさま。血なまぐさい。「いづれもは—い事にあはれぬによって、これほどの小傷にだいぶんのお騒ぎ」〈浮・親仁形気・一〉

ち-くさ・い【乳臭い】〔形〕図ちくさ・し〔ク〕「ちちくさい」に同じ。「まだ—い子供」

ちく-ざい【蓄財】〔名〕スル 財産や金銭を蓄えること。また、その財産や金銭。「せっせと働いて—する」(類語)溜める

ちぐさ-いろ【千草色】薄い浅葱色。

ちぐさ-がい【千▽種貝】ニシキウズガイ科の巻き貝。浅海の海藻の上にすむ。貝殻は円錐形で殻高2センチくらい。殻表は滑らかで、色彩は個体により鮮紅色・緑褐色など変化に富む。北海道南部から南に分布。

ちくさ-く【千種区】▶千種

ちく-さく【竹冊】「竹簡」に同じ。

ちくさ-ただあき【千種忠顕】[?～1336]鎌倉末期の廷臣。元弘の変で捕らえられ、後醍醐天皇とともに隠岐に配流。のち、隠岐を脱出して、足利尊氏らと六波羅攻めに参加。尊氏の離反後、足利直義と戦って敗死。

ちく-さつ【畜殺】〔名〕スル 家畜を殺すこと。と畜。

ちく-さん【畜産】❶牛・豚・鶏などの家畜・家禽を飼い、人間の生活に必要な肉・卵・皮などを生産すること。「—業」❷家畜。「牧人の—を駆りて南方に赴く者は」〈中村訳・西国立志編〉(類語)農業・農林・酪農

ちくさん-がく【畜産学】農学の一分野。畜産の改良・発展をはかる学問。

ちくさん-しけんじょう【畜産試験場】畜産に関する試験・調査・鑑定・講習などを行う研究機関。農林水産省付属のものと各都道府県のものとがある。前者は平成13年(2001)独立行政法人農業技術研究機構(現、農業・食品産業技術総合研究機構)に改編され、畜産草地研究所と改称。

ちく-し【竹枝】❶竹のえだ。❷楽府の一体。その土地の風俗などを民謡ふうに詠じたもの。唐の劉禹錫が、朗州(湖南省)に左遷されたときに、その地の歌にひかれて作った「竹枝詞」に始まる。

ちく-し【竹紙】❶中国産の竹の繊維で作った紙。破れやすいが墨引きがよく、書画に用いた。❷竹の幹内にある紙状の薄皮。

ちく-じ【逐字】「逐語」に同じ。

ちく-じ【逐次】〔副〕順を追って次々に物事がなされるさま。順次。「人口が—減少していく」(類語)順順に・順繰りに・順次・次次に

ちくじ-かんこうぶつ【逐次刊行物】新聞・雑誌・年鑑など共通の名称のもとに、終期を予定せず順を追い継続して刊行される出版物。

ちくじ-けんさく【逐次検索】▶インクリメンタルサーチ

ちくしじょがくえん-だいがく【筑紫女学園大学】福岡県太宰府市にある私立大学。明治40年(1907)創立の私立筑紫高等女学校を源流として、昭和63年(1988)に開設。

ちくじせいぎょ-カウンター【逐次制御カウンター】《sequential control counter》▶プログラムカウンター

ちく-じつ【逐日】〔副〕日を追って。一日一日と。「—寒気が強まる」

ちくしの【筑紫野】福岡県中西部の市。中心の二日市はもと宿場町として発達した。近年は福岡市の住宅衛星都市。二日市温泉(武蔵温泉)がある。人口10.0万(2010)。

ちくしの-し【筑紫野市】▶筑紫野

ちくじ-はんのう【逐次反応】化学反応などで、前段階の生成物が次の反応物質になって次々に起こる反応。

ちく-しゃ【畜舎】家畜を飼育するための建物。

ちくじ-やく【逐字訳】〔名〕スル「逐語訳」に同じ。

ちく-しゅう【竹秋】《竹の葉がこの頃に黄ばむことから》陰暦3月の異称。竹の秋。(季 春)

ちく-しゅう【筑州】筑前国・筑後国の異称。

チクシュルーブ-クレーター〘Chicxulub crater〙 ►チチュルブクレーター

ちく-しゅん【竹春】《この頃竹の新葉が盛んになるところから》陰暦8月の異称。竹の春。(季 秋)

ちく-しょう【畜生】《梵 tiryañcの訳。人に飼われる生き物の意。傍生・横生とも訳す》❶鳥・獣・虫魚の総称。人間以外の動物。❷「畜生道」の略。❸人を憎んだり、ののしったりしていう語。感動詞的に、怒りや失望などの気持ちを表すときにも用いる。「―め、おぼえてろ」「―、うまくいかないなあ」
(類語)動物・けもの・けだもの・獣・獣類・畜類・野獣・百獣・鳥獣・禽獣・アニマル

ちく-しょう【蓄×妾】妾を囲っておくこと。「―と姦通は小説にあるよりは少いが」〈大岡・武蔵野夫人〉

ちく-じょう【逐条】法律・規約などの箇条を一つ一つ順に取り上げること。

ちく-じょう【築城】〔名〕(スル) 城を築くこと。「要害の地に―する」

ちくじょう-げどう【竹×杖外道】釈迦十弟子中、神通第一とされた目犍連を竹の杖で打ち殺したという異教の行者。

ちくしょう-ざんがい【畜生残害】畜生が互いにかみ合って傷つけ殺し合うこと。「生ける物を…闘はしめて遊び楽しまん人は、―の類なり」〈徒然・一二八〉

ちくじょう-しんぎ【逐条審議】〔名〕(スル) 箇条書きの原案などの各条を順を追って詳細に審議すること。「法案を―する」

ちくしょう-づか【畜生塚】豊臣秀吉が養子秀次を乱行のかどで自刃させ、妻妾子三十余人を斬罪に処したのを弔った塚。京都市中京区の瑞泉寺内にある。

ちくしょう-づら【畜生面】畜生のような顔つき。義理・人情を欠く者をののしっていう語。「姉を去れの離別のとは、ようもいうた、―」〈浄・堀川波鼓〉

ちくしょう-どう【畜生道】❶仏教で、六道の一。悪業の報いによって死後に生まれ変わる畜生の世界。❷道徳上、許すことのできない肉親間の色情。

ちくしょう-ばら【畜生腹】《犬・猫などの動物が、1回に2匹以上の子を産むところから》❶女性が1回に二人以上の子供を産むことをののしっていった語。❷双生児や三つ子などをいった語。また、男と女の双生児。前世で心中した者の生まれかわりとして忌み嫌われた。

ちくしょう-ばらみ【畜生×孕み】「畜生腹❶」に同じ。

ちくしょきねん【竹書紀年】中国の史書。14編。281年、汲県(河南省)で魏の襄王の墓から発掘されたもので、竹簡に古体文字で書かれていた。夏から戦国時代の魏の前半までの事跡を記した編年史といわれる。宋代に散佚したが、清代に佚文が集められた。中国古代の貴重な資料。

ちくじ-よびだし【逐次呼(び)出し】►シーケンシャルアクセス

ちくすい-にち【竹酔日】《中国の俗説で、竹を植えるのに適する日といわれていたところから》陰暦5月13日のこと。竹迷日。竹植うる日。ちくすいじつ。(季 夏)

ちくせい【筑西】茨城県西部の市。鬼怒川東岸にあり、中央を小貝川が縦貫する。JR水戸線・真岡鐵道・関東鉄道が通る。平成17年(2005)3月に下館市、関城町、明野町、協和町が合併して成立。人口10.9万(2010)。

ちくせい-し【筑西市】►筑西

ちく-せき【逐斥】追い払うこと。斥逐。

ちく-せき【蓄積】〔名〕(スル) ❶たくさんたくわえること。また、たまること。たくわえ。「知識を―する」「疲労が―する」❷経済学で、資本家が剰余価値の一部を資本に転化して拡大再生産をはかること。
(類語)累積・溜める

ちくせつ-にんじん【竹節人▽参】トチバニンジンの別名。また、その根茎を湯通しして乾燥したもの。漢方で朝鮮人参の代用として用いる。

ちく-せん【蓄銭】金銭をためること。また、その金銭。

ちくぜん【筑前】旧国名の一。現在の福岡県北西部にあたる。古くは筑紫の一部。

ちくせんじょい-れい【蓄銭叙位令】和銅4年(711)銭貨の流通を図るために出された法令。一定の額を蓄えて政府に納めた者には位を与えるとしたが、銭貨の死蔵を招き、延暦19年(800)廃止。

ちくぜん-に【×筑前煮】鶏肉とニンジン・ゴボウ・レンコン・シイタケなどを油で炒め、砂糖・醤油で味を付け煮詰めたもの。

ちくぜん-びわ【×筑前×琵×琶】明治20年代、博多で橘智定・鶴崎賢定・吉田竹子が創始した琵琶楽、およびそれに用いる楽器。筑前の盲僧琵琶をもとに、薩摩琵琶と三味線音楽を参考に作られた。楽器は薩摩琵琶よりやや小さく、4弦または5弦を張り五柱を設けて撥で奏する。今日、橘智定(旭翁)の系統が栄えている。筑紫琵琶。

ちく-そ【竹素】《「素」は絹の意》「竹帛」に同じ。

ちく-そう【竹窓】❶竹の格子のついている窓。❷前に竹の植えてある窓。

ちく-そう【竹×槍】たけやり。

ちく-そう【竹×叢】たけやぶ。たかむら。

ちく-ぞう【蓄蔵】〔名〕(スル) たくわえて、しまっておくこと。「非常時に備えて食糧を―する」
(類語)溜める

ちく-ぞう【築造】〔名〕(スル) 土手・ダム・石垣などを築いてつくること。「堤防を―する」
(類語)建てる・建設・建築・建造・造営・建立・新築・普請・営造・作事・造作・改築・増築・移築

ちくぞう-かへい【蓄蔵貨幣】流通から引き上げられて蓄蔵されている貨幣。退蔵貨幣。

ちくそう-せっき【竹×槍×蓆旗】たけやりと、むしろばた。転じて、百姓一揆のこと。

ちく-だい【竹台】清涼殿の東庭にある竹を植えた二つの台。南寄りの台には河竹、北寄りの台には呉竹が植えてある。たけのうてな。

チクタク〘ticktack〙〔副〕《「チックタック」とも》秒を刻む時計の音を表す語。かちかち。「柱時計が―(と)時を刻む」

ちく-ちく〔副〕(スル) ❶針などを浅く、繰り返し突き刺すさま。また、そのような痛みを断続的に感じるさま。ちくりちくり。「―(と)縫う」「心が―(と)痛む」「とげがささって―する」❷聞く者の心に突き刺さるように、皮肉などを繰り返して言うさま。ちくりちくり。「―(と)いやみを言う」「―愚痴をこぼす」❸物事が少しずつ積み重なるさま。徐々に。「年々―に居留地を広めた事」〈西周・明六雑誌二三〉❹こまぎれに連なるさま。こまごましたさま。「車の残り参る、―と御支配あり」〈御湯殿上日記〉(類語)ちくり・痛む・うずく・ずきずきする・しくしくする・ひりひりする・ひりつく・しみる・差し込む

ちく-ちつ【竹×帙】細い竹を簀のように編んだ帙。巻子本を包むのに用いる。

ちく-てい【竹亭】竹を植えた庭にあるあずまや。

ちく-てい【築庭】〔名〕(スル) 石や樹木などを配置して人工的に庭園をつくること。また、その庭園。

ちく-てい【築堤】〔名〕(スル) 堤防を築くこと。また、その堤防。「下流域に―する」「―工事」

ちくでん【竹田】►田能村竹田

ちく-でん【逐電】〔名〕(スル)《古くは「ちくてん」とも。いなずまを追う意》敏速に行動すること。特に、すばやく逃げて行方をくらますこと。「公金を横領して―する」
(類語)出奔・駆け落ち・家出・どろん

ちく-でん【蓄電】〔名〕(スル) 電気をためること。「バッテリーに―する」(類語)充電

ちくでん-き【蓄電器】►コンデンサー

ちくでん-ち【蓄電池】充電によって繰り返し使用できる電池。鉛蓄電池・アルカリ蓄電池などがある。充電池。二次電池。バッテリー。

ちく-と〔副〕❶針などでちょっと刺すさま。ちくりと。ちくっと。「蚊遣火が消えて…頸筋のあたりを―刺す」〈漱石・一夜〉❷少しばかり。ちょっと。ちと。「小銭があらば、―貸さんせ」〈滑・膝栗毛・五〉

ちく-とう【竹刀】❶竹でつくった刀。竹光。❷剣道の、しない。

ちくとう-ぼくせつ【竹頭木×屑】《「晋書」陶侃伝から》どんなに細かい物事もおろそかにしないことのたとえ。晋の陶侃が、船をつくったときの竹や木のくずを取っておいて、後日、役立てたという故事による。

ちくどの【×筑×登×之】琉球で里主に次ぐ官。

ちく-にく【畜肉】牛肉・豚肉など家畜の肉。

ちく-ねつ【蓄熱】〔名〕(スル) 熱を蓄えること。「―暖房」
(補説)熱容量の大きな物質を暖めておき、必要なときに熱を取り出し暖房するという利用法がある。

ちく-ねん【逐年】年がたつにつれて物事が進行・変化すること。年々。多く副詞的に用いる。「会員が―減少する」

ちくのう-しょう【蓄×膿症】慢性の副鼻腔炎のこと。炎症により鼻の奥や副鼻腔などに膿がたまる病気。悪臭のある鼻汁や鼻詰まり、頭痛・発熱などの症状がみられる。

ちく-ば【竹馬】「たけうま」に同じ。

ちく-はく【竹×帛】《中国で、紙の発明以前に、竹簡や布帛に文字を記したところから》書物、特に、歴史書。また、歴史。竹素。

竹帛に著・す　書物に書きあらわす。また、歴史に名を残す。

竹帛に垂・る　歴史に名を残す。名を竹帛に垂る。「幾多の書を著し以て芳名を―・るべし」〈織田訳・花柳春話〉

ちく-はく【竹×柏】植物ナギの漢名。

ちぐ-はぐ〔形動〕〔文〕〔ナリ〕二つ以上の物事が、食い違っていたり、調和していなかったりするさま。「靴下を―にはく」「―な言動」

ちくはく-かい【竹柏会】短歌結社。明治32年(1899)佐佐木信綱が結成。機関誌「心の花」を発行。石榑千亦・木下利玄・川田順・九条武子らを輩出。

ちく-はつ【蓄髪】〔名〕(スル) 一度剃髪した人が頭髪を再び伸ばすこと。僧尼が還俗して髪を伸ばすこと。「―して世俗の人となる」

ちくば-の-とも【竹馬の友】幼いころに、ともに竹馬に乗って遊んだ友。幼ともだち。幼なじみ。

ち-くび【乳首】❶乳房の先の突き出た部分。乳頭。❷❶に似せて作った器具。赤ん坊にしゃぶらせる。

ちく-ひょう【竹×豹|×筑×豹】ヒョウの毛皮の、斑紋の大きなもの。「―ぞ、―ぞ、と言ひて、豹のまねをつくさん」〈宇治拾遺・五〉

ちくぶ-しま【竹生島】㊀滋賀県北部、琵琶湖にある島。面積0.14平方キロメートル。竹・杉・松などで覆われ、名勝地。宝厳寺・都久夫須麻神社・弁天

漢字項目　ちく

竹　(学)1　(音)チク(呉)(漢)　(訓)たけ‖㊀〈チク〉①植物の名。タケ。「竹馬・竹林／寒竹・成竹・筮竹・破竹・爆竹・緑竹」②タケ製の笛。管楽器。「糸竹」③文字を書き記すための竹片。「竹簡・竹帛」㊁〈たけ(だけ)〉「竹馬・竹竿／青竹・糸竹・雄竹・笹竹」(名付)たか (難読)竹篦・竹刀・竹光・淡竹

畜　(音)チク(呉)(漢)‖①牛馬などを飼う。「畜産／牧畜」②家で飼う動物。「畜生・畜力／役畜・家畜・鬼畜・人畜・用畜」(名付)ます

逐　(音)チク(漢)　(訓)おう‖①後を追う。追い払う。「逐鹿／角逐・駆逐・放逐」②順を追って進む。「逐一・逐次・逐条・逐年・逐語訳」

(人)**筑**　(音)チク(呉)(漢)‖①中国古代の楽器の一。箏に似た形で小さい。「撃筑」②筑紫国。「筑後・筑州・筑前・筑豊」(難読)筑波

蓄　(音)チク(呉)(漢)　(訓)たくわえる‖①多くのものを一所に集めておく。「蓄財・蓄積・蓄電池／蘊蓄・含蓄・貯蓄・備蓄」②扶養する。「蓄妾」

築　(学)5　(音)チク(呉)(漢)　(訓)きずく、つく‖土や石をつき固めて土台を造る。建物などを造る。「築港・築城・築造・築庭・築堤／改築・建築・構築・修築・新築・増築」(難読)築地・築山

ち

堂がある。㊁謡曲。脇能物。醍醐天皇の臣下が竹生島に参詣すると、弁財天と竜神が現れて奇瑞きずいを見せる。㊂長唄。本名題「今様竹生島」。㊁を下敷きにした歌詞に11世杵屋六左衛門が曲をつけたもの。一中節・箏曲そうきょく・常磐津ときわづにも同名の曲がある。

ちく-ふじん【竹夫人】夏、寝るときに暑さをしのぐために用いる竹のかご。抱いたり足をのせたりする。抱きかご。(季 夏)「天にあらば比翼の籠こや一/蕪村」

ちく-ほう【筑豊】筑前と豊前ぶぜん。

ちくほう-たんでん【筑豊炭田】福岡県北部、遠賀おんが川流域の炭田。日本一の出炭量を誇り、北九州の工業に大きな役割を果たしたが、昭和30年(1955)代後半より斜陽化し、現在すべて閉山。

ちくほう-ほんせん【筑豊本線】若松(福岡県北九州市)から折尾・直方のおがた・飯塚を経て鹿児島本線原田はるだ(福岡県筑紫野市)に至るJR線。石炭積み出し港の若松と直方とを結ぶ鉄道が明治24年(1891)開業し、昭和4年(1929)原田まで延長。全長66.1キロ。

ちくま【千曲】長野県中北部の市。平成15年(2003)更埴こうしょく市、戸倉とぐら町、上山田町が合併して成立。戸倉上山田温泉の観光業やあんず栽培が盛ん。人口6.2万(2010)。

ちくま【筑摩】信濃国の古郡名。明治13年(1880)東西二郡に分割、昭和43年(1968)西筑摩郡は木曽郡と改称。

ちくま-がわ【千曲川┊筑摩川】がは 長野県を流れる信濃川の称。県境にある甲武信岳こぶしだけに源を発し、佐久平を流れて善光寺平で犀川さいがわと合流、新潟県に入って信濃川となる。

ちくまがわのスケッチ【千曲川のスケッチ】ちくまがはの 島崎藤村の随筆小品集。大正元年(1912)刊。千曲川のほとり、長野県小諸こもろ地方の風土と、そこに生きる人々の生活を寸描したもの。

ちくま-し【千曲市】▶千曲

ちく-よう【竹葉】チエフ ❶竹の葉。❷マダケ・ハチクなどの葉。漢方で解熱・利尿薬などに用いる。❸酒の異称。「一の一滴を玉なす金盃に移し」〈浮・一代女・一〉

ちく-よう【畜養】ヤウ 家畜などを飼い育てること。

ちくよう-し【竹葉紙】チクエフ 薄様うすよう❶の異称。

ちくよう-せき【竹葉石】チクエフ 茨城県常陸太田ひたちおおた市、熊本県宇城うき市などに産する蛇紋岩の石材名。竹の葉を散らしたような模様がある。

ちくら【×筑羅┊×舳×艫】《日本と朝鮮半島との境にある巨済島の古称「流盧とくら」の音変化とも、「筑」は筑紫、「羅」は新羅しらぎのことともいう》日本とも中国ともつかないこと。どっちつかず。筑羅が沖。「頭は日本、胴は唐との襟ざかひ、一手くらの一夜検校」〈浄・博多小女郎〉

チクラーヨ〖Chiclayo〗ペルー北西部の都市。同国のコメ、サトウキビの主要産地として知られるランバイエケ県の県都。近郊ではモチェ文化のシパン遺跡やシカン文化の遺跡が発見されている。

ちくら-が-おき【×筑羅が沖】「筑羅」に同じ。「和漢まぜこぜ、一だ」〈洒・辰巳婦言〉

ちくら-の-おきど【千▽座の置き戸】祓はらえのとき、罪の償いとして出す多くの品物。「八百万の神共に議はかりて、速須佐之男命に一を負せ」〈記・上〉

ちくら-もの【×筑羅者】日本人とも中国人ともいえないどっちつかずの者。素性の知れない者。「唐と日本の潮ざかひ、一かと疑へり」〈浄・国性爺〉

ちくり〔副〕❶針のように先のとがったもので刺すさま。また、そのような痛みを感じるさま。「蜂が一と刺す」「首筋が一とする」❷人の心を刺激するような物言いをするさま。「一といやみを言う」(類語)ちくちく

チグリス-がわ【チグリス川】がは《Tigris》西アジアのメソポタミア地方を流れる大河。アルメニア高原に源を発し、イラクを貫流、下流でユーフラテス川と合流してペルシア湾に注ぐ。流域は古代文明発祥の地。全長約1900キロ。ティグリス川。

ちくり-ちくり〔副〕針などで続けて皮膚を刺したり突いたりするさま。また、言行が何度も人を刺激するさま。「あちこち一(と)さす」「一(と)皮肉を言う」

ちく-りゅう【×矗立】リフ〔名〕スル まっすぐに立つこと。そびえ立つこと。「一千尺、空を摩までそうな杉の樹立」〈二葉亭・浮雲〉

ちく-りょく【畜力】耕具などを引く、家畜の労働力。

ちくりょく-き【畜力機】畜力を動力とする、揚水・もみすりなどの機械。

ちく-りん【竹林】竹の林。竹やぶ。

ちくりん-じ【竹林寺】高知市にある真言宗智山派の寺。山号は五台山。開創は神亀元年(724)、開山は行基、空海が再興と伝える。江戸時代、土佐藩主山内氏の帰依を受けた。四国八十八箇所第31番札所。土佐文殊。

ちくりんしょう【竹林抄】チクリンセウ 室町中期の連歌撰集。10巻。宗祇撰。文明8年(1476)成立。中国の竹林の七賢になぞらえて、宗祇が連歌の名匠として選んだ、宗砌そうぜい・賢盛(宗伊)・心敬・行助・専順・智蘊ちうん・能阿の七人の付句・発句を収めたもの。

ちくりん-しょうじゃ【竹林精舎】シャウジャ インドの五精舎の一。マガダ国の王舎城北門付近にあった寺院。迦蘭陀からんだ長者が竹林を献じ、そこに頻婆娑羅びんばしゃら王が建てたといわれる。

ちくりん-の-しちけん【竹林の七賢】中国晋代に俗塵ぞくじんを避けて竹林に集まり、清談を行った七人の隠士。阮籍げんせき・嵆康けいこう・山濤さんとう・向秀しょうしゅう・劉伶りゅうれい・阮咸げんかん・王戎おうじゅうをいう。日本では、近世、障屏画の主題として取り上げられた。

チクル〖chicle〗サポジラの樹液を煮つめた固形物。チューインガムの基材とする。

ちく-る〔動ラ五〕告げ口をする意の俗語。「仲間の失敗をボスに一る」

ちく-るい【畜類】家畜。また、けだもの。
(類語)動物・けもの・けだもの・獣じゅう・獣類・畜生・野獣・百獣・鳥獣・禽獣きんじゅう・アニマル

ちくるい-め【畜類め】〔感〕《江戸後期の流行語》物事が自分の思いどおりに運びそうなときなどに発する語。しめしめ。「一、こたへられぬ」〈滑・膝栗毛・初〉

チクルス〖ドイツ Zyklus〗特定の作曲家の作品を連続して演奏する音楽会。ツィクルス。「バッハ一」

ちくれんぎん-ほうこく【地区連銀報告】▶ベージュ・ブック

チクロ《sodium cyclohexylsulfamateから》シクロヘキサンスルファミン酸ナトリウムの俗称。

ちく-ろく【逐▽鹿】《「史記」淮陰侯伝の「秦しん其の鹿しかを失い、天下共に之を逐おう」から》帝位や政権などを得ようとして争うこと。➡中原ちゅうげんに鹿を逐う

ちく-わ【竹輪】《切り口が竹の輪に似ているところから》魚肉のすり身にでんぷんなどを加えて練り、細い竹や鉄棒に巻きつけて焼いた食品。

ちくわ-ぶ【竹輪×麩】グルテンに小麦粉などをまぜ、ちくわ形の型に入れて蒸したもの。おでんや煮物に用いる。

ち-げ【×鉤×笥】漁師が出漁の際に釣り針などを入れて持って行く手箱。沖箱。つげ。

チゲ《朝鮮語》朝鮮料理の鍋物のこと。魚介や肉、豆腐・野菜・キムチなどを入れ、テンジャン・コチュジャンなどで味をつける。

ち-けい【地形】地表の高低や起伏の形態。「カルスト一」(類語)地相・地勢

ち-けい【知計┊×智計】知恵をめぐらしたはかりごと。知謀。

ち-けい【致景】この上なくすばらしい景色。絶景。「眺望ならびに一あらん所を選ぶべし」〈連理秘抄〉

ち-けい【×笞刑】▶笞ち❷

ちけい-がく【地形学】地理学の一部門。地表の形態およびその成因・発達史などを研究する。

ちけい-く【地形区】地表を地形の特徴に基づいて区分した個々の地域。

ちけい-ず【地形図】ヅ 地形を詳細に示す地図。山や川、道路・鉄道・集落なども含めた土地の状態を表し、ふつう、等高線で起伏を表す。

ちけいせい-こうすい【地形性降水】カウスイ 山脈に吹きつけられた気流が斜面に沿って上昇し、断熱膨張によって冷却し、水蒸気が凝結して降る雨や雪など。

ちけい-そくりょう【地形測量】リヤウ 地形図を作製するための、地上物の形状や位置の測量。

ちけい-りんね【地形輪×廻】リンヱ ▶浸食輪廻しんしょくりんね

ち-けじ【知家事】《「ちけいじ」とも》❶親王家・摂関家および公卿の家などの政所まんどころの職員の一。別当の下にあって、家務の処理に当たった。ちかじ。❷鎌倉幕府の政所の職員の一。案主あんじゅとともに事務を分掌したもの。❸中世、伊勢大神宮の職員の一。

チケット〖ticket〗切符。入場券・乗車券・食券など。

チケット-ビューロー《和 ticket＋bureau》映画やコンサートなどの入場券、列車やバスなどの乗車券、その他回数券、定期券などさまざまな切符に関する情報提供と販売を行う案内所。(補説)英語ではticket office, ticket agency。

ちげつ-に【智月尼】[?～1708ころ]江戸前期の俳人。山城の人。大津の川井佐左衛門の妻。夫に死別後、尼になる。息子の乙州おとくにとともに蕉門に学んだ。

チゲ-なべ【チゲ鍋】朝鮮料理で、鍋物に使う小ぶりの土鍋。➡チゲ

ち-けむり【血煙】人を切ったときなどに、ほとばしり出る血を煙にたとえた語。血けぶり。「一をあげて倒れる」
(類語)血しぶき・返り血・血糊ちのり・血反吐ちへど・血潮・流血

ち-けん【地券】明治5年(1872)政府が土地所有権の確認と徴税の手段として土地所有者に発行した証書。同22年廃止。

ち-けん【地検】❶土地の所有者・面積などを調べること。検地。❷「地方検察庁」の略。

ち-けん【地権】土地を所有する権利、または借地権や地上権など土地の使用収益を目的とする権利。

ち-けん【知見┊×智見】❶実際に見て知ること。また、見聞して得た知識。「一を広める」❷見解。見識。「一を異にする」❸(智見)仏語。事物に対する正しい認識。また、知識によって得た見解。正智見。
(類語)教養・知識

ち-けん【知県】中国の官名。県の長官。宋代に創設され、清代まで行われた。知県事。

ち-けん【治権】国を治める権利。「十分に其独立の一を領内に行わしめて」〈田口・日本開化小史〉

ち-けん【治験】❶治療のききめ。治療の効験。❷《「治療試験」の略》製薬会社で開発中の医薬品や医療機器を患者や健康な人に使用してもらい、データを収集して有効性や安全性を確認する試験。試験は国の基準を満たした医療機関で行われる。臨床治験。➡臨床試験 ➡介入研究

ち-けん【×智剣】仏語。智慧ちえの剣。智慧が煩悩ぼんのうを断ち、正邪の決断を下すのを剣にたとえていう語。

ち-げん【知言】道理にかなった言葉。

ち-げん【痴言】深い考えもなしに発するいいかげんな言葉。たわごと。「一時の一」〈福沢・福翁百話〉

ちけん-いん【×智拳印】金剛界の大日如来の結ぶ印。胸の前で、左手をこぶしに握って人さし指だけ立て、それを右手で握る印。右手は仏、左手は衆生しゅじょうを表し、煩悩ぼんのう即菩提ぼだいの理を示す。

ちけん-しゃ【地権者】土地の所有権、または借地権などの使用収益権を有している者。

ちけん-やく【治験薬】厚生労働省の製造承認を得る前の、治療効果を調べている段階の薬剤。動物実験を終え、人間の臨床試験を行っているときのもの。

ち-ご【稚児┊▽児】《「乳子ちご」の意》❶ちのみご。赤ん坊。「一を背に負った親子三人連れ」〈花袋・田舎教師〉❷幼い子。幼児。「其の時某なにがしは尚なお八歳の一にして」〈竜渓・経国美談〉❸祭礼や寺院の法楽などの行列に、美しく装って練り歩く児童。「一行列」❹寺院や、公家くげ・武家で召し使われた少年。男色の対象となることもあった。「是も今は昔、比叡の山に一ありけり」〈宇治拾遺・一〉

ちご-いしゃ【稚児医者】小児を専門にみる医者。「一はお輿こしつき」〈浄・丹波与作〉

チゴイネルワイゼン〖ドイツ Zigeunerweisen〗《ジプシーの旋律の意》サラサーテ作曲のバイオリン曲。華麗な技巧と哀愁に満ちた旋律で知られる。ツィゴイネルワイゼン。ツィゴイナーワイゼン。

ち-こう【地皇】中国古代の伝説上の帝王。天地人の三皇の一。天皇氏のあとを継いだという。
ち-こう【地×窖】地面を掘った穴。穴ぐら。
ち-こう【地溝】ほぼ平行に走る二つの断層間の、溝状に落ち込んだ細長い土地。アフリカの大地溝帯、ドイツのライン地溝帯などは、その大規模な例。
ち-こう【知行】❶知ることと行うこと。知識と行為。❷▶ちぎょう(知行)
ち-こう【治効】治療のききめ。
ち-こう【恥×垢】陰茎や陰唇などのひだの間にたまる垢のような分泌物。スメグマ。
ち-こう【遅効】時間をおいて効果があらわれること。⇔速効。
ちこうごういつ-せつ【知行合一説】中国の王陽明が唱えた学説。朱熹の先知後行説に対して、知識や認識は必ず実行を予想しているものであり、知って行わないのは真に知っているのではないとし、知(真の認識)と行(道徳的実践)とは表裏一体をなすと説く。
ちこう-しすう【遅行指数】景気動向指数のうち、実際の景気の浮沈の後を追って上下動するもの。景気の転換点をのちに確認する目安となる。法人税収入・常用雇用指数・家計消費支出など。遅行指標。➡先行指数
ちこう-しひょう【遅行指標】▶遅行指数
ち-こうしゃ【地向斜】長期にわたって沈降を続け、著しく厚い地層が堆積している細長い地域。その後、造山帯となると考えられた。
ちこう-ふう【地衡風】気圧傾度力と転向力(コリオリの力)とがつりあって吹いている風。等圧線に平行に、北半球では低圧側を左、南半球では右に見るように吹く。
ちこう-まんだら【×智光×曼×荼羅】浄土三曼荼羅の一。奈良時代、元興寺の智光が夢で感得した浄土を描いたものという。原本は焼失。
ちご-えんねん【稚児延年】稚児の演じる延年舞。
ちご-おい【稚児生ひ】幼い時の成長のようす。「大将などの一ほのかにおぼし出づるには似給はず」〈源・柏木〉
ちご-かっしき【稚児喝▽食】童児の髪の結い方の一。髪を髻で結んだ上を平元結で結び、後ろに長く下げたもの。公卿の子息などが結った。
ちご-が-ふち【稚児ヶ淵】神奈川県藤沢市の江の島にある淵。相承院の稚児、白菊の投身した所という。
ちご-ぎょうどう【稚児行道】神社や寺院の祭礼や法会のとき、稚児が天人の子供(天童)に扮装して練り歩くもの。
ち-こく【治国】国を治めること。(類語)政治・政・行政・施政・政策・国政・国事・政事・政道・万機・経世・経国・経綸・治世・統治・治政・為政
ち-こく【遅刻】〔名〕スル 決められた時刻に遅れること。「待ち合わせに一する」(類語)遅延・遅れる・手遅れ・遅滞・延滞・延引・延着・遅参・遷延・順延
ちこく-へいてんか【治国平天下】《「礼記」大学から》国をうまく治め、天下を平和にすること。
ちご-ざさ【稚児×笹】イネ科の多年草。湿地に群生し、高さ約40センチ。葉は狭針形。初夏、小球状の緑紫色の小穂を円錐状につける。しまざさ。
ちご-すがた【稚児姿】女性のように下げ髪にした子どもの姿。
ち-こつ【地骨】石の異称。転じて、物事の要点。「地皮を穿ちて一に達せり」〈中村訳・西国立志編〉
ち-こつ【恥骨】骨盤を構成する骨の一。寛骨の前下部に左右一対あり、恥骨結合によって中央でつながる。
ちご-びな【稚児×雛】雛人形の一。公家の稚児の姿に作ったもの。文政(1818～1830)のころ流行。
ちご-まい【稚児舞】社寺の神事や法会に稚児がまう舞。稚児延年・稚児舞楽のほか、神楽・田楽などにみられる。
ちご-まげ【稚児×髷】少女の髪形の一。頭上で振り分けた髪を左右に高く輪にして結ぶもの。もと公家や寺などの稚児が結っていたのがのちに一般化した。江戸後期の京坂では、髷を大きくふくらませ、中央を布でおさえた形が流行した。ちごわげ。ちごわ。
ちご-むね【稚児棟】瓦葺き屋根の隅棟の先が二段になっているときの、下方の短い棟。
ちご-ものがたり【稚児物語｜▽児物語】御伽草子で、寺院での稚児と僧侶との男色を主題としたものの総称。「秋夜長物語」「あしびき」「松帆浦物語」「稚児観音縁起」など。
ちご-もんじゅ【稚児文殊】子供の姿をした文殊菩薩。
ちご-ゆり【稚児百=合】ユリ科の多年草。丘陵地の林下に生え、高さ15～40センチ。葉は長卵形。4、5月ごろ白い花を1、2個、やや下向きにつける。
チコリー〖chicory〗キク科の多年草。夏、高さ約1メートルの花茎を伸ばし、青紫・赤・白色などの頭状花をつける。ヨーロッパなどの原産。芽生えを軟白栽培し、サラダなどに用いる。アンディーブ。シコレ。
ちご-わ【稚児輪】▶稚児髷
ちご-わかしゅ【稚児若衆】公家・武家・寺院などで召し使われた少年。男色の対象となることが多かった。稚児。「叡山の一」〈浮・男色大鑑・三〉
ちご-わげ【稚児×髷】▶ちごまげ(稚児髷)
ちごん【智儼】[602～668]中国、唐の僧。華厳宗の第二祖。12歳で杜順について出家、智正に華厳学を学び、華厳の宣布に努めた。著「華厳経捜玄記」「孔目章」など。至相大師。雲華尊者。
ち-さ【知▽者｜智▽者】「ちしゃ(知者)」の直音表記。「名ある一どもなど召して」〈宇津保・国譲下〉
ちさ【萵=苣】▶ちしゃ(萵苣)
ち-さい【地裁】「地方裁判所」の略。
ち-さい【致斎】▶真忌み
ちさ・い【▽小さい】〔形〕図ちさ・し〔ク〕「ちいさい」の音変化。「つい其時の言葉迄一・い胸に刻み付けて置いた」〈漱石・彼岸過迄〉
ち-ざい【知財】「知的財産」の略。
ち-ざい【治罪】罪を犯した者を取り調べ、処分すること。
ち-ざい【×笞罪】▶笞❷
ちざい-そしょう【知財訴訟】《「知的財産訴訟」の略》特許権・著作権などの知的財産権の保護や権利侵害に関する訴訟。平成17年(2005)知財訴訟専門の裁判所である知的財産高等裁判所が創設された。
ちざい-ほう【治罪法】刑事訴訟および裁判所の構成などについて定めた法律。フランス人ボアソナードが起草し、明治13年(1880)制定、同15年施行。同23年刑事訴訟法の施行により廃止。
ち-さがり【乳下(が)り】❶羽織の肩山から乳(ひもを通す輪)までの寸法。❷洋服で、首の付け根からバストの高い位置までの長さ。
ち-さき【地先】その土地から先へつながっている場所。じさき。「一水面」
ち-ざけ【血酒】誓いをたてるときに、互いの杯に血を垂らして飲み合うこと。また、その血。「長崎には物の固めに一飲むとや」〈浄・博多小女郎〉
ち-さと【千里】❶数多くの村里。「月清みよもの大空雲消えて一の秋をうづむ白雪」〈拾遺愚草・上〉❷たいへん遠い道のり。せんり。「一を行くも親心、子を忘れぬと聞くものを」〈謡・隅田川〉
ちさ-の-き【萵=苣の木】▶ちしゃのき
ち-さん【治山】災害を防ぐために植林などをして山を整備すること。「一治水」
ち-さん【治産】❶生計の道をたてること。❷自分の財産を管理・処分すること。「禁一」
ち-さん【遅参】〔名〕スル 決められた時間に遅れること。遅れて参上すること。「会議に一する」(類語)遅れる・遅滞・延滞・延引・遅延・延着・遅刻・遷延・順延
ち-さん【稚蚕】一齢から三齢までの蚕。
ちさん-ダム【治山ダム】河岸・山腹の浸食を防ぎ、土砂の流出を減らすことで、上流の森林を保全したり、緑地や森林を造成したりする目的で設置されるダム。林野庁が所管する。同じような構造のダムに砂防ダムがあるが、こちらは土砂災害防止を目的とする。
ちさん-ちしょう【地産地消】《「地域生産地域消費」「地元生産地元消費」などの略》その地域で作られた農産物・水産物を、その地域で消費すること。また、その考え方や運動。輸送費用を抑え、フードマイレージ削減や、地域の食材・食文化への理解促進(食育)、地域経済活性化、食料自給率のアップなどにつながるものと期待されている。
ちざん-は【×智山派】新義真言宗の一派。慶長年間(1596～1615)玄宥が京都東山の智積院を開いて始めたもの。同寺を総本山とする。➡豊山派
ち-し【地子】▶じし(地子)
ち-し【地史】地球またはある地域の地質などの発達・変遷の歴史。
ち-し【地誌】ある地域について自然・人文両方面から研究・記述した書物。郷土誌などの類。
ち-し【知歯｜×智歯】第三大臼歯のこと。親知らず歯。知恵歯。
ち-し【致仕｜致▽事】〔名〕スル《「ちじ」とも》❶官職を退くこと。また、退官して隠居すること。❷《古く、中国で、70歳になると退官を許されたところから》70歳の異称。(類語)志学・破瓜・弱冠・而立・不惑・知命・耳順・華甲・還暦・古希・喜寿・傘寿・米寿・卒寿・白寿・厄年
ち-し【致死】人を死に至らせること。「過失一」「傷害一」
ち-し【稚子】おさなご。稚児。〈和英語林集成〉
ち-じ【知事】❶各都道府県を統轄し、代表する首長。都道府県の事務およびその権限に属する国や他の公共団体の事務を管理執行する。任期は4年。明治憲法下では官選。昭和22年(1947)から住民による直接選挙となる。❷中国の官名。州・県の長官。❸寺院の雑事や庶務に当たる役職。➡六知事
ちし-いでんし【致死遺伝子】成体になるまでの一定の時期に死をもたらす遺伝子。優性の致死遺伝子をもつ個体はすべて死ぬが、劣性ではホモ(同型)の場合のみ致死作用を示す。蚕・ネズミ・ショウジョウバエなどで知られる。致死因子。
ち-しお【千▽入】何度も染料に浸して染めること。「くれなゐの一のまふり山のはに日の入る時の空にぞ有りける」〈金槐集〉
ち-しお【血潮｜血×汐】❶潮のようにほとばしり出る血。「一に染まる」❷体内を潮のように流れる血。激しい情熱や感情。「熱き青春の一」
(類語)血しぶき・返り血・血糊・血反吐・血煙・流血
ちし-がく【地史学】地質時代の地球の歴史を研究対象とする地質学の一分野。地殻変動・生物の変遷・古地理・気候の変化などを扱う。
ち-しき【知識｜×智識】〔名〕スル ❶知ること。認識・理解すること。また、ある事柄などについて、知っている内容。「日々新しい一を得る」「一をひけらかす」「予備一」「幸福とは何かと云う事を明細に一して了っている」〈長与・竹沢先生と云ふ人〉❷考える働き。知恵。「一が発達する」❸(多く「智識」と書く)仏語。㋐仏法を説いて導く指導者。善知識。㋑堂塔や仏像などの建立に金品を寄進すること。また、その人や金品。知識物。㋒対象を外界に実在すると認める心の働き。❹《knowledge; ㌦ Wissen》哲学で、確実な根拠に基づく認識。客観的認識。
(類語)(❶)知見・学・学識・学殖・造詣・蘊蓄・教養・素養・理解・認識・知・常識・良識・学問・博学・博識・碩学・篤学・有識・該博・博覧強記・知る
ち-じき【地磁気】地球のもつ磁石としての性質、および、それによってつくられる磁場。磁針が南北をさすのはこれによる。ある地点の地磁気を表すのに、偏角・伏角・水平磁力、または偏角・伏角・全磁力の3要素を用いる。地球磁気。
ちしき-かいきゅう【知識階級】▶インテリゲンチア
ちしき-がく【知識学】《㌦ Wissenschaftslehre》広義には、知識の根本原理・方法・前提などを明らかにする哲学的理論。狭義には、フィヒテのいう学一般を基礎づける知の学としての哲学をさす。

ちしきがた-けいざい【知識型経済】知的財産・ビジネスモデル・ブランド・ナレッジなどの形のない技術・情報を基盤とする経済。設備や土地などに投資して製品を製造する生産型経済などと対比される。Kエコノミー(knowledge economy)。知識基盤経済。知識集約型経済。

ちしき-かんり【知識管理】▶ナレッジマネージメント

ちしききばん-けいざい【知識基盤経済】▶知識型経済

ちじき-きょく【地磁気極】地磁気の分布に最もよく合うような磁場をつくる棒磁石を想定したとき、その棒磁石の軸が地表と交わる点。この軸は地軸に対して約11.5度傾いている。磁軸極。

ちしき-けいえい【知識経営】▶ナレッジマネージメント

ちしき-こうがく【知識工学】《knowledge engineering》人間の知的作業を機械に代替させる人工知能の応用を、さまざまな角度から研究する学問。ロボット、自動プログラミング、自然言語処理、エキスパートシステムなどに応用される。KEと略される。ナレッジエンジニアリング。

ちしき-さんぎょう【知識産業】知識を生み出し、育て、伝えることにかかわる産業。教育産業・研究開発産業・情報産業・出版印刷業・通信放送業など。

ちしき-しゃかいがく【知識社会学】知識や認識一般が社会的に拘束されているとみなし、思想や学問と時代の社会構造との関係を歴史的、総括的に研究する社会学。代表者はシェーラー・マンハイムら。

ちしきしゅうやくがた-けいざい【知識集約型経済】▶知識型経済

ちしき-じん【知識人】高い知識や教養を持つ人。インテリ。(類語)インテリ・知識階級

ちじき-の-ぎゃくてん【地磁気の逆転】地磁気の南北が逆になること。岩石に残された熱残留磁気から、過去360万年間に9回の逆転があったことが確かめられている。地磁気の反転。

ちしき-ベース【知識ベース】コンピューターで、専門知識を特定の表現形式に基づいて記述したデータベース。

ちしき-よく【知識欲】知識を得たいという欲望。「旺盛おうせいな―」

ち-じく【地軸】❶地球の自転軸。南極と北極とを結ぶ軸で、地球の公転軌道面に対して約66.5度の傾きをもつ。❷大地を支えていると想像された軸。「―を揺るがす大音響」

ち-しご【知死期】陰陽道で、生年月日の干支えとや潮の干満などによって知りうるとされる死の時期や時刻。

ち-しつ【地質】地殻を構成する岩石・地層の性質や構造。

ち-しつ【知×悉】〔名〕(スル) ある物事について、細かい点まで知りつくすこと。「事情を―している」

ち-じつ【遅日】《日あしがのびて、暮れるのが遅いところから》春の日。(季 春)「この庭の一の石のいつまでも/虚子」

ちしつ-がく【地質学】地殻の組成・構造・性質・歴史などを研究する地球科学の一分野。ジオロジー(geology)。

ちしつ-けいとう【地質系統】地層や岩石を、形成された地質時代によって区分したもの。時代区分の代・紀・世・期に対応し、界・系・統・階に区分される。

ちしつ-じだい【地質時代】地球に地殻が形成されてからのちの時代。主に海生動物の進化に基づいて先カンブリア時代・古生代・中生代・新生代に大別され、各代は紀・世などに細分される。地質年代。

ちしつ-ず【地質図】ある地域の地質の状態を示す地図。岩石の分布や地質構造などを記号や色分けで示す。

ちしつ-ちゅうじょうず【地質柱状図】ある地域の地層の層序・岩質・厚さ・含有化石などを柱状に示した図。地層の対比などに利用。柱状図。

ちしつ-ちょうさ【地質調査】ある地域の地層の種類・構造・層序関係・分布状態などを調査すること。

ちしつ-ねんだい【地質年代】▶地質時代

ち-しぶ【地渋】田や水たまりなどの表面に浮き出ている、地中の鉄分など。きら。じしぶ。

ちしま【千島】「千島列島」の略。

ちしま-かいきょう【千島海峡】千島列島北端の占守しゅむしゅ島とカムチャツカ半島のロパトカ岬との間の海峡。

ちしま-かいりゅう【千島海流】▶親潮おやしお

ちしま-かざんたい【千島火山帯】カムチャツカ半島から千島列島を経て北海道中央部に達する火山帯。環太平洋火山帯の一部を占める。

ちしまカムチャツカ-かいこう【千島カムチャツカ海溝】カムチャツカ半島の東から千島列島に沿い、北海道の南東にのびる海溝。長さ約2200キロ。南端は襟裳えりも岬沖で日本海溝に連なる。

ちしま-ざさ【千島×笹】ネマガリタケの別名。

ちしま-ぜきしょう【千島石×菖】ユリ科の多年草。中部地方以北の高山帯にみられ、高さ4～12センチ。夏、白い花をつける。

ちしま-れっとう【千島列島】北海道東端からカムチャツカ半島南端に連なる列島。国後くなしり・択捉えとろふ・得撫うるっぷ・幌筵ぱらむしる・占守しゅむしゅなどの島からなる。活火山が多い。付近の海域は魚類資源が豊富。安政元年(1855)日露和親条約によって択捉水道を国境とし、明治8年(1875)樺太からふと千島交換条約で全島が日本領となる。第二次大戦後、ソ連が統治し、現在はロシア連邦の管理下。クリル列島。クリール列島。

ち-しゃ【知者】【×智者】❶知恵のすぐれた人。道理をわきまえた人。❷(智者)仏語。悟りの智慧ちえを開いた者。仏。

知者の一失いっしつ愚者の一得いっとく 知恵のすぐれた人にも一つぐらいのまちがいはある。また、おろかな者でもときにはすぐれた考えを出すことがある。知者も一失あり、愚者にも一得あり。

知者は惑わず勇者は懼おそれず 《「論語」子罕から》道理に通じた者は、事をなすにあたって迷いがなく、勇気ある者はどのような事態にも臆することがない。

知者は水を楽しみ仁者じんしゃは山を楽しむ 《「論語」雍也から》知者が物事を円滑に処理するようすを、水が1か所にとどまることなく流れることにたとえ、仁者が欲に動かされず天命に安んずるようすを、不動の山にたとえていう。➡仁者は山を楽しむ

知者も千慮せんりょに一失いっしつあり ▶千慮の一失

ち-しゃ【治者】国を治める者。統治者。主権者。

ち-しゃ【痴者】愚か者。ばか者。痴人。

ちしゃ【萵=苣】キク科の野菜。高さ約90センチ。夏、黄色の頭状花を開く。ヨーロッパの原産で、葉を食用とし、レタス・サラダ菜・カキチシャ・タチヂシャ・サンチュなどの種類がある。結球するものを球チシャ、結球しないものをカキチシャ・葉チシャなどとして区別する。ちさ。(季 春｜花=夏)「生魚なまざかなすぐ飽き―を所望かな/茅舎」

ちしゃく-いん【智積院】京都市東山区にある真言宗智山派の総本山。山号は五百仏頂山。南北朝時代、紀州(和歌山県)根来山大伝法院の一院として開かれたが、豊臣秀吉の兵によって焼失。慶長5年(1600)難を逃れた玄宥が徳川家康から寺地を得て中興。大書院に桃山時代障壁画の傑作が残る。

ちしゃ-だいし【智者大師】智顗ちぎの尊称。

ちしゃ-の-き【萵=苣の木】❶ムラサキ科の落葉高木。西日本の低山に自生。樹皮は紫色を帯び、葉はカキに似る。初夏、白色の小花が多数密集して咲く。庭木にもされ、材を家具・細工物に、樹皮を染料に使う。かきのきだまし。とうびわ。ちさのき。❷エゴノキの別名。

ち-しゅ【地種】その所有者によって区別していた土地の種別。国有地・民有地など。

ち-しゅ【置酒】酒宴を開くこと。「火炉を擁して而して―する者あり」〈菊亭香水・世路日記〉

ち-しゅ【×蜘×蛛】「ちちゅ(蜘蛛)」の慣用読み。「くも(蜘蛛)」に同じ。

ち-しゅう【知州】中国の官名。州の長官。宋代に設置され、清代まで存続した。

ち-じゅつ【知術】【×智術】知恵をしぼった計略。巧みなはかりごと。

ち-じゅつ【治術】《「じじゅつ」とも》❶国を治める方法。政治の方法。❷治療の方法。

ちしゅ-まく【×蜘×蛛膜】▶くもまく

チシュミジウ-こうえん【チシュミジウ公園】《Parcul Cişmigiu》ルーマニアの首都ブカレストの中心部にある公園。19世紀半ば、ワラキア公ゲオルゲ＝ビベスクの時代に造られた。

ち-しょ【地所】▶じしょ(地所)

ち-しょう【地象】大地に起こる現象。地震など。

ち-しょう【池沼】いけと、ぬま。「一地帯」

ち-しょう【知将】【×智将】はかりごとや戦略・戦術にすぐれた大将。「球界の―」(類語)名将・武将

ちしょう【治承】▶じしょう(治承)

ち-しょう【致傷】傷を負わせること。人を傷つけること。「業務上過失―罪」

ち-じょう【地上】《古くは「ちしょう」》❶地面の上。「一八階建て」(⇔)地下。❷この世。「―の楽園」(類語)(❶)地面・地べた・地表・地肌・陸上/(❷)この世・うつし世・現世・人界・下界・娑婆しゃば・此岸しがん・苦界・肉界・人間界・世界

ち-じょう【治定】▶じじょう(治定)

ち-じょう【×笞×杖】❶むちと、つえ。❷律の五刑のうち、笞刑と杖刑。

ち-じょう【痴情】理性を失ったおろかな心。特に、色情に迷う心。「―におぼれる」(類語)欲情・劣情

ちじょう-アナログテレビほうそう【地上アナログテレビ放送】《ground-wave analog television broadcasting》従来のアナログ方式テレビ放送。日本では平成23年(2011)7月、宮城・岩手・福島の東北3県を除いて地上デジタルテレビ放送へ移行。同3県も同24年3月に移行が完了した。地上アナログ放送。

ちじょう-アナログほうそう【地上アナログ放送】▶地上アナログテレビ放送

ち-じょう-い【知情意】知性と感情と意志。人間のもつ三つの心の働き。「―の調和」(類語)精神

ちじょう-え【地上絵】❶地面や丘の斜面などに描かれた図形。❷特に、ペルーの南部ナスカ地方の砂漠に刻まれた巨大な図形。さる・コンドル・魚などのほか、幾何学的図形などがある。紀元前800～100年にかけて作られたといわれるが、作成意図は不詳。図像は機上から見るしかない。ナスカの地上絵。

ちじょう-けい【地上茎】地上にある茎。通常の茎。(⇔)地下茎。

ちじょう-けん【地上権】他人の土地において、建物などの工作物または竹木を所有するために、その土地を使用する物権。➡地下権 ➡空中権

ちじょう-しいく【地上飼育】「平飼い」に同じ。

ちじょう-しょくぶつ【地上植物】冬芽が地上に出ている植物。高木や低木が含まれる。

ちじょう-せん【地上戦】❶陸地における戦闘。陸戦。❷《俗語》選挙戦術の一。支持者、支持団体を回って投票を訴えること。➡空中戦

ちしょう-だいし【智証大師】円珍えんちんの諡号しごう。

ちじょうデジタル-チューナー【地上デジタルチューナー】《ground-wave digital tuner》▶地上デジタル放送チューナー

ちじょう-デジタルテレビジョンほうそう【地上デジタルテレビジョン放送】《ground-wave digital television broadcasting》▶地上デジタルテレビ放送

ちじょう-デジタルテレビほうそう【地上デジタルテレビ放送】《ground-wave digital television broadcasting》地上波を利用したデジタルテレビ放送。従来のアナログ方式のテレビ放送に比べ、高画質化や多チャンネル化を図ることができる。伝送規格として日本のISDB-T、ヨーロッパのDVB-T、アメリカのATSCの3種類があり、日本の規格から派生し

たブラジルおよび南米諸国のSBTVDがある。日本とブラジル、ヨーロッパの規格は搬送波にマルチキャリア方式を採用し、都市部においてもゴースト障害に強い。一方、アメリカの規格はシングルキャリア方式を採用し、視聴地域の面積当たりの電力消費が小さく、平坦で広大な地域での放送に向く。地デジ。DTT(digital terrestrial television)。DTTB(digital terrestrial television broadcasting)。DTTV(digital terrestrial television)。DTB(digital terrestrial broadcasting)。

ちじょう-デジタルほうそう【地上デジタル放送】チヂヤウ―ハウソウ《ground-wave digital broadcasting》▶地上デジタルテレビ放送

ちじょうデジタルほうそう-チューナー【地上デジタル放送チューナー】チヂヤウ―ハウソウ―《ground-wave digital tuner》地上デジタルテレビ放送を受信するためのチューナー。従来のアナログテレビに接続することにより地上デジタルテレビ放送を視聴できる。一般に、地上デジタルテレビ放送に対応したテレビやDVDレコーダーなどの録画機器は、地上デジタルテレビ放送のほか、地上アナログテレビ放送や衛星放送にも対応したチューナーを内蔵している。地上デジタルチューナー。地デジチューナー。

ちじょう-は【地上波】チヂヤウ― 地上を伝わる電波。一般的なテレビ・ラジオ放送に使用する。➔衛星波

ちじょうは-デジタルテレビジョンほうそう【地上波デジタルテレビジョン放送】チヂヤウハ―ハウソウ《ground-wave digital television broadcasting》▶地上デジタルテレビ放送

ちじょうは-デジタルテレビほうそう【地上波デジタルテレビ放送】チヂヤウハ―ハウソウ《ground-wave digital television broadcasting》▶地上デジタルテレビ放送

ちじょうは-デジタルほうそう【地上波デジタル放送】チヂヤウハ―ハウソウ《ground-wave digital broadcasting》▶地上デジタルテレビ放送

ちじょう-ふう【地上風】チヂヤウ― 地表付近を吹く風。気圧傾度力・転向力(コリオリの力)と地表との摩擦力がつりあって吹き、風向は等圧線と20〜40度の角度をなす。

ちじょう-ぼうえんきょう【地上望遠鏡】チヂヤウバウエンキヤウ 地上の物体の正立像を見るために、対物レンズと接眼レンズとの間に、像を正立させる補助的なレンズまたはプリズムを入れた望遠鏡。

ち-じょく【恥辱】体面・名誉などを傷つけること。はずかしめ。「―を受ける」「―に耐える」
(類語)屈辱・汚辱・侮辱・凌辱(りょうじょく)・辱(はずかし)め・恥

ちし-りつ【致死率】▶致命率(ちめいりつ)

ちし-りょう【致死量】―リヤウ 死に至らせるのに十分な薬物などの量。

ち-しる【血汁】血液。血。

ち-しる【乳汁】乳から出る液。にゅうじゅう。ちち。

チジル〖CGIL〗《イタリア Confederazione Generale Italiana del Lavoro》イタリア労働総同盟。イタリア最大の労働組合中央組織(ナショナルセンター)。1944年設立。1950年にイタリア労働者組合総同盟(CISL)とイタリア労働者同盟(UIL)が分離。この3者が3大ナショナルセンターと呼ばれる。

ち-しろ【乳代】▶乳親(ちおや)❷

ち-しん【地心】地球の中心。

ち-しん【池心】池の中心部。池のまんなか。

ち-じん【地神】《「ぢじん」「ぢしん」とも》❶地の神。国つ神。地祇(ちぎ)。⇔天神(てんじん)。❷天照大神(あまてらすおおみかみ)以下、この国を治めた神々。❸▶じがみ(地神)

ち-じん【知人】互いに知っている人。知り合い。
(類語)知り合い・知己

ち-じん【痴人】理性のない者。愚か者。痴(し)れ者。
(類語)愚者・愚人・愚物・愚か者・痴れ者

痴人の前に夢を説く 《朱熹「答李伯諫書」から》愚か者に夢の話をする。無益なことをするたとえ。

痴人夢(ゆめ)を説(と)く おろか者が見た夢の話をするように、つじつまの合わない話をする。

ちしん-いど【地心緯度】―ヰド 地球上の一点と地球の中心とを結ぶ直線が赤道面となす角。

ちしん-こうけい【地心黄経】―クワウケイ 地球を中心とする黄道座標の黄経。⇔日心黄経。

ちじん-ごだい【地神五代】天神7代に続き、神武天皇以前に日本を治めた5柱の神の時代。すなわち、天照大神・天忍穂耳尊(あめのおしほみみのみこと)・瓊瓊杵尊(ににぎのみこと)・彦火火出見尊(ひこほほでみのみこと)・鸕鷀草葺不合尊(うがやふきあえずのみこと)の5代。

ちしん-じ【遅進児】学業の進歩がおそい児童。

ちしん-しさ【地心視差】▶日周視差

ち-す【×帙×簀】《「ぢす」とも》経巻などを包む帙(ちつ)。竹のすだれを芯(しん)にして、周囲を錦(にしき)で縁どり、裏に綾をつけ、組み緒をつけたもの。竹帙(たけちつ)。

ち-ず【地図】―ツ 地球表面の一部または全部を一定の割合で縮小し、記号・文字などを用いて平面上に表した図。「世界―」「白(はく)―」

ち-すい【池水】池の水。また、池。

ち-すい【治水】洪水などの水害を防ぎ、また水運や農業用水の便のため、河川の改良・保全を行うこと。「―事業」「治山―」(類語)水利・灌漑(かんがい)・水防

ち-すい【×智水】❶仏語。仏の智慧(ちえ)を、煩悩(ぼんのう)を洗い流す水にたとえていう語。❷灌頂(かんじょう)の際、阿闍梨(あじゃり)が仏の智慧を与える意味で行者の頭へ注ぐ水。

ち-すい-か-ふう【地水火風】―クワ― 仏語。地と水と火と風。万物を構成する四つの元素。四大(しだい)。四大種。

ち-すい-か-ふう-くう【地水火風空】―クワ― 仏語。地と水と火と風と空。万物を生成する五つの元素。五大。五輪。

ちすい-こうもり【血吸蝙=蝠】ちすひかうもり 翼手目チスイコウモリ科の哺乳類。体長6.5〜9センチで、尾はない。眠っている動物などにかみつき、出てくる血液をなめとる。狂犬病を媒介することもある。メキシコから南アメリカにかけて分布。バンパイア。

ちすい-びる【血吸×蛭】ちすひ― ヒルド科のヒル。池沼などに普通にみられる。体は細長く扁平で、体長4センチくらい、灰緑色。人畜の血を吸う。吸血性を利用して、昔から医療に用いられる。みずびる。

ちすう-き【置数器】▶レジスター

ちず-ごけ【地図×苔】チヅ― ヘリトリゴケ科の地衣類。高山の岩石に着生。地衣体は硫黄色で縁が黒い菌糸で囲まれ、地図のような外観を示す。

ち-すじ【千筋】―すぢ 糸のように細長いものが数多くあること。「―の黒髪」「―の涙」

ち-すじ【血筋】―すぢ ❶血のつながり。血統。また、血縁。「芸術家の―」「遠い―にあたる人」❷人間の体内にある血液の循環する道筋。血管。
(類語)(❶)家系・家筋・血脈・血統・血・筋目・毛並み・家門・一門・一族・血族・氏(うじ)/(❷)血管・青筋

ちずじょうほう-システム【地図情報システム】チヅジヤウホウ―《geographic information system》▶ジー-アイ-エス(GIS)

チステルナ-ひろば【チステルナ広場】《Piazza della Cisterna》イタリア中部、トスカーナ州の町サンジミニャーノにある中心広場。かつて町の水源だった井戸(チステルナ)があり、周囲には13世紀から14世紀頃に貴族たちが建てた塔や居館が並ぶ。1990年に「サンジミニャーノ歴史地区」として世界遺産(文化遺産)に登録された。

ちず-とうえいほう【地図投影法】チヅトウエイハフ 球形をした地球表面を、平面である地図上に書き表す方法。投影の仕方によって投射図法と便宜図法、投影面によって方位図法・円錐図法・円筒図法、表される地図の性質によって正角図法・正距方位図法・正積図法などに分類される。

ち・する【治する】〔動サ変〕文ち・す〔サ変〕▶じ(治)する

チズル〖CISL〗《イタリア Confederazione Italiana Sindacati Lavoratori》イタリア労働者組合総同盟。カトリック系を中心とする、イタリア3大労働組合中央組織の一つ。イタリア労働総同盟(CGIL)から分裂して1950年結成。

ち-せい【地勢】高低や山・川の配置など、その土地全体のありさま。(類語)地形・地相

ち-せい【地精】ニンジンの別名。

ち-せい【知性】❶物事を知り、考え、判断する能力。人間の、知的作用を営む能力。「―にあふれる話」「―豊かな人物」❷比較・抽象・概念化・判断・推理などの機能によって、感覚的所与を認識にまでつくりあげる精神的能力。
(類語)理性・理知・知恵・インテリジェンス・知・教養・人知・衆知・全知・奇知・才知・悟性・故知・英知

ち-せい【治世】❶よく治まっている世の中。太平の世。「―安楽」⇔乱世。❷統治者として世を治めること。また、その期間。「徳川一五代の―」
(類語)支配・政治・政(まつりごと)・行政・施政・政策・国政・国事・政事・政道・万機(ばんき)・経世・経国・経綸(けいりん)・治国・統治・治政・為政(いせい)

ち-せい【治政】世を治める政務をつかさどること。政治。(類語)政治・政(まつりごと)・行政・施政・政策・国政・国事・政事・政道・万機(ばんき)・経世・経国・経綸(けいりん)・治国・治世・統治・為政(いせい)

ち-せい【致誠】まごころを尽くすこと。

ち-ぜい【地税】土地に課される租税。地租。

ちせい-がく【地政学】民族や国家の特質を、主として地理的空間や条件から説明しようとする学問。スウェーデンのR=チェーレンが唱え、第一次大戦後ドイツのK=ハウスホーファーが大成。ナチスの領土拡張を正当化する論に利用された。地政治学。

ちせいじ-がく【地政治学】チセイヂ― ▶地政学

ちせい-じん【知性人】▶ホモサピエンス

ちせい-てき【知性的】〔形動〕知性があるさま。知性が強く感じられるさま。「―な容貌」

ち-せき【地積】土地の面積。

ち-せき【地籍】土地の位置・形質および所有関係。また、それらを記録したもの。

ち-せき【治績】政治上の功績。「―をたたえる」

ちせき-だいちょう【地籍台帳】―ダイチヤウ ▶土地台帳

ちせき-ちょうさ【地籍調査】―テウサ 一筆(土地登記簿の一区画)ごとの土地の、所有者・地番・地目・境界を確認し、面積を測量し、正確な地籍図・地籍簿を作る調査。市町村など地方公共団体が行う。➔地籍

ち-せつ【稚拙】〔名・形動〕幼稚で未熟なこと。また、そのさま。「―な文章」(派生)ちせつさ〔名〕
(類語)下手・拙劣・拙悪・未熟・幼稚・不細工・無器用・不得手・不得意・へぼ・下手くそ・からっ下手・拙(つたな)い・まずい・たどたどしい

ちせつ-び【稚拙美】幼稚でつたないが、素朴さ・純粋さが感じられる美。

ち-せん【池泉】池と泉。また、池。

ちせんかいゆう-しき【池泉回遊式】チセンクワイイウ― 江戸時代に発達した日本庭園の一様式。池とその周囲を巡る園路を中心に作庭するもの。桂離宮・金沢兼六園・六義(りくぎ)園など。

ち-そ【地租】土地に対して課せられる租税。明治6年(1873)の地租改正以後、重要な国税であったが、第二次大戦後、府県税となり、昭和25年(1950)現在の固定資産税に組み入れられた。

ち-そ【▽紫×蘇】「しそ(紫蘇)」の音変化。

ち-そう【地相】ヂサウ ❶住居などを定める際、その土地の吉凶を占うこと。また、その判断。「―が悪い」❷土地のありさま。「住宅建築には不向きな―」
(類語)地形・地勢

ち-そう【地層】ある厚さと広がりをもった層状の岩体。主として堆積(たいせき)岩からなり、層理が見られる。

ち-そう【×馳走】〔名〕スル ❶《その準備のために走りまわる意から》食事を出すなどして客をもてなすこと。また、そのための料理。「友人宅で―にあずかる」➔御馳走(ごちそう)❷走り回ること。奔走。「東西に―す」〈今昔・二・三七〉(類語)供応・ふるまう・饗(きょう)する・相伴

ちそ-かいせい【地租改正】明治政府による土地・租税制度の改革。土地の私的所有を認め、地価の3パーセントを金納としたが、江戸時代の年貢収入額を維持する高額地租であり、軽減を要求して各地に農民一揆が起こった。

ち-そく【知足】❶《「老子」33章の「足るを知る者は富

む」から》みずからの分(ぶん)をわきまえて、それ以上のものを求めないこと。分相応のところで満足すること。❷《「知足天」の略》「兜率天(とそつてん)」に同じ。

ち-そく【遅速】遅いことと、速いこと。遅いか速いかの度合い。「一を競う」

ちそく-あんぶん【知足安分】《足りることを知り、分に安んずること》満足することを知らないと、どんなに豊かであっても安らぐことがないということ。置かれている状況を自分に見合ったものとして不平不満を抱かないこと。安分知足。➡知足

ち-ぞめ【血染(め)】血で赤く染まること。「一の鉢巻き」

ちた【知多】愛知県、知多半島北西岸にある市。海岸は埋め立てられ、石油工場や火力発電所が立地。人口8.5万(2010)。

チタ〘Chita〙ロシア連邦中部の都市。バイカル湖の東方に位置する。シベリア鉄道に沿う交通の要地。機械工業、軽工業が盛ん。17世紀末の創建。19世紀前半にデカブリストの流刑地になった。1920年代に極東共和国の首都が置かれた。

チター〘(ドイツ) Zither〙《「ツィター」とも》オーストリア・南ドイツ地方に伝わる撥弦楽器。木製の平らな共鳴胴の上に5本の旋律弦と30本以上の伴奏弦を張り、指または指にはめた爪(つめ)で弦をはじいて音を出す。

チターノ-さん【チターノ山】《Monte Titano》►ティターノ山

ち-たい【地帯】ある特徴によって周囲と区別される、一定の範囲の土地。「安全一」「工業一」「穀倉一」(類語)区域・地区・地域・地方・境(きょう)・区画・方面・一円・一帯・界隈(かいわい)・境域・境(さかい)・領域・エリア・ゾーン

ち-たい【遅怠】なまけて、物事がおくれること。

ち-たい【遅滞】〔名〕スル ❶物事の進行がとどこおること。予定どおりに進まないで、期日などにおくれること。「業務が一する」「一なく前進する」❷債務者が債務の履行期になっても履行せず(履行遅滞)、また、債権者が弁済を受領しなければならないのに受領しないこと(受領遅滞)。(類語)遅れる・延滞・延引・遅延・延着・遅刻・遅参・遷延・順延

ち-たい【痴態】愚かな振る舞い。ばかげた態度。「酒が過ぎて一を演じる」(類語)気違い沙汰・狂態

ち-だい【地大】►じだい(地大)

ち-だい【地代】►じだい(地代)

ち-だい【血×鯛】ーだひ タイ科の海水魚。全長約35センチ。体形・体色ともマダイによく似るが、頭部の傾斜が急で、尾びれ末端が黒くなく、えらぶた後縁が濃赤色。秋に産卵する。北海道南部から南に分布。美味。はなだい。

ちたい-いでん【遅滞遺伝】ーヰデン 遺伝子が卵細胞の細胞質で発現し、形質が子に伝わること。母性遺伝の一つ。オナジマイマイやモノアラガイの巻き方、カイコの卵の色などが遅滞遺伝として知られる。雑種第一代(F1)の形質は母親の遺伝型によって決定されるが、遺伝因子は核内の染色体に存在するため、雑種第二代(F2)でメンデルの法則にそった表現型が現れる。

ちたいくう-ミサイル【地対空ミサイル】地上(艦上)から発射して、航空機など空中目標を攻撃するミサイル。SAM。

ち-だいじょうかんじ【知▽太政官事】ーダイジャウクワンジ 奈良時代の令外(りょうげ)の官。太政大臣がいない場合に置かれた官で、太政大臣・左右大臣に準じる地位とされ、刑部(おさかべ)親王ら四親王が任じられた。

ちたいち-ミサイル【地対地ミサイル】地上(艦上)から発射して、地上または海上の目標を攻撃するミサイル。SSM。

ちだい-ろん【地代論】地代の成立・決定についての学説。リカードの差額地代論、マルクスの絶対地代論などが代表的。

ちだけ-さし【乳×茸刺】ユキノシタ科の多年草。山野に生え、高さ約50センチ。葉は羽状複葉。夏、薄紅色か白色の小花を多数つける。名は、茎が細く強いのでチチタケを刺すのによいことに由来。

ちた-し【知多市】►知多

ち-たつ【遅達】〔名〕スル 通達・配達が遅れること。

ち-だつ【×褫奪】〔名〕スル うばうこと。無理に取り上げること。剝奪(はくだつ)。「位階を一する」

チタニウム〘titanium〙►チタン

ちた-はんとう【知多半島】ーハンタウ 愛知県南西部、伊勢湾に突出する半島。愛知用水が縦貫する。

ち-たび【千度】千回。また、回数の非常に多いこと。せんたび。「思ひにし死にするものにあらませば一そ我は死にかへらまし」〈万・六〇三〉

ちたび-の-はらえ【千度の×祓】ーはらへ ►せんどばらい

ち-だま【血▽珠】赤い色の珊瑚珠(さんごじゅ)。

ちた-もめん【知多木綿】愛知県知多半島産の晒(さら)し木綿。手拭(てぬぐい)地・絞り地などに用いる。知多晒し。

ち-だらけ【血だらけ】〔名・形動〕一面が血に染まること。また、そのさま。ちまみれ。「けがをして一な(の)顔」「辺りが一になる」(類語)血みどろ・血達磨(ちだるま)

ち-た・る【千足る】〔動ラ四〕十分に足り整う。「日本(やまと)は浦安の国細戈(ほそほこ)の一・る国」〈神武紀〉

ち-だるま【血▽達磨】全身に血を浴びて、だるまのように真っ赤に染まること。また、そのもの。血まみれ。「全身一になる」

ちた-わん【知多湾】愛知県南西部、三河湾の西部を占める湾。知多半島に囲まれる。北部の湾奥は衣ヶ浦(きぬがうら)湾で、矢作(やはぎ)川・境川などが流入し、その沿岸は大規模な衣浦(きぬうら)工業地域となっている。

チタン〘(ドイツ) Titan〙チタン族元素の一。単体は銀白色の金属。軽くて硬く、耐食性・耐熱性にすぐれ、強度は鉄の2倍、アルミニウムの6倍でほぼ炭素鋼に等しい。超音速航空機材・化学工業用耐食材などに利用。元素記号Ti　原子番号22。原子量47.88。チタニウム。

チタン〘Titan〙►ティタン

ち-だん【地壇】中国で、皇帝が大地の神を祭るために築いた祭壇。明(みん)の嘉靖帝(かせいてい)が北京の安定門外に設けた壇が有名。

チタン-ごうきん【チタン合金】ーガフキン チタンにアルミニウム・クロムなどを加えた合金。軽量で強度がきわめて高く、耐熱性・耐食性にすぐれ、航空・宇宙用素材や自動車・船舶などに利用される。

チタン-コンデンサー《titanium condenserから》磁器コンデンサーの一。誘電体として酸化チタンやチタン酸バリウムなどを主成分とする磁器を用い、金属膜を焼き付けたもの。温度変化に対して容量が安定しているという特徴をもつ。

チタンさん-バリウム【チタン酸バリウム】二酸化チタンを炭酸バリウムとともに融解すると得られる白色の結晶。強誘電体の一。圧電効果を示し、音響機器のピックアップ、磁器コンデンサーなどに使用。化学式$BaTiO_3$　メタチタン酸バリウム。

ちち【父】❶両親のうちの男親のほう。ちちおや。実父・継父・養父ともにいう。「一児の一となる」「一の遺志を継ぐ」⇔母。❷新しい世界を開いて偉大な業績を残した先駆者。「近代言語学の一」「インド独立の一」❸キリスト教における神。三位一体(さんみいったい)の第一の位格。「一と子と聖霊」

(類語)(❶)父親・男親・てて・てて親・お父さん・おやじ・ちゃん・父じゃ人・乃父(だいふ)・阿父(あふ)・慈父・パパ（義理の父)義父・継父(けいふ)・まま父・養父・舅(しゅうと)・岳父(がくふ)（他人に父をいう語)家父(かふ)・家厳(かげん)・家君(かくん)・愚父(ぐふ)（一般的敬称)お父(とう)様・父上・父君(ちちぎみ)（他人の父の敬称)父御(ちちご)・御親父(ごしんぷ)・尊父・厳父・父君(ふくん)・厳君・令尊/(❸)神・ゴッド・天使

父父(ちち)たれば子も子たり　《「論語」顔淵から》父が父としての道を尽くせば、子もまた子としての道を尽くす。

父の恩は山より高し　《「童子教」から》子が父から受ける恩の高大なことをいうたとえ。

ちち【乳】❶哺乳(ほにゅう)類が、分娩(ぶんべん)後に、子を育てるために乳腺(にゅうせん)から出す乳白色の液体。乳汁。「母親の一」「牛の一」❷乳房(ちぶさ)。「一が張る」❸植物の茎や葉から出る白色の液汁。(類語)おっぱい・母乳

ち-ち【致知】❶朱子学で、知識をきわめて物事の道理に通じること。❷陽明学で、良知を最大限に発動すること。➡格物致知(かくぶつちち)

ち-ち【遅遅】㊀〔名〕スル おくれること。とどこおること。「今更一する事かはと辞(こと)ば鋭く議せらるれども」〈条野有人・近世紀聞〉㊁〔ト・タル〕文〔形動タリ〕❶物事の進行がおそいさま。ゆっくりしているさま。「一としてはかどらない」「落葉と青苔を踏む一たる庭下駄の歩みにつれて」〈荷風・見果てぬ夢〉❷日が長くのどかであるさま。「春日一たり」(類語)遅い・のろい・のろくさい・まだるい・まだるっこい・とろい・緩慢・緩徐・遅緩・スロー・スローモー・のろのろ・そろそろ・ゆっくり

チチ〘chichi〙ウオツカにパイナップルジュース、ココナッツシロップ、生クリームなどを混ぜたカクテル。

ち-ぢ【千千】〔名・形動〕❶数が非常に多いこと。また、そのさま。「大波が一に砕け散る」❷種類・変化などに富むこと。また、そのさま。さまざま。「心が一に乱れる」

チチアーノ〘Tiziano〙►ティツィアーノ

チチアン〘Titian〙►ティツィアーノ

ちち-いちょう【乳銀＝杏】ーイチャウ《気根が乳房の形に似ているところから》乳の出ない女性が、乳が出るように願をかける銀杏の老木。また、それにまつわる伝説。

ちち-いろ【乳色】乳のような色。不透明な白色。乳白色。(類語)白・白色(はくしょく)・白妙(しろたえ)・純白・雪白(せっぱく)・雪色(せっしょく)・乳白色(にゅうはくしょく)・ミルク色・灰白色(かいはくしょく)・象牙色(ぞうげいろ)・ホワイト・オフホワイト・アイボリー・真っ白

ちち-うえ【父上】ーうへ 父を敬っていう語。「一は御健在ですか」⇔母上。(類語)お父さん・パパ・おやじ・父

ちち-うし【乳牛】乳をしぼり取るために飼う牛。また、そういう種類の牛。にゅうぎゅう。

チチェン-イッツア〘Chichén Itzá〙メキシコ、ユカタン半島北東部の都市メリダの東方約120キロメートルにあるマヤ文明を代表する遺跡。マヤ古典期後期の複雑なモザイク装飾を特徴とするプウク様式とトルテカマヤ様式が見られる。1988年に世界遺産(文化遺産)に登録された。

ちち-おさえ【乳押(さ)え】ーおさへ ブラジャーのこと。

ちち-おや【父親】男親。父。「一参観日」⇔母親。(類語)父・男親・てて・てて親・お父さん・お父さま・おやじ・ちゃん・父じゃ人・乃父(だいふ)・阿父(あふ)・慈父・パパ

ちちかえる【父帰る】ちちかへる 菊池寛の戯曲。一幕。大正6年(1917)発表、同9年初演。妻子を捨てて20年後、落ちぶれて帰ってきた父を迎える家族の複雑な心情を描く。

チチカカ-こ【チチカカ湖】《Titicaca》南アメリカ最大の湖。アンデス山脈中部、ペルーとボリビアとの国境にあり、湖面標高が3812メートルで大湖としては世界最高。面積8562平方キロメートル。

チチカステナンゴ〘Chichicastenango〙グアテマラ中部、キチェ県の町。町の中心にサントトマス教会があり、キチェ族をはじめとする近隣のマヤ系先住民による市が開かれる。18世紀にマヤの創生神話が記された古文書「ポポル-ブフ」が発見された。

ちち-かた【父方】父親の血統に属していること。また、その人。「一のおじ」⇔母方。(類語)父系・内戚

ちち-がた【乳型】►バストパッド

ちち-かなもの【乳金物】►ちかなもの

ちぢかま・る【縮かまる】〔動ラ五(四)〕《「しじかまる」の音変化》「縮こまる」に同じ。「蒲団を頭から被って一・った」〈虚子・俳諧師〉

ちぢか・む【縮かむ】〔動マ五(四)〕《「しじかむ」の音変化》寒さ・恐怖などでからだがちぢんで、動作が鈍くなる。「寒さで手指が一・む」

ちち-ぎみ【父君】父を敬っていう語。父上。「一にもよろしくお伝え下さい」⇔母君。
(類語)父君(ふくん)・父御・尊父・御親父・父

ちち-ぐさ【乳草】茎や葉を切ると乳のような液を出す草木。ガガイモ・ノゲシ・ノウルシなど。ちぐさ。

ちち-くさ・い【乳臭い】〔形〕文ちちくさ・し〔ク〕❶乳のにおいがする。ちくさい。「一・い赤ん坊」❷考え方などが幼稚で未熟である。子供っぽい。ちくさい。「一・いことを言う」「一・い青二才」
(類語)若い・子供っぽい・青い・青臭い・幼い・未熟・幼稚・嘴(くちばし)が黄色い

ちち-くび【乳首】「ちくび」に同じ。

ちちくり-あ・う【乳繰り合う】〔動ワ五(ハ四)〕《「乳」は当て字》男女がひそかに会って情を通じ合う。「夜ごと—・う」

ちちく・る【乳繰る】〔動ラ五(四)〕《「乳」は当て字。男女が密会して私語する意の「ちぇちぇくる」の音変化という》男女がひそかに会って情を通じる。密通する。てでくる。「—・っている仲」

ちぢく・れる【縮くれる】〔動ラ下一〕図ちぢく・る〔ラ下二〕ちぢれている。「—・れた毛髪」

ちち-ご【父御】他人の父を敬っていう語。尊父。ててご。⇔母御(ははご)。類語 父君(ふくん)・父君(ちちぎみ)・御親父・父

ちちこ-ぐさ【父子草】キク科の多年草。山野に生え、高さ15～30センチ。葉は細く、葉の裏面や茎に白い綿毛が密生。春、茶褐色の花を密につける。果実にも白い冠毛がある。名は、似ているハハコグサに対してつけたもの。(季 春)

ちぢこま・る【縮こまる】〔動ラ五(四)〕寒さや緊張などのために、からだや気持ちが小さくなる。「ふとんの中で—・って眠る」「失敗を指摘されて—・る」

ちぢこ・める【縮こめる】〔動マ下一〕自分の体などを丸めて小さくする。「しかられて首を—・める」

ちち-しぼり【乳搾り】牛や山羊(やぎ)の乳をしぼること。搾乳(さくにゅう)。

ちち-じま【父島】東京都、小笠原諸島の中心をなす島。二見港がある。父島列島を形成する島の一つ。面積約24平方キロメートル。

ちちじま-れっとう【父島列島】―レッタウ 小笠原諸島中部の列島。父島のほか、孫島・弟島・兄島・東島・南島などからなる。

ちちじゃ-ひと【父者人】ちちぢゃー《父である人の意。「者」は当て字》父を敬っていう語。
類語 父・父親・男親・てて・てて親・お父さん・お父さま・おやじ・ちゃん・乃父(だいふ)・阿父(あふ)・慈父・パパ

ちち-たけ【乳×茸】ベニタケ科のキノコ。ブナなどの木の下に生え、傘は直径5～12センチ、表面は黄褐色で裏面は淡黄色。傷つけると白い乳液が出る。渋味があるが食用。

ちちとこ【父と子】《原題、ロシア Ottsï i deti》ツルゲーネフの長編小説。1862年刊。ニヒリストのバザーロフを主人公に、古い道徳・習慣・信仰に生きる父の旧世代と、それらを否定する子の新世代との思想的対立を描く。この作品によってニヒリズム・ニヒリストの語が一般化した。

ちちなし-ご【父無し子】❶父親に死なれて、母親の手で育てられた子。ててなしご。❷父親のわからない子。私生児。ててなしご。

ちち-ぬし【父主】父を敬っていう語。父上。父君。「二人、見るほどに、—ふと寄り来たり」〈源・少女〉

ちち-の-き【乳の木】《幹に垂れる気根を乳房に見立てたことから》イチョウの別名。

ちち-の-じょう【父▽尉】❶古く、猿楽の「翁(おきな)」に登場した老人の役。また、その舞。室町中期に廃絶。現在、能の「翁」の特殊演出「父尉延命冠者」に名残を残す。❷能面の一。目尻がつり上がった切りあごの老人面。❶でシテの翁が使う。

ちちのは-ぐさ【紫=参】ハルトラノオの別名。

ちち-の-ひ【父の日】父に感謝をささげる日。6月の第3日曜日。アメリカのJ=B=ダッド夫人が、この日、父の墓に白いバラの花をささげたことに由来する。(季 夏)「—の隠さうべしや古日記/不死男」

ちち-の-み【乳の実】イチョウの実。ぎんなん。

ちち-の-みこと【父の▽命】父を敬っていう語。父上。父君。「乳の実の—は栲綱(たくづの)の白ひげの上ゆ涙垂(た)り」〈万・四四〇八〉

ちちのみ-の【乳の実の】〔枕〕同音の繰り返しから、「父」にかかる。「—父の命(みこと)柞(ははそ)葉の母の命」〈万・四一六四〉

ちち-ばなれ【乳離れ】〔名〕スル「ちばなれ」に同じ。「なかなか—しない子」

ちち-はは【父母】父と母。両親。ふぼ。類語 親・二親

チチハル【斉斉哈爾】中国、黒竜江省中西部の工業都市。交通の要地。人口、行政区154万(2000)。

ちちぶ【知知武】ハゼ科の魚。全長約15センチ、尾に向かって側扁が強く、雄は第1背びれが長く伸び、体色は暗褐色。河口の汽水域に多いが淡水域にもみられる。つくだ煮にする。だぼはぜ。ごり。(季 夏)

ちちぶ【秩父】㊀㊀埼玉県南西部の市。秩父盆地の中心地で、旧称は秩父大宮。秩父銘仙(めいせん)の産地。武甲(ぶこう)山に石灰岩を産し、セメント工業が盛ん。夜祭りで知られる秩父神社がある。人口6.7万(2010)。㊁埼玉県西部、秩父市および秩父郡の総称。養蚕が盛んで、コンニャク・シイタケを特産。広く国や県の自然公園として指定。㊁秩父産の織物。また、「秩父絹」「秩父縞(じま)」の略。

ちちぶ-あおいし【▽秩父青石】―あをいし 秩父地方に産出する青緑色の結晶片岩。主に緑泥片岩で、庭石・石碑などに用いられる。

ちちぶ-ぎぬ【▽秩父絹】秩父地方産の無地の絹織物。多くは衣服・夜具の裏地として用いられた。

ちちぶ-けい【▽秩父系】►秩父古生層

ちちぶ-こ【秩父湖】埼玉県西部、秩父市大滝地区にある人造湖。三峰山の西方に位置する。荒川本流と支流の大洞(おおぼら)川の合流点に昭和36年(1961)完成した二瀬ダム(多目的ダム)の貯水池。面積0.76平方キロメートル、総貯水量2690万立方メートル。秩父多摩甲斐国立公園に含まれる観光地。

ちちぶ-こせいそう【▽秩父古生層】秩父山地をはじめ日本各地に広く分布する古い地層。古生代石炭紀・二畳紀の地層と考えられていたが、現在はその主要部が中生代三畳紀のものと判明。

ちちぶ-さんじゅうさんしょ【▽秩父三十三所】―サンジフサンショ 秩父地方にある33か所の観音霊場。実際には34あり、西国(さいごく)・坂東(ばんどう)の各三十三所と合わせて百観音とする。

ちちぶ-さんち【秩父山地】関東山地のうち北部の山岳地帯。埼玉・群馬・長野・山梨・東京の1都4県にまたがる。最高峰は北奥千丈岳の標高2601メートルで、金峰山(きんぷさん)・甲武信(こぶし)岳・雲取山など2000メートルを超す山々が連なる。

ちちぶ-し【秩父市】►秩父㊀㊀

ちちぶ-じけん【秩父事件】明治17年(1884)秩父地方の農民が困民党を組織し、自由党員とともに高利貸しへの返済延長や村民税の減税などを要求して蜂起した事件。武装した1万人近い農民が高利貸しを襲撃、郡役所・警察などを占領。軍隊の出動によって鎮圧された。

ちちぶ-じま【▽秩父×縞】秩父地方から産出される縞の銘仙地(めいせんじ)。

ちちぶ-じんじゃ【秩父神社】埼玉県秩父市にある神社。祭神は八意思兼命(やごころおもいかねのみこと)・知知夫彦命(ちちぶひこのみこと)ほか。毎年12月3日には秩父夜祭が行われる。

ちちぶたまかい-こくりつこうえん【秩父多摩甲斐国立公園】ちちぶたまかひコクリツコウエン 東京・埼玉・山梨・長野の1都3県にまたがる国立公園。森林と渓谷の景勝に富み、奥多摩湖・日原鍾乳洞(にっぱらしょうにゅうどう)・秩父湖・昇仙峡などがある。

ちちぶ-の-みや【秩父宮】宮家の一。大正11年(1922)大正天皇の第2皇子雍仁(やすひと)親王が創立。

ちちぶ-ぼんち【秩父盆地】埼玉県西部、秩父山地にある盆地。荒川とその支流の赤平川が貫流する。中心地は秩父市。

ちちぶ-めいせん【▽秩父銘仙】秩父地方産の銘仙。玉糸を用い、丈夫で布団地・衣服地などに用いられる。

ちちぶ-よまつり【秩父夜祭】埼玉県秩父市の秩父神社の祭礼。特に12月3日に行われる夜祭り。2台の笠鉾(かさぼこ)と4台の屋台とが引き回され、神社参拝後、屋台の上では素人(しろうと)歌舞伎が演じられる。(季 冬)

ちぢまない-りゅうたい【縮まない流体】―リウタイ ►非圧縮性流体

ちぢま・る【縮まる】〔動ラ五(四)〕ちぢんだ状態になる。「寿命が—・る」「寒さで身が—・る」

ちぢみ【縮み】❶ちぢむこと。また、そのちぢんだもの。「布地の—ぐあい」「伸び—」❷「縮織り」の略。「—の浴衣」(季 夏) 類語 収縮・萎縮・縮小・短縮・凝縮・圧縮・濃縮・圧搾・凝結・凝固・縮める

チヂミ《朝鮮語》朝鮮料理の一。水で溶いた小麦粉に、ニラやタマネギなどの野菜・イカ・キムチなどを混ぜ、鉄板の上で薄く焼いたもの。ごま油やトウガラシなどを合わせたたれをかけて食べる。朝鮮風お好み焼き。チジミ。

ちぢみ-あが・る【縮(み)上(が)る】〔動ラ五(四)〕❶すっかりちぢんで小さくなる。「あの霜が来てみたまえ、桑の葉はたちまち—・って」〈藤村・千曲川のスケッチ〉❷驚きや寒さ・恐怖などのため、からだがすくんで身動きできなくなる。「一喝されて—・る」

ちぢみ-おり【縮織(り)】撚(よ)りの強い横糸を用い、織り上げたのちに温湯でもんでちぢませ、布面全体にしぼを表した織物。明石産や越後産のものが有名。多くは夏着に用いる。ちぢみ。

ちぢみ-かたびら【縮帷=子】縮織りで作った帷子。

ちち-みかど【父▽帝】天皇である父。「夢の中にも—の御教へありつれば」〈源・明石〉

ちち-みこ【父▽御子┆父▽皇子】皇子である父。「—も思ふさまに聞こえかはし給ふ」〈源・賢木〉

ちぢみ-こ・む【縮(み)込む】〔動マ五(四)〕❶ちぢんで中に入り込む。「殻の中に—・む」❷恐怖・寒さなどで、からだや気持ちを小さくする。「恐ろしさのあまり—・む」

ちぢみ-こんぶ【縮(み)昆布】とろろ昆布の異称。

ちぢみ-ざさ【縮×笹】イネ科の多年草。木陰に生え、高さ10～30センチ。葉は笹に似て長楕円形で、縁が波打つ。

ちぢみやしんすけ【縮屋新助】歌舞伎狂言「八幡祭小望月賑(はちまんまつりよみやのにぎわい)」の通称。また、その主人公。

ちぢ・む【縮む】㊀〔動マ五(四)〕❶間が詰まったり中身が減ったりして、長さや面積・容積などが短くなったり小さくなったりする。「湯通しをして布が—・まないようにする」「風船が—・む」❷期間・時間が短くなる。「寿命が—・む」「タイムが—・む」❸恐れや緊張などで、からだや気持ちが小さくなる。ちぢこまる。「恐怖のあまり肝(きも)が—・む」「身の—・む思い」❹ちぢれる。「—・んだ髪の毛」㊁〔動マ下二〕「ちぢめる」の文語形。類語 すぼむ・すぼまる・つぼむ・つぼまる・しぼむ・縮める・つづまる・縮み上がる・すくむ・すくめる

ちぢむ-りゅうたい【縮む流体】―リウタイ ►圧縮性流体

ちぢ・める【縮める】〔動マ下一〕図ちぢ・む〔マ下二〕❶長さを短くしたり、広がり・分量を小さくしたりする。「着物の丈を—・める」「文章を—・める」❷期間・時間・隔たりなどを短くする。「記録を二秒—・める」「命を—・める」「格差を—・める」❸からだを丸めるようにして小さくする。「寒さに身を—・める」「首を—・める」❹布にしわを寄せる。「絞り染めをして—・めた布地」類語(❶)約(つづ)める・詰める・切り詰める・短縮する・狭める・縮小する・約する・縮約する・圧縮する

ちち-もみ【乳×揉み】出産の後、母乳が出るように乳房をもみほぐすこと。また、それを業とする人。

ちち-もらい【乳×貰い】―もらひ 母乳が足りないため、乳児のために、他人の乳をもらうこと。ちもらい。

ち-ちゅ【×蜘×蛛】「くも(蜘蛛)」に同じ。「散り来る柳の一葉の上に—の乗りて」〈謡・遊行柳〉

ち-ちゅう【地中】土のなか。地面の下。「—に埋もれる」

ち-ちゅう【池中】池のなか。

ち-ちゅう【×蜘×蛛】「くも(蜘蛛)」に同じ。〈日葡〉

ち-ちゅう【×踟×躕】〔名〕スル 進むのをためらうこと。ぐずぐずと立ち止まること。躊躇(ちゅうちょ)。「あまり長く梅樹の下に—するとお目玉を頂戴することであったが」〈蘆花・思出の記〉

ちちゅう-おんどけい【地中温度計】―ヲンドケイ 地中の温度を測る温度計。地下30センチくらいまでは曲管地中温度計、さらに深い所は鉄管地中温度計などを用いる。

ちちゅう-かい【地中海】㊀付属海の一。陸地で囲まれ、狭い海峡で大洋とつながっている海。ヨーロッパ地中海・北極海・紅海など。㊁《Mediterranean

Sea》ヨーロッパ・アフリカ・アジアの三大陸に囲まれた海。南東はスエズ運河によって紅海に、西はジブラルタル海峡で大西洋につながる。広義には黒海も含めていう。ヨーロッパ地中海。

ちちゅうかい-きこう【地中海気候】温帯気候の中で、冬は温暖で雨が多く、夏は高温で乾燥する気候。ヨーロッパ地中海沿岸のほか、米国カリフォルニア州、アフリカ西南岸などでみられる。温帯冬雨気候。

ちちゅうかいしき-のうぎょう【地中海式農業】地中海気候の地域で行われる農業。冬の小麦・大麦、乾期の果樹の栽培を中心とする。

ちちゅうかい-れんごう【地中海連合】EU加盟国と北アフリカ・中東地域の地中海沿岸諸国によって構成される共同体。フランス大統領サルコジが提唱し、欧州理事会の承認を経て2008年7月に発足。EU27か国、欧州委員会、地中海諸国16か国が参加。アラブ連盟もあらゆるレベルの会議に参加する(2012年7月現在)。地中海のための連合。UfM(Union for the Mediterranean)。UpM(Union pour la Méditerranée)。

ちちゅう-しょくぶつ【地中植物】植物の生活形の一。低温・乾燥などに耐える休眠芽を地中または水中に作る植物。ユリ・ハスなど。

チチュルブ-クレーター〖Chicxulub crater〗《「チクシュループクレーター」とも》メキシコ、ユカタン半島にある巨大クレーター。白亜紀末の6550万年前に、直径10～15キロメートルの小惑星が秒速20キロメートルで衝突した跡だとされる。衝突によりマグニチュード11以上の大地震が起こり、高さ300メートルもの津波が周辺に押し寄せ、大気中に舞い上がった大量の硝酸塩やすすが長期間にわたって太陽光を遮ったと考えられる。2010年、12か国の研究者からなる国際チームにより、この天体衝突による急激な環境変化が恐竜絶滅の原因となったと結論づけられた。

ち-ちょう【×弛張】〔名〕スル「しちょう(弛張)」の慣用読み。

ちちょう-ねつ【×弛張熱】►しちょうねつ(弛張熱)

ちちよ-ちちよ〔副〕ミノムシの鳴き声。平安時代、ミノムシは鳴くと考えられていた。「八月ばかりになれば、—とはかなげに鳴く」〈枕・四三〉

ちぢら-おり【千千▽良織(り)】►縮織

ちぢら・す【縮らす】〔動サ五(四)〕ちぢれるようにする。ちぢらせる。「髪を—・す」

ちぢら・せる【縮らせる】〔動サ下一〕図ちぢら・す〔サ下二〕「縮らす」に同じ。「布を—・せる」

ちちり　松かさ。松ぼっくり。「—を拾ひ集め」〈浮・新可笑記〉

ちちり-ぼし【ちちり星】二十八宿の一、井宿の和名。双子座の西部、μ星付近をさす。➡井

ちぢ・る【縮る】〔動ラ下二〕「ちぢれる」の文語形。

ちぢれ【縮れ】ちぢれること。ちぢれていること。「葉の—」

ちぢれ-がみ【縮れ髪】ちぢれている毛髪。また、ちぢらせた毛髪。

ちぢれ-げ【縮れ毛】ちぢれている毛。ちぢれっ毛。ちぢれけ。

ちぢ・れる【縮れる】〔動ラ下一〕図ちぢ・る〔ラ下二〕❶しわが寄ってちぢまる。「—・れた紙」❷毛髪などが細かく波打ったり巻いたりした状態になる。「ちりちりに—・れた髪の毛」

ちちろ《その鳴き声から》コオロギの別名。(季 秋)

ちちろ-むし【ちちろ虫】コオロギの別名。(季 秋)「小むしろや粉にまぶれし—/一茶」

ちぢわ-かいがん【千々石海岸】長崎県南東部、島原半島西に位置する橘湾に面した海岸。雲仙市に属する。白砂青松が約1.5キロメートル続く景勝地。夏は海水浴場としてにぎわう。

ちちわく-に【千千分くに】〔副〕あれこれさまざまに。とやかくと。「一人は言ふとも織りて着むわが機物に白き麻衣」〈拾遺・雑上〉

ちぢわ-ミゲル【千々石ミゲル】安土桃山時代の天正遣欧使節の一員。肥前の人。本名、清左衛門。ミゲル(Miguel)は洗礼名。有馬晴信の一族。天正10年(1582)伊東マンショらと渡欧し、翌年ローマ教皇と謁見。同18年帰国。生没年未詳。

ちちん-ぷいぷい《「ちちんぷいぷい御代の御宝」の略》幼児がからだを痛めたとき、なでさすってなだめるまじないの語。「知仁武勇は御代の御宝」の意ともいう。

ちちんぷいぷい御代の御宝　「ちちんぷいぷい」に同じ。

ちつ【×帙】㊀〔名〕書物の損傷を防ぐために包む覆い。厚紙を芯とし、表に布をはって作る。文巻。文包。㊁〔接尾〕助数詞。帙入りの本を数えるのに用いる。「和本三—」➡漢「ちつ(帙)」

帙を繙く　書物を開いて読む。「秋夜に—・く」

ちつ【秩】官職。つかさ。また、その在任の期間。「予州の官二人、—満ちて」〈今昔・九・三一〉➡漢「ちつ(秩)」

ちつ【×膣|×腟】女性生殖器の一部。陰門から子宮頸部までの間。交接の際に陰茎を入れ、分娩時には産道となる。➡漢「ちつ(膣)」

ちつ-いり【×帙入り】書物などが帙に入っていること。また、その書物。

ちつ-えん【×膣炎】膣の炎症。帯下の増加が主症状で、カンジダ・トリコモナス・淋菌や大腸菌などの感染によることが多い。

ちっ-か【窒化】窒素と化合すること。特に、鋼をアンモニア中で加熱し、表面に窒化物をつくって硬化させること。

ち-づか【千▽束】《「ちつか」とも》千たば。多くのたば。せんぞく。「いろいろ道ならぬ事を書きくどきて—おくりけるに」〈浮・一代男・二〉

チッカー〖ticker〗►ティッカー

チッカー-シンボル〖ticker symbol〗►ティッカーシンボル

ちっ-かい【×蟄懐】心中の不満。「多年の—一朝に開くる事を得たり」〈太平記・一〇〉

ちっか-こう【窒化鋼】アンモニアガス中などで熱し、表面の窒素含有量を増して硬化させた鋼。また、それに適する、少量のアルミニウムやクロムなどを含む鋼材。製品は内燃機関のシリンダーなどに使用。

ちっか-ぶつ【窒化物】窒素と、それより陽性の元素との化合物。

ちっ-かん【竹×竿】❶竹ざお。❷竹の幹。「斜日—のもとに透けり」〈謡・老松〉

ちっ-かん【竹簡】古代中国で、紙が作られる以前に、文字を記すのに用いた細長い竹の札。また、書かれたもの。麻糸などで何枚もを綴り合わせて用いることが多かった。竹冊。

チッキ《checkから》鉄道などが旅客から手荷物を預かって輸送するときの引換券。手荷物預り証。転じて、手荷物として輸送すること。また、その手荷物。

ちっ-きょ【×蟄居】〔名〕スル ❶家の中にひきこもっていること。「終日—して書に親しむ」❷江戸時代、武士に科した刑罰の一。自宅や一定の場所に閉じ込めて謹慎させたもの。終身のものは永蟄居という。❸虫などが冬眠のため地中にこもっていること。「竜は…陰の時に至りては—を閉づ」〈太平記・二〇〉類語 籠城

ちっ-きん【竹琴】弦楽器の一。竹筒を縦に割って八雲琴の大きさに切り、上面に桐板をはめて、その上に3弦を張ったもの。明治19年(1886)田村与三郎(竹琴翁)が創始。

チック〖tic〗顔面や肩・頸部などの筋肉が、急激に反復的な不随意運動を起こす状態。器質的な病変によるものもあるが、ストレスによるものが多く、小児神経症でもみられる。

チック《「コスメチック」の略》棒状に練り固めた整髪料。ヘアスティック。

チック〔接尾〕《英語で、形容詞をつくる接尾語-ticから》他の語の下に付いて、…的な、…らしい、の意を表す。「漫画—」「乙女—」

チックタック〖ticktack〗►チクタク

ちっくり〔副〕ちょっと。すこし。「鬢が—縮んだ」〈浄・丹波与作〉

ち-つけ【乳付け】生まれた子に初めて乳を飲ませること。また、その乳母。ちちつけ。「御—は橘の三位」〈紫式部日記〉

ちつ-けい【×膣×痙】「膣痙攣」に同じ。

ちつ-けいれん【×膣×痙×攣】膣および膣周囲の筋肉が不随意に痙攣を起こすこと。膣痙。

ちっ-けん【畜犬】飼われている犬。飼い犬。

ちっ-こう【竹工】竹を材料にして細工物を作ること。また、その職人。

ちっ-こう【築港】〔名〕スル 船舶の出入り・碇泊のために港をきずくこと。また、その港。ちくこう。「湾の一部を埋め立てて—する」

類語 港・港湾・波止場・船着き場・船泊まり・桟橋・埠頭・岸壁・海港・河港・津・商港・漁港・軍港・ハーバー・ポート

ちっ-し【窒死】〔名〕スル 窒息して死ぬこと。

ちつ-じょ【秩序】❶物事を行う場合の正しい順序・筋道。「—を立てて考える」❷その社会・集団などが、望ましい状態を保つための順序やきまり。「学校の—を乱す」

ちつじょ-だ・つ【秩序立つ】〔動タ五(四)〕順序や筋道が保たれている。「—・った論理」

ちつじょ-だ・てる【秩序立てる】〔動タ下一〕順序よく、筋道が通るようにする。「—・てて説明する」

ちつじょ-ばつ【秩序罰】行政上の義務違反行為に対する制裁として国または地方公共団体が科する過料の総称。

ちっ・す【×蟄す】〔動サ変〕❶冬に虫が地中にこもる。「潜竜は三冬に—・して」〈太平記・四〉❷世を逃れ閉じこもる。ひきこもる。「しばらくここに—・すと言へども」〈読・弓張月・後〉

ちつ-ぜん【秩然】〔ト・タル〕図〔形動タリ〕秩序が整っているさま。整然。「—と取り片付いている」〈二葉亭・浮雲〉

ちっ-そ【窒素】窒素族元素の一。単体は無色・無味・無臭の気体。空気中に体積で約78パーセント含まれる。常温では不活性であるが、高温では他の元素と直接化合して窒素化合物をつくる。アンモニア合成の原料として重要。元素記号N　原子番号7。原子量14.01。

ちっ-そく【窒息】〔名〕スル 息がつまること。呼吸ができなくなること。二酸化炭素と酸素との交換ができなくなる状態。「酸欠で—する」

ちっそく-がも【窒息×鴨】血抜きをせずに加工した鴨肉。血液が多く含まれ、赤みが強い。

ちっそくせい-ガス【窒息性ガス】呼吸を困難にさせる毒ガスの総称。ホスゲン・塩素など。

ちっそ-こうぎょう【窒素工業】空気中の窒素を分離・固定して、アンモニア・硝酸・尿素・硝石やアミン・メラミンなどの窒素化合物を合成する工業。

ちっそ-こてい【窒素固定】空気中の遊離窒素から窒素化合物をつくること。自然界では根粒菌や藍藻類、土壌細菌のアゾトバクター・クロストリジウムなどが行い、アンモニアやアミノ酸などに還元される。工業的にはアンモニア合成などが行われる。

ちっそ-さんかぶつ【窒素酸化物】酸化窒素の総称。ふつう大気汚染物質である一酸化窒素と二酸化窒素の混合物をさす。

ちっそ-じゅんかん【窒素循環】自然界において窒素が巡っている現象。大気中の分子状の窒素が根粒菌・アゾトバクターなどにより硝酸・アンモニアとして固定され、これらが緑色植物に吸収されてたんぱく質や核酸の成分となり、動物に摂取されたのち尿あるいは遺体が分解されて再び窒素として大気中に遊離し、これを繰り返すこと。

ちっそぞく-げんそ【窒素族元素】窒素・燐・砒素・アンチモン・ビスマスの5元素の総称。

ちっそどうか-さよう【窒素同化作用】生物が外界から遊離窒素や無機窒素化合物をとり入れて、体内で生体に必要なたんぱく質などの有機窒素化合物をつくる作用。窒素同化。

ちっそ-ひりょう【窒素肥料】窒素を主成分とする肥料。植物の茎・葉の発育を促進する。尿素・硫安・塩安・硝安・チリ硝石・石灰窒素など。

チッタゴン〘Chittagong〙バングラデシュ南東部にある港湾都市。ジュートや紅茶の積み出し港として発展。人口、行政区202万(2001)。

ちっち-ぜみ【ちっち×蟬】セミの一種。体長は翅の先まで3センチくらい。体は黒色で褐色の紋がある。夏・秋に松林などでチッチッチッと続けて鳴く。北海道のものは近縁種のエゾチッチゼミ。(季 秋)

ちっちゃ・い〔形〕「ちいさい」の音変化。「赤ちゃんの―い手」⇔おっきい。(類語)小さい・小さな・ちっぽけ・低い・矮小・寸足らず・ちんちくりん

ちっ-ちゅう【×蟄虫】地中にこもって越冬する虫。「春雷一たび動く時、一萌蘇する心地して」〈太平記・一八〉

ちっ-ちょく【×黜×陟】〔名〕スル 「ちゅっちょく(黜陟)」に同じ。「人殺しどころか人を―したと云うこともなかった」〈福沢・福翁自伝〉

ち-つづき【血続き】血筋のつながりがあること。また、その間柄。血縁。「父方の―」(類語)血縁・血族

ちっ-と【×些と】〔副〕「ち(些)と」の促音添加。「一言いすぎたようだ」「たまには―お寄りなさい」(類語)少し・少ない・少少・ちと・ちょっと・ちょいと・ちょっぴり・やや

些とやそっと 数量や程度がごくわずかなさま。多く、下に打消しの語を伴って用いる。わずかばかり。「―のことでは、びくともしない」

ちっと-も【×些とも】〔副〕❶打消しの語を伴って、それを強める気持ちを表す。少しも。まったく。「―うまくない」「―気にしてない」❷物事の程度がわずかなさま。少しでも。「世間の口がうるそうがすから、今日の所は―早く失礼しやす」〈谷崎・幇間〉
(類語)全然・全く・一向・さっぱり・まるきり・まるで・少しも・からきし・皆目・一切・まるっきり・何ら・とんと・いささかも・毫も・微塵も・毛頭・露・更更

チッパー〘chipper〙石や陶器などの角をかく道具。特に、モザイク作製でタイルを切る工具をいう。

チッピング〘chipping〙石などの小片。また、切削工具の刃にできた小さな欠け。

チッピング-カムデン〘Chipping Campden〙英国イングランド南西部、グロスターシャー州の町。中世に羊毛の毛織物業で発展。14世紀から17世紀にかけて建てられた歴史的建造物が数多く残っている。コッツウォルズ地方の代表的な観光地の一。

チッピング-ノートン〘Chipping Norton〙英国イングランド中南部、オックスフォードシャー州の町。13世紀より毛織物の取引で発展。セントメアリー教会や旧毛織物工場をはじめ、歴史的建造物が数多く残っている。コッツウォルズ地方の代表的な観光地の一。

チップ〘chip〙《切れ端・小片の意》❶ルーレットやポーカーなどで用いる、賭け金代わりの小札。❷パルプの原料にする木材の細片。❸野菜・果物などの薄い輪切り。「ポテト―」❹集積回路を作りつけた半導体基板の小片。

チップ〘tip〙❶サービスや芸などに対する慰労や感謝の気持ちとして与える少額の金。心付け。祝儀。「―をはずむ」❷►ファウルチップ (類語)おひねり

チップ-イン〘chip in〙〔名〕スル ゴルフで、グリーン外からアプローチした球が直接ホールに入ること。

チップ-カルチャー〘chip culture〙集積回路の技術がもたらす新しい生活文化のこと。

ちっ-ぷく【×蟄伏】〔名〕スル ❶蛇・蛙・虫などが、冬の間地中にこもっていること。❷表に出ずにこもっていること。ひそんでいること。「暫く―していた理想や抱負が」〈魯庵・社会百面相〉

チップ-ショット〘chip shot〙ゴルフで、グリーンの近くから、ボールをやや高く打ち上げ、着地後に転がってホールに寄るようにする打ち方。

チップセット〘chipset〙コンピューターのCPU、メモリー、周辺装置などの間でデータの受け渡しを管理するLSIセットのこと。

チッペナム〘Chippenham〙英国イングランド南西部の町。コッツウォルズ地方の南端に位置し、エイボン川に沿う。中世より羊毛の取引で発展。中世の市場跡やセントアンドリュース教会、15世紀に建てられた旧市庁舎をはじめとする歴史的建造物が残っている。

ちっぽけ〔形動〕ごく小さいさま。小さく貧弱なさま。「―な庭」「―な幸せ」
(類語)けち・小さい・小さな・ちっちゃい・矮小

ちつ-まん【秩満】律令制で、国司などの官職が任期満了になること。

チッラグ-ようさい【チッラグ要塞】《Csillagerőd》ハンガリー北西部の都市コマーロムにある要塞。ドナウ川に面する。16世紀に建造され、19世紀に再建。独立戦争期には反ハプスブルク勢力の拠点になった。

ちつ-りょう【×蟄▽竜】地中にひそんでいる竜。活躍する機会を得ないで、世に隠れている英雄のたとえ。

ちつ-ろく【秩×禄】官等により支給する俸禄。特に、明治新政府が華族・士族に与えた家禄と賞典禄。

ちつろく-こうさい【秩×禄公債】明治6年(1873)から同8年までに秩禄を奉還した士族に交付された公債。

ちつろく-しょぶん【秩×禄処分】明治9年(1876)明治政府が秩禄奉還をすべての華族・士族に求め、金禄公債証書の交付を代償として秩禄支給を全廃した処置。

ちつろく-ほうかん【秩×禄奉還】明治6年(1873)明治政府が実施した秩禄放棄政策。秩禄を受給していた華族・士族のうち希望者に対して、その何年か分にあたる金禄公債証書を与え、事業資金などに充てさせたもの。

ち-てい【地底】地下の深い所。地の底。(類語)地下

ち-てい【池×汀】池のみずぎわ。池のほとり。

ち-てい【池亭】休息や展望などの場として、池のほとりに建ててある小屋風の建物。

ち-てい【治定】►じてい(治定)

ち-てい【×馳×騁】❶馬を走らせること。❷奔走すること。また、思いのままに動きまわること。「硝煙弾雨の間に―し」〈東海散士・佳人之奇遇〉

ちていき【池亭記】㊀平安中期の随筆。前中書王兼明親王著。天徳3年(959)成立。小亭での、悠々自適の老年の心境を漢文体で記したもの。㊁平安中期の随筆。慶滋保胤の著。天元5年(982)成立。当時の京都の荒地に池と亭を構え、念仏と読書に閑雅な晩年を送るようすを漢文体で記したもの。「方丈記」に影響を与える。ちていのき。(補説)㊀㊁ともに「本朝文粋」所収。

ちてい-ぎん【地丁銀】中国、清代の税制。土地に課する地銀の中に丁口に課する丁銀を繰り込み、一括して徴収する方法。1717年より開始された。

ち-てき【知的】〔形動〕❶知識・知性の豊かなさま。また、知性の感じられるさま。「―な人」「―な生活」❷知識・知性に関するさま。「―な仕事」「―好奇心」
(類語)聡明・賢明・明哲・一を聞いて十を知る・目から鼻へ抜ける

ちてき-ざいさん【知的財産】精神活動の成果として、特許・著作・商標・意匠などの財産的価値のあるもの。知財。無体財産。

ちてき-ざいさんけん【知的財産権】知的な創作活動による利益に認められる権利。特許権・実用新案権・商標権・意匠権・著作権など。知的所有権。無体財産権。

ちてきざいさん-たんぽゆうし【知的財産担保融資】企業の持つ特許権・著作権などの知的財産権を担保とする融資。日本では、日本開発銀行(現、日本政策投資銀行)が平成7年(1995)より開始。

ちてきざいさん-ぶんか【知的財産文化】知的財産を認め、その保護・活用を社会として評価する態度。IPカルチャー。

ちてき-しょうがい【知的障害】《「知的発達障害」の略》知能を中心とする精神の発達が幼少期から遅れていて、社会生活への適応が困難な状態。ふつう知能指数(IQ)を基準に使い、軽度・中等度・重度・最重度に分けられる。以前は精神薄弱といわれたもので、この言葉が差別感を生む語感があるところから、1970年代になって精神遅滞という名称が用いられた。平成11年(1999)から、法令上は「知的障害」という用語に統一された。

漢字項目 ちつ

×帙 (音)チツ(漢)‖本を包むおおい。「書帙・巻帙」
秩 (音)チツ(漢)‖①物事がきちんと順序立っているさま。よく整った順序・次第。「秩序・秩然」②官位によって受ける俸給。また、官位。官職。「秩米・秩満・秩禄/俸秩」(名付)さとし・ちち・つね (難読)秩父
窒 (音)チツ(漢)‖①ふさがる。つまる。「窒息」②「窒素」の略。「窒化鋼」(難読)窒扶斯
×膣 (音)チツ(漢)‖女性生殖器の一部。ちつ。「膣炎」(補説)「腟」は俗字。
×蟄 (音)チツ(慣)‖①虫が土中で冬ごもりする。「啓蟄」②人が家の中に閉じこもる。「蟄居」

ちてきしょうがいしゃ-デイケア【知的障害者デイケア】18歳以上の知的障害者が昼間の一定時間、知的障害者デイサービスセンターなどの施設で、手芸・工作などの創作的活動、社会生活への適応訓練、入浴・給食サービスなどを受ける、日帰りの通所介護サービス。

ちてき-しょゆうけん【知的所有権】►知的財産権

ちてき-せいめい【知的生命】知性を持つ生命体。既知のものは人類のみ。一般に、地球外生命のうち人類と同等以上の知性を持つ未知の生命体をいうことが多い。➡宇宙人 ➡異星人

ちてき-ちょっかん【知的直観】哲学で、超感性的なものや事物の本質を感性的直観の媒介や論証などの手段によることなく、直接的に把握する英知的な認識能力。

ち-デジ【地デジ】「地上デジタルテレビ放送」の略。

ちデジ-チューナー【地デジチューナー】《ground-wave digital tuner》►地上デジタル放送チューナー

ち-てん【地点】地上の一定の場所。「落下―」
(類語)場所・箇所・所

ち-でん【治田】平安時代、開墾された田地のこと。はりた。

ち-でんりゅう【地電流】地中を流れる微弱な電流。地磁気変動で誘導されるもののほか、落雷や、地中の物質や温度の不均一による起電力によるもの、人為的なものなどがある。

ち-と【×雉×兎】❶キジとウサギ。❷キジやウサギを捕らえる人。猟師。

ち-と【×些と】〔副〕❶物事の程度・量がわずかなさま。すこし。ちょっと。「―気の毒なことをした」「―の嬌羞の色もなく」〈鷗外・魚玄機〉❷ほんの少しの間。ちょっと。「―お待ちなさいな」(類語)少し・少ない・少少・ちょっと・ちょいと・ちっと・ちょっぴり・やや

ち-とう【池×塘】❶高山の湿原や泥炭地にある池沼。❷池のつつみ。「―の草の露にしをれたるも」〈太平記・三七〉

池塘春草の夢 《朱熹「偶成詩」の一節》池の堤の春草の上で見た夢。夢の多い少年時代・青春時代の楽しさ、またそのはかなさのたとえ。

ち-とう【池頭】池のほとり。

ち-どう【地動】❶大地が揺れ動くこと。地震。❷地球の運動。地球の自転と公転。(類語)余震・揺り返し

ち-どう【地道】㊀〔名〕❶大地にもともと備わっている性質・法則。⇔天道。❷地下道。トンネル。㊁〔形動ナリ〕「じみち(地道)」に同じ。「人は―なるこそよけれ」〈浮・伝来記・八〉

ち-どう【治道】❶政治のしかた。国を治める道。❷伎楽面の一。行列の露払い的な役目をもつもの。伝存する面のうち最も鼻が高い。

ち-どう【×馳道】天皇や貴人の通る道。輦路。

ちどう-せつ【地動説】太陽は宇宙の中心に静止し、地球が自転しながら他の惑星とともに太陽の周りを回っているとする考え方。アリスタルコスやコペル

ニクスによって唱えられた。太陽中心説。⇔天動説。

チトー〖Tito〗[1892〜1980]ユーゴスラビアの政治家。本名、ヨシップ=ブロズ(Josip Broz)。第二次大戦で、人民解放軍・パルチザンを指揮してドイツ軍に抵抗。1945年、ユーゴスラビア連邦人民共和国首相、53年以降大統領。スターリンとの対立の中で、労働者の自主管理を中心とする独自の社会主義を樹立。またインドのネルーらとともに非同盟主義路線をとった。ティトー。

チトーグラード〖Titograd〗►ポドゴリツァ

ちと-かん【×些勧】〘連語〙《「ちと」は少しの意。「かん」は「かんじん(勧進)」の略》勧進比丘尼が喜捨を乞うときに言う語。ちとかんじん。「一、観ずれば夢の世や」〈浄・歌念仏〉

ち-とく【地徳】地にそなわっている徳。大地のめぐみ。天徳・人徳とともに三徳の一。

ち-とく【知得】〘名〙スル 知ること。知り得ること。「職務上一した秘密」類語 認識

ち-とく【知徳|×智徳】❶知恵と人徳。学識と徳行。「一をそなえる」❷(智徳)仏語。仏の三徳の一。仏が智慧によって一切のものを照らし見通す徳。

ち-どく【遅読】(本を)じっくりと時間をかけて読むこと。⇔速読。

チトクロム〖ドイ Cytochrom〗生物の細胞内に存在する、ヘモグロビンとよく似た構造のヘムたんぱく質。細胞呼吸において電子伝達体としての役目を果たす。シトクロム。

ちと-すうじょう【×雉×兎×芻×蕘】《「芻蕘」は草刈りと木こりの意》猟師や草刈り・木こりなど、山で仕事をする人々。

ち-とせ【千▽歳】千年。せんざい。転じて、長い年月。

ちとせ【千歳】北海道南西部の市。札幌市の南東に位置し、新千歳空港がある。交通の要地。人口9.4万(2010)。

ちとせ-あめ【千▽歳×飴】七五三や新生児の宮参りのときに縁起物として売られる、紅白に染めた棒状の飴。鶴亀などの絵のついた長い紙袋に入れてある。(季 冬)

ちとせ-かがくぎじゅつだいがく【千歳科学技術大学】北海道千歳市にある私立大学。平成10年(1998)開設。総合光科学部の単科大学。

ちとせ-し【千歳市】►千歳

ちとせ-せん【千歳線】函館本線白石から千歳を経て室蘭本線沼ノ端に至るJR線。大正15年(1926)開業。昭和55年(1980)国鉄初の空港連絡駅、千歳空港駅を設置。平成4年(1992)空港新ターミナル完成時に駅名を南千歳駅と改称し、ターミナル地下の新千歳空港駅まで分岐線を新設した。

ちとせ-どり【千▽歳鳥】鶴のこと。「豊かなる御代の例、松に音なく、一は雲に遊びし」〈浮・二十不孝・一〉

ちとせ-の-こえ【千▽歳の声】千秋楽・万歳楽などを唱える声。千年の長寿や世の平和を祈る声。「伊勢の海の渚を清み住む鶴の一を君に聞かせむ」〈続後拾遺・賀〉

ちとせ-の-さか【千▽歳の坂】千年の歳月を過ごすことを坂を越えることにたとえていった語。「ちはやぶる神やきりけむつくからに一も越えぬべらなり」〈古今・賀〉

ちとせ-ぼら【千▽歳▽法×螺】イトマキボラ科の巻き貝。潮間帯の岩礁にすむ。殻高約15センチ。殻表は白色で茶褐色のジグザグ模様がある。本州南部から南に分布。灘夜泣貝。

ちとせ-やま【千▽歳山】《松は千年緑を保つというところから》松の生えている山のこと。「町並の門松、これぞ一の山口」〈浮・胸算用・五〉

ちとせ-らん【千▽歳×蘭】リュウゼツラン科の多年草。葉は剣状で厚く、長さ0.9〜1.2メートル、縁に黄色のふちどりや白色の縞模様のあるものもみられる。アフリカの原産で、観葉植物。サンセベリア。

ち-どめ【血止(め)】傷口などからの出血を止めること。止血。また、そのための薬。類語 止血

ちどめ-ぐさ【血止草】《「ちとめぐさ」とも》セリ科の多年草。葉は円形で縁が浅く裂け、つやがあり、柄が長い。夏から秋、白色や紫色を帯びた小花を多数開く。名は、葉をもんで傷口に当てて血止めに使ったことによる。

ちと-も【×些とも】〘副〙「ちっとも」に同じ。「一法則規律を知らざる自然の才子に劣りつべし」〈逍遥・小説神髄〉

ち-どり【千鳥|×鵆】❶チドリ目チドリ科の鳥の総称。約60種が南極を除く世界中に分布。くちばしは短く、足の指はふつう3本。海岸や河原で、少し歩いては地をつついてえさをとる。イルカチドリ・シロチドリ・ケリ・コチドリなど。(季 冬)「星崎の闇を見よとや啼く一/芭蕉」❷たくさんの鳥。いろいろの鳥。ももどり。ももちどり。「夕狩りに一踏み立て追ふごとに」〈万・四〇一一〉

ちどり【千鳥】狂言。太郎冠者が、千鳥を捕らえるまねや津島祭の話などをして酒屋の亭主の目をごまかし、酒樽を取って逃げる。

ちどり-あし【千鳥足】❶千鳥の歩くように、足を左右に踏み違えて歩くこと。特に、酒に酔ってふらふらと歩くこと。また、その足つき。「一で帰る」❷馬の足並みが千鳥の飛ぶ姿のようであること。一説に、その馬の足並みの音が千鳥の羽音に似ているところからともいう。「一を踏ませて、小路を狭しと歩ませらる」〈太平記・一二〉類語 (❶)酔歩

ちどり-かがり【千鳥×縢り】「千鳥掛け❶」に同じ。

ちどり-がけ【千鳥掛(け)】❶糸を斜めに交差させるかがり方。ほつれるのを防ぐために布の端に用いる。❷紐・糸などを斜めに打ち違えること。左・右と交互にすること。

ちどり-が-ふち【千鳥ヶ淵】東京都千代田区、皇居北西側にある旧江戸城内堀の一部。戦没者墓苑がある。桜の名所。

ちどり-ごうし【千鳥格子】千鳥が連なって飛んでいるように見える形の格子柄。ハウンドツース。

ちどり-そう【千鳥草】ラン科の多年草。中部以北の高山に自生し、高さ30〜50センチ。根は厚く手のひら状に分かれている。葉は広い線形。夏、淡赤紫色の花を穂状につける。てがたちどり。(季 夏)

ちどり-の-き【千鳥の木】カエデ科の落葉小高木。山地に自生。葉は長楕円形で先が細くとがる。雌雄異株。4月ごろ開花し、翼をもつ実を結ぶ。やましばかえで。

ちどりのきょく【千鳥の曲】箏曲。古今組の一。江戸末期に吉沢検校が作曲。古今集と金葉集から千鳥に関する歌を1首ずつ選んで前歌と後歌にし、その間に手事をはさむ。「六段」とともに箏曲の代表曲。

ちどり-はふ【千鳥破風】屋根の斜面に設けた小さな三角形の破風。木連格子をはめ込み、装飾や通気用に用いる。据え破風。

ちどり-もく【千鳥目】鳥綱の一目。カモメ・シギ・チドリ・ウミスズメ科など16科よりなる。渡り鳥が多い。

ち-どん【遅鈍】〘名・形動〙行動などがのろくて鈍いこと。また、そのさま。「一なる生活も」〈独歩・河霧〉類語 鈍重・鈍・愚鈍・鈍才・魯鈍

ち-どん【痴鈍】〘名・形動〙知恵のまわりが遅くて鈍いこと。また、そのさま。愚鈍。「いかに一な僕と雖も」〈漱石・明暗〉

ち-な【千名】いろいろなうわさ。多くの評判。「我が名はも一の五百名に立ちぬとも」〈万・七三一〉

ち-ながし【血流し】刀剣などの刃につけた細長いみぞ。樋。

ち-なまぐさ・い【血×腥い】〘形〙文ちなまぐさ・し〘ク〙❶血のにおいがする。「生焼けで、まだ一・い」❷戦争や殺傷事件などで、流血を見るような残酷な状態である。「一・い事件」類語 (❶)生臭い/(❷)むごい・むごたらしい・陰惨・無残・酸鼻

ちなみ【▽因み】《動詞「ちなむ」の連用形から》❶関係があること。ゆかり。因縁。「籍もあちらへ送った事ゆえ、余所にはさっぱり一はない」〈逍遥・当世書生気質〉❷約束、特に結婚の約束をすること。婚約。ちぎり。「是よりして後、脇に若衆の一は思ひもよらず」〈浮・五人女・五〉❸親しく交わること。また、その交わり。「田舎へ通ふ商人と親類にて、互ひに一せられしに」〈都鄙問答・四〉

ちなみ-に【▽因みに】〘接〙前に述べた事柄に、あとから簡単な補足などを付け加えるときに用いる。ついでに言うと。「一、新郎と新婦は幼いころからのお知り合いです」補説 あとに「言う」などの動詞を伴って「ちなみに言えば」「ちなみに申しますと」のように、副詞的にも用いる。

ちな・む【▽因む】〘動マ五(四)〙❶ある物事との関係をもとにして、他の物事が存在する。つながりをもつ。「干支に一・んだデザイン」「憲法記念日に一・む番組」❷かたい約束をする。かたい契りを結ぶ。特に、男女が深い関係をもつ。「深う一・みぬる顔にて見れば」〈仮・仁勢物語・上〉❸親しくする。親しく交わる。「人ニ一・ム」〈日葡〉

ち-にち【知日】外国人でありながら日本をよく理解し、日本の事情に通じていること。「一家」

ちぬ【×茅×渟|海=鯽】クロダイの別名。ちぬだい。(季 夏)

ちぬ【茅渟】和泉国の沿岸の古称。現在の大阪湾の東部、堺市から岸和田市を経て泉南郡に至る一帯。

チヌーク〖Chinook〗►シヌック

ち-ぬき【血抜き】〘名〙スル ❶食肉用の家畜・家禽の体から血液を抜くこと。また、調理の際に肉や魚から血液を抜くこと。「一したレバーを炒める」❷►瀉血

ち-ぬし【乳主】乳母の子で、養い主と同じ時に生まれた子。「常に、この小侍従といふ御一をも、言ひ励まして」〈源・若菜上〉

ちぬ-だい【×茅×渟×鯛】クロダイの別名。ちぬ。

ちぬ-の-うみ【茅渟海】和泉と淡路の間の海の古称。現在の大阪湾一帯。

ち-ぬ・る【血塗る|×釁る】〘動ラ五(四)〙《昔、中国で神を祭るためにいけにえや敵の生き血などを祭器に塗ったところから》刀剣などを血で汚す。戦いなどで血を流す。殺傷する。「一・られた革命」

ち-ねつ【地熱】►じねつ(地熱)

ちねつ-はつでん【地熱発電】►じねつはつでん(地熱発電)

ちの【茅野】長野県中部の市。諏訪湖の南東にあり、蓼科火山南西麓を占める観光地。寒天の製造が盛ん。人口5.6万(2010)。

ち-の-あせ【血の汗】大変な苦しみや努力をしたときに出る汗のたとえ。「一を流して稼ぐ」

ち-の-あまり【血の余り】《親の残りの血でできた子の意》末っ子。「子におろかはなけれどもわけて御身は一」〈浄・用明天王〉

ち-の-あめ【血の雨】殺傷事件や戦争などで、多くの人の血が流されることのたとえ。「一が降る」

ち-の-いけ【血の池】地獄にあるという、血の満ちている池。血の池地獄。

ち-のう【知能|×智能】❶物事を理解したり判断したりする力。「一の高い動物」❷心理学で、環境に適応し、問題解決をめざして思考を行うなどの知的機能。類語 頭脳

ち-のう【知×嚢|×智×嚢】知恵のたくわえ。また、知恵に富んだ人。知恵袋。「一を絞る」

ちのうえのきゅうせいしゅ-きょうかい【血の上の救世主教会】《Khram Spasa na Krovi》►血の上の教会

ちのうえ-の-きょうかい【血の上の教会】《Khram Spasa na Krovi》ロシア連邦北西部の都市サンクトペテルブルグの中心部にあるロシア正教会の教会。名称はアレクサンドル2世が暗殺された場所に建てられたことに由来する。19世紀末から20世紀初頭にかけて建造。中世ロシアの伝統的な建築様式を踏襲。1990年、「サンクトペテルブルグ歴史地区と関連建造物群」の名称で世界遺産(文化遺産)に登録された。血の上の救世主教会。スパースナクラビー教会。

ち-のう-けんさ【知能検査】個人の知能を測定する検査。初めフランスの心理学者A=ビネーにより考案され、のち各国での応用・改訂を経て広く普及した。

検査の結果は、精神年齢・知能指数・知能偏差値などによって表される。メンタルテスト。
ちのう-しすう【知能指数】知能の程度を示す指数。精神年齢を暦年齢で割り、それに100を掛けたもの。IQ。
ちのう-ねんれい【知能年齢】►精神年齢
ちのう-はん【知能犯】暴行・脅迫によらずに、主として知能を使ってなされる犯罪。詐欺罪・背任罪など。また、その犯人。➡強力犯
ちのう-へんさち【知能偏差値】知能検査の結果を偏差値で表したもの。同一年齢集団ごとに算出される。
ち-の-うみ【血の海】海のように、一面に流れ広がった血。
チノーズ〖chinos〗►チノパンツ
チノ-クロス〖chino cloth〗厚手の綾織り綿布。多くズボンに用いる。第一次大戦中に米陸軍が使いはじめたもの。
ち-の-け【血の気】❶皮膚にあらわれている、生き生きと血の通った赤い色つや。血色。「顔から—が失せる」「—のない唇」❷感情の高まりのままにすぐ行動する元気。血気。「—の多い若者」
血の気が引・く 顔面などの皮膚の色が恐怖などのために青ざめる。血の気が失せる。
ちの-し【茅野市】►茅野
ち-の-しお【地の塩】イエス=キリストの教え。神を信じる者は、腐敗を防ぐ塩のように、社会・人心の純化の模範であれとの意。模範や手本のたとえ。
ちの-しょうしょう【茅野蕭々】[1883～1946]ドイツ文学者・歌人。長野の生まれ。本名、儀太郎。雅子の夫。著「ゲョエテ研究」、翻訳「リルケ詩抄」。
ち-の-なみだ【血の涙】怒りや悲しみのあまりあふれ出る涙。血涙。「堪えがたい苦しみに—を流す」
ち-の-にちようび【血の日曜日】1905年1月22日(ロシア暦9日)の日曜日にロシアの首都ペテルブルグで起きた労働者虐殺事件。労働者とその家族が僧ガポンに率いられて冬宮に向かって請願行進中、軍隊の発砲を受けて二千人以上の死傷者を出し、第一次ロシア革命の発端となった。
チノ-パン「チノパンツ」の略。
チノ-パンツ〖chino pants〗チノクロス製のパンツ。もとは活動的な男性用パンツだが、最近は若い女性のカジュアルな装いとしても人気がある。チノパン。
ち-の-ほうふく【血の報復】西南アジア、カフカス地方の伝統に根ざす掟。7代以内の男系祖先に殺害された者がいる場合、殺害した相手方に対して7代にわたって報復しなければならないとされる。歴史的には、この掟が武力衝突の抑止力として働いたとされるが、現代のチェチェンやイングーシでの戦争・紛争では、血の報復による殺害が多数報告されている。
ち-のぼせ【血逆上せ】血の道などのため、頭に血が上ること。逆上。
ち-の-ま【乳の間】梵鐘の表面上方に乳が多数並んでいる部分。
ちの-まさこ【茅野雅子】[1880～1946]歌人。大阪の生まれ。旧姓、増田。蕭々の妻。「明星」に短歌を発表。歌集「恋衣」(共著)「金沙集」。
ちのみ-おや【乳飲み親】「乳親❷」に同じ。
ちのみ-ご【乳×呑み▽児|乳飲み子】まだ乳を飲んでいる時期の幼児。乳児。(類語)赤ん坊・赤ちゃん・ベビー・みどりご・嬰児・乳児・赤子
ち-の-みち【血の道】❶血液の通る道筋。血脈。血管。ちみち。❷産褥時・月経時・月経閉止期などの女性に現れる頭痛・めまい・寒け・発汗などの諸症状。ちみち。
ち-の-め【乳の目】乳頭にある、乳の出る小さい穴。
ち-の-メーデー【血のメーデー】►メーデー事件
ち-の-めぐり【血の巡り】❶血が血管の中を回ること。血の循環。血行。「—をよくする薬」❷物事を理解する力。頭の働き。「—が悪くて理解が遅い」
ち-のり【千▽入り|千×箭】《「ちのい(千箆入)り」の音変化》千本の矢が入っていること。数多くの矢が差し入れてあること。「—の靫」
ち-の-り【地の利】土地の位置や形状が、物事をするのに都合よくできていること。「—を得る」
地の利は人の和に如かず 《「孟子」公孫丑下から》いかに土地の形勢が有利であっても、一致団結している人々の力には及ばない。
ち-のり【血×糊】のりのように粘りけのある血。「—がべったりとつく」
(類語)血しぶき・血反吐・返り血・血煙・血潮・流血
ち-の-わ【×茅の輪】夏越の祓に用いる。チガヤまたはわらで作った大きな輪。くぐると疫病をまぬがれるとされる。あさじのなわ。すがぬき。(季 夏)「子を連れて—を潜る夫婦かな/大江丸」
ちば【千葉】㊀関東地方南東部の県。もとの安房・上総・下総の3国にあたる。人口621.7万(2010)。㊁千葉県中西部、東京湾に面する市。県庁所在地。中世は千葉氏の城下町として発展、近世は宿場町。現在は住宅地・臨海工業地。加曽利貝塚がある。平成4年(1992)政令指定都市。人口96.2万(2010)。
ちば【千葉】㊀姓氏の一。㊁古代末から中世にかけての関東の豪族。桓武平氏良文の支流。常胤が源頼朝に従って下総守護となり、その嫡流は代々千葉介と称した。室町時代に勢力が衰え、のち、後北条氏に従ったが、豊臣秀吉の小田原征伐により主家とともに滅亡。
ち-はい【遅配】〔名〕スル 配達や支給などが、いつもよりおくれること。「郵便物の—」「給料が—する」
ち-は・う【▽幸ふ】〔動ハ四〕►ちわう
ちば-かがくだいがく【千葉科学大学】千葉県銚子市にある私立大学。平成16年(2004)に開学した。
ちば-かめお【千葉亀雄】[1878～1935]評論家。山形の生まれ。「国民新聞」「読売新聞」などの記者となり、大正期の文学運動を推進した。著「新感覚派の誕生」など。
ちば-けいざいだいがく【千葉経済大学】千葉市にある私立大学。昭和63年(1988)に開学した経済学部の単科大学。
ちば-けん【千葉県】►千葉㊀
ちばけんりつ-ほけんいりょうだいがく【千葉県立保健医療大学】千葉市にある公立大学。千葉県立衛生短期大学と千葉県医療技術大学校を統合して、平成21年(2009)に開学した。
ちば-こうぎょうだいがく【千葉工業大学】千葉県習志野市にある私立大学。昭和17年(1942)設立の興亜工業大学に始まり、同21年に現校名に改称。同25年、新制大学に移行。
ちば-し【千葉市】►千葉㊁
ちば-しげる【千葉茂】[1919～2002]プロ野球選手・監督。愛媛の生まれ。昭和13年(1938)巨人に入団し、二塁手として活躍。同球団の黄金時代を築く。「猛牛」と呼ばれて人気を集め、打撃だけでなく守りの巧みさでも高く評価された。
ちば-じへい【千葉治平】[1921～1991]小説家。秋田の生まれ。本姓、堀川。伊藤永之介に師事し、農村に題材をとった小説を執筆した。「虜愁記」で直木賞受賞。他に「馬市果てて」「八郎潟」「アンデスの花」など。
ちば-しゅうさく【千葉周作】[1794～1855]江戸後期の剣客。北辰一刀流の祖。陸奥の人。字は成政。江戸神田のお玉ヶ池に道場玄武館を開いた。のち、水戸藩弘道館師範。
ちば-しょうかだいがく【千葉商科大学】千葉県市川市にある私立大学。昭和3年(1928)設立の巣鴨高等商業学校に始まり、巣鴨経済専門学校を経て、同25年に新制大学として発足。
ち-ばし・る【血走る】〔動ラ五(四)〕❶眼球が充血する。多く、興奮したり熱中したりしたときなどの目にいう。「怒りで—・った目」「目を—・らせる」❷血がほとばしり出たり、にじんだりする。「縄め—・る弱腕が指迄おなじ紅鹿子も」〈浄・女護島〉(類語)充血・鬱血
ちば-だいがく【千葉大学】千葉市に本部のある国立大学法人。千葉医科大学・東京医科歯科大学予科・千葉師範学校・東京高等工芸学校・千葉高等園芸学校などを統合し、昭和24年(1949)新制大学として発足。平成16年(2004)国立大学法人となる。
ち-はつ【遅発】〔名〕スル ❶定時よりおくれて出発すること。「地震のため列車を五分—させる」❷遅く発現すること。「—月経」❸火砲で、引き金を引いても発火せず、少したってから発火する現象。
ち-はつ【×薙髪】〔名〕スル 髪を切ること。髪をそり落とすこと。剃髪。「—して宮を脱し」〈露伴・運命〉
ちはつ-ちゅうせいし【遅発中性子】核分裂の後に約0.3秒から80秒遅れて放出される中性子。核分裂直後に即発中性子が放出されたあと、不安定な状態にある核分裂生成物から、β崩壊により放出される。核分裂で放出される中性子のうち、99パーセントは即発中性子、1パーセントは遅発中性子であり、数少ない遅発中性子が原子炉の制御に重要な役割をもつ。遅延中性子。
ちば-てつや[1939～]漫画家。東京の生まれ。本名、千葉徹弥。スポーツを扱った漫画を多く描き、人気を集める。不遇だがボクシングの才能あふれた主人公が活躍しつつも苦難の道を歩む「あしたのジョー」は、特に熱狂的な支持を得た。他に「ハリスの旋風」「おれは鉄平」など。
ちば-でら【千葉寺】千葉市にある真言宗豊山派の寺。正称は「せんようじ」。山号は海上山。行基の開山と伝え、坂東三十三所第29番札所。
ち-ばな【×茅花】チガヤの花穂。つばな。
ち-ばな・る【乳離る】〔動ラ下二〕乳離れをする。離乳する。「まだ—・れぬすて子なり」〈浄・蝉丸〉
ち-ばなれ【乳離れ】〔名〕スル ❶赤ん坊が成長して母乳を飲まなくなること。また、その時期。離乳。ちちばなれ。「—が遅い」❷成長して、親などに頼らず自分一人で行動できるようになること。ちちばなれ。「—していない学生が多い」
ちば-の【千葉の】〔枕〕多くの葉が繁っているの意から、「葛」にかかる。「—葛野を見れば」〈記・中・歌謡〉(補説)一説に「千葉」を地名とする。
ち-ば・む【血ばむ】〔動マ五(四)〕血がにじむ。「ガーゼが—・む」
ちはや【×襅|千早】❶巫女や台所仕事をする女性のかけた、たすき。❷巫女や先払いの神人などが着る服。白布に花鳥草木を青摺りにした袖無し。
ちはや-じょう【千早城】大阪府南河内郡千早赤阪村の金剛山中腹にあった城。元弘2年(1332)楠木正成が築城。正成が立てこもり、鎌倉幕府の大軍を一手に受けて抗戦した。金剛山城。
ちはや-ひと【千早人】〔枕〕《「ちはやびと」とも》地名「宇治」にかかる。「—宇治川波を清みかも」〈万・一一三九〉➡千早振る
ちはや・ぶ【千早ぶ】〔動バ上二〕勢い激しくふるまう。強暴である。「—・ぶる人を和せと」〈万・一九九〉
ちはや-ぶる【千早振る】〔枕〕《動詞「ちはやぶ」の連体形から》勢いが激しい意で、「神」、また、地名「宇治」にかかる。「—神世も聞かず竜田川から紅に水くくるとは」〈古今・秋下〉「—宇治の渡り滝屋の」〈万・三二三六〉(補説)「ちはやぶる」「ちはやひと」は、勢いが激しい強大な「氏」の意から、同音の「宇治」にかかるようになったといわれる。
ち-はらい【遅払い】《「ちばらい」とも》代金や給料などの支払いがおくれること。
ちば-ロッテマリーンズ【千葉ロッテマリーンズ】プロ野球球団の一。パシフィックリーグに所属し、フランチャイズは千葉県。昭和25年(1950)、毎日オリオンズとして発足。のち、毎日大映オリオンズ→東京オリオンズ→ロッテオリオンズと改称、平成4年(1992)から現在の名称となる。
ちば-わらい【千葉笑い】千葉市の千葉寺で、昔、大みそかの夜に住民が顔を覆い隠して集まり、奉行・役人から一般人に至るまでの行動の正否・善悪をあげつらったり嘲笑したりした行事。

ち-はん【池畔】池のほとり。池のはた。池辺。
(類語)湖畔・河畔

ち-ばん【地番】土地登記簿の登記事項の一つで、土地一筆ぴつごとにつけられる番号。

ち-はんじ【知藩事】明治2年(1869)の版籍奉還の後、各藩に置いた地方長官。旧藩主がこれに任命され、諸行政に当たった。同4年廃藩置県により廃止。

ち-ひ【地皮】地の表面。地面。地殻。「一を穿ちて地に達せり」〈中村訳・西国立志編〉

ち-ひ【地被】地面をおおっている雑草や蘚苔せんたい類。

ちび　❶小さいもの。からだの小さい人。また、年の幼い人や子供を親しみをこめていう語。「うちの一も今年から一年生です」「お一ちゃん」❷《「禿び」とも書く》ちびたもの。すりへったもの。多く、他の語に付いて用いられる。「一下駄」「一鉛筆」
(類語)短身・短軀・ちんちくりん

ち-びき【千引き｜千×曳き】《「ちひき」とも》千人もの多人数で引くこと。また、それほどの重さのもの。

ち-びき【血引】ハチビキ科の海水魚の総称。ハチビキなど。

ちびき-の-いわ【千引きの岩】いは　千人もの多人数で引くほどの重さの岩。千引きの石。「一にあらずとも転まばし得べき例ためあらんや」〈藤村・春〉

ちびき-の-つな【千引きの綱】千人もの多人数で動く重さのものを引く綱。千引きの縄。「宮木引く一も弱るらしそま川遠き山のいはねに」〈夫木・三三〉

ちび-ちび〔副〕一度にしてしまわないで、ほんの少しずつするさま。ちびりちびり。「酒を一(と)飲む」

ち-ひつ【遅筆】文章などを書くのがおそいこと。「一で有名な作家」(⇔)速筆。

ちびっ-こ【ちびっ子】小学校低学年ぐらいまでの子供を親しんでいう語。「一相撲大会」(類語)子こ・小児しょうに・児童・学童・小人しょうにん・童わらべ・童女どうじょ・童わらわ・童子どうじ・幼子おさなご・幼童・わっぱ・こわっぱ・小僧・餓鬼がき・少年

ちび-ふで【×禿び筆】穂先がすりへった筆。とくひつ。

ち-ひょう【地表】ヘウ　地球の表面。土地の表がわ。
(類語)地面・地べた・地上・地肌・陸上

ち-びょう【乳×鋲】ビャウ　門の大扉などに飾りとして打ちつける、半球状に膨らんだ金具。

ち-びょう【稚苗】ベウ　本葉の数が3枚ほどの稲の苗。成苗が手植え用であるのに対し、田植え機で移植する。

ちひょう-しょくぶつ【地表植物】チヘウ　植物の生活形の一。休眠芽の位置が地表と地上30センチの間にある植物。ヤブコウジ・シロツメクサなど。

ちひょう-すい【地表水】チヘウ　陸地の表面にある水。河川・湖沼などの水。

ちびり〔副〕物事を少しだけするさま。特に、酒を少しだけ飲むさまに言う。「一と飲んでは杯を置く」

ちびり-ちびり〔副〕「ちびちび」に同じ。「コップ酒を一(と)やる」「いやみを一(と)言う」

ちび・る〔動ラ五(四)〕❶小便をちょっと漏らす。「怖くて一・りそうになった」❷出し惜しみする。けちけちする。「予算を一・る」「小遣いを一・る」

ち・びる【×禿びる】〔動バ上一〕(文)ち・ぶ〔バ上二〕先がすり切れて短くなる。「一・びた鉛筆」

ち-ひろ【千▽尋】1尋の千倍。転じて、非常に長いこと。また、きわめて深いこと。「一の海」「一の谷底」
(補説)中世、近世には「ちいろ」とも表記した。

ち-ふ【地府】❶《地の府庫の意》豊かな地。また、大地。「車馬門前に群集くんじゅして、一に雲を布しき」〈太平記・一一〉❷《「ぢふ」とも》冥土めいど。また、閻魔えんま大王。「我死して一の官人となれり」〈仮・御伽婢子・七〉

ち-ふ【知府】❶中国の官名。府の長官。宋代に創設され清代まで行われた。知府事。❷府の行政をつかさどる長官。府知事のこと。「即今の一知県なり」〈新聞雑誌四〇〉

ち-ふ【×茅▽生】一面にチガヤの生えている所。茅原ちはら。「浅茅原あさぢはら一に足踏み心ぐみ我あが思ふ児らが家のあたり見つ」〈万・三〇五七〉

ち-ぶ【恥部】❶「陰部」に同じ。❷人に知られたくない、恥ずべき部分。暗部。「社会の一を暴く」
(類語)局部・局所・陰部・隠し所・性器

ち・ぶ【×禿ぶ】〔動バ上二〕「ち(禿)びる」の文語形。

ち-ぶくら【乳×脹】❶三味線しゃみせんの棹さおの上端、糸倉いとくらの下で、左右に丸くふくれた所。ちぶくろ。❷鼓の両端の、ふくらんだ所。ちぶくろ。

ち-ぶくろ【乳袋】❶ ▶ちぶくら ❷乳房。「こなたは一もよいによって」〈浮・胸算用・三〉

ち-ぶさ【乳房】哺乳類の胸や腹にある皮膚の隆起した乳腺の開口部。雌では成熟や妊娠につれて発達する。動物の種類によって一ないし数対ある。ち。ちち。にゅうぼう。

ちぶさ-ぐも【乳房雲】乳房がたくさん垂れ下がっているように見える雲。積乱雲に多いが、層積雲・高積雲・巻雲・巻積雲にも見られることがある。にゅうぼううん。

ち-ふじょう【血不浄】フジヤウ　出産のけがれ。また、その忌み。

チフス〖ドイ Typhus｜オラ typhus〗《「チブス」とも》腸チフス・パラチフス・発疹はっしんチフスの略称。特に、腸チフスのこと。(補説)「窒扶斯」とも書く。

チフス-きん【チフス菌】腸チフス菌のこと。

ち-ぶつ【地物】❶建物・樹木・岩石など、地上にある一切の物。❷軍隊で、地上にあって敵の目や砲火から身を隠す物。

チフテ-の-とう【チフテの塔】タフ〖Çifte Minare〗トルコ中東部の都市シバスの市街中心部にあった神学校の2本の尖塔。13世紀末に創設された神学校があったが、長年にわたって放置された後、20世紀初頭に失われた。現在は正面部分と2本の尖塔のみ残されている。チフテミナーレ。

チフテ-ミナーレ〖Çifte Minare〗▶チフテの塔

ち-ぶみ【血文】血で書いた文書。起請などに用いる。血書。「一に小指の爪をそへて」〈ひとりね・下〉

チフリス〖Tiflis〗トビリシの旧称。

ちふり-の-かみ【▽道触の神】《「ちぶりのかみ」とも》陸路・海路の旅の安全を守る神。「わたつみの一にたむけするぬさの追風やまず吹かななむ」〈土佐〉

ち-ぶるい【血振るい】ぶるひ　❶産後に血の道のため、からだがふるえる病気。❷刀で人などを切ったあと、その血を振るい落とすこと。❸猛獣が他の動物を食ったあと、毛についた血を振るい落とすこと。

ち-ふ-れん【地婦連】《「全国地域婦人団体連絡協議会」の略称》昭和27年(1952)に結成された地域婦人会の全国連絡組織。婦人の地位向上、家庭・社会生活の刷新、青少年の健全育成、世界平和の確立を目的とし、消費者運動にも取り組んでいる。全地婦連。

ち-へい【地平】❶大地のなだらかな広がり。遠くまで続く、起伏の少ない大地。「はるかなる一の果て」❷「地平線」の略。

ち-へい【治平】〔名・形動〕世の中が治まっていて平穏なこと。また、そのさま。太平。「其国の一なるは」〈西村茂樹・明六雑誌二八〉

ちへい-ざひょう【地平座標】ザヘウ　天球座標の一種。天体の位置を、方位角と高度または天頂距離とを用いて表す座標。

ちへい-せん【地平線】❶視野の開けた広野で、大地と天との境にほぼ水平に見える線。❷観測者を通る鉛直線に垂直な平面が天球と交わる大円。

ちへいせん-もんだい【地平線問題】▶宇宙の地平線問題

ちへい-ふかく【地平×俯角】ある地点で実際に見える地平線と天文学的な地平線とのなす角度。

ちへい-めん【地平面】地上のある地点において鉛直線に垂直な平面。

チベット〖Tibet〗中国南西部の自治区。主都はラサ。ヒマラヤ山脈の北、崑崙こんろん山脈の南にある高原地帯で、羊・ヤギ・ヤクなどの牧畜が盛ん。住民の多くはチベット族。唐代に最初の統一王国が成立、吐蕃とばんと呼ばれた。チベット仏教が行われ、17世紀半ばからダライ＝ラマによる政教一致の支配が行われた。18世紀に清の宗主権下に置かれ、第二次大戦まで中国の保護国。また英国の支配を受けた。1951年中国解放軍が入り、1965年自治区が成立。(補説)「西蔵」とも書く。

チベット-ご【チベット語】シナ-チベット諸語に属する言語。チベット自治区とその周辺で話されている。文字は、チベット文字を用いる。サンスクリット仏典のチベット語訳をはじめ、多くの古い文献をもつ。

チベット-こうきあつ【チベット高気圧】カウキアツ　夏にチベット高原の上空に現れる温暖高気圧。地表部は低圧になり、モンスーンの発達と関係が深い。

チベット-こうげん【チベット高原】カウゲン　中国南西部、ヒマラヤ山脈と崑崙こんろん山脈の間の高原。塩湖が多い。

チベット-どうらん【チベット動乱】中国によるチベット統治に対して1956年に勃発したチベット人による独立運動。中国は50年にチベット全域を武力で併合。協定に違反してチベット北部の社会主義化を強行したため、反発した民衆が蜂起した。中国の人民解放軍が弾圧を強める中、59年にダライ＝ラマ14世がチベットを脱出し、インド北部に亡命政府を樹立した。
(補説)動乱から約50年を経た2008年、ラサ市でチベットの独立を求めて騒乱が発生。暴動は間もなく鎮圧されたが、チベット民族が多く住む中国四川省をはじめ世界各地で、中国に対する抗議運動が展開された。

チベットヒマラヤ-さんかい【チベットヒマラヤ山塊】クワイ　ヒマラヤ山脈およびチベット高原の高度3000メートル以上の部分の山塊。

チベット-ぶっきょう【チベット仏教】ケウ　7世紀、吐蕃とばん王国時代にインドから伝わり、チベットを中心に発展した大乗仏教の一派。後期インド仏教の教理と密教を継承。15世紀にゲルク(徳行)派がおこり改革。黄帽派といわれ、以後主流となり、ダライ＝ラマはその教主。ほかに、非改革のニンマ(古)派など諸派がある。13世紀以降、モンゴル・シベリア、シッキムを含むヒマラヤ地域に広まった。ラマ教。

チベット-もじ【チベット文字】インド系文字にならって7世紀に成立した表音文字。左横書きで、基本字は、子音字30、母音記号4からなる。

ち-へど【血▽反吐】血のまじったへど。非常な苦難のたとえにも用いる。「一をはく思い」
(類語)血しぶき・血糊ちのり・返り血・血煙・血潮・流血

ち-へん【地変】火山の噴火や地震、土地の陥没や隆起など、地上に起こる変異。地異。「天災一」

ち-へん【池辺】池のほとり。池のはた。池畔。

ち-べん【知弁｜×智×辨】知恵があって、物事を弁別する能力があること。

ち-べん【知弁｜×智×辯】才知と弁舌。才知のある弁舌。「才能一を競える世といえども、他人の敬愛を得べきを知るべし」〈中村訳・西国立志編〉

ち-ほ【地歩】ある人が占めている位置、または役柄。立場や地位。「一を固める」(類語)立場・立つ瀬

地歩を占し・める　自分の立場・地位を定める。「批評家として確かな一・める」

ちぼ　(関西・四国地方などで)すり。巾着きんちゃく切り。

ち-ほう【地方】ハウ　❶ある国の中のある地域。「この一独特の風習」「関東一」❷首都などの大都市に対してそれ以外の土地。「一へ転勤になる」「一の出身」(⇔)中央。❸旧軍隊で、軍以外の一般社会をさす語。
(類語)(❶)区域・地区・地域・地帯・境きょう・区画・土地・方面・一円・一帯・界隈かいわい・地ち・境域・境さかい・領域・エリア・ゾーン／(❷)田舎・郷・在・鄙ひな・在所・在郷・在地・在方・ローカル

ち-ほう【痴×呆】ハウ　❶愚かなこと。愚かな人。❷「認知症」のこと。(補説)平成16年(2004)厚生労働省の用語に関する検討会が、一般的な用語や行政用語としては「痴呆」ではなく「認知症」が適当であるとの見解を示した。

ち-ぼう【地望】バウ　門地もんちと名望。よい家柄。

ち-ぼう【地貌】バウ　地表面の高低・起伏などのようす。地形。地勢。

ち-ぼう【知謀｜×智謀】知恵を働かせたはかりごと。巧みな計略。「一をめぐらす」

ちほう-かん【地方官】チハウクワン　地方行政官の旧称。

ちほうかん-かいぎ【地方官会議】チハウクワンクワイギ　明治8年

(1875)の大阪会議後、立法の諮問機関として元老院とともに設置された府知事・県令からなる会議。三新法などを審議したが、同14年、国会開設予告で廃止。

ちほう-かんちょう【地方官庁】チハウクワンチヤウ 中央官庁に対し、管轄区域・権限が一地方内に限定されている官庁。地方行政官庁。⇔中央官庁。

ちほうかんり-くうこう【地方管理空港】チハウクワンリクウカウ 拠点空港以外で、国際または国内航空輸送網を形成する上で重要な役割を果たす空港。地方公共団体が設置・管理をする。

ちほうぎいん-ねんきん【地方議員年金】チハウギヰン― 在職12年以上の地方議会議員退職者に支給される年金。在職12年未満の場合は在職年数に応じて退職一時金が支給される。平成23年(2011)廃止。➡国会議員互助年金

ちほう-ぎかい【地方議会】チハウギクワイ 地方公共団体の議決機関。都道府県議会・市町村議会など。

ちほう-きかん【地方機関】チハウキクワン 地方行政を担当する機関。地方官庁など。

ちほう-きしょうだい【地方気象台】チハウキシヤウダイ 主に各府県の県庁所在地に置かれ、その府県内の天気予報や警報、気象・火山観測などを担当する気象庁の地方機関。

ちほう-きはつゆぜい【地方揮発油税】チハウ― 地方公共団体の財源確保のために徴収される、ガソリンにかかる国税。揮発油税とともに国が収納したあと各地方に譲与される。昭和30年(1955)に道路特定財源の地方道路税として創設されたが、平成21年度から現名称に改められ一般財源化された。揮発油税と合わせて「ガソリン税」と通称する。➡道路整備事業財政特別措置法

ちほうきょういくぎょうせい-ほう【地方教育行政法】チハウケウイクギヤウセイハフ《「地方教育行政の組織及び運営に関する法律」の略称》教育委員会の設置、市町村立学校の教職員の身分、学校運営協議会の設置など、地方公共団体の教育行政の基本について定めた法律。昭和31年(1956)施行。地方教育行政組織運営法。地方教育行政組織法。地教行法。地教法。

ちほう-ぎょうせい【地方行政】チハウギヤウセイ 地方公共団体の行う行政。

ちほう-ぎょうせいかん【地方行政官】チハウギヤウセイクワン 地方行政の事務を担当する官吏。国家公務員である各省の地方支分部局の職員をさすが、広義には地方公共団体の職員を含む。

ちほう-ぎょうせいかんちょう【地方行政官庁】チハウギヤウセイクワンチヤウ ▶地方官庁

ちほう-ぎょうせいきかん【地方行政機関】チハウギヤウセイキクワン その権限の及ぶ範囲が地域的に限定されている行政機関。主に地方法務局・税務署など、地方支分部局をいうが、試験所・研究所などの付属機関で地方に設置されるものについてもいう。

ちほう-きょうりょくほんぶ【地方協力本部】チハウケフリヨクホンブ 防衛省の機関の一。陸上・海上・航空三自衛隊共同の機関として全国に計50か所設置され、方面総監の指揮監督のもとに、自衛官の募集、予備自衛官の人事・招集、退職自衛官の再就職援助、出動自衛官と留守家族への各種援護業務などの諸業務を行う。平成18年(2006)地方連絡部を改編して発足。

ちほう-ぎんこう【地方銀行】チハウギンカウ 全国の大・中都市に本店を有し、本店所在の都道府県内を主たる営業基盤とする普通銀行。地銀。➡都市銀行

ちほう-きんゆうきこう【地方金融機構】チハウ― ▶地方公共団体金融機構

ちほう-く【地方区】チハウ― 参議院議員選挙で、各都道府県を単位とした選挙区。昭和58年(1983)からは比例代表制の導入により選挙区と称する。➡全国区

ちほう-けいば【地方競馬】チハウ― 地方公共団体が競馬法に基づいて行う競馬。中央競馬に対していう。公営競馬。

ちほう-けいむかん【地方警務官】チハウケイムクワン 都道府県警察の警察官のうち、警視正以上の階級(警視総監・警視監・警視長・警視正)の者。警視以下の階級が地方公務員なのに対し、地方警務官は一般職の国家公務員となる。

ちほう-けんさつちょう【地方検察庁】チハウケンサツチヤウ 地方裁判所および家庭裁判所に対応して置かれる検察庁。検事正を長とする。地検。

ちほう-こうえいきぎょう【地方公営企業】チハウコウエイキゲフ 地方公共団体の経営する公益的な事業。特に地方公営企業法の適用される水道・工業用水道・軌道・自動車運送・鉄道・電気・ガス事業をいう。

ちほうこうえいきぎょうとう-きんゆうきこう【地方公営企業等金融機構】チハウコウエイキゲフトウキンユウキコウ 地方公共団体が行う事業に長期・低利で資金を融資することを目的として、全地方公共団体が出資して設立した金融機関。平成20年(2008)10月、公営企業金融公庫の業務を引き継いで発足。同21年6月、地方公共団体金融機構に改組された。

ちほう-こうえいきぎょうほう【地方公営企業法】チハウコウエイキゲフハフ 地方公共団体の経営する企業の組織・財務・職員の身分について定めた法律。昭和27年(1952)成立、施行。➡地方公営企業

ちほう-こうきょうだんたい【地方公共団体】チハウ― 国の領土の一定の地域を基礎とし、その地域内の住民を構成員として行政を行うために、国から与えられた自治権を行使する団体。都道府県・市町村などの普通地方公共団体と、特別区・地方公共団体の組合・財産区などの特別地方公共団体とがある。地方自治体。地方自治団体。地方団体。

ちほうこうきょうだんたい-きんゆうきこう【地方公共団体金融機構】チハウコウキヨウダンタイキンユウキコウ 上下水道・交通・病院・公営住宅・生活道路整備など地方公共団体の事業に対して資金を長期・低利で融資する目的をもって、全地方公共団体が出資して設立した金融機関。平成21年(2009)6月、地方公営企業等金融機構から改組。従来の公営企業債に加えて一般会計債・臨時財政対策債への貸し付けも行う。地方金融機構。

ちほうこうきょうだんたい-の-くみあい【地方公共団体の組合】チハウコウキヨウダンタイのくみあひ 2つ以上の地方公共団体が特定の事務を共同で処理するために組織する団体。一部事務組合と広域連合があり、主に、ごみ処理・し尿処理・消防・救急医療・火葬場などの事業運営が行われている。

ちほう-こうせいきょく【地方厚生局】チハウ― 厚生労働省の地方支分部局。麻薬・向精神薬の取り締まり、特定機能病院への立入検査、社会福祉法人への指導監査などの業務を行う。全国に7局(北海道・東北・関東信越・東海北陸・近畿・中国四国・九州)1支局(四国)が置かれている。

ちほう-こうせいほごいいんかい【地方更生保護委員会】チハウカウセイホゴヰヰンクワイ 法務大臣の管理のもとに、仮釈放の許可、その取り消しなどのほか、保護観察所の事務の監督にあたる機関。

ちほう-こうふぜい【地方交付税】チハウカウフゼイ 地方公共団体間の財政不均衡を是正し、必要な財源を保障するため、国から地方公共団体に交付される資金。財政不足額から算定される普通交付税と、災害時などに交付される特別交付税とがある。国税のうち、所得税と酒税・法人税・たばこ税・消費税の収入額の一定割合が充てられる。地方交付税交付金。交付税。

ちほう-こうむいん【地方公務員】チハウコウムヰン 地方公共団体の公務に従事する職員。一般職と特別職とに分かれ、前者は地方公務員法の適用を受ける。

ちほうこうむいん-ほう【地方公務員法】チハウコウムヰンハフ 地方公共団体の人事機関や、地方公務員の一般職の任用・職階制・給与・勤務時間・勤務成績の評定・服務・懲戒処分等について定めた法律。昭和26年(1951)施行。地方公共団体の行政が民主的、能率的に運営されることなどを目的とする。

ちほう-さい【地方債】チハウ― 地方公共団体が歳入の不足を補うために金銭を借り入れることによって負う債務。特に、償還期間が一会計年度を超え、証書借入または証券発行の形態によるもの。また、その債券。

ちほう-ざいせい【地方財政】チハウ― 都道府県・市町村・特別区など地方公共団体の財政の総称。

ちほうざいせい-けいかく【地方財政計画】チハウザイセイケイクワク 地方財政の規模や収支の見通しを全体として捉えたもの。毎年、総務省が策定し、政府から国会に提出する。全国の地方公共団体の歳入(地方税・国庫支出金など)と歳出(公務員給与など)を見積もった総額が示されている。歳入不足分が地方交付税の算定根拠となる。地方財政と国家財政の調整、各地方公共団体の行財政運営の指針ともなる。

ちほうざいせい-しんぎかい【地方財政審議会】チハウザイセイシンギクワイ 総務省の審議会の一。自治庁設置法(現総務省設置法)に基づいて昭和27年(1952)設置。地方交付税・地方譲与税・各種交付金・地方公共団体の歳入歳出総額の見込み額等について審議し、総務大臣に必要な勧告を行う。

ちほうざいせい-ほう【地方財政法】チハウザイセイハフ 地方財政の運営や国の財政との関係などに関する基本原則を定めている法律。昭和23年(1948)施行。

ちほう-さいていちんぎんしんぎかい【地方最低賃金審議会】チハウサイテイチンギンシンギクワイ ▶最低賃金審議会

ちほう-さいばんしょ【地方裁判所】チハウ― 下級裁判所の一。原則として第一審を担当し、判事と判事補とで構成。裁判は一人の裁判官によって行われるが、重要な案件については三人の合議制による。各都府県に1か所ずつ、北海道に4か所ある。地裁。

ちほう-し【地方史】チハウ― ある地方の歴史。特定の地域を対象として綴られた歴史。

ちほう-し【地方紙】チハウ― 地方に根拠をもち、その地域の住民を対象として編集・発行される新聞。複数の都県をまたいで発行されるブロック紙と、一つの府県のみで発行される県紙・第二県紙がある。地方新聞。➡全国紙

ちほう-じ【地方時】チハウ― ある地点の子午線を基準として定めた時刻。ふつう平均太陽時をさし、恒星時の場合は地方恒星時という。

ちほう-じち【地方自治】チハウ― 地方公共団体の政治が国の関与によらず住民の意思に基づいて行われること。

ちほう-じちたい【地方自治体】チハウ― ▶地方公共団体

ちほうじちたいざいせいけんぜんか-ほう【地方自治体財政健全化法】チハウヂチタイザイセイケンゼンクワハフ ▶自治体財政健全化法

ちほう-じちだんたい【地方自治団体】チハウ― ▶地方公共団体

ちほうじち-ほう【地方自治法】チハウヂチハフ 地方公共団体の組織や運営に関して定めている法律。国と地方公共団体との基本的関係を規定し、民主的、能率的な地方行政の実現を目的とする。昭和22年(1947)施行。

ちほう-しぶんぶきょく【地方支分部局】チハウ― 省庁など国の行政機関の地方出先機関の総称。法務省の法務局、財務省の財務局、国税庁の国税局、気象庁の地方気象台など。

ちほう-じむしょ【地方事務所】チハウ― 都道府県知事がその権限に属する事務を分掌させるため、条例で管内の必要な地に設置する出先機関。

ちほう-しょうひぜい【地方消費税】チハウセウヒゼイ 地方税の一種。平成24年(2012)現在5パーセントである消費税のうち都道府県税として配分される1パーセント分のこと。その半分が市町村に配布される。平成9年(1997)導入。

ちほう-じょうよぜい【地方譲与税】チハウジヤウヨゼイ ▶譲与税

ちほう-しょく【地方色】チハウ― ある地方の自然・風俗・人情などから感じられる特徴。郷土色。ローカルカラー。「一豊かな催し物」〔類語〕郷土色・ローカルカラー

ちほう-しんぶん【地方新聞】チハウ― 「地方紙」に同じ。

ちほう-ぜい【地方税】チハウ― 地方公共団体が賦課・徴収する租税の総称。道府県税(および都税)と市町村税(および特別区民税)とに分かれる。➡国税

ちほう-せいど【地方制度】チハウ― 地方行政の組織・権限などに関する制度。

ちほうせいど-ちょうさかい【地方制度調査会】

地方制度調査会設置法に基づいて昭和27年(1952)に内閣府に設置された首相の諮問機関。地方制度に関する重要事項を調査審議する。

ちほうせいび-きょく【地方整備局】 国土交通省の地方支分部局。道路・河川・港湾・ダム・空港などの整備・維持管理、建設業・測量業・宅地建物取引業・不動産鑑定業などの許認可・指導監督などを所管する。

ちほう-せんきょ【地方選挙】 地方公共団体の長や議員を選出する選挙。一般選挙。
(類語)選挙・選出・公選・民選・互選・改選・直接選挙・間接選挙・総選挙・官選

ちほう-たい【地方隊】 海上自衛隊の部隊の一。地方総監部の下に護衛隊・掃海隊・ミサイル艇隊・基地隊・教育隊・警備隊・防備隊その他の直轄部隊からなり、警備・補給・整備などを行う。旧日本海軍の鎮守府に相当する。

ちほう-だんたい【地方団体】 ▶地方公共団体

ちほう-ちょうかん【地方長官】 地方行政機関の長。明治憲法下における府県知事・東京都長官・北海道長官の総称。

ちほう-てつどう【地方鉄道】 一地方内での交通の便をはかることを目的として、地方公共団体または私人が敷設した鉄道。

ちほう-どうろこうしゃ【地方道路公社】 地方において一般有料道路の建設・管理を行う法人。地方道路公社法に基づいて地方自治体(都道府県・政令指定都市)が出資して設立する。

ちほうどうろこうしゃ-ほう【地方道路公社法】 地方道路公社の設立・業務・財務会計等について定めた法律。昭和45年(1970)制定。

ちほう-どうろぜい【地方道路税】 地方揮発油税の平成21年度までの名称。昭和30年(1955)に創設。国税として収納されたあと、道路特定財源として各地方公共団体に譲与されていた。

ちほう-どくりつぎょうせいほうじん【地方独立行政法人】 住民の生活や地域社会・地域経済の安定など公共上の見地から、その地域において確実に実施される必要がある事務・事業のうち、地方公共団体が直接実施する必要はないもので、民間に委ねると適切に実施されないおそれがあるものを効率的・効果的に行うために、地方独立行政法人法の定めに基づいて地方公共団体が設立する法人。

ちほうどくりつぎょうせいほうじん-ほう【地方独立行政法人法】 地方独立行政法人の定義・役割・業務などの基本事項について定めた法律。平成16年(2004)施行。

ちほう-はいふぜい【地方配付税】 ▶配付税

ちほう-ばん【地方版】 ❶全国紙の一部で、地方の読者のために、その地方に関する記事を編集・掲載する紙面。❷地方へ配送するために、締め切りを早くして印刷した新聞。

ちほう-びょう【地方病】 地勢や生活条件などによって、その地方のみに発生する病気。風土病。

ちほう-ふう【地方風】 ▶局地風

ちほうふたんきん-せいど【地方負担金制度】 「直轄事業地方負担金制度」の略。

ちほう-ぶんけん【地方分権】 中央集権を排し、統治権力を地方に分散させること。日本国憲法は地方自治を保障し、地方分権主義を採っている。⇔中央集権。

ちほうぶんけんかいかくすいしん-いいんかい【地方分権改革推進委員会】 地方分権改革の推進に関する基本的な事項について調査・審議するため、地方分権改革推進法に基づいて内閣府に設置された組織。平成19年(2007)発足。地方分権改革推進法(3年間の時限立法)の失効に伴い、同22年に廃止。国と地方の役割分担、基礎自治体への権限移譲など改革の必要性を内閣総理大臣に勧告した。分権委。(補説)平成21年(2009)11月、地域主権戦略会議が内閣府に設置された。

ちほうぶんたん-のうふきん【地方分担納付金】 本来は地方公共団体がみずから行うべき事業を、国が直接行う場合に、地方公共団体がその費用の一部として国に納付する負担金。

ちほう-れんらくぶ【地方連絡部】 防衛庁の機関の一。平成18年(2006)改編、地方協力本部となる。

ちほう-ろうどういいんかい【地方労働委員会】 都道府県労働委員会の旧称。地労委。

チボー〖Jacques Thibaud〗▶ティボー

チボーけのひとびと【チボー家の人々】《原題、Les Thibault》マルタン=デュ=ガールの大河小説。全8部。1922～1940年刊。第一次大戦前から戦中にかけてのフランス社会の混迷を背景に、若い世代の苦悩に満ちた運命を描く。

チボーデ〖Albert Thibaudet〗[1874～1936]フランスの批評家。文学現象を創造的持続として把握する新しい批評方法を確立。著「マラルメの詩」「ポール=バレリー」「フランス文学史」など。

ちぼ-しん【地母神】 大地の生命力・生産力を神格化した女神。世界中に広く認められ、先史時代の豊満なビーナス像からもその信仰がうかがえる。

チボリ〖Tivoli〗㊀イタリア、ローマの東北東にある町。ローマ時代からの保養地で、2世紀のハドリアヌス帝の別荘や16世紀のエステ家の別荘などが残る。1999年、世界遺産(文化遺産)に登録された。㊁▶チボリ公園㊀

チボリ-こうえん【チボリ公園】 ㊀《Tivoli Park-en》デンマークのコペンハーゲンにある遊園地。1843年にゲオーウ=カーステンセンが国王クリスチャン8世から土地を借り受けて創設した。名称はイタリアのローマ近郊の町チボリにちなむ。毎年4月から9月、および10月中旬とクリスマスの時期に開園。㊁《Park Tivoli》スロベニアの首都リュブリャーナにある公園。17世紀にイエズス会修道士により建設。1930年代に同国の建築家ヨジェ=プレチニクが園路を整備。チボリ城、国立現代史博物館、スポーツ施設などがある。

チボリ-じょう【チボリ城】《Grad Tivoli》スロベニアの首都リュブリャーナのチボリ公園にある邸宅。17世紀に建造され、はじめイエズス会の所有だったが、リュブリャーナ司教の夏の別荘として使われた。続いてオーストリア皇帝フランツ=ヨーゼフ、ヨーゼフ=ラデツキーの所有となり、新古典様式に改築されて現在の姿になった。

チマ【裳】《朝鮮語》朝鮮民族の女性用民族服で、胸からくるぶしまでの長さの巻きスカート。チョゴリ(短い上着)とともに用いる。➡朝鮮服

チマーゼ〖ドイ Zymase〗糖類を発酵させ、エチルアルコールと二酸化炭素とに分解する一群の酵素。

ちま・う【連語】《接続助詞「て」に動詞「しまう」の付いた「てしまう」の音変化》「しまう❻」に同じ。「忘れ―・う」「取っ―・った」「捨て―・え」➡ちゃう

ち-まき【千巻(き)】 織機の部品の一。織り上がった織物を巻き取るための木製の棒。

ち-まき【×粽|×茅巻(き)】 ❶《古くはチガヤの葉で巻いたところから》米や米粉・葛粉の餅を笹や葦の葉で三角や細長い円錐状に包んで蒸したもの。5月5日の端午の節句に食べる習慣は、屈原が汨羅に入水したのを弔って、その姉が餅を投じたことから始まるという。(季 夏)「一結ふかた手にはさむ額髪／芭蕉」❷もち米とピータン・焼き豚・野菜などをいためて調味し、笹の葉に包んで蒸したもの。中国粽。❸「粽形」の略。

ちまき-うま【×粽馬】 チガヤやマコモを巻いて馬の形に作ったもの。昔、端午の節句に子供が遊んだおもちゃ。のち、七夕の供え物にも用いられた。

ちまき-がた【×粽形】 柱の上下の、丸みをもってすぼまった部分。鎌倉時代に始まった禅宗建築に多く用いられた。粽。

ちまき-ざさ【×粽×笹】 笹の一種。山地に群生し、高さ約1.5メートル。葉は大形の長楕円形で、毛はなく、数枚が手のひら状につく。夏、まれに開花。葉を粽を包むのに用いる。

ち-また【×巷|▽岐|×衢】《「道股」の意》❶㋐道の分かれる所。分かれ道。岐路。㋑物事の分かれ目。「生死の―をさまよう」「命を寵辱の―に懸け」〈露伴・二日物語〉❷㋐人が大ぜい集まっている、にぎやかな通り。また、町中。「紅灯の―」㋑大ぜいの人々が生活している所。世の中。世間。「―の声に耳を傾ける」「―のうわさ」❸ある物事が盛んに行われている所。「修羅の―」「弦歌の―」「戦火の―と化す」(類語)(❷)世間

ちまた-の-かみ【▽岐の神|×衢の神】 ❶道の分岐点を守り邪霊の侵入を阻止する神。また、旅人の安全を守護する神。道祖神。さえのかみ。❷《天孫降臨のとき、天の八衢に出迎えて先導したというところから》猿田彦神の異称。

ちま-ちま【副】 小さくまとまっているさま。ちんまり。「―(と)した考え方」「―(と)書かれた文字」

ち-まつり【血祭(り)】《昔、中国で出陣の際、いけにえを殺してその血で軍神を祭ったところから》出陣の際、気勢を上げるために、敵方の者を殺すこと。また、戦いの初めに敵を討ち取ること。

血祭りに上・げる 出陣の際、敵方の者を殺して士気を奮い立たせる。また、戦いの初めに、威勢よく最初の相手を倒す。

ち-まなこ【血眼】 ❶逆上して目を真っ赤にしていること。❷他のすべてを忘れて一つの事に熱中すること。「―になって捜し回る」

チマブエ〖Giovanni Cimabue〗[1240ころ～1302ころ]イタリアの画家。フィレンツェ派。ビザンチンの伝統様式から、しだいに新しい人間的感情の表現に至り、ルネサンスへの転換期を代表する画家とされる。チマブーエ。チマーブエ。

ち-まぶれ【血▽塗れ】〘名・形動〙「ちまみれ」の音変化。「―になってたたかった」〈有島・小さき者へ〉

ち-まみれ【血▽塗れ】〘名・形動〙からだや衣服などが、一面に血に染まること。また、そのさま。血だらけ。「―な(の)手」(類語)血みどろ・血だらけ・血達磨

ち-まめ【血豆】 指などを強く打ったり挟んだりしたときに皮下に内出血を起こしてできる、赤黒い豆粒のようなもの。

ち-まよ・う【血迷う】〘動ワ五(ハ四)〙のぼせ上がって正常な判断力を失う。逆上して理性を失う。「何を―・ったのか、変なことを言いだした」

チマローザ〖Domenico Cimarosa〗[1749～1801]イタリアの作曲家。陽気で機知にあふれた作風で活躍し、18世紀イタリアのオペラブッファの伝統をロッシーニらに伝えた。作品にオペラ「秘密の結婚」など。

ち-み【地味】《「ぢみ」とも》ある土地の、生産力から見た質のよしあし。「―の肥えた土地」

ち-み【×魑魅】《「魑」は化け物、「魅」は物の怪の類》山林の精気から生じるといわれる化け物。すだま。

チミジンキナーゼ〖thymidinekinase〗デオキシチミジン(DNAの構成成分)を燐酸化する酵素。癌細胞ではこの酵素の活性が高い。

ち-みち【血道】「血の道」に同じ。

血道を上・げる 色恋や道楽などに分別を失うほど熱中する。のぼせあがる。「ゴルフに―・げる」

ち-みつ【緻密】〘名・形動〙❶布地・紙などのきめが細かいこと。また、そのさま。「特別に漉かせた―な紙」❷細かいところまで注意が行き届いていて、手落ちのないこと。また、そのさま。「―な仕事ぶり」「―に練り上げた計画」(派生)ちみつさ〘名〙(類語)綿密・厳密・精密・密・細密・詳密・細やか・細やか・木目細か・細心・細緻・繊細・デリケート・デリカシー・神経質

ち-みどろ【血みどろ】〘名・形動〙❶非常に多くの血にまみれていること。また、そのさま。「―な(の)顔」❷血にまみれるような苦労をすること。また、そのさま。「―な(の)戦い」(類語)血まみれ・血だらけ・血達磨

ちみどろ-ちんがい【血みどろちんがい】〘名・形動ナリ〙「血みどろ」を強めていう語。「打ち砕かれて錦手の目鼻―に」〈浄・生玉心中〉

ちみ-もうりょう【×魑魅×魍×魎】《「魍魎」は山川・木石の精霊》いろいろな化け物。さまざまな妖怪変化。「―が跋扈する」

ち-みゃく【地脈】❶地層の連続した筋。❷地下水の通路。

ち-みゃく【遅脈】正常より脈拍が遅いこと。

ち-みん【治民】人民を治めること。「一の任に当り」〈田口・日本開化小史〉

チミン〖thymine〗ピリミジン塩基の一。DNA(デオキシリボ核酸)の構成成分の一で、アデニンと対をなし、二重螺旋の形成にあずかる。

ち-む【痴夢】おろかな夢。ばかげた夢物語。

チムール〖Tīmūr〗[1336〜1405]チムール帝国の創始者。在位1370〜1405。モンゴル系土豪の出身。チャガタイハン国の混乱に乗じて勢力を伸ばし、中央アジアの大部分を制し、キプチャクハン国、西北インドに侵入。1402年にはオスマン帝国軍を破り、さらに明への遠征途上病没。ティムール。補説「帖木児」とも書く。

チムール-ていこく【チムール帝国】14世紀から16世紀に、中央アジアから西アジアにまたがって栄えた大帝国。1369年、西チャガタイハン国を滅ぼしたチムールが、周辺の諸国を併合して建国。首都のサマルカンドを中心にイスラム文明が栄えたが、内乱と外国軍の侵入が続いて1507年に滅亡。のちにムガル帝国を創建したバーブルは、チムールの王族の一人。ティムール帝国。

チムニー〖chimney〗❶煙突。❷登山で、岩壁に縦に走っている全身が入るくらいの幅の割れ目。カミン。シュミネ。

ち-め【血目｜血ˇ眼】白目の部分が充血した目。また、逆上して血走った目。ちまなこ。

ち-めい【地名】ある土地の呼び名。

ち-めい【地鳴】「地鳴り」に同じ。

ち-めい【知名】〔名・形動〕世間に名前が知れ渡っていること。また、そのさま。「一の士」「一な人の顔を大分覚えた」〈漱石・三四郎〉
類語 有名・著名・高名・名高い・名うて・名代

ち-めい【知命】❶天命を知ること。❷《「論語」為政の「五十にして天命を知る」から》50歳のこと。
類語 志学・破瓜・弱冠・而立・不惑・耳順・華甲・還暦・古希・致仕・喜寿・傘寿・米寿・卒寿・白寿・厄年

ち-めい【致命】❶命にかかわること。命を失うこと。死ぬこと。❷命をささげること。命の限り全力を尽くすこと。

ち-めい【遅明】《「遅」は待つ意》夜がまさに明けようとするころ。夜明けがた。

ちめいじおんてんようれい【地名字音転用例】江戸後期の語学書。1巻。本居宣長著。寛政12年(1800)刊。日本の地名の表記に用いられた漢字のうち、普通の字音と異なるものを分類し、転用に法則性のあることを明らかにしようとしたもの。

ちめい-しょう【致命傷】❶死の原因となる重い傷。「一を負う」❷取りかえしのつかないほど大きな痛手。「収賄の疑惑が一となって落選する」
類語 重傷・深手・痛手

ちめい-てき【致命的】〔形動〕❶命にかかわるさま。命を失いかねないさま。「一な傷を負う」❷損害や失敗などが、取りかえしがつかないほど大きいさま。「一な痛手を受ける」「一欠陥」

ちめい-ど【知名度】世間にその名が知られている度合い。「一が高い」

ちめい-りつ【致命率】ある疾患の罹患者数に対する死亡者数の割合。百分率か千分率で表す。致死率。

ちめ-どり【知目鳥】スズメ目ヒタキ科チメドリ亜科の鳥の総称。ソウシチョウなど。主に南アジア・アフリカの森林に分布。

チメンリッキ-じょう【チメンリッキ城】《Çimenlik Kalesi》トルコ北西部の町チャナッカレにある城。海事博物館の公園内に位置する。15世紀半ば、オスマン帝国のスルターン、メフメット2世により建造。第一次大戦で使われた大砲などがある。

ち-も【知ˇ母】ハナスゲの根茎。漢方で、消炎・解熱・利尿薬などに用いる。

ち-もう【恥毛】恥部の毛。陰毛。

ち-もう【ˣ蜘網】クモの巣。「一に縛される」

チモール〖thymol〗ジャコウソウなどから得られる香油の成分。無色の結晶。防腐剤・殺菌剤・駆虫剤などに使用。

チモール-とう【チモール島】➡ティモール島

ち-もく【地目】土地の主たる用途による区分を表す名称。田・畑・宅地・池沼・山林・原野・墓地・水道用地・公衆用道路・公園など23種に区分される。

チモシー〖timothy〗イネ科の多年草。高さ約1メートル。夏、茎の先に細長い円柱状の花穂をつける。明治の初めに牧草として輸入されたが、現在は各地に自生。発芽したものは鮮緑色で、絹糸草とよばれる。

ち-もと【千本】樹木などが、数えきれないほど多いこと。せんぼん。「一の桜を植ゑ置き」〈謡・西行桜〉

ち-もらい【乳ˣ貰い】「ちちもらい」に同じ。

ち-もん【地文】山・河川・湖沼などのような、大地のようす。ちぶん。

ち-もん【ˣ智門】仏語。仏・菩薩の備える徳のうち、真理を観ずる智慧、すなわち自利の面。⇔悲門。

ちもん-こうほう【地文航法】船などが、地形や地上物を目標にして行う航法。

ちゃ【茶】㊀〔名〕❶ツバキ科の常緑低木。暖地に自生。葉は長楕円形で厚くつやがある。秋、白い5弁花を開く。原産地は中国の四川・雲南・貴州など霧の多い山岳地方。若葉を緑茶などとするため広く栽培され、延暦24年(805)に最澄が中国から種子を持ち帰り栽培したのが始まりという。日本では5月ごろから8、9月ごろまで3、4回摘む。ちゃのき。めざましぐさ。(季 花=冬)「一の花に今夕空の青さかな/万太郎」❷❶の若葉・若芽を摘み、飲料用に製したもの。葉茶。また、その飲料。製法により玉露・煎茶・番茶など種類が多い。一般に日本茶(緑茶)をさすが、発酵させた紅茶・中国茶もある。「一をいれる」❸抹茶をたてること。点茶。また、その作法。茶の湯。茶道。「お一を習う」「一をたしなむ」❹「茶色」の略。「一のセーター」㊁〔名・形動〕ちゃかすこと。からかうこと。また、その言葉や、そのさま。「一を言う」「そんな地口のやうな一な事ではなく」〈黄・忠臣蔵前世幕無〉➡漢「ちゃ(茶)」類語(㊁)新茶・麦茶・煎茶・抹茶・挽茶・玉露・番茶

茶に・する　ばかにする。ひやかす。軽くみる。「藤では…散々に一・して居て」〈露伴・五重塔〉

茶を濁・す　「御茶を濁す」に同じ。

茶を挽・く　「御茶を挽く」に同じ。

ちゃ〔連語〕《連語「ては」の音変化》「ては」のくだけた言い方。ちゃあ。「食べ一いけません」「遅れ一たいへんだ」

ちゃあ〔連語〕連語「ちゃ」に同じ。「それを言っ一おしまいだ」「大事にしてくれなく一困るよ」

チャージ〖charge〗〔名〕❶航空機・自動車に燃料を入れたり、蓄電池に充電したりすること。❷ICチップを内蔵したカードや携帯電話に専用の機械やソフトを使って入金すること。ICチップに、その金額が使用できる金銭データとして保存され蓄えられる。❸ラグビーやアメリカンフットボールで、相手のキックを身を投げ出してはばむこと。❹サッカーやアイスホッケーで、相手選手と肩でぶつかってボールを奪ったり攻撃をはばんだりすること。❺ゴルフで、先行する選手を追い上げること。「猛一をかける」❻代金。特に、レストランなどの料金。「テーブル一」

チャージーノ〖chargino〗素粒子物理学の超対称性理論から導かれる未知の超対称性粒子。電荷をもつフェルミ粒子で、ボース粒子のWボソンと荷電ヒッグス粒子の超対称性パートナーであるウィーノ、荷電ヒッグシーノが混合状態にあるものとされる。

チャージド-タイムアウト〖charged time out〗バスケットボールで、作戦を練るために認められる1分間の休憩時間。その間試合時間を計る時計の針は止められる。

チャーシュー【叉焼】《中国語》豚肉を砂糖・酒・香辛料をまぜた醤油に浸し、天火で焼いたり、蒸し焼きにしたりした料理。焼き豚。

チャーシュー-メン【叉焼麺】《中国語》具として薄切りのチャーシューを使う中華そば。

チャージング〖charging〗バスケットボールで、強引に進んで相手選手とぶつかること。アイスホッケーでは、相手選手にとびかかること。ともに反則。

チャーター〖charter〗〔名〕船・バス・航空機などを借り切ること。「ハイヤーを一する」「一便」
類語 借りる・借用・拝借・寸借・借り入れる・借り切る・恩借・借金・借財・賃借・賃借り

チャーダーエフ〖Pyotr Yakovlevich Chaadaev〗[1794〜1856]ロシアの思想家・哲学者。主著「哲学書簡」で農奴制とギリシャ正教を批判し、これらを廃して西欧化すべきことを主張。

チャーチ〖church〗キリスト教の教会。教会堂。

チャーチスト〖chartist〗罫線分析家。チャート(=罫線表)から相場の変動を予想する人。

チャーチスト-うんどう【チャーチスト運動】《Chartist》1830年代後半から始まった英国の労働者階級の普通選挙権獲得運動。名称は、運動の要求書People's Charter(人民憲章)に由来する。内部対立や弾圧によって48年以後衰え、50年代に消滅した。チャーチズム。

チャーチズム〖Chartism〗▶チャーチスト運動

チャーチル〖Churchill〗カナダ、マニトバ州北端の町。ハドソン湾に注ぐチャーチル川の河口に位置する。野生のホッキョクグマやシロクジラ(シロイルカ)が見られる場所として知られる。

チャーチル〖Winston Leonard Spencer Churchill〗[1874〜1965]英国の政治家。保守党から自由党に転じ、第一次大戦を挟んで商相・内相・海相・陸相・植民地相を歴任後、保守党に復帰。第二次大戦には首相として強力な指導力を発揮して連合国を勝利に導いた。戦後はソ連・東欧諸国に対する西欧の結束を訴え、特に「鉄のカーテン」演説は有名。著「第二次大戦回顧録」で1953年ノーベル文学賞を受賞。

チャート〖chart〗❶海図。また、航空用の地図。❷図表。グラフ。「フロー一」「ヒット一」❸カルテのこと。また、病歴。❹株式などの相場の動向をグラフに表したもの。テクニカル分析に使う。罫線表。足取り表。罫線。

チャート〖chert〗珪質の堆積岩の一。緻密で細かい石英からなる硬い岩石。ふつう乳白色で、含まれる不純物により赤・緑・灰色などのものがある。放散虫や珪質海綿・珪藻などが深海底に集積してできたものと考えられ、古くは石器の材料としても用いられ、現在は耐火れんがの原料として利用。角岩。

チャート-イン〔名〕《和 chart＋in》CDがたくさん売れてヒットチャートに載ること。

チャーニング〖churning〗売買のたびに入る手数料を目当てに必要のない売買を証券マンが行うこと。回転売買。過当売買。

チャーハン【炒飯】《中国語》中国料理で、豚肉・卵・野菜などをまぜて油でいため、塩や醤油で味つけした飯。焼き飯。

チャービル〖chervil〗セリ科の香草。スープや魚料理に用いる。セルフィーユ。

チャーミング〖charming〗〔形動〕魅力的で人の心をひきつけるさま。魅惑的。「一な笑顔」「一に振る舞う」

チャーム〖charm〗〔名〕❶魅惑すること。うっとりさせること。また、魅力。「一ポイント」❷ネックレス・腕輪などにつける小さな装飾品。「一つきのブレスレット」❸魔よけ。呪文。

チャーム-クオーク〖charm quark〗第2世代に属するクオークで、電荷が＋2/3のもの。記号はc。6種類あるクオークの中で3番目に重い。1970年、S=グラショー、J=イリオポロス、L=マイアーニにより予言され、すでにその存在を示す証拠が見つかり、中間子の一部を構成することがわかっている。

チャーム-スクール〖charm school〗女性に美容法・礼儀作法・服装・教養などを教える施設。

チャーム-ポイント《和 charm＋point》その人の最も魅力的なところ。また、人を最も引き付ける部分。

(類語)売り・強み・長所・特長・見どころ・取り柄・美点・身上・魅力・持ち味・特色・特質・特性・本領・売り物・セールスポイント・メリット

チャーメン【炒麺】《中国語》油でいためた、柔らかい中華焼きそば。

チャーモニウム〖charmonium〗チャームクオークとその反クオークからなる素粒子。中間子の一種。J/ψ粒子が知られる。

チャールズ〖Charles〗英国王。㊀[1600〜1649](1世)在位1625〜1649。ジェームズ1世の子。1628年権利請願を承認。のち、議会と対立してピューリタン革命を引き起こし、捕らえられて処刑された。㊁[1630〜1685](2世)在位1660〜1685。㊀の次男。ピューリタン革命中はフランスに亡命、1660年王政復古とともに即位したが、国民との約束を破り議会と対立。ロイヤルソサエティーの創立者。

チャールズ-たいてい【チャールズ大帝】▶カール㊀

チャールズタウン〖Charlestown〗米国マサチューセッツ州の都市、ボストンの一地区。アメリカ独立革命におけるバンカーヒルの戦いの舞台となった。米国海軍最古の軍艦コンスティテューション号が海軍敷地内に係留されている。

チャールストン〖Charleston〗㊀米国サウスカロライナ州南東部の港湾都市。軍港。南北戦争の開戦地。㊁米国で始まったダンスの一。1923年、㊀で黒人たちによって始められ、全世界に流行した。

チャールストン-ルック〖Charleston look〗チャールストン㊁の流行した、1920年代のファッションをイメージしたスタイル。プリーツのついたひざ丈のスカートと、ルーズな長さのブラウスの組み合わせ。

チャールズ-フォート〖Charles Fort〗アイルランド南部の港町、キンセールにある星形の要塞。重要な商港だったキンセールの防備のため、17世紀初頭にキンセール湾を見下ろす高台の上に建造された。

チャイ〖トルコ chay〗茶。インド・トルコなど西アジアでの茶は紅茶のことで、ミルクティーが主流。

チャイコフスキー〖Pyotr Il'ich Chaykovskiy〗[1840〜1893]ロシアの作曲家。国民楽派に対して、ロシアの西欧派を代表。西欧音楽のロマン派の技法をロシアの土壌の上に発展させた。作品に、ピアノ協奏曲、交響曲「悲愴」、バレエ音楽「白鳥の湖」「眠りの森の美女」「胡桃くるみ割り人形」など。

チャイドル《和 child(子供)＋idol(偶像)から》10代前半の女性アイドル。

チャイナ〖China〗㊀中国。中国人。中国風。「―ドレス」㊁(china)陶磁器。「ボーン―」

チャイナ-ウオッチャー〖China watcher〗中国研究家。中国の政治や経済の動向に注目し、研究する人。

チャイナ-シンドローム〖China syndrome〗原子炉事故の炉心溶融のこと。米国で発生すれば、影響が地球の反対側の中国にまで及ぶという意。

チャイナタウン〖Chinatown〗「中華街」に同じ。

チャイナ-テレコム〖China Telecom〗▶中国電信

チャイナ-ペインティング〖china painting〗陶磁器に絵付けすること。

チャイナ-モバイル〖China Mobile〗▶中国移動

チャイナ-ユニコム〖China Unicom〗▶中国聯通れんつう

チャイニーズ〖Chinese〗中国人。中国語。中国風。「―レストラン」

チャイニーズ-ウォール〖Chinese Wall〗《万里の長城の意》銀行や証券会社で、内部情報を利用したインサイダー取引などを防いだり、利害・目的を異にする部署間の守秘のために設けられた内部の規制のこと。例えば、証券会社の法人担当部と営業担当部間などに必要とされる。情報障壁。

チャイニーズ-シアター〖Chinese Theater〗▶グローマンズチャイニーズシアター

チャイニーズ-リング〖Chinese ring〗知恵の輪の一種。中国古代起源で早くからヨーロッパにも知られた。細長の板に輪がはめ込まれ、輪には棹が差し込まれていて、この棹を輪からはずす遊び。輪が9個のものを中国では九連環と呼ぶ。

チャイニーズ-ルック〖Chinese look〗中国調のファッションのこと。エスニックファッションの流行の流れで中国が注目されたもの。

チャイネクスト〖ChiNext〗創業板㊁の英文名。

チャイブ〖chive〗ユリ科ネギ属の球根植物。葉を料理の調味に使い、球根も賞味される。シブレット。

チャイム〖chime〗《呼び鈴の意》❶打楽器の一。音高を調律した十数本の金属製の管を枠につるし、ハンマーで打ち鳴らす。❷❶に似た音を出す装置。また、その音。ベルの代わりに用いる。「終業の―」❸教会などの組み鐘。カリヨン。(類語)鈴・ベル・ブザー

チャイルド〖child〗子供。児童。「―シート」➡チルドレン

チャイルド-シート《和 child＋seat》幼児用補助座席。車の走行中に生じる危険から幼児の身を守るための安全ベルトの付いた座席で、助手席または後部座席に取り付けて用いる。

チャイルド-ロック〖child-lock〗子供のいたずらによる事故を防ぐため、可動部をロックすることができる機能。自動車のドアを内側から開かないようにするもの、ガスコンロのつまみを回せないようにするものなどがある。

ちゃ-いれ【茶入れ】茶を入れておくための容器。特に茶の湯で、濃茶こいちゃ用の抹茶を入れる容器。主に陶器で、形も肩衝かたつき・茄子なす・文琳ぶんりんなど種々の形がある。薄茶うすちゃには多く漆器・木地物きじものを用い、棗なつめ・中次なかつぎなどの名がある。

ちゃいれ-ぶくろ【茶入れ袋】▶仕服しふく

ちゃ-いろ【茶色】黒みを帯びた赤黄色。茶。(類語)焦げ茶色・褐色・ブラウン

ちゃいろ・い【茶色い】〘形〙茶色である。「―・い紙」

チャウ「チャウ縞」の略。「―の袴」〈魯庵・社会百面相〉(補説)「茶宇」とも書く。

ちゃ・う〘連語〙連語「ちまう」の音変化。「困っ―・う」「捨て―・った」

ちゃ-うけ【茶請け】茶を飲むときに食べる菓子・漬物など。茶の子。

チャウシェスク〖Nicolae Ceaușescu〗[1918〜1989]ルーマニアの政治家。スターリン主義を発展させた自主路線を展開。1974年には初代大統領に就任、独裁体制を確立したが、89年12月の民主化で失脚し、夫人とともに処刑された。

チャウ-じま【チャウ×縞】《インドのチャウルChaul地方から渡来したところから》琥珀こはく織りに似た薄地の絹織物。江戸時代に京都で製織された。夏の男袴はかまなどに用いる。

チャウシュテペ-じょう【チャウシュテペ城】《Çavuştepe Kalesi》トルコ東部の都市バンの郊外にある城跡。紀元前8世紀、ウラルトゥ王国のサドゥール2世により建造。城内には神殿や宮殿があり、楔形くさび文字が刻まれた石の土台などが残る。また、青銅器などの出土品の多くはバン博物館が所蔵。

チャウシン〖Çavuşin〗トルコ中央部、カッパドキア地方の村。5世紀頃に人々が居住しはじめ、1950年まで岩を削った住居が使われていた。同地方で最も古い集落の一つだったが、現在は廃墟になっている。フレスコ画が見られる教会や修道院の跡が残る。

ちゃ-うす【茶臼】❶葉茶をひいて抹茶にするための石臼。❷上下逆になること。特に、男女交合で女性が上になる体位。

ちゃうす-げい【茶臼芸】❶《茶臼は茶をひくことだけに用いるところから》一つの芸だけにすぐれていること。また、一つだけ得意とする芸。石臼芸に対していう。「―を鼻にかけたがる」〈滑・浮世風呂・前〉❷《❶の誤解から》「石臼芸」に同じ。「しかも万能に達したとはいふものの、近くいはば―で一種ひとくも本業にならねえ」〈滑・浮世床・初〉

ちゃうす-だけ【茶臼岳】▶那須岳

ちゃうす-やま【茶臼山】㊀大阪市天王寺区の天王寺公園内の古墳。大坂冬の陣で徳川家康が本陣を置いた地。㊁長野県南部・愛知県北東部の県境にある山。標高1415メートル。山頂付近には約6平方キロメートルにわたり天然林が広がる。

ちゃうすやま-こうげん【茶臼山高原】愛知県北東部、茶臼山山麓に展開する高原。標高1200メートル前後のなだらかな高原。スキー・スケート・キャンプ場などのレジャー施設や茶臼山高原休暇村がある。天竜奥三河国定公園に属する。

チャウダー〖アメリカ chowder〗貝・魚肉・鳥肉などを中心に、ベーコン・ジャガイモ・タマネギなどを煮込んだ濃厚なスープ。アメリカ独特の料理。

チャウ-チャウ〖chow chow〗家畜の犬の一品種。中国の原産の中形犬。顔にしわがあり、舌が青黒色、毛がふさふさしている。かつて食用、今は愛玩用。

ちゃ-えん【茶園】❶茶を栽培している畑。茶畑。(季 春)❷茶を売る店。茶舗。

チャオ〖イタリア ciao〗〘感〙親しい間柄であいさつに用いる語。おはよう。こんにちは。さようなら。

チャオズ【餃子】《中国語》▶ギョーザ

ちゃ-おび【茶帯】柔道・空手などで、一級・二級・三級の者が締める茶色の帯。

チャオプラヤー-がわ【チャオプラヤー川】タイ中部を貫流する川。北部の山地に源を発し、タイランド湾(シャム湾)に注ぐ。全長1200キロ。上流域の山地はチーク材の産地、下流域は穀倉地帯。河口近くにバンコクがある。メナム-チャオプラヤー。メナム川。

ちゃおんど【茶音頭】地歌・箏曲そうきょく。横井也有作詞の地歌「女手前」の歌詞を抜粋したものに、菊岡検校きくおかけんぎょうが作曲。また、八重崎検校が箏曲に編曲。茶の湯に関係のある辞句を使って男女の縁の末長いことを歌う。茶の湯音頭。

ちゃか　警察・暴力団などの隠語で、凶器のこと。主に拳銃をさす。弾き。蓮根。

ちゃ-か【茶菓】「さか(茶菓)」に同じ。

ちゃ-かい【茶会】客を招いて、作法にのっとって茶をたて、もてなす会。茶の湯の会。さかい。(類語)お茶・茶道・茶の湯・野点のだて・点茶

ちゃかい-うんどう【茶会運動】▶ティーパーティー運動

ちゃかい-き【茶会記】茶会の日時・場所・道具立て・懐石膳の献立、参加者名などを記したもの。

ちゃ-がけ【茶掛(け)】《「茶掛け幅」の略》茶室の床とこに掛ける軸。水墨の花鳥画小品のほか、書の軸物が多く使われる。

ちゃ-かご【茶籠┆茶×籃】茶器を入れるかご。

ちゃ-がし【茶菓子】茶を飲むときに食べる菓子。茶請けの菓子。

ちゃ-かす【茶×滓】「茶殻ちゃがら」に同じ。

ちゃ-か・す【茶化す】〘動サ五(四)〙《「ちゃ」は「ちゃらつく」などの「ちゃ」と同じか。「茶化す」は当て字》❶まじめな話を冗談めかしてしまう。茶にする。「―・さないでまじめに聞きなさい」❷一杯くわせる。だます。「人魚は人を―・すなり」〈風来六部集・放屁論後編〉(類語)からかう・冷やかす・おひゃらかす・おちゃらかす

チャガタイ〖Chaghatai〗[?〜1242]チャガタイハン国の創始者。在位1227〜1242。チンギス=ハンの第2子で、父の金征討や大西征に従軍。弟のオゴタイをモンゴル帝国の帝位につけ、長老としてその政治を補佐。自らはイリ地方を領有した。

チャガタイ-ハンこく【チャガタイハン国】モンゴル帝国の四ハン国の一。1227年、チャガタイが中央アジアに建国。都はアルマリク。14世紀半ばに東西に分裂、東ハン国は17世紀まで存続した。

ちゃか-ちゃか〘副〙落ち着きがなく騒がしいさま。「―(と)動きまわる」「―した人」

ちゃ-かっしょく【茶褐色】やや黒みを帯びた茶色。とびいろ。「―の髪」

ちゃ-かぶき【茶香▽服┆茶歌舞伎】茶道の七事式の一。2種または数種の茶を飲み分けて、その銘を言い当てるもの。きき茶。➡闘茶

ちゃ-がま【茶釜】茶の湯または茶を煮出すのに使う釜。多く鉄製で、上部がつぼまって口が狭い。胴のまわりに、鍔つば(羽)のある羽釜はがまや細い1本の筋目のつ

いた羽落(はおち)の釜などがある。
ちゃ-がゆ【茶×粥】茶葉を煎じ出した汁で煮た粥。
ちゃ-がら【茶殻】茶をいれた残りかす。茶かす。
チャガン-ド【慈江道】朝鮮民主主義人民共和国北部の道(どう)。道都は江界(カンゲ)。北は鴨緑江(おうりょっこう)を隔てて中国に接する。じこうどう。
ちゃ-き【茶気】❶茶道の心得。❷浮世ばなれした気質。風雅の気味。❸人を茶化すような性質。ちゃめっけ。
ちゃ-き【茶器】❶茶の湯道具の総称。❷薄茶用の容器。薄茶器。(類語)食器・酒器
ちゃき-ちゃき《「ちゃくちゃく(嫡々)」の音変化か》❶血筋にまじりけがなく純粋なこと。生粋(きっすい)。「一の江戸っ子」❷仲間の中で、すぐれて注目されていること。また、その人。「売り出し中の若手の一」
ちゃきょう【茶経】(チャキャウ) 中国の茶書。3巻。陸羽著。760年ごろ成立。茶の起源・製法・いれ方・飲み方・器具などを詳しく述べた最古の茶書。
ちゃ-ぎょう【茶業】(ゲフ) 茶の栽培・製造・販売を業とすること。また、その仕事。
ちゃ-きん【茶巾】❶茶道で、茶碗をふく麻の布。点前(てまえ)のときは茶碗の中に仕組む。❷「茶巾絞り」「茶巾鮨」などの略。
ちゃきん-いも【茶巾芋】蒸したサツマイモを裏ごしし、砂糖・塩などで味つけをし、茶巾絞りにして作った和菓子。
ちゃきん-さばき【茶巾×捌き】茶の湯で、茶巾の扱い方。「見事な一」
ちゃきん-しぼり【茶巾絞り】あん状のものを布巾などで包んでひねり、絞り目をつけたもの。
ちゃきん-ずし【茶巾×鮨】五目鮨を薄焼き玉子で包み、干瓢(かんぴょう)や細昆布でしばったもの。茶巾。
ちゃきん-づつ【茶巾筒】茶道で、茶巾を入れておく筒。茶箱や茶かごの中に茶道具一式を仕込むときに使用する。
ちゃきん-ぶくろ【茶巾袋】茶道で、茶巾を入れる袋。
ちゃきん-ゆり【茶巾百=合】蒸した百合根をすりつぶして味つけをし、茶巾絞りにして作った料理。
ちゃく【▽笛】ふえ。また、ふえの音。「簫(しょう)、一、琴…その音も妙(たえ)なりといへども」〈沙石集・六〉
ちゃく【着|▽著】■〔名〕目ざす場所に行き着くこと。到着。「東京一 一〇時の列車」⇔発(はつ)。■〔接尾〕助数詞。❶到着の順番を数えるのに用いる。「三一で銅メダルを獲得した」❷衣類などを数えるのに用いる。「スーツを一 一新調したい」❸囲碁で、石を打つ回数を示すときに用いる。「第一 一を天元に打つ」➡漢「ちゃく(着)」「ちょ(著)」
ちゃ-ぐ【茶具】茶を入れる道具。茶道具。茶器。
ちゃく-あつ【着圧】靴下などを着用した際に、その部位にかかる圧力。脚部に圧力をかけることで血行を促進し、むくみを防止する効果をねらった衣類の商品名などに使われる。「一ストッキング」
ちゃく-い【着衣】〔名〕(スル) 衣服を身につけること。また、身につけている衣服。「一したままで体重を量る」⇔脱衣。(類語)衣服・衣類・着物・被服・衣装・装束・衣・お召物・衣料・ドレス・洋品
ちゃく-い【着意】〔名〕(スル) ❶気をつけること。注意すること。「自ら己れを改化することに一せんには」〈中村訳・西国立志編〉❷思いつき。着想。
ちゃく・い〔形〕こすい。ずるい。「泉は一・いぜ…下読みなんぞした事はないんだとさ」〈芥川・父〉
ちゃくい-の-いわい【着衣の祝(い)】(いはひ) ▶産衣(うぶぎ)の祝い
ちゃく-うた【着うた】携帯電話の着信音として、30秒程度の楽曲データなどを再生できるサービス。ソニーミュージックエンタテインメントの登録商標。平成14年(2002)、auグループによりサービス開始。続いて、NTTドコモ、ボーダフォン(現ソフトバンクモバイル)などで同様のサービスが提供された。楽曲データのファイル形式はMP3またはAACを採用し、著作権保護機能をもつ。➡着うたフル
ちゃくうた-フル【着うたフル】携帯電話で丸ごと1曲分の楽曲データをダウンロードして再生できる音楽配信サービス。ソニーミュージックエンタテインメントの登録商標。平成16年(2004)、auグループによりサービス開始。続いて、ボーダフォン(現ソフトバンクモバイル)、NTTドコモなどで同様のサービスが提供された。ファイル形式は従来の着うたのAACに比べて圧縮効率を約2倍に高めたHE-AACを採用し、著作権保護機能をもつ。着信音として、あらかじめ指定された1〜5か所を取り出して使用することができる。
ちゃく-え【着▽衣】〔名〕(スル) ▶ちゃくい(着衣)
ちゃく-えき【着駅】列車や乗客、荷物が到着する駅。「運賃は一で精算する」⇔発駅。
ちゃく-か【着火】(クワ) 〔名〕(スル) ▶ちゃっか(着火)
ちゃく-か【着荷】▶ちゃっか(着荷)
ちゃく-かん【着艦】〔名〕(スル) ▶ちゃっかん(着艦)
ちゃく-がん【着岸】〔名〕(スル) 船などが岸につくこと。「はしけが一する」
ちゃく-がん【着眼】〔名〕(スル) 目をつけること。また、目のつけ方。着目。「非凡な一」「操作のしやすさに一した電化製品」(類語)着目・注目
ちゃくがん-てん【着眼点】目のつけどころ。ねらい。「一のよい論文」
ちゃく-ぎょ【着御】天皇や貴人を敬って、その到着・着座をいう語。
ちゃく-きょう【着京】(キャウ) 〔名〕(スル) ▶ちゃっきょう(着京)
ちゃく-きん【着金】▶ちゃっきん(着金)
ちゃく-け【嫡家】▶ちゃっけ(嫡家)
ちゃく-さ【着差】競馬・競輪などの競技で、先に決勝点に入ったものと遅れたものとの間の隔たり。「馬身」「車身」などで表す場合とタイム差で表す場合とがある。「一は一馬身」
ちゃく-ざ【着座】〔名〕(スル) ❶座につくこと。着席。「指定された席に一する」❷任官されてのち、官庁・外記庁(げきのちょう)の自分の座に着く儀式。「上達部の一とかし給はぬをも皆催しつけなどして」〈今鏡・五〉(類語)座る・座(ざ)する・腰掛ける・掛ける・安座する・正座する・端座する・静座する・黙座する・腰を下ろす・着く・跪(ひざまず)く
ちゃく-さい【嫡妻】正式の妻。本妻。正妻。嫡室。てきさい。
ちゃく-し【嫡子】❶家督を継ぐ者。普通は長男。また、一般的にその家を継ぐ人。てきし。❷正妻の生んだ子。嫡出子(ちゃくしゅつし)。⇔庶子。
ちゃく-し【嫡嗣】❶嫡出の嗣子。正妻から生まれた子で家督を継ぐ人。てきし。❷宗教・芸能などで、流派の正統を継ぐ人。てきし。
ちゃく-しつ【嫡室】正式の妻。嫡妻。てきしつ。⇔側室。
ちゃく-じつ【着実】〔名・形動〕落ち着いて、確実に物事を行うこと。あぶなげなく手堅いこと。また、そのさま。「一に得点を加える」「一な生き方」(派生)ちゃくじつさ〔名〕(類語)堅実・地道・堅気
ちゃく-しゅ【着手】〔名〕(スル) ❶ある仕事に手をつけること。とりかかること。「研究に一する」❷(「著手」とも書く)刑法で、犯罪の遂行に直接関係のある行為にとりかかること。(類語)手を染める・始める・しだす・やりだす・掛かる・しかかる・しかける・開始する
ちゃく-しゅう【着臭】(シウ) 〔名〕(スル) においをつけること。特に、安全のため、無臭のガスなどに刺激のあるにおいをつけること。「プロパンガスに一する」
ちゃく-しゅつ【嫡出】正式に婚姻している夫婦間に生まれること。てきしゅつ。⇔庶出。
ちゃくしゅつ-し【嫡出子】法律上の婚姻関係にある夫婦間に生まれた子。てきしゅつし。⇔非嫡出子。(類語)嫡子
ちゃく-じゅん【着順】目的地などに到着した順序。特にレースなどで、ゴールに到着した順序。
ちゃく-しょ【嫡庶】嫡出と庶出。嫡出子と庶子。
ちゃく-じょ【嫡女】(ヂョ) 嫡出の長女。ちゃくにょ。
ちゃく-しょう【着床】(シャウ) 〔名〕(スル) 哺乳類で、受精卵が卵割を終えて胚(はい)となった時期に子宮内膜に達して接着し、母体との間に胎盤が形成されること。
ちゃくしょうぜん-しんだん【着床前診断】(チャクシャウゼンシンダン) 卵子や体外受精した受精卵を検査し、遺伝子や染色体の異常などを調べること。受精卵診断。(補説)胎児の細胞を検査する出生前診断と違い、妊娠前に診断できるが、生命の選別が行われるとして倫理的に問題視されている。日本産科婦人科学会では、成人までに発病して生命に関わる重い遺伝病に限り、実施の可否を個別に審査している。
ちゃく-しょく【着色】〔名〕(スル) 物に色をつけること。また、その色。「一した食品」(類語)染色・染め物・染め付け・捺染(なっせん)・型染め
ちゃくしょく-ガラス【着色ガラス】金属酸化物を溶かすか、金属を分散させるかして色をつけたガラス。酸化鉄なら黄色、酸化コバルトなら青色、酸化クロムなら緑色、金なら赤色になる。
ちゃくしょく-りょう【着色料】(レウ) 食品の加工・製造時に着色を目的として用いられる色素。ウコン・クチナシなどの天然色素と合成着色料とがある。
ちゃく-しん【着心】《「じゃくしん」とも》執着する心。物事にとらわれてこだわる心。執心。「人間に一の深かりし咎(とが)」〈太平記・三五〉
ちゃく-しん【着信】〔名〕(スル) ❶通信文が到着すること。また、その通信文。「電報が一する」❷目的地に到着したことを知らせる文書。(類語)受信・着電・傍受
ちゃく-じん【着陣】(ヂン) 〔名〕(スル) ❶陣地に到着すること。「ひでよし公三井でらに一あそばされ」〈谷崎・盲目物語〉❷公卿が陣の座に着くこと。「近衛殿一し給ひける時」〈徒然・一〇二〉
ちゃくしん-おん【着信音】携帯電話の着信を知らせる音。➡着メロ
ちゃくしんかきん-サービス【着信課金サービス】(チャクシンクワキン) ▶自動着信課金サービス
ちゃくしん-メロディー【着信メロディー】▶着メロ
ちゃく-すい【着水】〔名〕(スル) ❶飛びおりたり飛び込んだりして水面に着くこと。❷飛行艇などが空から水面に降り着くこと。「宇宙カプセルが洋上に一する」⇔離水。
ちゃく・する【着する|▽著する】〔動サ変〕(文)ちゃく・す〔サ変〕❶㋐目的地に行き着く。到着する。「浦賀に一・するや否や」〈福沢・福翁自伝〉㋑付着する。ぴったりと付く。「衣服に泥が一・する」㋒《古くは「ぢゃくす

漢字項目 ちゃ

茶 (学)2 (音)チャ(慣) サ(唐) ‖ ■〈チャ〉①木の名。チャ。チャノキ。「茶園」②チャの葉を飲料用に加工したもの。また、その飲料。「茶器・茶碗/紅茶・新茶・製茶・煎茶(せんちゃ)・粗茶・点茶・番茶・普茶・抹茶・銘茶・緑茶」③茶を飲んで楽しむ風流事。「茶人」④ちゃ色。「茶系・茶褐色」⑤ひやかし。おどけ。「茶茶・茶番・茶目」■〈サ〉■の②③に同じ。「茶菓・茶道・茶房・茶飯事・茶話会/喫茶」(難読)烏竜茶(ウーロンチャ)・葡萄茶(えびちゃ)・山茶(つばき)

漢字項目 ちゃく

【▽著】▶ちょ
【×擲】▶てき

着 (学)3 (音)チャク(漢) ジャク(ヂャク)(呉) (訓)きる、きせる、つく、つける ‖ ■〈チャク〉①衣服などを身につける。「着衣・着脱・着帯・着用」②ぴったりとくっつける。くっつく。つく。「着床・着色・着氷/吸着・膠着(こうちゃく)・接着・定着・土着・撞着(どうちゃく)・粘着・付着・密着・癒着・恋着」③ある場所に届く。行きつく。「着信・着任・着陸/先着・到着・発着・漂着・未着」④決まりがつく。落ちつく。「着実/決着・沈着・落着」⑤一点に注目する。「着意・着眼・着想・着目」⑥囲碁で、石を打つこと。「失着・正着・敗着」■〈ジャク〉心がとらわれる。「愛着・執着・頓着(とんじゃく)」■〈き(ぎ)〉「着物/厚着・上着・冬着・古着・水着」(補説)もとは「著」の俗字。■の語例は「チャク」とも読む。

嫡 (音)チャク(呉) テキ(漢) ‖ ①本妻。正妻。「嫡妻・嫡出」②正妻の産んだ跡継ぎ。「嫡子/正嫡・廃嫡」③直系のつながり。正統。「嫡嫡・嫡流」

る」》ある物事に深く心を向ける。気をとられる。執着する。「わが位に―・するが為に此大道を解し得ぬ」〈漱石・野分〉❷㋐衣服などを身につける。まとう。着用する。「制服を―・する」㋑視線を向ける。気をつけて見る。注目する。「只管(ひたすら)政府に眼を―・し」〈福沢・学問のすゝめ〉[類語]着る・まとう・着ける・着用する・羽織る・引っ掛ける・身ごしらえする・身仕舞いする・装(よそお)う・はく・かぶる・着込む・着こなす・突っかける（尊敬）召す・召される・お召しになる

ちゃく-せい【着生】〔名〕(スル) 植物などが、他のものに付着して生育すること。寄生と異なり、養分をとることはない。

ちゃくせい-しょくぶつ【着生植物】他の植物の幹や葉、岩の表面など、土壌以外の所に根などの固着器官で付着して生活する植物。ラン・コケ類・地衣類など。

ちゃく-せき【着席】〔名〕(スル) 席に着くこと。すわること。着座。「―して下さい」[類語]着座・座る・座(ざ)する・腰掛ける・掛ける・安座する・正座する・端座する・静座する・黙座する・腰を下ろす・着く・跪(ひざまず)く

ちゃく-せつ【着雪】〔名〕(スル) 雪が電線などに付着すること。「―害」「―注意報」

ちゃく-せん【着船】〔名〕(スル) 船が港に着くこと。また、その船。「横浜に―する」

ちゃく-そう【着相】(ヂャクサウ)《「ぢゃくそう」とも》特定の物事に心がとらわれている状態。「容色の妙(たへ)なるに会ひても、迷ひの前の―を哀れむ」〈太平記・三七〉

ちゃく-そう【着装】(ヂャクサウ)〔名〕(スル) ❶衣服などを身につけること。❷機械類などの本体に、付属品などをつけること。「タイヤにチェーンを―する」[類語]装着・着用

ちゃく-そう【着想】(ヂャクサウ)〔名〕(スル) ある物事を遂行するための工夫や考え。思いつき。アイデア。「奇抜な―」「主婦が―した台所用品」[類語]発想・思いつき

ちゃく-そう【嫡宗】❶一族の中で、代々正統を受け継ぐ家柄。総本家。宗家。てきそう。❷由緒正しい血筋。正統。正系。

ちゃく-そうそん【嫡曽孫】正統な血筋のひまご。

ちゃく-そん【嫡孫】嫡子とその正妻の間に生まれた男子。家督を継ぐ孫。てきそん。

ちゃく-だ【着×釱】《「釱」は、鉄製の足枷(あしかせ)》律令制で、服役中の罪人に足枷をつけ、三、四人をつないだまま使役したこと。ちゃくたい。

ちゃく-たい【着帯】〔名〕(スル) 妊娠5か月目に妊婦が腹帯(岩田帯)を初めて着用すること。また、その祝いの儀式。

ちゃく-たい【着×釱】➡ちゃくだ(着釱)

ちゃく-だつ【着脱】〔名〕(スル) 取りつけたり取りはずしたりすること。また、衣服などを着たり脱いだりすること。「―しやすいタイヤチェーン」

ちゃくだ-の-まつりごと【着×釱の政】平安時代、陰暦5月・12月に、囚人に着釱して、検非違使(けびいし)に笞(しもと)で打つまねをさせた行事。儀式化して江戸時代まで存続。

ちゃく-だん【着弾】〔名〕(スル) 銃砲の弾丸がある地点まで届くこと。また、その弾丸。「目標地に―する」

ちゃく-ち【着地】〔名〕(スル) ❶空中から地面に降り着くこと。着陸。「滑走路に無事―する」❷スキーのジャンプ競技や体操競技などで、演技の最後に雪面・床面に降り立つこと。「―で体勢がくずれる」

ちゃくち-てん【着地点】❶航空機の着陸する地点。❷対立する双方の納得できる解決。妥協点。「党内反対派との―を探る」

ちゃく-ちゃく【嫡嫡】代々、一家の家督を受け継いでいること。また、その人や、そのような家柄。嫡流。「徳川の家には―の自分であると思うと」〈菊池寛・忠直卿行状記〉

ちゃく-ちゃく【着着】〔副〕仕事などが次々と順序よくはかどるさま。「準備が―(と)進められる」[類語]段段・次第に・次第次第に・徐徐に・追い追い・漸次(ぜんじ)・歩一歩・一歩一歩・日に日に・日増しに・漸(ようや)く・年年歳歳

ちゃぐちゃぐ-うまこ【ちゃぐちゃぐ馬こ】《「ちゃぐちゃぐ」は馬の鈴の音から》岩手県盛岡市郊外の鬼越蒼前(おにこしそうぜん)神社(滝沢村)で行われる祭り。色鮮やかに飾り立て大小の鈴を付けた農耕馬を神前に集め、日頃の労をねぎらい、無事息災を祈る。参拝後、盛岡市内まで練り歩く。江戸時代から伝わり、昭和53年(1978)国の選択無形民俗文化財に指定。かつては5月5日であったが、今は6月第2土曜日。

ちゃく-でん【着電】〔名〕(スル) 電報・電信が到着すること。また、その電報・電信。「現地から第一報が―する」[類語]受信・着信・傍受

ちゃく-でん【嫡伝】代々正しく系統を伝えること。

ちゃく-と〔副〕すばやく動作をするさま。さっと。即座に。また、気やすく物事をするさま。「これはもったいなしとて、―とって」〈咄・きのふはけふ・下〉

ちゃく-とう【着到】(タウ)〔名〕(スル) ❶目的地に行き着くこと。到着。「引きもきらずに御―なされますので」〈谷崎・盲目物語〉❷歌舞伎で、開幕30分前ころに、能管・太鼓・大太鼓で演奏する儀礼囃子(ばやし)。元来は座頭(ざがしら)の俳優の楽屋入りを知らせる合図だったという。❸「着到状」の略。❹「着到和歌」の略。❺出勤した役人の氏名を記入した帳簿。「日給の御簡(みふだ)―など見て」〈弁内侍日記〉❻集会などに出席・参加すること。「今宵の―誰々なるぞ」〈読・弓張月・残〉

ちゃくとう-じょう【着到状】(チャクタウジャウ) 中世、出陣命令を受けた諸将が、はせ参じた旨を記した文書。これを受け取った大将または奉行は、承認の文言と花押とを加えて返し、後日の恩賞の証拠とした。着到。

ちゃくとう-わか【着到和歌】(チャクタウ) 人数を定め、毎日一定の場所に集まり、その日ごとの題で1首ずつ100日間和歌を詠みつぐもの。また、その和歌。鎌倉中期ごろから行われた。着到。

ちゃく-なん【嫡男】嫡出の長男。あととり。嫡子。

ちゃく-に【着荷】〔名〕(スル)「着荷(ちゃっか)」に同じ。「旬(しゅん)の野菜が―する」

ちゃく-にん【着任】〔名〕(スル) 新しい任地に到着すること。また、新しい任務につくこと。「新しい校長が―する」⇔離任。

ちゃく-ね【着値】➡到着値段

ちゃく-はつ【着発】❶列車・飛行機などの到着と出発。発着。「一時刻」❷弾丸が、目標物に当たった瞬間に爆発すること。「―信管」

ちゃく-ばらい【着払い】(バラヒ) 配達物などの送料または代金を受取人が支払うこと。

ちゃく-ひつ【着筆】〔名〕(スル) ❶文字や絵を書きはじめること。「新作に―する」❷筆のおろし方、つけ方。書き方。

ちゃく-ひょう【着氷】〔名〕(スル) ❶空気中の水蒸気、または過冷却の水滴が、物体の表面に凍りつくこと。また、その氷。霧氷もこの一種。氷結。アイシング。「プロペラに―して失速する」❷フィギュアスケートで、ジャンプの後、氷面に降り着くこと。

ちゃく-ふ【着府】〔名〕(スル) 国府・城下町などに到着すること。「両卿―せられて」〈染崎延房・近世紀聞〉

ちゃく-ふく【着服】〔名〕(スル)《「ちゃくぶく」とも》❶衣服を着ること。❷金品などをひそかに盗んで自分のものにすること。「売上金を―する」
[類語](2)猫ばば・横領・失敬・横取り・くすねる

ちゃく-ぼ【嫡母】父の正妻。正妻以外の女性から生まれた子からみた言い方。てきぼ。[類語]母

ちゃく-ぼう【着帽】〔名〕(スル) 帽子をかぶること。

ちゃく-ぼく【着▽服】「ちゃくふく(着服)」の音変化。「かの一本をおのが懐へ―して」〈滑・膝栗毛・四〉

ちゃ-くみ【茶×汲み】茶をいれて客にすすめること。また、その人。

ちゃくみ-おんな【茶×汲み女】(をんな) 茶店で茶をたてて客に給仕する女。茶立て女。

ちゃく-メロ【着メロ】《「着信メロディー」の略》携帯電話の着信を知らせるメロディー。商標名。

ちゃく-もく【着目】〔名〕(スル) 特に注意して見ること。目をつけること。また、目のつけどころ。着眼。「―に値する提案」「ある現象に―して新しい発見をする」
[類語]着眼・注目

ちゃく-よう【着用】〔名〕(スル) 衣服などを身につけること。「制服を―する」「ヘルメットを―のこと」
[類語]装着・着装・着る・まとう・着ける・着(き)なす・羽織る・引っ掛ける・身ごしらえする・身仕舞いする・装(よそお)う・はく・かぶる・着込む・着こなす・突っかける（尊敬）召す・召される・お召しになる

ちゃ-くらべ【茶比べ・茶▽較べ】茶を飲みくらべて銘柄を当てたり、その優劣を批評したりすること。「山一つあなたへ―に参るが」〈虎寛狂・止動方角〉

チャクリ-おうちょう【チャクリ王朝】(ワウテウ)《Chakri》タイの現王朝。1782年、チャクリ(ラーマ1世)が開いた。バンコク朝。

ちゃく-りく【着陸】〔名〕(スル) 飛行機が降下し、地上に降りること。「定刻に―する」「離―」⇔離陸。

ちゃくりく-たい【着陸帯】航空機が安全に離着陸できるよう、滑走路を囲んで設けられる地帯。大きさや勾配(こうばい)などは航空法施行規則で定められている。

ちゃくりく-りょう【着陸料】(レウ) 民間航空機が一回の着陸ごとに空港に支払う、空港使用料。航空機の重量などを基準に空港ごとに設定する。

ちゃく-りゅう【嫡流】(リウ) 家督を受け伝えていく家柄。正統の血筋。「源氏の―」[類語]直系・正統

ちゃく-りょう【着料】(レウ) ❶着用に供する物。着る物。衣服。❷着る物の費用。また、衣服を支給する代わりに与える金銭。

ちゃ-け【茶家】茶道を教えることを業とする人。

チャケー〘タイ càkhê〙タイのチター型撥弦(はつげん)楽器。全長約130センチのスプーン形の箱胴に5本の短い脚があり、11本のフレットをもつ。絹弦2本と金属弦1本を張って、義甲(ぎこう)で奏する。

チャコ〘Chaco〙南アメリカのボリビア南部・パラグアイ西部・アルゼンチン北部にかけて広がる草原地帯。1932～35年にボリビア・パラグアイ間で領有をめぐり争われ、パラグアイが領土を広げた。グランチャコ。

チャコ《chalkから》洋裁で、裁断の目印をつけるのに用いるチョーク。白・赤・黄・青色などがある。

ちゃ-ごう【茶合】(ガフ) 茶器の一。茶の量をはかるもの。抹茶用は桜の木で椀(わん)形に作り、煎茶(せんちゃ)用は二つ割りにした竹で作る。

チャコール〘charcoal〙炭。木炭。「―フィルターのタバコ」

チャコール-グレー〘charcoal gray〙黒に近い灰色。消し炭色。

チャコール-フィルター〘charcoal filter〙タバコの吸い口につけられた活性炭入りのフィルター。ニコチンやタールを吸着する。

ちゃ-こく【茶国】茶屋で働く女。求めに応じて身を売ることもあった。遊女を傾国といったのに擬した語。茶立て女。「枝は木槲(もっこく)我が身は―、うるさき里の勤めぞと」〈浄・生玉心中〉

ちゃ-こし【茶×漉し】茶をいれるときに茶がらや粉茶がまじらないようにする道具。細く割(さ)いた竹や針金で小さいざるのように編み、柄をつけたもの。

チャゴス-しょとう【チャゴス諸島】(シヨタウ)《Chagos》インド洋中部にある諸島。主島はディエゴガルシア島。英国領。

ちゃ-ごと【茶事】❶寄り集まって茶を飲むこと。茶菓を供して話し興じること。❷先祖や父母の命日に、親戚や知人を招き、茶菓を供すること。

ちゃ-ざい【茶剤】煎(せん)じて服用する、数種類の生薬を調合した薬剤。

ちゃ-さかもり【茶酒盛り】酒の代わりに茶を用いた宴会。「石するゑて土がまをかけ、―をはじめ」〈浮・男色大鑑・二〉

ちゃ-さじ【茶×匙】❶紅茶・コーヒーを飲むときなどに用いる小形のさじ。ティースプーン。「―一杯の砂糖を加える」❷「茶杓(ちゃしゃく)」に同じ。

ちゃ-ざしき【茶座敷】茶をたてる座敷。茶室。

ちゃさんばい【茶子味梅】狂言。和泉(いずみ)流。夫の唐人が、奇妙なことを言って泣くので物知りに尋ねると、唐土の妻を恋しがって泣くのだという。そこで妻は酒で機嫌をとるがうまくいかない。

ちゃ-し【茶師】茶を製造・販売する人。

ちゃ-し【茶×肆】❶茶を並べて売っている店。茶舗。

❷茶を飲ませる店。茶店。茶屋。

チャシ《アイヌ語》自然の地形を利用した原始的なとりで。丘陵の突端などに空堀をめぐらしたもの、また、土塁を築いたものなどがある。北海道・東北地方・サハリン(樺太)に遺構として残っている。

ちゃ-じ【茶事】❶茶の湯で、懐石を伴った客のもてなし。❷茶の湯に関する事柄。

ちゃ-しき【茶式】茶の湯の作法・方式。千利休により大成されたといわれる。

ちゃじ-しちしき【茶事七式】茶会の7種類の方式。暁の茶事、朝の茶事、正午の茶事、夜咄の茶事、不時の茶事、飯後の茶事、跡見の茶事。

ちゃ-しつ【茶室】茶事を行うための室。日本独特の建築様式で、四畳半を基準とし、中央に炉を切り、床の間・にじり口などがついている。囲。数寄屋。

ちゃ-しぶ【茶渋】茶をいれたあとに、茶碗や急須などにつく、茶の垢。

ちゃ-しゃく【茶×杓】抹茶をすくう細長いさじ。主として竹製であるが、象牙・塗り物・木地・鼈甲・金属製などもある。象牙または竹の節なしを真、竹製で切止め近くに節のあるものを行、中心に節のあるものを草とする。ちゃさじ。さしゃく。

ちゃ-しん【茶神】茶を販売する者が神として祭る、中国の陸羽の像。茶の神。

ちゃ-じん【茶人】❶茶の湯を好む人。茶道に通じた人。茶道の宗匠。❷普通の人と違った好みのある人。物好き。風流人。(類語)風流人・粋人

ちゃ-せき【茶席】茶会の催し。また、その座敷。茶の会席。

ちゃ-せん【茶×筅】❶抹茶をたてるとき、かきまわして泡を立てたり、練ったりする竹製の具。9センチくらいの竹筒の半分以上を細く割って穂とし、その末端を少し内に曲げたもの。煤竹・白竹・紫竹・青竹などを用いる。❷「茶筅髪」の略。

ちゃせん-かざり【茶×筅飾り】茶道で、名物の茶碗や新茶碗を用いるときの点茶法。茶巾・茶筅・茶杓を水指のふたの上にのせ、前に袋に納めた茶入れを入れた茶碗を置く。

ちゃせん-がみ【茶×筅髪】❶室町末期から江戸初期にかけての男子の髪形の一。髷をつくらずに、髻を元結などで束ね、茶筅のような形にしたもの。❷江戸時代の未亡人などの髪形の一。髪を切り下げて結び、その先端を散らして茶筅のような形にしたもの。

ちゃせん-ぎり【茶×筅切り】ナスなどの表面に縦に包丁目を何本も入れ、茶筅のようにすること。

ちゃせん-し【茶×筅師】茶筅の製造を職業とする人。

ちゃせん-しだ【茶×筅羊=歯】チャセンシダ科の常緑、多年生のシダ。山中にみられ、葉は羽状複葉で、柄は黒褐色でつやがある。名は、根際からいっせいに出るのを茶筅に見立てたことによる。チャセンシダ科にはトラノオシダ・オオタニワタリなども含まれる。

ちゃせん-そでがき【茶×筅袖垣】ハギ・クロモジを束とし、上部を茶筅形に開いて立て並べた袖垣。

ちゃせん-たて【茶×筅立て】茶道具の一。茶箱点で茶筅を立てるための具。杉板に四角い竹串を3本立てたもの。うぐいす。

ちゃせん-とおし【茶×筅通し】茶の湯で、点前の作法の一。茶をたてる前、茶筅の穂を茶碗の中の湯に通し、穂先を清めるとともに穂先のぐあいを調べる所作。茶筅投じ。茶筅調べ。

ちゃ-そ【茶素】カフェインのこと。

ちゃ-そば【茶蕎=麦】そば粉に抹茶をまぜて打ったそば。

ちゃ-ぞめ【茶染(め)】茶色に染めること。また、茶色に染めた布。

ちゃぞめ-し【茶染(め)師】茶染めの職人。特に、宮中や貴人の御用をつとめた染め物師。

ちゃ-だい【茶代】❶茶店などで、席料や茶の代として支払う金銭。「―を置く」❷旅館や飲食店などで、きまった宿泊料や飲食代などのほかに、心づけとして与える金銭。チップ。「―をはずむ」

ちゃ-だい【茶台】茶托の一種。皿状のもののほか、脚のついたものなどもある。

ちゃだい-がえし【茶代返し】茶代のお返しとして渡す品物。

ちゃ-たく【茶×托】茶を客に出すときに、茶碗をのせる小さな受け皿。

ちゃ-だし【茶出し】「急須」に同じ。

ちゃ-だち【茶断ち】〔名〕スル 一定期間、茶を飲まないこと。物事の成就のために願掛けしたときなどに、その誓いとして行う。「全快を祈って―する」

ちゃ-たて【茶立て】❶茶をたてること。また、茶をたてる人。❷「茶立て女」の略。

ちゃたて-おんな【茶立て女】❶茶店で茶をたてて客に供する女。茶くみ女。❷江戸時代、大坂で、茶屋に雇われて客に給仕をするとともに、遊女を兼ねた女。

ちゃたて-むし【茶立虫｜茶▽柱虫】チャタテムシ目の昆虫の総称。体長約5ミリで、軟弱。かむ口をもち、触角は糸状。翅は膜質で脈が少ないが、翅をもたないものもある。不完全変態。樹幹などにすみ、室内にもいる。室内種に、腹を物にぶつけたりしてサッサッサという音を出すものがあり、昔はその音源がわからないため小妖怪になぞらえ、小豆洗い・茱刻みなどともよばれた。嚙虫類。(季 秋)「此部屋に幾年ぶりぞ―/草田男」

ちゃ-だな【茶棚】茶道具などをのせておく棚。

チャタヌーガ〖Chattanooga〗米国テネシー州南部の商工観光都市。TVA(テネシー渓谷開発公社)事業の中心地。1960年代に公害が悪化し、全米で最も大気汚染がひどい都市として知られた。再開発による脱工業化が進み、観光業が盛ん。

ちゃ-だまり【茶×溜まり】《残った茶がそこにたまるところから》茶碗の内側の底中央にある丸く浅いくぼみ。茶碗鑑賞上の見所ともされる。

チャタム〖Chatham〗米国マサチューセッツ州南東部の半島、コッド岬の町。1656年、ピルグリムファーザーズの入植地の一として誕生。現在は観光・保養地として知られる。

チャタル-ヒュユク〖Çatal Höyük〗《「チャタルホユック」とも》アナトリア高原にある新石器時代の遺跡。現在のトルコ中南部の都市コンヤの南東約45キロメートルに位置する。1958年に発見。紀元前7000年以上前にさかのぼる人類最古の集落跡の一つ。牛を描いた壁画や女性の彫像などが見つかっている。

チャタル-ホユック〖Çatal Höyük〗➤チャタルヒュユク

チャタレイふじんのこいびと【チャタレイ夫人の恋人】《原題Lady Chatterley's Lover》D=H=ローレンスの長編小説。1928年成立。性的不能で頑なな性格の夫をもつコンスタンスが、森番メラーズとの性愛によって真の愛に目覚め、古い自意識から解放されていく。その大胆な性描写は各国で論議をよんだ。

ちゃ-だんす【茶×箪×笥】茶器や食器などを入れておくための、棚や引き出しを備えた箱型の家具。

ちゃち〔形動〕安っぽくて見劣りのするさま。いいかげんで貧弱なさま。「―なおもちゃ」「―な考え」(類語)けち

ちゃ-ちゃ【茶茶】❶他人の話に割り込んで言う、ひやかしや冗談。「まじめな相談に―が入る」❷《近世上方女性語》茶のこと。「もしお入りなされ。一上がってお出しんかいな」〈滑・膝栗毛・六〉

茶茶を入・れる　じゃまをする。水をさす。「まとまりかけた話に―・れる」

ちゃちゃ-く・る【茶茶くる】〔動ラ四〕❶男女がひそかにたわむれる。ちちくる。「あの見るかげもない頼朝と―・りあうて」〈浄・蛭小島武勇問答〉❷動詞の連用形に付いて、散々…にする意を表す。めちゃくちゃに…する。「うるさやと、踏み―・って投げはふり」〈浄・万年草〉

チャチャチャ〖スペイン cha-cha-cha〗ラテン音楽のリズムの一。二拍子系。キューバのダンス音楽ダンソンを改良したもので、1950年代に流行した。

ちゃちゃっ-と「ちゃちゃと」に同じ。「―食事をすませて出かける」

ちゃちゃ-と〔副〕ある事がすばやく行われるさま。さっと。「憂き事はいく度も我心に―帰るものなり」〈正徹物語・下〉(類語)さっと

ちゃちゃ-むちゃく【茶茶むちゃく】〔形動ナリ〕物事が台なしになるさま。めちゃくちゃ。「通人だの通り者だのといふ奴は…皆身上―だ」〈滑・浮世床・初〉(補説)「ちゃちゃむちゃ」「ちゃちゃむちゃくちゃ」「ちゃちゃむちゃこ」などの形でも用いた。

ちゃ-つ【×楪▽子】《唐音》菓子などを盛るのに用いる漆器。端反りの木皿に高い足台をつけたもの。根来塗が多い。銘々盆。

ちゃ-つう【茶通｜×楪津宇】砂糖と卵白とをすりまぜ、小麦粉と片栗粉を入れてこねた皮でゴマ入りのあんを包み、その上に茶の葉をつけて焼いた菓子。

ちゃっ-か【着火】〔名〕スル 火がつくこと。火をつけること。「ライターがなかなか―しない」(類語)発火・点火・引火・出火

ちゃっ-か【着果】〔名〕スル 果樹や野菜が実をつけること。「桃が三年目に―する」

ちゃっ-か【着荷】〔名〕スル 荷物が着くこと。また、その荷物。ちゃくに。「注文した品が―する」

ちゃっか-てん【着火点】➤発火点

チャッカ-ブーツ〖chukka boots〗《chukkaは、ポロの試合の一回(7分半)を表すchukkerから》くるぶしほどの深さの短ブーツのこと。ポロ用の靴に形が似ているところからの名。

ちゃっかり〔副〕スル 自分の利益のために抜け目なく振る舞うさま。「案外―している」

ちゃっ-かん【着艦】〔名〕スル ❶軍艦に到着すること。また、軍艦が港に着くこと。「母港に―する」❷航空機が、航空母艦の甲板に帰着すること。「艦載機が続々と―する」

ちゃ-つき【茶×坏】昔、茶を飲むために用いた陶製の器。後世の茶碗の類。

ちゃっ-きょう【着京】〔名〕スル 都に着くこと。東京または京都に着くこと。「二日の日数が出発と―との時日に符合せぬので」〈花袋・蒲団〉

ちゃっきり-ぶし【ちゃっきり節】静岡県の新民謡。昭和2年(1927)静岡電鉄が茶やミカンの買い付けに集まる顧客へのサービスのために作ったもの。作詞は北原白秋、作曲は町田佳声。

ちゃっ-きん【着金】〔名〕スル 他所からの送金などが手もとに届くこと。「―してから品を発送する」

チャック　ファスナーのこと。(類語)ファスナー・ジッパー

チャック〖chuck〗旋盤の工具や工作物を周囲から締めつけて固定させる装置。

チャック-リーマー《chucking reamerから》旋盤・ボール盤の回転軸にチャックで取り付けて使用されるリーマー。

ちゃっ-け【嫡家】正統の血筋を受け継いでいる家柄。嫡流。(対)庶家。

ちゃ-づけ【茶漬(け)】❶飯に熱い茶をかけること。また、その飯。薄味のだし汁をかけることもある。❷粗末な食事。また、簡単な食事。

ちゃづけ-めし【茶漬(け)飯】❶「茶漬け❶」に同じ。❷手軽であること。簡単であること。「こんなことは―だ」〈歌舞妓年代記・三〉

ちゃづけ-や【茶漬(け)屋】❶茶漬けを食べさせる店。❷手軽な食事をさせる店。小料理屋。

ちゃっ-けん【着剣】〔名〕スル 小銃の先に銃剣をつけること。「戦闘に備えて―する」

ちゃっ-こ【着×袴】❶袴をはくこと。❷「袴着」に同じ。

ちゃっ-こう【着工】〔名〕スル 土木・建築などの工事を始めること。「新校舎は今年四月に―される」

ちゃっ-こう【着港】〔名〕スル 船がめざす港に着くこと。「予定どおり―する」

ちゃっ-こく【着国】国に帰り着くこと。帰国。

ちゃっこ-の-ぎ【着袴の儀】皇室の子が5歳になったときに初めて袴を着ける儀式。衣装は誕生時に天皇・皇后から贈られる。民間の七五三にあたる。御着袴。

チャッター-バー《和 chatter＋bar》自動車に速度を落とさせるために道路に設置される細長い金属製の突起物。

ちゃ-づつ【茶筒】茶の葉を入れておく筒形の容器。古くは木・漆器などを用いた。

チャッツワース-ハウス〖Chatsworth House〗英国イングランド中部、ダービーシャー州の町ベークウェル近郊、デボンシャー公爵の領地チャッツワースにあるマナーハウス。17世紀に建造。豪華な調度品や天井画の美しさで知られる。

チャット〖chat〗《おしゃべりの意》コンピューターネットワーク上で、二人以上の相手とリアルタイムで短いメッセージをやり取りするシステム、またはサービスのこと。パソコン通信のサービスとして広まったが、次第にインターネット上で利用されるようになった。

チャット〖ミャンマー kyat〗ミャンマーの通貨単位。1チャットは100ピア。キャット。

ちゃっ-と〔副〕❶すばやく動作をするさま。さっさと。すぐに。「道寄りをして遊山をしをって―帰らぬ」〈虎清狂・文荷〉❷わずかに動作をするさま。ちょっと。「一拝まっしゃれと」〈浄・浪花鑑〉

チャツネ〖chutney〗《ヒンディー語から》マンゴーなどの果実に香辛料・砂糖・酢などを加えてジャム状に煮たもの。インド料理の薬味やソースとする。

チャップ〖CHAP〗《challenge handshake authentication protocol》PPP接続などで使われる認証用のプロトコルの一。パスワードなどの認証情報が暗号化されるため、高い安全性をもつ。

チャップ〖chop〗►チョップ

チャップス〖chaps〗《メキシコのカウボーイがズボンの上に着けた牛・鹿などの毛皮chaparajosから》カウボーイ用の革製のズボンカバーのこと。本来は灌木やとげから身を守るために用いたものだが、今では脇のひらひらした飾りが特徴のアクセサリーとして用いられる。

チャップマン〖George Chapman〗［1559ころ～1634］英国の詩人・劇作家。ホメロスの「イリアス」「オデュッセイア」を翻訳。その華麗で力強い文体は、キーツをはじめとする後世の詩人に大きな影響を与えた。詩集「夜の影」、戯曲「ビュシー＝ダンボアの復讐」など。

チャップリン〖Charles Chaplin〗［1889～1977］英国生まれの映画俳優・監督。渡米して皮肉と哀愁とを盛り込んだ多くの喜劇を自作自演し、世界的名声を獲得。作「黄金狂時代」「街の灯」「モダン-タイムス」「ライムライト」など。

チャップリン-ひげ【チャップリン×髭】鼻下のひげで、両側からそり狭めて中央に短く残したもの。チャップリンの演じた浮浪者のひげからいう。

ちゃ-つぼ【茶×壺】葉茶の貯蔵・運搬に用いる陶製の壺。

ちゃつぼ【茶壺】狂言。詐欺師が、街道で寝ている男から茶壺を取ろうとして争っていると、その地の目代が仲裁に入り、茶壺を持ち去る。

ちゃつぼ-どうちゅう【茶×壺道中】江戸時代、宇治の新茶を将軍家へ運ぶ行事。また、その行列。江戸から東海道を経由して茶壺を下し、帰路は中山道を利用した。

ちゃ-つみ【茶摘み】茶の葉を摘みとること。また、その人。(季 春)「むさし野もはてなる丘の―かな/秋桜子」

ちゃつみ-うた【茶摘み歌｜茶摘み唄】茶摘みのときに歌う歌。(季 春)

ちゃぶ・る【茶▽漬る】〔動ラ四〕《「茶漬け」の動詞化》茶漬け飯を食べる。「酒をばよして―・んなんせば好い」〈洒・四十八手〉

ちゃ-てい【茶亭】茶店。また、茶室。「真葛ヶ原のある―の入口のところに来て」〈近松秋江・黒髪〉

ちゃ-てい【茶庭】茶室の庭。腰掛け・灯籠・蹲踞・飛び石などを配置する。露地。ちゃにわ。

ちゃ-てん【茶店】「ちゃみせ」に同じ。「左手の―から重助とお竹とが」〈嵯峨の屋・姉と弟〉

ちゃ-と〔副〕「ちゃっと」に同じ。「太夫殿の舞ひぶりが見えぬに、火燭をとぼして―見よ」〈咄・露がはなし・二〉

チャド〖Chad｜フランス Tchad〗アフリカ中部の共和国。首都ヌジャメナ。内陸国で、北部は砂漠が多く、牧畜が行われ、南部はサバンナ地帯で、綿花などの栽培が行われる。フランス領から1960年独立。人口1054万(2010)。

ちゃ-とう【茶湯】仏前や霊前に供える煎茶湯。禅家では忌日などに仏前に供える茶と湯をいう。さとう。

ちゃ-とう【茶×鐺】❶茶釜。❷青銅製または黄銅製の器で、湯を沸かすのに用いるもの。鏟子。

ちゃ-どう【茶道】茶の湯によって精神を修養し礼法を究める道。鎌倉時代の禅寺での喫茶の儀礼を起源として、室町時代の村田珠光に始まり、武野紹鷗を経て千利休が大成、侘茶として広まった。利休後は表千家・裏千家・武者小路千家の三千家に分かれ、ほかに多くの分派がある。現在では、ふつう「さどう」という。

チャドウィック〖James Chadwick〗［1891～1974］英国の原子物理学者。放射性現象の研究に尽力。1932年に中性子を発見し、35年、ノーベル物理学賞受賞。第二次大戦中は渡米して原子力兵器を研究。

ちゃ-どうぐ【茶道具】茶事を行ううえで必要な道具。装飾用具(掛け物・花入れなど)・点茶用具(茶入れ・茶碗・茶杓など)・懐石用具(折敷・四つ碗など)・水屋用具(水桶など)・待合用具(円座など)の五つに大別される。

ちゃとう-び【茶湯日】禅寺で茶湯を仏前に供えて供養をするように定められている日。この日に参詣すると特に功徳があるとされる。

ちゃどう-ぼうず【茶道坊主】「茶坊主❶」に同じ。

ちゃ-どき【茶時】❶茶を摘みとる時期。茶摘み時。❷茶を飲む時刻。

ちゃ-どくが【茶毒×蛾】ドクガ科のガ。翅は開張約3センチで黄色い。雄に黒褐色の鱗粉が多い。幼虫は茶・ツバキ・サザンカの葉を食べ、茶毛虫とよばれ、毒針毛に触れると皮膚に炎症を起こす。

チャド-こ【チャド湖】《Lake Chad》アフリカ中部、サハラ砂漠南端にある塩湖。面積は降水量により著しく変化する。

ちゃ-どころ【茶所】❶茶の生産地として知られている所。茶の名産地。❷社寺などの参詣人に茶を供する場所。お茶所。また、茶店。

チャド-しょご【チャド諸語】ハム諸語に属し、アフリカのチャド湖周辺で話されている100以上の同系諸言語の総称。交易語として広く用いられているハウサ語を含む。

チャドル〖ペルシア chador〗イスラム教徒の女性が着る伝統的な服。黒地の布で作ったベール状のもので、頭からかぶり全身を覆い隠す。顔は隠さない。現在ではイランに多くみられる。チャードル。アラビア語ではハバラ。➡ブルカ ➡ニカブ ➡ヘジャブ

チャナッカレ〖Çanakkale〗トルコ北西部の町。ダーダネルス海峡に面し、古くから海上交通および軍事上の要衝として知られる。第一次大戦におけるゲリボル(ガリポリ)の戦いに関する武器などを展示する海事博物館、15世紀建造のチメンリッキ城などがある。世界遺産に登録されたトロイア遺跡のほか、ギョクチェ島、ボズジャ島への観光拠点。

ちゃ-にわ【茶庭】「ちゃてい(茶庭)」に同じ。

チャネラー〖channeler〗《情報などを伝達・仲介する人の意》異次元の意識を人に伝える媒介者。宇宙存在と交信する人。霊媒者。➡チャネリング

チャネリング〖channeling〗〔名〕スル 一種の自己催眠状態にはいり、潜在意識を通して、日常とは別の次元と交信すること。前世や未来を知ることができるとされる。「宇宙人と―する」

チャネル〖channel〗►チャンネル

チャネル-しょとう【チャネル諸島】《Channel》イギリス海峡の南部、ノルマンディー半島の西にある諸島。英国領。ジャージー島・ガーンジー島などからなり、酪農・園芸農業が盛ん。日常語はフランス語。

ちゃのき-にんぎょう【茶の木人形】►宇治人形

ちゃ-の-こ【茶の子】❶茶を飲むとき口にする菓子。茶請け。茶菓子。「円い―を口の端へ持って行くと」〈鏡花・草迷宮〉❷彼岸会などの仏事の際の供え物、または配り物。団子などの菓子や野菜類を用いる。❸農家などで、朝食前の畑仕事に出るときにとる軽い食事。また転じて、物事の容易なことのたとえ。朝飯前。おちゃのこ。「阿部一族討ち取りなぞは―の―の朝茶の子じゃ」〈鷗外・阿部一族〉

ちゃ-の-ま【茶の間】❶住居の中で、家族が食事やだんらんなどをする部屋。❷茶室。❸武家で❶の雑用をつとめた女。茶の間女。「―の万がどれいと答へ出迎へば」〈浄・鑓の権三〉(類語)居間・リビングルーム

ちゃ-のみ【茶飲み】❶「茶飲み茶碗」の略。❷茶を好んで、たくさん飲むこと。また、その人。❸茶の湯の宗匠。茶人。「―連歌師を集めて」〈太平記・三〇〉

ちゃのみ-ぐさ【茶飲み▽種】茶飲み話の話題になること。世間話のたね。

ちゃのみ-ぢゃわん【茶飲み茶×碗】茶を飲むのに用いる茶碗。(類語)茶飲み・湯吞み・茶碗・湯飲み

ちゃのみ-ともだち【茶飲み友達】❶茶飲み話を楽しむ、親しい間柄の友人。茶飲み仲間。❷老年になってから結婚した夫、または妻。茶飲み仲間。

ちゃのみ-なかま【茶飲み仲間】「茶飲み友達」に同じ。

ちゃのみ-ばなし【茶飲み話】茶を飲みながらする世間話。ちゃばなし。

ちゃ-の-ゆ【茶の湯】❶客を招き、抹茶をたてて楽しむこと。また、その作法や会合。➡茶道 ❷茶をたてるために沸かす湯。「鑵子の弦の熱きにも煮ゆる―は面白や」〈虎明狂・通円〉

(類語)茶道・お茶・野点・点茶・茶会

ちゃのゆ-おんど【茶の湯音頭】►茶音頭

ちゃのゆ-しゃ【茶の湯者】茶の湯の師匠をして渡世をする者。

ちゃのゆ-ふくさ【茶の湯×袱×紗】►茶袱紗

ちゃ-ば【茶葉】飲料用にする茶の木の葉。➡茶

ちゃ-ばおり【茶羽織】婦人用の丈の短い羽織。襠がつかず、共布のひもをつける。半反で作れるので半反羽織ともいう。もと、茶人が用いた。

ちゃはき-ばこ【茶掃き箱】茶道具の一。抹茶を茶入れや薄茶器に入れるのに必要な道具を入れた箱。桐木地製で二段になり、上段には羽根・茶さじ、下段には漏斗・茶合が入れてある。

ちゃ-はく【茶伯】茶道の宗匠。

ちゃ-ばこ【茶箱】❶葉茶を運送・貯蔵するのに用いる大形の木箱。湿気を防ぐため、内側にブリキや渋紙などをはる。❷旅行や野点などのとき、茶道具一式を入れて持ち運ぶための箱。

ちゃばこ-だて【茶箱▽点】茶箱❷を用いて行う点茶の方式。主に山野・水辺などの野点で行う。

ちゃ-ばしら【茶柱】番茶などをついだとき、茶碗の中に立って浮いている茶の茎。俗に吉兆であるといわれる。「―が立つ」

ちゃ-ばたけ【茶畑】茶の木を植えた畑。茶園。(季 春)「―に入日しづもる在所かな/竜之介」

ちゃ-ぱつ【茶髪】茶色に染めた髪。もともと金髪でない人が、染色や脱色などで茶色や金色にした髪。

チャパティ〖chapati〗《サンスクリット語から》インドから中近東にかけて食される平焼きのパン。小麦粉に塩を加えてこね、発酵させずに円盤状にして鉄板上で焼いたもの。

ちゃ-ばな【茶花】茶室の床に生ける花。季節に応じた花を投げ入れの方法で生ける。

ちゃ-ばなし【茶話】茶飲み話。さわ。

ちゃばね-ごきぶり【茶×翅蜚=蠊】ゴキブリの一種。体長11ミリくらい。全体に薄茶色で、前胸の背側に八の字状の黒紋がある。屋内にすみ、雑食性。近縁のモリチャバネゴキブリは雑木林にすむ。

ちゃばね-せせり【茶×翅挵=蝶】セセリチョウ科のチョウ。翅は開張3センチくらいで黒褐色。前翅には環状に大小の白点の列がある。草原に多く、敏速に飛ぶ。幼虫は稲・ススキ・笹などの葉を食べる。

ちゃ-ばら【茶腹】茶をたくさん飲んだときの腹ぐあい。また、茶をたくさん飲んで空腹を紛らすこと。
茶腹も一時(いっとき) 茶を飲んでも、しばらくの間は空腹をしのぐことができる。わずかなものでも、一時しのぎになることのたとえ。
ちゃ-ばん【茶番】❶客のために茶の用意や給仕をする者。❷こっけいな即興寸劇。江戸歌舞伎の楽屋内で発生し、18世紀中ごろ一般に広まった。口上茶番と立ち茶番とがある。茶番狂言。❸底の見えすいた、下手な芝居。ばかげた振る舞い。茶番劇。「当人は真剣でも傍(はた)から見ればとんだ—だ」
ちゃばん-きょうげん【茶番狂言】(キャウゲン) ►茶番❷
ちゃばん-げき【茶番劇】「茶番❸」に同じ。「相も変わらぬ与野党の—には飽き飽きした」
ちゃ-ひき【茶×挽き】❶葉茶を茶臼でひいて抹茶にすること。❷遊女や芸者が、客がなくて暇なこと。おちゃひき。➡御茶(おちゃ)を挽く
ちゃひき-ぐさ【茶×挽草】カラスムギの別名。
ちゃ-びしゃく【茶▽柄×杓】茶道具の一。釜(かま)から湯をくみとるときに用いる竹製の小さい柄杓。
ちゃ-びょうし【茶表紙】(ベウシ) ❶茶色の表紙。❷《その表紙が茶色の唐本仕立てであったところから》洒落本(しゃれぼん)の異称。
ちゃ-びん【茶瓶】❶茶を煎(せん)じ出すのに用いるやかん。また、その代用にする釜(かま)や土瓶。❷江戸時代、武家の奥方などが遊山に出るとき、茶弁当を入れて持ち運んだ具。また、それを携えて供をした男。❸「茶瓶前髪(まえがみ)」の略。❹「茶瓶頭」の略。
ちゃびん-あたま【茶瓶頭】《形状が茶瓶に似るところから》はげ頭。やかん頭。
チャビン-いせき【チャビン遺跡】(ヰセキ)《Chavín》►チャビン-デ-ワンタル
チャビン-デ-ワンタル〖Chavín de Huántar〗ペルー中部の高原都市、ワラスの近郊、アンデス山中の谷間にある遺跡。紀元前1500年から紀元前300年頃にかけて繁栄したチャビン文化の代表的な遺跡として知られる。1985年、「チャビン(古代遺跡)」の名で世界遺産(文化遺産)に登録された。チャビン遺跡。
ちゃびん-まえがみ【茶瓶前髪】(まへがみ) 文化・文政(1804～1830)ごろ、京坂地方で行われた男子の髪形。前髪を高くし、後ろの髷(まげ)と合わせて茶瓶の手のような形にしたもの。中流以上の町民の子弟が結った。
チャフ〖chaff〗レーダー妨害片。対電子戦資材の一つで、電波反射率の高いアルミ箔片(はくへん)など。敵レーダーの探知を妨害、あるいはレーダー誘導式のミサイルの攻撃を回避するため空中に散布する。
ちゃ-ぶくさ【茶×袱×紗】茶の湯に用いるふくさ。茶器のちりを払ったり、茶碗などを観賞する際、その下に敷いたりする絹布。ちゃのゆふくさ。
ちゃ-ぶくろ【茶袋】❶茶を入れる紙袋。❷葉茶を入れて煎(せん)じるための布袋。
チャプスイ【雑砕】《中国語》中国、広東地方の五目うま煮。豚肉・鶏肉と野菜などをせん切りにして油でいため、スープで煮て塩味をつけ、片栗粉でとろみをつけたもの。
チャプター〖chapter〗❶書物・論文などの章。❷歴史・人生などの重要なひとくぎり。
チャプター-イレブン〖chapter eleven〗❶書物・論文などの第11章。❷特に、米国の連邦破産法の第11条のこと。➡連邦破産法
チャプター-セブン〖chapter seven〗❶書物・論文などの第7章。❷特に、米国の連邦破産法の第7条のこと。➡連邦破産法
ちゃぶ-だい【▽卓×袱台】《「ちゃぶ」は「卓袱」の中国音からという》和室で用いる、足の短い食卓。
ちゃぶだい-がえし【▽卓×袱台返し】(がへし) ❶(腹を立てた者が、食事の途中で)ちゃぶ台をひっくり返すこと。❷(❶から)準備の整った、また、順調に進行している物事に介入して、振り出しに戻してしまうこと。
ちゃ-ぶね【茶船】❶近世、江戸・大坂などの河川や港で大型廻船の貨物の運送に用いた小船。❷河川や港で飲食物を売る小船。うろうろ船。
ちゃぶ-や【▽卓×袱屋】明治開化期に横浜や神戸などにできた小料理屋。主に外国の下級船員を相手とし、売春婦をかかえている店が多かった。
ちゃ-ぶるい【茶×篩】(ぶるひ) 臼(うす)でひいた抹茶をふるうのに使う目の細かい篩。
ちゃ-ぶるまい【茶振る舞ひ】(ぶるまひ) 酒や食事を出さず、茶だけで済ませるような簡単なもてなし。多く、女性だけの集まりに行われた。「—みな一人づつ抱いて来る」〈柳多留・二〉
チャプレン〖chaplain〗学校その他の、教会以外の施設における礼拝堂で奉仕する聖職者。
ちゃ-ぶろ【茶風炉】茶の湯で、湯を沸かすのに用いる風炉。
チャペック〖Karel Čapek〗[1890～1938]チェコの劇作家・小説家。科学技術と人間のエゴイズムとの結び付きによって生まれる人類の危機を風刺した作品で知られる。「ロボット」の語を初めて用いた戯曲「R・U・R」のほか、小説「山椒魚戦争」、童話「長い長いお医者さんの話」など。
チャペル〖chapel〗キリスト教の礼拝堂。主に私邸や学校・病院などに付属した教会堂をいう。
ちゃ-べんとう【茶弁当】(ベンタウ) 遊山などのとき、茶道具一式に弁当を添えて携帯するための用具。
ちゃ-ほ【茶舗】茶を製造・販売する店。
チャボ 鶏の小形品種の総称。尾羽が直立し、脚は短い。愛玩用。ウズラチャボ・カツラチャボ・ミノヒキチャボなど。名は原産地のインドシナのチャンパーにちなむ。天然記念物。(補説)「矮鶏」とも書く。
チャボ►チャンパー
ちゃ-ほう【茶法】(ハフ) 茶道の作法。
ちゃ-ぼうき【茶×箒】(バウキ) 茶の湯で、風炉(ふろ)などのちりを払うのに用いる小さい羽ぼうき。
ちゃ-ほうじ【茶×焙じ】(ハウじ) 番茶を焙じる道具。柄のついた曲げ物の底に紙や金網を張ったもの。
ちゃ-ぼうず【茶坊主】(バウズ) ❶室町・江戸時代の武家の職名。来客の給仕や接待をした者。剃髪(ていはつ)していた。御茶坊主。茶道坊主。❷権力者におもねる者をののしっていう語。❶が権力者の威を借りて威張る者が多かったところからいう。
チャボ-ひば【チャボ×檜葉】ヒノキの園芸品種。丈は低く、枝は短くて扇状に密に分かれている。庭木や盆栽にする。かまくらひば。
ちや-ほや〔副〕(スル) 相手の機嫌をとるようなさま。「—(と)甘やかす」「—されていい気になる」(類語)甘やかす
ちゃ-ぼん【茶盆】茶器などをのせる盆。
ちゃま〔接尾〕《「さま(様)」の音変化》人名または人を表す名詞に付いて、敬い親しむ気持ちを表す。幼児語。「おばー」「おじい—」
ちゃ-み【茶味】❶たてた茶の味。また、茶道の味わい。❷風雅なおもむき。「—のあるもてなし」
ちゃ-みせ【茶店】❶通行人などに茶菓を供して休息させる店。茶屋。掛け茶屋。❷製茶を売る店。茶屋。葉茶屋。(類語)喫茶店・カフェテラス・茶房
チャムルジャ〖Çamlıca〗トルコ北西部の都市イスタンブールの一地区。ボスポラス海峡の東岸に位置する。市街で最も高い標高267メートルの丘があり、頂上は公園になっている。市街を一望できる展望地。
ちゃ-め【茶目】〔名・形動〕無邪気な子供っぽいいたずらをすること。また、そのような人や、そのさま。おちゃめ。「—な娘」
ちゃ-めい【茶名】茶の湯で、極意を皆伝された茶人に付ける名前。村田珠光の世嗣(よつぎ)村田宗珠が大徳寺の名禅から「宗」の一字をもらって付けて以来、家元から指南を許されると「宗」の字を上に付ける。
ちゃ-めい【茶銘】茶の湯用の葉茶に付ける固有の名。室町末期に宇治の茶園名に始まり、現在は各宗家の好みによって付ける。初昔(はつむかし)・後昔(のちむかし)など。
ちゃ-めし【茶飯】❶塩味を加え、茶の煎(せん)じ汁で炊いた飯。奈良茶飯。❷炊き上がった飯に細かく刻んだ煎茶をまぜ入れたもの。❸醤油・酒などを入れて炊いた飯。さくらめし。きがらちゃめし。
ちゃめっ-け【茶目っ気】おちゃめな性質。ちゃめけ。「—のある人」
チャモロ〖Chamorro〗ミクロネシア、マリアナ諸島の先住民。人種的にはポリネシア系といわれるが、17世紀以降スペイン人などと混血。
ちゃ-や【茶屋】❶茶を製造・販売する職業。また、その家。葉茶屋。❷旅人などに茶菓を供し休息させる店。茶店(ちゃみせ)。「峠の—」❸江戸時代、上方の遊里で、客に芸者・遊女を呼んで遊ばせた家。揚屋(あげや)より格が低かった。❹江戸時代、江戸新吉原で、客を遊女屋などに案内することを業とした家。引手茶屋。❺「芝居茶屋」に同じ。❻「相撲茶屋」に同じ。
ちゃや-あそび【茶屋遊び】料亭・遊郭などで、芸者・遊女を相手に、酒を飲んで遊ぶこと。「遂ぞ—をするとか云うような事は決してない」〈福沢・福翁自伝〉
チャヤーノフ〖Aleksandr Vasil'evich Chayanov〗[1888～1939ころ]ソ連の農業経済学者。協同組合主義者で、小農主義理論を展開したが、反革命の罪で逮捕・処刑された。著「小農経済の原理」「農民ユートピア国旅行記」。
ちゃや-おんな【茶屋女】(をんな) 料理屋などにいて、酒の酌や遊興の相手をする女。
ちゃや-ぐるい【茶屋狂ひ】(ぐるひ) 茶屋遊びに夢中になること。「傾城買ひは申すに及ばず、—、小宿狂ひもせぬやうに」〈浮・色三味線・一〉
ちゃや-こや【茶屋小屋】「茶屋❹」に同じ。「—の女中衆ではなし、商人家のお飯焚がそれでは済みません」〈滑・浮世風呂・三〉
ちゃや-ざけ【茶屋酒】料亭・遊郭などで飲む酒。
ちゃや-しろうじろう【茶屋四郎次郎】(シラウジラウ) 安土桃山・江戸時代の京都の豪商。四郎次郎は歴代の通称。初代清延・2代清忠・3代清次・4代道澄・5代延宗と、徳川家の呉服師、朱印船貿易商、糸割符商として巨利を得た。
ちゃや-ぞめ【茶屋染(め)】麻地に藍を主色とし、糊置(のりお)きの方法を用いて、花鳥・山水などを表す模様染め。寛永(1624～1644)ごろに始められたといわれ、武家女性が夏の帷子(かたびら)に用いた。
ちゃや-つじ【茶屋×辻】茶屋染めの一種。麻地の帷子(かたびら)に、藍染めにして模様を表し、刺繡(ししゅう)を加えたもの。
ちゃや-ば【茶屋場】歌舞伎などで演じる茶屋などでの遊興場面。
ちゃや-ぼうず【茶屋坊主】(バウズ) 客に茶をたてて出す店の主人。「是(これ)は宇治橋の供養の時、茶を点(た)てて死ににせし、通円と言っし—なり」〈虎明狂・通円〉(補説)頭を丸めていたためこういった。
ちゃ-やま【茶山】❶茶の木を植えてある山。❷山に茶を摘みに行くこと。(季 春)
ちゃや-まち【茶屋町】❶茶屋が軒を連ねている所。茶屋の多い町。❷遊里。色町。
ちゃや-もの【茶屋者】❶引手茶屋・色茶屋などを営業する者。❷「茶屋女」に同じ。「横町の仕立て物屋、縫箔屋(ぬひはくや)の女房は、そのまま—の風儀にて」〈浮・胸算用・二〉
ちゃ-ゆ【茶油】茶の種子から得られる不乾性油。椿油の代用にする。
ちゃら ❶口から出まかせを言うこと。でたらめ。ちゃらくら。「—を言う」❷貸し借りをなしにすること。差し引きゼロ。帳消し。「—にする」❸なかったことにすること。「話を—にする」
ちゃら・い〔形〕俗に、服装が安っぽく派手なさま。ちゃらちゃらしているさま。「—・い男」
ちゃら-か・す〔動サ四〕でまかせを言う。また、冗談を言ってからかう。ちゃかす。「きついしゃれさなどと—・しても」〈洒・辰巳婦言〉
ちゃら-きん【ちゃら金】江戸末期、各地で偽造された二分金の俗称。真鍮(しんちゅう)に鍍金(ときん)するなど悪質のものも多く、ちゃらちゃらと音がしたのでいう。
ちゃら-くら「ちゃら❶」に同じ。「ちゃらくらと」の形で副詞的にも用いる。「あのお方は大の—ぢゃよって油断はならぬぞえ」〈洒・南遊記〉「いろいろ—とことわりを言ひちらし」〈滑・膝栗毛・五〉

ちゃら-ちゃら〔副〕ｽﾙ ❶小さな金属片などが互いに触れあったり、他の堅い物に当たったりしてたてる音、またそのさまを表す語。「鍵束を一(と)いわせる」「雪駄せったを一(と)させて歩く」❷多弁なさま。べらべら。「一(と)しゃべりまくる」❸女性がことさらに気取るさま。また、服装が安っぽく派手なさま。「一(と)した人」「一(と)したワンピース」

ちゃらっ-ぽこ　口から出まかせのうそ。また、それを言う人。ちゃらぽこ。「随分一を言う人なんですから」〈紅葉・金色夜叉〉

ちゃら-ぽこ「ちゃらっぽこ」に同じ。「古着屋めを一ではぐらかして」〈滑・膝栗毛・七〉

ちゃ-らん【茶×蘭】センリョウ科の常緑低木。葉は茶の葉に似る。5、6月ごろ、黄色で粟粒ほどの花が穂状に咲く。花は香りがよく、茶に香気をつけるのに用いる。中国南部の原産。観賞用。

チャランゴ〘ｽﾍﾟｲﾝ charango〙南アメリカのアンデス地方の民族楽器。リュート属の弦楽器で、胴はアルマジロの甲羅で作る。

ちゃらん-ぽらん〔名・形動〕いいかげんで無責任なこと。また、そのさま。「一を言う」「一な仕事」
(類語)適当・いい加減・生半可・ぞんざい・投げ遣やり・でたらめ・行きあたりばったり・無責任

ちゃり「ちゃりんこ❷」の略。

ちゃり【茶利】《動詞「茶ちゃる」の連用形から。「茶利」は当て字》❶おどけた、こっけいな文句や動作。また、冗談。「一ばかり言わで」〈一葉・にごりえ〉❷人形浄瑠璃や歌舞伎で、こっけいな演技・演出。また、茶利場ちゃりばのこと。❸操り人形の首かしらで、こっけいな面相のもの。

ち-やり【血×槍】血のついた槍。血だらけの槍。

チャリオット〘chariot〙古代エジプト・ギリシャ・ローマなどで用いられた2頭立て一人乗りの二輪馬車。戦闘・狩猟・競走などに用いられた。

ちゃり-がたき【茶利敵】►半道敵はんどうがたき

ちゃり-がたり【茶利語り】茶利場ちゃりばを得意とする義太夫節の太夫。

ちゃり-ごえ【茶利声】ちゃりごゑ おどけた声。こっけいな声。「私は一で歌ふことは参りませぬ」〈浄・妹背山〉

チャリティー〘charity〙慈善。慈善の心や行為。特に、社会的な救済活動をいう。「一バザー」「一コンサート」

チャリティー-ショー〘charity show〙►慈善興行

ちゃり-ば【茶利場】人形浄瑠璃・歌舞伎で、笑劇の要素の濃い段や場面。茶利。

ちゃ-りょう【茶寮】ちやれう ►さりょう(茶寮)

ちゃりん〔副〕金属片などが固い物に触れて出す高い音を表す語。ちゃらん。「百円玉が一と落ちた」

チャリング-クロス〘Charing Cross〙英国の首都ロンドン中心部、ウエストミンスターの一地区。トラファルガー広場の南に位置する。名称はエドワード1世が王妃エレノアのために建てた記念碑の十字架に由来し、同名の広場と駅がある。道路標識の距離の基点としても知られる。

ちゃりんこ　❶子供のすり。❷自転車の俗称。ちゃり。

ちゃ・る【茶る】〔動ラ四〕《「茶」の動詞化》こっけいな言動をする。ふざける。おどける。「与八様とした事が、余りー・って下さんすな」〈浄・難波丸金鶏〉

チャルシュ-ジャーミー《Çarşı Camii》►ハジュオズベクモスク

チャルダーシュ〘ﾊﾝｶﾞﾘｰ csárdás〙《「チャルダッシュ」とも》ハンガリーの民族舞曲。4分の2拍子で、ゆるやかな導入部と、急速で独特なリズムをもつ主部とからなる。

チャルダッシュ〘ﾊﾝｶﾞﾘｰ csárdás〙►チャルダーシュ

チャルテル-さん【チャルテル山】《Cerro Chaltél》►フィッツロイ山

チャルメラ〘ﾎﾟﾙﾄｶﾞﾙ charamela〙木管楽器の一。前面に七つ、背面に一つ指孔ゆびあながあり、先端はアサガオ状に開く。多く屋台の中華そば屋などが用いる。唐人笛。(補説)「哨吶」「嗩吶」「南蛮笛」とも書く。

チャルメル-そう【チャルメル草】ｻｳ ユキノシタ科の多年草。谷川近くの湿った所に生え、高さ約30センチ。根際に卵形の葉が多数つく。葉・茎とも腺毛を密生。4、5月ごろ、暗赤色の花を総状につける。名は、種子を出すときの実の開いた形がチャルメラに似ることに由来。

チャレンジ〘challenge〙〔名〕ｽﾙ ❶挑戦すること。試合などを申し入れること。「新人選手の一を受ける」❷困難な問題や未経験のことなどに取り組むこと。「世界記録に一する」(類語)挑戦・アタック

チャレンジ-アド〘challenge ad〙挑戦広告。競合企業および競合商品を名指しし、自社商品の優越性を誇示する広告。

チャレンジ-スクール〘challenge school〙東京都が高校中途退学者、中学不登校者のために開校した3部制(午前・午後・夜間)、単位制の定時制高等学校。国語・数学・英語などだけでなく、芸術・福祉などの実習科目にも重点を置く。入学に際し学科選考はなく、志願申告書・作文・面接を総合して選考する。第1号の桐ヶ丘高校は平成12年(2000)4月に開校。(補説)平成24年7月現在、桐ヶ丘・世田谷泉・大江戸・六本木・稔ヶ丘高校の5校があり、八王子拓真高校がチャレンジ枠を設けている。

チャレンジポスト-せい【チャレンジポスト制】《challenge post system》職務代行制度。役職者に適任者がおらず、そのポストが空席になったとき、一般従業員の中からそのポストの代行になる人材を公募する制度。

チャレンジャー〘challenger〙挑戦者。特に、選手権保持者に挑戦する者。

チャレンジャー-かいえん【チャレンジャー海淵】《Challenger Deep》マリアナ海溝の南西端にある深所。水深1万920メートル。英国のチャレンジャー8世号が1951年に発見。

チャレンジング〘challenging〙〔形動〕❶(人や態度が)挑戦的なさま。❷(仕事や考えなどが)意欲をそそるような、やりがいのあるさま。「一なプロジェクト」

ちゃ-ろ【茶炉】茶をたてるときに、釜かまをかける炉。

ちゃ-わ【茶話】❶茶を飲みながら気軽にする話。茶飲み話。さわ。❷こっけい味のある話。軽い話。

ちゃわ-かい【茶話会】ｸﾜｲ ►さわかい(茶話会)

ちゃ-わん【茶×碗】❶茶を入れ、または飯を盛る陶磁製の碗。特に茶の湯では、天目形・沓くつ形などの茶碗が用いられる。❷古く、陶磁器の総称。❸「茶碗盛り」の略。(類語)椀わん・皿・鉢・丼

ちゃわん-ざけ【茶×碗酒】茶碗で酒を飲むこと。また、その酒。

ちゃわん-たけ【茶×碗×茸】チャワンタケ科のキノコの総称。原野などに生える。初め壺状で、内面に子嚢しのうが並び、子嚢胞子が成熟すると開いて茶碗状になり、胞子が噴き出される。ベニチャワンタケ・ヒイロチャワンタケなど。

ちゃわん-むし【茶×碗蒸(し)】茶碗に鶏肉・エビ・かまぼこ・シイタケ・ぎんなんなどを入れて、だしで割った卵汁を注ぎ、蒸しかためた日本料理。

ちゃわん-もり【茶×碗盛(り)】料理の最初に出す、蓋ふたつきの茶碗に盛ったすまし汁。塗り椀に盛るものより味の淡泊なのが特徴。

ちゃん【▽父】父親を呼ぶ俗語。江戸時代から庶民の間で用いられた。
(類語)父・父親・男親・てて・てて親・お父さん・お父さま・おやじ・父じゃ人・乃父だいふ・阿父あふ・慈父・パパ

ちゃん【▽銭】《唐音》ぜに。金銭。ちゃんころ。「一一文無き此の身の仕合せ」〈浮・新色五巻書・一〉

チャン《Chian turpentineの略からか》タールを蒸留して残ったもの。ピッチ。瀝青れきせい。

ちゃん〔接尾〕《「さん」の音変化》人名、または、人を表す名詞に付けて、親しみを込めて呼ぶときなどに用いる。「一郎一」「おじい一」

チャン【荘】〔接尾〕《中国語》助数詞。マージャンで、正式な1ゲームを数えるのに用いる。「一一ｲｰﾁｬﾝ」「半一」

ちゃん-ぎり　摺鉦すりがね。また、その音。

チャング【杖鼓】《朝鮮語》朝鮮半島で用いられる打楽器。全長約70センチの細腰鼓さいようこで、左皮面は左手指で打って低音を、右皮面は細い桴ばちで打って高音を出す。雅楽・俗楽ともに使用。チャンゴ。じょうこ。

チャンゴ【杖鼓】《朝鮮語》►チャング

ちゃんこ-なべ【ちゃんこ鍋】大鍋に季節の野菜や魚・鶏肉などを入れて煮立て、つけ汁やポン酢で食べる力士料理。名は料理番を「ちゃん」と呼んだためとも、中国の鏟鍋ﾁｬﾝｸﾞｵ(板金製の鍋)料理の手法をとり入れたためともいう。ちゃんこ料理。ちゃんこ。

ちゃんこ-りょうり【ちゃんこ料理】ﾚｳﾘ ►ちゃんこ鍋

ちゃん-ころ【▽銭ころ】「銭ちゃん」に同じ。「銭といっちゃあ、欠けた一もない」〈伎・五大力〉

チャンス〘chance〙物事をするのによい機会。好機。「絶好の一を生かす」「今一度一を与える」
(類語)機会・好機・時機・時節・頃合い・時とき・折おり・機・機運・潮時しおどき・時宜・機宜

チャンス-オペレーション〘chance operation〙偶然性音楽を実現するための方法の一つ。アメリカの作曲家ジョン＝ケージは1951年にコインのトスで音高・音価などを定める曲を発表したが、元来はその方法をチャンス-オペレーションと呼んだ。

チャンス-メーカー《和 chance＋maker》スポーツで、味方が得点する機会をつくり出す人。

チャンタ【全帯】《中国語》マージャンで、数牌ｼｭｰﾊﾟｲの一と九、または字牌ﾂｰﾊﾟｲを含んだ組み合わせだけで上がったもの。全帯么ﾁｬﾝﾀｲﾔｵ。

ちゃんちゃら-おかし・いｦｶｼ〔形〕とるにたりないことである。大変こっけいである。笑止千万だ。「そんな話は一・くって聞けやしない」

ちゃん-ちゃん「ちゃんちゃんこ」に同じ。

ちゃん-ちゃん〔副〕❶刀と刀とで打ち合う音を表す語。「一と斬きり合う」❷物事をとどこおらせず正確にするさま。きちんきちんと。「単なる義理堅さから一とやってくる人物らしく」〈長与・竹沢先生と云ふ人〉

ちゃんちゃん-こ　袖なし羽織。綿入れが多い。袖なし。ちゃんちゃん。(季 冬)「柔かき黄の一身に合ひて/素十」(類語)上着・ブレザー・ジャケット・ブラウス・ジャンパー・ブルゾン・セーター・カーディガン・ガウン・羽織・半纏はんてん・上っ張り

ちゃんちゃん-ばらばら　㊀〔副〕刀で斬り合う音やそのようすを表す語。「一とやり合う場面」㊁〔名〕乱闘。けんか。「酔漢どうしが一を始める」

チャンチン【香椿】《中国語》センダン科の落葉高木。葉は卵形の多数の小葉からなる羽状複葉。若芽は赤く、独特のにおいがある。7月ごろ、枝先に白い小花が密生して咲き、実は秋に熟して5裂する。中国の原産。材を家具などに用いる。

チャンデルナゴル〘Chandernagor〙►シャンデルナゴル

ちゃん-と〔副〕ｽﾙ ❶少しも乱れがなく、よく整っているさま。「部屋の中を一かたづける」「いつも一した身なりをしている」❷確実で間違いのないさま。「言われたことは一やる」「一した職業につく」❸結果が十分であるさま。「朝食は一食べてくる」❹すばやく動作をするさま。さっと。「鉦かねと撞木しゅもくのやうに一だまんな」〈黄・御存商売物〉(類語)きちんと・しっかり・しゃんと

チャンドラー〘Raymond Chandler〙[1888～1959]米国の推理小説家。私立探偵マーロウを主人公とする一連の作品でハードボイルド派の代表的存在となった。作「大いなる眠り」「長いお別れ」など。

チャンドラグプタ〘Chandragupta〙㊀インドのマウリヤ朝の創始者。在位前317ごろ～前296ごろ。マガダ国のナンダ王朝を倒して、北インドを統一。さらに西北及び南インドまで勢力を拡大、インド最初の統一帝国を建設。生没年未詳。㊁(1世)インドのグプタ朝の創始者。在位320～335ごろ。即位した320年を元年とする「グプタ紀元」を創設。生没年未詳。㊂(2世)グプタ朝、第3代の王。在位376～414ごろ。領土を広げて最盛期を迎えた。中国文献は超日王と記した。生没年未詳。

チャンドラセカール〘Subrahmanyan Chandrasekhar〙[1910～1995]米国の理論天体物理学者。インド生まれ。恒星大気、恒星内部構造、恒星系の力学などを広範囲に研究、ブラックホール研究の先鞭をつけた。1983年、ノーベル物理学賞受賞。

チャンドラヤーン-いちごう【チャンドラヤーン一号(イチガウ)】インド初の月探査機。サンスクリット語で「月の乗り物」を意味する。2008年10月に国産ロケットPSLV-XLで打ち上げられた。各種センサーを搭載し、2年間にわたって月表面の地形や元素組成の調査を行う予定だったが、2009年8月に通信が途絶し、運用を終了した。

チャン-ぬり【チャン塗り】瀝青(れきせい)を塗ること。また、塗ったもの。「一のかはらけ仕出して世に売れども」〈浮・胸算用・五〉

チャンネル〖channel〗《「チャネル」とも》❶経路。道筋。ルート。❷テレビ・ラジオの各放送局に割り当てられた周波数帯。❸受信機・受像機で、放送を切り替えるためのつまみやボタン。❹コンピューターで、中央処理装置と入出力装置とを結ぶ情報の伝送路。❺生体の物質輸送で、生体膜にあって物質を能動的に通過させる通路。❻電界効果トランジスターで、外部から電場を加えて電流制御できる狭い電流通路。

チャンネル-プラン〖channel plan〗放送や通信において、電波の混信を防いで能率的に利用するため、事業者や基地局ごとに周波数や出力などを割り当てること。また、そのように割り当てられた事業者ごとの周波数などの一覧表。

チャンネル-リーダー〖channel leader〗❶特定の商品の流通において、主導権を握る者・業者。❷家庭内で、テレビのチャンネル選択権を握る人。

チャンパー〖Champa〗2世紀に、インドシナ半島南東部、現在のベトナム中部にチャム人の建てた王国。中継貿易で繁栄。17世紀末に滅亡。中国では林邑(りんゆう)・占城(せんじょう)などと称した。チャボ。チャンパ。

ちゃん-ばら《「ちゃんちゃんばらばら」の略》刀で斬(き)り合うこと。また、それを見せ場とする芝居や映画。剣劇。「一映画」

チャンピオン〖champion〗❶スポーツなどの優勝者。選手権保持者。「一フラッグ」「一ベルト」❷ある分野の第一人者。「流通業界の一」

チャンピオンシップ〖championship〗選手権。また、それを争う試合。

チャンピル-バニン〖Teampull Bheanáin〗▶ベナン教会

チャンプ〖champ〗スポーツのチャンピオン。

ちゃんぷるう《「ちゃんぷる」とも。多く「チャンプル」「チャンプルー」と書く》沖縄料理の一。豆腐と野菜のいためもの。入れる野菜により、ごうやあ(にがうり)ちゃんぷるう・まあみな(もやし)ちゃんぷるうなどがある。

チャンベク-さんみゃく【長白山脈】朝鮮民主主義人民共和国と中国との国境を走る山脈。最高峰は長白山(白頭山)。ちょうはくさんみゃく。

ちゃん-ぽん〔名・形動〕《「攙和」の中国音からか》❶2種類以上のものをまぜこぜにすること。また、そのさま。「日本酒とウイスキーを一に飲む」「話が一になる」❷肉・野菜などをいため、中華風のうどんと一緒にスープで煮た長崎の名物料理。[類語]混合・混じる・混ざる・混交・雑多・まぜこぜ・交錯・折衷

チャン-ミョン【張勉】[1899～1966]韓国の政治家。1950年に国務総理となるが、李承晩大統領と対立して辞任。1955年に民主党を結成し、1960年の四月革命で李承晩政権が倒れた後、再び国務総理に就任した。1961年朴正熙のクーデターで失脚。ちょうべん。

ち-ゆ【地×楡】《「じゆ(ぢゆ)」とも》ワレモコウの別名。また、漢方でワレモコウの根茎を乾燥したものをいう。

ち-ゆ【治癒】〔名〕(スル)病気やけがなどがなおること。「足の傷が一する」[類語]全治・全快・完治・平癒・根治・快気・全癒・快癒・本復・回復

チュアブル〖chewable〗かみくだいて服用するタイプの錠剤。水がなくても飲むことができる。

チュイルリー-こうえん【チュイルリー公園(コウエン)】《Jardin des Tuileries》フランス、パリのセーヌ川右岸、ルーブル宮殿からコンコルド広場まで続く公園。16世紀、ルーブル宮殿の西側にあったチュイルリー宮殿の庭園として造営され、17世紀にベルサイユ宮殿の設計で知られる造園家ル＝ノートルにより現在のフランス式庭園になった。

漢字項目　ちゅう

人**丑**　[音]チュウ(チウ)[漢]　[訓]うし‖十二支の二番目。うし。「丁丑」

中　[学]1　[音]**チュウ**[呉][漢]　**ジュウ**(ヂュウ)[慣]　[訓]**なか**、うち、あたる‖㊀〈チュウ〉①物のまんなか。「中央・中核・中原・中心・中枢・中点/正中」②二つの物の間。また、上下・大小などに分けたときの、間のところ。「中位・中音・中間・中佐・中耳・中旬・中農・中略・中流」③いずれにも偏らない。「中道・中庸・中立・中和」④一定の空間・時間の範囲のうち。「暗中・意中・渦中・懐中・寒中・眼中・忌中・宮中・在中・山中・車中・術中・掌中・陣中・水中・忙中・夢中」⑤一定の範囲の全体。「年中(ねんじゅう)・二六時中」⑥物事の進行のなかほど。「中座・中止/最中・途中・道中」⑦仲間うち。「社中・女中・連中(れんちゅう・れんじゅう)」⑧中心をずばりと突き通す。あたる。「中毒・中風/的中・南中・命中・百発百中」⑨中国。「中華/日中・米中・訪中」⑩「中学校」の略。「中卒」㊁〈なか〉「中庭・中程/背中・野中・人中・夜中」[名付]かなめ・ただ・ただし・な・のり・よし [難読]中将(すけ)・中務(なかつかさ)・就中(なかんずく)

仲　[学]4　[音]**チュウ**[漢]　[訓]**なか**‖㊀〈チュウ〉①人と人との間に立ってとりつぐこと。なかだち。「仲介・仲裁」②兄弟の二番目。「仲兄/伯仲」③まんなか。「仲秋・仲春」㊁〈なか〉「仲間・仲買人/恋仲」[難読]仲人(なこうど)

虫〔蟲〕　[学]1　[音]**チュウ**[漢]　[訓]**むし**‖㊀〈チュウ〉①むし。「虫媒花/益虫・回虫・害虫・駆虫・甲虫・昆虫・成虫・精虫・防虫・幼虫・寄生虫」②動物の総称。「羽虫(＝鳥)・裸虫(＝人間)」㊁〈むし〉「虫歯/青虫・鈴虫・長虫・水虫・弱虫」[難読]虫唾(むしず)

沖　[音]**チュウ**[漢]　[訓]**おき**‖㊀〈チュウ〉まっすぐに高く上がる。「沖天」㊁〈おき〉「沖合・沖魚」[補説]「冲」は異体字。[名付]なか・ふかし

▽**肘**　[音]チュウ(チウ)[呉][漢]　[訓]**ひじ**‖ひじ。腕の関節部分。「掣肘(せいちゅう)」

宙　[学]6　[音]**チュウ**(チウ)[漢]‖果てしない大空。「宇宙」[名付]おき・ひろし・みち

忠　[学]6　[音]**チュウ**[呉][漢]　[訓]じょう‖①真心。誠意を尽くすこと。まじめ。「忠言・忠告・忠実」②主君や国家にひたすら尽くすこと。「忠義・忠勤・忠君・忠孝・忠臣/尽忠・誠忠・不忠」[名付]あつ・あつし・きよし・すなお・ただ・ただし・ただす・つら・なり・のり [難読]忠実(まめ)

抽　[音]**チュウ**(チウ)[漢]　[訓]ぬきんでる、ぬく‖引き出す。抜き出す。「抽出・抽象・抽籤(ちゅうせん)」[難読]抽斗(ひきだし)

注　[学]3　[音]**チュウ**[慣]　[訓]**そそぐ**、つぐ‖①液体をそそぎ入れる。「注射・注入・注油/灌注(かんちゅう)」②ひとつ所に集中させる。「注意・注視・注目/傾注」③本文のわかりにくい箇所に説明の言葉を入れる。「注解・注記・注釈/脚注・校注・頭注・評注・補注・傍注・訳注」④しるす。要件を書きつける。「注進・注文/受注・発注」[補説]③④は「註」と通用。[難読]注連(しめ)

×**胄**　[音]チュウ(チウ)[漢]　[訓]かぶと‖かぶと。「介胄・甲胄(かっちゅう)」[補説]「胄(＝あとつぎ)」は別字。

昼〔晝〕　[学]2　[音]**チュウ**(チウ)[呉][漢]　[訓]**ひる**‖㊀〈チュウ〉①ひる。「昼夜/白昼」②正午。「昼食」㊁〈ひる〉「昼寝・昼間・昼飯/真昼・夜昼」[名付]あき・あきら

柱　[学]3　[音]**チュウ**[慣]　[訓]**はしら**‖㊀〈チュウ〉①はしら。「円柱・角柱・支柱・石柱・鉄柱・電柱・氷柱(ひょうちゅう)・門柱」②支えとなるもの。「柱石/脊柱(せきちゅう)」㊁〈はしら(ばしら)〉「柱時計/貝柱・床柱・火柱・帆柱・大黒柱」[難読]琴柱(ことじ)・天柱(ちりけ)・氷柱(つらら)

人**紐**　[音]チュウ(チウ)[慣]　ジュウ(ヂウ)[漢]　[訓]ひも‖㊀〈チュウ〉ひも。「紐帯(ちゅうたい・じゅうたい)」㊁〈ひも〉「革紐・靴紐・組紐・腰紐」[名付]くみ [難読]紐育(ニューヨーク)

衷　[音]**チュウ**[呉][漢]‖①心の中。まごころ。「衷心/苦衷・微衷・和衷」②なかほど。偏らないこと。「折衷」[名付]あつ・ただ・ただし・よし

酎　[音]**チュウ**(チウ)[漢]‖①三回重ねてかもした濃厚な酒。「芳酎」②蒸留酒の一種。「焼酎」

人**紬**　[音]チュウ(チウ)[漢]　[訓]つむぎ‖繭から糸を引き出す。物事の糸口を引き出す。「紬繹(ちゅうえき)・紬紡糸」

人**厨**　[音]チュウ[漢]　ズ(ヅ)[呉]　[訓]くりや‖㊀〈チュウ〉①台所。炊事場。くりや。「厨人・厨房/庖厨(ほうちゅう)」②ひつ。はこ。「書厨」㊁〈ズ〉ひつ。はこ。「厨子」[補説]「廚」は正字。

人**註**　[音]チュウ[慣]‖①本文中のある箇所に説明を加える。「註釈」②要件を記す。「註文」[補説]「注」と通用。人名用漢字表(戸籍法)の字体は「註」。

×**稠**　[音]チュウ(チウ)[漢]‖びっしり集まる。「稠人・稠密」

×**誅**　[音]チュウ[慣]‖①罪をとがめて殺す。「誅殺・誅伐/天誅」②厳しく責めたてる。「誅求/筆誅」

鋳〔鑄〕　[音]**チュウ**(チウ)[慣]　シュ[漢]　[訓]**いる**‖㊀〈チュウ〉金属をいる。「鋳造・鋳鉄/改鋳・新鋳」㊁〈い〉「鋳型・鋳物・鋳掛屋」

駐　[音]**チュウ**[慣]　[訓]とどまる、とどめる‖車馬をとめる。一定の場所にとどまる。一時的に滞在する。「駐在・駐車・駐屯・駐蹕(ちゅうひつ)・駐留/進駐」

×**疇**　[音]チュウ(チウ)[漢]　[訓]うね‖①田畑のうね。あぜ道。田畑。「田疇」②昔。以前。「疇昔(ちゅうせき)」③同類。たぐい。「範疇」[補説]「畴」は俗字。

ちゅう【中】㊀〔名〕❶物の大きさが、大と小との間であること。「一サイズの衣服」❷程度・価値・等級・序列などがなかほどであること。良くも悪くもないこと。「クラスで一の上くらいの成績」❸本を3冊に分けたときの第2冊。中巻。❹「中学校」の略。「小・一・高の一貫教育」「付属一」❺どっちにもかたよらないこと。中庸。「一を失わない」「一を取る」❻ある物事をしている途中。「お話の一だが」〈里見弴・安城家の兄弟〉㊁〔接尾〕名詞に付く。❶あるもの内部にあることを表す。「空気一の酸素」❷ある範囲・限界を区切る気持ちを表す。「今週一」「夏休み一の宿題」❸現にその活動をしていることを表す。「授業一」「工事一」❹その範囲の中に含まれる事柄であることを表す。「不幸一の幸い」「秀才一の秀才」➡[漢]「ちゅう(中)」

ちゅう【宙】(チウ)❶そら。大空。また、地面から離れた所。空中。「胴上げでからだが一に舞う」❷そらで覚えていること。暗記していること。「小説の一節を一で言う」➡[漢]「ちゅう(宙)」[類語]空中・空・天・天空・天穹(てんきゅう)・穹窿(きゅうりゅう)・蒼穹(そうきゅう)・太虚(たいきょ)・上天・天球・青空・青天井・空(くう)・虚空(こくう)・中空(ちゅうくう)・中天・上空・大空

宙に浮・く　❶地面から離れて空中に浮かぶ。「からだが一・く」❷決着がつかなくなる。中途半端になる。「資金難で計画が一・く」[補説]「中に浮く」と書くのは誤り。

宙を飛・ぶ　足が地についているとは思えないほど速く走る。「一・んで現場へ駆けつける」

ちゅう【忠】❶まごころをこめて、よくつとめを果たすこと。「一を尽くしていさめる」❷君主または国家に対して、まごころを尽くすこと。忠義。忠誠。「一ならんと欲すれば孝ならず」❸弾正台(だんじょうだい)の判官(じょう)。大少の別がある。➡[漢]「ちゅう(忠)」[類語]忠義・忠誠・忠孝

ちゅう【注┊×註】本文の意味を詳しく説明したり補足したりするために、本文の間に書き込んだり、別の箇所に記したりする文句。その位置によって頭注・割り注・脚注などという。「一を付す」「一を加える」「訳者一」➡[漢]「ちゅう(注・註)」

類語 小書き・割り書き・割り注・脚注

ちゅう【柱】❶琴柱。❷数学で、柱面または柱体のこと。「三角—」➡漢「ちゅう(柱)」

柱に膠して瑟を鼓す 《「史記」廉頗藺相如伝から》琴柱を膠で動かないようにして瑟を弾く。状況の変化に対応できないことのたとえ。

ちゅう【紂】古代中国の殷王朝最後の王。名は辛。妲己を溺愛し、酒色にふけって政治を乱し、忠臣の比干を殺すなど、暴虐の限りを尽くして周の武王に滅ぼされた。古来、夏の桀王とともに暴君の代表とされる。殷紂。紂王。

ちゅう【酎】焼酎のこと。「—ハイ」

ちゅう【×鈕】❶印・鐘・鏡などのつまみ。❷勲章の金属章と綬の環との間につける飾りのつまみ。❸足袋などのこはぜ。

ちゅう【×誅】罪ある者を討伐すること。罪人を殺すこと。「—に付する」➡漢「ちゅう(誅)」

ちゅう【×籌】数をかぞえるのに用いた木の串。かずさし。かずとり。また、それに似たおみくじ。

チュー【九】《中国語》数字の、9。九つ。

ちゅう〔連語〕《格助詞「と」に動詞「い(言)う」の付いた「という」の音変化。上代語》…という。「楽浪の連庫山に雲居れば雨そ降る—帰り来我が背」〈万・一一七〇〉

ち-ゆう【知友】互いに理解し合っている友。「年来の—」類語 親友・心友・畏友

ち-ゆう【知勇│×智勇】知恵と勇気。また、知者と勇者。「—兼ね備えた名将」

ちゅう-あい【忠愛】〔名・形動〕❶忠実であって仁愛のあること。また、そのさま。「此の—なる良民の誠意の真中を打たせ給うのである」〈木下尚江・良人の自白〉❷まごころをこめて愛すること。「—に厚く、仁恵を好む人は」〈中村訳・西国立志編〉

ちゅうあい-てんのう【仲哀天皇】記紀で、第14代の天皇。日本武尊の第2王子。名は足仲彦。皇后は神功皇后。熊襲征討のため筑紫に行幸し、そこで没したという。

ちゅう-あし【中足】歌舞伎の大道具の一。二重舞台で、高さが高足と常足との中間のもの。現行のものは2尺1寸(約64センチ)。

ちゅう-い【中位】❶中程度の位置・等級。「業界のほぼ—にある会社」❷大小、上下、多少などのどちらにも属さない、中間の数値あるいは位置。「時間をかけて二酸化炭素を蓄えた植物を原料とするバイオエタノールを短時間で消費することは、地表の二酸化炭素量に—でないと考えられる」❸遊女の地位の一。太夫と囲の間。天神。

ちゅう-い【中尉】軍人の階級の一。尉官の第二位で、大尉の下、少尉の上。

ちゅう-い【注意】〔名〕スル ❶気をつけること。気をくばること。「よく—して観察する」「日々健康に—する」❷悪いことが起こらないように警戒すること。用心すること。「交通事故に—する」❸気をつけるように傍らから言うこと。忠告。「過ちを—する」❹ある一つの対象を選択し、認知・明瞭化しようと意識を集中する心的活動。同時に、その他のものは抑制・排斥される。
類語 (❶)留意・配意・配慮・心配り・目配り・気配り/(❷)用心・警戒・戒心・自戒・配慮・用意・留意・心掛け・気配り・気遣い/(❸)忠言・忠告・勧告・警告・諫言・諫死・意見・戒め・心添え (—する)戒める・諫める・窘める・咎める・諭す

注意を引・く 人々の注意を引きつける。特に目につく。「派手な服装が—・く」

ちゅうい-ぎむ【注意義務】ある行為をするにあたって要求される一定の注意を払うべき法的義務。他人のための善良な管理者としての注意と、自己のためにする注意とに分かれる。違反すると、民法上、損害賠償の責任などを生じることもあり、刑法上は過失犯の成立要件となる。

ちゅう-い-きょう【中医協】➡中央社会保険医療協議会

ちゅういけっかんたどうせい-しょうがい【注意欠陥多動性障害】➡エー-ディー-エッチ-ディー(ADHD)

ちゅうい-しょうがい【注意障害】高次脳機能障害の一つ。事故や疾病で脳に損傷を受けた場合などに起こる。注意力が低下し、ぼうっとしている、あくびが多い、呼びかけにすぐに応答できない、物事に集中できずすぐに飽きてしまう、二つのことを同時にしようとすると混乱する、などの状態が見られる。

ちゅうい-じんぶつ【注意人物】警察などから不良または危険とみなされ、思想・行動を常に見守られている人物。「—としてマークされる」

ちゅうい-すう【中位数】➡中央値

ちゅういち-ギャップ【中一ギャップ】小学校から中学校に進学したときに、学習内容や生活リズムの変化になじむことができず、いじめが増加したり不登校になったりする現象。補説 小学校までに築いた人間関係が失われる、リーダーの立場にあった子どもが先輩・後輩の上下関係の中で自分の居場所をなくす、学習内容のレベルが上がるなどの要因が考えられる。

ちゅうい-ほう【注意報】風雨・乾燥・なだれ・津波・高潮などにより被害が出るおそれがあることを注意する予報。気象官署が出す。

ちゅうい-りょく【注意力】ある一つの事柄に気持ちを集中させる能力。

ちゅう-いん【中院】❶同時に三人以上の上皇または法皇があるとき、2番目の人。本院・新院に対していう。なかのいん。❷斎宮寮の一。頭以下の役人の詰め所。❸矢の的で、三重の輪の2番目の部分。

ちゅう-いん【中陰】➡中有

チューイン-ガム〖chewing gum〗口中でかんで味わう菓子。チクル、または酢酸ビニルなどの合成樹脂に、糖分・香料などで風味をつけたもの。1860年ごろ米国で製品化。ガム。

ちゅういん-ふごう【注音符号】➡ちゅうおんふごう(注音符号)

ちゅう-う【中有】❶仏語。四有の一。死有から次の生有までの間。人が死んでから次の生を受けるまでの期間。7日間を1期とし、第7の49日までとする。中陰。❷空中。空間。「僕は段々と—から降り立った」〈有島・宣言〉

ちゅう-うけ【中浮け】扇の一種で、上端がやや開いたもの。中啓より開きが少ない。

ちゅうう-の-たび【中有の旅】人の死後49日の間、霊魂が中有に迷っていること。冥途の旅。「黄泉—の空にただ一所こそおもむき給ひけめ」〈平家・六〉

ちゅう-え【中▽衣】三衣の一。七条の袈裟のこと。

ちゅう-えい【中衛】❶九人制のバレーボールで、前衛と後衛との中間にいて攻守を受け持つ者。➡前衛❷ ➡後衛❶ ❷ラグビーやアメリカンフットボールなどのハーフバック。

ちゅう-えい【虫×癭】昆虫やダニが植物に産卵・寄生して分泌物を出した結果、植物組織が異常発育してできるこぶ状のもの。五倍子・没食子など有用なものもある。むしこぶ。

ちゅう-えい【駐英】英国に駐在すること。「—大使」

ちゅう-えつ【中越】新潟県中部の地域名。かつて、越後を都に近い方から上越後・中越後・下越後と呼んだ時の中央部地方の略称。現在、長岡市が中心で、ほぼ加茂市から柏崎市までの区域をいう。➡上越㊁ ➡下越

ちゅう-えふ【中▽衛府】令外の官。授刀衛を改めた近衛府と並んで、もっぱら宮中の守護に当たった天皇の親衛隊。神亀5年(728)設置。大同2年(807)右近衛府と改称。中衛。

ちゅう-おう【中央】❶ある物や場所などのまんなかの位置。「町の—にある公園」❷ある組織や機関の中で、最も重要な機能をになっているところ。中枢。「—に意見を具申する」「党の—」❸中央官庁の置かれている土地。首都。「行政機関が—に集中する」⇔地方。類語 真ん中・中心・まん真ん中・ど真ん中

ちゅうおう【中央】㊀札幌市の区名。政令指定都市となった昭和47年(1972)成立。㊁さいたま市の区名。市域の中心に位置し、さいたま新都心がある。旧与野市にあたる地域。㊂千葉市の区名。市の中心部と蘇我、浜野などを含む。㊃東京都23区の一。昭和22年(1947)日本橋・京橋の両区が合併して成立。銀座・日本橋などの繁華街、兜町の株屋街、築地の魚河岸など、経済・流通の中心を占める。人口12.3万(2010)。㊄相模原市の区名。平成22年(2010)政令指定都市移行に伴い成立。区役所や市立図書館などの公共施設が多い。㊅新潟市の区名。JR新潟駅があり、駅付近は繁華街が発達している。㊆山梨県中部にある市。甲府盆地の南部に位置し西端を釜無川が、中部を笛吹川が流れる。トウモロコシ、ナス、トマトなどの栽培が盛ん。平成18年(2006)2月に豊富村・玉穂町・田富町が合併して成立。人口3.1万(2010)。㊇大阪市の区名。平成元年(1989)東区と南区が合併して発足。船場の商業地、道頓堀川付近の歓楽街、官庁街などがある。㊈神戸市の区名。昭和55年(1980)生田区と葺合区とが合併して成立。㊉福岡市の区名。商業街博多に対する城下町福岡の地。⑪熊本市の区名。平成24年(2012)政令指定都市移行に伴い成立。市域の中心に位置し、熊本城や水前寺公園がある。

ちゅう-おう【中欧】中部ヨーロッパ。ドイツ・オーストリア・ハンガリー・スイスなどを含む地域。

ちゅう-おう【紂王】➡紂

ちゅうおう-アジア【中央アジア】ユーラシア大陸中央部の内陸地域。乾燥地帯。一般に、カザフスタン・ウズベキスタン・トルクメニスタン・タジキスタン・キルギス各共和国および中国の新疆ウイグル自治区にまたがる地域をいう。中世まで東西交易の中継地として栄えた。

ちゅうおうアフリカ-きょうわこく【中央アフリカ共和国】《République centrafricaine》アフリカ大陸中央部の共和国。首都バンギ。フランスの植民地から1960年に独立。綿花・コーヒー・ダイヤモンドを輸出。旧称、ウバンギシャリ。面積約62万3000平方キロメートル。人口484万(2010)。

ちゅうおう-アメリカ【中央アメリカ】南北両アメリカ大陸をつなぐ地峡部。グアテマラ・ベリーズ・ホンジュラス・エルサルバドル・ニカラグア・コスタリカ・パナマの7か国をさし、広義にはメキシコ・カリブ海諸国を含めていう。中米。

ちゅうおう-アルプス【中央アルプス】木曽山脈の異称。日本アルプスの中央部を占める。

ちゅうおう-いいんかい【中央委員会】政党・労働組合などで、最高議決機関である大会から次の大会までの期間の、大会に代わる意思決定機関。大会で選任された中央委員によって構成される。

ちゅうおう-えんざんしょりそうち【中央演算処理装置】➡中央処理装置

ちゅうおう-おろしうりしじょう【中央卸売市場】都道府県・政令指定都市などが、生鮮食料品などの流通および消費に関して特に重要な都市およびその周辺地域に設ける卸売市場。

ちゅうおう-かいれい【中央海×嶺】大洋のほぼ中央に連なる幅広い海底山脈。大西洋中央海嶺・東太平洋海膨などがあり、頂上の水深は2500メートルくらい。これと平行する地磁気異常が観測され、プレートができる場と考えられている。震源の浅い地震や高い地殻熱流量も観測される。

ちゅうおうがくいん-だいがく【中央学院大学】千葉県我孫子市にある私立大学。昭和41年(1966)の開学。平成18年(2006)に大学院を設置した。

ちゅうおう-かこうきゅう【中央火口丘】大きな火口やカルデラ内に新たに生じた小火山。火口丘。

ちゅうおう-かんせい【中央官制】第二次大戦前の中央官庁の設置・名称・組織・権能などに関する規定。勅命によって定められ、内閣官制・各省官制などに分かれていた。現在は法律で定められ、国家行政組織法・各省設置法がこれに当たる。

ちゅうおう-かんちょう【中央官庁】権限・

管轄区域が全国に及ぶ官庁。内閣・内閣総理大臣・各省大臣・行政委員会など。中央行政官庁。⇔地方官庁。

ちゅうおう-きかん【中央機関】チユウアウキクワン ❶組織の中心となる機関。❷中央行政を行う機関。中央官庁など。

ちゅうおう-きしょうだい【中央気象台】チユウアウキシヤウダイ 気象庁の前身。明治8年(1875)創立の東京気象台を同20年に中央気象台に改組・改称。昭和31年(1956)気象庁に昇格。

ちゅうおう-きょういくしんぎかい【中央教育審議会】チユウアウケウイクシンギクワイ 文部科学省に置かれた審議会。もとは文部大臣の諮問機関。教育・学術・文化に関する基本的重要施策につき調査・審議し、また建議する。昭和27年(1952)設置。中教審。

ちゅうおう-ぎょうせいかんちょう【中央行政官庁】チユウアウギヤウセイクワンチヤウ ▶中央官庁

ちゅうおう-ぎんこう【中央銀行】チユウアウギンカウ 一国における金融組織の中核をなす銀行。特別法に基づき設立される。法定通貨の独占発券権を持ち、通貨量の調整をする銀行、銀行の銀行、国庫の支出・収納・保管や公債発行など政府の銀行としての業務を行い、これらの機能を通じて金融政策の運営にあたる。外国為替の管理・決済の集中機関としての役割も持ち、国家間の金融協定では当事者とされる。日本では日本銀行。

ちゅうおう-く【中央区】チユウアウ ▶中央

ちゅうおう-けいば【中央競馬】チユウアウ 日本中央競馬会が行う競馬。地方競馬に対していう。

ちゅうおう-ご【中央語】チユウアウ その国の政治・文化の中心地で使われる言葉。〔補説〕標準語・共通語と完全に一致はしない。

ちゅうおう-こうせいほごしんさかい【中央更生保護審査会】チユウアウカウセイホゴシンサクワイ 法務大臣に対する一定の恩赦の申し出、地方更生保護委員会の決定(仮釈放の許可など)についての審査・裁決などを行う機関。更生保護法に基づいて設置され、委員長と4人の委員で組織される。

ちゅうおう-こうぞうせん【中央構造線】チユウアウコウザウセン 西南日本を内帯(日本海側)と外帯(太平洋側)とに分ける大断層。長野県の諏訪湖付近から天竜川の東を通って愛知県豊川の谷に入り、紀伊半島・四国を縦断して九州の八代に達する。

ちゅうおうこうろん【中央公論】チユウアウコウロン 総合雑誌。明治20年(1887)創刊の「反省会雑誌」を同32年に改題して発足。大正期、滝田樗陰(ちょいん)を編集主幹におき、代表的総合誌として発展。昭和19年(1944)軍部の圧力により休刊、同21年復刊。

ちゅうおう-さいていちんぎんしんぎかい【中央最低賃金審議会】チユウアウサイテイチンギンシンギクワイ ▶最低賃金審議会

ちゅうおう-し【中央市】チユウアウ ▶中央

ちゅうおう-じどうしゃどう【中央自動車道】チユウアウジドウシヤダウ 本州中部を通り関東・中部・近畿を結ぶ高速道路。起点の東京から大月市を経て富士吉田市に至る富士吉田線、大月市から岡谷・小牧各市を経て西宮市に至る西宮線、岡谷市から松本市を経て長野市に至る長野線の3路線がある。一般には、西宮線の小牧市までを中央自動車道、以西を名神高速道路とよぶ。

ちゅうおう-しゃかいほけんいりょうきょうぎかい【中央社会保険医療協議会】チユウアウシヤクワイホケンイレウケフギクワイ 厚生労働大臣の公的諮問機関。医療保険の診療報酬額の算定、療養担当規則の改定について大臣の諮問を受けて審議答申し、また建議する。保険の支払い側委員(7名)、診療側委員(7名)、公益代表委員(6名)からなり、必要により専門委員(10名以内)を置くことができる。昭和25年(1950)設置。中医協。

ちゅうおう-しゅうけん【中央集権】チユウアウシフケン 統治権力が中央政府に統一集中していること。⇔地方分権。

ちゅうおうじゅうてん-そっこう【中央重点測光】チユウアウヂユウテンソククワウ TTL測光の一。画面の中央部に重点を置き、周囲の平均的な明るさを加味して測光する方式。中央重点平均測光。中央部重点測光。中央部重点平均測光。

ちゅうおう-しょうちょう【中央省庁】チユウアウシヤウチヤウ 国の行政機関である1府11省1庁のこと。内閣府・総務省・法務省・外務省・財務省・文部科学省・厚生労働省・農林水産省・経済産業省・国土交通省・環境省・防衛省・警察庁(国家公安委員会)を指す。

ちゅうおうじょうやく-きこう【中央条約機構】チユウアウデウヤクキコウ《Central Treaty Organization》1959年に成立したイギリス・イラン・パキスタン・トルコの4か国による反共軍事同盟。1979年のイラン革命により解体。CENTO。

ちゅうおう-しょくぎょうのうりょくかいはつきょうかい【中央職業能力開発協会】チユウアウシヨクゲフノウリヨクカイハツケフクワイ 職業能力の評価、職業能力開発の支援、熟練技能者から次世代への技能継承などの事業を行う、厚生労働省所管の特別民間法人。職業能力開発促進法に基づいて昭和54年(1979)に認可法人として設立。平成10年(1998)から特別民間法人となる。JAVADA(Japan Vocational Ability Development Association)。〔補説〕技能五輪全国大会を主催し、国際技能競技大会に選手団を派遣している。

ちゅうおう-しょりそうち【中央処理装置】チユウアウシヨリサウチ コンピューターを構成する主要な部分。プログラムを実行し、データの処理を行う。大型機では制御装置と主記憶装置とからなり、小型機では演算を行うLSI(大規模集積回路)そのものをさすことが多い。CPU(central processing unit)。

ちゅうおう-しんかんせん【中央新幹線】チユウアウ 東京都と大阪市を結ぶ、リニアモーターカー方式による新幹線。東海道新幹線の輸送量飽和により計画された。2014年ごろの着工、2025年の東京・名古屋間の先行開業が予定され、同区間を40分強で結ぶ。東京・大阪間は70分前後で結ばれる。リニア中央新幹線。〔補説〕東京都・神奈川県・山梨県・長野県・岐阜県・愛知県・三重県・奈良県・大阪府を結ぶ計画で、各都府県に1駅ずつ設置の予定。ただし、長野県は県央部の諏訪市付近を通るルートを要望しており、県南部の飯田市付近のルートを計画しているJR東海と意見の相違がある。

ちゅうおう-せいふ【中央政府】チユウアウ 国家行政の中央機関。内閣や連邦制国家の連邦政府をさす。

ちゅうおう-せん【中央線】チユウアウ ㊀中央本線を幹線とするJRの線区群の総称。青梅(おうめ)・小海(こうみ)・篠ノ井(しののい)線など。㊁中央本線のうち、東京・高尾間の通称。

ちゅうおう-せん【中央線】チユウアウ ▶センターライン

ちゅうおう-そうち【中央装置】チユウアウサウチ「中央処理装置」の略。

ちゅうおう-そくおうしゅうだん【中央即応集団】チユウアウソクオウシフダン 防衛大臣直轄の陸上自衛隊部隊。テロやゲリラ戦に対応する特殊作戦群、生物化学兵器に対応する中央特殊武器防護隊、海外派兵要員を教育する国際活動教育隊などからなる。平成19年(2007)創設。CRF(Central Readiness Force)。

ちゅうおう-ぞろえ【中央×揃え】チユウアウぞろへ ▶センタリング❸

ちゅうおう-だいがく【中央大学】チユウアウ 東京都八王子市に本部がある私立大学。明治18年(1885)設立の英吉利(イギリス)法律学校に始まり、東京法学院、東京法学院大学を経て、大正9年(1920)旧制の中央大学となり、昭和24年(1949)新制大学に移行。

ちゅうおう-ち【中央値】チユウアウ 資料を大きさの順に並べたとき、全体の中央にくる値。資料の個数が偶数のときは中央にある二つの値の平均値。中位数。メジアン。メディアン。

ちゅうおう-にっぽう【中央日報】チユウアウ 大韓民国の朝刊新聞の一つ。1965年に財閥系夕刊紙として創刊。のちに朝刊紙となり、朝鮮日報・東亜日報とともに同国の三大紙とされる。発行部数は約131万部(2009年下期平均)。チュンアンイルボ。

ちゅうおう-ひょうじゅんじ【中央標準時】チユウアウヘウジユンジ ▶日本標準時

ちゅうおうぶじゅうてん-そっこう【中央部重点測光】チユウアウブヂユウテンソククワウ ▶中央重点測光

ちゅうおうぶじゅうてんへいきん-そっこう【中央部重点平均測光】チユウアウブヂユウテンヘイキンソククワウ ▶中央重点測光

ちゅうおう-ぶんりたい【中央分離帯】チユウアウ 車道で、往路と復路とを分離するために、その間に設けられる帯状地帯。車道面より少し高くし、遮光用に植木を植えたりフェンスを設けたりする。

ちゅうおう-ぼうさいかいぎ【中央防災会議】チユウアウバウサイクワイギ 内閣府の重要政策会議の一つ。防災基本計画の作成・実施推進、防災に関する重要事項の審議などを行う。災害対策基本法に基づいて内閣府に設置され、内閣総理大臣、防災担当大臣をはじめとする全閣僚、指定公共機関の代表者、学識経験者により構成される。また、特定地域の地震などの専門事項を調査するため、学識経験者からなる専門調査会も設置されている。➡激甚災害

ちゅうおう-ほんせん【中央本線】チユウアウ 東京から新宿・八王子・甲府・岡谷・塩尻を経て名古屋に至るJR線。辰野支線、岡谷・辰野・塩尻間27.7キロを合わせ、全長424.6キロ。

ちゅうおうヨーロッパ-じかん【中央ヨーロッパ時間】チユウアウ ▶中部欧州標準時

ちゅうおうヨーロッパ-ひょうじゅんじ【中央ヨーロッパ標準時】チユウアウヘウジユンジ ▶中部欧州標準時

ちゅうおう-よせ【中央寄せ】チユウアウ ▶センタリング❸

ちゅうおう-ろうどういいんかい【中央労働委員会】チユウアウラウドウヰヰンクワイ 厚生労働省の外局の一。厚生労働大臣が任命する、使用者・労働者・公益を代表する委員各15人で構成される。二つ以上の都道府県にまたがる労働争議の斡旋(あっせん)・調停・仲裁にあたるほか、都道府県労働委員会による処分の再審査などを行う。昭和21年(1946)設置。中労委。➡労働委員会

ちゅう-おし【中押し】囲碁で、負けを認めて終局前にその対局を放棄すること。なかおし。「一勝ち」

ちゅう-おん【中音】❶中くらいの高さや強さの音または声。「上ずったような一で言った」〈堀辰雄・風立ちぬ〉❷音楽で、中程度の音域の音。女声のアルトまたは楽器のアルトに属する音。中高音。

ちゅう-おんな【中女】ちゆうをんな 年齢が中くらいの女。18、9歳から24、5歳までの女。「一を置けば…見よげなるとて、十八、九より二十四、五迄なるをつかへり」〈浮・一代女・三〉

ちゅうおんぶ-きごう【中音部記号】―キガウ ▶ハ音記号

ちゅうおん-ふごう【注音符号】―フガウ 中国で漢字の発音を示すために用いられる記号。1918年、北京官話の発音に基づいて制定。声符(子音)21、韻符(母音)16からなる。注音字母。

ちゅう-か【中夏】❶夏のなかば。仲夏。❷▶ちゅうか(中華) ❸国の中央。都。「東風猶いまだ静ならず、一常に危を踏む」〈太平記・一〉

ちゅう-か【中華】―クワ 中国人が自国をよぶときの美称。漢民族が自己を世界の中心とする意識の表現。周囲の蛮族(東夷(とうい)、西戎(せいじゅう)、南蛮(なんばん)、北狄(ほくてき))に対しての称。中夏。

ちゅう-か【仲夏】夏のなかば。また、陰暦5月の異称。中夏。〔季 夏〕

ちゅう-か【鋳貨】チウクワ 貨幣を鋳造すること。また、鋳造された貨幣。

ちゅう-が【駐×駕】貴人が乗り物をある地にとどめること。貴人がある地に滞在すること。駐輦(ちゅうれん)。

ちゅう-かい【中海】四方を陸地で囲まれている海。内海(ないかい)。なかうみ。

ちゅう-かい【仲介】〔名〕スル ❶当事者双方の間に立って便宜を図り事をまとめること。なかだち。「土地の売買を一する」「一手数料」❷第三者が紛争当事者の間に立って、紛争の解決に努めること。国際法上では「居中調停」という。〔類語〕取り持つ・橋渡し・仲立ち・媒介・取り次ぐ・介する・世話・取り持ち・口利き・口入れ・口添え・肝煎(きもい)り・斡旋(あっせん)・周旋・紹介

ちゅう-かい【注解|×註解】〔名〕スル 本文に注を加えて、その意味を説明すること。また、その説明。注釈。

「難解な語句を一する」〘類語〙注釈・アノテーション

ちゅう‐かい【×厨×芥】台所から出る野菜のくずや食べ物の残りなどのごみ。

ちゅう‐がい【中外】うちとそと。内部と外部。また、国内と国外。内外。「一の事情に通じる」〘類語〙世界・万国・万邦・国際社会・四海・八紘・宇内

ちゅう‐がい【虫害】農作物や樹木などが害虫によって受ける損害。

ちゅうかい‐しゃ【仲介者】❶仲介をする人。❷キリスト教で、十字架上の死によって人類の罪を贖い、神との間に立って人類の救済を実現したイエス＝キリストをいう。仲保者。

ちゅう‐がいねん【中概念】論理学における定言的三段論法で、大前提と小前提に含まれ、大概念と小概念を媒介して両者の結合を可能にし、結論を成立させる概念。媒概念。

ちゅうかい‐ぼうえき【仲介貿易】供給国と需要国との間で第三国が行う貿易取引。商品は第三国を通過せず輸出国から輸入国に向けて輸送され、第三国は仲介手数料を取得する。三国間貿易。

ちゅうか‐いん【中和院】平安京大内裏の殿舎の一。朝堂院の北、内裏の西にあり、天皇が天神・地祇を親祭し、また、新嘗祭や神今食を行う所。正殿を神嘉殿という。中院。ちゅうわいん。

ちゅう‐がえり【宙返り】〔名〕スル ❶地面などに手をつかずに、空中で身体を回転させること。とんぼ返り。「一してすっと立つ」❷飛行機が空中で垂直方向に円を描くように飛ぶこと。「一飛行」
〘類語〙とんぼ返り・もんどり・とんぼ・でんぐり返る

ちゅうか‐がい【中華街】中国以外の各都市で、中国人が多く集まり住んでいる地区。中国料理店や中国産品店が多く、中国風の生活様式を保っている。横浜、神戸、長崎、シンガポール、ホーチミン、ロンドンなどにある。南京町。チャイナタウン。

ちゅうか‐かくめいとう【中華革命党】1914年、孫文が東京で結成した革命的秘密結社。前年の第二革命失敗後の革命勢力の再建を目ざしてつくられたもの。1919年、中国国民党に発展、解消。

ちゅう‐かく【中核】物事の中心。重要な部分。「組織の一」〘類語〙中枢・枢機・枢軸・機軸・枢要・中心・主軸・軸・要・柱・中軸・主軸・主体・主力・基幹・根幹

ちゅう‐かく【×籌画】計画すること。計略。

ちゅう‐がく【中学】「中学校」の略。

ちゅう‐がく【中岳】中国の五岳の一、嵩山の異称。

ちゅうかく‐し【中核市】政令で指定する、人口30万人以上の都市。福祉行政・保健衛生行政に関する事務、都市計画に関する事務などを独自に行うことができる。

ちゅうかく‐じこしほん【中核自己資本】金融機関の自己資本のうち、中心となる資本金・剰余金などをいう。基本的項目。中核的自己資本。劣後ローンや、有価証券・不動産の評価損益などは補助自己資本という。➡自己資本比率

ちゅうかく‐しょうじょう【中核症状】ある疾患の基本的な症状。認知症の場合、記憶障害、見当識障害(時間・季節・場所の感覚、自分の年齢、人間関係がわからなくなる)、理解・判断力の障害、実行機能障害(計画を立てて実行できない、電気製品などをうまく操作できない)など。認知症の中核症状は、脳の細胞が壊れることによって直接起こる。➡周辺症状

ちゅうがく‐せい【中学生】中学校の生徒。

ちゅうかくてき‐じこしほん【中核的自己資本】▶中核自己資本

ちゅう‐がくねん【中学年】小学校の3・4学年。

ちゅうか‐しそう【中華思想】儒教的な王道政治の理想を実現した漢民族を誇り、中国が世界の中心であり、その文化・思想が最も価値のあるものであると自負する考え方。中国史における外国からの政治的危機に際して、しばしば熾烈な排外思想として表面化した。

ちゅうか‐じんみんきょうわこく【中華人民共和国】アジア大陸東部を占める共和国。1949年10月1日、国民党との内戦に勝利を得た中国共産党の全国統一によって、毛沢東を主席として成立。首都、北京。全人口の9割を超える漢民族を中心にして、55の少数民族からなる多民族国家。面積約959万7000平方キロメートル。人口13億3014万(2010)。中国。➡中国

ちゅうか‐ぜんこくそうこうかい【中華全国総工会】中国の労働組合の全国連合組織。1925年、中国共産党の影響のもとに結成され、中国革命運動を推進した。一時、国民党政府により非合法化されたが、48年に復活。のちに文化大革命で解体したが、74年に再建された。総工会。

ちゅうか‐そば【中華蕎＝麦】中国風の細い麺。小麦粉と鶏卵に梘水を加えて作る。特に、ラーメンをさす。

ちゅうかソビエト‐きょうわこく【中華ソビエト共和国】1931年、中国共産党が各地に成立していたソビエト政権の代表を江西省の瑞金に招集して設立した統一政権の正式国名。毛沢東を主席とした。実質的には1934年の長征の開始により消滅したが、名目上は1937年の第二次国共合作まで存続した。

ちゅう‐がた【中形｜中型】❶形が大きくもなく小さくもないこと。また、そのもの。「一のテーブル」❷中ぐらいの大きさの型紙を使った染め模様。また、その模様の浴衣地。

ちゅうがた‐じどうしゃ【中型自動車】道路交通法による自動車の区分の一つで、車両総重量5トン以上11トン未満、最大積載量3トン以上6.5トン未満、乗車定員11人以上29人以下の四輪車。〘補説〙平成16年(2004)の道路交通法改正で、それまでの大型自動車と普通自動車の間に新設された区分(施行は同19年から)。

ちゅうがた‐しゃ【中型車】▶中型自動車

ちゅう‐がっく【中学区】❶明治5年(1872)の学制で定めた、学校設置および教育行政の単位の一。1大学区を32の中学区に区分し、中学校1校の設置を定めた。❷公立高等学校の通学区域で、大学区と小学区の中間のもの。

ちゅう‐かっこ【中括弧】▶波括弧

ちゅう‐がっこう【中学校】❶小学校を卒業した者に、中等普通教育を施す3年制の義務教育の学校。中学。❷旧制で、高等普通教育を施した男子のための中等教育機関。修業年限は5年。中学。

ちゅうか‐どんぶり【中華丼】豚肉・玉ねぎ・白菜などを油でいためてスープや醤油を加え、片栗粉でとろみをつけた具を丼飯にかけたもの。

ちゅうか‐なべ【中華鍋】主に中華料理に使う、底が半球形で浅く、取っ手のついた鍋。

ちゅう‐かひ【中果皮】果実の外果皮と内果皮との間の部分。ミカンでは果皮の白い部分、梅では食用になる果肉の部分がこれ。

ちゅうか‐まんじゅう【中華×饅▽頭】小麦粉を発酵させて作った皮に、ラード入りのあんや、ひき肉と野菜などを包んで蒸したまんじゅう。包子。

ちゅうか‐みんこく【中華民国】辛亥革命後、1912年から中華人民共和国が成立するまでの中国の国号。また、49年に共産党との内戦に敗れ、台湾に逃れた国民政府が現在用いている名称。➡台湾

ちゅう‐から【中辛】《「ちゅうがら」とも》七味唐辛子などの辛さの度合いが中程度のもの。また、塩鮭の塩分が中程度のものにもいう。➡大辛 ➡小辛

ちゅうか‐りょうり【中華料理】「中国料理」に同じ。

ちゅう‐かん【中間】❶物と物との間の空間や位置。「駅と駅の一に川がある」「一地点」❷思想や性質・程度などが両極端のどちらでもないこと。「双方の意見の一をとる」「一派」❸物事が進行中であること。物事がまだ終わらずに途中であること。「得票数の一発表」〘類語〙(❶)間・中程・中頃・真ん中辺・半ば・中途／(❷)間・あわい・中程・中くらい・中庸・中道・ミディアム

ちゅう‐かん【中×澣｜中×浣】月のなかばの10日間。11日から20日まで。中旬。➡三澣

ちゅう‐かん【忠×諫】〔名〕スル 臣下が主君を思い、その過ちをいさめること。

ちゅう‐かん【昼間】昼のあいだ。日中。ひるま。⇔夜間。〘類語〙昼

ちゅう‐がん【中眼】目を半分開いている状態。半眼。「一に見開き」〈浮・永代蔵・三〉

ちゅう‐がん【中観】天台宗でいう三観の一。三千諸法の一つ一つが絶対であることを直観すること。中諦の理を観じ、中道の理を明らかにすること。

ちゅうかん‐いっち【中間一致】文字列を検索する手法の一。部分一致で、前方一致でも後方一致でもないもの。➡部分一致

ちゅうかんいっち‐こうげき【中間一致攻撃】《meet-in-the-middle attack》コンピューターネットワークなどで、多段階に暗号化されたデータを解読する手法の一。悪意ある攻撃者が平文と最終的な暗号文をもっている場合、まず任意の暗号鍵で総当たり的に中間段階の暗号文を作成する。加えて最終的な暗号文から中間段階の暗号文を作成し、二つの暗号文を比較することで、暗号鍵を見つけだす。

ちゅうかん‐えんげき【中間演劇】新派俳優の井上正夫が提唱した、新劇と新派劇との中間をゆく演劇。新劇の芸術性と新派劇の大衆性とを兼ね備えた新しい劇をめざしたもの。現在では、新劇と大衆演劇との中間に位置する演劇をいう。

ちゅうがん‐えんげつ【中巌円月】[1300～1375]南北朝時代の臨済宗の僧。相模の人。入元し、東陽徳輝の法を嗣いだ。帰朝後、建長寺・建仁寺などに歴住。朱子学・詩文にすぐれ、五山文学の代表者の一人。著「語録」「東海一漚集」など。

ちゅうかん‐かいきゅう【中間階級】中間層を階級としていった言葉。中産階級。➡中間層
〘類語〙中産階級・プチブル・小市民

ちゅうかん‐かんりしょく【中間管理職】▶ミドルマネージメント

ちゅうかん‐ぎたん【忠肝義胆】忠義一徹の心。

ちゅうかん‐けっさん【中間決算】企業が事業年度初めから6か月目に公表する決算。

ちゅうかん‐けん【中間圏】大気圏の区分の一。成層圏と熱圏との間を占め、高度約50キロから90キロまでの大気層。気温は高さとともに下降する。

ちゅうかん‐げんご【中間言語】《intermediate language》コンピューターで、機械語とプログラミング言語の中間的な言語。Java言語のバイトコードなどがある。

ちゅうかん‐さくしゅ【中間搾取】賃金支払者と労働者との間に介在し、賃金の一部を横取りすること。

ちゅうかん‐ざっしゅ【中間雑種】両親の形質の中間を示す雑種。対立遺伝子に優劣のないときに現れる。オシロイバナで、赤い花と白い花との第一代雑種が桃色となるなど。

ちゅうかん‐し【中間子】スピンが整数で、強い相互作用をもつ素粒子。π中間子・K中間子・η中間子など約100種が発見されている。メソン。

ちゅうかん‐シーエー【中間CA】《intermediate certificate authority》▶中間認証局

ちゅうかんしゃ‐こうげき【中間者攻撃】《man-in-the-middle attack》コンピューターネットワークなどで、暗号通信を行う二者の間に悪意ある第三者が割り込み、盗聴したり介入したりする手法。介入する第三者が送信者と受信者になりすますため、データの改竄や公開鍵暗号のすり替えに気付かない恐れがある。デジタル署名を利用して通信相手の本人確認を行えば、被害をある程度防ぐことができる。マンインザミドル攻撃。バケツリレー攻撃。

ちゅうかん‐しゅうは【中間周波】受信装置内の局部発振器の出力と受信周波数とを混合することによって得られる周波。中間周波数。

ちゅうかん‐しゅくしゅ【中間宿主】寄生虫が終結宿主に寄生する前に寄生する宿主。幼生時の宿主。吸虫・条虫類にみられる。2種あるときは第1中間宿主・第2中間宿主という。

ちゅうかん-しょうせつ【中間小説】純文学と大衆文学との中間に位置する小説。特に、第二次大戦後の風俗小説をさしていう。
ちゅうかん-しょく【中間色】❶純色に黒または白濁色のまじった色。❷スペクトル上の主要色相の間の色。橙・黄緑など。❸三原色と黒色以外の色の総称。間色。(類語)間色・パステルカラー
ちゅうかん-じんこう【昼間人口】ある地域の昼間の人口。夜間人口に通勤・通学による流入人口と流出人口を加減したもの。
ちゅうかん-しんこく【中間申告】事業年度が6か月を超える普通法人が、事業年度の途中で行う法人税の申告。
ちゅうかん-せんきょ【中間選挙】米国の大統領選挙の中間期に行われる4年ごとの議員選挙。下院議員の全員と上院議員の3分の1が改選される。
ちゅうかん-そう【中間層】社会成層の資本家階級と労働者階級との中間に位置する階層。農民・中小企業主などの旧中間層と技術者・管理職などの新中間層とがある。
ちゅうかん-にんしょうきょく【中間認証局】《intermediate certificate authority》電子証明書を発行する認証局の一。上位のルート認証局から認証されることにより、自らの正当性を保証することができる。中間CA。ICA。
ちゅうがん-は【中観派】唯識派と並ぶ、インド大乗仏教の二大学派の一。竜樹の中論に基づき、空(くう)を教義の中心とする。三論宗はこれを受け継いだもの。
ちゅうかん-はいとう【中間配当】営業年度を1年とする会社が、決算期ではなくて年度の途中で行う配当。あらかじめ定款に定めておき、取締役会の決議によって行うことができる。➡期末配当
ちゅうかん-はんけつ【中間判決】民事訴訟で、終局判決の準備として、訴訟の審理中に問題となったある争点についてだけなされる判決。
ちゅうかん-ほうこく【中間報告】調査・研究・審理などにおいて、最終的な成果が出る前に、中途での情況を報告すること。また、その報告。
ちゅうかん-ほうじん【中間法人】公益も営利も目的としない法人。労働組合・消費生活協同組合など。平成20年(2008)の制度改革により一般社団法人に移行した。
ちゅうかん-よみもの【中間読(み)物】総合雑誌などで、論文と小説の中間のものとして扱われる読み物。随筆・ノンフィクションなど。
ちゅうがんろん【中観論】►中論
ちゅう-き【中気】❶《悪気に中(あた)る意》「中風(ちゅうぶ)」に同じ。「―病み」❷冬至から次の冬至までを12等分した各区分点。二十四節気の偶数番目のもので、冬至・大寒・雨水・春分・穀雨・小満・夏至・大暑・処暑・秋分・霜降・小雪がこれにあたる。
ちゅう-き【中期】中間の時期。一定期間を3区分したときの2番目の期間。「室町―」
ちゅう-き【中機】「中根(ちゅうこん)」に同じ。
ちゅう-き【注記】【×註記】〔名〕スル ❶本文の意味を理解させるために注を書き加えること。また、その注。「欄外に―する」❷物事を記録すること。また、その記録。❸►ちゅうぎ(注記)
(類語)書き込み・書き入れ・断り書き
ちゅう-ぎ【中儀】朝廷の儀式のうち、白馬(あおうま)・端午・豊明(とよのあかり)などの節会(せちえ)をいう。六位以上の者が出席する。➡小儀 ➡大儀
ちゅう-ぎ【忠義】〔名・形動〕主君や国家に対し真心を尽くして仕えること。また、そのさま。「―を尽くす」「―な振る舞い」(類語)忠・忠誠・忠孝
ちゅう-ぎ【注▽記】【×註▽記】寺院で論議の際、題を読み上げ、また論議を記録する役僧。
ちゅう-ぎ【×籌木】❶「籌(ちゅう)」に同じ。❷昔、用便の際に、尻ぬぐいに用いた木片。かき木。
ちゅうぎ-がお【忠義顔】いかにも忠義であるようなふりをすること。また、その顔つき。忠義面。
ちゅう-ぎく【中菊】キクの園芸品種。花が大輪より小さい。江戸で流行したので、江戸菊ともいう。
ちゅう-きこう【中気候】大気候と小気候の中間の規模の気候。水平方向の広がりが10〜200キロの範囲で、大都市・盆地などの気候。
ちゅうき-こくさい【中期国債】償還期間が1年を超え5年程度までの国債。5年物・2年物の利付国債がある。➡短期国債 ➡長期国債
ちゅうき-タービン【抽気タービン】蒸気タービンで、膨張中の蒸気の一部を取り出して、乾燥用・作業用とする方式のもの。
ちゅうぎ-だて【忠義立て】〔名〕スル 忠義をどこまでも立て通すこと。また、忠義を尽くしているように振る舞うこと。「辞めた会社に―する」
ちゅうぎ-づら【忠義面】「忠義顔」に同じ。
ちゅう-きどう【中軌道】人工衛星がとる軌道の一。低軌道と静止軌道の中間に位置し、地上から8000〜2万キロメートル程度の高度を周回する。多数の人工衛星を協調して運用する衛星コンステレーションで利用されることが多い。低軌道に比べ、全地表面を網羅する衛星の数を抑えることができ、主にGPS衛星の軌道として使われる。中高度軌道。MEO(medium earth orbit)。
ちゅうき-ぼう【中期防】「中期防衛力整備計画」の略。
ちゅうきぼうえいりょくせいび-けいかく【中期防衛力整備計画】防衛大綱に示された防衛力を実現するために、5年程度の中期的な防衛力の方針や主要な事業などについて定めた計画。安全保障会議の審議・決定を経て閣議で決定される。中期防。
ちゅう-きゃく【注脚】【×註脚】本文の間に、2行に書いて挿入された注。
ちゅう-きゅう【中級】中位の程度や等級。
ちゅうきゅう【仲弓】冉雍(ぜんよう)の字(あざな)。
ちゅう-きゅう【×誅求】〔名〕スル 租税などを厳しく取り立てること。「領民を―する」「苛斂(かれん)―」
ちゅう-ぎょ【虫魚】虫と魚。「草木―」
ちゅう-きょう【中共】「中国共産党」の略。
ちゅうきょう【中京】《東京と京都との中間の大都市であるところから》名古屋市の異称。
ちゅうきょうがくいん-だいがく【中京学院大学】岐阜県中津川市にある私立大学。平成5年(1993)に経営学部の単科大学として開設。同22年に看護学部を設置した。
ちゅうきょう-こうぎょうちたい【中京工業地帯】名古屋市を中心に、愛知・岐阜・三重の3県にまたがる工業地帯。伝統的な繊維産業・窯業を中心とする軽工業に加えて、豊田・刈谷に自動車工業、四日市に石油化学工業などの重化学工業が発展。名古屋工業地帯。
ちゅう-きょうしん【中教審】「中央教育審議会」の略称。
ちゅうきょう-だいがく【中京大学】名古屋市に本部のある私立大学。昭和31年(1956)に設立された総合大学。
ちゅうきょう-てんのう【仲恭天皇】[1218〜1234]第85代の天皇。順徳天皇の第4皇子。名は懐成(かねなり)。承久3年(1221)即位。承久の乱のため、幕府により在位七十余日で廃されたので、九条廃帝・半帝と称された。明治3年(1870)仲恭天皇と追諡(ついし)。
ちゅう-きょうま【中京間】住宅建築で、畳の大きさを幅3尺・長さ6尺と決めた造り方。京間(きょうま)・田舎間(いなかま)に対して、主に名古屋地方で行われる。中間(ちゅうま)。
ちゅう-きょり【中距離】❶長距離と短距離、また遠距離と近距離の間。中くらいの距離。「―通勤電車」❷「中距離競走」の略。「―ランナー」
ちゅうきょり-きょうそう【中距離競走】陸上競技で、距離が800から1500メートルくらいの競走。
ちゅうきょり-そう【中距離走】「中距離競走」の略。
ちゅうきょり-だんどうミサイル【中距離弾道ミサイル】►アイ-アール-ビー-エム(IRBM)
ちゅう-ぎり【中▽限】►なかぎり
ちゅう-きん【忠勤】忠義を尽くして勤め仕えること。忠実に勤めること。「―を励む」「―を尽くす」
ちゅう-きん【鋳金】加熱して溶かした金属を鋳型に流し込んで器物や彫刻をつくること。鋳造。
ちゅう-きん【駐禁】《「駐車禁止」の略》自動車などをその場所にとめてはならないこと。➡駐車
ちゅうきん-とう【中近東】中東と近東の総称。通例、アフガニスタン以西の西アジアと、リビア以東の東北アフリカの地域をさす。
ちゅう-くう【中空】❶空の中ほど。なかぞら。中天。「―に舞う鳶(とび)」❷物の内部がからになっていること。うつろ。「―の茎」(類語)中空(なかぞら)・中天・空・天・天空・天穹(てんきゅう)・穹窿(きゅうりゅう)・蒼穹(そうきゅう)・太虚(たいきょ)・上天・天球・青空・青天井・宙(ちゅう)・空(そら)・空中・虚空(こくう)・上空・大空
ちゅう-ぐう【中宮】❶禁中・内裏のこと。❷皇后の御所。転じて皇后の別称。❸皇后・皇太后・太皇太后の三后のこと。❹平安中期以後、皇后以外で、皇后とほぼ同格の后(きさき)のこと。❺一つの神社で複数の社があるとき、中ほどの位置に建てられた社。➡上宮(じょうぐう) ➡下宮(げぐう)
ちゅうぐう-じ【中宮寺】奈良県生駒郡斑鳩(いかるが)町にある聖徳宗の尼寺。山号は法興山。聖徳太子が、生母で用明天皇皇后の穴穂部間人(あなほべのはしひと)皇女の没後、菩提を弔うためその御所を寺としたのに始まるという。鎌倉時代日浄らが再興。天文年間(1532〜1555)伏見宮貞敦親王の王女が入寺して以来、尼寺となった。所蔵の弥勒菩薩半跏(はんか)像と天寿国繡帳(しゅうちょう)は国宝。中宮尼寺。中宮寺御所。斑鳩御所。斑鳩尼寺。
ちゅうぐう-しき【中宮▽職】律令制で、中務(なかつかさ)省に属し、中宮に関する事務をつかさどった役所。なかのみやのつかさ。
ちゅうくうし-まく【中空糸膜】濾過(ろか)機能をもつ合成樹脂製の中空繊維で、ストロー状の繊維の壁面に無数の超微細孔があり、圧力をかけた水を流すと濾過された水が出てくる。中東諸国の海水淡水化プラントや浄水場などの大規模水処理システムに採用されているほか、家庭用浄水器などにも使われている。医療分野では人工透析で血液を濾過するダイアライザーなどに使用されている。
ちゅうくう-せんい【中空繊維】繊維内に空洞や空胞のある合成繊維。軽くて保温力が高い。
ちゅう-ぐくり【中▽括り】《固くもなく、ゆるすぎもしない程度にくくる意》❶大まかに見積もること。おおよその見当をつけること。「利発者ども、万(よろづ)を―にして」〈浮・永代蔵・五〉❷いいかげんにあしらうこと。高をくくること。「高が知れてあると、―に括って」〈浮・禁短気・五〉
ちゅう-くらい【中位】〔名・形動〕《「ちゅうぐらい」とも》程度が中間であること。大きさ・重さ・長さ・順位などが、平均的であること。また、そのさま。「―な(の)成績」「―な(の)背丈」(類語)中程・中庸・中間
ちゅう-くん【忠君】主君に忠義を尽くすこと。
ちゅう-ぐん【中軍】左右または前後の部隊の中央に位置する部隊。多くは大将の率いる部隊。中堅。
ちゅう-ぐん【中郡】古代の郡の等級の一。大化の制では4里以上30里以下の郡、大宝の制では8里以上11里以下の郡。➡里❷
ちゅうくん-あいこく【忠君愛国】主君に忠義を尽くし、国を愛すること。
ちゅう-け【中家】明経(みょうぎょう)道の儒家である中原(なかはら)家のこと。清家(せいけ)(清原家)と並び称された。
ちゅう-けい【中啓】《「啓」は、ひらく意》扇の一種。親骨の中ほどから外側へ反らし、畳んでも上半分が半開になるように作られたもの。
ちゅう-けい【中経】経書をその分量により大・中・小に分けたときの、中間のもの。詩経・儀礼(ぎらい)・周礼(しゅらい)をさす。➡小経 ➡大経
ちゅう-けい【中継】〔名〕スル ❶中間でうけつぐこと。なかつぎ。「駅伝の第三―点」「―ケーブル」❷「中継放送」の略。「事故現場から―する」「二元―」(類語)繋(つな)ぐ
ちゅう-けい【仲兄】上から2番目の兄。次兄。

ちゅうけい-きょく【中継局】親放送局の電波を受信・増幅して放送する局。サテライト局。

ちゅうけい-こう【中継港】生産地と消費地の中間にあって、その貨物運搬のなかつぎに利用される商港。

ちゅうけい-ぼうえき【中継貿易】▶なかつぎぼうえき

ちゅうけい-ほうそう【中継放送】〔名〕スル ❶競技場・野球場・劇場・国会・事件現場などの実況を、ある放送局がなかつぎして放送すること。❷ある放送局の放送を、他の放送局が受信して放送すること。

ちゅう-けん【中堅】❶社会や団体の中心となって活動する人。「会社の―として活躍している」「―幹部」❷規模や質が中くらいな物。「―校に合格した」「―商社」❸全軍の中央にあり、将軍の直接指揮する精鋭部隊。中軍。❹野球で、外野の中央。また、そこを守る選手。センター。❺剣道や柔道などの団体戦で、3人制の場合は2番目に、5人制の場合は3番目に戦う人。➡先鋒 ➡次鋒 ➡副将 ➡大将

ちゅう-けん【忠犬】飼い主に忠実な犬。また、忠義な犬。「―ハチ公」

ちゅう-げん【中元】❶三元の一。陰暦7月15日の称。もと中国の道教から出た節日で、日本に伝来して仏家の盂蘭盆会と混同され、この日は仏に物を供え冥福を祈る。➡上元 ➡下元 ❷❶の時期に、世話になった人などに品物を贈ること。また、その物。《季 秋》「―のきまり扇や左阿弥より/誓子」
〔類語〕歳暮・寸志

ちゅう-げん【中言】❶他人が話している途中に口をはさむこと。また、話の途中でさしはさむ、別の話。「左に小竹藪があり…。―だが、此の小竹藪は決して取り除いてはならぬと」〈蘆花・自然と人生〉❷二人の間に立って、一方のことを他方に悪くいうこと。なかぐち。「此の事誰か―したりけん」〈十訓抄・四〉

ちゅう-げん【中原】■❶野原の中央。❷辺境に対して、天下中央の地。また、天下。❸政権を争う場。また、競争の場。■中国で文明の興った黄河中流域の平原地帯をいう。現在の河南省・山東省・山西省の大部分と、河北省・陝西省の一部。

中原に鹿を逐う 《魏徴の「述懐」から。中原は天下、鹿は帝王のたとえ》帝王の位や政権を得ようとして争う。また、ある地位や目的物を得ようとして競争する。鹿を逐う。逐鹿。

ちゅう-げん【中間】■〔名〕(「仲間」とも書く) ❶㋐昔、公家・寺院などに召し使われた男。身分は侍と小者との間に位する。中間男。㋑江戸時代、武士に仕えて雑務に従った者の称。❷江戸幕府の職名。江戸城内の部署の警備やその他の雑事に従事した。■〔名・形動ナリ〕❶時間的、空間的に、ものとものとの間。なかほど。ちゅうかん。「彼の両国の―に舎衛国有り」〈今昔・五・二二〉❷どっちつかずなこと。中途半端なこと。また、そのさま。「夕潮ただ満ちに満ちてこよひ宿らむも―に潮満ち来なばここをも過ぎじと」〈更級〉❸二つのものの間にあるものや状態。仏教で、有と無の間、前仏と後仏の間などをいう。「二仏の―闇ふかく」〈発心集・五〉

ちゅう-げん【忠言】まごころからいさめる言葉。忠告の言葉。「友の―に耳を傾ける」〔類語〕注意・忠告・勧告・警告・諫言・諫死・意見・戒め・心添え (―する)戒める・諫める・窘める・咎める・諭す

忠言耳に逆らう 《「史記」淮南王伝などから》忠告の言葉は、とかく相手の感情を害して、すなおに聞き入れられない。

ちゅうげん-おとこ【中間男】「中間■❶」に同じ。「年ごろの―に」〈著聞集・一六〉

ちゅうけん-しゅ【中堅手】野球で、中堅を守備する選手。センター。

ちゅうげん-ぜん【中間禅】仏語。色界四禅のうち、初禅と第二禅との中間の段階。中間定。

ちゅうげん-の-しか【中原の鹿】帝王の位のたとえ。転じて、多くの人が競争して得ようとするもの。➡中原に鹿を逐う

ちゅうけん-はちこう【忠犬ハチ公】東京帝大教授、上野英三郎の飼い犬。主人の死後も渋谷駅前でその帰りを待ち続けたという。昭和初期に美談として話題になった。

ちゅうげん-ほうし【中間法師】雑用に使われる身分の低い法師。中間僧。「童部が法師になったるや、もしは―ばらにてありけるが」〈平家・二〉

ちゅう-こ【中戸】❶律令制で、大戸・上戸・中戸・下戸の四等戸の第三。一戸内に正丁が四人または五人いる戸。❷(「ちゅうご」とも)中程度の飲酒家。上戸・下戸に対していう。「酒も小づけも好む―也」〈酒食論〉

ちゅう-こ【中古】❶使って、やや古くなっていること。また、その品物。ちゅうぶる。セコハン。「―のカメラ」❷主として日本文学史の時代区分で、平安時代のこと。「―の物語文学」❸その時代からある程度隔たった昔。なかむかし。中世。「上古、―、当世」〈連理秘抄〉 ❶はチューコ、❷はチューコ。〔類語〕古い・時代遅れ・流行遅れ・古風・昔風・旧式・陳腐・旧弊・前近代的・旧態依然・オールドファッション

ちゅう-こう【中耕】〔名〕スル 農作物の生育中に、その周囲の表土を浅く耕すこと。土壌の通気性などをよくし、作物の生育を促進させるために行う。

ちゅう-こう【中高】中学校と高等学校。「―生」

ちゅう-こう【中興】〔名〕スル いったん衰えた物事や状態を、再び盛んにすること。「古寺を―した僧」
〔類語〕再興・復興・回復・復旧・復元・還元・復調・復活・蘇生

ちゅう-こう【忠孝】忠と孝。忠義と孝行。「―の士」

ちゅう-こう【注口】瓶などの内部の液体を器に注ぐための口。

ちゅう-こう【昼光】太陽光線による昼間の光。また、その明るさ。自然光。

ちゅう-こう【鋳鋼】鋳造に用いられる、炭素含有量1パーセント以下の鋼。鍛造では作りにくい複雑な形で、鋳鉄の鋳物では強度が不足する場合に用いられる。鋼鋳物。

ちゅうこういっかん-きょういく【中高一貫教育】中学校と高等学校での6年間を、一貫した教育課程や学習環境のもとで学ぶ教育方式。〔補説〕公立学校では平成11年(1999)4月より実施されており、中等教育学校、同一の設置者が中学と高校を設置する併設型、設置者の異なる中学と高校が連携して行う連携型の三つの形態が設けられている。

ちゅうこう-いっぽん【忠孝一本】忠義と孝行は根本では同一の道徳であるとする説。近世後期、水戸学派の説いたもの。

ちゅうこう-おん【中高音】▶中音❷

ちゅうこう-しょく【昼光色】昼光に似せた人工の光の色。

ちゅうこう-せい【昼行性】動物で、採食・生殖などの活動を主に日中に行う性質。⇔夜行性。

ちゅうこうそうじゅうきょ-せんようちいき【中高層住居専用地域】中高層住宅の住居環境を保護するために、都市計画法により定められた用途地域の区分の一種。第一種中高層住居専用地域と第二種中高層住居専用地域がある。〔補説〕平成4年(1992)改正前の都市計画法では「第二種住居専用地域」に区分されていた。

ちゅうこう-とう【昼光灯】自然の昼光に近い光を放つ電灯。

ちゅうこう-どき【注口土器】液体を注ぐための管状の口をもった土器。日本では、縄文後期以降に多くみられる。

ちゅうこうど-きどう【中高度軌道】▶中軌道

ちゅうこう-ねん【中高年】中年と高年。ふつう、4、50歳代をいう。

ちゅうこう-の-そ【中興の祖】中興の業を成し遂げた祖先。寺院では中興開山という。

ちゅうこう-りつ【昼光率】室内の昼光照度と、戸外の照度との比率。

ちゅうこう-りょうぜん【忠孝両全】忠と孝とを、ともに完全に行うこと。また、忠と孝は本質的に同じものであるから、孝行が完全ならば忠義も全うできるということ。

ちゅう-こく【中刻】昔、一刻(2時間)を上・中・下に三等分したまんなかの時刻。「丑の―」

ちゅう-こく【忠告】〔名〕スル まごころをこめて相手の欠点や過ちを、戒めさとすこと。「友人に―する」
〔類語〕勧告・警告・諭告・注意・忠言・諫言・諫死・意見・戒め・心添え (―する)戒める・諫める・窘める・咎める・諭す

ちゅう-ごく【中国】■❶国の中央の部分。天子の都のある地方。❷諸国の中央の意で、自国を誇っていう語。❸律令制で、人口・面積などによって諸国を大・上・中・下の四等級に分けたうちの第三位の国。安房・若狭・能登など。❹律令制で、都からの距離によって国を遠国・中国・近国に分類したうちの一。駿河・越前・出雲・備後など。■山陽道と山陰道を合わせた称。

ちゅうごく【中国】《中華思想に基づいて自ら称した名》アジア東部の大半を占める国の通称。前16世紀ごろから前11世紀ごろにかけて、黄河流域に殷王朝が起こり、以後、周・秦・漢・三国・南北朝・隋・唐・宋・元・明・清などの時代を経て、1912年共和制の中華民国が成立、49年中華人民共和国となる。➡中華人民共和国

ちゅうごく-いどう【中国移動】中国の移動体通信会社。2000年に国営企業の中国郵電電信総局が固定通信事業(中国電信)と移動体通信事業(中国移動)に分割されて発足。国内主要都市で中国独自の第三世代携帯電話(3G)の通信方式TD-SCDMAのサービスを提供。チャイナモバイル。中国移動通信。中国移動通信集団公司。

ちゅうごく-いどうつうしん【中国移動通信】▶中国移動

ちゅうごく-いどうつうしんしゅうだんコンス【中国移動通信集団公司】▶中国移動

ちゅうごく-かいどう【中国街道】▶中国路

ちゅうごくがくえん-だいがく【中国学園大学】岡山市にある私立大学。平成14年(2002)の開設。

ちゅうごく-かくめいどうめいかい【中国革命同盟会】中国、清末の政治団体。1905年、孫文らを中心に興中会・華興会などの団体を大同団結して東京で結成。三民主義を綱領とし、機関紙「民報」を発刊。清朝打倒、民主主義革命の達成を目標とした。12年、中国国民党に改組。中国同盟会。

ちゅうごく-きょうさんとう【中国共産党】中国の政党。1921年、李大釗・陳独秀らが上海で結成。中国国民党との提携・分裂を経て、31年、毛沢東の指導の下で江西省瑞金に中華ソビエト共和国を建設したが、国民党の圧迫をうけ陝西省延安に根拠地を移動。37年、再び国民党と合作して抗日統一戦線を形成。第二次大戦と内戦を経て、49年10月、中華人民共和国を建国。中共。

ちゅうごく-きょうせいにんしょうせいど【中国強制認証制度】電気・電子製品の品質・安全確保を目的とする、中国の認証制度。電線・ケーブル・電動工具・IT設備・自動車・玩具など22種類159品目が対象。認証を取得していない製品は中国で販売できない。CCC(China Compulsory Certification)。

ちゅうごく-ぎんこう【中国銀行】中国の商業銀行の一。1912年、政府の中央銀行として設立。49年の中華人民共和国成立後は中国人民銀行の監督・指導下に入り外国為替専門銀行となる。79年、人民銀行から分離して国務院直属に、94年には商業銀行へと転換。2004年に民営化。本店は北京。

ちゅうごく-ぎんれん【中国銀聯】中国の銀行間決済ネットワーク運営会社。中国政府の主導により、2002年に中央銀行の中国人民銀行を中心に設立。決済ネットワークの銀聯には中国本土・香港・マカオなどの金融機関200行以上が参加している。➡銀聯

カード

ちゅうごく-ご【中国語】シナ-チベット諸語に属する言語で、中華人民共和国の公用語。台湾および国外の華僑の間でも話される。方言は、北方・呉・湘(しょう)・贛(こう)・客家(はっか)・閩(びん)・粤(えつ)の七つに大別される。普通話(プートンホワ)とよばれる共通語は、北方方言を基礎とし、北京語の発音を標準音としている。形態的には孤立語的特徴をもつ。

ちゅうごく-こくみんとう【中国国民党】ーコクミンタウ 1919年、孫文を指導者として結成された中国の政党。中国革命同盟会、中華革命党が前身。28年、蔣介石の指導下に国民政府を南京に樹立したが、第二次大戦後中国共産党との内戦に敗れ、49年、台湾に逃れた。以降、2000年まで台湾で政権を維持。現在も自党による台中再統一を目指すが、事実上、台湾の政党として活動。国民党。

ちゅうごく-さんち【中国山地】中国地方を東西に走る大山地。江川(ごうのかわ)水系を除いて山陰・山陽の分水嶺。

ちゅうごくざんりゅう-こじ【中国残留孤児】チユウゴクザンリウー 第二次大戦終結後の混乱の際、主として中国東北部(旧満州)にいた日本人民間人の子供で、肉親と離ればなれになり、そのまま中国人養父母のもとで育てられてきた人。中国残留日本人孤児。

ちゅうごく-ざんりゅうほうじん【中国残留邦人】ーザンリウハウジン《昭和 40年代末からの呼称という》昭和20年(1945)8月9日、日ソ中立条約を破棄してソ連軍が満州(中国東北部)に侵攻して以降の混乱の中で日本に帰国できず、やむを得ず中国にとどまった日本人。ほとんどが女性と子供である。厚生労働省は、当時13歳未満で身元不明の人を「残留孤児」、それ以外の人を「残留婦人等」と呼び分けている。(補説)平成6年(1994)「中国残留邦人等支援法」が制定され、国による帰国促進と自立支援が行われるようになった。

ちゅうごくざんりゅうほうじんとう-しえんほう【中国残留邦人等支援法】チユウゴクザンリウハウジントウシエンハフ《「中国残留邦人等の円滑な帰国の促進及び永住帰国後の自立の支援に関する法律」の略称》中国残留邦人の帰国促進と、永住帰国した人の自立を支援するための法律。平成6年(1994)制定。生活支援・住宅支援・医療支援など各種の給付がなされる。

ちゅうごく-じ【中国路】ーぢ ㊀中国地方の道筋。西国路(さいごくじ)。中国街道。㊁中国地方。

ちゅうごく-しだいきしょ【中国四大奇書】▶四大奇書

ちゅうごく-じどうしゃどう【中国自動車道】ージドウシヤダウ 中国縦貫自動車道の通称。大阪府吹田市から岡山県津山市・広島県三次(みよし)市を経て山口県下関市に至る高速道路。昭和58年(1983)全通。

ちゅうごく-しゅ【中国酒】中国産の酒。醸造酒では紹興(しょうこう)酒、蒸留酒では茅台(マオタイ)酒など。

ちゅうごく-しんぶん【中国新聞】中国新聞社が発行する日刊ブロック紙。明治25年(1892)に広島で創刊。主に広島県内で読まれるが、岡山・島根・山口などでも購読されている。朝刊発行部数は約65万部(平成24年上期平均)。

ちゅうごく-じんみんぎんこう【中国人民銀行】ージンミンギンカウ 中華人民共和国の中央銀行。1948年設立。49年の中華人民共和国の設立から83年までは金融(貨幣)政策、通貨(為替)政策および中央銀行機能と市中銀行機能の両方を有する中国唯一の銀行であった。以後、徐々に機構改革を重ね、市中銀行機能の分離や政策銀行の設立、銀行監督機能の分離などを行っている。通貨価値の安定を第一目標とし、95年の「中国人民銀行法」の制定により中央銀行として法的根拠が与えられた。

ちゅうごく-せいばつ【中国征伐】天正5年(1577)以降、織田信長が羽柴秀吉を指揮官として、宇喜多・毛利氏らの勢力圏である中国地方を攻めた戦い。同10年、本能寺の変により秀吉と毛利氏の間に和議が成立した。

ちゅうごく-せきゆしゅうだん【中国石油集団】ーセキユシフダン ▶中国石油天然気集団公司

ちゅうごく-せきゆてんねんガス【中国石油天然ガス】▶中国石油天然気集団公司

ちゅうごく-せきゆてんねんき【中国石油天然気】中国の石油・天然ガス会社。国有会社である中国石油天然気集団公司が約90パーセントの株式を保有する民営子会社。油田・天然ガス田の開発、原油の生産、石油の精製・流通を行う。ペトロチャイナ。中国石油天然気股份有限公司。

ちゅうごく-せきゆてんねんきこふんゆうげんコンス【中国石油天然気股份有限公司】ーセキユテンネンキコフンイウゲンー ▶中国石油天然気

ちゅうごく-せきゆてんねんきしゅうだんコンス【中国石油天然気集団公司】ーセキユテンネンキシフダンー 中国の国有石油・天然ガス会社。世界29か国で油田・天然ガス田の開発などを手がけ、現地企業への出資等も行う。民営子会社中国石油天然気(ペトロチャイナ)の株式の約90パーセントを保有。中国石油集団。中国石油天然ガス。中石油。CNPC(China National Petroleum Corporation)。

ちゅうごく-だいいちきしゃしゅうだんコンス【中国第一汽車集団公司】ーダイイチキシヤシフダンー ▶第一汽車

ちゅうごく-たんだい【中国探題】鎌倉幕府の職名。蒙古に対する防備の必要から長門(ながと)・周防(すおう)の2国兼任の守護として北条一門の者が任じられ、のち、探題と称して中国地方の軍事・行政を管掌。長門探題。長門周防探題。

ちゅうごく-ちほう【中国地方】ーチハウ 本州西部、岡山・広島・山口・鳥取・島根5県のある地方。

ちゅうごく-ちゃ【中国茶】中国で作られる茶の総称。烏竜茶(ウーロンちゃ)・普洱茶(プーアルちゃ)・ジャスミン茶などがある。

ちゅうごく-ちゅうおうテレビ【中国中央テレビ】ーチユウアウー 中華人民共和国のテレビ局の一。1958年開局。国営で中国共産党の指導のもと運営されているが、コマーシャルを放送し、受信料収入や国からの交付金はない。中国中央電視台。CCTV(China Central Television)。

ちゅうごく-ちゅうおうでんしだい【中国中央電視台】ーチユウアウデンシダイ ▶中国中央テレビ

ちゅうごく-てつがく【中国哲学】中国において発達した哲学思想の総称。春秋・戦国時代に輩出した儒家・道家・陰陽家・法家・名家・墨家などの諸子百家や、12世紀に現れた朱子学など。

ちゅうごく-でんしん【中国電信】中国の通信会社。2000年に国営企業の中国郵電電信総局が固定通信事業(中国電信)と移動体通信事業(中国移動)に分割されて発足。02年には、政府による業界再編に伴い中国網通(チャイナネットコム)と現会社に分割された。固定電話、インターネットなどのデータ通信のほか、08年に中国聯通(れんつう)の移動体通信回線の一部を譲り受け、第三世代携帯電話(3G)の通信方式としてCDMA2000のサービスを提供。チャイナテレコム。中国電信股份有限公司。

ちゅうごく-でんしんこふんゆうげんコンス【中国電信股份有限公司】ーデンシンコフンイウゲンー ▶中国電信

ちゅうごく-とうしゆうげんせきにんコンス【中国投資有限責任公司】ートウシイウゲンセキニンー 中国の政府系投資ファンド。膨大な外貨準備高を背景に、政府が2000億ドルの資本金を100パーセント出資して2007年に設立。外国企業などを対象として、大規模な投資を行う。CIC(China Investment Corporation)。

ちゅうごく-ふく【中国服】中国人が着る伝統的な衣服。上衣と下衣とに分かれたものと、足首まで届く長衣のものとがある。日本では、旗袍(チーパオ)とよばれる、婦人用の盤領(あげくび)・筒袖で裾の長いワンピース形式のものをいうことが多い。➡人民服

ちゅうごく-ぶんがく【中国文学】中国で発達した文学。20世紀初めの文学革命以前の古典文学と、以後の現代文学に大別する。前9世紀ごろの詩を含む「詩経」を最古の作品とし、詩文にすぐれた作品が多いが、元・明代以降は小説や戯曲も発達した。古典文学は日本文学に大きな影響を与えた。

ちゅうごく-やさい【中国野菜】中国産の野菜。特に、日本に昭和50年(1975)ごろ以降に伝来したものをいう。青梗菜(チンゲンサイ)・塌菜(ターツァイ)など。

ちゅうごく-りょうり【中国料理】ーレウリ 中国の各地方独自に発達した料理の総称。北京料理・広東(カントン)料理・四川料理・南京料理・上海料理など。豊富な材料をむだなく使い、油を合理的に使うのが特徴。中華料理。

ちゅうごく-れんごうつうしん【中国聯合通信】ーレンガフツウシン ▶中国聯通(れんつう)

ちゅうごく-れんごうつうしんゆうげんコンス【中国聯合通信有限公司】ーレンガフツウシンイウゲンー ▶中国聯通(れんつう)

ちゅうごく-れんつう【中国聯通】中国の通信会社。1994年に中国政府により設立。2008年の業界再編により、中国網通(チャイナネットコム)を吸収合併。09年より、第三世代携帯電話(3G)の通信方式としてW-CDMAを採用。固定電話、携帯電話、インターネットなどのデータ通信サービスを提供している。チャイナユニコム。中国聯合(れんごう)通信。中国聯合通信有限公司。

ちゅう-ごし【中腰】腰を半分かがめた姿勢。「—になって作業する」

ちゅうこ-しゃ【中古車】中古の自動車または自転車。

ちゅうこ-ひん【中古品】使って、やや古くなった品物。ちゅうぶる。セコハン。

ちゅうこ-ぶん【中古文】平安時代に行われた文・文体。ふつう、物語など和文による仮名書きの散文をさす。

ちゅうこ-ぶんがく【中古文学】日本文学史において、平安時代に成立した文学。仮名文の使用とそれに伴う国風の貴族文学を中心とする。「もののあわれ」を主潮とする優美な情趣を理念とし、後世の日本人の美意識に大きな影響を与えた。古今和歌集などの和歌文学、伊勢物語・源氏物語などの物語文学、土佐日記・蜻蛉日記などの日記文学、随筆の枕草子や、歴史物語・説話文学などが生まれた。平安時代文学。平安文学。

ちゅう-こん【中根】仏語。仏の教えを理解・実行する機根が中くらいのこと。中機。➡上根 ➡下根

ちゅう-こん【忠魂】❶ひたすら忠義を尽くす精神。「—の士」❷「忠魂義魄(ぎはく)」に同じ。

ちゅう-こん【柱根】❶建築物で、柱の最下部。❷植物の支柱根のこと。

ちゅうこん-ぎはく【忠魂義×魄】忠義のために死んだ人のたましい。忠魂。

ちゅうこん-ひ【忠魂碑】戦死者を記念するために建てた碑。

ちゅう-さ【中佐】軍人の階級の一。佐官の第二位で、大佐の下、少佐の上。

ちゅう-ざ【中座┊中×坐】〔名〕スル 会合や談話などの途中で席を外すこと。「電話のために—する」

ちゅう-さい【中祭】旧祭祀令(さいしれい)に規定された伊勢神宮およびその他の神社の祭祀で、大祭に次ぐもの。歳旦祭・元始祭・紀元節祭・天長節祭など。

ちゅう-さい【仲裁】〔名〕スル ❶対立し争っているものの間に入ってとりなし、仲直りをさせること。「—に入る」「けんかを—する」「—役を買って出る」❷紛争中の当事者または当事国の合意に基づいて、第三者の判断によって紛争を解決すること。❸労働争議に際し、労働委員会に設けられる仲裁委員会が仲裁裁定を示して争議の解決を図ること。➡斡旋(あっせん) ➡調停 (類語)調停・取り成す

ちゅう-ざい【▽肘材】チウー 西洋型の船舶で、交わる二つの材料を固定する、ひじ形の構材。ブラケット。

ちゅう-ざい【駐在】〔名〕スル ❶一定の場所に相当の期間とどまっていること。官吏・商社員などが任務のために派遣された地にとどまること。「海外に—する」「アメリカ—大使」❷駐在所。また、駐在所にいる巡査。(類語)在留・駐箚(ちゅうさつ)・常駐

ちゅうさい-けいやく【仲裁契約】❶民事上の紛争の両当事者が、第三者である仲裁人を選定し、紛争の解決をその者の判断にゆだね、これに服することに合意する契約。❷国際法上、発生した国際紛争を国際裁判に付託することを約する国家間の合意。

ちゅうざい-こく【駐在国】駐在する国。特に、大使・

公使・領事として任命され駐在している国。
ちゅうさい-さいてい【仲裁裁定】労働関係調整法により、労働委員会に設けられる仲裁委員会が労働争議の解決のために下す判断。労働協約と同一の効力をもつ。
ちゅうさい-さいばん【仲裁裁判】国際紛争を、紛争当事国の選任した第三者(裁判官)の判断によって解決すること。
ちゅうざい-しょ【駐在所】❶ある人が派遣されて駐在する所。また、その事務所。❷警察署の下部機構で、巡査が駐在して、受け持ち区域内の警備や事務処理を扱う所。(類語)警察署・派出所・交番
ちゅうさい-はんだん【仲裁判断】仲裁契約に基づき、当事者の双方または裁判所の選定した仲裁人が民事上の紛争を解決するために行う判断。確定判決と同一の効力をもつ。
ちゅうざい-ぶかん【駐在武官】(ーブクワン) 一定期間外国に駐在する陸・海・空軍武官。ふつう、大使館付き武官をさし、軍事情報の収集などにあたる。
ちゅう-ざお【中×棹】(ーざを) 三味線の種類の一。棹の太さによって3種に分けたうちの中間のもの。胴の大きさ、弦の太さ、音量なども中程度。清元節・常磐津(ときわず)節・地歌などに用いる。➡太棹(ふとざお) ➡細棹(ほそざお)
ちゅう-さぎ【中×鷺】サギ科の鳥。全長69センチくらいで、全身白色。足指は黒い。アジア・アフリカ・オーストラリアに分布。日本では夏鳥。
ちゅう-さく【×籌策】(チウ) ❶はかりごと。計略。策略。籌算。「さればーを帷帳(いちやう)の内に廻らし」〈曽我・二〉❷仲裁。仲介。「糟谷こそ二条殿の女房たちを恋ひ申し、将軍の御ーにてありけるが」〈伽・三人法師〉
ちゅう-さつ【×誅殺】〔名〕(スル) 罪をとがめて殺すこと。「逆臣をーする」(類語)誅する・誅伐・誅戮(ちゅうりく)
ちゅう-さつ【駐×箚】〔名〕(スル) 外交官などが任務のためにしばらく外国に滞在すること。駐在。「印度(インド)にーする総督の許に」〈中村訳・西国立志編〉(類語)駐在・在留・常駐
ちゅう-さん【中産】程度が中くらいの財産。また、それを所有している人。
ちゅう-さん【昼三】(チウ)《昼夜それぞれの揚げ代が3分であったところから》江戸新吉原での遊女の階級の一。また、その遊女。宝暦(1751〜1764)以降は最高の階級。(補説)「中三」とも書く。
ちゅう-さん【昼×餐】(チウ) ひるめし。昼食。午餐。
ちゅう-さん【×籌算】(チウ) ❶籌(ちゅう)を用いて計算すること。また、その計算法。❷はかりごと。籌策。
ちゅうさん-かいきゅう【中産階級】(ーカイキフ) ▶中間階級
ちゅうさんかん-ち【中山間地】▶中山間地域
ちゅうさんかん-ちいき【中山間地域】(ーヰキ) 平地から山間地にかけての、傾斜地が多く、農業に不利な地域。中山間地。
ちゅうさん-たいふ【中散大夫】正五位上の唐名。
ちゅうざんでんしんろく【中山伝信録】《「中山」は琉球の異称》中国の地誌。6巻。徐葆光(じょほこう)著。1721年成立。前年に清の外交使節として訪れた琉球の見聞を、皇帝への報告書としてまとめたもの。琉球の研究資料として知られる。
ちゅう-ざんぽ【仲山甫】中国、周代の政治家。樊侯(はんこう)。魯(ろ)の献公の子で、前8世紀前半に周の宣王に用いられ、周王朝中興の臣といわれた。
ちゅうざん-りょう【中山陵】《「中山」は孫文の号》中国の政治家孫文の墓。1929年国民党政府が南京郊外紫金山の中腹に造営したもの。
ちゅう-し【中止】〔名〕(スル) 中途でやめること。また、計画を取りやめにすること。「雨で試合がーになる」「取引をーする」「発売ー」(類語)休止・停止・中断・中絶・ストップ・取り止(や)め・沙汰止(さたや)み・お流れ・立ち消え・全廃・途絶・断絶・お流れ・打ち切る・やめる・切り上げる・断つ・よす
ちゅう-し【中使】宮中からの使者。勅使。「暫く御座有りけるが、ー頻りに至って」〈太平記・三九〉
ちゅう-し【中×祀】律令制で、祭りの前3日間を潔斎して行う祭祀。祈年祭・月次(つきなみ)の祭り・神嘗(かんなめ)祭・新嘗祭(しんじょうさい)・賀茂の祭りなど。➡小祀 ➡大祀(たいし)
ちゅう-し【中指】なかゆび。
ちゅう-し【忠士】主君や国家に忠義を尽くす人。
ちゅう-し【忠死】〔名〕(スル) 忠義のために死ぬこと。「国家のためにーする武士の」〈鴎外・堺事件〉
ちゅう-し【注視】〔名〕(スル) 注意深くじっと見ること。「事の成り行きをーする」「全員のーを浴びる」(類語)注目・刮目(かつもく)・目配り・見る
ちゅう-し【×胄子】(チウ) 天子から卿大夫(けいたいふ)に至るまでの、あととりの子。転じて、卿大夫の子弟。学生。
ちゅう-じ【中耳】外耳と内耳との間の部分。鼓室・耳管からなり、空気で満たされている。鼓室には耳小骨があって鼓膜の振動を内耳に伝え、耳管は咽頭(いんとう)に通じる。
ちゅうじ【仲尼】(チユウヂ) 孔子の字(あざな)。
ちゅうじ-えん【中耳炎】中耳に化膿菌(かのうきん)が感染して起こる病気。耳痛・発熱・耳鳴りなどを訴え、慢性になると症状の軽快をみるが、難聴・耳垂れなどがみられるようになる。
ちゅう-じき【中食】1日2食の習慣のとき、朝食と夕食の間に軽くとる食事。後には昼の食事。
ちゅう-じき【昼食】(チウ)「ちゅうしょく(昼食)」に同じ。「ーをとる」
ちゅう-じきい【中敷居】(ーしきゐ) 上下二段になっている押し入れの中央にある敷居。上下別々に襖(ふすま)などを立てるときに取り付ける。なかじきい。
ちゅう-じく【中軸】(ーヂク) ❶物の中心を貫く軸。❷物事の中心となる大切な事柄。また、そのような人物。「委員会のー」「ー打者」(類語)中心・主(しゅ)・要(かなめ)・柱(はしら)・枢軸・主軸・主体・主力・基幹・根幹・中枢・中核
ちゅうじ-くう【中耳×腔】▶鼓室
ちゅうし-けい【中止形】国文法の用語。中止法に用いられる用言の連用形。「花咲き、鳥歌う」の「咲き」、「美しく青きドナウ」の「美しく」の類。
ちゅう-しこ【中仕子|中×鉋】荒仕子(あらしこ)で削った木材の表面を、さらに滑らかにするために用いるかんな。なかがんな。なかしこ。➡荒仕子 ➡上仕子(じょうしこ)
ちゅうじ-こう【中耳×腔】(ーカウ)《「ちゅうじくう」とも》▶鼓室
ちゅうじ-しぎ【中地×鷸】(チユウヂー) シギ科の鳥。全長26センチくらい。シベリア北東部で繁殖。日本では春・秋に渡来し、湿地などでみられる。
ちゅう-じしん【中地震】(ーヂシン) マグニチュード5以上7未満の規模の地震。大地震と小地震の中間にあたる。震央付近では被害が出ることがある。➡マグニチュード
ちゅうしち【忠七】《忠七という座元の名から》江戸時代、大坂で物真似(ものまね)を演じた者の称。
ちゅう-じつ【忠実】〔名・形動〕❶まごころをこめてよくつとめること。また、そのさま。「職務にーな人」「ーな臣下」「ーに任務を遂行する」❷内容をごまかしたり省略したりせずそのままに示すこと。また、そのさま。「原文にーな翻訳」「史実にーに再現する」(派生)ちゅうじつさ〔名〕(類語)誠実・篤実・真摯・至誠・信実・篤厚(とっこう)・大まじめ・まじめ・几帳面(きちょうめん)・生まじめ・くそまじめ・愚直・四角四面
ちゅうじつ-ぎむ【忠実義務】職務などを忠実に行う義務のこと。会社法第355条では、取締役が株式会社のために、職務を忠実に行う義務があることを定めている。(補説)注意義務と忠実義務の関係については、両者を同質とする説と異質であるとする説があり、後者では利益相反行為の禁止と競業避止義務(同356条)等が、取締役に限定して課される具体的な忠実義務とされる。
ちゅうしつ-し【中質紙】上質紙とざら紙との中間の品質の印刷用紙。化学パルプ70パーセント以上と砕木パルプとで抄造する。書籍・雑誌などに用いる。
ちゅうし-はん【中止犯】▶中止未遂
ちゅうし-ほう【中止法】(ーハフ) 日本語の表現法の一。「昼働き、夜学ぶ」の「働き」や、「冬暖かく、夏涼しい」の「暖かく」などのように述語となっている用言を連用形によっていったん切り、あとへ続ける方法。
ちゅうし-みすい【中止未遂】犯罪の実行に着手した犯人が、自己の意思で実行をやめるか、または結果の発生を防止すること。刑が減軽または免除される。中止犯。➡障害未遂
ちゅう-しゃ【中社】❶古く、神社を格式によって大・中・小に分けたうち第二位の神社。賀茂社・住吉社の類。❷明治以後の神社制度で、官幣中社・国幣中社のこと。❸奥社と里の宮との中間にある社殿。
ちゅう-しゃ【肘射】(チウ) ビームライフル専用の射撃姿勢。規定の椅子に腰かけ、両ひじをテーブル(射台)につけて構える。
ちゅう-しゃ【注射】〔名〕(スル) ❶注射器を使って薬液などを体内に注入すること。注入する部位によって皮下注射・筋肉注射・静脈注射などという。「抗生物質をーする」「静脈ー」❷水をそそぎかけること。転じて、じっと目をそそぐこと。「坐上の眼(まなこ)は盡(ことごと)く川岸の身上にーせり」〈鉄腸・花間鶯〉
ちゅう-しゃ【駐車】〔名〕(スル) 自動車などをとめておくこと。道路交通法では、車両等が継続的に停止すること、または、運転者が、車両等を離れてすぐには運転できない状態にあることをいう。「路上にーする」「ー禁止」「違法ー」➡停車 (類語)停車・パーキング
ちゅうしゃ-かんしいん【駐車監視員】(ーカンシヰン) 警察の委託を受けた会社・団体に籍を置き、放置車両の確認をする人。警察での講習修了などが必要。直接に取り締まる権限はなく、違反駐車の証拠を警察に提出する。平成18年(2006)から実施。
ちゅうしゃ-き【注射器】薬液を体内に注入するための器具。薬液を入れる注射筒と押し込むピストンからなる容器に注射針を取り付けたもの。採血などにも用いられる。
ちゅう-しゃく【注釈|×註釈】〔名〕(スル) 語句の意味や用法を解説したり、補足的な説明を加えたりすること。また、その説明。「専門用語をーする」「ー書」(類語)注解・アノテーション
ちゅう-しゃく【駐×錫】《錫杖(しゃくじょう)をとどめる意》行脚中の僧が寺などに滞在すること。掛錫(かしゃく)。
ちゅう-じゃく【×鍮石】真鍮(しんちゅう)のこと。
ちゅうしゃく-しぎ【中×杓×鷸】シギ科の鳥。全長約42センチ。くちばしが長く、下方に曲がっている。日本では春・秋に渡来する旅鳥で、海岸などにみられる。
ちゅうじゃく-もん【中×雀門】▶鍮石門(ちゅうじゃくもん)
ちゅうじゃく-もん【×鍮石門】(チウジャク) 扉に真鍮(しんちゅう)の化粧金具を取り付けた門。中雀門(ちゅうじゃくもん)。
ちゅうしゃ-じょう【駐車場】(ーヂャウ) 自動車をとめておくための特定の場所。
ちゅうしゃじょう-せいびちく【駐車場整備地区】(チユウシヤヂヤウー) 駐車場法により規定される、都市計画法上の地域地区の一。都市において自動車の交通が著しく集中する地区について、自動車駐車場を整備することで円滑な道路交通を確保するために定められる地区。
ちゅうしゃ-ブレーキ【駐車ブレーキ】サイドブレーキのこと。
ちゅう-しゅ【中酒】❶《酒に中(あ)たる意》酒を飲みすぎて体調・気分がすぐれないこと。❷食事をしながら飲む酒。また、茶の湯の会席で出す酒。「ーには古酒を、いやといふほど盛るならば」〈虎明狂・福の神〉
ちゅう-じゅ【中寿】長寿の段階を上中下に分けた中位の年齢。80歳とも100歳ともいう。
ちゅう-じゅ【中×綬】大綬と小綬との中間の綬。旭日中綬章・瑞宝中綬章などの勲章を身につけるのに用いる。
ちゅう-しゅう【中州】(ーシウ) 一❶世界の中央に位置する国。❷日本の中央にある地。「大倭国は日本のーなり」〈釈日本紀・八〉二中国河南省の称。
ちゅう-しゅう【中秋】(ーシウ)《古くは「ちゅうじゅう」とも》陰暦8月15日。「ーの名月」
ちゅう-しゅう【仲秋】(ーシウ)《古くは「ちゅうじゅう」とも。秋3か月のまんなかの意》陰暦8月の異称。(季 秋)「ーや月明かに人老いし/虚子」
ちゅうしゅ-こつ【中手骨】手のひらを形成する5本の骨。手根骨と指骨との間にある。掌骨(しょうこつ)。

ちゅう-しゅつ【抽出】〘名〙スル ❶多くの中からある特定のものを抜き出すこと。「名簿から該当者を無作為に―する」❷液体または固体の中から特定の物質を溶媒に溶かして取り出すこと。「花から精油を―する」

ちゅうしゅつ-ほう【抽出法】社会調査などで、調査対象全体(母集団)について調査するのでなく、それから抜き出した標本(サンプル)について調査し、全体を推し量る方法。サンプリング調査。

ちゅう-しゅん【仲春】《春3か月のまんなかの意》陰暦2月の異称。(季 春)「一や庭撩乱たる古机/東洋城」

ちゅう-じゅん【中旬】月の11日から20日までの10日間。中澣。⇒上旬 ⇒下旬 (類語)月半ば

ちゅう-じゅん【忠純】忠義一途なこと。

ちゅう-じゅん【忠順】〘名・形動〙真心があって従順であること。また、そのさま。「一なる言語、一なる顔容は」〈中村訳・西国立志編〉

ちゅう-しょ【中書】中国、漢代の官名。宮廷の詔勅などをつかさどったもの。

ちゅう-しょ【中暑】暑気あたり。

ちゅう-しょ【×籀書】▶大篆

ちゅう-じょ【忠×恕】自分の良心に忠実であることと、他人に対する思いやりが深いこと。「君の―僕に其姓名を告げざるも」〈織田訳・花柳春話〉

ちゅう-じょ【×誅×鋤】〘名〙スル ❶鋤で掘りおこして雑草を根絶やしにすること。❷悪人などを殺して絶滅すること。「梗命の者のみ―せらるる御旨意ならば」〈染崎延房・近世紀聞〉

ちゅう-しょう【中小】中くらいのものと小さいもの。「一の私鉄」

ちゅう-しょう【中生】仏語。極楽浄土の階位九品の上品・中品・下品のおのおのの中位。また、その位に生まれること。

ちゅう-しょう【中称】文法で、指示代名詞のうち、話し手よりも聞き手のほうに近い事物・場所・方向を示すもの。口語の「それ」「そこ」「そちら」、文語の「そ」「そち」「そなた」など。⇒近称 ⇒遠称 ⇒不定称

ちゅう-しょう【中傷】〘名〙スル 根拠のないことを言いふらして、他人の名誉を傷つけること。「ライバルを―して蹴落とす」「一記事」(類語)悪口・陰口・誹謗・謗り・悪態・悪口・雑言・罵詈・罵詈雑言

ちゅう-しょう【仲商】《「商」は秋の意》陰暦8月の異称。仲秋。(季 秋)

ちゅう-しょう【抽象】〘名〙スル 事物または表象からある要素・側面・性質をぬきだして把握すること。「この統計からは単にそういうようなことを―して」〈梶井・のんきな患者〉⇔具象/具体。⇒捨象

ちゅう-しょう【抽賞】功績のあった者を抜き出して賞すること。「大功の輩の―」〈太平記・一二〉

ちゅう-じょう【中将】❶軍人の階級の一。将官の第二位で、大将の下、少将の上。❷律令制で、近衛府の次官。少将の上で、少将とともに次将または介ともいう。従四位下相当官だが、三位で任ぜられることも多い。蔵人頭を兼ねる者を頭の中将という。❸能面の一。色白で、黛をつけた貴公子の面。在原業平(在五中将)を模したものという。

ちゅう-じょう【中情】心のうち。心中。内心。

ちゅう-じょう【×拄×杖】▶しゅじょう(拄杖)

ちゅう-じょう【柱状】柱に似た形。

ちゅう-じょう【衷情】うそやいつわりのない、ほんとうの心。衷心。「一を披瀝する」

ちゅうしょう-か【抽象化】〘名〙スル 抽象的にすること。「五大陸を―して表現した五輪旗」

ちゅうしょう-が【抽象画】事物の写実的な再現ではなく、点・線・面・色彩それ自体のもつ表現力を追求した非具象的な絵画。

ちゅうしょう-がいねん【抽象概念】事物・事象の具体的全体から一般的性質をもつ部分を抽象したものを示す概念。⇔具体概念。

ちゅう-しょうぎ【中将棋】将棋の一種。室町から江戸にかけて特に流行。盤面は縦横12目、駒数は両軍合わせて92あり、小将棋と違い駒は取り捨てで、取ったものを再度使うことはできない。

ちゅうしょう-きぎょう【中小企業】経営規模が中程度以下の企業。中小企業基本法によると、小売業では資本金5000万円以下、従業員50人以下、サービス業では資本金5000万円以下、従業員100人以下、卸売業では資本金1億円以下、従業員100人以下、工業・鉱業・運送業などでは資本金3億円以下、従業員300人以下の企業をさす。

ちゅうしょうきぎょう-きほんほう【中小企業基本法】中小企業の経済的、社会的制約による不利を是正し、その成長・発展を図るため、中小企業に関する政策の目標を示した基本法。昭和38年(1963)施行。

ちゅうしょうきぎょうきんゆうえんかつか-ほう【中小企業金融円滑化法】《「中小企業者等に対する金融の円滑化を図るための臨時措置に関する法律」の通称》中小企業や住宅ローンの借り手が金融機関に返済負担の軽減を申し入れた際に、できる限り貸付条件の変更等を行うよう努めることなどを内容とする法律。平成20年(2008)秋以降の金融危機・景気低迷による中小企業の資金繰り悪化等への対応策として、同21年12月に約2年間の時限立法として施行。同25年3月末まで延長された。中小企業等金融円滑化法。金融円滑化法。

ちゅうしょうきぎょう-きんゆうこうこ【中小企業金融公庫】中小企業者の行う事業の振興に必要な長期資金を融通することを目的とした政府金融機関。金融危機や災害時にはセーフティーネットの役割を果たすべく、緊急特別貸付業などを行う。昭和28年(1953)設立。平成20年(2008)10月、国民生活金融公庫・農林漁業金融公庫などを統合して設立された株式会社日本政策金融公庫へ移行。

ちゅうしょうきぎょう-しんだんし【中小企業診断士】中小企業支援法に基づき、中小企業経営の合理化を図る目的で、国がその資格を認定し、経済産業大臣が登録した経営コンサルタント。

ちゅうしょうきぎょう-しんようほけん【中小企業信用保険】中小企業者が金融機関からの資金借入の際に信用保証協会の保証を利用するにあたり、日本政策金融公庫がその保証契約に付する保険。

ちゅうしょうきぎょう-ちょう【中小企業庁】経済産業省の外局の一。中小企業振興の基本方策の策定、資金融資の斡旋などを行う。昭和23年(1948)設置。

ちゅうしょうきぎょうとう-きょうどうくみあい【中小企業等協同組合】中小企業等協同組合法に基づき、中小規模の商業・工業・鉱業・運送業・サービス業などの事業を行う者および勤労者その他の者が組織する協同組合。事業協同組合・事業協同小組合・火災共済協同組合・信用協同組合・協同組合連合会・企業組合の6種がある。

ちゅうじょう-グラフ【柱状グラフ】統計で度数分布を示すグラフの一。横軸上に階級、縦軸上に度数を目盛り、おのおのの階級の上に、度数を高さとする長方形を立てたもの。ヒストグラム。

ちゅうしょう-げいじゅつ【抽象芸術】現実の対象の再現を意図せず、色・形・量感など造形要素それ自体のもつ可能性を追求する芸術。20世紀初頭に始まる。抽象美術。アブストラクトアート。

ちゅうじょう-ず【柱状図】▶地質柱状図

ちゅうじょう-せつり【柱状節理】岩体に入った柱状の割れ目。マグマが冷却固結する際、収縮して生じる。玄武岩では六角柱ができることが多い。兵庫県の玄武洞、北海道の層雲峡などで見られる。

ちゅうしょう-だいすうがく【抽象代数学】抽象的な要素の集合としての代数系を取り扱う現代数学の一部門。群・環・体などが対象となる。

ちゅうしょう-てき【抽象的】〘形動〙❶いくつかの事物に共通なものを抜き出して、それを一般化して考えるさま。「本質を―にとらえる」❷頭の中だけで考えていて、具体性に欠けるさま。「一で、わかりにくい文章」⇔具象的/具体的。

ちゅうじょうのせいぼ-せいどう【柱上の聖母聖堂】《Catedral de Nuestra Señora del Pilar de Zaragoza》▶ヌエストラセニョーラ-デル-ピラール聖堂

ちゅうじょう-ひめ【中将姫】日本の伝説上の人物。右大臣藤原豊成の娘。父の左遷を悲しみ、大和当麻寺に入って尼となり、仏行に励んだ徳により仏の助けを得て、一夜のうちに蓮の茎の糸で観無量寿経の曼荼羅を織ったとされる。謡曲「当麻」ほか、浄瑠璃・歌舞伎に取り上げられている。

ちゅうしょう-ひょうげんしゅぎ【抽象表現主義】《abstract expressionism》第二次大戦後、米国で興ったアクションペインティングをはじめとする非幾何学的な抽象絵画の総称。広くは欧州で興った同傾向のアンフォルメルなどを含む。

ちゅうじょう-へんあつき【柱上変圧器】電柱の上部に設置され、高電圧を一般家庭用に100ボルトに下げる変圧器。

ちゅうしょう-めいし【抽象名詞】名詞の分類の一。抽象的概念を表す名詞。「勇気」「平和」など。

ちゅうじょう-りゅう【中条流】❶剣術の一派。室町時代の兵法家中条兵庫助長秀を流祖とする。❷産婦人科・小児科の医術の一派。豊臣秀吉の家臣、中条帯刀を始祖とする。江戸時代には堕胎を専門とした医者に中条流を名のる者が多かった。

ちゅうしょう-ろん【抽象論】物事の実体・具体性を備えていない、単に頭の中で考えられただけの意見や考え。

ちゅうしょ-おう【中書王】中務卿になった親王の称。特に文人として有名な兼明親王と具平親王を、前中書王と後中書王と称した。

ちゅうしょ-かく【中書格】漢字の書体の一。宮廷の書家が詔勅や宮殿の扁額などを書くときに用いた端正な書体。

ちゅう-しょく【中食】▶なかしょく(中食)

ちゅう-しょく【昼食】昼の食事。ひるめし。ちゅうじき。「一をとる」「一会」(類語)昼御飯・昼飯・昼飯・昼餉・午餐・中食・ランチ・昼

ちゅうしょく-き【鋳植機】活字組み版で、活字母型を内蔵し、活字を鋳造すると同時に植字する機械。1字ずつ鋳造していくモノタイプ、1行分まとめて鋳造するライノタイプがある。

ちゅうしょ-しょう【中書省】❶中国の中央官庁。魏晋時代に設置され、明初に廃止。❷中務省の唐名。

ちゅうしょ-れい【中書令】❶中書省の長官。❷中務卿の唐名。

ちゅう-じろ【中白】❶玄米を半ば白い程度に搗いた米。ちゅうはく。❷白味噌と赤味噌との中間の薄い茶色をした味噌。❸白砂糖と赤砂糖との中間の薄い褐色をした砂糖。

ちゅう-しん【中心】❶まんなか。中央。「町の―に公民館がある」「地域の―」❷物事の集中する場所。また、最も重要な位置にある物や人。また、その位置。「―となって組織をとりしきる」「政治経済の―をなす」❸心のなか。心中。胸中。「我―に満足を与えんも定かならず」〈鷗外・舞姫〉❹重心のこと。「うまく―をとって歩く」❺㋐円周上・球面上のすべての点から等距離にある点。㋑図形が点対称であるときの、その点。(類語)(❶)真ん中・真ん真ん中・ど真ん中・中央・正中・中点・心・センター/(❷)主・軸・要・柱・中軸・枢軸・主軸・主体・主力・基幹・根幹・中枢・中核・核・コア・核心・焦点・目玉・核心・基軸・心臓・髄・基本・要石・キーストーン・大本・基礎・根本・基調・基底・根底・基・土台・下地・初歩・いろは・ABC・基盤・基部・大根

ちゅう-しん【中身】武士の位・身分・禄高などが中位であること。また、その人。「大身、―、小身によらず、色を好むとてもくるしからざる」〈甲陽軍鑑・一二〉

ちゅう-しん【中震】地震の強さの旧階級。家が激しく動揺し、座りの悪い器物が倒れ、8分目に入った水が器外にあふれ出る程度のものとされ、震度4にあ

たった。➡震度

ちゅう-しん【忠心】忠を尽くす心。忠実な心。

ちゅう-しん【忠臣】❶忠義な臣下。忠義を尽くす家来。❷准大臣の異称。

忠臣は二君に事えず 《「史記」田単伝から。中国春秋時代、燕の将軍の、燕に仕えれば大きな領土を与えるという申し入れを断って首をつって死んだ、斉の王蠋の死に臨んだ時の言葉》忠臣は、いったん主君を定めたのちは、他の人に仕えることはない。

忠臣を孝子の門に求む 《「後漢書」韋彪伝から》親に孝行する者は主君にも忠義を尽くすから、忠臣を求めようと思えば、孝子の家から求めなさい。

ちゅう-しん【忠信】忠と信。まごころをこめ、うそいつわりのないこと。

ちゅう-しん【注進】〔名〕スル《「注」は、しるす意》事件を書き記して上申すること。転じて、事件を急いで目上の人に報告すること。「御―に及ぶ」「事の始終を上司に―する」

ちゅう-しん【衷心】心の中。心の底。衷情。「―よりわびる」

ちゅう-じん【中人】❶才能や能力などが中くらいの人。並の人。普通の人。「才気―に踰えずと雖ども」〈中村訳・西国立志編〉❷身分や地位・財産などが中程度の人。「此国に在ては―以上の地位にある者なり」〈福沢・学問のすゝめ〉❸仲立ち。仲人。ちゅうにん。「佐殿うち忿み給ひて、千手に、―は面白うしたるものを、とのたまへば」〈高野本平家・一〇〉

ちゅう-じん【中陣】社寺で、内陣と外陣との間にある間。

ちゅう-じん【中腎】脊椎動物の個体発生の過程で前腎に次いで現れる排泄器官。魚類・両生類では腎臓として働き、爬虫類・鳥類・哺乳類では退化する。ウォルフ体。原腎。

ちゅう-じん【×厨人】料理人。まかないかた。

ちゅう-じん【×稠人】多くの人。衆人。「其才―の上にぬきんで」〈逍遥・小説神髄〉

ちゅうしん-がい【中心街】その町の重要な施設や商店などが集中し、町の活動の中心となっている地域。

ちゅうしん-かく【中心角】円の二つの半径が挟む角。円周上の弧の両端と円の中心とを結んでできる角。

ちゅう-しんくう【中真空】日本のJIS(日本工業規格)で定められた真空の区分の一。真空度が0.1～100パスカルを指す。大気圧で示すと、上空約60～90キロメートルの圧力範囲に相当する。➡低真空 ➡高真空 ➡超高真空

ちゅうしんぐら【忠臣蔵】㊀浄瑠璃・歌舞伎・講談などの一系統で、赤穂義士のあだ討ちを主題としたもの。㊁「仮名手本忠臣蔵」の通称。

ちゅうしん-しど【中心示度】高気圧・低気圧などの中心部の気圧の値。

ちゅうしん-じょう【注進状】中世の上申文書の一。荘園の代官が現地の状況や年貢の収支を本所に報告するときなどに用いた。注文。

ちゅうしんじょうみゃく-えいよう【中心静脈栄養】鎖骨下などからカテーテルを入れ、右心房近くの大静脈のところで栄養液を補給する方法。高カロリー輸液。

ちゅうしん-しょく【中心食】日食で、太陽と月との中心を結ぶ直線が地球の表面と交わるときの食。皆既食や金環食が観測される。

ちゅうしん-じんぶつ【中心人物】ある物事を行う際に中心となる重要な人物。「話題の―」

ちゅうしん-せい【中新世】地質時代の区分の一。新生代新第三紀を2分した場合の初めの時期。2400万年前から510万年前まで。東北日本にはこの時代の地層が広く分布。

ちゅうしん-せん【中心線】二つの円または二つの球の中心を結ぶ線分。

ちゅうしん-たい【中心体】細胞内小器官の一。細胞分裂の際にだけみられる顆粒で、二つに分かれて細胞の両極に行き、これを中心として紡錘糸ができ、染色体を移動させる。

ちゅうしん-ち【中心地】中心となる重要な場所。「経済の―」

ちゅうしん-ちゅう【中心柱】シダ植物および種子植物の茎や根の、内皮より内側の部分。基本組織と維管束からなり、維管束の形や配列によっていくつかの型に分けられる。

ちゅうしん-てん【中心点】❶物事の中心となるところ。❷図形や物体の中心にあたる点。

ちゅうしんとうごう-ほう【中心統合法】主要教科を中心として、他の教科をこれと内容的に関連づけて教科課程を編成する方法。

ちゅうしん-ふんか【中心噴火】火山の中央部にある火口で起こる噴火。➡割れ目噴火

ちゅうじん-ゆかん【中腎輸管】中腎と連絡する排出管。前腎輸管が縦に2分してできる一方のもので、他方はミュラー管となる。魚類・両生類では輸尿管・輸精管として働き、爬虫類・鳥類・哺乳類ではやがて、雄では輸精管となり、雌では退化する。ウォルフ管。

ちゅうしん-りょく【中心力】物体に働く力の作用線が、ある一定点を常に通るような力。太陽・惑星間の万有引力、荷電粒子間のクーロン力など。

ちゅう-すい【虫垂】盲腸の下部についている指状の小突起。盲腸の先端が細小となったもので、ヒトと類人猿、草食動物にみられる。虫様突起。虫様垂。

ちゅう-すい【宙水】➤ちゅうみず

ちゅう-すい【注水】〔名〕スル 水をそそぎ入れること。また、水をそそぎかけること。「ホースで水槽に―する」
類語 注入

ちゅうすい-えん【虫垂炎】虫垂の炎症。初め上腹部やへその辺りに痛みがあり、しだいに右下腹部にうつる。吐き気・発熱などを伴い、悪化して破れると腹膜炎を起こす。俗に盲腸炎ともいう。虫様突起炎。

ちゅうすい-しょくぶつ【抽水植物】水生植物の一型。比較的浅い水中に生え、根は水底の土壌中にあり、葉や茎が水面から出ている植物。アシ・ガマ・ハスなど。挺水植物。水沢植物。

ちゅうすい-どう【中水道】下水を殺菌・消毒して、再び給水するもの。上水道と下水道の中間的意味をもち、工業用水・水洗便所用水などにあてる。

ちゅう-すう【中枢】❶中心となる大切なところ。重要な部分。「経済の―をなす」「―部」❷「中枢神経系」または「神経中枢」に同じ。「―に作用する薬」「感覚―」類語 中核・枢機・枢軸・機軸・枢要・中心・主・軸・要・柱・中軸・主軸・主体・主力・基幹・根幹

ちゅうすう-しんけいけい【中枢神経系】神経系の中で、全神経の統合・支配など中枢的役割を果たしている部分。末梢神経の受けた刺激をとらえて音声・運動・反射などを指令する。脊椎動物では脳と脊髄、無脊椎動物では神経節の一部をいう。

チューズデー〖Tuesday｜Tues.｜Tue.〗火曜日。

ちゅう・する【中する】〔動サ変〕文ちゅう・す〔サ変〕❶まんなかに至る。まっさかりになる。「烈日の天に―・するが如き勢」〈露伴・プラクリチ〉❷かたよっていないさまになる。中庸の道を守る。「これを君子時に―・すと申します」〈続々鳩翁道話〉

ちゅう・する【沖する】【×冲する】〔動サ変〕文ちゅう・す〔サ変〕空高くにあがる。「一条の光がやや斜めに天に―・して」〈島木健作・生活の探求〉

ちゅう・する【注する】【×註する】〔動サ変〕文ちゅう・す〔サ変〕❶本文中の語句を取り出して注釈をほどこす。「漢文を―・する」❷説明を書きつける。また、記す。「エルンスト、ワイゲルトと漆もて書き、下に仕立物師と―・したり」〈鴎外・舞姫〉

ちゅう・する【×誅する】〔動サ変〕文ちゅう・す〔サ変〕悪人や罪のある者を殺す。成敗する。「無道の役人を―・し」〈鴎外・大塩平八郎〉類語 誅殺・誅伐・誅戮

ちゅう-せい【中世】歴史の時代区分の一。古代と近世との間。主として封建社会の時代。❶日本史で、鎌倉時代・室町時代をさす。近世にあたる安土桃山時代・江戸時代を後期封建社会とよぶのに対して、前期封建社会とよぶことがある。❷西洋史で、ローマ帝国分裂の4世紀末から、15世紀の東ローマ帝国の滅亡および16世紀にかけてのルネサンスおよび宗教改革に至る時代をさす。

ちゅう-せい【中正】〔名・形動〕かたよらず、公正であること。また、そのさま。中庸。「―の理にかなう」「―な判断を下す」派生 ちゅうせいさ〔名〕
類語 方正・適正・真正・純正・フェア・合理・正しい

ちゅう-せい【中性】❶対立する二つの性質のどちらにも属さない中間の性質。❷男性とも女性ともつかない性的状態。また、そのような人。「―的な魅力の女優」❸物質が酸性でもアルカリ性でもない性質を示すこと。水溶液中では水素イオン指数pHが7あたりのときをいい、青色リトマスも赤色リトマスも変色しない。❹素粒子・原子などが、陰の電荷も陽の電荷も帯びていない状態であること。電気的中性。❺インドヨーロッパ語などで、文法上の性の区分の一。男性にも女性にも属さないもの。

ちゅう-せい【中勢】相場の大勢と目先に対し、その中間的な動き。また、その見通し。

ちゅう-せい【忠誠】忠実で正直な心。また、忠義を尽くすこと。「国家に―を尽くす」「―を誓う」
類語 忠・忠義・忠孝

ちゅう-ぜい【中背】高くも低くもない身長。中くらいの背丈。「中肉―」

ちゅうせい-か【中性花】雄しべ・雌しべとも退化または発育不完全で、種子を生じない花。アジサイの装飾花、ヒマワリの舌状花など。不登花。不実花。

ちゅうせい-かい【中生界】中生代に形成された地層や岩石。

ちゅうせい-がん【中性岩】火成岩のうち、二酸化珪素の含有量が酸性岩と塩基性岩との中間で、52～66パーセントのもの。閃緑岩・安山岩など。

ちゅうせい-し【中性子】陽子とともに原子核を構成する素粒子。質量は陽子よりわずかに大で、電荷は零。記号n ニュートロン。

ちゅうせい-し【中性紙】インクのにじみ止めに、炭酸カルシウムなどの中性のサイズ剤を使った洋紙。紙の劣化を防ぎ、長期保存が可能。➡酸性紙

ちゅうせいし-かいせつ【中性子回折】中性子の物質波としての波動性を利用した回折現象。結晶構造および磁気構造の解析をはじめ、物性物理学、材料科学の研究に利用される。

ちゅうせいし-かじょうすう【中性子過剰数】中性子数から陽子数(原子番号)を引いた差。➡同余体

ちゅうせいし-せい【中性子星】ほとんど中性子だけからなる超高密度の星。半径は10キロ程度、質量は太陽の1～2倍で、密度は1立方センチあたり10億トンにもなる。1967年に発見されたパルサーが中性子星で超新星爆発の残骸であることがわかった。

ちゅうせいし-せん【中性子線】中性子からなる粒子線。物質の結晶構造や磁気構造を解析する中性子回折の研究に利用される。中性子ビーム。

ちゅうせいし-ばくだん【中性子爆弾】核兵器の一。熱や爆風を極力少なくして、中性子線の放射量を多くしたもの。生物に対する殺傷効果が大きい。

ちゅうせいし-ビーム【中性子ビーム】➤中性子線

ちゅうせい-しぼう【中性脂肪】グリセリンと脂肪酸とが結合した単純脂質。動物では皮下・腹壁などに蓄えられるいわゆる脂肪のことで、植物では種子に多く、油脂ともいう。

ちゅうせいし-ほかく【中性子捕獲】原子核に1個または複数個の中性子が吸収されて、より重い原子核になる核反応。捕獲によってγ線(光子)が放出される。恒星内部の核反応で重要な役割を担い、水素やヘリウムより重い重元素の生成に大きく寄与する。放射性捕獲の一つ。

ちゅうせい-しょくぶつ【中生植物】乾燥地でも湿地でもない、普通の環境で生育する植物。日本の野生植物の大部分がこれに相当。

ちゅうせい-せんざい【中性洗剤】水溶液が中性を示す合成洗剤。通常の石鹸がアルカリ性を示し硬

水では使えないのに対し、硬水や酸の中でも洗浄力がある。毛織物などに使用。

ちゅうせい-だい【中生代】地質時代を三大区分したうちの2番目の時代。古生代と新生代との間で、2億4700万年前から6500万年前まで。三畳紀・ジュラ紀・白亜紀に区分される。陸上では裸子植物や巨大な爬虫類が全盛で、鳥類・哺乳類・被子植物が出現し、海中ではアンモナイト・二枚貝などが繁栄。

ちゅうせい-どうぶつ【中生動物】動物界の一門。体はきわめて単純な形で、原生動物と後生動物との中間形、または多細胞動物が寄生により退化したものとする説がある。タコの腎嚢に寄生する二胚虫などが含まれる。

ちゅうせい-どじょう【中性土壌】酸性土壌でもアルカリ性土壌でもない土。表層のpHがほぼ7の土。

ちゅうせい-なんどう【忠清南道】►チュンチョンナムド

ちゅうせい-びし【中性微子】►ニュートリノ

ちゅうせい-ひりょう【中性肥料】それ自体が中性の肥料。また、連続使用すると土壌を中性にする性質のある肥料。前者には硫安、後者には硝安などがある。

ちゅうせい-ぶんがく【中世文学】中世の文学。❶鎌倉時代・室町時代に書かれた文学。平安時代の文学様式のほか、新たに軍記物語・連歌・謡曲・狂言・御伽草子などを成立させ、幽玄・有心などの美的理念や文学理論を生み出した。❷欧州で、ローマ帝国の分裂からルネサンスに至る文学。初期にはラテン語で書かれた各種年代記や聖者伝があり、12、3世紀には分化した各民族に対応して英雄叙事詩が成立する一方、封建諸侯の庇護のもとに宮廷文学が栄え、末期には新興市民階級の台頭によって合理的精神・批判精神が生まれるなかで風刺文学や喜劇が盛んになった。

ちゅうせい-ほくどう【忠清北道】►チュンチョンブクド

ちゅうせい-ローマていこく【中世ローマ帝国】►ローマ帝国

ちゅう-せき【沖積】土砂などが流水に運ばれて河口や河岸に堆積すること。

ちゅう-せき【柱石】❶柱といしずえ。転じて、柱ともいしずえとも頼む人。特に国家・団体などを支える中心人物。「国家の一」❷►スカポライト

ちゅう-せき【×疇昔】むかし。また、きのう。「夫人の優しく打解けたるさまは、毫も一に異ならざりき」〈鷗外訳・即興詩人〉

ちゅう-せきがいせん【中赤外線】赤外線のうち、波長が2.5〜4マイクロメートル程度の光線。単に赤外線という場合、この波長域を指す。有機化学物質などの分光分析に利用される。

ちゅうせき-すい【沖積×錐】小規模で傾斜のやや急な扇状地。

ちゅうせき-せい【沖積世】►完新世

ちゅうせき-せんじょうち【沖積扇状地】►扇状地

ちゅうせき-そう【沖積層】❶沖積世(完新世)に堆積した地層。沖積統。完新統。❷現在の河川による低地の堆積物。また日本では、更新世末の海面低下期に形成された谷をうずめる堆積物をもいう。

ちゅうせき-ど【沖積土】比較的新しい時期に堆積した沖積層で、層位の分化があまり進んでいない土壌。

ちゅうせき-とう【沖積統】►沖積層❶

ちゅうせき-へいや【沖積平野】河川の堆積作用で形成され、現在も堆積が進行している平野。

ちゅうせきゆ【中石油】►中国石油天然気集団公司

ちゅうせつ【中説】中国の思想書。10巻。隋の王通が門人と行った対話を、門人が「論語」にならって編集したといわれる。儒・仏・道の三教の一致と、中道による王道の実現を説く。文中子。

ちゅう-せつ【忠節】主君への忠義をかたく守ろうとする気持ち。「一を尽くす」(類語)節操・二心

ちゅう-ぜつ【中絶】〔名〕スル ❶進行中の物事がとぎれること。また、中途でやめること。「交渉が一する」「作業を一する」❷妊娠中絶のこと。
(類語)中止・打ち切る・やめる・切り上げる・よす・断つ・とりやめる・休止・停止・中断・ストップ・沙汰止み・お流れ・立ち消え・途絶・断絶

ちゅうせっき-じだい【中石器時代】食料採集を生活の基盤とする完新世初頭の時代。そのころの文化を中石器文化という。日本では縄文時代の一部に相当するという説もある。➡石器時代

ちゅうぜつ-ぼいん【中舌母音】母音の中で、ス・ツ・ズなどに含まれる[ü]のように中舌面が後部硬口蓋に向かって持ち上がるもの。中間母音。混合母音。なかじたぼいん。

ちゅう-せん【中線】三角形の各頂点とその対辺の中点とを結ぶ線分。

ちゅう-せん【抽×籤｜抽選】〔名〕スル くじを引くこと。くじ引き。「一して順番を決める」

ちゅう-せん【注染】型紙を用いて防染糊をつけた布を重ね、染料を注いで下から吸い取って染める技法。手ぬぐいや浴衣などを染めるのに使われる。

ちゅう-せん【鋳銭】貨幣を鋳造すること。また、その貨幣。じゅせん。

ちゅう-せんきょく【中選挙区】大選挙区と小選挙区との中間に位し、原則として3名ないし5名の議員を選出する選挙区。理論的には大選挙区の一種とされる。日本の衆議院議員選挙で採用されていたが、平成6年(1994)公職選挙法改正で廃止。➡小選挙区

ちゅうせん-し【鋳銭司】古代、鋳銭のために諸国に設けられた役所。じゅせんし。ぜにのつかさ。

ちゅうぜん-じ【中禅寺】栃木県日光市にある天台宗の寺。山号は補陀落山。延暦年間(782〜806)、勝道が二荒山中宮祠の西側に建立。大正2年(1913)現在地に移転。坂東三十三所第18番札所。立木観音。

ちゅうぜんじ-こ【中禅寺湖】日光市にある湖。男体山の溶岩が大谷川をせき止めてできたもの。湖面標高1269メートル。最大水深163メートル。華厳滝の水源で、日光国立公園の一部。

ちゅうせん-しょうかん【抽×籤償還】債券の定時償還やその他の一部償還を行う場合、償還する債券を抽籤によって確定する方法。

ちゅう-せんせかい【中千世界】仏語。須弥山を中心とする一世界を一千集めた小千世界を、さらに一千集めたもの。

ちゅう-そ【注×疏｜×註×疏】経書を解釈した注と、それをさらに解釈した疏。また、経書などの本文の字句に詳しく説明を加えたもの。「十三経一」

ちゅう-そ【柱礎】❶はしらと、いしずえ。また、柱の土台に置く石。❷物事の基本・根幹となるもの。「新税制の一となる法案」

ちゅう-そう【中宗】㊀王朝の中興の祖。㊁中国、唐の第4代皇帝。在位683〜684、705〜710。姓は李。名は顕。高宗の没後即位したが、2か月で母の則天武后に廃され、のち復位したが皇后の韋氏に実権を奪われ、暗殺された。

ちゅう-そう【中層】中間の層。上層と下層との間の層。

ちゅう-ぞう【鋳造】〔名〕スル 金属を溶かし、鋳型に流し込んで物をつくること。「貨幣を一する」

ちゅう-ぞう【鋳像】金属を鋳造して作った像。

ちゅうそう-うん【中層雲】対流圏の中層、温帯地方で2〜7キロの高さに生じる雲。高積雲など。➡上層雲 ➡下層雲

ちゅうそうたいき-かんそくけいかく【中層大気観測計画】►エム-エー-ピー(MAP)

ちゅう-そつ【中卒】《「中学校卒業」の略》中学校を卒業していること。また、その人。

ちゅうそっ-こつ【中足骨】足の裏を形成する5本の骨。足根骨と指骨の間にある。蹠骨。

ちゅうソ-ろんそう【中ソ論争】中国・ソ連の両共産党間の国際共産主義運動の原則などをめぐる論争。1956年のスターリン批判・平和共存路線を発端として、60年ごろから公然化。国家間の政治的対立へと発展し、69年には国境での武力衝突も起こったが、80年代に入って鎮静化した。

ちゅう-ぞん【中尊】《「ちゅうそん」とも》左右に脇立を従えて、中央に安置される仏像。阿弥陀三尊の阿弥陀仏、五仏の大日如来、五大明王の不動明王など。中台尊。

ちゅうそん-じ【中尊寺】岩手県西磐井郡平泉町にある天台宗の東北大本山。山号は関山。嘉祥3年(850)円仁の開創、貞観元年(859)清和天皇から中尊寺の号を得た。長治2年(1105)藤原清衡が堀河天皇の勅により再興。火災により金色堂と経蔵を除いて焼失。金色堂は国宝。平成23年(2011)「平泉―仏国土(浄土)を表す建築・庭園及び考古学的遺産群―」の一つとして世界遺産(文化遺産)に登録された。平泉寺。➡金色堂㊁ ➡平泉

ちゅうそんじ-ぎょう【中尊寺経】中尊寺の供養経の総称。藤原清衡・基衡・秀衡がそれぞれ作らせ、紺紙に金字や銀字で書かれている。国宝。

チューター〖tutor〗❶個人指導の教師。❷講習会などの、講師。(類語)先生・師・師匠・指南役・師範・宗匠・師父・教員・教諭・教授・教官・ティーチャー・プロフェッサー・インストラクター・尊師・恩師・旧師・先師

チューダー-ちょう【チューダー朝】《Tudor》1485年、薔薇戦争に勝ったランカスター家系のヘンリー7世が即位して創始した王朝。その後、ヘンリー8世・エドワード6世・メアリー1世・エリザベス1世を出したが、1603年、エリザベスの死によって断絶。チュードル家。

ちゅう-たい【中退】〔名〕スル《「中途退学」の略》修業年限の中途で退学すること。「大学を一する」
(類語)退学・退校・放校

ちゅう-たい【中隊】軍隊の編制上の単位。ふつう3ないし4小隊からなり、2ないし4中隊で大隊となる。「一長」

ちゅう-たい【中▽諦】仏語。天台宗で説く三諦の一。すべての存在は一面的ではなく、言葉や思慮の対象を超えた中正絶対なものであると説く。

ちゅう-たい【柱体】平行な二つの平面と柱面とで囲まれた立体。角柱・円柱など。

ちゅう-たい【×紐帯】❶ひもと、おび。転じて、二つのものをかたく結びつけるもの。❷血縁・地縁・利害関係など、社会を形づくる結びつき。

ちゅう-だい【中台】❶中尊を安置する台。また、その台上の中尊。❷石灯籠の、火袋をのせる台。

ちゅう-だい【抽×薹】植物の茎が、日照時間や温度の変化により、急速に伸びること。とうだち。

ちゅうたい-きょうぎ【中台協議】中国と台湾の間で行われる実務者協議。中国政府と中華民国政府は互いに台湾の主権を主張しているため、民間の窓口機関による対話方式をとっている。中国側の窓口は海峡両岸関係協会、台湾側は海峡交流基金会。➡両岸経済協力枠組み協定

ちゅうたいけいざいきょうりょくわくぐみ-きょうてい【中台経済協力枠組(み)協定】►両岸経済協力枠組み協定

ちゅう-だいさぎ【中大×鷺】ダイサギの亜種。日本で繁殖する夏鳥。冬鳥として渡来する亜種より少し小形。こもも じろ。

ちゅうたいせいよう-ろん【中体西用論】中国、清末の洋務運動の基本思想。中国の伝統的思想・文化・制度を根幹にすえ、運用の面では西洋文明の科学・技術を導入しようとする考え方。

ちゅうだい-はちよういん【中台八葉院】胎蔵界曼荼羅の中央部。大日如来を中心にして、八葉の蓮華状に東西南北に四仏、その間に四菩薩が配置される。

ちゅう-だち【中裁ち】子供用の和服の裁ち方。また、その和服。4、5歳から11歳ごろまでのもので、四つ身裁ちのこと。➡大裁ち ➡小裁ち

ちゅうたつ【仲達】司馬懿の字。

ちゅう-だな【中棚】中段の棚。また、押し入れ内部にしつらえた棚。

ちゅう-たん【忠胆】忠義に厚い心。

ちゅう-だん【中段】❶なかほどの段。階段などのなかほど。「長い石段の―あたりで一息つく」❷なかほどの段階。いくつかある段階のなかほど。「着色の工夫は、総て色の変化の―においてなさるべきだ」〈横光・機械〉❸剣道や槍術などで、上段と下段との中間の構え方。正眼。「―に構える」❹陰暦の暦注(れきちゅう)で、なかの段に書き入れてある十二直(じゅうにちょく)のこと。これを毎日の干支(えと)の下に配当して、その日の吉凶を定めた。❺書院造りで、上段の間(ま)より一段低く、下段の間より一段高くつくった所。中段の間。

ちゅう-だん【中断】〔名〕(スル)❶一続きのものが中途でとぎれること。また、中途でやめること。「雨のため試合が―する」「番組を―して臨時ニュースを伝える」❷法律上、一定の事実の発生により、それまでの効力が失われること。「時効の―」
(類語)中止・休止・中絶・全廃・途絶・断絶・お流れ・休む・打ち切る・やめる・切り上げる・よす・断つ・とりやめる・停止・ストップ・沙汰止み・立ち消え

ちゅう-たんぱ【中短波】波長が50～200メートルの電波のこと。➡短波 ➡中波

ちゅう-ちゅう【×忡×忡】〔ト・タル〕〔文〕〔形動タリ〕憂い悲しむさま。「心事匆忙―として安んぜず」〈東海散士・佳人之奇遇〉

ちゅう-ちゅう ㊀〔副〕❶スズメやネズミの鳴き声を表す語。「ネズミが―(と)鳴く」❷液体をすするさま。また、その音を表す語。「ストローで―(と)飲む」㊁〔名〕スズメまたはネズミをいう幼児語。

ちゅう-ちゅう-たこ-かい-な〔連語〕おはじき遊びなどで、「二(に)四(し)六(ろ)八(や)十(とお)」と二つずつ数える代わりに唱える言葉。(補説)「ちゅうじ(重二)ちゅうじ(重二)たこ(蛸)の加え」のなまりといわれる。「ちゅうじ」は「ぢゅうに(重二)」の変化した語で、すごろく用語で4、それを二つ合わせて8、8本足の連想で「たこ」と唱え、さらに2を加えて10となるというもの。

ちゅう-ちょ【×躊×躇】(チウ)〔名〕(スル)あれこれ迷って決心できないこと。ためらうこと。「―なく断る」「行こうか行くまいか―する」
(類語)逡巡・ためらい・猶予・遅疑・二の足を踏む

ちゅう-ちょう【中朝】(テウ)❶《「中」は禁中の意》朝廷。「吏人は見ず―の礼」〈露伴・連環記〉❷日本の朝廷。また、日本。❸中ごろの世。中世。

ちゅう-ちょう【中腸】(チャウ)❶はらのなか。心のうち。心中。❷発生学的に内胚葉(ないはいよう)起源の消化管。前方は前腸を経て口に、後方は後腸を経て肛門に連なる。脊椎動物では小腸へ分化する。昆虫では胃にあたる。主腸。

ちゅう-ちょう【注腸】(チャウ)薬液・滋養液・造影剤などを肛門から腸内に注入すること。

ちゅう-ちょう【×惆×悵】(チウチャウ)㊀〔名〕恨み嘆くこと。「流水の淺淺たるは―の響をなす」〈東海散士・佳人之奇遇〉㊁〔ト・タル〕〔文〕〔形動タリ〕恨み嘆くさま。「―と独り帰って来ました」〈芥川・秋山図〉

ちゅうちょうじじつ【中朝事実】(チュウテウ)江戸前期の歴史書。正編2巻、付録1巻。山鹿素行著。寛文9年(1669)成立。中朝とは日本をいい、古学の立場から日本の皇統を漢文体で論じたもの。

ちゅうちょう-せん【中腸腺】(チュウチャウ)軟体動物や甲殻類の中腸に付属する消化腺。脊椎動物の肝臓と膵臓(すいぞう)の機能に相当する意で肝膵臓ともいう。

ちゅう-ちょく【忠直】〔名・形動〕忠義で正直に仕えること。また、そのさま。「勤勉の意、―の意、真実の意より発して」〈中村訳・西国立志編〉

ちゅう-ついほう【中追放】(ツイハウ)江戸時代の追放刑の一。重追放と軽追放の中間のもの。罪人の田畑・家屋敷を没収し、犯罪地・住居地および武蔵・山城・摂津・和泉(いずみ)・大和・肥前・東海道筋・木曽路筋・下野(しもつけ)・甲斐・駿河に入ることを禁じ、または江戸10里四方外に追放したもの。➡軽追放 ➡重追放

ちゅうっ-ぱら【中っ腹】〔名・形動〕❶怒りを発散できないで、むかむかしていること。また、そのさま。「―になる」「―で、昌造も、思わず突慳貪(つっけんどん)な声を出していた」〈里見弴・安城家の兄弟〉❷気みじかで威勢がよいこと。また、そのさま。「―の中年増…真赤におこり出す」〈滑・浮世風呂・三〉

ちゅう-づもり【中積もり】おおよその見積もり。だいたいの見当。「大かた―にも違ふまじ、四十八九か」〈浮・永代蔵・三〉

ちゅう-づり【宙×吊り｜宙釣(り)】(チウ)❶空中にぶらさがること。また、その状態。❷➤宙乗り

ちゅう-てい【中丁】月の中旬の丁(ひのと)の日。

ちゅう-てい【忠貞】忠義と貞節。よく仕え、節操を守ること。

ちゅう-てい【×厨丁】台所仕事をする男。料理方。

ちゅう-てつ【中哲】「中国哲学」の略。

ちゅう-てつ【鋳鉄】(チウ)炭素を2.0～4.5パーセント程度ふくむ鋳物用の鉄。機械加工が容易であるが、衝撃力に弱い。普通鋳鉄・高級鋳鉄・特殊鋳鉄・可鍛鋳鉄などに分類される。

ちゅう-てん【中天】㊀❶天のまんなか。天の中心。天心。「―にかかる月」❷なかぞら。中空。空中。㊁「中天竺(ちゅうてんじく)」の略。(類語)中空(なかぞら)・中空(ちゅうくう)・空・天・天空・天穹(てんきゅう)・穹窿(きゅうりゅう)・蒼穹(そうきゅう)・太虚(たいきょ)・上天・天球・青空・青天井・宙(ちゅう)・空(くう)・空中・虚空(こくう)・上空・大空

ちゅう-てん【中点】線分や弧を二等分する点。二等分点。(類語)中心

ちゅう-てん【沖天｜×冲天】天高くのぼること。人の威勢などの激しいことにいう。「―の勢い」

ちゅう-でん【中伝】修業の半ばで師から受ける伝授。初伝・奥伝などに対していう。なかゆるし。

ちゅう-でん【中殿】㊀❶中央にある宮殿・社殿。❷神社で、本殿と拝殿の中間にある社殿。㊁清涼殿の異称。

ちゅう-てんじく【中天竺】(テンヂク)五天竺の一。古代インドを5区分したときの、中央の部分。中天。

ちゅう-と【中途】❶出発地から目的地へ向かって進む道中のなかほど。途中。「―で引き返す」❷進行する物事のなかば。ある期間のなかごろ。途中。「経営を―で投げ出す」「―入社」「―採用」❸細長い物のまんなかあたり。途中。「枝が―から折れる」➡途中(用法) (類語)途上・途次・道中・行きがけ・路次・中間

ちゅう-ど【中×砥】➤なかと(中砥)

ちゅう-とう【中東】《Middle East》ヨーロッパからみて、極東と近東の間の地域をさしていう呼称。通例、アフガニスタン・イラン・イラクおよびアラビア半島諸国をさすが、中近東と同義(リビア以東の東北アフリカを含める)に用いられることも多い。

ちゅう-とう【中唐】(タウ)中国唐代の文学を4期に区分した、その第3期。盛唐に続く、大暦より太和まで(766～835)。柳宗元・韓愈・白居易などの詩人が出た。➡初唐 ➡盛唐 ➡晩唐

ちゅう-とう【中等】上等と下等との間。また、高等と初等との間。中くらいの程度。「―の品」

ちゅう-とう【中頭】人間の頭を真上から見た形が、長頭と短頭の中間の形のもの。

ちゅう-とう【仲冬】《冬3か月のまんなかの意》陰暦11月の異称。(季 冬)

ちゅう-とう【柱棟】❶柱とむな木。❷一国・一家などを支える重要な人物。大黒柱。柱石。

ちゅう-とう【柱頭】❶柱の最上部。西洋古典建築では独特の刳形(くりかた)と彫刻とがある。❷雌しべの先端部。粘液を分泌して花粉を受ける。

ちゅう-とう【×偸盗】(タウ)《「とうとう(偸盗)」の慣用読み》人のものを盗むこと。また、その人。ぬすびと。

ちゅう-どう【中堂】(ダウ)本尊を安置する堂。特に、比叡山延暦寺の根本中堂。

ちゅう-どう【中道】(ダウ)❶一方にかたよらない穏当な考え方・やり方。中正な道。「―を歩む」「―を旨とする」❷物事の進行のなかほど。達成する途中。「志むなしく―で倒れる」❸富士山の中腹をめぐる道。また、その道をめぐること。「―めぐり」❹仏語。二つの対立するものを離れていること。不偏で中正の道。原始仏教では苦行と快楽の両極端を退けた考え方。竜樹の哲学ではすべてのものは空(くう)と観じること。天台宗では空・仮(け)の二辺に即して立てる実相の理である中諦(ちゅうたい)。(類語)中間

ちゅうとう-かい【×偸盗戒】(チウタウ)五戒・八斎戒などの一。盗みを禁制すること。

ちゅうとう-がっこう【中等学校】(ガクカウ)❶中等教育を施す学校。❷旧制の中学校・高等女学校・実業学校の総称。

ちゅうとう-きょういく【中等教育】(ケウイク)初等教育と高等教育との中間段階の教育。六・三・三制における中学校と高等学校、およびこれに準じる水準の教育。

ちゅうとうきょういく-がっこう【中等教育学校】(チュウトウケウイクガクカウ)小学校卒業者に、中等普通教育(中学校などで行う教育)・高等普通教育および専門教育(高等学校などで行う教育)を、一貫して施すことを目的とする学校。修業年限は6年。平成10年(1998)の学校教育法改正により、翌年発足。➡中高一貫教育

ちゅう-どうじ【中童子】寺で、給仕や高僧の外出時の供などの雑用に使った12、3歳の少年。「鮮やかなる―、大童子、しかるべき大衆あまた御供して」〈義経記・六〉➡大童子

ちゅうとう-しょうねんいん【中等少年院】(セウネンヰン)心身に著しい故障のない、おおむね16歳以上20歳未満の者を収容する少年院。

ちゅうとう-せんそう【中東戦争】(センサウ)1948年のイスラエル建国以来、イスラエルとアラブ諸国との間で繰り返された戦争。アラブ諸国の反発と大国の利害がからみ、73年の第四次まで続いた。

ちゅうとう-ふつうきょういく【中等普通教育】(フツウケウイク)初等教育と高等教育の中間段階をなす普通教育。現在の日本では、中学校の教育をいう。

ちゅうとう-わへいかいぎ【中東和平会議】(ワヘイクワイギ)米国の主導で始まったパレスチナ問題解決のための会議。1991年10月、スペインのマドリードで開かれ、イスラエルとシリア・ヨルダン・レバノン・パレスチナの各代表が参加。93年に行われた個別交渉で、イスラエルとPLOは相互承認を行い、パレスチナ人の暫定自治について合意した。➡オスロ合意

ちゅう-どおり【中通り】(ドホリ)❶中くらいの程度。中間の位。「腰元、―の女までも皆色めきて」〈浮・男色大鑑・八〉❷歌舞伎役者の階級。江戸での呼称で、名題(なだい)役者の次、下回りの上に位する。中役者。

ちゅう-どく【中毒】〔名〕(スル)❶生体内に入った薬物・毒物や生体内の代謝産物によって病態や機能障害が生じること。経過から慢性と急性とに分けられる。どくあたり。「食い合わせで―する」「ガス―」❷置かれた状況になれて特に変わったことだとは感じなくなること。また、あるものへの依存が強く、ちょっとでも不足すると非常に強い飢餓感をもつこと。「活字―」「仕事―」

ちゅうどく-しん【中毒×疹】体内で生成されたり、食物や薬剤として体内に入ったりした毒性物質によって、皮膚や粘膜に生じる発疹。

ちゅうどく-りょう【中毒量】(リャウ)中毒症状のあらわれる薬物などの量。危険量。

ちゅう-どし【中年】江戸時代、20歳ころから年季奉公に出ること。暖簾(のれん)分けなどを許されないことが多い。「―三年の気詰まり」〈浮・新色五巻書・五〉

ちゅうと-しかくしょうがいしゃ【中途視覚障害者】(シカクシャウガイシャ)成長してから病気やけがなどで視覚に著しい障害を有するようになった人。原因となる疾患として、緑内障・糖尿病網膜症・網膜色素変性症・加齢黄斑変性症などがある。

ちゅう-どしま【中年▽増】中くらいの年増。近世では20歳すぎから28、9歳くらいまでの女性をいったが、年齢は時代によって前後する。

ちゅうと-はんぱ【中途半端】〔名・形動〕始めた物事が完了しないでいること。態度などが徹底せず、どっちつかずの状態であること。また、そのさま。「何をやらせても―で終わる」「―な態度」
(類語)半端・なまはんか・宙ぶらりん

チュートリアル【tutorial】《個別指導・個人教授の意》コンピューターなどのハードやソフトの使い方の教材。書籍のほか、ビデオやソフト化されたものもある。

ちゅう-とろ【中とろ】マグロの背肉。腹肉の大とろより脂肪が少ない。刺身や、すしだねにする。➡大とろ

ちゅう-とん【駐屯】〔名〕スル 軍隊がある土地にとどまること。「連隊が―する」「―地」

チュートン〖Teuton〗古代、ユトランド半島に住んでいたゲルマン民族の一部族。前2世紀、キンブリ人とともに南下して、ローマの将軍マリウスに撃滅された。現在は、ヨーロッパのドイツ人をはじめゲルマン系諸民族・言語の称。テウトニ。

チュートン-きしだん【チュートン騎士団】►ドイツ騎士団

チューナー〖tuner〗目的とする周波数の電波を選択する同調回路をもつ装置。FMチューナー・テレビチューナーなどでは、選択された電波から音や映像などを再生する部分までをもつ。

ちゅうない-しょう【▽肘内障】幼児が腕を急に強く引っぱられたときに、肘の関節の靭帯がずれて骨の間に挟まれ、腕を回せなくなる状態。

ちゅう-なごん【中納言】律令制で、太政官の次官。令外の官。大納言に次ぐもので、職掌は大納言とほぼ同じ。従三位相当。正と権とがある。なかのものもうすつかさ。

ちゅう-なん【中男】❶2番目のむすこ。次男。「一の衣をば、我が一なる汝が弟に与へよ」〈今昔・二〇・三三〉❷養老令で、17歳以上20歳以下の男子。大宝令では少丁という。

ちゅうなんかい【中南海】中国北京市、北海公園にある湖のうちの中海・南海の周辺地区。故宮博物院の西に位置する。中国共産党および政府の重要機関や要人の住居がある。チョンナンハイ。

ちゅうなん-べい【中南米】中央アメリカと南アメリカ。ラテンアメリカ。

ちゅうにういた-ねんきん【宙に浮いた年金】旧社会保険庁によって不適切に管理された年金記録のうち、基礎年金番号に統合されず加入者が特定できない年金記録のこと。平成19年(2007)に発覚した年金記録問題で明らかになった。社会保険庁は同20年3月までに全件の照合作業を行うとともに、年金受給権者・加入者にねんきん特別便を発送して加入履歴の確認を求めた。➡消された年金 ➡消えた年金

ちゅう-にかい【中二階】❶建物の本格的な階の途中に床を設けてつくった天井の低い階。❷歌舞伎劇場の楽屋の2階。また、そこに雑居部屋があった名題下以下の女方のこと。

ちゅう-にく【中肉】❶太りすぎてもやせすぎてもいないこと。ほどよい肉づき。「―中背の人」❷品質が中くらいの食用肉。「豚の―」

ちゅうにく-ちゅうぜい【中肉中背】太ってもやせてもいない肉づきで、高くも低くもない背丈。標準的な体型。

ちゅう-にち【中日】❶ある期間のまんなかにあたる日。なかび。「芝居の―」❷春・秋の彼岸7日間の、まんなかの日。春分・秋分の日。彼岸の中日。❸中国と日本。また、中国語と日本語。「―辞典」(類語)(❸)漢和

ちゅう-にち【駐日】派遣されて日本に駐在すること。「―大使」(類語)滞日・在日

ちゅうにち-しんぶん【中日新聞】中日新聞社が発行する日刊ブロック紙。同社は愛知県の新聞2紙が昭和17年(1942)に統合して発足。本社は名古屋。愛知・岐阜・三重・静岡など東海地区で広く読まれ、傘下に東京新聞などを持つ。発行部数は約267万部(平成24年上期平均)。

ちゅうにち-ドラゴンズ【中日ドラゴンズ】プロ野球球団の一。セントラルリーグに所属し、フランチャイズは愛知県。昭和11年(1936)、名古屋軍として発足。のち、産業→中部日本→中日ドラゴンズ→名古屋ドラゴンズと改称、同29年から現在の名称となる。

ちゅう-にゅう【注入】〔名〕スル ❶液体などをそそぎ入れること。つぎこむこと。「ライターにガスを―する」❷多くのものを1か所に集中的に送り込むこと。「全精力を―する」❸知識などを詰め込むこと。(類語)注水

ちゅうにゅう-きょういく【注入教育】知識・技術を一方的に教え込み、記憶させることを主な目的とする教育。詰め込み教育。➡開発教授

ちゅう-にん【中人】大人と小人との中間の者。小・中学生などをいう。入場券の料金区分などに用いる。➡大人 ➡小人

ちゅう-にん【仲人｜中人】❶争いなどの仲裁をする人。仲裁人。「問答の中に、馴合の―が段々取持つような風をして」〈福沢・福翁自伝〉❷なこうど。媒酌人。「―を立てる」

チューニング〖tuning〗〔名〕スル ❶ラジオやテレビをある周波数に同調させること。❷楽器を調律すること。また、合奏前に楽器の音合わせをすること。

チューニング-アップ〖tuning up〗►チューンアップ

ちゅう-ねん【中年】❶青年と老年との間の年ごろ。現代では、ふつう40歳代から50歳代にかけてをいう。「―太り」「―層」❷「中年者❷」に同じ。(類語)実年・熟年・中高年・初老

ちゅうねん-ぶとり【中年太り｜中年▽肥り】40歳代から50歳代にかけて、栄養過多や運動不足などによって体が肥満すること。また、その状態。➡メタボリックシンドローム

ちゅうねん-もの【中年者】❶中年の人。❷青年期になってから年季奉公や芸人の世界に入った人。ちゅうどし。「―は芸人ばかりではない」〈荷風・腕くらべ〉

ちゅう-のう【中脳】脊椎動物の脳の一部。間脳の後方、小脳・橋の上方にある。中脳蓋と大脳脚とに分かれ、間を中脳水道が通る。中脳蓋は上下二対の隆起をなすので四丘体ともよばれ、上丘は視覚に、下丘は聴覚に関係。

ちゅう-のう【中農】中規模の農業を営む家。

ちゅう-の-まい【中の舞】❶能の舞事の一。序の舞と急の舞との中間の速度でまう舞。また、その囃子。美女・喝食などの舞うものと、妖精・天女などの舞うものとがある。❷歌舞伎の下座音楽の一。太鼓に大鼓・小鼓・能管を加え、時代物の上使の登場などに用いる。

ちゅう-のり【中乗】謡曲のリズムの型の一。2音節に1拍をあてるもので、切れのよい躍動的な効果をもつ。修羅物・鬼畜物などで戦闘や苦患のさまをあらわす場面などに用いる。修羅のり。➡大乗 ➡平乗 (補説)ふつう「中ノリ」と書く。

ちゅう-のり【宙乗り】歌舞伎で、役者の身体を宙に吊り上げて、舞台や花道などの上を移動させる演出。また、その装置。妖怪・妖術使いなどに用いる。上方では宙吊りという。

ちゅう-は【中波】波長が100～1000メートル、周波数300～3000キロヘルツの電波。ラジオ放送や近距離の海上通信に使用。ヘクトメートル波。MF(medium frequency)。➡短波 ➡長波❶

ちゅう-は【中破】〔名〕スル 中程度の破損。修理によって再び使用が可能になる程度の破損。「事故で車が―する」➡大破 ➡小破

チューバ〖tuba〗金管楽器の一。カップ状の吹き口、3～5のバルブをもち、開口部は大きなアサガオ状。管弦楽・吹奏楽などで低音部を受け持つ。テューバ。

ちゅう-はい【中輩】仏語。三輩の一。出家はしないが、一心に阿弥陀仏を念じ善を修める者。

ちゅう-ハイ【酎ハイ】《「焼酎ハイボール」の略。「チューハイ」とも書く》炭酸水で割った焼酎。多く、果汁やシロップなどで風味づけをする。➡ハイボール

ちゅう-ばい【仲媒｜中媒】なかだち。仲介。媒介。

ちゅう-ばい【虫媒】植物の花粉を昆虫が運び、受粉を媒介すること。進化上、風媒より新しいとされる。

ちゅうばい-か【虫媒花】昆虫の媒介によって受粉が行われる花。美しい色彩や香りをもつものもあり、蜜を分泌して昆虫を誘う。➡水媒花 ➡鳥媒花 ➡風媒花

ちゅう-はいよう【中×胚葉】多細胞動物の発生初期に外胚葉と内胚葉との間に構成される細胞群。骨格・筋肉・循環器・生殖器などに分化する。

ちゅう-はく【中白】中等の白米。ちゅうじろ。

ちゅう-はくろう【虫白×蝋】►水蝋樹蝋

ちゅう-ばつ【×誅伐】〔名〕スル 罪ある者を攻め討つこと。「朝敵を―する」「―と脅迫とによって事を済まそうと思い立った」〈鷗外・大塩平八郎〉(類語)誅する・誅殺・誅戮

ちゅう-ばつ【×誅罰】〔名〕スル 罪を責めて罰を加えること。処罰すること。「日本帝国の威信の為に…―して遣るのだぞ」〈木下尚江・良人の自白〉

ちゅう-はば【中幅】❶中くらいの幅。❷布地の幅で、大幅と小幅の中間、45センチほどの幅の織物。❸「中幅帯」の略。

ちゅうはば-おび【中幅帯】中幅の布地で仕立てた帯。広幅と細帯の中間の幅。女性用。

ちゅう-ばらえ【中×祓】古代、神事に関する罪を犯した人に、罪の軽重に応じて大・上・中・下の四等に分けて朝廷から祓の料物を科した、その第三等。

ちゅう-はん【中藩】明治元年(1868)禄高で藩を三等に区別したうちの、10万石以上40万石未満の藩。同3年、改めて5万石以上15万石未満とした。➡小藩 ➡大藩

ちゅう-はん【昼飯】・【中飯】ひるめし。昼食。「漸と諸君の―が了おり」〈独歩・湯ヶ原ゆき〉

ちゅう-はん【中半】〔名・形動ナリ〕どっちつかずであること。また、そのさま。中途半端。「―ニイル」〈日葡〉

ちゅう-ばん【中判】❶紙などの判の中くらいのもの。❷辻番付の中くらいのもの。

ちゅう-ばん【中盤】❶囲碁・将棋で、序盤と終盤の間の、本格的な戦いが始まる局面。❷勝負事などの、中ごろの時期。「試合が―を迎える」❸サッカーで、ピッチの中央部。前線と最終ラインの間。また、その位置でプレーする選手のこと。➡ミッドフィールダー (類語)中頃・中間・間・中程・真ん中辺・半ば・中途

ちゅうばん-カメラ【中判カメラ】120フィルムや220フィルムを使用するカメラ。一般的なカメラより大きく、主にプロの写真家が高画質を求めるときに使う。➡ブローニー

ちゅう-ひ【中皮】胸膜・心膜(心外膜)・腹膜などの表面を覆う薄い細胞層。

ちゅう-ひ【中飛】野球で、センターフライのこと。

ちゅうひ【沢＝鵟】タカ科の鳥。全長は雄が48センチ、雌が58センチくらい。褐色で、脚が長い。葦原などでみられ、翼をV字形に広げて飛ぶ。ユーラシア大陸に分布。南日本では冬鳥、北日本では少数が繁殖。

ちゅう-び【中火】中くらいの火力。強火と弱火との間の、中程度の火加減。「―で二〇分間煮る」

ちゅう-ヒール【中ヒール】婦人靴で、ハイヒールとローヒールとの中間の高さのかかと。また、その靴。

ちゅうひ-しゅ【中皮腫】中皮に発生する腫瘍。良性と悪性がある。悪性の場合、胸膜や腹膜に沿って広く浸潤するものが多い。胸膜・腹膜中皮腫の多くはアスベストの吸引により発生する。アスベストが原因の場合、潜伏期間が長く、吸い込んでから数十年後に発症する。➡静かなる時限爆弾

ちゅう-ひつ【駐×蹕】天子が行幸の途中、一時乗り物をとめること。また、一時その土地に滞在すること。駐輦。

ちゅう-びねり【中▽捻り】腰を少しくねらせること。また、その歩き方。江戸時代の遊女などの歩き方。「ぬき足、―のありき姿」〈浮・五人女・三〉

ちゅう-ピピン【中ピピン】►ピピン㊁

ちゅう-びゅう【×綢×繆】❶まつわりつくこと。また、糸などをからめて結ぶこと。「未だ陰雨せざるに牖戸を―せしめよと」〈東海散士・佳人之奇遇〉❷むつみあうこと。なれしたしむこと。「其物語中にも男女―の場の如きは」〈魯庵・社会百面相〉

ちゅう-びょう【中苗】葉の数が4、5枚の稲の苗。稚苗とともに機械植えにする。

ちゅう-びん【中瓶】いくつか規格があるうちでの、中くらいの大きさの瓶。ビール瓶では、容量500ミリリットルのものをいう。

チュービンゲン〖Tübingen〗ドイツ南西部の大学都市。ネッカー川に臨む。大学は1477年創立。テュ

ービンゲン。

ちゅう-ぶ【中風】「ちゅうふう(中風)」に同じ。

ちゅう-ぶ【中部】㊀中央にあたる部分。なかほどの部分。「関東地方の—」㊁「中部地方」の略。

チューブ〖tube〗❶流体を通す筒・管。❷絵の具・練り歯磨きなどを、押し出して使用する容器。❸タイヤの中側にある空気を入れたゴム管。❹筒状のもの。サーフィンでいう、波のトンネルなど。❺(Tube)ロンドン地下鉄の通称。トンネルの形が筒状であることから。〖類語〗管(くだ)・管(かん)・筒・パイプ・ホース

ちゅう-ふう【中風】《「ちゅうぶう」とも。悪風に中(あた)る意》脳卒中の発作の後遺症として主に半身不随となる状態。中気。ちゅうぶ。

ちゅうぶおうしゅう-ひょうじゅんじ【中部欧州標準時】チユウブオウシウヘウジユンジ スペイン、フランス、ドイツをはじめとする欧州の多くの国々で使われる標準時。協定世界時より1時間早く、日本標準時よりも8時間(夏時間の場合は7時間)遅い。中央ヨーロッパ標準時。中央ヨーロッパ時間。CET(central European time)。

ちゅうぶがくいん-だいがく【中部学院大学】チユウブガクヰン— 岐阜県関市などにある私立大学。平成9年(1997)に人間福祉学部の単科大学として開設され、のちに経営学部などが設置された。

ちゅう-ふく【中伏】三伏の一。夏至(げし)のあと四度目の庚(かのえ)の日。➡初伏 ➡末伏

ちゅう-ふく【中腹】山の、頂上と麓とのまんなかあたり。山腹。

ちゅうぶ-くうこう【中部空港】—クウカウ 中部国際空港の通称。

ちゅうぶ-こくさいくうこう【中部国際空港】—コクサイクウカウ 愛知県常滑市にある空港。会社管理空港の一。平成17年(2005)開港。東京国際空港(東京)、成田国際空港(千葉)、関西国際空港(大阪)と並んで、国際・国内輸送での拠点となっている。中部空港。愛称はセントレア。➡拠点空港

ちゅうぶさんがく-こくりつこうえん【中部山岳国立公園】—コクリツコウヱン 長野・富山・岐阜および新潟にまたがる国立公園。飛騨山脈を中心とする地域で、黒部峡谷・上高地などの名勝がある。

ちゅうぶ-だいがく【中部大学】愛知県春日井(かすがい)市にある私立大学。昭和39年(1964)に中部工業大学として開学。同59年に現校名に改称した。

ちゅうぶ-ちほう【中部地方】—チハウ 本州中部の、新潟・富山・石川・福井・長野・山梨・静岡・岐阜・愛知の9県が占める地方。中部日本。

チューブ-トップ〖tube top〗主にニットでできた筒状の上衣。アンダーウエア的なもので、組み合わせによってタウン用・リゾート用などになるもの。

ちゅう-ぶとり【中太り】〔名・形動〕やや肥満していること。また、そのさま。「—な(の)体型」

ちゅうぶ-にほん【中部日本】▶中部地方

ちゅうぶ-ひょうじゅんじ【中部標準時】—ヘウジユンジ アメリカ大陸の標準時の一。カナダのウィニペグ、米国のシカゴやヒューストン、メキシコ、コスタリカなどで使われる。協定世界時より6時間遅く、日本標準時より15時間(夏時間の場合は14時間)遅い。CST(central standard time)。

チューブラー-シルエット〖tubular silhouette〗ファッションで、全体が管のように細長いシルエットのこと。

ちゅう-ぶらり【宙ぶらり】チウ—・【中ぶらり】チユウ—〔名・形動〕「宙ぶらりん」に同じ。「議案が—になる」

ちゅう-ぶらりん【宙ぶらりん】チウ—・【中ぶらりん】チユウ—〔名・形動〕❶空中にぶらさがっていること。また、そのさま。「台風で電線が—になる」❷どっちつかずで中途半端であること。また、そのさま。「—な(の)立場」「計画が—になる」〖類語〗半端・中途半端・生半可

ちゅう-ふりそで【中振袖】袖丈が75〜105センチくらいの振袖。未婚女性の晴れ着兼礼装用。➡大(おお)振袖

チューブリン〖tubulin〗微小管の主要構成たんぱく質。微小管は真核生物の細胞骨格として広く分布している。

ちゅう-ぶる【中古】すでに使用され、少し古くなっていること。また、その品物。まだ使用できる物にいう。セコハン。ちゅうこ。「—の車」

チューブレス-タイヤ〖tubeless tire〗タイヤとホイールとの間を気密として、内部のチューブを省略したタイヤ。パンクしにくいという利点をもつ。

チューブ-ワーム〖tube worm〗有鬚(ゆうしゅ)動物の巨大種の英名。1977〜79年にアメリカが行ったガラパゴス地溝帯の調査の折、水深2450〜2500メートルの深海底から採集されたもので、体長約1.5メートル、体幅約4センチ。学名リフティア-パキプティラ(Riftia pachyptila)。

ちゅう-ふん【忠憤】忠義の心からのいきどおり。

ちゅう-ぶん【中分】❶半分に分けること。「今日より後は天下を—して」〈太平記・二八〉❷五分五分に扱うこと。対等に見ること。「工藤左衛門祐経と、匹夫下郎の本多と、—の扱ひとはお恨めしい」〈浄・会稽山〉❸間をとって妥協しあうこと。また、仲裁すること。「身どもは弓矢で射殺さうと申さう。こなた—に入って…往なしませう」〈続狂言記・禁野〉❹中くらい。なかほど。「—より下の渡世をするものなり」〈浮・胸算用・五〉

ちゅう-ぶん【中文】❶中国語で書かれた文章。「—新聞」❷「中国文学」「中国文学科」の略。「—研究」

ちゅう-ぶん【抽分】チウ— 中国の元・明代に行われた輸入税。現物の一部を税として徴収するもの。

ちゅう-ぶん【×籀文】チウ— ▶大篆(だいてん)

ちゅうぶん-せん【抽分銭】チウブン— 室町時代の輸入税の一。明と貿易した勘合船の経営者である幕府・寺社・大名が、便乗する商人に輸入額の10分の1を課したもの。

ちゅう-へい【駐兵】〔名〕スル 兵を一定の場所にとどめておくこと。また、その兵。

ちゅう-べい【中米】中央アメリカ。

ちゅうへい-けん【駐兵権】他国の領土内に軍隊を駐留させる権利。

チューベローズ〖tuberose〗▶月下香(げっかこう)

ちゅう-へん【中編｜中×篇】❶書物などで、上・中・下と3編あるうちの中間の編。❷「中編小説」の略。

ちゅう-べん【中弁｜中×辨】律令制の弁官のうち、大弁の下位、少弁の上位のもの。正五位上相当官。なかのおおともい。➡弁官

ちゅうへん-しょうせつ【中編小説】—セウセツ 長編小説・短編小説に対して、中間の長さの小説。

ちゅう-ぼう【×厨房】チウバウ 食物を調理する所。台所。調理場。くりや。「—に入る」
〖類語〗台所・キッチン・勝手・ダイニングキッチン

ちゅうぼうえん-レンズ【中望遠レンズ】チユウバウヱン— 標準レンズと望遠レンズの中間にあたる焦点距離をもつ写真レンズ。

ちゅうぼう-し【×紬紡糸】チウバウ— 絹糸紡績の際に生じるくずを集めて、紬糸(つむぎいと)のようにつくった太糸。

ちゅう-ほうしょ【中奉書】《「ちゅうぼうしょ」とも》中判の奉書紙。縦約36センチ、横約50センチ。

ちゅう-ぼく【忠僕】忠実なしもべ。

ちゅうほ-しゃ【仲保者】▶仲介者(ちゅうかいしゃ)

ちゅう-ぼそ【中細】中くらいの太さであること。また、そのもの。「—の毛糸」

ちゅう-ぼん【中本】《「ちゅうほん」とも》江戸時代の書籍の名称の一。美濃紙二つ切りを二つ折りにした本で、半紙本と小本との中間の大きさのもの。また、この判で版行された滑稽本や人情本。中本物。

ちゅう-ぼん【中▽品】❶仏語。三品の中位。上品と下品の間。また、九品(くほん)のうち、中品上生・中品中生・中品下生の総称。❷程度が中くらいであること。「工(たく)みを取り、珍しきものに寄るはその次なり。—にして多くは地句なり」〈三冊子・赤双紙〉

ちゅう-ま【中馬】江戸時代、信濃で行われた馬による荷物運送業。また、その馬。農家の副業として、伊那街道を中心に発達、江戸や名古屋とも結んだ。

ちゅう-ま【中間】「中京間(ちゅうきょうま)」の略。

ちゅうま-かのえ【中馬庚】[1870〜1932]野球選手・教育者。鹿児島の生まれ。旧姓、今藤。一高野球部で二塁手として活躍。明治28年(1895)発行の「第一高等学校野球部史」で、「ベースボール」を「野球」と訳した。同30年には日本初の図解つきの野球書「野球」を出版。その後は各地で中学校長を歴任。

ちゅう-みず【宙水】チウみづ 地下水面より上に局部的に存在する地下水。透水層の中に小範囲に不透水層がある場合に生じる。ちゅうすい。

ちゅう-みつ【×稠密】チウ—〔名・形動〕スル 一つのところに多く集まっていること。こみあっていること。また、そのさま。「人口の—な都市部」「人家の—する地域」〖補説〗「ちょうみつ」と読むのは誤り。〖派生〗**ちゅうみつさ**〔名〕〖類語〗過密・すし詰め・目白押し

ちゅう-むかし【中昔】上古と近古との間。なかむかし。中古。

ちゅうむ-しょう【中務省】—シヤウ ▶なかつかさしょう

ちゅう-めつ【×誅滅】〔名〕スル 罪ある者を討ち滅ぼすこと。「残党を—する」

ちゅう-めん【柱面】ある平面上の一つの曲線に沿って、この平面に垂直な直線が一定方向を保ちながら運動するときにできる曲面。柱体の側面にあたる曲面。

ちゅう-もく【注目】〔名〕スル ❶注意して見つめること。「目の前の舞台を—する」❷関心をもって見守ること。「—に値する意見」「—される作品」❸旧軍隊などで、姿勢を正し相手に目をそそいで敬意を表すこと。また、それを命じる語。〖類語〗注視・刮目(かつもく)・目配り・見る

ちゅうもく-の-まと【注目の的】多くの人が関心をもって見守る対象の事柄・出来事・人。「彼の去就は今や—だ」

ちゅう-もとゆい【中元結】—もとゆひ ▶平元結(ひらもとゆい)

ちゅう-もの【中物】❶形や質が中等のもの。❷高野紙(こうやがみ)の異称。

ちゅう-もん【中門】❶仏教寺院で、南大門の次にある門。回廊の前面中央に設けられる。❷寝殿造りで、中門廊の途中に設けられた門。❸書院造りで、前面の広縁の一部が鉤(かぎ)形に突き出した部分。寝殿造りの中門廊の名残。❹茶庭の内外の露地の境にある門。中潜(なかくぐ)り。

ちゅう-もん【注文｜×註文】〔名〕スル ❶種類・寸法・数量・価格などを示して、その物品の製造や配達・購入などを依頼すること。また、その依頼。「酒の—をとる」「新刊書を—する」❷人に依頼したり、自分が希望したりするときにつける条件。「原作者の—にこたえた演出」❸「注進状」に同じ。❹文書。かきつけ。「各々聞き書きの—に子細(しさい)を載せられたり」〈盛衰記・二七〉〖類語〗(❶)発注・用命・予約・申し込み・オーダー・頼む/(❷)要望・希望・要求・リクエスト

注文を付・ける　❶自分の希望や条件を相手に言う。「材料にいちいち細かく—・ける」❷相撲で、有利な体勢に持ち込むために工夫した技を打つ。「立ち合いに—・ける」

ちゅうもん-きき【注文聞き】「注文取り」に同じ。

ちゅうもん-しょ【注文書】注文の条件を書き記した書類。注文状。

ちゅうもん-ずもう【注文相-撲】—ずまふ 有利な体勢にもち込むために、なりゆきではなく特に策を用いた相撲。

ちゅうもん-せいさん【注文生産】顧客の注文に応じて、その後に生産すること。

ちゅうもん-ちょう【注文帳】—チヤウ 注文先の氏名・住所・注文品目・数量などの必要事項を記載した帳面。

ちゅうもん-づくり【中門造(り)】民家の形式の一。母屋(おもや)に中門とよばれる突出部をもち、先端に馬の出し入れ口を設けて内部を厩(うまや)などにしたもの。東北地方と新潟県にみられる。

ちゅうもん-とり【注文取り】得意先などを回り、注文を受けること。また、その人。御用聞き。注文聞き。

ちゅうもん-ながれ【注文流れ】客の注文によって製作・仕入れなどをした品物が、注文主に引き取られないままになること。また、その品物。

ちゅうもん-ろう【中門廊】—ラウ 寝殿造りで、東西の対の屋から南方にのびて釣殿(つりどの)に通じる渡殿(わたどの)。途中に中門を設ける。門廊。

ちゅう-や【中夜】❶よなか。夜半。❷六時の一。亥いの刻から丑うしの刻まで。現在の午後10時ころから午前2時ころ。半夜。❸冬至の異称。

ちゅう-や【昼夜】チウヤ ❶ひるとよる。「一を問わず二四時間営業する」❷(副詞的に用いて)昼夜を通して。ひるもよるも。いつも。日夜。「一心を悩ます」❸「昼夜帯」の略。❹昼夜を通して遊女を買い切ること。また、その揚げ代。「紋日でござりますから一がつきます」〈洒・青楼惚多手買〉(類語)日夜・夜昼

昼夜を舎おかず　《「論語」子罕から》昼も夜も休みなく。絶えず。「一街の復興に努める」

昼夜を分わかたず　昼夜の区別をしないで。絶えず。「一研究に励む」

ちゅうや-おび【昼夜帯】チウヤ 表と裏を異なる布で仕立てた女帯。もと、黒ビロードと白繻子しろじゅすとを合わせて作られたところから、白と黒を昼と夜にたとえてできた語。鯨帯くじらおび。腹合わせ帯。

ちゅうや-けんこう【昼夜兼行】チウヤケンカウ 昼も夜も休まず道を急ぐこと。また、昼夜の区別なく、物事を続けて行うこと。「一の突貫工事」

(類語)日勤・夜勤・半ドン・夜業・夜なべ・明け番

ちゅうや-ふう【昼夜風】チウヤ 昼と夜と吹く方向が逆になる風。谷風・山風、海風・陸風の類。

ちゅう-ゆ【中油】コールタールを蒸留するとき、セ氏170～230度で得られる留分。ナフタリンやフェノール・クレゾールなどが含まれている。

ちゅう-ゆ【注油】〔名〕スル　機械・道具などに油をさすこと。「自転車のギアに一する」

ちゅう-ゆう【忠勇】〔名・形動〕忠義心があつく勇気のあるさま。「一な(の)民」「一無双」(類語)勇ましい・雄雄おおしい・凜凜りりしい・勇壮・勇猛・勇敢・剛勇・果敢・精悍せいかん・壮そう・壮烈・英雄的・ヒロイック(「一と」「一たる」の形で)敢然・決然・凜然りんぜん・凜凜りんりん・凜乎りんこ・颯爽さっそう

ちゅうゆうき【中右記】チユウイウキ 平安後期の公家、中御門なかみかど右大臣藤原宗忠の日記。寛治元～保延4年(1087～1138)の記事があり、院政期の政治情勢や有職ゆうそくなどを知る基本史料。宗忠公記。中右抄。愚林。

ちゅう-よう【中×夭】チエウ ❶人生の途中で死ぬこと。若死に。「南無阿弥陀仏をとなふれば…定業一のぞこりぬ」〈三帖和讃〉❷思いがけない災難。「判官はこの一に会はせ給ひて」〈義経記・六〉

ちゅう-よう【中庸】〔名・形動〕❶かたよることなく、常に変わらないこと。過不足がなく調和がとれていること。また、そのさま。「一を得た意見」「一な(の)精神」❷アリストテレスの倫理学で、徳の中心になる概念。過大と過小の両極端を悪徳とし、徳は正しい中間(中庸)を発見してこれを選ぶことにあるとした。

(類語)中間

ちゅうよう【中庸】中国、戦国時代の思想書。1巻。子思の著と伝えられる。「礼記らいき」中の一編であったが、朱熹しゅきが「中庸章句」を作ったことから、四書の一として儒教の根本書となった。天人合一の真理を説き、中庸の誠の域に達する修養法を述べる。

ちゅう-よう【中葉】チエフ ❶ある時代のなかごろ。中期。「一六世紀一」❷中くらいの厚さの鳥の子紙。

ちゅう-よう【仲陽】チウヤウ 陰暦2月の異称。仲春。

ちゅうよう-とっき【虫様突起】チユウヤウ 虫垂ちゅうすいの旧称。

ちゅう-りく【×誅×戮】〔名〕スル　罪ある者を殺すこと。「此等の容易に征服一せられしより」〈田口・日本開化小史〉(類語)誅する・誅殺・誅伐

ちゅう-りつ【中立】❶対立するどちらの側にも味方しないこと。また、特定の思想や立場をとらず中間に立つこと。❷戦争に参加しない国の国際法上の地位。交戦国双方に対して公平と無援助とを原則とする。局外中立。「永世一」

ちゅうりつ-ぎむ【中立義務】中立法規に定められた、中立国およびその国民の守るべき義務。

ちゅうりつ-きんり【中立金利】景気を刺激も抑制もしないとされる、短期金利の水準。

ちゅうりつ-けん【中立権】中立国およびその国民の権利。中立法規に違反しない範囲で、交戦国と通商などの関係を維持しうる権利、自国の領域が交戦国によって戦争遂行のために利用されるのを拒む権利など。

ちゅうりつ-こく【中立国】中立主義を外交方針として、交戦国のいずれにも味方しない国。局外中立国または永世中立国のこと。

ちゅうりつ-しゅぎ【中立主義】戦時・平時を問わず、国際関係の上で中立を維持することを基本とする外交上の立場。

ちゅうりつ-ちたい【中立地帯】❶平時において、軍事施設の構築や兵員の駐留を禁止された地域。❷戦時において、交戦国が相互に兵力を入れないことを協定した一定の地域。そこでの敵対行為はいっさい禁止される。非武装地帯。

ちゅうりつ-は【中立派】対立するいずれの党派にも属さない一派。

チューリッヒ〖Zürich〗▶チューリヒ

チューリップ〖tulip〗ユリ科の多年草。鱗茎りんけいは卵形で、1本の茎が出て幅広い葉が数枚つく。4、5月ごろ、大きい花を1個開く。花色は黄・白・赤・紫などいろいろ。アジアの原産で、オランダなどで改良。品種が多い。観賞用。鬱金香うこんこう。(季 春)

チューリップ-ミニ〖tulip mini〗チューリップのように、腰を包み込む丸いフォルムのミニスカート。

ちゅうりつ-ほうき【中立法規】ニハフキ 中立に関する国際法上の規則の総称。中立国は交戦国の攻撃を受けず、その領土を侵されることはないが、交戦国に対して戦争遂行上の便宜・援助を与えてはならないとされる。1907年のハーグ平和会議で成文化された。

ちゅうりつめいれいいはん-ざい【中立命令違反罪】チユウリツメイレイヰハンザイ 外国どうしの戦争について日本が中立を宣言し、国民にも中立を命じているときに、その命令に背いてどちらかの国に荷担する罪。刑法第94条が禁じ、3年以下の禁錮または50万円以下の罰金に処せられる。(補説)罪となる具体的な行為は刑法に明示されておらず、有事の中立命令の内容による。白地しらじ刑法の一つ。

ちゅうりつ-ろうれん【中立労連】ニラウレン《「中立労働組合連絡会議」の略称》昭和31年(1956)総評・同盟・新産別のいずれにも加盟していない全国組合で結成された連絡組織。連合の発足により同62年解散。

チューリヒ〖Zürich〗《「チューリッヒ」とも》スイス北部の都市。国際的な金融の中心地。人口、行政区35万、都市圏112万(2008)。

チューリヒ-こ【チューリヒ湖】スイス北部の鎌形をした氷河湖。ライン川の支流リマト川への流出口にチューリヒ市がある。

ちゅう-りゃく【中略】〔名〕スル　中ほどを略すこと。特に、文章などの途中をはぶくこと。(類語)前略・後略

ちゅう-りゃく【×籌略】チウ はかりごと。謀略。

ちゅう-りゅう【中流】ニリウ ❶川の上流と下流の間の部分。❷両岸から見て、川の中ほどの流れ。❸生活程度や社会的地位が中程度であること。また、その階層。中流階級。「一の家庭」「一意識」

中流に舟を失えば一壺いっこも千金　《「鶡冠子」学問から》川のまんなかで舟を失った者にとっては、壺つぼのようなものでも、浮き袋の代用として千金のねうちがある。つまらないものでも時と場合によっては、大きな価値をもつことがあるというたとえ。

中流の砥柱しちゅう　《「砥柱」は黄河の中に柱のようにそそり立っている石で、激流の中でも微動だにしないことから》乱世にあって、毅然きぜんとして節義を守っていることのたとえ。

ちゅう-りゅう【駐留】ニリウ〔名〕スル　とどまること。特に軍隊が、一時、ある地に滞在すること。「国連軍が一する」「一軍」(類語)進駐・駐屯

ちゅうりゅうぐんようち-とくそほう【駐留軍用地特措法】チユウリウグンヨウチトクソハフ ▶駐留軍用地特別措置法

ちゅうりゅうぐんようち-とくべつそちほう【駐留軍用地特別措置法】チユウリウグンヨウチトクベツソチハフ《「日本国とアメリカ合衆国との間の相互協力及び安全保障条約第六条に基づく施設及び区域並びに日本国における合衆国軍隊の地位に関する協定の実施に伴う土地等の使用等に関する特別措置法」の通称》日米安保条約に基づく日米地位協定を実施するため、在日米軍に提供する基地用地を収用・使用するために定められた法律。昭和27年(1952)制定。防衛大臣は、同法を根拠に、日本国内のいかなる土地でも、必要に応じて有償で収用し在日米軍に提供することができる。沖縄特措法。駐留軍用地特措法。米軍用地特措法。(補説)沖縄では第二次大戦中に接収された民有地が戦後も米軍基地・施設として使用されている。昭和52年(1977)に嘉手納基地の土地所有権確認等をめぐって旧地主が起こした訴訟は、平成7年(1995)に最高裁で原告の敗訴が確定している。政府は収用期限の過ぎた米軍用地を継続使用するため、昭和57年(1982)に駐留軍用地特別措置法を適用。平成8年(1996)に再び収用期限が切れると、楚辺通信所(通称「象のオリ」)などをめぐって返還を求める運動が起こったが、政府は収用期限の過ぎた土地を引き続き使用できる条項を入れた改正案を提出し、国会で可決された。

ちゅう-りょ【仲▽呂┊中▽呂】❶中国音楽の十二律の一。基音の黄鐘こうしょうより五律高い音。日本の十二律の双調そうじょうにあたる。❷陰暦4月の異称。

ちゅう-りょう【忠良】ニリヤウ〔名・形動〕忠義で善良なこと。また、そのさまや、その人。「一なる日本の臣民は」〈石川達三・蒼氓〉

ちゅう-りょう【柱×梁】ニリヤウ ❶柱とうつばり。❷柱やうつばりのように物事のささえとして頼りになるもの。また、頼りになる人。大黒柱。

ちゅうりょう-きゅう【中量級】チユウリヤウキフ (同類の中で重さが中程度であること)ボクシング・レスリング・柔道など体重別で試合を行う格闘技で、重量級と軽量級の中間の体重の競技者の階層。➡重量級(補説)

ちゅう-りょく【注力】〔名〕スル　ある事に力を入れること。力を尽くすこと。「不良債権の解消に一する」

ちゅう-りん【×稠林】チウ 生い茂った林。煩悩ぼんのうがしきりに起こることのたとえ。「一に花散りなば覚樹の木の実は熟するを期すべし」〈海道記〉

チューリング〖Alan Mathison Turing〗[1912～1954]英国の数学者。現代計算機科学の父。1936年、論文「計算しうる数」でチューリングマシンの概念を提唱した。第二次大戦中に、ドイツの暗号解読に功績をあげたことでも知られている。

チューリング-きかい【チューリング機械】▶チューリングマシン

チューリング-マシン〖Turing machine〗1936年、英国の数学者A＝M＝チューリングが提唱した思考上の機械。計算の過程を抽象化した数学的なモデル。現在のコンピューターの理論的原型ともいえるもの。チューリング機械。

チューリンゲン〖Thüringen〗ドイツ中央部にある州。州都エルフルト。南部はチューリンゲン森とよばれる山地。

ちゅうりん-じょう【駐輪場】ニヂヤウ 自転車専用の置き場。鉄道駅や商店の近くなどに設けられる。

ちゅう-る【中流】律の三流さんるの一。流罪の中程度のもの。信濃・伊予などに流した。➡遠流おんる ➡近流こんる

チュール〖フランス tulle〗絹・ナイロンなどのごく細い糸で、薄く網状に織った布。女性用のベール、帽子の飾りなどに用いる。

ちゅう-れい【忠霊】忠義のために死んだ人の霊。英霊。(類語)御霊みたま・英霊・英魂・神霊・祖霊・霊魂・精霊・魂魄こんぱく・尊霊・亡魂・魂・霊

ちゅうれい-とう【忠霊塔】ニタフ 忠霊を祭る塔。

ちゅう-れつ【忠烈】きわめて忠義心の厚いこと。「一の士」

ちゅう-れん【注連】しめ飾り。しめなわ。しめ。

ちゅう-れん【柱×聯】詩文などを書き、柱にかける聯。柱掛け。柱隠し。

ちゅう-れん【駐×輦】《「輦」は天子の乗る車》「駐蹕ちゅうひつ」に同じ。

チューレンパオトウ【九連宝灯】《中国語》マージャンの役満貫の一。同じ種類の数牌シューパイの一と九を3

個ずつ、二から八までを各1個そろえて聴牌(テンパイ)して上がったもの。天衣無縫(てんいむほう)。

ちゅう-ろ【仲呂┊中呂】►ちゅうりょ(仲呂)

ちゅう-ろう【中老】ヂウラウ ❶50歳ほどの年ごろ。また、その人。「一の品の好い細君は」〈花袋・田舎教師〉 ❷武家の職名。㋐鎌倉・室町時代、引付衆(ひきつけしゅう)のこと。㋑豊臣時代、五大老・五奉行の中間にあって政務を行った職。㋒室町・江戸時代、諸侯の家老の次位にあたる職。❸武家の奥女中で、老女の次位にあたる職。❹江戸新吉原の妓楼で、内証の雑用をする下男。中郎。「下の一の人をたのんで呼びにやってくんなんし」〈洒・錦之裏〉

ちゅう-ろう【中×﨟】ヂウラフ ❶出家受戒後の安居(あんご)の功を積んだ年数によって上・中・下と分けた、その中位に位する者。❷平安時代、後宮に仕える女官で、内侍でない者。上﨟・小上﨟の下、下﨟の上。中﨟女房。❸室町時代、武家の奥向きに奉仕する女中。御中(おなか)。❹江戸時代、幕府の大奥に仕えた女中で、上﨟・年寄などの下。また、大名の奥女中をもさす。

ちゅう-ろう【虫×蝋】ヂウラフ ►水蝋蝋(いぼたろう)

ちゅう-ろう【柱廊】チウラウ アーチ・壁などを支える柱列をもつ吹き放しの廊下。コロネード。

ちゅう-ろうい【中労委】チウラウヰ「中央労働委員会」の略称。

ちゅうろう-しょう【中郎将】チユウラウシヤウ ❶中国の官名。将軍に次ぐ位で、殿門(との)宿衛の事をつかさどった。秦代に設置され、唐代に廃止。❷近衛中将の唐名。羽林(うりん)中郎将。

ちゅう-ろく【中×肋】葉の中央を縦に通っている太い葉脈。主脈。

ちゅう-ろくてん【中六天】チユウ・【宙六天】チウ ❶空中。宙。❷物を見ないで、そらで覚えていること。「この里の事は一に」〈浮・常々草〉

中六天に括(くく)・る　おおざっぱに扱う。大まかに考える。中括(ちゅうくく)りをする。「諸分(しょわけ)一・り、あまりさきぐりを仕掛けしに」〈浮・置土産・一〉

ちゅうろん【中論】仏教書。4巻。竜樹(りゅうじゅ)の「偈頌(げじゅ)(根本中頌)」を青目(しょうもく)が注釈、鳩摩羅什(くまらじゅう)が漢訳したもの。竜樹の初期の作とされ、因縁によって生じたものはすべて空であるとして、有無を超えた空観による中道を宣揚した書。中観(ちゅうがん)論。

ちゅう-わ【中和】〔名・形動〕スル ❶性格や感情がかたよらないで穏やかであること。また、そのさま。「一に無偏無党の一ならざるはなし」〈利光鶴松・政党評判記〉 ❷性質の異なるものが、互いに融和してそれぞれの性質を失うこと。また、毒などの成分を薄めること。「彼といるとせっかちな私の性格が一される」 ❸酸と塩基とが当量ずつ反応して塩(えん)を生じること。「酸とアルカリが一する」 ❹等量の正電荷と負電荷が重なり合って電荷がなくなること。❺音韻論上の用語。ある音素間の対立的特徴が一定の条件のもとに失われる現象をいう。例えば、ドイツ語の語末においては、tとdなどの無声と有声の対立がなく、無声音しか立たないことなど。

ちゅうわ-いん【中和院】ヂヰン ►ちゅうかいん(中和院)

ちゅう-わきざし【中脇差】中程度の長さの脇差。旅行時などに町人が護身用として差すことを許された。

ちゅうわ-てきてい【中和滴定】酸の標準液を用いて塩基を、または塩基の標準液を用いて酸を滴定すること。

ちゅうわ-てん【中和点】酸とアルカリとが当量ずつ反応し終えた段階。中和の当量点。

ちゅうわ-ねつ【中和熱】酸と塩基との中和によって発生する反応熱。通常、各1モルずつの反応によって生じる熱量の値で表す。

チューン-アップ〘tune-up〙〔名〕スル《「チューンナップ」とも》自動車などで、エンジンを一部改造して出力を大きくすること。また一般的に、手を加えて性能をよくすること。「機械の動力を一する」

チューン-ナップ〘tune-up〙►チューンアップ

ちゅけい-るい【×蛛形類】蛛形綱の節足動物の総称。体は頭胸部と腹部とに分かれ、上顎(じょうがく)(鋏角(きょうかく)とも)・触肢(しょくし)各一対と、四対の歩脚をもつ。触角・翅(はね)をもたず、単眼だけで複眼はない。サソリ・クモ・ダニなど。くもがたるい。しゅけいるい。

チュゲントハット-てい【チュゲントハット邸】《Villa Tugendhat》►ツゲンドハット邸

チュコト-はんとう【チュコト半島】ーハンタウ《Chukot》シベリア北東端の半島。ベーリング海峡を挟んでアラスカのシューアード半島と対する。チュクチ半島。

チュチェ-しそう【チュチェ思想】ーシサウ《「主体思想」と書く》朝鮮民主主義人民共和国・朝鮮労働党の政治思想。マルクスレーニン主義を基に、金日成が独自の国家理念として展開した。人間は自己の運命の主人であり、大衆を革命・建設の主人公としながら、民族の自主性を維持するために人民は絶対的権威を持つ指導者に服従しなければならないと唱える。

チュチュ〘フランス tutu〙バレリーナが着用するスカート。薄いチュールなどを何枚も重ねたもの。

チュック-ボール〘tchoukball〙スイス生まれの新スポーツ。傾斜させた弾力性のあるネット(1辺が95センチの正方形)に、一方のチームがボールを投げつけて、跳ね返ってくるボールを相手のチームがノーバウンドでキャッチするゲーム。

チュッチェフ〘Fyodor Ivanovich Tyutchev〙[1803〜1873]ロシアの詩人。哲学的、内省的叙情表現は、のちの象徴主義の先駆ともされる。外交官としても活躍。作「幻」「沈黙」など。

ちゅっ-ちょく【×黜×陟】〔名〕スル 功の有無により、官位を上げ下げすること。ちっちょく。「恣に大臣を一するの非を譲(せ)め」〈東海散士・佳人之奇遇〉

チュド-こ【チュド湖】《Chudskoe ozero》ペイプシ湖のロシア語名。チュード湖。

チュニジア〘Tunisia〙アフリカ北部、地中海に面する共和国。首都チュニス。オリーブなどの農産物や燐(りん)鉱石・石油などを産出。イスラム教が行われる。フランス領から1956年に独立し、翌年共和国となる。人口1059万(2010)。テュニジア。補説「突尼斯」とも書く。

チュニス〘Tunis〙チュニジア共和国の首都。地中海の重要な貿易港。北東近郊にカルタゴの遺跡がある。ジトゥナモスク(大モスク)やユセフデイモスクなどが残る旧市街は、1979年、世界遺産(文化遺産)に登録された。人口、行政区74万(2010)。

チュニック〘tunic〙❶細身に仕立てた七分丈の女性用上着。❷古代ローマで着用したゆるやかなシャツ風の衣服。また、それに似た衣服。服の基本型の一つで、最も単純な形のドレス。

チュニック-コート《和 tunic＋coat》「チュニック❶」に同じ。

チュバシ〘Chuvash〙ロシア連邦にある21の共和国の1つ。モスクワの東約600キロメートル、ボルガ川右岸に位置する。首都はチェボクサルイ。トルコ系ながらロシア正教徒のチュバシ人が基幹民族。自動車産業などが盛ん。チュヴァシ。

チュバシ-ご【チュバシ語】チュルク語の方言の一。チュワシ語。

チュメニ〘Tyumen'〙ロシア連邦、チュメニ州の都市。同州の州都。シベリア西部、トボル川の支流ツラ川沿いに位置する河港都市。シベリア鉄道が通る。16世紀後半、ロシアの東方遠征の拠点として建設。1950年代、チュメニ油田の発見により発展。石油化学工業、木材加工業が盛ん。

チュメニ-ゆでん【チュメニ油田】ロシア連邦のチュメニ州南部からトムスク州にかけての大油田群。オビ川中流域にある。第3バクー油田。

チュラロンコーン〘Chulalongkorn〙[1853〜1910]タイのバンコク朝第5代の王ラーマ5世の通称。在位1868〜1910。行政・司法・軍事制度の西欧化による中央集権の確立、奴隷制廃止などの近代化政策を通じて国力を充実し、独立を保持した。

チュルク-ご【チュルク語】《Turkic》アルタイ諸語に属し、トルコ語およびこれと同系の諸言語の総称。中央アジアを中心に黒海沿岸から東シベリアにかけて広く分布している。

チュルゴー〘Anne Robert Jacques Turgot〙[1727〜1781]フランスの政治家・経済学者。ルイ16世時代の財政総監。穀物取引の自由化、ギルド廃止など自由主義的改革に努力したが、反対派の抵抗により罷免された。テュルゴー。

チュレーニー-とう【チュレーニー島】ータウ《Ostrov Tyuleniy》海豹島(かいひょうとう)のロシア語名。

チュンチャンパイ【中張牌】《中国語》マージャンで、数牌(シューパイ)の二から八の牌をいう。

チュンチョン-ナムド【忠清南道】大韓民国中西部、黄海に面する道(どう)。道庁所在地は大田(テジョン)広域市。農業が盛ん。ちゅうせいなんどう。

チュンチョン-プクド【忠清北道】大韓民国中部、内陸にある道(どう)。道庁所在地は清州(チョンジュ)。鉱工業が発達。ちゅうせいほくどう。

ちょ【著】❶書物を書きあらわすこと。また、その書物。著書。「新進作家の一になる書物」 ❷明らかであること。「微を見ること一の如くなったならば」〈中島敦・名人伝〉 ➔漢「ちょ(著)」
類語 著書・著作・著述・述作・著す

ちょ【緒】いとぐち。はじめ。端緒。しょ。➔漢「しょ(緒)」

緒に就・く　物事に着手する。物事が始まって軌道にのり、見通しがつく。しょにつく。「問題解決の一・く」補説「おにつく」と読むのは誤り。

ちょ〔接尾〕(多く「っちょ」の形で用いられる)名詞や形容詞の語幹に付いて、…である者、…のものの意を表す。「尼っ一」「横っ一」「太っ一」

ち-よ【千代┊千世】千年。また、非常に長い年月。ちとせ。類語 千載・千秋

千代に八千代(やちよ)に　千年も、さらにいく千年も。永久の栄えを祈る言葉。「わが君は一さざれ石の巌(いはほ)となりてこけのむすまで」〈古今・賀〉

千代を籠(こ)・む　千年後までも栄えるめでたいしるしをもっている。「君が経む一・めてや春くればみ垣の竹の色のことなる」〈新葉・賀〉

ち-よ【千夜】千の夜。数多くの夜。「秋の夜の一を一夜になずらへて八千夜し寝ばやあく時のあらむ」〈伊勢・二二〉

ち-よ【地×輿】大地。坤輿(こんよ)。

ちょ-い【×儲位】ーヰ 儲君(ちょくん)の君の位。皇太子の地位。

ちょい〔副〕物事の程度や動きがわずかであるさま。ちょっと。「一右に寄ってくれ」「予定より一オーバーした」

ちょい待ち草(ぐさ)　「宵待草(よいまちぐさ)」のもじりで、ちょっと待って下さい、の意にいう言葉。

チョイス〘choice〙〔名〕スル 選ぶこと。選択。「マルティプル一」「フィルダースー」

ちょい-ちょい〔副〕❶間を置いて同じことが何度も繰り返されるさま。度々。おりおり。ちょくちょく。「一遊びに来る」 ❷身軽に動くさま。「枝から枝へ一(と)飛び移る」 ❸大した程度でないさま。簡単であるさま。「一(と)作り上げる」「家の内外の一した修繕」〈野上・真知子〉

ちょいちょい-ぎ【ちょいちょい着】ちょっとした外出のときなどに着る衣服。

ちょい-と　㊀〔副〕数量または程度のわずかなさま。少しばかり。ちょっと。「一一杯飲んで帰る」「一した意見のくいちがい」㊁〔感〕人を呼ぶときに用いる語。「一、おねえさん」「一、お待ちなさい」類語 ちょっと・ちょっぴり・少少・やや・ちと・ちっと・少し・少ない

ちょい-やく【ちょい役】ほんの少し出演するだけで、せりふもあまりない役。端役(はやく)。
類語 端役・エキストラ・脇役・バイプレーヤー

ちょう【丁】チャウ ㊀〔名〕❶2で割り切れる数。偶数。特に、さいころの目の偶数。「一か半か」⇔半。❷市街地を分けたもの。町。「銀座八一」➔丁目 ❸「町(ちょう)❷」に同じ。「頂上まで五一」❹►てい(丁)❸ ❺ちょうど。まさに。「わしは戌で一六十」〈浄・鑓の権三〉 ㊁〔接尾〕助数詞。❶和装本の裏表2ページをひとまとめにして、それを数えるのに用いる。枚。葉。「五一の草子」❷豆腐を数えるのに用いる。❸料理・飲食物の一人前を単位として数えるのに用いる。「天丼(てんどん)一一」❹

漢字項目 **ちょ**

【緒】▻しょ

×**佇** [音]チョ(漢) [訓]たたずむ ‖ 立ち止まってじっとしている。たたずむ。「佇立」[補説]「竚」は異体字。

人**猪**〔猪〕 [音]チョ(呉)(漢) [訓]い、いのしし ‖ 動物の名。イノシシ。「猪突・猪勇/野猪」[補説]「豬」は正字。「猪」「猪」ともに人名用漢字。[名付]しし [難読]猪牙船(ちょきぶね)・猪口(ちょく・ちょこ)・豪猪(やまあらし)

著〔著〕 (学)6 [音]**チョ**(呉)(漢) チャク(漢) ジャク(ヂャク)(呉) [訓]**あらわす、いちじるしい**、つく、つける ‖ ㊀〈チョ〉①書きつける。書物にあらわす。「著作・著者・著述・著書・著録/共著・編著」②あらわした書物。「遺著・旧著・高著・新著・拙著・大著・名著」③目立つ。いちじるしい。「著効・著聞・著名/顕著」㊁〈チャク〉つく。つける。「著心・著到」[補説]「着」はもと「著」の俗字であるが、㊀を「著」、㊁を「着」と使い分けるようになった。[名付]あき・あきら・つぎ・つぐ

貯 (学)4 [音]**チョ**(呉)(漢) [訓]たくわえる、たくわえ ‖ 金や物をためておく。「貯金・貯水池・貯蔵・貯蓄」[名付]もる

人**儲** [音]チョ(漢) [訓]もうける、もうけ ‖ ①たくわえておく。「儲蔵」②跡を継がせるために備えおく人。跡継ぎ。もうけのきみ。「儲君・儲嗣/皇儲・国儲」[補説]人名用漢字表(戸籍法)の字体は「儲」。

漢字項目 **ちょう**

【▽打】▻だ

【×帖】▻じょう

【重】▻じゅう

【×挺】▻てい

丁 (学)3 [音]**チョウ**(チャウ)(呉) **テイ**(漢) [訓]ひのと ‖ ㊀〈チョウ〉①偶数。「丁半」②とじた紙の一葉。「丁数/落丁・乱丁」③物が打ち当たる音を表す語。「丁丁発止」㊁〈テイ〉①十干の第四。ひのと。「丁酉(ていゆう)」②順位で、第四位。「丁夜」③成年の男子。「丁年/壮丁」④人に使われて働く男。「園丁・使丁・廷丁・馬丁」⑤「丁」の形。「丁字形・丁字路」⑥ねんごろ。「丁重・丁寧」[名付]あつ・つよし・のり [難読]丁髷(ちょんまげ)・丁幾(チンキ)・丁稚(でっち)・丁抹(デンマーク)・拉丁(ラテン)

弔 [音]**チョウ**(テウ)(呉)(漢) [訓]**とむらう** ‖ 人の死をいたんで悔やみを述べる。とむらう。「弔意・弔歌・弔客・弔辞・弔電・弔砲・弔問/敬弔・慶弔」

庁〔廳〕 (学)6 [音]**チョウ**(チャウ)(呉) ‖ 役所。「庁舎/官庁・県庁・省庁・政庁・退庁・登庁・本庁」

兆 (学)4 [音]**チョウ**(テウ)(漢) [訓]**きざす、きざし** ‖ ①きざし。「兆候/吉兆・凶兆・前兆」②数の単位。億の一万倍。また、数の多いこと。「兆民/億兆」[名付]とき・よし

町 (学)1 [音]**チョウ**(チャウ)(呉) [訓]**まち** ‖ ㊀〈チョウ〉①市街の一区画。また、市街地。まち。「町内・町人」②地方自治体の一。「町制・町村・町長・町立/市町村」㊁〈まち〉「町役場/色町・裏町・下町・門前町」

長 (学)2 [音]**チョウ**(チャウ)(漢) [訓]**ながい**、たける、おさ、つかさ ‖ ㊀〈チョウ〉①寸法や距離がながい。ながさ。「長身・長蛇・長大・長途・長方形/狭長・身長・深長・全長・波長」②時間の幅が大きい。「長期・長久・長時間・長寿」③ながくのびる。大きくなる。「消長・助長・伸長・生長・成長・増長」④すぐれている。すぐれたところ。「長所/一長一短」⑤ゆったりしている。「悠長」⑥年が多い。年上。「長兄・長女・長男・長幼・長老/年長」⑦いちばん上に位置するもの。かしら。「長官/家長・会長・議長・級長・校長・市長・社長・酋長(しゅうちょう)・署長・船長・隊長・番長・部長」⑧長門(ながと)国。「長州/薩長(さっちょう)・防長」㊁〈なが〉「長雨・長話/面長(おもなが)・気長・夜長」[名付]いえ・おさ・たけ・たけし・つかさ・つね・ながし・のぶ・ひさ・ひさし・まさ・まさる・ます・みち [難読]長官(かみ)・長刀(なぎなた)・長押(なげし)・長閑(のどか)

挑 [音]**チョウ**(テウ)(呉)(漢) [訓]**いどむ** ‖ 相手に行動を仕掛ける。いどむ。「挑戦・挑発」

×**凋** [音]チョウ(テウ)(呉)(漢) [訓]しぼむ ‖ 草木がなえてしぼむ。勢いが衰える。「凋落/枯凋」

帳 (学)3 [音]**チョウ**(チャウ)(呉)(漢) [訓]とばり ‖ ①長い垂れ幕。とばり。「帳台/開帳・几帳・錦帳・紙帳・緞帳(どんちょう)」②記入用の冊子。「帳簿・帳面/記帳・台帳・大福帳・通帳・手帳」[名付]はる [難読]蚊帳(かや)・主帳(さかん)

張 (学)5 [音]**チョウ**(チャウ)(呉)(漢) [訓]**はる** ‖ ①たるまずに、ぴんとはる。横に広がりのびる。「張力/拡張・緊張・伸張・怒張・膨張」②意見などを大いに打ち出す。「誇張・主張」[名付]つよ・とも [難読]尾張(おわり)

彫 [音]**チョウ**(テウ)(呉)(漢) [訓]**ほる** ‖ 模様や文字をほり刻む。「彫刻・彫塑・彫像・彫琢(ちょうたく)/牙彫(げちょう)・木彫」

眺 [音]**チョウ**(テウ)(呉)(漢) [訓]**ながめる** ‖ 遠く見渡す。ながめる。「眺望」

釣 [音]**チョウ**(テウ)(呉)(漢) [訓]**つる** ‖ 魚をつる。「釣果・釣魚/漁釣(ぎょちょう)」[難読]釣瓶(つるべ)

頂 (学)6 [音]**チョウ**(チャウ)(呉) [訓]**いただく、いただき** ‖ ①頭のてっぺん。「頂門/灌頂(かんじょう)・骨頂・丹頂」②物の最高所。「頂上・頂点/山頂・絶頂・天頂・登頂」③うやうやしく上にささげ持つ。「頂戴(ちょうだい)」[名付]かみ

鳥 (学)2 [音]**チョウ**(テウ)(呉)(漢) [訓]**とり** ‖ ㊀〈チョウ〉とり。「鳥獣・鳥類/益鳥・花鳥・窮鳥・禽鳥(きんちょう)・禁鳥・候鳥・白鳥・飛鳥(ひちょう)・放鳥・野鳥」㊁〈とり(どり)〉「鳥居・鳥肌/小鳥・水鳥・椋鳥(むくどり)」[難読]飛鳥(あすか)・善知鳥(うとう)・啄木鳥(きつつき)・鳥渡(ちょっと)・玄鳥(つばくらめ)・鳥座(とぐら)・鳥屋(とや)・時鳥(ほととぎす)・霍公鳥(ほととぎす)

▽**塚**〔塚〕 [音]チョウ(漢) [訓]**つか** ‖ ㊀〈チョウ〉土を盛り上げてつくった墓。「塚墓/義塚」㊁〈つか(づか)〉「蟻塚(ありづか)・一里塚・貝塚・無縁塚」[補説]「冢」は原字。

朝 (学)2 [音]**チョウ**(テウ)(漢) [訓]**あさ**、あした ‖ ㊀〈チョウ〉①あさ。「朝食・朝夕・朝礼/一朝・元朝(がんちょう)・今朝(こんちょう)・早朝・明朝(みょうちょう)」②天子が政治をとる所。「朝議・朝臣(ちょうしん)・朝廷・朝野/王朝・参朝・天朝」③宮中に参内して天子にお目にかかる。「朝賀・朝見」④天子の統治する期間。「奈良朝・明朝(みんちょう)・歴朝」⑤日本の朝廷、また、日本のこと。「帰朝・入朝・本朝・来朝」⑥「朝鮮」「朝鮮民主主義人民共和国」の略。「日朝・米朝」㊁〈あさ〉「朝寝・朝日・朝夕/毎朝」[名付]かた・さ・つと・とき・とも・のり・はじめ [難読]朝臣(あそん)・後朝(きぬぎぬ)・今朝(けさ)

人**脹** [音]チョウ(チャウ)(呉)(漢) [訓]ふくれる、ふくらむ、はれる ‖ 腹が張る。ふくれる。「脹満/鼓脹・腫脹(しゅちょう)・膨脹」[補説]平成22年(2010)常用漢字表から削除、人名用漢字に追加された。[難読]脹脛(ふくらはぎ)

貼 [音]**チョウ**(テフ)(呉)(漢) テン(慣) [訓]**はる** ‖ はりつける。「貼付・貼用」[補説]「貼付」は慣用音で「てんぷ」と読むこともある。

超 [音]**チョウ**(テウ)(呉)(漢) [訓]**こえる、こす** ‖ ①ある範囲を抜け出る。「超越・超過・超克・超然・超脱」②並みとはかけ離れている。「超人」③「超過」の略。「出超・入超」[名付]おき・き・こゆる・たつ・とおる・ゆき

人**牒** [音]チョウ(テフ)(漢) ‖ 書き付け。書きもの。「牒送/移牒・通牒・度牒・符牒」

腸 (学)4 [音]**チョウ**(チャウ)(漢) [訓]はらわた、わた ‖ ①胃から続き肛門に至る消化器官。「腸炎/胃腸・浣腸(かんちょう)・小腸・大腸・脱腸・断腸・直腸・盲腸・羊腸」②心。思い。「愁腸・熱腸」[難読]海鼠腸(このわた)

跳 [音]**チョウ**(テウ)(漢) [訓]**はねる、とぶ** ‖ はね上がって地面から離れる。「跳馬・跳舞・跳躍・跳梁(ちょうりょう)」

徴〔徵〕 [音]**チョウ**(呉)(漢) チ(呉)(漢) [訓]めす、しるし ‖ ㊀〈チョウ〉①召し出す。「徴兵・徴募・徴用」②取り立てる。「徴収・徴税・徴発/課徴・追徴」③隠された意味の現れたもの。しるし。きざし。「徴候・徴証・徴表/象徴・瑞徴(ずいちょう)・性徴・特徴・明徴」㊁〈チ〉中国・日本音楽の五声の一。「変徴」[名付]あき・あきら・きよし・なり・みる・よし

人**暢** [音]チョウ(チャウ)(呉)(漢) [訓]のびる、のびやか ‖ ①長く伸びる。「暢茂/伸暢」②のびのびとしている。「暢達/流暢」[名付]いたる・かど・とおる・なが・のぶ・のぶる・まさ・みつ・みつる [難読]暢気(のんき)

×**漲** [音]チョウ(チャウ)(呉)(漢) [訓]みなぎる ‖ 水が一面に張りつめる。「漲溢(ちょういつ)」[名付]みつ

人**肇** [音]チョウ(テウ)(漢) [訓]はじめる開始する。はじめる。「肇国」[名付]ただ・ただし・とし・はじめ

嘲 [音]**チョウ**(テウ)(呉) [訓]**あざける** ‖ 人をばかにする。あざける。「嘲笑・嘲罵(ちょうば)/自嘲」[難読]嘲笑(あざわらう)

澄 [音]**チョウ**(漢) [訓]**すむ、すます** ‖ 清らかにすみわたる。「澄明/清澄・明澄」[名付]きよ・きよし・すみ

潮 (学)6 [音]**チョウ**(テウ)(漢) [訓]**しお**、うしお ‖ ㊀〈チョウ〉①海水の干満。海水の流れ。「潮水・潮汐(ちょうせき)・潮流/海潮・干潮・高潮・順潮・満潮・落潮」②世の中の趨勢(すうせい)。「思潮・風潮」③表面に差し現れる。「紅潮」㊁〈しお〉「潮騒(しおさい)・潮時/渦潮・黒潮・高潮・血潮」

人**蝶** [音]チョウ(テフ)(漢) ‖ 昆虫の名。チョウ。「蝶蝶・蝶類/胡蝶(こちょう)」[難読]蝶番(ちょうつがい)

調 (学)3 [音]**チョウ**(テウ)(漢) [訓]**しらべる、ととのう、ととのえる**、みつぎ ‖ ①全体にわたってつりあいがとれる。つりあいをとる。「調停・調和/協調」②手を加えてほどよくする。ととのえる。「調教・調製・調整・調達・調髪・調味・調理・調律/新調」③物事の進行するぐあい。「調子/快調・好調・順調・単調・同調・不調・歩調」④音楽や文章などの趣。「調子/哀調・音調・格調・基調・強調・曲調・口調(くちょう)・低調・乱調・論調」⑤音楽で、音階の性質。「調性/短調・長調」⑥とりしらべる。「調査・調書」⑦昔の税制の一。みつぎ。「調布/租庸調」[名付]しげ・つき・なり

×**諜** [音]チョウ(テフ)(漢) ‖ ひそかに事情を探る。スパイ。まわし者。「諜候・諜者・諜知・諜報/間諜・防諜」

聴〔聽〕 [音]**チョウ**(チャウ)(呉) [訓]**きく**、ゆるす ‖ ①耳をすまして聞く。聞き取る。「聴覚・聴講・聴取・聴衆/謹聴・傾聴・公聴会・視聴・静聴・盗聴・難聴・傍聴・来聴」②聞き入れる。ゆるす。「聴許・聴納」[名付]あき・あきら・とし・より [難読]聴牌(テンパイ)

懲〔懲〕 [音]**チョウ**(漢) [訓]**こりる、こらす、こらしめる** ‖ こらしめる。「懲役・懲戒・懲罰/勧善懲悪」

人**寵** [音]チョウ(漢) ‖ ①いつくしむ。いつくしみ。「恩寵・天寵」②気に入ってかわいがる。お気に入り。「寵愛・寵姫(ちょうき)・寵児・寵臣/内寵」[名付]うつくし・よし

相撲・将棋などで、勝負の取組・手合わせなどの回数を数えるのに用いる。番。❺ ▶挺 ➡漢「ちょう(丁)」

ちょう【庁】 ❶役人が事務を行う所。また、その建物。役所。官庁。「消防—」「警視—」❷国の行政機関の一。府または省の外局として設置される。国税庁・文化庁・金融庁など。長は長官。❸「検非違使庁」の略。➡漢「ちょう(庁)」
類語 省・局・署・課・セクション

ちょう【兆】 ❶古代の占いで、亀の甲を焼いてできる裂け目の形。転じて、物事が起こる前ぶれ。きざし。しるし。「災いの—」❷数の単位。1億の1万倍。10の12乗。古くは中国で1億の10倍。「八—円の予算」➡漢「ちょう(兆)」➡表「位」類語 一・二・三・四・五・六・七・八・九・十・百・千・万・億・ゼロ・零・一つ・二つ・三つ・四つ・五つ・六つ・七つ・八つ・九つ・十

ちょう【町】 ❶地方公共団体の一。市と村の中間に位する。まち。「町」を「ちょう」と読む府県と、「まち」と読む都県とがある。❷距離の単位。1町は60間で、約109メートル。丁。❸土地の面積の単位。1町は10段で、3000歩をいい、約99.18アール。❹江戸吉原のこと。また転じて、遊郭。おちょう。「そんなことぁ—で言ひなせい」〈洒・糠味噌汁〉➡漢「ちょう(町)」

ちょう【×疔】 汗腺または皮脂腺が化膿して、皮膚や皮下の結合組織に生じる腫れ物。顔面にできたものを面疔という。

ちょう【長】 ❶多数の人の上に立つ人。かしら。おさ。「一家の—」❷としうえ。年長。「三年の—」❸すぐれていること。すぐれている所。長所。「一日の—」⊖短。➡漢「ちょう(長)」

ちょう【帳】 ❶帳面。帳簿。「雑記—」「節季に—かたげた男の貌を見ぬを」〈浮・永代蔵・二〉❷部屋の仕切り、また、目隠しのために垂らす布帛。とばり。たれぎぬ。❸「帳台❶」に同じ。「寝殿の東面に—たてて」〈大鏡・二・実頼〉➡漢「ちょう(帳)」

ちょう【張】 ■〔名〕二十八宿の一。南方の第五宿。海蛇座の一部にあたる。ちりこぼし。張宿。■〔接尾〕助数詞。❶弓・琴など、弦を張ったものを数えるのに用いる。「弓は一人して二—三—、矢は四腰五腰も用意せよ」〈盛衰記・二二〉❷幕や蚊帳など、張りめぐらすものを数えるのに用いる。「幕一—」〈延喜式・大蔵省〉❸紙や皮などを数えるのに用いる。「懐の中より一—の文書を抜き出でて」〈今昔・六・四一〉➡漢「ちょう(張)」

ちょう【魚=蝨】 鰓尾目チョウ科の甲殻類。体は円盤形で、体長4ミリほど。腹側にある吸盤でコイ・フナなどに付着して体液を吸う。

ちょう【朝】 ❶あさ。あした。❷朝廷。❸一人の君主が国を治めている期間。また、ある系統の君主たちの治めていた期間。御代。御宇。「桓武の—」「ビクトリア—」❹君主が治めている国。「—の政をつかさどり」〈平家・二〉❺人の集まる所。にぎやかな所。まちなか。「かだましきも—にあって罪ををかす」〈平家・六〉➡漢「ちょう(朝)」

ちょう【×牒】 ❶文字を書き記す札。簡札。❷律令時代の公文書の形式の一。主典以上の官人が諸司に出すもの。また、所属系統の異なる官庁や機関の間で交わす文書。❸文書による通告。また、その文書。「各兵を出して—を通はす」〈今昔・二五・三〉➡漢「ちょう(牒)」

ちょう【腸】 消化管の主要部分の一。胃の幽門に続き、肛門に至る。小腸(十二指腸・空腸・回腸)と大腸(盲腸・結腸・直腸)。食物の消化および吸収を行う。腸管。➡漢「ちょう(腸)」

ちょう【徴】 ❶物事の起こる前ぶれ。きざし。前兆。徴候。「衰徴の—」❷人を召し出すこと。召し。「—に応じる」❸金品を取り立てること。供出させること。「—を課す」➡漢「ちょう(徴)」

ちょう【趙】 中国、戦国時代の国。戦国七雄の一。晋の大夫の趙氏が韓氏・魏氏とともに晋を滅ぼし、その領土を3分して独立。前403年、諸侯に列せられ、現在の山西省北部、河北省東部を領有。都は晋陽(太原)、のち邯鄲。武霊王の時に最も栄えたが、前222年、秦に滅ぼされた。

ちょう【×蝶】 ❶鱗翅目のうち、アゲハチョウ上科・セセリチョウ上科に属する昆虫の総称。色彩に富む二対の翅をもち、らせん状の口吻を伸ばして花蜜や樹液を吸う。触角は棍棒状または鉤状。日中に活動し、止まるときは翅を立てる。繭はふつう作らない。日本には約260種が知られる。胡蝶。ちょうちょう。ちょうちょ。季春「—の飛ぶばかり野中の日影かな/芭蕉」❷紋所の名。❶を図案化したもの。➡漢「ちょう(蝶)」

蝶よ花よ 子供を非常にかわいがり大切にするたとえ。多く女児にいう。「—と育てた娘」

ちょう【調】 ❶律令制下の基本的物納租税の一。大化の改新では田の面積および戸単位に、大宝律令では人頭税として課せられ、諸国の産物(絹・綿・海産物など)を納めたもの。庸とともに都に運ばれ国家の財源となった。みつぎ。➡租 ➡庸 ❷西洋音楽で、楽曲の旋律や和声を秩序づけている、ある主音・主和音を中心に組み立てられた音の体系。用いられる音階が長音階か短音階かによって長調か短調に分けられ、おのおのの調はその主音の名をとってハ長調・イ短調のようによばれる。❸日本の雅楽で、主音の音高を表す。黄鐘調・壱越調など。❹双六で、二つの采に同じ目が出ること。❺(接尾語的に用いて)調子のこと。「七五—」「浪曲—」「ピカソ—」➡漢「ちょう(調)」

ちょう【×寵】 特別にかわいがること。また、非常に気に入られること。寵愛。「主君の—をほしいままにする」➡漢「ちょう(寵)」

ちょう【超】〔接頭〕名詞に付いて、程度が特に普通以上であること、また、普通をはるかにこえたものであることを表す。「—満員」「—音速」➡漢「ちょう(超)」補説 俗に「超きれい」「超むかつく」などと副詞的にも用いられる。

ちょう【×挺|×梃|丁】〔接尾〕助数詞。❶銃・槍・鋤・鍬・艪・ろうそく・墨・三味線など、細長い物を数えるのに用いる。❷輿・駕籠・人力車など、乗り物を数えるのに用いる。❸酒・醤油などの樽を数えるのに用いる。➡漢「てい(挺)」

ちょう【貼】〔接尾〕助数詞。調合して包んだ薬などを数えるのに用いる。服。「当帰連翹飲などを二三—進じましたい」〈浮・色三味線・五〉➡漢「ちょう(貼)」

ちょう〔連語〕《格助詞「と」に動詞「い(言)う」の付いた「という」の音変化》…という。主に平安時代に入ってから和歌に用いられた。「忍ぶれば苦しきものを人知れず思ふ—こと誰に語らむ」〈古今・恋一〉➡ちゅう ➡とう

ち-よう【地妖】 地上に起こる怪しい変異。「天変—などの出でよかし」〈菊池寛・頸縊り上人〉

ち-よう【治要】 国を治める最も大切な事柄。

ちょう-あ【聴×唖】 聴覚や精神機能の異常はないが、ほとんど話すことのできない状態。

ちょう-あい【丁合(い)】 書籍などの製本で、印刷された折り丁を1冊になるようページ順に集める作業。手丁合いと機械丁合いがある。

ちょう-あい【帳合(い)】 ❶現金や商品の出入り・有高と帳簿とを照合して、計算・記入の正誤を確かめること。❷帳簿に収支を記入して、損益を計算すること。

ちょう-あい【×寵愛】〔名〕スル 特別に大切にして愛すること。「—を受ける」「王妃を—する」
類語 愛する・慈しむ・かわいがる・いとおしむ・愛でる

寵愛昂じて尼になす 親が娘をいとおしむあまり、いつまでも嫁にやらないで、ついには尼にするようになる。かわいがるのも度が過ぎれば本人のためにならないことのたとえ。

ちょうあい-あきない【帳合(い)商い】 帳合い米の商売。

ちょうあい-まい【帳合(い)米】 江戸時代、大坂の堂島米市場で、実際には受け渡しをせず、帳簿上で売買された米。また、その売買。

ちょう-あく【懲悪】 悪をこらしめること。「勧善—」

ちょうアクチノイド-げんそ【超アクチノイド元素】 原子番号が104以上の元素。すべて半減期が短い人工放射性元素であり、自然界には存在しない。104番ラザホージウム、105番ドブニウム、106番シーボーギウムなどが見つかっており、より大きな原子番号の元素を合成する研究が進められている。

ちょう-あし【×蝶足】 膳などの足の末端がチョウが羽を広げたような形になっているもの。

ちょうあん【長安】 中国、陝西省にある旧都。現在の西安市付近。前漢以降の諸王朝の都とされたが、唐代に最も繁栄し、人口100万人を数えた。洛陽に対して、西都・上都ともよばれた。

ちょう-い【弔衣】 葬儀のときに着る衣服。

ちょう-い【弔意】 人の死を悲しみいたむ気持ち。哀悼の心。「—を表す」

ちょう-い【弔慰】〔名〕スル 死者をとむらい、遺族を慰めること。

ちょう-い【長囲】〔名〕スル ❶長い間取り囲むこと。「再び大兵を挙げ、多く糧食を用意し、此孤城を—せば」〈竜渓・経国美談〉❷長く続いている囲い。

ちょう-い【重囲】 いく重にも取り囲むこと。また、その囲み。じゅうい。「身を賭して早く風雨の—を通り過ぎなんと思うのみ」〈蘆花・不如帰〉

ちょう-い【×凋×萎】〔名〕スル しぼみなえること。「日光の下に於きて水を植物に灌げば自ずから—するを見て」〈ファン＝カステール訳・彼日氏教授論〉

ちょう-い【朝衣】 「朝服」に同じ。

ちょう-い【朝威】 朝廷の威光。朝廷の権威。

ちょう-い【腸胃】 ❶腸と胃。胃腸。❷《腸や胃が人体にとって重要な部分であるところから》重要な場所。肝要の地。

ちょう-い【潮位】 一定の基準面から測定し、波・うねりなど一時的な海面の昇降を除いた海面の高さ。潮汐によって変化する。潮高。

ちょうい-きん【弔慰金】 弔慰の気持ちを表すために遺族に贈る金。

ちょう-いつ【×漲×溢】〔名〕スル みなぎり、あふれること。

ちょういれ-ね【帳入れ値】 ▶帳入れ値段

ちょういれ-ねだん【帳入れ値段】 清算取引で、帳簿の整理と計算の便宜のため、取引所が一定の算法によって銘柄ごとに定めた値段。帳入れ値。

ちょう-いわい【帳祝(い)】 正月11日(または4日)に商家で、その年に使う帳面を新たに綴じて祝うこと。帳祭り。帳とじ。季新年

ちょう-いん【調印】〔名〕スル 条約・協定などの内容が確定したとき、それに関係する当事国の代表者がその公文書に署名すること。「平和条約に—する」
類語 捺印・契印・割り印・検印・消印・烙印・合い判・朱印・証印・連判・合い印

ちょう-うち【町打ち】 距離を決めて的を立て、射撃の練習をすること。「—の鉄砲を申し立てに三百石くだし給はり」〈浮・伝来記・二〉

ちょうウラン-げんそ【超ウラン元素】 ウランより原子番号の大きい元素。すべて人工放射性元素で、93番ネプツニウム・94番プルトニウムなど。

ちょう-うん【鳥雲】 ❶小鳥が群がり飛び、遠くから見ると雲のように見えること。❷鳥や雲の動きのように、機に臨んで集合離散が自在にできるようにした陣立て。鳥雲の備え。鳥雲の陣。

ちょううん-ぼう【朝雲暮雨】 《楚の懐王が夢の中で契りを交わした神女が、朝には雲に、夕暮れには雨になると言ったという、宋玉「高唐賦」などにみえる故事から》男女の堅い契り。➡巫山の雲雨

ちょう-えい【町営】 町が経営していること。また、その施設など。「—プール」

ちょう-えい【×冢×塋】 つか。はか。墓所。

ちょう-えい【×寵栄】 君主などの寵愛を得て、はぶりがよいこと。「やはり思われるものは、…—を好まないであろうこと」〈嘉村・途上〉

ちょうえき【張掖】 中国甘粛省中部の都市。漢

代以来、交通の要地として栄え、現在は蘭新らんしん鉄道が通り、綿花・穀物の集散地。

ちょう-えき【腸液】チャウエキ 腸腺や腸粘膜から分泌されるほぼ透明な液。アルカリ性で、エレプシン・マルターゼなどの消化酵素を含み、消化吸収を助け、粘膜を保護する。

ちょう-えき【懲役】自由刑の一。刑事施設に拘置して一定の労役に服させる刑罰。無期と有期の2種がある。(類語)禁錮・拘留

ちょうえき-かん【懲役監】旧監獄法で規定されていた監獄の種類の一つで、懲役の刑に処せられた者を拘禁する場所。刑務所がこれにあたる。(補説)他に、禁錮監・拘留場・拘置監が規定されていた。

ちょう-えつ【張説】チャウエツ[667〜730]中国、初唐・盛唐期の詩人、玄宗朝初期の宰相。洛陽(河南省)の人。字あざなは道済、また説之えつし。力強い盛唐の詩風を開いた。

ちょう-えつ【超越】テウエツ〔名〕スル ❶普通に考えられる程度をはるかにこえていること。ずばぬけていること。「人間の能力を―した技術」❷ある限界や枠をはるかにこえていること。また、その物事からかけ離れた境地にあって、問題にしないこと。「時代を―した作品」「世俗を―する」❸《ドイ Transzendenz》哲学で、㋐人間一般の経験や認識の範囲(次元)外にこえ出ていること。㋑カント哲学では、あらゆる可能的経験をこえた、超感性的なものについての認識を超越的といい、超越論的(先験的)と区別した。超絶。㋒現象学では、意識内在に対し、自然的態度に付着する意識超越をいう。❹順序をとびこえて高い地位につくこと。とびこすこと。ちょうおつ。「数のほかの四の宮に―せられ」〈保元・上〉(類語)超凡・非凡・上回る・超える・超す・過ぎる・追い越す・追い抜く・はみ出す・凌しのぐ・超過する・突破・凌駕りょうが・過剰・オーバー

ちょうえつ-かんすう【超越関数】テウエツクワンスウ 代数関数でない関数。三角関数・指数関数・対数関数など。

ちょうえつ-すう【超越数】テウエツスウ 代数的数でない数。自然対数の底てい、円周率パイなど。

ちょうえつろん-てき【超越論的】テウエツロンテキ〔形動〕▶先験的

ちょう-エルエスアイ【超LSI】テウ《very large scale integration》▶VLSI

ちょう-えん【長円】チャウヱン「楕円だえん」に同じ。

ちょう-えん【腸炎】チャウエン 腸粘膜の炎症。腹痛・下痢がみられ発熱を伴うこともある。原因は細菌感染または細菌性毒素による場合と、食事の不摂生による場合とがある。腸カタル。

ちょう-えんきせいがん【超塩基性岩】テウ 火成岩のうち、二酸化珪素けいその含有量が塩基性岩より少なく、45パーセント以下の岩石。橄欖かんらん岩など。

ちょう-えんしんき【超遠心機】テウヱンシンキ 超高速回転により重力の10万倍もの遠心力が得られる遠心分離機。分析やウイルス・たんぱく質の濃縮・分離などに使用。

ちょうえん-ビブリオ【腸炎ビブリオ】チャウエン 食中毒の原因となる細菌の一種。好塩性の桿菌かんきんで、コレラ菌に似る。海産の魚介類などに付着し、それを夏期に生食などして感染する。

ちょう-おつ【超▽越】テウヲツ「ちょうえつ(超越)❹」に同じ。「次男宗盛中納言にておはせしが、数輩の上臈を―して」〈平家・一〉

ちょう-おん【長音】チャウオン ❶長くのばして発音する音。⇔短音。❷音声学上の用語。ある音節の母音を長くのばした発音。普通には語音として定まった、通常の短い音節の2倍の長さにのばすもの。

(類語)清音・濁音・半濁音・清濁・鼻濁音・撥音はつおん・促音

ちょう-おん【重恩】▶じゅうおん(重恩)

ちょう-おん【朝恩】テウ 朝廷の恩。天子の恩。

ちょう-おん【潮音】テウ ❶海の波の音。潮声。海潮音。❷仏・菩薩ぼさつの広大な慈悲を大海の波音にたとえていう語。海潮音。

ちょう-おん【調音】テウ〔名〕スル ❶ある音声を発するために、声門より上の音声器官を閉鎖したり狭めたりすること。❷▶調律

ちょう-おん【聴音】チャウ 耳または機械で、音を聞きとること。「―能力」

ちょう-おん【×寵恩】目上の人から受けた、いつくしみの深い恩。

ちょう-おんかい【長音階】チャウオンカイ《major scale》全音階のうち、主音と第3音との間が長3度をなし、第3音と第4音、第7音と第8音との間が半音である音階。⇔短音階。

ちょうおん-き【聴音機】チャウオンキ あるものの発する音を感受し、その方向や距離などを探知する機械。空中聴音機・水中聴音機などがある。

ちょうおん-きかん【調音器官】テウオンキクワン 声帯以外の、調音の役をする音声器官。唇・歯・歯茎・口蓋・舌・咽頭など。

ちょう-おんそく【超音速】テウ 音速よりもはやい速度。マッハ数で表す。

ちょうおんそく-き【超音速機】テウオン 超音速で航行する飛行機。(補説)かつては民間機として超音速旅客機が就航していたが、2003年のコンコルド運航終了後、超音速機は戦闘機などの軍用機だけとなっている(2012年7月現在)。

ちょうおんそく-りゅう【超音速流】テウオンソクリウ 速度が音速以上の気流。

ちょうおん-たい【調音体】テウオン ある音を発音する際、積極的にその音の調音活動にかかわる音声器官。[t][d]を発音する際の舌の類。

ちょうおん-てん【調音点】テウオン 発音に際して、音声通路に閉鎖や狭めがつくられる箇所。英語では、[k]の調音における軟口蓋、[s]の調音における歯茎など。

ちょう-おんぱ【超音波】テウ 人間の耳には音として感じられないほど周波数が高い音波。通常、人が聞き取れる音の上限とされる16〜20キロヘルツよりも高い周波数をもつ弾性波。水深測定・魚群探知・金属加工・医学診断・殺菌などに用いられる。(類語)波動

ちょうおんぱ-けんさ【超音波検査】テウオン ▶超音波診断法

ちょうおんぱ-けんびきょう【超音波顕微鏡】テウオンパケンビキヤウ 超音波を利用する顕微鏡。周波数が100メガヘルツから3ギガヘルツの超音波パルスを試料に照射し、その反射波や透過波を圧電素子で受信し、試料表面および光学的には見られない内部構造などを観察する。電子部品、半導体素子の非破壊検査などに使われる。1マイクロメートル程度の分解能をもつ。

ちょうおんぱ-しんだんほう【超音波診断法】テウオンパシンダンハフ 超音波を利用して行う診断法。生体に超音波を当て、その反射やドップラー効果、エコー(反響)、透過の状況をブラウン管などに映像にして表示し、異常を見つける。苦痛や害がなく、心臓や胎児などの動きの観察もできる。超音波検査。

ちょうおんぱ-たんしょうき【超音波探傷器】テウオンパタンシヤウキ 超音波を鋼材などに当てて、その反射波や通過波の強弱から材料内部の欠陥を探知する装置。

ちょうおんぱ-モーター【超音波モーター】テウオン 圧電素子に高周波を加えて1万ヘルツ以上の超音波で振動させ、素子の上にのせた回転子を回す方式のモーター。小型・軽量化が可能で、カメラなどの電子装置の駆動に利用。

ちょうおん-ぷ【長音符】チャウオン 音符のうち、比較的長くのばす音を示すもの。二分音符・全音符など。

ちょうおん-ふごう【長音符号】チャウオンフガウ 長音に読まれるべきことを表す文字、または記号。片仮名表記に用いられる「ー」(「アーケード」「ボール」など)や、ローマ字表記に用いられる「¯」「^」(Tōkyōまたは Tôkyôなど)の類。

ちょう-か【弔花】テウクワ 葬式などで、死者をとむらうためにおくる生花や花輪。

ちょう-か【弔歌】テウ 死者をとむらう歌。挽歌ばんか。

ちょう-か【町家】チャウ ❶町の中にある家。まちや。❷町人の家。商人の家。商家。「―の生まれ」

ちょう-か【長夏】チャウ ❶夏の、日の長いころ。夏のさかり。❷陰暦6月の異称。

ちょう-か【長靴】チャウクワ 皮革製の長ぐつ。軍隊で、乗馬の際や防寒のために用いられた。

ちょう-か【長歌】チャウ ❶和歌の一体。5音と7音の2句を交互に3回以上繰り返し、最後を多く7音で止めるもの。ふつう、そのあとに反歌を添える。万葉集に多くみえ、平安時代以降は衰えた。ながうた。⇒短歌 ❷編・章・句などの長い詩歌。

(類語)短歌・三十一文字みそひともじ・旋頭歌せどうか・連歌・狂歌

ちょう-か【張果】チャウクワ 中国、唐代の仙人。尭ぎょうの世に生まれたと称し、恒州中条山に隠居。白い驢ろに乗って日に数万里を行き、休息する時はその驢を腰の瓢に収め、行く時はその瓢の水を噴くとたちまち驢が現れたという。白驢にまたがった姿は好んで画題とされた。八仙の一人。張果老。

ちょう-か【彫花】テウクワ 陶磁器に施された彫刻文様。また、その技法。

ちょう-か【釣果】テウクワ 魚釣りの成果。釣れた魚の量。また、その獲物。「―をきそう」

ちょう-か【頂花】チャウクワ 茎の先端につく花。⇔腋花えきか。

ちょう-か【朝家】テウ 天皇を中心とした一家。皇室。また、転じて、国のこと。「―ノタメニ命ヲオトス」〈和英語林集成〉

ちょう-か【超過】テウクワ〔名〕スル ❶数量や時間が、一定の限度をこえること。「予算を―する」「―料金」❷あるものをこえて先に出ること。また、他よりまさっていること。「齢い弱冠を―する」〈菊亭香水・世路日記〉

(類語)過度・オーバー・行き過ぎ・過剰・超える・上回る・超す・過ぎる・追い越す・追い抜く・はみ出す・凌しのぐ・突破・超越・凌駕りょうが

ちょう-が【頂芽】チャウ 茎や枝の最上端に出る芽。⇔腋芽えきが。

ちょう-が【朝賀】テウ 古代、元日に天皇が大極殿だいごくでんで群臣の祝賀を受けた大礼。朝拝。みかどおがみ。

ちょう-かい【町会】チャウクワイ ❶町内の住民で組織された会。町内会。❷町議会の旧称。昭和22年(1947)地方自治法により改称。

ちょう-かい【朝会】テウクワイ「朝礼ちょうれい」に同じ。

ちょう-かい【潮解】テウ〔名〕スル 結晶が空気中の水分を吸収して溶けること。食塩中の塩化マグネシウムはこの性質が著しい。

ちょう-かい【懲戒】〔名〕スル ❶不正または不当な行為に対して制裁を加えるなどして、こらしめること。「本紙は容赦なく…畜生道に陥りたる二人を―し」〈有島・或る女〉❷特別の監督関係または身分関係における紀律の維持のために、一定の義務違反に対して制裁を科すること。特に、公務員の懲戒処分。(類語)懲罰

ちょう-がい【帳外】チャウグワイ ❶とばりの外。幕の外。❷帳面に記入してないこと。「相宿の木まくらに結ぶ縁は出雲の―」〈滑・膝栗毛・六〉❸▶帳外ちょうはずれ

ちょう-がい【鳥害】テウ ハトやカラス、ムクドリなどの群れによる被害。農作物・水産物を荒らすほか、都市部では糞の悪臭や鳴き声なども問題となる。

ちょう-がい【超涯】テウ 身分に過ぎたこと。過分。「これ当家―の面目なり」〈太平記・二〇〉

ちょう-がい【×蝶貝】テフガヒ シロチョウガイの別名。

ちょうかい-かいこ【懲戒解雇】労働者の職場秩序違反に対する制裁として行われる解雇。

ちょうかい-かざんたい【鳥海火山帯】テウカイクワザンタイ 北海道南西海上の渡島おしま大島から東北地方日本海側の岩木山・鳥海山・月山を経て新潟県中東部の守門すもん岳・浅草岳に至る火山帯。

ちょうかい-ぎいん【町会議員】チャウクワイギヰン 町議会議員の通称。

ちょうかい-きょう【跳開橋】テウカイケウ 可動橋の一。船などの航行時に上方に跳ね上がる橋。方式に片開きと両開きとがある。跳ね橋。

ちょうかい-けん【懲戒権】懲戒を行う権限。

ちょうかい-こくていこうえん【鳥海国定公園】テウカイコクテイコウヱン 鳥海山を中心とする国定公園。象潟きさかたや日本海上の飛島とびしまを含む。

ちょうかい-さん【鳥海山】テウカイ 秋田・山形県境にある火山。裾野は日本海岸に至る。標高2236メートル。新旧二つの二重式火山が複合したもの。最近で

は昭和49年(1974)に噴火。秋田富士。出羽富士。

ちょうかいさんおおものいみ-じんじゃ【鳥海山大物忌神社】▶大物忌神社

ちょうかい-しょぶん【懲戒処分】懲戒のためになされる行政処分。公務員などが服務上の義務に違反した場合に行うもの。免職・停職・減給・戒告など。

ちょうかい-せいきゅう【懲戒請求】弁護士・弁護士法人に、弁護士法や弁護士会・日本弁護士連合会の会則に違反するなど、弁護士の信用や品位を害する行為があったと考える際に、所属弁護士会に懲戒処分を求めること。弁護士でなくても請求できる。

ちょうかい-せいじ【鳥海青児】[1902〜1972]洋画家。神奈川の生まれ。本名、正夫。春陽会会員、のち脱会して独立美術協会会員。単純な構成、渋い色調の重厚なマチエールにより雅趣に富む画風を確立。

ちょうかい-せいど【懲戒制度】弁護士・弁護士法人が弁護士法や弁護士会・日本弁護士連合会の会則に違反するなどして、弁護士の信用や品位を害した場合に、その所属弁護士会が懲戒処分を科す制度。懲戒請求や所属弁護士会の判断により、綱紀委員会の調査と懲戒委員会の審査を経て処分を議決する。戒告・業務停止(2年以内)・退会命令・除名の4つの懲戒処分がある。

ちょう-かいぞう【超解像】《super resolution》テレビなどの画像処理技術の一。デジタル処理により画素補完を行い、低解像度の画像から高解像度の画像を生成する技術を指し、その仕組みやアルゴリズムはメーカーにより異なる。

ちょう-かいてん【超回転】▶スーパーローテーション

ちょうかい-ばつ【懲戒罰】懲戒のために科する制裁。

ちょう-かいふく【超回復】強い負荷をかけることで傷つき衰えた筋肉細胞が休息によって回復し、さらに負荷を受ける前よりも筋力が強くなる現象。過負荷から2〜4日間が超回復の期間といわれ、その期間に過負荷運動を行い、次の回復を待つということを繰り返すことで筋力を合理的に増強できると考えられている。

ちょうがい-ふじ【超涯不次】身分不相応の昇進。異例の抜擢。「労功ありとて、一の賞を行はれける」〈太平記・三〇〉

ちょうかい-ぼへん【朝改暮変】「朝令暮改」に同じ。

ちょうかい-めんしょく【懲戒免職】公務員が、懲戒処分としてその職をやめさせられること。➡免職

ちょうか-きんむ【超過勤務】決められた勤務時間をこえて勤務すること。超勤。
(類語)残業・超勤・時間外労働・居残り

ちょうかきんむ-てあて【超過勤務手当】所定の勤務時間をこえて勤務した時間に対して支払われる割増賃金。時間外手当。超勤手当。

ちょう-かく【弔客】▶ちょうきゃく(弔客)

ちょう-かく【張角】[?〜184]中国、後漢末の道士。鉅鹿(河北省)の人。黄老の道を説いて太平道を創始。184年、数十万の信徒を従えて黄巾の乱を起こしたが、病没。

ちょう-かく【頂角】三角形で、底辺に対する角。二等辺三角形では等辺に挟まれた角。

ちょう-かく【聴覚】音を感じる感覚。空気中の音波の刺激を受けて生じ、発音する脊椎動物と昆虫にのみ発達。哺乳類では外耳から入った音が鼓膜や耳小骨などを経て感覚神経に伝えられる。

ちょう-がく【調楽】❶舞楽を公式に奏する前の練習。試楽。❷賀茂神社・石清水八幡宮の臨時の祭りに行う舞楽を、楽所で予行練習すること。

ちょうかく-か【長角果】細長い角状で、心皮が2枚あり二室からなる果実。熟すと縦に裂けて種子を出す。アブラナの果実など。

ちょうかく-きかん【聴覚器官】音波の刺激を感受する器官。脊椎動物の耳、昆虫の鼓膜器など。聴覚器。

ちょうかく-こうわほう【聴覚口話法】聴覚障害児に、健常者の口の形と補聴器や人工内耳から聞こえる音をたよりに発音を覚えさせ、音声による会話ができるように指導する方法。➡口話法 ➡手話

ちょう-かくし【超核子】▶ハイペロン

ちょうかくしょうがいしゃ-ひょうしき【聴覚障害者標識】聴覚障害者の運転する車であることを示すために、車体の前後に付けるマーク。緑地の円の中に黄色の耳を二つ、蝶の形にデザインしたもの。道路交通法に基づく標識で、対象者には標示義務がある。また、周囲の運転者は標示車両を保護する義務があり、幅寄せ・割り込み行為が禁じられている。平成20年(2008)に導入。➡高齢運転者標識 ➡初心運転者標識 ➡身体障害者標識

ちょうかく-ほじょぐ【聴覚補助具】聴覚機能の低下や欠損を補うために、耳に装着して使用する器具。補聴器や人工内耳など。

ちょう-がくりょう【張学良】[1898〜2001]中国の軍人・政治家。海城県(遼寧省)の人。字は漢卿。張作霖の長男。父の爆死後、日本の反対に抗して、国民政府のもとで全東北の実権を握ったが、満州事変によって下野。外遊後、内戦の停止、抗日救国を要求して蒋介石を監禁する西安事件を起こしたため、禁錮刑に処された。チャン=シュエリアン。

ちょうか-こう【長歌行】連句の一体。表8句、裏16句、名残の表16句、名残の裏8句の計48句で一巻とするもの。(対)短歌行。

ちょうかこう【張家口】中国、河北省北西部の都市。万里の長城に接し、内蒙古に通じる貿易・交通の要地。モンゴル名はカルガン。人口、行政区90万(2000)。チャンチアコウ。

ちょうか-せん【吊架線】鉄道などの架線で、トロリー線の上方に設けた鋼索。吊架線からハンガー❷を用いてトロリー線を吊り下げ、トロリー線がたわまないようにする。

ちょう-がた【蝶形】❶蝶が翅を開いた形。「一に結ぶ」❷「蝶花形」に同じ。

ちょうがた-べん【蝶形弁】管路内に設けられた円板状の弁。回転することによって管路の流量を調節し、圧力を下げるのに用いる。絞り弁。バタフライバルブ。

ちょう-カタル【腸カタル】▶腸炎

ちょうか-ほけん【超過保険】保険金額が、目的物の評価額である保険価額を超える損害保険契約。➡一部保険

ちょうが-ゆうせい【頂芽優生】植物で、頂芽と側芽があるとき、頂芽は活発に生育し、側芽があまり生育しない現象。オーキシンの作用によるもので、一般的にみられる。

ちょうか-りじゅん【超過利潤】平均利潤以上に得られる利潤。

ちょう-かん【長官】最高裁判所や、文化庁・金融庁など中央官署の外局などで、最高の官。

ちょうかん【長寛】平安末期、二条天皇の時の年号。1163年3月29日〜1165年6月5日。

ちょう-かん【釣竿】つりざお。「よく見れば一を肩にせし漁夫なりけり」〈蘆花・自然と人生〉

ちょう-かん【鳥瞰】〔名〕スル 鳥が空から見おろすように、高い所から広い範囲を見おろすこと。また転じて、全体を大きく見渡すこと。俯瞰。「山頂から市街を一する」「日本経済を一する」(類語)俯瞰

ちょう-かん【朝刊】日刊新聞で、朝に発行されるもの。(対)夕刊。

ちょう-かん【腸管】「消化管」に同じ。また特に、小腸・大腸のこと。

ちょう-がん【庁官】❶院の庁・女院の庁・後院の庁などの主典代以上の役職者を除く一般職員。六位相当。❷親王家の家司の一。また、東宮坊の下級事務職員にもいう。❸国衙の役人。在庁官人。在庁。❹検非違使庁の官人。

ちょう-がん【腸癌】腸にできる癌。主に直腸・結腸に発生する。

ちょうかん-かんせんしょう【腸管感染症】細菌やウイルスなどの病原体が口から入り、腸内で増殖し、下痢・嘔吐・発熱・腹痛などの急性症状を起こす病気。コレラ・腸チフス・パラチフス・細菌性赤痢など。飲食により引き起こされた場合は食中毒とされる。衛生環境が整備されていない途上国では、子供の死亡原因の上位を占めている。日本では、O157(腸管出血性大腸菌)感染症など新興感染症の集団発生や、渡航者が持ち込む輸入感染症の増加などが問題視されている。➡カンピロバクター

ちょうかんしゅっけつせい-だいちょうきん【腸管出血性大腸菌】家畜や人などの糞便中にも存在する大腸菌のうち、下痢や嘔吐などの消化器症状や合併症を引き起こす病原性大腸菌の一種。毒力の強いベロ毒素(志賀毒素群毒素)を産生し、激しい下痢や嘔吐・腹痛・血便などの諸症状を引き起こす。子供や高齢者では溶血性尿毒症などの合併症を引き起こすこともある。菌の成分によって細かく分類されており、O抗原の分類中157番目に発見されたO157などが代表的。食品摂取による感染や動物との接触による感染などが確認されているが、十分な加熱や消毒による予防が有効とされる。ベロ毒素産生性大腸菌。

ちょうかん-ず【鳥瞰図】高所から地上を見おろしたように描いた図。市街・地形などを説明的に描くのに適する。鳥目絵。俯瞰図。

ちょうかん-たい【潮間帯】海岸の、高潮線と低潮線との間の帯状の部分。海藻類や沿岸動物が豊富で、独特の分布がみられる。

ちょうかん-まく【腸間膜】空腸・回腸などの腸管を包み、後腹膜からつり下がる腹膜のひだ。二重の腹膜が癒着したもので、薄いが強く、扇状に広がって長い腸を支持し、血管や神経が多数分布する。

ちょう-き【弔旗】弔意を表すために掲げる国旗。旗竿の球を黒布で包み、球と旗竿との間に細長い黒布をつけたり半旗にしたりしたもの。

ちょう-き【長期】長い期間。長期間。「一に及ぶ出張」(対)短期。

ちょう-き【長跪】両ひざを並べて地につけ、上半身を直立させる礼法。

ちょう-き【重器】▶じゅうき(重器)

ちょう-き【朝紀】朝廷の紀律。朝綱。

ちょう-き【朝暉】朝日。朝陽。「玉露のはかなく一に消ゆるが如く」〈透谷・明治文学管見〉

ちょう-き【聴器】▶聴覚器官

ちょう-き【寵姫】君主の寵愛する侍女。愛妾。

ちょう-ぎ【町義｜町儀】町人が町内の人に対して果たす義理づきあいのつとめ。「一其の外表向の用は、番頭に勤めさせ」〈浮・手代気質・三〉

ちょう-ぎ【町議】「町議会議員」の略。

ちょう-ぎ【長技】得意とする技能。特技。「体操は彼の一である」〈鴎外・雁〉

ちょう-ぎ【張儀】[?〜前310]中国、戦国時代の縦横家。魏(河南省)の人。秦の恵王に仕え、燕・趙など六国に遊説して、秦を中心とする連衡策によって蘇秦の合従策を破った。恵王の死後、失脚して魏に逃れて相となった。

ちょう-ぎ【朝儀】朝廷が行う儀式。公の儀式。

ちょう-ぎ【朝議】朝廷での評議。

ちょう-ぎ【嘲戯｜調戯】〔名〕スル あざけりたわむれること。からかうこと。「もろ人の一は一身に聚まる習なり」〈鴎外訳・即興詩人〉

ちょう-ぎ【調義｜調儀】工夫・策略をめぐらすこと。また、その才知。「諸事につきて、その身一のよきゆゑぞかし」〈浮・永代蔵・一〉

ちょう-ぎかい【町議会】地方公共団体である町の意思を決定する議決機関。町議会議員によって組織される。

ちょうぎかい-ぎいん【町議会議員】町議会を組織する議員。町の住民から直接選挙される。

任期は4年。町会議員。町議。

ちょうき-かしつけ【長期貸付】期限が1年以上の貸付。また、その貸付金。➡短期貸付

ちょう-きかん【長期間】長い期間。長期。

ちょうききんゆう-しじょう【長期金融市場】満期が1年超の資金を取引する金融市場の総称。社債・公社債を扱う債券市場と、企業が株式を発行して返済不要の資金を調達する株式市場の二つがある。➡短期金融市場

ちょうき-きんり【長期金利】1年を超える預金・債券などに適用される金利。日本では新発十年物国債の流通利回りが代表的指標とされ、他の長期金利に影響を与える。短期金利が日銀など中央銀行の金融政策の影響を直接的に受けるのに対し、長期金利は短期金利の影響も受けながら、景気やインフレ動向に関する予測を反映した長期資金の需給により市場で決定される。➡短期金利

ちょうきこうしゃさい-とうししんたく【長期公社債投資信託】▶公社債投資信託

ちょうき-こくさい【長期国債】償還期間が5年を超える国債。通常、満期10年のものをいい、10年を超えるものは超長期国債という。➡短期国債 ➡中期国債

ちょうき-しきん【長期資金】通常、回収するまでに1年以上の期間が必要とされる資金。設備資金・長期運転資金など。➡短期資金❶

ちょうきしようせいひんあんぜんてんけん-せいど【長期使用製品安全点検制度】経年劣化により火災や死亡事故を起こすおそれのある製品について、所有者がメーカーや輸入業者の安全点検を有料で受ける責務を負う制度。平成21年(2009)4月開始。屋内式ガス瞬間湯沸器(都市ガス用・LPガス用)・屋内式ガスふろがま(都市ガス用・LPガス用)・石油給湯機・石油ふろがま・密閉燃焼式石油温風暖房機・ビルトイン式電気食器洗機・浴室用電気乾燥機の9品目が対象。➡長期使用製品安全表示制度

ちょうきしようせいひんあんぜんひょうじ-せいど【長期使用製品安全表示制度】経年劣化によって事故が発生する可能性の高い家電製品に対し、メーカーなどが標準使用期間および経年劣化について注意を喚起する表示を行う責務を負う制度。平成21年(2009)4月開始。扇風機・換気扇・洗濯機・エアコン・ブラウン管テレビの5品目が対象。➡長期使用製品安全点検制度

ちょうきしんよう-ぎんこう【長期信用銀行】主として債券の発行によって資金を調達し、設備資金・長期運転資金など長期資金の貸付を主たる業務とする民間金融機関。長期信用銀行法に基づいて設立された銀行で、日本興業銀行(興銀)・日本長期信用銀行(長銀)・日本債券信用銀行(日債銀)の3行があった。(補説)長銀・日債銀は、1980年代後半のバブル崩壊により多額の不良債権を抱え平成10年(1998)に経営破綻。国有化を経て、長銀は新生銀行、日債銀はあおぞら銀行となった。興銀は富士銀行・第一勧業銀行との統合・再編を経てみずほ銀行・みずほコーポレート銀行となった。

ちょうきせいかつしえんしきん-かしつけせいど【長期生活支援資金貸付制度】▶不動産担保型生活資金

ちょうきせいさん-とりひき【長期清算取引】清算取引の一。第二次大戦前の株式取引所では一般に当限・中限・先限の三限月制がとられていた。昭和18年(1943)廃止。⇔短期清算取引。

ちょうき-せん【長期戦】長期にわたる戦い。また、物事の解決までに時間のかかること。「審議が―にもつれこむ」

ちょうぎ-せん【町議選】《「町議」は「町議会議員」の略》町議会議員を選出するための選挙。

ちょうき-てがた【長期手形】期限の長い手形。通常、振出日後6か月程度以上の支払期日が記載されている手形。

ちょうきにゅういん-とくやく【長期入院特約】生命保険における特約の一。病気や事故で長期の入院をしたときに入院給付金が支払われる。長期入院の日数については、保険会社により125日以上、180日以上などと異なる。

ちょうき-のうし【長期脳死】臨床的脳死と診断された後、30日以上経過して心臓死となること。通常は脳死後数日で心停止に至るとされる。小児に多く見られることから、小児の脳死判定は慎重に行う必要があるとする意見がある。遷延性脳死。

ちょうき-プライムレート【長期プライムレート】銀行が優良企業向けの長期貸出に適用する最優遇金利。長プラ。⇔短期プライムレート。

ちょうき-ぼさい【朝祈暮×賽】朝夕、神仏に参詣して祈願すること。

ちょう-きゃく【弔客】死者をとむらうために来る客。ちょうかく。(類語)客・客人・来客・訪客・来訪者・訪問者・賓客・来賓・まろうど・ゲスト・先客・珍客

ちょう-ぎゃく【嘲×謔】〔名〕スルあざけって笑いものにすること。「詼諧、―、罵詈…の色各自の面に現れて」〈魯庵・社会百面相〉

ちょう-きゅう【長久】長く続くこと。永久。「武運―を祈る」(類語)永久・永遠・とわ・永世・常しえ・常しなえ・恒久・悠久・悠遠・経常・不変・常磐・永劫・永代・久遠・無限・無窮・不朽・万代不易・万世不易・万古不易・千古不易

ちょうきゅう【長久】平安中期、後朱雀天皇の時の年号。1040年11月10日～1044年11月24日。

ちょう-きゅう【長球】楕円の長軸を中心に回転して得られる回転楕円体。

ちょう-きゅう【重九】《九を重ねる意》「重陽」に同じ。

ちょう-きゅう【徴求】〔名〕スル 要求すること。また、徴収すること。税金などをとりたてること。「担保を―する」

ちょうきゆうりょうけいやく-わりびき【長期優良契約割引】自動車保険の契約に際し、前年度の保険期間中に事故がなく、ノンフリート等級が高く(多くは20等級程度)、かつ26歳以上補償・30歳以上補償・35歳以上補償という年齢条件で契約を継続する場合に適用される保険料の割引。

ちょうき-ゆうりょうじゅうたく【長期優良住宅】耐久・耐震・省エネ性に優れ、数世代にわたって暮らせる住宅。配管等の維持管理や間取りの変更などが容易にできるよう一定の措置が講じられたもの。長期優良住宅促進法の認定基準を満たす住宅を取得した場合、住宅ローン減税の拡充・登録免許税の税率引き下げ・不動産取得税の控除額拡充・固定資産税減額期間の延長などの減税措置を受けることができる。➡二百年住宅

ちょうきゆうりょうじゅうたく-そくしんほう【長期優良住宅促進法】《「長期優良住宅の普及の促進に関する法律」の略称》長期にわたって良好な状態で使用できる長期優良住宅の認定基準、および認定長期優良住宅に対する税の特例措置などを定めた法律。長期優良住宅の普及促進により、環境負荷の低減を図りながら、将来世代に良質な住宅ストックを継承することを目的としている。平成20年(2008)12月公布、同21年6月施行。(補説)長期優良住宅の認定基準として、(1)数世代にわたって使用できる劣化対策、(2)建築基準法のレベルを上回る耐震性、(3)構造に影響を与えずに配管を改修できるなど維持管理・更新の容易性、(4)居住者のライフスタイルの変化に応じて間取りを変更できる可変性、(5)バリアフリー性、(6)省エネルギー性、(7)景観に配慮した居住環境、(8)一戸建ての場合75平方メートル以上、共同住宅の場合55平方メートル以上(二人世帯の場合)の住戸面積、(9)定期的な維持保全計画の策定などが定められている。

ちょう-きゅうれい【張九齢】[673～740]中国、唐の政治家・詩人。韶州曲江(広東省)の人。字は子寿。玄宗に重用されて中書令となったが、唐の宗室出身の李林甫に憎まれて失脚。文集「曲江集」。

ちょう-きょ【聴許】〔名〕スル 訴えや願いをききいれて許すこと。「クレマンソオはどうしても、僕の辞職を―してくれませんからね」〈芥川・路上〉
(類語)許可・認可・許諾・承認・認許・允許・允可・容認・許容・裁許・免許・公許・官許・許し・オーケー・ライセンス・勘弁・容赦・裁可・特許・宥恕・黙許・批准 (―する)許す・認める

ちょう-ぎょ【釣魚】魚を釣ること。魚釣り。また、魚釣りの対象となる魚。釣り魚。「―法」

ちょうきょう【長享】室町後期、後土御門天皇の時の年号。1487年7月20日～1489年8月21日。

ちょう-きょう【調教】〔名〕スル 動物を目的に応じて訓練すること。「盲導犬として―する」「―師」
(類語)矯正・仕込み・躾・矯める

ちょう-ぎょう【張行】〔名〕スル ❶容赦なく事を行うこと。強行すること。また、強硬に主張すること。「国務を行ふ間、非法非例を―し」〈平家・一〉 ❷興行すること。催しを行うこと。「一座を―せむと思はば」〈連理秘抄〉

ちょう-きょういん【趙匡胤】[927～976]中国、宋王朝の創始者。在位960～976。涿州(河北省)の人。廟号、太祖。後周の禁軍の総司令官であったが、帝位について国号を宋と改め中国を統一。文治主義に立ち、君主独裁の統治機構をつくった。

ちょう-きょうさく【腸狭×窄】腸管が狭くなり物を通しにくくなった状態。大腸癌・腸結核・腸癒着などによって起こる。

ちょう-きょく【張旭】中国、盛唐の書家。呉郡(江蘇省)の人。字は伯高。草書にすぐれ、書風は「狂草」といわれた。飲中八仙の一人。生没年未詳。

ちょう-きょくていおん【超極低温】▶超低温

ちょう-きょせい【超巨星】巨星のうち、質量・半径・光度が特に大きい恒星。半径が太陽の数百倍、光度が太陽の数万倍以上に達するものもある。ベテルギウス・アンタレスなど。➡巨星

ちょうき-よほう【長期予報】長期間の概括的な天候の傾向や季節の特性などを予報するもの。向こう1か月・3か月間などの予報がある。

ちょう-きょり【長距離】❶距離の長いこと。遠いみちのり。「―列車」❷「長距離競走」の略。「―ランナー」(類語)遠距離・長丁場

ちょうきょり-きょうそう【長距離競走】陸上競技で、3000メートル・5000メートル・1万メートルの競走をいう。普通、マラソンは入れない。

ちょうきょり-そう【長距離走】「長距離競走」の略。

ちょうきょり-でんわ【長距離電話】普通の加入区域以外の、特に規定された遠隔の地との電話。また、その通話。

ちょうきょり-りょく【長距離力】物質間にはたらく力のうち、力が距離のみに依存し、かつ距離の増大に伴う力の大きさの減少がゆるやかなもの。力の大きさが距離の2乗に反比例する万有引力、クーロン力などを指す。遠距離力。⇔短距離力。

ちょう-きん【彫金】〔名〕スル 鏨を用いて金属に彫刻すること。また、その技法。「―家」

ちょう-きん【朝菌】朝、生えて夜には枯れるという菌。短命であることのたとえ。

朝菌は晦朔を知らず　《「荘子」から。「朝菌」は、朝生えて晩には枯れるきのこ。「晦朔」は、晦日と朔日》朝菌はつごもりやついたちを知らないの意で、限られた境遇にある者は、広大な世界を理解できないことのたとえ。また、寿命の短いこと、はかないことのたとえ。

ちょう-きん【朝×覲】〔名〕スル《「覲」は謁見の意》❶諸侯または属国の王などが、参内して君主に拝謁すること。「鎌倉に―するを以て」〈岡三慶・今昔較〉❷年頭に、天皇が上皇または皇太后の御所に行幸すること。また、その儀式。践祚・即位・元服の後にも臨時に行われる。

ちょう-きん【超勤】「超過勤務」の略。「―手当」

(類語)残業

ちょう-ぎん【丁銀・×挺銀】江戸時代の銀貨の一。海鼠形で、豆板銀とともに、計量して使用された。「常是」「宝」の字および大黒像の極印がある。銀丁。

ちょう-ぎん【長吟】〔名〕スル 声を長くひいて吟ずること。また、続けて吟ずること。

ちょう-ぎん【長銀】「日本長期信用銀行」の略称。

ちょう-ぎんがだん【超銀河団】複数の銀河団や銀河群が網目状に連なった銀河の大集団。典型的な銀河団の10倍以上の質量をもち、1億光年以上の大きさで広がる。宇宙空間における銀河の分布には宇宙の大規模構造と呼ばれる巨大な泡状の構造が見られ、多数の銀河団が平面状に分布するグレートウォールという領域と、銀河がほとんど存在しないボイドという領域で構成されることが、1980年代以降、集中的に行われた観測により明らかになった。

ちょう-く【長句】❶字数の多い句。特に、漢詩の七言の句のこと。五言の句に対していう。⇔短句。❷連歌・連句で、短歌の上の句にあたる五・七・五の句。⇔短句。

ちょう-く【長×躯】背の高いこと。長身。「痩身一」⇔短躯。(類語)長身・のっぽ

ちょう-く【長駆】〔名〕スル ❶馬で長い距離を走ること。遠乗り。❷一気に長い距離を駆け抜けること。「一塁から一、ホームイン」❸遠くまで敵を追いかけて行くこと。ながおい。「彼一して闕を犯さば、何を以て之を禦がん」〈露伴・運命〉

ちょう-ぐ【釣具】魚釣りに用いる道具。つりぐ。「一店」

ちょう-ぐう【重遇】〔名〕スル 手厚く待遇すること。「朝廷にて之を一せられけり」〈田口・日本開化小史〉

ちょう-ぐう【×寵遇】〔名〕スル 目をかけて特別に扱うこと。また、その待遇。「子飼いの部下を一する」

ちょう-くうどう【超空洞】►ボイド

ちょう-くん【張勲】[1854～1923]中国、清末の北洋軍閥の軍人。江西省の人。字は少軒。袁世凱のもとで雲南・江南提督などを歴任、のち安徽督軍。1917年、北京に入り清朝復辟を宣言したが、段祺瑞の討逆軍に敗れた。チャン=シュン。

ちょう-ぐん【超群】群を抜いてすぐれていること。「一の技量」

ちょう-けい【長兄】いちばん年上の兄。
(類語)長子・次子・総領・初子・初子・末っ子・長男・長女・次男・次女・次兄・長姉

ちょう-けい【長径】►長軸

ちょう-けい【長計】遠い将来のことまで考えて立てる計画。先の長い計画。「雄大な一」

ちょう-けい【張継】中国、盛唐の詩人。襄州(湖北省)の人。字は懿孫。官は検校祠部員外郎。「楓橋夜泊」の詩で知られる。生没年未詳。

ちょうけい-うかい【長×頸×烏×喙】《「史記」越王勾践世家から》首が長く口がとがっていること。范蠡が越王勾践の人となりを評した語。患難を共にすることはできるが、安楽を共にすることのできない人相という。

ちょうけい-か【×蝶形花】左右相称で蝶に似た形の花。ハギ・フジ・エンドウなど。

ちょうけい-こつ【×蝶形骨】頭蓋底の中央にあり、眼窩の後壁をなす、蝶の形をした骨。楔状骨。胡蝶骨。

ちょうげいし【長慶子】雅楽。唐楽。太食調で新楽の小曲。舞はない。源博雅の作曲といわれる。舞楽の会が終わって、参会者が退出するときに奏される。ちょうげし。

ちょうけい-てんのう【長慶天皇】[1343～1394]第98代の天皇。在位1368～1383。後村上天皇の第1皇子。名は寛成。南朝側のため在位不明であったが、大正15年(1926)皇統譜に加えられた。

ちょう-けし【帳消し】❶帳面に記載しておく必要がなくなって棒線で消すこと。棒引き。❷金銭などの貸借関係が消滅すること。債務が消えること。棒引き。「借金を一にする」❸互いに差し引いて、損得がなくなること。ある物事によって、それまでの損得などの価値が失われること。「ホームランで先ほどのエラーを一にする」(類語)棒引き・相殺・御破算

ちょうけし-ほう【帳消し法】相互に売買・貸借の関係にある者が、取引ごとに代金の受け渡しをしないで各自の帳簿に記入しておき、一定期間ののちに決算してその差引残高のみを現金で授受する方法。

ちょう-けつ【長欠】〔名〕スル《「長期欠席」または「長期欠勤」の略》長い期間にわたり、学校・勤務先を休むこと。「けがで一する」「一児童」

ちょう-げつ【×暢月】陰暦11月の異称。

ちょうげつ【澄月】[1714～1798]江戸中期の歌僧。備中の人。号、垂雲軒・酔夢庵。京都岡崎に住む。寛政期の和歌四天王の一人。著「垂雲和歌集」「澄月法師千首」など。

ちょう-けっかく【腸結核】肺・喉頭などの結核の病巣から、結核菌が粘液・痰などとともに飲みくだされ、腸粘膜を冒すことによって発生する二次性の結核。下痢・発熱・腹痛などの症状がみられる。

ちょう・ける〔動カ下一〕ふざける。戯れる。「ませよ、ませよと指ざして一・けかかるを」〈浄・手習鑑〉(補説)歴史的仮名遣いは未詳。「ちゃうける」また「てうける」とも。

ちょう-けん【町間・町見】《「ちょうげん」とも》遠近・高低の町・間・尺を測量すること。「口の広さが京間で五十三間、鼻の高さが一につもったらなんぼあらうか」〈滑・虚誕計・前〉

ちょう-けん【長剣】❶長いつるぎ。⇔短剣。❷時計の長針。⇔短剣。

ちょう-けん【長絹】❶長尺に織り出した絹布。固く張りがある上質のもの。❷❶で仕立てた水干・直垂・狩衣など。総の菊綴を縫い目につける。のちには生絹・紗などでも作られ、公家・武家の元服前の童児が用いた。❸能装束の一。広袖の直垂形式の上着で、絽の生地に金糸や色糸で模様を織り出す。舞を舞う女役が用いる。

ちょう-けん【張騫】[?～前114]中国、前漢の外交家。成固(陝西省)の人。字は子文。匈奴挟撃のため武帝の命で大月氏に派遣され、途中匈奴に捕らえられたが脱出して大月氏へ到着。同盟不成功で、帰国途中、再び匈奴の捕虜となり、13年目に帰国。その後イリ地域の烏孫にも派遣され、東西文化・交易の発展に大きな役割を果たした。

ちょう-けん【朝見】〔名〕スル ❶臣下が朝廷に参内して天子に拝謁すること。❷天皇・皇后・太皇太后・皇太后に拝謁すること。「一の儀」
(類語)謁見・お目見え・目通り・拝謁・見参・内謁

ちょう-けん【朝権】朝廷の権力。朝廷の権威。

ちょう-けん【朝憲】朝廷で定めたおきて。また、国を治める根本の法規。憲法。国憲。

ちょう-けん【朝×譴】朝廷から受けるおとがめ。

ちょうけん【澄憲】[1126～1203]平安末期から鎌倉前期にかけての天台宗の僧。藤原通憲の子。法印・大僧都。平治の乱で下野に流されたが、晩年京都の安居院に住み唱導(説法)で布教、安居院流唱導の祖とされる。編著に「言泉集」「釈門秘鑰」など。

ちょうげん【長元】平安中期、後一条天皇・後朱雀天皇の時の年号。1028年7月25日～1037年4月21日。

ちょうげん【重源】[1121～1206]鎌倉初期の浄土宗の僧。号、俊乗房。醍醐寺で密教を修め、のち、法然に師事して念仏門に入った。再三にわたり入宋したといわれる。東大寺大仏殿再建の勧進職となり、天竺様式を取り入れて完成。

ちょう-げん【調弦】〔名〕スル 弦楽器の弦の音律を調えること。

ちょう-げんし【超原子】数個から数十個の原子が集まり、価電子数を同じくする別の原子や分子に似た性質を示すクラスター。1990年頃に発見され、13個のアルミニウムが結合しハロゲン原子に似た性質を示すものや、ニッケル(チタンと酸素)、パラジウム(ジルコニウムと酸素)、プラチナ(タングステンと炭素)などの組み合わせが知られる。高価で希少な金属を安価な超原子で代替するといった応用が考えられている。スーパーアトム。

ちょう-げんじつしゅぎ【超現実主義】►シュールレアリスム

ちょうけん-びんらん【朝憲×紊乱】政府の転覆など、国家の基本的統治組織を不法に破壊すること。この目的でなされる暴動が内乱罪となる。ちょうけんぶんらん。

ちょうげんぼう【長元坊】ハヤブサ科の鳥。全長は雄が33センチ、雌が38センチくらい。褐色の地に黒い縞模様があり、雄は頭と尾が青灰色。断崖などで繁殖し、秋・冬は農耕地や河原でみられる。まぐそだか。

ちょうげん-りろん【超弦理論】►超紐理論

ちょう-こ【長呼】発音しやすいように、音節に母音を添えて長音化して発音すること。例えば、「しか(詩歌)」を「しいか」というなど。⇔短呼。

ちょう-ご【重五】《五を重ねる意》陰暦5月5日の節句。端午。(季 夏)

ちょう-ご【釣語】►索話

ちょう-こう【丁香】チョウジの花のつぼみ。漢方で健胃・駆風薬などに用いる。

ちょう-こう【兆候】・【徴候】物事の起こる前ぶれ。きざし。前兆。「景気回復の一がみえる」(類語)予兆

ちょう-こう【長江】㊀長い川。㊁揚子江の中国での呼称。チャンチアン。

ちょう-こう【長考】〔名〕スル 長い時間をかけて考えること。「一した末の一手」

ちょう-こう【長×庚】日没後、西の空に輝く金星。宵の明星。

ちょう-こう【長講】❶講演・講釈などを、普通より長い時間にわたってすること。また、その話。「三時間に及ぶ一」「一一席」❷《「ちょうごう」「ぢょうごう」とも》長い期間、不断に法華経などを講説すること。また、その法会。長講会。

ちょう-こう【重厚】〔名・形動〕►じゅうこう(重厚)

ちょう-こう【張衡】[78～139]中国、後漢の科学者・文学者。南陽(河南省)の人。字は平子。詩賦にすぐれ、「西京賦」「東京賦」が有名。渾天儀(天球儀)・候風地動儀(地震感知装置)を作った。

ちょう-こう【彫工】彫刻をすること。彫刻を職業とする人。彫り師。彫り物師。

ちょう-こう【朝貢】〔名〕スル 外国の使者などが来朝して朝廷に貢物を差し出すこと。来貢。

ちょう-こう【趙高】[?～前207]中国、秦の宦官。趙(河北省)の人。始皇帝の死後、丞相の李斯と謀り胡亥を2世皇帝に擁立。のち李斯を殺し丞相となって権力を振るい、胡亥を殺し子嬰を帝としたが、子嬰によって殺された。

ちょう-こう【潮候】潮の満干する時刻。しおどき。

ちょう-こう【調光】〔名〕スル 照明の明るさを調節すること。「曲調に合わせて一する」「一器」

ちょう-こう【調香】〔名〕スル 新たな香水などを作り出すために、複数の香料を調合すること。

ちょう-こう【調貢】みつぎもの。貢調。

ちょう-こう【聴講】〔名〕スル 講義を聞くこと。「経済学を一する」(類語)傍聴

ちょう-こう【×寵幸】特別にかわいがられること。寵愛。「この小女王の一をほしいままにするのを」〈中勘助・銀の匙〉

ちょう-ごう【調号】楽曲の調を示す記号。各調の音階に含まれる嬰記号・変記号をまとめ、譜表の各段、音部記号のあとに記す。調記号。調子記号。

ちょう-ごう【調合】〔名〕スル 2種またはそれ以上のものを混ぜ合わせること。特に、薬などを決められた分量で配合すること。「スパイスを一する」
(類語)調剤・処方・調薬・配剤

ちょうこうあつ-そうでん【超高圧送電】275キロボルトから1000キロボルト程度の電圧で行う送電。日本では275キロボルト、および500キロボルトの送電線がある。これ以上はUHV(極超高圧)送電という。

ちょうこう-え【長講会】❶長講の法会。❷陰暦6月4日の伝教大師最澄の忌日に、比叡山で営む法華経の講義。伝教会。《季 夏》

ちょうこうかく-レンズ【超広角レンズ】広角レンズよりさらに焦点距離が短く、画角も広いレンズ。遠近感をより強調する効果がある。

ちょう-ごうきん【超合金】きわめて高い温度のもとでも耐酸化性・耐食性にすぐれ、十分な強度をもつ合金。主にニッケル・コバルトなどを主成分とするものをいう。スーパーアロイ。

ちょうこう-ごうきん【超硬合金】タングステンなどの炭化物の粉末を、鉄・コバルト・ニッケルなどの金属粉を結合剤として高温で焼結した硬度の高い合金。ガスタービン・切削工具などに使用。

ちょうこう-さ【潮候差】►高潮間隔

ちょう-こうし【超格子】2種の原子からできている結晶で、それぞれの原子がつくる結晶格子が重なり合って、全体としても結晶格子をつくっている構造。二つの半導体材料を交互に重ねてできる構造にもいう。

ちょうこう-し【調香師】香りを調合する技術者。化粧品などの香りを扱うパヒューマーと、飲食物などの匂いを扱うフレーバリストに分かれる。養成する専門学校などはあるが、特別の資格はない。➡臭気判定士

ちょう-こうしんくう【超高真空】日本のJIS(日本工業規格)で定められた真空の区分の一。真空度が10^{-5}パスカル以下を指す。大気圧で示すと、上空約250キロメートルの圧力範囲に相当する。➡低真空 ➡中真空 ➡高真空

ちょうこう-せい【聴講生】大学などで、正規の学生ではないが、特にある科目の聴講を許可されている者。

ちょうこう-ぜつ【長広舌】《「広長舌」の変化した語》よどみなく長々としゃべりつづけること。「—をふるう」

ちょう-こうそう【超高層】建築物が非常に高層であること。「—ビル」

ちょうこうそう-けんちく【超高層建築】高層建築のうち格段に高い建造物。一般に高さ100メートル以上、25階ないし30階以上のものをいう。日本では昭和38年(1963)に高さ31メートルとする制限が撤廃された。

ちょう-こうそくど【超高速度】高速度よりもさらにはやいこと。

ちょうこうそくど-さつえい【超高速度撮影】毎秒数百こま以上の速度で撮影すること。これを普通の速度で映写すれば、肉眼では見分けられない瞬間現象や変化を観察できる。

ちょうこうそくど-りんてんき【超高速度輪転機】新聞など、一時に多量の印刷をするのに用いられる高能率の輪転印刷機。

ちょうこうたいいき-むせん【超広帯域無線】《ultra wideband》無線通信の方式の一。数ギガヘルツにおよぶ極めて広い周波数帯を使い、デジタル信号を拡散させてデータの送受信を行う。100 Mbps程度の高速通信、GPSより正確な位置測定機能、低消費電力などの特徴がある。UWB。

ちょうこう-デルタ【長江デルタ】中国、長江河口の三角州地帯。上海市を中心に杭州・蘇州に広がる。豊かな農業地帯であったが、近年は工業地帯として大発展。

ちょうこう-どう【長講堂】《「ちょうごうどう」とも》京都市下京区にある浄土宗の寺。正称は法華長講弥陀三昧堂。もと後白河法皇が六条の仙洞御所に設けた持仏堂に始まる。六条長講堂。

ちょうこうどう-りょう【長講堂領】後白河法皇の持仏堂である長講堂に付属した所領。多いときには荘園100か所以上に及び、法皇の皇女宣陽門院を経て後深草上皇に譲渡され、以後持明院統の経済的基礎となった。

ちょう-こく【彫刻】〔名〕スル 木・石・金属などに文字や絵・模様を彫り込むこと。また、木・石・金属などを彫り刻んで立体的な像につくり上げること。また、その作品。「大理石に—する」「仏像—」➡彫塑

(類語)彫塑・彫り物・篆刻

ちょう-こく【超克】〔名〕スル 困難や苦しみにうちかち、それを乗りこえること。「欲望を—する」

(類語)克服・克己

ちょう-こく【×肇国】新しく国家をたてること。建国。「—の精神」

ちょうこく-おうはん【彫刻凹版】写真凹版(グラビア)に対し、彫刻刀または彫刻機械、あるいは薬品を併用して、直刻や食刻して作った凹版。鮮鋭な原版ができ、美術印刷や有価証券などの印刷に用いられる。

ちょうこく-か【彫刻家】彫刻を職業とする芸術家。

ちょうこくぐ-ざ【彫刻具座】南天の小星座。1月下旬の午後8時ごろ南中し、オリオン座の南西の地平線近くに見える。明るい星はない。学名 Caelum

ちょうこく-し【彫刻師】彫刻を職業とする人。ほりものし。

ちょうこく-じ【長谷寺】►はせでら

ちょうこくしつ-ざ【彫刻室座】南天の小星座。11月下旬の午後8時ごろ南中し、地平線近くに見える。目立つ星はないが銀河群が観測される。学名 Sculptor

ちょうこく-せきばん【彫刻石版】磨いた石版面に硝酸ゴムを塗り、乾いたあと原図輪郭を置いて彫り取り、彫った線に亜麻仁油をしみこませて作った版。

ちょう-こくとう【張国燾】[1898〜1979]中国共産党の創立者の一人。江西省の人。共産党中央委員・中華ソビエト共和国臨時政府副主席などを歴任。長征に際して毛沢東らと対立、党籍を剝奪されて香港に亡命。のちカナダに移住。チャン=クオタオ。

ちょうこく-とう【彫刻刀】彫刻に用いる小刀。用途に応じて刃形や形体に種々のものがある。平刀・丸刀・三角刀など。

ちょうごそんし-じ【朝護孫子寺】奈良県生駒郡平群町にある信貴山真言宗の総本山。山号は信貴山、院号は歓喜院。聖徳太子の創建と伝え、延喜年間(901〜923)命蓮が再興。「信貴山縁起絵巻」をはじめ多数の文化財を所蔵。信貴山寺毘沙門堂。信貴山。

ちょう-こつ【長骨】大腿骨など、長い管状の骨。両端は球状をなし、外表面はかたい骨膜で覆われ、内部に骨髄を満たしている。管状骨。

ちょう-こつ【腸骨】骨盤を構成する寛骨の上半部を占め、仙骨の両側に扇状に広がる骨。

ちょう-こつ【聴骨】►耳小骨

ちょう-こっかしゅぎ【超国家主義】極端な国家主義。第二次大戦前の日本やナチスドイツがその典型的な例。

ちょうこほう-じけん【張鼓峰事件】昭和13年(1938)満州・ソ連・朝鮮国境近くの張鼓峰で、国境問題をめぐって起きた日ソ両軍の衝突事件。

ちょう-こん【長恨】長く忘れることのできないうらみ。終生のうらみ。

ちょう-こん【×悵恨】うらみ嘆くこと。

ちょうごんか【長恨歌】㊀中国、唐代の詩人白居易の長編叙事詩。玄宗皇帝と楊貴妃との愛と悲しみをつづった七言古詩。源氏物語など、日本文学に大きな影響を及ぼした。㊁箏曲。寛政12年(1800)以前に山田検校が作曲。㊀によるもので、高井薄阿の作詞という。山田流四つ物の一。

ちょうさ【長沙】中国湖南省の省都。洞庭湖の南方、湘江下流に位置し、交通の要地。機械・紡績などの工業が発達し、農産物の集散地。1972年、東郊の馬王堆で前漢代の古墓が発掘された。人口、行政区212万(2000)。チャンシャー。

ちょう-さ【潮差】満潮と干潮との海水面の高さの差。

ちょう-さ【調査】〔名〕スル 物事の実態・動向などを明確にするために調べること。「都市の言語生活を—する」「国勢—」「市場—」「信用—」

(類語)調べる・検分・研究・探る

ちょう-ざ【長座|長×坐】〔名〕スル 人を訪ねて長くそこにいること。長居。「—をしたのがKの父の気にさわったのだと」〈有島・生れ出づる悩み〉

ちょう-さい【弔祭】死者の霊をとむらいまつること。また、その儀式。

ちょう-さい【×冢宰】中国、周の六卿の一。天官の長で、天子を補佐して百官を統率した。宰相。

ちょう-さい【張載】[1020〜1077]中国、北宋の思想家。陝西省の人。字は子厚。横渠先生とよばれた。「太虚即気」を唱え、気の変化によって万象を説明し、また、天地と自己との一体感を強調した。朱子学の源流の一。著「正蒙」「西銘」「易説」など。

ちょう-さい【朝裁】朝廷の裁決・裁断。「右同藩知事より—を願い」〈新聞雑誌一〉

ちょう-さい【調菜】食物、特に副食物を調理すること。調理。「兄の室より菓子、—の物など贈らる」〈嵯峨日記〉

ちょう-ざい【調剤】〔名〕スル 医師の処方箋に従い、特定の薬剤を調合すること。

(類語)処方・調合・調薬・配剤

ちょう-ざい【聴罪】〔名〕スル ローマカトリック教会および東方正教会で、司祭が信者の罪の告白を聞くこと。

ちょうざい-し【調剤師】調剤を職業とする人。薬剤師。

ちょうさい-ぼう【嘲斎坊】人をあざけり、ばかにすること。また、からかわれ、ばかにされる人。嘲斎坊主。「いやきさまたちゃあ、おれをいい—にする」〈滑・膝栗毛・五〉

ちょうざい-やっきょく【調剤薬局】薬剤師がおり、医師の処方箋に基づいて薬剤を調合する薬局。

ちょうさい-るい【腸×鰓類】腸鰓綱の半索動物の総称。体はひも状に長く、柔軟。鰓孔をもち、砂泥中に穴を掘ってすむ。ギボシムシなど。

ちょう-さく【長策】遠大なはかりごと。長計。「国力振作の—として」〈雪嶺・偽悪醜日本人〉

ちょう-さく【張鷟】中国、唐代の文人。深州陸沢(河北省)の人。字は文成。号は浮休子。名文家としての名は日本にまで知られていた。著「遊仙窟」「朝野僉載」など。生没年未詳。

ちょう-さくりん【張作霖】[1875〜1928]中国の軍人・政治家。奉天軍閥の総帥。海城(遼寧省)の人。字は雨亭。馬賊の出身。東北三省を支配下に収め、北京政界に進出。1926年東三省保安総司令に就任、翌年大元帥を称し、北京政府を掌握。28年、国民党の北伐軍に大敗。日本の関東軍による列車爆破で死亡。チャン=ツオリン。

ちょうさくりんばくさつ-じけん【張作霖爆殺事件】1928年、張作霖が国民党軍の北伐に敗れて満州(中国東北部)にもどる途中、関東軍参謀河本大作らの工作によって奉天(現在の瀋陽)駅近くで列車を爆破され、死亡した事件。当時、日本国内では真相が隠されていたが、この事件で田中義一内閣は総辞職となった。満州某重大事件。

ちょうさ-ほうどう【調査報道】事件、社会事象について、新聞社・放送局・出版社が自ら掘り起こした問題点を独自に取材調査して報道すること。「各社が—を競い合う」➡発表報道

ちょうさ-ほげい【調査捕鯨】鯨の生態や資源量を科学的に調査する目的で行う捕鯨。日本では、昭和62年(1987)から日本鯨類研究所が政府の許可を受け、南極海と北西大西洋で行う。捕獲対象はミンククジラ、ニタリクジラ、マッコウクジラ、イワシクジラ、ナガスクジラの5種。科学調査で使用した残りは加工・販売される。日本の調査捕鯨船団に対する反捕鯨団体の妨害活動が頻発している。(補説)日本は昭和63年(1988)以来、IWCに対して調査捕鯨以外に沿岸捕鯨でのミンククジラの暫定捕獲枠を要求。IWCは2009年以降、調査捕鯨の縮小・停止などを条件

に、日本でのミンククジラを含む沿岸捕鯨を容認する議長提案を発表している。

ちょう-ざめ【×蝶×鮫｜鱘＝魚】テフ ❶チョウザメ目チョウザメ科の魚の総称。サメと名はつくが軟骨魚ではなくて硬骨魚。体は円筒形で吻が突き出ており、口の下に4本のひげが横に並ぶ。体には縦に5本、菱形の硬鱗の列がある。海産・淡水産どちらもあるが、産卵は淡水で行うため川を上る。すべて北半球に分布。卵の塩漬けはキャビアといい珍重される。❷チョウザメ科の海水魚。全長約1メートル。東北地方から北の北太平洋と日本海に分布。

ちょうさや-ようさ〔感〕重い物、特に山車などを引くときのかけ声。ちょうさようさ。「こなたは、―といふて噺させられい」〈虎寛狂・千鳥〉

ちょうさ-ロボット【調査ロボット】テウサ 水道管内の検査、深海の探索、ビル外壁の検査などを人間に代わって行う機器。

ちょう-さん【長×衫】チヤウサン ひとえでたけの長い中国服。

ちょう-さん【▽逃散】テウ 中世以降の農民闘争の一形態。領主への抵抗手段として、一村を挙げて耕作を放棄し、山野や他領へ逃亡したこと。とうさん。

ちょう-さん【重三】《三を重ねる意》❶陰暦3月3日。また、その日の節句。上巳。（季 春）❷ ▶じゅうさん（重三）

ちょう-さん【朝参】テウ ❶禅寺で、早朝、師の前に参じて、説法を聞くこと。❷在京の官人が朝廷へ参上すること。参朝。「閑適を好みて、つねに―などもせられざりけり」〈神皇正統記・清和〉

ちょう-さん【朝×餐】テウ あさめし。朝食。

ちょう-ざん【×凋残】テウ〔名・形動〕スル すっかり衰えること。おちぶれること。また、そのさま。「肉体からも精神からも来る―な気持ち」〈志賀・暗夜行路〉「国破れ家亡び、親戚―す」〈東海散士・佳人之奇遇〉

ちょう-さんしゅう【長三洲】チヤウサンシウ［1833～1895］幕末・明治の漢学者・書家。豊後の人。名は炗。字は世章。奇兵隊に参加。維新後は文部大丞・文部省学務局長・東宮侍書などを歴任。漢詩・南画にもすぐれた。著「三洲遺稿」など。

ちょうさん-たいふ【朝散大夫】テウサン ❶中国、唐の従五品下の雅名。❷日本で、従五位下の唐名。

ちょうさん-ぼし【朝三暮四】テウサン《中国、宋の狙公が、飼っている猿にトチの実を与えるのに、朝に三つ、暮れに四つやると言うと猿が少ないと怒ったため、朝に四つ、暮れに三つやると言うと、たいそう喜んだという「荘子」斉物論などに見える故事から》❶目先の違いに気をとられて、実際は同じであるのに気がつかないこと。また、うまい言葉や方法で人をだますこと。朝四暮三。❷生計。くらし。「已れが―に事欠かぬ限りは」〈魯庵・社会百面相〉

ちょうさん-りし【張三×李四】チヤウサン《中国では多い姓である張氏の三男、李氏の四男の意》ごくありふれた平凡な人物。

ちょう-し【弔詞】テウ「弔辞」に同じ。

ちょう-し【弔詩】テウ 死者をとむらう詩。

ちょう-し【長子】チヤウ はじめに生まれた子。総領。ふつう男子にいう。⇔末子。

（類語）総領・初子・初子・次子・末っ子・長男・長女・次男・次女・長兄・次兄・長姉・次姉

ちょう-し【長姉】チヤウ いちばん上の姉。

ちょう-し【長枝】チヤウ 節間が長く伸び、葉も比較的まばらにつく枝。普通に見る枝。

ちょう-し【長詩】チヤウ 長い詩。長い形式で書かれた詩。

ちょう-し【張芝】チヤウ 中国、後漢代の書家。酒泉（甘粛省）の人。字は伯英。草書にすぐれていたところから草聖とよばれた。生没年未詳。

ちょう-し【朝旨】テウ 朝廷の意向。「一台命を以て令を天下に布給わん」〈染崎延房・近世紀聞〉

ちょう-し【朝使】テウ 朝廷からの使者。

ちょう-し【徴士】朝廷または政府に召し出された高徳の士。特に、明治初年に藩士や地方の有力者の中から召し出されて政府に登用された者の称。

ちょう-し【×銚子】テウ ❶酒を入れて杯につぐ、長い柄のついた器。両方につぎ口のある諸口と、片方だけの片口とがある。神道の結婚式などで使う。❷酒を入れて燗をするための瓶状の容器。徳利。「お―をつける」（類語）徳利

ちょうし【銚子】テウシ 千葉県北東端の市。利根川河口に位置し、太平洋に面する。醤油醸造・漁業が盛ん。人口7.0万（2010）。

ちょう-し【調子】テウ ❶音の高低のぐあい。また、音の速さのぐあい。リズム。拍子。「カラオケの―が合わない」「足で―をとる」❷言葉の表現のぐあい。音声の強弱や、文章などの言い回し。口調。語調。「意気込んだ―で話す」「激しい―で非難する」❸動作や進行の勢い。「―が出る」「―を落とす」❹活動するものの状態・ぐあい。「からだの―をくずす」「エンジンの―を見る」❺音楽で、主音の高さによって決まる音階の種類。雅楽の壱越調・盤渉調など。❻弦楽器の調弦法。箏の平調子、三味線の本調子など。❼雅楽で、舞楽の一種の前奏曲。各楽器が順次演奏に加わり、同一旋律を追いかけて奏する。➡具合（用法）

（類語）（❶）音調・音律・調性・音階・音程・音高・トーン・拍子・拍・律動・乗り・リズム・テンポ・調べ／（❹）具合・塩梅・加減・状態・体調・本調子・コンディション・有り様・様子・動静・様相・模様・態様・様態・状況・概況・情勢・形勢・容体・気配

調子がい・い ❶相手が気に入るようなことを言ったりして、気を引くのがじょうずである。「―・いことばかり言う」❷からだや仕事などのぐあいがいい。「今日は機械の―・い」

調子に乗・る ❶仕事などに、弾みがついて順調に進む。「事業が―・る」❷おだてられ、得意になって物事をする。いい気になって軽率な行動をする。「―・って失敗するなよ」

調子を合わ・せる ❶音の高低・強弱・速さなどを合わせる。「楽器の―・せる」❷逆らわないで、相手と話を合わせる。「相手の意見に適当に―・せる」

調子を取・る ❶音の高低・強弱・速度やリズムなどを合わせる。「からだ全体で―・る」❷物事のぐあいを、ちょうどよい状態に整える。

ちょう-し【調使】テウ ▶貢調使

ちょう-し【聴視】チヤウ〔名〕スル 聞くことと、見ること。聞いたり見たりすること。視聴。「―者」（類語）視聴

ちょう-し【×鑷子】テフ《「ぢょうし」とも》金属製の毛抜き。

ちょう-じ【丁子｜丁字】チヤウ ❶フトモモ科の常緑高木。芳香があり、葉は楕円形で両端がとがる。筒状の花が房状に集まってつき、つぼみは淡緑色から淡紅色になり、開花すると花びらは落ちる。つぼみを乾燥したものを生薬や香辛料にし、また油をとる。モルッカ諸島の原産で、東南アジアやアフリカなどで栽培。クローブ。❷「丁子油」「丁子頭」「丁子香」「丁子染め」などの略。❸紋所の名。❶の実をかたどったもの。❹刀剣の刃文の一。乱れ刃の一種で、チョウジの実を並べたような形状のもの。

ちょう-じ【弔事】テウ 死亡・葬式などのおくやみごと。⇔慶事。（類語）凶事・不祥事

ちょう-じ【弔辞】テウ 死者を弔うことば。弔詞。

ちょうじ【長治】チヤウヂ 平安後期、堀河天皇の時の年号。1104年2月10日～1106年4月9日。

ちょう-じ【長時】チヤウ ❶長い時間。長時間。❷（副詞的に用いて）いつでも。常時。「八人の臣下―に伺候して」〈太平記・三五〉

ちょう-じ【重事】重大な事件。大事。

ちょう-じ【▽停止】チヤウ〔名〕スル さしとめること。ていし。「公請を―し、所職を没収せらる」〈平家・六〉

ちょう-じ【懲治】〔名〕スル こらしめて悪癖を直すこと。こらしめて心を改めさせること。

ちょう-じ【×寵児】❶特別にかわいがられる子供。❷世にもてはやされる人。人気者。「時代の―」

（類語）愛し子・愛息・愛娘・秘蔵っ子・愛児

ちょうじ-あぶら【丁子油】チヤウジ チョウジのつぼみ・葉などを水蒸気蒸留して得られる油。主成分はオイゲノール。香料・香辛料・薬料として用いる。クローブオイル。丁香油。ちょうじゆ。

ちょうじ-あわ・せる【×諜じ合（わ）せる】テフジあはせる〔動サ下一〕文てふじあは・す〔サ下二〕あらかじめ打ち合わせる。示し合わせる。「大勢集よって笑って遣ろうと―・せたを此妾が聞き」〈露件・椀久物語〉

ちょうじ-いろ【丁子色】チヤウジ チョウジのつぼみの煮汁で染めた黄茶色。

ちょう-じが【超自我】テウ 精神分析の用語。良心ともいいうる、内面化した倫理的価値基準に従おうとする動機群。イドの検閲を行う作用をもつ。上位自我。

ちょうじ-がしら【丁子頭】チヤウジ 灯心の燃えさしの頭にできる、チョウジの実のような丸いかたまり。俗に、これを油の中に入れると貨財を得るといわれる。ちょうじあたま。ちょうじばな。

ちょうじ-がすみ【丁子×霞】チヤウジ 日本画で、構図を引き締めるために画面の上下または中途に金箔・砂子などで描かれる、かすみのたなびく形。

ちょう-じかん【長時間】チヤウ 長い時間。「一待たされた」⇔短時間。

ちょうじかん-レコード【長時間レコード】チヤウジカン SPレコードに対して、LPのこと。

ちょうじ-ぎく【丁子菊】チヤウジ キク科の多年草。山地の湿地に生え、高さ30～45センチ。葉は長楕円形で、葉脈がやや平行に走る。夏から秋、花柄の長い黄色い頭状花を散房状につける。

ちょう-じく【長軸】チヤウヂク 楕円の直交する二つの軸のうち、長いほうの軸。長径。⇔短軸。

ちょうじ-こう【丁子香】チヤウジカウ チョウジのつぼみから作った香料。

ちょうしこじ【趙氏孤児】テウシ 中国、元代の戯曲。紀君祥の作とされる。春秋時代、一族を皆殺しにされた晋の趙氏の孤児による復讐の物語に基づく。ボルテールの「中国の孤児」はその翻案。

ちょうじ-ざくら【丁子桜】チヤウジ バラ科の落葉小高木。中部地方から西の山地に自生。早春、葉より先に、筒状の萼をもつ淡紅色の花が2、3個ずつまとまって咲く。めじろざくら。

ちょうし-し【銚子市】テウシ ▶銚子

ちょう-しぜん【超自然】テウ 自然界の法則をこえた、理論的に説明のつかない神秘的なもの。「一現象」

（類語）神秘・謎・ミステリー・神妙

ちょうしぜん-しゅぎ【超自然主義】テウシゼン《supernaturalism》哲学・宗教学などで、理性では説明のつかない事象の存在を認め、これを超自然的な力や神の啓示・奇跡などによって説明しようとする立場。

ちょうじ-そう【丁子草】チヤウジサウ キョウチクトウ科の多年草。河岸などに生え、高さ約60センチ。葉は披針形。初夏、チョウジに似た濃紫色の花が集まって開く。（季 夏）「一花甘さうに咲きにけり／子規」

ちょうし-そうぞく【長子相続】チヤウシサウゾク 長子が家督や財産を相続すること。日本では、民法旧規定の家督相続がこれにあたる。

ちょうじ-ぞめ【丁子染（め）】チヤウジ チョウジのつぼみの煮汁で染めた染め物。香染めのやや色の濃いもの。また、その色。

ちょうし-たいりょうぶし【銚子大漁節】テウシタイレフぶし 千葉県の民謡で、銚子市の酒盛り歌・盆踊り歌。元治元年（1864）大漁を祝って、網元の網代久三郎らが作ったもの。

ちょうじ-たで【丁子×蓼】チヤウジ アカバナ科の一年草。水田や湿地に生え、高さ40～60センチ、茎は赤みを帯びる。葉は披針形。夏から秋に黄色い小花を開く。花びらは4枚で細く、子房が長い。たごぼう。

ちょうし-ちぢみ【×銚子縮】テウシ 茨城県神栖市付近で産出する木綿縮。銚子市から諸方に出荷したのでこの名がある。

ちょうじ-ちゃ【丁子茶】チヤウジ 茶を帯びた丁子色。

ちょう-しつ【彫漆】テウ 幾層にも塗り重ねた漆に文様などを彫刻する技法。堆朱・堆黒などの類。

ちょう-じつ【長日】チヤウ ❶昼の時間の長い日。夏の日。❷長い日数。長時日。

ちょう-じつ【朝日】テウ あさひ。旭日。

ちょうし-づ・く【調子付く】テウシ〔動カ五（四）〕❶勢い

がつく。弾みがつく。「―・かせるとこわい相手」❷得意になってうわつく。図に乗る。「あまり―・くと思わぬ失敗をする」

ちょう-じつげつ【長日月】長い月日。長年月。

ちょうじつ-しょくぶつ【長日植物】日照時間が長くなると花芽をつける植物。暗期が一定時間以下になると花芽を形成する。ホウレンソウ・アブラナ・小麦など、春から夏にかけて花の咲く植物に多い。➡短日植物

ちょうじつ-しょり【長日処理】長日植物の開花を促したり、短日植物の開花を遅らせたりするために、照明などによって光を受けている時間を長くすること。

ちょう-しどう【張之洞】[1837～1909]中国、清末の政治家。南皮(河北省)の人。字は孝達。湖広総督・軍機大臣などを歴任。軍備の近代化、京漢鉄道の敷設など、洋務運動を推進した。著「勧学篇」など。

ちょうし-なべ【×銚子鍋】酒を入れて燗をする鍋。燗鍋。

ちょうし-はずれ【調子外れ】〘名・形動〙❶正しい音律・音階と合わないこと。また、そのさま。調子っぱずれ。「―な歌」❷言動がその場と不調和であったり、普通でなかったりすること。また、そのさま。調子っぱずれ。「―な振る舞い」

ちょうじ-びき【丁子引き】唐紙の地紙などに茶色の細い横線を引いたもの。

ちょうし-ぶえ【調子笛】弦楽器の調弦や合唱の基本の音高を決めるのに用いる小さな笛。

ちょうじ-ぶろ【丁子風炉】香炉に似た金属製または陶器製の風炉。これに釜をかけ、チョウジを煎じて香気を発散させる。防臭・防湿に用いた。

ちょうし-ぼさん【朝四暮三】「朝三暮四」に同じ。

ちょう-じめ【帳締め｜帳×〆】帳簿の決算。「上半期の―をする」

ちょうし-もの【調子者】(多く「お調子者」の形で用いる)❶おだてに乗って勢いづいたり、得意になったりする人。調子に乗って軽はずみなことをする人。「お―でだまされやすい」❷いい加減に相手と調子を合わせる人。「主体性のない―」

ちょう-しゃ【庁舎】官庁の建物。「合同―」

ちょう-しゃ【調車】ベルト伝導に用いられる車。ベルト車。

ちょう-じゃ【長者】❶《「ちょうしゃ」とも》年上の人。また、目上の人。年長者。❷《「ちょうしゃ」とも》徳のすぐれている人。また、穏やかな人。「そこは温厚の―だから、別段激した様子もなく」〈漱石・吾輩は猫である〉❸金持ち。富豪。「億万―」❹一門一族の統率者。「氏の―」「親戚の―たる一見老猾らしき金富醇次郎が」〈魯庵・社会百面相〉❺京都東寺の座主の称。❻宿駅の長。駅長。❼宿場の遊女屋の主人。また、遊女のかしら。「かの宿の―ゆやがむすめ、侍従がもとにその夜は宿せられけり」〈平家・一〇〉

(類語)(❸)金満家・大尽・素封家・成金・財閥・物持ち

長者の脛に味噌を付ける あり余っている上に、さらに物を加えることのたとえ。長者の脛に味噌を塗る。

長者の脛に味噌を塗る ►長者の脛に味噌を付ける

長者の万灯より貧者の一灯 金持ちの多くの寄進よりも、貧しい者の心のこもったわずかの寄進のほうが功徳が大きい。形式よりも真心が大切であるということのたとえ。貧者の一灯。

ちょう-じゃ【×諜者】敵の内情などをひそかに探る者。スパイ。間者。

ちょうじゃ-がい【長者貝】オキナエビスガイの別名。

ちょうじゃ-かがみ【長者▽鑑】富豪の氏名を列記した長者番付に似たもの。「日本の―の五六番目にすわった男」〈蘆花・思出の記〉

ちょうじゃ-き【長者記】「長者鑑」に同じ。「親よりも次第に金銀を仕出かし、幾度の―にもはづれず」〈浮・新永代蔵・四〉

ちょうじゃ-きょう【長者経】富豪になる秘訣を経文に似せて書いたもの。「―とて、寺に伝はる縁起の目録聞かせたい」〈浄・博多小女郎〉

ちょう-じゃく【長尺】《「ちょうじゃく」とも》普通より長いこと。特に、映画のフィルムにいう。「―物の映画」

ちょう-じゃく【朝▽夕】《古くは「ぢょうじゃく」とも》❶「公人朝夕人」の略。❷►ちょうせき(朝夕)

ちょうじゃく-ぞうしき【朝▽夕雑色】鎌倉幕府で、種々の雑役に従った下級職員。

ちょうじゃく-にん【朝▽夕人】「公人朝夕人」の略。

ちょうじゃ-せん【長者宣】摂政・関白が氏の長者として出す御教書。藤原氏が氏社の春日大社、氏寺の興福寺に与えたものなど。

ちょうじゃ-でんせつ【長者伝説】主として長者がおごりのために没落する過程を語る伝説。しばしば長者の屋敷跡とか黄金埋蔵伝説を伴う。

ちょうじゃ-ばんづけ【長者番付】金持ちの順位を示す番付。特に、税務署が公表した高額納税者の名簿をいう。(補説)高額納税者の公表は、個人情報の保護や名簿を利用した犯罪の防止などの理由により、平成18年(2006)に廃止された。

ちょう-しゅ【町衆】❶町内の人たち。まちしゅう。「―は不請の袴、肩衣を着て」〈浮・一代女・三〉❷江戸時代、町年寄などの町役人。まちしゅう。

ちょう-しゅ【長酒】長時間、酒を飲み続けること。ながざけ。「夜もすがらの―」〈浮・男色大鑑・六〉

ちょう-しゅ【×脹腫】からだの一部がはれあがること。腫脹。

ちょう-しゅ【聴取】〘名〙スル ❶聞き取ること。「事情を―する」❷ラジオなどを聞くこと。(類語)聴聞・聞く

ちょう-じゅ【長寿】❶寿命の長いこと。長命。「―を保つ」❷物事が特に長く続くこと。「―番組」

(類語)(❶)長命・長生・長生き・延命

ちょう-じゅ【聴衆】《「ちょうしゅ」とも》❶説法・講説などを聞きに集まった人々。「―も心ならず各別に礼讃をしき」〈一言芳談〉❷法会の際、講師の講説を聴聞する僧。講師と問者以外の僧。「一二十人、講師三十人召し集めて」〈栄花・疑ひ〉

ちょうじ-ゆ【丁子油】「ちょうじあぶら」に同じ。

ちょうじゅ-いりょうせいど【長寿医療制度】「後期高齢者医療制度」の通称。

ちょう-しゅう【町衆】中世後期の京都で、町組をつくって自治的生活を営む商工業者を主とした人々。祇園祭りを行ったほか、能・茶など庶民文化の担い手となった。まちしゅう。

ちょう-しゅう【長州】長門国の異称。

ちょう-しゅう【長周】長門国と周防国。防長。

ちょう-しゅう【長袖】❶長いそで。また、その着物。ながそで。❷そでの長い衣服を着た人。公卿・僧侶などをあざけっていう語。

長袖善く舞い多銭善く商う 《「韓非子」五蠹から》長袖の衣を着た人は舞うと美しく見え、多くの銭を持つ者は商売がうまい。素質と条件に恵まれた者が成功しやすいことのたとえ。

ちょう-しゅう【張州】尾張国の異称。

ちょう-しゅう【朝集】地方官が朝廷に参集すること。

ちょう-しゅう【徴収】〘名〙スル ❶金銭などを取り立てること。「会費を―する」❷国または公共団体が国民から租税・手数料・現品などを強制的に取り立てること。「税金を―する」「源泉―」

(類語)取り立てる・徴発・徴税・収税・課税・追徴

ちょう-しゅう【徴集】〘名〙スル ❶人を強制的に呼び集めたり、金銭・物品を取り立てたりすること。「全員に―をかける」「貴金属類を―する」❷兵役制度で、強制的に現役または補充役に編入すること。

ちょうしゅう【潮州】中国広東省東部の市。韓江水運の基地として発展。唐代に韓愈が流された所で、その祠がある。潮安。チャオチョウ。

ちょう-しゅう【調習】「調練」に同じ。

ちょう-しゅう【聴衆】❶講演や音楽などを聞きに集まった人々。❷►ちょうじゅ(聴衆) (類語)観客・観衆・見物人・大向こう・ギャラリー・ファン・客・顧客・花客・得意・クライアント・乗客・旅客・お客様・一見

ちょう-じゅう【弔銃】軍人などの葬儀で、弔意を表すために、小銃で一斉に空砲を撃つこと。

ちょう-じゅう【鳥銃】小銃のこと。もと、鳥を撃つために使ったところからという。「是を以て制せんとて―を出したり」〈条野有人・近世紀聞〉

ちょう-じゅう【鳥獣】とりやけもの。禽獣。

(類語)動物・けもの・けだもの・獣・獣類・畜類・畜生・野獣・百獣・禽獣・アニマル

ちょう-じゅう【聴従】〘名〙スル 他人の言うことを聞いてそれに従うこと。「結句この熱心な勧告に―する事になった」〈芥川・鼻〉

ちょうしゅうえいそう【長秋詠藻】平安末期の私家集。3巻。藤原俊成作。治承2年(1178)成立、のち増補。六家集の一。

ちょう-じゅうかく【超重核】自然界には存在しない非常に重い原子核。一般的に原子番号92のウランより重い原子核を指す。重イオン加速器を用いて人工的に合成する実験が進められている。超重原子核。

ちょうじゅうぎが【鳥獣戯画】京都高山寺所蔵の絵巻。4巻。鳥羽僧正(覚猷)筆と伝える白描画。最も著名な第1巻は蛙・兎・猿などの遊戯するさまを擬人化して描き、平安時代12世紀の作。第2巻も同時期のもので、種々の鳥獣を活写、第3・4巻は人物や鳥獣の戯画で、鎌倉時代の作。鳥獣人物戯画。

ちょうしゅうき-じしんどう【長周期地震動】地震で発生する、周期が数秒以上のゆっくりとした長い揺れ。震源から遠くまで伝わり、特に平野部で揺れる。高層ビルなどの大型構造物が共振しやすく、従来の免震構造・制震構造では十分ではない可能性が指摘されている。また、石油タンクなどでスロッシングが生じる原因となる。周期が2～5秒のものをやや長周期地震動、数百秒以上のものを超長周期地震動という。➡短周期地震動 ➡スロッシング

ちょうしゅうき-すいせい【長周期×彗星】周期彗星のうち、公転周期が200年以上のもの。非周期彗星を含むことが多い。発見された彗星のうち、8割以上が長周期彗星とされ、オールトの雲がその起源と考えられている。池谷関彗星、百武彗星、ヘールボップ彗星などが知られる。⇔短周期彗星。

ちょうしゅう-きゅう【長秋宮】㊀中国、後漢の明徳馬皇后の宮殿の名。㊁皇后の御殿。また、皇后。長秋。秋の宮。秋宮。

ちょう-じゅうげんし【超重原子】►超重元素

ちょうじゅうげんし-かく【超重原子核】►超重核

ちょう-じゅうげんそ【超重元素】現在はまだ見つかっていないが理論的に存在が予測される、原子番号や質量数が大きな元素。または人工的に作り出された原子番号92のウランより重い超ウラン元素や原子番号103のローレンシウムより重い超アクチノイド元素を指す。超重原子。

ちょうしゅう-し【朝集使】律令制で、四度の使いの一。諸国からの朝集帳を中央に送った使い。

ちょう-じゅうしつゆ【超重質油】粘りが強いためパイプ輸送ができず、硫黄分が多いため環境対策が難しく、未利用になっている油。オイルサンドなど。北米・南米・ロシアに多く、埋蔵量は石油資源に匹敵するといわれる。

ちょうしゅうしゃ-りゅう【長袖者流】公卿や僧侶などのたぐい。また、それらの人々の流儀。

ちょうしゅう-せいばつ【長州征伐】幕末、江戸幕府が二度にわたり、長州藩を攻めた戦い。幕府は蛤御門の変を理由に、元治元年(1864)長州へ出兵したが、外国の連合艦隊の下関来襲で危機に立っていた長州藩が恭順したので戦わずに撤兵。のち、長州藩首脳のこの処置に不満を抱いた高杉晋作らの強硬派が恭順派を一掃、幕府に対抗する姿

勢を示した。幕府は慶応2年(1866)長州再征を行ったが敗退し、撤兵。以後、幕府の権威は急速に失われた。

ちょう-じゅうせき【腸重積】 腸閉塞の一。小腸の一部(主に回腸)が、大腸(主に盲腸)の内腔に入り込んでしまい、通過障害・血行障害を起こした状態。2歳までの乳児に多く、腹痛・嘔吐・血便などがみられる。

ちょうしゅう-ちょう【朝集帳】 律令制で、四度の公文の一。国司が毎年1回中央政府に報告するため朝集使に持参させた政務報告の書類。

ちょうしゅう-どう【朝集堂】 大内裏朝堂院の南域にあった建物。応天門を入って東西に相対してあり、大礼のとき百官が参集して待機した所。朝集殿。

ちょうしゅう-ぶろ【長州風呂】 円筒形の鋳鉄の釜の周囲を、耐火煉瓦・コンクリート・漆喰などで固めて据え付けにした風呂。五右衛門風呂ともいう。

ちょうじゅう-ほごく【鳥獣保護区】 鳥獣の保護・繁殖を図るために設定される区域。環境大臣または都道府県知事が定める。かつての禁猟区に代わり制度化。

ちょうじゅうほご-ほう【鳥獣保護法】《「鳥獣の保護及び狩猟の適正化に関する法律」の通称》日本国内の哺乳類・鳥類の保護と狩猟の適正化を定める。大正8年(1919)に施行された「鳥獣保護及狩猟ニ関スル法律(狩猟法)」を平成14年(2002)に全面改定して成立。⇒狩猟法

ちょうじゅうろう【長十郎】 ナシの一品種。果実は甘味が強く、果皮は茶褐色。明治中期に神奈川県の当麻長十郎が発見。

ちょうしゅ-しゃ【聴取者】 ラジオ番組を聞く人。

ちょうしゅ-しょ【聴取書】 犯罪の捜査に当たり、検察官・司法警察職員などが被疑者・証人・参考人などの供述を記録した書面。供述録取書。供述調書。

ちょう-しゅつ【重出】〔名〕スル ►じゅうしゅつ(重出)

ちょう-しゅっけつ【腸出血】 腸粘膜が傷ついて出血すること。腸結核・腸チフスなどでみられることがある。

ちょうじゅ-ばんづけ【長寿番付】「全国高齢者名簿」の通称。9月末で100歳以上になる人の一覧。毎年9月に厚生労働省が発表していた。個人情報保護を考えて、平成18年(2006)、発表は中止となった。

ちょう-ジュラルミン【超ジュラルミン】《super duralumin》普通のジュラルミンより銅とマグネシウムの量をやや多くし、強度を改良したアルミニウム合金。航空機材・車両材などに使用。SD。

ちょう-じゅり【趙樹理】［1906〜1970］中国の作家。沁水(山西省)の人。小説「小二黒の結婚」「李有才板話」などは毛沢東の「文芸講話」を具体化したものとして有名。他に「李家荘の変遷」「三里湾」など。チャオ＝シューリー。

ちょうしゅ-りつ【聴取率】 ラジオの、ある番組が受信者に聞かれている割合。

ちょう-しゅん【長春】 ❶常に春であること。花の絶えることのないこと。常春。❷「長春花」の略。

ちょうしゅん【長春】 中国吉林省の省都。松花江支流沿いにあり、鉄道が通り、交通の要地。自動車工業が盛ん。満州国時代は新京と称した。人口、行政区323万(2000)。チャンチュン。

ちょうしゅん-か【長春花】 ❶コウシンバラの別名。❷キンセンカの別名。

ちょう-しょ【長所】 性質や性能などで、すぐれているところ。「―を伸ばす」「―を生かす」⇔短所。
〔類語〕特長・見どころ・取り柄・美点・売り・強み・身上・魅力・持ち味・特色・特質・特性・本領・売り物・セールスポイント・チャームポイント・メリット

長所は短所 長所もあまり頼みすぎるとかえって失敗するので、見方を変えれば短所でもある。

ちょう-しょ【調書】 ❶調べた事実を記した文書。調査書。❷訴訟法上、訴訟手続きなどの経過・内容を公証するために、裁判所書記官その他の機関が作成する公文書。「尋問して―をとる」

ちょう-じょ【長女】 姉妹のうち1番目に生まれた女子。総領娘。〔類語〕長子・次子・総領・初子・初子・末っ子・長男・次男・次女・長兄・次兄・長姉

ちょう-しょう【弔鐘】 死者をいたんで打ち鳴らす鐘。

ちょうしょう【長承】《「ちょうじょう」とも》平安後期、崇徳天皇の時の年号。1132年8月11日〜1135年4月27日。

ちょう-しょう【長嘯】〔名〕スル 声を長く引いて、詩歌を吟じること。

ちょう-しょう【朝章】 朝廷のおきて。「安禄山が―をみだりし悪行も」〈曽我・二〉

ちょう-しょう【徴証】〔名〕スル あかしとなる証拠。また、証拠をあげて明らかにすること。「以て改租後の弊害を―すべし」〈金井之恭・東巡録〉〔類語〕証拠・証し・あかし・しるし・証左・証憑・徴憑・明証・確証・実証・傍証・根拠・よりどころ・裏付け・ねた

ちょう-しょう【徴償】 賠償を求めること。また、つぐなわせること。

ちょう-しょう【嘲笑】〔名〕スル あざけり笑うこと。あざわらうこと。「他人の失敗を―する」
〔類語〕笑い・物笑い・嗤笑・冷笑・自嘲

ちょう-しょう【調声】 読経の際の導師の音頭。

ちょう-しょう【寵妾】 寵愛する妾。愛妾。

ちょう-しょう【寵招】 特別の恩恵をもって招かれること。「―にあずかる」

ちょう-しよう【趙紫陽】［1919〜2005］中国の政治家。河南省出身。1938年中国共産党入党。80年首相に就任し、鄧小平を補佐。87年党総書記となる。89年民主化要求運動を支持したため失脚した。チャオ＝ズーヤン。

ちょう-じょう【長上】 ❶年長であること。目上であること。また、その人。「―に敬意を払う」❷律令制で、毎日出仕する官の総称。交替で勤務する番上に対していう。長上官。〔類語〕目上・上長

ちょう-じょう【長城】 長く連なって築かれた城。特に、万里の長城のこと。

ちょう-じょう【重畳】 ㊀〔名〕スル ❶幾重にも重なること。「峰巒―して長く飛騨、越中、越後の境に亘り」〈木下尚江・良人の自白〉❷この上もなく満足なこと。大変喜ばしいこと。感動詞的にも用いる。頂上。「あすの喜び、お家の為にも―じゃ」〈逍遥・桐一葉〉㊁〔ト・タル〕図〔形動タリ〕幾重にも重なっているさま。「見渡すかぎり―たる山並み」〔類語〕重層・十重二十重

ちょう-じょう【頂上】 ❶山などのいちばん高いところ。いただき。「富士山の―に立つ」❷最高の状態に達していること。絶頂にあること。「景気が―に達する」❸最高の地位、また、その人。「財界の―会談」❹「重畳㊀❷」に同じ。「誰も怪我が無うて―や」〈上司・太政官〉〔類語〕(❶)頂・山頂・峰・山嶺・山巓・天頂・てっぺん／(❷)頂点・絶頂・最高潮・クライマックス・山場・山・峠・ピーク

ちょう-じょう【牒状】 ❶順番に回して用件を伝える書状。まわしぶみ。回文。回状。「山(＝比叡山)へも奈良(＝興福寺)へも―をこそ送りけれ」〈平家・四〉❷国から国への書状。国書。「この度は、いと苦々しう、―とかや持ちて参れる人などありて」〈増鏡・老のなみ〉

ちょうじょう-かん【長上官】 ❶上役。長官。❷「長上❷」に同じ。

ちょうじょう-げんしょう【超常現象】 現在の自然科学では合理的な説明ができない現象。超能力による予知・透視などや宗教的奇跡の類。

ちょう-しょうこつ【聴小骨】 ►耳小骨

ちょうしょうし【長嘯子】 ►木下長嘯子

ちょうしょう-じ【長勝寺】 青森県弘前市にある曹洞宗の寺。山号は太平山。開創は享禄元年(1528)、開山は菊仙梵寿。津軽藩主の菩提寺。

ちょう-しょく【朝食】 朝の食事。あさめし。
〔類語〕朝御飯・朝飯・朝飯・朝餉

ちょう-しょく【調色】 ❶絵の具をまぜ合わせて望みの色を出すこと。また、その色。❷写真で、銀をほかの金属に置換させるか化合物にするかして黒以外の色調の写真画をつくる操作。

ちょう-じょく【寵辱】 ❶気に入られることと、はずかしめられること。❷栄えることと、零落すること。名誉と恥辱。「力を文武の道に労らし命を―の岐に懸け」〈露伴・二日物語〉

ちょうしょく-ばん【調色板】 パレット。

ちょうしょ-さいばん【調書裁判】 刑事事件の取り調べ段階で作成した、被疑者の自白に基づく供述調書を、公判廷での供述・証言よりも重視する刑事裁判のあり方を批判する表現。日本では、捜査段階で誘導・強要された虚偽の自白が、裁判で証拠として採用される事例があったことから、冤罪を生む原因の一つとされる。

ちょう-じり【帳尻】 帳簿の記載の最後のところ。また、収支の最終的計算。「―をごまかす」

帳尻が合・う ❶収入と支出とが合致する。「決算の―・わない」❷物事のつじつまが合う。つりあいがとれる。「このヒットで、先のエラーと―・う」

帳尻を合わ・せる ❶収入と支出とが合うようにする「年度末に借金して―・せる」❷最終的につじつまが合うようにする。「話の―・せる」

ちょう・じる【長じる】〔動ザ上一〕「ちょう(長)ずる」(サ変)の上一段化。「数学に―・じる」

ちょうじろう【長次郎】［1516?〜1592?］室町末期から桃山時代の陶工。楽焼の始祖。千利休の指導を受け、聚楽第で制作したので聚楽焼といわれ、楽印を拝領してからは楽焼とよばれた。

ちょう-しわ【張志和】 中国、唐代の道士。水上にむしろを敷いて座し、酒を飲み、詩を詠じ、鶴に乗って昇天したという。画題とされる。生没年未詳。

ちょう-しん【長身】 背が高いこと。また、そのからだ。「―痩躯」⇔短身。〔類語〕長躯・のっぽ

ちょう-しん【長針】 時計の分を刻む長いほうの針。分針。長剣。⇔短針。

ちょう-しん【朝臣】 朝廷の臣下。廷臣。

ちょう-しん【調進】〔名〕スル 注文に応じ、品物をととのえて差し上げること。調達。「和菓子を―する」

ちょう-しん【聴診】〔名〕スル 医師が患者の体内で発生する音を聴き取り、診断すること。

ちょう-しん【寵臣】 寵愛している臣下。

ちょう-じん【釣人】 釣りをする人。つりびと。

ちょう-じん【鳥人】 飛行家、または、スキーのジャンプ競技の選手を空飛ぶ鳥にたとえた語。

ちょう-じん【超人】 ❶並み外れた能力をもった人。スーパーマン。❷《ドイ Übermensch》ニーチェ哲学の中心概念。超克さるべき存在としての人間がその可能的極限にまで到達した存在。人間の理想的典型。キリスト教的神にかわって人類を支配するものとされる。その具体像はツァラトゥストラとされる。⇒君主道徳 ⇒権力への意志

ちょう-じん【寵人】 寵愛している人。ちょうにん。「管仲は予料が―たりしかども」〈太平記・三七〉

ちょう-しんかいたい【超深海帯】 水深6000メートルより深い海溝部分。

ちょうしんか-ふう【寵深花風】 能で、世阿弥が九段階に分けたうちの第二位(上三位の第二)の芸格。至り尽くした最深の幽玄の境地。⇒九位

ちょうしん-き【聴診器】 聴診に用いる器具。1819年、フランスの医師ラエネックが考案し試用。患者のからだに当てる部分と医師が耳に当てる部分と、それをつなぐ管とからなる。

ちょう-しんけい【聴神経】 内耳神経のうち、蝸牛殻に始まり、聴覚を伝える感覚神経。半規管・前庭からの平衡神経と内耳道で合する。蝸牛神経。

ちょうしん-し【調進使】 ►貢調使

ちょう-しんせい【超新星】 恒星が急激に増光して新星の100万倍もの明るさになり、以後ゆっくり暗くなっていく現象。質量の大きな星が恒星進化の最終段階で大爆発を起こしたものと考えられる。爆発後に中性子星が残されることもある。スーパーノバ。

ちょうしんせい-ざんがい【超新星残骸】 超新星爆発の後に残る星雲状の天体。大きさはおよそ数光年から100光年程度で、球殻状のものが多い。

超新星爆発の衝撃波により元の星を構成していた物質や周囲の星間物質が加熱され、その温度は100万ケルビン以上になり、大きく広がるに従い、温度が下がり暗くなる。元素が放つ輝線(主に可視光、紫外線、X線)のほか、磁場中を高速運動する電子が放つシンクロトロン放射(電波)、衝撃波で加速された粒子が放つと考えられるγ線などが観測される。また内部に残された中性子星(パルサー)のジェットや電磁波により励起されるものもある。代表的なものとして、牡牛座の蟹星雲、白鳥座の網状星雲が知られる。SNR(supernova remnant)。

ちょうしんせい-ばくはつ【超新星爆発】 質量の大きな星が恒星進化の最終段階に達して起きる大爆発。この爆発により突然明るさを増す現象、またはその輝きが観測されたものを超新星という。

ちょう-しんた【長新太】［1927〜2005］絵本作家・漫画家。東京の生まれ。本名、鈴木揫治。ナンセンス絵本の第一人者として、日本の絵本の世界に新しい波を起こす。ユーモラスな展開と不条理な筋立てで絶大な支持を得た。絵本「おしゃべりなたまごやき」「キャベツくん」「ごろごろにゃーん」、漫画「なんじゃもんじゃ博士」など。

ちょうじん-てき【超人的】〔形動〕並み外れた能力をもっているさま。「一な働きをする」

ちょう-しんりがく【超心理学】 現在の科学では説明不可能と思われる精神現象を研究する心理学の一部門。テレパシー・透視・予知・念力などを扱う。

ちょうしん-るこつ【彫心×鏤骨】 心に彫りきざみ骨にちりばめること。非常に苦心して詩文などを練り上げること。ちょうしんろうこつ。「一の技巧実に燦爛の美を恣にす」〈上田敏訳・海潮音〉

ちょう・す【嘲す】〔動サ変〕ばかにする。あざける。嘲弄する。「新造取り巻き、無駄を言って一・す」〈洒・錦之裏〉 補説 四段活用とみる説もある。

ちょうず【▽手▽水】《「てみづ」の音変化》❶手や顔などを水で洗うこと。社寺に参拝する前などに、手や口を水で清めること。また、その水。「一を使う」❷《用便のあと手を洗うところから》便所へ行くこと。また、小便。「一をさせて子供を寝かす」〈鴎外・雁〉❸便所。手洗い。「一に行く」 類語 化粧室・便所・手洗い・洗面所・トイレット・WC・不浄・憚り・雪隠・厠

ちょう・ず【▽打ず】〔動サ変〕打ちたたく。なぐる。「見るに一・ぜんことといとほしくおぼえければ」〈宇治拾遺・九〉

ちょう・ず【×牒ず】〔動サ変〕回状をまわす。牒で知らせる。「相共に鎌倉を責むべき由を国司の方へ一・ぜらる」〈太平記・一九〉

ちょう・ず【調ず】〔動サ変〕❶ととのえる。調達する。「風衣の旅服を一・ぜり」〈魯文・西洋道中膝栗毛〉❷料理する。調理する。「若菜など一・じてやと」〈源・若菜下〉❸祈って怨霊や物の怪を退散させる。調伏する。「験者の物の怪一・ずとて」〈枕・二五〉❹なめてかかる。ばかにする。「かやうのものをば、かまへて一・ずまじきなり」〈宇治拾遺・三〉

ちょう・ず【懲ず】〔動サ変〕こらしめる。こりるようにする。「今少し一・ぜむと思ふ心あり」〈落窪・二〉

ちょう-すい【×凋衰】〔名〕スル しぼみ衰えること。活気や気力がなくなること。勢いを失うこと。「公伯の益ます昌えて農民の日に一するを見ずや」〈透谷・泣かん乎笑はん乎〉

ちょう-すい【潮水】 海の水。うしお。海水。

ちょう-すいろ【長水路】 競泳用プールで、水路の長さが50メートル以上のもの。一般には50メートルのプールをいい、国際大会で主に使用される。世界記録は50メートルおよび100メートルのプールでの記録が公認される。⇔短水路。

ちょう-すう【丁数】❶2で割り切れる数。丁の数。偶数。半数に対していう。❷多く和装本において、書物の紙の枚数。

ちょうず-かけ【頂頭掛(け)｜頂頭懸(け)】 折烏帽子の上から掛けてあごの下で結ぶ組ひも。

ちょう-すごう【趙子昂】 ▶趙孟頫

ちょうず-だらい【▽手▽水×盥】 洗面用の小さなたらい。

ちょうず-てぬぐい【▽手▽水手拭い】 手水❶に用いる手ぬぐい。

ちょうず-どころ【▽手▽水所】❶社寺などで、参拝の前に手や口を清める所。❷手や顔を洗う所。

ちょうず-の-ま【▽手▽水の間】 清涼殿内、朝餉の間の北隣りにあり、天皇が手水を用いた部屋。御手水の間。

ちょうず-ば【▽手▽水場】❶便所のそばの手水を使う所。手洗い。❷便所。かわや。

ちょうず-ばち【▽手▽水鉢】 手を洗う水を入れておく鉢。

ちょうず-ばん【▽手▽水番】 江戸幕府の職名。将軍の手水場に勤務したもの。

ちょうず-や【▽手▽水▽舎】 神社・仏閣で、参詣者が手や顔を洗い口をすすぐための水盤を覆う建物。水盤舎。水屋。

ちょうず-ゆ【▽手▽水湯】 手や顔を洗うときに用いる湯。

ちょう・する【弔する】〔動サ変〕文てう・す〔サ変〕人の死をいたんで、くやみを述べる。とむらう。「心から一・する」

ちょう・する【朝する】〔動サ変〕文てう・す〔サ変〕❶向かっていく。達する。「大声天に一・する如き勢を以て」〈百閒・百鬼園随筆〉❷朝廷に出仕する。参内する。「天下の士を一・せしめんずる処を」〈太平記・三〉❸朝廷に貢物をする。朝貢する。「斉、楚、秦、趙も悉く一・せずと云ふ事あるべからず」〈太平記・四〉❹川が海へ流れ入る。朝宗する。「浦曲より巨海に一・する咽喉なり」〈読・八犬伝・三〉

ちょう・する【貼する】〔動サ変〕文てふ・す〔サ変〕《「ちょうずる」とも》糊などではりつける。「壁という壁には、めでたき画を一・したり」〈鴎外訳・即興詩人〉

ちょう・する【徴する】〔動サ変〕文ちょう・す〔サ変〕❶呼び寄せる。召す。「将兵を一・する」❷証明する。また、照らし合わせる。「実例に一・する」❸取り立てる。徴収する。「税を一・する」❹もとめる。要求する。「意見を一・する」 類語 求める・因る

ちょう・する【潮する】〔動サ変〕文てう・す〔サ変〕おもてにあらわす。表面に見せる。多く「紅を潮する」の形で顔を赤らめるの意に用いる。「面に紅を一・して我手を取り」〈鴎外訳・即興詩人〉

ちょう・する【×諜する】〔動サ変〕文てふ・す〔サ変〕ひそかに事情やようすを探る。「直弼一・して之を知り」〈田口・日本開化小史〉

ちょう・する【×寵する】〔動サ変〕文ちょう・す〔サ変〕特別にかわいがる。愛する。いつくしむ。「健全なる右手を伸ばして星子を一・して居る」〈木下尚江・良人の自白〉

ちょう・ずる【長ずる】〔動サ変〕文ちゃう・ず〔サ変〕❶成長する。育つ。おとなになる。「一・じて後、外国に住んだ」❷年上である。「彼に一・ずること二歳」❸すぐれる。ひいでる。「語学に一・じている」❹程度が増す。はなはだしくなる。「見識を一・ずる」「おごりが一・じる」❺非常に好む。ふける。「酒に一・じたる男にて」〈義経記・五〉 類語 (❶)成長・生長・成育・生育・発育・発達・成熟・育つ・生い立つ

ちょう-せ【超世】 仏語。世の常をはるかにこえていること。

ちょう-せい【町制】 地方公共団体としての町の構成・機関・権限などに関する制度。

ちょう-せい【町政】 地方公共団体としての町の自治行政。

ちょう-せい【町勢】 町の人口や産業などの状態。町の形勢。

ちょう-せい【長生】〔名〕スル 長生きをすること。長命。 類語 長寿・長命・長生き・延命

ちょう-せい【長征】〔名〕スル ❶長期間・長距離にわたり遠征すること。遠くまで征伐に行くこと。❷1934年から36年にかけて行われた紅軍(中国共産党軍)の大移動。国民党軍に包囲された紅軍が江西省瑞金の根拠地を放棄、陝西省延安まで1万2500キロを行軍したこと。西遷。大西遷。

ちょう-せい【長逝】〔名〕スル 死ぬこと。永眠。逝去。「心臓麻痺でにわかに一した」 類語 死ぬ・死亡・死去・死没・永逝・往生・他界・物故・絶息・絶命・大往生・お陀仏・死する・辞世・成仏・昇天・崩御・薨去・卒去・瞑目・落命・急逝・夭折・天逝

ちょうせい【長勢】［1010〜1091］平安中期の仏師。定朝の弟子で円派の祖。法勝寺の造仏の功で仏師として初めて法印に叙せられた。広隆寺の日光・月光菩薩、十二神将像が現存。

ちょう-せい【頂生】 花などが茎や枝の先端につくこと。⇔側生。

ちょう-せい【鳥声】 鳥の声。鳥の鳴き声。

ちょう-せい【朝政】 朝廷で天子が行う政治。

ちょう-せい【超世】 ▶ちょうせ(超世)

ちょう-せい【澄清】❶すんできよらかなこと。濁りのないこと。❷乱世をきよめ治めること。世の中がきよらかで安穏に治まること。

ちょう-せい【潮勢】❶潮の寄せる勢い。潮流の勢い。❷時勢の傾向。風潮。「党派再編成の一」

ちょう-せい【調性】 楽曲がある主音・主和音に基づいて成り立っている場合、その音組織・秩序。 類語 調子・音調・音律・音階・音程・音高・トーン・拍子・拍・律動・乗り・リズム・テンポ・調べ

ちょう-せい【調製】〔名〕スル 注文に応じてこしらえること。「折詰を一する」

ちょう-せい【調整】〔名〕スル ある基準に合わせて正しく整えること。過不足などを正してつりあいのとれた状態にすること。「いろいろな意見を一して一本化する」「テレビの画面を一する」 類語 調節

ちょう-ぜい【町税】 地方公共団体である町が賦課・徴収する租税。➡市町村税

ちょう-ぜい【徴税】〔名〕スル 税金を取り立てること。租税を徴収すること。また、その税金。

ちょうせい-きゅうし【長生久視】《「老子」59章などによる語》長い寿命をもつこと。長命。

ちょうせい-ち【長生地】 鳥獣などの殺生を禁止した地域。

ちょうせい-ち【調整池】 水力発電所や浄水場で、水量を調整するための貯水池。

ちょうせい-でん【長生殿】㊀唐の太宗が驪山に建てた離宮。玄宗が華清宮と改名し、楊貴妃を伴って遊んだことで有名。㊁長方形をした紅白の落雁。金沢市の銘菓。

ちょうせい-ねんきん【調整年金】 厚生年金基金、また、そこから給付される年金の通称。

ちょうせい-べん【調整弁】❶温度・圧力・水位などを調節するための弁。❷物事の不均衡をなくしたり、基準に合わせたりして、バランスをとる働きをするもの。「景気の一としての役割を担わされる」

ちょうせい-らん【調整卵】 動物の個体発生の卵割初期に、割球のいくつかを分離しても、おのおのがまた完全な胚になるよう調整されている卵。ウニ・ヒトデ・ナメクジウオの卵など。調節卵。⇔モザイク卵。

ちょう-せき【長石】 アルミニウム・カリウム・ナトリウム・カルシウムなどを含む珪酸塩鉱物。単斜晶系の正長石、三斜晶系の斜長石などに分類される。たいていの岩石に含まれる造岩鉱物。

ちょう-せき【彫石】 彫刻に用いられる石。大理石・花崗岩・玄武岩・雪花石膏など。

ちょう-せき【鳥跡】❶鳥の足跡。❷《中国で、黄帝の時、蒼頡が鳥の足跡を見て文字を考案したという故事から》漢字。また、文字。鳥の跡。

ちょう-せき【朝夕】❶朝と夕方。あさゆう。❷(副詞的に用いて)朝から晩まで。毎日。いつも。「一一所に生活していたのは、小六の十二三の時迄である」〈漱石・門〉❸朝晩の食事。朝食と夕食。また、食事。「我のみ酒臭き息を吐きても、与太郎へは一を欠かしめし事も多かりき」〈柳浪・黒蜥蜴〉 類語 朝夕・朝晩・旦夕

ちょう-せき【腸石】 ▶糞石

ちょう-せき【潮×汐】月と太陽の引力によって、海水面の周期的な昇降が起こる現象。満潮と干潮とがふつう1日2回ずつ起こり、周期は約12.5時間。朝しおと夕しお。うしおの満ち干。

ちょうせき-そとば【町石▽卒▽塔婆】道しるべのため、仏教寺院の参道に、1町(約109メートル)ごとに建てられた石の塔婆。高野山金剛峰寺のものが有名。壇上から奥の院まで37基、壇上から慈尊院まで180基を数える。上部は五輪の形、下部は方形の柱状をしている。町卒塔婆。

ちょうせき-はつでん【潮×汐発電】▶潮力発電

ちょうせき-ひょう【潮×汐表】各地の潮汐の状態を推定して表にしたもの。

ちょうせき-まさつ【潮×汐摩擦】潮汐に伴って移動する海水と、海底および陸岸との間で生じる摩擦。これにより地球の自転速度は徐々に遅くなり、1日の長さは100年で約1000分の1秒ずつ長くなっている。

ちょうせき-りょく【潮×汐力】潮の干満を起こす力。月や太陽の引力による。地球の海洋表面に及ぼす引力が各地点で少しずつ異なるため、海水の移動を生じる。太陽は遠くにあるので、その力は月の約半分。一般的に、大きさを点と見なせない物体に重力が作用する際、重力源に近い側と遠い側で重力が異なり、物体を変形させようとする力が働く。起潮力。

ちょう-せつ【調節】〔名〕スル ほどよく整えること。つりあいのとれた状態にすること。「ステレオの音量を―する」「温度―」(類語)調整

ちょう-ぜつ【長舌】❶長い舌。❷長々としゃべること。口数の多いこと。長広舌。「―を振るう」

ちょう-ぜつ【超絶】〔名〕スル ❶程度が他よりもはるかにとびぬけてすぐれていること。「―した技巧」❷他とは無関係に、より高い立場にあること。超越。「俗世間から―する」❸▶超越❸❹ (類語)不世出

ちょうせつ-いでんし【調節遺伝子】遺伝子のうち、構造遺伝子の形質発現を調節する機能をもつもの。プロモーターやオペレーターなどがある。

ちょうぜつ-さんずん【長舌三寸】人前では調子のいいことを言い、かげでは舌を出して笑うこと。

ちょうせつ-らん【調節卵】▶調整卵

ちょうせ-の-がん【超世の願】《三世の諸仏の誓願を超えてすぐれていることから》阿弥陀仏の四十八願のこと。特に、第十八願をさすこともある。超世の悲願。

ちょう-せん【丁銭】「丁百」に同じ。

ちょう-せん【庁宣】❶平安時代、在京の国守が国衙の在庁官人や留守所に指示を下す文書。国司庁宣。❷検非違使の別当が出す公文書。別当宣。❸院の庁から出す公文書。院の庁下し文。

ちょう-せん【挑戦】〔名〕スル ❶戦いや試合をいどむこと。「―に応じる」「世界チャンピオンに―する」「―状」❷困難な物事や新しい記録などに立ち向かうこと。「世界記録に―する」「エベレスト登頂に―する」(類語)チャレンジ・アタック

ちょうせん【朝鮮】アジア大陸東部、朝鮮半島とその付属島からなる地域。北は鴨緑江・豆満江によって中国・ロシア連邦と境をなし、南は朝鮮海峡を隔てて日本と対する。前3世紀ごろに箕子朝鮮、前2世紀初めに衛氏朝鮮が建国。これを前108年に漢の武帝が滅ぼし、楽浪郡など四郡を設置。半島南部には馬韓・辰韓・弁韓が分立。4世紀に高句麗・新羅・百済・任那が対立、7世紀に新羅が統一国家を建設、10～14世紀は高麗、14世紀以降は李氏朝鮮と王朝が交代。1910年日本に併合され、45年日本の敗戦によって解放されたが、48年、北緯38度線を境に、北に朝鮮民主主義人民共和国、南に大韓民国が成立。

ちょう-せん【腸腺】小腸や大腸の粘膜にあり、腸液を分泌する腺細胞。

ちょう-せん【腸線】羊・豚などの腸で作った糸またはひも。テニスのラケットの網、竹刀の締め緒、楽器の弦、医療用の縫合糸などに使用。ガット。

ちょう-せん【調銭】❶調として官に納める銭。❷「丁百」に同じ。

ちょう-ぜん【兆前】きざしが現れる前。「―に機を見る人は潜かにこれを怪しめり」〈太平記・二〇〉

ちょう-ぜん【長×髯】長いほおひげ。長いひげ。

ちょう-ぜん【×悵然】〔ト・タル〕図〔形動タリ〕悲しみ嘆くさま。がっかりしてうちひしがれるさま。「―として溜息ばかり吐いて」〈紅葉・二人女房〉

ちょう-ぜん【超然】〔ト・タル〕図〔形動タリ〕物事にこだわらず、平然としているさま。世俗に関与しないさま。「時代の風潮に―としている」

ちょうせん-あさがお【朝鮮朝顔】ナス科の一年草。高さ約1メートル。葉は長い柄をもち、広卵形で先がとがる。夏から秋に白い漏斗状の花をつけ、実は球形で多数のとげがある。全体にアルカロイドを含み、有毒。アジア熱帯地方の原産。葉を薬用とするため栽培された。曼陀羅華。

ちょうせん-あざみ【朝鮮×薊】アーティチョークの別名。

ちょうせん-あめ【朝鮮×飴】もち米の粉に水飴・砂糖を加えて練り上げて拍子木形にし、片栗粉をまぶしたもの。もと長生飴とよばれたが、秀吉の朝鮮出兵で加藤清正が籠城中にこれで飢えをしのいだので、のち朝鮮飴と称したという。熊本の名物。

ちょうせん-いたち【朝鮮×鼬】イタチ科の哺乳類。朝鮮半島の原産で、昭和初期に日本に移入され、九州から関西にかけて野生化している。

ちょうせん-うぐいす【朝鮮×鶯】コウライウグイスの別名。

ちょうせん-うし【朝鮮牛】家畜の牛の一品種。朝鮮半島の在来種。役牛としてすぐれ、毛色は赤褐色。

ちょうせんおうしつ-ぎき【朝鮮王室儀軌】李氏朝鮮王朝の祭礼や主要行事の作法などを記録した文書。計3万3900冊あるとされ、日本の宮内庁やフランス国会図書館などが一部を所蔵していた。(補説)日本政府は韓国側の求めに応じ、平成23年(2011)朝鮮王室儀軌を含む1205冊の図書を引き渡した。

ちょうせん-かいきょう【朝鮮海峡】朝鮮半島と長崎県対馬との間にある海峡。東シナ海と日本海とを結ぶ。

ちょうせん-がっこう【朝鮮学校】第二次大戦後、朝鮮民主主義人民共和国(北朝鮮)を支持し、その支援を受ける在日本朝鮮人総連合会が設立した学校。幼稚班・初級学校・中級学校・高級学校・大学校がある。朝鮮語で民族教育を行う。日本の法律では各種学校扱いとなる。

ちょうせん-がね【朝鮮鐘】▶ちょうせんしょう(朝鮮鐘)

ちょうせん-がらす【朝鮮×烏】《朝鮮半島に多くすむところから》カササギの別名。

ちょうせん-からつ【朝鮮唐津】唐津焼の一。黒飴色の釉と、白濁した藁灰の釉を掛けわけたもので、桃山時代から江戸初期に焼かれた。

ちょうせん-がりやす【朝鮮刈安】イネ科の多年草。山林の乾燥した所に生え、高さ約50センチ。葉は小形で細長い。秋、円錐状の穂をつける。ひめがりやす。

ちょうせん-きんぎょ【朝鮮金魚】チョウセンブナの別名。

ちょうせん-ぎんこう【朝鮮銀行】韓国併合時代の朝鮮における中央銀行。明治44年(1911)設立。日本の朝鮮および満蒙経営の金融的中心となった。昭和20年(1945)閉鎖。

ちょうせん-ご【朝鮮語】主として朝鮮半島で話される言語。大韓民国では韓国語とよぶ。語順や助詞の用法などに日本語との類似がみられ、またアルタイ諸語との類縁関係が指摘されているが、まだ証明されていない。ハングルとよばれる文字を使用。

ちょう-せんこう【腸×穿孔】腸壁に孔があくこと。潰瘍・悪性腫瘍・虫垂炎などで生じ、急性腹膜炎の原因となる。

ちょうせん-ごみし【朝鮮五味子】モクレン科の落葉性で木質の蔓性植物。山地に自生。葉は卵形。雌雄異株。夏、黄白色の小花が咲き、果実は紅色で多数穂状につく。漢方で果実を五味子といい薬用にする。

ちょうせん-ごよう【朝鮮五葉】マツ科の常緑樹。葉は5枚ずつ束生する。松かさは大形で、種子には翼がない。本州中部や四国の深山に自生するが、朝鮮半島に多い。材は建築・パルプなどに用い、また庭木・盆栽にする。朝鮮松。

ちょうせん-しば【朝鮮芝】コウライシバの別名。

ちょうせん-しゅ【朝鮮酒】朝鮮半島で造られる酒類の総称。米が主原料で、薬酒(清酒)・濁酒・焼酒(焼酎)の3種が基本。麹には小麦が用いられる。

ちょうぜん-しゅぎ【超然主義】他の動きには関知せず、自分の独自の立場から事を行う主義。

ちょうせん-じゅつ【鳥占術】鳥の動きや鳴き声などによって、吉凶・異変・気象などを判断する術。鳥卜。とりうら。

ちょうせん-しゅっぺい【朝鮮出兵】豊臣秀吉の二度にわたる朝鮮侵攻。➡文禄の役 ➡慶長の役

ちょうせん-しょう【朝鮮鐘】朝鮮半島で新羅時代から高麗時代に鋳造された銅製の梵鐘。竜頭は単頭で旗挿しという円筒がつき、肩と口辺に唐草模様をめぐらす。飛天などが鋳出されている。日本に多くの遺品が伝わる。

ちょうせん-じょう【挑戦状】戦いをいどむ旨を相手に告げる書状。「―を送りつける」

ちょうせんじん-ぎゃくさつじけん【朝鮮人虐殺事件】大正12年(1923)関東大震災直後、在日朝鮮人が暴動を起こしたという流言を信じた自警団や民衆によって、全国で数千人の朝鮮人が虐殺された事件。

ちょうせん-しんりゃく【朝鮮侵略】▶朝鮮出兵

ちょうせん-せんそう【朝鮮戦争】大韓民国と朝鮮民主主義人民共和国との間の戦争。第二次大戦後の米・ソの対立を背景として、1950年6月に南北朝鮮を分かつ北緯38度線付近で武力衝突し、それぞれ米軍を中心とする国連軍、中国義勇軍の支援のもとにほぼ朝鮮半島全域を戦場とした国際紛争。53年7月、休戦協定が成立。朝鮮動乱。

ちょうせん-そうとく【朝鮮総督】朝鮮総督府の長官。

ちょうせん-そうとくふ【朝鮮総督府】明治43年(1910)韓国併合により設置された日本の朝鮮支配の最高機関。昭和20年(1945)解体。

ちょうせん-そうれん【朝鮮総連】「在日本朝鮮人総連合会」の略称。

ちょうせん-つうしんし【朝鮮通信使】朝鮮国王が日本に派遣した外交使節団。江戸時代、主に将軍の代替わりの際などに来日し、慶長12年(1607)から文化8年(1811)まで12回を数えた。朝鮮使節。

ちょうぜん-ないかく【超然内閣】明治・大正期、議会・政党の意思に制約されることなく政治を行った藩閥・官僚内閣。明治憲法発布の際、首相黒田清隆が、政府の独自性を強調して唱えたことから始まる。

ちょうせん-にっぽう【朝鮮日報】大韓民国の朝刊新聞の一つ。1920年創刊で同国最大の部数を誇る。保守的論調で漢字の復活を主張し、ハンギョレなどと対立することもある。発行部数は約230万部(2010年)。チョソンイルボ。

ちょうせん-にんじん【朝鮮人▽参】ウコギ科の多年草。朝鮮・中国が原産。古くから薬用に栽培される。高さ約60センチ。葉は5枚ほどの小葉からなる手のひら状の複葉。夏、淡黄緑色の小花を多数つける。根は肉質で枝分かれが多く、白色で、漢方では強壮剤とする。御種人参。高麗人参。

ちょうせん-はまぐり【朝鮮×蛤】マルスダレガイ科の二枚貝。外洋の砂底にすむ。貝殻はハマグリに似るが、大形で厚く、より三角形に近い。殻を碁石の

白石の材料に、肉を食用にする。鹿島灘以南に分布。ごいしはまぐり。

ちょうせん-はんとう【朝鮮半島】テウセン ハンタウ アジア大陸東端から南方に突出し、日本海と黄海とを分ける半島。

ちょうせんはんとうゆうじ-みつやく【朝鮮半島有事密約】テウセンハンタウ イウジミツヤク 昭和35年(1960)1月の日米安保条約改定の際に日米政府間で交わされた密約。朝鮮半島で有事が発生した場合、在日米軍が日本国内の米軍基地を使用して事前協議なしに直ちに出撃できるとした。平成21年(2009)9月から同22年3月にかけて外務省の調査チームと有識者委員会がそれぞれ調査・検証を行った密約問題の一つ。密約の内容を裏付ける議事録が発見されたことから、調査チーム・有識者委員会とも密約があったことを認定した。

ちょうせん-ふく【朝鮮服】テウセン 朝鮮の民族服。女性はチョゴリという上着にチマをはき、男性はチョゴリにパジという袴をはき、トゥルマギという筒袖の外套のようなものを羽織る。

ちょうせん-ぶな【朝鮮×鮒】テウセン トウギョ科の淡水魚。浅い池や水田などにすむ。全長8センチくらい。体は細長く、緑褐色で、繁殖期の雄は婚姻色を呈する。空気呼吸ができ、また水面に気泡の巣を作って産卵する。大正3年(1914)朝鮮半島から移殖され、観賞用。朝鮮金魚。

ちょうせん-ぼん【朝鮮本】テウセン 朝鮮半島で刊行された書物で、漢籍を含む。高麗朝初期の板本に始まり、李朝時代に及ぶ。

ちょうせん-まつ【朝鮮松】テウセン チョウセンゴヨウの別名。

ちょうせん-みんしゅしゅぎじんみんきょうわこく【朝鮮民主主義人民共和国】テウセン 1948年に朝鮮半島の北緯38度線以北に、金日成を主席として建国された共和国。首都は平壌。人口2276万(2010)。北朝鮮。➡朝鮮

ちょうせん-もじ【朝鮮文字】テウセン ▶ハングル

ちょうせん-やらい【朝鮮矢来】テウセン 竹垣の一種。掘っ立て柱に木または竹を横に渡し、これに細竹や割り竹を縦にすきまなく組んだもの。朝鮮垣。

ちょうせん-りょうり【朝鮮料理】テウセン レウリ 朝鮮に伝わる特有の料理。唐辛子・ニンニク・ショウガ・すりゴマ・松の実などをよく使う。

ちょうせん-ろうどうとう【朝鮮労働党】テウセンラウドウタウ 朝鮮民主主義人民共和国の政党。憲法でその指導性が明記されている、事実上の独裁政権党。1949年の結成以来、金日成・金正日・金正恩三代が一貫して指導的地位にある。

ちょう-そ【重×祚】〔名〕スル 一度退位した天子が再び位に就くこと。再祚。復祚。じゅうそ。

ちょう-そ【彫塑】テウ〔名〕スル ❶彫刻と塑造。また、その作品。❷彫刻の原型となる塑像を作ること。
(類語)彫刻・彫り物・篆刻

ちょう-そ【徴租】租税をとりたてること。

ちょう-そ【鼂錯】テウ [?～前154]中国、前漢の政治家。穎川郡(河南省)の人。景帝の時、御史大夫。中央集権制確立のため、諸侯の土地を削らせたことから、呉楚七国の乱を招いて処刑された。

ちょう-そう【頂相】チヤウ ▶ちんぞう(頂相)

ちょう-そう【鳥葬】テウ 死体を野山などに放置して鳥の食うのに任せる葬法。ヒマラヤ周辺に現存。

ちょう-そう【朝宗】テウ〔名〕スル ❶《「朝」は春に、「宗」は夏に天子に謁見する意》古代中国で、諸侯が天子に拝謁すること。❷多くの河川がみな海に流れ入ること。❸権威あるものに寄り従うこと。「カントに—する当為の哲学であるが」〈和辻・風土〉

ちょう-そう【×牒送・×牒奏】テフ 牒状を送って通知すること。通牒。「—のところに、などかくみせざるべき」〈平家・四〉

ちょう-ぞう【彫像】テウ ザウ 彫刻して像を作ること。また、その像。

ちょう-そうよう【張僧繇】チヤウソウ エウ 中国、南朝の画家。呉(江蘇省)の人。梁の武帝に仕え、塔廟に多くの壁画を描いた。生没年未詳。➡画竜点睛

ちょうそかべ-もとちか【長宗我部元親】チヤウソ カベ [1539～1599]戦国時代の武将。土佐の人。国司一条氏を追って土佐さらに四国全土を支配したが、豊臣秀吉の四国征伐で降伏。九州征伐・朝鮮出兵に参加。「長宗我部元親百箇条」は分国法として有名。

ちょうそかべ-もりちか【長宗我部盛親】チヤウソ カベ [1575～1615]安土桃山時代の大名。土佐守。元親の四男。関ヶ原の戦いで西軍に属し、戦後所領を没収。大坂の陣で大坂に入城、豊臣方についたが敗れ、京都六条河原で斬られた。

ちょう-そく【長足】チヤウ ❶長い足。❷はやあし。おおまた。❸進み方の速いこと。

ちょう-そく【長息】チヤウ〔名〕スル 長いため息をつくこと。長嘆息。「天を仰で—し」〈織田訳・花柳春話〉

ちょう-ぞく【超俗】テウ 世俗を超越すること。「—の人」「—的生活」

ちょうそく-き【調速機】テウソク 機関の回転速度を、負荷の変化に対応して調整し、一定に保つ装置。ガバナー。

ちょうそく-の-しんぽ【長足の進歩】チヤウ ソク 短期間で大幅に進歩すること。

ちょう-そとば【町▽卒▽塔婆】チヤウ ▶町石卒塔婆

ちょう-そん【町村】チヤウ 町と村。特に、地方公共団体としての町と村。

ちょうそん-がっぺい【町村合併】チヤウ ソン 二つ以上の町村の区域の全部または一部を統合して新たな市町村としたり、町村の区域の全部または一部を他の市町村に編入したりすること。市町村合併。(補説)特に、昭和28年(1953)の町村合併促進法による再編成と、昭和40年(1965)に制定、平成7年(1995)に改正された市町村合併特例法による再編成は全国にわたる大規模なもので、それぞれ「昭和の大合併」「平成の大合併」と呼ばれる。

ちょうそん-ぎかい【町村議会】チヤウソン ギクワイ 町村住民の公選する議員からなる町村の議会。

ちょうそんぎかい-ぎいん【町村議会議員】チヤウソン ギクワイ ギヰン 町村議会を組織する議員。任期は4年。

ちょうそん-くみあい【町村組合】チヤウソン くみあひ ❶明治21年(1888)に大日本帝国憲法下で公布された市制及び町村制で、二つ以上の町村が事務を共同で処理するために組織した組合。❷地方自治法に規定された「地方公共団体の組合」の通称。

ちょうそん-せい【町村制】チヤウ ソン 明治憲法下で、地方公共団体としての町村の構成・組織・権能・監督などを定めていた法律。明治21年(1888)制定。昭和22年(1947)地方自治法の制定により廃止。

ちょうそん-ぜい【町村税】チヤウ ソン 町村が賦課・徴収する租税。➡市町村税

ちょうそん-そうかい【町村総会】チヤウソン ソウクワイ 人口の少ない町村が条例によって町村議会の代わりに設ける機関。選挙権のある者の全員で組織される。

ちょうそん-ちょう【町村長】チヤウソン チヤウ 町長と村長の併称。

ちょうそん-やくば【町村役場】チヤウ ソン 町役場と村役場の併称。町村長がその行政事務を行う所。

ちょう-だ【長打】チヤウ〔名〕スル 野球で、二塁打・三塁打・本塁打をいう。ロングヒット。「—して走者を一掃する」↔短打。

ちょう-だ【長蛇】チヤウ ❶長いへび。大蛇。❷長く並んでいるもののたとえ。❸兵法で、陣立ての一。1列に長く並び、蛇の首が尾を、尾が首を、また、首尾が中をそれぞれ救うように、各隊が互いに呼応して進む陣形。

長蛇を逸・する　惜しい獲物や大事な機会を取り逃がす。

ちょう-たい【長体】チヤウ 写真植字で、レンズを用いて字の左右を縮小した活字の形。縦長の字体。

ちょう-たい【調帯】テウ ▶しらべおび

ちょう-だい【町代】チヤウ 江戸時代、江戸・大坂・京都などで、町年寄や町名主を補佐した町役人。その雇い入れ・給料などは町内で協議し負担した。書役。

ちょう-だい【長大】チヤウ〔名・形動〕❶長くて大きいこと。たけが高く大きいこと。また、そのさま。「—な小説」「—な植物」↔短小。❷大人になること。また、そのさま。「然らば、年—なるに及び」〈中村訳・西国立志編〉(派生)ちょうだいさ〔名〕(類語)長い・ロング

ちょう-だい【帳内】チヤウ 「ちょうない(帳内)❶」に同じ。

ちょう-だい【帳台｜帳代】チヤウ ❶寝殿造りの母屋内に設けられる調度の一。浜床という正方形の台の上に畳を敷き、四隅に柱を立てて帳を垂らしたもの。貴人の寝所または座所とした。御帳台。帳。❷塗り籠・納戸の類。❸「帳台の試み」の略。❹主人の居間・寝間にあてる室。

ちょう-だい【頂戴】チヤウ〔名〕スル ❶もらうこと、また、もらって飲食することをへりくだっていう語。「結構な品を—いたしました」「お叱りを—する」「もう十分—しました」❷(多く、女性・子供の用いる語)㋐物を与えてくれ、また、売ってくれという命令の意を、親しみの気持ちをこめて促すようにいう語。ください。「それを—」「牛肉五〇〇グラム—」㋑「…てちょうだい」の形で補助動詞の命令形のように用いて、相手に何かをしてもらうのを促す気持ちを、親しみをこめていう語。「その新聞を取って—」❸頭の上にささげ持つこと。「黄衣の神人神宝を—して、次々に順ふ」〈太平記・三九〉(アクセント)❶はチョーダイ、❷はチョーダイ。(補説)電話の応対などで「お名前を頂戴できますか」などと言うが、これは正しくない。「名前を頂戴する」というのは、例えば主君の名をそのまま、またはその一部を戴いて自分や子供の名にすることである。よって簡略には「お名前をお願いします」、さらには「お名前をお聞き(お伺い)できますか」くらいでよい。
(類語)食べる・貰う・押し頂く・受ける・受け取る・収める・収受・受納・受領・受給・受贈・譲り受ける・貰い受ける・授かる・頂く・賜る・拝領・拝受・申し受ける

ちょうだい-がまえ【帳台構え】チヤウダイ がまへ 書院造りの上段の間の側面などに設けた部屋飾りの一。畳より一段高く框を置き、鴨居を長押より低く取り付け、引き分け戸または引き戸のふすまを設けたもの。

ちょう-たいさく【超大作】テウ 並外れて規模の大きな作品。また、それまでに大作と呼ばれていた作品を上回るほどの傑作。

ちょう-たいしょうせい【超対称性】テウ 素粒子物理学におけるボース粒子とフェルミ粒子の交換に対する対称性。スピン零のボース粒子(例えば、ヒッグス粒子)を扱う場の理論の中の発散を避けるために導入された。この理論ではボース粒子とフェルミ粒子は必ずペアであり、その関係は超対称性パートナーと呼ばれる。スーパーシンメトリー。SUSY(supersymmetry)。

ちょうたいしょうせい-パートナー【超対称性パートナー】テウタイ ショウセイ 既知のボース粒子とフェルミ粒子に対応する超対称性に基づく粒子との対応関係のこと。素粒子物理学の超対称性理論によれば、既存の粒子に対し、同質量でスピンが1/2だけ異なる超対称性粒子がそれぞれ存在すると予想される。主な超対称性パートナーとして、ボース粒子のフォトン(光子)とフォティーノ、フェルミ粒子のクオークとスクオークなどがある。超対称パートナー。スーパーパートナー。

ちょうたいしょうせい-りゅうし【超対称性粒子】テウタイショウ セイリフシ 素粒子物理学の超対称性理論から導かれる未知の粒子。既存のボース粒子とフェルミ粒子に対し、同質量でスピンが1/2だけ異なる超対称性パートナーを指す。主な超対称性粒子として、ボース粒子のフォトン(光子)に対してフォティーノ、フェルミ粒子のクオークに対してスクオークなどの存在が予想されている。また超対称性粒子のうち電気的に中性で最も軽い粒子はLSPと呼ばれ、暗黒物質の候補と考えられている。超対称粒子。SUSY粒子。

ちょうたいしょうせい-りろん【超対称性理論】テウタイ ショウセイ 素粒子物理学における、超対称性に基づく統一理論。ボース粒子とフェルミ粒子の交換に対する対称性があるならば、それぞれの粒子に対し、同質量でスピンが1/2だけ異なる超対称性粒子が存在し、既存のボース粒子、フェルミ粒子に対応する未知の超対称性パートナーをもつことが予想される。また、自然界に存在する四つの基本的な力(強い相互作用・

弱い相互作用・電磁相互作用・重力)を統一的に理解する理論として期待されている。超対称理論。

ちょうたいしょう-だいとういつりろん【超対称大統一理論】テウタイショウ＝ 素粒子の基本的な相互作用である電磁相互作用、弱い相互作用、強い相互作用を統一的に記述する大統一理論に、超対称性を導入した理論、仮説。大統一理論で扱われる基本的なエネルギースケールの差が極めて大きく異なるという、ゲージ階層性と呼ばれる問題を自然に説明できると考えられている。また、陽子の寿命がより長く見積もられるため、いまだ陽子崩壊が観測されないという実験結果と矛盾しない。SUSY GUT(supersymmetric grand unified theory)。

ちょうたいしょう-パートナー【超対称パートナー】テウタイショウ＝ ▶超対称性パートナー

ちょうたいしょう-りゅうし【超対称粒子】テウタイショウリフシ ▶超対称性粒子

ちょうたいしょう-りろん【超対称理論】テウタイショウ＝ ▶超対称性理論

ちょう-たいそく【長大息】チャウ＝〔名〕スル 長いため息をつくこと。また、そのため息。長嘆息。「一をもらす」「沈思して時に一するのみの」〈露伴・風流魔〉

ちょうだい-の-こころみ【帳台の試み】チャウ＝ 五節第1日の丑の日に、天皇が常寧殿に出て、五節の舞姫の下げいこを観覧する儀式。五節の試み。五節の帳台の試み。

ちょうだい-もの【頂戴物】チャウダイ＝ 頂戴した物。いただきもの。「一の菓子」

ちょう-たく【彫×琢】テウ＝〔名〕スル ❶宝石などを、加工研磨すること。「たとえ小粒でも適当な形に加工一したものは燦然として」〈寅彦・自由画稿〉 ❷詩文などを練り上げること。「字句を修飾したり、一したりした痕跡は」〈漱石・趣味の遺伝〉 (類語)練る

ちょう-たく【超卓】テウ＝〔名・形動〕抜きんでてすぐれていること。また、そのさま。

ちょう-たじかんりろん【超多時間理論】テウ＝ 量子電磁力学、場の量子論を定式化した理論。空間の各点について、それぞれ固有の時間を対応させた理論。各電子に固有な時間を考えたP＝A＝M＝ディラックの多時間理論を拡張したもので、昭和18年(1943)に朝永振一郎が提唱。朝永シュウィンガー理論。

ちょう-たつ【調達】テウ＝〔名〕スル《「ちょうだつ」とも》必要な金品などを取りそろえること。また、取りそろえて届けること。「資金の一」「資材を一する」

ちょう-たつ【×暢達】チャウ＝〔名・形動〕スル のびのびしていること。また、そのさま。「一な書風」「其実力の蘊蓄一たび一せば」〈雪嶺・真善美日本人〉

ちょう-だつ【超脱】テウ＝〔名〕スル 普通の程度や範囲を越えること。また、世俗にかかわらないこと。超俗。「凡俗から一する」

ちょうたつ-ちょう【調達庁】テウタツチャウ 昭和27年(1952)駐留米軍用の物資や労務などを調達するために設置された機関。同37年、防衛施設庁となる。

ちょうだ-の-れつ【長蛇の列】チャウダ＝ 蛇のように長々と続く行列。「順番を待つ一」

ちょう-たん【長短】チャウ＝ ❶長いことと短いこと。また、長さ。❷長所と短所。「一併せ持つ」❸余ることと足りないこと。「一相補う」

ちょう-たん【長嘆¦長×歎】チャウ＝〔名〕スル 長いため息をついて嘆くこと。長嘆息。長大息。「何たる不覚であろうと一しつつ」〈石川淳・普賢〉
(類語)嘆く・悲しむ・愁える・託つ・嘆ずる・悲嘆する・愁嘆する・痛嘆する・嗟嘆する・嘆息する

ちょう-だん【長談】チャウ＝〔名〕スル 長時間にわたって話すこと。長話。「時を忘れて一する」

ちょうたん-く【長短句】チャウタン＝ 長句と短句。また、古詩・楽府など1句の字数の一定しない詩。特に、宋詞のこと。

ちょう-だんす【帳×箪×笥】チャウ＝ 帳面や書類などを入れておく小型の箪笥。

ちょう-たんそく【長嘆息¦長×歎息】チャウ＝〔名〕スル 長いため息をついて嘆くこと。長嘆。「不景気を伝える記事をみては一する」

ちょう-たんぱ【超短波】テウ＝ 波長が1〜10メートル、周波数30〜300メガヘルツの電波。テレビ放送・FM放送などに利用。メートル波。VHF(very high frequency)。➡短波

ちょうたんぱ-りょうほう【超短波療法】テウタンパレウハフ 超短波を照射し、発生する温熱によって治療を図る方法。神経疾患・関節炎などに用いられる。

ちょう-ち【×諜知】テフ＝〔名〕スル ひそかに事情を探り知ること。探知。偵知。「窃かに匈の本軍の背後に出でんとするを一し」〈東海散士・佳人之奇遇〉

ちょうち-ちょうち【▽手▽打ち▽手▽打ち】《「てうちてうち(手打ち手打ち)」の音変化》両手を軽く打ち合わせて鳴らすこと。幼児をあやしたりするときにする。また、そのときに言う語。

ちょうちちょうち-あわわ【▽手▽打ち▽手▽打ちあわわ】〔連語〕幼児をあやすときのしぐさの一。「ちょうちちょうち」に続けて、その手を口に当てながら「あわわ」と言う。ちょちちょちあわわ。

ちょう-チフス【腸チフス】チャウ＝ 水や食物に混入した腸チフス菌によって起こる消化器系感染症。高熱が持続し全身が衰弱するほか腸出血を併発することもある。日本では近年減少したが、輸入感染症としてみられる。感染症予防法の三類感染症の一。

ちょうチフス-きん【腸チフス菌】チャウ＝ 腸チフスの病原菌。サルモネラ菌の一種で、グラム陰性の桿菌。チフス菌。

ちょう-ちゃく【▽打×擲】チャウ＝〔名〕スル 打ちたたくこと。なぐること。「手にした杖ではげしく一する」(類語)殴打

ちょう-ちゅう【×冢中】塚の中。墓の中。

ちょうちゅう-の-ここつ【×冢中の枯骨】《「蜀志」先主伝から》死んだ人。また、無能の人をあざけっていう語。

ちょう-ちょ【×蝶×蝶】テフ＝《「ちょうちょう(蝶蝶)」の音変化》「蝶」に同じ。

ちょう-ちょう【町長】チャウチャウ 地方公共団体である町の長。住民の直接選挙により選出され、任期は4年。

ちょう-ちょう【長調】チャウテウ 長音階に基づく調。メジャー。(⇔)短調。

ちょう-ちょう【×喋×喋】テフテフ ━〔名〕スル 口数の多いこと。しきりにしゃべること。「先生の前で、しきりに其内容を一した」〈漱石・こゝろ〉 ━〔ト・タル〕図〔形動タリ〕口数の多いさま。よくしゃべるさま。「人生や芸術の問題を一と論ずるようになった」〈荷風・腕くらべ〉

ちょう-ちょう【×蝶×蝶】テフテフ ❶「蝶」に同じ。《季 春》「一のもの食ふ音の静かさよ/虚子」❷「蝶蝶髷」の略。

ちょう-ちょう【調帳】テウチャウ 律令制で、四度の公文の一。毎年、諸国の国司が中央に貢進する調・庸の品目を記して中央政府に提出した帳簿。調庸帳。

ちょう-ちょう【×迢×迢】テウテウ〔ト・タル〕図〔形動タリ〕❶はるかに遠いさま。❷他より高いさま。また、すぐれているさま。「一としてそびえ立つ峰」

ちょう-ちょう【丁丁¦▽打▽打】〔副〕かん高い音が続いて響くさまを表す語。「碁石の音のみ一と響いて居る」〈蘆花・黒潮〉

ちょうちょう-うお【×蝶×蝶魚】テフテフうを ❶チョウチョウウオ科の海水魚。全長約20センチ。体形は円形に近く、側扁が著しい。体色は黄褐色で、うろこの列に沿って褐色の縦縞があり、目を横切る黒と白色の横帯がある。本州中部以南の暖海に分布。❷スズキ目チョウチョウウオ科の海水魚の総称。色鮮やかな斑紋をもつものが多い。大多数は熱帯の珊瑚礁にすみ、観賞用に飼育される。トゲチョウチョウウオ・ゲンロクダイ・ハタタテダイなど。

ちょうちょうきせん-かんしょうけい【超長基線干渉計】テウチャウキセンカンセフケイ ▶ブイ-エル-ビー-アイ(VLBI)

ちょうちょうきせんでんぱ-かんしょうけい【超長基線電波干渉計】テウチャウキセンデンパカンセフケイ ▶ブイ-エル-ビー-アイ(VLBI)

ちょうちょう-ぐも【×蝶×蝶雲】テフテフ＝ 層雲が乱れて蝶形になった片雲。雨の前兆という。

ちょうちょう-し・い【×喋×喋しい】テフテフ＝〔形〕図てふてふ・し〔シク〕❶口数が多い。いいかげんで調子がいい。「珍しくお銀に一・く挨拶をして」〈紅葉・二人女房〉❷おおげさである。「人皆勢利に走る世の習いとて一・く管待されし」〈露伴・寝耳鉄砲〉

ちょうちょうしゅうき-じしんどう【超長周期地震動】テウチャウシウキヂシンドウ 周期が数百秒以上の長周期地震動。

ちょうちょう-なんなん【×喋×喋×喃×喃】テフテフ＝〔ト・タル〕図〔形動タリ〕《「喃喃」は小声でささやくさま》小声で親しげに話し合うさま。また、男女がむつまじく語り合うさま。「事の必要なる理由を論じて一数千言」〈福沢・福翁自伝〉

ちょう-ちょうは【超長波】テウチャウ＝ 波長が10〜100キロ、周波数3〜30キロヘルツの電波。船舶・航空機通信に利用。ミリアメートル波。VLF(very low frequency)。➡長波❶

ちょうちょう-はっし【丁丁発止】〔副〕❶激しい音を立てて、刀などで打ち合うさまを表す語。❷激しく議論をたたかわせ合うさまを表す語。「議場で一と渡り合う」

ちょうちょうふじん【蝶々夫人】テフテフフジン《原題、Madame Butterfly》プッチーニ作曲のオペラ。全2幕。1904年ミラノで初演。長崎を舞台に、米国海軍士官ピンカートンと結婚した日本娘、蝶々の悲劇を題材とする。アリア「ある晴れた日に」は特に有名。マダムバタフライ。

ちょうちょう-ぼぼ【朝朝暮暮】テウテウ＝ 毎朝毎晩。

ちょうちょう-まげ【×蝶×蝶×髷】テフテフ＝ 少女の髪形の一。後頭部でチョウが羽を広げたように髪を左右に分けて輪を作ったもの。ちょうちょうわげ。

ちょう-ちん【▽提▽灯】チャウ＝《唐音》照明具の一。足元を照らすために持ち歩いたり、標識として備えつけたりするもの。初めは木枠や籠に紙を張ったものであったが、のち、細い竹ひごの骨に紙を張り、中にろうそくを立てて用い、折り畳めるようにした。形・用途によって小田原提灯・箱提灯・高張り提灯など各種ある。「一張」と数える。

提灯で餅をつ・く 自分の思うようにならないことのたとえ。

提灯に釣り鐘 《形は似ているが比較にならないところから》つりあいがとれないことのたとえ。

提灯程の火が降る ひどく生計が苦しいさま、ひどく貧乏なさまのたとえ。

提灯を付・ける 相場で、有力な大手筋の売買に付和雷同して売買する。

提灯を持・つ ある人の手先となってその人をほめてまわるたとえ。

ちょうちん-あんこう【▽提▽灯×鮟×鱇】チャウチンアンカウ アンコウ目チョウチンアンコウ科の海水魚。太平洋や大西洋の深海に分布。雌は全長約60センチ。アンコウより体高が高く、黒紫色。頭上にある棒状の突起を光らせてえさを誘い寄せる。雄は非常に小さく、成魚になると雌の体に寄生。

ちょうちん-がい【▽提▽灯買(い)】チャウチンがひ 株価の上昇をみた投資家が、仕手❸などの尻馬に乗ってその株を買うこと。

ちょうちん-きじ【▽提▽灯記事】チャウチン＝《提灯持ちが書いた記事の意》特定の個人や団体などについて、事実よりも良く見えるように誇張して書いた、新聞や雑誌の記事。➡提灯持ち❷ (補説)見かけは普通の記事だが、内実は広告・宣伝であるものをいう。金銭の授受をともなうことが多い。

ちょうちん-ぎょうれつ【▽提▽灯行列】チャウチンギャウレツ 祝賀の行事などのとき、祝意を表すために多くの人が夜、火のついた提灯を持ち、列を組んで行進すること。また、その行列。

ちょうちん-もち【▽提▽灯持(ち)】チャウチン＝ ❶夜道や葬列などで、提灯を持って先導する役。また、その人。❷ある人の手先となってその人をほめてまわること。また、その人。

ちょうちん-や【▽提▽灯屋】チャウチン＝ ❶提灯を作り、売る店。また、それを職業とする人。❷(提灯を作る人が

提灯に字を書くときにするように)一度書いた字の上を、さらになぞり書きをして字形を整えること。また、その書き手。
ちょう-つがい【×蝶▽番】テフツガヒ ❶開き戸や箱のふたなどを自由に開閉するために取り付ける金具。2枚の金属板と1本の回転軸からなり、形がチョウに似るのでいう。丁番ちょうばん。❷物と物とのつなぎめ。特に、からだの関節。「あごの―が外れる」
ちょう-つけ【帳付け】チャウ《「ちょうづけ」とも》❶金銭・物品の出納などを帳面に書きつけること。また、その係の人。「売り上げの―をする」❷買った品物を帳面に書きつけておき、月末や節季に代金を支払うこと。つけ。「―にして月末に支払う」類語 会計・出納すいとう
ちょう-づけ【丁付け】チャウ 書物に枚数やページ数をつけること。
ちょう-づめ【腸詰(め)】チャウ ソーセージのこと。
ちょう-づら【帳面】チャウ 帳簿に記載してある事柄。表向きの計算。ちょうめんづら。「―を合わせる」
ちょう-てい【長×汀】チャウ 長く続く波打ち際。
ちょう-てい【長弟】チャウ 弟の中でいちばん年長の者。自分のすぐ下の弟。
ちょう-てい【長堤】チャウ 長く続いているつつみ。
ちょう-てい【長程】チャウ 長い道のり。長途。
ちょう-てい【重訂】〔名〕スル ▶じゅうてい(重訂)
ちょう-てい【朝廷】テウ 天子が政治を行う所。廟堂びょうどう。朝堂。また、天子が政治を行う機関。
ちょう-てい【調停】テウ〔名〕スル ❶対立する双方の間に立って争いをやめさせること。仲裁。「いさかいを―する」❷紛争当事者の間に第三者が介入して、双方の互譲と合意のもとに和解させること。民事調停・家事調停など。❸労働争議に際し、労働委員会に設けられる調停委員会が労使双方の主張を聞いて調停案を作成し、その受諾を勧告して争議の解決を図ること。⇒斡旋あっせん ⇒仲裁 類語 仲裁・取り成す
ちょうてい-いいん【調停委員】テウテイヰヰン 各種の調停で、調停委員会を構成し、調停を行う委員。民事上の調停では、主任となる裁判官と二人以上の民間人からなり、労働関係の調停では、使用者・労働者・公益を代表する各委員からなる。
ちょう-ていおん【超低温】テウテイヲン 極低温より低い温度。ふつう希釈冷凍で得られる最低の温度約0.01ケルビンより低い温度を指す。核断熱消磁を利用し、10^{-5}ケルビン程度の低温が実現され、ヘリウム3の超流動現象などが現れる。超極低温。
ちょうてい-きょくほ【長×汀曲▽浦】チャウテイ 長く続く水際と、曲がりくねって変化のある浦。景色のよい海浜のこと。
ちょう-ていしゅうは【超低周波】テウテイシウハ 周波数が非常に低いこと。また、その波動や振動。一般的に人間の耳に音として聞こえる可聴周波よりも低い、20ヘルツ以下の音波や弾性波を指す。
ちょうていしゅっせいたいじゅう-じ【超低出生体重児】テウテイシュッセイタイヂュウ 出生時の体重が1000グラム未満の低出生体重児。超未熟児。ELBWI(extremely low birth weight infant)。
ちょうてい-りこん【調停離婚】テウテイ 当事者の申し立てにより、家庭裁判所の家事調停によって成立する離婚。
ちょう-てき【朝敵】テウ 朝廷にそむく敵。
ちょう-てき【×糶×糴】テウ ❶売り米ちょうと買い米てき。❷穀物の売買。「相場師の―をなすが如し」〈村田文夫・西洋聞見録〉
ちょうてき-ばいばい【×糶×糴売買】テウテキ ▶競せり売買
ちょう-てつ【澄徹】〔名〕スル すんですきとおること。「空気が―していた」〈漱石・満韓ところどころ〉
ちょう-てん【長点】チャウ 和歌・連歌・俳諧などで、特にすぐれた作品に加える評点。長く引いた点や、二重のかぎ印などを用いる。
ちょう-てん【頂点】チャウ ❶㋐いちばん高い所。いただき。てっぺん。「山の―」㋑その世界で最高の地位。また、その人。「画壇の―に立つ巨匠」❷物事のいちばん盛んな状態。絶頂。「人気の―」「期待が―に達する」❸角をつくる二直線の交点。多面体の三つ以上の面の交わる点。円錐の母線が集まる点。放物線とその対称軸との交点。類語 頂上・絶頂・最高潮・クライマックス・山場・山・峠・ピーク
ちょう-てん【朝典】テウ 朝廷の儀式や制度。
ちょう-でん【弔電】テウ 弔意を伝える電報。
ちょうてん-がん【頂天眼】チャウテン 金魚の一品種。中国で改良。出目金より体形は長めで、赤色をし、背びれがなく、目は上方を向く。望天魚。
ちょう-でんす【兆殿司】テウ 明兆みんちょうの通称。
ちょう-でんどう【超伝導|超電導】テウデンダウ ある種の金属・半導体・有機伝導体などを絶対零度(セ氏零下273.15度)近くまで冷やしていくと、ある温度(臨界温度)で電気抵抗が急に零になる現象。1911年、カメルリン=オンネスが水銀で発見したのが最初。
ちょうでんどう-じしゃく【超伝導磁石】テウデンダウ 超伝導の金属線をコイルにした電磁石。安定な強い磁界を発生し、電気抵抗がなくなるので発熱がなく、消費電力がきわめて少ない。
ちょうでんどう-たい【超伝導体】テウデンダウ 超伝導を示す物質。低温などの特別な条件の下、電気抵抗が零になったり、マイスナー効果が現れたりする。
ちょう-と【×刁斗】テウ 古代中国の軍隊で、鍋なべと銅鑼どらを兼ねた銅器。昼は食物を煮て、夜は打ち鳴らして警戒するのに用いた。ちょうとう。
ちょう-と【長途】チャウ 遠いみちのり。長い旅路。「大陸横断の―に就く」類語 遠路
ちょう-と【丁と】チャウ〔副〕《古くは「ちょうど」》❶物が強くぶつかり合うさま。また、その音を表す語。はっしと。ばしっと。「太刀を―打ち下ろす」❷激しくにらみつけるさま。「入道相国を―にらまへて」〈平家・五〉❸しっかりと。がっちりと。「そなたへ引け。強くひかへよ。―取り付け」〈義経記・五〉❹整然としたさま。きちんと。きっちりと。「殿上ノ小庭ニ―カシコマッテイタ」〈天草本平家・一〉
ちょう-ど【調度】テウ《古くは「ぢょうど」とも》❶日常使う手回りの道具や器具類、また小型の家具。「新居にふさわしい―を揃える」❷《弓矢を武具の第一としたところから》弓矢のこと。「そなたをさしてまからんといひて、―負ひて去ぬ」〈宇治拾遺・一二〉類語 道具・器具・用具・器材・器物・工具・古道具・装具・用品
ちょう-ど【丁度】チャウ〔副〕《「丁ちょうと」からできた語か。「丁度」は当て字》❶ある基準に、過不足なく一致するさま。きっかり。ぴったり。きっちり。「―約束の時間に着く」「ブラジルは―日本の裏側にある」❷ある物事が期待・目的にうまく合うさま。折よく。都合よく。「―よいところへ来てくれた」「―手があいたところだ」❸ある物事が、そのときまさに行われているさま。「―うわさをしていたところだ」❹(「恰度」とも当てて書く)そっくりそのままある物事にたとえられるさま。まるで。さながら。「―秋晴れの空のような深い青」❺酒などの分量が多いさま。たっぷり。十分に。「納めの杯、坂部も―下されて」〈浄・宵庚申〉
類語 (❶)きっかり・かっきり・きっちり・ぴったり・ちょっきり・ジャスト/(❷)折よく・運よく・たまたま・折しも・折節おりふし/(❹)まるで・さながら・あたかも
ちょう-とう【長刀】チャウタウ ❶長い刀。❷薙刀なぎなた。
ちょう-とう【長頭】チャウ 人間の頭を真上から見て、前後に長い長円形に近いもの。⇔短頭。
ちょう-どう【鳥道】テウダウ 鳥しか通わないような険しい山道。鳥路。鳥径。
ちょう-どう【朝堂】テウダウ ❶天子が執政し、群臣と会見する所。朝廷。❷「朝堂院」の略。
ちょうどう-いん【朝堂院】テウダウヰン 大内裏の正庁。本来は百官が政務を執る場であったが、しだいに即位・大嘗会だいじょうえ・朝賀などの国家的儀式や宴を行う場となった。大内裏の南中央に位置し、正殿は大極殿、正門は応天門。八省院。
ちょうどう-けん【聴導犬】チャウダウ 聴覚障害者を介助するよう訓練された犬。ドアホン・電話・警報機などのさまざまな音を聞き分け、音源を人に知らせ、必要に応じて誘導する。⇒補助犬
ちょう-とうは【超党派】テウタウ 党派的利害をこえて、関係者が一致協力すること。「―外交」
ちょう-どうりょう【張道陵】チャウダウリョウ 張陵ちょうりょうの通称。
ちょうど-がけ【調度懸(け)】テウド ❶平安時代、宮中で儀式のときに弓矢を持って供奉した役。❷中世、武家で外出の際に、弓矢を持って供をした役。調度持ち。❸江戸時代、弓矢を飾った台。中央の作り付けの箙えびらに矢を立て、その左右に弓二張りを立てて置いた。弓矢台。
ちょう-どきゅう【超×弩級】テウドキフ ❶「超弩級艦」の略。❷同類のものよりはるかに強大であること。また、はるかにすぐれていること。「―の大作映画」
ちょうどきゅう-かん【超×弩級艦】テウドキフ 攻撃力・防御力その他の設備において弩級艦よりも強大な戦艦。⇒弩級
ちょうとく【長徳】チャウトク 平安中期、一条天皇の時の年号。995年2月22日〜999年1月13日。
ちょう-どころ【町所】チャウ《「ちょうところ」とも》❶自分の住んでいる町名・番地。❷町年寄の詰めている所。会所。「―へも断りなく人の留守に踏ん込み」〈浄・博多小女郎〉
ちょう-とじ【帳×綴じ】チャウトヂ ❶紙をとじて帳面を作ること。❷紙をとじる穴をあける時に使用する錐きり。千枚通し。❸「帳祝い」に同じ。
ちょう-とっきゅう【超特急】テウトクキフ ❶特別急行列車の中でも特に速い列車。❷物事をとりわけ早く処理すること。「―で仕上げる」類語 至急・早急・急ぎ・大急ぎ・取り急ぎ・緊急・急遽きゅうきょ・特急
ちょうど-ひん【調度品】テウド 日常的に用いる道具類。
ちょうど-もち【調度持(ち)】テウド ▶調度懸け❷
ちょう-とん【朝×暾】テウ 朝日。朝陽。「真紅の―瞳々として昇りそめたり」〈独歩・愛弟通信〉
ちょう-とんぼ【×蝶×蜻=蛉】テフ トンボ科の昆虫。体は黒色。翅はねは幅広く、先端が透明なほかは黒褐色で紫青色または金緑色の光沢がある。池沼の上をチョウのように飛ぶ。本州から九州まで分布。
ちょうな【▽手×斧|×釿】テウ《「ておの」の音変化》大工道具の一。直角に曲がった大きな平鑿ひらのみに木製の柄をつけた鍬くわ形の斧おの。木材を荒削りしたのち平らにするのに用いる。類語 斧おの・鉈なた・手斧ておの・鉞まさかり
ちょう-ない【町内】チャウ 同じ町の中。また、そこに住む人。「―の集まり」類語 市内・市中・近所
ちょう-ない【帳内】チャウ ❶とばりのうち。几帳きちょうの内側。ちょうだい。❷帳面に記入してある範囲。❸律令制で、親王・内親王に与えられ、その護衛や雑役を務めた下級官吏。臣下に与えられる資人しじんとともに舎人とねりともよばれる。⇒資人
ちょうない-あずけ【町内預け】チャウナイアヅケ 「町まち預け」に同じ。
ちょうない-かい【町内会】チャウナイクワイ 町内に組織される住民の自治組織。第二次大戦中は制度化され、隣組を下位組織として住民統制の一端を担った。町会。
ちょうない-きん【腸内菌】チャウナイ ▶腸内細菌
ちょうない-さいきん【腸内細菌】チャウナイ 腸の中に常在する細菌。大腸菌・腸球菌・ビフィズス菌・乳酸菌など多くの種類がある。栄養摂取や外来菌の防御に役立つ細菌がある一方、発癌はつがんや感染症をもたらす細菌もある。腸内菌。
ちょうな-なぐり【▽手×斧×擲り】テウナ 材木の表面を手斧で削って仕上げること。「―の柱」
ちょうな-はじめ【▽手×斧始め】テウナ ❶家の建築に際し、大工が仕事を始める日に行う儀礼。木造こづくり始め。斧おの始め。❷正月に大工が行う仕事始めの行事。(季 新年)
ちょう-なみ【町並(み)】チャウ ❶町ごと。それぞれの町。❷町家の並びぐあい。まちなみ。
ちょうな-め【▽手×斧目】テウナ 手斧で削った跡。
ちょう-なん【長男】チャウ 兄弟のうち1番目に生まれた男子。長子。総領。類語 長子・次子・総領・初子ういご・初子はつご・末っ子・長女・次男・次女・長兄・次兄・長姉
ちょう-にん【町人】チャウ 江戸時代、都市に住んだ商・

工業者の総称。狭義には家持ち・地主をいい、店借り・地借りは含まれない。中世までは身分として明確には成立していなかったが、近世初期の兵農分離政策により、士・農階層と区別して固定化された。身分的には下位におかれたが、両替商・札差などの金融業者は富を蓄積して領主の経済を動かし、また、町人文化の担い手ともなった。

ちょう-にん【重任】〔名〕スル ❶▶じゅうにん(重任)❷ ❷平安中期以降、国司が任期満了にあたり、財貨を納入したりして、さらに任期を重ねること。

ちょう-にん【▽停任】国司などの官人が、過失などで職を一時やめさせられること。ていにん。「御札を削って、闕官一せらるべきよし」〈平家・一〉

ちょう-にん【×寵人】▶ちょうじん(寵人)

ちょうにんうけおい-しんでん【町人請負新田】江戸時代、町人が幕府・藩より請け負ってみずからの資本で開発した新田。

ちょうにん-かがみ【町人▽鑑】町人の手本となる人。「世上に名をふれて、これ皆町人の中の一といへり」〈浮・織留・二〉

ちょうにん-ごしらえ【町人×拵え】❶町人風の身なりをすること。❷町人が差す刀の作り。町人好みの刀の作り。「一七所などの大脇差、すこし反らして藍鮫を懸け」〈浮・一代男・七〉

ちょうにん-さばき【町人×捌き】中世末から近世初頭にかけて、町人の自治機関によって町人の間の紛争を処理したこと。

ちょうにん-もの【町人物】浮世草子のうち、主として町人の経済生活の実態を描いたもの。井原西鶴の「日本永代蔵」「世間胸算用」など。

ちょう-ネクタイ【×蝶ネクタイ】蝶結びにしたネクタイ。主として礼装用。ボータイ。

ちょう-ねん【長年】〔名〕スル ❶長い年月。ながねん。❷ながいき。長寿。長命。「師の一を寿ぐ」❸少壮の年。成年。「一の今継母に逢へり」〈太平記・一二〉❹年限を重ねて奉公すること。重年。「御婚礼までお着き申さうと存じまして、只今までとうとう一致しましたが」〈滑・浮世風呂・二〉

ちょう-ねん【重年】❶年齢をかさねること。❷「長年❹」に同じ。「一を出されるやつがそそのかし」〈川傍柳・二〉

ちょうねん【奝然】[?〜1016]平安中期の三論宗の僧。京都の人。永観元年(983)入宋、大蔵経や三国伝来といわれる釈迦像を持ち帰った。帰国後、嵯峨に清涼寺を建てようとして果たせず、弟子が建立。

ちょう-ねんげつ【長年月】長い年月・月日。

ちょう-ねんてん【腸捻転】腸の一部が強くねじれてしまい、腸閉塞と血行障害を起こす病気。S状結腸に起こることが多く、激しい腹痛や嘔吐、腹部膨満などがみられ、糞便を吐くこともある。放置すれば生命にかかわる。

ちょう-ねんまく【腸粘膜】腸壁を形成している粘膜。

ちょう-ねんれい【腸年齢】腸内の善玉菌と悪玉菌などのバランスから、腸の状態を年齢で表したもの。生活習慣病にかかる可能性や老化の度合いなどを知る目安とする。老年期になると、ビフィズス菌などの善玉菌が減少し、ウェルシュ菌や大腸菌といった悪玉菌が優勢になる。悪玉菌の増加は免疫力の低下をまねき、さまざまな体調不良の原因となる。悪玉菌は、加齢以外に脂肪分の取りすぎなどの食生活の偏りによっても増加する。

ちょう-のう【聴納】〔名〕スル 相手の意見や願いを聞き入れること。聴許。「その事に即て、他人種々の意見を一し」〈中村訳・自由之理〉

ちょう-のうりょく【超能力】人間の力では不可能とされるようなことができる能力。テレパシー・透視・予知・念力など。

ちょうのすけ-そう【長×之助草】バラ科の草本状の常緑低木。高山帯に自生。茎は分枝し、地をはう。葉は楕円形。夏、白い花を1個開く。明治22年(1889)に植物採集家の須川長之助が発見。みやまぐるま。

ちょう-は【長波】❶波長が1〜10キロメートル、周波数30〜300キロヘルツの電波。超長波を含めていうこともある。航空通信などに利用。キロメートル波。LF(low frequency)。➡短波 ➡中波 ❷波長が水深に比べて長い波。潮汐で起こる波や津波など。浅海波。

ちょう-ば【町場｜丁場｜帳場】❶宿場と宿場との間の距離。また、ある区間の距離。ある一定の時間にもいう。「三時間の長丁一」❷道路工事や運送などの受け持ち区域。持ち場。❸馬子・駕籠かき・人力車夫などのたまり場。「彼はそのまま波止場を出て、俥の一へ行った」〈葉山・海に生くる人々〉

ちょう-ば【帳場】❶旅館や商店などで、帳付けや勘定などをする所。勘定場。「一で支払いを済ませる」❷▶町場 類語 受け付け・フロント・窓口

ちょう-ば【跳馬】器械体操用具の一。また、それを使った体操競技。男子用は高さ1.35メートル、女子用は高さ1.25メートルで、男女とも幅0.95メートルの器具に手をついて飛び越し、回転などの技を競う。とびうま。

ちょう-ば【嘲罵】〔名〕スル あざけりののしること。「一を浴びせられる」「口汚く一する」類語 罵倒・痛罵・面罵・冷罵・漫罵・悪罵・面詰・ののしる・毒突く

ちょう-ば【調馬】〔名〕スル 馬を乗りならすこと。

ちょう-はい【▽停廃】予定していた事柄をとりやめること。ていはい。「国司師高これを一の間、その宿意によって大衆をかたらひ」〈平家・二〉

ちょう-はい【朝拝】▶朝賀

ちょう-ばい【鳥媒】鳥によって植物の受粉が媒介されること。

ちょう-ばい【×糶売】❶「売り米」に同じ。❷せり売りすること。競売。

ちょうばい-か【鳥媒花】ハチドリ・ミツスイなどの鳥によって花粉が運ばれ、受粉する花。日本ではメジロがツバキ・ヤッコソウの受粉を媒介するといわれる。➡虫媒花

ちょう-ばく【帳幕】とばりと、まく。また、それを張りめぐらした所。

ちょうはく-さん【長白山】白頭山の異称。

ちょうはく-さんみゃく【長白山脈】▶チャンベクさんみゃく

ちょう-ばこ【帳箱】帳場に置いて、帳簿や筆記用具などを入れておく箱。

ちょうば-ごうし【帳場格子】商店などで、帳場のかこいに立てる低い衝立格子。多くは二つ折り、または三つ折り。結界。

ちょうば-し【調馬師】❶馬を乗りならす人。❷もと宮内省主馬寮に属した職員。乗馬の調練を担当した。

ちょう-はずれ【帳外れ】江戸時代、村を出奔し、または追放されたため、宗門人別帳を除籍となり、無宿者になること。また、その人。帳外。

ちょう-はつ【長髪】❶長い髪。髪を長くのばしていること。❷長くのびた月代。「無礼の一略衣のこのまま」〈浄・布引滝〉

ちょう-はつ【挑発｜挑×撥】〔名〕スル 相手を刺激して、事件や紛争などを引き起こすように、また、好奇心や欲情などをかきたてるようにしむけること。「一に乗る」「購買欲を一される」類語 扇動・鼓吹・鼓舞

ちょう-はつ【徴発】〔名〕スル ❶人の所有する物を強制的に取り立てること。特に、軍需物資などを人民から集めること。「馬や食糧を一する」❷人を強制的に呼び集めること。「塹壕掘りに一する」
類語 取り立てる・徴収・徴税・収税・課税・追徴

ちょう-はつ【調髪】〔名〕スル 髪を切ったり刈ったりして整えること。整髪。理髪。「理髪店で一してもらう」「男性用一料」類語 散髪・理髪・整髪

ちょう-ばつ【懲罰】〔名〕スル ❶こらしめのために罰を加えること。また、その罰。「違反者を一する」❷公務員などの不正・不当な行為に対する制裁。特に、国会の各議院または地方議会が、議会の秩序維持のために議員に科する制裁。戒告・陳謝・登院(出席)停止・除名の4種がある。類語 懲戒

ちょうばつ-いいんかい【懲罰委員会】国会の常任委員会の一。議員の懲罰に関する事項を審査する委員会。

ちょうはつ-ぞく【長髪賊】清朝が強制した弁髪を拒否して長髪にした太平天国の人々に対する、清朝側の呼び名。

ちょうはつ-てき【挑発的】〔形動〕いかにも挑発するようなさま。事を引き起こすようにしむけたり、色情を刺激したりするさま。「一な態度」「一な服装」

ちょう-はながた【×蝶花形】祝宴のときに用いる銚子などにつける飾り。白紙をチョウの形に折って、紅白の水引をかけたもの。チョウは酒の毒を消すということから用いられる。蝶形。

ちょう-ばみ【調▽食み】・【重▽食み】双六で二つのさいころを振って同じ目が出るのを競うこと。重目。「一に、調多く打ち出でたる」〈枕・三一〉

ちょう-はん【丁半】・【重半】❶さいころの目の丁(偶数)と半(奇数)。❷2個のさいころを振って、合計が丁か半かを勝負する賭博。

ちょう-ばん【丁番】蝶番のこと。

ちょう-ばん【×蝶番】「ちょうつがい(蝶番)」に同じ。

ちょう-はんけい【長半径】楕円の長軸の半分。楕円の中心を通る半径のうちで最も長く、必ず楕円の焦点を通る。半長径。

ちょうはん-ずきん【長範頭巾】《能の「熊坂」で熊坂長範が用いる頭巾に似ているところから》目の部分以外は全部覆うように作った錣付きの丸頭巾。享保・元文(1716〜1741)ごろ流行。熊坂頭巾。

ちょうばん-るい【鳥盤類】鳥盤目の恐竜の総称。骨盤の形が鳥に似て、恥骨が座骨に平行になっている。2脚歩行のイグアノドン、4脚歩行のステゴサウルスなどが含まれ、いずれも草食性で、中生代のジュラ紀後期から白亜紀後期にかけて繁栄した。➡竜盤類

ちょう-ひ【張飛】[166?〜221]中国、三国時代の蜀の武将。涿郡(河北省)の人。字は益徳。関羽とともに劉備をたすけて魏・呉と戦った。勇猛だが粗暴で、呉討伐の際に部下に殺された。

ちょう-び【丁日】丁の数にあたる日。偶数日。ちょうのひ。

ちょう-び【長尾】尾が長いこと。また、長い尾。

ちょう-び【×掉尾】《尾を振る意。慣用読みで「とうび」とも》物事が、最後になって勢いの盛んになること。また、最後。「一を飾る」類語 終わり・最後・おしまい・終了・終結・終焉・終末・果てし・幕切れ・閉幕・幕・打ち止め・ちょん・完・了・ジエンド・終い・最終・結末・結び・締め括り・結尾・末尾・終局・終幕・大詰め・土壇場・どん詰まり・末・ラスト・エンディング・フィニッシュ・フィナーレ

掉尾の勇を奮・う 最後の勇気をふるい起こしてがんばる。

ちょうび-けい【長尾鶏】▶尾長鶏

ちょう-びさいぎじゅつ【超微細技術】▶ナノテクノロジー

ちょうひも-りろん【超×紐理論】素粒子を点ではなくミクロなひもと考えて、重力相互作用・強い相互作用・弱い相互作用・電磁相互作用を統一的な枠組みで表すことを目指す統一理論。超弦理論。スーパーストリング理論。

ちょう-びゃく【丁百】・【調百】江戸時代、銭96文を100文に通用させた慣行に対して、100文をそのまま100文として勘定すること。丁銭。調銭。➡九六銭

ちょう-ひょう【帳票】帳簿と伝票。仕訳帳・売上帳などの帳簿類と、支払伝票・収納伝票などの伝票類の総称。

ちょう-ひょう【徴表】ある事物の特徴を表すもので、それによって他の事物から区別する性質。メルクマール。

ちょう-ひょう【徴×憑】❶しるし。証拠。❷訴訟上、ある事実の存在を間接に推理させる別の事実。この

ような証拠を間接証拠という。間接事実。(類語)証拠・証左・あかし・しるし・証左・証憑・徴証・明証・確証・実証・傍証・根拠・よりどころ・裏付け・ねた

ちょう-びょう【長病】長い間、病気であること。久しく治らない病気。ながわずらい。

ちょう-びりゅうし【超微粒子】大きさが概ね1〜100ナノメートルの微小な粒子。1粒に含まれる原子数は10^3から10^{10}個程度。金属、セラミックスなどの機能材料分野での応用が進められている。

ちょうび-るい【長鼻類】長鼻目の哺乳類の総称。円筒状の鼻が上唇とともに長く伸び、大きな耳をもち、皮膚は厚く、ほとんど毛はない。雄の上あごの門歯は牙になる。現生種のアジアゾウ・アフリカゾウのほか、マンモスなどの化石種も含まれる。

ちょうふ【長府】山口県下関市東部の地名。周防灘に面し、工業地・住宅地。古代は長門国府が置かれ、近世は長府藩の城下町。

ちょう-ふ【貼付】〔名〕スル《慣用読みで「てんぷ」とも》はりつけること。「封筒に切手を一する」

ちょう-ふ【調布】❶租税の一つとして官に納める手織りの麻布。つきぬの。たづくり。❷粗末な衣服。「身には一の帷、濯ぎけむ世も知らず朽ちたる」〈今昔・一五・一五〉❸小麦粉・卵黄などを用いて薄く焼いた皮で求肥を包んだ菓子。

ちょうふ【調布】東京都中部の市。名は、古代、麻が栽培され、多摩川の水にさらして布を織り、調(税)としたことによる。もと甲州街道の宿場町。深大寺・神代植物公園がある。人口22.4万(2010)。

ちょう-ぶ【町歩】田畑や山林などの面積を町を単位として数えるのに用いる語。「一〇〇一の田畑」

ちょう-ぶ【跳舞】踊り舞うこと。はねおどること。「戯台にて女子の一を為すものと雖も」〈中村訳・西国立志編〉

ちょう-ふう【長風】非常に遠くから吹いてくる風。また、遠くまで吹いていく強い風。勢いの盛んなことにたとえていう。「薩長土肥は輿論の一に駕して」〈小林雄七郎・薩長土肥〉

ちょう-ふく【重複】〔名〕スル ❶同じ物事が重なり合うこと。じゅうふく。「語句の一を避ける」「話が一する」❷染色体の一部が余分に付着していること。染色体異常の一。(類語)反復・循環・繰り返す・ダブる

ちょう-ふく【朝服】有位の官人が朝廷に出仕するときに着用した衣服。養老の衣服令では、文官・女子・武官に分けて規定している。朝衣。

ちょう-ぶく【調伏】〔名〕スル ❶《「ぢょうぶく」とも》仏語。㋐心身をととのえて、悪行を制すること。㋑祈祷によって悪魔・怨敵を下すこと。降伏。❷まじないによって人をのろい殺すこと。「呪咀の一の願を満てしめ」〈浄・賀古教信〉

ちょうふく-かぜい【重複課税】▶二重課税

ちょうふく-くみあわせ【重複組(み)合(わ)せ】n個のものから、同じものを何回でも取ることを許して、r個取る組み合わせ。その総数は${}_nC_r$で表される。重複順列。

ちょうふく-じゅせい【重複受精】被子植物に特有の受精方法。胚嚢内で2個の精核が、1個は卵細胞と、他の1個は2個の極核に由来する中心核と合体する現象。受精卵は胚に、受精した中心核は胚乳に発達する。

ちょうふく-じゅんれつ【重複順列】▶重複組み合わせ

ちょうぶく-ほう【調伏法】密教で、怨敵・悪魔などを調伏する修法。不動・降三世・軍荼利・金剛夜叉明王など忿怒の相を表すものを本尊として修する。調法。

ちょうふく-ほけん【重複保険】同種類の保険に複数加入すること。同一の保険対象につき、保険期間の全部または一部を共通にする複数の保険契約が存在する場合を広義の重複保険といい、複数の保険契約の保険金合計額が時価額または再調達価額を上回る場合を狭義の重複保険という。

ちょうふ-ざい【貼付剤】粘着剤に医薬品を混ぜて布などに塗り、皮膚に貼付して用いる製剤。はりぐすり。

ちょうふ-し【調布市】▶調布

ちょう-ぶそうし【長奉送使】斎宮が伊勢神宮に下向するとき供奉した勅使。ふつう、納言・参議などの公卿が任ぜられた。監送使。

ちょう-ぶつ【長物】❶長さの長いもの。❷長すぎて役に立たないもの。転じて、むだなもの。よけいなもの。「無用の一」「丸で下町の質屋か何かを連想させる此一と」〈漱石・明暗〉

ちょうぶつ-おっそ【超仏越祖】禅宗などで、仏や祖師を超越すること。仏祖の影響から離れて自己自身の面目を発揮すること。

ちょう-ふへんこう【超不変鋼】ニッケル約30パーセント、コバルト5パーセントを含み、線膨張率がアンバーよりさらに小さい鉄合金。標準尺・計測器に使用。超アンバー。

ちょう-プラ【長プラ】「長期プライムレート」の略。

ちょう-ぶん【弔文】死者をとむらう気持ちを表した文章。弔辞。

ちょう-ぶん【長文】長い文。長い文章。⇔短文。

ちょう-ぶん【彫文】彫刻した模様。

ちょうぶんさい-えいし【鳥文斎栄之】▶細田栄之

ちょう-ぶんせい【張文成】▶張鷟

ちょうふん-せき【鳥糞石】▶グアノ

ちょう-へい【凋弊】〔名〕スル 疲れおとろえること。疲弊。「此戦連綿として永く打続きしかば諸国次第に一し」〈田口・日本開化小史〉

ちょう-へい【徴兵】〔名〕スル 国家が国民を徴集して一定期間兵役に就かせること。「一されて入隊する」

ちょうへい-きひ【徴兵忌避】徴兵適齢者が、徴兵をまぬがれるために、故意に身体を傷つけたり、病気になったり、逃亡したりすること。兵役忌避。

ちょうへい-けんさ【徴兵検査】徴兵適齢の成年男子に対し、兵役に服する資質の有無を判定するために身体・身上を検査すること。

ちょうへい-せい【徴兵制】国家が一定年齢の国民に兵役義務を課して強制的に軍隊に入隊させる制度。日本では、明治6年(1873)発布の徴兵令に始まり、昭和20年(1945)に廃止。

ちょう-へいそく【腸閉塞】腸管通過が妨げられる病気。腸腫瘍・腸内異物・腸捻転・腸痙攣などによって起こり、激しい腹痛や嘔吐、ガス・便通の停止、腹部膨満などがみられ、急速に全身状態が悪化する。イレウス。

ちょうへい-てきれい【徴兵適齢】徴兵検査を受ける義務を生じる年齢。旧兵役法では、戸籍法に基づき、満20歳に達する男子。

ちょうへい-ゆうよ【徴兵猶予】徴兵の時期を延ばすこと。旧兵役法では、在学者・国外在住者に対して適用された。

ちょうへい-れい【徴兵令】明治6年(1873)に公布された徴兵に関する法令。国民皆兵主義をとり、満20歳に達した男子に兵役の義務を定めたが、当初は多くの免役規定があった。昭和2年(1927)兵役法と改称。

ちょうへいれつ-コンピューター【超並列コンピューター】《massively parallel computer》多数のマイクロプロセッサーを結合し、並列処理による高速化を図ったコンピューター。一般に普及しているマイクロプロセッサーを使うことで、スーパーコンピューター並みの演算速度をもちながら、安価に抑えることができる。

ちょう-へき【腸壁】腸の壁。内側から粘膜・粘膜下組織・筋層および漿膜からなり、消化・吸収に重要な働きをしている。

ちょうへきしき-さいたん【長壁式採炭】採掘面を100〜200メートルもの長さにとって行われる採炭方式。

ちょう-へん【長辺】長方形の、長いほうの辺。⇔短辺。

ちょう-へん【長編|長篇】詩歌・小説・映画などの長い作品。⇒短編

ちょう-べん【張勉】▶チャンミョン(張勉)

ちょう-べん【調弁|調辨】❶ととのえてとりはからうこと。❷しらべて処置すること。❸軍隊で、兵馬の糧食などを現地で調達すること。

ちょうへん-しょうせつ【長編小説】雄大な構想で多くの人物が登場し、事件・場面などが多岐に展開される、長い小説。長編。(類語)ロマン・ノベル

ちょう-ぼ【帳簿】金銭・物品の出納など、事務上の必要事項を記入するための帳面。「一をつける」

ちょう-ぼ【朝暮】❶あさと日ぐれ。あさゆう。❷(副詞的に用いて)朝から日ぐれまで。あけくれ。いつも。「一努力を怠らない」

ちょう-ぼ【徴募】〔名〕スル つのり集めること。特に、兵を募集・徴集すること。

ちょう-ぼいん【長母音】比較的長く持続して発音される母音。日本語では、1拍(モーラ)におさまる短母音に対して、さらに1拍分持続する母音をさす。⇔短母音。

ちょう-ほう【弔砲】弔意を表すために撃つ空砲。⇔祝砲。(類語)祝砲・礼砲・空砲

ちょうほう【長保】平安中期、一条天皇の時の年号。999年1月13日〜1004年7月20日。

ちょう-ほう【重宝】〔名・形動〕スル ❶貴重な宝物。じゅうほう。「先祖伝来の一」❷便利で役に立つこと。便利なものとして常に使うこと。また、そのさま。調法。「使いやすく一な道具」「一している辞書」❸貴重なものとして大切にすること。「わがままの鬼を一して育て上がったものぢゃ」〈松翁道話・三〉(派生)ちょうほうがる〔動ラ五〕ちょうほうさ〔名〕(類語)便利・簡便・軽便・至便・便・利便

ちょう-ほう【調法】〔名・形動〕スル ❶㋐「重宝❷」に同じ。㋑《古くは「ちょうぼう」とも》ととのえること。準備すること。特に、食事のしたくをすること。「サカナヲ一スル」〈日葡〉❷「調伏法」の略。

ちょう-ほう【諜報】敵情をひそかに探って知らせること。また、その知らせ。「一機関」「一員」

ちょう-ぼう【眺望】〔名〕スル 遠くを見わたすこと。また、見わたしたながめ。見晴らし。「一がきく山頂」「屋上から市街を一する」(類語)展望・見晴らし・見通し・一望・概観・望遠・景色・風景・風光・風色・景・景観・景色・景趣・眺め・パノラマ

ちょうぼうえん-レンズ【超望遠レンズ】望遠レンズの中でも特に焦点距離が長い写真レンズ。35ミリ判カメラでは、ふつう焦点距離が400ミリメートル以上のレンズをいう。

ちょうほう-きかん【諜報機関】▶情報機関

ちょうほうきてき-そち【超法規的措置】法律の定めを超えてとられる措置。日本赤軍による昭和50年(1975)クアラルンプールでの大使館占拠事件、同52年ダッカでのハイジャック事件の際、犯人グループが、人質をたてに過激派犯人の釈放を日本政府に要求し、政府がこれに応じたときにいわれた。

ちょうほう-けい【長方形】四角形のうちで、すべての角が直角のもの。長四角。矩形。(類語)四角・四角形・四辺形・方形・角形・升形・正方形

ちょうぼう-けん【眺望権】建物の所有者などが、他の建物などに妨害されることなく、これまで享受してきた一定の景色を眺望できる権利。⇒景観権

ちょうほう-じ【頂法寺】京都市中京区にある天台系の単立寺院。山号は紫雲山。西国三十三所第18番札所。聖徳太子が如意輪観音を安置した六稜の小堂に始まると伝え、のち嵯峨天皇の勅願所。親鸞が百日参籠をしている。本坊を池坊といい、華道家元の称。通称、六角堂。⇒池坊流

ちょうほう-たい【長方体】▶直方体

ちょうぼ-かがく【帳簿価額】▶簿価

ちょう-ぼく【鳥卜】▶鳥占術

ちょう-ほん【張本】《古くは「ちょうぼん」》❶事の起こり。原因。特に、悪事のもととなること。また、その人。張本人。「弱い者いじめの一で」〈中勘助・銀の

匙〉❷あとでの出来事に備えて、前もって準備しておくこと。

ちょう-ぼん【超凡】〔名・形動〕普通よりはるかにすぐれていること。また、そのさま。非凡。「一な才能」（類語）超越・非凡

ちょうほん-にん【張本人】事件の起こるもとをつくった人。首謀者。張本。「騒動の一」

ちょう-ま【鳥馬】ツグミの別名。ぴょんぴょんとび歩くのでいう。

ちょう-まい【超×邁】他より非常にすぐれていること。「一を宗として」〈漱石・吾輩は猫である〉

ちょうまつ【長松】江戸時代、商家の丁稚に多く用いられた名。また、丁稚・小僧。ちょま。「一が親の名で来る御慶かな／野坡」〈炭俵〉

ちょうまつ-こぞう【長松小僧】江戸時代、安永・天明(1772〜1789)のころ、右手で米銭を入れる酒樽を提げ、左手で長松小僧と名づけた60センチくらいの着飾った禿人形を舞わせながら、家々を回って物ごいをした門付け芸人。

ちょう-まん【腸満｜×脹満】腹部にガスや液体がたまって膨張した状態。

ちょう-み【調味】〔名〕スル 飲食物に味をつけること。「塩で一する」（類語）料理・調理・割烹・煮炊き・炊事・クッキング・菜・おかず・膳・膳部・食膳・ご馳走・佳肴・酒肴・ディッシュ

ちょう-みじゅくじ【超未熟児】▶超低出生体重児

ちょう-みつ【×稠密】〔名・形動〕「ちゅうみつ(稠密)」の誤読。

ちょうみ-りょう【調味料】❶調味に使う材料。砂糖・味噌・醤油・塩・酢など。❷▶うまみ調味料

ちょう-みん【兆民】たくさんの人民。万民。

ちょう-みん【町民】町の住民。

ちょう-みん【朝民】朝廷の支配下にある人民。

ちょうみん-ぜい【町民税】町が課する住民税。➡市町村民税

ちょう-む【庁務】❶官庁の事務。❷検非違使庁の事務。❸門跡寺院の役人。坊官。

ちょう-む【朝務】朝廷のつとめ。朝廷の政務。

ちょう-むすび【×蝶結び】ひもや水引などの結び方の一。チョウが羽を広げたように輪をつくって結ぶもの。➡水引❶

ちょう-め【丁目】市街地の区画で、町の中の小区分を表す語。番地よりは大きい。「銀座四一」

ちょう-め【重目】▶調食み

ちょう-めい【町名】町の名称。「一の変更」

ちょう-めい【長命】〔名・形動〕長生きであること。また、そのさま。長寿。「一な人」⇔短命。（類語）長寿・長生・長生き・延命

ちょうめい【長明】▶鴨長明

ちょう-めい【朝命】朝廷の命令。天子の仰せ。

ちょう-めい【澄明】〔名・形動〕水・空気などが澄みきっていること。また、そのさま。「一な大空」（類語）明るい

ちょうめい-がん【長命丸】❶室町時代、疲労回復に効果があるとされた丸薬。〈運歩色葉〉❷江戸時代の強精・催淫用の塗布剤。両国の四つ目屋で売っていたものが有名。「一の看板に、親子連れは袖を掩ひ」〈根無草・四〉

ちょうめい-じ【長命寺】滋賀県近江八幡市にある天台系の単立寺院。山号は伊綺耶山。聖徳太子の創建と伝え、鎌倉時代に尊海が中興。西国三十三所第31番札所。

ちょうめい-しり【朝名市利】《「戦国策」秦策から》朝廷で名誉を争い、市井で利益を争うこと。物事を争うには、それにふさわしい場所で争うべきであるというたとえに用いる。

ちょうめい-る【長命×縷】古代中国で、端午に飾る5色の糸。日本の薬玉の類。

ちょう-めん【帳面】ものを書くために紙をとじて作った冊子。ノート。また、広く帳簿のこと。（類語）ノート・手帳・帳簿・原簿・台帳・通い帳・大福帳・通帳

ちょうめん-かた【帳面方】❶帳面の記載や整理を受け持つ役。また、その人。❷江戸幕府勘定奉行の一分課。諸国の代官などから送られてきた勘定帳の検査を任務とした。

ちょうめん-づら【帳面面】帳面に記された、表面上の事柄。表向きの計算・金額。ちょうづら。「一を合わせる」

ちょう-もう【長毛】長い毛。「一種の猫」

ちょう-もうふ【趙孟頫】[1254〜1322]中国、元代の画家・書家・文人。呉興(浙江省)の人。字は子昂。号、松雪道人。宋の皇族の出身であるが、元朝に出仕。書は王羲之に、絵は唐・北宋画に範を求め、書画ともに元朝第一といわれた。詩文もよくし、「松雪斎文集」がある。

ちょう-もく【鳥目】銭の異称。また、一般に金銭の異称。江戸時代までの銭貨は中心に穴があり、その形が鳥の目に似ていたところからいう。現在は多く「お鳥目」の形で用いる。

ちょうもく-ひじ【長目飛耳】《「管子」九守の「一に曰く長目、二に曰く飛耳、三に曰く樹明、明に千里の外、隠微の中を知る」から》昔のことや遠くのことを見たり聞いたりすること。転じて、見聞を広めるための書物。飛耳長目。

ちょう-もつ【調物】調として納める品物。みつぎもの。

ちょう-もつ【×寵物】気に入り、かわいがっているもの。特に、気に入りの妾。「知足院殿に、小物御前と申す御一ありけり」〈元禄版著聞集・一五〉

ちょうもつ-し【徴物使】平安時代、中央の諸司・諸家に置かれ、地方からの調庸物の出納にあたった役人。地方に出向いて略奪行為を行うこともあった。

ちょう-もと【帳元】《帳簿の元締めの意》❶金銭の帳簿をつかさどる役。また、その人。❷江戸時代、興行物などの勘定を扱う役。また、その人。

ちょう-もん【弔問】〔名〕スル 遺族を訪問して、くやみを述べること。「関係者が多数一する」「一客」

ちょう-もん【重門】幾重にも重なった門。転じて、皇居。

ちょう-もん【頂門】頭の上。頭。（類語）頭上

頂門の一針《頭の上に1本の針を刺す意から》人の急所をついて強く戒めること。また、急所を押さえた教訓。

ちょう-もん【聴聞】〔名〕スル ❶説教や演説などを耳を傾けて聞くこと。「長上の訓諭を一する時など」〈寅彦・笑い〉❷(「聴問」とも書く)行政機関が、規則の制定や争訟の裁決などをするにあたって、利害関係者および第三者などの意見を聞くこと。また、そのための手続き。（類語）聴取・聞く

ちょうもん-かい【聴聞会】行政機関が聴聞を行うために開く会。

ちょうもん-きょう【長門峡】山口県中部、阿武川中流にある渓谷。名勝地。甌穴が多い。

ちょう-や【長夜】《古くは「ぢょうや」とも》❶秋または冬の長い夜。ながよ。（季 秋）⇔短夜。❷夜通し。「一の宴」❸《いつまでも夜が明けないところから》死んで埋葬されること。転じて、死後の世界。❹仏語。煩悩のため悟りが開けず生死の境界にさまようこと。「無明一」

長夜の夢を覚ま・す　思いがけない事件などが起こって、平和に慣れきっていた人々を驚かす。

ちょう-や【帳屋】江戸時代、帳面・紙・筆などを売った店。店先に笹を立てて目印とした。

ちょう-や【朝野】❶朝廷と民間。また、官民。「一の有力者を訪問する」〈荷風・雨瀟瀟〉❷世間。天下。「信を一に問う」

ちょう-やく【町役】❶町内の住民として果たさなければならない義務やつきあい。まちやく。「一の野おくりには出ぬ事なりがたし」〈浮・織留・五〉❷江戸時代、大坂の町人に賦課された町内の費用。まちやく。❸「町役人」の略。➡まちやくにん(町役人)

ちょう-やく【重訳】〔名〕スル「じゅうやく(重訳)」に同じ。「日本語に之を一して」〈石橋忍月・罪過論〉

ちょう-やく【跳躍】〔名〕スル ❶はねあがること。とびあがること。ジャンプ。「助走をつけて一する」「一力」❷「跳躍競技」の略。（類語）飛躍・勇躍・飛ぶ

ちょう-やく【調薬】〔名〕スル 薬を調合すること。調剤。「症状にあわせて一する」（類語）処方・調合・配剤

ちょうやく-きょうぎ【跳躍競技】陸上競技で、走り幅跳び・走り高跳び・三段跳び・棒高跳びの総称。

ちょうやく-じょうこく【跳躍上告】❶民事訴訟法上、訴訟当事者が上告をする権利を留保して、控訴はしない旨の合意をしたときに、第一審の終局判決に対して直接なされる上告。事実問題に争いがなく、法律問題について不服がある場合に認められる。飛越上告。❷刑事訴訟法上、第一審判決に対し、その判決において法律・命令・規則・処分が憲法に違反するとした判断、または地方公共団体の条例・規則が法律に違反するとした判断を不当として、直接最高裁判所に申し立てられる上告。飛越上告。

ちょう-やくにん【町役人】▶まちやくにん

ちょう-やくば【町役場】▶まちやくば

ちょうやぐんさい【朝野群載】平安後期の文集。30巻(うち9巻は散逸)。三善為康編。永久4年(1116)成立、のち増補。朝廷や民間の詩文や各種古文書などを集成したもの。

ちょうや-しんぶん【朝野新聞】明治前期の政論新聞。明治7年(1874)発刊。成島柳北・末広鉄腸らが健筆をふるった。同26年廃刊。

ちょうや-の-いん【長夜の飲】《「韓非子」説林上から》夜通し酒を飲み、夜が明けても明かりをともしたまま酒宴を続けること。長夜の宴。

ちょうや-の-しつ【長夜の室】墓穴。墓。

ちょうや-の-ねむり【長夜の眠り】❶一生を夢のように送ること。長夜の夢。❷仏語。煩悩のため悟りを開くことができず、迷いの苦界を脱することができないこと。長夜の闇。

ちょうや-の-やみ【長夜の闇】「長夜の眠り❷」に同じ。

ちょう-ゆう【町有】町が所有していること。「一林」

ちょう-ゆう【長×揖】〔名〕スル 上体を前方に傾けて頭を下げる、丁重な敬礼。「余も亦た老酋の指図に従い一して其礼を受けたり」〈竜渓・浮城物語〉

ちょう-ゆう【釣友】釣り友達。

ちょう-よう【長幼】年長者と年少者。また、大人と子供。「一の序」（類語）老弱・老若・老幼

ちょう-よう【重用】〔名〕スル その人を重んじて、重要な役に用いること。じゅうよう。「若手を一する」

ちょう-よう【重陽】《陽数である九を重ねる意から》五節句の一。陰暦9月9日のこと。また、その日に行われる節会。中国を起源とし、日本では平安時代に宮中の年中行事として菊の宴が催された。菊の節句。重陽の節。重九。（季 秋）「一の山里にして不二立てり／秋桜子」

ちょう-よう【朝陽】❶朝日。日の出。❷山の東。山東。

ちょう-よう【貼用】〔名〕スル はりつけて用いること。「只今、神膏、を一いたす所です」〈逍遥・内地雑居未来之夢〉

ちょう-よう【徴用】〔名〕スル 戦時などの非常時に、国家が国民を強制的に動員して、一定の仕事に就かせること。また、物品を強制的に取り立てること。「兵器工場に一される」「車両を一する」

ちょう-よう【調庸】律令制の租税で、調と庸。みつぎものと労役。

ちょう-よう【聴容】〔名〕スル 聞きいれること。聞いて認めること。

ちょうよう-ざい【腸溶剤】胃ではなく小腸に入ってから溶解するように作られた製剤。腸液で溶ける皮膜で覆ったりカプセルに入れたりする。

ちょうよう-たいげつ【朝陽対月】禅宗絵画の画題の一。一僧が破衣を繕い、一僧が月下に読経する姿を描く。普通は双幅に描かれる。

ちょうよう-の-えん【重陽の宴】重陽の日に

催される観菊の宴。➡菊の宴
ちょうよう-の-じょ【長幼の序】《「孟子」滕文公上から》年長者と年少者との間にある秩序。子供は大人を敬い、大人は子供を慈しむというあり方。➡五倫
ちょうよう-ほうおう【朝陽×鳳×凰】東洋画の画題の一。朝日に鳳凰を描くもの。
ちょう-よく【趙翼】[1727〜1814]中国、清の歴史学者・文学者。陽湖(江蘇省)の人。字は雲松、また耘松。号、甌北。考証をもととした史学者として有名で、著に「二十二史箚記」「陔余叢考」がある。詩に「甌北詩鈔」、詩の評論に「甌北詩話」など。
ちょう-らい【頂礼】仏教の礼法の一。尊者の前にひれ伏し、頭を地につけ、足元を拝する最敬礼。五体投地。ちょうれい。「帰命—」
頂礼昂じて尼になる　信心が厚すぎて、とうとう仏門に入って尼になる。
ちょう-らい【朝来】朝からずっと続くこと。朝以来。「—市中の人多き所々に」〈露伴・露団々〉
ちょうらか・す〔動サ四〕からかう。なぶる。ちゃかす。「御台所か姫君のやうに、猫—・してござっても済まぬ事」〈浄・大経師〉〔補説〕歴史的仮名遣い未詳。「ちゃうらかす」また「てうらかす」とも。
ちょう-らく【長楽】長く楽しむこと。楽しみが続くこと。
ちょう-らく【×凋落】〔名〕(スル) ❶花や葉がしぼんで落ちること。「—の秋」❷おちぶれること。落魄。「一家が—する」❸容色などが衰えること。「鏡の中には、もう—し尽くした女が映っていた」〈藤村・家〉❹人間が衰えて死ぬこと。「朋友また—し尽きて、孑然たる一身となり」〈中村訳・西国立志編〉
〔類語〕落ちぶれる・没落・零落・転落・落魄・散る
ちょうらく-きゅう【長楽宮】㊀中国、漢の宮殿の名。高祖が修築したもので、皇太后の住居となった長信宮があった。㊁皇太后宮の異称。
ちょうらく-じ【長楽寺】京都市東山区にある時宗の寺。山号は黄台山。延暦年間(782〜806)最澄の創建と伝え、初め天台宗で、南北朝時代に国阿が中興し、時宗に改めた。
ちょうらく-もん【長楽門】㊀平安京内裏内郭十二門の一。南面し、承明門の東にあった。㊁平安京大内裏朝堂院二十五門の一。南面し、応天門の東にあった。応天門東腋門。左廂門。
ちょう-らん【重×巒】重なりあって連なる山。重嶺。「三里の坦途、一帯の—」〈紅葉・金色夜叉〉
ちょう-らん【張瀾】[1872〜1955]中国の政治家。南充県(四川省)の人。字は表方。日本に留学後、四川省長・成都師範大学校長を歴任。1944年、中国民主同盟主席。中華人民共和国成立後は人民政府副主席に就任。チャン＝ラン。
ちょう-り【長吏】❶中国、漢の官制で、600石以上の俸禄の者。地方では200石から400石くらいの役人。❷寺の長として、寺務を統轄した役僧。特に、勧修寺・園城寺・延暦寺楞厳院などで用いられ、他の寺でいう座主・検校・別当などにあたる。❸江戸時代、穢多をいった語。
ちょう-り【調理】〔名〕(スル) ❶物事をととのえること。調整。「莫大の歳出を—するの余儀なきに至ったが」〈河上肇・ロイド＝ジョージ〉❷食物を料理すること。「肉を—する」「—場」〔類語〕料理・炊事・煮炊き・調味・クッキング・割烹・菜・おかず・膳・膳部・食膳・ご馳走・佳肴・酒肴・ディッシュ
ちょうり-がんぐ【調理玩具】▶クッキングトイ
ちょうり-し【調理師】調理師法に基づき、都道府県知事から免許を受け、調理の業務に従事する資格を有する者。〔類語〕コック・シェフ・板前
ちょう-りつ【町立】町で設立し、管理・維持すること。また、その施設。「—図書館」
ちょう-りつ【調律】〔名〕(スル) 楽器の音高を、ある音律に合うようにととのえること。音色や楽器の機構の調整を含めていうこともある。調音。「ピアノを—する」
ちょうりつ-し【調律師】楽器の調律を職業とする人。
ちょう-りゃく【長暦】平安中期、後朱雀天皇の時の年号。1037年4月21日〜1040年11月10日。
ちょう-りゃく【調略】はかりごとをめぐらすこと。計略。「危ウイ命ヲワガ—ヲモッテ助ケタレバ」〈天草本伊曽保・パストルと狼〉
ちょう-りゅう【長流】川の長大な流れ。
ちょう-りゅう【長×旒】幅が狭く丈の長い旗。
ちょう-りゅう【潮流】❶潮の流れ。海水の流れ。特に、潮汐によって生じる海水の流れ。❷時勢の動き。時代の傾向。「時代の—に乗る」
〔類語〕(❶)海流・暖流・寒流/(❷)時流・風潮
ちょう-りゅうじょうはん【超粒状斑】太陽の光球面に見られる大きさ約3万キロメートルの模様。粒状斑より大きく、平均寿命は20時間程度。ガスが対流によって中央部に上昇し、周辺部に広がって下降する。
ちょう-りゅうたい【超流体】まったく粘性がない超流動の状態にある流体。液体ヘリウムは絶対零度に近い極低温のもとで超流体になる。
ちょう-りゅうどう【超流動】液体ヘリウムが、絶対零度に近い極低温のもとで、粘性を失って毛細管中を抵抗なく流れる特異な現象。
ちょう-りょう【張良】㊀[?〜前168]中国、前漢創業の功臣。新鄭(河南省)の人。字は子房。韓の貴族の出身で、秦の始皇帝の暗殺に失敗後、劉邦の謀臣となって秦を滅ぼし、さらに鴻門の会では劉邦を危急から救った。漢の統一後は留侯に封じられた。㊁謡曲。四、五番目物。観世信光作。黄石公が川に落とした沓を漢の張良が取って履かせ、人柄を認められて太公望の兵法の奥義を授かる。
ちょう-りょう【張陵】中国、後漢末の道士。五斗米道の開祖。沛(江蘇省)の人。蜀の鶴鳴山に入って仙道を学び、治病のための符と道書を広めて教団を組織。のち尊ばれて天師と称された。張道陵。生没年未詳。
ちょう-りょう【跳×梁】〔名〕(スル) はねまわること。転じて、好ましくないものが、のさばりはびこること。「悪鬼が—する」〔類語〕横行・氾濫・跋扈
ちょうりょう-ばっこ【跳×梁×跋×扈】〔名〕(スル) 悪者などが勢力をふるい、好き勝手にふるまうこと。「悪徳商法が—する」
ちょう-りょく【張力】物体内の任意の断面に、垂直に、面を互いに引っ張るように働く応力。液体では通常、表面積を小さくしようとする一種の張力が働く。「表面—」
ちょう-りょく【潮力】潮の干満による海面の水位の差によって生じるエネルギー。
ちょう-りょく【聴力】聴覚器官の、音を聴き取る能力。高低・強弱・音色などを識別する能力。
ちょうりょく-はつでん【潮力発電】潮の干満の差の大きい所で、満潮時に蓄えた海水を干潮時に放流し、水力発電と同じ原理でタービンを回す発電方式。潮汐発電。
ちょう-りんかい【超臨界】原子炉の炉心で、核分裂によって発生する中性子の数が、吸収される中性子の数より多くなる状態。
ちょうりんかい-じょうたい【超臨界状態】物質の相を圧力・温度を変数にして図示した状態図における、臨界点を超えた圧力・温度の状態。気体と液体の中間的な性質をもつ。この状態にある物質を超臨界流体という。特に水の場合は超臨界水といい、工業的に利用される。
ちょう-りんかいすい【超臨界水】《supercritical water》水をセ氏374度、218気圧の高温高圧にした状態。温度・圧力ともに臨界点に達した状態で、水は液体とも気体とも区別がつかない性質を帯びる。有機物の溶媒としてすぐれ、有害有機物の分解処理などに応用される。
ちょうりんかい-ちゅうしゅつ【超臨界抽出】超臨界状態にある物質を用いて各種成分の抽出を行うこと。超臨界状態の二酸化炭素(超臨界炭酸ガス)は強力な溶解力をもつため、コーヒーの脱カフェイン、天然原料からの香料や医薬品の成分の抽出などに実用されている。
ちょうりんかい-りゅうたい【超臨界流体】物質の相を圧力・温度を変数にして図示した状態図における、臨界点を超えた圧力・温度の状態にある物質。気体と液体の中間的な性質をもつ。水、二酸化炭素、ヘリウムなどの臨界流体がある。超臨界水は気体並みの拡散性と強い酸化力を活かして、重金属や有害有機物質の溶媒に用いられる。また超臨界ヘリウムは密度が高い割に粘性が小さいため、超伝導体の強制冷却装置の冷媒に利用される。
ちょう-る【彫×鏤】〔名〕(スル) 彫刻して飾ること。ちょうろう。「二碑の前に—したる榻あり」〈鴎外訳・即興詩人〉
ちょう-るい【鳥類】鳥綱の脊椎動物の総称。体は羽毛で覆われ、前肢が翼となって飛翔に適し、くちばしをもつ、卵生の恒温動物。世界中に約8600種が分布。とり。
ちょう-れい【×凋零】〔名〕(スル) 花などがしぼんで落ちること。転じて、勢いなどが衰えること。「是の人の、斯る—せる有様を」〈竜渓・経国美談〉
ちょう-れい【朝礼】学校や会社などで、始業前に全員が集まってあいさつ・連絡などを行う朝の行事。朝会。
ちょうれい-ぼかい【朝令暮改】朝に出した命令を夕方にはもう改めること。方針などが絶えず変わって定まらないこと。朝改暮変。
ちょう-れつ【朝列】朝廷に列すること。「我も—の臣と仕へて」〈太平記・三二〉
ちょう-れん【調練】〔名〕(スル) 訓練すること。特に、兵士を訓練すること。練兵。「新兵を—する」
ちょう-れんが【長連歌】短歌の上の句(長句)と下の句(短句)とを交互に詠み連ねる連歌。第一句を発句、次句を脇、第三句を第三、最終句を挙句といい、百韻を定型とするが、ほかに歌仙・世吉・五十韻・千句・万句などの形式がある。➡短連歌
ちょう-ろ【朝露】朝方におりた露。あさつゆ。また、人生などのはかないことを、消えやすい朝の露にたとえていう語。「人生は—の如し」「電光—」
ちょう-ろう【長老】❶年老いた人を敬っていう語。特に、経験が豊かで、その社会で指導的立場にある人をいう。「村の—」「財界の—」❷年長で徳の高い僧。禅宗で、住持の僧。また、律宗では、主管者。❸初期のキリスト教会の指導者。使徒に次いで重んじられた。現在では長老派教会での信徒の代表。教会を代表し信徒の訓練に当たる。
ちょう-ろう【嘲弄】〔名〕(スル) あざけり、からかうこと。「他人の失敗を—する」「—を受ける」〔類語〕揶揄・愚弄
ちょうろう-は【長老派】《Presbyterians》キリスト教プロテスタントの一派。カルバンの系統をひき、信仰告白を重視すること、民主的な長老制度をとることが特徴。オランダ・スコットランド・アメリカで有力。長老派教会。
ちょう-ろか【超×濾過】濾紙などでは濾過できない、微細な不純物などを濾過する方法の一。多孔性の高分子膜を使用し、粒の大きさが1ナノメートル以下のものを濾過する。➡限外濾過 ➡精密濾過
ちょうろぎ【草＝石＝蚕】▶ちょろぎ
ちょうろく【長禄】室町中期、後花園天皇の時の年号。1457年9月28日〜1460年12月21日。
ちょうわ【長和】平安後期、三条天皇・後一条天皇の時の年号。1012年12月25日〜1017年4月23日。
ちょう-わ【調和】〔名〕(スル) 全体がほどよくつりあって、矛盾や衝突などがなく、まとまっていること。また、そのつりあい。「—を保つ」「周囲と—のとれた建造物」「精神と肉体が—する」〔類語〕マッチ
ちょうわ-き【聴話器】補聴器。
ちょうわ-きゅうすう【調和級数】各項の逆数が等差数列となる級数。

$1+\frac{1}{2}+\frac{1}{3}+\frac{1}{4}+\cdots$ など。

ちょうわ-しんどう【調和振動】ﾁｮｳﾜ ►単振動
ちょうわ-すうれつ【調和数列】ﾁｮｳﾜ 各項の逆数が等差数列になる数列。例えば、1, 1/2, 1/3, 1/4…1/nなど。
ちょうわ-へいきん【調和平均】ﾁｮｳﾜ いくつかある数のそれぞれの逆数をとった場合、その相加平均の逆数。例えば、二つの数a、bについて$(1/a+1/b)/2$の逆数$2ab/(a+b)$など。
ちょ-おう【×儲王】ﾁｮｳ 世継ぎとなるべき親王。皇太子。儲君。
チョーカー〖choker〗《息をふさぐものの意》❶首にぴったりつく短いネックレス。❷高い立ち襟。
チョーク〖chalk〗❶白墨はくぼくのこと。❷堆積たいせき岩の一。白色または灰白色の軟らかい石灰岩で、生物起源の炭酸カルシウムからなる。白亜紀の地層として知られ、ドーバー海峡の崖に露出するものは有名。白亜。❸フリークライミングで、手指のすべり止めに用いる炭酸マグネシウムを主とした粉末。❹ビリヤードで、キューのすべり止めに用いる粉。
チョーク〖choke〗内燃機関で、燃料の混合比を高めるため、吸入空気を絞る装置。空気吸入調節弁。
チョーク-コイル〖choke coil〗高い周波数の交流(電流)が通るのを妨げ、直流電流や比較的低い周波数の交流電流を通すコイル。
チョーク-ストライプ〖chalk stripe〗白のチョークで軽く線を引いたような感じの縞。スーツ用毛織物にみられる。
チョーク-びょう【チョーク病】ﾋﾞｮｳ ミツバチの幼虫に感染する真菌性の病気。届出伝染病の一。経口感染によりハチノスカビの胞子に感染し死亡した幼虫の表面に白色の菌糸が発育しチョーク状になる。
チョーサー〖Geoffrey Chaucer〗[1340ころ～1400]英国の詩人。「英詩の父」といわれる。鋭い人間観察と寛容なユーモアにより、中世ヨーロッパの物語文学の集大成ともいうべき「カンタベリー物語」を発表。
ちよ-がみ【千代紙】紙に、花紋など種々の模様を色刷りにしたもの。小箱の表張りや紙人形の衣装などに用いる。初め、京都で鶴亀・松竹梅などを刷ったので千代を祝う意でつけられた名とも、江戸の千代田城の大奥で使われたところからの名ともいう。
ちよがみ-ざいく【千代紙細工】千代紙で人形などを作ること。また、その作った人形など。
ちょがらか・す〔動サ四〕なぶる。からかう。「大事の金銀を湯水のやうに川遊び、―・されにゃ来申さない」〈浄・油地獄〉
ちょき じゃんけんで、人さし指と中指とを立て、他は握って出すこと。はさみ。
ちょき【×猪▽牙】《語源は、諸説あるが未詳》「猪牙舟」の略。
ちよ-き【千代木】松の別名。
ちょき-がかり【×猪▽牙掛(か)り】〔名・形動〕猪牙舟のように威勢のよいこと。勢いにまかせて物事を行うこと。また、そのさま。「戻りましたらすぐさし上げまするっていうような酷ひどく―なことをいうから」〈万太郎・末枯〉
ちょき-ちょき〔副〕❶はさみなどで物を軽やかに切る音や、そのさまを表す語。「―(と)紙を切る」❷手早く仕事をするさま。しゃきしゃき。「打ち盤出して―と打て」〈浄・宵庚申〉
ちょき-ぶね【×猪▽牙舟】江戸時代、屋根のない舳先へさきのとがった細長い形の小舟。江戸市中の河川で使われ、特に、浅草山谷さんやにあった新吉原へ通う遊客に多く用いられた。山谷舟。
ちょ-きゅう【×儲宮】皇太子。東宮とうぐう。儲君。
ちょきり〔副〕❶はさみなどで物を切る音や、そのさまを表す語。ちょっきり。「―と枝を切る」❷乱れがなく、しっかりしているさま。しゃっきり。「あたまは―とした本田に結ひ」〈滑・浮世風呂・四〉
ちょ-きん【貯金】〔名〕ｽﾙ ❶金銭をためること。また、その金。「毎月決まった額を―する」「郵便―」❷(比喩的に)野球などのリーグ戦で、勝った数が負けた数を上回っているときの、その差。「この試合の勝利で―が5になった」⇔借金❷。〘類語〙貯蓄・備蓄・蓄え・貯蔵・蓄える・積み立てる・溜める
ちょきん〔副〕❶はさみなどで物をたち切る音や、そのさまを表す語。ちょっきん。「ひもを―と切る」❷きちんとしているさま。「自分の傍に―と坐って」〈独歩・帰去来〉
ちょきん-きょく【貯金局】旧郵政省の内局の一。郵便為替・郵便貯金・郵便振替、年金・恩給の支給、各官庁の歳入出金の受け入れ・支払いなどに関する事務を取り扱った。
ちょきん-つうちょう【貯金通帳】ﾂｳﾁｮｳ 貯金をした人に交付し、預け入れ・引き出しのたびに日付・金額などを記入する通帳。
ちょく【直】〔名・形動〕❶まっすぐなこと。また、そのさま。❷性格・考えなどが素直なこと。率直なこと。また、そのさま。「遠慮のない―な言い方」❸安直なこと。手軽なこと。また、そのさま。❹間に何も入れないで、直接にすること。また、そのさま。じか。「―で話す」➡漢「ちょく(直)」
ちょく【勅】❶天子の命令。天皇の言葉。また、それを記した文書。みことのり。「―を奉じる」❷尊貴の者からの命令。「仏の―に依りて」〈今昔・三・二六〉➡漢「ちょく(勅)」
ちょく【×猪口】❶日本酒を飲むときに用いる陶製の小さな器。上が開き下のすぼまった小形のさかずき。江戸時代以降に用いられた陶製の杯についていう。ちょこ。❷本膳料理に用いる❶の形に似た深い器。酢の物や酒のさかななどを盛る。〘補説〙「猪口」は当て字。「ちょく」は、「鍾」の呉音、福建音、朝鮮音からなどの諸説がある。〘類語〙(❶)杯さかずき・杯はい・玉杯・金杯・銀杯・酒杯・ぐい飲み
ちょく-え【勅会】ｴ 勅旨によって行われる法会。
ちょく-えい【直営】〔名〕ｽﾙ 出資者などが直接に経営すること。「製造元の―する販売店」〘類語〙自営
ちょく-えんすい【直円×錐】ｴﾝｽｲ 底面の円の中心と頂点とを結ぶ線が、底面に垂直である円錐。
ちょく-えんちゅう【直円柱】ｴﾝﾁｭｳ 母線が底面に垂直な円柱。
ちょく-おう【直往】ｵｳ〔名〕ｽﾙ まっすぐに行くこと。わき目をふらずに進むこと。「一邁進まいしん」
ちょく-おん【直音】日本語の音節のうち、拗音ようおん・促音そくおん・撥音はつおん以外の音で、1音節が、かな1字で表されるもの。⇔拗音。➡促音 ➡撥音
ちょくおん-ひょうき【直音表記】ﾋｮｳｷ 拗音ようおんに発音したと思われる音を、直音の仮名で表記すること。「しゃ(者)」「しゅ(主)」を「さ」「す」と書く類。中古・中世に多くみられる。
ちょく-がく【勅額】天子直筆の額。また、勅賜の額。
ちょく-がん【勅願】ｸﾞﾜﾝ 勅命による祈願。天皇の祈願。
ちょくがん-じ【勅願寺】ﾁｮｸｸﾞﾜﾝｼﾞ 勅願により、国家鎮護・皇室繁栄などを祈願して建てられた寺。東大寺・薬師寺など。御願ごがん寺。
ちょくがん-しょ【勅願所】ﾁｮｸｸﾞﾜﾝｼｮ 勅願により、国家鎮護などを祈願した神社や寺院。
ちょく-げき【直撃】〔名〕ｽﾙ ❶爆弾などが直接当たること。「砲弾の―を受ける」❷直接に攻撃すること。害を直接受けること。「台風が本土を―する」
〘類語〙攻撃・襲撃・急襲・強襲・突撃・進撃・進攻・侵攻・攻勢・狙ねらい撃ち・攻略・迫撃・挟撃・出撃・追撃
ちょくげき-らい【直撃雷】雷撃の種類の一。雷が直接落ちること。落雷の直撃を受けた構造物・樹木・人体などに大きな被害をもたらす。
ちょく-げん【直言】〔名〕ｽﾙ 思っていることをありのままに言うこと。また、面と向かって直接に言うこと。「欠点を遠慮なく―する」「社長に―する」
ちょく-ご【直後】❶物事の起こったり行われたりしたすぐあと。「開店―に売り切れる」⇔直前。❷物のすぐうしろ。「先頭の―に迫る」⇔直前。
〘類語〙のち・後ご・事後・その後ご・以後・爾後じご・以降・今後・先さき・後後あとあと・後後のちのち・先先・後・後ろ・後方・しりえ・背後・後部
ちょく-ご【勅語】❶天子の言葉。みことのり。➡おことば〘補説〙❷明治憲法下で、天皇が大権に基づき、国務大臣の副署を要さないで、直接国民に対して発した意思表示。❸教育勅語のこと。
ちょく-ごう【勅号】ｶﾞｳ 朝廷から高僧などに与える称号。
ちょくこ-もん【直弧文】►ちょっこもん(直弧文)
ちょく-さ【直鎖】分子で、炭素原子が環状や枝分れの構造ではなく、1本の鎖状に連なっている構造。ノルマルを付けて、ノルマルブタンのようによぶ。
ちょく-さい【直裁】〔名〕ｽﾙ ❶ただちに裁決すること。「会議に諮はからず―する」❷本人がみずから直接に裁決すること。「大臣の―を仰ぐ」
ちょく-さい【直×截】〔名・形動〕「ちょくせつ(直截)」の慣用読み。
ちょく-さい【勅祭】勅命によって行われる祭事。
ちょく-さい【勅裁】❶天子による裁決。勅断。❷明治憲法下で、天皇が他の機関の参与を待たず、直接に裁決したこと。勅命の裁決。
ちょくさい-しゃ【勅祭社】天皇が例祭などに勅使を派遣し、奉幣を行った神社。古くは22社、明治時代には29社あったが、現在は、賀茂別雷神社・賀茂御祖神社・石清水八幡宮・春日大社など16社となった。
ちょくさじょう-こうぶんし【直鎖状高分子】ﾁｮｸｻｼﾞｬｳｶｳﾌﾞﾝｼ ►鎖状高分子
ちょく-さんかくけい【直三角形】直角三角形。
ちょく-し【直視】〔名〕ｽﾙ ❶目をそらさないで、まっすぐに見つめること。「相手の目を―する」❷事実を正しくはっきりと見ること。「現実を―する」
〘類語〙正視
ちょく-し【勅旨】❶天皇の意思。詔勅の趣旨。❷律令制で、天皇の勅命を下達する文書。尋常の小事の場合に用いられた。➡詔書
ちょく-し【勅使】勅旨を伝える使者。
ちょく-し【勅×諡】勅命によって諡おくりなを与えること。また、その諡。
ちょく-じ【▽植字】〔名〕ｽﾙ 「しょくじ(植字)」の慣用読み。印刷所などでいう。
ちょくし-でん【勅旨田】平安時代から鎌倉時代にかけて、勅旨によって開墾された不輸租の公田。皇室関係の費用に充てた。
ちょくし-てんびん【直示天×秤】化学天秤以上の精度で、目方が直接数字で示される天秤。
ちょくし-プリズム【直視プリズム】数個の三角プリズムを組み合わせ、可視光のスペクトルの中央付近(フラウンホーファー線のD線など)を直進させ、その他の波長の光を分散させるプリズム。主に直視分光器に用いられる。
ちょくし-ぶんこうき【直視分光器】ﾌﾞﾝｸﾜｳｷ 短焦点のコリメーターレンズと直視プリズムまたは小型の回折格子を用いた分光器。手持ちで利用できる携帯型のものが多く、理科教育や宝石鑑定に用いられる。
ちょくし-まき【勅旨牧】平安時代、皇室の料馬を飼育した牧場。ちょくしぼく。
ちょくし-もん【勅使門】寺院で、勅使参向のとき、その出入りに使われる門。
ちょく-しゃ【直写】〔名〕ｽﾙ そのままを写すこと。あるがままに写すこと。「事実を―する」
〘類語〙写す・描き出す・描出・活写・写生・スケッチ
ちょく-しゃ【直射】〔名〕ｽﾙ ❶光線がじかに当たること。まっすぐに照らすこと。「西日が―する」「ストロボを―する」「―光」❷低く、ほとんど直線をなす弾道で発射すること。「―砲」➡曲射 ➡平射
ちょくしゃ-にっこう【直射日光】ﾆｯｸﾜｳ 太陽の光のうち、水蒸気や塵ちりなどによって拡散・吸収されたり、雲に反射されたりすることなく、直接地面に到達するもの。➡天空光
ちょく-じゅ【勅授】律令制の叙位の方法の一。勅旨により位階を授けるもの。内外五位以上の叙位をいう。明治憲法下では、従四位以上の叙位の場合に宮内大臣が代行して授与した。➡奏授 ➡判授
ちょくしゅひゃくじょうしんぎ【勅修百丈清規】ﾁｮｸｼｭﾋｬｸﾁﾔｳｼﾝｷﾞ 中国元代の禅門の清規書。2巻。百丈山寿聖寺の東陽徳輝が、失われてしまった「百丈清規」

（勅命によって、唐代に百丈懐海が制定）を復元・改修したもの。禅院生活の規範の書。ちょくしゅはじょうしんぎ。

ちょく-しょ【勅書】❶天皇の勅命を下達する文書。勅旨と同じ意味で用いられる。❷明治憲法下の公式令で、皇室および国家の事務に関する天皇の意思表示で特定人または特定機関に発せられた文書。

ちょく-じょ【直叙】〘名〙スル 感想や想像を加えないで、ありのままを述べること。「事実だけを—する」

ちょく-しょう【直証】「明証❷」に同じ。

ちょく-しょう【勅詔】 勅と詔。天子の命令。みことのり。

ちょく-じょう【直上】〘名〙スル ❶すぐうえ。「—の士官」⇔直下。❷まっすぐに上昇すること。「—する曲芸飛行」⇔直下。〔類語〕真上

ちょく-じょう【直情】〘名・形動〙いつわりや飾りのない、ありのままの感情。また、そういう感情をもつさま。「彼等の—な恋に較べて」〈葛西・湖畔手記〉

ちょく-じょう【勅定｜勅×諚】 天子がみずから定めたこと。また、天子の命令。勅命。

ちょくじょう-けいこう【直情径行】〘名・形動〙《「礼記」檀弓から》自分の感情のままを言動に表すこと。また、そのさま。「—な（の）性格」

ちょくし-るい【直×翅類】直翅目の昆虫の総称。コオロギ・キリギリス・バッタ・ケラなど。体はほぼ円筒状で、後脚は跳躍のために発達している。前翅は屋根形に置かれ、後ろ翅はその下に扇状に畳まれる。雄は前翅に発音器をもつものが多い。不完全変態をする。

ちょく-しん【直進】〘名〙スル まっすぐに進むこと。「交差点を—する」〔類語〕進む

ちょく-ぜい【直税】「直接税」の略。

ちょくせき-しゅうごう【直積集合】 二つの集合A・Bに対して、Aの元aとBの元bとの組(a,b)によって作られる集合 $\{(a,b)\}$。$A\times B$で表される。

ちょく-せつ【直接】〘名・形動〙スル 間に他のものをはさまないで接すること。間に何も置かないで関係したり、働きかけたりすること。また、そのさま。副詞的にも用いる。「事故の—の原因」「相手国政府への—な（の）交渉」「会って—話す」「是等は唯書生の一身に—して然るのみ」〈福沢・福翁自伝〉⇔間接。

〔類語〕直に・無媒介・ダイレクト・直直・直に

ちょく-せつ【直×截】〘名・形動〙《慣用読みで「ちょくさい」とも》❶すぐに裁断を下すこと。また、そのさま。「—な（の）処置」❷まわりくどくなく、ずばりと言うこと。また、そのさま。「簡明—な表現」

ちょくせつ-かんせん【直接感染】►接触感染

ちょくせつ-きかん【直接機関】 国家機関で、その地位や権限が憲法によって直接定められているもの。国会・内閣・裁判所など。

ちょくせつ-きょうせい【直接強制】 ❶民事執行法上、執行機関が債務者の意思とは関係なく、直接に債務の内容を実現すること。➡間接強制 ➡代替執行 ❷行政法上、義務の不履行がある場合、直接に義務者の身体または財産に実力を加え、義務の履行があったのと同一の状態を実現すること。検疫法による感染症患者の隔離・停留など、特別法によって例外的に認められる。

ちょくせつ-きんゆう【直接金融】資金需要者が金融機関を介さずに、資金供給者から直接に資金を調達する金融方式。通常、株式や債券を発行し、証券発行市場を通じて調達する。➡間接金融

ちょくせつ-こうどう【直接行動】 自己の意思を実現しようとして、一定の手続きや社会的規範を無視して、ただちに結果を出そうとするための行動。「—に出る」

ちょくせつ-こよう【直接雇用】企業が労働者と直接雇用契約をかわすこと。派遣や請負など派遣会社などを介した間接雇用に対する雇用形態。労働者派遣法では、派遣先企業が同一業務に3年を超えて派遣労働者を受け入れる場合、その労働者に直接雇用を申し込む義務が発生すると定めている。➡間接雇用

ちょくせつ-しゃげき【直接射撃】視認できる目標物に対して直接に射撃を行うこと。

ちょくせつ-しょうこ【直接証拠】訴訟上、法律効果の発生に必要な事実の存否を直接に証明する証拠。犯罪の目撃者の証人など。➡間接証拠

ちょくせつ-しょうめい【直接証明】論理学で、ある判断が真であることを積極的な論拠を示して証明する方法。➡背理法

ちょくせつ-しんりしゅぎ【直接審理主義】訴訟法上、受訴裁判所が自ら直接に弁論の聴取および証拠調べを行う主義。直接主義。➡間接審理主義

ちょくせつ-しんりゃく【直接侵略】外国に対し、武力を直接に行使してなされる侵略。➡間接侵略

ちょくせつ-すいり【直接推理】論理学で、一つの判断を前提としてそこから直接に結論を導き出す推理。原判断を変形して新判断を導き出すものと、対当関係によるものとの2種に分けられる。➡間接推理

ちょくせつ-ぜい【直接税】法律上の納税義務者と実際の租税負担者とが一致することが予定されている租税。所得税・法人税・相続税など。直税。➡間接税

ちょくせつ-せいきゅう【直接請求】 直接民主制の原理に基づき、地方公共団体の住民が直接その機関に対して一定の要求を行うこと。地方自治法により、条例の制定・改廃、事務の監査、または議会の解散や議員・長の解職の請求などができる。

ちょくせつ-せいはん【直接正犯】本人が直接に実行することによって目的の遂げられる犯罪。➡間接正犯

ちょくせつ-せんきょ【直接選挙】選挙人が直接に議員などの被選挙人を選挙する制度。➡間接選挙〔類語〕選挙・選出・公選・民選・互選・改選・投票・間接選挙・地方選挙・総選挙・官選

ちょくせつ-せんりょう【直接染料】 木綿・麻・人絹などを、媒染を必要としないで直接染めることのできる水溶性の染料。染色法が簡単なので多く用いられるが、日光および洗濯に弱い。アゾ染料など。

ちょくせつ-だいり【直接代理】代理人の法律行為の効果が直接に本人に生じること。通常の代理。➡間接代理

ちょくせつ-だんぱん【直接談判】〘名〙スル 間に人を入れないで、直接に相手と談判をすること。直談判。「地主に—して許可をもらう」

ちょくせつ-ていこうかねつろ【直接抵抗加熱炉】 抵抗炉の一。被加熱物に直接電流を流して加熱するもの。➡間接抵抗加熱炉

ちょくせつ-てき【直接的】〘形動〙直接であるさま。間に何もはさまないさま。じか。「—な表現」⇔間接的。

ちょくせつ-とうし【直接投資】外国における企業の経営支配を目的として行われる対外投資。既存企業の株式の取得、子会社の設立、支店・工場の新設などの形態をとる。

ちょくせつ-とりひき【直接取引】仲介人の手を経ないで、当事者どうしが直接に取引をすること。

ちょくせつ-なっせん【直接×捺染】染料・媒染剤などをまぜた糊を直接布面に塗り、加熱するなどして模様を染め出す方法。写し。写し型付け。

ちょくせつ-はっせい【直接発生】動物の個体発生で、胚が変態をせずに成体となること。

ちょくせつ-ひ【直接費】原価計算の用語で、特定の製品の製造または販売のために直接的に費消されたものとして関係づけることのできる原価。材料費・労務費などからなる製造直接費と、販売直接費とに分けられる。➡間接費

ちょくせつ-ほう【直接法】 ❶外国語の教授法の一。学習者の母国語による説明を用いずに、外国語による説明だけで、その外国語の習得をはかる方法。❷►ちょくせつほう（直説法）

ちょくせつ-ほう【直説法】 《indicative mood》ヨーロッパ諸語などの文法における法の一。話し手が主観的要素を交えずに事実をそのままに述べる語法。一般の叙述文は多くこれに属する。直接法。

漢字項目　ちょく

直 ㊫2 音**チョク**㊊ **ジキ**（ヂキ）㊋ 訓**ただちに、なおす、なおる**、すぐ、ただ、ひた、じか、あたい ‖ ㊀〈チョク〉①曲がっていない。まっすぐ。「直角・直径・直進・直線・直立/硬直・垂直」②正しい。心がすなお。「曲直・愚直・剛直・司直・実直・率直・朴直・廉直」③じかに。すぐに。「直営・直感・直後・直接・直送・直通・直訳」④値段。あたい。「安直」⑤その番に当たる。「宿直・当直・日直」㊁〈ジキ〉㊀の②～④に同じ。「直参・直直・直訴・直伝・直筆/高直・正直」〔名付〕すなお・ただ・ただし・ただす・ちか・なお・なおき・なおし・なが・ね・のぶる・ま・まさ 〔難読〕素直（すなお）・宿直（とのい）・直会（なおらい）・直衣（のうし）・直面（ひためん・ひたおもて）・直垂（ひたたれ）

勅〔敕〕 音**チョク**㊊ 訓みことのり ‖ ①天子の言葉や命令。みことのり。「勅語/違勅・詔勅・神勅・奉勅・密勅」②天子に関する物事に添える語。「勅許・勅裁・勅使・勅撰（ちょくせん）」〔名付〕ただ・て・とき

捗 音**チョク**㊊ 訓はかどる ‖ 仕事が速やかに進行する。はかどる。「進捗」

×**飭** 音チョク㊊ ‖ ①命令して正させる。「戒飭」②身をつつしむ。引き締めととのえる。「謹飭」

ちょくせつ-みんしゅせい【直接民主制】国民が直接に国家意思の決定あるいは執行に参加する制度。➡間接民主制

ちょくせつメタノールがた-ねんりょうでんち【直接メタノール型燃料電池】 ►ディー-エム-エフ-シー（DMFC）

ちょくせつ-わほう【直接話法】 文章の中で他人の言葉を引用するとき、そのままの形で書き表す表現方法。➡間接話法

ちょく-せん【直線】まっすぐな線。「—コース」

ちょく-せん【勅宣】勅命の宣旨。みことのり。

ちょく-せん【勅×撰】❶天皇・上皇の命によって、詩文を選び、書物を編纂すること。⇔私撰。❷天皇・上皇がみずから詩文を選び、書物を編纂すること。

ちょく-せん【勅選】天皇がみずから選ぶこと。「才識と名望とあるものを議員に—せられ」〈鉄腸・花間鶯〉

ちょく-ぜん【直前】❶物事の起こったり行われたりするすぐ前。「出発—に事故が発生した」⇔直後。❷すぐ前。目の前。「車の—を横断する」⇔直後。

〔類語〕寸前・目前・間際・瀬戸際・間近

ちょくせん-ぎいん【勅選議員】 明治憲法下の貴族院議員の一。国家に勲功があり、または学識ある満30歳以上の男子で、特に勅任された者。任期は終身。

ちょくせん-きょり【直線距離】二点間を結ぶ直線の長さ。平面上の二点間の最短距離。

ちょくせん-けい【直線形】3本以上の直線で囲まれた平面図形。三角形・四角形など。

ちょくせんさくしゃぶるい【勅撰作者部類】 南北朝時代の歌書。16巻、増補2巻。元盛著、光文補。延元2=建武4年（1337）成立、正平17=康安2年（1362）増補。勅撰二十一代集のうち、古今集から新千載集までの歌人を分類し、各人の世系・官位・没年・撰出歌数を示したもの。

ちょくせん-しゅう【勅×撰集】 勅命または院宣によって撰者が作品を選び編集した和歌集・漢詩文集。特に、勅撰和歌集をいう。⇔私撰集。

ちょくせん-せき【直×閃石】角閃石の一。鉄・マグネシウムを含む珪酸塩鉱物。灰・緑・褐色などで、ガラス光沢があり、繊維状のものが多い。斜方晶系。変成岩中に産出。

ちょくせん-てき【直線的】〘形動〙一定の方向へまっすぐ進むさま。また、つつみ隠すところがないさま。「—な方針」「—な言い方が相手の気持ちをそこなう」

ちょくせん-び【直線美】直線の構成によって作り出された美。

ちょくせん-へんこう【直線偏光】光の振動方向が一平面内にある偏光。

ちょくせん-わかしゅう【勅×撰和歌集】勅命または院宣によって編纂された和歌集。古今和歌集から新続古今和歌集までの二十一代集。勅撰集。㊀私撰和歌集。

ちょく-そう【直送】〔名〕スル 物品を相手へ直接送ること。「産地から—する」

ちょく-そう【直葬】通夜・告別式などの儀式は行わず、自宅または病院から直接火葬場に運び、火葬にする方式。炉前で読経、祈祷の行われることもある。(補説)平成10年(1998)ころから増えてきたという。

ちょく-ぞく【直属】〔名〕スル 直接その指揮下・監督下にあること。「—の部下」「内閣に—する機関」
(類語)所属・配属・専属・帰属

ちょく-だい【勅題】❶天皇が出題する詩歌などの題。特に、明治2年(1869)以降毎年行われている歌御会始の題。❷天皇が書いた題額。

ちょくたつ-にっしゃりょう【直達日射量】雲がないとき、太陽光線に垂直な地表の1平方メートルの面が1秒間に受けるエネルギー量。大気外での直達日射量を太陽定数という。

ちょく-ちょう【直腸】消化管のうち、大腸のS状結腸に続く最終部分。下端が肛門になる。

ちょくちょう-えん【直腸炎】直腸の粘膜の炎症。

ちょくちょう-がん【直腸×癌】直腸に発生する癌。早期には下痢傾向となり、やがて血液が付着した便がみられる。

ちょくちょう-しゅういえん【直腸周囲炎】►肛門周囲炎

ちょくちょう-だつ【直腸脱】直腸壁が肛門から外に脱出し、もとに戻らない病的状態。

ちょくちょう-りゅう【直腸×瘤】►骨盤臓器脱

ちょくちょう-ろう【直腸×瘻】痔瘻の一。瘻孔の一端が直腸に開口しているもの。

ちょく-ちょく〔副〕わずかの間を置いて同じことが繰り返されるさま。たびたび。ちょいちょい。「妹が—遊びに来る」(類語)よく・しばしば・度度・往往

ちょく-つう【直通】〔名〕スル 直接に目的地や相手に通じること。「電話が—する」「—運転」(類語)直行

ちょく-とう【直刀】刀身がまっすぐで反りのない刀。日本では、平安中期ごろまで用いられた。

ちょく-とう【直登】〔名〕スル 登山で、岩壁・氷壁・滝などを回避しないで登ること。また、それら岩壁などの正面にルートをとって登ること。「頂上岩壁を—する」「—ルート」

ちょく-とう【直答】〔名〕スル ❶その場ですぐに答えること。即答。じきとう。「この場で—するわけにはいかない」❷人を介さないで直接相手に答えること。じきとう。「責任者の—を求める」

ちょく-とう【勅答】〔名〕スル ❶天子が臣下に答えること。また、その答え。❷臣下が天子の問いに答えること。また、その答え。

ちょく-どう【直道】❶まっすぐに通じる道路。❷人としてふみ行うべき正しい道。

ちょくとう-し【勅答使】勅答を伝えるためにつかわされる使者。

ちょく-どく【直読】〔名〕スル 漢文などを、返り点によらないで、語句の順に従って音読すること。「漢詩を—する」㊀顛読。

ちょく-にゅう【直入】〔名〕スル じかに入りこむこと。すぐ核心に入ること。「単刀—」「自分の心に—し」〈嘉村・崖の下〉

ちょく-にん【直任】►じきにん(直任)

ちょく-にん【勅任】勅旨によって官職に任ぜられること。また、その官職。律令制では大納言以上、左右大弁、八省の卿、五衛府の督、弾正尹、大宰帥など。明治憲法下では高等官二等以上。➡奏任 ➡判任

ちょくにん-かん【勅任官】明治憲法下で勅任により叙任された官吏。親任官と一等・二等の高等官。

ちょくにん-ぎいん【勅任議員】明治憲法下の貴族院議員の一。勅任されて議員となった者、すなわち勅選議員・帝国学士院会員議員・多額納税者議員の総称。

ちょく-のう【直納】〔名〕スル 仲介者を経ることなく直接品物を納入すること。

ちょく-はい【直配】〔名〕スル 生産者から消費者に直接、配達・配給すること。「産地から果実を—する」

ちょく-ばい【直売】〔名〕スル 生産者が卸売業・小売業のような販売業者を通さないで、直接消費者に売ること。「季節の野菜を—する」「産地—の品」
(類語)専売・公売・密売・量販・多売・直販・即売

ちょく-ばく【直×瀑】水の落ち方から見た滝の分類の一。水の落ち口から、岩壁を離れ、また岩壁に沿ってほぼ垂直に落下する滝のこと。➡段瀑

ちょく-はん【直販】〔名〕スル 企業が通常の流通機構を通さずに、直接消費者に販売すること。「日本酒を—する蔵元」「—店」「—ルート」
(類語)専売・公売・密売・量販・多売・直売・即売

ちょく-はん【直×播】〔名〕スル「直播」に同じ。

ちょく-はん【勅版】勅命により版行された書籍。慶長勅版の「神代紀」、元和勅版の「皇朝類苑」など。

ちょく-ひ【直披】脇付の一。名宛人が自分で直接開封することを求めるもの。親展。じきひ。
(類語)親展・直披・平安・気付

ちょく-ひつ【直筆】〔名〕スル ❶事実を偽らずにありのままに書くこと。「目撃したままを—する」㊀曲筆。❷書画で、筆をまっすぐに立てて書くこと。「懸腕—」㊀側筆。

ちょく-ひつ【勅筆】天皇の筆跡。天皇の直筆。宸筆。

ちょくひつ-りゅう【勅筆流】和様書道の流派の一。後円融天皇の勅筆をもとにして考案されたもの。尊円法親王の書風の流れをくむ。勅筆様。

ちょく-ふう【勅封】勅命によって封印すること。また、その封印。

ちょくほう-たい【直方体】六つの長方形で囲まれ、隣り合う面がすべて垂直になっている立体。直六面体。長方体。

ちょく-めい【勅命】❶天皇の命令。勅諚。みことのり。❷明治憲法下で、法律・勅令の形式によらず、天皇が国家機関に直接下した命令。

ちょく-めん【直面】〔名〕スル 物事に直接対すること。「思いがけない事態に—する」(類語)向かう・迎える

ちょく-めん【勅免】❶勅命による免許。勅許。❷勅命による赦免。

ちょく-もん【勅問】天子の質問。天皇の下問。

ちょく-やく【直訳】〔名〕スル 外国語の文章を、原文に忠実に一語一語をたどるように訳すこと。「英文を—する」「—体」➡意訳

ちょく-ゆ【直喩】比喩法の一。「ようだ」「ごとし」「似たり」などの語を用いて、二つの事物を直接に比較して示すもの。「雪のような肌」「蜜に群がる蟻のごとく集まる」の類。明喩。➡隠喩 (類語)隠喩・諷喩・寓意

ちょく-ゆ【勅諭】明治憲法下で、天皇が直接下した告諭。勅語に比べて訓示的なもの。「軍人—」

ちょく-ゆしゅつ【直輸出】内国貨物を商社などを経ないで直接輸出すること。

ちょく-ゆにゅう【直輸入】外国貨物を商社などを経ないで直接輸入すること。

ちょく-りつ【直立】〔名〕スル ❶まっすぐに立つこと。「—して見送る」❷高くそびえること。高く切り立つこと。「天に向かって—するポプラ」「眼前に—する絶壁」

ちょくりつ-えんじん【直立猿人】►ピテカントロプス

ちょくりつ-けい【直立茎】地面に垂直に伸びる茎。

ちょくりつ-ぞう【直立像】►正立像

ちょくりつ-ふどう【直立不動】かかとをそろえてまっすぐに立ち、身動きしないこと。「—の姿勢をとる」

ちょくりつ-めん【直立面】投影図における投影面の一。正面に置かれ、正面から見た形が描かれる画面。立画面。

ちょく-りゅう【直流】〔名〕スル ❶まっすぐに流れること。また、その流れ。「—して本流に注ぐ川」❷「直流電流」の略。㊀交流。❸ある系統を直接に受けついでいること。また、その流派・人。

ちょくりゅう-でんどうき【直流電動機】直流電流によって回転する電動機。直流モーター。

ちょくりゅう-でんりゅう【直流電流】常に一定方向に流れる電流。特に、向きも大きさも変わらない電流。DC。㊀交流電流。

ちょくりゅう-はつでんき【直流発電機】直流電流を発生する発電機。

ちょく-れい【直隷】㊀直接に隷属すること。特に、天皇または中央政府に直接に所属すること。㊁《京師の直属地の意》中国河北省の旧称。1928年、河北省と改称。➡河北

ちょく-れい【勅令】❶天子や国王の命令。❷明治憲法下での法形式の一。帝国議会の協賛を経ずに天皇の大権によって制定された命令。緊急勅令など。

ちょくれい-は【直隷派】中華民国初期の北洋軍閥の一。直隷省(河北省)出身の馮国璋・曹錕・呉佩孚らが中心。安徽派・奉天派を抑え、1920年には北京政府の実権をにぎったが、北伐軍に駆逐され、1928年には消滅した。

ちょく-れつ【直列】❶二つ以上のものが縦一直線に並ぶこと。❷電気回路で、抵抗や電池などを正電極と負電極で接続すること。シリーズ。連結。直列接続。㊀並列。

ちょくれつがた-はつどうき【直列型発動機】►直列機関

ちょくれつ-きかん【直列機関】内燃機関で、多くのシリンダーをクランク軸方向に一直線に配列したもの。

ちょくれつ-せつぞく【直列接続】►直列❷

ちょくれつ-でんそう【直列伝送】►シリアル伝送

ちょく-ろ【直路】まっすぐな道。また、二点間の最短の道。「西洋より東洋に航する所の—」〈村田文夫・西洋聞見録〉

ちょく-ろ【直×廬】内裏にあって、摂関・大臣・大納言などが、宿直・休息する所。じきろ。

ちょ-くん【×儲君】❶皇太子。東宮。儲王。もうけのきみ。❷貴族の世継ぎの子。

ちょ-げん【著減】〔名〕スル 極端に減ること。激減。

ちょ-げん【緒言】「しょげん(緒言)」の慣用読み。

ちょこ【×猪▽口】❶《「ちょく(猪口)」の音変化》さかづき。「—に酒をつぐ」❷「猪口才」の略。「何がとは、—言うてぢゃ」〈滑・膝栗毛・七〉

チョコ「チョコレート」の略。「板—」「ミルク—」

ちょ-こう【×儲皇】皇太子。東宮。

ちょこ-ざい【×猪▽口才】〔名・形動〕小生意気なこと。こざかしいこと。また、そのさまや、そのような人。「我の仕事に邪魔を入れる—な死節野郎」〈露伴・五重塔〉(補説)「猪口」は当て字。(類語)利いた風・生意気・こざかしい・小生意気・しゃらくさい

ちょこ-ちょこ〔副〕スル ❶小またで足早に歩いたり走ったりするさま。ちょこまか。また、動作に落ち着きのないさま。「子供が—(と)歩く」❷物事を簡単に手早くするさま。「目の前で—と紹介状を書いてくれる」❸「ちょくちょく」に同じ。「最近—遊びに来る」

ちょこちょこ-あるき【ちょこちょこ歩き】ちょこちょこ歩くこと。また、その歩き方。

ちょこちょこ-ばしり【ちょこちょこ走り】ちょこちょこ走ること。また、その走り方。小走り。

ちょこっ-と〔副〕少しだけ。ちょっと。「頭を—下げる」「うわさを—小耳にはさむ」

ちょこなん-と〔副〕小さくかしこまっているさま。「猫がストーブの前に—すわっている」

ちょこ-まか〔副〕スル 落ち着きなく、絶えず動き回るさま。「—(と)たち働く」「—しないで少しはじっとしていろ」

チョゴリ【赤古里｜襦】《朝鮮語》朝鮮の民族服。垂領・筒袖で、胸ひもを結んで着用する丈の短い男女同形の上着。➡朝鮮服

チョコレート〖chocolate〗カカオの種子をいって粉

にしたものに、牛乳・バター・砂糖・香料などを加えて練り固めた菓子。飲料もある。チョコ。

チョコレート-いろ【チョコレート色】濃い茶色。

チョコレート-ケーキ〖chocolate cake〗小麦粉・卵・砂糖などで作った生地にココアパウダーやチョコレートを溶かして焼いたスポンジケーキ。ガトーショコラ。

チョコレート-パフェ《和 chocolate＋parfait(フランス)》アイスクリームにクリーム状チョコレート、生クリーム、果物などを添えた冷菓。

チョコレート-ブラウニー〖chocolate brownie〗小麦粉・卵・砂糖・チョコレートなどで作った生地に、刻んだ木の実を混ぜて焼いたアメリカ風ケーキ。

ちょこん-と〘副〙❶小さくかしこまっているさま。ちょこなんと。「子供が―座っている」❷少しだけ。ちょこっと。「球に―バットを当てる」

ちょ-さい【×樗才】「樗材❷」に同じ。

ちょ-ざい【×樗材】《「荘子」逍遥遊から》❶役に立たない材木。❷役に立たない才能や人材。また、自分をへりくだっていう語。樗才。

ちょ-さく【著作】〘名〙スル 書物を書きあらわすこと。また、その書物。著述。「―に励む」「心血を注いで―する」(類語)著書・著・著述・述作・著す・本

ちょさく-か【著作家】著作を職業とする人。著述家。(類語)文筆家・ライター・コラムニスト・評論家

ちょさく-けん【著作権】知的財産権の一。文芸・学術・美術・音楽の範囲に属する著作物をその著作者が独占的に支配して利益を受ける権利。著作物の複製・上演・演奏・放送・口述・上映・翻訳などの権利を含む。原則として創作時から著作者の生存中および死後50年間存続する。➡翻案権 ➡翻訳権 ➡編曲権 ➡変形権

ちょさくけん-ほう【著作権法】著作者の権利およびこれに隣接する権利を定め、その保護を目的とする法律。日本では明治32年(1899)に初めて制定された。現行のものは昭和46年(1971)施行。

ちょさく-しゃ【著作者】著作物を作成する人。著作をする人。

ちょさくしゃ-じんかくけん【著作者人格権】著作者が自己の著作物についてもつ人格的利益を保護する権利。未公表の著作物を公表するかどうかを決定する公表権、著作者名の表示の有無を決定する氏名表示権、著作物の内容および題号を著作者の意に反して改変されない同一性保持権がある。

ちょさく-ぶつ【著作物】著作者が著作したもの。特に、文芸・学術・美術・音楽などに関する思想・感情を創作的に表現したもの。

ちょさく-りんせつけん【著作隣接権】実演家・レコード製作者・放送事業者が著作物を利用する際に認められる、著作権に準ずる権利。録音・録画・複製などに関する権利。隣接権。

ちょ-し【×儲嗣】天子または貴人の世継ぎ。儲君。儲弐。

ちょ-じ【×儲▽弐】「儲嗣」に同じ。

ちょ-しゃ【著者】書物を書き著した人。著作者。(類語)作者・筆者・書き手・編者・訳者

ちょ-じゅつ【著述】〘名〙スル 書物を書きあらわすこと。また、その書物。著作。「昔―した本」(類語)著書・述作

ちょじゅつ-か【著述家】著述を職業とする人。著作家。

ちょじゅつ-ぎょう【著述業】文を書くことによって収入を得る職業。

ちょ-しょ【著書】その人が書いた書物。著作。(類語)著・著作・著述・述作・著わす・本

ちよじょ【千代女】[1703〜1775]江戸中期の女流俳人。加賀の人。各務支考・中川乙由に学んだ。晩年には剃髪し、素園と号した。句集「千代尼句集」「松の声」など。加賀の千代。千代尼。

ちょ-すい【貯水】〘名〙スル 水をためておくこと。また、その水。「農業用水として―する」

ちょすい-そしき【貯水組織】植物の貯蔵組織の一種で、水分をたくわえる柔組織。乾燥地に生育するものの葉や茎に多く、ムラサキオモト・リュウゼツランなどにみられる。

ちょすい-ち【貯水池】上水道・発電・農業用水などに用いるため、水をためておく人工池。(類語)浄水池・溜池・遊水池・水瓶

ちょ-すいりょう【褚遂良】[596〜658]中国、唐初の書家・政治家。銭塘(浙江省)の人。字は登善。楷書・隷書にすぐれ、欧陽詢・虞世南とともに初唐三大家の一人。碑刻に「伊闕仏龕碑」「雁塔聖教序」などがある。

ちょ-せん【緒戦】「しょせん(緒戦)」の慣用読み。

ちょ-せんせい【×褚先生｜×楮先生】《漢の褚少孫が「史記」を補って「褚先生曰く」と書したことを受け、また「褚」を同音で紙の原料である「楮」に替えて、韓愈が「毛穎伝」で紙を擬人化して呼んだところから》紙の異称。

ちょ-ぞう【著増】〘名〙スル いちじるしくふえること。激増。「―する大都市周辺の人口」

ちょ-ぞう【貯蔵】〘名〙スル ❶物を蓄えておくこと。ためておくこと。「食糧を―する」「―庫」「冷凍―」❷財貨を生産や営利のために用いないで、ただたくわえておくこと。退蔵。(類語)貯蓄・備蓄・蓄え・貯金・蓄える・積み立てる・溜める

ちょぞう-かぶ【貯蔵株】▶金庫株

ちょぞう-こん【貯蔵根】養分を蓄えるために特殊な形に肥大した根。サツマイモ・ダイコン・ゴボウ・ダリアなど。

ちょぞう-そしき【貯蔵組織】植物で、貯蔵物質を多量に蓄える柔細胞が集合してできた組織。塊根・塊茎・胚乳などで発達。動物では脂肪組織。

ちょぞう-でんぷん【貯蔵×澱粉】根・地下茎・果実・種子などに含まれるでんぷん粒。葉に生じる同化でんぷんが糖類の形で移動し、再合成されたもの。サツマイモ・ジャガイモ・稲に多い。

ちょぞう-ぶっしつ【貯蔵物質】主にエネルギー源として動植物の体内に貯蔵されている物質の総称。でんぷん・たんぱく質・脂肪・グリコーゲンなど。

ちょぞう-よう【貯蔵葉】養分を貯蔵する特殊な葉。肉質になっている。タマネギ・ユリの鱗葉など。

チョソンクル《朝鮮語》ハングルの朝鮮民主主義人民共和国での称。

ちよだ【千代田】東京都の区名。昭和22年(1947)神田・麹町の両区が合併して成立。皇居・国会議事堂・官庁街・東京駅などがある。人口4.7万(2010)。

ちょ-だい【著大】〘名・形動〙いちじるしく大きいこと。目立って大きいこと。また、そのさま。「漸く四方に延蔓し其数―に至り」〈神田孝平・明六雑誌二六〉

ちよだ-く【千代田区】▶千代田

ちよだ-じょう【千代田城】江戸城の異称。

ちょ-たん【貯炭】〘名〙スル 石炭や木炭をたくわえること。また、その石炭や木炭。

ちょたん-せん【貯炭船】船倉に石炭を貯蔵し、必要とする他船に供給する船。

ちょ-ちく【貯蓄】〘名〙スル ❶財貨をたくわえること。また、その財貨。「将来に備えて―する」「財形―」❷所得のうち、消費されないで残った部分。(類語)備蓄・蓄え・貯金・貯蔵・蓄える・積み立てる・溜める

ちょちく-ぎんこう【貯蓄銀行】国民大衆の零細預金や定期積金を通じて資金を調達し、これを公共債に運用したり、住宅資金に貸し付けたりすることを主たる業務とした銀行。昭和18年(1943)以降は、普通銀行に転換したり吸収されたりして同24年に消滅。

ちょちく-せいこう【貯蓄性向】所得に対する貯蓄の割合。平均貯蓄性向と限界貯蓄性向とに分けられる。➡消費性向

ちょちく-ほけん【貯蓄保険】比較的短期間で、保障よりも貯蓄を目的とした保険。満期になると保険金が支払われる。

ちょちく-よきん【貯蓄預金】貯蓄を目的として預けられている預金。定期預金・定期積金など。

ちょちょら 世辞や追従を言うこと。また、それを言う人。「―、弁口にてあやなす人を云ふ」〈洒・辰巳之園〉

ちょっ-か【直下】■〘名〙スル ❶ある物の、まっすぐ下。ました。「赤道―」⇔直上。❷まっすぐにさがること。一直線に落ちること。「急転―」⇔直上。「冷たい感覚が彼の背筋の真中を、閃く如くに―した」〈佐藤春夫・田園の憂鬱〉❸自分より下に見ること。見下すこと。また、そのもの。「才におごる御心ましませばこそ、御兄法性寺殿を…―とおぼしめされけめ」〈古活字本保元・中〉■〘名・形動〙《近世語》たやすいこと。また、そのさま。「山伏修行といふ物は中々―な事と思ふべからず」〈当風辻談義〉(類語)真下

ちょっかい ❶《❷から転じて》横合いから、余計な手出しや干渉をすること。また、女性にたわむれに言い寄ること。「友だちの彼女に―をかける」❷猫が一方の前足で物をかきよせるような所作をすること。❸腕・手・手先などを卑しめていう語。「由兵衛が―を、わが懐中へ突っ込むが最後」〈伎・初買曽我〉(類語)口出し・お節介・手出し・干渉・介入・容喙

ちょっかいを出・す ❶よけいな手出しや干渉をする。「おれのなわ張りに―・すな」❷女性にたわむれに言い寄る。「人妻に―・す」

ちょっかがた-じしん【直下型地震】内陸部にある活断層で発生する、震源の浅い地震。人の住む土地の真下で発生する地震。阪神・淡路大震災(兵庫県南部地震)、新潟県中越地震など。直下地震。➡海溝型地震

ちょっ-かく【直角】〘名・形動〙垂直に交わる二直線のなす角。90度の角。また、その角度をなしているさま。「T字路を―に曲がる」(類語)鉛直・垂直

ちょっ-かく【直覚】〘名〙スル 推理や考察によらずに瞬間的に物事の本質をさとること。直観。「新しい時代への変化を―する」(類語)感ずる・覚る・感じ取る・実感・感得・感受・感知・直感・予感・ぴんと来る

ちょっかく-ざひょう【直角座標】▶直交座標

ちょっかく-さんかくけい【直角三角形】一つの角が直角である三角形。

ちょっかく-しゅぎ【直覚主義】▶直観主義❶

ちょっ-かくすい【直角×錐】角錐のうち、底面が正多角形で、その中心と頂点とを結ぶ線が底面に垂直であるもの。正角錐。

ちょっかく-せき【直角石】古生代のオルドビス紀・シルル紀に栄え、中生代の三畳紀に絶滅した軟体動物オウムガイ類に属する化石。殻はまっすぐか、わずかに曲がった長円錐形で、その中央に体管が通り、隔壁が多い。直角貝。オルトケラス。

ちょっかく-そうきょくせん【直角双曲線】2本の漸近線が直交する双曲線。漸近線を座標軸とすると、$xy=k(k\neq0)$で表される。

ちょっ-かくちゅう【直角柱】角柱のうち、側面が底面に垂直なもの。

ちょっかく-てき【直覚的】〘形動〙推理や考察によらずにただちに物事の本質を知覚するさま。直観的。「凡ての動物は―に事物の適不適を予知す」〈漱石・吾輩は猫である〉

ちょっかく-にとうへんさんかくけい【直角二等辺三角形】一つの角が直角で、直角を挟む2辺が等しい三角形。

ちょっかく-プリズム【直角プリズム】全反射プリズムの一。頂角が直角の二等辺三角形のプリズム。光の方向を90度または180度変える。

ちょっ-かつ【直轄】〘名〙スル 中間の機関を経ずに、直接に管轄すること。直接の支配。「政府が―する機関」「幕府の―地」(類語)管理・管轄・管掌・統轄・分轄・総轄・所轄・所管・つかさどる・支配

ちょっかつ-けいさつけん【直轄警察犬】都道府県警察が直接飼育し、管理・運用する警察犬。直轄犬。➡嘱託警察犬

ちょっかつ-けん【直轄犬】▶直轄警察犬

ちょっ-かっこう【直滑降】両方のスキーを平行にそろえ、斜面をまっすぐに滑り降りること。

ちょっかつ-じぎょう【直轄事業】国が実施する、道路・河川・ダム・港湾の整備・維持管理などの公共事業。地方財政法により、地元の地方公共団体に

費用の一部負担が義務付けられている。⇒直轄事業地方負担金制度

ちょっかつじぎょう-ちほうふたんきんせいど【直轄事業地方負担金制度】チョクカツジギョウチホウフタンキンセイド 国が行う直轄事業にかかる費用の一部を地方公共団体が負担する制度。地方財政法により地元自治体に費用の一部負担が義務付けられ、道路法・河川法などに国と地方の負担の割合が定められている。直轄事業負担金制度。地方負担金制度。〖補説〗直轄事業のうち道路・河川事業については、国が一方的に計画・実施し、地方は費用負担のみ求められてきた。そのため、必ずしも地域の実情にそぐわない事業が行われたり、地方自治体の財政を圧迫していることが指摘されるようになった。財政難から多くの地方自治体が財政支出の見直しを迫られている中、大阪府が平成21年度(2009)分の支払いの一部拒否を表明したことを契機に、情報開示の徹底や制度の改善を求める動きが高まった。

ちょっかつじぎょう-ふたんきんせいど【直轄事業負担金制度】チョクカツジギョウフタンキンセイド「直轄事業地方負担金制度」の略。

ちょっ-かん【直感】チョク カン〔名〕スル 推理・考察などによるのでなく、感覚によって物事をとらえること。「―が働く」「将来結ばれる運命であることを―した」〖類語〗覚(さと)る・感じ取る・実感・感得・感受・感知・直覚・ぴんと来る・予感・第六感・虫の知らせ・印象・感ずる・感じ・感・観・心象・感触・心証・イメージ・インプレッション

ちょっ-かん【直×諫】チョク カン〔名〕スル 遠慮することなく率直に目上の人を、いさめること。「忠臣が―する」

ちょっ-かん【直観】チョク クワン〔名〕スル《intuition》哲学で、推理を用いず、直接に対象をとらえること。また、その認識能力。直覚。「真理を―する」「―力」

ちょっ-かん【勅勘】チョク カン 天皇から受けるとがめ。勅命による勘当。「―をこうむる」

ちょっかん-きょうじゅ【直観教授】チョククワンケウジュ 実際の物や事象または絵画・模型・写真などを観察させ、具体的、感覚的に理解させる教育方法。コメニウス・ルソーらを先駆に、ペスタロッチによって展開・提唱された。実物教授。

ちょっかん-しゅぎ【直観主義】チョククワン ❶《intuitionism》哲学で、概念的思惟よりも直観に優位を認める立場。直覚主義。㋐真理・存在の把握は直観によってのみ可能であるとする立場。ベルグソンの哲学など。㋑道徳的価値判断の成立の基礎を直観に求める立場。❷数学の基礎理論の立場の一。ラッセルの論理主義やヒルベルトの形式主義に対立し、数学は直観に導かれて成立するものであるとする立場。ブラウアーに始まる。

ちょっかん-ぞう【直観像】チョククワンザウ 過去に見たものが、目の前にあるように鮮やかに見える像。子供に多く認められ、残像や幻覚とは区別される。

ちょっかん-てき【直感的】チョクカン〔形動〕勘などを働かせて物事を感覚的にとらえるさま。「―におかしいと思う」

ちょっかん-てき【直観的】チョククワン〔形動〕推理などによらず、瞬間的・直接的に物事の本質を見てとるさま。直覚的。「―に判断する」

ちょっかん-ひりつ【直間比率】チョクカン 税収に占める直接税と間接税の割合。

ちょっ-き【直帰】チョク キ〔名〕スル 出先での勤務が終わったら職場に戻らず、そのまま家に帰ること。

チョッキ《ポルト jaquetaからか》袖なしの短い胴着。ベスト。ジレ。〖類語〗胴着・ベスト

ちょっ-きゅう【直球】チョク キウ ❶野球の投球で、変化をしないまっすぐな球。ストレート。⇒変化球❶ ❷(比喩的に)正々堂々、真正面から向かい合うこと。「彼の発言は常に―だ」⇒変化球❷

ちょっきゅう-しょうぶ【直球勝負】チョクキウ ❶野球で、直球を投げてバッターを打ち取ろうとすること。❷策略を用いることなく、正々堂々と物事に向かい合うこと。

ちょっ-きょ【勅許】チョク キョ 天皇の許可。勅命による許可。「―を仰ぐ」

ちょっきり〔副〕❶過不足のないさま。ちょうど。ぴったり。「―一万円の支払い」❷はさみなどで勢いよく一気に切るさま。ちょきり。「枝を―と切る」
〖類語〗丁度・きっかり・かっきり・きっちり・ぴったり・ジャスト

ちょっ-きりぐち【直切り口・直×截り口】チョク 角柱や円柱などの柱体を、その側面に垂直な平面で切ったときにできる口。直截面(ちょくせつめん)。

ちょっきり-ぞうむし【短=截象虫】ザウむし 甲虫目オトシブミ科チョッキリゾウムシ亜科の昆虫の総称。口吻(こうふん)が長く、大あごは釘抜き状で、肩が張っている。桃・梅などの葉に切れ目を入れて巻き、幼虫のえさにする。

ちょっ-きん【直近】チョク キン 現時点から最も近いこと。「―の事業概況」

ちょっ-きん【勅禁】チョク キン 天皇が禁止すること。勅命による禁止。

チョック〖chock〗❶「チョックストーン」の略。❷➤ナット❷

チョックストーン〖chockstone〗登山で、岩壁の割れ目にはまりこんでいる石のこと。チョック。

ちょっくら ━〔副〕わずかな時間やちょっとした動きを表すくだけた言い方。ちょっと。ちょっくり。「―待ってくれ」「―出かけてくる」━〔名〕ちょっとの間に人目を盗んでする悪事。「理非を弁(わきま)へず、―をはたらく奴をば侠客(きょうかく)といふとかえ」〈伎・助六〉〖類語〗一寸

ちょっくら-ちょっと〔副〕「ちょっくら」を強めていう語。たやすく。手軽に。ちょっくらちょいと。「一探したくらいでは新しい仕事は見つからない」

ちょっくり〔副〕「ちょっくら━」に同じ。「太平の所へ一寄っただがの」〈木下尚江・良人の自白〉

ちょっ-けい【直系】チョク ケイ ❶血筋が父祖から子孫へ一直線につながる系統。⇔傍系。❷師弟などの関係で、直接に続いている系統。また、その系統にあたる人。「―の弟子」⇔傍系。〖類語〗嫡流・正統・正しい

ちょっ-けい【直径】チョク ケイ 円・楕円・双曲線で、中心を通り両端がその曲線上にある線分。放物線では軸に平行な直線で放物線の内部にある半直線。球では中心を通り両端が球面上にある線分。
〖類語〗差し渡し・口径

ちょっけい-いんぞく【直系姻族】チョク ケイ 自己の配偶者の直系血族および自己の直系血族の配偶者。例えば、妻からみて夫の父母・祖父母、自己からみて子・孫の夫や妻。

ちょっけい-かぞく【直系家族】チョク ケイ 親が跡取りの子供夫婦と同居する家族形態。跡取りとの同居を代々繰り返すことで家系が直系的に維持される。世界各地の農村に広くみられ、かつての日本でも一般的であった。

ちょっけい-けつぞく【直系血族】チョク ケイ 直系の関係にある血族。自己の祖父母・父母・子・孫など。

ちょっけい-しん【直系親】チョク ケイ 直系の親族。直系血族と直系姻族との総称。

ちょっけい-しんぞく【直系親族】チョク ケイ 直系の関係にある親族。特に六親等内の直系血族と三親等内の直系姻族。

ちょっけい-そんぞく【直系尊属】チョク ケイ 直系の関係にある尊属。父母・祖父母など。

ちょっけい-ひぞく【直系卑属】チョク ケイ 直系の関係にある卑属。子・孫など。

ちょっけい-ピッチ【直径ピッチ】チョク ケイ 歯車の歯数をインチ単位の直径で割った値。モジュールの逆数値。

ちょっ-けつ【直結】チョク ケツ〔名〕スル 間に他のものを置かず、直接に結びつけること。また、直接関係があること。「中央に―した地方政治」

ちょっ-こう【直交】チョク カウ〔名〕スル 二つの直線や平面が直角に交わること。「国道と県道とが―する」

ちょっ-こう【直行】チョク カウ〔名〕スル ❶途中でどこにも寄らずに、直接目的地に行くこと。「現場へ―する」「―便」❷思ったことをためらわずに実行すること。「直言―」「中々の―にくまれて問屋うけ宜からねば」〈一葉・うもれ木〉❸汚れたところのない正しい行い。「―の士」〖類語〗直通

ちょっ-こう【直航】チョク カウ〔名〕スル 船または飛行機が、途中でどこへも寄らず、直接目的地に航行すること。「布哇(ハワイ)に寄らずに桑港(サンフランシスコ)に―と斯う決定して」〈福沢・福翁自伝〉〖類語〗運航・通航・航行・航海・航空・舟航・進航・周航・就航・巡航・回航

ちょっこう-ざひょう【直交座標】チョクカウザヘウ 座標軸が互いに直角に交わる座標。直角座標。

ちょっこう-しんぷくへんちょう【直交振幅変調】チョクカウシンプクヘンテウ《quadrature amplitude modulation》アナログ信号でビットデータを伝送するための変調方法の一。搬送波の位相と振幅を変化させ、その両方にそれぞれ0または1を割り当てる方式。クアム。QAM。

ちょっこうは-しゅうはすうぶんかつたじゅう【直交波周波数分割多重】チョクカウハシウハスウブンカツタヂユウ ➤オー-エフ-ディー-エム(OFDM)

ちょっこ-もん【直弧文】チョク コ 4、5世紀の、古墳の石室の壁や石棺・埴輪(はにわ)・刀などにみられる呪術的文様。直線と弧線とを複雑に組み合わせて構成される。

ちょっこり〔副〕❶ちょっと。ちょっくら。少しだけ。「風呂敷包み―と、似合はぬ風の旅姿」〈浄・和田合戦〉❷こぢんまりとまとまっているさま。ちんまり。「何と―と、何処に置いても邪魔にならぬよい女房であらうがな」〈浄・伊賀越〉

ちょっ-こん【直根】チョク コン 側根が小さく、主根が大きくて垂直に伸びている根。ニンジン・ダイコンなど。

ちょっ-と【一=寸・▽鳥渡】━〔副〕《「ちっと」の音変化。「一寸」「鳥渡」は当て字》❶物事の数量・程度や時間がわずかであるさま。すこし。「一昼寝をする」「―の金を惜しむ」「今度の試験はいつもより―むずかしかった」❷その行動が軽い気持ちで行われるさま。「―そこまで行ってくる」❸かなりのものであるさま。けっこう。「―名の知れた作家」❹(多くあとに打消しの語を伴って用いる)簡単に判断することが不可能なさま、または、困難であるさま。「私には―お答えできません」「詳しいことは―わかりかねます」⇒少(すこ)し
〖用法〗━〔感〕《━❶の述部を省略したもの》人に軽く呼びかける語。「―、お客さん」〖類語〗(━❶)少し・少ない・少少・いささか・いくらか・いくぶん・やや・ちと・ちっと・ちょっぴり・なけなし・若干 (時間的に)少時・寸時・一時(いちじ)・一時(いっとき)・一時(ひととき)・ひとしきり・暫時・片時・しばらく・ちょっくら・ちょいと

ちょっと-した【一=寸した】〔連体〕❶大したことではない。わずかな。「―おみやげがある」「―アイデア」❷かなりの。なかなかの。「―名士として通っている」

ちょっと-み【一=寸見】ちょっと見ること。また、ちょっと見た感じ。「―は近寄りがたい人だ」
〖類語〗一目(ひとめ)・一見・一目(いちもく)・瞥見(べっけん)・一顧・一瞥

ちょっとや-そっと【一=寸やそっと】〔副〕(多く下に打消しの語を伴う)「ちょっと」をやや強めた言い方。少しばかり。「―で解決できる問題ではない」

チョッパー〖chopper〗❶肉や野菜をみじん切りにする機械。❷礫器(れっき)。石器の一種で、物を切るのに使われた。❸直流電流を、半導体を用いて高速で断続することによって交流にする装置。サイリスター-チョッパー。❹改造オートバイ。

ちょっぴり〔副〕分量や程度がわずかであるさま。ほんのすこし。「―酒を飲む」「―悲しかった」〖類語〗ちょっと・ちょいと・少少・やや・ちと・ちっと・少し・少ない

チョップ〖chop〗❶あばら骨のついた豚肉や羊肉。また、その肉を焼いた料理。「ポーク―」❷テニスなどで、バウンドした球の下部を、斜めに鋭く切るように打つこと。チョップストローク。カッティング。カット。❸ボクシングで、上からたたき切るように打つこと。❹プロレスで、平手で切るようにして鋭く打つこと。「空手―」

チョップスティック〖chopsticks〗箸(はし)のこと。

チョップ-フラワー〖chop flower〗料理で、ローストチキンの脚などの骨を巻く紙製の飾り。

ちょっぺい【直平】チョク ヘイ《「とっぱい(頭盔)」の音変化》かぶとの鉢で、頂部が水平で頭巾(ずきん)形のもの。

ちょっぽり〔副〕❶小さくこぢんまりとしているさま。「古い帽子を―戴いて出た」〈長塚・土〉❷「ちょっぴり」に同

じ。「この煙草は…狼の川原とやら。—のんで見なませんか」〈洒・阿蘭陀鏡〉

ちょつ‐る〔動ラ四〕少しけずりとる。ちょっとそぐ。「氷の剣、逆手に持って波旧苔の髭をこそげる、頤—る」〈浄・国性爺後日〉

ちょ‐と【一寸｜▽鳥渡】〔副〕《「ちと」の変化した語。「一寸」「鳥渡」は当て字》「ちょっと」に同じ。「—一目見た所では」〈福沢・福翁自伝〉

ちょ‐とつ【×猪突】〔名〕スル イノシシのようにあとさきを考えずに突き進むこと。むこうみずに物事をすること。「松葉屋の営業に—した如く」〈虚子・続俳諧師〉

ちょとつ‐きゆう【×猪突×豨勇】《「漢書」食貨志から。「豨」はイノシシの子の意》イノシシやイノシシの子のように、あとさきを考えずに突き進む勇気。また、そうした勇気のある人。猪勇。

ちょとつ‐もうしん【×猪突猛進】〔名〕スル 周囲の人のことや状況を考えずに、一つのことに向かって猛烈な勢いで突き進むこと。「—して敵の策にはまる」

ちよ‐の‐はる【千代の春】千年もの長寿・繁栄を祈って祝う初春。《季 新年》

ちよのふじ‐みつぐ【千代の富士貢】［1955～　］力士。第58代横綱。北海道出身。本名、秋元貢。愛称はウルフ。通算1045勝を記録するなど、一時代を築いた。優勝31回。平成元年(1989)国民栄誉賞受賞。引退後、年寄陣幕を襲名。のちに当時の九重親方と年寄名跡を交換し、年寄九重を継承。➡三重ノ海剛司(第57代横綱)　➡隆の里俊英(第59代横綱)

ちよのやま‐まさのぶ【千代の山雅信】［1926～1977］力士。第41代横綱。北海道出身。本名、杉村昌治。突っ張りを得意とし、優勝6回。引退後、年寄九重として出羽海部屋から独立。➡東富士欽壱(第40代横綱)　➡鏡里喜代治(第42代横綱)

ちょ‐ひ【×楮皮】コウゾの木の皮。

ちょび‐かわ〔副〕スル ちょこちょこと気ぜわしく動き回るさま。「今の相談ぬかるまいぞ。必ず首尾よう首尾ようと—云うて帰りける」〈浄・襤褸錦〉

ちょび‐くさ〔副〕口早にぺちゃくちゃしゃべるさま。軽薄なさま。「口先で—言ふより」〈浄・矢口渡〉

ちょび‐ちょび〔副〕物事が断続的に少しずつ行われるさま。ちょっとずつ。「—(と)金を使う」

ちょびっ‐と〔副〕分量や程度がわずかなさま。「一味見をしてみる」

ちょび‐ひげ【ちょび×髭】わずかばかり、鼻の下にはやした髭。

ちょ‐ぶん【著聞】〔名〕スル 世間によく知られていること。「当時天下にその名が—していた浄蔵法師」〈谷崎・少将滋幹の母〉

ちょ‐へい【×楮幣】紙幣。「負債を償うに充るの—を封送せられたるなり」〈織田訳・花柳春話〉

ちょ‐ぼ【▽点】《樗蒲の采の目の打ち方に似ているところからいう》❶しるしとして打つ点。ぽち。ほし。「—を打つ」❷(ふつう「チョボ」と書く)歌舞伎で、地の文を義太夫節で語ること。また、その義太夫節、およびその太夫。ちょぼ語り。床本の語る部分に傍点を打ったところからの名称という。類語 点

ちょ‐ぼ【×樗×蒲】❶「かりうち」に同じ。❷「樗蒲一」の略。

ちょぼ‐いち【×樗×蒲一】❶中国渡来の賭博の一。1個のさいころで出る目を予測し、予測が当たれば賭け金の4倍または5倍を得る仕組みになっているもの。転じて、博奕のこと。❷いんちき。でたらめ。❸ばかをみること。「向でうまく言い抜けられる様な手段で、おれの顔を汚すのを抛って置く、—はない」〈漱石・坊っちゃん〉

ちょぼ‐がたり【▽点語り】歌舞伎で、チョボを語ること。また、その太夫。

ちょ‐ぼく【貯木】原木や材木をたくわえておくこと。また、その材木。「—場」

ちょ‐ぼく【×樗木】《樗が用途の少ない木であるところから》役にたたない木。また、無用なもののたとえ。

ちょぼ‐くさ〔副〕❶ちょこちょこと少しずつあるさま。「—と数多きは回覧するの煩はしきを厭ひ、六部を合して二巻となし」〈風来六部集・序〉❷小声で話すさま。ひそひそ。「—とささやいたり抱きついたり」〈伎・思花街容性〉❸口先でたくみに話すさま。口じょうずにとりなすさま。「—言うても、一向聞かぬ鉄挺な親父」〈伎・五大力〉

ちょぼ‐ぐち【ちょぼ口】小さくつぼめた口つき。「化けそこなひの古ばば、白髪、歯抜けの—して」〈浄・井筒業平〉➡おちょぼ口

ちょぼ‐く‐る〔動ラ四〕❶口先でうまく言いくるめる。「やあ—るな—るな」〈浄・難波丸金鶏〉❷からかう。ばかにする。「せんぼつかうて地の大夫を—り」〈浮・芝居気質〉

ちょぼくれ　江戸時代の大道芸・門付け芸で、願人坊主などが錫杖・鈴などを振りながら、祭文風の歌をうたって米銭をこうたもの。江戸でいい、大坂では「ちょんがれ」といった。ちょぼくれちょんがれ。

ちょぼくれ‐ちょんがれ「ちょぼくれ」に同じ。

ちょぼ‐ちょぼ　━〔名〕踊り字を表す「ゝ」や記号としての「‥」など。━〔形動〕前者と同じであるさま。両者に優劣をつけがたいさま。「両者の力量は—だ」━〔副〕❶量や程度が少ないさま。ちょびちょび。「小遣いを—(と)小出しにする」❷物が所々に少しずつあるさま。ちょびちょび。「庭に—(と)草が生える」　アク━はチョボチョボ、━は、チョボチョボ。

ちょぼ‐ゆか【▽点床】歌舞伎劇場で、義太夫節を演奏する場所。舞台上手の上部に設けられ、簾がかけられている。

ちょ‐ま【×苧麻】カラムシの別名。また、その繊維で織った布。

ちよみ‐ぐさ【千代見草】❶菊の別名。❷松の別名。

チョムスキー〖Avram Noam Chomsky〗［1928～　］米国の言語学者。アメリカ構造言語学から脱却し、生成文法を提唱。哲学・心理学・コンピューター科学など他の多くの分野にも影響を及ぼす。また、反戦運動や現代アメリカ社会批判によって広く知られている。著「文法の構造」「文法理論の諸相」「統率・束縛理論」。➡生成文法

ちょ‐めい【著名】〔名・形動〕世間に名が知られていること。また、そのさま。有名。「—な画家」➡有名 用法
類語 有名・知名・高名・名高い・名うて・名代・評判

ちょ‐めい【著明】〔名・形動〕非常にあきらかであるさま。「その最も表然一なるものにして、後人の教訓と為すに足れり」〈中村訳・西国立志編〉

ちょめい‐じん【著名人】世間に名が知られている人。有名人。類語 名士

チョモランマ〖Chomolungma〗エベレストのチベット語名。

ちょもんじゅう【著聞集】「古今著聞集」の略称。

ちょ‐ゆう【×猪勇】イノシシのように、目標に向かって突進する向こう見ずな勇気。また、その人。

ちょら【樗良】▶三浦樗良

チョリソ〖スペ chorizo〗豚肉に赤唐辛子・胡椒などを混ぜたスペインのスパイシーなソーセージ。

ちょ‐りつ【×佇立】〔名〕スル たたずむこと。ちょりゅう。「呆然と—して」〈民与・竹沢先生と云ふ人〉

ちょ‐りゅう【貯留｜×瀦×溜】〔名〕スル 水などがたまること。また、ためること。「而して此一里の間は、皆—せる沼沢の水のみ」〈鴎外訳・即興詩人〉類語 溜める

チョルトニン‐こ【チョルトニン湖】《Tjörnin》アイスランドの首都レイキャビクの中心部にある湖。市民の憩いの場として親しまれている。周辺にアイスランド大学、レイキャビク市民ホール、アイスランド国立美術館がある。

チョルラ‐ナムド【全羅南道】朝鮮半島南西端に位置する道。済州海峡に面し、道庁所在地は光州広域市。ぜんらなんどう。

チョルラ‐プクド【全羅北道】朝鮮半島南西部に位置する道。黄海に面し、道庁所在地は全州。ぜんらほくどう。

ちょ‐れい【×猪×苓】サルノコシカケ科のキノコのチョレイマイタケが地中につくる菌核。漢方で利尿・解熱・止渇薬などに用いる。

ちょ‐れき【×樗×櫟】《樗も櫟も用途の少ない木であるところから》役に立たない木。転じて、役に立たない人。また、自分をへりくだっていう語。

ちょろ　猪牙舟のこと。東海以西でいう。

ちょろ‐い〔形〕❶非常に簡単である。容易に処理できる。「この問題を解くことぐらい—いさ」❷考え方・やり方が安易である。「そんな—い手にのるものか」❸手ぬるい。「ねっそりの牛盗人、—い工みのあめだ牛」〈浄・関八州繋馬〉

ちょろぎ【草=石=蚕】シソ科の多年草。高さ30～60センチ。秋、淡紅色の唇形の花を穂状につける。地下にできる連珠状の白い塊茎を掘り取り、梅酢で赤く染め、正月料理の黒豆の中にまぜて食べる。中国の原産で、栽培される。ちょうろぎ。《季 新年》「ねじれたる—を噛める前歯かな／時彦」

ちょろ‐キュー【チョロQ】《名称は「ちょろちょろ走るキュートな車」から》ぜんまいで駆動するタカラトミー製のミニカー。商標名。車体を押しつけながらバックさせるとぜんまいが巻かれ、手を離すと戻る力で走る。昭和55年(1980)に発売。電車や新幹線の形をしたもの、赤外線を使ったリモコン式のものもある。

ちょ‐ろく【著録】〔名〕スル 書きあらわし記すこと。記録すること。また、そのもの。

ちょろ‐けん　正月の門付け芸の一。江戸中期以降、京坂で福禄寿などの大きな張り子を頭にかぶり、三味線・太鼓・ささらなどに合わせて早口に祝言を唱えて回ったもの。のちには張り抜き籠に大きな舌を出した顔を描いたものをかぶり、黒塗りの笠をつけたものもあらわれた。

チョロ‐けん【チョロ絹】《インドのチャウル(Chaul)の産という》近世、オランダまたは中国の広東から輸入された絹織物。海気に似て木目模様がある。補説「著羅絹」とも書く。

ち‐よろず【千▽万】限りなく多い数。無数。「—の神々」

ちょろ‐ちょろ〔副〕スル ❶水が少しずつ流れ出ているさま。「清水が—(と)わき出る」❷火が弱く燃えているさま。「残り火が—(と)燃える」❸小さなものが動き回るさま。「子供が—して落ち着けない」

ちょろっか〔形動〕かるはずみであるさま。軽率なさま。「俺も年をとって来た、いままでのような—なことはやっちゃあいられねえ」〈万太郎・春泥〉

ちょろ‐と〔副〕「ちょろり」に同じ。「丸ぐけの帯をいつのまにやら—外して」〈浮・新永代蔵・一〉

ちょろまか‐す〔動サ五(四)〕❶人の目をごまかして盗む。また、数量や金額をごまかして、もうける。「店の売り上げを—す」❷言いのがれを言ってその場をごまかす。「我々には始めた分にしておけ抔と、こちらを—すのではないか」〈浮・禁短気・五〉

ちょろり〔副〕❶動きがすばやいさま。「舌を—と出す」❷軽々しく事を行うさま。「本音を—と漏らす」「そんな大百でないだけ—人に乗せられる」〈万太郎・春泥〉❸水などがわずかに流れ出るさま。「異常渇水で水道の水が—としか出ない」

ちょ‐ろん【緒論】「しょろん(緒論)」の慣用読み。

ちょん　━〔名〕❶《芝居の終わりに打つ拍子木の音から》物事の終わること。「その問題はこれで—だ」❷免職になること。くび。❸しるしにつける点。ちょぼ。「文中に—を打つ」❹俗に、頭の悪いこと。また、おろかなこと。「ばかだの、—だの、野呂間だのと」〈魯文・西洋道中膝栗毛〉━〔副〕❶拍子木の音を表す語。また、拍子木を打つさま。「—と柝がはいる」❷刃物などを用いて一気に切るさま。「花の茎を—と刈り取る」❸動作が敏捷に行われるさま。「石垣に—と飛びのる」「文鳥が肩に—と止まる」❹力を入れずに軽く物事を行うさま。「紙飛行機を指で—と飛ばす」類語 ━(1)終わり・おしまい・終了・終結・終焉・終末・果てし・幕切れ・閉幕・幕・打ち止め・完・了・ジエンド／(3)点／━(2)ざくり・ざっくり・ばっさり・すっぱり

ちょんにな‐る　❶《芝居で幕切れに拍子木を打つところから》物事が終わる。多く、あっけなく終わる

意に用いる。「資金不足で計画が―・る」❷首を切られる。免職になる。

チョンガー【総角】《朝鮮語》独身の男。また、その人をからかっていう称。補説本来は、朝鮮で丁年に達しても未婚でいる男子のこと。類語一人

ちょん-がけ【ちょん掛(け)】❶環でつける羽織の紐。❷釣りで、針先にちょっとひっかけるえさのつけ方。❸相撲のきまり手の一。自分の右足裏またはかかとを相手の右足首に内側からひっかけて押し倒す技。

ちょんがれ　❶「ちょぼくれ」の大阪での呼称。❷「ちょんがれ節」の略。❸「ちょんがれ坊主」の略。

ちょんがれ-ぶし【ちょんがれ節】江戸時代の大道芸・門付け芸のちょんがれでうたわれた歌。錫杖や鈴などを振りながら、卑俗な文句を早口にうたった。浮かれ節・浪花節の前身という。

ちょんがれ-ぼうず【ちょんがれ坊主】江戸時代、人家の戸口や路傍で、ちょんがれ節を歌って米銭を乞うた乞食坊主。願人坊主の一。

ちょんきな　狐拳の一。合いの手に「ちょんきなちょんきな、ちょんちょんきな、ちょんがなのはで、ちょちょんがほい」などと唱えながら、その声が終わるのを合図に拳を打つもの。

ちょん-ぎ・る【ちょん切る】〔動ラ五(四)〕❶無造作に切り落とす。勢いよく切る。「花のつぼみを―・る」❷無造作に途中で打ち切る。「話を―・る」類語刻む・切る・裁つ・ぶった切る・かき切る・切り刻む・刎ねる

チョンゴニ〖Chongoni〗マラウイ中部、デッザ県中部の地域。洞窟壁画や居住跡などの遺跡が現存し、チェワ族の文化を伝える127の岩絵が見られる。2006年「チョンゴニ-ロックアート地域」の名で世界遺産(文化遺産)に登録された。

チョンジン【清津】朝鮮民主主義人民共和国の北東部、咸鏡北道の工業都市。道庁所在地。日本海に面し、貿易港。製鉄・製鋼が盛ん。せいしん。

ちょんちょこりん　頭や衣服についている、ちょっとしたごみなど。「だれかさんの頭に―がとまった」

ちょん-ちょん　㊀〔名〕仮名の右肩につける濁点。㊁〔副〕❶拍子木を続けて打つ音。「―と柝が入って幕が開く」❷はねるような小さい動作を繰り返すさま。「棒の先で―とつつく」「小鳥が―と枝を渡っている」

チョン-ドファン【全斗煥】[1931～　]韓国の軍人、政治家。第11～12代大統領。慶尚南道出身。1955年陸軍士官学校を卒業。79年の朴大統領暗殺事件の混乱を国軍保安司令官として処理し、戒厳司令官を逮捕して実権を掌握。80年第11代大統領に就任。81年第五共和制憲法下で第12代大統領に当選した。88年の辞任後、不正蓄財などが発覚し隠遁生活を送る。ぜんとかん。➡ノテウ

ちょん-の-ま【ちょんの間】❶ほんのちょっとの間。❷遊里での短時間の遊興。ちょんの間遊び。

ちょんびり〔副〕わずかであるさま。ほんの少し。ちょっぴり。「私どものつながりに―でも理想的なものがあるなら」〈宮本・伸子〉

ちょんぼ〔名〕スル　うっかりして間違えること。注意不足で犯す失敗。「マージャンで―する」

ちょんぼり〔副〕こぢんまりとしているさま。また、わずかであるさま。「それが遠い、遠い向うに―見えていて」〈鴎外・小中〉「あの子も、おつな真似をすることを、―覚えたね」〈岡本かの子・老妓抄〉

ちょん-まげ【▽丁×髷】江戸時代、男子に行われた髪形の一。額髪をそりあげ、後頭部で髷を結ったもの。髷の形が「ヽ」に似ているのでいう。のち、男髷の通称。

ちょんまげ-もの【▽丁×髷物】江戸時代に題材を取った小説・演劇・映画など。髷物。時代物。

チョンマネヨ〔感〕《朝鮮語》どういたしまして。感謝に対する表現。

チョンリマ【千里馬】《朝鮮語》朝鮮の伝説で、翼をもち1日に千里をかけるという竜馬。朝鮮民主主義人民共和国において社会主義建設を促進するためのスローガンとされた。「―運動」

チョンロン【蒸籠】《中国語》中国の蒸し器。主に、木の枠に編んだ竹を組み込んだもの。中華鍋にのせて用いる。

チョンワデ【青瓦台】▶青瓦台

ち-らい【地雷】❶▶じらい(地雷)❷地上の雷声。怒濤の響きなどにたとえていう語。「大道轟き―の如し」〈浮・永代蔵・一〉

ち-らい【地×籟】地上に起こるいろいろの響き。「天籟か、―か、我が此の心に真個革命の猛火を燃やしたのであった」〈木下尚江・良人の自白〉

ちら-う【散らふ】〔連語〕《動詞「ち(散)る」の未然形＋反復継続の助動詞「ふ」。上代語》散りつづける。しきりに散る。「秋萩の―・へる野辺の初尾花仮廬に葺きて」〈万・三六九一〉

ちらか・す【散らかす】〔動サ五(四)〕❶まとまっていたものを、ばらばらにする。物を一面に乱雑に広げる。「子供が部屋を―・す」❷動詞の連用形に付いて、乱雑に…する、むやみに…する意を表す。ちらす。「食い―・す」「書き―・す」類語散る・散ずる・散らばる・散らかる・散らす・四散・分散・拡散・散開・飛び散る・飛散・飛ぶ・雲散・離散・霧散・散逸

ちらか・る【散らかる】〔動ラ五(四)〕物が乱雑に広がる。散乱する。「足の踏み場もないほど―・る」類語散る・散らばる・散らかす・散らす・散ずる・四散・分散・拡散・散開・飛び散る・飛散・飛ぶ

ち-らく【地絡】電気を大地に逃がすためにつなぐアースのこと。

チラコイド〖thylakoid〗葉緑体中にみられる扁平な袋状の膜。葉緑素など光合成に必要な成分を含み、積み重なってグラナを構成している。

ちらし【散らし】《動詞「ちらす」の連用形から》❶広告・宣伝のために配る印刷物。多くは一枚刷りで、新聞に折り込んで配る。散らし広告。「大売り出しの―」❷「散らし鮨」の略。❸「散らし模様」の略。❹「散らし書き」の略。❺カルタで、取り札をまき散らしておいて、争い取る遊び方。また、その取り札。❻地歌・箏曲で、手事の最終部分。テンポが速く、旋律が不安定で、手事の気分を散らして次の歌に入る過渡的な役割をもつ。❼歌舞伎舞踊曲で、最後のほうのテンポの速い部分。また、その部分の舞踊。

類語(❶)ポスター・パンフレット・小冊子・びら

ちらし-がき【散らし書(き)】色紙・短冊などに、和歌や文句を行頭・行末や行間をそろえず、濃く薄く、太く細く、さまざまに散らして書くこと。

ちらし-がた【散らし形】「散らし模様」に同じ。「木綿鹿の子の―に、茜裏をふきかへさせ」〈浮・一代男・三〉

ちらし-がみ【散らし髪】髪を結ばずに、散らしたままにしておくこと。また、その髪。「幽霊は―なれど」〈紅葉・二人むく助〉

ちらし-ぐすり【散らし薬】患部のはれや痛みをやわらげるのに用いる薬。「―には崛竟の物が参った」〈二葉亭・浮雲〉

ちらし-こうこく【散らし広告】「散らし❶」に同じ。

ちらし-ずし【散らし×鮨】鮨飯の上に、刺身・ゆでた小えび・玉子焼き・かまぼこ・かんぴょうなどを並べた鮨。関西では、小さく切った具を鮨飯にまぜたものに錦糸玉子をのせ、ばらずし・ごもくずし・かやくずしなどとよぶ。

ちらし-だいこ【散らし太鼓】《客を散らし帰すところから》興行の終わったときに鳴らす太鼓。追い出し。打ち出し太鼓。

ちらし-もよう【散らし模様】とびとびに散らした模様。散らし形。

ちらし-よね【散らし▽米】▶打ち撒き

ちら・す【散らす】〔動サ五(四)〕❶くっついているものを離し落とす。ばらばらに散るようにする。散乱させる。「花を―・す無情の嵐」「火花を―・す」「紋様を―・す」❷あちらこちらに配る。ふりまく。分配したり、分離させたりする。「花札を―・す」「びらを―・す」「内角、外角へと球を―・す」❸気持ちをあちこちへ向けて集中力をなくする。「気を―・さずに仕事をしなさい」❹はれ・しこり・痛みなどを、切開しないで押さえたり、なくしたりする。「盲腸炎を―・す」「鬱血を―・す」❺散らかす。「ごみを―・す」❻言い広める。言いふらす。「ゆめゆめ心より外には人に―・すべからず」〈今昔・三〇・六〉❼紛失する。「よべの御文…―・してけると推し量り給ふべし」〈源・夕霧〉❽動詞の連用形に付いて、広い範囲に及ぶようにする、また、あらあらしく…する、むやみに…する意を表す。「まき―・す」「蹴―・す」「わめき―・す」可能ちらせる

一句顔に紅葉を散らす・蜘蛛の子を散らす・算を散らす・火花を散らす・紅葉を散らす

類語散る・散ずる・散らばる・散らかる・散らかす・四散・分散・拡散・散開・飛び散る・飛散・飛ぶ・離散

ちら-ちら〔副〕スル❶小さいものが飛び散るさま。「雪が―(と)舞いはじめる」❷小さい光が強まったり弱まったり、また、細かく揺れ動いたりするさま。「漁り火が―する」「画面が―する」❸断続して物を見るさま。ちらりちらり。「―(と)目配せする」❹物が見え隠れするさま。「面影が―(と)する」「雲の向こうに頂上が―(と)見える」❺うわさなどが少しずつ、また、時々耳に入るさま。ちらりちらり。「―(と)うわさが耳にはいる」

類語(❷)ぴかり・ぴかぴか・きらり・きらきら・ぎらり・ぎらぎら・てかてか・てらてら・ちかちか

ちらつか・せる〔動サ下一〕図ちらつか・す〔サ下二〕❶おどしたり、気を引いたりするために、ちらちらと見せる。「刃物を―・せる」「現金を―・せる」❷それとなくほのめかす。「自慢話を―・せる」❸雪などをちらちら降らせる。「小雪を―・せる空模様」

ちらつ・く〔動カ五(四)〕❶見えたり消えたりする。「まぶたに―・く面影」❷小さい光が瞬間的に強まったり弱まったりする。「気流のためか星が―・いて見える」❸雪などがちらちらまばらに降る。「小雪の―・く日」類語ぱらつく・しぐれる・降りしきる・そぼ降る・降りこめる

ちらっ-と〔副〕ちらりと。ちらと。「通りすがりに―見る」「うわさを―聞いた」

ちら-と〔副〕ちらりと。ちらっと。「瞬時―小隊長の顔を見」〈火野・土と兵隊〉

チラナ〖Tirana〗アルバニア共和国の首都。同国中部の工業都市。17世紀にトルコにより建設された。1920年から首都。人口、行政区39万(2003)。ティラナ。

チラノサウルス〖ラテ Tyrannosaurus〗▶ティラノサウルス

ちらば・す【散らばす】〔動サ五(四)〕散らばるようにする。散らす。「軍勢を左右に―・す」

ちら-ばら〔形動〕図〔ナリ〕あちこちに散らばっているさま。まばらであるさま。「雁の形の琴柱が―に立っているのも」〈中勘助・銀の匙〉

ちらば・る【散らばる】〔動ラ五(四)〕❶まとまっていたもの、1か所にあったものが、あちこちに離れ離れになって広がる。散在する。「全国に―・る卒業生」❷雑然と散り乱れる。散乱する。「部屋じゅうに紙くずが―・っている」類語散る・散らかる・散らかす・散らす・散ずる・四散・分散・拡散・散開・飛び散る・飛散

ちら-ほら〔副〕少しずつまばらにあるさま。また、たまにあるさま。ちらりほらり。「桜の花が―(と)咲きはじめる」「街には半袖姿の人も―(と)見える」

ちら-め・く〔動カ五(四)〕「ちらつく」に同じ。「―・く裸灯が頻りと瞬きばかりしていた」〈里見弴・多情仏心〉

ちらり〔副〕❶瞬間的に見たり見えたりするさま。「―と流し目をする」「―と顔を見せただけ」❷わずかに聞こえたり聞いたりするさま。「―と耳にした話」

ちらり-ズム　ちらっと見せること。ホステスやストリッパーがお色気を発散させて、ちらりと裾をのぞかせたところからできた語。

ちらり-ちらり〔副〕「ちらちら」に同じ。「横顔を―(と)盗み見る」「うわさを―(と)耳にする」

ちらり-ほらり〔副〕❶「ちらほら」に同じ。「梅の花が―(と)咲きはじめる」「友の消息が―(と)耳に入る」❷小さな花びらなどが、ゆっくりとまばらに飛び散るさま。「桜の花びらが―(と)風に舞う」❸すばやく動くさま。「―と馬の先よけるふりして」〈浄・鑓の権三〉

ち-らん【治乱】世の中が治まることと乱れること。「一興廃」「弓馬の家にうまれたからは一の首尾をうかがって天下に旗をあげ」〈谷崎・盲目物語〉

ちり　白身魚・野菜・豆腐などを湯で煮て、ポン酢醤油をつけて食べる鍋料理。鯛たいちり・鱈たらちり・河豚ふぐちりなど。ちり鍋。

ち-り【地利】❶地勢上の便利さ。地の利。「一を得る」❷土地から生じる生産物や利益。

ち-り【地理】❶地球上の海陸・山川の分布、気候・生物・人口・都市・産業・交通などの状態。❷その土地の事情やようす。「この辺の一には通じている」❸「地理学」の略。

ちり【散り】❶建築で、二つの材面がわずかにずれた部分。❷製本で、表紙が中身よりはみ出ている部分。上製本でみられる。❸散ること。また、散らしたもの。「この夕ゆふべ降り来る雨は彦星の早漕ぐ舟の櫂かいの一かも」〈万・二〇五二〉

ちり【×塵】❶細かいくずなどが飛び散ったもの。ほこり。また、小さなごみ。「一一つない部屋」❷俗世間のわずらわしさ。世俗のよごれ。「浮世の一を払う」❸ほんの少しであること。多く、あとに打消しの語を伴って用いる。「一ほども疑わない」

(類語)ごみ・屑くず・埃ほこり・塵芥ちりあくた・塵芥じんかい・滓かす

塵に継・ぐ　先人のあとを継ぐ。「一・げとやちりの身につもれることを問はるらむ」〈古今・雑体〉

塵に同・ず　《「老子」4章から》俗世間の人と交わる。塵に交わる。「権者の光を和げ、一・ずるもあるらん」〈貞享版沙石集・九〉➡和光同塵

塵に交わ・る　世俗に交わる。「この家の福の神は一・り給ひしに」〈浮・永代蔵・五〉

塵も積もれば山となる　《「大智度論」九四から》ごくわずかのものでも、数多く積もり重なれば高大なものとなることのたとえ。

塵も灰も付かぬ　取り付くしまもない。そっけない。「ともかくもそなたの分別次第と一やうに言へば」〈浮・万金丹・五〉

塵を出い・ず　俗世間を離れる。出家する。「秋風の露の宿りに君をおきて一・でぬる事ぞかなしき」〈新古今・哀傷〉

塵を切・る　力士が土俵上で取組に先立って、徳俵の内側で、蹲踞そんきょし、手をすり合わせ、両手を広げ手のひらを返し、体の塵を取る動作。➡塵手水ちりちょうず

塵を絶つ　►絶塵ぜつじん

塵を望んで拝す　《晋の石崇が、主君の外出のたびに、その車が塵を上げて走り去るのをはるかに望んで拝んだという、「晋書」石崇伝に見える故事から》貴人の車馬が走り去るのを見送って礼拝する。長上にへつらうことのたとえ。

塵を捻ひね・る　恥ずかしがってもじもじする。「お出入りの金売り橘次に、一・って頼みのしるし」〈風流志道軒伝〉

塵を結むすんでも志こころざし　塵のようなささやかな贈り物であっても、贈る者の心の表れである。気は心。

チリ〖Chile〗南アメリカ大陸の太平洋岸にアンデス山脈に沿って南北にのびる共和国。首都サンティアゴ。第一次大戦までは硝石、その後は銅を輸出。1818年にスペインから独立。1970年、アジェンデを大統領として人民連合が成立したが、73年、ピノチェトによるクーデターが成功。人口1675万(2010)。チレ。

(補説)「智利」とも書く。

チリ〖chili┊chilli〗❶辛味の強いトウガラシ。また、それからつくる香辛料。「一ソース」❷「チリコンカルネ」の略。

ちり-あか・る【散り▽別る】〔動ラ下二〕ちりぢりになる。離散する。「さまざまに競きほひ一・れし上下の人々」〈源・蓬生〉

ちり-あくた【×塵×芥】ちりと、あくた。値うちのないもの、つまらないものなどのたとえ。ごみくず。

(類語)ごみ・塵ちり・埃ほこり・屑くず・塵芥じんかい・滓かす

ちり-か・う【散り交ふ】ちりかふ〔動ハ四〕あちらこちらと入り乱れて散る。互いに散り乱れる。「木の葉の一・ふ音、水の響きなど、あはれも過ぎて」〈源・橋姫〉

ちり-かか・る【散(り)掛(か)る】〔動ラ五(四)〕❶散って物の上に落ちかかる。「参道に一・る紅葉」❷散りはじめる。「盛りを過ぎた桜の花が一・る」

ちり-がく【地理学】地球表面のいろいろな自然および人文の現象を研究する科学。主に地形・気候・土壌などの自然現象を対象とするものを自然地理学、産業・社会などの人文的事象を対象とするものを人文地理学という。

ちり-がた【散り方】まさに散ろうとするころ。散りぎわ。「あかざりし宿の桜を春くれて一にしも一目見しかな」〈更級〉

ちり-がま・し【×塵がまし】〔形シク〕塵がたくさんある。ほこりっぽい。「夜も一・しき御帳の内もかたはらさびしく」〈源・蓬生〉

ちり-がみ【×塵紙】楮こうぞの外皮の屑や屑紙で作った粗末な紙。鼻紙や落とし紙などに使う。また一般に、鼻紙や落とし紙をいう。(類語)鼻紙・ティッシュペーパー・懐紙・トイレットペーパー

ちりがみ-こうかん【×塵紙交換】ちりがみカウクワン　古新聞・古雑誌などを塵紙と交換する故紙回収業。

ちり-ぎわ【散(り)際】ちりぎは　花が散るとき。また、人の死ぬときについてもいう。「いさぎよい一」

ちり-きん【散(り)金】「散り銭せん」に同じ。

ちりく-はちまんぐう【千栗八幡宮】佐賀県三養基みやき郡みやき町にある神社。九州五所八幡別宮の一。祭神は応神天皇・仲哀天皇・神功皇后じんぐうこうごう。肥前国一の宮。ちぐり八幡宮。

ちりけ【身＝柱│天＝柱】灸点きゅうてんの一。えりくびの下で、両肩の中央の部分。疳かんの虫などの子供の病気に灸をすえた。

ちりけ-もと【身＝柱元】えりくびのあたり。くびすじ。「氷でも当てられたように、一からゾッとなる」〈風葉・涼炎〉

ちりこ-ぼし【ちりこ星】二十八宿の一、張宿ちょうしゅくの和名。➡張

チリ-コン-カルネ〖スペイン chili con carne〗メキシコ系料理の一。チリ(辛いトウガラシ)と肉を煮込み、煮豆を添える。アメリカでは単にチリと称し、豆もともに煮込む。チリコンカン。

ちり-し【×塵紙】「ちりがみ」に同じ。

ちり-じ【×塵地】ぢ　蒔絵まきえの地蒔じまきの一。漆を塗った上に金銀の鑢粉やすりふんをまばらにまき、さらに漆を塗って研ぎ出したもの。平塵ひらちり。

ちり-し・く【散(り)敷く】〔動カ五(四)〕花や葉などが散って、一面に敷いたようになる。「枯れ葉の一・く道」

チリ-じしん【チリ地震】ヂシン　1960年5月22日(日本時間では23日)、チリの太平洋岸沖で発生した観測史上最大の地震。マグニチュードは9.5。大津波が発生し太平洋諸地域に被害を及ぼした。日本には最高6メートルの津波が押し寄せ、三陸沿岸を中心に死者・行方不明者142人を出す被害をもたらした。

チリ-しょうせき【チリ硝石】セウセキ　硝酸ナトリウムを主成分とする鉱物。無色および白・赤褐・灰・黄色などでガラス光沢がある。三方晶系。チリ北部の乾燥地域に広く分布。肥料などの原料。ソーダ硝石。

ちりじょうほう-システム【地理情報システム】チリジヤウホウ《geographic information system》►ジー-アイ-エス(GIS)

ちり-す・ぐ【散り過ぐ】〔動ガ上二〕すっかり散る。「かざしの紅葉いたう一・ぎて」〈源・紅葉賀〉

ちり-せん【散(り)銭】あれこれとかかる少額の金銭。雑費。散り金きん。

チリ-ソース〖chili sauce〗唐辛子の入った辛いトマトソース。

ちり-だに【×塵×蜱】ヒョウヒダニの別名。室内のちりの中にいるのでいう。

ちり-ちょうず【×塵▽手▽水】ちりてうづ　❶手を清める水のないとき、空中の塵をひねる動作をして、手水を使う代わりとすること。「一をつかひ、又、何かしきりに念じる」〈滑・八笑人・四〉❷相撲の作法の一。土俵上の力士が取組に先立って、徳俵の内側に蹲踞そんきょし、手を2回すり合わせてから拍手かしわでを1回、次いで大きく左右に広げ手のひらを上向きから下向きに返す動作。

ちり-ちり　㊀〔副〕スル　❶ちぢれたりしわが寄ったりするさま。「一した頭髪」❷毛や糸などが焼けちぢれる音を表す語。「一(と)毛糸が焼ける」❸冷気などが、肌を軽く刺すように感じられるさま。「流れ込んで来る微風が、寝起の肌に、一と気持よく滲みた」〈里見弴・安城家の兄弟〉❹恐れてすくむさま。「頭ごなしに呶鳴りつけられて、一するような事があっても」〈秋声・あらくれ〉❺千鳥など、小鳥の鳴く声。「浜千鳥の友呼ぶ声は、一や一」〈虎寛狂・千鳥〉❻水・涙などがしたたるさま。「一袖やしぼるらん」〈伽・小町草紙〉❼日の光のきらめくさま。「東風吹けば、緑が一として」〈中華若木詩抄・下〉㊁〔名・形動〕ちぢれたり、しわが寄ったりすること。また、そのさま。「一な(の)髪の毛」「乾燥して一になった漉すき紙」アク㊀はチリチリ、㊁はチリチリ

ちり-ぢり【散り散り】〔形動〕〔文〕〔ナリ〕まとまっていたものがはなればなれになるさま。ばらばら。「一になって逃げる」(類語)別れ別れ・離れ離れ・ばらばら・てんでんばらばら・思い思い

ちりぢり-ばらばら【散り散りばらばら】〔形動〕〔文〕〔ナリ〕あちこちに散って、はなればなれになるさま。「卒業して仲間が一になる」

ちり-づか【×塵塚】ごみを捨てる所。ごみため。はきだめ。「そうでないものは一に捨てられ、存在をさえ否定された」〈寅彦・田園雑感〉

塵塚に鶴　つまらない所に、不似合いにすぐれたものがあることのたとえ。掃き溜だめに鶴。

ちりっ-ぱ【×塵っ葉┊×塵っ端】《「ちりっぱ一つ」などの形で、あとに打消しの語を伴って用いる》塵を強めていう語。また、きわめて小さい物事や、ごくわずかのもののたとえ。「一一つも軽んぜずに研究する厳粛な態度は」〈風葉・青春〉

ちり-とり【×塵取り】❶掃き集めたちりやごみをすくいとる道具。ごみとり。❷「塵取り輿こし」の略。

ちりとり-ごし【×塵取り×輿】腰輿たごしの簡略なもの。高欄だけで屋形のないもの。塵取り。

ちり-なべ【ちり鍋】「ちり」に同じ。(季冬)「一やぎんなん覗く葱の隙/友二」

ちり-のこ・る【散(り)残る】〔動ラ五(四)〕散らないで残っている。「一・った花」

ちり-の-すえ【×塵の末】すゑ　ものの数にはいらないこと。また、そのような人。「結びおく契りとならば法の花一まで数にもらすな」〈続古今・釈教〉

ちり-の-まがい【散りの▽紛ひ】まがひ　入り乱れて散ること。散り乱れること。「あしひきの山下光るもみち葉ばの一は今日にもあるかも」〈万・三七〇〇〉

ちり-の-み【×塵の身】❶塵のようにつまらない身。「風の上にありか定めぬ一は行方も知らずなりぬべらなり」〈古今・雑下〉❷俗世間にけがれた身。「立つやあだなる一は」〈謡・玉葛〉

ちり-の-よ【×塵の世】けがれたこの世。濁世。「神も交はる一の、花や心に任すらん」〈謡・小塩〉

チリ-パウダー〖chili powder〗唐辛子とうがらしにオレガノ・ガーリックなどをまぜ合わせた粉末状の香辛料。辛みが強い。

ちり-ばかり【×塵ばかり】〔連語〕(多く副詞的に用いて)少しばかり。ほんの少し。ちりほど。「此の帯を挙げんとするに、一も動かず」〈今昔・三・五〉

ちり-ばな【散(り)花】❶散った花。落花。❷花は咲くが実を結ばない花。むだ花。あだ花。

ちり-ば・む【×塵ばむ】〔動マ四〕ほこりにまみれる。「台盤なども傍かたへは一・みて」〈源・須磨〉

ちり-ば・む【×鏤む】〔動マ下二〕「ちりばめる」の文語形。

ちり-ば・める【×鏤める】〔動マ下一〕〔文〕ちりば・む〔マ下二〕金銀・宝石などを、一面に散らすようにはめこむ。また比喩的に、文章のところどころに美しい言葉などを交える。「螺鈿らでんを一・めた小箱」「甘言を一・めた手紙」

ちり-はらい【×塵払い】はらひ　塵を払うこと。また、その道具。はたき。

ちり-ひじ【×塵▽泥】ひぢ　❶ちりと、どろ。「高き山も麓の一よりなりて」〈古今・仮名序〉❷とるにたりないもの。「かかる聞えあらば、兵衛が身は何の一にかならむ」

〈宇津保・藤原の君〉

ちりぶくろ【塵袋】鎌倉時代の事典。11巻。著者未詳。文永～弘安年間(1264～1288)の成立。事物の起源を天象以下22項に分け、問答体で記したもの。

チリ-ペッパー〖chili pepper〗辛味種のトウガラシの一種。赤く熟した果実を粉末にしたのは、チリパウダー(chili powder)という。カレー料理、メキシコ料理などに多く用いられる。

ちり-ぼ・う【散りぼふ】〔動ハ四〕❶散らばる。散り乱れる。「昼の蔦の葉の—・いたるを」〈増鏡・さしぐし〉❷離散する。また、落ちぶれさまよう。「京より—・ひ来たるなどを」〈源・玉鬘〉

チリポ-こくりつこうえん【チリポ国立公園】《Parque Nacional Chirripó》コスタリカ南部、タラマンカ山脈の同国最高峰、標高3820メートルのチリポ山を擁する国立公園。

ちり-ほこり【塵埃】ちりと、ほこり。じんあい。

ちり-まが・う【散り紛ふ】〔動ハ四〕入り乱れて散る。「雪、東風にたぐひて—・ふ」〈かげろふ・下〉

ちり-ましほ【知里真志保】[1909～1961]言語学者。北海道の生まれ。北大教授。アイヌ民族出身の学者として、アイヌ民族の言語を中心に神話・伝説・信仰・習俗などを広く研究。著「分類アイヌ語辞典」など。

ちり-みだ・れる【散(り)乱れる】〔動ラ下一〕図ちりみだ・る〔ラ下二〕入り乱れて散る。乱れ散る。「強風に葉が—・れる」

ちり-めん【縮緬】表面に細かいしぼのある絹織物。縦糸に撚りのない生糸、横糸に強く撚りをかけた生糸を用いて平織りに製織したのち、ソーダをまぜた石鹸液で煮沸して縮ませ、精練したもの。

ちりめん-え【縮緬絵】錦絵などで、刷ってから、しわを寄せ、縮緬に描いたようにしたもの。

ちりめん-がみ【縮緬紙】細かくしわを寄せて、縮緬のような感じにこしらえた紙。クレープペーパー。

ちりめん-ざこ【縮緬雑魚】カタクチイワシなど、イワシの稚魚を煮干しにしたもの。しらす干し。ちりめんじゃこ。(季 春)

ちりめん-じゃこ【縮緬雑魚】「ちりめんざこ」に同じ。

ちりめん-じわ【縮緬皺】縮緬のように一面に細かく寄ったしわ。

ちりめん-ぼん【縮緬本】和紙に木版多色刷りにしたものを特殊な加工でしわを作り、布の縮緬のような手触りを持たせ、和綴じにした絵本。文章は欧文。題材は桃太郎など日本の昔話が多い。長谷川武次郎が考案し、明治18年(1885)弘文社より刊行開始。日本文化を欧米に紹介する目的で作られた。絵本のほかカレンダーなども刊行した。

ちり-も【散藻｜塵藻】接合藻目チリモ亜目の緑藻の総称。単細胞で、湖沼・湿原・水田などにみられる。ツヅミモ・ミカヅキモ・クンショウチリモなど。

ち-りゃく【知略｜智略】才知に富んだはかりごと。知謀。「—をめぐらす」

ち-りゃく【治略】《「ぢりゃく」とも》世を治める方策。治世の策。

ちりゅう【知立】愛知県中部の市。もと東海道五十三次の池鯉鮒宿。近年、工業化・住宅地化が著しい。東部にある八橋は伊勢物語にも名所として詠まれた。カキツバタの群生地。人口6.8万(2010)。

ち-りゅう【遅留】遅れとどまること。ぐずぐずすること。

ちりゅう-し【知立市】▶知立

ちり-ゆきえ【知里幸恵】[1903～1922]アイヌ文化伝承者。北海道の生まれ。真志保の実姉。著作にアイヌ神話の採録と翻訳をまとめた「アイヌ神謡集」がある。

ち-りょ【知慮｜智慮】賢い考え。物事について深く考える能力。「—に富む人」

ち-りょう【地料】「地代」に同じ。「軍用—」

ち-りょう【知了】〔名〕スル 知りつくすこと。通暁。「国家の危急を—し」〈雪嶺・偽悪醜日本人〉

ち-りょう【治療】〔名〕スル《「ぢりょう」とも》病気やけがをなおすこと。病気や症状を治癒あるいは軽快させるための医療行為。療治。「歯を—する」

(類語)診療・加療・療治・手当て・施療・治す・癒す

ちりょう-けっせい【治療血清】病原体または毒素を馬などに注射して人工的に作った、抗体を多量に含む血清。血清療法に用いられる。

ちりょう-しけん【治療試験】▶治験❷

ち-りょうち【致良知】良知を最大限に発揮させること。良知はもと孟子の唱えたもので、王陽明はこれを陽明学の根本的な指針とした。➡良知

ち-りょく【地力】その土地が作物を生育させることのできる能力。土地の生産力。「—が衰える」

ち-りょく【知力｜智力】知恵の働き。知的な能力。「—体力ともにすぐれる」(類語)才気・才知・才覚

ちりょく-ちょうさ【地力調査】地力維持や作付け計画のために、土壌を調べてその生産力を知ること。

ちりょく-ていげん【地力逓減】同一の土地に作物を栽培するとき、肥料を施すなどの方策が十分にとられないために、地力がしだいに弱まること。

ちり-よけ【塵除け】❶塵を防ぐこと。また、そのための道具や装置。❷インバネスのこと。塵除け外套。「庸三はいつもの—を着て」〈秋声・仮装人物〉

ちりよけ-ごうし【塵除け格子】取水口にとりつけて、ごみなどの流入を防ぐ格子。

ちり-りん〔副〕金属などが軽くふれ合って立てる音を表す語。「—とベルが鳴る」

ちり-れんげ【散り蓮華】❶散った蓮の花びら。❷《❶に似ているところから》陶製のさじ。れんげ。

(類語)匙・スプーン

ちりん-ちりん〔副〕鉦・鈴などが立てる音を表す語。「—と風鈴が涼しげに鳴る」

ち・る【散る】〔動ラ五(四)〕❶花や葉が、茎や枝から離れて落ちる。「花が—・る」❷㋐まとまっていたものがばらばらになって広がる。断片となって方々へ飛ぶ。「ガラスが粉々に—・る」「波が—・る」「火花が—・る」㋑集まっていたものが別れ別れになる。散らばる。「全国に—・ってしまった同窓生」❸ちりぢりに消えてなくなる。「雲が—・る」「霧が—・る」❹はれやしこりなどがなくなる。「肩のこりが—・る」「毒が—・る」❺にじんで広がる。しみて広い範囲にわたる。「墨が—・る」❻気持ちがあちこちに移って落ち着かなくなる。心が一つのことに集中できなくなる。「気が—・る」❼世間に知れわたる。広まる。「うわさが—・る」❽人がいさぎよく死ぬ。多く戦死することをいう。「南の海に—・る」「花と—・る」(類語)(❶)落ちる・降り敷く・零れる・凋落する・落葉する/(❷)散ずる・散らばる・散らかる・散らかす・散らす・四散する・分散する・拡散する・散開する・飛び散る・飛散する・飛ぶ・雲散する・離散する・霧散する・散逸する

ち-るい【地塁】ほぼ平行に並ぶ断層の両側の地域が落ち込み、間に挟まれた部分が高くなっている地形。ホルスト。

ち-るい【地類】《「ぢるい」とも》❶旧制度で、地租徴収のために区別した土地の種別。❷地上に存在するすべての物。地上の万物。また、地上の神々。「天衆—も影向をたれ」〈平家・四〉

チル-いもの【チル鋳物】《chilled casting》鋳物を作るとき、砂型の一部に金型を当てて急冷し、その部分の組織を白銑化して硬度を高めた鋳物。圧延ロール・クラッシャー・車輪などに使用。冷硬鋳物。チルド鋳物。

チルコ-マッシモ〖Circo Massimo〗イタリアの首都ローマにある古代ローマ時代に造られた大競技場の遺跡。パラティーノの丘とアベンティーノの丘の間に位置する。かつては全長620メートル、幅120メートルの大競技場として騎馬戦車レースなどが行われた。最大収容人数は15万人とも30万人ともいわれる。

チルデン-セーター〖Tilden sweater〗縄目模様の入った厚手のセーターで、Vネックの回りと裾に1本ないし数本の太いストライプが入っているのが特徴。アメリカのテニスの名選手、ウィリアム=チルデンの名にちなむ。

チルト〖tilt〗❶傾けること。特に、自動車で、ハンドルの傾きを変えること。「—ステアリング」❷映画・テレビの撮影技法で、カメラを1か所に据えたまま、レンズの方向を上下に動かすこと。➡パン

チルド〖chilled〗〔語素〕名詞などに付いて、冷却した、の意を表す。「—食品」(補説)「チルド食品」「チルド輸送」などでは、セ氏0度前後で凍らない程度に冷却された状態を指すことが多い。

チルド-しつ【チルド室】食品などを、凍結しない程度の低温(セ氏0度前後)で保存できるようにした室。チルドルーム。➡パーシャル室

チルド-しょくひん【チルド食品】低温(0度前後)で輸送、販売される食品。チルドビーフ、チルドデザート(ゼリーやケーキなど)、チルドジュース、その他スープなどの料理がある。

チルト-ステアリング《tilting steering columnから》▶チルトハンドル

チルト-ハンドル《和 tilt＋handle》自動車のステアリングコラム(ハンドル軸)が上下方向に傾きが調節でき、好みの運転姿勢が選べるようになったもの。(補説)英語では、tilting steering column(wheel)。

チルド-ビーフ〖chilled beef〗熟成適温の低温で冷蔵し、輸送期間中に熟成が終わっている牛肉。

チルト-ホイール〖tilt wheel〗ホイールマウスに取り付けられたスクロールホイールのうち、前後に回転するだけでなく、左右に傾けることにより、左右へのスクロール操作なども行えるもの。

チルド-ルーム《和 chilled＋room》▶チルド室

チルドレン〖children〗《child(子供)の複数形》❶子供たち。「ストリート—」❷特定の人物や現象などの影響を受けた人。追従者。「小泉—」

チルド-ロール〖chilled roll〗金属板を圧延するロールで、金属板の表面をチル鋳物にして硬くし、耐摩耗性をもつもの。

ち-れい【地霊】大地に宿るという精霊。「—信仰」

ち-れき【地歴】地理と歴史。中学校の教科名などにいう。

ち-れきせい【地瀝青】アスファルトのこと。

チレント〖Cilento〗イタリア南部、カンパニア州の地域名の一。同州南部、サレルノ以南のティレニア海沿いの海岸部を指す。複雑な海岸線が織り成す自然景観で知られ、アグローポリ、パッロ-デッラ-ルカーニア、サプリなどの町がある。内陸部のディアノ渓谷と合わせてチレントディアノ渓谷国立公園に指定され、また1998年には「パエストゥムとベリアの古代遺跡群を含むチレントディアノ渓谷国立公園とパドゥーラのカルトジオ修道院」として世界遺産(文化遺産)に登録。

チレントディアノけいこく-こくりつこうえん【チレントディアノ渓谷国立公園】《Cilento e Vallo di Diano》イタリア南西部の都市ナポリの南東約110キロメートルにある国立公園。高い山々と美しい渓谷、複雑な海岸線をもち、二つの古代遺跡と中世の修道院がある。遺跡パエストゥムは紀元前7世紀のギリシャの植民都市、港町ベリアの古代遺跡は前6世紀のもの。カルトジオ修道会のサンロレンツォ修道院はバロック様式で建てられている。1998年「パエストゥムとベリアの古代遺跡群を含むチレントディアノ渓谷国立公園とパドゥーラのカルトジオ修道院」として、世界遺産(文化遺産)に登録された。

ち-ろ【地炉】《「ぢろ」とも》地上または床に作った炉。いろり。

ち-ろう【遅漏】性交において、射精に達する時間が長過ぎること。➡早漏

ち-ろうい【地労委】「地方労働委員会」の略称。

チロキシン〖thyroxine〗甲状腺ホルモンの一。沃素を含み、物質代謝を盛んにし成長を促す。過剰になるとバセドー病、欠乏すると甲状腺腫になる。鳥類では換羽を、両生・爬虫類では変態・脱皮を促す。サイロキシン。

チロシナーゼ〖tyrosinase〗銅イオンを含む酸化酵素の一種。毛髪や眼・皮膚などの生合成の前駆体となる物質を合成する反応にかかわる。

チロシン〖tyrosine〗アミノ酸の一。たんぱく質に含まれ、たんぱく質特有の呈色反応はこれによる。生体内ではフェニルアラニンから生成され、メラニンやアドレナリンなどの原料となる。

チロシン-キナーゼ〖tyrosine kinase〗たんぱく質を構成するアミノ酸の一つであるチロシンにリン酸を付加する機能を持つ酵素。細胞の増殖・分化などに関わる信号の伝達に重要な役割を果たす。遺伝子の変異によってチロシンキナーゼが異常に活性化すると、細胞が異常に増殖し、癌(がん)などの疾病の原因となる。

ちろ-ちろ〔副〕❶炎が小さく燃えるさま。「残り火が一(と)燃える」❷水が細く流れるさま。また、そのかすかな音。ちょろちょろ。「一(と)流れる沢の水」❸落ち着きなく動くさま。「媚(なま)めかしげに一動く美しい目を」〈秋声・仮装人物〉

ちろちろ-め【ちろちろ目】視点が定まらない目。また、酔うなどしてぼんやりとした目つき。「華やかな微笑の尚消残る一を無理に薄目に瞬(みひら)いて」〈二葉亭・其面影〉

ちろ-ぼ・う【散ろぼふ】ﾁﾛﾎﾞ〔動ハ四〕「ちりぼう」に同じ。「かやうの所には、食ひ物一・ふものぞかしとて」〈宇治拾遺・四〉

ちろり【銚=釐】銅または真鍮(しんちゅう)製の、酒を温めるのに用いる容器。筒形で下の方がやや細く、つぎ口と取っ手とがついている。

ちろり〔副〕動きがわずかであるさま。また、瞬間的であるさま。ちらり。「小野田が薄目をあいて、一と彼女の顔を見たとき」〈秋声・あらくれ〉

チロリアン〖Tirolean〗多く複合語の形で用い、チロル地方の、チロル風の、の意を表す。「一ブーツ」

チロリアン-シューズ〖Tirolean shoes〗アルプス・チロル地方を原産とする靴の一種。主にアウトドア用だが、今は街でもおしゃれ用に用いる。

チロリアン-ハット〖Tirolean hat〗チロル地方で男女ともに用いるフェルト製の帽子。つばが狭く、後ろが折れ上がった形で、飾りひもと羽根飾りをつける。チロル帽。

チロリアン-ブリッジ〖Tirolean bridge〗谷やクレバスなどを、両端を固定したザイルを伝って渡ること。

チロル〖Tirol〗オーストリア西部からイタリア北部にわたる地方。アルプスの東部にあたり、氷河・森林・牧草地からなる自然景観で知られる。

チロル-ぼう【チロル帽】▶チロリアンハット

ち-わ【痴話】愛しあう者どうしがたわむれてする話。むつごと。転じて、情事。〖類語〗猥談(わいだん)・情話

ち-わ・う【▽幸ふ┊▽護ふ】ﾁﾊﾌ〔動ハ四〕《「ち」は霊力の意》神が霊力を発揮して守ってくださる。「男神(をかみ)も許し給ひ女神(めかみ)も一・ひ給ひて」〈万・一七五三〉

ち-わ・く【▽道分く】〔動カ四〕押し分けて道を開く。「いつのちわきに一・きて」〈神代紀・下〉

ちわ-ぐるい【痴話狂い】ﾁﾜｸﾞﾙﾋ 情欲におぼれ、色事に夢中になること。

ちわ-げんか【痴話×喧×嘩】ﾁﾜｹﾞﾝｸﾜ 痴話から起こるたわいない喧嘩。

ちわ-ごと【痴話言】「痴話」に同じ。「ややともすれば一の」〈浄・油地獄〉

ち-わた【血綿】芝居の小道具の一。傷口から血が出たように見せるために使う赤く染めた綿。

ちわ-ぶみ【痴話文】恋心をしたためた手紙。恋文。艶書(えんしょ)。「博士論文よりは恋の一」〈魯庵・社会百面相〉

ちわ・る【痴話る】〔動ラ四〕《名詞「ちわ」の動詞化》痴話にふける。「此処で楊貴妃と一・ったなぞとは玄宗めも中々味を遣(や)ったものかな」〈露伴・新浦島〉

チワワ〖Chihuahua〗㊀メキシコ北部、チワワ州の州都。商工業の中心地。チワワの原産地として知られる。㊁家畜の犬の一品種。最も小形の犬で、体高約20センチ、体重0.5～3キロ。短毛だが長毛種もあり、耳は立っている。メキシコの原産で、愛玩用。

チワン-ぞく【チワン族】中国の少数民族中、最も人口の多い(約1549万人)民族。9割以上が広西チワン族自治区に居住。生業は稲作を中心とする農耕。壮族。

ちん【×狆】家畜の犬の一品種。小形の愛玩犬で、体高約25センチ。毛は絹糸状で長く、白地に黒または茶色の斑があり、顔が平たい。奈良時代に中国から移入された原種を改良したもので、品種として特徴をもつようになったのは江戸中期。

狆が嚔(くさめ)をしたよう　狆のようにくしゃくしゃとした顔つきであるさま。滑稽で醜い顔つきの形容。ちんくしゃ。

ちん【▽亭】《唐音》眺望や休憩のために高台や庭園に設けた小さな建物。あずまや。

ちん【陳】中国の国名。㊀春秋時代の列国の一。強国にはさまれた侯国で、都は宛丘(河南省淮陽県)。前478年、楚に滅ぼされた。㊁南北朝時代の、南朝最後の国。557年、梁の武将陳覇先が敬帝の禅譲を受けて建国。都は建康(南京)。589年、隋の楊堅(文帝)に滅ぼされた。➡漢「ちん(陳)」

ちん【賃】人や物を使用した代価として支払う金銭。また、働いた報酬として得る金銭。「借り一」「手間一」➡漢「ちん(賃)」

ちん【×鴆┊×酖】❶中国に棲(す)むという、毒をもつ鳥。その羽を浸した酒を飲めば死ぬとされる。また、特にその羽。鴆鳥。❷「鴆毒」「鴆酒」の略。「范増一を呑みて後、未だ三日を過ぎざるに、血を吐てこそ死にけれ」〈太平記・二八〉

ちん【鎮】❶重いものでおさえること。また、そのもの。おもし。❷奈良・平安初期、寺務を統轄した僧職。三綱の上位で、大・中・少の別があった。❸中国で、㋐北魏以降、軍団を駐屯させた軍事・経済上の要地の称。また、その軍団の称。㋑宋代以降、県に属する地方の小都市の称。「武漢三一」➡漢「ちん(鎮)」

チン〖chin〗下あご。あご先。

ちん【朕】〔代〕天子の自称。中国で、古くは一般に用いられたが、秦の始皇帝から天子のみの自称となった。

ちん【珍】〔名・形動〕❶めずらしいこと。また、そのさまや、そのもの。「一とするに足る品」❷変わっていること。異様であること。また、そのさま。珍奇。「雪江の親達は観世撚(こより)を撚ってるそうだ、一寸一だね」〈二葉亭・平凡〉➡漢「ちん(珍)」〖類語〗珍しい

ちん〔副〕❶金属などのかたい物どうしが軽くぶつかって立てる音を表す語。「鉦を一と鳴らす」❷鼻をかむ音や、そのさま。「鼻を一とかむ」

ちんともかんとも　一語も発しないさま。うんともすんとも。「田舎人をおどし、一言はせず」〈浮・一代女・五〉

ちん〔接尾〕人名に付いて、軽い親しみを表す。また、容姿・性格などを表す語に付いて、そういう人の意を表す。「しぶ一」「でぶ一」

ちん-あ【沈×痾】長い間なおらない病気。宿痾。

ちん-あげ【賃上げ】〔名〕ｽﾙ 賃金を上げること。「平均5パーセント一する」〖類語〗ベースアップ

ちん-あつ【鎮圧】〔名〕ｽﾙ ❶戦乱や暴動を武力を使ってしずめること。「デモ隊を一する」❷耕地をすき起こし、土を砕いて平らにならし、押さえること。また、その作業。〖類語〗鎮定・平定・制圧・鎮める・平らげる

ちんあつ-き【鎮圧器】❶物を上から押しつける器具。おもし。おし。❷耕地面を均一に平らにするために使う鉄製のローラー型農機具。

ちんあつ-ばん【鎮圧板】板をよろい戸式に連結した農機具。その上に乗っておもしをかけ、耕地を平らにする。

チン-アップ〖chin-up〗懸垂で鉄棒の高さまであごを上げること。

チン-イーソー【清一色】《中国語》マージャンで、同じ種類の数牌(シューパイ)だけで上がったもの。チンいつ。

ちん-いけい【沈惟敬】ﾁﾝｲｹｲ ▶しんいけい(沈惟敬)

ちん-うつ【沈鬱】〔名・形動〕気分がしずみ、ふさぎこむこと。また、そのさま。「一な表情」〖派生〗ちんうつさ〔名〕〖類語〗憂愁・憂鬱・メランコリー・鬱

ちん-か【沈下】〔名〕ｽﾙ 沈んで位置が下がること。「地盤が一する」〖類語〗下がる・落ちる・落ち込む・沈む・下降・降下・低下・低落・下落

ちん-か【沈荷】海上保険で、船舶が航海中海難に遭い、危険を回避するために積み荷を海中に投棄した際、浮上してこない荷物のこと。

漢字項目　ちん

沈　音チン㊥漢　ジン(チン)㊥呉　訓**しずむ、しずめる**‖①水などの中に深く入り込む。「沈下・沈殿・沈没/撃沈・轟沈(ごうちん)・自沈・爆沈・浮沈・陸沈」②気分がふさぎ落ち込む。「沈鬱(ちんうつ)・沈滞・沈痛/消沈」③物事に深入りする。「沈酔・沈潜・沈湎(ちんめん)」④奥深く静か。落ち着いている。「沈毅(ちんき)・沈静・沈着・沈黙・沈勇/深沈」⑤長い間変わらない。「沈痾(ちんあ)」〖補説〗中国人の姓の場合は、沈徳潜(しんとくせん)のように「しん」と読む。〖名付〗うし〖難読〗沈香(じんこう)・沈丁花(じんちょうげ)

▽**枕**　音チン㊥慣　訓**まくら**‖㊀〈チン〉まくら。「枕席・枕頭/陶枕・氷枕」㊁〈まくら〉「枕木・枕詞(まくらことば)/草枕・氷枕・高枕・膝枕(ひざまくら)・夢枕」

珍　音**チン**㊥呉漢　訓**めずらしい**、うず‖①めったにない。めずらしい。「珍客・珍事・珍羞・珍重・珍品・珍味/袖珍(しゅうちん)・八珍・別珍」②普通とは変わっている。「珍奇・珍説・珍妙」〖補説〗「珎」は異体字。〖名付〗いや・くに・くる・たか・のり・はる・よし

陳　音**チン**㊥漢　訓つらねる、ならべる、のべる、ふるい‖①平らに並べる。つらねる。「陳列」②申し述べる。「陳謝・陳述・陳情/開陳・具陳」③古い。「陳腐/新陳代謝」〖名付〗かた・つら・のぶ・のぶる・のり・ひさ・むね・よし〖難読〗陳者(のぶれば)

人**椿**　音チン㊥慣　チュン㊥呉漢　訓つばき‖㊀〈チン〉①木の名。センダン科の落葉樹。チャンチン。また、伝説中の長寿の大木。「椿寿・椿葉/大椿」②思いがけないこと。「椿事・椿説」㊁〈つばき〉木の名。ツバキ科の常緑樹。「椿油」〖難読〗椿象(かめむし)・香椿(チャンチン)

賃　学6　音**チン**㊥慣‖労働や物の提供に対して支払う金銭。報酬。代価。「賃金・賃貸/運賃・工賃・駄賃・家賃・労賃」〖名付〗かね・とう

鎮〔鎭〕　音**チン**㊥呉漢　訓**しずめる、しずまる**‖①押さえて安定させる。しずめる。しずまる。「鎮圧・鎮火・鎮護・鎮魂・鎮座・鎮静・鎮痛」②おもし。押さえ。「重鎮・風鎮・文鎮」③中国で、地方の都市。「郷鎮・武漢三鎮」〖名付〗おさむ・しげ・しず・しん・たね・つね・なか・まさ・まもる・やす・やすし

×**闖**　音チン㊥呉漢‖突然現れる。不意に入って来る。「闖入」

ちん-か【珍花】珍しい花。

ちん-か【珍果】珍しい果物。

ちん-か【珍菓】珍しい菓子。また、珍しい食物。

ちん-か【珍貨】珍しい品物。珍しい財宝。

ちん-か【鎮火】〔名〕ｽﾙ 火事が消えること。火事を消すこと。「延焼前に一する」〖類語〗消える・消す

ちん-がい【鎮×咳】咳(せき)をしずめること。「一作用」「一去痰(きょたん)」

ちんがい-ざい【鎮×咳剤】咳(せき)をしずめるための薬剤。コデイン・エフェドリン・ナルコチンなど。咳止め。鎮咳薬。

ちんがい-やく【鎮×咳薬】「鎮咳剤」に同じ。

ちんか-きょう【沈下橋】▶ちんかばし(沈下橋)

ちん-かく【珍客】▶ちんきゃく(珍客)

ちんか-さい【鎮火祭】ﾁﾝｸﾜｻｲ 陰暦6月と12月のみそかの夜、火災を防ぎ、火のけがれを払うために宮城の四隅で卜部(うらべ)氏が火をつかさどる神を祭った神事。ひしずめのまつり。

ちんか-さい【鎮花祭】ﾁﾝｸﾜｻｲ 平安時代以降、神祇官で、陰暦3月の桜の花の散るころ特に活動するといわれる疫病神をはらうため、大和の大神(おおみわ)・狭井(さい)の二社の神を祭った行事。神社でも行われ、現在は簡略化されて伝わる。はなしずめのまつり。

ちん-がし【賃貸し】〔名〕ｽﾙ 貸し賃を取って物を貸すこと。ちんたい。「倉庫を一する」㊥賃借り。〖類語〗賃貸・リース・レンタル

ちん‐カツ【賃カツ】「賃金カット」の略。

ちんか‐ばし【沈下橋】《「ちんかきょう」とも》川の水面に近くかけられ、増水時には水中に沈む橋。流木などが引っかかるのを防ぐため、欄干はない。高知県・徳島県・大分県に多い。潜水橋。潜り橋。

ちんかぼうがい‐ざい【鎮火妨害罪】チンクワバウガイ ▶消火妨害罪

ちん‐がら【珍柄】織物などの珍しい柄。

ちん‐からり　焜炉(こんろ)の一種。琉球産という。ちんから。「一に羽釜ひとつの楽しみ」〈浮・一代男・四〉

ちん‐からり〔副〕❶金属製の物などが打ち合って鳴る音を表す語。「その中で何を落としたのか、一」〈紅葉・多情多恨〉❷物が何もないさま。「また引き出しても一」〈浄・天の網島〉

ちん‐がり【賃借り】〔名〕スル 借り賃を払って物を借りること。ちんしゃく。「畑を一する」⇔賃貸し。
類語 賃借・借りる・借用・寸借・恩借・借金・借財・拝借・チャーター・借り入れる・借り切る

ちん‐き【沈×毅】〔名・形動〕落ち着いていて、物事に動じないこと。また、そのさま。「一な態度」

ちん‐き【珍奇】〔名・形動〕珍しくて風変わりなこと。また、そういうものや、そのさま。「聞いたこともない一な話」派生 ちんきさ〔名〕類語 珍妙・珍しい

ちん‐き【珍×稀】〔名・形動〕めずらしく、まれなこと。また、そのさま。「一な出来事」「一な品物」類語 珍しい・貴重・珍重・得難い・貴い・稀・稀有・高貴・珍貴

ちん‐き【珍貴】〔名・形動〕珍しくて貴重であること。また、そのさま。「一な品」類語 珍しい・貴重・珍重・得難い・貴い・稀・稀有・高貴・大切・重要・異彩・珍稀

ちん‐き【珍器】珍しい器物。

ちん‐き【陳毅】[1901〜1972]中国の軍人・政治家。楽至(らくし)県(四川省)の人。1923年中国共産党に入党。41年新四軍の軍長。抗日戦・解放戦で活躍。中華人民共和国成立後は上海市長・国務院副総理・外交部長などを歴任。チェン=イー。

チンキ《(オランダ) tinctuurから》生薬をエチルアルコール、またはエチルアルコールと精製水とで浸出した液剤。補説「丁幾」とも書く。

ちん‐きい【陳希夷】[?〜989]中国、五代・宋初の隠士。真源(河南省)の人。本名は摶(たん)。字(あざな)は図南。号は扶揺子。後唐の明宗の招きを拒み、のちに宋の太宗に仕え、儒・仏・道の三教を調和させた哲学を説いた。

チンギス‐ハン〘Chingis Khan〙[1162?〜1227]モンゴル帝国の創始者。在位1206〜1227。廟号(びょうごう)は太祖。幼名、テムジン(鉄木真)。1206年、全モンゴルの部族を統一してチンギス=ハンの称号を得た。西夏・金などを討ち、さらに西アジアのホラズムを攻略して支配下に収め、南ロシアを含む大国家としたが、遠征中、陣中で病死。チングス=ハン。ジンギス=カン。補説「成吉思汗」とも書く。

チンギデベマラ‐げんせいしぜんほごく【チンギデベマラ厳正自然保護区】《Tsingy de Bemaraha》マダガスカル西部にある自然保護区。「裸足では歩けない場所」の意で、石灰岩が浸食されてできた鋭く尖った岩が切り立つ。保護区内には原生林も広がり、アイアイやワオキツネザルなど、マダガスカル固有の動物が生息する。1990年、世界遺産(自然遺産)に登録された。ツィンギデベマラ厳正自然保護区。

ちん‐きゃく【珍客】珍しい客。また、思いがけない客。ちんかく。「一が訪れる」類語 客・客人・来客・訪客・来訪者・訪問者・賓客・来賓・まろうど・ゲスト・先客

ちん‐きょう【▽聴叫】チンケウ《「ちん(聴)」は唐音》禅寺で住持の命令を諸寮に伝える役。聴呼(ちんこ)。

ちんぎょ‐らくがん【沈魚落×雁】《「荘子」斉物論の「毛嬙麗姫、人の美とする所也、魚之を見て深く入り、鳥之を見て高く飛ぶ」すなわち、人の目には美しく見えるものも、魚や鳥はこれを見て驚いて逃げる意から》魚や雁も圧倒されるほどの美人。すぐれてあでやかな美人の形容に用いる語。閉月羞花(へいげつしゅうか)。

ちんぎょらくがん‐へいげつしゅうか【沈魚落×雁閉月羞花】…シウクワ〔連語〕《「閉月羞花」は、月が雲間に隠れ、花が恥じてしぼむ意》「沈魚落雁」に同じ。

ちん‐きん【沈金】漆器の装飾技法の一。漆を塗った面に毛彫りで文様を施し、その彫り溝に金箔や金粉を押し込むもの。中国では鎗金(そうきん)とよび、日本へは室町時代に伝わった。現在、石川県輪島市・秋田県湯沢市川連(かわつら)などで行われている。沈金塗り。沈金彫り。

ちん‐きん【賃金】❶賃貸借において賃借人が支払う金銭。❷▶ちんぎん(賃金)

ちん‐ぎん【沈吟】〔名〕スル ❶思いにふけること。考え込むこと。「しばらく一したあとで」〈藤村・春〉❷静かに口ずさむこと。「古歌を一する」

ちん‐ぎん【沈銀】漆器の装飾技法の一。沈金と同じ技法で、金箔・金粉の代わりに銀箔・銀粉を用いるもの。沈銀塗り。沈銀彫り。

ちん‐ぎん【賃金｜賃銀】労働の対価として労働者に支払われる金銭。賞与などのほか、実物賃金も含む。類語 給料・給与・サラリー・ペイ・手間賃・駄賃

ちんぎん‐かくさ【賃金格差】同一時点における賃金水準を年齢・勤続年数・学歴・職種・性・雇用形態・産業・企業規模・地域などの違いごとに比較した場合の差。

ちんぎん‐カット【賃金カット】労働者が労働契約に基づく労務提供に不履行があったときに、使用者が賃金から労務不提供分の金額を差し引くこと。賃カツ。

ちんぎんききん‐せつ【賃金基金説】J=S=ミルによって完成された賃金理論。ある社会において賃金の支払いに充てられる賃金基金は一定であり、賃金基金の増大または労働者数の減少なしには賃上げは不可能という説。

ちんぎん‐けいたい【賃金形態】賃金の支払形態。時間賃金と出来高賃金に大別される。

ちんぎん‐しすう【賃金指数】賃金水準の変動を示す指数。過去のある時期の賃金を100とし、他の時期の賃金をこれとの比で示す。

ちんぎん‐すいじゅん【賃金水準】賃金の平均的高さ。国・産業・企業・職種別などに表される。

ちんぎん‐たいけい【賃金体系】賃金を決定する際に基準となる諸賃金支払項目の組み合わせ。基本給などの基準内賃金と、超過勤務手当などの基準外賃金とに大別される。

ちんぎん‐てっそく【賃金鉄則】ラサールが定式化した賃金理論。平均賃金は、労働者の生命の維持と子孫の繁殖とのために一国において慣習的に必要とされる最低生存費に局限される。したがって、資本主義制度のもとでは労働者は相対的に窮乏化する傾向があるという説。賃金生存費説。

ちんぎん‐どれい【賃金奴隷】《wage slave》賃金にしばりつけられて働かされている資本主義下の労働者を、奴隷にたとえていった語。

ちんぎん‐ひょう【賃金表】…ヘウ 勤続年数・年齢・資格・職種などによって定めた、労働者の受ける賃金の一覧表。

ちんぎん‐ベース【賃金ベース】賃金の支払総額をそこで働く労働者の総数で除した平均賃金。企業別・産業別・地域別などで表される。

ちんぎん‐ろうどう【賃金労働】…ラウドウ「賃労働」に同じ。

ちんぎん‐ろうどうしゃ【賃金労働者】…ラウドウシャ 賃労働で生計を維持している人。プロレタリア。

チンクエチェント〘(イタリア) Cinquecento〙芸術史上で、1500年代の時代概念。盛期ルネサンスからマニエリスムにかけての時代。➡クワトロチェント ➡セイチェント

チンクエ‐テッレ〘Cinque Terre〙イタリア半島の西の付け根にある町ポルトベネーレの北西に位置する、五つの村の総称。チンクエテッレは「五つの土地」の意で、モンテロッソ‐アル‐マーレやベルナッツァなどの五つの村を指す。特産品に琥珀色(こはくいろ)のワインやムール貝がある。1997年に、ポルトベネーレと沖合の小島3島とともに世界遺産(文化遺産)に登録された。

ちん‐くしゃ【×狆くしゃ】狆(ちん)のように目・鼻・口が中央に集まった、くしゃっとした顔。一説に、狆がくしゃみをしたような顔とも。容貌が醜いこと。

チンク‐ゆ【チンク油】《zinc oil》酸化亜鉛と植物油を混合した白い泥状の製剤。ただれ・かぶれや軽い火傷などに用いる。

ちん‐ぐるま【▽稚▽児車】《「ちごぐるま」の音変化》バラ科の小低木。高山の日当たりのよい地に生え、高さ約10センチ。茎は地をはい、葉は羽状複葉。夏、花茎を出して白い5弁花を1個開く。花後、花柱が伸びて羽毛状になる。季 夏「一湿原登路失せやすし／秋桜子」

ちんけ〔名・形動〕《さいころばくちで「ちん」が一を意味するところから》劣っていること。最低であること。また、そのさま。「一なやつ」

ちん‐げい【珍芸】めったに見られない珍しい芸。

ちんけい‐ざい【鎮×痙剤】痙攣(けいれん)をしずめ疼痛(とうつう)を緩和する薬。鎮痙薬。

ちん‐げん【陳言】〔名〕スル ❶《「陳」は古い意》古くさい言葉。陳腐な言葉。「因循姑息(こそく)の一と為し」〈鉄腸・雪中梅〉❷《「陳」は述べる意》言葉を述べること。「兵隊を本国へ帰送すること、なりがたきを一す」〈公議所日誌〉

チンゲンサイ【青梗菜】《中国語》パクチョイの別名。特に、葉柄が緑色のもの。

ちん‐げんぴん【陳元贇】[1587〜1671]中国、明の文人・陶工。字(あざな)は義都。号、既白山人。元和5年(1619)明末の兵乱を避けて来日して帰化。晩年は尾張徳川家に招かれ、名古屋に居住。中国拳法を教えたと伝える。➡元贇焼(げんぴんやき)

ちんこ ❶男性性器をいう幼児語。ちんぼ。ちんぽこ。❷背の低い人。また、男の子。❸「ちんこ芝居」の略。

ちん‐ご【陳呉】「陳勝呉広(ちんしょうごこう)」の略。

ちん‐ご【鎮護】〔名〕スル 災いや戦乱をしずめ、国の平安をまもること。「祖国を一する」

ちん‐こう【沈降】…カウ〔名〕スル ❶土地などが、沈み下がること。沈下。「地盤が一する」❷沈んで下にたまること。沈殿。「赤血球の一速度」

ちん‐こう【珍×肴】…カウ 珍しくてうまいさかな。珍しくてうまいごちそう。珍羞(ちんしゅう)。珍膳(ちんぜん)。

ちんこう‐かいがん【沈降海岸】チンカウ… ▶沈水海岸(ちんすいかいがん)

ちん‐こきり【賃粉切り】賃銭を取って葉タバコを刻むこと。また、その職人。「ふきがらをじうといわせる一」〈柳多留・三〉

ちん‐こく【沈黒】沈金と同じ技法で、金箔の代わりに黒漆を用いるもの。

ちんご‐こっか【鎮護国家】…コクカ 仏教によって国家をしずめまもること。また、そのために「法華経」「仁王般若(にんのうはんにゃ)経」「金光明経」などの経典読誦や修法を行うこと。

ちんこ‐しばい【ちんこ芝居】…シバヰ 十代前半ぐらいの子供たちで演じる芝居。大坂の竹田芝居で前芸に行われたのが起源という。天明(1781〜1789)ごろから首振り芝居を演じ、大正ごろまで行われた。

ちん‐こつ【×砧骨】▶きぬたこつ

ちん‐ころ【×狆ころ】❶狆(ちん)のこと。❷犬の子。子犬。

ちん‐こん【鎮魂】〔名〕スル ❶死者の霊魂を慰めしずめること。「戦死者を一する儀式」❷体内にある霊魂をしずめること。たましずめ。

ちんこん‐か【鎮魂歌】❶鎮魂祭にうたう歌。転じて、死者の霊をなぐさめるために作られた詩歌。❷▶レクイエム❷

ちんこん‐きしん【鎮魂帰神】魂をしずめて無我の境地に至り、神と一体化すること。

ちんこん‐きょく【鎮魂曲】▶レクイエム❷

ちんこん‐さい【鎮魂祭】❶「たましずめのまつり」に同じ。❷神葬で、死者の魂をしずめる祭祀。

ちんこん‐ミサきょく【鎮魂ミサ曲】▶レクイエム❷

ちん‐ざ【鎮座】〔名〕スル ❶神霊が一定の場所にしずまっていること。「天照大神(あまてらすおおみかみ)の一する社(やしろ)」❷人

や物がどっしりと場所を占めていることを、多少揶揄(やゆ)の気持ちを込めていう語。「大きなテレビが床の間に—している」

ちん-さげ【賃下げ】〔名〕スル　賃金を下げること。

ちん-ざしき【▽亭座敷】庭園内の東屋(あずまや)を座敷にしつらえたもの。

チンザノ〖Cinzano〗イタリアのベルモットの銘柄の一。赤と白とがあり、食前酒やカクテルのベースなどに用いる。

ちん-し【沈子】漁網の下縁につけ、水中に沈める役をするもの。いわ。おもり。

ちん-し【沈思】〔名〕スル　深く考え込むこと。いろいろと思案すること。「枯木のごとく、冷然と—している」〈紅葉・二人女房〉

ちん-し【鎮子】《「ちんじ」とも》調度品の一。室内の敷物・とばり・軸物などが風にあおられないように押さえるおもし。風鎮や文鎮など。ちんす。

ちん-じ【珍事┊×椿事】❶珍しい出来事。「前代未聞の—」❷(椿事)思いがけない重大な出来事。一大事。[類語]異変・変事・ハプニング・奇跡・事変

ちん-しごと【賃仕事】家庭などにいて、賃銭を取ってする手内職。「編物の—」[類語]内職・手間仕事

ちんじ-ちゅうよう【珍事中×夭】(ーチユウエウ)思いがけない災難。「—に逢ふこと常の事なり」〈義経記・二〉

ちん-しどう【陳師道】(ーシダウ)[1053〜1101]中国、北宋の詩人。彭城(江蘇省)の人。字(あざな)は履常・無己。号は后山。曽鞏(そうきょう)に教えをうけ、のち蘇軾(そしょく)、黄庭堅に詩を学ぶ。

ちんし-もっこう【沈思黙考】(ーモクカウ)〔名〕スル　沈黙して深く考えること。

ちん-しゃ【陳謝】〔名〕スル　事情を述べてわびること。「不祥事を深く—する」[類語]謝る・謝する・わび・わび言・平謝り・わびる・謝罪・多謝・恐縮

ちん-しゃく【賃借】〔名〕スル　相手方に賃料を支払い、物を借りること。賃借り。「土地を—する」⇔賃貸(ちんたい)。[類語]賃借り・借りる・借用する・寸借する・恩借する・借金する・借財する・拝借する・チャーター・借り入れる

ちんしゃく-けん【賃借権】賃貸借契約に基づき、賃借人が契約の目的物を使用・収益する権利。

ちんしゃく-にん【賃借人】賃貸借の当事者である借り主。

ちん-しゅ【×鴆酒┊×酖酒】鴆(ちん)の羽を浸してつくる毒酒。

ちん-じゅ【陳寿】[233〜297]中国、西晋の歴史家。安漢(四川省)の人。字(あざな)は承祚。蜀(しょく)に仕え、蜀の滅亡後は晋の張華に認められて著作郎となり、「三国志」を編集した。

ちん-じゅ【×椿寿】《「荘子」逍遥遊の「上古大椿という者あり、八千歳を以て春と為し、八千歳を秋と為す」から》長生きすること。長寿。特に、人の長寿を祝っていう語。

ちん-じゅ【鎮守】❶兵士を駐在させて、その地をしずめ守ること。❷鎮守神のこと。また、その神を祭った神社。「村の—の祭り」[類語]神社・社(やしろ)・宮(みや)・神殿・神廟(しんびょう)・社殿・廟宇(びょうう)・神宮・祠(ほこら)・大社・稲荷・八幡・本社・摂社・末社・祠堂

ちん-しゅう【珍羞】(ーシウ)《「羞」はごちそうの意》珍しくてうまいごちそう。珍しい料理。珍肴(ちんこう)。珍膳(ちんぜん)。「田舎料理食い付けた口の八百膳の—に逢いたるごとく」〈露伴・辻浄瑠璃〉

ちん-しゅう【珍襲】(ーシフ)〔名〕スル　珍しいものとして大切にしまっておくこと。珍蔵。「長持の底深く—して」〈花袋・生〉

ちん-じゅう【珍×什】(ージフ)珍しい什器(じゅうき)。珍器。

ちん-じゅう【珍獣】(ージウ)珍しいけだもの。奇獣。

ちんじゅ-がみ【鎮守神】国・村・城・寺院など、一定の地域や造営物を守護するために祭られた神。のちには氏神・産土(うぶすな)神と区別しがたくなったものも多い。鎮守。鎮守の神。

ちん-じゅつ【陳述】〔名〕スル　❶意見や考えを口頭で述べること。「公聴会で意見を—する」❷訴訟の当事者または関係者が裁判所に対し、自己の申し立てを理由づけ、あるいは相手方の申し立てを排斥するために、事実や法律効果についての主張を口頭または書面で述べること。❸構文論の基礎的な概念の一。文としてのまとまりを与える働き。いくつかの学説がある。例えば、「花が咲く」という文は、開花という事柄を表すとともに、開花の認識が、判断の形式によって述べる述語によって統一されていると考える。この用言の働きを陳述という。また、話し手の判断が言語に込められているものが陳述で、助動詞や、形としては存在しないが用言に伴うとして仮定したものに、その働きがあるとする説などがある。山田孝雄により一般化した術語。[類語]発言・開陳・陳弁・公述・口述・具陳・表白・口供

ちんじゅつ-ふくし【陳述副詞】述語の陳述の仕方に呼応して用いられる副詞。肯定的陳述に呼応する「必ず」、仮説的陳述に呼応する「もし」などの類。

ちんじゅ-の-もり【鎮守の森】鎮守の社の境内にある森。

ちんじゅ-の-やしろ【鎮守の社】鎮守神を祭った神社。

ちんじゅ-ふ【鎮守府】❶奈良・平安時代、陸奥(むつ)・出羽(でわ)の蝦夷(えぞ)鎮圧のために置かれた軍政官庁。初め多賀城に置かれ、のちに胆沢(いさわ)城、さらに平泉に移った。❷旧日本海軍で、所管海軍区の警備・防御に関することをつかさどり、所属部隊を監督した機関。横須賀・呉・佐世保・舞鶴の各軍港に置かれた。

ちんじゅふ-しょうぐん【鎮守府将軍】(ーシヤウグン)鎮守府❶の長官。多くは陸奥守(むつのかみ)が兼任した。鎮守将軍。

ちん-しゅんしん【陳舜臣】[1924〜　]小説家。兵庫の生まれ。中国史を扱った小説を多く執筆し、日本人の中国への理解の深化に大きく貢献した。「青玉獅子香炉(せいぎょくししこうろ)」で直木賞受賞。他に「枯草の根」「孔雀の道」「玉嶺よふたたび」「諸葛孔明」など。本格的な中国史書や「ルバイヤート」の翻訳でも知られる。芸術院会員。

ちん-しょ【珍書】珍しい書物。珍本。珍籍。[類語]希書・希覯本(きこうぼん)・珍本

ちん-しょ【陳書】〔名〕スル　意見や気持ちなどを文字に書き表すこと。また、その手紙。「縷々の情を—し以て贈る」〈織田訳・花柳春話〉

ちんしょ【陳書】中国の二十四史の一。南朝陳の正史で、唐の姚思廉(ようしれん)が太宗の勅によって撰。636年成立。本紀6巻、列伝30巻の全36巻。

ちん-しょう【沈床】(ーシヤウ)堤防・護岸工事などの基礎や根固めとして水底に沈める、粗朶(そだ)や丸太で枠を組んで割り石を詰めたもの。

ちん-しょう【沈鐘】沼や湖の底に沈んでいるという伝説上の鐘。その鐘の由来とか、水中から鐘の音が聞こえるという伝説は世界各地にあり、日本の「鐘が淵」という地名もこの伝説に基づくといわれる。

ちんしょう【沈鐘】《原題、(ドイツ) Die versunkene Glocke》ハウプトマンの童話詩劇。5幕。1896年初演。鐘造り師と山の妖精との悲恋を描く象徴劇。

ちん-しょう【陳勝】[?〜前208]中国、秦末の農民反乱の指導者。陽城(河南省)の人。字(あざな)は渉。雇農の出身。前209年、呉広とともに兵を挙げ、一時は張楚国を建てて王となったが、6か月後鎮圧された。その後、各地に反乱がつづき、秦朝崩壊のきっかけとなった。陳渉。

ちん-じょう【▽枕上】(ージヤウ)❶寝ている人のまくらのそば。まくらもと。枕頭。❷寝床にいること。「やっと床につく多くの人には—は眠る事が第一義である」〈寅彦・路傍の草〉

ちん-じょう【陳状】(ージヤウ)❶実状を述べること。また、その文書。❷中世の訴訟で、訴人(原告)の訴状に対して、論人(被告)が提出した弁駁(べんばく)反論の申し状。➡訴状

ちん-じょう【陳情】(ージヤウ)〔名〕スル　目上の人に、実情や心情を述べること。特に、中央や地方の公的機関、または政治家などに、実情を訴えて、善処してくれるよう要請すること。また、その行為。「国会に—する」「—団」[類語]請願・願う

ちん-しょうう【陳紹禹】(ーセウウ)[1907〜1974]中国の政治家。六安県(安徽(あんき)省)の人。別名、王明。学生時代に中国共産党に入党。モスクワ留学後の1928年李立三(りりつさん)の路線を批判。31年、党総書記に就任。モスクワで客死。チェン=シャオユイ。

ちんしょう-ごこう【陳勝呉広】(ーゴクワウ)《陳勝・呉広はともに、秦に対する反乱の兵を最初に起こした人であるところから》物事のさきがけをすること。また、その人。首唱者。陳呉。➡陳勝　➡呉広

ちん-しょく【陳寔】[104〜187]中国、後漢の官吏。潁川(えいせん)(河南省)の人。字(あざな)は仲弓。太丘県長となり、徳治の人として知られる。盗賊が梁(はり)の上にいるのを知り、「梁上の君子を見よ」といって子弟に訓戒し、盗賊を悔悟させた話で知られる。

ちん・じる【陳じる】〔動ザ上一〕「ちん(陳)ずる」(サ変)の上一段化。「私見を—・じる」

ちん-すい【沈水】❶水に沈むこと。❷《「ぢんすい」とも。木質が堅く重いので水に沈むところから》沈香(じんこう)の木。沈(じん)。また、沈香。

ちん-すい【沈酔】〔名〕スル　❶酒にひどく酔うこと。酔いつぶれること。〈和英語林集成〉❷ある状態に、ひたりきること。「日本孤島内の太平に—し」〈田口・日本開化小史〉[類語](❶)酔う・酔っ払う・出来上がる・酩酊(めいてい)する・大酔(たいすい)する・泥酔する・乱酔する・飲まれる・虎(とら)になる・酔い潰れる・ぐでんぐでん・へべれけ

ちんすい-かいがん【沈水海岸】地盤の沈降または海面の上昇によって生じた海岸。尾根は岬に、谷は入り江になるので、屈曲のある海岸線をつくる。リアス式海岸・フィヨルドなど。沈降海岸。

ちんすい-カルスト【沈水カルスト】沿岸部の地表に形成されたカルスト地形が、その後の地殻変動で海面下に沈下または沈みかかっている地形。小笠原諸島の南島、南西諸島の下地島でみられる。

ちんすい-しょくぶつ【沈水植物】水生植物の一。体全部が水中にあって固着して生活する植物。クロモ・セキショウモ・マツモなど。

ちん-すいへん【陳水扁】[1950〜　]台湾の政治家。台南県に生まれ、弁護士として民主化運動で活躍。1989年に民主進歩党から国会議員に当選した。台北市長などを経て2000年の総統選挙に勝利。中国国民党員でない総統として初。台湾独立政策を進め、中華人民共和国と対立した。在任中から指摘されていた不正蓄財の罪で、2008年の退任直後に逮捕された。

ちん-すごう【陳子昂】(ースガウ)[661〜702]中国、初唐の詩人。射洪(しゃこう)(四川省)の人。字(あざな)は伯玉。則天武后に認められ、右拾遺に任ぜられたが、官を辞してのち、誣告(ぶこく)にあって獄死。詩では漢魏への復古を唱えた。詩の代表作は「修竹篇」「感遇」。著「陳伯玉文集」。

ちん・する〔動サ変〕《調理終了を知らせる音から》電子レンジで加熱する。「飯を—・して食べる」

ちん・ずる【陳ずる】〔動サ変〕[文]ちん・ず〔サ変〕❶申し述べる。言葉で述べる。「力を極めて、其の得失を—・ずれども」〈竜渓・経国美談〉❷言い張る。主張する。釈明する。「こんこんと奉行へも申し—・じ、ひたすらお取りなしを願っている様子で」〈野上・秀吉と利休〉❸ごまかしを言う。うそをつく。「こりゃ—・ずると為にならぬぞ」〈伎・韓人漢文〉[類語]申し述べる

ちん-せい【沈静】〔名・形動〕スル　落ち着いていて静かなこと。静かになること。また、そのさま。「ブームが—する」「—な、而も活き活きとした美を」〈佐藤春夫・田園の憂鬱〉[類語]落ち着く・静か

ちん-せい【陳誠】[1897〜1965]中国の軍人・政治家。青田県(浙江(せっこう)省)の人。字(あざな)は辞修。蒋介石(しょうかいせき)の下で抗日戦を指導し、軍政部長・国防部参謀総長などを歴任。国共内戦に敗れて台湾に渡ったのちは行政院長・副総統。チェン=チョン。

ちん-せい【鎮星】土星の異称。塡星(てんせい)。

ちん-せい【鎮静】〔名〕スル　騒ぎや高ぶった気分などを、しずめ落ち着かせること。また、しずまり落ち着くこと。「狂乱物価の—をはかる」「暴動を—する」[類語]静

まる・静まり返る・寝静まる・落ち着く
ちん-ぜい【鎮西】九州の異称。天平15年(743)大宰府を一時鎮西府と称したところからいう。
ちんせい-い【鎮静衣】着用者を拘束する目的の衣服。袋状の長い両袖を胴体に巻いて固定したり、首だけが出た袖のない上着を着せたりする。戒具として使うほか、自傷行為の防止のために用いる。拘束衣。
ちんせい-ざい【鎮静剤】大脳皮質の中枢の異常興奮をしずめる作用をする薬剤。マイナー-トランキライザーなど。鎮静薬。
ちんぜい-しゅご【鎮西守護】▶鎮西奉行
ちんぜい-たんだい【鎮西探題】鎌倉幕府の職名。永仁元年(1293)博多に置かれ、九州の御家人を統轄して、沿海防備・裁判・一般政務をつかさどった。鎌倉幕府滅亡とともに消滅。
ちんぜい-は【鎮西派】浄土宗の一流派。1230年代に法然の弟子、聖光房弁長によって始められ、九州で広められた。念仏往生のほか、念仏以外の善行による諸行往生をも認める。江戸時代、知恩院や増上寺を中心に強い勢力をもつに至り、現在の浄土宗の主流をなす。鎮西流。
ちんぜい-はちろう【鎮西八郎】ーハチラウ 源為朝みなもとのためともの異称。
ちんぜい-ふ【鎮西府】❶天平15年(743)大宰府を改称して設けられた九州統督の役所。同17年には再び大宰府に復した。将軍・副将軍・判官・主典などの職員が置かれた。❷大宰府の異称。
ちんぜい-ぶぎょう【鎮西奉行】ーブギャウ 鎌倉幕府の職名。文治元年(1185)源頼朝が天野遠景を派遣して九州地方の御家人を統制させたのに始まる。のち、権限は守護に移り、鎮西探題の設置で実質的機能は失われた。鎮西守護。
ちん-せき【沈積】〔名〕スル 水中の物質が、水底に沈んで積もること。堆積たいせき。「土砂が一する」
ちん-せき【▽枕席】《まくらと敷物の意から》❶ねどこ。寝具。❷寝室。ねや。また、夜の伽とぎ。
枕席に侍じ・る 女性が男性と共寝する。枕席を薦すすむ。枕席に侍じする。「尤も老人の事じゃから一・らすわけではないが」〈魯庵・社会百面相〉
ちん-せき【▽枕籍|▽枕×藉】❶互いの身を枕として寝ること。寄りかかり合って寝ること。❷男女がともに寝ること。同衾どうきん。「一の度が重なるにつれて、つい絆ほだされ易い人情も出て来て」〈秋声・縮図〉❸書物を積んで枕とすること。また、書物が高く積んであること。
ちん-せき【珍籍】珍しい書籍。珍本。珍書。
ちん-せつ【沈設】〔名〕スル 水中に沈めて敷設すること。「海底に通信ケーブルを一する」
ちん-せつ【珍説|×椿説】❶珍しい話。珍談。❷変わった意見。また、とっぴでこっけいな説。
ちんせつゆみはりづき【椿説弓張月】江戸後期の読本よみほん。5編28巻29冊。曲亭馬琴作、葛飾北斎画。文化4〜8年(1807〜1811)刊。「保元物語」「太平記」や中国の「水滸すいこ後伝」などの構想を生かした、源為朝の一代記。
ちん-せん【沈船】沈んだ船。沈没船。
ちん-せん【沈潜】〔名〕スル ❶水底に沈み隠れること。「さざ波一つ立たない日は、いかにもその底に…野武士の霊魂が一していそうに思われるほど」〈犀星・幼年時代〉❷心を落ち着けて深く考えること。また、深く没入すること。「詩作に一する」
ちん-せん【賃銭】労力や物品の使用に対する報酬として支払われる金銭。賃金。
ちん-ぜん【珍膳】珍しくて、おいしい料理。珍羞ちんしゅう。珍肴ちんこう。
ちん-そ【陳訴】〔名〕スル 事情を述べて訴えること。「窮状を一する」
ちん-そ【賃×苧】手間賃を取って麻を績うむこと。また、その麻。「私仕事に一績うみ」〈浄・丹波与作〉
ちん-そ【賃租】《「賃」は春先の前払いの地子じし、「租」は秋の収穫後に支払う地子》律令制で、諸国の公田を国司が人民に貸し、その賃貸料として地子を取った制度。地子は収穫の5分の1ほどにあたる。
ちん-そう【賃走】タクシーが、客を乗せて走行中であることを示す表示。➡実車
ちん-ぞう【珍蔵】ーザウ〔名〕スル 珍しいものとして、大切にしまっておくこと。「古筆を一する」[類語]秘蔵・愛蔵・私蔵・死蔵・蔵する・取って置き・箱入り・虎の子
ちん-ぞう【▽頂相】ーザウ《「ちんそう」とも。「ちん(頂)」は唐音》禅宗の高僧の肖像。画像は写実性が要求され、師がみずからの頂相画に賛をつけて弟子に与え伝法の証あかしとした。彫像で表した頂相彫刻もある。中国宋代から隆盛をみ、日本では鎌倉時代にすぐれた作品が多い。ちょうそう。
チンタ《ポルトガル vinho tintoから》ポルトガルから伝わった赤ぶどう酒。チンタ酒。[補説]「珍陀」とも書く。
ちん-たい【沈滞】〔名〕スル ❶いつまでも一つ所にとどこおっていること。❷活気がなく、進歩・発展の動きがみられないこと。意気が上がらずに停滞していること。「景気が一している」「一ムードが漂う」
ちん-たい【賃貸】〔名〕スル 賃料を取り、物を相手方に貸すこと。賃貸し。「駐車場を一する」「一価格」「一マンション」⇔賃借。[類語]賃貸し・リース・レンタル
ちん-だい【ちん×鯛】ーだひ《「ちぬだい」の音変化》クロダイの別名。
ちん-だい【鎮台】❶一地方を守るために駐在する軍隊。また、その長。❷明治初期の常備陸軍。明治4年(1871)東京・大阪・鎮西(小倉)・東北(石巻)の4鎮台を置き、同6年、東京・仙台・名古屋・大阪・広島・熊本の6鎮台となった。同21年師団と改称。❸「鎮台兵」の略。
ちんたい-けん【賃貸権】賃貸借契約に基づく賃貸人の権利。賃料請求権、契約終了後の目的物の返還請求権など。
ちん-たいしゃく【賃貸借】当事者の一方が、相手方にある物の使用・収益をさせることを約束し、相手方がこれに対して賃料を支払うことを約束することによって成立する契約。賃貸借契約。
ちんたい-にん【賃貸人】賃貸借の当事者である貸し主。
ちんだい-へい【鎮台兵】鎮台に所属する兵士。
チンタオ【青島】中国山東省、山東半島の膠州こうしゅう湾に臨む港湾都市。1898年、ドイツが租借し、第一次大戦中は日本が占領したが、1922年中国に返還。人口、行政区272万(2000)。
チンダル〖John Tyndall〗[1820〜1893]英国の物理学者。アイルランドの生まれ。微粒子による散乱光の研究で知られ、文筆家・登山家としても有名。著「アルプスの氷河」など。
チンダル-げんしょう【チンダル現象】ーゲンシャウ コロイド溶液や煙霧質などに光を当てたとき、その微小な粒子によって光が散乱され、光の通路が一様に光って見える現象。
ちん-だん【珍談】珍しい話。また、こっけいな話。
ちんちくりん〔名・形動〕❶背が低いこと。また、そのさま。背の低い人をあざけっていう語。❷背丈に比べて衣服が短すぎること。また、そのさま。つんつるてん。「一な(の)去年の服」[類語]矮小わいしょう・寸足らず
ちん-ちゃく【沈着】〔名・形動〕スル ❶落ち着いていて、物事に動じないこと。また、そのさま。「一な行動」❷底にたまって固着すること。「色素が一する」[類語]冷静・平静・落ち着く
ちんちゅうき【枕中記】中国の伝奇小説。唐の沈既済の著。800年ごろ成立。邯鄲かんたんの青年盧生ろせいが、茶店で道士から枕を借りて昼寝をし、自分の生涯の夢を見て、栄達のはかなさを知る話。「邯鄲の枕」「黄粱こうりょう一炊の夢」の故事として知られる。
ちん-ちょう【沈重】〔名・形動〕落ち着いていて、おもおもしいこと。また、そのさま。「始終一な玄機に制馭せいぎょせられていた」〈鴎外・魚玄機〉
ちん-ちょう【珍重】〔名〕スル ❶珍しいものとして大切にすること。「酒の肴さかなとして一される食品」❷自分を大切にすること。手紙文で自重・自愛をすすめる語。❸めでたいこと。祝うべきこと。「源六を討ち取る事一の至りなり」〈浄・頼光跡目論〉[類語]貴重・得難い・珍しい・貴い・稀まれ・稀有けう・高貴・異彩・珍貴・珍稀
ちん-ちょう【珍鳥】ーテウ 珍しい鳥。奇鳥。
ちんちょう-げ【沈丁▽花】ヂンチャウー ▶じんちょうげ(沈丁花)
チンチョン〖Chinchón〗スペインの首都マドリードの南東約45キロメートルに位置する町。中世の面影を残すマヨール広場、ゴヤが描いた「聖母被昇天」があるピエダ教会をはじめ、歴史的建造物が多い。アニス酒、ニンニクの産地として有名。
チンチラ〖chinchilla〗❶齧歯げっし目チンチラ科の哺乳類。体長23〜38センチ。毛は灰青色をし、きわめて細く柔らかで、密生する。尾は房状。南アメリカ、アンデス山脈の高地に分布するが、乱獲によって激減し保護される。毛皮用に養殖もされる。けいとねずみ。❷ペルシア猫のうち、被毛が白く、毛先にのみ色がついているもの。
チンチラ-うさぎ【チンチラ×兎】飼いウサギの一品種。毛色がチンチラに似て黒と白の霜降り状。フランスの原産。
ちん-ちろりん ■〔名〕❶マツムシの別名。また、時代・地方によってスズムシをさす。[季 秋]❷《さいころを投げ入れる音から》2個以上のさいころをどんぶりに入れ、出た目によって勝負を争うばくち。■〔副〕マツムシの鳴き声を表す語。
ちん-ちん〔名〕スル ❶嫉妬すること。やきもち。「其のくせ何だ角かだと忌いやに一をするんだよ」〈木下尚江・良人の自白〉❷男女の仲がたいへん睦むつまじいこと。ちんちんかもかも。「まんまと待合へくわえこみて、一おたのの真最中」〈逍遥・当世書生気質〉❸犬が、後足で立って前足をそろえて上げること。また、そのしぐさ。「ポチ、一しなさい」❹片足を上げ、他の片足で飛びはねること。また、その動作。けんけん。ちんちんもがもが。❺陰茎をいう幼児語。ちんぼ。
ちん-ちん【沈沈】〔ト・タル〕[文]〔形動タリ〕静まりかえっているさま。特に、夜がふけてひっそりとしているさま。「大都市の夜は、いま一として更け亙わたった」〈里見弴・多情仏心〉[類語]静か・密ひそやか・しめやか・静寂・静粛・静閑・閑静・閑散・閑寂・清閑・しじま・森閑・深深しんしん
ちん-ちん〔副〕❶鉄瓶などの湯の煮えたぎる音を表す語。「炉の茶釜が一(と)音を立てる」❷鐘など、硬いものが発する音を表す語。「ベルが一(と)鳴る」
ちんちん-かもかも「ちんちん❷」に同じ。
ちんちん-でんしゃ【ちんちん電車】《合図に車掌が紐を引いて鐘を「ちんちん」と鳴らすところから》市街地を走る路面電車のこと。
ちんちん-もがもが「ちんちん❹」に同じ。
チンツァイ【青菜】《中国語》中国原産のアブラナ科の野菜。高菜の一種。
ちん-つう【沈痛】〔名・形動〕深い悲しみや心配ごとに心を痛めること。また、そのさま。「一な面持ち」[類語]悲痛・悲愴ひそう・悲しい・せつない・つらい・痛ましい・哀れ・哀切・耐えがたい・遣やる瀬ない
ちん-つう【鎮痛】痛みをしずめること。「一作用」
ちんつう-ざい【鎮痛剤】痛みを取り除いたり、または軽減するために用いる医薬品。非ピリン系解熱鎮痛薬・ピリン系解熱鎮痛薬・非ステロイド性抗炎症薬などがある。鎮痛薬。
ちんつう-やく【鎮痛薬】「鎮痛剤」に同じ。
ちん-づき【賃×搗き】賃銭を取って、餅もちまたは米などをつくこと。また、その人。
ちん-てい【×椿庭】父のこと。➡椿堂
ちん-てい【鎮定】〔名〕スル 力によって乱をしずめ、世の中を安定させること。また、乱がしずまり、世の中がおさまること。「暴動を一する」[類語]鎮圧・平定・制圧・鎮める・平らげる・鎮撫ちんぶ
ちん-でき【沈溺】〔名〕スル ❶水におぼれること。「士官をはじめ二三十名一なして行方知れず」〈染崎延房・近世紀聞〉❷物事に夢中になって深入りすること。耽溺たんでき。惑溺。「遨遊ごうゆうに一するの憂えあらんのみ」〈織田訳・花柳春話〉
ちん-でん【沈殿|沈×澱】〔名〕スル 溶液中にまじっている微小固体が底に沈んでたまること。化学では、

溶液中の化学反応で不溶性の生成物ができること。または、溶液中の溶質が飽和に達して固まること。「川底にへどろが―する」

ちんでん-がん【沈殿岩】海水や陸水から沈殿・堆積たいせきしてできた堆積岩の一種。岩塩などの蒸発岩や、一部の石灰岩・チャートなどがある。

ちんでん-ざい【沈殿剤】液体中の溶解物を沈殿させるために加える試薬。明礬みょうばん・石灰乳など。

ちんでん-ち【沈殿池】浄水場などで、水中の浮遊物を沈殿させるための池。自然に行う普通沈殿池と、薬品沈殿池がある。

ちん-と〔副〕❶ととのっているさま。きちんと。「家の様子も…一致しておりまする」〈紅葉・二人女房〉❷とりすましたさま。つんと。「奥様方は人形のように―冷まして」〈魯庵・社会百面相〉

ちん-とう【▽枕頭】まくらもと。枕上ちんじょう。「線香の煙―に渦巻き」〈康成・十六歳の日記〉

ちん-とう【珍答】チンタフ 見当違いの、おかしな答え。

ちん-とう【陳×套】チンタウ〔名・形動〕きまりきっていて古くさいこと。また、そのさま。陳腐。旧套。「―のそしりをまぬがれない」「―な趣向」

ちん-どう【×椿堂】チンダウ《椿ちんは長寿の木であるところから》父の部屋。また、父のこと。椿庭。

ちんとう-しょうぐん【鎮東将軍】チンタウシャウグン ❶奈良時代、東国の蝦夷えぞを征討するために派遣された軍隊の指揮官。❷鎮守府将軍の唐名。

ちんとう-びょう【沈頭×鋲】チントウビャウ 鋲の頭部が、接合した材と同一平面になる鋲。航空機の外板などに使用する。

ちん-どく【×鴆毒|×酖毒】鴆ちんという鳥の羽にある猛毒。転じて、猛毒。毒物。「面に慈愛を銜ふくみて腹に―を抱き」〈東海散士・佳人之奇遇〉

ちん-どくしゅう【陳独秀】チントクシウ［1879～1942］中国の思想家・政治家。懐寧(安徽あんき省)の人。字あざなは仲甫ちゅうほ。1915年、上海で雑誌「青年雑誌」(翌年「新青年」と改題)を創刊し、旧文化・旧道徳を批判。18年、李大釗りたいしょうと「毎週評論」を創刊して新文化運動を指導。21年、中国共産党が成立すると初代総書記となったが、29年にトロツキストとして除名された。著「独秀文存」。チェン=トゥーシウ。

ちん-とくせん【沈徳潜】►しんとくせん(沈徳潜)

ちんどん-や【ちんどん屋】人目をひく服装をして、鉦かね・太鼓をたたき、三味線・クラリネットなどを鳴らしながら広告・宣伝を行う職業。また、その人。東西屋。ひろめや。

ちんない【珍内】ロシア連邦の町クラスノゴルスクの、日本領時代の名称。

ちん-なけい【陳和卿】チンワケイ 中国、宋の工人。平安末期に来日。治承4年(1180)の東大寺焼失後、重源ちょうげんに従い、焼損した大仏と大仏殿の再興に協力。のち鎌倉に下り、源実朝に渡宋を勧め、大船を建造したが進水に失敗した。ちんわけい。生没年未詳。

ちん-なんぴん【沈南蘋】►しんなんぴん(沈南蘋)

ちんなんぽ【鎮南浦】南浦なんぽの旧称。

ちん-にゅう【×闖入】チンニフ〔名〕スル 突然、無断で入り込むこと。「暴漢が会場に―する」「―者」

チンネ〘ドイ Zinne〙大きな岩壁をもつ尖峰。日本ではふつう北アルプス剣岳三の窓の東側にあるものをいう。

ちんば【×跛】〔名・形動〕❶片足が不自由で、普通に歩けないこと。❷対ついであるべきものの形や大きさがそろわないこと。また、そのものや、そのさま。かたちんば。「―な(の)下駄」

ちん-ばた【賃機】《「ちんはた」とも》機屋から糸などの原料を受け取り、賃銭を取って機を織ること。

チンパニー►ティンパニ

チンパン【青幇】《中国語》中国、清・民国時代の秘密結社。大運河の漕運労働者を中心として起こり、清末に漕運が廃止されると、下層労働者・遊民層を吸収。塩やアヘンの密売などで巨利を得、上海を拠点に勢力を拡大。国民党と結び、大きな政治的、経済的影響力をもった。せいほう。➡紅幇ホンパン

チンパンジー〘chimpanzee〙ショウジョウ科の哺乳類。アフリカ西部から中央部にかけての森林にすむ類人猿。身長約150センチ、全身黒色。雄を中心にした群をつくる。陽気で、よく音声を発し、知能が発達している。黒猩々くろしょうじょう。

ちん-ぴ【陳皮】ミカンの成熟した果皮。漢方で健胃・鎮嘔ちんおう・鎮咳ちんがい薬などに用いる。橘皮きっぴ。

ちんぴら❶まだ一人前でないのに大人ぶったり、大物らしく気取ったりする者を、あざけっていう語。「―のくせに生意気を言うな」❷不良少年少女。また、やくざなどの下っ端。「町の―」〔類語〕ならず者・地回り・やくざ・暴力団・無頼漢・無法者・与太者・ごろつき

ちん-ぴん【珍品】珍しい品物。〔類語〕逸品・絶品

ちん-ぶ【鎮×撫】〔名〕スル 反乱や暴動などをしずめて、民を安心させること。「騒ぎ立つる人々を―する内に」〈鉄腸・花間鶯〉

ちん-ぷ【陳腐】〔名・形動〕古くさいこと。ありふれていて、つまらないこと。また、そのさま。陳套ちんとう。「―な表現」「―なせりふ」〔類語〕古い・古臭い・古めかしい・中古・時代遅れ・流行遅れ・古風こふう・昔風むかしふう・旧式・旧弊・前近代的・旧態依然・オールドファッション

ちんぶ-し【鎮×撫使】天平3年(731)諸道に置かれた臨時の官。諸国の治安の巡察、国司・郡司の監察などを任務とした。

ちんぶ-そうとく【鎮×撫総督】慶応4年(1868)1月の戊辰ぼしん戦争開始に際し、地方鎮撫のために明治新政府により任命された臨時征討軍の長官。

ちん-ぶつ【珍物】珍しい品物。特に、珍しい食べ物。「一つ―を喰わそうかなあ」〈上司・父の婚礼〉

ちん-ぶん【珍聞】珍しい内容のうわさ話。奇聞。

ちん-ぷん-かん【珍紛漢|珍×糞漢|陳奮×翰】〔名・形動〕《「ちんぶんかん」とも》言葉や話がまったく通じず、何が何だか、さっぱりわけのわからないこと。また、そのさま。ちんぷんかんぷん。「難しくてまるで―な講義」〔補説〕漢字はすべて当て字。もと儒者の用いた漢語をひやかした語とも、外国人の言葉の口まねからともいう。

ちんぷん-かんぷん【珍紛漢紛】〔名・形動〕「珍紛漢ちんぷんかん」に同じ。「―で何が言いたいのかわからない」

ちん-ぺい【陳平】［?～前178］中国、前漢初期の政治家。陽武(河南省)の人。諡おくりなは献侯。漢の高祖(劉邦)に仕え、恵帝のとき左丞相となり、周勃しゅうぼつと力を合わせて呂氏の乱を平定した。

ちん-ぺい【鎮兵】❶古代、陸奥むつ・出羽でわの防備のために東国諸国から徴発、派遣された兵士。❷地方の争乱を鎮定するために派遣する兵。

ちん-べん【陳弁|陳×辯】〔名〕スル 事情や理由を述べて弁解すること。申し開き。「その旨を取り次いで―すると」〈谷崎・春琴抄〉

ちん-ぺん【▽枕辺】まくらもと。枕頭。

ちんぽ《「ちんぼ」とも》陰茎をいう幼児語。ちんちん。

ちん-ぽう【珍宝】《「ちんぼう」とも》珍しい宝物。

ちんぽ-こ《「ちんぼこ」とも》「ちんぽ」に同じ。

ちん-ぼつ【沈没】〔名〕スル ❶船などが水中に沈むこと。「台風でタンカーが―する」❷酒に酔いつぶれること。「二次会の途中で―する」❸遊びに夢中になって仕事や用事を忘れてしまうこと。特に歓楽街などに入り込んでしまうこと。「まっすぐ帰宅するつもりが、駅前で―してしまった」〔類語〕(❶)沈む・没する・沈める

チンボラソ〘Chimborazo〙エクアドル中部、アンデス山脈中の山。標高約6310メートル。1880年、英国のE=ウィンパーが初登頂。

ちん-ぽん【珍本】珍しい本。珍書。珍籍。〔類語〕希書・希覯本きこうぼん・珍書

ちんまい-こうほう【沈埋工法】コウハフ 水底トンネルの工法の一。箱状に区分して製造しておいたトンネル部分を水底に掘った溝に沈め、順次に接続してトンネルをつくる方法。

ちん-まり〔副〕スル 小さくまとまっているさま。「―(と)した目鼻だち」「部屋の隅に―(と)座っている」

ちん-み【珍味】珍しい味。めったには味わえない、変わったうまい食物。「山海の―」「―佳肴かこう」〔類語〕美味・佳味・滋味

ちん-みょう【珍妙】チンメウ〔名・形動〕《珍しくてすぐれている意から》かわっていておかしいこと。また、そのさま。「―な格好」〔派生〕ちんみょうさ〔名〕〔類語〕珍奇

ちん-むるい【珍無類】〔名・形動〕他に例のないほどおかしくて変わっていること。また、そのさま。「―な(の)発想」「東洋軒は、又、その日も―なお客を迎えた」〈葉山・海に生くる人々〉

ちん-めん【沈×湎】〔名〕スル しずみおぼれること。特に、酒色にふけってすさんだ生活を送ること。「君江は此の快感に―して」〈荷風・つゆのあとさき〉

ちん-もく【沈黙】〔名〕スル ❶だまりこむこと。口をきかないこと。「―を守る」「―を破る」「―して語らない」❷音を出さないこと。物音もなく静かなこと。「深い夜の―」❸活動をせずにじっとしていること。「長い―を破って新作を発表する」〔類語〕黙りこくる・押し黙る

沈黙は金きん雄弁は銀 沈黙を守るほうがすぐれた弁舌よりもまさるというたとえ。西洋のことわざ。➡雄弁は銀、沈黙は金

ちんもく-げき【沈黙劇】台詞を極度に削った現代劇。

ちん-もち【賃餅】賃銭をとって餅をつくこと。また、その餅。

ちん-もん【珍問】的外れの珍妙な質問。「―珍答」

ちん-やく【沈約】►しんやく(沈約)

ちん-ゆう【沈勇】〔名・形動〕落ち着いていて勇気のあること。また、そのさま。「―の士」「―だと御賞美になったのも」〈芥川・或日の大石内蔵助〉

ちん-ゆう【珍優】チンイウ こっけいな芸を持ち味としている俳優。

ちん-よう【×椿葉】チンエフ《「荘子」逍遥遊に見える大木の椿は、八千年を一つの春または秋とするとあるところから》大椿だいちんの葉。長寿・永年のたとえ。

ちんよう-ざい【鎮×痒剤】チンヤウザイ 皮膚のかゆみを鎮める薬。

チンラオトウ【清老頭】《中国語》マージャンの役満貫の一。数牌シューパイの一と九だけの組み合わせで上がったもの。

ちん-りっぷ【陳立夫】［1900～2001］中国の政治家。呉興ごこう県(浙江せっこう省)の人。米国のピッツバーグ大学卒業。国民党特務機関の実力者として反共政策を推進。1949年、国共内戦に敗北後、米国に亡命。著「唯生ゆいせい論」。チェン=リーフー。

ちん-りょう【陳亮】チンリャウ［1143～1194］中国、南宋の思想家・文学者。永康(浙江せっこう省)の人。字あざなは同甫どうほ。号、竜川りゅうせん。孝宗のとき、金との和議に反対する「中興論」を上奏したが採用されず、帰郷。経世済民のための学を主唱して朱熹しゅきと議論を交えた。著「竜川文集」「竜川詞」。

ちん-りん【沈×淪】〔名〕スル《「沈」も「淪」もしずむ意》❶深く沈むこと。「廃頽した感情の中に其の身を―させようと勉めるのであった」〈荷風・腕くらべ〉❷ひどくおちぶれること。零落。「悲惨な境界に―せぬまでも」〈寅彦・科学者と芸術家〉

ちん-れい【椿嶺】中国の伝説で、仙人が住むという想像上の山。「共に―の陰にも寄り、遠く花山の跡をも追はばや」〈太平記・三〇〉

ちん-れつ【陳列】〔名〕スル 人に見せるために、品物を並べること。「商品を棚に―する」

ちんれつ-まど【陳列窓】►ショーウインドー

ちん-ろうどう【賃労働】チンラウドウ 資本主義社会で、生産手段を所有していない労働者が自己の労働力を生産手段をもつ資本家に一つの商品として売り、その代価として賃金を受け取る労働の形態。賃金労働。

ちん-わく【沈枠】堤防や海岸の修築に用いる枠。

ちん-わけい【陳和卿】►ちんなけい(陳和卿)

ちん-わた【賃綿】賃銭を取って綿を摘んだり繰ったりすること。また、その綿。

ちん-わん【▽枕腕】書法における腕法の一。机上に伏せた左手の上に右腕を軽く置いて字を書くこと。多く細字を書くときに用いる。

つ ❶五十音図タ行の第3音。歯茎の無声破擦子音[ts]と母音[u]とからなる音節。[tsu] ❷平仮名「つ」、片仮名「ツ」はともに「州」の略体からかといわれる。(補説)「つ」「ツ」の字源については諸説があり、今日なお確定していない。「州」のほかに、「川」「津」「鬪」などからかとの説もある。❸「つ」は、また、促音(つまる音)の音節を表すのにも用いられる。現代仮名遣いでは、促音の「つ」は、なるべく小書きにすることになっている。

つ【津】 ❶船が停泊する所。また、渡船場。ふなつき場。港。「三箇(さんか)の―」「海上(うなかみ)のその―をさして君が漕(こ)ぎ行かば」〈万・一七八〇〉 ❷港をひかえて、人の多く集まる所。また一般に、人の多く集まる地域。「十四日の夕暮、敦賀の―に宿をもとむ」〈奥の細道〉
(類語)港・港湾・波止場(はとば)・船着き場・船泊まり・桟橋・埠頭(ふとう)・岸壁(がんぺき)・築港・海港・河港(かこう)・商港・漁港・軍港・ハーバー・ポート

つ【津】 三重県中部、伊勢湾に面する市。県庁所在地。もと藤堂氏の城下町。県行政・文教の中心地。古く、安濃津(あのつ)と称し、三津(さんしん)の一。平成18年(2006)1月、久居(ひさい)市や周辺8町村と合併。人口28.6万(2010)。

つ【▽唾】 つば。つばき。唾液(だえき)。「盗人たちは、…いずれも―をのんで、身動きもしない」〈芥川・偸盗〉
唾を引(ひ)・く 欲しくてたまらない物や、酸っぱい物を目の前に見たときのようすにいう。よだれをたらす。垂涎(すいぜん)。

つ〔助動〕〔て|て|つ|つる|つれ|てよ〕《動詞「う(棄)つ」の「う」が脱落したものという》活用語の連用形に付く。❶動作・作用の完了したことを表す。…た。…てしまった。「なよ竹のかぐや姫とつけ**つ**」〈竹取〉 ❷多く「てむ(てん)」「つべし」「つらむ」の形で、陳述の確認・強意を表す。きっと…する。確かに…する。「門(かど)よくさして**よ**。雨もぞ降る」〈徒然・一〇四〉「このことかのこと怠らず成じ**てん**」〈徒然・二四一〉 ❸「…つ…つ」の形で、動作・作用が同時に、または繰り返し行われることを表す。「飲み**つ**食い**つ**此時まで」〈逍遥・当世書生気質〉「夜昼三日まで上げ**つ**下し**つ**拷問せられけるに」〈太平記・一三〉 (補説)❸は平安後期以降の用法。「つ」と「ぬ」の違いは、「つ」が多く他動詞に付き、動作の完了、意志的な完了を表すのに対し、「ぬ」は多く自動詞に付き、状態の発生、自然的な完了を表す傾向がある。また、「つ」は事実・状態を直接的に表現するのに対し、「ぬ」は事実・状態を傍観的に表現するという。➡ぬ ➡たり ➡り

つ〔格助〕名詞、形容詞の語幹に付く。連体修飾語であることを示し、所有・所属などの意を表す。…の。…にある。「庭―鳥鶏(かけ)の垂り尾の乱れ尾の長き心も思ほえぬかも」〈万・一四一三〉「醜(しこ)―翁の言だにも」〈万・四〇一一〉 (補説)上代に用いられ、中古以後も「まつげ」「ときつかぜ」など複合語に残る。格助詞「の」に比べて用法が限られており、場所・位置に関する語に付くことが多く、時・性質などに関する語にも付く。

つ【▽箇|▽個】〔接尾〕助数詞。和語の数詞に付いて、物の数や年齢などを数えるのに用いる。「ひと―、ふた―」「五―の誕生日」 (補説)一(ひと)から九(ここの)までの数に付くほか、古語では百(もも)や五百(いお)に付いた例がみられる。「白玉の五百つ集ひを解きも見ず」〈万・二〇一二〉

づ 「つ」の濁音。現代共通語では「ず」と発音上の区別はなく、歯茎の有声破擦子音[dz]と母音[u]とからなる音節。[dzu] (補説)現代仮名遣いでは、この音節の仮名として、一般には「ず」が用いられるが、二語の連合による連濁(「みかづき(三日月)」「たづな(手綱)」など)と同音の連呼(「つづみ(鼓)」「つづる(綴る)」など)の場合には「づ」も用いられる。「づ」は古くは[du]の音であったが、室町時代末には[dzu]と発音されていた。それでも、なお「ず」(発音[zu])とは区別されていたが、江戸時代に入り、両者の発音上の区別はなくなった。

ツァー〖czar〗「ツァーリ」に同じ。

ツアー〖tour〗❶周遊。観光旅行。小旅行。「海外―」「スキー―」 ❷劇団や楽団、スポーツチームなどの地方巡行。「全国縦断―」
(類語)旅・旅行・新婚旅行・ハネムーン・長旅・羇旅(きりょ)・遠出・行旅(こうりょ)・客旅(かくりょ)・旅路(たびじ)・道中(どうちゅう)・旅歩き・トラベル・トリップ・周遊

ツアー-オペレーター〖tour operator〗旅行の企画と運営を行う業者。主催旅行業者。

ツアー-コンダクター〖tour conductor〗団体旅行に同行し、手続きやコース設定など旅行の円滑な運営を図る人。添乗員。

ツアー-とざん【ツアー登山】 旅行会社が企画し、客を募集する登山方式。ふつうは山岳ガイドが同伴する。ヒマラヤ級登山からハイキングツアーまで難易度はいろいろ。(補説)日本の山岳ガイドは国家資格ではなく私的なものである。ヒマラヤ登山でも経験者がガイドを務めるにすぎない。

ツアー-プロ〖tour pro〗プロゴルファーのうち、ツアートーナメントに出場してその獲得賞金を生活基盤とする選手。

ツァーリ〖ロシア tsar'〗帝政ロシアの皇帝の公式の称号。1547年、イワン4世の時から正式に使われた。ローマ皇帝の称号「カエサル」に由来。ツァール。ツァー。

ツァーリズム〖czarism|ロシア tsarism〗帝政ロシアの専制君主支配体制。皇帝(ツァーリ)が絶大な権力を持ち、貴族を中心とした官僚と国家機関化された教会とがそれを支えた。イワン4世の時代(16世紀)に始まり、1917年のロシア革命で崩壊。

ツァール〖ロシア tsar'〗►ツァーリ

ツァールスコエ-セロー〖Tsarskoe Selo〗ロシア連邦北西部、レニングラード州の都市サンクトペテルブルグの南約25キロメートルにある、かつてのロシア皇帝の避暑地。ロシア語で「皇帝の村」を意味し、エカチェリーナ宮殿、アレクサンドル宮殿などがある。1990年に「サンクトペテルブルグ歴史地区と関連建造物群」の名称で世界遺産(文化遺産)に登録された。

ツァイダム-ぼんち【ツァイダム盆地】《Tsaidamはモンゴル語で塩の意。「柴達木」とも書く》中国、青海省北西部にある盆地。塩湖・湿地が多い。石油・石炭・岩塩を産する。

ツァイチエン【再見】〔感〕《中国語》さようなら。

ツァイトガイスト〖ドイツ Zeitgeist〗時代精神。

ツア-コン 「ツアーコンダクター」の略。

ツァッケ〖ドイツ Zacke〗《先端の意》アイゼンの爪の先端。

ツァラ〖Tristan Tzara〗[1896〜1963]フランスの詩人。ルーマニア生まれ。ダダイスムの創始者の一人。のち、シュールレアリスム運動に参加。作「アンチピリン氏の最初の天上の冒険」「反頭脳」など。

ツァラトゥストラ〖Zarathustra〗ゾロアスターのドイツ語名。

ツァラトゥストラはかくかたりき【ツァラトゥストラはかく語りき】《原題、ドイツ Also sprach Zarathustra》哲学書。四部作。ニーチェ著。1883〜85年作。「神は死んだ」の言葉で表されるニヒリズムの確認に始まり、キリスト教に基づく西洋文化の価値の転換を図り、超人ツァラトゥストラの言動を比喩や逸話によって描いたもの。

ツァリーツィノ-こうえん【ツァリーツィノ公園】(コウヱン)《Tzaritzïno》ロシア連邦の首都モスクワの南郊にある公園。18世紀にエカチェリーナ2世の命により夏の離宮の建設が計画されたが、未完成のまま中断。旧ソ連解体後、モスクワ市の管理下に置かれ、かつての図面を元に再建。2007年に建都860年を記念し、宮殿や教会堂がある総面積0.12平方キロメートルの緑豊かな公園として開園された。

ツァリツィン〖Tsaritsïn〗ロシア連邦の都市ボルゴグラードの、1925年までの旧称。「女帝(皇后)のもの」を意味する。

ツァレベツ-の-おか【ツァレベツの丘】(をか)《Tsarevets》ブルガリア中北部の都市ベリコタルノボにある丘。古代より要塞が築かれ、第二次ブルガリア帝国時代に王宮が置かれた。オスマン帝国軍の攻撃を受けて破壊されたが、現在は城門や城壁の一部が修復された。頂上に大主教区教会がある。

つい【対】 ㊀〔名〕❶㋐二つそろって一組みとなること。また、そのもの。「―になっている置き物」㋑素材や模様・形などを同じに作って、そろえること。また、そのもの。「―の着物」❷「対句(ついく)」に同じ。㊁〔接尾〕助数詞。❶二つで一組みになっているものを数えるのに用いる。「一―の夫婦茶碗(めおとぢゃわん)」❷衣服・調度など、ひとそろいのものを数えるのに用いる。「三幅(さんぷく)―」「竜虎梅竹唐絵一―」〈庭訓往来〉 (類語)ペア・双・組み・揃(そろ)い・一対(いっつい)・一番(ひとつがい)・一式・セット

つい【▽終|▽遂|×竟】(つひ)物事のおわり。終局。最後。また、生命のおわり。多く、「ついの」の形で用いる。「―のすみか」「相生町の二階で半蔵が送る―の晩も来た」〈藤村・夜明け前〉➡終(つい)に

つい〔副〕❶そのつもりがないのにしてしまうさま。うっかり。思わず知らず。「―話し込んでしまった」❷そのつもりがあるのに、そのままにしないでいるさま。「―言いそびれてしまった」❸時間・距離などがごくわずかであるさま。ほんの。すぐ。「―さっき電話があった」「―目と鼻の先に住んでいる」
(類語)思わず・思わず知らず・うっかり・知らず知らず・無意識・ひょっと

つい〔接頭〕《動詞「つ(突)く」の連用形のイ音便形から》動詞の連用形に付いて、その動詞の表す動作・作用を強める意を表す。「―くぐる」「―つくばう」「手づから―さして、錠強くさしていぬ」〈落窪・一〉

ツィア-とう【ツィア島】(タウ)《Tzia》►ケア島

ツィーグラー〖Karl Ziegler〗[1898〜1973]ドイツの化学者。高分子化学を専攻し、触媒による低圧下でのポリエチレン製造技術を確立した。1963年、G=ナッタとともにノーベル化学賞受賞。

ツイーター〖tweeter〗《「ツィーター」とも。小鳥のさえずりの意から》高音専用スピーカー。

ツイート〖tweet〗〔名〕(スル)《原義は、小鳥がさえずる意》マイクロブログの一つであるツイッターにおいて、ごく短い文を投稿すること。または文そのものを指す。日本語版サービスの提供開始時には「つぶやく」が使われていた。

ツイード〖tweed〗太い羊毛を用いて平織りまたは綾織りにした、粗くざっくりした感じの紡毛織物。スコッチ。

つい-いる【つい居る】(ついゐる)〔動ア上一〕図〔ワ上一〕❶ひざをつく。ひざをついてすわる。「権右衛門は芝生の上に―・居た」〈鷗外・阿部一族〉❷かしこまってすわる。「証誠殿(しょうじょうでん)の御前に―・ゐ給ひつつ」〈平家・一〇〉❸ちょっとすわる。「鳥の―・ゐたる形をかめに作らせ給ひて」〈大鏡・道隆〉

つい-いん【追院】(ツヰヰン)江戸時代、僧に科した刑罰の一。刑の宣告を受けた僧の職を取り上げ、ただちにその場から追放したこと。一度寺に立ち帰ることも許される退院より重い刑。

つい-う【▽堆×烏】 ►堆黒(ついこく)

ついえ【費え|▽弊え|▽潰え】(つひえ)❶費用。出費。かかり。「―がかさむ」「この商売を為すには莫大の―なれども」〈福沢・学問のすゝめ〉❷むだな出費。浪費。「十五銭も二十銭も取られてたいした―でもあるから」〈太宰・魚服記〉❸つぶれてだめになること。また、減ったり悪くなったりすること。「必ずしも筆の―を多からず」〈十訓抄・序〉❹疲れ苦しむこと。衰え弱ること。「政

道正しからずして民の―を思はず〈太平記・一〉
(類語)支出・費用・掛かり・入り・入り目・入り用・入用・入費・出費・用度・経費・実費・コスト・雑費
つい・える【費える・▽弊える・▽潰える】ツヒユ〔動ア下一〕図つひ・ゆ〔ヤ下二〕❶財物などが使われてひどく減る。「投機で家産が―・える」❷時間や労力がむだに使われる。「いたずらに歳月が―・える」❸(潰える)つぶれてすっかりだめになる。崩壊する。「災害に―・えた街」「計画も夢と―・えた」❹(潰える)戦いでことごとく負けてしまう。「是に於て南軍大崩に―・え」〈露伴・運命〉❺やつれ衰える。「年頃いたう―・えたれど」〈源・蓬生〉(類語)崩れる・潰れる・破れる
つい-おく【追憶】〔名〕スル 過ぎ去ったことに思いをはせること。過去をしのぶこと。追想。「―にふける」「少年時代を―する」
(類語)懐旧・懐古・懐かしむ・追想・回想・回顧・記憶
ツィオルコフスキー〖Konstantin Eduardovich Tsiolkovskii〗[1857～1935]ロシアの物理学者。学校教師のかたわら、独学で宇宙飛行の理論を研究し、ソ連における惑星間飛行研究やロケット工学の先駆者となった。主著「ロケットの運動原理」。
つい-か【追加】〔名〕スル すでにあるものにあとからつけ足すこと。また、そのもの。「料理をもう一皿―する」「―注文」(類語)付加・補足・補充・補う・カバー・加味
つい-かい【追悔】ツイクワイ 事の済んだあとになって、くやむこと。後悔。
つい-かい【追懐】ツイクワイ〔名〕スル 過ぎ去ったことを思い出して、なつかしむこと。追想。「往時を―する」
ついかがたこうしゃさい-とうししんたく【追加型公社債投資信託】運用対象が国債や社債などに限定されていて、株式を投資対象としない投資信託で、元本の追加設定(資金の途中追加)と途中解約が認められるもの。
ついかがた-とうししんたく【追加型投資信託】►オープン型投資信託
つい-がき【▽築垣・▽築▽牆】《「つきがき」の音変化。古くは「ついかき」》「築地」に同じ。
つい-がさね【▽衝重ね】《「つきがさね」の音変化》供物や食器をのせるのに用いる、ヒノキ製の膳の一種。折敷に四角の台をつけたもの。ふつう、白木でつくり、台の三方に穴をあけたものを三方、四方にあけたものを四方、穴のないものを供饗という。
ついか-はいとう【追加配当】ツイカハイタウ 破産手続きで、最後の配当額の通知後に、新たに配当に充てるべき財産があったとき、破産管財人が裁判所の許可を得て行う配当。
ついか-はんけつ【追加判決】►補充判決
ついか-よさん【追加予算】補正予算の一。予算作成後に生じた事由によって経費が不足した場合などに、追加して組まれる予算。
つい-かん【追刊】〔名〕スル あとから続けて刊行すること。また、そのもの。続刊。「補遺編を―する」
つい-かん【追完】ツイクワン〔名〕スル 必要な要件を具備していないために効力を生じない法律上の行為が、のちに欠けている要件を備えて効力を生じること。
つい-がん【追願】ツイグワン〔名〕スル ある願いをしている上に、さらに他の願いをすること。おいねがい。「使用期間の延長を―する」
ついかん-ばん【椎間板】脊椎の上下に隣り合う椎体を結合している円板状の軟骨。中央のゼリー状の髄核を線維輪が囲む構造をし、衝撃をやわらげる働きもする。椎間円板。椎間軟骨。
ついかんばん-ヘルニア【椎間板ヘルニア】椎間板の髄核が外側へ、多くは背中側へ脱出した状態。脊髄や神経を圧迫するので痛み、腰椎に起こることが多く、ぎっくり腰のかたちで発症することもある。
つい-き【追記】〔名〕スル あとからさらに書き足すこと。また、その文章。「遺漏した事項を―する」
(類語)付記・追録・付載・書き添える
つい-き【×鎚起】鍛金の技法の一。金属板を打ち延ばして、浮き彫りふうに成形細工すること。打ち物。

つい-きそ【追起訴】〔名〕スル 刑事事件が第一審裁判所に係属中、検察官がその事件との併合審理を求める旨を明示して、同じ被告人の他の犯罪を起訴すること。
つい-きゅう【追及】ツイキフ〔名〕スル ❶どこまでも追いつめて、責任・欠点などを問いただすこと。「責任の所在を―する」❷追いつくこと。「日のある中に本隊に―したいと思っていたが」〈火野・土と兵隊〉(類語)責める・咎める・詰る・詰問・難詰・吊るし上げる・締め上げる・責め付ける・責め立てる・難じる・問う
つい-きゅう【追求】ツイキウ〔名〕スル 目的を達するまでどこまでも追い求めること。追尋。ついく。「利潤を―する」(類語)求める
つい-きゅう【追究】ツイキウ・【追窮】ツイキュウ〔名〕スル 未知のものや不明の事柄を、どこまでも考え、調べて明らかにしようとすること。「宇宙のなぞを―する」
(類語)研究・考究・探究・学問・討究・講究・調査・分析・論究・攻究・究理・研鑽・スタディ・リサーチ(―する)究める・調べる
つい-きゅう【追×咎】ツイキウ〔名〕スル 事の済んだあとでとがめること。「併し疑ることはよくないから、その晩は―しないで寝てしまった」〈山本有三・波〉
つい-きゅう【追給】ツイキフ〔名〕スル ❶給与などをあとから追加して支給すること。また、その給与。❷不足分をあとから支払うこと。追い払い。
(類語)交付・支給・給付・与える
つい-きゅう【椎弓】椎骨の一部で、椎体の両側から後方に出ている橋状の部分。この後面中央に棘突起、左右に横突起、上下に関節突起が出る。
つい-きん【▽堆錦】琉球(沖縄)漆器特有の技法。漆と各種の顔料を練り合わせ、これを押し広げて型にはめるか、または切り取って文様を作り、漆器の表面にはりつけるもの。
つい-きん【×鎚金】金工技法の一。金属を牡型に当て、または裏面から鏨で打ち出し、表面に模様などを浮き出させること。打ち出し彫。打ち出し。
つい-く【対句】修辞法の一。語格・表現形式が同一または類似している二つの句を相対して並べ、対照・強調の効果を与える表現。詩歌・漢詩文などに用いられる。「月に叢雲、花に風」など。
つい-く【追▽求】►ついきゅう(追求)
つい-くぐ・る【つい▽潜る】〔動ラ四〕ひょいとくぐる。すばやくくぐる。「但馬すこしも騒がず、あがる矢をば―・り、さがる矢をばおどり越え」〈平家・四〉
ついく-ほう【対句法】ハフ 文章中に対句を用いた修辞法。
ツィクルス〖ドイツ Zyklus〗►チクルス
つい-けい【追啓】「追伸」に同じ。
つい-けい【椎×髻】中国の少数民族にみられる、まげの一種。頭髪を後方に垂らし、先端を槌のような形にたばねたもの。すいけい。
つい-げき【追撃】〔名〕スル 逃げる敵を追いかけて攻撃すること。おいうち。「敵機を―する」
(類語)攻撃・襲撃・急襲・強襲・突撃・進撃・進攻・侵攻・攻勢・狙い撃ち・征伐・総攻撃・攻略・直撃・追撃・挟み撃ち・挟撃・出撃・追い撃ち・アタック・襲う・襲いかかる・攻める・攻めかかる・攻め立てる
つい-ご【対語】►たいご(対語)❷❸
つい-こう【追考】ツイカウ〔名〕スル あとからさらに考えてみること。また、その考え。「―する事良久しと雖ども未だ解する能わず」〈織田訳・花柳春話〉
つい-こう【追行】ツイカウ〔名〕スル ❶続いてあとから行うこと。「先達に―し実験を試みる」❷追いかけて行くこと。また、あとからついて行くこと。「先発隊を―する」
つい-こう【追孝】ツイカウ〔名〕スル 死んだ親などを供養して孝道を尽くすこと。ついきょう。
つい-こう【▽堆紅】彫漆の一。朱漆を何度も厚く塗り重ねる過程で黒漆の層を入れ、彫り目の断面の朱色地に黒い筋が表れるようにしたもの。
つい-ごう【追号】ツイガウ 死後に、生前の功績をたたえて贈る称号。おくりな。
(類語)戒名・法名・諡号・諱・贈り名・霊位

漢字項目 つ
【通】►つう
【都】►と

漢字項目 つい
【対・▽堆】►たい
追 (学)3 (音)ツイ(呉)(漢) (訓)おう ‖ ①前に行くもののあとをおう。おいかける。「追撃・追随・追跡・追突・追尾/急追・窮追・猛追」②おい払う。「追放」③ルートをたどって探る。「追及・追求・追究」④以前のことをあとからたどる。「追憶・追想・追贈・追悼・追認」⑤あとからつけ足す。もう一度行う。「追加・追伸・追肥・追録・追試験」(難読)追風・追而・追儺
椎 (音)ツイ(漢) (訓)つち、しい ‖ ㊀〈ツイ〉①物をたたく工具。つち。「鉄椎」②せぼね。「椎骨・椎間板/胸椎・頸椎・脊椎・仙椎・腰椎」㊁〈しい〉木の名。シイ。「椎茸」(難読)木椎
人**槌** (音)ツイ(漢) (訓)つち ‖ ㊀〈ツイ〉物をたたく工具。つち。「鉄槌」㊁〈つち(づち)〉「槌音/相槌・金槌・木槌・才槌」(補説)人名用漢字表(戸籍法)の字体は「槌」。
墜 (音)ツイ(漢) (訓)おちる、おとす ‖ ①おちる。おとす。「墜死・墜落/撃墜」②だめになる。「失墜」
×**鎚** (音)ツイ(漢) (訓)つち ‖ かなづち。つち。「鉄鎚」(難読)鉄鎚

つい-こく【▽堆黒】彫漆の一。黒漆を厚く塗り重ねて文様を彫刻したもの。中国では剔黒という。堆烏。
つい-こつ【椎骨】脊椎動物の脊柱を構成する一つ一つの骨。椎体と背部の椎弓からなり、その間は椎孔をなす。各椎体は椎間板で連結され、管状となった椎孔の中を脊髄が走る。頸椎・胸椎・腰椎・仙椎・尾椎に分かれ、人間では31～33個ある。
つい-さ・す【つい挿す】〔動サ四〕《「つきさす」の音変化》ちょっと挿す。無造作に挿す。「物忌みなれば見ずとて、上に―・して置きたるを」〈枕・一三八〉
つい-し【追思】〔名〕スル 過ぎ去ったことをあとから思うこと。追想。追憶。「往時の情を―せば」〈島田三郎・条約改正論〉
つい-し【追試】〔名〕スル ❶「追試験」の略。❷他人が行った実験を、あとから同様に試みること。
つい-し【追賜】〔名〕スル 死後に位階などを賜ること。
つい-し【追×諡】〔名〕スル 死後におくりなを贈ること。また、そのおくりな。
つい-し【墜死】〔名〕スル 高い所から落ちて死ぬこと。墜落死。「建築中に事故で―する」
つい-し【×餢子・×鎚子】唐菓子の一。米粉で作った餅を里芋の形にして油で揚げたもの。
ついじ【▽築地】ツイヂ《「つきひじ(築泥)」の音変化》❶柱を立て、板を芯として両側を土で塗り固め、屋根を瓦で葺いた塀。古くは、土だけをつき固めた土塀。築地塀。築垣。❷《屋敷の周囲に築地をめぐらしたところから》公卿。堂上方。また、その邸宅。
(類語)垣・柵・塀・垣根・フェンス・生け垣
つい-しか【▽終しか】ツヒ〔副〕いまだかつて。ついぞ。たえて。「―お出入り申さねば、どなた様がどなたやら」〈浄・女腹切〉
つい-じく【対軸】ヂク►対幅
つい-しけん【追試験】定期試験を受けられなかった者や不合格になった者に対して、あとから特別に行う試験。追試。
ついじ-じょろう【▽築地女郎】ツイヂヂヨラウ 公家の家に仕える女性。「―のしどけなき立姿と」〈浮・男色大鑑・一〉
つい-しつ【▽堆漆】堆朱・堆黒・堆紅など、漆を厚く塗り重ねて文様を彫り込んだものの総称。
ついじ-べい【▽築地塀】ツイヂ「築地❶」に同じ。
つい-しゅ【追修】死者の冥福を祈って仏事を営むこと。また、その仏事。追善。追福。
つい-しゅ【▽堆朱】彫漆の一。朱漆を何回も塗り重

ねて厚い層を作り、これに文様を彫刻したもの。特に宋代以降盛行し、日本には鎌倉時代に伝来し、室町時代以降に制作が始まった。中国では剔紅てきこうという。

つい-じゅう【追従】〔名〕スル あとにつき従うこと。また、人の意見に従うこと。追随。「権力に一する」➡ついしょう(追従) [類語]追随

つい-じゅく【追熟】〔名〕スル 西洋梨やバナナなど果実の収穫期の脱落を防ぐため、適期より早めに採取し、一定期間貯蔵して完熟させること。

ついしゅ-ぞめ【▽堆朱染(め)】地を紅染めにし、その上に黒で堆朱に似た模様を染め出したもの。江戸時代、宝暦(1751〜1764)前後に流行。

つい-しゅつ【追出】〔名〕スル 追い出すこと。追放。「かの外法おこなひける聖ひじりを一せんとしければ」〈平家・一〉

ついしゅ-ようぜい【堆朱楊成】ーヤウゼイ 室町時代以降、堆朱の技法を伝えた家系の世襲名。足利義詮よしあきらに仕えた長充ちょうじゅうが中国の元代の名工張成・楊茂の一字をとって楊成と称したのに始まる。明治から昭和にかけて20代まで業を伝えた。

つい-しょ【墜緒】おとろえて、それっきりだめになりそうな事柄。「再び談話はなしの一を紹つごうと試みても」〈二葉亭・浮雲〉

つい-じょ【追叙】〔名〕スル 死後、生前の功績をたたえて位階・勲等を授けること。また、その叙位。

つい-しょう【追従】〔名〕スル ❶他人の気に入るような言動をすること。こびへつらうこと。また、その言動。「お一を言う」「顧客に一する」❷「ついじゅう(追従)」に同じ。「雛遊ひひなあそびの一をもねんごろにまつはれ歩きて」〈源・少女〉 [類語](❶)世辞・べんちゃら・おべっか

つい-しょう【追×頌】〔名〕スル 死後に、生前の功績・善行などを表彰してほめたたえること。「遺徳をしのび一する」

つい-しょう【追賞】ーシヤウ〔名〕スル あとから功績を賞すること。死後に褒賞すること。「殉職者を一する」

つい-しょう【追×蹤】〔名〕スル ❶あとを追いかけること。あとをつけて行くこと。追跡。❷過ぎ去ったことを思い返すこと。

つい-じょう【追×躡】ーデフ〔名〕スル あとから追うこと。追跡。「退く敵を一して、之を悩さしめんとせしも」〈竜渓・経国美談〉

ついしょう-ぐち【追従口】相手におもねる気持ちを口に出すこと。お世辞。おべっか。「一を並べたてる」

つい-しょうめつ【対消滅】ーセウメツ 素粒子の反応で、素粒子とその反粒子とが合体して消滅し、光子または他の素粒子に転化する現象。

ついしょう-わらい【追従笑い】ーわらひ 相手の機嫌をとるために笑うこと。また、そのような笑い方。

つい-しん【追伸┊追申】手紙などで、本文のあとに、さらに書き加える文。また、その初めに記す語。なおなお書き。追って書き。追啓。追陳。二伸。追白。[類語]二伸・再伸・追って書き

つい-じん【追尋】〔名〕スル 「追求ついきゅう」に同じ。「それを一して行くうちに」〈鷗外・灰燼〉

つい・す【対す】〔動サ変〕一対になる。対応する。「一人は妻なるべし一・するほどの年輩にて」〈一葉・うつせみ〉

つい-ずい【追随】〔名〕スル ❶あとにつき従うこと。あとからついて行くこと。「大国に一した政策」❷人の業績などをまねて、それに追いつこうとすること。「卓越した技量で、他の一を許さない」
[類語]追従・従う・付く・くっつく・随行する・随伴する・随従する・お供

ついずい-だか【追随高】「連れ高」に同じ。

ついずい-やす【追随安】「連れ安」に同じ。

つい-す・う【つい据う】〔動ワ下二〕ひょいとそこに据える。無造作に置く。「汁物取りてみな飲みて、かはらけは一・ゑつ」〈能因本枕・三一三〉

ツイスト〖twist〗❶ひねること。ねじること。また、縒より合わせること。❷1960年ころ米国に起こり世界各国で流行した、足や腰をねじるように動かしながら踊るダンス。❸球に回転を与えること。また、その球。ひねり球。❹平行棒などで、からだをひねって方向を変えること。

ツイスト-ドリル〖twist drill〗▶ドリル

ツイスト-ペアケーブル〖twisted pair cable〗2本の銅線をより合わせて対にしたケーブル。平行型に比べ、外部からのノイズの影響が小さい。縒より対線ついせん。

ツイスト-ルック〖twist look〗60年代ファッションの代表的なものの一つ。ダンスのツイストを踊るときの服をイメージしたスタイルのこと。タイトな短いスラックス、大きく広がったギャザースカートなどがある。

つい-せいせい【対生成】素粒子の反応で、素粒子とその反粒子が同時に生成される現象。光子から電子・陽電子対、陽子・反陽子対が生成されるなど。粒子対生成。

つい-せき【追惜】〔名〕スル 死者のことを思って、いたみ惜しむこと。「亡き旧友を一する」

つい-せき【追跡】〔名〕スル ❶逃げる者のあとを追いかけること。「逃亡者を一する」❷物事の経過をたどって調べること。「失敗の原因を一する」
[類語]尾行・追尾

ついせき-けん【追跡権】外国船舶が領海で犯罪を犯した場合に、沿岸国の軍艦などがその船舶を領海内から公海まで継続して追跡し、捕獲しうる国際法上の権利。追躡権ついじょうけん。継続追跡権。

ついせき-し【追跡子】▶トレーサー

ついせき-ちょうさ【追跡調査】ーテウサ〔名〕スル ある対象のその後の状態を継続的に調査すること。「購買者の使用状況を一する」

ついせき-もうそう【追跡妄想】ーマウサウ 統合失調症などの精神疾患症状で、他人や何かに悪意をもって追跡、監視されていると思う妄想。被害関係妄想の一。

つい-ぜん【追善】〔名〕スル 死者の冥福めいふくを祈って、生存者が善根を修めること。特に、仏事供養を営むこと。追福。「先祖を一する法要」

ついぜん-がっせん【追善合戦】「弔い合戦」に同じ。

ついぜん-くよう【追善供養】ークヤウ 死者の冥福を祈って行う供養。

ついぜん-こうぎょう【追善興行】ーコウギヤウ 歌舞伎などで、故人になった俳優の追善のためにする興行。

つい-そ【追訴】〔名〕スル 訴えられている者を、別の罪名を追加して訴えること。また、その訴え。

つい-ぞ【▽終ぞ】つひ〔副〕《名詞「つい(終)」＋終助詞「ぞ」から》あとに打消しの語を伴って、その行為や状態をまだ一度も経験したことがない意を表す。今まで一度も。いまだかつて。「彼のうわさは一聞いたこともない」「一見かけない人」

つい-そう【追走】〔名〕スル あとを追って走ること。

つい-そう【追送】〔名〕スル あとから送ること。「必要書類を一する」

つい-そう【追▽従】《「そう」は「しょう」の直音表記》「ついじゅう(追従)」に同じ。「それかれこそ一する者はあなれ」〈栄花・花山尋ぬる中納言〉

つい-そう【追想】ーサウ〔名〕スル 過去を思い出してしのぶこと。追憶。追懐。「若かりし日々を一する」
[類語]懐旧・懐古・懐かしむ・追憶・回想・回顧・思う・思い浮かべる・思い出す・思い返す・想起する

つい-ぞう【追贈】〔名〕スル 死後に官位・称号・勲章などを贈ること。「故人に勲一等が一される」

つい-そん【追尊】〔名〕スル その人の身分に応じて、その亡父・亡祖に尊号を贈ること。

ついそん-てんのう【追尊天皇】ーテンワウ 帝位に就かなかった親王に、死後贈られる天皇の称号。歴代には数えない。崇道すどう天皇(光仁天皇の皇子早良さわら親王)など。

ツィター〖ドイツ Zither〗▶チター

つい-たい【椎体】椎骨の主要部で、円柱状の部分。ここから椎弓が出る。

つい-たいけん【追体験】〔名〕スル 他人の体験を、作品などを通してたどることによって、自分の体験としてとらえること。「作者の幼時を一する」

つい-たけ【対丈】長着や長ジュバンなどの仕立てで、身丈と同じ寸法に仕立てた丈。

つい-たち【一日┊朔＝日┊×朔】《「つきた(月立)ち」の音変化》❶月の第1日。いちじつ。いちにち。❷陰暦で、月の初めごろの日々。上旬。初旬。「十二月しはすの一五日と定めたるほどは」〈落窪・二〉

ついたち-がん【朔＝日丸】ーグワン 江戸時代、毎月1日に服用すれば妊娠しないとされた薬。

ついたち-そう【朔＝日草】ーサウ フクジュソウの別名。

ついたち-ぶり【朔＝日降り】月の第1日に雨が降ること。その月は雨が多いと考えられた。

ついたち-みち【朔＝日▽路】盆路ぼんみちのこと。多くは陰暦7月1日に行うことからの称。

つい-た・つ【つい立つ】㊀〔動タ四〕❶勢いよく立つ。「一・てる鉤蕨かぎわらび」〈梁塵秘抄・二〉❷急に立ち上がる。さっと立つ。「一・って中門に出でて、侍どもに仰せられけるに」〈平家・二〉㊁〔動タ下二〕突き立てる。また、無造作に立てる。「火箸をしのびやかに一・つるも」〈枕・二〇一〉

つい-だつ【追奪】〔名〕スル ❶死後、その人の生前の官位・称号などを取り上げること。❷いったん他人の権利に属したものを、自己が真正の権利者であることを主張して取り戻すこと。

ついだつ-たんぽ【追奪担保】売買の目的となった権利に瑕疵かし(欠陥)があった場合に、売り主が買い主に対して負う担保責任。➡瑕疵担保責任

つい-たて【▽衝立】❶室内に立てて、部屋を仕切ったり、目隠ししたりする家具。❷「衝立障子しょうじ」の略。

ついたて-しょうじ【▽衝立障子】ーシヤウジ 襖ふすま障子や板障子に台をつけて、持ち運びしやすくしたもの。平安時代から殿舎内の仮仕切りに用い、のちには玄関・座敷などに立てた。ついたてそうじ。

ツィタデッラ〖Citadella〗ハンガリーの首都ブダペストの中央部、ゲッレールトの丘にある要塞跡。19世紀半ば、ハンガリー独立運動を監視することを目的として、ハプスブルク家により要塞が築かれた。標高は235メートルあり、ブダペスト市街を望む屈指の展望地として知られる。

つい-ちく【追逐】〔名〕スル ❶あとを追いかけること。❷追いはらうこと。追放。「三十奸党を死刑に処せずして之を一せるの美徳に倣い」〈竜渓・経国美談〉❸互いに競い合うこと。追いつ追われつすること。角逐。「一事を始めて一継続するに由って成就す、といえり」〈中村訳・西国立志編〉

つい-ちょう【追弔】ーテウ〔名〕スル 死者の生前をしのび、その霊をとむらうこと。「先代を一する」

つい-ちょう【追徴】〔名〕スル ❶追加して取ること。あとから不足分を取り立てること。「会費の未納分を一する」❷行政法上、租税その他の公課について、納付すべき金額を納付しないとき、その不足額を義務者から徴収すること。❸刑法上、没収の目的物の全部または一部が消費されたりして没収できないとき、その物の価額の納付を強制する処分。

ついちょう-え【追弔会】ツイテウヱ 追弔のために催す法会。

ついちょう-かぜい【追徴課税】ークワゼイ 修正申告や税務署による更正処分等により、本来の税額が判明した際、納税者に追徴税が課されること。

ついちょう-きん【追徴金】追徴として取り立てる金銭。

ついちょう-ぜい【追徴税】修正申告や税務署による更正処分等により、本来の税額が判明した際に、その税額を満たすため、納税者が追加で納付を求められる税金のこと。追徴税以外にも、状況に応じて、延滞税、過少申告加算税、無申告加算税、不納付加算税等の納付が求められ、悪質な税逃れの場合には重加算税が課される。

つい-ちん【追陳】「追伸」に同じ。

つい-つい〔副〕「つい」を重ねて強めた語。「やめようと思いながら、一手を出してしまう」

つい-つい〔副〕「ついと」の「つい」を重ねた語。「長い霜柱の一と立っているのが」〈紅葉・多情多恨〉

ツイッター〖Twitter〗《小鳥のさえずり・おしゃべりの意》インターネット上で、不特定多数の人に向けて

最大140字以内のごく短い文(つぶやき)を発信したり、また他の人の文を読んだりすることができるサービス。簡易ブログの一。米国オブビアス(現ツイッター)社が2006年にサービス開始。2008年より日本語も利用可能になった。➡フォロー ➡ツイート ➡リツイート ➡タイムライン

ツイッター-こうこく【ツイッター広告】《Twitter advertising》マイクロブログの一つであるツイッターを利用した広告の総称。ツイッター社自体の手がけるプロモーテッドツイーツのほか、企業の自社製品情報やキャンペーン情報の掲載、商品担当者の個人的なつぶやきの投稿、テレビコマーシャルとの組み合わせといった手法がある。

ツィッタウ〖Zittau〗ドイツ東部、ザクセン州の都市。チェコとポーランドの国境近くに位置する。1949年から1990年まで旧東ドイツに属した。中世に麻織物や交易で発展。七年戦争で市街を破壊された後、ドイツの建築家カール＝フリードリヒ＝シンケルにより、教会や市庁舎が建造された。東西ドイツ統一後、褐炭鉱山や工場の閉鎖が相次ぎ、地域の産業基盤が失われたが、大学都市としての再生が図られている。

ツイッタラー〖Twitterer〗マイクロブログの一つであるツイッターの利用者。ツイッターユーザー。

つい-て【就いて】〔連語〕▶について

ついで【▽序で】《動詞「つい(序)でる」の連用形から》❶あることを行うときに、いっしょに他のことにも利用できる機会。「一があったら届けてください」「一の折に立ち寄る」❷順序。次第。「前途の空想、などを一もなく吐露した」〈蘆花・思出の記〉

序で無・し その機会がない。きっかけがない。「一・ければ御禁じも渡らせ給はず」〈平治・上〉

つい-で【次いで】〔接〕《「つ(次)ぎて」の音変化》引き続いて。あるものの次に。「開会式が行われ、一競技に入った」(類語)そして・それから・して

ついで-がい【▽序で買い】❶何かを買うためにコンビニエンスストアやデパートなどに出向いたときに、予定していなかったものをついでに買うこと。➡クロスセル ❷出勤中・帰宅中など、目的地への途中でコンビニエンスストアなどに寄って買い物をすること。

ついで-に【▽序でに】〔副〕あることをする、その機会を利用していっしょに。「一もうひとつ言いたい」「一にタバコを買ってきてくれ」

ついて-は【就いては】〔接〕前に述べた事柄から、次に述べようとする事柄が起こるか、または必要となる旨を示すときに用いる語。したがって。よって。それだから。「会議を行います。一午前10時に御参集ください」

つい・てる〔動タ下一〕《「ついている」の音変化》事がうまくいって、幸運である。つきがある。「負けてばっかりで、いつも一・てない」

つい・でる【▽序でる・▽叙でる】〔動ダ下一〕図つい・づ〔ダ下二〕順序をつける。また、順序に従って並べる。「微を拆き、細を一・ずる歴史」〈蘆花・思出の記〉

つい-でんし【対電子】電子対となる電子。

つい-と〔副〕❶動作が突然行われるさま。いきなり。「談話中に一出て行く」❷動作がすばやく行われるさま。さっと。ぱっと。「マッチを一さし出す」

つい-ど【▽終ど】〔副〕《「ついぞ」の音変化》いまだかつて。まだ一度も。「一会ったことない」〈洒・遊子方言〉

つい-とう【追討】〔名〕スル 追いかけて討ちとること。討手を差し向けて賊を征伐すること。追伐。追罰。

つい-とう【追悼】〔名〕スル 死者の生前をしのんで、悲しみにひたること。「一の辞」「故人を一する」(類語)哀悼・哀惜・愁傷

ついとう-し【追討使】反乱や凶賊を追討するために朝廷から派遣される使い。討手の使い。

つい-とおり【つい通り】〔名・形動〕普通であること。また、そのさま。なみ。ひととおり。「一な、然も適切なことを云って」〈鏡花・婦系図〉

つい-とつ【追突】〔名〕スル 乗り物が、後ろから突き当たること。「停車中に一される」「一事故」

つい-な【追×儺】大みそかの夜に行われる朝廷の年中行事の一。鬼に扮した舎人を殿上人らが桃の弓、葦の矢、桃の杖で追いかけて逃走させる。中国の風習が文武天皇の時代に日本に伝わったものという。江戸時代の初めには廃絶したが、各地の社寺や民間には節分の行事として今も伝わり、豆まきをする。鬼やらい。鬼追い。鬼打ち。(季 冬)「山国の闇恐ろしき一かな/石鼎」

つ-いな【都維那】▶維那

つい-に【▽終に・▽遂に・×竟に】〔副〕❶長い時間ののちに、最終的にある結果に達するさま。とうとう。しまいに。「一優勝を果たした」「一完成した」「疲れ果てて一倒れた」❷(多く、打消しの語を伴って用いる)ある状態が最後まで続くさま。とうとう。「一現れなかった」「作品は一日の目を見なかった」❸「終ぞ」に同じ。「其の後は一ない存外の御無沙汰をいたしました」〈円朝・怪談牡丹灯籠〉

(用法)ついに・とうとう――「苦心の末、ついに(とうとう)完成の日を迎えた」「海外旅行の夢がついに(とうとう)実現した」など、結果が現れることを表す意では、相通じて用いられる。◆「とうとう」が長い時間を要してある結果が生じるという意味合いを持つのに対して、「ついに」には長い時間の後、最終的な時点で新しい何かが実現した、またはしなかったという意味合いがある。また、口頭語としては「とうとう」が多く用いられ、「ついに」は文語的である。◆類似の語に「結局」がある。「結局」には、いろいろな経過があったが、という意味合いがある。「ずいぶん頑張ったが、結局成功しなかった」

(類語)とうとう・あげくの果て・とどのつまり・結局・結句・畢竟・詰まるところ・帰するところ・詮ずるところ・要するに・どの道・いずれ・所詮・どうせ・つまり

つい-にん【追認】〔名〕スル ❶過去にさかのぼって、その事実を認めること。「既成事実として一される」❷不完全な法律行為を、のちに確定的に有効なものとする意思表示。

つい-ねん【追念】くやしく思うこと。残念に思うこと。「旧主先帝の御一をも休め参らせらるべき御器量」〈太平記・三四〉

つい-のう【追納】〔名〕スル 追加して納めること。あとから不足額を納めること。「寄付金を一する」(類語)後納・後払い

つい-の-けぶり【▽終の▽煙】火葬の煙。また、死んで火葬に付されること。「いかにせん一の末ならで立ちのぼるべき道もなき身を」〈続拾遺・雑下〉

つい-の-こと【▽終の事】結局はそうなること。「一と思ひしかど、世の常なきにつけても、いかになり果つべきにかと嘆き給ふを」〈源・明石〉

つい-の-すみか【▽終の住み▽処・▽終の×栖・▽終の×棲家】最後に安住する所。これから死ぬまで住むべき所。「これがまあ一か雪五尺」〈七番日記〉

つい-の-みち【▽終の道】人が最後に通る道。死出の道。「一きのふは過ぎぬ今日も又よもと思ふぞはかなかりける」〈続古今・哀傷〉

つい-の-わかれ【▽終の別れ】最後の別れ。死別。「世の事として、一をのがれぬわざなめれど」〈源・椎本〉

つい-ばい【追陪】〔名〕スル 他人につき従うこと。また、伴うこと。「此形体に一して起る心意的状況は」〈漱石・吾輩は猫である〉

つい-はく【追白】「追伸」に同じ。

つい-ばつ【追伐】討手をさし向けて、賊を退治すること。追討。「清盛これを一し、件の族を配流せしよりこのかた」〈曽我・二〉

つい-ばつ【追罰】〔名〕スル ❶あとからさらに罰すること。❷「追討」に同じ。「君のため、一を請ふ」〈平家・七〉

つい-ば・む【×啄む】〔動マ五(四)〕《「つきはむ」の音変化。古くは「ついはむ」》鳥がくちばしで物をつついて食う。「鶏が餌を一・む」(類語)食べる・食らう・食う・頂く・召し上がる・食する・突つく・味わう

つい-ひ【追肥】「追い肥」に同じ。

つい-ひ【追×賁】《「賁」は飾る意》死者の供養をして、その功徳を飾ること。追善。「十方の諸仏も明らかに此の一を随喜し給ひ」〈太平記・三九〉

つい-び【追尾】〔名〕スル あとをつけて行くこと。「我艦の(敵艦ヲ)一すること里余」〈竜渓・浮城物語〉(類語)尾行・追跡

つい-ひじ【▽築▽泥】《「つきひぢ」の音変化》「築地」に同じ。「童べの踏みあけたる一のくづれより通ひけり」〈伊勢・五〉

ついび-でんぽう【追尾電報】かつて行われていた特殊取扱電報の一。受信人が指定の居所に不在の場合、その行き先を追って配達する電報。

つい-ぶ【追▽捕】〔名〕スル ❶賊や罪人などを追いかけて捕らえること。ついほ。❷奪い取ること。没収すること。ついほ。「僧坊民屋を一し、財宝をことごとく運び取って後」〈太平記・八〉

つい-ふく【対幅】一対に仕立てられた書画の掛け物。対軸。双幅。➡独幅

つい-ふく【追▽捕】「ついぶ(追捕)」に同じ。〈日葡〉

つい-ふく【追福】〔名〕スル 死者の冥福を祈ること。追善。「故人を一する法会」

ついふく-きょく【追復曲】▶カノン

ついぶ-し【追▽捕使】平安時代、治安を乱す者の逮捕・鎮圧に任命された官。国司・郡司の中から武勇の者が選ばれた。初め臨時の官であったが、のちには常置となった。

つい-ほ【追捕】〔名〕スル ❶「ついぶ(追捕)❶」に同じ。「一せらるる者の如く」〈織田訳・花柳春話〉❷「ついぶ(追捕)❷」に同じ。「其の家に乱入し、資財雑具を一し」〈平家・一〉

つい-ほ【追補】〔名〕スル 出版物などで、不足や脱落の箇所を、あとから補うこと。また、その部分。補遺。「百科事典の項目を一する」

つい-ぼ【追慕】〔名〕スル 死者や遠く離れて会えない人などを、なつかしく思うこと。「亡き夫を一する」

つい-ほう【追放】〔名〕スル ❶不要または有害なものとして、その社会から追い払うこと。「悪書を一する」❷危険人物または不法入国者を国外に退去させること。❸公職・教職などからしりぞけ、それらへの就職を禁止すること。パージ。❹中世・近世、罰として特定の地域から追い払い、立ち入りを禁じたこと。➡重追放 ➡中追放 ➡軽追放 ➡江戸払い (類語)駆逐・駆除・撃退・放逐・掃討・パージ・レッドパージ

つい-まつ【▽続松】《「つぎまつ」の音変化》❶たいまつ。「その杯の皿に、一の炭して、歌の末を書きつぐ」〈伊勢・六九〉❷《斎宮の上の句に在原業平がたいまつの炭で下の句を書きつけたという伊勢物語の故事から》和歌の上の句と下の句を取り合わせる遊び。歌ガルタや歌貝など。

ついまつ-とり【▽続松取り】歌ガルタや歌貝を取り合わせる遊び。

つい-やく【追約】一つの契約に伴って成立する契約。例えば、本契約に伴って、質・抵当・保証を設定する契約など。

つい-や・す【費やす】〔動サ五(四)〕❶あることをなしとげるために金銭・時間・労力などを使う。また、使ってなくす。「歳月を一・して完成したダム」「いたずらに時間を一・す」❷疲れ弱らせる。「その物につきて、その物を一・しそこなふ物、数を知らずあり」〈徒然・九七〉(可能)ついやせる (類語)消費・過ごす・送る・暮らす・明かし暮らす・明け暮れる・消光する

つい・ゆ【▽費ゆ・▽弊ゆ・▽潰ゆ】〔動ヤ下二〕「ついえる」の文語形。

ツィラー-けいこく【ツィラー渓谷】《Zillertal》▶ツィラータール

ツィラータール〖Zillertal〗オーストリア、チロル州、インスブルックの東方約25キロメートルに位置する谷。イン川沿いの町、イェンバッハから谷の最奥にあたるツィラータラーアルペンの麓の観光保養地、マイアーホーフェンまで、全長約32キロメートルの山岳鉄道で結ばれる。ツィラー渓谷。

つい-らく【墜落】〔名〕スル 高い所から落ちること。「飛行機が一する」(類語)落下・転落

ついり【入=梅┆梅=雨入り】《「つゆいり」の音変化》つゆのいり。にゅうばい。(季 夏)

ついり-ばれ【入=梅晴(れ)】「梅雨晴れ」に同じ。

ツイル〖twill〗綾糸で織られた織物の総称。目のつんだ密度の高さが特徴。コート・ジャケットなどによく使われる。➡サージ

つい-れん【対×聯】❶漢詩の対句。❷掛け軸で対になっているもの。

つい-ろく【追録】〔名〕スル すでに書かれているものに、あとから書き加えること。また、書き加えたもの。「補助注記を一する」(類語)追記・付記・付載・書き添える

ツイン〖twin〗❶対になっていること。❷「ツインルーム」の略。

ツイン-カム〖twin cam〗▶ダブルオーバーヘッド-カムシャフト

ツイン-キャブ《twin carburetorから》1台のエンジンに2個の同じ型の気化器を使用する方式。回転の円滑と出力の向上ができる。

ツイン-スタイル〖twin style〗セーターなどを2枚重ねて着るスタイル。同色の半袖セーターと長袖のカーディガンの組み合わせなど。

ツィンバロム〖ハンガリーcinbalom〗《「ツィンバロン」とも》主にジプシーが用いるハンガリーの民俗楽器。ヨーロッパでダルシマーと総称される楽器の類。➡ダルシマー

ツイン-ピークス〖Twin Peaks〗米国カリフォルニア州サンフランシスコ中心部にある丘。標高約280メートルの二つの頂きがあり、市街を一望できる。夜景の美しさで有名。

ツイン-ベッド〖twin bed〗同型のシングルベッドを2台一組として用いるもの。

ツイン-ルーム〖twin room〗ツインベッドが備えつけてある、二人用の部屋。

ツー〖two〗数の2。二つ。

つう【通】㊀〔名・形動〕❶ある領域の趣味・道楽について精通していること。特に花柳界の内情に詳しいこと。また、その人や、そのさま。「芝居の一だ」「相撲一」❷人情に通じ、人柄がさばけていること。特に、男女間の機微に深い思いやりのあること。また、その人や、そのさま。「一な計らい」「一をきかす」❸通力。神通力。「久米の仙人の、物あらふ女の脛の白きを見て、一を失ひけんは」〈徒然・八〉㊁〔接尾〕助数詞。手紙・証文・届け書などを数えるのに用いる。「二一の手紙」➡漢「つう(通)」

つう〔感〕(「つうと言えばかあ」の形で)互いに気心が知れていて、ほんのわずかな言葉からでもその内容を理解できること。つうかあ。「一と言えばかあの仲」

ツー-アウト〖two outs〗野球で、二人がアウトになること。ツーダウン。

ツーイーソー【字一色】《中国語》マージャンの役満貫の一。字牌だけで上がったもの。

つう-いん【通音】▶つうおん(通音)❶

つう-いん【通院】〔名〕スル 病院などへ治療を受けに通うこと。「歯科に一する」(類語)外来・入院・通う

つう-いん【通韻】❶江戸時代の学説で、五十音図のうち、同じ段の音が相通じることをいう。「けむり」を「けぶり」、「かなしむ」を「かなしぶ」、「きみ(黍)」を「きび」というなど。➡通音 ❷漢詩で、近接する音調をもつ異種の韻字を通用して韻を踏むこと。特に、古詩の場合に多い。

つう-いん【痛飲】〔名〕スル 大いに酒を飲むこと。「夜を徹して一する」(類語)がぶ飲み・鯨飲・牛飲・暴飲

ツウィンガー-きゅうでん【ツウィンガー宮殿】《Zwinger》ドイツ東部、ドレスデンの旧市街にある後期バロック様式の宮殿。1732年、ザクセン選帝侯フリードリヒ=アウグスト1世の命により、建築家マテウス=ペッペルマンの設計で建造された。現在、宮殿内には各種の美術館、博物館があり、同国屈指の文化遺産の宝庫として知られる。ツビンガー宮殿。

ツウィングリ〖Ulrich Zwingli〗[1484〜1531]スイスの宗教改革者。エラスムスとルターの影響を受け、チューリヒで宗教改革を展開。その神学と改革運動は人文主義的、政治的傾向が強く、聖餐論でルターと対立した。

つういん-とくやく【通院特約】生命保険における特約の一。病気やけがで入院し、退院後もその病気やけがの治療のために通院をした場合に給付金が支払われる。通常は、入院をしない通院では保障されない。

ツー-ウエー〖two-way〗❶両様に使用できること。❷商品市場に売り・買い両方の値段を同時に提示すること。❸「ツーウエースピーカーシステム」の略。

ツーウエー-コミュニケーション〖two-way communication〗双方向通信。送り手と受け手の双方からの伝達が可能な通信方式。

ツーウエー-ストレッチ〖two-way stretch〗伸縮性のある生地で、縦・横・斜めに伸びるもののことをいう。ポリウレタンやポリエステル、ナイロンの加工糸を編み込んである。

ツーウエー-スピーカーシステム〖two-way speaker system〗音域を低音・高音の二つに分割し、二つのスピーカーユニットで構成するオーディオのシステム。

ツーウエー-ファッション〖two-way fashion〗二通りに、あるいはいくつかの条件に合わせて服を変化させることができるもの。裏地を取り外せるコート、晴雨兼用のオールウエザーコートなど。

つう-うん【通運】貨物を輸送すること。運送。「一会社」(類語)交通・運ぶ・運送・輸送・運搬・搬送・配送・運輸・郵送・移送・配達・宅配・発送・逓送

つううん-じぎょう【通運事業】鉄道による物品運送に伴って、貨物の積み下ろし・集配・運送取扱いなどを行う事業。国土交通大臣の免許が必要。

つうえん【通円】㊀茶人。京都の人。もと宇治の農民で、宇治橋の東詰に茶店を出したといわれる。古川通円と自称し、代々その名を継いだとされる。狂言の主人公として有名。生没年未詳。㊁狂言。舞狂言。旅僧の前に通円という茶屋坊主の霊が現れ、宇治橋供養で茶をたてすぎて死んだざまを語り、回向を願う。謡曲「頼政」をもじったもの。

ツー-オプション〖two option〗ボクシングのチャンピオンが挑戦者に対して出す条件で、挑戦者が勝った場合、そのあとのタイトル戦の興行権を敗れたチャンピオンが持ち、挑戦者がタイトルを防衛した場合は次の興行権も持つという裏契約。日本タイトルに関しては昭和63年(1988)7月1日から禁止された。

つう-おん【通音】❶手紙のやりとりをすること。つういん。❷江戸時代の学説で、五十音図のうち、同じ行の音が相通じることをいう。「さねかづら」を「さなかづら」、「うつせみ」を「うつそみ」というなど。なお、通韻を含めていう場合もある。➡通韻

つう-か【通家】❶昔から親しく交わってきた家。つうけ。❷姻戚関係にある家。また、その人。つうけ。❸「通人」に同じ。「狸は一では忌みやすぜ」〈洒・妓情返夢解〉

つう-か【通貨】流通手段・支払い手段として機能している貨幣。銀行券・補助貨幣などの現金通貨のほかに、預金通貨も含まれる。(類語)金・銭・金銭・貨幣

つう-か【通過】〔名〕スル ❶ある場所・時点・状態などを通り過ぎること。「台風が一する」「一駅」❷試験・検査などを無事に通ること。「審査を一する」❸議会などで議案が可決されること。「法案が国会を一する」(類語)通り過ぎる・通り越す・通る・卒業

つうが【通雅】中国の語学書。52巻。巻首3巻。明の方以智撰。「爾雅」にならい、物の名・訓詁・音韻などを25門に分類し、詳しく考証したもの。

つう-かあ《「つうと言えばかあと答える」から》互いに気心が通じ合って、ちょっと言っただけで相手の言おうとしていることがわかること。「彼とは一だ」「一の仲」

つう-かい【通解】文章の全体にわたって解釈を施すこと。また、その解釈。通釈。

つう-かい【痛快】〔名・形動〕たまらなく愉快なこと。胸がすくようで、非常に気持ちがよいこと。また、そのさま。「この上なく一な気分」「一な逆転ホームラン」(派生)つうかいさ〔名〕(類語)面白い・愉快・おかしい・滑稽・ひょうきん・コミカル

つう-かい【痛悔】❶心の底からくやむこと。非常に後悔すること。「此春の齎らせしものは一と失望と」〈紅葉・金色夜叉〉❷《contrition》カトリックの用語。神に対する愛または恐れから起こる悔い改め。「ゆるしの秘跡」の本質的部分。コンチリサン。

つうか-オプション【通貨オプション】通貨に関する金融派生商品(デリバティブ)の一。通貨オプションを購入すると、オプションの内容に応じて、将来の特定の期日または期間内に、決められた価格で特定通貨の売買ができるため、為替変動リスクの回避などに用いられる。オプションは行使しなくてもよいが、購入する際、リスクに見合うオプション料をオプションの売り手に支払う必要がある。➡オプション取引 ➡コールオプション ➡プットオプション

つうか-かぶつ【通過貨物】輸入されるのではなく、自国を経由するだけで他国へ出て行く貨物。

つうか-きき【通貨危機】通貨の対外的な価値が急激に下がることで、その通貨が流通する国・地域の経済に大きな混乱・打撃を与えること。新興国では、経済情勢が不安定なことに加え、外国為替相場の取引規模が比較的小さいため、ヘッジファンド等の巨額な投機的資金による攻撃(売り浴びせ)の対象となりやすく、通貨危機が発生しやすい。

つうかぎぞうおよびこうしとう-ざい【通貨偽造及び行使等罪】使う目的で貨幣・紙幣などを偽造・変造したり、それらを使ったり他人に渡したりする罪。刑法第148条が禁じ、無期または3年以上の懲役に処せられる。通貨偽造及び行使罪。通貨偽造罪。通貨偽造行使罪。偽造通貨行使罪。

つうかぎぞう-ざい【通貨偽造罪】▶通貨偽造及び行使等罪

つうかぎぞうとうじゅんび-ざい【通貨偽造等準備罪】貨幣・紙幣などを偽造するための器機や原料を準備する罪。刑法第153条が禁じ、3か月以上5年以下の懲役に処せられる。通貨偽造準備罪。

つうか-ぎれい【通過儀礼】人が一生のうちに経験する、誕生・成年・結婚・死亡など、年齢的に重要な節目にあたって行われる儀礼。

つう-かく【通客】「通人」に同じ。

つう-かく【痛覚】痛みの感覚。皮膚の痛点や臓器組織の圧迫・障害などの刺激によって起こる。

つう-がく【通学】〔名〕スル 学生・生徒・児童が学校に通うこと。「電車で一する」(類語)通う

つうがく-くいき【通学区域】▶学区❶

つうがく-せい【通学生】自宅や下宿から学校に通う学生。寄宿生に対していう。

つうか-しゅぎ【通貨主義】1830〜40年代に英国で唱えられた通貨論争における主張の一。物価は通貨の量の増減によって騰落するから、銀行券の発行は金の流出入に応じて規制する必要があるとした。➡銀行主義

つうかスワップ-きょうてい【通貨スワップ協定】国・地域の中央銀行が、緊急時に協定の相手国から外貨の供給を受けるために結ぶ協定。例えば、自国通貨が信用危機などで下落した際、中央銀行は外貨を売り、自国通貨を買うことで為替レートの安定化を図るが、通貨スワップ協定が結ばれていれば、十分な外貨準備高がなくても外貨売りが可能になる。協定では、供与された通貨の用途や返済期限などについても併せて取り決めを行う。➡チェンマイイニシアチブ

つうか-ぜい【通過税】通過貨物に賦課する租税。現在では廃止。

つうか-せいさく【通貨政策】▶金融政策

つうか-つうこうけん【通過通航権】国際海峡において、すべての船舶と航空機が、通過する目的で航行および上空を飛行する権利。潜水艦の海面下の通航も含む。➡無害通航権

つうか-とうごう【通貨統合】異なる通貨を使用していた複数の国が、単一通貨を統一して使用すること。EU(欧州連合)のユーロ、アフリカ諸国の

CFAフランなど。

つうか-ぼうえき【通過貿易】ツウクワー 自国を通過して行われる他国間の貿易。自国の業者は貿易取引に関与しない。

つう-が・る【通がる】〔動ラ五(四)〕通人らしく振る舞う。通人ぶる。通ぶる。「物知り振った、又―・った陋悪(ろうあく)な分子」〈漱石・長谷川君と余〉

つう-かん【通巻】ークワン 全集・双書・雑誌などの第1巻から通して数えた番号。

つう-かん【通患】ークワン 一般に共通してみられる心配や弊害。通弊。「言うこと易くして、行うこと難きものなることは、古今の―にして」〈花袋・抒情詩〉

つう-かん【通貫】ークワン〔名〕スル つらぬきとおすこと。また、物事に広く通じていること。貫通。「曽つて万古を―したるこの活眼も」〈透谷・楚囚之詩〉

つう-かん【通款】ークワン 味方を裏切って、ひそかに敵に通じること。内通。

つう-かん【通関】ークワン〔名〕スル 貨物の輸出入をしようとする者が法定の手続きを経て税関長の許可を受けること。また、その貨物が税関を通過すること。

つう-かん【通観】ークワン〔名〕スル 全体にわたってひととおり見渡すこと。「世界の情勢を―する」

つう-かん【痛感】〔名〕スル 強く心に感じること。身にしみて感じること。「力量の差を―する」［類語］実感

つう-かん【痛×諫】〔名〕スル 強くいさめること。

つうかん-とうけい【通関統計】ツウクワンー ▶貿易統計

つうかんベース-ぼうえきしゅうし【通関ベース貿易収支】ツウクワンーボウエキシウシ 財務省が毎月発表する貿易統計をもとに算出される貿易収支。貨物が税関を通過した時点で輸出入額を集計し、輸出は運賃・保険料を含まないFOB価格、輸入は運賃・保険料を含むCIF価格で計上される。［補説］通関ベースの貿易収支に対して、国際収支統計の貿易収支は決済ベースまたは国際収支ベースと呼ばれる。また、昭和41年(1966)前後までは、日本銀行が当時発表していた「外国為替統計」をもとに為替ベースの貿易収支が発表されていた。

つう-き【通気】内部と外部の間に空気を通わせること。また、ある場所に新鮮な空気を送り込むこと。通風。「―をよくする」

つう-き【通規】全体に適用される規定。通則。

つう-ぎ【通義】世間一般に通用する道理や意義。「其同等とは有様の等しきを云うに非ず、権理―の等しきを云うなり」〈福沢・学問のすゝめ〉

つうき-こう【通気孔】通気のために設けられたあな。通風孔。換気口。

つうき-せい【通気性】空気を通す性質。「―のよい布地」

つうき-そしき【通気組織】植物の細胞間隙が連続して網状または管状となっているもの。水蒸気や空気の流通を行う。

つうき-ほう【通気法】ーハフ ❶坑内に新鮮な空気を送り、汚れた空気を外に出す方法。❷診断や治療のために、耳管や卵管などに空気を送って管の開閉を見る方法。通気検査。通気治療。

つうきゅう-きょうしつ【通級教室】ツウキフケウシツ ▶通級指導教室

つうきゅうしどう-きょうしつ【通級指導教室】ツウキフシダウケウシツ 通常の学級に在籍する、比較的軽度の障害がある児童生徒に対して、障害の状態に応じて特別な指導を行うための教室。教科の学習は通常の学級で行う。言語障害・自閉症・情緒障害・弱視・難聴・学習障害・注意欠陥多動性障害(ADHD)・肢体不自由・病弱・身体虚弱の児童生徒が対象。障害の状態を改善・克服するための自立活動を中心に、必要に応じて各教科の補充指導を行う。特別支援学級・特別支援学校に在籍する児童生徒は対象外。通級教室。

つう-ぎょ【通御】天皇・三后がお通りになること。

つう-ぎょう【通教】ーゲウ 天台宗で説く化法(けほう)の四教の第二。空(くう)を説く般若経などの教え。大乗の初門の教えで、声聞(しょうもん)・縁覚(えんがく)・菩薩(ぼさつ)の三乗に共通して説かれるところからいう。

つう-ぎょう【通暁】ーゲウ〔名〕スル ❶夜を通じて明け方に至ること。夜どおし。徹夜。「―の勤行(ごんぎょう)」❷ある物事についてたいへん詳しく知っていること。精通。「英文学に―している」［類語］詳しい

つう-きん【通勤】〔名〕スル 勤め先へ通うこと。「マイカーで―する」「―ラッシュ」［類語］通う

つう-きん【痛勤】《「通勤」のもじり》(大都市圏の通勤時間帯に)乗り物が混んで通勤・通学の辛いこと。「―地獄」

つうきん-さいがい【通勤災害】労働者が通勤の途上で受ける災害。労働者災害補償保険が適用される。

ツーク〖Zug〗スイス中部、ツーク州の州都。ツーク湖の北東岸に面し、中世より湖上交通の要衝として発展。キューブルク家、ハプスブルク家の統治を経て、1352年にスイス連邦加盟州の州都になった。アルプスを南北に結ぶゴタルド鉄道の開通後は商工業が盛えた。税金が安いために外国企業や金融業が集まったのが一因とされる。

つう-く【痛苦】〔名・形動〕痛み苦しむこと。また、そのさま。苦痛。「甚だ―なる病に罹りしが」〈中村訳・西国立志編〉

ツークシュピッツェ-さん【ツークシュピッツェ山】《Zugspitze》ドイツとオーストリアの国境にある山。アルプス東部、バイエルンアルプスの一峰であり、ドイツ最高峰。標高2962メートル。リヒャルト=シュトラウスの「アルプス交響曲」は、この山の登山体験をもとに、1914年に作曲された。

つう-くつ【通屈】❶相談すること。話をつけること。かけあい。「惣兵衛と―いたし、茨木屋をば私請合ひ」〈浄・淀鯉〉❷連絡を取り合うこと。共謀すること。「今夜の手番(てつがひ)―は、私が配偶(つれあひ)太夫殿の妹御」〈浄・応神天皇〉❸男女が情を通じ合うこと。「忍ぶ手筈か出合ひ宿、―するに極まった」〈伎・名歌徳〉❹工面すること。算段すること。「いろいろ―しての…やうやう五両とそして外に一両二分もらったが」〈洒・辰巳婦言〉

ツークリック-さぎ【ツークリック詐欺】アダルトサイトなどで、2回クリックをさせることであたかも契約が成立したかのように思わせ、不当な料金請求などを行う詐欺の一種。➔ワンクリック詐欺

つう-げ【通▽計】《「つうけ」とも》知れ渡ること。広く知られること。多く「国内通計」の形で用いられる。つうけい。「隠す隠すと私語(ささやき)けれども、国内―の事なれば」〈盛衰記・一三〉

つう-けい【通計】〔名〕スル 部分部分を全部合わせて計算すること。総計。「年間の売り上げを―する」

つう-けい【通経】月経を起こさせること。

つうけい-ざい【通経剤】通経のための薬。ふつうは子宮の収縮を促す植物性下剤が用いられる。催経剤。

つう-げき【痛撃】〔名〕スル 相手に手ひどい打撃を与えること。また、その打撃。「―を受ける」「敵の軍事基地を―する」

つう-けん【通券】通行を許可する証明書。通行券。通行手形。

つう-けん【通肩】僧の袈裟(けさ)の着方で、両肩をおおって着ること。

つう-げん【通言】❶世間一般に行われている言葉。とおりことば。通語。❷遊里など、特定の土地・社会で使われている言葉。通語。つうごん。

つう-げん【痛言】〔名〕スル 痛いところをついて厳しく言うこと。また、その言葉。「―してはばからず」

つうげんそうまがき【通言総籬】江戸後期の洒落本。1冊。山東京伝作。天明7年(1787)刊。黄表紙「江戸生艶気樺焼(えどうまれうわきのかばやき)」の続編の体裁で、新吉原の大籬(おおまがき)での通(つう)のあり方を細密・巧妙に描く。

つう-ご【通語】❶「通言(つうげん)❶」に同じ。❷「通言❷」に同じ。「何とか此の社会の―の一つも振り廻してやろうと」〈荷風・すみだ川〉

つう-こう【通交┊通好】ーカウ〔名〕スル 互いに仲よくし、交わりを結ぶこと。多く国家間の関係にいう。

漢字項目 **つう**

通 ㊫2 ［音］ツウ㊬ ツ㊉ ［訓］**とおる、とおす、かよう** ‖ ㊀〈ツウ〉①つかえずにとおり抜ける。とおる。「通過・通行・通風・通路/開通・貫通・交通・疎通・直通・不通・便通・融通(ゆうずう)」②ある場所に行き来する。かよう。「通学・通勤」③全体に行き渡る。一般に広く行われる。「通常・通説・通俗・通念・通有・通用/共通・弘通(ぐずう)・普通」④ある範囲の全部に及ぶ。「通算・通史・通読・通年」⑤言葉や情報を相手に伝える。知らせる。「通告・通信・通知・通報/内通・文通」⑥物事を広く知っている。物知り。「通暁・通人/角通・食通・精通・消息通」⑦男女が情を通わせる。「姦通(かんつう)・私通・密通」⑧物事を自在に操る働き。「通力(つうりき)/神通力(じんずうりき)」㊁〈ツ〉全部に及ぶ。「通夜」［名付］とお・なお・ひらく・みち・みつ・ゆき ［難読］通草(あけび)・木通(あけび)

痛 ㊫6 ［音］ツウ㊬ ［訓］**いたい、いたむ、いためる、いたく** ‖ ①体がいたむ。いたみ。「痛覚・痛痒(つうよう)/胃痛・苦痛・激痛・陣痛・頭痛・鎮痛・疼痛(とうつう)・鈍痛・腰痛」②心がいたむ。悲しむ。「哀痛・心痛・沈痛・悲痛」③程度がはげしい。いたく。「痛飲・痛快・痛切・痛烈・痛論」

つう-こう【通行】ーカウ〔名〕スル ❶ある所を通って行くこと。また、ある方向へ向かって行くこと。「車が道の左側を―する」「―止め」「―人」❷広く世間一般に行われること。「現代―している暦」
［類語］運行・交通・通る・運転・走る・走行・往来・往還・行き来・行き交い

つう-こう【通航】ーカウ〔名〕スル 船舶が航路を通ること。航行。「海峡を―する貨物船」［類語］運航・航行・航海・舟航・航空・進航・周航・就航・巡航・回航・直航

つう-ごう【通号】ーガウ 世間一般に広く行われている呼び名。通称。

つうこう-かきん【通行課金】ツウカウクワキン ▶ロードプライシング

つうこう-けん【通行権】ツウカウー 袋地(ふくろち)などの所有者が、他人の土地を通路として使用する権利。

つうこう-じょうやく【通交条約】ツウカウデウヤク 国家間の、経済・交通に関する条約。通商航海条約など。

つうこう-ぜい【通行税】ツウカウー 汽車・電車・バス・汽船・航空機などの乗客に対して課される税。平成元年(1989)消費税の導入に伴い廃止。

つうこう-せん【通行銭】ツウカウー 特定の橋・道路・運河などの通行者から徴収する料金。通行料。

つうこう-てがた【通行手形】ツウカウー ある場所の通行を許可した証として発行された手形。通行券。通券。

つうこう-ぼん【通行本】ツウカウー 世間に広く行き渡っている本。流布本。

つう-こく【通告】〔名〕スル 相手方に決定事項や意向などを告げ知らせること。特に、文書などで正式に告げ知らせること。「解雇を―する」「強制執行を―する」➔通知［用法］
［類語］知らせ・通知・案内・通達・通牒(つうちょう)・報・告知・連絡・インフォメーション・伝える・知らせる・報ずる・告げる・言い送る・申し送る・達する・伝達・下達・令達・口達・通ずる・コミュニケートする・取り次ぐ・伝言する

つう-こく【痛刻┊痛酷】〔名・形動〕ひどく苦しいこと。苦痛のはなはだしいこと。また、そのさま。「私に最も直接な―な苦悩を感じさせるものがあった」〈倉田・愛と認識との出発〉

つう-こく【痛×哭】〔名〕スル 激しく泣き叫ぶこと。ひどく嘆き悲しむこと。「友の死に―する」
［類語］悲しみ・悲嘆・傷心・愁嘆・哀傷・感傷

つうこく-しょぶん【通告処分】間接国税・関税などに関する犯則事件の調査によって、国税局長・税務署長・税関長が犯則の心証を得た場合、その理由を明示して罰金・科料に相当する金額、没収品に該当する物品などを指定の場所に納付すべきことを通

告する行政処分。

つう-こん【痛恨】ひどく残念がること。たいへんうらみに思うこと。「一の極み」「一の一投」「一事」
(類語)残念・心残り・遺憾

つう-さん【通三】《『漢書』五行志から》君主が政治を行う上で、人物を選ぶこと、民の意に合うこと、時世に従うことの三つの条件を備えること。「一の主、明一の君」〈盛衰記・一一〉

つう-さん【通算】〘名〙スル 全部を含めて計算すること。また、その計算。通計。「一して八回目の優勝」
(類語)合算・統計

つうさん-しょう【通産相】通商産業大臣のこと。

つうさん-しょう【通産省】「通商産業省」の略。

つうさん-だいじん【通産大臣】通商産業大臣の略称。

つう-し【通史】歴史記述法の一様式。ある特定の時代・地域・分野に限定せず、全時代・全地域・全分野を通して記述された総合的な歴史。(類語)歴史・史実・史し・青史・編年史・年代記・ヒストリー・クロニクル

つうし【通志】中国の歴史書。九通の一。全200巻。三皇の時代から隋までの紀伝体の通史で、宋の鄭樵(ていしょう)撰。1161年ごろ成立。

つうじ【通じ】❶他人の考えや言うことの意味を悟ること。わかり。「一が早い」❷大便を排泄(はいせつ)すること。便通。「二日間一がない」(類語)(❷)排便・脱糞(だっぷん)

つう-じ【通事｜通詞｜通辞】〘名〙スル ❶通訳。特に、江戸時代、外国貿易のために平戸・長崎に置かれた通訳兼商務官。唐通事・オランダ通詞があった。通弁。❷民事訴訟で、言葉の通じない陳述人のために通訳を行う者。刑事訴訟では通訳人という。❸間に立って取り次ぐこと。また、その人。「お手が鳴らば猫までに一させよ」〈浮・男色大鑑・八〉

ツー-ジー〘2G〙《2nd generation》▶第二世代携帯電話

ツー-シーター〘two-seater〙二人乗り自動車。スポーツカーやクーペ型の自動車に多い。

つう-しき【通式】一般にあてはまる方式。

つうじ-ぐすり【通じ薬】便通をよくする薬。くだし薬。下剤。

つうじ-げんごがく【通時言語学】《(フランス) linguistique diachronique》言語学における研究分野の一部門。時間の流れにそって変化していく言語の諸相を研究しようとするもの。ソシュールの提唱による。➡共時言語学

つう-じつ【通日】❶暦で、1月1日から通して数えた日数。❷一日じゅう。

つうじ-て【通じて】〘連語〙《動詞「つう(通)ずる」の連用形＋接続助詞「て」》全体をとおしてみると。「一年を一雨が少ない」「インターネットを一知れわたる」➡通ずる❻

つう-しゃく【通釈】〘名〙スル 文章全体にわたって解釈すること。また、その解釈。通解。「徒然草全段を一する」

つうじゅん-きょう【通潤橋】熊本県中央部にある灌漑(かんがい)用水を送るための水路橋。上益城(かみましき)郡山都(やまと)町(旧矢部町)にある。長さ75.6メートル、高さ20.2メートル、幅6.3メートル、石管の長さ126.9メートル。サイホンの原理を応用して、橋の上に石造パイプを3列並べた通水管を埋設、中央部にあけた通水孔から放水される。江戸時代末期、時の惣庄屋(そうじょうや)布田保之助(ふたやすのすけ)が白糸台地の人々の暮らしを良くするために、6キロメートル離れた笹原川から水を引いて造った。国の重要文化財に指定されている。

つう-しょ【通所】〘名〙スル 老人福祉施設、身体障害者福祉施設、保育所などの社会福祉施設に養育・療育・介護・リハビリ・更生を目的に通うこと。➡入所

つうしょ【通書】中国の儒書。1巻。宋の周敦頤(しゅうとんい)撰。原書名は「易通」。宇宙生成の原理を説く「太極図説」に対し、その応用を説く。原本は伝わらず、朱子の編定本が現存。

つう-しょう【通宵】一晩じゅう。夜どおし。副詞的にも用いる。「旧友と一酒を酌む」

つう-しょう【通称】正式ではないが世間一般で呼ばれている名称。とおり名。鎌倉東慶寺を縁切り寺、徳川光圀を水戸黄門、歌舞伎「与話情浮名横櫛(よわなさけうきなのよこぐし)」を「切られ与三(よさ)」とよぶ類。
(類語)通り名・俗称・あだ名・ニックネーム

つう-しょう【通商】〘名〙スル 外国と商取引をすること。交易。貿易。「条約を結んで外国と一する」
(類語)取引・交易・貿易・輸出入・互市(ごし)・外国貿易・国際貿易・トレード

つう-じょう【通常】特別でなく、普通の状態であること。世間一般にみられる状態であること。副詞的にも用いる。「一は家にいる」「一7時に起きる」➡普通(用法)
(類語)普通・日常茶飯事・一般・不断・全般に・総じて・概して・多く・おしなべて・おおむね・大概・通例・一体に・総体・およそ・広く・遍(あまね)く

つう-じょう【通情】世間一般の人情。また、世間一般の事情。「世間男女の一を絶ち」〈織田訳・花柳春話〉

つうじょう-がっきゅう【通常学級】小学校・中学校で通常の授業を行う学級。➡通級指導教室 ➡特別支援学級

つうしょう-きょうてい【通商協定】2国間の通商関係についての協定。通商航海条約に比べて規定の範囲が狭く暫定的。

つうしょう-けん【通商権】国家が条約に基づき、自国民の通商を他国家に許可させる権利。

つうしょうこうかい-じょうやく【通商航海条約】国家間の通商活動を円滑にするため、通商・航海などに関して結ばれる条約。相手国民の入国・居住、領事の交換などのほか、最恵国待遇・内国民待遇について規定する。通商条約。

つうじょう-こっかい【通常国会】毎年1回、定期的に召集される国会。1月中に召集され、会期は150日間。常会。➡特別国会 ➡臨時国会

つうしょうさんぎょう-しょう【通商産業省】通商の振興・調整、各種産業の生産・流通、中小企業の振興、度量衡、工業所有権などに関する行政事務を担当した国の行政機関。外局に特許庁・中小企業庁・資源エネルギー庁が置かれた。昭和24年(1949)商工省を再編・改称して成立。平成13年(2001)経済産業省に改組された。通産省。

つうしょうさんぎょう-だいじん【通商産業大臣】通商産業省の長。通産大臣。通産相。

つうしょう-じょうやく【通商条約】▶通商航海条約

つうじょう-せんきょ【通常選挙】参議院議員の任期満了により、定員の半数を改選するため、3年ごとに行われる選挙。被選挙権は日本国民で満30歳以上。参議院議員通常選挙。参院選。➡総選挙

つうじょう-そうかい【通常総会】社団法人において、少なくとも年に1回開くことを要する社員総会。株式会社の定時総会をいうこともある。

つうしょう-だいひょうぶ【通商代表部】社会主義国が国営貿易の業務を行うため外国に設置する出先機関。その職員には原則として外交特権が認められる。

つうじょう-はがき【通常葉書】郵便葉書の種類の一。往復葉書を除いて、一般に用いられている葉書。

つうじょう-へいき【通常兵器】核兵器・生物兵器・化学兵器などの大量破壊兵器を除く在来型の兵器。➡大量破壊兵器

つうじょう-ゆうびんぶつ【通常郵便物】郵便物で書留や速達などの特殊取扱いをしないもの。第一種から第四種までの区別がある。平成19年(2007)の郵政民営化後は「郵便物」と呼ぶ。

つうしょ-かいご【通所介護】▶デイサービス

ツー-ショット〘two-shot〙❶映画やテレビドラマで男女の俳優が二人でいる場面。❷男女が二人で写っている写真。また、転じて男女が二人だけでいること。❸有料電話サービス、ダイヤルQ^2の一種。複数の人間が同時に話せる「パーティーライン」に対して一対一で話をするサービス。互いに見知らぬ男女の会話をつなぐものが多い。(補説)❷は日本語での用法。

つうしょ-リハビリテーション【通所リハビリテーション】▶デイケア

つう-じる【通じる】〘動ザ上一〙「つうずる」(サ変)の上一段化。「電話が一・じる」(類語)通る・通う・通す

つう-しん【通信】〘名〙スル ❶手紙などで自分の意思やようすなどを他人に伝えること。また、そのたより。しらせ。「一文」❷郵便・電信・電話などによって情報を伝達すること。「無線で漁船と一する」
(類語)連絡・通知・伝達・告知・一報・音信(いんしん)・音信(おんしん)・消息・コンタクト・案内・知らせ・通告・通達・通牒(つうちょう)

つう-しん【痛心】心を痛め悩ますこと。心痛。「孝心深きお浜は一方ならず一をせしが」〈露伴・風流魔〉

つう-じん【通人】❶ある事柄、特に趣味的なことに精通している人。「角界の一」❷人情の機微、特に男女間のことに深い思いやりのある人。❸花柳界の事情に通じている人。粋人(すいじん)。(類語)粋人・訳知り

つうしん-いん【通信員】新聞社・雑誌社・通信社などから派遣または委嘱されて各地の情報を本社へ知らせる人。

つうしん-えいせい【通信衛星】マイクロ波による長距離電波通信の中継局の役割を果たす人工衛星。コミュニケーション-サテライト。CS。

つうしん-からオケ【通信空オケ】《Karaoke on demand》カラオケの一。ADSL、CATV、光通信、電話回線などを通じて楽曲データを配信する方式のこと。カラオケボックスなどで利用される業務用のほか、パソコンや携帯電話を使った個人向けサービスもある。

つうしん-きかん【通信機関】郵便・電信・電話などの通信を取り扱う組織。

つうしん-きやく【通信規約】▶プロトコル

つうしん-キャリア【通信キャリア】▶コモンキャリア

つうしん-きょういく【通信教育】通学して教育を受けられない者に対して、郵便・テレビ・ラジオなどの通信手段によって一定の教育課程を履修させる教育。学校教育法に基づき大学・高校が行う学校通信教育と、社会教育法に基づき公益法人などが行う社会通信教育とがある。

つうしん-こうがく【通信工学】電気信号によって音声や画像を伝達する技術を研究する学問。

つうしん-じぎょう【通信事業】❶郵便・電信・電話などの通信を取り扱う事業。❷新聞社・雑誌社・放送局などに対して、報道の材料を取材・提供する事業。

つうしん-しゃ【通信社】ニュースを取材し、新聞社・放送局・雑誌社などに提供する会社。米国のAPやUPI、英国のロイター、フランスのAFP、ロシアのイタルタス、中国の新華社、日本の共同通信社など。

つうしん-せいぎょそうち【通信制御装置】コンピューターの中央処理装置とデータ伝送系とを接続する装置。CCU。

つうしん-そくど【通信速度】コンピューターネットワークや無線通信における、単位時間当たりのデータの送受信量。単位には、一般的にbps(ビット毎秒)が用いられる。伝送速度。回線速度。

つうしん-てじゅん【通信手順】▶プロトコル

つうしん-とう【通信筒】飛行機などから通信文を入れて地上へ投下するのに使う円筒。

つうしん-の-ひみつ【通信の秘密】信書・電話・電信などによる通信が当事者以外には知られないこと。日本国憲法は、これを侵してはならないと規定している。信書の秘密。

つうしん-はんばい【通信販売】消費者にカタログ・テレビ・ウェブサイトなどを通じて商品を宣伝し、通信による注文を受け、郵便や宅配便でその商品を配送する販売方式。通販。

つうしん-プロトコル【通信プロトコル】《Communication Protocol》▶プロトコル

つうしん-ぼ【通信簿】学校における児童・生徒の学業成績・行動状況・健康状態、およびそれらに対す

る所見を記入し、家庭に通知するための書類。通知簿。通知表。

つうしんぼうじゅ-ほう【通信傍受法】ツウシンバウジュハフ《「犯罪捜査のための通信傍受に関する法律」の通称》組織的な殺人、銃器や薬物の取引などの捜査において、捜査機関が犯人間など犯罪にかかわる通信の傍受を必要とする場合の要件、手続きなどを定める。平成12年(2000)8月施行。盗聴法。

つうしんほうそう-いいんかい【通信・放送委員会】ツウシンハウソウヰヰンクワイ ▶日本版FCC

つうしん-もう【通信網】ーマウ 通信社・新聞社・放送局などがニュースを集めるため、各地に設けている通信組織。

つうしん-りれき【通信履歴】電子メールや携帯電話、ビデオチャットなどの、通信先・発信元・通信日時などの記録。通信のログ。

つう-す【▽都▽寺・▽都守】《唐音。「都監寺(つかんす)」の略》禅宗寺院で、監寺の上にあって、寺の一切の事務を監督する役職。六知事の一。都管(つかん)。つす。

つう-ず【通▽途・通▽塗】ーヅ ありふれていること。どこにでもあること。「並や一の者ならばそうはいかぬがち」〈二葉亭・浮雲〉

つう-すい【通水】[名]スル 水路や管などに水を通すこと。また、その水。「水路に一する」

ツー-ステップ〖two-step〗❶二つの段階。物事の進行上に二つの段階があること。❷社交ダンスで、二歩を一節に踊るステップ。また、その踊り方。シャッセ。

ツーステップ-ローン〖two-step loan〗貸し付け相手国の開発金融機関を通じた二段階借款のこと。

ツースピンドル-ノート《2-spindle notebook PCから》外部記憶装置として、ハードディスクと一つのディスクドライブを搭載したノートパソコン。ディスクドライブはふつう光学ドライブを指すが、フロッピーディスクドライブも含まれる。名称は、円盤状の記憶媒体(スピンドル)を2基搭載することから。➡ゼロスピンドルノート ➡ワンスピンドルノート ➡スリースピンドルノート

ツース-マニキュア〖tooth manicure〗歯のマニキュアのこと。歯を白く見せたりつやを与えるために使う。主に芸能人に使われる。

つう・ずる【通ずる】[動サ変][文]つう・ず[サ変]❶道筋が他とつながる。また、道筋をつける。㋐道路などがある所まで達する。また、交通機関が通る。「国道へ一・ずる道」「駅までバスが一・ずる」㋑何かを伝って到達する。また、届かせる。「電話が一・ずる」「電流を一・ずる」㋒大小便が出る。「厠で恐しく一・じたり吐いたりしたが」〈滝井・無限抱擁〉❷意志やものの意味などが相手に伝わる。また、伝える。「冗談が一・じない」「気脈を一・ずる」❸ある物事の詳しい知識をもつ。精通する。「内情に一・ずる」❹広く行き渡る。広い方面に通用する。「あだ名で一・ずる」「現代にも一・ずる問題」❺相手とつながりをもつ。また、つながりをつける。㋐ひそかに敵方と連絡する。内通する。「敵に一・ずる」㋑異性と関係をもつ。「人妻と一・ずる」「情を一・ずる」❻(「…を通じて」の形で)㋐全体に及ぼす。包括する。「一年を一・じて暖かい」「全国を一・じて流行する」㋑媒介とする。「友人を一・じて知り合う」「テレビを一・じて訴える」[類語](❶)通う・共通・通有・普遍・同一・一律・一つ・類似・相似・酷似・近似・似たり寄ったり・類縁・髣髴(ほうふつ)・通底する・軌(き)を一(いつ)にする/(❷)伝える・知らせる・報ずる・告げる・言い送る・申し送る・達する・伝達する・通知する・連絡する・通告する・通達する・下達する・令達する・口達する・コミュニケートする・取り次ぐ・伝言する・宣する・知らす

つう-せい【通性】世間一般や同じ種類に認められる共通の性質。通有性。「日本人の一」

つう-せき【痛惜】[名]スル ひどく悲しみ惜しむこと。「友の夭折(ようせつ)を一する」

つう-せつ【通説】❶世間一般に通用している説。「一に従う」❷全体にわたる解説。「王朝文学一」❸深く考え抜かれ真理に到達した説。通達した説。

つう-せつ【痛切】[名・形動]身にしみて強く感じること。また、そのさま。「必要性を一に感じる」「一な思慕の念」[派生]つうせつさ[名][類語]切実・深刻

つう-せん【通船】[名]スル 河川や海峡などを船が往来すること。また、その船。かよいぶね。「港内一危険につき」〈葉山・海に生くる人々〉

つう-そ【痛×楚】ひどく痛み苦しむこと。「困難一の事に当り」〈中村訳・自由之理〉

つうそう-ていおん【通奏低音】❶《(伊)basso continuo;(独)Generalbaß》バロック音楽の演奏で、チェンバロなどの奏者が低音旋律と和音を示す数字に基づいて即興的に和音を補いながら伴奏部を弾くこと。また、その低音部。数字付き低音。❷常に底流としてある、考えや主張のたとえ。「平和への願いがこの本の一となっている」

つう-そく【通則】❶世間一般に通用するきまり。「人間社会の一」❷法規などで、全体にわたる規則。総則。[類語]規則・決まり・定め・規定・規程・条規・定則・規約・約束・規準・規矩準縄(きくじゅんじょう)・規律・ルール・コード・本則・総則・細則・付則・概則・おきて

つう-そく【通塞】❶通じることとふさがること。❷前途が開けることと閉ざされること。幸と不幸。「政(まつりごと)の可否にしたがひて御運の一あるべし」〈神皇正統記・後嵯峨〉

つう-ぞく【通俗】[名・形動]❶世間一般の人々にわかりやすく親しみやすいこと。一般向きであること。また、そのさま。「一な言葉で話す」「一に堕する」「一文学」❷世間なみ。世間一般。❸世間の一般的風習。一般の風俗。世俗。「万国の一」
[類語]低俗・俗悪・卑俗・野卑・下劣・俗・俗っぽい・くだらない・げす

つうぞく-か【通俗化】ークワ[名]スル ❶世間一般にわかりやすいようにすること。「理論を一する」❷俗っぽくなること。俗化。「一した観光地」

つうぞくかんそぐんだん【通俗漢楚軍談】江戸中期の読本(よみほん)。明代の「西漢通俗演義」の翻訳。15巻。7巻まで夢梅軒章峰、8巻から称好軒徽庵(きあん)訳。元禄8年(1695)刊。漢の劉邦と楚の項羽とを主人公に、その時代の史実を簡明な読み下し文で述べたもの。中国種の軍談物の先駆。

つうぞく-きょういく【通俗教育】ーケウイク わかりやすい方法で行われる、一般国民に対する教育。官製用語としては、明治から大正中期にかけて用いられ、以後、社会教育と改められた。

つうぞくさんごくし【通俗三国志】江戸中期の読本(よみほん)。「三国志演義」の翻訳。50巻。湖南文山訳。元禄2〜5年(1689〜1692)刊。後漢末の中国の大乱を舞台に、群雄蜂起のありさまを描く。

つうぞく-しょうせつ【通俗小説】ーセウセツ 芸術的価値に重点を置かず、一般大衆の好みに応じて書かれた娯楽性の高い小説。

つうぞく-てき【通俗的】[形動]世間一般で好まれるさま。俗受けのするさま。「一な読物」

つうぞく-ぶん【通俗文】❶世間一般の人々にわかりやすい文章や文体。「古来の文章法を破って平易なる一を用うる事なり」〈福沢・福翁自伝〉❷手紙を書くときに用いる文体。書簡文。

つう-だ【痛打】[名]スル ❶相手に精神的、肉体的に痛手となる打撃を与えること。また、その打撃。「相手の弱点を一する」❷野球で、鋭い一打を放つこと。また、その打撃。「救援投手が一を浴びる」

つう-だい【通題】俳諧で、一座の者が同一の題で句を詠むこと。また、その題。とおりだい。

ツー-ダウン《和 two＋down》▶ツーアウト

つう-たつ【通達】[名]スル《「つうだつ」とも》❶告げ知らせること。特に、行政官庁がその所掌事務について、所管の機関や職員に文書で通知すること。また、その文書。古くは通牒(つうちょう)。「一を出す」「厚生労働省一」❷ある物事に深く通じること。「ドイツ語に一する」❸すみずみまで通じること。また、とどこおりなく通じること。「事々物々微細緻密の極にまで一する有様は」〈福沢・文明論之概略〉➡通知[用法]
[類語]知らせ・通知・案内・通告・通牒(つうちょう)・報・告知・連絡・インフォメーション・伝える・知らせる・報ずる・告げる・言い送る・申し送る・達する・伝達・下達・令達・口達・通ずる・コミュニケート・取り次ぐ・伝言する・宣する・知らす・触れる・話す

つうだつ-ぼく【通脱木】カミヤツデのこと。

つう-たん【痛嘆・痛×歎】[名]スル ひどく嘆き悲しむこと。痛切な嘆き。「フロレンスの死別を一し」〈織田訳・花柳春話〉[類語]嘆く・悲しむ・愁える・託(かこ)つ・嘆(たん)ずる・悲嘆・愁嘆・嗟嘆(さたん)・嘆息・長嘆

ツー-ダン《和 two＋down》▶ツーアウト

つう-ち【通知】[名]スル 告げ知らせること。また、その知らせ。「総会の日時を一する」
[用法]通知・通告・通達——「入学許可の通知が届く」「クラス会の通知を出す」などの「通知」を「通告」「通達」に置き換えることはできない。「通知」は主に公私(こうし)の立場からの知らせを言うが、「退院が決まったら御通知下さい」のように個人が知らせるときにも用いられる。◆「通告」は公から個人または他の団体に対して、何かをさせることを目的に行われる知らせ。「納税期限を通告する」「国交の断絶を通告する」など。「通知」より一方的・命令的意味合いが強い。◆「通達」は行政官庁が所轄(しょかつ)の諸機関などに対して出す指示、ないし上部から下部組織に向けて出される知らせである。「本省からの通達」「社長通達」のように用いる。
[類語]知らせ・案内・通告・通達・通牒(つうちょう)・報・伝える・連絡・告知・インフォメーション・知らせる・報ずる・告げる・言い送る・申し送る・達する・伝達・下達・令達・口達・通ずる・コミュニケートする・取り次ぐ・伝言する・宣する・知らす・触れる・話す

つうち-ぎむ【通知義務】保険契約者または被保険者が、保険契約の締結後に契約内容に変更が生じた場合、保険者にその事実を告げなければならない義務。➡告知義務

つうち-ひょう【通知表】ーヘウ ▶通信簿

つうち-ぼ【通知簿】▶通信簿

つう-ちょう【通帳】ーチャウ 預貯金や掛け売り・掛け買いなどの年月日・金額・数量などを記入しておく帳面。かよいちょう。

つう-ちょう【通×牒】ーテフ[名]スル ❶書面で通知すること。また、その書面。❷「通達❶」の旧称。❸国際法上、国家の一方的意思表示を内容とする文書。「最後一をつきつける」[類語]知らせ・通知・案内・通告・通達・報・連絡・告知・インフォメーション

つうち-よきん【通知預金】預け入れ後7日間の据置期間を必要とし、2日前までに解約日を銀行に通知しなければならない預金。最低預金額が決められており、金利は普通預金より高い。

つう-つう [一][名・形動]❶意志や気心などが互いによく通じ合っていること。また、そのさま。つうかあ。「彼とは一の仲だ」❷情報などが筒抜けになっていること。また、そのさま。「話が他社に一になる」[二][副]物事がさまたげられることなく、どんどん進行するさま。「車が一通りぬける」

つう-てい【通底】[名]スル ある事柄や思想などがその基本的なところで他と共通性を有すること。「現代の風俗に一する志向」[類語]共通・通有・普遍・同一・一律・一つ・類似・相似・酷似・近似・似たり寄ったり・類縁・髣髴(ほうふつ)・通ずる・通う・軌(き)を一(いつ)にする

つう-てつ【通徹】[名]スル ❶貫き通すこと。また、貫き通ること。「脚色は周到にして通篇の脈絡は一するとも」〈逍遥・小説神髄〉❷明らかにさとること。「恭順做(な)す所を一致させ度(た)きとの事」〈染崎延房・近世紀聞〉

つう-てん【通天】[一]❶天に届くこと。また、それほど高いこと。「太平の空気を、一に呼吸して憚らない」〈漱石・三四郎〉❷カエデの一種。京都の東福寺にある通天橋付近のものが有名なところからの称。❸江戸時代の歌舞伎劇場で、橋懸かりの上部に設けられた張り出しの2階桟敷。[二]「通天橋」の略。

つう-てん【通典】[一]すべての場合に通じる法則。[二]▶つてん(通典)

つう-てん【痛点】痛みを感じる感覚点。全身に分

布している。

つう-でん【通電】〔名〕スル 電流を通すこと。

つうてん-かく【通天閣】大阪市浪速区の歓楽街、新世界の中心にある展望塔。大正元年(1912)パリのエッフェル塔に倣って造られたが、第二次大戦中に撤去され、昭和31年(1956)再建。高さ103メートル。

つうてん-きょう【通天橋】ケウ 京都市東山区の東福寺境内にある橋。本堂と開山堂とをつなぐ歩廊の一部。洗玉澗せんぎょくかんという渓流に架かる。紅葉の名所。

ツー-テン-ジャック〖two-ten-jack〗トランプゲームの一。集めたカードの合計点数で勝負を競うもの。切り札の2・10・ジャックが最高点となるので、この名がある。

つう-と〔副〕物事が音も立てずに滑らかに進んでいくさま。つうっと。つっと。「つい―立って去いにやるものを」〈逍遥・桐一葉〉

つう-どう【通洞】鉱山の坑口をもつ水平坑道のうち、最も主要な運搬坑道。

つうどう-そしき【通導組織｜通道組織】ツウダウ― 維管束植物で、水分・養分などの通路となる組織。道管・仮道管・篩管しかんのこと。

ツー-トーン〖two-tone〗《「ツートン」とも》「ツートーンカラー」の略。

ツートーン-カラー《和 two-tone＋color》異なる系統の2色、または同系統の濃淡2色を並べた配色。ツートンカラー。「―の車体」〈補説〉英語ではtwo-toneだけで「ツートーンカラーの」という意味。

つう-どく【通読】〔名〕スル 始めから終わりまで読み通すこと。また、ひととおり目を通すこと。「会議の前に資料を―する」〈類語〉一読

つうど-じ【通度寺】韓国、慶尚南道梁山郡にある寺。山号は霊鷲山。朝鮮三大寺の一。646年、新羅しらぎの慈蔵が創建。1592年、文禄の役で堂舎が焼失したが、のち復興。トンドサ。

ツー-トップ〖two top〗サッカーで、最前線にフォワードを二人配置するフォーメーション。

ツーナ〖スペイン tuna〗►カクタスペア

つう-にょう【通尿】―ネウ 小便の通じをよくすること。利尿。

つう-ねん【通年】一年間を通して数えること。また、一年じゅう行うこと。「―の入場者数」「―営業」

つう-ねん【通念】世間一般に共通して認められている考え。「社会―」
〈類語〉思潮・主潮・定評・相場・通り相場・常識・良識・思慮・分別ふんべつ・知識・教養・心得こころえ・コモンセンス

つうねん-ぎかい【通年議会】―ギクワイ 地方議会で、定例会の会期を1年として閉会期間をなくし、必要に応じて本会議・委員会を開けるようにする制度。

つう-ば【痛罵】〔名〕スル 手ひどくののしること。痛烈に非難すること。「―を浴びせる」「失態を―する」
〈類語〉罵倒・面罵・嘲罵ちょうば・冷罵・漫罵・悪罵・面詰・毒突く

ツーパーティー-システム〖two-party system〗二大政党制。

ツーパイ【字牌】《中国語》マージャンで、東・南・西・北の四風牌スーフォンパイと白板パイパン・緑発リューファ・紅中ホンチュンの三元牌の総称。

ツー-バイ-シックス〖two-by-six〗木造住宅の枠組壁工法(ツーバイフォー工法)に用いる断面2インチ×6インチの木材のこと。

ツーバイフォー-こうほう【ツーバイフォー工法】―コウハフ《two-by-four method》米国で19世紀後期に開発された木造住宅工法。主として2インチ×4インチ(約5センチ×約10センチ)の角材を釘くぎで接合して骨組みを作り、内外を板張りにして壁下地とする。枠組み壁工法。

ツーバイフォー-わりびき【ツーバイフォー割引】火災保険の契約に際し、保険対象建物がツーバイフォー工法により建てられたものである場合に適用される保険料の割引。2×4割引。

つう-はん【通判】中国の官名。宋代に創設された地方官で、藩鎮の力を抑えることを目的とし、郡・州に派遣されて地方行政の監督に当たった。明・清代には州の財政をつかさどった。

つう-はん【通販】「通信販売」の略。

ツー-ピース〖two-piece〗二つの部分からなること。特に、上着とスカートが分かれてひと組みになった服の総称。
〈類語〉セパレーツ・スーツ・アンサンブル

ツーピース-ボール〖two-piece ball〗ゴルフボールで、単一の素材でできた芯に合成ゴムの表皮をかぶせた、二重構造のもの。⇨糸巻きボール

つう-ひょう【通票】―ペウ ►タブレット

つう-ふう【通風】〔名〕スル 風を通すこと。空気の流通をよくして新鮮な空気を通わせること。かぜとおし。「―のよい部屋」「―口」

つう-ふう【痛風】体内で核酸の代謝産物である尿酸がたまり、関節や腎臓じんぞうに沈着する病気。初めは親指に起こることが多く、激痛があり、放置すると腎不全になる。40歳以後の男性に多い。痛風腎。

つうふう-き【通風機】坑内や室内に新鮮な空気を送り込む機械。ベンチレーター。

つうふう-とう【通風筒】室内や坑内などの換気のために設ける風の通路となる装置。

ツー-プラス-ツー〖Two plus Two〗「日米安全保障協議委員会(SCC)」の通称。

ツー-プラトーン-システム〖two-platoon system〗野球のチーム編成法で、特徴の異なるナインを二組用意しておき、相手や戦法に応じて使い分ける方式。例えば、右投手に左打線を組むなど。

つう-ぶ・る【通ぶる】〔動ラ五(四)〕通らしいふりをする。通人ぶる。通がる。「―・った口をきく」

ツーブロック-カット《和 two＋block＋cut》おかっぱ頭の下半分をバリカンで刈り上げて、上半分をそのまま残した髪形。

つう-ふん【痛憤】〔名〕スル 大いに憤慨すること。「軽薄な世情に―する」〈類語〉怒り・腹立ち・憤り・怒気・瞋恚しんい・憤怒ふんぬ・憤怒ふんど・憤懣ふんまん・鬱憤うっぷん・義憤・悲憤・憤激・憤慨ふんがい・立腹・激怒・癇癪かんしゃく・逆鱗げきりん

つう-ぶん【通分】〔名〕スル 分母が異なる二つ以上の分数を、大きさは変えないで、それぞれ共通な分母の分数に直すこと。約分や倍分を用いる。

ツー-ペア〖two pair〗トランプのポーカーの役の一つで、2枚の同じ数の札が二組みそろったもの。

つう-へい【通弊】一般に共通してみられる弊害。「社会の―を排除する」

ツーベース-ヒット〖two-base hit〗二塁打。

つう-へき【通癖】一般に共通してみられるくせ。大体の傾向。

つう-べん【通弁｜通×辯】〔名〕スル「通訳」の古い言い方。「座興に化物を出して見すべしとの事なりと―すれば亭主興に入りて」〈紅葉・二人むく助〉

つう-ほう【通宝】《世間に通用する宝の意》広く一般に流通する貨幣。貨幣の表面に「寛永通宝」のように鋳込んだ。

つう-ほう【通法】―パフ ❶一般に通じる法規や法則。❷二つ以上の単位で表された数量を一つの単位で表すこと。1分30秒を90秒に直す類。

つう-ほう【通報】〔名〕スル 情報・ニュースなどを告げ知らせること。また、その知らせ。「警察に―する」「気象―」

つう-ぼう【通謀】〔名〕スル 相手方とあらかじめ示し合わせて事をたくらむこと。共謀。「―して虚偽の申し立てをする」

つう-ぼう【痛棒】❶座禅のときに、師が心の定まらない者を打ちこらすのに用いる棒。警策きょうさく。❷手ひどい叱責しっせき。また、痛烈な打撃。「己れの肉体に―を喫したことはないが」〈谷崎・春琴抄〉

痛棒を食らわ・す 手ひどくしかってこらしめる。「悪徳商法に―・す」

つう-めい【通名】(戸籍上の名前・本名などに対し)世間に通じる名前・名称。通称。通り名。

ツーモー【自摸】《中国語》マージャンで、順次に卓上に積んである牌パイをとってくること。また、そのとってきた牌で上がること。

つう-や【通夜】❶夜どおし。一晩じゅう。「―の宴」「―運行」❷►つや(通夜)

つう-やく【通約】►約分やくぶん

つう-やく【通訳】〔名〕スル 異なる言語を話す人の間に立って、双方の言葉を翻訳してそれぞれの相手方に伝えること。また、その人。「ドイツ語を―する」「同時―」〈類語〉通事・通弁

つう-ゆう【通有】―イウ〔名・形動〕同類のものに共通して備わっていること。また、そのさま。「若者に―な(の)性癖」〈類語〉共通・普遍・同一・一律・一つ・類似・相似・酷似・近似・似たり寄ったり・類縁・髣髴ほうふつ・通ずる・通う・通底・軌きを一いつにする

つうゆう-せい【通有性】ツウイウ― 同類のものに共通して備わっている性質。

つう-よう【通用】〔名〕スル ❶ある期間・範囲内で、自由に使えること。「全館に―する優待券」「スペイン語の―する国々」❷広く世間に認められていること。「世界に―する新技術」「その実力ではプロでは―しない」❸ふだんの出入りに使用すること。「―の出入り口」「家毎に穴をあけておいて―する」〈滑・浮世風呂・四〉❹心をかよわせること。「よそ目には勅勘の者とてはばかる様なれ共、内心は皆―せり」〈盛衰記・一九〉〈類語〉使用・利用・運用・活用・所用・盗用・悪用・転用・流用・愛用・引用・援用・応用・逆用・供用

つう-よう【痛×痒｜痛×癢】―ヤウ 精神的、肉体的な苦痛や、物質的な損害。さしさわり。「此遅刻は、何等の―を彼に与えるに足りなかった」〈漱石・明暗〉
〈類語〉激痛・鈍痛・疼痛とうつう

痛痒を感じ◦ない なんの影響も利害も感ぜず、全く平気である。痛くもかゆくもない。「欠員が出てもなんら―◦ない」

つうよう-おん【通用音】►慣用音

つうよう-きかん【通用期間】証明書・切符・入場券などの有効期間。

つうよう-きん【通用金】世間に通用している貨幣。

つうよう-ぐち【通用口】玄関とは別に、ふだんの出入りに使う戸口。勝手口。

つうよう-もん【通用門】正門とは別に、ふだんの出入りに使う門。

ツーラ〖Tula〗《「トゥーラ」とも》ロシア連邦西部、ツーラ州の州都。首都モスクワの南約170キロメートル、オカ川の支流ウパ川沿いに位置する。16世紀にタタール人に対するモスクワ防衛のためのクレムリン(城塞)が築かれた。18世紀初めピョートル1世により兵器工場が置かれ、第二次大戦中も軍需工業の重要な拠点となり、現在も同国有数の工業都市の一つ。近郊にはトルストイの生地として有名なヤースナヤポリャーナがある。人口、行政区50万(2000)。

つう-らん【通覧】〔名〕スル 全体にわたってひととおり目を通すこと。「各社の募集要項を―する」〈類語〉一覧

ツー-ラン❶《two-run homerから》野球で、一走者を塁において打ったホームラン。ツーランホームラン。❷野球で、一度に2点が入るプレー。「―スクイズ」

つう-りき【通力】仏語。禅定ぜんじょうなどによって得られる、何事も自由自在にできる超人的な能力。神通力じんずうりき。神通力。

ツーリスト〖tourist〗旅行者。観光客。
〈類語〉旅行者・トラベラー

ツーリスト-クラス〖tourist class〗旅客機・客船などの座席・客室の等級で、下等のもの。エコノミークラス。

ツーリスト-ビューロー〖tourist bureau〗旅行案内所。また、観光案内所。

ツーリズム〖tourism〗観光事業。旅行業。また、観光旅行。

ツーリング〖touring〗《周遊する意》自転車やオートバイに乗って遠出をすること。〈類語〉サイクリング

ツーリング-カー〖touring car〗旅行に適した装備を持つ自動車。バンなどの実用車やスポーツカーに対して、一般の乗用車をいう。「国際―レース」

ツール〖tool〗❶工具。工作機械。道具。❷コンピューターを効率良く利用したり、アプリケーションソフト

の開発を支援したりするソフトウエアのこと。

ツール〖Toul〗フランス北東部の都市。モーゼル川とマルヌライン運河に沿い、町を囲む城壁が残る。トゥル。

ツール〖Tours〗フランス中西部、ロアール川中流域の商工業都市。農産物・ワインの集散地。ローマ時代からの都市で史跡が多い。バルザックの生地。トゥール。

ツールーズ〖Toulouse〗フランス西部の工業都市。アキテーヌ地方の中心都市で、ガロンヌ川に臨む。ヨーロッパの航空機工業の中心地。1229年創立の大学など歴史的建造物が多い。トゥールーズ。

ツール-グラインダー〖tool grinder〗刃物や工具を研削する工作機械用の砥石車。また、工具研削盤の俗称。

ツール-だいせいどう【ツール大聖堂】《Cathédrale Saint-Gatien de Tours》フランス中西部、アンドレ-エ-ロアール県の都市ツールにあるゴシック様式の大聖堂。13世紀から16世紀にかけて建造された。4世紀のツールの司教、聖マルタンの奇跡を描いたステンドグラスがある。サンガシアン大聖堂。

ツール-ド-フランス〖Tour de France〗自転車のロードレースの一。毎年7月に約3週間にわたってフランス全土とオランダ・ベルギーなどで行われる。計約3500キロメートルを区間ごとに争う。1903年から開催。ジロデイタリア・ブエルタアエスパーニャとともにグランツールと称される。➡マイヨジョンヌ

ツール-バー〖toolbar〗コンピューターの操作画面で、アプリケーションソフトの各ウインドー上部にあり、頻繁に使用する操作や命令のアイコンが並んでいる帯状の部分。アプリケーションによっては、ツールボックスと呼ぶ場合もある。

ツール-ボックス〖tool box〗►ツールバー

ツールホルダー〖toolholder〗工具、特に、切削工具を工作機械に固定する用具。バイトホルダー。

つう-れい【通例】❶その社会での一般のならわし。通常のやり方。「世間の―に従う」❷（副詞的に用いて）一般に。通常。「一月曜日を休館にする」
(類語)（❶）定例・慣例・恒例・慣行・一般・形・大抵・普通・例・習い・習わし・仕来り・常例／（❷）全般に・総じて・概して・多く・おしなべて・おおむね・大概・通常・一体に・総体・およそ・広く・遍く

つう-れつ【痛烈】〘名・形動〙働きかけなどが非常に激しいこと。手厳しいこと。また、そのさま。「―な打球」「―に批判する」(派生)つうれつさ〘名〙
(類語)手厳しい・辛辣・シビアー・冷厳・鋭い

ツーレット-シュル-ルー〖Tourrettes-sur-Loup〗フランス南東部、アルプ-マリチーム県の都市、バンスの近郊にある村。中世、異教徒からの攻撃を防ぐために、急峻な岩山や丘の上に城壁をめぐらして築いた「鷲の巣村」の一。スミレの産地として知られ、毎年3月にスミレ祭が催される。

つう-ろ【通路】❶出入りや通行のための道。とおりみち。❷道を行き来すること。「首に掛けたる―の割符」〈浄・会稽山〉❸交際すること。連絡をとりあうこと。「西国へ逐ひ下し、年来―を絶ちて候へば」〈読・弓張月・前〉(類語)道・通り・往来・道路・車道・街路・舗道・街道・往還・路上・ロード・ルート

つう-ろん【通論】❶世間一般に認められている意見。定論。「戦争反対は社会の―だ」❷全般にわたって論じたもの。「経済学―」
(類語)汎論・総論・概論・総説・概説・略説・各論

つう-ろん【痛論】〘名〙スル 手厳しく論じること。また、その議論。「教育行政の無定見を―する」
(類語)冷評・酷評・批判

ツーロン〖Toulon〗フランス南東部、地中海に面する港湾都市。同国最大の軍港・海軍基地。商港からはワインや食料品を輸出。トゥロン。

つう-わ【通話】❶〘名〙スル 電話で話をすること。「―内容を記録する」❷〘接尾〙助数詞。電話で話をするときの一定時間の長さを単位として、その回数を数えるのに用いる。「三―分の料金」(類語)送話

つうわ-ひょう【通話表】電話や無線通信で文字を伝えるときに聞き間違いを防ぐために使われる、各文字を示す単語の表。和文用・欧文用などがあり、欧文通話表はフォネティックコードともいう。

▷**和文通話表**
あ=朝日、**い**=いろは、**う**=上野、**え**=英語、**お**=大阪、**か**=為替、**き**=切手、**く**=クラブ、**け**=景色、**こ**=子供、**さ**=桜、**し**=新聞、**す**=雀、**せ**=世界、**そ**=算盤、**た**=煙草、**ち**=千鳥、**つ**=鶴亀、**て**=手紙、**と**=東京、**な**=名古屋、**に**=日本、**ぬ**=沼津、**ね**=鼠、**の**=野原、**は**=葉書、**ひ**=飛行機、**ふ**=富士山、**へ**=平和、**ほ**=保険、**ま**=マッチ、**み**=三笠、**む**=無線、**め**=明治、**も**=紅葉、**や**=大和、**ゆ**=弓矢、**よ**=吉野、**ら**=ラジオ、**り**=林檎、**る**=留守居（留水）、**れ**=蓮華、**ろ**=ローマ、**わ**=蕨、**ゐ**=井戸、**ゑ**=（かぎのあるゑ）、**を**=尾張、**ん**=（おしまいのん）
欧文通話表
A=Alfa, B=Bravo, C=Charlie, D=Delta, E=Echo, F=Foxtrot, G=Golf, H=Hotel, I=India, J=Juliet, K=Kilo, L=Lima, M=Mike, N=November, O=Oscar, P=Papa, Q=Quebec, R=Romeo, S=Sierra, T=Tango, U=Uniform, V=Victor, W=Whiskey, X=X-Ray, Y=Yankee, Z=Zulu

つえ【×杖】❶歩行の助けとして手に持つ竹や木などの棒。「―をつく」❷頼りとするもの。「長兄を―と頼む」❸古代、杖罪の罪人を打つ刑具。長さ約1メートルの竹。❹古代の長さの単位。後世の約1丈（約3メートル）に近い。❺中世の田積の単位。1段の5分の1、すなわち72歩。じょう。
(下接語)藜の杖・鳩の杖（づえ）息杖・卯杖・鹿杖・粥杖・金剛杖・探り杖・仕込み杖・尺杖・撞木杖・側杖・面杖・人杖・方杖・頬杖・松葉杖・弓杖
(類語)ステッキ・松葉杖
杖とも柱とも　非常に頼りにすることのたとえ。
杖に縋るとも人に縋るな　安易に人の助けをあてにするなという戒め。
杖に突・く　それを杖にして寄りかかる。「背の高い竹台の洋燈を、―・く形に持って」〈鏡花・婦系図〉
杖の下から回る子　杖を振り上げても逃げようとしないで、その下からすがりついてくる子供。自分を慕ってくるものには残酷な仕打ちはできないことをいうたとえ。杖の下に回る犬は打てない。
杖ほどかかる子は無い　杖のように頼りになる子はいない。わが子といっても、本当に頼りがいのある子はなかなかいないことをいう。
杖も孫ほどかかる　年をとると、孫を頼りにするように杖を頼みにする。
杖を曳・く　杖を手にして歩く。散歩する。また、旅行する。「近隣の公園に―・く」「その跡見んと雲岸寺に―・けば」〈奥の細道〉

ツェー〖ドイツ C｜c〗音楽で音名の一。ハ音。シー。

ツェー-エス-ウー〖CSU〗《ドイツ Christlich-Soziale Union》►キリスト教社会同盟

ツェーシス〖Cēsis〗ラトビア、ビゼメ地方の町。ドイツ語名ベンデン。9世紀頃から交易の要所になり、首都リガに次ぐ古い歴史をもつ。13世紀初めにリボニア騎士団がツェーシス城を建造、続いてハンザ同盟に加わり発展した。騎士団の城のほか、13世紀に建てられたゴシック様式の聖ヤーニャ教会、現在ツェーシス歴史芸術博物館になっているツェーシス領主の館が有名。ツェースィス。チェーシス。

ツェーシス-じょう【ツェーシス城】《Cēsu viduslaiku pils》ラトビア、ビゼメ地方の町ツェーシスにある城。ドイツ語名ベンデン城。13世紀初めにリボニア騎士団の軍事拠点として建造。以降、16世紀半ばまで騎士団の居城となった。北方戦争の際、帝政ロシア軍により破壊されたが、18世紀にツェーシス領主により新しい居館が建てられ、第二次大戦後にツェーシス歴史芸術博物館になった。

ツェータ〖Z｜ζ｜zeta〗►ゼータ

ツェー-デー-ウー〖CDU〗《ドイツ Christlich-Demokratische Union》►キリスト教民主同盟

つえたて-おんせん【杖立温泉】熊本県最北部、阿蘇郡小国町にある温泉。泉質は塩化物泉。

つえたて-でんせつ【×杖立て伝説】高僧・英雄などが旅先で土にさした杖がやがて根づいて大木になったなどの由来・奇跡を物語る伝説。

つえ-たらず【×杖足らず】〘枕〙1丈の長さに足りない意から、「八尺」にかかる。「―八尺の嘆き嘆けども」〈万・三三四四〉

つえ-ぢょうちん【×杖▽提▽灯】杖のような長い柄のついた提灯。「小者の風情に丸袖をかざし、―を提げて行く時もあり」〈浮・男色大鑑・一〉

ツェツィィリエンホーフ-きゅうでん【ツェツィィリエンホーフ宮殿】《Schloß Cecilienhof》ドイツ北東部、ブランデンブルク州の州都、ポツダムにある宮殿。ホーエンツォレルン家の皇太子だったウィルヘルム2世のために、1917年に建造された。第二次大戦末期、ポツダム会談が開かれたことで知られる。サンスーシ宮殿やシャルロッテンブルク宮殿とともに、「ポツダムとベルリンの宮殿群と公園群」として世界遺産（文化遺産）に登録されている。ツェツィーリエンホーフ宮殿。チェチリエンホーフ宮殿。

ツェツェ-ばえ【ツェツェ×蠅】《ツェツェ（tsetse）はバンツー諸語に由来》双翅目ツェツェバエ科の昆虫の総称。アフリカに分布する吸血性のハエで、約20種が知られ、体はいずれも淡褐色。卵胎生。トリパノソーマによる嗜眠性脳炎や牛馬のナガナ病を媒介する。

つえ-つき【×杖突き】❶杖をつくこと。また、その人。「―姿の老翁」❷鎧の背の受筒に差した目じるしの小旗または飾り物。❸江戸幕府で、土地の測量に当たった役人。

つえつき-ざか【杖突坂】三重県四日市市采女町と鈴鹿市石薬師町との間にある坂。日本武尊が伊吹山の荒神を討伐しての帰途、疲れ果てて杖を突いて歩いた所と伝える。

つえつき-とうげ【杖突峠】長野県中央部、諏訪盆地と伊那谷とを結ぶ峠。標高1274メートル。近世まで諏訪・甲府方面と東海地方を結ぶ重要な交通路であった。傾斜が急で、杖を突いて登ったところからの名という。

つえつき-むし【×杖突虫】シャクガの幼虫。尺取虫。《季 夏》

ツェット-デー-エフ〖ZDF〗《ドイツ Zweites Deutsches Fernsehen》►ドイツ第二テレビ

ツェッペリン〖Ferdinand von Zeppelin〗［1838～1917］ドイツの軍人・発明家。陸軍中尉を退役し、硬式飛行船の建造に成功。

ツェッペリン〖Zeppelin〗「ツェッペリン飛行船」の略。

ツェッペリン-ひこうせん【ツェッペリン飛行船】ツェッペリンが1900年に建造した初の硬式飛行船。軽金属骨組の船体内に多数のガス嚢を収め、おおいを張ったもの。航空輸送に活躍。第一次大戦中は偵察・爆撃に使用。37年、ヒンデンブルク号の爆発事故でその使用は終わった。

ツェティニェ〖Cetinje〗モンテネグロ南部の都市。ロブチェン山の麓、標高680メートルの高地に位置する。15世紀、オスマン帝国の侵攻から逃れたツルノイェビッチ王朝のイバンが修道院を創設し、首都とした。以降、現在に至るまでモンテネグロの憲法上の首都であり、宗教的、文化的中心地。15世紀創設のツェティニェ修道院、モンテネグロ国王ニコラ1世の宮殿だったモンテネグロ国立博物館のほか、近代のモンテネグロ王国の名残で旧庁舎やヨーロッパ各国の旧在外公館などがある。

ツェティニェ-しゅうどういん【ツェティニェ修道院】《Cetinjski manastir》モンテネグロ南部の都市ツェティニェにある修道院。15世紀、オスマン帝国の侵攻から逃れたツルノイェビッチ王朝のイバンにより創設。オスマン帝国との戦争でたびたび破壊され、現在の修道院は18世紀初頭、ダニロ1世により建造。

ツェナー-こうか【ツェナー効果】pn接合の素

子に逆方向の電圧をかけても、ある電圧以上で電流だけが増加し、電圧はほぼ一定に保たれる現象。トンネル効果の一種であり、定電圧整流回路に必須のツェナーダイオードに利用されている。米国の物理学者C=ツェナーが発見。ジーナー効果。

ツェナー-ダイオード〖Zener diode〗逆方向の電圧を増加しても、ある電圧以上で電流だけが増加し、電圧はほぼ一定に保たれるという特性(ツェナー効果)を利用したpn接合ダイオード。定電圧を得るのに用いる。米国の物理学者C=ツェナーがこの現象を説明した。定電圧ダイオード。ジーナーダイオード。

つえ-はしら【×杖柱】つえと、はしら。最も頼りにするもののたとえ。「―と頼む」

ツェラーン〖Paul Celan〗[1920〜1970]ルーマニア出身のドイツ系ユダヤ人の詩人。第二次大戦中はナチスドイツによって強制収容所へ送られたが生きのび、戦後パリに居住、象徴主義・シュールレアリスムの影響を受けた。大胆で独自な隠喩で知られる。詩集「罌粟と記憶」所収の「死のフーガ」では強制収容所の体験を綴った。他に「誰でもないものの薔薇」「迫る光」など。ツェラン。

ツェリェ〖Celje〗スロベニア東部にある同国第3の都市。サビニャ川に沿う。古代ローマ皇帝クラウディウスの時代に町が築かれ、中世にはツェリェ伯領の中心地として栄えた。13世紀のツェリェ城、14世紀の聖ダニエル教会をはじめとする歴史的建造物が残る。

ツェリェ-じょう【ツェリェ城】《Celjski grad》スロベニア東部の都市ツェリェにある城。市街南東部の丘の上に建つ。もともとは城塞だったが、14世紀に同地を統治したツェリェ伯の居城になった。中世の城としては同国最大級の規模を誇る。

つ・える【▽潰える|▽熟える|▽費える】〔動ア下一〕図つ・ゆ〔ヤ下二〕❶熟しきってつぶれる。「鼻は朱に染みて西洋蕃椒の―・えたるに異らず」〈紅葉・金色夜叉〉❷くずれる。ついえる。「崖ガー・エタ」〈日葡〉❸使ってなくなる。消費する。「財ガー・ユル」〈日葡〉

ツェル-アム-ゼー〖Zell am See〗オーストリア、ザルツブルク州の町。ツェラー湖に面する観光保養地。スキーリゾートとしても知られる。標高1965メートルのシュミッテンヘーエ山の山頂を結ぶケーブルカーがある。

ツェルトザック〖ドイ Zeltsack〗登山用の、ポールのない軽量のテント。ツェルト。

ツェルマット〖Zermatt〗スイス南西部、アルプス山中の標高1620メートルにある町。マッターホルンなどの登山基地、観光・保養地として知られる。

ツェレ〖Celle〗ドイツ北部、ニーダーザクセン州の都市。リューネブルガーハイデの南端に位置する。旧市街の木組み造りの民家やリューネブルク公の居城など、歴史的建造物が数多く残り、「北ドイツの真珠」と称され観光客に人気がある。

ツォディロ〖Tsodilo〗ボツワナの北西部、ナミビアとの国境付近にある丘陵地帯。先住狩猟民サン族が描いた岩絵が多く見られる。カラハリ砂漠に囲まれた10キロメートル四方の地域に4500以上の岩絵が集中することから、「砂漠のルーブル」とも呼ばれる。2001年、世界遺産(文化遺産)に登録された。

ツォルフェラインたんこう-あと【ツォルフェライン炭鉱跡】《Zollverein》ドイツ西部、ノルトライン-ウェストファーレン州、ルール工業地帯の中心都市、エッセン北部にある炭鉱跡。19世紀半ばに採炭が始まり、20世紀初頭に最盛期を向かえ、1986年まで操業が続いた。1932年に建てられたバウハウス様式の採掘坑など貴重な産業遺産があり、2001年に「エッセンのツォルフェライン炭鉱業遺跡群」として世界遺産(文化遺産)に登録された。

ツォンカパ〖Tsoṅ-kha-pa〗[1357〜1419]チベット仏教の改革者で黄帽派の開祖。チベット北東のツォンカ生まれ。仏教の堕落をみて厳格な戒律主義を提唱、改革運動を起こした。著「菩提道次第」など。

つか【▽束】《「束ねる」「掴む」と同語源》❶梁の上や床下などに立てる短い柱。束柱。❷紙をたばねたものの厚み。また、製本したときの本の厚み。「―が出る」「―見本」❸古代の長さの単位。指4本分の幅を基本とする、矢の長さをいうときに、八束・十束などと用いる。❹古代、稲の量の単位。重さ1斤の稲を1把とし、10把を1束とした。

つか【▽柄|×欛】《「束」と同語源》❶刀剣などの、手で握る部分。❷筆の軸。ふでづか。(類語)柄・取っ手・握り・つまみ・把手・ノブ・グリップ・ハンドル

つか【塚|×冢】❶土の小高く盛り上がっている所。また、目印などのために土を高く盛り上げたもの。「一里―」「貝―」❷土を小高く盛って築いた墓。また、一般に墓。「無縁―」(類語)墓・墳墓・土饅頭

つが【×栂】マツ科の常緑高木。福島県以南の山地に自生。樹皮は縦に裂け、葉は短い針状で2列に並んで密生。4月ごろ、雄花と雌花とをつけ、球果は下を向く。材は建築やパルプに使われ、樹皮からタンニンをとる。つがまつ。とが。(補説)「栂」は国字。

つか-あな【塚穴】死体を埋葬する穴。墓穴。

つかい【使い|遣い】❶(使い)㋐人の用事を足すために、目的の場所へ行くこと。また、その人。「母親の―で出かける」「お―に行く」㋑身分の高い人などが、用事を持たせて差し向ける人。使者。「―を立てる」「国王の―」❷神仏の使者となる動物。つかわしめ。「稲荷大明神の―」❸(多く他の語と複合して用いる)㋐使うこと。また、使い方。「一心地」「無駄―」㋑普通の人では容易には扱えないものなどを、意のままに操ること。また、その人。「妖術―」❹召し使い。また、そばめ。「御―とおはしますべきかぐや姫の要じ給ふべきなりけり」〈竹取〉❺費用。「これを道の―にして…国元へ帰して給はれ」〈浮・男色大鑑・二〉(類語)使者・使節・特使・正使・密使・急使・全権大使・特命全権大使

(下接語)飯綱使い・神の使い・雁の使い・金遣い・銀遣い・剣術使い・鷹遣い・太刀遣い・手品遣い・手妻遣い・二刀遣い・人形遣い・蛇遣い・魔法使い・召し使い (づかい)足遣い・息遣い・上目遣い・面使い・音遣い・仮名遣い・金遣い・気遣い・心遣い・小使い・小遣い・言葉遣い・小間使い・声色遣い・声遣い・下目遣い・尻目遣い・銭遣い・空目遣い・手遣い・出遣い・走り使い・早使い・人使い・筆遣い・文遣い・無駄遣い・目遣い・文字遣い・指使い・横目遣い・両刀遣い

つがい【▽番い】《動詞「つがう」の連用形から》■〔名〕❶二つのものが組み合わさって一組みになること。また、そのもの。対。❷動物の雄と雌の一組み。また、夫婦。「文鳥を―で飼う」❸からだなどの各部のつなぎ目。関節。「肘の―を表から、膝頭で圧さえているらしい」〈漱石・三四郎〉❹機会。折。「剃りはてんとする―に、ふと立ち」〈咄・醒睡笑・一〉■〔接尾〕助数詞。組みになっているものを数えるのに用いる。「ひと―の鶏」(類語)コンビ・アベック・カップル・好一対・組み・夫婦・揃い・対・一対・一式・ペア・セット

つがい-あ・う【▽番い合う】〔動ワ五(ハ四)〕交尾する。「犬が―・う」

つかい-あるき【使い歩き】「使い走り」に同じ。

つかい-かた【使い方|遣い方】使う方法。使用法。「人の―」「金の―」

(類語)使い先・使途・使い道・用途・用

つかい-がって【使い勝手】使う立場からみた便利さ。使ったときのぐあい。「―のよい間取り」

つかい-がね【遣ひ金|遣ひ▽銀】「つかいぎん」に同じ。〈羅葡日辞書〉

つかい-からし【使い枯らし】よい部分を使ったあとの残り。使いかす。「―の水でございますし」〈小杉天外・初すがた〉

つかい-き・る【使い切る|遣い切る】〔動ラ五(四)〕あるだけ全部使ってしまう。使いはたす。「持ち時間を―・る」

つかい-ぎん【遣ひ銀】費用。特に、旅費。また、小遣い銭。つかいがね。つかいぜに。「願ふところの道連れ、荷物はわれら持つべし。幸ひ―はありあはす」〈浮・五人女・二〉

つがいけ-こうげん【栂池高原】長野県北西部、白馬岳東麓に広がる親の原を中心とした標高800メートル前後の高原。一帯は日本有数のスキー場として有名。高原上部にある高層湿原は「神の田圃」と呼ばれる。亜高山性植物の種類が多い。中部山岳国立公園の一部。

つかい-げす【使ひ下▽種】人に使われている身分の低い者。下男や、下女。「これは人の―、隙の時はつかはしける」〈浮・一代男・三〉

つかい-こな・す【使い▽熟す】〔動サ五(四)〕そのものの性能などが十分発揮できるよう、うまく使う。また、自分の思いどおりに使う。「道具を―・す」「数か国語を―・す」(類語)使い分ける

つかい-こみ【使い込み|遣い込み】❶自分のものでない金銭を私用に使うこと。横領。「公金の―がばれる」❷長期間使用すること。また、酷使すること。「―の激しい中古のカメラ」

つかい-こ・む【使い込む|遣い込む】〔動マ五(四)〕❶任されたり預かったりした金銭を自分のことに使う。横領する。「公金を―・む」❷予算以上の金を使う。「遊びに金を―・んで生活が苦しくなる」❸道具などを、すっかりなじむほど十分に、また長く使う。「よく―・んだ万年筆」(類語)(❷)無駄遣い・浪費・濫費・散財・空費・徒費・冗費・不経済

つかい-さき【使い先|遣い先】❶使いに出かけた先方の家や場所。「急用で―へ連絡する」❷金銭の使いみち。「―の不明な経費」

(類語)使途・使い道・使い方・用途・用

つかい-ざね【使ひ▽実|使ひ▽真】使者の中の主だった人。正使。「―とある人なれば、遠くも宿さず」〈伊勢・六九〉

つか-いし【▽束石】❶床束などの下に据える礎石。❷基壇の側面に置かれる短い柱状の石材。

つかい-しろ【使い代】箸の、指ではさんで持つところよりも先の部分。食べ物などをはさむ部分。➡持ち代

つかい-すて【使い捨て|遣い捨て】《「つかいずて」とも》使ったあと、修理・補給などをしないで捨ててしまうこと。また、そのように作られたもの。「―のライター」

つかいすて-パスワード【使い捨てパスワード】▶ワンタイムパスワード

つかい-ぜに【遣ひ銭】「遣い銀」に同じ。「永々の存京なれば―もないが」〈虎明狂・雁盗人〉

つかい-だて【使い立て】〔名〕スル ❶人に用事をしてもらうこと。「お―してすみません」❷使いの者を出すこと。「金子が無くばお七をば、くれるか有無の返事をと、無体至極の―」〈浄・八百屋お七〉

つかい-ちょう【遣ひ帳】金銭の支出などを記入する帳面。「太夫様入り帳、―」〈浮・諸艶大鑑・八〉

つかい-ちん【使い賃】使いの者に報酬として与える金銭。使いの駄賃。「小使は一度の―として二銭貰うことになっていた」〈鷗外・雁〉

つかい-て【使い手|遣い手】❶それを使う人。「長持ちするもしないも―しだいだ」❷それを巧みに使う人。達人。「二刀流の―」❸金づかいのあらい人。金銭をむやみに使う人。「諸方へ札を出し、もろもろの―どもを招かるるに」〈浮・禁短気・六〉

つかい-で【使い出|遣い出】使って感じられる量の多さ。十分に使えたと感じられるほどの分量。「大きいわりには―がない」

つか-いと【▽柄糸】刀の柄に巻く組糸。

つかい-どころ【使い所】そのものを使うのに適当な方面。適当な用途。「才能の―を誤る」

つがい-どり【▽番い鳥】雌雄がいつも一緒の鳥。

つかい-なら・す【使い慣らす|使い×馴らす】〔動サ五(四)〕いつも使って、物をその作業などになれさせる。「よく―・したグローブ」

つかい-な・れる【使い慣れる|使い×馴れる】〔動ラ下一〕図つかひな・る〔ラ下二〕長い間使って、その使い方などになれる。「―・れた辞書」

つかい-にっき【遣ひ日記】毎日の金銭の支出を記入する帳面。「万事の払ひ十両までは入らずと、

一をお目にかくる」〈浮・二十不孝・一〉

つかい-ばしり【使い走り】〔名〕スル《「つかいはしり」とも》用事を命じられてあちこちに使いに行くこと。また、その人。使い歩き。「選挙事務所で一する」

つかい-はた・す【使い果(た)す｜遣い果(た)す】〔動サ五(四)〕全部使ってしまう。残らず使ってしまう。「あり金を一・す」

つかい-はやま【使い早馬】《「はやま」は、はやうまの意》方々を走りまわって早く使いを果たすこと。また、その人。「家来同様に畑をうなったり庭を掃いたり、一もして」〈円朝・怪談牡丹灯籠〉

つかい-ばらい【遣い払い】支払い。「年々の一にて」〈福沢・文明論之概略〉

つかい-ばん【使い番】❶使い走りをする者。「妾宅の一迄させるんだものなあ」〈木下尚江・良人の自白〉❷安土桃山時代、戦時に伝令・巡察などに当たった者。使い役。❸江戸幕府の職名。若年寄の支配に属し、戦時には陣中の伝令・巡察など、平時には諸国の巡察や大坂・駿府など要地への出張を任務とした。使い役。❹江戸時代、将軍家の大奥の女中の職名。

つかい-びと【使ひ人】❶召し使い。使用人。「此の君をわがむすめどもの一になしてしがな」〈源・蓬生〉❷めかけ。側女。「妻もまうけず、一もつかはぬ人あり」〈宇津保・藤原の君〉❸使者。「波路は御一の乗るまじき掟をたがへたるは」〈読・春雨・宮木が塚〉

つかい-ふるし【使い古し】長い間使い、古くなったもの。「一の腕時計」

つかい-ふる・す【使い古す】〔動サ五(四)〕長い間使って古くする。古くなるまで使いつづける。「一・したかばん」「一・された言い方」

つがい-まい【番舞】舞楽で、左方の舞と右方の舞とを組み合わせて一番とするもの。また、その舞。

つかい-まわし【使い回し】いろいろに使うこと。「一の利くスーツ」

つかい-まわ・す【使い回す】一つのものをいろいろに使う。「一足の靴をビジネス、レジャーにと一・す」

つかい-みず【使い水】雑用に使う水。「漸ようよう分った。一だ」〈総生寛・西洋道中膝栗毛〉

つかい-みち【使い道｜使い途】❶使う方法。使い方。「金の一を考える」❷使う目的に応じたそれぞれの方面。用途。使い所。「一が広い道具」
【類語】使い先・使途・使い方・用途・用

つがい-むすび【番い結び】左右が対になるような結び方。蝶結び。

つがい-め【番い目】❶組み合わせた所。つながっている所。つなぎめ。「柱の一」❷骨と骨が組み合う部分。関節。〈和英語林集成〉

つかい-もの【使い物｜遣い物】❶使えるもの。使って役に立つもの。「壊れて一にならないテレビ」❷(遣い物)他人に贈るもの。贈り物。進物。「お一にする」

つかい-やく【使い役】➡使い番❷❸

つかい-やっこ【使い奴】使い走りをする者。召し使い。下僕。

つかい-りょう【使い料】❶使用するためのもの。「自分の一にする」❷使用料。

つかい-わけ【使い分け】〔名〕スル場合に応じて使い方・使う物などを区別すること。「被写体によってレンズを一する」

つかい-わ・ける【使い分ける】〔動カ下一〕文つかひわ・く〔カ下二〕場合・目的・用途などに応じて、選んで使う。「相手によって応対する態度を一・ける」「道具を一・ける」【類語】使いこなす

つか・う【支ふ｜×閊ふ】〔動ハ下二〕「つか(支)える」の文語形。

つか・う【仕ふ】〔動ハ下二〕「つか(仕)える」の文語形。

つか・う【使う｜遣う】〔動ワ五(ハ四)〕❶人に何かの働きをさせる。人を雇ったり、言い付けて用をさせたりする。「人を一・って事業を始める」「人に一・われる」❷物などをある目的のために用いる。道具・材料などを役立たせる。使用する。利用する。「マイクを一・って講義する」「不正に一・われる」「魚介を一・った料理」「この食品は防腐剤を一・っておりません」❸目的を遂げる手段・方法としてあることをする。「賄賂を一・う」「色目を一・う」「仮病を一・う」❹容易には扱えないものをたくみに動かす。あやつる。また、自在に言葉を話す。「手品を一・う」「人形を一・う」「フランス語を一・う」❺あれこれと注意を払って心を働かせる。「気を一・う」「細かい神経を一・う」❻物・金銭・時間などを、何かをするのに当ててその量や額を減らす。消費する。ついやす。「金を一・う」「時間を有効に一・う」❼特定の語と結びついて、それを用いての行為を表す。「弁当を一・う」「湯を一・う」❽保つ。「あひ戦はむとすとも、かの国の人来なば、猛き心一・ふ人も、よもあらじ」〈竹取〉➡用いる【用法】
【可能】つかえる【類語】用いる・扱う・消費・食べる・利用
【一句】顎で使う・頤で人を使う・金持ち金使わず・烏を鵜に使う・気を遣う・心を使う・声色を遣う・舌を二枚に使う・袖の下を使う・空を使う・出しに使う・立っている者は親でも使え・玉に使う・人を使うは苦を使う・篦を使う・湯水のように使う・宵越しの銭は使わぬ・留守を使う

つか・う【付かふ｜着かふ】〔連語〕《動詞「つく」の未然形＋反復継続の助動詞「ふ」》ついている。「こと放けば沖ゆ放けなむ湊より辺一・ふ時に放くべきものか」〈万・一四〇二〉

つが・う【▽番う】㊀〔動ワ五(ハ四)〕❶二つのものが一組みになる。組み合う。対になる。「仲よく一・うおしどり」❷雌雄が交尾する。つるむ。「小鳥が一・う」❸「番える❶」に同じ。「矢を一・う」❹先駆けや車副を左右に立てる。「御ありきの折はおぼろけにて御前一・ひ給はず」〈大鏡・時平〉❺かたく約束する。「使者にむかひ一・ひし詞は取りかへされず」〈浄・井筒業平〉㊁〔動ハ下二〕「つがえる」の文語形。【類語】つるむ

つが・う【継がふ】〔連語〕《動詞「つ(継)ぐ」の未然形＋反復継続の助動詞「ふ」》長く継ぐ。いつまでも継続する。「よろづ代に語り一・へと始めてしこの九月の過ぎまくを」〈万・三三二九〉

つかえ【▽支え｜×閊え】❶都合の悪い事情。さしさわり。支障。「店に一さえなくば巳之の相手多吉も入れて遣ろ」〈緑雨・門三味線〉❷(「痞え」とも書く)㋐病気・心配などで胸がつまるような感じ。「胸の一がおりる」㋑癪。「簾のうちにありて一になやめる上臈の如し」〈逍遥・小説神髄〉

つかえ【仕え】仕官・奉公すること。また、その人。「一の身」

つかえ-どころ【仕え所】院の庁・親王家・摂関大臣家などの家政機関の一。力役その他の雑役に従う仕丁などの下級職員を管理し、院中・家中の雑務を処理した。また、その職員・詰め所。侍所。

つかえ-まつ・る【仕へ奉る】〔動ラ四〕《動詞「つか(仕)える」の連用形＋動詞「まつ(奉)る」から》❶「仕える」の謙譲語。おつかえ申し上げる。「降る雪の白髪までに大君に一・れば貴くもあるか」〈万・三九二二〉❷目上の人のために、何かをつくることに奉仕する。おつくり申し上げる。補助動詞として、…してさしあげる意にも用いる。「仮宮を一・りて坐さしめき」〈記・中〉

つか・える【▽支える｜×閊える】〔動ア下一〕文つか・ふ〔ハ下二〕❶じゃまなものがあったり行きづまったりして、先へ進めない状態になる。とどこおる。「車が一・える」「言葉に一・える」「仕事が一・えている」❷既に先の人が使っていて、ほかの人が使えない状態である。ふさがる。「電話が一・えている」❸(「痞える」とも書く)病気・悲しみ・心配などで胸がふさがった感じになる。「胸が一・えて物が食べられない」❹(「手をつかえる」の形で)礼として手を床につく。「手を一・え頭を下げて頼む」❺(「肩がつかえる」の形で)こる。しこる。「いかう肩が一・へて来た」〈浄・歌祭文〉【補説】「閊」は国字。【類語】塞がる・詰まる

つか・える【仕える】〔動ア下一〕文つか・ふ〔ハ下二〕❶目上の人のそばにいて、その人に奉仕する。「師に一・える」「父母に一・える」❷役所などの公的な機関につとめる。官職に就く。「宮中に一・える」❸神仏に奉仕する。「神に一・える身」【類語】働く・労働

つか・える【使える】〔動ア下一〕《「使う」の可能動詞から》❶有能で役に立つ。「補佐役として一・える人物」❷剣術などに秀でている。「一・える相手」

つが・える【▽番える】〔動ア下一〕文つが・ふ〔ハ下二〕❶矢筈を弓の弦にかける。つがう。「二の矢を一・える」❷かたく約束する。「いずれ熟考の上と言葉を一・えてその夜は別れたが」〈蘆花・思出の記〉

つか-がしら【▽柄頭】刀の柄の先の部分。また、その部分を覆う金具。縁頭。かしら。

つか-ぐち【▽柄口】刀の中子の入る柄の口もと。

つか-こうへい［1948～2010］劇作家・小説家・演出家。福岡の生まれ。本名、金峰雄。在日韓国人二世。大学在学中から戯曲を執筆してブームを巻き起こす。昭和49年(1974)つかこうへい劇団を創立。「蒲田行進曲」で戦後生まれの作家として初めて直木賞受賞。他に「広島に原爆を落とす日」、戯曲では「熱海殺人事件」「初級革命講座飛龍伝」など。

つ

つかさ【▽丘｜▽阜】小高くなっている所。おか。「佐保川の岸の一の柴な刈りそねありつつも春し来たらば立ち隠るがね」〈万・五二九〉

つかさ【▽官｜▽司】❶役所。官庁。「陰陽の一」「一にも許し給へり今宵のみ飲まむ酒かも散りこすなゆめ」〈万・一六五七〉❷役人。官吏。「国の一」「郡の一」「近き所々の御庄の一召して」〈源・須磨〉❸官職。また一般に、職務。「内侍の一」「近衛の中将を捨てて申し賜はれりける一なれど」〈源・若紫〉

つかさ【▽長｜▽首】❶主要な人物。首長。おさ。「宮の一は、すなはち脚摩乳、手摩乳なり」〈神代紀・上〉❷主要なもの。「古ゆ今の現に万調奉る一と作りたるその生業を」〈万・四一二二〉

つが-ざくら【×栂桜】ツツジ科の常緑小低木。中部地方以北の高山に生え、高さ10～15センチ。茎は地をはい、先は直立してツガに似た葉を密につける。7月ごろ、淡紅色のつり鐘状の花を開く。【季 夏】

つかさ-くらい【▽官位】官職と位階。かんい。「罪なくて罪に当たり、一を取られ」〈源・明石〉

つかさ-こうぶり【▽官▽冠｜▽官▽爵】❶官職と位階。官位。「高き家の子として一心にかなひ」〈源・少女〉❷年官と年爵。「受領までこそ得させ給はざらめ、一、御封などはあべき事なり」〈栄花・見果てぬ夢〉

つかさ-つかさ【▽官▽官｜▽司▽司】(中央の)各省庁をいう。「一できちんと対応する」【補説】古語の復活。

つかさ-ど・る【▽司る｜▽掌る】〔動ラ五(四)〕《「官取る」の意》❶職務・任務として取り扱う。役目としてそのことに当たる。「広告業務を一・る」❷支配する。管理下に置く。「国を一・る」【類語】受け持つ・引き受ける・請け負う・請け合う・管理・管轄・管掌・統轄・分轄・総轄・直轄・所轄・所管・支配

つかさ-びと【▽官人】官職にある人。官吏。役人。「一より始めて、諸々の民に至るまで」〈東関紀行〉

つかさ-めし【▽司召】「司召の除目」の略。

つかさめし-の-じもく【▽司召の除目】在京の諸官を任命する公事。古くは春、平安中期ごろから秋に行われるようになった。内官の除目。秋の除目。京官の除目。➡県召の除目

つかさ-やっこ【▽官▽奴】古代、官有の奴婢。

つか・す【尽かす】〔動サ五(四)〕すっかり出してなくす。出しつくす。「愛想を一・す」

つかだ-たいほう【冢田大峯】［1745～1832］江戸後期の儒学者。信濃の人。名は虎。寛政異学の禁を批判。のち、尾張藩明倫堂督学。著「聖道弁物」など。

つか-つか〔副〕❶人前などに、ためらわずに進み出るさま。「一(と)歩み寄る」❷不用意にものを言うさま。「母が一と親仁殿へ話し」〈浄・油地獄〉

つか-つくり【塚造】キジ目ツカツクリ科の鳥の総称。全長50～70センチでずんぐりしている。落ち葉や砂などで塚状の大きな巣を作って卵を産み込み、その発酵熱などを利用して卵をかえす。十数種がオース

トラリア・ミクロネシアに分布。

つが-ていしょう【都賀庭鐘】［1718ころ～1794ころ］江戸中期の読本作者・儒医。大坂の人。上田秋成の師。号、近路行者など。中国の白話小説を翻案して初期読本の先駆をなした。作「英草紙」「繁野話」「莠句冊」など。

つか-なが【▽柄長】柄の長い刀剣。また、刀剣の柄を前へ長く出して腰にさすこと。

つが-な・し〔形ク〕これというわけもない。たわいない。つがもない。「恥も哀れもうち明けて、―・くこぼす正月の、涙も顔に憎からず」〈浄・寿の門松〉

つか-なみ【▽束並み｜藁▽藉】わらを畳ほどの広さに編んだ敷物。わらぐみ。「―の上によるよる旅寝して黒津の里になれにけるかな」〈夫木・三一〉

つか・ぬ【▽束ぬ】〔動ナ下二〕「つかねる」の文語形。

つかぬ-こと【付かぬ事】〔連語〕それまでの話とは関係のないこと。だしぬけのこと。「ところで、―を伺いますが」

つかね-お【▽束ね緒】たばねるために用いるひも。結びひも。「あはれてふことだになくは何をかは恋の乱れの―にせむ」〈古今・恋一〉

つか・ねる【▽束ねる】〔動ナ下一〕図つか・ぬ〔ナ下二〕❶一つにまとめてくくる。たばねる。「髪を―・ねる」❷腕などを組む。こまぬく。「手を―・ねて見ている」❸統帥する。「全軍を―・ねる」

〔類語〕束ねる・括る・絡げる・ひっくくる

つか-の-あいだ【▽束の間】「つかのま」に同じ。「紅の浅葉の野らに刈る草の―も我を忘らすな」〈万・二七六三〉

つが-の-き【×栂の木】▶栂

つがのき-の【×栂の木の】〔枕〕音の類似から、「つぎつぎ」にかかる。「―いやつぎつぎに天の下知らしめししを」〈万・二九〉

つか-の-ま【▽束の間】《一束、すなわち指4本の幅の意から》ごく短い時間。ちょっとの間。「―の夢」「―も忘れない」〔類語〕瞬く間

つか-ばしら【▽束柱】《「つかはしら」とも》短い柱。つか。

つかはら-じゅうしえん【塚原渋柿園】［1848～1917］小説家。江戸の生まれ。本名、靖。歴史小説を多く書いた。作「由井正雪」「天草一揆」「木村重成」など。

つかはら-ぼくでん【塚原卜伝】［1489～1571］室町後期の剣客。常陸の人。卜伝流（新当流）の祖。上泉伊勢守に新陰流を学び、流派を成したのち諸国を歴遊してその弘布に努めた。足利義輝・北畠具教らを指南したという。

つか-ぶくろ【▽柄袋】刀剣の柄を覆う袋。多く鐔までかけ、雨・雪の日や旅行のときなどに用いた。

つか-ふな【▽束×鮒】一束ほどの大きさのフナ。「沖辺行き辺に行き今や妹がため我が漁れる藻伏―」〈万・六二五〉

つかま・う【捕まふ｜×掴まふ｜▽捉まふ】〔動ハ下二〕「つかまえる」の文語形。

つか-まえ【▽柄前】刀の柄。また、そのつくり。

つかまえ-どころ【×掴まえ所】「掴み所」に同じ。「―のない返答」

つかま・える【捕まえる｜×掴まえる｜▽捉まえる】〔動ア下一〕図つかま・ふ〔ハ下二〕❶逃げようとするものをとりおさえる。「どろぼうを―・える」「虫を―・える」❷（掴まえる・捉まえる）手でかたく押さえ持つ。離さないようにしっかりつかむ。「首根っこを―・える」「大衆の心を―・える」❸声をかけて立ちどまらせる。呼び止める。また、引き止める。「談判しようと社長を―・える」「空車を―・える」❹（「…をつかまえて」の形で）…に対して。…を相手に。「先輩を―・えて何を言うか」

〔類語〕（❶）捕る・捕らえる・引っ捕らえる・取り押さえる・生け捕る・召し捕る・搦め取る・引っ括る・捕まえる・捕獲する・拿捕する・捕縛する・逮捕する・検束する・検挙する・挙げる・ぱくる・しょっぴく／（❷）掴む・引っ掴む・捉える・握る・押さえる・把捉する・捕捉する

つか-まき【▽柄巻】刀剣の柄を組糸や革などで巻くこと。また、それを業とする人。

つかま・す【×掴ます】㊀〔動サ五（四）〕「掴ませる」に同じ。「金を―・す」㊁〔動サ下二〕「つかませる」の文語形。

つかま・せる【×掴ませる】〔動サ下一〕図つかま・す〔サ下二〕❶つかむようにさせる。つかます。「赤ん坊にがらがらを―・せる」❷賄賂を受け取らせる。にぎらせる。つかます。「金を―・せて口止めする」❸人をだまして、にせものや粗悪品を買わせる。つかます。「まがい物を―・せる」

つが-まつ【×栂松】ツガの別名。

つかまつり-びと【▽仕り人｜▽仕▽奉人】つかえる人。従者。「一条殿の御―とかやのためになめき事したうびたりけるを」〈大鏡・伊尹〉

つかまつ・る【▽仕る】〔動ラ五（四）〕《「つこうまつる」、または「つかえまつる」が「つかむまつる」となって音変化したもの》❶「する」「行う」の謙譲語。目上の人のためにあることをする。また、自己の「する」動作を、話し相手に対しへりくだる気持ちをこめて丁重に言う。いたします。現在では古風で堅苦しい言い方。「私がお相手を―・りましょう」「いえいえ、どう―・りまして」❷「仕える」の謙譲語。お仕え申し上げる。「この大臣に―・らむ上下の草刈り、牛飼ひまで」〈宇津保・忠こそ〉❸（補助動詞）漢語のサ変動詞の語幹や動詞の連用形に付いて、謙譲の意を表す。ご…申し上げる。…いたします。「拝見―・る」「お送り―・ろう」〔類語〕為る・為す・遣る・行う・営む（尊敬）される・なさる・遊ばす（謙譲）致す

つかまり-だち【×掴まり立ち】〔名〕スル 幼児が物につかまってやっと立つこと。

つかま・る【捕まる｜×掴まる｜▽捉まる】〔動ラ五（四）〕❶取り押さえられて、逃げることができなくなる。とらえられる。つかまえられる。「どろぼうが―・る」「スピード違反で―・る」「先発投手が相手の打線に―・る」❷目的のものを探し当てたり、呼びとめたりすることができる。見つかる。「夜討ち朝駆けでも担当者が―・らない」「タクシーが―・る」❸呼ばれてその場に無理にひきとめられる。「記者団に―・る」❹（掴まる・捉まる）からだを支えるために手でしっかりと何かにとりすがる。「つり革に―・る」「手すりに―・る」〔類語〕捕らわれる

つかみ【×掴み｜×攫み】❶つかむこと。手で握ること。多く他の語と複合して用いる。「ひと―」「わし―」❷相手の気持ちを引きつけること。また、その事柄。お笑い芸人が観客を引きつけるために最初に放つ独創のギャグ。また、講演や説明会の最初に聴衆の関心興味を高めるために話す事柄。「―のうまい芸人」❸囲碁で互先のとき、先手を決める方法。一方が碁石を任意の数だけ握り、他方がその数の奇数か偶数かを当てたら先手となり、違えば後手となる。にぎり。❹花札で、出来役の札を手札の中にそろえて持つこと。❺破風板の合う部分を固める板。蟻板。❻欲の深いこと。また、その人。欲ばり。「残りの臣下は欲づらの―の達者」〈浄・今国性爺〉❼草履取り。「召し連れたる―が言ふやう」〈咄・軽口大矢数〉

つかみ-あい【×掴み合い】取っ組み合ってするけんか。「口論から―になる」〔類語〕決闘・果たし合い・格闘・取っ組み合い・組み討ち・出入り・喧嘩

つかみ-あ・う【×掴み合う】〔動ワ五（ハ四）〕互いに相手をつかんで争う。「道のまんなかで―・う」

つかみ-あらい【×掴み洗い】洗濯物を、手で握っては離す動作を繰り返して洗うこと。また、その洗い方。

つかみ-かか・る【×掴み掛（か）る】〔動ラ五（四）〕❶激しく組みついていく。「相手の胸ぐらに―・る」❷つかみそうになる。「有力な証拠を―・る」

つかみ-からげ【×掴み▽絡げ】遊女が道中などをするとき、うちかけのすそを持ち上げること。また、その歩き方。「羽織の衿もしどけなく、―の八文字」〈風流志道軒伝〉

つかみ-きん【×掴み金】金額をきちんと算出せず、無造作に与えるかね。

つかみ-ころ・す【×掴み殺す】〔動サ五（四）〕素手でつかんで殺す。「―・されりゃ其切だ」〈鏡花・歌行灯〉

つかみ-ざし【×掴み差し】❶刀・矢・花などを、無造作にさすこと。「―の大小、浮世笠にて貌をかくし」〈浮・懐硯・五〉❷江戸時代、篭かきが2本そろえてさすこと。

つかみ-だか【×掴み高】江戸時代、農地の少ない山村などに対し、検地をせずに、その村落全体をひとつかみにして大ざっぱに見積もった石高。

つかみ-だ・す【×掴み出す】〔動サ五（四）〕❶物をつかんで取り出す。「袋から菓子を―・す」❷捕まえて、外へ出す。つまみ出す。「野良猫を―・す」

つかみ-づら【×掴み面】欲深い顔。また、欲ばり。「この―兄弟が、お亀女夫を踏みつけに」〈浄・卯月の潤色〉

つかみ-どころ【×掴み所】つかむ部分。また、そのものの本質や真意を押さえる手がかりとなる点。とらえどころ。つかまえどころ。「話の―をさがす」「―のない人」

つかみ-どり【×掴み取り】〔名〕スル ❶手でつかんで取ること。一度につかめるだけのものを取ること。「現金の―」「魚を―する」❷手当たり次第に取ること。むさぼり取ること。「女護の島にわたりて―の女を見せん」〈浮・一代男・八〉❸ぼろもうけすること。「今この娑婆に―はなし」〈浮・永代蔵・一〉

つかみ-と・る【×掴み取る】〔動ラ五（四）〕❶手でつかんで取る。「手渡された荷物を―・る」❷手に入れる。わがものとする。「政権を―・る」❸理解する。「大体の意味を―・る」

つかみ-なげ【×掴み投げ】❶つかんで投げること。❷相撲のきまり手の一。上手まわしの後ろをつかみ、片手でつり上げ、自分の後方へ投げる技。

つかみ-ぼうこう【×掴み奉公】草履取りの奉公。また、その奉公を卑しめていう語。「一致しても、恋しい奴めにま一度と」〈浄・薩摩歌〉

つか-みほん【▽束見本】本の出版に先立ち、刊行するものと同じ用紙やページ数で製本して、装丁のぐあいを確かめたり、宣伝に用いたりする見本。

つか・む【×掴む｜×攫む】〔動マ五（四）〕❶手でしっかりと握り持つ。強くとらえて離すまいとする。「腕を―・む」「まわしを―・む」❷自分のものとする。手に入れる。「思いがけない大金を―・む」「幸運を―・む」❸人の気持ちなどを自分に引きつけて離さないようにする。「大衆の心を―・む」「固定客を―・む」❹物事の要点などを確実にとらえる。「事件解決の糸口を―・む」「こつを―・む」❺遊女を呼んで遊興する。揚げる。「天神、鹿恋が七人―・みて」〈浮・一代男・五〉❻遊女を身請けする。「早駕籠の大臣と申せし人の―・んで」〈浮・諸艶大鑑・六〉〔可能〕つかめる

〔用法〕つかむ・にぎる――「私はそこにあった棒をつかむと、ぎゅっと握った」では「つかむ」と「握る」を置き換えることはできない。「つかむ」はその物を手で捕らえる動作が主であり、「握る」は手の中に入れたまま締め付けるようにして離さずにいる持続的な動きである。◆「情報をつかむ」「大金をつかむ」は、それを手に入れること。「情報を握っている」「大金を握る」は、それを持ち続ける状態を言う。◆「拳を握る」とはいうが「つかむ」とは普通はいわない。もしいうならば、自分の拳を他方の手で取るか、または他者の拳を取ることである。

〔類語〕握る・捕まえる・覚える・認識・学ぶ・学習する・習得する・会得する・体得する・のみこむ・マスターする・身に付ける

つかもと-くにお【塚本邦雄】［1922～2005］歌人。滋賀の生まれ。前川佐美雄に師事。前衛短歌運動の旗手として活躍した。「日本人霊歌」で現代歌人協会賞、「不変律」で迢空賞、「魔王」ほかで現代短歌大賞。歌集「水葬物語」「水銀伝説」、評論に「定家百首」「茂吉秀歌」など。

つかもと-しんや【塚本晋也】［1960～　］映画監督・俳優。東京の生まれ。平成元年（1989）監督のみならず、脚本・美術・照明・編集を自らこなした「鉄男」

でローマ国際ファンタスティック映画祭グランプリ受賞、国際的な評価を得る。監督作に「東京フィスト」「双生児」「六月の蛇」など。俳優としても多くの作品に出演している。

つが-も-な・い〔形〕文つがもな・し〔ク〕❶道理にあわない。とんでもない。「—・い。詮ないこと、思い出しましたでがす」〈井伏・丹下氏邸〉❷ばかばかしい。つまらない。「女房くつくつと噴き出し、ああ—・い」〈浄・女楠〉

つか-や【塚屋】墓守の住む家。墓場の中にある小屋。「昔ありけむ—にこもりては」〈夜の寝覚・三〉

づ-から〔接尾〕►ずから〔接尾〕

つから-か・す【疲らかす】〔動サ四〕❶疲れさせる。疲らす。「阿部野まで馬の足—・して何かせん」〈平治・上〉❷欠乏させる。「両方より京都を攻めて兵粮を—・し候ふほどならば」〈太平記・一六〉

つから・す【疲らす】〔動サ五(四)〕疲れさせる。「気を—・し、心を—・して」〈漱石・吾輩は猫である〉

つがり【▽連り・▽鎖り・×縋り】《つながる意の動詞「つがる」の連用形から。「つかり」とも》❶くさり。「鉄の—」〈仁徳紀〉❷糸でからげてつないだもの。すがり。「今朝はまた誰きて見よと藤袴玉貫く露の—しつらん」〈新撰六帖・六〉❸袋の口をひもを通して引き締めるようにしたもの。また、その部分。すがり。「袋の口あくるを遅しと—を引き切り」〈伽・三人法師〉

つか・る【疲る】〔動ラ下二〕「つか(疲)れる」の文語形。

つか・る【漬かる】〔動ラ五(四)〕❶(「浸かる」とも書く)液体の中にひたる。転じて、ある状態などにはいりきる。「温泉に—・る」「怠惰な生活に—・る」❷漬物が、食べごろになる。「ナスがよく—・る」

類語 浸る・漬ける・浸す

つか・る【×憑かる】〔動ラ下二〕「つ(憑)かれる」の文語形。

つがる　青森県西部にある市。津軽半島西岸の七里長浜に沿う穀倉地帯。平成17年(2005)2月に木造町、森田村、柏村、稲垣村、車力村が合併して成立。人口3.7万(2010)。

つがる【津軽】青森県西半部地域の称。

つがる-かいきょう【津軽海峡】本州と北海道との間の海峡。太平洋と日本海を結ぶ。海底を青函トンネルが通る。

つがるかいきょう-せん【津軽海峡線】青森から函館に至るJR線の通称。本州と北海道を結ぶ青函トンネルの開通により昭和63年(1988)開業。函館本線・江差線・海峡線・津軽線にわたり運行される。全長160.4キロ。

つがる-こくていこうえん【津軽国定公園】青森県西部にある国定公園。津軽半島の西岸から秋田県境までの日本海に臨む約180キロメートルにおよぶ海岸線のほか、内陸部の十二湖や岩木山・白神山地などを含む。

つがる-さんち【津軽山地】青森県津軽半島の東部を北から南に連なる山地。津軽半島の脊梁をなす山地で、西側は平野。ヒバ林は、木曽のヒノキ林、秋田のスギ林と並んで日本三大美林の一。中山山脈。

つがる-し【つがる市】►つがる

つがる-じゃみせん【津軽三味線】津軽地方に伝わる三味線。本来は民謡の伴奏用だが、独奏・合奏にも用いる。太棹で、力強く、かつ繊細な独特の旋律・リズムで奏する。

つがる-じょんがらぶし【津軽じょんがら節】《「つがるじょんからぶし」とも》津軽地方の民謡。源流は新潟県の「新保広大寺」で、口説き形式の盆踊り歌の系統のもの。津軽三味線の伴奏がつき、新作の歌詞も多い。

つがる-ぬり【津軽塗】弘前市を中心に産する漆器。中塗りの上に、漆に卵白やゼラチンなどをまぜ、へらや刷毛を用いて文様を表す絞漆法で凹凸を作ったあと、各種の色漆を塗り重ね、独特の砥石で雲形の斑紋や模様を研ぎ出したもの。質は堅牢で耐久性がある。

つがる-はんとう【津軽半島】青森県西部の半島。東は陸奥湾を隔てて下北半島に対し、北は津軽海峡を隔てて北海道の松前半島に対する。

つがる-ふじ【津軽富士】岩木山の異称。

つがるふじみ-こ【津軽富士見湖】青森県西南部、岩木山麓北東にある人造湖。正式名は「廻堰大溜池」といい、江戸時代前期に農業用の溜池として造られた。岩木山(津軽富士)の見晴らしが良いため、この愛称がついた。

つがる-へいや【津軽平野】青森県西部の岩木川流域の平野。弘前市が中心都市。米・リンゴの産地。

つがる-やき【津軽焼】弘前市付近から産する茶器や雑器などの陶器。文化年間(1804〜1818)に始まる。悪戸焼。

つがる-やまうた【津軽山唄】津軽地方の民謡。もと、木こりの仕事歌。座敷歌として尺八の伴奏で歌うことが多い。

つかれ【疲れ】❶疲れること。くたびれること。疲労。「昨日の—がどっと出る」❷►疲労

類語 疲労・くたびれ・倦怠・疲弊・疲憊・困憊・困弊・過労・所労

つかれ-き・る【疲れ切る】〔動ラ五(四)〕すっかり疲れてしまう。疲れ果てる。「毎日の残業で—・る」

つかれ-しけん【疲れ試験】材料の試験片に引っ張りや圧縮などの外力を繰り返し加え、破壊する限度を調べる試験。疲労試験。

つかれ-は・てる【疲れ果てる】〔動タ下一〕文つかれは・つ〔タ下二〕すっかり疲れてしまう。「残業続きで—・てた」

つか・れる【疲れる】〔動ラ下一〕文つか・る〔ラ下二〕❶体力や気力を消耗してその働きが衰える。くたびれる。「働きづめで—・れる」「神経が—・れる」「生活に—・れる」❷長く使ったために物の質や機能が悪くなったり弱ったりする。「—・れた油」「—・れた上着」❸飢える。「既に峰に逮て—・れ給ふ」〈景行紀〉

用法 **つかれる・くたびれる**——「さんざん動き回ったので疲れた(くたびれた)」のように、体の疲労をいう場合には相通じて用いられる。◆「細かい字を読んで目が疲れた」「神経が疲れる」のように全身の疲労でない場合や、「旅に疲れる」「人生に疲れる」のようにやや抽象的に用いる場合は、くだけたいい方である「くたびれる」はあまり用いないのが普通。◆「疲れた油」は、長く使って品質が落ちたこと。「くたびれた服」は、古くなってよれよれになった形状をいう。◆類似の語に「へばる」「へたばる」がある。「へばる」は疲れ切った状態をいい、「へたばる」は疲れが重なってもう動けないような状態をいう。いずれも俗語的表現。「相当へばっている」「暑さと疲れで、とうとうへたばってしまった」

類語 くたびれる・くたばる・へたる・へばる・ばてる

つか・れる【×憑かれる】〔動ラ下一〕文つか・る〔ラ下二〕霊魂などがのりうつった状態になる。「狐に—・れる」「物の怪に—・れたような振る舞い」

つかわさ・る【遣わさる】㊀〔動ラ五(四)〕「つかわされる」(下一段)の五段化。「無銭ではわるい、一日に三銭も—・るように計らえ」〈露伴・観画談〉㊁〔動ラ下二〕「つかわされる」の文語形。

つかわさ・れる【遣わされる】〔動ラ下一〕文つかはさ・る〔ラ下二〕《動詞「遣わす」の未然形＋尊敬の助動詞「れる」から》❶「与える」の意の尊敬語。くださる。およこしになる。「お手紙でも—・れませ」〈洒・駅路雀〉❷(補助動詞)動詞の連用形に助詞「て」を添えた形に付いて、動作主に対する尊敬を表す。…てくださる。「谷田の奥さん例の達者なる英語にて通弁をして—・れ」〈鴎外・独身〉

つかわし-め【使わしめ】神仏の使いとされる動物。稲荷の狐、八幡の鳩、日吉の猿、春日の鹿などの類。使い姫。使い。

つかわ・す【遣わす】〔動サ五(四)〕《連語「つか(使)わす」の意味が発展して一語化したものという。❸が原義であるが、後に敬意が薄れて下位者を派遣するだけの場合にも用いる》❶目上の人が目下の者に対して人などを行かせる。やる。派遣する。「使者を—・す」❷目上の人が目下の者に物などを与える。賜う。下賜する。「ほうびを—・そう」❸古くは「行かせる」「与える」の尊敬語として、「給う」などを付けないで用いる。ご派遣になる。お与えになる。「靫負命婦といふを—・す」〈源・桐壺〉「ありつる御随身して—・す」〈源・夕顔〉❹勅撰集などの詞書や目上に対するかしこまる会話・消息で話し手側の動作として用い、物などを与えるのを、与える相手を低めることによって、聞き手に対し丁重に表現する。くれてやります。「雨の降りけるに、藤の花を折りて人に—・しける」〈古今・春下・詞書〉❺(補助動詞)動詞の連用形に助詞「て」を添えた形に付いて、相手に対する動作を尊大な気持ちを含めて表す。…してやる。「書いて—・す」「ほめて—・す」

類語 遣る・送る・送り出す・出す・派する・発する・差し立てる・差し向ける・差し遣わす・回す・差し回す・派遣する・差遣する

つかわ・す【使はす】〔連語〕《動詞「つか(使)う」の未然形＋上代の尊敬の助動詞「す」》お使いになる。「朝には召して使ひ夕には召して使ひ—・しし舎人の子らは」〈万・三三二六〉

つがん【通鑑】「資治通鑑」の略。

つがんきじほんまつ【通鑑紀事本末】中国の歴史書。42巻。南宋の袁枢撰。編年体で書かれた「資治通鑑」を紀事本末体に編纂しなおしたもので、紀事本末体で書かれた最初の史書。

つがんこうもく【通鑑綱目】「資治通鑑綱目」の略。

つかん-す【都監▽寺・都監守】►都寺

つき【月】❶地球の衛星。赤道半径は1738キロ、質量は地球の約81分の1。恒星を基準とすると地球の周りを周期約27.3日(恒星月)で公転する。自転と公転の周期が等しいので、常に一定の半面だけを地球に向けている。太陽の光を受けて輝き、太陽と地球に対する位置によって見かけの形が変化し、新月(朔)・上弦・満月(望)・下弦の現象を繰り返す。この周期が朔望月で、約29.5日。昔から人々に親しまれ、詩歌・伝説の素材とされる。太陰。月輪。《季 秋》「—ぞしるべこなたへいらせ旅の宿/芭蕉」❷他の惑星の衛星。「土星の—」❸月の光。月光。つきかげ。「—がさし込む」「—の明るい晩」❹暦で、1年を12に分けた一。太陽暦では、「大の月」を31日、「小の月」を30日、ただし2月だけ平年は28日、閏年は29日とする。❺1か月。「—に一度の会議」❻約10か月の妊娠期間。「—満ちて玉のような子を産む」❼紋所の名。❶の形を図案化したもの。❽月のもの。月経。「汝が着せる襲の裾に—立ちにけり」〈記・中・歌謡〉

月が満・ちる　❶満月になる。❷出産予定の月に達する。臨月になる。「—・ちて無事出産する」

月と鼈　月もスッポンも同じように丸いが、比較にならないほどその違いは大きいこと。二つのものがひどく違っていることのたとえ。提灯に釣鐘。

月に異に　月ごとに。月ごとにまして。「一日に日に見とも」〈万・九三一〉

月に磨・く　月光を浴びて、景色がいっそう美しく見える。「雪降れば峰の真榊うづもれて—・けるあまのかぐ山」〈新古今・冬〉

月に叢雲花に風　世の中の好事には、とかく差し障りが多いことのたとえ。

月の前の灯火　りっぱなものと比較されて引き立たないことのたとえ。

月満つれば則ち虧く　《「史記」蔡沢伝から》満月は必ず欠ける。物事は盛りに達すれば必ず衰えはじめるというたとえ。

月も朧に白魚の篝もかすむ春の空　歌舞伎「三人吉三廓初買」の、お嬢吉三のせりふの冒頭の一節。しらじらと明けて霞んでいる初春の空の情景を表したもの。

月よ星よと　この上なく愛したりたたえたりすることのたとえ。

月を越・す　翌月になる。「完成は―・しそうだ」
月を指させば指を認む　《「楞厳経」から》月を示そうと指さしても、肝心の月を見ないで指を見る。道理を説き聞かせるのに、本旨を理解しないで、文字や言葉の端々にばかりこだわることをいう。
月を跨ぐ　翌月に及ぶ。2か月にわたる。「―・いで興行する」
つき【付き|▽附き】❶付くこと。付着すること。また、そのぐあい。「―のいい粘着テープ」❷火がつくこと。火が移って燃えるぐあい。火つき。「―の悪いマッチ」❸ある人のそばにつき従うこと。また、その人。付き添い。「夫々親に支度して老実の―を撰み」〈一葉・暁月夜〉➡御付き ❹かっこう。ようす。「体の―がちょっとだけ違うよってなあ」〈谷崎・卍〉❺好運。「―が回る」「―が落ちる」❻㋐からだに関する名詞の下に付いて、そのもののようす・かっこうを表す。「顔―」「手―」㋑名詞の下に付いて、そのものが付属していることを表す。「家具―のアパート」㋒人を表す名詞の下に付いて、その人の世話をする役であることを表す。「社長―秘書」❼手がかりになるもの。「人にあはむ―のなきには思ひおきて胸はしり火に心やけをり」〈古今・雑体〉❽《試金石にすりつけて調べるところから》金銀の品質。「―の悪き銀を」〈浮・永代蔵・五〉
類語運・幸運・僥倖・ラック
付きも無・い　❶ふさわしくない。不似合である。❷ぶっきらぼうである。そっけない。
つき【▽机】つくえの異称。「夕間にはい倚り立たす脇―が下の板にもが」〈記・下・歌謡〉
つき【尽き】尽きること。終わり。「運の―」
つき【×坏|▽杯】㊀〔名〕古代の飲食物を盛る器で、碗より浅く皿より深いもの。材質は土器・陶器や木製などがあり、脚の付いたものや蓋のあるものもある。㊁〔接尾〕助数詞。坏に盛った飲食物を数えるのに用いる。「験なきものを思はずは一―の濁れる酒を飲むべくあるらし」〈万・三三八〉
つき【突き】❶突くこと。また、その度合い。❷剣道で、相手ののどを突くわざ。❸相撲で、相手の胸や肩を平手で突きたてるわざ。つっぱり。
つき【×搗き】米などをつくこと。また、その程度。「餅の―が足りない」
つき【▽調】古代の税のこと。みつぎもの。「汝は浮浪人なり。何ぞ―をいださざる」〈霊異記・下〉
つき【×鴇|×鴾|×鵇】トキの古名。〈和名抄〉
つぎ【次】❶すぐあとに続くこと。また、そのもの。「―の日曜」「―の角を曲がる」❷あるものに続く地位。一段低い地位。また、一段劣ること。「主峰の―に位置する」❸座敷に続く控えの間。次の間。「酒も膳も慌てて―に運ぶのである」〈小杉天外・魔風恋風〉❹宿場。駅。「東海道五十三―」類語次回・今度
つぎ【継ぎ|接ぎ】❶つなぐこと。また、つぎ方やつぎぐあい。「パイプの―が不完全だ」❷衣服などの破れた所に小切れを当ててつくろうこと。また、その小ぎれ。「―を当てたズボン」❸(「粘ぎ」とも書く)囲碁で、石の切れ目を補う打ち方。❹子、特に跡をつぐ子。あとつぎ。よつぎ。「いまだ御―もおはしまさず」〈増鏡・三神山〉❺(数を表す語に付いて)在位などの数をかぞえる語。代。「かの御時より…世は十―になむなりにける」〈古今・仮名序〉
つき-あい【付(き)合い】❶人と交際すること。「彼とは長い―だ」❷義理や社交上の必要から人と交わること。「―が悪い人」「―酒」➡交際用法
類語交際・交わり・人付き合い・社交・交友・行き来・旧交・国交・国際
つき-あ・う【付(き)合う】〔動ワ五(ハ四)〕❶㋐行き来したりして、その人と親しい関係をつくる。交際する。「隣近所と親しく―・う」㋑恋人として交際する。「今―・っている彼女」❷行動をともにする。「残業に―・う」「食事を―・う」
つき-あかり【月明(か)り】月の光。また、月の光で明るいこと。「―を頼りに夜道を歩く」類語月光・月影
つき-あがり【付き上がり】相手のおとなしいのに付け込むこと。つけあがり。「弱みを見せるとなほ―がする」〈滑・膝栗毛・五〉
つき-あげ【突(き)上げ|▽衝き上げ】❶下から突いて上げること。「―式の窓」❷下位の者が自分の要求を通そうとして、上位の者に加える圧力。「組合下部からの―が強い」
つきあげ-ど【突(き)上げ戸】上端を鴨居に蝶番や壺金で取り付け、斜めに棒で突き上げて支え、庇の用をさせる戸。突き上げ庇。上げ戸。突き上げ庇。
つきあげ-びさし【突(き)上げ×庇】「突き上げ戸」に同じ。
つきあげ-まど【突(き)上げ窓】❶突き上げ戸を取り付けた窓。通気や明かり取りに用いる。突き出し窓。❷屋根の一部を切り開け、窓ぶたを下から突き上げて開け、明かり取りとする窓。突き出し窓。
つき-あ・げる【突(き)上げる|▽衝き上げる】〔動ガ下一〕文つきあ・ぐ〔ガ下二〕❶下から突いて上の方にあげる。突いて押し上げる。「こぶしを天に―・げる」❷下位の者が上位の者に、自分の考えなどを通そうとして圧力を加える。「執行部を―・げる」❸感情などが激しくわいて出る。「悲しみが胸を―・げる」
つき-あ・げる【▽築き上げる】〔動ガ下一〕文つきあ・ぐ〔ガ下二〕土や石などを積み重ねて高く築く。きずきあげる。「城砦を―・げる」
つき-あし【月足】蝋燭足の一つ。1か月ごとの相場の動きを表した図表。
つぎ-あし【継(ぎ)足】❶器具などを高くするためにつぎたした足。「机に―をする」❷幼帝がいすにかけるときに足を受けてのせる台。承足。❸剣道で、後ろ足を前足の近くに引きつけてその勢いを利用して前足から大きく踏み込む足さばき。❹歌舞伎で、荒事役や力士役などが、背を高く見せるために用いる道具。足袋の中に物を入れたり、丈の高い草履をはいたりする。
つき-あたり【突(き)当(た)り】道や廊下などの行きづまった所。「二階の―の部屋」
つき-あた・る【突(き)当(た)る】〔動ラ五(四)〕❶進んで行ってものに勢いよく当たる。衝突する。ぶつかる。「車が電柱に―・る」❷それより先へ進めないところに行きつく。「―・って右に曲がる」❸思いがけない問題や障害に出会う。「難問に―・る」
類語当たる・ぶつかる・行き当たる・衝突・激突
つぎ-あて【継(ぎ)当て】〔名〕スル 衣類などに継ぎを当てること。また、その部分。「膝に―する」
つき-あ・てる【突(き)当てる】〔動タ下一〕文つきあ・つ〔タ下二〕❶激しく突いて当てる。勢いよくぶつける。「車をガードレールに―・てる」❷捜していたものを見つけ出す。探しあてる。つきとめる。「隠れ家を―・てる」❸あてがってつける。「女は舟底にかしらを―・てて、音をのみぞ泣く」〈土佐〉
つき-あま・る【着き余る】〔動ラ四〕人数が多くて席につけなくなる。席からはみ出す。「数定まれる座に―・りて」〈源・少女〉
つき-あり・く【突き▽歩く】〔動カ四〕頭を下げて歩く。「ぬかづき虫、またあはれなり。さる心地に道心起こして―・くらむよ」〈枕・四三〉
つき-あわ・す【突(き)合(わ)す】㊀〔動サ五(四)〕「突き合わせる」に同じ。「額を―・して座る」㊁〔動サ下二〕「つきあわせる」の文語形。
つぎ-あわ・す【継(ぎ)合(わ)す】㊀〔動サ五(四)〕「継ぎ合わせる」に同じ。「小切れを―・す」㊁〔動サ下二〕「つぎあわせる」の文語形。
つき-あわせ【突(き)合(わ)せ】❶二つのものを比べ合わせて調べること。照合すること。「備品台帳と現物との―をする」❷両者を対席させること。「あの両人と―に成ると、向うには証拠の手紙があり」〈円朝・怪談牡丹灯籠〉
つきあわせ-つぎて【突(き)合(わ)せ継(ぎ)手】二つの部材を突き合わせて一平面で締結する継ぎ手。リベット継ぎ手・ベルト継ぎ手・溶接継ぎ手などに用いる。バットジョイント。
つき-あわ・せる【突(き)合(わ)せる】〔動サ下一〕文つきあは・す〔サ下二〕❶二つのものを近づけて向かい合わせる。「ひざを―・せる」❷両方を並べてくらべる。照合する。つきくらべる。「原簿と―・せる」❸双方を対席させて話をさせる。「両者を―・せて意見を聴取する」類語引き合わせる・比べる
つぎ-あわ・せる【継(ぎ)合(わ)せる】〔動サ下一〕文つぎあは・す〔サ下二〕❶別々のものをつないで一つにする。「断片を―・せる」❷縫いつけて一つにする。「端切れを―・せる」類語繋ぐ・継ぐ
つき-いし【▽築石】石垣を築くために用いる石。
つき-い・ず【突き▽出づ】〔動ダ下二〕ついと出る。飛び出る。「この妻あまりに心憂かりければ、やがて家を―・でて行くを」〈沙石集・七〉
つき-いそ【▽築き×磯】海底に廃船・割り石・コンクリートブロックなどを沈めて作る人工魚礁。
つき-いち【月一】❶1か月に1回何かをすること。「―のゴルフ」❷1か月に1割の利息であること。
つぎ-いと【継(ぎ)糸】❶継ぎ足す糸。継ぎ合わせる糸。❷継ぎ物をするのに用いる糸。
つき-い・る【突(き)入る】㊀〔動ラ五(四)〕激しい勢いで進み入る。突入する。「敵陣に―・る」㊁〔動ラ下二〕「つきいれる」の文語形。
つき-いれ【×搗き入れ|×舂き入れ】❶つきたての餅で、おろし餅・雑煮・あん餅などを作ること。❷米や餅をつき上げて、注文した家に届けること。
つき-い・れる【突(き)入れる】〔動ラ下一〕文つきい・る〔ラ下二〕勢いよく突いて差し入れる。突っ込む。「棹を水に―・れる」
つき-うす【×搗き臼|×舂き臼】うすの一種。木や石でつくり、中を円形にくぼませ、その中に穀物などを入れてきねでつくもの。
つぎ-うた【▽続き歌|継(ぎ)歌|次歌】❶歌会で、五十首・百首など一定数の詠題をくじなどで分け、列座の複数の作者が次々に和歌を詠むこと。また、その和歌。鎌倉中期以降に流行。❷次節の異称。
つき-うま【付(き)馬】「付け馬」に同じ。
つぎ-うま【継(ぎ)馬】江戸時代、宿場に用意した乗り継ぎ用の馬。駅馬。伝馬。
つぎ-うるし【継(ぎ)漆】物を接着するのに用いる漆。主に、石漆と小麦粉をまぜたもの。
つき-えり【突(き)襟】(主に関西で)抜き衣紋のこと。着物の襟を後方に突き下げて着るのでいう。
つきおか-よしとし【月岡芳年】［1839～1892］幕末から明治初期の浮世絵師。江戸の生まれ。本名、吉岡米次郎。号、玉桜楼・一魁斎。のち大蘇芳年と称した。初め歌川国芳に師事。歴史画・美人画に異色の作品をのこしたほか、新聞の挿絵でも活躍。
つき-おくり【月送り】❶すべきことを順々に次の月へ延ばすこと。❷毎月、金や物を送ること。
つぎ-おくり【次送り】次から次へと順を追って送り渡すこと。順送り。「―に送る」
つぎ-おくり【継(ぎ)送り】江戸時代、宿駅ごとに人馬を替えて貨客を輸送すること。また、その方式。
つき-おくれ【月遅れ|月後れ】❶ある月に行う行事などを、1か月おくらせて行うこと。特に、陰暦に従ってすべき行事を陽暦のその月日に行わず、1か月おくらせること。「―のお盆」❷月刊雑誌などで、発売中の号より1、2か月前のもの。
つき-おとし【突(き)落(と)し】相撲のきまり手の一。上手を相手のわきに外側から筈に当て、相手を斜め下に押しつけるように倒す技。
つき-おと・す【突(き)落(と)す】〔動サ五(四)〕❶突いて高い所から下へ落とす。「谷底に―・す」❷ひどく悪い状態に陥らせる。「絶望の淵に―・される」❸相撲で、突き落としの手で相手を負かす。「土俵際で―・して勝つ」
つき-がい【月貝】ツキガイ科の二枚貝。紀伊半島以南の浅海の砂底にすむ。貝殻は円形で、殻長6センチくらい。殻表は白色で、放射肋と成長肋とが交わって布目状を呈する。
つき-がえ【月替え】1か月おき。隔月。

つき-かえ・す【突(き)返す】〔動サ五(四)〕❶相手が突いてきたのに対してこちらも突いて押しやる。つきもどす。「負けじと—・す」❷差し出されたものや送ってきたものを受け取らないで先方へ戻す。つきもどす。つっかえす。「企画書を—・す」

つき-がかり【月掛かり】1か月いくらと取り決めること。特に、めかけなどを1か月いくらと金額を決めて囲うこと。月切り。「一の手かけ者」〈浮・一代男・二〉

つき-かか・る【突(き)掛(か)る】〔動ラ五(四)〕❶突きながら襲いかかる。「牛が急に—・る」❷「突っ掛かる」に同じ。「いつも私が—・り、愛相づかしの茶わん酒」〈人・梅児誉美・後〉

つき-がき【▽築垣｜築×牆】「築地❶」に同じ。

つき-か・く【突き欠く】〔動カ四〕突き当たってきずつける。「築地の角に走り当たりて、顔先—・きてありけり」〈著聞集・一六〉

つき-かげ【月影】❶月の形。月の姿。月。《季 秋》「一をくみこぼしけり手水鉢／立圃」❷月の光。月のあかり。月光。「淡い—」❸月光に照らされて映る人や物の姿。「ほのかなりし一の見劣りせずは、まほならむはや」〈源・橋姫〉（類語）月光・月明かり・月明

つき-がけ【月掛(け)】毎月、きまった金額を一定期間積み立てること。また、その掛け金。「一貯金」

つき-か・ける【突(き)掛ける】〔動カ下一〕文つきか・く〔カ下二〕❶あるものを目がけて勢いよく突く。つっかける。「槍を—・ける」❷突こうとする。「—・けて思いとどまる」

つぎ-かご【継ぎ×駕▽籠】江戸時代、街道の宿場ごとに乗り替えていく駕籠。

つき-がさ【月×暈】月の周りに見える光の環。⇒暈

つき-がしら【月頭】月の始め。月始め。⇔月尻

つきがせ【月ヶ瀬】奈良県北東端にあった村。名張川の峡谷沿いにある梅林は梅の名所。平成17年(2005)4月に奈良市に編入。

つき-がた【月形】❶半月の形。半円形。❷二つの円弧で三日月形に囲まれた図形。また、二つの大円の半円周で囲まれた球面の部分。

つきがた-ぐし【月形×櫛】女性用の櫛で、半月の形をしたもの。

つきがたはんぺいた【月形半平太】行友李風の戯曲。4幕。大正8年(1919)沢田正二郎らの新国劇により初演。幕末の京都を背景にした、長州藩士月形半平太を取り巻く恋と剣の物語で、劇中の「春雨じゃ濡れて行こう」の台詞が有名。モデルは武市瑞山(通称、半平太)とされる。

つき-がね【×撞き鐘】撞木でついて鳴らす鐘。釣鐘。梵鐘。

つぎ-がみ【継(ぎ)紙｜続ぎ紙】❶巻子本・折り本などに用いる、継ぎ合わせた紙。❷歌・物語などを書写して鑑賞効果を上げるため、色や質の異なる紙を数種継ぎ合わせて1枚の料紙としたもの。切り継ぎ・重ね継ぎ・破り継ぎなどがある。

つぎ-がみしも【継(ぎ)上下｜継ぎ×裃】肩衣と袴の地質・色合いが異なる上下。江戸時代の武士の略儀の公服。元文(1736〜1741)末ごろから平日の登城にも着用。

つき-がわり【月代(わ)り】❶1か月ごとに交代すること。「一の当番」❷次の月になること。

つき-がんな【突き×鉋】刃が広く、両端に柄のついた鉋。両手で持ち、前へ突き出すようにして削る。

つぎ-き【接(ぎ)木｜継(ぎ)木】〔名〕スル 枝などを切り取って、同種または近縁の他の植物の幹に接ぐこと。接ぐほうの枝を接ぎ穂、根のある接がれるほうを台木という。《季 春》

つぎき-ざっしゅ【接(ぎ)木雑種】接ぎ木の際にキメラ現象や突然変異によって生じた新しい品種。

つき-きず【突(き)傷】とがったもので突いてできた傷。また、突かれてできた傷。

つぎ-ギセル【継(ぎ)ギセル】柄が中程で差し込み式になっているキセル。二つに分けて携帯し、吸うときは継ぎ合わせて使う。

つき-ぎね【×搗き×杵】うすに入れた米などをつくきね。かちぎね。

つき-ぎめ【月▽極め】1か月を単位として契約などをきめること。「一の駐車場」「一で新聞をとる」

つき-ぎょうじ【月行事｜月行司】江戸時代、1か月交代で、町内や商人組合などの事務処理をした人。がちぎょうじ。

つき-きり【付(き)切り】少しも離れることなく付き添うこと。つきっきり。「一で看病する」

つき-きり【突き切り】〔名・形動ナリ〕突き放した言い方。すげなく言い放つこと。また、そのさま。「はしたなく—なる事な宣ひそよ」〈源・若菜下〉

つき-ぎり【月切り】❶ある物事の期間を、1か月または幾月と限って定めること。「一の算用に相納め、地獄極楽の修復料に致すべき事」〈浮・風俗遊仙窟・四〉❷「月掛かり」に同じ。「これは都の一に隠し置かれし手煎ぢゃ」〈浄・松風村雨〉

つきぎり-かご【月切り×駕▽籠】江戸時代、駕籠を常用する資格のない小身の旗本や諸家の臣などが、願い出により、5か月を期限として駕籠の使用を許されたこと。

つき-き・る【突(き)切る】〔動ラ五(四)〕❶刀などで突くようにして切る。「二貫目足らずの剣とりしぼり力任せに—・りて」〈露伴・いさなとり〉❷まっすぐに横切る。つっきる。「甲谷は公園の芝生を—・ると」〈横光・上海〉

つぎ-ぎれ【継(ぎ)切れ】繕いに用いる小ぎれ。

つき-ぐ【突(き)具】魚介を突き刺して採捕する道具。やす・もりなど。

つぎ-く【継(ぎ)句】雑俳の一種。8〜9字の題の下または上に語句を添えて17字の句とするもの。

つき-くさ【月草｜鴨＝跖＝草】❶ツユクサの別名。名は、花の色がよく染みつくからとも、臼でついて染料としたからともいう。《季 秋》❷襲の色目の名。表は縹、裏は薄い縹。秋に用いる。

つきくさ-の【月草の】〔枕〕ツユクサの花で染めたものは色があせやすいところから、「うつる」「仮」「消ぬ」にかかる。「百に千に人は言ふとも一うつろふ心我持ためやも」〈万・三〇五九〉

つき-くず・す【突(き)崩す】〔動サ五(四)〕❶積み上げてあるものなどを突いて崩す。「積もった土砂を—・す」❷進み入って相手方を乱れさせる。「敵の陣営を—・す」❸弱点などをついて、確固としていると思われるものを乱す。「アリバイを—・す」

つき-くだ・く【×搗き砕く｜×舂き砕く】〔動カ五(四)〕穀物などをついて粉々にする。「豆を—・く」

つぎ-ぐち【▽注ぎ口】液体を他に移すために、容器などにつけた口。

つき-げ【月毛｜×鴇毛】馬の毛色の名。葦毛でやや赤みを帯びて見えるもの。また、その毛色の馬。

つき-げやき【×槻×欅】ケヤキの別名。

つき-ごえ【突き声】槍などを突くときに発する鋭い大きな声。また単に、かん高く鋭い声。けんのある声や無愛想な声にもいう。「三婦殿、内にか宿にかと、一やり声にじり込む」〈浄・浪花鑑〉

つき-ごし【月越し】2か月にわたること。翌月にかかること。「一の勘定」

つき-ごと【月▽毎】毎月。各月。月々。「一の収支」

つき-こ・む【突(き)込む】〔動マ五(四)〕「つっこむ」に同じ。「杉箸をむざと—・んで」〈漱石・吾輩は猫である〉

つき-こ・む【▽築き込む｜▽築き×籠む】〔動マ下二〕❶塀などを築いて囲う。「二条堀川のわたりを四町—・めて」〈狭衣・一〉❷屍を埋め、塚などを築く。「この道のほとりに—・めて」〈謡・隅田川〉

つぎ-こ・む【▽注ぎ込む】〔動マ五(四)〕❶液体を器の中へつぎ入れる。そそぎこむ。「タンクに水を—・む」❷ある物事や人などに多くの金や物を出す。「兵力を—・む」❸精力・精神をそのことにもっぱらかたむける。「今の仕事に全精力を—・む」

つき-ごめ【×搗き米｜×舂き米】ついて精白した米。精白米。白米。

つき-こもり【月▽隠り｜×晦】《月が隠れる意。「つきごもり」とも》月の末日。みそか。つごもり。「同じ年の十二月の一の夕に」〈霊異記・上〉

つき-ごや【月小屋】かつて月経の期間中、女性が家族から離れて別居生活をした小屋。出血は穢れとされ、同じ火で煮炊きしたものを食べると穢れが移るといって別火生活をさせた。他屋。

つき-ごろ【月頃】この数か月間。数か月来。「日ごろ—しるき事ありて、なやみわたる」〈枕・二六七〉

つき-ころ・す【突(き)殺す】〔動サ五(四)〕刃物などで突き刺して殺す。刺し殺す。「槍で—・す」

つき-ころば・す【突(き)転ばす】〔動サ五(四)〕突いてころばす。突きたおす。「背後から—・す」

つぎ-ざお【継ぎ×竿｜継ぎ×棹】❶幾本かを継ぎ合わせ、1本の竿として用いる釣り竿。⇒延べ竿 ❷三味線で、棹の部分が二つまたは三つに分割され、継ぎ合わせて使用するようになっているもの。継ぎ三味線。⇒延べ棹

つき-ささ・る【突(き)刺さる】〔動ラ五(四)〕ものの先が突き立つ。「ガラスの破片が—・る」

つき-さ・す【突(き)刺す】〔動サ五(四)〕突いて刺し通す。勢いよく刺す。「団子を串に—・す」
（類語）突き通す・突き抜く・刺し通す・貫く・貫通する

つぎ-ざま【次様】《「つぎさま」とも》❶官位・人物などが一段劣っていること。また、その人。二流。「一の人どもはさのみひきしろふに及ばねば」〈平家・七〉❷「様」という字の旁の下部を「次」と書いた「様」の字。⇒永様 ⇒美様 ⇒平様

つき-ざらい【月復＝習】芸事などの、毎月定期的に行う勉強会。つきざらえ。

つき-じ【▽築地】海や沼などを埋めてつくった陸地。埋め立て地。

つきじ【築地】東京都中央区の地名。明暦の大火後の埋め立て地。銀座に接する地域。明治初期には外国人居留地が置かれた。中央卸売市場や本願寺別院などがある。

つぎ-しきし【継色紙】古筆切の一。小野道風筆と伝えられる。もとは継ぎ紙を粘葉装仕立てにし、見開き2ページに万葉集・古今集などの歌1首の上の句・下の句をそれぞれ散らし書きにしたもの。平安時代の仮名として珍重される。三色紙の一。

つきじ-しょうげきじょう【築地小劇場】大正13年(1924)土方与志・小山内薫らが東京築地に創設した、日本最初の新劇専門劇場およびその劇団。翻訳劇・創作劇を実験的に上演した。劇団は昭和5年(1930)解散。劇場は同20年戦災で焼失。

つき-したが・う【付(き)従う｜付き▽随う】〔動ワ五(ハ四)〕❶あとについて行く。お供をする。「いつも社員が—・う」❷服従する。配下となる。「大国に—・う」「敵近国より起って、—・ひたる勢さまで多しとも聞えねば」〈太平記・八〉

つきじ-べついん【築地別院】東京都中央区築地にある浄土真宗本願寺派の別院。元和7年(1621)第12世准如が浅草浜町に創建。明暦の大火で現在地に移転。関東大震災後、古代インド様式の本堂が完成。築地門跡。築地本願寺。

つきしま【月島】東京都中央区の地名。隅田川河口を埋め立てて、明治時代に造成された人工島。初め築島といったが、後に「月」の字を当てた。

つき-じまい【月仕舞(い)】月の終わり。月末。

つぎ-じゃみせん【継(ぎ)三味線】継ぎ棹の三味線。

つき-じり【月尻】月の終わり。げつまつ。つきずえ。⇔月頭

つき-しろ【月代】❶月。「五つ時の空には地上を照らす—とてもない」〈藤村・夜明け前〉❷「さかやき」に同じ。

つき-しろ【月白｜月代】月の出ようとするとき、東の空が白んで明るく見えること。「いつか—のした、うす明るい空にそむいて」〈芥川・偸盗〉《季 秋》

つき-じろ【月白】額に白い毛のまじっている馬。つきびたい。ひたいじろ。ほしづき。

つき-しろ・う【突きしろふ】〔動ハ四〕《「つきじろう」とも》互いにひざや肩などをつつき合う。また、相手をつっついて合図をする。「子を知るはといふは虚言なめりなどぞ—・ふ」〈源・少女〉

つき・す【尽きす】〔動サ変〕《動詞「つ(尽)く」の連用形＋動詞「す」から》尽きる。なくなってしまう。ふつう、打消しの形で用いる。「なほ—・せずあてになまめかしうおはします」〈源・藤裏葉〉➡尽きせぬ
つき-ずえ【月末】月の終わりごろ。げつまつ。
つき-す・える【突(き)据える】〔動ア下一〕図つきす・う〔ワ下二〕突きころばすようにして座らせる。乱暴に座らせる。「お妙は飛石に—・えられたように成って、立ち留まった」〈鏡花・婦系図〉
つき-すす・む【突(き)進む】〔動マ五(四)〕勢いよくどんどん進む。「目標に向かって—・む」
つき-すて【突(き)捨て】《「つきずて」とも》❶将棋で、歩を突いて敵に取らせること。❷突いたまま、そこに捨てておくこと。小槍などについていう。〈日葡〉
つき-せかい【月世界】❶►げっせかい(月世界)❷薄黄色で拍子木形の干菓子。富山市の銘菓。
つきせ-ぬ【尽きせぬ】〔連語〕尽きることがない。いつまで変わらない。「—故郷への思い」➡尽きす
(類語)無尽蔵・無尽・無限
つき-そい【付(き)添い】付き添うこと。また、その人。「患者の—」
(類語)エスコート・添乗・世話・扶助・扶育・御守り・介添え・介助・介護・介抱・看護・ケア
つき-そ・う【付(き)添う】〔動ワ五(ハ四)〕世話などをするためにそばについている。「病人に—・う」「入学式に—・ってゆく」(類語)添う・寄り添う
つき-そで【突(き)袖】手をたもとの中に隠し入れ、袖先を前へ突き出すこと。気どって歩くときなどのしぐさ。
つき-だ【▽築田】埋め立てて開墾した田。築地。
つぎ-だい【継(ぎ)台|接(ぎ)台】❶つぎ木の台にする木。台木。❷踏み台。足つぎ。
つき-たおし【突(き)倒し】相撲のきまり手の一。手で相手の胸を強く突いて倒す技。
つき-たお・す【突(き)倒す】〔動サ五(四)〕突いて倒す。押してころばす。「人を—・す」
つき-だし【突(き)出し】❶突き出ていること。また、そのもの。でっぱり。「川へ—をつくった安値な西洋料理屋」〈志賀・暗夜行路〉❷料理屋などで、酒のさかなとして最初に出す、ちょっとした料理。お通し。❸相撲のきまり手の一。手のひらで相手の肩や胸を突き当てて突っ張り、土俵外へ出す技。❹江戸時代の遊里で、遊女が初めて客をとること。また、その遊女。突き出し女郎。
つきだし-こうこく【突(き)出(し)広告】新聞広告の定型の一つ。記事下広告の左右から、上の記事スペースに突き出して掲載される。
(類語)全面広告・記事下広告・三八つ広告・記事中広告・三行広告
つきだし-まど【突(き)出し窓】►突き上げ窓
つきだし-もの【突き出し者】❶仲間はずれにされた者。のけ者。「親子二人うなづいて、女房独りを—」〈浄・日本武尊〉❷罪を犯して奉行所などに突き出された者。「この俺をば—にしやあがるかえ」〈伎・浮名横櫛〉
つき-だ・す【突(き)出す】〔動サ五(四)〕❶突いて外へ押し出す。「土俵の外へ—・す」❷勢いよく前の方へ出す。「こぶしを—・す」❸悪事をはたらいた者を警察などに連れて行く。「すりを派出所に—・す」❹建物やその一部を外の方へ張り出して設ける。「庭に—・している窓」❺男女の関係を断つ。縁を切る。「何も今さら—・すという訳ではないけれど」〈一葉・にごりえ〉❻遊女に初めて客を取らせる。「そも女郎の十四五より—・して新造ととなへ」〈洒・男倡新宗玄々経〉
つぎ-た・す【▽注ぎ足す】〔動サ五(四)〕水などの足りない分をそそいで加える。「ビールを—・す」
つぎ-た・す【継(ぎ)足す】〔動サ五(四)〕あとから増し加える。また、つないで長くする。「子供部屋を—・す」「話を—・して書く」
つき-たち【月立ち|一日|×朔】►ついたち
つき-た・つ【月立つ】〔動タ四〕❶月がのぼる。「朝づく日向ひの山に—・てり見ゆ遠妻を持てらむ人し見つつ偲はむ」〈万・一二九四〉❷月が改まる。新しい月になる。「あしひきの山も近きをほととぎす—・つまでになにか来鳴かぬ」〈万・三九八三〉
つき-た・つ【突(き)立つ】㊀〔動タ五(四)〕❶突きささる。ささる。「矢が—・つ」❷立ったまま動かないでいる。つったつ。「ながいこと、私は窓際に—・っていた」〈高見・如何なる星の下に〉❸急に立ち上がる。急いで立つ。「中将—・って、正面東の妻を立ち廻り」〈盛衰記・四五〉㊁〔動タ下二〕「つきたてる」の文語形。
つき-たて【×搗き立て|×舂き立て】餅などの、ついたばかりであること。また、そのもの。
つぎ-たて【継(ぎ)立て】宿駅で人馬を替えて、貨客を送り継ぐこと。宿継ぎ。
つぎたて-うま【継(ぎ)立て馬】宿駅に用意してある継ぎ立て用の馬。
つき-た・てる【突(き)立てる】〔動タ下一〕図つきた・つ〔タ下二〕❶突きさして立てる。つったてる。「杭を—・てる」「ナイフを畳に—・てておどす」❷激しく何度も突く。「土俵を割るまで—・てる」
つぎ-た・てる【継(ぎ)立てる】〔動タ下一〕図つぎた・つ〔タ下二〕継ぎ立てをする。宿継ぎをする。「宿の伝馬役が無給でそれを—・てるような制度は改めたい」〈藤村・夜明け前〉
つき-たらず【月足らず】胎児が10か月に満たないで生まれること。また、その子。早生児。
つき-たんさき【月探査機】月あるいはその周辺の宇宙空間を観測するために打ち上げられる探査機。1959年にソ連のルナ1号が初めて月面上空を飛行、69年に米国のアポロ11号が人類初の月面着陸を果たした。
つぎ-つ【継ぎつ】〔動タ下二〕物事を次々にする。続けてする。「いや継ぎ継ぎに見る人の語り—・てて」〈万・四四六五〉
つき-づき【月月】月ごと。毎月。副詞的にも用いる。「—の支払い」「—積み立てる」
つき-づき【付き付き】そば仕えの者。付き添いの者。「—の女も哀れにいたましく思ふうちにも」〈浮・五人女・一〉
つぎ-つぎ【継ぎ継ぎ|次次】❶身分や地位などが、その次に位置する人たち。「随身、小舎人童、—の舎人などまで」〈源・若菜下〉❷子孫。「いよいよかの御—になり果てぬる世にて」〈源・橋姫〉❸種々の小布を縫い合わせて作ったもの。「下り手のかたし目貫き、—のよだれ掛け」〈浮・五人女・二〉
つぎ-つぎ【次次】〔副〕物事が次から次へと続くさま。「—に用事ができる」「—(と)客が訪れる」
(類語)順順に・順繰りに・逐次・順次
つきづき・し【付き付きし】〔形シク〕いかにもぴったりしていてふさわしい。似合っている。「いと寒きに、火など急ぎおこして、炭もてわたるもいと—・し」〈枕・一〉
つきっ-きり【付きっ切り】「付き切り」に同じ。「—の看病」
つき-つけ【突(き)付け】❶二つの材を、枘などをつけずにただ突き合わせ、釘や接着剤などで接合すること。また、そのもの。❷「突き付け売り」の略。「比丘尼の方より—の切り売りをいたし侍る事の悲しさよ」〈仮・東海道名所記・二〉
つきつけ-うり【突き付け売り】無理に売りつけること。また、その人。押し売り。つきつけあきない。「算用違うて買ひ手もないに—もならず」〈浮・万金丹・一〉
つき-つ・ける【突(き)付ける】〔動カ下一〕図つきつ・く〔カ下二〕❶荒々しく凶器などを相手の目の前に差し出す。「ピストルを—・ける」❷強い態度で文書などを相手に差し示す。「抗議文を—・ける」「証拠を—・ける」
つき-つ・める【突(き)詰める】〔動マ下一〕図つきつ・む〔マ下二〕❶ひたすら思い込む。思いつめる。「そんなに—・めて考えるな」❷物事を最後のところまできわめる。「さらに—・めて検討する」
(類語)極める・煎じ詰める
つぎ-て【継(ぎ)手|接(ぎ)手】❶(継ぎ手)家督や家業などを継ぐ人。あととり。❷二個の機械部品をつなぎ合わせる部品。ジョイント。❸木造建築の柱・梁・船の敷・水押・戸立などの部材と部材との継ぎ目。また、継ぐ方法。部材を長さ方向に結合する場合にいう。❹囲碁で、離れている石をつなぐために打つ手。
つき-てあて【月手当】毎月支給される手当。
ツキディデス【Thūkydidēs】[前460ころ～前400ころ]古代ギリシャの歴史家。アテネ出身。ペロポネソス戦争を記した「歴史」8巻(未完)は歴史記述の傑作とされる。ツキジデス。
つき-でっぽう【突(き)鉄砲】►紙鉄砲
つき-で・る【突(き)出る】〔動ダ下一〕❶突き破って出る。「釘が板から—・でる」❷ある部分が外側や前方に出っ張る。「桟橋が海に—・でる」
つぎ-てんま【継(ぎ)伝馬】宿場ごとに取り替えて仕立てる駅馬。宿継ぎの伝馬。継ぎ立て馬。
つき-とお・す【▽吐き通す】〔動サ五(四)〕あくまでも口に出して言う。「うそを—・す」
つき-とお・す【突(き)通す】〔動サ五(四)〕❶突いて裏まで通す。つらぬく。「千枚通しで束ねた紙を—・す」❷意見・主義などを最後まで主張する。押し通す。「あくまで信念を—・す」(類語)突き抜く・貫く・貫通
つき-とお・る【突(き)通る】〔動ラ五(四)〕一方から他方へ突いて抜ける。貫き通る。つきぬける。「銃弾が—・る」
つき-とば・す【突(き)飛ばす】〔動サ五(四)〕激しく突いたり、ぶつかったりしてはね飛ばす。「相手を—・して逃げる」
つき-と・める【突(き)止める】〔動マ下一〕図つきと・む〔マ下二〕❶不明な点や疑問点などを、徹底的に調べて明らかにする。また、調べてさがしだす。「原因を—・める」「犯人の隠れ家を—・める」❷突いてしとめる。突き殺す。「三人ともに—・め、その死骸の上に腰をかけて」〈浮・武家義理・三〉
つき-とも-な・い【付きとも無い】〔形〕図つきともな・し〔ク〕《近世語》ふさわしくない。不都合だ。つきなし。「節季でもあることか、—・い今日に限り、このやうにせがむのは」〈浄・二枚絵草紙〉
つきとろくペンス【月と六ペンス】《原題The Moon and Sixpence》モームの長編小説。1919年刊。画家になるために妻子を捨て、タヒチ島に渡って大作に没頭する男の物語。フランスの画家ゴーギャンがモデルとされる。
つき-な【付き無】〔連体〕変な。おかしな。「—事を言ふまいぞ」〈洒・辰巳之園〉
つき-なか【月中】月の中ごろ。中旬。つきなかば。
つき-なかば【月半ば】月の中ごろ。中旬。つきなか。
つき-なし【月▽済し】借金を月ごとにいくらかずつ返済すること。「—金」「私は到頭その—の金を払う力もなくなってしまった」〈百閒・百鬼園随筆〉
つき-な・し【付き無し】〔形ク〕❶不案内なさま。どうしていいかわからない。「逢ふ事の今ははつかになりぬれば夜ふかからでは—・かりけり」〈古今・雑体〉❷不似合いであるさま。ふさわしくない。「もとよりかかるありきに—・き身なればにや」〈和泉式部日記〉❸不愉快であるさま。心に添わない。気にくわない。「いかにかく籠りおはします。—・くも思ほさるらむ」〈宇津保・嵯峨院〉
つき-なみ【月並(み)|月▽次】㊀〔名〕❶毎月きまって行われること。月に一度ずつあること。毎月。月ごと。「—の会」❷「月並俳句」の略。❸「月次の祭」の略。❹十二の月の順序。月の移り変わり。「なみ」を「波」に掛けて、歌語として用いられる。「水のおもに照る—を数ふれば今宵ぞ秋のもなかなりける」〈拾遺・秋〉㊁〔名・形動〕新鮮みがなく、ありふれていて平凡なこと。また、そのさま。「—な表現」「発想が—だ」「そんな—を食いにわざわざここ迄来やしないと」〈漱石・吾輩は猫である〉(類語)(㊁)凡庸・平凡・凡百・陳腐
つきなみ-え【月▽次絵】1年12か月の行事や風俗を自然の景趣を背景に描いた絵。平安時代以降の大和絵の主要なジャンルの一つで、障子絵や屏風絵に描かれた。➡四季絵
つきなみ-かい【月並(み)会】毎月きまって開く会合。多く和歌・連歌・俳句の会などにいう。

つきなみ-こう【月▽次講】毎月定期的に催される講。

つきなみ-ちょう【月並調】❶陳腐で、新鮮みのない俳句や俳諧の調子。正岡子規が旧派の俳風を批判していった語。❷ありきたりで、新しさのない調子。「—のあいさつ」

つきなみ-の-まつり【月次の祭】㊀陰暦6月と12月の11日に、神祇官で行われていた神事。伊勢神宮をはじめ304座の全国主要神社に幣帛を奉り、天皇の健康と国家の平安を祈る。もと月ごとに行われるべきものであったので「月なみ」の名があるが、半年ずつまとめて夏と冬の2季に催された。応仁の乱で一時中絶したが、明治5年(1872)復興され、第二次大戦前まで続いた。㊁一般の神社で毎月行われる定例の祭り。

つきなみ-は【月並派】月並み会を催して陳腐・卑俗な俳句を作りつづけている旧派の俳人たちをあざけっていう語。

つきなみ-はいく【月並俳句】正岡子規が俳句革新の立場から、伝統的な旧派の俳句を排撃していった語。転じて、古臭くて平凡な俳句。月並発句。

つき-な・む【着き▽並む】〔動マ四〕ならんで座る。居ならぶ。「上むしろ敷きなべて、公達—・み給へり」〈宇津保・吹上上〉

つぎ-に【次に】〔接〕前に述べた事柄に付け加える内容を導く語。それから。それにつづいて。「会長のあいさつが終わると、—来賓の祝辞がある」

つきにほえる【月に吠える】萩原朔太郎の第1詩集。大正6年(1917)刊。近代人の精神的孤独や憂鬱を鋭い感受性をもって表現し、音楽的な口語自由詩の美しさを完成させた。

つきぬき-にんどう【突▽貫忍冬】スイカズラ科の蔓性の低木。葉は対生するが、茎の先のほうでは基部が合着し、葉の中央を茎が貫く。初夏、茎の先に漏斗状の橙色の花が多数咲く。北アメリカの原産。

つき-ぬ・く【突(き)抜く】㊀〔動カ五(四)〕突いて、反対側まで通す。突きつらぬく。「槍で—・く」㊁〔動カ下二〕「つきぬける」の文語形。(類語)突き通す・貫く・貫通

つき-ぬけ【突(き)抜け】❶突き抜けること。突き通ること。❷向こう側へ通り抜けること。「—になっている路地」

つきぬけ-うら【突(き)抜け裏】表通りへ抜けられる裏路地。

つき-ぬ・ける【突(き)抜ける】〔動カ下一〕文つきぬ・く〔カ下二〕❶突き通って裏まで抜ける。「弾丸が壁を—・ける」❷向こう側へ通り抜ける。「湿地帯をようやく—・ける」
(類語)通り抜ける・貫く・貫通する・くぐり抜ける・擦り抜ける・乗り越える

つぎねふ〔枕〕「山城」にかかる。語義・かかり方未詳。「—山城道を他夫の馬より行くに」〈万・三三一四〉

つぎねふ-や〔枕〕「山城」にかかる。語義・かかり方未詳。「—山城川を宮上り」〈記・下・歌謡〉

つき-の-いきな【調伊企儺】[?〜562]古代の武将。百済からの渡来人の子孫。欽明天皇の時、新羅との戦いで捕らえられ、新羅王をののしって殺されたという。

つき-の-いでしお【月の▽出潮】月が出るとともに満ちてくる潮。つきのでしお。「和歌の浦に—のさすままに夜なく鶴の声ぞかなしき」〈新古今・雑上〉

つき-の-いり【月の入り】月が西に沈むこと。また、その時刻。⇔月の出。

つき-の-いろびと【月の色人】月の美しいのを美人にたとえていう語。「その名も—は、三五夜中の空にまた満願真如の影となり」〈謡・羽衣〉

つき-の-えん【月の宴】月を眺めながら催す宴。観月の宴。「内裏の御所に、今宵は—あるべかりつるを」〈源・鈴虫〉

つきのおちば【槻の落葉】江戸後期の歌文集。9巻4冊。荒木田久老著。寛政年間(1789〜1801)の成立。和歌・随筆などを収録。

つき-の-かお【月の顔】月のおもて。月の表面。また、月の光。月影。「見上げ給へれば、人もなく、—のみきらきらとして」〈源・明石〉

つき-の-かがみ【月の鏡】❶晴れわたった空にかかる満月。形を鏡と見立てた語。(季秋)❷月を映した池の水面を鏡にたとえた語。「久方の—となる水をみがくは冬の氷なりけり」〈新後拾遺・冬〉

つき-の-かつら【月の×桂】古代中国の伝説で、月の中に生えているというカツラの木。月桂。

月の桂を折る 《「晋書」郤詵伝の「桂林の一枝」の故事が、のちに月の桂の伝説と結びついたもの》官吏登用試験に合格する。➡桂を折る

つき-の-き【×槻の木】ケヤキの古名。〈和名抄〉

つき-の-きゃく【月の客】月見をしている人。月見客。(季秋)「岩鼻やここにもひとり—/去来」

つき-の-くらい【月の位】江戸時代の上方で、下級女郎の称。月。

つき-の・ける【突き▽除ける┆突き▽退ける】〔動カ下一〕文つきの・く〔カ下二〕突いて、わきに押しやる。手荒く押しのける。「人を—・けて進む」
(類語)押しのける・押しやる・押しまくる・押す

つき-の-ころ【月の頃】月が出ているころ。月の眺めのよいころ。特に、満月の前後数日の間。「夏は夜。—はさらなり」〈枕・一〉

つき-の-ざ【月の座】➡月の定座

つき-の-さかずき【月の杯】杯を月にたとえていう語。美しい杯。「—さす袖も雪をめぐらす袂かな」〈謡・紅葉狩〉

つき-の-さわり【月の障り】❶月経。メンス。月のもの。❷月の光をさえぎるもの。「女松にておはすらん、—になるほどに」〈咄・露がはなし・二〉

つき-の-しずく【月の×雫】❶露の異称。❷ブドウの実を、一粒ずつ白砂糖の衣でくるんだ菓子。山梨県甲府市の銘菓。

つき-の-しも【月の霜】月光がさえ渡り地上を白く照らすのを、霜にたとえた語。「こよひかく眺むる袖の露けきは—をや秋と見つらむ」〈後撰・夏〉

つき-の-じょうざ【月の定座】連歌・連句で、一巻のうち、月の句を詠みこむ箇所。歌仙では、初表の5句目、初裏の8句目、名残の表の11句目の3か所。百韻では、初表の7句目、初裏の10句目、二の表・三の表の13句目、二の裏・三の裏の10句目、名残の表の13句目の7か所とされたが、その前後に詠みこむことも許された。月の座。➡花の定座

つき-の-つるぎ【月の剣】三日月のこと。(季秋)

つき-の-で【月の出】月が東から出ること。また、その時刻。⇔月の入り。

つぎ-の-ないかく【次の内閣】民主党が与党でない場合に設置される、党の政策を検討し決定する機関。構成員は、与党となったときの閣僚候補ともなる。(補説)平成11年(1999)設置時の名称はネクストキャビネット(NC)。同15年から現在の名称に変更。

つき-の-なごり【月の名残】《秋の月の最後の意》陰暦九月十三夜の月のこと。後の月。(季秋)「橋桁のしのぶは—かな/芭蕉」

つき-の-ねずみ【月の×鼠】《象に追われた人が木の根を伝わって井戸に隠れたところ、井戸の周囲には4匹の毒蛇がいてかみつこうとし、また、木の根を黒と白2匹の鼠がかじろうとしていたという「賓頭盧説法経」にある説話で、象を無常、鼠を昼と夜、毒蛇を地・水・火・風の四大にたとえるところから》月日の過ぎゆくこと。月日の鼠。

つき-の-はやし【月の林】公卿の仲間。月卿。「昔わが折りし桂のかひもなし—の召しに入らねば」〈拾遺・雑上〉

つき-の-ふね【月の船】月を、大空を渡る船にたとえていう語。月の御船。「—さし出づるより空の海星の林ははれにけらしも」〈新後拾遺・秋下〉

つぎ-の-ま【次の間】❶主要な部屋に隣接する控えの間。「—付きの部屋」❷主君の居室の次にある部屋。従者などが控える部屋。おつぎ。

つき-のみ【突き×鑿】のみの一種。柄の長さ30センチくらいで、槌を用いずに突くようにして穴をあけるもの。刺鑿。

つき-の-みや【月の宮】月の中にあるという宮殿。月宮殿。「—うはの空なるかたみにて思ひもいでば心かよはむ」〈新古今・恋四〉

つき-の-みやこ【月の都】❶月の中にあるといわれる宮殿。月宮殿。また、月世界。「おのが身はこの国の人にもあらず、—の人なり」〈竹取〉❷都の美称。「見るほどぞしばし慰むめぐりあはむ—ははるかなれども」〈源・須磨〉

つき-の-むらど【月のむら戸】月の光がもれてさし込む戸。「—を押し開けて内に入らせ給ひけり」〈謡・田村〉

つき-の-もの【月の物】月経。メンス。月の障り。

つぎ-の-もの【次の者】次に位する者。第二流の者。また、身分の低い者。「すべて人の頼むまじきものは—にてありけるぞや」〈義経記・二〉

つきのゆくえ【月の行方】江戸中期の歴史物語。2巻3冊。荒木田麗女作。明和8年(1771)成立。高倉・安徳天皇時代の史話を雅文体で記す。

つき-の-わ【月の輪】❶月。特に、満月。げつりん。❷満月にかたどった丸い形。また、その形のもの。わら製の釜敷き、袈裟につける飾り物、釣り花瓶など。❸ツキノワグマののどの下にある、半月形の白い毛。

つきのわ【月輪】京都市東山区の地名。東福寺・泉涌寺がある。

つきのわ-かんぱく【月輪関白】《京都東山の月輪に山荘を営んだところから》九条兼実の異称。

つきのわ-ぐま【月輪熊】クマ科の哺乳類。体毛は黒く、胸の上部に三日月形の白斑がある。ヒマラヤ地方から中国・朝鮮半島・日本にかけて分布。ニホンツキノワグマはこの一亜種で、本州・四国の山地にすみ、樹洞や岩穴で冬ごもりをし、この間に雌は子を産む。かつては九州にも分布していたが、現在は絶滅したものとみなされている。

つき-は【付(き)端】いくらか関連のあるところ。「お種は—も無い事を言出した」〈紅葉・多情多恨〉

つぎ-は【継(ぎ)端】話などを言いつづけるきっかけ。つぎほ。「言葉の—を失う」

つぎ-ば【継(ぎ)場】近世、街道で人馬の継ぎ替えをする所。宿場。宿継ぎ。問屋場。

つぎ-ば【継(ぎ)歯】《「つぎは」とも》❶歯の悪い部分を取り除いて、そのあとに人造の歯を継ぎ足すこと。また、その歯。差し歯。❷下駄の歯のすり減った部分に、新しく歯を継ぎ足すこと。また、その歯。

つき-ばえ【月映え】月の光に照らされて、いっそう美しくはえて見えること。「闇はあやなきを、—は今少し心ことなりと定め聞こえし」〈源・竹河〉

つぎ-はぎ【継ぎ▽接ぎ】❶衣服に継ぎがたくさんあたっていること。「—だらけの着物」❷他人の文章や考えなどを寄せ集めてつなぎ合わせること。「—の意見(政策)」「あちこちの論文を—する」

つぎ-はし【継ぎ橋】ところどころに橋脚となる柱を立て、橋板を継いだ橋。「足の音せず行かむ駒もが葛飾の真間の—止まず通はむ」〈万・三三八七〉

つぎ-ばしご【継ぎ×梯子】継ぎ合わせて長く伸ばせるようにした梯子。

つき-はじめ【月初め】月の初め。月がしら。

つき-は・てる【尽(き)果てる】〔動タ下一〕文つきは・つ〔タ下二〕全く尽きる。すっかりなくなる。「精も根も—・てる」「愛想が—・てる」

つき-はな【月花】❶月と花。また、それらに代表される風雅な物事。「—はさらなり、風のみこそ、人に心はつくめれ」〈徒然・二一〉❷賞翫したり寵愛したりするもののたとえ。「その女はひとり娘にて、日頃—と寵愛せしに」〈浮・男色大鑑・六〉

つき-はな【×洟】《「つきばな」とも》はなみず。はなじる。はな。「きたなげなるもの…、白き—」〈能因本枕・一五二〉

つき-はな・す【突(き)放す】〔動サ五(四)〕❶突いたり強く押したりして離れさせる。つっぱなす。「組みついてくる相手を—・す」❷関係を絶って相手にしな

い。頼ってくる相手を見捨てる。つっぱなす。「親友からも―・される」「わざと―・した態度をとる」❸感情を入れないで扱う。「―・した目で世の中を見る」〘類語〙突きのける・突き飛ばす・突っぱねる・はねつける

つき-ばらい【月払い】―ばらひ ❶1か月ごとにまとめて支払うこと。「使用料を―にする」❷月ごとに分割して支払うこと。月賦払い。「―で買う」

つき-ばん【月番】1か月ずつ交代で勤務すること。また、その人。

つき-ひ【月日】❶過ぎていく時間。時日。としつき。「―が経つ」「あれから五年の―が流れた」❷暦のうえの月と日。がっぴ。❸月と太陽。じつげつ。「天(あめ)なるや―のごとく我(あ)が思へる君が日に異(け)に老ゆらく惜しも」〈万・三二四六〉〘類語〙歳月・光陰・日月・星霜

つきひ-がい【月日貝┊海=鏡】―がひ ツキヒガイ科の二枚貝。海の砂泥底にすむ。貝殻は円形で平たく、殻長約10センチ、表面は滑らかで光沢があり、左殻は赤橙色、右殻は淡黄白色。名はこれを太陽と月に見立てたもの。本州中部以南に分布。食用、貝殻は貝細工用。〔季 春〕

つぎ-びきゃく【継(ぎ)飛脚】江戸時代、幕府が各宿駅に配置し、重要文書や貨物を継送させた飛脚。

つき-ひざ【突(き)膝】腰を浮かせて両膝と爪先とで体を支える姿勢。「―で出迎える」

つき-びたい【月額】―びたひ 馬の毛色の名。額に白い斑(まだら)毛のあるもの。ほしづき。

つき-ひと【月人】月を擬人化していう語。月人男。「黄葉(もみち)する時になるらし―の楓(かつら)の枝の色付く見れば」〈万・二二〇二〉

つき-びと【付(き)人】付き添って身のまわりの世話をする人。現在では多く、芸能人や力士の場合にいう。つけびと。

つきひと-おとこ【月人男】―をとこ「月人」に同じ。「秋風の清き夕(ゆふへ)に天の川舟漕ぎ渡る―」〈万・二〇四三〉

つきひ-の-ねずみ【月日の×鼠】「月の鼠」に同じ。「―の口騒がしき観を凝らしつつ」〈盛衰記・四八〉

つき-ふ【月賦】「げっぷ(月賦)」に同じ。「―ニシテ金ヲ払ウ」〈和英語林集成〉

つぎ-ふ【継(ぎ)歩】将棋で、同一筋の敵歩の頭に連続して歩を突いたり打ったりして攻めること。

つき-ふさがり【月塞がり】陰陽道(おんようどう)で、月によって特定の方角を忌み避けること。正月・5月・9月は北方、2月・6月・10月は東方、3月・7月・11月は南方、4月・8月・12月は西方を忌む。

つぎ-ぶし【次節┊継節】元禄(1688～1704)のころ、江戸新吉原で流行した小唄。つぎうた。

つきふ-づめ【突(き)歩詰(め)】将棋で、盤上にある歩を突いて王将を詰めること。➡打ち歩詰め

つき-べつ【月別】1か月ごとに分けること。「―の収支決算」

つき-べり【×搗き減り┊×舂き減り】〔名〕スル 米などをついたためにその量が減ること。

つき-へん【月偏】漢字の偏の一。「朋」「朕」などの「月」の称。➡肉月(にくづき)

つぎ-ほ【接(ぎ)穂┊継(ぎ)穂】❶接ぎ木のとき、台木に接ぐ枝など。義枝。〔季 春〕❷いったんとぎれた話を続けようとするときのきっかけ。つぎは。「話の―を失う」

つき-ほし-ひ【月星日】❶月と星と太陽。三光。日月星(じつげつせい)。❷ウグイスの鳴き声をいう語。月日星(つきひほし)。「鶯は―をやかぞへ歌/良徳」〈犬子集〉

つき-まいり【月参り】―まゐり〔名〕スル 毎月1回、きまった日に社寺に参詣すること。月もうで。

つきまして-は【就きましては】〔接〕「就いては」の丁寧な言い方。それですから。したがいましては。「―御出席賜りたく」

つき-ま・ぜる【×搗き交ぜる┊×舂き交ぜる】〔動ザ下一〕〘文〙つきま・ず〔ザ下二〕❶杵(きね)などでついて、まぜ合わせる。「米に粟を―・ぜた餅」❷種々のものを一緒にする。とりまぜる。「お雪はいきかえりの旅を―・ぜて夫に話した」〈藤村・家〉

つき-またがり【月×跨がり】月をまたいで翌月にかかること。月越し。月またげ。

つき-またげ【月×跨げ】「月跨(つきまた)がり」に同じ。「逗留シテーニナル」〈和英語林集成〉

つき-まち【月待ち】陰暦で月の17日・19日・23日などの夜、月の出るのを待って供物を供え、酒宴を催して月を祭ること。特に、正月・5月・9月の二十三夜が盛大であった。月祭り。➡日待ち

つぎ-まつ【継ぎ松┊▽続ぎ松】たいまつ。ついまつ。「―とり出だして、更に点(とも)して見ければ」〈今鏡・六〉

つき-まつわ・る【付き×纏わる】―まつはる〔動ラ五(四)〕そばについて離れようとしない。また、ある気持ちなどがからみついて離れない。まつわりつく。「子供がうるさく―・る」「苦い思い出が―・る」

つき-まとい【付き×纏い】―まとひ つきまとうこと。いつもそばに付き従うこと。特に、特定の人物に対して、恋愛感情などが満たされないことによる怨恨のためにつきまとうこと。➡ストーカー ➡ストーカー規制法

つき-まと・う【付き×纏う】―まとふ〔動ワ五(ハ四)〕❶離れずに、いつもそばに付き従う。「弟が―・う」「物売りに―・われる」❷ある事情などが、ついてまわって離れない。また、ある気持ちなどが、いつも頭から離れない。「リスクが―・う仕事」「不安が―・う」
〘類語〙まつわる・まとい付く・まつわり付く

つき-まわり【月回り】―まはり ❶月ごとのまわり番。「―の当番」❷月ごとにめぐってくる吉凶の運。その月のめぐりあわせ。「今月は―が悪い」

つき-み【月見】❶月をながめて楽しむこと。特に陰暦八月十五夜(中秋の名月)、九月十三夜(後(のち)の月)の月を観賞すること。また、その集まりや宴。〔季 秋〕「雲をりをり人を休むる―哉/芭蕉」❷卵を落とし入れた料理。卵黄を月に見立てていう。月見とろろ・月見饂飩(うどん)・月見蕎麦(そば)など。❸近世、成人の祝儀の一。女子の鬢除(びんそ)ぎ、男子の袖止めの祝い。ふつう、16歳の6月16日に行い、その夜、月に供えた饅頭に穴をあけ、その穴から月見をした。〘類語〙(❶)観月

つきみ-ぐさ【月見草】❶オオマツヨイグサの俗称。❷ハギの別名。

つきみざとう【月見座頭】狂言。大蔵流。中秋の名月の夜、座頭と通りがかりの男とが意気投合し、楽しく酒を酌(く)み交わして別れるが、男に突然いたずら心が生じ、引き返して座頭を突き倒す。

つきみず-づき【月▽不▽見月】《五月雨(さみだれ)のために月がめったに見られないところから》陰暦5月の異称。〔季 夏〕

つきみ-そう【月見草】―サウ ❶アカバナ科の越年草。高さ約60センチ。葉は長楕円形で縁にぎざぎざがある。夏の夕方に白い4弁花を開き、翌朝にしぼんで赤くなる。北アメリカの原産で、観賞用に植えられる。〔季 夏〕「砂丘はなるる月の早さよ―/乙字」❷オオマツヨイグサ・マツヨイグサの俗称。

つきみ-だんご【月見団子】陰暦八月十五夜と九月十三夜のとき、月に供える団子。〔季 秋〕

つきみ-づき【月見月】陰暦8月の異称。

つき・む【▽拒む】〔動マ四〕断る。こばむ。「―・みて言ふにこそと思ひて」〈宇治拾遺・一四〉

つき-め【尽(き)目】物事が終わり尽きてしまう時。「金(かね)の―」「運の―」

つき-め【突(き)目┊突き▽眼】目を突いたために起こる外傷。また、目の角膜の刺し傷から化膿菌(かのうきん)が入って起こる角膜潰瘍(かいよう)のこと。

つぎ-め【継(ぎ)目┊▽続ぎ目】❶物と物のつなぎ合わせてある部分。つなぎめ。「水道管の―」❷骨と骨とが連結している部分。関節。「膝の―が急に痛くなった」〈漱石・夢十夜〉❸家督・位・役職などを交替すること。また、その後継者。あとつぎ。「これが無ければ―の参内がならぬ故」〈伎・壬生大念仏〉〘類語〙(❶)切れ目・分け目・裂け目・小口・切れ口・割れ目・節目

つぎめ-の-ごはん【継(ぎ)目の御判】室町・江戸時代、主君の代がわりのとき、家臣や社寺などに、前主どおりにその領地・職務を安堵する旨、花押(かおう)を書いて与えた文書。江戸時代になると花押のかわりに朱印・黒印が多く用いられた。

つき-もうで【月詣で】―まうで〔名〕スル「月参り」に同じ。

つき-もど・す【突(き)戻す】〔動サ五(四)〕❶向かってきたものを、突いて、もときた方向へ押し戻す。つきかえす。「土俵際から―・す」❷差し出されたものや届けられたものを、受け取らないでそのまま相手に戻す。つきかえす。「書類を―・す」

つき-もの【付き者】つきそう人。また、つきまとう人。「―の女郎、はじめのあらましをささやけば」〈浮・諸艶大鑑・四〉

つき-もの【付(き)物】❶その物に付属して用をなす物。また、ある物事と密接な関係をもち、それといつも取り合わせて考えられるもの。墨(すみ)と硯(すずり)、権利と義務、梅と鶯(うぐいす)の類。❷ある物事にかならずついてまわるとされる性質や状態。「スポーツにけがは―だ」❸書籍や雑誌に綴じ込まれたり、差し込まれたりしている付属印刷物。また、付録やブックカバー・帯紙など。〘類語〙添え物・おまけ

つき-もの【×憑き物】人に乗り移って、その人に災いをなすと信じられている動物霊や生霊・死霊。物の怪(け)。「―が落ちる」

つぎ-もの【継(ぎ)物】❶破損した漆器・陶器などを修繕すること。また、そのもの。❷衣類の破れにつぎをあてて繕うこと。また、繕いを必要とするもの。

つき-や【×搗き屋┊×舂き屋】❶穀物を精製する小屋。❷米つきを業とする家。また、その人。

つき-やく【月役】❶月経。月のさわり。月のもの。❷《月小屋の屋根に用いたところから》長さ1間(約1.8メートル)、幅1寸4、5分(約4.5センチ)の杉材の割り木。

つき-やとい【月雇い】―やとひ ❶1か月だけの約束で雇うこと。また、その雇われた人。❷月々の給料を定めて雇うこと。また、その雇われた人。

つき-やぶ・る【突(き)破る】〔動ラ五(四)〕❶㋐突いて破る。また、強い力で破る。「ふすまを―・る」㋑困難な事態や障害を打開する。「行き詰まった局面を―・る」❷突進して敵や囲みを打ち破る。突破する。「堅い守りを―・る」

つき-やま【築山】庭園などに、石や土を盛ってつくった小山。

つきやま-どの【築山殿】[1542～1579]徳川家康の正室。今川氏の一族関口義広の娘。今川氏の人質であった家康に嫁して二子をもうけたが、のち、武田勝頼に内通したとして織田信長にとがめられ、家康の命により殺された。駿河御前。

つき-や・る【突き▽遣る】〔動ラ五(四)〕突いて向こうへ押しやる。「『これをその方にお見せ』と云って我が子を―・ると」〈谷崎・少将滋幹の母〉

つき-ゆき-はな【月雪花】「雪月花(せつげつか)」に同じ。

つき-ゆび【突(き)指】〔名〕スル 指先に強く物が当たったりして、指の関節や腱(けん)を痛めること。「キャッチボールで―する」

つき-ゆみ【×槻弓】槻の木で作った弓。つくゆみ。「梓(あづさ)弓ま弓―年を経てわがせしがごとうるはしみせよ」〈伊勢・二四〉

つき-よ【月夜】月のある夜。月光の明るい夜。また、月。月光。つくよ。

月夜に釜(かま)を抜かれる　明るい月夜に釜を盗まれる。ひどく油断することのたとえ。月夜に釜を抜く。

月夜に提灯(ちょうちん)　不必要なこと、むだなことのたとえ。

月夜の蟹(かに)　《月夜には蟹は月光を恐れて餌(えさ)をあさらないので肉がつかないといわれるところから》やせて身のない蟹。転じて、中身のないことのたとえ。

つきよ-がらす【月夜×烏】月夜に浮かれて鳴く烏。また、夜遊びに浮かれ出る人のたとえ。うかれがらす。

つきよ-たけ【月夜×茸】キシメジ科の毒キノコ。ブナの枯れた幹に多数出る。傘は厚く、半月形に広がり、短い柄がある。上面は滑らかで黄茶から暗赤色、下面は白色だが、暗所で見ると青白く光る。〔季 秋〕

つき-よみ【月夜見┊月読み】「つくよみ」に同じ。

つきよみ-の-みこと【月読尊┊月夜見尊】日本神話で、黄泉(よみ)の国を脱出した伊弉諾尊(いざなぎのみこと)が禊(みそぎ)をした際、右の目を洗って化生した三神の第二神。天照大神の弟で、素戔嗚尊(すさのおのみこと)の兄。月の神。夜の

食国をすくにの支配を命じられた。つくよみのみこと。月弓尊。
つきよみ-の-みや【月読宮┊月夜見宮】㊀(月読宮)三重県伊勢市中村町にある皇大神宮の別宮。祭神は月読尊つきよみのみこと。㊁(月夜見宮)三重県伊勢市宮後みやじりにある豊受大神宮の別宮。祭神は月夜見尊並びにその荒御魂あらみたま。
つ・きる【尽きる┊×竭きる】〔動カ上一〕図つ・く〔カ上二〕❶次第に減って、とうとうなくなる。「万策―・きる」「気力が―・きた」❷続いていたものが終わる。途絶える。「寿命が―・きる」「道が―・きる」「名残が―・きない」❸(「…につきる」の形で)㋐それで全てが言いつくされる。その極に達する。…にきわまる。「感服の一言に―・きる」「教師冥利に―・きる」㋑最後までその状態のままである。…に終始する。「年寄りの話はぐちに―・きた」類語極まる・終わる・果てる・止やむ
つぎ-ろう【接ぎ×蠟】ラフ 接ぎ木の接合部分に、乾燥や雨湿を防ぐために塗る粘着性の物質。蜜蠟・松脂まつやになどに獣脂やアルコールを混ぜたものを使う。
つぎ-ろうそく【継ぎ×蠟×燭】ラフソク 蠟燭が燃え尽きる前に、別の蠟燭を継ぎ足すこと。忌む風習がある。
つき-わり【月割(り)】❶月の数に分けること。また、1か月当たりの平均。「―計算」❷「月賦げっぷ」に同じ。
つきん-ぼう【突きん棒】海の表層を泳いでいるカジキやマグロを突いて捕るための銛もり。また、それを用いる漁法。
つく【▽月】❶「つき」の上代東国方言。「かの児ろと寝ずやなりなむはだすすき浦野の山に―片寄るも」〈万・三五六五〉❷名詞の上に付いて、月の意を表す。「―夜」「―夜見」
つく【木=菟┊木=兎】ミミズクの古名。「初め天皇生あれます日、―産殿うぶどのにとび入れり」〈仁徳紀〉
つく【×銑┊×鈨┊▽柄】❶弓の弭はずの異称。また、そこにはめる金具。❷鉄棒・十手などにつける折れ釘。❸荷棒の両端に作った綱をとめるもの。❹(柄)櫂かい・櫓ろや手棹てざおなどの、手をかける部分の呼称。
つ・く【付く┊▽附く┊着く】㊀〔動カ五(四)〕❶あるものと他のものが離れない状態になる。㋐あるものが表面に密着する。くっつく。付着する。接着する。「ほこりが―・く」「飯粒が―・く」「この糊のりはよく―・く」㋑主となるものに、さらに添え加わる。「おまけが―・く」「条件が―・く」㋒消えないであとが残る。印される。「歯形が―・く」「傷が―・く」「しみが―・く」㋓ある性質・能力などがそなわる。「知恵が―・く」「身に―・いたしぐさ」㋔ある物事・状態・作用などが新たに生じたり、増し加わったりする。「電話が―・く」「味が―・く」「はずみが―・く」❷(着く)あるものが他のものや他の所まで達する。㋐到着する。「手紙が昨日―・いた」「目的地に―・く」「定刻に―・く」㋑一部分がある所に届いて触れる。「船底が海底に―・く」「枝が伸びて塀に―・く」㋒ある場所を占める。位置する。「守備位置に―・く」「席に―・く」❸あるもののそばに寄ってそい従う。㋐一緒になって行く。あとにつづき従う。「先頭ランナーに―・く」「彼のやり方には―・いていけない」㋑その立場に心を寄せて行動を共にする。味方になる。「有利な側に―・く」「何かというと母親に―・く」㋒そばを離れずにいる。いつもそばにいて世話をする。「護衛が―・く」「看護師が―・く」㋓頼りになる、または助けてくれる者が背後にいる。「スポンサーが―・く」㋔寄り集まる。たかる。「果物に虫が―・く」㋕あるものに沿う。「急いで堤どてに―・いて左の方へ道を折れた」〈秋声・足迹〉❹ある働きが活動を始める。㋐働きが盛んになる。「食欲が―・く」「精力が―・く」㋑(「点く」とも書く)燃えはじめる。また、あかりがともる。「火が―・く」「電灯が―・く」㋒病気にかかる。感染する。「ばい菌が―・く」㋓(「憑く」とも書く)乗り移る。とりつく。「ものに―・かれたような目」「狐きつねが―・く」㋔五感にとらえられる。意識・知覚がはたらく。「よく気の―・く人」「目に―・く広告」「高慢さが鼻に―・く」㋕植物が根をおろす。根づく。「挿し木が―・く」❺ある定まった状態がつくられる。㋐解決する。まとまる。落着する。「話が―・く」「勝負が―・く」㋑ある名前や値段になる。「愛称が―・く」「高値が―・く」㋒あることの前提・結果のもとでは、その値段になる。「一つ百円に―・く」「結局は高く―・いた」㋓意志が固まる。「決心が―・く」❻偶然などがうまく味方して、都合よく事が運ぶ。運が向く。「今日は―・いている」❼ある物事に付随して、別の物事が起こる。「風に―・きてさと匂ふがなつかしく」〈源・蓬生〉❽病気にかかる。感染する。「月ごろ御やまひも―・かせ給て」〈大鏡・道隆〉❾(動詞の連用形について)動作・状態の激しい意を表す。「しがみ―・く」「食い―・く」可能つける㊁〔動カ下二〕「つ(付)ける」の文語形。
類語(❶)くっつく・ひっつく・へばりつく・こびりつく・付ける・触れる/(❷㋐)届く・至る・立ち至る・辿り着く・来る/(❷㋒)座る・掛ける・腰掛ける・腰を下ろす・座する/(❸)従う・随行・お供・随伴
慣用句 悪銭身につかず・足が地に着かない・足が付く・足元に火が付く・油紙に火が付いたよう・板に付く・生まれもつかない・海の物とも山の物ともつかない・襟に付く・襟元に付く・御釈迦おしゃか様でも気がつくまい・尾鰭おひれが付く・及びもつかない・方が付く・格好がつく・気が付く・金箔きんぱくが付く・愚にも付かぬ・けちが付く・けりが付く・時代が付く・示しがつかない・尻しりに付く・尻に火が付く・土がつく・手が付く・手に付かない・箔はくが付く・鼻につく・話がつく・火が付く・火の付いたよう・引っ込みがつかない・人垢ひとあかは身につかぬ・人心地が付く・人目に付く・頬返ほおがえしが付かない・眉まゆに火が付く・身に付く・耳に付く・虫が付く・目に付く・目処めどが付く・目鼻が付く・焼け木杭ぼっくいに火が付く・理屈と膏薬こうやくはどこへでも付く
付いて回・る いつも離れずに付き従う。また、ある特定の事柄が、いつまでもそのものにつきまとう。「不運が―・る」「悪評が―・る」
付かず離れず 近づきすぎず、そうかといって離れもしないで、一定の距離を保ちながら関係を続けるさま。また、中立的な態度をとるさま。不即不離。
つ・く【▽吐く】〔動カ五(四)〕《「突く」と同語源》❶胃や口の中の物を吐く。もどす。「へどを―・く」❷㋐息を吐き出す。「ため息を―・く」㋑呼吸する。「肩で息を―・く」「一息―・く」❸好ましくないことを口に出して言う。「悪態を―・く」「うそを―・く」可能つける
つ・く【尽く】〔動カ上二〕「つきる」の文語形。
つ・く【突く┊▽衝く┊×撞く】〔動カ五(四)〕❶とがった物で一つ所を勢いよく刺したり、強く当てたりする。「槍で―・く」❷棒状のもので強く押す。「判を―・く」「ところてんを―・く」❸棒などの先を打ち当てて鳴らす。「鐘を―・く」❹細長い物の先を押し立てて、支えにする。また、つっかえ棒をする。地面や床などに強く当てる。「つえを―・く」「ひざを―・く」❺打ち当ててはずませる。「まりを―・く」❻弱い所、予想しない所、急所などを選んで鋭く指摘したり攻めたりする。「不意を―・く」「核心を―・く」❼嗅覚などの感覚や心を強く刺激する。「鼻を―・く臭気」「胸を―・く哀話」❽障害や悪条件を問題にしないで何かをする。「風雨を―・いて進む」❾強い勢いで何かに当たる。また、限界に達する。「雲を―・くような大男」「食糧が底を―・く」❿将棋で、盤上にある歩ふを前に一つ進める。
➡刺さす 用法 可能つける
類語突つく・小突く・突き刺す・刺す
慣用句 家に杖つえつく・意気天を衝つく・痛い所を衝く・意表をつく・兎うの毛で突いたほど・木戸を突く・虚を衝く・雲を衝く・肺腑はいふを衝く・篠しのを突く・角水すみを突く・底を突く・盾を突く・杖つえに突く・手を突く・天を衝く・時を撞つく・怒髪どはつ天を衝く・と胸むねを衝く・額ぬかを突く・鼻を突く・胸を突く
つ・く【就く】㊀〔動カ五(四)〕《「付く」と同語源》❶㋐(「即く」とも書く)ある地位に身を置く。特に、即位する。「王座に―・く」㋑ある役職に身を置く。また、就職する。「管理職に―・く」「販売の仕事に―・く」❷みずからある動作を始める。「帰路に―・く」「眠りに―・く」❸選んで、それに従う。「易やすきに―・く」「師に―・く」❹(「…につき」「…につきて」「…について」の形で用いる)㋐ある物事に関して。…にちなんで。「会社設立に―・いて会合を開く」「この件に―・き御意見を」㋑(「…につき」の形で)…であるから。…のために。「喪中に―・き年賀を御遠慮します」可能つける㊁〔動カ下二〕「つ(就)ける」の文語形。
慣用句 華を去り実に就く・官途に就く・位に即つく・緒しょ・ちょに就く・小を捨てて大に就く・小異を捨てて大同に就く・途に就く・床とこに就く・鳥屋とやに就く・縛ばくに就く・水の低きに就くが如ごとし
つ・く【×搗く┊×舂く】〔動カ五(四)〕《「突く」と同語源》穀物を杵きねや棒の先で強く打って押しつぶしたり、殻を除いたりする。「玄米を―・いて精白する」「餅もちを―・く」可能つける
つ・く【漬く┊▽浸く】㊀〔動カ五(四)〕❶大量にあふれ出た水にひたる。つかる。「床ゆかまで水が―・く」❷(漬く)漬物に味がしみて、食べごろになる。つかる。「ナスがよく―・いた」㊁〔動カ下二〕「つ(漬)ける」の文語形。
つ・く【▽築く】〔動カ五(四)〕《「突く」と同語源》土や石を積みあげてつきかためる。きずく。「公儀にても品川の海に台場を―・き」〈露伴・寝耳鉄砲〉「御諸みもろに―・くや玉垣斎つき余し」〈記・下・歌謡〉
つ・く〔接尾〕《動詞五(四)段型活用。動詞「付く」から》擬声語・擬態語などに付いて、そのようなようすを示す状態である意を表す。「がた―・く」「ふら―・く」
つ・ぐ【次ぐ┊▽亜ぐ】〔動ガ五(四)〕《「継ぐ」と同語源》❶すぐそのあとに続く。引き続いて起こる。「不幸に―・ぐ不幸に見舞われる」「梅に―・いで桜が咲きはじめた」❷すぐその下に位する。「東京に―・ぐ大都会」「知事に―・ぐ地位」
つ・ぐ【告ぐ】〔動ガ下二〕「つげる」の文語形。
つ・ぐ【▽注ぐ】〔動ガ五(四)〕《「継ぐ」と同語源》容器に物を満たす。特に、液体を容器にそそぎ入れる。「御飯を―・ぐ」「お茶を―・ぐ」可能つげる
類語盛る・よそう・注そそぐ・淹いれる・盛り付ける・盛り込む・盛り合わせる
つ・ぐ【継ぐ┊▽続ぐ】〔動ガ五(四)〕❶(「嗣ぐ」とも書く)前の者のあとを受けて、その仕事・精神・地位などを引き続いて行う。続けてする。相続する。継承する。「家業を―・ぐ」「王位を―・ぐ」「父の志を―・ぐ」❷(「接ぐ」とも書く)㋐ばらばらになっているもの、連続していないものをつなぎ合わせる。くっつける。「骨を―・ぐ」「破片を―・いで復元する」㋑つぎ木をする。「ノバラにバラを―・ぐ」❸衣服の、破れたりいたんだりした箇所につぎを当てて直す。つくろう。「靴下の破れを―・ぐ」❹絶えないように前からあるものに加え補う。補給する。「炭を―・ぐ」「息を―・ぐ」❺囲碁で、切れそうな所に石を置いて補強する。相手に切断されないよう自分の石をつなぐ手を指す。❻「切る」の忌み詞。「一の刀にて魚頭を―・ぎ」〈虎明狂・鱸庖丁〉
可能つげる
類語受け継ぐ・引き継ぐ・受ける・襲う・繋つなぐ
づ・く【付く】〔接尾〕《動詞五(四)段型活用。動詞「つ(付)く」から》名詞またはそれに準ずる語に付いて動詞をつくり、そのような状態になる、そういうようすが強くなるという意を表す。「秋―・く」「元気―・く」「おじけ―・く」
つくい-こ【津久井湖】つくゐ- 神奈川県北西部、相模原市にある人造湖。相模川上流をせき止めて造られた城山ダムの貯水池。面積約2.5平方キロメートル。総貯水量6230万立方メートル。好釣り場が多い。
つく-いも【×捏芋┊仏=掌×薯】ツクネイモの別名。
つくえ【机┊▽案】❶本を読み、字を書き、また仕事をするために使う台。ふづくえ。「―に向かう」❷飲食物を盛った器をのせる台。食卓。「高坏たかつきに盛り―に立てて母にあへつや」〈万・三八八〇〉補説 歴史的仮名遣いは、従来「つきすゑ(坏据)」の音変化とし、「つくゑ」とされてきたが、平安初期の訓点に「つくえ」の表記があり、このほうが古い語形とされる。
類語テーブル・卓・食卓・飯台・卓袱ちゃぶ台・デスク
机を並・べる 同じクラス・職場などで、ともに学んだり働いたりする。「―・べた仲」
つくえしろ-の-もの【机代の物】食卓の上にのせる物。飲食物。つくえもの。「百取ももとりの―を具そなへ」〈記・上〉

つくし【土=筆¦筆=頭=菜】早春に出るスギナの胞子茎。筆状で淡褐色、節にはかまとよぶ葉がつく。頂部から胞子を出すと枯れる。食用。筆頭菜ひつとうさい。つくづくし。つくしんぼ。(季 春)「古草にうす日たゆたふ一かな/竜之介」

つくし【筑紫】古く、九州地方の称。また、特に筑前・筑後にあたる九州北部の称。さらに、大宰府をさすこともある。

づくし【尽(く)し】〔接尾〕《動詞「つ(尽)くす」の連用形から》名詞に付いて、その類のものをすべて並べ上げるという意を表す。「国—」「花—」

つくし-えびら【×筑紫×箙】木材を曲げたり、水牛の角つのなどで作った軽便な箙。主に北九州で用いられた。

つくし-がく【×筑紫楽】雅楽の一種で、室町時代に九州久留米の善導寺を中心に行われていたもの。箏曲そうきょくの筑紫流を生む母体となった。

つくし-がた【筑紫潟】有明海の異称。

つくし-がも【×筑紫×鴨】カモの一種。全長63センチくらい。体は白く、頭・くびは黒色で緑色の光沢があり、肩から胸に栗色の帯がある。ユーラシアに広く分布。日本では冬に九州の有明海沿岸に少数渡来。

つくし-かん【筑紫館】‥クワン 古代、外国使節接待のために大宰府に設けた館。のち、鴻臚館こうろかんと改称。

つくし-ぐし【×筑紫×櫛】筑紫で産した櫛。「別るれば心をのみぞ一挿して逢ふべき程を知らねば」〈拾遺・別〉

つくし-こいし【×筑紫恋し】‥こひし ツクツクボウシの別名。

つくし-ごと【×筑紫×箏】❶「筑紫流」に同じ。❷筑紫流箏曲そうきょくで用いる箏。また、俗箏ぞくそうは筑紫流から生じたので、これらを雅楽の箏(楽箏)と区別していう。筑箏ちくそう。

つくし-さんち【筑紫山地】《「ちくしさんち」とも》九州北部をほぼ北東から南西に走る山地。福岡・佐賀・長崎の3県にまたがる。平均標高400〜900メートルで、最高峰は福岡県・佐賀県境の背振せふり山。地体構造上、西南日本内帯に属する。中国山地の延長上にあり、断層によって多くの山塊に分断されている。

つくし-じ【×筑紫路】‥ぢ ❶筑紫へ行く道すじ。❷筑紫を通る道。また、その道筋の国々。

つくし-じろう【筑紫二郎¦筑紫次郎】‥ジラウ 筑後ちくご川の異称。坂東ばんどう太郎(利根川)・四国三郎(吉野川)に対していう。

つくし-そうりょう【×筑紫総領】‥ソウリヤウ 律令制以前、九州地方を管轄した官。のちの大宰帥だざいのそちにあたる。

つくし-たんだい【×筑紫探題】▶九州探題

つくし-の-うみ【筑紫の海】有明海の異称。

つくしのおく【筑紫奥】狂言。道連れになった筑紫の奥の百姓と丹波の百姓とが、一緒に都の領主に年貢を納め、作っている田の分だけ笑えと命令され、笑ってお酒を頂く。

つくし-の-しま【筑紫の島】九州の古称。「天地あめつちの神を祈りてさつ矢貫ぬき一をさして行く我は」〈万・四三七四〉

つくし-びわ【×筑紫×琵×琶】‥ビハ ▶筑前琵琶ちくぜんびわ

つくし-ぶね【×筑紫船】筑紫地方へ往来する船。筑紫地方で使われた船。「—いまだも来ねばあらかじめ荒ぶる君を見るが悲しさ」〈万・五五六〉

つくし-へいや【筑紫平野】福岡・佐賀の両県にまたがり、有明海に面する筑後ちくご川流域の平野。米作地帯。福岡県側を筑後平野、佐賀県側を佐賀平野ともいう。

つくし-りゅう【×筑紫流】‥リウ 箏曲そうきょくの流派の一。室町末期に九州久留米の善導寺の僧であった賢順が創始。主として佐賀藩に伝承され、江戸時代以後の俗箏ぞくそうの母体となった。現在は廃絶に近い。筑紫流箏曲。筑紫箏ごと。

つくしん-ぼ【土=筆▽坊】ツクシの別名。

つく-す【尽(く)す】〔動サ五(四)〕❶そのことのために全部を使ってしまう。ある限りを出しきる。「手を—・す」「最善を—・す」❷その事柄の極にまで達する。成しうるまでする。きわめる。「善美を—・した建築」「ぜいたくの限りを—・す」❸果たす。全うする。「本分を—・す」「義務を—・す」❹他の者のために精一杯働いたり努力したりする。尽力する。「社会に—・す」「夫に—・す」❺すべてを表現する。「辛酸は筆舌に—・しがたい」❻(動詞の連用形に付いて)全部…する。すっかり…してしまう。「書き—・す」「言い—・す」可能つくせる 類語出尽す・出し切る

つく-だ【×佃】㊀《「つく(作)りだ(田)」の音変化》❶耕作する田。作り田。❷荘園内における領主・荘官・地頭の直接経営地。領主らは種子・農具などを負担し、下人や荘園内の百姓に耕作させてすべての収穫を取得した。手作り地。正作しょうさく。❸「佃節つくだぶし」の略。㊁「佃島つくだじま」の略。

つくだ-じま【佃島】東京都中央区の地名。昔は隅田川河口の単独の島で、江戸初期に摂津国佃(現在の大阪府西淀川区)の漁民が移住、地名の由来となる。今は埋め立てにより石川島・月島と地続きとなった。近年、北部に住宅団地ができた。佃煮の原産地。

つくだ-に【×佃煮】《もと江戸佃島で作ったところから》小魚・貝・海藻などを醤油・みりんなどで煮つめた食品。

つくだ-ぶし【×佃節】❶江戸中期以降、隅田川を往来した遊船の中で芸者などが弾いた三味線の手。また、それに伴う唄。❷歌舞伎下座音楽の一。❶を取り入れた下座唄で、隅田川・深川などの舟遊びの場面に用いる。佃の合方あいかた。

つく-づく【▽熟】〔副〕❶物事を、静かに深く考えたり、注意深く観察したりするさま。よくよく。じっくり。「寝た子の顔を—(と)眺める」「—(と)将来を考える」❷物事を痛切に感じるさま。しんから。しみじみ。「—(と)自分が嫌になる」「社会の厳しさを—(と)感じる」❸もの寂しく、ぼんやりしているさま。つくねん。「—と臥したるにもやるかたなき心地すれば」〈源・紅葉賀〉類語しみじみ・よくよく・つらつら

つくづくし【土=筆】《「つくつくし」とも》ツクシの別名。(季 春)「一ここらに寺の跡もあり/千代女」

つくつく-ぼうし【つくつく法師】《鳴き声から。「法師」は当て字》セミ科の昆虫。体長は翅はねの先まで約4.5センチ、暗黄緑色の地に黒紋があり、背にW形の紋をもつ。晩夏から秋にかけて現れ、雄はツクツクオーシと鳴く。寒蟬かんせん・かんぜみ。つくしこいし。おうしいつくつく。くつくつぼうし。(季 秋)「今尽きる秋を—かな/一茶」

つく-とり【木=菟鳥¦木=兎鳥】ミミズクの別名。

つくとり-の-しま【木菟鳥の島】筑紫つくしの異称。

つぐない【償い】つぐなひ つぐなうこと。また、そのための金銭や行為。「罪の—をする」
類語贖あがない・埋め合わせ・代償

つぐない-きん【償い金】つぐなひ‥ 損害の賠償として支払う金銭。あがないきん。

つぐな・う【償う】つぐなふ〔動ワ五(ハ四)〕《「つぐのう」の音変化》❶金品を出して、負債や相手に与えた損失の補いをする。弁償する。「修理代を—・う」❷犯した罪などに対して、金品や行為でうめ合わせをする。「わびても—・えない過ち」可能つぐなえる

つく・ぬ【捏ぬ】〔動ナ下二〕「つくねる」の文語形。

つくね【×捏ね】鶏肉や豚肉のひき肉、たたいた魚肉などに鶏卵・片栗粉などをつなぎに加え、よくこねて丸めたもの。

つくね-あげ【×捏ね揚(げ)】つくねを油で揚げた料理。つくね。

つくね-いも【×捏ね芋¦仏=掌×薯】ヤマノイモ科の蔓性つるせいの多年草。塊根は手でこねて固めたように不規則な形をし、食用。栽培される。つくいも。(季 秋)

つくね-にんぎょう【×捏ね人形】‥ニンギヤウ 土をこね固めて作った人形。練り人形。

つくね-やき【×捏ね焼(き)】つくねをじかに、またフライパンで焼いた料理。

つく・ねる【×捏ねる】〔動ナ下一〕文つく・ぬ〔ナ下二〕❶手でこねて丸く作る。こねてまるめる。「米の粉を—・ねて団子を作る」❷無秩序に積み重ねる。「叔父の羽織がくしゃくしゃになって隅の方に—・ねてあった」〈秋声・足迹〉❸腕組みする。つかねる。「手ヲ—・ネル」〈和英語林集成〉

つくねん〔副〕何もすることがなく、ひとりでぼんやりしているさま。「広い部屋に—と座っている」

つぐのい【▽償い】つぐのひ《古くは「つくのい」》「つぐない」に同じ。「亭主の平あやまりにあやまるをせめてものーに」〈蘆花・思出の記〉

つぐのい-きん【▽償い金】つぐのひ‥「つぐないきん」に同じ。「商いを妨げる—を、出すべしと、外国流の掛合に」〈魯文・西洋道中膝栗毛〉

つぐのい-びと【▽償い人¦客=作=児】つぐのひ‥ 古代、官庁に雇用され労役に当たった者。つくねひと。

つぐの・う【▽償う】つぐのふ〔動ワ五(ハ四)〕《古くは「つくのう」》「つぐなう」に同じ。「借財が出来ると、親戚故旧をして—・わしめ」〈鷗外・渋江抽斎〉

つぐ-の-き【桄=榔=子】クロツグの別名。

つく-の-くに【木菟の国】筑紫つくしの異称。

つく-の-しま【木菟の島】筑紫つくしの異称。

つくば【筑波】㊀《古くは「つくは」》茨城県、筑波山南側の地域名。㊁(「つくば」と書く)茨城県南西部の市。筑波郡大穂おおほ・豊里・谷田部やたべ町と新治郡桜村が合併して昭和62年(1987)成立。翌年、筑波町を、平成14年(2002)茎崎町を合併。人口21.5万(2010)。

つくばい【×蹲¦蹲=踞】つくばひ 茶室の庭先に低く据え付けた手水鉢ちょうずばち。

つくば・う【×蹲う】つくばふ〔動ワ五(ハ四)〕《「突つき這はう」の意》❶うずくまる。しゃがむ。「—・って草をむしる」❷平伏する。ひれふす。「袴をも脱ぐべし。…—・うて待つべし」〈虎明狂・庖丁聟〉類語うずくまる・かがむ

つくば-おろし【×筑波×颪】筑波山から吹き下ろす寒風。

つくばがくいん-だいがく【筑波学院大学】つくばガクヰン‥ 茨城県つくば市にある私立大学。平成8年(1996)に東京家政学院筑波女子大学として開設。同17年現校名に改称し男女共学校となった。

つくば-ぎじゅつだいがく【筑波技術大学】茨城県つくば市にある国立大学法人。平成17年(2005)に開学した、聴覚・視覚障害者のための4年制大学。

つくば-けんきゅうがくえんとし【筑波研究学園都市】‥ケンキウガクヱン‥ 茨城県つくば市にある計画都市。昭和48年(1973)筑波大学設置、そのほか多くの教育・研究機関が移転または建設。

つくばこ【筑波子】江戸中期の女流歌人。江戸の人。本名、進藤茂子しんどうしげこ。賀茂真淵に師事し、県門三才女の一人。歌文集「筑波子家集」。生没年未詳。

つくば-こくさいだいがく【つくば国際大学】茨城県土浦市にある私立大学。平成6年(1994)開設。

つくば-さん【筑波山】茨城県中西部の山。標高877メートル。主峰女体山とその西の男体山の二峰からなる。万葉集をはじめ古歌に多くよまれた。筑波嶺つくばね。

つくばさん-じけん【筑波山事件】元治元年(1864)水戸藩の尊王攘夷派天狗党が、筑波山で兵を挙げた事件。藩内の保守派と戦い、上洛の途中諸藩の討伐軍に敗れ、越前で加賀藩に降伏。幹部の武田耕雲斎・藤田小四郎らは敦賀で処刑された。天狗党の乱。➡天狗党

つくばさん-じんじゃ【筑波山神社】茨城県つくば市にある神社。筑波男大神を男体山に、筑波女大神を女体山に祭る。旧称、筑波両大権現。➡筑波山

つくば-し【つくば市】▶筑波㊁

つくばしゅう【菟玖波集】つくば‥ 南北朝時代の連歌撰集。20巻。二条良基・救済ぐさい共撰。正平11=延文元年(1356)成立、翌年勅撰集に準ぜられる。上古以来の連歌二千余首を収め、連歌の地位を高めた。

つくば-だいがく【筑波大学】茨城県つくば市にある国立大学法人。昭和48年(1973)東京教育大学を母体とし、筑波研究学園都市への移転を契機に、新たに筑波大学として発足。平成14年(2002)図書館情報大学を統合し図書館情報専門学群を設置。同16年国立大学法人となる。➡東京教育大学

つくば-ならい【×筑波東=北=風】‥ならひ 筑波山の方角から吹いてくる風。北東風。つくばおろし。「襟につめたき春風は、一か、富士南(=南西風)、吹雪厭う

て来たりける〉〈伎・三人吉三〉

つくば-ね【筑波嶺】筑波山の古名。「―に雪かも降らるいなをかもかなしき児ろが布乾さるかも」〈万・三三五一〉

つく-ばね【衝羽根】ビャクダン科の半寄生の落葉低木。山地に生え、高さ1～2.5メートル。よく枝分かれし、葉は卵形。雌雄異株で、初夏、枝先に淡緑色の小花がつく。果実には4枚の細長い苞があり、羽根突きの羽根に似る。果実を塩漬けにして料理の飾りに用いる。はごのき。こぎのこ。(季 秋)「―の実の塩漬けや酒ほしし/桂郎」

つくばね-あさがお【衝羽根朝顔】ペチュニアの別名。

つくばね-うつぎ【衝羽根空木】スイカズラ科の落葉低木。本州以西の山地に自生。枝は赤褐色でつやがあり、葉は卵形で先がとがる。5月ごろ、黄白色の花が咲いたあと、5枚の細長い萼が果実に残り、羽根突きの羽根に似る。こつくばね。

つくばね-がし【衝羽根樫】ブナ科の常緑高木。山地に自生。葉は革質の長楕円形で先がとがり、枝先では4枚がやや輪状につく。4、5月ごろ、雄花と雌花をつけ、秋にどんぐりがなる。材は建築に使用。

つくばね-そう【衝羽根草】ユリ科の多年草。高さ15～40センチ。茎に4枚の葉を輪生し、初夏、茎頂に淡黄緑色の花を1個つける。王孫。(季 花=夏)

つくば-の-みち【筑波の道】連歌の異称。日本武尊が筑波を過ぎて甲斐国の酒折の宮に着いたとき、「新治筑波を過ぎて幾夜か寝つる」と歌ったのに対し、火ともしの翁が「かがなべて夜には九夜日には十日を」と答えたという故事が、連歌の起こりとされたところからいう。

つくばみらい　茨城県南西部にある市。鬼怒川・小貝川が流れる田園地帯で、つくばエクスプレス沿線を中心に東京のベッドタウンとして開発が進む。平成18年(2006)3月に伊奈町・谷和原村が合併して成立。人口4.4万(2010)。

つくばみらい-し【つくばみらい市】▶つくばみらい

つくばもんどう【筑波問答】南北朝時代の連歌論書。1巻。二条良基著。正平12=延文2年(1357)以後、文中元=応安5年(1372)以前に成立。連歌の沿革・故実・風体・作法などを問答式で論じる。

つくば・る【蹲る】〔動ラ五(四)〕しゃがむ。うずくまる。つくばう。「はらりと気早に立って、―・った婢の髪を袂で払って」〈鏡花・婦系図〉

つく・ぶ【噤ぶ】〔動バ四〕口をとじる。だまる。つぐむ。「口―・びて、言ふこと能はず」〈天武紀〉

つくぶすま-じんじゃ【都久夫須麻神社】滋賀県長浜市にある神社。祭神は市杵島姫命・宇賀御魂命・浅井姫命。本殿は重要文化財。日本三弁天の一つとされる。竹生島神社。

つく-ぼう【突棒】江戸時代、罪人を捕らえるときに用いた三つ道具の一。頭部を多くの歯をつけたT字形の鉄で作り、長い木製の柄をつけたもの。➡刺股　➡袖搦み

つくま【筑摩｜筑馬】滋賀県米原市の地名、朝妻筑摩のこと。中世には琵琶湖の港。

つく-まい【突舞｜柱舞】茨城県南部・千葉県北部で行われる神事芸能。雨ごいのためといわれ、高い柱の頂上などで蛙に扮した舞人が種々の業を演じる。蜘蛛舞の一種。

つくま-まつり【筑摩祭】滋賀県米原市の筑摩神社で5月8日(古くは陰暦4月1日)に行われる祭礼。古来、御輿に従う女性がひそかに関係をもった男性の数だけ鍋をかぶったというが、現在は少女が作りものの鍋をかぶって供をする。鍋祭り。つくまのまつり。(季 夏)「君が代や―も鍋一つ/越人」

つくみ【津久見】大分県南東部の市。豊後水道西側の津久見湾に臨む。セメント工業、ミカンの栽培が盛ん。人口2.0万(2010)。

つぐみ【鶫】❶ツグミ亜科に分類される鳥。全長約24センチくらい。上面は暗褐色で不規則な模様があり、腹は白色に黒斑が散在し、淡色の眉斑がある。シベリアで繁殖、秋に大群で日本に渡来し越冬。以前はかすみ網で捕殺し食用とされた。鳥馬。しない。(季 秋)「碧落に見えて―の群なるべし/圭岳」❷スズメ目ヒタキ科ツグミ亜科に分類される鳥。アカハラ・シロハラ・トラツグミ・クロツグミ・コマドリなども含まれる。(補説)「鶫」は国字。

つくみ-し【津久見市】▶津久見

つぐ・む【噤む｜鉗む】〔動マ五(四)〕《古くは「つくむ」》口を閉じる。ものを言わない。黙る。「口を―・んで真相を語らない」

づくめ【尽くめ】〔接尾〕▶ずくめ

つくも【九=十=九】❶「九十九髪」の略。❷植物フトイの古名。〈和名抄〉

つくも-かいづか【津雲貝塚】岡山県笠岡市にある縄文時代後期の貝塚。160余体の人骨が出土し、大正13年(1924)清野謙次は縄文人が現代日本人の直接の祖先であるという原日本人説を提唱。

つくも-がみ【九=十=九髪｜江=浦=草髪】老女の白髪、また、その老女をいう。「百年に一年たらぬ―我を恋ふらし面影に見ゆ」〈伊勢・六三〉(補説)白髪が水草のツクモに似るところからいう。また一説に、「百年に一年たらぬ」とあるところから、「つくも」を九十九の意とし、これを「百」の字に一画たりない「白」の字に代用し、白髪を「つくも(九十九)髪」といったとも。

つくも-じま【九十九島】長崎県、島原半島の東海岸に散在する小島群。寛政4年(1792)の火山活動に伴う眉山の崩壊による土石流によって生じ、現在は海食などによって消失、20ほどが残る。

つくも-どころ【作物所】平安時代、宮中の調度品などの調進をつかさどった所。作物司。

つくも-わん【九十九湾】石川県、能登半島北東部の能登町にある小湾。リアス式沈降海岸で、屈曲が多い。

つく-ゆみ【銑弓】銑をつけた弓。

つく-ゆみ【槻弓】「つきゆみ」に同じ。「―の臥やる臥やりも梓弓起てり起てりも」〈記・下〉

つく-よ【月夜】「つきよ」に同じ。「うちなびく春を近みかぬばたまの今宵の―霞みたるらむ」〈万・四四八九〉

つく-よみ【月夜見｜月読み】《月齢を数える意から》❶月の神。つきよみ。「―の持てるをち水い取り来て」〈万・三二四五〉❷月。つきよみ。「―の光は清く照らせれど惑へる心思ひあへなくに」〈万・六七一〉

つくよみ-おとこ【月夜見男】月を擬人化していう語。「み空行く―夕去らず目には見れども寄るよしもなし」〈万・一三七二〉

つぐら　わらを編んで作った容器。保温のために飯櫃を入れたり、幼児を入れたりする。いずめ。

つくり【作り｜造り】❶ものをつくること。また、つくられたようす。つくりぐあい。「店の―を変える」「みごとな―の家具」❷よそおい。身なり。化粧。「はでな―の女性」❸からだつき。体格。「がっしりした―の男」❹刺身。つくりみ。おつくり。「鯛の―」❺状態を示す名詞の上に付けて、わざとそのふりをする意を表す。「―笑い」❻耕作すること。また、農作物。「あの村鳥の多さでは、―がたまる事ではござらぬ」〈虎明狂・鳴子〉

(一語)御作り・塚造・罪作り・庭作り（づくり）校倉造り・厚作り・粗造り・粋作り・生け作り・石造り・一木造り・一夜作り・糸作り・入母屋造り・内室造り・大作り・大鳥造り・掛け造り・香椎造り・春日造り・片流れ造り・合掌造り・皮作り・寒造り・祇園造り・木造り・切妻造り・蔵造り・黒木造り・黒作り・格子造り・小作り・声作り・権現造り・酒造り・霜降り作り・書院造り・白壁造り・白木造り・寝殿造り・神明造り・数寄屋造り・巣造り・住吉造り・浅間造り・大社造り・田作り・角屋造り・手作り・出作り・天地根元造り・土蔵造り・流れ造り・荷作り・端作り・畑作り・八幡造り・日吉造り・火造り・比翼造り・平作り・方形造り・細作り・招き造り・役作り・家造り・八つ棟造り・寄せ木造り・寄せ棟造り・両流れ造り・煉瓦造り・若作り

(類語)(❶)構造・組み立て・骨組み・仕組み・成り立ち・構成・編成・組成・組織・機構・機序・機制・体制・体系・結構・コンストラクション・システム・メカニズム/(❷)御作り・美容・拵え・化粧・粉黛・脂粉・メーキャップ・メーク・薄化粧・厚化粧・寝化粧・若作り

つくり【旁】漢字の構成部位の名称の一。左右の組み合わせからなる漢字の右側の部分。字形によって「刂(りっとう)」「彡(さんづくり)」などとよぶ。↔偏。

づくり【作り｜造り】〔語素〕《動詞「つく(作)る」の連用形から》❶名詞の下に付いて、そのものを念を入れて作り上げる意、また、きちんと体裁を整える意を表す。「人―」「国―」「菊―」❷名詞の下に付いて、そのものを使って作る意、また、そのものを材料としてできている意を表す。「手―のケーキ」「粘土―の面」❸名詞や形容詞・形容動詞の語幹の下に付いて、そのものらしい体裁、また、そのような感じに作ってある意を表す。「茶室―」「若―」「派手―」

つくり-あ・げる【作り上げる】〔動ガ下一〕文つくりあ・ぐ〔ガ下二〕❶つくりおえる。完成させる。「短期間で家を―・げる」「攻撃型のチームに―・げる」❷実際にないものをあるかのように見せかける。でっちあげる。「話を―・げる」

(類語)築く・作る・拵える・仕立てる・形作る・作り出す・仕立て上げる・誂える

つくり-あわせ【作り合(わ)せ】❶二つの合掌形の屋根が接した所。作り合い。❷赤身の刺身と白身の刺身とを、一皿に調和よく盛り合わせること。

つくり-あわ・せる【作り合(わ)せる】〔動サ下一〕文つくりあは・す〔サ下二〕❶いくつかのものをこしらえて一つにする。「別工程ののち―・せる」❷調和するようにつくる。「馬副童のほど、みな―・せて、やうかへて装束きわけたり」〈源・澪標〉

つくり-い・ず【作り出づ】〔動ダ下二〕工夫して作る。こしらえあげる。「かぐや姫のたまふやうに違はず―・でつ」〈竹取〉

つくり-いだ・す【作り出だす】〔動サ四〕「つくりだす」に同じ。「自由幸福の社会を―・す事は」〈鉄腸・雪中梅〉「今の内裏―・されて」〈徒然・三三〉

つくり-うた【作り歌｜作り唄】世の出来事などを題材とした俗謡。「その名さまざまの―に、遠国までも伝へける」〈浮・五人女・二〉

つくり-え【作り絵】大和絵の技法の一。墨線で下描きし、その上から彩色を施し、最後に人物の顔貌や衣の輪郭などを墨線で精緻に描き起こすもの。平安時代の源氏物語絵巻が典型的な例。

つくり-えだ【作り枝】❶金銀などを草木の枝に似せて作ったもの。贈り物・献上物などをつけるのに用いた。「梅の―に雉を付けて奉るとて」〈伊勢・九八〉❷手を加えていろいろの形に作った枝。「松の作り木、―」〈浄・傾城酒呑童子〉

つくり-おき【作り置き】作って置いておくこと。特に、料理を前もって作って冷蔵・冷凍しておき、後日活用すること。「―のシチュー」

つくり-お・く【作り置く】〔動カ五(四)〕作って置いておく。道具などを整えて使えるようにしておく。「薬液は―・かずに使う分だけ準備する」

つくり-かえ【作り替え】❶つくりかえること。また、そのもの。❷中世、利息の制法を逃れるために、利息を元金に書き加え、改めて作った借用書。作替借書。

つくり-か・える【作り替える】〔動ア下一〕文つくりか・ふ〔ハ下二〕❶古いものや今までのものにかえて、新たに作る。「スーツを―・える」❷すでにあるものに手を加えて、別の趣向のものを作る。「小説をドラマに―・える」

つくり-がお【作り顔】とってつけたような不自然な顔つきをすること。また、その顔つき。

つくり-かた【作り方】❶つくる方法。こしらえかた。「菓子の―を教わる」❷つくったようす。できばえ。できぐあい。「この服の―は粗雑だ」

つくり-かわ【作り皮｜革】❶毛を取り去った獣皮。なめし革。〈和名抄〉❷漢字の部首の革偏の異称。また、「革」の字を「皮」と区別していう語。

つくり-きょうげん【作り狂言】❶能狂言などを

新しく作ること。また、その作品。❷作りごとの芝居。ふつう、歌舞伎狂言をいう。

つくり-ご【作り子】中世、種子・肥料・農具などを地主から借り受けて耕作した小作農民。地主のためのさまざまな労役義務を負った。名子(なご)。

つくり-ご【作り碁】囲碁で、中押(ちゅうお)しでなく、最後まで打って、地(じ)を作り直して数える碁。また、そのように、地合いの差が接近している碁。作碁(さくご)。

つくり-ごえ【作り声】地声でない、こしらえた声。また、ある人や動物に似せた声。「一で電話する」

つくり-ごと【作り言】実際にはないことを、あるかのように言うこと。また、その言葉。そらごと。うそ。「一にだまされる」

つくり-ごと【作り事】❶実際にない出来事をあるかのように作り出した事柄。こしらえごと。「この手記は大部分が一だ」❷人工を加えて作ったもの。「この岩根の松も、こまかに見れば、えならぬ一どもなりけり」〈源・少女〉[類語]虚構・創作・フィクション

つくり-こみ【造り込み】日本刀で、刀身の造形。鎬(しのぎ)造り・平造りなど。

つくり-ざかや【造り酒屋】酒を醸造して卸す店。小売りの酒店に対していう。

つくり-ざけ【造り酒】酒を醸造すること。また、醸造した酒。醸酒(じょうしゅ)。

つくり-さ・す【作り▽止す】〔動サ四〕作りかけのままやめる。「まだ一・したる所なれば、はかばかしきしつらひもせでなむありける」〈源・東屋〉

つくり-じ【作り字】❶日本で、漢字をまねて作った文字。「峠」「辻(つじ)」「畑」など。国字。❷自分勝手に作った字。❸物などを並べて文字の形を作ること。また、その文字。

つくり-だ【作り田┊×佃】「つくだ(佃)❶」に同じ。「一の刈るべき君が御代なればいなふさ山の豊かなりけり」〈夫木・二〇〉

つくり-だおれ【作り倒れ】不作のために身代の倒れること。「こちの隣に分限者(ぶげんしゃ)の一があったげな」〈浄・八百屋お七〉

つくり-たけ【作り×茸】ハラタケ科のキノコ。マッシュルームとして栽培される。西洋まつたけ。

つくり-だ・す【作り出す】〔動サ五(四)〕❶こしらえる。製作する。生産する。「電気製品を一・す」「優秀な人材を一・す」❷新たにものをつくる。創作する。「芸術品を一・す」❸作りはじめる。「ツバメが軒下に巣を一・す」[類語]築く・作る・拵(こしら)える・仕立てる・形作る・作り上げる・仕立て上げる・誂(あつら)える・生む・生ずる・生み出す・創出する・創造する

つくり-だち【造り太-刀】木で太刀の形に造ったもの。木太刀。

つくり-たて【作り立て】❶つくり終えて間のないこと。また、そのもの。こしらえたて。「一のみそ汁」❷つくりあげること。また、新たにつくること。「恵嵩と云ふ僧が、詩一をして、自負して」〈中華若木詩抄・下〉

つくり-た・てる【作り立てる】〔動タ下一〕[文]つくりた・つ〔タ下二〕❶化粧や服装が際立つようによそおう。かざりたてる。「頭のてっぺんから足の先まで、新品で一・てる」❷つくりあげる。こしらえあげる。また、新たに作る。「この大将ぬしの、おほきなる所によき屋を一・てて」〈宇津保・藤原の君〉

つくり-つけ【作り付け】家具などを壁や床に建物の一部として作ること。また、そのもの。「一の食器棚」

つくり-つ・ける【作り付ける】〔動カ下一〕[文]つくりつ・く〔カ下二〕❶取り外しのできないように他のものに取り付けて作る。「書棚を一・ける」❷作物を植えつける。「空き地に野菜を一・ける」

つくり-つち【作り土】❶耕地の上層の土。耕作する部分の土壌。❷園芸用に各種の土壌をまぜ合わせて作った土。

つくり-て【作り手】作る人。製作者。「映画の一」

つくり-どり【作り取り】田畑の収穫物を年貢として納めず、全部自分の所得とすること。また、その田畑。江戸時代、新田開発などの直後から一定期間免税措置としてとられた。さくどり。

つくり-な【作り名】本名とは別に、本人が作って用いる名。号・字(あざな)など。また、いつわりの名。偽名。

つくり-なお・す【作り直す】〔動サ五(四)〕悪いものをよいものに作りかえる。「服を一・す」

つくり-なき【作り泣き】悲しくもないのに泣くふりをすること。また、その泣き方。うそなき。そらなき。

つくり-な・す【作り成す┊作り▽為す】〔動サ四〕そのような状態につくりあげる。「前栽の草木まで、心のままならず一・せるは」〈徒然・一〇〉

つくり-にわ【造り庭】庭師などの手を加えて風情(ふぜい)のあるように造った庭。「一の灯籠の灯影」〈秋声・足迹〉

つくり-ばな【造り花】紙や布地などで花の形に似せて作ること。また、その花。ぞうか。

つくり-ばなし【作り話】ないことをいかにも本当らしく作った話。また、事実ではなく想像で作った話。うその話。「一にまんまとのせられる」

[類語]お話・虚構・フィクション・夢物語・浮説・小説・物語・話(はなし)・叙事・ストーリー・説話・口碑(こうひ)・伝え話・昔話・民話・伝説・言い伝え

つくり-ひげ【作り×髭】❶髭のない人が髭のあるように見せるためにつけるもの。かりひげ。つけひげ。❷昔、蝋(ろう)と松脂(まつやに)をまぜたものをつけて髭の形をととのえたもの。❸江戸時代、奴(やっこ)などが鍋墨や紙で顔につけた髭。「一の奴(やっこ)に草履もたすなど」〈浮・一代女・二〉

つくり-びたい【作り額】額ぎわの毛を抜いたりそったりして、形よく作った額。

つくり-びと【作り人】❶作った人。作者。つくりぬし。つくりて。❷農作物を作る人。百姓。

つくり-びょうき【作り病気】偽って病気であるかのようなふりをすること。つくりやまい。仮病(けびょう)。「見す見す一と知れていても」〈魯庵・社会百面相〉

つくり-ぶみ【作り文】内容をいつわって書いたり、人の名をかたって書いたりしたような、にせの手紙。「ある日一して持たせやるに」〈浮・諸艶大鑑・五〉

つくり-ぼとけ【作り仏】木や石などで作った仏像。「めでたきもの…一の木画(もくえ)」〈枕・八八〉

つくり-まなこ【作り眼】❶わざといつもと違う目つきをすること。「臂(ひじ)を張り、一する者にてぞあるらんと覚えたる武士七八人」〈太平記・三九〉❷色目をつかうこと。「一して召し使ひの女などに言葉やさしくかけて」〈浮・新可笑記・三〉

つくり-まゆ【作り眉】まゆをそり落として、墨でまゆの形をかくこと。また、そのまゆ。昔、既婚の女性が行ったもの。

つくり-み【作り身】❶魚の切り身。❷刺身。つくり。

つくり-みず【作り水】一度沸かしたうえでさました水。湯ざまし。におもい。〈和名抄〉

つくり-みち【作り道】新しくつくった道。新道。「廻廊あり、楼門あり、一十余町見くだしたり」〈平家・八〉

つくり-みょうが【作り冥加】農作物に対する神仏の加護。「商ひ冥加、一、よろづの幸ひあらする釣り針を」〈虎明狂・夷毘沙門〉

つくり-もの【作り物】❶人の手で実物そっくりに作ったもの。まがいもの。人造物。模造品。「一のダイヤの指輪」❷事実に基づかず、虚構によって作り出した事柄、または文学作品。「何だか小説か一のようで」〈逍遥・当世書生気質〉❸能や狂言で、舞台に据える簡単な装置。山・舟・宮殿・釣鐘など。小道具にもいう。❹歌舞伎などの芝居で、舞台装置のこと。大道具。❺祭礼などで、趣向をこらした人形などの飾りもの。❻田畑で作るもの。農作物。「あの者が一少しも損ねざるやうに」〈浮・桜陰比事・二〉

つくり-ものがたり【作り物語】❶仮作の物語。つくりばなし。❷平安時代の物語の一種。古来の民間伝承や漢文にみる伝奇などから発展した、虚構性・伝奇性の強い物語。竹取物語・宇津保物語など。

つくり-やまい【作り病】❶いつわって病気のふりをすること。仮病(けびょう)。「ある時、一をして、隠れ家にてみづから食物を調へけるに」〈咄・きのふはけふ・上〉❷自分から病気をつくりだすこと。また、その病気。「上の御心より起こったる一」〈浄・聖徳太子〉

つくりやま-こふん【作山古墳】岡山県総社市にある前方後円墳。全長約270メートルで、吉備(きび)地方で2番目の規模。5世紀ごろの築造。さくざんこふん。

つくりやま-こふん【造山古墳】岡山市新庄下にある前方後円墳。全長約350メートルで、吉備(きび)地方で最大の規模。5世紀ごろの築造。ぞうさんこふん。

つくり-やまぶし【作り山伏】山伏の姿をよそおった、にせの山伏。「判官殿十二人の一となって、奥へおん下りのよし」〈謡・安宅〉

つくり-わらい【作り笑い】〔名〕スル おかしくもうれしくもないのに、わざと笑うこと。そら笑い。「一してその場をつくろう」

つく・る【作る┊造る┊創る】〔動ラ五(四)〕ある力を働かせて、新しい物事・状態を生みだす。まとまった形のあるものにする。❶材料・原料・素材などを用いたり、それに手を加えたりして、まとまりのあるものや意味のあるものに仕上げる。建物・器具・物質・芸術作品などを製造・製作する。「船を一・る」「米から酒を一・る」「草稿を一・る」❷㋐農作物などを、世話したり力を注いだりして、育てあげる。「野菜を一・る」「健全な人物を一・る」㋑土地を耕す。「田を一・る」「細道一つ残して皆畑に一・り給へ」〈徒然・二二四〉❸いままで存在しなかったものを新しく生じさせる。「子供を一・る」「地方に支店を一・る」❹意図的に工夫して、形・状態を現出する。わざとそのようなようすをする。「口実を一・る」「庭を秋の野に一・りて」〈古今・秋上・詞書〉❺(「時をつくる」の形で)雄鶏(おんどり)が、ある時刻に声高に勇ましく鳴く。「早朝に鶏が時を一・る」❻囲碁で、双方の地(じ)を数えやすくするために盤面を整理する。「終局して碁を一・る」❼罪や功徳のもととなることをする。「いかなる罪を一・り侍りて」〈かげろふ・下〉

[補説]「創る」は創刊・創業・創作・創造・創立などのように、新しい物事をつくりだす意で使うが、製造・製作・育成・栽培などに関しては使わない。[可能]**つくれる**

[用法]**つくる・こしらえる**――「料理を作る(こしらえる)」「一財産作る(こしらえる)」など、新しい物にまとめあげる意では相通じて用いられる。◇「詩を作る」「米を作る」を「こしらえる」とは言わない。創造性とか自然の力が加わって初めて完成するような物については、「こしらえる」はふさわしくない。◇「今や、日本で造られた自動車が世界中を走っている」のように、総体的な生産を示す場合も「造る」が普通。「これが、この工場でこしらえた自動車です」のような具体的な製造物については、「こしらえる」と言うこともできる。◇「逃げ言葉をこしらえる」「女をこしらえる」などでは「こしらえる」が優勢。

[…句]色を作る・貝を作る・垣(かき)を作る・香箱を作る・極楽願うより地獄作るな・詩を作るより田を作れ・科(しな)を作る・鼈(すっぽん)が時をつくる・天は人の上に人を造らず人の下に人を造らず・時をつくる・鬨(とき)をつくる・述べて作らず・鳩(はと)を憎み豆を作らぬ・雌鳥(めんどり)勧めて雄鳥(おんどり)時をつくる・俑(よう)を作る

[類語]拵(こしら)える・仕立てる・形作る・作り出す・作り上げる・仕立て上げる・誂(あつら)える・築く

ツグルク-ちょう【ツグルク朝】《Tughluq》インド、デリースルターン朝の一。1320年、トルコ系のツグルクがハルジー朝に代わって建国。1413年、チムールに侵略されて滅亡。トゥグルク朝。

つくろい【繕い】❶つくろうこと。補修。なおし。❷(多く、名詞の下に付けて「づくろい」の形で用いる)きれいに整えること。よそおうこと。「身一」「毛一」

つくろい-ぐさ【繕い草】ヨモギの別名。

つくろい-た・つ【繕ひ立つ】〔動タ下二〕手入れをする。また、美しく装う。「とかく一・てて、目やすきほどにて過ぐし給へる」〈源・桐壺〉

つくろい-もの【繕い物】衣服の破れなどをつくろうこと。また、その衣服。[類語]仕立て・裁縫・縫い物・針仕事・手芸・編み物・刺繍(ししゅう)

つくろ・う【繕う】〔動ワ五(ハ四)〕《動詞「つく(作)る」の未然形に反復継続の助動詞「ふ」の付いた「つくらふ」の音変化》❶衣服などの破れ損じたところや物の壊れた箇所を直す。補修する。「ほころびを一・う」

「垣根を—・う」❷乱れた身なりなどを整える。整え装う。「髪を—・う」❸外・はたから見た感じがいいように、体裁をよくする。「世間体せけんていを—・う」❹ぐあいの悪いことや過失を隠して、うまくその場をとりなす。「その場をなんとか—・ってごまかす」❺病気の手当てをする。「御風邪よく—・はせ給へ」〈源・浮舟〉 (可能)つくろえる (類語)直す・修繕・修理・修復・改修・修正・手直し・直し・手入れ

つけ【付け・▽附け】㊀〔名〕❶支払い請求書。勘定書き。書きつけ。「会社に—を回す」❷その場で支払わないで店の帳簿につけさせておき、あとでまとめて支払うこと。また、その支払い方法。「—で飲む」「—がきく」❸運。つき。つごう。「途中から—が悪わるいから」〈魯文・西洋道中膝栗毛〉❹(ふつう「ツケ」と書く)歌舞伎で、立ち回り・駆け足・打擲ちょうちゃくの音などを表現し、また見得みえを印象づけるため、舞台上手の横で、役者の動作に合わせて板を拍子木に似た柝きで打つこと。また、その拍子。上方では「かげ」という。付け拍子。❺「付け帳」の略。❻手紙。「此中ちゅう—をよこした女郎じょろよ」〈滑・浮世床・初〉㊁〔接尾〕動詞の連用形に付いて、いつもそうしている、…しなれている、などの意を表す。「掛かり—の医者」
(類語)(㊀❷)掛け売り・信販・クレジット

付けが回まわ・る　《あとから請求書がまわってきて支払いをさせられる意から》よくないことを行ったり、無理を通したりした当座は何もなくても、あとになってその始末をつけなければならなくなる。報いが現れる。付けが回って来る。「やっつけ仕事の—・る」

つげ【告げ】告げること。知らせること。また、その言葉。特に、神仏からの知らせ。託宣。➡お告げ

つげ【黄=楊｜柘=植】ツゲ科の常緑低木。関東以西の山地に自生。葉は対生で密につき楕円形で小さく堅い。春、淡黄色の小花が群生する。材は緻密ちみつで堅く櫛くし・印材や将棋の駒などに用いられる。ほんつげ。朝熊あさまつげ。(季 花=春)

づけ【漬け】❶《保存のため醤油に漬けたところから》すし屋の隠語で、マグロの赤身のすしのこと。また、その赤身。❷㋐調味料などをいう名詞の下に付けて、その中に漬けること、また漬けたものを表す。「ぬか—」「酢—」㋑野菜などの名の下に付けて、そのものを漬けてつくった漬物であることを表す。「なす—」「わさび—」㋒地名などに付けて、その地方の特産の漬物であることを表す。「奈良—」

づけ【付け・▽附け】〔接尾〕日にちを表す数詞に付いて、その日の発行・発令、または差し出しである意を表す。「四月一日—の発令」「五日—の書簡」

つけ-あい【付合】つけあひ ❶連歌・俳諧で、五・七・五の長句と七・七の短句を付け合わせること。先に出される句を前句、これに付ける句を付句という。❷❶で、前句と付句を関係づける契機となる語句。寄合よりあいよりも広く、素材・用語のほか、情趣・心情などを含む。

つけ-あが・る【付(け)上(が)る】〔動ラ五(四)〕相手が寛大なのをいいことにして、わがままを言ったり、思いあがったことをしたりする。「—・ってあれこれ注文をつける」(類語)威張る・おごる・高ぶる・増長する

つけ-あげ【付(け)揚(げ)】❶揚げ物。てんぷら。❷鹿児島地方で、さつま揚げのこと。

つけ-あわせ【付(け)合(わ)せ】つけあはせ ❶主となる料理に添えるもの。肉料理に添える野菜など。❷他のものを加え添えること。また、そのもの。「せつ子はませた笑い方をした。正雄も—に強いて笑った」〈小山内・大川端〉

つけ-あわ・せる【付(け)合(わ)せる】つけあはせる〔動サ下一〕図つけあは・す〔サ下二〕❶あるものに取り添える。添えあしらう。「ステーキにポテトを—・せる」❷二つのものをひきくらべてその間の異同を調べる。つきあわせる。「ゲラと原稿とを—・せる」

つけ-いし【付(け)石】金きん付け石。

つけ-いた【付(け)板】❶(ふつう「ツケ板」と書く)歌舞伎で、ツケを打つときに用いる板。❷魚のすり身をかまぼこなどに仕上げるのにつける板。

つけ-いだ・す【付け▽出だす】〔動サ四〕見つけ出す。探り出す。捜し出す。「志賀の里にて早広を—・し」〈浄・蝉丸〉

つけ-い・る【付(け)入る】〔動ラ五(四)〕相手の弱点やすきなどをつかんで巧みに利用する。つけこむ。「人の弱みに—・る」「—・るすきもない」
(類語)乗じる・付け込む

つけ-いれ【付け入れ】つけいること。機会に乗じて攻め入ること。「門を開き城中へ入れたけれども、—に逢うては、難儀の難儀」〈浄・今国性爺〉

つけ-うた【付(け)歌】神楽歌・催馬楽さいばら・今様いまようなどで、主な唱者の独唱に続いて他の人が和して歌うこと。また、その歌。

つけ-うま【付(け)馬】遊興費が不足したり、払えなかったりした客について、その家まで代金を取りに行く者。つきうま。うま。「—がついてくる」

つけ-うめ【漬(け)梅】❶漬物にする梅の実。❷梅干し。

つけ-うり【漬け×瓜｜菜=瓜】シロウリなど、漬物にする瓜。また、漬物にした瓜。

つけ-おち【付(け)落ち】帳簿・伝票などで、記載すべき事柄が脱落していること。つけおとし。

つけ-おとし【付(け)落(と)し】「付け落ち」に同じ。

つけ-おび【付(け)帯】❶お太鼓と胴の部分とを別々に仕立てた女帯。大正の末ごろ簡単に締められるように考案された。文化帯。軽装帯。結び帯。❷武家の婦人が夏季の礼服に用いた下げ帯。

つけ-か・える【付(け)替える】つけかへる〔動ア下一〕図つけか・ふ〔ハ下二〕以前のものにかえて別のものをつける。「蛍光灯に—・える」「値札を—・える」
(類語)取り替える・交替する・入れ替える・差し替える

つけ-かけ【付(け)掛け】帳面や書き付けなどに、実際の支払い金額や品数よりも多く記入すること。

つけ-がな【付(け)仮名】「振り仮名」に同じ。

つけ-がね【付(け)金】❶装飾のためにつける金具。❷祝い事などのときに、あいさつ代わりに贈る金銭。「相応の—して子のなき方へ養子に遣はし」〈浮・織留・六〉

つけ-がね【付け鉄=漿】お歯黒はぐろをいう女房詞。

つけ-がみ【付(け)紙】❶書籍や文書中、必要なところや不審なところに目じるしとしてつける紙。不審紙ふしんし。付箋ふせん。さげがみ。❷合図や目じるしなどとして門口などにはりつける紙。「東の門口に—をして置きけるは」〈浮・諸艶大鑑・六〉

つけ-がみ【付(け)髪】❶毛髪を補うために仮につけそえた髪。そえがみ。❷髪を結うときに、余分に入れる髪。入れ毛。

つけがみ-だい【付(け)紙台】近世、金銀を人に贈るときに用いた台。「黄金一枚」などと書いた包み紙をはりつけ、金銀は別に包んで贈る。付け台。

つけ-かもい【付け×鴨居】つけかもゐ 塗り壁に鴨居と同じくらいの高さに取り付けた装飾的な横材。

つけ-がろう【付家老】つけガラウ 江戸時代、幕府から親藩に、または大名の本家から分家に、監督や補佐としてつけておいた家老。付け人家老。付け人。

つけ-ぎ【付(け)木】❶檜ひのき・松・杉などの薄い木片の先に硫黄を塗りつけたもの。火を他へ移すときに使う。いおう木。火つけ木。❷マッチのこと。❸魚・野菜などの品名や値段を書きつけてある薄い木片。

つけぎ-つき【付け木突き】付け木❶を作ること。また、その職人。「—にぎりこぶしは残すなり」〈柳多留・二一〉

つけ-く【付句】連歌・俳諧の付合つけあいで、前句に付ける句。

つげ-ぐし【黄=楊×櫛】黄楊の木で作った櫛。

つけ-ぐすり【付(け)薬】患部の上に塗ったりはったりする薬。膏薬こうやくの類。

つげ-ぐち【告げ口】〔名〕スル 人の過失や秘密を、こっそり別の人に告げ知らせること。「先生に—する」

つけ-くわ・える【付(け)加える】つけくはへる〔動ア下一〕図つけくは・ふ〔ハ下二〕すでにあるものに、さらに別のものを添える。つけたす。補足する。「説明を—・える」
(類語)加える・足す・添える・加わる・付け足す・添加

つけ-くわわ・る【付(け)加わる】つけくははる〔動ラ五(四)〕すでにあるものに、さらに別のものが加えられる。「定価に消費税が—・る」「貫禄が—・る」

つけ-げいき【付(け)景気】実際はそうでないのに、景気がいいように見せかけること。から景気。「—の言葉が段々出なくなって来た」〈漱石・行人〉

つけ-げんき【付(け)元気】実際はそうでないのに、いかにも元気らしく振る舞うこと。から元気。「仮令一時の—にもせよ」〈里見弴・安城家の兄弟〉

つけ-こ【付(け)子】鳴き声のよいウグイス・ホオジロなどのそばに同類の鳥をつけ、その音色ねいろを習わせること。また、そのつけておく鳥。音付ねつけ。

つけ-ごえ【付(け)声】つけごゑ ❶他の人の声に合わせて、言ったり歌ったりすること。また、その声。つけこわいろ。❷本人のそばにいて、その人の代わりに声を出すこと。「声をかしげなれば、妓夫ぎふに—させ」〈浮・一代女・六〉

つけ-こみ【付(け)込み】❶つけこむこと。相手の油断をつくこと。❷「付け込み帳」の略。❸座敷などを予約すること。「—にまはる太鼓持ち」〈洒・北華通情〉

つけこみ-ちょう【付(け)込み帳】つけこみチャウ 仕訳しわけしないで、種々の事項をその発生順に記入しておく帳簿。当座帳。

つけ-こ・む【付(け)込む】〔動マ五(四)〕❶相手の弱点やすきに乗じて事を行う。機会を抜け目なく利用して自分が有利になるようにする。つけいる。「人の弱みに—・む」❷帳面などに仕訳しわけをしないで事項を順々に記入する。「支出を—・む」❸事務処理の上で、記入してはいけない余分な金額を書き加える。「帳簿に—・む」❹あとを追って居所をつきとめる。「おせんが帰るに—・み」〈浮・五人女・二〉❺座敷などを前もって予約する。「一度逢うた太鼓持ちも、かぎ出して来て—・めば」〈滑・浮世諷言〉(類語)乗じる・付け入る

つけ-こ・む【漬(け)込む】〔動マ五(四)〕野菜などを漬物にする。また、よくつかるようにする。「大根を—・む」

つけ-さげ【付(け)下げ】和服で、袖・身頃みごろ・衽おくみ・襟などの模様が全部上向きになるように配置されているもの。訪問着がわりに着用できる。

つけ-ざし【付(け)差し】自分が口をつけたキセルや杯などを、そのまま人に差し出すこと。親愛の気持ちを表すしぐさ。

つげ-さと・す【告げ諭す】〔動サ五(四)〕よく言い聞かせる。説諭する。「事のよしあしを—・す」

つけ-し【付師】歌舞伎で、下座音楽の選曲・作曲をする人。ふつう長唄の三味線弾きから出る。また、付け帳を作成する狂言作者をいう。

つけ-しゅうげん【付祝言】つけシウゲン 能で、1日の番組の最後に、囃子はやしなしで地謡じうたいが謡う短い謡。切能きりのうが祝言能のときには行わない。普通は「高砂」の終わりの一節が謡われる。祝言小謡。

つけ-しょいん【付書院】つけシヨヰン 床の間わきの縁側に張り出した棚で、下を地袋などとし、前に明かり障子を立てたもの。出書院。出いだし文机ふづくえ。書院床どこ。書院棚。➡平書院ひらしょいん

つけ-じょう【付(け)状】つけジヤウ ❶添え状。❷貴人に書状を送る際、直接に差し出すのをはばかって、そのそばに仕える人をあて名としたもの。

つけ-じら【付けじら】和服の晴れ着の染め模様を、紙型を用いて染めたもの。➡描かきじら

つげ-しら・せる【告げ知らせる】〔動サ下一〕図つげしら・す〔サ下二〕伝えてわからせる。また、広く触れて知らせる。「有線放送で—・せる」

つけ-じる【付(け)汁】そば・うどん・てんぷらなどをつけて食べる汁。たれ。つゆ。

つけ-じろ【付(け)城】《「つけしろ」とも》❶出城でじろ。❷敵城を攻めるとき、それに相対して築く城。向かい城。

つけ-ずまい【付け▽争ひ】つけずまひ《「つけすまい」とも》馬が人や荷物などをのせるのを嫌って暴れること。「この馬にはかに—をして、騰あがっつ跳をどっつ狂ひけるに」〈太平記・二〇〉

つけ-そ・える【付(け)添える】つけそへる〔動ア下一〕図つけそ・ふ〔ハ下二〕つけくわえる。つけたす。「贈り物に

カードを―・える」

つけ-だい【付(け)台】❶すし屋で、握ったすしを置く、客の前にある台。❷「付け紙台」に同じ。

つけ-だけ【付(け)竹】竹で作った付け木。火口ほぐ。「火打袋より硫黄、―取り出し」〈伽・あきみち〉

つけ-たし【付(け)足し】つけたすこと。また、そのもの。つけたり。「―の説明」

つけ-だし【付(け)出し】❶売掛金の請求書。勘定書き。かきつけ。❷相撲で、前相撲から順序を追って昇進するのでなく、力量を認められて最初から幕下で取りはじめること。また、その力士。初土俵のため、番付には載らない。❸信用取引で、証券会社が自己融資によって客に信用供与していた金銭を、証券金融会社からの借り入れに振り替えること。

つけ-た・す【付(け)足す】〔動サ五(四)〕すでにあるものに、さらにくわえる。つけくわえる。追加する。「もう一品―・す」

(類語)加える・足す・添える・加わる・付け加える・添加

つけ-だ・す【付(け)出す】〔動サ五(四)〕❶帳簿などに記しはじめる。「家計簿を―・す」❷荷物を馬などの背につけて送り出す。「木曽へ木曽へと―・す米は」〈民謡・伊那節〉❸相撲で、番付に名を追加して載せる。「幕下中位に―・される」❹売上代金の請求書を書いて差し出す。「大和町への駕籠賃、酒、肴詳しう―・して、…書付を渡す」〈伎・五大力〉

つけ-たて【付(け)立て】❶つけたばかりであること。❷帳面にしるしをつけること。❸歌舞伎で、初日前に、上演に必要な衣装・小道具・鳴り物などを帳面(付け帳)に書き上げること。❹円山派・四条派に多く見られる日本画の技法の一。輪郭を用いず、濃淡2種の墨または絵の具を同時に含ませた筆で一気にかき、陰影や立体感を表すもの。

つけ-たり【付けたり】《動詞「つ(付)く」の連用形＋完了の助動詞「たり」から》❶本来のものにつけ加えられただけの、重要でないもの。添えもの。❷うわべだけの名目。口実。「出張とは―で、実は遊びに行くのさ」❸本題に付随する別の事項を加える意で、書物の目録などに用いる語。

つけ-ぢえ【付け知恵】ヂヱ 他人が助言してつけた知恵。入れ知恵。差し知恵。「側はたから―がございますから」〈滑・浮世風呂・三〉

つけ-ちょう【付(け)帳】チャウ 芝居上演に必要な大道具・小道具・衣装・かつらなどの品目、また下座音楽の指定などを、それぞれ別冊に分け、幕ごとに書き出したもの。付ふ。

つけ-つけ〔副〕❶遠慮や加減をしないで、思ったことをはっきり言うさま。ずけずけ。「面と向かって―(と)言う」❷無遠慮に振る舞うさま。「奥さんの顔をああやって―見ても好い訳ね」〈漱石・明暗〉

つけっ-ぱなし【付けっ放し】つけたままにしておくこと。点灯・点火したまま放置すること。つけはなし。「一日中テレビを―にしておく」

つけ-どころ【付(け)所|着け所】着目し注意すべき箇所。ねらいどころ。「目の―がいい」

つけ-とどけ【付(け)届け】❶謝礼・依頼・義理などのため贈り物をすること。また、その金品。「盆暮れの―」❷通報すること。届け出ること。「長聞き付けて、この男をば―しければ」〈仮・仁勢物語・下〉

(類語)(❶)贈り物・進物・プレゼント・ギフト・お遣い物

つけ-な【漬(け)菜】漬物用の葉菜。また、漬物にした菜。

つけ-ね【付(け)値】買い手が品物につける値段。客のつけた値段。「―で売る」⇔言い値。

(類語)買い値・買価

つけ-ね【付(け)根】物と物が接合している根元の部分。「足の―」

つけ-ねら・う【付(け)狙う】ネラフ〔動ワ五(ハ四)〕あとをつけて、絶えず目的を達する機会をうかがう。「要人の命を―・う」(類語)窺うかがう・狙う・探る

つげ-の-おぐし【黄=楊の小×櫛】ヲグシ ❶黄楊の木で作った小櫛。つげぐし。❷《「つげ」を「告げ」の意にとって》占いの一種。黄楊の櫛を持ち外へ出て、道祖神を念じ、来る人の言葉によって吉凶を占う。

つけ-ば【付(け)場】川魚の産卵する場所。つきば。

つけ-ばしら【付(け)柱】❶付書院つけしょいんの外側の柱。❷意匠上、壁面から突出してつけられた角柱または円柱。片蓋柱かたふたばしら。

つけ-ばな【付(け)鼻】❶美容整形の目的でつける人造の鼻。❷仮装や俳優の扮装ふんそうなどに用いる作り鼻。

つけ-はなし【付(け)放し】「付けっ放し」に同じ。

つけ-び【付(け)火】建物などに故意に火をつけること。また、それによって起こる火事。放火。(類語)火付け

つけ-ひげ【付け×髭】作りもののひげ。また、それをつけること。

つけ-びと【付(け)人】❶身のまわりの世話をするためにつけておく人。つきそいの人。つきびと。「少々可厭いやがっても、是非一は置いて行くと」〈紅葉・多情多恨〉❷「付家老つけがろう」に同じ。

つけ-ひも【付け×紐】子供の長着などで、襟はしの帯を締める位置に直接縫いつけた紐。

つけ-びょうし【付(け)拍子】ビヤウシ「付け」❶❹に同じ。

つけ-びよく【付(け)比翼】黒留袖で2枚重ねをするかわりに、袖口・振りや襟下から裾回りまでを別布でつくり、上着の裏布にくけつけたもの。

つけ-びん【付け×鬢】毛を補ったり、変装のためにつけたりする作りものの鬢。

つけ-ふだ【付(け)札】❶目じるしとしてつける札。さげふだ。❷指令・意見・返答などを記して本紙にはりつける紙札。張り札。

つけ-ぶみ【付(け)文】ひそかに恋文を送ること。また、その恋文。艶書えんしょ。ラブレター。

(類語)ラブレター・恋文・艶書えんしょ・艶文えんぶん・艶文つやぶみ

つげ-ぶみ【告げ文】「告文こうもん」に同じ。

つけ-ペン【付(け)ペン】軸にペン先をはめ込み、インクをつけながら書く筆記具。また、そのペン先。

つけ-ぼくろ【付け黒=子】化粧などのために皮膚にはりつけたりかいたりした、ほくろ。

つけ-まげ【付け×髷】別の髪で作ったまげ。つけわげ。

つけ-まつげ【付け×睫】化粧・仮装などのために使う作りもののまつげ。上下まつげに重ねてつける。

つけ-まつり【付(け)祭(り)】❶江戸時代、日枝ひえ神社・神田明神などの祭礼に、町々からの山車だしのほかに余興として引き出す踊り屋台。その上で娘や子供に手踊りなどをさせた。❷つけ添えて言ったり、おこなったりすること。また、小言などを言うたびにつけ加えて言う決まり文句。「南京の鉢はちを割ったことが、いつの小言にも―だ」〈滑・浮世風呂・二〉

つけ-まわ・す【付(け)回す】マハス〔動サ五(四)〕しつこくあとを追いまわす。「ほれた娘を―・す」

つけ-まわ・る【付(け)回る】マハル〔動ラ五(四)〕いつもついてまわる。しつこくつきまとう。「女の跡を―・る」〈鷗外・灰燼〉

つけ-め【付(け)目】❶つけこめるすきや、利用できるような弱点。「捕手の弱肩が―だ」❷めざすところ。ねらいどころ。めあて。「財産が―の結婚」❸カルタやさいころの賭博とばくで、ねらいをつけた札や采さいの目。「四五人寄り合ひ、―の跡で置かぬかと、貫き銭の音は小勝負なり」〈浮・諸艶大鑑・五〉

(類語)目的・目当て・狙い・狙い所・あてど

つけ-めん【付(け)麺】麺料理の一種。ゆでた中華そばを冷やして笊ざるに盛り、つけ汁につけて食べるもの。

つけ-もの【付(け)物】❶主となるものに、別のものを付け添えること。また、そのもの。❷衣服につける飾り物。特に、京都の賀茂の祭の日、鉾ほこ持ちの者が水干の袖や袴はかまにつける花などの飾り。❸雅楽の歌い物で、楽器の伴奏をつけること。また、その楽器。催馬楽さいばらでは、横笛・篳篥ひちりき・笙しょう・琵琶など。❹箏そうの組歌の教習課程で、付属曲として習う曲。歌曲では「雲井弄斎くもいろうさい」など、器楽曲では「六段」「みだれ」など。❺俳諧の付合つけあいで、物付ものづけのこと。

つけ-もの【漬物】主に野菜を塩・糠ぬか・味噌・麹こうじ・醤油・酢などに漬けたもの。香の物。

(類語)お新香・お香香・香の物

つけ-やき【付(け)焼(き)】みりん・醤油などで調味したたれをつけて焼くこと。また、そのようにして焼いた料理。

つけ-やきば【付(け)焼(き)刃】❶切れない刀にはがねの焼き刃をつけ足したもの。見た目は切れそうに見えるが、実際はもろくて切れない。❷その場をしのぐために、知識や技術などを一時の間に合わせに習い覚えること。にわかじこみ。「―の勉強」

(類語)(❷)一夜漬け・弥縫策びほうさく

つげ-や・る【告げ▽遣る】〔動ラ四〕口頭または書面で知らせてやる。「沖辺より舟人上る呼び寄せていざ―・らむ旅の宿りを」〈万・三六四三〉

つげ-よしはる【つげ義春】[1937〜]漫画家。東京の生まれ。本名、柘植つげ義春。独特な暗いタッチで、不条理な人間の情念を描き出す幻想的な作品が全共闘世代の共感を得る。代表作「ねじ式」「紅い花」「無能の人」など。

つ・ける【付ける|▽附ける|着ける】〔動カ下一〕図つ・く〔カ下二〕❶あるものが他のものから離れない状態にする。㋐表面に密着させる。くっつける。付着させる。「おしろいを―・ける」「マニキュアを―・ける」「扉に金具を―・ける」㋑主となるものに他のものを加える。何かに添えたり、付属させたりする。「利息を―・ける」「振り仮名を―・ける」「部屋にクーラーを―・ける」㋒あとを残す。あとに残るように書きとめる。しるす。印する。「しみを―・ける」「日記を―・ける」㋓ある性質・能力などがそなわるようにする。「悪知恵を―・ける」「技術を身に―・ける」㋔ある物事・状態・作用などを新たに生じさせたり、増し加えたりする。「雪をかいて道を―・ける」「丸みを―・ける」❷(着ける)㋐からだにまとわせたり、帯びたりする。衣服などを着る。着用する。「はかまを―・ける」「犬に首輪を―・ける」㋑乗り物をある場所に寄せ止める。「船を岸に―・ける」「車寄せに―・ける」㋒からだのある部分を何かに届かせる。近寄せて触れさせる。「頭を地に―・ける」「頬と頬を―・ける」㋓ある場所に位置させる。命じて一定の所にいさせる。「走者をスタートラインに―・ける」❸㋐あとに続き従わせる。あとに続く。「好位置に―・けている」「2位に―・ける」㋑ある立場に心を寄せさせて従わせる。「味方に―・ける」㋒人をそばに置く。そばにいさせて世話をさせる。「ボディーガードを―・ける」「付き添いを―・ける」㋓あとを追う。尾行する。「少し離れて―・けて行く」❹ある働きを発動させる。活動を開始させる。㋐働きを盛んにする。「食欲を―・ける」「元気を―・ける」㋑(点ける)燃えるようにする。また、あかりをともす。スイッチなどを入れて器具を作動させる。「枯れ草に火を―・ける」「電灯を―・ける」㋒五感でとらえる。感覚器官を働かせる。注意を向ける。「気を―・ける」「目を―・ける」❺ある定まった状態をつくり出す。㋐解決させる。落着させる。まとめる。「話を―・ける」「けりを―・ける」㋑ある名前や値段にする。「題名を―・ける」「時価で値を―・ける」㋒意志を固める。「決心を―・ける」「死ぬ覚悟を―・ける」❻連歌・俳諧で、前の句にうまくつながらせて、あとに句をつづける。❼器に盛ったり燗かんをしたりして、飲食物を用意する。「御飯を―・ける」「一本―・けてくれ」❽(「…につけ」「…につけて」の形で)…に関連して。…に伴って。…の場合も。「何事に―・け相談してください」「よきに―・け悪しきに―・け」「暑さ寒さに―・けて故郷を思う」❾(動詞の連用形に付いて)㋐それをすることが習慣になっている、しなれている意を表す。「履はき―・けている靴」「行き―・けない場所」㋑相手に対してなされる行為の勢いが激しい意を表す。「たたき―・ける」「しかり―・ける」㋒その行為が、ある対象に向けられる意を表す。「言い―・ける」㋓到着する、または来させる意を表す。「駆け―・ける」「呼び―・ける」㋔しっかりととどめる意を表す。「心に刻み―・ける」㋕鼻や目で感じとって、何かを探り当てる意を表す。「嗅かぎ―・ける」

(一句)跡をつける・糸目を付けない・色を付ける・因縁をつける・後ろを付ける・尾に尾を付ける・尾鰭おひれを

付ける・折り紙を付ける・方を付ける・金に糸目は付けぬ・眼(がん)を付ける・気を付ける・けちを付ける・けりを付ける・黒白(こくびゃく)を付ける・腰に付ける・先鞭(せんべん)をつける・田にも畦(あぜ)にも腥物(なまぐさもの)つけて・知恵を付ける・注文を付ける・提灯(ちょうちん)を付ける・唾(つば)を付ける・手が付けられない・手を付ける・取って付けたよう・難を付ける・難癖を付ける・猫の首に鈴をつける・熨斗(のし)をつける・箔(はく)を付ける・箸(はし)をつける・火を付ける・眉(まゆ)に唾をつける・身に付ける・見切りを付ける・味噌(みそ)をつける・道を付ける・目を付ける・目処(めど)を付ける・目鼻を付ける・目星を付ける・目安を付ける・勿体(もったい)を付ける・文句を付ける・楊枝(ようじ)に目鼻を付けたよう・渡りを付ける

[類語](❶㋐)付く・くっつく・ひっつく・へばりつく・こびり付く/(❷㋐)着る・まとう・着(ちゃく)する・着用する・羽織る・引っ掛ける・身ごしらえする・身仕舞いする・装(よそお)う・はく・かぶる・着込む・着こなす・突っかける（尊敬)召す・召される・お召しになる/(❹㋑)灯す・点ずる・点灯

つ・ける【就ける】〘動カ下一〙図つ・く〘カ下二〙《「付ける」と同語源》❶ある地位・役職にすえる。つかせる。「管理職に―・ける」「王座に―・ける」❷その人のもとで教えを受けさせる。師事させる。「声楽の先生に―・ける」「一流のコーチに―・ける」[補説]❶は、即位の意味のときは「即ける」とも書く。

つ・ける【漬ける┊▽浸ける】〘動カ下一〙図つ・く〘カ下二〙❶水などの中に入れておく。ひたす。「洗濯物を水に―・ける」「豆を一晩―・けておく」❷(漬ける)漬物につくる。漬物にする。「梅の実を塩で―・ける」「大根を―・ける」

[用法]**つける・ひたす**――「足を湯につける(ひたす)」「魚を醤油につける(ひたす)」など、液体の中に入れる意では相通じて用いられる。◆「塩につける」「味噌につける」「大根をつける」「白菜をつける」は「つける」だけの用法で、「ひたす」は使わない。◆「布切れにアルコールをひたす」のように液体を含ませることは「つける」とは言わない。◆「ひたす」は液体を染み込ませ、ぬれた状態にすることに重点があり、「つける」は液体やその他のものの中に沈め入れることに重点がある。◆「漬け物」は塩をかけ重しを加えて一定時間そのままにしておくが、「浸し物」は熱湯でさっとゆでるだけである。

つ・げる【告げる】〘動ガ下一〙図つ・ぐ〘ガ下二〙❶言葉などで伝え知らせる。聞かせる。「来意を―・げる」❷多くの人々に知らせる。「始業を―・げるチャイム」❸ある事態になったことを示す。「風雲急を―・げる」
➡知らせる[用法]

[類語]知らせる・伝える・報ずる・宣する・知らす・触れる・言い送る・申し送る・達する・伝達する・通知する・連絡する・通告する・通達する・下達する・令達する・口達する・通ずる・コミュニケートする・取り次ぐ・伝言する

づ・ける【付ける┊▽附ける】〘接尾〙《動詞下一段型活用図づ・く(下二)。動詞「つ(付)ける」から》名詞に付いて動詞をつくる。❶その物事を他に付け加える意を表す。「関係―・ける」「元気―・ける」❷その物事を他に与える意を表す。「位置―・ける」「性格―・ける」

つけろ-ばいばい【つけろ売買】市場(しじょう)で、相手が売るだけいくらでも買い、相手が買うだけいくらでも売ること。

ツゲンドハット-てい【ツゲンドハット邸】《Villa Tugendhat》チェコ東部、モラバ地方の都市ブルノにある邸宅。1929年から30年にかけてドイツの建築家ミース=ファン=デル=ローエにより建造。モダニズム建築の傑作として知られ、2001年に「ブルノのツゲンドハット邸」として世界遺産(文化遺産)に登録された。チュゲントハット邸。トゥーゲントハート邸。

っこ〘接尾〙▶こ〘接尾〙

っこ・い〘接尾〙▶こい〘接尾〙

つ-ごう【都合】ツガフ〘名〙スル❶何かをするときにほかの物事に影響を及ぼす事情。わけ。「一身上の―により退職いたします」❷ぐあいがよいか悪いかということ。「今日はちょっと―が悪い」❸やりくりをすること。繰りあわせること。㋐予定を調整すること。「なんとか―をつけて出席しましょう」㋑金銭を融通すること。「期日までに資金を―する」❹(副詞的に用いて)すべて合わせて。合計。「―五人が参加する」[類語](❷)具合/(❸)やりくり・切り盛り・金繰り・工面・捻出(ねんしゅつ)・算段・まかない・繰り合わせ・融通/(❹)合わせて・締めて

つごう-しだい【都合次第】ツガフ― そのときの事情・ぐあいによること。「―では取り止める」

つこうど つかうど〘形動ナリ〙無愛想でつっけんどんなさま。「きりきり乗らっしゃれ、馬遣(や)ろいとぞ―なる」〈浄・丹波与作〉

つこうど-ごえ【つかうど声】つかうどごゑ 無愛想で、つっけんどんな言い方。とげとげしい物言い。「聞こえぬかと思うて…おさへ、―で」〈咄・聞上手〉

つこう-まつ・る【▽仕る】つかう―〘動ラ四〙《「つかえまつる」の音変化で、主として平安時代に用いた》❶「仕える」の謙譲語。㋐お仕え申し上げる。「昔、二条の后に―・る男ありけり」〈伊勢・九五〉㋑お供申し上げる。奉仕する。「行幸には…世に残る人なく―・り給へり」〈源・紅葉賀〉❷「する」「おこなう」の謙譲語。尊者のために、何かをする。してさしあげる。また、お作り申し上げる。「この歌は…召し上げられて―・れるとなむ」〈古今・秋下・左注〉❸(会話に用いる)「する」「おこなう」を聞き手に対しへりくだる気持ちをこめて丁重にいう。いたします。つかまつる。「狐の―・るなり」〈源・手習〉❹(補助動詞)㋐他の動詞に付いて、その動作を尊者のためにする謙譲の意を添える。…してさしあげる。…申し上げる。「心にまかせたる事、ひきいだし―・るな」〈源・澪標〉㋑(会話に用いる)他の動詞に付いて、その動作を聞き手に対しへりくだる気持ちをこめて丁重にいう。…いたします。…ます。「片目もあき―・らでは」〈枕・三一四〉

つこど〘形動ナリ〙「つこうど」に同じ。「立ってうせいと―なる」〈浄・難波丸金鶏〉

っこ-な・い〘接尾〙《形容詞型活用》動詞の連用形に付いて、…はずがない、…わけがない、の意を表す。「そんなことを言っても、でき―・い」「彼にはわかり―・い」

つ-ごもり【×晦┊晦=日】《「つきごも(月隠)り」の音変化。月が隠れて見えない意から》❶月の最後の日。みそか。❷陰暦で、月の下旬のほぼ10日間。「富士の山を見れば、五月の―に、雪いと白う降れり」〈伊勢・九〉

つごもり-がた【×晦方】みそかに近いころ。「十月―に、あからさまに来て見れば」〈更級〉

つさか-とうよう【津阪東陽】―トウヤウ［1757～1825］江戸後期の儒学者。伊勢の人。名は孝綽。字(あざな)は君裕。東陽は号。京都で古学を独学、郷里津藩主に招かれ藩儒として藩校「有造館」初代督学となる。著作に「聿脩(いっしゅう)録」「孝経発揮」「夜航詩話」「東陽先生詩文集」など。

っし〘助動〙▶し〘助動〙

つし　農家で、天井や屋根の下につくった物置き場。古くは、床は竹簀子(すのこ)で張り、むしろを敷いた。

つ-し【津市】▶津

つじ【×辻】《「つむじ(辻)」の音変化》❶道路が十字形に交わる所。四つ辻。十字路。❷人が往来する道筋。街頭。❸「辻総(つじふさ)」の略。[補説]「辻」は国字。
[類語]道端・路頭・路傍・角

つじ【旋=毛┊×辻】《「つむじ(旋毛)」の音変化》❶「つむじ」に同じ。「二つばかりの子の、鼻垂れて、頭の―ゆがうで」〈浮・諸艶大鑑・二〉❷いただき。てっぺん。「―のぬけたる葛笠(つづらがさ)を被(かつ)き」〈浮・織留・二〉

つじ-あきない【×辻商い】―あきなひ 道ばたに商品を並べ、または小さな店を張って商売すること。また、その人。大道店。大道商い。つじうり。

つじ-あんどん【×辻行▽灯】江戸時代、辻番所の前に備えてあった台付きの行灯(あんどん)。つじあんどう。

つじ-うら【×辻▽占】❶黄楊(つげ)の櫛(くし)を持ち、道の辻に立って、最初に通る人の言葉を聞き吉凶を判断する占い。道占。道行き占。❷偶然出あった物事を手がかりとして吉凶を判断すること。「―がよい」❸吉凶を占う短い文句を記した紙。また、それを巻き煎餅(せんべい)などに挟み、取った時の吉凶の判断とすること。

つじうら-うり【×辻▽占売り】夜、遊里などで辻占❸を売ってあるく人。

つじうら-せんべい【×辻▽占煎餅】辻占を中に挟み込んだ巻き煎餅。

つじ-うり【×辻売り】「辻商い」に同じ。

つじ-おどり【×辻踊(り)】―をどり 辻に集まって踊ること。また、その踊り。盆踊りなど。

つじ-かご【×辻×駕▽籠】町の辻などに待っていて客を乗せる駕籠。町駕籠。

つじ-かぜ【▽旋風┊×辻風】つむじかぜ。せんぷう。「俄(にはか)に―の吹きまつひて」〈大鏡・道長下〉

つじ-がため【×辻固め】貴人の外出の際などに、辻々に立って道筋を警戒すること。また、その役。「―の兵数十人、長具足(ながぐそく)立て並べ」〈曽我・九〉

つじ-が-はな【×辻が花】模様染めの名。室町中期から桃山時代にかけて盛行。帷子(かたびら)(麻布の単(ひとえ)の着物)に紅を基調にして草花文様を染め出したもの。絞り染めに、描絵・摺(す)り箔・刺繍(ししゅう)をほどこしたものを今日では俗に辻が花とよんでいるが、技法は明らかでない。辻が花染め。

つじ-かんじゃ【×辻冠者】―クワンジャ 市中をあてもなくうろつく若者。「いふかひなき―ばら、乞食法師ども」〈平家・八〉

つじ-かんじん【×辻勧進】―クワンジン 往来で、寺社に対する金品の寄進を頼むこと。

つじ-ぎみ【×辻君】夜道に立って客を誘う売春婦。古くは、市中の路地に店を構えた遊女のこと。夜鷹(よたか)。「―はあまだれほどな流れの身」〈柳多留・四八〉

つじ-ぎり【×辻斬り】昔、武士が刀剣の切れ味や自分の腕を試すために、往来で通行人を斬ったこと。また、それを行う者。特に江戸初期には禁令が出るほど横行した。

つじ-くにお【辻邦生】［1925～1999］小説家・仏文学者。東京の生まれ。最初の長編「廻廊にて」で近代文学賞を受賞し作家生活に入る。他に「安土往還記」「背教者ユリアヌス」「西行花伝」など。芸術院会員。

つじ-ぐるま【×辻車】道ばたで客を待つ人力車。「―に飛び乗りをして」〈鏡花・註文帳〉

つじ-げい【×辻芸】人通りの多い道ばたで演じる芸能。大道芸。

つじ-こうしゃく【×辻講釈】―カウシャク《「つじごうしゃく」とも》道ばたで軍談や講談を語り、往来の聴衆から銭をもらうこと。また、その人。大道講釈。

つじ-ごうとう【×辻強盗】―ガウタウ 夜間などに路上で通行人を襲い、所持する金品を奪う強盗。

つじ-しずお【辻静雄】―しづを［1933～1993］料理研究家。東京の生まれ。大阪読売新聞の記者を経て料理家となる。フランス料理の研究活動を続けるかたわら、昭和35年(1960)に辻調理師学校(現、辻調理師専門学校)を設立、調理師育成にも力を注いだ。

つじ-じぞう【×辻地蔵】―ヂザウ 道ばたに立つ地蔵尊。

つじ-じどうしゃ【×辻自動車】タクシーの旧称。「―ばかりが…街の角々に徘徊している」〈荷風・つゆのあとさき〉

つじ-しばい【×辻芝居】―しばゐ 道ばたに小屋掛けをして興行する芝居。

つじ-じゅん【辻潤】［1884～1944］評論家。東京の生まれ。放浪生活を送り、ワイルド・シュティルナーなどの世紀末文学・思潮やダダイスムを紹介。著「浮浪漫語」「ですぺら」など。

つじ-ずもう【×辻相-撲】―ずまふ ❶道ばたに小屋掛けをして行う民間の相撲。朝廷で定期的に行ったものに対していう。❷しろうとが空き地などに集まって行う相撲。〔季 秋〕

つじ-せっぽう【×辻説法】―セツポフ 道ばたに立ち、通行人を相手に説法すること。

つじ-ぜんのすけ【辻善之助】［1877～1955］歴史学者。兵庫の生まれ。東大教授・史料編纂所初代所長。実証的な仏教史研究に業績を残した。文化勲章受章。著「日本仏教史」「日本文化史」など。

つじ-だち【×辻立ち】❶道ばたに立って、物売りをしたり遊女の道中を見物したりすること。「一の薬売り、兵法、物真似、曲手鞠きょくてまり、さまざまの芸を添へにして」〈浮・禁短気・三〉❷政治家がする街頭演説のこと。

つじ-だんぎ【×辻談義】談義僧などが道ばたで仏法を説いて喜捨を受けること。また、その僧。

つじ-つま【×辻×褄】《「辻」は裁縫で縫い目が十文字に合う所。「褄」は着物の裾の左右が合う所》合うべきところがきちんと合う物事の道理。「話の一を考える」〔類語〕理り・理ことわり・道理・事理・条理・論理・理屈・筋・筋道・道筋・理路・ロジック

辻褄が合・う　筋道がよく通る。理屈が合う。「二人の証言はまるで一・わない」

辻褄を合わ・せる　筋道が通るようにする。理屈を合わせる。「決算報告までに収支の一・せる」

つじ-どう【×辻堂】ーダウ 道ばたに建っている仏堂。

つじ-とり【×辻捕り┊×辻取り】路上で女性を捕らえて連れ去り、妻などにすること。「一とは、男をも連れず、輿車こしくるまにも乗らぬ女房のみめよき、我が目にかかるを取る事」〈伽・物くさ太郎〉

つじ-なおしろう【辻直四郎】ーなほシラウ[1899〜1979]サンスクリット学者。東京の生まれ。旧姓、福島。古代インド文献の考証・翻訳など、日本におけるサンスクリット研究に貢献した。著「ブラーフマナとシュラウタ-スートラとの関係」「ヴェーダ学論集」など。

つじ-のう【×辻能】道ばたなどで野天または小屋掛けして演じる能。

つじ-ばしゃ【×辻馬車】道ばたで客待ちをする馬車。「騒々しき一の喇叭らっぱ」〈逍遥・当世書生気質〉

つじ-ばなし【×辻×噺】道ばたで、笑い話などをして銭を得ること。また、その話。延宝・天和(1673〜1684)ごろから京都の露つゆの五郎兵衛が始めたという。

つじはら-のぼる【辻原登】[1945〜]小説家。和歌山の生まれ。本名、村上博。「村の名前」で芥川賞受賞。他に「翔とべ麒麟きりん」「遊動亭円木」「枯葉の中の青い炎」「花はさくら木」など。

つじ-ばん【×辻番】❶江戸時代、江戸市中の武家屋敷町の辻々に幕府・大名・旗本が自警のために設置した見張り番所。また、そこに勤めた人。町方の番所は自身番という。辻番所。❷「辻番火鉢」の略。

つじ-ばんしょ【×辻番所】▶辻番❶

つじ-ばんづけ【×辻番付】歌舞伎番付の一。興行前に市中の辻々や湯屋・床屋などに張り、また、ひいき先にも配った一枚刷りの宣伝用の番付。大正ごろからポスター・チラシなどに変わった。櫓下やぐらした番付。配り番付。

つじばん-ひばち【×辻番火鉢】行火あんかの一種で、小火鉢を横向きの小箱に入れたもの。冬の夜、老人の寝床や辻番所などで用いた。

つじ-ひとなり【辻仁成】[1959〜]小説家・映画監督・音楽家。東京の生まれ。昭和60年(1985)ロックバンドのボーカリストとしてデビュー。同時に執筆活動も始める。バンド解散後は作家活動に力を入れ、「海峡の光」で芥川賞受賞。映画の原作・脚本・監督を務めるなど幅広く活躍。音楽家・監督としては名を「じんせい」と読む。

つじ-ぶさ【×辻▽総】馬具の総尻繋ふさしりがいの一。尻繋の組み違えの前後に総をつけ、胸繋むながいも間をおいて総をつけたもの。簡素な総尻繋で、殿上人てんじょうびと、また地下じげでは検非違使けびいしの所用。つじ。

つじ-ふだ【×辻札】辻に立てた制札せいさつ。高札こうさつ。

つじ-ほういん【×辻法印】ーホフイン 道ばたや門口で祈祷きとう・占い・祭文語りなどを行った山伏。

つじ-ほうか【×辻放下】ーハウカ 道ばたや寺社の境内などで奇術や曲芸を演じて、見物人から銭をもらうこと。また、その人。つじほうげ。

つじ-ほうびき【×辻宝引き】江戸時代、正月に道ばたで子供などを集めて行う宝引き。➡宝引き

つしま【対馬】㊀㈠旧国名の一。現在の長崎県対馬全島にあたる。対州たいしゅう。〔補説〕古くは「津島」とも書いた。㈡九州と朝鮮半島との間にある島。面積約698平方キロメートル。長崎県に属する。古くから朝鮮半島や中国との通路にあたる要地。漁業を主産業とする。㈢長崎県の対馬㈡を占める市。平成16年(2004)に厳原いづはら町、美津島みつしま町、豊玉町、峰町、上県かみあがた町、上対馬かみつしま町が合併して成立。漁業が主要産業。人口3.4万(2010)。㊁❶「対馬音おん」の略。❷「対馬砥と」の略。❸「対馬焼」の略。

つしま【津島】愛知県西部の市。津島神社の門前町として発達。毛織物の発祥の地。人口6.5万(2010)。

つしま-いろは【▽対馬×伊呂波】《対馬の人がこれによって梵音ぼんおんを伝えたというところから》五十音の異称。

つしま-おん【▽対馬音】古く、日本に伝来した漢字音の一。後世、呉音と同じものとされた。欽明きんめい天皇の時、百済くだらの尼僧、法明が対馬に来て呉音で維摩経ゆいまぎょうを読んで仏教を伝えたという伝承による。つしまごえ。

つしま-かいきょう【対馬海峡】ーカイケフ 長崎県対馬・壱岐いき間の東水道、および対馬・朝鮮半島間の西水道の総称。一般には東水道をさし、西水道を朝鮮海峡とよぶ。

つしま-かいりゅう【対馬海流】ーカイリウ 黒潮から分かれ、東シナ海から対馬海峡を経て日本海東側を流れる暖流。津軽海峡から太平洋へ出る津軽暖流と、北海道西岸を北上する宗谷暖流とに分かれる。

つしま-し【対馬市】▶対馬㊀㈢

つしま-し【津島市】▶津島

つしま-じんじゃ【津島神社】愛知県津島市神明町にある神社。祭神は建速須佐之男命たけはやすさのおのみこと・大穴牟遅命おおなむちのみこと。牛頭天王ごずてんのう社。

つじ-まち【×辻待ち】人力車などが道ばたで客を待つこと。「一の馬車も自動車も」〈佐藤春夫・晶子曼陀羅〉

つじ-まつり【×辻祭(り)】辻で行う道祖神や地蔵の祭り。

つしま-ど【▽対馬×砥】対馬から産出する砥石といし。かみそりの研ぎ出しなどに用いる。

つしま-は【津島派】自由民主党の派閥の一。平成研究会の平成17年(2005)から同21年における通称。同16年に前会長橋本龍太郎が日本歯科医師連盟からの不正献金の疑惑で辞任し、翌年、津島雄二が継承した。➡額賀ぬかが派

つしま-まつり【津島祭】津島神社の祭礼。陰暦6月14、15日(現在は7月の第4土・日曜日)に行われる。神輿みこしをのせ、500個ほどの提灯ちょうちんをともした5隻のだんじり船が笛に合わせて対岸のお旅所にもうでるほか、種々の神事がある。津島川祭。天王祭。〔季 夏〕

つしま-やき【▽対馬焼】対馬から産出した焼き物。ふつう、朝鮮の釜山窯ふざんようのものも含めていう。享保(1716〜1736)ごろ朝鮮の陶法が伝えられて創始。茶器が主で、陶器のほか磁器も焼いた。

つしま-やまねこ【▽対馬山猫】ネコ科の哺乳類。ベンガルヤマネコの一亜種とされる。家猫くらいの大きさで、目立たない斑点がある。対馬にすみ、天然記念物。

つしま-ゆうこ【津島佑子】ーイウコ[1947〜]小説家。東京の生まれ。本名、里子。太宰治の次女。「ナラ・レポート」で芸術選奨・紫式部文学賞受賞。他に「葎むぐらの母」で田村俊子賞、「草の臥所ふしど」で泉鏡花文学賞、「黙市だんまりいち」で川端康成文学賞、「火の山一山猿記」で谷崎潤一郎賞・野間文芸賞など、多くの文学賞を受賞している。

つしま-よみ【▽対馬読み】漢字を、対馬音で読むこと。

つじ-みせ【×辻店】道ばたに出した店。露店。

つじ・む【×黷む】〔動マ四〕《「つしむ」とも》肌に赤黒い斑点などが出る。黒ずむ。「所々刑鞭けいべんのために一・み黒みて」〈太平記・二四〉

つじむら-いすけ【辻村伊助】[1887〜1923]登山家。神奈川の生まれ。明治44年(1911)登山者として初めて冬の上高地に入山した。箱根湯本で高山植物の研究を行ったが、関東大震災で不慮の死をとげた。著「スウィス日記」「ハイランド」など。

つし-やか〔形動ナリ〕▶ずしやか

つじ-やしろ【×辻社】辻などにある道祖神を祭った社。

つ-しょうじ【通障子】ーシヤウジ 衝立ついたて障子の一種。中央部を長方形に切り抜いて簾すを垂らし、周囲に錦にしきを張ったもの。とおりしょうじ。

つじ-りょういち【辻亮一】ーリヤウイチ[1914〜]小説家。滋賀の生まれ。早稲田大学在学中に「黙示」を創刊。戦後、中国共産党軍の手榴弾しゅりゅうだん工場に徴用された経験を描いた「異邦人」で芥川賞受賞。他に「修道者」「挽歌抒情ばんかじょじょう」など。

つた【×苆┊▽寸×莎】「すさ」の音変化。

つた【×蔦】❶ブドウ科の落葉性の蔓つる植物。吸盤のある巻きひげで木や岩に固着する。葉は卵形で、ふつう三つに裂けており、秋に紅葉する。夏、黄緑色の小花が集まって咲き、実は黒紫色に熟す。日本・朝鮮半島・中国に分布。なつづた。〔季 秋〕「一植ゑて竹四五本のあらし哉/芭蕉」❷紋所の名。ツタの葉をかたどったもの。鬼蔦・中陰蔦・結び蔦など。❸ツタの葉に似せたひもの結び方。つたむすび。

づたい【伝い】づたひ〔語素〕《動詞「つた(伝)う」の連用形から》名詞の下に付いて、それを伝わって行く意を表す。「線路一の道」「浜一に行く」

つたい-あるき【伝い歩き】つたひー〔名〕スル 壁などに手をかけ、それに沿って歩くこと。また、敷石などに沿って、その上を歩くこと。つたいありき。「赤ん坊が一するようになる」

つた・う【伝う】つたふ ㊀〔動ワ五(ハ四)〕物に沿って移動する。連続してある物などを手がかりにして進む。「涙が頬を一・う」「手すりを一・って階段を上る」「案内の矢印を一・って行く」〔可能〕つたえる ㊁〔動ハ下二〕「つたえる」の文語形。〔類語〕流れる・滴る・零こぼれる・零れ落ちる・垂らす・垂れる

つだ-うめこ【津田梅子】[1864〜1929]教育家。江戸の生まれ。日本最初の女子留学生として、満7歳で岩倉具視遣外使節に同行して渡米。帰国後、華族女学校・女子高等師範学校教授。明治33年(1900)女子英学塾(のちの津田塾大学)を創設し、女子高等教育に尽力。

つた-うるし【×蔦漆】ウルシ科の落葉性の蔓つる植物。山地にみられ、茎から気根を出して樹木などに巻きつく。葉は3枚の卵形の小葉からなる複葉で、秋に紅葉する。雌雄異株。初夏、黄緑色の小花をつける。樹液は有毒で皮膚につくとかぶれる。

つたえ【伝え】つたへ ❶つたえること。また、その内容。伝言。ことづて。「一を聞いてかけつける」❷伝説。伝承。言い伝え。「昔からの一」❸学問や技芸を教え伝えること。伝授。「嵯峨の御一にて、女五の宮さる世の中の上手にものし給ひけるを」〈源・明石〉

つだ-えいがくじゅく【津田英学塾】津田塾大学の前身。

つたえ-う・ける【伝え受ける】つたへー〔動カ下一〕〔文〕つたへう・く〔カ下二〕人から受け継ぐ。「祖父から一・けた技術」

つたえ-き・く【伝え聞く】つたへー〔動カ五(四)〕❶人づてに聞く。うわさに聞く。「一・くところによると」❷昔からの言い伝えとして聞く。昔のことを語るときの慣用句として、話の冒頭に用いられた。「一・く、かの一行いちぎょうの果羅くゎらの旅」〈謡・弱法師〉〔類語〕聞き及ぶ・漏れ聞く・聞き継ぐ・仄聞そくぶんする

つたえ-ごと【伝へ言】つたへー 言い伝えられていること。伝説。「古事記書紀に記されたる、古の一のままなり」〈玉勝間・二〉

つたえ-と・る【伝へ取る】つたへー〔動ラ四〕伝授をうけて習得する。「はかばかしく一・りたることはをさをさなけれど」〈源・若菜下〉

つたえ-ばなし【伝え話】つたへー ❶古くから言い伝えられた話。昔話・伝説など。❷人づてに聞いた話。「一で真相ははっきりしない」〔類語〕物語・話はなし・叙事・ストーリー・お話・作り話・虚構・フィクション・説話・小説・口碑こうひ・昔話・民話・伝説・言い伝え

つたえ-びと【伝へ人】つたへー 話の取り次ぎをする人。「右近内侍ないしぞさりげなき一にては候ひける」〈栄花・浦々の別〉

つた・える【伝える】つたへる〔動ア下一〕図つた・ふ〔ハ下二〕❶言葉などで知らせる。伝達する。「電話で用件を—・える」「大統領選の速報を外電が—・える」「皆さんにもよろしく—・えて下さい」❷あるものを受け継いで残す。また、あるものを受け継いで次の代に授け渡す。伝授する。「当時の農民の生活を今に—・える祭事」「家宝を—・える」「名を後世に—・える」「秘伝を弟子に—・える」❸よその土地から文物などを持ってくる。もたらす。「インドから経典を—・える」「キリスト教を日本に—・えた人物」❹熱・音などが、一方から他方へ移るように仲だちをする。「銅は熱をよく—・える」
(類語)(❶)知らせる・報ずる・告げる・言い送る・申し送る・達する・伝達する・通知する・連絡する・通告する・通達する・下達する・令達する・口達する・通ずる・コミュニケートする・取り次ぐ・伝言する・宣する・知らす・触れる・話す／(❷❸)伝授する・口授くじゅする・口承こうしょうする・伝承する・遺のこす

つた-おんせん【蔦温泉】ツタヲンセン 青森県十和田市の温泉。八甲田山の南東にある。泉質は単純温泉。大町桂月おおまちけいげつが晩年を送った地。

つた-かずら【蔦葛】つたかづら つる草の総称。（季 秋）「こまやかに這ひて恐ろし—／嘯山」

つだ-けんもつ【津田監物】[?〜1567]室町後期の砲術家。津田流砲術の祖。紀伊の人。名は算長かずなが。種子島でポルトガル伝来の銃を譲り受けて砲術とその製造法を学んだ。

つだじゅく-だいがく【津田塾大学】東京都小平市にある私立大学。明治33年(1900)津田梅子が開設した女子英学塾を起源とし、津田英学塾、津田塾専門学校を経て、昭和23年(1948)新制大学として発足。

つだ-すけなお【津田助直】つだすけなほ 江戸前期の刀工。近江おうみの人。通称、孫太夫。2世津田助広の門人。近江守と称した。生没年未詳。

つだ-すけひろ【津田助広】江戸前期の刀工。❶(初世)播磨はりまの人。通称、弥兵衛。世に「そぼろ助広」とよばれた。生没年未詳。❷(2世)[1637〜1682]摂津の人。通称、甚之丞。初世の養子。越前守と称し、井上真改しんかいと並ぶ名工。大坂新刀の第一人者で、濤瀾刃とうらんばとよばれる独特の刃文はもんを創始した。

つだ-せいふう【津田青楓】[1880〜1978]画家。京都の生まれ。本名、亀治郎。初め日本画、のち洋画を学ぶ。二科会の創立に参画。左翼運動に参加したのち、同会脱会とともに日本画に復帰して南画風の作品を描いた。随筆・詩・書などでも活躍。

つだ-そうきち【津田左右吉】つださうきち[1873〜1961]歴史学者。岐阜の生まれ。文献批判に基づき、記紀の神話が客観的史実でないことを論証し、日本古代史の科学的研究を開拓した。のち、この上代研究が右翼思想家から告発され、昭和15年(1940)代表著作4点が発禁、ついで出版法違反で起訴され、早大教授を辞職した。著「神代史の研究」「古事記及日本書紀の研究」など。

つだ-そうきゅう【津田宗及】つだそうきふ [?〜1591]安土桃山時代の豪商・茶人。堺の人。三十六人会合衆えごうしゅうの一人、天王寺屋津田宗達の子。号、幽更斎。茶を武野紹鷗たけのじょうおうに学び、千利休・今井宗久とともに三宗匠と称された。「津田宗及茶湯日記」がある。

つだ-そうたつ【津田宗達】[1504〜1566]室町後期の豪商・茶人。堺の会合えごう衆の一人。茶を武野紹鷗たけのじょうおうに学び、茶器の名品を多く所蔵した。

つだ-つだ【寸寸・段段】〔形動ナリ〕細かくばらばらなさま。ずたずた。「—ニ切り離ス」〈日葡〉

つたな・い【拙い】〔形〕図つたな・し〔ク〕❶能力が劣っている。ふつつか。「—・い者ですがよろしく頼みます」❷運が悪い。「武運—・く敗れる」❸事を行うのに巧みでない。へたである。「—・い字」「—・いが読む人の心を打つ文章」(派生)つたなげ〔形動〕つたなさ〔名〕(類語)(❶)ふつつか・不肖／(❸)下手・まずい・へぼ・下手くそ・からっ下手・稚拙・拙劣・拙悪・未熟・幼稚・不細工・無器用・不得手・不得意・たどたどしい

つだぬま【津田沼】千葉県習志野市の地名。合併時に谷津やつ・久々田くくた・鷺沼さぎぬまの旧3村から1字ずつとって命名。京成・新京成電鉄の分岐点。

つた-の-からまる【蔦唐丸】蔦屋重三郎つたやじゅうざぶろうの狂名。

つた-の-ほそみち【蔦の細道】ツタがおい茂って細くなっている道。特に、静岡市駿河区丸子まりこと藤枝市岡部町岡部との間の、宇津ノ谷うつのや峠の道をさす。伊勢物語中の「宇津の山にいたりて、わが入らむとする道は、いと暗う細きに、つたかへでは茂り」による。

つだ-の-まつばら【津田の松原】香川県さぬき市の海岸。数千本の老松があり、琴林きんりん県立公園になっている。

つだ-まみち【津田真道】[1829〜1903]法学者。美作みまさかの人。名は「しんどう」「まさみち」とも。西周にしあまねとともにオランダに留学。帰国後、開成所教授。明治新政府の法律整備に尽力。また、明六社同人として、啓蒙活動を行った。日本で最初の西洋法律書「泰西国法論」を刊行。

つ-だみ【哯＝吐】《「つ」は「つ(唾)」で、「たみ」は嘔吐の意の「たまい」と同語源か》乳児などが、一度飲んだ乳を吐くこと。「この君、いたく泣き給ひて、—などし給へば」〈源・横笛〉

つた-もみじ【蔦紅葉】つたもみぢ 紅葉したツタの葉。（季 秋）「一朝から暮るるそぶりなり／一茶」

つたもみじうつのやとうげ【蔦紅葉宇都谷峠】つたもみぢうつのやたうげ 歌舞伎狂言。世話物。5幕。河竹黙阿弥作。安政3年(1856)江戸市村座初演。あんまの文弥が100両持って京へ上る途中、宇都谷峠で伊丹屋重兵衛に殺される話。人情噺にんじょうばなし「座頭殺し」によったもの。通称「文弥殺し」。

つた-や【蔦屋】江戸後期の地本じほん問屋。初め江戸新吉原大門口にあったが、天明年間(1781〜1789)に日本橋通油町に移転。

つたや-じゅうざぶろう【蔦屋重三郎】つたやぢゆうざぶらう[1750〜1797]江戸後期の出版業者。江戸の人。本名、喜多川柯理からまる。号、耕書堂。通称、蔦重つたじゅう。狂名、蔦唐丸つたのからまる。大田南畝・山東京伝らと親交があり、多くの洒落本・黄表紙のほか、東洲斎写楽・喜多川歌麿らの浮世絵版画も出版した。

ったら〔係助・終助〕►たら〔係助・終助〕

つたわ・る【伝わる】つたはる〔動ラ五(四)〕❶話などが一方から他方へ通じて広がる。情報が人から人へと知らされる。「こちらの意向が先方へ—・る」「避難命令が—・る」「うわさが—・る」❷昔から受け継がれて、今に至る。代々受け継がれて残る。「この地に—・る伝説」「当家に代々—・る家宝」❸海外など、よその土地から入って来る。伝来する。もたらされる。「ポルトガルから—・った食物」「西欧の文化が—・る」❹熱・音などが、ある道すじを通って他方へ届く。「壁を—・って聞こえる音」「電流が—・る」❺何かを仲だちにして、雰囲気などが感じ取られる。「緊張した空気が—・る」「気持ちの—・ってくる贈り物」❻物に沿って移動する。つたう。「屋根を—・って忍び込む」
(類語)通う・聞こえる・響く・聞き取れる・耳に入る・耳に付く・耳朶じだに触れる

ツタンカーメン〖Tutankhamen〗エジプト第18王朝第12代の少年王。在位、前1361〜前1352ごろ。イクナートンの後継者。アモン神崇拝に改宗し、アーメンと改名、都をアマルナからテーベに戻した。1922年、「王家の谷」から、王のミイラと豪華な副葬品が発掘された。ツタンクアーメン。

つち【土・地】❶岩石が分解して粗い粉末になったもの。土壌。「花壇の—を入れ替える」❷地球の陸地の表面。地面。大地。「故国の—を踏む」❸「天」に対し、地上のこと。「空から—へひと息にポーンと降り立つ雨の脚」〈柳虹・雨の脚〉❹鳥の子紙の一。紙の原料となる植物繊維に泥土をまぜて製した下等な和紙。❺(「犯土」「槌」「椎」とも書く)陰陽道おんようどうで、土公神どくじんのいる方角を犯して工事などをすることを忌むこと。また、その期間。暦の庚午から甲申までの15日間をいう。つちび。❻人の容貌ようぼうの醜いことをたとえていう語。「御前なる人は、まことに—などの心地ぞするを」〈源・蜻蛉〉❼地下じげのこと。「—の帯刀たちはきの、歳二十ばかり、長たけは一寸ばかりなり」〈落窪・一〉
(下接語)赤土・荒あら土・合わせ土・上うわ土・置き土・鹿沼かぬま土・壁土・黒土・肥え土・白しら土・底土・叩たたき土・作り土・床とこ土・苦にが土・粘ねば土・練り土・埴はに土・粘ねな土・惚ほけ土・真ま土・盛り土・焼き土・焼け土・痩やせ土・用心土
(類語)(❶)土壌・土地／(❷)地・大地・地面
土一升いっしょうに金かね一升　地価が非常に高いことをいう言葉。
土が付・く　相撲で、力士が負ける。
土にな・る　《「土となる」とも》土に変わる。死ぬ。「客死して異国の—・る」

つち【土】長塚節ながつかたかしの小説。明治43年(1910)発表。作者の郷里鬼怒川のほとりの農村を舞台に、貧農一家の生活を写生文体で精細に描く。

つち【槌・鎚・椎】❶物をたたく工具。頭部はふつう円柱形で、柄が付いている。木づち・金づちなどがある。❷紋所の名。❶をかたどったもの。
(類語)鉄槌てっつい・ハンマー・とんかち・玄能・才槌・掛け矢

つち-あけび【土通草・土木通】ラン科の多年草。木陰に生える腐生植物。高さ約50センチ、茎は太く直立し葉がなく、全体が黄褐色。初夏、淡黄色の花を総状につける。果実は肉質で赤く、アケビに似る。果実を干したものを漢方で強壮・強精薬にする。

つち-あそび【土遊び】〔名〕スル 土をこねて、いろいろの形を作るなどして遊ぶこと。泥遊び。つちいじり。
(類語)土いじり・泥遊び・泥んこ遊び・泥いじり

つち-い【土居】つちゐ ❶建築物の土台。「—に苔こけむせり」〈方丈記〉❷帳台・几帳きちょうなどの柱の下の台。「—のもとにて抱き取りたれば」〈宇津保・蔵開上〉

つち-いきれ【土熱れ・土熅れ】強い日光を受け、土が熱気を発すること。また、その熱気。

つち-いじり【土弄り】つちいぢり〔名〕スル ❶「土遊び」に同じ。❷趣味として畑作や園芸をすること。

つち-いっき【土一揆】室町中期、畿内を中心に頻発した農民・地侍の武装蜂起。年貢の減免や徳政を要求して、荘園領主・守護大名、また酒屋・土倉どそうなどの高利貸とも武力で争った。どいっき。

つちい-ばんすい【土井晩翠】つちゐ ►どいばんすい

つち-いみ【土忌(み)】陰陽道おんようどうで、土公神どくじんのいる方角を犯す土木・建築工事を忌み嫌うこと。やむを得ず工事をするときは方違かたたがえをした。

つち-いれ【土入れ】生育中の麦や陸稲おかぼなどの根元に、土をふるいこむこと。霜害やむだな生長を防ぐために行う。

つち-いろ【土色】土の色。やつれて血の気を失った顔色などにいう。土気け色。

つち-うす【土臼】土で作った磨すり臼。どうす。

つちうら【土浦】茨城県南部、霞ヶ浦西岸にある市。近世は土屋氏の城下町。大正11年(1922)隣町に海軍航空隊が設置され、軍都として発展。現在は工業が盛ん。蓮根やワカサギを特産。平成18年(2006)2月、新治にいはり村を編入。人口14.3万(2010)。

つちうら-し【土浦市】►土浦

つち-おおね【土大根】つちおほね ダイコンのこと。「—をよろづにいみじき薬とて、朝ごとに二つづつ焼きて食ひける」〈徒然・六八〉

つち-おと【槌音】家を建てる時などに、槌で材木をたたく音。建築工事が盛んに行われているたとえにも用いる。「新都建設の—が響く」

つち-か・う【培う】つちかふ〔動ワ五(ハ四)〕《「土つち養かう」の意》❶根元に土をかけて植物を育てる。「花を賞せんとする者は、必ずその根に—・うことを忘れてはならぬ」〈河上肇・貧乏物語〉❷大切に養い育てる。「体力を—・う」「友情を—・う」(可能)つちかえる
(類語)育てる・育む・養う

つち-がえる【土蛙】つちがへる アカガエル科のカエル。体長約4〜6センチ。背面は暗褐色で線状やいぼ状の突起があり、腹面は灰色で斑紋が散在。4〜6月ごろ産卵、おたまじゃくしのまま越冬し、翌年成体となる。本州以南に分布。いぼがえる。ばばがえる。

つち-がき【土柿】ツチグリの別名。

つち-かご【土×籠】土を運ぶのに用いるかご。
つち-がた【土型】土で作った鋳型。
つち-かべ【土壁】粘りのある土を塗って固めた壁。仕上げ(上塗り)用の土色により、聚落じゅらく壁・錆さび壁などとよぶ。
つち-かめむし【土椿=象┊土亀虫】半翅はん目ツチカメムシ科の昆虫。体長約1センチ。体は楕円形で平たく、光沢のある黒色。脚にとげがあり、土を掘って植物の根などから汁を吸う。日本各地に分布。
つち-ぎみ【土▽公】▶土公神どくじん
つち-くさ・い【土臭い】〔形〕図つちくさ・し〔ク〕❶土のにおいがする。「掘り出したばかりの―・い芋」❷いかにも田舎じみている。やぼったい。泥くさい。「インテリゲンチャに相応ふさわしくない―・い感じのする男であった」〈徳永・太陽のない街〉(類語)泥臭い
つち-くじら【×槌鯨】ツチクジラ アカボウクジラ科の哺乳類。中形のハクジラで、口吻こうふんが長く、頭部の形が木槌に似る。北太平洋に分布。
つち-ぐも【土蜘=蛛】❶ジグモの別名。❷古代、大和朝廷の命に従わず、異民族視された辺境の民の称。
つちぐも【土蜘蛛┊土蜘】㊀謡曲。五番目物。僧に化けた土蜘蛛が病中の源頼光を襲うが、刀で切りつけられ、姿を消す。頼光の家臣があとを追い、葛城山で退治する。㊁歌舞伎舞踊。長唄。河竹黙阿弥作詞、3世杵屋正次郎作曲。明治14年(1881)東京新富座初演。㊀を舞踊化した松羽目まつばめ物で、新古演劇十種の一。
つち-ぐら【土倉┊▽窖】❶穀物などを保存するために地下に穴を掘ってつくった倉。あなぐら。❷土で塗った倉。土蔵どぞう。
つち-ぐり【土×栗】ツチグリ科のキノコ。夏から秋に山野に生える。初めは灰褐色の球形で、熟すと厚い外皮が星形に裂け、胞子の入った丸い袋が現れる。外皮は湿気を含むと反って開き、乾くと袋を巻いて押し、胞子が放出される。若いものを食用とする。土柿茸つちがきたけ。土柿。
つち-ぐるま【土車】土を運搬する二輪車。
つちぐるま【土車】謡曲。四番目物。観世・喜多流。世阿弥作。出家した主人深草少将の幼君を土車に乗せた小次郎が、尋ねる主人と善光寺で巡り合う。
つち-ぐるま【×槌車】紋所の名。輪のない車の輻やの端に槌をつけたもの。
つち-くれ【土▽塊┊▽塊】土のかたまり。また、土のこと。
つちくれ-ばと【土▽塊×鳩】キジバトの別名。
つち-け【土気】❶土のようす。湿り気や土くささなど。❷いなかくさいようす。洗練されていないようす。「売られ買はれて北国の―の賤しずの里なれど」〈浄・反魂香〉
つちけ-いろ【土気色】土のような色。生気を失った人の顔色などにいう。つちいろ。
つち-けむり【土煙】土や砂が煙のように立ちのぼったもの。つちけぶり。「―を上げて車が走る」
(類語)砂煙・黄塵こうじん
つち-こつ【×槌骨】耳小骨の一。鼓膜と砧きぬた骨の間にある小さな骨。ついこつ。
つち-こね【土×捏ね】❶土をこねること。❷壁塗りをする職人。左官。❸壁土をこねる道具。
つち-ざいく【土細工】土を焼いてつくった細工物。「深草の里は、家ごとに焼物、―を商ふ見ゆれば」〈滑・膝栗毛・六〉
つちざき【土崎】秋田市の地名。旧雄物川おものがわの河口港で、近世、土崎湊つちざきみなとと称し日本海の港として繁栄。現在は秋田港と改称。
つち-しき【土敷】御帳台みちょうだいの浜床はまゆかの上に敷く繧繝縁うんげんべりの畳。
つち-すがり【土棲=蜂】ジガバチ科のハチ。体長約1センチ。体は黒色の地に黄色の帯があり、腹の各節はくびれる。地中深く穴を掘り、狩った甲虫の幼虫やハナバチなどを運び入れて卵を産みつける。
つち-すり【×腴】《水底の土を磨する意から》魚の腹の太ったところ。すなずり。〈和名抄〉
つちだ-きょうそん【土田杏村】ツチダ キョウソン[1891〜1934]思想家・評論家。新潟の生まれ。本名、茂つとむ。麦僊ばくせんの弟。西田幾多郎に師事。雑誌「文化」を発刊し、文明評論を展開。著「国文学の哲学的研究」「マルキシズム批判」など。
つちだ-ばくせん【土田麦僊】[1887〜1936]日本画家。新潟の生まれ。本名、金二。杏村きょうそんの兄。京都に出て竹内栖鳳たけうちせいほうに師事。大正7年(1918)国画創作協会を同志と結成。西洋近代絵画の影響と大和絵研究とが結びついた清新な作品を発表、日本画壇に刺激を与えた。
つち-たら【独=活】ウドの古名。〈和名抄〉
つち-だんご【土団子】土を丸めて団子のようにしたもの。特に明和・安永(1764〜1781)のころ、江戸谷中の笠森稲荷かさもりいなりでは、祈願のため土団子を供え、満願のときにこれを米の団子にかえる風習があった。
つち-つかず【土付かず】❶相撲で、その場所中にまだ負けていないこと。「一で千秋楽をむかえる」❷勝負事などで、その時まで連続して勝ちつづけていること。「一どうしの対局」(類語)勝ちっぱなし・連勝・全勝
つち-ど【土戸】土または漆喰しっくいを塗った引き戸。
つち-どの【土殿】喪に服す間こもる粗末な仮屋。板敷を取り除き、土間にしておく。「殿に皆集まり給ひて、―して男君たちもおはし」〈宇津保・国譲上〉
つち-どめ【土留(め)】❶瓦屋根の葺ふき土が滑り落ちるのを防ぐために、土居どいまたは裏板に横に打ちつける幅の狭い木。土留め桟ざん。❷山や土手の土砂崩れを防ぐために設ける柵さくや杭くい。山留め。どどめ。
つち-とりもち【土鳥×黐】ツチトリモチ科の多年草。暖地にみられ、ハイノキなどの根に寄生。高さ約10センチ。根茎は黄茶色の不規則な塊状をし、鳥もちを作るのに利用。茎は鱗片りんぺんで包まれ、赤茶色。雌雄異株。秋、茎の先に、小さな赤い雌花が長卵形にかたまってつく。やまでらぼうず。つちやまもち。
つち-なぶり【土▽弄り】「つちいじり」に同じ。「花に心を移し居れば鬱気もせず。けっく―は身の養生」〈浄・先代萩〉
つち-なべ【土鍋】素焼きの鍋。どなべ。
つち-ならし【土▽均し】田畑などの土くれを砕き、高低をならして平らにすること。また、それに用いる農具。「苗代なわしろの―をする」
つち-にんぎょう【土人形】ツチニンギャウ 土を材料とした人形。伏見人形・今戸人形などが有名。
つち-の-え【×戊】《「土の兄え」の意》十干の5番目。ぼ。
つち-の-かみ【土の神】❶土をつかさどり守る神。埴安はにやすの神の類。❷「土公神どくじん」に同じ。
つち-の-こ【×槌の子】❶小槌こづち。❷額ひたいと後頭部が突き出た頭。さいづちあたま。❸胴の太い、蛇の一種という想像上の動物。❹不器用な人。特に、裁縫がへたな女。「大方は針手の利かぬ―は」〈浮・禁短気・二〉
つち-の-と【▽己】《「土の弟と」の意》十干の6番目。き。
つち-ばし【土橋】「どばし(土橋)」に同じ。
つち-はじかみ【土×薑】ショウガの別名。
つち-ばち【土蜂】❶膜翅まくし目ツチバチ科の昆虫の総称。体は大形で黒色、腹部は長く大きく、金色の毛が密生し、横縞のあるものが多い。雌は、地中に潜むコガネムシの幼虫に卵を産みつける。(季 春)❷クロスズメバチの俗称。じばち。
つち-はらい【土払い】ツチハラヒ 牛車の簾すだれの下にかける布帛ふはく。
つち-はり【土針】植物の名。メハジキとも、ツクバネソウとも、エンレイソウともいわれる。「我がやどに生ふる―心ゆも思はぬ人の衣きぬに摺すらゆな」〈万・一三三八〉
つち-はんみょう【土斑▽猫┊地=胆】ツチハンメウ 甲虫目ツチハンミョウ科の昆虫の総称。体長1〜2センチ。体は青黒くてつやがある。腹は平たく、雌では特に大きい。前翅ぜんしは短く、後ろ翅は退化しているので飛べず、歩き回る。体内に含む有毒なカンタリジンは発泡薬などに利用される。マメハンミョウ・ゲンセイなど。にわつつ。
つち-び【犯=土日┊▽椎日】「土つち㊁」に同じ。
つち-びさし【土×庇┊土×廂】数寄屋造りなどで、地面に柱を立て、深く張り出させた庇。どびさし。
つち-ぶた【土豚】管歯目ツチブタ科の哺乳類。体重50〜70キロ。背が丸く太った体つきや鼻先の形などは豚に似るが、耳と尾は長い。歯は管状の六角柱が集まってできており、舌が長く、シロアリなどを食う。夜行性。アフリカのサバンナに分布。アフリカありくい。
つち-ぶね【土船┊土舟】❶土砂を運ぶ船。「引汐の堀割に繋つないだ―」〈荷風・すみだ川〉❷土でつくった船。昔話「かちかち山」に出てくるどろぶね。
つち-ふまず【土踏まず】足の裏のくぼんだところ。立ったとき、床に触れない部分。
つち-ふ・る【土降る┊×霾る】〔動ラ四〕風に吹き上げられた土や砂が降る。「雲端に―・る心地して」〈奥の細道〉(季 春)「真円まんまるき夕日―・るなかに落つ/汀女」
つち-ふるい【土×篩】ツチフルヒ 土を入れてふるい分ける、目の粗いふるい。多く竹を編んで作る。
つち-へん【土偏】漢字の偏の一。「地」「城」などの「土」の部分の称。
つち-ぼこり【土×埃】風に吹かれて舞い上がる細かい土砂。すなぼこり。「―が立つ」「―を上げる」
つち-ぼたる【土蛍┊▽地蛍┊蛍=蛆】蛍の幼虫。淡黒色の蛆うじ状で、水辺におり、尾部が発光する。みぞぼたる。
つち-ぼとけ【土仏】土でつくった仏像。どぶつ。
土仏の水遊び　《土仏が水に溶けて崩れていくところから》身の破滅を招くようなことをみずからすることのたとえ。土仏の水狂い。土仏の水なぶり。
土仏の夕立ゆうだちに逢あうたよう　《土仏が大雨で崩れるようすから》しょんぼりしたさまのたとえ。
つちみかど【土御門】姓氏の一。平安時代以来、天文道・陰陽道おんようどうをもって朝廷に仕えた家系。阿倍倉梯麻呂くらはしまろの子孫安倍晴明を祖とし、代々その業を世襲した。
つち-みかど【土御門】平安京大内裏外郭東面の上東門の異称。また、西面の上西門を西の土御門と称した。築地ついじを切り抜いただけで、屋根のないところからいう。
つちみかど-しんとう【土▽御門神道】ツチミカドシンタウ 近世神道の一派。江戸初期、土御門泰福やすとみが垂加すいか神道説を説く山崎闇斎やまざきあんさいの教えを受けてその理論を体系づけて唱え始め、その門人安井算哲が大成。中世から陰陽道を管轄していた安倍あべ氏すなわち土御門家が陰陽道の宗教性を強める目的で神道の行事をも取り入れたため、神道の一派に加えられるようになったもの。明治維新後、衰滅。安倍神道。安家あんけ神道。天社神道。
つちみかど-だいり【土御門内裏】㊀京都土御門大路の南、烏丸の西にあった里内裏。㊁土御門大路の北、東洞院大路の東にあった里内裏。元弘元年(1331)光厳天皇が皇居と定めてから北朝歴代の皇居となった。現在の京都御所の地。土御門東洞院内裏。土御門殿。
つちみかど-てんのう【土御門天皇】ツチミカドテンワウ[1195〜1231]第83代の天皇。在位1198〜1210。後鳥羽天皇の第1皇子。名は為仁ためひと。承久の乱後、土佐に流され、のち、阿波に移された。土佐院。阿波院。
つちみかど-どの【土御門殿】㊀京都土御門大路の南、京極の西にあった藤原道長の邸。しばしば里内裏となった。上東門第。京極殿きょうごくどの。御堂殿みどうどの。㊁▶土御門内裏つちみかどだいり㊁
つちみかど-みちちか【土御門通親】[1149〜1202]鎌倉初期の廷臣。村上源氏の出。内大臣兼右近衛大将。源頼朝と手を結ぶ関白九条兼実くじょうかねざねを退け、外孫の土御門天皇を即位させ、権力を握って鎌倉幕府に対抗した。和歌もよくした。源通親。
つち-むろ【土室】土で周囲を塗り固めてつくったむろ。また、地中を掘ってつくった穴倉。土屋。
つちもと-のりあき【土本典昭】[1928〜2008]映画監督。岐阜の生まれ。水俣病みなまたびょうを扱ったドキュメンタリー映画で知られる。長期取材により、病に冒された人々の生活に密着した作品で高く評価された。

代表作「水俣—患者さんとその世界」「不知火海しらぬい」など。
つち-もん【土門】左右が築地ついじで屋根のない門。土構え門。
つち-や【土屋】❶「土室つちむろ」に同じ。❷土・砂などを売る店。また、その人。〈和英語林集成〉❸「土屋倉」の略。「当社の—を造進したりけり」〈著聞集・一〉
つち-やき【土焼(き)】▶どやき
つちや-ぐら【土屋倉】壁を土や漆喰しっくいで塗り固めた倉庫。土蔵。「五間ばかりなる檜皮屋ひわだやのしもに—などあれど」〈大和・一七三〉
つちや-たかお【土屋隆夫】つちや たかを［1917～2011］推理作家。長野の生まれ。第二次大戦後、中学教師のかたわら作品を発表。「影の告発」で日本推理作家協会賞。他に「天狗の面」「天国は遠すぎる」「不安な産声」など。平成14年(2002)、功績により日本ミステリー文学大賞受賞。
つちや-はるなお【土屋温直】つちや はるなほ［1782～1852］江戸後期の刀剣研究家。江戸の人。古刀・新刀を収集して押形おしがたをつくり、土屋押形とよばれる。
つちや-ぶんめい【土屋文明】［1890～1990］歌人。群馬の生まれ。伊藤左千夫に師事。処女歌集「ふゆくさ」で認められ、「アララギ」の中心歌人として活躍。文化勲章受章。歌集「山下水」「自流泉」、研究書「万葉集私注」など。
つちやま【土山】滋賀県南東部、甲賀こうか市の地名。鈴鹿峠をひかえる東海道の宿場町として発達。➡間あいの土山
つちや-やすちか【土屋安親】[1670～1744]江戸中期の装剣金工家。出羽でわの人。通称、弥五八。晩年、東雨と号す。江戸に出て奈良派の門に入る。特に鐔つばを得意とし、多様な技法による雅味豊かな作品を生んだ。奈良三作の一人。
つちゆ-おんせん【土湯温泉】つちゆヲンセン 福島市南西部の温泉。吾妻連峰の吾妻小富士東麓にある。泉質は単純温泉・炭酸水素塩泉・硫黄泉。
つち-ゆび【×槌指】《曲がった指の形が木槌に似ていることから》突き指による骨折、腱の断裂が原因で指の第一関節の先が垂れて戻らなくなる症状をいう。ハンマー指。
っちょ〔接尾〕▶ちょ〔接尾〕
つち-よせ【土寄せ】〔名〕スル 生育中の畑作物の根元に土を寄せかけること。作物の倒伏や根の動揺を防ぎ、また除草のために行う。「ネギに—する」
つち-ろう【土×牢】ラウ 土を掘ってつくった牢。
つち-わり【土割(り)】農具の一。土の塊を割り砕くのに用いる、長い柄のついた槌つち。
つっ【突っ】〔接頭〕《動詞「つ(突)く」の連用形「つき」の音変化》動詞に付いて、その動詞の表す意味や語調を強める意を表す。「—走る」「—掛ける」「—ぱねる」
つつ【筒】❶丸く細長くて中が空洞になっているもの。くだ。管かん。「竹の—の花入れ」❷銃身。砲身。転じて、小銃や大砲。「になえ—」「大—」❸ブーツの足首から上、ふくらはぎの入る部分。「—回り34センチのブーツ」「—幅を広げたデザイン」❹井戸の側壁や地上の部分を囲んでいるもの。井戸がわ。❺検査などのため、俵にさしこんで米などを取り出すために用いる先のとがった竹製の器具。❻轂こしきの異称。❼酒を入れる竹筒。ささえ。「飲み手は多し、酒は—にて小さし」〈義経記・五〉
類語 (1)管くだ・管かん・パイプ・チューブ・ホース
つつ【鶺=鴒】鳥の名。セキレイの古名というが未詳。「あめ、—、千鳥ちどり、ま鵐しとと」〈記・中・歌謡〉
ツツ〖Tutu〗▶トゥトゥ
つ-つ【▽伝つ】〔動タ下二〕伝える。「春来れば雁帰るなり白雲の道行きぶりにことや—・てまし」〈古今・春上〉
つつ〔接助〕動詞・動詞型助動詞の連用形に付く。❶二つの動作・作用が同時に並行して行われることを表す。それぞれが…して。…ながら。「諸事情を考慮し—計画を立てる」「大声で叫び—走りだす」「日しきりにとかくし—ののしるうちに夜ふけぬ」〈土佐〉❷二つの動作・作用が矛盾して行われることを表す。…にもかかわらず。…ていても。「早起きが健康にいいと知り—、つい寝すごしてしまう」➡つつも ❸動作・作用が今も進行・継続していることを表す。…し続けている。「成績が向上し—ある」「病状が快方に向かい—ある」「天離あまざかる鄙ひなに五年いつとせ住まひ—都のてぶり忘らえにけり」〈万・八八〇〉❹ある動作・作用が繰り返し行われることを表す。しきりに…して。…しいしい。「野山にまじりて竹を取り—、よろづの事に使ひけり」〈竹取〉❺同じ動作を複数の人が同時に行うことを表す。みんなが…して。それぞれが…して。「人ごとに折りかざし—遊べどもいやめづらしき梅の花かも」〈万・八二八〉❻(❸❹の「つつ」が、和歌などの末尾に用いられ、下に続く語の意味を言外に含めて)余情・感動を表す。…てはまた…していることよ。ずっと…しつづけていることだなあ。「君がため春の野に出でて若菜摘むわが衣手に雪は降り—」〈古今・春上〉❼上の動作・作用がすでに確定したことを表し、下に続ける。…て、そして。…たうえで。「亡者もうじゃにいとま申し—、泣く泣くそこをぞ立たれける」〈平家・三〉補説 語源については、完了の助動詞「つ」が重なったという説、サ変動詞「す」の連用形「し」の重なったものが音変化したという説、また、その終止形「す」を重ねたものが音変化したなど諸説がある。「つつ」は中世以降しだいにその勢力は衰え、「て」と並んで「ながら」がその領域を侵していく。❻は、主に、平安時代以後の和歌に用いられ、❼は、中世以降の用法で、❶❷は、現代の話し言葉では「ながら」「て」を用いるのが普通である。
つづ【▽十】❶《二十歳のことを言うのに「つづ(十)やはたち(二十)」と用いられたところから誤って》19歳。「いくら利口のようでも、やっぱり—や二十歳はたちの処女むすめでございますよ」〈紅葉・二人女房〉❷とお。じゅう。〈日葡〉❸《弓の勝負は一度に二矢ずつ五度で決するところから》射た矢がすべて的に当たること。「矢所やつぼ一寸ものかず、五度の—をし給ひければ」〈太平記・一二〉
つつ-い【筒井】ゐ 筒のように丸く掘った井戸。
つつい-おさむ【筒井修】つつゐ をさむ［1917～1990］プロ野球選手・審判員。香川の生まれ。昭和11年(1936)巨人に入団するが、第二次大戦での負傷により引退。戦後審判員となり、3000試合出場第1号となる。
つつい-じゅんけい【筒井順慶】つつゐ［1549～1584］安土桃山時代の武将。大和筒井城主。山崎の戦いで、洞ヶ峠ほらがとうげに陣を置き明智光秀・羽柴秀吉両軍の形勢を眺め、有利な羽柴方についたとされ、日和見ひよりみ主義の典型という俗説が生まれるが、実際は合戦の直前に秀吉あての誓紙を出していた。➡洞ヶ峠
つつい-づつ【筒井筒】つつゐ ❶筒井をかこむ、わく。❷《伊勢物語・二三の「筒井つの井筒にかけしまろがたけ過ぎにけらしな妹いも見ざるまに」の歌から》幼ともだち。幼なじみ。「—の昔しもふるけれど、振わけ髪のおさなだちより馴れて」〈一葉・花ごもり〉
つつい-やすたか【筒井康隆】つつゐ［1934～ ］小説家。大阪の生まれ。パロディーとブラックユーモアで現代を風刺し人気を博す。「虚人たち」で泉鏡花文学賞、「夢の木坂分岐点」で谷崎潤一郎賞、「ヨッパ谷への降下」で川端康成文学賞を受賞。他に「七瀬ふたたび」「大いなる助走」「朝のガスパール」「わたしのグランパ」など。
つつ-うらうら【津津浦浦】《「つづうらうら」とも》全国いたるところの港や海岸。また、全国いたるところ。国じゅう。「—に行きわたる」
つつ-お【筒×落】「筒落米つつおちまい」の略。「旦那の身上しんしょうで一年に千両、二千両は—でもあること」〈浄・淀鯉〉
つつお-ごめ【筒×落米】刺米さしまいのとき、米さしの筒から地面にこぼれ落ちた米。「貰へども一粒くれぬ—人は噛むらし面影に立つ」〈仮・仁勢物語・下〉
つつ-おと【筒音】小銃や大砲などを打つ音。
類語 銃声・砲声
つつが【×恙】❶病気などの災難。わずらい。やまい。「事に触れて、我が身に—ある心地するも」〈源・匂宮〉➡つつがない ❷「恙虫つつがむし」の略。〈文明本節用集〉
つっ-かい【突っ▽支い】つっかひ 物が倒れないようにささえるもの。つっかえ。「柱には幾つともなく丸太の—がしてある」〈木下尚江・良人の自白〉
つっかい-ぼう【突っ▽支い棒】つっかひ 戸などが開いたり、物が倒れたりしないようにするささえの棒。
つっ-かえ・す【突っ返す】つっかへす〔動サ五(四)〕「つきかえす」の音変化。「書類を—・す」
つっ-か・える【▽支える｜×閊える】つっかへる〔動ア下一〕「つかえる」の音変化。「餅がのどに—・える」
つっ-かか・る【突っ掛(か)る】〔動ラ五(四)〕《「つきかかる」の音変化》❶あるものをめがけて、突いてゆく。「竹槍たけやりを手に—・っていく」❷言いがかりをつける。くってかかる。「相手かまわず—・る」❸歩いていて何かにつきあたる。ぶつかる。「切り株に—・って転ぶ」類語 ぶつかる・対する・挑む・向かう・立ち向かう・かかる・対抗する
つつ-がき【筒牡=蠣】ハマユウガイ科の二枚貝。浅海の砂中にすむ。長さ約30センチの円筒状をし、先端に小さな貝殻が付着する。本州中部以南に分布。
つつ-がき【筒描き】染色の糊置のりおき法の一。紙または布製の円錐形の筒に防染糊を入れ、糊を絞り出して模様を描くもの。筒引き。
つっ-かけ【突っ掛け】❶足の爪先のほうをひっかけるようにして履く手軽な履物。木・ゴム・ビニールなどのサンダルの類。❷何の前触れもなく、だしぬけにすること。「大変な大入だから到底—に行ったって這入れる気遣はない」〈漱石・吾輩は猫である〉❸歌舞伎下座音楽の一。時代物の合戦・立ち回りなどで、人物が勢い込んで出るときに用いる大鼓・小鼓の鳴り物。能管・太鼓入りのときもある。
つっかけ-ぞうり【突っ掛け草履】ザウリ 草履を足の指先にひっかけるようにして無造作に履くこと。また、その草履。
つっ-か・ける【突っ掛ける】〔動カ下一〕文つっか・く〔カ下二〕《「つきかける」の音変化》❶履物を足の指先にひっかけるようにして無造作にはく。「サンダルを—・ける」❷勢いよく何かにぶつける。「立ち上がりざま椅子に足を—・ける」❸相撲の仕切りの際、相手との呼吸が合わず、先にしかける。「制限時間前に—・ける」❹一気に物事をする。「—・けて食べましたによって…風味を覚えませぬ」〈虎寛狂・悪太郎〉❺掛けてつり下げる。「この襦袢をそこらへ—・けて置いてくれ」〈伎・浮名横櫛〉
つつが-な・い【×恙無い】〔形〕文つつがな・し〔ク〕病気・災難などがなく日を送る。平穏無事である。「—・く暮らす」「—・く日程を終える」
類語 健康・無事・健勝・清勝・健すこやか・壮健・健全・丈夫じょうぶ・達者・元気・まめ・息災・無病息災・強壮・強健・頑健・矍鑠かくしゃく
つつがね-いろ【▽砲金色｜筒金色】金属光沢のある暗灰色。ガンメタリック。
つつが-むし【×恙虫】ダニ目ツツガムシ科のケダニの総称。成虫は体長1～2ミリ、体表に多数の毛が生えている。幼虫は野ネズミに寄生し、時に人間を吸血して恙虫病を媒介する。アカツツガムシ・タテツツガムシなどがある。ようちゅう。
つつがむし-びょう【×恙虫病】ビャウ 野ネズミが保有するリケッチアの一種をツツガムシが媒介し、人が刺されたときに感染して起こる病気。高熱を発し、リンパ節が腫はれ、全身に発疹ほっしんが生じる。感染症予防法の四類感染症の一。致命的となることがあったが、現在は有効な抗生物質がある。
つつ-がゆ【筒×粥】粥占かゆうらの一種。粥を炊くとき葦あしや竹の筒を入れておき、その中に入った米粒の量によってその年の豊凶を占うもの。多く、神社の神事として行われる。管粥くだがゆ。(季 新年)
つつ-がわら【筒瓦】つつがはら ▶牡瓦おがわら
つづき【都筑】横浜市北部の区名。平成6年(1994)港北区と緑区の各一部を分割、合わせて成立。
つづき【続き】❶あるものの延長。つながっていて、次にあるもの。「ドラマの—」「この話には—がある」「—の部屋」❷続いていくぐあい。つながり方。「文章の—が悪い」❸名詞に付いて、前からの状態などが

変わらないことを表す。「お天気―」「好運―」
(一語)家続き・縁続き・国続き・地続き・血続き・手続き・長続き・庭続き・日照り続き・一続き・道続き・峰続き・棟続き・山続き・陸続き・廊下続き

つづき-あい【続(き)合い|続き▽間】あひ 物事の相互の関係。特に、縁続きの関係。「先生の郷里にいる―の人々と」〈漱石・こゝろ〉

つづき-え【続(き)絵】ゑ 2枚以上の絵をつなげて一つの画面としたもの。全体の構図はもとより、1枚ごとのまとまりも重視される。特に浮世絵版画でいう語。

つづき-がら【続(き)柄】親族としての関係。「戸籍筆頭者との―」➡ぞくがら(続柄)

つづき-きょうげん【続(き)狂言】キャウゲン 歌舞伎の初期に行われた一幕物の離れ狂言に対して、数幕にわたって連係した筋をもつ歌舞伎狂言。

つづき-く【都筑区】▶都筑

つづき-ばんごう【続き番号】バンガウ ❶宝くじや座席券などで、複数のチケットの番号が連続していること。また、その番号。連番。❷123456のように、数字が連続する番号のこと。

つづき-みちお【都筑道夫】みちを [1929〜2003]推理作家。東京の生まれ。本名、松岡巌いはほ。本格推理・ハードボイルド・ショートショートなどに幅広く活躍、時代物の「なめくじ長屋」シリーズもある。「推理作家の出来るまで」で日本推理作家協会賞受賞。平成15年(2003)功績により日本ミステリー文学大賞受賞。

つづき-もの【続(き)物】完結までに何回か回数を重ねてひとまとまりの内容になるもの。小説・映画・講談・演劇などでいう。

つつ-ぎり【筒切り】まるくて細長いものを横に切ること。輪切り。「竹の―」「さんまを―にする」

つっきり-バイト【突っ切りバイト】旋盤加工で工作物の溝削りや切断に用いる刃物。

つっ-き・る【突っ切る】〔動ラ五(四)〕《「つききる」の音変化》まっすぐに通り抜ける。勢いよく横切る。「国道を―・る」「森の中を―・る」

つつ・く【▽突く】〔動カ五(四)〕❶何度も軽く突く。こつこつと小刻みに突く。また、そのようにして合図や注意をする。「棒で草むらを―・く」「アカゲラが幹を―・く」「ひじで―・いて注意する」❷㋐なべ料理などを、繰り返しはしで挟んでは取って食べる。「寄せなべを―・く」㋑鳥などが、口ばしで何度も突くようにして食べる。「モズがカキを―・く」❸欠点などを、ことさら取り上げて問題にする。とがめる。ほじくる。「―・かれないように言葉に気をつける」❹そそのかす。けしかける。「誰かが陰で―・いているにちがいない」❺調べる。検討する。「いろいろの角度から問題を―・いてみる」(可能)つつける
(類語)(❶)刺す・突く/(❷)食べる・食らう・食う・頂く・召し上がる・食する・味わう・啄ついばむ

つづ・く【続く】《上代は「つつく」か》㊀〔動カ五(四)〕❶前からの状態や行為などがとぎれたり変わったりしないでそのままつながる。「晴天が―・く」「にらみ合いが―・く」❷同じものが隣り合った状態でずっと連なる。「家並みが―・く」「だらだら坂が―・く」❸ある事柄のあとに、間をおかず他の事柄が連なる。物と物とが切れ目なくつながる。「授賞式に―・いて祝賀パーティーを行う」「応接間と勉強部屋とが―・いている」「次ページに―・く」❹同じ物事が次々に起こる。ある事柄が前の事柄のすぐあとに起こる。「不幸が―・く」「地震に―・いて津波が起こる」❺順位が、すぐそのあとである。次ぐ。「宰相に―・く実力者」❻途切れず、あとに従う。「前の人に―・いてお降りください」❼通じる。「ローマへ―・く道」❽持ちこたえる。「学費が―・かない」㊁〔動カ下二〕「つづける」の文語形。
(類語)㊀(❶)引き続く・打ち続く・継続する・持続する/(❷)連なる・つながる・連続する・並ぶ/(❹)相次ぐ・度重なる・重なる・継起する・続発する・連発する・続出する

つつ-ぐち【筒口】「筒先」に同じ。

ツックマイヤー〖Carl Zuckmayer〗[1896〜1977]ドイツの劇作家。米国に亡命し、のちスイスに定住した。作「ケーペニックの大尉」「悪魔の将軍」など。ツックマイアー。

つっくり〔副〕ひとりで、なすこともなくじっとしているさま。つくねん。「ただ―とさへ致いてをれば済む事でござる」〈虎寛狂・二人大名〉

つづく・る【×綴る|▽繕る】〔動ラ五(四)〕衣類のほころびなどを縫い合わせる。つくろう。「我衣物きものの綻びを―・る様」〈露伴・対髑髏〉

つっ-くる・める【突っ▽括める|突っ▽含める】〔動マ下一〕図つっくる・む〔マ下二〕いろいろな要素を一緒にする。ひっくるめる。「いいところも悪いところも、―・めて好きにならなくっちゃあ」〈里見弴・多情仏心〉

つづけ【続け】続けること。多く他の語に付いて、その動作・状態などが継続する意を表す。「泣き―」「降り―」

つづけ-うた【続け歌】連歌の古称。「我が国にては歌を連ねたれば連歌と申すにや、昔の人は―とぞ申し侍りし」〈筑波問答〉

つづけ-うち【続け打ち】連続して打つこと。続けざまに打つこと。つるべうち。連打。

つづけ-がき【続け書(き)】筆を途中で切らずに、続けて書くこと。また、その書いた文字。

つづけ-ざま【続け様】〔名・形動〕《「つづけさま」とも》物事が次々と起こること。同じ事を続けて行うこと。また、そのさま。「―に地震が起こる」「―に得点する」
(類語)立て続け・引き続き

つづけ-じ【続け字】文字の一画一画、または一字一字を離さないで続けて書くこと。また、その文字。草書や連綿体の類。

つづ・ける【続ける】〔動カ下一〕図つづ・く〔カ下二〕❶ある状態や行為をとぎれたり変えたりしないで保つ。「議論を―・ける」「旅を―・ける」❷ある事柄を間をおかずに繰り返して行う。「失敗を―・ける」「連勝を―・ける」❸物と物とをつらねる。間隔をおかずに次のものへつなぐ。「居間と食堂を―・けて一部屋にする」

つっ-けんどん【突っ×慳貪】〔形動〕図〔ナリ〕無遠慮でとげとげしいさま。冷淡なさま。「―な応対」
(類語)意地悪・邪慳じゃけん

つつ-ごかし【筒▽転かし】《竹の銭筒に入れておよそ100文ずつ計るときに多少の過不足があるところから》銭勘定をごまかすこと。また一般に、ごまかすこと。詐欺。「手ひどいころり、これがほんの―、かたりめに出逢うた」〈浄・鬼一法眼〉

つっ-こみ【突っ込み】❶勢いよく突進すること。また、その勢い。❷内面に深く入り込むこと。「この記事は―が足りない」❸漫才で、ぼけに対して、主に話の筋を進める役。❹分けへだてせず全部のものを一緒に含めること。「良い品も悪い品も―で買い込む」❺元禄(1688〜1704)ごろ流行した男子の髪形。中剃なかぞりを大きくし、髻もとどりを高く、元結もとゆいを1寸(約3センチ)余りに結ぶもの。

つっこみ-うり【突っ込み売り】相場が下落したとき、さらにすすんで売ること。

つっ-こ・む【突っ込む】〔動マ五(四)〕《「つきこむ」の音変化》❶勢いよく中へ入る。突入する。また、勢いよく入れる。「走者が本塁に―・む」「バケツに手を―・む」❷㋐内面にまで深く入り込む。「労使の―・んだ話し合い」㋑相手の弱みなどを鋭く追及する。「あいまいな説明をして野党に―・まれる」㋒漫才で、話題を切り出して相方の応答を促す。「打ち合わせどおりに―・む」❸強くさし込む。突き入れる。「端子にプラグを―・む」「泥田に足を―・む」❹無造作に入れる。「汚れ物を押し入れに―・む」「ポケットに手を―・む」❺深く関係をもつ。「社内人事に首を―・む」❻全部のものを一緒に含めて考える。「中古品も新品も―・んで値をつける」
(類語)突入・突進・駆け込む・飛び込む・転がり込む・躍り込む・なだれ込む・押し込む・ぶち込む・ねじ込む・詰め込む

つっ-ころばし【突っ転ばし】歌舞伎の役柄の一。若くて、突けばすぐに転びそうな柔弱な色男の役。

つっ-ころば・す【突っ転ばす】〔動サ五(四)〕《「つきころばす」の音変化》強く突いて倒す。「―・されてけがをする」

つつこわけ-じんじゃ【都都古別神社】㊀福島県東白川郡棚倉町馬場にある神社。主祭神は都都古別神(味耜高彦根命あぢすきたかひこねのみこと)で日本武尊やまとたけるのみことを配祀。㊁福島県東白川郡棚倉町八槻にある神社。祭神は㊀と同じ。

つつ-さき【筒先】❶ホースなど筒形の物の先端の部分。筒口。❷銃砲の先。銃口。砲口。筒口。「銃の―を相手に向ける」❸消防ポンプのホースの筒先を扱う消防士。筒口。

つつ-ざき【筒咲き】花びらが合わさって筒状になっている花。ツツジ・アサガオなど。

つつじ【躑=躅】❶ツツジ科ツツジ属の植物の総称。常緑または落葉性の低木、まれに小高木もある。よく分枝し、枝や葉に毛がある。春から夏、白・紅・紫色などの漏斗形で先の5裂した花が咲く。園芸種も多く、ヤマツツジ・サツキ・レンゲツツジ・ミツバツツジなどがある。ツツジ科の双子葉植物は約1400種あり、温帯・寒帯地域および熱帯の高山に分布し、シャクナゲ・アセビ・コケモモ・エリカなども含まれる。(季 春)「―いけて其蔭に干鱈ひだらさく女/芭蕉」❷襲かさねの色目の名。表は蘇芳すはう、裏は萌葱もえぎまたは紅色。

つつじ-いろ【躑=躅色】ツツジの花のような鮮やかなピンク色。紫がかった淡赤色。

つつじ-ばな【躑=躅花】〔枕〕ツツジの花の色が美しい意から、「にほふ」にかかる。「―にほへる君がにほ鳥のなづさひ来むと」〈万・四四三〉

つつしみ【慎み|謹み】❶慎むこと。控えめに振る舞うこと。「―のない人だ」「―を忘れた行為」❷江戸時代、武士や僧侶に科した刑罰の一。家の内に籠居ろうきょして外出することを許さないもの。謹慎。❸物忌み。斎戒さいかい。「いみじき御―どもをし給ふしるしにや」〈源・明石〉

つつしみ-ぶか・い【慎み深い】〔形〕図つつしみぶか・し〔ク〕心をひきしめて軽はずみな言動をしない。遠慮がちで控えめである。「―・く振る舞う」(派生)つつしみぶかさ〔名〕

つつし・む【慎む|謹む】〔動マ五(四)〕❶あやまちや軽はずみなことがないように気をつける。慎重に事をなす。「行動を―・む」「言葉を―・みなさい」❷度をすごさないようにする。控えめにする。節制する。「酒を―・む」「暴飲暴食を―・む」❸(「謹む」と書く)うやうやしくかしこまる。「―・んで御礼申し上げます」「君達きんだちさへ余り―・み給て、今は目も見せ給はねば」〈狭衣・四〉➡謹んで ❹物忌みする。斎戒する。「ながき物忌みにうちつづき、著座といふわざしては―・みければ」〈かげろふ・下〉(類語)(❶)控える・差し控える・憚はばかる・遠慮・気兼ね・心置き・憚り・控え目・斟酌しんしゃく・忌憚きたん・謹慎/(❸)畏かしこまる・畏おそれる

つつ-じり【筒尻】❶筒の末端部。❷鉄砲の後部。

つづしり-うた【×嘰り歌】1、2句ずつ切れ切れに歌うこと。また、その歌。「御―のいとをかしきに」〈源・末摘花〉

つづし・る【×嘰る】〔動ラ四〕少しずつ物事をする。食べたり、歌ったり、歩いたりなど種々の場合に用いられる。「塩辛き物どもを―・るに」〈今昔・二八・五〉

つづしろ・う【×嘰ろふ】つづしろふ〔動ハ四〕《動詞「つづしる」の未然形に反復継続の助動詞「ふ」の付いた「つづしらふ」から》物事を少しずつ続ける。「寒くしあれば堅塩を取り―・ひ」〈万・八九二〉

つつしん-で【謹んで】〔副〕《動詞「つつしむ」の連用形に接続助詞「て」の付いた「つつしみて」の音変化》敬意を表してうやうやしく物事をするさま。かしこまって。「―お受けいたします」「―新年の御挨拶を申し上げます」

つつ-すねあて【筒×脛当て】鎧よろひの脛当ての一。縦長の鉄または革の板3枚を筒状に蝶番てふつがひ留めにしたもの。

つつ-そで【筒袖】和服で、袂たもとがない筒形の袖。また、そういう袖の着物。男児用または大人の日常着

や労働着に用いられる。つっぽう。つつっぽ。
つつそで‐ばおり【筒袖羽織】 筒袖の羽織。江戸時代までは武士が着用したが、明治以降は子供の衣服となった。
つつ‐だい【筒台】 銃身または砲身を据える台。
つつ‐だけ【筒竹】 筒切りにした竹。
つっ‐た・つ【突っ立つ】 ㊀〔動タ五(四)〕《「つきたつ」の音変化》❶まっすぐに立つ。勢いよく立つ。「天を摩するがごとく―・つ建物」❷立ったまま何もしないでいる。ぼんやりと立つ。「ぼうっと―・っていないで手伝えよ」㊁〔動タ下二〕「つったてる」の文語形。
〔類語〕立つ・佇む(たたずむ)・立ち尽くす・佇立(ちょりつ)・直立
つっ‐た・てる【突っ立てる】〔動タ下一〕図つった・つ〔タ下二〕《「つきたてる」の音変化》❶勢いよくまっすぐに立てる。「山頂に旗を―・てる」❷勢いよく突き刺して立てる。「短刀を畳に―・てる」
つつ‐ぢゃわん【筒茶×碗】 筒形をした底の深い茶碗。熱が逃げないので、茶道では寒中に用いる。
つっ‐つ・く【突っ突く】〔動カ五(四)〕《「つきつく」の音変化》「つつく」に同じ。「鳥がえさを―・く」「すき焼を―・く」
つつっ‐ぽ【筒っぽ】「筒袖(つつそで)」に同じ。「紺の―に、…前垂で」〈鏡花・眉かくしの霊〉
つっ‐と〔副〕《「つと」の促音添加》❶ある動作をすばやく、または突然にするさま。さっと。ぱっと。「―席を立つ」「―部屋の奥に通る」❷空間や時間が隔たっているさま。ずっと。「身どもがのは、これより―上(かみ)でござる」〈虎明狂・餅酒〉❸程度のはなはだしいさま。非常に。「あれは心のやさしいものの、―涙もろい者ぢゃ程に」〈虎明狂・墨塗〉
つつ‐どり【筒鳥】 カッコウ科の鳥。全長33センチくらいで、カッコウに似るがやや小形。鳴き声が筒を打つようにポンポンと聞こえる。日本には4月下旬ごろ山地に渡来し、ムシクイなどの小鳥に托卵(たくらん)する。ぽんぽんどり。〔季 夏〕「―の霧重くなりし声音かな／乙字」
つつなわせ‐どり【つつなはせ鳥】(つつなはせ-) セキレイの古名。「時に―有り飛び来て其の首(かしら)尾を揺(うごか)す」〈神代紀・上〉
つつ‐ぬき【筒抜き】「壺抜(つぼぬ)き」に同じ。
つつ‐ぬけ【筒抜け】《筒の底が抜けていて、入れた物が素通りする意から》❶物音や話し声が、そのまま他の人に聞こえること。また、秘密の内容などがそっくり他に漏れてしまうこと。「―に耳にはいる」「計画が相手方に―になる」❷人の話などが頭の中にとどまらないで通りぬけてしまうこと。「せっかくの忠告も右から左へ―だ」〔類語〕(❶)漏れる・だだ漏れ・漏洩(ろうえい)・漏泄(ろうせつ)・大っぴら・公・表向き・公然・オープン
つっ‐ぱし・る【突っ走る】〔動ラ五(四)〕❶勢いよく走る。疾走する。「ハイウエーを―・る」❷ある目的に向かって、ひたすら突き進む。「出世街道を―・る」「優勝目ざして―・る」❸出奔する。駆け落ちする。「庄やどんのおかっさまあ、内の馬右衛門といふ男と―・り申した」〈滑・膝栗毛・初〉〔可能〕つっぱしれる
つっ‐ぱな・す【突っ放す】〔動サ五(四)〕《「つきはなす」の音変化》❶突いてはなれさせる。「すがりつく子を邪険に―・す」❷関係を絶つ。見はなす。「―・して一人でやらせる」
つっ‐ぱ・ねる【突っ×撥ねる】〔動ナ下一〕図つっぱ・ぬ〔ナ下二〕❶突き飛ばす。「相手を手荒く―・ねる」❷要求や願いなどを手厳しく断る。拒否する。「組合の要求を―・ねる」
〔類語〕(❷)断る・拒む・退ける・はねつける・否む・蹴る・辞する・謝する・謝絶する・拒絶する・拒否する・辞退する・固辞する・遠慮する・一蹴する・不承知・難色・拝辞する・峻拒(しゅんきょ)する
つっ‐ぱり【突っ張り】❶つっぱること。❷倒れたり外から開(あ)いたりしないように物に押し当てて立てる柱や棒。つっかい棒。支柱。❸相撲で、平手で相手の胸や肩を突くこと。両手で同時に突けばもろ手突き。❹虚勢を張り、不良じみた態度をとること。また、その者。「―どうしのけんか」
つっ‐ぱ・る【突っ張る】〔動ラ五(四)〕❶㋐ゆるみがなく強くはる。かたくぴんとしている。からだのすじが強くはってかたくなる。「のりがききすぎて浴衣が―・る」「足の筋肉が―・る」㋑自分の意見を曲げずに強く言い張る。言い分をどこまでも押し通そうとして抵抗する。「自説を通そうとあくまで―・る」㋒程度が並はずれている。「欲の皮が―・っている」㋓虚勢をはる。また、不良がかった態度をとる。「あの子はただ―・っているだけだ」「―・っている中学生」❷㋐倒れたりしないように棒などを押し当てる。つっかいをする。「塀を棒で―・って補強する」㋑腕・脚などに力を入れて伸ばし強く押す。「両脚を―・って背中で車を押す」㋒相撲で、平手で相手を交互に突く。「両力士は立ち合いから激しく―・って出た」〔可能〕つっぱれる
〔類語〕(❶㋑)頑張る
つっ‐ぷ・す【突っ伏す】〔動サ五(四)〕《「つきふす」の音変化》急に顔などを伏せる。「テーブルに―・して泣きだす」
つっ‐ぽう【▽筒×袍】(-ぱう)「筒袖(つつそで)」に同じ。「ひとえものの下へ白き―をきて」〈魯文・安愚楽鍋〉
つっぽり〔副〕ひとりでわびしげに立っているさま。しょんぼり。「玉は寝もせず寝所に、ただ―と起きゐたり」〈浄・大経師〉
つつまし・い【▽慎ましい】〔形〕図つつま・し〔シク〕《動詞「つつ(慎)む」の形容詞化》❶遠慮深い態度である。控えめで、しとやかだ。「―・い振る舞い」「―・く寄り添う」「―・く咲く野の花」❷ぜいたくでないさま。質素なさま。つましい。「―・く暮らす」「―・く祝う」❸人に対して、気後れがする。気恥ずかしい。「大臣(おとど)気色ばみ聞こえ給ふことあれど、物の―・しき程にて、ともかくもあへしらひ聞こえ給はず」〈源・桐壺〉〔派生〕つつましげ〔形動〕つつましさ〔名〕
〔類語〕恭(うやうや)しい・遠慮深い・消極的・慎ましやか・丁寧・丁重・慇懃(いんぎん)・しとやか・懇(ねんご)ろ
つつまし‐やか【▽慎ましやか】〔形動〕図〔ナリ〕しとやかなさま。つつましいさま。「―な娘さん」〔派生〕つつましやかさ〔名〕〔類語〕恭(うやうや)しい・慎ましい・遠慮深い・消極的・丁寧・丁重・慇懃(いんぎん)・しとやか・懇(ねんご)ろ
つつ‐まもり【筒守り】 子供の持つお守り。鈴をつけた小さな竹筒に守り札を入れ、布袋に納めたもの。
つづま‐やか【▽約まやか】〔形動〕図〔ナリ〕❶簡潔で要を得ているさま。てみじかなさま。「歎願なせる趣きを右小弁家の宛(あて)にして最(いと)―に記されたり」〈染崎延房・近世紀聞〉❷控えめで質素なさま。つつましいさま。「―な暮らし」「―に暮らす親一人子一人の京の住居(すまい)に」〈漱石・虞美人草〉
〔類語〕(❷)質素・簡素・つましい・地味
つづまり【▽約まり】 ㊀〔名〕まとめられた結果。「これはと思う―も予想も付かない事は解り切って居る」〈真山・男五人〉㊁〔副〕(関西地方で)つまるところ。結局。「―だめになる」
つづま・る【▽約まる】〔動ラ五(四)〕❶短くなる。ちぢまる。「―・った言い方」❷簡単にまとめられる。要約される。「―・るところは他人のより合いだ」〈里見弴・多情仏心〉❸小さくなる。かがまる。「虎、―・りゐて、物をうかがふ」〈宇治拾遺・三〉
つつみ【包み】 ㊀〔名〕❶紙や布などで包むこと。また、そのもの。「―をほどく」「小物をまとめて―にする」❷物を包むのに使う物。風呂敷の類。「よき―、袋などに、衣(きぬ)ども包みて」〈枕・四六〉㊁〔接尾〕助数詞。包んであるものを数えるのに用いる。「薬を毎食後一―ずつ飲む」〔類語〕覆い・カバー・包装・梱包(こんぽう)・荷造り・荷拵(にごしら)え・パッキング
〔下接語〕(づつみ)上包み・紙包み・香包み・茣蓙(ござ)包み・小包み・薦(こも)包み・根包み・袱紗(ふくさ)包み・風呂敷包み・藁(わら)包み
つつみ【堤】《包むものの意》❶水があふれないように、湖沼・川・池などの岸に沿って土を高く盛り上げたもの。土手。堤防。「洪水で―が切れる」❷水をためた池。ため池。貯水池。❸相撲の土俵。「御前に―かきて、月日山などありける」〈栄花・根合〉
〔類語〕(❶)堤防・土手・突堤
つつみ【▽慎み】 つつしむこと。はばかること。「我がもてつけたるを―なくいひたるは、あさましきわざなり」〈枕・一九五〉
つづみ【鼓】❶古く日本で、中空の胴に皮を張って打ち鳴らす楽器の総称。❷中央が細くくびれた木製の胴の両端に皮を当てて、ひもで締めた打楽器。能楽・歌舞伎囃子(ばやし)などの大鼓・小鼓、雅楽の三の鼓などがあるが、狭義には小鼓だけをさす。❸紋所の名。❷の形を図案化したもので、種類が多い。
つつみ‐い【包み井】(-ゐ)❶まわりを板や石などでかこった泉や井戸。「鈴が音の駅家(はゆまうまや)の―の水を飲(たま)へな妹(いも)が直手(ただて)よ」〈万・三四三九〉❷正月に宮中で若水をくむために、前年の年末から蓋(ふた)をして封じておく井戸。
つつみ‐いい【包み▽飯】(-いひ) 強飯(こわめし)を握り、卵形にして木の葉などで包んだもの。平安時代には、地位の低い者の弁当などに用いた。
つづみ‐うた【鼓唄】 長唄・浄瑠璃などで使われる特殊な演奏法。主に鼓を伴奏にしてうたうもの。義太夫節では、三味線が鼓の音色を模倣して奏する。
つつみ‐かくし【包(み)隠し】 包んで外から見えないようにすること。また、秘密にして人に知られないようにすること。「親には―などいっさいしない」
つつみ‐かく・す【包(み)隠す|包み▽匿す】〔動サ五(四)〕❶包みこんで外から見えないようにする。「袖で―・す」❷秘密にして人に知られないようにする。「―・さず打ち明ける」〔類語〕隠す・遮る・押し隠す
つつみ‐がね【包(み)金】 あいさつや感謝のしるしに紙に包んで差し出す金銭。つつみきん。
つつみ‐がまえ【包(み)構え】(-がまへ) 漢字の構(かま)えの一。「勺」「包」などの「勹」の称。
つつみ‐がみ【包(み)紙】 物を包むために使う紙。包装紙。
つつみ‐がわら【包(み)瓦|堤瓦】(-がはら) 棟を包むのに用いる半円筒形の瓦。
つつみ‐ぎん【包み銀】 江戸時代、銀座または両替商などで紙で包み、封印した銀貨。金額が表記されており、一般にそのままの状態で授受された。常是(じょうぜ)包み・銀座包み・仲間包みなどがある。金の場合は包み金(きん)という。
つづみ‐ぐさ【鼓草】 タンポポの別名。
つつみ‐こ・む【包(み)込む】〔動マ五(四)〕包んで中に入れる。すっぽりと包む。「本をふろしきに―・む」「甘い香りに―・まれる」
つつみ‐じょう【包み状】(-ジャウ) 書状を別の紙で包み、のりで封をしたもの。
つつみ‐ちゅうなごん【堤中納言】《邸宅が賀茂川の堤近くにあったところから》藤原兼輔(ふじわらのかねすけ)の通称。
つつみちゅうなごんものがたり【堤中納言物語】 平安後期の短編物語集。天喜3年(1055)女房小式部作の「逢坂越えぬ権中納言」以外は、作者・成立年代未詳。「花桜折る少将」「虫めづる姫君」「よしなしごと」など10編と一つの断章からなる。
つつみ‐ちよ【堤千代】［1917〜1955］小説家。東京の生まれ。本名、文子。先天的な心臓疾患を抱えており、通学せず自宅で独学。「小指」およびその他の作品で女流作家として初めて直木賞受賞。他に「再会」「柳の四季」「カナリヤの歌う日」など。
つつみ‐な・し【×恙み無し】〔形ク〕さしさわりがない。無事である。つつがない。「―・く幸(さき)くいまさば荒磯波(ありそなみ)ありても見むと」〈万・三二五三〉
つつみ‐にんぎょう【堤人形】(-ニンギャウ) 仙台市青葉区堤町産の土人形。堤焼を母体とし、京都の伏見人形などの影響を受けながら洗練された郷土色をもつ。
つつみ‐ぶみ【包み文】 薄様(うすよう)などを上おおいにした手紙。特に平安時代、後朝(きぬぎぬ)の手紙や懸想(けそう)文に用いた。「緑の薄様なる―の、大きやかなるに」〈源・浮舟〉
つづみ‐ボタン【鼓ボタン】 二つのボタンを裏合わせにつないで鼓のような形にしたもの。カフスボタンのように、両方のボタン穴に通して掛け合わせる。
つづみ‐も【鼓藻】 ツヅミモ科の緑藻。淡水性。単細胞で、中央がくびれた鼓形をしている。くびれた部分

が切れてふえ、また2個体が接合子をつくってふえる。
つつみ-もの【包(み)物】❶風呂敷などで包んだ物。❷布施・禄・贈り物などにするため、金銀や絹布などを包んだもの。「すずろなる布の端をば包みて賜へりしぞ。あやしの一や」〈枕・八四〉
つつみ-やき【包(み)焼(き)】❶魚・肉・野菜などを木の葉・紙・ホイルなどに包んで焼くこと。また、その焼いたもの。❷鮒の腹に昆布・串柿・焼き栗などを入れて焼いたもの。門出や出陣の祝いに用いた。「鮒の一のありける腹に、小さく文を書きて、押しいれて奉り給へり」〈宇治拾遺・一五〉
つつみ-やき【堤焼】仙台市青葉区堤町で生産される茶器・花びん・酒器などの陶器。元禄年間(1688〜1704)江戸の陶工上村万右衛門が仙台の台の原で創始。のち窯が堤町に移り、この名がついた。特に堤人形は有名。
つつみ-やすじろう【堤康次郎】[1889〜1964]実業家・政治家。滋賀の生まれ。早大卒。衆議院議員、同議長。箱根土地(後のコクド)・西武鉄道などを設立、西武グループを築き上げた。
つつ・む【包む】〔動マ五(四)〕❶物を、紙や布などの中に入れてすっかりおおう。「風呂敷で一・む」❷(多く受け身の形で)物をすっかり取り囲むようにする。「山中で霧に一・まれる」「火に一・まれた家」「事件はなぞに一・まれている」❸心の中にしまっておいて外へ出さない。秘める。隠す。「一・まず話す」「悲しみを胸に一・む」❹慶弔のためやお礼として、金を紙などにくるんで渡す。「車代を一・む」❺堤を築いて水が外に流れ出ないようにする。〈新撰字鏡〉 (可能)つつめる
(用法)つつむ・くるむ——「荷物を風呂敷に包む(くるむ)」「包んで(くるんで)ある紙も黄色くなっている」など、物をおおう意では相通じて用いられる。◆「贈り物をきれいな紙で包む」「祝儀を包む」「謎に包まれた人」などのように、「包む」は何かがあるものを取り囲み、おおって中が見えないこと。これらは「くるむ」とはいえない。◆「くるむ」は布や紙などで巻いておおうこと。「赤ん坊を毛布でくるんで抱く」は全体をおおって見えなくするわけではないから、「包む」を使いにくい。
(類語)(❶)くるむ・くるめる・覆う・覆いかぶせる・被覆する (商品、食品を)包装する・パックする
つつ・む【恙む｜障む】〔動マ四〕病気になる。また、災難にあう。「大舟を荒海に出だしいます君一・むことなくはや帰りませ」〈万・三五八二〉
つつ・む【慎む】〔動マ四〕《「包む」と同語源》❶気がねする。遠慮する。「人目も今は一・み給はず泣き給ふ」〈竹取〉❷気後れする。「例いとよく書く人も、あぢきなうみな一・まれて」〈枕・二三〉
つづ・む【約む】〔動マ下二〕「つづめる」の文語形。
つつ-め・く【囁く】〔動カ四〕ひそひそ言う。ささやく。つつやく。「怨じもこそしたべとて、一・きてやみぬ」〈土佐〉
つづ・める【約める】〔動マ下一〕図つづ・む〔マ下二〕❶短くする。ちぢめる。「着物のたけを一・める」❷簡単にまとめる。要約する。「一・めて言えば」❸倹約する。節約する。「支出を一・める」
(類語)縮める・詰める・切り詰める・短縮する・縮小する・約する・縮約する・圧縮する・減らす
つつ-も〔連語〕《接続助詞「つつ」＋係助詞「も」》❶「つつ」を強めた言い方。…しながら。「働き一学ぶ」❷…にもかかわらず。「努力しなければならないと知り一ついなまけてしまう」
つつ-もたせ【美＝人＝局】夫婦または内縁の男女が共謀して、女が他の男と密通し、それを言いがかりとしてその男から金銭などをゆすり取ること。なれあい間男。(補説)もと博徒の語「筒持たせ」からきたものという。「美人局」の字は、中国の「武林旧事」游手にあるのを当てたもの。
つつ-や・く【囁く】〔動カ四〕「つつめく」に同じ。「信頼同心の由にてありけるも、そそやき、一・きつつ…とかく議定して」〈愚管抄・五〉
つつ-やみ【つつ闇】まっくら闇。つつくら。「空も一になりて」〈宇治拾遺・二〉
つづら【葛｜葛＝籠】❶(葛籠)ツヅラフジの蔓で編んだ、衣服などを入れる箱形のかご。のちには竹・檜の薄板で編み、上に紙を張って柿渋・漆などを塗った。つづらこ。❷襲の色目の名。表は青黒色、裏は薄青色。
つづら-うま【葛＝籠馬】江戸時代、背の両側につづらをつけた馬。その中に人を乗せたり、旅の荷物を運んだりした。
つづら-えびら【葛箙】ツヅラフジで編んだ箙。公卿の随身などが用いた。
つづら-おり【葛折(り)｜九＝十＝九折(り)】《ツヅラフジの蔓が曲がりくねっているところから》❶いくつにも折れ曲がって続いている坂道や山道。❷馬術で、馬をジグザグに歩ませること。
(類語)迂曲・湾曲・カーブ・七曲がり・曲がり
つづら-か【円らか】〔形動ナリ〕驚いたり恐れたりして、目を丸くするさま。「そこに目も一なる小法師にてついゐさせ給へるものか」〈栄花・花山尋ぬる中納言〉
つづら-がさ【葛笠】ツヅラフジで編んだ網代笠。市女笠に似るが、中のみねがやや低いもの。近江国水口の名産。明暦・天和(1655〜1684)ごろ、若い女子の間に流行し、のち風流好みの江戸の男子も用いた。水口笠。
つづら-きっつけ【葛切付】馬具の一。ツヅラフジを編んで作った下鞍。
つづら-こ【葛籠】「葛籠❶」に同じ。
つづら-ふじ【葛藤】ツヅラフジ科の落葉性の蔓植物。山地にみられ、蔓で他に巻きつく。葉は広卵形または円形で柄が長く、互生。雌雄異株で、夏、淡緑色の花をつける。蔓はかごを編む材料となり、根や茎は漢方で漢防已といい浮腫やリウマチの薬にする。ツヅラフジ科の双子葉植物は約400種が暖帯から熱帯にかけて分布し、主に蔓性で、カミエビ・コウモリカズラなども含まれる。(季 夏)
つづらぶみ【藤簍冊子】江戸後期の歌文集。6巻。上田秋成著。享和2年(1802)成立、文化2〜3年(1805〜06)刊。流麗な雅文体で記された紀行・文集と和歌からなる。
つづり【綴り】❶つづること。また、つづったもの。とじ合わせたもの。「伝票の一」❷欧米語などを表記する際の、文字の並び。スペリング。スペル。「ローマ字一」❸布切れなどをつぎ合わせて作った粗末な衣服。つづれ。「手向けには一の袖も着るべきにもみぢに飽ける神や返さむ」〈古今・羇旅〉
(類語)(❷)表記・綴字・スペリング・スペル
つづり-あわ・せる【綴り合(わ)せる】〔動サ下一〕図つづりあは・す〔サ下二〕つづって一つのものにする。とじ合わせる。「書類を一・せる」
つづり-が【綴蛾】メイガ科のガ。翅の開張約3センチ。雌の前翅の中央に黒点が一つある。幼虫は米を食害し、糸を出してつづり合わせ巣を作る。一点穀蛾。
つづり-かた【綴り方】❶欧米語の単語を書き表すときの文字の並べ方。❷旧制小学校の教科の一。文章を作る方法。今の作文にあたる。
つづり-させ〔副〕《冬の用意に衣を「綴り刺せ」と鳴いているように聞こえるところから》ツヅレサセコオロギの鳴き声。「秋風にほころびぬらし藤袴一てふきりぎりす鳴く」〈古今・雑体〉
つづ・る【綴る】〔動ラ五(四)〕❶欠けたり破れたりしたところをつぎ合わせる。また、とじる。とじ合わせる。「袖のほころびを一・る」「書類を一・る」❷言葉をつらねて詩歌や文章を作る。「文章を一・る」❸仮名やアルファベットなどを並べて単語を書き表す。「ローマ字で一・る」(可能)つづれる (類語)(❶)縫う・繕う・綻ける・まつる・仕付ける・裁縫する・縫製する・縫い込む
つづれ【綴れ】❶破れをつぎ合わせた衣服。ぼろの着物。ぼろ。つづれごろも。「一をまとう」❷「綴れ織り」に同じ。「一の帯」❸「裂き織り」に同じ。
つづれ-おり【綴れ織(り)】横糸に数色の色糸を使い、模様部分だけをつづら折りのように織り進めて模様を表した織物。地組織の横糸も折り返されて織られるため、色の境目には縦方向にすきまができる。帯地・袋物・壁掛けなどに用いる。綴れ錦。
つづれ-ごろも【綴れ衣】「綴れ❶」に同じ。
つづれさせ-こおろぎ【綴刺蟋＝蟀】コオロギ科の昆虫。普通にみられるコオロギで、体長約2センチ、黒褐色。頭部は丸みがある。雄は8月中旬から11月ごろまでリッリッリッと鳴く。名は、これを古人が「肩刺せ裾刺せ綴れ刺せ」と着物の手入れを促していると聞きなしたというのによる。
つづれ-にしき【綴れ錦】「綴れ織り」に同じ。
って ㊀〔格助〕《格助詞「と」または「とて」の音変化とも》名詞、名詞的な語に付く。❶引用する語、または文の下に付いて、次に来る動作・作用の内容を表す。…と。「金を貸してくれ一頼まれた」「読書しろ一言われた」❷上の語または文が、次に来る語の内容説明であることを表す。…という。「山田様一方ご存じですか」「用一ほどじゃない」㊁〔係助〕名詞、名詞的な語に付く。❶ある事柄を話題として取り上げて示す意を表す。…は。…というのは。「あなた一親切な人ね」「彼一だれのこと」❷相手の質問・命令・依頼などを受けて、それを話題として示す意を表す。…と言われても。「今さら変更する一、急に困るね」「どうするか一、決まってるだろ」㊂〔終助〕文末の種々の語に付く。❶他から聞き及んだ話を伝える意を表す。…ということだ。…そうだ。「君、委員になったんだ一ね」「彼も行きたい一」❷(上昇のイントネーションを伴って)相手の言葉を受けて反問する意を表す。「えっ、なんだ一」「なにっ、知らない一」❸(「かって」の形で)反語の意を表す。「こんなまずいもの食えるか一」「だれが言うことを聞くか一」❹自分の気持ちを主張する意を表す。「そんなこと知ってる一」「わかってるよ、もう言うな一」➡たって〔接助〕(補説)「って」は打ち解けた対話にだけ用いられる。㊀の語源については、係助詞「とて」の促音添加、「という」「というのは」の音変化などとして扱うこともある。また、形容詞、形容詞型助動詞の連用形につく「って」は、接続助詞「て」の変化したもので、㊀とは異なる。
つて【伝】❶離れている人に音信などを伝える方法・手段。また、仲立ち。「連絡する一がない」❷自分の希望を達するための手がかり。縁故。てづる。「一を頼って就職する」❸人の話。人づて。「一に聞く、虎狼の国衰へて、諸侯蜂のごとく起こりし時」〈平家・九〉❹ものついで。「一に見し宿の桜をこの春は霞へだてず折りてかざさむ」〈源・椎本〉
(類語)(❷)コネ・人脈・縁由・縁故・縁・えにし・ゆかり・つながり・かかりあい・かかわり・関係・誼み
ツデー〔today〕▶トゥデー
つて-こと【伝言｜流言】言い伝える言葉。ことづて。でんごん。また、うわさ。「赤駒のい行きはばかる真葛原何の一直にし良けむ」〈万・三〇六九〉
ってば〔係助・終助〕▶てば〔係助・終助〕
ってよ〔終助〕▶てよ〔終助〕
つてん【通典】《「つでん」とも》中国の制度史書。200巻。唐の杜佑撰。801年成立。尭・舜の時代から唐代に及ぶ歴代の法律や制度の沿革を、食貨・選挙・職官・礼・楽・兵・刑・州・辺防の9部門に分け、史料によって記したもの。
つと【苞｜苞＝苴】《「包む」と同語源》❶わらなどを束ねて、その中に食品を包んだもの。わらづと。❷その土地の産物。また、旅のみやげ。「冥途の一と齎し去らしめんこと思えば」〈露伴・五重塔〉「宮この一にいざといはましを」〈古今・東歌〉
つと【髱｜髷】「たぼ(髱)」に同じ。「一無しの大島田」〈露伴・椀久物語〉
つ-と〔副〕❶ある動作をすばやく、または、いきなりするさま。さっと。急に。不意に。「一立ち止まる」「瀬川は一席を立って降りると」〈荷風・腕くらべ〉❷動かないである状態を続けるさま。じっと。「面影に一添ひておぼさるるにも」〈源・桐壺〉❸いちだんと力をこめるさま。ぐっと。「例はことに鎖さし固めなどもせぬを一鎖して人の音もせず」〈源・少女〉

つ-ど【都度】物事が行われるたびごと。毎回。「帰郷の一墓参りをする」

つどい【集い】つどうこと。集まり。「名画鑑賞の一」類語 会議・会・会合・集会・寄り合い・ミーティング・座談会・集まり・まどい・団欒(だんらん)

つと-いり【▽衝▽突入り|▽突入り】陰暦7月16日に限り、自由に他人の家の室内まで入りこんで、その家の妻女や秘蔵の器物などを遠慮なく見るのを許された習俗。伊勢の宇治山田地方で行われたものが有名。(季 秋)「一や知る人にあふ拍子ぬけ/蕪村」

つど・う【集う】㊀〔動ワ五(ハ四)〕人々がある目的をもってある場所に集まる。「若人(わこうど)が全国から一・う」⇒集まる(用法) ㊁〔動ハ下二〕集める。「事もなき手本多く一・へたりし中に」〈源・梅枝〉

類語 集まる・群がる・群れる・屯(たむろ)する・駆け付ける・殺到する・すだく・たかる・固まる・参集する

つと-が【×苞×蛾】メイガ科のガ。前翅(ぜんし)は灰褐色、後ろ翅は白色。幼虫は稲や芝を食害する。

つと-どうふ【×苞豆腐】豆腐の水分を絞ってくずし、わらなどの苞に入れ、ゆでるか蒸すかして固めたもの。醤油味で、またうま煮にして食べる。

つと-なっとう【×苞納豆】わらの苞に包んだ納豆。

つと-に【×夙に】〔副〕❶ずっと以前から。早くから。「彼は一その名を世に知られていた」❷朝早く。「一起き、遅く臥(ふ)して」〈読・雨月・吉備津の釜〉

類語 もう・既に・早く・とっく

つとま・る【務まる】〔動ラ五(四)〕その任務を果たすことができる。「彼なら調整委員が一・る」

つとま・る【勤まる】〔動ラ五(四)〕勤めを果たすことができる。その職に堪えうる。「君にも十分一・る仕事だ」

つと・む【努む|▽勉む|▽力む】〔動マ下二〕「つと(努)める」の文語形。

つと-む【務む】〔動マ下二〕「つと(務)める」の文語形。

つと-む【勤む】〔動マ下二〕「つと(勤)める」の文語形。

つとめ【勤め|務め】❶当然果たさなければならない事柄。任務。義務。「税金を納めることは国民の一だ」❷官公庁・会社などに雇われて、働くこと。勤務。「一日の一を終える」❸仏道の修行。また、僧侶が日課として行う勤行(ごんぎょう)。「朝夕の一を欠かさない」❹遊女などが稼業として客の相手をすること。「あの娼妓は、あなたにゃあ一をはなれた、仕うちでげすぜ」〈魯文・安愚楽鍋〉❺遊女の揚げ代。また一般に、支払うべき金銭。勘定。「四十ばかりの女、…一をとりにきたり」〈滑・膝栗毛・六〉

類語 (❶)任(にん)・任務・義務・責任・責務・本務・使命・役目・役(やく)・役儀・分(ぶん)・本分・職分・職責・責め/(❷)勤務・仕事・労働・職務・労役/(❸)お勤め・勤行(ごんぎょう)・看経(かんきん)・読経(どきょう)・礼拝(らいはい)

つ-どめ【津留】中世・近世、領主が領内外における特定物資の移出入を禁止または制限したこと。港で行われたのでこの名がある。口止め。

つとめ-あ・げる【勤め上げる】〔動ガ下一〕図つとめあ・ぐ〔ガ下二〕❶職務を果たし任期を終える。「定年まで一・げる」❷遊女や芸者などが年季の奉公を終える。「一・げて一本立ちする」

つとめ-ぎ【勤め気】❶自分のつとめを果たそうとする気持ち。また、他人に何かしてやりたいと思う気持ち。「菊治にたいして、よほど一がうせたとみえる」〈康成・千羽鶴〉❷遊女・芸者などが客に対してもつ職業的、形式的なサービス精神。通り一遍の情。「勤(つとめ)は勤、一を放れて真に惚れ抜いた」〈人・恩愛二葉草・二〉

つとめ-ぐち【勤め口】勤務して給与をもらうところ。勤め先。「よい一を探す」類語 職場・仕事場・勤務先

つとめ-こ【勤め子】《「つとめご」とも》親方持ちで、色を売る歌舞伎若衆。独立して営業する歌舞伎子(かぶきこ)に対していう。「一度に肌着も十の数をこしらゆる事、今の世の一のせぬ事なり」〈浮・男色大鑑・八〉

つとめ-さき【勤め先】勤務しているところ。勤務先。「一に電話をする」類語 職場・仕事場・勤め口

つとめ-て ❶(前夜に何か事のあった場合の)翌朝。「男、いとかなしくて、寝ずなりにけり。一、いぶかしけれど」〈伊勢・六九〉❷早朝。夜明けがた。「さて四日の一ぞ、皆みえたる」〈かげろふ・上〉

つとめ-て【努めて|▽勉めて|▽力めて】〔副〕できるだけ努力をして。なんとか骨を折って。「一明るく振る舞う」

つとめ-にん【勤め人】官公庁・会社などに勤務している人。サラリーマン。類語 勤労者・労働者・会社員・ビジネスマン・ホワイトカラー・グレーカラー・ブルーカラー

つとめ-ぼうこう【勤め奉公】❶店員・女中などとして他家に勤め、働くこと。❷芸妓・遊女などとして働くこと。

つとめ-むき【勤め向き】勤務に関すること。勤務上のこと。また、勤めている所。勤務先。「一の不平などまで家内へ帰って当りちらされる」〈一葉・十三夜〉

つと・める【努める|▽勉める|▽力める】〔動マ下一〕図つと・む〔マ下二〕❶精を出して仕事をする。努力して事を行う。「看護に一・める」「サービスに一・める」❷無理をしたり、がまんしたりして行う。こらえてする。「泣くまいと一・める」類語 骨折る・いそしむ

つと・める【務める】〔動マ下一〕図つと・む〔マ下二〕《「努める」と同語源》ある役割や任務を引き受けて、その仕事をする。「代理人を一・める」「主役を一・める」「相棒を一・める」

つと・める【勤める】〔動マ下一〕図つと・む〔マ下二〕《「努める」と同語源》❶職に就く。官庁・会社などで職員として働く。勤務する。「商社に一・める」「検査技師として病院に一・める」❷仏道に励む。勤行(ごんぎょう)する。また、仏事を営む。「朝夕に一・める」「法事を一・める」

類語 働く・労働・勤務・勤労・勤続・仕える

つな【綱】❶植物の繊維や針金などをより合わせて長くつくったもの。ロープ。❷心身が不安・危険な状態にあるとき、すがって頼みとするもの。「命の一」「頼みの一」❸相撲で、横綱のこと。

用法 つな・なわ・ひも——太さでは、一般的に綱、縄、紐(ひも)の順に細くなる。材料・形状については、綱は繊維や針金をより合わせたもの。縄は主に稲のわらをより合わせたものだが、他の材料を用いる場合に、「麻縄」「しゅろ縄」などのように言うこともある。◆「紐」は繊維をより合わせたもののほか、紙・布・ゴムなどのより合わせていないものにも言う。◆用途面では、「綱」は主に、何かを支えたり引っ張ったりする。「命綱をつけて海に飛び込む」「引き綱」。「縄」は「罪人を縄で縛る」「薪を縄で縛って担ぐ」など縛るのに用いる。「紐」は結び付けることに用途の中心がある。「靴紐を結ぶ」◆外来語「ロープ」(英語)は「綱」「縄」の範囲で「紐」は含まない。「ザイル」(ドイツ語)は、もっぱら登山用の綱。

類語 縄・紐(ひも)・荒縄・細引き・テープ

綱を張・る 力士が横綱になる。また、横綱の地位にいる。

ツナ〖tuna〗マグロ類のこと。一般に、ビンナガマグロの油漬け缶詰をいう。「一サラダ」

ツナイト〖tonight〗▶トゥナイト

つな-うち【綱打ち】糸をより合わせて綱を作ること。

つなうち-せっく【綱打ち節句】正月20日に、その年に使う農・漁業用の綱や縄を作って祝う行事。

つながり【×繋がり】❶つながること。また、つながったもの。「文の一」「意味上の一」❷結びつき。関係があること。「仲間との一を大事にする」❸血縁関係。きずな。「親子の一」

類語 関連・連関・連係・連絡・連鎖・連帯・コンビネーション・関係・かかわりあい・かかわり・誼(よしみ)・縁・縁故・縁由・えにし・ゆかり・つて・絆

つなが・る【×繋がる】〔動ラ五(四)〕❶離れているものが結ばれて、ひと続きになる。「島と島とが橋で一・がる」「電話が一・る」❷つらなり続く。また、継続する。「車が一〇キロも一・っている」「この道は国道に一・っている」「首が一・る」❸関係がある。結びつく。「事件に一・る遺留品」「努力が成功に一・る」❹血筋が同じである。血縁関係がある。「血の一・った人」❺ひかされる。ほだされる。「情に一・る」

類語 続く・続ける・結ばれる・連結・接続・リンク

つなぎ【×繋ぎ】❶つなぐこと。また、つなぐもの。「顔一」❷次の事が始まるまでの時間をうめるために何かを行うこと。また、そのもの。「一の仕事」「場一に手品をする」❸くずれやすいものや粘りけのないものを固めるために混入するもの。そばに入れるヤマイモなど。❹上下がつながっている作業服。また、その形の一般用の服。❺▶ヘッジ ❻歌舞伎で、場面転換のとき、音曲や拍子木の音などで幕間をつなぐこと。また、俳優が扮装(ふんそう)を変える間、ほかの俳優の演技や音曲でつなぐこと。

つなぎ-いとおり【×繋ぎ糸織(り)】糸織りの一種。くず絹糸またはつなぎ合わせて結び目を作った糸を横糸に使って平織りにした織物。

つなぎ-うま【×繋ぎ馬】❶綱などでつないである馬。❷紋所の名。杭(くい)につないだ馬を図案化したもの。

つなぎ-うり【×繋ぎ売り】「売り繋ぎ」に同じ。

つなぎ-おんせん【繋温泉】岩手県盛岡市、雫石(しずくいし)川上流にある温泉。泉質は単純温泉・硫黄泉。

つなぎ-しきん【×繋ぎ資金】資金の調達が確定しているが、その資金が必要な時期に間に合わないときに、一時的に借り入れる資金。

つなぎ-じろ【×繋ぎ城】二つの城の連絡をとるため、その中間の要害の地に築いた城。

つなぎ-ぜに【×繋ぎ銭】緡(さし)に通してつないだ銭。「袂より一取り出し」〈浮・諸艶大鑑・五〉

つなぎ-て【×繋ぎ手】❶人と人、人と物、物と物とを結びつける人、また、その役割。「子供と本の一となる」❷▶継手

つなぎ-と・める【×繋ぎ止める】〔動マ下一〕図つなぎと・む〔マ下二〕❶ひもや綱などで、離れないようにつなぐ。「船を岸壁に一・める」❷関係が切れないようにする。「子供たちの興味を一・める」類語 繋ぐ

つなぎ-とりひき【×繋ぎ取引】▶ヘッジ

つなぎ-ばいばい【×繋ぎ売買】▶ヘッジ

つなぎ-ぶね【×繋ぎ船】港湾や河岸(かし)などにつなぎとめてある船。もやいぶね。けいせん。

つなぎ-め【×繋ぎ目】つなぎ合わせた部分。つぎめ。「糸と糸との一」

つなぎ-ゆうし【×繋ぎ融資】資金調達は確定しているが、その資金がなんらかの事情によって必要とするときに間に合わない場合、入金時までのつなぎとして行われる融資。ブリッジローン。

つな・ぐ【×繋ぐ】《名詞「綱」の動詞化》㊀〔動ガ五(四)〕❶㋐ひも・綱などで物を結びとめて、そこから離れたり、逃げたりしないようにする。「犬を一・ぐ」「鎖で一・ぐ」㋑相手の気持ちなどが離れていかないようにする。「彼女の心を一・ぐために一芝居打つ」❷一定の所に留め置いて外へ出さないようにする。拘禁したり、拘束したりする。「獄に一・がれる」❸結びつけてひと続きのものにする。「車両を一・ぐ」❹離れているもの、切れているものを続け合わせて一つにする。また、そのようにして通じるようにする。「手を一・ぐ」「電話を一・ぐ」❺なんとか長く、切れないようにたもたせる。たえないようにする。「望みを一・ぐ」「命を一・ぐ」「座を一・ぐ」❻足跡などをたどって行方を追い求める。「射ゆ鹿(しし)を一・ぐ川辺のにこ草の」〈万・三八七四〉可能 つなげる ㊁〔動ガ下二〕「つなげる」の文語形。類語 ㊀(❶㋐)繋ぎ止める・縛る・結び付ける・繋(か)ける・舫(もや)う/(❸)繋(つな)げる・繋ぎ合わせる・結び合わせる・継ぎ合わせる・継ぐ・接続する・連結する/(❹)結ぶ・連絡する・中継する

つな-ぐるま【綱車】▶ロープ車(ぐるま)

つな・げる【×繋げる】〔動ガ下一〕図つな・ぐ〔ガ下二〕ひもや綱などを結びつけてひと続きにする。「短いひもを一・げて長くする」類語 繋ぐ

つなし コノシロの幼魚の古名。「松田江の浜行き暮らし一捕る氷見(ひみ)の江過ぎて」〈万・四〇一一〉

つなしま-おんせん【綱島温泉】神奈川県横浜市港北区にある鉱泉。泉質は炭酸水素塩泉。

つなしま-りょうせん【綱島梁川】[1873〜1907]思想家・評論家。岡山の生まれ。本名、栄一郎。

「早稲田文学」の編集に従事。胸を病んでから神秘的宗教観に基づく随想を発表、当時の青年層に影響を与えた。著「病間録」「回光録」など。

つな-そ【綱▽麻】シナノキ科の一年草。高さ約1メートル。葉は長卵形で先がとがり、葉の付け根に黄色い小花をつける。茎からジュートとよばれる繊維をとり、コーヒー豆などを入れる袋を作る。インドの原産。黄麻。いちび。インドあさ。こうま。

つな-で【綱手】《古くは「つなて」とも》船につないで引く綱。ひきづな。「人言はしましそ我妹—引く海ゆまさりて深くしそ思ふ」〈万・二四三八〉

つな-とり【綱取り】大相撲で、大関が横綱の地位をねらうこと。一般に、昇進には二場所連続優勝かそれに準じる成績が条件。

つな-ぬき【綱▽貫】❶「貫(つらぬ)き❶」に同じ。❷牛皮などで作り、底に鉄の鋲を打ち、縁に貫緒を通して結ぶようにした雪沓。(季 冬)

つな-ぬ・く【▽貫く】〔動カ四〕「つらぬく」に同じ。「形代が首を切って剣の先に—・き給へば」〈謡・調伏曽我〉

つな-ば【綱場】運材河川の要所に頑丈な綱を張って、流れてくる木材をせき止め、集めておく場所。

つな-ばし【綱橋】渓谷や絶壁などを横切って綱を張り渡し、木台・籠・車などをつるして人や荷物を乗せ、一方からたぐり寄せて他方へ渡したもの。

つな-ひき【綱引き｜綱×曳き】❶二組みに分かれて1本の綱の両端から引き合って勝負を争う競技。運動会などで行われるが、もとは年占行事の一種で、豊凶を占った。(季 新年)「—や去年の八束穂より合せ/蓼太」❷(比喩的に)一つのものを両者で奪い合うこと。「業界一位、二位による再編の—が続く」❸人力車などで、急を要するとき、かじ棒に綱をつけてもう一人が先引きすること。また、その人。❹牛馬などが、引かれるのをいやがってさからうこと。「引き寄せばただにはよらで春駒の—するぞなは立つと聞く」〈拾遺・雑賀〉

つな-ひ・く【綱×曳く】〔動カ四〕❶牛馬などが、綱を引かれてさからう。「あまた年こゆる山辺に家居して—・く駒もおもなれにけり」〈かげろふ・中〉❷意地を張る。強情を張る。「しかあらためむとも言はず、いたく—・きて見せし間に」〈源・帚木〉

つな-びらき【綱開き】出船の際の祝儀。船霊に神酒を供え、謡曲をうたい、神酒を飲んで祝う。

つなぶち-けんじょう【綱淵謙錠】[1924～1996]小説家。樺太(サハリン)の生まれ。長年編集者として活躍した後、時代小説を執筆した。「斬」で直木賞受賞。他に「苔」「狄」「戊辰落日」「越後太平記」など。T=S=エリオットの研究・翻訳でも知られる。

つ-なみ【津波｜津▽浪｜海=嘯】地震や海底火山の噴火などによって生じる非常に波長の長い波。海岸に近づくと急に波高を増し、港や湾内で異常に大きくなる。地震津波。

つなみ-けいほう【津波警報】津波の発生・規模・範囲・時刻などを知らせる警報。気象庁から発令される。

つなみ-じしん【津波地震】体感する揺れや地震計で観測される震度が小さいにもかかわらず、大きな津波を引き起こす地震。明治29年(1896)の明治三陸地震や2010年のスマトラ沖地震がこの種の地震だったと考えられている。

つなやかた【綱館】長唄。本名題「渡辺綱館の段」。明治2年(1869)3世杵屋勘五郎が作曲。片腕を切り取られた茨木童子が、叔母に化けて渡辺綱の館を訪れ、腕を奪い返す。

つな-わたし【綱渡し】瀬の速い川などで、両岸に太い綱を張り渡し、それをたぐって船を渡すこと。また、その渡し場。

つな-わたり【綱渡り】〔名〕スル❶空中に張った綱の上を芸をしながら渡ること。また、その曲芸。❷危険をおかして物事を行うこと。「借金で—して不況を乗り越える」

つね【常｜▽恒】❶いつでも変わることなく同じであること。永久不変であること。「有為転変の、—のない世」❷いつもそうであること。ふだん。平素。「—と変わらぬ笑顔」「朝の散歩を—とする」❸特別でないこと。普通。平凡。「—の人」❹昔からそのようになるとされていること。当然の道理。ならい。ならわし。「栄枯盛衰は世の—」❺他の例と同じように、その傾向のあること。とかくそうありがちなこと。「子に甘いは親の—」➡常に

(類語)普通・不断・一般・一般的・尋常・通常・平常・通例・標準・標準的・平均的・平凡・並み・只当たり前・在り来たり・常並み・世間並み・十人並み・日常茶飯事・ノーマル・レギュラー・スタンダード

つね-あし【常足】歌舞伎の大道具で、二重舞台の一。舞台面より1尺4寸(約42センチ)の高さに組む。高足・中足より低く、普通の民家などに用いる。

つね-しょうぞく【常装束】►褻装束

つね-づね【常常】いつも。ふだん、平生。副詞的にも用いる。「—の心掛け」「—言い聞かせてある」

(類語)不断・常に・絶えず・常時・いつも・終始・始終

つね-てい【常体】普通のありさま。また、普通の程度。「人より遅く仕廻ひ、早く出るその働き—の事にあらず」〈浮・新永代蔵〉

つねとう-きょう【恒藤恭】[1888～1967]法哲学者。島根の生まれ。昭和8年(1933)滝川事件で京大教授を辞職。第二次大戦後、大阪市立大学長。著「法の基本問題」「法的人格者の理論」など。

つねなが-しんのう【恒良親王】[1324～1338]後醍醐天皇の第6皇子。名は「つねよし」とも。建武元年(1334)皇太子となり、建武政府が崩壊して同3年新田義貞らとともに越前金ヶ崎城に拠ったが斯波氏らとの戦いに敗れ、京都で毒殺されたという。

つね-な・し【常無し】〔形ク〕変わりやすい。無常だ。はかない。「世の中を—・きものと今そ知る奈良の都のうつろふ見れば」〈万・一〇四五〉

つね-なみ【常並(み)】〔名・形動〕なみひととおりであること。また、そのさま。世間なみ。「—ならばお両親の見取り看護もすべき身が」〈一葉・別れ霜〉

(類語)普通・一般・一般的・尋常・通常・平常・通例・標準・標準的・平均的・平凡・並み・常・只当たり前・在り来たり・世間並み・十人並み・日常茶飯事・ノーマル・レギュラー・スタンダード

つね-なら・ず【常ならず】〔連語〕❶一定しない。無常である。「飛鳥川の淵瀬—・ぬ世にしあれば」〈徒然・二五〉❷普通ではない。いつもと違っている。「殊に母がなげきも—・ず」〈浮・武家義理・一〉

つね-に【常に】〔副〕❶どんな時でも。いつも。絶えず。「—微笑を絶やさない」❷変わることなく。そのままに。「世の中や—ありける」〈万・八〇四〉➡何時も (用法)

(類語)いつも・絶えず・常時・常常・終始・始終

つね-の-ごしょ【常の御所】❶内裏の中で、天皇の日常の居所。古くは仁寿殿、後世には清涼殿を用いた。近世になり常御殿として独立した。❷寝殿造りで、主人が日常住む部屋または建物。

つねのはな-かんいち【常ノ花寛市】[1896～1960]力士。第31代横綱。岡山県出身。本名、山野辺寛一。引退後、年寄藤島を経て出羽海を襲名。日本相撲協会理事長も務めた。➡西ノ海嘉治郎(第30代横綱) ➡玉錦三右衛門(第32代横綱)

つね-ひごろ【常日頃】ふだん。平素。日常。副詞的にも用いる。「—の心がまえが大切だ」「—から健康に気をつける」「—子供に言いふくめている」

つねまさ【経政｜経正】謡曲。二番目物。世阿弥作ともいわれる。仁和寺の行慶僧都が、一ノ谷で戦死した平経正の弔いの管弦講を営むと、経正の霊が現れて琵琶を奏し、修羅道の苦しみを見せる。

つねよし-しんのう【恒良親王】►つねながしんのう(恒良親王)

つね・る【×抓る】〔動ラ五(四)〕つめや指先で皮膚を強くはさんでひねる。つめる。「手を—・る」(可能)つねれる (類語)ひねる・よじる・ねじる・つまむ

つの【角】❶動物の頭部に突き出た、堅い骨質や角質のもの。「牡鹿の—」❷物の表面などに突き出ているもの。とがったもの。「かたつむりの—」❸その形相が角を生やした鬼に似るとして、女性の嫉妬心や怒りなどを、角のある状態にたとえる語。❹紋所の名。❶の形を図案化したもの。

角突き合わ・せる　仲が悪くていつも衝突している。「ことあるごとに—・せている」

角を折・る　高慢な態度や強情を張るのをやめて、すなおになる。「双方が—・って仲直りする」

角を出・す　女性が嫉妬する。焼きもちを焼く。角を生やす。「遅くなると女房が—・す」

角を矯めて牛を殺す　《牛の曲がっている角をまっすぐに直そうとして、かえって牛を死なせてしまうことから》小さな欠点を直そうとして、かえって全体をだめにしてしまうたとえ。

角を生や・す　「角を出す」に同じ。

つの-がい【角貝】❶ゾウゲツノガイ科の貝。貝殻は約10センチの細長い弓形の円筒形で先が細まり、角状。房総半島以南に分布、海底の砂中にすむ。❷掘足綱の貝の総称。貝殻は角に似た形で両端が開いている。分類上、二枚貝と巻き貝の中間に位置し、現生種はゾウゲツノガイ・クチキレツノガイの2科で、すべて海産。

つの-がえる【角×蛙】無尾目レプトダクチルス科の両生類。体長10～15センチ。頭と口が大きく、上まぶたが角状の突起となり、体は緑・黒・褐色の斑紋がある。ブラジル北部の密林にすみ、地中に体半分を埋め、カエルやネズミなどを捕らえる。

つの-がき【角書(き)】浄瑠璃の名題、歌舞伎の外題、書物の題名などの上に、その主題や内容を示す文字を2行または数行に割って書いたもの。

つの-かくし【角隠し】❶婚礼の際、和装の花嫁が用いるかぶり物。文金高島田の上に留める細長い布で、表は白絹、裏は紅絹。揚げ帽子から変化したものという。❷一向宗の婦人が報恩講の参詣にかぶった黒い帽子。一向帽子。角帽子。(類語)(❶)綿帽子

つの-がに【角×蟹】クモガニ科のカニ。水深30～100メートルの海底にすむ。甲は山高の三角形で前端から長いとげが伸び、体表に海藻や海綿動物などを付けている。本州中部以南に分布。

つの-がみ【角髪】❶「揚巻」に同じ。❷江戸時代、元服前の少年が結った角前髪。

つの-がら【角柄】窓枠で、水平枠が垂直枠より突き出している部分。

つ-の-くに【津の国】摂津国の古称。

つのくに-の【津の国の】〔枕〕摂津の国にある地名と同音の「なには」「泣かず」「来こや」「長らへ」「見つ」などにかかる。「いにしへのながらの橋も—なには朽ちせずなほ残りけり」〈新千載・雑下〉

つのくにや-とうべえ【津国屋藤兵衛】細木藤兵衛の異称。

つの-ぐ・む【角ぐむ】〔動マ四〕草木の芽が角のように出はじめる。葦・荻・薄・真菰などに多くいう。「—・む蘆のはかなくて枯れ渡りたる水際に」〈栄花・岩藤〉

つの-ぐり【角繰り｜角×髻】江戸時代、庶民の間で行われた女性の髪形の一。髪をぐるぐると巻き上げ、笄をさしてとめたもの。

つの-こ【角粉】鹿などの角を焼き、粉砕した磨き粉。塗り漆の面を磨いて光沢を出すのに用いる。

つの-ごけ【角×苔】❶ツノゴケ科のコケ植物。道ばたなどの湿った所に群生。濃緑色の葉状体から、高さ3～4センチの円柱状の胞子体が出て、熟すと縦に裂ける。にわつのごけ。❷苔類・蘚類と並ぶコケ植物の一群。葉状体で、胞子嚢は柱状。

つの-ごま【角×胡麻】ツノゴマ科の一年草。高さ約90センチ。全体が柔らかい毛で覆われ、葉は円状心臓形。夏、白色か紫色で黄色い斑点のある花を総状につける。果実は角状に曲がった突起が服にひっかかるところから「たびびとなかせ」の名もある。若い実をピクルスにし、また観賞用として栽培。

つの-ざいく【角細工】❶動物の角に細工をほどこすこと。また、その細工物。❷「張り形」の異名。

つの-ざめ【角×鮫】ツノザメ目ツノザメ科の海水魚。全長約1メートル、灰褐色。2基ある背びれの前縁に

鋭いとげがあり、しりびれはない。日本では東北以南の沿岸に分布。練り製品の原料にする。
つの-さわう〘枕〙語頭に「石」をもつ語にかかる。「一石見の海の」〈万・一三五〉
つのしま-おおはし【角島大橋】山口県西部、下関市豊北町神田と同町角島間に架かる橋。全長1780メートル。平成12年(2000)完成。
つの-ずきん【角頭巾】▶すみずきん(角頭巾)
つの-ぜみ【角×蝉】❶半翅目ツノゼミ科の昆虫の総称。セミに似るが体長1センチほどで、胸には側方や背方に伸びる突起をもつ。植物の汁液を吸う。❷ツノゼミ科の一種。体長5〜8ミリで黒色。夏に山地でみられる。
つの-だいし【角大師】❶元三大師良源のこと。また、夜叉の形相をかたどったという、2本の角の生えたその画像。❷❶の姿を印刷した絵。魔除けなどとして門口にはったり、また、害虫除けに竹などに挟んで田のあぜなどに立てたりする。❸《形が角大師の像に似るところから》近世の男児の髪の結い方。うなじと前後左右の5か所を結んだもの。
つのだ-きくお【角田喜久雄】[1906〜1994]小説家。神奈川の生まれ。伝奇小説「妖棋伝」などで注目を集めるが、戦後は本格推理小説を手がける。「笛吹けば人が死ぬ」で日本探偵作家クラブ賞受賞。他に「高木家の惨劇」「歪んだ顔」など。
つの-だし【角出】スズキ目ツノダシ科の海水魚。本州中部以南の岩礁にすみ、全長約20センチ。体形は菱形で側扁し、背びれの第3棘が長く伸びる。体色は淡黄色の地に黒褐色の横帯が3本ある。
つのだ-じろう[1936〜　]漫画家。東京の生まれ。本名、角田次朗。少年向けのギャグ漫画からキャリアをスタートさせるが、のちに恐怖漫画を手がけてオカルトブームの一翼を担う。代表作「空手バカ一代」「恐怖新聞」「うしろの百太郎」など。
つの-だらい【角×盥】左右に2本ずつ角のような長い柄のついた小さなたらい。多くは漆塗りで、うがい・手洗いなどに用いた。➡耳盥
つの-だる【角×樽】柄樽の一種。角のような大きな柄をつけ、胴を朱または黒の漆で塗り、祝儀のときの進物として酒を贈るのに用いた。
つの-つきあい【角突(き)合い】《「つのづきあい」とも》仲が悪くてよくけんかをすること。いがみ合い。「部内で一が絶えない」
(類語)喧嘩・内紛・内輪もめ・内輪喧嘩・諍い・言い合い・口論・いがみあい・揉め事・悶着・いざこざ・ごたごた・トラブル・鞘当て
つの-とかげ【角蜥=蜴】イグアナ科の爬虫類。体長約10センチのトカゲ。米国の砂漠地帯に生息し、体は平たく、胴は楕円形。頭部や背面にとげ状の突起が多くある。危険が迫ると目から血液を出す。
つの-とんぼ【角蜻=蛉】脈翅目ツノトンボ科の昆虫。夏、草原を飛び、体長3センチくらいでトンボに似るが、触角は長くて先端が膨れ、翅を屋根状にたたんで休む。体は黄褐色で、背に縦の黄色の帯がある。幼虫はアリジゴクに似るが、石下などにすむ。
つの-はしばみ【角×榛】カバノキ科の落葉低木。山地に生え、葉は倒卵形。3月ごろ、穂状の雄花と頭状の雌花とがつく。果実はふつう2個が向き合ってつき、長い角状の突起がある。ながはしばみ。
つの-はず【角×筈】動物の角で作った弓・矢の筈。
つの-ぶえ【角笛】動物の角でつくった笛。牧童などが牛や羊を追うのに用いる。
つの-ふで【角筆】「角筆」に同じ。
つの-へん【角偏】漢字の偏の一。「解」「触」などの「角」の称。
つの-また【角×叉】スギノリ科の紅藻。波の荒い海岸に群生する。長さ約15センチ、平たく葉状で、二またに分かれ、色は暗緑・淡紅・紫色など。漆喰の糊の料に利用。(季 春)
つの-むすび【角結び】ひもの結び方の一。こま結びにしたひもの両端を、角のように長く伸ばしたもの。
つのめ-だ・つ【角目立つ】〘動タ五(四)〙目に角を立てる。いきりたって対立する。かどだつ。「何かにつけて、たがいに一・った」〈万太郎・末枯〉
つのめ-どり【角目鳥】ウミスズメ科の鳥。全長約35センチ。頭と背は黒く、顔と腹は白い。くちばしは大きく、左右からつぶしたように平たい。目の後方に黒線があり、夏、目の上に角状の飾りが出る。北太平洋に分布し、冬に北日本に少数が渡来。近縁のニシツノメドリは北大西洋に分布。
つの-もじ【角文字】《「牛の角文字」の略》平仮名の「い」の字。また、「いとし」と続けるところから、恋文のこと。「問はぬもうしや牛嶋の、その一や禄々に」〈人・梅児誉美・三〉
つのや-づくり【角屋造(り)】民家形式の一。母屋から直角に突き出した棟をもち、平面がL字形またはT字形となるもの。
つの-ゆみ【角弓】筈を角でつくった弓。〈和名抄〉
つの・る【募る】〘動ラ五(四)〙❶ますます激しくなる。こうじる。「寒さが一・る」「思いが一・る」❷広い範囲に呼びかけて集める。募集する。「入居者を一・る」「寄付を一・る」(類語)(❷)募集・公募・求人・リクルート
つば【唾】唾液。つばき。「一をのみ込む」
(類語)唾液・よだれ・つばき・生つば・かたず
唾を付・ける　他人に取られないように、前もって手を打っておく。「売り出す前に一・けておく」
つば【×鍔|×鐔】❶刀剣の柄と刀身との境に挟んで、柄を握る手を防御するもの。板状で、多く鉄製。❷釜の胴まわりに庇のように出ている部分。❸帽子のまわり、または前に庇のように出ている部分。「一の広い帽子」
ツパイ〘マレ tupai〙《リスの意》ツパイ目ツパイ科の哺乳類の総称。霊長目または食虫目に分類されることもある。体の大きさ・形や動作などがリスに似て、昆虫や果実などを食べる。東南アジアに分布し、オオツパイ・ハネオツパイ・コモンツパイなど20種近くが知られる。りすもどき。
ツバイク〘Arnold Zweig〙▶ツワイク
ツバイク〘Stefan Zweig〙▶ツワイク
つばいち【海柘榴市|椿市】奈良県の三輪山麓に開かれた古代の市。交通の要地で、歌垣なども行われた。つばきのいち。つばきいち。
つばい-もち【×椿餅】《「つばきもち」の音変化》唐菓子の一。餅の粉に甘葛をかけ、丸く固めて椿の葉2枚で包んだもの。つばいもちい。
つばい-もちい【×椿×餅】「つばいもち」に同じ。
つばい-もも【×椿桃|▽油桃|▽光桃】《「つばきもも」の音変化。「づばいもも」とも》「ネクタリン」に同じ。
つば-おと【×鍔音】刀の鍔で相手の刃物を受け止めたときに出る音。また、刀を抜き差しするとき、鍔が鯉口などに当たって出る音。
つ-ばき【▽唾】《動詞「唾く」の連用形から。古くは「つはき」》唾液腺から口の中に分泌されるねっとりした消化液。唾液。つば。
つばき【×椿|山=茶|海=石=榴】❶ツバキ科の常緑高木。本州以南に自生するが、関東以北では海岸地帯に点在し、ヤブツバキともいう。高さ3〜7メートル。葉は楕円形で厚く、つやがある。春、赤い花をつける。花びらは5枚あり下部が合着し、多数の雄しべも基部が合着している。果実は球形で、秋に熟すと厚い果皮が裂けて黒い種子が現れ、種子から椿油をとる。ワビスケなど多くの品種があり庭木としても重用される。ユキツバキ・トウツバキとの交雑も行われ、白・桃色などの花もある。(季 春|実=秋)「一落ちて昨日の雨をこぼしけり/蕪村」❷襲の色目の名。表は蘇芳、裏は赤。
つばき-あぶら【×椿油】椿の種子からとれる不乾性油。黄色っぽく、特有のにおいがある。食用油・髪油などにする。伊豆諸島や九州南部が主産地。
つばきいち【海柘榴市】▶つばいち
つばきおおかみ-やしろ【椿大神社】三重県鈴鹿市山本町にある神社。祭神は猿田彦大神。伊勢国一の宮。猿田彦大本宮。
つばき-ちんざん【椿椿山】[1801〜1854]江戸後期の南画家。江戸の人。名は弼。別号、休庵・琢華堂など。初め金子金陵、のち渡辺崋山に学ぶ。画風は穏やかで、花鳥画・肖像画にすぐれた。
つばきひめ【椿姫】㊀《原題、フラ La Dame aux camélias》小デュマの長編小説。1848年刊。52年戯曲化。椿姫とよばれる娼婦マルグリットと青年アルマンとの悲恋物語。㊁《原題、イタ La Traviata》ベルディ作曲のオペラ。3幕。1853年ベネチアで初演。㊀に題材を取ったもの。
つばき-もち【×椿餅】❶「つばいもち」に同じ。❷蒸した道明寺糒または上糝粉でこしあんを包み、椿の葉2枚で挟んだ餅菓子。(季 春)「妻在らず盗むに似たる一/波郷」
つばき-もも【×椿桃】▶つばいもも
つば-ぎわ【×鍔際】❶刀身が鍔に接するところ。つばもと。❷物事のせっぱつまった状態。せとぎわ。「太夫もさらさら身の捨つるを、一になって少しも惜しまぬに」〈浮・諸艶大鑑・五〉
つ-は・く【▽唾く|▽唾吐く】〘動カ四〙《「つばく」とも》つばを吐く。「三下一・きて与へ給へ」〈神代紀・下〉
つば・くむ【▽凸む】〘動マ四〙《「つはくむ」とも》突出する。凹凸がある。「まなこの玉一・み出でて」〈仮・伊曽保・上〉
つばくら【×燕】「つばくらめ」の略。(季 春)「一や扇ならべし店の窓/李太郎」
つばくら-め【×燕】つばめ。つばくら。(季 春)
つばくろ【×燕】《「つばくら」の音変化》つばめ。(季 春)
つばくろ-えい【×燕×鱝】アカエイ科の海水魚。全長約1メートル。体は幅が広い菱形で、尾は細くて短く、毒のとげがある。背面は緑色を帯びた灰褐色、腹面は白色。本州中部以南に分布。練り製品の原料。
つばくろ-ぐち【×燕口】携帯用の袋。絹・木綿などで製し、口を開くとツバメの尾のような形になるもの。
つばくろ-だけ【燕岳】長野県北西部、大町市と安曇野市との境にある山。飛騨山脈中部に位置する。標高2763メートル。花崗岩からなり、山頂一帯は風化により独特の景観が連なる。
つばさ　山形新幹線で運行されている特別急行列車の愛称。平成4年(1992)運行開始。通常、東京・福島間は東北新幹線「Maxやまびこ」の東京側に連結されて走り、福島・新庄間は単独で走行する。
つばさ【翼】❶鳥類の空中を飛ぶための器官。前肢が変形したもので、先端から初列風切り羽が10枚ほど、次列風切り羽が6〜30枚並び、その上面に雨覆い羽が並ぶ。❷飛行機の左右に突き出た翼。また、飛行機。(類語)羽・ウイング
つばさ-ごかい【翼沙=蚕】多毛綱ツバサゴカイ科の環形動物。体長約20センチ。体に一対の翼状の背足枝をもつ。暖海の干潟の砂泥中にU字形の管を作ってすむ。
つば・する【唾する】〘動サ変〙文つば・す〘サ変〙つばを吐く。つばを吐きかける。「天に一・する」
つば-ぜりあい【×鍔競(り)合い|×鍔▽迫り合い】〘名〙スル❶打ち合わせた刀を鍔もとで受け止めたまま互いに押し合うこと。❷勢力に差がなく、緊迫した状況で勝負を争うこと。また、その争い。「一の接戦を演じる」「両党入り乱れて一する」
つばた【津幡】石川県中部、河北郡の地名。北陸本線と七尾線との分岐点。東部に倶利伽羅峠があり、西は河北潟に面する。
つばた-まち【津幡町】▶津幡
つ-ばな【×茅花】チガヤの花穂。また、チガヤの別名。(季 春)「おそろしき迄穂に出る一かな/子規」
つばな-か・す【×茅花かす】〘動サ四〙《茅花の穂のようにする意》綿などをつまみひろげ、ほぐして柔らかにする。また転じて、気分を解きほぐす。心をなごませる。「これを布子へ入れて、余ったを一・して襟巻にして」〈伎・天羽衣〉
つば-なり【×鍔鳴り】刀を鞘におさめるとき、鍔が鯉口と打ち合って発する音。
つば-のみ【×鐔×鑿】柄の根元に近い部分につばをつけたのみ。大釘を木に打ち込むための釘穴を

あけるのに用い、たたき込んでからつばを逆にたたき上げて抜く。主に船大工が用いた。釘差しのみ。
つばひら-か【▽詳らか|▽審らか】〔形動ナリ〕「つまびらか」に同じ。「右大臣の申さるる旨ことに―なりとて、それをぞ用ひられける」〈文明本愚管抄・五〉
つばひら-け-し【▽詳らけし】〔形ク〕くわしい。つまびらけし。「我等―・くこの人の咎に非ざることを知り」〈霊異記・中〉
つば-びろ【×鍔広】帽子のつばの広いこと。また、そのような帽子。「―の麦わら帽」
つばま・る〔動ラ四〕金銭などが一定の額に達する。「百に―・りましたことを、ちゃうどと申しますから」〈滑・膝栗毛・二〉
つば・む〔動マ下二〕物事をひとつにまとめる。特に、金銭を合算する。「そこらを丁度千両に―・め」〈浮・曲三味線・三〉
つばめ《動詞「つばむ」の連用形から。「燕」の字を当てることが多い》とりまとめること。特に金銭を合算すること。また、収支の帳尻を合わせること。「毎月の胸算用せぬによって、―のあはぬ事ぞかし」〈浮・胸算用・一〉
つばめ【×燕】❶スズメ目ツバメ科の鳥。全長17センチくらい。上面が黒く下面は白、額・のどが赤い。翼が細長く、尾も長くて先が二またに分かれており、敏捷に飛びながら昆虫を捕食。日本には夏鳥として渡来し、人家などに椀形の巣を作る。ツバメ科の鳥はほぼ全世界に約75種が分布。日本では、ほかにショウドウツバメ・イワツバメ・コシアカツバメなども繁殖する。つばくら。つばくろ。つばくらめ。(季 春 子=夏)「大津絵に糞落しゆく―かな/蕪村」❷年上の女性にかわいがられる若い男。「若い―」
つばめ【燕】新潟県中部、越後平野にある市。銅器・洋食器の製造で知られる。平成18年(2006)3月、分水町・吉田町と合併。人口8.2万(2010)。
つばめ-うお【×燕魚】スダレダイ科の海水魚。全長約50センチ。体はほぼ円形で側扁し、背びれ・しりびれが著しく大きい。体に暗褐色の横帯が3本ある。本州中部以南に分布。
つばめ-おもと【×燕万=年=青】ユリ科の多年草。高山の木陰に生える。葉は長楕円形で、根際に数枚がつく。6月ごろ、花茎に白い小花を数個つけ、藍色の丸い実を結ぶ。
つばめ-おんせん【燕温泉】新潟県妙高市にある温泉。泉質は炭酸水素塩泉・硫酸塩泉・硫黄泉など。
つばめ-がえし【×燕返し】❶身を急に反転させること。また、急にもとの状態に戻ること。「その瞬間―に、…冷刻な驕満な光をその眸から射出したので」〈有島・或る女〉❷ある方向に振った刀のきっ先を、急に反転させて相手を斬る刀法。❸柔道の足技の一。相手の足払いを瞬間的に足払いで返す早技。
つばめ-ぐち【×燕口】❶漆器の椀・折敷などで、ツバメの口のように、外側が黒く内側が赤く塗ってあるもの。❷ツバメの口に似た鏃。
つばめ-このしろ【×燕×鰶】スズキ目ツバメコノシロ科の海水魚。全長約50センチ。体は側扁し、銀白色。胸びれ下方の軟条が分かれていて、海底に接触させてえさを探す。
つばめさり-づき【×燕去(り)月】陰暦8月の異称。(季 秋)
つばめ-ざんよう【×燕算用】合わせかぞえること。合算。つばめざん。「本利そろゆる―/一正」〈犬子集〉
つばめ-し【燕市】▶燕
つばめ-しじみ【×燕小=灰=蝶】シジミチョウ科のチョウ。翅は瑠璃色で黒く縁どられ、後ろ翅には尾状突起がある。
つばめ-の-す【×燕の巣】▶燕窩
つばめのす【燕の巣】《Lastivchyne hnizdo》ウクライナ南部の都市ヤルタの近郊、アイトドール岬にあるネオゴシック様式の城。1912年にドイツ人の富豪により建造。黒海に臨む断崖上に築かれ、クリミア半島有数の観光名所として知られる。
つば-もと【×鍔元】「鍔際」に同じ。
つばら【委=曲|▽詳ら】〔形動ナリ〕くわしいさま。十分なさま。つまびらか。つばらか。「―に人情を見えしむるもの」〈逍遥・小説神髄〉「―にも見つつ行かむを」〈万・一七〉
つばら-か【委=曲か】〔形動ナリ〕「つばら」に同じ。「奥山の八つ峰の椿―に今日は暮らさねますらをの伴」〈万・四一五二〉
ツバル〘Tuvalu〙南太平洋上の島国。首都はフナフチ。赤道と日付変更線の近くにあるエリス諸島からなる。英国から1978年独立し、英連邦加盟国。住民はポリネシア系。人口1万(2010)。
つび【×屄】女性の性器。陰門。女陰。〈和名抄〉
つび【▽粒】つぶ(粒)の古名。「流頭の粟の―を粉にきて」〈霊異記・上〉
ツビンガー-きゅうでん【ツビンガー宮殿】《Zwinger》▶ツウィンガー宮殿
つぶ【粒】㊀〔名〕❶小さくてまるいもの。「米―」❷集合体を構成する個々の物や人の大きさや質。❸小銭のこと。❹ムクロジ、またその種子の別名。㊁〔接尾〕助数詞。種子や丸薬など、丸くて小さいものを数えるのに用いる。「丸薬二、三―」(類語)粒子
粒が揃う 集まった物の、大きさや質が均等である。転じて、すぐれた人や良質の物が揃っている。
粒を揃える すぐれた人や物を集める。
つぶ【×螺|海=螺】食用の巻き貝。ニシ類、東北地方以北でとれるヒメエゾボラや、バイの俗称。
つ・ぶ【×禿ぶ】〔動バ上二〕毛などがすり切れる。ぬけ落ちる。はげる。ちびる。「―・びにける水茎して書き記して奉りおく」〈源順集・詞書〉
つぶ-あん【粒×餡】小豆が粒のままか、つぶしてある餡。
つぶ-え【粒餌】穀物の実や、その挽き割りを原料とした家禽の飼料。
つぶ-ぎん【粒銀】豆板銀の俗称。
つぶさ-に【▽具に|▽備に|×悉に】〔副〕❶細かくて、詳しいさま。詳細に。「事の次第を―報告する」❷すべてをもれなく。ことごとく。「―点検する」
(類語)詳しい・細かい・詳細・詳密・精細・明細・克明・つまびらか・事細か・子細に・逐一・細大漏らさず
つぶし【潰し】❶つぶすこと。力を加えて形を変えること。また、そのもの。❷金属製の器物を溶かして地金にすること。また、そのもの。❸むだに費やすこと。「時間―」「ひま―」❹「潰し島田」の略。
潰しが効・く 《金属製品は、溶かして別の物にすることができるところから》それまでの仕事をやめても、他の仕事ができる能力がある。「専門職すぎて―・かない」
つぶし-あん【潰し×餡】小豆を煮てすりつぶし、こさないで砂糖を加えて作った餡。⇒漉し餡
つぶし-きん【潰し金】金属性の器物を溶かしてつぶし、地金としたもの。
つぶし-しまだ【潰し島田】女性の髪形の一。島田まげの根もとを短くしてまげを押しつぶしたように低く結ったもの。つぶし。
つぶし-ね【潰し値】▶潰し値段
つぶし-ねだん【潰し値段】❶金属製品の単なる地金としての値段。潰し値。❷製品を、その用途を勘定に入れず単なる素材としてだけ見積もった値段。すてね。潰し値。
つぶ・す【潰す】〔動サ五(四)〕❶力を加えてもとの形を崩す。「にきびを―・す」「空き缶を―・す」❷本来の働きができないようにする。役に立たなくする。だめにする。「声を―・す」「計画を―・す」❸家や会社などが成り立っていかないようにする。立ちゆかなくさせる。「会社を―・す」「店を―・す」❹体面や心の平静を失わせる。「面目を―・す」「肝を―・す」❺㋐他の事に使うために、もとの形を変える。「畑を―・して宅地にする」㋑特に、金属の製品を溶かして地金にもどす。鋳つぶす。「銅像を―・す」❻家畜を、料理して食べるため殺す。「鶏を―・す」❼空いている時間を他の事をして過ごす。「喫茶店で時間を―・す」「テレビを見てひまを―・す」❽空いたところをふさぐ。「穴を―・す」❾すきまなく一面におおう。「塗り―・す」
(可能)つぶせる
(類語)壊す・崩す・ばらす・破壊する・損壊する・毀損する・破損する・損傷する・損ずる・損なう・毀つ・傷付ける・欠く・砕く・割る・破る・打ち砕く・打ち壊す・ぶち壊す・取り壊す・叩き壊す・破砕・砕破・全壊・壊滅
つぶ-ぞろい【粒×揃い】❶たくさんの中の粒の大きさや質が、良質でよくそろっていること。また、そのもの。「―の真珠のネックレス」❷集まった人々の能力や質がそろっていて、見劣りするものがいないこと。「―の選手」(類語)有数・粒選り・選り抜き
つぶ-だ・つ【粒立つ】〔動五(四)〕《古くは「つぶたつ」》粒状になる。また、表面にたくさんの粒ができる。「夕立で水面が―・つ」「―・つまで煮る」
つぶ-つぶ ㊀〔名〕(「粒粒」とも書く)たくさんの粒状のもの。また、その一つ一つ。ぽつぽつ。「顔に―ができる」「―のあるきゅうり」「―ジュース」⇒つぶつぶ感
㊁〔副〕❶たくさんの粒を感じるさま。「―とした食感」❷粒状に表面に現れるさま。また、たくさんの粒となって流れるさま。「刀に従って―と出で」〈露伴・連環記〉❸字を離して書くさま。ぽつりぽつり。「―とあやしき鳥の跡のやうに書きて」〈源・橋姫〉❹まるまると肥えているさま。ふっくら。「いとよく肥えて、―とをかしげなる胸をあけて」〈源・横笛〉❺こまごまと。くわしく。「いかで―と言ひ知らするものにもがな」〈かげろふ・上〉❻胸がどきどきと鳴るさま。「胸―と鳴る心地するもうたてあれば」〈源・野分〉❼針目をあけ無造作に縫うさま。ぶつぶつ。「御したがひの御くびに、―と長く縫ひつけて」〈宇津保・俊蔭〉❽勢いよく切り刻むさま。「―と切りて、鍋に入れて」〈今昔・二〇・三四〉❾物の煮える音を表す語。「豆のからをたきて豆を煮ける音の―と鳴るを」〈徒然・六九〉❿口の中でぶつぶつ言うさま。ぶつぶつ。「口のうちに―と念じ給ひつつ」〈読・雨月・蛇性の婬〉 アクセント㊀はツブツブ、㊁はツブツブ。
(類語)(㊁)ぶつぶつ・ぽつぽつ
つぶつぶ-かん【粒粒感】つぶつぶとした感じ。たくさんの粒の感触。「果実の―を楽しむジュース」
つぶて【飛=礫|×礫】小石を投げること。また、その小石。「―をうつ」「梨の―」「紙―」
(類語)石・石くれ・小石・石ころ・礫・砂利・石礫・礫石・石塊・転石・砕石・ごろた
つぶ-と〔副〕❶ずれやすきまのないさま。ぴったり。びっしり。「みちのくにがみを―おさせ給へりけるが」〈大鏡・伊尹〉❷すっかり覆うさま。すっぽり。「二条の大路の―煙みちたりしさまこそめでたく」〈大鏡・道長下〉❸(打消しの語を伴って)少しも。全然。「顔を―見せぬがあやしきに」〈今昔・二七・三八〉
つぶ-なき【×踝】《「つぶなぎ」とも》くるぶしの古名。〈和名抄〉
つぶね【▽奴】❶しもべ。召し使い。「恩愛の―となりて」〈沙石集・四〉❷仕えること。奉仕。「朝夕の―もことにまめやかに」〈読・雨月・吉備津の釜〉
つぶ-やき【×呟き】つぶやくこと。また、その言葉。「―をもらす」⇒ツイッター
つぶやき-ブログ【×呟きブログ】▶マイクロブログ
つぶ-や・く【×呟く】〔動カ五(四)〕小さい声でひとりごとを言う。「ぶつぶつと―・く」(類語)囁く
つぶ-より【粒▽選り】多くのものの中からすぐれたものを選び出すこと。また、選び出されたもの。えりぬき。よりぬき。つぶえり。「―の品をそろえる」
(類語)有数・粒揃い・選り抜き
つぶ-ら【▽円ら】〔形動〕〔文〕〔ナリ〕まるくて、かわいらしいさま。「―な瞳」(類語)丸い・まろい・丸っこい・真ん丸・円やか・円か・円形・球形・球状・円盤状・輪形
つぶ-らか【▽円らか】〔形動〕〔文〕〔ナリ〕まるいさま。また、まるくて、かわいらしいさま。「目を―にして口をつぐむ」〈鏡花・婦系図〉
つぶら-じい【▽円▽椎】ブナ科の常緑高木。暖地の山中に生え、葉は楕円形。6月ごろ、雄花と雌花とをつけ、丸くて小さい実を結ぶ。実は食用。こじい。しい。
つぶらや-えいじ【円谷英二】[1901～1970]映画の特殊撮影監督。福島の生まれ。本名、円谷英

一。ミニチュア撮影やスクリーンプロセスなど特殊撮影技術の発達に尽力、「ゴジラ」で世界的な評価を得る。他に「ハワイ・マレー沖海戦」「空の大怪獣ラドン」「地球防衛軍」など。「ウルトラQ」「ウルトラマン」などのテレビ作品も多く手がけた。

つぶらわ・し【潰らはし】〔形シク〕今にもつぶれるような感じである。「人々しげく並みゐたれば、いと胸—・しく思さる」〈源・賢木〉

つぶり【▽頭】あたま。かしら。つむり。

つぶ・る【潰る】〔動ラ下二〕「つぶれる」の文語形。

つぶ・る【×瞑る】〔動ラ五(四)〕❶まぶたを閉じる。つむる。「目を—・って考える」❷見て見ぬふりをする。「失敗に目を—・る」〔可能〕つぶれる〔類語〕瞑目めいもく・つむる

つぶれ【潰れ】❶すりへること。また、すりへったもの。「のこぎりの歯の—」❷その物の機能が失われること。「声の—」❸むだになること。「葬礼とむらいへは遠くても近くても一日の—さ」〈滑・浮世風呂・前〉

つぶれ-ち【潰れ地】江戸時代、天災などにより生産能力を失った田畑。年貢は免除された。

つぶれ-びゃくしょう【潰れ百姓】〔ビャクシャウ〕江戸時代、貢租の重課、負債の累積、凶作などによって破産した農民。

つぶ・れる【潰れる】〔動ラ下一〕〔文〕つぶ・る〔ラ下二〕《形容動詞「円つぶら」から》❶外部からの力を受けて、もとの形が崩れる。「地震で建物が—・れる」「肉刺まめが—・れる」❷角が丸くなる。すりへる。「やすりの目が—・れる」❸本来の働きが失われる。役に立たなくなる。だめになる。「歌いすぎてのどが—・れる」「企画が—・れる」❹経営・生活などが成り立ってゆかなくなる。ほろびる。破産する。「会社が—・れる」「店が—・れる」❺体面や心の平静さが失われる。「顔が—・れる」「彼の不幸を聞いて胸が—・れる思いだ」❻機会や時間などが、他のことのために生かされないでしまう。「客の相手で一日が—・れる」❼酒に酔って動けなくなる。「—・れるまで飲む」❽写真などで、暗い部分の階調が失われて真っ黒になる。➡黒潰れ〔類語〕(❶)潰ついえる・ひしゃげる・ひしげる・崩れる・倒壊する・壊れる・破れる・破損する・毀損きそんする・損傷する・損壊する・損ずる・毀こぼれる・欠ける・傷付く・砕ける・割れる/(❸)いかれる・ポシャる/(❹)破産する・倒産する・瓦解がかいする・倒れる・ポシャる・潰える

つべ-こべ〔副〕あれこれとうるさく理屈を言うさま。また、出しゃばってしゃべりたてるさま。「—(と)言わずに黙ってついてこい」

つ-べし〔連語〕《完了の助動詞「つ」の終止形＋推量の助動詞「べし」。この場合の「つ」は強調の用法》❶推量・予想の意を表す。きっと…だろう。…してしまうにちがいない。「あやまちして、見む人のかたくななる名をも立て—べきものなり」〈源・帚木〉❷意志を表す。きっと…しよう。…してしまうつもりだ。「いとつれづれなるをなむ、慰め—べくておはせ」〈落窪・一〉❸可能、または可能の推量の意を表す。きっと…することができる。…できそうだ。「中の品のけしうはあらぬ、えり出で—べき頃ほひなり」〈源・帚木〉❹当然の意を表す。きっと…するはずである。「楊貴妃の例ためしも引き出で—べくなりゆくに」〈源・桐壺〉「親のため、妻子のためには、恥をも忘れ、盗みもし—べき事なり」〈徒然・一四二〉❺適当の意を表す。…するのがよい。「かやうの事こそは、かたはらいたきことのうちに入れ—べけれど」〈枕・一〇二〉

つべた・い【▽冷たい】〔形〕「つめたい」に同じ。「手が—・い」

つべた-がい【津辺多貝】〔ガヒ〕ツメタガイの別名。

つべたま・し〔形シク〕冷淡である。また、うす気味悪い。「あさましう—・しと思ふ思ふ見れば」〈かげろふ・上〉

ツベルクリン〔ドイツ Tuberkulin〕結核菌の培養液から抽出した精製たんぱく質の注射液。結核菌感染の有無の検査に用いられる。旧ツベルクリンは培養液を濾過ろか・濃縮して製したもので、今は使われない。1890年にコッホが治療薬として創製。

ツベルクリン-はんのう【ツベルクリン反応】〔ハンオウ〕ツベルクリン液を皮内注射し、48時間後にそこの発赤・腫脹しゅちょうなどの反応を見て、結核菌の感染の有無などを判断する検査法。

つぼ【坪】❶尺貫法の単位。㋐土地や建物の面積の単位。1坪は6尺平方で、約3.3平方メートル。田地の一歩ぶと等しい。㋑土砂の体積の単位。1坪は6尺立方で、約630立方メートル。立坪りゅうつぼ。㋒錦にしきなどの織物や金箔、印刷図版などの面積の単位。1坪は1寸四方で、約9.2平方センチ。❷古代の条里制における土地区画の単位。1坪は1里の36分の1で、1町(約109メートル)四方の広さ。❸(「壺」とも書く)㋐宮中で、建物や垣根に囲まれた中庭。「前は—なれば前栽せんざい植ゑ」〈枕・二四五〉㋑宮中で、㋐のある殿舎。つぼね。「桐—」「梨—」「かむなりの—に人々集まりて」〈古今・秋上・詞書〉❹格子の桟さんに囲まれたます目。「格子の—などに、木の葉をことさらにしたらむやうにこまごまと吹き入れたるこそ」〈枕・二〇〇〉

つぼ【×壺】《古くは「つほ」》❶胴がふくらみ、口が狭くなった形の容器。陶製・木製・ガラス製などがある。❷ばくちで、采さいを入れて伏せる器。壺皿。「—を振る」❸深くくぼんでいるところ。「滝—」「鞍くら—」❹矢を射るときにねらう所。矢壺。❺物事の大事なところ。急所。要所。「—を押さえる」「—をはずした質問」❻ここと見込んだところ。「それでは相手の思う—だ」❼灸きゅうや鍼はりの治療で効果のある、人体の定まった位置。❽三味線・琴などの弦楽器の勘所。

〔類語〕(❶)甕かめ/(❺)要点・要所・要・ポイント・要領・大要・キーポイント・急所・重点・眼目・力点

壺に嵌はま・る　❶急所をついている。「—・った見方」❷見込みどおりになる。「企画が—・って売り上げが伸びる」

壺の口くちを切き・る　陰暦十月初めに、新茶の壺の封を切って茶会を催す。口切りをする。➡口切りの茶事

っぽ〔接尾〕人を表す語に付く。❶その土地出身の人である意を表す。ふつう男性にいう。「土佐—」「水戸—」❷そのような立場・状態にある人の意を表す。「書生しょせい—」

つぼ-あたり【坪当(た)り】1坪相当の値段に換算すること。1坪につき。「—の地価」

つぼ-あぶみ【×壺×鐙】壺を横にした形で、その中に足先を入れる鐙。唐様の鞍具に用いる。

つぼ-あみ【坪網・×壺網】定置網の小形のもので、身網を多角的に建て回し、その角に壺とよぶ袋網を付けたもの。

つぼ・い〔形〕〔文〕つぼ・し〔ク〕《中世・近世語》❶入口などがすぼまっている。「眼ワ—・ウ、シカモ出テ」〈天草本伊曽保・イソポが生涯〉❷かわいい。かわいらしい。「うち見には恐ろしげなれど、馴れて—・いは山伏」〈伽・酒呑童子〉

っぽ・い〔接尾〕《形容詞型活用》名詞や動詞の連用形などに付く。❶…を多く含んでいるという意を表す。「粉—・い」❷…の傾向が強いという意を表す。「俗—・い」「飽き—・い」「荒—・い」

つぼい-くめぞう【坪井九馬三】〔クメザウ〕[1858～1936]歴史学者。大坂の生まれ。東大教授。科学的、実証的な歴史学研究法を導入した。著「史学研究法」など。

つぼい-さかえ【壺井栄】〔ヱ〕[1900～1967]小説家。香川県小豆島の生まれ。詩人壺井繁治と結婚後、プロレタリア文学運動に参加。作「暦」「柿の木のある家」「二十四の瞳」など。

つぼ-いし【×壺石】石灰分や鉄分で固化された壺状の団塊。直径5～10センチの球または楕円状で、中空。岐阜県土岐とき市に産するものは天然記念物。

つぼい-しょうごろう【坪井正五郎】〔シャウゴラウ〕[1863～1913]人類学者。江戸の生まれ。東大教授。日本の人類学・考古学の創始者の一人。東京人類学会を創立。日本の先住民について、コロボックル説を唱えた。

つぼい-しんどう【坪井信道】〔シンダウ〕[1795～1848]江戸後期の蘭方医。美濃の人。名は道。号、誠軒など。江戸で開業後、萩藩の侍医。門下に緒方洪庵・川本幸民らがいる。著「診候大概」など。

つぼい-とこく【坪井杜国】〔ヰ〕[?～1690]江戸前期の俳人。尾張の人。米穀商を営む。松尾芭蕉の弟子で、「笈おいの小文こぶみ」の旅に同行した。

つぼい-よしちか【壺井義知】〔ヰ〕[1657～1735]江戸中期の有職故実家。河内かわちの人。名は「よしとも」とも。号、鶴翁など。通称、安左衛門。実証的研究を確立し、多くの門人を指導した。著「装束要領抄」など。

つぼ-いり【×壺入り】❶壺に入っていること。また、そのもの。❷江戸時代、客が揚屋に行かないで、直接なじみの遊女・野郎の抱え主の家で遊ぶこと。「よき野郎の方に二、三日の—」〈浮・一代男・八〉

つぼうち-しょうよう【坪内逍遥】〔セウエウ〕[1859～1935]評論家・小説家・劇作家。美濃の生まれ。本名、雄蔵。別号、春廼舎朧はるのやおぼろなど。文学論「小説神髄」、小説「当世書生気質とうせいしょせいかたぎ」を発表、写実主義を提唱し、日本の近代文学の先駆者となった。明治24年(1891)「早稲田文学」を創刊。シェークスピアの研究・翻訳や、文芸協会を主宰して演劇運動にも尽力。他に戯曲「桐一葉」「新曲浦島」「役えんの行者」など。

つぼうち-みちのり【坪内道典】[1914～1997]プロ野球選手・監督。愛媛の生まれ。昭和11年(1936)大東京に入団し、脚力を生かして盗塁王を2度獲得。同23年、プロ野球初の1000試合出場、1000本安打を記録した。引退後は名古屋(現中日)の監督を務めた。

つぼ-おり【×壺折】〔ヲリ〕❶小袖・袿うちきなどの裾すそをたくし上げ、腰のあたりを紐ひもで結び留めてから折り下げること。➡壺装束つぼしょうぞく❷歌舞伎の衣装の一。錦にしきなどで作った、広袖で丈長たけながの羽織状のもの。時代物の貴公子や高位の武人の常服に用いる。

つぼ-かざり【×壺飾り】茶道で口切りの茶事のとき、葉茶を詰めた茶壺を封をしたまま床に飾ること。また、その茶壺を拝見する作法。

つぼ-がね【×壺金】開き戸の開閉のために打つ環状の金具。肘金ひじがねを受けるのに用いる。ひじつぼ。

つぼ-かび【×壺×黴】両生類の皮膚に含まれるケラチンなどを分解して生きている真菌の一種。ツボカビ症の原因菌。➡カエルツボカビ症

つぼ-がり【坪刈(り)】田地1坪の稲を刈り取り、それを基礎として全体の収穫量を算出すること。

つぼ-ぎり【×壺×錐】刃が半円形の錐。木材に円い穴をあけるのに用いる。通し錐。円錐まるぎり。

つぼきり-の-けん【×壺切りの剣】皇太子相伝の守り刀。立太子のとき、天皇から授けられるもので、代々皇位継承者のしるしとして伝承された。つぼきりのつるぎ。つぼきりのごけん。

つぼ-くさ【×壺草・坪草】❶セリ科の多年草。野原に生え、茎は地をはい、節からひげ根を出す。葉は円形で長い柄があり、夏に淡紅紫色の小花が咲く。くつくさ。❷カキドオシの別名。

つぼ-くち【×壺口】❶壺の口。「—の狭い花瓶」❷口をつぼめてとがらせること。また、その口付き。おちょぼ口。「娘というものは—をして、気取って、オホホと笑うものとばかり」〈二葉亭・平凡〉

つぼ-ごえ【×壺肥】種まきや移植の際、あらかじめ穴を掘って施しておく肥料。

つぼさか【壺坂】「壺坂霊験記」の通称。

つぼさか【壺阪】奈良県中北部、高市郡高取町の地名。高取山のふもとにある。

つぼさか-でら【壺阪寺】奈良県高市郡高取町にある真言宗豊山ぶざん派の寺、壺阪山南法華寺の通称。開創は大宝3年(703)、開山は弁基という。もと法相宗。西国三十三所第6番札所。本尊の千手観音は「壺坂霊験記」で有名。

つぼさかれいげんき【壺坂霊験記】浄瑠璃。世話物。一段。原作者未詳。浄瑠璃「観音霊場記」に2世豊沢団平・加古千賀夫妻が補訂・作曲。明治12年(1879)大阪大江橋席初演。お里と座頭沢市さわいちとの夫婦愛に、壺阪寺の観音の霊験物語を配した筋。

つぼ-ざら【×壺皿】❶本膳ほんぜん料理に用いる、小さくて深い食器。❷ばくちの采さいを入れて伏せるのに用いる器。壺。❸見開いた大きな目。「睨にらむ眼の—より、無念の涙はらはらはら」〈浄・双生隅田川〉

つぼ-しょうぞく【×壺装束】〔シャウゾク〕▶つぼそうぞく

つぼ-すう【坪数】坪を単位として表した面積。

つぼ-すみれ【×壺×菫｜坪×菫｜菫=菜】❶スミレ科の多年草。山野に生え、高さ10〜20センチ。葉は腎臓形で柄が長い。春、花柄を出し、紫色のすじのある白い花をつける。こまのつめ。にょいすみれ。(季 春) ❷襲の色目の名。表は紫、裏は薄青。

つぼ-せんざい【坪▽前栽｜×壺▽前栽】中庭に植え込んだ前栽。「御前の—の、いとおもしろきさかりなるを」〈源・桐壺〉

つぼ-そうぞく【×壺装束】平安時代から鎌倉時代にかけて、上・中流の女子が徒歩で外出または旅行する際の服装。小袖・単・袿などを着重ね、歩行しやすいように裾を引き上げて身丈に合わせ、ふところを腰帯で結んで、余りを腰に折り下げたもの。市女笠をかぶることもある。腰の部分が広く、裾がつぼんでいる形からいう。つぼしょうぞく。

つぼ-そで【×壺袖】❶袂のない袖。筒袖。❷鎧の胴丸・腹巻きの袖の一。上部が広く、下の方がしだいに狭く作られている。

つぼ-だい【×壺×鯛】カワビシャ科の海水魚。全長約30センチ。側扁し、背びれ・しりびれ・腹びれのとげは強大。南日本の深海底にすむ。食用。

つぼた-じょうじ【坪田譲治】[1890〜1982]小説家・児童文学者。岡山の生まれ。「赤い鳥」などを通して日本の新しい創作童話の世界を開拓した。作「お化けの世界」「風の中の子供」「子供の四季」など。

つぼ-つけ【坪付け】古代・中世、坪ごとに田畑の所在地や面積を示すこと。また、その帳簿。損田の数などを記入し、それに基づいて貢租の減免や年貢額の決定が行われた。

つぼ-づけ【×壺漬(け)】山川漬け。また、それを小口切りにし、醤油などで漬け直したもの。

つぼ-つぼ【×壺×壺】子供の玩具の一。底が平たく、中ほどがふくれ、口の狭い土器。これを回すと、つぼつぼと鳴るという。近世、伏見稲荷で売られた。

つぼつぼ-ぐち【×壺×壺口】「壺口❷」に同じ。

つぼ-づめ【坪詰(め)】江戸時代、土地測量の際に端数の出たとき、一定の基準に従いこれを加除して長さまたは面積を決めたこと。

つぼ-にわ【坪庭｜×壺庭】建物と建物との間や、敷地の一部につくった小さな庭。

つぼ-ぬき【×壺抜き】魚のえらぶたの間から内臓とえらを抜き出すこと。筒抜き。

つぼね【▽局】❶宮中や貴人の邸宅で、そこに仕える女性の居室として仕切った部屋。また、大きな建物の中を臨時に仕切ってつくった部屋。曹司。「ある御達の—の前を渡りけるに」〈伊勢・三一〉❷㋐❶を与えられている女房・女官。「日本紀の御—とぞつけたりける」〈紫式部日記〉㋑将軍家などに仕える地位のある女性を敬っていう語。「お万の—」「春日の—」❸下級女郎がいる部屋。「都に近き女郎の風俗も変はりて、はし—に物言ふ声の高く」〈浮・一代男・五〉❹「局女郎」の略。「格子、—といふこともなく」〈浮・一代男・三〉

つぼね-がさ【▽局×笠】女性のかぶる、深くてつぼんだ形の笠。市女笠の類。

つぼね-じょろう【▽局女郎】江戸時代、京都の島原および江戸の吉原にいた最下級の遊女。端女郎。

つぼね-ずみ【▽局住み】宮中または貴人の邸宅などに局を与えられて住むこと。「かごやかに—にしなして」〈源・初音〉

つぼね-だな【▽局棚】書院造りの床の間や書院のわきに設ける棚。上部は袋戸棚で、その下に違い棚をかけわたしたもの。

つぼね-まち【▽局町】宮中で、局の多く連なっている所。「—に走り入り」〈盛衰記・一三〉

つぼ-の-いしぶみ【壺の碑】坂上田村麻呂が蝦夷征討の際、弓の筈で日本中央と書き記したといわれる石碑。青森県上北郡七戸町坪地区あたりにあったと伝えられる。和歌などに詠まれる名所。のちに、宮城県多賀城の碑をも壺の碑とよんだ。

つぼ-のみ【×壺×鑿】刃先が円くなっている鑿。円い孔をあけるのに用いる。

つぼ-ふり【×壺振り】ばくちで、采を入れた壺皿を振って伏せること。また、その役。

つぼ-ほり【×壺掘り】建築物の基礎工事で、柱を立てる所だけ土地を円く掘ること。⇒総掘り ⇒布掘り

つぼま・る【×窄まる】〔動ラ五(四)〕つぼんだ状態になる。すぼまる。「口の—・ったとっくり」

(類語)縮む・すぼむ・すぼまる・つぼむ・しぼむ・つづまる・縮れる・縮こまる・縮み上がる・すくむ

つぼみ【×蕾｜×莟】❶花の、まだ咲き開かないもの。「—がほころぶ」❷将来が期待されるが、まだ一人前でない年ごろの者。

つぼ・む【×窄む】■〔動マ五(四)〕❶細長いものの先などが、狭く小さくなる。また、開いていたものが閉じる。つぼまる。すぼむ。「口の—・んだガラス瓶」「花が—・む」❷狭い所に引きこもって小さくなる。「駿府の御殿へ—・み給ふ」〈甲陽軍鑑・三四〉■〔動マ下二〕「つぼめる」の文語形。

(類語)縮む・すぼむ・すぼまる・つぼまる・しぼむ・つづまる・縮れる・縮こまる・縮み上がる・すくむ

つぼ・む【×蕾む｜×莟む】〔動マ五(四)〕つぼみをもつ。つぼみになる。「あなた方はまあ是れらが—・み咲くと云うのですから」〈蘆花・自然と人生〉「梅も—・みぬ」〈徒然・一五五〉

つぼ-むすび【×壺結び】紐の結び方で、結び上がりが壺のような形になるもの。

つぼ・める【×窄める】〔動マ下一〕図つぼ・む〔マ下二〕❶狭く小さくする。すぼめる。「口を—・める」❷開いていたものを閉じる。「傘を—・める」

(類語)狭める・すぼめる・畳む

つぼ-や【×壺屋】❶主な家屋に付属して建てられた小屋。物置の類。❷「壺屋紙」の略。

つぼや-がみ【×壺屋紙】伊勢国から産した油紙。天明5年(1785)飯南郡稲木村の人、壺屋清兵衛の創始という。

つぼ-やき【×壺焼(き)】❶「栄螺の壺焼き」の略。(季 春)「一の壺傾きて火の崩れ/鳴雪」❷壺に入れて焼くこと。

つぼやき-いも【×壺焼(き)芋】大きな壺に入れて蒸し焼きにしたサツマイモ。

つぼやき-しお【×壺焼(き)塩】素焼きの壺に入れて焼いた塩。

つぼやき-ほう【×壺焼(き)法】鉱石の精錬法の一。粉末状の鉱石を壺または鍋形の鉄製の炉に入れ、空気を送って燃焼溶解させたのち固まらせる方法。

つぼ-やなぐい【×壺胡×簶】筒形の胡簶。古代の靫の遺制で、譲位や節会などの儀式の警固に近衛の武官が背に負ったもの。つぼ。

つぼや-やき【×壺屋焼】沖縄県那覇市壺屋から産する陶器。17世紀末、琉球王朝が3か所の窯場を集結させたのに始まる。甕・食器・酒器などの日用雑器が多く、独自の釉薬も開発されている。

つぼ-りょう【坪量】紙の厚さや品質を示す単位。1平方メートル当たりの紙の重量をグラムで表す。

つま【▽夫｜妻】《「端」の意》❶夫婦や恋人が、互いに相手を呼ぶ称。「吾はもよ女にしあれば汝を置きて男はなし汝を置きて—はなし」〈記・上・歌謡〉❷動物のつがいで、互いの相手。「下辺にはかはづ—呼ぶ」〈万・九二〇〉❸鹿と萩、秋風と萩など、関係の深い一組のものの一方をいう語。「小牡鹿の—にすめる萩の露にも」〈源・匂宮〉

つま【爪】つめのこと。多く名詞や動詞の上に付けて用いる。「—先」「—弾く」「—覚えて調べられたる御琴どもかな」〈宇津保・俊蔭〉

つま【妻】《「夫」と同語源》❶配偶者である女性。「—をめとる」「糟糠の—」⇔夫。❷㋐刺身や吸い物のあしらいに用いる野菜や海藻。「刺身の—」㋑主となるものに添えるもの。「話の—にされる」

(類語)(❶)細君・家内・女房・かみさん・ワイフ・かかあ・山の神・妻君・ベターハーフ

つま【×褄】《着物の「端」の意》❶長着の裾の左右両端の部分。また、竪褄のこと。❷長着の袷や綿入れの褄先にできる丸みの部分。(補説)「褄」は国字。

褄を取・る ❶裾の長い着物の竪褄を手で持ち上げて歩く。「—・って歩く」❷《芸者が左褄をとって歩くところから》芸者になる。「此の人、日本橋に—・って」〈鏡花・日本橋〉

つま【▽端｜妻】❶物のはしの部分。へり。❷㋐建物の長手方向の端部で、棟と直角をなす壁面。妻壁。⇔平。㋑切妻や入母屋の屋根の側面の三角形の壁面。❸物事のいとぐち。てがかり。端緒。「なかなか物思ひの—なるべきを」〈源・須磨〉

つま-あがり【爪上(が)り】〔名・形動〕「爪先上がり」に同じ。「暗き陰に走る一条の路に、—なる向うから」〈漱石・虞美人草〉

つま-いた【妻板】物の側面に張る板。引き出し・戸袋などの側方に張る板。

つま-いり【妻入り】切妻屋根・入母屋屋根の建物で、妻の側に出入り口のあるもの。⇔平入り。

つま-おと【爪音】❶琴爪で琴を弾く音。❷馬のひづめの音。

つま-おめし【×褄▽御召】紋御召の一。婦人正装用に、種々の色糸を使って褄模様を織り出した着尺地。

つま-おり【▽端折り｜爪折り】はしを折ること。また、そのもの。

つまおり-がさ【▽端折り×笠】端を下に折り曲げた菅笠。

つまおり-がさ【▽端折り傘】骨の先が内側に曲がっている長柄の傘。袋に納め、公家・武家・僧侶らが、従者に持たせた。

つま-お・る【▽端折る｜爪折る】〔動ラ五(四)〕❶物のはしを折る。「読みさしのページを—・る」❷爪の先で折る。「桜が枝を—・りて」〈浄・十二段〉

つま-がき【妻書き｜▽端書き】江戸時代、両替屋仲間で、振り出した手形に記入した渡し先の宛名書き。

つま-がけ【爪掛(け)】《「つまかけ」とも》「爪皮」に同じ。

つま-がさね【▽夫重ね】夫がありながら、他の男と肉体関係を結ぶこと。「せめて濁らぬ人さんと道ならねども—」〈久保田彦作・鳥追阿松海上新話〉

つま-かざり【妻飾り】切妻または入母屋の、妻の部分の装飾。

つま-かわ【爪皮｜爪革】雨や泥などをよけるために、下駄などの爪先につけるおおい。爪掛け。

つま-ぎ【爪木】《爪先で折りとった木の意》薪にするための小枝。たきぎ。

つまき-ちょう【×褄黄×蝶】シロチョウ科のチョウ。翅は開張約5センチ、白色で、前翅の先がとがり、雄ではここが橙黄色。裏面に雲状斑がある。幼虫の食草はタネツケバナなど。九州以北に分布。

つま・ぐ【×褄ぐ】〔動ガ下二〕裾を持ち上げる。はしょる。「尻も—・げてとらし」〈浮・親仁形気・三〉

つま-ぐし【爪×櫛】歯の多い、目のつまった櫛。一説に、爪形の櫛。

つま-ぐ・る【爪繰る】〔動ラ五(四)〕爪先または指先で繰る。「数珠を—・る」

つま-くれない【爪紅】《花で爪を赤く染めたところから》ホウセンカの別名。つまべに。

つま-くれない【▽端紅】扇や巻紙などの縁を赤く染めること。また、そのもの。

つま-ぐろ【▽端黒｜×褄黒】縁の黒いこと。また、そのもの。

つまぐろ-きちょう【×褄黒黄×蝶】シロチョウ科のチョウ。全体が黄色で前翅の外縁に黒色帯がある。

つまぐろ-よこばい【×褄黒横×這】ヨコバイ科の昆虫。体長6ミリくらい。全体に黄緑色で、翅の端が雄では黒、雌では灰褐色。稲やサトウキビなどに寄生して茎や葉の液汁を吸う害虫。

つま-こ【妻子】妻と子。さいし。

つま-ご【爪子】草鞋の先や全体につける藁製の覆い。また、それをつけてある草鞋。多く雪道に用いる。(季 冬)

つまご【妻籠】長野県南西部、木曽郡南木曽町の地名。近世は中山道の三留野と馬籠の間の宿駅。当時の町並みの保存・復元が行われている。

つま-ごい【妻恋｜▽夫恋】ゴヒ 夫婦が、互いに相手を恋い慕うこと。鹿などの動物にもいう。

つまごい【嬬恋】ツマゴヒ 群馬県吾妻(あがつま)郡の地名。浅間山・白根山などの山裾に位置し、高原野菜の栽培が盛ん。鹿沢(かざわ)温泉・万座(まんざ)温泉がある。名は、日本武尊(やまとたけるのみこと)が弟橘姫(おとたちばなひめ)をしのんだという故事による。

つまごい-どり【妻恋鳥】ツマゴヒ《万葉集・一四四六「春の野にあさる雉(きぎし)の妻恋に己(おの)があたりを人に知れつつ」の歌から》キジの別名。「一の羽音に怖ぢる身となるは」〈浄・冥途の飛脚〉

つまごい-むら【嬬恋村】ツマゴヒ ▶嬬恋

つま-ごうし【妻格子】ガウシ ▶狐(きつね)格子❶

つま-ごと【爪琴｜妻琴】《爪で弾くところから》箏(そう)の異称。

つまごみ-に【▽夫▽籠みに｜妻▽籠みに】〔連語〕《「ごみ」は上二段動詞「こ(籠)む」の連用形の音変化》つまをこもらせるために。つまごめに。「一八重垣作るその八重垣を」〈記・上・歌謡〉 (補説)一説に、夫婦ともにの意ともいう。

つまごめ-に【▽夫▽籠めに｜妻▽籠めに】〔連語〕《「ごめ」は下二段動詞「こ(籠)む」の連用形の音変化》「つまごみに」に同じ。「一八重垣作るその八重垣を」〈神代紀・歌謡〉

つま-ご・もる【▽夫▽隠る｜妻▽隠る】〔動ラ四〕夫婦、または雌雄が一緒にひきこもって住む。「春日野(かすがの)にまだうら若きさいたづま一・るとも言ふ人やなき」〈玉葉集・春上〉

つま-ごもる【▽夫▽隠る｜妻▽隠る】〔枕〕❶地名「小佐保(をさほ)」にかかる。かかり方未詳。「春日(はる)日(ひ)春日(かすが)を過ぎ一小佐保を過ぎ」〈武烈紀・歌謡〉 ❷つまが物忌みのときにこもる屋の意から、「屋(や)」と同音をもつ地名「屋上の山」「矢野の神山」にかかる。「一屋上(やかみ)の山の雲間より渡らふ月の」〈万・一三五〉

つま-さき【爪先】足の指の先。「一をそろえる」

つま-さき【×褄先】着物の褄下と裾(すそ)の出あう角。

つまさき-あがり【爪先上(が)り】〔名・形動〕少しずつ登りになっていること。また、そのさま。つまあがり。「一な(の)坂道」

つまさき-さがり【爪先下(が)り】〔名・形動〕少しずつくだりになっていること。また、そのさま。つまさがり。「緩(ゆる)く一になった鋪道(ほどう)の」〈宮本・伸子〉

つまさき-だ・つ【爪先立つ】〔動タ五(四)〕伸び上がるように足の指先で立つ。つまだつ。「一・って人の背後からのぞきこむ」

つま-さだめ【▽夫定め｜妻定め】〔名〕スル 自分の夫または妻を定めること。「一するものの先ず心得べき事あるを」〈鴎外訳・即興詩人〉

つまさ・れる〔動ラ下一〕図つまさ・る〔ラ下二〕❶強く心を動かされる。「人の情けに一・れる」❷自分の身にひきくらべて同情・哀切の念が起こる。「身に一・れてもらい泣きする」

つまし・い【▽倹しい｜▽約しい】〔形〕図つま・し〔シク〕生活ぶりなどがぜいたくでない。地味で質素である。「一・い暮らし」 (派生)つましげ〔形動〕つましさ〔名〕
(類語)質素・簡素・地味・つづまやか

つま-しらべ【爪調べ】箏(こと)などを奏する前に、調子を整えるために弾かれる短い旋律。

つま-じるし【爪▽標｜爪印】書物の問題のある所、重要な所などに、つめでつけておくしるし。

つま-じろ【▽端白】❶縁の白いこと。また、そのもの。❷馬などの足先が白いこと。

つま-ずき【▽躓き】ツマヅキ ❶つまずくこと。❷失敗。過失。あやまち。「さしたる一もなく任期を終える」

つま-ず・く【×躓く】ツマヅク〔動カ五(四)〕《「爪(つま)突く」の意》❶歩いていて、誤って足先を物に突き当ててよろける。けつまずく。「石に一・いて転倒する」❷物事の中途で、思わぬ障害につき当たって失敗する。「緒戦で一・く」「事業に一・く」

躓く石も縁(えん)の端(はし) 石につまずくというようなちょっとしたことも前世からの約束事である。袖すり合うも他生(たしょう)の縁。

つま-だか【×褄高】和服の褄を高くとった着付けのしかた。

つま-だち【爪立ち】〔名〕スル 足のつま先で立つこと。「一して棚の上をのぞく」

つま-だ・つ【爪立つ】㊀〔動タ五(四)〕「爪先立つ」に同じ。「一・って塀の向こうを見る」㊁〔動タ下二〕「つまだてる」の文語形。

つま-だ・てる【爪立てる】〔動タ下一〕図つまだ・つ〔タ下二〕つま先で立つようにする。「足を一・てて人垣の中をのぞき込む」

つま-づま【▽端▽端】物事のはしばし。すみずみ。「一合はせて語る虚言(そらごと)は恐しき事なり」〈徒然・七三〉

つま-で【×柧手】荒削りした、かどのある材木。角材。「衣手の田上山の真木さく檜(ひ)の一を」〈万・五〇〉

つま-ど【妻戸】❶寝殿造りで、殿舎の四隅に設けた両開きの板扉。❷家の端方にある開き戸。

つま-どい【▽夫問ひ｜妻問ひ】ドヒ 恋い慕って言い寄ること。特に、男が女のもとへ通って求婚すること。「いにしへのますら壮士(をとこ)の相競ひ一しけむ葦屋(あしのや)の菟原処女(うなひをとめ)の」〈万・一八〇一〉

つまどい-こん【妻問婚】ツマドヒ 婚姻形式の一。夫婦が結婚後も同居せず、夫が妻の家に通うもの。

つま-ど・う【▽夫問ふ｜妻問ふ】ドフ〔動ハ四〕恋い慕って言い寄る。求婚する。「いにしへの小竹田壮士(しのだをとこ)の一・ひし菟原処女(うなひをとめ)の奥つ城(き)ぞこれ」〈万・一八〇二〉

つまど-ぐち【妻戸口】寝殿造りなどの妻戸になっている出入り口。

つま-どり【×褄取り】❶着物の褄を手でつまんで持ち上げること。❷相撲のきまり手の一。相手の足首またはつま先を取って後ろに引き上げて、前に手をつかせる技。出し投げから横に付いての変化技であることが多い。❸「褄取威(おどし)」の略。

つまどり-おどし【×褄取▽威】ヲドシ 鎧(よろい)の威の一。袖や草摺(くさずり)の端を斜めに、地色とは別の色で威したもの。

つまとり-そう【×褄取草】サウ サクラソウ科の多年草。高山に生え、高さ約10センチ。茎の上部に細長い葉が数枚集まってつく。夏、白い花を開く。花冠は7裂し、淡紅色の縁どりがある。つまとりぐさ。

つま-ど・る【×褄取る】〔動ラ五(四)〕❶着物の褄を手でつまんで持ち上げる。「着流しの裾を一・って歩く」❷鎧(よろい)の袖や草摺(くさずり)の端を威糸(おどしいと)とは別の色の糸または革で威(おど)す。「洗ひ皮の鎧の一・りたるに」〈太平記・三二〉

つま-なし【妻梨】梨のこと。「梨」に「無し」を掛けて用いる。「もみち葉のにほひは繁し然れども一の木を手折(たを)りかざさむ」〈万・二一八八〉

つま-の-こ【▽夫の子｜妻の子】夫婦などが、互いに相手を親しんで呼ぶ語。「佐保渡り我家(わぎへ)の上に鳴く鳥の声なつかしき愛(は)しき一」〈万・六六三〉

つま-の-みこと【▽夫の▽命｜妻の▽命】夫婦などが、互いに相手を敬って呼ぶ語。「はしきよし一も明け来れば門に寄り立ち」〈万・三九六二〉

つま-はじき【爪▽弾き】〔名〕スル ❶人さし指や中指を親指の腹に当て、強くはじくこと。嫌悪・軽蔑・非難などの気持ちを表すしぐさ。❷ある人を忌みきらって排斥すること。「同僚から一される」

つま-はずれ【×褄外れ｜爪外れ】ハヅレ 着物の褄のさばき方。転じて、身のこなし。「しとやかな一で、膝(ひざ)をついた」〈野上・迷路〉

つま-びき【爪弾き】〔名〕スル 弦楽器を指先ではじいて鳴らすこと。つめびき。「三味線を一する」

つま-び・く【爪弾く｜爪引く】〔動カ五(四)〕❶弦楽器を指先ではじいて鳴らす。「ギターを一・く」❷弓の弦を指先ではじく。「梓弓一・く夜音の遠音にも」〈万・五三一〉
(類語)奏でる・奏する・弾(ひ)く・弾(はじ)す・かき鳴らす・弾ずる

つま-びさし【妻×庇｜妻×廂】建物の妻側につけた庇。

つまびら-か【▽詳らか｜▽審らか】〔形動〕図〔ナリ〕《「つばひらか」の音変化。古くは「つまひらか」》くわしいさま。物事の細かいところまではっきりしているさま。「一な事情」「内容を一にする」
(類語)詳しい・細かい・詳細・詳密・精細・明細・克明・事細か・子細に・具(つぶさ)に・逐一・細大(さいだい)漏らさず

つま-べに【爪紅】❶女性の化粧で、指の爪に紅を塗ること。また、それに用いる紅。マニキュア。ペディキュア。❷ホウセンカの別名。つまくれない。

つまべに-ちょう【×褄紅×蝶】テフ シロチョウ科のチョウ。翅(はね)は開張約10センチで白色、前翅の端に黒褐色に縁どられた橙紅色の紋がある。九州南端から南に分布。

つまま◦れる【▽摘まれる｜▽撮まれる｜×抓まれる】〔連語〕《動詞「つまむ」の未然形＋受身の助動詞「れる」》「摘む❹」に同じ。「狐(きつね)に一◦れる」

つまみ【▽摘み｜▽撮み｜×抓み】❶つまむこと。また、つまんだ量。「ひと一の塩」❷つまんで持つように器具などに取り付けた部分。「ボリュームの一を回す」❸つまんで食べられる簡単な酒の肴(さかな)。つまみもの。おつまみ。「ビールの一」 (類語)(❷)柄(え)・柄(つか)・取っ手・握り・把手(はしゅ)・ノブ・グリップ・ハンドル

つまみ-あらい【▽摘み洗い】アラヒ〔名〕スル 衣服などの汚れた部分だけをつまんで洗うこと。「襟を一する」

つまみ-ぐい【▽摘み食い】グヒ〔名〕スル ❶指でつまんで食べること。「味見のために一する」❷こっそり盗み食いをすること。「来客用の菓子を一する」❸公金をこっそりと少しずつ使うこと。「会社の金を一する」❹夫婦や恋人どうしでない相手と、一時のなぐさみに情を交わすこと。 (類語)(❷)盗み食い

つまみ-ざいく【▽撮み細工】江戸初期からの伝統的な手芸で、薄絹や薄紙などの小片を三角に折り、つまんでのり付けしながら花鳥や蝶などの形をつくるもの。櫛(くし)・かんざし・薬玉(くすだま)・つまみ絵などに用いる。

つまみ-しんこく【▽摘み申告】脱税の手段の一。確定申告の際に、所得の一部だけを申告すること。

つまみ-だ・す【▽摘み出す｜▽撮み出す】〔動サ五(四)〕❶指先などでつまんで外へ出す。「水面に浮いたごみを一・す」❷人を力ずくで外へ引きずり出す。「酔っぱらいを一・す」
(類語)(❷)追い出す・追い立てる・追い払う・追っ払う・たたき出す・はじき出す

つまみ-と・る【▽摘み取る｜▽撮み取る】〔動ラ五(四)〕指先などでつまんでとる。「雑草を一・る」

つまみ-な【▽摘み菜｜▽撮み菜】カブ・ダイコンなどの、まびき取った菜。まびき菜。(季 秋)「椀に浮く一うれし病むわれに/久女」

つまみ-ぬい【▽撮み縫い】ヌヒ 布を折り、その折り山をつまんで縫うこと。別布をつけずに四つ身の衽(おくみ)や長ジュバンの襟などをつくるときに用いる。

つまみ-もの【▽摘み物】「摘(つま)み❸」に同じ。

つま・む【▽摘む｜▽撮む｜×抓む】〔動マ五(四)〕❶指先ではさむ。指先や箸(はし)などではさみもつ。「鼻を一・む」「塩をちょっと一・む」❷指先などで取って食べる。また、手軽に食べる。「一つ一・んでください」「すしを一・む」❸重要なところを抜き出す。かいつまむ。「要点を一・んで話す」❹(多く「つままれる」の形で用いる)狐(きつね)などが人をだます。化かす。「まるで狐に一・まれたような話」 (可能)つまめる

(用法)つまむ・はさむ——「箸(はし)でつまんで(挟んで)皿に移して下さい」など、間に入れて持つの意では相通じて用いられる。◇「つまむ」は指先または箸などの先を使った動作で、「鼻をつまむ」「箸で煮豆をつまんで食う」のように用いる。◇「挟む」は二つの物の間に何かを入れて動かないようにすることで、「両脚で挟んで締めつける」「小脇に挟む」のように、道具に特別の限定がない。◇「すしをつまむ」「菓子をつまんでください」などの「つまむ」は取り上げて食べる意で、「挟む」とは言わない。◇「机を挟んで向き合う」「人の話に口を挟む」などの「挟む」は「つまむ」に置き換えることはできない。
(類語)(❶)挟む・摘(つ)む・つねる

つまむかえ-ぶね【妻迎へ船】ツマムカヘ 妻を迎えに出る船。特に、七夕(たなばた)に彦星(ひこぼし)が乗って織女を迎えに天の川に漕(こ)ぎ出すという船。「彦星し一漕ぎ出(づ)らし天の川原に霧の立てるは」〈万・一五二七〉

つま-もよう【×褄模様】モヤウ 女性の着物の褄につけた模様。また、その模様をつけた着物。

つま-や【妻屋┊×嬬屋】夫婦の寝所。ねや。「我妹子(わぎもこ)と二人我が寝(ね)し枕づく―のうちに」〈万・二一〇〉

つま-やか〘形動ナリ〙こぢんまりしたさま。「鎧かろげに着なし、小具足―にして」〈保元・上〉

つま-ようじ【爪×楊枝】(つまヨウジ) 歯にはさまった物を取ったり、食物を刺したりするための小さい楊枝。こようじ。(類語)楊枝・高楊枝

つま-よ・る【爪×縒る】〘動ラ四〙矢を指先にのせ、もう一方の手の指先で回しながら、矢柄(やがら)や羽・鏃(やじり)などのぐあいを調べる。「簾の内に、矢を―・る音のするが」〈宇治拾遺・三〉

つまら◦ない【詰(ま)らない】〘連語〙《動詞「つまる」の未然形＋打消しの助動詞「ない」》❶おもしろくない。興味をひかない。「―◦ない映画」❷とりあげる価値がない。大したものではない。「―◦ないものですが、お収めください」❸意味がない。ばかげている。「―◦ないうわさ話で時間をつぶす」❹それだけのかいがない。ひきあわない。「ここでやめたらそれこそ―◦ない」

(用法)**つまらない・くだらない**――「大金をはたいてつまらない(くだらない)買い物をした」「あんなつまらない(くだらない)人間とは付き合うな」など、価値のない意では相通じて用いられる。◆「つまらない」は、そのものに対する評価というより、心がひかれない、楽しめないという状態を言う。「内容はよいが、つまらない映画」◆「くだらない」はある物の評価が低いことに重点があり、楽しさ、おもしろさとは別である。「この映画はくだらないが、おもしろい」◆「独りぼっちはつまらない」とは言うが、「独りぼっちはくだらない」とはふつう言わない。

(類語)くだらない・馬鹿らしい・無価値・無意味

つまら◦ぬ【詰(ま)らぬ】〘連語〙《「つまらん」とも》「つまらない」に同じ。「―◦ぬことに悩む」「―◦ぬ絵に大金を払う」

つまり【詰(ま)り】㊀〘名〙❶物が詰まること。また、詰まっている度合い。「排水溝の―」「袖丈(そでたけ)の―ぐあい」❷いろいろと経過して行きつく最後のところ。事の結末。果て。終わり。「とどの―」「身の―」「我分別で―を付ねば」〈露伴・風流仏〉❸追いつめられること。困窮すること。行きづまり。「作料を取らせねば、諸職人の―となる」〈仮・可笑記・三〉❹行きづまった所。すみ。「ここの―に追っつめてはちゃうど斬(き)る」〈平家・四〉㊁〘副〙❶話の落ち着くところは。要するに。結局。「今までいろいろ述べたが、―それはこういうことになる」❷別の語に置きかえれば。言い換えると。すなわち。「地図の上方、―北方は山岳地帯である」

(類語)(㊁❶)即ち・結句・畢竟(ひっきょう)・とどの詰まり・詰まるところ・帰するところ・詮(せん)ずるところ・どの道・所詮・いずれ・どうせ・矢張り・いずれにしても

(…語)(づまり)織り詰まり・金(かね)詰まり・気詰まり・金(きん)詰まり・寸詰まり・手詰まり・どん詰まり・鼻詰まり・糞(ふん)詰まり・目詰まり・行き詰まり

つま・る【詰(ま)る】〘動ラ五(四)〙❶すきまもなく入って、いっぱいになる。「立錐(りっすい)の余地もなく―・った聴衆」「予定がびっしり―・っている」❷途中がふさがって通路・管などが通じなくなる。「排水管が―・る」「鼻が―・る」❸㋐長さ・幅や間隔などが短くなる。ちぢまる。「洗濯したら、丈(たけ)が―・った」「日が―・る」「差が―・る」㋑変化して語形が短くなる。つづまる。「『わがいも(吾妹)』が―・って『わぎも』になる」❹うまい対応のしようがなくて苦しむ。窮する。行きづまる。また、気分的に窮屈である。「生活に―・る」「返答に―・る」「気の―・る思い」❺最後のところまでいく。行きつく。➡詰まるところ ❻促音で発音される。「―・る音(おん)」❼野球で、ピッチャーの投げた球がバットの芯からはずれた、手もとに近い所に当たる。「シュートで―・らせる」「―・った当たり」(類語)(❷)つかえる・塞(ふさ)がる

(…句)息が詰まる・気が詰まる・鐺(こじり)が詰まる・寸が詰まる・世間が詰まる・理に詰まる

詰まるところ　いろいろと考えたあげくにたどりついたことを述べるときに用いる。要するに。結局。「失敗の原因は―資金の不足だ」

つみ【雀=鷹┊雀=鷂】タカ科の鳥。日本のタカ類で最小。雌は全長約30センチ。雄は少し小さく、悦哉(えっさい)とよぶ。低山の林で繁殖し、主に小鳥を捕食する。

つみ【罪】㊀〘名〙❶道徳・法律などの社会規範に反する行為。「―を犯す」❷罰。❶を犯したために受ける制裁。「―に服する」「―に問われる」❸よくない結果に対する責任。「―を他人にかぶせる」❹宗教上の教義に背く行為。㋐仏教で、仏法や戒律に背く行為。罪業(ざいごう)。㋑キリスト教で、神の意志や愛に対する背反。㊁〘形動〙無慈悲なさま。残酷なさま。「―なことをする」「―な人」

(類語)(㊀❶)咎(とが)・過ち・罪悪・罪科・罪過・犯罪・罪障・罪業・悪徳・背徳・不徳・不仁・不義・不倫・破倫・悪(あく)・悪行(あくぎょう)・悪事・違犯/(㊁)非道・没義道(もぎどう)・殺生・無慈悲・無情・罪作り・ひどい・むごい

罪が無・い　無邪気である。下心などがなく、純真である。「子供は―・い」「罪のない寝顔」

罪無くして配所(はいしょ)の月を見る　流罪の身としてではなく、罪のない身で、配所のような閑寂な土地の月を眺めれば、情趣も深いであろうということ。俗世を離れて風流な趣を楽しむことをいう。

罪を着・せる　自分の失敗や負うべき責任などを、他人におしつける。「部下に―・せる」

罪を憎(にく)んで人を憎まず　犯した罪は憎んで罰しても、罪を犯した人まで憎んではならない。➡その罪を憎んでその人を憎まず

つみ【詰み】将棋で、詰むこと。王将がどこにも逃げられなくなること。

つみ-あが・る【積(み)上(が)る】〘動ラ五(四)〙❶すでにあるものの上に積み重なって高くなる、また、多くなる。「―・ったコンテナがビルのようだ」❷増える。増加する。「在庫が―・る」

つみ-あ・げる【積(み)上げる】〘動ガ下一〙図つみあ・ぐ〘ガ下二〙❶物の上にさらに積む。物を高く重ねる。「米俵を―・げる」❷積み終わる。「今日中に荷を―・げよう」❸ある物事を順次重ねていき、高い水準に達するようにする。「団体交渉で額を―・げる」(類語)積み重ねる

つみ-いし【積(み)石】❶石を積み重ねたもの。積み重ねた石。❷建物の柱の下に置く土台。いしずえ。

つみいし-づか【積(み)石塚】古墳の一形式。土の代わりに石を積んで築いたもの。日本では香川県高松市の石清尾山(いわせおやま)にあるものが有名。石塚。ケルン。

つみ-いれ【摘(み)入れ】「摘入(つみれ)」に同じ。

つみ-おろし【積(み)下ろし┊積(み)降ろし┊積(み)卸し】〘名〙(スル) 貨物を積んだり下ろしたりすること。「船荷を―する」

つみ-か・える【積(み)替える┊積(み)換える】(つみかへる)〘動ア下一〙図つみか・ふ〘ハ下二〙❶積んである物を別の場所に移して積む。積み移す。「船からトラックに―・える」❷一度積んだ物を改めて積みなおす。「荷物がぐらつくので―・える」

つみ-かさな・る【積(み)重なる】〘動ラ五(四)〙❶上へ上へと幾重にも重なる。「机に―・った本」❷次々と物事が重なって大きくなる。「不満が―・る」

つみ-かさ・ねる【積(み)重ねる】〘動ナ下一〙図つみかさ・ぬ〘ナ下二〙❶上へ上へと積んで重ねる。「煉瓦(れんが)を―・ねる」❷次々と物事を重ねてふやしていく。「討議を―・ねる」「キャリアを―・ねる」(類語)積み上げる

つみ-がみ【摘み髪】未亡人が喪のしるしに結う茶筅(ちゃせん)髪。また、その人。「こと人を思ひにつくる―やなきつまぐしもさすが忘れて」〈徳和歌後万載集・八〉

つみ-き【積(み)木】❶木材を積み上げること。また、その木材。❷いろいろな形をした木片の玩具。また、これを積んで家や動物などの形を作る遊び。

つみ-きん【積(み)金】金銭を少しずつ積んで、蓄えること。また、その金銭。積立金。貯金。

つみ-くさ【摘(み)草】〘名〙(スル) 春、野原で若菜や草花を摘むこと。草摘み。「土手で―する」(季 春)

つみ-ぐも【積み雲】積雲(せきうん)の俗称。塊状の雲が積み上がってドーム状に見える。

つみ-ごえ【積(み)肥】「堆肥(たいひ)」に同じ。

つみ-こ・む【積(み)込む】〘動マ五(四)〙荷物を船や車・貨車などに積み入れる。「救援物資を―・む」

つみ-しろ【罪代】罪の償い。罪ほろぼし。「かかる御仲らひにまじり侍る―には」〈宇津保・嵯峨院〉

つみ・する【罪する】〘動サ変〙図つみ・す〘サ変〙罪があるとして責める。また、罪を責めて処罰する。罰する。「独り代議士を―・するわけには行かぬが」〈魯庵・社会百面相〉

つみ-だか【積(み)高】❶積み立てた金銭の総額。❷積み込んだ物品の総計。積載量。

つみ-だし【積(み)出し】荷物を積み出すこと。「―港」

つみ-だ・す【積(み)出す】〘動サ五(四)〙荷物を船や車に積んで送り出す。出荷する。「新米を―・す」

つみ-たて【積(み)立て】〘名〙(スル) 金銭を積み立てること。また、その金銭。「ゴルフ仲間で毎月―する」

つみたてがた-じどうしゃほけん【積立型自動車保険】満期時に満期返戻金が付いている自動車保険。通常の自動車保険は1年契約の掛け捨てだが、積立型は保険期間が2〜5年となっている。

つみたて-きん【積立金】❶積み立てておく金銭。つみきん。❷会社が社内に留保した利益のうち、定款の規定や株主総会の決議によって積み立てた部分。

つみ-た・てる【積(み)立てる】〘動タ下一〙図つみた・つ〘タ下二〙少しずつ何回かにわたって貯金して、金銭を蓄える。「旅行の費用を―・てる」(類語)溜める

つみ-だる【積み×樽】祝いのしるしとして酒樽を積み上げて飾ること。また、その酒樽。

つみ-つくり【罪作り】〘名・形動〙❶力の弱い者や純真な者をあざむくような行為をすること。また、そのさま。「老人から金を奪うとは―なことだ」❷仏道にそむき罪になるような行為をすること。また、その人や、そのさま。(類語)罪・殺生・ひどい

つみ-とが【罪▽科】❶つみと、とが。罪過。❷キリスト教で、神の意志にそむくこと。罪。

つみと-ならず【罪とならず】〘連語〙検察官が事件を不起訴とする場合の理由の一つ。法務省訓令の「事件事務規定」に定められた不起訴の裁定の一つ。被疑事実が犯罪構成要件に該当しないとき、または犯罪の成立を阻却する事由のあることが証拠上明確なときに適用される。➡不起訴

つみとばつ【罪と罰】《原題、(ロシア) Prestuplenie i nakazanie》ドストエフスキーの長編小説。1866年刊。貧しい大学生ラスコーリニコフは、選ばれた強者は凡人のための法を無視する権利があるという超人の思想から金貸しの老婆を殺すが、罪の意識にさいなまれ、自己犠牲に生きる娼婦(しょうふ)ソーニャのすすめで自首する。キリスト教的愛の思想と人間回復への痛切な願望とをこめた作品。

つみ-と・る【摘(み)取る】〘動ラ五(四)〙❶植物の芽・葉・実などを指先でつまんで取る。「新茶を―・る」❷大きく育つ前に取り除く。「悪の芽を―・る」「古い体制が若い才能を―・る」

つみ-な【摘(み)菜】芽の出て間のない若菜を摘みとること。また、その菜。

つみ-な・う【罪なふ】(つみなふ) ㊀〘動ハ四〙罰する。処罰する。「人を苦しめ、法を犯さしめて、それを―・はん事、不便(ふびん)のわざなり」〈徒然・一四二〉㊁〘動ハ下二〙㊀に同じ。「諸の叛く者どもを―・へむとす」〈景行紀〉

つみ-なお・す【積(み)直す】(つみなほす)〘動サ五(四)〙一度積んだ荷物などを改めて積む。「崩れた荷を―・す」

つみ-に【積(み)荷】船や車などに積んで運ぶ荷物。「―を満載する」(類語)貨物・荷・カーゴ

つみに-あんない【積(み)荷案内】貨物の船積みを完了したとき、その旨を売主から買主に知らせる通知状。船名・品名・積み込み日・数量・金額・陸揚げ港などの事項を記載。船積み通知書。

つみに-ほけん【積(み)荷保険】貨物保険のうち、主に海上運送中の事故による損害を塡補(てんぽ)する保険。貨物海上保険。➡運送保険

つみに-もくろく【積(み)荷目録】本船の船長または船積み地の船会社が作成する積み荷の明細書。

到着港の税関などに提出する書類で、品名・数量・容積・船荷証券番号・インボイス番号・荷受人・荷送人などの事項が記載される。マニフェスト。

つみ-のこし【積(み)残し】積み残すこと。積み残したもの。「数個の―が出る」「―計画」

つみ-のこ・す【積(み)残す】〔動サ五(四)〕❶積むはずのものを積みきれないで一部を残す。「満員電車が乗客を―・す」❷時間内にこなしきれなくて、いくつかの事柄を残す。「案件を―・して閉会する」

つみ-は【×鍔¦×鐔】《「つみば」とも》つば(鍔)の古名。〈和名抄〉

つみ-びと【罪人】❶罪を犯した人。ざいにん。❷キリスト教で、原罪を負う人間一般をさす。

つみ-ぶか・い【罪深い】〔形〕文つみぶか・し〔ク〕罪が重い。また、罪をいくつも重ねている。「人の心をもてあそぶ―・い行為」「―・い身」

つみ-ほろぼし【罪滅ぼし】〔名〕スル 善行をして過去の罪のつぐないをすること。「せめてもの―」
類語贖罪しょくざい

つみ-まし【積(み)増し】〔名〕スル 積み増すこと。新たに追加して増やすこと。「退職金を―する」

つみ-ま・す【積(み)増す】〔動サ五(四)〕提供している金銭や物品を新たに追加して増やす。「出資額を100億円―・す」

つみ-もの【積(み)物】❶積み重ねた物。❷歌舞伎の興行や商店の開店のとき、祝儀の酒樽さかだる・俵物などを積み重ねて飾ったもの。

つみ-やぐ【積(み)夜具】遊郭で、馴染なじみ客から遊女に贈られた新調の夜具を店先に積んで飾ったもの。

つみれ【摘▽入¦×抓▽入】《「つみいれ」の音変化》魚のすり身に卵・片栗粉などのつなぎと調味料を入れてまぜ、少しずつちぎって熱湯でゆでたもの。

つみ-わた【摘(み)綿¦▽紡綿】真綿を平らにひきのばしたもの。小袖の綿入れなどに入れる。

つむ【×錘¦紡=錘】❶糸巻きなどの心棒。❷糸をつむぐ機械の付属品。鉄製の太い針状の棒で、回転して糸を巻き取ると同時に縒よりをかける働きをする。ぼうすい。すい。

つむ【▽頭】「つむり(頭)」の略。➡御頭おつむ

つ・む【▽集む】〔動マ下二〕あつめる。「潮干なば玉藻刈りー・め家の妹いもが浜づと乞はば何を示さむ」〈万・三六〇〉

つ・む【詰む】㊀〔動マ五(四)〕❶布地などの目が密になる。「目の―・んだ織物」❷将棋で、王将が囲まれて逃げ場がなくなる。「あと一手で―・んでしまう」❸行きづまる。窮する。「理に―・む」㊁〔動マ下二〕「つめる」の文語形。

つ・む【摘む】〔動マ五(四)〕❶(「抓む」とも書く)指先や爪の先ではさみとる。つまみとる。「茶を―・む」「花を―・む」❷(「剪む」とも書く)はさみなどで物の先を切りとる。「枝を―・む」「髪を―・む」❸(❶の比喩的用法)大きくならないうちに取り除く。「悪の芽を―・む」❹指先ではさんで持つ。「御裳もの裾―・みあげ」〈万・四四〇八〉❺指先で強くはさむ。つねる。「わが身を―・んで人の痛さを知れ」「太刀抜きたる腕かいなを捕らへていといたう―・み給へれば」〈源・紅葉賀〉可能つめる

つ・む【積む】〔動マ五(四)〕❶物の上にさらに物を置く。次々と重ねる。「うずたかく―・まれた商品」「ブロックを―・む」❷運ぶために車や船などに荷をのせる。「トラックに新米しんまいを―・む」「原油を―・んだタンカー」❸物事を繰り返し行う。重ねてする。「練習を―・む」「経験を―・む」❹たくわえる。ためる。「巨万の富を―・む」「定期預金に―・む」❺しだいに高く重なる。つもる。「降り―・む雪」可能つめる　類語重ねる・盛る
用法つむ・かさねる――「煉瓦れんがを積んで(重ねて)塀を作る」など、同種の物を上に置くの意では相通じて用いられる。また、「練習を積む(重ねる)」のように、同種の事柄を繰り返す意でも相通じて用いられる。◆「積む」はある物の上に何かを数多く置くこと。「煉瓦を積む」のように同質の物を置く場合も、「車に荷物を積む」のように異質の物を載せる場合もある。後者の場合「重ねる」で置き換えられない。◆「重ねる」は同質の他の物を添え加えること。上に載せていくとは限らない。「紙を重ねてとじる」「着物を重ねて着込む」「失敗を重ねる」などを「積む」で置き換えることはできない。また、「重ねてお願いします」も「積む」では置き換えられない。

つ・む【×齧む】〔動マ四〕前歯でかむ。かじる。「髫勝ちなる者の椎しひ―・みたる」〈枕・四五〉

つむぎ【×紬】紬糸で織った平織りの絹織物。大島紬・結城ゆうき紬など。紬織り。

つむぎ-いと【×紬糸】屑繭くずまゆまたは真綿に手で縒よりをかけて紡いだ太くて節の多い絹糸。

つむぎ-うた【紡ぎ歌】糸をつむぎながら歌う民謡。

つむぎ-おり【×紬織(り)】「紬つむぎ」に同じ。

つむぎ-がすり【×紬×絣】絣の柄に織った紬織り。

つむぎ-じま【×紬×縞】縞柄に織った紬。

つむ・ぐ【紡ぐ】〔動ガ五(四)〕《名詞「つむ(錘)」の動詞化》綿や繭まゆを錘つむにかけて繊維を引き出し、縒よりをかけて糸にする。「糸を―・ぐ」可能つむげる

つむくり【独=楽】こまの古名。〈色葉字類抄〉

つむじ【×辻】「つじ」に同じ。「道の―にこれを敷きて臥したり」〈今昔・四・二二〉補説「辻」は国字。

つむじ【旋=毛】毛が渦巻き状に生えているところ。頭頂にあるものをいう。毛渦けうず。つじ。

旋毛が曲が・る　すなおでなくなる。ひねくれる。「―・っている人」

旋毛を曲・げる　気分をそこねてわざと逆らい、意地悪くする。「―・げて返事をしてくれない」

つむじ【旋=風¦×飄】《「旋毛つむじ」と同語源》「つむじかぜ」に同じ。「彼の頭には不安の―が吹き込んだ」〈漱石・それから〉

つむじ-かぜ【▽旋風】渦を巻いて吹き上がる風。局地的な空気の渦巻き。辻風。つむじ。せんぷう。
類語旋風せんぷう・竜巻

つむじ-げ【▽旋毛】つむじの毛。せんもう。

つむじ-まがり【旋=毛曲(が)り】〔名・形動〕性質がひねくれていてすなおでないこと。また、そのさまや、そういう人。へそ曲がり。「―な(の)気難しい人」
類語偏屈・気むずかしい・へそ曲がり

つむら-きくこ【津村記久子】[1978～　]小説家。大阪の生まれ。会社勤務のかたわら執筆活動を続け、「ポトスライムの舟」で芥川賞受賞。他に「君は永遠にそいつらより若い」「ミュージック・ブレス・ユー!!」など。

つむら-せつこ【津村節子】[1928～　]小説家。福井の生まれ。本姓、吉村。旧姓、北原。吉村昭の妻。「玩具」で芥川賞受賞。自伝的小説、歴史小説、エッセーなど幅広く活躍。「智恵子飛ぶ」で芸術選奨受賞。他に「さい果て」「海鳴かいなり」「流星雨」など。芸術院会員。

つむら-べついん【津村別院】ベツヰン 大阪市中央区にある浄土真宗本願寺派の別院。慶長2年(1597)准如じゅんにょによって天満てんまから現在地に移転された。東本願寺の南御堂みどうに対して、北御堂と称される。表御堂。津村御堂。大阪別院。

つむり【▽頭】❶あたま。かしら。おつむ。つぶり。「―をなでる」❷頭髪。類語(❶)頭あたま・頭かしら・こうべ・かぶり・おつむ・ヘッド・雁首

つむり-の-ひかる【頭光】[1754～1796]江戸後期の狂歌師。江戸の人。本名、岸宇右衛門。別号、桑楊庵そうようあん・2世巴人亭。江戸日本橋亀井町の町代で、蜀山人に師事。狂歌四天王の一人。

つむり-もの【▽頭物】女性が頭髪を飾るための、櫛くし・簪かんざし・笄こうがいなどの総称。

つむ・る【×瞑る】〔動ラ五(四)〕目を閉じる。つぶる。「目を―・る」可能つむれる

つめ　文楽人形の首かしらの一。捕り手・腰元・群集など男女の雑多な端役に用いる。素朴・卑俗・こっけいな表情をしたものが多い。ふつう一人で遣う。

つめ【爪】❶手や足の指の先に生える角質の部分。人間の平爪ひらづめ、鳥・猫の鉤爪かぎづめ、牛・馬の蹄ひづめなど。❷琴爪のこと。❸鉤かぎのように、物をひっかけてとめるもの。❹機械についている、❶の形をした小片。「がんぎ車の―」❺辞書の前小口まえこぐちにある、見出し語の最初の一字などを印刷した印。検索の便宜のために設けられる。
下接語(づめ)貝爪・鉤かぎ爪・繋かけ爪・雁かり爪・苦髪くがみ楽らく爪・草取り爪・蹴け爪・小爪・琴こと爪・出で爪・生なま爪・平爪・深爪・夜よ爪・楽髪苦爪

爪で拾って箕みで零こぼす　こつこつと苦労して蓄えたものを、一度に使い果たすことのたとえ。

爪に爪なく瓜うりに爪あり　よく似ている「爪」と「瓜」の字形の違いをわかりやすくいった言葉。

爪に火を点とも・す　ろうそくの代わりに爪に火をともす。ひどく貧しい生活をする。苦労して倹約する。また、ひどくけちなことのたとえ。「―・してためた金」

爪を隠・す　才能を人に見せないようにする。「能ある鷹たかは―・す」

爪を掛か・ける　興味をもつ。ちょっかいを出す。また、女性に戯れかかる。「古典芸能に―・ける」

爪を研・ぐ　用意怠りなく機会をねらう。野心を抱いて待ち構える。「相手の失敗を―・いで待つ」

つめ【詰(め)】❶詰めること。また、詰めるもの。「瓶の口に紙で―をする」❷はし。はじっこ。きわ。「橋の―」❸将棋で、決着のつきそうな最後の段階。転じて、物事に決着をつける最後のところ。「―が甘い」「捜査が―の段階に入る」❹「御詰おつめ」に同じ。❺《「振り袖そで」に対する「袖詰め」の意から》年増の女。「枕のお伽が御用ならば、振袖なりと―なりと」〈浄・丹波与作〉

づめ【詰(め)】〔語素〕《動詞「つ(詰)める」の連用形から》❶名詞の下に付く。㋐容器などに物を詰め込んだ状態やそのものを表す。「瓶―」「一二個―」㋑もっぱらそれをもって判断する意を表す。「理―」「規則―」㋒そこに勤めている意を表す。「本店―」「警視庁―」❷動詞の連用形の下に付いて、その動作・状態がずっと続いているという意を表す。「歩き―」「笑い―」「立ち―」

つめ-あい【詰(め)合い】ひあ ❶同じ所に詰めていること。また、その人。「一五人、出方が四人」〈魯文・西洋道中膝栗毛〉❷論じ合うこと。言い争うこと。「抜け抜かんなどとの―、まことの侍さむらいのすべきわざならず」〈役者論語・耳塵集〉

つめ-あ・う【詰(め)合う】ふあ〔動ワ五(ハ四)〕❶乗り物などで、互いにすきまを詰める。「―・って座席にかける」❷同じ所に出勤している。同じ場所に集まっている。「―・ひ居りし我々ども」〈伎・上野初花〉❸論じ合って互いに詰め寄る。「『せいよ』『して見せう』と―・ふ」〈伎・幼稚子敵討〉

つめ-あと【爪痕】❶爪でかいた傷あと。「猫の―」❷天災や戦争などが残した被害や影響。「台風の―」

つめ-あわせ【詰(め)合(わ)せ】はせ 一つの箱や籠かごに、2種類以上の品物をとりあわせて一緒に詰め込むこと。また、そのもの。「缶詰の―」類語盛り合わせ

つめ-あわ・せる【詰(め)合(わ)せる】はせる〔動サ下一〕文つめあは・す〔サ下二〕いろいろな品物を、一つの入れ物に一緒に入れる。「赤と白のワインを―・せる」

つめ-いくさ【詰め▽軍】敵を一方に追いつめて戦うこと。また、その戦い。「壇の浦の―までもつひに弱げを見せ給はず」〈義経記・四〉

つめ-いん【爪印】自署や花押、また印章などの代わりに指先に墨・印肉を付けて捺印なついんしたもの。拇印ぼいん。爪判つめはん。爪形。類語拇印・血判

つめ-えり【詰(め)襟】洋服の襟の立っているもの。また、その服。学生服・軍服などにみられる。立ち襟。スタンドカラー。

つめ-か・える【詰(め)替える】かへる〔動ア下一〕文つめか・ふ〔ハ下二〕❶同じ物を別の入れ物に改めて詰める。「化粧水を小瓶に―・える」❷同じ入れ物に別の物を改めて詰める。「新しい品に―・える」

つめ-か・ける【詰(め)掛ける】〔動カ下一〕文つめか・く〔カ下二〕❶大勢の人が1か所にいっせいに集まる。「報道陣が―・ける」❷迫り寄る。詰め寄る。「すかさず―・けて飲ますれば」〈色道大鏡・四〉

つめ-がた【爪形】❶爪の形。つまがた。❷爪でつけた跡。つまがた。❸「爪印つめいん」に同じ。

つめ-かんむり【爪冠】漢字の冠の一。「争」「爵」などの「⺤(爫)」の称。爪繞(つめにょう)とともに「爪」の部首に属する。

つめ-きり【爪切り】爪を切る道具。

つめ-きり【詰(め)切り】その場所に絶えずいること。つめっきり。「病室に―で看病する」

つめきり-ばさみ【爪切り×鋏】爪を切るための小さな鋏。

つめ-き・る【詰(め)切る】〔動ラ五(四)〕❶絶えずその場所にいる。勤務したり待機したりして、居続ける。「事件の解決まで警察署に―・る」❷すっかり詰める。全部詰めてしまう。「荷物を―・る」

つめ-くさ【爪草】ナデシコ科の一年草、二年草。各地の道端などに生え、高さ5〜15センチ。葉は対生し、鳥の爪のように線形で細い。春から夏にかけ、白い小さな5弁花を開く。たかのつめ。

つめ-くさ【詰草】シロツメクサの別名。

つめ-くそ【爪×糞】爪と指との間にたまったあか。つめあか。

つめ-ぐみ【詰(め)組】組み物を、柱の上だけでなく柱間にも置いて、密に配する形式。禅宗様建築で用いられる。➡阿麻組(あまぐみ)

つめ-クラッチ【爪クラッチ】凹凸面が互いにかみ合うことによって連結するクラッチ。歯形つきクラッチ。かみ合いクラッチ。

つめ-ぐるま【爪車】周囲がのこぎり歯状をした歯車。これとかみ合う爪の往復運動によって間欠的な回転運動をしたり、逆転を防止したりする。巻き上げ機やハンドブレーキに用いる。ラチェット。

つめ-ご【詰(め)碁】囲碁にみられる石の死活に関する局面を出題し、その手順を研究する碁。

つめ-こすり【爪▽擦り】切った爪の角をこすってなめらかにする道具。つめやすり。

つめ-こみ【詰(め)込み】詰め込むこと。「―教育」

つめこみ-きょういく【詰(め)込み教育】ケウイク ▶詰め込み主義

つめこみ-しゅぎ【詰(め)込み主義】学習者の関心や能力を無視し、知識の注入や記憶を重視する教育方法。詰め込み教育。〘補説〙1970年代ごろから受験戦争とともに取り上げられるようになった語。➡ゆとり教育

つめ-こ・む【詰(め)込む】〔動マ五(四)〕❶物を入れ物にできるだけたくさん入れる。「かばんに本を―・む」❷十分に食べる。「飯を腹いっぱい―・む」❸知識をむやみに覚える。「英単語を頭に―・む」
〘類語〙詰める・押し込む・押し込める・突っ込む

つめ-しゅう【詰衆】❶室町時代、当番で毎夜将軍のそばに詰めた者。❷江戸時代、雁(かり)の間詰めの譜代大名から選ばれて将軍に近侍した者。

つめ-しょ【詰(め)所】特定の勤務の人が集まって詰めている所。「警備員の―」

つめ-しょうぎ【詰(め)将棋】シャウギ 王将の詰め手を研究する将棋。与えられた譜面に基づき、一定の持ち駒を使って、連続して王手をかけて詰めるもの。

つめ-そで【詰(め)袖】袖丈全部を身頃(みごろ)に縫いつけた袖。また、その着物。男物の袷(あわせ)羽織の袖がその例。付け詰め袖。

つめた・い【冷たい】〔形〕図つめた・し〔ク〕❶温度が低く感じられる。「―・い水」「―・い物」〘季 冬〙「膝がしら―・い木曽の寝覚哉/鬼貫」⇔熱い。❷思いやりがない。冷淡である。よそよそしい。「―・い仕打ちを受ける」「―・い目で見られる」⇔温かい。〘派生〙つめたがる〔動ラ五〕つめたげ〔形動〕つめたさ〔名〕
〘類語〙(❶)冷やっこい・冷ややか・冷涼・寒冷・凜冽(りんれつ)・清冷・清冽・冷え冷え・ひんやり・ひやり・身を切るよう/(❷)つれない・すげない・そっけない・にべない・けんもほろろ・冷ややか・冷淡・薄情・不人情・非人情・無情・非情・冷酷・冷血・クール・血も涙も無い

冷たくな・る ❶死んで体温がなくなる。死ぬ。「治療もむなしく―・る」❷愛情がさめて冷ややかになる。冷淡になる。「二人の仲が―・る」

つめたい-あんこくぶっしつ【冷たい暗黒物質】宇宙の大半の質量を占めていると考えられる暗黒物質の存在形式の一。質量エネルギーに比べ運動エネルギーが小さく、宇宙の構造形成の鍵となる密度ゆらぎを成長させる働きをもつ。銀河分布の観測から明らかになった宇宙の大規模構造に大きく関与すると考えられている。冷暗黒物質。コールドダークマター。CDM(cold dark matter)。⇔熱い暗黒物質。

つめたい-せんそう【冷たい戦争】センサウ ▶冷戦(れいせん)

つめた-がい【津▽免多貝｜砑=螺貝】ガヒ タマガイ科の巻き貝。貝殻は球形で殻径6センチくらい。殻表は滑らかで栗色をし、底面は白色。潮間帯の砂泥地にすみ、アサリなどを食害する。卵塊は砂泥をかためてつくり茶碗を伏せた形なので、砂茶碗という。うつせがい。つべた。つべたがい。

つめ-だに【爪×蜱】ツメダニ科のダニの総称。体長0.3〜0.8ミリ、淡橙色または淡赤色をし、触肢が太く先端に爪がある。コナダニなどを捕食し、たまに人の皮膚炎の原因になることもある。

つめっ-きり【詰めっ切り】「つめきり」を強めていう語。「救護所に―になる」

つめ-つめ【×抓め×抓め】指先でつねること。「脇腹を―して」〈浮・好色盛衰記〉

つめ-て【詰(め)手】勝負などの最終段階で、相手に勝つためにとる手段。

つめ-どころ【詰め所】最も肝心な所。考えなどをつきつめた所。「静かに、模様変りて、一のある能をすべし」〈花伝・三〉

つめ-なが【爪長】《「爪に火をともす」の言葉から、火をともすために爪を長くする意》非常にけちなこと。また、その人。「内方は生まれついての―でござれば」〈伎・五大力〉

つめ-なしじ【詰梨=子地】ナシヂ 梨子地粉をすきまのないように濃く蒔(ま)いた梨子地。濃蒔梨子地(こまきなしじ)。

つめ-の-あか【爪の×垢】❶爪と指との間にたまっているあか。❷物事の少ないことのたとえに用いる語。ごくわずか。「―ほどの思いやりもない」

爪の垢を煎(せん)じて飲・む 格段にすぐれた人の爪の垢を薬として飲んでその人にあやかるように心がける。「名人の―・めば少しは腕が上がるだろうに」

つめ-の-しろ【詰の城】二の丸や三の丸に対して、本丸。また、出城(でじろ)に対して、根城(ねじろ)。つめのじょう。

つめば-けい【爪羽鶏】キジ目ツメバケイ科の鳥。カッコウ目とすることもある。全長約60センチで、全体に淡褐色。ひなの翼に爪があり、木に登るのに用いる。南アメリカ北部に生息。

つめ-ばら【詰(め)腹】❶本意でない責任をとらされること。強制的に辞職させられること。「部下の不始末で―を切らされる」❷強いられて、やむをえず切腹すること。「急ぎ―切らするか」〈浄・嫗山姥〉
〘類語〙割腹・切腹・腹切り・追い腹

つめ-ばん【爪判】「爪印(つめいん)」に同じ。

つめ-ばん【詰(め)番】順をきめて出仕・宿直などの勤務に当たること。また、その人。

つめ-びき【爪弾き】〔名〕スル 三味線などの弦楽器をつまびくこと。特に、小唄の三味線で、爪や撥(ばち)を使わないで指先で弾くこと。つまびき。

つめ-ひらき【詰(め)開き】❶かけひき。談判。「一の演説(えんぜつ)」〈魯文・安愚楽鍋〉❷貴人の前から退出する際、左か右へからだを回して立つこと。〈貞丈雑記〉❸出所進退。「息を継ぎて、礼義のべ、諸事の一見るさへ武士の本意といさめば」〈浮・武家義理・二〉❹能楽で、拍子を短くつめたり、長くのばしたりすること。「拍子の―は…其の間其の間定まれるがごとし」〈申楽談儀〉❺帆船が逆風航走するとき、船首を可能な限り風上に近づけた針路(風向に対して35〜45度の角度)で帆走する状態。一杯開き。クローズホールド。

つめ-ひら・く【詰め開く】〔動カ四〕❶談判する。かけひきをする。「こちの人が京からの帰りを待って―・かせ」〈浄・宵庚申〉❷能楽で、声を短くつめたり長く伸ばしたりして調節する。「てにはの字にて―・きて謡(うた)ふべし」〈花鏡〉

つめ-みがき【爪磨き】爪をみがくこと。また、爪をみがくもの。➡ペディキュア ➡マニキュア

つめ-もの【詰(め)物】❶鳥や魚、野菜などの内部に別の材料を詰め込んだ料理。また、その詰めた物。スタッフ。❷輸送の際、損傷や磨耗を防ぐために品物と品物との間などに詰めるもの。パッキング。❸虫歯などの穴をふさぐもの。

つめ-よ・せる【詰(め)寄せる】〔動サ下一〕図つめよ・す〔サ下二〕❶迫り寄る。押し寄せる。「観衆が―・せる」❷返答を求めて迫る。つめよる。「女人一流の論理法で―・せる」〈漱石・吾輩は猫である〉

つめ-よ・る【詰(め)寄る】〔動ラ五(四)〕❶相手近くに迫り寄る。「じりじりと敵陣に―・る」❷返答などを求めて強い態度で相手に迫る。「けんか腰で―・る」
〘類語〙にじり寄る・すり寄る・迫る

つめ・る【×抓める】〔動ラ五(四)〕「つねる」に同じ。「自分と自分のからだをやたらに―・ったりしながら」〈宇野浩二・苦の世界〉

つ・める【詰める】〔動マ下一〕図つ・む〔マ下二〕❶容器などに物を入れていっぱいにする。ぎっしり入れてすきまがないようにする。「衣装を―・めた鞄(かばん)」「料理を重箱に―・める」❷穴やすきまに物を入れてふさぐ。「虫歯を―・める」❸長さを短くする。寸法や間隔を縮める。「着物の丈(たけ)を―・める」「細かい字で―・めて書く」「席を―・めて座る」❹節約する。きりつめる。「生活費を―・める」「経費を―・める」❺最後の所まで行く。「沢筋を―・める」❻十分に検討し尽くして物事の決着がつくようにする。煮つめる。「話を―・める」「議論を―・める」❼将棋などで、王将の逃げ場がないようにする。「王手王手で敵玉を―・める」❽たゆまずその事を続けてする。かかりきりになる。「―・めて仕事をする」「根(こん)を―・める」❾(「息をつめる」の形で)呼吸を止める。「息を―・めて成り行きを見守る」❿(「指をつめる」の形で)謝罪などの意志を表すために指を切り落とす。関西地方では、ドアなどに指をはさむことをいう。「指を―・めてわびを入れる」⓫決まった場所に出向き、用事に備えて待機する。出仕して控えている。「首相官邸に―・める」「持ち場に―・める」⓬(動詞の連用形に付いて)㋐身動きできないような状況に追いこむ。行きづまらせる。「問い―・める」「追い―・める」㋑最後・限度まで…する。また、休みなく続けて…する。「のぼり―・める」「通い―・める」㋒一面に…する。「敷き―・める」「タイルを張り―・める」〘類語〙(❶)詰め込む・押し込む・押し込める・突っ込む/(❸)縮める・約(つづ)める・切り詰める・短縮する・狭める・縮小する・約する・縮約する・圧縮する/(❻)練る
〘…句〙息を詰める・石で手を詰める・根(こん)を詰める・道理を詰める・指を詰める

つめ-れんげ【爪×蓮華】ベンケイソウ科の多年草。関東以西の山地の岩に生える。葉は小さく多肉質で、先が爪状にとがり、茎に群がってつく。秋、白い小花を密につける。

つめ-ろう【詰め×牢】ラウ・【詰め籠】ロウ やっとからだが入るくらいの狭い牢。「地へは七尺掘り入れ上三尺の―に」〈浄・出世景清〉

つもごり【×晦｜晦=日】「つごもり」の音変化。「こちゃ初午より―はどうせうやら、たんと払ひがある」〈洒・風流裸人形〉

つ-もじ【津綟=子】ヂ 三重県津市で産した麻織物。綿糸でも織られ、夏羽織や肌着などに用いられた。

つもと-よう【津本陽】ヤウ［1929〜　］小説家。和歌山の生まれ。本名、寅吉(とらよし)。犯罪小説、企業小説など幅広いジャンルを手がける。剣豪小説ではブームの火付け役となった。歴史小説の幅を広げた人気作家として高い評価を得ている。捕鯨漁民を描いた「深重(じんじゅう)の海」で直木賞受賞。他に「蟻の構図」「夢のまた夢」「下天(げてん)は夢か」など。

つ-もり【津守】津を守る人。港を守る番人。「住吉(すみのえ)の―網引(あびき)の浮けの緒の浮かれか行かむ恋ひつつあらずは」〈万・二六四六〉

つもり【積(も)り】❶前もってもっている考え。意図。心ぐみ。「成功する―でいる」「怒らす―ではなかった」

❷実際はそうでないのに、そうなったと仮定した気持ち。「死んだ―で働きます」「親の―で世話する」❸予想して計算すること。見積もり。「―がはずれる」❹酒宴で、その酌で終わりにすること。おつもり。「これで今晩は―にしよう」❺積もること。重なること。「人の心をのみ動かし、恨みを負ふ―にやありけむ」〈源・桐壺〉❻限度。かぎり。「銀かねも使ふ―あるものぞかし」〈浮・俗つれづれ・二〉〔補説〕❶〜❸は「心算」とも当てて書く。
〔…語〕御み積もり・見積もり（づもり）粗あら積もり・大積もり・木積もり・心積もり・値積もり・腹積もり・胸むな積もり・目積もり
〔類語〕(❶)意図・心積もり・考え・心組み・思惑/(❸)見積もり・目算・胸算用・推計・懐勘定・皮算用

つもり-がき【積(も)り書(き)】見積もりの計算を書いた書類。見積書。

つもり-ちょきん【積(も)り貯金】何かに使ったつもりで、その金を貯金すること。また、その貯金。

つもり-つも・る【積(も)り積(も)る】〔動ラ五(四)〕積もった上にさらに積もる。積もり重なる。「怒りが―・って爆発する」

つもり-もの【積もり物】かけ算。「一、わり物、人の声にしたがって、そろばんの表明白にあらはるる」〈浄・反魂香〉

つも・る【積(も)る】〔動ラ五(四)〕❶物が次々に重なって高くなる。一面に多くたまる。「雪が―・る」「ほこりが―・る」❷物事が少しずつたまって多くなる。次々と加わってふえる。「不平が―・る」「―・る思い」「―・る話」❸時や日が重なる。時間が経過する。「日数が―・る」❹あらかじめ計算をして見当をつける。値段・数量などを概算する。見積もる。「工事費を―・ってみる」「安く―・っても一万円をくだらない品」❺推測する。おしはかる。「人の心を―・る」❻酒宴で、この酌で終わりにする。おつもりにする。「盃の手もとへよるの雪の酒―・る―・ると言ひながら飲む」〈徳和歌後万載集・四〉❼見抜いてだます。見くびってばかにする。「さりとは憎いと言はうか、―・られたと申さうか」〈浮・万金丹・三〉〔類語〕重なる・溜たまる

つもるこいゆきのせきのと【積恋雪関扉】つもるこいゆきのせきのと 歌舞伎舞踊。常磐津ときわず。宝田寿来作詞、初世鳥羽屋里長作曲。天明4年(1784)江戸桐座初演。逢坂山の関で良岑宗貞よしみねのむねさだと小野小町との恋語りののち、関守関兵衛(実は大伴黒主)が墨染桜を切ろうとして桜の精に素姓を見破られる。通称「関の扉」。

ツモロー〔tomorrow〕▶トゥモロー

つ-や【通夜】❶死者を葬る前に家族・知人などが集まり、終夜なきがらのそばで過ごし、冥福めいふくを祈ること。おつや。❷神社や仏堂にこもって終夜祈願すること。

つや【艶】❶物の表面から出るしっとりとした光。光沢。「宝石を磨いて―を出す」❷なめらかで張りがあり美しいこと。「若々しい―のある声」「肌に―がある」❸おもしろみ。味わい。「芸に―が出る」❹異性間の情事に関すること。「―事」〔類語〕光沢・色つや・てり

つや-うた【艶歌】みだらな歌。情事に関する歌。猥歌。春歌。えんか。

つや-がたり【艶語り】義太夫節で、艶物つやものを語ること。また、それを得意とする人。艶物語り。

つや-がみ【艶紙】片面に光沢のある仕上げをした耐水性の加工紙。包装紙・ラベルなどに用いる。

つや-ぐすり【艶薬】釉うわぐすりのこと。

つや-け【艶気】❶みずみずしい光沢のあるようす。「―のない顔」❷色っぽい感じ。「―のある目つき」

つや-けし【艶消し】〔名・形動〕❶光沢をなくすこと。また、そのもの。「―の印画紙」❷おもしろみや色気をなくすこと。また、そのような言動や、そのさま。いろけし。「―なことを言う」「―な話」❸「艶消しガラス」の略。〔類語〕(❷)興醒ざめ・興醒まし・白ける・色消し

つやけし-ガラス【艶消しガラス】表面に細かい凹凸をつけて不透明にした板ガラス。曇りガラス。すりガラス。

つや-ごと【艶事】男女の情事に関した事柄。ぬれごと。

つやざき【津屋崎】福岡県北部にあった町。玄界灘げんかいなだに面する港町。開運の神として知られる宮地嶽みやじだけ神社がある。平成17年(2005)に福間町と合併して福津ふくつ市となる。➡福津

つや-だし【艶出し】〔名〕スル つやを出すこと。また、そのために使うもの。「家具を磨いて―する」

つや-だね【艶種】男女間の情事に関する話題。「―に事欠かない人」

つやっ-ぽ・い【艶っぽい】〔形〕色気がある。なまめかしい。「―・いしぐさ」〔派生〕つやっぽさ〔名〕

つや-つや〔副〕❶あとに打消しの語を伴って、それを強める気持ちを表す。少しも。まったく。「かくて御身と相見んとは、―思い掛けざりき」〈鴎外訳・即興詩人〉❷完全に。すっかり。「―と世の失せ侍りぬるぞとよ」〈愚管抄・七〉❸じっくり。つくづく。「国司の姿を―とうち眺め」〈浄・当流小栗判官〉

つや-つや【艶艶】〔副〕スル 光沢があって美しいさま。「―(と)した肌」

つやつや-し・い【艶艶しい】〔形〕〔文〕つやつや・し〔シク〕いかにもつやつやしている。つやがあって美しい。「―・い黒髪」〔派生〕つやつやしさ〔名〕

つや-ば【艶場】芝居で、艶事ぬれごとを演じる場面。ぬれば。

つや-ばなし【艶話】男女の色事に関する話。

つや-ぶき【艶拭き】〔名〕スル 光沢を出すために、木製の家具や廊下などを布などでふいて磨くこと。「床柱を―する」

つや-ぶきん【艶布巾】水蝋蝋いぼたろうの液などをしみ込ませた布巾。木製の家具や廊下などをふいて、つやを出すのに使う。

つや-ぶみ【艶文】恋心を書き送る手紙。恋文。艶書えんしょ。

つやま【津山】岡山県北東部の市。津山盆地の商業・文化の中心。古代、美作みまさか国府が置かれ、近世は松平氏の城下町。津山城・院庄いんのしょう館などの史跡がある。人口10.7万(2010)。

つやま-し【津山市】▶津山

つやま-ばち【津山×撥】三味線の撥の一種。文化年間(1804〜1818)に大坂の津山検校が創始。やや大型で撥先が薄くなっている。地歌でよく用いるほか、箏曲そうきょくの山田流でも地歌系の曲で用いる。

つやま-ぼんち【津山盆地】岡山県北東部、中国山地と吉備きび高原にはさまれた盆地。県内最大の盆地で、中央底部を吉井川が貫流している。標高100〜200メートル。中心は盆地中央部の津山市。盆地東部、那岐なぎ山の麓に位置する勝田郡奈義なぎ町と津山市東部に発生する日本海から中国山地を越える際の局地風を「広戸ひろと風」という。

つや-め・く【艶めく】〔動カ五(四)〕❶色つやがある。つやつやして見える。「―・く若葉」❷色っぽく見える。あだっぽく感じる。「―・いた話」〔類語〕色めく・なまめく

つや-もの【艶物】義太夫節で、世話物のうち特に男女間の恋愛・情事を主題とした語り物。

つやもの-がたり【艶物語り】「艶語り」に同じ。

つや-やか【艶やか】〔形動〕〔文〕〔ナリ〕光沢があって美しいさま。「―な肌」〔派生〕つややかさ〔名〕

つや-ら・し【艶らし】〔形シク〕❶つやつやと光沢がある。「昨日までは打すてし髪の毛―・しう結びあげ」〈一葉・われから〉❷お世辞めいている。また、うわついている。「日ごろの御世話、今もって忝かたじけないと、言ふも―・しければ」〈浮・好色盛衰記〉

つゆ【梅-雨|黴-雨】6月ころの長雨の時節。また、その時期に降る長雨。暦の上では入梅・出梅の日が決められているが、実際には必ずしも一定していない。北海道を除く日本、中国の揚子江流域、朝鮮半島南部に特有の現象。五月雨さみだれ。ばいう。〔季 夏〕「―ふかし猪口にうきたる泡一つ/万太郎」
〔類語〕梅雨ばいう・五月雨・空梅雨・菜種梅雨

つゆ【▽液|汁】❶液えき。しる。「果物の―」❷水け。「―を切る」❸吸い物。すまし汁。関西では味噌汁も含めていう。「豆腐のお―」❹蕎麦そば・素麺そうめん・てんぷらなどのつけ汁。「天―」「そば―」
〔類語〕(❶)汁・液・液体・流動物・流動体・液汁・汁液

つゆ【露】㊀〔名〕❶晴れた朝に草の上などにみられる水滴。地面や物体が露点以下の温度まで冷えると、大気中の水蒸気が凝結して生じる。「葉に―を置く」〔季 秋〕「市人の物うちかたる―のなか/蕪村」❷わずかなこと。「―の情け」「―の間」❸はかなく消えやすいこと。「断頭台の―と消える」「―の命」❹狩衣かりぎぬ・水干などの袖ぐくりの緒の垂れた端。❺掛け物の風帯の端をとじた糸の余りを両端へ出したもの。❻涙にたとえていう語。「あはれてふ言の葉ごとに置く―は昔を恋ふる涙なりけり」〈古今・雑下〉❼祝儀。心付け。「一人に五、六両づつ―打ちければ」〈浮・好色盛衰記〉❽豆板銀まめいたぎんの異称。「前巾着に細かなる―を盗みためて」〈浮・一代男・一〉㊁〔副〕❶あとに打消しの語を伴って、それを強める気持ちを表す。少しも。まったく。「そんなこととは―知らずにいた」「彼の話を―疑わなかった」❷程度がわずかであるさま。少し。ちょっと。「―あしうもせば沈みやせむ」〈枕・三〇六〉
〔類語〕(㊀❶)白露・下露・上露・朝露・夜露・雨露/(㊁❶)全然・全く・一向・さっぱり・まるきり・まるで・少しも・からきし・ちっとも・皆目・一切・まるっきり・何ら・とんと・いささかも・毫ごうも・微塵も・毛頭・更更

露知しら・ず《「露」は打消しの副詞》まったく知らないで。全然知らずに。「資格をわれに求むる事は―・ず」〈漱石・虞美人草〉

つゆ-あおい【梅-雨×葵】タチアオイの別名。

つゆ-あけ【梅-雨明け|出=梅】梅雨が終わること。また、その日。気象学的には7月中旬ころ、陰暦では夏至げしのあとの庚かのえの日とされる。しゅつばい。〔季 夏〕〔対〕梅雨入り。

つゆ-いささかも【露×聊かも】〔副〕「露つゆ㊁❶」を強めていう語。まったく。決して。「間違えは―許されない」

つゆ-いり【梅-雨入り|入=梅】梅雨に入ること。また、その日。気象学的には5月下旬から6月上旬ころ、陰暦では芒種ぼうしゅのあとの壬みずのえの日とされる。梅雨の入り。ついり。にゅうばい。〔対〕梅雨明け。
〔類語〕入梅にゅうばい

つゆ-がた【梅-雨型】❶梅雨に現れる気圧配置の型。日本付近に東西に長くのびた梅雨前線が形成されて停滞する。❷梅雨に似た雨の降り方。

つゆ-くさ【露草】ツユクサ科の一年草。道端に生え、高さ15〜50センチ。葉は長卵形で、基部は鞘さやとなって茎を囲む。夏、二つ折りの苞ほうに包まれた青い花をつける。花びらは3枚あるが、1枚は小さい。古くは花の汁を摺すり染めに使用。ぼうしばな。かまつか。あおばな。あいばな。つきくさ。うつしぐさ。〔季 秋〕「―の露ひびきあふ岬の家/白葉女」

つゆくさ-いろ【露草色】露草で染めた、青色。
〔類語〕青・真っ青・青色せいしょく・藍あい・青藍せいらん・紺青こんじょう・紺碧こんぺき・群青ぐんじょう・紺・瑠璃るり色・縹はなだ・花色・納戸色・浅葱あさぎ・水色・空色・ブルー・インジゴ・コバルト・シアン・ウルトラマリン・マリンブルー・スカイブルー

つゆ-け・し【露けし】〔形ク〕露にぬれて湿っぽい。和歌などの修辞法で、涙にぬれている意を表すことが多い。「涼しく―・き夕は空より地上に降りぬ」〈鴎外訳・ふた夜〉「虫の音に―・かるべきたもとかはあやしや心もの思ふべし」〈山家集・上〉〔季 秋〕

つゆこそでむかしはちじょう【梅雨小袖昔八丈】つゆこそでむかしはちじょう 歌舞伎狂言。世話物。4幕。河竹黙阿弥作。明治6年(1873)東京中村座初演。江戸の材木商白子屋の娘お熊を、髪結新三かみゆいしんざがかどわかす話。人情噺にんじょうばなし「白子屋政談」によったもの。通称「髪結新三」。

つゆ-さむ【露寒】《「つゆざむ」とも》晩秋の、露が霜に変わるころの寒さ。〔季 秋〕「―の情くれなゐに千草かな/蛇笏」

つゆ-ざむ【梅-雨寒】梅雨時に訪れる季節はずれの寒さ。〔季 夏〕「うとましや声高妻も―も/万太郎」
〔類語〕梅雨冷え・余寒・春寒・花冷え

つゆ-しぐれ【露時-雨】露が一面におりて時雨にぬれたようになること。また、草木においた露が、時雨の降りかかるようにこぼれること。〔季 秋〕「父恋ふる我を包みて―/虚子」

つゆ-じも【露霜】《古くは「つゆしも」》❶露と霜。また露、特に凍ってなかば霜となった露。水霜。〔季 秋〕

「―の鳥がありく流離かな/楸邨」❷年月。星霜。「―はあらたまるとも」〈新古今・仮名序〉

つゆじも-の【露霜の】〔枕〕おく露霜が消えやすい意から「おく」「消」「過ぎ」にかかる。つゆしもの。「寄り寝し妹を―置きてし来れば」〈万・一三一〉

つゆ-そば【▽汁蕎=麦】かけ汁をかけて食べるそば。かけそば。

つゆ-ぞら【梅-雨空】梅雨時の、雨雲におおわれた空模様。〘類語〙荒天・雨天・雨空・悪天

つゆ-だく【▽液だく|▽汁だく】《汁をだくだくと入れることから》牛丼で、煮汁を多めにした盛り付け方。〘補説〙牛丼店の店員同士で使われる符丁から広まったとされる。

つゆ-ちり【露×塵】❶きわめてわずかなことや、また、価値のないもののたとえ。「いよいよ不平は懐だけど―ほども外には出ださず」〈露伴・五重塔〉❷(あとに打消しの語を伴って副詞的に用いて)少しも。全然。「我等の命、―惜しからじ」〈三河物語・上〉

つゆ-どき【梅-雨時】梅雨のころ。梅雨期。「―は生物がいたみやすい」

つゆ-の-いのち【露の命】露のように消えやすい命。はかない命。露命。「ありさりて後も逢はむと思へこそ―も継ぎつつ渡れ」〈万・三九三三〉

つゆ-の-ごろべえ【露の五郎兵衛】[1643〜1703]江戸前期の落語家。京都の人。号は雨洛・露休。辻噺を創始し、洛中各地で興行、軽口頓作で人気を博した。著「露がはなし」「露新軽口ばなし」など。

つゆ-の-てんじんしゃ【露天神社】►曽根崎天神

つゆ-の-はしり【梅-雨の走り】梅雨に入る前の、ぐずついた天気。

つゆ-の-ま【露の間】露がおいてから消えるまでの間。転じて、ちょっとの間。「ぬれてほす山路の菊の―にいつか千歳を我は経にけむ」〈古今・秋下〉

つゆ-の-み【露の身】露のように消えやすくはかない身。露の命。「ながらへむ年も思はぬ―のさすがに消えむ事をこそ思へ」〈新古今・雑下〉

つゆ-の-もどり【梅-雨の戻り】梅雨が明けたあとの、ぐずついた天気。

つゆ-の-やど【露の宿】「露の宿り」に同じ。「袖ぬらすしのの葉草のかり庵に―訪ふ秋の夜の月」〈新千載・秋上〉

つゆ-の-やどり【露の宿り】露のおくところ。また、露のおいている宿。露の宿。「わが袖は草の庵にあらねども暮るれば―なりけり」〈伊勢・五六〉

つゆ-の-よ【露の世】消えやすい露のように、はかないこの世。「ややもせば消えを争ふ―におくれ先立つ程へずもがな」〈源・御法〉

つゆ-ばかり【露▽許り】〔副〕わずかばかり。ほんのすこし。「―なれどいと嬉しかりけり」〈源・藤袴〉

つゆ-はらい【露払い】❶貴人の先に立って道を開くこと。また、その役を務める人。転じて、行列などの先導をすること。また、その人。「―を務める」❷遊芸などで、最初に演じること。また、その人。❸相撲で、横綱の土俵入りのとき、先導として土俵に上がる力士。❹蹴鞠の会で、まず鞠をけって懸の木の露を払い落とすこと。また、その人。〘類語〙(❶)案内・ガイド・道案内・手引き・先達・導き・誘導・先導・嚮導

つゆ-ばれ【梅-雨晴(れ)】梅雨が終わって晴れること。また、梅雨の期間中の晴天。五月晴れ。入梅晴れ。〘季 夏〙「―や蜩鳴くと書く日記/子規」〘類語〙五月晴れ

つゆ-びえ【梅-雨冷え】梅雨期の連日の雨で気温が下がること。〘季 夏〙「―の来てなにもかもつつみたる/万太郎」

つゆほど-も【露程も】〔副〕(あとに打消しの語を伴って)少しも。ちっとも。「―うわさを信じない」〘類語〙全然・全く・一向・毛頭・微塵も

つゆ-むし【露虫】キリギリス科の昆虫。体長約2センチ。体は緑色で細長く、黄褐色の長い触角をもつ。雌の産卵管は鎌状で上に反る。夏から秋に草の上で、雄はツツツジィージージィーと鳴く。灯火にもやってくる。

つゆ-も【露も】〔副〕❶(下に打消しの語を伴って)少しも。ちっとも。「―疑わない」❷(仮定表現に用いて)少しでも。まったく。「―、物、空にかけらば、ふと射殺し給へ」〈竹取〉

つゆ-もの【▽汁物】「しるもの」に同じ。

つゆわけ-ごろも【露分け衣】露の多い草の中などを分けて行くときに着る衣。「夏草の―着けなくに我が衣手の乾る時もなき」〈万・一九九四〉

つよ・い【強い】〔形〕図つよ・し〔ク〕❶力や技がすぐれていて他に負けない。「腕力が―・い」「―・いチーム」⇔弱い。❷健康である。心身が丈夫である。「―・い子に育つ」「胃腸が―・い」⇔弱い。❸物事に屈しない精神力がある。少しのことでは参らない。ひるまない。「気の―・い人」「―・い信念」「見かけよりしんが―・い」⇔弱い。❹環境や条件に屈しない。物事に耐える力がある。「熱に―・い材質」「不況に―・い業種」「兄は酒に―・い」⇔弱い。❺程度や度合いが大きい、また、はなはだしい。「風が―・く吹く」「真夏の―・い日ざし」「―・い酒」「度の―・い眼鏡」「責任感が―・い」「関心が―・い」⇔弱い。❻ゆるみがない。かたい。「ねじを―・く締める」「手を―・く握る」⇔弱い。❼断固としている。きびしい。「―・い口調」「―・く叱る」⇔弱い。❽はっきりしている。明確である。「―・い線の文字」「コントラストが―・い」⇔弱い。❾得意とする。「数字に―・い」⇔弱い。〘派生〙つよがる〔動ラ五〕つよげ〔形動〕つよさ〔名〕つよみ〔名〕
〘一句〙悪に強いは善にも強い・押しが強い・我が強い・気が強い・腰が強い・心臓が強い・善に強い者は悪にも強い・鼻っ柱が強い・目角が強い・ペンは剣よりも強し
〘類語〙(❶)強力・強大・無敵/(❻)固い・強い・強固

つよい-そうごさよう【強い相互作用】自然界に存在する四つの基本的な力(相互作用)の一。名称は、電磁相互作用の約100倍の強さをもつことに由来する。原子核内の核子同士を結びつける核力を指し、グルオンがハドロン同士にはたらく力を媒介する。これらの相互作用は量子色力学により説明される。強い力。

つよい-ちから【強い力】►強い相互作用

つよ-がり【強がり】弱みを見せまいとして、虚勢を張ること。また、その人。「―を言う」

つよ-き【強気】〔名・形動〕❶気が強いこと。積極的な態度に出ること。また、そのさま。「―に出る」「―な(の)姿勢を崩さない」⇔弱気。❷取引で、相場が先行き上がると予想すること。また、そのさま。「市況が―に転じる」⇔弱気。〘類語〙きかん気・負けん気・勝ち気・向こう意気・鼻っ柱・鼻っぱし・負けず嫌い・気丈

つよき-すじ【強気筋】取引で、強気の側に立つ人たち。⇔弱気筋。

つよ-ぎん【強吟|▽剛吟】能の謡の歌唱様式の一。声にゆるみがなく、力をこめて謡うもの。勇壮・爽快・厳粛な気分を表現するところに用いる。剛吟。⇔弱吟。〘補説〙ふつう「ツヨ吟」と書く。

つよ-ごし【強腰】〔名・形動〕態度が強硬で、相手に対して一歩も譲らないこと。また、そのさま。「―な(の)交渉」⇔弱腰。

つよさ-アクセント【強さアクセント】《stress accent》語中の音節に対する声の強弱によるアクセント。英語・ドイツ語などにみられる。強弱アクセント。➡高さアクセント

つよ-ざいりょう【強材料】►好材料❷

つよ-ぞう【強蔵】精力の強い男を人名になぞらえた語。「いかな―も乱れ姿になって」〈浮・一代男・六〉

つよ-つよ【強強】〔副〕非常に強いさま。頑健なさま。「―として死にげもなかりければ」〈今昔・二八・一八〉

つよ-び【強火】火力の強い火。⇔弱火。

つよ-ふくみ【強含み】《「つよぶくみ」とも》取引で、相場が上がる傾向を示していること。⇔弱含み。

つよま・る【強まる】〔動ラ五(四)〕しだいに勢いが増してくる。強くなる。「風雨が―・る」⇔弱まる。〘類語〙強化・増強・補強・強める

つよ-み【強み】❶強いこと。また、その程度。「一段と―を増す」⇔弱み。❷頼んで力とするに足る点。「語学の達者なことが彼の―だ」⇔弱み。
〘類語〙(❷)売り・長所・特長・見どころ・取り柄・美点・身上・魅力・持ち味・特色・特質・特性・本領・売り物・セールスポイント・チャームポイント・メリット

つよ・む【強む】〔動マ下二〕「つよめる」の文語形。

つよ・める【強める】〔動マ下一〕図つよ・む〔マ下二〕勢いを増すようにする。強くする。「語気を―・めて話す」「火力を―・める」⇔弱める。〘類語〙強化・増強・補強・強まる

つよ-ゆみ【強弓】弦の張りの強い弓。また、それをひきこなす人。ごうきゅう。「いかなる―が射けれども矢一つもなかりけり」〈太平記・三三〉

つより【▽強り】《動詞「つよる」の連用形から》頼りになるもの。頼り。「母宮をだに動きなきさまにしおき奉りて、―にとおぼすになむありける」〈源・紅葉賀〉

つよ・る【▽強る】〔動ラ四〕強くなる。ふるいたつ。「御方の軍勢は皆兵粮に疲れ、敵陣の城にはいよいよ―・り候はんか」〈太平記・一六〉

つら【面|▽頰】❶顔。顔つき。現代では、やや乱暴な言い方で、多くはいい意味では用いない。「どの―下げて来た」「ちょっと―を貸せ」❷物の表面。「上っ―」❸ほとり。あたり。「曹司の部の―に立ちより給へりけるも」〈大和・八三〉❹ほお。「―いと赤うふくらかなる」〈能因本枕・六二〉❺(「づら」の形で)名詞の下に付いて、…のような顔をしている、…のようなようすである意を表す。相手をさげすむ気持ちを込めて用いる。「ばか―」「紳士―」〘類語〙顔・顔面・面・面差し・フェース

面あ見ろ　憎らしく思っている人に災いが及んだのをみて、いい気味だとあざける言葉。ざまあ見ろ。

面から火が・出る　「顔から火が出る」に同じ。「―・出る思いをする」

面で人をき・る　傲慢な態度で、他人の気持を傷つける。

面に似せて巻子を巻く　《巻子は丸く巻いた紬糸》人は各々の性質によってすることも異なる。

面を膨ら・す　不服な顔つきをする。ふくれつらをする。「からかわれて―・す」

面を見返・す　自分を辱めた人に仕返しをする。「いつかあいつの―・してやる」

つら【連|▽列】❶つらなること。行列。「くれはどりあやにかしこく織るはたの越路の雁の―をなしける」〈夫木・一二〉❷仲間。連れ。「初雁は恋しき人の―なれや旅の空飛ぶ声のかなしき」〈源・須磨〉

つら【×蔓】つる(蔓)の古名。「定めなくなるなる瓜の―見ても立ちやよりこむこまのすき者」〈拾遺・雑下〉

づら【面|▽頰】「つら(面)❺」に同じ。「あほう―」「馬―」

つら-あかり【面明(か)り】「差し出し❸」に同じ。

つら-あて【面当て】快く思わない人の面前で、わざと、あてこすりを言ったり意地悪をしたりすること。また、その言動。あてつけ。「―に皮肉を言う」

つら・い【▽辛い】〔形〕図つら・し〔ク〕❶他人に対して冷酷である。非情である。むごい。「―・いしうち」「―・く当たる」❷精神的にも肉体的にも、がまんできないくらい苦しい。苦しさで耐えがたい。「―・い別れ」「いじめられて―・い目にあう」「練習が―・い」❸対処が難しい。困難である。「―・い立場にいる」「その話をされると―・い」❹人の気持ちを考えない。つれない。「からころも君が心の―・ければ袂はかくぞそぼちつつのみ」〈源・末摘花〉❺冷たい態度が恨めしい。しゃくにさわる。「―・しともまた恋しとも様々に思ふ事こそひまなかりけれ」〈和泉式部日記〉➡苦しい
〘用法〙〘派生〙つらがる〔動ラ五〕つらげ〔形動〕つらさ〔名〕
〘類語〙(❷)苦しい・憂い・耐えがたい・しんどい・苦痛である・切ない・やりきれない・たまらない・遣る瀬ない・悲しい・物悲しい・うら悲しい・痛ましい・哀れ・哀切・悲愴・悲痛・沈痛・もの憂い

づら・い【▽辛い】〔接尾〕《形容詞型活用図づら・し(ク活)》動詞の連用形に付いて形容詞をつくり、その動作をするのに困難を感じる意を表す。…にくい。「歩き―・い」「読み―・い」「書き―・い」〘類語〙難い・にくい

つら-うち【面打ち】「面当て」に同じ。「嫁を憎んで去りし故、子は―に自害せし」〈浄・宵庚申〉

つら-がくし【面隠し】❶初期の操り人形芝居で、上演中、人形遣いの姿が観客から見えないように舞台上部から垂れ下げた幕。❷厩で、隣り合った馬の顔が見えないように境に作った仕切り。

つら-がまえ【面構え】顔つき。特に、強そうな顔のようすにいう。「えらそうな—」「不敵な—」
(類語)顔付き・顔立ち・容貌・顔・面差し・面立ち・人相・面相・容色・相好・血相・形相・剣幕・面魂

つら-がまち【×輔|輔=車】❶上下のあごの骨。かまち。ほほ骨。〈名義抄〉❷顔のようす。顔つき。「からめ捕って候と引き出す—、筋骨高く頬骨荒れ」〈浄・孕常盤〉

つら-ずもう【連相-撲】《勝ちまたは負けが「連なる」意という》相撲で、勝ちだすと勝ちが続き、負けだすと負けが続くこと。東または西の力士だけが勝ち続けることにもいう。

つら-だし【面出し】〔名〕スル 顔を出すこと。あいさつに行くこと。顔出し。

つら-だましい【面魂】《「つらたましい」とも》強い精神・気迫の現れている顔つき。「不敵な—」
(類語)顔・顔付き・容貌・面構え・面差し・面立ち・人相・面相・容色・相好・血相・形相・剣幕・表情

つら-づえ【▽頬×杖|面×杖】「ほおづえ」に同じ。「その片端に、巨勢は—つきたり」〈鴎外・うたかたの記〉

つら-つき【面付き|▽頬付き】❶顔のようす。顔つき。「貧相な—」❷ほおの様子。「—ふくらかに」〈源・若紫〉

つら-つら【▽熟|▽熟々|×倩】〔副〕念を入れて物事を考えたり、見たりするさま。よくよく。つくづく。「—考えてみるに」

つらつら-つばき【▽列▽列×椿】並んで数多く咲いている椿の花。「巨勢山の—つらつらに見つつ偲はな巨勢の春野を」〈万・五四〉

つらなり【連なり|▽列なり】つらなっていること。また、つらなっているもの。「稜線の—」

つら-な・る【連なる|▽列なる】〔動ラ五(四)〕❶たくさんのものが1列に並んで続く。切れずに続く。「車が道路に—・る」「遠く—・る山々」❷会などに出席する。列席する。「式典に—・る」「末席に—・る」❸関係者の一人である。その団体などの一員である。「発起人の一人として—・る」「アララギ派に—・る歌人」❹関係が及ぶ。つながる。「国際的信用に—・る問題」
(類語)(❶)並ぶ・続く/(❷❸)列席・参加・参列・参入・参画・参与・参会・並ぶ・居並ぶ・加わる・列する・名を連ねる・伍する
連なる枝　《「連枝」を訓読みにしたもの》本を同じくするところから、兄弟のこと。特に、貴人の兄弟をいう。「兄とは知らで贈りしも、—の誠をあらはし」〈読・弓張月・残〉

つら-にく・い【面憎い】〔形〕(文)つらにく・し〔ク〕顔をみるのも憎らしい。「生意気で—・い奴」
(類語)憎たらしい・憎憎しい・小憎らしい・憎体

つら・ぬ【連ぬ|▽列ぬ】〔動ナ下二〕「つらねる」の文語形。

つら-ぬき【貫き|▽頬▽貫】❶毛皮製の浅沓。袋状に作り、縁に貫緒を通して、足の甲の上で引き締めて結ぶところからいう。武士・犬飼い・猟師などが用いた。つなぬき。❷雨や雪の日に用いた皮革製のくつ。

つらぬき-とお・す【貫き通す】〔動サ五(四)〕❶物の端から端まで、また反対側まで突き抜いて通す。「釘が板を—・す」❷最初の考えや態度を変えることなく最後まで持ち続ける。「信念を—・す」

つら-ぬ・く【貫く】〔動カ五(四)〕❶こちら側から反対側まで突き通る。貫通する。「弾丸が壁を—・く」❷端から端まで通る。貫通する。「川が町を—・いて流れる」「鋭い痛みが全身を—・く」❸考えや態度などを変えることなく保ち続ける。貫徹する。「初志を—・く」
(可能)つらぬける　(類語)(❶❷)突き刺す・突き通す・突き抜く・刺し通す・貫通/(❸)徹する・貫徹・一貫・終始

つらね【連ね|▽列ね】❶中世の猿楽・延年舞の演目の一つで、言葉や歌謡を朗唱するもの。連事。つらねごと。❷歌舞伎で、主に荒事の主役が、花道などで述べる長ぜりふ。縁語・掛け詞を使った音楽的せりふで、渡りぜりふ・厄払いなどもその変形。

つらね-うた【連ね歌】❶しりとりで詠み続ける和歌。前の歌の最後の言葉をとって、次の歌の初めに詠み込むもの。❷「連歌」に同じ。「昔、一条摂政のみもとにて、人々—侍りけるに」〈撰集抄・八〉

つら・ねる【連ねる|▽列ねる】〔動ナ下一〕(文)つら・ぬ〔ナ下二〕❶1列に、また順番に並べる。「軒を—・ねる家々」「翼を—・ねて飛ぶ」❷関係者の一人として仲間に入る。その団体の一員として加わる。「名簿に名を—・ねる」❸つなぎ続ける。次から次に言う。「美辞麗句を—・ねる」➡並べる(用法)

つら-の-かわ【面の皮】顔面の表皮。めんぴ。
面の皮が厚・い　恥を恥とも思わない。ずうずうしい。厚かましい。「また金の無心とは—・い奴だ」
面の皮が千枚張り　きわめて厚かましく恥を知らないことのたとえ。
面の皮を剝・ぐ　ずうずうしく振る舞う人の正体をあばいて、面目を失わせる。面の皮をひんむく。

つら-はじ【面恥】面目を失うような恥。赤恥。「大勢の真ん中で親に—かかせおる」〈浄・八百屋お七〉

つら-び【面火】「差し出し❸」に同じ。

つら-ぶち【面扶▽持】江戸時代、家族の人数によって与えられた扶持米。めんぶち。

つら-ぼね【▽頬骨】「ほおぼね」に同じ。〈和英語林集成〉

つらま・える【▽捉まえる】〔動ア下一〕つかまえる。とらえる。「行きなり伯母の袂を—・えて」〈三重吉・小鳥の巣〉

つらま・る【▽捉まる】〔動ラ五(四)〕❶とらえられる。つかまる。「泥棒が—・ったんだって」〈漱石・吾輩は猫である〉❷すがる。とりすがる。「障子へ—・った儘、しばらく茫然として居たが」〈漱石・草枕〉

つら-み【辛み】つらいこと。つらい気持ち。➡恨み辛み

つら-みせ【面見世】「顔見世❸」に同じ。

つ◦らむ〔連語〕《完了の助動詞「つ」の終止形＋推量の助動詞「らむ」》…てしまっているだろう。…ただろう。「橘の照れる長屋に我が率寝し童女放りに髪上げ—◦らむか」〈万・三八二三〉「思ひつつ寝ればや人の見え—◦らむ夢と知りせば覚めざらましを」〈古今・恋二〉(補説)上代では「つらむか」、中古以降では「や…つらむ」の形をとることが多い。また、中世以降は「つらう」「つら」などと音変化した。「らむ」に比べ、多く現在に近い過去の事柄を推量する。

つら-よごし【面汚し】その人の属する社会や仲間の名誉を傷つけること。面目を失わせること。「旅の恥はかき捨てでは日本人の—になる」(類語)名折れ・恥・不名誉・不面目・赤恥・羞恥・生き恥・死に恥

つらら【氷=柱|▽氷】❶水のしずくが凍って、軒下などに棒状に垂れ下がったもの。垂氷。(季 冬)「みちのくの町はいぶせき—かな／青邨」❷こおり。「書き流すあとは—にとぢてけり何を忘れぬ形見とか見む」〈更級〉(類語)氷柱・氷塊・氷河・氷山

つらら【▽列ら】〔形動ナリ〕つらなるさま。「海人の娘子らは小舟乗り—に浮けり」〈万・三六二七〉

つらら-いし【氷=柱石】鍾乳石の異称。

つらら・く【▽列らく】〔動カ四〕並びつづく。つらなる。「沖へには小舟—・く」〈記・下・歌謡〉

つらり〔副〕全体に行き渡るさま。ずらり。「『綺麗だことネー』と云って、—と見亘すのみ」〈二葉亭・浮雲〉

つら・れる【釣られる】〔動ラ下一〕《動詞「つる」の未然形＋受身の助動詞「れる」から》❶誘い出される。誘惑される。「景品に—・れて買う」❷ひきいれられる。影響を受ける。「笑顔に—・れてほほえむ」

つり【×吊り】❶つるすこと。引っかけてぶらさげること。また、つりさげるのに用いるもの。「ズボン—」❷相撲の手の一。相手のまわしに手をかけて、そのからだをつり上げるもの。❸旗・幕・のぼり・羽織・わらじなどの縁につける乳。

つり【釣(り)】《「吊り」と同語源》❶魚を釣ること。また、その方法。さかなつり。「—の名人」「鮒—」❷「釣り銭」の略。「—を渡す」❸インターネット上の掲示板などで、嘘の情報で多くの人を騙すこと。「原油先物の儲け話は—だった」

つり-あい【釣(り)合い】❶つりあうこと。かねあい。調和。均衡。バランス。「色の—が悪い」「—のとれたカップル」「—を保つ」❷物体に二つ以上の力が働いても、その物体の運動状態に変化がない状態。力学的平衡。力の釣り合い。
(類語)均衡・バランス・平衡・平均・均整・兼ね合い
釣り合いを取・る　つりあうようにする。「輸入品目を拡大して、貿易収支の—・る」

つりあい-おもり【釣(り)合い×錘】機械の自重や機械に作用する外力とつりあわせるために用いる錘。バランスウエート。

つりあい-しけん【釣(り)合い試験】回転体の質量分布が軸対称(釣り合い)になっているかどうかを調べ、調整する試験。自動車のタイヤなどに行う。

つりあい-にんぎょう【釣(り)合い人形】弥次郎兵衛のこと。

つり-あ・う【釣(り)合う】〔動ワ五(ハ四)〕❶二つ以上のものの平均がとれている。「左右が—・う」「収入と支出とが—・う」❷色や材質などの調和がとれている。「帯と着物の色が—・っている」❸互いに相手にふさわしい。似合う。「—・う縁組み」(類語)見合う・似合う・そぐう・即する・ふさわしい・マッチする
釣り合わぬは不縁の基　身分のつりあわない男女の結婚はうまくいかず、離縁などをすることが多いということ。

つり-あが・る【釣(り)上(が)る|×吊り上(が)る】〔動ラ五(四)〕❶物がつられて上へあがる。「建材とともに道具まで—・る」❷(釣り上がる)釣り針で釣られて引きあげられる。「大魚が—・る」❸ひきつったように上へあがる。「怒って目が—・る」

つり-あげ【釣(り)上げ|×吊り上げ】❶つり上げること。「—磁石」❷歌舞伎で、大道具の仕掛けにより、登場人物を舞台上部へつり上げること。また、その仕掛け。

つり-あ・げる【釣(り)上げる|×吊り上げる】〔動ガ下一〕(文)つりあ・ぐ〔ガ下二〕❶物をつって上へあげる。「クレーンで資材を—・げる」❷(釣り上げる)魚を釣り針で釣って引きあげる。「かつおを—・げる」❸ひきつったように上へあげる。「目を—・げて激怒する」❹価格や相場を人為的に騰貴させる。「地価を—・げる」

つり-あぶ【×吊×虻|釣×虻|長=吻=虻】双翅目ツリアブ科の昆虫の総称。飛びながら長い口吻を出して花の蜜を吸う。はねを速く動かして飛ぶようすが、糸でつるされているように見えるのでこの名がある。幼虫は他の昆虫の卵・幼虫に寄生。

つり-あんどん【釣(り)行▽灯|×吊り行▽灯】商家の店先などにつり下げた行灯。竹で大きく輪形をつくり、すげ笠のように縦に骨を組んで紙を張ったもの。つりあんどう。

ツリー〘tree〙❶木。樹木。「クリスマス—」❷樹木状のもの。結晶や系統図など。「—構造」

つり-いと【釣(り)糸】魚を釣るのに用いる糸。てぐす・絹・麻・馬素(馬の尾の毛)などが用いられたが、現在はナイロンやテトロンなどの合成繊維が使用されている。「—を垂れる」

ツリー-ハウス〘tree house〙立ち木を利用して、その上に作った小屋。

ツリー-ファーム〘tree farm〙樹木農場。森林を中心とする集約農業。

ツリウム〘thulium〙希土類元素のランタノイドの一。単体は銀白色の金属。存在量は希土類中最も少なく、ガドリン石などに少量含まれる。元素記号Tm 原子番号69。原子量168.9。

つり-え【釣(り)餌】魚釣りに用いるえさ。つりえさ。

つり-えさ【釣(り)餌】「つりえ」に同じ。

つり-えだ【釣(り)枝|×吊り枝】歌舞伎の大道具の一。舞台前方の上部から、作り物の木の枝や花を横1列に並べてつり下げたもの。

つり-おとし【×吊り落(と)し】相撲のきまり手の一。相手を正面または背後からつって下へ落とすようにして倒す技。

つり-おと・す【釣(り)落(と)す】〔動サ五(四)〕魚を

釣り上げる途中で落とす。「大物を―・す」

釣り落とした魚(うお)は大きい 「逃がした魚は大きい」に同じ。

つり-おまえ【釣り▽御前】―オマヘ 掛け軸に仕立て上げた絵像の持仏。

つりおんな【釣女】―ヲンナ 歌舞伎舞踊。常磐津(ときわず)。河竹黙阿弥作詞、6世岸沢古式部作曲。明治16年(1883)常磐津・岸沢両派の和解の披露曲として初演奏。同34年東京座で「戎詣恋釣針(えびすもうでこいのつりばり)」の名題で初演。狂言「釣針」を脚色した松羽目物(まつばめもの)。

つり-かえ【釣(り)替え】―カヘ《「つりがえ」とも》とりかえること。交換。「金子(きんす)と―でなければ議案を通さないという暴利屋(ぼうりや)だから」〈魯庵・社会百面相〉

つり-がき【釣(り)柿】「吊(つ)るし柿」に同じ。

つり-がき【釣(り)書(き)|×吊り書(き)】❶縁談にあたり、相方で取り交わす身上書(しんじょうしょ)。つりしょ。❷系図。つりぶみ。「代々楠が―、家に伝へし武道具の目録持参して」〈浮・新可笑記〉

つり-かご【釣(り)籠|×吊り籠】❶つるすように作った籠。また、つるしてある籠。❷(釣り籠)釣った魚を入れる籠。びく。

つり-がね【釣(り)鐘】寺院の鐘楼などにつるしてある大きな鐘。青銅で鋳造し、つり撞木(しゅもく)でつき鳴らす。梵鐘(ぼんしょう)。[類語]梵鐘・晩鐘

つりがね-ずみ【釣(り)鐘墨】松煙(しょうえん)に蝋(ろう)をまぜ、釣鐘を扁平(へんぺい)にしたような形に固めた墨。質がやわらかく、乾拓(かんたく)に用いる。乾打碑(かんだひ)。

つりがね-そう【釣鐘草】―サウ 釣鐘形の花をつける草。ツリガネニンジン・ホタルブクロなど。(季 夏)

つりがね-どう【釣(り)鐘堂】―ダウ 寺の梵鐘(ぼんしょう)をつるしておく堂。鐘楼。

つりがね-にんじん【釣鐘人▽参】キキョウ科の多年草。山野に生え、高さ60～90センチ。根は白く太い。葉は輪生し、長楕円形。秋、青紫色の釣鐘形の花を輪生する。根を漢方で沙参(しゃじん)といい去痰(きょたん)剤とする。とときにんじん。(季 秋)

つりがね-マント【釣(り)鐘マント】《着た形が釣鐘に似ているところから》軍人・学生などが用いた、丈の長いマント。

つりがね-むし【釣鐘虫】繊毛虫綱の原生動物。有機質に富む淡水に多く、体長約1ミリ。鐘形の細胞体と細長い柄部からなり、柄で他物に付着し、上縁にある繊毛で水流を起こしてえさをとる。

つり-かびん【釣(り)花瓶】―クワビン 柱や壁面などにつり下げて用いる花瓶。つりはないけ。

つり-がま【釣(り)釜】自在鉤(じざいかぎ)などにつり下げて火にかける釜。(季 春)

つり-かわ【×吊り革|釣(り)革】―カハ 電車やバスで、立っている客がからだを支えるためにつかまる、上からつるされた輪。もと、革製のひもを用いた。

つり-ぎ【釣(り)木|×吊り木】天井や棚などをつって支えるための細長い木。

つり-ぎつね【釣り×狐】狐を罠(わな)などを用いて捕らえること。

つりぎつね【釣狐】㊀狂言。猟師の伯父に化けた狐が、殺生をやめて罠(わな)を捨てるよう猟師を説得するが、帰りに餌(えさ)の誘惑に負けて本性を現す。吼噦(こんかい)。今悔(こんかい)。㊁歌舞伎舞踊。長唄。河竹黙阿弥作詞、3世杵屋(きねや)正次郎作曲。明治15年(1882)東京春木座で9世市川団十郎が初演。㊀に取材したもの。新歌舞伎十八番の一。

つり-ぐ【釣(り)具】釣りの道具。釣り道具。ちょうぐ。「―店」

つり-ごうし【釣(り)格子】―ガウシ 家の外側に突出した格子窓。出格子(でごうし)。

つり-こうろ【釣(り)香炉】―カウロ ひもでつり下げるようにした香炉。空(そら)だきして香をくゆらせる。

つりこみ-ごし【釣(り)込み腰】柔道で、相手の懐に回り込んで腰を低く下ろし、両ひざの伸展によって相手を腰につり上げ、前方へ投げる技。

つり-こ・む【釣(り)込む】〘動マ五(四)〙気を引いて誘い入れる。興味を起こさせて引き込む。「話に―・まれて時のたつのを忘れた」

つり-ざお【釣り×竿】―ザヲ 魚釣りに用いる竿。竹・グラス-ファイバー・カーボン-ファイバーなどで作る。継ぎ竿・延べ竿など。竿。

つり-さが・る【釣(り)下(が)る|×吊り下(が)る】〘動ラ五(四)〙つりさげた状態になる。「軒に風鈴が―・っている」

つり-さ・げる【釣(り)下げる|×吊り下げる】〘動ガ下一〙図つりさ・ぐ〘ガ下二〙つるして下げる。ぶらさげる。つるす。「軒に提灯(ちょうちん)を―・げる」

つり-さつ【釣(り)札】釣り銭として受け取る紙幣。➡釣り銭

つり-し【釣(り)師】趣味として釣りを楽しむ人。釣り人。

つり-しのぶ【釣(り)忍】シノブの根茎を舟の形や井桁(いげた)に作り、夏、涼味を添えるため軒先につるもの。(季 夏)「水かけて夜にしたりけり―/一茶」

つり-せいろう【×吊り井楼】戦陣で用いた井楼の一。滑車で上下する箱に人を入れてつり上げ、敵情を偵察したもの。

つり-せん【釣(り)銭】代価より高額の貨幣で支払ったときに戻される差額の金銭。紙幣の場合は釣り札(さつ)ともいう。おつり。つり。

つり-だい【釣(り)台】人や物をのせて運ぶ台。板を台とし、両端をつり上げて前後からかつぐ。

つり-だいこ【釣太鼓】雅楽用の太鼓の一。主に管弦合奏に用いる。鼓胴の厚さ約12センチ、鼓面の直径約60センチの扁平形で、円形の木の枠につるし、2本の桴(ばち)で打つ。楽太鼓(がくだいこ)。

つり-だし【×吊り出し】相撲のきまり手の一。両まわしを引いて相手のからだをつり上げ、土俵の外へ運び出す技。

つり-だ・す【釣(り)出す|×吊り出す】〘動サ五(四)〙❶だまして誘い出す。おびきだす。「甘言で―・す」❷(吊り出す)相撲で、相手のからだをつり上げて土俵の外に出す。[類語]おびき出す・おびき寄せる

つり-だな【釣(り)棚|×吊り棚】❶上からつり下げた棚。❷床脇棚の一。袋戸棚の下に通り棚を設け、その下に3枚の棚板を中央を高く、左右を低くし、つるした形に作ったもの。

つり-だま【釣(り)球】野球で、打者の打ち気をさそうような投球。

つり-ぢょうちん【釣り▽提▽灯】―ヂャウチン 軒下などに提灯をつり下げること。また、その提灯。

つり-づか【釣り▽束|×吊り▽束】鴨居(かもい)・天井などをつり支える短い柱。

つり-て【釣(り)手|×吊り手】❶(釣り手)魚釣りをする人。つりびと。❷蚊帳(かや)などをつるすときに用いるひもや金具。

つり-てんぐ【釣(り)天×狗】釣りの腕まえを自慢する人。

つり-てんじょう【釣(り)天井】―テンジャウ つり上げておき、下に落として室内にいる人を押し殺すように仕掛けた天井。本多正純が徳川秀忠を殺そうとしたという伝説上の「宇都宮の釣天井」が知られている。

つり-ど【釣(り)戸|×吊り戸】❶上方に金具を取り付け、上へつり上げれば開き、下ろせば閉まるようにした戸。蔀戸(しとみど)の類。❷車付きの金物でつった戸。重い引き戸や折り畳み戸などで用いられ、鴨居(かもい)に設けたレールを車が滑ることによって開閉する。

つり-どうぐ【釣(り)道具】―ダウグ 魚釣りに必要な道具。釣り竿(ざお)・釣り針・釣り糸など。釣り具。

つり-どうろう【釣(り)灯籠】軒先などにつるす灯籠。

つり-どこ【釣(り)床|×吊り床】❶ハンモック。(季 夏)❷「壁床(かべどこ)」に同じ。

つり-とだな【釣(り)戸棚|×吊り戸棚】壁面などに、上からつるして支えた戸棚。

つり-どの【釣(り)殿】寝殿造りで、池に面して東西に設けられた建物。東釣り殿・西釣り殿とよぶが、一方を省略したものが多い。

つり-なわ【釣(り)縄|×吊り縄】―ナハ ❶物をつるすのに用いる縄。「城のうちより、四方の屏の―を一度に切って落したりける間」〈太平記・三〉❷魚を釣るために、釣り針をつけて川や海の中に長く伸ばしておく縄。「伊勢の海のあまの―打ちはへて苦しとのみや思ひわたらむ」〈古今・恋一〉

つり-ばし【釣(り)橋|×吊り橋】《「つりはし」とも》下部に橋脚がなく、両岸から張り渡したケーブルで橋床をつり下げた形の橋。近代のものは橋床にトラスを用いるなどして剛性を高める。[類語]橋・ブリッジ・丸木橋・八つ橋・橋梁(きょうりょう)・反り橋・太鼓橋・跳ね橋・桟橋

つり-ばしご【釣(り)×梯子|×吊り×梯子】物にかけ、つるして用いる綱製などのはしご。

つり-ばな【×吊花】ニシキギ科の落葉低木。山地に生え、葉は卵形で先がとがる。6月ごろ、緑白色か緑紫色の小花が長い柄でつり下がって咲く。実は丸く、赤く熟すと五つに裂け、赤い種子を現す。

つり-ばな【釣(り)花|×吊り花】生け花で、天井からつるした花器に生けるもの。

つり-はないけ【釣(り)花生け】上からつるして用いる花生け。竹・金属・陶磁器などで作り、鎖などでつるす。釣り花入れ。

つり-ばり【釣(り)針|釣り×鉤】魚を釣るときに用いる先の曲がった針。鉤(ち)。

つりばり【釣針】狂言。主人と太郎冠者が西宮の戎(えびす)神社に参詣し、妻を得られるよう祈願すると、夢のお告げによって釣り針を授かる。主人には美女がかかるが、太郎冠者が釣ると醜女なので逃げだす。

つり-ひげ【釣り×髭】ひげの先を上方にはねあげた口ひげ。江戸時代、寛永(1624～1644)のころ、中間(ちゅうげん)・奴(やっこ)などが行った。

つり-びと【釣(り)人】魚を釣る人。つりて。

つり-ぶね【釣(り)船|釣(り)舟】《「つりふね」とも》❶釣りをするのに用いる船。❷(「吊り舟」とも書く)生け花で、船の形をした釣り花生け。

つりふね-そう【釣船草】―サウ ツリフネソウ科の一年草。山野の水辺に生え、高さ約50センチ。全体に柔らかく、茎は紅紫色で節がふくらむ。秋、葉のわきから紅紫色の花が数個垂れ下がってつき、帆掛け船をつり下げたように見える。ツリフネソウ科にはキツリフネ・ホウセンカなども含まれる。(季 秋)

つり-べい【釣(り)塀】縄でつり支えた塀。山城などで、敵が登ってきたときに、これを切り落とす。

つり-ぼし【×吊り干し】〘名〙スル 洗濯物を洋服掛けなどにかけて干すこと。吊り掛け干し。➡平干し

つり-ぼり【釣(り)堀】天然の池沼や人工の池などに魚を放し、料金を取って釣らせる所。(季 夏)

つり-まと【釣(り)的】楊弓(ようきゅう)の的で、左右からひもでつるし、おもりを下にさげて安定させたもの。

つり-め【×吊り目|釣り▽眼】目じりがつり上がった目。上がり目。

つり-もと【釣(り)元】開き戸で、蝶番(ちょうつがい)または肘壺(ひじつぼ)の取り付けてある側。

つり-やぐ【釣(り)夜具】夜具の重さを軽減させるため、掛け布団の中央に金輪をつけ、ひもで天井からつるしたもの。老人や病人用。釣り夜着(よぎ)。

つ-りょう【津料】―レウ 中世、船着き場や港湾に関所を設け、そこを通過する人や貨物から徴収した税。

つり-ランプ【釣(り)ランプ|×吊りランプ】天井などからつり下げて用いるランプ。

つり-わ【×吊り輪|×吊り▽環】体操で、上からつり下げた2本のロープの先に手で握るための輪をつけた用具。また、これを用いて行う男子体操競技。

つる【弦|×絃|×鉉】❶弓に張りわたす糸。ゆみづる。ゆづる。❷琴などの弦楽器に張る糸。❸鍋(なべ)や土瓶などに弓形にかけわたした取っ手。「飯盒の―」❹(「梁」とも書く)枡(ます)の上面に対角線に張り渡した鉄線。

つる【都留】山梨県南東部の市。古くから機業が行われ、甲斐絹(かいき)の産地として知られる。中心地の谷村(やむら)は旧城下町。人口3.4万(2010)。

つる【×蔓】❶植物の茎で、それ自体では立たず、長く伸びて他の物に巻きついたりよじ登ったりするもの。また、ブドウなどの巻きひげ。❷眼鏡の耳にかける部分。❸てがかり。てづる。「なにか金の―を見つけたのかと」〈石川淳・普賢〉[類語](❶)花茎・茎・地下茎

つる【鶴】❶ツル目ツル科の鳥の総称。日本では古くから亀とともに長寿の象徴として貴ばれる。大形で、くびと脚が長く、飛ぶときはまっすぐ伸ばし、ゆっくり羽ばたく。羽色は白色・灰青色が主で、頭頂が赤く裸出しているものが多く、翼の羽が伸びて尾羽の上を覆う。沼地・平野にすみ、気管が長いので、よく響く大きな声を出し、産卵は地上で行う。日本で繁殖するのはタンチョウだけで、ナベヅル・マナヅルなどが渡来する。あしたず。たず。仙客。【季 冬】「村人に田毎の一となれりけり/青畝」❷紋所の名。鶴の姿をさまざまに図案化したもの。鶴の丸・舞鶴・鶴菱つるびしなどがある。

鶴の一声ひとこえ　多くの人の議論や意見をおさえつける、有力者・権威者の一言。「社長の一で決まる」

鶴は千年亀かめ**は万年**　《「淮南子」説林訓の「鶴の寿は千歳」などから》長寿で、めでたいことのたとえ。

つ・る【×吊る┊釣る】㊀〔動ラ五(四)〕❶(「攣る」とも書く)引っ張られた状態になって一方へ寄る。つれる。㋐筋肉が急に収縮し、痛くて動かせなくなる。ひきつる。「筋が一・る」㋑物の一方の端が引っ張られたように上へ上がる。つりあがる。「目の一・った人」㋒引かれて縮む。「縫い目が一・る」❷㋐(釣る)魚を釣り針にひっかけてとる。また、それに似たやり方で虫などをとらえる。「カツオを一・る」「トンボを一・る」㋑(釣る)気を引くようなことをちらつかせて、こちらの思うとおりに相手を動かす。巧みに相手を誘う。「甘い言葉で一・る」「広告で客を一・る」㋒物の上部を固定して垂れ下げる。上からぶら下げる。また、物の両端を固定して空中にかけ渡す。「棚を一・る」「蚊帳かやを一・る」「橋を一・る」㋓(吊る)首をくくる。縊死いしする。「首を一・る」㋔(吊る)相撲で、両手を相手のまわしにかけて高く持ち上げる。可能つれる ㊁〔動ラ下二〕「つ(吊)れる」の文語形。

つ・る【連る】〔動ラ下二〕「つ(連)れる」の文語形。

つるあし-るい【×蔓脚類】甲殻綱蔓脚亜綱の節足動物の総称。すべて海産。フジツボ・エボシガイ・カメノテ・フクロムシなどが含まれ、殻から蔓状の脚を出す。まんきゃくるい。

つる-あずき【×蔓小-豆】―あづき マメ科の蔓性の一年草。夏、黄色い花を開く。小豆より莢さや・種子が細く、食用。古く中国から渡来し栽培された。蟹眼かにのめ。

つる-ありどおし【×蔓×蟻通】―ありどほし アカネ科の蔓性の常緑多年草。山地の林下にみられ、アリドオシに似るが、茎は蔓状。初夏、白い花が2個並んで咲く。

つる-うち【弦打ち】物の怪けなどを退散させるまじないとして、矢をつがえずに弓の弦を引き鳴らすこと。また、それをする人。弓弦ゆづる・ゆみづる打ち。鳴弦めいげん。

つる-うめもどき【×蔓梅▽擬】ニシキギ科の蔓性の落葉低木。山野にみられ、葉は楕円形で、互生。雌雄異株で、5月ごろ、黄緑色の小花をつける。実は丸く、熟すと三つに裂け、黄赤色の種子を露出する。つるもどき。【季 秋】

つるおか【鶴岡】つるをか 山形県北西部、庄内平野南半を占める市。もと酒井氏の城下町。旧藩校の致道ちどう館がある。平成17年(2005)10月に藤島町・羽黒町・櫛引町・朝日村・温海あつみ町と合併。人口13.7万(2010)。

つるおか-かずと【鶴岡一人】つるをか― [1916～2000]プロ野球選手・監督。広島の生まれ。昭和14年(1939)南海(現福岡ソフトバンク)に入団。1年目から主将に任命され、同年本塁打王を獲得。戦後は同球団の選手と監督を兼任し、黄金時代を築く。通算1773勝は監督最多勝。

つるおか-し【鶴岡市】つるをか― ▶鶴岡

つる-おと【弦音】矢を放ったとき、弓の弦が鳴る音。また、弦打ちしたときの弦の音。

つるが【敦賀】福井県中南部の市。もと酒井氏の城下町。敦賀湾に面して自然の良港をなし、古来、日本海沿岸や大陸交通の要地として繁栄。気比けひ神宮や原子力発電所がある。人口6.8万(2010)。

つるが【鶴賀】新内節の太夫の家名。また、その流派名。

つるがおか【鶴岡】つるがをか 神奈川県鎌倉市、鶴岡八幡宮の社域。

つるがおか-しゃさん【鶴岡社参】つるがをか― 鎌倉時代、将軍が鶴岡八幡宮に参拝したこと。

つるがおか-はちまんぐう【鶴岡八幡宮】つるがをか― 神奈川県鎌倉市雪ノ下にある神社。祭神は応神天皇・比売神ひめがみ・神功じんぐう皇后。康平6年(1063)源頼義が、石清水いわしみず八幡宮の分霊を鎌倉の由比郷鶴岡に勧請かんじょうしたことに始まる。のち、源頼朝が現在地へ移し、源氏の守護神として鎌倉幕府の尊崇を受けた。9月16日に行われる流鏑馬やぶさめは有名。

つる-かけ【弦掛(け)】❶弓弭ゆみはずに弦をかけること。❷弓弦ゆみづるを作る職人。❸「弦掛け枡ます」の略。❹弦をかけわたした鍋なべ。弦鍋。❺大木を倒す方法の一。根方に3か所の脚を残して斧おのを入れ、倒す方向と逆の一つを切って倒す。

つるかけ-ます【弦掛け×枡】上面の対角線に鉄線を張り渡した枡。弦掛け。

つる-かこそう【×蔓夏枯草】―カコサウ シソ科の多年草。丘陵地に生え、高さ10～30センチ。茎は四角柱で毛が密に生える。夏、淡紫色の唇形花を数個輪生し、花後、茎の基部から地上をはう枝を出す。

つるが-し【敦賀市】▶敦賀

つるがしま【鶴ヶ島】埼玉県中部の市。平成3年(1991)市制。工場が増え住宅地化が進む。入間台地上にあり、茶・カボチャなどを栽培。人口7.0万(2010)。

つるがしま-し【鶴ヶ島市】▶鶴ヶ島

つる-が-じょう【鶴ヶ城】―ジャウ 会津城の異称。

つるが-しんない【鶴賀新内】[?～1810]新内節の太夫の芸名。2世。鶴賀若狭掾の門弟で、鼻にかかった独特の節回しで人気を得た。

つるが-は【鶴賀派】新内節の一派。宝暦(1751～1764)のころ、鶴賀若狭掾が富士松節から独立して創始、初め鶴賀節と称した。現在数派に分かれている。

つるが-はんとう【敦賀半島】―ハンタウ 福井県南部にある半島。若狭わかさ湾の東部に突出し、敦賀湾を西側から囲む。海岸線は典型的なリアス式海岸。ほぼ中央部に、この半島最高峰の西方さいほうが岳(標高764メートル)、先端部に立石たていし岬がある。若狭湾国定公園に属する。立石半島。

つるが-ぶし【鶴賀節】鶴賀派のこと。

つる-かめ【鶴亀】㊀〔名〕ツルとカメ。長寿でめでたいものとして、祝儀などに用いられる。㊁〔感〕縁起直しにいう語。ふつう「つるかめつるかめ」の形で用いる。「そいつあ慨かないませんぜ。一一」〈鴎外・百物語〉

つるかめ【鶴亀】㊀謡曲。脇能物。喜多流では「月宮殿げっきゅうでん」。唐土の皇帝が新春の節会に鶴と亀に舞をまわせ、みずからも月宮殿で舞楽に興じる。㊁長唄。謡曲「鶴亀」の詞章に10世杵屋きねや六左衛門が作曲したもの。嘉永4年(1851)発表。㊂常磐津ときわず。本名題「細石巌鶴亀さざれいしいわおのつるかめ」。3世瀬川如皐じょこう作詞、4世岸沢古式部作曲。文久元年(1861)発表。

つるかめ-ざん【鶴亀算】算数で、鶴と亀との合計頭数とその足の合計数を与えて、それぞれの数を求める類の問題。

つるが-わかさのじょう【鶴賀若狭掾】[1717～1786]新内節の太夫・作曲者。越前敦賀の人。宮古路加賀太夫(のち富士松薩摩掾さつまのじょう)の門から出て、鶴賀派を創始。2世鶴賀新内とともに新内節を大成、「明烏あけがらす」「蘭蝶らんちょう」「尾上伊太八」などの作品をのこした。

つるが-わん【敦賀湾】福井県南部、若狭わかさ湾の東側にある支湾。敦賀半島先端の立石たていし岬と東岸の敦賀市岡崎を結ぶ線を湾口とした、南北約10キロメートル、東西約3～7キロメートルの湾。北西季節風を敦賀半島がさえぎるため湾内は波が静かで、湾奥の敦賀港は良港。若狭湾国定公園に属する。

つるぎ【剣】《上代は「つるき」とも》諸刃もろはの刀。また、刀剣の総称。けん。類語 刀・剣けん・刀剣・太刀たち・大刀たち・大刀だいとう・名刀・宝刀・軍刀・牛刀・日本刀・青竜刀・サーベル・銃剣・手裏剣・真剣

剣の刃渡り　刀の刃の上を素足で渡る曲芸。転じて、きわめて危険なことのたとえ。かみそりの刃渡り。「我輩の生涯は一だから」〈魯庵・社会百面相〉

つる-ぎきょう【×蔓×桔▽梗】―ギキャウ キキョウ科の蔓性の多年草。山地に生え、葉は心臓形。夏から秋、内部が紫色の釣鐘形の花を開き、実は紫色に熟す。

つるぎ-さき【剣崎】神奈川県、三浦半島南東端の岬。浦賀水道の入口にあたる。発達した海食台の先端に剣崎灯台があり、東京湾を出入りする船舶の重要な目標となっている。俗に「けんざき」ともよばれる。

つるぎ-さん【剣山】徳島県中西部にある山。四国第2の高峰。標高1955メートル。信仰の山で、大剣神社がある。

つるぎさん-こくていこうえん【剣山国定公園】―コクテイコウエン 徳島県中西部にある剣山を中心とし、吉野川の渓谷の大歩危小歩危おおぼけこぼけや祖谷渓いやだになどを含む国定公園。

つるぎ-さんち【剣山地】徳島県中央部に広がる山地。四国山地の東部を占め、東西に約60キロメートル連なる。最高峰は剣山。主に秩父ちちぶ古生層からなる石灰岩山地。北部の鮎喰あくい川・祖谷いや川・貞光川・穴吹川、南部の勝浦川・那賀なか川などの水源地。北斜面は畑作、南斜面は林業が中心。剣山国定公園に含まれる。

つるぎ-じんじゃ【剣神社】福井県丹生郡越前町にある神社。祭神は気比けひ大神・素戔嗚尊すさのおのみこと・忍熊おしくま大神。織田庄出身の織田信長の氏神として有名。通称、織田明神さん。

つるぎ-だけ【剣岳】富山県東部、飛騨山脈立山連峰北部の一峰。標高2999メートル。鋭い岩峰、険しい岩壁が多い。

つるぎ-たち【剣太-刀】㊀〔名〕鋭利な刀剣。また、単に刀のこと。つるぎのたち。「ますらをの心振り起こし一腰に取り佩はき」〈万・四七八〉㊁〔枕〕❶㊀を身に添え、また磨とぐところから、「身に添ふ」「磨とぐ」にかかる。また、㊀を神聖視するところから、「斎いはふ」にかかる。「うち鼻ひ鼻をそひつる一身に添ふ妹いもし思ひけらしも」〈万・二六三七〉「一斎ひ祭れる神にしまさば」〈万・三二二七〉❷剣の刃を「な」というところから「名」「汝な」にかかる。「一名の惜しけくも我はなし君に逢はずて年の経ぬれば」〈万・六一六〉

つるぎ-の-たち【剣の太-刀】「つるぎたち」に同じ。「少女の床の辺べに我わが置きし一その太刀はや」〈記・中・歌謡〉

つるぎ-の-まい【剣の舞】―まひ ❶「剣舞けんぶ」に同じ。❷刀を振りまわして切りかかること。「それこそ忽ち一」〈伎・心謎解色糸〉

つるぎ-の-やま【剣の山】地獄にあるという、切っ先を上にした剣を植えてある山。

つるぎ-ば【剣羽】「銀杏羽いちょうば」に同じ。

つる-くさ【×蔓草】茎が蔓になる草の総称。かずら。➡蔓植物

つる-くび【鶴首┊鶴×頸】❶徳利・花瓶などで、口のあたりが鶴の首のように細長いもの。❷首が長いこと。また、その首や、そういう人。❸ユウガオの一品種。実は先が丸く基部が柄状をなし、半分に割って柄杓ひしゃくにする。

つる-ぐみ【×蔓胡=頽=子】グミ科の蔓性の常緑低木。丘陵に生え、葉は長楕円形で裏面が赤褐色。実は6月ごろ赤く熟し、食べられる。

ツルゲーネフ〖Ivan Sergeevich Turgenev〗[1818～1883]ロシアの小説家。人道主義に立って社会問題を取り上げる一方、叙情豊かにロシアの田園を描いた。二葉亭四迷の訳で早くから日本に紹介された。作「猟人日記」「ルージン」「父と子」など。トゥルゲーネフ。ツルゲネーフ。

つる-こけもも【×蔓×苔桃】ツツジ科の常緑小低木。寒地・高山の湿地に生え、茎は地をはう。葉は卵形で小さい。7月ごろ、細長い柄のある淡紅色の花を下向きに開く。実は球形で赤く熟し、生食のほかジャムなどにする。

つる-ざ【鶴座】南天の小星座。10月下旬の午後8時ごろ、南の地平線近くに、2個の二等星が並んで見える。学名ラテン Grus

つるさき【鶴崎】大分市の地名。旧鶴崎市。大野川の三角州にあり、別府湾に面する。江戸時代は港町。現在は臨海工業地帯。

つるさき-おどり【鶴崎踊(り)】ヲドリ 大分市鶴崎の盆踊り。8月17日から数日間行われる。「猿丸太夫」と「左衛門ざえもん」の2曲がある。

つるし【×吊るし】❶つるすこと。また、つるしたもの。❷《つり下げて売るところから》既製品または古着の洋服。「―のスーツ」❸「吊るし柿がき」の略。❹「吊るし責め」の略。

つる-し【都留市】▶都留

つるし-あげ【×吊るし上げ】❶縛って高いところにつるすこと。❷大勢で、ある人をきびしく非難すること。「企業責任を問われて―を食う」

つるし-あ・げる【×吊るし上げる】〔動ガ下一〕図つるしあ・ぐ〔ガ下二〕❶物をつるして上へひきあげる。「高い枝に―・げる」❷目などをひきつったように上にあげる。つりあげる。「遺恨の眦まなじりを―・げ」〈露伴・露団々〉❸大ぜいで一人または少人数の者をきびしく問いつめ、責めたてる。「責任者を―・げる」「仲間に―・げられた」類語(❸)責める・咎とがめる・詰なじる・難ずる・嘖さいなむ・締め上げる・責め付ける・責め立てる・難じる・非難する・難詰する・面詰する・面責する・問責する・詰責する・叱責しっせきする・譴責けんせきする・弁難する・論難する・指弾する・追及する・詰問する

つるし-がき【×吊るし柿】渋柿の皮をむき、ひもや縄につるして干し、甘くしたもの。つりがき。〈季 秋〉「湖へ傾く町の―/蓼汀」

つるし-ぎり【×吊るし切り】❶つるしておいて切ること。❷魚をつるしておいて皮や肉を切る方法。特に、鮟鱇あんこうのさばき方にいう。➡鮟鱇の吊るし切り

つる-しげと【都留重人】[1912～2006]経済学者。東京の生まれ。米国ハーバード大学卒業後、同校の講師を務める。昭和17年(1942)帰国し、同22年第1回経済白書を執筆。その後は一橋大学学長など各大学の学長・教授を歴任、都市問題や公害問題などにも積極的に取り組んだ。

つるし-ぜめ【×吊るし責め】江戸時代の拷問の一。両手を後ろで縛り、足が地面から浮くように梁はりにつるし上げたもの。

つるし-だいこん【×吊るし大根】沢庵たくあん漬けなどにするため、縄ではしご状に結んだり、葉を縛ったりしてつるして干した大根。干し大根。

つる-しょくぶつ【×蔓植物】茎が蔓となっている植物の総称。他の物に巻きつくアサガオ、地面をはうサツマイモや、巻きひげで絡みつくブドウ、吸盤をもってよじ登るツタなど。フジなど木本のものを藤本とうほんともいう。蔓性植物。

つるしん-ぼ【×吊るしんぼ】「吊るし❷」に同じ。「身幅の狭い―のインバネスの、それも色のやけたやつを」〈里見弴・今年竹〉

つる・す【×吊るす】〔動サ五(四)〕物をひもや縄などで結んで下へ垂らす。つり下げる。ぶらさげる。「軒先に風鈴を―・す」「洋服をハンガーに―・す」可能つるせる 類語垂らす・ぶら下げる

つる-せい【×蔓性】茎が蔓となる性質。蔓質つるしつ。

つる-だち【×蔓立ち｜×蔓▽質】「蔓性つるせい」に同じ。

つるた-ともや【鶴田知也】[1902～1988]小説家。福岡の生まれ。雑誌「文芸戦線」に参加し、プロレタリア文学初期に活躍。アイヌ独立戦争の英雄伝「コシャマイン記」で芥川賞受賞。他に「メシュラム記」「ハッタラはわが故郷」など。

つる-つげ【×蔓黄＝楊】モチノキ科の蔓性の常緑小低木。深山の木陰に生える。茎は地をはい、葉は長楕円形。7月ごろ白い小花が咲き、実は赤く熟す。

つるっ-ぱげ【つるっ×禿】頭がつるつるにはげていること。また、その頭。つるはげ。

つる-つる　㊀〔副〕スル❶物の表面がなめらかで、つやのあるさま。「―(と)した肌」❷なめらかで、滑りやすいさま。「雪道が―(と)して危ない」❸抵抗がなく、速く進むさま。するする。「―(と)そばを食う」㊁〔形動〕❶㊀❶に同じ。「―な幹」❷㊀❷に同じ。「―な廊下」アクセント㊀はツルツル、㊁はツルツル。類語すべすべ・つるり・つるん・のっぺり

つる-でまり【×蔓手×毬】ユキノシタ科の落葉性の蔓植物。山地に生え、樹木などをよじ登る。葉は卵形。7月ごろ、アジサイに似た白い花を群生。後藤蔓ごとうづる。つるあじさい。〈季 夏〉

つる-でんだ【×蔓▽連×朶】《「でんだ」はシダの古名》オシダ科の常緑、多年生のシダ。山中の日陰地や岩に生え、葉は羽状複葉で、長さ10～25センチ、葉軸の先が糸状に伸びて地に着き、そこから芽を出す。

つる-どくだみ【×蔓×蕺】タデ科の蔓性の多年草。茎は他に巻きつき、葉はドクダミに似る。秋、白い小花を円錐状につける。中国の原産。塊根を漢方で何首烏かしゅうといい強壮薬にする。

つる-な【×蔓菜】ザクロソウ科の多年草。海浜の砂地に生え、栽培もされる。高さ約60センチ。全体に多肉質で、茎はやや蔓状になる。葉は柄を持ち厚く、円みのある三角形。夏から秋、葉のわきに黄色い小花を1、2個つける。食用。はまぢしゃ。はまな。〈季 夏〉「くすりにもすなる―のつゆじめり/碧童」

ツルナ-ゴラ〖Crna Gora〗▶モンテネグロ

つるなし-いんげん【×蔓無隠元】インゲンマメの変種。茎はまっすぐに伸びる。広く栽培され、食用。

つる-にちにちそう【×蔓日日草】ニチニチサウ キョウチクトウ科の蔓性つるせいの多年草。茎は横にはい、卵形の葉を対生する。3～6月、先の5裂した紫青色の花が咲く。ヨーロッパ・北アフリカの原産で、庭などに植える。ビンカ。

つる-にょうぼう【鶴女房】ニョウバウ 異類婚姻譚の一。男に命を助けられた鶴が報恩のために嫁に来て、自分の羽で美しい布を織るが、やがて正体を見破られて去るという物語。羽衣説話と同系のものとされる。

つる-にんじん【×蔓人▽参】キキョウ科の蔓性の多年草。山野に生え、根は紡錘形。茎や葉を切ると白い液が出る。葉は長楕円形。夏から秋にかけて、白緑色で内面に紫褐色の斑点がある鐘形花が咲く。

つる-の-おなり【鶴の▽御成】江戸幕府の年中行事の一。毎年寒入り後、将軍が三河島・小松川・品川・目黒などの鶴の飼い付け場で行った鷹狩り。

つる-の-こ【鶴の子】❶鶴のひな。また、千年も生きるという鶴のひなに託して、長寿を祝う語。❷「鶴の子餅もち」の略。❸雲孫うんそんのこと。〈伊京集〉❹曽孫の子。〈日葡〉

つるのこ-いも【鶴の子芋】サトイモの別名。

つるのこ-もち【鶴の子餅】蒸したもち米をつき、卵形にした紅白の餅。祝儀用。

つる-の-すごもり【鶴の巣籠もり】㊀囲碁で三子並んだ石が、相手方に駄目が詰まった形で囲まれ、三手開いているのにどうしても逃げられない状態。㊁㊀尺八曲の一。同名異曲が多いが、いずれも親鶴が子を育てて別れるまでの喜びや悲しみを主題とする。琴古きんこ流では「巣鶴鈴慕そうかくれいぼ」という。㊁胡弓曲こきゅうきょくの一。江戸中期に江戸の藤植検校ふじうえけんぎょうが作曲。ひな鶴や松風を歌っためでたい歌詞で、手事てごとで鶴の声を模して聞かせる。

つる-の-はし【鶴の×嘴】「鶴嘴つるはし」に同じ。

つる-の-はやし【鶴の林】「鶴林かくりん」を訓読みにした語。「二月の中の五日は、―にたき木尽きにし日なれば」〈増鏡・序〉

つる-の-ほうちょう【鶴の×庖丁】ハウチャウ 江戸時代、正月17日に、将軍から朝廷に献上した鶴を、清涼殿で料理した儀式。料理人が衣冠を正し、故実により調理した。

つるのまい-はし【鶴の舞橋】つるのまひ- 青森県西南部、岩木山麓北東にある津軽富士見湖に架かる橋。日本一長い木製の三連太鼓橋で、全長300メートル、幅3メートル。鶴が羽を広げたようなアーチ形をしている。

つる-の-まる【鶴の丸】紋所の名。翼を広げた鶴を円形に図案化したもの。

つる-はぎ【鶴×脛】着物の短い裾からすねが長く現れること。また、そのすね。「継の布のわわけたる―にて」〈宇津保・吹上下〉

つる-はし【鶴×嘴】堅い土を掘り起こすときなどに用いる鉄製の工具。鶴の嘴はしのように両先端をとがらせ、木の柄をつけたもの。つるのはし。類語鍬くわ・鋤すき

つる-はじき【弦▽弾き】「弓懸ゆがけ」に同じ。

つる-ばしり【弦走り】鎧よろいの胴の正面の部分。弓の弦が当たるのを防ぐために染め革で包んである。

つるばみ【×橡】❶クヌギ、またはその実のどんぐりの古名。〈和名抄〉❷❶の実またはその梂かさを煮た汁で染めた色。灰汁あく媒染して薄茶色、鉄媒染して焦げ茶色や黒色に染める。また、その色の衣服。㋐奈良時代、家人・奴婢ぬひの着る衣服の色。㋑平安中期ごろから、四位以上の人の袍ほうの色。㋒藤衣ふじごろもの色。喪服の色。

つるび【交＝尾｜遊＝牝】「つるみ(交尾)」に同じ。〈和名抄〉

つる・ぶ【交＝尾ぶ｜遊＝牝ぶ】〔動バ四〕「つる(交尾)む」に同じ。「他の鳥がひに来たりて―・ぶ」〈霊異記・中〉

つる・ぶ【▽連ぶ】〔動バ下二〕❶つらねる。並べる。「まつきおろしの春の駒が、鼻を―・べて参りたるぞや」〈狂言記外篇・靭猿〉❷続けざまに打つ。つるべうちに打つ。「松田が旗本を目あてにし、―・べしかば」〈太閤記・三〉

つる-ぶくろ【弦袋】▶弦巻つるまき

つる-ぶんかだいがく【都留文科大学】ツルブンクワダイガク 山梨県都留市にある市立大学。昭和28年(1953)設立の山梨県立臨時教員養成所に始まり、市立都留短期大学を経て、同35年に4年制大学として発足。平成21年(2009)公立大学法人となる。

つる-べ【釣▽瓶】《「吊つる瓮へ」の意》井戸水をくむために、縄や竿さおなどの先につけておろす桶おけ。

つるべ-うち【▽連べ打ち｜釣▽瓶打ち】〔名〕スル❶鉄砲のうち手が並んでたてつづけにうつこと。「銃を―する」❷野球で打者が連続して安打すること。「長短打の―」補説「釣瓶打ち」は当て字。

つるべ-おとし【釣▽瓶落(と)し】釣瓶を井戸の中へ落とすときのように、まっすぐにはやく落ちること。特に、秋の日のたちまち暮れてしまうさまをたとえていう。「秋の日は―」〈季 秋〉「―といへど光芒しづかなり/秋桜子」

つるべ-ざお【釣▽瓶×竿】ザヲ 釣瓶を取り付けてある竿。

つるべ-ずし【釣▽瓶×鮨】吉野川のアユで作った早鮨。酢でしめたアユの腹に鮨飯を詰め、釣瓶形の桶おけに入れて押したもの。奈良県下市しもいちの名産。弥助やすけ鮨。

つる-ぼ【×蔓穂】ユリ科の多年草。原野に生え、高さ約30センチ。地下の鱗茎りんけいから線形の葉が2枚出る。秋の初め、花茎の上部に淡紫色の小花を多数穂のようにつける。参内傘さんだいがさ。するぼ。

つる-まき【弦巻】掛け替えのための予備の弓弦ゆづるを巻いておく籐とう製の輪。弦袋。弓弦袋。

つる-まき【×蔓巻】シマウシノシタの別名。

つるまき-ばね【×蔓巻発＝条】鋼線などをらせん状に巻いて作ったばね。コイルばね。

つる-まさき【×蔓×柾】ニシキギ科の蔓性の常緑低木。山地にみられ、気根を出して他の木をはいあがる。葉は楕円形でマサキに似る。7月ごろ、黄緑色の小花が密生して咲く。

つる-まめ【×蔓豆】マメ科の蔓性の一年草。原野に生える。茎は他に絡みつき、全体に細毛が密生。葉は長楕円形の3枚の小葉からなる複葉。夏から秋、紅紫色の蝶形花ちょうけいかを開く。種子はダイズに似て、ダイズの原種といわれる。のまめ。

つるみ【交＝尾｜遊＝牝】つるむこと。雄と雌とが交尾すること。

つるみ【鶴見】㊀横浜市北東部の区名。海岸の埋め立て地は京浜工業地帯の中心地。総持寺がある。㊁大阪市東部の区名。昭和49年(1974)城東区から分区。

つるみ-く【鶴見区】▶鶴見

つるみ-さき【鶴御崎】《「鶴見崎」とも書く》大分県南東部、佐伯さいき市東部の鶴見半島東端にある岬。九州最東端に位置し、豊後ぶんご水道をはさんで愛媛県

の由良岬ゆらのみさきに相対する。先端には高さ150メートルの海食崖かいしょくがいがあり、多くの海食洞がある。洞内に押し寄せた大波によって10メートル余りも吹き上げる「潮吹き」現象が見られる。日豊にっぽう海岸国定公園に属する。

つるみ-だいがく【鶴見大学】横浜市鶴見区にある私立大学。昭和38年(1963)に鶴見女子大学として開学。同48年現校名に改称され、歯学部が男女共学となった。平成10年(1998)に文学部が男女共学となり、全学が共学となった。

つるみ-だけ【鶴見岳】大分県別府市西部にある山。標高1375メートルの鐘状火山。

つるみね-しげのぶ【鶴峰戊申】[1788〜1859]江戸後期の国学者。豊後ぶんごの人。通称、和左治。蘭文法に則り、最初の国文典である「語学新書」を著した。のち、水戸藩に出仕。

つる・む【交=尾む｜遊=牝む】〔動マ五(四)〕雄と雌とが交尾する。つるぶ。「犬が―・む」(類語)番つがう

つる・む【▽連む】〔動マ五(四)〕連れ立つ。一緒に行動する。「相棒と―・んで歩く」

つる-むらさき【×蔓紫】ツルムラサキ科の蔓性の一年草。全体に多肉質。茎は紫紅色でつやがあり、広卵形の葉が互生。夏から秋、葉のわきに軸を出して小花を穂状につける。果実は球状で、紫色の汁から染料をとる。東南アジアの原産で、食用、また観賞用。(季 秋)

つる-めそ【弦▽召｜弦▽売▽僧】▶犬神人いぬじにん

つる-も【×蔓藻】ツルモ科の褐藻。太さ数ミリ、長さ1〜4メートルの中空のひも状で、岩に着生する。食用。

つる-もどき【鶴▽擬】ツル目ツルモドキ科の鳥。外形はツルに似るが、はるかに小形で全長約65センチ。全身褐色で白斑がある。中南米に分布。

つるや-なんぼく【鶴屋南北】歌舞伎狂言作者。3世までは俳優。㊀(4世)[1755〜1829]江戸の人。大おお南北ともいう。本名、伊之助または勝次郎。別号、姥尉輔うばじょうすけ。初世桜田治助に学んで桜田兵蔵と称し、のち沢兵蔵・勝俵蔵を経て、文化8年(1811)南北を襲名。世話物を得意とし、すぐれた舞台構成と写実的作風の傑作をのこした。代表作「お染久松色読販おそめひさまつうきなのよみうり」「東海道四谷怪談」など。㊁(5世)[1796〜1852]4世の女婿の養子。孫太郎南北・小南北ともいう。3世瀬川如皐せがわじょこう・河竹黙阿弥の師。

つるり〔副〕スル ❶なめらかで凹凸のないさま。「―とした肌」❷よくすべるさま。「―と滑って転ぶ」❸なめらかで抵抗のないさま。「―と卵を呑む」

つる-りんどう【×蔓▽竜▽胆】ツルリンダウ リンドウ科の蔓性の多年草。山地から高山に生え、茎は地をはい、他に絡みつく。葉は長卵形で3本の脈が目立ち、対生する。秋、淡紫色の鐘形花を開き、赤色の液果を結ぶ。

つる-れいし【×蔓×茘枝】ウリ科の蔓性の一年草。葉は巻きひげと対に出て、手のひら状に裂けている。夏から秋、黄色い花を開く。実は長楕円形でこぶ状の突起があり、熟すと黄赤色になる。若い実を食用にするが、果皮は苦い。熱帯アジアの原産で、栽培される。にがうり。ごおやあ。

つる-わ【弦輪】弓の弦の両端にこしらえる小さな輪。弦を張るとき、弓の本筈もとはず・末筈うらはずに掛ける。

つるん〔副〕物の表面がなめらかで、つやのあるさま。また、なめらかで滑りやすそうなさま。「―とした顔」「凍った道で―と滑る」

つれ【連れ】❶一諸に伴って行くこと。一緒に行動すること。また、その人。同伴者。「大阪まで車中の―ができる」「―があるので失礼します」「お―さま」❷(ふつう「ツレ」と書く)能の役柄で、シテまたはワキに従属し、その演技を助ける者。シテ方に属するシテヅレ(ツレ)とワキ方に属するワキヅレとがある。❸東宮坊の帯刀たちはきの一。脇の次に位する。❹多く「その」「あの」「この」などの下に付いて、種類、程度、また、そのようなもの、などの意を表す。「その―な事言うたらばこの宿には置くまいぞ」〈虎明狂・老武者〉❺(接頭語的に用いて)一緒に物事をする意を表す。「―三味線」
(類語)(❶)道連れ・一行

づれ【連れ】〔接尾〕《動詞「つ(連)れる」の連用形から》人を表す名詞に付く。❶その人を連れていること、または、それらの人々が連れ立っていることの意を表す。「子供―」「親子―」「二人―」❷…ども、…連中などの意を表す。ややさげすんだり、軽んじてののしったりする気持ちで用いられる。「役人―に何がわかるものか」「足軽―が何をぬかす」

つれ-あい【連(れ)合い】つれあひ ❶行動を共にすること。また、その人。「旅先で―になる」❷配偶者。また、夫婦の片方が他方のことを他人にいう言い方。「―に先立たれる」(類語)(❷)配偶者・伴侶・夫婦・夫婦めおと・夫婦ふうふ・夫妻・妹背いもせ・配偶・匹偶ひつぐう・カップル

つれ-あ・う【連(れ)合う】つれあふ〔動ワ五(ハ四)〕❶行動を共にする。連れ立つ。「友と―・って出かける」❷夫婦になる。連れ添う。「―・って五年になる」

つれ-うた【連(れ)歌】連れ節でうたう歌。

つれ-こ【連(れ)子】《「つれご」とも》結婚する相手が連れてきた、前の配偶者との間にできた子。
(類語)義子・養子・継子けいし・まま子

つれ-こみ【連(れ)込み】❶連れ込むこと。特に、愛人などを連れて旅館などに入ること。❷「連れ込み宿」の略。

つれこみ-やど【連(れ)込み宿】情事のための客を専門に扱う簡易旅館。ラブホテル。
(類語)宿・旅館・宿屋・ホテル・民宿・ペンション・木賃宿・旅籠はたご・モーテル・ラブホテル・連れ込み

つれ-こ・む【連(れ)込む】〔動マ五(四)〕❶ある場所へ人を伴って一緒に入る。引っぱり込む。「露地に―・まれて恐喝きょうかつされる」❷愛人などを同伴して旅館などに入る。「モーテルに―・む」

つれ-さ・る【連(れ)去る】〔動ラ五(四)〕人を連れてよそへ行く。人を連れて行方をくらます。「何者かに―・られる」

つれ-じゃみせん【連(れ)三味線】❶二人以上で三味線を合奏すること。連れ弾き。❷浄瑠璃・長唄などで、三味線を合奏するとき、立たて三味線にリードされてひく三味線。また、それをひく人。

つれ-しょうべん【連(れ)小便】つれせうべん 連れ立って小便をすること。つれしょん。

つれ-しょん【連れしょん】《「しょん」は「小便しょうべん」の略》「連れ小便」に同じ。

つれ-そい【連(れ)添い】つれそひ 配偶者。連れ合い。

つれ-そ・う【連(れ)添う】つれそふ〔動ワ五(ハ四)〕夫婦になる。夫婦として暮らす。「長年―・った夫婦」
(類語)娶めとる・めあわせる・縁付く・妻帯

つれ-だか【連(れ)高】市場で、ある会社の株や商品が値上がりすると、同じ業種の株、同類の商品もつられて値上がりする現象。追随高。➡連れ安

つれ-だ・す【連(れ)出す】〔動サ五(四)〕誘って外へつれていく。誘い出す。「友人を飲みに―・す」

つれ-だ・つ【連(れ)立つ】〔動タ五(四)〕一緒に行く。伴って行く。「―・って遊園地に出かける」
(類語)引き連れる・伴う・率いる・連れる・従える

つれ-づれ【徒=然】《「連つれ連づれ」の意》㊀〔名・形動〕❶することがなくて退屈なこと。また、そのさま。手持ちぶさた。「読書をして病床の―をまぎらわす」「―な舟の中は人々の雑談で持切った」〈藤村・破戒〉❷つくづくと物思いにふけること。「―も慰めがたう、心細さまさりてなむ」〈源・賢木〉❸しんみりとして寂しいこと。また、そのさま。「いと―に人目も見えぬ所なれば」〈源・東屋〉㊁〔副〕❶長々と。そのままずっと。「―と降り暮らして、しめやかなる宵の雨に」〈源・帚木〉❷しんみりと寂しいさま。「―とこもり居りけり」〈伊勢・四五〉❸よくよく。つくづく。「言ふ顔―うちながめ」〈浄・手習鑑〉

つれづれぐさ【徒然草】鎌倉時代の随筆。2巻。吉田兼好著。元徳2〜元弘元年(1330〜1331)ごろ成立か。随想や見聞などを書きつづった全244段(一説では243段)からなる。無常観に基づく人生観・世相観・風雅思想などがみられ、枕草子とともに随筆文学の双璧そうへきとされる。

つれづれぐさしょう【徒然草抄】つれづれぐさセウ 江戸前期の注釈書。13巻。加藤盤斎著。寛文元年(1661)刊。兼好の伝記を巻頭に置き、徒然草の仏教思想を中心に評釈を加えたもの。盤斎抄。

つれづれぐさもんだんしょう【徒然草文段抄】つれづれぐさモンダンセウ 江戸前期の注釈書。7巻。北村季吟著。寛文7年(1667)刊。徒然草を244段に分け、注釈の旧説を取捨してのせ、自説を加えたもの。

つれ-て【連れて】㊀〔接〕それとともに。それにしたがって。「車が大変普及し、―交通事故が増えた」㊁〔連語〕▶につれて

つれ-どうしん【連(れ)道心】つれダウシン 共に仏道に志すこと。また、その人々。

つれ-な・い〔形〕(文)つれな・し〔ク〕❶思いやりがない。薄情である。冷淡である。「―・い態度」「―・い仕打ち」❷そしらぬふりをするさま。よそよそしい。「白露の上は―・く置きゐつつ萩の下葉の色をこそ見れ」〈後撰・秋中〉❸思うにまかせない。「かかる御消息にて見たてまつる、返す返す―・き命にも侍るかな」〈源・桐壺〉❹何事もない。なんの変化もない。「岩間より生ふるみるめし―・くは潮干潮満ちかひもありなむ」〈伊勢・七五〉❺鈍感である。厚顔無恥である。「恥ある者は討ち死にし、―・き者は落ちぞ行く」〈平家・八〉(派生)**つれなげ**〔形動〕**つれなさ**〔名〕
(類語)(❶❷)そっけない・すげない・よそよそしい・にべない・けんもほろろ・冷たい

つれなし-がお【つれなし顔】―がほ そしらぬ顔。平気なふり。「一日ひとひは、―をなむ、めざましうと許し聞こえざりしを」〈源・若菜上〉

つれなし-づく・る【つれなし作る】〔動ラ四〕なにげないようすをする。平気なふりをする。「人や見ると涙は―・りて、」〈かげろふ・中〉

つれ-びき【連(れ)弾き】琴・三味線などを二人以上で一緒に弾き合わせること。連奏。

つれ-びと【連(れ)人】連れ立っている人。同伴者。連れ。

つれ-ぶき【連(れ)吹き】笛・尺八などを二人以上で吹いて合わせること。

つれ-ぶし【連(れ)節】他の人と節を合わせてうたうこと。

つれ-まい【連(れ)舞】つれまひ 同じ振りの舞を二人以上の人がいっしょに舞うこと。また、その舞。

つれ-もど・す【連(れ)戻す】〔動サ五(四)〕連れてもとの場所へ帰す。「逃げた犬を―・す」

つれ-も-な・し〔形ク〕❶なんの関係もない。つながりがない。「―・き佐田の岡辺に帰り居ゐば島の御橋に誰か住まはむ」〈万・一八七〉❷なんの関心もない。平気でいる。「葦垣あしかきの古ふりにし里と人皆の思ひやすみて―・くありし間に」〈万・九二八〉❸男女の間で、人の気持ちにこたえない。「―・き人を恋ふとて山びこのこたへするまで嘆きつるかな」〈古今・恋一〉

つれ-やす【連(れ)安】市場で、ある会社の株や商品が値下がりすると、同じ業種の株、同類の商品もつられて値下がりする現象。追随安。➡連れ高

つ・れる【×吊れる｜釣れる】〔動ラ下一〕(文)つ・る〔ラ下二〕❶(「攣れる」とも書く)㋐ひきつる。けいれんする。「足のすじが―・れて歩けない」㋑つり上がる。「目じりが―・れる」㋒一方に引っ張られて縮む。「縫い目が―・れている」❷(釣れる)釣りで、魚がとれる。釣り針に魚がかかる。「まだ一匹も―・れない」「この川はアユがよく―・れる」

つ・れる【連れる】〔動ラ下一〕(文)つ・る〔ラ下二〕❶一緒について来させる。ともなう。同行する。「犬を―・れて散歩に出かける」❷一方の状況が変化するとともに他方の状況も変化する。「年をとるに―・れ忘れっぽくなる」
(類語)(❶)引き連れる・伴う・率いる・従える・連れ立つ

つ○ろうつらう〔連語〕《連語「つらむ」の音変化。室町時代以降の語》…ただろう。…ているだろう。「草ノカゲデモサコソナツゴリ惜シウ思ワレー○ラウ」〈天草本平家・一〉

つわ【▽唾】つは つば。つばき。「しきりに―を地面にはいた」〈野間・真空地帯〉

つわ【橐=吾】つは ツワブキの別名。

ツワイク〖Arnold Zweig〗[1887〜1968]ドイツのユダヤ系小説家。第一次大戦に従軍した体験から

「白人たちの大戦争」(「グリーシャ連作」)を生涯にわたり書き続けた。ナチスの台頭でパレスチナに亡命、のちドイツで活躍。ツバイク。

ツワイク〘Stefan Zweig〙[1881〜1942]オーストリアのユダヤ系作家。人道的平和主義の立場を基調とし、特に伝記小説で有名。ナチスの迫害を避けて、ブラジルに亡命し、自殺。作「ジョセフ=フーシェ」「マリー=アントワネット」「昨日の世界」など。ツバイク。

つ-わき【▽唾】▶つばき

つわの【津和野】島根県西端、鹿足郡の地名。もと亀井氏の城下町で、津和野川に沿って堀や屋敷が残り、森鷗外や西周の旧宅、津和野城跡がある。石州半紙の産地。

つわの-ちょう【津和野町】▶津和野

つわ-ぶき【橐=吾┊×橐┊▽石×蕗】キク科の多年草。海岸近くに自生。長い柄のある葉が束生し、葉は腎臓形で厚く、上面は光沢がある。10月ごろ、花茎が約60センチ伸び、黄色の頭状花が多数咲く。葉柄を食用にし、葉・葉柄を民間療法で打撲・やけどなどに用いる。観賞用にも植えられる。款冬。いしぶき。やまぶき。つわ。《季 花=冬》「—はだんまりの花嫌いな花/鷹女」

つわ-もの【▽兵】❶武器をとって戦う人。兵士。軍人。また特に、非常に強い武人。「歴戦の—」「古—」「夏草や—どもが夢の跡」〈奥の細道〉❷勇気のある強い人。また、その方面で腕を振るう人。猛者。「若いのになかなかの—だ」「その道の—」❸戦いに用いる道具。武器。武具。「—を業として、悪を旨として」〈宇津保・祭の使〉

類語(❶)兵・兵隊・兵卒・戦士

つわもの-ぐら【▽兵▽庫】武器を納めておくくら。兵器庫。〈和名抄〉

つわもののくら-の-つかさ【▽兵▽庫▽寮】▶ひょうごりょう(兵庫寮)

つわもの-の-つかさ【兵=部=省┊▽兵▽司】❶▶ひょうぶしょう(兵部省)❶ ❷(兵司)後宮十二司の一。兵器のことをつかさどった。

つわもののとねり-の-つかさ【兵=衛=府】▶ひょうえふ(兵衛府)

つわもの-の-みち【▽兵の道】戦いのしかた。兵法。また、武道。「なほ—は、日の本の人にはあたるべくもあらず」〈宇治拾遺・一二〉

つわり《動詞「つわる」の連用形から》❶(「悪阻」とも書く)妊娠初期にみられる消化器系を中心とした症状。吐き気・嘔吐・食欲不振・飲食物に対する嗜好の変化など。おそ。❷芽ぐむこと。きざすこと。〈名義抄〉

つわ・る〘動ラ四〙❶芽が出る。芽ぐむ。きざす。「木の葉の落つるも…下よりきざし—・るに堪へずして落つるなり」〈徒然・一五五〉❷妊娠してつわりが起こる。「いつしかと—・り給へば」〈落窪・二〉

つん【突ん】〘接頭〙《動詞「つ(突)く」の連用形「つき」の音変化》動詞に付いて、その動詞の表す意味や語調を強める意を表す。「—のめる」「—出す」

ツングース〘Tungus〙カムチャツカ・サハリン(樺太)からシベリア東部および中国東北部に分布するツングース語を話す民族の総称。狭義には、その中のエベンキ族をいう。中国の歴史に、鮮卑・靺鞨・女真などの名で現れる。

ツングースカ-じけん【ツングースカ事件】▶ツングースカ大爆発

ツングースカ-だいばくはつ【ツングースカ大爆発】1908年、ロシア帝国領のシベリア中央部、エニセイ川の支流ポドカメンナヤツングースカ川の上流部の上空で起こった大爆発。直径100メートル程度の彗星が落下し、大気中で爆発したものと考えられている。多くの樹木がなぎ倒され森林火災が起きたが、周囲に村落がなかったため、死傷者はいなかった。ツングースカ事件。

ツングース-ご【ツングース語】シベリア東部・サハリン(樺太)・中国東北部などで話される。狭義にはエベンキ語をいうが、そのほかに約10の下位言語を含む。アルタイ諸語に属する。

つん-けん〘副〙スル 無愛想で、言葉や態度がとげとげしているさま。「—(と)してあいさつを返さない」

類語つんつん・つんと・とげとげしい

つん-ざ・く【×擘く┊×劈く】〘動カ五(四)〙《「つみさく」の音変化》勢いよく突き破る。つよく裂き破る。「耳を—・くような悲鳴」「大気を—・く爆音」

つん-だ・す【突ん出す】〘動サ五(四)〙《「つきだす」の音変化》勢いよく出す。「足を人前に—・す」

つんつるてん〘名・形動〙❶衣服の丈が短くて、手足や膝が現れていること。また、そのさま。「—な(の)着物」❷頭が完全にはげていること。また、そのさま。「—に剃り上げる」

つん-つん〘副〙スル ❶無愛想にとりすましているさま。「—していてろくに返事もしない」❷においが強く鼻を刺激するさま。「消毒液のにおいが—する」

類語つんけん・つんと・とげとげしい

つん-でれ 女性の性格や行動の傾向の一つ。普段はつんつんと無愛想な女性が、特定の男性と二人きりになると、でれっと甘えてくるようすから。アニメなどのキャラクターの性格設定として多く用いられる。

つん-てん-しゃん 三味線の調子を口で言い表した語。

つん-と〘副〙スル ❶愛想なくとりすましているさま。「—乙にすます」❷においが強く鼻を刺激するさま。「わさびが—する」❸上を向いてとがっているさま。「鼻が—高い」❹(あとに打消しの語を伴って)とんと。まったく。「在所へ行かんしたと言へども、—まことにならず」〈浄・曽根崎〉

類語(❷)ぷんと・ぷんぷん・芬芬

つん-どく【積ん読】《積んでおく意に読書の「どく」をかけたしゃれ》書物を買っても積み重ねておくだけで、少しも読まないこと。

ツンドラ〘ロシア tundra〙ユーラシア大陸・北アメリカの北極周辺に広がる凍結した荒原。短い夏の間に地面の表層が融解し、コケ類や地衣類が生える。凍土帯。凍原。

ツンドラ-カリブー〘tundra caribou〙シカ科の哺乳類で、トナカイの一亜種。ユーラシア・アメリカのツンドラ地帯に分布し、季節的な移動をする。

ツンドラ-きこう【ツンドラ気候】寒帯気候の一。最暖月の平均気温がセ氏0〜10度未満で、亜寒帯気候と違って夏の気温が上がらず、冬は極度に寒い。

つん-のめ・る〘動ラ五(四)〙勢いよく前へ倒れかかる。「石にけつまずいて—・る」

類語のめる・つまずく

ツンフト〘ドイツ Zunft〙ギルドの形態の一。ドイツで、12、3世紀ごろから結成されはじめた独占的、排他的な手工業者の同職組合。手工業ギルド。

ツンベルク〘Carl Peter Thunberg〙[1743〜1828]スウェーデンの博物学者・医師。リンネの指導を受ける。安永4年(1775)長崎オランダ商館の医師として来日、1年滞在。日本の医学・植物学の発達に貢献。著「日本紀行」「日本植物誌」など。ツーンベリ。ツュンベリー。

ツンベルク〘Torsten Thunberg〙[1873〜1953]スウェーデンの生化学者。生体の酸化還元反応を研究。ツンベルク管を考案。

ツンベルク-かん【ツンベルク管】T=ツンベルクが考案した、空気のない状態で酵素反応を行わせるためのガラス製の密閉試験管。酵素を入れた主室に、基質を入れた側室をはめ込み、ポンプで真空にしてから、両者を混ぜ合わせて反応させる。

つんぼ【×聾】聴力を失っていること。耳の聞こえないこと。

聾の早耳 都合の悪いことは聞こえないで、悪口などはよく聞こえるということ。また、聞こえないのに聞こえたふりをして早合点すること。

つんぼ-さじき【×聾桟敷】❶江戸時代の劇場で、正面2階桟敷の最後方の席。舞台に遠く、役者のせりふがよく通らないところからいう。❷関係者でありながら情報や事情などを知らされないこと。

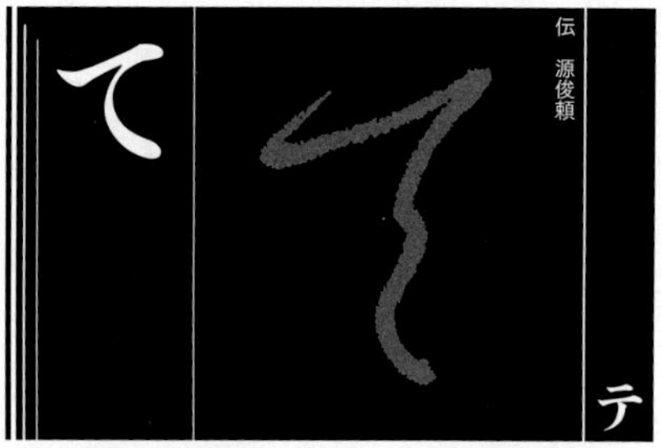

て ❶五十音図タ行の第4音。歯茎の無声破裂子音[t]と母音[e]とからなる音節。[te] ❷平仮名「て」は「天」の草体から。片仮名「テ」は「天」の初3画から。

て【手】㊀〘名〙❶㋐人体の左右の肩から出ている長い部分。肩から指先までをいう。俗に動物の前肢をいうこともある。「—を高く上げる」「袖に—を通す」「—の長い猿」㋑手首、手首から指先までや、手のひら・指などを漠然とさす。「—に時計をはめる」「火鉢に—をかざす」「—でつまむ」❷器具などの部分で、手で持つようにできているところ。取っ手・握りなど。「鍋の—」「急須の—」❸植物の蔓をからませるための木や竹の棒。「竹をアサガオの—にする」❹❶のように突出して動くもの。「火の—が上がる」❺実際に❶のように作業や仕事を行うもの。㋐労働力。人手。「—が足りない」「女—一つで子供を育て上げる」「男—」㋑仕事をする能力。「—に職をもつ」❻人が❶を使ってすること。また、人の行為を漠然という。㋐仕事。作業。「裁縫の—を休める」㋑手数。手間。「—のこんだ細工」「—のかかる部下」㋒他人に関与すること。「—出し」㋓武器を使って傷つけること。転じて、戦いなどで受けた傷。「—負い」「深—」❼㋐文字を書く技法。筆法。転じて、書かれた文字。筆跡。書風。「人の—をまねる」「紀貫之の—」「女—の手紙」㋑茶器などで、その手法になるもの。「三島—の茶碗」㋒能楽・舞踊などの所作。手振り。「指す—引く—」㋓音曲で、調子や拍子をとる手法。また、器楽の奏法。「合いの—」「—事」㋔武芸などの技。「相撲の四十八—」❽㋐勝負事などで、手中にあるもの。手持ちの札・駒など。手の内。「—を明かす」「相手の—を読む」㋑囲碁・将棋などで、石や駒を打つこと。また、その打ち方。「堅い—で攻める」「先—」❾事を行うための手段・方法。「きたない—を使う」「その—は食わない」「打つ—」❿㋐所有すること。「人の—に渡る」㋑支配下。監督下。「ライバル会社の—の者」「犯人の—から人質を救う」⓫㋐ある方面や方角。また、その方面の場所。「行く—をさえぎる」「山の—」「上—」㋑ある方面に配置した軍隊。「寄せ—の軍勢」「先—」⓬ある種類に属する人や物。「その—の品は扱わない」「厚—の生地」⓭器物の左右に分かれた部分。㋐几帳などの横木。「几帳の—のさし出でたるにさはりて」〈枕・四九〉㋑長旗のへりについている、竿につけるための緒。「互ひに旗の—を下ろして、東西に陣を張り」〈太平記・一五〉㋒雁股の矢じりの左右に突き出た部分。「—六寸、わたり六寸の大がりまた」〈保元・上〉⓮風采。体裁。「その跡から—のよき一連れ」〈浮・織留・四〉⓯江戸時代の雑税の一。山手・野手・川手など。⓰㋐その事物を機械などを用いないで作る意や、その人が自分自身でする意を表す。「—料理」「—打ち」「—づくり」「—弁当」㋑その物が、持ち運びや取り扱いに容易な小型のものである意を表す。「—斧」「—帳」「—箱」㋒その動作をする人、また特に、そのことにすぐれた人の意を表す。「嫁のもらい—」「語り—」「やり—」㊁〘接頭〙形容詞・形容動詞に付いて、その意味を強めるのに用いる。「—堅い」「—ぬるい」「—短」㊂〘接尾〙助数詞。❶碁や将棋などの着手の回数を数えるのに用いる。「数—先をよむ」❷矢2筋を一組みとして数えるのに用いる。「鷹の羽にてはいだりける的矢一—ぞさしそへたる」〈平家・四〉❸相撲の番数を数えるのに用いる。「相撲出でて五—、六—ばかりとりて」

〈宇津保・俊蔭〉❹舞の数を数えるのに用いる。「一―舞うて東の方の賤しき奴ばらに見せん」〈義経記・八〉
[類語]㊀(❶)腕・腕・上腕・上肢・お手手/(❼)字・書体・筆跡・手跡・墨跡・筆の跡・水茎の跡/(❽❾)策・方策・方法・対策・施策・企て・一計・奇計・奇策・愚策・秘策・対応策・善後策・得策

手が上が・る ❶芸事などの技が上達する。腕が上がる。「料理の―・る」❷書の技量が上がる。「―・って入選する」❸飲酒の量が増える。

手が空・く 仕事が一段落するなどして暇ができる。「―・いたら手伝ってくれ」

手が空けば口が開く 仕事がなくなると生活できなくなる。また、暇になるとむだ話を始める。

手が有・る ❶人手がある。働き手がある。❷手段・方策がある。「まだ挽回のための―・る」

手が要・る 多くの人手が必要である。「―・る仕事」

手が後ろに回・る 《後ろ手にしばられるところから》悪事を働いて捕らえられる。「使い込みが発覚して―・る」

手が掛か・る ❶手数を必要とする。世話がやける。「幼い子供に―・る」❷手でつかんだ状態になる。「刀の柄に―・る」

手が利・く 技量がすぐれている。「いと手利きたる御心ばへなりな」〈大鏡・道長下〉

手が切・れる ❶関係がなくなる。縁が切れる。「悪い仲間と―・れる」❷紙幣などの真新しいさまの形容に用いる。「―・れそうな新札」

手が込・む 手間がかかっている。物事が複雑である。「―・んだ彫り物」「―・んだ手口」

手が下が・る ❶腕前が鈍る。「三味線の―・る」❷字がへたになる。「しばらく筆を持たないとすぐ―・る」❸飲酒の量が減る。「年をとってすっかり―・った」

手がす・く 「手が空く」に同じ。「仕事が一段落して―・く」

手が付か◦ない 「手に付かない」に同じ。「内部の動揺やら、外部の束縛やらで、一切―◦なかった」〈漱石・門〉

手が付・く ❶新しいものの一部を使ったり、消費したりする。「料理はほとんど―・かないまま残った」❷目下の女性などと、肉体関係をもつようになる。「旦那の―・く」

手が付けられ◦ない 処置の施しようがない。「乱暴者で―◦ない」「―◦ない散らかりよう」

手が出◦ない 自分の能力ではとりかかることができない。「高価で―◦ない」

手が届・く ❶能力の範囲内にある。「高級車にはとても―・かない」❷細かいところまで配慮がなされる。行き届く。「かゆいところに―・く」❸もうすぐある年齢・時期に達する。「五〇歳に―・く」

手が無・い ❶人手が足りない。「―・くて注文がさばけない」❷施すべき手段・方法がない。「打つべき―・い」

手が長・い 盗み癖がある。手癖が悪い。「気をつけろよ、あいつは―・いぞ」

手が入・る ❶逮捕や取り締まりのために警察などが介入する。「検察の―・る」❷製作の過程などで、他人が補ったり直したりする。「作文に先生の―・る」

手が入れば足も入る 一度気を許すと次々につけ込まれることのたとえ。また、だんだん深入りすることのたとえ。

手が離せ◦ない やりかけていることがあって他のことができない。「―◦ないから、代わりに電話に出てくれ」

手が離・れる ❶仕事がかたづいて、自分と関係がなくなる。「長くかかわってきた仕事から―・れる」❷子供が成長して、世話が必要でなくなる。「やっと子供から―・れた」

手が早・い ❶物事をてきぱきと処理する。「選り分ける―・い」「作業の―・い」❷知り合った女性とすぐに関係をもつ。❸すぐに暴力をふるう。「口より―・い」

手が塞が・る 何かをしている最中で他のことができない。「今、―・っていて手伝えない」

手が回・る ❶注意が行き届く。「仕事が忙しくてほかのことに―・らない」❷捜査や逮捕の手配がされる。「警察の―・る」

手が焼・ける 「世話が焼ける」に同じ。「―・ける子供」

手が悪・い ❶《トランプや麻雀で》配られた札や牌が悪い。❷悪筆である。❸方法、やり方が悪い。たちの悪いことをする。

手摺り足摺り 手をすり合わせ、足をすり合わせること。くやしがるさまやもどかしがるさま、また、ひたすらあやまるさまにいう。

手と身にな・る 《足すなわち銭がなくなる意》落ちぶれて身一つになる。無一物になる。「―・りての思案、何とも埒のあかぬ世渡り」〈浮・永代蔵・五〉

手取り足取り 細かいところにまで行き届いた世話をするさま。何から何まで丁寧に教えるさま。「―めんどうをみる」「―して指導する」

手に汗を握・る 見たり聞いたりしながら、興奮したり緊張したりする。手に汗握る。「―・る熱戦」

手に余・る 物事が自分の能力以上で、その処置ができない。手に負えない。「―・る難問」

手に合わ◦ない ❶自分の能力では扱いきれない。手に余る。手に負えない。「ギリシャ語となるとどうにも―◦ない」❷手になじまない。「―◦ない包丁」

手に入・る ❶「手に入る」に同じ。「御蔭さまで、好い家が―・りまして」〈漱石・虞美人草〉❷熟達する。熟練する。「場なれて―・ったあいさつ」

手に入・れる 自分の物にする。入手する。「希覯本を―・れる」「大金を―・れる」

手に負え◦ない 自分の力では扱いきれない。手に余る。「―◦ないいたずらっ子」

手に落・ちる その人の所有となる。支配下にはいる。手に帰する。「競売で業者の―・る」

手に掛か・る ❶直接に取り扱われる。「彼の―・れば簡単にかたづく」❷殺される。「暗殺者の―・る」❸世話を受ける。「継母の―・りていますかりければ」〈大和・一四二〉

手に掛・ける ❶自分で直接行う。「自分が―・けた仕事」❷自分で世話をする。手塩にかける。「盆栽を―・けて育てる」❸人に処理などをたのむ。「医者の―・けることなく治る」❹自分の手で人を殺す。「仇を―・ける」

手に帰・する 所有物となる。支配下になる。手に落ちる。「優勝は東北の球児たちの―・した」

手に据えた鷹を逸らす 飼い慣らした鷹を逃がしてしまう。いったん手に入れた大切なものを失うことのたとえ。

手に◦する ❶手に取って持つ。「本を―◦する」❷自分の物にする。「欲しかった車をやっと―◦する」

手に付か◦ない 心が他に奪われてその事に集中できない。「うれしくて仕事が―◦ない」

手に手を取・る 互いに手を取る。特に、相愛の男女が行動をともにする。「―・ってかけおちする」

手に取るよう すぐ目の前にあるように、はっきり見えたり聞こえたりするさま。手に取るばかり。「相手の反応が―にわかる」

手に成・る (「…の手に成る」の形で)製作の任に当たる。手掛ける。「応挙の―・る虎の図」

手に握・る 自分の所有とする。また、自分の支配下におく。「権力を―・る」

手に乗・る ❶策略におちいる。「まんまとこちらの―・る」❷自分の自由になる。「この位にせにゃ、男は―・らぬわいな」〈伎・貞操花鳥羽恋塚〉

手に入・る 自分の所有となる。手にいる。「珍品が―・る」

手に渡・る その人の所有物となる。「母の財産はみんな阿爺の―・って」〈漱石・永日小品〉

手の施しようがな・い 処置のしようがない。「ここまで問題がこじれては―・い」

手の舞い足の踏む所を知らず 《「礼記」楽記から》❶非常に喜んで思わず小躍りするさま。有頂天になるようすにいう。「劇的な逆転勝ちに―喜ぶ」❷あわてふためくさま。「公卿殿上人、内裏へ馳せ参って―」〈保元・下〉

手の奴足の乗り物 《自分の手を召使いとし、足を乗り物にする意から》何事も他人の力を借りずに自分で行うこと。「一身をわかちて、ふたつの用をなす。―、よくわが心にかなへり」〈方丈記〉

手は見せ◦ぬ 刀を抜く手も見せずに斬ってしまう。抜きうちにする。「笑ひ止まずば―◦ぬ」〈浄・朝顔話〉

手も足も出◦ない 施す手段がまったくない。力が及ばずどうしようもない。「相手が強すぎて―◦ない」「難問に―◦ない」

手もすまに 手も休めずに。せっせと。「一植ゑし萩にやかへりては見れども飽かず心尽くさむ」〈万・一六三三〉

手も無く ❶簡単に。たやすく。「―ひねられる」❷そのまま。「早い話が八犬伝は―水滸伝の引写しじゃげえせんか」〈芥川・戯作三昧〉

手を空・ける 仕事の予定などを入れないでおく。「頼みがあるから―・けておいてくれ」

手を上・げる ❶降参する。「攻めたてられて思わず―・げる」❷なぐろうとして手を振り上げる。乱暴をはたらく。「親に向かって―・げる」❸腕前や技量が進歩する。上達する。「ゴルフの―・げる」

手を合わ・せる ❶両方の手のひらを合わせる。感謝の気持ち、懇願の気持ちなどを表す。「小遣い銭欲しさに親に―・せる」❷拝む。合掌する。「神棚に―・せる」❸相手として勝負する。手合わせをする。「有段者と―・せる」

手を入・れる ❶よい状態にするために、補ったり、直したりする。手を加える。「原稿に―・れる」「盆栽に―・れる」❷捜査や検挙のために、警察などが現場に踏み込む。「暴力団の事務所に―・れる」

手を打・つ ❶感心したり、思い当たったり、感情が高ぶったりしたときに両手を打ち合わせて音をたてる。「―・って大喜びする」「はたと―・つ」❷話をまとめる。また、仲直りをする。「言い値で―・つ」「抗争中の両派が―・つ」❸予想される事態に対して必要な処置をとる。「話がこじれる前に―・つ」

手を置・く 処置に窮する。「医者の―・く物思ひ」〈浄・用明天王〉

手を替え品を替え さまざまに方法・手段をかえて。「―子供の機嫌をとる」

手を反・す きわめてたやすく行うことのたとえ。また、ちょっとの間にがらりと変わることのたとえ。手のひらを反す。「―・すような態度」

手を掻・く 手を左右に振って、中止や禁止の合図をする。

手を掛・ける ❶人手を費やす。手数をかける。手間をかける。「―・けた料理」❷自分の手で行う。手掛ける。「民子は私が―・けて殺したも同じ」〈左千夫・野菊の墓〉❸手出しをする。盗みをする。「人の物に―・ける」

手を貸・す 労力を貸す。助力する。「荷物の運搬に―・す」

手を借・りる 協力や助力を求める。手伝ってもらう。「部外から―・りる」

手を切・る 関係を絶つ。縁を切る。多く、悪い関係・男女関係を断ち切る場合にいう。「誠意のない男と―・る」

手を砕・く さまざまに工夫をこらす。「この度我と―・き合戦仕り候はずは」〈太平記・二六〉

手を下・す ❶自分でそのことを行う。「社長みずから―・す」❷着手する。手をつける。「まだだれも―・していない分野」

手を組・む 仲間になる。協力する。「外国資本と―・んで事業を始める」

手を加・える 直したり補ったりする。手を入れる。「旧作に―・える」

手を拱・く 《「てをこまねく」とも》❶両手の指を胸

の前で組んで敬礼する。中国で行われたあいさつの方法。❷腕組みをする。手をつかねる。「―・いて思いにふける」❸何もしないで傍観している。手をつかねる。「当局も―・いていたわけではない」「要吉は―・いて女の泣き止むのを待っていた」〈森田草平・煤煙〉(補説)文化庁が発表した平成20年度「国語に関する世論調査」では、「手をこまねいて待っていた」を、本来の意味である「**何もせずに傍観している**」で使う人が40.1パーセント、間違った意味「**準備して待ち構える**」で使う人が45.6パーセントという逆転した結果が出ている。

手を下・げる ❶あやまる。謝罪する。「我等様々―・げ、詫び言して」〈甲陽軍鑑・二五〉❷へりくだる。下手(したて)に出る。「両親(ふたおや)この世にあるならば家にかかへし奉公人、何―・げて頼まれう」〈人・梅児誉美・初〉

手を締・める 商談・和解などの成立、会合の終わりなどを祝って、一同がそろって拍手する。手締めをする。「―・めて会をお開きにする」

手を擦(す)・る 両手をすり合わせる。懇願・謝罪などをするときのようすにいう。もみ手をする。「―・りながら金の無心をする」

手を袖(そで)にする 手出しをしないで傍観する。「―して徒に日月を消するのみにて」〈福沢・学問のすゝめ〉

手を染・める 関係をもちはじめる。手をつける。「相場に―・める」

手を出・す ❶手を使って、対象となるものに動作をしかける。「ごちそうに―・す」「高めのボールに―・す」❷暴力を振るう。また、けんかをしかける。「口より先に―・す」❸新たに関与する。「株に―・す」❹人のものを盗む。奪う。「預かり物に―・す」❺女性を誘惑する。「勤め先の女性に―・す」

手を携(たずさ)・える ▶携える❸

手をつか・ねる ▶支(つか)える❹

手を束(つか)ね膝(ひざ)を屈(かが)・む 抵抗しないで屈服する。また、機嫌をとる。「東八箇国の大名、高家―・めずといふ者なし」〈太平記・一一〉

手を束(つか)・ねる 腕組みをする。また、傍観する。手をこまぬく。「―・ねて火事を見守る」

手を突・く 敬礼・謝罪・懇願などの気持ちを表すために、両手を地につける。「―・いて謝る」

手を尽く・す 物事の実現や解決のために、あらゆる手段を試みる。「資金繰りに八方―・す」

手をつく・る 手を合わせて拝む。「首(こうべ)を傾(かたぶ)け―・りてこれを信じ貴びけり」〈今昔・三一・二六〉

手を付・ける ❶着手する。仕事などを始める。「行政改革に―・ける」❷使い始める。また特に、使い込む。「定期預金に―・ける」「公金に―・ける」❸料理などを消費する。「刺身に―・ける」❹目下の女性などと関係をもつ。

手を通・す 衣服を着る。「新しい服に―・す」

手を取り合・う ❶手を握り合う。「―・って喜ぶ」❷親しい者どうしが連れ立つ。「―・って旅に出る」❸力を合わせる。「―・って再建にあたる」

手を取・る ❶親愛の気持ちなどを表すために他人の手を握る。「―・って何度も礼を述べる」❷親切に教え導くようすにいう。「初歩から―・って教え込む」

手を握・る 力を合わせて事にあたる。また、仲直りする。「与野党が―・る」

手を抜・く 必要な手間を省く。仕事などをいいかげんにする。「―・いた工事」

手を濡(ぬ)らさず そのことに少しも骨を折らないさま。「―利ざやを稼ぐ」

手を舐(ねぶ)・る 手につばをつけて意気込む。「我をとく得んと、―・りつる軍ども」〈宇治拾遺・八〉

手を延ば・す その分野などに新たに進出する。「食品の製造にまで―・す」

手を伸・べる ▶伸べる❶㋑

手を離・れる ❶その人の所有・管理でなくなる。「仕事が―・れる」❷世話や看護が必要でなくなる。「子供が親の―・れる」

手を引・く ❶手を取って導く。「幼児の―・く」❷続いていた関係を断ち切るなどして退く。「会社経営から―・く」

手を翻(ひるがえ)せば雲となり手を覆(くつがえ)せば雨となる 《杜甫「貧交行」から。手のひらを上に向けると雲がわき、手のひらを下に向けると雨が降る意》人情が変わりやすく、頼みがたいことのたとえ。

手を広・げる 仕事などの範囲を広くし、規模を大きくする。「関西方面に取引の―・げる」

手を回・す ❶手段をめぐらす。「あれこれ―・して支援する」❷手を尽くして探索する。「方々に―・して調達する」❸ひそかにはたらきかける。「事件が明るみに出ないよう―・す」

手を結・ぶ 「手を握る」に同じ。「官民が―・ぶ」

手を揉(も)・む ❶もみ手をする。懇願や謝罪をするときの動作にいう。「―・んで愛想笑いを浮かべる」❷両手をすり合わせる。喜んだりくやしがったりしたときの動作にいう。「足を踏み反り、―・み、目を大きに見暉かして」〈今昔・一七・三七〉

手を焼・く うまく処理できなくて困る。てこずる。もてあます。「反抗期の子供に―・く」

手を緩(ゆる)・める それまできびしく扱っていたのをゆるやかにする。「攻撃の―・める」

手を汚(よご)・す 好ましくないことを、自ら行う。

手を分か・つ 別れる。また、関係を断つ。「埠頭(ふとう)まで送って、―・った」〈蘆花・思出の記〉

手を煩(わずら)わ・す 他人の世話になる。やっかいになる。「結婚式の司会に友人の―・す」

て〔助動〕《完了の助動詞「つ」の未然形・連用形》▶つ〔助動〕

て《助詞「って」が「ん」で終わる語に付く場合に用いられる》㊀〔格助〕「って㊀」に同じ。「今、なん―言った」「人間―ものは偉大な物だ」㊁〔係助〕「って㊁」に同じ。「山田さん―いい人ね」「それはいかん―、もう遅いよ」㊂〔終助〕「って㊂」に同じ。「そんなことはありません―」(補説)㊀は近世以降みられ、「夏は昼寝にかぎるて」のような「ん」に付かない言い方もあるが、現代語ではあまり用いられない。

て〔格助〕《上代東国方言》引用の格助詞「と」に同じ。「父母が頭(かしら)掻(か)き撫で幸(さ)くあれ―言ひし言葉(けとば)ぜ忘れかねつる」〈万・四三四六〉

て ㊀〔接助〕活用語の連用形に付く。ガ・ナ・バ・マ行の五段活用動詞の音便形に付く場合は「で」となる。形容詞、形容詞型助動詞に付く場合は「って」の形をとることもある。❶ある動作・作用から、次の動作・作用へと推移・連続する意を表す。「学校に行っ―勉強する」「着替えをすませ―寝る」「春過ぎ―夏来たるらし白妙の衣干したり天の香具山」〈万・二八〉❷原因・理由を表す。…ので。…ために。「頭が痛く―寝ていた」「老いかがまり―室(むろ)の外(と)にもまかでず」〈源・若紫〉❸手段・方法を表す。「歩い―通学する」「泣い―抗議する」❹時間の経過を表す。「卒業し―五年になる」❺並立・添加を表す。「雨が降っ―風が吹く」「大きく―甘い柿」「昔、男臥し―思ひ、起き―思ひ」〈伊勢・五六〉❻逆接を表す。「わかってい―答えない」「見―見ぬふり」「昔、男身はいやしく―、いとになき人を思ひかけたりけり」〈伊勢・九三〉❼(「…て…て」の形で)強調の意を表す。「売っ―売っ―売りまくる」❽(「…について」「…に関して」「…に関して」「…にとって」などの形で)次の動作・作用の行われる事態・状況・関係事物などを提示する意を表す。「この問題に関し―触れるならば」「我々にとっ―大事なことは」❾補助動詞に続けて、動作・作用の内容を具体的に示す意を表す。「思い出し―みる」「嫌になっ―しまう」「五条なる家たづね―おはしたり」〈源・夕顔〉❿連用修飾語を作り、状態・様子を表す。「いといたく面痩(おもや)せ給へれど、なかなかいみじくなまめかしく―、ながめがちに音(ね)をのみ泣き給ふ」〈源・夕顔〉㊁〔終助〕活用語の連用形に付く。ガ・ナ・バ・マ行の五段活用動詞の音便形に付く場合は「で」となる。形容詞、形容詞型助動詞に付く場合は「って」の形をとることもある。❶質問や確かめの気持ちを表す。「あなたにもでき―」「いらしたことあっ―」❷(「てよ」の形で)話し手が、自分の判断や意見を主張する気持ちを表す。「私にはあなたの気持ちよくわかっ―よ」「とてもすばらしくっ―よ」❸依頼、軽い命令を表す。…てください。…てくれ。「早く来―」「私にも見せ―ね」❹(形容詞・形容詞型助動詞に付いて)気持ちの高まりを表す。…てたまらない。「とても寂しく―」「推理小説を読んだので怖く―」(補説)㊁は、くだけた表現、うちとけた会話に用いられる。いずれも接続助詞「て」によって導かれる文を表現しない言い方で、本来の質問・主張・命令などに比べると柔らかく、婉曲(えんきょく)な表現になっている。❶❷は女性専用語。

て【▽風】〔語素〕動詞の連用形や形容詞の語幹などに付いて、そのような風(ふう)である意を表す。「追い―」「疾(と)―」

で 「て」の濁音。歯茎の有声破裂子音[d]と母音[e]とからなる音節。[de]

で【出】❶外へ出ること。「日の―」❷出る状態・度合い。「水の―がいい」「人の―が少ない」❸ある場所に出ること。㋐出勤すること。「明日も―だよ」㋑俳優などが舞台に登場すること。また、芸人が高座に出ること。「楽屋で―を待つ」㋒芸者が招かれて客の座敷に出ること。「―の着物」❹物事のはじめ。書き出し、歌い出しなどをいう。「―がうまくいけばあとは大丈夫」❺出どころ。出身地・出身校などをいう。「九州の―」「旧家の―」「大学―」❻物の出ている部分。㋐建築物の突出部。また、その寸法。「軒(のき)の―」㋑艫(とも)の最も高い部分。❼(多く動詞の連用形に付き、下に「ある」「ない」を伴って)物事をなすのに十分な分量。また、物事をなしおえるのに要する時間・労力。「読み―がある」「西洋の新聞は実に―がある。…残らず読めば五六時間はかかるだろう」〈漱石・倫敦消息〉
(類語)(❺)生まれ・出身・出自・出所・お里

で〔接〕❶前の話を受けて、次の話を引き出す。それで。「―、今どこにいますか」「―、どうしました」❷そういうわけで。それで。「探したが見つからない。―、新しいのを買った」

で〔助動〕《断定の助動詞「だ」の連用形》▶だ〔助動〕

で ㊀〔格助〕《格助詞「にて」の音変化》名詞、名詞的な語に付く。❶動作・作用の行われる場所・場面を表す。「家―勉強する」「委員会―可決する」「試験―合格点を取る」「やまきの館(たち)―夜討ちに討ち候ひぬ」〈平家・五〉❷動作・作用の行われる時を表す。「二〇歳―結婚する」「十三―元服仕り候ふまでは」〈平家・七〉❸動作・作用を行う主体となる組織・団体を表す。「政府側―検討中だ」「気象庁―光化学スモッグ警報を発令した」❹期限・限度・基準を表す。「一日―仕上げる」「五つ―二〇〇円」「三百騎ばかり―喚(をめ)いて駆く」〈平家・七〉❺動作・作用の行われる状態を表す。「みんな―研究する」「笑顔―あいさつする」「盗人なる心―、否(え)、主、かく口きよくな言ひそ」〈今昔・二八・三一〉❻動作・作用の手段・方法・材料などを表す。…を使って。「電話―連絡する」「テレビ―知ったニュース」「紙―作った飛行機」「この御馬―宇治河のまっさき渡し候ふべし」〈平家・九〉❼動作・作用の原因・理由を表す。「受験勉強―暇がない」「君のおかげ―助かった」「その御心―こそかかる御目にもあはせ給へ」〈平家・二〉㊁〔接助〕《㊀❼から。近世語》活用語の終止形に付く。原因・理由を表す。「おれが居て、あちこちから算段してやる―通られるが」〈滑・浮世床・初〉

で《助詞「て」が、ガ・ナ・バ・マ行の五段活用動詞の連用形の音便形に付く場合の形》㊀〔接助〕「て〔接助〕」に同じ。「泳い―渡る」「飛ん―火に入る夏の虫」㊁〔終助〕「て〔終助〕」に同じ。「もっとよく噛(か)ん―」「きちんとたたん―ね」

で〔接助〕活用語の未然形に付く。上の事柄を打ち消して下に続ける。…ないで。…ずに。「無期(むご)にえ渡ら―、つくづくと見るに」〈更級〉➡いで (補説)打消しの助動詞の古い連用形「に」に接続助詞「て」の付いた「にて」の音変化とも、打消しの助動詞「ず」の連用形「ず」に接続助詞「て」の付いた「ずて」の音変化ともいう。中古以降用いられる。

て-あい【手合(い)】てあひ ❶連中。やつら。やや軽蔑していう。「ああいう―とは付き合いたくない」❷たぐい。種類。「この―の品は売れない」❸勝負をすること。特に、囲碁・将棋で、対局すること。てあわせ。➡大手合い ❹適当な相手。「新町に―をこしらへ」〈浮・一代男・五〉 類語(❸)対局・手合わせ

で-あい【出合(い)┊出会(い)】であひ ❶(「出逢い」とも書く)であうこと。思いがけなくあうこと。めぐりあい。「師との運命的な―」「一冊の本との―」❷(出合い)川や沢などの合流する所。「本流との―」❸(出合い)男女が密会すること。あいびき。❹(出合)取引で、売り手と買い手の値段・数が一致して、売買が成立すること。「―がつく」❺連歌・俳諧で、一座の者が順によらず付句のできた者から付けていくこと。❻知り合うこと。交際。つきあい。「博奕ばくの―は相対づく」〈伎・韓人漢文〉

類語巡り合い・邂逅かいこう・奇遇・鉢合わせ

であい-おんな【出合ひ女】であひをんな 出合い宿などで密会して色を売る女。「月懸かりの手かけ者、一残らず探して」〈浮・一代男・二〉

であい-がしら【出合(い)頭┊出会(い)頭】であひ 出合ったとたん。出合い拍子。「―にぶつかる」

であいけい-サイト【出会(い)系サイト】であひケイ インターネットで、交際相手を探している男女の仲介をするウェブサイト。補説利用者の増加にともない、悪質な業者が不当に高額な料金を請求したり、未成年者が犯罪に巻き込まれたりするなどの事件も増え社会問題となった。そのため、平成15年(2003)「出会い系サイト規制法」が施行された。

であいけいサイト-きせいほう【出会(い)系サイト規制法】であひケイ―キセイハフ《「インターネット異性紹介事業を利用して児童を誘引する行為の規制等に関する法律」の通称》出会い系サイトを通じた児童買春等を防止するため、インターネット異性紹介事業を規制する法律。平成15年(2003)施行。

であい-そうば【出合相場】であひサウバ 為替銀行が為替持高を調整するために行う取引で、銀行間の条件が一致して成立したときの相場。

であい-ぢゃや【出合(い)茶屋】であひ 男女が密会に利用する茶屋。待合茶屋。

であい-づま【出合ひ妻】であひ 人目を忍んで会う女。「忍び忍びの―」〈浄・妹背山〉

であい-びょうし【出合(い)拍子】であひビャウシ「出合い頭がしら」に同じ。

であい-やど【出合(い)宿】であひ 男女が密会に使う家。

てあい-わり【手合(い)割(り)】てあひ 囲碁・将棋で、対局する際、両者の技量差を埋めるための条件。囲碁では置き碁、将棋では駒落ちなど。将棋では駒割りともいう。

で-あ・う【出合う┊出会う】であふ〔動ワ五(ハ四)〕❶(「出逢う」とも書く)人・事件などに偶然に行きあう。「街角で旧友と―・う」「帰宅途中に事故に―・う」❷(出合う)ある場所でいっしょになる。「本流と支流が―・う地点」❸出て立ち向かう。「曲者だ、皆の者―・え」❹男女が密会する。「中二階に上がれば樽屋―・ひ、末々約束の盃事して」〈浮・五人女・二〉

類語あう・出くわす・行き合う・巡り合う・出会しゅったいする・邂逅かいこうする・遭遇する・鉢合わせする

て-あか【手×垢】手のあか。手でさわったために、その物についたよごれ。「―を落とす」「―にまみれたノート」類語手沢しゅたく

手垢が付・く 使い古される。新鮮みがなくなる。「―・いた表現」

て-あき【手明き┊手空き】仕事がなくて暇なこと。また、その人。てすき。「―なら手伝ってくれ」

類語暇・手透すき・用無し・閑散・無聊ぶりょう・開店休業

て-あ・げる〔連語〕▶あげる⑭

て-あし【手足】❶手と足。しゅそく。❷ある人の思いどおりに動く人。「主人の―となって働く」

手足を擂すり粉木こぎにする 《「擂り粉木」は、身をすりへらして働くもののたとえ》手足をすりへらすほどに酷使して働く。

手足を伸ば・す ゆっくりと休む。「実家へ帰って―・す」

で-あし【出足】❶催し物・行楽地などへ人が出向く程度・状態。「雨で―がくじかれる」「客の―がよい」❷物事の始まりの状態。「新製品の好調な―」❸自動車の出発時の速度。「―の速い車」❹相撲で、相手を攻めながら足を相手の方へ踏み出すこと。「鋭い―で寄り切る」❺柔道で、前へ踏み出した足。「―払い」類語(❸)初速

てあしくち-びょう【手足口病】てあしくちビャウ コクサッキーウイルスなどの感染により、手・足や口の中に小さな水疱すいほう性の発疹ほっしんができる病気。数日で治る。幼児に多い。

であし-ばらい【出足払い】であしばらひ 柔道で、相手の出足(踏み出した足)が畳につく瞬間をねらい、外側から払う技。であしはらい。

てあし-まとい【手足×纏い】てあしまとひ「足手あしで纏い」に同じ。「何かにつけて―になって」〈白鳥・牛部屋の臭ひ〉

て-あそび【手遊び】❶手に持って遊ぶこと。また、そのもの。おもちゃ。「店たなざらしの―を買いしめて」〈一葉・たけくらべ〉❷暇つぶしなどにすること。「ブルジョワ娘の―だとお思いになるでしょうね」〈広津和郎・風雨強かるべし〉❸ばくち。

て-あたり【手当(た)り】❶手にふれること。また、その感じ。手ざわり。「―のよい布」❷手ごたえ。手がかり。「なんの―も感じられない」

てあたり-しだい【手当(た)り次第】〔副〕手にふれるもの、行き当たるものすべて。かたっぱしから。「物を―投げつける」「―にやってみる」

てあたり-ほうだい【手当(た)り放題】ハウダイ〔副〕「手当たり次第」に同じ。「書物を―に取出して」〈二葉亭・浮雲〉

て-あつ・い【手厚い】〔形〕文てあつ・し〔ク〕扱い方やもてなし方が、親切で丁寧である。「―・い看病」「客を―・くもてなす」「―・く葬られる」派生てあつさ〔名〕

類語暖かい・親切・丁寧・丁重・懇切・懇篤こんとく・親身・懇ねんごろ・心尽くし・好意・厚意・厚志・厚情

て-あて【手当(て)】〔名〕スル ❶ある物事を予測して用意しておくこと。準備。「資金の―がつく」❷病気やけがの処置を施すこと。また、その処置。「病院で―を受ける」「傷口を―する」❸労働の報酬として支払われる金銭。「看護人の一か月の―」❹基本の賃金のほかに諸費用として支払われる金銭。「単身赴任に―がつく」「家族―」❺心付け。祝儀。チップ。「―をはずむ」❻犯人・罪人のめしとり。捕縛。「明日が日、己おれが―になり」〈伎・島衛月白浪〉

類語(❶)用意・支度したく・準備・備え・設け・手配・手配り・手回し・手筈てはず・段取り・膳ぜん立て・道具立て・下拵したごしらえ・下準備・態勢・整備・備える/(❷)治療・診療・加療・療治・手術・施療/(❸)報酬・ギャラ

テアトル〘フランス théâtre〙劇場。演劇。シアター。

テアトロ〘イタリア teatro〙劇場。演劇。シアター。

テアトロ-オリンピコ〘Teatro Olimpico〙▶オリンピコ劇場

テアニン〘theanine〙アミノ酸の一。緑茶のうま味成分で、抹茶や玉露に多く含まれる。脳の神経細胞を保護し、興奮を鎮めたり緊張を和らげたりする。

て-あぶり【手×焙り】手をあぶるのに使う小形の火ばち。季冬「かの巫女みこの―の手を恋ひわたる/誓子」

て-あま・す【手余す】〔動サ五(四)〕扱いきれずにもてあます。「仕事ヲ―・ス」〈和英語林集成〉

て-あみ【手編み】手で編むこと。また、手で編んだ物。

て-あやまち【手過ち】過失。特に、過失による出火。「焼亡せうまうは御方の軍勢どもの―にてぞあるらんと油断して」〈太平記・三八〉

て-あら【手荒】〔形動〕文〔ナリ〕取り扱いや動作が乱暴なさま。「―なまねはよせ」「品物を―に扱う」派生てあらさ〔名〕類語荒い・手荒い・乱暴・荒っぽい・荒荒しい・がさつ・粗野・野蛮

て-あらい【手洗い】てあらひ〔名〕スル ❶手を洗うこと。また、それに用いる水や器。❷便所。お手洗い。「―に行く」❸洗濯機を使わず、手で洗濯すること。「セーターを―する」類語(❷)便所・洗面所・化粧室・トイレット・WC・不浄・憚はばかり・雪隠せっちん・手水ちょうず・手水場ちょうずば・厠かわや

て-あら・い【手荒い】〔形〕文てあら・し〔ク〕扱い方や動作が荒々しい。「―・いまねをする」「物を―・く扱う」派生てあらさ〔名〕類語手荒・荒い・乱暴・荒っぽい・荒荒しい・がさつ・粗野・野蛮

てあらい-ばち【手洗い鉢】てあらひ 手を洗う水を入れておく鉢。手水鉢ちょうずばち。

であり・ます〔連語〕「である」の丁寧表現。「私は東京の出身―・ます」「私の健康の秘訣ひけつはよく寝ることなの―・ます」

でありませ・ん〔連語〕「でない」の丁寧表現。「で」と「あり」との間に係助詞「は」「も」の挿入されることが多い。「私はこの家の者―・んから、よくわかりません」「これはうまいと呼べる字ではありません」

て-あ・る〔連語〕《接続助詞「て」に補助動詞「ある」の付いたもの》❶動作・作用の結果が続いていることを表す。「戸が開け―・る」❷動作・作用が存続中であることを表す。…ている。「久しく雨ふり―・るか」〈四河入海・一〉❸過去の動作・経験を表す。「楚の将子反に、まみえ―・った」〈蒙求抄・九〉

で-あ・る〔連語〕《断定の助動詞「なり」の連用形「に」に接続助詞「て」、補助動詞「あり」の付いた「にてあり」の音変化》❶断定の意を表す。…だ。「兄は作家―・り、妹はピアニスト―・る」「タダツキセヌモノワ涙―・ッタ」〈天草本平家・二〉❷(「のである」「なのである」の形で)説明する意、または強く決意を表明する意を表す。「人間とは孤独なものなの―・る」補説「である」は鎌倉時代に発生し、室町時代に発達した語で、「じゃ」「だ」はこれから出たもの。現代では、文章語・演説口調の常体として用いられる。

で-あるから〔接〕だから。それゆえ。それだから。「私は君に期待する。―こそ苦言を呈するのだ」

で-ある・く【出歩く】〔動カ五(四)〕家を出てあちこちと歩く。外出する。「夜―・くのは危険だ」

類語さすらう・さまよう・うろつく・ほっつく・ぶらつく・徘徊はいかい・彷徨ほうこう・ほっつき歩く・ほっつき回る・低回・流浪・放浪・漂泊・流離・漂流・浮浪・右往左往

である-たい【である体】口語文体の一。「吾輩は猫である」「古い話である」のように、文末の指定表現に「である」を用いることを基調とする文体。「だ」体とともに常体といわれる。論説文をはじめ、書きことばに多く用いる。である調。➡だ体 ➡です体

で-あれ〔連語〕❶…であっても。…であるにせよ。「それがなん―かまわない」❷(「…であれ…であれ」の形で)事柄を列挙し、そのいずれにも判断や行為が影響されないことを表す。…であっても…であっても。…でも…でも。「納豆―刺身―何でも食う」

で-あろ・うであらう〔連語〕《連語「である」＋推量の助動詞「う」》だろう。「明日はよい天気―・う」「不正がまかり通る世の中でよいの―・うか」補説話し言葉では、ふつう「だろう」を使う。

であろうとなかろうと ある事柄の有無に判断や行動が影響されないことを表す。…であってもなくても。「高価―ぜひ手に入れたい」

て-あわせ【手合(わ)せ】てあはせ〔名〕スル ❶相手となって勝負をすること。「有段者と―する」「碁の―」❷売買の契約を結ぶこと。手打ち。「生糸の―も順調に行なわれた」〈藤村・夜明け前〉❸相手との最初の戦い。「平家の一族追討のために上洛せしむる―に」〈平家・一一〉❹剃刀かみそりを使う前などに、刃を手のひらに当てたりして、切れ味をみること。「また剃刀を引き寄せて―しながら取り延べて」〈虎明狂・忠喜〉❺薬などを自分の手で調合すること。「秤目はかりめの違ひなきやうに一念を入れ」〈浮・永代蔵・三〉❻「捏こね取どり」に同じ。

類語(❶)対局・手合い・勝負

てい【丁】❶十干の第四。ひのと。❷成績や等級・順位などの第四位を表す語。「甲・乙・丙・―」❸律令制で、庸・調・雑徭ぞうようの賦課対象となる21歳から60歳までの男子。正丁せいてい。➡漢「ちょう(丁)」

てい【×氐】❶前2世紀ごろから中国西北部に居住した半農半牧のチベット系民族。五胡の一。後3世紀には苻ふ氏・呂氏などの有力氏族が台頭、五胡十六

国時代に、前秦・成漢・後涼などを建国。❷二十八宿の一。東方の第三宿。天秤座のα星を含む。ともぼし。氐宿。

てい【体・態】㊀〔名〕❶外から見た物事のありさま。ようす。「満足の—」「そしらぬ—」❷見せかけ。体裁。「—のいい返事」㊁〔接尾〕名詞・人代名詞などに付いて、そのようなもの、そのようなようすなどの意を表す。「職人—の男」「己等ごときの—に討たるるならば手柄次第に討て見よ」〈浄・佐々木大鑑〉➡漢「たい(体)」〔類語〕風・様子・振り・身振り・所作・しぐさ・素振り・格好・演技・ジェスチャー・ポーズ

てい【弟】❶年下の兄弟。おとうと。「兄たり難く—たり難し」⇔兄。❷師について教えをうける者。門人。門弟。弟子。「師は若く、—は幼く」〈蘆花・思出の記〉➡漢「てい(弟)」

てい【底】❶種類。程度。中国で近世の口語に用いられた「…の」の意の助辞から出た語。現代中国語では「的」に相当する。「彼の精神が朦朧として不得要領—に一貫して」〈漱石・吾輩は猫である〉❷㋐指数関数 $y=a^x$ および対数関数 $y=\log_a x$ における a のこと。➡対数 ㋑台形の平行な2辺。底辺、また、柱体や錐体の底面。➡漢「てい(底)」

てい【亭】㊀〔名〕❶庭に設けた休憩用などの建物。あずまや。ちん。❷亭主。「島屋の—が、そんな酷い事をしおるかえ」〈鏡花・歌行灯〉❸やしき。住居。「多田蔵人行綱、入道相国の西八条の—に参りて」〈平家・二〉㊁〔接尾〕❶文人・芸人などの号に付ける。「二葉—四迷」「三遊—円朝」❷文人・墨客などの住居、寄席・料理屋などの屋号に付ける。「知雨—」「末広—」➡漢「てい(亭)」

てい【貞】❶節操を堅く守ること。❷女性のみさおの正しいこと。「節婦の—」➡漢「てい(貞)」

てい【帝】みかど。天子。皇帝。「平城—」「光武—」➡漢「てい(帝)」

てい【×悌】年長者に柔順に仕えること。また、兄弟や長幼の間の情が厚いこと。「兄は—に弟は敬し」〈仮・浮世物語・四〉➡漢「てい(悌)」

てい【艇】こぶね。はしけ。「—を走らす」➡漢「てい(艇)」

てい【×鼎】古代中国で用いられた円形三足の器。煮炊きのほか祭祀にも用いられた。方形四足のものは方鼎という。かなえ。➡漢「てい(鼎)」

てい【鄭】中国、春秋時代の列国の一。周の宣王の弟桓公友が、西周末、鄭(陝西省華県)に封じられたのに始まる。のち河南省新鄭県に移り、前375年韓の哀侯によって滅ぼされた。➡漢「てい(鄭)」

で-い【出居】❶平安時代、寝殿造りに設けられた居間と来客接待用の部屋とを兼ねたもの。のち、客間をいう。いでい。❷➡出居❸

でい【泥】❶どろ。❷金・銀の箔を粉末にし、にかわで溶いた絵の具の一種。金泥・銀泥など。❸中国で、南海にすむと伝える虫の名。骨がなく、水がなくなると、どろのようになるという。➡漢「でい(泥)」

泥の如し　泥❸のようである。ひどく酒に酔うようすをたとえていう。「みなひと泥のごと酔ひて」〈宇津保・蔵開上〉

デイ〖day〗➡デー

ティア〖tear〗涙。また、涙のしずくの形。

ディア〖deer〗鹿。「—スキン」

ティアード-スカート〖tiered skirt〗《tieredは、段々に積んだ、重ねた、の意》段で切り替えたスカート。段の色を違えたものなどもある。

ディアギレフ〖Sergey Pavlovich Dyagilev〗[1872〜1929]ロシアバレエ団の主宰者。1909年に、パリで同バレエ団を結成。作曲家・振付師・舞踏家・美術家と提携して革新的な近代バレエの道を切り開いた。

ディアス〖Bartholomeu Dias〗[1450ころ〜1500]ポルトガルの航海者。1488年、初めてアフリカ南端を通過し、嵐の岬と命名した(のちポルトガル王ジョアン2世によって喜望峰と改名)。ブラジルへの探検航海中に死亡。

ディアス〖Porfirio Díaz〗[1830〜1915]メキシコの軍人・政治家。ファレス大統領の下で改革戦争・対仏戦争に活躍。のち反動化して1876年のクーデターで実権を握り、大統領に就任。地主階級と外国資本の支持を受けて35年間にわたり独裁者として君臨した。1911年のメキシコ革命によって追放され、フランスに亡命。

ディアスポラ〖ギリシャ Diaspora〗《散らされた者の意》離散して故郷パレスチナ以外の地に住むユダヤ人。また、その共同体。

てい-あつ【低圧】❶低い圧力。⇔高圧。❷低い電圧。電気設備基準では、送電電圧の規格の一つとして、直流で750ボルト以下、交流で600ボルト以下の電圧。⇔高圧。

てい-あつ【定圧】一定の圧力・電圧。

ていあつ-たい【低圧帯】周囲よりも気圧の低い帯状の領域。一般に、そこでは曇雨天が多い。赤道低圧帯など。

ていあつ-ひねつ【定圧比熱】圧力を一定に保ったまま、温度をセ氏1度上昇させるのに要する熱量。主に気体についていう。➡定積比熱

ていあつ-へんか【定圧変化】➡等圧変化

ていあつ-モルひねつ【定圧モル比熱】圧力を一定に保ったまま、物質1モルの温度をセ氏1度上昇させるのに要する熱量。主に気体についていう。➡定積モル比熱

ディアテルミー〖ドイツ Diathermie〗高周波電流を人体に通し、その温熱作用を利用して治療する方法。また、その治療器具。関節・筋肉などの慢性病に用いられる。ジアテルミー。

ディアトリマ〖ラテン Diatryma〗ディアトリマ目ディアトリマ科の化石鳥。全長約1.5メートル。巨大なくちばしと長い脚をもち、飛ぶことはできなかった。第三紀初期の地層から化石が発掘される。

ティアドロップ〖teardrop〗《涙のしずくの意》しずく型をした装飾品や眼鏡のレンズなどのこと。

ディアナ〖Diana〗ローマ神話における月の女神。ギリシャ神話のアルテミスにあたる。

ディアナ-しんでん【ディアナ神殿】《Templo de Diana》ポルトガル中南部の都市エボラの旧市街にある古代ローマ時代の神殿の遺跡。1世紀頃、皇帝アウグストゥスを祭るために建造、2世紀から3世紀にかけて改築された。14本のコリント様式の柱や柱頭彫刻が残っている。エボラ大聖堂、ロイオス教会、サンフランシスコ教会などとともに、城壁に囲まれた旧市街全体が1986年に「エボラ歴史地区」の名称で世界遺産(文化遺産)に登録された。

ディア-バレー〖Deer Valley〗米国ユタ州、ソルトレークシティ近郊のスキーリゾート。2002年第19回冬季オリンピックの会場になった。

ディアボレッツァ〖Diavolezza〗スイス東部、グラウビュンデン州、サンモリッツ近郊の展望地。標高2984メートル。ベルニーナ急行のベルニーナディアボレッツァの駅よりケーブルカーで結ばれる。ベルニーナアルプスとペルス氷河を一望できる。

ディアボロ〖英・フランス diabolo〗鼓の胴に似た形の独楽。くびれた部分に巻いた糸を左右の手で操って遊ぶ。明治末期に流行。空中独楽。

ティアマト〖Tiamat〗バビロニアの創造神話における、原初の海を人格化した神。マルドゥク神によって殺されると、そのからだから世界が生まれる。➡エヌマエリシュ

ディアマン〖ポルトガル diamão〗ダイヤモンド。

ディアマンティ-きゅうでん【ディアマンティ宮殿】《Palazzo dei Diamanti》イタリア北東部の都市フェラーラにある宮殿。15世紀末、フェラーラ公エルコレ1世の弟シギスムンドにより、エステ家の宮殿として建造。名称はイタリア語で「ダイヤモンドの宮殿」を意味する。外壁を覆う四角錐に刻まれた白大理石がダイヤモンドに見えることに由来する。現在はコズメトゥーラ、ガロファロなどのフェラーラ派の絵画を所蔵するフェラーラ国立美術館になっている。1995年、99年に「フェラーラ：ルネサンス期の市街とポー川デルタ地帯」として世界遺産(文化遺産)に登録された。

ティアラ〖tiara〗正装するときに用いる宝石・花などをちりばめた婦人用の頭飾りのこと。

ディアレクティーク〖ドイツ Dialektik〗弁証法。

てい-あん【定案】定まった考え。「古人の—を疑い、一家の新見を立てたれば」〈中村訳・西国立志編〉

てい-あん【提案】〔名〕スル　議案や意見を提出すること。また、その議案や意見。「具体策を—する」「—者」〔類語〕動議・提言・提起・発案・発議・提議・提出

ていあん-いらいしょ【提案依頼書】➡アール-エフ-ピー(RFP)

ていあん-けん【提案権】法律案・予算案を国会に提出する権利。法律案については内閣・衆参両議院議員、予算案については内閣のみが有する。発案権。

ていあん-せいど【提案制度】従業員から業務の改善に関する提案を求め、採用された案の提案者に報奨を与える制度。経営合理化に役立て、同時に従業員の参加意識を高める目的で行われる。

ていあん-ようきゅうしょ【提案要求書】➡アール-エフ-ピー(RFP)

ティー〖T｜t〗❶英語のアルファベットの第20字。❷《time》時・時間を表す記号。❸〈T〉《temperature》温度を表す記号。❹〈t〉《ton》質量の単位、トンの記号。❺〈T〉《tera》数の単位、テラの記号。

ティー〖tea〗茶。紅茶。「—タイム」「レモン—」

ティー〖tee〗❶ゴルフで、地中に差し込み、ボールをのせる釘形の台座。❷「ティーグラウンド」の略。

てい-い【低位】低い位置。また、低い地位。

てい-い【廷尉】❶古代中国の官名。九卿の一として秦代に設けられ、裁判・刑罰などをつかさどった。のち、大理と改称。❷検非違使の佐および尉の唐名。

てい-い【定位】❶ある事物の位置を一定にとること。また、その位置。❷生物体が方向性をもった体位を定めること。また、その位置・姿勢。帰巣性・走性など。

てい-い【帝位】帝王の位。「—につく」〔類語〕皇位・王位

てい-い【帝威】帝王の威光。

てい-い【×涕×洟】涙と鼻汁。

てい-い【程頤】[1033〜1107]中国、北宋の思想家。洛陽(河南省)の人。字は正叔。号、伊川。兄の程顥とともに二程子とよばれる。性理学の基礎を築いた。語録が「二程全書」に収められている。

ディー〖D｜d〗❶英語のアルファベットの第4字。❷〈D〉ローマ数字の500。❸〈D〉音楽で、音名の一。ニ音。❹〈D〉《ラテン deuterium》重水素を表す記号。❺〈D〉《doctor; doctor course》博士・博士課程を表す記号。D1(博士課程の1年生)、D2(博士課程の2年生)のように用いる。❻《フランス denier》繊維の太さの単位、デニールの記号。❼〈d〉《フランス déci-》数の単位、デシの記号。

ディー-アール〖DR〗《deposit receipt》外国株式の現物に代わって売買される代替証券。株式の発行会社が日本の会社である場合、原株式は日本の銀行が保管し、その株式を裏付けとして海外の銀行がDRを発行する。預託証券。➡ADR ➡EDR

ディー-アール〖DR〗《digital radiography》デジタルレントゲン装置。

ディー-アール〖DR〗《disaster recovery》➡ディザスターリカバリー

ディー-アール〖DR〗《和 drive＋recorder》➡ドライブレコーダー

ティー-アール-アイ-エム〖TRIM〗《trade related investment measures》貿易関連投資措置。海外からの直接投資に、技術移転や特定部品の国内での調達を義務づけるなどの条件をつける各国の規制のこと。

ティー-アールエヌエー〖tRNA〗《transfer RNA》転移RNA。

ディー-アール-エム〖DRM〗《digital rights management》デジタル著作権管理。音楽や映画をはじ

漢字項目 で

【弟】►てい

漢字項目 てい

【丁】►ちょう
【体】►たい

人**汀** 音テイ漢 訓みぎわ、なぎさ‖波打ち際。水際。「汀渚ていしょ・汀線/長汀」

低 学4 音テイ漢 訓ひくい、ひくめる、ひくまる‖①位置がひくい。「低地・低木/高低」②程度・価値などがひくい。「低圧・低音・低級・低速・低俗・低調・低廉」③低くなる。低くする。「低下・低頭」名付ひら

呈 音テイ漢‖①差し出す。「呈上/謹呈・献呈・進呈・送呈・贈呈・拝呈・奉呈・捧呈ほうてい」②隠さずに現し出す。現れる。「呈示/露呈」名付しめ

廷 音テイ漢‖①政治を行う所。「廷臣/外廷・宮廷・禁廷・朝廷」②裁判を行う所。「廷吏/開廷・休廷・出廷・訟廷・退廷・入廷・法廷」名付たか・ただ・なが

弟 学2 音テイ漢 ダイ呉 デ慣 訓おとうと、おと‖㊀〈テイ〉①おとうと。「弟妹/義弟・兄弟・実弟・子弟・舎弟・従弟・末弟・令弟」②門人。「高弟・師弟・徒弟・門弟」③自分を謙遜けんそんしていう語。「小弟」㊁〈ダイ〉おとうと。「兄弟」㊂〈デ〉門人。「弟子」名付くに・ちか・つぎ・ふと 難読従兄弟いとこ・弟姫おとひめ・再従兄弟はとこ

定 学3 音テイ漢 ジョウ(チャウ)呉 訓さだめる、さだまる、さだか‖㊀〈テイ〉①物事を決めて変えない。さだめる。さだまる。「定員・定価・定期・定義・定刻・定説/確定・仮定・協定・決定・暫定・指定・推定・制定・選定・測定・断定・判定・否定・評定・法定・未定・予定」②一所に落ち着いて動かない。「定住・定着/安定・一定・固定・鎮定・不定・平定」③決まり。さだめ。「規定」㊁〈ジョウ〉①さだめる。さだまる。「定石・定命じょうみょう・定紋/勘定・評定・老少不定」②きっと。さだめて。「必定・会者定離えしゃじょうり」③仏教で、精神を一つに集中させること。「禅定・入定」名付さだ・さだむ・さだめ・つら・また・やす

底 学4 音テイ漢 訓そこ‖㊀〈テイ〉①いちばん低い所。物の下部。そこ。「底辺・底面・底流/奥底おうてい・海底・眼底・胸底・筐底きょうてい・湖底・心底しんてい・船底・地底・徹底・到底・払底」②奥底まで至る。「底止」③もとになるもの。「底本/基底・根底」㊁〈そこ(ぞこ)〉「底力・底値/心底しんそこ・谷底・船底」名付さだ・ふか

抵 音テイ漢‖①ぶつかって張り合う。「抵抗/角抵」②突き当たる。「抵触」③それに相当する。「抵当」④それ相当。ほぼ。「大抵」名付あつ・やす・ゆき

邸 音テイ漢 訓やしき‖やしき。大きな家。「邸宅・邸内/官邸・豪邸・私邸・別邸・本邸」名付いえ

亭 音テイ漢 チン唐‖①旅人の宿泊所。宿駅。「亭長/駅亭」②屋根だけで壁のない休息所。あずまや。ちん。「池亭」③飲食・演芸などで客を集める建物。「亭主/旗亭・席亭・茶亭・料亭」④樹木が高くそびえるさま。「亭亭」⑤きっかりその点に当たる。「亭午」

×**剃** 音テイ漢 訓そる、する‖髪やひげをそる。「剃頭・剃髪」難読剃刀かみそり

貞 音テイ漢 ジョウ(チャウ)呉 訓ただしい‖①節操が堅く正しい。「貞潔・貞淑・貞女・貞節・貞操/孝貞・忠貞・童貞・不貞」②占って神意をうかがう。「貞卜ていぼく」名付さだ・ただ・ただし・ただす・つら・みさお 難読不貞腐ふてくされる

帝 音テイ漢 タイ呉 訓みかど‖㊀〈テイ〉①天下を治める最高の支配者。天子。「帝王・帝国/皇帝・五帝・女帝・聖帝・先帝・大帝」②宇宙を統括する最高神。「上帝・天帝・白帝」③「帝国主義」の略。「反帝」㊁〈タイ〉天子。また、神。「煬帝ようだい」名付ただ

×**牴** 音テイ漢‖突き当たる。ふれる。さしさわる。「牴牾ていご・牴触」補説「抵」と通用する。

訂 音テイ漢 訓ただす‖言葉や文字の誤りを正す。「訂正/改訂・更訂・校訂・再訂・修訂・補訂」名付ただ

庭 学3 音テイ漢 訓にわ‖㊀〈テイ〉①にわ。「庭園・庭前/径庭・校庭・石庭」②家族の中。「庭訓ていきん/家庭」③宮廷。禁中。「掖庭えきてい・禁庭」㊁〈にわ〉「庭石・庭先/裏庭・中庭・箱庭」名付なお・ば

人**悌** 音テイ漢‖兄や目上の者に素直につかえること。「悌友/孝悌」名付とも・やす・やすし・よし

人**挺** 音テイ漢 チョウ(チャウ)慣‖①ずば抜けている。「挺然」②進み出る。「挺身・挺進/空挺」名付ただ・なお・もち

×**涕** 音テイ漢 訓なみだ、なく‖①なみだ。「涕洟ていい・涕涙/流涕」②なく。「涕泣」

逓〔遞〕 音テイ漢‖①横へ横へと次々に伝え送る。「逓信・逓送/駅逓・伝逓」②だんだん。しだいに。「逓減・逓増」

人**釘** 音テイ漢 訓くぎ‖㊀〈テイ〉①くぎ。「釘頭」②くぎを打つ。「装釘」㊁〈くぎ〉「釘目/五寸釘」

停 学4 音テイ漢 チョウ(チャウ)慣 訓とまる、とどまる、とめる、とどめる‖①じっと一所にとまって進まない。とめる。「停止ていし・停車・停滞・停頓ていとん・停泊・停留」②一時的にやめる。中止する。「停学・停職・停戦・停電/調停」名付とどむ 難読停止ちょうじ

偵 音テイ漢‖相手のようすをうかがい探る。「偵察/探偵・内偵・密偵」

人**梯** 音テイ漢 訓はしご‖①高い所にのぼるための道具。はしご。「梯形/雲梯・魚梯・舷梯げんてい」②段階。順序に従った区分。「梯団/階梯」難読梯子はしご

人**逞** 音テイ漢 訓たくましい‖①たくましい。「逞卒・逞兵」②思うとおりにする。「不逞」名付たくま・とし・ゆき・ゆた・よし

×**啼** 音テイ漢 訓なく‖①涙を流して泣く。「啼泣/悲啼」②鳥や獣などが鳴く。「啼鳥」

堤 音テイ漢 訓つつみ‖㊀〈テイ〉土手。つつみ。「堤防/堰堤えんてい・石堤・築堤・長堤・突堤・防波堤」㊁〈つつみ(づつみ)〉「川堤」

×**幀** 音テイ慣 トウ(タウ)漢‖書画などを台紙にはりつける。表装する。「装幀」

提 学5 音テイ漢 ダイ呉 訓さげる‖㊀〈テイ〉①手にさげて持つ。「提琴・提携」②差し出す。持ち出す。「提案・提起・提供・提言・提示・提出・提唱/前提」③先に立って引き連れる。「提督」㊁〈ダイ〉梵語の音訳字。「招提しょうだい・菩提ぼだい」難読提灯ちょうちん・提子ひさげ

程 学5 音テイ漢 訓ほど‖㊀〈テイ〉①物事をはかる基準。決まり。度合い。「程度/規程・章程・方程式」②ある範囲を一定の長さ・分量で一区切りずつにしたもの。また、道のり。道筋。「音程・過程・教程・工程・行程・射程・道程どうてい・日程・里程・歴程」㊁〈ほど〉「程程/先程」名付たけ・のり・みな 難読道程みちのり

×**碇** 音テイ漢 訓いかり‖いかり。いかりを下ろす。「碇泊」補説「停」を代用字とすることがある。

人**禎〔禎〕** 音テイ漢‖めでたいしるし。さいわい。「禎祥/嘉禎かてい」補説「禎」「禎」ともに人名用漢字。名付さだ・さだむ・さち・ただ・ただし・つぐ・とも・よし

艇 音テイ漢‖細長い小舟。ボート。「艇庫・艇身/艦艇・汽艇・競艇・舟艇・漕艇・端艇・飛行艇」

人**鼎** 音テイ漢 訓かなえ‖①古代中国の三足の器。かなえ。「鼎足/鐘鼎」②王位のシンボル。「鼎祚ていそ」③三者が向き合って並ぶこと。「鼎談・鼎立」④三公。大臣。「鼎位」名付かね

人**綴** 音テイ漢 テツ漢 訓つづる、とじる‖つなぎ合わせる。つづる。「綴字ていじ・てつじ/点綴てんてい・てんてつ・補綴ほてい・ほてつ」

締 音テイ漢 訓しまる、しめる‖締めくくって一つにまとめる。約束などを結ぶ。「締結・締約」

人**鄭** 音テイ漢‖①ねんごろ。丁寧。「鄭重ていちょう」②中国、周代の国名。「鄭声」補説人名用漢字表(戸籍法)の字体は「鄭」。

諦 音テイ漢 タイ呉 訓あきらめる‖㊀〈テイ〉①明らかにする。「諦視」②締めくくり。まとめ。「要諦」③あきらめる。「諦観・諦念」㊁〈タイ〉仏教で、悟り。真理。「三諦・真諦しんたい・俗諦・妙諦」

人**蹄** 音テイ漢 訓ひづめ‖①馬や牛のひづめ。「蹄鉄/鉄蹄・馬蹄・奇蹄目・偶蹄目」②わな。「筌蹄せんてい」

漢字項目 でい

泥 音デイ漢 訓どろ、ひじ、なずむ‖㊀〈デイ〉①どろ。「泥水・泥土・泥濘でいねい/雲泥・汚泥・春泥」②どろ状のもの。「泥炭/金泥きんでい・こんでい・銀泥」③南海に住むという虫の名。「泥酔」④ふんぎりがつかない。こだわる。なずむ。「拘泥」㊁〈どろ〉「泥沼・泥水」難読泥障あおり・障泥あおり・泥鰌どじょう・泥濘ぬかるみ

めとするデジタルコンテンツの著作権を保護する技術や機能の総称。

ティー-アール-ティー〖TRT〗《Trademark Registration Treaty》商標登録条約。商標・標章などの国際的な登録制度に関する取り決め。1975年締結。

ティーアール-りつ【TR率】《Tはtop(地上部)、Rはroot(根部)》植物の、地上部と根部との比率をいう。

ティーアール-レーダー【TRレーダー】《transmit receive radar》同一アンテナを送受信双方に共用するレーダー。

ティー-アイ〖TI〗《Texas Instruments Inc.》テキサスインスツルメンツ社。米国の半導体メーカー。本社はダラス。

ディー-アイ〖DI〗《diffusion index》►ディフュージョンインデックス

ディー-アイ〖DI〗《discomfort index》►不快指数

ティー-アイ-アール〖TIR〗《フランス Transport International Routier》国際道路輸送。道路走行車両による多国間貨物運送を容易にするために結ばれた通関条約(TIR条約)に則った貨物輸送。ヨーロッパ大陸のトラックの車体に書かれている。

ディー-アイ-エー〖DIA〗《Defense Intelligence Agency》米国の国防情報局。1961年設立。陸海空軍の諜報を担当する。

ディー-アイ-エス-エー〖DISA〗《Defense Information Systems Agency》国防情報システム局。米国国防総省の機関。軍事通信、電波監理や通信システムの開発など情報システム全般を管轄する。

ティー-アイ-エフ-エフ-イー〖TIFFE〗《Tokyo International Financial Futures Exchange》東京金融取引所(TFX)の旧略称。東京金融先物取引所。

ディー-アイ-シー〖DIC〗《disseminated intravascular coagulation》播種はしゅ性血管内凝固症候群。血管内の種々の部位に散在的に血液凝固が多発する症候群。

ティー-アイ-シー-エー-ディー〖TICAD〗《Tokyo International Conference on African Development》►アフリカ開発会議

ディー-アイ-ティー〘DIT〙《diet induced thermogenesis》►食事誘発性熱産生

ディー-アイ-ディー〘DID〙《Dissociative Identity Disorder》►解離性同一性障害

ディー-アイ-ワイ〘DIY〙《do-it-yourself》しろうとが自分で何かを作ったり、修繕したりすること。日曜大工。ドゥイットユアセルフ。(補説)第二次大戦後のロンドンで、廃墟に立った元軍人たちが「何でも自分でやろう」を合い言葉に町の再建に取り組んだのが始まりとされる。

ティー-アップ〘tee up〙〘名〙ｽﾙ ゴルフで、各ホールの打ち出しで、ティーにボールをのせること。

ティー-イー〘TE〙《transnational enterprise》多国籍企業。

ティー-イー-イー〘TEE〙《Trans-Europe Express》ヨーロッパ横断特急列車。1957年開通、87年よりEC(ユーロシティー)に移行。

ティー-イー-イー-ビー〘TEEB〙《the economics of ecosystems and biodiversityの頭文字から》生態系と生物多様性が経済に与える影響などを研究した報告書。2007年にドイツで開催されたG8環境大臣会合で採択されたポツダムイニシアチブに基づいて、ドイツ銀行取締役パバン=スクデフがプロジェクトリーダーとして研究を推進。10年10月に名古屋市で開催されたCOP10(生物多様性条約第10回締約国会議)で最終研究結果が発表された。生態系と生物多様性の経済学。

ディー-イー-エー〘DEA〙《Drug Enforcement Administration》麻薬取締局。米国司法省内の一部局。海外からの麻薬密輸取り締まりや国内での流通阻止などにあたる。

ティー-イー-エス〘TES〙《total element score》フィギュアスケートの採点基準の一つ。ジャンプやスピン、ステップなどの要素とその質を採点し、総計した点数。総要素点。➡PCS ➡TSS

ディー-イー-エス〘DES〙《Data Encryption Standard》►デス(DES)

ディー-イー-エス〘DES〙《debt equity swap》►デットエクイティースワップ

ディー-イー-ダブリュー〘DEW〙《directed energy weapon》エネルギー指向型兵器。従来型の運動エネルギー利用兵器(KEW)に対するもので、レーザーや素粒子を集束・指向し、目標を破壊する兵器。

ディー-イー-ティー〘DET〙《diethyltryptamine》ジエチルトリプタミン。トリプタミンの合成誘導体で、幻覚剤の一種。

ディー-イー-ピー〘DEP〙《Data Execution Prevention》►デップ(DEP)

ティー-イー-ユー〘TEU〙《twenty-foot equivalent unit》20フィートコンテナを1単位として、港湾が取り扱える貨物量を表す単位。また、コンテナ船の積載容量を表す単位。40フィートコンテナを1単位とするFEUという単位もある。

ディー-えいぞうたんし【D映像端子】ﾃﾞｨｴｲｿﾞｳﾀﾝｼ《D terminal》►D端子

ティー-エー〘TA〙《terminal adapter》►ターミナルアダプター

ティー-エー〘TA〙《technology assessment》►テクノロジーアセスメント

ディー-エー〘DA〙《documents against acceptance》引受渡ﾋｷｳｹﾜﾀｼし。

ディー-エー〘DA〙《digital-to-analog》デジタルからアナログへの変換。D/Aとも書く。➡AD

ディー-エー〘DA〙《district attorney》米国で、地方検事。

ディー-エー-アール〘DAR〙《Daughters of the American Revolution》アメリカ革命の娘。米国独立戦争当時の精神を継承しようとする女性団体。1890年結成。

ディー-エー-アール〘DAR〙《display aspect ratio》テレビやコンピューターのディスプレーの画面アスペクト比。

ティー-エー-アイ〘TAI〙《ﾌﾗﾝｽ Temps Atomique International》►国際原子時

ディー-エー-イー〘DAE〙《Dynamic Asian Economies》ダイナミックアジア経済地域。1989年10月OECDが決定した、NIESにタイ、マレーシアを加えた地域の呼称。

ディー-エー-エー-ディー〘DAAD〙《ﾄﾞｲﾂ Deutscher Akademischer Austausch Dienst》ドイツ学術交流会。ドイツの大学が共同で設置している機関。留学生の交換などを行う。1950年設立。本部はボン。

ティー-エー-エフ〘TAF〙《Term Auction Facility》米国FRB(連邦準備銀行)が流動性供給のため、預金金融機関を対象に入札形式で実施する貸出制度。各入札の実施は、貸出総額・貸出期間などの情報と共に発表され、参加機関は、必要額と利率を指定して応札。入札締切後、利率が高い順に応札金額を累計。貸出総額に達したところで適用利率と落札機関が決定される。貸出額を上回る担保が必須。2007年12月開始。

ティー-エー-エル-エフ〘TALF〙《Term Asset-Backed Securities Loan Facility》►ターム物資産担保証券貸出制度

ティー-エー-オー〘TAO〙►トラックアットワンス

ディー-エー-オー〘DAO〙►ディスクアットワンス

ディーエー-コンバーター【DAコンバーター┊D/Aコンバーター】《digital-to-analog converter》►ディーエー(DA)変換器

ティー-エー-シー〘TAC〙《The Athletics Congress/USA》米国陸上競技連盟。1979年設立。92年、USATF(USA Track and Field)に改称。

ティー-エー-シー〘TAC〙《total allowable catch》►タック(TAC)

ティー-エー-シー〘TAC〙《Treaty of Amity and Cooperation in Southeast Asia》►東南アジア友好協力条約

ディー-エー-シー〘DAC〙《digital-to-analog converter》►ディーエー(DA)変換器

ティー-エー-シー-ブイ〘TACV〙《tracked air cushion vehicle》コンクリートの軌道の上を浮遊しながら走る高速空圧車両。各国で研究が進められている。

ディー-エー-ダブリュー〘DAW〙《digital audio workstation》►デジタルオーディオワークステーション

ディーエーダブリュー-ソフト【DAWソフト】《DAW software》パソコン上でデジタルオーディオワークステーションの機能を提供するソフトウエアの総称。

ティー-エー-ティー〘TAT〙《Thematic Apperception Test》投影法の一。被験者に絵を示して自由な連想から物語を作らせ、それを分析して心の深層を探るテスト。主題統覚検査。絵画統覚検査。

ディー-エー-ティー〘DAT〙►アルツハイマー型認知症

ディー-エー-ティー〘DAT〙《digital audio tape》►ダット(DAT)

ディー-エー-ディー〘DAD〙《digital audio disc》音楽などを数値信号に変換して記録したレコード盤。コンパクトディスク(CD)が代表的。

ティー-エー-ビー〘TAB〙《temporarily able-bodied person》健常者。

ティー-エー-ビー〘TAB〙《tax anticipation bills》米国の納税国債。法人税収を見越した四半期ごとの満期限の財務証券。

ディー-エー-ビー〘DAB〙《digital audio broadcast》地上波または衛星を使ったデジタルオーディオ放送。欧州で開発された方式。

ティー-エー-ピー-アイ〘TAPI〙《telephony application programming interface》►タピ(TAPI)

ディーエー-へんかん【DA変換┊D/A変換】ﾍﾝｶﾝ《digital-to-analog conversion》デジタル信号をアナログ信号に変換すること。➡DA変換器

ディーエー-へんかんき【DA変換器┊D/A変換器】ﾍﾝｶﾝｷ《digital-to-analog converter》デジタル信号をアナログ信号に変換する装置。DAコンバーター。DAC。

ティー-エス〘TS〙《transsexual》►トランスセクシュアル

ディー-エス〘DS┊D.S.〙《doctor of science》理学博士。DSc. D.Sc.とも書く。

ディー-エス〘DS〙《discount store》ディスカウントストア。安売り店。ディスカウントショップ。

ディー-エス〘DS〙《drop shipping》►ドロップシッピング

ディー-エス〘DS〙《disconnect switch》►断路器

ディー-エス-アール〘DSR〙《debt service ratio》►デットサービスレシオ

ティー-エス-イー〘TSE〙《Tokyo Stock Exchange》東京証券取引所。昭和24年(1949)設立。

ティー-エス-エー〘TSA〙《Transportation Security Administration》DHS(米国国土安全保障省)の運輸保安局。➡TSAロック

ディー-エス-エー〘DSA〙《digital subtraction angiography》デジタル差引血管造影法。造影剤を注入した血管のX線写真をコンピューター処理して、造影剤の入った血管のみを造影する方法。

ティーエスエー-ロック【TSAロック】TSA(米国運輸保安局)の認可・承認を受けた旅行鞄用の錠ｼﾞｮｳ。持ち主のほか、TSA職員であれば、特殊なツールを用いて解錠・再施錠することができる。(補説)2003年以降、米国の飛行機に搭乗する際は、テロ対策として荷物の施錠をしないよう要求されているが、TSAロックであれば施錠したままの運搬や預け入れが可能。

ティー-エス-エス〘TSS〙《time-sharing system》►タイムシェアリングシステム

ティー-エス-エス〘TSS〙《traffic separation scheme》船舶の衝突防止のための往復航行分離方式。

ティー-エス-エス〘TSS〙《total segment score》フィギュアスケートで、TESとPCSを合計し、転倒などによる減点分を引いた得点。これにより順位が決定する。

ディー-エス-エス〘DSS〙《decision support system》►デシジョンサポートシステム

ディー-エス-エス-シー〘DSSC〙《dye-sensitized solar cell》►色素増感型太陽電池

ティー-エス-エッチ〘TSH〙《thyroid-stimulating hormone》►甲状腺刺激ホルモン

ディー-エス-エヌ〘DSN〙《deep space network》深宇宙通信網。惑星間飛行中の探査機の制御用通信ネットワーク。

ディー-エス-エム〘DSM〙《demand side management》電気事業者による電力需要管理システム。省エネルギーや、電力消費の偏りを平準化するための施策を、電力会社が行う。特に、アメリカでは積極的に行われており、工場が省エネ投資をする場合や、一般家庭が家電機器を高効率のものに買い替える際に、その費用の一部、時には全額を電力会社が負担したり、エアコンのオン・オフを電力会社が直接操作したりしている。

ティー-エス-エル〘TSL〙《techno super liner》テクノスーパーライナー。運輸省(現国土交通省)の主導の下に、海上輸送の高速化をはかる目的で、平成元年(1989)から研究開発が進められてきた次世代超高速船。性能は速力50ノット(時速約93キロメートル)、貨物積載重量1000トン、航続距離500海里(約930キロメートル)を目標とし、実験船2隻、実用船1隻が建造された。実用船は東京と小笠原諸島を結ぶ航路に就航する計画であったが、採算上の問題から中止された。

ディー-エス-エル〘DSL〙《digital subscriber line》►エックス-ディー-エス-エル(xDSL)

ディー-エス-エル〘DSL〙《deep scattering layer》深海音波散乱層。海底に向けて超音波を発射させたときに、音波を反射させる動物性プランクトンの

密集あるいは魚群などの存在を示す層。
ディー-エス-エル-アール〔DSLR〕《digital single-lens reflex camera》►デジタル一眼レフカメラ
ディー-エス-シー〔DSC〕《dye-sensitized solar cell》►色素増感型太陽電池
ディーエスジーイー-モデル【DSGEモデル】《Dynamic Stochastic General Equilibrium Models》リアルビジネスサイクル理論など、ミクロ経済学的基礎付けを持つマクロ経済学のモデルを、新ケインズ学派の立場から発展させたもの。さまざまな仮定を設定してモデルを構築し、経時的変化を考慮する動学的分析を行う。ケインズ学派と古典学派の考え方を統合するもので、金融・財政政策の提言などに用いられる。動学的確率的一般均衡モデル。
ティー-エス-シー-エー〔TSCA〕《Toxic Substances Control Act》米国の有害物質規制法。有害化学物質の規制に関する法律。1976年制定。
ディー-エス-シー-エス〔DSCS〕《Defense Satellite Communications System》米国防衛衛星通信システム。国防総省による、全世界の米軍を結ぶ衛星通信指揮システム。
ティー-エス-シー-ジェー〔TSCJ〕《Telecommunications Satellite Corporations of Japan》通信・放送衛星機構。平成16年(2004)独立行政法人情報通信研究機構(NICT)となった。
ディー-エス-スリー〔DS3〕►ティースリー(T3)
ディー-エス-ティー〔DST〕《daylight saving time》夏時間。サマータイム。欧米で広く導入されている。
ディー-エス-ディー〔DSD〕《disorders of sex development; disorders of sex differentiation》►性分化疾患
ディー-エス-ティー-エヌ〔DSTN〕《dual-scan super twisted nematic》液晶ディスプレーの表示方式の一つ。STN方式を改良してコントラストをより高くしてある。現在はより性能の優れたTFT方式が主流となっている。
ディーエスティーエヌ-えきしょう【DSTN液晶】《dual-scan super twisted nematic liquid crystal》液晶ディスプレーの一方式。STN液晶を改良し、応答速度を高めている。
ディー-エス-ディー-ピー〔DSDP〕《Deep Sea Drilling Project》米国深海掘削計画。1968年採掘開始。85年、国際深海掘削計画(ODP; Ocean Drilling Program)に引き継がれた。
ディー-エス-ビー〔DSB〕《Defense Science Board》米国国防科学委員会。1956年、フーバー委員会の勧告により設立。科学、国防技術、軍事作戦、兵器製造、装備調達などの専門家らが国防政策に関して国防次官らに助言、勧告を行う。
ディー-エス-ピー〔DSP〕《digital signal processor》デジタル信号の高速処理に特化したマイクロプロセッサー。オーディオ機器やパソコンのサウンドカード、モデムなどに搭載される。デジタルシグナルプロセッサー。
ティーエス-マーク【TSマーク】《TSはTraffic Safety》自転車が安全基準に合格していることを示すマーク。日本交通管理技術協会が認定する自転車安全整備士が点検整備した自転車に貼ることができる。
ディー-エス-ユー〔DSU〕《digital service unit》デジタル通信サービス(ISDN)の端末側に必要な回線終端装置。これに電話機やターミナルアダプター(TA)などを接続する。現在はTAに内蔵された一体型が一般的。
ディー-エス-ワン〔DS1〕►ティーワン(T1)
ティー-エックス〔TX〕《JOTX-DTV》テレビ東京。昭和39年(1964)開局。国から受けた無線局免許のコールサインJOTX-DTVから。
ディー-エックス〔DX〕《deluxe》デラックス。
ティー-エックス-エヌ〔TXN〕《TX Network》テレビ東京をキー局とした民放ニュースネットワーク。発足は平成元年(1989)で日本で最も新しい。前身は昭和57年(1982)発足で関東・関西・中京圏のみを結んだメガTONネットワーク。準キー局は大阪府のテレビ大阪で、6局が加盟(平成24年7月現在)。
ディーエックス-コード【DXコード】《DX code》カメラ用フィルムのパトローネに、フィルムに関する情報を記録するための規格。撮影操作と現像処理の自動化のために、フィルムの種類、感度、撮影枚数などが記録される。
ディー-エックス-ティー〔DXT〕《deep X-ray therapy》深部X線治療。
ディーエックス-フォーマット【DXフォーマット】►APS-Cサイズ
ディー-エッチ〔DH〕《designated hitter》野球で、指名打者。
ティー-エッチ-アイ〔THI〕《temperature humidity index》►不快指数
ディー-エッチ-エー〔DHA〕《docosahexaenoic acid》►ドコサヘキサエン酸
ディー-エッチ-エー〔DHA〕《Department of Humanitarian Affairs》国連人道問題局。飢餓、自然災害、戦争などによる緊急事態において、人道的支援を行うための国連事務局の一部局。1992年に設置され、97年に廃止となったが、人道支援活動調整機能を強化したOCHA(国連人道問題調整部)が新たに設立された。
ディー-エッチ-エー〔DHA〕《dehydroacetic acid》デヒドロ酢酸。殺菌剤として用いる。
ディー-エッチ-エス〔DHS〕《Department of Homeland Security》米国国土安全保障省。米国同時多発テロ事件をふまえ、テロリストの攻撃やその他の災害から国土を守るために設置された機関。
ティー-エッチ-エス-アール〔THSR〕《Taiwan High Speed Rail》►台湾高速鉄道
ディー-エッチ-エッチ-エス〔DHHS〕《Department of Health and Human Services》保健福祉省。米国政府機関の一つ。食品・薬品・公衆衛生、病院、地域サービスなどの福祉を担当する。1980年、DHEWから改称。HHSとも。
ティー-エッチ-シー〔THC〕《tetrahydrocannabinol》テトラヒドロカンナビノール。マリファナの主成分。
ディー-エッチ-シー-エム〔DHCM〕《dilated phase of hypertrophic cardiomyopathy》►拡張相肥大型心筋症
ディー-エッチ-シー-ピー〔DHCP〕《dynamic host configuration protocol》インターネットにコンピューターを接続する際、一時的にIPアドレスを割り当てるプロトコル。インターネットへの接続を容易にし、ネットワーク管理を一元的に行うことができる。
ディーエッチシーピー-サーバー【DHCPサーバー】《dynamic host configuration protocol server》インターネットにコンピューターを接続する際、空いているIPアドレスを一時的に割り当てるサーバー。
ディー-エッチ-ティー-エム-エル〔DHTML〕《dynamic hypertext markup language》►ダイナミックHTML
ディー-エヌ-アール〔DNR〕《digital noise reduction》デジタルノイズリダクション。デジタル処理によって、映像信号に混在しているノイズを低減する技術。
ディー-エヌ-アール〔DNR〕《do not resuscitate》蘇生を望まず。尊厳死を希望する患者の意思表示を示す言葉で、心肺停止後の蘇生処置を拒否すること。本人または家族の希望により、癌などで救命の可能性がない終末期患者などに心肺蘇生処置を施さないこと。また、患者の意思に基づいて医師が蘇生処置を行わないよう医療スタッフに伝えることをDNR指示という。
ディー-エヌ-アイ-シー〔DNIC〕《Data Network Identification Code》国際データ識別番号。国際データ通信で、ネットワーク間接続するために利用する識別番号。
ティー-エヌ-イー〔TNE〕《transnational enterprise》多国籍企業。
ディー-エヌ-エー〔DeNA〕携帯電話やスマートホン向けのソーシャルゲームをはじめ、モバイルコマースなどの電子商取引を主な事業領域とする日本の企業。平成11年(1999)設立。携帯電話向けのポータルサイト、モバゲーを運営する。
ディー-エヌ-エー〔DNA〕《deoxyribonucleic acid》❶►デオキシリボ核酸　❷俗に、遺伝子のこと。また、先祖から子孫へ連綿と伝わるもの。「父の—を受け継ぐ」「歴代モデルの—を引き継いだ新車」「ジャーナリスト精神の—を継承する」
ディー-エヌ-エー〔DNA〕《Defense Nuclear Agency》米国の国防総省核兵器局。1971年、核支援局(DASA)を改組して設立。96年、国防総省特殊兵器局(DSWA)に改組。98年より国防脅威削減局(DTRA)。
ディーエヌエー-ウイルス【DNAウイルス】《DNA virus》DNAを遺伝子として持つウイルスの総称。宿主細胞のRNAポリメラーゼによってmRNAを合成し複製・増殖する。➡RNAウイルス
ディーエヌエーがた-かんてい【DNA型鑑定】►DNA鑑定
ディーエヌエー-かんてい【DNA鑑定】ヒトの細胞内のDNAに存在する個人的特徴を、個人識別や親子関係の判断に利用すること。DNA型鑑定。
ディーエヌエー-けんさ【DNA検査】►遺伝子検査
ディーエヌエー-ごうせいこうそ【DNA合成酵素】►DNAポリメラーゼ
ディーエヌエー-しんだん【DNA診断】►遺伝子診断
ディーエヌエー-バーコード【DNAバーコード】《DNA bar codes》生物種に特有なDNA配列の一部を抽出し、バーコードのように登録したもの。生物の組織の一部から種を同定することができる。2003年にカナダのゲルフ大学教授ポール=ヒーバートらが提唱。各国の政府・研究機関で取り組みが進められている。生物分類学の網羅的な学術データベースとして役割が期待されるほか、病害虫の特定や農水産物の品種判定などにも活用されている。
ディーエヌエー-ポリメラーゼ【DNAポリメラーゼ】《DNA polymerase》DNAを合成・複製する酵素の総称。4種のヌクレオシド(アデノシン・チミジン・グアノシン・シチジン)を重合させ、鋳型とする核酸(DNA・RNA)に対して相補的な塩基配列を持つDNAを合成する。合成を開始するにはプライマーと呼ばれる核酸の断片が必要。DNA合成酵素。
ティーエヌ-えきしょう【TN液晶】《twisted nematic liquid crystal》液晶パネルの作動方式の一。電圧がかかっていない時の液晶分子をガラス基板に対して平行に、かつ、らせん階段状に90度にねじって上下の偏光板の向きに合わせて配置したもの。電圧をかけ、液晶分子を立ち上げることで光量を制御する。駆動電圧が低く、コストが安いという特徴がある一方、見る方向によって明るさや色の変化が大きい。この点を改良し、STN液晶やDSTN液晶などが開発されている。ねじれネマティック液晶。TN方式。
ディー-エヌ-エス〔DNS〕《domain name system》インターネットに接続されたコンピューターのドメイン名とIPアドレスを対応させるシステム。また両者の置き換え機能をもつ。ドメインネームシステム。➡DNSサーバー
ディーエヌエス-サーバー【DNSサーバー】《DNS server》インターネットに接続されたコンピューターのドメイン名とIPアドレスを対応させる役割を担うサーバー。また両者の置き換え機能もつ。ネームサーバー。ドメインネームサーバー。➡DNS
ディーエヌエス-サフィックス【DNSサフィックス】《domain name system suffix》インターネットやイントラネットなどのTCP/IPネットワークにおいて、ドメイン名の一部を指定した時に補われる残りの文字

列。DNSサーバーが自動的に足りない部分の文字列を付与するよう設定できる。ドメインサフィックス。

ティー-エヌ-エフ〔TNF〕《theater nuclear force》戦域核戦力。戦場およびその周辺で地域的に限られた目標を攻撃する核戦力。一般的には、IRBM(中距離弾道ミサイル)、MRBM(準中距離弾道ミサイル)などのミサイル、大口径火砲、爆撃機、艦艇などの核運搬手段のほか、核地雷などから構成される。

ティーエヌエム-ぶんるい【TNM分類】《TNM classification》悪性腫瘍の発育状況の分類方法。(補説)TNMはtumor(腫瘍)、node(リンパ節)、metastasis(転移)の略。

ティー-エヌ-オー〔TNO〕《trans-Neptunian objects》►太陽系外縁天体

ティー-エヌ-シー〔TNC〕《transnational corporation》多国籍企業。

ティー-エヌ-シー〔TNC〕《Trade Negotiations Committee》貿易交渉委員会。関税貿易一般協定(GATT)での高級事務レベルの協議組織。世界貿易機関(WTO)総会の下に置かれる。

ディー-エヌ-シー〔DNC〕《direct numerical control》コンピューター統括制御または直接数値制御。複数のNC工作機械を1台の管理用コンピューターで統括的に制御する方式。

ディー-エヌ-シー〔DNC〕《Democratic National Committee》米国民主党全国委員会。大統領候補指名および党綱領採択のために4年ごとに開く党大会の準備や党としての資金集めなどを行う。

ティー-エヌ-ダブリュー〔TNW〕《theater nuclear weapon》戦域核兵器。➡TNF

ティー-エヌ-ティー〔TNT〕トリニトロトルエンの略称。「一火薬」

ティーエヌティー-とうりょう【TNT当量】ﾀｳﾘﾔｳ 核爆弾の爆発エネルギーを表す単位。トリニトロトルエン火薬に換算し、トンで表す。

ティー-エヌ-ビー〔TNB〕《trinitrobenzene》トリニトロベンゼン。爆薬の一種。起爆剤、炸薬に使われる。

ティーエヌ-ほうしき【TN方式】ﾊﾌｼｷ《twisted nematic》►TN液晶

ティー-エフ〔TF〕《task force》タスクフォース。

ディー-エフ〔DF〕《defense; defender》ディフェンス。また、ディフェンダーのこと。

ディー-エフ〔DF〕《direction finder》方向探知器。

ティー-エフ-アール〔TFR〕《total fertility rate》►合計特殊出生率

ティー-エフ-イー〔TFE〕《tetrafluoroethylene》テトラフルオロエチレン。無色無臭の気体。弗素樹脂の原料。

ティー-エフ-エー〔TFA〕《trans fatty acid》►トランス脂肪酸

ディー-エフ-エス〔DFS〕《duty-free shop》►デューティーフリーショップ

ティー-エフ-エックス〔TFX〕《Tokyo Financial Exchange》►東京金融取引所

ディー-エフ-エム〔DFM〕《Dongfeng Motor》►東風汽車

ティー-エフ-ティー〔TFT〕《thin film transistor》►薄膜トランジスター

ディー-エフ-ディー〔DFD〕《data flow diagram》►データフローダイヤグラム

ティー-エフ-ティー-アール〔TFTR〕《Tokamak Fusion Test Reactor》トカマク型臨界プラズマ試験装置。1982年米国プリンストン大学プラズマ物理学研究所に完成。95年新型装置に移行し、97年、稼動停止。

ディー-エフ-ディー-アール〔DFDR〕《digital flight data recorder》デジタル飛行データ記録装置。高度・速度など飛行機の詳細な状況を記録する装置。飛行機事故の原因解明などに利用される。1969年以後、型式証明を取得した航空機はすべてこの装置を備えている。

ティーエフティー-えきしょう【TFT液晶】ｴｷｼﾔｳ《thin film transistor liquid crystal》薄膜状のトランジスターを使用した液晶。コンピューターの液晶ディスプレーなどに用いられる。

ディー-エフ-ブイ-エル-アール〔DFVLR〕《ドイツ Deutsche Forschungs- und Versuchsanstalt für Luft- und Raumfahrt》ドイツ航空宇宙研究所。1989年、DLR(Deutsche Forschungsanstalt für Luft- und Raumfahrt)に改称。➡DLR

ティー-エム〔TM〕《transcendental meditation》超越瞑想。目をつぶり体を楽にして座り、簡単な文句を心の中で唱える瞑想法。1958年インド人のマハリシュ＝マヘーシュ＝ヨーギーが紹介。

ティー-エム〔TM〕《trademark》商標。

ティー-エム〔TM〕《technical manual》技術手引き書。

ティー-エム〔TM〕《theme music》テーマミュージック。主題曲。テーマ音楽。

ティー-エム〔TM〕《teaching machine》ティーチングマシーン。教育機器。

ディー-エム〔DM〕《direct mail》►ダイレクトメール

ディー-エム〔DM〕《direct message》►ダイレクトメッセージ

ティー-エム-アール〔TMR〕《tunnel magnetoresistance》►トンネル磁気抵抗効果

ティーエムアール-そし【TMR素子】►トンネル磁気抵抗素子

ティー-エム-アイ〔TMI〕《Three Mile Island Nuclear Power Plant》スリーマイル島原子力発電所。米国ペンシルベニア州にある。1979年に原子炉事故が起きた。

ディー-エム-イー〔DME〕《distance measuring equipment》距離測定器。航空機から地上の無線局に電波を発し、その電波が往復する時間を距離に換算する装置。

ディー-エム-エー〔DMA〕《direct memory access》コンピューターシステム内における、データ転送方法の一。ダイレクトメモリーアクセス。

ディーエムエー-さんじゅうさん〔DMA-33〕ｻﾝｼﾞﾌｻﾝ►ウルトラエーティーエー(Ultra ATA)

ディー-エム-エー-ティー〔DMAT〕《Disaster Medical Assistance Team》►災害派遣医療チーム

ディー-エム-エフ-シー〔DMFC〕《direct methanol fuel cell》固体高分子形燃料電池(PEFC)の一種で、メタノールを固体高分子膜に接触させて直接発電させる。超小型軽量化が可能で、理論上ではリチウムイオン電池の10倍の起電力をもつとされる。また、エンジン発電機より静粛で二酸化炭素排出量も少ない。次世代の燃料電池として、携帯機器や自動車などへの実用化が期待されている。直接メタノール型燃料電池。

ディーエムエフ-しすう【DMF指数】永久歯の虫歯経験指数。DMFは、未処置の虫歯(decayed teeth)、抜いた歯(missing teeth)、処置済みの歯(filled teeth)の頭文字を取ったもの。

ティー-エム-オー〔TMO〕《telegraph money order》電信為替。

ティー-エム-オー〔TMO〕《town management organization》►タウンマネージメント機関

ディーエム-ガス【DMガス】《diphenylaminochloroarsine》非致死性毒ガスの一種。アダムサイト。

ティー-エム-ケー〔TMK〕《「特定」「目的」「会社」のローマ字表記の頭文字から》►特定目的会社

ディー-エム-ゼット〔DMZ〕《demilitarized zone》非武装地帯。朝鮮半島の韓国と北朝鮮との休戦ラインの両側の緩衝地帯もその一つ。

ティー-エム-ディー〔TMD〕《theater missile defense》戦域ミサイル防衛。射程80〜3000キロメートルの弾道ミサイルを、THAADミサイル(終末高高度防衛ミサイル)やパトリオットミサイルにより高空、低空の2段階で迎撃する構想。1993年、従来のSDI(戦略防衛構想)に代えて米国が提唱、日本も共同開発に参加している。theater(戦域)は、米軍の定めたアジア・太平洋地域、中東、欧州という三つの防衛区域を意味する。➡MD

ディー-エム-ティー〔DMT〕《dimethyltryptamine》ジメチルトリプタミン。幻覚剤の一種。

ディー-エム-ディー-ティー〔DMDT〕《methoxychlor》メトキシクロール。殺虫剤の一つ。

ティー-エム-ブイ〔TMV〕《tobacco mosaic virus》タバコモザイクウイルス。タバコの葉などに発生するタバコモザイク病の原因ウイルス。

ティー-エル〔TL〕《和 techno＋lady》テクノレディー。職場のOA化に伴い、プログラマーやシステムエンジニアなどの技術的な能力を持って働く女性。

ティー-エル〔TL〕《timeline》►タイムライン

ディー-エル〔DL〕《disabled list》米国メジャーリーグで、故障者リストのこと。故障や病気などをした選手が入る名簿で、これに登録された選手は、一定期間試合に出場できない。15日間と60日間の2種類がある。

ディー-エル-アール〔DLR〕《ドイツ Deutsches Zentrum für Luft- und Raumfahrt》ドイツ航空宇宙センター。1989年DFVLRからDeutsche Forschungsanstalt für Luft- und Raumfahrt(DLR)に改称、97年現在の名称となる。本部はドイツのケルン。

ディー-エル-エヌ-エー〔DLNA〕《Digital Living Network Alliance》デジタルリビングネットワークアライアンス。パソコンや情報家電、AV機器などを面倒な設定なしに相互接続するための技術仕様を策定する業界団体の名称、および技術仕様のこと。世界の主要な電気・通信・情報関連企業が加盟。

ディー-エル-エフ〔DLF〕《Development Loan Fund》開発借款基金。1957年米国が低開発国援助の目的で設置した融資基金。61年、USAID(米国国際開発局)に発展・解消。➡USAID

ティー-エル-オー〔TLO〕《technology licensing organization》►技術移転機関

ティー-エル-ディー〔TLD〕《top level domain》►トップレベルドメイン

ティー-エル-ディー〔TLD〕《thermoluminescent dosimeter》►熱ルミネセンス線量計

ティー-オー〔TO〕《technical order》技術指令書。

ティー-オー〔TO〕《turn over》裏面へ続くの意。

ディー-オー〔DO〕《dissolved oxygen》溶存酸素。

ディー-オー-イー〔DOE〕《Department of Energy》米国エネルギー省。原子力を含めたエネルギー政策を担当する。1977年設立。本省はワシントン。

ディー-オー-イー〔DOE〕《Department of Education》米国教育省。1980年設立。EDとも。

ディー-オー-イー〔DOE〕《dividend on equity ratio》企業による株主への利益還元の度合いを示す指標。年間の配当総額を株主資本の額で割って求める。株主資本配当率。

ディー-オー-エー〔DOA〕《dead on arrival》到着時死亡。心筋梗塞などで、救急医療機関に運ばれたときには、すでに心停止している患者。

ディーオーエス-こうげき【DoS攻撃】《denial of service attack》►サービス拒否攻撃

ディー-オー-エッチ-シー〔DOHC〕《double overhead camshaft》►ダブルオーバーヘッドカムシャフト

ティー-オー-エフ〔TOF〕《tetralogy of Fallot》►ファロー四徴症

ディー-オー-エム〔DOM〕《dimethoxy-4-methylamphetamine》ジメトキシ-4-メチルアンフェタミン。幻覚剤の一種。

ディー-オー-エム-ピー〔DOMP〕《disease of medical practice》医原病。医療行為によって起こる病気。

ディー-オー-シー〔DOC〕《イタリア Denominazione di Origine Controllata》原産地呼称統制ワイン。生産区域、ぶどう品種、栽培方法など多くの条件があり、それらをクリアしたワインが指定される。➡DOCG

ディー-オー-シー-ジー〔DOCG〕《イタリア Denominazione di Origine Controllata e Garantita》原産地呼称統制保証ワイン。最上級に位置付けられる。➡DOC

ティー-オー-ディー〔TOD〕《total oxygen demand》総酸素要求量。水の汚れの程度を表す数値。水中に含まれている汚濁物質に酸素を吹き込んで完全に燃焼させるとき必要な酸素量。

ディー-オー-ティー〔DOT〕《Department of Transportation》米国・カナダで、運輸省。

ディー-オー-ディー〔DOD〕《Department of Defense》►国防総省

ティー-オー-ビー〔TOB〕《take-over bid》株式公開買付。

ディー-オー-ピー〔DOP〕《dioctyl phthalate》フタル酸ジオクチル。合成樹脂の可塑剤として用いる。

ディー-オー-ピー〔DOP〕《developing-out paper》現像紙。

ティー-オフ〔tee off〕ゴルフで、スターティングホールの第1打を打ってラウンドを開始すること。

ディーガ〔DIGA〕パナソニックが販売するDVDレコーダー、ブルーレイディスクレコーダーのブランド名。平成15年(2003)より使用。同社の薄型テレビであるビエラシリーズとHDMI接続することで、ビエラリンク機能による統一的な操作が可能となる。

ティー-カード【Tカード】《和 T＋card》東京都交通局が発売していた地下鉄または都電・都バス用のプリペイドカード。平成5年(1993)発売開始。同19年のパスモ導入により発売終了。➡パスモ(PASMO)

ディーがた-かんえん【D型肝炎】ウイルス性肝炎の一つ。D型肝炎ウイルス(hepatitis D virus ; HDV)が血液や体液を介して感染することで起こる血清肝炎。HDVはHBV(B型肝炎ウイルス)の存在下でのみ増殖するため、B型肝炎患者だけが感染する。

ディーがたかんえん-ウイルス【D型肝炎ウイルス】D型肝炎の原因となる肝炎ウイルス。RNAをゲノムとするRNAウイルスで、血液・体液を介して感染する。B型肝炎ウイルスが共存している場合にだけ増殖できる不完全ウイルスであるため、B型肝炎患者にしか感染しない。HDV(hepatitis D virus)。

ティーがた-こう【T形鋼】テツ 形鋼の一。横断面がT字形をした棒状の鋼材。比較的軽量で、曲げる力に対して抵抗力が強い。

ティーカップ〔teacup〕❶紅茶茶碗。❷遊園地にある、❶を模して作った遊具。ぐるぐる回転する乗り物。

ていい-かぶ【低位株】カブ 株価水準の低い株。

ていいきつうか-フィルター【低域通過フィルター】デンキ ►ローパスフィルター❶

ティーキャット〔T-CAT〕《Tokyo City Air Terminal》東京シティエアターミナル。東京中央区日本橋箱崎町にある東京国際空港(羽田)・成田国際空港の中継地。リムジンバスのターミナル。

ティー-キュー-シー〔TQC〕《total quality control》全社的品質管理。会社全体がQC(品質管理)を理解し、組織的に製品の質を高めること。設計、製造にとどまらず、顧客に接する営業、さらには間接部門まで含めた全社統一運動が特徴。

ティーク〔Ludwig Tieck〕[1773～1853]ドイツの小説家・劇作家。前期ロマン派の中心人物。詩・翻訳・評論でも活躍。風刺劇「長靴をはいた猫」、小説「フランツ=シュテルンバルトの遍歴」など。

ティー-グラウンド〔teeing ground〕ゴルフで、各ホールの出発区域。ティーインググラウンド。

ディー-ケー〔DK〕《和 dining＋kitchen》►ダイニングキッチン

ディー-ケー〔DK〕《drop kick》ラグビーで、ドロップキック。

ティー-ケー-オー〔TKO〕►テクニカルノックアウト

ティーケー-スキーム【TKスキーム】《TKは匿名組合の頭文字から》国による税制や租税条約の違いを利用して租税負担を軽減しようとする国際的租税回避行為の一つ。2011年に新しい日オランダ租税条約が発効するまでは、日本の匿名組合がオランダの法人に支払う分配金に対して日本側に課税権がなく、一方、オランダでは匿名組合の分配金について課税されなかった。このため、オランダに設立した法人が日本の匿名組合に投資する形をとることで、租税が回避できた。➡国際課税

ディー-けん【D犬】警察犬種の略称の一つ。ドーベルマンのこと。

ディー-こうげん【D光源】コウガク ►D65光源

ティー-コージー〔tea cozy〕《「ティーコジー」「ティーコゼ」とも》お茶が冷めないように、ティーポットにかぶせる保温カバー。

ディー-コック〔D cock〕《drain cock》電車などの自動ドアで、ドアエンジンの空気を抜いて、手動で開けられるようにする非常用の取っ手。

ティーザー-アプローチ〔teaser approach〕じらし広告。商品名・価格・形態などの情報をわざと欠落させ、消費者の興味をかきたてようとする広告手法。新製品のキャンペーンによく用いられる。

ティーザー-こうこく【ティーザー広告】コウコク《teaser advertising》インターネットを利用した広告手法の一。発売前の製品やサービスについて、情報を意図的に限定し、人々の気を引くことを目的とする。ティザー広告。

ティーザー-サイト〔teaser site〕ティーザー広告を用いたウェブサイト。ティザーサイト。

ティー-さいぼう【T細胞】セイブツ《Tはthymusで、胸腺の意》骨髄で生成されたリンパ球が胸腺に移送されて成熟したもの。B細胞とともに免疫反応に重要な働きをする。Tリンパ球。

ディー-サブ〔D-sub〕《D-subminiature》電気機器のコネクター形状の一。主にコンピューターと周辺機器を接続するコネクターとして使われる。

ティー-シー〔TC¦T/C〕《traveler's check》►トラベラーズチェック

ティー-シー〔TC〕《Trusteeship Council》►信託統治理事会

ティー-シー〔TC〕《total cholesterol》►総コレステロール

ティー-ジー〔TG〕《triglyceride》トリグリセリド。中性脂肪。体内の主な脂肪。グリセリンと3個の脂肪酸からなる。

ティー-ジー〔TG〕《transgender》►トランスジェンダー

ディー-シー〔DC〕《direct current》直流電流。⇔AC。

ディー-シー〔DC〕《decimal classification》図書十進分類法。

ディー-シー〔DC〕《District of Columbia》►コロンビア特別区

ディー-シー〔DC〕《draft card》徴兵カード。

ディー-シー〔DC〕《Douglas commercial》米国ダグラスエアクラフト社およびマクダネルダグラス社の輸送機・旅客機の記号。DC-8、DC-10など。補説マクダネルダグラス社は、マクダネルエアクラフト社とダグラスエアクラフト社が1967年に合併して設立。97年ボーイング社に吸収合併された。

ディー-シー〔DC〕《dendritic cell》►樹状細胞

ディー-シー〔DC〕《defined contribution plan》►確定拠出年金

ディー-ジー〔DG〕《drop goal》ラグビーで、ドロップゴール。ドロップキックによるゴール。得点は3点。

ティー-ジー-イー〔TGE〕《Tokyo Grain Exchange》►東京穀物商品取引所

ティー-シー-エー〔TCA〕《Technical Cooperation Administration》米国国務省技術協力局。第二次大戦後の対外援助機関の一つ。1953年、相互安全保障本部(MSA)等と統合し海外活動本部(FOA)となる。55年設立の国際協力局(ICA; International Cooperation Administration)を経て、61年に現在の国際開発庁(AID)に引き継がれた。

ディー-シー-エー〔DCA〕《Defense Communications Agency》国防通信局。米国国防総省の機関。1991年、DISA(国防情報システム局)に改編。

ティー-シー-エー-エス〔TCAS〕《traffic alert and collision avoidance system》空中衝突警報システム。航空機の衝突防止装置。航空機間で電波をやり取りしながら相互に進路を確認し、衝突の危険性がある場合、パイロットにディスプレー画面と音声で知らせる。

ティーシーエー-かいろ【TCA回路】カガク ►トリカルボン酸回路

ティー-シー-エス〔TCS〕《traction control system》駆動輪空転防止装置。自動車の発進時や加速時に、駆動輪の空転を防止するためのマイクロコンピューター制御装置。メーカーによってTRCやTCLなどの称もある。

ディー-シー-エフ〔DCF〕《Design rule for Camera File system》デジタルカメラのファイルシステムについての規格。平成10年(1998)、日本電子工業振興協会(JEIDA)により制定。ディレクトリー構造、ファイルの命名法、サムネイル情報などを規定している。カメラファイルシステム規格。

ディーシーエフ-ほう【DCF法】デ《discounted cash flow method》企業価値や不動産価値を測る指標の一つで、将来にわたって生み出されるキャッシュフローの合計と企業・不動産の売却予定額を、あらかじめ設定した割引率を用いて換算し、その企業・不動産の現在価値を算定するもの。出入りする資金の量から企業・不動産の採算性を判定する手法。収益還元法の一つ。ディスカウントキャッシュフロー法。割引現在価値法。割引キャッシュフロー法。➡EV/EBITDA倍率

ティー-シー-エム〔TCM〕《time compression multiplexing》►ピンポン伝送方式

ディー-シー-エム〔DCM〕《dilated cardiomyopathy》►拡張型心筋症

ディー-シー-エム〔DCM〕《demand chain management》►デマンドチェーンマネージメント

ディー-シー-エム-エックス〔DCMX〕NTTドコモによる、携帯電話を利用したクレジット決済サービス。同社の同様のサービスであるiDは、他のクレジットカード会社と契約して利用するものだが、このサービスではNTTドコモ自らがクレジット決済を行う。

ティー-シー-オー〔TCO〕《total cost of ownership》総保有コスト。コンピューターシステムなどの導入・運営・管理などにかかる総費用。

ティー-シー-オー〔TCO〕《total cost operation》►トータルコストオペレーション

ディー-シー-シー〔DCC〕《digital compact cassette》高音質のデジタル録音・再生ができるカセットテープおよびその録音再生装置。プレーヤーは従来のアナログカセットテープも再生可能。オランダのフィリップス社と松下電器産業(現パナソニック)が共同開発し、1992年秋から発売を開始した。現在は生産されていない。

ティー-シー-ディー〔TCD〕《technical circular directive》耐空性改善通報。国土交通省航空局が、特定の航空機事故をうけて、同機種を保有する航空会社に発行する。各航空会社は当該機種につき、それに基づいた整備を行わなければならない。

ディー-シー-ティー〔DCT〕《discrete cosine transform》►離散コサイン変換

ティー-シー-ディー-シー〔TCDC〕《technical cooperation among developing countries》開発途上国間の技術協力。自国だけでは工業化が難しい南の途上国間で進める技術協力。1976年、コロンボで開かれた非同盟諸国会議で決定。

ティー-シー-ディー-ディー〔TCDD〕《tetrachlorodibenzo-para-dioxin》四塩化ジベンゾパラジオキシン。四塩素化ダイオキシン。ダイオキシン類のなかでもっとも強い毒性を持つ化学物質。水に溶けず、毒性は半永久的。ベトナム戦争で米軍が使用した枯葉剤の中にも含まれており、それが原因といわれる

胎児の奇形が数多く報告されている。

ディー-ジー-ビー〘DGB〙《ドイ Deutscher Gewerkschaftsbund》►デー-ゲー-ベー(DGB)

ティー-シー-ピー-アイピー〘TCP/IP〙《Transmission Control Protocol/Internet Protocol》世界的なコンピューターネットワークであるインターネットをはじめ、企業などのLAN(域内通信網)などにも広く使われている代表的な通信プロトコル(規則)。米国国防総省が1960年代に開発し、その後、米国の研究機関や大学で採用され、世界規模のネットワークの接続を実現するまでに発展した。

ティー-ジー-ブイ〘TGV〙《フランス Train à Grande Vitesse》フランスの高速鉄道。1981年9月にパリとリヨンを結ぶ南東線が開通。国内の主要都市を結ぶ路線網が整備されているほか、ドイツ・ルクセンブルク・スイス・ベルギー・イタリア・モナコなどにも乗り入れている。最高時速320キロ。(補説)ロンドン・パリ・ブリュッセルなどを結ぶユーロスター、マルセイユ・パリ・ブリュッセル・ケルン・アムステルダムなどを結ぶタリスもTGVを基本としている。

ティーシー-ブランド【TCブランド】《和 TC＋brand》歌手や俳優、芸人など知名度の高い芸能人(タレント)のイメージやキャラクターを商品化したファッションブランドのこと。(補説)TCは、talent characterの略。

ディーシー-ブランド【DCブランド】《designer's and character brand》デザイナーやメーカーの商標をつけたファッション商品。

ディー-ジェー〘DJ〙《disk jockey》►ディスクジョッキー

ディー-ジェー〘DJ〙《Dow Jones》ダウ-ジョーンズ。米国の経済報道会社。「ウォールストリートジャーナル」を発行し、ダウ平均株価を発表する。1882年設立。

ティーじ-かん【T字管】ジクワン ►丁字管

ティーじ-たい【T字帯】►丁字帯

ティー-シャツ〘T-shirt〙《両袖を広げた形がT字形になるところから》丸首で半袖のシャツ。

ティー-じょうぎ【T定規】T字形をした製図用定規。T字部を製図板の縁に固定して平行線を引くのに用いる。丁定規。

ティー-ショット〘tee shot〙ゴルフで、ティーグラウンドでそのホールの最初のボールを打つこと。また、その打球。

ティーじ-ろ【T字路】►丁字路

ティースプーン〘teaspoon〙紅茶用のスプーン。茶さじ。

ティー-スリー〘T3〙伝送速度45Mbpsのデジタル専用回線の規格。DS3。

ディー-スリー〘D3〙《D3 terminal》テレビやDVDプレーヤーなどの映像信号の入出力に用いられるD端子の規格の一。走査線1080本、インターレース方式。アナログハイビジョン放送と互換性をもつ。

ディー-ゼット〘DZ〙《drop zone》降下(投下)地域。軍事作戦で、航空機から物資・兵士などを降ろす所。

ディーゼル〘diesel〙《「ジーゼル」とも》「ディーゼルエンジン」「ディーゼルカー」「ディーゼル機関」の略。

ディーゼル〘Rudolf Diesel〙[1858～1913]ドイツの機械技師。実用的なディーゼル機関の発明者で、1893年に考案、97年に製作・実験。

ディーゼル-エンジン〘diesel engine〙►ディーゼル機関

ディーゼル-カー〘diesel car〙ディーゼル機関を動力とする鉄道車両。

ディーゼル-きかん【ディーゼル機関】ディーゼルが発明した内燃機関。シリンダー内に空気を吸入、圧縮して高温とし、重油や軽油を噴射して着火・燃焼させ、ピストンを動かす。熱効率がよく、船舶・航空機・車両などに広く使用。ディーゼルエンジン。

ディーゼル-きかんしゃ【ディーゼル機関車】ディーゼル機関を動力とする機関車。

てい-いせん【程伊川】►程頤

ディー-せん【D線】ナトリウムの原子スペクトルに見られる代表的な輝線。黄色の強い輝線で、波長がごく近いD_1線(589.6ナノメートル)、D_2線(589.0ナノメートル)からなり、あわせてD線と呼ぶ。ナトリウムランプのほか、屈折計や偏光計の光源に用いられる。ナトリウム線。ナトリウムD線。

ディーセント-ワーク〘decent work〙《decent は、まともな、適正な、の意》ILO(国際労働機関)がその活動理念として1999年に提唱した考え方。適度な勤労、という意味の英語。日本では「働きがいのある人間らしい仕事」と訳されている。

ティー-そう【T層】《Tは、teenagerの頭文字から》視聴率調査や、広告業界が商品開発の際にターゲットとする世代区分で、13歳から19歳までの男女のこと。これより若い世代をC層、年上の世代は女性をF1層、男性をM1層という。

ディー-そう【D層】地上から約60～90キロの高さにある電離層。

ティー-ゾーン〘T-zone〙《Tの形になることから》額と鼻筋の周辺。美容や化粧において、皮脂が多く浮くところとしていう。

ティータウリがた-せい【Tタウリ型星】►牡牛座T型星

ティータウリ-せい【Tタウリ星】►牡牛座T型星

ティー-だげき【ティー打撃】「ティーバッティング」に同じ。

ティー-ダブリュー-アイ〘TWI〙《training within industry》企業内現場監督者訓練方式の一。米国で開発され、第二次大戦後に日本へ導入されたもので、仕事の教え方、仕事の改善の仕方、人の扱い方の3基本課程からなる。

ディー-ダブリュー-エッチ〘DWH〙《data warehouse》►データウエアハウス

ディー-ダブリュー-ティー〘DWT｜Dwt〙《deadweight tonnage》載貨トン。重量トン。貨物船などの重量トン数(貨物積載量)の単位。

ディー-ダブリュー-ディー-エム〘DWDM〙《dense wavelength division multiplexing》高密度波長分割多重方式。光ファイバーを利用する通信技術の一。異なる波長の光信号を同時に使い、高速で大容量のデータ通信を行うWDM(波長分割多重方式)をより高密度化したもの。

ディー-たんし【D端子】テレビやDVDプレーヤーなどの映像信号の入出力に用いられるアナログ端子。D1からD5まで5種類の規格があり、数が大きくなるに従い、より高解像度の映像信号に対応する。また、D端子の間で下位互換性をもつ。D映像端子。

ティーチ-イン〘teach-in〙学内討論集会。大学内で、教授・学生が集まって、時事問題などを徹底的に討議する集会。転じて、広く討論集会をいう。(類語)シンポジウム・フォーラム

ティーチャー〘teacher〙教師。先生。

ディー-チャンネル【Dチャンネル】《D channel》ISDN回線の制御用伝送路の名称。⇨ビー(B)チャンネル

ティーチングプレーバック-ほうしき【ティーチングプレーバック方式】《teaching playback system》ロボットのアクチュエーターに手動その他で所定の動きをさせて記憶装置に残し、以後は記憶装置から取り出した信号により、ロボットを駆動する方式。

ティーチング-プロ〘teaching pro〙►レッスンプロ

ティーチング-マシン〘teaching machine〙問題を提示し、その問題に解答を求め、正誤を判定するなどして問題解決の過程を学習するよう工夫された教育機器。

ディー-ツー〘D2〙《D2 terminal》テレビやDVDプレーヤーなどの映像信号の入出力に用いられるD端子の規格の一。走査線480本、プログレッシブ方式。

ディーツゲン〘Joseph Dietzgen〙[1828～1888]ドイツの哲学者・社会主義者。1848年の三月革命に参加。マルクスらとは独立に弁証法的唯物論に達した。著「人間の頭脳活動の本質」など。

ティー-ティー〘TT〙《telegraphic transfer》電信為替。

ティー-ティー〘TT〙《table tennis》卓球。

ティー-ティー〘TT〙《teletypewriter》テレプリンター。印刷電信機。テレックスで使用されていた入出力装置。

ティー-ティー〘TT〙《time trial》►タイムトライアル

ティー-ティー〘TT〙《team teaching》►チームティーチング

ティー-ディー〘TD〙《touchdown》►タッチダウン

ティー-ディー〘TD〙《technical director》►テクニカルディレクター

ディー-ディー〘DD〙《direct deal》直接取引。

ディー-ディー〘DD〙《display design》陳列デザイン。

ディー-ディー〘DD〙《destroyer》駆逐艦を示す米海軍艦種類別記号。

ディー-ディー〘DD〙《Department of Defense》►国防総省

ディー-ディー〘DD〙《demand draft》参着為替。提示することによって支払いを受ける手形。

ディー-ディー〘DD〙《Data Deficient》レッドリストのカテゴリー「情報不足」の略号。

ティー-ティー-アール〘TTR〙《target tracking radar》目標追随レーダー。ミサイル誘導に使用する。

ティー-ディー-アール〘TDR〙《Tokyo Disney Resort》東京ディズニーリゾート。千葉県浦安市にある滞在型リゾート。東京ディズニーランド、東京ディズニーシーを中心に、宿泊施設、ショッピング施設などからなる。

ディー-ティー-アール-エー〘DTRA〙《Defense Threat Reduction Agency》国防脅威削減局。アメリカや同盟国を大量破壊兵器の脅威から防衛するための米国国防総省の部局。1998年、国防総省特殊兵器局(DSWA; Defense Special Weapons Agency)などを統合して設立。

ディーディーアール-エスディーラム〘DDR SDRAM〙《double data rate synchronous dynamic random-access memory》半導体記憶装置の一。コンピューターのメーンメモリーに使用されていたRAM規格の一で、SDRAMに比べ、2倍のデータ転送速度をもつ。

ティー-ディー-アイ〘TDI〙《toluene diisocyanate》トルエンジイソシアナート。2シアン化トルエン。ポリウレタンの原料。

ディー-ディー-イー〘DDE〙《dichlorodiphenyldichloroethylene》殺虫剤の一つ。DDTの分解物として安定性が高い。

ディー-ティー-エー-ピー〘DTaP〙《diphtheria, tetanus and pertussis vaccine》►ディー-ピー-ティー(DPT)

ティー-ティー-エス〘TTS〙《telegraphic transfer selling rate》電信売相場。海外との電信為替送金の際に銀行が提示する為替レートのこと。円から外貨の場合のものをいう。外貨から円の場合は、電信買相場(TTB)という。

ティー-ディー-エス〘TDS〙《Tokyo Disney Sea》東京ディズニーシー。千葉県浦安市の東京ディズニーランドに隣接して平成13年(2001)にオープンした遊園地。海をテーマとする。⇨ディズニーランド ⇨TDL

ディー-ディー-エス〘DDS〙《digital data storage》磁気テープを利用した記憶装置の規格の一。音楽用のダット(DAT)をベースに、ソニーや米国ヒューレットパッカード社などにより開発された。

ディー-ディー-エス〘DDS〙《drug delivery system》►ドラッグデリバリーシステム

ティー-ディー-エス-シー-ディー-エム-エー〘TD SCDMA〙《time division synchronous code division multiple access》携帯電話の通信方式の一。中国独自の第三世代携帯電話(3G)の通信方式として採用。CDMA(符号分割多重接続)とTDD(時分割複信)を組み合わせたもので、データ通信に

は向かないが、人口密集地での音声通話に向く。

ディー-ディー-エックス〖DDX〗《digital data exchange》デジタル信号を用いてデータ通信を行う回線網。デジタルデータ交換装置。

ディー-ディー-エヌ-エス〖DDNS〗《dynamic domain name system》▶ダイナミックDNS

ティー-ディー-エフ〖TDF〗《transborder data flow》国際間データ流通。コンピューターネットワーク間のデータ(情報)の流通のこと。

ティー-ディー-エム〖TDM〗《time division multiplexing》一つの伝送路(または搬送波)を使って、同時に複数の信号を少しずつ一定の時間間隔をずらして伝送する方式。デジタル信号の多重通信に向く。時分割多重。

ディー-ティー-エム〖DTM〗《desktop music》デスクトップミュージック。パソコン上で音楽専用のソフトウエアを用いて、作曲や演奏をすること。

ティー-ディー-エム-エー〖TDMA〗《time division multiple access》時分割多元接続。無線通信などの利用効率を高めるための技術の一つ。通信を行う搬送波をタイムスロットと呼ばれる一定の極めて短い時間周期に分割し、利用者ごとに異なるタイムスロットを割り当てることで、複数の通信を同時に行えるようにする。第二世代携帯電話(2G)であるPDCやGSMなどの通信方式として採用された。

ディー-ティー-エム-エフ〖DTMF〗《dial tone multi-frequency; dual tone multi-frequency》プッシュホン方式の電話機で、ボタンを押すたびに発せられる音。プッシュ音。トーン信号。

ディーティーエムエフ-しんごう【DTMF信号】ーシン ガウ ▶ディー-ティー-エム-エフ(DTMF)

ティー-ティー-エル〖TTL〗《transistor-transistor logic》入力側にも出力側にもトランジスターを用いて論理回路を構成している集積回路(IC)。

ティー-ディー-エル〖TDL〗《Tokyo Disneyland》東京ディズニーランド。千葉県浦安市に昭和58年(1983)にオープンした遊園地。➡ディズニーランド ➡TDR ➡TDS

ティーティーエル-そっこう【TTL測光】ーソク クヮウ《through-the-lens metering》一眼レフカメラ・ビデオカメラで、撮影用レンズを透過した光量を、内蔵露出計で測光する方式。➡ダイレクト測光 ➡多分割測光 ➡中央重点測光 ➡部分測光 ➡スポット測光

ティー-ディー-エル-ティー-イー〖TD-LTE〗《time division duplex long term evolution》携帯電話の高速データ通信の規格の一。中国独自の第三世代携帯電話(3G)の通信方式TD-SCDMAの拡張規格で、LTEとTDD(時分割複信)を組み合わせたもの。下り方向の最大通信速度は約100Mbps。

ディーディーオーエス-こうげき【DDoS攻撃】《distributed denial of service attack》▶分散型サービス拒否攻撃

ディーディー-げんゆ【DD原油】《direct deal crude oil》直接取引原油。国際石油資本(メジャー)を通さずに直接産油国と取引して購入する原油。

ティー-ティー-シー〖TTC〗《total traffic control》列車運行総合制御装置。コンピューターによる列車運行の自動化制御システム。

ディー-ディー-シー〖DDC〗《Dewey decimal classification》図書デューイ10進分類法。

ディー-ディー-ジー-エス〖DDGS〗《distiller's dried grains with solubles》トウモロコシなどの穀物をアルコール醸造・蒸留した際に残る穀物粕。たんぱく質や脂肪などが豊富なため、配合飼料の原料として使用されている。バイオエタノールの副産物で、日本はほぼ全量をアメリカから輸入している。バイオ燃料の製造を強化しているアメリカではDDGSの生産が増大している。トウモロコシ蒸留粕。

ティー-ティー-ティー〖TTT〗《time temperature tolerance》許容温度時間。一定温度のもとで食品の新鮮度が何時間保たれるかを表す数値。

ティー-ティー-ティー〖TTT〗《thymol turbidity test》チモール混濁試験。肝臓機能検査の一つ。

ティー-ディー-ディー〖TDD〗《time division duplex》一つの伝送路(または搬送波)で同一の周波数帯域を使い、時間軸で細かく分割して送信と受信を交互に行う方式。厳密には半二重通信だが、送受信を高速で切り換えることで疑似的に全二重通信を実現する。時分割複信。時分割双方向伝送。

ディー-ティー-ティー〖DTT〗《digital terrestrial television》▶地上デジタルテレビ放送

ディー-ティー-ディー〖DTD〗《document type definition》文書型定義。SGMLやXMLなどのマークアップ言語で文書を記述する場合、タグや属性などの要素をどのような役割で用いるか定義したもの。

ディー-ディー-ティー〖DDT〗《dichlorodiphenyltrichloroethane》殺虫剤の一。有機塩素系で、神経毒として強い殺虫効果を示すが、残留性が高く、環境汚染や生物濃縮をもたらす。現在は使用禁止。

ディー-ティー-ティー-ビー〖DTTB〗《digital terrestrial television broadcasting》▶地上デジタルテレビ放送

ディー-ティー-ティー-ブイ〖DTTV〗《digital terrestrial television》▶地上デジタルテレビ放送

ティーディー-ネット【TDネット】《Timely Disclosure networkの略》上場企業が証券取引所に報告する適時開示情報を、インターネットを介して、投資家に適切・公正に伝達するためのシステム。東京証券取引所が運営し、国内の他の取引所も利用する。平成10年(1998)稼働開始。適時開示情報閲覧システム。適時開示情報伝達システム。

ティー-ティー-ビー〖TTB〗《telegraphic transfer buying rate》電信買相場。海外との電信為替送金の際に銀行が提示する為替レートのこと。外貨から円の場合のものをいう。円から外貨の場合は、電信売相場(TTS)という。

ティー-ティー-ピー〖TTP〗《thrombotic thrombocytopenic purpura》▶血栓性血小板減少性紫斑病

ティー-ディー-ビー〖TDB〗《Trade and Development Board》国連貿易開発理事会。UNCTADアンクタッド(国連貿易開発会議)の常設執行機関。UNTDB。

ティー-ディー-ビー〖TDB〗《Teikoku Databank, Ltd.》▶帝国データバンク

ティー-ディー-ピー〖TDP〗《thermal design power》コンピューターの、マイクロプロセッサーの設計上想定される最大発熱量。単位はワット。小型コンピューターの筐体きょうたい(容器)に取り付ける冷却装置や、ノート型パソコンの設計などにおける重要な性能指標となる。熱設計電力。

ディー-ティー-ビー〖DTB〗《digital terrestrial broadcasting》▶地上デジタルテレビ放送

ディー-ティー-ピー〖DTP〗《desktop publishing》▶デスクトップパブリッシング

ディー-ティー-ピー〖DTP〗《diphtheria, tetanus and pertussis vaccine》▶ディー-ピー-ティー(DPT)

ディー-ティー-ピー-アール〖DTPR〗《desktop presentation》▶デスクトッププレゼンテーション

ティー-ティー-ビー-ティー〖TTBT〗《Threshold Test Ban Treaty》地下核実験制限条約。1974年、米ソ間で署名された150キロトンの爆発を超える地下核実験を禁止する条約。92年12月に批准。

ディー-ティー-ブイ〖DTV〗《desktop video》デスクトップビデオ。パーソナルコンピューターでビデオ編集をすること。

ディー-ティー-ブイ〖DTV〗《digital television》▶デジタルテレビ

ディー-ディー-ブイ-ピー〖DDVP〗《dichlorovinyl dimethyl phosphate》有機リン製殺虫剤を改良、危険度を少なくしたもの。商品名はジクロルボス。

ティー-ティー-ワイ〖TTY〗《teletypewriter》テレタイプのこと。

ディー-デー〖D-day〗計画開始予定日。特に、第二次大戦中の1944年6月6日、連合軍のノルマンディー進攻作戦開始の日をいう。

ディードス-こうげき【DDoS攻撃】《distributed denial of service attack》▶分散型サービス拒否攻撃

ティードラス〖TDRS〗《tracking and data relay satellite》追跡データ中継衛星。スペースシャトルや低軌道宇宙船と地上の管制局が連続的に交信できるよう中継局の役割を果たすNASAの衛星。TDRS-1は1983年打ち上げ。

ティードラス〖TDRSS〗《tracking and data relay satellite system》追跡データ中継衛星システム。TDRSを使って人工衛星の軌道を追跡したり、衛星から送信されるテレメトリ(遠隔測定信号)を中継するシステム。

ディートリヒ〖Marlene Dietrich〗[1901～1992]米国の映画女優。ドイツ生まれ。ドイツ映画「嘆きの天使」で一躍注目され、米国映画界入り。退廃的な雰囲気で人気を博した。歌手としても活躍。出演作「モロッコ」「情婦」など。

ティー-ドレス【Tドレス】《T-dress》Tの字のようなラインのワンピースのこと。

ティー-ドレス〖tea dress〗イギリスでティーセレモニー(午後のお茶の集い)のためのドレス。品があって華やかなムードの服が用いられる。

ディー-なんど【D難度】体操競技の技の難度の一つ。従来のA(普通の基準)、B(高難度)、C(最高難度)の3段階の難度に加えて1985年に設けられた。さらに上にE難度、F難度、G難度がある。

ティーニュ〖Tignes〗▶チーニュ

ティーノ-とう【ティーノ島】ータウ《Tino》イタリア北西部、リグリア州の町ポルトベネーレの沖合に浮かぶ三つの小島の一。スペツィア湾の西の外れに位置する。中世初期に守護聖人ウェネリウス(サンベネリオ)が隠遁。11世紀に彼の聖遺物を納める修道院が建てられ、その遺構が残っている。現在は一部が軍用地になっており、一般人の立ち入りが制限されている。1997年に「ポルトベネーレ、チンクエテッレ及び小島群(パルマリア、ティーノ及びティネット島)」として世界遺産(文化遺産)に登録された。

ディーバ〖イタリア diva〗歌姫。オペラで、主役をつとめる女性歌手。

ティー-パーティー〖tea party〗❶コーヒー・菓子などを供して催す社交の会合。茶話会。茶会。❷「ティーパーティー運動」の略。

ティーパーティー-うんどう【ティーパーティー運動】米国で始まった保守派市民による政治運動。2009年、金融危機への対応や医療保険改革など政府の支出・関与を増大させる米民主党政権の「大きな政府」路線に反対・抗議する集会が開催され、草の根的に広まった。「ティーパーティー」は植民地時代に英国の重税政策に抵抗し独立戦争の契機となったボストン茶会事件に由来。茶会運動。

ティーバー-リフト〖T-bar lift〗スキーを地上の雪面につけたままで登るリフト。リフトの腰かけの中央にT字形の棒があり、一人の場合はその中軸を股にはさみ、二人の場合は中軸の左右に座る。

ティー-バック《和 T＋back》ヒップにあたる部分がT字形に切れ込んだショーツ。

ティー-バッグ〖tea bag〗紅茶・緑茶などの葉を1杯分あるいは数杯分ずつ薄い紙の袋に詰めたもの。そのまま熱湯に浸して用いる。

ティー-バッティング〖tee batting〗野球で、打撃練習法の一。腰の高さくらいの球座(ティー)に置いたボールを打つもの。ティー打撃。

ティー-ビー〖TB〗《Treasury bill》米国の財務省短期証券。日本では、国債整理基金特別会計から発行される割引短期国債のこと。

ティー-ビー〖TB〗《ドイツ Tuberkulose》▶テー-ベー(TB)

ティー-ビー〖TB〗《three-quarter back》▶スリークオーターバック

て

ティー-ビー〖TB〗《track back》►トラックバック❷
ティー-ピー〖TP〗《transfer pricing taxation》►移転価格税制
ディー-ビー〖DB〗《data base》データベース。各種情報を収集・蓄積し、組織的に記録・整理したもの。また、それらの情報を提供する機能を持つ所。
ディー-ピー〖DP〗《documents against payment》支払渡し。
ディー-ピー〖DP〗《double play》野球で、ダブルプレー。
ディー-ピー〖DP〗《displaced person》難民。
ディー-ピー〖DP〗《data processing》コンピューターで、データ処理。
ディー-ピー〖DP〗《dynamic programming》動的計画法。予算、経営の長期計画の決定などに利用する数理計画の一手法。
ディー-ピー〖DP〗《data processor》コンピューターで、データ処理装置。
ディー-ピー-アール-ケー〖DPRK〗《Democratic People's Republic of Korea》朝鮮民主主義人民共和国。
ディー-ピー-アイ〖dpi〗《dots per inch》プリンターやスキャナーなどの解像度の単位。1インチあたりの点(ドット)の数を表す。➡ドット(dot)
ディー-ピー-アイ〖DPI〗《Disabled Peoples' International》障害者インターナショナル。国際障害者年の1981年に結成された障害者自身による国際組織。障害者の社会参加と平等の実現をめざす。本部はストックホルム。
ディー-ピー-アイ〖DPI〗《deep packet inspection》インターネットの利用者とサーバーの間でやりとりされるデータ(正確にはパケットの制御情報)を第三者が検査する技術。ファイル交換ソフトなどの過度な利用により、ネット渋滞を未然に防ぐために用いられる。利用者の趣向や行動を把握した上で配信する行動ターゲティング広告への利用の是非が議論されているほか、情報漏洩や盗聴の危険性の指摘もある。ディープパケットインスペクション。
ディー-ピー-イー〖DPE〗写真の現像(developing; development)、焼き付け(printing)、引き伸ばし(enlarging; enlargement)のこと。それらを扱う店の看板などに使われる。
ティー-ピー-エー〖tPA〗《tissue plasminogen activator》組織プラスミノーゲン活性化因子。生理学的に不活性なプラスミノーゲンを活性化して、フィブリンを溶かすプラスミンに変える生体物質のうち、心臓や肺などの組織から出るもの。
ディー-ピー-エー〖DPA〗《ﾄﾞｲ Deutsche Presse-Agentur》ドイツ通信社。1949年設立。本社はハンブルク。
ディー-ピー-エー〖Dpa〗《The Association for Promotion of Digital Broadcasting》►デジタル放送推進協会
ティー-ビー-エス〖TBS〗《Tokyo Broadcasting System》TBSテレビやTBSラジオ、またそれらの持ち株会社である東京放送ホールディングスの通称。
ティー-ビー-エス〖TBS〗《talk between ships》船舶間無線通話。
ディー-ビー-エス〖DBS〗《direct broadcasting satellite》家庭で直接受信できるよう家庭の小型専用アンテナに向けて直接送信する高出力通信衛星。直接放送衛星。
ディー-ビー-エス〖DBS〗《Deep Brain Stimulation》パーキンソン病やジストニアなど不随意運動症に対する脳外科治療法の略称。脳に細い電極を挿入し、先端から微弱なパルス電流を流して、周囲数ミリ範囲の神経細胞の異常活動を抑制する。電極は、視床下核や淡蒼球など脳内の目標部位に留置され、胸部に埋設されたパルス発生装置とワイヤーで連結される。脳の特定部位を破壊する従来の治療法と比べ、手術の副作用が少なく、電流の強さや刺激部位を調節でき、電流の停止や装置の除去により治療を中止できるなどの長所がある。欧米では強迫神経症やうつ病などへの治験も行われている。精神疾患に対するDBS療法には安全・倫理面で検討すべき課題も多い。脳深部刺激療法。深部脳刺激療法。
ティー-ビー-エス-テレビ【TBSテレビ】《Tokyo Broadcasting System Television》東京都港区にあるテレビ局の一つ。昭和26年(1951)開局の東京放送(TBS)から平成12年(2000)にテレビ番組制作部門が子会社化。同21年に親会社から放送免許を譲り受けた。報道番組の取材・配信網として全国の系列局とJNNを形成する。TBS。
ティー-ビー-エス-ラジオ【TBSラジオ】《TBS Radio and Communications》東京都港区にある関東地方を放送範囲とするAMラジオ局。東京放送が、昭和26年(1951)より開始のラジオ事業を平成12年(2000)に子会社化し、翌年に放送免許を継承させた。周波数は954キロヘルツ。TBSラジオ＆コミュニケーションズ。
ディー-ビー-エックス〖dbx〗ノイズリダクションシステムの一方式。テープレコーダーなどで、録音および再生で発生する雑音を減少させるもの。dbxはこの方式を開発したメーカー名。
ディー-ピー-エッチ〖DPH〗《diamond pyramid hardness》►ビッカース硬さ
ティー-ピー-エッチ-エー〖TPHA〗《treponema pallidum hemagglutination test》梅毒病原体赤血球凝集反応。梅毒の血清学的検査法の一つ。
ティー-ピー-エム〖tpm〗《transactions per minute》コンピューターシステムの性能指標。1分間当たりに処理できるトランザクション数を表す。
ディー-ビー-エム-エス〖DBMS〗《database management system》データベースの管理を専門的に行うソフトウエア。データベース管理システム。
ティー-ピー-オー〖TPO〗時(time)、所(place)、場合(occasion)に応じた服装などの使い分け。
ティー-ビー-シー〖TBC〗《time base corrector》ビデオ信号の安定性を改善する装置。ビデオレコーダーとともに用いる。
ディー-ピー-シー〖DPC〗《Defense Planning Committee》防衛計画委員会。北大西洋条約機構(NATO)の一委員会。1966年設立。
ディー-ピー-シー〖DPC〗《data processing center》情報処理センター。効率的な活動を行うために、組織内のさまざまな情報を集め、整理・統合・分析して提供する部署。
ディー-ビー-シー-エス〖DBCS〗《Double Byte Character Set》コンピューターの文字コード体系で、1文字が2バイトのデータで表せる文字の集合のこと。
ティー-ビー-ティー〖TBT〗《tributyltin》有機錫化合物の一。船底や漁網に貝などが付着するのを防ぐ防汚剤として利用されたが、魚介類への汚染が問題となり、現在は使用禁止。トリブチルすず。
ディー-ピー-ティー〖DPT〗《diphtheria, pertussis and tetanus vaccine》ジフテリア・百日咳・破傷風の混合ワクチン。DTP。DTaP。➡三種混合ワクチン
ディー-ピー-ティー〖DPT〗《dipropylphyptamine》ジプロピルフィプタミン。幻覚性麻薬。
ティー-ビー-ティー-オー〖TBTO〗《tributyltin oxide》有機錫化合物の一。毒性が強く、ハマチ、タイ養殖の魚網防汚剤などに使われ、海藻や貝の付着防止に効力を発揮するが、魚介類の汚染が問題になり、1987年、全面使用禁止となった。トリブチルチンオキサイド。酸化トリブチル。
ディーピーティー-ワクチン【DPTワクチン】►ディー-ピー-ティー(DPT)
ディーピー-てがた【DP手形】荷為替手形。貿易決済の支払い渡しで、輸出者が振り出す手形。
ティー-ピー-ピー〖TPP〗《Trans-Pacific Partnership》環太平洋諸国が締結を目指して交渉を行う広域的な経済連携協定。原則として全品目の関税を撤廃する。シンガポール・ニュージーランド・チリ・ブルネイの4か国が締結したＰ4協定を拡大するもので、オーストラリア・ペルー・ベトナム・米国・マレーシアを加えた9か国間で交渉を行い、日本・カナダ・メキシコが交渉参加に向けて関係国と協議を進めている(2012年7月現在)。環太平洋連携協定。環太平洋経済連携協定。環太平洋パートナーシップ協定。
ディー-ピー-ピー〖DPP〗《Director of Public Prosecutions》英国で、公訴局長。重大な刑事事件の訴追を行う。
ディー-ピー-ビー-エックス〖DPBX〗《digital PBX》►ピー-ビー-エックス(PBX)
ティーピー-モニター【TPモニター】《transaction processing monitor》企業情報システムなどにおいて、端末からのトランザクション処理の要求を監視し、適切な対応をするソフトウエア。
ティー-びよく【T尾翼】飛行機の垂直尾翼の頂上に水平尾翼をつけたもの。T字形となるところからこの名がある。
ティー-ビル〖T-Bill〗《Treasury Discount Bills》►国庫短期証券
ディープ〖deep〗〘形動〙❶奥行などの深いさま。また、色の濃いさま。「―なブルー」「―ディッシュ」❷入れこんでいるさま。深くはまりこんでいるさま。「―なファン」
ディー-ファイブ〖D5〗《D5 terminal》テレビやDVDプレーヤーなどの映像信号の入出力に用いられるD端子の規格の一。走査線1080本、プログレッシブ方式。
ティー-ブイ〖TV〗《television》テレビジョン。テレビ。
ディー-ブイ〖DV〗《digital video》デジタル方式のビデオテープレコーダー規格の一。記録メディアを指す場合もある。
ディー-ブイ〖DV〗《domestic violence》家庭内における暴力行為。特に、配偶者や恋人など近しい関係にある異性への暴力。身体的な暴力行為のほか、精神的・性的暴力も含む。ドメスティックバイオレンス。配偶者間暴力。
ティー-ブイ-アイ〖TVI〗《television interference》テレビ電波障害。
ディー-ブイ-アイ〖DVI〗《digital visual interface》コンピューターのディスプレーなどに採用されている、デジタル信号に関するインターフェース規格の一。
ディー-ブイ-アイ〖DVI〗《digital video interactive》デジタルビデオインタラクティブ。動画圧縮技術の一つ。米国のGE社とRCA社が開発した、CD-ROMディスクへ記録するデータ形式を定めた規格。画像を120分の1の大きさに圧縮して、1時間の自然動画を記録できる。
ディーブイアイ-ケーブル【DVIケーブル】《digital visual interface cable》コンピューターとディスプレーを接続するインターフェース規格、DVIに対応したケーブル。
ディー-ブイ-イー〖DVE〗《digital video effect》デジタルビデオ効果。アナログ情報のビデオ映像をデジタル化してコンピューターに入れ、画面の分割、部分の縮小・拡大などを行う画像処理システム。画像の重ね合わせが自由にできるほか、平面の図形を三次元化したり、それを回転させたりなどの操作も簡単に行える。
ティー-ブイ-エー〖TVA〗《Tennessee Valley Authority》テネシー渓谷開発公社。1933年、米国のニューディール政策の一環として、テネシー川流域の大規模な総合開発を目的として設立された。
ディー-ブイエッチエス〖D-VHS〗《data video home system》日本ビクターが開発したデジタル方式のビデオテープレコーダー規格。デジタル放送、デジタルハイビジョン放送の記録に対応する。➡VHS
ティー-ブイ-オー-アイ-ピー〖TVoIP〗《television over IP》►アイ-ピー-ティー-ブイ(IPTV)
ディーブイ-カメラ【DVカメラ】《digital video camera》デジタル方式のビデオテープレコーダー規格、DV形式のデジタルビデオカメラの総称。

ディーブイ-たんし【DV端子】《digital video interface》DV形式のデジタルビデオ機器をコンピューターなどの接続するための端子の規格。IEEE1394に準拠した端子が利用される。

ディー-ブイ-ディー〘DVD〙《digital versatile disc》レーザー光を使ってデータの読み出しや書き込みを行う光ディスクの一。CDと同サイズの記憶媒体で、片面4.7ギガバイトのデータを記録できる。映像やコンピューターの記憶媒体として普及。片面2層・両面1層・両面2層タイプが開発され、記憶容量は増加している。再生専用のDVD-ROM、一度だけ書き込み可能なDVD-Rがあるほか、何度でも書き換え可能なもののうち、DVD-RWは主に映像の記録に、DVD-RAMはコンピューターのデータ記録に用いられる。

ディーブイディー-アール〘DVD-R〙《digital versatile disk recordable》DVD規格の一。追記型で、データを一度だけ記録できる。DVD＋Rとの互換性はない。ディーブイディーマイナスアール。➡DVD

ディーブイディー-アール-ダブリュー〘DVD-RW〙《digital versatile disk rewritable》データを何度も書き換えできるDVD規格の一。映像記録用によく用いる。DVD＋RWとの互換性はない。ディーブイディーマイナスアールダブリュー。➡DVD

ディーブイディー-オーディオ〘DVD-Audio〙高品質の音声記録のためのDVD規格。CDに比べ約7倍の記録容量により、5.1chサラウンドや最高24ビット・192kHzの量子化ビット数、サンプリング周波数を可能とする。

ディーブイディー-スーパーマルチドライブ【DVDスーパーマルチドライブ】《DVD super multi-drive》DVDドライブの一。記憶媒体としてDVDを用い、DVD-ROMの読み出しのほか、DVD-R、DVD-RW、DVD-RAM、DVD＋R、DVD＋RWの読み出しと書き込みが可能。パソコンに内蔵するものと、外部に接続して利用するものがある。➡DVDドライブ ➡DVDマルチドライブ ➡DVDハイパーマルチドライブ

ディーブイディー-ドライブ【DVDドライブ】《DVD drive》光学ドライブの一。記憶媒体としてDVDを用い、一般に、DVD-ROMのほか、CD-ROM、CD-R、CD-RWの読み出しが可能。パソコンに内蔵するものと、外部に接続して利用するものがある。➡DVDマルチドライブ ➡DVDスーパーマルチドライブ ➡DVDハイパーマルチドライブ

ディーブイディー-ハイパーマルチドライブ【DVDハイパーマルチドライブ】《DVD hyper multi-drive》DVDドライブの一。記憶媒体としてDVDを用い、DVD-ROMの読み出しのほか、DVD-RW、DVD-RAM、DVD＋RW、およびDVD-R、DVD＋Rの2層記録の読み出しと書き込みが可能。パソコンに内蔵するものと、外部に接続して利用するものがある。ハイパーマルチドライブ。➡DVDドライブ ➡DVDマルチドライブ ➡DVDスーパーマルチドライブ

ディーブイディー-ビデオ〘DVD-Video〙DVDに映像を記録するための規格。➡DVD

ディーブイディー-フォーラム【DVDフォーラム】《DVD Forum》DVDの規格策定や普及促進を目的とする国際的な業界団体。

ディーブイディー-プラス-アール〘DVD＋R〙《digital versatile disk recordable》DVD規格の一。データを一度だけ記録できる追記型のもの。DVD-Rとは互換性を持たない。➡DVD

ディーブイディー-プラス-アールダブリュー〘DVD＋RW〙《digital versatile disk rewritable》DVD規格の一。データを何度でも書き換えできる。DVD-RWとは仕様が異なる。➡DVD

ディーブイディー-マイナス-アール〘DVD-R〙《digital versatile disk recordable》▶ディーブイディーアール(DVD-R)

ディーブイディー-マイナス-アールダブリュー〘DVD-RW〙《digital versatile disk rewritable》▶ディーブイディーアールダブリュー(DVD-RW)

ディーブイディー-マルチ〘DVD Multi〙DVD搭載機器、およびDVDメディアの運用互換性に関する規格。DVD-ROM、DVD-R、DVD-RW、DVD-RAMの互換性を保証する。

ディーブイディー-マルチドライブ【DVDマルチドライブ】《DVD multi-drive》DVDドライブの一。記憶媒体としてDVDフォーラムが定めたDVDの運用互換性に関する規格、DVD-Multiに対応するものを指し、DVD-ROMの読み出しのほか、DVD-R、DVD-RW、DVD-RAMの読み出しと書き込みが可能。パソコンに内蔵するものと、外部に接続して利用するものがある。マルチドライブ。➡DVDドライブ ➡DVDスーパーマルチドライブ ➡DVDハイパーマルチドライブ

ディーブイディー-ラム〘DVD-RAM〙《digital versatile disk random access memory》DVD規格の一。データを何度でも書き換えできる。コンピューターのデータ記録に主に用いられる。➡DVD

ディーブイディー-レコーダー【DVDレコーダー】《DVD recorder》テレビ放送または専用カメラを通して送られてくる画像・音声を、DVDに記録したり再生したりする装置。

ディーブイディー-ロム〘DVD-ROM〙《digital versatile disk read only memory》DVD規格の一。大容量のデータを必要とするソフトウエアなどの記録媒体として使われる。ユーザーによるデータ書き込みは不可。➡DVD

ティー-ブイ-ピー〘TVP〙《textured vegetable protein》大豆たんぱく製の人造肉。商標名。

ディー-ブイ-ビー〘DVB〙《Digital Video Broadcasting》ヨーロッパのデジタルテレビ放送の規格。また、その規格の策定を行う組織の名称。デジタル衛星放送向けのDVB-S、地上デジタルテレビ放送向けのDVB-T、CATV向けのDVB-Cのほか、移動体通信機器向けのDVB-Hなどの規格がある。デジタルビデオブロードキャスティング。

ディーブイビー-エス〘DVB-S〙《Digital Video Broadcasting-Satellite》ヨーロッパのデジタル衛星放送の規格。1993年にDVBにより策定。2005年に後継規格としてDVB-S2が発表され、誤り訂正能力の向上と伝送容量の拡大が図られた。

ディーブイビー-エッチ〘DVB-H〙《Digital Video Broadcasting-Handheld》ヨーロッパのデジタルテレビ放送の標準化団体DVBが策定した、携帯電話などの移動体通信機器向けの放送規格。地上デジタルテレビ放送の規格DVB-Tを元に、低消費電力化を図った仕様になっている。

ディーブイビー-シー〘DVB-C〙《Digital Video Broadcasting-Cable》ヨーロッパのデジタルテレビ放送の標準化団体DVBが1994年に策定した、CATV向けの放送規格。変調方式としてQAM(直交振幅変調)を採用。

ディーブイビー-ティー〘DVB-T〙《Digital Video Broadcasting-Terrestrial》ヨーロッパの地上デジタルテレビ放送の規格。1997年にDVBにより策定。映像圧縮にMPEG-2、搬送波にマルチキャリアを使用。2007年に後継規格としてDVB-T2が発表された。ヨーロッパ以外では、ロシア・オーストラリア・インド、および中東・アフリカ・アジアの一部で採用されている。➡ATSC ➡ISDB-T ➡SBTVD

ディーブイ-ほう【DV法】▶DV防止法

ディーブイ-ぼうしほう【DV防止法】《「配偶者からの暴力の防止及び被害者の保護に関する法律」の通称》配偶者や恋人による暴力を防止することを目的とした法律。被害者は裁判所に保護命令を申し立てることができ、それに違反した加害者である配偶者は1年以下の懲役または100万円以下の罰金に処せられる。平成13年(2001)4月成立。同16年、同19年の改正で保護命令の対象範囲が拡大された。配偶者暴力防止法。DV法。

ディープ-インパクト〘Deep Impact〙米国の彗星探査機。2005年1月に打ち上げられ、同年7月にテンペル第1彗星に重さ約370キログラムの衝突体を撃ち込んだ。その際、探査機に搭載した各種カメラのほか、ハッブル宇宙望遠鏡、スピッツァー宇宙望遠鏡、地上の望遠鏡により衝突の様子が観測された。計画当初の役割を終え、07年にエポキシに改称。引き続き系外惑星と彗星の観測を行う。

ディープ-ウェブ〘deep web〙▶深層ウェブ

ディー-フォー〘D4〙《D4 terminal》テレビ、DVDプレーヤーなどの映像信号の入出力に用いられるD端子の規格の一。走査線720本、プログレッシブ方式。

ティー-フォーメーション〘T formation〙アメリカンフットボールの基本的な攻撃隊形の一。四人のバックスが守備側から見てT字形に並ぶもの。

ディープ-キス〘deep kiss〙互いに舌を深く差し入れるキス。フレンチキス。

ディープ-サウス〘Deep South〙米国最南部地方。特に、ジョージア・アラバマ・ミシシッピ・ルイジアナ・サウスカロライナの諸州。保守的な米国南部の特徴をもつといわれる。

ディープ-スロート〘deep throat〙内部告発者。

ディープ-パケット-インスペクション〘deep packet inspection〙▶ディー-ピー-アイ(DPI)

ディープ-バックグラウンド〘deep background〙記者会見や取材などに情報提供者が説明する際、発言の直接引用や情報提供者の公表を避けるよう報道機関に要求する協定の一種。一般的意見として報道させて反響をみるなどの意味でも行われる。

ディープ-フォーカス〘deep focus〙▶パンフォーカス

ディープ-ポケット〘deep pocket〙十分な財力、資力。

ティーボール〘teeball〙野球やソフトボールの入門用として1988年に考案された球技。10人〜15人の同数にそろえた2チームで対戦する。野手は10人。投手はなく、打者は本塁後方のティー(台)に載せたボールを専用のバットで打つ。

ティーボーン-ステーキ〘T-bone steak〙T字形に骨のついたステーキ。骨の片側にヒレ、片側にロースの肉がついている。ステーキの中でも最高のもの。

ティーポット〘teapot〙紅茶をいれるのに用いる洋式の急須。(類語)急須・茶出し・土瓶・コーヒーポット

ディーポフ〘DPOF〙《digital print order format》デジタルカメラ用のファイルフォーマット。家庭用プリンターやプリントサービスで自動的に印刷するためのデータを格納できる。

ティー-マーク〘tee mark〙ゴルフで、ティーグラウンドを示すために置かれる二つの標識。バックティーの青マーク、フロントティーの白マーク、レディスティーの赤マークなど。

ディー-マット〘DMAT〙《Disaster Medical Assistance Team》▶災害派遣医療チーム

ティーム〘team〙▶チーム

ディー-ユー〘DU〙《depleted uranium》▶劣化ウラン

ティー-ユー-アール-ピー〘TURP〙《transurethral resection of prostate》経尿道前立腺切除術。尿道に内視鏡を挿入し、肥大部を見ながら前立腺を切除する手術。

ディー-ユー-アイ〘DUI〙《driving under the influence of alcohol and/or drugs》飲酒運転または麻薬の影響下の運転。

ティー-ユー-エー-シー〘TUAC〙《Trade Union Advisory Committee》労働組合諮問委員会。OECD(経済協力開発機構)の下部機関で、労働組合の代表で構成される。1962年設立。OECD-TUAC。

ティー-ユー-シー〘TUC〙《Trades Union Congress》英国労働組合会議。1868年創立。組織労働者の大部分を結集した英国最大の労働組合連合体

で、労働党の支持母体。

ディーユー-だん【DU弾】《depleted uranium ammunition》▶劣化ウラン弾

ディー-ユー-ティー〖DUT〗《dual use technology》▶デュアルユーステクノロジー

ディーラー〖dealer〗❶販売業者。また、メーカー特約販売店。❷自己の負担で有価証券の売買を行う証券会社・銀行などの金融機関。自己売買業者。❸トランプゲームの親。カードの配り手。

ディーラー-オプション《和 dealer＋option》自動車の特別注文装備で、メーカーの組立ラインで装着されるのではなく、ディーラーで装備されるもの。

ディーラー-プロモーション〖dealer promotion〗販売店促進。メーカーが小売店に対して経営一般についての助成や自社扱い製品の販売作戦を総合的に支援、促進すること。

ディー-ラム〖DRAM〗《dynamic random-access memory》データの随時書き込み、読み出しができる半導体記憶装置(RAM)のうち、データを保持するために一定時間ごとに再書き込みを必要とするもの。ダイナミックRAM。➡エスラム(SRAM)

でい-いり【泥入り】絵画や染め物で、金泥や銀泥を用いたもの。泥描き。

ディーリング〖dealing〗銀行・証券会社などが、自己の勘定で有価証券や外国為替の取引を行うこと。

ディーリング-ルーム〖dealing room〗外国為替・債券などのディーリングを行う部屋。

ティー-リンパきゅう【Tリンパ球】T細胞の異称。

ディール〖deal〗(物を)取引すること。売買。取引。「外交的な―を行う」「―のスピードが上がる」

ティールーム〖tearoom〗喫茶室。喫茶店。

ディールス〖Otto Paul Hermann Diels〗[1876～1954]ドイツの有機化学者。ディールス-アルダー反応とよばれるジエン合成の方法を大成し、1950年、弟子のK＝アルダーとともにノーベル化学賞を受賞。

ティーレ〖Cornelis Petrus Tiele〗[1830～1902]オランダの宗教学者。宗教学の創始者の一人。古代オリエント宗教史を研究。著「宗教史概論」。

ディー-レンジ【Dレンジ】《dynamic range》ダイナミックレンジ。録音、または再生可能な最弱音と最強音との差。

ディーろくじゅうご-こうげん【D65光源】CIE(国際照明委員会)が規定する標準光源の代用となる光源の規格の一。照明器具や写真用フィルムの規格として使用される。色温度は6504ケルビンで、自然な昼光に近づけた特殊な蛍光ランプが用いられる。➡A光源 ➡C光源

ティー-ワン〖T1〗伝送速度1.5Mbpsのデジタル専用回線の規格。DS1。

ディー-ワン〖D1〗《D1 terminal》テレビやDVDプレーヤーなどの映像信号の入出力に用いられるD端子の規格の一。走査線480本、インターレース方式。従来の地上アナログテレビ放送、VHS、DVDビデオソフトなどに対応する。

ティーン〖teen〗十代。また、十代の少年少女。「ハイ―」(類語)少年・少女・十代

てい-いん【定員】規則によって定められた組織などの人数。また、乗り物・会場などの安全を考慮した上での収容人数。「―に達する」(補説)鉄道車両の定員については「乗車率」を参照。➡乗車率

(類語)人数・員数・人員・頭数・頭数・定足数・定数

ディーン〖James Dean〗[1931～1955]米国の映画俳優。「エデンの東」に主演し、孤独で反抗的な若者を演じて一躍スターダムに駆け上がる。次いで「理由なき反抗」「ジャイアンツ」に主演したが、交通事故で急死した。1950年代を代表するスターの一人。

ティーンエージ〖teenage〗《「ティーンエイジ」とも》十代。➡ティーンエージャー

ティーンエージャー〖teenager〗《「ティーンエイジャー」とも》十代の少年少女。特に、英語で語尾がteenで終わる年齢、すなわちthirteen(13歳)からnineteen(19歳)までをさす。

(類語)少年・少女・十代・ティーン

ティーン-きょうかい【ティーン教会】《Matka Boží před Týnem》チェコ共和国の首都プラハの中心部、旧市街広場にある教会。12世紀の創建。14世紀に改築され、現在見られるゴシック様式の教会になった。高さ80メートルの二つの塔をもつ。15世紀前半、ボヘミアの宗教改革者ヤン＝フスの一派の拠点が置かれた。1992年、「プラハ歴史地区」として他の歴史的建造物とともに世界遺産(文化遺産)に登録された。ティーン聖母教会。

ティーン-せいぼきょうかい【ティーン聖母教会】《Matka Boží před Týnem》▶ティーン教会

ていいん-われ【定員割れ】予定していた人数に達しないこと。特に、学校の入学試験において、志望人数が定員数よりも少ないこと。

でい-え【泥絵】❶金泥・銀泥を使って描いた絵。一般に黒漆塗りの器物や紺紙など暗色の地に描かれ、奈良時代から平安時代にすぐれた遺品が多い。金銀泥絵。金銀絵。❷▶どろえ(泥絵)❶

ディエードル〖フランス dièdre〗本を開いて立てたような形状の岩壁。凹角壁。

ティエール〖Louis Adolphe Thiers〗[1797～1877]フランスの政治家・歴史家。ブルジョワ共和派に属し、七月革命後2回首相となる。その後、保守的傾向を強め、普仏戦争後パリ-コミューンを弾圧、第三共和制初代大統領となった。著「フランス革命史」など。

てい-えき【丁役】律令制で、諸国から徴発された正丁が諸官司の労役に服したこと。➡仕丁

てい-えき【定役】懲役囚に科せられる一定の労役。じょうえき。

ディエス-イレ〖ラテン Dies Irae〗《怒りの日の意》カトリック教会で、死者のためのミサの続唱。また、その冒頭の句。最後の審判の日の恐ろしさを歌い、神のあわれみを求める。

ディ-エスカレーション〖de-escalation〗▶デスカレーション

ティエポロ〖Giovanni Battista Tiepolo〗[1696～1770]イタリアの画家。ベネチア派。華やかな色彩による装飾的、幻想的な天井画・壁画を多く残した。

ティエラ-デル-フエゴ〖Tierra del Fuego〗《火の地の意》南アメリカ大陸南端にある諸島。チリとアルゼンチンに半分ずつ属する。諸島中、最大の島はフエゴ島。フエゴ諸島。

ティエラ-デル-フエゴ-こくりつこうえん【ティエラデルフエゴ国立公園】《Parque Nacional Tierra del Fuego》▶フエゴ島国立公園

ティエラデントロ〖Tierradentro〗コロンビア南西部、カウカ県、アンデス山脈の中腹にある遺跡。先住民パエス族が築いた地下墓室が点在する。1995年、「ティエラデントロの国立遺跡公園」の名で世界遺産(文化遺産)に登録された。

てい-えん【庭園】計画的に草木・池などを配し、整えられた庭。「日本―」「屋上―」

(類語)庭・園・ガーデン・御園・公園・園地

ディエン-ビエン-フー〖Dien Bien Phu〗ベトナム北西部、ラオスとの国境近くにある町。1954年にベトナム軍がフランス軍を大敗させ、インドシナ戦争の終結をもたらした地。

てい-おう【帝王】❶君主国の元首。天子。皇帝。❷ある分野・社会で、非常に大きな権力や支配力をもつ人。(類語)王・国王・皇帝・キング・大王・王様

ていおう-がく【帝王学】帝王として必要な態度・識見を身につけるための修養。

ていおうしんけん-せつ【帝王神権説】▶王権神授説

ていおう-せっかい【帝王切開】腹壁および子宮壁を切り開いて胎児を取り出す方法。自然分娩が困難な場合、分娩を早く終わらせる必要がある場合などに行われる。名は、カエサル(シーザー)がこの方法により産まれたという説、また、切る意のラテン語caesuraをカエサルと誤ったという説に由来。

ディオーシュジュール-じょう【ディオーシュジュール城】《Diósgyőri vár》ハンガリー北東部の都市ミシュコルツにある城。13世紀頃、モンゴル人の襲来の後に築かれた砦に起源し、14世紀から15世紀にかけて、ハンガリー王ラヨシュ1世、マーチャーシュ1世らにより増改築され、現存する四つの塔が建造された。オスマン帝国支配以降荒廃したが、17世紀後半に反ハプスブルク勢力の軍事的拠点になった。

ディオーネ〖Dione〗土星の第4衛星。1684年カッシーニが発見。名の由来はギリシャ神話の巨人。公転軌道を小型の2衛星(ヘレネとポリデューシス)と共有し、これらはディオーネと土星が形成するラグランジュポイント上にある。直径約1120キロ(地球の約0.09倍)。平均表面温度はセ氏マイナス190度。ディオネ。

ディオール〖Christian Dior〗[1905～1957]フランスの服飾デザイナー。1947年にニュールックを発表、以後10年間、世界のモード界を支配した。Hライン・Aライン・Yラインなどのデザインは有名。

ディオカエサレア〖Diocaesarea〗トルコ南部の町ウズンジャブルチュの旧称。

ディオクレチアヌス〖Gaius Aurelius Valerius Diocletianus〗[245ころ～313]ローマ皇帝。在位284～305。ローマ帝国を東西に分け、二人の正帝と二人の副帝により治める四分統治制を始め、マクシミアヌスを西の正帝に、自らは東の正帝となった。キリスト教迫害による帝国支配体制の再編、皇帝権力の強化などの治績を収めた。

ディオクレチアヌス-きゅうでん【ディオクレチアヌス宮殿】《Dioklecijanova palača》クロアチア南部、アドリア海に面する都市スプリトにあった宮殿。3世紀末から4世紀初頭にかけて、古代ローマ皇帝ディオクレチアヌスにより建造。ローマ帝国崩壊後、異民族の侵入を受けて廃墟になり、7世紀頃から人が居住し始めた。宮殿は現在の旧市街の礎となり、今も霊廟や城壁の一部が現存する。1979年に「スプリトの史跡群とディオクレチアヌス宮殿」として世界遺産(文化遺産)に登録された。

ディオゲネス〖Diogenēs ho Seleukeus〗[前240ころ～前152]古代ギリシャの哲学者。バビロニアのセレウケイアの生まれ。クリュシッポスの弟子。ストア学派の学頭としてタルソスのゼノンの後継者。セレウケイアのディオゲネス。バビロニアのディオゲネス。

ディオゲネス〖Diogenēs ho Sinōpeus〗[前404ころ～前323ころ]古代ギリシャの哲学者。キニク学派、アンティステネスの弟子。世俗の権威を否定し、自然で簡易な生活の実践に努め、「樽の中のディオゲネス」と呼ばれた。アレクサンドロス大王との問答は有名。(補説)日光浴中のディオゲネスにアレクサンドロス大王が「望みはないか」と尋ねたところ、「そこに立たれると日陰になるのでどいてほしい」と答えたという。

ディオニシウ-しゅうどういん【ディオニシウ修道院】《Moni Dionysiou》ギリシャ北部、ハルキディキ半島にある東方正教会の聖地アトス山の修道院。14世紀の創設。洗礼者ヨハネを祭る。付設の図書館は貴重な中世の写本を多数所蔵する。

ディオニシオス-の-みみ【ディオニシオスの耳】《Orecchio di Dionisio》イタリア南部、シチリア島、シチリア自治州の都市シラクサに位置する、古代ギリシャ時代の石切り場跡にある洞窟。ネアポリ考古学公園の天国の石切り場にあり、高さ20メートル、奥行65メートルの耳の形をしている。音響効果がとても良いことで知られ、僭主ディオニシオス1世が牢獄に使い、石切り場で働く囚人たちの話を盗み聞きしたという伝説がある。

ディオニソス〖Dionysos〗▶ディオニュソス

ディオニュソス〖Dionysos〗《「ディオニソス」とも》ギリシャ神話で、酒の神。もと、北方のトラキア地方から入ってきた神で、その祭儀は激しい陶酔状態を伴い、ギリシャ演劇の発生にかかわるともいわれる。ゼウスとカドモスの娘セメレとの子。バッカス。

ディオニュソス-げきじょう【ディオニュソス劇場】《Theatro tou Dionysou》ギリシャの首都アテ

ネ、アクロポリスの丘の南麓にある野外劇場。紀元前6世紀に建造、紀元前4世紀に大理石で再建された。約1万7千人を収容。舞台の背後にギリシャ神話のディオニュソスを主題とした彫像とレリーフがある。

ディオニュソス-てき【ディオニュソス的】〘形動〙ニーチェが「悲劇の誕生」で説いた芸術衝動の一つで、陶酔的、創造的、激情的などの特徴をもつさま。⇔アポロ的。

ディオファントス〖Diophantos〗[246ころ～330ころ]古代ギリシャの数学者。アレクサンドリアで活躍。最古の代数学書「アリスメティカ」を著し、実用的な問題の解法、不定方程式などについて述べた。

ディオプター〖diopter〗▶ジオプトリー

ディオプトリ〖dioptre〗▶ジオプトリー

ディオラマ〖フランス diorama〗《「ジオラマ」とも》❶立体模型。ミニチュアの人物や物と背景とを組み合わせ、ある場面を立体的に現すもの。❷遠近法を用いた背景画の前に人物・動物などの立体模型を置いて照明し、窓からのぞくと現実の光景のように見えるようにした装置・見せ物。幻視画。

てい-おん【低音】❶低い声や音。❷音楽で、低い音域。バス。ベース。⇔高音。

てい-おん【低温】テイヲン 温度が低いこと。また、低い温度。⇔高温。

てい-おん【定温】テイヲン 一定の温度。〘類語〙常温・恒温

てい-おん【×綴音】二つ以上の単音が結合してできた音。てつおん。

ディオン〖Dion〗ギリシャ北部、マケドニア地方の町。オリンポス山の北東麓に位置する。古代マケドニア人の聖域だった場所として知られている。礼拝所の遺跡があり、ヘレニズム時代の劇場や古代ローマ時代の浴場・集会場などの遺跡もある。

ていおん-かくゆうごう【低温核融合】テイヲンカクユウガフ 従来の重水素や三重水素を超高温高圧のプラズマ状態にして生じさせる核融合に比べ、それより低い室温程度の常温で生じる核融合。重水の電気分解や重水素ガス中の放電などで生じる実験が繰り返され、エネルギー源としての利用可能性が注目されている。常温核融合。

ていおん-かんりゅう【低温乾留】テイヲンカンリウ セ氏500～600度で行う石炭乾留。半成コークスや低温タールが得られる。

ていおん-こうがく【低温工学】テイヲン セ氏零下150度程度から零下273度(絶対零度)における物質の独特の性質や動きを応用しようとする工学分野。気体の液化や超伝導・超流動などの現象を扱う極低温工学をいうことが多い。

ていおん-さっきん【低温殺菌】テイヲン 食品をセ氏60～70度の温度で殺菌すること。高温では風味や色彩、成分の変化が生じやすいものを対象とし、牛乳では62～65度で30分間の加熱殺菌が行われる。

ていおん-タール【低温タール】テイヲン 石炭の低温乾留によって得られるタール。石油に近い炭化水素を成分とする。

ていおん-どうぶつ【定温動物】テイヲン ▶恒温動物

ていおんぶ-きごう【低音部記号】―キガウ ▶ヘ音記号

ていおん-へんか【定温変化】テイヲンヘンクワ ▶等温変化

ていおん-ますい【低温麻酔】テイヲン 麻酔薬と神経の働きを抑える薬を投与するとともに、体表面を冷却し、体温を低下させて代謝を減少させる方法。冬眠麻酔。

ていおん-やけど【低温火=傷】テイヲン 比較的低温の熱源に長時間触れることで生じるやけど。痛みを感じにくい脚部などで起こりやすく、重症化しやすい。

てい-か【低下】〘名〙スル ❶低くなること。下がること。「水位が—する」⇔上昇。❷物事の質や程度が悪くなること。「能率が—する」⇔向上。
〘類語〙下降・降下・沈下・低落・下落・減退・劣化・下がる・落ちる・落ち込む・沈む

てい-か【低価】やすい値段。安価。廉価。「—を以て英国に輸入するに由れり」〈中村訳・西国立志編〉

てい-か【定価】ある品物について、前もって決めてある売り値。「—の一割引」「—販売」〘類語〙正価・正札・売価・売り値・予価・希望小売価格・オープン価格

ていか【定家】㊀▶藤原定家 ㊁謡曲。三番目物。古くは「定家葛」とも。旅僧が京都千本付近のあずまやに雨宿りすると、式子内親王の霊が現れ、生前契った定家の執心が葛となって墓に絡んでいることを語るが、僧の回向によって成仏する。

てい-が【定芽】茎の先端、葉の付け根など、決まった位置に生じる芽。頂芽・側芽など。➡不定芽

てい-かい【低回・×低×徊】テイクワイ〘名〙スル 立ち去りがたいようすで行ったり来たりすること。転じて、いろいろと考えめぐらすこと。「梓は—して歩を転ずる」〈鏡花・湯島詣〉〘類語〙うろつく・ほっつく・ほっつき歩く・ほっつき回る・ぶらつく・さまよう・徘徊・彷徨

てい-かい【停会】テイクワイ〘名〙スル ❶会議を一時中止すること。「議場混乱のため—する」❷明治憲法下で、天皇の大権によって帝国議会の活動を一時停止したこと。または衆議院解散に伴い、貴族院の議事を停止したこと。❸取引所の立会停止。

でいかい-がん【泥灰岩】デイクワイ 堆積岩の一。粘土質成分と石灰質成分とがまじった、泥岩と石灰岩との中間的な岩石。マール。

ていかい-しゅみ【×低×徊趣味】テイクワイ 世俗の雑事を避けて、余裕のある気持ちで人生をながめ、東洋的な詩歌の境地に遊ぼうとする態度。夏目漱石が高浜虚子の小説「鶏頭」の序文で提唱した語。➡余裕派

ていかいはつ-こく【低開発国】▶開発途上国

てい-かかく【低価格】〘名・形動〙商品の値段が安いこと。以前よりも低い価格であること。また、そのさま。安価。「高速通信を—で提供する」⇔高価格。

ていか-かずら【定家▽葛】―かづら キョウチクトウ科の蔓性の常緑樹。山野に自生。茎から気根を出して木や岩にはい上がる。葉は長楕円形で堅い。初夏、香りのある白い花が集まって咲く。花びらは5裂し、のち黄色に変わる。丁字葛。まさきのかずら。〘季 秋 花=夏〙

ていか-かなづかい【定家仮名遣い】―かなづかひ 鎌倉時代、藤原定家が平安後期の文献をもとに定めた同音の仮名の使い分け。定家の作と伝えられる「下官集」の「嫌文字集」の条に「い」「ひ」「ゐ」、「え」「へ」「ゑ」、「お」「を」を区別している。そのうち「お」「を」は当時のアクセントの違いに基づく使い分けと推定される。のちに行阿が「仮名文字遣」で「は」「わ」、「ほ」「う」「ふ」、「む」を増補して5類14文字の違いを示し、江戸中期まで和歌を作る場合に用いられた。

でい-がき【泥描き】金泥・銀泥などで描くこと。

てい-かく【定格】❶定まった格式。きまり。❷機器類について指定された条件下での使用限度。出力・速度・電圧・電流・回転数などの値で示される。

てい-かく【底角】三角形の底辺の両端の角。ふつう二等辺三角形についていう。

てい-かく【×鼎×鑊】―クワク ❶3本足のかなえと、脚のないかなえ。また、大かなえ。肉を煮るのに用いた。❷中国の戦国時代に、重罪人を煮殺すのに用いた道具。また、煮殺す刑罰。

てい-がく【低額】少ない金額。⇔高額。
〘類語〙少額・小額・小口

てい-がく【定額】一定の金額。決まった額。「毎月—を返済する」

てい-がく【停学】学校が、校則に違反した学生・生徒に対し、一定期間登校を停止すること。
〘類語〙休学・休校

ていがく-きゅうふ【定額給付】―キフ ❶政府や企業などが、さまざまな名目で個人・団体などに一定額の金を支払うこと。❷損害保険会社が保険金を支払う形式の一つ。実際の損害額とは無関係に、契約時に取り決めた金額を保険金として支払うもの。損害の算出が困難な人身損害などへの補償として使われる。➡実損填補 ➡比例填補

ていがく-きゅうふきん【定額給付金】―キフキン 経済対策の一環として政府が国内に居住する個人に対して給付する定額の現金。およびその制度。生活支援・景気浮揚・地域経済活性化などを目的とする。〘補説〙平成20年(2008)10月、麻生太郎内閣が発表し、翌年3月から給付が開始された。対象は同21年2月1日時点で住民基本台帳に記載されている者および外国人登録原票に登録されている者。給付額は一人につき1万2000円(65歳以上および18歳以下は2万円)。給付事務は自治体が行った。総額2兆円規模の財源を捻出するため、財政投融資特別会計の積立金の一部が取り崩され、使途として適切かどうか議論が分かれた。

ていがく-げんぜい【定額減税】所得税および住民税を対象に、納税者一人当たりについて一定額を税額から減らすこと。〘補説〙扶養家族について、その半額を減らすこともある。

ていがく-こがわせ【定額小為-替】―こがはせ ❶ゆうちょ銀行が提供する送金・決済サービスの一つ。50円から1000円まで12種類の額面の定額小為替証書を組み合わせて送金する。受け取った定額小為替は郵便局やゆうちょ銀行の窓口で換金できる。普通郵便で送付でき、郵便物が届かないなど郵便事故の場合は受領証書を提示して返金を受けることができる。有効期間は発行日から6か月。有効期間が経過すると再発行の手続きが必要となる。また、5年以上経過すると換金できなくなる場合がある。❷かつて郵政公社が行った郵便為替の一つ。

ていがく-じゅうりょうせい【定額従量制】―ジユウリヤウセイ インターネットの接続や携帯電話などの通信サービスで用いられる料金システムの一。一定の利用時間やデータ通信量に達するまでは定額とし、それを超過した時間に応じて課金すること。半従量制。

ていかく-しゅつりょく【定格出力】原動機などの機器類が、指定された条件下で安全に達成できる最大の出力。

ていがく-せい【定額制】《flat rate》インターネットの接続や携帯電話などの通信サービスで用いられる料金システムの一。利用時間やデータ通信量によらずに一定の料金を課すもの。➡従量制 ➡定額従量制

ていがく-ちょきん【定額貯金】「定額郵便貯金」の略。

てい-がくねん【低学年】年次の低い学年。小学校の1・2年生。「—向きの読み物」

ていがく-ねんきん【定額年金】「定額年金保険」の略。

ていがく-ねんきんほけん【定額年金保険】保険会社と契約する段階で受け取る年金額が確定している年金保険。保険料から費用などを差し引いた積立金が、年金や死亡給付金、解約払戻金の原資として、確定利回りで運用される。据え置き期間終了時から、終身年金・確定年金など希望する方法で年金を受け取ることができる。➡変額年金保険

ていかく-ふか【定格負荷】機器類が定格で出力する場合の負荷。

ていがく-ほう【定額法】―ハフ 減価償却方法の一。固定資産の耐用期間を通して、毎期同一額の減価償却費を計上する方法。直線法。➡定率法

ていがく-ほけん【定額保険】保険事故が発生した場合、保険契約に定めた一定金額が保険金として支払われる保険。生命保険が代表的なもの。➡変額保険

ていがく-ゆうびんちょきん【定額郵便貯金】―イウビンチヨキン 郵政民営化前に取り扱われていた郵便貯金の一。1000円単位で預け入れる。最長預入期間は10年、6か月の据置期間後はいつでも払い戻しができる。利息は半年ごとの複利で計算され、預け入れた時の金利が最後まで適用される。民営化後は独立行政法人郵便貯金・簡易生命保険管理機構が継承。定額貯金。

でい-かざん【泥火山】デイクワザン 水分を多量に含む軟らかい粘土が、地下から噴出するガスによって吹き飛ばされるなどして堆積してできた円錐形の小丘。火山

に似た形をし、温泉や油田に多く見られる。
ていか-づくえ【定家机】歌人・文人などが用いた小さい文机。
てい-かっしゃ【定滑車】回転の軸を固定してある滑車。力の大きさは変えずに、力の向きを変えるのに使う。
ティカッド〖TICAD〗《Tokyo International Conference on African Development》▶アフリカ開発会議
ていか-に【定家煮】鯛などの魚を塩と酒とで煮た料理。
ティガニ〖Tigani〗ピタゴリオンの旧称。
ていか-ぶんこ【定家文庫】江戸時代、女性が携帯した一種の文箱。厚紙で作った長方形の箱の表面に布を張り、口に飾りひもをつけたもの。定家袋。
ていか-ほう【低価法】財務諸表に記載する資産の評価基準の一。資産の取得原価と期末の時価を比較し、低い方で評価する。低価法によって簿価を切り下げた場合の会計処理として、翌期に評価損を戻し入れる洗替え法と、戻し入れない切放し法がある。➡原価法 ➡時価会計 [補説]以前は、有価証券や棚卸資産の評価基準として原価法と低価法の選択適用が認められていたが、有価証券については、平成12年度の税制改正で低価法の適用が廃止された。また、棚卸資産については、会計基準の改正により、同20年度から低価法に一本化されている。
ていか-よう【定家様】「定家流」に同じ。
ていか-りゅう【定家流】和様書道の流派の一。藤原定家の書風を規範とし、筆圧の強弱を極端に表した線質が特徴。定家様。
ティカル〖Tikal〗グアテマラ北部、ペテン低地にあるマヤ文明最大級の都市遺跡。高さ51メートルある「ジャガーの神殿」をはじめ、約3000もの建造物がある。3〜8世紀にかけて繁栄し、10世紀に至って急激に衰退した。1979年に「ティカル国立公園」の名で世界遺産(複合遺産)に登録された。
てい-かん【定款】公益法人・会社・協同組合などの社団法人の目的・組織・活動などに関する根本規則。また、それを記載した書面。[類語]約款
てい-かん【停刊】〔名〕スル 定期刊行物の発行を停止すること。発行停止。「来月号をもって—する」
てい-かん【諦観】〔名〕スル ❶本質をはっきりと見きわめること。諦視。「世の推移を—する」❷あきらめ、悟って超然とすること。「—の境地」[類語]諦念・悟り
でい-がん【泥岩】堆積岩の一。泥(粒径16分の1ミリ以下)が堆積し、固結してできた岩石。
でい-がん【泥眼】能面の一。目に金泥を塗った女面。元来は「海士」「当麻」などの菩薩に、のちに「葵上」「鉄輪」などの女性の生き霊にも用いる。
てい-かんし【定冠詞】冠詞の一。名詞に付けて、それが特定のものあるいは一般的なものであることを示す。英語のthe フランス語のle, la, les ドイツ語のder, die, dasなど。➡不定冠詞
ていかん-の-ま【帝鑑の間】江戸城中の大名詰め所の一。譜代またはそれに準じる大名が詰めた。襖に帝王の手本となる中国の聖帝の絵が描かれているところからの称。
てい-き【定気】太陰太陽暦で二十四節気を定めるのに、黄道を24等分し、太陽が15度進むごとに節気を設ける暦法。節気間の日数は不均等になる。日本では天保暦で用いられた。定気法。➡平気
てい-き【定規】❶定まっている規則・規約。❷定まっていること。いつもと同じであること。「『へい今晩は』と—の会釈」〈逍遥・当世書生気質〉
てい-き【定期】❶あることが行われる時期が定まっていること。また、一定の期間や期限。「—演奏」「—点検」❷「定期乗車券」の略。「—入れ」❸「定期預金」の略。
てい-き【帝紀】天皇の系譜の記録。古事記・日本書紀の編纂の際、旧辞とともに原史料とされたと伝えられる。帝皇日嗣。
てい-き【提起】〔名〕スル ❶訴訟や問題・話題などを持ち出すこと。「疑問を—する」「違憲訴訟を—する」❷持ち上げること。引き上げること。「品行を—するの法」〈福沢・学問のすゝめ〉
[類語]提議・提出・提案・提示・提言・動議・発議
てい-き【×詆毀・×詆×譏】〔名〕スル そしること。けなすこと。「ラスキンが…盛に模写主義を—して」〈抱月・文芸上の自然主義〉
てい-ぎ【定義】〔名〕スル ❶物事の意味・内容を他と区別できるように、言葉で明確に限定すること。「敬語の用法を—する」❷論理学で、概念の内包を明瞭にし、その外延を確定すること。通常、その概念が属する最も近い類と種差を挙げることによってできる。
てい-ぎ【庭儀】建物の外で行われる儀式。寺院の法会の際、衆僧が前庭を行道する儀式など。
てい-ぎ【提議】〔名〕スル 会議などに議案や意見を差し出すこと。また、その議案や意見。「休戦を—する」[類語]提起・提案・提言・動議・発議・提出・発案
てい-きあつ【低気圧】❶周囲よりも気圧が低いこと。また、その領域。天気図上では、閉じた等圧線に囲まれた、楕円形または円形の低圧域をさす。周囲から風が吹き込み、吹き込んだ空気は上昇気流となるため、一般に天気が悪い。温帯低気圧と熱帯低気圧とがある。➡高気圧 ❷人の機嫌が悪いこと、また、穏やかでない気配が感じられることのたとえ。「このところ彼は—らしい」[類語]台風・野分
ていきあつ-かぞく【低気圧家族】同じ前線上で次々に発生する一連の低気圧。
ていきあつ-らい【低気圧雷】▶渦雷
ていぎ-いき【定義域】▶変域
ていき-かんこうぶつ【定期刊行物】一定の期日ごとに順次刊行される新聞・雑誌などの出版物。定時刊行物。定期物。
ていき-きん【定期金】一定の時期に支払う金、または受け取る金。
ていききん-さいけん【定期金債権】ある期間、定期的に金銭その他の代替物の給付を受けることを目的とする債権。年金・恩給・地代など。
ていき-けい【定期刑】刑事裁判で言い渡される刑期が、懲役3年などのように確定されている自由刑。➡不定期刑
ていき-けん【定期券】「定期乗車券」の略。
ていき-けんさ【定期検査】特定の工作物や機器について、定められた時期ごとに、その精度や安全性などの検査を実施すること。定検。
ていき-けんしん【定期健診】定期的に行う健康診断。疾病の有無を診断したり、体格・身体の栄養・発育の状況や術後の経過を確認するためなどに行われる。
ていき-こうくう【定期航空】航空機が決められた二地点間を定期的に運航すること。
ていき-こうくうろ【定期航空路】乗客・貨物の航空輸送が定期的に行われる航空路線。
ていき-こうろ【定期航路】船舶の運航が定期的に行われる航路。
ディキシー〖Dixie〗《「デキシー」とも》❶㊀米国南部の諸州の通称。ディキシーランド。㊁米国南部で19世紀中ごろ作られた歌。南北戦争のとき、南軍が愛唱した。❷「ディキシーランドジャズ」の略。
ディキシーランド〖Dixieland〗❶「ディキシー❶㊀」に同じ。❷「ディキシーランドジャズ」の略。
ディキシーランド-ジャズ〖Dixieland jazz〗20世紀初頭、米国のニューオーリンズ地方におこった、即興性に富むジャズ。ニューオーリンズジャズ。
ていき-しけん【定期試験】定期に行われる試験。「一学期の—」
ていき-しじょう【定期市場】定期取引の市場。
ていき-しゃくちけいやく【定期借地契約】契約で定めた賃貸期間が終了すると借地契約も終了し、借地人は土地を返還しなければならないとする契約。一般定期借地権・事業用定期借地権・建物譲渡特約付借地権の3種類がある。平成4年(1992)より導入。借地借家法第22〜24条などに基づく。
ていき-しゃくちけん【定期借地権】借地借家法の規定により、契約期間の満了後、更新されることなく終了する借地権。一般定期借地権・事業用定期借地権・建物譲渡特約付借地権の3種類がある。➡法定更新 ➡定期借家権
ていきしゃくちけん-せいど【定期借地権制度】▶定期借地制度
ていき-しゃくちせいど【定期借地制度】契約期間の満了により、更新されることなく土地の賃貸借関係が終了する契約制度。平成3年(1991)の借地借家法改正により、翌4年に導入された。定期借地権制度。➡定期借家制度 [補説]通常の借地契約とは異なり、法定更新の適用がないため、契約期間終了後、土地は貸し主に確実に返還される。一方、借り主は、購入する場合より低い費用負担で土地を利用できる。定期借地権には、一般定期借地権・事業用定期借地権・建物譲渡特約付借地権の3種類があり、一般定期借地権と建物譲渡特約付借地権は書面による契約の締結が必要。
ていき-しゃくやけいやく【定期借家契約】契約で定めた賃貸期間が終了すると借家契約も終了し、借家人は退去しなければならないとする契約。再契約には貸し主・借家人双方の合意が必要。居住用建物だけでなく、営業用建物にも適用される。平成12年(2000)より導入。借地借家法第38条に基づく。➡定期借地契約 ➡定期借家制度
ていき-しゃくやけん【定期借家権】借地借家法の規定により、契約期間の満了後、更新されることなく終了する借家権。貸し主と借り主が合意すれば再契約は可能。➡法定更新 ➡定期借地権
ていきしゃくやけん-せいど【定期借家権制度】▶定期借家制度
ていき-しゃくやせいど【定期借家制度】契約期間の満了により、更新されることなく建物の賃貸借関係が終了する借家契約制度。書面による契約が必要。貸し主と借り主が合意すれば再契約できる。平成11年(1999)の借地借家法改正により、翌12年に導入された。定期借家権制度。➡定期借地制度 [補説]同制度導入以前は、借り主保護の観点から、貸し主が自己使用するなどの正当な事由がない限り、貸し主は契約の更新を拒絶できなかった(法定更新)。貸し主は、賃貸物件の明け渡しを求める際に、借り主に多額の立退き料を支払わなければならない場合があることがあり、こうしたことが良質な賃貸住宅の供給を阻害する一因となっているとして、定期借家制度が導入された。書面で定期借家契約を締結していない場合は法定更新が適用される。
ていき-しゃっかけいやく【定期借家契約】▶ていきしゃくやけいやく(定期借家契約)
ていき-しゃっかけん【定期借家権】▶ていきしゃくやけん(定期借家権)
ていきしゃっかけん-せいど【定期借家権制度】▶定期借家制度
ていき-しゃっかせいど【定期借家制度】▶ていきしゃくやせいど(定期借家制度)
ていき-しょうきゅう【定期昇給】毎年一定の時期に制度として基本給が引き上げられること。定昇。
ていきしょうきゅう-せいど【定期昇給制度】毎年一定の時期に賃金が昇給する制度。第二次大戦前から導入され、年功賃金制度の柱をなす。
ていき-じょうしゃけん【定期乗車券】一定期間、一定区間を何回でも乗車できる電車・バスなどの割引乗車券。定期券。
ていき-せっしゅ【定期接種】予防接種のうち、国が接種を勧奨しているもの。ポリオ・BCG・三種混合(ジフテリア・百日咳・破傷風)・麻疹・風疹・日本脳炎の6種類。対象年齢内に保健所や市区町村の契約医療機関で受ける場合、費用は公費で負担される。➡任意接種 [補説]日本脳炎の予防接種については、マウスの脳を使用した従来のワクチンで急性散在性脳髄膜炎(ADEM)の発症が報告されたため、平成

17年(2005)5月以降、厚生労働省が積極的な接種勧奨を差し控えるよう勧告していたが、同21年2月に乾燥組織培養法による新しい日本脳炎ワクチンの製造が承認され、同年6月から使用可能となった。

てい-き-せん【定期船】一定の航路を定期的に運航する船。

てい-き-せんきょ【定期選挙】議員などが規定の任期を終了したときに行われる選挙。

てい-き-そうかい【定期総会】❶定期に開かれる総会。❷「定時総会」に同じ。

てい-き-つみきん【定期積(み)金】一定の金銭を定期に継続して所定期間内に金融機関に払い込むことにより、満期日に一定の金額が給付されるもの。

てい-き-てき【定期的】〔形動〕物事が一定の期間を置いて行われるさま。「一な催し」「一に刊行する」

てい-きどう【低軌道】人工衛星がとる軌道の一。地上から500〜2000キロメートル程度の高度を周回する。中軌道や静止軌道に比べて地表面に近いため、通信の遅延や電力消費が少なく、リモートセンシングの分解能が高い。また、衛星軌道への投入コストが低い利点もある。多数の人工衛星を協調して運用する衛星コンステレーションで利用されることが多い。地球低軌道。LEO(low earth orbit)。

てい-き-とりひき【定期取引】あらかじめ受け渡しの期日を定め、その期日に取引の決済をしても、中途で反対売買をして差金で決済してもよいとする方法。第二次大戦前の株式取引で用いられた語。現在の先物取引はこの方法で行われている。

てい-き-ねんきん【定期年金】❶郵政民営化前に取り扱われていた簡易保険商品の一。年金受取人が年金支払い開始年齢に達した日から一定期間、その受取人の生存中に限って年金の支払いをするもの。民営化後は独立行政法人郵便貯金・簡易生命保険管理機構が継承。❷かんぽ生命が販売する「新定期年金保険」。加入者があらかじめ年金受取開始年齢を決めておき、10年間一定の年金を受け取る。公的年金の支給が始まるまでのつなぎ資金などに利用。

てい-き-ばいばい【定期売買】►確定期売買

てい-き-バス【定期バス】►路線バス

てい-き-ばらい【定期払い】❶一定の期限内または一定の期限ごとに支払いをすること。❷手形支払人が、一覧後または日付後一定期間を経過した日に支払うこと。

てい-き-びん【定期便】一定の区間で、定期的に行われる連絡・輸送。また、その交通機関。

てい-き-ほけん【定期保険】死亡保険の一。被保険者が保険期間内に死亡した場合に限り保険金が支払われる生命保険。➡終身保険

てい-き-まい【定期米】第二次大戦前の米穀取引所で、定期取引の目的物となった米。清算米。期米。

てい-き-もの【定期物】「定期刊行物」に同じ。

てい-きゅう【低級】〔名・形動〕等級や内容・品質などの程度が低いこと。また、そのさま。「一な趣味」⇔高級。(派生)ていきゅうさ〔名〕(類語)下等・下級・三流・B級・低次・低次元・低劣・低俗

てい-きゅう【低給】低額の給料。薄給。

てい-きゅう【定休】商店・会社などで日を決めて業務を休むこと。また、その日。「月曜一のデパート」

てい-きゅう【庭球】テニス。

てい-きゅう【涕泣】〔名〕スル 涙を流して泣くこと。「訃報に接して一する」
(類語)落涙・流涕・歔欷・嗚咽・慟哭・号泣・号哭・泣く・涙する・噎ぶ・啜り上げる・噦り上げる・咳き上げる・涙に暮れる・涙に沈む・涙に噎ぶ・袖を絞る

てい-きゅう【啼泣】〔名〕スル 声をあげて泣くこと。「遺体にすがって一する」

ていきゅう-がいねん【低級概念】►下位概念

ていきゅう-び【定休日】定休にあたる日。

てい-きょ【帝居】❶天帝の住む所。❷天子の住む所。皇居。また、帝都。

てい-きょう【帝京】❶天帝のいる天上。❷天子のいる都。帝都。

てい-きょう【提供】〔名〕スル ❶金品・技能などを相手に役立ててもらうために差し出すこと。「場所を一する」「血液を一する」❷広告主がスポンサーとなって、テレビ番組を視聴者に公開すること。(類語)供与・醵出・賜与・恵与・貸与・贈与・進上・呈上・献上・寄進・供する・与える・施す・賜る・差し上げる

てい-ぎょう【定業】一定の職業・業務。定職。

てい-ぎょう【帝業】天子が国を統治する事業。

ていきょう-かがくだいがく【帝京科学大学】山梨県上野原市などにある私立大学。平成2年(1990)に西東京科学大学として開設。同8年に現校名に改称した。

ていきょう-けつごう【提供結合】►配位結合

ていきょう-だいがく【帝京大学】東京都板橋区に本部のある私立大学。昭和6年(1931)創設の帝京商業学校が前身。同41年(1966)に大学設置。

ていきょう-へいせいだいがく【帝京平成大学】東京都豊島区などにある私立大学。昭和62年(1987)の開学。

てい-き-よきん【定期預金】銀行などで、あらかじめ預け入れ期間が定められ、その期間が満了するまでは原則として払い戻しができない預金。

てい-きん【庭訓】㊀《孔子が庭で、子の鯉に対して、詩経や礼記を学ばなければならないことを教えたという「論語」季氏の故事から》家庭教育。家庭での教訓。ていくん。㊁「庭訓往来」の略。

てい-きん【提琴】❶バイオリン。❷日本の明清楽に用いる弦楽器。胡弓の類で、半球状の胴に蛇皮を張り、2弦または4弦を張り渡したもの。❸中国の弦楽器で、胡弓の一種。円筒形の木製胴に蛇皮を張り、4弦を張り渡したもの。

てい-ぎん【低吟】〔名〕スル 低い声で吟じること。「詩歌を一する」

でい-きん【泥金】「金泥」に同じ。

ていきんおうらい【庭訓往来】室町時代の往来物。1巻。玄恵著と伝えられるが未詳。応永年間(1394〜1428)ころの成立か。1年各月の消息文を集めた初学者用の書簡文範。擬漢文体で書かれ、武士・庶民の生活上必要な用語を網羅する。江戸時代には寺子屋の教科書として広く用いられた。庭訓。

ていぎん-じけん【帝銀事件】昭和23年(1948)1月、東京都豊島区の帝国銀行椎名町支店に現れた男が、伝染病予防のためと称して青酸カリの溶液を飲ませて12名を毒殺、現金などを奪った事件。犯人とされた平沢貞通は犯行を否認したが、死刑が確定。刑の執行がなされないまま同62年に獄死。

ディキンソン〖Emily Dickinson〗[1830〜1886]米国の女流詩人。自然・愛・死・神などを主題にした作品を多数残す。20世紀になって高い評価を得た。

ていきんり-せいさく【低金利政策】国内の有効需要が不足しているときに、景気刺激策として、基準割引率および基準貸付利率(公定歩合)の引き下げ、預金準備率の引き下げなどにより、金利を引き下げようとする政策。(補説)平成11年(1999)2月には日銀の政策委員会・金融政策決定会合においてゼロ金利政策を措置することが決められた。金融政策の操作目標とする無担保コールレート翌日物金利の誘導をできる限り低くし、市場の加重平均から見た翌日物金利を実質0パーセントまで低下させる。デフレを回避するための緊急の金融緩和策として導入され、同12年8月に一旦解除された。しかしその後の景気の悪化により、同13年短期金利の誘導目標を0.15パーセントまで引き下げ、量的緩和政策を導入。同18年3月の量的緩和策解除後、同年7月のゼロ金利政策解除まで導入された。

テイク〖take〗►テーク

て-い-く〔連語〕►行ゆく⓮

てい-くう【低空】空中の低い所。地面や水面に近い空間。⇔高空。

ていくう-しょくぶつ【挺空植物】植物の生活形の一。休眠芽の位置が地表から30センチ以上にある植物。

ていくう-ひこう【低空飛行】❶航空機が低空を飛行すること。❷学業の成績が落第すれすれであること。「一でやっと卒業した」❸売上、業績、経済成長などが停滞し、マイナスにならないぎりぎりの状態であること。「内需外需ともに一が続くとの予測が出る」

ディクショナリー〖dictionary〗辞書。辞典。字引。(類語)辞書・辞典・字引・字書・字典・レキシコン

ディクショナリー-アタック〖dictionary attack〗►辞書攻撃

ディクション〖フランス diction〗詩文の朗読法。俳優のせりふ回し。また、特に音楽で、歌曲などの詞の発音のしかた。

ディクテーション〖dictation〗読み上げられた外国語の文章や単語を書き取ること。また、それによる試験。

ディグニティー〖dignity〗威厳。尊厳。また、品位。気品。

テイク-バック〖take back〗►テークバック

ディグリー〖degree〗❶段階。度合い。また、階級。地位。❷学位。称号。❸温度の単位の、度。

ティグレ〖Tigre〗アルゼンチン、ブエノスアイレスの北へ約30キロメートル、パラナ川のデルタ地帯にある町。水路が縦横にめぐらされ、別荘も多い。週末は観光客でにぎわう。

てい-け【天気】《「てんけ」の「ん」を「い」と表記したもの》空模様。てんき。「一のことにつけて祈る」〈土佐〉

て-いけ【手生け｜手活け｜手池】❶(手生け・手活け)自分で花をいけること。また、その花。「師匠一の菊」❷(多く「ていけにする」の形で)自分だけのものにすること。特に、遊女などを身請けして自分の妻妾にすること。「日本まれなる女郎を一にするより」〈浮・置土産・四〉❸自分が持っている池。個人のいけす。「一にはなち置く」〈浮・諸国ばなし・四〉

デイ-ケア〖day-care〗❶高齢者や身体障害者などを昼間だけ施設に預かり、専門職員がリハビリテーションを中心とした介護を行う、日帰りの通所リハビリテーションサービス。❷在宅の精神障害者の社会復帰を促進するため、日中に施設で行われる集団的な治療。(補説)デイサービスとデイケア❶はいずれも高齢者などの対象者を昼間の一定時間、施設に預かる介護サービスだが、デイサービスは入浴・食事など日常生活の介助や機能訓練を中心に行うのに対し、デイケアは医師の判断に基づいて理学療法・作業療法などのリハビリテーションを中心に行う。

デイケア-センター〖day-care center〗精神障害者の社会復帰を進めるための病院に設けられた施設。通院して日中に治療や作業療法を行い、復帰の準備をする。

てい-けい【定形】❶一定のかたち。決まったかたち。「一の封筒」❷「定形郵便物」の略。

てい-けい【定型】一定のかた。決まったかた。「一にとらわれない詩」(類語)定式・様式・紋切り型・パターン

てい-けい【梯形】台形の旧称。

てい-けい【提携】〔名〕スル ❶互いに助け合うこと。共同で物事を行うこと。タイアップ。「他社と一する」「業務一」❷手に持つこと。たずさえること。
(類語)共同・協同・協力・連携・共催・連名・催合い・タイアップ

てい-けい【蹄形】馬のひづめのかたち。楕円形の一部が欠けたかたち。馬蹄形。

ていけいがい-ゆうびんぶつ【定形外郵便物】第一種郵便物のうち定形郵便物以外のもの。

ていけい-こう【定繋港】その船をいつも繋留しておく港。船籍港。

ていけい-し【定型詩】伝統的に、詩句の数や配列順序に一定の形式をもっている詩。漢詩の五言・七言の絶句や律詩、西洋のソネット、日本の短歌・俳句など。➡自由詩 ➡不定型詩

て

ていけい-じしゃく【×蹄形磁石】棒状または板状の磁石を蹄形に曲げたもの。保磁性が強い。馬蹄形磁石。蹄鉄磁石。

ていけい-ゆうびんぶつ【定形郵便物】第一種郵便物のうち、決められた大きさなどの条件に合うもの。長さ14～23.5センチ、幅9～12センチ以下の長方形で、厚さ1センチ以下、重量50グラム以下のもの。

ディケード〖decade〗《「デケード」とも》10年間。

てい-げき【帝劇】「帝国劇場」の略。

てい-けつ【貞潔】〔名・形動〕貞操が固く、行いの潔白なこと。また、そのさま。「—な女性」「—堅固」
(類語)貞節・貞淑・純潔・清純・潔白・廉潔・高潔

てい-けつ【帝×闕】宮城の門。また、宮城。皇居。禁闕。

てい-けつ【締結】〔名〕スル 条約・協定・契約などを結ぶこと。「講和条約を—する」(類語)締約・成約・妥結

てい-けつあつ【低血圧】血圧が持続的に異常に低い状態。一般に、最大血圧100ミリ水銀柱以下をいう。⇨高血圧

ティケット〖ticket〗►チケット

てい-けっとう【低血糖】血糖値が異常に低下した状態。インスリンや血糖降下薬が過剰のときなどにみられ、飢餓感・冷や汗・脱力感・震えなどの症状があり、痙攣・昏睡に陥ることもある。

ていけ-の-うお【手池の魚】《自分の手で飼い養う魚、また、自分の池に飼う魚の意から》身請けして自分の妻または妾にした女性。「唐の帝の色好み、—と水深き、妹背に国も傾きて」〈浄・用明天王〉

ていけ-の-はな【手生けの花┊手▽活けの花】❶自分の手でいけた花。❷遊女・芸妓などを身請けして自分だけのものとすること。また、常に身近に置いて愛する女性。「上方—と言われた女も、—として眺めると、三日経てば萎れる」〈太宰・新釈諸国噺〉

てい-けん【定見】他人の意見に左右されない、その人自身の意見。一定の見識。「—をもつ」「無—」

てい-けん【定検】「定期検査」の略。

てい-げん【低減】〔名〕スル ❶へること。また、へらすこと。「出生率が—する」❷値段が安くなること。また、安くすること。「地価が—する」「小売価格を—する」
(類語)減少・低下・逓減・減殺・軽減・減額・減価

てい-げん【定言】論理学で、「もし」とか「または」とかの仮定・条件を設けず、無条件に断定する立言。

てい-げん【定限】一定の制限。決まった限度。じょうげん。「小説は…字数に—なき歌ともいうべし」〈逍遥・小説神髄〉

てい-げん【逓減】〔名〕スル 数量がしだいにへること。また、しだいにへらすこと。漸減。「収穫量が—する」「生産率を—する」⇔逓増。

てい-げん【提言】〔名〕スル 自分の考えや意見を出すこと。また、その考えや意見。「改正案を—する」
(類語)提案・提起・提議・発議・助言・勧告

てい-げん【鄭玄】[127～200]中国、後漢の経学者。高密(山東省)の人。字は康成。今文・古文両派の経学を広く学び、馬融に師事。党錮の禁に遇ってからは蟄居して経典の注釈に専念。漢代経学を集大成し、訓詁学の大家となった。「毛詩鄭箋」「三礼注」ほか多くの著がある。じょうげん。

ディケンズ〖Charles Dickens〗[1812～1870]英国の小説家。ユーモアとペーソスのある文体で下層市民の哀歓を描き、ビクトリア朝時代を代表する作家として名声を得た。作「オリバー=ツイスト」「クリスマス-キャロル」「二都物語」など。

ていげん-てき【定言的】〔形動〕論理学で、ある判断を無条件に立言するさま。断言的。

ていげんてき-さんだんろんぽう【定言的三段論法】《categorical syllogism》論理学で、三段論法の一。大前提および小前提が定言的判断となる。例えば、「すべての人間は死ぬ」「ソクラテスは人間である」故に「ソクラテスは死ぬ」の類。

ていげんてき-はんだん【定言的判断】《categorical judgement》論理学で、主語と述語との一定の関係を無条件的に立言する判断。「sはpである」「sはpでない」という形式をとる。定言判断。断言的判断。⇨仮言的判断 ⇨選言的判断

ていげんてき-めいれい【定言的命令】《ド Kategorischer Imperativ》カントの道徳哲学で、行為の目的や結果にかかわりなく、それ自体で善なるものとして普遍的に妥当する行為そのものを絶対的、無条件的に命令する実践的原則。端的に「君は…すべし」という命令の形式をとる。定言的命法。断言的命令。無上命法。⇨仮言的命令

ていげん-ねんれい【停限年齢】停年。

てい-こ【艇庫】ボートをしまっておく倉庫。

てい-ご【低語】低い声で話すこと。ささやくこと。「玄機の書斎からはただかすかに—の声が聞えるのみであった」〈鴎外・魚玄機〉

てい-ご【亭午】《「亭」は至る意》日が南中すること。転じて、正午。まひる。

てい-ご【×牴×牾】〔名〕スル くいちがうこと。「その枝葉を広めしが為に、枝葉の内に相—するもの発するなり」〈田口・日本開化小史〉
(類語)矛盾・撞着・齟齬・背反・扞格・対立・相克・相反する

でい-ご【×梯×姑┊×梯×梧】《「でいこ」とも》マメ科の落葉高木。枝は灰白色でとげがあり、葉は広卵形の3枚の小葉からなる複葉。4、5月ごろ、紫赤色の蝶形の花が穂状に集まって咲く。インド・マレーの原産で、江戸時代に渡来し、沖縄などで栽培される。近縁種にアメリカデイゴがある。

てい-こう【定稿】それ以上訂正・補足などの必要のない完成した原稿。

てい-こう【抵抗】〔名〕スル ❶外部から加わる力に対して、はむかうこと。さからうこと。「権力に—する」「大手資本の進出に地元の商店会が—する」❷すなおに受け入れがたい気持ち。反発する気持ち。「相手の態度に—を感じる」「一人で入るには—がある」❸流体中を運動する物体が流れから受ける、運動方向と逆向きの力。❹「電気抵抗」の略。
(用法)抵抗・反抗——「むやみに抵抗(反抗)したって仕方がない」など、手向かう意では相通じて用いられる。◆「抵抗」は他からの力に張り合い、それを退けようとすることに重点がある。「誘惑に抵抗する」「市民の激しい抵抗にあう」「病魔への抵抗にも限界があった」◆「反抗」は外からの力、特に権威・権力にさからおうとすることに重点がある。「反抗」が否定的に評価されることがあるのはそのためである。「理由なき反抗」「親に反抗して家を出る」◆類似の語に「反発」がある。他の人の意見・考え方にさからう点で「抵抗」と相通じて用いられる。「友人の反発を招く」「上司の発言に反発する」
(類語)反抗・造反・反発・反対・抗戦・レジスタンス・抗する・あらがう・盾突く・歯向かう・逆らう・立ち向かう・戦う・異を立てる

てい-こう【程顥】[1032～1085]中国、北宋の思想家。洛陽(河南省)の人。字は伯淳。号、明道。弟の程頤とともに二程子とよばれる。性理学の基礎を築いた。語録が「二程全書」に収められている。

てい-ごう【亭号】「亭」の語を伴った号。鳥亭・曲亭・二葉亭など。

でい-こう【泥鉱】泥状の鉱石。岩石状の鉱石に対していう。

でい-こう【泥×膏】医薬品の粉末を多量に含む軟膏状の外用剤。パスタ剤。泥剤。

ていこう-うんどう【抵抗運動】►レジスタンス

ていこう-おんどけい【抵抗温度計】金属または半導体の電気抵抗が温度によって変化することを利用した温度計。液体温度計よりも広い範囲の測定ができる。

ていこう-き【抵抗器】電気回路を構成する部品の一。回路に電気抵抗を与えて、電流を制限したり電圧を降下させたりする。

ていこう-けん【抵抗権】不当な国家権力の行使に対して抵抗しうる国民の権利。

てい-こうしょ【鄭孝胥】[1860～1938]中国、清末・満州国の政治家。福建省閩侯県の人。字は蘇戡。清末の立憲運動、鉄道国有化政策に参画。1924年以後、宣統帝の教育に当たり、32年、満州国の国務総理に就任。チョン=シアオシュイ。

ていこう-しんか【定向進化】生物の進化は一定の方向性をもっているという考え。化石を年代順に並べると形態に一定の方向に変化がみられることから考え出されたもの。

ていこう-せい【抵抗性】生体が、自己を防御・維持するために、病因となる環境条件や薬剤の作用、微生物の侵入、異種細胞の移植などに対して抵抗する性質。

ていこう-せい【×蹄行性】哺乳類の歩行方法の一。指骨の先端のひづめだけを地に着けて歩く。馬・牛などの有蹄類にみられる。

ていこう-せいりょく【抵抗勢力】自分が進めようと考えている案に対して、反対の意見を唱える人々。(補説)小泉純一郎元総理が、自身の改革路線に反対する野党や党内諸派、マスメディアなどについていった言葉。

ていこう-せん【抵抗線】❶敵の攻撃を阻止するための防御線。❷ニクロム線・タングステン線などの電気抵抗の大きい導線。

ていこう-ぶんがく【抵抗文学】自由と民族独立を求める抵抗運動を基盤とした、世界各国の文学。特に、第二次大戦中のドイツ占領下のフランスで、反ナチスのレジスタンス運動に加わった作家の文学作品。戦争の非情を描くベルコールの「海の沈黙」や、アヌイの「アンチゴーヌ」など。レジスタンス文学。

ていこう-ようせつ【抵抗溶接】溶接部に強電流を流し、熱を利用して金属を接合する溶接。電気抵抗溶接。

ていこう-りつ【抵抗率】導体における電流の流れにくさを表す定数。電気伝導率の逆数。電気抵抗率。比抵抗。

ていこう-りょく【抵抗力】❶外からかかる力に逆らったり、耐えたりする力。❷病気や病原体、環境の悪化などに耐え、健康を保ちつづける力。「風邪に対する—をつける」

ていこう-ろ【抵抗炉】電気炉の一種。一般に電気炉というと抵抗炉を指すことが多く、ジュール熱を熱源とする。被加熱物に直接電流を流して加熱する直接抵抗加熱炉、ニクロム線や炭化ケイ素に電流を流して炉を加熱する間接抵抗加熱炉がある。

てい-こく【定刻】決められた時刻。一定の時刻。定時。「バスは—に発車する」(類語)定時・刻限・例刻

てい-こく【帝国】㊀皇帝の統治する国家。「ローマ—」㊁「大日本帝国」の略。
(類語)君主国・王国・宗主国・連邦・合衆国

てい-こく【×啼×哭】〔名〕スル 大声で泣くこと。

ていこく-がくしいん【帝国学士院】学術の発達を図ることを目的に、明治39年(1906)文部大臣管理下に設置された最高学術機関。会員は定数100名で、勅任官待遇。日本学士院の前身。

ていこく-ぎかい【帝国議会】明治憲法下における、貴族院と衆議院とからなる立法機関。明治23年(1890)開設。権限は天皇の大権によって制限されていた。日本国憲法の成立により国会に改組。

ていこく-きょういくかい【帝国教育会】大日本教育会を母体に、明治29年(1896)に組織された全国的な教育者団体。のち、日本教育会と改称し、昭和23年(1948)まで存続。

ていこく-げいじゅついん【帝国芸術院】日本芸術院の前身。昭和12年(1937)帝国美術院を改組・拡充したもので、美術のほか文学、音楽・演劇の2部門を新設。

ていこく-げきじょう【帝国劇場】東京都千代田区丸の内にある劇場。明治44年(1911)日本最初の純洋式劇場として開場。現在の建物は昭和41年(1966)東宝が建て替えたもの。帝劇。

ていこく-けんぽう【帝国憲法】「大日本帝国憲法」の略。

ていこくけんぽうぎかい【帝国憲法義解】テイコクケンパフギカイ「大日本帝国憲法」の解釈書。1巻。伊藤博文著。明治22年(1889)刊。

ていこく-しゅぎ【帝国主義】《imperialism》政治・経済・軍事などの面で、他国の犠牲において自国の利益や領土を拡大しようとする思想や政策。狭義には、資本主義の歴史的最高段階として19世紀後半に起こった独占資本主義に対応する対外膨張政策。「―戦争」

ていこく-すいさんかい【帝国水産会】テイコクスイサンクワイ 大正11年(1922)水産業の改良と発達を目的として、各地方の道府県水産会の中央機関として設立された団体。昭和18年(1943)中央水産業会に改組、同23年に水産業協同組合法の成立により解散。

ていこく-だいがく【帝国大学】旧制の国立総合大学。明治19年(1886)帝国大学令により東京大学が帝国大学となり、同30年に京都帝国大学の設立に伴い東京帝国大学と改称。以後、東北・九州・北海道・京城けいじょう・台北たいほく・大阪・名古屋の各帝国大学が設置された。第二次大戦後、京城・台北の2校以外は新制の国立大学となった。帝大。➡表

ていこくデータバンク【帝国データバンク】日本最大手の企業信用調査会社。前身の帝国興信社は明治33年(1900)創業。インターネット等の各種媒体を通じて個別企業の財務情報や倒産情報などを提供している。TDB(Teikoku Databank,Ltd.)。➡信用調査

ていこく-としょかん【帝国図書館】テイコクトショクワン 国立国会図書館支部上野図書館(現国際子ども図書館)の前身。明治5年(1872)創設の書籍館しょじゃくかんを母体とし、同13年東京図書館、同30年帝国図書館と改称。昭和24年(1949)国立国会図書館に合併された。

ていこく-のうかい【帝国農会】テイコクノウクワイ 旧制度で、道府県農会をもって組織した農業指導の中央機関。明治43年(1910)設立。下級農会の指導、政府の諮問に対する答申などを行った。昭和22年(1947)解散。

ていこく-びじゅついん【帝国美術院】テイコクビジュツヰン 大正8年(1919)文部大臣管轄下に設立された、美術に関する諮問・建議機関。帝展を主催。昭和12年(1937)帝国芸術院に発展解消。

ていこくびじゅついん-てんらんかい【帝国美術院展覧会】テイコクビジュツヰンテンランクワイ「帝展」の正称。

ていこくぶんがく【帝国文学】学術文芸雑誌。明治28年(1895)創刊、大正9年(1920)廃刊。東京帝国大学文科大学の井上哲次郎・上田万年かずとし・高山樗牛ちょぎゅう・上田敏らが組織した帝国文学会の機関誌として発行。評論や外国文学の紹介などに貢献。

ティコ-ブラーエ〘Tycho Brahe〙[1546～1601]デンマークの天文学者。初め哲学・法律学を修め、のち天文学を学び、1572年新星を発見。観測所を設置して多数の肉眼による観測データを集積。ケプラーはこれをもとに天文学を発展させた。

てい-さ【艇差】ボート競技で、艇の長さを基準にした2艇間の距離。

てい-ざ【帝座】天子・皇帝がすわる座席。玉座。

てい-ざ【ˣ鼎座｜ˣ鼎ˣ坐】〘名〙スル 三人が向かい合ってすわること。「―して話し合う」

でい-さ【泥砂｜泥沙】どろとすな。でいしゃ。

ディザー〘dither〙►ディザリング

ティザー-こうこく【ティザー広告】クワウコク《teaser advertising》►ティーザーサイト

ティザー-サイト〘teaser site〙►ティーザーサイト

ディザー-しょり【ディザー処理】►ディザリング

デイ-サービス《和 day＋service》介護を必要とする人が昼間の一定時間、専門の福祉施設で日常生活上の世話や機能・適応訓練などを受けること。要介護・支援認定を受けた人を対象とする高齢者デイサービスのほか、児童デイサービス・知的障害者デイサービス・身体障害者デイサービスなどがある。通所介護。日帰り介護。➡ショートステイ 補説 デイサービスとデイケアはいずれも高齢者などの対象者を昼間の一定時間、施設に預かる介護サービスだが、デイサービスは入浴・食事など日常生活の介助や機能訓練を中心に行うのに対し、デイケアは医師の判断に基づいて理学療法・作業療法などのリハビリテーションを中心に行う。

てい-さい【体裁】❶外から見た感じ・ようす。外見。外観。「料理を―よく盛りつける」❷世間の人の目にうつる自分のかっこう。世間体。みえ。「―ばかりを取り繕う」「パーティーに一人で行くのは―が悪い」❸それらしい形式。「企画書としての―をなしていない」❹相手を喜ばせるような振る舞いや口先だけの言葉。「―を言う」
類語 (❶❷)見てくれ・外観・外見がいけん・外見そとみ・外目そとめ・見た目・見場みば・見映え・格好・体面・世間体・外聞／(❸)体てい・形かた・形なり・形式・フォーム

でい-ざい【泥剤】►泥膏でいこう

ていざい-は【定在波】►定常波

ていさい-ぶ・る【体裁振る】〘動ラ五(四)〙外見がよく見えるようにする。みえをはる。また、えらそうに見せかける。もったいぶる。「―・ったものの言い方」

てい-さく【定ˣ朔】太陰暦で、朔(新月)が月の1日目になるように大の月(30日ある月)と小の月(29日)とを組み合わせていく暦法。➡平朔へいさく

ていさく-こくろう【定策国老】コクラウ《「定策」は臣下が天子を擁立する意》朝廷内の権力を握り天子の廃立を左右した、中国唐朝末期の宦官かんがんのこと。

ディザスター-リカバリー〘disaster recovery〙《「災害からの復旧」の意》自然災害や人為災害で被害を受けたコンピューターシステムを、速やかに復旧すること。また、その技術・機器・体制。DR。

てい-さつ【偵察】〘名〙スル ひそかに敵の動静などを探ること。「敵国の情勢を―する」「空中―」
類語 斥候・索敵・探り・内探・内偵・スパイ

ていさつ-えいせい【偵察衛星】エイセイ ►スパイ衛星

ていさつ-き【偵察機】写真・電子機器などを用いて敵情の偵察を任務とする軍用機。

テイサックス-びょう【テイサックス病】ビャウ《Tay-Sachs disease》劣性遺伝により乳児期に発病する脳の病気。視力障害、精神・運動の発育遅滞、小脳失調をきたし、除脳硬直に至ると死亡する。遺伝子検査により妊娠前にリスクを確認できる。

ディザリング〘dithering〙コンピューターで、中間色や滑らかな色の階調を表現するために、使用可能な色を組み合わせること。カラープリンターによる印刷などで用いられる。ディザー処理。

ていさん-しょう【低酸症】シャウ ►胃酸欠乏症

ていさんそ-しょう【低酸素症】シャウ 生体の組織中の酸素が欠乏している状態。肺機能の低下、動脈血中の酸素分圧の低下、血液の酸素運搬能力の低下や血流障害などによって起こる。

ていさんそせい-のうしょう【低酸素性脳症】ナウシャウ ►低酸素脳症

ていさんそ-のうしょう【低酸素脳症】ナウシャウ 循環器や呼吸器の不全により、酸素の供給が不足し、脳に障害をきたした状態。心筋梗塞・心停止・窒息などが原因となって起こる。心停止が3～5分以上続くと、呼吸が再開しても重篤な脳障害(蘇生後脳症)が残るため、迅速な蘇生が重要となる。

ていざん-たい【低山帯】►山地さんち帯

て-いし【手医師】「手医者てイしゃ」に同じ。「明日、一何某といへる者、千寿骨ヶ原にて腑分けいたせるよしなり」〈蘭学事始〉

てい-し【廷試】►殿試でんし

てい-し【弟子】❶「でし(弟子)」に同じ。「師に渥あつきは―の分」〈漱石・虞美人草〉❷年の若い者。年少者。

てい-し【底止】〘名〙スル 行きつくところまで行って止まること。「甲論乙駁、きょう此頃に至るまでも、曽て―する所を知らず」〈逍遥・小説神髄〉

てい-し【停止】〘名〙スル ❶動いていたものが途中で止まること。また、止めること。「心臓の鼓動が―する」「車を―する」❷していたことを一時やめること。また、差し止めること。「作業を―する」「営業―処分」
類語 ストップ・静止・停留・停車・停船・中止・休止・中断・中絶・途絶

[帝国大学] 帝国大学一覧

大学名	新制大学	設置年	所在地
帝国大学(東京帝国大学)	東京大学	明治19年(1886)	東京
京都帝国大学	京都大学	明治30年(1897)	京都
東北帝国大学	東北大学	明治40年(1907)	仙台
九州帝国大学	九州大学	明治44年(1911)	福岡
北海道帝国大学	北海道大学	大正 7年(1918)	札幌
京城帝国大学	―	大正13年(1924)	ソウル
台北帝国大学	―	昭和 3年(1928)	台北
大阪帝国大学	大阪大学	昭和 6年(1931)	吹田
名古屋帝国大学	名古屋大学	昭和14年(1939)	名古屋

てい-し【ˣ梯子】はしご。

てい-し【ˣ睇視】〘名〙スル 目を細めて見ること。また、横目で見ること。「林の奥に座して四顧し、傾聴し、―し、黙想す」〈独歩・武蔵野〉

てい-し【程子】中国宋代の兄弟の儒学者、程顥ていこう・程頤ていいの尊称。二程子。

てい-し【諦視】〘名〙スル じっと見つめること。見きわめること。諦観。「無視していた現実を新たに―することによって」〈島木健作・続生活の探求〉

てい-じ【丁字】❶漢字の「丁」の字。❷「丁字形けい」の略。補説「丁」と「T」との形・音の類似から「T字路」「T字帯」などと表記することがある。

てい-じ【低次】〘名・形動〙次元の低いこと。程度の低いこと。また、そのさま。「―な発言」⇔高次。
類語 低位・低度・低次元・低級・下級・劣位・低い

てい-じ【呈示】〘名〙スル ❶差し出して見せること。「学生証を―する」❷手形・小切手などの所持者が、支払請求のため振出人・支払人または引受人に証券を示すこと。類語 提示・呈出・明示・示す・見せる

てい-じ【定時】❶一定の時刻。定刻。「―に開店する」❷一定の時期。定期。「―の催し物」
類語 定刻・例刻・刻限

てい-じ【逓次】次々と順を追うこと。順次。副詞的にも用いる。「―繰り返して使用する」

てい-じ【提示】〘名〙スル ❶差し出して見せること。「必要書類を―する」「契約内容を―する」❷五段階教授法の第2の段階で新教材を児童に示すこと。
類語 呈示・明示・開示・示す・見せる

てい-じ【ˣ鼎ˣ峙】ヂ〘名〙スル 鼎かなえの脚のように、三方に相対して立つこと。鼎立ていりつ。「三大勢力が―する」

てい-じ【ˣ綴字】言語の音韻を表音文字で書き表すこと。また、書き表した文字。つづり字。てつじ。
類語 綴り・表記・スペリング・スペル

でい-し【出居ˣ衆】でゐ「でいしゅ」に同じ。「自前―の私わちきだけ」〈人・梅児誉美・後〉

デイジー-チェーン〘daisy chain〙コンピューターの周辺機器を接続する一形態。複数の機器などを数珠つなぎにする。SCSIやIEEE1394などで採用されている。➡スター型ネットワーク

ディジェスチフ〘フランス digestif〙《「ディジェスティフ」とも》消化促進のため、食後に飲む酒。食後酒。ブランデーなど。⇔アペリチフ。

ディジェスティフ〘フランス digestif〙►ディジェスチフ

ていじ-かん【丁字管】クワン 液体や気体などを二方向に分けて流すための丁字形の管。T字管。

ていじ-かんこうぶつ【定時刊行物】カンカウブツ「定期刊行物」に同じ。

てい-しき【定式】一定の方式。じょうしき。「―にのっとる」「―の作法」類語 定法じょうほう・常道・定石じょうせき

ていしきそせい-ひんけつ【低色素性貧血】貧血の分類の一つ。赤血球に含まれるヘモグロビンの濃度が減少している貧血。鉄の欠乏などによるヘモグロビンの産生障害が疑われる。小球性低色素性貧血となることが多い。➡正色素性貧血

ていじ-けい【丁字形】「丁」の字のような形。撞木形しゅもくがた。

てい-じげん【低次元】〘名・形動〙次元が低いこと。考え方・行為などの水準の低いこと。また、そのさま。低級。「幼稚で―な発想」類語 低劣・幼稚・低次

ていじ-じょうぎ【丁字定規】ヂャウギ ►T定規ティーじょうぎ

ていし-じょうけん【停止条件】デウケン 一定の事項が

成就するまで法律行為の効力の発生を停止する条件。➡解除条件
ていじ-しょうけん【呈示証券】証券上の権利を行使する際、所持人が債務者に証券を呈示することが必要な有価証券。
ディシジョン〘decision〙►デシジョン
てい-しせい【低姿勢】〔名・形動〕❶相手に向かって姿勢を低く構えること。❷相手に対してへりくだった態度をとること。また、そのさま。「一な態度で応対する」「一に出る」㊥高姿勢。
ていじ-せい【定時制】学校教育で、夜間その他特定の時間・時期に学習を行う課程。「一高校」➡全日制
ていじ-そうかい【定時総会】決算期ごとに定時に開かれる株主総会または社員総会。定期総会。
ていじ-たい【丁字帯】丁字形に縫い合わせた包帯。下腹部の手当てに用いられる。T字帯。
ディジタル〘digital〙►デジタル
てい-しつ【低湿】〔名・形動〕土地が低く、湿気の多いこと。また、そのさま。「一な土地」㊥高燥。
(類語)高湿・多湿・湿潤・陰湿
てい-しつ【低質】〔名・形動〕品質がよくないこと。また、そのさま。「一な商品」
てい-しつ【底質】川・湖・海などの水底を構成する物質。堆積物と基盤岩からなる。
ていしつ【貞室】►安原貞室
てい-しつ【帝室】天皇の一族。皇室。
(類語)皇室・王室・皇族・王族
てい-じつ【定日】あらかじめ定めてある日。期日。
てい-じつ【貞実】〔名・形動〕節操があり、篤実であること。また、そのさま。「一な心さえありゃあ」〈逍遥・当世書生気質〉
てい-じつ【帝日】陰陽道で、その人の性によリ、諸事に吉とされる日。
ていしつ-ぎげいいん【帝室技芸員】明治23年(1890)に定められた制度で、皇室の美術・工芸品の制作をした美術家。終生勅任待遇として年金を与えられた。昭和19年(1944)以後消滅。
ティシット〘Tichitt〙モーリタニアの中央部にある町。12世紀から16世紀、サハラ交易の拠点として栄えた。モスクを中心に家屋を配した伝統的集落「クサール」の遺構が残る。1996年、他の中継都市ウワダン、シンゲッティ、ウワラタとともに、「ウワダン、シンゲッティ、ティシット及びウワラタの古い集落」の名で世界遺産(文化遺産)に登録された。
ていしつ-はくぶつかん【帝室博物館】国立博物館の旧称。
ていじつばらい-てがた【定日払い手形】特定日が満期として記載されている手形。確定日払手形。
ていしつ-ひ【帝室費】明治憲法下で、国庫から支出した皇室の費用。今の皇室費にあたる。
ていじていけい-とうししんたく【定時定型投資信託】ユニット型投資信託のうち、商品性格が同一のものを毎月募集する投資信託。ファミリーファンド。➡スポット型投資信託
ていじ-ばらい【呈示払い】►一覧払い
ていじ-ぶ【提示部│呈示部】《exposition》楽曲において、主題またはそれに代わる重要な素材が提示される部分。特にソナタ形式において第1・第2主題が初めて現れる部分。
ディシプリン〘discipline〙❶訓練。しつけ。規律。また、折檻。❷学科。学問。
ていじ-ほう【定時法】季節・昼夜に関係なく、1日の長さを等分して時刻を決める時法。➡不定時法
ていじ-ほう【×綴字法】綴字に関する一定の方法。過去の文献に従うのを歴史的綴字法、発音のままによるのを表音的綴字法という。
ていしぼう-にゅう【低脂肪乳】►ローファットミルク
て-いしゃ【手医者】おかかえの医者。出入りの医者。「一間もなく見まはれ」〈浮・織留・六〉
てい-しゃ【停車】〔名〕スル ❶列車・電車などが止まること。また、止めること。「各駅に一する」「急一」❷貨物の積み降ろしや人の乗降などのため、車両等が停止すること。道路交通法では5分以内とする。➡駐車
(類語)停止・停留・ストップ・駐車・パーキング
でい-しゃ【泥砂│泥×沙】どろと、すな。でいさ。
ていしゃ-じょう【停車場】「駅❶」に同じ。古めかしい言い方。ていしゃば。
ていしゃ-ば【停車場】「ていしゃじょう(停車場)」に同じ。
てい-しゅ【亭主】❶その家の主人。特に宿屋・茶店などのあるじ。❷夫。❸茶の湯で、茶事を主催する人。主人。(類語)(❷)夫・主人・旦那・ハズ・夫君・宅・内の人・宿六・宿・所天
亭主の好きな赤烏帽子 烏帽子は黒塗りが普通であるが、亭主が赤い烏帽子を好めば家族はそれに同調しなければならない意から、どんなことでも、一家の主人の言うことには従わなければならないということのたとえ。亭主の好きな赤鰯。
亭主八盃、客三盃 酒席で、主人が客よりも多く酒を飲むこと。客をだしにして主人が酒を飲むこと。
亭主を尻に敷く 妻が夫をないがしろにして、勝手気ままに振る舞うことのたとえ。
てい-しゅ【程朱】程顥・程頤と朱熹のこと。
てい-しゅ【艇首】ボートやヨットなど舟艇の先端部分。へさき。
てい-じゅ【庭樹】庭に植えてある樹木。にわき。
でい-しゅ【出居衆】❶近世、武家奉公・商用などの出稼ぎのため、町方で部屋借りをして暮らした人。「人宿の一になって…股引、脚絆して出で」〈浮・諸国ばなし・五〉❷近世、岡場所で、人に抱えられず自前で営業した芸妓や娼妓。「身抜けをして…自前一になってゐて」〈人・梅児誉美・初〉
ティシュー〘tissue〙►ティッシュ
てい-しゅう【×汀州│×汀×洲】河・海・湖・沼などで、水が浅く、土砂の現れている所。中州。
てい-しゅう【定収】「定収入」の略。
てい-しゅう【鄭州】中国河南省の省都。京広・隴海両鉄道線の交差点に位置し、交通の要地。綿紡織などの工業が盛ん。殷代の都城址がある。人口、行政区259万(2000)。チョンチョウ。
てい-じゅう【定住】〔名〕スル 一定の場所に住居を構え、そこに住みつくこと。「赴任先に一する」
(類語)居住・常住・現住・先住・安住・移住・永住
てい-じゅう【×鄭重】手厚く遇すること。丁重。「一ヲイタス」〈日葡〉
でい-しゅう【出居衆】「でいしゅ」に同じ。
ていじゅうじりつけん-こうそう【定住自立圏構想】地方から東京など大都市圏への人口流出を抑制するため総務省が推進する施策。平成20年(2008)に「定住自立圏構想推進要綱」を公表。人口5万人程度以上で昼間人口が多い(昼夜間人口比率が1以上)都市が「中心市」となり、生活・経済面で関わりの深い「周辺市町村」と協定を締結し、定住自立圏を形成。中心市が策定する定住自立圏共生ビジョンに沿って、地域全体で、医療・福祉・教育など生活機能の強化、交通・ICTインフラの整備や地域内外の住民の交流、人材育成など人口定住に必要な生活機能の確保に取り組む。(補説)山口県下関市、新潟県長岡市など80市が中心市として宣言。67の定住自立圏が形成され、64市が定住自立圏共生ビジョンを策定している。(平成24年7月現在)。
ていしゅう-にゅう【定収入】一定した収入。毎月入ってくるなどの、定まった収入。定収。
ていしゅう-は【低周波】周波数が比較的低いこと。また、その波動や振動。20～20000ヘルツの可聴周波数をいうことが多い。電波法では30～300キロヘルツの電波をいう。㊥高周波。
ていしゅ-がく【程朱学】程顥・程頤と朱熹の学説。➡宋学
ていしゅ-かんぱく【亭主関白】家庭内で、夫が支配権を持っていること。㊥嚊天下
てい-しゅく【貞淑】〔名・形動〕女性の操がかたく、しとやかなこと。また、そのさま。「一な生涯」(派生)ていしゅくさ〔名〕
ていしゅ-ぐち【亭主口】►茶道口
ティシュケビチュス-きゅうでん【ティシュケビチュス宮殿】《Tiškevičių rūmai》リトアニア西部の都市パランガにあるネオルネサンス様式の邸宅。19世紀末、地元の貴族ティシュケビチュス家により建造。現在、庭園全体はパランガ植物公園になっており、邸宅は琥珀博物館として利用されている。ティズキエビクズ宮殿。
てい-しゅつ【呈出】〔名〕スル ❶ある状態を現すこと。「英国は十五世紀以後、文学の大壮観を一せる土地にして」〈透谷・「日本の言語」を読む〉❷差し出すこと。提出。
てい-しゅつ【提出】〔名〕スル 書類・資料などを、ある場所、特に公的の場に差し出すこと。「議案の一」「レポートを一する」「辞表を一する」
ていしゅっせいたいじゅう-じ【低出生体重児】出生時の体重が2500グラム未満の新生児。一般的には未熟児ともいう。LBWI(low birth weight infant)。➡極低出生体重児 ➡超低出生体重児 (補説)母子保健法では「低体重児」と呼び、保護者に都道府県等への届け出を義務付けている。
ていしゅつ-よう【低出葉】地上茎の基部に生じる葉。地表面に広がることが多い。高い位置につくられる苞などを高出葉とよぶのに対していう。
ていしゅ-ばしら【亭主柱】大黒柱。
ていしゅ-もち【亭主持(ち)】結婚して夫のあること。また、夫のある女性。
てい-じゅん【弟順│×悌順】兄や年長者に対して従順なこと。
てい-じゅん【貞順】操がかたく、従順なこと。
てい-しょ【×汀×渚】なぎさ。みぎわ。
てい-しょ【低所│低処】低い土地。また、低い見地。
てい-しょ【定処│定所】一定の場所。定まった場所。
てい-じょ【丁女】丁年の女子。一人前の女。律令制では、21歳から60歳までの女子。㊥丁男。
てい-じょ【貞女】貞節な女性。貞婦。
貞女は両夫に見えず 貞節な女性は、亡夫に操を立てて、再び別の夫をもつことをしない。貞女は二夫に見えず。貞女は二夫を更えず。
てい-しょう【低唱】〔名〕スル 低い声で歌うこと。また、小声で歌うこと。「浅酌一」
てい-しょう【定昇】「定期昇給」の略。
てい-しょう【定省】►ていせい(定省)
てい-しょう【抵償】❶つぐない。賠償。「第二には一の策」〈西周訳・万国公法〉❷「抵当❶」に同じ。「負債の一」
てい-しょう【逓相】逓信省の長。逓信相。逓信大臣。
てい-しょう【提唱】〔名〕スル ❶意見・主張などを唱え、発表すること。「改革を一する」❷禅宗で、師家が宗旨の要綱を大衆に提示して説法すること。提綱。提要。(類語)唱道・唱導・主唱・首唱
てい-しょう【鄭樵】[1103～1162]中国、南宋の学者。興化莆田(福建省)の人。字は漁仲。天文地理から草木虫魚に至るまで博覧を極め、「通志」200巻を著した。
てい-じょう【呈上】〔名〕スル《古くは「ていしょう」とも》「贈ること」の意の謙譲語。差し上げること。「記念品を一する」
てい-じょう【定常】〔名・形動〕一定していて変わらないこと。また、そのさま。「一に保つ」「一化」
てい-じょう【帝城】天子の住む城。宮城。
てい-じょう【庭上】《古くは「ていしょう」とも》庭の上。庭の表面。庭先。
てい-じょう【×梯状】はしごのような形。はしごがた。
てい-じょう【×蹄状】ひづめのような形。

でい-しょう【泥沼】どろの深い沼。どろぬま。
でい-しょう【泥象】中国で、墓におさめるために人や動物を土でかたどって焼いたもの。ふつう、人形のものを俑という。
でい-じょう【泥状】どろのようにどろどろした状態。どろじょう。「一の湿布薬」
てい-しょうがい【低障害】陸上競技で、400メートルハードル競走のこと。障害競走の中で最も低いハードルを用いるところからいう。ローハードル。➡高障害
てい-じょうぎ【丁定規】▶T定規
ていじょう-こう【定常光】写真撮影に用いる、その場にある一定の明るさをもつ光。外光などの自然光のほか、室内の電球や蛍光灯、スタジオ撮影用の照明などによる光をいう。➡瞬間光
ていじょうざっき【貞丈雑記】江戸時代の有職故実書。16巻。伊勢貞丈著。子孫のために書き記した宝暦13年(1763)以降の雑録を、死後弟子が校訂して天保14年(1843)に刊行。武家の有職に関する事項を36部門に分けて記したもの。
ていじょう-じょうたい【定常状態】❶流体の速さや電流の強さなど動的現象の物理量が、空間の各点において時間的に変化がなく一定している状態。❷量子力学で、ある体系のエネルギーが一定に保たれている状態。
ていじょう-でんりゅう【定常電流】強さや方向が時間によって変わらない電流。
ていじょう-は【定常波】一定の位置で振動するだけで進んでいるように見えない波。進行波とその反射波とが重なり合ったときなどにできる。定在波。停立波。
ていしょう-バス【低床バス】床面を低く作り、入り口の段差を小さくして乗降しやすくしたバス。➡ノンステップバス
ていじょう-りゅう【定常流】時間的に運動の様相が変化しない流れ。流体の流速、圧力、密度などの物理量は時間によらず一定。完全流体の場合はベルヌーイの定理が成り立つ。⇔非定常流。
てい-しょく【呈色】色彩を表すこと。
てい-しょく【定食】食堂・料理店などで、あらかじめいくつかの料理の組み合わせを決めてある献立。
てい-しょく【定植】〔名〕スル 苗を苗床から移して、田畑に本式に植えること。「ナスを一する」
てい-しょく【定職】臨時のではない、定まった職業。収入や身分などの保障されている職業。「一に就く」「一をもつ」
類語 職業・職・仕事・生業・業・なりわい・商売・渡世・稼業・家業・ビジネス
てい-しょく【抵触・×牴触・×觝触】〔名〕スル ❶触れること。衝突すること。転じて、物事が相互に矛盾すること。「新説は従来の主張に一するものではない」❷ある行為が法律や規則に反すること。「道路交通法に一する」
てい-しょく【停職】公務員などの懲戒処分の一。職員としての身分を保有させながら、一定期間職務に就かせないこと。その期間、給与は支給されない。
ていしょく-はんのう【呈色反応】発色または変色を伴う化学反応。定性分析・比色分析・容量分析などに利用。発色反応。
てい-じょしょう【丁汝昌】[?〜1895]中国、清末の軍人。安徽省の人。字は禹廷。北洋艦隊の提督となったが、日清戦争に黄海の海戦で大敗。威海衛に封鎖されて降伏、自決した。
ディジョン〖Dijon〗フランス中東部、ブルゴーニュ地方の中心都市。中世からの交通の要地で、鉄道の分岐点。歴史的建造物が残る。
てい-しりゅう【鄭芝竜】[1604〜1661]中国、明末の貿易商。南安県(福建省)の人。鄭成功の父。通称、老一官。字は飛黄。日本に渡って平戸に住み、日本女性と結婚。1628年、明に招かれて日本との貿易に活躍したが、明の滅亡により清にくだり、のち、殺された。

ていじ-ろ【丁字路】丁字形になっている道路。T字路。類語 曲がり角・角・突き当たり・十字路・四つ辻・四つ角・三叉路・交差点・追分
てい-しん【廷臣】朝廷に仕える臣下。
てい-しん【貞心】貞節な心。「そちは一に事をさたする条、重宝の者なり」〈咄・醒睡笑・三〉
てい-しん【×挺身】〔名〕スル 率先して身を投げ出し、困難な物事にあたること。「反戦運動に一する」
類語 献身・貢献・尽力・寄与
てい-しん【×挺進】〔名〕スル 他の大勢に先んじて進むこと。「敵中深く一する」
てい-しん【逓信】❶順次にとりついで、音信を伝えること。❷「逓信省」の略。
てい-しん【艇身】ボートの長さ。ボートレースで艇差を表すときにも用いる。「二一引き離す」
てい-しん【×鼎臣】三公の地位にある臣。大臣。「本朝一の外相をもって」〈平家・三〉
てい-しんくう【低真空】JIS(日本工業規格)で定められた真空の区分の一。真空度が100パスカル以上を指す。大気圧で示すと、上空約60キロメートル以下の圧力範囲に相当。➡中真空 ➡高真空 ➡超高真空
ていしん-こう【貞信公】藤原忠平の諡号。
ていじん-じけん【帝人事件】帝国人絹会社の株式売買をめぐる疑獄事件。昭和9年(1934)の第65回議会で政府攻撃の材料とされ、斎藤実内閣の総辞職をもたらした。
ていしんしゅう-いりょう【低侵襲医療】手術・検査などに伴う痛み、発熱・出血などをできるだけ少なくする医療。例えば内視鏡やカテーテルなど、からだに対する侵襲度が低い医療機器を用いた診断・治療のこと。患者の負担が少なく、回復も早くなる。
ていしん-しょう【逓信省】もと、内閣各省の一。明治18年(1885)設置され、郵便・電信・電話・簡易生命保険などに関する行政事務と現業業務をつかさどった。昭和24年(1949)郵政省と電気通信省とに分割。
ていしん-たい【×挺身隊】任務を遂行するために身を投げうって物事をする組織。
ていしん-たい【×挺進隊】特別の任務を帯びて本隊に先行し、独立して行動する部隊。
てい-しんたく【鄭振鐸】[1898〜1958]中国の文人・文学研究者。浙江省永嘉県の人。筆名は西諦など。瞿秋白らと「新社会」を創刊し、のち文学研究会結成に尽力。著「挿図本中国文学史」「中国俗文学史」など。チョン=チェントゥオ。
ディスアーマメント〖disarmament〗軍備を縮小、撤廃すること。軍縮。
ディスアセンブル〖disassemble〗機械語のプログラムを、人間に理解しやすいように記号化した言語で書かれたプログラムに変換すること。この変換のためのプログラムを逆アセンブラーという。
ディスアビリティー〖disability〗心身の機能上の能力障害。
でい-すい【泥水】❶どろがまじって濁った水。どろみず。❷ボーリング作業に使う、比重の大きい鉱物の微粒子を調合した水。掘管内を通して圧入し、掘りくずとともに地表に回収する。
でい-すい【泥酔】〔名〕スル《「泥」は、水がないとどろのようになるという虫の名》正体をなくすほど、ひどく酔うこと。「一するまで飲む」「一状態」
類語 酩酊・大酔・大酒・酔う・酔っ払う・沈酔する・乱酔する・飲まれる・虎になる・酔い潰れる・ぐでんぐでん・べろべろ・べろんべろん・へべれけ・れろれろ
ていすい-こうじ【低水工事】河川の改修で、主に利水のために行う工事。河岸工事や河床の浚渫など。➡高水工事
ていすい-しょくぶつ【×挺水植物】▶抽水植物
ディスインフォメーション〖disinformation〗国家・企業・組織あるいは人の信用を失墜させるために、マスコミなどを利用して故意に流す虚偽の情報。
ディスインフレ「ディスインフレーション」の略。

ディスインフレーション〖disinflation〗景気循環の過程で、インフレーションからは脱したがデフレーションにはなっていない状態。また、そうした状態になるように財政・金融を調節していくこと。ディスインフレ。➡リフレーション
ディスインフレ-せいさく【ディスインフレ政策】デフレーションにならないようにしながら、通貨の供給を抑えて物価の安定を図る政策。
てい-すう【定数】❶一定の数量・数値。また、定められた数量・数値。「出席者が一に達する」❷自分の意志で変えることのできない運命。命数。❸代数・数値計算で、一定の値を表す文字や数のこと。⇔変数。❹物理学・化学で、状態変化の間を通じて一定の値を保つ量。物質の種類に関係なく不変の基礎定数と、各物質に固有の定数とがある。常数。
ていすう-こう【定数項】方程式で未知数を含まない項。また、多項式で変数を含まない項。
ていすう-とくれい【定数特例】市町村合併の際に適用される、自治体議員の処遇に関する特例の一つ。関係する市町村の協議により、合併後最初の選挙における議員定数を、一定の範囲で、地方自治法に規定された法定定数を超えて増員することができる。平成16年(2004)施行の合併特例法(正式名称は「市町村の合併の特例に関する法律」)に規定。➡在任特例
ていすう-ふきんこう【定数不均衡】ある選挙区の議員定数と有権者数との比率が、他の選挙区における比率と著しく均衡を欠くこと。議員一人当たりの有権者数が少ない選挙区ほど有権者の1票の価値は大きくなる。格差を是正するため、選挙区の定数や区割りを変更するなどの調整が行われているが、衆院選で2倍以上、参院選で5倍前後の格差が生じる状態が続いている。一票の格差。補説 例えば、選挙区の有権者数を議員定数で割った「議員一人当たりの有権者数」が最も多い選挙区Aで50万人、最も少ない選挙区Bで20万人だった場合、格差は2.5倍となり、選挙区Aの有権者の「一票の重み」は選挙区Bの半分以下(5分の2)となる。昭和47年(1972)の衆院選では4.99倍の格差が生じ、最高裁は初めて違憲と判示したが、事情判決の法理を適用し、選挙そのものは有効とした。参院選では6.59倍の格差が生じた平成4年(1992)の通常選挙について、最高裁は違憲状態(著しく不平等な状態だが立法裁量権の範囲内)と判示している。最高裁は、衆院選で3倍以上、参院選で6倍以上の格差が生じた場合に、違憲または違憲状態とする判断を示してきたが、格差が2.3倍だった同21年の衆院選についても、同23年に違憲状態との判断を下した。
ディスエンゲージメント〖disengagement〗兵力引き離し。対立する両陣営の軍事力を引き離し、間を非武装化しようという構想。
ディスカウンター〖discounter〗ディスカウントショップ。割引屋。
ディスカウント〖discount〗〔名〕スル 値引きすること。割引。「値札から三割一する」
類語 値引き・割引・安売り・廉売・バーゲン
ディスカウントキャッシュフロー-ほう【ディスカウントキャッシュフロー法】▶DCF法
ディスカウント-ショップ〖discount shop〗商品を通常の価格より割引いて、薄利多売をめざす小売店。ディスカウントストア。
ディスカウント-ストア〖discount store〗「ディスカウントショップ」に同じ。DS。
ディスカウント-セール〖discount sale〗割引販売。安売り。
ディスカウント-ブローカー〖discount broker〗安い手数料で仲介業務のみを行う証券会社。株式売買委託手数料が自由化されているアメリカで見受けられる業態。
ディスカス〖discus〗❶フィールド競技用の円盤。また、円盤投げ。❷カワスズメ科の淡水魚。全長15〜20センチ。体は円盤状。アマゾン川流域に分布する

て

熱帯魚で、飼育される。稚魚は親の体表から分泌されるミルク状の粘液を食べて成長する。

ディスカッション〘discussion〙〘名〙スル 討論。討議。議論。「方針について―する」「パネル―」 (類語)討論・討議・対談・鼎談ていだん・面談・ディベート

ディスカバー〘discover〙発見すること。

ディスカバリー〘discovery〙発見。発見物。

ティズキエビクズ-きゅうでん【ティズキエビクズ宮殿】《Tiškevičių rūmai》►ティシュケビチュス宮殿

ディスク〘disk|disc|フランス disque〙❶円盤。円板。❷レコード。音盤。また、CD・DVD・ブルーレイディスクなどの光ディスク。❸►磁気ディスク記憶装置

ディスク-アット-ワンス〘disk-at-once〙追加書き込みができないCD-Rなどへのデータ書き込み方法の一。継ぎ目なしで、ディスク全体に一度でデータを書き込む。

ディスク-アレイ〘disk array〙複数のハードディスクを並列に接続し、ひとつのハードディスクのように利用すること。データ転送の高速化や耐久性の向上を目的とする。➡レイド(RAID)

ディスクール〘フランス discours〙言説。談話。また、話法。

ディスク-オペレーティング-システム〘disk operating system〙コンピューターで、外部記憶装置として磁気ディスクを用いるオペレーティング・システム。DOS(ドス)。

ディスク-キャッシュ〘disk cache〙ハードディスクなどの記憶装置とのデータのやり取りを高速化するためのメモリー。また、その機能のこと。

ディスク-クオータ〘disk quota〙複数のユーザーが一つのパソコンを共用する際、各ユーザーに割り振られたハードディスクの容量の上限のこと。クオータ。

ディスク-クラッチ〘disk clutch〙►円板クラッチ

ディスク-ゴルフ〘disk golf〙1970年代にアメリカで生まれたゴルフに似たゲーム。直径25センチのプラスチック製の円盤、フライングディスクを投げ、コース内に設けられたバスケット状のゴールに入れる。9コースないし18コースを回り、投げた回数の少ない者が勝ちになる。

ディスク-さいてきか【ディスク最適化】サイテキクワ《disk optimization》►デフラグ

ディスク-ジョッキー〘disk jockey〙❶ラジオ放送の音楽番組などで、音楽をかけながら解説その他の話を交えて番組を進める人。また、その番組。DJ。❷クラブやディスコなどで、再生するレコードやCDなどの楽曲を選曲する人。スクラッチや音程を変えるなどのアレンジを加える場合もある。

ディスク-デュープレキシング〘disk duplexing〙►デュープレクシング

ディスク-デュープレクシング〘disk duplexing〙►デュープレクシング

ディスク-ドライブ〘disk drive〙CDやDVDなどの記憶媒体の読み書きをするための駆動装置。

ディスク-パック〘disc pack〙磁気ディスクを、同一軸に何枚か重ねて取り付けたもの。

ディスク-ファイル〘disk files〙磁気ディスクを使ったファイル。

ディスク-ブレーキ〘disk brake〙摩擦ブレーキの一種。車輪・車軸に設けた円板の摩擦機構によってブレーキをかける装置。

ディスク-ホイール〘disk wheel〙主に競技用自転車に用いられる、スポークのない円盤型の車輪。風の抵抗が少なく、高速走行に効果がある。

ディスク-マガジン〘disk magazine〙紙を用いず、フロッピーディスクやCD-ROMに内容を組み込んだ形態の雑誌。

ディスクリート-はんどうたい【ディスクリート半導体】ハンダウタイ《discrete semiconductor》►個別半導体

ディスクリプション〘description〙記述。説明。また、取扱説明書。「冒頭の―に明示する」

ディスクロージャー〘disclosure〙企業が株主・債権者などの投資者や取引先を保護するために、経営成績・財政状態・業務状況などの内容を公開すること。企業内容開示。

ディスクローズ〘disclose〙〘名〙スル 明らかにすること。発表すること。暴露すること。「経営内容を―する」

ディスケット〘diskette〙フロッピーディスクのこと。もと商標名。

ディスコ〘disco〙《元来はフランス discothèqueから》激しいリズムのレコード音楽などに合わせてダンスを楽しむ店。ディスコテーク。

ディスコグラフィー〘discography〙作曲家・演奏家・ジャンルごとなどにレコードや音楽CDをまとめ、その録音年月日などの諸データを載せた目録。

ディスコテーク〘フランス discothèque〙►ディスコ

ディスコテック〘discotheque〙►ディスコ

ディスコ-なんちょう【ディスコ難聴】ナンチヤウ ディスコなどの騒音の大きな場所に長時間いることで生ずる一過性の聴力低下。さらに長期では、永久的難聴となることもある。

ディス-コミュニケーション《和 dis-＋communication》意思伝達ができないこと。コミュニケーションが絶たれた状態。

ディスコン►断路器

テイスター〘taster〙《「テースター」とも》(酒や茶などの)味の鑑定人。

ディスタンス〘distance〙距離。道のり。また、隔たり。

ディスタンス-レース〘distance race〙陸上競技やスキーなどで、距離競走。

テイスティ〘tasty〙〘形動〙《「テースティ」とも》❶(食物が)美味であるさま。風味のあるさま。「―な食事を楽しむ」❷(人や作品が)上品なさま。魅力的なさま。「―な時間を過ごす」

テイスティング〘tasting〙《「テースティング」とも》酒などの味ききをすること。

ディステンパー〘distemper〙►ジステンパー

テイスト〘taste〙《「テースト」とも》❶味。味わい。風味。「濃厚なカカオの―」❷趣味。好み。「独自の―を反映させたデザイン」

ディストーション〘distortion〙❶ゆがみ。写真などで、画像がゆがむこと。➡歪曲わいきょく収差 ❷音のひずみ。音楽的効果の一種として、エレキギターなどでそのような音を作る場合は「ディストーションをかける」という。

ディストピア〘dystopia〙反理想郷。暗黒世界。また、そのような世界を描いた作品。

ディストリビューション〘distribution〙❶分配。配送。流通。❷複数のソフトウエアをひとまとめにしたもの。特に、Linux ディストリビューションのこと。➡ディストリビューター

ディストリビューター〘distributor〙❶分配者。配給者。また、卸売業者。❷配電器。分配器。❸Linux ディストリビューションを開発・配布する団体や個人。➡ディストリビューション❷

ディストレス-じょうたい【ディストレス状態】ジヤウタイ《ディストレスは、distress》ストレスを上手に処理できず、心身が不調に陥った状態。

ディズニー〘Walt Disney〙[1901〜1966]米国の映画製作者。アニメーションの完全トーキー化・色彩化・長編化などに取り組み、また劇映画や自然記録映画の分野でもすぐれた業績を残した。ディズニーランドの創設者としても有名。代表作「白雪姫」「砂漠は生きている」など。

ディズニーランド〘Disneyland〙ウォルト＝ディズニーが創設した大規模な遊園地。米国のカリフォルニアに造られたのが最初で、後に日本・フランス・香港にも造られた。

ディズニーランドリゾート-パリ〘Disneyland Resort Paris〙フランス、イル-ド-フランス地域圏、パリ近郊の都市マルヌ-ラ-バレにあるテーマパーク。ウォルト-ディズニー-カンパニーを中心とする合弁会社が運営する。ディズニーランドパリをはじめ、複数のテーマパーク、リゾートホテル、商業施設で構成される。➡ディズニーランド

ディスパッチ〘dispatch〙複数のプログラムを同時に実行するマルチタスクOSやマルチプロセッサーにおいて、処理すべきプログラム(タスク)の優先順位を決定して、CPUに割り当てること。

ディスパッチャー〘dispatcher〙航空機の運航管理者。飛行計画を決定する職務を担う。

ディスプレー〘display〙〘名〙スル《「ディスプレイ」とも》❶陳列すること。展示すること。特に商品などを効果的に配置すること。「見本品を―する」❷コンピューターの出力表示装置。文字や図形の出力結果をブラウン管の蛍光面上に表示するCRTディスプレーや、液晶ディスプレー、プラズマディスプレーなどがある。❸動物の示す誇示行動。生殖時期に雄が雌に対して示す求愛誇示や、威嚇いかく誇示など。➡クラッタリング (類語)展示・展覧・展観・出品・陳列

ディスプレー-ホン〘display phone〙会話と文字表示ができる電話機。

ディスプロシウム〘dysprosium〙►ジスプロシウム

ディスペンサー〘dispenser〙❶紙コップなどを一つずつ取り出せる装置。または、飲み物やシャンプーなど液状のものを適量だけ取り出せる入れ物・装置。❷自動販売機。❸►キャッシュディスペンサー

ディスポーザー〘disposer〙台所で出る生なまごみを粉砕して下水へ流す器具。

ディスポーザブル〘disposable〙〘形動〙使い捨てできるさま。使い捨ての。「―タイプのコンタクトレンズ」

ディスポーザブル-ウエア〘disposable wear〙使い捨て用の衣服。洗濯し、保存するのではなく、1回か2回着て捨ててしまうもの。主に紙製でドレス・おむつ・パンツ・ショーツなどがある。

てい-する【呈する】〘動サ変〙文てい・す〘サ変〙❶差し出す。また、差し上げる。進呈する。「書を―・する」「苦言を―・する」❷ある状態を表す。示す。「活気を―・する」「赤色を―・する」 (類語)示す・見せる

てい-する【訂する】〘動サ変〙文てい・す〘サ変〙❶文字や文章などの誤りを正す。訂正する。「朱で―・する」❷結ぶ。定める。「此両人が卒然と交を―・してから」〈漱石・野分〉 (類語)直す・改める・正す・修正する・改正する・補正する・訂正する・修訂する・改訂する・補訂する・補綴ほてつする・手直しする・手を入れる・手を加える

てい-する【×挺する】〘動サ変〙文てい・す〘サ変〙他に先んじて進む。また、みずから進んで差し出す。多く「身を挺する」などの形で用いる。「身を―・して実践する」「困難に一身を―・する」

ディズレーリ〘Benjamin Disraeli〙[1804〜1881]英国の政治家。保守党の領袖で、保護貿易派の指導者。1868年、74〜80年に首相。スエズ運河の買収、ロシアの南下政策阻止、インド帝国の樹立などビクトリア朝時代の帝国主義政策を推進した。

ディスレクシア〘dyslexia〙知的能力や知覚能力には異常がないにもかかわらず、文字の読み書きが困難になる障害。学習障害の一つ。形が似た文字を区別できない、文字を読みながら同時に言葉の意味を理解することができないため読むのに時間がかかる、意図した言葉を正確に書けない、などの症状がみられる。視覚的に認識した文字や単語を音に結びつけて理解したり、単語や文節の形から直接意味を理解するプロセスに何らかの障害が起きたことによるものと考えられているが、詳しい原因は解明されていない。難読症。識字障害。読書障害。読み障害。➡失読症

ディスロケーション〘dislocation〙化学用語で、転位。格子欠陥の一種。結晶内の線に沿って起こった原子のずれ。イギリスの物理学者G＝I＝テーラーらによって導入された概念。

てい-せい【低声】ひくいこえ。また、こごえ。「―に詩を吟じる」

てい-せい【定性】物質の成分を調べて定めること。

てい-せい【定星】❶恒星のこと。❷陰暦10月、立冬の時候。❸二十八宿の一つである室(しつ)のこと。
てい-せい【定省】「昏定晨省(こんていしんせい)」の略。「余り本宅に隔り朝夕の—も不自由なれば」〈鉄腸・花間鶯〉
てい-せい【帝政】帝王が行う政治。また、その政治形態。「—を敷く」(類語)王政・親政・院政
てい-せい【訂正】〔名〕(スル) 誤りを正しく直すこと。特に言葉や文章・文字の誤りを正しくすること。「発言を—する」「誤字を—する」
(類語)修訂・修正・改訂・更正・補正・補訂・補綴(ほてい)・校訂・手直し・訂する・正す・直す・改める
てい-せい【×啼声】なくこえ。なきごえ。「群児—の中に於て、悠然として詩歌を作り」〈中村訳・西国立志編〉
てい-せい【提×撕】〔名〕(スル) ❶(「ていぜい」とも)師が弟子を奮起させ導くこと。特に禅宗で、師が語録や公案などを講義して導くこと。❷後進を教え導くこと。❸奮い起こすこと。盛んにすること。「実行上に、新しい道徳を—し」〈花袋・描写論〉
てい-せい【×鄭声】《中国春秋時代の、鄭の国の歌謡がみだらであったところから》みだらな俗曲。野卑な音楽。「今日流行のラジオ歌謡などの—とも」〈佐藤春夫・晶子曼陀羅〉
てい-せいこう【鄭成功】[1624～1662]中国、明末・清初の武将。鄭芝竜(ていしりゅう)の長男で、母は日本人。長崎の生まれ。本名、森(しん)。字(あざな)は大木。日本名、田川福松。南明の隆武帝(唐王)より朱姓を賜り、「国姓爺(こくせんや)」と号した。広東(カントン)を中心に抗清活動に従事。台湾に進攻して、オランダ総督をくだし、地方政権を樹立。近松門左衛門の「国性爺合戦」のモデル。
ていせい-せいぶつ【底生生物】成体が、海・湖沼・河川などの水底に生活の場をもつ生物。水生生物を生活様式によって分けたときの生態群の一。
ていせい-とう【帝政党】(タウ) 立憲帝政党の略称。
ていせい-ぶんせき【定性分析】試料物質に含まれる成分の元素やイオン・原子団などを化学反応などによって調べる分析。通常、定量分析の前に行う。
てい-せき【定積】❶一定の乗積。❷一定の面積、または体積。
ていせき-ひねつ【定積比熱】容積を一定に保ったまま、温度をセ氏1度上昇させるのに要する熱量。主に気体の場合に用いる。定容比熱。⇒定圧比熱
てい-せきぶん【定積分】►積分❷
ていせき-へんか【定積変化】(ヘンクワ) 体積を一定に保ちながら、圧力や温度が変わる状態変化。等積変化。
ていせき-モルひねつ【定積モル比熱】体積を一定に保ったまま、温度をセ氏1度上昇させるのに要する熱量。主に気体の場合に用いる。定容モル比熱。⇒定圧モル比熱
てい-せつ【定説】一般に認められ、確定的であるとされている説。「—をくつがえす」「学界の—」
(類語)通説・学説・公理・定理・学理
てい-せつ【貞節】〔名・形動〕女性が夫以外の男性に身や心を許さないこと。また、そのさま。「—を守る」「—な婦人」(派生)ていせつさ〔名〕(類語)貞操・操・貞淑
ティセリウス〖Arne Wilhelm Kaurin Tiselius〗[1902～1971]スウェーデンの化学者。シュリーレン法による電気泳動測定装置を考案し、血清たんぱく質の成分を明らかにした。また、ガンマグロブリンが抗体であることを発見した。1948年ノーベル化学賞受賞。
てい-せん【×汀線】海面または湖面と陸地との境界線。なぎさの線。みぎわせん。
てい-せん【停船】〔名〕(スル) 航行中の船が止まること。また、止めること。「検疫のため港外に—する」
てい-せん【停戦】〔名〕(スル) 交戦中の両軍が何らかの目的のため、合意の上で一時的に戦闘行為を中止すること。「協定を結んで—する」「クリスマス—」
てい-ぜん【庭前】庭の家に近い部分。にわさき。
てい-ぜん【×挺然】〔ト・タル〕(文)〔形動タリ〕他にぬきんでているさま。「然(しか)も心は—として無窮の天に向う偉大の人物は」〈蘆花・自然と人生〉
でい-せん【泥線】沿岸海底で、泥質堆積(たいせき)物の分布域中、最も浅い所を連ねた線。
ディセンシー〖decency〗礼儀正しいこと。また、礼儀作法。
ディセントラリゼーション〖decentralization〗《「ディセントラライゼーション」「ディーセントラリゼーション」とも》地方分権化。(産業や人口などの)都市集中排除。
ディセンバー〖December｜Dec.〗12月。
てい-せんりつ【定旋律】多声楽曲で、ある声部に置かれる一定の旋律。対位法作曲の基礎旋律として、既成の単旋聖歌の旋律などが用いられる。
てい-そ【定礎】建築の着工に際して礎石を据えること。建築工事を始めること。「—銘」「—式」
てい-そ【帝×祚】帝王の位。帝位。皇祚(こうそ)。
てい-そ【提訴】〔名〕(スル) 裁判所などに訴え出ること。訴訟を起こすこと。「調停委員会に—する」
(類語)訴訟・起訴・上訴・控訴・抗告・上告・反訴・訴え
てい-そ【×鼎×俎】❶かなえと、まないた。ともに料理に使う道具。❷かなえで煮られ、まないたの上で切られること。死ぬべき運命にあることのたとえ。
でい-そ【泥塑】泥土で作った人形。土製の像。泥人形。泥塑人。
てい-そう【丁壮】(サウ) 働き盛りの男性。壮丁。「—は奴隷となり、老弱は飢餓に迷う」〈田口・日本開化小史〉
てい-そう【低層】❶空の低い所。「—ゾンデ」❷層の重なりが少なく、低いこと。特に、建物が1、2階建ての低いものであること。「—住宅」(類語)下層
てい-そう【廷争】(サウ)〔名〕(スル) 朝廷で事の正否を争うこと。また、多くの臣下の前で、君主の誤りをいさめること。「面折—」「君、其非計を—して曰く」〈東海散士・佳人之奇遇〉
てい-そう【貞操】(サウ) ❶正しいみさお。人としての正しい道を守ること。❷男女が相互に性的純潔を守ること。女性の、男性に対する純潔をいうことが多い。「—を守る」「—観念」(類語)操・貞節・貞淑
てい-そう【逓送】〔名〕(スル) ❶通信や荷物などを人の手から手へ順送りにすること。順送り。「物資を—する」❷宿場などを次々に経由して送ること。❸郵送すること。「終に書を—するの意なし」〈織田訳・花柳春話〉(類語)運送・輸送・運搬・搬送・郵送・移送
てい-ぞう【逓増】〔名〕(スル) 数量がしだいに増えること。「売り上げが年々—する」(対)逓減。
ていそう-ぎむ【貞操義務】(テイサウ) 夫婦が相互に貞操を守る義務。これに違反した場合、離婚原因となる。
ていそう-しつげん【低層湿原】河川の下流域や地下水位の浅い所などに多くみられる湿原。ヨシ・スゲの類が生育する。枯れた植物の分解が進みにくく、泥炭を生じることがある。⇒高層湿原
ていそうじゅうきょ-せんようちいき【低層住居専用地域】(テイソウヂユウキヨセンヨウチヰキ) 低層住宅の住居環境を保護するために、都市計画法により定められた用途地域の区分の一種。第一種低層住居専用地域と第二種低層住居専用地域がある。(補説)平成4年(1992)改正前の都市計画法では「第一種住居専用地域」に区分されていた。
ていそう-すい【底層水】水深4000メートル以上の深海の海水。北極や南極周辺で冷たい表層水が沈降し、赤道方面に広がったものとされる。
ていそう-たい【貞操帯】(テイサウ) 女性の貞操を保たせるための、鍵(かぎ)のついた金属製の器具。中世ヨーロッパで十字軍の騎士が、長期間留守にするときなどに妻や愛人に使わせたという。
ていそう-りゅう【底層流】(リウ) 底層水の流れ。
てい-そく【低速】速度の遅いこと。「—で進む」(対)高速。
てい-そく【定則】一定の法則、きまり。
(類語)規則・決まり・定め・規程・条規・規約・規準・規矩準縄(きくじゅんじょう)・ルール・コード
てい-そく【×鼎足】〔名〕(スル) ❶かなえのあし。❷三方に割拠して相対すること。鼎立。鼎峙(ていじ)。「西鶴が元禄の巨人として芭蕉及び巣林子と—するは」〈魯庵・「破垣」発売停止に就き当路者及江湖に告ぐ〉❸三人で力を合わせ、主君を補佐すること。多く、三公の場合にいう。
てい-ぞく【低俗】〔名・形動〕下品で俗っぽいこと。程度が低く、趣味の悪いこと。また、そのさま。「—な番組」「—化」(対)高尚。(派生)ていぞくさ〔名〕(類語)俗悪・卑俗・野卑・下劣・通俗・俗・俗っぽい・くだらない
ていそく-シャッター【低速シャッター】カメラのシャッタースピードが特に低速なこと。一般に、30分の1秒より遅いシャッタースピードを指す。ぶれのある写真になりがちだが、流し撮りのように、あえて被写体の動感を表現するために使用することがある。スローシャッター。⇒高速シャッター
ていそく-すう【定足数】合議制の機関が議事を進め議決をするのに必要な構成員の最小限の出席者数。国会の各議院では総議員の3分の1以上など。
ていそく-ちゅうせいし【低速中性子】エネルギーが約100電子ボルト以下の中性子。加速器中性子源や研究用原子炉で発生させることができ、中性子の散乱や回折による原子構造の解析や非破壊検査などに利用される。媒質中の分子と熱平衡に達し、0.025電子ボルト前後のものは熱中性子と呼ばれ、軽水炉などの原子炉における核分裂に寄与する。
ていそ-じあい【提訴試合】(ジアヒ) プロ野球で、審判の判定などに不服があり、監督が所属連盟会長に裁定を求めた試合。
でいそ-じん【泥塑人】「泥塑」に同じ。
ディゾリューション〖dissolution〗❶分解。❷契約・結婚などの解消。❸会議・組織の解散。
ディゾルブ〖dissolve〗►オーバーラップ❶
て-いた【手板】❶漆を塗った小さな板。文字を書いたり消したりすることができるもの。ぬりいた。❷笏(しゃく)の異称。❸建築の塗装見本にする板。❹榑木(くれき)の断面を測るための長方形の板。❺江戸時代、金品の逓送に用いた証券。逓送品目・発行者・受領者・飛脚商の氏名などを記入し、送り届けると受領印をもらって持ち帰ったもの。❻江戸時代、廻船による運送の際、荷主・品名・数量・送り先などを記して廻船に所持させた積み荷目録。
ティターノ-さん【ティターノ山】《Monte Titano》イタリア半島北東部の独立国家サンマリノ共和国にある山。標高750メートル。中腹から山頂にかけて城壁に囲まれた首都サンマリノの旧市街があり、11世紀から13世紀に建てられた三つの要塞、14世紀から16世紀の修道院などの歴史的建造物が残る。2008年、「サンマリノ歴史地区とティターノ山」の名称で世界遺産(文化遺産)に登録された。チターノ山。
てい-たい【停滞】〔名〕(スル) 1か所にとどまって動かないこと。物事が順調に進まないこと。「台風が南海上に—する」「業務が—する」(類語)停頓(ていとん)・滞留・留滞・渋滞・難航・難渋・足踏み・横ばい・とどまる
て-いた・い【手痛い】〔形〕(文)ていた・し〔ク〕与えられた損失などが非常に大きい。また、受けた攻撃や非難などが容赦なくきびしい。「株価が下がって—・い打撃を受ける」「—・い批評を浴びる」
てい-だい【邸第】やしき。邸宅。「—を賜い、宮人を賜われども」〈露伴・運命〉
てい-だい【帝大】「帝国大学」の略。
てい-だい【提題】論証によって真偽が確定されるべき命題。主張。定立。テーゼ。論題。
ていたいおん-しょう【低体温症】(テイタイヲンシヤウ) 寒冷な環境の中で中心体温(直腸温度)がセ氏35度以下に下がると起こる症状。初期は寒さの訴えとふるえが起こるが意識は正常。極端に下がると、昏睡状態となり脈拍・呼吸数が低下し、死亡(凍死)する。
ていたいじゅう-じ【低体重児】(テイタイヂユウ) 出生時の体重が2500グラム未満の新生児。⇒低出生体重児
てい-たいせき【底堆石】氷河が移動するときに底部を削って運搬したり、クレバスから落ち込んだりした岩屑(がんせつ)。
ていたい-ぜんせん【停滞前線】ほとんど動きのない前線。梅雨前線や秋雨前線など。
デイタイム〖daytime〗►データイム
ティタウィン〖Titawin〗►テトゥアン

てい‐たく【邸宅|▽第宅】家。すまい。特に、構えが大きくて、りっぱな造りの家。やしき。邸第。「—を構える」「大—」〔類語〕豪邸・屋敷・館

ディダクション〖deduction〗「演繹法(えんえきほう)」に同じ。⇔インダクション。

ていた‐ぐみ【手板組】江戸時代、金品を逓送した飛脚商。金飛脚(かねびきゃく)。

ていた‐しらべ【手板調べ】江戸時代、外国船舶が入港したとき、その貨物・旅客の明細書を奉行所に差し出させ、奉行が調べたこと。

て‐いただ‐く〔連語〕▶頂(いただ)く❽

ティタニア〖Titania〗㊀ヨーロッパ中世の、伝説上の妖精国の王であるオベロンの妃。㊁天王星の第3衛星。1787年にF＝W＝ハーシェルが発見。名はシェークスピアの「真夏の夜の夢」に登場する㊀に由来。天王星系で最大の衛星で、表面に大規模なメッシーナ渓谷が見られる。直径は約1580キロ(地球の約0.12倍)。平均表面温度はセ氏マイナス213度以下。タイタニア。

てい‐たらく【体たらく|為=体】《「たらく」は、断定の助動詞「たり」のク語法》ありさま。ようす。ざま。現在では、ののしったり自嘲をこめたりして、好ましくない状態にいう。「初日から遅刻とはなんという—だ」「覚明が—褐(かち)の直垂(ひたたれ)に黒革威(くろかはをどし)の鎧きて」〈平家・七〉

ティタン〖Titan〗ギリシャ神話で、巨人またはその一族。天空神ウラノスと大地女神ガイアから生まれたクロノスその他の神々をいう。ゼウスが率いるオリンポスの神たちと戦って敗れ、地底に幽閉された。英語名タイタン。

てい‐だん【丁男】丁年の男子。一人前の男。律令制では、21歳以上60歳までの男子。ていなん。⇔丁女。

てい‐だん【×梯団】大兵団が行進をするときなどに、便宜上いくつかの部隊に分けた、その各部隊。

てい‐だん【×鼎談】〔名〕スル 三人が向かい合って話をすること。また、その話。「三国の首脳が—する」

でい‐たん【泥炭】湿地や浅い沼に生える水生植物やコケ類が枯死・堆積して、ある程度分解し炭化作用を受けたもの。褐色で、水分を含む。ピート。

でい‐だん【泥団】どろのかたまり。なんの役にもたたないもの、無意味なもののたとえ。

ていたんそ‐しゃかい【低炭素社会】ーシャクワイ 地球温暖化の原因とされる二酸化炭素の排出を、現状の産業構造やライフスタイルを変えることで低く抑えた社会。化石燃料使用量の削減、高効率エネルギーの開発、エネルギー消費の削減、資源の有効利用などによって実現を目指す。

でいたん‐ち【泥炭地】泥炭が堆積している湿地。

てい‐ち【低地】低い土地。また、周囲に比べて低い土地。⇔高地。〔類語〕盆地・窪地(くぼち)・ゼロメートル地帯

てい‐ち【定置】〔名〕スル 一定の場所に置くこと。「漁網を—する」

てい‐ち【偵知】〔名〕スル ひそかにようすを探って、知ること。探知。

ていち‐あみ【定置網】移動する魚の通路に網を仕掛けて捕らえる漁法。また、その網。升網類・落とし網類など。

ていち‐ぎょぎょう【定置漁業】ーギヨゲフ 漁具を一定水面に敷設して行う漁業。

て‐いちごう【手一合】ーイチガフ 両手ですくった約1合(0.18リットル)の米。少ない量のたとえ。「秋は自づから実入りて、—にあまるを」〈浮・永代蔵・五〉

ていち‐たい【低地帯】植物の垂直分布の一。山地帯より下に位置し、シイ・タブ・カシなどの常緑広葉樹林が優占する。丘陵帯。山麓(さんろく)帯。

てい‐ちゃく【定着】〔名〕スル ❶ある場所や位置に、ぴったりとつくこと。一定の所に落ち着くこと。「従業員が—しない」❷しっかりと根づくこと。人々の間に浸透し、なじむこと。「ファーストフードが—する」❸写真で、現像した画像を安定させるための処理をすること。フィルムや印画紙の未感光部分の感光剤を薬品で除去し、再び感光するのを防止する。〔類語〕落ち着く・居着く・収まる・腰を据える

てい‐ちゃく【締着】しめて、動かないようにすること。

ていちゃく‐えき【定着液】写真の定着に用いる液。ハイポ(チオ硫酸ナトリウム)の水溶液など。

ていちゃく‐ざい【締着材】建築で、各材を互いに接合させるのに用いる材料。くぎ・ボルトなど。

ていちゃく‐ひょう【定着氷】海岸から沖に向かって発達し、固着して動かない海氷。流氷に対していう。

ていちゃく‐ぶつ【定着物】法律で、現に土地に付着し、かつ継続的に付着した状態で使用することが社会通念上認められる物。建物や樹木、土地に作りつけられた機械など。

てい‐ちゅう【邸中】やしきのなか。邸内。

てい‐ちゅう【庭中】❶にわのなか。庭内。❷中世の訴訟における過誤救済制度の一。訴訟担当奉行の不正や書類の紛失など、手続き上の不備を訴えること。また、のちには将軍への直訴をいう。

てい‐ちゅう【×鄭注|×鄭×註】中国、後漢の鄭玄(じょうげん)による経書の注釈。じょうちゅう。

でい‐ちゅう【泥中】どろのなか。

でいちゅう‐の‐はちす【泥中の×蓮】《「維摩経」から》汚れた環境の中でもそれに影響されずに、清らかさを保っていることのたとえ。

てい‐ちょ【帝×儲】天子の跡継ぎ。皇太子。皇儲(こうちょ)。

てい‐ちょう【丁重|×鄭重】〔名・形動〕❶礼儀正しく、手厚いこと。また、そのさま。「—に断る」「—な挨拶(あいさつ)」❷注意が行き届いていて丁寧なこと。また、そのさま。「壊れないように—に扱う」〔派生〕**ていちょうさ**〔名〕〔類語〕丁寧・慇懃(いんぎん)・ばか丁寧・恭(うやうや)しい・慎ましい・慎ましやか・しとやか・懇(ねんご)ろ

てい‐ちょう【低張】ーチヤウ 二つの溶液の浸透圧が異なっているときの、浸透圧の低いほう。⇔高張。

てい‐ちょう【低潮】ーテウ 干潮の極限に達した状態。⇔高潮。

てい‐ちょう【低調】ーテウ〔名・形動〕❶内容の水準が低いこと。また、そのさま。「—な応募作品」❷調子が出なくて、気勢が上がらないこと。盛り上がりに欠けること。また、そのさま。「売れ行きが—だ」「—な試合運び」〔派生〕**ていちょうさ**〔名〕〔類語〕不調・不振・不景気・お寒い・貧寒・貧弱・低次元

てい‐ちょう【×啼鳥】ーテウ 鳴く鳥。さえずる鳥。また、鳥の鳴き声。「落花—の情けも心に浮ばぬ」〈漱石・草枕〉

てい‐ちょう【艇長】ーチヤウ 潜航艇・水雷艇などの長。また、ボート・ヨットなど小型船の船長。

てい‐ちょう【諦聴】ーチヤウ〔名〕スル 耳を傾けてよくきくこと。しっかりときくこと。「凝視—」「—すれば、是れ恋愛と接吻との曲なり」〈鴎外訳・即興詩人〉

ていちょう‐ご【丁重語】「敬語の指針」(平成19年2月文化審議会答申)で謙譲語Ⅱと分類された敬語の別称。➡謙譲語Ⅱ

ていちょう‐せん【低潮線】ーテウー 低潮時の海岸線。

てい‐ちょくせん【定直線】定まった直線。あらかじめ与えられていて位置を変えない直線。

ティツィアーノ〖Tiziano Vecellio〗[?〜1576]イタリアの画家。ジョルジョーネとともに盛期ルネサンス、ベネチア派を代表する。独自の輝くような色彩の世界を確立し、女性の裸体画や肖像画にすぐれた。作「聖愛と俗愛」「法王パウルス三世」など。チチアン。チチアーノ。

ティッカー〖ticker〗《「チッカー」とも》送信された株式相場などの変動を表示する受信装置。また、立会場における証券の価格。

ティッカー‐シンボル〖ticker symbol〗主に欧米の証券取引所(金融商品取引所)などで、上場銘柄ごとに付けられたアルファベット1字から4字のコード。多く、企業の略称や頭文字・ブランド名・代表的な商品名などから付けられる。➡証券コード

ディッキー〖dickey〗胸当て。襟(えり)や前胸の部分だけしかないが、上着の下に着ると、あたかもシャツやブラウスを着ているように見えるもの。

ティック〖tick〗株式や為替の、時々刻々と変わる細かい値動きのこと。また、特に株式の値動き単位の最小値。呼び値。〔補説〕チクタク(tick tack)と時計が時を刻む音から。

ティック‐かいすう【ティック回数】ークワイスウ 市場で、ある銘柄が約定(やくじょう)した回数のこと。ネット証券による提供データなどで示される。

ディッシャー〖disher〗アイスクリームを盛りつけるときに使う器具。ふつう半球形。マッシュポテトなどの型抜きにも使う。アイスクリームディッシャー。

ティッシュ〖tissue〗《「ティシュー」とも》「ティッシュペーパー❶」に同じ。

ディッシュ〖dish〗❶皿。大皿。また、皿状のもの。❷料理。「メーン—」「チャイニーズ—」〔類語〕料理・菜(さい)・おかず・膳(ぜん)・膳部・食膳

ディッシュウオッシャー〖dishwasher〗自動皿洗い機。自動食器洗い機。

ティッシュ‐かこう【ティッシュ加工】《tissue processing》ナイロンやポリエステル製のトリコット生地に施すつや出し加工。熱と圧力をかけることにより、平滑な外観やしなやかな風合い・光沢を与える。ランジェリーや手袋などによく使われる。

ティッシュ‐ペーパー〖tissue paper〗❶薄い上質のちり紙。ティッシュ。❷高級品の包装などに用いる薄葉紙(うすようし)。〔類語〕塵紙(ちりがみ)・鼻紙・懐紙(ふところがみ)・懐紙(かいし)・畳紙(たとうがみ)・化粧紙・トイレットペーパー

て‐いっぱい【手一杯】〔名・形動〕❶それ以上他のことをする余裕のないこと。また、そのさま。「自分のことだけで—だ」❷力の限りすること。また、そのさま。「商イヲ—ニスル」〈和英語林集成〉❸自分の思いどおりにすること。また、そのさま。「地頭殿を—にせられまする」〈虎寛狂・右近左近〉

ディップ〖DIP〗《dual in-line package》基板に2列に並べた構造で収める集積回路。

ディップ〖dip〗❶液体にちょっと潜らせること。❷野菜スティックやクラッカーなどにつけて食べる、クリーム状のソース。❸下降すること。下落すること。「景気のダブル—(＝再下降)が懸念される」

ティップス〖tips〗ちょっとしたこつやテクニック。特に、コンピューターのハードウエアやソフトウエア、デジタル機器などをうまく使いこなすための要領を指す。

ディップ‐スイッチ〖DIP-switch〗コンピューターの、周辺機器との接続など動作環境を設定する小型スイッチ。

ディップ‐ヘア〖dip hair〗《dipは、浸して染める、ちょっと浸す、の意》部分的に染色したヘアスタイル。モッズファッションの特徴の一つ。

てい‐てい【廷丁】廷吏(ていり)の旧称。

てい‐てい【亭亭】〔ト・タル〕〔文〕〔形動タリ〕❶樹木などが高くまっすぐにそびえているさま。「ただ一本、—と空を差している…巨木の姿は」〈島木健作・続生活の探求〉❷遠くはるかなさま。「(月ガ)—皎々(こうこう)として雫も滴たるばかり」〈二葉亭・浮雲〉

でい‐でい 江戸で、雪駄(せった)なおしがふれ歩く呼び声。また転じて、雪駄なおしを職業とする人。

ティティアーノ〖Tiziano〗▶ティツィアーノ

ディディマ〖Didyma〗小アジアにあったイオニア人の聖域。現在のトルコ西部の町ディディムにあり、古代都市ミレトスの南約20キロに位置する。イオニア人の定住以前から地神の神託所が存在し、前8世紀から前6世紀にかけてアポロンを祭る神殿が造られた。デルフォイと並ぶ神託所として知られたが、前5世紀、ペルシア軍により破壊。古代ローマ帝国のハドリアヌスの時代に改修された神殿の遺跡が残る。

ディディム〖Didim〗トルコ西部の町。古代に聖域とされたディディマがある。

ディテール〖detail〗《「デテール」とも》全体の中の細かい部分。細部。また、建築物などの詳細図。「—に至るまで精巧に作られた品」〔類語〕細部

ディテクティブ‐ストーリー〖detective story〗探偵小説。

テイデ‐こくりつこうえん【テイデ国立公園】ーコクリツコウヱン《Teide》カナリア諸島最大の島、テネリフェ島にある国立公園。スペイン領。広さ189.9平方キロ。中心となるテイデ山はスペイン最高峰で、標高3718メート

ル。周囲約16キロの巨大カルデラの周囲に奇岩が連なる。2007年、世界遺産(自然遺産)に登録。

てい-てつ【×蹄鉄】馬のひづめの磨滅・損傷を防ぐために、その底に打ちつける鉄具。馬蹄。鉄蹄。

ていてつ-がた【×蹄鉄形】蹄鉄の形。U字形。

ていてつ-じしゃく【×蹄鉄磁石】▶蹄形磁石

てい-てん【定点】❶定まった位置の点。一定の地点。「円周上の—A」❷気象・海洋観測の目的で、国際的に定められた海洋上の18か所の地点。

てい-てん【帝展】《「帝国美術院展覧会」の略》帝国美術院が主催した官展。文部省美術展覧会(文展)の後身として、大正8年(1919)から毎年開催された。昭和12年(1937)、帝国美術院の廃止にともない再び文展となり、昭和21年(1946)に日本美術展覧会(日展)と改称。➡文展 ➡日展

てい-でん【逓伝】〔名〕スル ❶次から次へと伝えること。逓送。「声はテントの奥へ—されて行く」〈大岡・俘虜記〉❷宿継ぎで送ること。また、その宿継ぎの人足や車馬。

てい-でん【停電】〔名〕スル 送電が一時的に止まること。また、その結果電灯が消えることなどにもいう。「落雷で—する」

ていでんあつ-ダイオード【定電圧ダイオード】▶ツェナーダイオード

ていでんあつていしゅうはすう-そうち【定電圧定周波数装置】▶シー-ブイ-シー-エフ(CVCF)

ていてん-かんそく【定点観測】❶海洋上の定点で、観測船によって行った気象や海洋の国際的な連続観測。日本は四国沖の北緯29度、東経135度の南方定点(T点とよばれた)を担当したが、昭和57年(1982)廃止。❷ある一定の地点から、気温や気圧、降水量などの気象要素を連続して観測すること。「—カメラ」❸変化のある事象について、一定期間観察や調査を続けること。「家電の価格の—」

てい-と【帝都】皇居のある都。皇都。帝京。

てい-と〔副〕《室町から江戸初期にかけて用いられた語。「ていど」とも》たしかに。まちがいなく。きっと。「—し損なはうと思うて、色々案じてあるに」〈虎明狂・武悪〉

てい-ど【低度】物事の程度が低いこと。「—の発達にとどまる」類語 低次・低位・低い

てい-ど【×剃度】剃髪して僧や尼になること。

てい-ど【程度】❶物事の性質や価値を相対的にみたときの、その物事の置かれる位置。他の物事と比べた際の、高低・強弱・大小・多少・優劣などの度合い。ほどあい。「文化の—が高い」「傷の—は大したことない」「—の差はあれ、誰もが損をした」❷許容される限度。適当と考えられる度合い。ほどあい。「大きいにも—がある」「いたずらといっても—を超えている」❸他の語の下に付き、それにちょうど見合った度合い、それくらいの度合いの、の意を表す。「高校—の学力」「二時間—の遅れ」「申しわけ—の金額」類語 度合い・水準・レベル・程・程合い・度・加減

でい-と【泥塗】どろまみれになること。また、どろみち。ぬかるみ。

でい-ど【泥土】水がまじって、どろどろになった土。どろ。どろつち。また、つまらないもの、けがれたもののたとえ。「豪雨で畑地が—と化す」「身を—に委ねようとするのではない」〈鴎外・青年〉

てい-とう【低頭】〔名〕スル 頭を低くたれること。また、頭を低く下げて礼をすること。「平身—」「ニャン運長久を祈らばやと、一寸—して見たが」〈漱石・吾輩は猫である〉類語 御辞儀・礼・敬礼・一礼・一揖・黙礼・拝礼・叩頭・叩首・答礼・会釈・目礼

てい-とう【抵当】❶権利や財産を、借金などの保証にあてること。また、そのもの。担保。かた。「家を—に入れる」❷抵当権の目的物。
類語 担保・質・形

てい-とう【×剃頭】〔名〕スル 頭髪をそること。剃髪。

てい-とう【×飣×餖】食物を食べきれないほど並べること。転じて、むやみに意味のないことを並べること。

てい-とう〔副〕鼓を打つ音、また、そのような高く澄んだ音を表す語。「已にして屋上に一点二点—の音あり」〈蘆花・自然と人生〉

てい-どう【定道】神の意志などによって定まっている不変の道。「男女相愛し相伴うは、元来天帝の定めたまいし—」〈逍遥・内地雑居未来之夢〉

てい-どう【帝道】帝王が国を治める道。仁徳を主とする政道。

でい-とう【泥塔】泥土製の小塔。中に大日如来の種子である阿字などを書いて納める。

ていとう-がし【抵当貸し】抵当をとって金銭を貸すこと。⇔信用貸し。

ていとう-けん【抵当権】担保となっている物を債務者のもとに残しておきながら、債務が弁済されないときにはその物から債権者が優先的に弁済を受けることを内容とする担保物権。不動産・地上権・永小作権のほか、船舶・自動車や特殊な財団などについて認められる。

ていとうけん-せっていしゃ【抵当権設定者】債権者に対して抵当権を設定した人。普通には債務者をいう。

てい-どうし【定動詞】《finite verb》英文法などで、人称・数・時制・法・相などにより形が決定される動詞の形態。不定詞などに対し、述語になる形をいう。たとえば、不定詞の be に対して、I am./You are./He is. など。定形動詞。

ていとう-じきながれ【抵当直流れ】債務が弁済されないとき、特約により抵当物件の所有権が債権者に移転すること。あるいは債権者が任意に換価して弁済にあてること。流抵当。流れ抵当。

ていとう-しょうけん【抵当証券】土地・建物または地上権を目的とする抵当権者が、抵当権付き債権の証券化を登記所に申請して発行される有価証券。裏書によって被担保債権と抵当権とを同時に譲渡できる。

ていとう-ながれ【抵当流れ】債務者が債務を履行しないために、抵当物の所有権が債権者に移ること。

ていとう-ぶつ【抵当物】抵当に入れた物品。抵当。

ていとう-へいしん【低頭平身】〔名〕スル「平身低頭」に同じ。「ひたすら—してわびる」

でいとう-ほう【泥塔法】滅罪または息災延命のために、泥塔をつくって供養する修法。

ディドー〘Dīdō〙ギリシャ神話で、カルタゴを築いたとされる女王。英雄アイネイアスのローマ行の話と結びつけられ、彼との恋に破れて自殺する物語が生まれた。

ていとく【貞徳】▶松永貞徳

てい-とく【帝徳】天子の威徳。帝王の徳行。

てい-とく【提督】〔名〕スル ❶艦隊の司令官。海軍の将官。「—ペリーの来航」❷中国、清朝の武官名。各省の軍営を統率した長官。また、水師の長官。❸全体を取り締まり指揮すること。「テクレオプリュダス王は、十二万人を—し」〈竜渓・経国美談〉
類語 司令長官・司令官・アドミラル

ていとく-ふう【貞徳風】▶貞門風

ていとこうそくどこうつう-えいだん【帝都高速度交通営団】東京都およびその周辺における地下鉄の建設と運営にあたった公法人。昭和16年(1941)設立。平成16年(2004)4月、東京地下鉄株式会社(東京メトロ)に改組・民営化。

デイトナ-ビーチ〘Daytona Beach〙米国フロリダ州南東部の観光・保養地。長さ約36キロメートルの白い砂浜が南北に伸び、自動車による乗り入れも可能。同国の代表的なレーシングコース、デイトナ-インターナショナル-スピードウエーがある。

ていど-もんだい【程度問題】物事の本質は問題にならないが、その程度が適当かどうかが問題となること。物事にはおのずから限度があるということ。「正直なのもよいが—だ」

ティトリス-さん【ティトリス山】《Titlis》スイス中部、オプワルデン準州、中部アルプスの山。標高3239メートル。山麓の町、エンゲルベルクから山頂直下の展望地まで登山鉄道とゴンドラで結ばれる。氷河をくり抜いた洞窟や雪原につくられた公園がある。

デイ-トレーダー〘day trader〙デイトレードを行って利鞘を稼ごうとする投資家のこと。

デイ-トレード〘day trade〙一日のうちに複数の売買を行い、細かく利鞘を稼いで取引を終了させる手法。特に、株取引で行われるものをいう。デイトレーディング。➡デイトレーダー ➡スイングトレード

ディドロ〘Denis Diderot〙[1713〜1784]フランスの啓蒙思想家・作家。ダランベールとともに「百科全書」を編集・刊行。機械論的唯物論の立場に立ち、広い分野にわたって著作を行った。哲学的著作「自然解釈断想」、小説「ラモーの甥」、戯曲「私生児」など。

てい-とん【停頓】〔名〕スル 着手した物事がゆきづまってはかどらないこと。「反対運動にあって開発事業が—する」類語 停滞・渋滞・難航・難渋・足踏み

ディナー〘dinner〙❶西洋料理の正式の食事。フルコースの料理の出るもの。正餐。❷1日の中で、最も主となる食事。ふつう夕食をさす。晩餐。
類語 晩餐・正餐・夕食・夕餉・サパー

ディナー-ジーンズ〘dinner jeans〙少し改まった場所にも履いて行けるようなデザインのジーンズ。全体にスリムで股上が深く、エレガント。

ディナー-ジャケット〘dinner jacket〙タキシードのこと。主に英国でいう。

ディナー-ショー《和 dinner＋show》歌手などのショーを楽しみながら、フルコースの食事をする有料の晩餐会。

ディナー-パーティー〘dinner party〙晩餐会。午餐会のこともある。

ディナー-ベル〘dinner bell〙家族や客に食事の用意のできたことを知らせる鈴。

ディナー-ミーティング〘dinner meeting〙食事ミーティングの一。夕食をとりながらする会合。➡ランチミーティング

ディナール〘dinar〙アルジェリア・イラク・チュニジア・リビア・ヨルダン・クウェートなどの通貨単位。

てい-ない【廷内】法廷のうち。

てい-ない【邸内】屋敷のうち。屋敷内。

てい-ない【庭内】にわのうち。庭中。

ていナトリウムけつ-しょう【低ナトリウム血症】血液中のナトリウム濃度が正常値を超えて低下した状態。下痢・嘔吐・発汗過剰、あるいは慢性腎不全などの腎疾患で水分とともにナトリウムが失われた後、水分だけ補給した場合などに起こる。血漿浸透圧が低下し、悪化すると脳浮腫をきたし、嘔吐・頭痛・痙攣・昏睡などを起こすことがある。

ディナン〘Dinan〙フランス北西部、ブルターニュ地方、コート-ダルモール県の港町。観光保養地。ランス川の河口に位置する。中世の面影を残す木組み造りの家並みをはじめ、ブルターニュ公国最後の君主だったアンヌ=ド=ブルターニュのディナン城やフランボワイヤンゴシック様式のサンマロ教会など、歴史的建造物が数多く残っている。

ディナン〘Dinant〙ベルギー南東部、ナミュール州の観光都市。ムーズ川に面する高さ100メートルの断崖上に11世紀中頃に建造された城砦がある。中世から続く、ディナンドリーとよばれる真鍮細工が有名。

てい-にん【停任】▶ちょうにん(停任)

ていね【手稲】札幌市の区名。平成元年(1989)西区から分区して成立。

てい-ねい【丁寧】【×叮×嚀】〔名・形動〕❶細かいところまで気を配ること。注意深く入念にすること。また、そのさま。「アイロンを—にかける」「壊れやすいので—に扱う」❷言動が礼儀正しく、配慮が行き届いていること。また、そのさま。丁重。「—な言葉遣い」❸文法で、話し手が聞き手に対して敬意を表す言い方。➡丁寧語 派生 ていねいさ〔名〕
類語 (❶)念入り・入念・丹念・綿密・細心・克明・周到/(❷)丁重・慇懃・懇ろ・礼儀正しい・恭しし

て

い・慎ましい・慎ましやか・しとやか

でい-ねい【泥×濘】道などのぬかっている所。ぬかるみ。(類語)ぬかるみ

ていねい-ご【丁寧語】敬語の一。話し手が聞き手に対し敬意を表して、丁寧にいう言い方。現代語では「ます」「です」などの助動詞、古語では「はべり」「候ふ」などの補助動詞をつけていう。(補説)「(で)ございます」は「ます」「です」よりも高い敬意を表す。(類語)です体・ですます体・尊敬語・謙譲語・丁重語・美化語

ていね-く【手稲区】▶手稲

ティネット-とう【ティネット島】《Tinetto》イタリア北西部、リグリア州の町ポルトベネーレの沖合に浮かぶ三つの小島の一。スペツィア湾の西の外れに位置する。6世紀頃に建てられたという祈祷所の遺跡のほか、11世紀頃の聖堂と修道士の住居の遺跡がある。1997年に「ポルトベネーレ、チンクエテッレ及び小島群(パルマリア、ティーノ及びティネット島)」として世界遺産(文化遺産)に登録された。

ていね-やま【手稲山】札幌市西区・手稲区にある山。標高1023メートル。スキー場がある。

てい-ねん【丁年】《強壮の時に丁る年の意》一人前に成長した年齢。満20歳。また、一人前の男子。「せめて二十五六になればだが君は一にすら足りないのだからねえ」〈独歩・正直者〉(類語)成年・成人・大人

てい-ねん【定年｜停年】〔名〕スル 法規・規則により、一定の年齢到達を事由に退官・退職することになっている年齢。また、退官・退職すること。「一を迎える」「一した世代をターゲットにした商品」

てい-ねん【諦念】❶道理をさとる心。真理を諦観する心。❷あきらめの気持ち。

てい-ねんきん【低年金】国民年金保険料の納付期間が短い、厚生年金・共済年金に加入していないなどの理由で、十分な年金が受け取れないこと。➡無年金

ていねん-せい【定年制】使用者が一定の年齢を定めて雇用者を退職させる制度。

てい-ねんぴ【低燃費】燃費(燃料消費率)が低いこと。特に、自動車・オートバイについていう。「一の軽自動車」

てい-のう【低能】〔名・形動〕知能の発達が遅れていること。また、そのさま。(類語)愚か・愚・馬鹿

ていのうしゅく-ウラン【低濃縮ウラン】濃縮ウランのうち、ウラン235の濃度が20パーセント未満のもの。軽水炉では2～4パーセントに濃縮したものが使われる。LEU(low enriched uranium)。

てい-のうやく【低農薬】植物を栽培する際に農薬を一般的な使用量より低く抑えること。「一米」

でい-の-ざ【出居の座】▶いでいのざ

ディノサウルス〔ラテ Dinosaurus〕恐竜。ギリシャ語で、恐ろしいトカゲの意。

でい-の-しょうしょう【出居の少将】朝廷の行事に際して、出居の座に伺候し、世話役をした近衛少将。いでいのすけ。

ティノス-とう【ティノス島】《Tinos》ギリシャ南東部、エーゲ海にある島。キクラデス諸島に属し、アンドロス島、ミコノス島に近い。中心地はティノス。パナギアエバンゲリストリア教会には「奇跡のイコン」が安置され、毎年3月25日と8月15日の祭には数多くの巡礼者が訪れる。

ディノテーション〔denotation〕論理学で、外延。⇔コノテーション。

ディバージョン〔diversion〕❶気晴らし。娯楽。❷転換。流用。

ディバイダー〔dividers〕製図・測図などに使用する、2本の針状の脚をもつ分割器。二点間の寸法をうつしとったり、縮尺を読んだりするのに使用。

てい-はく【停泊｜碇泊】〔名〕スル 船が碇を下ろしてとまること。「港に一する船」
(類語)寄港・投錨・係留・係船・船繋り・泊まる

てい-はく【鄭白】中国、戦国時代の韓の鄭国と漢代の趙の大夫白公のこと。

鄭白の衣食に飽く《中国で、韓の鄭国と趙の白公の灌漑工事により、人々の生活が豊かになったという故事から》生活に不自由がないたとえ。

てい-ばく【程邈】前3世紀ごろの中国、秦の人。獄中で篆書を簡便にした隷書3000字を作って始皇帝に献じ、御史の官を授けられた。

ていはく-とう【停泊灯】停泊中の船が、夜間その位置を示すために、甲板上に高く掲げる灯火。

ティパサ〔Tipasa〕アルジェリアの首都アルジェの西約50キロメートルにある、地中海沿岸の港町。紀元前7世紀に古代カルタゴの交易中継基地として建設、のち、ローマの植民都市として発展した。ローマ時代の神殿・劇場・円形闘技場など多くの遺構が残る。1982年、世界遺産(文化遺産)に登録された。

てい-はつ【×剃髪】〔名〕スル ❶髪を剃ること。特に、仏門にはいる際、髪を剃り落とすこと。落飾。「一して尼僧になる」❷「産剃り」に同じ。❸江戸時代の刑罰の一。姦通などをした女性の髪を剃り落とし、親元へ引き渡すもの。

デイ-パッキング〔day packing〕小型のリュックサック(デイパック)に1日分の食糧を入れて、日帰りで野山を歩き回ること。

デイパック〔daypack〕日帰りハイキングなどに用いる小型のリュックサック。

ていはつ-しき【×剃髪式】出家・得度して僧・尼になるときに行う剃髪の儀式。

ていはつ-ぜんえ【×剃髪▽染▽衣】髪をそり、墨染めの衣を着けること。仏門に入って僧・尼となること。

ティハニ〔Tihany〕ハンガリー西部、バラトン湖北岸の町。長さ5キロメートル、幅3.5キロメートルのティハニ半島に位置する。11世紀半ばに建てられたベネディクト修道会の教会があり、地下礼拝堂にはハンガリー王アンドラーシュ1世の墓碑が残されている。周辺一帯は1950年代に国内初の自然保護区に指定。

ていはん【帝範】中国の政治書。4巻12編。唐の太宗撰。648年成立。帝王として模範とすべき事項を記し、太宗の子(のちの高宗)に与えたもの。「貞観政要」とともに、帝王学の教科書として有名。

てい-ばん【定番】《安定した需要があり、台帳の商品番号が固定しているところから》流行に左右されない基本的な商品。定番商品。

てい-ばん【底盤】花崗岩などの大規模な貫入岩体で、露出面積が100平方キロメートル以上にわたり、しかも地中深くに及んでいるもの。バソリス。

でいばん-がん【泥板岩】▶頁岩

ていはんぱつ-そざい【低反発素材】反発力が低く、力がかかるとゆっくりと沈み、ゆっくりと戻る、スポンジの一種。素材はウレタン。圧力、衝撃の吸収・分散にすぐれ、寝具・クッションなどに利用。1970年に米国のNASAが開発。

ていひ-かごうぶつ【定比化合物】化合物の成分元素の質量比が常に一定であるという定比例の法則に従う化合物。ダルトナイド化合物。⇔不定比化合物。

ティピカル〔typical〕〔形動〕典型的。代表的。「古代環濠集落の構造を示す一な遺跡」

でい-びき【泥引き】刷毛などで、金泥・銀泥を薄く塗ること。日本画で、雲・霞などを描くときに用いる。

ていひじゅう-リポたんぱくしつ【低比重リポ×蛋白質】▶エル-ディー-エル(LDL)

ディビジョン〔division〕❶分割。分離。分配。❷部門。部局。また、スポーツの級。

ティビダボ-ゆうえんち【ティビダボ遊園地】《Parc d'Atraccions Tibidabo》スペイン北東部、バルセロナの市街北西部にある遊園地。標高512メートルのティビダボの丘にあり、バルセロナの市街を一望できる。20世紀初頭に開園。

てい-ひょう【定評】広く世間に認められて動かない評判・評価。「扱いやすさに一のあるカメラ」
(類語)評判・評価・相場・通り相場・名・呼び声・声価・声望・信用・折り紙・極印

てい-びょう【帝×廟】天子の霊をまつってある建物。天子のみたまや。

てい-びょうげんせい【低病原性】ウイルスなどの病原体に感染症を引き起こす性質があり、その程度が低いこと。

ていびょうげんせい-とりインフルエンザ【低病原性鳥インフルエンザ】国際獣疫事務局(OIE)の定義では、ニワトリやウズラなどの家禽類に感染するA型インフルエンザウイルスのうち、高病原性鳥インフルエンザの定義にあてはまらないものすべてを指す。日本では、家畜伝染病予防法によって、H5型、H7型のすべての鳥インフルエンザウイルスを高病原性と定義しているため、それ以外のH3型、H9型などが低病原性とされる。

ていひれい-の-ほうそく【定比例の法則】化合物の成分元素の質量比は常に一定であるという法則。1799年、J=L=プルーストが発見。この法則に従うものは定比化合物、従わないものは不定比化合物とよばれる。

ティフ〔TIFF〕《tagged image file format》米国アルダス社(現アドビシステムズ)と米国マイクロソフト社が開発した、BMP画像を保存するためのファイル形式の一。

ティフ【TIFF】《Tokyo International Film Festival》▶東京国際映画祭

てい-ふ【丁賦】中国で、丁男に課した人頭税。

てい-ふ【貞婦】貞操の固い女性。貞女。

てい-ぶ【底部】底の部分。いちばん下の部分。

ディ-ファクト-スタンダード〔de facto standard〕▶デファクトスタンダード

ティフアナ〔Tijuana〕メキシコの北西端、バハ-カリフォルニア州北部の都市。米国との国境沿いに位置し、ロサンゼルスやサンディエゴからの日帰り観光客も多く訪れる。

ティファニー〔Tiffany〕ニューヨークにある有名な宝石・貴金属店。チャールズ=ルイス=ティファニーが1837年に創設。

ディファレンシャル-ギア〔differential gear〕差動歯車。また、差動歯車を使った伝動装置。自動車の後輪の減速装置など。差動装置。

ディブ-エックス〔DivX〕米国ディビックスネットワークス社が提供する、MPEG-4対応の圧縮・伸張形式の一、またはソフトウエアの名称。

ディフェンシブ〔defensive〕〔形動〕防御用の。防御的な。「一なサッカー」

ディフェンシブ-ハーフ〔defencive half〕サッカーで、ミッドフィールダーのポジションの一つ。トップ下よりも後方に位置し、中央に入ってくる相手選手への徹底したマークやディフェンスラインに戻ってのカバーなどを行う。守備的ミッドフィールダー。DH。➡オフェンシブハーフ

ディフェンシブ-めいがら【ディフェンシブ銘柄】《「守りの銘柄」の意》景気の変動の影響を受けにくい銘柄。電力・ガス・食品・医薬品など。成長株や景気敏感株に対する語。

ディフェンス〔defense〕スポーツ競技などで、守備・防御のこと。また、防御を主な役割とする選手・ポジションをいう。DF。⇔オフェンス。

ディフェンス-ライン〔defense line〕ラグビー・サッカーなどで、防御を主とするプレーヤーの陣形。

ディフェンダー〔defender〕サッカーで、ゴールキーパーの前に位置し、守備を中心的な役割とするプレーヤー。バックス。DF。➡ストッパー

ディフェンディング〔defending〕守ること。防衛すること。

ディフェンディング-ゾーン〔defending zone〕▶エンドゾーン

ディフェンディング-チャンピオン〔defending champion〕タイトル防衛戦を行おうとしているチャンピオン。

ディフェンバキア〔ラテ Dieffenbachia〕サトイモ科の多年草。熱帯アメリカ原産。観葉植物として栽培される。葉は大きな卵形で、緑の地に黄色や白のさまざまな模様が入る。ドイツの植物学者E=ディーフ

ェンバッハの名にちなむ。
ディフォーメーション〘deformation〙形態をくずすこと。特に芸術で、自然の形をわざと変形して表現すること。デフォルメ。
ティフォシ〘ｲﾀﾘｱ tifosi〙スポーツの熱狂的なファン。特に、サッカーとF1についていうことが多い。ティフォジ。ティフォージ。➡フーリガン
ディフォルメ〘ﾌﾗﾝｽ déformer〙〔名〕ｽﾙ ►デフォルメ
てい-ふつ【×鼎沸】〔名〕ｽﾙ 鼎かなえの湯がわきかえるように、議論が盛んになること。また、大勢の人がやかましく騒ぎたてること。「山東諸州一し、官と賊と交々こもごも勝敗あり」〈露件・運命〉
ディフュージョン〘diffusion〙《普及・流布・伝播でんぱの意》デザイナーズブランドの普及版で、デザイナーの感性やイメージを生かしながら、販売対象を拡大するために、価格を安価に抑えたブランドのこと。ディフュージョンブランド。ディフュージョンライン。
ディフュージョン-インデックス〘diffusion index〙❶指数を構成する複数の指標のうち上昇・拡張・改善・積極化などの動きを示す指標の割合を示す指数。変化の方向性を表す。❷特に、内閣府が発表する景気動向指数の一。指数の種類としては、景気に対し先行して動く先行指数、ほぼ一致して動く一致指数、遅れて動く遅行指数があり、景気の予測や現状判断、確認などに利用される。生産や雇用など経済活動での重要で景気に敏感な指標をもとに、3か月前の値と比較して、指標の割合をパーセントで表示する。指標の改善している割合が連続して50パーセントを上回れば景気は拡張局面にあり、下回れば景気は後退局面にある目安とされる。主に景気の局面判断や景気転換点(景気の山・谷)の判定に用いる。平成20年(2008)4月から内閣府は、ディフュージョンインデックス中心の景気動向指数の公表から、景気動向の大きさやテンポなど量感を示すことができるコンポジットインデックス(CI)中心の指数の公表へと移行した。DI。
ディブリー〘Divriği〙トルコ中東部の町。アナトリア高原東部の都市シバスの南東約180キロメートルの山間に位置する。周辺には鉱山が多く、製鉄所がある。東ローマ帝国時代はテフリケと呼ばれ、12世紀にメンギュジュク朝の都となった。13世紀にスルターンのアフメット=シャーが建造したウルモスクと施療院は、1985年に世界遺産に登録された。
ディブリー-の-だいモスク【ディブリーの大モスク】《Divriği Ulu Camii》►ウルモスク㊁
ディプログラマー〘deprogrammer〙洗脳を解いて元の思想に戻す療法を行う専門家。
ディプロマ〘diploma〙卒業証書。資格免状。
ディプロマシー〘diplomacy〙外交。外交術。
ディプロマ-しょう【ディプロマ賞】ｼﾔｳ 各種音楽コンクールで授与される特別賞。
ディプロマット〘diplomat〙外交官。また、外交家。
ディプロマ-ミル〘diploma mill〙《卒業証書製造工場の意》大学などの教育機関を自称し、学位や称号を売る団体。このような行為を学位商法という。ディグリーミル(degree mill)ともいう。
てい-ぶん【×綴文】文章をつづること。作文。
てい-へい【提▽瓶】須恵器の器種の一。扁平な円板状の器体に細いくびと外反する口を付け、肩の部分にひも掛けを備える。水筒として用いた。
ディベート〘debate〙一定のテーマについて、賛否二つのグループに分かれて行われる討論。
ティベリアス-こ【ティベリアス湖】《Sea of Tiberias》「ガリラヤ湖」に同じ。チベリアス湖。
ティベリーナ-とう【ティベリーナ島】ﾀｳ《Isola Tiberina》イタリアの首都ローマ中心部を流れるテベレ川にある島。右岸にチェスティオ橋、左岸にファブリチオ橋が架かる。紀元前3世紀に医神アスクレピオスを祭る神殿が建てられ、古来より疫病からの隔離に使われた。16世紀に建てられたファーテベネフラテッリ病院が現在も残っている。
ディベルティメント〘ｲﾀﾘｱ divertimento〙18世紀のヨーロッパ、特にウィーンで愛好された器楽曲の名称。楽器編成はさまざまで、4〜10ほどの楽章からなる。嬉遊曲きゆうきょく。
ディベロッパー〘developer〙►デベロッパー
ディベロップメント〘development〙►デベロップメント
てい-へん【底辺】❶三角形で、頂点に対する辺。二等辺三角形で、等辺でない辺。台形で、平行な2辺。❷組織などの基盤をなす部分や、社会の下層部分のたとえ。「産業の一を支える人たち」
ていへん-こう【底辺校】ｶｳ ►指導困難校
ディペンデント〘dependent〙他に依存していること。
てい-ぼう【丁×卯】ﾊﾞｳ 干支えとの一。ひのとう。
てい-ぼう【亭坊】ﾊﾞｳ 住職。また、隠居剃髪ていはつした亭主。「一勧め過ぎて、しばらく世間の事どもを考へ」〈浮・胸算用・五〉
てい-ぼう【堤防】ﾊﾞｳ〔名〕ｽﾙ ❶河川の氾濫はんらんや海水の浸入などを防ぐために、土砂やコンクリートでつくられた構築物。堤つつみ。「一が決壊する」❷防止すること。「必ず健旺の道理、及び善良の慣習を以て、これを一すべきなり」〈中村訳・西国立志編〉
〔類語〕堤つつみ・土手・防波堤・防潮堤・突堤
ていほう-れんれん【×綈×袍恋恋】ﾃｲﾊｳ ﾚﾝﾚﾝ《「史記」范雎はんしょ伝の、魏の須賈しゅかが范雎を哀れんで厚絹の綿入れを与えたという故事から》友情のあついこと、また友情の変わらないことのたとえ。
ティボー〘Jacques Thibaud〙[1880〜1953]フランスのバイオリン奏者。繊細・高雅な演奏で、独自の境地を示した。チボー。
ディボース〘divorce〙離婚すること。また、絶縁すること。
ティボーデ〘Thibaudet〙►チボーデ
デイ-ホーム《和 day＋home》寝たきりではないが、介護・世話を要する老人や、精神障害者などを昼間預かるサービス。➡デイケア ➡デイケアセンター
てい-ぼく【低木】低い木。ふつう高さ約2メートル以下の樹木。主幹がはっきりせず、根ぎわから数本に分かれて出るものが多い。灌木かんぼく。㊤高木。
ていぼく-そう【低木層】森林を階層構造としてみたとき、高さ1、2メートルの低木が生えている部分。
ていぼく-たい【低木帯】植物の垂直分布の一。高山帯のうち、低木が主で、高木も幹が屈曲して低木化し、ハイマツ・シャクナゲ・ミヤマハンノキなどが生育している地帯。ハイマツ帯。灌木かんぼく帯。
デイ-ホスピタル〘day hospital〙精神障害者や高齢患者が、入院に劣らない手厚い治療を受けながらも、家庭や社会から孤立しないようにするため、昼間だけ預かり治療を行う医療機関。
ディボット〘divot〙ゴルフで、ボールを打った際にクラブヘッドによって削り取られた芝の断片。
ティボリ〘Tivoli〙►チボリ
てい-ほん【定本】❶異本を比較・検討して誤りや脱落などを正し、その本の最初の姿に復元するように努めた書物。「一万葉集」❷全集などの決定版。
てい-ほん【底本】写本や複製本の原本。また、翻訳・校訂・注釈などの際、よりどころとする本。そこほん。〔類語〕原本・原典・原書・テキスト
ディマー-スイッチ〘dimmer switch〙自動車のヘッドライトの光軸を下向きに切り替えるスイッチ。ディップスイッチ。
てい-まい【弟妹】おとうとと、いもうと。
〔類語〕兄弟・兄弟けいてい・姉妹しまい・兄妹けいまい・姉弟してい・兄姉けいし・同胞どうほう・はらから・連枝れんし
ディマンドプル-インフレ「ディマンドプルインフレーション」の略。
ディマンドプル-インフレーション〘demand-pull inflation〙景気拡大に伴い総需要が増大して、全般的な価格上昇を引き起こすことによって生じるインフレーションのこと。
ティマンファヤ-こくりつこうえん【ティマンファヤ国立公園】ｺｸﾘﾂｺｳｴﾝ《Parque Nacional de Timanfaya》スペイン領カナリア諸島、ランサローテ島西部にある国立公園。18世紀の火山活動でできた溶岩台地が広がり、300以上ものクレーター、峡谷や断崖、湖などさまざまな火山地形が見られる。
ティミショアラ〘Timişoara〙ルーマニア西部の都市。ハンガリー、セルビアとの国境近くに位置する。18世紀以降、オーストリアハンガリー帝国の支配の下、商工業が発展した。旧市街にはベガ運河が流れ、15世紀以降の商家に囲まれた統一広場、オスマン帝国の襲撃に備えて建てられたフニャディ城、20世紀建造のティミショアラ正教大聖堂などがある。1989年、チャウシェスク政権に対する最初の抗議運動が起きた地として知られる。チミショアラ。
ティミショアラ-せいきょうだいせいどう【ティミショアラ正教大聖堂】ｾｲｹｳﾀﾞｲｾｲﾀﾞｳ《Catedrala Ortodoxă din Timişoara》ルーマニア西部の都市ティミショアラにあるルーマニア正教会の大聖堂。1930年代から40年代にかけて建造。ネオビザンチン様式とモルダビア様式が混在する。正面入口に、89年のルーマニア革命における犠牲者を悼む十字架が建つ。ティミショアラの三成聖者大聖堂。
ていみつど-リポたんぱくしつ【低密度リポ×蛋白質】►エル-ディー-エル(LDL)
ディミトロフ〘Georgi Dimitrov Mikhaylov〙[1882〜1949]ブルガリアの政治家。1933年、ドイツ国会議事堂放火事件でナチスに逮捕されたが釈放。コミンテルンの書記長として、35年の第7回大会で反ファシズム人民戦線戦術について報告。46年人民共和国初代首相に就任。
ディミトロボ〘Dimitrovo〙ブルガリア西部の都市ペルニクの旧称。
ディミヌエンド〘ｲﾀﾘｱ diminuendo〙音楽で、強弱標語の一。だんだん弱く、の意。*dim.*または*dimin.*と略記。デクレッシェンド。
ディム〘DIMM〙《dual in-line memory module》コンピューターのメモリーの容量を増やすため、コンピューター内部に装着して使用する基板(メモリーモジュール)の規格の一。主記憶装置の規格、SDRAMの採用により広く普及した。
ティムール〘Tīmūr〙►チムール
ティムガッド〘Timgad〙アルジェリアの首都アルジェの南東約340キロにある古代ローマの都市遺跡。1世紀末ごろ、ローマ帝国のトラヤヌス帝が造らせた計画都市で、碁盤目状の36の区画に整備されている。8世紀に大地震により埋没。砂に埋もれていたことから保存状態がよく、神殿・凱旋門・劇場・上下水道施設などの遺構が残り、「アフリカのポンペイ」とも呼ばれる。1982年、世界遺産(文化遺産)に登録された。
ディムボルギル〘Dimmuborgir〙《アイスランド語で「黒い砦」の意》アイスランド北部、ミーバトン湖の東に広がる溶岩台地。溶岩洞やその陥没により形成された奇岩の景観で知られる。
てい-めい【低迷】〔名〕ｽﾙ ❶低くただようこと。「暗雲一」❷よくない状態から抜け出せないでいること。「売り上げが一する」「最下位に一する」
てい-めい【定命】►じょうみょう(定命)
てい-めい【帝命】❶天帝の命令。神の仰せ。天命。❷天子の仰せ。勅命。
てい-めい【締盟】同盟や条約を結ぶこと。また、その同盟や条約。「一国」
ていめい-こうごう【貞明皇后】ｸﾜｳｺﾞｳ[1884〜1951]大正天皇の皇后。名は節子さだこ。公爵九条道孝の四女。昭和天皇および秩父宮雍仁やすひと・高松宮宣仁のぶひと・三笠宮崇仁たかひと各親王の生母。
ていめいどう【程明道】ﾃｲﾒｲﾀﾞｳ ►程顥ていこう
てい-めん【底面】❶底部の面。❷数学で、錐体の頂点に対する面。柱体では平行する上下の面。
ディメンション〘dimension〙次元。
てい-めんせき【底面積】底面の面積。
ティモール-とう【ティモール島】ﾀｳ《Timor》東南アジアの小スンダ列島東端にある島。同列島最大の島で、隆起サンゴ礁からなる。島の西半分はインドネ

シア領の西ティモール(中心都市クパン)であり、東半分は東ティモール民主共和国(首都ディリ)として独立している。➡東ティモール

デイモス〖Deimos〗►ダイモス

ディモルフォセカ〖ラテ Dimorphotheca〗キク科の一年草または多年草。南アフリカ原産。春、光沢のある白・橙色だいだいいろの花をつける。日が陰ると花を閉じる。

てい-もん【貞門】松永貞徳を祖とする俳諧の一派。

ていもん-ふう【貞門風】貞門の俳風。俳諧の本質を俳言はいごんにあるとし、俗語・漢語を用い、縁語や掛け詞による、こっけい・駄じゃれを求めた。江戸初期に京都を中心に全国的に隆盛。談林派の勃興ぼっこうにより古風と称されて衰退した。貞徳風。

ティヤ〖Tiya〗エチオピアの首都アジスアベバの南西約260キロメートルにある村。村の周辺で、解読されていない文字や記号が刻まれた、来歴が不明の石碑群が発見されており、考古学上、重要な地域とされる。1980年、世界遺産(文化遺産)に登録された。

てい-や【丁夜】五夜ごやの一。およそ今の午前1時または2時から2時間をいう。丑うしの刻。四更しこう。

テイヤール-ド-シャルダン〖Pierre Teilhard de Chardin〗[1881〜1955]フランスのイエズス会司祭・古生物学者。進化論とキリスト教を統合、宇宙進化の中心に人間を据えた。北京原人の発見に参加したことでも知られる。著「自然界における人間の位置」「現象としての人間」など。

てい-やく【定訳】評価の定着した翻訳。

てい-やく【締約】〔名〕スル 条約や契約を結ぶこと。また、その条約や契約。「同盟を一する」「一国」

ていやく-きょうせい【締約強制】キャウセイ 特定の契約の締結が法律によって強制されていること。電気・ガス・水道などの公益事業者が契約申し込みに対して応需義務を有するなど。契約強制。

ていやくこく-かいぎ【締約国会議】コクワイギ 条約や議定書を批准した国が集まる会議。条約の締約国会議はCOP(Conference of the Parties)、議定書の締約国会議(会合)はMOP(Meeting of the Parties)と略称される。条約締約国会議と議定書締約国会議(会合)が同時に開催される場合は、COP/MOPやCMP(Conference of the Parties serving as the Meeting of the Parties)などと略称される。

ディヤルバクル〖Diyarbakır〗トルコ南東部の都市。チグリス川上流部に位置する。クルド人が大半を占める。古くから交通の要衝で商業が盛ん。古代アルメニア王国の首都があった場所で、古代ローマ時代にはアミダ、7世紀のアラブ人支配の下ではアーミドと呼ばれた。16世紀にオスマン帝国領となり現名称で呼ばれるようになった。旧市街は、古代ローマから東ローマ帝国時代に築かれた全長5.5キロメートルに及ぶ長大な城壁に囲まれ、アナトリア最古のイスラム寺院や神学校がある。

てい-ゆ【提喩】比喩法の一。全体と部分との関係に基づき、「花」(全体)で「桜」(部分)を、「小町」(部分)で「美人」(全体)を表現する類。

てい-ゆう【帝×猷】イウ 帝王のはかりごと。「一をかたぶけ、国家をあやぶめんとするもの」〈平家・五〉

ていゆうてん-ごうきん【低融点合金】ガフキン ► 易融いゆう合金

てい-よう【定窯】エウ 中国河北省曲陽県にあった陶窯。晩唐に始まり、北宋代に白定と称される象牙質の白磁を焼成して隆盛した。

てい-よう【×羝羊】ヤウ おすの羊。本能にまかせて生きる凡夫などにもたとえる。

てい-よう【提要】エウ 物事の要点・要領を取り出して示すこと。また、その書物。「物理学一」

ていよう-ひねつ【定容比熱】►定積比熱ていせきひねつ

ていよう-モルひねつ【定容モル比熱】►定積モル比熱

てい-よく【体良く】〔副〕うわべをうまくとりつくろうさま。体裁よく。「一口実をつくってことわる」

デイライト〖daylight〗太陽の光。日光。「一で撮影する」「一タイプのフィルム」

デイライト-シンクロ《daylight synchroflashから》昼光下で行うストロボやフラッシュバルブの同調撮影法。太陽光の補助光として影の部分を照明する。

デイライト-タイプ〖daylight type〗一般用の昼光用カラーフィルム。日中の太陽光と天空光の混じり合った光にカラーバランスを合わせたフィルム。

デイライト-フィルム〖daylight film〗►デイライトタイプ

ティラク〖Bāl Gangādhar Tilak〗[1856〜1920]インド独立運動の指導者・思想家。スワラジ(独立)を民族の権利として主張し、ベンガル分割法に対して国民会議派の民族派の領袖として反対運動を指導。ビルマ流刑後も独立運動に尽くした。

てい-らく【低落】〔名〕スル ❶価格・相場などが下がること。下落。「株価が一する」❷評価・評判などが下がって悪くなること。「人気が一する」類語 低下・下落・下降・降下・沈下・凋落ちょうらく・衰微・衰退

ティラシア-とう【ティラシア島】タウ《Thirasia》ギリシャ南東部、エーゲ海にある島。キクラデス諸島の最南部、大小五つの島からなるサントリーニ島の中で、主島ティラ島の次に大きく、中央の火山島ネアカメニ島、パレアカメニ島を挟んで西側に位置する。紀元前1500年頃の大噴火で島の中央が沈み、外輪山の部分が島として残り、紀元前236年の地震でティラ島から分離した。伝統的な白壁の家並みが残っていて、観光客に人気がある。テラシア島。

て-いらず【手入らず】❶手数がかからないこと。世話がやけないこと。「一の子」❷一度も手入れをしていないこと。❸まだ一度も使っていないこと。また、そのもの。転じて、きむすめ。処女。

ディラック〖Paul Adrien Maurice Dirac〗[1902〜1984]英国の理論物理学者。量子力学と相対性原理を結合し、ディラックの電子論を発表して反粒子(陽電子)を予測。1933年E=シュレーディンガーとともにノーベル物理学賞受賞。著「量子力学の原理」など。

ディラック-の-くうこうりろん【ディラックの空孔理論】ディラックの方程式で、電子の運動エネルギーが負になる解から導かれた理論。負のエネルギー状態は電子に占められて真空をつくっているが、真空から一つの電子が正のエネルギーに励起されると、電子のもとの位置に孔あながあき、その孔は電子の反粒子(陽電子)のような動きをするというもの。

ディラック-の-ほうていしき【ディラックの方程式】ハウテイシキ ディラックが導き出した、電子の性質を記述する相対論的量子力学の波動方程式。その解は、正のエネルギー状態と同時に、エネルギーが負になる状態も示す。

ティラ-とう【ティラ島】タウ《Thira》ギリシャ南東部、エーゲ海にある島。古代名テラ島。キクラデス諸島の最南部に位置。大小五つの島からなるサントリーニ島の主島で、日本や欧米ではサントリーニ島の名で呼ばれることが多い。主な町はフィラとイア。クレタ文明時代のアクロティリ遺跡、紀元前9世紀ごろ建設された都市の遺跡古代ティラ遺跡などがある。テラ島。

ティラナ〖Tirana〗►チラナ

ティラノサウルス〖ラテン Tyrannosaurus〗竜盤目の恐竜の一。中生代白亜紀後期に北アメリカに生息。全長10〜14メートル、高さ約6メートル、体重約7トン。大きな頭と鋭い歯をもち、肉食。後肢と尾は大きいが、前肢は極端に小さく、2脚歩行。暴君竜。タイラノサウルス。チラノサウルス。

ティラピア〖ラテン Tilapia〗《「テラピア」とも》カワスズメ科ティラピア属の淡水魚の総称。体長約30センチ。親魚は卵および幼魚を口中で保護する。インド・アフリカの原産で、チカダイ・カワスズメは日本に帰化している。養殖もされる。

ティラミス〖イタリア tiramisù〗イタリアのデザート菓子の一種。コーヒーとリキュールをしみ込ませたスポンジケーキと、イタリア特産のマスカルポーネチーズで作ったやわらかいケーキ。

ディラン〖Bob Dylan〗[1941〜]米国のシンガーソングライター。1960年代、反戦・反体制歌やフォークロックでポピュラー音楽界に大きな影響を与えた。代表作「風に吹かれて」など。

ティランジア〖ラテン Tillandsia〗アナナス科の草本。北アメリカの北緯35度から南アメリカの南緯43度に分布する。400種以上があり、多くは樹上や岩上などに生える。多くの種が観賞用に栽培される。スウェーデンの植物学者E.Tillandsにちなむ名。

てい-り【低利】低い利率。安い利息。「一の融資を受ける」⇔高利。

てい-り【廷吏】法廷での事務その他の雑務に従事し、裁判官を補助する裁判所職員。旧称、廷丁。

てい-り【定理】ある理論体系において、その公理や定義をもとにして証明された命題で、それ以降の推論の前提となるもの。「ピタゴラスの一」
類語 公理・原理・プリンシプル・セオリー

てい-り【偵吏】探偵を職務とする役人。「豈一の徒に非ざる無からんやと」〈東海散士・佳人之奇遇〉

で-いり【出入り】〔名〕スル ❶出たりはいったりすること。ではいり。「人の一がはげしい」「トラックが一する」❷商売などのために、頻繁にその家や会社を訪れること。「一の業者」「卒業後も研究室に一する」❸金銭の支出と収入。ではいり。「一の多い月」❹数量の増減。ではいり。「出席者数は毎回多少の一がある」❺地形が突き出たりはいり込んだりしていること。「一の大きい海岸線」❻俗に、争いごと。もめごと。けんか。「やくざの一」❼「出入り筋❷」の略。「その約束をのばし、一になる事なりしに」〈浮・永代蔵・一〉
類語 (❶)出入でいり・出入・出し入れ

でい-り【泥×裡｜泥裏】泥の中。また、けがれた俗世のたとえ。

泥裡に土塊どかいを洗う　泥の中で土の塊を洗う。けがれや醜さがはなはだしいことのたとえ。また、無駄な骨折りをすることのたとえ。

デイリー〖daily〗►デーリー

でいり-ぐち【出入り口】人の出入りする所。
類語 玄関・戸口・門口・門戸・門・木戸口・木戸・ゲート

ディリクレ〖Peter Gustav Lejeune Dirichlet〗[1805〜1859]ドイツの数学者。パリに学び、のちベルリン大学教授、ゲッティンゲン大学教授。ディリクレの素数定理、フーリエ級数の収束定理など数論・解析学の分野に大きな業績を残した。

でいり-こ【出入り子】サメの幼魚。一定の成長期までは、母魚の口からその腹に出入りするといわれたことからの名。

でいり-すじ【出入り筋】スヂ ❶商売などで、いつも出入りする家。得意筋。❷江戸幕府の訴訟手続きの一。奉行所が原告と被告を呼び出し、対決審問のうえ、判決を下す手続き。主に民事を扱った。➡吟味筋

てい-りつ【低率】比率が低いこと。「一の税」⇔高率。

てい-りつ【定立】ある肯定的判断・命題を立てること。また立てられた肯定的判断・命題。ヘーゲル弁証法では、三段階発展の最初の段階をさす。措定。正。テーゼ。

てい-りつ【定律】❶定められた規則・法則。❷自然科学で、自然現象の因果関係を叙述した命題。法則。「ボイル-シャルルの一」類語 法則・公理

てい-りつ【定率】一定の割合。

てい-りつ【×鼎立】〔名〕スル 鼎かなえの足のように、三者が互いに対立すること。「三大勢力が一する」
類語 対立・確執・三竦すくみ

ていりつ-ぜい【定率税】あらかじめ課税物件・課税標準・税率などを定めて課する租税。➡配賦はいふ税

ていりつ-は【停立波】►定常波ていじょうは

ていりつ-ふたん【定率負担】受けたサービスなどに対して、所得などに関係なく、一定比率分を一律に負担すること。➡応益負担

ていりつ-ほう【定率法】ハフ 減価償却方法の一。固定資産の耐用期間を通して、毎期の期首未償却残高に一定率を乗じて減価償却費を計上する方法。逓減残高法。➡定額法

でいり-ば【出入り場】❶ひいきにされていつも出入

りしている得意先。「何処かの—の息子か、乃至若い者なぞに出会すわサ」〈魯文・安愚楽鍋〉❷やくざなどのけんか場。

ティリヒ〘Paul Tillich〙[1886～1965]ドイツ生まれの米国の神学者・哲学者。キリスト教的社会主義運動の指導者として活動、ナチス政権誕生とともに渡米・帰化し、信仰的実在論を展開した。著「組織神学」など。

でいり-ぼうこう【出入り奉公】住み込みでなく、自宅から通ってする奉公。「両人は別家を持たせ、一日替はりに—と定め」〈浮・織留・二〉

てい-りゅう【定流】時間的に変化のない水・電気などの流れ。定常流。

てい-りゅう【底流】❶川や海の、底の方の流れ。❷表面には表れないで、奥底に動いている思想・感情・勢いなど。「人々の—にある根深い政治不信感」

てい-りゅう【停留】〘名〙スル その場所にとどまること。また、とどめること。「—しているバス」「—時間」

でい-りゅう【泥流】火山噴火や山崩れの際、山腹を流れ下る大量の泥土の流れ。

ていりゅう-こうがん【停留×睾丸】睾丸が陰嚢の内部まで下降していない状態。胎児の睾丸は腎臓のそばにあり、通常は生まれる前に陰嚢まで降りてくるが、何かの原因で2個とも、または1個が降りてこないもの。精子を作る能力が低下して不妊症になる恐れがある。停留精巣。潜伏睾丸。

ていりゅう-じょ【停留所】バスや路面電車が客の乗り降りのためにとまる一定の場所。停留場。
(類語)駅・停車場・ステーション・ターミナル・ストップ

ていりゅう-じょう【停留場】「停留所」に同じ。

ていりゅう-せいそう【停留精巣】►停留睾丸

ていりゅう-りょう【停留料】航空機を空港に停めておく際に必要な料金。普通は6時間以上の停留について徴収。

てい-りょう【定量】〘名〙スル ❶一定の分量。決められた分量。❷化学分析で、ある物質中に含まれている成分の量を定めること。

てい-りょう【帝陵】帝王の陵墓。天子の墓。みささぎ。御陵。

てい-りょう【庭×燎】庭でたくかがり火。

ていりょう-ぶんせき【定量分析】試料物質に含まれる成分の元素やイオン・原子団などの量を測定する分析。重量分析・容量分析・比色分析のほか、機器分析が広く用いられる。➡定性分析

てい-りんし【鄭麟趾】[1396～1478]朝鮮、李朝の政治家・学者。慶尚道河東の人。字は伯雎。号、学易斎。諡は文成公。訓民正音(ハングル)の制定に参画。

ティリンス〘Tiryns〙ギリシャ、ペロポネソス半島東部アルゴリス平野にある古代都市遺跡。現代名ティリンタ。ミケーネ文明の盛期である紀元前1400年から前1200年頃に建てられた宮殿や城塞の遺跡がある。神話によるとヘラクレスの生地とされる。1884年から1885年にかけて、シュリーマンにより発掘された。1999年、ミケーネとともに世界遺産(文化遺産)に登録された。ティーリンス。

ティリンタ〘Tiryntha〙ギリシャの古代都市遺跡ティリンスの現代名。

テイル〘tail〙►テール

て-いる〘連語〙►居る❼

ディル〘dill〙セリ科のイノンドの別名。

てい-るい【×涕涙】なみだ。また、なみだを流すこと。

ティル-オイレンシュピーゲル〘Till Eulenspiegel〙16世紀初期にドイツで出版された民衆本の主人公。14世紀に実在した遍歴職人をモデルにしたと言われ、機知に富んだいたずらであらゆる階層の人々を手玉にとり、読者の人気を集めた。

ティルス〘Tyrus〙古代フェニキアの海港都市。レバノン海岸に位置し、前12世紀ころから地中海貿易の根拠地として繁栄、アッシリアやマケドニアと争った。カルタゴはその植民市。テュロス。現在名「ティール」として、1984年、世界遺産(文化遺産)に登録された。

ディルタイ〘Wilhelm Dilthey〙[1833～1911]ドイツの哲学者。精神科学の方法の確立を目指した。人間の内的体験、内的連関を重視する生の哲学を主唱し、歴史・文化・社会にまで考究の領域を広げた。著「精神科学序説」「精神諸科学における歴史的世界の構造」。

デイルダルトゥングフベル〘Deildartunguhver〙アイスランド西部の村レイクホルトの近くにある温泉。ヨーロッパ最大級とされる毎秒180リットル、セ氏97度の温泉を湧出し、ボルガルネースやアクラネースなどの近隣の町にパイプラインで温泉を供給している。

ディルドリン〘dieldrin〙農薬の一。有機塩素系で、果樹・野菜の害虫駆除などに使われる。土壌や農作物への残留性が高く、現在は使用禁止。

て-いれ【手入れ】〘名〙スル ❶よい状態を保つために、整備・補修などをすること。「—が行き届く」「よく—された庭木」❷捜査や検挙のために、現場や犯人の居所に踏み込むこと。「密売の現場を—する」
(類語)整備・補修・繕い・営繕・保守・メンテナンス

てい-れい【丁玲】[1904～1986]中国の女流作家。臨澧(湖南省)の人。本名、蔣冰姿。左翼作家連盟に属し、夫の胡也頻刑死後、共産党に入党。解放区で文化宣伝工作に従事。1954年頃より批判を受け、第一線から退く。79年名誉回復。作「霞村にいた時」「太陽は桑乾河を照らす」など。ティン＝リン。

ていれい【丁零・丁令・丁霊】前3世紀から後5世紀、モンゴル高原に遊牧したトルコ系民族。匈奴に服属していたが、のちに独立してこれを攻めた。

てい-れい【定例】❶以前からの定まったやり方。ならわし。じょうれい。「—に従う」❷定期的に行うことになっていること。「—閣議」(類語)通例・慣例・恒例・慣行・例・習い・習わし・仕来り・常例

てい-れい【×砥×礪】►しれい(砥礪)

ディレー〘delay〙《「ディレイ」とも》❶遅れること。遅れ。❷特に、航空便や列車の遅延。

ディレード-スチール〘delayed steal〙野球で、投手が打者に投球しているとき以外のすきをついて行う盗塁。

ディレギュレーション〘deregulation〙規制の緩和・撤廃。自由化。「貿易の—」

ディレクション〘direction〙❶指導。管理。監督。演出。指揮。「本の—を手がける」❷方角。方向。❸傾向。また、目的。

ディレクター〘director〙❶映画・演劇の監督・演出家。❷ラジオ・テレビの番組担当者・演出者。❸楽団の指揮者。楽長。(類語)監督・演出家

ディレクターズ-カット〘director's cut〙映画監督(ディレクター)自身が撮影したフィルムを編集すること。また、そのようにして編集された作品。(補説)編集権を映画の製作者(プロデューサー)が有するハリウッド映画などで、プロデューサーによる編集とは別に、後日、監督が望む編集を行った作品をこのように呼ぶことが多い。

ディレクターズ-スーツ〘director's suit〙昼間の準礼服として用いられる礼服の一つ。上着はシングルまたはダブルのジャケットで、下にモーニング用の縞ズボンを組み合わせたもの。会談の多い重役級の人たちが常に着ていることからこの名がある。

ディレクトリー〘directory〙❶住所氏名録。人名簿。紳士録。名鑑。また、ビルなどの居住者表示板。❷コンピューターで、ハードディスクやCD-ROMなどの記憶媒体に記録された複数のファイルを、分類したり整理したりするために、あるまとまりをもたせて収容した場所、または概念。入れ子状に階層構造をもたせることができる。UNIX系のオペレーティングシステムではディレクトリーと呼び、WindowsやMac OSではフォルダーと呼ぶ。

ディレクトリーがた-けんさくエンジン【ディレクトリー型検索エンジン】►ディレクトリー型サーチエンジン

ディレクトリーがた-サーチエンジン【ディレクトリー型サーチエンジン】ウェブサイトの内容に応じて、階層的に分類したリストで構成されるサーチエンジン。ディレクトリー型検索エンジン。➡ロボット型サーチエンジン

ディレクトリー-サービス〘directory service〙コンピューターネットワーク上のさまざまなリソースの所在や属性に関する情報を記憶し、提供するシステムのこと。

てい-れつ【低劣】〘名・形動〙程度が低く、内容などが悪いこと。人格・品性などが劣っていること。また、そのさま。「—な書物」「—な趣味」
(類語)下等・お粗末・劣悪・下劣・下品・低俗・俗悪・陋劣・けち・卑しい・げす・安っぽい

てい-れつ【貞烈】〘名・形動〙女性の貞操がかたく、しっかりしていること。また、そのさま。

ディレッタンティズム〘dilettantism〙芸術や学問を趣味や道楽として愛好すること。

ディレッタント〘英・フランス dilettante〙芸術や学問を趣味として愛好する人。好事家。ジレッタント。

ディレッティシマ〘イタリア direttissima〙登山で、岩壁や氷壁を山頂に向かって直線的に登ろうとすること。ダイレクト。

ティレニア-かい【ティレニア海】《Tyrrhenian Sea》地中海中央部、イタリア半島西側にある海。半島とコルシカ島・サルデーニャ島・シチリア島に囲まれ、古来、沿岸にローマ、ナポリ、パレルモなどの都市が発展。

ていレベル-フォーマット【低レベルフォーマット】►ローレベルフォーマット

ていレベル-ほうしゃせいはいきぶつ【低レベル放射性廃棄物】原子力発電所の運転・補修などによって発生する廃棄物のうち放射能レベルの低いもの。明確な基準はなく、高レベル放射性廃棄物以外の放射性廃棄物を指す。補修によって取り替えた制御棒や作業着・作業用機材など。セメントやアスファルトで固めてドラム缶などの容器に密閉し、埋設処分される。LAW。

てい-れん【低廉】〘名・形動〙金額が安いこと。また、そのさま。「—な価格」「—な賃金」
(類語)安い・安値・廉価・安価・安め・割安・格安・安直・安上がり・徳用

ディレンマ〘dilemma〙►ジレンマ

てい-ろ【呈露】〘名〙スル 表にあらわれること。また、あらわすこと。露呈。「人生の事相おのずから別種の面目を—し来る」〈樗牛・美的生活を論ず〉

でい-ろ【泥路】ぬかった道。どろみち。

ティロス-とう【ティロス島】《Tilos》ギリシャ東部、エーゲ海にある島。古代名テロス島。イタリア語名ピスコピ島。ドデカネス諸島に属し、コス島とロードス島の間に位置する。中心地はメガロホリオ。中世の城壁や修道院などが残るほか、島内の洞窟から発見された小形のゾウの化石などを展示する博物館がある。紀元前4世紀頃の女流詩人エリンナの生地。

ディロス-とう【ディロス島】《Dilos》ギリシャの小島デロス島の現代名。

てい-ろん【定論】正しいと認められて、定着した論。定説。「学界の—」

てい-ろん【提論】議論を提出すること。また、その議論。「社会問題として—する」

てい-わ【鄭和】[1371～1434ころ]中国、明の武将。昆陽(雲南省)の人。本姓は馬。イスラム教徒。明初、宦官として燕王(永楽帝)に仕え、鄭姓を賜った。1405年以降、7回にわたり大船団を率いて西方に遠征し、アフリカ東岸や紅海にまで足跡を残した。

てい-わん【提腕】書法における腕法の一。右腕を軽く机上にのせて字を書くこと。

て-いん【手印】証文・願文などを作成した場合、自署のかわりに掌に朱または墨をつけて文面におしたもの。しゅいん。

テイン〘ドイツ Tein〙カフェイン。

ディン〘DIN〙《ドイツ Deutsches Institut für Normung e.V.》ドイツ規格協会。また、ドイツ規格協会が制定するドイツ連邦規格のこと。日本では一般にドイツ工業規格もしくはDIN規格として知られている。

て

ディンギー〘dinghy〙ヨットの一種。マスト1本、帆1枚で長さ4メートル程度の小型のもの。
ディンクス〘DINKS〙《double income, no kids》子供をつくらない共働きの夫婦。互いの自立を尊重し、経済的にゆとりをもち、それぞれの仕事の充実などに価値を見いだす結婚生活をいう。
ディングル〘Dingle〙アイルランド南西部、ケリー州の町。ディングル湾の奥に天然の良港をもち、漁業と交易により発展。大西洋に向かって突き出たディングル半島の中心的な町の一つであり、半島西部の景勝地をめぐる観光拠点になっている。
ディングル-はんとう【ディングル半島】《Dingle Peninsula》アイルランド南西部、大西洋に向かって突き出た半島。ケリー州に属し、主な町はディングル。先史時代のダンベッグ砦、初期キリスト教時代のガララス礼拝堂、キルマルケダル教会をはじめ遺跡が多い。スリア岬、ブランドン岬から望む断崖が続く海岸線の景観美が有名。
ディンケルスビュール〘Dinkelsbühl〙ドイツ南部、バイエルン州の町。ドナウ川の支流ベルニッツ川沿いにある。14世紀から15世紀にかけて、毛織物や綿布の生産、および交易で栄えた。城壁に囲まれた町の中心部には、聖ゲオルク教会や木組み造りの民家があり、中世の面影を色濃く残している。ロマンチック街道沿いの町の一。
ディンゴ〘dingo〙《「ジンゴ」とも》イヌ科の哺乳類。体長約60センチでオオカミより小形。吻が長く、耳が立ち、尾は巻かず、毛は黄褐色で短毛。オーストラリアに分布し、有史以前すでに人類と共存関係にあったと考えられ、家畜の犬の祖先型を示す。
ティンダル〘Tyndall〙▶チンダル
ティント〘tint〙❶淡い色調。薄い色。「―ホワイト」❷毛髪用染料。
ティント-にゅうえき【ティント乳液】乳液の一種で、肌色を明るく見せるとともに、紫外線カット、素肌に近い仕上げが特徴。
ティントレット〘Tintoretto〙[1518～1594]イタリアの画家。ベネチア派。ティツィアーノの色彩とミケランジェロのデッサンを学ぶ。強烈な明暗の対比と動感あふれる表現を特色とし、晩年はマニエリスムの傾向を強めた。作「聖マルコの奇跡」など。
ティンバーゲン〘Tinbergen〙㊀(Jan ～)[1903～1994]オランダの経済学者。景気循環に関する計量経済学的研究によって名声を博し、第二次大戦後は科学的経済政策論や発展計画論の分野に業績がある。1969年ノーベル経済学賞受賞。㊁(Nikolaas ～)[1907～1988]英国の動物学者。オランダ生まれ。㊀の弟。動物の本能的行動に関して研究し、動物行動学の基礎を築く。1973年、K=フリッシュ、K=ローレンツとともにノーベル生理学医学賞を受賞。
ティンバーレス〘スペイン timbales〙ラテン音楽に使用する打楽器。小太鼓を二つ並べたもの。
ティンパニ〘イタリア timpani〙《「ティンパニー」とも》打楽器の一。鉢形の胴の上面に牛皮や合成樹脂の皮膜を張った太鼓。周囲のねじ、または支柱のペダルで音高を調整する。ふつう、異なった音高のものを二つ以上並べて奏する。
ティンパン-アレー〘Tin-Pan Alley〙アメリカの大衆音楽業界の通称。楽譜出版社・楽器商などが集まっていたニューヨーク市の通りの名から。
ティンプー〘Thimphu〙ブータン王国の首都。中央政府のある城タシチョ-ゾン(城)がある。チンプー。
ディンプル〘dimple〙❶えくぼ。❷小さなくぼみ。特に、ゴルフボールの表面の小さな丸いくぼみ。
ティン-ボックス〘tin box〙ブリキ製の箱。
て-うえ【手植え】その人が自分の手で植えること。また、その草木。「お―の記念樹」
て-うす【手薄】〘名・形動〙❶手もとに金銭や物品をあまり持っていないこと。また、そのさま。「所持金が―だ」❷人手が少なくて不十分なこと。「―な警備」
デウス〘Deus〙天帝。天主。神。キリシタン用語。
デウス-エクス-マキナ〘ラテン deus ex machina〙《機械仕掛けの神の意》古代ギリシャ劇の終幕で、上方から機械仕掛けで舞台に降り、紛糾した事態を円満に収拾する神の役割。転じて、作為的な大団円。
て-うち【手打ち】❶そば・うどんなどを、機械を使わないで手で打って作ること。「―そば」❷売買契約や和解などが成立したしるしに、関係者一同が手を打ち鳴らすこと。転じて、契約や和解が成立すること。「―式」❸(「手討ち」とも書く)武士が家臣や町人などを自分の手で斬り殺すこと。おてうち。❹江戸時代の歌舞伎で、顔見世興行のとき、ひいきの連中が土間に立って手を打ちはやすこと。
て-うら【手▽占】手の指をかわるがわる屈伸し、伸ばしたのを陰、屈したのを陽として、易の八卦に当てて占うこと。てうらない。「先づ―を置いて見ませう」〈虎寛狂・居杭〉
てうり-とう【天売島】北海道北西部、日本海上の島。羽幌町に属する。海食崖が連なり、オロロン鳥やウミネコなど海鳥の繁殖地。
てえ〘連語〙「と言う」の音変化。くだけた言い方。「ってえ」の形でも用いられる。「なん―やつだ」「するっ―と」
てえ〘連語〙「と言う」の已然・命令形「と言え」の音変化。「我のみや子持たる―ば高砂の尾の上に立てる松も子持たり」〈拾遺・雑賀〉➡ちょう〘連語〙
デー〘ドイツ D｜d〙音楽で音名の一。ニ音。ディー。
デー〘day〙❶昼間。日中。「―タイム」「―ライト」❷特別な催しのある日。「安売り―」
テー-エフ-アン〘TF1〙《フランス Télévision Française 1》フランス最大の民間テレビ放送局。1948に公共放送局RTFのテレビチャンネルとして放送開始。その後、増加した同局の他チャンネルとともに74年に分割され、独立。87年に民放局となった。
テーク〘take〙《「テイク」とも》❶手に取ること。また、持ち運ぶこと。❷演奏などの一回の録音。❸映画で、1カットの一回の撮影。
テークアウェー〘takeaway〙持ち帰り用の料理。また、それを売る店。➡テークアウト (補説)イギリスでの言い方。アメリカ英語ではtakeout
テークアウト〘takeout〙レストランなどの料理を持ち帰ること。また、その料理。キャリーアウト。
テーク-オア-ペイ-じょうこう【テークオアペイ条項】《take or pay contract》関係者のリスクを軽減するため、物品受領のあるなしにかかわらず料金を支払うという規定。LNG(液化天然ガス)の取引に導入されたが、かえって取引を硬直的にしているという見方もある。
テーク-オーバー〘take-over〙❶引き継ぐこと。❷企業の買収。乗っ取り。
テークオーバー-ビッド〘take-over bid〙▶ティー-オー-ビー(TOB)
テークオフ〘takeoff〙❶航空機などの離陸。❷開発途上国の経済的飛躍。工業化などの経済的始動期。米国の経済史学者ロストウの用語。
テーク-バック〘take back〙野球・ゴルフなどのスイングで、反動をつけるため腕を後ろに引く動作。
デー-ケア〘day-care〙▶デイケア
デーケア-センター〘day-care center〙▶デイケアセンター
デー-ゲー-ベー〘DGB〙《ドイツ Deutscher Gewerkschaftsbund》ドイツ労働総同盟。ドイツ最大の労働組合組織。1949年設立。
デー-ゲーム〘day game〙野球などで、昼間に行われる試合。➡ナイトゲーム
デー-サービス《和 day＋service》▶デイサービス
デーサイト〘dacite〙花崗閃緑岩に相当する化学組成をもつ火山岩。斑晶は斜長石・石英・角閃石・黒雲母などからなり、石基はガラス質ないし微細な結晶質。石英安山岩。
デージー〘daisy〙雛菊のこと。(季 春)「踏みて直ぐ―の花起き上る/虚子」
でえす〘助動〙[○|○|○|○|○]体言、副詞、活用語の終止形・連体形に付く。丁寧、もしくは、格式ばった気分を表す。…です。「訳立てはどう**でえすな**」〈伎・韓人漢文〉
(補説)近世、「です」形と並んで多く男伊達・遊女の間で使われた。「です」または「でございます」「であります」の音変化という。
テースター〘taster〙▶テイスター
テースティ〘tasty〙〘形動〙▶テイスティ
テースティング〘tasting〙▶テイスティング
テースト〘taste〙▶テイスト
テーゼ〘ドイツ These〙❶定立。❷政治運動の活動方針となる綱領。(類語)命題・アンチテーゼ
テータ〘Θ｜θ｜theta〙▶シータ
データ〘data〙❶物事の推論の基礎となる事実。また、参考となる資料・情報。「―を集める」「確実な―」❷コンピューターで、プログラムを使った処理の対象となる記号化・数字化された資料。
(類語)資料・材料・情報・インフォメーション
データ-あっしゅく【データ圧縮】▶圧縮❸
データ-あっしゅくソフト【データ圧縮ソフト】▶圧縮ソフト
データ-あっしゅく-プログラム【データ圧縮プログラム】▶圧縮ソフト
データイム〘daytime〙昼。昼間。
データ-ウエアハウス〘data warehouse〙企業の経営戦略や意思決定に役立つ情報を、組織内に蓄積した大量の業務データベースから分析・抽出するシステム。
データ-エントリー〘data entry〙〘名〙スル コンピューターにデータを入れること。表計算ソフトなどにキーボードから直接データを入力したり、各種記憶媒体からデータを読み込んだりすることを指す。データ入力。
データ-キャッシュ〘data cache〙コンピューターの処理速度の高速化を図るために用いるキャッシュメモリーの一。CPUの直接的な処理対象であるデータを保存する。➡命令キャッシュ
データ-クリーニング〘data cleaning〙▶データクレンジング
データ-クレンジング〘data cleansing〙〘名〙スル データベースの中から誤りや重複を洗い出し、異質なデータを取り除いて整理すること。データベースの精度を高めることにより、経営やマーケティングに有用な相関関係やパターンを探り出すデータマイニングなどに役立てることができる。データクリーニング。
データ-じしょ【データ辞書】▶データディクショナリー
データじっこう-ぼうし【データ実行防止】▶デップ(DEP)
データしょうきょ-ソフト【データ消去ソフト】《data erasing software》ハードディスクに記録されたデータを復元できないようにするソフトウエア。無意味なデータを上書きすることにより、データ復元ソフトなどによるデータの復元を不可能とし、パソコン廃棄や譲渡の際の情報漏洩を防ぐ。データ抹消ソフト。
データ-ショー《和 Data＋Show》コンピューターならびに関連機器、周辺端末装置などの展示会。
データ-しょり【データ処理】数値や文字などのデータを計算・分類などし、有効な情報を引き出すこと。データプロセッシング。
データ-セキュリティー〘data security〙▶コンピューターセキュリティー
データ-センター〘data center〙▶アイ-ディー-シー(IDC)
データ-たじゅうほうそう【データ多重放送】▶データ放送
データ-チェック〘data check〙コンピューターで、データの入力間違いを防ぐため、データ作成段階での人間による検査、およびデータ処理段階での計算機によるデータ形式の整合性やデータ相互間の関連性を考慮した検査などを行うこと。
データ-つうしん【データ通信】コンピューターと遠隔地の端末装置とを通信回線によって結び、情報のやり取りをすること。
データ-ディクショナリー〘data dictionary〙データに関する情報を収録した辞書。データベースを構

成する各種データ項目の名称や意味を定義し、データ項目の意味上の重複を回避したり、データベースに整合性をもたせたりする役割をもつ。データ辞書。
データ-テート〘フランス tête-à-tête〙二人だけの差し向かい。
データ-てんそうそくど【データ転送速度】►転送速度
データ-でんそうそくど【データ伝送速度】►通信速度
データ-バンク〘data bank〙広範囲のデータを収集・整理・保管し、利用者に必要な情報を即時に提供するシステム。また、それを扱う事業。データベース。
データ-ファイル〘data file〙収集・整理・記録されたデータの集まり。コンピューターの表計算ソフトやデータベースソフトなどの、処理対象となるデータを記録したファイル。
データ-フォーマット〘data format〙►フォーマット
データ-フォーム〘data form〙さまざまな情報を書きこむ用紙。コンピューターなどに入れて資料をまとめやすくするため、書式の定まった用紙。
データふくげん-ソフト【データ復元ソフト】《data recovery software》誤って消去したりフォーマットしてしまったハードディスクのデータを復元するソフトウエア。ハードディスクの管理上の設定によらず、記録された磁気データそのものを読み取り、データを復元する。必ずしも全てのデータを復元できるとは限らない。データ復旧ソフト。
データふっきゅう-ソフト【データ復旧ソフト】フッキュウ《data recovery software》►データ復元ソフト
データフロー-ず【データフロー図】ヅ《data flow diagram》►データフローダイヤグラム
データフロー-ダイヤグラム〘data flow diagram〙業務システムにおけるデータの流れを可視化したモデル図のこと。データフロー図。
データフロー-マシン〘data flow machine〙データの流れに従って処理が行われ、必要なデータが揃ったところで命令が実行されるというアーキテクチャーをもった非ノイマン型コンピューター。
データ-プロセッシング〘data processing〙コンピューターで、目的に従って生のデータを加工して、有意な情報を抽出する操作。
データベース〘database〙❶コンピューターで、関連し合うデータを収集・整理して、検索や更新を効率化したファイル。DB。❷「データバンク」に同じ。
データベースかんり-システム【データベース管理システム】カンリ►ディー-ビー-エム-エス(DBMS)
データベース-サービス〘database service〙各種データをコンピューターで利用可能な形にして、サービスする業務。
データベース-ソフト《database softwareから》データベースを作成・管理・活用するためのアプリケーションソフト。
データ-ほうそう【データ放送】ハウソウ テレビ放送やラジオ放送など、放送用電波を利用して、静止画や文字、音声などのデジタルデータを配信すること。電話回線などを使うことで双方向サービスも可能になる。データ多重放送。
データホン〘dataphone〙通話機能を向上させ、データ入出力機能を加えたプッシュホン。かけたダイヤルを表示盤でモニターする番号モニター、磁気カードでダイヤルできるカードダイヤルなど、電話としての機能も拡大されている。
データ-マート〘Data Mart〙企業組織が大量に蓄積した業務データベースであるデータウエアハウスから、特定の目的に沿って抽出した小規模なデータベースのこと。
データ-マイニング〘data mining〙《「情報採掘」の意》企業が蓄積した大量のデータを解析し、経営やマーケティングに有用な相関関係やパターンを探り出す技術。
データまっしょう-ソフト【データ抹消ソフト】マッセウ《data erasing software》►データ消去ソフト
データ-マン《和 data＋man》週刊誌の編集などで、アンカーが執筆する前に取材し、資料を集めて原稿の材料を提供する記者。➡アンカーマン
テータム〘Edward Lawrie Tatum〙[1909～1975]米国の生化学者。微生物の遺伝子の機能を研究し、細菌の遺伝子組み換え現象を発見。1958年、G＝W＝ビードル、J＝レーダーバーグとともにノーベル生理学医学賞を受賞。
でえたら-ぼっち【大太法師】►だいだぼうし
データ-リンク〘data link〙データを送信装置から受信装置に伝送すること。
データ-レコーダー〘data recorder〙各種のセンサーを用いて集めた電気信号を記録する、計測用の一種の磁気テープレコーダー。
データ-レジスター〘data register〙►アキュムレーター
デーツ〘date〙ナツメヤシの実。果肉は甘い。
デー-デート〘day date〙時計の文字盤にあるカレンダーで、曜日と日付を表示するもの。
デーデキント〘Julius Wilhelm Richard Dedekind〙[1831～1916]ドイツの数学者。無理数論・自然数論の基礎の確立に貢献。著「数とは何か、何であるべきか」など。デデキント。
デート〘date〙〘名〙スル ❶日付。❷男女が日時を定めて会うこと。「恋人と―する」❸時計の文字盤に付属するカレンダーで、日付だけを表示するもの。➡デーデート (類語)(2)ランデブー
デート-スポット《和 date＋spot》デート向きの場所。多くのカップルがデートに訪れる場所。
デー-トリッパー〘Day Tripper〙幻覚剤「AMT」の通称。
デー-トレーダー〘day trader〙►デイトレーダー
デー-トレード〘day trade〙►デイトレード
テーヌ〘Hippolyte Adolphe Taine〙[1828～1893]フランスの歴史家・批評家・哲学者。コントの実証主義を文学・芸術・歴史の研究に適用し、文化は人種・環境・時代の三条件で決定されると主張。著「芸術哲学」「現代フランスの起源」など。
テーパー〘taper〙相対する面が対称的に傾斜している円錐状の部分。
テーパー-ゲージ〘taper gauge〙工作機や工具のテーパー部の測定に用いるゲージ。
テーパード〘tapered〙先がしだいに細くなること。➡テーパードライン
テーパード-パンツ〘tapered pants〙裾の方に向かって次第に細くなっているズボン。
テーパード-ライン〘tapered line〙ファッション用語で、裾のつまったシルエット。特にパンツの場合はひざ下から徐々に細くなっているもののこと。
テーパー-ピン〘taper pin〙テーパー形のピン。各種ハンドルを軸に固定するとき、ボスと軸の両穴に差し込んで用いる。
テーパー-リーマー〘taper reamer〙刃先にテーパーのついたリーマー。先細の穴を仕上げる工具。
テーバイ〘Thēbai〙►テーベ
デービー-クロケット〘Davy Crockett〙►クロケット
デービス〘Miles Davis〙[1926～1991]米国のジャズトランペット奏者。独特な音色、アドリブ奏法の追究、エレクトロニックサウンドの大胆な導入など、1950年代から一貫してジャズ界をリードした。代表作に「カインド-オブ-ブルー」「ビッチェズ-ブリュー」など。
デービス〘William Morris Davis〙[1850～1934]米国の地理学者。地形の発達過程を進化論的に見て地形輪廻説を提唱、地形学に進歩をもたらした。著「自然地理学」「地形の説明的記載」など。
テーピング〘taping〙〘名〙スル スポーツ選手などが傷害の治療・予防のために、関節・筋肉・靭帯などにテープを巻きつけること。「足首を―する」
テープ〘tape〙❶幅が狭く、長い帯状の布・紙など。「―を巻く」「ビニール―」「粘着―」❷競走で、決勝線に張り渡すひも。❸出航時に船に投げ渡したり、ステージの歌手に投げたりする、紙製の長いひも。「人気歌手に―が飛ぶ」❹音声・画像などの信号を記録するのに用いる、表面に磁性物質を塗った帯状のもの。「ビデオ―」「カセット―」❺「テープレコーダー」の略。「―を回す」❻巻き尺。テープメジャー。
　テープを切・る　競走などで、1位でゴールインすること。「記録を更新して―・る」
テープ-おこし【テープ起(こ)し】講演やインタビューなどで録音された音声を文字にすること。また、その仕事。テープリライト。
テープ-カット〘名〙スル《和 tape＋cut》落成式・完工式・開場式などで、完成を祝って、張り渡したテープを切ること。「連絡橋の開通式で―する」
テープ-デッキ〘tape deck〙音響用磁気テープの録音・再生装置。音を出すためには増幅器とスピーカーを接続する。デッキ。
テープ-ヒス〘tape hiss〙音声用録音テープを再生するときに発生する雑音のこと。
デーブリーン〘Alfred Bruno Döblin〙[1878～1957]ドイツのユダヤ系小説家・精神科医。ナチス時代、初めフランス、のち米国へ亡命。宗教的色彩の濃い作品を発表した。作「ベルリン-アレクサンダー広場」「運命の旅」など。
テーブル〘table〙❶卓。食卓。転じて、話し合いや会議の場。「―を囲む」「両首脳が同じ―に着く」「―掛け」❷各種の台。「ガス―」❸表。一覧表。目録。「タイム―」❹表計算ソフトなどのリレーショナルデータベースにおける、データ要素を縦横に配した表。縦一列のデータ領域を列、横一列のデータ領域を行といい、すべてのデータ要素はテーブル上に配される。(類語)卓・食卓・飯台・卓袱台・机・デスク
テーブルウエア〘tableware〙テーブルに揃える食器類。皿・ナイフ・フォーク・スプーンなど。
テーブルクロス〘tablecloth〙テーブルに掛ける布地。テーブル掛け。
テーブル-サーチ〘table search〙表から必要とするデータを探し出す情報処理操作。探索。電話帳で名前から電話番号を調べるような処理。
テーブル-サッカー〘table soccer〙棒に取り付けた人形を操ってボールをゴールに入れ、その得点を競うサッカーゲーム。1人から2人が一組となり、それぞれが4本の棒を操作して、決められた得点を先取した方が勝ちとなる。箱形の盤面は140センチ×75センチ程度のものが一般的。フーズボール。
テーブル-さんご【テーブル×珊×瑚】ミドリイシ科のサンゴのうち、テーブル状の群体をつくるもの。熱帯性海域の外洋に面してサンゴ礁をつくり、魚やエビのすみかとなる。
テーブルさん-ざ【テーブル山座】天の南極近くにある小星座。日本からは見えない。
テーブル-スピーチ《和 table＋speech》会食のときなどに、自分の席で行う簡単な話やあいさつ。「結婚披露宴の―」(補説)英語ではafter-dinner speech
テーブルスプーン〘tablespoon〙食卓で料理をとりわけるために使う大型のスプーン。
テーブル-センター《和 table＋center》装飾などの目的でテーブルの中央に敷く布類。
テーブル-タップ〘table tap〙コードの先端に数個のプラグの受け口を備えた電気用接続器具。
テーブル-チャージ《和 table＋charge》レストランやナイトクラブで、飲食代のほかに支払う、一つのテーブルについて定められたサービス料。席料。テーブル料。カバーチャージ。
テーブル-テニス〘table tennis〙卓球。
テーブル-マナー〘table manners〙西洋式の食事の作法。
テーブル-ロール〘table roll〙食卓で料理とともに出されるロールパン。料理の合間に食べる。
テーブル-ワイン〘table wine〙❶フランス・ドイツ・イタリアでの上級ワインに対する一般ワインをいう。❷食事中に飲むワインのこと。食前酒のアペリティフ、

食後酒のデザートワインに対する語。
テープ-レコーダー〘tape recorder〙音響用磁気テープの録音・再生装置で、増幅器とスピーカーとが組み込まれたもの。テレコ。
テーベ〘Thēbai〙古代ギリシャ、ボイオティア地方の都市。前371年スパルタが衰退したのち、全ギリシャの覇権を握ったが、前335年、アレクサンドロス大王に滅ぼされた。テーバイ。
テーベ〘Thebe〙木星の第14衛星で、すべての衛星のうち4番目に木星に近い軌道を回る。1979年に発見。名の由来はギリシャ神話のニンフ。非球形で平均直径は約100キロ。
テーベ〘Thebes〙古代エジプトの都市。ナイル川中流にあり、たびたび首都となった。王家の谷の遺跡やルクソールの大神殿などが残る。1979年「古代都市テーベとその墓地遺跡」の名で世界遺産(文化遺産)に登録された。エジプト名、ワセト。
テー-ベー〘TB〙《ドイツ Tuberkulose》結核のこと。
デー-ホーム《和 day＋home》►デイホーム
デー-ホスピタル〘day hospital〙►デイホスピタル
テーマ〘ドイツ Thema〙行動や創作などの基調となる考え。主題。また、論文の題目、楽曲の主旋律など。「共同研究の―を決める」「政府にとって農業政策が今後の―になる」(類語)主題・本題・話題・議題・論題・題目・トピック・題材・案件・件くだり・懸案・課題・論点・争点・問題・プロブレム
テーマ-しょうせつ【テーマ小説】セウ 明確な主題を特に意図的に打ち出した小説。菊池寛の「忠直卿行状記」、芥川竜之介の「鼻」「芋粥いもがゆ」など。
テーマ-ソング《和 Thema(ドイツ)＋song》映画・演劇・放送などで、作品の主題を基調として作られた歌。主題歌。
テーマ-パーク《和 Thema(ドイツ)＋park》ある主題に基づいて、その中のショー・乗り物・展示物などが統一されたレジャー施設。
テーマ-ミュージック《和 Thema(ドイツ)＋music》映画・放送などで、作品の主題や内容を印象づけるために作曲され、繰り返し演奏される曲。主題曲。テーマ音楽。
テームズ〘Thames〙►テムズ川
デーメル〘Richard Dehmel〙[1863～1920]ドイツの詩人。神秘的、形而上学的思想性に裏打ちされた官能美の世界で知られる。詩集「救済」、叙事詩「二人の人間」など。
デーモン〘daimōn〙❶ギリシャ神話で、半神半人。守護神。ダイモン。❷(daemon)コンピュータープログラムの一。メモリーに常駐し、オペレーティングシステムやアプリケーションソフトの動作状況に応じ、ファイルの管理やメールの送受信、印刷などの基本的なプロセスをバックグラウンドで実行する。
デーモン〘demon〙《「デモン」とも》鬼神。悪霊。悪魔。
テーラー〘tailor〙紳士服専門の仕立業。
テーラー〘Elizabeth Taylor〙[1932～2011]米国の女優。ロンドン生まれ。愛称はリズ(Liz)。子役としてデビューし、その後も数多くのヒット作に出演。ハリウッドの黄金時代を代表する女優として活躍した。主な出演作に「陽のあたる場所」「ジャイアンツ」「クレオパトラ」「バージニア＝ウルフなんかこわくない」など。
テーラー〘Zachary Taylor〙[1784～1850]米国の政治家。第12代大統領。在任1849～1850。ホイッグ党。アメリカメキシコ戦争などで活躍し、職業軍人出身者としては初の大統領に就任。在任中の1850年に病死。➡フィルモア
テーラー-システム〘Taylor system〙米国の機械技師F＝W＝テーラーが20世紀初頭に提唱した工場管理の方式。動作研究・時間研究とそれに基づく課業が設定され、差別的出来高給制度と職能的職長を導入して課業管理を行うことを柱とする。
テーラード〘tailored〙紳士服仕立ての婦人服。また、紳士物風の婦人服。
テーラード-カラー〘tailored collar〙男性の背広などにみられるような型の襟。
テーラード-ジャケット〘tailored jacket〙男性用の背広と同じように仕立てた女性用の上着。パーツごとに型紙を作ることでシルエットが固定され、かっちりした印象となる。
テーラード-スーツ〘tailored suit〙型・生地・仕立てが紳士物風の、堅い感じの婦人物のスーツ。
テーラー-メード〘tailor-made〙紳士服の注文仕立て。また、婦人服で、紳士服風の堅い仕立て。
テーラーメード-いりょう【テーラーメード医療】イレウ《tailor-made medicine》患者の個人差に配慮して各個人に最適な医療を提供すること。遺伝子診断によって得られる遺伝子情報に基づいて、その患者に有効な薬剤や治療法を判断する。オーダーメード医療。個別化医療。
デーライト〘daylight〙►デイライト
テーラリング〘tailoring〙洋服を仕立てること。また、仕立て具合。
てえ-りテヘ〔連語〕《「とい(言)う」に完了の助動詞「り」の付いた「といえり」の音変化。主に古文書や漢文訓読系の文などで「者」を訓読するときに用いられる》上の文を引用し強調する意を表す。…ということだ。「是れ秀郷が古き計の厳めしき所なり―り」〈将門記〉➡てえ ➡てえれば
デーリー〘daily〙《「デイリー」とも》多く複合語の形で用い、毎日の、日常の、の意を表す。「―ライフ」「―ニュースペーパー」
デーリー-エクスプレス〘Daily Express〙英国の日刊新聞。1900年創刊。保守的な立場をとる大衆紙。発行部数は約62万1871部(2011年6月)。
デーリー-テレグラフ〘The Daily Telegraph〙英国の日刊高級紙。1855年創刊で論調はやや保守的。発行部数は約62万2719部(2011年6月)。
デーリー-ミラー〘Daily Mirror〙英国の日刊新聞。1903年創刊。中立系だが、労働党支持の立場をとる大衆紙。発行部数は117万541部(2011年6月)。
デーリー-メール〘Daily Mail〙英国の日刊新聞。1896年創刊。中立系で保守的な立場をとる大衆紙。1960年「ニューズクロニクル」を合併。発行部数は204万7206部(2011年6月)。
テール〘tael〙中国の重量単位および旧制通貨単位の「両リヤン」の英語名。
テール〘tail〙《「テイル」とも》❶動物の尾。しっぽ。また、尾に似たもの。「オックス―のシチュー」「ポニー―」❷物の尾部。自動車や航空機の後尾、スキーやサーフボードの後端など。
デール〘Henry Hallet Dale〙[1875～1968]英国の生理学者。ヒスタミンの作用などを研究。アセチルコリンが神経伝達物質であることを発見し、1936年、O＝ローイとともにノーベル生理学医学賞を受賞。
テール-エンド〘tail end〙末尾。特に、運動競技で最下位の人やチーム。びり。
テールゲート〘tailgate〙ステーションワゴン・ライトバンなどの後部荷室扉のこと。
テールコート〘tailcoat〙紳士の燕尾服えんびふくのこと。米国で一般的に用いられる言葉。
テール-フィン〘tail fin〙乗用車の後部に付けたひれ、ないしは翼状の部分。高速安定性に実効のあるものもあるが、多くはデザイン上の飾り。
テールライト〘taillight〙自動車や電車の後尾につける赤または橙色の灯火。尾灯。テールランプ。
テール-ランプ〘tail lamp〙「テールライト」に同じ。
てえれ-ばテヘ〔接〕《「とい(言)えれば」の音変化。古文書や漢文訓読系の文章に用いられる》というわけで。以上の次第で。さて。「一方闕かけんにおいては、いかでかその嘆きなからんや、―ことに合力がふりょくいたして」〈平家・四〉
デーン-じん【デーン人】《Danes》8世紀から11世紀にかけて、主にデンマーク地方からイングランドに侵入したノルマン人の一派。1016年にはデーン王クヌートがイングランド全域を征服してデーン朝を建てたが、1042年にアングロ-サクソン人によって倒された。
て-おい【手負い】ひオ 攻撃を受けて傷を負うこと。また、その傷を負ったもの。「―の兵士」「―の熊」(類語)負傷・深手・浅手・満身創痍まんしんそうい・傷付く
ておい-じし【手負い×猪】ておひ 傷を負った猪いのしし。追いつめられて必死の反撃に出る者のたとえに用いる。
て-おおい【手覆い】おほひ ❶手の甲を覆う布製のもの。手甲てっこう。❷鎧よろいの籠手こての、手の甲を覆う部分。
テオーリア〘ギリシャ theōria〙《眺めることの意》哲学で、永遠不変の真理や事物の本質を眺める理性的な認識活動。アリストテレスは、これを実践(プラクシス)や制作(ポイエーシス)から区別し、人間の最高の活動とした。観想。
デオキシコール-さん【デオキシコール酸】《deoxycholic acid》胆汁酸の一種。胆汁中に含まれ、コール酸と共に脂肪の消化を促進する。腸内細菌によりケノデオキシコール酸に還元される。コレイン酸。
デオキシリボース〘deoxyribose〙単糖類の一。リボースから酸素1分子が取れたもの。DNA(デオキシリボ核酸)の糖成分として生体中に存在。化学式 $C_5H_{10}O_4$
デオキシリボ-かくさん【デオキシリボ核酸】《deoxyribonucleic acid》デオキシリボースを糖成分とする核酸。アデニン・チミン・グアニン・シトシンの4種の塩基を含み、二本鎖の螺旋らせん構造をなす。動植物の主に細胞核内に存在し、遺伝機構の本体としてたんぱく質の合成を支配する。DNA。
て-お-く〔連語〕►置おく⓬
テオクリトス〘Theokritos〙[前300ころ～前260ころ]古代ギリシャの詩人。シチリア島のシラクサ出身。牧歌の創始者で、シチリアの牧者を詠った田園詩が名高い。31編からなる「牧歌詩集」がある。
て-おくれ【手後れ｜手遅れ】手当てや処置すべき時機をのがすこと。遅れたために効がないこと。「早く医者にかからないと―になる」「いまさら何を言っても―だ」(類語)遅い・後の祭り
で-おくれ【出遅れ】出遅れること。「序盤戦の―があとあとまで響く」
で-おく・れる【出遅れる】〔動ラ下一〕出るのがおそくなる。また、活動を始めるのが遅れる。「スタートで―・れる」
て-おけ【手×桶】をけ 取っ手のついている桶。水をくみ置いたり運んだりするときに用いる。
て-おし【手押し】機械の力を借りず、人の手で押すこと。「―車」
ておし-ポンプ【手押しポンプ】人が手で押して水を吸い上げたり送り出したりするポンプ。
て-おち【手落ち】手続きや仕事の上で不足や欠点があること。また、そのような箇所。てぬかり。「警備に―があった」(類語)抜かり・手抜かり・遺漏・そつ
テオティワカン〘Teotihuacan〙メキシコ市の北東約40キロにある都市遺跡。前2世紀から後6世紀にかけて建設され、2世紀には7～10万の人口を擁したという。いわゆる「死者の大通り」を中心に、太陽のピラミッド、月のピラミッドが残る。1987年、「古代都市テオティワカン」として世界遺産(文化遺産)に登録。
テオドシウス〘Theodosius〙㊀(1世)[347～395]ローマ皇帝。在位379～395。乱れていたローマ帝国を再統一、キリスト教を国教とした。死に際して帝国を再び東西に二分し二子に残した。通称、大帝。㊁(2世)[401～450]東ローマ皇帝。在位408～450。㊀の孫。「テオドシウス法典」を編纂へんさん。
テオドシウス-の-じょうへき【テオドシウスの城壁】ジャウヘキ《Theodosius surları》トルコ北西部の都市イスタンブールの旧市街を囲む城壁。5世紀初頭、東ローマ皇帝テオドシウス2世がコンスタンチノープルの防衛のために建造。約1000年に渡って難攻不落の城壁として知られた。
テオドシオポリス〘Theodosioupolis〙トルコ北東部の都市エルズルムの旧称。
テオドラ〘Theodora〙[500ころ～548]東ローマ皇帝ユスティニアヌス1世の妃。下層民の出身であった

が、527年に夫とともに共同戴冠し、女帝として夫の統治に大きな影響を与えた。

デオドラント〘deodorant〙バクテリアの増殖を抑えるなどして、体臭その他の悪臭を防ぐこと。また、その成分。「—シャンプー」「—効果」

デオドラント-シャンプー〘deodorant shampoo〙体臭を防いだり、バクテリアの増菌を抑えたりする働きのある成分が含まれたシャンプー剤。

て-おどり【手踊(り)】❶座って手だけを動かしておどる踊り。❷祭り屋台や寄席などで、端唄や俗曲・流行歌につれておどる踊り。❸盆踊りなど、多人数が同じ手振りでおどる踊り。❹歌舞伎舞踊の中で、手に何も持たずに踊る部分。

テオドリック-びょう【テオドリック廟】《Mausoleum of Theodoric》イタリア北東部、エミリアロマーニャ州の都市ラベンナにある霊廟。6世紀に東ゴート王国のテオドリック大王により自身の霊廟として建造された。直径11メートルの円形のドームはイストリア産の一枚岩でつくられ、内部の中央に石棺が安置されている。1996年、「ラベンナの初期キリスト教建築群」の名称で世界遺産(文化遺産)に登録された。

て-おの【手×斧】「ちょうな」に同じ。

テオフィリン〘theophylline〙茶の葉に含まれるアルカロイドの一。カフェインの類縁物質で、無色の針状結晶。利尿薬・強心薬に利用。

テオフラストス〘Theophrastos〙[前373ころ～前287ころ]古代ギリシャの哲学者。アリストテレスを継いで学校リュケイオンの学頭となった。また、植物学の祖とされる。著「形而上学」「植物誌」「性格論」など。

て-おも【手重】〘形動〙図〘ナリ〙容易でないさま。また、扱いなどが丁寧であるさま。「今の病気を、少し—に書くのが得策だろうと」〈漱石・明暗〉

て-おも-い【手重い】〘形〙図ておも・し〘ク〙❶容易でない。重大である。「あれ程御医者が—く云ったものが」〈漱石・こゝろ〉❷取り扱いが丁寧である。「—く遇する」❸動作が鈍い。「—い人」〈日葡〉

て-おり【手織(り)】動力機械を用いずに、自分の手で織ること。手織り機で織ること。また、その織物。(類語)織る・機織り

ており-じま【手織り×縞】手織りの質素な縞木綿。田舎縞。

ており-ばた【手織(り)機】人の手足で操作する織機。地機・高機など。手機。

て-お-る〘連語〙▶居おる❺

テオレル〘Axel Hugo Teodor Theorell〙[1903～1982]スウェーデンの生化学者。ミオグロビンの結晶化に成功。酸化酵素を研究し、黄色酵素の成分を解明した。1955年、ノーベル生理学医学賞受賞。

で-おんな【出女】❶江戸時代、各地の宿場にいた客引き女。多くは売春婦を兼ねた。「一の面しろじろと見せて、講参りの通し馬を引き込み」〈浮・一代女・六〉❷江戸時代、江戸から地方へ出ていく女。➡入り鉄砲に出女

て-か【手下】「てした」に同じ。「厳めしき名の親分が—につきて」〈一葉・たけくらべ〉

でか 刑事をいう俗語。明治時代、刑事巡査の着た「かくそで(角袖)」の逆さ言葉の略という。(類語)刑事・私服・警察官・警官・お巡り・ポリ・SP

デカ〘deca〙《ギリシャ deka 10の意から》国際単位系(SI)で、単位の上に付けて10倍(10^1)を表す語。記号da

デガージュマン〘フランス dégagement〙哲学で、新しい自由な企てを将来に向けて投げかける場合に、自己拘束から自己を解放すること。⇔アンガージュマン。

デカール〘フランス décare〙面積の単位。1アールの10倍。10アール。デカアール。

て-がい【手飼い】生き物を自分で世話して飼うこと。また、その生き物。「—の猫」

て-がい【手蓋】籠手の異称。

でか-い〘形〙大きい。また、はなはだしい。でっかい。「—い家」「態度が—い」(派生)でかさ〘名〙(類語)大きい・大きな・巨大・雄大・特大

で-がい【出買い】❶直接売り手の所へ出向いて買いつけること。❷鮮魚などを生産地で買いつける仲買人。

で-がいちょう【出開帳】〘名〙スル 寺院の本尊や秘仏などを他の土地に運んで行う開帳。(季 春)「はるばると山おり来まし—/蝶衣」➡居開帳

でがい-ぶね【出買い船】鮮魚の仲買人が出買いのために出す船。瀬戸内海などに多い。

てがい-もの【手×掻物|▽転害物】鎌倉時代から室町時代にかけて、手掻包永を祖とする刀工たちの鍛えた刀。この一派が奈良東大寺の転害門の周辺に居住していたのでこの名がある。

デガウス〘degauss〙▶消磁

て-がえし【手返し】❶餅搗きで、臼の中の餅を手でこね返すこと。また、その役。❷古着を縫い直すこと。「明日の—も大抵な事ではない」〈露伴・いさなとり〉❸遊戯の一。相手が伏せて出す手の下に自分の手を置き、すきをうかがい、手を返して相手の手を打つもの。❹てむかい。反抗。「今日随ひても明日は—をし」〈室町殿日記・八〉❺手数を重ねること。「おれひとりで—ができやあしねえ」〈伎・処女翫浮名横櫛〉

で-がえり【出帰り】「出戻り」に同じ。「—の御嬢さんとしては」〈漱石・草枕〉

て-かがみ【手鏡】手に持って使う、柄のついた小さな鏡。(類語)鏡・柄鏡・鬢鏡・ミラー・コンパクト

て-かがみ【手▽鑑】❶代表的な古筆切れやその写しを集めて帖に仕立てたもの。もと古筆の鑑定用として作られた。古筆手鑑。❷手本。模範。

て-がかり【手掛(か)り|手懸(か)り】❶手をかける所。よじ登るときにとりつく所。「—のない一枚岩」❷問題を解決するためのいとぐち。「捜査の—をつかむ」「問題を解く—がない」(類語)取っ掛かり・よすが・足掛かり・糸口・端緒・鍵・ヒント

で-かか-る【出掛(か)る|出懸(か)る】〘動ラ五(四)〙もう少しで出るところである。また、一部分が出ている。「結論が—る」「地平線から太陽が—る」

て-かき【手書(き)】❶文字をじょうずに書く人。能書家。能筆。「小野道風と云ふ—を以て」〈今昔・二四・三一〉❷記録する役目。書記。「—に具せられたる大夫房覚明を召して」〈平家・七〉

手書きあれども文書きなし 字をじょうずに書く人は多いが、文章のうまい人はあまりいない。

て-かぎ【手×鉤】❶鳶口の一種。長さ約60センチ、筋金入りのカシの棒の中ほどに鉤をつけたもの。鳶頭が使った。❷荷物などを引き寄せるのに使う、短い柄の先に鉤のついたもの。❸大形魚を引き上げるのに使う、長い柄に鉤をつけた漁具。

て-がき【手×舁き】輿などの乗り物の棒を肩にかつがず、手で支えて運ぶこと。「御乗物—に舁き据ゑ」〈浄・忠臣蔵〉

て-がき【手書(き)|手描(き)】❶印刷したりタイプライターなどを使ったりしないで、自分で文字や絵を書くこと。また、書いたもの。「—の年賀状」❷型紙による摺り染めや機械捺染ではなく、手で描いて模様を染色すること。また、その染め物。

デカグラム〘フランス décagramme〙質量の単位。1グラムの10倍。記号dag

て-かけ【手掛(け)|手懸(け)】❶器物の、手をかける所。「—穴」「—金物」❷《手をかけて愛する者の意。「妾」とも書く》めかけ。そばめ。

で-がけ【出掛け】❶出かけようとする、その時。出しな。「—に用事を言いつかる」❷出かけて間もない時。出かけて行く途中。「—に投函する」

でかけ-すがた【出掛け姿】❶外出するときの姿。よそゆきの姿。❷遊女が客に呼ばれて置屋から揚屋へ出かけて行くときの晴れ姿。「この夕ざれの—、端居して見せまゐらすに」〈浮・一代女・二〉

てかけ-ばら【手掛け腹|×妾腹】「めかけばら」に同じ。「御存じの通りお—のお姫様」〈浄・反魂香〉

て-が-ける【手掛ける|手懸ける】〘動カ下一〙図てが・く〘カ下二〙❶みずからその物事を扱う。「—けたことのない仕事」❷心をこめて世話や指導をする。「私の—けた生徒」(類語)扱う

で-か-ける【出掛ける】〘動カ下一〙図でか・く〘カ下二〙❶ある目的地をさして出て行く。出発する。また、外出する。「社用で九州へ—ける」「盛装して—ける」「買い物に—ける」❷出て行こうとする。出ようとする。出かかる。「—けたところに客が来る」❸ある行動を起こそうとする。手を付ける。とりかかる。「よしよし洋学流の吾々は正反対に—けて遣ろうと云う気になって」〈福沢・福翁自伝〉(類語)外出・他出・行く

て-かげん【手加減】〘名〙スル ❶手に持った感じや手に握ったぐあいで分量や程度をはかること。「—をのみこむ」❷相手や状態に応じて、扱いの厳しさの度合いをゆるめること。てごころ。手勝手。「—を加える」「初めのうちは—する」(類語)加減・案配・手心

て-かご【手籠】手にさげて持つ小さな籠。

て-がさ【手傘】手に持ってさす傘。差し傘。

て-かし【手×枷|手▽械|手×桎】《「てがし」とも》「てかせ」に同じ。「行くほどはなはの鎖につながれて思へば悲し—首かし」〈聞書集〉

でかし-た【出▽来した】〘連語〙《動詞「でかす」の連用形+過去の助動詞「た」》人がうまく事をやりおおせたときなどに、感心してほめたたえる語。「よくやった、—」

でかし-だて【出▽来し立て】〘名・形動ナリ〙してやったり、と得意そうにふるまうこと。また、そのさま。「諸事—に、物毎子細らしく吟味するに」〈浮・伝来記・一〉

て-かず【手数】❶「てすう(手数)❶」に同じ。「—をかけた料理」❷「てすう(手数)❷」に同じ。「お—ですが、よろしくお願いします」❸囲碁・将棋などで、ある手段を施すのに必要な着手の数。また攻め合いで、石を打ち上げるために詰めなければならない駄目の数。「—を読む」「白のほうが—が長い」❹ボクシングで、パンチを出す度数。「—は多いが有効打が少ない」

でか-す【出▽来す】〘動サ五(四)〙❶できるようにする。また、作り出す。こしらえる。「東京で下絵を—していた」〈康成・童謡〉❷やってのける。なしとげる。「私の生涯の中に—して見たいと思う所は」〈福沢・福翁自伝〉➡でかした

デ-ガスペリ〘Alcide De Gasperi〙[1881～1954]イタリアの政治家。第二次大戦中は反ファシズム運動に従事。戦後はキリスト教民主党党首として、1945～53年に首相。マーシャルプランを支持し、対米協調につとめた。

デカスロン〘decathlon〙《ギリシャ deka(10)+athlon(競技の賞品)から》陸上の十種競技。1日目は100メートル走、走り幅跳び、砲丸投げ、走り高跳び、400メートル走、2日目は100メートル障害、円盤投げ、棒高跳び、槍投げ、1500メートル走の順で行い、総合点で順位を決める。

て-かせ【手×枷|手▽械|手×桎】《「てがせ」とも》❶囚人などの手にはめてその自由を奪う刑具。てかし。➡足枷 ❷思いどおりの行動を妨げるもの。「師弟関係が—になる」

て-かぜ【手風】手を動かすにつれて生じる風。「とき結ぶ—にいたくほころびて花の下紐解けにけるかな」〈朝光集〉

で-かせぎ【出稼ぎ】〘名〙スル ある期間、家を離れ、よその土地や国に行って働くこと。また、その人。「農閑期に—する」「—の外国人労働者」

て-がた【手形】❶手の形。物についた、手の形の跡。「たたかれた背中に—が残る」❷てのひらに墨などを塗って、紙などに押した手の形。昔は、文書に押して後日の証拠とした。「力士の—の色紙」❸一定の金額の支払いを目的とする有価証券。為替手形・約束手形の総称。広義には、小切手を含む場合もある。「—を割り引く」❹関所手形のこと。❺印形を押した証文・証明書など。「当座借りの金銀、—なしの事なれば」〈浮・織留・一〉❻牛車の方立や、馬の鞍の前輪の左右につけてあるくぼみ。手をかけるためのもの。

で-かた【出方】❶出る方法・ようす。でよう。「芽の—」❷物事に対する処理のしかたや態度。でよう。「最初の交渉では相手の—をみる」❸芝居茶屋・相

摸茶屋などに所属し、客を座席に案内したり、飲食物の世話をしたりする人。

て-がた・い【手堅い】〔形〕文てがた・し〔ク〕❶やり方が堅実で、あぶなげがない。はでな面はないが確実である。「—・い商売」❷相場が安定して下がる気配がない。派生てがたさ〔名〕

類語 堅実・確実・無難・危な気げない・慎重・石橋を叩たたいて渡る

てがた-いし【手形石】神が降臨したしるしに手形をつけて残したといわれる神聖な石。足形を残したものを足跡石あしあといしという。

てがた-うけとりにん【手形受取人】手形金額の支払いを受ける者または受ける者を指図する者として、その名を手形上に記載された者。

てがた-うらがきにん【手形裏書人】手形上の権利を他の者に移転するため、手形に裏書をする者。

てがた-かしつけ【手形貸付】貸付先に自己を振出人、銀行を受取人とし、貸付金額を額面とする約束手形を振り出させ、銀行はその手形額面から満期までの利息を差し引いた金額を交付する貸付の方法。

てがた-かんじょう【手形勘定】てかたかんじょう 簿記で、手形上の債権・債務を処理するために設ける勘定。受取手形勘定・支払手形勘定がある。

てがた-こうい【手形行為】てかたこうい 手形上になされる法律行為。為替手形の振出・裏書・引受・保証・参加引受、約束手形の振出・裏書・保証をいう。

てがた-こうかんじょ【手形交換所】てかたこうかんじょ 一定の地域内にある多数の金融機関が一定の時刻に集合し、各金融機関が持ち寄った他行を支払場所とする手形・小切手などを呈示・交換して決済するための団体。また、施設・場所。

てがた-こうべん【手形抗弁】てかたこうべん 手形上の請求を受けた者が、その請求を拒否するために主張しうる事由。

てがた-さいけん【手形債権】手形に表記されている金額の給付を目的とする金銭債権。

てがた-しはらいにん【手形支払人】てかたしはらいにん 為替手形で、振出人から手形金額の支払いを委託され、その名を手形上に記載された者。

てがた-そしょう【手形訴訟】手形・小切手による金銭の支払い請求およびそれに付帯する法定利率での損害賠償請求について、迅速な裁判と権利の実現を図ることを目的とする特別の訴訟手続き。

て-がたな【手刀】手の指をそろえてのばし、刀のように用いること。

手刀を切・る 相撲で、勝ち力士が土俵の上で、行司から懸賞金を受け取るときの作法。右手を手刀にして中央・右・左の順に切る。造化ぞうかの三神さんしんに対する尊敬の念を表すものとされる。

てがた-なかがいにん【手形仲買人】てかたなかがいにん ►ビルブローカー

てがた-ひきうけ【手形引受】為替手形の支払人が、手形上に引受などの文字を記載して署名し、手形金額の支払義務を負担する手形行為。

てがた-ふりだしにん【手形振出人】手形に振出人として記載された者。

てがた-ほう【手形法】てかたほう 手形に関する法律関係を規律する私法法規の総称。狭義には昭和7年(1932)制定の手形法をいう。

てがた-ほしょう【手形保証】手形の振出人・引受人・裏書人など手形債務者の債務を、他の者が手形上において保証すること。

で-がたり【出語り】人形浄瑠璃や歌舞伎で、浄瑠璃の太夫と三味線弾きとが舞台上に設けられた席に出て、観客に姿を見せて語ること。

てがた-わりびき【手形割引】手形の所持人が満期前に現金化したいとき、銀行などの金融機関に依頼して手形金額から満期までの利息を差し引いた金額を受け取り、その手形を裏書譲渡する行為。割引。

デカダン〘フランス décadent〙〔名・形動〕❶デカダンス❶の芸術家。また、その芸術上の傾向。❷退廃的な生活をする人。また、退廃的。「—な風俗」

デカタンス〘フランス décadence〙►デカダンス

デカダンス〘フランス décadence〙❶19世紀末、フランスを中心とした文芸上の一傾向。虚無的、退廃的、病的な唯美性を特色とする。ボードレールを先駆とし、ベルレーヌ・ランボーらに代表される。退廃派。❷虚無的、退廃的な風潮や生活態度。

で-がち【出勝ち】「出合い❻」に同じ。「どちなりとも—に致しませう」〈鷺流狂・連歌毘沙門〉

てか-つ・く〔動カ五(四)〕てかてかする。てかてか光る。「ポマードで固めた髪が—・く」

て-がって【手勝手】❶手で扱うぐあい。「—のわるい、取っつき悪にくい感じの玄関に立った」〈万太郎・春泥〉❷「手加減❷」に同じ。

デカップリング〘decoupling〙《「デカプリング」とも》切り離し。離すこと。分離。非連動。「アメリカ経済の減速に左右されない—の市場動向が期待される」

てか-てか 一〔副〕スル つやがあって光っているさま。「—(と)した顔」二〔形動〕一に同じ。「—な手すり」「—に磨く」アク 一はテカテカ、二はテカテカ。

類語 てらてら・ぴかぴか・きらきら・ぎらぎら・ぎとぎと

でか-でか〔副〕並はずれて大きく目立つさま。「新聞に—と載る」

てが-ぬま【手賀沼】千葉県北西部、利根川南岸にある沼。江戸時代以来たびたび干拓されて縮小。

て-がね【手金】手元にある金。所持金。「—とては家屋敷、家財かけて十五貫目」〈浄・冥途の飛脚〉

て-がね【手▽鉄】手鎖てぐさり。手錠てじょう。〈和英語林集成〉

でか-ぱい《でかいおっぱいの意》俗に、女性の乳房が大きいこと。また、その女性。対ぺちゃぱい。

でかばち-な・い〔形〕文でかばちな・し〔ク〕《近世語》並外れて大きい。途方もない。どえらい。「まだ前髪の形なりをして、—・い事を仕出したの」〈伎・幼稚子敵討〉

デカブリスト〘ロシア Dekabrist〙ツァーリズムの打倒と農奴制の廃止を目標とし、1825年の12月(デカブリ)にペテルブルグで武装蜂起した人々。主流は、ナポレオン戦争などに従軍し、ロシアの後進性を痛感した貴族の士官たち。反乱はたちまち鎮圧され、多数が処刑された。十二月党。

デカブリスト-ひろば【デカブリスト広場】《Ploshchad' Dekabristov》ロシア連邦北西部の都市サンクトペテルブルグにある元老院広場の通称。1825年12月にデカブリストの乱を起こして処刑や流刑にされた青年貴族たちを記念し、ロシア革命後に命名。2008年に元の名称に戻されたが、現在もデカブリスト広場の名で呼ばれることが多い。中央にフランスの彫刻家エティエンヌ=モーリス=ファルコネによるピョートル1世像「青銅の騎士」がある。

デカプリング〘decoupling〙►デカップリング

て-がみ【手紙】❶用事などを記して、人に送る文書。書簡。書状。「—をしたためる」「置き—」❷封書の郵便物。郵便葉書に対していう。❸手元に置いて雑用に使う紙。半切り紙。

類語 (❶)書簡・書信・書状・書面・紙面・信書・私信・私書・書しょ・状・一書・手書・親書・手簡・書札しょさつ・尺牘せきとく・書牘しょとく・雁書がんしょ・消息・便り・文ふみ・玉章ぎょくしょう・レター・封書・はがき・絵はがき・郵便 (尊敬)御状ごじょう・御書ごしょ・懇書・貴書・貴翰きかん・貴札きさつ・芳書・芳信・芳翰ほうかん・芳墨・尊書・尊翰そんかん・台翰だいかん・朶雲だうん (謙譲)寸書・寸簡・寸楮すんちょ・愚書・愚札

てがみ-ぶん【手紙文】手紙に用いられる文章。また、その文体。書簡文。

て-がめ【手▽瓶】取っ手のついているかめ。

デカメートル〘フランス décamètre〙メートル法の長さの単位。1デカメートルは10メートル。記号dam

デカメートル-は【デカメートル波】►短波

デカメロン《原題、イタリア Il Decamerone》ボッカチオの短編小説集。1348〜53年作。1348年のペスト流行の難をのがれて郊外の別荘に集まった10人の紳士・淑女が、各人1日1話ずつ10日間語るというかたちで100編所収。あらゆる階層の人物を登場させ、当時の社会を活写した。十日物語。

て-から〔連語〕《接続助詞「て」+準体助詞「から」。近世以降の語》動詞の連用形に付いて、全体で接続助詞のように用いる。❶…から後。…以降。「相手に会っ—考えを決める」❷…たとしても。…たところで。「これ皆一つにし—、高で二貫目か三貫目」〈浮・胸算用・二〉❸…たりして。…ているが。「そんなに涙をこぼし—、何ぞ別にくやしいことでもあったのかえ」〈人・英対暖語・八〉補説「から」を格助詞に扱うこともある。

て-がら【手柄】❶人からほめられるような立派な働き。功績。功名。「—を立てる」「大—」❷腕前。手並み。「されば—の精励、立ち合ひに見ゆべし」〈花伝・三〉類語 功績・功労・功・殊勲・いさお・いさおし

て-がら【手絡】❶丸髷まるまげなどの根もとに掛ける、飾りのきれ。色模様に染めた縮緬ちりめんなどを使う。❷「手絡髷まげ」の略。

てから-が〔連語〕《「が」は接続助詞。近世以降の語》…ても。…たところで。「地の人ならねば跡を引かれ—、たかが知れてあると」〈浮・禁短気・五〉

てがら-がお【手柄顔】がお 手柄を自慢する顔つき。ほこりがお。「—をする」「—に話す」

で-がらし【出×涸らし】茶・コーヒーなどを何度も煎せんじ出したり煮出したりして、味・香りが薄くなっていること。また、そうなったもの。「—の茶」

てから-に〔連語〕《「に」は接続助詞。近世以降の語》倒置法または言いさした形で文末に用いられ、不満・不快の意を込める。…たりして。「年寄りの癖に出しゃばっ—」〈滑・浮世風呂・二〉

てがら-の-おかもち【手柄岡持】てがらのおかもち ►朋誠堂喜三二ほうせいどうきさんじ

てがら-ばなし【手柄話】手柄を述べる話。特に、手柄の自慢話。

でがら-まゆ【出殻繭】蚕が蛾がになって出たあとの繭。穴があるため長い生糸はとれないので、真綿まわた・紬糸つむぎいとなどの原料とする。穴明き繭。

てがら-もの【手柄者】❶腕におぼえのある人。また、能力のすぐれた人。「太郎冠者が事、聞き及うだよりも—ぢゃ」〈虎明狂・空腕〉❷手柄を立てた人。「力弥が妻に成ったるは…そちが身は武士の娘の—」〈浄・忠臣蔵〉

てがら-わげ【手絡×髷】江戸吉原で流行した、手絡を用いる結髪。てがらまげ。

てかり ❶布地の一部がこすれて光って見えること。❷脂分が分泌されることで、額や頬がてかてか光って見えること。「肌の—を抑える」

てかり-だけ【光岳】静岡・長野の県境、赤石山脈南部にある山。標高2591メートル。山頂南西部の大井川源流部は原生自然環境保全地域に指定されている。山頂部にはハイマツ群落があり、その分布の南限といわれる。三隅みすみ岳。

デカリットル〘フランス décalitre〙メートル法の容積の単位。1デカリットルは10リットル。記号daL

て-がる【手軽】〔形動〕文〔ナリ〕手数がかからず、簡単なさま。「—な食事」「—に扱えるカメラ」派生てがるさ〔名〕類語 簡単・簡易・簡便・軽便・軽易・容易・楽・手っ取り早い・容易たやすい・コンビニエンス

て-がる・い【手軽い】〔形〕文てがる・し〔ク〕❶手数がかからない。造作ない。たやすい。「—・くやれる仕事」「—・くもうける」❷仕事や動作などがてきぱきしている。「茂右衛門灸きゅう思ひ立ちけるに、腰元のりん、—・く据ゆる事をえたれば」〈浮・五人女・三〉

デカルコマニー〘フランス décalcomanie〙紙に絵の具を塗り、二つ折りにしたり別の紙を押し当てたりして、不定形で偶然のイメージを得る画法。シュールレアリスムの絵画などで用いられる。

デカルト〘René Descartes〙[1596〜1650]フランスの哲学者・数学者。近世哲学の父とされる。方法的懐疑によってすべてを疑うが、疑っている自己の存在を真理と認め、「我思う、故に我あり」の命題によって哲学の第一原理を確立。さらに、この思惟する実体と延長を本質とする物体を、相互に独立とする物心二元論を展開した。また、解析幾何学の創始者でもある。著「方法序説」「省察」「哲学原理」など。

デカログ〖Decalogue〗モーゼの十戒。
て-がわり【手替(わ)り|手代(わ)り】❶それまでしていた人にかわって仕事をすること。また、その人。「立て込む時期には―を頼む」❷趣向などが普通と違っていること。「少し―に衆道ぐるひと心ざし」〈浮・真実伊勢〉
で-がわり【出替(わ)り|出代(わ)り】《「でかわり」とも》❶前の人が出たあとにかわってはいること。入れ替わり。「―の激しい下宿」❷奉公人が契約期間を終えて入れ替わること。多年季・一年季・半年季などがあり、地域ごとに期日を定めた例が多い。「年末の―の季節になれば」〈長塚・土〉
デカン-こうげん【デカン高原】《Deccan》インド南部の半島部を構成する広大な高原。肥沃な黒色土が厚く分布し、綿作が盛ん。
でかんしょ-ぶし【でかんしょ節】明治末年から大正にかけて学生に歌われ、全国の花柳界に流行した歌。兵庫県篠山付近の盆踊り歌の変化したものという。「でかんしょ」は「出稼ぎしよう」の意、「徹今宵」の意など諸説がある。
デカンタ〖decanter〗ワインなどの酒類を入れて食卓に供するガラス製のびん。デキャンタ。
デカンタージュ〖フランス décantage〗▶デキャンタージュ
デカント〖decant〗〔名〕スル 器を傾けて、液体を静かに注ぐこと。➡デキャンタージュ
てき【▽狄】古代中国で、匈奴などの北方の異民族の呼称。北狄。➡漢「てき(狄)」
てき【敵】❶戦い・競争・試合の相手。「大国を―に回して戦う」「―の意表をつく」「―をつくりやすい言動」⇔味方。❷害を与えるもの。あるものにとってよくないもの。「民衆の―」「社会の―」「ぜいたくは―だ」❸比較の対象になる相手。「―のほうがもてる」「弁舌にかけては彼の―ではない」❹遊里で、客と遊女とが互いに相手をさしていう語。相方。おてき。「―もをかしき奴らにて」〈浮・一代男・二〉❺(「的」とも書く。代名詞的に用いて)多少軽蔑して、第三者をさしていう語。やつ。やつら。「―めもえらい痴呆めぢゃ」〈滑・浮世風呂・前〉➡漢「てき(敵)」
(用法)敵・かたき――自分にとって害をなすもの、滅ぼすべき相手の意では「敵」も「かたき」も相通じて用いられるが、普通は「敵」を使う。「かたき」はやや古風な言い方。◆「敵」は戦争・競争・試合の相手全般について使う。「敵を負かす」「敵に屈する」「敵が多い」◆争いなどの相手の意で使う「かたき」は、「恋がたき」「商売がたき」「碁がたき」のように複合語として用いられることが多い。◆深い恨みを抱き、滅ぼしたいと思う相手の意では「かたき」を使う。「親のかたきを討つ」「父のかたきを取る」「目のかたきにする」など。◆類似の語に「あだ」がある。「かたき」と同じように使われ、「あだ(かたき)討ち」などという。ただし「恩をあだで返す」は「かたき」で置き換えられない。
(類語)相手・敵方・ライバル・好敵手・仇敵・難敵・宿敵
敵に後ろを見・せる 敵に背中を向けて逃げる。「決して―・せてはいけない」
敵に塩を送る 《戦国時代、上杉謙信が、敵将武田信玄の領国の甲斐が塩の不足に苦しんでいるのを知り、塩を送らせた故事から》敵の弱みにつけこまず、逆にその苦境から救う。
敵は本能寺にあり 《天正10年(1582)明智光秀が備中の毛利勢を攻めると見せかけて出陣し京都本能寺の織田信長を襲ったところから》本当の目的・目標は別にあるということ。
敵もさる者引っ掻くもの 敵もなかなかどうして油断のならない者だ、の意で、「さる」に「猿」をかけて続けた言葉遊び。
敵を見て矢を矧ぐ 敵を目前にして、ようやく矢竹に羽根をつけて矢を作る。必要が迫ってあわてて準備すること、手遅れの処置のたとえ。
テキ「ビフテキ」の略。
てき【的】〔接尾〕❶名詞に付いて、形容動詞の語幹をつくる。㋐そのような性質をもったものの意を表す。「文学―表現」「詩―発想」㋑それについての、その方面にかかわる、などの意を表す。「教育―見地」「政治―発言」「科学―方法」㋒そのようなようすの、それらしい、などの意を表す。「大陸―風土」「平和―解決」「徹底―追求」❷人名や人を表す語(また、その一部)に付いて、親しみや軽蔑の気持ちを込めて、その人を呼ぶのに用いる。「取―(=下級の力士)」「泥―(=泥棒)」「幸―(=幸次郎)」(補説)❶は、中国語の「の」の意に当たる助辞の使い方にならい、明治時代の翻訳文の中で、英語の-ticなどの形容詞的な語の訳語に「的」を当てはめたことに始まる。名詞以外にも、「彼は『犬も歩けば』的な慣用句を多用する癖がある」「彼の上から物申す的な態度が気になる」のように文や句を受ける用法もある。また最近、「わたし的には～」「ぼく的には～」という若い人が増えて批判の対象となった。これは「わたしは～」「ぼくは～」と直截に言うのを避けた言い方である。「わたしとしては～」「ぼくとしては～」とぼかした表現で、「個人的には～」「将来的には～」などと同じ用法と見てよい。➡方➡とか ➡漢「てき(的)」
てき【滴】〔接尾〕助数詞。液体のしたたりの数を数えるのに用いる。「一―も残さず飲み干す」➡漢「てき(滴)」
て◦き〔連語〕《完了の助動詞「つ」の連用形＋過去の助動詞「き」》…た。…てしまった。「去年見―し秋の月夜は渡れども相見し妹はいや年離る」〈万・二一四〉
て-ぎ【手木】❶十手のこと。❷強く締めつけるために、綱を巻きつける短い木切れ。〈日葡〉
で-き【出来】❶ものができること。できあがること。また、できあがったもの。「南部―の鉄瓶」❷できあがった状態。できぐあい。できばえ。「試験の―が悪い」「急いだわりにはりっぱな―だ」「上―」❸みのり。収穫。「今年は米の―がいい」❹よくできていること。「―不出来」「弥次さん、ありゃあおめえ一生の―だぜ」〈滑・膝栗毛・四〉❺「出来合い」の略。「―で買って来た下駄箱には」〈花袋・生〉❻「出来魚」の略。「―ハゼ」❼取引所で、売買が成立すること。❽(接頭語的に用いて)にわかにできあがること、急に成り上がることなどの意を表す。「―心」「―分限」「―あきんど」
(類語)仕上がり・出来映え
でき-あい【出来合(い)】❶注文を受けて作るのではなく、すでに作ってあること。また、その品。既製。「―の服」「―で間に合わせる」⇔誂え。❷男女がひそかに情を通じること。密通。❸「出来合い夫婦」の略。❹有り合わせ。間に合わせ。「この山の芋をとろろにして―の麦飯を進ぜうかい」〈浄・歌祭文〉
(類語)既製・レディーメード
でき-あい【溺愛】〔名〕スル むやみにかわいがること。盲愛。「一人娘を―する」
(類語)盲愛・猫かわいがり・子煩悩
できあい-ふうふ【出来合(い)夫婦】正式の仲介者を立てたり親の許しを得たりせず、本人どうしが勝手に夫婦になった間柄。
でき-あ・う【出来合う】〔動ワ五(ハ四)〕❶ちょうどできあがっていて、間に合う。「幸イ―・ッタ品ガゴザリマス」〈和英語林集成〉❷男女がひそかに情を通じる。「二人はすでに―・っている」
でき-あがり【出来上(が)り】❶できあがること。完成。「―を待つ」❷できあがったぐあい。できばえ。「洋服の―は上々だ」
でき-あが・る【出来上(が)る】〔動ラ五(四)〕❶すっかりできる。完成する。仕上がる。「注文した服が―・る」❷生まれつく。本来そういうものとして成り立つ。「背のすらりとした撫肩の恰好よく―・った女で」〈漱石・吾輩は猫である〉❸酒を十分に飲んでいい気持ちに酔っている。「五合ばかり飲んですっかり―・っている」(類語)(❶)出来る・成る・成り立つ・仕上がる・上がる・まとまる・固まる・完成する・完了する
でき-あき【出来秋】稲がよくみのった秋のころ。みのりの秋。(季 秋)
でき-あきんど【出来▽商▽人】成り上がりの商人。「これらは近代の―」〈浮・永代蔵・六〉

漢字項目 てき

【▽嫡】▶ちゃく
×**狄** 音テキ漢 訓えびす ‖ 古代中国で、北方の異民族。広く、異民族や野蛮人。「夷狄・戎狄・北狄」
的 学4 音テキ漢 訓まと ‖ ①ねらったり目ざしたりする対象。目標。まと。「的中/射的・標的・目的」②的に当たるように確かである。「的確」③はっきりと分かるさま。「的然/端的」④…の。…のような。…に関する。「外的・劇的・公的・詩的・人的・知的・動的・美的・病的・法的・量的」(名付)あきら・まさ
×**剔** 音テキ漢 訓えぐる ‖ えぐり取る。えぐる。「剔出・剔抉」
笛 学3 音テキ漢 訓ふえ ‖ ㊀〈テキ〉管楽器の一。ふえ。「汽笛・銀笛・警笛・鼓笛・牧笛・魔笛・霧笛」㊁〈ふえ(ぶえ)〉「草笛・口笛・角笛・横笛」(難読)横笛
摘 音テキ漢 訓つむ、つまむ ‖ ①指先でつまんで取る。「摘花・摘果・摘出」②かいつまんで選び出す。「摘記・摘要・摘録/指摘」③悪事をあばき出す。「摘発」
滴 音テキ漢 訓しずく、したたる ‖ ①点々としたたり落ちる水。しずく。「一滴・雨滴・硯滴・水滴・点滴・余滴」②したたる。「滴下」
適 学5 音テキ漢 訓かなう、たまたま ‖ ①ある所をめざして行く。頼って行く。「適帰・適従」②ぴったり当てはまる。かなう。「適応・適宜・適正・適性・適切・適度・適当・適用/快適・好適・最適・自適・清適・不適」(名付)あつ・まさ・ゆき・ゆく・より (難読)適適
敵 学5 音テキ漢 訓かたき ‖ ㊀〈テキ〉①対等に張り合う。「敵対/匹敵・無敵・好敵手」②競ったり憎んだりして張り合う相手。かたき。「敵意・敵襲・敵陣・敵愾心/仇敵・強敵・残敵・弱敵・宿敵・政敵・大敵・天敵・論敵」㊁〈かたき(がたき)〉「敵役/碁敵・恋敵・商売敵」(名付)とし (難読)敵娼
人**擢** 音テキ慣 タク漢 訓ぬく、ぬきんでる ‖ 引き上げる。人材を引き抜く。「抜擢」(補説)人名用漢字表(戸籍法)の字体は「擢」。
×**擲** 音テキ漢 チャク慣 訓なげうつ ‖ ㊀〈テキ〉なげつける。なげうつ。「擲弾筒/投擲・放擲・乾坤一擲」㊁〈チャク〉なぐる。「打擲」

漢字項目 でき

溺 音デキ漢 訓おぼれる ‖ ①水におぼれる。「溺死」②あることに心を奪われ、他を顧みない。「溺愛/耽溺・惑溺」

てき-い【適意】❶心にかなうこと。気に入ること。「始めこの書を編著せしときは、―の事なりしが」〈中村訳・西国立志編〉❷心のままにすること。思いのまま。「各人の―にまかせる」
てき-い【敵意】敵対しようとする心。相手を敵として憎む気持ち。「―をいだく」「―に満ちた表情」
(類語)反感・敵愾心・憎悪・憎しみ
テキーラ〖スペイン tequila〗《テキーラ酒を産したメキシコの地名から》リュウゼツランの茎をしぼった液を発酵させ、蒸留してつくった無色透明の酒。メキシコ産で、酒精度は40度くらい。
できうお【出来魚】その年うまれの魚。当歳魚。
デキウス〖Gaius Messius Quintus Trajanus Decius〗[201ころ～251]ローマ皇帝。在位249～251。パンノニア出身。帝国の統治強化のためローマの伝統的な神々の祭儀復興を図り、キリスト教徒を迫害。
てき-えい【敵営】敵の陣営。「―を攻める」
てき-えい【敵影】敵のすがた。「―を認める」
てき-おう【適応】〔名〕スル ❶その場の状態・条件などによくあてはまること。「事態に―した処置」「能力に―した教育」❷生物が環境に応じて形態や生理的な性質、習性などを長年月の間に適するように変化

させる現象。❸人間が、外部の環境に適するように行動や意識を変えていくこと。「—障害」「過剰—」
(類語)適合・即応・順応

てきおうがい-いやくひん【適応外医薬品】►適応外薬

てきおうがい-やく【適応外薬】ある疾患に対して効能が承認されているが、別の疾患への効能は承認されていない医薬品。欧米諸国では承認されている疾患や症状に対して、日本では使用が承認されていないものなど。➡未承認薬 (補説)薬事承認を受けていない疾患・症状の治療に医薬品を使用した場合、公的医療保険は適用されない。

てきおう-かくだい【適応拡大】医薬品の適応症を追加すること。例えば、狭心症治療薬として薬事承認を取得している医薬品が、高血圧に対する効果・効能を追加申請し承認を取得するなど。適応追加。➡適応外薬

てきおう-こうそ【適応酵素】►誘導酵素

てきおう-しょう【適応症】ある薬や療法によって、その治療の効果が期待できる病気や症状。

てきおう-しょうこうぐん【適応症候群】生体がいろいろなストレスを受けたときに、それに適応しようとする一連の防衛反応。警告反応を示し、続いて下垂体・副腎皮質系が活動を示す。この反応が過度になって、高血圧・関節リウマチ・胃潰瘍などの疾患が発生するとする。➡ストレス説

てきおう-せい【適応性】状況や環境などに合うように自分を変えていく性質・能力。「—に欠ける」

てきおう-せいぎょ【適応制御】制御する対象の変化に応じて、制御装置を自動的に変化させて制御する方式。

てきおう-ついか【適応追加】►適応拡大

てきおうてき-さぶんパルスふごうへんちょう【適応的差分パルス符号変調】►エー-ディー-ピー-シー-エム(ADPCM)

てきおう-ほうさん【適応放散】同類の生物が、さまざまな環境に適応して多様に分化し、別系統になること。オーストラリア大陸の有袋類が好例。

てき-おん【適温】ほどよい温度。適した温度。「—で保存する」「—に保つ」

てきか【迪化】ウルムチの旧称。

てき-か【×荻花】オギの花。

てき-か【摘花】〔名〕スル 着果を促し果実の発育を助けるために、つぼみや花のうちに間引くこと。

てき-か【摘果】〔名〕スル 果実がなりすぎるとき、良質のものを得るために、幼いうちに間引くこと。

てき-か【滴下】〔名〕スル 液体がしずくとなって落ちること。また、しずく状にして落とすこと。「目薬を—する」

てき-が【摘芽】〔名〕スル 果樹・果菜などのむだな芽をつみとって、特定部分の生育を調節すること。

てき-がい【敵×愾】《「春秋左伝」文公四年の「諸侯、王の愾する所に敵りて其の功を献ず」から。「愾」は恨み怒る意》❶君主の恨みを晴らそうとすること。❷敵に対する憤り。敵に対抗し打ち勝とうとする意気。「—の念」

てきがい-しん【敵×愾心】敵に対して抱く憤りや、争おうとする意気込み。「—を燃やす」
(類語)敵意・反感・憎悪・憎しみ・害意・戦意・闘志

てき-かく【的確｜適確】〔名・形動〕的をはずさないで、まちがいがないこと。また、そのさま。「意図を—に伝える」「—な判断」(派生)てきかくさ〔名〕
(類語)正確・精確・確実・確か・至当・適切・剴切・正しい・的を射る・正鵠を射る

てき-かく【適格】〔名・形動〕資格にかなっていること。必要な資格を十分に備えていること。また、そのさま。「会長として—な人物」「—者」⇔欠格。

てきかく-きかんとうしか【適格機関投資家】有価証券投資に関する専門知識・経験を有する者。証券会社、投資信託委託業者、銀行、保険会社、認可を受けた投資顧問、年金資金運用基金など。

てきかく-しょうひしゃだんたい【適格消費者団体】消費者全体を代表し、その利益擁護のために差し止め請求権を適切に行使することができる適格性を備えた団体として、内閣総理大臣の認定を受けたもの。平成18年(2006)に改正された消費者契約法で規定される。

てきかく-たいしょくねんきん【適格退職年金】企業年金制度の一。企業の退職年金のうち、税制上の適格要件を満たしているもの。事業主負担の掛け金は損金算入できるなど、税法上の優遇措置を受ける。税制適格年金。適格年金。適年。(補説)平成14年(2002)に施行された確定給付企業年金法によって新規に設立することができなくなり、同24年3月末に廃止となったため、確定給付型企業年金などの他の企業年金に移行している。

てきかく-てがた【適格手形】日本銀行が再割引を認める一定の要件を備えた手形。

てきかく-ねんきん【適格年金】►適格退職年金

てき-がた【敵方】❶敵になるほう。敵側。てきほう。「—に寝返る」❷中世、訴訟の相手方。敵人。

てきか-ほう【適化法】「補助金適正化法」の略。

てき-かん【敵艦】敵の軍艦。

て-きき【手利き】❶腕前のすぐれていること。技術の巧みなこと。また、その人。腕利き。「—の弁護士」❷特に、武芸の腕前のすぐれていること。「すぐれたるつよ弓精兵、矢継ぎ早の—」〈平家・四〉
(類語)腕利き・腕達者・腕こき・腕っこき・手練

てき-き【摘記】►てっき(摘記)

てき-き【適帰】►てっき(適帰)

てき-き【適期】►てっき(適期)

てき-き【敵旗】►てっき(敵旗)

てき-き【敵機】►てっき(敵機)

てき-き【敵騎】►てっき(敵騎)

てき-ぎ【適宜】〔名・形動〕❶状況によく合っていること。また、そのさま。適当。「—な(の)処理」「成績不振者に—個人指導をする」❷便宜に従うこと。その時々に応じて、各自の判断で行動するさま。「—に席に着く」「見学後—解散とする」(類語)適当・適切

てき-ぎょう【適業】その人の素質や性格に合った職業。適職。「—を選ぶ」(類語)適職・天職

でき-ぐあい【出来具合】できあがりの状態や程度。できばえ。でき。「作品の—が気になる」

てき-ぐん【敵軍】敵の軍隊・軍勢。

てき-げん【適言】その場や状況にぴったりの言葉。

てき-こう【×剔紅】日本の堆朱にあたるものの中国での呼称。

てき-ごう【適合】〔名〕スル ある条件や事情にぴったり当てはまること。「環境に—する」「時代に—した教育」(類語)適応・適当・相応・即応・調和・合致・ぴったり・適う・適する・合う・そぐう・見合う

てきごう-こうせんちん【適合高専賃】「適合高齢者専用賃貸住宅」の略。

てきごう-こうれいしゃせんようちんたいじゅうたく【適合高齢者専用賃貸住宅】平成13年(2001)から同23年まで施行された高齢者向け住宅制度による高齢者専用賃貸住宅のうち、介護保険法に規定された要件を満たす施設で、都道府県知事に届け出がなされたもの。介護保険法における特定施設の一つであった。制度廃止後は、サービス付き高齢者向け住宅として登録、あるいは有料老人ホームの届出を行って事業を継続、または一般賃貸住宅に移行。適合高専賃。

てきごう-しげき【適合刺激】自然な状態で感覚器官を正常に反応させる刺激。視覚を反応させる光、聴覚を反応させる音波など。不自然なものの場合は不適合刺激という。適当刺激。適刺激。

てきごうせい-げんそく【適合性原則】►適合性の原則

てきごうせい-の-げんそく【適合性の原則】投資者保護の観点から、金融商品取引業者に対して、顧客の知識・経験・資産状況・目的に適合した金融商品を勧誘・販売することを義務づける規定。日本では金融商品取引法に規定されている。

てき-こく【敵国】敵対する国。戦争の相手国。

敵国外患無き者は国恒に亡ぶ《「孟子」告子から》競争する国や敵国がなくて外国に攻められる心配もない国は、国全体に緊張を欠き油断を生じてついには国が滅亡する。

てきこくざいさん-かんり【敵国財産管理】戦時に、自国にある敵国財産を、政府の管理に移して、その処分をすること。

でき-ごころ【出来心】計画的でなく、その場で急に起こったよくない考え。「—でした盗み」(類語)悪心

でき-ごと【出来事】社会や身のまわりに起こる事柄。また、ふいに起こった事件・事故。「一瞬の—」
(類語)事件・事故・椿事・アクシデント・ハプニング

でき-こん【出来婚】「出来ちゃった婚」の略。

てき-さい【▽嫡妻】►ちゃくさい(嫡妻)

てき-さい【摘載】大要をかいつまんでのせること。

てき-ざい【滴剤】微量で効果があらわれるため、用量を滴数で示す薬液。

てき-ざい【適材】ある仕事・職務に適した才能や能力をもつ人。「彼は議長として—だ」

てきざい-てきしょ【適材適所】その人の適性や能力に応じて、それにふさわしい地位・仕事に就かせること。

てき-さく【適作】その土地に適した農作物。「適地—」

テキサス〖Texas〗㊀米国南部の州。州都オースティン。1836年メキシコから独立して共和国となり、1845年に合衆国に編入。石油・天然ガスを産出。牧畜や綿花の栽培も盛ん。➡表「アメリカ合衆国」㊁「テキサスヒット」の略。

テキサス〖TXAS〗《telegram exchanging automated system》電報自動処理装置のこと。受付から配達・電文作成までの一連の作業をオンライン化し、即時に自動処理するシステム。昭和61年(1986)サービス開始。漢字も処理できるTXAS2を経て現在はDREAMSが稼働。

テキサス-ヒット《和 Texas＋hit》野球で、内野と外野との間にゆるく舞い上がって落ちる安打。テキサス-リーグ出身の選手がよく打ったところからいう。ぽてんヒット。テキサスリーガース-ヒット。テキサスリーガー。

テキサス-リーガー〖Texas leaguer〗►テキサスヒット

てき-さつ【的殺】陰陽道で、その人の本命星の位置と正反対の方角。これを犯せば必ず災難があるという。

てき-さん【敵▽様】㊀〔名〕「敵」をゆとりの気持ちをもっていう語。「今度の—、ちょっと手ごわいぞ」㊁〔代〕(「的様」とも書く)❶三人称の人代名詞。あのお人。あの方。「これ程に思ふとは、よもや—は知らずや」〈浮・一代男・六〉❷二人称の人代名詞。おまえさん。「銭相場が安うて、—も引き合ふまいと思ふさかい」〈滑・浮世床・初〉

てき-し【▽嫡子】►ちゃくし(嫡子)

てき-し【▽嫡嗣】►ちゃくし(嫡嗣)

てき-し【摘示】〔名〕スル 要点をかいつまんで示すこと。また、あばくこと。「其挙動常に暴横にして、事理に戻ること、多きを—せしが」〈竜渓・経国美談〉

てき-し【敵視】〔名〕スル 相手を敵として見ること。敵とみなして憎むこと。「他人をむやみに—する」
(類語)敵対視・目の敵・毛嫌い・仇視・嫉視・憎悪・厭悪・呪詛・唾棄・憎む・忌み嫌う・呪う・白い目で見る

てき-じ【適時】ちょうどよい時。「—に席を立つ」

でき-し【溺死】〔名〕スル 水におぼれて死ぬこと。おぼれ死に。水死。「川で—する」「—者」
(類語)水死・おぼれ死に

デキシー〖Dixie〗►ディキシー

てきじ-かいじ【適時開示】有価証券の投資判断に重要な影響を与える会社の業務・運営・業績に関する情報を適時・適切に投資者に開示すること。有価証券の公正な価格形成および投資者保護のため、金融商品取引所の規則により、上場企業に義務

付けられている。➡TDネット
てきじかいじじょうほう‐えつらんシステム【適時開示情報閲覧システム】テキジカイジジョウホウエツランシステム ▶TDネット
てきじかいじじょうほう‐でんたつシステム【適時開示情報伝達システム】テキジカイジジョウホウデンタツシステム ▶TDネット
てき‐しげき【適刺激】▶適合刺激てきごう
てきじ‐だ【適時打】野球で、タイムリーヒット。
てき‐しつ【▽嫡室】▶ちゃくしつ(嫡室)
てき‐しつ【敵失】野球で、相手側の失策。「―で先取点をとる」
てき‐しゃ【適者】その仕事・環境などに適したもの。
てきしゃ‐せいぞん【適者生存】《survival of the fittest》生存競争で環境に最も適したものだけが生き残って子孫を残しうること。スペンサーの造語で、ダーウィンが「種の起源」で自然選択より的確な語であると述べた。
てき‐しゅ【敵手】❶敵の手。敵の支配下。「―に倒れる」「―に落ちる」❷同等の力をもった競争相手。「好―」
てき‐しゅう【敵襲】テキシフ 敵の襲撃。
てき‐じゅう【適従】〔名〕スル よりどころとして従うこと。「先哲の教えに―する」
てき‐じゅく【適塾】▶緒方塾おがたじゅく
てき‐しゅつ【×剔出】〔名〕スル えぐって取り除くこと。また、あばき出すこと。摘出。「不正を―する」
てき‐しゅつ【▽嫡出】▶ちゃくしゅつ(嫡出)
てき‐しゅつ【摘出】〔名〕スル ❶つまみだすこと。全体の中からあるものを特に抜き出すこと。「要点を―する」❷手術で、体内の異物などを取り出すこと。剔出てきしゅつ。「体内から銃弾を―する」❸悪事などをあばきだすこと。剔出。「造反者を―する」
でき‐しゅっとう【出来出頭】にわかに主君の寵愛を得て権勢を振るう者。「南江主膳といふ―に出合ひけるに」〈浮・伝来記・七〉
てき‐しょ【適所】その人にふさわしい地位・仕事。「適材を―に配する」
てき‐じょ【摘除】テキヂョ〔名〕スル 手術で患部の内臓や組織を取り除くこと。「病巣を―する」
てき‐じょ【×滌除】テキヂョ ❶洗いのぞくこと。❷抵当権のついた不動産の所有権・地上権・永小作権を取得した第三者が、抵当権者に一定の金額を支払いまたは供託して抵当権を消滅させること。
てき‐しょう【的証】的確な証拠。確証。「―を引て答えしとぞ」〈染崎延房・近世紀聞〉
てき‐しょう【敵将】テキシヤウ 敵軍の大将・将軍。
てき‐じょう【敵城】テキジヤウ 敵軍の城塞。敵のしろ。
てき‐じょう【敵情|敵状】テキジヤウ 敵の状況。敵軍のようす。「―を偵察する」
てき‐しょく【適職】その人の能力・才能などに合った職業。「―を選ぶ」(類語)天職・適業
てき‐しん【摘心|摘芯】〔名〕スル 果樹などの頂芽を摘みとること。「―して果実の生育をよくする」
てき‐じん【敵陣】テキヂン 敵の陣営。敵軍の陣地。
てき‐じんけつ【狄仁傑】[630～700]中国、唐の政治家。太原(山西省)の人。字あざなは懐英。諡おくりなは文恵。高宗の時、江南の巡撫使として活躍。また、突厥とっけつ・契丹きったんの征服に功績があり、国老となった。
てき・す【適す】㊀〔動サ五〕「てき(適)する」(サ変)の五段化。「この水は飲用に―・さない」㊁〔動サ変〕「てき(適)する」の文語形。
て‐きず【手傷|手▽創|手×疵】戦闘などで受けたきず。「―を負う」(類語)怪我・傷きず・生傷・古傷・向こう傷
でき‐すぎ【出来過ぎ】〔名・形動〕❶作物などが必要以上にできること。また、そのさま。「―で値が下がる」❷予想や能力を超えてうまくゆくこと。また、そのさま。「彼にしては―な成績だ」
でき‐す・ぎる【出来過ぎる】〔動ガ上一〕図できす・ぐ〔ガ上二〕❶作物が必要以上にできる。「稲が―・ぎる」❷普通以上に、また、能力以上にうまくゆく。「私にしては―・ぎた試験結果」❸話が、つくり話のようにうまく運ぶ。「―・ぎた話」❹普通以上にませていたり、気が利いたりする。「娘子どもの―・ぎたはわりい」〈人・梅児誉美・後〉
テキスタイル〖textile〗織物。布地。
テキスタイル‐デザイナー〖textile designer〗糸選び・織り方・配色・後加工方法などに携わる織物の専門家。主に、生地問屋に勤め、商品の目的に合わせた布地を企画・デザインする。
テキスタイル‐デザイン〖textile design〗織物の素材・染色・織り方・文様など全般にわたる意匠。
テキスタイル‐プリンティング〖textile printing〗型を使って布地に直接模様を染める方法。捺染なせん。
テキスチュアー〖texture〗▶テクスチャー
テキスト〖text〗《「テクスト」とも》❶書物の本文。版本や写本の本文。また、原典・原本。「複数の―が伝わる説話」「―クリティック」❷教材とする書物。教科書。テキストブック。「放送講座の―」❸コンピューターで扱う文字列や文章。文字コードのみから成る。テキストデータ。➡テキストファイル (類語)(❶)原本・原典・底本・原書/(❷)教科書・教本・読本
テキスト‐エディター〖text editor〗▶エディター❸
テキスト‐けいしき【テキスト形式】▶プレーンテキスト
テキスト‐データ〖text data〗▶テキスト❸
テキスト‐ファイル〖text file〗コンピューターで扱うデータで、文字コードだけから成るファイル。ふつうの文字のほかに、改行やタブなどの基本的な制御コードも含む。バイナリーファイルに対していう。
テキスト‐フォーマット〖text format〗▶プレーンテキスト
テキストブック〖textbook〗「テキスト❷」に同じ。
テキスト‐ボックス〖text box〗アプリケーションソフトの操作画面における、矩形をした文字入力領域。また、ワープロソフトの文書のレイアウト枠。
デキストラナーゼ〖dextranase〗でんぷんを加水分解して得られるデキストリンを分解する酵素。
デキストラン〖dextran〗ぶどう糖で構成される多糖体。血漿けっしょうの代用剤にする。
デキストリン〖dextrin〗でんぷんを加水分解したとき、麦芽糖になるまでの中間過程でできる種々の生成物の総称。白から黄色の粉末。粘着力が強く、のりとして利用。糊精こせい。
てき・する【適する】〔動サ変〕図てき・す〔サ変〕❶ある対象・目的などによく合う。「子供に―・した映画」❷条件などにうまくあてはまる。適合する。「寒冷地に―・した作物」❸それにふさわしい素質や能力がある。「教師に―・した人物」
(類語)適う・合う・沿う・そぐう・当てはまる・適合する・適当する・合致する・即応する・ぴったりする
てき・する【敵する】〔動サ変〕図てき・す〔サ変〕❶敵対する。対抗する。「猛攻に―・する者なし」「衆寡―・せず」❷つりあう。匹敵する。「語学では彼に―・する者はいない」(類語)並ぶ・敵う・伍ごする・比肩する・匹敵する・並立する・伯仲する・肩を並べる
てき‐せい【適正】〔名・形動〕適当で正しいこと。また、そのさま。「―な運用」「―な価格」(派生)てきせいさ〔名〕(類語)適切・適当・至当・妥当・穏当・リーズナブル
てき‐せい【適性】性格や性質が、その物事に適していること。また、その性格や性質。「―に欠ける」
てき‐せい【敵性】敵とみなしてよい性質。戦争法規の範囲内では、攻撃・破壊・捕獲などの加害行為を加えることが交戦国に認められる性質。「―国家」
てき‐せい【敵勢】❶敵のいきおい。敵軍の勢力。❷《「てきぜい」とも》敵の軍勢。敵軍。
てきせい‐けんさ【適性検査】特定の活動に適した素質があるかどうかを量的に測定する検査。職業適性検査・音楽適性検査など。
てきせい‐ご【敵性語】敵国の言葉。(補説)日中戦争・太平洋戦争中の日本では、英語が敵性語とみなされ、タバコの銘柄「チェリー」を「桜」と改称するなどの言い換えが多く行われた。
てきせい‐せんとういん【敵性戦闘員】テキセイセントウヰン 2001年9月に起こったアメリカ同時多発テロ事件に関与した容疑者のこと。当時のブッシュ政権は、特例としてテロ容疑者を、起訴手続きを省いてグアンタナモ米軍基地内の収容所に無期限で拘束できるとした。米国大統領オバマは2009年1月の就任直後、敵性戦闘員の指定を廃止し、同収容所を閉鎖すると表明した。(補説)英語では、enemy combatant
てきせい‐ろしゅつ【適正露出】カメラのフィルムやイメージセンサーに対し、適切な光量を与えること。
てき‐せつ【適切】〔名・形動〕状況・目的などにぴったり当てはまること。その場や物事にふさわしいこと。また、そのさま。「―に判断する」「―な表現」(派生)てきせつさ〔名〕(類語)適当・適宜・適正・適確・剴切がいせつ・至当・妥当・穏当・相応・正しい・ふさわしい
(用法)適切・適当――「適切な(適当な)処置をとる」「この心情を伝えるのに適切な(適当な)言葉を知らない」など、ふさわしい、あてはまるの意では、相通じて用いられる。◆「適切」は過不足なく、よくあてはまる場合に用いる。「適切な指導を行う」「適切な忠告」◆「適当」は「適切」より幅のあるふさわしさ、また、ほどよいことをいう。「結婚したいが、適当な相手がいない」「適当なところで切り上げる」など。◆また、「適当」には、いいかげんな、あいまいな、の意を表す用法もある。「よくわからないから適当に選んでおいた」「適当にごまかす」◆類似の語に「適宜」がある。状況にかなっているさまを表し、「適当」と同じように使う。「適宜に取りはからう」
てき‐せん【敵船】敵のふね。敵国のふね。
てき‐ぜん【敵前】敵軍・敵陣のすぐ前。「―逃亡」
てき‐ぜん【的然】〔形動タリ〕はっきりしているさま。「書きにしるして―たり」〈浮・敗毒散・五〉
てき‐ぜん【×惕然】〔ト・タル〕図〔形動タリ〕危ぶみ恐れるさま。「胸―として悸おのの
き」〈東海散士・佳人之奇遇〉
てきぜん‐じょうりく【敵前上陸】テキゼンジヤウリク 敵が兵力を配備して待ちかまえている前面に上陸すること。
てき‐そう【▽嫡宗】▶ちゃくそう(嫡宗)
でき‐そこない【出来損ない】デキソコナヒ ❶できあがりが完全でないこと。また、そのもの。「―の茶碗」❷能力などが人並みでないことをののしっていう語。
でき‐そこな・う【出来損なう】デキソコナフ〔動ワ五(ハ四)〕できあがりが失敗する。不完全なものにできあがる。「御飯が―・う」
てき‐そん【▽嫡孫】▶ちゃくそん(嫡孫)
でき‐た【出来た】〔連語〕❶(あとに体言を伴って)人柄などが円満ですぐれている。「心の広い―人物」❷みごとにやりとげた。でかした。感動詞的に用いる。「―、―、あっぱれ、あっぱれ」〈浄・反魂香〉
てき‐たい【敵対】〔名〕スル 相手を敵とみなして対抗すること。敵としてはむかうこと。「二派に分かれて―する」「―心」
てきたい‐こうい【敵対行為】テキタイカウヰ 敵に対する加害行為。一般には戦闘行為をいうが、その準備行為、威嚇・脅迫行為なども含まれる。
てきたい‐し【敵対視】〔名〕スル 対立する敵と見なすこと。敵として扱うこと。敵視。「他国を―する」
てきたいてき‐きぎょうばいしゅう【敵対的企業買収】テキタイテキキギヨウバイシウ ▶敵対的買収
てきたいてき‐ばいしゅう【敵対的買収】テキタイテキバイシウ《hostile takeover》買収する側が、対象とする会社の取締役会の同意を得ずに買収を仕掛けること。経営権の取得を目指して、相手会社の株式を買収するなどの手法により行う。敵対的TOB。敵対的M&A。敵対的企業買収。➡ポイズンピル
てきたいてき‐むじゅん【敵対的矛盾】社会生活において、利害が根本的に対立するために力によってしか解決されない勢力間の矛盾。例えば、資本家と労働者との間の矛盾など。
てき‐た・う【敵▽対ふ】テキタフ〔動ハ四〕《「敵対」の動詞化》敵対する。対抗する。「師直公に―・ふは殿の御不覚」〈浄・忠臣蔵〉
でき‐だか【出来高】❶できあがった総量。また、収穫した総量。生産高。「米の―」❷▶売買高❷
できだか‐きゅう【出来高給】デキダカキフ ▶出来高払い

できだか-ばらい【出来高払い】労働時間には関係なく、出来高に応じて賃金を支払うこと。また、その賃金。仕上高払い。仕事高払い。出来高給。

でき-たて【出来立て】できあがったばかりであること。また、そのもの。「―のほやほや」

てき-だん【敵弾】敵が撃った銃砲のたま。

てき-だん【×擲弾】擲弾筒、あるいは小銃などに取り付けた擲弾発射筒(ランチャー)によって発射する榴弾・化学弾などの総称。

てきだん-とう【×擲弾筒】擲弾を発射する携帯用の小型火器。

てき-ち【適地】その用途に適している土地。また、その農作物に合う土地。「―適作」

てき-ち【敵地】敵の領地。敵の勢力下にある地域。

できちゃった-けっこん【出来ちゃった結婚】▸出来ちゃった婚

できちゃった-こん【出来ちゃった婚】俗に、妊娠したことをきっかけに結婚すること。できちゃった結婚。でき婚。おめでた婚。授かり婚。

てき-ちゅう【的中｜適中】〔名〕スル ❶(的中)矢や弾丸が的にあたること。命中。「目標に―する」❷予測・見当などがあたること。「予感が―する」「大穴ねらいがずばり―する」(類語)当たり・命中・百発百中

てき-ちゅう【敵中】敵のなか。敵地のなか。

てきちゅう-るい【滴虫類】▸繊毛虫

てき-ちょく【×躑×躅】❶足踏みすること。ためらうこと。❷つつじ。

てき-てい【滴定】容量分析の際の操作。ふつう、濃度のすでにわかっている標準溶液をビュレットから試料溶液に滴下し、反応に必要な滴下量から試料溶液の濃度を計算で求める。

てき-てき【滴滴】㊀〔名〕❶水などのしたたり。点々と落ちるしずく。「乳の如き―春潮に融けて流る」〈蘆花・自然と人生〉❷点々とあるようす。「大きな銀杏に墨汁を点じた様な―の烏が」〈漱石・野分〉㊁〔ト・タル〕図〔形動タリ〕水などがしたたり落ちるさま。ぽたぽた。「―として水の滴るのを」〈独歩・山の力〉

てきてきさい-じゅく【適々斎塾】▸緒方塾

てき-でん【×嫡伝｜的伝】正統を受けつぐこと。直伝。「某ことは雪舟の―として」〈浄・反魂香〉

てき-ど【適度】〔名・形動〕程度がほどよいこと。また、そのさま。「―な(の)運動」「―な(の)湿り気」(類語)適当

てき-とう【×倜×儻】才気が衆人よりはるかにすぐれていること。「唯々―非常の人のみ称せらる」〈東海散士・佳人之奇遇〉

てき-とう【適当】〔名・形動〕スル ❶ある条件・目的・要求などに、うまくあてはまること。かなっていること。ふさわしいこと。また、そのさま。「工場の建設に―な土地」「この仕事に―する人材」❷程度などが、ほどよいこと。また、そのさま。「調味料を―に加える」「一日の―な仕事量」❸やり方などが、いいかげんであること。また、そのさま。悪い意味で用いられる。「客を―にあしらう」「―な返事でごまかす」▸適切(用法)

(類語)(❶)適切・適正・適確・至当・妥当・穏当・相応・好適・頃合い・程合い・手頃・あつらえ向き・打って付け・適う・適する・合う・そぐう・適合する・合致する・即応する・ぴったりする/(❷)適度・適宜・程程・そこそこ・好い加減/(❸)いい加減・生半可・ぞんざい・投げ遣り・でたらめ・ちゃらんぽらん・行きあたりばったり・無責任

てきとう-しげき【適当刺激】▸適合刺激

てき-な・い〔形〕《近世語》苦しい。せつない。「かう酔っては息が切れて出来ぬとこと、ああ―・い、―・い」〈滑・旧観帖・初〉

てき-にん【敵人】《「てきじん」とも》中世、訴訟の相手方。敵方。

てき-にん【適任】〔名・形動〕その任務・仕事に適していること。また、そのさまや、その人。「まとめ役に最も―な人」「―者」(類語)適役・はまり役

て-ぎね【手×杵】太い棒の中央のくびれた部分を握ってつく杵。かちぎね。

でき-ね【出来値】取引所で、売買が成立した値段。

てき-ねん【適年】「適格退職年金」の略。

てき-は【摘×播】〔名〕スル 間隔をおいて種子を数粒ずつにまとめてまくこと。また、そのまき方。

てき-はい【敵背】敵の背後。敵のうしろ側。

でき-ばえ【出来映え｜出来栄え】できあがりのようす。また、できあがりのよいこと。「すばらしい―」「予想外の―にほくそえむ」(類語)仕上がり・出来

てき-ぱき〔副〕スル 処理や対応がはっきりしていて、歯切れのよいさま。「―(と)かたづける」「受け答えが―(と)している」(類語)きびきび・しゃきしゃき・はきはき

てき-はつ【摘発】〔名〕スル 悪事などをあばいて世間に発表すること。「巨額の脱税を―する」

てき-ひ【適否】適することと、適さないこと。また、適するか、適さないか。適不適。「事の―を問う」(類語)是非・正否・当否・可否・可不可・良否・理非・正邪・善悪・曲直・優劣・よしあし

て-きびし・い【手厳しい】〔形〕図てきび・し〔シク〕手心を加えず、非常に厳しい。少しも容赦しない。「―・く責める」(派生)てきびしさ〔名〕(類語)痛烈・辛辣・シビア・冷厳・辛口・容赦ない

てき-ひょう【適評】適切な批評。妥当な批評。

てき-びん【滴瓶】化学実験で、液体試料を入れ、少量ずつ滴下させる小瓶。

でき-ぶげん【出来分限】急に金持ちになること。また、その人。にわか成金。「廻船余多長崎商の―」〈浮・懐硯・二〉

でき-ぶつ【出来物】人格・才能のすぐれた人物。

てき-ふてき【適不適】適当と、不適当。適当であるか、適当でないか。適否。「―を考慮する」

でき-ふでき【出来不出来】よい出来と悪い出来。出来ぐあいのよしあし。また、出来ぐあいにむらがあること。「―がはなはだしい」

でき-ふんべつ【出来分別】その場でふと思いついた考え。「―にて、息も引きとらぬうちより、女は後夫のせんさくを耳に掛け」〈浮・五人女・五〉

てき-へい【敵兵】敵の兵隊。敵軍の兵士。

てき-ぼ【▽嫡母】▸ちゃくぼ(嫡母)

てき-ほう【適法】法規や法律にかなっていること。法に反しないこと。⇔違法。(類語)合法・合憲

てき-ほう【敵×堡】敵のとりで。敵塁。

てきほう-せい【適法性】❶法にかなうこと。合法性。❷カント倫理学の用語。行為の動機がどのようなものであれ、その行為が外形的に道徳法則に合致していること。▸道徳性

でき-ぼし【出来星】にわかに出世したり、金持ちになったりすること。また、その人。成り上がり。「有繫に―の今様紳士には摸擬のならぬ嗜好が見える」〈魯庵・社会百面相〉

でき-ぼつ【溺没】〔名〕スル おぼれて沈むこと。また、おぼれて死ぬこと。「此に於て人畜悉く―して」〈青木輔清訳・万国奇談〉

てきほん-しゅぎ【敵本主義】《「敵本」は「敵は本能寺にあり」の意》目的が他にあるように見せかけて、途中から急に本来の目的に向かうやり方。▸敵は本能寺にあり

てき-マーク【適マーク】ホテル・百貨店・劇場など多くの人が出入りする建物に対し、一定の防火基準に適合していると判断された場合に消防署から交付されるマーク。「防火基準適合表示マーク」の通称。

てき-みかた【敵味方】敵と味方。「―入り乱れての戦い」

てき-めん【×覿面】〔名・形動〕《「覿」は見る意》❶面と向かうこと。まのあたりに見ること。また、そのさま。転じて、まのあたり。目前。「―に死と相見ているものは、姑息に安んずることを好まない」〈鷗外・青年〉❷効果・結果・報いなどが即座に現れること。また、そのさま。「―な薬の効果」「天罰―」

でき-もうさず【出来▽不▽申】取引所で、売買が成立しないで株価が生まれないこと。出来ず。

でき-もの【出来物】❶吹き出物。おでき。❷「できぶつ」に同じ。「近きころの遊君の―ぢゃ」〈仮・東海道名所記・二〉

てき-や【的屋】盛り場や縁日など人出の多い所に店を出し、いかがわしい品物などを売る商人。香具師。(補説)当たればもうかることを、矢が的に当たるのになぞらえたものという。

てき-やく【適役】その役に適していること。また、その人に適した役。はまりやく。「主演の女優が―だ」「司会には彼が―だ」(類語)適任・はまり役

てき-やく【適訳】原文にうまくあてはまった訳。適切な訳語・訳文。

てき-やく【適薬】その病気や症状によくきく薬。

てき-やく【敵役】「かたきやく」に同じ。

てき-やく【敵薬】配合のぐあいによっては毒になる薬。「金は―ぞかし」〈一葉・大つごもり〉

でき-やく【出来役】花札で、勝負の結果取った札の中でできた役。▸手役

デキャンタ〖decanter〗▸デカンタ

デキャンタージュ〖フランス décantage〗ワイン(多くは赤ワイン)を他のびんに移し替えること。デキャンティング。デカンタージュ。(補説)底にたまった澱を残し、ワインを空気に触れさせるために行う。

デキャンティング〖decanting〗▸デキャンタージュ

テ-きゅうでん【テ宮殿】《Palazzo Te》イタリア北部の都市マントバにある宮殿。16世紀にマントバ公であるゴンザーガ家のフェデリコ2世により夏の離宮として建造。設計はジュリオ゠ロマーノ。内部は華美な装飾が施され、マニエリスム様式の代表作とされる。テ離宮。パラッツォテ。パラッツォ-デル-テ。

てき-よう【摘要】重要な箇所を抜き書きすること。また、その抜き書きしたもの。「条約の―」(類語)摘録・抜粋・要旨・要点

てき-よう【適用】〔名〕スル 法律・規則などを、事例にあてはめて用いること。「会社更生法を―する」(類語)使用・利用・行使・活用・採用・流用・充用・転用・応用・援用・役立てる

てき-よう【×擢用】〔名〕スル 選抜して採用すること。たくよう。「賢材を―し」〈村田文夫・西洋聞見録〉

で-きょうじゅ【出教授】先方へ出向いて教えること。出張教授。出稽古。「春琴の座右を案じて―には行かず」〈谷崎・春琴抄〉

てき-らい【摘×蕾】大きな花を咲かせるなどのために、一つだけ残して余分のつぼみを摘み取ること。

で-ぎらい【出嫌い】〔名・形動〕外出を好まないこと。また、そういう人やさま。出不精。「―な性格」

てき-りょう【適量】ほどよい分量。適度の量。「―の酒をたしなむ」

で-き・る【出切る】〔動ラ五(四)〕全部出る。残らず出てしまう。出つくす。「意見も―・ったようだ」

で・きる【出来る】〔動カ上一〕《カ変動詞「でく(出来)」の連体形「でくる」から》❶いままでなかった物事がつくられて存在する。新しく物事が生じる。発生する。出現する。「水たまりが―・きる」「にきびが―・きる」「急用が―・きる」「―・きたことはしかたがない」❷作物などがつくられる。収穫物が得られる。生産される。「当地では柑橘類が―・きる」「家庭菜園で―・きたトマト」「今年は米がよく―・きた」❸建物や組織などが新しくつくられる。成り立つ。「ダムが―・きる」「組合が―・きる」「合意が―・きる」❹まとまったもの、完全なものに、つくりあげられる。仕あがる。「したくが―・きる」「原稿が―・きた」❺材料が…である。作りや構造がそのようである。「木で―・きた橋」「精巧に―・きているおもちゃ」❻(結果として)そうするように生まれつく。「よくよく損な役まわりをするように―・きている」❼人格・能力・成績などがすぐれている。「彼は仕事が―・きる」「若いに似合わず人間が―・きている」「よく―・きる生徒」❽男女がひそかに結ばれて親しい関係になる。「―・きた仲」「二人は―・きている」❾それをする能力や可能性がある。「ロシア語が―・きる」「―・きるだけ努力します」❿(動作性の意味がある語に付いて、接尾語的に用い)そうする能力や可能性がある。また、そうすることが許される。…し

うる。「運転―・きる」「拝観―・きる」「スタート―・きる」「そこへはお通し―・きません」「のんびり―・きる」⓫出てくる。現れる。「今度用事でお江戸さあ―・きる序でに」〈滑・旧観帖・初〉(類語)(❶)生ずる・生まれる・現れる・起こる・発生する・生成する・起きる・兆す・発する・生起する・湧く/(❷)産する・とれる・生る/(❸)生まれる・誕生する・成立する・発足する・開設する/(❹)出来上がる・仕上がる・成る・成り立つ・まとまる・整う・済む・上がる・完成する・完了する

出来ない相談　はじめからまとまる可能性のない話し合い。「利益が一方的すぎて―だ」

出来るだけ　できる範囲のことはすべて。できる限界まで。「―の治療はした」「―急いでくれ」

てき-るい【敵塁】敵のとりで。「―を陥れる」

て-ぎれ【手切れ】❶それまで続いていた関係・交渉などを終わりにすること。特に、男女の愛情関係を終わりにすること。「借金を返して―にする」❷「手切れ金」の略。

で-ぎれ【出切れ】布地を裁断したときに出る半端の切れ。たちくず。

てき-れい【適例】適切な例。うまくあてはまる例。(類語)好例・見本

てき-れい【適齢】ある条件に当てはまる年齢。そのことにふさわしい年齢。

て-ぎれい【手×綺麗｜手奇麗】〔形動〕〔文〕〔ナリ〕手仕事などのでき上がりがみごとなさま。「塗りが―に仕上がる」

てきれい-き【適齢期】それをするのにふさわしい年ごろ。特に、結婚するのにふさわしい年ごろ。「―の娘」

でき-レース【出来レース】八百長・談合などにより、始める前から結果が分かっている勝負や競争。

てき-れき【滴×瀝】水などがしたたること。また、したたり。しずく。

てき-れき【的×皪】〔ト・タル〕〔文〕〔形動タリ〕あざやかに白く輝くさま。「明星と見まがう程の留針が―と耀いて」〈漱石・野分〉

てぎれ-きん【手切れ金】手切れのために相手に与える金銭。「―を渡される」

できれ-ば【出来れば】〔連語〕可能であるならば。「―参加してほしい」

てぎれ-ばなし【手切れ話】それまでの互いの関係、特に男女の関係を断つための話し合い。

てき-ろく【摘録】〔名〕スル　要点をかいつまんで書き記すこと。また、その記録。「講演を―する」

て-ぎわ【手際】〔名・形動〕❶物事の処理のしかた。また、物事を処理する要領・腕前。「話を―よくまとめる」「―を見る」「みごとな―だ」❷物事をたくみに処理すること。また、そのさま。「洗濯物を―に搾切って遣る」〈風葉・青春〉(類語)腕・腕前・手並み・技量・技術・技量・要領・やり方・段取り・手順

で-ぎわ【出際】出かけようとするその時。でがけ。でしな。「―に来客がある」

でき-わく【溺惑】〔名〕スル　夢中になって本心を失うこと。惑溺。「刹那的な快楽に―する」

て-きん【手金】「手付け金」に同じ。「―を打つ」

てく　てくてく歩くこと。徒歩。「―で来た」

て◦く〔連語〕《連語「ていく」の音変化。上に付く語によって「でく」とも》…していく。…しつついく。だんだん…する。「本を持っ―◦く」「貯金が減っ―◦く」「鳥が飛んでく」

テグ【大邱】大韓民国南東部にある広域市。慶尚北道の道庁所在地。繊維工業が盛ん。近郊はリンゴの産地。人口、行政区246万(2008)。たいきゅう。

でく【木＝偶】❶木彫りの人形。また、人形。❷あやつり人形。❸役に立たない人。また、そのような人をののしっていう語。でくのぼう。「この―め」

デ-クーニング〘Willem de Kooning〙[1904～1997]米国の画家。オランダ生まれ。抽象表現主義の代表的作家の一人。連作「女」など。

て-くぐつ【手傀＝儡】手であやつる人形。また、それをあやつる芸。「八千独楽、蟾舞、―、花の園には蝶小鳥」〈梁塵秘抄・二〉

て-ぐさ【手▽種｜手草】手でもてあそぶもの。「藁稭を―に口に銜えて」〈三重吉・小鳥の巣〉

て-ぐさり【手鎖】「手錠」に同じ。

てく-シー《「てく」は「てくてく」の略。タクシーをもじった語で、ふつう「テクシー」と書く》タクシーなどに乗らないで、てくてくと歩いて行くこと。

テグシガルパ〘Tegucigalpa〙ホンジュラス共和国の首都。銀の産地として発展した都市。人口、行政区86万(2003)。

てぐす【天＝蚕＝糸】テグスサンの幼虫の体内から絹糸腺を取り出し、酸で処理して得た白色透明の糸。釣り糸に用いる。合成繊維のものにもいう。てんさんし。てぐすいと。てんぐす。

てぐす-いと【天＝蚕糸】「てぐす」に同じ。

てぐす-が【天＝蚕＝糸×蛾】テグスサンの別名。

てぐす-さん【天＝蚕＝糸蚕】❶ヤママユガ科の昆虫。翅の開張9～12センチ、全体に淡褐色。幼虫はフウ・クスノキなどの葉を食う。幼虫の絹糸腺からてぐすをとるため、飼育された。中国大陸南部・海南島などに分布。楓蚕。てぐすが。❷クスサンの別名。

テクスチャー〘texture〙《「テキスチャー」とも》❶織物の織り方。また、織り地。生地。❷木材・石材などの手ざわり。感触。また、質感。

テクスチャー-マッピング〘texture mapping〙コンピューターグラフィックスの三次元画像で物体表面の質感を表現する技法の一。木目や金属など、物体の素材を模した画像を表面に貼り付けること。

テクスチュア〘texture〙▶テクスチャー

テクスティング〘texting〙携帯電話のSMS(ショートメッセージサービス)を利用して、短いメッセージを送ること。

テクスト〘text〙▶テキスト

て-ぐすね【手▽薬▽練｜手▽薬×煉】手に薬練を塗ること。

手薬練引・く　❶十分用意して待ちかまえる。準備して機会を待つ。「―・いて待ち受ける」❷滑りをとめて弓返りを防ぐため、弓手に薬練を塗る。「―・き、そぞろ引いてぞ向かひたる」〈保元・中〉

て-くせ【手癖】《「てぐせ」とも》❶習慣的にしてしまう手の動き。手の癖。「―足癖」❷つい盗みをしてしまう癖。「―のよくない子」❸手で何度も触るなどした跡。「―のついたグリップ」

手癖が悪・い　盗みをする癖がある。また、女癖が悪い。「堅物に見えるが―・い」

で-くせ【出癖】《「でぐせ」とも》家にじっとしていられない、出歩きたがる癖。外出する習慣。「―がつく」

テクセル-とう【テクセル島】《Texel》▶テセル島

て-ぐそく【手具足】「手道具」に同じ。〈日葡〉

て-くだ【手管】❶人をだます手段。人をあやつるかけひき。特に、遊女などが客をたらしこむ手際。手練。「―を弄する」「手練―」❷情夫。間男。「本の(＝本物ノ髪、爪)は―の男につかはし」〈浮・一代男・四〉(類語)手練・口車・色仕掛け・術策・詐術

テクタイト〘tektite〙黒曜石に似たガラス質の直径数センチ程度の球形・楕円体や円盤状の物質。東南アジア・オーストラリア・アフリカ・北アメリカなどの一部で発見され、成因については隕石の衝突説などがある。

て-くださ◦る〔連語〕▶下さる⊟❷

て-ぐち【手口】❶犯罪などのやりかた。また、その特徴。「侵入する―が同じだ」❷取引所で、どの証券会社がどのような銘柄を何株売ったか買ったかという売買の内容。(類語)遣り口・仕口・遣り方・仕方・方法・仕振り・仕様・遣り様

で-ぐち【出口】⊟内から外へ出る口。⇔入り口。⊟京都島原の遊郭、江戸吉原の遊郭の出入り口であった大門のこと。(類語)出入り口・非常口・エクジット

でぐち-おにさぶろう【出口王仁三郎】[1871～1948]宗教家。大本教の確立者。京都の生まれ。名は「わにさぶろう」とも。本名、上田喜三郎。教祖出口ナオの女婿。昭和10年(1935)不敬罪などで投獄され、大本教は結社禁止となったが、第二次大戦後再建。著「霊界物語」など多数。

でぐち-せいさく【出口政策】金融危機に際して、各国の中央銀行等の取った異例の金融緩和政策を、いつ、どのような手順で終わらせるかについての対策。出口戦略。(補説)例えば、2008年9月のリーマンショック以降、各国の中央銀行は不安定化した金融市場を支えるため、多額の資金供給を行った。こうした政策は金融危機を克服するための緊急措置として正当化されたが、必要以上に継続すればバブルを生むなどの副作用が懸念されるため、景気の状況などに配慮しながら、時期を見きわめて通常の状態に戻す出口政策が重要とされる。

でぐち-せんりゃく【出口戦略】❶軍事行動で、軍隊の損害を最小限にとどめて戦線から撤退するための作戦。撤退作戦。❷(❶から転じて)不況、競争激化などから収益減の見込みとなり、企業が損害の少ないうちに規模を縮小または撤退するための方策。また、投資した株式・債権などを売却して資金を引き上げることをもいう。❸▶出口政策　(補説)❶は、ベトナム戦争時に米軍を撤退させる作戦をさして使ったのが始まりという。

でぐち-ちょうさ【出口調査】公職選挙の当日、投票所の出口で調査員が投票を終えた人にどの候補者に、またはどの政党に投票したかを聞く調査。新聞社やテレビ局が行い、開票直後に当選予想を出す資料にする。

でぐち-なお【出口ナオ】[1836～1918]大本教の開祖。丹波の人。最初金光教の布教所で活動していたが、明治25年(1892)突然神がかり、大本教を開いた。「艮の金神」の信仰を説いて「御筆先」を著し、この神による立て替え・立て直しを訴えた。

でぐち-の-ちゃや【出口の茶屋】京都島原や江戸吉原の遊郭の大門口にあった茶屋町。

でぐちのやなぎ【出口の柳】地歌。宇治加賀掾作の浄瑠璃の一部をとって、宝永(1704～1711)ごろに初世杵屋長五郎が作曲。狩野元信と傾城遠山の伝説によっており、歌祭文の曲節を取り入れている。

でぐち-べん【出口弁】容器・管路の気体・液体を排出する所に取り付けた弁。

でく-つかい【木＝偶遣い】胸につるした人形箱の上で人形をあやつる大道芸人。傀儡師。でくまわし。また、操り浄瑠璃芝居の人形遣い。

てく-てく〔副〕乗り物にも乗らずひたすら歩いて行くさま。「学校まで―(と)歩いてかよう」(類語)すたすた・しゃなりしゃなり・えっちらおっちら・とぼとぼ・のこのこ・よちよち

でく-でく〔副〕肥満しているさま。でぶでぶ。「―肥ったお婆さん」〈小杉天外・初すがた〉

テクニーク〘フランス technique〙「テクニック」に同じ。

テクニカラー〘Technicolor〙カラー映画製作の一方式。青・緑・赤の三原色に分解した3本のフィルムを1本にまとめる方法。商標名。

テクニカル〘technical〙⊟〔形動〕❶技巧的。技術的。「―な要因」❷専門的。学術的。「―な分野」⊟〔名〕「テクニカル分析」の略。

テクニカル-ターム〘technical term〙専門用語。術語。

テクニカル-ディレクター〘technical director〙放送番組の制作における技術スタッフの責任者。映像・音声・照明・編集などの技術担当者を指揮して、プログラムディレクター(番組制作の最高責任者)と連携をとりながら制作する。TD。

テクニカル-ノックアウト〘technical knockout〙プロボクシングで、両者の力の差が大きすぎるときや、負傷のため試合が続行できない場合に、試合を中止し、勝敗を決すること。アマチュアでは、レフェリーストップコンテスト(RSC)という。TKO。

テクニカル-ファウル〘technical foul〙バスケットボールで、相手選手と直接からだを接触させることなく行われる反則行為の総称。スポーツマンシップに

著しく反した言動に対してや、故意にゲームの進行を遅らせたときなどに適用される。➡パーソナルファウル

テクニカル-フォール〘technical fall〙レスリングで、競技時間内にテクニカルポイントで15点以上の差をつけた場合、フォールと同格で試合終了となること。

テクニカル-ぶんせき【テクニカル分析】株式や為替などの値動きを過去の経験やデータから予測する手法。さまざまな数値のチャートを使って分析するものと、コンピューターに分析させるものなどがある。

テクニカル-ポイント〘technical point〙レスリングで、タックル・投げ・押さえ込みなどをした場合に与えられる判定点。

テクニカル-メリット〘technical merit〙シンクロナイズドスイミングなどで、自由演技の採点基準の一つ。プログラムの難易度・完遂度・同調性などの技術面を採点する。技術点。(補説)フィギュアスケートの採点基準としても用いられていたが、現在はTESへと変更されている。

テクニカル-ライター〘technical writer〙工業技術の専門的な内容の文章を書く人。

テクニカル-ライティング〘technical writing〙パソコンや家電製品のマニュアル、機械の仕様書などの、技術的な内容に関する文書を一般向けに作成すること。また、その技法。

テクニカル-ランディング〘technical landing〙技術着陸。通常は、長距離路線の航空機が給油のために途中寄航することをいう。

テクニシャン〘technician〙高度の技巧・技術をもった人。技巧派。「一のボクサー」

テクニック〘technic〙技術。技巧。技法。(類語)技術・技能・技巧・技量・技法・手法・技芸・腕え・技き

でくね-たつろう【出久根達郎】〘1944〜　〙小説家。茨城の生まれ。古書店主として、古本を題材にした小説を執筆。巧みな話術を生かして人間を描写する実力派として評価される。「佃島ふたり書房」で直木賞受賞。他に「無明の蝶」、エッセー「本のお口よごしですが」「古書彷徨」など。

テクネチウム〘technetium〙マンガン族元素の一。人工的に作られた最初の元素で、モリブデンに加速した重陽子を当ててつくる。ウラン核分裂でも生成。単体は銀白色の金属。化学的性質はレニウムに似る。元素記号Tc　原子番号43。

テクノ〘techno〙〔語素〕名詞の上に付いて、科学技術・工業技術に関連する意を表す。「一ポリス」

テクノ-いそんしょう【テクノ依存症】《techno-dependency》コンピューターとだけ付き合ってきたために、人間とコミュニケーションがとれなくなった状態。性格の豊かさや柔軟性も失われる。テクノストレスの一つ。

テクノ-カット《和 techno＋cut》耳の上のラインでもみあげをカットしたグラデーションカット。テクノポップのミュージシャンのヘアスタイルからの称。

テクノクラート〘technocrat〙技術者・科学者出身の、また高度の専門的知識をもった行政官・高級官僚。技術官僚。

テクノクラシー〘technocracy〙テクノクラートが政治や社会の支配権をにぎる体制。または、それを是認する思想。

テクノストラクチャー〘technostructure〙アメリカの経済学者ガルブレイスが、著書「新しい産業国家」で提案した言葉。企業の所有と経営の分離が進んだ現代では、企業の意思決定は、個人の企業家から、専門化した知識・経験を提供する人々からなる経営陣に移行したとする考え方。

テクノ-ストレス〘techno-stress〙オフィスオートメーション化の進展が人間に与える精神的ひずみ。機器に対して拒絶反応を起こすテクノ不安症と、逆に同化しすぎて正常な対人関係が保てなくなるテクノ依存症の二つのタイプがある。米国の心理学者クレイグ=ブロードの造語。

テクノストレス-がんしょう【テクノストレス眼症】►VDT症候群

テクノナショナリズム〘technonationalism〙技術国家主義。自国の国家的優位を保つため、先端技術などを他国に公開しないようにすること。特に、日本の経済的発展はその技術的発展によるという認識から、米国や西欧諸国で生まれてきた考え方。

テクノ-ふあんしょう【テクノ不安症】《techno-anxiety》コンピューターとの関わりがストレスとなって、頭痛・吐き気などの自律神経失調の症状のほか、情緒不安定・欲求不満などの精神症状の起こる状態。テクノストレスの一つ。

テクノペザント〘technopeasant〙最新技術、特にコンピューターについて、あまり知識のない人。

でく-の-ぼう【木=偶の坊】❶人形。あやつり人形。でく。❷役に立たない人。気のきかない人。人のいいなりになっている人。また、そのような人をののしっていう語。「この一め」(類語)抜け作・ぼんくら・唐変木・表六玉・うどの大木・子供の使い

テクノ-ポップ〘techno-pop〙コンピューター制御のシンセサイザーなどを用いたポピュラー音楽。無機質で均等なリズムが特徴。

テクノポリス〘technopolis〙先端技術産業や大学・研究機関を中核として地域経済の発展を目ざす高度技術集積都市。住環境も整備した新時代の産業都市を建設しようとする構想に基づく。

テクノ-レディー《和 techno-lady》システムエンジニアやプログラマー、インストラクターなど、OA機器を操作する専門的技能をもった女性。

テクノロジー〘technology〙科学技術。科学的知識を各個別領域における実際的目的のために工学的に応用する方法論。(類語)技術・工法・製法

テクノロジー-アート〘technology art〙電子工学などの科学工業技術を表現手段に用いた芸術。➡コンピューターアート

テクノロジー-アセスメント〘technology assessment〙新しい技術を普及させる前に、社会的影響・安全性・経済性・倫理性などについて総合的に評価すること。TA。

テクノロジー-トランスファー〘technology transfer〙「技術移転」に同じ。

デクパージュ〘フランス découpage〙切り抜き細工。紙の切り抜きを板などに貼り付け、仕上げにワニスを塗る技法。また、その作品。生活調度品の装飾のために17世紀フランスで始まった。デコパージュ。

て-くばり【手配り】〔名〕スル　物事をする際、人をそれぞれに振り当てて準備すること。また、必要なものを用意したり、段取りをつけたりすること。てはい。「出迎えの一をする」「関係各署に一する」(類語)手回し・手配・用意・支度・準備・備え・設け・手筈・手当て・段取り・膳立て・道具立て・下拵え・下準備・態勢・整備・備える

て-くび【手首|手×頸】腕と手のひらとのつながる部分。うでくび。(類語)リスト

てくびじしょう-しょうこうぐん【手首自傷症候群】►リストカットシンドローム

でくま-ひくま【▽凸間▽凹間】出っ張った所とへこんだ所。でこぼこ。「屋根にでえぶ一のあるうちだ」〈滑・膝栗毛・初〉

て-ぐみ【手組(み)】❶手で組むこと。「一のゲラ」❷軍陣で、数人で組をつくること。隊を組むこと。「三人一して寄る所を」〈保元・下〉❸仲間。連中。「いつもの一の客まじりに」〈浮・男色大鑑・七〉❹物事を行うための手はず。段取り。「一はかうと智恵のありたけふるひけるに」〈浮・御前義経記・七〉

で-ぐみ【出組】斗栱の一形式。出三斗の外方に出た巻き斗の上に平三斗をのせ、丸桁を支えるもの。一手先斗栱。

デクラーク〘Frederik W. de Klerk〙〘1936〜　〙南アフリカ共和国の政治家。1989年に大統領に就任。民主改革路線をとってアパルトヘイト関係法の全廃を実現。94年、黒人指導者マンデラの大統領就任とともに副大統領となる。マンデラとともに93年ノーベル平和賞を受賞。

て-くらがり【手暗がり】自分の手に光が遮られて手元が暗くなること。また、その場所。(類語)薄暗い・暗い・ほの暗い・小暗い・小暗がり

デグラッセ〘フランス déglacer〙ワインなどを加えて、鍋に付着した煮汁・肉汁を溶かすこと。

てぐら-まぐら〔名・形動ナリ〕その場しのぎに事をすること。また、そのさま。「阿弥陀仏まで質屋へとばし一にとこのへ」〈浄・女楠〉

て-ぐり【手繰り】❶手でくること。たぐり。❷次々と手から手へ受け渡して物を運ぶこと。「荷物を一で収納する」❸「手繰り網」の略。

てぐり-あみ【手繰り網】引き網の一。水底の魚を囲んで巻き取り、引き網で船に引き上げる漁法。また、その網。

てぐり-いと【手繰り糸】手で繰り取った糸。

てぐり-ぶね【手繰り船】手繰り網を引いて魚をとる船。

デクリメント〘decrement〙コンピューターのプログラムなどにおいて、整数型の変数の値を1減らす処理のこと。1増やす場合はインクリメントという。

てく・る〔動ラ五〕《「てくてく」の「てく」の動詞化》てくてくと歩く。「バスが来ないので駅まで一・る」(類語)歩く・歩む・歩行する

でくる-ぼう【出狂坊|出来坊】「木偶の坊❶」に同じ。「六段ながらの一動き出でける」〈浮・一代男・五〉

て-ぐるま【手車|×輦|輦=車】❶人の手で押し、または引く小形の車。物を運ぶのに使う。❷土砂などを運ぶ、2本の柄のついた手押しの一輪車。❸自家用の人力車。「一へ乗って、立派な玄関のある家をこしらえるに相違ない」〈漱石・坊っちゃん〉❹子供の遊戯の一。二人が両手を差し違えに組み合わせ、その上に別の一人を乗せて歩く。❺屋形に車輪をつけた車で、前後に突き出ている轅を人の手で引くもの。これに乗って内裏に出入りするには、輦の宣旨による勅許が必要であった。輦車。❻近世以降のおもちゃの一。土・木などで小さな井戸車の形に作り、糸を結びつけて上げ下げする。現在のヨーヨーに似る。

手車に乗・せる　❶大切に扱う。また、ちやほやする。❷他人を自分の思いどおりに操る。

てぐるま-の-せんじ【×輦の宣旨】牛車の通行を禁じた皇居の内郭で、手車❺に乗ることを許可する宣旨。東宮・親王・内親王・女御・大臣などのうち、特定の者に賜った。

で-ぐるわ【出▽郭|出▽曲輪】城の外郭に張り出して、城の外衛とする構築物。でじろ。でまる。

デクレア〘declare〙宣言すること。公表。布告。

デクレッシェンド〘イタリア decrescendo〙音楽で、強弱標語の一。だんだん弱く、の意。*decr.*または*decresc.*と略記、また、＞の記号を用いる。ディミヌエンド。(対)クレッシェンド。

て-く・れる〔連語〕►呉れる❸

で-くわ・す【出▽会す】〔動サ五(四)〕偶然に出会う。ばったりと会う。でっくわす。「町角で友人に一・す」「事故に一・す」(類語)あう・出あう・巡り合う・行き合う・まみえる・来合わせる・遭遇する・際会する

て-け【▽天気】《「てんけ(天気)」の撥音の無表記》天候。てんき。「一のこと、かぢ取りの心にまかせつ」〈土佐〉

で-げいこ【出稽古】❶先方へ出向いて芸事などを教えること。出教授。(対)内稽古。❷相撲で、よその部屋に出向いてけいこをすること。

デケード〘decade〙►ディケード

でげす〔助動〕《江戸末期から明治初期にかけての男性語》体言に付く。「である」の意の丁寧表現。…です。…でございます。「今夜は炎暑でげすな」〈滑・七偏人・三〉(補説)「でございます」の音変化といわれる。

テケツ《「チ(ティ)ケット」から》❶切符。チケット。❷劇場などの切符売り場。また、その売り子。

でけ-もの【出▽来物】すぐれた作品。また、すぐれた人物。できもの。「山本文右衛門が筆勢、大きに一と

沙汰しければ」〈浮・織留・四〉

て◦けり〘連語〙《完了の助動詞「つ」の連用形＋過去の助動詞「けり」》…てしまった。…てしまったのだった。「猿沢の池に身を投げ—◦けり」〈大和・一五〇〉➡てんげり

で・ける【出▽来る】〘動カ下一〙(多く関西地方で)「できる」に同じ。「最近子供が—・けた」

テゲル-くうこう【テゲル空港】《Tegel》ドイツ、ベルリン北西部にある国際空港。

て-こ【手▽児】《「てご」とも》❶父母の手に抱かれる子。赤子。「音をそ泣きつる—にあらなくに」〈万・三四八五〉❷少女。おとめ。「人皆の言は絶ゆとも埴科の石井の—が言な絶えそね」〈万・三三九八〉

て-こ【×梃子┆×梃】❶棒の途中に置いた支点を中心に棒が自由に回転して、小さい力を大きな力に、小さい動きを大きな動きに変える仕組み。また、その棒。重い物を動かすときや鋏・滑車などに応用。槓杆。レバー。❷ある大きな目的を達成するための、比較的小さくても強力な手段。「減税を消費拡大の—にする」❸「手子の衆」に同じ。

梃子でも動か◦ない　どのような手段を用いてみても、絶対にその場から動かない。どのようなことがあっても信念を変えない。「こうと決めたら—◦ない人」

でこ【▽凸】❶突き出ていること。また、そのもの。❷額。また、額が突き出ていること。おでこ。

デコ「デコレーション」の略。「—チャリ」

デコイ〖decoy〗カモ猟などでおとりに使われる実物大の模型の鳥。室内の装飾品ともされる。「バード—」

デコイ-ぎじゅつ【デコイ技術】《decoy technique》多量の金属フォイル片をおとり(デコイ)として空中に散布し、レーダー探索を錯乱させる軍事技術。

デ-ごいち〖D51〗《「D51形蒸気機関車」の愛称》動輪を4軸(8輪)持つ大型の蒸気機関車。主に貨物輸送用で、鉄道省時代の昭和11年(1936)から同20年(1945)にかけて1115両製造された。

てこ-いれ【×梃入れ】〘名〙スル ❶順調にいっていない部分や状態を、外部から援助を与えて活力を取り戻すように仕向けること。「人材を投入して販売部門を—する」❷相場が下がらないように、または相場をつり上げるために買うこと。

て-こう【手甲】「てっこう(手甲)」に同じ。

で-ごうし【出格子】窓から外へ張り出して作ってある格子。

デコーダー〖decoder〗デジタルデータを元のアナログ信号に戻し、人間、あるいは他の機器に適した形式に変換(デコード)する装置や回路。また、コンピューターで、エンコーダーによって変換されたデータを一定の規則に従って元のデータに変換したり、解凍・復号したりするソフトウエアを指す。復号器。解読器。

デコーディング〖decoding〗▶デコード

デコード〖decode〗〘名〙スル　デジタルデータを元のアナログ信号に戻し、人間、あるいは他の機器に適した形式に変換すること。また、コンピューターで、エンコードされたデータを一定の規則に従って元のデータに変換したり、解凍・復号したりすることを指す。デコーディング。➡エンコード

て-ごころ【手心】❶状況に応じて加減すること。考慮して寛大に扱うこと。手加減。❷経験して得た感触が手先などに残っていること。また、身についた技。「切れ口—は良けれども」〈浄・今国性爺〉

手心を加・える　手加減をする。寛大に扱う。「採点に—・える」「処分に—・える」

で-ございま・す〘連語〙《断定の助動詞「だ」の連用形＋補助動詞「ございます」》「だ」「である」の意の丁寧表現。「さよう—・す」「いいお天気—・すね」➡ございます

で-こさく【出小作】江戸時代、他の村へ出向いて小作をすること。また、その人。⇔入り小作。

て-ごし【手×輿】「たごし」に同じ。

て-ごしらえ【手×拵え】自分の手でつくること。また、その物。手製。

でこ-すけ【▽凸助】❶額が広くて突き出た人を、からかっていう語。❷人をののしっていう語。でこぼこ野郎。

てこ-ず・る【手子×摺る┆×梃×摺る】〘動ラ五(四)〙取り扱いかねて、もてあます。手にあまる。処置に困る。また、解決に手間取る。「いたずらっ子に—・る」「交渉に—・る」類語 困る・手間取る・苦労する・苦戦する・往生する・難儀する・難渋する

て-こそ〘連語〙《接続助詞「て」＋係助詞「こそ」》❶文中に用いて「て」の受ける部分を強調する。文語文では「こそ」のかかっていく述語を已然形で結ぶ。「義務を遂行し—、権利を主張できる」「身を捨て—浮かぶ瀬もあれ」「げにあぢきなき世に、心のゆくわざをし—、過ぐし侍りなまほしけれ」〈源・少女〉❷文末に用いて、打消しの意を表す。…はずがない。中世から近世にかけての用法。「めざすも知らぬ松陰に、何やら暗うて見え—」〈浄・今宮の心中〉

て-ごたえ【手応え┆手答え】❶打ったり突いたりしたときなどに手にかえってくる感じ。「打った瞬間にホームランの—があった」「確かな—」❷こちらの働きかけに対する好ましい、あるいは確かな反応。「注意してもさっぱり—がない」
類語 反応・応答・反響・歯応え・張り合い

でこ-でこ　㊀〘副〙❶大きく盛り上がっているさま。不細工にふくれ上がっているさま。「飯を—(と)盛る」❷身なりなどをやたらに飾りたてるさま。ごてごて。「—(と)着飾る」㊁〘形動〙㊀に同じ。「—な身なりで現れる」「布袋竹の—なやつを羽織のしたへしのばせて」〈中勘助・銀の匙〉アク ㊀はデコデコ、㊁はデコデコ。

て-ごと【手事】❶地歌や箏曲で、歌の間に挿入される器楽の長い間奏部分。❷遊女などの手練手管。「—もつきじ床の梅」〈伎・助六〉

てごと-もの【手事物】地歌や箏曲で、歌よりも手事❶の部分を重視した曲。「残月」「西行桜」「笹の露」「八重衣」「岡康砧」など。

デコ-トラ《和 decoration＋truckから》派手な絵やイルミネーションなどで車体を飾り付けたトラック。アートトラック。

てこ-な【手▽児名┆手▽児奈】《「てごな」とも》愛らしいおとめ。「勝鹿の真間の井見れば立ち平し水汲ましけむ—し思ほゆ」〈万・一八〇八〉補説 真間の少女の名とみる説もある。➡真間の手児奈

てこ・ねる〘動ナ下一〙死ぬことをののしっていう語。くたばる。「こなたのお内儀様は、と尋ねけるに…、それは—・ねたと言はれける」〈浮・五人女・三〉

てこ-の-しゅ【手子の衆┆×梃の衆】❶手助けをする者。鍛工・土工・石工などの下働き。手子。てこのしゅう。「鳶の衆—ああ御造作お物入り」〈浄・扇八景〉❷江戸時代、大名抱えの火消し人足。

デコパージュ〖フランス découpage〗▶デクパージュ

てこ-へん〘形動〙《「へんてこ」を逆さにした語》「へんてこ」に同じ。

でこ-ぼう【▽凸坊】いたずら盛りの男の子の愛称。でこぼうず。「うちの—」

でこ-ぼこ【凸凹】〘名・形動〙スル ❶物の表面が出っ張ったり、へっこんだりしていること。また、そのさま。「—した道」「—な地面をならす」❷物事に優劣・多少などの差があって、つりあいがとれていないこと。また、そのさま。「賃金の—をならす」「クラスによって—な成績」アク デコボコ、ただし、サ変動詞の場合はデコボコ。
類語 凹凸・高低・高低・出入り

でこぼこ-やろう【凸凹野郎】人をののしっていう語。でこすけ。

でこ-ポン　柑橘類の一。昭和47年(1972)長崎県で、清見とポンカンをかけ合わせた不知火という品種のうち、糖度や酸度など一定の基準を満たすもの。果皮は黄橙色、果肉は橙色で、頭部が凸状に盛り上がる。甘味と酸味があり美味。登録商標。

て-ごま【手駒】❶将棋で、手持ちの駒。持ち駒。❷掌握している部下・手下。「—を振り分ける」

てこ-まい【手古舞】《「梃子前」からという》江戸の祭礼で余興に行われた舞。のち舞は絶え、特殊な男装をした女性が、男髷に片肌ぬぎで腹掛け・たっつけ袴・脚絆などをつけ、紺たび・わらじをはき、花笠を背に掛け、鉄棒を引き、牡丹を描いた黒骨の扇を持ってあおぎながら木遣りなどを歌って、山車や神輿の前を練り歩くもの。もとは氏子の娘たち、のちには芸妓などが扮した。

てこ-まえ【×梃子前】木遣りのとき、梃子を使って木石などの運搬を円滑にする役。

て-ご・む【手込む┆手▽籠む】〘動マ下二〙手込めにする。「—・めたる敵を打ちもらし」〈謡・悪源太〉

て-ごめ【手込め┆手▽籠め】❶手荒い仕打ちをすること。力ずくで自由を奪い、危害を加えたり物を略奪したりすること。❷暴力で女性を犯すこと。

デコメ▶デコメール

デコメール〖Deco-mail〗携帯電話のメールに絵文字や装飾、アニメーションなどを付与できるサービス。NTTドコモのi-modeメールで利用できる。商標名。デコメと略される。

でこ-もの【出庫物】在庫品を整理するために、倉庫から出して安く売りさばく品物。「—市」

で-ごや【出小屋】「出作り小屋」に同じ。

デコラ〖Decola〗メラミン樹脂を塗った化粧板。家具・建築内装などに用いる。商標名。

てこら-さ　照り映えて色つやの美しいこと。「かの見ゆる池辺に立てるそが菊の茂みさ枝の色の—」〈拾遺・雑秋〉

デコラティブ〖decorative〗〘形動〙飾りたてられているさま。装飾的。「—なインテリア」

デコラティブ-アート〖decorative art〗装飾美術。インテリアや家具などの調度類を飾るための美術。工芸的性格をもつものが多い。

デコラティブ-ペインティング〖decorative painting〗インテリア製品に装飾画を描くこと。

て-ごり【手懲り】ひどく懲りること。「両日の合戦に—をして、今は城を攻めんとする者一人もなし」〈太平記・三〉

デコ・る〘動ラ五〙《「デコレーション」の略「デコ」の動詞化》飾り付けること。装飾すること。「車を—・る」

デコルテ〖フランス décolletée〗「ローブデコルテ」の略。

デコレーション〖decoration〗飾り。飾りつけ。装飾。「はでな—の店」類語 装飾・オーナメント

デコレーション-ケーキ《和 decoration＋cake》スポンジケーキの台の上面や側面をクリーム・チョコレート・果物などで飾った洋菓子。結婚式・誕生日・クリスマスなどに多く用いる。補説 英語ではfancy cake

デコレーター〖decorator〗装飾者。室内装飾家。

デコレート〖decorate〗〘名〙スル　飾ること。装飾すること。「自分流に部屋を—する」

て-ごろ【手頃】〘形動〙文〘ナリ〙❶大きさ・重さなどが、手に持つのにちょうどよいさま。取り扱いに便利なさま。「—な厚さの辞書」❷能力・経済力や望む条件などにふさわしいさま。「—な仕事」「—な値段」派生 てごろさ〘名〙類語 頃合い・程合い・適度・適当・好適・好個・好都合・格好・あつらえ向き・程良い

て-ごわ・い【手▽強い】〘形〙文 てごは・し〘ク〙なかなか強くて油断できない。「—・い対戦相手」「敵は見かけによらず—・い」派生 てごわさ〘名〙

テコンドー【跆拳道】《朝鮮語》韓国の格技。足と拳を用いて攻撃する。朝鮮半島に伝わる武術を集成したものという。

デコントラクテ〖フランス décontracté〗《気楽な、くつろいだ、の意》ファッション用語で、緊張せずにリラックスした状態をいう。1970年代、着やすさに重点をおいたファッションが主流となり使われるようになった。

デコンパイラー〖decompiler〗▶逆コンパイラー

デコンパイル〖decompile〗▶逆コンパイル

てさ〘終助〙《接続助詞「て」＋終助詞「さ」から》形容詞の連用形に付く。上の事柄を強く反駁する意を表す。…てたまるものか。…ことがあるか。「一心に介抱すれば、またいい日の照ることがなくっ—」〈滑・浮世風呂・二〉

デザート〖dessert〗❶正式の西洋料理で、サラダで終わる料理コースのあとに出される食べ物。菓子・ア

イスクリーム・コーヒー・果物・チーズなど。❷一般に、食後の茶菓や果物。
(類語)フルーツ・水菓子・果物・茶菓・スイーツ

デザート-コース《和 dessert＋course》正式の西洋料理で、デザートが出る過程。

デザート-ブーツ〖desert boots〗砂漠や荒地を歩くのに適した、ゴム底で軽快な感じのブーツ。

デザート-ワイン〖dessert wine〗デザートコースで飲むワイン。食後酒一般を意味することもある。ポート・シェリー・マデイラなどの甘口ワインが用いられる。

デザイア〖desire〗欲望。願望。要求。

て-ざいく【手細工】❶手先でする細工。「すべて―の竹かご」❷素人(しろうと)が人に頼まず自分の手でする細工。「―を楽しむ」

デザイナー〖designer〗服飾・建築・商業・工業などの分野でデザインを担当する人。デザインの専門家。「商業―」「ブック―」(類語)デコレーター・スタイリスト・コーディネーター・イラストレーター・アーチスト

デザイナーズ-ブランド《和 designer's＋brand》一流のファッションデザイナーが、自分の感性・デザイン力を商品計画・販売のポイントとするブランド。

デザイン〖design〗〔名〕(スル) ❶建築・工業製品・服飾・商業美術などの分野で、実用面などを考慮して造形作品を意匠すること。「都市を―する」「制服を―する」「インテリア―」❷図案や模様を考案すること。また、そのもの。「家具に―を施す」「商標を―する」❸目的をもって具体的に立案・設計すること。「快適な生活を―する」(類語)意匠・装飾・商業美術・装丁・模様・絵柄・図柄・図様・図案・パターン・エクステリア

デザイン-イン《和 design＋in》ある製品に関してそれを作る側の企業と使用する側の企業が設計・開発段階から共同で開発すること。

デザイン-ビジネス《和 design＋business》デザインをメーカーに売り込み、メーカー側から使用料を得るビジネス。ファッションの分野にとどまらず、車・家電製品などの工業製品の分野にも及んでいる。

デザイン-ポリシー〖design policy〗企業が、自社の全製品のデザイン・宣伝を通して、一貫したイメージを出し、消費者に訴えかけようとすること。デザイン政策。

て-ざお【手×棹】(てざを) 船がすれ違うときに、相手の船に突っ張って隔てるのに使う短い棹。

て-ざかり【手盛り】芸能などで、技術的に最も油ののった年ごろ。「初心の時分のわざ、―の振る舞ひ、年寄りての風体」〈花伝・七〉

で-さかり【出盛り】人または農産物が出盛ること。また、そのころ。「行楽客の―」「ミカンの―」

で-さか・る【出盛る】〔動ラ五(四)〕見物客などが盛んに出て来る。また、季節の野菜や果実が盛んに出まわる。「花見客が―・る」「白菜が―・る」

て-さき【手先】❶手の先の部分。指先。「―が器用だ」❷手下となって使われる者。「盗賊の―」❸江戸時代、捕吏の手下となって働いた者。目明かし。おかっぴき。❹雁股(かりまた)のやじりの先端。❺兜(かぶと)の吹き返しの前のところ。❻先頭の兵。先鋒(せんぽう)。「五百余騎…、―をまくりて中を破(わ)らんとするに」〈太平記・二六〉❼㋐扉の釣り元から最も遠い部分。㋑2枚折りの唐戸で釣り元から遠いほうの戸。㋒土蔵の扉の幾重かになっている段。㋓斗栱(ときょう)で、壁面よりも前に突き出ている斗組みの列。その数によって一手先・二手先・三手先(みてさき)などという。(類語)手下・子分・配下・手代(てだい)・走狗(そうく)・私兵・傭兵(ようへい)

で-さき【出先】❶外出、または出張している先。「―から連絡がある」❷「出先機関」の略。❸品物の出どころ。「骨董品の―を確かめる」❹芸者の呼ばれる料亭や待合など。おでさき。

でさき-きかん【出先機関】(キクワン) 政府・中央官庁などが事務を分掌させるために地方に設置する機関。

て-さく【手作】❶自分で作ること。手づくり。手製。「是は私の―でござある」〈虎明狂・瓜盗人〉❷自分の手で耕作すること。また、その田地。「大久保一名の知行、又は―までも」〈三河物語・一〉

で-さく【出作】❶荘園内に居住する農民が、居住地以外の荘園・公領で田畑を耕作したこと。でづくり。❷「出小作(でこさく)」に同じ。⇔入り作。

て-さぐり【手探り】〔名〕(スル) ❶見えない所にあるものを手先の感触で探り求めること。「―でスイッチを探す」❷確実な方法がわからないまま、あれこれ模索すること。「新しい仕事を―で始める」「方針が定まらずに―している状態」(類語)模索・試行錯誤

て-さげ【手提げ】手にさげて持つこと。また、そのように作った袋・かご・かばんなど。

てさげ-かばん【手提げ×鞄】手にさげて持ち歩きできるように作ったかばん。

てさげ-きんこ【手提げ金庫】手に持って移動できる小型の金庫。

て-さし【手指(し)|手刺(し)】屋外の労働などのとき、手や腕をおおうもの。手っ甲のようなものや、手袋状のものなどがある。

て-ざし【手差(し)】❶指でさし示すこと。ゆびさし。❷手で差し入れること。印刷機・コピー機などで、紙の差し込みを手動で行うこと。❸手出しをすること。「脇から―もならず」〈浄・天の網島〉

て-さばき【手×捌き】❶手を使ってさばくこと。また、さばくときの手つき。「手品師の鮮やかな―」❷相撲で、相手の攻撃に対処する方法。

テザリング〖tethering〗データ通信機能をもつスマートホンをモデム代わりにして、ノートパソコンやPDAなどをインターネットに常時接続させる手法。または、その機能のこと。

て-さるがく【手猿楽】素人または他の芸能出身者の演じる能。また、その集団。室町後期に流行し、多くは職業化して大衆的な興行を行ったが、江戸時代に入って衰えた。

テサロニケ〖Thessalonikē〗ギリシャ北部の都市テッサロニキの古代名。日本語訳の新約聖書で用いられる。テッサロニケ。

て-ざわり【手触り】(てざはり) ❶手でさわったときの感じ。手に受ける感触。「柔らかい―の服地」❷そのものから直接受ける感じ。「いつになく―のあらい言葉を使う」〈漱石・吾輩は猫である〉
(類語)感触・肌触り・肌合い・手応え

デ-サンクティス〖Francesco De Sanctis〗[1817～1883]イタリアの文芸批評家・政治家。ロマン主義批評の最もすぐれた成果の一つといわれる「イタリア文学史」を発表した。

で-し【弟子】師について、学問や技芸の教えを受ける人。門人。門弟。また、徒弟。ていし。「内―」「直(じき)―」(類語)門弟・門人・門下・門下生・門生・高弟・愛弟子(まなでし)・教え子・生徒・学生・学僕・塾生・徒弟

デシ〖(フランス) déci〗国際単位系(SI)で、単位の上に付けて、10分の1(10^{-1})を表す語。記号d 「―リットル」

て-しあげ【手仕上げ】工作物の加工で、機械によらず、工具を用いて手作業で仕上げること。

デジアナ-へんかん【デジアナ変換】(ヘンクワン) ケーブルテレビ(CATV)事業者が、地上デジタルテレビ放送をアナログ方式に変換して伝送するサービス。または、その方式。(補説)総務省の要請により、アナログ停波後の平成23年(2011)7月24日から2015年3月末まで、暫定的に実施されることが決定した。同サービスによりアナログ停波後も継続して従来のアナログテレビで視聴が可能となる。視聴者の買い替え負担の軽減や、受信障害対策の遅れに対する効果があるとされる。

デ-シーカ〖Vittorio De Sica〗[1902～1974]イタリアの映画監督・俳優。トーキー時代から二枚目スターとして活躍し、第二次大戦後「靴みがき」「自転車泥棒」などネオレアリズモの秀作を監督。ほかに「終着駅」「ひまわり」などを監督。

デジ-いち「デジタル一眼レフカメラ」の略。

でし-いり【弟子入り】〔名〕(スル) 弟子になること。入門すること。「落語家に―する」

てしお【天塩】(てしほ) ㊀北海道の旧国名。現在の留萌(るもい)振興局と宗谷・上川総合振興局の一部にあたる。㊁北海道北部、天塩郡の地名。天塩川河口にある。

て-しお【手塩】(てしほ) ❶昔、食膳(しょくぜん)に添え、適宜に用いた塩。❷「手塩皿(てしおざら)」の略。

手塩に掛・ける　みずからいろいろと世話をして大切に育てる。「―・けた娘を嫁に出す」

で-しお【出潮】(でしほ)《「いでしお」の音変化》❶月の出とともに満ちてくる潮。差し潮。❷出る頃あい。出る機会。「いつに勝れし後室の機嫌は訴訟のよい―」〈浄・妹背山〉

てしお-がわ【天塩川】(てしほがは) 北海道北部、北見山地の天塩岳に源を発し、北流して天塩町で日本海に注ぐ川。長さ256キロで日本第4位。

てしお-ざら【手塩皿】(てしほ) 《もと、食膳の不浄を払うために小皿に塩を盛ったことから》小さい浅い皿。おてしょ。

てしお-さんち【天塩山地】(てしほ) 北海道北部にある山地。日本海に沿って南北に連なり、なだらかな山地が続く。最高峰はピッシリ山で標高1032メートル。

てしお-だけ【天塩岳】(てしほ) 北海道北東部、北見山地の最高峰の山。標高1558メートル。大雪山の北方に位置する。

てしお-ちょう【天塩町】(てしほチヤウ) ▶天塩㊁

てしが〔終助〕《完了の助動詞「つ」の連用形＋終助詞「しか」から》動詞・動詞型活用語の連用形につく。願望を表す。…たいものだ。「思ふどち春の山辺にうちむれてそこともいはぬ旅寝し―」〈古今・春下〉(補説)上代は清音「てしか」、平安以降「てしが」に音変化したという。➡にしが ➡てしがな ➡てしかも

てしかが【弟子屈】北海道東部、川上郡の地名。摩周湖・屈斜路(くっしゃろ)湖・美幌(びほろ)峠や、川湯・鐺別(とうべつ)・和琴(わこと)などの温泉がある。

てしかが-ちょう【弟子屈町】(チヤウ) ▶弟子屈

てしがな〔終助〕《終助詞「てしが」＋感動の終助詞「な」から》願望を詠嘆をこめて表す。…たいものだなあ。「さやかにも見―」〈源・帚木〉

デジ-カメ「デジタルカメラ」の商標名。(補説)商標名であるが、デジタルカメラの総称として用いることは許されている。

てしかも〔終助〕《終助詞「てしが」の清音＋感動の終助詞「も」から。上代語》「てしがな」に同じ。「天飛ぶや雁を使ひに得―奈良の都に言(こと)告げ遣(や)らむ」〈万・三六七六〉

てしがわら-そうふう【勅使河原蒼風】(てしがはら サウフウ) [1900～1979]華道家。大阪の生まれ。本名、鉀一(こういち)。長男は勅使河原宏。昭和2年(1927)草月流を創流。前衛華道ブームを起こし、生け花の国際化を推進。生け花のほか、彫刻・絵画・書など幅広く活躍した。➡草月会

てしがわら-ひろし【勅使河原宏】(てしがはら) [1927～2001]華道家・映画監督。東京の生まれ。勅使河原蒼風(そうふう)の長男。昭和55年(1980)草月流3代目家元を継承。前衛的な生け花作品を多く発表、のち幅広く創造活動を行う。知己であった安部公房の原作・脚本による映画作品を多く手がけた。代表作「おとし穴」「砂の女」「他人の顔」など。「利休」で芸術選奨。

デシグラム〖decigram|(フランス) décigramme〗質量の単位。1デシグラムは1グラムの10分の1。記号dg

デシケーター〖desiccator〗固体・液体の試料を、乾燥・貯蔵するのに用いる厚肉のガラス製容器。

デジケート〖dedicate〗〔名〕(スル) ▶デディケート

て-しげ・し【手▽繁し】〔形ク〕繰り返し繰り返し行うさま。「敵―・く寄するならば」〈盛衰記・二一〉

て-しごと【手仕事】手先を使ってする仕事・作業。(類語)手職(てしょく)・座職・居職(いじょく)・座業・手内職

で-しごと【出仕事】外に出かけてする仕事。

デジ-コン「デジタルコンテンツ」の略。➡コンテンツ❸

デジ-サポ《digital(デジタル)＋support(支援)から》総務省テレビ受信者支援センターの愛称。

デシジョン〖decision〗決定。決心。判断。ディシジョン。

デシジョンサポート-システム〖decision support system〗経営上の意思決定をする際、データ分析に基づくシミュレーションなどを行い、戦略を立案するコンピューターシステム。意思決定支援システム。DSS。

デシジョン-メーキング〖decision making〗意思決定。

デジ-スコ《digital camera(デジタルカメラ)とfield scope(フィールドスコープ)からの造語》デジタルカメラとフィールドスコープを組み合わせて、超望遠撮影をすること。レンズの焦点距離を容易に長くすることができるため、遠方の被写体を撮影する野鳥写真などに向く。➡ビデスコ

て-した【手下】ある人の支配下にある者。配下。部下。てか。「一を従える」(類語)配下・部下・目下・子分・手代てだい・手先・手勢てぜい・手兵しゅへい

デジタイザー〖digitizer〗連続量(アナログ量)を数値化(デジタル化)する装置。コンピューターで、図形などを特定のペンでなぞることでその座標をデジタル化し、入力する装置。

デジタル〖digital〗《「ディジタル」とも》連続的な量を、段階的に区切って数字で表すこと。計器の測定値やコンピューターの計算結果を、数字で表示すること。数字表示。(対)アナログ。

デジタル-アイディー【デジタルID】《digital identification》▶デジタル署名

デジタル-いちがんレフカメラ【デジタル一眼レフカメラ】《digital single-lens reflex camera》デジタルカメラの一。フィルム用の一眼レフカメラのフィルム面をイメージセンサーに置き換えたもの。イメージセンサーにはCCDやCMOSなどが使用される。DSLR。デジいち。

デジタル-いどうたいつうしん【デジタル移動体通信】デジタル方式の携帯電話のこと。アナログ方式に比べ通話品質がよく、高度な秘話通信機能なども備え、データ通信などにも適している。

デジタル-えいせいほうそう【デジタル衛星放送】ーヱイセイハウソウ デジタル方式による通信衛星(CS)や放送衛星(BS)を使ったテレビ放送。デジタルCS放送は平成8年(1996)から、デジタルBS放送は同12年からサービスを開始。

デジタル-オーディオ〖digital audio〗音をデジタル信号に置き換えて録音・再生する方式の音響機器。CD(コンパクトディスク)など。

デジタルオーディオ-ディスク〖digital audio disc〗▶ディー-エー-ディー(DAD)

デジタル-オーディオプレーヤー〖digital audio player〗メモリーやハードディスクを内蔵し、デジタル化された音楽データを記録・再生する機器。動画再生に対応したものもある。一般に、携帯できるくらいの大きさの機器を指す。

デジタルオーディオ-ワークステーション〖digital audio workstation〗録音、編集、ミキシング、マスタリングなど、音楽制作の一連の作業を行うコンピューターシステムの総称。従来、専用のハードウエアを用いる業務用システムが主流だったが、パソコンの高機能化に伴い、パソコンを中心に各種専用のオーディオインターフェースとソフトウエア(DAWソフト)を組み合わせたシステムが広く普及している。DAW。

デジタル-おんがくプレーヤー【デジタル音楽プレーヤー】《digital music player》▶デジタルオーディオプレーヤー

デジタル-かいせん【デジタル回線】ークヮイセン データや音声をデジタル信号で送受信する回線。旧来の電話線などに用いられるアナログ回線と対比される。

デジタル-ガジェット〖digital gadget〗目新しく、興味をそそる携帯型の電子機器。多く、スマートホン、タブレット型端末、小型のデジタルカメラ、デジタルオーディオプレーヤーなどを指し、ユニークな見た目や機能をもつパソコンの周辺機器を含めることもある。電子ガジェット。モバイルガジェット。

デジタル-かでん【デジタル家電】《digital appliance》音声や映像などのデジタルデータを取り扱う家電製品。デジタルカメラ・携帯オーディオプレーヤー・DVDレコーダーなど。広義には、コンピューターネットワークを通じた通信機能をもつ家電製品も含まれる。情報家電もほぼ同義。

デジタル-カメラ〖digital camera〗映像をデジタル化して記録するカメラ。デジタルムービーカメラ(動画用)とデジタルスチールカメラ(静止画用)があり、一般には後者をさすが、数分から数十分程度の動画を記録できる機種もある。写真用フィルムのような感光材料ではなく、光量に応じて電気信号に変換するCCDやCMOSなどの半導体センサーを撮像素子として用いる。画像データの記録にはフラッシュメモリーなどのメモリーカードを利用する。フィルムカメラと異なり、撮影した画像をその場で直ちに確認できるといった簡便さがあり、日本においては1990年代末から広く普及した。

デジタル-キャッシュ〖digital cash〗▶電子マネー

デジタル-けいさんき【デジタル計算機】計数型の計算機。情報をデジタル信号に置き換えて処理し、計数的に表示するもの。デジタルコンピューター。

デジタル-けいじばん【デジタル掲示板】▶デジタルサイネージ

デジタル-けいたいでんわ【デジタル携帯電話】▶デジタル移動体通信

デジタル-こうしゅうでんわ【デジタル公衆電話】《digital public phone》データ通信用の端子がある公衆電話。通常、ISDN回線用のデジタル端子とモデム通信用のアナログ端子を備える。

デジタルコミック-きょうぎかい【デジタルコミック協議会】ーケフギクヮイ 漫画などのコンテンツの電子化促進などを目的として平成17年(2005)に設立されたコミック出版社の業界団体。表現の自由と青少年の健全な育成を両立させるための自主規制ガイドラインなども策定している。

デジタル-コンテンツ〖digital contents〗「コンテンツ③」に同じ。デジコン。

デジタル-サイネージ〖digital signage〗《signageは記号・標識の意》映像表示装置とデジタル技術を用いた広告媒体。屋外・店頭・公共施設などに、液晶ディスプレーやプロジェクターを設置して広告や各種案内を表示するもの。従来のポスターや看板と異なり、通信ネットワークを利用することで、表示内容をリアルタイムで更新したり、複数の広告を配信したりすることができる。デジタル掲示板。ダイナミックサイネージ。デジタルPOP。電子看板。

デジタル-サウンド〖digital sound〗デジタル録音された音。また、アナログ録音のテープをデジタル方式に変換してCD化した音をいう。

デジタル-シグナルプロセッサー〖digital signal processor〗▶ディー-エス-ピー(DSP)

デジタル-シネマ〖digital cinema〗撮影に高画質のデジタルビデオカメラを使い、編集、配給、上映まで一貫してデジタルデータを用いる映画、およびその上映方式。特に、米国の大手映画配給会社で構成される標準化団体DCIの仕様に準拠するものを指す。映画のデジタルデータはデジタルシネマパッケージやネットワークを通じて各映画館に配給され、4K2Kまたは2K1Kの解像度をもつビデオプロジェクターで上映される。従来のフィルム式に比べ、高画質、低コストという利点があり、上映スケジュールに柔軟性をもたせることができる。

デジタル-しゃしん【デジタル写真】銀塩写真に対し、デジタルカメラで撮影した画像データ。また、そのデータをディスプレーに表示したり、印画紙に焼き付けたり、印刷物にしたりしたもの。

デジタル-しょうめい【デジタル証明】▶電子証明

デジタル-しょうめいしょ【デジタル証明書】▶電子証明書

デジタル-しょめい【デジタル署名】暗号技術などを用いてデジタルデータの信頼性を保証する電子的な署名。➡電子署名

デジタル-しょり【デジタル処理】情報量を数値化して演算処理を行うこと。

デジタル-しんごう【デジタル信号】ーシンガウ 情報を電気パルスの有無で示した信号。コンピューターに利用。➡アナログ信号

デジタル-ズーム〖digital zoom〗デジタルカメラのズーム機能の一。イメージセンサー中央部の画像を拡大して記録する。ズーム倍率が大きいほど、画質は劣化する。電子ズーム。➡光学ズーム

デジタル-スチールカメラ〖digital still camera〗▶デジタルカメラ

デジタル-スピードメーター〖digital speedometer〗自動車などの速度計で、目盛り上を針が移動するものに対し、液晶やLED(発光ダイオード)によって文字で示すもの。

デジタル-チューナー〖digital tuner〗▶地上デジタル放送チューナー

デジタルちょさくけん-かんり【デジタル著作権管理】ークヮンリ ▶ディー-アール-エム(DRM)

デジタル-つうしん【デジタル通信】音声信号や映像信号をデジタル信号に換えて行う通信。

デジタル-データ〖digital data〗コンピューターで処理可能な0と1の二進法で書き換えられた映像、音、数値、テキストなどのデータのこと。デジタル化されることで正確な複製と加工ができるようになる。

デジタル-デバイド〖digital divide〗《「デジタルディバイド」とも》コンピューターやインターネットを使いこなせる者と使いこなせない者の間に生じる、労働条件や収入の格差。個人間だけでなく、国家間や地域間の格差を指す場合もある。情報格差。

デジタル-テレビ《digital televisionから》デジタル方式のテレビ放送(デジタルテレビ放送)に対応したテレビ。DTV。(補説)日本では平成23年(2011)7月のアナログ停波に伴い、アナログ放送は地上デジタルテレビ放送へ移行されたため、現在、通常市販されているテレビはすべてデジタルテレビになった。

デジタルテレビ-チューナー《digital television tunerから》各種のデジタル放送を受信するためのチューナー。一般に、地上デジタルテレビ放送に対応した地上デジタル放送チューナーを指す。ほかにデジタル衛星放送や110度CSデジタル放送に対応したチューナーがある。

デジタル-テレビほうそう【デジタルテレビ放送】ーハウソウ《digital television broadcast》アナログ方式のテレビ放送に対して、デジタル方式のものをいう。衛星と地上波の二つの手段がある。日本ではデジタルCS放送が平成8年(1996)、デジタルBS放送が同12年、地上デジタル放送が同15年からそれぞれ開始された。(補説)平成23年(2011)7月に一部を除いてテレビの地上アナログ放送は停止され(アナログ停波)、地上デジタル放送に移行した。

デジタル-どけい【デジタル時-計】指針がなく、時刻が数字によって表示される時計。

デジタル-にんしょう【デジタル認証】《digital authentication》コンピューターネットワーク上で個人や法人の実在性や正当性を証明すること。オンライン認証。電子認証。

デジタル-ネイティブ〖digital native〗生まれたとき、または物心がつく頃にはインターネットやパソコンなどが普及していた環境で育った世代。日本における商用インターネットは1990年代半ばより普及したため、おおむねこれ以降に生まれた世代を指す。

デジタル-ノイズリダクション〖digital noise reduction〗▶ディー-エヌ-アール(DNR)

デジタル-バーサタイルディスク〖digital versatile disc〗▶ディー-ブイ-ディー(DVD)

デジタル-ハイビジョン〖digital hi-vision〗デジタル衛星放送で行われているHDTV放送。画面の縦横比は9対16、映像圧縮にMPEG-2、音声圧縮にAACを用いている。

デジタルハリウッド-だいがく【デジタルハリウッド大学】東京都千代田区にある私立大学。平成17年(2005)に開学された。デジタルコミュニケーション

学部の単科大学。
デジタル-ピーオーピー【デジタルPOP】《digital POP》▶デジタルサイネージ
デジタル-ピービーエックス【デジタルPBX】《digital PBX》▶ピー-ビー-エックス(PBX)
デジタル-ビデオカメラ〘digital video camera〙デジタル方式のビデオカメラ。記録メディアにはDV・DVD・ハードディスク・メモリーカードなどがある。
デジタル-ビデオブロードキャスティング〘Digital Video Broadcasting〙▶ディー-ブイ-ビー(DVB)
デジタル-ファクシミリ〘digital facsimile〙現行のアナログファクシミリに対し、データをデジタルに変換して伝送するファクシミリのこと。
デジタル-フィルター〘digital filter〙デジタルカメラの機能の一。画像データを加工・補正して、フィルムカメラにおけるフィルターと同様の効果を施したり、モノクロームやセピア風の色調に変えたりする。
デジタル-フォトフレーム〘digital photo frame〙写真立て(フォトフレーム)型の液晶ディスプレー。メモリーカードなどに記録された画像データを表示する。スライドショー機能や音声再生機能をもつものもある。
デジタル-フォレンジック〘digital forensic〙《「デジタルフォレンジクス」とも》▶コンピューターフォレンジック
デジタル-ふくごうき【デジタル複合機】▶プリンター複合機
デジタル-ペーパー〘digital paper〙▶電子ペーパー
デジタル-ほうそう【デジタル放送】映像・音声・データを、デジタル信号で伝送する放送。高画質・高音質放送、多チャンネル化、データ放送などが可能。➡デジタルテレビ放送 ➡デジタル衛星放送 ➡地上デジタルテレビ放送 (補説)ゴーストによる画像の乱れがない、高精細なハイビジョン放送が可能など、アナログ放送より画質と音質が優れている。また、地域の天気予報、ドラマの粗筋などを見ることのできるデータ放送や電子番組ガイド(EPG)など、さまざまな付加サービスがデジタル放送により可能になった。
デジタルほうそうすいしん-きょうかい【デジタル放送推進協会】放送局や家電メーカーで構成される社団法人。平成19年(2007)、地上デジタル放送推進協会とBSデジタル放送推進協会を統合して発足。地上デジタルテレビ放送と衛星デジタルテレビ放送の普及、およびアナログ放送からデジタル放送への円滑な移行を図ることを目的とする。Dpa(The Association for Promotion of Digital Broadcasting)。
デジタル-マッピング〘digital mapping〙航空機や人工衛星などの空中写真測量によって得られる地形・地物などの地図情報を、デジタル化された数値データとして直接コンピューターに入力し、編集すること。電子地図を作成すること。
デジタル-マップ〘digital map〙▶電子地図
デジタル-まんびき【デジタル万引き】《digital shoplifting》書店などで雑誌や書籍を購入せず、内容の一部をカメラ付き携帯電話などを使ってその場で撮影し、情報を得ること。
デジタル-ミュージアム〘digital museum〙絵画や彫刻などの芸術作品や、歴史、民族などのさまざまな資料をデジタルデータに変換して保管し、電子ネットワーク上で閲覧できる美術館や博物館のこと。
デジタル-ミュージックプレーヤー〘digital music player〙▶デジタルオーディオプレーヤー
デジタルリビングネットワーク-アライアンス〘Digital Living Network Alliance〙▶ディー-エル-エヌ-エー(DLNA)
デジタル-リマスター〘digital remaster〙❶古い映画フィルムを最新の電子機器でデジタル化し、汚れ・傷を取り、色の補正や音質の調整などをする作業。新しいデータから複製したものをデジタルリマスター版という。➡リマスター ❷古い録音テープなどをデジタル化し、雑音を取り除き、音質などを修正する作業。
デジタル-レコーディング〘digital recording〙音声信号をデジタル符号に変換して記録する録音方式。再生するときは符号をもとの信号に復元する。コピーを繰り返しても音質劣化が少ない。
でし-とり【弟子取り】先生や親方が、弟子入りを引き受けること。
て-じな【手品】❶巧みな手さばきで、人の目をくらまし、不思議なことをしてみせる芸。奇術。マジック。「一の種あかし」❷人の目を別にそらして人をあざむくための手段や方法のたとえ。まやかし。トリック。「言葉の一を使ってだます」❸手並み。腕前。「君と我とがおのおの一を知らんと」〈今昔・二五・三〉❹手つき。手振り。「拳の一の手もたゆく」〈浄・冥途の飛脚〉
(類語)(❶)手妻・奇術・マジック
で-しな【出しな】出かけようとする時。出ぎわ。出がけ。「一に客が来る」
てじな-し【手品師】手品を演じることを職業とする人。手品遣い。
てじな-つかい【手品遣い】「手品師」に同じ。
てじな-ぶし【手品節】古浄瑠璃の一。延宝〜元禄(1673〜1704)ごろ、手品市左衛門が江戸を中心に語ったもの。河東節に影響を与えたという。
デシネ〘フランス dessiner〙素描すること。線によって描くこと。デッサンすること。⇔パンドル。
デジ-パチ《和 digital+pachinkoから》スロットマシンを組み込んだパチンコ。特定の穴に玉が入ると3、4個の数字が回転し、その数字の組み合わせによって、特定の時間ポケットが開きっぱなしになる。
て-しぶ-い【手渋い】〔形〕《近世語》❶手ごわい。「詞はうまく一・い相手」〈浄・金短冊〉❷手きびしい。「ても一・い御異見に逢ひました」〈伎・韓人漢文〉
テシフォン〘Ctesiphon〙▶クテシフォン
でし-ぶん【弟子分】弟子として扱われる人。
デシベル〘decibel〙❶音の強さ、または音圧レベルの単位。音の強さでは毎平方メートル10^{-12}ワット、音圧では毎平方メートル2×10^{-5}ニュートンを零デシベルとし、音圧では10倍、音の強さでは100倍するごとに20デシベルを加える。記号dB ❷電力比や電気機器の利得を表す単位。入力電力と出力電力との比の常用対数の10倍で表す。記号dB
て-しま【豊島】香川県北東部、小豆島と直島の間にある島。備讃諸島の一。面積14.5平方キロメートル、周囲19.8キロメートル。小豆島につぐ県内第2の島。典型的な開析溶岩台地。畑作と沿岸漁業が行われる。通称「豊島石」といわれる凝灰角礫岩は灯籠など石細工物に利用されている。瀬戸内海国立公園の一部。
でじま【出島】長崎市の地名。寛永11年(1634)江戸幕府が長崎商人に命じて長崎港内に築かせた4000坪ほどの扇形の小島。初めポルトガル人を住まわせ、のち平戸のオランダ商館を移転させた。鎖国時代唯一の貿易地。明治初年に埋め立てられ、現在は市街地の一部。
て-じまい【手仕舞(い)】信用取引や先物取引で、未決済の売買約定を転売または買い戻しによって取引関係を解消すること。
て-しま-う〔連語〕▶仕舞う❻
て-じま-う【手仕舞う】〔動ワ五(ハ四)〕《「手仕舞い」の動詞形》信用取引や先物取引で、未決済の売買約定を転売または買い戻しによって取引関係を解消する。「リスク資産を一・う動きがある」
てしま-ござ【▽豊島×莫×蓙】摂津国豊島郡に産した藺ござ。酒樽を包んだり、雨具に用いたりした。てしまむしろ。としまむしろ。
てじま-せいいち【手島精一】[1849〜1918]教育家。駿河沼津藩士の子として生まれる。東京高等工業学校長・文部省実業教育局長。工業教育の普及に尽力し、徒弟学校・工業学校の創設を提唱した。
てじま-とあん【手島堵庵】[1718〜1786]江戸中期の心学者。京都の人。名は信。通称、近江屋嘉左衛門。石田梅岩に学び、時習社・明倫舎などを設立して心学の普及に努めた。著「坐談随筆」「知心弁疑」など。
てしま-むしろ【▽豊島×筵】▶豊島莫蓙
デシマル〘decimal〙小数。小数位。また、十進法。「一ポイント(=小数点)」
デシマル-タブ〘decimal tab〙ワープロソフトなどで、縦に並ぶ数字の桁を揃える機能。
デシミリメートル-は【デシミリメートル波】▶テラヘルツ波
て-じめ【手締め】取引や相談の成立、また、一般に事が成就したのを祝ってする手拍子。
デシメートル〘フランス décimètre〙メートル法の長さの単位。1デシメートルは1メートルの10分の1。記号dm
デシメートル-は【デシメートル波】▶極超短波
て-しゃ【手者】武芸、技芸などにすぐれた人。手利き。達人。「飯島のごとき一の処へ押入る狼藉ものだから」〈円朝・怪談牡丹灯籠〉
て-じゃく【手酌】自分で自分の杯に酒をつぐこと。ひとりで酌をして飲むこと。「一で一杯やる」
で-しゃばり【出しゃばり】〔名・形動〕出しゃばること。また、そのさまや、その人。「一なやつ」
で-しゃば・る【出しゃばる】〔動ラ五(四)〕よけいな口を出したり手出しをしたりする。「関係ないことに一・るな」(類語)出過ぎる・差し出る・しゃしゃり出る
デジャ-ビュ〘フランス déjà-vu〙《「デジャブー」とも》一度も経験したことがないのに、すでにどこかで経験したことがあるように感じること。既視感。
デジュール-スタンダード〘de jure standard〙《de jureはラテン語で、法律上の、の意》公的機関が法的に定めた標準。デジューレスタンダード。➡デファクトスタンダード
て-じゅず【手数珠】手首にかける短い数珠。
デジュネ〘フランス déjeuner〙昼食。昼食をとること。
て-じゅん【手順】❶物事をする順序。段取り。「一を踏む」「一よく運ぶ」❷囲碁・将棋で、着手の順序。また、相手の動きに対する当然の応手。
(類語)段取り・手はず・手続き・順序・方法
て-しょう【手性】手先でする仕事のじょうず・へた。手先の器用さ、不器用さ。「一がいい」
て-しょう【手証】犯罪などの行われた確かな証拠。「どんなに慥かな一が抑えられようと」〈里見弴・安城家の兄弟〉
て-じょう【手錠】・【手▽鎖】❶罪人などの手首にはめて錠をおろし、手の自由を奪い、自損行為や逃走を防止するための鉄製の腕輪。てぐさり。「一を掛ける」❷(手鎖)江戸時代、庶民に科した刑罰の一。罪の軽重によって30日・50日・100日の別があり、この期間手鎖をはめられていた。てぐさり。
でしょ-う〔連語〕《丁寧な断定の助動詞「です」の未然形＋推量の助動詞「う」》「だろう」の丁寧な表現。「明日は晴れる一∘う」「本人も懲りたの一∘う」
でしょう-か〔連語〕「だろうか」の丁寧な表現。❶不明・不確かなことを問い掛ける意を表す。「今、何時一」「あの方が先生一」❷婉曲に反論する意を表す。「いつ私がそんなことを言いました一」
て-しょうぎ【手将棋】「力将棋」に同じ。
て-しょく【手×燭】持ち歩きに便利なように柄をつけた燭台。
て-しょく【手職】《「てじょく」とも》手先を働かせてする職業。手仕事の職業。
で-しょく【出職】よそに出かけて仕事をする職業。左官・庭師など。⇔居職。
てしょく-いし【手×燭石】茶の湯で、夜咄の茶事などの際、手燭を置く石。蹲踞のそば、湯桶を置く石と相対した場所に据える。灯台石。
テジョン【大田】大韓民国中西部にある広域市。忠清南道の道庁所在地。京釜・湖南線の分岐点で交通の要地。人口、行政区150万(2008)。たいでん。
で-じり【出尻】「でっちり」に同じ。
デシリットル〘フランス décilitre〙メートル法の容積の単

位。1デシリットルは1リットルの10分の1。記号dL

で-じろ【出城】本城のほかに国境などの要害の地に築いた城。枝城。➡根城

デシン「クレープデシン」の略。

て-しんごう【手信号】❶列車・車両に対して、人が手旗か手さげランプを用いて行う信号。緑が進行、赤が停止を示す。❷交差点などで交通整理の警察官が手で行う進行・停止などの指示。

テス《原題Tess of the d'Urbervilles》ハーディの長編小説。1891年刊。富豪の息子や理想主義の青年に翻弄され、ついに殺人を犯して処刑される貧農の娘テスの悲劇を描く。

デス〖death〗死。また、死んだ状態。「—マスク」「サドン—」

デス〖DES〗《data encryption standard》共通鍵暗号の一。1977年、米国の政府標準暗号として制定。コンピューターの性能向上により解読の危険性が高まったため、より安全性を高めたトリプルDESが開発された。

です〔助動〕体言、副詞、形容詞、一部の助動詞の連体形、助詞「の」に付く。「である」「だ」の丁寧表現で、相手に対して改まった気持ちを表す。❶断定の意を表す。「バターは栄養価の高い食品**です**」「その少女はなかなかの美人**でした**」〈独歩・牛肉と馬鈴薯〉❷(「なのです」「のです(んです)」の形で)説明する意または強く決意を表明する意を表す。「かれが犯人なの**です**」「正しいと考えたからしたの**です**」❸(間投助詞風に用いて)語調を強める意を表す。「そのことは**です**ね、さっきから説明しているじゃないですか」❹やや卑俗みを帯びた丁寧の意や尊大な気持ちを表す。「妥元にかくれもなき大名**です**」〈虎明狂・秀句傘〉〘補説〙未然形は活用語の終止形にも直接付く。❸は終止形だけにみられる用法で、各種の語に付く。「です」の語源については、「で候」「でおはす」「でございます」「であります」など諸説ある。「です」は室町時代以降の語で、能・狂言では、大名・奏者・鬼・山伏などの名のり言葉で、近世では、男伊達・遊女など限られた人物、特殊な場面に多く用いられる言葉であった。一般に丁寧語として使われ、諸活用形を用いるようになったのは江戸末期・明治期になってからである。

で-ず【出州｜出×洲】陸地から海中に細長くのびた洲。砂嘴。

でず-いらず【出ず入らず】出入・増減・損得・過不足のないこと。ちょうどよいこと。「平凡に、一番、—のあいさつをした」〈山本有三・真実一路〉

でず-いり【▽手▽数入り】《「手数」はわざの意》横綱の土俵入り。神仏への祈願宣誓と相撲の立ち合いの基本を示す作法で、不知火型と雲竜型がある。

て-すう【手数】❶それをするのに要する動作・作業などの数。てかず。「—のかかる料理」❷他人のためにことさらにかける手間。てかず。「お—でもよろしく」「お—をかけて恐縮です」
〘類語〙手数・手間・労力・労・面倒・世話・造作

てすう-りょう【手数料】❶手数をかけたことに対する報酬として支払う金銭。「仲介業者に—を払う」❷国・地方公共団体などが、特定の者のために行う事務について徴収する料金。

デス-エデュケーション〖death education〗死への準備教育。死に直面したり、親族と死別したりすることの苦悩を和らげるための教育で、欧米を中心に広まっている。ホスピスと幼稚園を併設したり、学会・社会講座なども催されている。

です-が〔接〕「だが」の丁寧な言い方。ですけれど。「熱は下がりました。—咳は止まりません」

て-ずから【手ずから】〔副〕❶直接自分の手で。自分で手を下して。「会長が—賞状を授与する」❷みずから。自分自身で直接。「御—しつらひおき給ひし所に」〈宇津保・俊蔭〉➡ずから

です-から〔接〕《断定の助動詞「です」＋接続助詞「から」から》「だから」を丁寧にいう語。「九時に出社いたします。—九時以降なら何時でも結構です」

デスカルサスレアレス-しゅうどういん【デスカルサスレアレス修道院】《Monasterio de las Descalzas Reales》スペインの首都、マドリードの中心部にあるフランシスコ会の女子修道院。スペイン王フェリペ2世の妹フアナ王女により創設。15世紀末から16世紀にかけて建造され、ルーベンスが下絵を描いたタペストリーをはじめ、ティツィアーノ、スルバラン、ブリューゲルなどの絵画がある。

デスカレーション〖deescalation〗《「ディエスカレーション」とも》だんだん小さくなること。「プランの—」

て-すき【手透き｜手隙】〔名・形動〕することがなくて暇なこと。手のあいていること。また、そのさま。「—なら手伝ってくれ」「朝と昼と、—な時は晩方も」〈鏡花・歌行灯〉〘類語〙暇・手明き・用無し・無聊・手持ち無沙汰・開店休業

て-すき【手×漉き】機械によらずに、手で紙を漉くこと。また、その漉き紙。「—の和紙」

で-すぎ【出過ぎ】出過ぎること。また、そのさま。「—な(の)渋いお茶」「—者」

で-ずき【出好き】〔名・形動〕外出することが好きなこと。また、そのさまや、その人。「—な性分」

てすき-し【手×漉き紙】手で漉いて作った紙。てすきがみ。

で-す・ぎる【出過ぎる】〔動ガ上一〕図です・ぐ〔ガ上二〕❶適当な、また決められた程度を越えて出る。「ひさしが少し—・ぎている」「赤が強く—・ぎるフィルム」❷差し出がましい言動をする。「—・ぎたまねをする」〘類語〙出しゃばる・差し出る・しゃしゃり出る

デスク〖desk〗❶事務用や勉強用などの、西洋式の机。❷新聞社などで、社内にいて記事の取材や編集を総括する人。また、その役職。〘類語〙編集長

デスクトップ〖desktop〗❶机の上に置けるようなサイズに作られたもの。特に、机上用のコンピューターやプリンターなどのOA機器。❷コンピューターの基本的な操作画面。書類を置いたりする机の上に見立てたもの。WindowsやMac OSなどのGUI環境のオペレーティングシステムにおける最下層の画面。

デスクトップ-けんさく【デスクトップ検索】《desktop search》コンピューターに保存されたファイルをキーワード検索すること。また、そのためのソフトウエア。インターネットのサーチエンジンの技術を利用し、電子メールのメッセージや添付ファイルを含むさまざまなファイルを高速で全文検索できる。デスクトップサーチ。

デスクトップ-コンピューター〖desktop computer〗机の上に置くことができるが、持ち運びはできない大きさのコンピューター。通常、本体・ディスプレー・キーボードからなる。

デスクトップ-サーチ〖desktop search〗▶デスクトップ検索

デスクトップ-パソコン《desktop personal computerから》▶デスクトップコンピューター

デスクトップ-パブリッシング〖desktop publishing〗パソコンなどを用い、原稿入力・編集・レイアウト・印刷など出版のための作業を行うこと。DTP。

デスクトップ-ビデオ〖desktop video〗▶ディー-ティー-ブイ(DTV)

デスクトップ-プレゼンテーション〖desktop presentation〗プレゼンテーション用の資料をコンピューターで作成すること。専用のプレゼンテーションソフトなどを用いて、人前でプレゼンテーションすることも指す。DTPR。

デスクトップ-ミュージック〖desktop music〗▶ディー-ティー-エム(DTM)

デスク-プラン〖desk plan〗実地の調査などが行われていない、机の上だけで立てた計画。ペーパープラン。

デスク-ワーク〖desk work〗机の上でする仕事。事務・勉強・文筆活動など。また特に、事務職。

て-すさび【手▽遊び】手でする慰み。退屈を紛らすためにする、手先の仕事。手慰み。「ほんの—程度の油絵」

て-すさみ【手▽遊み】《「てずさみ」とも》「てすさび」に同じ。「はかなき—に至るまでも、只此の事をのみ業とせる」〈太平記・一六〉

て-すじ【手筋】❶手のひらに現れている筋。「—で運勢を占う」❷書画・芸事・武芸など、手先を使ってする事柄の素質・天分。「バイオリンの—がいい」❸囲碁・将棋で、攻防の基本となる手をうまく活用すること。また、ある局面にいちばん適した手。「碁の—を覚える」❹手段。てだて。「その儀について、拙者方にも—もござれば」〈伎・五大力〉❺世話を頼む相手。つて。てづる。「やうやう—をもとめて、浅草のお別当様へ申しこみ」〈咄・聞上手〉❻関係のある方面。むき。「いづくの—より漏れ聞こえし事ぞと」〈浮・敗毒散・五〉

テスター〖tester〗切り換えスイッチと端子とをもち、一つの指示計で電流・電圧・抵抗などの測定ができる小型の計器。回路計。

です-たい【です体】口語文体の一。「私の先生です」「花はきれいです」のように文末の指定表現に「です」を用いることを基調とするもの。手紙や童話など、相手に語りかけるような文章に用いる。文末辞に「ます」と併用することが多いので、「ですます体」ともいう。敬体。談話体。➡だ体 ➡である体

テスタメント〖Testament〗《契約の意》聖書。

て-ずつ【手づつ】〔名・形動ナリ〕へたなこと。不器用なこと。また、そのさま。「一といふ文字をだに書きわたし侍らず、いと—にあさましく侍り」〈紫式部日記〉

で-ずっぱり【出突っ張り】▶でづっぱり

デスティニー〖destiny〗《「ディスティニー」とも》❶運命。宿命。❷(Destiny)国際宇宙ステーションの一部を構成する米国の実験棟。2001年打ち上げ。

デスティネーション〖destination〗目的地。行き先。

テスティモニアル-アド〖testimonial ad〗推奨広告。著名人に商品の良さやステータスを語らせ、消費者に安心感とあこがれを感じさせる手法。

デスデモーナ〖Desdemona〗天王星の第10衛星。1986年にボイジャー2号の接近によって発見された。名の由来はシェークスピアの「オセロ」に登場するオセロの妻。天王星に5番目に近い軌道を公転する。非球形で平均直径は約64キロ。平均表面温度はセ氏マイナス209度以下。デズデモナ。

テスト〖test〗〔名〕スル❶学力・能力などの状態や度合いを試すこと。試験。検査。「仕事の適性を—する」「知能—」「ペーパー—」❷事物の良否・性能などを試して調べること。試験。実験。「ブレーキを—する」「—放送」「—飛行」
〘類語〙試験・試問・考査・考試・入試・受験・オーディション・実験・試行・エクスペリメント・試す・試みる

テスト-ケース〖test case〗❶先例とするため、試験的に行ってみる事柄。「—として行ってみる」❷他の事件の判例となるべき訴訟事件。

テストステロン〖testosterone〗雄性ホルモンの一。精巣から分泌されるステロイドホルモンで、第二次性徴の発現を促す。

テスト-ドライバー〖test driver〗自動車をテストコースで走らせる、ドライバー。

テスト-パイロット〖test pilot〗航空機を操縦して、その飛行性能や操縦特性などを試験する操縦士。試験飛行士。

テスト-パターン〖test pattern〗テレビ送像装置や受像機で、画像の調整や性能の測定に使う図形。

テスト-ふあん【テスト不安】テストを受ける前に感じる不安感。不慣れな行動のための緊張や、失敗することへの恐怖によるもの。集中力が低下し、普段の力を出せなくなる。

テスト-マーケティング〖test marketing〗試験的な販売。新製品発売に際して、特定地域で実験的に販売し、全国販売の参考にする。

テスト-マッチ〖test match〗❶ラグビーやクリケットで、ナショナルチーム同士で戦う試合。❷主にサッカーで、練習試合。

テスト-ラン〖test run〗コンピューターで、新しいプログラムが正しく作動するかどうか試してみること。

デストリビューション〖distribution〗▶ディストリ

ビューション

デストリビューター〖distributor〗▶ディストリビューター

デストロイヤー〖destroyer〗❶破壊者。破滅させるもの。❷駆逐艦。

デス-バレー〖Death Valley〗米国カリフォルニア州南東部、シエラネバダ山脈の東にある盆地。広大な砂漠がひろがり、奇岩が点在する。世界第3位の気温、セ氏56.7度を記録。塩湖のあるバッドウォーターは北米大陸で最も海抜が低い場所として知られる。周囲の渓谷や山脈も含め、デスバレー国立公園に指定。

デスパレート〖desperate〗〘形動〙《「デスペレート」とも》自暴自棄であるさま。破れかぶれ。死にものぐるい。「一な行動に走る」

デスピオ〖Charles Despiau〗[1874〜1946]フランスの彫刻家。ロダンに認められて石彫の助手となる。のち、古典的で静穏な作風を示した。

デスピナ〖Despina〗海王星の第5衛星。1989年にボイジャー2号の接近で発見された。名の由来はギリシャ神話の海神ポセイドンの娘。海王星系で3番目に内側の軌道を公転しており、ナイアッドなどと同じく、いずれは海王星に落下すると思われる。非球形で平均直径は約150キロ。

デスペレート〖desperate〗▶デスパレート

デスポット〖despot〗専制君主。独裁者。

デスポティズム〖despotism〗専制政治。また、独裁政治。

デス-マーチ〖death march〗❶▶死の行進 ❷長時間の残業や徹夜の業務・休日出勤などを、連日強いられること。特にソフトウエア業界などで、膨大な作業の終わりが見えない状態を「死の行進」にたとえていう。➡ブラック企業

デス-マスク〖death mask〗死者の顔からとった型をもとに、石膏などで作った顔面像。死面。デッドマスク。

ですます-たい【ですます体】▶です体

デス-マッチ《和 death＋match》死力を尽くした戦い。プロレスなどの格闘技で、相手がダウンして完全に決着がつくまで行われる、制限時間なしの試合などにいう。「値下げ競争は一の様相を呈する」

で-すみ【出隅】壁・板など、二つの平面が出合った所の外側の角。㊀入隅。

て-ずもう【手相・撲】腕相撲。腕押し。「ふけゆくまで、糸取り、一して」〈浮・一代男・五〉

デスモスチルス〖ラテ Desmostylus〗第三紀中新世に北太平洋沿岸地域にいた海生の化石哺乳類。体長約2.5メートル。大きな頭と頑丈な四肢をもち、円柱を束ねたような形の臼歯が特徴。草食性。

デスモソーム〖desmosome〗接着斑。

デズモンド-じょう【デズモンド城】《Desmond Castle》アイルランド南部、コーク州の港町、キンセールにある建物。16世紀頃、デズモンド伯爵により税関として建造。その後、弾薬庫や刑務所として利用された。現在はワイン博物館を併設する。

テスラ〖Nikola Tesla〗[1856〜1943]米国の電気工学者。クロアチア生まれ。高圧交流発電に成功し、大電力の輸送技術の基礎を確立。高電圧を発生させるテスラ変圧器を創案。

テスラ〖tesla〗国際単位系(SI)の磁束密度の単位。1テスラは、磁束の方向に垂直な面1平方メートルあたり1ウエーバの磁束密度。名称はN＝テスラにちなむ。記号T

テスラ-コイル〖Tesla coil〗共振により高周波・高電圧を発生させる変圧器。火花放電で振動電流を発生させ、巻数比が大きい空芯式コイルで共振させる。米国の電気工学者ニコラ＝テスラが考案した。テスラ変圧器。

テスラ-へんあつき【テスラ変圧器】▶テスラコイル

て-すり【手×摺り】❶人がつかまるために、橋・階段やベランダなどの縁に取り付ける横木や柵。欄干。❷《「てずり」「ですり」とも》人形芝居の舞台で、人形遣いの腰から下を隠す横板。文楽では三つあり、舞台の奥か手前から一の手・二の手・三の手という。

(類語)欄干・高欄・勾欄・おばしま

て-ずり【手刷(り)】〘名〙スル ❶木版などを1枚1枚手で刷ること。また、その刷ったもの。「版画を一する」❷軽便な印刷機を手で動かして印刷すること。また、その印刷物。「一のちらし」

テスル〖TESL〗《teaching English as a second language》第2言語としての英語教授法。英語圏の国で、母語が英語でない留学生などに英語を教えること。

て-ずれ【手擦れ】〘名〙スル 何度も手が触れたためにすれて傷むこと。また、その箇所。「一した表紙」

て-ず・れる【手擦れる】〘動ラ下一〙何度も手が触れたために、その部分がすれて傷む。「取っ手の一・れた古いかばん」「一・れて木目だけ浮き上った粗末なテーブルに」〈横光・旅愁〉

て-せい【手製】自分の手で作ること。また、自分の手で作った物。てづくり。「一のケーキ」

(類語)手作り・ハンドメード

て-ぜい【手勢】直接に引き連れている軍勢。

(類語)手兵・私兵

テセイオン〖Thēseion〗ヘファイストス神殿の旧称。

テセウス〖Thēseus〗ギリシャ神話の英雄。父王アイゲウスの死後、アテナイ王となり、アッティカ地方の町村を一国家に統合した。クレタ島の迷宮にひそむ怪物ミノタウロスを討ったほか、アマゾン征伐・冥府下りなどの業績が伝えられる。

デセール〖フランス dessert〗《「デセル」とも》❶デザート。❷小麦粉にバター・卵・砂糖を多量にまぜて、柔らかく焼いたデザート用のビスケット。

デセシュティ〖Deseşti〗ルーマニア北部、マラムレシュ地方の村。18世紀に建造された二重式の屋根をもつ聖パラスケバ教会があり、ロシアの女性聖人パラスケバをまつる。1999年に「マラムレシュ地方の木造聖堂群」の一つとして世界遺産(文化遺産)に登録された。デセシティ。

て-ぜま【手狭】〘名・形動〙暮らしたり仕事をしたりするには場所が狭いこと。また、そのさま。「子供が大きくなって家が一になる」(類語)狭い・せせこましい・狭苦しい・狭小・狭隘・窮屈

て-ぜま・い【手狭い】〘形〙文てぜま・し〘ク〙❶場所・部屋などが狭いさま。「田舎の家から見れぁ一・いもんだでね」〈秋声・足迹〉❷行為や状態が狭い範囲に限られているさま。「此の書のおきてを守らんと欲すれば、あそび一・くなり」〈洒・魂胆惣勘定〉

デセル〖フランス dessert〗▶デセール

テセル-とう【テセル島】《Texel》オランダ北部、北海とワッデン海の間に延びる西フリジア諸島の南西端に位置する島。同諸島中、最大の面積をもつ。島の中心地はデンブルフ。牧羊と漁業が盛んで、観光保養地としても知られる。テクセル島。テッセル島。

て-せん【手銭】自分の金銭。身銭。

で-せん【出銭】支出される金銭。出費。

て-せんじ【手煎じ】❶自分で茶を煎じること。「茶の香もうすき一を、心ばかりのもてなしにて」〈読・稲妻表紙・四〉❷自分で炊事すること。貧乏で、奉公人をおけない生活。「身の裸になる事はさておき、後には一する事」〈浮・織留・二〉

デセンツァーノ-デル-ガルダ〖Desenzano del Garda〗イタリア北部、ロンバルディア州の町。ガルダ湖南岸に面する。ミラノやベローナと鉄道で結ばれ、遊覧船の発着地もあり、ガルダ湖観光の拠点になっている。16世紀建造の大聖堂にはティエポロ作の壁画「最後の晩餐」がある。

て-そう【手相】手のひらの筋や肉づきのようす。その人の運勢などを表すとされる手の形相。「一を見る」

て◦そう【て▽候】〘連語〙《「てそうろう」の音変化。中世語》❶…ております。「あの花は去年より開き一◦さうものをと云ふぞ」〈中華若木詩抄・上〉❷…ました。「咸陽をも焼きはらう一◦さう」〈史記抄・項羽本紀〉➡候

で◦そう【で▽候】〘連語〙《「にてそうろう」の音変化。中世語》「である」の丁寧語。…でございます。…です。「天子にならうず者一◦さうへ」〈史記抄・五帝本紀〉➡候

てそう-がく【手相学】手相を研究する学問。

てそう-み【手相見】手相でその人の運勢・吉凶をうらなうこと。また、それを職業とする人。

(類語)占い師・易者・八卦見

テソール〖TESOL〗《teaching of English to speakers of other languages》他言語話者に対しての英語教育。

て-そそぶり 手で物をもてあそぶこと。「手へ引っ付きてあがる綿を一しながら」〈滑・古今百馬鹿〉

て-ぞめ【手染(め)】機械でなくて、手で染めること。また、手で染めたもの。「一の反物」

で-ぞめ【出初め】❶初めて出ること。特に、新年になって初めて出ること。❷「出初め式」の略。

でぞめ-しき【出初め式】正月に消防士や鳶の者が初めて勢ぞろいをし、消防作業の演習を行う行事。このとき、鳶の者の梯子乗りが演じられる所もある。多くは1月6日に挙行。(季 新年)「一梯子の空の上天気/風生」

で-そろ・う【出×揃う】〘動ワ五(ハ四)〙出るはずのものが全部その場に出る。「候補者が一・う」

(類語)揃う・集まる

て◦た〘連語〙《連語「ている」に過去の助動詞「た」の付いた「ていた」の音変化。上に付く語によっては「でた」とも》…ていた。「窓がしまっ一◦た」「子供が泳いでた」

て-だい【手代】❶商家で、番頭と丁稚との中間に位する使用人。❷商店で、主人から委任された範囲内で、営業上の代理権をもつ使用人。支配人よりは権限が狭い。❸江戸時代、郡代・代官・奉行などに属して雑務を扱った下級役人。

て-だし【手出し】〘名〙スル ❶物事に手を出すこと。物事に関係すること。「事業に一して失敗する」❷世話をやくこと。「よけいな一をするな」❸相手に争いなどをしかけること。「先に一したほうが悪い」

(類語)口出し・お節介・ちょっかい・干渉・介入・容喙

手出し十層倍 いちばん初めに争いなどをしかけた者の罪は、他の者の十倍にあたるということ。

で-だし【出出し】物事の始まったばかりのところ。すべり出し。また、出始め。「この曲は一がいい」「仕事の一からつまずく」

(類語)滑り出し・振り出し・はじめ・初っ端・端・劈頭・スタート

て-だすけ【手助け】〘名〙スル 他の人の仕事などを助けること。手伝うこと。また、その人。「いくらか一になる」「母を一する」(類語)助け・力添え・助力・補佐・補助・手伝い・幇助・援助・協力・支援・応援・加勢・助勢・助太刀・肩入れ・後押し・後ろ盾・バックアップ・アシスト・フォロー

で-たち【出立ち】❶出かけるときの服装。転じて、身なり。いでたち。「書生羽織を着た寛闊一である」〈魯庵・社会百面相〉❷出発。旅立ち。また、物事の始まり。「たやすく弥陀の浄土へまゐりなんずるための一なり」〈蓮如御文章〉❸出発のときの食事。いでたち。「目覚めて、一焼く女に」〈浮・一代男・二〉

でたち-ばえ【出立ち映え|出立ち栄え】着飾っていっそう美しさが増すこと。「つひに目馴れぬ一」〈浄・博多小女郎〉

で-た・つ【出立つ】〘動タ五(四)〙❶出発する。いでたつ。「今朝六ツ時ニ一・チマシタ」〈和英語林集成〉❷身じたくをする。いでたつ。「武蔵坊弁慶も一・ってこん」〈幸若・高館〉

て-だっしゃ【手達者】〘名・形動〙書・技芸などに熟達していること。また、そのさまや、そういう人。「一な筆づかい」

デタッチド-コート〖detached coat〗寒暖に応じて、裏地がファスナーなどで取り外しできるようにしてあるコート。

デタッチメント〖detachment〗《原義は分離の意》かかわりがないこと。超然とした態度。また、無関心。

「作品の傾向が―からコミットメントに転換する」
デタッチャブル-スリーブ〖detachable sleeve〗取り外し自由になっている袖そでのこと。袖を外せばベストのような着こなしもできる。
て-だて【手立て】目的を達成するための方法・手段。「財政立て直しの―を講じる」「―がなくなる」(類語)策・方策・対策・方途・方法・手段・術策・術すべ・手・打つ手
て-だて【手×楯】歩兵が手に持って防御用に用いる細長い木楯。
で-たて【出立て】出たばかりであること。また、出て間もないもの。「大学を―の若い教師」
でたとこ-しょうぶ【出た▽所勝負】《ばくちで、出た采さいの目で勝負を決めるところから》事前に準備することなく、その場の成り行きで決着をつけること。「今度の試験は―でいく」(類語)ぶっつけ本番
で-だな【出▽店】《「でたな」とも》支店。でみせ。「上方の―は呉服屋、田舎の出見世では酒もつくる、醤油もつくる」〈滑・続膝栗毛・七〉
テタニー〖tetany〗全身、主として手足の筋肉が痙攣けいれんする状態。副甲状腺の機能障害などでみられ、血液中のカルシウム濃度が低下するために起こる。
テタヌス〖tetanus〗破傷風。
て-だま【手玉】❶女の子のおもちゃの一。おてだま。❷曲芸師が用いる小玉。❸手首などにつけて飾りとする玉。
手玉に取・る　手玉をもてあそぶように、人を思いどおりにあやつる。「善良な人々を―・る詐欺師」
で-だま【出玉】パチンコ店で、客が獲得した玉。数に応じて、さまざまな景品と交換することができる。
て-だまり【手×溜まり】物に触れるときの手の位置を固定するための作りもの。弓の握りや槍の柄などに用いる。また、その物に触れたときの感じにもいう。
て-だらい【手×盥】てだらひ 手や顔を洗うのに用いる小形のたらい。ちょうずだらい。
でたら-め【出×鱈目】〔名・形動〕《さいころを振って、出たその目のままにする意》根拠がないこと。首尾一貫しないこと。いいかげんなこと。また、そのさまや、そのような言動。「―を言う」「―な(の)答えを教える」「数字を―に並べる」(派生)でたらめさ〔名〕(補説)「出鱈目」は当て字。
(用法)でたらめ・いいかげん――「その男は平気で、でたらめな(いいかげんな)ことを言う」、「でたらめな(いいかげんな)生活ぶり」のように勝手放題の意では、相通じて用いられる。◆「でたらめ」は思いつくまま勝手なことを言ったりしたりすることであり、「Aさんをめぐる噂うわさはでたらめだった」では「いいかげん」と置き換えられない。◆「いいかげん」は不徹底であったり投げやりで無責任であったりすることであり、「いいかげんな方法では解決できない」「いいかげんな態度をとる」などでは、「でたらめ」と言い換えられない。◆類似の語に「出まかせ」「めちゃくちゃ」「ちゃらんぽらん」がある。「出まかせ」は「口から出まかせを言う」のように勝手放題の意で、「めちゃくちゃ」は「めちゃくちゃな話」のように筋道の通らないの意で、「でたらめ」と相通じる。「ちゃらんぽらん」は無責任の意で、「いいかげん」と相通じる。
(類語)嘘八百・荒誕・虚誕・荒唐無稽・事実無根・出まかせ・根も葉もない・めちゃくちゃ・いいかげん・ちゃらんぽらん・無責任・無軌道・放埒ほうらつ・好き勝手・好き放題・無秩序・手当たり次第・ランダム
て-だり【手足り】「手足れ」に同じ。「大矢の秀定、渡辺清、究竟くっきょうの―なりけるが」〈盛衰記・一五〉
て-だる【手×樽】「柄樽えだる」に同じ。
て-タレ【手タレ】《手だけ出演するタレントの意》「ハンドモデル」に同じ。
て-だれ【手足れ｜手▽練】《「てだり」の音変化。「てたれ」とも》技芸・武芸などに熟達していること。腕きき。「―の剣客」(類語)腕利き・腕達者・腕こき・手利き
デタレント〖deterrent〗《妨げるもの・引き止めるものの意》戦争などに対する抑止力。
て-だんす【手×箪×笥】手近に置いて、手まわりのこまごました物を入れる小形の箪笥。用箪笥。
デタント〖フランス détente〗《緩和の意》緊張緩和。
て-ぢか【手近】〔名・形動〕❶手が届くほど近くにあること。すぐそばにあること。また、そのさま。「―な(の)本を手に取る」「―にある物で間に合わせる」⇔手遠。❷ありふれていて身近に感じられること。また、そのさま。「―な問題」(類語)手元・身近・卑近
て-ちがい【手違い】てちがひ ❶手順を間違えること。また、手配などを誤ること。「手続き上に―を生じる」「係の―で発送が遅れる」❷商売上のもくろみがはずれること。「蝙蝠こうもり傘屋などをやりましたのも皆―になりますし」〈芥川・雛〉(類語)不手際・手落ち・落ち度・粗相・齟齬そご・過失・過誤・ミス
て-ぢか・い【手近い】〔形〕文てぢか・し〔ク〕❶手が届くほどの近さにある。すぐそばにある。「―・いいすに座る」❷よく知られていてわかりやすい。「―・い例を引いて説明する」(派生)てぢかさ〔名〕
で-ちが・う【出違ふ】でちがふ〔動ハ四〕入れ違いに外へ出る。また、来客などを避けて外出する。「きゃつに逢うてはむつかしと、東の方へ―・へば」〈浄・冥途の飛脚〉
テチス〖Tethys〗►テティス
テチス-かい【テチス海】《Tethys Sea》古生代後期から新生代第三紀にかけて、北側のアンガラ大陸と南側のゴンドワナ大陸の間に存在した海洋。現在の地中海周辺からヒマラヤを経て東南アジアに広がっていた。アルプス・ヒマラヤ山脈の地層中から、当時の生物の化石が産出する。古地中海。テーチス海。
で-ぢゃや【出茶屋】出店の茶屋。街道筋などに出ている茶屋。掛け茶屋。
て-ちょう【手帳】てちやう・【手×帖】てでふ いつも手もとに置いて、心覚えのためにさまざまの事柄を記入する小形の帳面。「生徒―」「母子―」
(類語)帳面・ノート・メモ帳・備忘録・日記帳
て-ぢょうちん【手▽提▽灯】てぢやうちん 手にさげる提灯。
てつ【鉄】❶鉄族元素の一。地球上でアルミニウムに次いで多く、赤鉄鉱・磁鉄鉱・褐鉄鉱・砂鉄などとして産出。純鉄は銀白色で光沢があり、延性・展性に富み、強磁性をもつ。空気中ではさびやすい。少量の炭素その他を含む鋳鉄や鋼鉄にして利用。植物では微量養素の一で、クロロフィルの合成などに必要。動物ではヘモグロビン・チトクロム・ミオグロビンなどの成分として重要。元素記号Fe　原子番号26。原子量55.85。くろがね。❷かたくて強いもののたとえ。「―の規律」❸「鉄道」の略。「地下―」「乗り―(➡乗り鉄)」「撮り―(➡撮り鉄)」❹鉄道ファンをいう俗称。「―子」➡漢「てつ(鉄)」
鉄は熱いうちに打て　《Strike while the iron is hot.》❶鉄は、熱して軟らかいうちに鍛えよ。精神が柔軟で、吸収する力のある若いうちに鍛えるべきである、というたとえ。❷物事は、関係者の熱意がある間に事を運ばないと、あとでは問題にされなくなるというたとえ。
てつ【×轍】車が通ったあとに残る輪の跡。わだち。➡漢「てつ(轍)」
轍を踏・む　前人の犯した失敗を繰り返すたとえ。「前任者の―・まぬようにする」
てつ-あれい【鉄亜鈴】トレーニング用具の一。鋳鉄で作った亜鈴。主に上半身の筋肉強化に使う。
てつ-あん【鉄案】動かしがたい決定案。確固とした意見。断案。
てつ-い【鉄衣】❶鎧よろい。具足ぐそく。戎衣じゅうい。❷鉄のさび。
てつい-せん【鉄囲山】てつゐせん ►てっちせん(鉄囲山)
て-ついで【手▽序で】ある仕事のついで。「―に隣の部屋も掃除する」
てつ-いろ【鉄色】鉄のような色。緑がかった黒色。
てつ-いんせき【鉄×隕石】てつゐんせき ►隕鉄
てつ-え【鉄絵】てつゑ 酸化鉄を含む絵の具または釉薬ゆうやくで絵付けをした陶磁器。絵付けの部分が黒褐色・赤褐色などを呈する。鉄砂てっしゃ。
てつ-おなんど【鉄▽御納戸】鉄色がかった御納戸色。緑を帯びた鉄色。
てつ-おん【×綴音】►ていおん(綴音)

漢字項目　てつ
【×綴】►てい
迭　音テツ(漢)‖入れかわる。抜けて他のものとかわる。「更迭」
哲　音テツ(漢)‖①道理に明るく、知恵がある。「哲人・哲婦・哲理/英哲・明哲」②徳や知恵のある人。才能・識見のすぐれた人。哲人。「賢哲・十哲・西哲・聖哲・先哲」③「哲学」の略。「印哲・中哲」(名付)あき・あきら・さと・さとし・さとる・のり・よし
×跌　音テツ(漢)　訓つまずく‖足を踏み外す。つまずく。「蹉跌さてつ」
鉄〔鐵〕　学3　音テツ(漢)　訓くろがね‖①金属元素の一。くろがね。「鉄筋・鉄鋼・鉄道・鉄板・鉄砲/鋼鉄・砂鉄・製鉄・銑鉄・蹄鉄ていてつ・錬鉄」②武器。「鉄血/寸鉄・尺鉄せきてつ」③硬いもの、強いもののたとえ。「鉄拳・鉄人・鉄則・鉄壁・鉄腕」④「鉄道」の略。「私鉄・電鉄・地下鉄」(補説)「銕」は異体字。(名付)かね・きみ・とし・まがね　(難読)鉄漿おはぐろ・鉄漿かね・鉄床かなとこ・鉄砧かなしき・鉄刀木たがやさん
徹　音テツ(漢)　訓とおる、とおす‖貫き通す。とことんまで行き届く。「徹底・徹夜・徹頭徹尾/一徹・貫徹・透徹・冷徹・朗徹」(名付)あきら・いたる・おさむ・とお・ひとし・みち・ゆき
撤　音テツ(漢)‖その場から取り除く。取り下げる。「撤回・撤去・撤収・撤退・撤廃・撤兵」
×轍　音テツ(漢)　訓わだち‖①通りすぎた車輪の跡。わだち。「軌轍・車轍・転轍機」②筋道。行き方。先例。「途轍・同一轍」

てっ-か【鉄火】てつくわ ㊀〔名〕❶真っ赤に焼けた鉄。やきがね。❷刀剣と鉄砲。❸弾丸を発射するときに出る火。銃火。❹「鉄火巻き」「鉄火丼どん」の略。❺「鉄火打ち」の略。❻中世の裁判法の一。神前で❶を握らせ、火傷の程度によって判決を下した。火起請ひぎしょう。㊁〔名・形動〕気性が激しく、さっぱりしていること。威勢がよくて、勇ましいこと。また、そのさま。多く、女性についていう。「―な(の)姐御あねご」(アクセント)㊀❶❷❸はテッカ、㊀❹❺❻㊁はテッカ。(類語)伝法でんぽう・いなせ
てっ-か【鉄架】「鉄灸てっきゅう」に同じ。
てっ-か【摘果】てきくわ〔名〕スル ►てきか(摘果)
てっ-か【滴下】てきか〔名〕スル ►てきか(滴下)
てっかい【鉄拐】中国、隋代の仙人。八仙の一人。姓は李。名は洪水。鉄のつえを空に投げて竜に変え、それに乗って去ったという。
てっ-かい【鉄×枴】鉄で作ったつえ。鉄杖てつじょう。
てっ-かい【撤回】てつくわい〔名〕スル ❶いったん提出・公示したものなどを、取り下げること。「前言を―する」❷民法上、意思表示をした者が、その効果を将来に向かって消滅させること。
(類語)取り下げ・解消・破棄・キャンセル
て-つがい【手▽番｜手▽結】てつがひ ❶平安時代、騎射うまゆみ・射礼じゃらい・賭弓のりゆみなどで、射手を一人ずつ組み合わせて競わせること。❷段取り。手はず。「祐成、弥よき―と思ひ」〈浄・頼朝浜出〉
て-づかい【手遣い｜手使い】てづかひ ❶手の使い方。手の運び方。❷操り人形で、糸操りなどに対し、人形遣いが手で直接に人形を遣うやり方。また、その人形。手遣い人形。❸配下の者をつかわすこと。「伊奈衆へ働きの―仰せ付けられ」〈甲陽軍鑑・二四〉
でっか・い〔形〕「でかい」を強めていう語。「―・い家だなあ」
で-づかい【出遣い】でづかひ ❶多くの金銭を消費すること。❷人形芝居で、人形遣いが裃かみしもなどの盛装で舞台に出て、顔を隠さずに人形を遣うこと。❸操り人形で、幕などの陰に身体を隠して遣う陰遣いに対して、人形遣いが舞台に身体を出して遣うこと。
出遣いより小遣こづかい　まとまった買い物などで多額に出る費用よりも、日常のこまごました支出のほうが、集計するとかえってかさむものだ。大遣いより小遣い。
てっかい-さん【鉄枴山｜鉄拐山】神戸市須磨区

と垂水区の境にある、六甲山地西端の山。標高237メートル。北側に鵯越、南側に一ノ谷がある。

てづかい-にんぎょう【手遣い人形】▶手遣い❷

てっか-うち【鉄火打ち】ばくちうち。

て-づかえ【手▽支へ】差し支え。手詰まり。「さあといふ時、御用に―なき様に」〈浄・孕常盤〉

てづか-おさむ【手塚治虫】[1928～1989]漫画家。大阪の生まれ。本名、治。日本におけるストーリー漫画およびテレビアニメーションの分野を確立。作「鉄腕アトム」「火の鳥」など。

てっ-かく【的確】〔名・形動〕▶てきかく(的確)

てっ-かく【適格】〔名・形動〕▶てきかく(適格)

てつ-がく【哲学】《philosophyの訳語。ギリシャ語のphilosophiaに由来し、「sophia(智)をphilein(愛する)」という意。西周が賢哲を愛し希求する意味で「希哲学」の訳語を造語したが、のち「哲学」に改めた》❶世界・人生などの根本原理を追求する学問。古代ギリシャでは学問一般として自然を含む多くの対象を包括していたが、のち諸学が分化・独立することによって、その対象領域が限定されていった。しかし、知識の体系としての諸学の根底をなすという性格は常に失われない。認識論・論理学・存在論・倫理学・美学などの領域を含む。❷各人の経験に基づく人生観や世界観。また、物事を統一的に把握する理念。「仕事に対しての―をもつ」「人生―」
(類語)形而上学・思想・主義・理念・信条・信念・人生観・世界観・思潮・イズム・イデオロギー

てつがく-し【哲学史】哲学思想の歴史的な推移・変遷などを明らかにするための学問。

てつがく-しゃ【哲学者】哲学を研究する学者。

てつがく-てき【哲学的】〔形動〕哲学に関するさま。また、事物や人生などの根本的なあり方を探究するさま。「―な映画」

デッカ-こうほう【デッカ航法】電波航法の一。二つの局から送られてくる電波の位相差を測定し、その軌跡から双曲線を得て船の位置を求める航法。英国デッカ(Decca)社が開発し、第二次大戦中、ノルマンディー上陸作戦で初めて使用。

て-つかず【手付かず】〔名・形動〕❶まだ手をつけていないで、そのまま残っていること。また、そのさま。「―の料理」「宿題が―な(の)ままだ」❷労力を使わないこと。また、そのさま。「頸へ乗せさへすれば―に髷が出来る」〈滑・浮世風呂・二〉

でっかち-な・い〔形〕文でっかちな・し〔ク〕《「ない」は、意味を強める接尾語。近世語》非常に大きい。また、はなはだしい。「お上には―・いお拵へ」〈浄・忠臣蔵〉

てっか-どんぶり【鉄火丼】丼に入れた酢飯に、ワサビ醬油をつけたマグロの切り身をのせ、もみのりを散らしたもの。鉄火どん。

てっか-の-あいだ【鉄火の間】戦場。修羅場。「―をくぐる」

てっか-ば【鉄火場】ばくち場。賭場。

てっか-はだ【鉄火肌】勇敢ではげしい気性。また、その人。多く、女性についていう。伝法肌。「―の女将」

てつ-かぶと【鉄×兜】戦場などで、頭部を保護するためにかぶる、特殊鋼製の帽子。鉄帽。

てっか-まき【鉄火巻(き)】マグロの赤身におろしワサビを添えたものを芯にした、細いのり巻きずし。

てづか-まこと【手塚真】[1961～]映画監督。東京の生まれ。手塚治虫の長男。「星くず兄弟の伝説」で商業映画監督デビュー。以後、オリジナルビデオやCG制作など幅広く活躍。作「白痴」「ブラックキス」など。

て-づかみ【手×掴み｜手▽捉み】素手でつかむこと。「―で食う」「魚を―にする」
(類語)わしづかみ・大づかみ

てっか-みそ【鉄火味×噌】赤味噌に、いり大豆、ささがきごぼうの油いため、砂糖・みりん・唐辛子などを加えて練ったなめ味噌。

てづかやまがくいん-だいがく【帝塚山学院大学】大阪府大阪狭山市などにある私立大学。昭和41年(1966)に開学した。

てづかやま-だいがく【帝塚山大学】奈良市にある私立大学。昭和39年(1964)の開設。

てっ-かん【鉄幹】梅などの古木の幹をいう語。

てっ-かん【鉄管】鉄製の管。

てっ-かん【鉄環】鉄でつくった輪。

てっ-かん【鉄艦】鉄板で装甲した軍艦。甲鉄艦。

てつ-がん【鉄丸】鉄のたま。「吭は又塞がりて、―を啣める想」〈紅葉・金色夜叉〉

てっかん-ちちゅうおんどけい【鉄管地中温度計】地面から30センチ以上の深さの地中の温度を測定するときに用いる温度計。地中に鉄管を入れ、その中に鎖でつるした棒状の水銀温度計を装置したもの。

てっかん-ビール【鉄管ビール】水道の水をふざけていう語。

てっ-き【鉄軌】鉄道の軌条。レール。また、キャタピラー。

てっ-き【鉄器】鉄製の器具・道具。

てっ-き【鉄騎】鉄のよろい・かぶとで身を固めた騎馬武者。また、勇猛果敢な騎兵。「―の勇士」

てっ-き【摘記】〔名〕スル 要点を抜き書きすること。また、その記事。摘録。「議事の内容を―する」

てっ-き【適帰】行って身を寄せること。行って身を落ち着けること。

てっ-き【適期】ふさわしい時期。適当な時期。

てっ-き【敵旗】敵のはた。

てっ-き【敵機】敵の飛行機。

てっ-き【敵騎】敵の騎兵。

て-つき【手付き】❶手のかっこう。手のようす。また、手の動かし方。「危なげない―」「慣れない―」❷(「お手付き」の形で)カルタ遊びなどで、誤って間違った札に手をつけること。てつけ。❸(「お手付き」の形で)主人が侍女・女中などと肉体関係を結ぶこと。また、その相手の女。てつけ。❹江戸時代、郡代・代官・寺社奉行などに属して事務を執った下級役人。

て-つぎ【手継ぎ｜手次ぎ】❶浄土真宗で、檀家からその所属する寺をいう語。本山からの教化を取り次ぐ寺。手次ぎ寺。❷次々にうけつぐこと。代々うけつぐこと。「一相伝の教エ」〈日葡〉

デッキ〖deck〗❶船の甲板。❷旅客列車の客室の外側にある、乗降用の部分。❸空港や桟橋に設けられた送迎用の露台。❹「テープデッキ」の略。

テッキー〖techie〗《tech(technologyの略語)＋-ie(親愛を表す接尾辞)》コンピューターなど先端技術に従事する技術者のこと。ハイテク技術者。

デッキ-ガラス《和 deck＋glas(オランダ)》地下室などの採光のため、床・地下室天井・舗道などに埋め込むプリズム状のガラスブロック。

てっき-じだい【鉄器時代】考古学上の時代区分の一。石器時代・青銅器時代に続く時期で、鉄器が使われた時代。オリエントでは前15世紀以降、ヨーロッパでは前11世紀以降で、広義には現代も含まれる。日本では弥生時代末期以降。

デッキ-シューズ〖deck shoes〗スニーカーの一。本来はヨットの甲板などで履く、底に滑り止めをした防水靴。

てつぎ-しょうもん【手継ぎ証文】平安末期から中世にかけて行われた、土地所有権の相伝を証明する書類。土地の譲与・売却に際し、以前の譲り状や売券を年代順に貼り連ねて新所有者に渡したもの。手継ぎ券文。

デッキ-チェア〖deck chair〗足を伸ばすことのできる、簡単な折り畳み式のひじ掛けいす。船の甲板や庭などで使う。

デッキ-ブラシ〖deck brush〗船の甲板や床を洗うブラシ。転じて、一般に床を洗うブラシにもいう。

てっ-きゃく【鉄脚】❶橋・塔などの下部を支える鉄製の脚。❷長途に堪えられる丈夫な足。

てっ-きゃく【撤却】取り除くこと。撤去。「理不尽に是を―せんと欲す」〈太平記・一五〉

てっ-きゅう【鉄×灸】(「鉄弓」「鉄橋」とも書く)火の上にかけ渡して魚などをあぶるのに用いる、細い鉄の棒。また、細い鉄線を格子状に編んだもの。鉄架。てっきょう。

てつぎゅう【鉄牛】▶鉄牛道機

てつぎゅう-どうき【鉄牛道機】[1628～1700]江戸前期の黄檗宗の僧。石見の人。別号、自牧子。隠元に師事。宇治の万福寺の創建や下総の椿沼開墾に尽力。著「自牧摘稿」など。

てっ-きょ【撤去】〔名〕スル 建造物や施設などを取り去ること。取り払うこと。「作業用の足場を―する」
(類語)除去・排除・解体・取り壊し

てつ-ぎょ【鉄魚】コイ科の淡水魚。フナと琉金との雑種が野生化したものという。全長約15センチ。体はフナ形で尾びれが長い。宮城県の魚取沼のものは天然記念物。フナの突然変異種ともされる。

てつ-ぎょ【×轍魚】轍にたまった水の中でもがく魚。困窮しているもののたとえ。➡轍鮒

てっ-きょう【鉄橋】❶鉄材や鋼材でつくった橋。多く鉄道橋にいう。❷「鉄灸」に同じ。

てっきり〔副〕❶確かだと思っていた予想・推測が反対の結果となって現れた場合に用いる語。きっと。「今日は―(と)晴れると思ったのに」❷まちがいなく確かなさま。まさに。「今―天罰の裡に悩んで居るのだ」〈木下尚江・良人の自白〉
(類語)きっと・おそらく・まず・当然・必ず

てっ-きん【鉄琴】打楽器の一。小形の鉄片を音階順に並べ、球状の頭部をもった2本のばちでたたいて演奏する。鉄心琴。グロッケンシュピール。

てっ-きん【鉄筋】❶コンクリートの引っ張り力を強化するために中に埋め込む鋼材。❷「鉄筋コンクリート」の略。

てっきん-コンクリート【鉄筋コンクリート】鋼材を組み合わせ、周りをコンクリートを打ち込んで固めたもの。圧力にも引っ張り力にも強く、建造物の耐久・耐震性を高める。RC(reinforced concrete)。

テック〖TeX〗▶テフ(TeX)

テック《technical centerから》❶自動車・オートバイなどの運転技術練習場。❷乗り物中心の遊園地。

でっ-く【▽畳▽五｜▽重▽五】双六で、2個の采の目がともに五と出ること。でく。「ぽいと投ぐれば―の一」〈浄・廿四孝〉

で-つくし【出尽くし】市場が株価上昇の材料はもうないと見て、株価が下がりだすこと。材料出尽くし。

テックス〖tex〗糸の太さを表す単位。直径の測定がむずかしいため、質量と長さとの比で表し、長さ1000メートルで質量1グラムの糸を1テックスとする。ISO(国際標準化機構)で制定。➡デニール

テックス《textureから》❶織物。生地。「耐水―」❷木材くずや藁などを圧縮成形して作った軟質の繊維板。吸音・断熱材として用いる。「―張り」

てつ-くず【鉄×屑】鉄のくず。鉄材の切りくずや、鉄製品の不用物など。

で-つく・す【出尽(く)す】〔動サ五〕出るべきものが、すっかり出てしまう。「話題が―・す」

て-づくね【手×捏ね】❶手ずからこしらえること。手づくり。「―の束ね髪にも、憐らしや女気に」〈二葉亭・其面影〉❷「手捻り」に同じ。

て-づくり【手作り】❶機械を使わないで、手で作ること。店で買わないで、自分の手で作ること。また、その物。手製。「母の―」「―の料理」❷「手捻り」に同じ。❸中世、荘園で、領主直営の田畑。❹近世、地主が田畑を小作に出さずに自分で耕作すること。❺手織りの布。「多摩川にさらす―さらさらになにそこの児のここだかなしき」〈万・三三七三〉
(類語)手製・ハンドメード・自家製

でっくり〔副〕スル 太っているさま。でっぷり。「銀子は―した小躯だが」〈秋声・縮図〉

で-づくり【出作り】耕地が家から遠くにあるとき、耕地の近くに寝泊まりして耕作すること。

でづくり-ごや【出作り小屋】出作りの際に寝泊まりする仮小屋。出小屋。

でっ-くわ・す【出っ▽会す】〘動サ五(四)〙「出会す」に同じ。「まずい人と—・した」

て-つけ【手付(け)】❶売買や請負などの契約締結の際に、その保証として当事者の一方から相手方に交付される金銭。契約が履行されたときは、代金の一部に充当されることが多い。手付け金。手金。「—を払う」❷「手付き❷」に同じ。❸「手付き❸」に同じ。(類語)頭金・内金・前金・予約金

手付けを打・つ　売買・請負などの契約をして手付金を払う。「—・って物件を確保する」

てっ-けい【▽竹鶏】キジ科の鳥。大きさや体色はコジュケイに似る。台湾特産。台湾小綬鶏。

てつけ-きん【手付(け)金】「手付け❶」に同じ。

てつけそん-ばいもどし【手付(け)損倍戻し】手付けを交付した者がその金を放棄し(手付け損)、または交付を受けた者が手付けの倍額を相手方に返還して(手付け倍戻し)、契約を解除すること。

てっ-けつ【×剔×抉】〘名〙スル　えぐりだすこと。特に、欠点や悪事を、あばきだすこと。「汚職事件を—する」「ここの矛盾を駿介は—したい欲望を感じたが」〈島木健作・続生活の探求〉

てっ-けつ【鉄血】《プロイセン首相ビスマルクの言葉から。「鉄」は兵器、「血」は兵士をさす》兵力。軍備。➡鉄血政策

てっけつ-さいしょう【鉄血宰相】ビスマルクの異称。

てっけつ-せいさく【鉄血政策】ドイツ統一をめざすプロイセンの軍備拡張政策。1862年に行われた、首相ビスマルクの「現在の問題は演説や多数決ではなく、ただ鉄と血によってのみ解決される」との議会演説に基づく。

てつけつぼうせい-ひんけつ【鉄欠乏性貧血】赤血球に含まれるヘモグロビンの量が減り、血液中のヘモグロビン濃度が低下している貧血。偏食、月経過多、悪性腫瘍による慢性的な出血、胃切除による吸収不全、妊娠・出産などで鉄が不足することによって起こる。小球性低色素性貧血の一つ。

てつけ-ながれ【手付(け)流れ】手付けを交付した者が契約を履行しないために、その金を受領者に没収されること。

てつけ-ばいもどし【手付(け)倍戻し】►手付け損倍戻し

てつけ-ふだ【手付(け)札】カルタなどで、誤って異なる札に手を触れること。また、その罰として引き取った札。

てっ-けん【鉄剣】鉄製の剣。中国では戦国時代末期から、日本では弥生・古墳時代に現れた。

てっ-けん【鉄拳】堅く握りしめたこぶし。げんこつ。「—が飛ぶ」(類語)拳・握りこぶし・拳骨・拳固

てつげん【鉄眼】►鉄眼道光

てっけん-せいさい【鉄拳制裁】げんこつで殴ってこらしめること。「—を加える」

てつげんぜんじかなほうご【鉄眼禅師仮名法語】江戸前期の法語集。1巻。鉄眼道光著。元禄4年(1691)刊。「般若心経」に説く五蘊の真義を仮名文で説明したもの。心経大意。

てつげん-どうこう【鉄眼道光】[1630〜1682]江戸前期の黄檗宗の僧。肥後の人。隠元および木庵に師事。大蔵経の開版を計画し、約10年かかって完成、黄檗版や鉄眼版とよばれる。また多くの寺を開山・中興し、飢饉の際には難民救済に尽力。

てつげん-ばん【鉄眼版】►黄檗版

てつ-こ【鉄子】俗に、女性の鉄道ファンをいう。➡鉄❹ ➡鉄ちゃん

てっ-こう【手っ甲】紺の布や革で作り、手の甲や手首をおおい保護するもの。屋外労働や旅行、また、武具として用いられた。てこう。

てっ-こう【×剔紅】►てきこう(剔紅)

てっ-こう【鉄工】❶鉄材を用いる工作。❷鉄の製錬、鉄器の製造などに従事する工員。

てっ-こう【鉄甲】鉄製のよろい・かぶと。また、非常に堅牢なよろい・かぶと。

てっ-こう【鉄鉱】鉄を含む鉱石。磁鉄鉱・赤鉄鉱・褐鉄鉱など。鉄鉱石。

てっ-こう【鉄鋼】鉄を主成分とする金属材料。銑鉄・鋳鉄などと、鋼鉄。

て-つごう【手都合】仕事の順序。手はず。また、仕事の繰り合わせ。「—をして間に合わす」

てっこう-くみあい【鉄工組合】明治30年(1897)東京砲兵工廠・造船所・鉄道工場などの鉄工労働者により設立された日本初の本格的な労働組合。

てつ-ごうし【鉄格子】❶鉄製の格子。❷刑務所のこと。「—に入れられる」

てっこう-じょ【鉄工所】鉄を加工して製品を作る工場。

てっこう-じょう【鉄工場】鉄を製錬する工場。また、鉄工所。てっこうば。

てっこう-せき【鉄鉱石】►鉄鉱

てっこう-だん【徹甲弾】装甲板の貫通を目的とする弾丸。弾頭にタングステン合金を用いる。

てっ-こく【敵国】►てきこく(敵国)

てっ-こつ【鉄骨】コンクリート建造物の骨組みに使う鉄材。

てっ-さ《「てつ」は鉄砲の略で、フグのこと》ふぐさし。主に関西地方でいう。

てっ-さ【鉄鎖】鉄製のくさり。転じて、きびしい束縛。「—につながれた囚人」

てっ-さ【×轍×叉】レールの交差部分。また、そこを車両が安全に通過できるようにした装置。フロッグ。

てつ-ざ【鉄座】江戸幕府の鉄の専売機関。初め、鉄は自由取引であったが、安永9年(1780)大坂に銀座加役として設置され、専売制となった。天明7年(1787)寛政の改革の際に廃止。

テッサー〘ドイツ Tessar〙ドイツ、カール-ツァイス社製の写真用高性能レンズの商標名。

てっさい【鉄斎】►富岡鉄斎

てつ-ざい【鉄材】建築・土木工事などに用いる鉄製の材料。

てつ-ざい【鉄剤】鉄欠乏性貧血の治療に用いる薬剤。硫酸鉄や有機酸の鉄塩が用いられる。

デッサウ〘Dessau〙ドイツ中東部、ザクセン-アンハルト州の工業都市。旧東ドイツに属した。1925年から32年まで、建築家ワルター=グロピウスが創立した総合造形学校バウハウスが置かれ、現在残っている関連建築群が1996年に世界遺産(文化遺産)に登録された。

デッサウベルリッツ-ていえんおうこく【デッサウベルリッツ庭園王国】《Dessau Wörlitzer Gartenreich》ドイツ中東部、ザクセン-アンハルト州の都市、デッサウの郊外にあるヨーロッパ最大級の英国式庭園。18世紀後半、アンハルト=デッサウ侯レオポルド3世により造営された。18世紀ドイツの啓蒙期における景観設計の代表例として、2000年に世界遺産(文化遺産)に登録された。ベルリッツ庭園。

てっ-さく【鉄柵】鉄製の柵。

てっ-さく【鉄索】❶鋼鉄製の太い針金をよりあわせて作ったつな。❷空中ケーブルのこと。

てっ-さつ【鉄札】❶鉄製の札。❷閻魔の庁で浄玻璃の鏡に写して善人と悪人を見分け、悪人はその名を記して地獄に送るという鉄製の札。➡金札

てつ-さび【鉄×錆】鉄の表面に生じる酸化物。黒さびの水酸化鉄(Ⅱ)と赤さびの水酸化鉄(Ⅲ)がある。鉄銹。

テッサロニキ〘Thessaloniki〙ギリシャ北部、エーゲ海に臨む港湾都市。前315年、マケドニアのカサンドロス王が建設。点在する初期キリスト教とビザンチン様式の建造物が、1988年、世界遺産(文化遺産)に登録された。サロニカ。

てっ-さん【鉄傘】鉄骨で組み立てたアーチ形の屋根。

てつ-ざん【鉄山】鉄鉱を採掘する山。

デッサン〘フランス dessin〙〘名〙スル　素描。下絵。「木炭で—する」(類語)スケッチ・クロッキー・素描・下絵

てつ-じ【×綴字】「ていじ(綴字)」の慣用読み。

でっ-し【×涅歯】鉄漿で歯を黒く染めること。また、その染めた歯。

テッシオン〘Thēseion〙ヘファイストス神殿の旧称。

てっ-しゃ【鉄砂】❶砂鉄。❷「鉄砂釉」に同じ。

てつ-しゃく【鉄尺】《鉄で作られるところから》曲尺の異称。

てっしゃ-ゆう【鉄砂×釉】陶磁器の釉の一。酸化鉄を多く含み黒褐色に発色する。鉄砂。

てっ-しゅう【鉄×銹|鉄×鏽】「鉄錆」に同じ。

てっ-しゅう【撤収】〘名〙スル❶取り除いて引きあげること。「前進キャンプを—する」❷軍隊を引きあげること。「前線から—する」(類語)撤退・撤兵・退陣

てっしゅう-じ【鉄舟寺】静岡県静岡市にある臨済宗妙心寺派の寺。山号は補陀洛山。推古天皇の時に久能山上に創建と伝え、久能寺と称した。現在地には武田信玄が築城のため移転。明治16年(1883)山岡鉄舟が復興し、現名称とした。

てつじゅうじ-くんしょう【鉄十字勲章】ドイツの武功勲章。1813年、プロイセンのフリードリヒ=ヴィルヘルム3世が制定。以後1945年までプロイセン・帝政ドイツ・ナチスドイツを通じて授与された。

てつ-じゅうせき【鉄重石】鉄のタングステン酸塩鉱物。亜金属光沢をもつ黒色板状の結晶。単斜晶系。タングステンの重要な鉱石。

てつ-じょ【撤除】〘名〙スル　取り除くこと。撤去。

てっ-しょう【鉄×漿】❶鉄を水に浸して作った黒い液。染料などに用いた。❷おはぐろ。かね。

てっ-しょう【鉄×蕉】ソテツの別名。

てっ-しょう【徹宵】〘名〙スル　夜どおし起きていること。また、夜どおし。一晩中。「—友と酒を酌み交わす」「非番召集で—させられた制服達が」〈徳永・太陽のない街〉

てつ-じょう【鉄条】鉄製の太い針金。鉄線。(類語)針金・鉄線・ワイヤ

てつ-じょう【鉄×杖】鉄で作った杖。鉄枴。

てつ-じょう【鉄城】❶鉄の城。また、鉄のように堅固な城。❷地獄の城。「天地須臾に換尽して、—高く峙ち」〈太平記・二〇〉

てつじょう-もう【鉄条網】有刺鉄線を網のように張りめぐらしたもの。

てっ-しん【鉄心】❶鉄の芯。また、鉄の芯を入れたもの。❷コイルの中心にある鉄材。コア。❸鉄のように堅固な精神。鉄石心。

てつ-じん【哲人|哲仁】知恵がすぐれ、見識高く、道理に通じた人。また、哲学者。

てつ-じん【鉄人】鉄のように強い身体をもつ人。

てっしん-きん【鉄心琴】►鉄琴

てっしん-せきちょう【鉄心石腸】いかなる困難にも負けない、鉄や石のように堅固な精神。鉄石心腸。「—の人」

てつじん-レース【鉄人レース】トライアスロンのこと。アイアンマンレース。

てっ・する【徹する】〘動サ変〙文てっ・す〘サ変〙❶奥深くとおる。貫きとおる。「恨み骨髄に—・する」「眼光紙背に—・する」❷考え方や態度を貫きとおす。その事にいちずに当たる。「家業に—・する」「裏方に—・する」❸全部の時間を経過してある時点に至る。「夜を—・して語り合う」(類語)貫く・通す・一貫・貫徹・終始

てっ・する【撤する】〘動サ変〙文てっ・す〘サ変〙取り除く。引き払う。「陣を—・して退く」

てっ-せい【鉄製】鉄でつくってあること。また、そのもの。てつせい。「—の灰皿」

てっ-せき【鉄石】鉄と石。非常に堅固なもののたとえ。「—心」

てつ-せきえい【鉄石英】酸化鉄を含む石英。赤色または黄色で不透明のものが多い。

てっせき-しん【鉄石心】きわめて堅固な意志。鉄心。「—の士」

てっせき-しんちょう【鉄石心腸】「鉄心石腸」に同じ。

テッセル-とう【テッセル島】《Texel》►テセル島

てっ-せん【鉄泉】「含鉄泉がんてつせん」に同じ。

てっ-せん【鉄扇】骨を鉄で作った扇。また、畳んだ扇の形を鉄で作ったもの。近世の武家の護身用。

てっ-せん【鉄船】鍛鉄で造った船。木船から鋼船への過渡期のもので、19世紀後半に多く製造。

てっ-せん【鉄銭】江戸時代、銑鉄せんてつで鋳造された銭。寛永通宝の一文銭・精鉄四文銭や仙台通宝銭・箱館通宝銭・南部銭など。

てっ-せん【鉄線】❶鉄の針金。鉄条。「有刺—」❷キンポウゲ科の落葉蔓つる植物。茎は細く堅い。葉は卵形の小葉からなる複葉。夏、白または紫色で花びら状の萼がくを6枚もつ大形の花を開く。中国の原産で、古く日本に渡来し、観賞用に栽培される。クレマチス。鉄線蓮。鉄線花。❸紋所の名。❷の花を図案化したもの。(類語)針金・鉄条・ワイヤ

てっ-せん【撤×饌】神前の供物を下げること。⇔献饌。

てっせん-か【鉄線花】テツセンの別名。(季 夏)「一馬蹄ばていの音のさしかかる/汀女」

てっせん-びょう【鉄線描】東洋画の線描法の一。一定の速度、同じ太さで運筆するもので、その強く引き締まった線を針金に見立てていう。

てっせん-れん【鉄線×蓮】テッセンの別名。

てっ-そう【鉄窓】鉄格子のはまった窓。転じて、牢獄ろうごく。

でっ-ぞう【×捏造】〔名〕スル ▶ねつぞう(捏造)

てっ-そく【鉄則】変えることのできない規則や法則。「民主主義の—」(類語)原則・不文律・金科玉条

てつ-ぞく【鉄×鏃】鉄製のやじり。日本では弥生時代から見られ、古墳時代以降多く使用された。

てつぞく-げんそ【鉄族元素】周期表のⅧ族のうち、鉄・コバルト・ニッケルの3元素の総称。いずれも強磁性を示し、化学的性質が似て、反応性に富む。

てっ-そん【鉄損】変圧器・電動機などの鉄心部分で電力が熱となって消費されること。鉄損失。

てっ-たい【撤退】〔名〕スル 軍隊などが、陣地や拠点を引き払って退くこと。「海外市場から—する」(類語)撤収・退却・退去

て-つだい【手伝い】手伝うこと。また、その人。「引っ越しの—」「もう一人—を頼む」

て-つだ・う【手伝う】〔動ワ五(ハ四)〕❶他人の仕事を助けて一緒に働く。手助けをする。助力する。「大掃除を—・う」❷ある原因の上にさらにそれも原因の一つとなる。「食糧不足のところへ寒さも—・って犠牲者が増えた」(可能)てつだえる
(類語)助ける・力を貸す・手を貸す・手助け・助力・助勢・加勢・助太刀すけだち・力添え・協力・補助・補佐・一肌脱ぐ

でっ-ち【▽丁稚】《「でし(弟子)」の音変化という》❶職人・商家などに年季奉公をする少年。雑用や使い走りをした。❷子供を卑しめていう語。「一唄へ、と言へば、畏まって」〈浮・一代男・四〉(類語)徒弟・小僧

でっ-ち【▽畳▽一|▽重▽一】双六すごろくで2個の采さいの目がともに一と出ること。「次に参川房すすみて、—を打ちたりけり」〈著聞集・一二〉

でっち-あげ【×捏ち上げ】でっちあげること。また、でっちあげた物事。捏造ねつぞう。「—の事件」

でっち-あ・げる【×捏ち上げる】〔動ガ下一〕❶ないことをあるように作り上げる。捏造ねつぞうする。「手柄話を—・げる」❷なんとか形だけは作り上げる。「宿題の作文を—・げる」

てっち-せん【鉄囲山】仏語。世界の中心にある須弥山しゅみせんをめぐる九山八海の最も外側にある鉄でできた山。鉄輪囲山。金剛山こんごうせん。

でっち-ぼうこう【▽丁稚奉公】〔名〕スル 商店などに丁稚として奉公すること。転じて、年少のうちから下働きとして勤めはじめること。

てっ-ちゃん【鉄ちゃん】俗に、男性の鉄道ファンをいう。➡鉄子

てっ-ちゅう【鉄柱】鉄でできた柱。

てっ-ちょう【鉄腸】堅固な心。鉄心。

てっちょう-そう【×綴葉装】「てつようそう」の連声れんじょう。

でっちょう-そう【▽粘葉装】《「でっちょう」は「でつよう」の連声れんじょう》和装本の綴とじ方の一。用紙を1枚ごとに二つ折りにし、各紙の折り目の外側1センチ程度に糊のりを付けて貼はり重ね、表紙を付けたもの。胡蝶こちょう装。

てっ-ちり《「てつ」は鉄砲の略で、フグのこと。「ちり」は「ちりちり」からか》フグのちりなべ。ふぐちり。(季 冬)「—と読ませて灯りゐるところ/青畝」

でっ-ちり【出っ▽尻】《「でじり」の音変化》しりが突き出ていること。また、その尻やその人。

でっ-・ちる【×捏ちる】〔動タ上一〕❶粉や泥土などをこねる。「楽書で—・ちたような雨戸」〈鏡花・婦系図〉❷作る。「やすみに—・ちておいた蘆取あしどりなんぞをならべて」〈魯文・安愚楽鍋〉

てっ-ちん【鉄×砧】「鉄敷かなしき」に同じ。

て-づつ【手筒】片手に持って撃つ小銃。ピストルの大形のもの。

てっ-つい【鉄×鎚|鉄×槌】❶大形のかなづち。ハンマー。❷厳しい命令・制裁のたとえ。「大—の一言に一座は忽ち声を潜ひそめた」〈魯庵・社会百面相〉

鉄鎚を下くだ・す 厳しい制裁を加える。「汚職議員に—・す」

て-つづき【手続(き)】❶物事を行うのに必要な手順。てはず。「正式の—を踏む」❷あることをするのに必要な、一定の順序・形式に従った処置。「入学の—をする」(類語)手はず・手だて・手順・筋道・順序

てつづきがた-げんご【手続(き)型言語】《procedural language》処理内容を記述した命令を逐次実行するプログラミング言語。C言語、FORTRAN、BASICなど、多くのプログラミング言語が該当する。

てつづき-ほう【手続(き)法】実体法の運用手続きについて規定する法。民事訴訟法・刑事訴訟法・戸籍法・不動産登記法など。形式法。助法。➡実体法

で-づっぱり【出突っ張り】《「でずっぱり」とも》演劇などで、同じ俳優が初めから終わりまで出番があること。また、一般に、外出したまま帰らないことや会議に出席しつづけることをいう。「昼夜—の熱演」「忙しくて朝から晩まで—で仕事をする」

て-つづみ【手鼓】撥ばちを用いないで手で打ち鳴らす鼓。特に、能楽や長唄囃子の小鼓。

てっ-てい【鉄×蹄】❶「蹄鉄ていてつ」に同じ。❷駿馬しゅんめのひづめ。また、駿馬。

てっ-てい【徹底】〔名〕スル《底までつらぬき通ることの意》❶中途半端でなく一貫していること。「—した利己主義者」❷すみずみまで行き届くこと。「会の趣旨を—させる」「命令が—しない」(類語)一貫・貫徹・浸透

てってい-てき【徹底的】〔形動〕徹底するさま。どこまでも一貫して行うさま。「—な責任追及」「—に調査する」

デット〖debt〗借金。負債。債務。

デッド〖dead〗〔名・形動〕❶死んでいること。転じて、役に立たないこと。効力を失っていること。また、そのさま。「—な資金」「—スペース」❷音の響きが悪いこと。残響が少ないこと。また、そのさま。「—なサウンド」⇔ライブ。❸球技で、ボールがプレー停止の状態にあること。❹ゴルフで、打球が落下地点から転がらないこと。特に、ホールに密接して止まること。また、そのさま。「ピンを—にねらう」

デット-アサンプション〖debt assumption〗債務履行引き受け契約に基づく債務譲渡。この契約を行うことにより、債務がオフバランス化されることがある。

てっ-とう【×跌×宕|×跌×蕩】〔名・形動〕細かいことにこだわらないこと。のびのびとして大きいこと。また、そのさま。「—を極める」「—なる情況なんどを写しいだすに適わぬ由あり」〈逍遥・小説神髄〉

てっ-とう【鉄刀】鉄製の刀。

てっ-とう【鉄×桶】❶鉄製のおけ。❷団結・防備などが堅くて、すきがないことのたとえ。「—の陣」

鉄桶水を漏らさず 団結や守備が堅固で、少しのすきもないことのたとえ。

てっ-とう【鉄塔】鉄でつくった塔。また、鉄骨を組んで建てた塔状のもの。「送電線の—」(補説)鉄塔本体が自らを支えて立つ自立式と、周囲からワイヤーなどを使って支える支線式とがある。

てつ-どう【鉄道】レールを敷き、その上に電車・列車などを走らせ、人や貨物を運ぶ陸上交通機関。日本では明治5年(1872)の新橋・横浜間の開業を最初とする。(類語)鉄路・線路・レール・レールウエー

てつどう-いん【鉄道院】鉄道国有化に伴い、明治41年(1908)に設置された鉄道行政の中央官庁。大正9年(1920)鉄道省に昇格。

てつどう-えいぎょうほう【鉄道営業法】鉄道の設備、運送・旅客または鉄道犯罪などについて定めた法律。明治33年(1900)施行。

てつどう-かんりきょく【鉄道管理局】日本国有鉄道の地方機関。昭和24年(1949)日本国有鉄道発足とともに全国に26局が設置された。同62年、国鉄の民営化により廃止。

てつどう-きょう【鉄道橋】鉄道線路が川・海・道路・他の鉄道線路などを越す際に架けられる橋梁。

てつどう-ぐさ【鉄道草】ヒメムカシヨモギの別名。鉄道の沿線に群生したのでいう。(季 秋)「運河悲し—の花盛り/茅舎」

てつどう-クレーン【鉄道クレーン】▶操重車

てつどう-けいさつ【鉄道警察】交通警察の一。鉄道交通の安全を守り、車内や駅で秩序の維持にあたるもの。

てつどう-こうあんしょくいん【鉄道公安職員】もと、日本国有鉄道の列車・駅その他の施設内の犯罪、ならびに運輸業務に対する犯罪についての捜査などを担当していた日本国有鉄道の役員または職員。昭和62年(1987)、日本国有鉄道の民営化とともに廃止され、新たに各都道府県警に設けられた鉄道警察隊に引き継がれた。鉄道公安官。

てつどう-こうがく【鉄道工学】鉄道線路、鉄道関係の建造物や設備に関する技術を研究する工学の一分野。

てつどう-こうさいかい【鉄道弘済会】旧日本国有鉄道の公傷退職者、永年勤続退職者とその家族または遺族、殉職者の遺族を救済する目的で昭和7年(1932)に設立された財団法人。職業の再教育、生活扶助、教育費援助などを行う。同24年からは一般の社会事業を行う。

てつどう-しょう【鉄道省】もと内閣各省の一。国有鉄道およびその付帯業務の管理、地方鉄道および軌道の監督、また南満州鉄道株式会社の鉄道・航路の業務の監督などにあたった。大正9年(1920)鉄道院を昇格して設置。昭和18年(1943)運輸通信省に統合され、さらに同20年運輸省に改編。

てつどう-しょうか【鉄道唱歌】大和田建樹作詞、多梅稚おおのうめわか作曲の唱歌。鉄道沿線の駅名と風物を歌い込んだもので、第1集「東海道編」は明治33年(1900)5月に出版され、続いて山陽・九州、東北・北関東、信越・北陸、関西の各編が刊行された。

てつどう-せん【鉄道線】専用敷地内に敷設したレールを走る鉄道をいう。他の車両は走れない。➡軌道線

てつどう-せんろ【鉄道線路】鉄道の軌道。レール。鉄路。

てつどう-だいじん【鉄道大臣】鉄道省の長官。鉄相。

てっとう-てつび【徹頭徹尾】〔副〕最初から最後まで。あくまでも。終始。「—反対の立場を貫く」

てつどう-の-ひ【鉄道の日】10月14日。明治5年(1872)10月14日、日本最初の鉄道、新橋～横浜間の開通した日にちなむ。(補説)大正11年(1922)国鉄により、鉄道記念日として制定されたが、民営化後の平成6年(1994)に鉄道の日と改名。

てつどう-はくぶつかん【鉄道博物館】㊀埼玉県さいたま市にある鉄道専門の博物館。東京都千代田区にあった交通博物館を継承・発展させて平成19年(2007)開館。日本および世界の鉄道の歴

史、鉄道の原理を説明した資料、実物の車両や模型が展示されている。㊀昭和23年(1948)に改組改称された交通博物館の旧称。

てつどう-ばしゃ【鉄道馬車】レールの上を走る乗合馬車。日本では明治15年(1882)東京の新橋・日本橋間の開通が最初で、各地でみられた。馬車鉄道。

てつどう-ぼうせつりん【鉄道防雪林】鉄道線路が吹雪・雪崩などで雪をかぶらないように、線路沿いに松・カラマツなどを植えた林。

てっとう-ぼく【鉄刀木】タガヤサンの別名。

てつどう-もう【鉄道網】網の目のように、各地点に通じている鉄道。

デット-エクイティー-スワップ〘debt equity swap〙債務の株式化のこと。債権者が、企業の債務を免除する代わりに、その企業の株式を取得する金融手法。巨額の債務を抱えて経営難に陥った企業の再生手段として、銀行などの金融機関が用いることが多い。企業側は負債が資本に変わるため自己資本が充実し、財務基盤の安定化を図ることができる。債権者側も単なる債権放棄とは異なり、企業の株式を取得して経営に関与できる。DES。

デッド-エンド〘dead end〙❶通路や水道管などの、行き止まり。❷物事の行き詰まった状態。

デッド-クロス〘dead cross〙株価の短期の移動平均線が、中・長期移動平均線を上から下に交差して抜くこと。この現象が現れると、株価は下降局面を迎えたとされる。➡ゴールデン-クロス

デッド-コピー〘dead copy〙そっくりそのまま模造すること。特に、製品開発の際、他企業の製品をそのまま模造し、生産上の問題点や改良点を探ること。また、その模造品。

デットサービス-レシオ〘debt service ratio〙一国の公的対外債務の年間返済額を総輸出額で割った比率。カントリーリスク評価の基準の一つとして用いられる。債務返済比率。DSR。

デッド-ストック〘dead stock〙不良在庫。特に、売れ残り品。

デッド-スペース〘dead space〙家の中などの、利用できない空間。

デッド-ヒート〘dead heat〙競走や競馬などで、二者以上がほとんど同時に決勝点に入ること。また一般に、優劣の判定が難しい激しい争い。

デット-ファイナンス〘debt finance〙借り入れによる企業の資金調達。他人資本による資金の調達。借入金融。➡エクイティーファイナンス

デット-フォー-ネーチャー-スワップ〘debt for nature swap〙開発途上国の対外債務の一部を肩代わりするのと引き換えに、同額分の自然保護政策の実施を求めること。1987年、アメリカの自然保護団体コンサベーションインターナショナルがボリビア政府との間で結んだ協定が最初のもの。債務自然保護スワップ。環境スワップ。DNS。

デッドホースポイント-しゅうりつこうえん【デッドホースポイント州立公園】《Dead Horse Point State Park》米国ユタ州西端にある州立公園。コロラド川の浸食で形作られた大峡谷が広がり、高さ600メートルもの切り立った断崖が見られる。西部開拓時代に、カウボーイに取り残された野生馬が死んだことから名付けられた。

デッド-ボール　❶《和 dead＋ball》㋐野球やソフトボールで、投手の投げたボールが、打者の身体や着衣に当たること。打者は一塁を与えられる。死球。(補説)英語ではhit by a pitchという。㋑ドッジボールのこと。❷《dead ball》ラグビーなどで、プレーが一時停止になり、プレーから除外されたボール。

デッドボール-ライン〘dead-ball line〙ラグビーで、ゴールライン後方22メートル以内に、ゴールラインと平行に引かれた線。

デッド-ボルト〘dead bolt〙ドアなどの錠を構成する部品の一つ。施錠するとき、ドア側の錠ケースから突出し、ドア枠側の穴(ストライク)に差し込まれる、かんぬきの部分。➡ラッチボルト

デッドライン〘deadline〙❶越えてはならない線。死線。最後の限界線。「貯水量が―に達した」❷新聞・雑誌などの原稿締め切り時刻。

てっとり-ばや・い【手っ取り早い】〔形〕❶てきぱきしている。すばやい。「仕事を―・くかたづける」❷手間がかからない。はやみちだ。簡単だ。「―・く金を貯める方法」(類語)簡単・容易・安易・安直・手軽・楽・容易い・造作ない・訳ない・朝飯前・お茶の子さいさい・屁の河童

デッド-リフト〘dead lift〙パワーリフティングで、膝を伸ばしたまま前屈し、床に置かれたバーベルを両手で握り、直立姿勢になるまで引き上げる種目。

デッドロック〘deadlock〙❶交渉などの、行き詰まり。膠着状態。「―に陥る」❷コンピューターで複数のプログラムが動作している際、プログラム間で互いの処理終了を待つなどして、半永久的な待機状態になること。ハングアップの原因になることが多い。(補説)「交渉はデッドロックに乗り上げた」という言い方は、lock(錠前)をrock(暗礁)と混同したところから生じたもの。(類語)暗礁・袋小路・壁・行き詰まり

てつ-の-カーテン【鉄のカーテン】《iron curtain》第二次大戦後、東ヨーロッパの社会主義諸国が、資本主義諸国に対してとった秘密主義や閉鎖的態度などを障壁として風刺した語。1946年、英国のチャーチルが用いた。

てつ-の-はい【鉄の肺】小児麻痺などで呼吸ができない場合に用いる人工呼吸器。鉄製の円筒形の気密室に首だけ出して入り、高圧と低圧とを交互に加えて呼吸を助ける。

てつ-の-ぼうふう【鉄の暴風】第二次大戦末期の沖縄戦で、約3か月にわたって米軍の激しい空襲や艦砲射撃を受けたこと。無差別に多量の砲弾が撃ち込まれるさまを暴風にたとえたもの。(補説)昭和25年(1950)に沖縄タイムス社の記者がまとめた同名の書籍タイトルにちなむ。

てつ-ば【鉄馬】❶鉄のよろいをつけた騎兵。また、勢いが激しく勇猛な騎兵。❷風鈴のこと。

でっ-ぱ【出っ歯】《「でば」の音変化》上あごの前歯が前方に突き出ていること。また、その歯。

てつ-はい【鉄肺】塵肺の一。金属鉄・酸化鉄などの微粉の吸入による軽微な呼吸器病。肺組織が茶褐色となる。鉄工・鍛冶工に多い。鉄症。鉄沈着症。

てっ-ぱい【撤廃】〔名〕スル それまで行われてきた制度やきまりなどをとりやめること。「規則を―する」(類語)廃止・解消・撤回

テッパイ　大竹の幹を編んでつくる台湾の筏船。(補説)「竹筏」とも書く。

てつ-ばいせんざい【鉄媒染剤】鉄塩からなる塩基性媒染剤。羊毛には緑礬、絹には硝酸鉄・木酢酸鉄などを用いる。

てっ-ぱつ【鉄鉢】❶鉄製の鉢。僧が托鉢で食物などを受けるのに用いる。応器。てつばち。❷兜の鉢が鉄製のもの。かなばち。

でっ-ぱな【出っ端】「出端」に同じ。

でっ-ぱなし【出っ放し】出たままで止まらないこと。出たままでいること。「水が―になっている」

でっ-ぱり【出っ張り】出っ張ること。また、出っ張ったところ。「岬の―」(類語)突起・隆起・ふくらみ・かど

てっ-ぱ・る【手っ張る】〔動ラ四〕対抗する。対立する。手向かう。「一旦は言ひ掛かりて、―・って見ようと思はれたさうなが」〈浄・妹背山〉

でっ-ぱ・る【出っ張る】〔動ラ五(四)〕《「でばる」の音変化》外の方に突き出る。突出する。「二階の―・った家」「腹の―・ってきた中年男」(類語)突き出る・飛び出す・せり出す・張り出す・尖る・角張る

てっ-ぱん【鉄板】❶鉄を延ばして板状にしたもの。鉄の板。❷(❶が硬いことから)俗に、間違いないこと、確実であることをいう。本命。定番。競馬・競輪などでの用法が一般化したもの。「―レース」(類語)確実・安全・必至・最右翼・本命・有力

てつ-ばんど【鉄×礬土】▶ボーキサイト

てっぱん-やき【鉄板焼(き)】熱した鉄板の上で肉・野菜などを焼き、たれをつけて食べる料理。

てっ-ぴ【鉄扉】鉄製のとびら。

てつ-びし【鉄×菱】日本古来の武器の一。四方にとげのある、ひし形の小鉄片。地上に散布して敵の馬の脚を痛めつけ、その進退を妨げるために用いた。

てっ-ぴつ【鉄筆】❶謄写版の原紙に文字を書くときなどに用いる、先端が鉄製の筆記具。❷印を彫る小刀。印刀。❸印を彫ること。印刻。篆刻。

てっぴつ-ばん【鉄筆版】原紙に鉄筆で文字などを書いて作った孔版。

てつ-びん【鉄瓶】湯を沸かす、つるとつぎ口のついた鋳鉄製の容器。(類語)薬缶・土瓶・急須

てっ-ぷ【哲夫】賢明な男子。才徳のすぐれた男子。

てっ-ぷ【哲婦】賢明な婦人。才徳のすぐれた女性。

哲婦城を傾く　《「詩経」大雅・瞻卬から》賢く才のある婦人は、いろいろと口出しをするので、国を衰えさせ、家を滅ぼすもとになる。

てっ-ぷ【×轍×鮒】《「荘子」外物から》轍の水たまりであえいでいる鮒。危急がさしせまっていることのたとえ。轍魚。轍の鮒。

轍鮒の急　さしせまった危機・困窮のたとえ。

テップ〘TEPP〙《tetraethyl pyrophosphate》テップ剤。テトラエチルピロリン酸。稲の茎につくニカメイチュウ駆除に用いる有機リン剤。人畜に有害なので製造・使用が禁止された。

デップ〘DEP〙《Data Execution Prevention》米国マイクロソフト社のWindows XP以降のオペレーティングシステムが搭載するセキュリティー機能の一。データを記録するメモリー領域において、プログラムの実行を禁止する仕組みを指す。ディーイーピー。データ実行防止機能。

てつ-ぶつ【鉄仏】鉄を材料として鋳造された仏像。日本では鎌倉・室町時代の遺品が多く、主に中部地方以東の本州にみられる。

でっぷり〔副〕スル　太っていて恰幅のよいさま。「―(と)したからだつき」

てつ-ぶん【鉄分】物に含まれる成分としての鉄。かなけ。「―の豊富な食品」

てつ-ぶん【×綴文】文章をつづること。作文。

てっ-ぷん【鉄粉】鉄の粉末。鉄のこな。

てっ-ぺい【▽天▽辺】《「てへん(天辺)」の音変化》「てっぺん」に同じ。「―より太腹まで節々込めてから竹わり」〈浄・女護島〉

てっ-ぺい【撤兵】〔名〕スル　軍隊を派遣先から引きあげること。「駐屯地から―する」⇔出兵。(類語)撤退・撤収・退陣

てっぺい-せき【鉄平石】板状節理がよく発達した、輝石安山岩の石材名。長野県諏訪市などから産出する。容易に薄板状になり、化粧石・敷石などにする。へげ石。ひら石。

てっ-ぺき【鉄壁】❶鉄を張った壁。また、非常に堅固な城壁。「金城―」❷非常にかたい守り。「―の守備陣」

てっぺき-の-じん【鉄壁の陣】きわめて堅固な守りの陣。

てっ-ぺん【▽天辺】《「てへん(天辺)」の音変化》❶(「頂辺」とも書く)兜のいただき。転じて、頭のいただき。「頭の―」❷いただき。頂上。「山の―」❸最高。最上。また、その地位。「プレーヤーとして―に上りつめる」「幸福の―にある」(類語)頂・頂上・頂点・絶頂・ピーク

てっ-ぺん【鉄片】鉄の破片。鉄の小片。

てっぺんかけたか〔副〕ホトトギスの鳴き声を表す語。また、ホトトギスの別名。ほぞんかけたか。

てつ-ぼう【鉄帽】鋼鉄製の帽子。鉄兜。

てつ-ぼう【鉄棒】❶鉄製の棒。かなぼう。❷2本の柱の間に鉄製の棒を水平に固定した器械運動用の器具。男子体操競技では、高さ2.8メートル。また、それを使って行う体操種目。

てっ-ぽう【鉄砲｜鉄×炮】❶火薬の爆発に伴うガス圧によって弾丸を発射する金属製の火器。ふつう

小銃をいう。古くは大砲をも称した。❷《形が❶に似ているところから》据え風呂の下部や隅に取り付け火をたくようにした鉄製または銅製の筒状の釜かま。❸相撲で、両手または片手に力をこめて、相手のからだをつきとばすもの。柱に手を打ち付けてその稽古をすることにもいう。❹狐拳きつねけん(藤八拳)の手の一。こぶしを固めて左腕を前方に突き出し、鉄砲❶を撃つまねをして猟師を表すもの。❺《毒にあたると死ぬところから》フグの俗称。❻「鉄砲巻き」の略。❼牛や豚の直腸。主に焼き肉にして食し、やや歯ごたえがある。❽劇場で、1階中央の席。椅子席でなかった時代には、最も見やすく出入りに便利な席とされた。劇場と縁故をもつ観客のために急にずどんと席をとることがあったところからという。❾「鉄砲見世」の略。「大町六十幾軒に五十軒の河岸見世、—に至るまで」〈洒・志羅川夜船〉❿ほら。大言。また、うそつき。「いやいや、飛八さんの話はいつも—だて」〈滑・浮世風呂・四〉 類語 銃・銃器・鉄砲・飛び道具・短銃・拳銃・ピストル・はじき・ちゃか・小銃・ライフル・猟銃

てっ-ぽう【徹法】テフ 中国、周代の税法。公田❹を耕作し、その収穫を税として納入した制度。

てっぽう-あえ【鉄砲▽和え】テツパウあへ からし酢味噌でネギと魚・貝などをあえたもの。名は、からしが効くところからとも、ネギの芯しんが抜けるのが鉄砲に似るところからともいう。

てっぽう-あしがる【鉄砲足軽】テツパウ 鉄砲を持って従軍した歩卒。

てっぽう-あめ【鉄砲雨】テツパウ 激しく降る弾丸のような大粒の雨。「用意に持つや袂迄—のしだらでん」〈浄・忠臣蔵〉

てっぽう-あらため【鉄砲改】テツパウ 江戸幕府の職名。関八州内の庶民が所持している鉄砲を監視・検査したもの。貞享4年(1687)設置、享保4年(1719)大目付の兼役となった。

てっぽう-うお【鉄砲魚】テツパウうを スズキ目テッポウウオ科の淡水魚。全長約20センチ。体は卵形で側扁し、口先がとがり、淡灰褐色の地に6本の黒色の横帯がある。口から水を噴出させて水辺の昆虫を射落として食べる。東南アジアの河口域にすむ。テッポウウオ科には6種が含まれ、インド・オーストラリアにも分布。アーチャーフィッシュ。

てっぽう-うち【鉄砲打ち】テツパウ ❶鉄砲をうつこと。また、その人。❷鉄砲を使って猟をすること。狩猟。また、狩猟家。「—に行く」

てっぽう-えび【鉄砲×蝦】テツパウ テッポウエビ科の甲殻類。体長約5センチのエビ。浅海の砂泥底に穴を掘ってすむ。第1歩脚ははさみになるが左右で大きさが異なり、大きいほうのはさみを強く閉じて破裂音を出す。釣りの餌にする。

てっぽう-かご【鉄砲籠】テツパウ 目を粗く編んだ筒状の竹かご。

てっぽう-かじ【鉄砲鍛‐冶】テツパウかぢ 鉄砲を作る職人。

てっぽう-かた【鉄砲方】テツパウ 江戸幕府の職名。若年寄の支配に属し、鉄砲の製造や射撃の教授などを担当した。のち、井上・田付両氏の世襲。

てっぽう-きず【鉄砲傷】テツパウ 鉄砲でうたれた傷。銃傷。銃創。

てっぽう-ぐすり【鉄砲薬】テツパウ 鉄砲に用いる火薬。

てっぽう-ぐみ【鉄砲組】テツパウ 武家時代に、鉄砲を持って護衛や戦闘に従事した部隊。

てっぽう-ざま【鉄砲▽狭間】テツパウ 鉄砲をうつために城壁などに設けた小窓。銃眼。

てっぽう-しゅう【鉄砲衆】テツパウ 安土桃山時代、鉄砲のことをつかさどった武士。

てっぽう-じる【鉄砲汁】テツパウ フグの肉を実とした汁。ふぐ汁。

てっぽう-ず【鉄砲洲】テツパウ 東京都中央区湊辺りの旧称。隅田川西岸の砂州で、江戸幕府の鉄砲の試射地であったところからという。

てっぽう-ぜき【鉄砲×堰】テツパウ 鉄砲流しのために設ける堰。

てっぽう-そで【鉄砲袖】テツパウ 細長い袖のつけ根に三角形の襠まちを入れた筒袖。また、その袖のついた衣服。

てっぽう-だま【鉄砲玉】テツパウ ❶鉄砲の弾丸。銃弾。❷黒砂糖などを煮詰めて作った飴玉あめだま。❸行ったきり帰ってこないこと。また、返事のないこと。「—の使い」❹泳ぎができないこと。また、その人。かなづち。「水にかけては—だよ」〈滑・八笑人・三〉❺(俗に)抗争相手の大物を殺すよう差し向けられた者。ヒットマン。
類語 弾丸・銃弾・実弾・凶弾・流れ弾

てっぽう-ながし【鉄砲流し】テツパウ 堰せきを築いて川水を貯ためため、そこに山出しの木材を集めておき、一気に堰を開き木材を流し出して運搬する方法。堰出し。

てっぽう-ばなし【鉄砲話】テツパウ うその話。ほら。「—のそが中にも、虚うそから出たる実がのうては」〈魯文・西洋道中膝栗毛〉

てっぽう-ばら【鉄砲腹】テツパウ 鉄砲で自分の腹をうちぬいて死ぬこと。

てっぽう-ひゃくにんぐみ【鉄砲百人組】テツパウ 江戸幕府の職名。若年寄の支配に属し、同心100人ずつで編制した鉄砲組。甲賀組・伊賀組・根来組・二十五騎組の4組があり、江戸城大手三の門の守備や、また、将軍の寛永寺・増上寺参詣の際の警衛を務めた。百人組。

てっぽう-ぶぎょう【鉄砲奉行】テツパウブギャウ 江戸幕府の職名。二条城と大坂城に置かれ、それぞれ京都所司代・大坂定番の支配のもとで、鉄砲に関することをつかさどった。

てっぽう-ぶろ【鉄砲風呂】テツパウ 鉄砲❷を取り付けた据え風呂。

てっぽう-まき【鉄砲巻(き)】テツパウ 干瓢かんぴょうを芯にした細い海苔のり巻き。鉄砲の砲身に似るところからいう。

てっぽう-みず【鉄砲水】テツパウみづ 山崩れでせき止められた水や、集中豪雨による増水などが、一時に激しく流れ下るもの。類語 出水・土石流・大水・氾濫・洪水

てっぽう-みせ【鉄砲見世|鉄砲店】テツパウ ❶鉄砲などの火器を売る店。❷江戸新吉原のおはぐろどぶに沿って並んでいた最下級の遊女屋。また、そこの遊女。また、一般に各地の下級の遊女のこと。

てっぽう-むし【鉄砲虫】テツパウ カミキリムシやタマムシの幼虫。木に穴をあけ、中に鉄砲玉のように入っている。季 夏

てっぽう-やき【鉄砲焼(き)】テツパウ 料理の一。魚や鳥の肉にとうがらし味噌を塗って焼いたもの。

てっぽう-ゆり【鉄砲百=合】テツパウ ユリ科の多年草。高さ0.5〜1メートル。葉は長楕円形。初夏、白色で香りのあるらっぱ状の花が横向きに咲く。屋久島、沖縄諸島に自生。観賞用に栽培もされ、切り花とする。ためともゆり。季 夏「人のごとく深夜—は立つ/楸邨」

て-づま【手妻|手爪】❶《❷が原義》手品。奇術。❷手先。また、手先の仕事。「—の利きし人は間もなく数釣りけるに」〈浮・俗つれづれ〉

てづま-さき【手爪先】手の指先。「—の尋常な女であった」〈漱石・行人〉

てづま-つかい【手妻遣い】―つかひ 手品遣い。手品師。

てづま-にんぎょう【手妻人形】―ニンギャウ 手遣い人形の一。引き糸により、顔面の変化、五体の一部の早替わりなどのできる人形。からくりの併用で、元禄〜享保(1688〜1736)ごろにかけて流行し、大坂の人形遣い山本飛騨掾やまもとひだのじょうが有名。

て-づまり【手詰(ま)り】❶施すべき手段・方法がなくて困ること。特に、金銭の工面に困ること。「交渉が—の状態になる」❷囲碁・将棋で、局面を有利に進める望みのない状態。てづめ。類語 行き詰まり・八方塞がり・袋小路・デッドロック・グリッドロック

て-づま・る【手詰(ま)る】〔動ラ五(四)〕施すべき手段・方法がなくて困る。特に、金銭の工面に困る。「—・っていると思ったら、お前の方でも少しは辛抱して」〈里見弴・多情仏心〉

てつ-マン【徹マン】〔名〕スル《「徹夜マージャン」の略》俗に、徹夜でマージャンをすること。

てつマンガン-じゅうせき【鉄マンガン重石】―ヂュウセキ 鉄とマンガンとのタングステン酸塩鉱物。黒色で亜金属光沢があり、もろい。結晶は板状・柱状。単斜晶系。タングステンの重要な鉱石。鉄満重石。

てつ-みょうばん【鉄明×礬】―ミャウバン 鉄を含む明礬の総称。アンモニウム鉄明礬・カリウム鉄明礬など。媒染剤や分析試薬などに使用。

て-つむぎ【手×紬】手織りの紬。また、それを仕立てた着物。

てつ-むじ【鉄無地】―ムヂ 鉄色1色で模様のない織物。「—の羽織」

て-づめ【手詰め】❶相手に猶予を与えずきびしく詰め寄ること。「旦那と奥様と口を揃えて—の談判」〈木下尚江・良人の自白〉❷「手詰まり❷」に同じ。

てつ-めん【鉄面】〔名・形動〕❶顔面を保護するために用いる、鉄製の面。❷「鉄面皮てつめんぴ」に同じ。「馬鹿に—な野郎だから」〈逍遥・当世書生気質〉

てつ-めんぴ【鉄面皮】〔名・形動〕《鉄でできている面つらの皮の意》恥知らずで、厚かましいこと。また、その人や、そのさま。厚顔。「—な(の)男」
類語 厚顔・面の皮が厚い・千枚張り

て-づもり【手積(も)り】ますやはかりなどを用いないで、手でおおよその分量をはかること。

てつ-もん【鉄門】㊀❶鉄製の門。堅固な構えをした門。❷地獄の門。「冥官獄卒を責むる時、即ち本の形にして—より出せり」〈私聚百因縁集・一〉㊁㊀中央アジア、サマルカンドとトハリスタンとの間にある狭く険しい道。唐の玄奘げんじょうがインドへ赴く途中ここを通り、左右の岩石が鉄色を帯び、鉄の扉があったところから名づけたという。鉄門関。㊁セルビア‐モンテネグロとルーマニアとの国境にあるドナウ川の峡谷。トランシルバニア山脈の南西端を横切る所にある。

てつもん-くらぶ【鉄門倶楽部】東京大学医学部医学科卒業生の同窓会。地域ごとに地方鉄門会がある。➡赤門学友会

てつ-や【徹夜】〔名〕スル 夜どおし寝ないで過ごすこと。「—で看病する」「—して論文を仕上げる」
類語 徹宵てっしょう・夜なべ・夜更かし・夜明かし・夜通し・夜もすがら・終夜・オールナイト

て-づよ・い【手強い】〔形〕文 てづよ・し〔ク〕強い態度である。てきびしい。「—・い反論」

てつよう-そう【×綴葉装】テツエフサウ 和装本の綴とじ方の一。数枚の用紙を重ねて二つ折りにしたものを糸で綴じて一くくりとし、数くくりを重ねて表紙をつけ、糸でかがったもの。列帖れっちょう装。てっちょうそう。

で-づら【出面|出▽頬】❶《顔を出すことによって与えられる金銭の意》日雇い労働者などの日当。でめん。❷顔出しをすること。出席すること。「あのざまで此の中へ—は何事と、一度にどっと笑ふ声」〈浄・百人上臈〉

てつ-り【哲理】哲学上の道理。人生や世界の本質などに関する奥深い道理。「自然の—」

て-づり【手釣(り)】釣りざおを使わないで、釣り糸を手に持って魚を釣ること。

てつ-りん【鉄輪】❶鉄の輪。かなわ。❷汽車などの車輪。また、汽車。

てつりん-おう【鉄輪王】―ワウ 転輪王の一。鉄の輪宝を得て、南閻浮提なんえんぶだいを統治するとされる王。鉄輪聖王。

て-づる【手×蔓】❶頼りにすることのできる特別の関係。つて。縁故。「就職の—を求める」❷てがかり。糸口。「事件解決の—をつかむ」
類語 つて・縁故・コネ・人脈・よしみ

てづる-もづる【手×蔓藻×蔓】クモヒトデ綱テヅルモヅル科の棘皮きょくひ動物の総称。中央の盤から出る5本の腕がいくつにも分枝し、絡まった蔓のようになる。北太平洋の深海に分布。オキノテヅルモヅルなど。

てつれい【鉄嶺】中国遼寧省北東部の都市。渤海ぼっかい以来の古い町。金・明代の遺跡が多い。ティエリン。

てつ-ろ【鉄炉】❶鉄製の焜炉こんろ。鉄製のかまど。❷鉄製の暖炉。

てつ-ろ【鉄路】鉄道線路。レール。また、鉄道。
類語 鉄道・線路・軌条・レール

てつろく【鉄×勒】隋・唐時代の中国で、突厥とっけつ以外のトルコ系諸部族に対する称。丁零・高車の後身。
てつ‐わん【鉄腕】鉄のように強い腕。たくましく力強い腕。「―投手」
てつわんアトム【鉄腕アトム】手塚治虫の長編漫画。また、その主人公。雑誌「少年」に昭和26年(1951)から17年間連載された人気漫画。はじめは「アトム大使」の名で発表された。
て‐て【手手】手をいう幼児語。おてて。
てて【▽父】《「ちち」の音変化か》父親。ちち。てて親。「―なりし人も、めづらかにあはれなる事なり」〈更級〉(類語)父・父親・男親・てて親・おやじ・ちゃん・父じゃ人・パパ
てて ㊀〔格助〕《格助詞「とて」の音変化》名詞、文の終止した形に付く。引用を表す。…といって。「何やら目出めでたい祝ひぢゃ―、大きな重箱に目へ入る様な餅七つ」〈浄・手習鑑〉㊁〔接助〕《接続助詞「とて」の音変化》助動詞「じゃ」「た」の終止形に付く。…といっても。…としても。「いかやうに言ひやった―言ひ負けて居ませうかいの」〈伎・浅間嶽〉(補説)近世、特に前期の上方で用いられた。
テディー〖teddy〗キャミソールとフレアパンティーをつないだようなデザインの女性の下着の一種。
テディー‐ベア〖teddy bear〗縫いぐるみの熊。テディーは、米国の26代大統領セオドア=ルーズベルトの通称。狩猟中に子熊の命を助けたというエピソードにちなんだもの。
テディー‐ボーイ〖Teddy boy〗不良少年。特にエドワード7世時代(1901～10)の服装を好んで着用した1950年代から60年代初めのロンドンの不良少年をさす。エドワードの愛称、テディーに由来する。
デディケート〖dedicate〗〔名〕(スル) その巻頭に名を記し、書物や楽曲などを人に献じること。
テティス〖Tethys〗土星の第3衛星。1684年にカッシーニが発見。名の由来はギリシャ神話の巨人。巨大なオデュッセウスクレーターや、全長2000キロにおよぶ渓谷イサカ‐カズマがある。公転軌道を小形の2衛星(テレストとカリプソ)と共有し、これらはテティスと土星が形成するラグランジュポイント上にある。直径は約1070キロ(地球の約0.08倍)。平均表面温度はセ氏マイナス190度。テチス。(補説)イサカ‐カズマ(Ithaca Chasma)は日本人名を由来とする名称ではない。カズマは裂溝帯れっこうたいと呼ばれる地形のこと。
デティ‐たき【デティ滝】《Dettifoss》▶デティフォス
デティフォス〖Dettifoss〗アイスランド北東部にある滝。バルトヨークトル国立公園内に位置し、バトナヨークトル氷河から流れるヨークルス‐アウ‐フィットルム川にかかる。落差44メートル、幅100メートルのヨーロッパ最大級の滝として知られ、火山灰が混じった泥水のような水が流れている。デティ滝。
てて‐うち【出=落┊▽父打】「出落栗ででうちぐり」の略。
ててうち‐ぐり【出=落×栗】丹波栗たんばぐりの別名。
テ‐デウム〖ラテ Tē Deum〗《神よあなたをたたえますの意》西洋音楽で、「至聖なる三位一体の賛歌」と呼ばれるイムヌスとそれに付けた音楽。
デテール〖detail〗▶ディテール
てて‐おや【▽父親】ちちおや。(類語)父・父親・男親・てて・おやじ・ちゃん・父じゃ人・パパ
てて‐かた【▽父方】ちちかた。「―の従兄弟もあれば母方の従兄弟もある」〈福沢・福翁自伝〉
てて‐き【▽父▽君】「ててぎみ(父君)」の略。「などか―の久しく見えざらむとて、泣き給へば」〈多武峰少将〉
てて‐ぎみ【▽父君】父を敬っていう語。父上。ちちぎみ。「―の我を思ほしし時には」〈宇津保・菊の宴〉
ててく・る〔動ラ四〕「ちちくる」に同じ。「娘のおかちを―・り」〈浄・浪花鑑〉
てて‐ご【▽父御】父、特に他人の父を敬っていう語。ちちご。「―にきっと約束して来たからは」〈浄・源頼家源実朝鎌倉三代記〉
ててじゃ‐ひと【▽父者人┊▽父じゃ人】《「父である人の意。「者」は当て字》父を、軽い敬意をこめていう語。ちちじゃひと。
ててなし‐ご【▽父無し子】「ちちなしご」に同じ。
てて‐はは【▽父母】ちちと、はは。ちちはは。ふぼ。「―、炭櫃に火などおこして待ちゐたりけり」〈更級〉
でで‐むし《「でで」は、角よ出よ出よ、の意》カタツムリの別名。でんでんむし。(季 夏)「―の住みはてし宿やうつせ貝/蕪村」
ててら ❶襦袢ジュバン。ててれ。「夕顔の棚の下なる夕涼み男は―妻はふたのして」〈咄・醒睡笑・五〉❷ふんどし。下帯。ててれ。「犢鼻褌ふんどしも―といへば歌にもよまれ」〈洒・太平楽巻物〉
ててれ「ててら」に同じ。「女郎も同じ枕に二布ふたの、―にうちとけて」〈浮・諸艶大鑑・六〉
て‐てんごう【手てんがう】手で物をいじること。手先でするいたずら。手なぐさみ。「親の歎きもしらずの小石拾ひ集めて―」〈浄・浪花鑑〉
デデンダム〖dedendum〗歯車の歯底からピッチ円までの半径方向の寸法。歯元丈はもとたけ。
テト〖ベトナム Tet〗ベトナムの正月。
テトゥアン〖Tétouan〗モロッコ北部、地中海沿岸の港町。イスラム文化とスペイン文化が融合した独特な景観を持つ。城壁に囲まれ白壁の家が立ち並ぶ旧市街は、1997年、「テトゥアン旧市街」の名で世界遺産(文化遺産)に登録された。旧称ティタウィン。
て‐どうぐ【手道具】身のまわりのこまごました道具・調度。
て‐どお【手遠】〔名・形動〕手もとから遠いこと。手もとから離れていること。また、そのさま。⇔手近。「―ナトコロ」〈和英語林集成〉
て‐どお・し【手遠し】〔形ク〕手もとから遠い。遠くて手が届かない。「―・き願ひを捨てて」〈浮・永代蔵・一〉
で‐どき【出時】❶出る時。出るべき時。「―を見計らう」❷人の出盛る時。「―に公開する」
で‐どこ【出床】江戸時代、橋際・河岸かし・路傍などに移動可能の小屋を建てて営業した髪結い床。
で‐どこ【出▽所┊出▽処】「でどころ」に同じ。「資金の―を問う」
で‐どころ【出所┊出▽処】❶物事が出てきたもとの所。しゅっしょ。「うわさの―」❷出るべき場所・場面。「ここらが主役の―だ」❸出口。「袋小路で、他の道路への―はない」(類語)出典・情報源・ソース
デトックス〖detox〗《detoxificationの略。解毒・浄化の意》体内の有毒物・老廃物を排出すること。健康法の一つとして、健康補助食品や食事法、運動法、入浴法などが紹介されている。
デトネーション〖detonation〗❶爆轟ばくごう。❷内燃機関のノッキング。
テトラ〖ギリシャ tetra〗数の、4。また、正四面体。
テトラエチル‐なまり【テトラエチル鉛】無色で可燃性の猛毒液体。かつてアンチノック剤としてガソリンに添加された。大気汚染物質の一つ。化学式$Pb(C_2H_5)_4$　四エチル鉛。TEL(tetraethyl lead)。
テトラクロロエチレン〖tetrachloroethylene〗有機塩素溶剤の一種。無色の不燃性液体。金属洗浄剤、脂肪や樹脂のほか、ドライクリーニング用洗浄剤などに用いられる。パークロ。
テトラコード〖tetrachord〗四音音階。4個の音から成る音列で、古代ギリシャや諸民族音楽の音組織。
テトラサイクリン〖tetracycline〗放線菌の一種の培養液から分離される抗生物質。広い抗菌性をもち、リケッチア・大形ウイルス・スピロヘータ・原虫類に有効。
テトラ‐パック〖Tetra Pak〗牛乳や飲料などを入れて運搬・販売するための三角錐形の紙容器。商標名。(補説)「牛乳用紙容器」などと言い換える。
テトラポッド〖Tetrapod〗円錐状の4本の足からなるコンクリートブロック。海岸・河川などの護岸に使用する消波ブロックの一種。商標名。
て‐とり【手取り】《「てどり」とも》❶人をだまして操るのが巧妙なこと。また、その人。「なかなか如才のない女です。まあ―でしょう」〈秋声・足迹〉❷相撲のわざの巧みなこと。また、その力士。
て‐どり【手取り】❶給与などから税金その他を差し引いた、正味の受取金。実収入。⇒税込み ❷糸などを手で繰り取ること。手繰り。❸(「手捕り」とも書く)素手で捕らえること。「川魚を―にする」
デトリオ‐こうか【デトリオ効果】絶縁体に埋め込まれた蛍光体が、交流電場の作用で発光する現象。1937年フランスのデトリオ(Destriau)が発見。
てどり‐がま【手取り釜】茶の湯の釜の一。つるがついていて注ぎ口のあるもの。
てどり‐がわ【手取川】石川県南西部を流れる川。県南端、岐阜県との県境にある白山に源を発し、支流を合わせ白山市美川みかわ町で日本海に注ぐ。長さ72キロ。上流に手取湖が、中流に手取峡谷がある。下流は早場米産地の扇状地を形成している。県下最大の河川。
てどり‐こ【手取湖】石川県南西部を流れる手取川の上流にある人造湖。昭和54年(1979)に完成した多目的ダムである手取川ダムの貯水池。総貯水量2億3100万立方メートル。
デトリタス〖detritus〗❶地学で、砕石。砕屑さいせつ。❷海洋学で、プランクトンの死骸などの有機物。
てどり‐なべ【手取り鍋】持つためのつるのついた鍋。手鍋。
デトロイト〖Detroit〗米国ミシガン州南東部の工業都市。五大湖工業地帯の中枢で、自動車工業が盛ん。人口、行政区91万(2008)。
テトロドトキシン〖tetrodotoxin〗フグ(学名テトロドン)の毒(トキシン)成分。猛毒。トラフグ・マフグの卵巣や肝臓に多い。神経・筋に作用し、呼吸筋の麻痺により死に至る。分子式$C_{11}H_{17}O_8N_3$
テトロン〖Tetoron〗ポリエステル系合成繊維。しわになりにくく、乾きが速い。衣類のほかホース・漁網・釣り糸など広く用いられる。商標名。
テドン‐ガン【大同江】▶だいどうこう(大同江)
て‐な〔連語〕❶《接続助詞あるいは格助詞「て」＋間投助詞「な」。文末に用いる》…ということだな。…てね。「合格したんだっ―」❷「とい(言)うような」の音変化。「―ことを言ってその場をごまかす」
テナー〖tenor〗▶テノール
テナー‐サキソホン〖tenor saxophone〗《「テナーサクソフォン」とも》▶テナーサックス
テナー‐サックス〖tenor sax〗アルトより低く、バリトンより高い音域を吹奏できるサキソホン。テナーサキソホン。テナーサキソフォン。
で‐な・い〔連語〕《断定の助動詞「だ」の連用形＋形容詞「無い」》体言および体言に準じるものに付く。「である」の否定の言い方。判断を否定する意を表す。「金ですべての幸福が買えるわけ―・い」「君―・かったら、一体だれがやったのだろう」(補説)「ではない」「でもない」という形でも用いられ、「ではない」は、日常会話では「じゃない」となることが多い。⇒無い
デナイアル〖denial〗否定。否認。拒否。拒絶。
て‐ないしょく【手内職】袋張り・縫い物など、手先を使ってする内職。
て‐なえ【手萎へ┊×攣】手や腕が自由に動かないこと。「この経を受持する者ひとを謗そしらば…―躄あしなへとなり」〈霊異記・下〉
て‐なおし【手直し】〔名〕(スル) 一応できあがったあとで、不完全な部分を直すこと。「法案を―する」(類語)修繕・修理・修正・直し・手入れ・改良・改善
で‐なおし【出直し】〔名〕(スル) 出直すこと。「原点にもどって―する」
で‐なお・す【出直す】〔動サ五(四)〕❶一度引き返し、改めて出かける。「明日また―・します」❷最初からやりなおす。「過去を忘れて一から―・す」
て‐なおり【手直り】囲碁・将棋で、対局者間の手合い割りが改められること。多くは4番勝ち越したときに行われるが、昇段などによることもある。
で‐なおり【出直り】取引で、いったん下がった相場が再び上昇に転じること。
て‐なが【手長】❶手が長いこと。また、そのもの。❷盗癖のあること。また、その人。❸手長島に住み、手が非常に長いという想像上の人間。❹宮中や貴人

の家で、酒宴などの際に膳部を次の間まで運び、取り次ぎをする役。また、その人。おてなが。「今日の斎莚は一の役あるべからず」〈宇治拾遺・一三〉
てなが-えび【手長×蝦|▽草×蝦】テナガエビ科の甲殻類。川や湖に多くみられ、体長9センチくらい。第1触角は3本に分かれる。雄の第2胸脚ははさみ状で長く、体長の2倍近い。食用。つえつきえび。たなかせ。(季 夏)「一溯れるが野に捕へらる/誓子」
てなが-ざる【手長猿】霊長目テナガザル科の哺乳類の総称。類人猿の一。尾はなく、体のわりに前肢がきわめて長く、これを使って枝から枝へ渡り歩く。東南アジアの森林に分布し、樹上に群生。シロテテナガザル・フクロテナガザルなど。ギボン。
てなが-じま【手長島】手の非常に長い人間が住むという想像上の島。
てなが-だこ【手長×蛸】マダコ科のタコ。浅海の泥底に穴を掘ってすむ。全長約60センチ。胴に比べて腕が長い。第1腕は特に長く、頭胴長のおよそ5倍ある。食用。あしながだこ。
で-ながれ【出流れ】「出涸らし」に同じ。「一の温い茶をついで呉れた」〈花袋・田舎教師〉
て-なぐさみ【手慰み】❶手先で物をもてあそぶこと。てすさび。「一に書を習う」❷ばくち。
て-なし【手無し】❶手または腕がないこと。❷本来は蔓がある植物で、蔓がない品種。❸袖無しの胴着。❹《供御・調度などに手を触れられなかったところから》月経をいう女房詞。
て-なず·ける【手▽懐ける】〔動カ下一〕文てなづ·く〔カ下二〕❶動物などを、なつくようにする。「猛獣を一·ける」❷面倒をよくみるなどして、味方に引き入れる。「部下を一·ける」
てなずち【手摩乳|手名椎】出雲の国つ神である脚摩乳の妻。寄稲田姫の母。
て-なべ【手鍋】❶つるのついた鍋。手取り鍋。❷自分で煮炊きをすること。自炊。「一で暮らす」
　手鍋を提·げる　自分で炊事をするような貧しい生活をする。多く「手鍋(を)提げても」の形で、好きな男との生活ならば苦労をいとわない意で用いる。
て-なみ【手並(み)】腕前。技量。「お一拝見」
(類語)腕・腕前・技・手腕・手の内・妙手・手際・手練・凄腕・技術
て-ならい【手習い】[一]❶文字を書くことを習うこと。習字。❷けいこ。学問。「六〇の一」❸心に浮かぶままに古歌などを書き記すこと。「例ならぬけしきを見て、いと心憂しと思ひて前なる硯に、一をしてかく書き付く」〈宇津保・嵯峨院〉[二]源氏物語第53巻の巻名。薫大将、27歳から28歳。宇治川に入水した浮舟は横川僧都に助けられ、やがて出家。薫はそのうわさを聞き、浮舟に会おうとする。
　手習いは坂に車を押す如し　学問は少し油断するともとへ戻ってしまうから、絶えず努力しなくてはいけないというたとえ。
てならい-こ【手習ひ子】師匠について習字を教わる子供。手習い子供。「一の筆の軸を貫ひ溜めて、竹暖簾をこしらへさせ」〈浮・新永代蔵・一〉
てならいこ【手習子】歌舞伎舞踊。長唄。七変化「杜若七重染」の一。増山金八作詞、初世杵屋正次郎作曲。寛政4年(1792)江戸河原崎座初演。寺子屋帰りの、ませた町娘の踊り。
てならい-ししょう【手習い師匠】習字を教える師匠。また、寺子屋の師匠。
てならい-ぞうし【手習い草紙】習字に用いる帳面・冊子。
てならい-どころ【手習い所】習字を教える所。手習い師匠の家。
てならい-はじめ【手習い始め】習字をし始めること。また、けいこ事などのし始め。「一にピアノを習わせる」
て-なら·う【手習ふ】〔動ハ四〕❶字を書く練習をする。習字をする。「この二歌は…一·ふ人のはじめにもしける」〈古今・仮名序〉❷心に浮かぶ古歌などを無造作に書き記す。「木幡の里に馬はあれどなど、あやしき硯召し出でて、一·ひ給ふ」〈源・浮舟〉
て-ならし【手慣らし|手×馴らし】手になじませること。また、手を慣れさせること。「新品の万年筆を一に使ってみる」「一に一曲弾く」
て-なら·す【手慣らす|手×馴らす】〔動サ四〕❶手なずける。飼いならす。「この一·しし猫の」〈源・若菜下〉❷使いならす。「かの一·し給へりし螺鈿の箱なりけり」〈源・夕霧〉
デナリ-こくりつこうえん【デナリ国立公園】《Denali National Park》米国アラスカ州中南部、アラスカ山脈にある国立公園。北米最高峰のマッキンリーを中心とする山岳景観、ハイイログマ・ヘラジカ・オオカミなどの野生動物の宝庫として知られる。
て-なれ【手慣れ|手×馴れ】〔名〕スル　使いなれていること。また、やりなれていること。「一の釣り竿」「一した手つき」
て-な·れる【手慣れる|手×馴れる】〔動ラ下一〕文てな·る〔ラ下二〕❶使いなれる。扱いなれる。「一·れた包丁を使う」❷いつもしていて、なれている。熟練する。「一·れた仕事」
て-なわ【手縄】❶旗、または幕の乳に通して張り渡す縄。❷口取りが馬をひく縄。❸捕吏などが人を捕らえて縛るのに使う縄。
テナント〘tenant〙❶ビルなどの一区画の借り主。❷(日本語の用法)貸店舗。「15の一が3月に一斉オープン」(類語)借り主・借り手・店子
テニアン-とう【テニアン島】《Tinian》太平洋西部、マリアナ諸島の島。第一次大戦後、日本の委任統治領。第二次大戦では日米の激戦地。戦後は米国信託統治領、現在は米国自治領の北マリアナ連邦に所属。
デニール〘denier〙生糸や化学繊維の太さの単位。長さ450メートルで0.05グラムのものを1デニールとし、長さが同じで重さが2倍・3倍ならば2デニール・3デニールとする。記号D　➡テックス
テニールス〘David Teniers〙[一][1582～1649]フランドルの画家。[二]の父。ルーベンスに師事。風景画・歴史画を多く描いた。[二][1610～1690]フランドルの画家。宮廷画家兼絵画館長となり、ブリュッセルに定住。諧謔と寓意をこめた風俗画を多く描いた。
テニエス〘Tönnies〙►テンニエス
て-に-お-は【×弖×爾×乎波|天×爾▽遠波】►てにをは
テニス〘tennis〙長方形のコートの中央にネットを張り、これを挟んで相対し、ラケットでボールを打ち合って得点を争う球技。使用ボールによって硬式と軟式とがある。試合はシングルス・ダブルス・混合ダブルスの3種がある。庭球。
テニス-エルボー〘tennis elbow〙テニスひじ。テニスでの打球時の衝撃や運動によるひじ痛。
テニス-コート〘tennis court〙テニスをする競技場。庭球場。
テニスコート-の-ちかい【テニスコートの誓い】フランスで1789年6月20日、国王ルイ16世が議場を閉鎖したことから、三部会の第三身分議員たちが隣接するベルサイユ宮殿の球戯場に集まり、憲法制定までは解散しないことを誓った事件。フランス革命発端の一つとなった。球戯場の誓い。
デニズリ〘Denizli〙トルコ南西部の都市。小アジア半島の内陸部、ビュユックメンデレス川の谷間に位置する。道路、鉄道などの交通の要衝であり、農業、工業が盛ん。近郊には世界遺産に登録されたパムッカレ、ヒエラポリスなどがあり、観光拠点になっている。
テニソン〘Alfred Tennyson〙[1809～1892]英国の詩人。美しい韻律と叙情性に富んだ作風により、ビクトリア朝の代表的詩人となった。作「イン-メモリアム」「国王歌集」「イノック=アーデン」など。
て-にっき【手日記】日々の心覚えを記す帳面。「枕に算盤、一をはなたず」〈浮・胸算用・四〉
デニッシュ〘Danish〙《デンマークの、の意》「デニッシュペストリー」の略。
デニッシュ-ペストリー〘Danish pastry〙《「デニッシュペーストリー」とも》パイに似たデンマーク風の菓子パン。
てに-てに【手に手に】〔連語〕多くの人が、めいめいその手に。てんでに。「一小旗を持つ」
て-に-は【×弖×爾波|手×爾波】《ヲコト点の一種の三論宗点を、左下・左中・左上の順に続けて読むと「てには」となるところから》「弖爾乎波」に同じ。
てにはたいがいしょう【天爾葉大概抄|手爾波大概抄】語学書。1冊。藤原定家著といわれたが、実際は鎌倉末期から室町初期の成立。「てにをは」の用法を説く。この種の研究書では最初のもの。
デニム〘denim〙《フランスの「ニーム産のサージ」(serge de Nîmes)の意から》❶縦糸に色糸、横糸に漂白した糸を用いた、綾織りの厚地の綿布。ズボン・スポーツウエア・作業服などに用いる。❷(日本で)ジーパンのこと。ジーンズ。
て-にもつ【手荷物】❶手回りの荷物。特に、旅客が自分で持ち運ぶ荷物。「一一時預り所」❷旅客が運輸機関に発駅から着駅まで輸送を委託する荷物。託送荷物。チッキ。
(類語)荷物・小荷物・手持ち品・持ち物
テニュア〘tenure〙❶保有。保有期間。また、財産の保有権。❷大学で、(教授として)終身雇用が保証される権利。終身在職権。
テニュアトラック-せいど【テニュアトラック制度】《tenure track system》大学が若手研究者を、任期を定めて採用し、自立した研究環境で経験を積ませた後、実績を審査し、適格であれば専任教員として終身雇用する制度。(補説)テニュアは、米国の大学で一定の条件を満たした教職員に与えられる終身在職権。テニュアトラックとは、テニュアの取得を目指すコースのこと。
て-に-を-は【×弖×爾×乎波|天×爾▽遠波】《ヲコト点の一種の博士家点の四隅の点を、左下から右回りに続けて読むと「てにをは」となるところから》❶漢文を訓読するときに補って読む、助詞・助動詞、用言の語尾、接尾語などの総称。また、主として、助詞・助動詞。てには。❷特に、助詞のこと。大槻文彦の用語。てには。❸助詞・助動詞の使い方。言葉の用法。また、話のつじつま。てには。「この文章は一がおかしい」
　弖爾乎波が合わ·ない　助詞・助動詞が正しく使われていない。言葉の用法がおかしい。文脈が整わない。また、話のつじつまが合わない。弖爾波が合わない。「一·ない文章」「一·ない議論」
てにをはひもかがみ【てにをは紐鏡】語学書。1巻。本居宣長著。明和8年(1771)刊。係りの助詞と結びの用言との呼応の関係を図表にして示したもの。紐鏡。
で-にんべつ【出人別】江戸時代、居住地の人別帳から離れること。
て-ぬい【手縫い】ミシンなどを用いず、手で縫うこと。また、縫ったもの。
テヌート〘イタリア tenuto〙音楽で、演奏記号の一。音符の表す長さを十分保って奏すること。
て-ぬかり【手抜かり】不注意のため、しなければならないことを十分にしないこと。注意が行き届かないための失策。手落ち。「警備に一がある」
(類語)手落ち・抜かり・そつ・へま・遺漏
て-ぬき【手抜き】〔名〕スル ❶しなければならない手続きや手間を故意に省くこと。「仕事を一する」「一工事」❷囲碁・将棋で、普通なら応手すべき所を省いて他の好所に着手すること。❸仕事の手が休まること。暇になること。「一旦はいかにも一のなるものなれども」〈浮・新永代蔵・三〉
て-ぬぐい【手拭い】手・顔・からだなどをふくのに用いる布。鉢巻きやほおかぶりなどにも使う。ふつう、一幅の木綿を3尺(約90センチ)に切ったもので、模様や文字が染め出してある。
(類語)手拭き・汗拭き・タオル・ハンカチ・お絞り・手巾
てぬぐい-おび【手拭い帯】手拭いを帯代わり

にすること。また、その帯。

てぬぐい-じ【手拭い地】ﾃﾞﾇｸﾞ 切って手拭いにする、地のあらい木綿の布。

て-ぬけ【手抜け】手抜かり。手落ち。「我等の心付かなかったが—であった」〈露伴・寝耳鉄砲〉

で-ぬ・ける【出抜ける】〔動カ下一〕文でぬ・く〔カ下二〕通りすぎてしまう。出てしまう。「東京湾を—・けると、黒潮に乗って」〈有島・或る女〉

て-ぬる・い【手▽緩い】〔形〕文てぬる・し〔ク〕❶扱い方が厳しくない。なまぬるい。「—・い処置」❷やり方がてきぱきしていない。「仕事が—・い」〔類語〕甘い・生ぬるい・甘っちょろい・微温的・いいかげん

て-ね〔連語〕《終助詞「て」＋終助詞「ね」。上に付く語によっては「でね」とも》相手に親しみをこめて依頼・要求する気持ちを表す。てよ。「詳しく話し—」「やさしくし—」「固く結んでね」

テネシー〖Tennessee〗米国南部の州。州都ナッシュビル。州内をテネシー川が流れる。タバコ・大豆・綿花を産し、工業も盛ん。南北戦争の戦跡が多い。➡表「アメリカ合衆国」

テネシー-がわ【テネシー川】ｶﾞﾊ《Tennessee》米国、アパラチア山脈に源を発し、オハイオ川に合流する川。全長1050キロ。1933年に始まったTVA(テネシー渓谷開発公社)の事業によって多くのダムが建設された。

テネドス-とう【テネドス島】ﾀｳ《Tenedos》トルコ北西部にあるボズジャ島のギリシャ語名。

て-ねば【手粘】〔形動ナリ〕《形容詞「てねばし」の語幹から》仕事や動作がのろいさま。「最前の鱸ｽｽﾞｷを、—な者が洗ふとみえていかう遅い」〈虎寛狂・鱸庖丁〉

て-ねば・し【手粘し】〔形ク〕仕事や動作がのろい。「余りに重くれて、—・く候ふ間」〈三河物語・中〉

デネブ〖Deneb〗白鳥座のα星。白色の1.3等星で、距離1800光年。秋の夜、天頂近くで輝く。

テネリフェ-とう【テネリフェ島】ﾀｳ《Tenerife》大西洋、モロッコ沖にあるスペイン領カナリア諸島の主島。北東部にカナリア諸島自治州の州都サンタクルス-デ-テネリフェのほか、世界遺産(文化遺産)の町サンクリストバル-デ-ラ-ラグナや、プエルト-デ-ラ-クルスなどの都市があり、気候温暖な観光保養地として知られる。スペイン最高峰テイデ山(標高3718メートル)があるテイデ国立公園は世界遺産(自然遺産)に登録されている。

て-の-うち【手の内】❶てのひら。たなごころ。「—に汗を握る」❷勢力の及ぶ範囲内。支配下。「天下を—に収める」❸腕前。手並み。「—を拝見する」❹心の中で考え、計画していること。「相手の—を読む」❺こじき・托鉢僧ﾀｸﾊﾂｿｳなどに与える金銭や米。「慈悲の—鉢にあまりて」〈浮・新永代蔵・六〉

〔類語〕(❸)腕前・手並み・手腕・手際(❹)考え・心中・腹の内・魂胆・計画・もくろみ・企ﾀｸﾗみ

手の内に丸め込・む　ごまかしたりだましたりして、思うとおりに従わせる。「巧みな話術で—・む」

手の内の珠ﾀﾏ　「掌中の珠」に同じ。

て-の-うら【手の裏】てのひら。たなごころ。

手の裏を返・す　「手の平を返す」に同じ。「—・したように態度が変わる」

テノール〖ﾄﾞｲﾂ Tenor〗❶男声の最高音域。また、その声域の歌手。テナー。❷多声部、特に四声部の楽曲で、バスより一つ上の声部。テナー。❸同一種の楽器で、❶に対応する音域をもつもの。テナー。

テノール-きごう【テノール記号】ｷｶﾞｳ《tenor clef》ハ音記号の一。五線の第4線を一点ハ音としたもの。声楽のほか、チェロ・ファゴットなどの声部に使用。

て-の-きわ【手の際】ｷﾊ 手の及ぶ限り。力の限り。「—戦ひ、打ち死にする者多かりけり」〈平家・六〉

て-の-くぼ【手の×窪】❶てのひらを内側へ軽く曲げると中央にできるくぼみ。❷飯を手づかみで食うこと。また、握り飯。「師の曰ﾉﾀﾏﾊｸ何—をすべけんや」〈柳多留・一六〉

て-の-ごい【手▽拭ひ】ｺﾞﾋ「てぬぐい」に同じ。「—をはちまきにして」〈読・八犬伝・九〉

て-の-こう【手の甲】ｶﾌ 手を握ると外側になる、手首から指のつけ根までの面。

て-のし【手熨斗】江戸時代、貴人が目下の者に対面するときの礼法の一。三方ｻﾝﾎﾟｳに載せた結び熨斗ﾉｼを手ずから取って目下の者に与える。

て-の-した【手の下】〔名・形動ナリ〕❶配下にあること。容易なこと。また、そのさま。「この者どもを—に討つはいかさま鬼神か」〈謡・熊坂〉❷すぐ近く。眼下。「やれやれ洛中—に見る」〈独吟一日千句〉

て-の-すじ【手の筋】ｽﾁ ❶手の皮膚を通して見える静脈。❷手のひらにある筋。手相。てすじ。❸《❷を見てその人の運勢を当てるところから》相手の身の上について、言いあてること。「笑っている所を見ると—だね」〈紅葉・多情多恨〉❹筆跡。筆づかい。また、文字の巧拙の素質。「—がいい」

て-の-はら【手の腹】てのひら。たなごころ。

て-のび【手延び】〔名・形動ナリ〕処置がおくれて時機をのがすこと。また、そのさま。手遅れ。「—にしてたばかられぬる事こそ遺恨なれ」〈平家・四〉

て-の-ひら【手の平｜▽掌】手首から指の付け根までの、手を握ったときに内側になる面。たなごころ。〔類語〕たなごころ・手の裏・手の内・平手

手の平を返・す　言葉や態度などが、それまでとがらりと変わる。手の裏を返す。「昨日と今日とでは—・して言うことが違う」

て-のべ【手延べ】❶機械・道具などを使わず、手で延ばすこと。また、延ばしたもの。「—そうめん」❷「てのび」に同じ。「すわ、きゃつを—にしてたばかられぬるは」〈平家・四〉

デノミ　「デノミネーション」の略。

デノミネーション〖denomination〗貨幣の呼称単位の変更。インフレーションによって金額表示が大きくなりすぎた場合に、例えば、現在の100円を新1円と呼び変えること。計算・記録の便宜を図るなどの目的で行われる。デノミ。

て-の-もの【手の物】❶手にはいったもの。また、手にしているもの。「名器が—となる」「—を渡す」❷自分の自由に扱えるもの。得意とするもの。おてのもの。「我が身の上の事は—と」〈咄・御前男・二〉

て-の-もの【手の者】自分の配下の者。手下。「—をさしむける」

て-のろ・い【手▽鈍い】〔形〕文てのろ・し〔ク〕物事のやり方がおそい。「お庄は—・い母親に、二時間もかかって、顔や頸ｸﾋﾞを洗って貰ったり」〈秋声・足迹〉

て-は〔連語〕《接続助詞「て」＋係助詞「は」。上に付く語によっては「では」とも》❶危惧・不都合などの感情をもたらす条件を仮定して示す。…たら。「けがが人が出—大変だ」「死んではなんにもならない」❷反駁ﾊﾝﾊﾟｸ・感心などの強い感情をもたらす原因となる条件を示す。…たからには。「そこまで言われ—黙っていられない」「これだけやっつけられ—反論する気も起きない」❸二つの動作・作用などが対になって繰り返される意を表す。「幼い頃は電車を見—喜んでいた」「姉はいつも洋服を脱いでは着て楽しんでいる」❹その条件のもとでは必ず、または常に同じ結果になる場合の、その条件を示す。「慢心してい—勝てない」「せい—事を仕損じる」「遊んではよい成果が得られない」❺(「…てはみる」の形で)よい結果が期待できない、あるいは自信がもてない状況のもとで、あることを行う意を表す。「考え—みるよ」「修理し—みるけれど完全に直るかどうか」❻(多く「…てはどうか」の形で)ある事柄をするよう勧める意を表す。「書いてみ—どうだろう」〔補説〕うちとけた会話では「ちゃ」「じゃ」「ちゃあ」「じゃあ」となることもある。

て-ば【手羽】鶏の羽の付け根部分の肉。上腕の部分を手羽元、残りを手羽先ともいう。手羽肉。

てば《「といへ(言)えば」の音変化》㊀〔係助〕名詞、名詞的な語に付く。❶相手の言葉を改めて話題として示す意を表す。…といえば。「ミカンか、ミカン—紀州物がいいな」❷話題としてある人を提示し、意外であったり、非難したりする意を表す。…たら。…ったら。…て。「彼っ—案外親切なのよ」㊁〔終助〕名詞、活用語の終止形・命令形、助詞などに付く。自分の気持ちがわかってもらえないじれったさを込めて、相手に訴える気持ちを表す。「早くしてっ—」〔補説〕㊀㊁ともうちとけた対話にだけ用いられ、「ん」以外で終わる語句に付く場合は「ってば」となる。

て-ば〔連語〕《完了の助動詞「つ」の未然形＋接続助詞「ば」》…たならば。「わが齢ﾖﾜｲ君が八千代にとりそへてとどめおき—思ひいでにせよ」〈古今・賀〉

で-は【出端】❶《「でば」とも》外へ出るきっかけ。「跳ね返されて、—を失って、ごうと吼ﾎえている」〈漱石・坑夫〉❷《「でば」とも》外出する手段。交通の便。「わざわざこんな—の悪い処へ引込んで」〈荷風・腕くらべ〉❸能で、神・鬼・精・霊などの後ジテやツレが登場するときに用いる囃子ﾊﾔｼ。❹歌舞伎で、主役などの登場。また、その際の所作や下座音楽。❺舞踊的な芸能で、登場するとき、また、退場するときの舞踊・音楽など。出羽。㊥入端ｲﾘﾊ。❻《「でば」とも》ちょうど出るおり。出しな。出ばな。「あれあれ、いま月の—ぢゃ」〈和泉流狂・吹取り〉

で-は〔接〕《「それでは」の略》❶前述の事柄を受けて、それをふまえて次の事柄を導くときに用いる。それなら。「—、そうします」❷区切りをつけて、物事を始めたり終えたりすることを示す。「—始めよう」「—これまで」「—さようなら」

で-は〔連語〕㊀《断定の助動詞「だ」の連用形＋係助詞「は」》判断の前提を表す。…であるとすれば。…だと。「雨—中止になる」「彼—だれも承知しないだろう」㊁《格助詞「で」＋係助詞「は」》…で。…においては。…を用いては。「今日—問題にされない」㊂《接続助詞「で」＋係助詞「は」》未然形に付く。㋐…ずには。…ないでは。…なくては。「さぶらは—あしかりぬべかりけるを」〈源・行幸〉㋑(「ならでは」の形で)…のほかには。…以外には。「かかる世の古事ﾌﾙｺﾞﾄなら—、げに何をか紛るることなきつれづれを慰めまし」〈源・蛍〉㊃ ►ては〔連語〕

で-ば【出刃】「出刃包丁」の略。

で-ば【出場】「出場所ﾃﾞﾊﾞｼｮ」に同じ。「主役の—」

で-ば【出歯】「出っ歯ﾊﾟ」に同じ。

デパーチャー〖departure〗出発。旅立ち。㊥アライバル。

デパート　❶《「デパートメントストア」の略》多種類の商品を陳列・販売する大規模小売店。百貨店。❷(比喩的に)それに関することが数多く集まっているようすや場所。「悪の—」「伝統技術の—」〔類語〕百貨店・スーパーマーケット

デパートメント〖department｜dept.〗❶一部門。一区分。企業の部局や大学の学科など、全体の中の一部分。❷《「デパートメントストア」の略》「デパート」に同じ。

デパートメント-ストア〖department store〗「デパート」に同じ。

デハール-じょう【デハール城】ｼﾞﾔｳ《Kasteel de Haar》オランダ中部の都市、ユトレヒトの郊外にあるネオゴシック様式の城。廃墟同然だった城を、1892年から1912年にかけて同国の建築家ペトルス＝カイパースの設計で再建。

て-はい【手配】〔名〕ｽﾙ ❶物事に先だって役割や段取りを決めたり、必要な物を用意したりすること。てくばり。「ハイヤーを—する」❷犯人・容疑者を逮捕するため、指令を発して所要人員の配置その他の活動をすること。「指名—」〔類語〕手回し・手配り・手当て・手筈ﾃﾊｽﾞ・用意・支度・準備・段取り・膳ｾﾞﾝ立て・道具立て

テバイ〖Thēbai〗►テーベ(ギリシャ)

デ-はい【デ杯】►デビスカップ

デバイ〖Peter Joseph Wilhelm Debye〗[1884〜1966]米国の化学者・物理学者。オランダ生まれ。固体の比熱、粉末試料のX線回折、強電解質溶液や有極性分子の研究で有名。1936年、ノーベル化学賞受賞。著「分子分極」。

てはい-し【手配師】手数料を取って、自由労務者に仕事を周旋する者。

デバイシェラー-ほう【デバイシェラー法】ﾊﾌ X線

回折を利用した構造解析の手法の一。粉末や多結晶の試料にX線を照射するとブラッグ反射による物質に固有な環状の回折像が得られる。この像を標準試料のものと比較して物質の同定を行う。

デバイス〖device〗❶回路・システムの構成単位。その機能を果たす手段により電子デバイス・半導体デバイスなどとよぶ。❷コンピューターのシステム内で、特定の機能を果たす周辺装置。マウス・プリンター・CD-ROMなど。コンピューターに接続して動作させるため必要なソフトウエアをデバイスドライバーという。

デバイス-ドライバー〖device driver〗コンピューターで、周辺装置や拡張ボードなどを動かすソフトウエア。ドライバー。

デバイド〖divide〗《分割・区分の意。「ディバイド」とも》格差。⇒デジタルデバイド

で-はいり【出入り¦出×這入り】〔名〕スル「でいり」に同じ。「人の一が多い家」「自由に一する」

でば-かめ【出歯亀】《明治41年(1908)風呂帰りの女性を殺害した女湯のぞきの常習者、池田亀太郎という出っ歯の男のあだ名から。「でばがめ」とも》のぞきをする男。また、痴漢。変質者。

でば-がめ【出歯亀】►でばかめ

て-ばかり【手×秤】❶手にさげて使うはかり。特に、貴金属を量る小形のはかり。❷料理の際など、手に載せたりして大体の重さを知ること。

て-ばこ【手箱】手回りの小道具や化粧道具などを入れておく箱。

てば-さき【手羽先】鶏肉の手羽の先のほうの部分。串焼き・煮込みなどにする。

て-ばしこ・い【手×捷い】〔形〕図てばしこ・し〔ク〕動作が機敏である。すばやい。「一・く父の背中を流した」〈藤村・夜明け前〉(派生)てばしこさ〔名〕

て-はじめ【手始め】物事にとりかかる第一歩。しはじめ。「一に簡単な問題から解く」(類語)始め・事始め・皮切り・最初・第一・まず・真っ先・一番

で-はじめ【出始め¦出初め】出まわりだして間のないこと。出たばかり。「新茶の一」

で-ばしょ【出場所】❶出るべき場所・場面。出場。「舞台で自分の一をまちがえる」❷出どころ。また、産地。出場。「うわさの一をさぐる」

て-はず【手×筈】物事をする際に、前もって決める手順。また、前もってなすべき準備。「出発の一を整える」「一緒に出かける一になっている」(類語)手順・段取り・手続き・手配・手配り・手回し・手当て・用意・支度・準備・備え・膳立て・道具立て・態勢

で-はずれ【出外れ】出外れた所。町や村などの外れ。「村の一の地蔵堂」

で-はず・れる【出外れる】〔動ラ下一〕図ではづ・る〔ラ下二〕町や村などの中心部を通り過ぎて外れに出る。「商店街を一・れた所にある病院」

て-ばた【手旗】❶手に持つ小旗。「歓迎の一を振る」❷手旗信号の旗。

て-ばた【手機】手足で動かす織機。手織機。

で-ばた【出機】織物業者が原料を出して、下職などに織らせること。

てばた-しんごう【手旗信号】右手に赤色、左手に白色の小旗を持ち、これを振り動かして遠くにいる相手に通信する信号。

デパ-ちか【デパ地下】《「デパ」は「デパート」の略》デパートの地下売り場のこと。特に、その多くが食品売り場であることから、デパートの地下食品売り場のこと。⇒噴水効果

デバッガー〖debugger〗コンピューターで、プログラムのバグを取り除く(デバッグする)作業をする人やそのためのプログラム。

デバッグ〖debug〗〔名〕スル《虫を除去する意》コンピューターのプログラムを検査し、その誤り(バグ)を訂正すること。

てはっちょう-くちはっちょう【手八丁口八丁】「口八丁手八丁」に同じ。

テバトロン〖Tevatron〗米国のフェルミ研究所にあった世界最大級の粒子加速器の名。1周6.3キロあり、1兆電子ボルトまで加速できた。2011年、運転終了。

て-ばな【手鼻】指先で鼻の片側を押さえ、鼻息を強く吹き出して鼻をかむこと。「一をかむ」

で-はな【出▽端】《「ではな」とも》❶(「出鼻」とも書く)出ようとしたとたん。また、出たとたん。「一に門前でばったり会う」❷(「出鼻」とも書く)物事のやりはじめ。また、やりはじめの勢いの盛んな時期。「事業の一からつまずく」❸►出花

出端を折・る　「出端を挫く」に同じ。「宣伝力でライバル会社の一・る」

出端を挫・く　物事を始めようとする意気込みや、勢いに乗って調子づこうとするのを機先を制して妨げる。出端を折る。「対戦相手の一・く先制点」

出端を叩・く　相手が事を起こそうとするところをやっつける。「一・いて戦意を喪失させる」

で-ばな【出花】番茶・煎茶などに湯を注いだばかりの香味のよいもの。「鬼も十八、番茶も一」「一を入れ替えて参りました、さあどうぞ」〈左千夫・春の潮〉

で-ばな【出鼻】❶岬や山の端などの突き出た所。❷►出端❶❷

では-なくて〔連語〕後述の断定と対照させて、ある事柄を提示し、それを否定することを表す。「大切なのはことば一心だ」「車一電車で行く」

て-ばなし【手放し】❶手を放すこと。「自転車に一で乗る」❷手をかけないで放っておくこと。批判・制限・条件などを加えないこと。「教育は一ではできない」「一では喜べない」「一の楽観主義」❸遠慮や気兼ねをしないで、おおっぴらに感情を表すこと。「一で子供の自慢をする」

て-ばな・す【手放す】〔動サ五(四)〕❶手に持っていたものを放す。手元から放す。「捕まえた虫を一・す」❷所有していたものを人手に渡す。「家屋敷を一・す」❸目をかけていた部下や子供を手元から放す。「娘を一・す」「子飼いの選手を一・す」❹仕事などを一時中止する。「一・せない仕事がある」

て-はなち【手放ち】〔形動ナリ〕十分に手をかけられないさま。「いと一に、あらあらしげにて」〈更級〉

て-はなび【手花火】線香花火などのように、手で持って楽しむ花火。(季 夏)「一に妹がかひなの照らさるる/誓子」

て-ばなれ【手離れ】〔名〕スル❶幼児が成長して、親の手を離れること。「子供が一して仕事に復帰する」❷物事ができ上がって、手を加える必要がなくなること。「その工事は私共からもう一しています」

てば-にく【手羽肉】「手羽」に同じ。

て-ばね【手×撥ね】手持ちの短い釣りざお。

では-の-かみ《俗語》何かというと「アメリカでは〜」「フランスでは〜」と欧米を例に挙げて日本は遅れているとけなす日本人をいう。⇒アメしょん

でば-ぼうちょう【出刃包丁】和包丁の一。刃の幅が広く、峰が厚く、先のとがったもの。魚をおろしたりするのに用いる。でば。

て-ばや【手早】〔形動〕図〔ナリ〕てばやいさま。すばやいさま。「荷物を一にまとめる」「一な対応」

て-ばや・い【手早い】〔形〕図てばや・し〔ク〕物事の処理が早い。すばやい。「一・くかたづける」(派生)てばやさ〔名〕

で-ばやし【出×囃子】❶長唄で、唄方と三味線弾きとが舞台に出て、観客に姿を見せて演奏すること。歌舞伎舞踊などで行われる。❷❶のうち特に、囃子方も舞台上に出て演奏すること。❸寄席で、芸人が高座へ上がるときに演奏する囃子。

で-はら・う【出払う】〔動ワ五(ハ四)〕人や物が全部出てしまう。「営業所から社員が一・う」「商品が一・って在庫切れになる」

て-ばり【手張り】❶手で張ること。また、手で張ったもの。「一の障子」❷証券会社の役員や従業員が自分自身の思惑で相場を張ること。❸勝負後に金を支払う条件で、ばくちを張ること。

で-ばり【出張り】《「ではり」とも》❶戦いのために他の場所へ出向くこと。「五百余騎にて矢矧に一して」〈太平記・三五〉❷本城から離れて分遣してある城やとりで。「崖を切り立てて、要害の一にしておくぞ」〈四河入海・八〉❸出向いて仕事をする所。また、別宅。「おらんだの一にござい」〈滑・浮世床・初〉❹歌舞伎で、囃子方などが特に登場人物に仮装して舞台に出ること。

デバリュエーション〖devaluation〗►平価切り下げ

て-ば・る【手張る】〔動ラ四〕自分の力にあまる。荷が重すぎる。かちすぎる。「湯元までは爰から五里半、余程道が一・りますから」〈伎・東京日新聞〉

で-ば・る【出張る】〔動ラ五(四)〕《「ではる」とも》❶外のほうへ突き出る。出っぱる。「道に一・った岩」❷仕事などをするために、ある所に出向く。出張する。「本社から一・って指揮をとる」

て-はん【手判】❶手に墨を塗って紙に押したもの。後日の証拠とする。また、自筆の書き判など。❷江戸時代、関所の通行手形。特に、女手形をいう。

で-ばん【出番】❶仕事・舞台などに出る番。「一が近づく」❷問題解決などのためにその人の登場すべき場面。「ここまでこじれては、いよいよ先生の一だ」❸江戸時代、商家の奉公人が公休日をもらう番。藪入り、宿下りなど。(類語)番・順番・出所

デビーン-じょう【デビーン城】《Devínsky hrad》スロバキア共和国の首都ブラチスラバの郊外にある城跡。ローマ帝国の戦略上の要衝であり、大モラビア王国時代に要塞が築かれた。その後、ハンガリー王国時代に増改築が繰り返され、19世紀初頭にナポレオン軍の攻撃を受け廃墟になった。ジェビーン城。

て-びかえ【手控え】❶心おぼえに書きとめておくこと。また、それに用いる帳面や、その内容。メモ。❷予備として手元に残しておくこと。また、そのもの。「一の品」❸物事をひかえめにすること。「仕入れの一」❹取引で、売買を見送って相場のようすをみること。(類語)(❶)書き付け・メモ・覚え書き・備忘録

て-びか・える【手控える】〔動ア下一〕図てびか・ふ〔ハ下二〕❶心おぼえに書きとめておく。「到着時刻を一・える」❷予備として手元に残しておく。「著書を数冊一・えておく」❸物事をひかえめにする。「批評を一・える」❹相場で、売買を見送ってようすをみる。「ドル買いを一・える」

てひかず-こう【手引かず×膏】すぐに効く膏薬。「『なぜ赤切れが一だ』『はい、手を引かぬ間に治るという心でござります』」〈滑・浮世風呂・前〉

て-びき【手引(き)】〔名〕スル《古くは「てひき」とも》❶人の手を引いて、助けたり導いたりすること。また、それをする人。「お年寄りを一して道を渡る」❷案内すること。また、それをする人。「友人の一で名所を巡る」❸情報を提供するなどして手助けすること。また、それをする人。「内部に一した者がいるらしい」❹新たに始める人のために手ほどきをすること。また、そのための書物。「英会話の一」❺手で引くこと。手で引き出すこと。「御車は中門の外より一にて入らせ給ふ」〈栄花・音楽〉(類語)手助け・案内・先導・指導・導き・手ほどき・ガイド

てびき-いと【手引(き)糸】機械を用いないで、手で引き出して繰った糸。

てびき-しょ【手引(き)書】手引き❹をする案内書。入門書。マニュアル。
(類語)入門書・ハンドブック・マニュアル・ハウツー物

デビス-カップ〖Davis Cup〗テニスの世界選手権大会の優勝国に贈られる純銀製の優勝杯。1899年米国のD=F=デービスが寄贈。デ杯。

デビスカップ-マッチ〖Davis Cup match〗1900年から始まったデビスカップを争う、男子国別のテニス世界選手権大会。参加国は世界ランキング順にグループ分けされ、最強の16か国が「ワールドグループ」を構成し、トーナメントで優勝を争う。ワールドグループの下には3ゾーン4レベルのグループ分けがあり、レベルの入れ替え戦が行われる。主催は国際テニス連盟(ITF)。国際テニス選手権。デ杯戦。

で-びたい【出額】突き出ている額。おでこ。

デビッソン〖Clinton Joseph Davisson〗[1881〜1958]米国の物理学者。ガーマーと共同で回折実験

を行い、電子の波動性を証明。1937年、ノーベル物理学賞受賞。

デビット-カード〖debit card〗キャッシュカードとしての機能の他に、買い物時に自分の口座からの即時決済機能を備えたカード。

て-びと【手人】《上代では「てひと」》❶機織り・裁縫などの技術者。職人。工匠。「百済の貢(たてまつ)れる今来(いまき)の一を」〈雄略紀〉❷巧者。上手。「騎射の馬、射一などを」〈公事根源〉❸手下。配下。「一の数十人も持たる人に非ざれば」〈孔雀楼筆記・三〉

て-ひど・い【手▽酷い】〔形〕因てひど・し〔ク〕❶手心を加えることなく、非常にきびしい。手きびしい。「一・く批判される」❷激しい。はなはだしい。「台風で一・い被害を受けた」(派生)てひどさ〔名〕

デヒドロゲナーゼ〖dehydrogenase〗生体内で、有機物質から水素を離脱させる反応を触媒する酵素の総称。酸化還元酵素の一。脱水素酵素。

デビトロセラミックス〖devitroceramics〗ガラスを加熱して、微結晶の集合体にしたもの。耐熱・耐磨耗性にすぐれ、急熱・急冷に耐えるので、調理用品や人工建材、特殊光学機器に使用。

て-びねり【手▽捻り】陶器の成形に際し、轆轤(ろくろ)や型を使わずに手で粘土をこねて作ること。また、そのようにして作った陶器。手捏(てづく)ね。

テビバイト〖tebibyte〗コンピューターで扱う情報量や記憶容量の単位の一。2^{40}(1兆995億1162万7776)バイト。TiB。(補説)もとは2^{40}バイトを表す単位はテラバイト(TB)だったが、これが1兆ちょうどの10^{12}バイトも意味するようになったため、前者だけを示す単位としてテビバイトが使われるようになった。

デビュー〖フランス début〗〔名〕スル 社交界・舞台・文壇など公の場に、新人が初めて登場すること。初舞台。初登場。「華々しく一する」「一作」(類語)登場・お目見(めみ)え

デビュタン〖フランス débutant〗《デビュタント(débutante)は女性形》新人。新参者。初心者。

デビュタント〖debutante〗初めて社交界にデビューする、年頃の女性。(補説)元来は、フランス語。英語の口語ではdeb, debbyともいう。

てびょう-あみがさ【手拍編み×笠】てびゃうー「手振(てぶ)り編み笠」に同じ。

て-びょうし【手拍子】てびゃうし ❶手を打ち鳴らして拍子をとること。また、その拍子。「曲に合わせて一をとる」❷囲碁・将棋などで、相手の手につられて、よく考えずに着手してしまうこと。「一で打つ」(類語)合いの手

で-びより【出日-和】旅立ちに都合のよい天気。「西国への一待って」〈浄・千本桜〉

デビル〖devil〗悪魔。魔王。サタン。デーモン。

て-びろ【手広】〔形動〕因〔ナリ〕てびろいさま。規模が大きいさま。「一な家」「一に商う」

て-びろ・い【手広い】〔形〕因てびろ・し〔ク〕❶家・屋敷などの、場所が広い。「一・い庭」❷交際・仕事などで、関係している範囲が広い。「一・く交流する」「一・く商売をする」(派生)てびろさ〔名〕

テフ〖TeX〗米国のドナルド=クヌースが開発した電子組版のためのソフトウエア。数式表現に強く、理工系の学術機関を中心に普及している。機能強化したLaTeXなどがある。テック。

てふ〔連語〕▶ちょう〔連語〕

デフ〖diff〗《「ディファレンシャル-ギア」の略》差動歯車のこと。

でぶ〔名・形動〕太っていること。また、そのさま。「一な(の)人」(類語)肥満・小太り・太りじし・太っちょ

デファクト-スタンダード〖de facto standard〗《de factoは、ラテン語で、事実上の、の意。「ディファクトスタンダード」とも》事実上の標準。ISOやJISなどの規格制定機関の認定によるのではなく、市場競争を勝ち抜くことによってその業界の標準と見なされている規格。⇨デジュールスタンダード

て-ふいご【手×鞴】手で操作して送風する小さいふいご。てふき。

デフィニション〖definition〗❶定義づけ。定義。❷解像度。鮮明さ。

て-ふうきん【手風琴】アコーディオン。

デフォー〖Daniel Defoe〗[1660ころ～1731]英国の小説家・ジャーナリスト。週刊誌「ザ-レビュー」を主宰、政治評論に活躍。晩年になり、写実小説を開拓。「ロビンソン=クルーソー」は58歳ころに発表した作品。

デフォッガー〖defogger〗冬期に自動車などの窓ガラスが水蒸気で曇るのを防ぐ装置。ヒーターの熱気を当てるもの、ガラスに電気ヒーターを鋳込んだものなどがある。デミスター。

デフォルト〖default〗❶債務不履行。公社債の利払いが遅延したり、元本の償還が不能となったりすること。借入金の返済が不能となったことをもいう。❷コンピューターで、ユーザーが特に指定しない場合に、あらかじめ設定されている値また動作条件。

デフォルト-ゲートウエー〖default gateway〗データの送受信を代表的に受け持つコンピューターやルーターなどの機器のこと。異なるコンピューターネットワークのコンピューターへ接続する際、接続先に関するドメインやアドレスの情報を取得する役割を担う。

デフォルト-リスク〖default risk〗▶信用リスク

デフォルマシオン〖フランス déformation〗絵画・彫刻などで、対象を変形して表現すること。また、その技法。変形。歪曲(わいきょく)。

デフォルメ〖フランス déformer〗〔名〕スル デフォルマシオンの技法により、対象を変形して表現すること。「人物を一して描く」

て-ふき【手拭き】手などをふく布、または紙。(類語)手拭(てぬぐ)い・タオル・ハンカチ・お絞り・手巾(しゅきん)

て-ぶくろ【手袋】毛糸、または皮・布・ゴムなどで作り、手にはめる袋状のもの。防寒・保護・装飾などのために用いる。(季 冬)「一とるや指輪の石のうすぐもり／しづの女」(類語)手套(しゅとう)・軍手・ミトン

手袋を投・げる 《西洋の風習で、決闘を申し込むしるしとしたところから》相手に断交を宣言する。

手袋を引・く 鷹が片脚を腹毛の中に入れる。転じて、手を引っ込ませる。かかわりをもたないように手出しをしない。〈日葡〉

デフコン〖DEFCON〗《Defense Readiness Condition》防衛準備態勢。軍隊の作戦・戦闘の準備態勢のレベルを示す数字、または略号。NATO(ナトー)・米軍・航空自衛隊では1から5までのレベルを設定し、1が最高の準備態勢になる。

て-ぶし【手節】❶手首の関節。❷腕前。手並み。また、腕っぷし。「はめるならはめてみさっしゃい。わしにも一がござるは」〈滑・膝栗毛・三〉

で-ぶしょう【出無精|出不精】でブシャウ〔名・形動〕外出を嫌ったりおっくうがったりすること。また、そのさまや、そういう人。「一な(の)人」

デプス-インタビュー〖depth interview〗通常の質問方法では得られない個人の内奥の心理・感情・考えなどを聞き出す面接法。催眠術などを用いることもある。深層面接。

て-ぶそく【手不足】〔名・形動〕働き手が足りないこと。また、そのさま。「受注が増えて一になる」

て-ふだ【手札】❶トランプや花札で、競技者が手に持っている札。❷名ふだ。名刺。❸「手札形」の略。(アクセント)❶はテフダ、❷❸はテフダ。

てふだ-がた【手札形|手札型】写真の乾板や印画紙の大きさで、縦10.8センチ、横8.25センチのもの。名刺判の2倍の大きさ。手札判。

てふだ-がわり【手札代(わ)り】ーがはり《手札❷の代わりにすぎないほどの軽少な品物の意》手土産などを差し出すときにへりくだっていう語。名刺代わり。

てふだ-ばん【手札判】「手札形(がた)」に同じ。

でぶっ-ちょ〔名・形動〕太っていること。また、そのさまや、そのもの。「一な(の)犬」

て-ぶっちょう【手不調】ーブテウ〔名・形動ナリ〕手先の不器用なこと。また、そのさま。ぶきっちょ。「一の口八丁」「商人(あきんど)には巻き舌で向かず、職人には一なり」〈滑・浮世床・初〉

でぶ-でぶ ❶〔副〕スル しまりなく、ひどく太っているさま。「一(と)したおなか」❷〔形動〕❶に同じ。「一なからだ」(アクセント)❶はデブデブ、❷はデブデブ。

て-ぶね【手船】自分の所有する船。持ち船。「一の二十挺立(だて)を押しきらせ行くに」〈浮・永代蔵・二〉

で-ふね【出船】《「でぶね」とも》船が港を出ること。また、港を出てゆく船。(対)入り船。(類語)出船(しゅっせん)・船出(ふなで)・出港・出航・出帆・抜錨(ばつびょう)・解纜(かいらん)

デフュージョン〖diffusion〗▶ディフュージョン

テフラ〖tephra〗地学で、火山砕屑物(さいせつぶつ)。

て-ぶら【手ぶら】手に何も持たないこと。また特に、土産などを持参しないこと。からて。「何も釣れずに一で帰る」「一で訪問する」
(類語)素手・空手・徒手・空拳

て-ブラ【手ブラ】《「ブラ」は「ブラジャー」の略》グラビア撮影などで、モデルが乳房を手で隠すこと。また、そのポーズ。

デフラグ《「デフラグメンテーション」の略》ハードディスクなどの記憶装置において、データが書き込まれたファイルの位置を物理的に再配置すること。ディスク最適化。最適化。

デフ-ラグビー〖deaf rugby〗聴覚障害者によるラグビー。ルールは一般的なラグビーと同じで、手・腕を使ったサインやアイコンタクトなどで意思を通じ合う。

て-ぶり【手▽風|手振り】ならわし。風習。風俗。「天離(あまざか)る鄙(ひな)に五年住まひつつ都の一忘らえにけり」〈万・八八〇〉

て-ぶり【手振り】❶手を振ること。手を動かすこと。また、その手つき。「身ぶり一で説明する」❷取引所で、場立ちが売買のための合図を手で示すこと。また、その場立ち。❸競り市などで、競り人が値段をつけるために振る手。また、その競り人。❹供の者。従者。「しもつかへ、一などが具しいけば」〈かげろふ・上〉❺手に何も持たないこと。手ぶら。「淀の里より一で行きて」〈浮・永代蔵・五〉❻元手がないこと。無一文。「金銀にうとまれ、一になりたる我なれば」〈浄・淀鯉〉❼▶手風(てぶ)

デブリ〖フランス débris〗❶登山で、崩壊した岩石の破片。また、なだれ落ちた雪塊。❷▶スペースデブリ

てぶり-あみがさ【手振り編み×笠】編み笠以外は何も持っていないこと。無一文。手拍(てびょう)編み笠。「無理に離縁を取って出ましたが、一、…何一つもくれませぬ」〈円朝・真景累ヶ淵〉

デブリーフィング〖debriefing〗災害に遭うなど、つらい経験をしたあとでそれについて詳しく話して、つらさを克服する手法。元来は軍隊用語で状況報告、事実確認の意。心理的デブリーフィング。PD(psychological debriefing)。

てぶり-うぐいす【手振り×鶯】ーうぐひす 鳴き声をたてない鶯。手振りで示すであろうというしゃれ。「声せぬ夏の一」〈浄・油地獄〉

テフリケ〖Tephrike〗トルコ中東部の町ディブリーの旧称。

デプリケーター〖deprecator〗反対者。反対派。

デフリンピック〖Deaflympics〗聴覚障害者による国際的なスポーツ大会。ICSD(国際ろう者スポーツ委員会)が主催し、4年に一度行われる。夏季大会は1924年フランスで、冬季大会は49年オーストリアで第一回が開催された。(補説)deaf(聴覚障害)とOlympicsの合成語。身体障害者のスポーツ大会であるパラリンピックは、参加資格に聴覚障害を含まない。

テフル〖TEFL〗《teaching English as a foreign language》外国語としての英語教授法。英語圏以外の国で、英語が母語でない人に英語を教えること。

で-ぶるまい【出振る舞ひ】ーぶるまひ 客を料理屋などに招いて供応すること。「諸国の侍衆、又はお年寄られたる方を東山の一の折節」〈浮・一代女・一〉

て-ぶれ【手ぶれ】写真などを撮る際、カメラを持つ手が振れること。また、そのために画像がぼけること。

デフレ「デフレーション」の略。(対)インフレ。

デフレ-インパクト《deflation impactから》デフレの引き金になる要因。企業の倒産、失業率の増加など。

デフレーション〖deflation〗一般的物価水準が継

統的に下落しつづける現象。通貨の収縮、金融の梗塞、生産の縮小、失業の増加などが生じる。デフレ。⇔インフレーション。

デフレーター〖deflator〗国民総支出などの経済量を異なった時点で比較するとき、その間の価格変動による影響を除いた実質値を割り出すために用いられる物価指数。価格修正因子。

デフレ-ギャップ《deflationary gapから》完全雇用の状態で実現される生産水準(総供給)を基準にして、現実の有効需要(総需要)が総供給よりも低い場合の差。⇔インフレギャップ。

デフレ-スパイラル《deflationary spiralから》物価下落と利益減少が繰り返される深刻な状況。デフレによる物価の下落で企業収益が悪化、人員や賃金が削減され、それに伴って失業の増加、需要の減衰が起こり、さらにデフレが進むという連鎖的な悪循環のこと。

デブレツェン〖Debrecen〗ハンガリー東部の都市。首都ブダペストに次ぐ同国第二の都市。中世より交易の要地として発展。14世紀の宗教改革において、カルバン主義派の拠点となった。1848年から翌年にかけてのハンガリー革命と独立戦争期には一時的に首都になり、また、第二次大戦末期にはソ連の支援を受けた反ナチス政権の臨時政府が置かれた。デブレツェン大学、改革派大教会などがある。

デプレッション〖depression〗❶意気消沈。憂鬱。❷不況。不景気。

てぶれ-ほせい【手ぶれ補正】写真などを撮る際の手ぶれを防ぐために、レンズやカメラ本体に組み込まれた光軸を補正する機構。双眼鏡に搭載することもある。

デフレンド〖defriend〗フェースブックなどSNSの中で、友人関係を解除すること。

デブレント-けいこく【デブレント渓谷】《Devrent Vadisi》トルコ中央部、カッパドキア地方にある渓谷。凝灰岩が浸食を受けてできた奇岩が連なり、同地方有数の景勝地として知られる。岩山に開いた穴は、かつて迫害から逃れたキリスト教徒が逃げ込んだ隠れ家だったと考えられている。

デプロイ〖deploy〗▶デプロイメント

デプロイメント〖deployment〗《配備、展開の意》コンピューターネットワークを通じて提供されるアプリケーションやウェブ上のサービスを、利用可能な状態にすること。ソフトウエアデプロイメント。デプロイ。

デフロスター〖defroster〗自動車や冷蔵庫などの、霜取り装置。

デフ-ロック《differential lockから》自動車のデフ(差動機)を一時的にロックする装置。特に、強力な車では急加速をしたときなど、一輪が空転するとデフが作動して速度が落ちるため、左右駆動輪の回転差を感知してデフの機能を停止させる。

テフロン〖Teflon〗弗素樹脂のポリ四弗化エチレンの商標名。耐薬品性・耐水性・耐熱性にすぐれ、機械部品・電気絶縁材などのほか、フライパンやアイロンに用いられる。米国デュポン社が開発。「―加工」
(補説)「弗素樹脂加工」などと言い換える。

て-ぶんこ【手文庫】手もとに置いて、手紙や書類などを入れる小箱。

てへ〔連語〕▶てえ〔連語〕

テベク-さんみゃく【太白山脈】朝鮮半島の東部を南北に連なる山脈。金剛山・雪岳山・五台山・太白山などが並ぶ。たいはく山脈。

で-べそ【出×臍】とびだしているへそ。

デベニシュ-とう【デベニシュ島】《Devenish Island》英国、北アイルランド南西部、ロウワーアーン湖に浮かぶ島。6世紀に修道院が創設されたが、9世紀にバイキングにより破壊。12世紀建造の高さ30メートルの円塔と15世紀建造のセントメアリー教会があるほか、初期キリスト教時代の遺跡が多数残る。

テヘラン〖Teheran〗イラン-イスラム共和国の首都。エルブルズ山脈南麓、標高1200メートル近い高原にある。1785年カージャール朝ペルシアがここに首都を移し発展。人口、行政区709万(2006)。

テヘラン-かいだん【テヘラン会談】第二次大戦中の1943年11～12月、米大統領ルーズベルト、英首相チャーチル、ソ連首相スターリンがテヘランで開いた共同作戦会議。戦争遂行上の協力を図り、また、イラン国の独立を決定した。

テヘラン-せんげん【テヘラン宣言】1943年、テヘラン会談で発表された宣言。ドイツへの進撃の共同作戦に関するもの。

てへ-り〔連語〕▶てえり

テベレ-がわ【テベレ川】《Tevere》イタリア中部の川。アペニン山脈に源を発し、ローマを貫流してティレニア海に注ぐ。長さ406キロ。

てへ-れば〔連語〕▶てえれば

デベロッパー〖developer〗《「ディベロッパー」とも》❶開発者。開発業者。❷ソフトウエアの製作者。❸大規模に宅地造成を行う企業体。宅地開発業者。都市開発業者。

デベロップメント〖development〗《「ディベロップメント」とも》❶発展。進展。❷土地や住宅などの開発、造成。❸ソフトウエアなどの開発、製作。

て-へん【▽天辺・▽頂辺】❶兜の鉢のいただき。てっぺん。❷いただき。頭。てっぺん。「此の奴ども―さ打ち被る時」〈滑・浮世風呂・前〉

て-へん【手偏】漢字の偏の一。「払」「技」などの「扌」の称。

て-べんとう【手弁当】❶自分で弁当を用意して持っていくこと。また、その弁当。❷自費で、あることのために働くこと。「―で選挙の応援をする」
(類語)自弁・持ち出し・自費・自腹・ボランティア

で-ほ【出穂】稲や麦などの穂が出ること。また、その出た穂。しゅっすい。

デポ〖フランス dépôt〗〔名〕スル ❶荷物置き場。保管所。❷デパートが家庭などに配達する品物を一時的に保管する所。配送所。❸登山・スキー・探検などで、行動計画に合わせて必要な物資や荷物を行程の途中に置いておくこと。また、その場所。「スキー―」

て-ぼう【手棒】❶手に持った棒。「―を振り上げ」〈虎明狂・若市〉❷「てんぼう」に同じ。

て-ぼうき【手×箒】片手で使う柄の短いほうき。

て-ぼうせき【手紡績】糸を紡ぐのに機械を用いず、主として手先で行うこと。てびり。

で-ほうだい【出放題】〔名・形動〕❶出るにまかせておくこと。出るばかりのこと。また、そのさま。「湯を―にしておく」❷好き勝手なことを口から出るにまかせて言うこと。また、そのさま。でまかせ。「あることないこと、―な悪口雑言を吐く」

デボーション〖devotion〗献身。専念。傾倒。また、信仰。信心。

デホーヘフェルウェ-こくりつこうえん【デホーヘフェルウェ国立公園】《Nationale Park De Hoge Veluwe》オランダ、ヘルデルラント州にある国立公園。同国最大の面積をもつ自然保護区。野生のウサギやシカが生息する森林と草原が広がる。園内に、同国の画家ゴッホのコレクションで知られるクレラーミュラー美術館がある。

デボーリン〖Abram Moiseevich Deborin〗[1881～1963]ロシアの哲学者。ロシア革命後共産党に入党、「マルクス主義の旗の下に」誌を主宰。1920年代のソ連哲学界の重鎮であったが、のちにスターリンによってその観念論的傾向を批判された。著「弁証法的唯物論哲学入門」「弁証法と自然科学」など。

て-ぼこ【手×鉾】薙刀に似た古代の武器。刃はやや内に反り、柄に麻糸を巻き、鉄の口金と木の石突きをつけたもの。

デポ-ざい【デポ剤】《depot》効力を持続させるために徐々に成分が放出するように作られた薬剤。ホルモンの注射剤に多い。

て-ほし-い〔連語〕▶欲しい❸

デポジット〖deposit〗保証金。預かり金。

デポジット-チャージ〖deposit charge〗▶デポジット方式

デポジット-ほうしき【デポジット方式】缶・瓶などの保証金を上乗せして販売し、それらの回収の際に保証金を返金する制度。資源回収・公害防止のための方法の一。預かり金払い戻し制度。

デボ-しんでん【デボ神殿】《Templo de Debod》スペインの首都、マドリードのオエステ公園にある古代エジプトの神殿。アスワンハイダム建設による水没からアブシンベル神殿を救うため、スペイン政府が行った援助への返礼として、エジプト政府から贈られた。

て-ぼそ【手細】❶頬かぶりなどに用いる絹の布。「紫の―にて頬かぶりして顔は見せざりき」〈浮・男色大鑑・六〉❷腰帯のこと。「ゆかりの色や紫の、縮緬―結び下げ」〈松の葉・四〉❸江戸で、綿帽子の一種。❹京都・大坂で、筒袖の襦袢。

て-ほどき【手▽解き】〔名〕スル 学問や技術などの初歩を教えること。「ドイツ語を―する」
(類語)指導・指南・手引き・コーチ

テポドン【大浦洞】朝鮮民主主義人民共和国のミサイル。1号と2号があり、1号は射程距離が1500キロ程度の中距離弾道ミサイル。2号は6000キロ前後とみられ、大陸間弾道ミサイルに分類される。名称は発射基地のある舞水端里の旧名「大浦洞」に由来。
(補説)発射実験が1号は1998年8月に、2号は2006年7月に行われた。1号は日本上空を横切って太平洋に着弾。2号はハワイ沖を目指したとみられるが、失敗して日本海に着弾した。

て-ぼり【手彫(り)】機械でなく、鑿などの手で扱う道具を使って彫刻すること。

て-ぼり【手掘り】機械を使わずに、手で扱う簡単な道具で掘ること。また、その方法。

て-ほん【手本】❶習う人が模範とすべき字や絵などのかいてある本。「―どおりに書く」❷見習うべき物事。模範。「友人宅を―にして新築する」
(類語)模範・規範・モデル・範・鑑・亀鑑・規矩

デボン〖Devon〗㊀英国イングランド南西部の州。州都エクセター。主に石炭紀・デボン紀の地質からなる高原地形が発達。デボンシャー。㊁家畜の牛の一品種。英国デボン州原産の肉用種。

デボン-き【デボン紀】地質時代の区分の一。古生代の中ごろ、シルル紀のあと、石炭紀の前の時代。4億1600万年前から3億6700万年前まで。魚類やシダ植物が繁栄し、両生類が出現した。

て-ま【手間】❶そのことをするのに費やされる時間や労力。「―を省く」「―がかかる」❷「手間賃」の略。「―を払う」❸手間賃を取ってする仕事。手間仕事。また、その仕事をする人。「―を雇う」
(類語)手数・手数・労力・人手・面倒

デマ《「デマゴギー」の略》❶政治的な目的で、意図的に流す扇動的かつ虚偽の情報。❷事実に反するうわさ。流言飛語。「人を中傷する―を飛ばす」
(類語)流言飛語・噂・中傷・空言・流説・風説・浮説

て-まえ【手前】㊀〔名〕❶自分の目の前。自分のもと。「―にある本を取る」❷自分に近い方。また、目標とするものの前。こちら。「―の交差点を右折する」「採用の一歩―の段階」❸人の見る前。他人に対する自分の立場・面目・体裁。「少しは世間の―も考えなさい」「言い出した―、とても断れない」❹腕前。技量。手並み。「お―拝見」❺(「点前」とも書く)茶の湯で、茶をたてたり炭をついだりするときの所作や作法。➡御手前 ❻自分ですること。自前。「―の商ひをして、大方は仕損じ」〈浮・永代蔵・二〉❼自分のものであること。自分の支配下であること。「―の人足、数千人出て」〈浮・武家義理・三〉❽暮らし向き。生計。経済状態。「一代のうちにかく―富貴になりぬ」〈浮・永代蔵・二〉㊁〔代〕❶一人称の人代名詞。自分のことを謙遜していう語。わたくし。「―の生まれは信州です」❷二人称の人代名詞。㋐対等または目下の相手をさしていう。おまえ。「おれは―を憎くて殺したのでねえんだぞ」〈賢治・なめとこ山の熊〉➡てめえ ㋑(「おてまえ」の形で)対等の相手をさしていう。あなた。「お―の大切にしらるるものをおれが伐るものか」〈咄・鹿の巻筆・一〉

(類語)小生・不肖・愚生・迂生・小弟・拙者・自分・私・私・僕・俺・わし・吾人・余・我が輩

で-まえ【出前】〔名〕スル 料理を、注文を受けて調え届けること。また、その料理や、それを届ける人。「鮨の一を頼む」「そばを一する」
(類語)配達・宅配・仕出し・デリバリー・ケータリング

てまえ-がって【手前勝手】〔名・形動〕自分の都合のよいようにばかり考えたり行動したりすること。また、そのさま。自分勝手。「そんな一な意見は通らない」(類語)勝手・わがまま・自分勝手・身勝手・得手勝手・好き勝手・利己的・自己中・エゴイスチック

てまえ-かん【手前勘】自分の考えだけで一人ぎめすること。ひとりよがり。また、うぬぼれ。「人間はかように一の強いものである」〈漱石・坑夫〉

てまえ-さいくにん【手前細工人】自分の家にかかえている職人。「数十人の一立ち並び、即座に仕立て」〈浮・永代蔵・一〉

てまえ-しゃ【手前者】暮らし向きのよい人。財産家。手前よし。「一の子にて、小さい時からうまい物ばかりで育てられ」〈浮・胸算用・二〉

てまえ-だたみ【手前畳・点前畳】茶室で、茶道具が置かれ、主人が点茶をする場所の畳。道具畳。亭主畳。

てまえ-ども【手前共】〔代〕一人称の人代名詞。多く、商人などがへりくだって用いる語。わたくしたち。わたくしども。また、わたくしたちの家、わたくしたちの店。「一では掛け売りはいたしておりません」

てまえ-ぶしん【手前普請】借家人が自分の費用で、または、自分で借家の修理をすること。「貸家といふは名ばかり、破れ家を一」〈浄・博多小女郎〉

てまえ-みそ【手前味噌】《自家製の味噌を独特の味があると自慢する意から》自分で自分のことをほめること。自慢。「一を並べる」(類語)自画自賛・自賛・自慢・能書き・自己満足・独りよがり

でまえ-もち【出前持(ち)】出前の料理を配達する人。出前。

てま・える【手まへる】〔動ハ下一〕❶手に入れる。「彼奴めはぬっくりと銀子を一・へてゐるが」〈浄・七里鞋梁〉❷盗む。「人のもの一・へるほどの働きはありゃせんわい」〈滑・膝栗毛・六〉

て-まかせ【手任せ】手の動きに任せること。「書棚から何か書物を一に抽こうとした」〈佐藤春夫・田園の憂鬱〉

で-まかせ【出任せ】❶口から出るにまかせて、いいかげんなことを言うこと。また、その言葉。出放題。「口から一を言う」❷出るままにしておくこと。「私は涙を一にしていた」〈康成・伊豆の踊子〉

て-まかない【手賄い】自分で自分の食事を作ること。自炊。「長逗留をするには、貸座敷を借て、一にするもよし」〈総生寛・西洋道中膝栗毛〉

て-まき【手巻(き)】❶機械や道具を使わずに、手で巻くこと。また、そのもの。「一の時計」❷自分で手で巻いて作ること。また、そのもの。「一鮨」

て-まくら【手枕】腕を曲げて枕の代わりにすること。ひじまくら。たまくら。「一で横になる」
(類語)手枕・肘枕・腕枕・膝枕

デマゴーグ〖ドイツ Demagog〗デマ❶を用いる政治家。民衆扇動家。扇動政治家。

デマゴギー〖ドイツ Demagogie〗▶デマ

て-まさぐり【手弄り】❶手先でもてあそぶこと。❷暗くて見えないときなどに、手先で探ること。手探り。「一でスイッチを入れる」

て-まさぐ・る【手弄る】〔動ラ五(四)〕なんとなく手先でもてあそぶ。「赤い花を一・って」〈鴎外・天寵〉

て-まし〔連語〕《完了の助動詞「つ」の未然形＋推量の助動詞「まし」》❶事実に反することを、不満や後悔の思いで想像する意を表す。…すればよかっただろうのに。「昼ならましかば、覗きて見たてまつり一・まし」〈源・帚木〉❷上に疑問表現を伴って、ためらい迷う気持ちを表す。…してしまおうかしら。「いと渡らまほしげにおぼいためるを、さもや渡しきこえ一・ましなど思へど」〈源・宿木〉

てま-しごと【手間仕事】❶手間のかかるめんどうな仕事。「一をいとわない」❷手間賃を取ってする仕事。「いくらにもならない一」(類語)賃仕事・内職

てま-ぞん【手間損】手間がかかるわりに利益や効果の少ないこと。手間潰し。

てま-だい【手間代】「手間賃」に同じ。

て-また・し【手全し】〔形ク〕人柄が実直である。律義である。「しゃれたる女を成る程一・く作りて(実ハ)物盗りの腰本」〈浮・織留・六〉

て-まち【手待ち】❶仕事時間中にする仕事がなくて、手を空けた状態で仕事がくるのを待っていること。「一時間」❷将棋で、自分から仕掛ける有効な手がないとき、損をしない不急の手をさして相手の動き方を見ること。また、そうすることで相手が先に攻めてくるよう仕向けること。手を渡す。

で-まち【出待ち】劇場、放送局、スタジアムなどの出入り口で、ファンが目当ての芸能人や有名選手などの出てくるのを待っていること。⇔入り待ち❷。

てまち-じかん【手待ち時間】勤務時間でありながら、する仕事がなくて仕事がくるのを待つ時間。

てま-ちん【手間賃】手間に対して支払われる賃金。手間。手間代。(類語)賃金・工賃・駄賃・日当

てま-つぶし【手間潰し】「手間損」に同じ。

で-まど【出窓】建物の外壁面から外側へ突き出して造られた窓。張り出し窓。

て-まどい【手惑ひ】うろたえ、まごつくこと。あわてふためくこと。「才有るをのこども、一をして一行の文も奉らぬに」〈宇津保・俊蔭〉

てま-どう【手間だう】〔形動ナリ〕手間がかかってめんどうなさま。「いやいや抜くも一なり。火をつけて焼き立てう」〈浄・女夫池〉(補説)「どう」は無駄になる意の接尾語「どうな」からか。➡どうな

てま-とり【手間取り】手間賃をもらって雇われること。また、その人。「お客様のお望みに従って、艶物を書いてお目にかける一だ」〈芥川・戯作三昧〉

てま-ど・る【手間取る】〔動ラ五(四)〕思ったより手間がかかる。「準備に一・る」
(類語)長引く・暇取る・もたつく・てこずる

て-まね【手真似】手を動かして物事のようすをまねること。「一で知らせる」

て-まねき【手招き】〔名〕スル 手先を上下に振り、こちらへ来るように合図すること。「一して呼ぶ」
(類語)おいでおいで・合図・差し招く

てま-ひま【手間暇・手間隙】手間とひま。労力と時間。「一をかける余裕はない」

てまひま-いらず【手間暇いらず】時間や労力がかからない。容易に事が運ぶ。「意外に一で事が済んだ」

て-まめ【手忠＝実】〔名・形動〕❶手先をまめに働かせること。めんどうがらずに休みなく仕事をすること。また、そのさま。「一に働く」❷手先が器用なこと。また、そのさま。「一な人」「一な細工」

て-まり【手鞠・手毬】❶まるめた綿を芯にし、その上を色糸で巻いたまり。また、それを手でつく遊び。今は、表面に彩色を施したゴム製のものが多い。(季 新年)「焼跡に遺る三和土や一つく／草田男」❷「手鞠花」の略。

でまり〔連語〕「でまれ」の音変化。「いかな御一族一、ちともはばからぬぞ」〈蒙求抄・一〉

てまり-うた【手鞠歌】子供が手まりをついて遊ぶときにうたう歌。(季 新年)「一かなしきことをうつくしく／虚子」

てまり-ばな【手鞠花】オオデマリの別名。(季 夏)「病棟に病連衆あり一／波郷」

て-まる【手丸】「手丸提灯」の略。

で-まる【出丸】本城から張り出した形に築いた小城。

てまる-ぢょうちん【手丸提灯】丸形の弓張り提灯。

でまれ〔連語〕《「でもあれ」の音変化。中世語》…であっても。…であったとしても。「なん一、敵の方より出で来たらん物をのがすべき様なし」〈平家・九〉

て-まわし【手回し】❶手で回すこと。また、そのもの。「一の轆轤」❷事前に手くばりすること。手配。用意。「幹事の一がいい」❸都合のよいこと。便利。「紙花下されなば宿へ断り申して、一匁引いて取りかへてもらふが一なるべし」〈浮・禁短気・六〉❹金銭のやりくりをすること。「一自由なるまでは、二百年でも待つ金子」〈浄・八百屋お七〉(類語)手配・手配り・用意・支度・準備・手筈・段取り・膳立て・道具立て

てまわし-はつでんき【手回し発電機】ハンドルを手で回して内蔵されているモーターを回転させることで運動エネルギーを電気エネルギーに変換し、発電する機械。

て-まわ・す【手回す】〔動サ四〕手配する。「布団を二帖ほど一・さんならんが」〈咄・臍の宿替〉

て-まわり【手回り】❶手の届くあたり。身のまわり。身近。また、身辺に置いて使うもの。「一の小間物」❷常に身近に仕える者。また、身辺を護衛する者。「一少々御供にて」〈浄・嫗山姥〉❸家計。暮らし向き。「一もよく幾はへか庭に五つのたなつ物」〈浄・宵庚申〉

で-まわり【出回り】出回ること。「今年はミカンの一が早い」

でまわり-き【出回り期】農産物などが出回る時期。

てまわり-どうぐ【手回り道具】いつも身近に置いて使う道具。

てまわり-ひん【手回り品】いつも身辺に置いて使う物品。また、旅行などをするときの携帯品。

で-まわ・る【出回る】〔動ラ五(四)〕商品が市場へ大量に出る。その物をよく見かけるようになる。「旬の果物が一・る」「偽一万円札が一・る」

デマンド〖demand〗需要。要求。請求。

デマンド-コントロール〖demand control〗電気料金のうち、基本料金は使用する瞬間最大電力(デマンド値)で決められるため、その最大電力を制御することにより、電気料金を節約すること。

デマンド-チェーン-マネージメント〖demand chain management〗コンピューターネットワークを通して消費者の購買傾向を即時にとらえ、需要予測をたてて在庫管理・生産計画に生かすシステム。DCM。

デマンド-バス〖demand bus〗無線通信による利用者の呼び出しに応じて、一定地域内を不定期に運行する小型バス。

て-まんりき【手万力】手でねじを締める小型の万力。小物を細工するときに用いる。

デミアン〖Demian〗ヘッセの長編小説。1919年、匿名で発表。主人公シンクレールが、神秘的な少年デミアンを通じ真の自己を発見していく過程を描く。

デミウルゴス〖ギリシャ dēmiūrgos〗《製作者の意》プラトン哲学で、原型としてのイデアにのっとって素材から世界を形成する神。

てみ-きん【手見禁】碁・将棋で、自分の手を見せないこと。また、相手の出方を見てから自分の手をやり直すのを禁じること。待ったなし。てみせきん。「千両の賭け一で座頭さし」〈柳多留・一九〉

デミグラス-ソース《和 demi-glace＋sauce》▶ドミグラスソース

て-みじか【手短】〔形動〕〔文〕〔ナリ〕簡単で短いさま。てっとりばやいさま。「用件だけを一に話す」
(類語)簡潔・簡単・簡略・端的・コンパクト

て-みじか・い【手短い】〔形〕〔文〕てみじか・し〔ク〕簡略である。簡潔である。「貴方に御願い申して、一・く書いて頂きたいと思いまして」〈藤村・破戒〉

テミス〖Themis〗《掟の意》ギリシャ神話で、法の女神。ウラノスとガイアの娘で、ゼウスの二度目の妻。また、予言の女神で、デルフォイに神託所をもち、アポロンにその術を授けた。

て-みず【手水】❶手を洗う水。てあらいみず。ちょうず。❷洗ったあとなどに手についている水。❸餅つきのとき、捏ね取りが手に水をつけて餅を湿らすこと。また、その水。

で-みず【出水】大雨などのために河川などが急

に増水して氾濫すること。洪水。しゅっすい。〔季 夏〕「木曽川の―を見にと着たる蓑/たかし」〔補説〕俳句では、特に梅雨期のものをいい、秋の台風などによるものは「秋出水」という。

デミスター〖demister〗▶デフォッガー

テミスト〖Themisto〗木星の第18衛星で、すべての衛星のうち9番目に木星に近い軌道を回る。1975年に発見されたが見失われて、2000年に再発見された。名の由来はギリシャ神話のゼウスの愛人。表面は黒っぽく非常に暗い。非球形で平均直径は約8キロ。

テミストクレス〖Themistoklēs〗［前528ころ～前462ころ］古代ギリシャ、アテネの軍人・政治家。海軍力を増強してサラミスの海戦でペルシア艦隊を破ったが、のち追放された。

てみず-や【手水▽舎】神社で、参拝者が手・口などを清めるための水盤を置く建物。ちょうずや。

て-みせ【手見せ】腕前を人に見せること。「時平公へ宗旨を替へた―の働き」〈浄・手習鑑〉

で-みせ【出店】❶本店から分かれて別の場所に出した店。支店。「デパートに―を置く」❷道ばたに臨時に出る店。露店。「参道に―が並ぶ」〔補説〕「しゅってん」と読めば別語。〔類語〕支店・分店・ブランチ

てみせ-きん【手見せ禁】「手見禁」に同じ。「包む涙も―、命手詰めと見えにけり」〈浄・寿の門松〉

て-みそ【手味×噌】❶自分が原因の失敗。「海士を浪へ投げ込んだは汝が―」〈浄・安達原〉❷いかさま。いんちき。「お身たちのやうに―は付けず、正味の負けがおびただしい」〈浮・子息気質・二〉❸「手前味噌」に同じ。「奈良団扇―の内儀一首書き」〈川柳評万句合〉

デミ-ソース「デミグラスソース」の略。

デミタス〖フランス demi-tasse〗《半分の茶碗の意》コーヒー用の小型カップ。また、それについだコーヒー。主に食後に飲む。

で-みつと【出三斗】斗栱の一形式。平三斗に壁から直角に突き出す肘木を加え、その先に巻き斗をのせたもの。出三斗組み。

デミ-ブーツ〖demi boots〗ふくらはぎまでの長さのブーツのこと。ハーフブーツ。

て-みやげ【手土産】人を訪問するときに持っていく、ちょっとしたみやげ。

て○みる〔連語〕▶見る⓬

デミル〖Cecil Blount DeMille〗［1881～1959］米国の映画監督・製作者。風俗劇やスペクタクル映画の大作を得意とした。代表作「大平原」「地上最大のショウ」「十戒」など。

デミング-しょう【デミング賞】《和 Deming Prize》日本で工業製品の品質管理に功績のあった企業や個人に与えられる賞。第二次大戦後、日本で品質管理の指導を行った米国の品質管理の専門家デミング博士の功績をたたえ、昭和26年(1951)設けられた。

テム〖TEM〗《transmission electron microscope》▶透過型電子顕微鏡

て○む〔連語〕《完了の助動詞「つ」の未然形＋推量の助動詞「む」》❶推量を強調して表す。きっと…だろう。…にちがいない。「秋の野に露負へる萩を手折らずてあたら盛りを過ぐし―○むとか」〈万・四三一八〉❷意志・希望を強調して表す。必ず…しよう。…てしまおう。「世にふればうさこそまされみ吉野の岩のかけ道踏みならし―○む」〈古今・雑下〉❸可能の推量を強調して表す。…することができよう。「春日野のとぶ火の野守出でて見よいまいくかありて若菜摘み―○む」〈古今・春上〉❹適当・当然を強調して表す。…てしまうのがよい。…のはずだ。「心づきなき事あらん折は、なかなかその由をも言ひ―○ん」〈徒然・一七〇〉❺(多く「てむや」の形で)㋐相手を勧誘する意を表す。…てくれないか。…たらどうだ。「ここにてはぐくみ給ひ―○むや」〈源・松風〉㋑(多く「まさに」と呼応して)反語の意を表す。どうして…しようか。…しはしない。「内内の御心清うおはすとも、かくまで言ひつる法師ばら、よからぬ童べなどはまさに言ひ残し―○むや」〈源・夕霧〉〔補説〕❺は文末に用いられる。❺㋑は漢文訓読からの語法。

て-むかい【手向(か)い】〔名〕スル 手向かうこと。反抗。「力で抑えつけて―させない」

て-むか・う【手向(か)う】〔動ワ五(ハ四)〕相手にさからって立ち向かう。腕力・武力でさからう。反抗する。「上級生に―・う」〔類語〕逆らう・盾突く・歯向かう・抗する・あらがう・立ち向かう・反抗・抵抗

で-むかえ【出迎え】出迎えること。また、その人。「―を受ける」「―の車」〔類語〕迎え・送迎・歓迎

で-むか・える【出迎える】〔動ア下一〕〔文〕でむか・ふ〔ハ下二〕出ていって迎える。「客を駅に―・える」

で-む・く【出向く】〔動カ五(四)〕自分のほうから目的の場所へ行く。「取引先へ説明に―・く」〔類語〕行く・赴く・向かう・出かける・足を運ぶ

テムジン〖Temüjin〗チンギス＝ハンの幼名。〔補説〕「鉄木真」とも書く。

テムズ-がわ【テムズ川】《Thames》英国イングランド南部を東流して北海に注ぐ川。下流でロンドンを貫流。長さ338キロ。

で-むら【出村】本村から離れて飛び地などにある村。分村。

て-め【手目】❶ばくちで、いかさまをして自分に都合のよい目を出すこと。また、そのいかさま。「かるたの場で―させぬやうに」〈浮・色三味線・三〉❷ごまかし。いんちき。悪だくみ。「手本の上を透き写し、その―は身がさせぬ」〈浄・手習鑑〉

手目を上・げる 悪だくみやいかさまの証拠をあげる。「わざと悪事に一味して、まっかう―・げようため」〈浄・先代萩〉

で-め【出目】❶眼球が普通より突き出ていること。❷さいころを振って出た目。❸江戸時代、再検地などによる石高の増加分。また、貨幣改悪鋳造によって生じた益金。出目高。❹「出目米」の略。❺「出目金」の略。

て-めえ【手▽前】〔代〕《「てまえ」の音変化。「てまえ」のぞんざいな言い方》❶一人称の人代名詞。わたし。あっし。「―にはかかわりのないことです」❷二人称の人代名詞。おまえ。きさま。「―に文句がある」〔補説〕❶は「あいつはてめえのことしか考えない」「てめえから名のって出る」のように自分自身の意でも用いられる。

でめ-きん【出目金】金魚の一品種。目が著しく大きく、側方に突き出る。体形はリュウキン形。出目。〔季 夏〕

でめ-だか【出目高】「出目❸」に同じ。

デメテル〖Dēmētēr〗ギリシャ神話で、穀物および大地の生産物の女神。ゼウスとの間に娘ペルセフォネを生んだ。エレウシスの祭神としても有名。ローマ神話のケレスにあたる。

でめ-まい【出目米】江戸時代、田租の付加税。関東を中心に、当初は枡に山盛りにして納めた年貢米を、元和2年(1616)にすり切りとし、その代わりに3斗5升に2升を加えた米を1俵に入れて納入した。この2升の付加米をいう。出目。延べ米。

デメリット〖demerit〗欠点。短所。損失。⇔メリット。〔類語〕欠点・短所・弱点・弱み・あら・ぼろ

デメリット-とうきゅう【デメリット等級】自動車保険のノンフリート等級で、1～5等級のこと。デメリット等級の場合、保険契約が継続されない場合がある。➡ノンフリート等級

で-めん【出面】「でづら❶」に同じ。

て-も〔感〕《「さても」の音変化》驚きあきれたときなどに発する語。さてもまあ。なんとまあ。「是れも新参の小僧弥吉、―恐ろしき酒飲み嚊かな」〈露伴・いさなとり〉

ても〔接助〕《接続助詞「て」＋係助詞「も」から》動詞・形容詞と一部の助動詞の連用形に付く。ガ・ナ・バ・マ行の五段活用動詞に付く場合は「でも」となる。❶未成立の事柄を仮定条件として述べ、その条件から考えられる順当な結果と対立する内容の文へ結びつける意を表す。たとえ…したとしても。「失敗し―あきらめはしない」「煮―焼い―食えない」❷既定的な事柄を述べ、その条件から考えられる順当な結果と対立する内容の文へ結びつける意を表す。…たにもかかわらず。「知ってい―知らぬ顔をする」❸(多く「にしても」「としても」の形で)ある事柄を仮定条件として認めて、下の文の叙述を起こす意を表す。「自信があるにし―、試験を受けるのはいやな気分だ」〔補説〕接続助詞としての「ても」は中世以降用いられ、近世になると、逆接の確定条件を表す助詞「ては」に対応して、仮定条件を表現する「ても」が話し言葉の領域で多く用いられるようになり、それが現代語へと引き継がれた。「ても」はこのほか、「なんとしても」「どうしても」「とても」など、多くの慣用語をつくった。

ても…ない 同語または類似した意味の動詞を並べて強く否定する表現。まったく…でない。「似ても似つかない」「切っても切れない縁」

デモ「デモンストレーション」の略。「反戦―」「―隊」

で-も〔接〕《「それでも」の略》❶前の事柄を一応肯定しながら、それがふつう結果として予想されるものに反する内容を導くときに用いる語。にもかかわらず。それでも。しかし。「がんばった。―負けた」「その時は風邪ぎみだった。―私は休まなかった」❷前述の事柄に対して、その弁解・反論などをするときに用いる語。しかし。「試験に落ちました。―、勉強はしたんですよ」〔類語〕けれども・けれど・それでも・だが・ところが・が・しかし・しかしながら・然るに

でも ㊀〔接助〕《接続助詞「ても」が、ガ・ナ・バ・マ行の五段活用動詞に付く場合の形》「ても」に同じ。「死ん―死にきれない」「いくら呼ん―返事がない」㊁〔係助〕《断定の助動詞「だ」の連用形＋係助詞「も」から》名詞または名詞に準じる語、助詞に付く。❶物事の一部分を挙げて、他の場合はまして、ということを類推させる意を表す。…でさえ。「子供―できる」「昼前―気温が三〇度ある」❷特別のもののようにみえる事柄が、他の一般の場合と同じであるという意を表す。たとえ…であっても。「強いといわれている人―病気には勝てない」「今から―がんばろう」❸物事をはっきりと言わず、一例として挙げる意を表す。「けが―したら大変だ」「兄に―相談するか」❹(不特定をさす語「なに(なん)」「だれ」「いつ」「どこ」などに付いて)すべてのものにあてはまる意を表す。「なん―食べるよ」「だれ―知っている」

でも〔接頭〕職業・身分などを表す語に付く。❶名ばかりで実質がそれに伴わない意を表す。「―学者」「―紳士」❷ほかに能力がないので、やむをえずその職に就いているという意を表す。「―先生」〔補説〕❶は「あれでも学者か」などという場合の「あれでも」の略。❷は「先生にでもなるか」という場合の「…にでもなるか」というところから出たといわれる。

で-も〔連語〕㊀《格助詞「で」＋係助詞「も」》…においても。「これはあの店―売っている」㊁《打消しの接続助詞「で」＋係助詞「も」。動詞の未然形に付く》…なくても。「言わ―のこと」

ても-い・い〔連語〕《接続助詞「ても」＋形容詞「いい」。動詞の連用形に付く》❶譲歩を表す。「何なら僕が行っ―・い」「食べなく―・い」❷許容を表す。「もう帰っ―・い」〔補説〕「ていい」となることもある。「この本なら貸していい」

でも-いしゃ【でも医者】未熟な医者。藪医者。

デモーニッシュ〖ドイツ dämonisch〗〔形動〕鬼神に取りつかれたようなさま。超自然的な力が感じられるさま。悪魔的。「―で刺激的な画風」

デモクラシー〖democracy〗❶民主主義。❷民主政体。

デモクラタイゼーション〖democratization〗「民主化」に同じ。

デモクラット〖democrat〗❶民主主義者。❷(Democrat)米国の民主党員。

デモクラティック〖democratic〗〔形動〕民主主義的。民主的。「―な社会」

デモクラティック-ソーシャリズム〖democratic socialism〗「社会民主主義」に同じ。

デモクリトス〖Dēmokritos〗［前460ころ～前370

ころ]古代ギリシャの哲学者。師レウキッポスの原子論を体系化して発展させ、原子論的唯物論を確立。自然においては、それ以上不可分な無数の原子の結合と分離により万物は生成・変化・消滅すると説いた。

デモ-こうしん【デモ行進】ｺｳｼﾝ〘名〙ｽﾙ 示威運動として行う行進。「市民が―する」

でも-しか〘接頭〙《「…にでもなろうか」「…にしかなれない」の意から》ほかになるものがなく、やむをえずそれになっているという意を表す。でも。「―先生」

デモステネス〖Dēmosthenēs〗[前384〜前322]古代ギリシャ、アテネの雄弁家。マケドニアの侵略を警告し、アテネの自由を守るよう説いた。マケドニアによるギリシャ統一後、親マケドニア派に追われ自殺。

て-もち【手持(ち)】❶手に持つこと。また、手で持って構えること。「―のカード」「―でカメラのシャッターを切る」❷手もとにあること。現在持っていること。また、そのもの。「外貨の―がない」❸手の構え方。「―はいかほども開きたるがよき」〈筑波問答〉

てもち-な・し【手持ち無し】〘形ク〙「手持ち悪し」に同じ。「弥二郎北八はただ見ているばかり、―・くて煙草入れの底をはたく」〈滑・膝栗毛・二〉

てもち-ひん【手持(ち)品】手もとにある品。所持品。

てもち-ぶさた【手持(ち)無沙汰】〘名・形動〙することがなくて間ﾏがもたないこと。また、そのさま。「仕事がないので―だ」

(類語)所在ない・退屈・暇・無聊ﾌﾞﾘｮｳ・手明き・持て余す

てもち-わる・し【手持ち悪し】〘形ク〙手持ち無沙汰ﾌﾞｻﾀで、間がもてない。「早う往ｲんで下されと、愛想なければ―・く」〈浄・鑓の権三〉

で-もって〘連語〙▶もって㊀❸

デモ-テープ〖demo tape〗演奏者が、レコード制作・演奏会などの資料用として作成するテープ。

て-もと【手元|手▽許】❶手の届くあたり。手近。自分のそば。「辞書を―に置く」❷道具などの、手で握るところ。握り。「鍬ｸﾜの―」❸手の動かし方。手の動き。また、手並み。「―が狂う」❹生計をたてるための金。また、暮らし向き。「―不如意」「紀の国屋伊兵衛はどの位―が苦しかったか」〈芥川・雛〉❺《女房詞から》箸ﾊｼ。➡御手元ｵﾃﾓﾄ ❻「手元金」の略。❼腕前。技量。「為朝が―はおぼゆるものを」〈古活字本保元・中〉

(類語)(❶)側・傍ら・近く・片方ｶﾀﾍ・手近・身辺・わき・はた・許ﾓﾄ・足元/(❹)経済・やりくり・収支・家計・内証・台所・勝手向き

てもと-きん【手元金】ふだん手元に置いておく金。小遣い銭。➡御手元金ｵﾃﾓﾄｷﾝ

てもと-くよう【手元供養|手▽許供養】ｸﾖｳ 故人の遺骨を身近に置いて常に供養すること。一部を墓に収め、一部をペンダントなどに入れて身に付ける、遺骨を仏像などに加工するなど方法はいろいろある。

てもと-しきん【手元資金】代金の支払いなどにいつでも使用できる、流動性の高い資金の総称。現金や普通預金が代表的だが、満期が3か月以内の有価証券・定期預金等を加える場合もある。手元資金を潤沢に保有することで不測の事態に対処しやすくなるが、利子がほぼ付かないため、必要以上の確保は資金効率の面で望ましくないとされる。

てもと-ふにょい【手元不如意】〘名・形動〙《「不如意」は「意の如くならず」の意》家計が苦しく金がないこと。

で-もどり【出戻り】❶一度出かけて、途中でもとへ戻ること。❷嫁いだ女性が、離婚したり、夫に死別したりして生家に戻ること。また、その女性。

てもと-りゅうどうせい【手元流動性】ﾘｭｳﾄﾞｳｾｲ 手元にある現金と預金の残高と換金可能な有価証券との合計額。

で-も-な・い〘連語〙《断定の助動詞「だ」の連用形＋係助詞「も」＋補助形容詞「ない」》❶そのことを一例として否定しながら、他のことをも否定する意を表す。「本を読む―・く一日無駄に過ごす」❷…らしくない。…に似合わない。「『それをまほんまにすると言ふは、お前―・い』と打笑ひて立って行く」〈滑・善悪附込当座帳〉

で-もの【出物】❶売りに出されている中古品や不動産など。「良い―がある」❷吹き出物。おでき。❸おなら。屁ﾍ。❹客に出す料理。また、芝居茶屋が客席の見物客に出す茶菓・弁当。❺芝居などのだしもの。「今宵よばれしお客の好み、―さらうて一心に」〈人・梅児誉美・後〉

出物腫ﾊれ物所ﾄｺﾛ嫌わず 屁ﾍも腫れ物も場所・場合に関係なく出るということ。

で-もの【出者】❶遊里などで冷遇される客。また、広く、のけ者にされる人。「この六蔵はおちゃっぴい、―になって今はこのざま」〈浄・矢口渡〉❷厚かましい人。〈日葡〉❸能で、舞台に出る役。「―にならでは、神といふ事はあるまじければ」〈花伝・二〉

て-もめ【手×揉め】自腹を切ること。自分の金でもてなすこと。自弁。「女郎の―の振る舞ひ客」〈浄・油地獄〉

て-もら・うﾓﾗｳ〘連語〙▶貰ﾓﾗう❿

て-もり【手盛(り)】❶自分自身で食べ物を食器に盛ること。「―の飯」❷自分勝手に自己の利益を図ること。「郎中の官でありつる春と云ふ者を、―に丞相にないたほどに」〈史記抄・淮南衡山伝〉➡御手盛ｵﾃﾓﾘ ❸計略。策略。「泣き沈むを無理やりに番屋へ押し込み、―を食うて伝八が外からしゃんと閉めくくり」〈浄・浪花鑑〉

手盛り八杯ﾊｯﾊﾟｲ 自分で食べ物を盛って、遠慮なくたくさん食べること。

手盛りを食ｸう 自分の計略に自らはまる。

デモ・る〘動ラ五〙《「デモ」の動詞化》デモをする。デモ行進をする。「街頭を―・る」

デモン〖demon〗▶デーモン(demon)

デモンストレーション〖demonstration〗❶抗議や要求の主張を掲げて集会や行進を行い、団結の威力を示すこと。示威運動。デモ。❷宣伝のために実演すること。❸競技大会で、正式の競技種目以外に公開される競技・演技。公開演技。

デモンストレーション-こうか【デモンストレーション効果】ｺｳｶ 個人の消費が、自己の所得だけでなく、周囲の人々の消費水準や消費行動によって影響を受けること。

デモンストレーター〖demonstrator〗❶店頭などで商品を実際に扱ってみせ、消費者にわかりやすく説明する宣伝員。❷スキーやスノーボードで、滑走技術の模範を示す資格をもった人。

て-や【手矢|手×箭】❶手裏剣のように敵に投げつける武器。総体が矢の形で、長さ40センチほどの竹または木の細い棒の先端に10センチくらいの鏃ﾔｼﾞﾘを付け、矢羽をつけて一端に緒を結んだもの。❷手に持った矢。「蔀ｼﾄﾐの下がはと突き落とし、―取りて差し矧ﾊげ申しけるは」〈義経記・六〉

て-や〘連語〙㊀《接続助詞「て」＋間投助詞「や」。近世語》他に対する願望を表す。…ておくれ。…てよ。「駕籠ｶｺﾞの衆早う連れまし―」〈浄・博多小女郎〉㊁《終助詞「て」＋間投助詞「や」。近世語》軽く念を押す意を表す。…よ。…ね。「このやうなことで普請がなけりゃ、こちとが中間ﾁｭｳｹﾞﾝも立たぬ―」〈浄・兜軍記〉

て-やき【手焼(き)】機械を用いず、手で取り扱って焼くこと。また、自分で焼くこと。また、その焼いた物。「―のせんべい」

て-やく【手役】花札ﾊﾅﾌﾀﾞで、最初に配られた札だけで成立する役。➡出来役ﾃﾞｷﾔｸ

で-やく【出役】江戸幕府の職制で、本職を持つ者が、臨時に他の職を兼ね勤めること。しゅつやく。

て-やり【手×槍|手×鑓】柄が細く短めの槍。

て-や・る〘連語〙▶遣ﾔる⓭

て-やわらか【手柔らか】ﾔﾜﾗｶ〘形動〙[文]〘ナリ〙やさしく、加減して扱うさま。「女房にばかり―なる可笑ｵｶｼさ」〈一葉・ゆく雲〉➡御手柔ｵﾃﾔﾜらか

で-ゆ【出湯】地中から湧き出る湯。温泉。いでゆ。

デュアート-じょう【デュアート城】ｼﾞｮｳ《Duart Castle》英国スコットランド西岸、マル島の東端にある城。マル海峡を望む断崖の上に建つ。城の起源は13世紀頃とされ、代々マクリーン一族の居城だった。17世紀のイングランド内戦において議会派の攻撃を受けたが、国王派のマクリーン一族により死守された。

デュアメル〖Georges Duhamel〗[1884〜1966]フランスの小説家。外科医として第一次大戦に従軍。近代文明を批判し、人道主義的作品を書いた。作「文明」「サラバンの生涯と冒険」「パスキエ家の記録」など。

デュアル〖dual〗多く複合語の形で用い、二つの、二通りの、二重の、の意を表す。「―ランプ」

デュアル-エアバッグ〖dual airbag〗運転席ばかりでなく、助手席にもエアバッグを備えていること。

デュアルカレンシー-さい【デュアルカレンシー債】《dual currency bond》▶二重通貨建て債

デュアルコア-シーピーユー【デュアルコアCPU】《dual-core CPU》▶デュアルコアプロセッサー

デュアルコア-プロセッサー〖dual-core processor〗二つのコア(演算回路の中核部分)を集積したマイクロプロセッサー。二つの異なる処理を独立して同時に実行できるため、総合的な実行効率が上がる。デュアルコアCPU。➡クアッドコアプロセッサー ➡マルチコアプロセッサー

デュアル-コート《和 dual＋coat》表と裏の両面が使えるコート。リバーシブルコート。

デュアル-システム〖dual system〗❶コンピューターで、二系列のシステムをオンラインで接続し、まったく同一の処理を行わせ、結果を照合する方式。信頼度が要求されるときに行う。❷▶日本版デュアルシステム

デュアルタイム-レース〖dual time race〗スキーの回転競技などで同じコースを二つ並べてつくり、2名の選手が同時にスタートしてタイムを競うレース。

デュアル-ディスプレー〖dual display〗1台のコンピューターに2台のディスプレーを接続し、連続する一つの画面として表示させること。また、その機能。ビデオカードの追加が必要な場合もある。デュアルモニター。➡マルチディスプレー

デュアル-ビジョン《和 dual＋vision》画面上に同時にもう一つの番組を映すことができるテレビ受像機。

デュアル-ブート〖dual boot〗1台のコンピューターに、起動可能な2種類のオペレーティングシステムをインストールすること。起動時にどのオペレーティングシステムを利用するかを選択できる。複数のオペレーティングシステムがインストールされている場合、マルチブートという。

デュアルブート-システム〖dual boot system〗▶デュアルブート

デュアル-プロセッサー〖dual processor〗1台のコンピューターに、マイクロプロセッサーを二つ搭載するシステム。

デュアル-プロセッシング〖dual processing〗▶デュアルプロセッサー

デュアルモード-バス〖dual-mode bus〗一般路上では普通のバスとして走るが、専用線に入るとガイドレールによって自動的に操舵され、電車のようになるバス。

デュアル-モニター〖dual monitor〗▶デュアルディスプレー

デュアル-ユース〖dual-use〗両用の。二通りの。特に、民生用と軍事用のどちらにも利用できることをいう。➡デュアルユーステクノロジー

デュアルユース-テクノロジー〖dual-use technology〗民生・軍事のどちらにも利用できる高度な先端技術。特別の武器技術ではなく民間分野で生まれた高度な性能を持つコンピューターなど、軍事目的にも利用可能な技術やその応用をさす。DUT。

デュアル-ランプ《dual headlampから》自動車で、片側1個のヘッドランプを2個にしたもの。一方は遠方を、もう一方は比較的近距離を照らす。

デュイルリー-こうえん【デュイルリー公園】ｺｳｴﾝ《Jardin des Tuileries》▶チュイルリー公園

デューイ〖John Dewey〗[1859〜1952]米国の哲

学者・教育思想家。プラグマティズムを大成させ、実験主義または道具主義とよばれる立場を確立。著「学校と社会」「民主主義と教育」「哲学の再建」など。

デューイ-じっしんぶんるいほう【デューイ十進分類法】―ジッシンブンルイハフ ►十進分類法じっしんぶんるいほう

デューク〘duke〙公爵。

デュークス〘DEWKS〙《double employed with kids》子供のいる共稼ぎの夫婦。夫婦共に仕事を持ち、生活を楽しむことと育児の喜びを両立できると考え、そのために夫も家事・育児に積極的に参加したり、育児休業・保育所などの制度・施設を上手に利用したりする。⇒ディンクス

デュース〘deuce〙►ジュース(deuce)

デューティー-フリー〘duty-free〙無税。免税。特に、関税のかからないことをいう。「―ショップ」

デューティーフリー-ショップ〘duty-free shop〙免税売店。外国人旅行者または外国旅行者が利用できる。旅券の提示が必要。DFS。

デュー-ディリジェンス〘due diligence〙《「デューデリジェンス」とも》不動産投資やM&Aなどの取引に際して、投資対象となる資産の価値・収益力・リスクなどを経営・財務・法務・環境などの観点から詳細に調査・分析すること。

デューテリウム〘deuterium〙►重水素

デュー-デリジェンス〘due diligence〙►デュー-ディリジェンス

デューテロン〘deuteron〙重陽子。ジュウテロン。

デューバ〘tuba〙►チューバ

デューピボーグル〘Djúpivogur〙アイスランド東部の港町。ブーランズネス半島に位置し、ベルーフィヨルズル湾に面する。16世紀以来、貿易で栄え、19世紀まで同国東部最大の漁港だった。沖合に浮かぶパペイ島への観光拠点。

テュービンゲン〘Tübingen〙►チュービンゲン

デュープ〘dupe〙〔名〕スル 複製。複写。特に、写真原板・映画フィルムなどの複製。「―して保存する」

デュープレクシング〘duplexing〙《「デュープレキシング」とも》ハードディスクなどの記憶装置にデータを記録する際、同じ内容のデータを同時に2台の記憶装置に記録する方法。ミラーリングと異なり、2台の記憶装置を別のインターフェースを用いて接続するため、より信頼性が高まる。ディスクデュープレクシング。

デュープレックス〘duplex〙❶双方向通信用線路。❷信頼性向上のために用いた2台のコンピューターのうちの1台。

デュープレックス-システム〘duplex system〙信頼性向上のために2台のコンピューターを用いる方式。常時稼働しているのは1台で、他の1台は緊急時にのみ使用される。

デューラー〘Albrecht Dürer〙[1471～1528]ドイツの画家。鋭い観察力に基づく写実的表現のなかに深い精神性を示し、ドイツ-ルネサンスを代表。宗教的主題が多く、版画にもすぐれた。また、理論書も発表。作「四人の使徒」など。

デュー-ライン〘DEW line〙《distant early warning line》遠距離早期警戒。北米大陸の北緯70度ラインに沿って設置されたレーダー網。

デューン-バギー〘dune buggy〙《duneは、海辺の砂丘の意》海辺の砂丘を走るための自動車。シャーシーを裸にし、二つの座席をくくり付けたものが多い。

デュエット〘duet〙❶二重唱。また、一般的に二人の重唱。❷二重奏。❸二人が組んで踊る舞踊。

デュエム〘Pierre Maurice Marie Duhem〙[1861～1916]フランスの物理学者・科学史家。パリの生まれ。ボルドー大学教授。決定実験の不可能性を唱えるなど、熱力学や熱化学に業績を残す。また、中世科学史を研究、「暗黒の中世」観をただす端緒となるとともに、科学史という学問分野の成立に寄与した。著「物理理論の目的と構造」「世界の体系」など。

デュオ〘イタリア duo〙二重唱。二重奏。デュエット。

テュオネ〘Thyone〙木星の第29衛星。2001年に発見。名の由来はギリシャ神話の女神。非球形で平均直径は約4キロ。スィオネ。

デュギー〘Léon Duguit〙[1859～1928]フランスの公法学者。ボルドー大学教授。実証主義的立場から、法の現実的基盤を社会連帯に求めて国家の公共性を主張、国家主権の絶対性を否定した。著「私法変遷論」「公法変遷論」など。

デュクロ〘Jacques Duclos〙[1896～1975]フランスの政治家。共産党指導者。第一次大戦後、共産党創立と同時に入党。第二次大戦中は対独レジスタンス運動を組織した。

テュケ〘Tychē〙ギリシャ神話で、運命の女神。テュケー。

デュシャン〘Marcel Duchamp〙[1887～1968]フランス生まれの画家。ダダイスムの代表者の一人。1915年渡米。既成の絵画の枠を超えた実験的作品を制作する一方、日用品を芸術作品として提出する、いわゆる「レディーメイド」のオブジェを発表。作「彼女の独身者たちによって裸にされた花嫁」など。

デュッセルドルフ〘Düsseldorf〙《「ジュッセルドルフ」とも》ドイツ中西部、ライン川沿いの商業・貿易都市。ノルトライン-ウエストファーレン州の州都。鉄鋼などの工業が発達。人口、行政区58万(2008)。

デュナブルク〘Dünaburg〙ラトビア南東部の都市ダウガフピルスの旧称。

デュナミス〘ギリシャ dynamis〙アリストテレス哲学で、生成・発展を説明する重要概念。終局目的たる現実態(エネルゲイア)に先だつ可能的な段階。可能態。

デュナン〘Jean Henri Dunant〙[1828～1910]スイスの社会事業家。国際赤十字社の創立者。1864年、赤十字に関するジュネーブ条約を成立させた。1901年、最初のノーベル平和賞受賞。

テュニジア〘Tunisia〙►チュニジア

デュパルク〘Henri Duparc〙[1848～1933]フランスの作曲家。C=A=フランクに師事。国民音楽協会の設立者の一人で、近代フランス音楽の先駆的存在。歌曲「悲しみの歌」「旅への誘い」など。

デュ-ビニョー〘Vincent Du Vigneaud〙[1901～1978]米国の生化学者。ビタミンH(ビオチン)、ホルモンのオキシトシン・バゾプレシンの構造決定・合成に成功し、たんぱく質の人工合成研究の基礎を築いた。1955年、ノーベル化学賞受賞。

デュビビエ〘Julien Duvivier〙[1896～1967]フランスの映画監督。トーキー初期の文芸映画を開拓し、ペシミズムを作風とする名作を数多く発表した。代表作「望郷」「舞踏会の手帖」「旅路の果て」など。

デュビュッフェ〘Jean Dubuffet〙[1901～1985]フランスの画家・彫刻家。「アールブリュット(生きの芸術)」を唱え、既成の文明化された芸術観を否定した。砂やアスファルト・新聞紙・海綿などを用いた作品で知られる。

デュファイ〘Guillaume Dufay〙[1400ころ～1474]フランドルの作曲家。ルネサンス音楽の形式確立に貢献し、ミサ曲・モテット・シャンソンなどを多数作曲。

デュフィ〘Raoul Dufy〙[1877～1953]フランスの画家。フォービスムに参加。のち明るい色彩で軽快なリズム感のある作品を描く。代表作「電気の精」など。

デュプレクシング〘duplexing〙►デュープレクシング

デュボア〘Eugène Dubois〙[1858～1940]オランダの解剖学者・人類学者。軍医としておもむいたジャワ島で1891年に人類化石を発見し、94年にピテカントロプス-エレクトゥスと命名。

デュ-ポン〘Du Pont de Nemours〙米国の財閥の一。フランス革命で米国に亡命したフランス人エルテール=イレーネ=デュポンを祖とする一族で、デラウェア州ウィルミントンに作った火薬工場で財産を築いた。のち化学工業に進出し、巨大企業に成長。

デュマ〘Alexandre Dumas〙㊀[1802～1870]フランスの小説家・劇作家。波瀾万丈はらんばんじょうのストーリー性に富んだ作風で、大衆の人気を博した。小説「三銃士」「モンテ=クリスト伯」など。大デュマ。㊁[1824～1895]フランスの劇作家・小説家。㊀の子。娼婦の純愛を描いた小説「椿姫」で認められ、その劇化で大成功を収める。以後、社会風俗を扱った戯曲を多く発表。小デュマ。

デュ-モーリエ〘Daphne du Maurier〙[1907～1989]英国の女性小説家。心理的リアリズムを駆使したサスペンスで知られる。小説「レベッカ」「鳥」は、ヒッチコック監督により映画化された。デュ=モーリア。

デュラス〘Marguerite Duras〙[1914～1996]フランスの女性作家。フランス領インドシナのサイゴン(現在のホーチミン)生まれ。簡潔な文体と暗示的な会話を特徴とする。小説「モデラート-カンタービレ」「愛人」のほか、アラン=レネ監督の映画「二十四時間の情事」の原作・脚本などで知られる。

デュルケーム〘Émile Durkheim〙[1858～1917]フランスの社会学者。コントの実証主義から出発し、社会的事実を客観的に考察する科学としての社会学の方法論を確立。著「社会学的方法の規準」「自殺論」「宗教生活の原初形態」など。

テュルゴー〘Turgot〙►チュルゴー

デュルビュイ〘Durbuy〙ベルギー南部、リュクサンブール州の町。観光保養地。アルデンヌ高原を流れるウルト川が刻む渓谷に位置する。ウルセル伯の城、聖ニコラ教会、穀物取引所をはじめ、中世の面影を残す歴史的建造物が多い。

デュルンシュタイン〘Dürnstein〙オーストリア、ニーダーエスターライヒ州西部の都市。バッハウ渓谷東部に位置する。英国のリチャード1世が、十字軍遠征の帰途に捕らえられ幽閉されたケーンリンガー城跡があることで知られる。バロック様式の修道院や教会など、歴史的建造物が多く残り、2000年に世界遺産に登録された「バッハウ渓谷の文化的景観」に属する。

デュレーション〘duration〙《継続期間、持続時間の意》債券投資で元本を回収するまでに必要な平均残存期間のこと。また、金利が変動した場合、債券価格がどの程度変化するかを表す指標の一種。この値が大きいほど金利の変動による債券価格の変動率が大きくなる。

デュレンマット〘Friedrich Dürrenmatt〙[1921～1990]スイスの劇作家。大胆な形式の風刺喜劇を書き、小説家としても活躍。作「ミシシッピー氏の結婚」「貴婦人故郷に帰る」「物理学者たち」など。

デュロック〘Duroc〙豚の一品種。北米東部産と英国産を交配した、毛色が濃赤色の豚。肉質がよい。

デュロメーター〘durometer〙《「ジュロメーター」とも》硬度計の一種。押し込み硬さを調べる装置で、加圧面を試料に押し付け、そのくぼみの深さから硬さを算出する。ゴムやプラスチックの硬さの測定で広く利用される。

デュロンプティ-の-ほうそく【デュロンプティの法則】―ハフソク 固体元素の原子熱、すなわち比熱と原子量との積は、常温付近ではどれもほとんど等しいという法則。1819年、フランスの化学・物理学者デュロン(P.L.Dulong)と物理学者プティ(A.T.Petit)が発見。

デュワー-びん【デュワー瓶】二重壁の内部を真空にした断熱容器。1893年英国の化学者デュワー(J.Dewar)が考案。魔法瓶。

てよ〔終助〕《接続助詞「て」＋終助詞「よ」から》❶依頼・要求を表す。…てちょうだい。「服を買っ―」❷「…である」の意を感情を込めて表す。ふつう、女性が用いる。「あなたを大分お待ちになってい―」

で-よう【出様】―ヤウ ❶出る方法・ようす。出ぐあい。出方。「出るにも―がない」「水の―が悪い」❷対応のしかた。態度。出方。「相手の―によっては」

で-ようじょう【出養生】―ヤウジヤウ よそに出かけて養生すること。転地療養。「それからは此の別荘に―をさせて置きましたので」〈木下尚江・良人の自白〉

て-よく【手浴】►しゅよく(手浴)

テヨンピョン-ド【大延坪島】韓国北西部の黄海にある島。北方限界線(北朝鮮との軍事境界線)の南側に位置し、小延坪島とともに延坪島を構成する。2010年11月、北朝鮮軍から砲撃を受ける事件が発生。民間人・韓国軍兵士に死傷者が出た。

てら【寺】❶《礼拝所の意の朝鮮語chyölからとも、長

老の意のパーリ語theraからともいう》僧または尼が住み、仏像を安置して、仏道を修行し、仏事を行う建物。寺院。精舎。伽藍がらん。❷(延暦寺を「山」というのに対して)園城寺おんじょうじのこと。❸住職。「去る―の仰せらるるは、…寺役じやくも勤めにくし」〈咄・御前男・二〉❹「寺子屋㊀」の略。「―に上げて手習ひをさすれども」〈仮・浮世物語・一〉❺博打ばくちを開帳している場所。「―が大纏のかしらでも、もらふの引くのといふこたあ、五分でもならねい」〈洒・自惚鏡〉❻寺銭てらせん。「此の親父へ人をよこして、―をしてくれると思って」〈浄・矢口渡〉
(…語)(でら)尼寺・氏うじ寺・縁切り寺・女寺・駆け込み寺・禅寺・檀那だんな寺・知行ちぎょう寺・投げ込み寺・野寺・古寺・宮寺・無縁寺・門徒寺・山寺・脇わき寺
(類語)寺院・伽藍・仏閣・精舎・仏家・梵刹ぼんせつ・仏寺・仏刹・山門・古寺・古刹・巨刹・名刹
寺から里へ　《檀家から寺へ物を贈るのがあたりまえなのに、寺から檀家へ物を贈る意から》物事が逆であることのたとえ。本末顛倒てんとう。「―の礼扇、これらは明けずに捨すたりて」〈浮・胸算用・一〉

テラ〖tera〗国際単位系(SI)で、単位の上に付けて1兆倍(10^{12})を表す語。記号T

テラー〖teller〗❶話し手。語り手。❷金銭出納係。銀行などの金融機関の窓口で、客と応対する人。

てらあ〔連語〕《「ている」に終助詞「わ」の付いた「ているわ」の音変化》「ている」の意を感動的に、また、とがめたりさげすんだりする口調で表す。…ているなあ。…ているよ。「あんなにきれいに咲い―」「そんなこと知っ―」(補説)ガ・ナ・バ・マ行の五段動詞に付く場合は「でらあ」となる。また「てら」と約してもいう。「鳥が飛んでらあ」「あんなこと言ってら」

てら-あずけ【寺預け】てらあづけ 室町末期から安土桃山時代にかけ、罪人を寺に預けて禁錮したこと。寺入てらいり。

てら-い【寺井】てらゐ 寺の境内にわく清水。また、寺の井戸。「もののふの八十娘子やそをとめらが汲みまがふ―の上の堅香子かたかごの花」〈万・四一四三〉

てらい【×衒い】てらひ てらうこと。てらう気持ち。衒気げんき。「彼の言葉には―がない」

てら-いり【寺入り】❶寺子屋に入門すること。また、その子供。「浅之進七八歳の頃より―の初清書」〈風流志道軒伝〉❷▶寺預てらあずけ ❸自家からの失火・不行跡などがあったときに、寺にこもって謹慎したこと。

てら・う【×衒う】てらふ〔動ワ五(ハ四)〕自分の学識・才能・行為などを誇って、言葉や行動にちらつかせる。ひけらかす。「才を―・う」「奇を―・う」

デラウェア〖Delaware〗㊀米国東部の州。州都ドーバー。独立13州の一。近郊農業地帯で、化学などの工業も盛ん。➡表「アメリカ合衆国」㊁ブドウの一品種。実は紫褐色で小粒。

てら-うけ【寺請】❶近世、庶民がキリシタン信徒ではなく檀徒であることを、その檀那寺だんなでらに証明させた制度。❷「寺請状」の略。

てらうけ-じょう【寺請状】ージャウ 寺院が寺請を証明して発行し、奉行所へ提出した書状。のち、結婚・奉公・旅行の際の身分証明書ともなった。寺証文。寺手形。宗旨証文。宗旨手形。

てらうち-だいきち【寺内大吉】[1921～2008]小説家・僧侶・スポーツ評論家。東京の生まれ。本名、成田有恒ゆうこう。仏教への深い造詣を生かし、独特な哲学観に満ちた大衆小説を手がける。「はぐれ念仏」で直木賞受賞。他に「逢春門ほうしゅんもん」「黒い旅路」「念仏ひじり三国志」など。

てらうち-まさたけ【寺内正毅】[1852～1919]軍人・政治家。元帥・陸軍大将。山口の生まれ。教育総監・陸相・初代朝鮮総督を歴任ののち、大正5年(1916)首相となったが、同7年に米騒動で総辞職。(補説)容姿が似ていたことと、立憲政治を行わない非立憲(ヒリッケン)内閣と揶揄やゆされたことから、ビリケン宰相と呼ばれた。➡ビリケン

てら-おとこ【寺男】てらをとこ 寺で雑用をする下男。

てらお-ひさし【寺尾寿】てらを[1855～1923]天文学者。福岡の生まれ。初代の東京天文台長。のち、東京物理学校(現東京理科大学)を創立。

てら-がた【寺方】《「てらかた」とも》❶寺の僧侶。❷寺に関係する方面。「―と交渉する」

てらかど-せいけん【寺門静軒】[1796～1868]江戸後期の儒学者・文人。江戸の人。名は良。通称、弥五左衛門。「江戸繁昌記」を著し、江戸を追放される。

てら-がね【寺鐘】歌舞伎下座音楽の一。本釣鐘ほんつりがねまたは銅鑼どらの縁を桴ばちで間隔をせばめながら打つもの。寺院や愁嘆場の幕切れなどに用いる。

てら-がまえ【寺構え】ーがまへ 寺院の構造。寺院風のつくり。

てら-こ【寺子】寺子屋に通って学ぶ子供。

てら-こしょう【寺小姓】ーコシャウ 住職のそばに仕え、雑用を務めた少年。男色の相手ともなり、女が扮することもあった。寺若衆。ちご。

テラ-コッタ〖イタリア terracotta〗《焼いた土の意》❶粘土を素焼きにして作った器物・塑像そぞうなどの総称。先史時代から各地で見られ、古代ギリシャのタナグラ人形、ルネサンス期にドイツ・イタリアで作られた胸像などが有名。日本の埴輪はにわもこの一種。❷建築材料で、装飾に用いる素焼きの陶器。

てら-ごもり【寺籠もり】寺院にこもって念仏・読経を行うこと。「―をして仏道修行に励む」

てらこ-や【寺子屋｜寺小屋】㊀江戸時代の庶民の教育施設。僧侶・武士・神官・医者などが師となり、読み・書き・そろばんを教えた。教科書は「庭訓ていきん往来」「童子教」など。明治以後、義務教育の普及によって消滅。寺。寺屋。㊁(寺子屋)浄瑠璃「菅原伝授手習鑑」の四段目の切きりの通称。松王丸が一子小太郎を菅秀才の身代わりに立て苦衷を示すもの。

てらさ・う【×衒さふ】てらさふ〔連語〕《動詞「て(照)らす」の未然形＋反復継続の助動詞「ふ」。上代語》自慢する。見せびらかす。「針袋帯び続けながら里ごとに―・ひあるけど人も咎めず」〈万・四一三〇〉

てらさか-きちえもん【寺坂吉右衛門】ーキチヱモン[1665～1747]赤穂義士の一人。名は信行。赤穂藩の足軽で、吉良邸門前で逃亡したとも、討ち入り後、広島の浅野家などに事を報じたともいうが未詳。

てらさき-こうぎょう【寺崎広業】ークワウゲフ[1866～1919]日本画家。秋田の生まれ。幼名、忠太郎。別号、天籟散人てんらいさんじんなど。日本美術院の創設に参加。清新な山水画を多く描いた。

てら-ざむらい【寺侍】ーざむらひ 江戸時代、門跡寺院など格式の高い寺に仕えた武士。

てら-し【寺×主】《「てらじ」とも》三綱さんごうの一。寺院の庶務・雑事をつかさどる役職。じしゅ。

テラシア-とう【テラシア島】ータウ《Therasia》▶ティラシア島

てらし-あわ・す【照らし合(わ)す】ーあはす㊀〔動サ五(四)〕「照らし合わせる」に同じ。「伝票と台帳を―・す」㊁〔動サ下二〕「てらしあわせる」の文語形。

てらし-あわ・せる【照らし合(わ)せる】ーあはせる〔動サ下一〕図てらしあは・す〔サ下二〕両方を比べて確かめる。参考にするために比べ合わせる。照合する。「記載事項を原簿と―・せる」

てらし-だ・す【照らし出す】〔動サ五(四)〕その部分に光を当てて、はっきりと現す。「スポットライトが主役を―・す」

デラシネ〖フランス déraciné〗根無し草。転じて、故郷や祖国から切り離された人。

てらじま-むねのり【寺島宗則】[1832～1893]幕末・明治の外交官・政治家。薩摩さつまの人。薩英戦争ののち渡英。明治維新後、外務卿として樺太千島交換条約を結び、条約改正交渉にも尽力。

てらじま-りょうあん【寺島良安】ーリャウアン 江戸中期の漢方医。大坂の人。字あざなは尚順。号、杏林堂。御城入医師で、法橋ほっきょうに叙せられた。日本最初の絵入り百科事典「和漢三才図会」105巻を著述。他の著作に「三才諸神本紀」「済生宝」など。生没年未詳。

てら-しょうがつ【寺正月】ーシャウグワツ 正月4日に行う、僧侶の年始回り。坊主礼。

てら-じょうもん【寺証文】▶寺請状てらうけじょう

テラス〖terrace｜フランス terrasse〗❶庭などへ突き出た屋根のない床。露台。(季 夏)❷庭園・公園などにつくられた平坦な壇状部分。❸登山で、岩壁の途中にある棚状の所。確保やビバークなどに利用する。
(類語)バルコニー・ベランダ・露台

てら・す【照らす】〔動サ五(四)〕❶光をあてる。光をあてて明るくする。「日に―・される」「ライトで舞台を―・す」❷基準になるものと比べ合わせる。見比べて確かめる。参照する。「学則に―・して処分する」「歴史に―・せば明らかである」❸能で、能面を少し上向きにする。はればれした気分、喜びの感情を表す。❹遊女が客をはねつけて、恥をかかせる。「北廓ほっかくにふるといふ言ことあれば、河東かとうに―・すといふ言あり」〈洒・古契三娼〉(可能)てらせる
(類語)照射・照明・投光

テラス-ハウス〖terrace house〗低層の連続住宅で、戸ごとにテラスと専用の庭をもつもの。

てら-せん【寺銭】ばくちなどで、場所の借り賃として、出来高に対する一定の割合で貸元または席主に支払う金。寺。てらぜに。

テラゾ〖イタリア terrazzo〗モルタルに大理石などの砕石粒をまぜ、表面を研磨して光沢を出した人造石。テラゾー。

てらだ-とらひこ【寺田寅彦】[1878～1935]物理学者・随筆家。東京の生まれ。筆名、吉村冬彦・藪柑子やぶこうじなど。地球物理学・気象学などを研究。また、夏目漱石に師事し、「ホトトギス」に俳句・写生文を発表。のち、独自の科学随筆を多く書いた。随筆集「冬彦集」「藪柑子集」など。

てらだや-じけん【寺田屋事件】文久2年(1862)尊王攘夷派の薩摩さつま藩士有馬新七らが、関白九条尚忠・所司代酒井忠義の殺害を企て京都伏見の舟宿寺田屋に結集したのを、島津久光が家臣を遣わして襲い、殺害した事件。寺田屋騒動。

デラックス〖deluxe〗〔形動〕豪華なさま。高級でぜいたくなさま。「―な雰囲気」「―版」「―バス」(類語)豪華・豪勢・豪奢ごうしゃ・贅沢ぜいたく・ゴージャス・ラグジュアリー

てら-つつき【寺×啄】キツツキの別名。(季 秋)

てら-てがた【寺手形】▶寺請状てらうけじょう

てら-てら〔副〕スル ❶つやがあって光っているさま。「―(と)した精力的な顔」❷光り輝くさま。「薄い日影が―照した」〈花袋・田舎教師〉
(類語)つやつや・てかてか・ぬめぬめ・ぴかぴか

テラ-とう【テラ島】ータウ《Thēra》▶ティラ島

てら-どうぎょう【寺同行】ードウギャウ 檀那寺だんなでらをともにする信者仲間。「―の仁左衛門殿へ進ずべし」〈浮・永代蔵・五〉

てらどまり【寺泊】新潟県中部、長岡市の地名。旧町名。日本海に面し、漁業が盛ん。もと北陸街道の宿駅、古くは佐渡へ渡る重要な港として栄えた。

てら-なっとう【寺納豆】煮た大豆に麹こうじ菌をまぶして塩水で発酵させ、乾燥した食品。浜納豆(浜名納豆)、大徳寺納豆など。多く寺で作った。塩辛納豆。

てらにし-かんしん【寺西閑心】江戸初期の侠客。尾張の人。江戸で剣術を指南。のち禅門に入ったが、還俗して侠客となった。生没年未詳。

テラノドン〖ラテン Pteranodon〗▶プテラノドン

テラ-は【テラ波】▶テラヘルツ波

テラバイト〖terabyte〗コンピューターで扱う情報量や記憶容量の単位の一。2^{40}(1兆995億1162万7776)バイト。または10^{12}(1兆)バイト。TB。➡デビバイト

テラピア〖ラテン Tilapia〗▶ティラピア

テラピー〖ドイツ Therapie｜フランス thérapie〗▶セラピー

てら-ぶぎょう【寺奉行】ーブギャウ 室町幕府の職名。寺院に関する事務・訴訟などを担当した。

テラヘルツ-こう【テラヘルツ光】ークワウ ▶テラヘルツ波

テラヘルツ-は【テラヘルツ波】波長0.03～3ミリメートル、周波数1テラ(1兆)ヘルツ程度の電磁波。電波と可視光の中間の周波数をもつ。発生と検出が困難なため、その利用は未開拓であったが、簡便な発生装置が開発されて研究が進んでいる。物質を透過するため、X線に代わって封筒やかばんの中の

物を特定する非破壊検査をはじめ、医療、宇宙観測などに利用される。波長0.1～1ミリメートルの領域はサブミリ波と呼ばれる。テラヘルツ光。テラ波。デシミリメートル波。

てら-ほうし【寺法師】滋賀県大津にある三井寺(園城寺)の法師。➡山法師

テラマイシン〖Terramycin〗抗生物質のオキシテトラサイクリンの商標名。

てら-まいり【寺参り】〔名〕スル 寺に行き、仏・墓を拝んだり、説教を聞いたりすること。てらもうで。

てら-まち【寺町】寺院の多く集まっている地域。

てら-めぐり【寺巡り】各地の寺院を巡拝すること。

てら-もうで【寺詣で】〔名〕スル「寺参り」に同じ。

てら-や【寺屋】「寺子屋❶」に同じ。「見ればここにも―のやうに七夕様が祭ってあるな」〈浄・妹背山〉

てらやま-しゅうじ【寺山修司】[1935～1983]劇作家・歌人。青森の生まれ。早熟の歌人として才能を示したが、のち劇団「天井桟敷」を主宰して前衛演劇活動を展開。歌集「空には本」、戯曲集「血は立ったまま眠っている」など。

テラリウム〖terrarium〗❶陸生の小動物を飼育する容器。❷園芸で、小形の植物を密閉されたガラス器や小口のガラス瓶などの中に入れて栽培すること。また、そのガラス器。ブランデーグラスや金魚鉢を用いたサボテン栽培など。

テラ-ロッサ〖イタリア terra rossa〗《赤い土の意》❶地中海性気候のもとで、石灰岩を母岩として生成した赤色土壌。風化に伴い石灰分が溶解し、残った鉄の酸化物によって赤色を呈する。❷水酸化鉄を主成分とする赤色顔料。

て-ランプ【手ランプ】取っ手のついた小さいランプ。

てり【照り】❶日の照ること。「―が強い」❷晴天。晴れ。「―が続く」❸つや。光沢。「―を出す」「―のある材」❹日本料理で、醤油にみりん・砂糖を加えて煮つめたたれ。焼き魚などに塗って、つやを出すのに用いる。

テリア〖terrier〗《「テリヤ」とも》犬の一群の品種。地面を掘ってアナグマなどを追い出すのに用いる猟犬。現在は主として愛玩用。英国の原産のものが多い。スコッチテリア・エアデールテリアなど。

てり-あ・う【照(り)合う】〔動ワ五(ハ四)〕双方から照る。「雪に―・う瓦斯灯の光」〈一葉・別れ霜〉

テリアカ〖ラテン theriaca〗数種の薬を蜂蜜で練り合わせた色の赤い膏薬。解毒薬とした。(補説)「底野迦」とも書く。

てり-あめ【照(り)雨】日照り雨。天気雨。

てり-あわ・す【照(り)合(わ)す】㊀〔動サ五(四)〕照らし合わせる。「そりゃあ時間表に―・すと分らないことはないだろう」〈泡鳴・断橋〉㊁〔動サ下二〕「てりあわせる」の文語形。

てり-あわ・せる【照(り)合(わ)せる】〔動サ下一〕文てりあは・す〔サ下二〕照らし合わせる。「今夜の事実と―・せて」〈秋声・あらくれ〉

デリー〖Delhi〗㊀インドの首都ニューデリーとその周辺を含む中央政府直轄地域。㊁インド北部の商業都市。ガンジス川の支流ジャムナ川の左岸にあり、南側に1931年にニューデリーが建設されるまでの首都。ムガル帝国の首都として発展。人口、行政区988万、都市圏1288万(2001)。オールドデリー。シャージャハナバード。㊂英国、北アイルランドの都市ロンドンデリーの1984年以降の正式名称、および1633年以前の旧称。

テリー-クロス〖terry cloth〗布面に輪奈を織り出した厚地の綿織物。吸水性がよく、バスローブ・ビーチウエアなどに用いる。タオル地。

デリースルターン-ちょう【デリースルターン朝】13世紀初めからムガル帝国の成立する16世紀前半まで、インドのデリーを中心に続いた五つのイスラム王朝。奴隷・ハルジー・ツグルク・サイイド・ロディーの5王朝。デリー王朝。デリー-スルターン。デリー-サルタナット。

デリート〖delete〗文字などの、消去。削除。

テリーヌ〖フランス terrine〗つぶして調味した魚・肉・野菜などを陶製の器に入れ、天火で蒸し焼きにした料理。冷まして薄切りにし、前菜に用いる。本来は、その器をいう語。

てり-うそ【照×鷽】鳥ウソの雄のこと。

デリカ「デリカテッセン」の略。「―コーナー」「ホット―」

てり-かえし【照(り)返し】❶照り返すこと。反射。反照。「雪面の―が強い」❷ランプ・電灯などの背面につけ、光力を増加させる凹面鏡。反射鏡。

(類語)反射・反照・返照

てり-かえ・す【照(り)返す】〔動サ五(四)〕光や熱が反射する。また、光や熱を反射する。「西日が―・す」「夏日を―・すアスファルトの道」

てり-かがや・く【照(り)輝く】〔動カ五(四)〕《古くは「てりかかやく」》明るく光り輝く。美しく輝く。「朝日に―・く水面」

(類語)光る・輝く・きらめく・照る・閃く・ぎらつく

デリカシー〖delicacy〗感情、心配りなどの繊細さ。微妙さ。「―に欠ける振る舞い」「―のない人」

デリカテッセン〖ドイツ Delikatessen〗調理済みの洋風惣菜。また、その惣菜を売る店。デリカ。

テ-りきゅう【テ離宮】《Palazzo Te》►テ宮殿

デリゲーション〖delegation〗「デレゲーション」に同じ。

デリケート〖delicate〗〔形動〕❶感受性が強く、繊細なさま。「―な神経」❷微妙で、細心の注意を要するさま。「―な交渉段階」「―な問題」❸精巧にできていて、こわれやすいさま。「―な構造の時計」

(類語)繊細・微妙・細かい・敏感・神経質

てり-ごまめ【照り×鱓】正月料理の一。砂糖・醤油・みりんをまぜて煮つめた汁を煎ったごまめにからめたもの。

てり-こ・む【照(り)込む】〔動マ五(四)〕❶日光が射し込む。「西日が部屋に―・む」❷日光が強く照りつける。日照りが長く続く。「―・むと作物の生育によくない」

デリシャス〖delicious〗㊀〔名〕(Delicious)リンゴの一品種。北アメリカの原産で、果実は大きく、甘味が強く、果肉はやや柔らかい。㊁〔形動〕非常に美味なさま。甘美。「―な味」

デリス〖derris〗マメ科の蔓性植物。葉は奇数羽状複葉。花は紅色。根は殺虫剤の原料とする。熱帯アジアの原産。

デリス-にゅうざい【デリス乳剤】デリスなどの地下茎や根を原料とする殺虫剤。

デリダ〖Jacques Derrida〗[1930～2004]フランスの哲学者。アルジェリア生まれ。ポスト構造主義の思想家。西欧哲学のロゴス中心主義を批判し、脱構築(ディコンストラクション)をキーワードとした哲学理論を唱えた。著「エクリチュールと差異」「グラマトロジーについて」など。

デリック〖derrick〗起重機の一。柱の根元にジブを斜めに取り付け、これを柱の頂上からのロープで俯仰させ、ジブの先端から貨物を吊る形式のもの。主に港湾で使用。デリッククレーン。

てり-つ・ける【照(り)付ける】〔動カ下一〕文てりつ・く〔カ下二〕日光がきびしく照る。「夏の太陽がじりじりと―・ける」

てり-つゆ【照(り)梅-雨】「空梅雨」に同じ。

てるてる-ぼうず【照(り)照(り)坊主】「照る照る坊主」に同じ。「三日も前から気もそらの―何うぞと待ちし幸いの花日和」〈緑雨・門三味線〉

てり-どよう【照(り)土用】夏の土用を通じて雨が降らず、酷暑が続くこと。

テリトリー〖territory〗❶国の領土。❷学問などの領域。分野。❸セールスマンや販売店などの受け持ち区域。❹動物のなわばり。

(類語)領域・領分・縄張り・島・勢力範囲・版図

デリナーン〖Derrynane〗アイルランド南西部、ケリー州の町。アイベラ半島を一周する観光ルート、ケリー周遊路の町の一つ。紀元前3000年頃のドルメンのほか、アイルランドのカトリック解放運動の指導者ダニエル=オコンネルの邸宅デリナーンハウスがある。

てり-は【照(り)葉】草木の葉が紅葉して、美しく照り輝くこと。また、その葉。照り紅葉。(季 秋)「―して名もなき草のあはれなる/風生」

てり-は・える【照(り)映える】〔動ア下一〕文てりは・ゆ〔ヤ下二〕光を受けて美しく輝く。光が物にあたって輝いて見える。「夕日に紅葉が―・える」

(類語)光る・輝く・煌めく・閃く・瞬く・照る・照り輝く・きらつく・ぎらつく・一閃する・反照する

てりは-きょうげん【照葉狂言】《「てには俄狂言」の音変化とも、照葉という女性が創始したからともいう》江戸末期から明治中期まで行われた寄席演芸。能や狂言に歌舞伎や俄を交え、手踊り・俗謡などを取り入れたもの。女役者だけで演じることが多く、衣装は素襖や裃を用い、囃子には三味線を加えた。てるは狂言。◆書名別項。

てりはきょうげん【照葉狂言】泉鏡花の小説。明治29年(1896)発表。孤児の美少年貢が姉と慕うお雪や照葉狂言師匠小親に寄せる清純な愛を叙情的に描く。

デリバティブ〖derivative〗株式・債券・金利・外国為替などの金融商品(原資産)から派生して生まれた金融商品。将来、現金や他の金融商品を受け取る権利の現在価値がその価値を決定する。価格変動によるリスクを避けるために開発。先物取引・オプション取引・スワップ取引が代表的である。金融派生商品。➡オフバランス

デリバティブ-とりひき【デリバティブ取引】先物取引・先渡し取引、オプション取引、スワップ取引などの金融派生商品の取引。派生商品取引。

てりは-のいばら【照葉野茨】バラ科の落葉低木。海岸沿いに生える。茎は地をはい、とげをもつ。葉は楕円形の小葉からなる複葉でつやがある。6月ごろ、白い5弁花が咲き、秋に赤い卵球形の実を結ぶ。

てりは-ぼく【照葉木】オトギリソウ科の常緑高木。海岸に生え、高さ約20メートル。葉は長楕円形、堅い革質で光沢がある。花は白色。小笠原・沖縄諸島などに分布。防風林とし、材はマホガニーの代用にする。

デリバリー〖delivery〗❶貨物・郵便物の配達・配送。❷荷などの引き渡し。受け渡し。❸弁当や料理・食材などを出前・配達する業者、またその食品。

てり-ふ【照り▽斑】鼈甲の、特につやのよい斑。

てり-ふ【照(り)布】上質の白い麻布。乾きが速いので、茶の湯で茶巾に用いる。

てり-ふり【照(り)降り】❶照ることと降ること。晴天と雨天。❷「照り降り傘」の略。❸平穏と不穏。「扨々揃はぬ人の心の―や」〈浄・川中島〉

てりふり-あめ【照(り)降り雨】照ったり降ったりして定まらない空模様。

てりふり-がさ【照(り)降り傘】晴雨兼用の傘。

てりふり-なし【照(り)降り無し】晴天・雨天に影響されないこと。また、周囲の状況にかかわりなく、確実であること。「―に客が入る」

デリミター〖delimiter〗データベースや表計算ソフトにおいて、項目やセルを区切る文字のこと。コンマで区切られたテキストデータの形式を、CSVという。区切り文字。

テリヤ〖terrier〗►テリア

てり-やき【照(り)焼(き)】魚・貝・鳥肉などにみりん・醤油を付けて焼き上げ、つやをもたせる焼き方。また、その焼いたもの。「ブリの―」

て-りゅうだん【手×榴弾】「しゅりゅうだん(手榴弾)」に同じ。

て-りょうじ【手療治】医者にかからず自分で治療すること。また、その治療。「縁側へ出て来て駿介は―にかかった」〈島木健作・生活の探求〉

て-りょうり【手料理】❶自分で、または自宅で作った料理。手作りの料理。「―でもてなす」❷自分が直接手を下して事の始末をつけること。「先度入谷でこれも―」〈伎・一寸徳兵衛〉

テリレン〖Terylene〗ポリエステル系合成繊維の商標名。テレフタル酸とエチレングリコールを原料とする。テトロンはこの技術を導入したもの。

てり-わた・る【照(り)渡る】〔動ラ五(四)〕光がすみずみまで照る。光が一面に照る。「満月が耿々と—・る」

デリンクユ〘Derinkuyu〙トルコ中部、カッパドキア地方にある町。深さ約85メートル、地下8階という同地方最大級の地下都市があることで知られ、アラブ人の迫害から逃れた約1万人のキリスト教徒が暮らしていたと考えられている。紀元前7世紀頃から造られたとされ、住居、教会、学校、厨房、ワイン醸造所などがある。

デリンジャー-げんしょう【デリンジャー現象】地球の昼間の地域で、数十分にわたり短波通信が突然、妨げられる現象。太陽面の爆発で放射された紫外線などが地球の電離層に異常電離を起こし、そこに電波が吸収されるためと考えられる。1935年、米国の物理学者デリンジャー(J.H.Dellinger)が発見。

テル〘TEL〙《telephone》電話。

テル〘TEL〙《tetraethyl lead》►テトラエチル鉛

テル〘TEL〙《transporter-elector-launcher》ミサイルの運搬・起立・発射装置。

テル〘tell〙西アジア一帯に分布する丘状の遺跡。日干しれんがや石積みの建造物が廃墟となった地に建築が繰り返され、石材などが堆積して小高い丘となったもの。テペ。タペ。

て・る【照る】〔動ラ五(四)〕❶日や月などが光を発する。光り輝く。「日が—・る」❷晴れる。晴天である。「降っても—・っても散歩に出る」❸光を受けて美しく輝いて見える。映える。「秋の夕日に—・る山紅葉」〈文部省唱歌・紅葉〉❹能で、能面が少し上向きになる。(類語)光る・輝く・きらめく・閃く・瞬く・照り輝く・照り付ける・照り映える・きらつく・ぎらつく・発光する・一閃する・反照する

てる〔連語〕連語「ている」の音変化。上に付く語によっては「でる」とも。「いま考え—ところだ」「話はだいぶ進んでるはずです」

デル〘Floyd Dell〙[1887〜1969]米国の小説家・批評家。左翼系雑誌を編集。小説「夢想家」、評論「インテリ放浪者」、自伝「帰郷」など。

でる【出る】〔動ダ下一〕〔文〕づ〔ダ下二〕❶ある範囲や中から外の方へ動き移る。㋐そこから外へ行く。「校門をでる」「社会へでる」「迎えにでる」㋑境や一定の限度を越える。「土俵から足がでる」「この線から前へでないように」㋒そこを離れてほかのところへ行く。いままでいたところから別のところへ行く。「旅にでる」「武者修行にでる」㋓卒業する。「大学をでる」㋔(たどって行って、結果として)ある所に行き着く。「左へ曲がると大通りにでる」㋕商品が売れる。はける。「この製品はよくでる」❷㋐その所、起点から移動を始める。そこから出発する。「今から駅をでる」「悪天候のため、連絡船がでない」㋑根源がそこにゆきつく。由来する。その源から血筋・系統を引く。「論語からでた言葉」「平氏では、桓武天皇からでた家系が有名」❸㋐隠れていたもの、中に入っていたものなどが、表に現れる。現れて見えるようになる。姿を現す。「月がでる」「穂がでる」「穴からでる」「涙がでる」「だしがよくでている」「貫禄がでてきた」㋑なくしたものが見つかる。「盗まれた自転車がでてきた」㋒ある作品や場面などに現れる。「ギリシャ神話にでてくる美青年」❹㋐ある仕事をするために特定の場所にのぞむ。行事、集まりなどに加わる。「会議にでる」「競技大会にでる」「子役ででる」「電話にでる」㋑ある活動をするために、特定の方面・分野にすすんで働きかける。「選挙にでる」「世にでる」「人前にでる」㋒ある態度をとる。ある態度で相手に対する。「下手にでる」「高飛車にでる」❺(掲示・掲載したり、ある所に持ち出したりして)広く人に知られるようにする。「テレビにでる」「全集がでる」「夜店がでる」❻あらたに生じる。㋐自然現象・出来事などがおきる。発生する。「霧がでる」「シロアリがでる」「水がでる」「犠牲者がでる」㋑地中から、産出される。「温泉がでる」「石油がでる」㋒勢いなどがうまれる。「熱がでる」「やる気がでる」「スピードがでる」㋓考えなどがうまれる。また、いろいろ考えて、ある結果がもたらされる。「妙案がでる」「結論がでない」❼与えられる。㋐発令されたり、支払われたりする。「許可がでる」「ひまがでる」「ボーナスがでる」㋑もてなすために用意される。供される。「ごちそうがでる」「茶菓がでる」(補説)文語の下二段動詞「出づ」の連体形「いづる」が終止形としても用いられるようになり、それがさらに「づる」に変化し、この「づる」が下一段化してできた形。

(…句)足が出る・好い目が出る・裏目に出る・上手に出る・鬼が出るか蛇が出るか・買って出る・顔から火が出る・ぐうの音も出ない・口に出る・口より先に手が出る・口を衝いて出る・子供の喧嘩に親が出る・下手に出る・地が出る・冗談から駒が出る・初日が出る・精が出る・宝さかって入る時はさかって出る・叩けば埃が出る・血の出るよう・面から火が出る・手が出ない・手も足も出ない・出る所へ出る・喉から手が出る・火の出るよう・瓢箪から駒が出る・襤褸が出る・晦日に月が出る・右に出る者がない・目が出る・目から火が出る・芽が出る・世に出る・横と出る・涎が出る

(類語)(❶)行く・出かける・外出する・出発する・去る・後にする

出て失・せる　出て行っていなくなる。多く、命令の形で、ののしっていう場合に用いられる。「顔も見たくない、—・せろ」

出る杭は打たれる　❶才能・手腕があってぬきんでている人は、とかく人から憎まれる。❷さし出たことをする人は、人から非難され、制裁を受ける。(補説)文化庁が発表した平成18年度「国語に関する世論調査」では、本来の言い方である「出る**杭**は打たれる」を使う人が73.1パーセント、間違った言い方「出る**釘**は打たれる」を使う人が19.0パーセントという結果が出ている。

出る所へ◦出る　公の場に訴え出てどちらが正しいかを決定してもらう。「—◦出て話をつけよう」

出ると負け　試合などに出場するたびに、必ず負けること。

出る船の纜を引く　未練がましい振る舞いをすることのたとえ。

出る幕ではな・い　《演劇で、出番ではないの意から》出て何かをしたり、口出ししたりする場面ではない。「個人的な問題だから、第三者の—・い」

テル-アビブ〘Tel Aviv〙テル-アビブ-ヤッファの通称。

テル-アビブ-ヤッファ〘Tel Aviv-Jaffa〙イスラエル中西部の都市。地中海に面し、同国の政治・経済の中心地。1909年にユダヤ人移民によって建設が始まり、49年、隣接するヤッファと合併。市街中心部には30年代に建てられたバウハウス様式の建物が数多く残っており、その白い外観から「白い都市」と呼ばれる。2003年、「テルアビブのホワイトシティ、近代化運動」の名称で世界遺産(文化遺産)に登録された。人口、行政区39万(2008)。テルアビブ。

テルエル〘Teruel〙スペイン中東部、アラゴン州の都市。イベリカ山脈東部、グアダラビアル川(トゥリア川上流部)沿いに位置する。サンタマリア大聖堂、サンペドロ教会、サンマルティン教会、エル-サルバドル教会がイスラム文化を取り入れた中世スペイン建築の傑作として知られ、1986年に世界遺産(文化遺産)に登録。またサラゴサをはじめアラゴン地方にある他のムデハル様式の建築物も含め、2001年に「アラゴン州のムデハル様式の建造物」の名称で拡張登録された。

テルクシノエ〘Thelxinoe〙木星の第42衛星。2003年に発見。名の由来はギリシャ神話のゼウスの娘。非球形で平均直径は2キロ。

てるくに-まんぞう【照国万蔵】[1919〜1977]力士。第38代横綱。秋田県出身。本名、大野万蔵。旧姓、菅。昭和17年(1942)当時の最年少記録の23歳で横綱に昇進した。引退後、年寄荒磯を経て伊勢ヶ浜を襲名。➡安芸ノ海節男(第37代横綱) ➡前田山英五郎(第39代横綱)

テルスター〘Telstar〙米国の、世界初の通信衛星。

テルセイラ-とう【テルセイラ島】《Ilha Terceira》北大西洋中部にあるポルトガル領アゾレス諸島の島。主な町はかつて同諸島の首府だったアングラ-ド-エロイズモ。火山島として知られ、西部には標高1023メートルの成層火山、セラ-デ-サンタバルバラ山がある。西部は農業、畜産業が盛ん。

デルタ〘Δ|δ|delta〙❶ギリシャ語アルファベットの第4字。❷《形がギリシャ文字Δに似ているところから》㋐三角形をしたもの。「黄金の—地帯」㋑三角州のこと。❸女性の陰部を俗にいう語。❹数学で、変数または関数の変量を表す記号。

デルタ-フォース〘Delta Force〙テロ活動からの人命救助、テロ活動の撃滅などを任務とする米国陸軍の特殊部隊。

テルチ〘Telč〙チェコ南部、プラハの南東約130キロ、モラバ地方にある町。1530年の大火で焦土となるが、市長ザカリアスにより復興。その頃につくられたルネサンス様式の町並みは、1992年に「テルチ歴史地区」として世界遺産(文化遺産)に登録された。

テルチ-じょう【テルチ城】《Zámek Telč》チェコ南部、モラバ地方の町テルチの旧市街にあるルネサンス様式の城。13世紀創建のゴシック様式の城を、16世紀後半に市長ザカリアスが改築、イタリア風の庭園が新たに造られた。

てるて-ひめ【照手姫】説話・説経節などに、小栗判官の愛人として登場する美女。

てるてる-ぼうず【照る照る坊主】晴天を祈って、軒先などにつるす人形。天気になれば、墨でひとみを入れたり、また神酒を供えて川に流したりする。てるてる法師。てりてり坊主。てるぼうず。

テルトゥリアヌス〘Quintus Septimius Florens Tertullianus〙[160ころ〜222ころ]ローマ時代のキリスト教神学者。カルタゴ生まれ。「三位一体」をはじめ、多くのラテン的キリスト教用語を定めた。著「キリストの肉について」など多数。

テルトル-ひろば【テルトル広場】《Place du Tertre》フランス、パリ北部、セーヌ川右岸のモンマルトルの丘にある広場。似顔絵を描く画家や大道芸人が集まり、観光客にも人気がある。

テルネット〘Telnet〙《Telecommunication networkの略》インターネットなどのTCP/IPネットワークにおいて、遠隔地からコンピューターを操作するためのプロトコル。

てる-ひ【照る日】❶太陽が照っている日。晴れた日。「—、曇る日」❷照りつける太陽。輝く太陽。「奥山の岩垣もみぢ散りぬべし—の光見る時なくて」〈古今・秋下〉❸天皇。「—を世々に助けこし星の宿り(＝大臣ノ地位)をふり捨てて」〈増鏡・おどろの下〉

テルビウム〘terbium〙希土類元素のランタノイドの一。単体は灰青色の金属。元素記号Tb　原子番号65。原子量158.9。

テルビューレン-こうえん【テルビューレン公園】《Parc de Tervuren》ベルギーの首都、ブリュッセルの近郊にある公園。13世紀頃、ブラバン公の狩猟場だった場所。公園内に王立中央アフリカ博物館がある。

テルファー〘telpher〙ケーブルによる空中高架軌道の小型運搬車の総称。また、ロープウエーのこと。

デルファイ-ほう【デルファイ法】《Delphi technique》技術予測などに用いられる技法。多数の専門家や個人にアンケート調査を行い、その結果を回答者にフィードバックして、さらに予測を繰り返し、予測の正確度を上げながら、全体の答えや意見を絞っていく。

デルフィ〘Delphi〙►デルフォイ

デルフィー-ほう【デルフィー法】►デルファイ法

デルフィニウム〘(ラテン) Delphinium〙キンポウゲ科デルフィニウム属(ヒエンソウ属)の植物の総称。ヒエンソウ・チドリソウなど。

デルフォイ〘Delphoi〙ギリシャ中部、パルナソス山麓の古代都市。アポロンの神殿があり、その神託は大きな影響力をもったが、ローマ帝国期キリスト教が

国教となると禁止され廃墟となった。1987年、世界遺産(文化遺産)に登録された。デルフィ。デルポイ。

デルフスハーフェン〖Delfshaven〗オランダ南西部の港湾都市、ロッテルダム中心部の旧市街。第二次大戦で徹底的に破壊されたが、その後、17世紀当時の街並みを復元したことで知られる。

デルフト〖Delft〗オランダ、ゾイトホラント州西部の都市。東洋磁器を模したデルフト陶器で有名。17世紀の画家フェルメールの生地。オランダ東インド会社の支社が置かれた。

テルペノイド〖Terpenoid〗►テルペン

テルペン〖ドイツ Terpen〗分子構造中にイソプレンを基本骨格としてもつ天然有機化合物の総称。精油の主成分。多く油状で芳香があり、香料の原料にする。樟脳(しょうのう)・ピネン・メントールなど。テルペノイド。

デルベント〖Derbent〗ロシア連邦南西部、ダゲスタン共和国の都市。カフカス山脈の東端とカスピ海西岸の間に位置し、古くから中東と南ロシアの平原地帯を結ぶ交通の要衝として知られ、しばしば北方遊牧民の侵入が繰り返された。ササン朝ペルシアの王ホスロー1世が築いた高さ20メートルの堅固な城壁などが残っており、2003年に「デルベントのシタデル(城塞)、古代都市、要塞建築物群」の名称で世界遺産(文化遺産)に登録された。

デルポイ〖Delphoi〗►デルフォイ

テルボルフ〖Gerard Terborch ¦ Gerard Ter Borch〗[1617〜1681]オランダの画家。肖像画や風俗画にすぐれ、特にしっとりと輝く絹などの光沢を強調する表現は有名。代表作「ミュンステルの講和」。

デルマトグラフ〖dermatograph〗►ダーマトグラフ

テルミット〖ドイツ Thermit〗アルミニウム粉と金属酸化物との等量混合物。加熱すると反応して高熱を発生し、酸化アルミニウムと金属になる。

テルミット-ほう【テルミット法】(ハフ) アルミニウムが燃焼する際の高温を利用して、金属酸化物から金属を還元・析出する方法。クロム・マンガン・鉄などの冶金などに利用。1893年にH＝ゴルトシュミットが発明。アルミノテルミット法。アルミノテルミー法。ゴルトシュミット法。ゴールドシュミット法。

テルミット-ようせつ【テルミット溶接】テルミット配合剤を用いて鋼材などの金属を溶接する方法。

テルミドール-の-はんどう【テルミドールの反動】《フランス thermidorは「熱月」の意。革命暦の第11月》1794年7月27日(テルミドール9日)、フランス革命政府を支配していたロベスピエール派がクーデターで倒れ、ロベスピエールらが処刑された事件。これにより、恐怖政治が終わり、反動期に入ったとされる。

テルメッソス〖Telmessos〗小アジアにあった古代都市。現在のトルコ南西部の町フェティエに位置する。リキア王国の中心都市の一つとして栄えた。たび重なる地震で多くの遺跡が失われたが、ギリシャ神殿を模したリキア王の岩窟墓や、古代ローマ時代の劇場などが残っている。

テルモピレー〖Thermopylai〗ギリシャ中部の海岸沿いの隘路(あいろ)。南は絶壁で、北は海に面し、長さ数キロにわたる。前480年、レオニダス王の率いるスパルタ軍が、ペルシア軍をここで迎え撃ち、玉砕した。

デルモンテ-じょう【デルモンテ城】(カステルデル)《Castel del Monte》イタリア南部のアンドリアにある城。13世紀半ばに神聖ローマ帝国のフリードリヒ2世が、イスラム勢力に備えて南イタリアに築いた200余の城砦の一つ。八角形の中庭を八角形の周壁が囲み、さらに八つの八角形の塔が立っており、その形状から「丘の上の王冠」と呼ばれる。1996年に、世界遺産(文化遺産)に登録された。カステルデルモンテ。

テルル〖ドイツ Tellur〗酸素族元素の一。単体は、銀灰色の金属テルルと灰色粉末の無定形テルルとがある。化学的性質は硫黄やセレンに似る。顔料・合金添加元素などに利用。有毒。元素記号Te　原子番号52。原子量127.6。

てれ【照れ】照れること。「まだ―がある」

テレ〖tele〗❶「テレホン」「テレビ」の略。「―通信」「―ショップ」❷多く複合語の形で用い、遠隔の、望遠の、の意を表す。「―スイッチ」「―レンズ」

テレ-あさ【テレ朝】►テレビ朝日

テレイグジスタンス《和 tele-(遠距離の)＋existence(存在)から》ロボットによる作業現場で、オペレーターがあたかも自分で直接作業しているかのような臨場感が持てる遠隔操作方式。(補説)英語ではtelepresence。

テレイロ-ド-パソ〖Terreiro do Paço〗►コメルシオ広場

テレージエンシュタット〖Theresienstadt〗チェコの都市テレジンのドイツ語名。

テレーズ〖Thérèse〗[1873〜1897]フランスのカルメル会修道女。幼子のような信仰と敬虔・純潔な生活により、死後、1925年に列聖。自伝「小さい花」は広く読まれた。

テレオペレーション-ぎじゅつ【テレオペレーション技術】《teleoperation technology》遠隔操作技術。マニピュレーター・ロボットなどを離れた場所からの指令によって動作させるための工業技術。

テレ-カ「テレホンカード」の商標名。

てれ-かくし【照れ隠し】人前で気恥ずかしい思いをしたとき、人の注意をそらすためにとりつくろうこと。「―に笑う」

テレカンファレンス〖teleconference〗互いに離れた場所にいる人どうしがテレビの画面を通じて会議をすること。テレコンファレンス。テレビ会議。ビデオ会議。

デレギュレーション〖deregulation〗►ディレギュレーション

てれ-くさ・い【照れ臭い】〔形〕図てれくさ・し〔ク〕きまりが悪い。気恥ずかしい。「人前で話すのは―・い」(派生)てれくさがる〔動ラ五〕てれくさげ〔形動〕てれくささ〔名〕(類語)恥ずかしい・気恥ずかしい・きまり悪い・面映(おもは)ゆい・こそばゆい・うら恥ずかしい・小恥ずかしい・ばつが悪い・尻こそばゆい

テレ-クラ「テレホンクラブ」の略。

テレグラフ〖telegraph〗❶電信。電信機。❷電報。

テレグラム〖telegram〗電報。

デレゲーション〖delegation〗《「デリゲーション」とも》代表団。派遣団。特に、役員を含む派遣選手団。

てれこ　❶物事を互い違いにすること。また、食い違いになること。あべこべ。❷歌舞伎脚本で、二つの異なる筋を一つの脚本にまとめ、一幕おきに交互に展開していくこと。

テレコ「テープレコーダー」の略。

テレゴニー〖telegony〗雌が以前に交わった雄の特質が、のちに交わった別の雄との子に遺伝するという俗説。感応遺伝。

テレコミューティング〖telecommuting〗勤務先に出勤せずに、情報通信機器を利用して自宅や自宅近辺に開設されたサテライトオフィスで業務を行うこと。

テレコミュニケーション〖telecommunication〗電信・電話、テレビなどを用いた遠距離電気通信。

テレコム〖telecom〗《telecommunicationの略》遠距離通信。電信・電話・テレビ、また電話回線にパソコン・ファクシミリを接続するなど、電気的手段を用いたもの。

テレコム-ネットワーク〖telecoms network〗電話などの通信回線に、コンピューター・ファクシミリなどの端末機器を接続した電気通信回線網。

テレコン「テレコンバーター」の略。

テレコントロール-システム〖telecontrol system〗電話回線を利用して、住宅内の安全や家庭内の機器をコントロールするシステム。外出先から電話により、戸締まり・エアコン操作などが行える。

テレコンバーター〖teleconverter〗コンバージョンレンズの一。マスターレンズの前部に装着し焦点距離を伸ばすことで、望遠撮影を可能とする。テレコン。

テレコンピューティング〖telecomputing〗大型コンピューターの端末装置を電話回線に接続して、遠隔地からコンピューターを利用すること。

テレサ-デ-ヘスス〖Teresa de Jesús〗[1515〜1582]スペインのキリスト教神秘主義者。聖女。アビラ生まれ。修道会カルメル会の改革運動を興し、「跣足(せんそく)カルメル会」を創立した。イエズスのテレジア。著「霊魂の城」「完徳の道」「自叙伝」など。

テレジェニック〖telegenic〗〔形動〕テレビ向きであるさま。テレビ映りのよいさま。「―な大統領候補」➡フォトジェニック

テレジオ〖Bernardino Telesio〗[1508〜1588]イタリアの哲学者。アリストテレス哲学に反対し、熱と冷という二つの原理によってあらゆる事柄を説明しようとした。

テレシコワ〖Valentina Tereshkova〗[1937〜　]ソ連の宇宙飛行士。1963年、ボストーク6号に搭乗し、世界初の女性宇宙飛行士となった。のちに政界に入る。

てれ-しょう【照れ性】(テレシャウ)〔名・形動〕ちょっとしたことにも照れる性分であること。また、そのさま。「―な(の)人」

テレショップ〖teleshop〗►テレビショッピング

テレジン〖Terezín〗チェコ北部の都市。ナチス-ドイツがチェコスロバキア最大の強制収容所を造ったことで知られる。18世紀にプロイセンの侵攻を防ぐために建造されたバロック様式の大要塞、小要塞がある。ドイツ語名はテレージエンシュタット。

でれ-すけ【でれ助】でれでれしている男。好色でしまりのない男。

テレスコープ〖telescope〗望遠鏡。

テレスト〖Telesto〗土星の第13衛星。1980年に発見。名の由来はギリシャ神話の巨人。土星とテティスが形成するラグランジュポイントのうち、テティスの公転方向前側に位置する。後ろ側にはカリプソがある。クレーターが少なく、滑らかな氷に覆われている。非球形で直径は20〜30キロ。

テレソン〖telethon〗《「テレビジョン」と「マラソン」の合成語》中断することなく長時間放送されるテレビ番組。ふつう、慈善募金用の番組や選挙番組で行われる。

テレターミナル-システム〖teleterminal system〗電波を利用した新通信システム。携帯型の端末により、都市内で双方向のデータ通信ができる。

テレタイプ〖Teletype〗テレプリンターの商標名。

てれつく〔副〕囃子(はやし)などの太鼓を打つ音を表す語。「てんてん―」

でれ-つ・く〔動カ五(四)〕でれでれする。「人前で彼女に―・く」

テレックス〖telex〗《teleprinter exchangeの略》ダイヤルで相手方を呼び出し、テレプリンターを用いて通信文を伝送する通信方式。加入電信。

テレツコエ-こ【テレツコエ湖】《Ozero Teletskoye》ロシア連邦南部、アルタイ共和国のアルタイ山脈にある湖。湖水はビーヤ川を経て流出し、オビ川に合流して北極海に注ぐ。アルタイ自然保護区、カトゥン自然保護区、ウコク高原、ベルーハ山を含む地域が、1998年に「アルタイのゴールデンマウンテン」の名称で世界遺産(自然遺産)に登録された。テレツコヤ湖。

テレツコヤ-こ【テレツコヤ湖】《Ozero Teletskoye》►テレツコエ湖

デレッダ〖Grazia Deledda〗[1871〜1936]イタリアの女流小説家。生地サルデーニャ島の自然と人間を写実的に描いた。1926年、ノーベル文学賞受賞。作「エリアス＝ポルトル」「きづた」など。

でれっ-と〔副〕(スル) でれでれしているさま。「足を投げ出して―すわる」「美人とみるとすぐ―する」

テレテキスト〖teletext〗►文字放送

テレテックス〖teletex〗通信機能付きのワードプロセッサーによる文字通信のこと。

でれ-でれ〔副〕(スル) 態度や姿勢にしまりがなく、だらしのないさま。また、男が女にだらしのない態度をとるさま。「町を―(と)歩く」「女性に―する」

テレ-とう【テレ東】►テレビ東京

テレトピア《和 telecommunication＋utopiaから》

未来型コミュニケーションのモデル都市。ケーブルテレビやインターネットなどのメディアを地方に普及させ、情報通信の機能を高めて、地域の振興をはかろうとする計画。昭和58年(1983)から郵政省(のち総務省)が地方の情報化支援として進めている構想。

テレパシー〘telepathy〙言語・表情・身振りなどによらずに、その人の心の内容が直接他の人に伝達されること。精神感応。

テレパソロジー〘telepathology〙►遠隔病理診断

テレビ《「テレビジョン」の略》❶「テレビジョン」に同じ。「—をつける」「—局」❷❶による放送・番組。「九時から見たい—がある」「新聞の—欄」

テレビ-あさひ【テレビ朝日】東京都港区にあるテレビ局の一。昭和32年(1957)に教育番組専門局として開局。その後、朝日新聞社との関係を深め、一般放送局となった。報道番組の取材・配信網として全国の系列局とANNを形成する。テレ朝。

テレビ-ウオッチ《television watchから》テレビを組み込んだ腕時計。液晶表示によってテレビの小型化・薄型化が可能になった結果実現した。

テレビ-エバンジェリスト《television evangelistから》米国で、テレビを通じて神の言葉、福音を伝える伝道師。主に南部を拠点とし、数千万人といわれる視聴者を引きつけて保守層を支える一大政治勢力となっている。

テレビ-オークション《和 テレビ＋auction》テレビの回線を使った競売。衛星通信を利用したオークションシステムで、専用端末を通して入札を行う。昭和60年(1985)から中古車の取引に導入された。

テレビ-かいぎ【テレビ会議】ｶｲｷﾞ ►テレカンファレンス

テレビ-カメラ《television cameraから》テレビの撮影用カメラ。レンズで受けた画像を電気信号に変換する装置。

テレビ-ゲーム《和 テレビ＋game》小型コンピューターを利用し、テレビの画面上にゲームを映し出して遊ぶ装置。また、そのゲーム。ビデオゲーム。

テレビ-コード《和 テレビ＋code》テレビ放送における倫理規定。

テレビ-さじき【テレビ桟敷】《「桟敷」は芝居小屋で上等の見物席》テレビで、演劇やスポーツの試合を見ること。また、テレビの前の席。「全勝での千秋楽ともなれば—もにぎやかだ」

テレビじゅしんしゃしえん-センター【テレビ受信者支援センター】ｼﾞｭｼﾝｼｬｼｴﾝ 総務省が設置した地上デジタルテレビ放送の周知や広報、および受信相談対応を行う機関。社団法人デジタル放送推進協会が業務を担当する。平成20年(2008)10月に全国11か所で発足し、順次、全都道府県に拡充、51か所設立された。愛称、デジサポ。

テレビ-ショッピング《和 テレビ＋shopping》テレビで商品を紹介し、視聴者が電話・FAX・葉書・インターネットなどで購入申し込みをする通信販売の一。(補説)英語ではteleshopping

テレビジョン〘television〙動く画像を電気信号に変えて離れた地点に送り、それを映像に再現する通信方式。また、その受像機。テレビ。

テレビジョン-サテライト《television satellite studioから》放送局の本局から離れた地点に設けられたテレビ放送用の小さなスタジオ。繁華街などの一角にあって、放送に関心や親しみをもたせるのがねらい。本来はテレビの中継放送局のこと。

テレビ-タレント《和 テレビ＋talent》テレビ放送で活躍する芸能人。(補説)英語ではTV performer、TV personalityなどという。

テレビ-ディナー《television dinnersから。テレビを見ながら作れるディナーの意》区分けした容器に、肉、ポテト、野菜などが入れられている冷凍食品。オーブンや電子レンジで容器ごと温めて食べる。

テレビ-でんわ【テレビ電話】電話回線などを利用し、音声のほかに画像も送受信できるようにした電話。

テレビ-とう【テレビ塔】ﾀﾞ テレビ放送用の送信アンテナを設置した電波塔。東京スカイツリー、さっぽろテレビ塔、名古屋テレビ塔などがある。➡電波塔

テレビ-とうきょう【テレビ東京】ﾄｳｷｮｳ 東京都港区にあるテレビ局の一。昭和39年(1964)に科学教育番組の専門局として開局。その後、日本経済新聞社との関係を強化。平成22年(2010)、認定放送持ち株会社としてテレビ東京ホールディングスが設立され、その子会社となった。報道番組の取材・配信網として全国の系列局とTXNを形成する。コールサインJOTX-DTVから、TXとも。テレ東。

テレビフォト-システム《和 テレビ＋photo＋system》写真をメモリーカードなどに録画して、テレビ画面に再生して使用するシステム。

テレビ-プリンター《和 テレビ＋printer》テレビの画像(文字図形など)を印刷する装置。またはプリンターでテレビ画像を直接印刷する機能を指す。

テレビ-マネー《和 テレビ＋money》テレビ放映権料。テレビ局がオリンピックなどスポーツイベントの実況中継にあたって、放映権を独占的に得るために主催者に支払う金。

テレビ-マン《和 テレビ＋man》テレビ局、また、テレビ放送業界で働く人。

テレビン-ゆ【テレビン油】《ﾎﾟﾙﾄｶﾞﾙ terebintinaから。「テレピン油」とも》松脂ﾏﾂﾔﾆから得られる揮発性の精油。無色ないし淡黄色で特異臭のある液体。主成分はピネンなど。溶剤・ワニス・ペイントなどの製造、油絵の材料などに使用。松脂ﾏﾂﾔﾆ油。テレメン油。

テレピン-ゆ【テレピン油】►テレビン油

テレファックス〘telefax〙写真電送。

テレフィーチャー〘telefeature〙単発物のテレビ用長編(特作)ドラマ番組。

テレフォト〘telephoto〙電送写真。像を受信するときに印画紙やフィルムを用いるもの。

テレフォン〘telephone｜tel.〙►テレホン

テレフタル-さん【テレフタル酸】《terephthalic acid》芳香族カルボン酸の一。フタル酸の異性体で、カルボキシル基がパラ位についたもの。白色の結晶。ポリエステル繊維の主要な原料。化学式は$C_6H_4(COOH)_2$

テレプリンター〘teleprinter〙電話で受信した信号を自動的に印字する電信機。印刷電信機。

テレプロンプター〘TelePrompTer〙プロンプター❷の商標名。

テレ-ホーダイ《和 telephone＋放題から》NTTがダイヤルアップ接続のインターネット利用者向けに、平成8年(1996)に開始した、午後11時から翌朝8時まで、時間帯を限定した通話料金の月極定額料金制度。

テレポーテーション〘teleportation〙念力によって物体などを移動させること。テレポート。

テレポート〘teleport〙❶情報通信基地の機能を備えた都市。❷►テレポーテーション

テレホン〘telephone｜tel.〙《「テレフォン」とも》電話。また、電話機。

テレホン-アポインター《和 telephone＋appointer》電話で商品を売り込んだり、客に別の販売員を派遣する段取りをつけたりする電話接客員。

テレホン-カード〘telephone card〙公衆電話をかけるとき、現金の代わりに使う磁気カード。商標名。

テレホン-クラブ《和 telephone＋club》風俗営業の一。入会金を払ってクラブの個室に入った男性が、見知らぬ女性からかかってくる電話を取り会話するもの。テレクラ。

テレホン-サービス《和 telephone＋service》電話を通して、電話番号・天気予報・時刻や株式市場の情報などを提供したり、列車・飛行機やコンサートのチケットなどの予約を受けたりするサービス。

テレホン-セクレタリー《和 telephone＋secretary》依頼主のために、秘書として電話で客と応対する人。自宅を事務所とし、一人で何社ものセクレタリー(秘書)を兼ねている場合が多い。

テレホン-バンキング〘telephone banking〙電話で送金や口座間の資金移動ができる銀行のサービス。

テレマーク〘telemark〙スキー創始期の代表的な滑降・回転技術。スキーを前後にずらし、深くひざを曲げる姿勢を基本とする。現在ではジャンプの着地姿勢などに用いる。ノルウェーの地名から。

テレマーク-しせい【テレマーク姿勢】スキーのジャンプで着地する際に片足を前に出してひざを深く折った姿勢。

テレマーケティング〘telemarketing〙電話・ファクシミリなどの情報通信技術を計画的・組織的に利用したマーケティング(商品販売)の技法。通信販売などの受注、消費者からの問い合わせ・苦情などを電話で受け付ける業務と、電話をかけて購買を勧誘したり、市場調査などをしたりする業務とがある。

テレ-マクロ〘tele macro〙カメラの望遠レンズやズームレンズの望遠端で接写をすること。またはそのような撮影を可能とするレンズの機能そのものを指す。望遠接写。⇔ワイドマクロ。

テレマックのぼうけん【テレマックの冒険】《原題、ﾌﾗﾝｽ Les Aventures de Télémaque》フランスの小説家フェヌロンの長編小説。1699年刊。父オデュッセウスの行方を捜して諸国を巡るテレマックの冒険を描く。ルイ14世の孫のために書かれたもので、当時の専制政治を風刺。

テレマティーク〘ﾌﾗﾝｽ télématique〙《télécommunication(電気通信)＋informatique(情報科学)から》電気通信と情報処理の融合・一体化と、その社会的インパクトを総合的に示す言葉。コンピューターと電気通信の融合によって生ずる高度情報化。

テレマン〘Georg Philipp Telemann〙[1681～1767]ドイツの作曲家。カンタータ・受難曲・オペラ・管弦楽組曲・室内楽曲など、多くの分野に作品を残した。器楽曲集「食卓の音楽」など。

テレミン〘theremin〙電気楽器の一。ロシアの技師テレミンが1920年代に発明。低周波発信回路の装置上に手をかざして音の高低や音量を調節する。

テレム-きゅうでん【テレム宮殿】《Teremnoy dvorets》►テレムノイ宮殿

テレムノイ-きゅうでん【テレムノイ宮殿】《Teremnoy dvorets》ロシア連邦の首都モスクワの中心部、クレムリンにある宮殿。広義にはグラノビータヤ宮殿とともにクレムリン大宮殿と呼ばれることが多い。17世紀に建造。ロシア帝国の歴代皇帝の居館として使われた。11個の金色の丸屋根をもつ皇帝専用の教会が付属する。チェレムノイ宮殿。テレム宮殿。

テレメーター〘telemeter〙遠隔地から伝送された測定量を計測・記録する装置。工場の中央制御室での管理、重症患者のモニター、人工衛星による観測データの収集などに利用。遠隔計測装置。

テレメータリング〘telemetering〙遠隔地の測定量を伝送し、別の場所で表示、記録させること。例えば、家庭の電気・ガスなどの使用量を、検針員によらず、通信回線によってセンターでキャッチする。

テレメール〘telemail〙図形や文字などのデータを、電話回線を利用して送信する装置。

テレメトリー〘telemetry〙遠隔測定法。テレメーター(自動計測電送装置)を使って遠隔地の測定結果をコントロールセンターに送信するもの。

てれ-や【照れ屋】すぐ照れる性分の人。照れ性の人。はにかみ屋。

テレラーニング《和 tele＋learningから》遠隔講義。センターと各教室を電話回線で結び、音声・文字・描画などを送り、離れたところから行う講義。(補説)英語ではtelelecture。

テレライター〘telewriter〙手書画像伝送装置。電話回線を用いて、手書き文字や図形をペンの動きのままに送信する電信機。受信装置でペンの相似な動きとして再生される。

テレライティング〘telewriting〙電話回線を用いて、手書き文字や図形などを通信すること。

テレラン〘teleran〙《televised radar aerial navigation》操縦士に自機の周辺にいる他の飛行機

の様子を知らせる、レーダーとテレビを結合した無線航行援助装置。

て・れる【照れる】〔動ラ下一〕気恥ずかしく感じる。また、恥ずかしそうな態度や表情をする。「あまりほめられると—・れる」「冷やかされて—・れる」

〘類語〙はにかむ・恥じらう・気恥ずかしい・きまりが悪い

で・れる〔動ラ下一〕でれでれする。でれつく。「お花坊と—・れ合って」〈伎・児手柏〉

で・れる【出れる】〔動ラ下一〕出ることができる。下一段活用の「でる」を可能動詞化したもの。「でられる」(「でる」の未然形＋可能の助動詞「られる」)が本来の言い方。

テレワーキング〖teleworking〗在宅勤務のこと。電話・ファクスやインターネットを通じて、社員は在宅のまま、調査・執筆・企画・パソコン入力・プログラミング作業などを行う。

テレワーク〖telework〗情報通信機器を利用して、自宅や会社以外の場所で事業所から任された仕事を行う勤務形態。育児や介護など、個々人の事情に応じながら、仕事と生活の調和(ワークライフバランス)を実現する働き方として期待される。

てれ-わらい【照れ笑い】〔名〕失敗したり恥ずかしかったりしたときに、照れて笑うこと。「—を浮かべる」

て-れん【手練】人をだましてあやつる技巧・方法。手管。「娼妓に—あるは当然にして」〈逍遥・当世書生気質〉〘類語〙手管・詐術・術策・権謀術数

テレンティウス〖Publius Terentius Afer〗[前195ころ〜前159]古代ローマの喜劇作家。カルタゴ生まれの解放奴隷。整った劇作法で、人生批評的な作品を書き、教養人にもてはやされた。作「アンドロスの女」など。

てれん-てくだ【手練手管】《同義の二語を重ねて意味を強めたもの》「手練」に同じ。「—を弄する」「—にたける」

テロ「テロル」「テロリズム」の略。

テロー-ひろば【テロー広場】《Place des Terreaux》フランス南東部の都市リヨンの中心部、ローヌ川とソーヌ川に挟まれた旧市街にある広場。市庁舎、リヨン美術館に面する。自由の女神像を設計したフランスの彫刻家フレデリク＝バルトルディによる噴水がある。1998年、「リヨン歴史地区」として旧市街の教会、広場、庭園とともに、世界遺産(文化遺産)に登録。

て-ろくろ【手×轆×轤】手で回して使う小形のろくろ。陶器の製造などに用いる。

テロしえん-こっか【テロ支援国家】国際的なテロリズム組織を資金や物資などの面から援助している国家。〘補説〙特に、米国国務省が作成する報告書で指定を受けた、イラン・スーダン・シリア・キューバの4か国のこと。北朝鮮は1988年1月に指定、2008年10月に指定解除。

デロス〖Dēlos〗▶デロス島

デロス-とう【デロス島】《Dēlos》ギリシャ南東部、エーゲ海にある小島。現代名ディロス島。キクラデス諸島に属し、ミコノス島とシロス島の間に位置する。ギリシャ神話の神アポロンとアルテミスの生誕地であり、古代ギリシャの宗教や海上交易の中心地として栄えた。アポロン神殿をはじめとする多くの遺跡があり、1990年、世界遺産(文化遺産)に登録された。

デロス-どうめい【デロス同盟】前478年、ギリシャ諸都市がペルシアの来攻に備えて結んだ軍事同盟。デロス島で結ばれ、本部もそこに置かれた。アテネがこれを利用して強力な指導権を握ったことが、スパルタとの間のペロポネソス戦争の原因となった。

テロたいさく-とくそほう【テロ対策特措法】▶テロ対策特別措置法

テロたいさく-とくべつそちほう【テロ対策特別措置法】《「平成13年9月11日のアメリカ合衆国において発生したテロリストによる攻撃等に対応して行われる国際連合憲章の目的達成のための諸外国の活動に対して我が国が実施する措置及び関連する国際連合決議等に基づく人道的措置に関する特別措置法」の通称》平成13年(2001)9月11日に起こったアメリカ同時多発テロ事件をきっかけに、国際的なテロリズムの防止・根絶のための国際社会の取り組みに積極的かつ主体的に寄与し、日本を含む国際社会の平和及び安全の確保に資することを目的として定められた法律。国連安全保障理事会の決議が、国際テロリズムの行為を非難し、国連加盟国に対しその防止のために適切な措置をとるよう求めていることを根拠に定められたもの。協力支援活動、捜索救助活動、被災民救援活動、その他の必要な措置の適切かつ迅速な実施によって、先の目的を達成するよう努めることを基本原則とする。同年11月に施行、2年間の時限立法であったが、何回かの延長を経て、平成19年(2007)11月1日で失効。インド洋で給油活動をしていた海上自衛隊が撤収することになった。テロ特措法。テロ対策特措法。〘補説〙平成20年(2008)1月に給油・給水活動に限定した補給支援特別措置法が成立し、海上自衛隊の補給活動が再開された。

テロップ〖telop〗《television opaque projectorの略》テレビ画面に、テレビカメラを通さずに文字・図形・写真などを写し出すための送信装置。また、その文字や図形など。もと商標名。

テロ-とくそほう【テロ特措法】▶テロ対策特別措置法

テロメア〖telomere〗細胞の核にある染色体の末端領域のこと。単純な反復配列からなり、細胞分裂のたびに短くなり、細胞は50〜60回しか分裂できない。反復数が次第に減少することが老化に関係し、生体の老化との関連が示唆されている。また、テロメラーゼという酵素によって再び伸長される。末端小粒。➡テロメラーゼ

テロメラーゼ〖telomerase〗染色体にテロメアの反復配列を追加する酵素。人間の体細胞では年齢に応じて活性が落ちており、老化との関連が示唆されている。一方、活性を抑制すると癌細胞の増殖が遅くなる。➡テロメア

テロリスト〖terrorist〗テロリズムを信奉する人。

テロリズム〖terrorism〗政治的目的を達成するために、暗殺・暴行・粛清・破壊活動など直接的な暴力やその脅威に訴える主義。テロ。

テロル〖ドイ Terror〗《恐怖の意》暴力行為あるいはその脅威によって、敵対者を威嚇すること。恐怖政治。テロ。

でろれん-さいもん【でろれん祭文】大道芸および門付け芸の一。法螺貝を吹き、短い錫杖を鳴らしながら祭文を語るもの。「でろれんでろれん」と合の手を入れたところからいう。明治以降、寄席芸となり、浪花節へと発展した。

でわ【出羽】《古くは「いでは」》旧国名の一。明治元年(1868)に羽前・羽後に分割。ほぼ現在の山形・秋田両県にあたる。羽州。

て-わけ【手分け】〔名〕スル ❶一つの仕事を何人かで分担して行うこと。「—して探す」❷軍勢を配置すること。「宇治にて四方の—を定めて」〈太平記・三〉

て-わざ【手技】柔道で、主に腕や手先の働きによって相手を投げ倒す技。

て-わざ【手業】❶手先でする仕事。手仕事。❷ある行為に及ぶこと。手出しすること。「唐琴さんに—さしゃんしたは」〈伎・韓人漢文〉

でわ-さんざん【出羽三山】山形県にある月山・羽黒山・湯殿山の総称。古来、修験道の聖地。

でわ-さんち【出羽山地】青森・秋田・山形3県の西部を南北に連なる山地。津軽山地・白神山地・太平山地・笹森丘陵・丁岳山地などの山地に分けられる。鳥海火山帯と重なり、鳥海山、月山などの火山がある。標高は一般に500〜600メートル。

でわ-じんじゃ【出羽神社】山形県、羽黒山の山頂にある神社。祭神は伊氐波神・倉稲魂命。月山神社・湯殿山神社と合わせた三神合祭殿がある。三山神社。いではじんじゃ。

て-わたし【手渡し】〔名〕スル ❶手から手へと渡すこと。「荷物を—で積み込む」❷他人を通さず、自分で直接相手に渡すこと。「現金を—する」

て-わた・す【手渡す】〔動サ五(四)〕手から手へ渡す。直接渡す。「一人一人に卒業証書を—・す」

でわ-の-さく【出羽柵】奈良時代、東北地方経営のために今の山形県最上川下流付近に置かれた城柵。天平5年(733)今の秋田市内に移され、のち秋田城となった。でわのき。

でわ-ふじ【出羽富士】鳥海山の異称。

テワンテペク-ちきょう【テワンテペク地峡】《Tehuantepec》メキシコ南部、太平洋岸のサリナクルースとメキシコ湾岸のコアツァコアルコスとの間の地峡。幅220キロ。

てん【天】❶地上を覆って高く広がる無限の空間。大空。あめ。「—を引き裂く稲妻」❷天地・万物の支配者。造物主。天帝。また、天地・万物を支配する理法。「運を—にまかせる」「—の助け」「—の恵み」❸仏語。㋐六道のうち、人間界より上の世界。天上界。㋑天上界にいる神や、その眷族。❹キリスト教で、神のいる所。天国。「—にましますわれらの父よ」❺本・掛け軸・荷物などの上の部分。「—地無用」⇔地。❻物事を「天・地・人」の三段階に分けたときの、第一位。❼物事の最初。はじめ。➡天から ❽「天麩羅」の略。「えび—」「—つゆ」➡漢「てん(天)」

〘類語〙空・天空・大空・天穹・穹窿・蒼穹・太虚・上天・天球・青空・青天井・宙・空・空中・虚空・中空・中天・上空

天勾践を空しゅうすること莫れ時に范蠡無きにしも非ず《勾践は中国春秋時代の越の王。范蠡は呉に敗れた勾践を助け、呉を滅した忠臣》天は勾践を見捨てない、時がくれば范蠡のような忠臣が出て助けてくれる。南北朝時代、児島高徳が捕らわれの後醍醐天皇に、自分の志を示すため桜の幹に書いたという、「太平記」巻4に見える詩句による。

天定まって亦能く人に勝つ《「史記」伍子胥伝から》乱世には悪の栄えることもあるが、天の理法が復すれば、悪は滅び、善が栄える。

天知る地知る我知る子知る《「後漢書」楊震伝から。後漢の楊震が賄賂を断るときに言ったという》他人は知るまいと思っても、天地の神々も、自分も、それをするあなたも知っている。悪事は必ずいつかは露見するものだということ。四知。

天高く馬肥ゆる秋　空は澄み渡って晴れ、馬が食欲を増し、肥えてたくましくなる秋。秋の好時節をいう言葉。

天に在らば比翼の鳥地に在らば連理の枝《白居易「長恨歌」から》夫婦の情愛のきわめて深いことのたとえ。比翼連理。

天に口無し人を以て言わしむ　天には口がないから何も言わないが、その意思は人の口を通じて告げられる。

天に順う者は存し天に逆らう者は亡ぶ《「孟子」離婁上から》天の理法に従う者は存続して栄え、天の理法に反する者は滅びる。

天に跼り地に蹐す《「詩経」小雅・正月から》天は高いのに背をかがめて行き、地は厚いのに抜き足で歩く。恐れて身の置き所がないことのたとえ。跼天蹐地。

天に二日無し《「礼記」曽子問から》天に二つの太陽がないように、一国に二人の君主があってはならない。

天に向かって唾を吐く《上を向いてつばを吐くと、それがそのまま自分の顔に落ちてくるところから》人に害を与えようとして、かえって自分に災いを招くことのたとえ。天を仰いで唾する。

天にも地にも掛け替えが無い　この世において替わるべきものがない。最も大切なものにいう。

天にも昇る心地　非常にうれしい気持ちのたとえ。

天の与うるを取らざれば反って其の咎めを受く《「史記」淮陰侯伝から》天が与えてくれるものを受け取らないと、かえって天罰を受ける。好機を無にすれば、かえって災いを招くということ。

天の与え　天が与えてくれたもの。天の賜(たまもの)。
天の網(あみ)　❶「てんもう(天網)」に同じ。❷「かすみ網」に同じ。「―を引きはへて、彼の鶴を手捕りにして」〈伽・鶴のさうし〉
天の濃漿(こんず)　天から授かった美味な飲み物。甘露。ふつう、酒のことをいう。天のこんずい。「―とも言ふべきほどの酒をいだし」〈黄・栄花夢〉
天の時は地の利に如(し)かず地の利は人の和に如かず　《『孟子』公孫丑から》天の与える好機も土地の有利な条件には及ばず、土地の有利な条件も民心の和合には及ばない。
天の作(な)せる孽(わざわい)は猶(なお)違(さ)くべし自(みずか)ら作せる孽は逭(のが)るべからず　《『書経』太甲から》天災は備えがあれば避けることもできるが、みずから招いた災いは逃れることができない。
天の配剤(はいざい)　善には善果、悪には天罰というように、天は物事を適切に配するということ。「ゆめゆめ美妙なる―に不足云うべからず」〈露伴・風流仏〉
天の美禄(びろく)　《『漢書』食貨志から。天から賜る厚い俸禄(ほうろく)の意》酒の異称。
天の眼(まなこ)　人の正邪善悪を監視する天の眼力。
天は高きに居(お)って卑(ひく)きに聴く　《「史記」宋世家から》天帝は高い所にいながら下界の人の言葉を聞いて、これによって人間の善悪を厳しく判断する。
天は二物(にぶつ)を与えず　天は一人の人間に、それほど多くの長所を与えることはしない。
天は人の上に人を造らず人の下に人を造らず　生来、人間は平等であり、貴賤・貧富の差別は初めからあるものではない。[補説]福沢諭吉「学問のすゝめ」から。
天は自(みずか)ら助くる者を助く　《Heaven helps those who help themselves.》天は、他人に頼らずにひとりで努力する者を助けて幸福を与える。
天は見通し　天は真実を見通し、善悪隠れるところがない。
天を仰いで唾(つばき)する　「天に向かって唾を吐く」に同じ。
天を仰・ぐ　嘆いて、神に訴えるように顔を上方へ向ける。「絶好のチャンスを逸して―・ぐ」
天を怨(うら)みず人を尤(とが)めず　《『論語』憲問から》自分の身がいかに不遇でも、天を恨まず、また人をとがめず、みずから反省して修養に努める。
天を焦が・す　火災などの炎が盛んに空に向かって立ちのぼるようすを形容する言葉。
天を衝(つ)・く　天に届くほど高い。また、勢いの盛んなことにいう。「―・く摩天楼」「意気―・く」
天を摩(ま)・する　天に接するくらい高い。高い建築物についていう。
てん【典】❶盛大な儀式。式典。「華燭(かしょく)の―」❷守らなければならないきまり。のり。「諸藩の費用多きが故に今其―を止められたり」〈条野有人・近世紀聞〉 ➡漢「てん(典)」
てん【点】㊀〔名〕❶ペンの先などで軽く突いて記したような小さなしるし。また、そのように見えるもの。ぽち。ちょぼ。「難読漢字のわきに―を打つ」「飛行機が―となって消える」❷読点(とうてん)。文章の句点を「丸」というのに対していう。「、」で表す。❸漢字の字画のうち、❶に似た形のもの。「犬」の「丶」など。❹位置だけあって大きさのない図形。二つの線が交わる部分。「二―を通る直線」❺㋐物事の成果、成績などに対する評価。また、それを数値で表したもの。評点。点数。「―が辛い」㋑競技の得点。「―が入る」❻特に注目すべき箇所。ところ。「人間と他の動物との違う―は何だろう」「その―ぬかりはない」「悪い―は直す」❼非難される点。欠点。非。➡点を打つ ❽漢文訓読のために字のわきに付けた傍訓や符号の総称。返り点・ヲコト点の類。訓点。❾和歌・連歌・俳諧などで、批評・添削(てんさく)すること。また、その評価を表すしるし。❿灸点(きゅうてん)。「―をおろす」⓫一昼夜を12等分した刻をさらに細分した単位。「辰の三―」⓬航海・航空で用いる角度の単位。1点は円周360度を32等分した11.25度。㊁〔接尾〕助数詞。❶評点・得点を数えるのに用いる。「一〇〇―満点」「五―差」❷物品の数をかぞえるのに用いる。「展覧会に三―出品する」➡漢「てん(点)」
[類語](㊀❶)ぽち・ぽつ・ちょぼ・ちょん・黒点(こくてん)・中黒(なかぐろ)・ドット/(❺)点数・得点・評点・評価・ポイント・スコア/(❻)ところ・箇所・部分・面(めん)・節(ふし)
点付か・る　《「る」は受け身の助動詞》欠点をつかれる。非難される。「この姫君の―・れ給ふまじくと、よ

漢字項目 てん

【▽伝｜殿｜▽電】➡でん
【▽貼】➡ちょう

天 [学]1 [音]テン[呉][漢] [訓]**あめ、あま**‖①大空。「天下・天空・天上・天地/九天・仰天・暁天・衝天・水天・中天・沖天・北天・満天・露天」②空模様。「雨天・好天・晴天」③自然界。自然。「天険・天災・天然・天歩」④自然に備わったこと。生まれつき。「天才・天寿・天分/後天・先天」⑤高い所。「天井・天幕/脳天」⑥信仰の対象としての天。運命。造物主。神。「天運・天罰・天命・天佑(てんゆう)/皇天」⑦神や精霊の住むと考えられる所。「天国/昇天」⑧天子・天皇のこと。「天位・天顔・天孫・天覧」[名付]かみ・そら・たか・たかし [難読]天晴(あっぱ)れ・天地(あめつち)・天牛(かみきりむし)・天皇(すめらぎ)・天柱(ちりけ)・天蚕糸(てぐす)・天辺(てっぺん)・天麩羅(テンプラ)・天鵞絨(ビロード)

典 [学]4 [音]テン[呉][漢] [訓]のり、さかん‖①基本となる書物。「典籍/経典(けいてん・きょうてん)・原典・古典・辞典・出典・聖典・仏典・文典・宝典」②いつも変わらぬ基準。手本。「典拠・典型・典範・典例/楽典・儀典・通典・法典」③手本にのっとって行う儀式。「祭典・式典・祝典・盛典」④規則にかなって整っている。「典雅」⑤質に入れる。「典物」⑥役人が職務をあずかる。「典獄・典薬」⑦特別の扱い。「栄典・恩典・特典」⑧(「奠」の代用字)供え物。「香典(こうでん)」[名付]おき・すけ・つかさ・つね・ふみ・みち・もり・よし・より [難読]主典(さかん)

店 [学]2 [音]テン[呉][漢] [訓]**みせ**、たな‖㊀〈テン〉みせ。「店員・店頭・店舗/開店・支店・書店・商店・売店・露店」㊁〈みせ〉「店先/茶店」㊂〈たな(だな)〉「店子/裏店」

×**恬** [音]テン[漢]‖外のものに心を動かされず落ち着いている。「恬然・恬淡」

点〔點〕 [学]2 [音]テン[呉][漢] [訓]ともす、とぼす、たてる‖①小さなしるし。ぽち。「点画・点線/圏点・黒点・斑点(はんてん)・傍点」②文字や文章につける符号。「訓点・濁点・句読点」③特定の位置や個所。「観点・起点・疑点・拠点・欠点・時点・弱点・終点・重点・焦点・争点・地点・頂点・難点・美点・沸点・盲点・要点・利点・論点」④評価。また、その値。「点差・点数/高点・採点・次点・同点・得点・評点・満点」⑤しるしなどをつける。ちょっとした動作をして入れる。さす。「点火・点眼・点景・点茶・点灯・点滅/画竜点睛(がりょうてんせい)」⑥一つ一つ改め調べてみる。「点検・点呼」[難読]点前(てまえ)・点(な)てる

展 [学]6 [音]テン[呉][漢] [訓]のべる‖①平らに広げ並べる。「展開・展観・展示・展覧」②どこまでも伸び広がる。「進展・伸展・発展」③隅から隅まで見る。「展墓・展望」④巻いたものを開く。「親展」⑤ころがる。「展転」⑥「展覧会」の略。「個展・日展」[名付]のぶ・ひろ

添 [音]テン[呉][漢] [訓]**そえる、そう**‖そばにつけ加える。そえる。「添加・添削・添書・添乗・添付」[名付]そえ

×**甜** [音]テン[漢]‖甘い。うまい。「甜瓜(てんか)・甜菜」

転〔轉〕 [学]3 [音]テン[呉][漢] [訓]**ころがる、ころげる、ころがす、ころぶ**、まろぶ、うたた‖①くるくる回る。ころがる。ころがす。「転転/運転・回転・空転・自転・旋転・輪転」②ひっくり返る。ころぶ。「転倒・転落/横転」③方向を変える。変わる。変化する。「転化・転換・転義・転向・転身/暗転・急転・好転・変転」④場所を変える。移る。移す。「転移・転記・転居・転校・転写・転出/移転・栄転」[名付]ひろ [難読]転寝(うたたね)

×**奠** [音]テン[漢] デン[呉]‖①神仏に物を供えて祭る。「奠茶」②供え物。「香奠(こうでん)・祭奠・釈奠(せきてん)・奉奠・乞巧奠(きっこうでん)」③位置を定める。「奠都」

填 [音]**テン**[漢] [訓]はめる、はまる‖空いた所をうずめて一杯にする。「填塞(てんそく)・填補/充填・装填・補填」

×**篆** [音]テン[漢]‖漢字の書体の一。「篆刻・篆書・篆文/小篆・大篆」

×**諂** [音]テン[呉][漢] [訓]へつらう‖気に入られようと人にこびる。「諂諛(てんゆ)/讒諂(ざんてん)」

人**顛** [音]テン[呉][漢]‖①てっぺん。物の先端。「顛末/山顛」②逆さになる。ひっくり返る。「顛倒・顛沛(てんぱい)・顛覆/動顛」[補説]②は「転」を代用字とすることがある。人名用漢字表(戸籍法)の字体は「顚」。

人**纏** [音]テン[漢] [訓]まとう、まとい、まつわる‖①まつわりつく。「纏繞(てんじょう)・纏綿」②身につける。身にまとう。「纏足/半纏」[補説]「纒」は俗字。

×**巓** [音]テン[呉][漢]‖山のてっぺん。いただき。「山巓・絶巓」

×**癲** [音]テン[呉][漢]‖①気が狂う。「瘋癲(ふうてん)」②病気の名。「癲癇(てんかん)」

漢字項目 でん

【×奠】➡てん

田 [学]1 [音]**デン**[呉] [訓]**た**‖㊀〈デン〉①たんぼ。畑。「田園・田地・田野/乾田・帰田・耕田・荒田・水田・桑田・美田・陸田」②物を産出する土地。「塩田・炭田・票田・油田」③いなか。「田家・田紳」④狩り。「田猟」⑤「田楽」の略。「魚田」㊁〈た(だ)〉「田畑/青田・稲田」[名付]ただ・みち [難読]田舎(いなか)・田鶴(たず)・田螺(たにし)・田圃(たんぼ)

伝〔傳〕 [学]4 [音]**デン**[呉] テン[漢] [訓]**つたわる、つたえる、つたう**、つて‖㊀〈デン〉①つたえる。つたわる。「伝言・伝授・伝染・伝送・伝達・伝統・伝播(でんぱ)/遺伝・喧伝(けんでん)・誤伝・直伝(じきでん)・所伝・宣伝・相伝・秘伝・流伝(るでん・りゅうでん)」②言い伝え。「伝説/俗伝」③経書や詩文などの注釈。「経伝・古事記伝」④人の一代記。「伝記/小伝・評伝・略伝・列伝・自叙伝」⑤人や物を送る中継所。宿場。「駅伝」㊁〈テン〉㊀の⑤に同じ。「伝馬」[名付]ただ・つぐ・つた・つたえ・つとう・つとむ・のぶ・のり・よし [難読]言伝(ことづて)・伝手(つて)・手伝(てつだ)う

殿 [音]**デン**[呉] **テン**[漢] [訓]**との、どの**、しんがり‖㊀〈デン〉①大きくりっぱな建物。「殿堂/宮殿・祭殿・社殿・主殿・昇殿・寝殿・神殿・仏殿・宝殿・本殿」②軍隊の最後部。しんがり。「殿軍」③相手に対する敬称。「貴殿」④「澱」の代用字。「沈殿」㊁〈テン〉㊀の①に同じ。「殿上(てんじょう)/御殿」㊂〈との(どの)〉「殿方・殿様/高殿・若殿」[名付]あと・すえ

電 [学]2 [音]**デン**[呉] テン[漢] [訓]いなずま‖㊀〈デン〉①いなずま。「電光/紫電・雷電」②いなずまのように急なさま。「電撃/逐電」③電気のこと。「電圧・電化・電灯・電力/感電・充電・送電・帯電・停電・発電・放電・漏電」④「電信」「電報」の略。「電文/外電・祝電・打電・弔電・入電・返電・無電」⑤「電車」の略。「市電・終電」㊁〈テン〉㊀の②に同じ。「逐電」[名付]あきら・ひかり

×**澱** [音]デン[呉] [訓]おり、よどむ‖①水底にたまったかす。おり。「澱粉」②よどむ。「沈澱」[補説]②は「殿」を代用することがある。[難読]沈澱(おどみ)

ろづに思しのたまふ」〈源・蛍〉

点を打・つ　欠点を指摘する。非難する。「気にいらぬ女房を夫が去るに言ひ分なし、―・つ人もない」〈浄・用明天王〉

点を掛・く　❶連歌や俳諧などで、評点をつける。「佐野の渡りに郭公詠みたるも知らざれば、是にはー・けざりし」〈戴恩記〉❷記号をつける。斜線を引いたり、しるしをつけたりする。「気に入ったものへ、こちらから―・けて」〈洒・四十八手〉

点を稼・ぐ　►稼ぐ❹

てん【転】❶音韻または語の意味が変化すること。また、変化したもの。「『紺屋』は『こんや』の―」❷漢詩で、「転句」の略。「起承―結」➡漢「てん(転)」

てん【×貂｜黄=鼬】食肉目イタチ科テン属の哺乳類。イタチに似て、体長45～50センチ、尾長17～23センチ。夏毛は全体に褐色。冬毛は変異がみられ、キテンとスステンの2型がある。夜行性で、小動物などを捕食。毛皮がよいので知られる。本州・四国・九州、朝鮮半島に分布。テン属にはクロテンなど8種が含まれ、ヨーロッパ・アジア・北アメリカに分布。(季 冬)「哀しびや熔岩寒林に―を撃ち／裕計」

てん【滇】㊀中国漢代、雲南地方に拠った西南夷の一。前109年、前漢の武帝に降伏して益州郡に編入された。㊁雲南省の異称。

てん【×篆】「篆書」に同じ。➡漢「てん(篆)」

てん【×纏】仏語。まつわりつくもの。煩悩のこと。纏縛。➡漢「てん(纏)」

テン〖ten〗数の、10。じゅう。とお。

てん【×恬】〖ト・タル〗文〖形動タリ〗気にかけないで平然としているさま。「―として恥じない」「―として顧みない」➡漢「てん(恬)」

て-ん〖連語〗►てむ〖連語〗

でん【田】❶田。田地。田畑。転じて、物を生み出すところ。「此砂浜は…衣食の―なり」〈蘆花・自然と人生〉❷田楽豆腐をいう女房詞。➡御田　➡漢「でん(田)」

でん【伝】❶昔からの言い伝え。また、その記録。「家々の―」「―左甚五郎作」❷個人の生涯を記録したもの。伝記。「古書にその―が見える」「トルストイ―」❸経書などの注釈。「春秋公羊―」「古事記―」❹やりかた。方法。「その―でやろう」❺律令制で、諸国の各郡に置き、伝馬を用意して官人の旅行に利用した設備。➡漢「でん(伝)」

てん-あ【×諂×阿】へつらうこと。おもねること。阿諛。

でん-あつ【電圧】二点間の電位の差。単位はボルト。

でんあつ-けい【電圧計】電圧を測定する計器。電流回路に並列につないで用いる。直流用・交流用・交直両用などがある。ボルトメーター。

でんあつ-こうか【電圧降下】電気回路に電流を流したとき、抵抗などの素子の両端で電流の方向に向かって電位が下がる現象。電位降下。

てんあん【天安】平安初期、文徳天皇・清和天皇の時の年号。857年2月21日～859年4月15日。

てんあん-もん【天安門】中国、北京の中心部にある故宮正門の名。門前の広場でメーデーや国慶節などの集会が行われる。

てんあんもん-じけん【天安門事件】中国、北京の天安門広場で起こった民衆騒乱事件。㊀1976年4月5日、故周恩来首相を追悼する民衆が広場の人民英雄記念碑に捧げた花輪を当局が撤去したことをきっかけに発生。四・五運動。㊁1989年6月3～4日、同年4月の胡耀邦元総書記の死をきっかけに、民主化を要求して広場に参集していた学生・市民に対して人民解放軍が発砲、多数の死傷者を出した。血の日曜日事件。

てん-い【天衣】天人・天女の着る衣服。あまのはごろも。➡てんえ(天衣)

てん-い【天位】天子の位。皇位。帝位。

てん-い【天威】天子の威光。皇威。

てん-い【天為】天のなすところ。自然の作用。

てん-い【天意】❶天の意志。造物主の意志。また、自然の道理。❷天子の意志。

てん-い【天維】天が落ちないように四隅を支えているという想像上の綱。天柱。

てん-い【典医】►御殿医

てん-い【転位】〖名〗スル ❶位置が変わること。また、位置を変えること。❷固体の結晶内部で線状に起きる、一連の原子の位置ずれ。❸分子内で2個の原子または原子団がその位置を取り換えること。❹《displacement》精神分析の用語。ある対象に向けられていた感情が、本来の対象から他のものに置き換えられること。置き換え。

てん-い【転医】〖名〗スル　現在、診察を受けている医者から、別の医者に変えること。

てん-い【転移】〖名〗スル ❶場所が他にうつること。また、場所をうつすこと。移転。「施設が―する」❷病原体や腫瘍細胞が、原発巣から血流やリンパ流などを介して他の場所に移り、そこに同様な組織変化を起こさせること。癌などにみられる。❸物質が、ある状態から他の状態へ変化する現象。ふつう結晶相の変化や同素体変化などの相転移をいう。❹前に学習したことが、あとの他の学習に影響を与えること。学習を促進する場合を正の転移、逆の場合を負の転移という。❺精神分析で、患者が幼児期に親などに対して抱いていた感情を治療者に向けること。

でん-い【電位】二点間に一定の電気量を運ぶのに必要なエネルギー。

でん-い【×臀位】逆子の一種。分娩の際、胎児が臀部を進ませて産道を降下する姿勢。

でん-い【×臀囲】尻のまわり。また、その寸法。ヒップ。

てんい-アールエヌエー【転移RNA】たんぱく質の生合成において、特定のアミノ酸と結合して、伝令RNAとリボゾームの結合体に運ぶリボ核酸。リボゾーム上で、アミノ酸を伝令RNAの情報通りに配列、たんぱく質が組み立てられる。トランスファーRNA。tRNA。運搬RNA。

てんい-おんど【転移温度】相転移が生じる温度。気相、液相、固相間の構造的な転移や、電気伝導における常伝導から超伝導への転移が起こる温度などを指す。➡転移点

でんい-けい【電位計】静電気を利用して電位差や電気量を測定する装置。

でんい-こうか【電位降下】►電圧降下

てんい-こうそ【転移酵素】化合物の基を転移させる反応を触媒する酵素。アミノ基転移酵素(トランスアミナーゼ)・燐酸基転移酵素(ホスホトランスフェラーゼ)など。トランスフェラーゼ。

でんい-さ【電位差】「電圧」に同じ。

でんいさ-けい【電位差計】►ポテンシオメーター

てんい-しせき【天威×咫尺】《「春秋左伝」僖公九年から》天子のそば近くに仕えること。

てんいせい-かんがん【転移性肝×癌】肝臓以外の臓器で発生した癌が肝臓に転移した癌。肺癌・胃癌・膵臓癌・大腸癌・胆嚢癌などからの転移が多い。➡原発性肝癌

てん-いち【天一】「天一神」の略。➡なかがみ(天一神)

てんいち-じん【天一神】►なかがみ(天一神)

てんいち-たろう【天一太郎】天一天上の最初の日。この日の天候で、その年の豊凶を占う。

てんいち-てんじょう【天一天上】陰陽道で、天一神が天に上っているという日。癸巳の日から戊申の日までの16日間。

てんいちぼう【天一坊】[?～1729]江戸中期の僧。通称、改行。源氏坊天一と名のり、徳川家の一族と称して世間を騒がせて処刑された。大岡政談と結びつき戯曲・講談などに脚色された。

てんい-てん【転移点】相転移が起きる時の温度や圧力などの状態量の値。温度の場合は転移温度と呼ばれ、沸点、融点、凝固点などがある。

てんい-ねつ【転移熱】►潜熱

てんい-むほう【天衣無縫】〖名・形動〗《「霊怪録」による》❶天人の衣服には縫い目のあとがないこと。転じて、詩や文章などに、技巧のあとが見えず自然であって、しかも完全無欠で美しいこと。また、そのさま。「―な(の)傑作」❷天真爛漫なこと。また、そのさま。「―に振る舞う」❸►九連宝灯

てん-いん【店員】商店に勤務している人。

(類語)売り手・売り主・売り子・販売員

てん-いん【点印】俳諧の点者が、連句・発句の句帳に評点として押す印形。点者各自が独自のものを数個もち、それぞれ点数を定めて使い分けた。

てん-いん【転院】〖名〗スル　入院患者が他の病院へ移ること。「自宅近くの病院に―する」

でん-う【殿宇】御殿。殿堂。「壮麗な―」

てん-うん【天運】❶天から与えられた運命。自然の理法。「―に任せる」❷天体の運行。(類語)運・運命・運勢・命運・天命・宿命・宿運・定め・時運・因縁・巡り合わせ・回り合わせ・星回り・命数・暦数

てんうん-し【転運使】中国、唐・宋代の地方官名。創設当初は物資の運輸をつかさどったが、しだいに権限を拡大し、宋代には辺防・刑獄・財政などの役もつかさどった。

てん-え【天▽衣】《連声で「てんね」とも》菩薩や天人などが肩から胸に垂らしている長い布。➡てんい(天衣)

でん-え【伝▽衣】《連声で「でんね」とも》法脈伝授の証として師から弟子に伝えられる法衣。転じて、法脈を伝えること。

てんえい【天永】平安後期、鳥羽天皇の時の年号。1110年7月13日～1113年7月13日。

でん-えい【電影】❶いなびかり。稲妻。「山腹の―よりも速に滅する浮世の英雄」〈透谷・富嶽の詩神を思ふ〉❷中国で、映画のこと。

でん-えき【伝駅】❶律令制の伝と駅。❷宿継ぎの人馬。

てんえん【天延】平安中期、円融天皇の時の年号。973年12月20日～976年7月13日。

てん-えん【天×淵】〖名・形動〗天と淵。天地。転じて、非常にかけはなれていること。また、そのさま。「其相違―啻ならず」〈福沢・福翁百話〉

てん-えん【展延】〖名〗スル　薄く広げのばすこと。また、広がりのびること。「金を―する」「―性」

てん-えん【転園】〖名〗スル ❶幼児が他の保育園・幼稚園に移ること。❷動物が他の動物園に移ること。

でん-えん【田園｜田×苑】田と園。田畑。また、田畑のある地方。いなか。「―風景」

でんえん【田園】《原題、ﾄﾞｲ Pastorale》ベートーベン作曲の交響曲第6番の副題。1808年の作。5楽章のそれぞれが田園生活に関係のある標題をもつ。

でんえんこうきょうがく【田園交響楽】《原題、ﾌﾗﾝｽ La Symphonie pastorale》ジードの小説。1919年刊。盲目の少女と育て親である牧師夫妻およびその息子を主要人物に、少女をめぐる愛と信仰の確執を描く。

でんえん-しじん【田園詩人】田園を愛し、その生活や風物をうたう詩人。ワーズワース・陶淵明など。

でんえんちょうふ【田園調布】東京都大田区北西部の地名。大正7年(1918)渋沢栄一らの田園都市計画により開発された住宅地。

でんえんちょうふがくえん-だいがく【田園調布学園大学】神奈川県川崎市にある私立大学。平成14年(2002)の開設。

でんえん-とし【田園都市】田園地帯に適正規模で建設され、都市生活の利便と田園生活の風趣とを享受できる理想都市。1898年に英国のE=ハワードが提唱。

でんえんのゆううつ【田園の憂鬱】佐藤春夫の小説。大正8年(1919)定本刊行。武蔵野の田園での生活を背景に、倦怠と憂鬱の心情を描く。

てんおう【天応】奈良時代、光仁天皇・桓武天皇の時の年号。781年1月1日～782年8月19日。

でん-おう【田翁】年老いた農夫。

てんおう-せい【天王星】►てんのうせい(天王

星）

てん-おん【天恩】❶天の恵み。❷天子の恩。❸「天恩日」の略。

てん-おん【転音】二語が連なって複合語をつくる際に音が変わること。また、その音。「あめ(雨)」と「かさ(傘)」とが複合して「あまがさ」となる類。

でんおん-なんちょう【伝音難聴】音を伝える外耳・中耳・鼓膜の障害による難聴。聴神経には異常がないので治療可能なことが多く、補聴器を使用すると聞き取りやすくなる。

てんおん-にち【天恩日】暦注の一。天の恩恵で万民が福を受けるという最上吉日。天恩。

てん-か【天下】《「てんが」とも》❶天が覆っている全世界。❷一国全体。国じゅう。また、国家。「―に号令する」「―を治める」❸世の中。世間。「―に名を知られる」「―に恥をさらす」❹一国の政治。一国の支配権。「徳川の―となる」「―を掌握する」❺権力をにぎって思うままに振る舞うこと。「かかあ―」❻比類ないこと。この上ないこと。「―の大泥棒」「―の横綱」❼江戸時代、将軍のこと。天下様。「―の御城下なればこそ」〈浮・永代蔵・三〉❽（「とも」「ども」などを伴って副詞的に用いて）どのように。どれほど。「―に目つぶれ足折れ給へりとも」〈源・玉鬘〉

類語 天地・宇内・四海・八紘・全世界・世界・国家・社会・世間・世・世の中・人中

天下三分の計 後漢末、諸葛亮が蜀の劉備に進言した、国土を三分割して曹操・孫権・劉備の三人で中国を支配する策。

天下の憂いに先だちて憂え天下の楽しみに後れて楽しむ 《范仲淹「岳陽楼記」から》すぐれた為政者は天下国家の憂いを世の人々がまだ憂えない前に憂え、天下国家の楽しみを世の人々が楽しんだ後に楽しむ。自己一身のことは問題にしないということ。先憂後楽。

天下は一人の天下にあらず乃ち天下の天下なり 《「六韜」文師から》天下は君主一人の専有物ではなく、天下の人々の共有物である。

天下は回り持ち 天下を握る人は次々と変わるものだということ。また、貴賤・貧富などの運命は人々の間をめぐるということ。

天下晴れて 世間に気がねする必要なく。おおっぴらに。「―夫婦になる」

天下を取・る 国全体を自分の支配下におさめる。転じて、ある分野などで頂点に立つ。「戦わずして―・る」「財界に身を投じて―・る」

てん-か【天火】❶落雷によって起こる火災。雷火。また、自然に起こる火災。❷「天火日」の略。

てん-か【天花｜天華】❶《天から降る花の意》雪のこと。❷ ▶てんげ(天花)

てん-か【点化】心などが改まり、変化すること。

てん-か【点火】〔名〕スル ❶火をつけること。「ストーブに―する」❷内燃機関を始動したり、爆薬を爆発させたりする操作。類語 発火・着火・引火・出火

てん-か【添加】〔名〕スル 別の物を加えること。また、別の物が加わること。「防腐剤を―する」「―物」
類語 付加・追加・加味・混入

てん-か【×甜×瓜】マクワウリの漢名。

てん-か【転化】〔名〕スル ❶ある状態・物が別の状態・物に変化すること。「戦況が―する」❷蔗糖が加水分解され、果糖とぶどう糖になる現象。分解が進むにしたがい、旋光性が右旋性から左旋性に変化する。類語 変化・変質・変貌・一転・移行

てん-か【転科】〔名〕スル 所属する学科を途中で変えること。また、変わること。「国文科から史学科に―する」

てん-か【転×訛】〔名〕スル 語の本来の発音がなまって変わること。また、その音や語。「―した語形」

てん-か【転嫁】〔名〕スル ❶自分の罪・責任などを他になすりつけること。「失敗の責任を―する」❷心理学で、ある対象に対する感情が、関係のある他のものにも及んでいくこと。

てん-が【天河】あまのがわ。銀河。

てん-が【典雅】〔形動〕〔文〕〔ナリ〕正しくととのっていて上品なさま。「―な舞」派生 てんがさ〔名〕
類語 典麗・優雅・上品・エレガント

でん-か【田家】田舎の家。いなかや。また、田舎。

でん-か【田暇｜田仮】律令制で、中央政庁の官吏に、毎年5月の田植え期と8月の収穫期にそれぞれ15日ずつ与えられた農事のための休暇。

でん-か【伝花】生け花で、各流派に伝えられている一定の形態と手法。

でん-か【伝家】代々その家に伝わること。家伝。
類語 家伝・相伝・重代・伝来・秘伝

でん-か【殿下】《古くは「てんが」とも》❶皇太子・皇族などの敬称。皇太子・皇太子妃・皇太孫・皇太孫妃・親王・親王妃・内親王・王・王妃・女王などに用いる。➡陛下 ❷摂政・関白・将軍の敬称。平安時代以降用いられるようになった。❸宮殿や御殿の階の下。類語 陛下・妃殿下

でん-か【電化】〔名〕スル 動力源や熱源・光源に電力を利用するようにすること。「支線が―される」

でん-か【電火】いなびかり。いなずま。

でん-か【電荷】物体が帯びている静電気およびその物理量。いろいろな電気現象を起こすもとになるもの。電気量。荷電。

てんかい【天海】［1536〜1643］江戸初期の天台宗の僧。会津の人。号、南光坊。勅諡号、慈眼大師。徳川家康に重んじられ、政務にも参加。家康の死後、東照大権現を贈号、日光山に改葬し輪王寺を中興。江戸上野に東叡山寛永寺を創建。木活字版の大蔵経を刊行、天海版とよばれる。

てん-かい【天界】❶天上の世界。⇔地界。❷《「てんがい」とも》「天上界❷」に同じ。

てん-かい【展開】〔名〕スル ❶広くひろげること。また、広くひろがること。「眼下に―する平野」❷物事をくりひろげること。「大論争を―する」「華麗なる演技が―される」❸次の段階に進めること。また、次の段階に進むこと。「行き詰まった交渉の―をはかる」「事件は意外な方向に―した」❹密集していたものを散開させること。また、散開すること。「グラウンドいっぱいに―して攻撃する」❺数学で、単項式と多項式、または二つ以上の多項式の積の形を、一つの多項式の形に表すこと。例えば、$a(b+c)$を$ab+ac$としたり、$(x+a)(x+b)$を$x^2+(a+b)x+ab$としたりすること。❻立体の面を、長さ・角度などを変えずに平面上に移すこと。多面体などを切り開いて平面上に広げること。
類語 伸展・進展・発展・広げる・繰り広げる

てん-かい【転回】〔名〕スル ❶ぐるりと回ること。また、回すこと。回転。❷向きが変わること。また、向きを変えること。「船の進路が180度―する」❸方針などが大きく変わること。また、方針などを大きく変えること。「増税から減税にと政策が―する」❹体操で、からだを回転させる運動。前方転回・後方転回・空中転回など。❺和音で、根音以外の音が最下声となるように、音の上下関係を置き換えること。「ドミソの和音をミソドに―する」類語 回転・転換・一転・急転

てん-がい【天外】天のそと。はるかな空のかなた。また、非常に遠い所。「奇想―」「近づき難い点において―の稲妻と一般である」〈漱石・三四郎〉

てん-がい【天涯】❶空のはて。「彗星が―から来って」〈魯庵・社会百面相〉❷故郷を遠く離れた地。「如何に―の遊子たる予自身を憫みしか」〈芥川・開化の殺人〉

天涯比隣の若し 《王勃「杜少府之任蜀州」から》遠い所にいても心は常に通っていて、隣に住んでいるのと同じように親しく思われる。

てん-がい【天蓋】❶仏具の一。仏像などの上にかざす笠状の装飾物。周囲に瓔珞などの飾りを垂らす。❷虚無僧がかぶる、藺草などで作った深編み笠。❸貴人の寝台や玉座、祭壇・司祭座などの上方に設ける織物のおおい。

でん-かい【電界】電荷に電気力の働く空間。空間内のある点で、単位電荷に働く電気力を電界の強さ、力の向きを電界の向きという。電場。

でん-かい【電解】〔名〕スル「電気分解」の略。

でんかいイオン-けんびきょう【電界イオン顕微鏡】光線の代わりに高電圧で加速されたイオンビームを用いるイオン顕微鏡の一。1951年に米国のE=W=ミュラーが発明。鋭く尖った針状の試料を使い、その先端部分の原子配列を半球状のスクリーンに拡大投影して観察する。FIM(field ion microscope)。

でんかい-えき【電解液】電気分解の際、電解槽の中に入れる電解質溶液。また、電池の電極液のこと。

でんかい-けんま【電解研磨｜電解研摩】電気分解を利用する研摩法。電解液中の陽極(アノード)に工作する金属、陰極(カソード)に不溶性の金属を設置し、直流電流を流して表面が溶解することにより平滑な面を得る。

でんか-いこう【電荷移行】▶電荷移動

でんかいこうか-トランジスター【電界効果トランジスター】▶エフ-イー-ティー(FET)

てんがい-こどく【天涯孤独】遠く異郷に、ひとり暮らすこと。また、身寄りがないこと。「―の身の上」

でんかい-コンデンサー【電解コンデンサー】電解液に金属を入れ酸化させて陽極とし、表面にできた皮膜を誘電体、電解液を陰極とするコンデンサー。小型で大容量が得られるが、温度による変化も大きい。

でんかい-しつ【電解質】水などの溶媒に溶かしたとき、正と負のイオンに分かれて電気伝導性をもつ物質。イオン性塩類・酸・塩基など。

でんかいしつ-コルチコイド【電解質コルチコイド】▶鉱質コルチコイド

でんかいしつ-ようえき【電解質溶液】電解質が溶け込んだ液体の総称。一般に電解質の水溶液を指す。水以外ではアンモニア、過酸化水素などがある。電気伝導性があり、電流を流すと電気分解が生じる。

てんかい-ず【展開図】立体を平面上に展開させてできる図。多面体では多角形のつながりとして表される。

てんかい-ずほう【展開図法】地球を地心から円筒や円錐に投影したあと、切り開いて平面とする地図投影法。円筒図法・円錐図法がある。

でんかい-せいれん【電解精錬】電気分解により、目的とする金属をイオンとして含む水溶液から析出する精錬法。銅のほか、銀、金、錫、鉛、ニッケルなどで行われる。

でんかい-そう【電解槽】電気分解を行うために、電極・電解液などを入れる容器。電槽。

てんかい-ソフト【展開ソフト】圧縮ソフトで容量を減らされたデータを元の状態に戻すソフトウエアのこと。解凍ソフト。伸張ソフト。

てんか-いち【天下一】❶この世に比べるものがないこと。日本一。三国一。「―の板前」❷近世、「天下一」の名のりを許された鋳物工・陶工・能面師などの家。また、名人を自任する者が、作品につけた銘。

てんがい-ちかく【天涯地角】二つの地が非常に離れていること。また、遠く離れた所。

てんか-いっとう【天下一統】天下を統一すること。

てんか-いっぴん【天下一品】世の中で比べるものがないほどすぐれていること。また、そのもの。「―の料理」

でんかい-でんどう【電解伝導】水溶液中などで電解質が電離して生じたイオンの移動による電気伝導。イオン伝導の一種。

でんかい-でんりゅうけい【電解電流計】▶ボルタメーター

でんか-いどう【電荷移動】原子や分子がイオンと衝突したとき、または、イオン同士が衝突したときに、電子が一方から他方に移動する現象。電荷移行。電子捕獲。電荷交換衝突。荷電交換衝突。

でんかいどう-さくたい【電荷移動錯体】電子が不足した官能基をもつ電子受容体と、電子が富む官能基をもつ電子供与体で構成され、両者の間で電荷

の移動が生じる錯体の総称。EDA錯体。
てんがい-ばな【天蓋花┊天涯花】ヒガンバナの別名。
てんかい-ぶ【展開部】楽曲において、提示された主題や素材をさまざまに発展させる部分。特にソナタ形式で顕著。
でんかい-ふしょく【電解腐食】印刷で、電気分解による腐食作用を利用して写真凸版を作ること。
でんかいほうしゅつ-ディスプレー【電界放出ディスプレー】《field emission display》▶エフ-イー-ディー(FED)
でんかい-ルミネセンス【電界ルミネセンス】▶エレクトロルミネセンス
てん-かく【点画】漢字をかたちづくる点と画。
てん-がく【点額】《「水経注」河水にある、竜門を登ることができた鯉は竜となり、失敗したものは額に傷をつけて帰るという故事から》試験に落ちること。
てん-がく【転学】〘名〙スル ある学校の生徒・学生が他の学校へ移ること。「私立へ―する」
(類語)転校・転入・編入・留学
てん-がく【×篆額】石碑などの上部に篆書で書かれた題字。
でん-かく【殿閣】宮殿と楼閣。宮殿。御殿。
でん-がく【田楽】❶初め民間の農耕芸能から出て、平安時代に遊芸化された芸能。田植えのときに、田の神を祭って歌い舞ったのが原形で、鎌倉時代から室町時代に流行、専業の田楽法師も出た。能楽のもとである猿楽との関係が深い。鼓・腰鼓・笛・銅鈸子・ささらなどを奏しながら舞う田楽踊りと、高足などの散楽系の曲芸のほか、物真似芸や能なども演じた。現在では民俗芸能として各地に残る。❷民俗芸能で、田遊び・田植え踊りなど田に関する芸能の総称。❸「田楽法師」の略。❹「田楽豆腐」「田楽焼き」の略。「木の芽―」(季 春)「枸杞の垣―焼くは此奥か/漱石」❺「田楽返し❷」の略。
でんがく-がえし【田楽返し】❶歌舞伎の大道具の一。背景の書き割りの一部を切り抜き、上下または左右の中心を軸に回転させ、背面を出す仕掛け。❷田楽豆腐の両面をあぶるときの動作のように、左右にはねかえすこと。「右と左へ一時に、―にばたばたばたと打ち据ゑられ」〈浄・忠臣蔵〉
でんがく-ざし【田楽刺(し)】田楽豆腐のように、槍などでまん中を刺しつらぬくこと。いもざし。
でんかく-だいがくし【殿閣大学士】中国の官名。宮廷の図書を収める殿閣の大学士で天子の顧問役。唐末に創置。宰相や高官の兼任が多く、明代には政務の機密にも参与するようになり内閣大学士と改称。
でんがく-どうふ【田楽豆腐】長方形に切った豆腐を串に刺して火であぶり、味噌を塗ってさらに焼いたもの。田楽。(季 春)
でんがく-ほうし【田楽法師】田楽を演じることを専門の仕事とした僧形の芸人。田楽。
でんがく-やき【田楽焼(き)】豆腐・ナス・魚などを串に刺して火にあぶり、味噌を塗ってさらに焼いた料理。田楽。(季 春)
てんか-げい【天下芸】天下に比べるものがないほどすぐれた芸。天下一の芸。「今春太夫が舞に清五郎が鼓、又右衛門が片撥、いづれか―」〈浮・男色大鑑・二〉
でんかけつごう-そし【電荷結合素子】《charge-coupled device》▶シー-シー-ディー(CCD)
てんか-コイル【点火コイル】内燃機関の点火装置で、高電圧を発生させる誘導コイル。
でんかこうかん-しょうとつ【電荷交換衝突】▶電荷移動
てんか-こっか【天下国家】天下と国家。特に、その政治。「―を論じる」
てんか-ごめん【天下御免】公然と許されること。はばかることなく堂々と振る舞えること。
てん-がし【転貸(し)】〘名〙スル 人から借りたものを別の人に貸すこと。また貸し。転貸。

てんが-じゅう【天×鵞×絨】▶ビロード
てん-かす【天×滓】てんぷらを揚げるとき、衣が油に散ったもの。揚げ玉。
てんか-すじ【天下筋】手のひらの縦筋が手首から中指まで通っているもの。天下を取る手相といわれる。
てんか-せん【点火栓】▶点火プラグ
でんか-そりょう【電荷素量】▶電気素量
てんか-たいへい【天下太平┊天下泰平】〘名・形動〙❶世の中が平和でよく治まっていること。また、そのさま。「―な(の)世」❷なんの心配事もなくのんきにしていること。また、そのさま。「―な(の)暮らしぶり」
てんがちゃや【天下茶屋】《「てんがぢゃや」「てんかちゃや」とも》大阪市西成区の地名。豊臣秀吉が住吉詣での折、この地の茶屋で休息したところから。
てんがちゃや-の-あだうち【天下茶屋の仇討ち】慶長14年(1609)、大坂の天下茶屋で起こった仇討ち事件。宇喜田秀家の家臣林重次郎・源三郎兄弟が父のかたき当麻三郎右衛門を追い求め、重次郎は返り討ちとなったが、源三郎が忠僕鵤幸右衛門とともに討ち果たした。歌舞伎・浄瑠璃の題材となった。
てん-かつ【転活】《「就活」をもじった語か》「転職活動」の略。
てんかつ-きゅう【天×蝎宮】黄道十二宮の第8宮。蠍座に相当したが、歳差のため現在は乙女座の東部から天秤座にかけてにあたる。太陽は10月24日ごろこの宮に入る。
てんか-とう【転化糖】転化❷によって得られる、ぶどう糖と果糖との等量混合物。甘味が強く、吸収されやすい。
てんか-とり【天下取り】❶一国の政権を手中におさめること。また、その人。❷「陣取り」に同じ。
てんか-にち【天火日】暦注の一。天に火気が盛んであるという日。屋根ふき・棟上げ・かまど造り・種まきなどを忌む。天火。
てんか-にん【天下人】▶てんかびと(天下人)
でんか-の-ほうとう【伝家の宝刀】家に代々伝わる大切な刀。転じて、いよいよという場合にのみ使用するもの。切り札。「―を抜く」(補説)「天下の宝刀」というのは誤り。文化庁が発表した平成16年度「国語に関する世論調査」では、「知事は議会解散という―を抜いた」という場合に、本来の言い方である「伝家の宝刀」を使う人が41.0パーセント、間違った言い方「天下の宝刀」を使う人が25.4パーセントという結果が出ている。(類語)切り札・隠し球・奥の手
てんか-びと【天下人】天下を取った人。天下を統一した人。てんかにん。
てんか-プラグ【点火プラグ】内燃機関で、点火コイルで発生させた高電圧を受けて火花放電させ、混合気体に点火するプラグ。点火栓。
てんか-ふん【天花粉┊天×瓜粉】キカラスウリの根から製した白いでんぷん。子供のあせも・ただれ予防などに用いる。あせしらず。(季 夏)「―ところきらはず打たれけり/草城」
てんか-まつり【天下祭】《江戸時代、将軍が上覧したところから》山王祭㊁や神田祭㊁のこと。(季 夏)
てんか-むそう【天下無双】《古くは「てんかぶそう」とも》天下に並ぶものがないこと。「―の剣士」
てんか-やく【点火薬】▶起爆薬
てん-から【天から】〘副〙最初から。あたまから。てんで。「―相手にしない」「―忘れていた」
てんから-づり【てんから釣(り)】リールを用いず、テーパーのついた編み糸の重さで毛針を飛ばし、イワナ・ヤマメなどを釣る方法。日本の伝統的な毛針釣り。
でん-カル【電カル】「電子カルテ」の略。
テンガロー《和 tent＋bungalowの略》テントとバンガローを合わせたような簡便な小屋。床の上にテントを張ったもので、キャンプ場で使う。
テンガロン-ハット〘ten-gallon hat〙《水が10ガロン入る帽子の意》米国西部やメキシコで、カウボーイなどがかぶる帽子。山の部分が高く、つばは広くて左右が軽く巻き上がっている。カウボーイハット。

てんか-わけめ【天下分け目】天下を取るか取られるかの分かれ目。勝負のきまる大事な時期・場面。「―の戦い」
てん-かん【天官】古代中国の官名。周の六官の一つで、国政を総轄し、宮中事務をつかさどった。
てん-かん【天冠】《「てんがん」とも》❶幼帝が即位のときにつける冠。❷仏や天人がつける宝冠。❸騎射や舞楽などの際に小童が用いる冠。金属製、透かし彫りのある山形のもの。❹能のかぶり物の一。金属製の輪冠に、中央に月や鳳凰などの立物をつけ、四方に瓔珞を垂れる。女神・天人などの役に用いる。
てん-かん【天漢】あまのがわ。銀河。銀漢。
てん-かん【展観】〘名〙スル 作品や品物などを並べて広く一般に見せること。展覧。「寺宝を―する」
(類語)展示・陳列・展覧・ディスプレー・出品
てん-かん【転官】〘名〙スル ある官職から他の官職にかわること。また、他の官職にかえること。
てん-かん【転換】〘名〙スル ❶別のものに変えること、特に、傾向・方針などを、違った方向に変えること。また、別のものに変わること。「政策の―をはかる」「話題を―する」「配置―」❷精神分析の用語。抑圧された願望が、身体的症状となって外部へ表れること。(類語)転回・転向・一転・一変
てん-かん【×癲×癇】大脳の神経細胞が過剰に活動することによって、発作的な痙攣・意識障害などを反復する状態。遺伝的素因または外傷・腫瘍などさまざまな原因によって起こる慢性の脳疾患。突然意識を失って倒れる大発作のほか、瞬間的に意識を失う小発作、急に無意味な動作を始める精神運動発作、頭痛・吐き気などの起こる自律神経発作がみられる。
てん-がん【天眼】「てんげん(天眼)」に同じ。
てん-がん【天顔】天子の顔。竜顔。「―を拝する」
てん-がん【点眼】〘名〙スル 目に薬液をたらすこと。「朝晩二回―する」「―薬」
でん-かん【田漢】いなかの男。田舎漢。
でん-かん【田漢】[1898～1968]中国の劇作家・詩人。長沙(湖南省)の人。字は寿昌。東京高師に学び、帰国後「南国月刊」を編集。のち、中国共産党に入党し、抗日民族統一戦線に協力。解放後、中国戯劇家協会主席などの要職を歴任。戯曲「咖啡店之一夜」「獲虎之夜」「麗人行」「関漢卿」など。ティエン＝ハン。
でん-かん【電環】電車の環状の路線。東京の山手線、大阪の環状線など。
てんかん-かぶしき【転換株式】株主の請求により、他の種類の株式に転換する権利を認められている株式。優先株から普通株へ転換する類。
てんかん-き【転換器】❶電話線などの簡単な切り換え装置。❷スイッチのこと。
てんがん-きょう【天眼鏡】《人相見が使って、運命など普通には見えないものまでも見通すところから》柄のついた大形の凸レンズ。
(類語)拡大鏡・虫眼鏡・ルーペ
てんがん-ざい【点眼剤】目の結膜嚢に注ぎ入れて用いる薬剤。点眼薬。目薬。
てんかん-しゃさい【転換社債】社債所有者の意思により、一定条件のもとで社債発行会社の株式に換えることができる社債。平成14年(2002)商法改正で転換社債型新株予約権付社債に名称変更。➡CB ➡新株予約権付社債
てんかんしゃさいがた-しんかぶよやくけんつきしゃさい【転換社債型新株予約権付社債】新株予約権付社債の一種。平成14年(2002)の商法改正以前には、転換社債といった。CB。MSCB。
てんがん-すい【点眼水】目にたらす水薬。目薬。
てんかんせい-しょうがい【転換性障害】身体表現性障害の一。手が動かない、歩けない、耳

が聞こえない、声が出ないなど、運動機能や感覚機能の障害が現れるが、身体的な疾患や異常は生じていない。人が見ていないときや危険を感じるときなどは症状が現れないが、詐病ではなく、本人は苦痛を感じる。強いストレスや不安が原因とされる。

てんがん-つう【天眼通】「てんげんつう(天眼通)」に同じ。

てんがん-やく【点眼薬】「点眼剤」に同じ。

てんかん-ろ【転換炉】ウラン238などが中性子を吸収し、プルトニウム239などの核分裂性物質に転換される原子炉。

てん-き【天気】❶ある場所の、ある時刻の気象状態。気温・湿度・風・雲量などを総合した状態。「一が変わりやすい」「今日は一がよい」❷晴天。「一が続く」「明日は一になるだろう」❸天にみなぎる気。「人事全うして一応ず」〈十善法語〉❹天子の機嫌。天機。「一ことに御心よげにうち笑ませ給ひて」〈平家・六〉

（用法）天気・天候――「天気(天候)の回復を待つ」などでは相通じて用いられる。◆「天気」は長くても2、3日程度の気象の状態。「朝のうちはいい天気だった」「明日の天気は曇りでしょう」◆また、「天気」には晴天の意もある。「お天気続きで何より」「今度の日曜日、天気だったら山登りに行こう」◆「天候」は数日から数十日の気象状態をまとめていう。「天候不順の折」「去年の夏の天候」◆類似の語に「空模様」がある。「空模様」は多く今日・あすの天気についていう。「あいにくの空模様」「この空模様では明日は雨だね」

（類語）天候・気候・気象・陽気・日和・空模様・雲行き・ウエザー

てん-き【天機】❶造化の秘密。天地自然の神秘。❷生まれつきの才能。❸天子の機嫌。天気。「一を窺い給うべきを夫等の御沙汰あらざるは」〈染崎延房・近世紀聞〉

天機を洩ら・す　造化の機密をもらす。転じて、重大な秘密をもらす。「猶ま だ猶だ…天機容易に洩らすべからず」〈魯庵・社会百面相〉

てん-き【転帰】病気が進行した結果、ある状態に至ること。

てん-き【転記】〔名〕スル　記載事項を他に書き写すこと。「控えから原簿に一する」（類語）書き写す・書き取る

てん-き【転機】他の状態に転じるきっかけ。「人生の一」「一つの一を迎える」

（類語）曲がり角・分かれ目・分かれ道・分岐点・岐路・ターニングポイント

てんぎ【天喜】《「てんき」とも》平安中期、後冷泉天皇の時の年号。1053年1月11日～1058年8月29日。

てん-ぎ【典儀】❶典礼。儀式。❷平安時代、即位・朝賀などの大礼の儀式をつかさどった職。多くは四位・五位の者が任命された。

てん-ぎ【転義】語の本来の意味から転じた意味。

でん-き【田器】耕作に用いる道具。農具。「蒸気力を、一に用いんと欲し」〈中村訳・西国立志編〉

でん-き【伝奇】❶現実には起こりそうにない、不思議な話。また、そのような話を題材とした、幻想的で怪奇な物語や小説。❷中国で、唐代に起こった、人生の諸相を描いた文語体の短編小説。「枕中記」「鶯鶯伝」など。また、それによった明・清代の戯曲南戯の称。

でん-き【伝記】❶個人の生涯にわたる行動や業績を叙述したもの。「偉人の一」❷古くから伝えられている事柄の記録。（類語）評伝・詳伝・自伝・一代記

でん-き【伝騎】伝令の任務を帯びた騎兵。

でん-き【電気】❶摩擦電気・放電・電流などの現象。また、その主体である電荷や電気エネルギー。❷電灯のこと。「一を消す」「一をつける」❸電力。「一を引く」「一料金」（補説）はじめオランダ語からの「エレキテル」「エレキ」が用いられたが、中国から英語を漢訳した語「電気」が輸入され、明治中期には一般化した。

でん-き【電器】「電気器具」の略。「一メーカー」

でん-き【電機】電力によって動く機械。電気機械。

でんき-アイロン【電気アイロン】電気を熱源としたアイロン。

てんき-あめ【天気雨】日が照っているのに雨が降ること。狐の嫁入り。日照り雨。

でんき-あめ【電気×飴】「綿菓子」に同じ。

テン-キー《和 ten＋key》コンピューターで、0から9まで10個の数字、および＋や－などの演算記号の鍵盤群。

でんき-いす【電気椅子】死刑の執行に用いられる、高圧電流を通すようにした椅子。米国の一部の州で使用。

テン-キーパッド《和 ten＋keypad》コンピューターのキーパッドの一。数字を入力することに特化したテンキー部分を独立させた補助的なキーボードのこと。

でんき-いんせいど【電気陰性度】分子内で、原子または原子団どうしが結合するとき、相手の電子を引きつけようとする度合い。

でんき-うお【電気魚】体内に発電器官をもつ魚。デンキウナギ・デンキナマズなど。

でんき-うなぎ【電気×鰻】ギムノータス目デンキウナギ科の淡水魚。全長約2メートル。体はウナギ形で頭部はやや縦扁し、うろこはない。体色は暗褐色で頭胴部の下面は赤褐色。尾部に発電器官をもち、大形のものでは約800ボルトの放電をする。南アメリカのアマゾン川・オリノコ川に分布。しびれうなぎ。

でんき-えい【電気×鱝】シビレエイのこと。

でんき-えいどう【電気泳動】コロイド溶液に電極を入れて直流電圧を加えると、コロイド粒子が陽極または陰極へ向かって移動する現象。

でんき-エネルギー【電気エネルギー】電荷・電流・電磁波などがもつエネルギー。

でんき-おんすいき【電気温水器】▶電気給湯器

でんき-かいり【電気解離】▶電離

でんき-かいろ【電気回路】電流の流れるひと巡りの通路。回路。

でんき-かがく【電気化学】電気的エネルギーと物質の化学変化の関係を研究する化学の一部門。

でんきかがく-とうりょう【電気化学当量】電気分解のとき、1クーロンの電気量によって析出する原子または原子団のグラム数。

でんきかがく-れつ【電気化学列】▶イオン化列

でんき-がっき【電気楽器】電気を利用して音を出す楽器。エレキギター、電子オルガンなど。

でんき-がま【電気釜】電熱と自動温度調節器で自動的に炊飯できる器具。電気炊飯器。

でんき-かみそり【電気剃刀】電気を動力として内刃を振動または回転させ、ひげをそる器具。

でんき-かんじゅりつ【電気感受率】誘電体が電界の作用を受けて誘電分極を生じたときの、双極子モーメントと電界の強さの比。電界をE、誘電体の単位体積当たりの双極子モーメントをPとすると、ガウス単位系で、$P=\chi E$と表され、比例係数χを電気感受率という。等方性の誘電体の場合、定数となる。

でんき-きかんしゃ【電気機関車】電気を動力源として走る機関車。日本では明治44年(1911)信越本線横川・軽井沢間の運行が最初。EL(electric locomotive)。

でんき-きぐ【電気器具】電気を熱源・光源・動力源などとする器具。電気ストーブ・テレビ・電気洗濯機の類。

てんき-きごう【天気記号】天気図に観測結果を記入するための記号。天気図記号。

でんき-ギター【電気ギター】▶エレクトリックギター

でんき-きゅうとうき【電気給湯器｜電気給湯機】電気を利用して湯を沸かす機器。電気ヒーターで水を直接加熱するものと、ヒートポンプ技術を利用するものがある。ヒートポンプ式は従来の電気ヒーター式に比べて少ない消費電力でより多くのエネルギーを得ることができる。電気温水器。➡エコキュート

でんき-くらげ【電気水母】カツオノエボシの俗称。触れると感電したときのような痛みを感じる。

でんき-けいき【電気計器】電圧・電流・電力などを測定する器具の総称。

でんき-こうがく【電気工学】電気や磁気現象を動力・熱・光・通信などのエネルギー源として利用する理論と応用を研究する工学の一分野。

でんき-ごたつ【電気×炬×燵】電熱を利用したこたつ。

でんき-ごて【電気×鏝】電熱を利用した家庭用の鏝。ハンダ付け用のものなど。

でんき-こんろ【電気×焜炉】電熱を利用したこんろ。発熱体にはニクロム線を使用する。電熱器。

でんき-さらし【電気×晒し】漂白法の一。食塩・塩化マグネシウムなどの溶液に電気を通じて解離させ、その液で麻・木綿などを漂白すること。電気漂白。電解漂白。

でんき-し【電機子】発電機や電動機で、電力を生じるためのコイルとその鉄心。発電機では発電子、電動機では電動子ともいう。アーマチュア。

でんき-じきこうか【電気磁気効果】磁場を加えると分極が生じ、電場を加えると磁化が生じる現象。酸化クロム、酸化チタンなどで見られる。磁気電気効果。ME(magnetoelectric)効果。

でんき-じぎょう【電気事業】電気を生産・送電し販売を行う産業。公共性が高く地域的な供給独占が認められており、公共事業としての特性をもつ。

でんきじぎょう-れんごうかい【電気事業連合会】電気事業の円滑な運営を目的として、昭和27年(1952)に全国の電力会社が設立した組織。電力会社間の情報交換・意見交換のほか、電気事業に関する資料・情報の収集、広報活動、意見表明などを行う。電事連。

でんき-じしゃく【電気磁石】▶電磁石

でんき-じどうしゃ【電気自動車】蓄電池などの電力源を積載し、モーターを原動機とする自動車。排ガスを出さない。EV(electric vehicle)。

でんき-しゅうじんき【電気集×塵器】気体中の微粒子を静電気で引きつけて除去する装置。

でんき-しょうしゃく【電気焼×灼】電気メスを用い、発生する熱を利用して患部の切開や凝固を行うこと。

でんき-しょうせつ【伝奇小説】伝奇的な題材を扱った空想的内容をもつ小説。

でんき-しんどう【電気振動】電流が一つの回路の中を高速度で往復する振動。振動の周波数が高いと電磁波を発生する。

てんき-ず【天気図】広い地域で同時刻に観測された気圧・気温・風向・風力・天気などを天気記号で記入し、等圧線・前線などをかき込んだ地図。天気予報の基本となる。地上天気図と高層天気図がある。

でんき-すいしん【電気推進】モーターを用いて船を推進させる方法。

でんきすいしん-ロケット【電気推進ロケット】▶電気ロケット

でんき-すいはんき【電気炊飯器】▶電気釜

でんき-スタンド【電気スタンド】机や床に置いて用いる電灯照明台。

でんき-ストーブ【電気ストーブ】電熱を利用した室内用の暖房器。（季 冬）

でんき-せいどう【電気制動】▶電気ブレーキ

でんき-せいりがく【電気生理学】生体に対する電気の作用と、生体における電気発生現象を主に研究する生物学の一分野。

でんき-せいれん【電気精錬】▶電気冶金

でんき-せき【電気石】鉄・アルミニウム・硼素などを含む複雑な珪酸塩鉱物。色は黒・青・緑・紅などでガラス光沢がある。ふつう柱状結晶で、柱面に縦の条線がある。三方晶系。摩擦や加熱により帯電。透明で美しいものは宝石になる。トルマリン。

でんき-せんたくき【電気洗濯機】水槽の中の水・洗剤・洗濯物をモーターでかきまわして、洗濯を行う器具。

でんき-そうきょくし【電気双極子】離れた

二点に存在する正・負の電荷の一組。双極子。
でんき-そうじき【電気掃除機】ーサウヂキ モーターで羽根車を回転して低圧部を作り、ほこりなどを吸い込ませて掃除する器具。真空掃除機。
でんき-そりょう【電気素量】ーソリヤウ 正・負の電気量の最小単位。電子1個または陽子1個のもつ電気量の絶対値で、およそ1.6×10^{-19}クーロン。すべての電気量はこの整数倍として現れる。素電荷。単位電荷。電荷素量。記号e
でんき-たんさ【電気探査】岩石の示す電気現象を地表で測定し、鉱床の所在や地下構造を推定する方法。電探。
でんき-ちくおんき【電気蓄音機】電動機でレコード盤を回転させ、盤上の溝から針が受ける機械的振動をピックアップで電気振動に変え、増幅して音を再生する装置。電蓄。➡レコードプレーヤー
でんき-ちゅうぞう【電気鋳造】ーチウザウ 電気めっきを応用して、原型と同じ形状を複製する方法。印刷用製版や導波管部品の製造などに利用。電鋳。
でんきつうしんえきむりよう-ほうそうほう【電気通信役務利用放送法】ーハウソウハフ 電気通信役務利用放送(CS放送やケーブルテレビなど)の業務運営等について規制を定めることで、受信者の利益の保護や電気通信役務利用放送の発達などを図る法律。平成14年(2002)施行。同法により、電気通信事業者が提供する設備や通信役務を利用した放送配信業務への参入要件が緩和された。同22年、放送法の改正により廃止。
でんきつうしんじぎょう-ほう【電気通信事業法】デンキツウシンジゲフハフ 電気通信事業(電話・インターネットなど)について定めた法律。昭和59年(1984)制定。電気通信事業が公共性を考慮して適正に運営されることを目的としている。(補説)平成16年(2004)4月施行の法改正で、第一種・第二種の事業区分の廃止をはじめ、各種許認可制を登録・届出制にするなど、大幅な規制緩和が行われた。
でんき-つうしんしょう【電気通信省】ーツウシンシヤウ もと内閣各省の一。電気通信事業を管掌。昭和24年(1949)逓信省から分離して設置され、同27年日本電信電話公社の設立によって廃止。
でんきつうしん-だいがく【電気通信大学】東京都調布市にある国立大学法人。大正7年(1918)設立の無線電信講習所に始まり、昭和24年(1949)新制大学として発足。平成16年(2004)国立大学法人となる。
でんきつうしんたんまつききしんさ-きょうかい【電気通信端末機器審査協会】ーケフクワイ ►ジェイト(JATE)
でんき-ていこう【電気抵抗】ーテイカウ 電流の流れにくさを表す量。電位差を電流で割ったもの。単位はオーム。抵抗。
でんきていこう-おんどけい【電気抵抗温度計】デンキテイカウヲンドケイ ►抵抗温度計
でんきていこう-りつ【電気抵抗率】デンキテイカウリツ ►抵抗率
でんき-てきてい【電気滴定】化学反応の終点を知るのに、電位差や電流の変化を測定して判定する定量分析法。
でんき-てつどう【電気鉄道】ーテツダウ 電気を動力として車両を走らせる鉄道。電鉄。
でんき-てんか【電気点火】ーテンクワ ガソリン機関・ガス機関などで、電極間の火花放電を利用して行う点火。火花点火。
でんきでんし-がっかい【電気電子学会】ーガククワイ ►アイ-トリプルイー(IEEE)
でんき-でんどう【電気伝導】ーデンダウ 導体中を電荷が移動し、電流が流れる現象。金属では自由電子の移動、電解質溶液などでは正・負イオンの移動によって起こる。
でんきでんどうせい-じゅし【電気伝導性樹脂】デンキデンダウセイー ►導電性プラスチック
でんきでんどう-ど【電気伝導度】デンキデンダウド ►電気伝導率
でんきでんどう-りつ【電気伝導率】デンキデンダウリツ 導体における電流の流れやすさを表す定数。抵抗率の逆数。温度によって変化する。電気伝導度。導電率。電導率。
でんき-とう【電気灯】電灯の古い言い方。
でんき-どう【電気銅】電気精錬によって得られる高純度の銅。熱および電気の伝導率、圧延性にすぐれ、電線材や箔はくなどに用いる。電解銅。
でんき-ときん【電気×鍍金】►でんきめっき(電気鍍金)
でんき-どけい【電気時-計】電力で動く時計。交流電流の一定周波数を使用するもの、水晶の発振を利用するもの、電池を用いるものなどがある。
でんき-ドリル【電気ドリル】電動工具の一。小型モーターを動力源とするドリル。
でんき-なまず【電気×鯰】ーなまづ ナマズ目デンキナマズ科の淡水魚。全長約65センチ。体色は暗灰褐色。皮下に発電器官をもち、最高約400ボルトの放電をする。夜行性。アフリカ熱帯の河川・湖に分布。しびれなまず。
でんき-ばん【電気版】電気鋳造によって複製した印刷用の版。精度が高いことから紙幣・切手など有価証券の印刷に用いる。電気銅版。電鋳版。
でんき-ヒーター【電気ヒーター】ニクロム線などの抵抗の大きい金属線に電流を流して発熱させる装置。電熱器・暖房器具などに利用。
でんき-ひずみ【電気×歪み】ーひづみ 誘電体に電界をかけると、わずかに変形する現象。また、その変形。電歪でんわい。
でんき-ひばな【電気火花】►火花放電
でんき-ひょうはく【電気漂白】ーヘウハク ►電気晒さらし
でんき-ふかほう【電気×孵化法】ーフクワハフ 電熱を用いて人工的に卵を孵化させる方法。
でんき-ブラン【電気ブラン】ブランデーを主にしたアルコール飲料の商標名。ブランデーをベースに白ワイン・キュラソー・ジンなどを加えたもの。東京浅草、神谷バーの名物。電気が文明の先端をいくものであったところからの名といい、明治時代から大正時代にかけて流行。昭和32年「デンキブラン」と改称。
でんき-ブレーキ【電気ブレーキ】駆動用モーターを発電機に切り換え、走行の運動エネルギーを電気エネルギーに変換して制動する方法。鉄道車両に利用。電気制動。
でんき-ぶんかい【電気分解】〔名〕スル 電解質溶液あるいは融解塩に直流電流を流し、電極面に化学変化を起こさせて、物質を分解すること。陽イオンが陰極、陰イオンが陽極に移動することで電流が流れ、陽極では酸化、陰極では還元が行われる。電解。
でんき-ぶんきょく【電気分極】►誘電分極
でんき-ぶんせき【電気分析】試料の電流・電圧・電気量・周波数などを測定することによって行う化学分析。
でんき-へんい【電気変位】ーヘンヰ ある誘電体に電界を加えたとき、電界のベクトルと真空の誘電率との積に、誘電体自身の分極により生じた電界のベクトルを加えたものとして定義される量。
てんき-ぼ【点鬼簿】死者の姓名を書き記した帳面。過去帳。(類語)過去帳・鬼籍
でんき-ぼん【電気盆】静電誘導によって物体に帯電させる実験器具。絶縁体の柄をもつ金属板をエボナイトの盆に載せたもの。
てんき-まつり【天気祭(り)】長雨の際、晴天を祈って行う祭り。冷害を受けやすい山間部などに多い。日申し。日和ひより申し。
でんき-メス【電気メス】高周波電流を利用して操作する外科用のメス。体組織に圧力を加えることなく鋭利に切り開くことができ、出血も少ない。
でんき-めっき【電気鍍=金】電気分解によって、陽極とする金属を、陰極とする金属の表面に還元・付着させるめっき。表面が美しく、耐食性・耐磨耗性にすぐれる。でんきときん。
でんき-もうふ【電気毛布】電熱線を絶縁性の耐熱物質で包み、毛布に入れたもの。
でんき-やきん【電気冶金】電力を利用して行う金属の精錬。電気分解を利用する電解冶金と、電気抵抗に基づく発熱作用を利用する電熱冶金がある。電気精錬。
てん-きゅう【天弓】虹にじ。
てん-きゅう【天泣】ーキフ 雲がないのに降る雨。
てん-きゅう【天×穹】大空。天空。
(類語)空・天・天空・大空・穹窿きゅうりゅう・蒼穹そうきゅう・天球
てん-きゅう【天球】ーキウ 地球上の観測者を中心とする半径無限大の仮想の球面。すべての天体がこの球面上にのっていると考える。
てん-きゅう【典×厩】ーキウ ❶左右馬寮めりょうの唐名。❷「典厩令」の略。
てん-ぎゅう【天牛】ーギウ カミキリムシの漢名。
でん-きゅう【電球】ーキウ ガラス球に、電気を通すと発光体となる物質を封入した照明用の電気器具。白熱電球。ネオンランプや水銀灯をいうこともある。
(類語)電灯・白熱電球・蛍光灯
でんきゅうがた-けいこうとう【電球型蛍光灯】デンキウガタケイクワウトウ 蛍光灯を折り曲げてガラス球の中に収め、電球用のソケットに差し込んで使用できるようにしたもの。同じ明るさであれば、白熱電球よりも消費電力が少ない。
てんきゅう-ぎ【天球儀】テンキウー 球面上に、恒星や星座、赤道・黄道と赤経・赤緯などを記した模型。
てんきゅう-ざひょう【天球座標】テンキウザヘウ 天球上の天体の位置を示すための座標。赤道座標・黄道座標・地平座標・銀河座標など。天文座標。
てんきゅう-れい【典×厩令】テンキウー 左右馬寮めりょうの頭かみの唐名。
てん-きょ【典拠】頼りにできる根拠。文献などにみえる、しっかりしたよりどころ。「—を示す」
(類語)出典・原典・根拠・原拠・拠り所・ソース
てん-きょ【転居】〔名〕スル 住居をかえること。引っ越し。転宅。「郊外に—する」「—通知」
(類語)引っ越し・転宅・家移り・移転・移住
てんきょう【天京】テンキヤウ 中国、太平天国の都。1853年に太平軍が南京を改称した名。
てん-きょう【転経】ーキヤウ《「てんぎょう」とも》「転読てんどく」に同じ。「礼仏し—し」〈正法眼蔵・洗面〉
てん-きょう【×癲狂】ーキヤウ 狂気。ものぐるい。
てん-ぎょう【天業】ーゲフ 天の神のわざ。天子の事業。また、天皇の国を治めるわざ。
てんぎょう【天慶】テンギヤウ《「てんきょう」とも》平安前期、朱雀天皇・村上天皇の時の年号。938年5月22日〜947年4月22日。てんけい。
てん-ぎょう【転業】ーゲフ〔名〕スル 職業・商売をかえること。商売がえ。「酒屋からコンビニに—する」
でん-ぎょう【伝教】ーゲウ ❶《「でんきょう」とも》仏の教えを伝えること。❷「伝教大師」の略。
てんきょう-いん【×癲狂院】テンキヤウヰン 精神科病院をさした語。
でんぎょう-かんじょう【伝教×灌頂】デンゲウクワンヂヤウ ►伝法灌頂でんぽうかんじょう
てんきょう-ぎ【転鏡儀】テンキヤウー ►トランシット
でんき-ようせつ【電気溶接】電気を熱源として行う金属の溶接。アーク溶接と抵抗溶接がある。
でんぎょう-だいし【伝教大師】デンゲウー 最澄さいちょうの諡号しごう。
てんぎょう-の-らん【天慶の乱】テンギヤウー ►承平天慶じょうへいてんぎょうの乱
でんきようひん-あんぜんほう【電気用品安全法】ーアンゼンハフ 電気用品の安全を確保するため、生産者・販売者の義務などを定めた法律。安全確認検査済みの製品にはPSEマークが付けられる。旧電気用品取締法を改正・改題して、平成13年(2001)施行。PSE法。
でんき-ようりょう【電気容量】ーヨウリヤウ ►静電容量
てん-きょく【天極】❶地軸の延長と天球との交点。❷北極星。

でん-きょく【電極】電界をつくったり電流を流したりするのに用いる、板状や棒状などの導体。陰極と陽極とがある。

でんき-よく【電気浴】浴槽に電極を装置し、人体に通電する電気療法。

でんきょく-でんい【電極電位】デンキ 電極と電解質溶液との間に生じる接触電位差。この絶対値の測定は原理的に不可能なため、基準電極という電極と組み合わせて電池をつくり、その起電力から求める。単極電位。

でんきょく-はんのう【電極反応】デンキョク 電極と電解質溶液との界面で生じる、電気化学的な反応の総称。電極間の電圧をかけると、負の電位をもつ陰極(この場合はカソード)ではイオンの還元と陽イオンの放電がおこり、正の電位をもつ陽極(アノード)ではイオンの酸化、水酸化物イオンの放電、金属の溶出がおこる。また、化学電池における電極反応を半電池反応という。

てんき-よほう【天気予報】ある地域の天気の変化を予測し、知らせること。明後日までの短期予報のほか、週間予報・長期予報がある。

てん-きり〔副〕最初から。てんで。てんから。「他の人の身の上のことなど、—考えはしないんだ」〈葉山・海に生くる人々〉

でんき-りきせん【電気力線】電界内で、電界の方向を接線とするような曲線。その分布密度は電界の強さに比例する。

てんき-りげん【天気×俚×諺】天気・天候・気候などの予測に関する昔からの言い伝え。「夕焼けは晴れ、朝焼けは雨」「北東風は天気が悪い」などの類。

でんき-りょう【電気量】デンキ ▶電荷でんか

でんき-りょうほう【電気療法】デンキ 電流を利用した病気の治療法。人体に通電する方法と、熱や振動などの形にして用いる方法がある。神経痛・筋肉痛・神経麻痺などに応用される低周波療法やイオン導入法、統合失調症などの治療に用いられる電撃療法など。

でんき-りょく【電気力】電荷の間に働く引力や反発力。クーロン力。

でんき-れいぞうこ【電気冷蔵庫】デンキレイ 電気を利用する冷蔵庫。ふつうモーターで冷媒ガスを圧縮液化し、その気化熱で庫内を冷却する。

でんき-ろ【電気炉】電気の発熱作用を利用した炉。抵抗炉・アーク炉・誘導炉があり、温度調節が容易で廃ガスがなく、熱効率がよい。電炉。

でんき-ロケット【電気ロケット】電気的なエネルギーを利用して推力を得るロケットの総称。イオンエンジンやプラズマエンジンなど、何らかの方法でイオンやプラズマなどの荷電粒子を生成し、強い電場によって加速して噴出することで推進する方式がある。推力そのものは小さいが化学ロケットに比べて比推力が高く、長時間の加速に向く。電気推進ロケット。

でんき-ろしゅつけい【電気露出計】光電素子を使った露出計。

てん-きん【天金】洋とじの書物で、上方の小口こぐちに金箔きんぱくをはりつけたもの。また、その製本様式。

てん-きん【転勤】〔名〕スル 同じ官庁や企業などの中で、勤務地が変わること。「札幌に—する」
類語 転任・異動・出向・栄転・左遷・都落ち

てん-きん【転筋】「こむらがえり」に同じ。

てんきん-ぞく【転勤族】俗に、会社員や公務員で、短期間で次々と勤務地が変わる人。

てん-く【天▽鼓】仏語。忉利天とうりてんの善法堂にあり、打たなくても自然に妙音を発するという太鼓。仏の説法にたとえる。

てん-く【転句】漢詩で、絶句の第3句。意味内容を一転させる句。転。

てん-ぐ【天×狗】❶深山に住むという妖怪。山伏姿で、顔が赤くて鼻が高く、背に翼があり、手には羽団扇はうちわ・太刀・金剛杖を持つ。神通力があって、自由に飛行するという。鼻の高い大天狗や烏天狗などがある。各地に天狗にまつわる怪異な話が伝承されており、山中で起こる種々の不思議な現象は、しばしば天狗のしわざであるとされる。❷《❶が鼻の高いところから》自慢すること。うぬぼれること。高慢なこと。また、その人。「—の鼻をへし折る」「釣り—」❸《「てんく」とも》落下の際に大音響を伴う、非常に大きな流星。天狗星てんぐぼし。

天狗にな・る　いい気になって自慢する。得意になる。うぬぼれる。「少しほめると、すぐ—・る」

てん-くう【天空】広々とした空。大空。「—をかけ巡る」類語 空・大空・天・天穹てんきゅう・穹窿きゅうりゅう・蒼穹そうきゅう・太虚たいきょ・上天・天球・青空・青天井・宙ちゅう・空そら・空中・虚空こくう・中空ちゅうくう・中天・上空

てんくう-かいかつ【天空海×闊】テンクウカイカツ〔名・形動〕大空と海が広々としていること。転じて、度量が大きく、こだわりのないこと。また、そのさま。「まだ気持ちが、—に、からっと晴れ亙ってくれないんだ」〈里見弴・安城家の兄弟〉

てんくう-こう【天空光】テンクウ 太陽の光のうち、大気中の水蒸気や塵ちりなどによって拡散されるか、雲から反射されて地面に到達するもの。直射日光以外の光をいう。

てんぐ-かぜ【天×狗風】突然はげしく吹きおろす旋風。つむじかぜ。

てんぐ-こうもり【天×狗蝙=蝠】テングカウ ヒナコウモリ科の哺乳類。小形で体長3〜6センチ。鼻孔が管状で突き出ている。昆虫を捕食。日本・東南アジアに分布、森林などにすむ。

てん-ぐさ【天草】テングサ科の紅藻。干潮線以下の岩に生える。10〜15センチの平たい線状で、堅く、細かく羽状に分枝し、暗紅色。古くからところてん・寒天の材料にされる。寒天の材料になるテングサ科の紅藻にはヒラクサ・オニクサなどもある。まくさ。ところてんぐさ。かんてんぐさ。(季 夏)「見るうちに—を乾し拡げたり/虚子」

てんぐ-ざる【天×狗猿】オナガザル科の哺乳類。体長約70センチ、尾長も同じくらい。顔が赤く、鼻は長くて先が垂れる。ボルネオ島に分布、水辺近くの森林にすみ、木の葉や芽を食べる。

てんぐ-じょう【天具×帖｜典具×帖】テング 楮こうぞの良質の繊維で作る薄くて柔らかい和紙。貴重品の包み紙、木版の版下などに利用。江戸時代に美濃の郡上ぐじょう郡で漉すかれ、現在は高知県の特産。天具帖紙。

てんぐ-す【天×狗巣】樹木の一部の枝が小枝を密生して出しているもの。巣のように見え、天狗の休み場と思われていた。

てんぐす【天=蚕=糸】「てぐす」に同じ。

てんぐ-すけば【天×狗透×翅】半翅はんし目テングスケバ科の昆虫。体長約1センチ、淡緑色で、翅はねは透明。ウンカに似るが、頭部が天狗の鼻のように突出している。稲・サトウキビなどを吸汁。

てんぐす-びょう【天×狗巣病】テング 枝の一部が膨れ、そこから小枝が群がり出る病害。菌類の寄生によるもので、桜などではこの枝には花がつかない。

てんぐ-だおし【天×狗倒し】テング 深山で、突然すさまじい原因不明の大音響が起こり、行ってみるとなんの形跡もないこと。また、原因不明で、突然すさまじい音がして倒れそうもない大きな建物が倒壊すること。

てんぐ-たけ【天×狗×茸】テングタケ科のキノコ。有毒。夏から秋、松林などに生える。大形で、高さ約20センチ。傘は褐色で白いいぼが点在し、柄は白色で中ほどに白い膜をもつ。はえとりたけ。(季 秋)「一立けり魔所の這入口はいりぐち/一茶」

てんぐ-たのもし【天×狗頼▽母子】❶富くじをまねたばくちの一種。曲物まげものに1から15までの木札を入れ、錐きりで突き刺して、札を当てるもの。「右の手に錐きりを持ちて、—と名づけ、道行く人を誑たぶらかし」〈浮・二十不孝・三〉❷無尽の一種。くじに当たった者は、金を取った上にその後の掛け金を出さなくてよい頼母子講。天狗無尽。「無尽の沙汰には及び、—と人にはいはれ」〈風俗文選・天狗弁〉

てんぐ-タバコ【天狗タバコ】日本最初の紙巻きタバコの商標名。明治10年(1877)から同37年まで東京の岩谷商会が発売、天狗印の商標がついていた。

てんぐ-ちょう【天×狗×蝶】テング 鱗翅りんし目テングチョウ科の昆虫。翅はねの開張約5センチ、前翅の端はとがり、黒褐色に橙色の模様がある。下唇ひげが長く突出している。幼虫はエノキを食べる。

てんぐ-つぶて【天×狗×礫】山中で、どこからともなく飛んでくるつぶて。

てんぐ-とう【天狗党】テング 江戸末期、水戸藩で、藩主徳川斉昭の藩政改革を機に結成された尊王攘夷の急進派。➡筑波山事件

てんぐ-どう【天×狗道】テング 天狗の住む世界。堕落した者が落ちるという魔界。仏教の六道にならっていう語。「—にも三熱の苦悩」〈鏡花・高野聖〉

てんぐとびきり-の-じゅつ【天×狗飛び斬りの術】剣術で、高く飛びあがって相手を斬り倒す術。

てんぐ-にし【天×狗×螺】テングニシ科の巻き貝。浅海の砂泥地にすむ。貝殻は長紡錘形で殻高約15センチ。殻口は縦に大きく開き、殻表に黄褐色の厚い皮をかぶる。卵嚢らんのうは海ほおずきとよばれる。肉は食用、殻は貝細工用。房総半島以南に分布。

デング-ねつ【デング熱】《dengue》ウイルスによって起こる熱帯性の伝染病。蚊が媒介。高熱、目の充血、関節痛・筋肉痛などが現れ、四肢に発疹はっしんを生じる。感染症予防法の四類感染症の一。

てんぐ-の-うちわ【天×狗の団=扇】テングうちは ❶天狗が持つという、ヤツデの葉の形をした大きなうちわ。❷ヤツデのこと。てんぐのはうちわ。

てんぐ-の-つめ【天×狗の爪】大きなサメの歯の化石のこと。第三系から産出。

てんぐ-の-なげぶみ【天×狗の投げ文】どこから来たかわからない怪しい手紙。

てんぐ-の-まさかり【天×狗の×鉞】「雷斧らいふ」に同じ。

てんぐ-の-むぎめし【天×狗の麦飯】緑藻の一種。日本特産で、富士山など火山性の高山の地表に生える。灰褐色のゼラチン質に富む塊状をなし、冬に繁殖。これを食べて修験者が飢えをしのいだといわれる。飯砂いいずな。

てんぐ-の-めしがい【天×狗の飯×匙】テングのめしがひ テングノメシガイ科のキノコ。秋、林内の地上に生え、しゃもじ形をし、高さ6〜8センチ。全体を微細な黒い針状の毛が覆う。

てんぐ-はいかい【天×狗俳諧】俳諧で、上5字・中7字・下5字を三人がそれぞれ無関係に作り、それを組み合わせて1句とし、偶然に句意が通ったりおかしな句ができたりするのを楽しむ遊び。

てんぐ-ばなし【天×狗×咄】❶天狗にまつわる怪異な現象などを主題にしたはなし。❷自慢ばなし。「—に花を咲かせる」

てんぐ-もの【天×狗物】能で、天狗をシテとする曲。「善界ぜがい」「車僧くるまぞう」「大会だいえ」など。

てん-グラフ【点グラフ】点の個数によって量の大小を示す統計図表。

でんぐり-がえし【でんぐり返し】デングリ ❶手を地について、からだを前または後ろに1回転させて起きること。でんぐりがえり。「—をしてみせる」❷ひっくりかえること。また、ひっくりかえすこと。でんぐりがえり。「車がスリップして—になる」

でんぐり-がえ・す【でんぐり返す】デングリ〔動サ五(四)〕でんぐりがえるようにする。さかさまにする。ひっくりかえす。「慌ててストーブを—・す」

でんぐり-がえり【でんぐり返り】デングリ「でんぐり返し」に同じ。

でんぐり-がえ・る【でんぐり返る】デングリ〔動ラ五(四)〕❶手を地について、からだを前または後ろに1回転させて起きる。「たたみの上で、くるっと—・る」❷さかさまになる。ひっくりかえる。「天地が—・るような騒ぎ」

てんぐ-れん【天×狗連】その道の達人であると、うぬぼれている連中。

でんくろう-ぞめ【伝九郎染】デンクラウ ▶太申染たいしんぞめ

でん-ぐん【殿軍】しんがりの部隊。大部隊の最後尾で、敵襲に備える部隊。

てん-げ【天下】「てんか(天下)」に同じ。「天上一唯我独尊」

てん-げ【天▽花｜天華】《「てんけ」とも》天上界に咲くという霊妙な美しい花。またそれに擬して、法会で仏前にまき散らす蓮華の花びら形の紙。てんか。

てん-けい【天刑】天がくだす刑罰。天の制裁。天罰。「一が下る」

てん-けい【天恵】天が人に与える恵み。天恩。「豊かな一をこうむる」(類語)天恩・天佑・恵み・恩恵

てん-けい【天啓】天の啓示。天の導き。神の教え。「一にうたれる」

てんけい【天慶】▶てんぎょう(天慶)

てん-けい【典型】❶規範となる型。基準となるもの。「此等の人の遺せる標準の一に由て観るときは」〈中村訳・西国立志編〉❷同類ないし同種のものの中で、それらの特性を端的に示しているもの。代表例となるもの。「現代の若者の一」「アールヌーボーの一とされる作品」

てん-けい【典経】聖人の書いた書物。経書。

てん-けい【点景｜添景】風景画などで、画面を引き締めるために副次的に添えられた人や物。

てんけい-けいやく【典型契約】法律にその名称・内容が規定されている契約。民法では贈与・売買・賃貸借・請負など13種類があり、ほかに特別法で規定されるものもある。有名契約。⇔無名契約

てんけい-げんそ【典型元素】元素の分類の一。周期表中、1(ⅠA)・2(ⅡA)と13(ⅢB)〜17(ⅦB)族元素のうちの、第2・第3周期の元素。広く、遷移元素および12(ⅡB)族元素を除く元素をいうこともある。

てんけい-せつ【天啓説】宗教の起源は、人間を超えた天啓によるとする説。

てんけい-てき【典型的】〔形動〕その類の特徴をよく現しているさま。「一な症状」

てんけい-びょう【天刑病】かつてハンセン病をさした語。

でん-げき【電撃】❶強い電流をからだに受けたときに感じる衝撃。❷電光のように、すばやく攻撃すること。「一作戦」❸電光のように、前ぶれなしに衝撃を与えること。「一的な結婚」

でんげき-りょうほう【電撃療法】特殊療法の一。統合失調症・鬱病などを治療するために、頭部に電流を流して人工的に一時的な意識喪失・痙攣を起こさせるもの。

てん-けつ【天×闕】天帝の宮殿の門。また、宮城の門。宮門。禁闕。

てん-けつ【転結】漢詩で、絶句の第3句と第4句。転句と結句。「起承一」

てん◦げり〔連語〕《連語「てけり」の音変化》…てしまった。「由なき事にくみし一◦げり」〈平家・二〉(補説)中世以降、多く軍記物や説話集などで用いられた。

てん-けん【天×眷】天帝の恵み。また、天子の慈愛。天恩。天恵。「寡君等無量の一を蒙り」〈染崎延房・近世紀聞〉

てん-けん【天険】地勢がけわしくなっている所。自然の要害。「一の地」(類語)険・要害・難所

てん-けん【天×譴】天帝のとがめ。天罰。

てん-けん【典憲】❶おきて。規則。のり。❷皇室典範と憲法。

てん-けん【点検】〔名〕スル 悪い箇所や異常はないか、一つ一つ検査すること。「火の元を一する」(類語)検査・確認・チェック

てん-げん【天元】❶万物生育のみなもとである、天の元気。❷天子。君主。❸碁盤の目の中央にある黒い星。❹囲碁の七大タイトルの一。昭和51年(1976)創設。天元戦の勝者がタイトルを手にする。

てんげん【天元】平安中期、円融天皇の時の年号。978年11月29日〜983年4月15日。

てん-げん【天眼】仏語。五眼の一。すべてを見通すことのできる眼。てんがん。

でん-けん【電鍵】ばね付きの押しボタンで電気回路を閉じたり開いたりして、電流を断続させる装置。モールス通信の送信などに使われる。キー。

でん-けん【電顕】「電子顕微鏡」の略。

でん-げん【電源】❶電力を供給するみなもと。「一地帯」❷電気機器を動かす電力を取り入れる所。コンセントなど。「テレビの一を切る」

でんげん-かいはつ【電源開発】電力を得るために、ダムや発電所などの発電施設を整えること。またその事業。

でんげんかいはつ【電源開発】火力・水力発電所や送変電設備を建設・運用し、電力供給などの事業を行う卸電気事業者。全国67か所に発電所を所有し、約1700万キロワットを供給する(平成24年7月現在)。昭和27年(1952)、第二次世界大戦後復興期の全国的な電力不足を克服するため、政府と電力会社が出資する特殊会社として設立。平成16年(2004)、東京証券取引所第一部に上場し完全民営化。愛称、J-POWER。

てんげん-じゅつ【天元術】算木を用いて高次方程式を解く高等の和算。中国の宋・元の時代に起こった代数学が日本に渡来したもので、未知数のことを天元の一と称した。今の開平・開立の類。

てんげん-じゅつ【天源術】運勢判断の一。陰陽五行説に基づき、生年月日の干支や人相・骨相からその人の一生の運命を占う術。天海僧正の創始と伝えられる。

てんけん-しょうほう【点検商法】点検と称して家庭を訪問し、消火器・火災報知器・換気扇・浄水器・布団・電気・ガスなどを調べ、必要のない修理、部品・製品の交換、または害虫駆除などを行って費用を請求する訪問販売の一種。「法律で義務づけられている」と嘘をついたり、「消防署の方から来ました」と身分を勘違いさせたりする手口などがある。特定商取引法で規制される。

てんげん-せん【天元戦】囲碁の七大タイトル戦の一。昭和50年(1975)創設。トーナメント戦の勝者がタイトル保持者と五番勝負で決定戦を行い、勝者がタイトルを手にする。連続10期以上タイトルを獲得した棋士は現役で、連続5期または通算10期獲得した棋士は現役で60歳以上に達したときまたは引退時に、名誉天元を名乗ることができる。

てんげん-つう【天眼通】仏語。六神通の一。普通の人の見ることのできない事象を自由自在に見通すことのできる力。てんがんつう。

てん-こ【天鼓】天上界で鳴るというつづみ。雷鳴のこと。かみなり。

てんこ【天鼓】謡曲。四番目物。少年楽人の天鼓は天から授かった鼓を帝に献上するのを拒み、呂水に沈められ殺される。その後、鼓は鳴らなくなるが、天鼓の父が打つと妙音を発する。帝が哀れを感じて追善の管弦講を催すと、天鼓の亡霊が現れ、鼓を打ち楽を奏する。

てん-こ【典故】よりどころとなる故事。典例や故実。

てん-こ【点呼】〔名〕スル 一人一人の名を呼んで、全員いるかどうかを確かめること。「一をとる」「従業員を一する」

てん-ご【転語】ある語の意味や音が変化してできた語。五音相通をもとに考えた近世の国学の用語で、今日の国語学では用いない。

でん-こ【伝戸】律令制で、宿駅の伝馬の世話をする正丁を出した家。

でん-こ【×佃戸】中国、唐末に発生した小作農。宋代には荘園の耕作に従事し、事実上農奴であったが、のちに自立し、清代には地主と対等の関係にあった。

でん-こ【電弧】気体中の放電で生じる弧状の発光部分。電気火花。アーク。

でん-ご【殿後】軍隊のしんがり。あとおさえ。「一の隊」

てん-こう【天工｜天功】天のしわざ。大自然の働き。「宇宙間の森羅万象…或法度を有せざるはなし。一の事物すら尚お然り」〈逍遥・小説神髄〉(類語)自然・天然・造化・天造

てん-こう【天巧】自然の力でできた見事なもの。造化のわざ。

てん-こう【天光】❶太陽のひかり。日光。❷赤砂糖の一種。甘味が強く、黒砂糖よりやや上質。

てん-こう【天行】❶天の運行。❷時節によって流行する病気。はやりやまい。

てん-こう【天幸】天の与えた幸福。天の恵み。「余が無事に東京まで帰れたのは一である」〈漱石・思ひ出す事など〉

てん-こう【天皇】㊀中国古代の伝説上の帝王。天地人の三皇の一。㊁中国で、天子の称。

てん-こう【天候】比較的短い期間の天気の総合的状態。また、天気のぐあい。空模様。天気と気候との中間の概念。「大会は一に恵まれた」「不順な一」「悪一」⇒天気(用法)
(類語)天気・気候・気象・季候・時候・寒暖・寒暑・陽気・日和・空模様

てん-こう【転向】〔名〕スル ❶それまでの、方向・方針・職業・好みなどを変えること。「サラリーマンから小説家に一する」❷政治的、思想的立場を変えること。特に、共産主義者・社会主義者が、弾圧によってその思想を放棄すること。(類語)転換・転身・変節

てん-こう【転校】〔名〕スル ある学校から他の学校に移ること。「東京から一してきた生徒」「一生」
(類語)転学・転入・編入

てんごう〔名・形動〕ふざけること。また、そのさま。いたずら。冗談。「一を言う」「一な手形を書き、無筆の母御を宥めしが」〈浄・冥途の飛脚〉(補説)語源未詳。「癲狂」からともいい、「転合」「転業」などの当て字を使うことがある。歴史的仮名遣いは不確実。

でん-こう【電工】❶電気工事をする作業員。電気工。❷「電気工業」の略。社名などに用いる。

でん-こう【電光】❶雷雲中や雷雲間、または雲と地面との間に起こる、火花放電の際の発光現象。雷鳴を伴うことが多い。稲妻。稲光。❷電灯の光。(類語)(❶)雷・雷・稲妻・稲光・鳴る神・雷・雷鳴・雷電

てんこうかいぶつ【天工開物】中国、明代の科学技術書。3巻。宋応星著。1637年刊。農産物・衣服・火器・金属製品などの製造法を、挿絵入りの詳細な記述で体系的にまとめたもの。

てんごう-がき【てんがう書き】いたずら書き。戯れ書き。「かいやり捨てられし中に、一のあるを取り集めて」〈浮・一代男・跋〉

てんごう-ぐち【てんがう口】冗談を言うこと。冗談口。「順才様の一、さやうな義は御無用になされませ」〈伎・小袖曽我〉

でんこう-けいじばん【電光掲示板】電球や発光ダイオードを格子状に多数配列し、それらを点滅することにより文字や絵図を表示する装置。

てんこう-せい【転校生】入学の時期以外に、他校から移ってきた生徒。

でんこう-せっか【電光石火】❶稲妻や火打ち石が発する閃光。きわめて短い時間のたとえ。❷動作が、きわめて速いこと。すばやいこと。「一の早業」

でんこう-ちょうろ【電光朝露】いなびかりと朝の露。はかなく消えやすいことのたとえ。「一の命」

てんこう-デリバティブ【天候デリバティブ】《デリバティブは、金融派生商品の意》冷夏・暖冬・長雨などの異常気象によって企業や商店の受ける損失を補償する金融商品。損害保険各社が発売。事前に一定の料金を支払い、異常気象の種類や程度を設定し、その条件を満たすと、損失の有無にかかわらず補償金が支払われる。天候が収益に影響するリスクを回避するために、1997年米国で開発された。

てんこう-てん【転向点】台風の進行方向が、西向きから北ないし東に大きく変わる地点。

でんこう-ニュース【電光ニュース】配列した多数の電球や発光ダイオードの点滅によって文字を描き出し、ニュースなどを速報する装置。

てんこう-ぶんがく【転向文学】昭和初期、権力の弾圧によって共産主義思想を放棄した作家によ

って書かれた、転向を主題とした一群の作品。中野重治の「村の家」、村山知義の「白夜」、島木健作の「癩(らい)」、高見順の「故旧忘れ得べき」など。

てんこう-ほけん【天候保険】 飲食業などの来店型事業者、テーマパークなど屋外営業事業者、アパレル関連事業者などが、天候の影響により余儀なくされた支出や損失を塡補する保険。

てんこう-りょく【転向力】テンカウ ►コリオリの力

でんこうろく【伝光録】デンクワウロク 鎌倉時代の仏教書。2巻。瑩山紹瑾(けいざんじょうきん)述。編者未詳。釈迦より達磨大師に至るインドの仏祖29人、慧能(えのう)より天童如浄に至る中国の祖師22人、日本の道元・懐奘(えじょう)の計53人の仏法相伝のありさまを述べ、参禅学道の指南としたもの。瑩山和尚伝光録。

てんこ-おん【転呼音】 語中・語尾の音を、その語を書き表す仮名自身の音によらず別の音に発音すること。また、その別の音。「かは(川)」をカワ、「かふ(買ふ)」をカウ、「たう(倒)」をトー、「にんわ(仁和)」をニンナと発音する類。ハ行の仮名をワ行音に発音するものを特に「ハ行転呼音」と呼ぶ。

てん-こく【×篆刻】〔名〕スル 石・木などの印材に字を刻すること。書画などに用いる印章に、多く篆書体の文字を刻するのでいう。印刻。

てん-ごく【天国】 ❶神や天使などがいる天上の理想世界。キリスト教では、神から永遠の祝福を受ける場所。神の国。⇔地獄。❷そこで暮らすものにとって、理想的な世界。何にも煩されない、快適な環境。楽園。「野鳥の―」「歩行者―」
(類語)極楽・浄土・楽天地・楽土・楽園・パラダイス

てん-ごく【典獄】 ❶監獄の事務をつかさどる官吏。❷旧制の、監獄の長。

てん-ごく【×諂▽曲】〔名・形動ナリ〕自分の気持ちをまげて人にこびへつらうこと。また、そのさま。「我を、あるが中に、ざえなく心―なりと、かくいふ、はづかしきこと」〈大鏡・道長下〉

でんこくじ【伝国璽】 ►伝国の璽(じ)

てんごくとじごく【天国と地獄】テンゴクトヂゴク《原題、フランス Orphée aux Enfers》オッフェンバック作曲のオペレッタ。1858年パリで初演。ギリシャ神話のオルフェウスの悲話を戯画化したもの。

てんごく-の-いしきりば【天国の石切り場】《Latomia del Paradiso》イタリア南部、シチリア島、シチリア自治州の都市シラクサにある古代ギリシャ時代の石切り場跡。ネアポリ考古学公園内にある。17世紀末の地震で採石場跡の天井が崩れ、岩の天蓋が偶然できたことから名づけられた。ディオニシオスの耳と呼ばれる高さ20メートル、奥行65メートルの耳の形をした洞窟がある。

でんこく-の-じ【伝国の璽】 中国秦代以後、国を受け継ぐ皇帝が譲り受ける印。伝国璽。

てんこち-も-な-い【天▽骨も無い】〔形〕《「てんこち」は「てんこつ」の音変化。才能がない意から非難すべきである意に転じたもの。近世語》とんでもない。途方もない。「わしどもはお江戸で―い目にあったあもし」〈滑・膝栗毛・二〉

てん-こつ【天骨】〔名・形動ナリ〕❶生まれつき備わった姿や性質。てんこち。「―仁ならず、生命を殺すことを喜ぶ」〈霊異記・上〉❷生まれつき備わった才能や器用さ。また、それらが備わっているさま。てんこち。「―ナ人」〈日葡〉

でんこ-ほうでん【電弧放電】デンコハウデン ►アーク放電

てんこ-もり【天こ盛(り)】 食器にうずたかく盛ること。山盛り。「飯を―にする」

でんこ-ろ【電弧炉】 ►アーク炉

でん-ごん【伝言】〔名〕スル 人に頼んで、相手に用件を伝えること。また、その言葉。ことづて。ことづけ。「彼には妹から―してもらう」
(類語)ことづて・ことづけ・メッセージ・連絡・通知

でんごん-ばん【伝言板】 駅などにある個人的な伝言を書くための黒板。

てん-さ【点茶】 ►てんちゃ(点茶)

てん-さ【点差】 得点の差。「―が縮まる」

てん-ざ【典座】 ►てんぞ(典座)

てん-ざ【転座】 染色体異常の一。染色体の一部が切断され、他に付着するなどして位置を変えたもの。突然変異の原因となる。

てん-さい【天才】 生まれつき備わっている、並み外れてすぐれた才能。また、そういう才能をもった人。「数学の―」「―肌のプレーヤー」
(類語)偉才・奇才・鬼才・異才・異能・英才・秀才・俊才・俊英・才人・才子・才女・才媛・才物

てん-さい【天災】 地震・台風・雷・洪水など自然現象によってもたらされる災難。「―に見舞われる」⇔人災。(類語)災害・自然災害・天変地異

天災は忘れた頃(ころ)にやって来る 天災は、災害の悲惨さを忘れたころに、再び起こるものである。高知市内の寺田寅彦旧居跡に建てられた碑に刻まれている文章。

てん-さい【天際】 天のはて。空のかなた。天涯(てんがい)。「北方には漢水蜿蜒(えんえん)と―に流れ」〈太宰・竹青〉

てん-さい【×甜菜】 サトウダイコンの別名。

てん-さい【転載】〔名〕スル 既刊の印刷物の文章などを写し取って、そのまま他の刊行物に載せること。「無断で記事を―する」(類語)掲載・載録・収録・引用

てん-ざい【点在】〔名〕スル あちこちに散らばって存在すること。散在。「山麓に人家が―する」
(類語)散在・混在・分布・過疎

てんさい-きょういく【天才教育】テンサイケウイク すぐれた知能や才能をもつ児童の能力を、さらに伸ばすために行う特別な教育。

てんさい-ちへん【天災地変】 自然界の変動によって起こる災害や異変。

てんさい-てき【天才的】〔形動〕天才というのにふさわしいさま。「音楽に―なひらめきを見せる」

てんさい-とう【×甜菜糖】テンサイタウ サトウダイコンの根から作った砂糖。

てん-さく【添削】〔名〕スル 他人の詩歌・文章・答案などを、書き加えたり削ったりして、改め直すこと。「生徒の作文を―する」(類語)加筆・訂正・手直し・リライト

てん-さく【転作】〔名〕スル 従来から栽培している作物の種類を、他に転換すること。「米作から花卉(かき)栽培に―する」

てん-さつ【点札】 中世、荘園領主などが土地・家屋・農作物の差し押さえ・没収を明示し掲げた札。

てん-さん【天蚕】 ヤママユの別名。

てん-さん【天産】 天然に産出すること。また、その産物。

てん-さん【転×盞】 朝廷での宴会で、相伴の公卿にも杯を回すこと。

てん-ざん【天山】「天山山脈」の略。

てん-ざん【点×竄】 ❶文章の字句を直すこと。添削。❷「点竄術」の略。

でん-さん【電算】「電子計算機」の略。「―化」「―写植」

でんさん-き【電算機】「電子計算機」の略。

てんざん-さんみゃく【天山山脈】 中央アジア、タリム盆地の北にそびえる山脈。標高4000メートル級の山が連なり、最高峰はポベーダ(7439メートル)。ティエンシャン山脈。

てんさん-し【天蚕糸】 ❶「山繭糸(やままゆいと)」に同じ。❷►てぐす

でんさん-しゃしょく【電算写植】 ►シー-ティー-エス(CTS)

てんざん-じゅつ【点×竄術】 和算の一。江戸時代、関孝和(せきたかかず)が中国の天元術を改良して作り出した筆算式の代数術。点竄。

てんざん-なんろ【天山南路】 天山山脈南麓のオアシスを結ぶ交易路。中国新疆(しんきょう)ウイグル自治区のハミからトルファン・庫車(クチャ)を経てカシュガルへ至る。また清代には、天山山脈以南の地域、特にタリム盆地をさした。

てんさん-ぶつ【天産物】 天然に産する物。自然の産物。鉱産物・林産物・水産物など。

てんざん-ほくろ【天山北路】 天山山脈北麓のオアシスを結ぶ交易路。中国新疆(しんきょう)ウイグル自治区のハミからウルムチを経てイリ、またはタラスに至る。また清代には、天山山脈以北の地域、特にジュンガル盆地をさした。

てん-し【天子】 ❶天上界の人。天人。❷天帝に代わって国を治める人。帝王。日本で、天皇。
(類語)天人・天帝・天皇・帝王

てん-し【天使】 ❶天界にあり、神の使者として人間に神意を伝えたり、人間を守護したりすると信じられるもの。ユダヤ教・キリスト教・イスラム教などにみられる。エンゼル。❷心の清らかな、やさしい人のたとえ。「白衣の―」❸天子の使者。勅使。「かかる事は、我が朝の―を待たせ給ふ所といへども」〈折たく柴の記・中〉

天使が通る 《フランス Un ange passe.》会話や座談がとぎれて、一座の者が黙り込むことをいうフランスのことわざ。

てん-し【天資】 生まれつきの資質。天性。天稟(てんぴん)。「―に恵まれる」「―英明」
(類語)天質・天性・天賦・天稟・天分・稟性(ひんせい)

てん-し【天賜】 ❶天からのたまもの。「―の才」❷天子からたまわったもの。恩賜。「是等の恩典を被むる者誰か―の忝なきを仰ぎ歓ばざるあらん」〈染崎延房・近世紀聞〉

てん-し【展×翅】〔名〕スル 標本にするため、昆虫などの翅(はね)をひろげること。「―板」

てん-し【塡詞】 中国唐代に始まり、宋代に栄えた韻文の一。楽譜に合わせて文字を塡(う)めて歌詞とした。平仄(ひょうそく)・字数・句数・韻脚など細かい決まりが多い。詞余。詞。

てんじ【天治】テンヂ 平安後期、崇徳天皇の時の年号。1124年4月3日〜1126年1月22日。

てん-じ【天▽柱】テンヂ「転手(てんじゅ)」に同じ。

てん-じ【天時】 四季・寒暖・昼夜などのように、自然にめぐってきて人事にかかわりをもつ時。天の与える時機。「凡そ世界に―の転換あり、人事の転換あり」〈西村茂樹・明六雑誌四三〉

てん-じ【典侍】 ❶►ないしのすけ ❷明治以後、宮中に仕える女官。尚侍(しょうじ)の次位。

てん-じ【点字】 紙面に突起した点を一定の方式で組み合わせて表した盲人用の一種の表音文字。2行3段計6個の点によって示し、指先で突起に触れて読む。1829年フランスの盲人ルイ=ブライユが考案。日本のものは明治23年(1890)石川倉次がブライユ式を五十音式に翻案したもの。➡漢点字

てん-じ【展示】〔名〕スル 美術品・商品などを並べて一般に公開すること。「作品を―する」「―即売会」
(類語)陳列・展覧・展観・ディスプレー・出品

てん-じ【×篆字】 篆書体の文字。篆文。

でん-し【殿司】 ►とのもりづかさ❷

でん-し【殿試】 中国の科挙の制度で、郷試・会試に合格した者に天子みずから殿中で行った最後の試験。宋代に始まり、及第者を進士とよんだ。廷試。

でん-し【電子】 原子内で、原子核の周りに分布して負の電荷をもつ素粒子。電子数は原子番号に一致する。質量は陽子の約1800分の1で9.109×10^{-31}キロ、電荷は-1.602×10^{-19}クーロン。記号e エレクトロン。

でん-じ【田地】デンヂ《「でんち」とも》田となっている土地。「―田畑」

でん-じ【伝持】デンヂ 仏教で、法を受け伝え、維持していくこと。

でん-じ【電磁】 電気と磁気の相互作用。

でんし-アルバム【電子アルバム】 デジタルカメラで撮影し、パソコンなどに取り込んだ写真群。画像データをパソコンなどで、写真アルバムのように鑑賞できるようにしたもの。テーマ別に分類するなど自由に編集できるほか、ディスプレーに映す、CDやDVDにコピーする、プリンターを使って印刷するなど、さまざまな処理ができる。

でんし-あんないばん【電子案内板】 ►デジタルサイネージ

でんし-うん【電子雲】原子内における、電子密度を空間的な広がりとして表したモデル。量子力学の不確定性原理により、電子の位置と運動量を同時に決定できないため、電子の存在確率が高い領域を濃淡がある雲とみなしたもの。
でんし-オルガン【電子オルガン】電子回路による発振音を音源とし、それを増幅してスピーカーから音を出す方式のオルガン。
でんし-おん【電子音】電子回路で合成された音。いろいろな音を作り出せる。
でんし-おんがく【電子音楽】シンセサイザーなど電子回路によって作り出された音を素材とする音楽。狭義には、第二次大戦後にドイツのシュトックハウゼンらが創始した、電子音の変形・編集などによって作られた音楽をさす。
でんじ-かい【電磁界】▶電磁場
でんし-かいせつ【電子回折】▶電子線回折
でんし-かく【電子殻】原子核の周りの電子群の層。内から順にK殻、L殻、M殻…とよび、各殻に入る最大電子数はそれぞれ2、8、18…と決まっている。
でんし-ガジェット【電子ガジェット】《electronic gadget》▶デジタルガジェット
でんし-がっき【電子楽器】音源に機械的な振動部分をもたないで、電子回路による発振音を用いる楽器。電子オルガン・シンセサイザーなど。
でんし-かへい【電子貨幣】《electronic money》▶電子マネー
でんし-カルテ【電子カルテ】《electronic medical recoding system》電子化されたカルテ。医師の診療記録カードを電子的に記録・保存・管理するシステムの総称。他の医療機関と診療情報を共有するための標準化が進められている。電カル。
でんし-かん【電子管】真空管・放電管・陰極線管・光電管などの総称。
でんじかんきょう-りょうりつせい【電磁環境両立性】▶イー-エム-シー(EMC)
でんじ-かんのう【電磁感応】▶電磁誘導
でんし-かんばん【電子看板】▶デジタルサイネージ
てん-しき【点式】❶俳諧で、点者が評点をつける方式。主として引き墨・点印を用いる。❷茶会で客をもてなす作法。
てんしき【転失気】㊀落語。体調のすぐれない和尚が診察に訪れた医者から「てんしき」があるかないかを聞かれる。和尚は知ったかぶりをしてその場をごまかし、あとで小僧を呼んで近所に「てんしき」を調べに行かせる。だれもが知ったかぶりをしたため、はっきりしたことを聞き出せない小僧は最後に医者を訪ね「てんしき(転失気)」とは屁へのことだと聞かされる。小僧は、和尚に「てんしき」とは盃のことと偽りを伝える。医者の往診の折、宝物の盃を見てもらおうと小僧に「てんしき」を持ってくるように命じた和尚がとんちんかんなやりとりの末、真相を知るというもの。㊁《㊀から転じて》屁のこと。おなら。
でんじ-き【電磁気】❶電流によって起こる磁気。❷電気と磁気。
でんじき-がく【電磁気学】電気的、磁気的現象や、それらの相互作用を研究する物理学の一部門。
でんし-きどう【電子軌道】ボーアの原子模型において考えられた電子の運動の道筋。実際には安定的な道筋はなく、原子・分子・結晶中の一電子の運動状態を表す波動関数で示される。
でんし-ぎょうせい【電子行政】行政機関がIT技術を活用して行政サービスを行うこと。さまざまな申請・登録・届出等をオンラインで行えるようにしたり、データベースの構築により情報の一元化を図るなど、行政機関側と、住民・事業者側の双方の省力化・コスト削減などを目指す。➡電子政府
でんじき-りょく【電磁気力】▶電磁相互作用
でんしきろくさいけん-ほう【電子記録債権法】受取手形などの売掛債権を電子化した電子記録債権について規定した法律。平成20年(2008)12月施行。電子記録債権は、主務大臣の指定を受けた電子債権記録機関が磁気ディスク等をもって作成する記録原簿に電子的に記録することによって、発生・譲渡などの効力を持つ金銭債権。従来の手形取引や債権譲渡に伴うコストやリスクが軽減・解消され、事業者は安全かつ円滑に資金調達を図ることができる。
てんじく【天竺】㊀中国および日本で用いたインドの古称。「後漢書」西域伝に初見。㊁❶「天竺木綿」の略。❷そら。天。「此の頃の御有様は、さりとも見たてまつりなば、一へも憧れじ」〈狭衣・一〉❸接頭語的に用い、遠方・外国・舶来の意を表す。「一鼠」「一牡丹」❹《「唐(=中国)過ぎる」のしゃれから、食品名に付けて》辛すぎる、の意を表す。「一みそ」「一ひしお」
てんじく-あおい【天×竺×葵】ゼラニウムの別名。
てんじく-がく【天×竺楽】雅楽の曲目のうち、インド起源のもの。「迦陵頻」「安摩」など、従来は林邑楽とされてきたもの。
てんじく-だい【天×竺×鯛】スズキ目テンジクダイ科の海水魚。全長約10センチ。体は長楕円形で側扁。体色は淡灰色で、10本の灰褐色の横帯がある。目と口が大きく、雄が卵塊を口に含んで保護する。本州中部以南に分布。
てんじく-とくべえ【天竺徳兵衛】江戸初期の商人。播磨の人。しばしばインドに渡って貿易に従事。その生涯は歌舞伎・浄瑠璃に劇化されている。著「天竺渡海物語」は当時の貿易事情を知る重要な史料。生没年未詳。
てんじくとくべえいこくばなし【天竺徳兵衛韓噺】歌舞伎狂言。時代物。5幕。4世鶴屋南北作。文化元年(1804)江戸河原崎座初演。天竺徳兵衛の見聞を題材に、徳兵衛を日本国転覆をねらう謀反人として脚色したもの。
てんじく-ねずみ【天×竺×鼠】モルモットの別名。また広く、齧歯目テンジクネズミ科に分類されるネズミの総称。南アメリカに分布。
てんじく-ぼだいじゅ【天×竺×菩×提樹】クワ科の常緑高木。高さ6〜20メートル。葉は卵円形で先が細長く伸び、花・果実はイチジクに似る。インドの原産で、この木の下で釈迦が悟りを得たといわれる。インド菩提樹。
てんじく-ぼたん【天×竺×牡丹】ダリアの別名。
てんじく-まめ【天×竺豆】ソラマメのこと。
てんじく-まもり【天×竺守】ヤツブサの別名。
てんじく-もめん【天×竺木綿】《初めインドから輸入したところから》平織りで、やや厚手の木綿織物。テーブル掛け・敷布・足袋の裏地などに用いる。
てんじく-よう【天×竺様】▶大仏様
てんじく-ろうにん【天×竺浪人】《「逐電浪人」の「ちく」と「でん」を逆にした語の当て字という》住所不定で流浪する人。「僕なんぞは一で駄法螺を吹いて」〈魯庵・社会百面相〉
でんし-けいさんき【電子計算機】▶コンピューター
でんしけいさんきしようさぎ-ざい【電子計算機使用詐欺罪】コンピューターやその電磁的な記録を不正に操作するなどして、詐欺罪にあたる行為をする罪。刑法第246条の2が禁じ、10年以下の懲役に処せられる。
でんしけいさんきそんかいとうぎょうむぼうがい-ざい【電子計算機損壊等業務妨害罪】他人のコンピューターやその電磁的記録の損壊、不正な指令などで業務を妨害する罪。刑法第234条の2が禁じ、5年以下の懲役または100万円以下の罰金に処せられる。電子計算機損壊業務妨害罪。
でんし-けいじばん【電子掲示板】《electronic bulletin board》▶ビー-ビー-エス(BBS)
でんしけいじばん-システム【電子掲示板システム】《electronic bulletin board system》▶ビー-ビー-エス(BBS)
でんし-けっさい【電子決済】《electronic payment》電子的なデータのやり取りにより、商品やサービスの代金を支払うこと。エレクトロニックバンキングや電子マネーなどの決済システムを指す。
でんし-けんびきょう【電子顕微鏡】光線の代わりに高圧で加速された電子線を、光学レンズの代わりに電子レンズを用いた顕微鏡。光学顕微鏡の数万倍の倍率をもつ。電顕。EM(electron microscope)。
でんじ-こう【電磁鋼】鉄損値が低く、電気エネルギーと磁気エネルギーの変換にすぐれた鋼板。発電所の発電機や変圧器、家電・IT機器に内蔵されるモーターなどに利用される。電磁鋼板。
でんし-こうがく【電子工学】電子伝導、およびその現象を応用する装置・技術についての学問。エレクトロニクス。
でんし-こうがく【電子光学】電界中の電子の運動が光の進み方の法則に従うところから、幾何光学での光線と類比して、電子線の反射・屈折などを考察する理論。
でんし-こうかんほうしき【電子交換方式】電話で、通話の接続交換を電子回路を使って自動的に行う方式。また、その装置。
でんし-こうこくばん【電子広告版】▶デジタルサイネージ
でんじ-こうばん【電磁鋼板】▶電磁鋼
でんし-こくばん【電子黒板】電子化されたホワイトボード。特殊なペンでの書き込み、内容の保存・再生、パソコンやスキャナーとの連動による画像の表示などができる。
でんし-コンパス【電子コンパス】《electronic compass》磁気センサーで微弱な地磁気を検出して方位を割り出す電子機器。GPS機能をもつ一部の携帯電話、カーナビゲーションシステム、アウトドアスポーツ向けの腕時計などに搭載される。現在地の測位だけではなく、進行方向や機器の向きに合わせ、地図を回転させて表示することなどができる。
でんし-さいふ【電子財布】オンラインショップなどを利用する際、利用者のクレジットカード情報や電子マネー情報、パスワード、購入品の送付先住所などを管理するソフトウエア、またはサービスのこと。ウォレットソフト。
てんし-さんち【天子山地】山梨県南部・静岡県北部に広がる山地。富士山の西方、富士川との間にあり、最高峰は毛無山。南に天子ヶ岳(標高1330メートル)が位置する。天守山地。
でんししき-てぶれほせい【電子式手ぶれ補正】ビデオカメラなどで撮影する際の手ぶれを防ぐための機構の一。イメージセンサー上に一回り小さな画像記録領域を設け、センサーで感知した撮影者の手ぶれを相殺するようにその記録領域をずらし、手ぶれが目立たない画像を記録する。イメージセンサー全体を記録領域として利用できないため、補正を行わない場合に比べて若干の画質の劣化を伴う。平成17年(2005)頃からは、デジタルカメラなどの静止画向けの補正技術も普及しはじめた。➡イメージセンサーシフト式手ぶれ補正 ➡光学式手ぶれ補正
でんししき-ライター【電子式ライター】圧電素子を利用して着火する方式のライター。レバーを押した際の衝撃によって放電が起こり、燃料となるガスに引火して炎が出る。電子ライター。➡フリント式ライター
でんし-じしょ【電子辞書】《electronic dictionary》辞書のデジタルデータを内蔵した携帯型の電子機器の総称。高機能のものでは、カラー液晶ディスプレーなどの表示装置やスタイラスペンなどの入力装置、音声出力機能などを備え、見出し語検索のほかに、全文検索、部分一致検索、複数辞書の一括検索といった多様な検索方法を選択することができる。また、同様の機能を提供するアプリケーションソフトやインターネット上のサービスを指すこともある。
でんし-しじょう【電子市場】《electronic marketplace》インターネット上で企業間取引を行うための市場。営業や物流のコスト、不良在庫のリスクを低

減できるほか、売り手と買い手の直接取引による中間マージンの削減などが見込める。e市場。eマーケットプレース。

でん-じしゃく【電磁石】軟鉄心にコイルを巻きつけたもの。コイルに電流を通じると電磁誘導を生じ、鉄心が一時的に磁石となる。電気磁石。

でんし-しゃしん【電子写真】暗い所では絶縁性であるが明るい所では伝導性をもつセレン・酸化亜鉛などを感光体とし、静電気の吸着現象を利用して画像を得る写真法。複写機に応用される。

でんし-シャッター【電子シャッター】❶デジタルカメラのシャッター機構の一。イメージセンサーのオン・オフを電子的に制御することにより、露光時間を調節する。コンパクトデジタルカメラやカメラ付き携帯電話・スマートホンでは、機械シャッターを撮影ユニットとして組み込むものもある。また、デジタル一眼レフカメラの一部ではフォーカルプレーンシャッターと併用するものがある。センサーの種類によりCCDシャッターともいう。❷カメラで、露光時間を電子的に制御し、シャッター幕やシャッター羽根の開閉を行う機構。精度の高い制御が可能だが、電源を必要とする。電子式シャッター。

でんじ-しゃへい【電磁遮蔽】電気回路などを金属でおおって、電磁波の進入や漏れを遮断すること。電子機器の誤作動や雑音防止などのために行う。

でんし-シャワー【電子シャワー】▶カスケードシャワー

でんじ-シャワー【電磁シャワー】▶カスケードシャワー

でんし-じゅう【電子銃】電子線を特定方向に放出する装置。ブラウン管などに用いられる。

でんし-しゅっぱん【電子出版】従来は本や雑誌の形で提供されていた情報を、デジタル化したソフトの形で、あるいはパソコン、タブレット型端末、スマートホン、電子書籍リーダーなどを使ってアクセスできる形で提供する出版。CD-ROM、DVD-ROMによる出版など。

でんし-しょうてん【電子商店】▶オンラインショップ

でんし-しょうてんがい【電子商店街】▶サイバーモール

でんし-しょうとりひき【電子商取引】▶エレクトロニックコマース

でんしじょうほうぎじゅつさんぎょう-きょうかい【電子情報技術産業協会】▶ジェイタ(JEITA)

でんし-しょうめい【電子証明】インターネットの電子商取引などで、個人の存在、信頼性、正当性を保証すること。偽造や不正利用を防ぐため、暗号などのセキュリティー技術を用いた電子証明書により、本人であることを証明する。デジタル証明。

でんし-しょうめいしょ【電子証明書】インターネットの電子商取引などで、個人・法人の存在、信頼性、正当性を保証する証明書。偽造や不正利用を防ぐため、暗号などのセキュリティー技術が用いられる。証明書を発行する機関を認証局という。

でんし-しょせき【電子書籍】《electronic book》電子化された書籍データ。紙に印刷するのではなく、パソコンや携帯電話、専用の表示端末などにデータを取り込んで閲覧する。文字以外に動画や音声を再生できるものもある。補説電子ブックはソニーの商標名であるため、電子化された出版物もしくは書籍データを示す一般名詞としては電子書籍を用いる。

でんししょせき-たんまつ【電子書籍端末】▶電子書籍リーダー

でんししょせき-リーダー【電子書籍リーダー】電子書籍専用の表示端末。片手で持てるほどの大きさで携帯できるものが多く、インターネットを通じて電子書籍のデータをダウンロードしたり、メモリーカードから読み込んだりして利用する。ソニーリーダーやアマゾンキンドルをはじめ、表示部分に電子ペーパーを採用する端末もある。電子書籍端末。電子ブックリーダー。

でんし-しょめい【電子署名】電子的に作成された署名全般のこと。暗号技術などを用いて文書の正当性を証明するものをデジタル署名という。

でんし-しんわりょく【電子親和力】原子または分子が電子1個と結合して陰イオンになるときに放出するエネルギー。その値が正で大きいほど陰イオンになりやすい。

でんし-ズーム【電子ズーム】《electronic zoom》▶デジタルズーム

でんし-すかし【電子透かし】画像・動画・音声データなどのデジタルコンテンツに、特定の情報を記録するための技術。一般に著作権情報の記録や不正コピーの防止などに利用される。

でんし-スチールカメラ【電子スチールカメラ】《electronic still camera》▶デジタルカメラ

でんし-ずのう【電子頭脳】電子制御による自動機器で、その中心となる電子計算機。人工頭脳。電脳。

でんしスピン-きょうめい【電子スピン共鳴】不対電子が、外部から磁界を作用させると、そのスピンの磁気モーメントによって特定の周波数の電磁波、主にマイクロ波を吸収する現象。結晶の磁性の研究などに広く利用。ESR(electron spin resonance)。

でんし-せいふ【電子政府】行政手続にコンピューターやインターネットなどの情報技術を導入し、業務の効率化や行政情報の透明化を図ったシステム、および行政機構のこと。e政府。エレクトロニックガバメント。eガバメント。➡電子行政

でんし-せん【電子戦】敵の電子兵器の使用を妨害し、味方の兵器を有効に使用するための諸方策。

でんし-せん【電子線】真空中に放射された高速度の電子の流れ。X線管・ブラウン管・電子顕微鏡などで利用。電子ビーム。EB(electron beam)。

でんしせん-かいせつ【電子線回折】電子線が光と同じように回折現象を示すこと。電子の波動性によって起こる。電子回折。

でんじ-そう【田字草】デンジソウ科の多年草のシダ。水田や池沼に生え、根茎は泥中をはう。葉は長い柄をもち、4枚の小葉が十字形につく。たのじも。かたばみも。よつばうきくさ。

でんじ-そうごさよう【電磁相互作用】自然界に存在する四つの基本的な力(相互作用)の一。電磁場から荷電粒子が受ける力を指し、光子(仮想光子)が力を媒介する。電荷の符号が正負であれば引力となり、同じであれば反発力(斥力)となる。電磁気力。

てんし-だいがく【天使大学】札幌市にある私立大学。昭和22年(1947)開校の札幌天使女子厚生専門学校を前身とし、平成12年(2000)に開設した。看護栄養学部の単科大学。

でんし-タグ【電子タグ】《electronic tag》▶ICタグ

でんし-タバコ【電子タバコ】カートリッジに封入された液体を噴霧器で霧状にして吸引する、紙巻きタバコの代用品。

でんじ-たんい【電磁単位】CGS単位系磁極の強さの単位。真空中で1センチの距離にある相等しい強さの磁極間に働くクーロン力が1ダインであるときの各磁極の強さ。記号emu

てん-しち【転質】《「てんじち」とも》質権者が、質物をさらに自己の債務の担保とすること。またじち。

でんし-ちず【電子地図】地形・地物などの地図情報を、デジタル化された数値データとして記録した地図。コンピューターで直接、表示・編集・加工することを前提とする。拡大・縮小が自由、立体表示も可能、切れ目がない、目的物を絞って検索できるなど用途が広い。カーナビゲーションシステムの地図もその一例。またこのような地図を作製することをデジタルマッピングという。数値地図。コンピューターマップ。デジタルマップ。

てん-しつ【天質】生まれつきの性質。天性。

てん-じつ【天日】太陽。日輪。

類語太陽・日・日輪・火輪・白日

でんし-つい【電子対】分子や原子内で一つの電子軌道に配される電子の対。フェルミ粒子である電子はパウリの原理に基づいて、一つの電子軌道にスピンの符号が異なる電子が2個まで入ることができる。また、これらの電子を対電子といい、共有結合に関与する電子対を共有電子対、その他の電子対を非共有電子対という。

でんしつい-けつごう【電子対結合】▶共有結合

でんし-ついしょうめつ【電子対消滅】電子とその反粒子である陽電子が衝突して消滅し、2個または3個の光子(γ線)が生成する過程。電子と陽電子それぞれの静止エネルギーと運動エネルギーの和に等しいエネルギーをもつ光子が放出される。↔電子対生成。

でんし-ついせいせい【電子対生成】1個の光子から電子とその反粒子である陽電子が生成する過程。光子(γ線)が電子と陽電子の静止エネルギーの和を超えるエネルギー(約1.1メガ電子ボルト以上)をもつ場合、原子核に衝突したり、電磁場と相互作用したりするときに起こる。↔電子対消滅。

でんし-つうか【電子通貨】《electronic money》▶電子マネー

てんじつ-えん【天日塩】▶てんぴじお(天日塩)

でんじてき-きろく【電磁的記録】人の知覚では認識できない、電子式・磁気式・光学式などの方法で記録され、コンピューターで処理される記録。ハードディスク・CD・DVDなどに蓄積される。

でんじてききろくふせいさくしゅつおよびきょうよう-ざい【電磁的記録不正作出及び供用罪】他人の事務処理を誤らせる目的で、それに使う電磁的記録を不正に作ったり供したりする罪。刑法第161条の2が禁じ、5年以下の懲役または50万円以下の罰金に処せられる。この電磁的記録が公的な物の場合は、10年以下の懲役または100万円以下の罰金に処せられる。電磁的記録不正作出罪。電磁的記録不正供用罪。

でんじてきこうせいしょうしょげんぽんふじつきろく-ざい【電磁的公正証書原本不実記録罪】▶公正証書原本不実記載等罪

でんし-てちょう【電子手帳】電卓機能を拡張した文書作成機能と記憶部を備えた手帳大のコンピューター。スケジュール・住所などの管理のほか、ICカードを用いて辞典類としても利用できる。商標名。

でんしでんたつ-けい【電子伝達系】生体での酸化還元反応において、電子が次々に受け渡されて行われる反応系。細胞呼吸の呼吸鎖、光合成などにみられる。

でんし-でんどう【電子伝導】電子の移動による電気伝導。物質中で電気を運ぶ担い手が電子である場合を指す。金属や半導体などで生じる。➡イオン伝導 ➡混合伝導

てんじ-てんのう【天智天皇】[626～671]第38代の天皇。在位668～671。舒明天皇の第2皇子。母は皇極天皇(斉明天皇)。藤原鎌足の協力で蘇我氏を滅ぼし、皇太子として大化の改新を断行。斉明天皇没後、称制をとり、近江の大津宮に遷都ののち即位。庚午年籍を作り、近江令を制定し、内政の整備に努めた。中大兄皇子。葛城皇子。

てんし-どう【天師道】▶五斗米道

でんし-とうひょう【電子投票】コンピューターやネットワークを利用した投票。特に、選挙において、投票所に設置された電子投票機で候補者名を入力・記録する投票方法のこと。補説平成14年(2002)施行の「電磁記録投票法(通称、電子投票法)」により、地方自治体の長と議員の選出に限り採用されている。投票の簡素化、開票の迅速化、疑問票・無効票の減少などがねらいだが、個人情報の漏洩、投票結果の改竄などの危険性がある。

でんし-どけい【電子時-計】▶水晶時計

でんしとこうにんしょう-システム【電子渡航認

証システム】デンシトカウニンショウー 米国へ渡航する際に必要となる事前申請制度。平成21年(2009)1月から義務化された。米国政府が日本を含む35か国に対して認めている、ビザ(査証)なし渡航利用者が対象。渡航前に、インターネットを通じて米国の国土安全保障省のウェブサイトにアクセスし、氏名・パスポート番号・滞在先・逮捕歴などの個人情報を登録して、査証免除での渡航が可能かどうか審査を受ける。認証は、多くの場合すぐに行われるが、留保となる場合もあるため、72時間前までに申請することが推奨されている。一度認証されると、パスポートの有効期間内であれば最長2年間有効。ESTAエスタ(Electronic System for Travel Authorization)。

てんじ-としょかん【点字図書館】ートシヨクワン 視覚障害者のために、点字図書と録音テープを作製または収集し、郵送によって貸し出す施設。身体障害者福祉法に基づいて設置される。

でんし-としょかん【電子図書館】ートシヨクワン《electronic library》▶エレクトロニックライブラリー

でんし-とりひきじょ【電子取引所】インターネットを利用した証券・商品の取引を中立的な立場で運営する組織。

でんし-なだれ【電子雪-崩】強電界で加速された電子が、原子や分子を次々とイオン化しながら増えていく現象。

でんし-にゅうさつ【電子入札】ーニフサツ インターネットを利用して、政府や自治体が発注する公共事業などの入札を行うこと。

でんし-ニュートリノ【電子ニュートリノ】3種類あるニュートリノのうちの一。弱い相互作用に関与し、電子と対になって現れる。βベータ崩壊においては、中性子が電子と反電子ニュートリノを放出して陽子となるか、または陽子が陽電子と電子ニュートリノを放出して中性子に変化する。記号ν_e

でんし-にんしょう【電子認証】《electronic authentication》▶デジタル認証

でんし-ネットワーク【電子ネットワーク】《electronic network》企業や官公庁などのLANやインターネットなども含めたコンピューターネットワークをさす一般的な名称。

でんし-のうぜいしんこく【電子納税申告】ーナフゼイシンコク パソコンなどの端末を使って税金の申告を行うこと。日本では平成16年(2004)からe-Tax(国税電子申告・納税システム)が導入されている。

でんじ-の-はっそ【伝持の八祖】ヂンヂ ▶真言しんごん八祖

でんし-は【電子波】粒子としてよりも波の性質を表すときの電子。

でんじ-は【電磁波】電界と磁界の変化が波動として空間を伝わっていくもの。波長の長いほうから、電波・赤外線・可視光線・紫外線・X線・γガンマ線がある。

でんじ-ば【電磁場】電界と磁界とが同時に存在する空間。電磁界。

でんし-パスポート【電子パスポート】▶電子旅券

でんじは-セキュリティー【電磁波セキュリティー】《electromagnetic security》電子機器の電磁波に対する安全性。電子機器内部から漏洩する電磁波の盗聴に対する安全性と、外部から照射される電磁波に対する安全性との2通りがある。

でんしはっちゅう-システム【電子発注システム】▶イー-オー-エス(EOS)

でんじはとうちょう-こうげき【電磁波盗聴攻撃】ーダウチヤウコウゲキ ▶テンペスト攻撃

でんし-ばんぐみガイド【電子番組ガイド】▶イー-ピー-ジー(EPG)

でんし-ばんぐみひょう【電子番組表】ーバングミヘウ ▶イー-ピー-ジー(EPG)

でんし-ピーオーピー【電子POP】《electronic POP》▶デジタルサイネージ

でんし-ビーム【電子ビーム】▶電子線

でんし-ビューファインダー【電子ビューファインダー】▶イー-ブイ-エフ(EVF)

でんし-ファインダー【電子ファインダー】▶イー-ブイ-エフ(EVF)

でんし-ふくしゃき【電子複写機】電子写真の技術を用いて、文字や絵などを複写する装置。

でんし-ブック【電子ブック】《electronic book》8センチCD-ROMを用いて、特定の規格で主に文字情報を収めた出版物。専用の再生機である電子ブックプレーヤーで表示する。ソニーが中心となって規格を策定。略称はEB。登録商標。電子化された書籍データ全般を指す一般名詞としては電子書籍が用いられる。

でんしブック-リーダー【電子ブックリーダー】▶電子書籍リーダー

てんじ-ブロック【点字ブロック】歩道や公共建築物、駅のプラットホームなどに敷設された視覚障害者誘導用のブロック。介護者なしで歩く視覚障害者の安全を図るためのもので、突起がつけられていて足の裏の触感で位置や方向が分かるようになっている。

でんし-ぶんきょく【電子分極】電界の作用を受け、原子・分子内の電子の分布が変化することで生じる誘電分極。特に価電子の移動によるものを指す。

でんしぶんしょ-ほう【電子文書法】ーハフ《「民間事業者等が行う書面の保存等における情報通信の技術の利用に関する法律」の通称》商法や税法などで企業が一定期間保存する必要のある、事業報告書、役員会議会議録、財務や税務関係の書類などの電子データ化を認める法律。医療機関の診療録、薬の処方箋も対象となる。平成17年(2005)4月施行。e-文書法。

でんし-へいき【電子兵器】電子装置を使用する兵器。レーザー・赤外線兵器などのほか、コンピューターを使った探査・照準・誘導・通信兵器などについてもいう。

でんし-ペーパー【電子ペーパー】《electronic paper》紙のように薄い、柔らかい素材でできた超薄型ディスプレー技術の一。デジタルペーパー。

でんし-ペット【電子ペット】電子装置を利用して画面の中でペットが育ったり、仲間と通信したりする玩具。また、犬や猫、人の形をしたロボットで、動いたり話したりするものもある。

でんじ-ぼうがい【電磁妨害】ーバウガイ ▶イー-エム-アイ(EMI)

でんじ-ほうていしき【電磁方程式】ーハウテイシキ ▶マクスウェルの方程式

でんし-ほかく【電子捕獲】ーホクワク ❶原子核の放射性崩壊の一。核内の陽子が軌道電子を吸収して中性子となり、同時にニュートリノを放出する現象。βベータ崩壊と同じく弱い相互作用によって生じる。1935年に湯川秀樹と坂田昌一が提唱し、37年にL=アルバレが発見した。軌道電子捕獲。❷▶電荷移動

でんし-ポスター【電子ポスター】▶デジタルサイネージ

でんし-ボルト【電子ボルト】エネルギーの単位。1電子ボルトは1個の電子が真空中で1ボルトの電位差で加速されたときに得るエネルギーで、1.602×10^{-19}ジュール。記号eV　エレクトロンボルト。〘補説〙素粒子の質量を表す単位としても用いられる。記号はeV/c^2(cは真空中の光速度)またはeV。1eVは1.78×10^{-36}キログラム。陽子の質量は0.938 GeV、電子の質量は0.511MeV。

でんし-マネー【電子マネー】《electronic money》デジタルデータ化された貨幣。ICカードに情報を書き込みクレジットカードのように利用する形態(ICカード型電子マネー)、インターネット上でデータとして流通する形態(ネットワーク型電子マネー)、およびプリペイドカード型電子マネーとがある。ICカード型は、現金やクレジットカードを使わない支払いに、ネットワーク型とプリペイドカード型はオンラインショッピングの決済などに使われる。いずれも資金決済法の適用を受ける。電子貨幣。電子通貨。デジタルキャッシュ。エレクトロニックマネー。

でんし-めいし【電子名刺】《electronic business card》氏名、住所、電話番号などの個人情報を、電子メール経由で交換する機能。

でんし-メール【電子メール】《electronic mail》コンピューターネットワークを通じて行う、メッセージ通信。文字以外にも画像や音声、プログラムなどのデータの送受信ができる。送られたデータはサーバー内に蓄積され、受け手は随時アクセスして読みとる。送り先にあたる「住所」には、利用者を識別するために特定の文字列で表すメールアドレスが使われる。パソコン通信や企業内ネットワークで利用されていたが、インターネットの普及に伴い一気に利用者数が増加した。携帯電話のメールも電子メールに含まれる。Eメール。メール。エレクトロニックメール。

でんしメール-アカウント【電子メールアカウント】《electronic mail account》▶メールアカウント

でんしメール-アドレス【電子メールアドレス】《electronic mail address》▶メールアドレス

でんしメール-クライアント【電子メールクライアント】▶メールソフト

でんしメール-ソフト【電子メールソフト】▶メールソフト

でんしメール-プログラム【電子メールプログラム】▶メールソフト

でんし-モール【電子モール】《electronic mall》▶サイバーモール

てん-しゃ【天赦】「天赦日」の略。

てん-しゃ【転写】〔名〕スル ❶文章・図面などを写し取ること。また、書き写すこと。「設計図を―する」❷生体内で遺伝情報が伝えられる際の第一段階として、DNA(デオキシリボ核酸)の塩基配列を鋳型にして伝令RNA(リボ核酸)が合成されること。〘類語〙(❶)筆写・書写・複写・謄写・透写・転記・コピー・トレース

てん-じゃ【点者】❶連歌・俳諧・川柳などで、作品の優劣を判じ、評点を加える人。判者。❷宮中歌会始めに、選の決裁に当たる人。

でん-しゃ【田社】古代、神田(御刀代みとしろ)を与えられていたが、神祇官の神名帳に記録されていない神社。

でん-しゃ【田舎】《古くは「でんじゃ」とも》いなか。また、いなかの家。「さしもの名物を―の塵になさん事」〈平家・七〉

でん-しゃ【伝写】〔名〕スル 写し取って次から次へと伝えること。また、写し取ったものをさらに転写すること。また、その写し。「蘭学社会唯一の宝書と崇められ、夫れを日本人が―して」〈福沢・福翁自伝〉

でん-しゃ【殿舎】御殿。やかた。

でん-しゃ【電車】駆動用電動機を装置し、架線あるいは軌道から得る電気を動力源として走行する鉄道車両。駆動用電動機を装置しない車両を連結したものもいう。「急行―」「路面―」〘類語〙機関車・汽車・列車

てんしゃ-いんさつ【転写印刷】転写紙を使った印刷方法。

でんしゃ-かん【田舎漢】いなかの男。いなか者。田漢。「先生とは異って純然たる―」〈蘆花・思出の記〉

てん-しゃく【天爵】《「孟子」告子から》天から授かった爵位。生まれつき備えている徳望。㊀人爵。

てん-しゃく【転借】〔名〕スル 人が他から借りている物を、さらに借りること。またがり。「土地を―する」㊁転貸。〘類語〙又借り

でんじゃくとういつ-りろん【電弱統一理論】▶ワインバーグサラム理論

でんじゃく-りろん【電弱理論】▶ワインバーグサラム理論

てんしゃ-し【転写紙】ゼラチン・卵白などで作った特殊なのりを塗り、書画などを印刷してある紙。直接印刷できない陶磁器や曲面に裏向きにはりつけ、のち紙をはがして印刷面を転写するのに用いる。

てんしゃ-せきばん【転写石版】印刷しようとする絵や文字を脂肪質のインクで転写紙に記し、これを石版面に押しつけて転写し、腐食製版したもの。

てんしゃ-だい【転車台】機関車・自動車などをの

せて向きを変えるのに使う回転台。

てんしゃ-にち【天赦日】暦注の一。四季に各1回ずつある、天がすべての罪を許すという最上の吉日。春は戊寅(つちのえとら)、夏は甲午(きのえうま)、秋は戊申(つちのえさる)、冬は甲子(きのえね)の日。

でんしゃ-みち【電車道】❶路面電車の軌道が敷設された道路。電車通り。また、電車の軌道。❷相撲で、立ち上がって一気に相手を寄り切ったり、押し出したりすること。

デンジャラス〖dangerous〗〘形動〙危険なさま。危ないさま。「—ゾーン」

デンジャラス-ゾーン〖dangerous zone〗❶危険地帯。❷ラグビーで、守備側から見て危険な地域。タッチラインとゴールラインとが交差した付近の地域。

テンジャン《朝鮮語》朝鮮半島で作られる味噌。ゆでた大豆をつぶして固め、発酵させたもの。

てん-しゅ【天主】❶《ラテ Deusの漢訳語という》キリスト教で、天にいる神。天帝。❷《「てんじゅ」とも》仏教で、諸天の王。特に、帝釈(たいしゃく)天・毘沙門(びしゃもん)天をいう。

てん-しゅ【天守¦天主】城の本丸に築かれた最も高い物見やぐら。天守閣。

てん-しゅ【天衆】《「てんじゅ」とも》梵天(ぼんてん)・帝釈天(たいしゃくてん)など、天の諸神。

てん-しゅ【天趣】「天道(てんどう)❹」に同じ。

てん-しゅ【店主】店の主人。商店のあるじ。
(類語)主人・亭主・あるじ・おやじ・マスター

てん-しゅ【×甜酒】中国産醸造酒の一。もち米を蒸し、発酵させた甘い酒。

てん-じゅ【天寿】天から授かった寿命。自然の寿命。「—を全うする」(類語)寿命・天命・命数・命脈

てん-じゅ【天授】天から授かること。また、授かったもの。特に、生まれつきの才能。天性。

てんじゅ【天授】㊀「提婆達多(だいばだった)」の漢訳。㊁南北朝時代、南朝の長慶天皇の時の年号。1375年5月27日～1381年2月10日。

てん-じゅ【転手¦点手¦▽伝手】琵琶・三味線などで、棹(さお)の頭部に横から差し込んである、弦を巻きつける棒。これを手で回して弦の張りを調節する。糸巻き。天柱(てんじ)。転軫(てんじん)。

でん-じゅ【伝受】〔名〕スル 伝え受けること。伝授してもらうこと。「師から奥義(おうぎ)を—する」

でん-じゅ【伝授】〔名〕スル 伝え授けること。特に学問・宗教・芸道などの奥義(おうぎ)や秘事を伝え授けること。「初心者に鮎釣りのこつを—する」(類語)師伝・相伝・直伝・秘伝・奥伝・奥許し・口授・口伝

てん-じゅう【転住】〔名〕スル 住居を変えること。転居。「郊外へ—する」
(類語)転居・移住・移転・引っ越し

てん-じゅう【塡充】〔名〕スル すきまをふさいでいっぱいにすること。充塡。「ありとあらゆる隙間は石炭を以て—された」〈葉山・海に生くる人々〉

でん-しゅう【田臭】田舎くささ。やぼったさ。

でん-しゅう【伝習】〔名〕スル 教えを受けて習うこと。「蘭人に航海術を—して」〈福沢・福翁自伝〉

てん-しゅうごう【点集合】平面上または空間内における、ある性質をもった点の集まり。一般に、一つの集合を空間、その要素を点と考えたときの、その部分集合。

でんじ-ゆうどう【電磁誘導】コイルを磁界の中で磁力線を横切るように動かすと、コイルに電流が流れる現象。1831年、ファラデーが発見。電磁感応。

でんじゆうどう-かねつ【電磁誘導加熱】▶誘導加熱

でんじゆうどう-じゅうでん【電磁誘導充電】《inductive charge》電源から充電池へ金属接点や専用ケーブルなどを介さずに電力を供給する非接触充電の一方式。二つのコイルの一方に電流を流して磁力を発生させ、もう一方のコイルに電流が流れる電磁誘導という現象を利用する。インダクティブ充電。非接触誘導充電。

でんし-ゆうびん【電子郵便】▶レタックス

でんしゅうろく【伝習録】中国明代の王陽明の語録。3巻(うち中巻は書簡集)。上巻は1518年刊。中・下巻は死後の編。王陽明の思想・人間性を知る基本的な書物。

てんしゅ-かく【天守閣】「天守」に同じ。

てんしゅ-きょう【天主教】中国・朝鮮で、ローマカトリックの通称。日本でも明治・大正期までこの名称が用いられた。➡ローマカトリック教会

てん-しゅく【転宿】〔名〕スル 宿所を変えること。やどがえ。「明日にも—することに決心して」〈二葉亭・其面影〉

てんしゅ-こうきょうかい【天主公教会】ローマ-カトリック教会の別称。

てんじゅ-こく【天寿国】極楽のことという。聖徳太子が死後に行った国と伝えられる。无寿国(むじゅこく)の読み誤りによってできた語ともいわれる。

てんじゅこくまんだら【天寿国曼荼羅】聖徳太子の死後、妃の橘大郎女(たちばなのおおいらつめ)が、天寿国における太子の往生のさまを縫い取りさせた最古の日本刺繡(ししゅう)二帳。現在はわずかな残欠が中宮寺に伝わる。国宝。天寿国繡帳(しゅうちょう)。

でんじゅ-ごと【伝授事】❶伝授したり、伝授されたりする物事。伝授物。❷芸道などで秘伝。

てんじゅ-し【典▽鋳司】▶てんちゅうし(典鋳司)

てん-しゅつ【点出】〔名〕スル 画面に目立つように描き出すこと。目立つように現し示すこと。「湖岸風景に洋風の家を—する」「思い掛けない場所の名前が突然夫人の口から—された」〈漱石・明暗〉

てん-しゅつ【転出】〔名〕スル ❶今までの居住地を出て他の土地に移ること。「他県へ—する」「—届」⇔転入。❷他の職場へ移ること。「子会社へ—する」(類語)引っ越し・転居・転宅・移住・移転・移動・転任・転属

てんしゅ-どう【天主堂】天主教の教会堂。

てんしゅ-ばん【天守番】江戸幕府の職名。江戸城の天守の守衛に当たった。

てんしゅ-まい【天守米】❶天守に貯蔵しておく良質の米。城米。❷上質の米。「米は…明石の—などよろし」〈浮・立身大福帳〉

でんじゅ-もの【伝授物】❶「伝授事❶」に同じ。❷後の代に伝える大切な宝物。

てん-しゅん【転瞬】またたきすること。また、またたきするほどの短い時間。「急雨盆を覆すが如く、—の間、衣裳尽く沾う」〈東海散士・佳人之奇遇〉

でん-しゅん【殿春】陰暦3月のこと。

てん-しょ【典書】書司(ふみのつかさ)の次官。ふんのすけ。

てん-しょ【添書】〔名〕スル ❶使いの者に持たせたり、贈り物に添えたりする手紙。添え状。「—を持たせる」❷紹介状。❸書類などに気づいたことなどを書き添えること。添え書き。「予算書に—する」

てん-しょ【×篆書】中国で秦以前に使われた書体。大篆と小篆とがあり、隷書・楷書のもとになった。印章・碑銘などに使用。篆。(類語)楷書・行書・草書・隷書

てん-じょ【天助】天の助け。天佑(てんゆう)。「神佑—」
(類語)天佑・神佑・神助

でん-しょ【伝書】❶家に代々伝わる書物。また、秘伝や奥義(おうぎ)などを記した書物。「秘蔵の—」❷書類・手紙などを先方に伝えること。「—使」

てんしょう【天正】安土桃山時代、正親町(おおぎまち)天皇・後陽成天皇の時の年号。1573年7月28日～1592年12月8日。

てんしょう【天承】《「てんじょう」とも》平安後期、崇徳(すとく)天皇の時の年号。1131年1月29日～1132年8月11日。

てん-しょう【天象】❶日・月・星などにみられる現象。天体の現象。「—儀」❷空模様。

てん-しょう【典章】規則。制度。「必ず確定したる—条約に本きて」〈西周訳・万国公法〉

てん-しょう【典掌】〔名〕スル つかさどること。「政務を—する」

てん-しょう【転生】〔名〕スル 生まれ変わること。転じて、環境や生活を一変させること。てんせい。「輪廻(りんね)—」「新しいもっと明るい生活に—しようと願い」〈志賀・暗夜行路〉

てん-しょう【×諂笑】追従(ついしょう)笑いをすること。「脅肩—を以て職と為し」〈服部誠一・東京新繁昌記〉

てん-じょう【天上】❶空の上。空。「—の星」❷「天上界」に同じ。❸天に昇ること。また、死ぬこと。昇天。「某(それがし)は雷であるが…只今落ちたが、何なりとも取り付く物があれば—すれども」〈虎明狂・雷〉❹この上もないこと。最上。無上。「やや子がかみそり持って遊んでゐるやうなもので、あぶない事の—ぢゃ」〈松翁道話・一〉❺2階。階上。「わしと順礼の女の衆は、—へ上がって寝ますべい」〈滑・膝栗毛・二〉

てん-じょう【天井】❶屋根裏を隠し、また保温などのため、部屋の上部の板を張った部分。組み入れ天井・格(ごう)天井・鏡天井などがある。❷物の内部の一番高い所。❸物価や相場の最高値。「相場が—を打つ」⇔底。

天井を打(う)・つ 相場が最高値をつけ、それ以上は上がらない状態となる。「株価もそろそろ—・つ頃だろう」

天井を見・せる 《あおむけにして起き上がらせない意から》人を苦しめる。へこませる。「多くの人に—・せしその報いにて」〈黄・忠臣蔵前世幕無〉

てん-じょう【天壌】天と地。天地。「幸福の度は—啻(ただ)ならずと雖(いえど)も」〈田口・日本開化小史〉

てん-じょう【典常】人が守るべき不変の道。

てん-じょう【点定】❶文字や文章を一つ一つ調べて正しくすること。指定すること。てんてい。「左右の大臣、納言、参議、文武百官、六弁八史、皆以て—し」〈将門記〉❷中世、荘園領主などが土地・家屋・農作物を没収または差し押さえること。

てん-じょう【添乗】〔名〕スル 旅行社などの係員が乗客の世話や案内のために、付き添って同じ乗り物に乗ること。「スキーツアーのバスに—する」「—員」
(類語)付き添い・随行・エスコート

てん-じょう【転乗】〔名〕スル 他の乗り物に乗りかえること。「本船からはしけに—する」

てん-じょう【殿上】❶《「でんじょう」とも》宮殿、または殿堂の上。❷宮中。禁中。❸「殿上の間(ま)」の略。❹《❷のことをつかさどるところから》蔵人所(くろうどどころ)の異称。❺殿上の間に昇ること。また、それを許されること。昇殿。「来年は帰り上りて—して、五位の蔵人になりて」〈狭衣・一〉❻「殿上人(てんじょうびと)」の略。「—の逍遥侍りしとき、さらなり」〈大鏡・伊尹〉

てん-じょう【×纏×繞】〔名〕スル まといつくこと。からまりつくこと。また、巻きつけること。「—茎」「一個の大画を—する幾個の小画趣小風景」〈蘆花・自然と人生〉(類語)絡む・絡まる・絡み付く・巻き付く・まつわる・まつわり付く・まとい付く・もつれる・こんがらかる

でん-しょう【伝承】〔名〕スル ❶伝え聞くこと。人づてに聞くこと。「浪士数百名島津泉州に就(つ)きて暴挙の企あるの趣、疾くも—為(し)たりしかば」〈染崎延房・近世紀聞〉❷ある集団の中で、古くからあるしきたり・信仰・風習・言い伝えなどを受け継いで後世に伝えていくこと。また、そのようにして伝えられた事柄。「郷土芸能を—する」
(類語)口承・伝誦(でんしょう)・言い伝え・伝説・俗伝

でん-しょう【伝唱】〔名〕スル 次々と語り伝えること。「史伝を詩歌に綴りなして子孫に—せしむるをば」〈逍遥・小説神髄〉

でん-しょう【伝×誦】〔名〕スル 物語・叙事詩などを口から口へととなえ伝えること。「民話を—する」

でん-じょう【電場】▶電界(でんかい)

てんしょう-いん【天璋院】[1836～1883]江戸幕府第13代将軍徳川家定の正室。幼名は於一(おかつ)。薩摩藩島津家一門に生まれ、島津斉彬の養女(篤子(あつこ)と改名)となり、近衛家の養女(敬子(すみこ)と改名)を経て御台盤所(みだいばんどころ)となる。家定の死後、落飾して天璋院と称した。篤姫。

てんじょう-いん【添乗員】団体旅行に付き添い、客の世話をする旅行会社の職員。交通機関の乗務手続き、旅館との交渉、日程の調整などにあたり、円滑な旅行の実施を図る。ツアーコンダクター。

てんじょう-うら【天井裏】天井と屋根または上

階の床との間の部分。

てんしょう-おおばん【天正大判】天正16年(1588)豊臣秀吉が彫金師の後藤徳乗に命じて鋳造させた金貨。縦5寸6分(約17センチ)、横3寸3分(約10センチ)余り。重さ44匁(約165グラム)。表面に「拾両」「後藤」と花押の墨書がある。

てんじょう-が【天井画】天井に装飾として描かれた絵画。

てんじょう-かい【天上界】❶天上にあるという世界。❷仏語。六道・十界の一。人間界の上にあり、最上の果報を受ける者が住む清浄な世界。天界。

てんしょう-カルタ【天正カルタ】ポルトガル人がもたらしたもので、天正年間(1573～1592)に流行したカルタ。4種の札おのおの12枚、計48枚で遊ぶ。➡ウンスンカルタ

てんじょう-がわ【天井川】堤防内に多量の土砂が堆積し、川床が付近の平野面より高くなった川。

てんしょう-ぎ【天象儀】▶プラネタリウム

でんしょう-ぎく【電照菊】出荷時期の調整のため電照栽培で育てられた菊。夏や秋に咲く品種の開花を遅らせ、冬から春にかけて出荷する。愛知県渥美半島での栽培が盛ん。

てんじょう-クレーン【天井クレーン】建物の天井に設けた二条のレールに沿って移動するクレーン。工場などで重い物の運搬・揚げ降ろしや組み立ての際などに用いられる。

てんしょう-けんおうしせつ【天正遣欧使節】天正10年(1582)九州のキリシタン大名がローマ教皇謁見のために派遣した少年使節。大村純忠・大友宗麟・有馬晴信の三大名が宣教師バリニャーノの勧めにより伊東マンショ・千々石ミゲル・原マルチノ・中浦ジュリアンの4名を送ったもの。同18年帰国。

てんしょう-こうたいじんぐう【天照皇大神宮】伊勢神宮の内宮。皇大神宮のこと。

てんしょう-こばん【天正小判】豊臣秀吉の命で天正大判とともに鋳造されたという金貨。周縁に小丸点を打ち、「天正」の極印があるが、正徳小判の贋造銭といわれている。

でんしょう-さいばい【電照栽培】電灯などを照射して作物の生育を促成または抑制する栽培法。開花抑制を受けて冬に出荷される菊などの類。

てんじょう-さじき【天井桟敷】劇場の後方最上階の安価な観覧席。

てんじょうさじきのひとびと【天井桟敷の人々】《原題、フランス Les Enfants du paradis》フランスの映画。1945年製作。カルネ監督。19世紀、パリの「犯罪大通り」とよばれる盛り場を舞台とした群像ドラマ。

てんじょう-しらず【天井知らず】〔名・形動〕物価・相場がどこまで高くなるかわからないこと。また、そのさま。「―な(の)値上がり」

でんしょう-ち【伝承地】しきたり・信仰・口碑・伝説・芸能などが受け継がれている土地。

てんじょう-てんげ【天上天下】天上の世界と地上の世界。天地の間。宇宙の間。

てんじょうてんげ-ゆいがどくそん【天上天下唯我独尊】我は世界のうちで最もすぐれた者であるの意。釈迦が誕生するとすぐに、四方に七歩歩み、右手で天を指し、左手で地を指して唱えたといわれる詩句。誕生偈。

でんしようでんししょうとつがた-かそくき【電子陽電子衝突型加速器】電子と陽電子を加速し衝突させて対消滅を起こすことによって生じるさまざまな現象を観測する装置。CERNのLEP、ドイツ電子シンクロトロン(DESY)のHERA、高エネルギー加速器研究機構(KEK)のトリスタン、Bファクトリー(KEKB)など。リング型加速器が主流だったが、より高エネルギーでの衝突実験が可能になる直線型の線形加速器の開発が進められている。

てんじょう-なげし【天井長押】天井の回り縁のすぐ下に取り付けた長押。

てんじょう-ぬけ【天井抜け】制限や限度のないこと。また、だれにも気がねしないこと。思う存分。「こちらはここに―、寝て花やろと蒲団敷く」〈浄・千本桜〉

てんじょう-ね【天井値】相場がいちばん高いときの値段。⇔底値。

てんじょう-の-えんすい【殿上の淵酔】▶淵酔

てんしょう-の-こくなおし【天正の石直し】▶太閤検地

てんじょう-の-せんせき【殿上の仙籍】殿上人として、宮中に出入りする資格。仙籍。

てんじょうのない-かんごく【天井のない監獄】イスラエルによって封鎖されたパレスチナ自治区ガザの状況を表す言葉。イスラム原理主義組織ハマスが支配するガザ地区は、隣接するエジプト・イスラエルとの境界を、数か所の検問所を残してコンクリート壁などで遮断されていた。物資不足と貧困にあえぐ住民の生活状況は「天井のない監獄」と表現された。2007年にハマスがガザを武力制圧し、翌年にイスラエルがガザの境界を完全に封鎖。イスラエル軍の空爆によりガザで多くの民間人が犠牲となった。国連やエジプトの仲裁で一時停戦となったが、電気や水道など生活基盤が破壊され、住民は国連施設などで避難生活を強いられた。

てんじょう-の-のりゆみ【殿上の賭弓】正月18日の恒例の賭弓とは別に、臨時に殿上の侍臣に弓を射させて、天皇が御覧になった行事。

てんじょう-の-ふだ【殿上の簡】▶日給の簡

てんじょう-の-ま【殿上の間】清涼殿の南庇にある殿上人の詰め所。殿上。

てんじょう-びと【殿上人】清涼殿の殿上の間に昇ることを許された人。三位以上と四位・五位のうち特に許された人、および六位の蔵人。堂上。雲上人。雲のうえびと。雲客。

でんしょう-ぶんがく【伝承文学】▶口承文学

てんじょう-まもり【天井守】ヤツブサの別名。

てんじょう-まゆ【殿上眉】殿上人の化粧の一。眉をそり落として、その上に墨で二つの丸い点を描いたもの。➡高眉

てんじょう-むきゅう【天壌無窮】天地とともに永遠に続くこと。

てんじょうむきゅう-の-しょうちょく【天壌無窮の詔勅】天孫降臨の時、天照大神が皇孫の瓊瓊杵尊に賜ったという神勅。

てんじょう-わらわ【殿上童】❶公卿の子で、元服以前に作法見習いのため殿上の間に昇ることを許されて出仕した少年。わらわてんじょう。❷▶小舎人❶

てん-しょく【天色】❶空の色。「その滯に若葉の山を映し、水心に―の碧を浮かべ」〈蘆花・思出の記〉❷空模様。天候。「夜は更けたり。―沈々として風騒がず」〈鏡花・夜行巡査〉

てん-しょく【天職】❶天から授かった職業。また、その人の天性に最も合った職業。「医を―と心得て励む」❷天子が国家を統治する職務。❸遊女の等級の一。大夫の次の位。天神。「―のゆたかなる道中を見て」〈浮・禁短気・六〉〔類語〕適職・適業

てん-しょく【転職】〔名〕スル 他の職に変わること。「会社員が自営業に―する」〔類語〕転業・転身・転向・脱サラ・独立・トラバーユ

でん-しょく【電飾】イルミネーション。

てんしょく-かつどう【転職活動】転職のために、求人広告やハローワークを使って希望する企業・職種を選び、会社訪問などをおこない、履歴書などを提出し、筆記・面接試験を受け、再就職するという一連の活動のこと。転活。

てんしょく-ざい【展色剤】絵の具・塗料などで、顔料を均等に分散・付着させる媒体となる液状成分。油絵の具におけるボイル油など。ビヒクル。

てんしょく-びんぼう【転職貧乏】転職するごとに待遇や職場環境が悪化すること。

でんしょ-ばと【伝書鳩】遠隔地からの通信に利用するドバト。鳩の帰巣性を利用したもので、かつては軍隊・新聞社などで用いたが、現在ではレース用。

テンション〖tension〗❶精神的な緊張。また、不安。「―が高まる」❷張り。張力。伸長力。「ロープに―をかける」

でんし-ライター【電子ライター】▶電子式ライター

でんじりゅうたい-は【電磁流体波】▶磁気流体波

でんじりゅうたい-はつでん【電磁流体発電】電離した高温ガスを磁界に垂直に流し、電磁誘導によって生じる起電力を利用する発電方式。MHD発電。

でんじりゅうたい-りきがく【電磁流体力学】水銀やプラズマなど電気伝導性をもつ流体が磁界内で行う運動を研究する物理学の一分野。電磁気学と流体力学とを基礎とし、プラズマの研究、また太陽黒点の解釈などに応用される。磁気流体力学。MHD(magnetohydrodynamics)。

でんじ-りょうりつせい【電磁両立性】▶イー-エム-シー(EMC)

でんじ-りょく【電磁力】電流と磁界の間に働く力。

でんし-りょけん【電子旅券】顔写真(国によっては指紋も)・氏名・生年月日などの情報を入れたICチップを組み込んだ旅券。生体認証技術を使い、コンピューターで本人確認をする。仕様の異なる旅券の相互読み取り技術の開発が課題。IC旅券。電子パスポート。

てん・じる【点じる】〔動ザ上一〕「てん(点)ずる」(サ変)の上一段化。「聖火台に火を―・じる」

てん・じる【転じる】〔動ザ上一〕「てん(転)ずる」(サ変)の上一段化。「攻勢に―・じる」

でんし-れいとう【電子冷凍】異種の金属の接触点に電流を流し、熱を発生・吸収させるペルティエ効果を利用した冷却技術。ビスマスとテルルの半導体を多段に配列して冷却効率を高めたものなどがある。小型の冷蔵庫やパソコンのCPUから宇宙空間における電子機器まで、さまざまな用途で使用される。熱電冷却。

でん-じ-れん【電事連】「電気事業連合会」の略称。

でんし-レンジ【電子レンジ】マイクロ波によって分子が振動して発熱する現象を利用して、食品を短時間に加熱する調理器。

でんし-レンズ【電子レンズ】電子線を磁界や電界を用いて屈折・集束させて像を結ばせる装置。電極や電磁石の極を組み合わせて作る。ブラウン管・オシロスコープ・電子顕微鏡などに利用される。

でんし-ろん【電子論】物質は電子と陽イオンとからなり、その性質は原子の性質から説明できるとする理論。物質の光学的・電磁気学的性質を対象とするローレンツの電子論、電子自体の波動や陽電子の存在を対象とするディラックの電子論など。

てん-しん【天心】❶空のまん中。中天。「月―にかかる」❷天帝の心。また、天子の心。

てんしん【天津】中国河北省東部の河港都市。政府直轄市。海河支流の合流点にあり、水陸交通の要衝。貿易・商業や紡織・製鋼などの工業が盛ん。人口、行政区750万(2000)。ティエンチン。

てん-しん【天真】〔名・形動〕自然のままで飾りけのないこと。無邪気なこと。また、そのさま。「―に大口あけて飯を頰ばっている」〈林芙美子・放浪記〉

てん-しん【点心】《「てんじん」とも》❶昼食の前に、一時の空腹をいやすためにとる軽い食事。転じて、禅家で、昼食のこと。❷茶会などの茶請け。茶菓子。❸中国料理で、食事代わりの軽い食物。また、料理のあとに出る菓子。

てん-しん【転身】〔名〕スル ❶身をかわすこと。からだの向きを変えること。❷主義または職業・身分などを変えること。「教員から実業家に―する」〔類語〕転職・転業・転向・変身・変節

てん-しん【転進】〔名〕スル ❶方向を変えて進むこと。進路を変えること。「航路を北西へ—する」❷軍隊が、戦場や守備地から他へ移動すること。第二次大戦中「退却」の語を嫌い、代わりにこの語を用いた。

てん-じん【天人】天と人。天意と人事。「—ともに許さざる悪行」

てん-じん【天神】❶《「てんしん」とも》天の神。あまつかみ。(対)地祇(ちぎ)/地神(ちじん)。❷菅原道真(すがわらのみちざね)を祭った天満宮(てんまんぐう)のこと。また、その祭神である道真のこと。今日では多く学問の神として信仰されている。天神様。❸《揚げ代が25匁であったところから、北野天神(北野天満宮)の縁日の25日に関係づけていう》江戸時代、上方の遊女の等級の一。大夫(たゆう)の次位。また、その遊女。天職。❹「天神髷(まげ)」の略。❺梅干し。また、その種の中にある実(さね)のこと。❻能面の一。怒相の神霊用の面。菅原道真の霊を主人公とする「雷電」の前ジテのほか、「舎利」のツレなどに用いる。

天神ぞ 《天神に誓って、の意》誓いの語。たしかに。まったく。神かけて。「—よそへ参るまい」〈虎明狂・箕被〉

てんじん【天親】▶世親(せしん)

てん-じん【転×軫】「転手(てんじゅ)」に同じ。

でん-しん【田紳】紳士を気どってはいるが、やぼったい男。田舎紳士。

でん-しん【電信】文字・図・写真などを電気信号に変えて伝送する通信方式。印刷電信・ファクシミリなど。(類語)電送・電報・テレグラフ・ファクシミリ

でんしん-うりそうば【電信売相場】(ウリサウバ) ▶ティー-ティー-エス(TTS)

でんしん-かいせん【電信回線】(クワイセン) 電気通信に用いる有線または無線の伝送路。

でんしん-かいそうば【電信買相場】(カヒサウバ) ▶ティー-ティー-ビー(TTB)

てんじん-がわ【天神川】(がは) 鳥取県中央部を流れる川。東伯(とうはく)郡三朝(みささ)町の津黒(つぐろ)山(標高1118メートル)に源を発する竹田川が北流して小鴨(おがも)川などの支流を合わせ、同郡湯梨浜(ゆりはま)町と北栄(ほくえい)町の境で日本海に注ぐ。長さ32キロ。中・下流域は倉吉平野。海岸に北条砂丘、湯梨浜町に潟湖(せきこ)の東郷池がある。

でんしん-かわせ【電信為-替】(かはせ) 電信指図による為替。送金為替と取立為替(逆為替)のいずれにも利用された。平成19年(2007)の郵政民営化によるゆうちょ銀行の発足に伴い、取り扱いを終了。

でんしん-き【電信機】電流または電波を利用して通信する機械。無線電信機と有線電信機とがある。

てんじん-こう【天神講】菅原道真の命日にあたる2月25日(あるいは毎月25日)に行われる天満天神の祭り。天神祭。

てんじん-ざき【天神崎】和歌山県南西部、田辺市西部にある岬。田辺湾北側に位置する景勝地で、対岸の白浜半島とともに田辺湾の湾口を形成している。市民地主運動によって、宅地開発から自然を保護するための活動がなされ、日本におけるナショナルトラスト運動の最初の舞台となった。

てんじん-さま【天神様】❶天満宮、またはその祭神である菅原道真を敬い親しんでいう語。➡天神❷ ❷梅干しの種の中にある実(さね)の部分。➡天神❺

てんじん-しちだい【天神七代】日本神話で、天地開闢(かいびゃく)の初めに現れた7代の天神。日本書紀では、国常立尊(くにのとこたちのみこと)、国狭槌尊(くにのさつちのみこと)、豊斟渟尊(とよくむぬのみこと)、(以下は対偶神。二神で1代と数える)泥土煮尊(ういじにのみこと)・沙土煮尊(すいじにのみこと)、大戸之道尊(おおとのじのみこと)・大苫辺尊(おおとまべのみこと)、面足尊(おもだるのみこと)・惶根尊(かしこねのみこと)、伊弉諾尊(いざなぎのみこと)・伊弉冉尊(いざなみのみこと)の7代。古事記では、国之常立神(くにのとこたちのかみ)、豊雲野神(とよくもぬのかみ)、(以下は対偶神)宇比地邇神(うひぢにのかみ)・須比智邇神(すひぢにのかみ)、角杙神(つのぐいのかみ)・活杙神(いくぐいのかみ)、意富斗能地神(おおとのぢのかみ)・大斗乃弁神(おおとのべのかみ)、於母陀流神(おもだるのかみ)・阿夜訶志古泥神(あやかしこねのかみ)、伊邪那岐神(いざなぎのかみ)・伊邪那美神(いざなみのかみ)の7代。神代七代(かみよななよ)。➡地神五代(ちじんごだい)

てんしん-じょうやく【天津条約】(デウヤク) ㊀アロー戦争の結果、1858年に天津で、清国とロシア・アメリカ・イギリス・フランスとの間で結ばれた四条約。清国内の旅行の自由、キリスト教の信仰・布教の自由、港市の開港などを内容とした。㊁甲申事変の結果、1885年、天津で伊藤博文・李鴻章(りこうしょう)を全権大使として結ばれた日清間の条約。両国軍の朝鮮撤兵や、将来における派兵の際の相互通告などを内容とした。㊂清仏戦争の結果、1885年、天津で清・フランス両国の間で結ばれた講和条約。フランスのベトナム支配権が確認された。

てんじんしんよう-りゅう【天神真×楊流】(テンジンシンヤウリウ) 柔術の一流派。江戸後期、紀州藩士の磯又右衛門(1786〜1863)が創始。

てんじんそうかん-せつ【天人相関説】(テンジンサウクワンセツ) 中国古代の世界観・政治思想の一。人間の行為や政事(人事)と自然現象(天事)との間には密接な関係があるとする説。あらゆる事象に天と人との相関関係を説き、特に漢代において支配的な政治思想として機能した。

てんじん-ちぎ【天神地×祇】天つ神と国つ神。すべての神々。一般に、天神は高天原(たかまがはら)に生まれた神、あるいは葦原の中つ国に天降った神、地祇はこの国土の神とされる。

てんしん-どくろう【天真独朗】(ドクラウ) 仏語。無相の一念に悟入すれば、生死の別を離れ宇宙朗然とし、凡身そのままに大覚の域に達するということ。最澄が在唐のとき、道邃(どうずい)から口伝された語という。

てんじん-ばし【天神橋】大阪市、淀川に架かる橋。ここから北へ長柄(ながら)橋まで天神橋筋が延び、途中に天満宮がある。

でんしん-ばしら【電信柱】❶電柱。❷ひときわ背の高い人をからかっていう語。

てんじん-ひげ【天神×髭】菅原道真(すがわらのみちざね)の肖像にあるような両端の下がった細いひげ。

でんしん-ふごう【電信符号】(フガウ) 電信に用いる符号。モールス符号の類。

てんじん-まげ【天神×髷】日本髪の髪形の一。髷の中央を髪で巻き、簪(かんざし)でとめたもの。幕末から明治にかけ、芸妓や若い婦人が結った。天神。天神結び。

てんじん-まつり【天神祭】㊀大阪市北区にある天満宮の夏祭り。(季 夏)➡天満祭(てんままつり) ㊁「天神講(てんじんこう)」に同じ。

てんしん-らんまん【天真×爛漫】〔名・形動〕飾ったり気どったりせず、ありのままであること。無邪気で、ほほえましくなるさま。「子供のように—な人」

テンス【tense】時制(じせい)。

てん-ず【点図】(ヅ) 漢文を訓読するときのヲコト点を図にしたもの。➡乎古止点(をことてん)

て-んず〔連語〕《完了の助動詞「つ」の未然形＋推量の助動詞「むず」の撥音化した「んず」》…てしまうだろう。…てしまおう。「恥を見—んずと思へども、すべきやうなし」〈宇治拾遺・二〉

でん-す【殿主|殿▽司】禅宗で、仏殿の清掃・荘厳(しょうごん)・香華(こうげ)・供物などのことを受け持つ役僧。知殿。

でん-ず【田図】(ヅ) 律令制で、国ごとに作製されて国衙(こくが)と中央の民部省に保管された田地の図。

てん-すい【天水】❶空と水。水天。❷天から降る水。雨水。❸「天水桶」の略。

てん-すい【点水】❶水を差すこと。❷水差し。

てんすい-おけ【天水×桶】(をけ) 防火用に雨水をためておく大きな桶。天水。

てん-すう【天枢】経穴(けいけつ)の一。へそから左右外側へ2横指、すなわち大人で約4センチの所。胃経に属し、下痢・腸炎・肝炎などの治療点。

てん-すう【天数】天から与えられた寿命。天寿。天命。自然のなりゆき。

てん-すう【点数】❶評点、または得点の数。「国語の—が悪い」❷品物の数。「出荷品の—を確かめる」(類語)点・評点・得点・スコア・ポイント

点数を稼(かせ)・ぐ ▶稼ぐ❹

でんずう-いん【伝通院】(デンヅウヰン) 東京都文京区小石川にある浄土宗の寺。無量寿経寺と称し、伝通院は院号。開創は応永22年(1415)、開山は聖冏(しょうげい)。慶長7年(1602)徳川家康の生母お大の方の埋葬を機に、その法名で呼ばれるようになった。関東十八檀林の一。

でんすけ【伝助】❶「伝助賭博(でんすけとばく)」に同じ。❷携帯用小型録音機の俗称。テープの回転するようすが❶に似るからとも、新聞連載漫画の主人公デンスケが担いで歩いたところからともいう。

でんすけ-とばく【伝助賭博】街頭で行う詐欺賭博の一種。円板上を回る針が止まる所を予想して賭(か)けるもの。昭和10年(1935)宇都宮競馬場外で刑事増田伝助がこれを見破り検挙したところからの名称という。

でん-すてじょ【田捨女】(すてぢよ)［1633〜1698］江戸前期の女流俳人。丹波の人。父は郡の代官。北村季吟に和歌・俳諧を学んだ。夫の死後剃髪し、貞閑と名のって参禅。

てん-ずみ【点炭】茶の湯の炭手前で、最後につぐ小形の炭。止め炭。添え炭。

てん・する【典する】〔動サ変〕(文)てん・す〔サ変〕《「てんずる」とも》質に入れる。「黄金(こがね)の耳環(みみわ)を—・して」〈鴎外訳・即興詩人〉

てん・ずる【点ずる】〔動サ変〕(文)てん・ず〔サ変〕❶筆の先などで点をつける。「詩句のかたわらに—・ずる」❷火をつける。あかりをともす。「居間へ戻って灯火を—・じ」〈二葉亭・浮雲〉❸しずくをたらす。「目薬を—・ずる」❹書き入れる。さす。「朱を—・じた唇」❺漢文に訓点をつける。「送り仮名を—・ずる」❻茶をたてる。「茶を一服—・ずる」❼時や場所などをそれと定める。指定する。「木幡といふ所は…その大臣の—・じ置かせ給へりし所なり」〈栄花・疑ひ〉❽選定する。点検する。「近日宇多津に於て兵船を—・じ、備前の児嶋に上って」〈太平記・一四〉❾削り減らす。没収する。「いやみ思ひて、領(し)らん所共—・ぜよ」〈宇治拾遺・三〉(類語)(❷)つける・ともす・点灯する

てん・ずる【展ずる】〔動サ変〕(文)てん・ず〔サ変〕ひろげる。また、丁寧に見る。「壁に遺墨を—・じ」〈左千夫・勾玉日記〉

てん・ずる【転ずる】〔動サ変〕(文)てん・ず〔サ変〕❶方向・状態などが移る。変わる。また、移す。変える。「内勤から外勤に—・ずる」「話題を—・ずる」「災いを—・じて福となす」❷ころがる。回る。また、ころがす。回す。「六箇(ろっこ)の車輪はあたかも同一(ひとつ)の軸にありて—・ずる如く」〈鏡花・義血侠血〉
(類語)移る・変わる・化する・変ずる・変える

てん-せい【天生】自然に生じること。生まれつき。天賦。「—の美人」

てん-せい【天成】❶自然の力でできあがっていること。「—の要害」❷生まれつき。「—の詩才」

てん-せい【天声】❶天が人に伝える声・言葉。天の声。「—人語」❷雷鳴。転じて、大声。また、名声。

てん-せい【天性】《古くは「てんぜい」とも》天から授けられた性質。また、生まれつきそのようであること。副詞的にも用いる。天資。天質。「好奇心の強いのは—だ」「—明朗な人」(類語)天賦(てんぷ)・天稟(てんぴん)・天分・天資・天質・稟性(ひんせい)・生まれ付き

てん-せい【点×睛】《「睛」は瞳(ひとみ)の意》瞳を描き入れること。また、最後に付け加える最も重要な点のたとえ。➡画竜(がりょう)点睛

てん-せい【展性】物質が圧力や打撃によって、破壊されることなく薄い箔(はく)に広げられる性質。金・銀・錫(すず)・アルミニウムなど、一般に柔らかい金属がこの性質に富む。➡延性

てん-せい【転生】「てんしょう(転生)」に同じ。

てん-せい【転成】〔名〕スル ある物が性質の違った別の物に変わること。「動詞から—した名詞」

てん-せい【塡星】土星の異称。

でん-せい【田制】田地に関する制度。

でん-せい【田斉】▶斉(せい)㊁

でん-せい【伝世】後世に伝えること。子孫代々受け継ぐこと。「—の名物茶碗」

でん-せい【伝声】ことづけること。伝言。「御序の節宜しく—を乞う」〈木下尚江・良人の自白〉

でん-せい【電請】外交官・使節などが、本国政府に電報で訓令を求めること。

でん-せい【×黏×臍】もち米のみじん粉で作って油で揚げた、臍の形の唐菓子。朝廷の節会などに用いた。

でんせい-かん【伝声管】管の端に口をあてて話した声を、他の端で聞きとるための長い管。船舶・航空機・工場などで使用。

てんせい-ご【転成語】ある品詞が他の品詞に転じた語。名詞「つゆ(露)」から生じ、「つゆ知らず」のように用いる副詞の「つゆ」、動詞「すま(争)う」の終止形から生じた名詞の「すもう(相撲)」など。

てんせい-じんご【天声人語】朝日新聞の朝刊1面に掲載されているコラム。明治37年(1904)から続き、特定の論説委員が匿名で執筆する。

でんせい-ひん【伝世品】美術品などで、制作当初から世に愛玩されて伝えられてきたもの。⇒出土品

てん-せき【典籍】書物。書籍。本。

てん-せき【転石】❶転がっている石。❷山腹や河原などに点在する石。

(類語)石・石くれ・小石・石ころ・礫・ごろた石

転石苔を生ぜず《A rolling stone gathers no moss.》職業や住居を変えてばかりいる人は、地位も財産もできないの意のイギリスのことわざ。転じて、活発な活動をしている人は時代に取り残されることがないの意でも用いる。

てん-せき【転籍】〔名〕スル 本籍・学籍などを他に移すこと。所属した組織を辞めて別の組織に移籍すること。「現住所に―する」「―届」「関連会社に―する」

でん-せき【田籍】律令制で、口分田の受給戸主の姓名および町段歩を記した土地台帳。班田の終わるごとに作成された。でんじゃく。

てんせき-ち【転籍地】転籍して、新たに籍を置いた土地。

てん-せつ【点×綴】「てんてい(点綴)」の慣用読み。

てん-せつ【転折】〔名〕スル ❶進行方向を変えること。特に、航路を変えること。「彼れは其の行違わんとする針路を―して」〈竜渓・浮城物語〉❷►転筆

でん-せつ【伝説】〔名〕スル ❶ある時、特定の場所において起きたと信じられ語り伝えられてきた話。英雄伝説・地名伝説など。言い伝え。「浦島―」❷言い伝えること。言い伝えられること。また、うわさ。風聞。「右等の始末奸吏の外知る者なしと思うべけれども疾くに世間に―す」〈染崎延房・近世紀聞〉

(類語)言い伝え・伝承・口碑・伝え話・説話・昔話・民話・俗伝・神話・レジェンド

テンセル〖Tencel〗イギリスのコートルズ社が開発した新タイプのセルロース系繊維のこと。特徴としてはレーヨンよりはるかに強く、ポリエステルなみの強度がある、湿った状態でも強度は変わらない、肌ざわりがソフトである、などがあげられる。

てん-せん【天仙】天上の仙人。神仙。

てん-せん【点線】点を線状に連ねたもの。また、その線。

てん-せん【転戦】〔名〕スル あちこちと場所を変えて戦うこと。「選抜チームが各地を―する」(類語)連戦・遠征

てん-せん【転遷】物事が移り変わること。変遷。「世事―の大勢を察すれば」〈福沢・学問のすゝめ〉

てん-ぜん【典膳】❶律令制で、内膳司の次官。❷後宮十二司の膳司の次官。

てん-ぜん【×恬然】〔ト・タル〕図〔形動タリ〕物事にこだわらず平然としているさま。「―とした態度」(類語)悠然・泰然・自若・平然・超然・恬淡・しれっと・しゃあしゃあ・ぬけぬけ・事も無げ・平ちゃら・平気の平左

てん-ぜん【×靦然】〔ト・タル〕図〔形動タリ〕まのあたりに見るさま。転じて、あつかましいさま。恥じる様子の見えないさま。「―として恥じる色がない」

てん-ぜん【×輾然】〔ト・タル〕図〔形動タリ〕大いに笑うさま。「自ら顧みて―として笑う」〈東海散士・佳人之奇遇〉

でん-せん【伝染】〔名〕スル ❶病原体が他の生物体に入り、増殖して病気になること。感染。「はしかが―する」❷物事の状態・傾向などが他に移って同じような状態が起こること。「あくびが―する」(類語)(❶)感染・流行・蔓延・猖獗/(❷)波及・伝播・浸透

でん-せん【伝線】〔名〕スル ストッキングなどの糸のほつれが縦状にひろがること。「―したタイツ」

でん-せん【電×閃】❶稲妻がひらめくこと。稲光。❷刀剣の刃が稲妻のようにひらめくこと。

でん-せん【電線】電気を導く金属線。電気を通しやすい銅が主に使われる。単線と縒り線、裸線と被覆線などがある。

でんせん-せい【伝染性】伝染する性質。「―の熱病」

でんせんせい-かんせんしょう【伝染性感染症】直接または間接的に人から人へ伝染する感染症。インフルエンザ、赤痢、マラリアなど。伝染病。⇒非伝染性感染症

でんせんせい-げりしょう【伝染性下痢症】ウイルスの一種の感染によって起こる下痢症。

でんせんせい-こうはん【伝染性紅斑】ウイルスの一種が感染し、特徴的な赤い発疹が現れる小児の軽い感染症。両ほおが赤くなり、続いて四肢や臀部に群発するが10日前後で治る。感染症予防法の五類感染症の一。りんご病。

でんせんせい-たんかくしょう【伝染性単核症】ウイルスの感染によって、発熱・リンパ節腫脹などの症状を呈し、血液中に単核球の増加がみられる感染症。伝染性単核球症。

でんせん-びょう【伝染病】感染症のうち、病原体の宿主との接触、空気や飲食物、あるいはノミ・シラミ・ダニなどを介して、ある個体から他の個体へと次々に広がっていく伝染性の病気。人の場合は、感染症予防法によって危険性が高い順に一類から五類まで分類され、拡大防止策がとられている。子供に多い伝染病は学校保健安全法による学校感染症の規定もあり、流行防止処置がとられる。動物の場合は家畜伝染病予防法で規定されている。

(類語)疫病・はやり病・感染症

でんせん-びょういん【伝染病院】主として法定伝染病(伝染病予防法で規定)の患者を隔離収容して治療を行っていた病院の呼称。平成11年(1999)の同法廃止以降は、この呼称は使用されなくなった。かわって制定された感染症予防法では、感染症指定医療機関という呼称で規定されている。

でんせんびょう-けんきゅうじょ【伝染病研究所】伝染病などの原因・予防・治療などの研究機関。明治25年(1892)大日本私立衛生会付属として北里柴三郎を迎えて発足。現在は東京大学医科学研究所。東京都港区白金台にある。

でんせんびょう-よぼうほう【伝染病予防法】伝染性が強く生命に危険を及ぼす伝染病を指定し、その予防・対策について定めていた法律。明治30年(1897)制定。平成11年(1999)感染症予防法の施行に伴い廃止。

てん-そ【天祖】天皇の祖先。皇祖。一般には天照大神をさすが、古くは瓊瓊杵尊をさしたこともある。その他天照大神から鸕鷀草葺不合尊までをいうこともある。あまつみおや。

てん-そ【天×祚】天子のくらい。皇位。皇祚。

てん-ぞ【典×座】《「ぞ(座)」は唐音》禅宗寺院で、大衆の斎飯などの食事をつかさどる役職。もとは床座・衣服などをつかさどった。六知事の一。

でん-そ【田租】律令制で、田地に課された租税。たぢから。

でん-そ【田×鼠】モグラの別名。

でん-そ【伝×疏】伝と疏。経書の注解である伝と、伝にさらに詳しい解釈を加えた疏。

てん-そう【▽伝奏】〔名〕スル《「でんそう」とも》❶取り次いで奏上すること。❷平安後期以降の朝廷の職名。親王・摂家・武家・社寺などの奏請を院や天皇に取り次ぐことをつかさどった。その中でも室町時代以降の武家伝奏は、特に江戸時代において公武間の意思の伝達にあたる重職であった。

てん-そう【転送】〔名〕スル ❶送られてきたものを、さらに他へ送ること。「手紙を転居先へ―する」❷情報を他へ送ること。「電話回線を使ってデータを―する」

(類語)回送・送・返送・伝送・送付・送信

てん-そう【転×漕】《「転」は陸上運送、「漕」は海上運送の意》兵糧を陸と海から運ぶこと。「―に悚へ兼ねて百騎二百騎引いて帰る処を」〈太平記・七〉

てん-ぞう【天造】天が作ったもの。人造に対し天然にできたもの。(類語)自然・天然・天工・造化

でん-そう【田荘】豪族など権力者の私有の田地。たどころ。

でん-そう【伝送】〔名〕スル ❶次々に送り伝えること。電気信号を伝えることにもいう。「端末装置にデータを―する」❷宿継ぎで送ること。宿送り。

でん-そう【電送】〔名〕スル 電流または電波によって、写真・文字などの像を遠隔地に送ること。「本社あてに写真を―する」「―写真」⇒写真電送

でん-そう【電装】電気関係の装置を備えつけたり、電気配線をしたりすること。

でん-そう【電槽】❶「電解槽」の略。❷電池の電極と電解液を入れる容器。

てんそう-そくど【転送速度】《transfer rate》単位時間当たりのデータの転送量。主にコンピューター内部のパーツや周辺機器の間のデータ転送に対して用いられる。データ転送速度。

でんそう-そくど【伝送速度】《transfer rate》►通信速度

てんそうちふ-さい【天曹地府祭】陰陽道で、冥官を祭って戦死者の冥福などを祈る儀式。六道冥官祭。

てんそう-やしき【▽伝奏屋敷】江戸時代、武家伝奏または勅使の宿所として江戸に設けられた邸宅。

てん-そく【天則】自然の法則。

てん-そく【天測】経度・緯度を知るため、六分儀などを用いて天体の方位・高度を測定すること。「―航法」「―位置」

てん-そく【塡足】足りないところをうめること。不足を補うこと。

てん-そく【塡塞】〔名〕スル 満たしてふさぐこと。また、満ちふさがること。「心胸―し一言をも道うこと能わず」〈中村訳・西国立志編〉

てん-そく【×纏足】中国で、女性の足を大きくしないため、子供のときから親指を除く足指を裏側に曲げて布で固く縛り、発育をおさえた風習。唐末ごろに始まり、宋代から流行したが、清末に廃止運動が起こり、清滅亡後消滅した。

てん-ぞく【転属】〔名〕スル ❶所属を変えること。また、変わること。「広報部に―する」❷原籍を他に移すこと。(類語)配置換え・配置転換・異動・転任・転勤・転籍・移籍・鞍替え

でん-そく【電束】静電界内に面を想定し、その面に垂直な方向に移動する電気量。

でんそく-でんりゅう【電束電流】►変位電流

でんそく-みつど【電束密度】単位面積当たりの電束。電気変位。

テンソル〖tensor〗ベクトル量が三方向の成分で決定されるのに対して、考え方を拡張し、ある定点の状態が各方向について三つずつの9成分によって定義されるときの、この成分の組み合わせ。固体内の応力やひずみの状態を表すのに用いられる。

てん-そん【天孫】天つ神の子孫。特に、天照大神の孫、瓊瓊杵尊。

てん-そん【天尊】仏の異称。

でん-そん【伝存】〔名〕スル 伝えられて存在すること。「古記録が―する」

てんそん-こうりん【天孫降臨】日本神話で、瓊瓊杵尊が、天照大神の命を受けて葦原の中つ国を治めるために高天原から日向国の高千穂峰に天降ったこと。

てん◦だ〔連語〕㊀《連語「ている」に連語「のだ」の付いた「ているのだ」の音変化。上に付く語によっては「でんだ」とも》…ているのだ。「何を話し―◦だ」「何をして

遊んでんだ」❷《格助詞「と」に動詞「いう」、連語「のだ」の付いた「というのだ」の音変化》多くは促音を入れて「ってんだ」の形で用いる。…というのだ。「すぐ来るっ―。だから待ってやろう」

テンダー〖tender〗❶炭水車。❷大型船専属の補給船。はしけ。

テンダー〖tender〗〔形動〕❶物が柔らかいさま。また、水気の多いさま。「―な肉」❷人柄が優しいさま。愛情のこもっているさま。「―なハートの持ち主」

テンダー-オファー〖tender offer〗企業買収の主要な方法で、株式の公開買い付け。テイクオーバービッド。TOB。

テンダー-きかんしゃ【テンダー機関車】炭水車を連結した蒸気機関車。

テンダーロイン〖tenderloin〗牛・豚の腰の上部の柔らかい肉。ヒレ。ヒレ肉。「―ステーキ」

てん-たい【天体】太陽・恒星・惑星・衛星・彗星すいせい・星団・星雲など、宇宙に存在する物体の総称。

てん-たい【点×苔】山水画の重要な技法で、岩石や枝幹などについたコケ・小植物を示すために要所に打つ点。

てん-たい【転貸】〔名〕スル 人から借りている物を、さらに別の人に貸すこと。またがし。「借地を―する」「―権」⇔転借。〈類語〉又貸し

てん-だい【天台】❶「天台宗」の略。❷「天台山」の略。

てん-だい【×椽大】たるきほどの大きさ。

てんだい-うやく【天台×烏薬】ウヤクの別名。また、その根を干したもの。芳香があり、健胃薬とする。

てんたい-かんそく【天体観測】天体の位置・運動・光度・スペクトル型・大きさなどの観察・測定をすること。

てんだい-ざす【天台座主】天台宗の首長。比叡山延暦寺の最高位の僧職。

てんたい-ざひょう【天体座標】「天球座標」に同じ。

てんだい-さん【天台山】㊀中国浙江せっこう省東部にある山。華頂峰を中心とする。もと道教の霊山で、575年智顗ちぎが天台宗を開いてから同宗の根本道場となり、国清寺などがある。㊁比叡山のこと。最澄が日本で天台宗をひろめた中心地であるところから。

てんだい-じ【天台寺】岩手県二戸市にある天台宗の寺。山号は八葉山。天平年間(729～749)行基の開創。

てんだい-しかん【天台止観】「摩訶止観まかしかん」の異称。

てんだいしきょうぎ【天台四教儀】中国の仏教書。1巻。高麗こうらいの諦観たいかん著。成立年未詳。天台教学の大綱と観心の要略を記したもので、仏教の入門書ともされた。四教儀。諦観録。

てん-たいしゃく【天帝釈】「帝釈天たいしゃくてん」に同じ。

てん-たいしゃく【転貸借】〔名〕スル 賃借人が賃借物をさらに第三者(転借人)に使用・収益させること。賃貸人の承諾が必要とされる。

てんたい-しゃしん【天体写真】天体の状況を、望遠鏡を用いて精密に撮影した写真。天文写真。

てんだい-しゅう【天台宗】法華経を根本経典とする大乗仏教の一派。575年隋の智顗ちぎが天台山にこもって大成。日本へは奈良時代に唐僧鑑真がんじんが初めて伝え、平安初期に最澄さいちょうが比叡山に延暦寺を建て開宗。のち、山門派と寺門派、さらに真盛しんせい派に分かれた。

てん-たいしょう【点対称】一定点に関して、ある二点が相互間をその定点によって二等分される位置関係にあること。図形では、一つの点を中心にしてある図形が180度回転したとき完全に重なり合うこと。

てんだい-しんとう【天台神道】►日吉神道ひえしんとう

てんだい-だいし【天台大師】智顗ちぎの称号。

てんだい-の-ふで【×椽大の筆】《晋の王珣おうじゅんが椽たるきのような大きな筆を与えられた夢を見て、大文章を書く前兆だと思っていると、はたして武帝が崩じて、筆をふるう機会が与えられたという「晋書」王珣伝の故事から》すぐれた文章の美称。

てんたい-ぶつりがく【天体物理学】天体の物理的状態を研究する天文学の一部門。恒星の光度・スペクトルなどをもとに大気の組成や温度・圧力などを導き、物理学の諸法則から内部構造や、恒星・宇宙の進化などを研究する。宇宙物理学。

てんたい-ぶんこうがく【天体分光学】天体のスペクトルを観測し、その物理的性質を研究する天体物理学の一部門。

てんたい-ぼうえんきょう【天体望遠鏡】天体観測に用いる望遠鏡。屈折望遠鏡と反射望遠鏡とがあり、広くは、赤外線望遠鏡・電波望遠鏡・スペースステレスコープなども含める。

てんたい-りきがく【天体力学】主に太陽系に属する天体の運動を、力学の法則を応用して理論的に研究する天文学の一部門。

てんだい-りつ【天台律】天台宗に伝えられる戒律。大乗円頓戒えんどんかいのこと。

てんたい-れき【天体暦】太陽・月・惑星・恒星などの位置のほか、日食・月食、日月の出没などの天文現象を記載した年間暦。天体観測・暦計算・天文航法などに利用。

てん-たく【転宅】〔名〕スル 住居を他に移すこと。ひっこし。転居。「このたび左記に―しました」〈類語〉引っ越し・転居・家移り・移転・移住

でん-たく【田宅】田地と宅地。または、家と土地。

でん-たく【電卓】《「電子式卓上計算機」の略》集積回路を使い、四則計算などを行う小型の計算機。

テンタサン〖ポルトガル tentação〗キリシタン用語。誘惑。特に、悪魔の誘惑。

でん-たつ【伝達】〔名〕スル ❶命令・意思・情報などを口頭または書類で相手に伝えること。「決定事項を―する」❷生物学で、神経線維の興奮がシナプスを介してニューロン(神経細胞)または筋肉・分泌腺などに伝えられること。興奮伝達。〈類語〉通達・通知・通告・報知・報告・連絡

でんたつ-ますい【伝達麻酔】►神経ブロック

デンタル〖dental〗多く複合語の形で用い、歯の、歯科の、の意を表す。「―クリニック」

デンタル-エステティック〖dental esthetic〗審美歯科。近年の歯科医学界の世界的傾向の一つで、年齢に合った歯の美容の研究や心の問題までも含めて取り上げるもの。歯列矯正・歯間マッサージ・歯石クリーニング、歯磨き指導から、黒ずんだり欠けたりした歯の表面を削ってセラミックを張り付けて歯を白く美しくすることまで行っている。

デンタル-フロス〖dental floss〗歯間の歯垢しこうを取るのに使う絹などの糸。

てん-たん【×恬淡|×恬×澹|×恬×惔】❶〔名・形動〕欲が無く、物事に執着しないこと。また、そのさま。「名利に―な人」「無欲―」❷〔ト・タル〕図〔形動タリ〕❶に同じ。「―とした味を持つ」

てん-だん【天壇】中国で、天子が冬至の日に天帝を祭るために、国都の南郊に設けた祭壇。北京に現存。白大理石造りの円壇で、石階石欄を備えており、1998年「天壇:北京の皇帝の廟壇」の名称で世界遺産(文化遺産)に登録された。

でん-たん【田単】中国、戦国時代の斉の武将。前284年、斉が燕の将楽毅がくきに大敗したとき、反間の計をもって楽毅を退け、また、火牛の計をもって斉の失地七十余城を回復した。生没年未詳。

でん-たん【伝単】《中国語から》宣伝びら。第二次大戦中に使われた語。

でん-たん【電探】❶「電波探知機」の略。❷「電気探査」の略。

てん-ち【天地】❶天と地。❷宇宙。世界。世の中。「自由の―を求めて旅立つ」「新―」❸書物・荷物などの、上と下。「紙の―」〈類語〉天地あめつち・乾坤けんこん・天下・世界・宇宙

てん-ち【転地】〔名〕スル 療養などのために他の土地に移り住むこと。「退院後、海辺の町に―する」

てん-ち【転置】〔名〕スル 置き場所を変えること。

てん-ち【滇池】中国雲南省中部にある湖。昆明の南にあり、昆明池ともいう。長安の昆明池はこれを模したもの。ティエンチー。

でん-ち【田地】►でんじ(田地)

でん-ち【電池】物質の化学反応または物理反応によって放出されるエネルギーを電気エネルギーに変換する装置。ふつうは化学電池をさし、充電できない一次電池、充電できる二次電池、燃料電池などがある。物理電池には光電池・太陽電池などがある。

てんちうじょう【天地有情】土井晩翠どいばんすいの第1詩集。明治32年(1899)刊。漢語調・七五調の定型詩40編、訳文5編からなる。

てんち-かい【天地会】中国、清代の秘密結社。18世紀中ごろ、福建に起こり、華中・華南で組織。打富済貧を掲げてしばしば反乱を起こし、19世紀以降は反清復明はんしんふくみんを唱えた。三合会。

てんち-かいびゃく【天地開×闢】天地の開けはじめ。世界の初め。「―以来の出来事」〈補説〉古代中国の思想で、天地は初め混沌こんとんとした一つのものであったが、分離してこの世界ができたとする。

でん-ちく【電蓄】「電気蓄音機」の略。

てんち-げんこう【天地玄黄】《「易経」坤卦から》天は黒く、地は黄色い、の意。天地の色、また、天地。「千字文」の初句。

てんちこんげん-づくり【天地根元造(り)】日本固有の最も原始的な家屋として想定される建築形式で、扠首さす組の切妻葺ぶき屋根を地表まで葺き下ろしたもの。

てん-ち-じん【天地人】❶世界を形成する要素としての、天と地と人。宇宙間に存在する万物。三才。❷三つあるものの順位を示すのに用いる語。天を最上とし、地・人の順となる。❸生花せいかの3本の役枝やくえだ。宇宙間の万物を象徴する。

てんち-しんめい【天地神明】天地の神々。すべての神々。天神地祇ちぎ。「―に誓う」

てんち-そうぞう【天地創造】天地開闢てんちかいびゃく神話の一類型。神が宇宙・万物をつくり出す話。特に、旧約聖書「創世記」に記されている説話。

てんちそうぞう【天地創造】《原題、ドイツ Die Schöpfung》ハイドン作曲のオラトリオ。1798年作。翌年ウィーンで初演。台本はミルトンの「失楽園」に基づく。

てんち-てんのう【天智天皇】►てんじてんのう

てんち-べに【天地紅】巻物・巻紙などの上下の端を紅色に染めること。また、染めたもの。

てんち-むよう【天地無用】運送する荷物などに表示する語で、破損の恐れがあるため上と下を逆にしてはいけない、の意。

てん-ちゃ【点茶】抹茶まっちゃをたてること。〈類語〉お茶・茶道・茶の湯・茶会・野点のだて

てん-ちゃ【×甜茶】中国雲南省に産するバラ科などの低木の葉を煎じた飲料。甘味があり、ポリフェノールを多く含む。

てん-ちゃ【×奠茶】禅宗で、茶を霊前などに供えること。

てん-ちゃく【展着】〔名〕スル 薬剤などを広くのばしてものに付着させること。また、広くのびてものに付着すること。「軟膏を布に広げて患部に―する」

てん-ちゃく【×纏着】〔名〕スル まつわりつくこと。からまりつくこと。「女子は益々余に―して離るることなし」〈竜渓・浮城物語〉

でん-ちゃく【電着】電解液中にイオンが析出して電極の表面に付着すること。金属イオンと電子との中和で起こる金属電着が主で、電気めっきに応用。

てんちゃく-ざい【展着剤】殺虫剤・殺菌剤が植物や害虫に付着・浸潤するように、主剤にまぜる薬剤。

でんちゃく-とそう【電着塗装】水性塗料や水溶性樹脂を電解液とし、電着作用によって金属表面に塗料や樹脂の塗装膜を作ること。自動車の車体や部品の下塗りなど、複雑な形状の塗装に利用。

でんちゃく-とりょう【電着塗料】塗装される金

属を陰極または陽極とし、その対となる電極との間で直流電流を流して、電気分解によって金属表面を塗装する塗料。
てん-ちゅう【天柱】中国の神話で、天を支えているという柱。世を支えている道義のたとえ。➡地維ちい
てん-ちゅう【天×誅】❶天の下す罰。天罰。❷天に代わって罰を与えること。天罰として人を殺すこと。「―を下す」(類語)罰・天罰・神罰・仏罰
てん-ちゅう【転注】漢字の六書りくしょの一。ある漢字を、原義に類似した他の意味に転用すること。この場合、音の変わることが多い。例えば、「音楽」の意の「楽ガク」の字を「ラク」と発音して「たのしい」の意に転用する類。
でん-ちゅう【田×疇】デンチウ 田畑。耕作地。また、田畑のあぜ。
でん-ちゅう【殿中】❶《古くは「てんちゅう」とも》御殿の中。また、将軍の居所。❷江戸時代に流行した木綿の袖なし羽織。胴服どうぶく。殿中羽織。❸江戸末期に流行した男子用の編み笠。一文字笠。
でん-ちゅう【電柱】空中に張った電線を支えるための柱。電信柱。
でん-ちゅう【電鋳】デンチウ「電気鋳造」の略。
てんちゅう-ぐみ【天誅組|天忠組】江戸末期、吉村寅太郎・松本奎堂けいどうらが結成した尊王倒幕の急進派。文久3年(1863)元侍従中山忠光を擁して大和五條で挙兵したが、朝廷の政変により政情は一変し、追討の諸藩兵に敗れて壊滅。
てんちゅう-し【典鋳司】テンチウ 律令制で、大蔵省に属し、金・銀・銅・鉄の鋳造や玉作りなどをつかさどった役所。てんじゅし。いもののつかさ。
てんちゅう-せつ【天中節】❶陰陽道おんようどうで、火災・盗難・疾病・口舌の災いを払うために門などに貼る札。陰暦8月1日の日の出前に貼り出す。❷陰暦5月5日の午うまの刻の称。
でんちゅう-ばん【電鋳版】デンチウ ▶電気版
てん-ちょう【天長】テンチャウ 天がいつまでも存在すること。
てんちょう【天長】テンチャウ 平安初期、淳和天皇・仁明天皇の時の年号。824年1月5日〜834年1月3日。
てん-ちょう【天頂】テンチャウ ❶いただき。頂上。❷観測地点における鉛直線が上方で天球と交わる点。天頂点。⇔天底。(類語)頂上・山頂・峰・山嶺さんれい・山巓さんてん・頂・てっぺん
てん-ちょう【天朝】テンテウ 朝廷、または、天子を敬っていう語。
てん-ちょう【天聴】テンチャウ 天子がお聞きになること。叡聞えいぶん。「―に達する」
てん-ちょう【天×寵】天の恵み。また、天子の慈しみ。
てん-ちょう【転調】テンテウ〔名〕スル 楽曲の途中で調を変えること。「ト長調からホ短調に―する」
てんちょう-かく【天頂角】テンチャウ ▶天頂距離
てんちょう-かん【天頂環】テンチャウクワン ▶環天頂アーク
てんちょう-ぎ【天頂儀】テンチャウ 天頂❷をはさんで南北で子午線を通過する二つの恒星の天頂距離の差を測定し、観測地点の緯度を精密に決定するのに用いる望遠鏡。
てんちょう-きょり【天頂距離】テンチャウ 天頂❷から任意の天体までの角距離。高度の余角。天頂角。
てんちょう-こ【天頂弧】テンチャウ ▶環天頂アーク
てんちょう-せつ【天長節】テンチャウ《「天長地久」から》四大節の一。天皇の誕生日を祝った祝日。明治6年(1873)国の祝日とされ、第二次大戦後天皇誕生日と改称。➡地久節
てんちょう-ちきゅう【天長地久】テンチャウチキウ《「老子」7章から》天地が永久に不変であるように、物事がいつまでも変わらずに続くこと。天地長久。
てんち-りょうよう【転地療養】―リャウヤウ 高原や海辺など気候のよい土地に移り住んで病気を治すこと。
てん-つい【×顛墜】〔名〕スル ころげ落ちること。転落。「国家をして終始其軌道より―せしめざることを務めざる可らず」〈小林雄七郎・薩長土肥〉
でんづう-いん【伝通院】デンヅウヰン ▶でんずういん(伝通院)
てん-つき【天▽衝】❶兜かぶとの前立物まえだてものの一。刺股さすまたの形で先端をとがらせたもの。❷カヤツリグサ科の一年草。湿りけのある草地に生え、高さ約30センチ。葉は細く堅い。夏から秋、傘状に分枝した茎の先に茶褐色の小さい穂をつける。
てん-つく-てん〔副〕囃子はやしの太鼓の音を表す語。「祭り囃子はやしが―と響く」
てん-つつ《三味線の音から》歌舞伎下座音楽の一。時代物・世話物の世話がかった場面で、人物の忙しい出入りに用いる二上がりの合方。
てん-つゆ【天▽汁】てんぷらを食べるときにつける汁。醬油・みりん・だし汁を煮立てて作る。
てんつるてん《近世語》㊀〔名・形動〕「つんつるてん」に同じ。「―の古ゆかたもよほど育ったと見えて」〈滑・浮世風呂・四〉㊁〔副〕三味線の音を表す語。「歌や三味線―、―と浮かれ立ち皆皆、奥へ入にけり」〈浄・義仲勲功記〉
てん-で〔副〕❶(打消しの表現や否定的な意味をもつ語を伴って)まるっきり。まったく。てんから。「―相手にしてくれない」「―やる気がない」「―だめだ」❷(打消しの表現を伴わないで)非常に。とても。「この店の料理は―うまい」
てん-てい【天底】観測地点における鉛直線が下方で天球と交わる点。⇔天頂。
てん-てい【天帝】❶古代中国の思想で、天地・万物を支配する神。造物主。❷キリスト教で、ヤーウェ。❸仏教で、帝釈天たいしゃくてん。
てん-てい【天庭】骨相術で、ひたいの中央、または、眉まゆと眉との間のこと。
てん-てい【点定】▶てんじょう(点定)
てん-てい【点×綴】〔名〕スル《慣用読みで「てんせつ」とも》ひとつひとつをつづり合わせること。また、物がほどよく散らばっていること。てんてつ。「ところどころに冬枯れの寂しさを―している」〈犀星・街と家家との遠方〉
でん-てい【伝逓】〔名〕スル 次から次へと伝え送ること。逓伝。「中央にある学問教化を四方に―する部院よりして」〈中村訳・自由之理〉
でん-てい【電停】市街電車などの停留所。
でん-てい【電×霆】いなずま。また、かみなり。
てん-ていとう【転抵当】―テイタウ 抵当権者がその抵当権をもってさらに自己の債務の担保とすること。
てん-てき【天敵】ある生物に対して寄生者や捕食者となる他の生物。青虫などに対する寄生蜂きせいばちや、昆虫に対する鳥、カエルに対する蛇など。
てん-てき【点滴】❶したたり。しずく。また、あまだれ。「傘からかさを打つ―も聞こえず」〈鷗外・キタ・セクスアリス〉❷「点滴注射」の略。(類語)滴・水滴
点滴岩を穿うがつ 「雨垂れ石を穿うがつ」に同じ。
てんてき-ちゅうしゃ【点滴注射】薬液や栄養物の投与あるいは輸血などで、長時間かけて一滴ずつ静脈内に注入する方法。
てんてこ-まい【天手古舞(い)】―まひ〔名〕スル《里神楽などの太鼓の音に合わせて舞う意から》あわててさわぐこと。忙しくてあわただしく立ち働くこと。「客が殺到して―する」(補説)「天手古」は当て字。(類語)東奔西走・きりきり舞い・忙しい・せわしい・せわしない・気ぜわしい・あわただしい・目まぐるしい
てん-てつ【点×綴】〔名〕スル「てんてい(点綴)」に同じ。「まだらに白壁の―する素朴な田舎家の集団」〈谷崎・吉野葛〉
でん-てつ【電鉄】「電気鉄道」の略。
てんてつ-き【転×轍機】鉄道で、車両を他の線路に移すために、線路の分かれ目に設けてある装置。転路機。ポイント。
てんてつ-しゅ【転×轍手】転轍機を操作する係。転路手。ポイントマン。
てんで-に〔副〕《「てんでんに」の音変化》めいめいに。それぞれに。各自。「―旗を振る」(類語)各自・一人一人・めいめい・各人・面面・てんでん・各位
てんで-ばらばら〔形動〕「てんでんばらばら」に同じ。「靴が―に散らかされている」「―な方を向いて立つ」
でんで-むし【蝸=牛】《「でででむし」の音変化》カタツムリの別名。
てん-てん 手ぬぐいをいう幼児語。
てん-てん【天天】❶頭をいう幼児語。❷手で自分の頭を軽くたたく子供の遊び。おつむてんてん。
てん-てん【点点】㊀〔名〕スル ❶複数の点をいう語。「―を打つ」❷点線。❸あちこちに点在していること。「其間此処彼処に無数の山百合の―したるは」〈蘆花・自然と人生〉㊁〔ト・タル〕文〔形動タリ〕❶あちこちに散らばってあるさま。また、途切れながら続いているさま。「町の明かりが―と見える」「足跡が―と続く」「―たる星の空の下に」〈長与・青銅の基督〉❷しずくがしたたりおちるさま。「―としたたる血」(類語)飛び飛び・ぽつぽつ・ばらばら
てん-てん【展転|×輾転】〔名〕スル ❶ころがること。回転すること。また、めぐること。「月と云者は…常に此地球の周囲を―と廻り歩く者にて」〈岡三慶・今昔較〉❷寝返りを打つこと。「『ああ苦しい、苦しい…』と烈しく叫んで―した」〈花袋・一兵卒の銃殺〉❸一定しないこと。ころころと変わること。「酒ゆゑ心―する夫の気質」〈浄・近江源氏〉(類語)(❷)寝返り
てん-てん【転転】〔副〕スル ❶次々と移りかわるさま。「―と各地を巡業する」「由良はそうした小屋から小屋を―した」〈万太郎・春泥〉❷ころがっていくさま。「ボールは外野を―とする」
てん-でん《「手に手に」または「手手」の音変化か》❶各自。めいめい。「―が好き勝手にやっている」❷その人自身。自分。「おれがことを古狸ふるだぬきだといふけれど、―は狼おおかみだあ」〈滑・浮世風呂・二〉(類語)各自・一人一人・めいめい・各人・面面・てんでに・各位
でん-でん ㊀〔副〕❶太鼓の音を表す語。「―と太鼓を打つ」❷太棹ふとざおの三味線の音を表す語。「―と響く津軽三味線」㊁〔名〕❶太鼓のこと。❷義太夫節のこと。
てん-でんか【点電荷】電荷だけあって大きさのない点状の物体、すなわち抽象体。たとえ広がりをもつ荷電粒子であっても、その運動や電場を考える際、一点に全電荷が集まったと見なしたもの。
でんでん-こうしゃ【電電公社】日本電信電話株式会社の旧称「日本電信電話公社」の略称。
でんでん-だいこ【でんでん太鼓】雅楽で使う振り鼓を小型にした形の乳児用の玩具。小さな太鼓に柄をつけ、左右に鈴や玉などのついたひもを垂らしたもの。柄を振ると玉などが太鼓に当たって鳴る。
てんでん-ばらばら〔形動〕各人の考えや行動が統一を欠くさま。てんでばらばら。「―なことをいう」「―に帰る」(類語)ばらばら・向き向き・思い思い
てんてん-はんそく【×輾転反側】〔名〕スル 悩みや心配のため眠れず、なんども寝返りを打つこと。「―して一夜を明かす」
でんでん-むし【蝸=牛】《「でででむし」の音変化》カタツムリの別名。(季 夏)「角出して―の涼みゐる／月斗」
でんでん-もの【でんでん物】▶義太夫ぎだゆう狂言
てん-と【×奠都】〔名〕スル 都をある地に定めること。「東京―百年祭」
テント〖tent〗支柱および布製の覆いを組み立ててつくった簡易な家屋。野営のときに用いる小型のもの、サーカスや芝居の掛け小屋として用いる大型のものなどいろいろある。天幕。
てん-と〔副〕❶(打消しまたは否定的な意味の語を伴って)まるっきり。てんで。とんと。「―女郎の指切るは珍しからぬとて」〈浮・禁短気・三〉❷まったく。本当に。「名ばかり聞いて逢うたは今、―御器量」〈浄・手習鑑〉
でん-と【田×堵】▶たと(田堵)
でん-と【電×鍍】「電気鍍金ときん」の略。➡電気鍍金めっき
でん-と〔副〕重々しく堂々とあるさま。また、落ちつきはらっているさま。どっしりと。「テレビが―置いてある」「―構える」
でん-ど【出ん▽所】《「でどころ(出所)」の意》❶人出の多い所。人なか。公衆の面前。「町中まちなかへも断って、―で恥をかかせます」〈浄・大経師〉❷最後に出るべき所。公儀。法廷。「わりゃ―へは出られぬ身分ぢゃ

あらうがな〈浄・阿波の鳴門〉

てん-とう【天灯】紙を貼り合わせた袋の底部で油紙を燃やし、浮力を持たせて飛ばす小型の気球。中国南部や台湾で、息災などを願う行事に用いられる。諸葛亮孔明が考案したという伝承から、孔明灯ともいう。

てん-とう【天道】ダウ ❶太陽。「お―さま」❷▶てんどう(天道)

てん-とう【店頭】みせさき。「―に並べる」

てん-とう【点灯】〔名〕スル あかりをともすこと。「夜間照明を―する」⇔消灯。類語 点ける・灯ともす・点ずる

てん-とう【点頭】〔名〕スル うなずくこと。「吾が言を聴かば、含笑して―せん」〈露伴・運命〉類語 頷うなずく・首肯・同意・納得・了解・承知・賛成・肯定・承諾

てん-とう【転倒｜×顛倒】タウ〔名〕スル《古くは「てんどう」とも》❶さかさまになること。また、さかさまにすること。「上下関係が―する」「主客―」「本末―」❷倒れること。「つまずいて―する」❸あわてふためくこと。動転。「気が―する」❹《「てんどう」と読む》仏語。正しい理に反すること。道理にそむく考え。

類語 (❶)反転・転覆・覆くつがえる・ひっくり返る/(❷)横転・横倒し・将棋倒し・卒倒・昏倒こんとう・倒れる

てん-とう【×奠湯｜点湯】タウ 禅寺で、仏前または大衆に蜜湯を点じて供すること。転じて、死者の霊前に湯を供えること。

てん-とう【×纏頭】《「てんどう」とも》❶祝儀。はな。心づけ。「駕籠舁かき人力車夫等への―にも思い切った額を弾んだ」〈谷崎・春琴抄〉❷もらった衣服を頭にまとったところから、歌舞・演芸などをした者に、褒美ほうびとして衣服・金銭などを与えること。また、そのもの。「舞ひはててては必ず―をこひけり」〈著聞集・二〇〉

てん-どう【天堂】ダウ ❶天上界にあって神仏が住むという殿堂。天宮てんぐう。❷仏教で、天上界。また、極楽浄土。❸キリスト教で、天国。

てん-どう【天童】❶仏教の守護神や天人などが子供の姿になって人間界に現れたもの。❷祭礼のときなどに、天人に扮ふんする少年・少女。稚児ちご。

てんどう【天童】山形県中東部の市。もと織田氏の城下町。将棋の駒を特産。人口6.2万(2010)。

てん-どう【天道】ダウ《「てんとう」とも》❶自然に定まっている道理。天然自然の道理。天の道。天理。⇔地道。❷天の神。天帝。❸天体が運行する道。❹仏語。六道の一。欲界・色界・無色界の総称。天上界。天界。天趣。

天道是ぜか非ひか 《「史記」伯夷伝から》公平とされるこの世の道理は、果たして正しいものに味方していると言えるのだろうか。疑わしいかぎりだ。

天道人を殺さず 天は慈悲深くて、人を見離すことはない。

てん-どう【転動｜×顛動】〔名〕スル ❶まわり動くこと。また、ころがし動かすこと。「或あるはこれを用いて器械を―し」〈中村訳・西国立志編〉❷うろたえ平静さを失うこと。動顛。「悪い事と思えばこそ、殺す事に気も―して」〈菊池寛・恩讐の彼方に〉

でん-とう【伝灯】仏語。教法の灯を伝えること。法脈を受け伝えること。

でん-とう【伝統】ある民族・社会・集団の中で、思想・風俗・習慣・様式・技術・しきたりなど、規範的なものとして古くから受け継がれてきた事柄。また、それらを受け伝えること。「歌舞伎の―を守る」「―芸能」
類語 ならわし・しきたり・因習

でん-とう【電灯】電気エネルギーを利用した灯火。電気。「―がつく」「―を消す」「懐中―」
類語 灯火・電気・電球・蛍光灯

でん-どう【伝動】〔名〕スル 動力を、同じ機械の他の部分または他の機械に伝えること。

でん-どう【伝道】ダウ〔名〕スル 宗教的真理、または教義を伝達し広めること。特にキリスト教で、その教義を未信仰者に伝えて信仰に入ることをすすめること。ミッション。類語 布教・宣教

でん-どう【伝導】ダウ〔名〕スル ❶伝え導くこと。❷熱や電気が物体内を移動する現象。➡熱伝導 ➡電気伝導 ❸生物学で、興奮が同一細胞内に伝わっていくこと。神経や筋肉では活動電流によって伝わる。興奮伝導。

でん-どう【殿堂】ダウ ❶大きくてりっぱな建物。また、その分野の中心的存在である建物や施設。殿宇。「オペラの―」「学問の―」❷その分野で業績のあった人々を集め顕彰する機関。「野球の―入りを果たす」❸神仏を祭ってある建物。類語 (❸)堂・堂宇・霊堂

でん-どう【電動】動力に電気を使うこと。電力でうごくこと。

でんどうアシスト-じてんしゃ【電動アシスト自転車】電動モーターを搭載しており、ペダルをこぐ力を補助する自転車。一定の速度を超えると自力走行に切り替わる。道路交通法では一般的な自転車と同様に扱われる。電動自転車。アシスト自転車。

てんどう-あらた【天童荒太】[1960～]小説家。愛媛の生まれ。本名、栗田教行。映画の原作などを手がけたのち、作家活動に入る。寡作ながら「永遠の仔こ」「包帯クラブ」などのベストセラーを生み出す。「悼む人」で直木賞受賞。

でんとう-いがく【伝統医学】長い歴史の中で、人々の知恵によって発展してきた医学。漢方薬を用いる中国医学や、インドのアーユルベーダのほか、ヨーガや気功なども含むことがある。➡伝統医療

でんとう-いりょう【伝統医療】イレウ 伝統医学に基づいて行われる医療。多く、生薬しょうやくなどの伝統薬や鍼灸術しんきゅうじゅつを用いる。

てんとう-おんどけい【転倒温度計】テンタウヲンドケイ 主に海水中の温度を測定するのに用いられる温度計。目的の深さで温度計を転倒させ、水中から引き上げたときに目盛りが転倒時の水温を示すようにしたもの。

でんどう-かい【伝道会】デンダウクワイ 主としてプロテスタント教会で、宣教師を外国に派遣し伝道することを目的として設立された組織。

でんとう-がっき【伝統楽器】ガクキ その国や地域で伝統的に使用されてきた楽器。民族音楽に使われる。日本の三味線や尺八、中国の二胡、インドのシタールなど。

てんとう-かぶ【店頭株】証券取引所(金融商品取引所)に上場されていないで、証券会社の店頭で売買される株式。通常、店頭登録銘柄と店頭管理銘柄をいう。

てんとう-き【天灯鬼】奈良興福寺所蔵の鬼の姿の彫像。寄せ木造り。着色。建保3年(1215)康弁作。竜灯鬼と一対をなし、左肩と左手で灯籠を支え持つ。国宝。

でんどう-き【電動機】電気的エネルギーを機械的エネルギーに変える原動機。直流電動機と交流電動機とに大別される。モーター。

てんどう-し【天童市】▶天童

でんどう-し【伝道師】デンダウ ❶伝道に従事する人。キリスト教では正教師の資格を持たない伝道者。補教師。❷(転じて)物事のよさを人に伝えて広める人。「日本酒の―を自称する」

でんどう-し【電動子】電動機で、電力を生じるためのコイルとその鉄心。

てんとう-しいく【点灯飼育】点灯し日照時間を長くして、産卵を増加させる鶏の飼育法。

てんとう-しじょう【店頭市場】シヂャウ ❶取引所を介さずに証券や商品を売買する市場。OTC市場。店頭取引市場。❷証券取引所(金融商品取引所)の売買市場以外の市場。非上場株式・公社債・端株はかぶなどが相対あいたい売買により、証券会社の店頭で取引されている。第三市場。➡JASDAQジャスダック

でんどう-じてんしゃ【電動自転車】▶電動アシスト自転車

でんどう-しゃ【電動車】電動機を装置して、単独または他の車両を牽引して走行する鉄道車両。運転室つきの制御電動車、他の列車間に連結される中間電動車がある。

でんとう-しゅぎ【伝統主義】❶伝統を重んじる態度、立場。❷啓蒙けいもう主義への反動として、19世紀初頭にフランスに現れたカトリック的立場。真理は正しく受け継がれた宗教的伝統の中においてのみ発見されると主張。代表者はボナール・メストルなど。

てんどう-じん【天道神】テンダウ 陰陽道おんようどうでいう方角神の一。月ごとに位置を変え、その方角に向かって事を行えば吉であるという。

でんどうせい-ポリマー【電導性ポリマー】デンダウセイ ▶導電性高分子

てんどう-せつ【天動説】地球が宇宙の中心に静止し、他のすべての天体が地球の周りを回っているという説。古代・中世の宇宙観で、プトレマイオスにより完成。地球中心説。⇔地動説。

でんどう-そうち【伝動装置】サウチ 原動機から動力や運動を作業部へ伝達する装置。歯車・ベルト・カムなどを用いる。

でんどう-たい【伝導体】デンダウ ▶導体

でんとうてき-けんぞうぶつぐん【伝統的建造物群】ケンザウブツグン 文化財保護法上の文化財の一。周囲の環境とともに歴史的風致を形成している伝統的な建造物群で価値の高いもの。

でんとうてきけんぞうぶつぐん-ほぞんちく【伝統的建造物群保存地区】 文化財保護法により規定される、都市計画法上の地域地区の一。伝統的建造物群およびそれと一体となって歴史的風致を形成している環境を保存するために定められる地区。

でんとうてき-ろんりがく【伝統的論理学】アリストテレスによって体系化され、中世のスコラ哲学を経て今日に至っている形式論理学。現代の記号論理学に対していう。

でんどう-でんし【伝導電子】デンダウ 金属や半導体中で、電位差によって移動し、電気を伝導する自由電子。

でんどう-でんねつ【伝導伝熱】デンダウ ▶熱伝導

でんどう-でんりゅう【伝導電流】デンダウデンリウ 導体や半導体内、または真空中において、自由電子が電界の力を受けて移動することにより生じる電流。

でんどう-ど【伝導度】デンダウ 伝導率。導体の熱や電気の伝えやすさを表す度合い。熱の場合は熱伝導率、電気の場合は電気伝導率という。

でんどう-ど【電導度】デンダウ ▶電気伝導率

てんとう-とりひき【店頭取引】❶店先で行う売買。❷証券取引所(金融商品取引所)でなく、証券会社の店頭で行う証券の売買。

てんとうとりひき-しじょう【店頭取引市場】シヂャウ ▶店頭市場❶

てんどう-にょじょう【天童如浄】ニョジャウ[1162～1227]中国、宋代の曹洞宗の僧。越州(浙江せっこう省)の人。天童山景徳寺の住持。日本の道元はその法を嗣いだ。

でんどう-はつでんき【電動発電機】電動機で運転する発電機。三相誘導電動機と直流発電機とを組み合わせて交流電力を直流電力に交換するものなどがある。

てんとう-ばな【天道花】テンタウ 4月8日に山からツツジ・フジなどの花を取ってきて、高いさおの先に結んで立てるもの。中国・四国地方で行われる。高花たかばな。八日花。

てんとう-ぼし【天道干し】テンタウ ❶日光にさらしてほすこと。❷路上にござなどを敷き、商品を並べて商う店。大道店。ほしみせ。「夜店や―から買い廻りて」〈饗庭篁村・権妻の果〉

てんとう-まかせ【天道任せ】テンタウ 自然の成り行きに任せること。運命に任せること。天道次第。

てんとう-むし【瓢=虫｜天道虫｜紅=娘】テンタウ ❶甲虫目テントウムシ科の昆虫の総称。体長7ミリくらい、半球状で足は短い。幼虫は体が長く、体表に針状の毛が散在する。アブラムシやカイガラムシ、植物の病菌を食べるもののほか、農作物の害虫となるものもいる。(季 夏)「老松の下に―と在り/茅舎」❷テントウムシ科の昆虫。最も普通にみられ、背面に黒と橙色の紋がある。触ると悪臭のある橙黄色の汁を出す。幼虫・成虫ともアブラムシを食べる益虫。なみて

んとう。

てんとうむし-だまし【偽=瓢=虫】❶甲虫目テントウムシダマシ科の昆虫の総称。テントウムシに似る。ヨツボシテントウダマシは体長約5ミリ、橙黄色で翅に黒紋があり、石の下や草むらなどにすむ。(季夏) ❷ニジュウヤホシテントウの俗称。

でんとう-やく【伝統薬】昔から民間で広く使われている薬。生薬など、長い歴史と使用経験により安全が裏付けられているものをいう。➡セルフメディケーション

でんどう-りつ【伝導率】導体の、熱や電気の伝えやすさを表す度合い。伝導度。

でんどう-りつ【電導率】►電気伝導率

でんとうろく【伝灯録】「景徳伝灯録」の略称。

てん-とく【天徳】❶天の徳。万物をはぐくむ自然のはたらき。❷天子の徳。

てんとく【天徳】平安中期、村上天皇の時の年号。957年10月27日〜961年2月16日。

てん-とく【転得】〔名〕スル 他人のいったん取得した物件または権利を、さらにその人から取得すること。

てん-どく【点読】〔名〕スル 漢文を点図によって訓読すること。

てん-どく【転読】〔名〕スル ❶経題や経典の初・中・終の数行だけを略読すること。大部の経典、特に「大般若経」600巻について行われる。転経。➡真読 ❷経典を読誦すること。転経。

てん-どく【×顚読】〔名〕スル 漢文を返り点に従って下から上へ返って読むこと。⇔直読。

てんとく-じ【天徳寺】《江戸芝西久保巴町の天徳寺の門前で売っていたところから》紙を外被として中にわらを入れた粗末なふとん。かみぶすま。

てんとくよねんだいりうたあわせ【天徳四年内裏歌合】天徳4年(960)3月30日、村上天皇が清涼殿で催した歌合わせ。判者藤原実頼。12題20番。のちの歌合わせの規範となった。

でんど-ざた【出ん▽所沙汰】おおやけの裁判などに持ち込まれること。おもてざた。裁判沙汰。「四の五のあれば、いやともに一」〈浄・忠臣蔵〉

てん-とじ【天×綴じ】卵でとじたてんぷらそば、またはてんぷらうどん。

テント-シアター〖tent theater〗芝居やコンサートなどのために設けるテント張りの仮設劇場。

てんと-して【×恬として】〔連語〕►恬

テント-ドレス〖tent dress〗肩から裾にかけての線が上から下に広がったシルエットをもつ、全体にゆったりとした感じのドレス。

てん-とり【点取り】❶点を取ること。得点を争うこと。「一ゲーム」❷連歌・俳諧で、点者に批点をつけてもらうこと。❸「点取り俳諧」の略。❹機嫌をとること。追従。「何かいろいろな一を書き」〈洒・通言総籬〉

てんとり-はいかい【点取り俳諧】点者に評点を請い、その点の多少で優劣を競う遊戯的な俳諧。

てんとり-むし【点取り虫】試験にいい点を取ることだけを目的に、がつがつ勉強する学生・生徒をひやかしていう語。

デンドロビウム〖ラテ Dendrobium〗ラン科デンドロビウム属(セッコク属)の植物の総称。茎は節が多く、楕円形の厚い葉が互生する。花は白・黄・桃色などで、房状につく。熱帯アジアからオーストラリアに多数の種類が分布。園芸品種も多い。

てん-どん【天丼】《「てんぷら丼」の略》どんぶり飯にてんぷらをのせ、濃いめのつゆをかけたもの。

てんな【天和】《「てんわ」の連声》江戸前期、霊元天皇の時の年号。1681年9月29日〜1684年2月21日。

でん-な・い〔形〕《「だんない」の音変化。近世上方語》かまわない。「一・い一・い。もう三年ごしといふもの、かした銭じゃ」〈滑・膝栗毛・五〉

てん-なが【点長】〔形動ナリ〕達筆めかして、文字の点や画を長く引いて書くさま。「手を書きたるにも…こかしこの一に走り書き」〈源・帚木〉

てんなん-しょう【天南星】サトイモ科テンナンショウ属の植物の総称。マムシグサ・ウラシマソウ・ミミガタテンナンショウ・ムサシアブミなど。花は仏炎苞をもつ。塊茎は有毒であるが、漢方で薬用にする。へびこんにゃく。(季花＝春)

てん-なんばん【天南蛮】かけそばにてんぷらを入れ、裂いたネギを散らしたもの。

てん-に〔副〕まったく。てんで。てんと。「一あきれていたりし所に」〈虎明狂・文蔵〉

テンニエス〖Ferdinand Tönnies〗[1855〜1936]ドイツの社会学者。社会をゲマインシャフト(共同社会)とゲゼルシャフト(利益社会)の2類型に概念化。また、社会は歴史的に前者から後者へ移行すると指摘した。テニエス。テンニース。

てん-にゅう【転入】〔名〕スル ❶他の土地からその土地へ移り住むこと。「隣県から一する」「一届」⇔転出。❷他の学校から移ってくること。「新学期から一する」「一生」(類語)引っ越し・転居・転宅・移住・移民

てん-にょ【天女】天上界の女性。吉祥天女・弁財天女など。また、この世に二人といないような美しい女性をたとえていう語。「一の舞」(類語)天人・弁天

てん-にん【天人】天上界に住む者。音楽を奏し、天華を降らせ、瓔珞をなびかせて虚空を飛行するとされる。(類語)天女・弁天

てんにん【天仁】平安後期、鳥羽天皇の時の年号。1108年8月3日〜1110年7月13日。

てん-にん【転任】〔名〕スル 同じ組織の中で他の職務または任地にかわること。「新設校に一する」(類語)転勤・転出・転属・異動・転職・栄転・左遷

てんにん-か【天人花】フトモモ科の常緑小低木。沖縄など暖地に自生し、高さ約2メートル。葉は長楕円形でやや厚い。夏、紅紫色の5弁花を開く。実は暗紫色に熟し、ジャムなどにする。温室で栽培もされる。

てんにん-ぎく【天人菊】キク科の一年草。高さ約60センチ、全体に毛がある。葉は長楕円形。夏、周辺が黄褐色で中央が紫色を帯びる頭状花をつける。北アメリカの原産で、観賞用。

てんにん-きょう【天人峡】北海道中央部、大雪山群の主峰、旭岳の南西麓にある峡谷。柱状節理を示し両岸に高さ250メートル、長さ8キロメートルの絶壁が続く。大雪山国立公園の景勝地。

てんにん-そう【天人草】シソ科の多年草。日本特産。山地の木陰に生え、高さ約1メートル。茎は四角柱、葉は長楕円形で先がとがる。夏の終わりに、淡黄色の花を密につけた穂を出す。

てんにん-ちょう【天人鳥】ハタオリドリ科の鳥。雄は尾羽が体の2倍近く長く、頭・背・尾が黒色でほかは白く、くちばしが赤い。カエデチョウの巣に托卵をする。アフリカに分布。

てんにん-の-ごすい【天人の五衰】►五衰

てんねき〔副〕まれに。たまに。「血の道も一見える長局」〈柳多留・初〉

でん-ねつ【伝熱】物体中または空間内における熱の移動現象の総称。温度差や温度勾配がある場合に生じ、熱伝導、対流、放射により熱が移動する。熱移動。熱伝達。

でん-ねつ【電熱】電気によって発生する熱。電気抵抗やアーク放電によるものなどがある。

でんねつ-おんしょう【電熱温床】苗床に電熱を熱源として利用した温床。

でんねつ-き【電熱器】ニクロム線など電気抵抗の大きい金属の発熱を利用した電気器具。電気こんろなど。(季冬)

てん-ねん【天年】天から受けた寿命。天寿。「一を全うするに至らざりしは」〈子規・墨汁一滴〉

てん-ねん【天然】〔名・形動〕❶人為が加わっていないこと。自然のままであること。また、そのさま。「一の良港」「栄養不足で一に立枯になった朴の木の様なもので」〈啄木・雲は天才である〉⇔人工。❷うまれつき。天性。「一の美声」(類語)自然・原始・造化・天造・天工

てんねん-あい【天然藍】植物の藍からとった染料。➡人造藍

てんねん-ウラン【天然ウラン】ウラン鉱として、天然に産するウラン。ウラン238が主で、核分裂を起こす235を0.7パーセント強含む。

てんねん-かじつ【天然果実】法律で、物の経済的用途に従って直接に収取される産出物。果物・牛乳・鉱物など。➡法定果実

てんねん-ガス【天然ガス】天然に地下に存在するガス。ふつう、可燃性ガスをいい、メタン・エタンなどからなる。燃料・化学工業原料などに利用。

てんねんガス-ハイドレート【天然ガスハイドレート】《「ハイドレート」は水和物の意》低温高圧の下で、天然ガスの主成分メタンが水の分子の中に取り込まれてできるシャーベット状の物質。1立方メートル中に160立方メートル余のメタンガスを含む。セ氏零下20度で輸送できるので液化天然ガスよりも製造・輸送費を節約できる。俗に「燃える氷」という。NGH。

てんねん-きねんぶつ【天然記念物】学術上価値の高い動物・植物・地質鉱物、およびそれらの存在する地域で、その保護・保存を指定されているもの。文化財保護法によるほか、地方公共団体の条例によっても定められる。

てんねん-きょう【天然橋】流水や海水の浸食などによってできた橋状の地形。帝釈峡の雄橋・雌橋など。

てんねん-こうしん【天然更新】自然に落ちた種子から発生した稚樹や、根株から芽を出した蘖を育てる造林法。天然造林。

てんねん-こうぶんし【天然高分子】天然に産出する高分子化合物。セルロース・たんぱく質など。

てんねん-ゴム【天然ゴム】天然に産するゴム。ゴムノキから得られる弾性ゴムをいう。➡合成ゴム

てんねん-しきそ【天然色素】動植物が体内にもつ色素。カロテノイド・クロロフィル・ヘモグロビンなど。

てんねん-しげん【天然資源】天然に存在して、人間の生活や生産活動に利用しうる物資・エネルギーの総称。土地・水・埋蔵鉱物・森林・水産生物など。

てんねん-しば【天然芝】植物のシバ。また、それによる芝生。人工芝に対していう。

てんねん-じゅし【天然樹脂】植物体から得られる樹脂。松やに・琥珀など。

てんねん-しょく【天然色】万物が自然に備えている色。自然の色彩。

てんねんしょく-えいが【天然色映画】自然の色彩を画面に現した映画。白黒映画が主流であったころの語。

てんねんしょく-しゃしん【天然色写真】自然の色彩を再現した写真。カラー写真。

てんねん-せんい【天然繊維】植物・動物・鉱物を原料とする繊維。綿・麻・絹・羊毛・石綿など。➡合成繊維

てんねん-せんりょう【天然染料】植物・動物・鉱物などから得られる染料。藍・茜など。➡合成染料

てんねん-ぞうりん【天然造林】►天然更新

てんねん-ダム【天然ダム】土砂崩れ・地震などの自然災害や、動植物などの営みによって河川がせき止められた状態。➡河道閉塞 ➡堰止め湖

てんねん-とう【天然痘】「痘瘡」に同じ。

てんねん-パーマ【天然パーマ】《「パーマ」は「パーマネントウエーブ」の略》俗に、生まれつき髪の毛が縮れていること。天パー。

てんねん-ひりょう【天然肥料】自然の物を利用する肥料。草木灰・厩肥・堆肥など。自給肥料。

てんねんぶつ-かがく【天然物化学】生物が産生する物質を対象とする化学の一分野。天然の有機化合物の単離や合成、生命現象との関わりについての研究を指す。

てんねん-ほうしゃせいかくしゅ【天然放射性核種】自然界に存在する放射性核種。ウラン系列、アクチニウム系列、トリウム系列などの崩壊系列に属するものがある。

てんねん-ほうしゃせいげんそ【天然放射性元素】自然界に存在する放射性元素。ウラン系列、トリウム系列、アクチニウム系列のものやカリウム・ルビジウムなど。

てんねん-ほうしゃせいどういたい【天然放射性同位体】放射性同位体のうち、天然に存在するもの。原子炉や加速器などで人工的に作られるものを人工放射性同位体という。

てんねん-ほうしゃのう【天然放射能】自然界に存在する天然放射性元素がα線・β線・γ線などの放射線を出す性質。自然放射能。

てんねん-ぼく【天然木】栽培によらず野山に自生した樹木。また、まだ加工していない木材。自然木。

てんねん-ぼけ【天然×惚け】意図的にではなく、漫才のぼけ役のような言動をすること。また、そのような人。

てんねん-ほしついんし【天然保湿因子】▶エヌ-エム-エフ(NMF)

てんねん-もの【天然物】自然に海・河川や山野で生育した、食材となる動植物。養殖物・栽培物に対していう。「―のマグロ」「―のタケノコ」

てんねん-りん【天然林】植林によらず、自然に生育した森林。⇔人工林。

てん-のう【天王】《「てんおう」の連声》❶仏語。欲界六天の最下天にいる四天王のこと。❷牛頭天王。❸中国で、天子の称。

てん-のう【天皇】《「てんおう」の連声》❶日本国憲法で定められた日本国および日本国民統合の象徴。その地位は国民の総意に基づくとされ、一定の国事行為だけを行い、国政に関する権能をもたない。皇位は世襲とされ、男系の男子によって継承される。明治憲法では、国の元首として統治権を総攬する地位にあった。❷その世界・分野で強大な権力をもつ人のこと。「財界の―」❸皇帝・天子の尊称。(補説)もと、中国から取り入れた称号で、古く大和朝廷時代の大王が用い、「すめらみこと」「すべろぎ」などと訓じた。(類語)天子・帝

でん-のう【電脳】《「電子頭脳」の略》電子計算機。コンピューター。

てんのうき【天皇記】日本最古の史書の一。推古天皇28年(620)聖徳太子が蘇我馬子とともに編纂、天皇の世系・事跡を記したというが未詳。蘇我氏滅亡の際に焼失。

てんのう-き【天皇旗】行幸のときなどに、天皇のしるしとして用いられた旗。紅色の錦に金色の菊章がある。

てんのうきかん-せつ【天皇機関説】明治憲法の解釈において、主権は国家にあり、天皇は法人である国家の最高機関であるとする学説。美濃部達吉らが唱えたが、国体に反する学説として非難され、昭和10年(1935)国体明徴問題を引き起こした。

でんのう-くうかん【電脳空間】▶サイバースペース

てんのう-ざん【天王山】㊀京都府南部、乙訓郡大山崎町にある小丘。淀川の分岐点にあり、古来水陸交通の要地。天正10年(1582)山崎の戦いで、羽柴秀吉が明智光秀を破った。㊁《㊀の故事から》勝敗や運命の重大な分かれ目。

てんのう-じ【天王寺】㊀四天王寺の略称。㊁大阪市の区名。四天王寺がある。JR天王寺駅は大阪市の南玄関をなす。㊂東京都台東区谷中にある天台宗の寺。山号は護国山。昭和32年(1957)に焼失した五重塔は、幸田露伴の小説「五重塔」のモデル。

てんのうじ-かぶ【天王寺×蕪】カブの一品種。大阪市天王寺の名産で、早生種。根は大きく、当座漬けや千枚漬けにする。天王寺かぶら。

てんのうじ-く【天王寺区】▶天王寺㊁

てんのうじ-こうえん【天王寺公園】大阪市天王寺区の市立公園。美術館・動物園・植物園や茶臼山古墳がある。

てんのうじ-や【天王寺屋】㊀室町後期から安土桃山時代にかけての堺の豪商津田氏の屋号。宗達・宗及は堺の三十六人会合衆の一人で、茶人としても有名。㊁江戸時代の大坂の豪商。姓は大眉氏。両替商として繁栄。㊂歌舞伎俳優中村富十郎、およびその一門の屋号。

てんのう-しょう【天皇賞】毎年春秋2回行われる、競馬の重賞レース。春は4歳以上、秋は3歳以上のサラブレッド系競走馬によって争われる。

てんのう-せい【天王星】《ラテ Uranus》太陽系の7番目の惑星。太陽からの平均距離28億7500万キロ。公転周期84.022年、自転周期0.718日、赤道半径2万5559キロ、質量は地球の14.54倍。自転軸が軌道面に対し97.9度傾き、横倒しで自転。多数の環、27個の衛星をもつ。1781年、英国のF＝W＝ハーシェルが発見。ウラノス。

▷**天王星の衛星**
エアリエル、ウンブリエル、ティタニア、オベロン、ミランダ、コーディリア、オフィーリア、ビアンカ、クレシダ、デスデモーナ、ジュリエット、ポーシア、ロザリンド、ベリンダ、パック、キャリバン、シコラックス、プロスペロー、セテボス、ステファノ、トリンキュロ、フランシスコ、マーガレット、フェルディナンド、ペルディータ、マブ、キューピッド

てんのう-せい【天皇制】天皇が君主として国家を統治する体制。明治以後から第二次大戦の終戦に至る明治憲法下での体制。広義には、象徴天皇制を含めていうこともある。(補説)大正末期に、日本共産党がはじめて用いたといわれる。

てんのうせいがた-わくせい【天王星型惑星】太陽系の8惑星のうち、天王星・海王星の2星。コアの外側に水やメタンの氷がマントルを形成する天体。惑星探査による組成分析が進む前は、木星型惑星に分類されていた。巨大氷惑星。アイスジャイアント。➡地球型惑星 ➡木星型惑星

てんのう-だち【天王立ち】歌舞伎下座音楽の一。能管・太鼓・大鼓・小鼓による囃子で、時代物の御殿の場の幕開きや公家・貴人の出に用いる。

てんのう-たんじょうび【天皇誕生日】国民の祝日の一。天皇の誕生を祝う日。12月23日。平成元年(1989)制定。➡天長節

てんのう-にょらい【天王如来】提婆達多が未来に悟りを開いて仏となる時の名。

てんのう-へいか【天皇陛下】当代の天皇を敬っていう語。今上陛下。

てんのう-まつり【天王祭】悪疫よけの神とされる牛頭天王の夏の祭り。陰暦6月15日を中心に行われる。牛頭天王は京都八坂神社の祭神ともなっているので、祇園会・祇園祭りとよぶところも多い。

てん-の-うめ【天の梅】バラ科の常緑小低木。沖縄などの海辺に自生。葉は楕円形の小葉からなる羽状複葉。4、5月ごろ、梅に似た白い5弁花が集まって開く。盆栽にされる。磯山椒。

てん-の-かわ【天の川】奈良県南部、山上ヶ岳などに源を発し、南西に流れる川。十津川上流部。あまのかわ。

てん-の-こえ【天の声】❶「天声」に同じ。❷転じて、権力者や、影響力が強い人物の意見。

てん-の-せきどう【天の赤道】▶赤道❷

てん-の-なんきょく【天の南極】▶南極㊀❷

てん-の-ほっきょく【天の北極】▶北極㊀❷

てん-のり【天×糊】製本方法の一。伝票・便箋などの天を糊づけして、ひとつづりにすること。

てん-ば【天馬】❶天上界にすむという天帝の乗る馬。てんま。❷駿馬。❸ギリシャ神話で、ペガソス。

天馬空を行く　天馬が空を自由に駆けるように、着想などが自由奔放であるさまにいう。

てんば【転婆】《語源未詳。「転婆」は当て字》「御転婆」に同じ。「こいつはしゃべりの―め」〈浄・薩摩歌〉

てん-ぱ【点×播】〔名〕スル 種子を一定間隔をおいて一粒または数粒ずつまく方法。「ダイコンを―する」

でん-ば【電場】▶電界

でんぱ　昭和47年(1972)8月に打ち上げられた科学衛星REXSの愛称。東京大学宇宙航空研究所(現JAXA)により開発。打ち上げ後3日目に電源回路に異常が生じ、運用を断念。通信が途絶するまで電離層および磁気圏のプラズマの観測を行った。

でん-ぱ【伝×播】〔名〕スル ❶伝わり広まること。広く伝わること。「文化が東へ―する」❷波動が媒質の中を広がっていくこと。「熱が―する」(補説)「でんぱん」と読むのは誤り。(類語)伝搬・波及・伝染・伝わる・広まる

でん-ぱ【電波】一般に、周波数3キロヘルツから100万(10^9)メガヘルツの電磁波。日本の「電波法」では、300万メガヘルツ以下の周波数の電磁波をいう。長波・中波・短波・超短波・極超短波・ミリ波・サブミリ波など。無線周波。ラジオ波。

テンパー「ジステンパー」の略。

てん-パー【天パー】「天然パーマ」の略。

デンバー〖Denver〗米国コロラド州の州都。ロッキー山脈東麓、標高1605メートルに位置する。空陸交通の要衝で、航空宇宙産業が盛ん。人口、行政区60万(2008)。

デン-ハーグ〖Den Haag〗▶ハーグ

デンバー-こうか【デンバー効果】半導体や導体の一部に光を当てると、物体中に電圧が発生する現象。光起電力効果の一種。光拡散効果。

デン-ハーフ〖Den Haag〗▶ハーグ

でんぱ-あんしつ【電波暗室】外部から電磁波が入らず、また内部で発生した電磁波が反射しない部屋。電子機器が発する電磁波雑音の測定などに用いられる。電波無響室。

てん-ばい【典売】〔名〕スル 質入れしたり、売ったりすること。また、質物を売却すること。「衣服頭飾尽く―するに至り」〈阪谷素・明六雑誌三二〉

てん-ばい【店売】〔名〕スル 店を構えて客に売ること。みせうり。「見切り品を―する」

てん-ばい【転売】〔名〕スル 買い取った物を、さらに他に売り渡すこと。またうり。「土地を―して差額をもうける」

てん-ぱい【天杯｜天×盃】天皇から賜る杯。酒を他の杯に移して飲むのが礼。「左府―を給はりて、例のごとくかはらけを移して飲みて」〈著聞集・一八〉

てん-ぱい【×顚×沛】つまずき倒れること。転じて、とっさの場合。つかの間。「造次にも―にも神の御恵を感謝せねばなりませぬ」〈魯庵・社会百面相〉➡造次顚沛

テンパイ【聴牌】〔名〕スル《中国語》マージャンで、あと1個、必要な牌が入れば上がれる状態になること。「三巡目で―する」

てんばい-かいもどし【転売買(い)戻し】信用取引や先物取引で、未決済の売買約定を受け渡し期日前に反対売買を行い、差益金または差損金を授受して取引関係を解消すること。

でんばい-しつ【電媒質】▶誘電体

でんばい-ていすう【電媒定数】▶誘電率

でんぱ-オークション【電波オークション】▶周波数オークション

でんぱ-かんしょうけい【電波干渉計】二つまたはそれ以上のアンテナを配置し、受信した同一天体の電波を互いに干渉させることによって高い分解能を得る電波望遠鏡。

でんぱ-かんり【電波監理】電波を公平かつ能率的に利用するため、国が電波の割り当てや運用基準などを定めて監督すること。総務省が担当。

でんぱ-ぎんが【電波銀河】強い電波を出している銀河。白鳥座Aなど。

てん-ばく【×纏縛】〔名〕スル ❶しっかりしばること。きつくしばること。「男女関係の間に―され」〈岡本かの子・河明り〉❷仏語。煩悩にしばられて自由を失うこと。また、その煩悩。

てんぱく【天白】名古屋市東部の区名。昭和50年(1975)昭和区から分離して成立。

でん-ぱく【田×畠】《「はく」は、国字「畠」の「白」を音符として読んだもの》田と畑。田畑。

てんぱく-く【天白区】▶天白

でんぱ-げん【電波源】▶電波天体

でんぱ-こうどけい【電波高度計】航空機から電波を発射し、地上からの反射時間を測定して高度を知る装置。

でんぱ-こうほう【電波航法】船舶や航空機で、電波を利用して位置・航路を測定する航法の総称。レーダー航法・ロラン航法・デッカ航法などがある。無線航法。

でんぱさんぎょう-かい【電波産業会】《Association of Radio Industries and Businesses》▶アライブ(ARIB)

でんぱ-しょうがい【電波障害】自然現象や人工雑音・妨害電波などによって正常な無線通信が妨害されること。また、通信電波によって電子機器に誤動作などが起きること。

でんぱ-せい【電波星】▶電波天体

でん-ぱた【田畑｜田×畠】《「でんばた」とも》田と畑。たはた。「田地―」
(類語)耕地・農地・田畑・農場・農園

でんぱたえいたいばいばい-きんしれい【田畑永代売買禁止令】江戸幕府が寛永20年(1643)に発布した田畑の永代売買を禁じた法令。農民所持の田畑の移動・集中を防止する目的で出されたが、質入れ・質流れによる実質的な土地移動は行われた。明治5年(1872)廃止。

でんぱ-たんちき【電波探知機】▶レーダー

てん-ばつ【天罰】天が下す罰。悪事に対する自然の報い。「―が下る」(類語)罰・天誅・神罰・仏罰

てん-ぱつ【点発】▶圏発

でん-ぱつ【電髪】「パーマネントウエーブ」の訳語。昭和初期の語。

てんばつ-てきめん【天罰×覿面】悪事を働けば、すぐに天罰が現れること。

でんぱ-てんたい【電波天体】強い電波を放射している天体の総称。1970年代初頭以前には電波星またはラジオ星と呼ばれていた。電波望遠鏡で観測される主な電波源として、銀河系内の散光星雲、超新星残骸、星形成領域、パルサーのほか、銀河系外の遠方にある電波銀河やクエーサーなどの特異銀河がある。低温の中性水素原子の線スペクトルや星間分子が放つ分子スペクトルは熱的放射と呼ばれる。また、超新星やパルサーの磁場、クエーサーや電波銀河のジェットによるシンクロトロン放射は非熱的放射と呼ばれ、高エネルギーの粒子が存在すると考えられている。電波源。電波星。ラジオ星。

でんぱ-てんもんがく【電波天文学】天体から来る電波を受信して、天体の性質、銀河系や宇宙の構造などを研究する天文学の一分野。

でんぱ-とう【電波塔】放送や通信のための電波を送信する施設を備えた塔。テレビ放送専用のものはテレビ塔ともいう。

でんぱ-どけい【電波時-計】標準時の信号を乗せた標準電波を定期的に受信して、標準時を表示する時計。標準電波送信所から発信される標準電波に含まれる時刻コードを利用して、時刻を自動的に修正する。

でんば-はっこう【電場発光】▶エレクトロルミネセンス

でんぱ-ひょうしき【電波標識】▶無線標識

でんぱ-へいき【電波兵器】レーダーなど、電波を軍事目的に応用した機器。

でんぱ-ベクトル【伝×播ベクトル】▶波数ベクトル

でんぱ-ほう【電波法】放送を含む各種の電波の公平な割り当てと、能率的な利用をはかることを目的とする法律。無線局の免許・設備・従事者・監督などについて規定する。昭和25年(1950)施行。

でんぱ-ぼうえんきょう【電波望遠鏡】天体からの微弱な電波を観測する装置。巨大なアンテナと高性能の受信機、記録計などで構成される。単一パラボラ型と開口合成型(干渉計)に大別される。

でんぱ-むきょうしつ【電波無響室】▶電波暗室

でんぱ-ゆうどう【電波誘導】ロケットが予定した飛行経路をたどるように、地上から電波によって行う誘導。

でんぱ-りようりょう【電波利用料】放送局・電気通信業者・アマチュア無線局などの免許人から徴収する無線電波の利用料。平成5年(1993)導入。収入は電波の不正利用の監視などに使われる。

テンパ・る〔動ラ五〕《「聴牌」の動詞化》❶マージャンで、聴牌になる。❷転じて、物事の成就直前である。❸俗に、余裕がなくせっぱ詰まっている。「彼女の前で―・って頭の中が真っ白になる」

テンパル-ビャノン〖Tempall Benain〗▶ベナン教会

てん-ぱん【典範】規範となる事柄。また、それを定めた法律。「皇室―」(類語)法律

てん-パン【天パン】天火❶で調理するときに使う、鉄製の四角い容器。

でん-ぱん【伝搬】〔名〕スル ❶伝わること。また、伝えること。「知識が―する」❷波が伝わること。「音が―する」

でん-ぱん【伝×播】「でんぱ(伝播)」の誤読。

てん-ぴ【天日】太陽の光。また、その熱。「―干し」
(類語)太陽光・陽光・日光・日色・日差し

てん-ぴ【天火】❶調理器具の一。箱形で、中に入れた食品を周囲から全体的に加熱して蒸し焼きにする。オーブン。❷《「てんび」とも》「てんか(天火)」に同じ。「風枯木の枝折て、―ひかり落ちて」〈浮・永代蔵・四〉

てん-びき【天引き】〔名〕スル 金を貸したり給料を支払ったりするときに、利息・税金・保険料などをあらかじめ差し引くこと。「給与から―される」

てんび-ざい【点鼻剤】鼻づまり・鼻炎の治療に鼻腔に用いられる液剤。点鼻薬。

てんぴ-じお【天日塩】天日製塩によって作った塩。てんじつえん。

てんぴ-せいえん【天日製塩】製塩法の一。塩田にためた海水を太陽熱と風で濃縮し、塩を結晶させる方法。雨量が少なく、空気の乾燥している地方に適する。天日法。

てん-ぴつ【転筆】書法の一。横画から縦画に、縦画から跳ねに転じるように、筆鋒が急に変化すること。転折。

てんび-やく【点鼻薬】▶点鼻剤

てん-びょう【点描】〔名〕スル ❶線を用いず、点または点に近い短い筆触で表現する画法。東洋画には米法山水などの手法があり、西洋近代絵画では、印象派の画家が画面にいろいろな色彩の点を並置することによって視覚の中で混合する効果を応用。さらにスーラがその技法を徹底し新印象主義を確立した。点描法。❷人物・物事の特徴的な部分をとらえて簡潔に描写すること。スケッチ。「庶民生活を―する」(類語)写生・模写・素描・線描・寸描・描写・スケッチ・描く・描く・彩る・象る

てんぴょう【天平】奈良時代、聖武天皇の時の年号。729年8月5日～749年4月14日。

てん-ぴょう【×覘標】陸地測量の際、選定地点に遠くから見えるように設ける目標。3本または4本の木材を角錐状に合わせたもの。

でん-ぴょう【伝票】会社・商店などで、金銭の出入や取引内容などを記入する一定の様式を備えた紙片。取引に関する責任を明らかにし、後日の証拠ともなる。入金伝票・出金伝票・振替伝票・仕入伝票・売上伝票など。

てんぴょう-がわ【天平革】江戸時代の武具の染め革の一。正平革にならって古様に染めたもので、獅子や牡丹などの模様の中に「天平十二年八月」の文字を染め出してある。

てんぴょうかんぽう【天平感宝】奈良時代、聖武天皇の時の年号。749年4月14日～同年7月2日。

てんぴょう-しき【天平式】天平時代に行われた美術様式。唐様式を取り入れて発達し、仏像彫刻や寺社建築に特徴がある。

てんぴょう-じだい【天平時代】日本の文化史、特に美術史上の時代区分の一。白鳳時代の後、平城京遷都の和銅3年(710)から平安京遷都の延暦13年(794)までをさす。

てんぴょう-じゃく【天平尺】日本の尺度の一。奈良時代に常用された尺で、唐の大尺に等しい。曲尺の9寸7分8厘(約29.6センチ)にあたる。

てんびょう-しゅぎ【点描主義】▶新印象主義

てんぴょうしょうほう【天平勝宝】奈良時代、孝謙天皇の時の年号。749年7月2日～757年8月18日。

てんぴょうじんご【天平神護】奈良時代、称徳天皇の時の年号。765年1月7日～767年8月16日。

てんぴょう-ぶんか【天平文化】天平年間(729～749)を中心に栄えた文化。唐および西域地方の影響を強く受けて国際的な性格を帯び、鎮護国家思想に基づく仏教興隆政策のもと、仏教美術の黄金時代を作り上げた。東大寺法華堂の諸仏や、正倉院御物などに代表される。

てんぴょうほうじ【天平宝字】奈良時代、孝謙天皇・淳仁天皇・称徳天皇の時の年号。757年8月18日～765年1月7日。

てん-びん【天×秤】❶支点が中央にあるてこを用いて、物体の質量を分銅と比較測定するはかり。さおの両端に皿をつるすか載せるかし、一端の皿に測る物を、他端の皿に分銅を入れて、さおが水平になったときの分銅の重さで物の重さを知る。上皿天秤・化学天秤など。❷釣りで、道糸と鉤素をつなぎ、糸のからみを防ぐ金具。両天秤と片天秤がある。❸「天秤棒」の略。「―で荷物を担ぐ」

天秤に掛・ける　❶二つのものの優劣や軽重、利害得失などを比較する。「結婚と仕事を―・ける」❷対立する二つのものの両方に関係をつけておき、どちらを選んでも自分に損がないようにする。両天秤を掛ける。「二人を―・けたままつきあう」

てん-ぴん【天×稟】生まれつきの才能。天性。てんりん。「―を発揮する」「―の画才」
(類語)天賦・天性・天分・天資・稟性

てんびん-きゅう【天×秤宮】黄道十二宮の第7宮。天秤座に相当したが、歳差のため春分点が移動し、現在は乙女座の位置にあたる。太陽は9月24日ごろからこの宮にある。

てんびん-ざ【天×秤座】黄道十二星座の一。7月上旬の午後8時ごろ南の中天に見える。乙女座と蠍座との間にあり、古代には秋分点があった。学名 Libra

てんびん-ぜめ【天×秤責め】両腕を天秤棒に縛って身体の自由を奪い、責めつける拷問。

てんびん-ぼう【天×秤棒】両端に荷物をつるし、中央を肩に当ててかつぐ棒。

てん-ぶ【天部】仏語。天界に住む者の総称。梵天・帝釈天、四天王や吉祥天・弁才天など。

てん-ぶ【転部】〔名〕スル 他の学部・サークルなどへ移ること。「文学部へ―する」

てん-ぷ【天父】キリスト教で、神。

てん-ぷ【天府】❶地味が肥え、物産の豊富な土地。❷天然の要害の地。❸天子の庫。天皇の倉。

てん-ぷ【天×桴｜天府】機械時計に使われる調速器。かちかちと音を立てる部分。これでぜんまいが一定の速度でほどかれる。

てん-ぷ【天賦】天から賦与されたもの。生まれつきの資質。「―の才能」「運否―」
(類語)天稟・天性・天分・天資・稟性

てん-ぷ【添付】〔名〕スル ❶書類などに、付け添えること。「領収書を―する」❷民法上、所有者の異なる2個以上の物が結合した場合に、所有権の得喪を生じること。付合・混和・加工の総称。

てん-ぷ【転付】債権の強制執行において、債務者の第三債務者に対する債権を差し押さえ、その債権を支払いにかえて券面額で債権者に移転すること。

てん-ぷ【▽貼付】〔名〕スル「ちょうふ(貼付)」の慣用読

み。

でん-ぶ【田×麩】タイなどの魚肉を細かくほぐし、砂糖・醤油・みりんなどで味つけし、煎(い)った食品。

でん-ぶ【×臀部】しりの部分。しり。(補説)医療関係では「殿部」と書く。(類語)尻・けつ・おいど

でん-ぶ【田夫】《「でんぷ」とも》❶農夫。❷洗練されていないこと。やぼであること。また、その人。いなかもの。「女は都がよし、あづまは―なり」〈咄・御前男・一〉

でん-ぷ【伝符】律令制で、官人が伝馬を使って旅行することを許可する証書。

デン-ファレ《(ラテ) Dendrobium phalaenopsisから》ラン科セッコク属の一種。オーストラリア、ニューギニア南部原産。花は紅・白色。

テンフィート-うんどう【テンフィート運動】《フィートは、feet(長さの単位)》米軍が撮影した被爆直後の広島・長崎の様子を収めた原爆記録フィルムを市民の寄付(一人10フィート分)で買い取り、収集・公開することを目的に1970年代後半日本で起こった市民運動。昭和57年(1982)「にんげんをかえせ」など3本の記録映画が製作され、核の恐怖を伝える貴重な映像資料として、国内外で上映され続けている。

てん-ぷう【天風】空の高いところを吹く風。

てん-ぷく【天福】❶天から受ける幸福。❷「天福日」の略。

てんぷく【天福】鎌倉中期、四条天皇の時の年号。1233年4月15日～1234年11月5日。

てん-ぷく【転覆・×顛覆】〔名〕(スル) ❶列車・船などがひっくり返ること。また、ひっくり返すこと。「ヨットが―する」❷政府などの組織が倒れること。また、倒すこと。「日本全社会の根底より―せんとて」〈福沢・福翁百話〉(類語)横転・横倒し・反転・ひっくり返す・ひっくり返る・覆す・覆る

でん-ぷく【×甸服】古代中国で、五服の一。王城の周囲五百里以内の地域。

てんぷく-ざい【×顛覆罪】人が乗っている汽車・電車などを転覆・破壊する罪。➡汽車転覆等及び同致死罪

てんぷく-にち【天福日】民間暦における吉日の一。建築・転宅などによいとされる。

てん-ぶくろ【天袋】押し入れや床脇(とこわき)の上部に設ける袋戸棚。⇔地袋(じぶくろ)。

てんぷ-しぜん【天賦自然】天から与えられた、人の力ではどうにもならないもの。

てんぷ-じんけん【天賦人権】天がすべての人に対して平等に、分かち与えた権利。

てんぷじんけん-ろん【天賦人権論】人間は生まれながらにして自由・平等であり、幸福を追求する権利があるという思想。ルソーやミルをはじめとするフランスやイギリスの啓蒙思想家や自然法学者らによって主張された。明治維新後、日本に紹介され、明治前期の自由民権運動の理論的支柱となった。

てん-ぶつ【天物】天から授かった物。自然の産物。天産物。「僕は―を汚す悪魔の舌を見るのです」〈木下尚江・良人の自白〉

てん-ぶつ【典物】品物を質に入れること。また、その品物。質草。抵当物。

テンプテーション〖temptation〗誘惑。

てんぷ-ファイル【添付ファイル】電子メールに添付して送信されるファイルのこと。画像やプログラムなどのバイナリーファイルを文字データに変換(エンコード)して送り、受信側でバイナリーデータに再変換する。

てんぷ-めいれい【転付命令】転付についての執行裁判所の命令。

でんぷ-やじん【田夫野人】教養のない粗野な人。いなかもの。

テンプラ ❶魚・貝・野菜などに小麦粉を卵・水で溶いた衣をつけ、植物油で揚げた日本料理。野菜類のものを精進揚げといって区別することもある。また西日本では、薩摩揚げをいう所もある。❷《うわべを作るところから》㋐めっきしたもの。「―の金時計」㋑にせもの。「―学生」❸《「テンプラを揚げる」に掛けたもの》ゴルフのティーショットでボールを空高く打ち上げ、飛距離の出ないミスショットのこと。(補説)語源は、ポルトガル語のtempero; têmporasまたは、スペイン語のtemploからなどの諸説がある。「天麩羅」とも書く。

テンプラ-そば【テンプラ蕎=麦】テンプラをのせたかけそば。

テンプル〖temple〗❶こめかみ。❷眼鏡の、つる。

テンプル-きしだん【テンプル騎士団】中世の三大宗教騎士団の一。フランスの騎士ユーグらにより創設され、各地に城塞を築き十字軍の主力として活躍。また団員の資産をもとに金融機関を運営し、フランス王家にも資金援助を行っていたが、フィリップ4世の弾圧により解体。

テンプル-きょうかい【テンプル教会】(ケウクワイ)《Temple Church》英国の首都ロンドンにある教会。1185年にテンプル騎士団の拠点として建造。エルサレムの聖墳墓教会を模した円形教会であり、ロンドン最古の建造物の一つとして知られる。

テンプル-スクエア〖Temple Square〗米国ユタ州中北部、州都ソルトレークシティにある、モルモン教の総本部。モルモン教の神殿であるソルトレークテンプル、大聖堂、ビジターセンターなどがある。

テンプル-バー〖Temple Bar〗アイルランドの首都ダブリン中心部、リフィー川南岸の地区名。かつて修道院があったが、16世紀のヘンリー8世による修道院解散令で閉鎖され、英国人のテンプル家の土地になった。中世以来、ダブリンの中心地として栄え、18世紀末まで税関が置かれたが、19世紀以降、スラム化が進んだ。1991年から再開発が始まり、現在は若者が集まる芸術・文化の発信地として知られる。

テンプレート〖template〗❶型板。❷四角形や円などがくりぬいてある定規板。内側の縁に沿って図形を描くもの。❸歯のかみ合わせを矯正する器具の一種。❹パソコンのキーボード上に置く、キーの機能を表示したシート。❺パソコンで、表計算やデータベース用ソフトのサンプル集。形式を整えてあり、すぐに利用できる。

てん-ぶん【天分】❶生まれつきの性質・才能。「―に恵まれる」「―を発揮する」❷天から与えられた身分・職分。「―をわきまえる」
(類語)天賦・天稟(てんぴん)・天性・天資・稟性(ひんせい)

てんぶん【天文】戦国時代、後奈良天皇の時の年号。1532年7月29日～1555年10月23日。てんもん。

てん-ぶん【天聞】天子が聞くこと。天聴。叡聞(えいぶん)。

てん-ぶん【×篆文】篆書体の文字。篆字。篆。

でん-ぶん【伝聞】〔名〕(スル) ❶人から伝え聞くこと。また、その内容。「―するところでは」❷文法で、人から伝え聞いたことを述べる言い方。動詞に、口語では助動詞「そうだ」、文語では助動詞「なり」を付けて言い表す。(類語)聞き伝え・人づて・又聞き・仄聞(そくぶん)・風の便り・口コミ

でん-ぶん【電文】電報の文句。

でん-ぷん【×澱粉】多糖類の一。植物の葉緑体で光合成によって作られ、根・茎・種子・果実などに蓄えられる。無味無臭の白色粉末。でんぷん粒はアミロースとアミロペクチンとで構成される。動物の重要な熱量源で、消化によりグルコースに分解され吸収される。「―のり」

でんぷん-しつ【×澱粉質】でんぷん。また、多量のでんぷんを含む物質。

でんぷん-しゅし【×澱粉種子】貯蔵物質として主にでんぷんを含む種子。稲・トウモロコシ・アズキなど多くの植物種子がこれに属する。

でんぶん-しょうこ【伝聞証拠】❶証人自身の知見によらない、また聞きの証拠。❷反対尋問を経ていない供述。刑事訴訟法上、証拠能力が制限される。

でんぷん-とう【×澱粉糖】(タウ)でんぷんを加水分解してできる糖類。分解度が低くデキストリンの多い水あめ・粉あめからグルコース含量の多い固形ぶどう糖まである。

てんぶんほっけ-の-らん【天文法華の乱】天文5年(1536)比叡山延暦寺の衆徒が宗教問答を契機に京都の法華一揆と対立し、洛中洛外の日蓮宗21寺を襲った事件。天文法乱。

でんぷん-よう【×澱粉葉】(エフ)光合成の結果生じる同化産物がでんぷんの形で葉緑体中に蓄積される葉。高等植物の大部分にみられる。➡糖葉

テンペ〖(インドネシア) tempe〗インドネシアの伝統的な大豆の発酵食品。納豆に似ているが、粘りやにおいはない。油で揚げたり焼いたり煮たりして食べる。

テンベース-ツー〖10BASE2〗LAN伝送路の規格の一。直径5ミリ前後の同軸ケーブルを使用する。最大通信速度は10Mbps。

テンベース-ティー〖10BASE-T〗LAN伝送路の規格の一。ツイストペアケーブルを用いる。最大通信速度は10Mbps。

テンペスト〖tempest〗嵐。暴風雨。また、動乱。

テンペスト〖The Tempest〗シェークスピアの戯曲。5幕。1611年作。弟に領地を奪われたミラノの公爵が、魔法によって嵐を起こし、弟らの船を難破させ復讐するが、のちに和解し領地に帰る。作者の最後の作品。

テンペスト-きゅう【テンペスト級】(キフ)《tempest class》全長6.7メートルの二人乗りで、センターボードが固定された形式のヨット。また、それを用いた競技。

テンペスト-こうげき【テンペスト攻撃】《transient electromagnetic pulse surveillance technology attack》コンピューターや周辺機器、ケーブルから漏洩(ろうえい)する微弱な電磁波を傍受し、パスワードなどのセキュリティー情報を不正に入手すること。電磁波盗聴攻撃。テンペストアタック。

テンペラ〖(イタリア) tempera〗顔料を卵・膠(にかわ)・樹脂などで練った不透明な絵の具。また、それで描いた絵画。15世紀に油絵の具が発明されるまで、西洋絵画の代表的手法であった。

テンペラメント〖temperament〗❶精神的素質。気質。❷感情の起伏の激しい気質。

テンペリアウキオ-きょうかい【テンペリアウキオ教会】(ケウクワイ)《Temppeliaukionkirkko》フィンランドの首都、ヘルシンキにあるルーテル派の教会。同国の建築家、スオマライネン兄弟の設計により、1969年建造。小高い丘にある天然の岩盤をくりぬいて作られているため、「岩の教会」とも呼ばれる。

テンペルタットル-すいせい【テンペルタットル×彗星】1865年12月から翌年1月にかけてドイツの天文学者エルンスト=テンペルと米国の天文学者ホレース＝タットルが互いに独立して発見した彗星。公転周期は33年。獅子座流星群の母天体として知られる。

てん-ぺん【天辺】空の高いところ。上空。また、空のはて。「―の月」

てん-ぺん【天変】天空に起こる異変。暴風・雷・日食など。

てん-ぺん【転変】〔名〕(スル)《古くは「てんべん」とも》物事が移り変わること。生滅・変化すること。「世相がめまぐるしく―する」「有為(うい)―」
(類語)流転・変遷・変化・移り変わる・変わる

てんぺん-せつ【転変説】現象世界のいっさいは一つの実在が展開・変化して生成するという説。インド哲学の中心思想の一つで、サーンキヤ学派がその代表。➡積聚説(しゃくじゅせつ)

てんぺん-ちい【天変地異】天変と地異。自然界に起こる異変。台風・地震・洪水など。

てんぺんちい-せつ【天変地異説】天変地異によって地球上の生物はほとんど絶滅し、残ったものが地球上に広がることを繰り返したとする説。キュビエが提唱。のちに天地創造やノアの洪水神話を背景として、天変地異のたびに神によって生物が創造されたとする説が起こり、進化論に対立した。

てん-ぼ【展墓】墓参りをすること。墓参。(季 秋)「母子は…父の―の旅をし」〈滝井・無限抱擁〉

てん-ぽ【典舗・典×鋪】質屋。質店。

てん-ぽ【店舗・店×鋪】商品を並べて売るための建物。みせ。「―を広げる」「大型―」

(類語)店・店屋・商店・ストア・ショップ
てん-ぽ【転補】〔名〕スル 他の官職に任じること。転任させること。
てん-ぽ【塡補】〔名〕スル 不足・欠損をおぎなうこと。補塡。「彼女の―した金は」〈漱石・道草〉
(類語)補給・補塡・充塡・拾遺・補遺・穴埋め
テンポ〘イタリア tempo〙❶楽曲の演奏で、譜面に指定された速度。❷物事の進みぐあい。「時代の―にあわせる」「急―」
(類語)速さ・速度・速力・調子・拍子・拍(はく)・律動・乗り・スピード・ペース・ピッチ・リズム
てんぽ〔名・形動ナリ〕《「てんぽう(転蓬)」の音変化か。「てんぼ」とも》運に任せて成り行きですること。一か八か思いきってすること。また、そのさま。「―にして銀四匁と札を入れける程に」〈浮・永代蔵・一〉
でん-ぽ【田▽畝‖田×圃】《「でんぼ」とも》たはた。
てん-ぼう【手ん棒】《「てぼう(手棒)」の音変化》けがなどのため、指や手がないこと。
てん-ぼう【点棒】マージャンで、得点を計算するために使う細長い棒。4種類ある。
てん-ぼう【展望】テンバウ〔名〕スル ❶遠くまで見渡すこと。また、そのながめ。見晴らし。「―がきく」「屋上から市街を―する」❷社会の動き、人生の行く末などを見渡すこと。見通すこと。見通し。「将来に対する―がない」(類語)(❶)眺望・見晴らし・見通し・一望・望遠
てんぽう【天保】江戸後期、仁孝天皇の時の年号。1830年12月10日～1844年12月2日。
てん-ぽう【転封】〔名〕スル 江戸時代、幕府の命令で、大名の領地を他に移すこと。移封。国替え。
てん-ぽう【転×蓬】風に吹かれ、根を離れてころがる蓬(よもぎ)。流浪することや旅人の身にたとえる。
でん-ほう【電泡】デンパウ 稲妻と泡。はかないもののたとえ。「―の身には幾ばくの嘆きぞや」〈海道記〉
でん-ぽう【伝法】デンボフ《「でんぼう」とも》㊀〔名・形動〕《㊂が原義》❶粗暴で無法な振る舞いをすること。また、その人や、そのさま。「―な男」❷勇み肌であること。また、その人や、そのさま。多く、女性にいう。「意気がって―な口をきく」❸無料見物・無銭飲食をすること。また、その者。江戸時代、浅草寺伝法院の寺男が、寺の威光をかさにきて、境内の見世物小屋や飲食店で無法な振る舞いをしたところからいう。「留場へ出る―が所(ところ)まで探しあるいたが」〈滑・浮世風呂・三〉㊁〔名〕師が弟子に仏法を授け伝えること。
でん-ぽう【電報】発信者の原文を電信で送り、先方で再現して受信者に配達する通信。「―を打つ」
でんぽう-あじゃりい【伝法×阿×闍▽梨位】デンボフアジャリヰ 密教で、伝法灌頂(かんじょう)を受けた阿闍梨(師)の位。密法を教示する身分。
でんぽう-いん【伝法院】デンボフヰン《「でんぼういん」とも》東京都台東区にある浅草寺の本坊、伝法心院の通称。客殿・玄関・書院などからなり、回遊式庭園は小堀遠州の作と伝えられる。
でんぽう-え【伝法会】デンボフヱ 真言宗で、教義のよりどころとする経論疏などを講論する法会。承和14年(847)東寺で実慧が初めて行ったもの。
でんぽう-がわせ【電報為▽替】がはせ 電報による郵便為替。電信為替。平成19年(2007)の郵政民営化によるゆうちょ銀行の発足に伴い、取り扱いを終了。
でんぽう-かんじょう【伝法×灌頂】デンボフクワンヂヤウ 密教を修行したすぐれた行者に、阿闍梨(あじゃり)の位を許すための灌頂。密教灌頂の中で最も重要な儀式。伝教灌頂。授職灌頂。
てんぽう-きんぎん【天▽保金銀】江戸幕府が天保3年(1832)から同9年の間に鋳造した金銀貨の総称。二朱判金・五両判金・小判金・大判金・一分判金・一分銀・丁銀・豆板銀など。
てんぽう-ざん【天保山】大阪市港区、安治川(あじがわ)河口の小丘。天保年間(1830～1844)に安治川改修の泥上げでできたもの。江戸時代は、目印山(めじるしやま)と称された。
てんぼう-しゃ【展望車】テンバウ 旅客が沿線の風景を展望しやすいように工夫された客車。
てんぽうすいこでん【天保水滸伝】講談。笹川繁蔵(しげぞう)と飯岡助五郎(いいおかのすけごろう)の確執や勢力富五郎(せいりきとみごろう)の自殺を中心に、下総(しもうさ)の利根川周辺の侠客の争いを描く。浪曲・歌舞伎などに取り入れられた。
てんぽう-せん【天▽保銭】❶天保通宝の俗称。❷《明治時代、天保通宝の通用が8厘で1銭に足りないところから》知恵の足りない者。❸《形が似ているところから》旧陸軍大学校卒業生が胸につけた記章。また、その軍人。
てんぽう-そう【天×疱×瘡】テンパウサウ 全身の皮膚に多数の水疱(すいほう)ができ、治りにくい病気。皮膚細胞に対して自己抗体ができる自己免疫疾患といわれ、厚生労働省の特定疾患の一。
でんぽう-そうじょう【伝法相承】デンボフサウ 仏法が師から弟子へ授けられ、継承されていくこと。
てんぼう-だい【展望台】テンバウ 周辺の展望がきく高台。また、そのように作られた高い建物。見晴らし台。
でんぽう-たくそう【電報託送】電話加入者が電話を利用して電報の発信や受信をすること。
てんぽう-つうほう【天▽保通宝】江戸幕府が天保6年(1835)以降鋳造した長円形の銅銭。1枚は、初め100文(実際には80文)に、明治以後は8厘に通用、明治24年(1891)に通用禁止。当百銭。百文銭。
てんぽう-の-かいかく【天保の改革】天保12～14年(1841～43)老中水野忠邦が行った幕府の政治・経済改革。倹約・風俗粛正を断行し、農村復興のための人返しの令、株仲間の解散、物価引き下げなどの諸改革を行った。また、江戸・大坂10里四方を天領としようとしたが、激しい反対にあい、忠邦は失脚した。
てんぽう-の-ききん【天保の飢饉】天保4～7年(1833～36)にかけての全国的な大飢饉。異常低温による大凶作となり、米価が高騰して餓死者が続出。各地に一揆・打ち壊しが発生し、江戸幕府の体制的危機を促した。
でんぽう-はだ【伝法肌】デンボフ 威勢のよいのを好む気性。勇み肌。特に、女性にいう。
でんぽう-やき【伝法焼(き)】デンボフ 焙烙(ほうろく)にネギを敷き、その上にカツオ・マグロなどの刺身を並べて焼いた料理。
でんぽう-ようし【電報用紙】通信文を記入して電報を依頼する用紙。電報発信紙。頼信紙。
てんぼう-リポート【展望リポート】テンバウ 日本銀行の政策委員が、金融政策決定会合の決定を経て毎年4月と10月に発表する「経済・物価情勢の展望」の通称。金融政策の基になる実質国内総生産や消費者物価の見通しを「中心値」と「大勢」で示し、当面の金融政策運営の指針を記す。発表3か月後に当初の見通しと実際との差を判断し公表する。
てん-ぼうりん【転法輪】テンボフ 仏が教えを説くこと。説法。法輪は仏の教えを転輪王の武器である輪宝になぞらえたもので、転は説くこと。
てんぽう-れき【天▽保暦】日本で最後の太陰太陽暦。天保13年(1842)改暦が決まり、弘化元年(1844)から明治5年(1872)の太陽暦採用までの約30年間用いられた。天保壬寅元暦(てんぽうじんいんげんれき)。
テンホー【天和】《中国語》マージャンの役満貫の一。親が配牌のまま上がること。
てんぽく-げんや【天北原野】北海道北部、天塩(てしお)川と頓別(とんべつ)川の下流から北の平野。
てん-ぼこり【×貂誇り】「鼬(いたち)の無き間の貂誇り」の略。
てんぽ-ざけ【てんぽ酒】むやみに飲む酒。やけ酒。「酒を飲むにも色々が有。色もなう飲むを―」〈伎・壬生大念仏〉
てんぽそうごう-ほけん【店舗総合保険】テンポソウガフ 火災・落雷など火災保険の対象になる損害に加え、自動車の飛び込みや航空機の墜落など建物の外からの物体の落下・飛来・衝突、盗難、水災、騒擾(そうじょう)による損害などを塡補する目的の保険。専用住宅以外の店舗や店舗併用住宅の店舗部分、事務所、倉庫などの建物と、その建物に収容される家財が保険の対象となる。
てんぽ-の-かわ【てんぽの皮】かは「てんぽ」を強めていう語。「何と―、申してみましょ」〈浄・源頼家源実朝鎌倉三代記〉
てんぽ-ばいしょう【塡補賠償】バイシヤウ 債務不履行に基づく損害賠償で、債務が履行されたならば債権者が得たであろう利益の全部の賠償。
テンポ-プリモ〘イタリア tempo primo〙音楽で、速度標語の一。「最初の速さで」の意。
テンポラリー〘temporary〙多く複合語の形で用い、一時の、臨時の、の意を表す。「―ファイル」
テンポラリー-ファイル〘temporary file〙アプリケーションソフトやオペレーティングシステムが、作業中のデータを一時的に保存するためのファイル。一時ファイル。
テンポ-ルバート〘イタリア tempo rubato〙《盗まれたテンポの意》音楽で、楽曲の基本的テンポは崩さずに個々の音符の長さを変化させて演奏すること。ルバート。
てん-ぽん【点本】訓点を付けてある漢籍・仏典・国書などの本。加点本。訓点本。
でん-ぽん【伝本】ある文献の、現在まで伝わっている写本または版本。
てんま　昭和58年(1983)2月に打ち上げられたX線天文衛星ASTRO-Bの愛称。宇宙科学研究所(現JAXA(ジャクサ))が「はくちょう」の後継として開発。名称は天馬(ペガソス)に由来する。中性子星の強い重力場で赤方偏移した鉄の吸収スペクトル、X線パルサーのグリッチなどを観測した。同63年12月運用完了。
てん-ま【天馬】▶てんば(天馬)❶
てん-ま【天麻】オニノヤガラの根茎。漢方で鎮痙(ちんけい)・鎮静薬などに用いる。
てんま【天満】大阪市北区南東部の地名。天満宮があるところからの名。
てん-ま【天魔】仏語。仏法を害し、人心を悩乱して智慧や善根を妨げる悪魔。欲界の第六天、すなわち他化自在天の主である波旬とその眷属(けんぞく)をいう。
てん-ま【伝馬】❶逓送用の馬。律令制では、駅馬とは別に各郡に5頭ずつ常置して公用にあてた。戦国時代、諸大名は主要道路の宿駅に常備して公用にあて、江戸時代には、幕府が主要街道に設け、また、一般人が利用できるものもあった。❷「伝馬船」の略。
デンマーク〘Denmark〙ヨーロッパ北部、ユトランド半島と付近の島々からなる立憲王国。首都コペンハーゲン。酪農中心の農業が行われ、社会福祉が発達。住民はゲルマン系のデーン人で、中世にはバイキングとしてヨーロッパ各地に進出、広く北欧を支配した。1523年スウェーデンが分離独立、1814年ノルウェーが分離、1944年アイスランドが独立し、現在、グリーンランドとフェロー諸島を領有。人口552万(2010)。ダンマルク。(補説)「丁抹」とも書く。
デンマーク-ご【デンマーク語】インド-ヨーロッパ語族のゲルマン語派に属する言語。デンマークの公用語。
デンマーク-たいそう【デンマーク体操】タイサウ デンマーク人ニールス=ブックが20世紀初頭に確立した体操。姿勢を矯正し柔軟性を高めるため、律動的な運動を強調した。
デンマーク-れんごうおうこく【デンマーク連合王国】レンガフワウコク 1397年、カルマルの同盟によって生まれた、デンマーク・スウェーデン・ノルウェーの連合王国。1523年、スウェーデンの独立で解消。
てんま-おくり【伝馬送り】宿(しゅく)送り。宿継ぎ。
てん-まく【天幕】❶天井に張って飾りとする幕。❷テント。「―を張る」
てんまく-けむし【天幕毛虫】ウメケムシの別名。
てんま-こみ【伝馬込み】近世大型和船の垣立(かきたつ)で、伝馬船を積み込めるように取り外し構造とした部分。
てんま-じょ【伝馬所】江戸時代、街道の宿駅で人馬の継ぎ立てを行う所。
てんま-せん【伝馬船】木造の小型和船。ふつう櫓(ろ)

か櫂(かい)でこぎ、本船と岸との間を往復して荷などの積み降ろしを行う。艀(はしけ)。てんまぶね。

てんま-ちょう【伝馬町】(ちやう) 東京都中央区、小伝馬町と大伝馬町の地域。江戸時代、伝馬役が住み、また小伝馬町には牢屋敷があった。今は問屋街。

てん-まつ【×顚末】《「顚(いただき)」から「末(すえ)」までの意》事の最初から最後までの事情。一部始終。「事件の―」(類語)経過・経緯・いきさつ・一部始終・始末・次第

てん-まど【天窓】屋根・天井などに設けた明かり取り、または煙出しのための窓。引き窓。

てんま-はじゅん【天魔波旬】仏語。欲界最上位の第六天にいる天魔の名。

てんま-ぶし【天▽満節】説経節の一派。万治〜元禄(1658〜1704)ごろ、江戸で活躍した天満八太夫の語った曲節。宝暦(1751〜1764)ごろには衰退。

てんま-ぶね【伝馬船】「てんません(伝馬船)」に同じ。

てんま-まつり【天満祭】大阪市北区の天満宮の夏祭り。もとは陰暦6月25日、現在は7月25日に行われ、日本三大祭りの一。宵宮には鉾(ほこ)流しの神事、本祭りの夕方には船渡御の神事がある。天神祭。天満の舟祭。(季 夏)

てんま-やく【伝馬役】戦国時代から江戸時代、街道の宿駅で公的な貨客輸送を行うための課役。江戸時代には五街道の宿駅ごとに常備人馬数が定められていた。

てんまん-ぐう【天満宮】菅原道真(すがわらのみちざね)の霊である天満天神を祭った神社。全国各地にあるが、特に大阪市北区の天満宮、京都の北野天満宮、太宰府(だざい)天満宮が有名。てんまぐう。➡天神❷

てんみょう-がま【天明釜】(テンミヤウ) 室町時代から下野(しもつけ)国佐野郡天明(栃木県佐野市)で製作された鉄製の茶釜の総称。地肌に工夫をこらし、地文のないものが多い。蘆屋釜(あしやがま)とともに茶人に珍重される。

てんむ-てんのう【天武天皇】(テンワウ) [?〜686]第40代の天皇。在位673〜686。舒明天皇の第3皇子。名は大海人(おおあま)。母は皇極天皇(斉明天皇)。兄の天智天皇の子の大友皇子(弘文天皇)が太政大臣になると皇太子の地位を去り、吉野に隠退。天智天皇没後、皇位を争って大友皇子を打倒(壬申の乱)。乱後、飛鳥浄御原宮(あすかきよみはらのみや)で即位。八色(やくさ)の姓(かばね)の制定や国史の編纂(へんさん)などにより律令制を整備した。

てん-めい【天命】❶天の命令。天が人間に与えた使命。「人事を尽くして―を待つ」❷人の力で変えることのできない運命。宿命。❸天の定めた寿命。天寿。「―を全うする」「―が尽きる」❹天の与える罰。天罰。「―とはいいながら富五郎はばたばた苦しみまして」〈円朝・真景累ヶ淵〉(類語)(❷)宿命・宿運・運・運命・運勢・命運・天運・命数・暦数・巡り合わせ・回り合わせ・星回り・定め/(❸)寿命・天寿・命数・命脈

天命を知る　《「論語」為政から》50歳になる。➡知命

てん-めい【天明】夜明け。明けがた。

てんめい【天明】江戸中期、光格天皇の時の年号。1781年4月2日〜1789年1月25日。

でん-めい【電命】電報による命令。

てんめい-かいご【転迷開悟】仏語。迷いを転じて悟りを開くこと。

てんめい-ちょう【天明調】(テウ) 安永・天明(1772〜1789)のころ、与謝蕪村・加藤暁台(きょうたい)・三浦樗良(ちょら)・大島蓼太(りょうた)・高桑闌更(らんこう)らが蕉風への復帰を唱えて興った俳風。

てんめい-の-ききん【天明の飢饉】天明2〜7年(1782〜87)にかけての奥羽・関東地方を中心とした大飢饉。冷害や浅間山の噴火などで大凶作となり、疫病の流行もあって、餓死者・病死者は全国で90万人を超えた。各地で一揆・打ち壊しが発生した。

てんめい-の-たいか【天明の大火】(タイクワ) 天明8年(1788)京都市中の大半を焼き尽くした火事。皇居も焼失し、焼失家屋は18万余に達したという。

てん-めつ【×殄滅】〔名〕(スル) 残らず滅びること。滅び絶えること。また、残らず滅ぼすこと。

てん-めつ【点滅】〔名〕(スル) 灯火がついたり消えたりすること。また、灯火をつけたり消したりすること。「遠く―する漁(いさ)り火」「懐中電灯を―する」(類語)明滅

てんめつ-き【点滅器】電灯を点滅するための器具。スイッチ。

てん-めん【転免】転官と免官。転職と免職。

てん-めん【×纏綿】■〔名〕(スル) ❶からみつくこと。「蔦(つた)が木に―する」「選手の移籍に―する問題」❷複雑に入り組んでいること。「其娘さんはある―した事情のために」〈漱石・行人〉■〔ト・タル〕図〔形動タリ〕心にまつわりついて離れないさま。「情緒―として去りがたい」「人生に対する透徹なる批判と、―たる執着と」〈倉田・愛と認識との出発〉

テンメンジャン【甜麺醤】《中国語》中華調味料の一つで、小麦粉を発酵させた甘味噌(みそ)のこと。ペキンダック料理に使う味噌として有名。

てん-もう【天網】(マウ) 悪人や悪事をのがさないように、天が張りめぐらした網。

天網恢恢(かいかい)疎(そ)にして漏らさず　《「老子」73章から》天の張る網は、広くて一見目が粗いようであるが、悪人を網の目から漏らすことはない。悪事を行えば必ず捕らえられ、天罰をこうむるということ。

てん-もう【展毛】紡績で、絡み合った羊毛を解いて開毛し、夾雑物(きょうざつぶつ)を除いたのち、種々の羊毛をまぜ、油を添加する工程。

てんもう-おり【添毛織(り)】➤パイル織り

テン-モード〖10 mode〗《modeは「形態」の意》乗用車の排ガス、及び燃料消費率を調べる際の10の走行パターン。比較的実用的な走行パターンに近い。

てん-もく【天目】❶天目茶碗。また一般に、茶碗。❷「天目台」の略。

てんもく-ざけ【天目酒】天目茶碗で飲む酒。茶碗酒。「五斗味噌肴(さかな)に―」〈浮・歌軍法〉

てんもく-ざや【天目×鞘】槍(やり)の鞘(さや)で、天目茶碗をふせたような形をしたもの。

てんもく-ざん【天目山】■㊀山梨県甲州市にある山。標高1380メートル。天目山栖雲寺がある。南麓の田野(たの)は武田勝頼が自刃した所。㊁中国浙江(せっこう)省北部にある山。東西二峰からなり、西天目山は標高1507メートル。仏教・道教の寺院が多く、景勝地。■《■㊀から転じて》物事の最後の場面。勝敗の分かれ目。「ここが勝負の―だ」

てんもく-だい【天目台】天目茶碗をのせる台。茶碗とともに中国から渡来したのが始まり。

てんもく-だて【天目▽点て】天目茶碗で茶をたてること。また、その方式。身分の高い人に対して行う。

てんもく-ぢゃわん【天目茶×碗】抹茶茶碗の一。擂鉢(すりばち)状で口縁はわずかにくびれ、高台(こうだい)は低く小さい。鎌倉時代に中国浙江(せっこう)省の天目山の寺院で学んだ留学僧が持ち帰ったところからの名。建盞(けんさん)を頂点として古くから珍重され、日本でも瀬戸などで写しが作られた。天目。

てんもく-のみ【天目飲み】天目茶碗で酒をのむこと。「―に思ひ出申して」〈浮・五人女・一〉

てん-もり【天盛(り)】❶日本料理で、酢の物・あえ物・煮物などを盛りつけた上に飾る木の芽・針海苔・芽じそなどのこと。❷天ぷらを添えた盛りそば・盛りうどん。

てん-もん【天文】❶天体に起こるさまざまな現象。❷天空に起こるさまざまな現象を見て吉凶を占うこと。また、その術。「―は淵源をきはめ、推条掌をさすが如し」〈平家・三〉

てん-もん【天門】天帝の御殿の門。また、天へのぼる入り口にあるという門。

てんもん-がく【天文学】天体の位置・運動・性状や化学組成・進化などと、宇宙の構造・進化などを研究する学問。位置天文学・天体物理学・天体力学に大別される。

てんもんがくてき-すうじ【天文学的数字】天文学で使われるような、非常に桁(けた)数の多い数字。現実ばなれのした大きな数。

てんもん-かた【天文方】江戸幕府の職名。若年寄に属し、天文・暦術・地誌・測量・洋書翻訳などをつかさどった。

てんもん-こうほう【天文航法】(カウハフ) 天体の水平線上の高度を測定して船舶や航空機の現在位置を求め、針路を確かめて航行する方法。クロノメーター・六分儀(ろくぶんぎ)などを使って行う。

てんもん-ざひょう【天文座標】(ヘウ) ➤天球座標

てんもん-じ【天文時】天体の位置観測に基づく時法の総称。恒星時・太陽時・暦表時など。➡原子時

てんもん-だい【天文台】天体の観測および研究に従事する施設。

てんもん-たんい【天文単位】(タンヰ) 主に太陽系内の距離を表すのに用いる単位。太陽と地球との平均距離を一天文単位とし、1億4959万7870キロ。記号AU

てんもん-ちょう【天文潮】(テウ) 月や太陽の潮汐(ちょうせき)力によって生じる潮汐(ちょうせき)。天体潮。

てんもん-どう【天文道】(ダウ) 天文・気象を観察し、その変異により吉凶を察知する術。律令制では、陰陽寮(おんようりょう)に天文博士が置かれ、天文の観察や異変の際の密奏をつかさどった。

てんもん-どう【天門冬】クサスギカズラの根を蒸して乾燥したもの。漢方で滋養強壮・鎮咳(ちんがい)・止渇薬などに用いる。

てんもん-どけい【天文時-計】天文観測に用いる、きわめて精確な標準時計。現在は多くセシウム原子時計を使用。

てんもん-はかせ【天文博士】律令制で、陰陽寮に属し、天文の観測と天文生の教授とに当たった職。天文の博士。

てん-や【店屋】商店。特に、飲食店。「少し行くときたない―がある」〈蘆花・思出の記〉

でん-や【田野】田と野原。また、いなか。

てん-やく【天役｜点役】中世、朝廷に大儀・造営があった時など、臨時に賦課した雑税。

てん-やく【典薬】❶「典薬寮」の略。❷「典薬頭(てんやくのかみ)」の略。

てん-やく【典×鑰｜典×鎰】律令制で、中務(なかつかさ)省に属し、監物(けんもつ)とともに諸司の倉の鍵をつかさどった役。鎰取(かぎとり)。かぎのつかさ。

てん-やく【点訳】〔名〕(スル) 普通の文字や文章を点字に直すこと。点字訳。「ボランティアで―する」

てん-やく【点薬】〔名〕(スル) 目に薬をさすこと。点眼。また、その薬。点眼薬。「医者に―してもらう」

てんやく-の-かみ【典薬▽頭】❶典薬寮の長官。くすりのかみ。❷江戸幕府の職名。若年寄に属し、官医の最上位。

てんやく-りょう【典薬寮】(レウ) 律令制で、宮内省に属し、宮中の医薬・薬園などに関することをつかさどった役所。くすりのつかさ。

てんや-もの【店屋物】飲食店で売っている食べ物。特に、その店から取り寄せる食べ物。「夕食を―で済ませる」

てんや-もの【店屋者】商売女。遊女。「さては―でない白人(しろうと)女を好く事よ」〈浮・禁短気・三〉

てんや-わんや〔名・形動〕大勢の人が秩序なく動き回り、ごった返すこと。また、そのさま。「宴会の準備で台所は―だ」(補説)手に手にの意の「てんでん」と、関西方言でむちゃくちゃの意の「わや」とが結合してできた語という。獅子文六の新聞小説「てんやわんや」で広く一般に使われるようになったもの。

てん-ゆ【×諂×諛】〔名〕(スル) へつらうこと。阿諛(あゆ)。「天朝を蔑視し醜夷に―し」〈条野有人・近世紀聞〉

てん-ゆう【天×佑｜天×祐】(イウ) 天の加護。天のたすけ。天助。「―神助」(類語)神佑・天助・神助

てん-よ【天与】天の与えるもの。天のたまもの。天賦。「―の資源に富む」

てんよう【天養】(ヤウ) 平安後期、近衛天皇の時の年号。1144年2月23日〜1145年7月22日。

てん-よう【点葉】(エフ) 山水画で、木の葉を点またはそれに近い筆触で表現する手法。

てん-よう【転用】〔名〕(スル) 本来の目的を他にかえて

使用すること。「住宅資金を教育費に―する」

てん‐ようせつ【点溶接】「スポット溶接」に同じ。

てん‐らい【天来】(多く「天来の」の形で)天からこの世に来ること。天から得たかと思われるほどすばらしいこと。「―の妙技」

てん‐らい【天雷】❶かみなり。❷江戸時代、劇場の舞台の天井にしかけた、雷の音を出す装置。[類語](❶)雷(かみなり)・雷(いかずち)・雷(らい)・鳴る神・雷鳴・雷電・霹靂(へきれき)・雷公

てん‐らい【天×籟】❶天然に発する響き。風が物に当たって鳴る音など。❷詩文の調子が自然で、すぐれていること。絶妙の詩文。「―の文章」

でん‐らい【伝来】〔名〕スル ❶外国から伝わってくること。渡来。「仏教は六世紀に日本に―した」❷代々受け継いでくること。「先祖―の土地」

てん‐らく【転落┊×顛落】〔名〕スル ❶ころげ落ちること。「岩場から―する」「―死」❷上位から下位に一挙に落ちること。急激に落ちぶれること。「―の一途をたどる」「幕下に―する」❸堕落すること。身をもちくずすこと。「悪の道に―する」[類語](❶)落下・墜落/(❸)落ちぶれる・没落・零落・凋落(ちょうらく)・落魄(らくはく)

てん‐らん【天覧】天皇が観賞すること。叡覧(えいらん)。「―試合」

てん‐らん【展覧】〔名〕スル 書画・物品などを広げたり並べたりして一般に見せること。「絵画を―する」[類語]展示・展観・出品・陳列・ディスプレー

でん‐らん【電×纜】▶ケーブル

てんらん‐かい【展覧会】―クワイ 美術品などを陳列して一般に公開する会。[類語]博覧会・展示会

てんらん‐ざん【天覧山】埼玉県南部、飯能市北西にある山。標高197メートルの小高い丘。もとの名は愛宕(あたご)山。ついで羅漢山とよばれたが、明治16年(1883)山麓で行われた陸軍大演習の際、明治天皇が山頂から統監したことからこの名がついた。山頂は眺望がよく関東平野を一望できる。

てん‐り【天利】貸金などの消費貸借で、元金から天引きする契約期間の利子。天引きの利子。

てん‐り【天理】自然の道理。万物に通じる道理。「―にかなう」

てんり【天理】奈良県北部の市。中心の丹波市(たんばいち)は市場町・宿場町として発達。天理教発祥地・本部所在地で、昭和29年(1954)市制。石上(いそのかみ)神宮がある。人口6.9万(2010)。

でん‐り【電離】〔名〕スル《「電気解離」の略》❶原子や分子が電子を放出または取り入れてイオンになること。イオン化。❷電解質が水などに溶けてイオンに分かれること。

てんり‐いりょうだいがく【天理医療大学】―イレウダイガク 奈良県天理市にある私立大学。平成24年(2012)開学。

てんり‐きょう【天理教】―ケウ ㊀神道十三派の一。大和の農婦、中山みきを教祖とし、天保9年(1838)に創始。明治41年(1908)一派独立。教義は「みかぐらうた」「おふでさき」などに示され、真の世界平和、陽気ずくめの世界に建て替えるために、人間は我心を捨てて神命に奉仕すべきであると説く。天理王命(てんりおうのみこと)を主神とする。㊁中国、清代に、白蓮教などの影響を受けて生じた民間の宗教運動。八卦(はっけ)の名を用いて教徒を組織したことから、八卦教ともいう。1813年に、林清らを指導者として、華北で反乱を起こしたが、短期間で鎮圧された。

でんり‐けん【電離圏】▶電離層

でんり‐さよう【電離作用】放射線が物質中を通過し、中性の原子や分子から電子を弾き飛ばして電離させる作用。ガイガーミュラー計数管は電離によって生じる電子を電気的な信号に変換することで、放射線量を計測する。

てんり‐し【天理市】▶天理

てんり‐じんよく【天理人欲】中国哲学で、倫理思想を表す概念の一。天理は自然のままの本性、人欲は外部の刺激によって起こる欲求。宋学では、人欲よりも天理に従うことを強調した。

でんり‐すいそりょういき【電離水素領域】―スイソリヤウヰキ ▶HⅡ領域

でんり‐そう【電離層】大気の上層にあって、電子密度が大きく、電波を反射する層。太陽からの紫外線やX線によって大気の分子が電離して生じた電子やイオンを多く含み、高度約60～90キロのD層、90～130キロのE層、130キロ以上のF層に分けられる。電離圏。

でんり‐そんしつ【電離損失】電子や陽子などの荷電粒子が物質中を通過するとき、その物質を構成する原子を電離したり励起したりして、エネルギーを失う現象。その際の単位距離当たりに失う平均のエネルギー損失を阻止能という。

てんり‐だいがく【天理大学】奈良県天理市にある私立大学。大正14年(1925)設立の天理外国語学校に始まり、天理語学専門学校を経て、昭和24年(1949)新制大学として発足。

でんり‐でんりゅう【電離電流】―デンリウ 気体などが電離して生じたイオンや電子による電流。放射線検出器の一種である電離箱は、放射線が入射したときに生じる電離電流を測定する。

でんり‐ど【電離度】電解質が溶液中でどれだけ電離しているかの割合。電離する前の物質全量に対する、電離した量の比。

でんり‐ばこ【電離箱】放射線検出器の一。放射線が入射すると器内の気体が電離し、電極間に電流が流れるようにしたもので、電極で放射線の線量やエネルギーなどを測定する。

でんり‐ほうしゃせん【電離放射線】―ハウシヤセン 原子や分子を電離する作用をもつ放射線の総称。高速荷電粒子(α線、電子線)や高速中性子などの粒子線、短波長で高いエネルギーをもつ紫外線、X線、γ(ガンマ)線を指す。人間を含む生物体に有害な影響を与えるため、医療・産業分野の放射線に関わる業務において、さまざまな法的規制が設けられている。

てんりゃく【天暦】平安中期、村上天皇の時の年号。947年4月22日～957年10月27日。

てん‐りゅう【天竜】❶八部衆のうち、天衆(てんしゅ)と竜神。❷天宮を守る竜。天上の竜神。てんりょう。

てんりゅう【天竜】静岡県浜松市の区。旧市名。二俣地区は木材の集積地で、製材業が盛ん。➡浜松

てん‐りゅう【転流】―リウ 植物体の、ある部分で合成された物質が篩管(しかん)を通して他の部分に運ばれること。

でん‐りゅう【電流】―リウ 電気が導体の中を流れる現象。電位の高い方から低い方へ流れる。その大きさは、単位時間に単位断面を通過する電気量で表す。単位はアンペア。

てんりゅうおくみかわ‐こくていこうえん【天竜奥三河国定公園】テンリユウおくみかはコクテイコウヱン 天竜川流域の静岡・愛知・長野3県にまたがる国定公園。天竜峡・鳳来寺山(ほうらいじさん)・茶臼山(ちゃうすやま)などがある。

てんりゅう‐がわ【天竜川】―がは 中部地方を流れる川。長野県の諏訪(すわ)湖に源を発し、伊那盆地を経て浜松市の東で太平洋に注ぐ。長さ213キロ。佐久間・秋葉などのダムがある。

てんりゅう‐きょう【天竜峡】―ケフ 長野県南部、天竜川中流の峡谷。断崖絶壁に青松の景勝地。舟下りが行われる。

てんりゅう‐く【天竜区】▶天竜

でんりゅう‐けい【電流計】デンリウ― 電流の大きさを測定する装置。直流用・交流用・交直両用などがある。アンペア計。アンペアメーター。アンメーター。

でんりゅう‐こうりつ【電流効率】デンリウカウリツ 電気分解、電気鍍金などの電気化学反応において、どれだけの電気量(電荷)が目的とする反応に利用されたかを百分率で表したもの。陰極に金属が析出する場合、実際の析出量と理論析出量の比で定義される。

てんりゅうざん‐せっくつ【天竜山石窟】―セキクツ 中国山西省太原市西南の天竜山にある仏教石窟寺。東魏から唐代にかけて二十余窟が造営された。

てんりゅう‐し【天竜市】▶天竜

てんりゅう‐じ【天竜寺】京都市右京区嵯峨にある臨済宗天竜寺派の大本山。山号は霊亀山。正称は、天竜資聖禅寺。延元4=暦応2年(1339)吉野の行宮で没した後醍醐天皇の菩提(ぼだい)をとむらうため、足利尊氏(あしかがたかうじ)が亀山殿の地に創建。開山は夢窓疎石。京都五山の第一位。平成6年(1994)「古都京都の文化財」の一つとして世界遺産(文化遺産)に登録。

てんりゅうじ‐ぶね【天竜寺船】興国2=暦応4年(1341)足利直義(あしかがただよし)が天竜寺造営の費用を得るため、夢窓疎石らと元に派遣した貿易船。

てんりゅう‐はちぶしゅう【天竜八部衆】天・竜をはじめとする仏法守護の八神。竜神八部。➡八部衆(はちぶしゅう)

でんりゅう‐みつど【電流密度】デンリウ― 電流の方向に垂直な単位面積を毎秒流れる電気量。

てん‐りょ【天慮】天皇の考え。叡慮(えいりょ)。

てん‐りょう【天領】―リヤウ ❶天皇・朝廷直轄の領地。❷江戸幕府直轄の領地。幕府の経済的基盤をなすもので、重要地には奉行・郡代・代官を置いた。

てん‐りょう【点料】―レウ 点者が受ける報酬。

でん‐りょう【田猟】―レフ 狩りをすること。狩猟。

でんりょう‐けい【電量計】デンリヤウ― ▶ボルタメーター

でん‐りょく【電力】電流が単位時間にする仕事量。直流では電圧と電流の積に等しい。単位はワット。

でんりょく‐けい【電力計】電力を測る計器。一定の時刻の電力を示す指示電力計と一定時間内の電力量を積算する積算電力計がある。ワットメーター。

でんりょく‐けいとう【電力系統】電力会社が電気を消費者に供給するためのシステム全体のこと。発電所・変電所・送電線・配電線などの設備。

でんりょくせん‐インターネット【電力線インターネット】《power line Internet》電力線を通信回線として利用し、インターネットに接続すること。またはそのサービス。電力線通信技術により、電力会社の送電網を通信インフラとする。数Mbpsから数百Mbpsの高速通信が可能。電灯線インターネット。

でんりょくせん‐つうしん【電力線通信】《power line communication》電力線を通信回線として利用する技術。一般家庭やビル構内の電気コンセントにアダプターを設置し、インターネットをはじめとするデータ通信を可能とする。電灯線通信。高速電灯線通信。電灯線データ通信。電力線データ通信。高速電力線通信。電力線搬送通信。PLC。高速PLC。

でんりょく‐りょう【電力量】―リヤウ 電力と時間の積、または電力を時間的に積算(積分)した量。電流のする仕事量に等しい。単位はワット時(Wh)、キロワット時(kWh)など。

でんりょくりょう‐けい【電力量計】デンリヨクリヤウ― ▶積算電力計

てん‐りん【天倫】❶万物が調和を保っている自然の条理。天の道理。❷自然に定まっている人と人との関係・秩序。親子・兄弟関係など。

てん‐りん【天×稟】▶てんぴん(天稟)

てん‐りん【転輪】㊀輪を回すこと。また、回転する輪。㊁「転輪王」の略。

てんりん‐おう【転輪王】―ワウ《梵 Cakravarti-rājanの訳》古代インドの伝説上の理想的国王。身に三十二相を備え、即位のとき天より感得した輪宝によって四方を降伏(ごうぶく)させる。輪宝の種類により、金輪王・銀輪王・銅輪王・鉄輪王の四王がある。転輪聖王。輪王。

てんりん‐じょうおう【転輪聖王】―ジヤウワウ「転輪王」に同じ。

てんりん‐ぞう【転輪蔵】―ザウ 経蔵に設置した、一切経用の回転書架。中央の柱を中心に回転する。輪蔵。

てんりん‐らしんぎ【転輪羅針儀】▶ジャイロコンパス

てん‐れい【典令】法律や命令。

てん‐れい【典礼】❶定められた儀礼や儀式。「即位の―」❷特に、キリスト教の教会が行う公の礼拝・儀式。[類語](❶)式・儀式・式典・セレモニー

てん‐れい【典例】よりどころとなる先例。

てん‐れい【典麗】〔名・形動〕きちんと整っていて美しいこと。また、そのさま。「―な姿」

てん‐れい【×篆隷】篆書と隷書。

でん‐れい【伝令】命令を伝達すること。また、その任に当たる人。「―を出す」
でん‐れい【電鈴】電磁石を利用して鈴(りん)を打ち鳴らす信号装置。
でんれい‐アールエヌエー【伝令RNA】DNAがもつ遺伝情報をリボゾームに伝達するリボ核酸。DNAの塩基配列を鋳型として合成される。メッセンジャーRNA。mRNA。
てんれいばんしょうめいぎ【篆隷万象名義】(テンレイバンゾウメイギ) 日本に現存する最古の漢字字書。6帖30巻。空海撰。天長7年(830)以降成立。約1万6000字の漢字を542部に分類し、字音を表す反切と漢字注を施したもの。
てんれい‐もんだい【典礼問題】カトリック教会の清朝中国での布教に際して、中国の信者に対して伝統的な祖先崇拝・孔子崇拝などの儀礼(典礼)をどの程度認めるかについて行われた論争。教皇が典礼への参加を禁止したため、雍正帝のキリスト教布教の全面的禁止に発展した。
てん‐ろ【転炉】製鋼用の炉で、中で精製した金属を、炉体を回転させて取り出すもの。洋ナシ形をし、底部から空気または酸素を吹き込んで精製する。
でん‐ろ【電炉】「電気炉」の略。
でん‐ろ【電路】電流の通路。電気回路。
でん‐ろう【殿廊】(デンラウ) 宮殿・殿堂などの渡り廊下。
でん‐ろう【殿楼】立派な御殿や高殿(たかどの)。
てんろう‐せい【天狼星】(テンラウ) 大犬座のα(アルファ)星、シリウスの中国名。
てんろ‐き【転路機】▶転轍機(てんてつき)
てん‐ろく【天禄】❶天から授かる幸福。天の恵み。❷古代中国の想像上の動物。角があり、鹿または牛に似る。霊獣とされ、印章・墓石などに刻される。天禄獣。
てんろく【天禄】平安中期、円融天皇の時の年号。970年3月25日～973年12月20日。
てんろれきてい【天路歴程】《原題The Pilgrim's Progress》バニヤンの小説。第一部1678年、第二部84年刊。クリスチャンとその妻クリスチアーナが「滅亡の市」を旅立ち、「落胆の沼」「虚栄の市」などを経て、試練の末に「天の都」に至るまでを描く。
てんろん【典論】中国の文学書。もと5巻20編。魏(ぎ)の文帝曹丕(そうひ)撰。文学や文体を本格的に論じた最初の図書。自叙文と「文選」に引用された「論文」のみが残っている。典論論文。
てんわ【天和】▶てんな(天和)
でん‐わ【電話】〔名〕(スル) ❶電話機を用いて通話すること。「―をかける」「―に出る」「自宅に―する」❷電話機。また、電話回線。「―を引く」「公衆―」「携帯―」〘類語〙テレフォン
でんわ‐かにゅうけん【電話加入権】(―カニフケン) 日本電信電話株式会社(NTT)の固定電話契約者が電話を利用できる権利。
でんわ‐き【電話機】音声を電気信号に変換して離れた場所に送り、再び音声に戻して通話する機械。
でんわ‐きょく【電話局】電話の架設や交換・保守に関する業務を行う所。日本電信電話株式会社(NTT)に所属し、現在は支店または営業所に改称。
でんわ‐ぐち【電話口】通話中の電話機。「―に呼び出す」
でんわ‐こうかん【電話交換】(―カウクワン) 通話しようとする人の電話線を、相手方の電話線に接続すること。また、その業務。「―機」
でんわ‐こうかんしゅ【電話交換手】(―カウクワンシュ) 電話交換の業務を行う人。交換手。
でんわ‐ちょう【電話帳】(―チャウ) 電話加入者の氏名・住所と電話番号を掲載した冊子。五十音別・職業別などがある。電話番号簿。
でんわ‐ばんごう【電話番号】(―バンガウ) それぞれの固定電話や携帯電話などに電話をかけるために付加してある番号。
でんわ‐ボックス【電話ボックス】公衆電話が取り付けてある箱型の小さな建物。

と ❶五十音図タ行の第5音。歯茎の無声破裂子音[t]と母音[o]とから成る音節。[to] ❷平仮名「と」は「止」の草体から。片仮名「ト」は「止」の初2画から。
と ❶(打消しの助動詞「ぬ」のあとに付いて)…しない前。…しないうち。「我が背子を莫越(なこし)の山の呼子鳥(よぶこどり)君呼び返せ夜のふけぬ―に」〈万・一八二二〉❷…する時。「宍串(ししくし)ろ熟睡(うまい)寝し―に庭つ鳥鶏(かけ)は鳴くなり」〈継体紀・歌謡〉〘補説〙語源を「外(と)」あるいは「処(と)」に関係づける説などがあるが、未詳。
と【ト】洋楽の音名の一つで、日本音名の第5音。
と【十】数の、とお。じゅう。多く、名詞の上に付けて用いる。「一月(ひとつき)十日(とおか)」「十人(とたり)一色(とりどり)」
と【戸・門】❶(戸)窓・出入り口などに取り付けて、開閉できるようにした建具。引き戸・開き戸などがある。「―をたてる」「鎧(よろい)―」❷出入り口。戸口。かど。もん。「大き―よりうかがひて」〈崇神紀〉❸水の流れの出入りする所。瀬戸。「淡路島―渡る舟の楫間(かぢま)にも我は忘れず家をしぞ思ふ」〈万・三八九四〉〘類語〙扉・ドア・シャッター
と【斗】❶尺貫法の容積の単位。1升の10倍、すなわち約18.039リットル。➡升(しょう)❷ます。特に、一斗枡(いっとます)。❸建築で、枡形(ますがた)。❹二十八宿の一。北方の第一宿。射手座中の北西部の六星、南斗六星をさす。ひつきぼし。ひきつぼし。斗宿。➡漢「と(斗)」
と【外】そと。屋外。「大宮の内にも―にもめづらしく降れる大雪な踏みそね惜し」〈万・四二八五〉
と【利・鋭・疾】《形容詞「と(利)し」の語幹から》するどいこと。すばやいこと。多く「利鎌(とがま)」「利心(とごころ)」など、複合語の形で用いられる。
と【音】おと。ね。「風の―の遠き我妹(わぎも)が着せし衣(きぬ)手本(たもと)のくだりまよひ来にけり」〈万・三四五三〉
と【徒】その仲間。その同類の人。「学問の―」「無頼(ぶらい)の―」➡漢「と(徒)」〘類語〙仲間・同類・一類・一党・徒輩(とはい)・ともがら・やから・たぐい
と【砥】砥石(といし)。
　砥の如(ごと)し　砥石の表面のように平らである。「坦坦たる―・き県道となって」〈蘆花・思出の記〉
と【途】道。道すじ。道のり。「再び車に乗り―に上りぬ」〈鷗外訳・即興詩人〉➡漢「と(途)」
　途に就(つ)・く　出発する。旅立つ。「帰国の―・く」
と【堵】垣。垣根。➡漢「と(堵)」
　堵に安(あん)・ずる　安楽に暮らす。また、安堵(あんど)する。「人民其の―・ずるを得」〈竜渓・経国美談〉
　堵の如(ごと)し　多くの人が集まり垣根をめぐらしたようである。見物人の多いようすにいう。「―・く勘次とおつぎの周囲に集まった」〈長塚・土〉
と【都】道・府・県と並ぶ地方公共団体。東京都のこと。また、「東京都」の略。➡東京 ➡漢「と(都)」〘類語〙道・府・県・郡
と【跡】あと。足あと。「跡絶(とだ)える」「跡見(とみ)」など、複合語の形で用いられる。
と【蠹】《木食い虫の意から》内部にあって害毒を及ぼすもの。「此を利禄の―と謂(い)う」〈露伴・運命〉➡漢「と(蠹)」
と〔副〕そのように。多く副詞「かく」と対になって用いられる。「―にもかくにも」「―につけかくにつけ」➡とかく ➡とこう ➡とにかく ➡ともかく
と ㊀〔格助〕名詞、名詞的な語、副詞などに付く。❶動作をともにする相手、または動作・関係の対象を表す。「子供―野球を見に行く」「友達―けんかをした」「苦痛―闘う」「しぐれ降る暁月夜紐解かず恋ふらむ君―居(を)らましものを」〈万・二三〇六〉❷(文や句をそのまま受けて)動作・作用・状態の内容を表す。引用の「と」。「正しい―いう結論に達する」「名をばさかきの造(みやつこ)―なむいひける」〈竹取〉❸比較の基準を表す。「君の―は比べものにならない」「昔―違う」「思ふことはいはでぞただにやみぬべき我―ひとしき人しなければ」〈伊勢・一二四〉❹動作・状態などの結果を表す。「有罪―決定した」「復讐(ふくしゅう)の鬼―化した」「年をへて花の鏡―なる水は散りかかるをやくもるといふらむ」〈古今・春上〉❺(副詞に付いて新たな副詞をつくり)ある状態を説明する意を表す。「そろそろ―歩く」「そよそよ―風が吹く」「ほのぼの―春こそ空に来にけらし天のかぐ山霞たなびく」〈新古今・春上〉❻(数量を表す語に付き、打消しの表現を伴って)その範囲以上には出ない意を表す。…までも。「全部で一〇〇円―かからない」「一〇〇キロ―走らなかった」❼(同一の動詞・形容詞を重ねた間に用いて)強調を表す。「世にあり―あり、ここに伝はりたる譜といふものの限りをあまねく見合はせて」〈源・若菜下〉〘補説〙❹は「に」と共通する点があるが、「と」はその結果を表すのに重点がある。❼は、現在も「ありとあらゆる」などの慣用句的表現の中にわずかに残っている。㊁〔接助〕活用語の終止形に付く。❶二つの動作・作用がほとんど同時に、または継起的に起こる意を表す。…と同時。…とすぐ。「あいさつを終える―いすに腰を下ろした」「玄関を開ける―、子供が迎えに出てきた」「銀(かね)請け取る―そのまま駆け出して」〈浄・大経師〉❷ある動作・作用がきっかけとなって、次の動作・作用が行われることを表す。「汗をかく―風邪をひく」「写真を見る―昔の記憶がよみがえる」「年がよる―物事が苦労になるは」〈滑・浮世床・初〉❸順接の仮定条件を表す。もし…すると。「見つかる―うるさい」「ドルに直す―三〇〇〇ドルほどになる」「今言ふ―悪い」〈伎・幼稚子敵討〉❹逆接の仮定条件を表す。たとえ…であっても。…ても。㋐意志・推量の助動詞「う」「よう」「まい」などに付く。「何を言われよう―気にしない」「雨が降ろう―風が吹こう―、毎日見回りに出る」㋑動詞・形容動詞型活用語の終止形、および形容詞型活用語の連用形に付く。「たのめずば人をまつちの山なり―寝なましものをいさよひの月」〈新古今・恋三〉「ちと耳いたく―聞いて下され」〈浮・曲三味線・一〉❺次の話題の前提となる意を表す。「気象庁の発表によると、この夏は雨が少ないとのことだ」〘補説〙❸は中世以降用いられた。また、中古から使われていた❹㋑は、現代語では❹㋐のように特殊な慣用的用法として残っているだけである。㊂〔並助〕いくつかの事柄を列挙する意を表す。「君―ぼく―の仲」「幸ひの、なき―ある―は」〈源・玉鬘〉〘補説〙並立する語ごとに「と」を用いるのが本来の用法であるが、現代語ではいちばんあとにくる「と」を省略するのが普通となっている。
と【人】〔語素〕《「ど」とも》他の語に付いて、ひとの意を表す。「助っ―」「盗っ―」「東―(あずまど)」
と【所・処】〔語素〕《「ど」とも》他の語に付いて、場所の意を表す。「隈(くま)―」「臥(ふ)し―(ど)」
と【鳥】〔語素〕名詞の上に付いて、鳥の意を表す。「―さか(鶏冠)」「―屋(や)」
ど 「と」の濁音。歯茎の有声破裂子音[d]と母音[o]とから成る音節。[do]
ど【土】❶つち。土壌。「―に帰す」❷土地。地方。国。「医師は…至急に―を換うるが第一ならんと」〈逍遥・内地雑居未来之夢〉❸土曜日。❹五行(ごぎょう)の第三位。方位では中央、季節では土用、五星では土星、十干では戊(つちのえ)・己(つちのと)に配する。➡漢「ど(土)」
ど【弩】中国で、戦国時代以降用いられた機械仕掛けの弓。いしゆみ。おおゆみ。➡漢「ど(弩)」
ど【度】㊀〔名〕❶物事のほどあい。程度。また、限界。「―を過ごす」「親密の―を深める」「―を越す」❷回数。たび。「―を重ねる」❸数量・程度などを表す単位。㋐温度の単位。➡セ氏温度 ➡カ氏温度 ㋑経度・緯度の単位。㋒角度の単位。円周を360等分し、その一単位の弧に対する中心角の角度を1度と

する。㋓めがねの強さを示す単位。焦点距離をメートルで表した数の逆数で示す。「近視の―が進む」㋔音程の単位。全音階では、二つの音が同音のものを1度とし、各音が隔たるごとに2度、3度と数える。㋕アルコールの含有量を示す単位。1度はアルコール分が1パーセントであることを示す。㊁〔接尾〕助数詞。物事の回数を数えるのに用いる。回。たび。「二―三―と繰り返す」➡漢「ど(度)」 類語 (㊀③)示度

度が過・ぎる　適当な程度を越える。過度である。「ふざけるのも―・ぎている」

度を失・う　ひどくあわてて心の平静を失う。周章狼狽(しゅうしょうろうばい)する。「突然のプロポーズに―・う」

度を越(こ)・える　►度を越す

度を越(こ)・す　「度を過ごす」に同じ。度を越える。「―・して飲み食いする」

度を過(す)ご・す　適切な程度以上に物事をする。ふつうよりもやりすぎる。度を越す。度を越える。「ついつい酒の―・す」

ど【×笯】「筌(うえ)」に同じ。

ド〖(イタリア) do〗①洋楽の階名の一。長音階の第1音、短音階の第3音。②日本音名ハ音のイタリア音名。

ど〔接助〕活用語の已然形に付く。①逆接の確定条件を表す。…が、しかし。…けれども。「さばかりおぼしたれ―、限りこそありけれ」〈源・桐壺〉②上の事柄を受け、それを条件として予想されることに反する事柄がいつも起こることを表す。…の場合でも、きまって。…ても。「よき人の物語するは、人あまたあれ―、一人に向きて言ふを、おのづから人も聞くにこそあれ」〈徒然・五六〉 補説 「ども」と同じ意味・用法をもつが、中古から中世にかけて、漢文訓読文系統では「ども」が多用されているのに対し、仮名日記系統では「ど」が圧倒的に多かった。中世中ごろからは女性も「ども」を多く用い、「ど」は衰えた。現代語では文章語として、「といえど」「と思えど」「待てど暮らせど」など慣用的表現に用いられる。

ど〔接頭〕名詞や形容詞に付く。①まさにそれに相当するものであることを強調する。「―真ん中」「―ぎつい」②ののしり卑しめる意をより強く表す。「―けち」「―下手」

ドア〖door〗戸。扉。「自動―」「回転―」
類語 戸・扉・シャッター

ドア-アイ《和 door＋eye》玄関などの扉につけてある、のぞき穴。レンズをはめこんで、内側から外の様子が広く見えるようにしてある。ドアスコープ。補説 英語ではpeephole。

ど-あい【度合(い)】(どあひ) 物事の程度。ほどあい。「減少の―が大きい」「緊張の―が高まる」
類語 程度・程(ほど)・度

ドア-エンジン《和 door＋engine》電車などのドアを開閉するための動力装置。

ドア-コック《和 door＋cock》電車やバスなどの自動ドアを、非常時に手動で開閉するための装置。

ドア-スコープ《和 door＋scope》►ドアアイ

ドアストッパー〖doorstopper〗①戸を開けたまま固定しておく器具。②扉を開けたとき、じかに壁や家具に当たらないようにするための器具。

と-あたり【戸当(た)り】①出入り口・窓などで開き戸を閉じたとき、戸が行きすぎないように方立(ほうだて)や枠などに取り付けた突出部。②引き戸を開閉したとき、戸の当たる柱や建具枠の部分。③開き戸を開けたときに、腰羽目などに当たらないように戸を食い止める金具。戸当たり金物。

ドア-チェーン〖door chain〗防犯などの目的で、ドアの内側に取り付ける短い鎖。その鎖の長さまででドアの開きを止めるもの。

ドア-チェック〖door check〗開いたドアを自動的に静かに閉じるための装置。ドアの上部に取り付ける。ドアクロザー。

ど-あつ【土圧】土と接する構造物との境界、あるいは土中のある面に及ぼす土の圧力。

ドア-ツー-ドア〖door-to-door〗①戸別訪問による販売。②依頼主の戸口に品物を取りに行き、送り先の戸口まで直接届けるという一貫した運送方式。③自宅の戸口を出てから目的の戸口までの所要時間。「―で一時間かかる」

ドアノッカー〖doorknocker〗ドアについたノッカー。

ドア-プライズ〖door prize〗パーティーなどで、くじに当たった人に贈られる賞品。

ドア-ボーイ《和 door＋boy》ホテルなどの出入り口に立ち、客の送り迎えや、ドアの開け閉めなどのサービスをする男性。ドアマン。

ドアマット〖doormat〗玄関などに敷く、履物の泥をぬぐうためのマット。

ドアマン〖doorman〗「ドアボーイ」に同じ。

と-あみ【投網】円錐形の袋状の網のすそにおもりを付けたものを、魚のいる水面に投げ広げ、かぶせて引き上げる漁法。また、その網。川など浅い所で行われる。うちあみ。なげあみ。唐網(とうあみ)。「―を打つ」(季 夏)

と-あみ【▽鳥網】►とりあみ

ドア-ミラー《和 door＋mirror》自動車の扉に取り付けてある、後方確認用の鏡。

と-ある【と×或る】〔連体〕たまたま行きあった場所や家、または日時などをさしていう。ある。「―食堂にはいる」「―夏の日のことである」

とい【刀伊】《朝鮮語で夷狄(いてき)の意》中国、沿海州地方に住んでいた女真族。寛仁3年(1019)対馬(つしま)・壱岐(いき)・筑前を襲ったが、大宰府の官人に撃退された。日本で、これを「刀伊の賊」とよんだ。

とい【問(い)】(とひ) ①問うこと。質問。「―を発する」②試験などの問題。設問。「左記の―に答えよ」 類語 (①)質問・質疑・発問・諮問/(②)問題・設問

とい【×樋】(とひ) 屋根を流れる雨水を受けて、地上や下水道に導くための溝形または筒状の装置。軒樋(のきどい)・竪樋(たてどい)、それらをつなぐ呼樋(よびどい)など。とゆ。とよ。

トイ〖toy〗おもちゃ。玩具。トーイ。

ど-い【土居】(どゐ) ①土を積み上げてつくった堤(つつみ)。土手。②城の周囲にめぐらした土の垣。③中世、屋敷や集落の周囲に防御のためにめぐらした土塁。転じて、土豪の屋敷をさす。堀の内。④建物や家具などの土台。⑤「土居桁(どいげた)」の略。⑥「土居葺(ぶ)き」の略。

とい-あわ・す【問(い)合(わ)す】(とひあはす) ㊀〔動サ五(四)〕「問い合わせる」に同じ。「電話で―・してみる」㊁〔動サ下二〕「といあわせる」の文語形。

とい-あわせ【問(い)合(わ)せ】(とひあはせ) 問い合わせること。照会。「―が殺到する」

といあわせ-げんご【問(い)合(わ)せ言語】(とひあはせ-) 《query language》►照会言語

とい-あわ・せる【問(い)合(わ)せる】(とひあはせる)〔動サ下一〕文 とひあは・す〔サ下二〕不明の点を聞いて確かめる。照会する。「試験の合否を―・せる」 類語 聞き合わせる・照会する・聞く・問う・尋ねる・質問する

と-い・い【と▽良い】〔連語〕《接続助詞「と」＋形容詞「いい」》希望や願望・勧誘を表す。…すればよい。「病気が治る―・いですね」「君もやってみる―・い」

と-いい【と言い】(といひ)〔連語〕①(「…といい…といい」の形で)二つ以上の事柄を挙げて、それらのすべてを同じように評価することを示す。…も…も。…だって…だって。「色―形―すばらしい」②前述の事柄を受けて、さらに他の事柄が重なることを表す。…であり、その上。「真夜中過の事―殊に風雨の烈しければ」〈染崎延房・近世紀聞〉

と-いう【と言う】(といふ)〔連語〕①人が…と呼ぶ。…と呼ばれる。「のっぽさん―あだ名」「大国主命(おおくにぬしのみこと)―神」②「と」の受ける事柄を取り立てて強調する意を表す。「人―のはわからないものだ」③数量を表す語に付いて、…に達する、…にも及ぶ、などの意を表す。「八千メートル―高所」「何万人―観光客」④時を表す同じ語を前後に置いて、それを強調する意を表す。「今日―今日は逃さない」⑤事物を表す同じ語を前後に置いて、そのものはすべて、の意を表す。「店―店は閉まっている」

と-いうこと・だ【と言うことだ】(といふことだ)〔連語〕①人から聞いたという意を表す。…という話だ。…そうだ。「彼は去年死亡した―・だ」②話し手が他者の心を推測して、断定的に述べる意を表す。「結局われわれは信用されていない―・だ」

と-いうことは【と言うことは】(といふことは)〔連語〕①…というわけは。…という意味は。「あの家を売った―、おそらく事業に失敗したのだろう」②(副詞的に用いて)つまりは。結局は。「彼は改正案に賛成した。―、われわれと同じ立場なのだ」

と-いうと【と言うと】(といふと)〔連語〕①ある事柄を受けて、そこから予想される内容や導かれる結論を示す。…とすると。…となると。「今週もだめ―、今月は会えないね」②ある事柄を提示し、それに関連したことについて下に続ける意を表す。…ということについては。「新聞記事―、最近公害問題はあまり見かけないね」③ある事柄に関して、代表的なものや、特に結びつきの強いものを挙げる。「コンピューター―彼に聞けばよい」④ある事柄を受けて、それに伴って必ずあとの事柄が生じることを表す。「旅行をする―天気が悪くなる」

と-いうとも【と言ふとも】(といふとも)〔連語〕《「とも」は接続助詞。漢文の「雖」の訓読から生じ、平安初期からみられる》たとえ…ても。…とも。「諸の四大種に於て自在に転ずること得たり―」〈地蔵十輪経元慶点〉

と-いうのは【と言うのは】(といふのは)〔連語〕語または文などを取り上げ、それについての説明や意義などをあとに述べることを示す。そのわけは。その理由は。「彼は欠席が多い。―アルバイトで忙しいから」

と-いうのも【と言うのも】(といふのも)〔連語〕①他も同様であるという意を含みながら、特にそれについて述べるときに用いる。「ゴルフ―、なかなかむずかしいスポーツだ」②理由をあとに述べる意を表す。「社長みずからが来た―、社運にかかわる事態だからだ」③(副詞的に用いて)そうなったわけは。「優勝した。―、監督がよかったからだ」

と-いえど【と言えど】(といへど)〔連語〕…とはいうものの。…といえども。「重役―、勝手は許されない」

と-いえども【と言えども｜と×雖も】(といへども)〔連語〕…とはいうものの。…といっても。「名人―、時には失敗する」➡雖(いえど)も

と-いえば【と言えば】(といへば)〔連語〕①話題の中のある事柄を取り上げて提示し、それに関連したことについて下に続ける意を表す。多く、話題を別方面に展開する場合に用いる。…ということについては。「事件―昨日の新聞は読みましたか」②ある事柄に関して、代表的なものや、特に結びつきの強いものを挙げる。「冬に行きたいところ―温泉でしょう」「酒―灘(なだ)」③ある事柄を受け、それに伴って必ずあとの事柄が生じることを表す。「月曜―遅刻する」

といおんせん【土肥温泉】(といをんせん) 静岡県伊豆市の温泉。伊豆半島西海岸にあり、泉質は塩化物泉・硫酸塩泉。

トイカ〖TOICA〗《和 Tokai IC Cardの略》JR東海の開発した、ICカードと自動改札機を無線で通信させ運賃を精算するシステム。定期券の機能をもつトイカ定期券もある。東海圏の在来線のほか、JR東日本のスイカ・JR西日本のイコカ・JR九州のスゴカ使用可能地域で利用できる。一部のキヨスクや駅近くのコンビニエンスストア・飲食店などでの買い物にも使える。➡イコカ ➡キタカ ➡スイカ ➡スゴカ

とい-かえ・す【問(い)返す】(とひかへす)〔動サ五(四)〕①一度尋ねたことをまた尋ねる。聞きなおす。「三度も―・してようやくわかった」②相手の質問に答えないで、逆にこちらから尋ねる。「あなたこそどうなのですと、―・す」

とい-かけ【問(い)掛け】(とひ-) 問いかけること。質問。「―に応じる」

とい-か・ける【問(い)掛ける】(とひ-)〔動カ下一〕文 とひか・く〔カ下二〕①質問をしかける。その人に向かって質問する。「矢つぎばやに―・ける」②質問をしはじめる。「―・けて急に口をつぐむ」
類語 問う・聞く・尋ねる・質問する

と-いき【吐息】落胆したり、緊張がゆるんだりしたときに思わず出る息。ためいき。「ほっと―をもらす」「青

息一」〔類語〕ため息・嘆息

とい-きり【問(い)切り】▶弔い上げ

とい-ぐすり【問ひ薬】❶病気の原因や治療の方法などを調べるために、試みに飲ませる薬。「煎じやう常とは変はる一」〈浮・永代蔵・三〉❷相手の気を引いてみること。また、その言葉。「女郎の好く一を申せど」〈浮・一代女・一〉

どい-げた【土居桁】屋根の内部で、桔木あるいは出し梁を支える桁。土居梁。土居。

どい-こうち【土居光知】[1886〜1979]英文学者。高知の生まれ。東北大教授。西洋文学の知識から日本文学研究に新しい領域と方法を開拓した。著「文学序説」「英文学の感覚」など。

とい-ごと【問ひ言】問いかけ。また、その言葉。「忘れぬるなめりと一しける女のもとに」〈伊勢・三六〉

とい-さ・く【問ひ▽放く】〘動カ下二〙遠くから言葉をかける。「一・くる親族兄弟なき国に渡り来まして」〈万・四六〇〉

と-いし【×砥石】刃物や石材などを研いだり磨いたりする石。粒子の大小や硬さにより、荒砥・中砥・仕上げ砥などの区別がある。砥。

とい-じょう【問状】▶もんじょう(問状)

と-いた【戸板】雨戸の板。特に、人や物をのせて運ぶ場合にいう。

戸板に豆　《戸板にのせた豆は転がって扱いにくいところから》なかなか思うようにならないたとえ。

といた-がえし【戸板返し】歌舞伎の仕掛け物の一。「東海道四谷怪談」の3幕目で用いる。戸板の表面にお岩の、裏面に小平の死体をくくりつけ、顔にあたる所にあけた穴から役者が顔を出し、二役早替わりをするもの。

とい-だけ【×樋竹】樋にする竹。また、竹でつくった樋。

とい-ただ・す【問い▽質す】〘動サ五(四)〙疑問・不審の点について、納得するまで質問し、明らかにする。また、真実を言わせようと厳しく追及する。「事実関係を一・す」「問いつめ一・す」
〔類語〕質す・問いつめる・聞き質す・詰問する・難詰する

どい-たつお【土井辰雄】[1892〜1970]カトリック司祭。宮城の生まれ。駐日教皇使節秘書をへて東京大司教。日本人初の枢機卿となる。

といた-びらめ【戸板平目】ヒラメの特に大形のもの。

といた-やすじ【戸板康二】[1915〜1993]演劇評論家・小説家。東京の生まれ。歌舞伎評論の第一人者として活躍した後、江戸川乱歩の勧めにより推理小説家となる。「団十郎切腹事件」で直木賞受賞。他に「グリーン車の子供」「車引殺人事件」、エッセー集「ちょっといい話」など。

と-いち【十一】❶10日で1割という高利。❷花札で、10点札1枚のほかはかす札ばかりの手役。

と-いち【ト一】〘名・形動〙《「上」の字を分解して読んだもの。近世語》上等であること。特に、女性の器量が人並み以上であること。また、そのさま。「これは一なお嬢様」〈伎・青砥稿〉

ドイチェス-エック〖Deutsches Eck〗ドイツ西部、ラインラント-プファルツ州の都市、コブレンツの観光名所の一。ドイツ語で「ドイツの角」を意味し、ライン川とモーゼル川の合流地点にある三角形の部分を指す。初代ドイツ皇帝ウィルヘルム1世の騎馬像がある。第二次大戦で破壊されたが1993年に再建。

ドイチェ-ばんごう【ドイチェ番号】《「ドイチェ」は「ドイチュ」とも》ドイツの音楽学者、O＝E＝ドイチェが1951年に刊行したシューベルトの作品目録による作品番号。略号はDで、「未完成交響曲」はD759。

ドイチュラント〖Deutschland〗「ドイツ」のドイツ語による呼称。

トイツ【対子】《中国語》マージャンで、同じ牌2個の組み合わせ。

ドイツ〖Deutschland〗《オランダ Duitsから》ヨーロッパ中部にある連邦共和国。首都ベルリン。古代のゲルマニア。中世には神聖ローマ帝国の中心をなしたが、封建諸侯の割拠が長く続いた。1871年、プロイセンを盟主として統一国家が成立し、ドイツ帝国となる。第一次大戦の敗戦により1918年(ワイマール)共和国、33年にはナチスが政権を握り、第二次大戦の敗戦後の49年に東西に分裂、ドイツ連邦共和国(西ドイツ)・ドイツ民主共和国(東ドイツ)が成立。90年、統一。戦後めざましい経済復興をとげ、各種工業が盛ん。人口8228万(2010)。ドイチュラント。〔補説〕「独逸」「独乙」とも書く。

ど-いつ【▽何▽奴】〘代〙❶不定称の人代名詞。「だれ」のぞんざいな言い方。「そんな無礼を言うのはどこの一だ」❷不定称の指示代名詞。「どれ」のぞんざいな言い方。「一でも同じだよ」

漢字項目　と

【土度】▶ど
【図】▶ず
【登頭】▶とう

斗　音ト(慣)　訓ます‖①ひしゃく。ます。「火斗・玉斗・漏斗」②容積の単位。一升の10倍。「斗酒/五斗米」③ひしゃく形の星座の名。「斗牛/星斗・泰斗・北斗」〔名付〕け・はかる・ほし〔難読〕漏斗・斗掻き・熨斗・抽斗・火熨斗・翻筋斗

吐　音ト(呉)(漢)　訓はく‖口からはき出す。「吐血・吐瀉・吐露/嘔吐・音吐・呑吐」〔難読〕反吐

人**杜**　音ト(漢)　ズ(ヅ)(呉)　訓もり‖㈠〈ト〉①ふさぎ止める。「杜絶」②中国人の姓の一。特に、杜甫のこと。「杜詩/李杜」③木の名。ヤマナシ。「杜梨」〔補説〕①は「途」を代用字とすることがある。㈡〈ズ〉㈠に同じ。「杜撰・杜漏」〔難読〕杜若・杜氏・杜松・杜宇・杜鵑

×**肚**　音ト(漢)　訓はら‖はら。「肚裏/魚肚」

人**兎**　音ト(漢)　訓うさぎ‖㈠〈ト〉①動物の名。ウサギ。「家兎・狡兎・脱兎・野兎」②月のこと。「烏兎・玉兎」㈡〈うさぎ〉「白兎・野兎・雪兎」〔補説〕人名用漢字表(戸籍法)の字体は「兎」。「兔」は正字。〔難読〕兎角・兎に角

妬　音ト(漢)　訓ねたむ、やく、そねむ‖やきもちをやく。ねたむ。「妬心/嫉妬」〔補説〕「妒」は異体字。

徒　(学)4　音ト(漢)　ズ(ヅ)(呉)　訓かち、あだ、むだ、いたずら‖㈠〈ト〉①乗り物に乗らずに歩く。かち歩きする。「徒行・徒渉・徒卒・徒歩」②何も持たない。「徒手」③何もしない。何の役にも立たない。むだ。「徒食・徒然・徒労」④いっしょに事をする仲間。ともがら。「徒党・徒輩/学徒・義徒・逆徒・教徒・信徒・博徒・叛徒・仏徒・暴徒」⑤門下の弟子。「徒弟/生徒」⑥五刑の一。懲役刑。「徒刑」㈡〈ズ〉㈠の⑥に同じ。「徒刑/笞杖徒流死」〔名付〕とも〔難読〕徒名・徒花・徒士・徒然

途　音ト(漢)　ズ(ヅ)(呉)　訓みち‖㈠〈ト〉みち。道筋。「途次・途上・途中/一途・帰途・使途・征途・前途・中途・別途・方途・目途・用途」㈡〈ズ〉道筋。「一途・三途」〔名付〕とお〔難読〕首途

人**兜**　音ト(呉)　トウ(漢)　訓かぶと‖㈠〈ト〉①かぶり物。「兜巾」②梵語の音訳字。「兜率」㈡〈トウ〉かぶと。

人**堵**　音ト(漢)‖土で築き固めた垣。「堵列/安堵・環堵」〔補説〕人名用漢字表(戸籍法)の字体は「堵」。

×**屠**　音ト(漢)　訓ほふる‖①家畜を殺す。家畜を切り裂く。「屠殺・屠所」②切り裂く。「屠腹」

都〔都〕　(学)3　音ト(漢)　ツ(呉)　訓みやこ‖㈠〈ト〉①人の集まる大きな町。「都会・都市」②政府の所在地。みやこ。「旧都・古都・首都・新都・遷都・帝都・奠都」③東京都のこと。「都営・都政・都民・都立」④みやこ風であか抜けしている。みやびやか。「都雅」⑤取りまとめる。統率する。「都統・都督」㈡〈ツ〉すべて。みな。「都合・都度」〔名付〕いち・くに・さと・ひろ〔難読〕都都一・都都逸

渡　音ト(漢)　訓わたる、わたす‖①わたる。移動する。「渡欧・渡河・渡御・渡航・渡世・渡来/過渡」②川の渡し場。「渡頭/津渡」③手から手へ物を移す。「譲渡」〔名付〕ただ・わたり〔難読〕鳥渡

塗　音ト(漢)　訓ぬる、まみれる‖①ぬる。「塗装・塗布・塗抹・塗料」②泥。泥にまみれる。「塗炭/泥塗」③道路。「道聴塗説」〔名付〕みち〔難読〕塗師

×**睹**　音ト(漢)　訓みる‖見る。「逆睹・目睹」〔補説〕「覩」は異体字。

賭　音ト(漢)　訓かける、かけ‖①かける。「賭銭」②かけ。ばくち。「賭博」〔難読〕賭弓

×**鍍**　音ト(漢)‖金や銀でめっきする。「鍍金/電鍍」〔難読〕鍍金

×**蠹**　音ト(漢)‖①木などを食う虫。「蠹魚/書蠹」②虫が食い破る。むしばむ。「蠹害・蠹毒」〔補説〕「蠧」は異体字。〔難読〕蠹魚

漢字項目　ど

土　(学)1　音ド(慣)　ト(漢)　訓つち‖㈠〈ド〉①つち。「土塊・土管・土器・土偶・土砂・土壌・土石・土葬・土台・土木/黄土・客土・出土・泥土・粘土・表土」②人の住みつくところ。領有する地域。土地。「異土・王土・郷土・国土・焦土・浄土・寸土・全土・風土・本土・冥土・沃土・楽土・領土」③地方。その土地の。「土豪・土産・土俗・土着」④五行の第三位。「土用」⑤土佐国。「土州」㈡〈ト〉①土。地域。「土地/率土」②トルコ。「露土戦争」㈢〈つち〉「土色/赤土・壁土・黒土」〔名付〕ただ・のり・はに・ひじ〔難読〕産土・生土・土器・三和土・土筆・土耳古・土師・土産・土竜・唐土

奴　音ド(漢)　ヌ(呉)　訓やっこ、やつ‖㈠〈ド〉①金で買われた召使い。「奴婢・奴僕・奴隷/人奴・農奴」②人を卑しめていう語。「奴輩/守銭奴」㈡〈ヌ〉㈠の①に同じ。「奴婢・奴僕」〔難読〕彼奴・此奴・其奴・何奴

努　(学)4　音ド(漢)　訓つとめる、ゆめ‖つとめる。「努力」〔名付〕つとむ〔難読〕努努

×**弩**　音ド(漢)　訓いしゆみ①機械じかけで石や矢を発射する強力な弓。石弓。大弓。「強弩」②1906年にイギリスが建造した強力戦艦ドレッドノートの「ド」の音訳。「弩級艦/超弩級」

度　(学)3　音ド(呉)　ト(漢)　タク(漢)　訓たび、はかる‖㈠〈ド〉①ものさし。「度量衡」②物事の基準。手本。「度外/尺度・制度」③程合い。「過度・感度・強度・極度・軽度・限度・進度・精度・鮮度・程度・適度・頻度」④目盛り。また、目盛りの数値。「緯度・温度・角度・経度・高度・湿度・震度・速度・濃度・密度」⑤たび。回数。「度数・度度/一度・今度・再度・都度・毎度」⑥年や月の区切り。期間。「年度・三月度」⑦示される言動や心の様子。「度胸・度量/襟度・態度」⑧道具。「調度・用度」⑨彼岸に渡す。救う。「済度・得度」㈡〈ト〉㈠の②に同じ。「法度」㈢〈タク〉推しはかる。見つもる。「支度・忖度」㈣〈たび〉「度度/一度」〔名付〕ただ・なが・のぶ・のり・みち・もろ・わたる〔難読〕屹度・急度・封度・沃度

怒　音ド(漢)　ヌ(呉)　訓いかる、おこる‖㈠〈ド〉①いかる。「怒気・怒号・怒髪/赫怒・激怒・震怒・憤怒・喜怒哀楽」②おこったように激しい。「怒張・怒濤」㈡〈ヌ〉いかる。「憤怒」

ドイツ-あやめ【ドイツ菖=蒲】アヤメの園芸品種の一。ヨーロッパ原産の数種を交雑して作られ、花色は紫・白・黄色など変化に富み、5、6月ごろ開花する。ジャーマンアイリス。

ドイツ-かくめい【ドイツ革命】第一次大戦末期の1918年、戦況の悪化とロシア革命の影響のもとで、ドイツに起こった革命。11月のキール軍港の水兵の反乱に始まり、労働者の運動が展開、多数派社会民主党のエーベルトが臨時政権を樹立して帝政を廃止、共和制をしいた。19年8月、ワイマール憲法を制定。十一月革命。

ドイツ-かんねんろん【ドイツ観念論】《ドイツ deutscher Idealismus》18世紀後半から19世紀初めにかけて発展したドイツ哲学の総称。カントに始まり、フィヒテ・シェリングを経てヘーゲルによって完成される。自然に対し精神を優位とする立場をとり、世界を普遍的理念による体系として構築し、把握しようとする傾向を持つ。ドイツ理想主義。

ど-いっき【土一×揆】▶つちいっき

ドイツ-きしだん【ドイツ騎士団】中世の三大宗教騎士団の一。第3次十字軍の際に創設されたドイツ兵救護のための病院を起源とする。13世紀から14世紀にかけてドイツ東北部の植民と改宗運動を行い、プロイセンの基礎を築いたが、次第に勢力が衰え、16世紀初頭に解体。チュートン騎士団。

ドイツ-きほんほう【ドイツ基本法】《ドイツ Grundgesetz für die Bundesrepublik Deutschland》ドイツの憲法にあたる法律。1949年に西ドイツで制定。正式な憲法は東ドイツとの統一後に制定するとされたが、90年の統一後も事実上の憲法の役割を果たしている。ドイツ連邦共和国基本法。ボン基本法。

ドイツ-きょうわこく【ドイツ共和国】《Deutsche Republik》▶ワイマール共和国

ドイツ-ご【ドイツ語】インド-ヨーロッパ語族のゲルマン語派に属する言語。ドイツ・オーストリア・スイス・リヒテンシュタインなどで話されている。同系統の英語に比べ、複雑な語形変化を有し、複合語が豊富。

ドイツ-ごい【ドイツ×鯉】コイの飼養変種。ドイツで食用に改良され、うろこが少ない。体高が高く、成長が速い。日本には鏡鯉・革鯉が知られている。

ドイツ-こうぎょうきかく【ドイツ工業規格】▶ディン(DIN)

と-いった【と言った】〔連語〕例示する意を表す。…のような。…などの。「テニスや卓球—スポーツ」

ドイツ-たいそう【ドイツ体操】18世紀にドイツに起こり、発達した体操。青少年の心身鍛錬のため、鉄棒・鞍馬など器械運動を取り入れたもの。

ドイツ-だいにテレビ【ドイツ第二テレビ】ドイツの全国ネットの公共放送局。本社はマインツ。1963年開局。コマーシャルも放送するが受信料が主な収入。ZDF(Zweites Deutsches Fernsehen)。

と-いって【と言って】〔連語〕❶(「これ」「なに」「どこ」に付き、あとに打消しの語を伴って)特に…ない、という意を表す。「これ—、楽しみはない」❷(「…からといって」などの形で、あとに打消しの語を伴って)前述の事柄と矛盾する内容を述べる意を表す。…という理由があっても…でない。「貧乏だから—、不幸だとは限らない」❸接続詞的に用いて、逆接の意を表す。とはいっても。だけれど。「この仕事は単純だ。—だれにでもできる仕事ではない」

ドイツ-ていこく【ドイツ帝国】1871年、普仏戦争の勝利の結果成立した統一ドイツ国家。22の君主国と3自由市からなる連邦制をとったが、プロイセンが名実ともに帝国を支配し、プロイセン国王が皇帝、プロイセン首相が宰相を兼ねた。神聖ローマ帝国に次ぐものとして、ドイツ第二帝国ともいった。1918年、第一次大戦の敗北と、これと前後して起こったドイツ革命によって崩壊。

ドイツ-のうみんせんそう【ドイツ農民戦争】1524〜25年にドイツで起きた大規模な農民の反乱。荘園制の解体による危機を、領主が封建地代強化で打開しようとしたことに始まった。宗教改革運動に呼応していたが、ルターは農民の急進化をみて領主側支持に転じ、戦争は農民の敗北に終わった。

ドイツ-ほうそうれんめい【ドイツ放送連盟】ドイツの公共放送ネットワーク。各州の公共放送局の連合体として1950年に設立。ドイツ第一テレビ。ドイツテレビ。ARD(Arbeitsgemeinschaft der öffentlich-rechtlichen Rundfunkanstalten der Bundesrepublik Deutschland)。

ドイツ-みんしゅきょうわこく【ドイツ民主共和国】《Deutsche Demokratische Republik》第二次大戦後、ドイツ東部のソ連占領地区に1949年成立した社会主義国。首都東ベルリン。89年にベルリンの壁を撤去、90年ドイツ連邦共和国(西ドイツ)に編入される形で統一。東ドイツ。東独。➡ドイツ

とい-つ・める【問(い)詰める】〔動マ下一〕図とひつ・む〔マ下二〕真実を言うまで厳しく尋ねる。詰問する。「—・められて白状する」

どいつも-こいつも【▽何▽奴も×此▽奴も】〔連語〕「だれもかれも」のぞんざいな言い方。「—頼りにならない」

ドイツ-もじ【ドイツ文字】ラテン文字の一変種で、装飾の多い字体。12世紀ごろからドイツを中心に発達し、14、5世紀にはヨーロッパ各地に普及した。その後は衰退したが、ドイツでは第二次大戦のころまで広く用いられた。

ドイツ-れんぽう【ドイツ連邦】《Deutscher Bund》ウィーン会議の結果、1815年に成立した全ドイツ的な連邦組織。35の君主国と4自由市によって構成され、オーストリアが盟主となったが、66年、普墺戦争後に解体。

ドイツれんぽう-きかく【ドイツ連邦規格】▶ディン(DIN)

ドイツ-れんぽうきょうわこく【ドイツ連邦共和国】《Bundesrepublik Deutschland》㊀第二次大戦後、ドイツ西部の米英仏3国の占領地区に成立した共和国。首都ボン。10州が連邦を構成。1990年、ドイツ民主共和国(東ドイツ)を編入。西ドイツ。西独。㊁1990年に東西統一したドイツの正称。首都ベルリン。➡ドイツ

ドイツれんぽうきょうわこく-きほんほう【ドイツ連邦共和国基本法】▶ドイツ基本法

トイトイホー【対対和】《中国語》マージャンで、同じ牌3個を四組と対子一組の組み合わせとで上がったもの。

どい-としかつ【土井利勝】[1573〜1644]江戸初期の幕臣。下総古河城主。将軍徳川秀忠・家光に仕え、老中・大老を歴任。

トイ-ドッグ〖toy dog〗愛玩用の小形の犬。

とい-とぶら・う【問ひ▽訪ふ】〔動ハ四〕見舞う。訪問する。「—・ふ者一人もなし」〈平家・二〉

どい-ばんすい【土井晩翠】[1871〜1952]詩人・英文学者。宮城の生まれ。本名、林吉。詩集「天地有情」「暁鐘」「東海遊子吟」のほか、「イリアス」などの邦訳もある。文化勲章受章。つちいばんすい。

どい-ぶき【土居×葺き】瓦葺きの下地となる薄い板葺き。杮板・杉皮などで葺いたもの。土居。

とい-まる【問丸】中世、港や重要都市にあって、年貢などの物資の輸送・保管・中継取引、船舶の準備、宿泊の世話などを行った業者。問。問屋。

とい-みさき【都井岬】宮崎県南端、日向灘と志布志湾とを分ける岬。岬馬とよぶ野生馬やニホンザルが生息。ソテツの自生林がある。

ドイム〖オランダ duim〗オランダの旧制の長さの単位。1ドイムは約1センチ。

トイメン【対面】《中国語》マージャンで、卓の向かい正面のこと。また、そこにいる競技者。対家。

ドイ-モイ〖ベトナム Doi Moi〗《刷新の意》ベトナム共産党が1986年の第6回党大会で打ち出した「刷新政策」を意味するスローガン。企業の自主権拡大、対外経済開放など資本主義的要素を取り入れ、人事面でも若手起用などの民主化を進めた。結果として、インフレ克服、食糧生産増加、米輸出国化などの成果が上がったため、92年4月公布の新憲法にドイモイ路線を明記し、その加速を図った。2011年の第11回党大会でもドイモイ政策の継続が確認された。

とい-や【問屋】❶商法上、自己の名で他人のために物品の販売や買い入れをするのを業とする者。➡とんや(問屋)❷江戸時代、荷主から委託された貨物を販売したり、または、商品を仕入れて販売したりした卸売商人。中世の問丸が分化・発達したもの。

といや-かご【問屋×駕▽籠】江戸時代、旅行者の利用に供するため、問屋場に備えられた駕籠。

といや-しょうほう【問屋商法】企業が海外に進出する際に、現地で行う業務は販売などのごく一部に限定し、その他の管理業務は本国で行う商法のこと。これにより、現地での課税を回避することができ、現地の税率が高い場合には節税メリットがある。

といや-ば【問屋場】江戸時代、街道の宿駅で、人馬・駕籠などを用意して、旅人の便宜をはかった所。駅亭。

ど-いり【度入り】「度付き」に同じ。「—ゴーグル」

ドイリー〖doily〗卓上用の小形の敷布。花瓶などの下に敷く。

ドイル〖Arthur Conan Doyle〗[1859〜1930]英国の小説家・医者。私立探偵シャーロック=ホームズを主人公とする推理小説のシリーズで有名になった。コナン=ドイル。

トイレ《「トイレット」「トイレットルーム」の略》化粧室。手洗い所。便所。「バス—付き」
類語 便所・手洗い・洗面所・化粧室・不浄・憚り・雪隠・手水場・厠・WC

トイレタリー〖toiletry〗化粧品類。洗面用具。

トイレット〖toilet〗▶トイレ

トイレット-ペーパー〖toilet paper〗便所で用いるちり紙。特に、巻き紙式のもの。落とし紙。

トイレット-ルーム〖toilet room〗化粧室。洗面所。手洗い所。トイレ。

と-いわず【と言わず】〔連語〕❶…と言うことなく。…などと言わないで。「明日—今すぐ」❷(多く「…といわず…といわず」の形で)特に…と言うことなく全部。「顔—手—泥だらけだ」

トインビー〖Arnold Joseph Toynbee〗[1889〜1975]英国の歴史家・文明批評家。歴史の基礎を文明におき、文明の消長の一般法則を体系づけ、独自の歴史観を展開した。著「歴史の研究」「試練に立つ文明」など。

とう【刀】❶かたな。刀剣。「—を構える」「日本—」❷解剖・手術などに使う小刀。メス。「渠が—を下すべき貴船伯爵夫人の手術をば」〈鏡花・外科室〉➡漢「とう(刀)」

とう【灯】㊀〔名〕ともしび。あかり。「ガス—」㊁〔接尾〕助数詞。電灯の数を数えるのに用いる。「二—の街路灯」➡漢「とう(灯)」

灯滅せんとして光を増す　《「法滅尽経」から》ともしびが消えようとするとき、一瞬その光を増す。物事が滅びる直前に、一時勢いを盛り返すたとえ。

とう【当】㊀〔名〕❶道理にかなっていること。理屈に合っていること。「—を得た答え」❷そのものに相当すること。「一騎—千」❸仏語。来るべき世。来世。当来。㊁〔連体〕この、その、現在の、今話題にしている、などの意を表す。「—劇場」「—ホテル」「—案件」➡漢「とう(当)」

当を得る　道理にかなっている。「彼の—得た発言には感心した」

と-う【×杜宇】ホトトギスの別名。

とう【豆】中国古来の高坏状の皿・鉢。食器、また祭器ともされ、陶製・青銅製・木製などで蓋がつくものとつかないものとがある。➡漢「とう(豆)」

とう【党】❶利害や目的などの共通性によって結びついた集団。仲間。「—をなす」❷政治的な主張を一にする人々の団体。政党。「—の方針」❸中世における武士の集団。平安後期以降、血縁的武士団が発達し、のち、地域的な連合に移行した。武蔵七

【▽洞|道】▶どう
【納】▶のう
【×兜】▶と
【読】▶どく

刀 [学]2 [音]**トウ**(タウ)[呉][漢] [訓]**かたな** ‖ ㊀〈トウ〉①かたな。刃物。「刀剣・刀工/牛刀・軍刀・執刀・帯刀・短刀・鈍刀・抜刀・木刀・彫刻刀」②古代中国で、刀の形をした貨幣。「刀銭・刀布」㊁〈かたな(がたな)〉「刀傷/小刀・腰刀・手刀」[難読]剃刀(かみそり)・竹刀(しない)・大刀(たち)・太刀(たち)・刀自(とじ)・長刀(なぎなた)・薙刀(なぎなた)・眉尖刀(なぎなた)・刀豆(なたまめ)・佩刀(はかし)

冬 [学]2 [音]**トウ**[呉][漢] [訓]**ふゆ** ‖ ㊀〈トウ〉ふゆ。「冬季・冬至/越冬・旧冬・厳冬・初冬・晩冬・立冬」㊁〈ふゆ〉「冬空/初冬・真冬」[名付]かず・とし [難読]忍冬(すいかずら)・冬瓜(とうがん)

灯〔燈〕 [学]4 [音]**トウ**[呉][漢] チン[唐] [訓]**ひ**、あかし、ともしび ‖ ①ともしび。あかり。「灯火・灯台・灯明(とうみょう)・灯油/街灯・幻灯・紅灯・消灯・神灯・点灯・電灯・尾灯・万灯(まんどう)・門灯」②仏の教え。「伝灯・法灯」[補説]「灯」と「燈」はもとは別字。「チン」は「灯」の唐音、「ドン」は「燈」の唐音。[難読]行灯(あんどん)・提灯(ちょうちん)・灯心(とうしみ)・鬼灯(ほおずき)

当〔當〕 [学]2 [音]**トウ**(タウ)[呉][漢] [訓]**あたる、あてる**、まさに…べし ‖ ①仕事や任などにあたる。「当局・当直・当番/担当」②あてる。割りあてる。「充当・抵当・日当・配当」③あてはまる。道理にかなう。「当否/穏当・該当・至当・失当・順当・正当・相当・妥当・適当・不当」④そうするのがあたりまえだ。「当為・当然」⑤その。この。問題の。「当時・当日・当社・当地・当人・当方」⑥今の。「当座・当主・当節・当代」⑦「当選」の略。「当落」[名付]まさ・まつ

投 [学]3 [音]**トウ**[漢] [訓]**なげる** ‖ ①物をなげる。ほうりなげる。「投下・投棄・投球・投石」②野球で、投球。また、「投手」の略。「投手・投打・投飛/完投・継投・好投・失投・続投・暴投」③あきらめてなげ出す。「投降・投了」④さし出したり入れたりして、ある場所に収まるようにする。「投稿・投獄・投資・投宿・投書・投票・投薬/帰投・恵投」⑤うまくつぼにはまり込む。「投機・投合」[名付]ゆき [難読]石投(いしなぎ)・投網(とあみ)

豆 [学]3 [音]**トウ**[漢] **ズ**(ヅ)[呉] [訓]**まめ** ‖ ㊀〈トウ〉①五穀の一。ダイズ。広く、まめ。「豆乳・豆腐/豌豆(えんどう)・納豆(なっとう)」②昔の食器の一。たかつき。「俎豆(そとう)」㊁〈ズ〉①まめ。「大豆・巴豆(はず)」②伊豆(いず)国。「豆州」㊂〈まめ〉「豆粒/枝豆・黒豆・血豆・煮豆・南京豆(ナンキンまめ)」[難読]小豆(あずき)・豆汁(ご)・豆油(ご)・豇豆(ささげ)・大角豆(ささげ)

人**沓** [音]トウ(タフ)[漢] [訓]くつ ‖ 重なる。重なり合う。「雑沓」

東 [学]2 [音]**トウ**[漢] [訓]**ひがし**、あずま ‖ ㊀〈トウ〉①ひがし。「東国・東西・東洋/以東・関東・極東・中東・北東」②「東京」の略。「東名」㊁〈ひがし〉「東風・東側」[名付]あきら・こち・はじめ・はる・もと [難読]東風(こち)・東雲(しののめ)

到 [音]**トウ**(タウ)[呉][漢] [訓]いたる ‖ ①目的の場所まで行き着く。「到達・到着・到来/殺到・未到」②ぎりぎりまで届く。行き届く。「到底・到頭/懇到・周到・精到・味到」[名付]ゆき・よし

逃 [音]**トウ**(タウ)[漢] チョウ(テウ)[慣] [訓]**にげる、にがす、のがす、のがれる** ‖ ㊀〈トウ〉その場から離れ去る。にげる。「逃走・逃避・逃亡」㊁〈チョウ〉にげる。「逃散」[補説]「迯」は俗字。

倒 [音]**トウ**(タウ)[呉][漢] [訓]**たおれる、たおす** ‖ ①立っていたものがひっくりかえる。たおれる。たおす。「倒壊・倒産・倒幕・倒木/昏倒(こんとう)・卒倒・打倒・転倒」②さかさま。「倒置・倒立」③程度や状態がはなはだしいことを表す語。「驚倒・傾倒・絶倒・罵倒(ばとう)」

党〔黨〕 [学]6 [音]**トウ**(タウ)[呉][漢] [訓]なかま ‖ ①仲間。共通の利害などで結ばれた集団。「党類/悪党・残党・私党・徒党」②同じ思想を持つ人々のグループ。「党員・党規・党首/解党・結党・公党・政党・入党・野党・与党・離党・立党」③同郷の者や血縁者の集まり。「郷党」④仲間を組む。仲間の肩を持つ。「党同伐異/不偏不党」[名付]あきら・とも・まさ

凍 [音]**トウ**[漢] [訓]**こおる、こごえる**、いてる、しみる ‖ ①こおる。「凍結・凍原・凍土/解凍・冷凍」②寒さでからだがきかなくなる。こごえる。「凍死・凍傷」

唐 [音]**トウ**(タウ)[漢] [訓]**から**、もろこし ‖ ㊀〈トウ〉①中国の王朝の名。「唐詩/盛唐・入唐(にっとう)・晩唐・李唐・遣唐使」②中国のこと。「唐音・唐人・唐土・唐本」③でたらめ。「荒唐無稽(こうとうむけい)」④だしぬけ。「唐突」㊁〈から〉中国。「唐草・唐手(からて)・唐様(からよう)」[難読]唐棣花(はねず)・唐土(もろこし)・唐黍(もろこし・とうきび)

人**套** [音]トウ(タウ)[呉][漢] ‖ ①おおい。つつみ。「外套・手套・書套」②同じことを重ねる。ありきたり。「套語/旧套・常套・陳套」

島 [学]3 [音]**トウ**(タウ)[呉][漢] [訓]**しま** ‖ ㊀〈トウ〉しま。「島嶼(とうしょ)・島民/遠島・孤島・渡島・半島・本島・離島・列島」㊁〈しま(じま)〉「島国/小島」[補説]「嶋」「嶌」は異体字。「嶋」は人名用漢字。

桃 [音]**トウ**(タウ)[漢] [訓]**もも** ‖ ㊀〈トウ〉木の名。モモ。「桃花・桃李(とうり)/白桃」㊁〈もも〉「桃色/山桃」[難読]胡桃(くるみ)・桜桃(さくらんぼ)・桃花鳥(とき)・梅桃(ゆすらうめ)・山桜桃(ゆすらうめ)

人**桐** [音]トウ[漢] [訓]きり ‖ ㊀〈トウ〉木の名。キリ。「桐油/梧桐(ごとう)」㊁〈きり(ぎり)〉「青桐・総桐(そうぎり)」[名付]ひさ

討 [学]6 [音]**トウ**(タウ)[呉][漢] [訓]**うつ**、たずねる ‖ ①敵をうち平らげる。「討伐/征討・掃討・追討」②問題点をくまなく探り調べる。「討議・討究/検討・探討」

透 [音]**トウ**[漢] [訓]**すく、すかす、すける**、とおる ‖ すきまを通り抜ける。すきとおる。「透視・透写・透徹・透明/浸透」[名付]すき・ゆき [難読]透垣(すいがい・すいがき)

人**逗** [音]トウ[漢] [訓]とどまる ‖ とどまる。しばらくその場所にいて動かない。「逗留」[補説]人名用漢字表(戸籍法)の字体は「逗」。

×**偸** [音]トウ[漢] チュウ[慣] [訓]ぬすむ ‖ ぬすむ。ぬすびと。「偸安・偸盗(とうとう・ちゅうとう)」

悼 [音]**トウ**(タウ)[漢] [訓]**いたむ** ‖ 人の死をいたみ悲しむ。「悼辞/哀悼・追悼・悲悼」

人**桶** [音]トウ[漢] [訓]おけ ‖ ㊀〈トウ〉おけ。「鉄桶・湯桶(ゆとう)」㊁〈おけ〉「棺桶・手桶」[難読]担桶(たご)・面桶(めんつう)

盗〔盜〕 [音]**トウ**(タウ)[漢] [訓]**ぬすむ** ‖ ①他人の物をかすめて自分の物とする。ぬすむ。ぬすびと。「盗賊・盗難・盗品・盗癖・盗用/怪盗・群盗・強盗・窃盗(せっとう)・偸盗(ちゅうとう)」②「盗塁」の略。「重盗」[難読]盗汗(ねあせ)

×**淘** [音]トウ(タウ)[漢] [訓]よなげる ‖ 水洗いをして不純物を取り除く。より分ける。「淘金・淘汰(とうた)・淘漉(とうろく)」

人**祷**〔禱〕 [音]トウ(タウ)[呉][漢] [訓]いのる ‖ 神に訴え祈る。「祈祷・祝祷・黙祷」[補説]「祷」は俗字。「祷」「禱」ともに人名用漢字。

陶 [音]**トウ**(タウ)[漢] [訓]すえ ‖ ①焼き物。「陶器・陶工・陶土/彩陶・製陶」②人格を練りあげる。教え導く。「陶冶(とうや)/薫陶」③うちとけて楽しい。「陶酔・陶然」④もやもやして晴れない。「鬱陶(うっとう)」[名付]よし

塔 [音]**トウ**(タフ)[呉][漢] ‖ ①仏骨を収めて祭る建造物。「経塔・石塔・堂塔・仏塔・宝塔・卵塔」②層を重ねた高い建物。「尖塔(せんとう)・鉄塔・砲塔」[難読]卒塔婆(そとば)・塔頭(たっちゅう)

搭 [音]**トウ**(タフ)[漢] ‖ 上にのせる。積み込む。のる。「搭載・搭乗」

棟 [音]**トウ**[漢] [訓]**むね、むな** ‖ ㊀〈トウ〉①家屋の頂上を横に突き通す木。むな木。「上棟式・汗牛充棟」②長いむねの建物。「病棟・研究棟」③頭に立つ人。「棟梁(とうりょう)」㊁〈むね〉「別棟」㊂〈むな〉「棟木」[名付]すけ・たか・みね

湯 [学]3 [音]**トウ**(タウ)[呉][漢] タン[唐] [訓]**ゆ** ‖ ㊀〈トウ〉①熱い水。ゆ。「湯治/温湯・銭湯・熱湯・薬湯・浴湯」②煎(せん)じ薬。「葛根湯(かっこんとう)・独参湯(どくじんとう)」㊁〈ゆ〉「湯気(ゆげ)・湯水/産湯(うぶゆ)・重湯(おもゆ)・長湯」[難読]探湯(くかたち)・白湯(さゆ)・湯麺(タンメン)・微温湯(ぬるまゆ)・湯湯婆(ゆたんぽ)・湯女(ゆな)

痘 [音]**トウ**[漢] [訓]もがさ ‖ 皮膚にできものの跡が残る病気。ほうそう。「痘痕(とうこん)・痘瘡(とうそう)/牛痘・種痘・水痘・天然痘」[難読]痘痕(あばた・いも)

登 [学]3 [音]**トウ**[呉][漢] **ト**[慣] [訓]**のぼる** ‖ ㊀〈トウ〉①高い所に上がる。「登壇・登頂・登攀(とうはん)」②ある場所に進み出る。「登院・登校・登場・登庁・登板」③高い位や地位につく。「登用・登竜門」④書面や帳簿にのせる。「登記・登載・登録」㊁〈ト〉㊀の①②に同じ。「登山・登城」[名付]たか・ちか・とみ・とも・なり・なる・のり・み・みのる [難読]能登(のと)

等 [学]3 [音]**トウ**[呉][漢] [訓]**ひとしい**、ら、など ‖ ①でこぼこがなくそろっている。ひとしい。「等価・等分/均等・対等・同等・平等(びょうどう)・不等式」②順序。段階。クラス。「等級/高等・差等・初等・上等・親等・特等・品等・優等」③同列の仲間。「等輩/郎等(ろうとう・ろうどう)」[名付]しな・たか・とし・とも・ひとし [難読]等閑(なおざり)

答 [学]2 [音]**トウ**(タフ)[漢] [訓]**こたえる、こたえ**、いらえる ‖ ①質問などに返事をする。お返しする。「答辞・答申・答弁/応答・回答・確答・贈答・即答・筆答・返答・問答(もんどう)」②問題を解いて得た結果。「答案/解答・誤答・正答・名答」[名付]さと・とし・とみ・とも・のり

筒 [音]**トウ**[漢] [訓]**つつ** ‖ ㊀〈トウ〉中の突き抜けた円柱状の管。「円筒・煙筒・気筒・水筒・封筒・発煙筒」㊁〈つつ(づつ)〉「筒先/井筒・大筒・茶筒・花筒・筆筒」[名付]まる [難読]小筒(ささえ)・竹筒(ささえ)・筒元(どうもと)・喞筒(ポンプ)

統 [学]5 [音]**トウ**[呉][漢] [訓]**すべる** ‖ ①一すじに続くもの。つながり。「系統・血統・皇統・正統・伝統・道統・法統」②一つにまとめる。「統一・統括・統計・統制・統率・統治/総統・大統領」[名付]おさ・おさむ・かね・すみ・すめる・つづき・つな・つね・のり・むね・もと

×**滔** [音]トウ(タウ)[呉][漢] ‖ みなぎりあふれる。勢いよく広がる。「滔天・滔滔」

稲〔稻〕 [音]**トウ**(タウ)[漢] [訓]**いね、いな** ‖ ㊀〈トウ〉イネ。「水稲・晩稲・陸稲」㊁〈いな〉「稲作・稲妻・稲光・稲穂」[名付]ね [難読]稲荷(いなり)・稲熱病(いもちびょう)・粳稲(うるしね)・陸稲(おかぼ)・晩稲(おくて・おしね)・税稲(ちからしね)・中稲(なかて)・稲架(はさ)・早稲(わせ)

×**撓** [音]トウ(タウ)[慣] ドウ(ダウ)[漢] [訓]たわむ、たわめる、みだす ‖ たわむ。たわめる。「屈撓・不撓」

踏 [音]**トウ**(タフ)[漢] [訓]**ふむ、ふまえる** ‖ ①地面をふみつける。「踏査・踏破/高踏・人跡未踏」②(「蹈(とう)」と通用)とんとんと足ぶみする。「舞踏」③(「沓(とう)」の代用字)重なり合う。「雑踏」[難読]雪踏(せった)・踏鞴(たたら)

×**蕩** [音]トウ(タウ)[漢] [訓]とろける、とろかす ‖ ①揺れ動く。ゆらゆら動かす。「蕩揺/漂蕩」②酒色などにおぼれる。締まりがない。「蕩児

漢字項目 とう−2

/淫蕩いん・放蕩・遊蕩」③豊かに広がっている。「蕩蕩/駘蕩たい」④洗い流す。すっかり無くする。「蕩尽/掃蕩」難読揺蕩たゆとう

糖 学6 音トウ(タウ)漢 訓あめ ‖ ①サトウキビなどから製した甘味料。「糖衣/黒糖・砂糖・精糖・製糖・白糖」②炭水化物のうち、水に溶け、甘味のあるもの。「糖類・糖尿病/果糖・乳糖・単糖類・麦芽糖」名付あら

頭 学2 音トウ漢 ズ(ヅ)呉 ト慣 ジュウ(ヂュウ)唐 訓あたま、かしら、こうべ、かみ ‖ ㊀〈トウ〉①あたま。「頭骨・頭部/出頭・台頭・低頭・点頭・禿頭とく・白頭・没頭・羊頭」②物の先端。上端。「頭注/咽頭いん・巻頭・舌頭・先頭・弾頭」③物事の初め。「初頭・年頭・劈頭へき・冒頭・話頭」④上に立つ人。トップ。「頭首/会頭・巨頭・地頭・船頭せん・番頭」⑤その付近。ほとり。「駅頭・街頭・枕頭ちん・店頭・路頭」㊁〈ズ〉あたま。「頭巾ずきん・頭上・頭痛・頭脳」㊂〈ト〉あたま。「頭巾ときん/音頭おん」㊃〈あたま〉「頭数・頭金あたまきん/石頭」㊄〈かしら(がしら)〉「頭文字/尾頭・波頭・旗頭・膝頭ひざがしら・目頭・出世頭」名付あき・あきら 難読挿頭かざし・塔頭たっちゅう・主税頭ちからのかみ・頭垢ふけ・饅頭まんじゅう

×**濤** 音トウ(タウ)漢 訓なみ ‖ 大きくうねる波。「濤声/狂濤・松濤・怒濤・波濤・風濤」補説「涛」は異体字。

謄 音トウ漢 訓うつす ‖ 原本どおりに写す。「謄写・謄本」

藤 音トウ漢 訓ふじ ‖ ㊀〈トウ〉①植物の名。フジ。「藤花」②つる性植物の総称。「藤本/葛藤」③藤原氏のこと。「源平藤橘げんぺいとうきつ」㊁〈ふじ〉「藤色・藤棚/白藤・夏藤」名付かつら・つ・ひさ

闘〔鬭〕 音トウ漢 訓たたかう ‖ ①切り合ったり組み合ったりして争う。「闘志・闘争/暗闘・格闘・敢闘・共闘・苦闘・決闘・健闘・死闘・戦闘・奮闘・乱闘・力闘」②力比べをする。たたかわせる。「闘牛・闘鶏・闘犬」補説「鬭」は本字。

騰 音トウ漢 訓あがる、のぼる ‖ ①高くはね上がる。わき上がる。「沸騰・奔騰」②物価が高くなる。「騰貴/急騰・高騰・反騰・暴騰」

漢字項目 どう

同 学2 音ドウ慣 訓おなじ ‖ ①おなじ。「同一・同音・同時・同然・同等・同様/異同・混同」②ともにする。いっしょに。「同居・同乗・同封・同盟/共同・協同・帯同」③集まる。仲間になる。「会同・合同」④他人と考えや調子を合わせる。「賛同・雷同」⑤当の。その。「同校」補説「仝」は俗字。名付あつ・あつむ・とも・のぶ・ひとし 難読同胞はらから

洞 音ドウ慣 トウ漢 訓ほら ‖ ㊀〈ドウ〉①筒形に抜け通る穴。ほらあな。「洞窟どうくつ・洞穴・洞門/空洞・風洞・鍾乳洞しょうにゅうどう」②奥深い場所。婦人の部屋。また、仙人の住まい。「洞房・洞天」③奥底まで見抜く。「洞見・洞察」㊁〈トウ〉仙人の住まい。「仙洞」㊂〈ほら〉「洞穴」難読雪洞ぼんぼり

胴 音ドウ慣 ‖ 身体の、頭と手足を除いた筒形の部分。また、それに似たもの。「胴衣・胴体・胴乱/響胴」

動 学3 音ドウ慣 訓うごく、うごかす、ややもすれば ‖ ①位置や状態が移りかわる。うごく。「動静・動物・動揺/異動・移動・運動・活動・激動・鼓動・作動さどう・自動・振動・制動・微動・不動・浮動・変動・躍動・流動」②うごきを引き起こす。うごかす。「動因・動員・動機・動力/扇動・能動・発動」③世の中の秩序を乱す。「動乱/騒動・暴動」④心にショックを受ける。「動転/感動」⑤身振り。振る舞い。「動作/挙動・言動・行動・妄動」名付いつ

堂 学4 音ドウ(ダウ)呉 ‖ ①表御殿。表座敷。「堂上/正堂」②神仏を祭ったり、人が多く集まったりする大きな建物。「堂宇/会堂・学堂・講堂・金堂こん・聖堂・禅堂・殿堂・仏堂・本堂・満堂」③住まい。居室。「草堂・尊堂」④他人の母に対する敬称。「母堂・北堂」⑤大きくりっぱなさま。「堂堂」名付たか

童 学3 音ドウ慣 訓わらべ、わらわ ‖ ㊀〈ドウ〉子供。わらべ。「童画・童顔・童心・童貞・童話/悪童・学童・奇童・児童・小童しょう・神童・村童・牧童・幼童」㊁〈わらべ〉「童歌/京童」名付わか 難読河童かっぱ・小童こわっぱ

道 学2 音ドウ(ダウ)呉 トウ(タウ)漢 訓みち ‖ ㊀〈ドウ〉①みち。通路。「道中・道標・道路/沿道・街道・間道・軌道・公道・坑道・国道・参道・車道・食道・水道・隧道ずいどう・すいどう・赤道・鉄道・同道・歩道・舗道・糧道」②それによって人を一定の方向に導くもの。モラルや信仰上の教え。「道学・道徳・道理/王道・求道きゅうどう・ぐどう・外道げどう・権道・邪道・修道・人道・正道・政道・天道・伝道・入道・非道・仏道」③老子・荘子を祖とする思想や教え。「道家・道教・道士」④専門を究めて一派を立てた技芸。「華道・歌道・芸道・剣道・茶道・柔道・書道・武道」⑤言う。述べる。「道破/唱道・報道・言語道断」⑥仏教で、衆生が輪廻りんね転生する世界。「六道・地獄道」⑦行政区画の一。「山陽道・北海道」⑧「北海道」の略。「道庁」㊁〈トウ〉㊀の②に同じ。「神道・天道様」㊂〈みち〉「道草・道筋/片道・小道・筋道・近道・山道・夜道・横道」名付おさむ・おさめ・じ・ち・つな・つね・なおし・ね・のり・まさ・ゆき・より・わたる 難読説道いうならく・聞道きくならく・道祖土焼さやどやき・道守ちもり・道産子どさんこ・吏道りとう

働 学4 音ドウ 訓はたらく ‖ はたらく。「稼働・実働・労働・別働隊」補説国字。

×**慟** 音ドウ慣 訓なげく ‖ 大声で泣き悲しむ。「慟泣・慟哭どうこく」

銅 学5 音ドウ慣 訓あかがね ‖ ①金属元素の一。あかがね。「銅器・銅像・銅板/赤銅しゃくどう・青銅・白銅・分銅」②銅貨。「銅臭」名付かね 難読銅鈸どばち・銅鑼どら

導 学5 音ドウ(ダウ)呉 訓みちびく ‖ ①ある方に引っぱっていく。みちびく。「導師・導入/引導・教導・訓導・指導・主導・先導・善導・補導・誘導」②熱などを伝える。「導体・導火線/伝導・半導体」名付おさ・みち

人**撞** 音ドウ呉 シュ慣 訓つく ‖ ㊀〈ドウ〉①つく。「撞球」②つき当たる。さしさわる。「撞着」㊁〈シュ〉つく。「撞木しゅもく」

×**瞠** 音ドウ(ダウ)慣 訓みはる ‖ 目を見張る。「瞠若・瞠目」

×**獰** 音ドウ(ダウ)慣 ‖ 性質が悪くて強い。にくにくしい。「獰悪・獰猛」

瞳 音ドウ慣 訓ひとみ ‖ ひとみ。「瞳孔・瞳子」

党や松浦まつら党など。➡漢「とう(党)」
類語派・党派・閥・派閥・党閥

とう【唐】タウ ㊀中国の国名。618年、李淵が隋の恭帝の禅譲を受けて建国。都は長安。隋制を継いで律令制・均田制・府兵制などを確立。統一王朝は南北の文化の融合をもたらすとともに、領域の拡大と東西文化の交流は国際的な文化を発展させた。8世紀半ば以後衰退し、907年、20代哀帝のとき朱全忠に滅ぼされた。➡後唐こうとう ➡南唐 ㊁中国のこと。また、外国。➡漢「とう(唐)」

唐へ投げ銀がね 鎖国以前、朱印船貿易で、海外貿易に投資すること。投機的な投資や無駄な投資のたとえにもいう。「―して仕合はせ」〈浮・二十不孝・三〉

とう【塔】タフ ❶《「卒塔婆そとば」の略》仏教建築における仏塔。仏舎利を安置し、あるいは供養・報恩などのために設ける多層の建造物。❷高くそびえる建造物。「教会の―」「テレビ―」➡漢「とう(塔)」
類語(❷)尖塔せんとう・タワー

とう【湯】タウ 中国、殷いんの湯王のこと。➡漢「とう(湯)」

湯の盤銘ばんめい 《「礼記」大学から》殷いんの湯王が沐浴もくよくのたらいに刻んで座右の銘とした言葉。「苟まことに日に新あらたにせば、日日に新に、また日に新なり」

とう【等】㊀[名]段階。等級。階級。「刑罰の―を減じる」㊁[接尾]❶同種のものを並べて、その他にもまだあることを表す。など。「英・仏・独―のEU諸国」❷助数詞。階級や順位を数えるのに用いる。「一―、二―」➡漢「とう(等)」
類語(㊁❶)方がた・達・共・等ら・連・等等

とう【答】タフ ❶返事。返答。「総て―の響きを鳴返していた」〈二葉亭訳・めぐりあひ〉❷恨みをかえすこと。意趣がえし。仕返し。「此の北の方の―せむ」〈落窪・二〉➡漢「とう(答)」

とう【統】地質時代の区分の世せいに対応する地層区分の単位。更新世の地層を更新統という類。➡漢「とう(統)」

とう【×榻】タフ ながいす。また、寝台。「帝みずから―を降おりて」〈露伴・運命〉

とう【糖】タウ 水に溶けやすく、甘味のある炭水化物。糖分。➡漢「とう(糖)」

とう【頭】㊀[名]❶あたま。「黒き―かな、いかなる人の漆塗りけん」〈平家・一〉❷集団の長。かしら。おさ。「右の―には造物所ぞうもつどころの別当」〈栄花・月の宴〉❸「蔵人頭くろうどのとう」の略。「―の君心掛けたるを」〈源・末摘花〉❹祭礼・集会などの世話役。「某それがしが祇園の会えの―にあたってござる程に」〈虎明狂・煎じ物〉㊁[接尾]牛・馬・犬などの動物を数えるのに用いる。「牛七―」➡漢「とう(頭)」

とう【×薹】タウ アブラナやフキなどの花軸や花茎。

薹が立・つ ❶野菜などの花茎が伸びてかたくなり、食用に適する時期を過ぎる。❷盛りが過ぎる。年ごろが過ぎる。「新人というには―・っている」

とう【×籐】ヤシ科の蔓つる植物の総称。葉は長さ1～2メートルあり、羽状複葉。茎は弾力があり強靭きょうじんで、籐細工に使用。雌雄異株。主に熱帯アジアやオーストラリア北部に分布。

とう【×纛】タウ 竿さおの先端につける、犛牛やく・馬の尾の黒毛を束ねた飾り。竜像などの幡はたをかけ、即位式・大嘗祭だいじょうさいなどに用いる。

トウ【TOW】《tube-launched, optically-tracked, wire-guided antitank missile》トウミサイル。米国が開発した光学照準式有線誘導対戦車ミサイル。1970年から米陸軍に配備され、日本では陸上自衛隊が攻撃ヘリコプターに搭載している。

と・う【問う】とふ〔動ワ五(ハ四)〕❶わからないことやはっきりしないことを人に聞く。また、相手の考えを知ろうとして、ある事をたずねる。多くの人に判断を求める。質問する。「安否を―・う」「真意を―・う」「選挙で民意を―・う」❷(多く受身の形で)人の能力や物事の価値などを改めて試す。「指導力が―・われる」「真価が―・われる」❸責任の所在や罪の事実などを追及する。「責任を―・う」「殺人罪に―・われる」❹(下に打消しの語を伴って)ある資格や条件を問題として取り上げる。「年齢・性別は―・わない」「過去は―・わない」❺話しかける。もの言う。「さねさし相模の小野に燃ゆる火の火中ほなかに立ちて―・ひし君はも」〈記・中・歌謡〉❻占いをして結果を求める。「夕占ゆうけを我が―・ひしかば」〈万・三三一八〉❼求婚する。「一人もちたる姫をも―・ふ人もなし」〈伽・鉢かづき〉可能とえる 類語(❶)尋ねる・聞く・問い合わせる・聞き合わせる・質問する・発問する・借問しゃもんする・下問する(謙譲)伺う/(❸)糾ただす・追及する・問責する・糾問する・詮議する

問うに落ちず語るに落ちる 人に聞かれたときは用心をして秘密をもらさないが、自分から語るときは不用意に口をすべらしてしゃべってしまう。

問うは一旦いったんの恥はじ問わぬは末代まつだいの恥 「聞くは一時いっときの恥、聞かぬは末代の恥」に同じ。

と・う【▽訪う】とふ〔動ワ五(ハ四)〕《「問う」と同語源》❶目的をもって人の家や特定の場所などをたずねる。おとずれる。訪問する。「旧友を―・う」「首相を官邸に―・う」❷探し求める。「山びこの声のまにまに―・ひゆかばむなしき空に往きや帰らむ」〈後撰・恋五〉❸見舞う。「いかがとだに―・ひ給はぬこそ」〈源・若紫〉❹とむらう。弔問する。「跡とめて―・はるる御代のひかりをや雪のうちにも思ひ入るらん」〈増鏡・老のなみ〉
(類語)(❶)訪ねる・訪れる・訪問する・伺う・お邪魔する・訪おとなう・上がる

とう【▽疾う】㊀《形容詞「と(疾)し」の連用形「とく」のウ音便》速く。すみやかに。「あゆみ―する馬」〈竹取〉㊁〔名〕ずっと以前。とっく。➡疾とうから ➡疾うに
疾うの昔　とっくに過ぎ去った昔。ずっと以前。「問題は―に解決した」「―から決まっている」

と・う　とふ〔連語〕《「とい(言)う」の音変化》…という。「これやこの名に負ふ鳴門なるとの渦潮うづしほに玉藻刈る―・ふ海人あま娘子をとめども」〈万・三六三八〉(補説)主に奈良時代、和歌に用いられた。➡ちゅう ➡ちょう

どう【同】❶おなじであること。等しいこと。「―タイム」❷前に挙げた語句を受けて、「この」または「その」の意で用いる語。「昨夜八時ころ出火したが、―時刻には外出中であった」❸前と同じ語を2回以上繰り返す代わりに用いる語。おなじく。「昭和42年入学、―45年卒業」➡漢「どう(同)」

どう【胴】❶身体の頭と手足とを除いた部分。胴体。❷腹部のあたり。「―まわり」❸鎧よろいまたは剣道の防具で、胸部と腹部とを覆う部分。❹相手の胴❸の部分へ打ち込む剣道の技。❺太鼓・三味線などで、皮を張った中空の部分。筒どう。❻肝っ玉。心。「坂東者の―強く」〈浄・油地獄〉➡漢「どう(胴)」(類語)(❶)胴体
胴が据すわ・る　腹がすわる。覚悟が決まる。「今はなかなかに胴据って」〈鏡花・婦系図〉(補説)「胴が座る」と書くのは誤り。
胴を据す・う　腹をすえる。覚悟を決める。「弁七―・ゑて闇になる夜を待って」〈浮・娘気質・四〉

どう【動】動くこと。「―と静」➡漢「どう(動)」

どう【堂】ダウ ㊀〔名〕❶古く接客や礼式などに用いた建物。表御殿。表座敷。❷神仏を祭る建物。❸多くの人が集まる建物。㊁〔接尾〕店の名や雅号・建物の名などに付けて用いる。「大雅―」「哲学―」➡漢「どう(堂)」(類語)殿堂・霊堂
堂に入い・る　《「堂に升のぼりて室に入らず」から》学問や技芸がすぐれて、深奥をきわめている。また、技術的に熟練していて、身についている。「―・った演技」(補説)この句の場合、「入る」を「はいる」とは読まない。
堂に升のぼりて室しつに入いらず　《「論語」先進から。「堂」は中国の建物で客に応接する表座敷、「室」は奥の間の意》学問や技芸がかなりの段階に達しているが、まだ深奥には達していないたとえ。

どう【▽筒】❶双六すごろくやばくちで、さいころを入れて振るつつ。また、それを振る役。❷(「胴」とも書く)ばくちで、親になること。筒元どうもと。❸「轂こしき」に同じ。❹「胴❺」に同じ。

どう【道】ダウ ❶人や車が通行する所。みち。❷人として踏み行うべきみち。道理。特に、仏の教え。❸道教。また、道教の教え。❹都・府・県と並ぶ地方公共団体。北海道のこと。また、「北海道」の略。❺律令制で、畿内以外の諸国を大別した行政区画。東海道・山陽道など。❻中国・朝鮮の地方区画。中国唐代には全国を10道、のち15道に区分。古代朝鮮でも行われ、現在は18道。➡漢「どう(道)」
(類語)(❹)都・府・県・郡

どう【銅】銅族元素の一。単体は光沢のある赤色の金属。展延性に富み、熱・電気の良導体。湿った空気中では緑青ろくしょうを生じる。自然銅や黄銅鉱・輝銅鉱などとして産出。黄銅・青銅などの合金や電線・貨幣など、用途が広い。元素記号Cu　原子番号29。原子量63.55。あかがね。➡漢「どう(銅)」

どう【×幢】❶昔、儀式または軍隊の指揮などに用いた旗の一種。彩色した布で作り、竿の先につけたり、柱に懸けたりした。はたほこ。❷魔軍を制する仏・菩薩ぼさつのしるし。また、仏堂の装飾とするたれぎぬ。

どう【如=何】〔副〕❶事物の状態・方法などを、不明または不特定のものとしてとらえる気持ちを表す。どのように。どのよう。「彼の意見を―思うか」「―すればいいのかわからない」❷相手の意向を問うことより、ある動作を勧める気持ちを表す。「まあ、一杯―だい」「―、もう帰りませんか」(補説)「どう」は方法や状態に関する疑問の気持ちを表し、「どんなに」は、性質や状態の程度を表す。したがって、「君の家へはどう行ったらいいのか」の「どう」を「どんなに」とは置き換えにくいが、「どう考えてもわからない」の「どう」は「どんなに」に置き換えられる。また、「どんなに寒くてもこたえない」の「どんなに」を「どう」に置き換えることはできない。なお、「どのように」は、「どう」と「どんなに」双方の意味を兼ね備えているから「君の家にはどのように行ったらいいのか」とも「どのように寒くてもこたえない」とも言える。
如何あっても　どんなであっても。どのようなことがあっても。「―連れて帰る」
如何致しまして　❶相手の礼・わび・称賛などの言葉に対して、丁寧に打ち消しながら返すあいさつの言葉。「『たいへんお世話になりました』『―』」❷相手の思っていることが事実とまったく反するときに用いる言葉。「―、たいへんな損失ですよ」
如何しようも無・い　❶ほかにどうすることもできない。それ以外に方策がない。「ここまできたら、もう―・い」❷手段を尽くしても見込みがない。救いがたい。「―・い欠陥」

どう〔感〕馬を制止する時に発するかけ声。「はい―、―」

どう〔接頭〕❶名詞などに付いて、ののしる気持ちをこめていうのに用いる。「や、いき掏盗すりめ、―ずりめ」〈浄・天の網島〉❷名詞や形容詞に付いて、まさにそれに相当するものであることを強調していうのに用いる。「―しぶとい女郎め、どうで一応ではぬかすまい」〈伎・児雷也〉(補説)接頭語「ど」のもとの形かという。

とう-あ【東亜】アジア州の東部。東アジア。日本・中国・朝鮮などの地域の総称。

どう-あい【胴▽間】どうあひ 胴の長さ。「また―の短き女あり」〈浮・諸艶大鑑・八〉

どう-あく【×獰悪】ダウ〔名・形動〕性質が乱暴で荒っぽいこと。また、そのさま。凶悪。「人を殺し火を放ったというような、―な人物」〈鴎外・高瀬舟〉
(類語)凶悪・凶暴・凶猛・獰猛・猛悪

どう-あげ【胴上げ┊胴揚げ】〔名〕スル 大勢で、人のからだを横にして何回も空中に投げ上げること。多くは、祝福するときなどに行うが、制裁やいたずらの気持ちですることもある。「監督を―する」

とうあ-しんちつじょ【東亜新秩序】日中戦争中の日本のアジア政策における標語。昭和13年(1938)第一次近衛内閣が提唱。戦争の目的を日・満・華3国の結束と相互扶助防衛を実現するためのものとした。のち、大東亜共栄圏構想に発展。

とうあ-だいがく【東亜大学】山口県下関市にある私立大学。昭和49年(1974)の開設。

とう-あつ【等圧】気圧が等しいこと。

どう-あつ【動圧】流体中、流れに対して垂直に置いた障害物に作用する圧力。流体の単位体積あたりの運動エネルギーに相当し、流体の速度の2乗と流体の密度との積の2分の1。動圧力。⇔静圧。

とうあつ-せん【等圧線】天気図上で、気圧の等しい地点を結んだ曲線。

ドゥアップ〖doo-wop〗►ドゥーワップ

とうあつ-へんか【等圧変化】ヘンクヮ 圧力を一定に保ちながら、温度や体積が変わる状態変化。定圧変化。

どう-あて【胴当て】►胴掛どうがけ

とうあ-にっぽう【東亜日報】大韓民国の朝刊新聞の一。1920年創刊で、朝鮮日報・中央日報とともに同国の三大紙とされる。発行部数は約210万部(2010年)。トンアイルボ。

トゥアプセ〖Tuapse〗ロシア連邦南西部の都市。黒海の北東岸に面し、19世紀半ばにロシアの要塞が築かれたことに起源する。クリミア戦争後の2年間、オスマン帝国に占領された。旧ソ連時代、原油の積み出しや石油精製で発展。保養地としても知られる。

とう-あみ【唐網】タウ「投網とあみ」に同じ。

とう-あん【×偸安】目先の安楽を求めること。「一姑息の貴族輩に至りては」〈陸羯南・国民論派〉

とう-あん【答案】タフ 出された問題に対して書いた答え。また、それの書かれた用紙。

どう-あん【同案】❶同じ考え。❷話題にのぼった、その案。

どうあん【道安】ダウ ㊀[312〜385]中国、東晋代の僧。仏図澄ぶっとちょうに師事。経典翻訳や僧団の儀式・規則の制定など、中国仏教発展に貢献。㊁►千道安せんのどうあん

どうあん-がこい【道安囲い】ダウアンがこひ 茶の湯で、茶室の客畳と点前てまえ畳との間に設けた仕切り壁。また、この形式の茶室。亭主は仕切り壁の内側で茶を点たて、仕切り壁につけた火灯口を開いて客に接する。

とう-あんご【冬安▽居】冬、陰暦10月16日から翌年1月15日まで、主に禅宗で行う安居。夏安居げあんごに対していう。雪安居せつあんご。ふゆあんご。

どうアンモニア-レーヨン【銅アンモニアレーヨン】綿リンターあるいはパルプをアンモニア硫酸銅溶液、次いで水酸化ナトリウムで処理して溶かし、この溶液を紡糸口から流水中に押し出して繊維にした再生セルロース。絹に似た光沢があり、主に衣料用。キュプラ。

とう-い【当為】タウヰ《(ドイ)Sollen》哲学で、まさになすべきこと、まさにあるべきこと。あること(存在)、あらざるをえないこと(自然必然性)に対する。カント倫理学では、端的に善なる行為そのものを命令する当為(定言的命令)と、他の目的を実現する手段としての行為を命令する当為(仮言的命令)が区別されている。新カント学派では、真・善・美などの価値の当為性が主張された。ゾレン。ゾルレン。

とう-い【当意】タウ その場で即座に考え出すこと。その場にぴったりあてはまるように工夫すること。

とう-い【東×夷】❶古代中国人が東方の異民族を称した語。➡西戎せいじゅう ➡南蛮 ➡北狄ほくてき ❷昔の日本で、京都の人が東国の武士を呼んだ語。あずまえびす。

とう-い【東×闈】ヰ 東宮の門。転じて、皇太子。

とう-い【等位】ヰ ❶くらい。等級。❷等しい等級。等しい位置。

とう-い【糖衣】タウ 薬剤を服用しやすくするために外側に施した、糖分を含む被膜。

とう-い【×擣衣┊×搗衣】タウ 砧きぬたで衣を打つこと。

どう-い【同位】ヰ 同じ地位または順位。同一の位置。

どう-い【同異】同じことと異なること。異同。

どう-い【同意】〔名〕スル ❶他人の意見などに対して、賛成すること。「―を得る」「提案に―する」❷同じ意見。同じ考え。「―の士を募る」❸同じ意味。同義。
(類語)賛成・賛同・支持・付和雷同・承知・了承・了解・承諾・承認・承引・承服・納得

どう-い【胴衣】「胴着どうぎ」に同じ。「救命―」

どう-い【胴囲】ヰ 胴の周囲の長さ。胴まわり。

どう-い【動意】株式市場で、動きのなかった株価が少しずつ動き始めること。主に上がり始めるときにいう。「―を見せる」

どう-い【道衣】ダウ 道士の着用する衣服。道服。

どう-いう　どいふ〔連体〕どのような。どんな。「―つもりで言っているのだ」「あの人は―人ですか」
(類語)どんな・どのよう・どう・いかが
どういう風の吹き回しか　普段はあまり見られない事が思いがけなく起こったさま。どうしたはずみか。「―彼が珍しく顔を見せた」

どうい-がいねん【同位概念】ドウヰ 論理学で、同一の類概念に属する多くの種概念相互のこと。例えば、生物という類概念に属する動物と植物。等位概念。等級概念。

どうい-かく【同位角】ドウヰ 二つの直線に一つの直線が交わってできる角のうち、二つの直線の同じ側に位置する角。

どうい-かく【同位核】ドウヰ 原子番号が等しく、質量数が異なる原子の原子核。すなわち、陽子数が同じ

で、中性子数が異なる原子核。これらの原子核をもつ原子を同位体という。

どうい-げんそ【同位元素】▶同位体

どうい-ご【同意語】▶同義語

どうい-さつじんざい【同意殺人罪】殺そうとする相手の承諾を得て殺したり、自殺させたりする罪。刑法第202条が禁じ、6か月以上7年以下の懲役または禁錮に処せられる。➡承諾殺人 ➡自殺関与罪

とうい-じょう【糖衣錠】外側を糖衣でおおった錠剤。

どうい-しょめん【同意書面】刑事手続において、検察官および被告人が証拠とすることに同意した書面。作成されたときの情況を考慮し、相当と認めるときに限って証拠とすることができる。

とういしりゃく【島夷誌略】中国の地理書。1巻。元の汪大淵撰。1350年ごろ成立。14世紀の南方諸島の地理・産物・風俗などを実地見聞のうえ記した書。

とう-いす【˟籐椅子】籐の茎と表皮で作ったいす。(季 夏)「庭を背に―にある女かな/虚子」

とうい-そくみょう【当意即妙】〘名・形動〙すばやくその場面に適応して機転をきかすこと。また、そのさま。「―な対応をする」(類語)即妙

どうい-たい【同位体】原子番号が等しく、質量数が異なる原子。すなわち、原子核の陽子数が同じで、中性子数が異なる原子。元素周期表では同じ位置を占める。アイソトープ。同位元素。

どういだたいおよびどうちししょう-ざい【同意堕胎及び同致死傷罪】医師・助産師・薬剤師・医薬品販売業者以外の者が、女性本人の依頼や承諾によって堕胎させる罪。刑法第213条が禁じ、2年以下の懲役に処せられる。また、これによって女性を死傷させたときは、3か月以上5年以下の懲役に処せられる。同意堕胎罪。同意堕胎致死傷罪。同意堕胎致死罪。同意堕胎致傷罪。

とう-いつ【統一】〘名〙スル 一つにまとめること。一つにまとめて組織化・系統化すること。また、そのまとまり。「―がとれる」「―を欠く」「国内を―する」(類語)総合・総括・統括・包括・統合・一括・集約・集成

どう-いつ【同一】〘名・形動〙同じであること。一つのものであること。差のないこと。また、そのさま。「成人と―に扱う」「―犯人」(類語)同格・同形・等価・同等・一体・一如・等し並み・同じ・等しい・一つ・イコール

どういつ【道一】▶馬祖道一

とういつ-おおどおり【統一大通り】《Bulevardul Unirii》ルーマニアの首都ブカレストの中心部にある大通り。チャウシェスクがパリのシャンゼリゼを模して建設。国民の館や統一広場を結んで、東西約4キロに延びる。「東欧のパリ」と称された古い街並みが広がっていたが、道路建設に伴い多くが失われた。

どういつ-がいねん【同一概念】論理学で、言語的表現は異なるが、内包と外延ともにまったく同一である概念。例えば、内閣総理大臣と首相。

とういつ-かがく【統一科学】《ﾄﾞｲ Einheitswissenschaft》論理実証主義の立場から、物理学を基礎にして諸科学を一貫した体系に統一しようという主張。また、その運動。ウィーン学団のカルナップ・ノイラートらが代表者。

どういつかちろうどう-どういつちんぎん【同一価値労働同一賃金】「同一労働同一賃金」に同じ。

とういつ-がっこう【統一学校】支配階級・庶民階級の別による学校制度を排し、教育の機会均等の要求からすべての国民が平等な教育を受けられるような学校制度。19世紀末以降の欧州、特にドイツ・フランスにおける改革の原則となった。

どういつ-げんり【同一原理】《principle of identity》論理学で、思考の原理の一。「AはAである」という形式で表される。一定の思考過程に登場する概念は、常に同一の意味で用いられなければならないということ。同一律。自同律。➡思考の原理

とういつ-こうはん【統一公判】同一刑事事件に多数の被告人がいる場合、公判を分離しないで同一法廷で審理すること。

どういつ-し【同一視】〘名〙スル ❶本来、性質などの違うものを、同じものとみなすこと。「誤解して彼を不良仲間と―する」❷精神分析の用語。区別のある自分と他人を混同すること。自分の好ましくない感情や性質を他人の性質にしてしまう投射(投影)と、他人の望ましい特徴や事柄を自分のものと思い込む投入とがある。防衛機制の一。同一化。

どういつしゅうはすう-パススルーほうしき【同一周波数パススルー方式】CATVで地上デジタルテレビ放送を伝送する方式の一。受信した電波を放送周波数のまま変換せずに再送信する。➡周波数変換パススルー方式

とういつ-しょうエネラベル【統一省エネラベル】省エネラベルに年間電気料金の目安や5段階の星マークによる省エネ性能評価などを組み合わせて表示したもの。家庭で広く使用され、消費エネルギーが大きいテレビ・冷蔵庫・エアコンなどが対象。ECCJ(省エネルギーセンター)が情報を提供。平成18年(2006)4月の改正省エネ法施行により導入された。➡グリーン家電

どういつ-せい【同一性】❶異なる事物が、その性質から見ると区別できないこと。❷事物が時や場所を越えてそれ自身に同じであること。自己同一性。主体性。アイデンティティー。

どういつせい-ほじけん【同一性保持権】著作者人格権の一。著作物の内容および題号を、著作者の意に反して改変されない権利。著作権法第20条に規定される。

とういつ-せんせん【統一戦線】政治運動・労働運動などで、ある共通の目標に対して諸党派または諸団体がそれぞれの主張を保持しながら共同して行う闘争の形態。共同戦線。

どういつ-たい【同一体】❶同一のからだ。同体。❷形質が同一である二つ以上のもの。

とういつ-てき【統一的】〘形動〙全体を統一する立場をとるさま。一つにまとめて支配するさま。「―な見解」

どういつ-てつ【同一˟轍】《「轍」は車のわだちの意》ある物事の経過や結果が前の場合と同じであること。同じすじみち。

どういつ-てつがく【同一哲学】精神と物質、主観と客観などを二つの独立した実体とはみなさず、絶対的同一者の現象形態と考える立場。スピノザ・シェリングらが代表者。同一説。

どういつ-てん【同一点】共通する点。一致点。「両者の―を探す」

とういつ-ドイツ【統一ドイツ】ドイツ(ドイツ連邦共和国)のこと。1990年の西ドイツ・東ドイツの統一以降の呼称。

ドゥ-イット-ユアセルフ〖do-it-yourself〗▶ディー・アイ・ワイ(DIY)

とういつば-りろん【統一場理論】重力場の理論と電磁場の理論とを、統一された枠組みで示そうとする試論。さらに、強い相互作用・電磁相互作用・弱い相互作用・重力相互作用の四つの力を統一し、物質と時空を扱う試論を大統一理論とよぶ。

どういつ-りつ【同一律】▶同一原理

どういつろうどう-どういつちんぎん【同一労働同一賃金】性別・年齢・人種などの違いにかかわりなく、同じ質と量の労働に対しては同一賃金を支払うべきであるという原則。同一価値労働同一賃金。

とういつ-ロシア【統一ロシア】ロシアの政党。プーチンを支持する勢力が2001年に結集して結党。以降、プーチン・メドベージェフ両大統領の与党として、議会に圧倒的な勢力を有する。

とう-いと【唐糸】機械紡績で、綿糸の旧称。

トゥイナー〖tweener〗《betweenからの造語》中産階級的な安定生活を志向する人。米国でヤッピーに対して、それ以後に現れた生活姿勢。

とう-いも【唐芋】サツマイモの別名。

とういん【洞院】姓氏の一。西園寺公経の三男実雄を祖とする、藤原北家西園寺流の公家。

とう-いん【党員】ある政党に属している人。

とう-いん【唐音】▶とうおん(唐音)

とう-いん【唐寅】[1470〜1523]中国、明代の文人画家。呉県(江蘇省)の人。字は伯虎。号、六如居士など。沈周・文徴明らとともに明代四大画家の一人。美人画で知られ、書や詩にも優れた。

とういん【唐韻】中国の韻書。唐の孫愐の撰。751年成立。隋代の陸法言らの「切韻」を増訂したもの。一部分が現存する。

とう-いん【登院】〘名〙スル「院」と名のつく機関に行くこと。特に、議員が議院・議会に出席すること。「新人議員が―する」

とう-いん【頭韻】押韻法の一。詩歌・韻文などの句頭・語頭に、同一の音をもった語を繰り返して用いること。「何をしるべに難波津の名は住吉ともすみうしと」の類。アリテレーション。➡脚韻

どう-いん【同韻】韻が同じであること。また、同じ韻。

どう-いん【動因】❶ある出来事を引き起こす直接の原因。動機。「食糧不足が暴動の―となる」❷心理学で、生活体に特定の行動を起こさせる内部の力。

どう-いん【動員】〘名〙スル ❶軍隊を平時の編制から戦時の編制に切り替えること。また、そのため兵士を召集すること。「―されて戦地に赴く」❷戦争遂行のために、国内の資源・工場・人員などを政府の管理下におくこと。「学徒―」❸ある目的のために、多くの人や物を集めること。「観客を―する」

どう-いん【導引】❶導くこと。案内すること。❷按摩。もみ療治。❸道家より出た漢方の体操療法。新しい空気を体内に導き入れる深呼吸と自己按摩の体操法とを併用した一種の長寿法。

どう-いん【導因】ある事態を導き出すもとになった事柄。間接的な原因。(類語)原因・誘因・真因・一因・遠因・せい・もと・種・起こり・きっかけ

とういん-きんかた【洞院公賢】[1291〜1360]南北朝時代の公卿。有職故実に明るく、南北両朝から信任され、左大臣・太政大臣に任じられた。「拾芥抄」「歴代最要抄」などの編著のほか日記「園太暦」がある。中園入道相国。

とういん-きんさだ【洞院公定】[1340〜1399]南北朝時代の公卿。右大臣・左大臣を歴任。諸家の系図を集大成した「尊卑分脈」を編纂。日記「洞院公定日記」は南北朝期の世情を記す。後中園左府。

とういん-さねひろ【洞院実熙】室町時代の公卿。初名、実博。左大臣となったが、のち出家して元鏡と称し、東山に閑居。有職故実に明るく、東山左府とよばれた。著「名目鈔」など。生没年未詳。

とういん-ていし【登院停止】国会議員に対する懲罰の一。登院を30日以内停止するもの。➡出席停止

とういんひじ【棠陰比事】中国の裁判物語集。南宋の桂万栄撰。5巻。古今の優れた犯罪捜査・判例など144を集めたもの。日本でも江戸時代に「棠陰比事物語」として翻訳され、西鶴の「本朝桜陰比事」など多くの翻案物が作られた。

とういん-よこはまだいがく【桐蔭横浜大学】横浜市にある私立大学。昭和63年(1988)桐蔭学園横浜大学として開学。平成9年(1997)に、現校名に改称した。

とう-う【凍雨】❶氷のように冷たい冬の雨。寒雨。❷雨滴が空中で凍り、透明な氷の粒となって降ってくる現象。また、その氷の粒。

どう-う【堂宇】堂の軒。堂の建物。

ドゥーアップ〖doo-wop〗▶ドゥーワップ

トゥーゲントハート-てい【トゥーゲントハート邸】《Vila Tugendhat》▶ツゲンドハット邸

トゥーゲントハット-てい【トゥーゲントハット邸】《Vila Tugendhat》▶ツゲンドハット邸

とう-うす【唐臼】▶磨すり臼

とう-うちわ【唐団扇】❶中国風のうちわ。ひょうたん形または円形で、柄の端の穴にひもを通したもの。軍陣での采配、また相撲で行司の軍配として用いた。軍配団扇。❷紋所の名。❶をかたどったもの。
どうう-どう【銅×烏×幢】元旦の朝賀や即位礼のときなどに、紫宸殿の南庭に、威儀を加える用具として立てた幢。高さ3丈(約9.1メートル)の柱の上に、金盤蓮華座を重ね、その上に金銅の3本足の烏を据え、その下に玉7旒を垂れ下げる。烏形幢。
ドゥーパ〖DoPa〗《Docomo Packetの略》NTTドコモが提供する第二世代携帯電話(PDC方式)のパケット通信サービス。最大通信速度は28.8kbps。FOMA、Xiの普及に伴い、平成24年(2012)3月にサービス終了。
ドゥーフ〖Hendrik Doeff〗[1777～1835]長崎出島のオランダ商館長。在日中、蘭和辞典「ドゥーフハルマ」を編纂。日本名は道富。ズーフ。
ドゥーフハルマ【道富波留麻】蘭和辞典。ドゥーフが通詞吉雄権之助らの協力により、オランダ人フランソワ=ハルマの蘭仏辞典をもとに文化13年(1816)に編纂。天保2年(1831)ごろ成立。長崎ハルマ。道訳法児馬。ズーフハルマ。➡和蘭字彙 ➡波留麻和解
トゥーラ〖Tula〗▶ツーラ
どう-うら【胴裏】袷や綿入れの長着の裏地で、裾回し以外の胴の部分。奥裏。
トゥーラ-いせき【トゥーラ遺跡】《Tula》メキシコ中部、イダルゴ州にある遺跡。10～12世紀にメキシコ中央高原で栄えたトルテカ文化の代表的な遺跡。
ドゥーラ-こうか【ドゥーラ効果】《doula effect ; doulaは、助産師の意で、ギリシャ語dūla(助ける人)から》妊婦に対し、近親者や看護師が付き添って精神面での協力をすることで得られる影響。妊婦が精神的にリラックスするために、分娩時間の短縮や母乳分泌促進などの効果がある。
ドゥーラン〖Doolin〗アイルランド西部、クレア州の村。大西洋に面し、沖合のアラン諸島とフェリー航路で結ばれる。伝統的なアイルランド音楽の発祥の地として知られ、観光客に人気がある。ドゥーリン。
トゥール〖Tours〗▶ツール
トゥールーズ〖Toulouse〗▶ツールーズ
トゥール-だいせいどう【トゥール大聖堂】《Cathédrale Saint-Gatien de Tours》▶ツール大聖堂
トゥーレ〖Sékou Touré〗[1922～1984]ギニアの政治家。西アフリカ全域にまたがる解放運動に参加。1958年の独立後は首相、初代大統領をつとめた。
トゥーレット-シュル-ルー〖Tourrettes-sur-Loup〗▶ツーレットシュルルー
トゥーロン〖Toulon〗▶ツーロン
ドゥー-ワップ〖doo-wop〗リズム-アンド-ブルースのコーラスの一種。ソロのバックに、リズミカルなハミング風のコーラスがからむ。1950年代ごろから盛んになり始めた。ドゥワップ。ドゥーアップ。
トゥーン〖Thun〗スイス中西部、ベルン州、ベルナーオーバーラントにある都市。トゥーン湖の北西岸に位置し、アーレ川が流れる。アルプスを臨む湖畔のリゾート地としても有名。旧市街には12世紀に建造されたトゥーン城をはじめ、歴史的建造物が数多く残る。
とう-うん【凍雲】今にも雪が降り出しそうな雲。また、寒々として曇っている冬空。「雪国の恒として晴天俄に―を布き」〈北越雪譜・二〉
ドゥーン-エンガス〖Dún Aonghasa〗▶ドンエンガス
ドゥーン-オクラ〖Dún Eochla〗▶ドンオウレ
ドゥーン-ホンフル〖Dún Conchuir〗▶ドンコナー
とう-えい【冬営】❶軍隊などが陣営を張って冬を越すこと。また、その陣営。❷冬を越すための用意。
とう-えい【灯影】ともしびや電灯の光。ほかげ。
とう-えい【投映】〔名〕(スル)スライドなどを映し出すこと。投影。「壁面に―する」「―機」
とう-えい【投影】〔名〕(スル)❶物の影を平面に映し出すこと。また、その影。❷ある物の存在や影響が、他の物の上に現れ出ること。「子供に親の性格が―される」❸数学で、物体に平行光線を当てて、その影を平面上に映すこと。また、その影の図。❹心理学で、考え方や行動に心の内面が表現されること。自分の性格を他人の性質にしてしまうこと。投射。➡同一視
[類語]射影・投射・映写・映す・映し出す
とう-えい【東×瀛】東方の大海。東海。転じて、日本のこと。
とう-えい【倒影】水面にさかさまに映っている影。「湖面に山容の―が映る」
どう-えい【道営】北海道庁が経営すること。
とう-えいざん【東叡山】東京都台東区上野にある寛永寺の山号。京都の叡山に対していう。
とうえい-ず【投影図】投影図法によって平面上に描かれた図形。投影画。
とうえい-ずほう【投影図法】空間にある物体の位置・形状を、ある一点から見て、一平面上に描き表す図法。投影画法。
とうえい-ほう【投影法】❶「投影図法」に同じ。❷意味のあいまいな絵などを見せて解釈させ、表出された傾向を分析して心の内面や性格を診断する方法。ロールシャッハ-テストやTATなど。投射法。
トゥエイン〖TWAIN〗《technology without an interesting name》▶トウェーン
トウェーン〖Twain〗▶マーク=トウェーン
トウェーン〖TWAIN〗《technology without an interesting name》スキャナーやデジタルカメラなどの、画像入力機器をパソコンに接続する際に使用するソフトウエアの規格。
とう-えき【糖液】サトウキビなどを使って砂糖を製造するときに、原料を砕いて汁を搾り不純物を取り除いた液。
ドゥエロ-かわ【ドゥエロ川】《Duero》ドウロ川のスペイン語名。
とう-えんめい【陶淵明】[365～427]中国、六朝時代の東晋の詩人。江西の人。名は潜。淵明は字。一説に名は淵明、字は元亮。官職に就いたが、束縛を嫌い、彭沢県の県令を最後に「帰去来辞」を作って官を辞し、故郷へ戻った。自然を愛する田園生活を送り、すぐれた詩を残した。詩では「飲酒」、文では「桃花源記」が有名。五柳先生。
ドゥオ〖イタリア duo〗▶デュオ
とう-おう【東欧】ヨーロッパの東部。一般に、ポーランド・チェコ・スロバキア・ハンガリー・ルーマニア・ブルガリア・アルバニアなどの諸国をさす。東ヨーロッパ。⇔西欧。
とう-おう【湯王】中国古代の殷王朝の創始者。成湯・武湯・武王ともよばれた。姓は子、名は履といわれる。夏の桀王を討ち、殷を建国、亳に都した。
とう-おう【藤黄】「雌黄❷」に同じ。
どう-おう【堂奥】❶堂内の奥まった所。❷学問・技芸の奥義。秘奥。「―に入る」
とうおう-かく【滕王閣】唐の太宗の弟、滕王(李元嬰)が築いた高殿。中国江南省南昌市の西南にあった。王勃の詩で、また画題としても有名。
とうおうふ【東王父】中国の伝説上の神仙。東方の蓬莱山上に住んだという。西王母と対置される。東王公。東父。
とうおう-らん【等黄卵】黄卵が少なく、卵内にほぼ均一に分布している卵。卵割が均等に行われる。ウニ・ナメクジウオや哺乳類などの卵。
ドゥオモ〖イタリア duomo〗「カテドラル」に同じ。ドゥオーモ。
どう-おや【胴親】[筒親]「胴元」に同じ。
とうおん【東温】愛媛県中部、石鎚山脈北麓にある市。果樹栽培が盛んな一方、西隣の松山市のベッドタウン化が進む。平成16年(2004)重信町、川内町が合併して成立。人口3.5万(2010)。
とう-おん【唐音】❶日本における漢字音の一。狭義には、江戸時代に、長崎を通じて伝えられた、中国、明から清の初期の中国語の発音によるもの。禅僧・長崎通事・貿易商などによって伝えられた。広義には、江戸時代以前から広まった宋音をも含めた「唐宋音」をいう。とういん。❷一般に、中国語または中国語音のこと。
とう-おん【等温】温度が等しいこと。また、その温度。
どう-おん【同音】❶同じ発音。同じ読み。❷同じ高さの音、声。❸声をそろえて言うこと。同時に言うこと。「異口―」「私たちは我知らず、あっと―に叫びました」〈芥川・地獄変〉❹能で、地謡方が斉唱すること。また、その部分。地謡。同吟。
どう-おん【導音】音楽で、半音の上行または下行によって安定感のある音を導く音。通常、長音階・短音階の第7音をさす。
どうおん-いぎご【同音異義語】発音が同じで意味の異なる語。「せいかく(正確)」と「せいかく(性格)」、「いし(意志)」と「いし(医師)」、「かき(柿)」と「かき(牡蠣)」など。同音語。
どうおん-ご【同音語】▶同音異義語
とうおん-し【東温市】▶東温
とうおん-せん【等温線】天気図上で、気温の等しい地点を結んだ曲線。
とうおん-どうぶつ【等温動物】▶恒温動物
とうおん-へんか【等温変化】温度を一定に保ちながら進行する状態変化。定温変化。
とう-か【刀下】かたなの下。白刃のもと。「商―に斃る」〈服部誠一・東京新繁昌記〉
刀下の鬼となる 刀で切られて死ぬ。
刀下の鳥林藪に交わる 切り殺されようとした鳥がのがれて林や藪の中に遊ぶ。九死に一生を得て蘇生の思いをするたとえ。
とう-か【刀架】かたなかけ。
とう-か【刀貨】▶刀銭
とう-か【灯下】ともしびの下。あかりのそば。
とう-か【灯火】ともしび。あかり。
[類語]明かり・ともし火・灯・ライト
灯火親しむべし 《韓愈「符読書城南詩」から》涼しく夜の長い秋は、灯火の下での読書に適している。
[補説]「灯下親しむべし」と書くのは誤り。
とう-か【灯花】灯心の先にできる燃えかすのかたまり。丁字頭。また、灯火そのもののこと。あかり。「電車は―燦爛として」〈木下尚江・火の柱〉
とう-か【灯架】灯火の油皿をのせておく台。灯台。
とう-か【投下】〔名〕(スル)❶高い所から物を投げ落とすこと。投げ下ろすこと。「救援物資を―する」❷事業に資本を投入すること。「設備資金を―する」
とう-か【豆果】一心皮からなる子房でできている果実。成熟後、乾燥すると果皮が裂けて二片に分かれ、種子を落とす。マメ科植物にみられる。莢果。
とう-か【東下】都から東の地方へ行くこと。京都から関東に下ること。あずまくだり。「和宮―せられし婚姻の慶賀を」〈染崎延房・近世紀聞〉
とう-か【桃花】桃の花。
とう-か【透過】〔名〕(スル)❶すきとおること。また、通り抜けること。「八方の難関を―し去らんと励みぬ」〈露伴・寝耳鉄砲〉❷光や放射線などが物体の内部を通り抜けること。
とう-か【陶化】〔名〕(スル)教え導くこと。よいほうに感化すること。
とう-か【×棹歌|×櫂歌】船頭が舟をこぎながらうたう歌。ふなうた。
とう-か【登科】❶中国で、科挙に合格することをいった語。登第。❷官吏登用試験に合格すること。また、その人。転じて、非常にすぐれた人。「十題判断の―、一山無双の碩学なり」〈太平記・二〉
とう-か【登×遐|登×霞】《遠い天に登る意》天子の崩御をいう語。「―の日に際して諸王の葬に会するを欲せざらば」〈露伴・運命〉
とう-か【等価】❶価値や価格が同じであること。同価。❷▶同値 [類語]同価・同等・同一・均一・等し並み・等しい・同じ・イコール・五分
とう-か【踏歌】中国から伝わった集団歌舞。足を踏み鳴らして歌い舞うもので、平安時代には宮中の初春の行事として盛行、正月14日に男踏歌、16日に女踏歌が行われた。その歌詞は、元来は唐詩、のち

と

に催馬楽さいばらも用いられ、歌の終わりに「万年ばんぜいあられ」と唱えたので「あられぱしり」ともいう。

とう‐か【糖化】タウクワ〔名〕スル でんぷんやセルロースなどの多糖類が加水分解されて、ぶどう糖や果糖などの低分子量の糖になること。

とう‐か【頭花】トウクワ ▶頭状花序とうじょうかじょ

とう‐か【藤花】トウクワ 藤の花。「一の宴」

とう‐か【闘歌】歌くらべ。歌あわせ。

とう‐が【冬×瓜】トウグワ ▶とうがん(冬瓜)

とう‐が【冬芽】晩夏から秋に形成され、休眠・越冬して、春に伸びて葉や花になる芽。寒さを防ぐため鱗片りんぺんでおおわれている。ふゆめ。⇔夏芽かが。

(類語)芽・木の芽・若芽・新芽・ひこばえ

とう‐が【灯×蛾】夜、灯火に集まる蛾の類。火取虫ひとりむし。(季 夏)「一よりもかそかに何を呟くや/楸邨」

とうが【東雅】江戸中期の語学書。20巻。新井白石著。享保2年(1717)成立。中国の「爾雅じが」にならって、国語の名詞を15の部門に分け、語源的な解釈を施したもの。

とう‐が【凍餓】こごえて飢えること。はなはだしく衣食に欠乏すること。「飢歳往々一の死を免かるる能わず」〈新聞雑誌二二〉

とう‐が【唐画】タウグワ ❶中国、唐代の絵画。❷中国人のかいた絵。また、中国風の絵。からえ。

とう‐が【陶瓦】タウグワ ❶陶器と瓦器。やきもの。❷釉うわぐすりをかけたかわら。

とう‐が【陶画】タウグワ 陶器にかいた絵。

どう‐か【同化】ドウクワ〔名〕スル ❶異なる性質・態度・思想などが、感化されて同じになること。また、感化して同じにさせること。「現地の風習に一する」「他民族を一する」❷知識などを取り込んで、完全に自分のものにすること。「西欧の文化を一する」❸生物が外界から摂取した物質を、特定の化学変化を経て、自己の成分あるいは有用な物質に合成する反応。植物の光合成など。アナボリズム。同化作用。⇔異化。❹音変化の一種。同じ語の中にある一つの音おんが他の音とまったく同音になるか、一部の性質を共通する音に変わるかする現象。前の音が後の音を同化する場合(順行同化。フロシキ→フルシキ)と、後の音が前の音を同化する場合(逆行同化。オシルコ→オシロコ)とがある。(類語)(❷)会得・体得・覚える・学ぶ

どう‐か【同価】価値や価格が等しいこと。等価。

どう‐か【堂下】ダウ ❶堂の下。❷殿上てんじょうの間まに昇殿を許されない官人。地下じげ。⇔堂上どうじょう。

どう‐か【道家】ダウ ❶中国、諸子百家の一。老子や荘子の説を奉じた学者の総称。万物生成の原理である道の思想を基礎に、無為自然による処世を説いた。❷道教を奉ずる人。道士。

どう‐か【道歌】ダウ 道徳的な教えをわかりやすく詠み込んだ和歌。

どう‐か【銅×戈】ドウクワ 青銅製の戈ほこ。中国、殷いん・周代に出現し、朝鮮半島で独自な形が発達して銅剣・銅鉾とともに弥生時代の日本にもたらされた。日本では刃をつけない祭器に変質した。

どう‐か【銅貨】ドウクワ 銅を主原料とした貨幣。銅銭。

どう‐か【導火】ダウクワ 火薬を爆発させるための火。くち火。

どう‐か〔副〕❶心から丁重に頼み込む気持ちを表す。どうぞ。なにとぞ。「頼むから一見逃してくれ」❷具体的な方法はともかくとして、ある問題の解決を望む気持ちを表す。なんとか。どうにか。「小遣いぐらいは自分で一する」❸物事が普通とは異なる状態を表す。多く、変だ、あまり感心しない、などの気持ちを表す。どうにか。「今日のお前は一したんじゃないか」「暑くて一なってしまいそうだ」❹判断に自信がない、迷っているといった気持ちを表す。「本当か一わからない」「一な、難しいところだ」❺確かな根拠はなくても、たぶんそうであろう、という気持ちを表す。どうも。どうやら。「あなたがたは、一、年来のお交際つきあいらしく思われますが」〈里見弴・今年竹〉(類語)(❶)くれぐれも・ぜひ・願わくは・なんとか・ぜひとも・まげて・ひとつ

(用法)どうか・どうぞ――「どうか(どうぞ)お願いします」「どうか(どうぞ)奥の方にお入りください」など、依頼の表現では相通じて用いられる。◆「どうか」は無理を承知で頼む意が強い。「どうかご承諾ください」◆「どうぞ」は勧誘の気持ちが強く、そのことをするかどうかは相手しだいになる。「どうぞお出かけください」また、「どうぞ」のあとを省略して、「どうぞ」だけで使うことができる。「どうぞ(お召し上がりください)」◆「どうかしたのか」「うまくできるかどうか」のように、異常な状態、自信のなさを表す用法は「どうぞ」にはない。◆「なにとぞ」は、やや古風ないい方だが、丁寧な気持ちは「どうか」「どうぞ」より強い。手紙文などに多く使われる。「時節がら、なにとぞご自愛ください」

どうかこうか どうにか。なんとか。どうにかこうにか。「一食べていける」

どうかした (あとに「はずみ」「拍子」などの語を伴って用いる)ひょっとした。何かちょっとした。「一拍子に痛む」

どうかして ❶そのときのぐあいで。たまたま。偶然に。「一暇ができると手伝ってくれる」❷何とかして。「一留学したい」

どうかして‐いる 態度などが普通と違っている。変だ。「このごろ一‐いるんじゃないか」

どうかすると ❶場合によると。「一春のような暖かい日がある」❷ややもすると。「一安易な方法を選びがちだ」

どうかと思・う はたしてどうだろうかと疑わしく思う。あまり感心しない。「君の考えは一・うよ」

どう‐が【動画】ドウグワ 連続的に見ると残像効果で動いているように見える、少しずつ変化させた一つながりの画像。映画・アニメーションやビデオカメラで撮影した映像など。⇒静止画

どう‐が【童画】ドウグワ ❶子供のかいた絵。児童画。❷大人が、子供のためにかいた絵。

ドゥカーレ‐きゅうでん【ドゥカーレ宮殿】《Palazzo Ducale》㊀イタリアのベネチアにある宮殿。8世紀の創建。14世紀から16世紀にかけて改築され、ゴシック様式の回廊に囲まれた現在の姿になった。ベネチア共和国時代に総督の居館と行政庁、および裁判所が置かれた。大会議の間はベロネーゼをはじめベネチア派の絵画が飾られている。パラッツォドゥカーレ。㊁イタリア中部、マルケ州の都市ウルビーノにあるルネサンス様式の宮殿。同地を治めていたモンテフェルトロ家の宮殿として、15世紀半ばに建造された。多くの芸術家、人文主義者、貴族たちが訪れ、ルネサンス期の宮廷文化の舞台になったことで知られる。現在はラファエロ、ティツィアーノらのルネサンス絵画を所蔵する国立マルケ美術館になっている。㊂イタリア北部の都市マントバにある宮殿。16世紀にマントバ公ゴンザーガ家により建造。宮殿、サンジョルジョ城、サンタバルバラ教会など、複数の建物で構成され、合わせて500近くの部屋がある。城内の結婚の間にはマンテーニャ作のフレスコ画があることで知られる。㊃イタリア北東部の都市モデナにあるバロック様式の宮殿。13世紀から14世紀にかけて建てられたエステ家の城に起源する。17世紀、モデナ公フランチェスコ1世により古い城を囲むように宮殿の建設が始まり、2世紀に渡って工事が続けられた。現在は陸軍士官学校として使われている。

とう‐かい【投壊】トウクワイ《「倒壊」のもじり》野球で、投手陣が相手チームに打ち崩されること。

とう‐かい【東海】■東の方の海。■㊀東海地方。㊁「東海道」の略。㊂日本の異称。㊃愛知県、知多半島西岸の市。名古屋の南に接し、臨海埋め立て地に重化学工業を中心とする工業地帯を形成。人口10.8万(2010)。㊄茨城県北東部、那珂なか郡の村。日本原子力研究開発機構の本部・原子力発電所がある。㊅中国で、東シナ海。(類語)(㊂)日本・大和やまと・日の本・八洲国やしまぐに・大八洲おおやしま・秋津島・敷島・葦原あしはらの中つ国・豊葦原とよあしはら・瑞穂みずほの国・和国わこく・日東・扶桑ふそう・神州・本邦・本朝・ジャパン・ジパング

とう‐かい【倒壊｜倒潰】タウクワイ〔名〕スル 建物などがたおれてつぶれること。「老朽家屋が一する」

(類語)全壊・崩壊・大破・丸潰れ・倒れる・潰れる

とう‐かい【×韜×晦】タウクワイ〔名〕スル ❶自分の本心や才能・地位などをつつみ隠すこと。「何故貴女は自分をそれ程まで一して居られるのか」〈有島・或る女〉❷身を隠すこと。姿をくらますこと。「章三郎は一と月ばかり一していたが」〈谷崎・異端者の悲しみ〉

(類語)(❷)潜伏せんぷく・隠伏・隠れる・潜ひそむ・忍しのぶ・伏ふす・潜もぐる・紛まぎれる・身を隠す・身を潜ひそめる

とう‐がい【灯蓋】《「とうかい」とも》灯火用の油皿をのせるもの。また、油皿。

とう‐がい【当該】タウ いま話題になっている事柄に直接関係すること。まさに、そのもの。また、その担当であること。「一事件」「一庁」

(類語)当事・当の・係かかわる・関する・からむ・関係する

とう‐がい【凍害】農作物などが寒さによって被害を受けること。また、その被害。

とう‐がい【等外】トウグワイ ❶きめられた等級や順位の中にはいらないこと。❷「等外官」の略。

とう‐がい【頭蓋】脊椎動物の頭部の骨格。脳髄を収容している脳頭蓋(神経頭蓋)と、顔面を形成している顔面頭蓋(内臓頭蓋)とに分けられる。ずがい。

どう‐かい【道会】ダウクワイ ❶「道議会」の旧称。昭和22年(1947)地方自治法の制定により道議会と改められた。❷「道議会」の略。

どう‐がい【童×孩】小さい子供。乳幼児。

とうかいがくいん‐だいがく【東海学院大学】トウカイガクヰン 岐阜県各務原かかみがはら市にある私立大学。昭和56年(1981)に東海女子大学として開設。平成19年(2007)に現校名に改称され、男女共学となった。

とうかいがくえん‐だいがく【東海学園大学】トウカイガクヱン 愛知県みよし市に本部がある私立大学。明治21年(1888)創立の東海学園を母体として、平成7年(1995)に設立された。

とうがい‐かん【等外官】トウグワイクワン 明治初期の官制で、最下級の官吏。

どうかい‐ぎいん【道会議員】ダウクワイギヰン 道議会議員の通称。

とうがい‐こつ【頭蓋骨】頭蓋を構成する骨の総称。ヒトでは脳頭蓋の後頭骨・側頭骨・頭頂骨・前頭骨・蝶形骨ちょうけいこつと、顔面頭蓋の篩骨しこつ・涙骨・鼻骨・上顎骨じょうがくこつ・下顎骨・口蓋骨・下鼻甲介かびこうかい・頬骨きょうこつ・鋤骨じょこつ・舌骨の15種23個からなる。ずがいこつ。

とうかい‐さんし【東海散士】[1852～1922]小説家・政治家。安房あわの生まれ。本名、柴四朗。もと会津藩士。のち衆議院議員。政治小説「佳人之奇遇」で知られる。

とうかい‐し【東海市】▶東海■㊃

とうかい‐じ【東海寺】東京都品川区にある臨済宗大徳寺派の寺。山号は万松山。開創は寛永15年(1638)、開山は沢庵宗彭たくあんそうほう、開基は徳川家光。境内に沢庵の墓、賀茂真淵の墓がある。

とうかい‐じしん【東海地震】ヂシン 駿河湾西部から遠州灘えんしゅうなだ東部を震源域とするマグニチュード8級の大地震。同地域では100～150年おきに大地震が発生している。安政元年(1854)を最後に約150年間起こっておらず、近い将来、発生する可能性が高いとされ、静岡県を中心に愛知・山梨・神奈川などの周辺地域が地震防災対策強化地域に指定されている。

とうかい‐しぜんほどう【東海自然歩道】シゼンホダウ 東海道筋にあたる山麓に設けられた遊歩道。東京の明治の森高尾国定公園を起点として大阪の明治の森箕面みのお国定公園に至る。

とうかい‐じどうしゃどう【東海自動車道】ジドウシャダウ 首都圏と東海地方を結ぶ高速自動車国道。第一東海自動車道(東名高速道路)と第二東海自動車道(新東名高速道路など)がある。

とうかい‐だいがく【東海大学】東京都渋谷区に本部がある私立大学。航空科学専門学校と電波科学専門学校を母体として、昭和21年(1946)旧制大学となり、同25年新制大学に移行。

とうかい‐ちほう【東海地方】ヂハウ 本州中央部の太平洋側の地方。ふつう、静岡・愛知・三重の3県と岐

阜県の南部をいう。

とうかい-どう【東海道】㊀五畿七道の一。伊賀・伊勢・志摩・尾張・三河・遠江・駿河・甲斐・伊豆・相模・武蔵・安房・上総・下総・常陸の15か国。㊁江戸時代の五街道の一。江戸から太平洋沿いに京都に至る街道。➡東海道五十三次

とうかいどう-ごじゅうさんつぎ【東海道五十三次】江戸時代、江戸日本橋から東海道を経て京都三条大橋に至る間にあった53の宿場。品川・川崎・神奈川・程(保土)ヶ谷・戸塚・藤沢・平塚・大磯・小田原・箱根・三島・沼津・原・吉原・蒲原・由比・興津・江尻・府中・鞠子・岡部・藤枝・島田・金谷・日坂・掛川・袋井・見付・浜松・舞坂・新居・白須賀・二川・吉田・御油・赤坂・藤川・岡崎・池鯉鮒・鳴海・宮・桑名・四日市・石薬師・庄野・亀山・関・坂下・土山・水口・石部・草津・大津。五十三次。

とうかいどう-しんかんせん【東海道新幹線】東京と新大阪を結ぶ新幹線。昭和39年(1964)開業。運行列車は「のぞみ」「ひかり」「こだま」。全長552.6キロ。

▷ **東海道新幹線の駅**
東京―品川―新横浜―小田原―熱海―三島―新富士―静岡―掛川―浜松―豊橋―三河安城―名古屋―岐阜羽島―米原―京都―新大阪―(**山陽新幹線に直通**)

とうかいどうちゅうひざくりげ【東海道中膝栗毛】滑稽本。8編18冊。十返舎一九作。享和2～文化6年(1802～1809)刊。江戸八丁堀の弥次郎兵衛と喜多八が、失敗を演じながら旅をする、江戸から京坂までの道中記。好評を博し、20年にわたって続編を出した。道中膝栗毛。膝栗毛。

とうかいどう-ほんせん【東海道本線】東京から横浜・名古屋・京都・大阪を経て神戸に至るJR線。明治5年(1872)開業。全長589.5キロ。

とうかいどうめいしょき【東海道名所記】仮名草子。6巻。浅井了意作。万治年間(1658～1661)の成立。僧侶の楽阿弥と連れの青年が狂歌やしゃれをおりまぜてつづる、江戸から京都までの道中記。駅間の里数・名所旧跡・産物などを詳細に記載。

とうかいどうめいしょずえ【東海道名所図会】江戸後期の絵入り名所案内。6巻。秋里籬島著。竹原春泉斎・北尾政美ほか画。寛政9年(1797)刊。京都から江戸に至る東海道の名所の沿革・風景などを図解した説明書。

とうかいどう-メガロポリス【東海道メガロポリス】東海道沿線の京浜地区から阪神地区にかけて多くの都市が連続する地域の称。日本で最も人口や産業が集中。

とうかいどうよつやかいだん【東海道四谷怪談】歌舞伎狂言。世話物。5幕。4世鶴屋南北作。文政8年(1825)江戸中村座初演。塩冶家の浪人民谷伊右衛門は、仲間とともに立身のために妻お岩の毒殺をはかり、憤死させるが、その怨霊にたたられて破滅する。通称「四谷怪談」。

とうがいない-けっしゅ【頭蓋内血腫】脳の内部や脳と頭蓋骨の間に血液がたまった状態。血腫が発生する場所によって、硬膜外血腫、硬膜下血腫、脳内血腫などに分類される。

とうかい-ひょう【投開票】〔名〕スル 投票と開票。「昨日―された市長選の結果」

とうかい-むら【東海村】▶東海㊁㊄

どうかい-わん【洞海湾】福岡県北九州市、八幡東・八幡西・戸畑と若松の間にある入り江。東西に細長く、もとは洞海とよばれた。湾口付近に若戸大橋が架かる。

とう-かえで【唐×楓】カエデ科の落葉高木。葉は浅く三つに裂けており、秋に紅葉。4、5月ごろ、淡黄色の花がつき、翼のある実を結ぶ。中国の原産で、街路樹や庭木にする。

とうかがた-えきしょう【透過型液晶】《transmissive liquid crystal》液晶の表示方式の一。背面に光源を置くことによって表示する。反射型液晶に比べ、彩度や明度が高い表示が可能で、暗い場所でも見やすい。

とうかがた-えきしょうディスプレー【透過型液晶ディスプレー】《transmissive liquid crystal display》▶透過型液晶

とうかがた-えきしょうパネル【透過型液晶パネル】《transmissive liquid crystal panel》▶透過型液晶

とうかがたでんし-けんびきょう【透過型電子顕微鏡】電子顕微鏡の一。試料に電子線を照射し、透過した電子線を磁場で屈折する電子レンズを用いて拡大・結像させる。光学顕微鏡に比べ分解能が極めて高く、0.2ナノメートル程度。細胞やウイルス内部の微細構造の観察に適している。生体試料は厚さ10～100ナノメートルの乾燥切片にする必要がある。TEM。

とうか-かんせい【灯火管制】夜間、空襲に備え、灯火を消したり覆ったりして光がもれないようにすること。

どうが-きょうゆうサービス【動画共有サービス】《video hosting service》インターネット上で、音声付きの動画を自由に投稿・閲覧できるサービス、またはウェブサイトの総称。代表的なものにニコニコ、YouTube動画などがある。動画共有サイト。動画投稿サイト。

どうが-きょうゆうサイト【動画共有サイト】《video hosting website》▶動画共有サービス

とう-かく【当確】「当選確実」の略。

とう-かく【倒閣】〔名〕スル 内閣を倒すこと。「野党勢力を結集して―する」「―運動」

とう-かく【等角】角が等しいこと。また、相等しい角。

とう-かく【統覚】《apperception; ドイ Apperzeption》❶哲学で、知覚表象などの意識内容を自己の意識として総合し統一する作用。❷心理学で、表象が意識に入ってはっきりと知覚されること。

とう-かく【頭角】獣の頭部のつの。また、頭の先。

頭角を現・す 《韓愈「柳子厚墓誌銘」から》才能・技量などが、周囲の人よりも一段とすぐれる。「めきめき―・してきた若手作家」〔補説〕「頭角を出す」とは言わない。

とう-がく【東学】朝鮮、李朝末に興った新宗教。1860年ごろ崔済愚が、西学すなわち天主教に対抗するものとして、民間信仰に儒・仏・道の三教を折衷して創始。教義は単純で符呪的であったが、社会不安に動揺する人心に訴えて民衆の間に急速に広まった。甲午農民戦争の後、天道教と侍天教に分裂した。

とう-がく【東岳】㊀中国の五岳の一、泰山の異称。㊁比叡山の異称。京都の東にあるところからいう。

とう-がく【唐楽】❶中国唐代の音楽、およびその朝鮮半島・日本に伝来したもの。❷雅楽の分類の一。平安初期の楽制改革で、日本に伝来した唐楽❶と林邑楽とを合わせて成立。器楽合奏のみの管絃と舞を伴う舞楽とがある。左楽。➡高麗楽 ❸歌舞伎下座音楽の一。中国を舞台にした場面や神仏の出現などに演奏される囃子。能管・大小鼓・太鼓などを用い、異国情緒や荘重な感じを出す。

とう-がく【等覚】仏語。❶《諸仏の覚悟は平等一如であるところから》仏のこと。❷修行が満ちて、正覚の仏と等しくなった位。菩薩の最高位。等正覚。

どう-かく【同格】❶資格・格式・地位などが同じであること。「課長職と―に扱う」❷文法で、一つの文の中において、語あるいは文節が他の語あるいは文節と、文の構成上の機能が同一の関係にあること。
〔類語〕同一・同等・等し並み・同じ・等しい

どう-かく【洞角】牛・水牛などの角のように、中が空洞になっている角。真角。

どう-がく【同学】同じ学校で学ぶこと。同じ先生について勉強すること。また、そのような関係にある人。「―のよしみ」「―の士」〔類語〕同門・同窓

どう-がく【同額】同じ金額。同じ値段。

どう-がく【動学】時間的な要素や原因・結果の関係などを含めて経済現象を分析する手法。➡静学

どう-がく【道学】❶道徳を説く学問。また、道徳を学ぶこと。❷儒学。特に、中国宋代の朱子学。宋学。❸江戸時代の心学のこと。❹道家の学問。道教。

とうかく-さんかくけい【等角三角形】三つの内角がすべて等しい三角形。正三角形。

どうがく-しゃ【道学者】❶道学を修めた人。道学を説く人。❷「道学先生」に同じ。「それほど僕は―ではない積りです」〈有島・或る女〉

どうがく-せんせい【道学先生】道徳にとらわれ、世事人情にうとく融通のきかない学者を軽蔑していう語。道学者。

とうかく-たかくけい【等角多角形】内角がすべて等しい多角形。正多角形。

どうがくてきかくりつてきいっぱんきんこう-モデル【動学的確率的一般均衡モデル】▶DSGEモデル

とうかく-とうえいず【等角投影図】立体の縦・横・高さの三軸が180度の等角で交わっているように見える方向に投影した図。三軸とも長さが約80パーセントに縮小される。

とうがくとう-の-らん【東学党の乱】▶甲午農民戦争

どう-がけ【胴掛(け)】《「どうかけ」とも》三味線で、演奏時に右腕がのる胴の部分にかける布製または皮製の覆い。胴当て。

とうかげんき【桃花源記】中国の伝奇小説。東晋の陶淵明作。桃の花の林に迷い込んだ武陵の漁師が、外の世界と隔絶した平和で豊かな村を見つけるが、もう一度行こうとして果たせなかった物語。「桃源郷」の語のもととなった。

とうか-げんこう【透過原稿】《transparent manuscript》光を通して見る原稿のこと。ポジフィルム、ネガフィルム、オーバーヘッドプロジェクターの透明なシートなどがある。スキャナーで画像を読み取る際、透過原稿と反射原稿を区別することがある。

とうかげんこう-ユニット【透過原稿ユニット】スキャナーの付属装置の一。写真用フィルムやオーバーヘッドプロジェクターの透明なシートなど、透過原稿を読み取る際にスキャナーに取り付ける。

とうか-げんり【等価原理】一般相対性理論の基本原理で、同じ物体の慣性質量と重力質量とは常に等しいというもの。

とうか-こうかん【等価交換】〔名〕スル 価格や価値の等しい物どうしを交換すること。「土地と建物を―する」

とう-がさ【唐×瘡】《唐人が伝えた病気の意》梅毒。〈日葡〉

とう-がさ【×籐×笠】籐で編み、内側に渋紙を張った笠。江戸中期ごろから中流以上の人が使った。

どうか-さよう【同化作用】❶マグマが周囲の岩石を取り込んだり、周囲の岩石と反応したりして、組成の異なるマグマになる作用。❷「同化❸」に同じ。

とうが-し【冬×瓜子】トウガンの種子。漢方で利尿・緩下・排膿薬などに用いる。

とう-がし【唐菓子】「唐果物」に同じ。からがし。

とうか-ジフ【透過GIF】《transparent GIF》インターネットなどで用いられるGIF画像のうち、任意の1色を透明にしたもの。例えば、画像の余白部分を透過色に設定することによって、図の形に沿って切り抜いたように表示することができる。

とうかしほん-りえきりつ【投下資本利益率】▶アール-オー-アイ(ROI)

どうがしま【堂ヶ島】静岡県、伊豆半島西岸の西伊豆町の景勝地。海食を受けた島々や断崖、海食洞などがみられる。

どうがしま-おんせん【堂ヶ島温泉】㊀神奈川県南西部、箱根町にある温泉。箱根七湯の一。泉質は硫酸塩泉・塩化物泉など。㊁静岡県の西伊豆町にある温泉。泉質は硫酸塩泉。

どう‐かじゅう【動荷重】ドウカヂュウ 運動する物体が構造物に与える荷重。橋を通過する列車が橋に与える荷重など。活荷重。⇔静荷重。

とうか‐しょう【×桐花章】トウクワシャウ「桐花大綬章とうかだいじゅしょう」の略。

とうか‐すい【桃花水】タウクワ 桃の花の咲くころ、氷や雪が解けて大量に流れる川の水。

とうかずいよう【桃華蘂葉】タウクワズイエフ 室町後期の有職故実書。1巻。一条兼良著。文明12年(1480)成立。一条家の故実や領所・敷地の目録などを、家督を継いだ子の冬良に書き与えたもの。

とうか‐せい【透過性】トウクワ 細胞の原形質膜などの皮膜が、気体・液体・溶質などを透過させる性質。

とうか‐せいひん【糖化製品】タウクワ ぶどう糖・果糖・水飴など糖化によって作られた甘味料。

とうか‐せん【桃花扇】タウクワ マミズクラゲの別名。

とうかせん【桃花扇】タウクワ 中国、清代の戯曲。孔尚任こうしょうじん作。1699年成立。明朝の滅亡と南京の盛衰を背景に、文士の侯方域こうほういきと名妓めいぎの李香君りこうくんとの悲恋を描いたもの。清代戯曲の代表作。

どうか‐せん【導火線】ダウクワ ❶雷管とともに用いる、火薬を爆発させるための火縄。黒色火薬を紙・糸で巻いてひも状にしたもの。❷事件を引き起こすきっかけ。「大戦勃発の—となった事件」

とうかそくど‐うんどう【等加速度運動】加速度が一定で、速度が時間に比例して増加または減少していく運動。真空中の落体の運動など。

どうか‐そしき【同化組織】ドウクワ 植物の組織の一。光合成などを営む柔組織で、各細胞は葉緑体を含む。葉の柵状組織・海綿状組織など。

とうか‐だいじゅしょう【×桐花大×綬章】トウクワダイジュシャウ 大勲位菊花大綬章の下位、旭日大綬章(旭日章の最高位)・瑞宝大綬章(瑞宝章の最高位)の上位にあたる勲章。制定時は旭日章の最上位として位置づけられていたが、平成15年(2003)より単独の章として独立。桐花章。

とうがた‐クレーン【塔形クレーン】タフガタ 鉄塔の上に桁けたをつけ、その上をトロリーが移動する形式、および鉄塔にジブを取り付けた形式のクレーン。タワークレーン。

とう‐かつ【等割】卵割の一。受精卵の全体に生じ、割球の大きさがほぼ等しいもの。多くの腔腸こうちょう動物や海綿・棘皮きょくひ・節足動物の一部にみられる。

とう‐かつ【統括】ークワツ〘名〙スル ばらばらのものを一つにまとめること。「さまざまな意見を—する」(類語)総合・総括・包括・一括・統合・集約・集成・締め括くくり・統一

とう‐かつ【統轄】〘名〙スル 多くの人や機関を一つにまとめて管轄すること。「地方機関を—する」
(類語)管理・管轄・管掌・総轄・直轄・所轄・所管

どう‐かつ【×恫喝｜×恫×愒】〘名〙スル 人をおどして恐れさせること。おどし。「—して寄付を強要する」
(類語)脅し・威嚇・威喝・こけおどし

とうかつ‐じごく【等活地獄】トウクワツヂゴク 仏語。八大地獄の第一。殺生を犯した者が落ちるとされ、獄卒の鉄棒や刀で肉体を寸断されて死ぬが、涼風が吹いてくるとまた生き返り、同じ責め苦にあうという。

どう‐かっしゃ【動滑車】ドウクワツシャ 回転の軸心が移動できるように、定滑車に綱でつるした滑車。加える必要のある力を削減できる。

とうか‐でん【登花殿｜登華殿】トウクワ 平安京内裏十七殿の一。貞観殿じょうがんでんの西、弘徽殿こきでんの北にあり、皇后・中宮・女御などが居住した所。

どうか‐でんぷん【同化×澱粉】ドウクワ 光合成の結果、葉緑体中に形成されたでんぷん粒。夜間に蔗糖の形で根や種子などに運ばれ、再合成されて粒子の大きい貯蔵でんぷんになる。

どうが‐とうこうサイト【動画投稿サイト】ドウグワトウカウ《video hosting website》►動画共有サービス

どう‐がな〘副〙《副詞「どう」＋副助詞「がな」から》どうにか。なんとか。「—工合をして孝助に暇いとまを出すか」〈円朝・怪談牡丹灯籠〉

とうがね【東金】千葉県中部の市。九十九里平野の中心にあり、もと酒井氏の城下町。人口6.2万(2010)。

どう‐がね【胴金｜▽筒金】刀の柄つか・鞘さやの合わせ目や槍やりの柄えの千段巻きなどの留め金としてはめる輪形の金具。

とうがね‐し【東金市】►東金

どうがね‐ぶいぶい【銅×鉦×蚉×蚉】コガネムシ科の昆虫。中形のコガネムシで、体色は鈍い光沢のある銅色。夏、灯火に集まる。果樹などの葉を食べ、幼虫は土中で生活し、植物の根を食害する。

とうか‐の‐せちえ【踏歌の節会】タフカーセチヱ 平安時代、正月に宮中で踏歌を奏する行事。殿上で酒宴が行われた。

とうか‐の‐せつ【桃花の節】タウクワ 桃の節句。上巳じょうし。

どうかひ‐か【同花被花】ドウクワヒクワ 萼がくと花びらが、形・大きさ・色などで区別のない花。ユリなど単子葉植物に多くみられる。同花被。⇒異花被花

とう‐がまえ【闘構え】ーがまへ 漢字の部首名の一。「鬨とき」「鬭(闘)」などの「門」のこと。たたかいがまえ。

とう‐かむり【唐▽冠】タウ ❶近世の兜かぶとの一。纓えいを左右に2本突き出させたもの。とうかん。とうかんむり。❷「唐冠貝」に同じ。

とうかむり‐がい【唐▽冠貝】タウかむりがひ トウカムリガイ科の巻き貝。貝殻は塊状で、殻高約30センチ。殻口は縁が大きく広がり冠状となる。本州中部以南の暖海に分布。殻を置き物やカメオの材料に用いる。せんねんがい。とうかむり。

どう‐がめ【胴亀】スッポンの別名。

とうか‐ゆ【×橙花油】タウクワ ミカン類の花からとる香油。無色。化粧品の香料に用いる。ネロリ油。

とう‐から【▽疾うから】〘副〙早くから。前々から。とっくに。「—感づいていた」⇒疾とう
(類語)とうに・とっくに

とう‐がらし【唐辛子｜唐芥＝子｜蕃＝椒】タウ ナス科の一年草。枝を多く出し、葉は長卵形。夏、葉の付け根に白色の5弁花をつける。実は細長く、初め緑色で秋に熟すと深紅色になる。ふつう果皮や種子の辛味が強く、香辛料や薬用にする。南アメリカの原産。日本には16世紀に伝来。南蛮船がもたらしたという。変種が多い。南蛮がらし。(季 秋｜花＝夏)「青くてもあるべきものを—/芭蕉」

どうがれ‐びょう【胴枯れ病】ービャウ リンゴ・クワ・カラマツなどの樹木の幹に子嚢菌など病原菌が寄生し、そこから上が枯れる病気。

とうかろく【東華録】トウクワ 中国の歴史書。清の歴代王朝の事蹟を編年体で記したもので4種ある。㊀32巻。清初の1616年から1735年までの記録で、蔣良騏撰。㊁195巻。続録430巻。太祖から穆宗までの11代の記録で、王先謙撰。十一朝東華録。㊂69巻。咸豊帝の時代の記録で、潘頤福撰。東華続録。咸豊朝東華録。㊃220巻。光緒帝の時代の記録で、朱寿朋撰。光緒朝東華録。

とう‐かん【冬官】ークワン ❶中国周代の六官りくかんの一。土木工作をつかさどった。❷中国唐代、工部の雅称。❸日本の宮内省の唐名。

とう‐かん【灯×竿】航路標識の一。桟橋・防波堤などの端に設置し、夜間に港の位置を示す小型の灯台。

とう‐かん【投×函】〘名〙スル 郵便物をポストに入れること。「手紙を—する」

とう‐かん【東漢】後漢の異称。都を前漢の長安から東の洛陽に移したのでいう。

とう‐かん【東関】ークワン ❶東方の関所。特に、京都の東にある逢坂おうさかの関。「昨日は—の麓にくつばみをならべて十万余騎」〈平家・七〉❷関東のこと。「あるは西海の波の上、あるは—の雲のはて」〈平家・一二〉

とう‐かん【凍寒】凍りつくような、厳しい寒さ。

とう‐かん【唐冠】タウクワン ►とうかむり

とう‐かん【盗汗】タウ「寝汗ねあせ」に同じ。

とう‐かん【陶棺】タウクワン 粘土で作り焼きあげた棺。日本では、主に6、7世紀に中国・近畿地方で用いられた。形状は亀甲きっこう形と屋根形があり、底部に円筒状の脚がつく。

とう‐かん【等閑】物事を軽くみて、いいかげんに扱うこと。なおざり。「注意を—にしようわけはないので」〈鏡花・婦系図〉

等閑に付・す　物事を軽くみて、いいかげんに扱う。かえりみないで放っておく。なおざりにする。「おのれが職業をも—・して」〈露伴・風流魔〉

とう‐かん【統監】〘名〙スル ❶全体をまとめて統轄し監督すること。特に、政治・軍事についていう。「三軍を—する」❷保護国に駐在し、本国の代表として条約・法令に従って政務を統轄した官職。❸統監府の長官。

とう‐がん【冬×瓜】《「とうが」の音変化》ウリ科の蔓性つるせいの一年草。茎に巻きひげがあり、葉は手のひら状に裂けている。夏、黄色い雌花と雄花とが咲き、実は球状から長楕円状で長さ30〜50センチ、主に煮て食べる。ジャワの原産で、古くから栽培。かもうり。とうが。(季 秋)「—やたがひにかはる顔の形/芭蕉」

とう‐がん【東岸】東側の岸。

どう‐かん【同感】〘名〙スル 同じように感じること。その意見や考えに賛成であること。また、そのような意見や考え。「私も—だ」「彼の説に—する」
(類語)共感・共鳴

どう‐かん【洞観】ークワン〘名〙スル 見抜くこと。見通すこと。また、推理や思考によらず、直観で本質を悟ること。「ありのままな精神をすなおに—する事によって」〈長与・竹沢先生と云ふ人〉

どう‐かん【動感】ある物がいかにも動いているように感じられること。ものが動いているという感じ。「—にあふれたタッチ」

どう‐かん【道観】ダウクワン ❶道教の寺院。道士のいる建物。観。❷仏語。人を感化して善に導くことと、みずから空くうの理を悟ること。化道けどうと空観。

どうかん【道灌】ダウクワン ►太田道灌おおたどうかん

どう‐かん【導管｜道管】ダウクワン ❶物、特に液体や気体を、ある場所から他の場所へ送る管。❷被子植物で、維管束の木部の主要構成部分。根が吸収した水分を枝・葉に送るための組織で、円柱形または多角柱形の細胞が縦に連なったもの。境界の膜には穴があり、側面の膜は木質化している。

どうかん【潼関】ドウクワン 中国陝西せんせい省東端の県。河南・山西両省との境の、南流する黄河が華山に衝突して東に流れを変える地点にあり、古来、交通・軍事の要地で、漢代に関が置かれた。衝関。トンコワン。

どう‐がん【童顔】子供の顔。また、子供のような若々しい顔つき。(類語)幼顔

とうかんきこう【東関紀行】トウクワンキカウ 鎌倉中期の紀行。1巻。作者は鴨長明・源光行・源親行などが擬せられたが未詳。仁治3年(1242)以後に成立。京都から鎌倉に下る旅と、鎌倉滞在中の見聞を、流麗な和漢混交文で記したもの。

とうがん‐きこう【東岸気候】大陸の東岸に特徴的な気候。冬は低温乾燥、夏は高温多湿。日本の太平洋側気候はこれに属する。⇒西岸気候

とうかん‐し【等閑視】〘名〙スル いいかげんに扱って、放っておくこと。なおざりにすること。「現状を—した結果の大事故」

どうがん‐しんけい【動眼神経】眼球の運動を支配する神経。中脳から出て眼窩がんかに分布し、運動神経線維が眼球を動かす筋肉を、副交感神経線維が毛様体と虹彩の運動を支配。第三脳神経。

どう‐かんすう【導関数】ダウクワンスウ 関数$f(x)$を微分して得られる関数$f'(x)$を、もとの関数の導関数という。

とうかん‐な・し【等閑なし】〘形ク〙日ごろ非常に親しくしている。心安い。「いかに—・いと言ふても言はれぬ事ぢゃ」〈虎明狂・連歌盗人〉

とうかん‐ふ【統監府】明治38年(1905)の第二次日韓協約に基づき、日本が京城(ソウル)に設置した朝鮮支配機関。同43年の韓国併合後、朝鮮総督府に引き継がれた。韓国統監府。

とう‐かんむり【唐冠】タウ ►とうかむり(唐冠)

どうかん‐やま【道灌山】ダウクワン 東京都荒川区西日暮里付近の高台。太田道灌の館跡という。江戸時代

は虫の声を聞く名所。
とう-き【冬季】冬の季節。冬のシーズン。冬。「一料金」
とう-き【冬期】冬の時期。冬の期間。「一講習」
とう-き【当帰】セリ科の多年草。山地に生え、高さ60〜90センチ。葉は複葉で縁にぎざぎざがある。夏から秋、白い小花を散形につける。根は太く、漢方で増血・強壮薬とし、栽培される。日本当帰。うまぜり。
とう-き【当期】いま当面している時期。この期間。「一のカリキュラム」
とう-き【投棄】〔名〕スル 投げ捨てること。「廃棄物を不法に一する」
とう-き【投機】❶利益・幸運を得ようとしてする行為。❷将来の価格の変動を予想して、現在の価格との差額を利得する目的で行われる商品や有価証券などの売買。❸禅宗で、修行者の機根が禅の真精神にかなうこと。師家の心と学人の心とが一致投合すること。
とう-き【逃毀】中世、住民がその居住地から逃げ出したとき、領主がその妻子をとらえ、財産を没収したこと。にげこぼち。
とう-き【党紀】党の風紀。党の規律。
とう-き【党規】党の規則。党則。「一に触れる」
とう-き【陶器】❶陶磁器のうち、素地の焼き締まりが中程度で吸水性があり、釉を施した非透光性のもの。土器よりもかたいが、磁器にくらべてやわらかい。❷陶磁器類の総称。焼き物。せともの。
(類語)瀬戸物・磁器・陶磁器・焼き物・かわらけ・土器
とう-き【登記】〔名〕スル 私法上の権利に関する一定の事項を第三者に公示するため、登記簿に記載すること。権利の保護、取引の安全のために行われる。不動産登記・船舶登記・法人登記・商業登記など。
(類語)登録
とう-き【騰貴】〔名〕スル 物価や相場があがること。「円が一する」(類語)値上がり・値上げ・高騰・急騰・暴騰
とう-ぎ【東魏】中国の国名。南北朝時代の534年、北魏が分裂したとき、将軍高歓が孝静帝を擁立し、鄴を都にして建国。550年、子の高洋が北斉を建国して滅亡。➡魏㊂
とう-ぎ【党議】❶党内での討議。「一にかける」❷党内での決議。「一に服する」
とう-ぎ【討議】〔名〕スル ある事柄について意見を述べ合うこと。「一を重ねる」「対策案を一する」
(類語)討論・議論・論議・談論・ディスカッション
とう-ぎ【闘技】❶力や技の優劣を争うこと。「一場」❷柔道・レスリングなどの格闘技。
どう-き【同気】同じ気質のもの。気の合った仲間。「一一体となることを」〈中村訳・西国立志編〉
同気相求める 《「易経」乾卦から》気の合う者はおのずから親しくなり、寄り集まる。
どう-き【同期】〔名〕スル ❶同じ時期。「前年の一の生産高をうわまわる」❷入学・卒業・入社などの年度が同じであること。「会社の一」「一会」❸作動を時間的に一致させること。シンクロナイズさせること。「画面と音声とを一する」
どう-き【動×悸｜動気】胸がどきどきすること。心臓の鼓動がいつもより激しく打つこと。「一が鎮まる」「一がして冷や汗が出る」(類語)鼓動・心悸
どう-き【動機】❶人が意志を決めたり、行動を起こしたりする直接の原因。「犯行の一」「タバコをやめた一」❷《motive》心理学で、人間や動物に行動を引き起こし、その行動に持続性を与える内的原因。❸倫理学で、行為をなすべく意志する際、その意志を規定する根拠。義務・欲望・衝動など。❹➤モチーフ❷ (類語)(❶)原因・理由・意図・目的・趣意・主意・真意・ねらい・訳
どう-き【銅器】銅でつくった器具。青銅器を銅器と称することもある。
どう-ぎ【同義】意味が同じであること。同じ意義。
どう-ぎ【胴木｜▽筒木】❶太い木材。丸太。❷城壁の上に備えておいて、敵が攻め寄せてきたときに落とす丸太。どうづき。
どう-ぎ【胴着｜胴▽衣】❶和服用の防寒着で、長着とジュバンの間に着る綿入れ。胴服。どうい。《季 冬》❷人体の胴にまとうもの。どうい。「救命一」
(類語)胴衣・チョッキ・ベスト
どう-ぎ【動議】会議中に予定議案以外の議題を議員が提出すること。また、その議題。「緊急一」
(類語)発案・発議・提議・提案・提言・提起
どう-ぎ【道着】武道を行う際に着用する衣服。剣道着や柔道着など。
どう-ぎ【道義】人のふみ行うべき正しい道。道理。「一にもとる行為」「一的責任」
(類語)正義・人道・人倫・大道・義・仁義・道徳・倫理・徳義・世道・公道・公徳・規範・大義・徳・道・モラル・モラリティー
どう-ぎ【道議】「道議会議員」の略。
どうぎ-いでんし【同義遺伝子】遺伝子座の異なる二つ以上の遺伝子で、ある形質を表すのにともに作用するもの。➡ポリジーン
とうき-うつびょう【冬季鬱病】➤エス-エー-ディー(SAD)
とうき-オリンピック【冬季オリンピック】➤オリンピック冬季競技大会
とうき-がい【投機買い】高く売って利益を得る目的で、安い価格のうちに購入すること。
どう-ぎかい【道議会】地方公共団体である北海道の議決機関。北海道の住民により直接選挙された道議会議員で構成される。
どうぎかい-ぎいん【道議会議員】道議会を組織する議員。任期は4年。道会議員。道議。
どうき-き【同期機】定常の運転状態で電源の周波数と同期した速度で回転する交流回転機。同期発電機・同期電動機・同期交流器など。
どうき-きどう【同期軌道】人工衛星がとる軌道の一。地球の自転と同じ周期で公転し、地上の一地点からは、毎日同じ時刻に同じ位置に見える。軌道傾斜角が0度の場合は静止軌道といい、赤道上空を周回する。逆に軌道傾斜角を大きくした場合は、地球の両極近くを通るため、高緯度地域の通信や観測に利用される。対地同期軌道。
とうき-けいざい【投機経済】金融商品の値動きを利用して短期的な利益を追求する、投機的な経済活動全般を指す。株式等のデイトレードや、実需を伴わない外為売買などがこれに含まれる。投機経済は、その規模や性質が実体経済と対比され、時に実体経済の攪乱要因と見なされる。
どうぎ-ご【同義語】語形は異なるが、意味が同じである語。「本」と「書物」、「病気」と「やまい」の類。同意語。シノニム。(類語)同意語・類義語・類語・シノニム
とうぎ-こうそく【党議拘束】議会での採決に際し、所属政党の決議に従って投票するように議員を束縛すること。
とうき-ごりん【冬季五輪】➤オリンピック冬季競技大会
どうき-じだい【銅器時代】考古学上の時代区分の一。石器時代から青銅器時代に移行した地方で、青銅器出現前に利器に純銅が使われた時代を青銅器時代から分離してよぶいい方。石器を併せ用いたことから金石併用時代ともいう。
どうき-しゅうはすう【同期周波数】《synchronous frequency》➤リフレッシュレート
とうき-じゅんそんえき【当期純損益】➤税引後当期純損益
とうき-じゅんそんしつ【当期純損失】➤税引後当期純損失
とうき-じゅんりえき【当期純利益】➤税引後当期純利益
とうき-しょ【登記所】登記事務を取り扱う機関。法務局・地方法務局またはその支局や出張所がこれにあたる。
とう-きしょう【董其昌】[1555〜1636]中国、明代の文人・画家・書家。華亭(江蘇省)の人。字は玄宰。号、思白など。中国画を南宗画と北宗画の系統に分ける南北二宗論を説き、南宗画の優位性を主張。また、行書にすぐれた。著「画禅室随筆」など。
とうき-しん【投機心】❶機会に乗じて、大きな利益を得ようとする心。「一をあおられる」❷成否はわからないが、思いきってやってみようとする心。
どうぎ-しん【道義心】道義を大切にする心。道徳心。
どうき-しんごう【同期信号】一般に情報伝達系で、受信側の再現動作と送信側のそれとを同調させる信号。テレビでは、送像側の分解走査と受像側の組み立て走査とを同調させる信号で、映像信号との合成信号として送られる。
とうきずみ-しょう【登記済証】➤権利証
どうき-せい【同期生】同じ年度に入学または卒業した学生。また、入社年度の同じ人。
どうき-せつ【動機説】倫理学で、行為の道徳的価値を、行為の結果にかかわらず、その内面的動機を問うことによって判定する立場。カントの倫理学が代表的。➡結果説
どうぎ-せん【道議選】《「道議」は「道議会議員」の略》道議会議員を選出するための選挙。
とうき-そんえき【当期損益】➤税引後当期純損益
とうき-そんしつ【当期損失】➤税引後当期純損失
とうきたんすい-すいでん【冬期×湛水水田】➤冬水田圃
どうき-づけ【動機付け】《motivation》心理学で、生活体に行動を起こさせ、目標に向かわせる心理的な過程をいう。内的要因と外的要因の相互作用で成立する。モチベーション。
トゥキディデス〖Thūkydidēs〗➤ツキディデス
とうき-てき【投機的】〔形動〕機会をとらえて利益を得ようとするさま。また、成否が不確実なさま。「一な事業」
どうぎ-てき【道義的】〔形動〕道義に関するさま。人の踏み行うべき正しい道に関するさま。「一に許されない行為」
どうぎてき-せきにん【道義的責任】人として正しい道を守るべき責任。「無罪になっても一は残る」
とうぎ-てってき【東儀鉄笛】[1869〜1925]俳優・音楽家。京都の生まれ。本名、季治。雅楽の家に生まれて洋楽も学ぶ。文芸協会の創立に参加し、俳優として活躍。早稲田大学校歌「都の西北」の作曲者。
どうき-てんそうモード【同期転送モード】《Synchronous Transfer Mode》➤STM
とうき-とりひき【投機取引】相場の変動によって生ずる差額を利得するために行う売買取引。
どうき-の-さくら【同期の桜】《同名の軍歌から》予科練の同期生を桜にたとえた語。転じて一般に、同期生。
とう-きび【唐×黍】❶トウモロコシの別名。《季 秋》❷モロコシの別名。
とうき-ぼ【登記簿】登記事項を記入するために、登記所に備えつけてある公の帳簿。不動産登記簿など。
とうき-ほう【登記法】登記に関する法規の総称。不動産登記法・商業登記法など。
とう-ぎぼうし【唐擬宝▽珠】オオバギボウシの別名。
とうき-マネー【投機マネー】投機❷のために市場に投入される金。(補説)需要の増大した市場に多額の投機マネーが流入すると、価格高騰やバブル経済などを招くことがある。
とうき-めいぎ【登記名義】登記簿に権利者として記載されている名義。
とうきゃく-さんかくけい【等脚三角形】➤二等辺三角形
とうきゃく-だいけい【等脚台形】台形のうち、平行でない辺の長さの等しいもの。底辺の両端の角も等しい。等角台形。
とうきゃく-るい【等脚類】等脚目に属する甲殻類の総称。体長1センチくらいのものが多く、体は背腹

と

に扁平で、7胸節・6腹節・腹尾節からなる。海産・淡水産・陸生のほか寄生生活をするものもある。キクイムシ・シオムシ・ワラジムシなど。

とうきゃく-るい【×橈脚類】甲殻綱橈脚亜綱の節足動物の総称。主に海産で、動物プランクトンとして種類数・量が多く、魚類の天然飼料として重要。体は楕円形で1〜4ミリのものが多い。ケンミジンコ・ソコミジンコなど。かいあしるい。

とう-きゅう【冬宮】《Zimniy dvorets》ロシアのサンクトペテルブルグにあるロシア帝国時代の宮殿。ネバ川沿いに位置し、南側に宮殿広場が広がる。18世紀半ば、イタリアの建築家バルトロメオ＝ラストレッリの設計によりロココ様式で建造。十月革命後、エルミタージュ美術館の本館になった。冬の宮殿。冬宮殿。

とう-きゅう【投球】〔名〕スル ボールを投げること。また、投げたボール。特に、野球でいう。ピッチング。「全力で―する」「―フォーム」

とう-きゅう【討究｜討求】〔名〕スル 物事の真理・道理を深く研究すること。「環境問題を―する」
(類語) 研究・考究・探究・追究・講究・論究・攻究・究理・研鑽・調査・分析・スタディ・リサーチ（―する）究める・調べる

とう-きゅう【等級】❶上下・優劣の順位を表す段階。くらい。階級。「五つの―に分ける」「―を付ける」❷天体の光度を示す階級。光度が2.512倍になるごとに一等級減少する。➡等星 ❸自動車保険の保険料の割引率・割増率を算出するための階級。➡ノンフリート等級 (類語)等・級・階級・位・段階・グレード・クラス・ランキング・ランク

とう-ぎゅう【闘牛】❶牛と牛とを角をつき合わせてたたかわせる競技。また、その牛。愛媛県宇和島、鹿児島県徳之島などで行われている。牛合わせ。(季 春) ❷闘牛士と牛とがたたかう競技。ギリシャ・ローマに起こり、現在ではスペインのほか、ポルトガルやメキシコなどでも行われている。「―場」

どう-きゅう【同級】❶学級が同じであること。同じ学級。「―生」❷階級・等級が同じであること。

どう-きゅう【×撞球】ビリヤード。玉突き。

とうぎゅう-し【闘牛士】闘牛❷で、牛とたたかう人。

とうきゅう-じゅつ【×淘宮術】運勢判断の一。天源術から派生したもので、天保5年（1834）横山丸三の創始。人は生来の気質を修練することによって開運に至ることができるという。淘道。

とうきゅうすえおき-じこ【等級据え置き事故】車両保険事故のうち、保険金が支払われた場合でも、翌年のノンフリート等級が下がらないで、現在と同じ等級のままになる事故のこと。火災・爆発・盗難・騒擾・台風・落書きなどの要因による事故が該当する。➡カウント事故 ➡ノーカウント事故

どうきゅう-せい【同級生】同じ学級の生徒・学生。同じ学年の生徒・学生。(類語)級友・クラスメート

トウ-きゅうでん【トウ宮殿】《Palais du Tau》➤トー宮殿

とうきゅうプロテクト-とくやく【等級プロテクト特約】自動車保険における特約の一。保険会社の定める条件に当てはまる事故であれば、保険期間中の1回目に限り、ノンフリート等級を下げずに翌年も現在の等級を据え置くことができる。

とう-ぎょ【統御｜統×馭】〔名〕スル 全体をまとめて支配すること。思いどおりに扱うこと。「大軍を―する」「自分の感情を―する」(類語)支配・統治・管理・制御・統轄・統率・宰領・統制・統べる・コントロール

とう-ぎょ【闘魚】キノボリウオ科の淡水魚。全長6センチくらい。体は長楕円形で側扁し、青緑色。雄は闘争性が強い。東南アジアの原産。観賞用熱帯魚として品種改良が行われ、背びれ・尾びれ・しりびれが大きく体色も赤・白・青などのものがある。ベタ。(季 夏)「こひびとを待ちあぐむらし―の辺／草城」

どう-きょ【同居】〔名〕スル ❶家族が一つの家で一緒に生活すること。「三世代が―している家族」(対)別居。❷家族以外の人が同じ家に住むこと。「伯父の家に―する」❸本来あるはずでないものがともに存在すること。「常に危険と―している都会生活」
(類語)（❷）同棲・雑居／（❸）併存・共存・両立

とうきょう【東京】《東にある都の意》日本の首都。都庁所在地は新宿区。慶応4年（1868）江戸を東京と改称、京都から遷都。当初は漢音「とうけい」と呉音「とうきょう」とが並び行われた。明治4年（1871）東京府となり、同11年・13年に伊豆諸島・小笠原諸島を編入、同22年15区の東京市を設置、同26年三多摩郡を編入。昭和7年（1932）周辺町村を合併、東京市は35区になる。同18年府・市を統合して東京都となり、同22年22区の特別区を設置、のち練馬区を板橋区から分区。現在は、23区、26市、1郡、大島・三宅・八丈・小笠原の4支庁がある。特に23区をいう場合もある。人口1316.2万（2010）。➡とうけい（東京）

とう-きょう【唐鏡】中国、唐代の鏡。円鏡・方鏡のほか、八花鏡・八稜鏡などが盛行。背面の文様は絵画的で、鍍金・金銀平脱・螺鈿などの技法によりきわめて優美。

とう-ぎょう【唐尭】➤陶唐氏

どう-きょう【同郷】同じ地方の出身であること。「―のよしみ」「―の人」

どう-きょう【道教】中国、古代の民間信仰を基盤とし、不老長生・現世利益を主たる目的として自然発生的に生まれた宗教。のち、仏教への対抗上、神仙説など道家の思想、および仏教の教理儀礼が取り入れられた。5世紀前半、北魏の寇謙之が教祖を黄帝・老子とし、張道陵を開祖として道教教団を形成した例もあるが、多くは民間信仰として発展。

どうきょう【道鏡】［?〜772］奈良時代の法相宗の僧。河内の人。弓削氏出身。称徳天皇に信任されて政界に進出。太政大臣禅師・法王となり、権力をふるったが、皇位をねらって藤原氏および和気清麻呂らに阻止された。天皇の死後、下野の薬師寺別当に左遷され、その地で没。

どう-ぎょう【同行】❶連れ立って行くこと。また、その人。どうこう。❷連れ立って神仏に参詣する人々。❸心を同じくしてともに仏道を修める人々。真宗ではその信者をいう。禅宗では「どうあん」という。❹文章などの同じ行。

どう-ぎょう【同業】職業や業種が同じであること。また、その人。

どう-ぎょう【童形】まだ結髪していない少年。また、その姿。稚児姿。

とうきょうありあけ-いりょうだいがく【東京有明医療大学】東京都江東区にある私立大学。平成21年（2009）に開設された。

とうきょう-いかしかだいがく【東京医科歯科大学】東京都文京区に本部がある国立大学法人。昭和3年（1928）創設の東京高等歯科医学校が前身。東京医学歯学専門学校を経て同21年旧制大学となる。同26年新制大学に移行。平成16年（2004）国立大学法人となる。

とうきょう-いかだいがく【東京医科大学】東京都新宿区にある私立大学。大正7年（1918）設立の東京医学専門学校を前身とし、昭和22年（1947）旧制大学となる。同27年新制大学に移行。

とうきょう-いりょうがくいんだいがく【東京医療学院大学】東京都多摩市にある私立大学。平成24年（2012）開学。

とうきょう-いりょうほけんだいがく【東京医療保健大学】東京都品川区などにある私立大学。平成17年（2005）に開設。同19年に大学院を設置した。

とうきょう-ヴェルディ【東京ヴェルディ】日本プロサッカーリーグのクラブチームの一。ホームタウンは東京都。昭和44年（1969）創設の読売サッカークラブが前身。平成5年（1993）、ヴェルディ川崎としてJリーグ発足時から参加。東京移転は同13年。(補説)「ヴェルディ」はポルトガル語で緑を意味する言葉からの造語。

とうきょう-エイム【東京エイム】《TOKYO AIM》東京証券取引所とロンドン証券取引所が合弁で、平成21年（2009）に新設した特定投資家（プロ投資家）向けの証券市場。上場に際して、時価総額基準や株主数基準などがなく、成長企業に広く門戸が開かれる。同市場で直接、買い付けが行えるのは、上場企業や資本金5億円以上の株式会社、政府・日銀など、要件を満たした特定投資家と、非居住者に限られる。

とうきょう-えき【東京駅】東京都千代田区にあるJRの旅客駅。東海道本線、東海道・東北・上越・長野新幹線のほか横須賀・山手・中央・京浜東北・総武・京葉などの各線が発着する。煉瓦造りの駅舎は大正3年（1914）完成したもので、戦災を受けたが復興された。

とうきょう-オフショアしじょう【東京オフショア市場】➤ジェー-オー-エム（JOM）

とうきょう-オリンピック【東京オリンピック】昭和39年（1964）10月に東京で開催された第18回夏季オリンピック大会。日本武道館や国立競技場などはこのときに建設された。(補説)開会式の行われた10月10日は、昭和41年（1966）に体育の日として国民の祝日に制定された。

とうきょう-おんがくがっこう【東京音楽学校】東京芸術大学音楽学部の前身。明治12年（1879）創設の音楽取調掛を起源とし、同20年に設立。昭和24年（1949）東京芸術大学に統合された。

とうきょう-おんがくだいがく【東京音楽大学】東京都豊島区にある私立大学。明治40年（1907）に日本初の私立音楽学校として創立された東洋音楽学校を母体とする。昭和38年（1963）東洋音楽大学として開学。同44年現校名に改称した。

とうきょう-おんど【東京音頭】昭和初期の民謡調の流行歌。西条八十作詞、中山晋平作曲。初め「丸の内音頭」の名でレコード化されたが、昭和8年（1933）に改作したもの。

とうきょう-がいこくごだいがく【東京外国語大学】東京都府中市にある国立大学法人。江戸幕府洋学所、蕃書調所を母体として明治6年（1873）設立した東京外国語学校が前身。同30年に、東京高等商業学校付属外国語学校となり、のち、東京外国語学校、東京外事専門学校を経て、昭和24年（1949）新制大学として発足。平成16年（2004）国立大学法人となる。

とうきょう-かいようだいがく【東京海洋大学】東京都港区に本部がある国立大学法人。平成15年（2003）東京商船大学と東京水産大学が統合して発足。同16年に国立大学法人となる。海洋工学部と海洋科学部がある。

とうきょう-がくげいだいがく【東京学芸大学】東京都小金井市にある国立大学法人。東京第一・第二・第三師範学校、東京青年師範学校を統合し、昭和24年（1949）新制大学として発足。平成16年（2004）国立大学法人となる。

とうきょうかせいがくいん-だいがく【東京家政学院大学】東京都千代田区と町田市にある私立大学。昭和38年（1963）の開設。平成7年（1995）に大学院を設置した。

とうきょう-かせいだいがく【東京家政大学】東京都板橋区に本部のある私立大学。明治14年（1881）設立の和洋裁縫伝習所から東京女子専門学校を経て、昭和24年（1949）新制大学として発足。

とうきょう-かぶしきとりひきじょ【東京株式取引所】東京証券取引所の前身。明治11年（1878）に営業を開始し、第二次大戦中まで存続した。

とうぎょう-き【東京▽錦】もと中国から渡来し、のち日本で模造した錦。赤白の碁盤模様の白地の部分に、鳥・蝶・藤の丸などを赤く織り出したもの。

とうぎょうき-の-しとね【東京▽錦の×茵】東京錦の縁をつけた方形の茵。寝殿の座臥用の敷物。

とうきょうきゅうこう-でんてつ【東京急行電鉄】東京都と神奈川県に路線をもつ電鉄会社。ま

た、その鉄道。渋谷・桜木町間の東横線を中心として営業。大正11年(1922)開業。東急。

とうきょう-きょういくだいがく【東京教育大学】トウキヤウケウイクダイガク 東京都文京区に本部のあった国立大学。明治5年(1872)設立の師範学校が東京高等師範学校となり、東京文理科大学・東京農業教育専門学校・東京体育専門学校を統合して、昭和24年(1949)新制大学として発足。同53年廃校。新たに筑波大学が設置された。

とうきょう-キリストきょうだいがく【東京基督教大学】トウキヤウーケウダイガク 千葉県印西市にある私立大学。平成2年(1990)開学。神学部の単科大学で全寮制。

とうきょう-ぎんこう【東京銀行】トウキヤウギンカウ 昭和21年(1946)横浜正金銀行の資産を継承し、普通銀行として設立された銀行。同29年、外国為替専門銀行に転換。平成8年(1996)三菱銀行と合併し東京三菱銀行に、同18年にはUFJ銀行と合併して三菱東京UFJ銀行となった。東銀。

とうきょう-きんゆうとりひきしょ【東京金融取引所】トウキヤウー 平成元年(1989)金融先物取引法に基づいて東京に設立された金融先物取引所。当初は金融機関を会員とする法人だったが、平成16年(2004)に株式会社化。旧称の東京金融先物取引所(TIFFE)を同19年に現社名に改称した。金融取。TFX(Tokyo Financial Excange)。

どうぎょう-くみあい【同業組合】ドウゲフくみあひ 同一業種の事業者が営業上の弊害を防止し、共同の利益を図るために組織する団体。中世の座・ギルド、現在の協同組合など。

とうきょう-けいざいだいがく【東京経済大学】トウキヤウー 東京都国分寺市に本部がある私立大学。明治33年(1900)設立の大倉商業学校に始まり、大倉高等商業学校を経て、昭和24年(1949)新制大学として発足。

とうきょう-げいじゅつだいがく【東京芸術大学】トウキヤウー 東京都台東区にある国立大学法人。明治20年(1887)設立の東京美術学校と東京音楽学校を統合して、昭和24年(1949)新制大学として発足。平成16年(2004)国立大学法人となる。

とうきょう-ご【東京語】トウキヤウー 東京で使われている言語。話し言葉は下町言葉と山の手言葉に分けられ、後者は現代共通語の基盤になった。

とうきょう-こうかだいがく【東京工科大学】トウキヤウコウクワダイガク 東京都八王子市などにある私立大学。昭和61年(1986)開学。平成5年(1993)大学院を設置。

とうきょう-こうぎょうだいがく【東京工業大学】トウキヤウコウゲフダイガク 東京都目黒区にある国立大学法人。明治14年(1881)設立の東京職工学校に始まり、東京工業学校、東京高等工業学校を経て、昭和4年(1929)旧制大学となる。同24年新制大学に移行。平成16年(2004)国立大学法人となる。

とうきょう-こうぎょうひんとりひきじょ【東京工業品取引所】トウキヤウコウゲフヒンとりひきジヨ 東京にある商品取引所の一。昭和59年(1984)に東京繊維商品取引所・東京ゴム取引所・東京金取引所が統合して設立された。平成20年(2008)株式会社化。金・銀・白金・パラジウム・ゴム・ガソリン・灯油・軽油など15商品を扱う。東工取。TOCOM(トコム)(Tokyo Commodity Exchange)。

とうきょう-こうげいだいがく【東京工芸大学】トウキヤウー 東京都中野区などにある私立大学。大正12年(1923)設立の小西写真専門学校を母体として昭和41年(1966)東京写真大学として開学。同52年現校名に改称した。

とうきょう-こくさいえいがさい【東京国際映画祭】トウキヤウコクサイエイグワサイ 東京で毎年10月に開かれる国際映画祭。第1回は昭和60年(1985)開催。最高賞の東京サクラグランプリのほか、監督賞や男優・女優賞などがある。また、アジア映画を対象とする「アジアの風」部門や、日本映画を対象とする「日本映画・ある視点」部門などがある。TIFF(Tokyo International Film Festival)。

とうきょう-こくさいくうこう【東京国際空港】トウキヤウコクサイクウカウ 東京都大田区にある空港。国管理空港の一。昭和6年(1931)開港、内外定期航空路便が発着したが、同53年成田国際空港の開港後は主に国内線に使用。平成22年(2010)に国際線ターミナルが再び開業した。羽田空港。愛称はビッグバード。➡拠点空港

とうきょう-こくさいだいがく【東京国際大学】トウキヤウー 埼玉県川越市にある私立大学。昭和40年(1965)国際商科大学として開学。同61年現校名に改称。

とうきょう-こくもつしょうひんとりひきじょ【東京穀物商品取引所】トウキヤウコクモツシヤウヒンとりひきジヨ 東京にある商品取引所の一。昭和27年(1952)に設立。平成21年(2009)株式会社となった。米・大豆・小豆・粗糖・トウモロコシ・コーヒー豆などを扱う。東穀取。TGE(Tokyo Grain Exchange)。

とうきょう-こくりつきんだいびじゅつかん【東京国立近代美術館】トウキヤウコクリツキンダイビジユツクワン 東京都千代田区北の丸公園にある美術館。昭和27年(1952)中央区京橋に開館、同44年に現在地に移転。平成13年(2001)より独立行政法人国立美術館が運営。主に明治40年(1907)以降の日本の絵画・彫刻・工芸品などを所蔵・展示する。

とうきょう-こくりつはくぶつかん【東京国立博物館】トウキヤウコクリツハクブツクワン 東京都台東区上野公園にある博物館。明治5年(1872)湯島聖堂を博物館として博覧会を開催したことに始まり、同15年現在地に開館。その後、帝国博物館、帝室博物館と改称、昭和22年(1947)国立博物館となり、同27年現名に改称。平成13年(2001)独立行政法人国立博物館の、同19年より国立文化財機構の管轄となる。国宝・重要文化財を含む、日本および東洋の美術・工芸・考古遺品などを多数収蔵。

とうきょう-こくりつぶんかざいけんきゅうじょ【東京国立文化財研究所】トウキヤウコクリツブンクワザイケンキウジヨ 東京文化財研究所の前身。黒田清輝の遺志と遺産によって設立された美術研究所の後身として、昭和27年(1952)発足。平成13年(2001)奈良国立文化財研究所とともに独立行政法人文化財研究所に統合。

とうきょう-コレクション【東京コレクション】トウキヤウー《Tokyo collections》日本を代表するファッションデザイナーたちの団体、東京ファッションデザイナー協議会が主催するファッションショー。パリ・ミラノに匹敵する権威あるファッションショーであり、4月(秋冬もの)、11月(翌春夏もの)に開催される。

とうきょう-さいばん【東京裁判】トウキヤウー 極東国際軍事裁判の通称。

とうきょう-さんしょううお【東京山×椒魚】トウキヤウサンセウうを サンショウウオ科の両生類。体長8～13センチ、背面が暗褐色。福島県東部から平野部を除く関東地方に分布。1月中旬から3月ごろ、止水中に半月形の卵嚢(らんのう)を二つ産む。

とうきょう-しかだいがく【東京歯科大学】トウキヤウシクワダイガク 千葉市にある私立大学。明治23年(1890)設立の高山歯科医学院に始まり、東京歯科医学専門学校を経て、昭和21年(1946)旧制大学となる。同27年新制大学に移行。

とうきょうしき-アクセント【東京式アクセント】トウキヤウシキー 東京語のアクセント体系。一音節語はアクセントの型が一種、二音節語は二種、n音節語はn種の型がある。例えば二音節名詞の場合、花(ハナ)、雨(アメ)のように二種に、三音節名詞の場合、桜(サクラ)、団扇(ウチワ)、烏(カラス)のように三種になる。東京を中心に、関東西部から中部地方、中国地方、北海道から東北北部などの広い地域でみられる。

とうきょうじけいかい-いかだいがく【東京慈恵会医科大学】トウキヤウジケイクワイイクワダイガク 東京都港区に本部がある私立大学。明治14年(1881)設立の成医会講習所に始まり、東京慈恵医院医学専門学校を経て、大正10年(1921)旧制大学となる。昭和27年(1952)新制大学に移行。

とうきょうしじょう-ぎんこうかんとりひききんり【東京市場銀行間取引金利】トウキヤウシヂヤウギンカウカンとりひきキンリ ▶タイボー(TIBOR)

どうぎょう-しゃ【同業者】ドウゲフー 同じ職業や業種の人。

どうぎょう-しゅう【同行衆】ドウギヤウー《「どうぎょうしゅ」とも》❶同じ宗派の信者たち。特に、真宗の信者たち。❷同じ講中の人々。

とうきょう-じゅんしんじょしだいがく【東京純心女子大学】トウキヤウジユンシンヂヨシダイガク 東京都八王子市にある私立大学。長崎純心聖母会を設立母体として、平成8年(1996)に開学した。現代文化学部の単科大学。

とうきょう-しょうけんとりひきじょ【東京証券取引所】トウキヤウー 昭和24年(1949)証券取引法に基づき、東京に設立された証券取引所(金融商品取引所)。設立当初は会員組織であったが、平成13年(2001)株式会社化。同19年持株会社東京証券取引所グループを設立し、その子会社となる。東京都中央区日本橋兜町(かぶとちょう)にあり、通称「兜町」。東証。TSE(Tokyo Stock Exchange)。補説 2013年1月1日に大阪証券取引所と経営統合し、株式会社日本取引所グループ(仮称)となる予定。

とうきょう-しょうせんだいがく【東京商船大学】トウキヤウシヤウセンダイガク 東京都江東区にあった国立大学。明治8年(1875)設立の三菱商船学校を起源とし、東京商船学校、高等商船学校を経て、昭和24年(1949)に商船大学として発足。同32年東京商船大学と改称。平成15年(2003)東京水産大学と統合して東京海洋大学となる。➡東京海洋大学

とうきょう-じょうほうだいがく【東京情報大学】トウキヤウジヤウホウダイガク 千葉市にある私立大学。昭和63年(1988)に開学した。総合情報学部の単科大学。

とうきょう-じょがっかんだいがく【東京女学館大学】トウキヤウヂヨガククワンダイガク 東京都町田市にある私立大学。明治21年(1888)設立の東京女学館を源流として、平成14年(2002)に開学。国際教養学部の単科大学。

とうきょう-じょしいかだいがく【東京女子医科大学】トウキヤウヂヨシイクワダイガク 東京都新宿区にある私立大学。明治33年(1900)設立の東京女医学校に始まり、東京女子医学専門学校を経て、昭和22年(1947)旧制大学となる。同27年新制大学に移行。

とうきょう-じょしたいいくだいがく【東京女子体育大学】トウキヤウヂヨシタイイクダイガク 東京都国立市にある私立大学。昭和37年(1962)開設。日本初の女子体育指導者養成機関である東京女子体操音楽学校を源流とする。

とうきょう-じょしだいがく【東京女子大学】トウキヤウヂヨシダイガク 東京都杉並区にある私立大学。大正7年(1918)キリスト教主義に基づいた専門学校として設立。昭和23年(1948)新制大学に移行。とんじょ。

とうきょう-しんがくだいがく【東京神学大学】トウキヤウー 東京都三鷹市の私立大学。昭和18年(1943)プロテスタント系神学校を統合して日本基督教神学専門学校として設立。同24年新制大学として発足。

とうきょう-しんぶん【東京新聞】トウキヤウー 中日新聞東京本社が発行する日刊紙。中日新聞と合わせてブロック紙として扱われる。東京の新聞2紙が昭和17年(1942)に統合し、夕刊紙として創刊。同42年から中日新聞の傘下に入った。発行部数は約54万部(平成24年上期平均)。

とうきょう-すいさんだいがく【東京水産大学】トウキヤウー 東京都港区にあった国立大学。明治21年(1888)設立の水産伝習所に始まり、農商務省水産講習所を経て、昭和24年(1949)新制大学として発足。平成15年(2003)東京商船大学と統合して東京海洋大学となる。➡東京海洋大学

とうきょう-スカイツリー【東京スカイツリー】トウキヤウー《Tokyo Sky Tree》東京都墨田区にある地上デジタル放送用の電波塔。平成20年(2008)着工、同24年完成。高さ634メートルで、アラブ首長国連邦の超高層ビル「ブルジュハリファ」(828メートル)に次いで高さ世界第二の建造物。塔としては世界一。2013年からNHKと在京民放5局の電波を送出する。スカイツリー。補説 634は「むさし(武蔵)㊀」の語呂合わせという。ただし、建設場所の墨田区押上は中世まで

下総だった。

とうきょう-せいえいだいがく【東京聖栄大学】トウキヤウ 東京都葛飾区にある私立大学。平成17年(2005)に開学した、健康栄養学部の単科大学。

とうきょう-せいとくだいがく【東京成徳大学】トウキヤウ 千葉県八千代市などにある私立大学。平成5年(1993)に開設。同10年に大学院を設置した。

とうきょう-せんげん【東京宣言】トウキヤウ 平成5年(1993)10月にロシア大統領エリツィンが訪日し、総理大臣細川護熙と会談した後に、両首脳が署名した文書。両国間の関係を完全に正常化するために、北方四島の帰属に関する問題を歴史的・法的事実に基づいて解決し、平和条約を早期に締結するため交渉を継続することについて、両首脳が合意したことが明記されている。

とうきょう-せんもんがっこう【東京専門学校】トウキヤウセンモンガクカウ 早稲田大学の前身。明治15年(1882)に大隈重信が創設。

とうきょう-ぞうけいだいがく【東京造形大学】トウキヤウザウケイダイガク 東京都八王子市にある私立大学。昭和41年(1966)に開学した、造形学部の単科大学。

とうきょう-だいがく【東京大学】トウキヤウ 東京都文京区に本部がある国立大学法人。明治10年(1877)東京開成学校と東京医学校が合併して東京大学として成立。帝国大学、東京帝国大学を経て、昭和22年(1947)東京大学の名に復する。同24年に第一高等学校・東京高等学校などを統合して新制大学に移行。平成16年(2004)国立大学法人となる。

とうきょう-だいくうしゅう【東京大空襲】トウキヤウダイクウシフ 昭和20年(1945)3月10日未明、米軍のB29爆撃機約300機による東京への大規模な空襲。死者約10万人、焼失家屋は27万戸に達し、下町一帯は焦土と化した。

とうきょう-タワー【東京タワー】トウキヤウ 東京都港区芝公園にある電波塔。放送・通信用アンテナとして使用。展望台もあり、東京名所として有名。昭和33年(1958)完成。高さは333メートル。平成24年(2012)5月の東京スカイツリー開業後も、引き続きFMラジオ波や放送大学のテレビ放送電波塔として利用される。➡東京スカイツリー

とうきょう-ちかてつ【東京地下鉄】トウキヤウ 平成16年(2004)4月、帝都高速度交通営団を改組して設立された特殊会社。東京都およびその周辺における地下鉄の建設と運営にあたる。愛称は東京メトロ。東京地下鉄株式会社。

とうきょう-でんきだいがく【東京電機大学】トウキヤウ 東京都足立区に本部がある私立大学。明治40年(1907)東京神田に設立した電機学校に始まり、東京電機高等工業学校を経て、昭和24年(1949)新制大学として発足。平成24年(2012)本部などを足立区に移転。

とうきょう-てんもんだい【東京天文台】トウキヤウ 国立天文台の旧称。

とうきょう-と【東京都】トウキヤウ ▶東京

とうきょう-ドーム【東京ドーム】トウキヤウ 東京都文京区にある、日本初のドーム型野球場。愛称はビッグ-エッグ。昭和63年(1988)完成。グラウンドは人工芝で、面積1万3000平方メートル、両翼100メートル、センター122メートル。4万5600人を収容できる。野球だけでなく各種の催し会場として利用されている。

とうきょうと-こうつうきょく【東京都交通局】トウキヤウトカウツウキヨク 東京都の公営企業の一。都営地下鉄、都営バス、都電荒川線、新交通システムの日暮里(にっぽり)・舎人(とねり)ライナー、上野動物園構内のモノレールを運営する。明治44年(1911)に東京市電気局として開局、路面電車事業と電気供給事業を開始。昭和18年(1943)都制施行にともない現名称となった。

とうきょう-としだいがく【東京都市大学】トウキヤウ 東京都世田谷区にある私立大学。昭和4年(1929)設立の武蔵高等工科学校に始まり、武蔵工業専門学校を経て、同24年に武蔵工業大学として発足。平成21年(2009)東横学園女子短期大学を統合して現校名に改称。

とうきょうと-びじゅつかん【東京都美術館】トウキヤウトビジユツクワン 東京都台東区上野公園にある都立美術館。大正15年(1926)東京府美術館として発足、昭和18年(1943)現在名に改称。現代美術の作品を中心に収蔵。美術団体の展覧会場に多く用いられる。

とうきょうとりつ-かがくぎじゅつだいがく【東京都立科学技術大学】トウキヤウトリツクワガクギジユツダイガク 東京都日野市にあった公立大学。昭和47年(1972)設立の東京都立工科短期大学を母体に、同60年4年制大学として発足。平成17年(2005)、首都大学東京の設立に伴い、東京都立大学・東京都立保健科学大学・東京都立短期大学と統合された。同23年3月に閉学。

とうきょうとりつ-だいがく【東京都立大学】トウキヤウトリツ 東京都八王子市にあった公立大学。昭和24年(1949)旧制の都立高等学校のほか都立専門学校5校を統合して、新制大学として発足。平成17年(2005)、首都大学東京の設立に伴い、東京都立科学技術大学・東京都立保健科学大学・東京都立短期大学と統合された。同23年3月に閉学。

とうきょう-にちにちしんぶん【東京日日新聞】トウキヤウ 明治5年(1872)に創刊された東京で最初の日刊新聞。岸田吟香の雑報、福地桜痴の政府支持の論説で知られた。同44年大阪毎日新聞に買収され、昭和18年(1943)毎日新聞に題号を統一。

どうぎょう-ににん【同行二人】ドウギヤウ 西国巡礼者などがいつも弘法大師と一緒に巡礼しているという意で笠に書きつける語。補説この語の場合、「同行」を「どうこう」、「二人」を「ふたり」とは読まない。

とうきょう-のうぎょうだいがく【東京農業大学】トウキヤウノウゲフダイガク 東京都世田谷区に本部のある私立大学。明治24年(1891)設立の徳川育英会の育英黌(いくえいこう)農業科に始まり、東京農学校を経て、大正14年(1925)旧制大学となる。昭和24年(1949)新制大学に移行。

とうきょう-のうこうだいがく【東京農工大学】トウキヤウ 東京都府中市に本部がある国立大学法人。東京農林専門学校と東京繊維専門学校が統合して、昭和24年(1949)新制大学として発足。平成16年(2004)国立大学法人となる。

とうきょう-びじゅつがっこう【東京美術学校】トウキヤウビジユツガクカウ 東京芸術大学美術学部の前身。明治20年(1887)設立。創設準備には岡倉天心やフェノロサらがあたった。昭和24年(1949)東京芸術大学に統合。

とうきょう-ぶ【頭胸部】エビ・カニやクモ類の、頭部と胸部との区別がなく一つになっている部分。

とうきょう-ふくしだいがく【東京福祉大学】トウキヤウ 東京都豊島区などにある私立大学。平成12年(2000)の開設。

とうきょう-ふじだいがく【東京富士大学】トウキヤウ 東京都新宿区にある私立大学。平成14年(2002)に開設された、経営学部の単科大学。

とうきょう-ぶんかざいけんきゅうじょ【東京文化財研究所】トウキヤウブンクワザイケンキウジヨ 東京都台東区上野公園にある調査研究機関。国立文化財機構に属する。日本の有形・無形文化財と、それらの保存修復技術についての研究を行う。前身は東京国立文化財研究所。

とうきょう-ほうそう【東京放送】トウキヤウハウソウ 東京放送ホールディングス・TBSテレビ・TBSラジオなどの分社化前の法人名。昭和26年(1951)にラジオの、同30年にテレビの放送を開始。平成12年(2000)テレビ・ラジオの制作部門を子会社し、同21年に法人名を東京放送ホールディングスと変更して持ち株会社となった。

とうきょうほうそう-ホールディングス【東京放送ホールディングス】トウキヤウハウソウ 東京・港区にある認定放送持ち株会社。東京放送が平成21年(2009)社名変更し、持ち株会社となった。TBSテレビ・TBSラジオなどが連結対象。毎日新聞社とのつながりが深い。

とうきょう-みらいだいがく【東京未来大学】トウキヤウ 東京都足立区にある私立大学。平成19年(2007)に開設された、こども心理学部の単科大学。

とうきょう-メトロ【東京メトロ】トウキヤウ 帝都高速度交通営団が民営となった「東京地下鉄株式会社」の愛称。平成16年(2004)4月1日から。

とうきょう-ヤクルトスワローズ【東京ヤクルトスワローズ】トウキヤウ プロ野球球団の一。セントラルリーグに所属し、フランチャイズは東京都。昭和25年(1950)、国鉄スワローズとして発足。のち、サンケイスワローズ→サンケイアトムズ→アトムズ→ヤクルトアトムズ→ヤクルトスワローズと改称、平成18年(2006)から現在の名称となる。

とうきょう-やっかだいがく【東京薬科大学】トウキヤウヤククワダイガク 東京都八王子市の私立大学。明治13年(1880)設立の東京薬舗学校に始まり、東京薬学専門学校を経て、昭和24年(1949)新制大学として発足。

とうきょう-ラウンド【東京ラウンド】トウキヤウ 昭和48年(1973)9月から始まった関税および貿易に関する一般協定(GATT)における多国間の多角的貿易交渉。貿易自由化の推進を目標とし、関税のほかにも非関税障壁、セーフガード、開発途上国問題も取り上げた。79年妥結。➡ウルグアイラウンド

とうきょう-りかだいがく【東京理科大学】トウキヤウリクワダイガク 東京都新宿区に本部がある私立大学。明治14年(1881)設立の東京物理学講習所に始まり、東京物理学校を経て、昭和24年(1949)新制大学として発足。

とうきょうろくだいがく-やきゅうれんめい【東京六大学野球連盟】トウキヤウロクダイガクヤキウレンメイ 東京に本部のある早稲田・慶応義塾・明治・法政・立教・東京の六大学の野球部が結成する野球連盟。大正14年(1925)発足。毎年春と秋2回、神宮球場でリーグ戦を行う。

とうきょう-わん【東京湾】トウキヤウ 関東地方南部、房総半島と三浦半島に囲まれる海域。浦賀水道で太平洋につながる。湾岸には東京・横浜・千葉などの大都市・貿易港が並ぶ。埋め立てが進み、臨海工業地帯を形成。

どうきょ-ぎむ【同居義務】夫婦が同一の場所に居住する義務。正当な理由がなく違反すると、悪意の遺棄として離婚原因になる。

とう-きょく【当局】タウ ❶ある仕事や任務を処理する立場にあること。また、その機関や人。「学校―の説明」「外務―の発表」❷行政上当該する関係官庁をそれとなくさす語。「―のお達しにより」❸郵便局など「局」と名のつく機関で、その局をさす語。

とう-きょく【登極】《「極」は最高の位の意》天子の位につくこと。即位。登祚(とうそ)。

とうきょく-けつごう【等極結合】―ケツガフ ▶共有結合

とうきょく-れい【登極令】天皇の践祚(せんそ)、即位礼などを規定した旧皇室令。明治42年(1909)公布。

どうきょ-にん【同居人】一緒に住んでいる人で、家族以外の人。同居者。

とう-ぎり【当▽限】タウ 限月(げんげつ)を立てて行う先物(さきもの)取引で、受渡期限が売買約定した月のもの。当月限。➡先限(さきぎり) ➡中限(なかぎり)

とう-ぎり【唐×桐】タウ ヒギリの別名。

どう-ぎり【胴切り】胴の部分で横に切ること。輪切り。筒(つつ)切り。

とうき-りえき【当期利益】タウキ ▶税引後当期純利益

とう-きん【当金】タウ その場で金を受け渡しすること。また、その金。即金。当銀。「仰せの通り―百両、いざお受け取り下さりませ」〈伎・上野初花〉

とう-ぎん【当今】タウ《「とうきん」とも》❶「とうこん(当今)」に同じ。〈色葉字類抄〉❷当代の天皇。今上(きんじょう)。「―の御代に」〈保元・上〉

とう-ぎん【当銀】タウ「当金(とうきん)」に同じ。「―に売り捨てて渡世をすべし」〈浮・織留・二〉

どう-きん【同×衾】〔名〕スル 一つの夜具に一緒に寝ること。男女関係についていうことが多い。ともね。「彼女と―して居たら」〈荷風・あめりか物語〉
類語 共寝・添い寝・雑魚寝・ごろ寝

どう-ぎん【同吟】▶同音(どうおん)❹

とう-く【投句】〔名〕スル 俳句を投稿すること。また、その俳句。「俳句雑誌に―する」

とう-く【倒句】タウ 意味を強めるために、語句の順序

を普通とは逆にして表現すること。また、その句。「行きたいなあ、あの山に」の類。

とう-く【頭句】歌の冒頭部分の句。短歌では第1句、または第3句までをいう。

とう-ぐ【唐虞】タウ 中国の伝説上の聖天子である陶唐氏(尭ぎょう)と有虞氏(舜しゅん)を併せてよぶ名。また、その二人の治めた時代。

どう-ぐ【道具】ダウ ❶物を作ったり、何かをしたりするために用いる器具の総称。「大工—」「家財—」❷他の目的のために利用されるもの。また、他人に利用される人。手段。「取引の—にする」❸身体に備わっている種々の部分。「身体中の—が一時に動作(どうさ)を止めて」〈藤村・破戒〉❹芝居の大道具、小道具。❺武家で、槍その他の武具。❻三衣一鉢(さんえいっぱつ)などの、仏道修行のための必要品。類語 器具・用具・調度・器材・器物・工具・古道具・骨董・装具・用品

用法 **道具・器具・用具**——「道具(器具・用具)は全部そろっている」のように、あることを行うために使用する物の意では相通じて用いられる。◆「道具」は「大工道具」「台所道具」「勉強道具」など、主に日常生活で、多くは手に持って使う物を指す。◆「器具」は家庭電化用品、ガスこんろ、ストーブなど、構造・操作の簡単な機器を指すほか、試験管やビーカーを「実験用の器具」というように、あることを行う種々の道具類についてもいう。◆「用具」は実質的には「道具」「器具」と重なる場合が多いが、用途を限定した場合に用いる。「スキー用具」「運動用具」「筆記用具」

どうぐ-いち【道具市】ダウグ 古道具を売る市。

とう-ぐう【東宮｜▽春宮】《東は四季の春に配されて万物生成の意をもち、また易では長男を表す震にあたり、宮殿が皇居の東にあったところから》❶皇太子の住む宮殿。みこのみや。❷皇太子の称。ひつぎのみこ。類語 皇太子・太子

とうぐう-がくし【東宮学士】律令制で、皇太子に経書を進講する官。

とうぐう-ごしょ【東宮御所】皇太子の居所。現在は東京都港区元赤坂にある。補説 現在の東宮御所は皇居の南西にあるが、京都御所では内裏の中の東側にあったため東宮と称された。

とうぐう-しき【東宮▽職】平安中期以降、皇太子の道徳・学問の師である東宮傅(ふ)と東宮学士の総称。

とうぐう-しょく【東宮職】宮内庁の一部局。皇太子家に関する事務を扱う。

とうぐうせついん【東宮切韻】トウグウセツヰン 平安時代の音韻書。20巻。菅原是善著。元慶4年(880)以前の成立とされるが、現存しない。中国の陸法言ら13人が撰した切韻の諸本を集大成したもの。とうきゅうせついん。

とうぐう-の-だいぶ【▽春宮大夫】春宮坊の長官。みこのみやのつかさのかみ。

とうぐう-の-ふ【東宮×傅】律令制で、皇太子の教育をつかさどった官。とうぐうふ。

とうぐう-ぼう【▽春宮坊】バウ 律令制以後明治維新まで、皇太子に関する事務をつかさどった役所。みこのみやのつかさ。

どうぐ-おとし【道具落(と)し】ダウグ ❶戦場で敵の槍を巻き落とすこと。また、そのための武具。❷わな。おとしあな。「女郎の—は是ぞかし」〈浮・諸艶大鑑・八〉

どうぐ-かた【道具方】ダウグ 演劇・映画などで、舞台・撮影に必要な道具、特に大道具に関することを受け持つ人。

とうぐ-さんだい【唐虞三代】タウグ 尭と舜に、夏・殷(いん)・周の3代を加えた呼び名。

とう-ぐし【唐×櫛】タウ 近世の梳(す)き櫛の一。竹製で歯の非常に細かく密なもの。

どうぐ-しゅう【道具衆】ダウグ 戦国時代から江戸初期にかけての武家の職名。槍奉行の配下で、戦時には長柄(ながえ)の槍を持って出陣した騎馬武者。長柄組。

どうぐ-だたみ【道具畳】ダウグ ▶手前畳(てまえだたみ)

どうぐ-だて【道具立て】ダウグ ❶必要な道具をそろえておくこと。また、その道具。❷物事の準備をすること。用意。したく。「会の—を整える」❸必要な要素や部分。また、それが備わっていること。特に俳優の顔などについていう。「—が備わった二枚目役者」類語 用意・支度(したく)・準備・備え・設け・手配・手配り・手回し・手筈(てはず)・手当て・段取り・膳(ぜん)立て・下拵(したごしら)え・下準備・態勢・整備・備える

とう-くつ【盗掘】タウ〔名〕スル 公有地や他人の所有地などを権利や許可もなく掘り起こし内部の物品などを盗むこと。「—された形跡がある古墳」

どう-くつ【洞窟】がけや岩などにできたほらあな。洞穴(どうけつ)。類語 洞穴(どうけつ)・洞穴(ほらあな)・洞・岩窟・石窟・岩屋・山窟・鍾乳洞(しょうにゅうどう)

どうくつ-いせき【洞窟遺跡】ヰセキ 自然の洞窟を利用して人間が生活を営んだあとのある遺跡。墓地を含むことも多い。後期旧石器時代からみられ、日本では高知県の竜河洞の弥生遺跡が好例。

どうぐてき-じょうけんづけ【道具的条件付け】ダウグテキデウケンづけ 動物が特定の反応を起こしたときだけにえさを与えると、この反応を強化することができる。このような条件反応が条件づけの道具となっていることから、パブロフの条件反射でいう古典的条件づけに対して用いられる語。オペラント条件づけ。

とうぐ-どう【東求堂】ダウ 京都の慈照寺(銀閣寺)にある足利義政の持仏堂。文明18年(1486)建立。

どうぐ-の-としとり【道具の年取り】ダウグ 正月14日、道具も年を取るとして、農具など日常使っている道具類に供え物をして年取りを祝う習俗。

どうぐ-ばこ【道具箱】ダウグ 工作道具や大工道具を入れておく箱。

とうく-ほう【倒句法】タウクハフ 倒句を用いる修辞法。倒置法。

どうぐ-まく【道具幕】ダウグ 歌舞伎の大道具で、引き幕の内側につり、開幕直後や舞台転換のつなぎなどに用いる幕。山・波などが描かれる。

とう-ぐみ【唐茱=萸｜唐胡=頽=子】タウ ナツグミの変種。枝にとげはない。実が大きく、食べられる。たわらぐみ。

トゥクムス〘Tukums〙ラトビア、ビゼメ地方の町。首都リガの西方約50キロメートルに位置する。旧市街のブリービーバス広場周辺には、リボニア騎士団が14世紀初頭に建てたヤウンピルス城(現在は博物館)や聖三位一体教会などの歴史的建造物がある。

どうぐ-もち【道具持(ち)】ダウグ ❶道具を多く持っていること。また、その人。❷武家で、槍持ちのこと。❸火消しのうち、纏(まとい)持ちのこと。

どうぐ-や【道具屋】ダウグ ❶古道具を売る店。また、その人。❷振り込め詐欺において、犯行の道具となる携帯電話や銀行口座を調達する役をいう隠語。

どうぐや-ぶし【道具屋節】ダウグヤ 古浄瑠璃の一。寛文〜貞享(1661〜1688)ごろ、道具屋吉左衛門が大坂を中心に語ったもの。播磨節の影響が強く、その旋律は義太夫節にも取り入れられている。

とう-くらげ【唐水=母】タウ ビゼンクラゲの別名。

ドゥク-ラングール〘douc langur〙オナガザル科ドゥクモンキー属の狭鼻猿の総称。中国・ラオス・ベトナムに分布。

とう-くろう【藤九郎】トウクラウ アホウドリの別名。

とう-ぐわ【唐×鍬】タウぐは 鍬の一種。長方形の鉄板の一端に刃をつけ、他の端に木の柄をはめたもの。開墾や根切りに使う。とうが。

どう-くん【同訓】異なる漢字が同じ訓をもつこと。「哀・悲・愛」を「かなしい」と読む類。「—異字」

とうぐん-りゅう【東軍流】リウ 剣術の流派の一。川崎鑰之助(かわさきかぎのすけ)が東軍僧正などに学んで創始し、江戸初期に5世の孫川崎(東軍)二郎太夫が江戸に道場を開き広めたという。

どうくん-れんごう【同君連合】レンガフ 二つ以上の国家が同一の君主のもとに連合すること。身上連合(人的連合)と物上連合(物的連合)がある。君合国。

とう-け【当家】タウ この家。この一族。「—の主(あるじ)」

とう-け【桃家】タウ 芭蕉の門人、天野桃隣の流れをくむ人をいう語。代々、太白堂と号した。

とうげ【峠】たうげ《「たむ(手向)け」の音変化。頂上で通行者が道祖神に手向けをしたことからいう》❶山道をのぼりつめて、下りにかかる所。山の上り下りの境目。「—道」❷物事の勢いの最も盛んな時。絶頂。「病気は今夜が—だ」「選挙戦が—にさしかかる」補説「峠」は国字。類語(❷)頂上・頂点・絶頂・最高潮・山場・山・クライマックス・ピーク

峠を越・す 物事の絶頂の時が過ぎる。危ぶまれた時期を過ぎる。「暑さも—・した」

どう-け【同家】❶同じ家筋。同族。❷前に述べた語を受けて、その家。

どう-け【道化｜道▽外】ダウ ❶人を笑わせるようなこっけいな身ぶりや言葉。また、それをする人。おどけ。「—を演じる」「—に徹する」❷「道化方(どうけがた)」の略。❸「道化師」の略。

どう-け【道家】ダウ ▶どうか(道家)

とう-けい【刀×圭】タウ ❶薬を調合するさじ。❷医術。また、医者。

とう-けい【灯×檠】灯火の油皿をのせる台。灯台。

とうけい【東京】❶前漢の都、長安に対し、後漢の都、洛陽の異称。❷北宋の都、開封の異称。❸遼・金の遼陽(りょうよう)の異称。❹唐代の渤海(ぼっかい)の竜原府の異称。❺▶とうきょう(東京)

とう-けい【東経】英国のグリニッジ天文台跡を通る本初子午線を零度として、その東方へ180度までの経度。⇔西経。

とう-けい【統計】〔名〕スル 集団の個々の構成要素の分布を調べ、その集団の属性を数量的に把握すること。また、その結果を数値や図表で表現したもの。「—をとる」「—を出す」「就業人口を—する」

とう-けい【頭形】人間の頭を真上から見た形。前後の長さと横幅の比によって、短頭・中頭・長頭に分ける。人種・民族などによって差がみられる。

とう-けい【闘鶏】鶏を戦わせて勝負を争うこと。また、その鶏。鶏合わせ。奈良時代に唐から伝わり、陰暦3月3日の宮廷行事にもなった。(季 春)

とう-げい【陶芸】タウ 陶磁器を製作する技芸・工芸。

どう-けい【同形】❶形が同じであること。同じ形。「—異種」❷類似する化学組成をもつ物質が同じ結晶構造と結晶形を示すこと。方解石$CaCO_3$と菱苦土石$MgCO_3$とが、方解石型の結晶構造をとり三方晶系を示すなど。類質同像。類語 同格・同一

どう-けい【同系】系統・系列が同じであること。類語 同類・同種

どう-けい【同型】型が同じであること。同じ型。「—の犯罪」

どう-けい【同慶】相手にも自分にも喜ばしいこと。「御—の至りに存じます」類語 大慶・御慶

どう-けい【動径】角を回転で表す場合の、回転する半直線のこと。

どう-けい【道警】ダウ 北海道の警察。また、北海道の警察本部。

どう-けい【▽憧憬】〔名〕スル《「しょうけい」の慣用読み》あこがれること。「—の的」「都会の暮らしを—する」

とうけい-か【刀×圭家】タウケイ 医者。医師。

とうけい-がく【統計学】確率論を基盤にして、集団全体の性質を一部の標本を調べることによって推定するための処理・分析方法について研究する学問。

とうけい-きょく【統計局】総務省の内部部局の一。各行政機関の統計の調整、国勢調査その他国勢の基本に関する統計調査などを行う。

どうけい-こうはい【同系交配】カウハイ 同一の系統の個体間で行われる交配。

とうけい-じ【東慶寺】神奈川県鎌倉市にある臨済宗円覚寺派の寺。山号は松岡山(しょうこうざん)。鎌倉尼五山の一。開創は弘安8年(1285)、開山は北条時宗の妻覚山尼。覚山尼の定めた「縁切寺法」により、離縁を望む女人救済の寺として、特に江戸時代は縁切り寺・駆け込み寺として知られた。明治36年(1903)から僧寺。松ヶ岡御所。➡縁切り寺

とうけいすうり-けんきゅうじょ【統計数理研究所】ケンキウジョ 確率・統計の理論やその応用に関する研究を行う日本の公的研究機関。情報・システム研究

機構を構成する大学共同利用機関法人の一つ。昭和19年(1944)設立。平成16年(2004)、大学共同利用機関法人に改組。モデリング研究系、データ科学研究系、数理・推論研究系、および予測発見戦略研究センター、リスク解析戦略研究センターなどの研究部門がある。統数研。ISM(The Institute of Statistical Mathematics)。

とうけい-ずひょう【統計図表】統計の内容を図表で示したもの。統計グラフ。

どうけい-せつごうがた【同型接合型】▶ホモ接合体

どうけい-せつごうたい【同型接合体】▶ホモ接合体

とうけい-センター【統計センター】総務省統計局において実施する国勢調査その他の統計調査の集計のほか、各府省、地方公共団体の委託を受けて各種統計調査の集計を行う、国の中央集計センター。平成15年(2003)より独立行政法人化。⇒統計局

とうけい-ちず【統計地図】▶カルトグラム

とうけい-ちょうさ【統計調査】集団の全域にわたる数量的諸性質を観察・分析するために行う調査。調査対象から、全数調査、標本調査(部分調査)、実態調査などに分類される。また、総務省統計局が行う統計調査に、国勢調査、事業所・企業統計調査、人口推計、労働力調査、家計調査、消費者物価指数などがある。

とうけい-てき【統計的】〔形動〕統計の上で表現されるさま。統計を基にして行われるさま。「購買層を一に考察する」

とうけい-ねつりきがく【統計熱力学】統計力学。特に熱平衡状態にある物質について、熱力学の観点から扱うものを指す。熱統計力学。

とうけい-ねんかん【統計年鑑】政治・経済・社会その他に関する重要な統計資料を記載し、現勢を数量的に明らかにした年1回の定期刊行物。

とうけいひゃくじゅうど-シーエスデジタルほうそう【東経110度CSデジタル放送】《110 east longitude CS digital broadcasting》▶110度CSデジタル放送

どうけい-ベクトル【動径ベクトル】運動する質点に対し、運動の基準となる原点から質点に引いた位置ベクトル。

とうけい-りきがく【統計力学】原子や分子の運動を統計的に取り扱い、それらの集まりである物質の巨視的な性質を説明しようとする理論的方法。用いる力学法則によって古典統計力学と量子統計力学とがある。

どうけ-がた【道化方】歌舞伎の役柄の一。こっけいなしぐさやせりふで人を笑わせる役。また、その俳優。道化師。

どうけ-ざる【道化猿】ロリスの別名。

どうけ-し【道化師】❶こっけいな芸を演じる人。また、それを職業とする人。ピエロ。クラウン。❷「道化方」に同じ。(類語)ピエロ

とうげ-しば【峠芝｜峠×柴】ヒカゲノカズラ科の常緑、多年生のシダ。山地の林下に生え、高さ8〜20センチ。長楕円形の葉を密につけ、葉の付け根に黄色い胞子嚢をつける。

どうけ-しばい【道化芝居】こっけいなしぐさやせりふで観客を笑わせる芝居。おどけ芝居。

とう-けつ【凍結】〔名〕スル ❶凍りつくこと。また、凍らせること。氷結。「湖面が一する」「受精卵を一する」❷資産や資金などの使用・移動を一時禁じること。「資産を一する」❸決められたことの実行を差し控えること。「建設計画を一する」(類語)氷結・結氷・冷凍・凍る・凍りつく・凍てつく・こごる・しばれる・凍みる

とう-げつ【冬月】❶冬の季節。冬季。❷冬の夜の月。寒月。

とう-げつ【当月】❶今月。本月。❷あることがあった、その月。

どう-けつ【同穴】❶死んで同じ墓穴に葬られること。「偕老一」❷同じ穴。違うように見えて同類であるたとえ。「固より一政府一の内に在る役人」〈福沢・文明論之概略〉

同穴の契り 夫婦の間の、死んでも一緒にいようという、固い約束。偕老の契り。

どう-けつ【洞穴】洞窟。ほらあな。(類語)洞穴・洞窟・洞・岩窟・石窟・岩屋・山窟・鍾乳洞

どう-げつ【同月】❶同じ月。「同年一の生まれ」❷前に述べた語を受けて、その月。「四月初めに横浜を出港。一末、当地に到着」

どうけつ-えび【同穴×蝦】オトヒメエビ科のエビ。体長約15ミリ。胸脚は前方の三対がはさみ状。海綿動物のカイロウドウケツの胃腔内に、ふつう雌雄一対で生活する。

とうけつ-かんそう【凍結乾燥】乾燥しようとするものを凍結し、高真空下で水分を昇華させて除く乾燥法。生物試料や食品の保存に利用。フリーズドライ。

とうげつ-ぎり【当月▽限】▶当限

とう-けっしゅ【頭血腫】分娩の際に胎児の頭が強く圧迫されたため、頭蓋骨とそれを包む骨膜との間に生じた血液の塊。吸収され、数か月後に消失する。ずけっしゅ。

どう-けっせつ【洞結節】心臓の右心房の上大静脈の開口部近くにある特殊な組織。一定のリズムで自動的に興奮する所で、その刺激が心臓全体に伝えられて心拍動が起こる。洞房結節。

どうけ-もの【道化者】おどけたことをする人。また、道化を演じる人。おどけもの。

どうけ-やくしゃ【道化役者】演劇で、道化の役を得意とする役者。道化芝居の役者。

どう・ける【道化る】〔動カ下一〕《「道化」の動詞化》おどける。ふざける。「一・けた口まね」

とう-けん【刀剣】刀や剣の総称。(類語)刀・剣・剣・太刀・大刀・大刀・軍刀・牛刀・日本刀・青竜刀・サーベル・銃剣

とう-けん【倒懸】人の手足を縛ってさかさまにつるすこと。また、非常な苦しみのたとえ。「一の難に遭えるなり」〈紅葉・金色夜叉〉

とう-けん【唐犬】❶江戸初期に渡来した舶来犬の一種。大形で、主に猟犬として大名に飼われた。オランダ犬。❷「唐犬額」の略。

とう-けん【闘犬】犬を戦わせ勝負を争うこと。また、それに用いる犬。土佐犬・秋田犬など。犬合わせ。

とう-けん【闘拳】手指の形や身振りで勝敗を争う遊戯。藤八拳など。

とう-げん【凍原】ツンドラのこと。

とう-げん【×套言】言いふるされた言葉。きまり文句。常套語。套語。

とう-げん【桃源】「桃源郷」に同じ。

とう-げん【董源】中国、五代・宋初の画家。鍾陵(江西省)の人。字は叔達。山水画をよくし、後世、南宗画の祖とされる。生没年未詳。

どう-けん【同権】互いに同じ権利をもつこと。「男女一」

どう-けん【洞見】〔名〕スル《「とうけん」とも》事物の本質などを見抜くこと。洞察。「よもやこの人々が余の詩想を一しはしまいが」〈漱石・趣味の遺伝〉

どう-けん【銅剣】青銅製の剣。日本では弥生時代に朝鮮半島製の短剣が入り、実用の武器としても使用。日本製のものはしだいに実用を離れて祭祀・儀式に用い、土中に埋納した。

どう-げん【同源｜同原】同じ事物から出ていること。起源が同一であること。

どうげん【道元】[1200〜1253]鎌倉前期の禅僧。京都の人。日本曹洞宗の開祖。内大臣久我通親の子。諱は希玄。比叡山で修学し、のち入宋して天童如浄の法を嗣いだ。帰国後、建仁寺に住し、京都に興聖寺を、さらに波多野義重の請により越前に永平寺を開いた。勅諡号、仏性伝東国師・承陽大師。著「正法眼蔵」「普勧坐禅儀」など。

とうけん-がけい【陶犬瓦鶏】《「金楼子」立言上から》焼き物の犬と瓦で作った鶏。形だけで役に立たないもののたとえ。

とうげん-きょう【桃源郷】《陶淵明「桃花源記」に描かれている桃林に囲まれた平和で豊かな別天地から》俗界を離れた別世界。仙境。理想郷。

とうけん-ぐみ【唐犬組】唐犬権兵衛を首領とした町奴の組織。

どうげん-こ【洞元湖】群馬県北部、利根郡みなかみ町にある人造湖。昭和30年(1955)、日本初の地下発電所として完成した須田貝ダムの貯水池。面積1.3平方キロメートル、湖面標高743メートル。利根川本流と支流の楢俣川の合流点をせき止めて造られた。周辺はブナの原生林。

とうけん-ごんべえ【唐犬権兵衛】江戸初期の町奴。幡随院長兵衛の配下。唐犬を撲殺したことからこの名がある。長兵衛を殺した水野十郎左衛門を待ち伏せして殺し、獄門に処されたというが、半ば伝説的人物。

どうげん-ざか【道玄坂】東京都渋谷区の地名。また、そこにある坂。商店街。鎌倉時代、道玄という山賊が出没したところからの名と伝える。

とう-げんしつ【糖原質】グリコーゲンのこと。

とうげん-ずいせん【桃源瑞仙】[1430〜1489]室町中期の臨済宗の僧。五山文学者。近江の人。号は蕉雨・竹庵など。京都の相国寺に住した。著に「百衲襖」「史記抄」「三体詩抄」など。

とう-けんそ【湯顕祖】[1550〜1616]中国、明代の劇作家・文学者。臨川(江西省)の人。字は義仍。号、若士・清遠道人。詩文では、古文辞派の主張に反対した。代表作は戯曲「還魂記」「南柯記」など。

とうけん-びたい【唐犬額】額の毛を広く大きく抜き上げ、かどを鋭くとがらせた額。江戸初期、町奴の間に流行。唐犬権兵衛が好んだからとも、また、唐犬の額に似ているからともいう。

とうげん-びょう【糖原病】グリコーゲンが体内に異常蓄積する病気。グリコーゲンを分解する酵素が先天的に欠如しているために起こり、主に骨格筋または肝臓がおかされる。

とうげん-れい【登舷礼】艦艇礼式の一。貴賓の送迎や遠航の軍艦、また特別の出入港に際して、乗員すべてを艦の両舷に整列させて敬意を表するもの。

とう-こ【投×壺】太鼓の胴の形をした壺へ矢を投げ入れ、勝負を争う遊び。中国周代に宴会の興として始まり、奈良時代に日本に伝来。江戸時代、天明・寛政(1781〜1801)のころ流行。つぼうち。つぼなげ。

とう-こ【東×胡】中国、春秋時代以降内モンゴル東部にいた狩猟遊牧民族。匈奴を圧していたが、のち服属。烏丸・鮮卑・契丹はその後裔という。

とう-こ【唐鼓】▶堂鼓

とう-こ【島弧】▶弧状列島

とう-こ【董狐】中国、春秋時代の晋の史官。霊公が趙穿に攻め殺された時、正卿である趙盾が穿を討たなかったことから、董狐は「盾、その君を弑す」と趙盾に罪があると記録した。後世、理非を明らかにしたこの態度が、孔子に大いにたたえられた。

とう-ご【倒語】語の音節の順序を逆にしてつくられる語。多く、意味を強めるためや仲間以外の人に意味を知られないための隠語に用いる。「たね(種)」を「ねた」、「やど(宿)」を「どや」、「ばしょ(場所)」を「しょば」という類。

とう-ご【×套語】「套言」に同じ。

とう-ご【頭語】手紙文の冒頭に用いる語。「拝啓」「謹啓」など。(類語)結語・脇付け

どう-こ【洞庫】茶室の点前畳から亭主が座ったまま道具類の出し入れができるようにした押し入れ式の棚。洞庫棚。(補説)道幸という人の考案ともいわれ、「道幸」または「道籠」「堂庫」とも書く。

どう-こ【堂鼓】中国の演劇、主に武劇で用いる太鼓の一。日本の櫓太鼓に似たもので、4足の台上に上向きに据え、2本のばちで打つ。唐鼓。

どう-こ【銅×壺】銅または鉄で作った湯沸かし器。かまどの側壁に取り付けたり、長火鉢の灰の中に埋めたりして、火気によって湯が沸くようにしたもの。

どう-こ【銅鼓】中国南部や東南アジアなどに分布する打楽器。蓋(ふた)があるが底のない樽(たる)のような形の青銅製の片面鼓で、古くは権威の象徴として、祭器としても用いられた。
どう-ご【同▽居】仏語。居を同じくすること。凡夫も聖者も共に住むこと。また、その国土。浄・穢(え)の二土があり、西方極楽は同居の浄土、娑婆(しゃば)世界は同居の穢土とされる。
どう-ご【同語】❶同じ言葉。同じ言語。❷前に述べた語を受けて、その語。
どう-ご【島後】ダウ 島根県北東部、日本海上にある隠岐(おき)諸島中最大の島。島根半島の北方約70キロメートルに位置し、ほぼ円形の島で面積242平方キロメートル。沖合漁業の根拠地。浄土ヶ浦・白島(しらしま)海岸などの景勝地が多い。島後水道を経て島前(どうぜん)に対する。大山(だいせん)隠岐国立公園に属する。
とう-こう【刀工】タウ 刀剣の製作を職業とする人。かたなかじ。刀匠。
とう-こう【灯光】クヮウ ともしびの光。あかり。
とう-こう【投光】クヮウ〔名〕スル 光を当てること。レンズや反射鏡を用いて、光を集めて照らすこと。「事故現場を一する」(類語)照射・照明・照らす
とう-こう【投降】カウ〔名〕スル 戦うことをやめて、降参すること。「武器を捨てて一する」
(類語)降参・降伏・投ずる・下る・参る・伏する・旗を巻く・軍門に下る・兜(かぶと)を脱ぐ・シャッポを脱ぐ・ギブアップ
とう-こう【投稿】カウ〔名〕スル ❶雑誌や新聞などに、公表・公開してもらうために原稿・文章を送ること。また、その原稿。投書。「短歌雑誌に一する」「一欄」❷インターネット上の決められた場所で、文章・画像・動画などを公開すること。特に、ブログ・簡易ブログ・SNS・BBSなどに文章や画像を掲載したり、動画共有サービスに動画のデータをアップロードしたりすることを指す。(類語)寄稿・投書
とう-こう【東郊】カウ 都市の東の郊外。
とう-こう【陶工】タウ 陶磁器の製造を職業とする人。焼き物師。
とう-こう【登校】カウ〔名〕スル 授業を受けるために、または勤務するために学校へ行くこと。「小学生が集団で一する」(対)下校(げこう)。
とう-こう【登降】カウ 山道などを、のぼったり、くだったりすること。のぼりくだり。
とう-こう【登高】カウ〔名〕スル ❶高い山などに登ること。❷中国で、陰暦9月9日に、厄(やく)を払うために、高い山に登って菊酒を飲む風習。
とう-ごう【投合】ガフ〔名〕スル 気持ちが互いにぴったり合うこと。「意気一する」
とう-ごう【等号】ガウ 二つの数や式が等しいことを示す記号。「=」を用いる。イコール。
とう-ごう【統合】ガフ〔名〕スル 二つ以上のものを合わせて一つにすること。「二つの部署を一する」(類語)統一・総合・合一・総括・統括・包括・一括・集約・集成
どう-こう【同工】細工・手際が同じであること。
どう-こう【同功】同じ功績。同じ手柄。
どう-こう【同甲】カフ《同じ甲子(かっし)、同じ干支(えと)の意》同じ年齢。同年。
どう-こう【同好】カウ 趣味や好みが同じであること。また、その人。「一の士」(類語)同臭
どう-こう【同行】カウ〔名〕スル 一緒に連れ立って行くこと。主たる人に付き従って行くこと。また、その人。同道。「警察へ一を求める」「社長に一する」
(類語)同道・同伴・一緒・帯同
どう-こう【動向】カウ 個人・社会などが、現在および将来において、動いていく方向や傾向。「卒業後の一を知る」「景気の一を探る」(類語)傾向・趨勢(すうせい)・趨向(すうこう)・大勢(たいせい)・流れ・傾き・気味・トレンド
どう-こう【銅鉱】クヮウ 銅を含む鉱石。黄銅鉱・硫砒(りゅうひ)銅鉱など。
どう-こう【導坑】ダウカウ トンネルを掘削するにあたって、全断面のうちの一部に先に掘った小さな坑道。
どう-こう【瞳孔】眼球の虹彩(こうさい)の真ん中にある円形の小孔。光線が入る所で、虹彩にある瞳孔括約筋と瞳孔散大筋の相対的な働きによって大きさが変わり、光の量を調節する。ひとみ。(類語)瞳・黒目
どう-こう ダウカウ〔副〕《副詞「どう」に副詞「こう」の付いた語》多く否定表現に用いて、特にそれと定めず、さまざまな行為や事態をひっくるめて指し示す。どうのこうの。とやかく。「私が一言える問題ではない」
(類語)あれこれ・とやかく・どうのこうの・何だかんだ
どう-ごう【堂号】ダウガウ 堂の付く雅号・屋号。「松花堂」など。
どう-ごう【道号】ダウガウ 仏道に入ってつけた号。僧侶の号。また、僧侶などが字(あざな)のほかにつける名。
どうこう-いきょく【同工異曲】❶《韓愈「進学解」から》詩文などを作る技量は同じであるが、趣が異なること。転じて、音楽を演奏する手法は同じであるが、味わいが異なること。異曲同工。❷外見は違っているようだが、内容は同じであること。異曲同工。
(類語)(❷)大同小異・千篇一律・似たり寄ったり
とうごう-いけ【東郷池】トウガウ 鳥取県中央北部、東伯(とうはく)郡湯梨浜(ゆりはま)町にある湖。天神川河口東岸、北条砂丘の裏にできた潟湖(せきこ)。標高0メートル、周囲12キロメートル、最大水深3.6メートル、面積4.1平方キロメートル。汽水湖で富栄養湖。コイ・フナなどがとれる。東郷。形がツルに似ていることから「鶴ヶ池」ともいう。
どうこう-いったい【同功一体】《「史記」黥布伝から》人々の功績も位階も同じであること。立場が同じであること。
どうこう-かい【同好会】ドウカウクヮイ ❶同じ趣味の人たちの集まり。❷大学のサークル活動などで、公認のクラブ活動に対し、同好の人たちが個人的に集まりをもって活動するもの。
とうごう-かいはつかんきょう【統合開発環境】トウガフカイハツクヮンキャウ《integrated development environment》►開発環境
とうこう-き【投光器】トウクヮウ 光線を柱状に1本に集めて照らす装置。反射鏡とレンズを組み合わせた照明器具。
とうこう-きょひ【登校拒否】トウカウ ►不登校
どう-ごうきん【銅合金】ーガフキン 銅に他の金属または非金属を加えて、銅の性質を改善した合金。錫を加えた青銅、亜鉛を加えた黄銅など。
とう-こうけい【陶弘景】タウ [456〜536]中国、梁(りょう)の道士。秣陵(まつりょう)(江蘇省)の人。字(あざな)は通明。茅山(ぼうざん)に隠居、道教の理論化を試み、薬物学にも精通した。著「真誥(しんこう)」「本草経集注」など。
とうごうこくさいしんかいくっさく-けいかく【統合国際深海掘削計画】トウガフコクサイシンカイクッサクケイクヮク 深海底を掘削・探索する国際研究協力プロジェクト。日本が主導し、米中韓および欧州の20か国以上が参加。海底下の地層を採取・分析し、地球環境の変動や地震発生メカニズムの解明、地殻内生命の調査などを行う。日本の地球深部探査船「ちきゅう」、米国の科学掘削船「ジョイデスレゾリューション号」を主軸に海底下7000メートルまで掘り、マントルへの到達を目ざす。IODP(Integrated Ocean Drilling Program)。
とうごう-しげのり【東郷茂徳】トウガウ [1882〜1950]外交官。鹿児島の生まれ。東条内閣の外相兼拓務相、鈴木内閣の外相兼大東亜相として、太平洋戦争の開戦と終戦をめぐる外交交渉にあたった。敗戦後、A級戦犯として禁錮20年の判決を受け、獄中で病死。
とうごうしっちょう-しょう【統合失調症】トウガフシッテウシャウ《schizophrenia》内因性精神疾患の一つ。病状や経過はいろいろあるが、自閉・感情鈍麻・興奮・妄想・幻聴や精神機能の分解などがみられる。青年期に発病するものが多い。早発性痴呆、精神分裂病を改称。
とうこう-しょうめい【投光照明】トウクヮウセウメイ 投光器を用いた照明方式。建造物を浮かび上がらせたり競技場などを照らしたりするのに用いる。
とうこう-しょく【×橙黄色】タウクヮウ 赤みがかった黄色。だいだい色。
とうごう-じんじゃ【東郷神社】トウガウ 東京都渋谷区の神社。祭神は東郷平八郎。昭和15年(1940)創建。
とうごう-せいじ【東郷青児】トウガウ [1897〜1978]洋画家。鹿児島の生まれ。本名、鉄春。未来派風の「パラソルさせる女」を二科展で発表。のち、二科会の中心的存在となり、甘美な色調と装飾性をもつ女性像を多く描いた。
とうこう-せん【等高線】トウカウ 地図上で、陸地の高低を正確に表現するために、標高の等しい地点を結んだ曲線。コンター。
とうごう-ソフト【統合ソフト】トウガフ《integrated software》ワープロ、グラフィック、表計算、データベースなど、複数の機能をひとつにまとめたソフトウエア。個々に独立したアプリケーションソフトをひとつにパッケージしたオフィスソフトとは異なる。
どうこう-だな【道幸棚】ダウカウ ►洞庫棚(どうこだな)
どうこう-てい【道光帝】ダウクヮウ [1782〜1850]中国、清の第8代皇帝。在位1820〜1850。名は旻寧(びんねい)。廟号(びょうごう)は宣宗。アヘン戦争に敗れ、欧米諸国に対して開国するに至った。
とうごうにんむ-ぶたい【統合任務部隊】トウガフニンム 特定の任務を遂行するために、複数の軍種(陸軍と海軍など)にまたがって編成される部隊。日本では、自衛隊法22条に基づいて、弾道ミサイル攻撃や大規模災害などの事態に対処するために編成される。JTF(Joint Task Force)。
とうごう-ばくりょうかいぎ【統合幕僚会議】トウガフバクレウクヮイギ 防衛庁の機関の一。議長と陸・海・空各幕僚長の四人で構成され、統合防衛計画の作成・調整、自衛隊の出動の際の指揮・命令の基本などについて、防衛庁長官を補佐した。昭和29年(1954)設置、平成18年(2006)統合幕僚監部の設置に伴い廃止。
とうごう-ばくりょうかんぶ【統合幕僚監部】トウガフバクレウカンブ 防衛省の、防衛大臣に直属する特別の機関。陸海空各自衛隊の一体的な行動を円滑に遂行するための計画を立て、統合訓練を行い、防衛大臣の命令を執行する。長官は統合幕僚長。平成18年(2006)3月、従来の統合幕僚会議を三自衛隊の統合運用ができるように改組して新設。
とうごう-ばくりょうちょう【統合幕僚長】トウガフバクレウチャウ 統合幕僚監部の長官。自衛隊の運用(作戦行動)に関して一元的に防衛大臣を補佐する。
どうこう-はんしゃ【瞳孔反射】光などの刺激の強弱によって、瞳孔を狭めたり広げたりする反射。明るいときや近くの物を見るときは縮小し、暗いときや遠方を見るとき、驚いたときには散大する。対光反射。
とうごう-ひりつ【統合比率】トウガフ 株式会社が合併統合するとき、消滅会社の株式と存続会社の株式とを交換する際の比率。統合前の株価や資産、収益力などを総合して決める。合併比率。
とうごう-へいはちろう【東郷平八郎】トウガウヘイハチラウ [1847〜1934]軍人。海軍大将・元帥。鹿児島の生まれ。日露戦争では連合艦隊司令長官となり、日本海海戦でバルチック艦隊を全滅させた。のち、軍令部長・東宮御学問所総裁を歴任。
どうこう-ほう【道交法】ダウカウハフ「道路交通法」の略。
どう-ごえ【胴声】ーごゑ「胴間声(どうまごえ)」に同じ。「鑠(ぎょろつ)の様なる眼をむき、乙に入ったる一」〈浄・双生隅田川〉
どうご-おんせん【道後温泉】ダウゴヲンセン 愛媛県松山市にある温泉。万葉集にみえる伊予の湯。泉質は単純温泉。夏目漱石の「坊っちゃん」の舞台。
とう-ごく【投獄】〔名〕スル 牢や監獄に入れること。「盗みのかどで一する」(類語)収監
とう-ごく【東国】❶東の国。東方にある国。❷近畿地方から見て東の地方。古くは北陸を除いた近畿以東の諸国。のちには箱根・足柄・碓氷以東の諸国。関東。あずま。
どう-こく【同国】❶同じ国。また、同じ出身地。「一人」❷前に述べた、その国。
どう-こく【×慟×哭】〔名〕スル 悲しみのあまり、声をあげて泣くこと。「訃報に接して一する」(類語)号泣・号哭・啼泣(ていきゅう)・流涕(りゅうてい)・哭(こく)する・泣く・噎(むせ)ぶ・啜(すす)り上げる・噦(しゃく)り上げる・咳(せき)上げる・嗚咽(おえつ)する

とうごく-みつばつつじ【東国三葉躑=躅】ツツジ科の落葉低木。本州中部以北の山地に自生。葉は枝の先に3枚ずつつき、広卵形。5月ごろ葉の出る前に、紫色の花を横向きにつける。

とうご-せん【等語線】言語地理学の用語。言語地図の上で、同じ言語現象を示す地域と、そうでない地域を分ける境界を示す線。

どうこ-だな【洞庫棚】「洞庫」に同じ。また、洞庫の形の持ち運びの出来る棚物。道幸棚。

とう-こつ【×橈骨】(タウ) 前腕の親指側にある長骨。上は上腕骨・尺骨に、下は腕骨につながる。

とう-こつ【頭骨】脊椎動物の頭部を形成する骨。人間などでは頭蓋骨(とうがいこつ)と同義。顱骨(ろこつ)。

とう-こつ【×鐙骨】▶あぶみこつ

どうこ-にち【道虚日】(ダウ)《「とうこにち」とも》陰陽道(おんようどう)で、外出を忌む日。

とうこ-の-きん【党錮の禁】(タウコ) 中国、後漢末に起こった学問弾圧事件。儒教学派の官僚(党人)が宦官(かんがん)の専横に対抗しようとし、逆に終身禁錮に処せられた。党錮の獄。

とうこ-の-ふで【×董×狐の筆】《「春秋左伝」宣公二年の故事から》権勢を恐れずに真実を発表すること。

どうご-はんぷく【同語反復】同じことを表す言葉の無意味な繰り返し。トートロジー。

とう-ごぼう【唐×牛×蒡】(タウゴバウ) ヤマゴボウの別名。

とう-ごま【唐独=楽】(タウ) 6〜9センチの竹筒の上下を板でふさぎ、竹の心棒を通したこま。胴に穴があり、回転すると風が入って鳴る。ごんごん独楽。

とう-ごま【唐×胡麻】(タウ) トウダイグサ科の一年草。高さ数メートルになり、葉は盾形で手のひら状に裂ける。秋、柄の上部に雌花を、下部に雄花をつける。実はとげをもち、楕円形でつやがある。インドまたは北アフリカの原産といわれ、種子からひまし油をとるために栽培。からえ。ひま。

どうご-やま【道後山】(ダウ) 鳥取県・広島県の県境、中国山地の中央部にある山。鳥取県日野郡日南(にちなん)町と広島県庄原市の境に位置する。標高1271メートル。山頂部は高山植物の群落があり、緩やかな斜面は牛の放牧場、広島県側にはスキー場がある。比婆(ひば)道後帝釈(たいしゃく)国定公園に属する。

とうごろう-いわし【藤五郎×鰯｜頭五郎×鰯】(トウゴラウ) スズキ目トウゴロウイワシ科の海水魚。全長約15センチ。体は長紡錘形で、うろこが硬くてはがれにくい。本州中部以南の沿岸表層を群泳。

とうご-ろん【統語論】文法論の一部門。文中の単語・語群の配列様式とその機能の解明などを研究対象とする学問。統辞論。構文論。シンタックス。

とう-こん【刀痕】(タウ) 刀で切られたあと。

とう-こん【当今】(タウ) このごろ。現今。「一の風潮」 (類語)現今・現在・今・此の頃・当節・今日日(きょうび)・今日(こんにち)・現代・当世・当代・近代・同時代・今の世(よ)

とう-こん【痘痕】痘瘡(とうそう)のあと。あばた。

とう-こん【等根】二次方程式を解いて得られる二つの根(こん)が相等しいときの、その根。重根。

とう-こん【闘魂】あくまでたたかおうとする意気込み。闘争精神。「不屈の一」 (類語)負けじ魂

どう-こん【同根】❶根が同じであること。また、同じ根から生じること。「一の語」❷兄弟。「畠山が一の争ひ果さざれば」〈読・雨月・浅茅が宿〉

どう-こん【同×梱】〔名〕(スル) 一つの荷物の中に一緒に入れること。「一の付属品」「説明書は本体に一してあります」

どうこん-しき【銅婚式】結婚7周年を祝う式。また、その祝い。➡表 結婚記念式

とう-さ【等差】❶ある一定の基準による等級の違い。「一をつける」❷差が相等しいこと。

とう-さ【踏査】(タフ)〔名〕(スル) 実際にその地へ出かけて調べること。「実地に一する」 (類語)調査・探査・探検・調べる

とう-さ【糖鎖】(タウ) ぶどう糖などの糖がグリコシド結合した化合物。結合する糖の数は最小二つから最大数万までさまざま。生体内のたんぱく質や脂質と結合し、細胞どうしの認識や相互作用に重要な機能を果たしている。ABO式の血液型は、赤血球の表面にある糖鎖の違いによって分類される。➡少糖類 ➡多糖類 (補説)糖鎖は癌(がん)や感染症をはじめとするさまざまな病気にも関与しており、病態の解明や新薬の開発を目的とした研究が進められている。

とう-ざ【当座】(タウ) ❶物事に直面した、すぐその場。即座。「一の知恵」❷さしあたっての、その場。目下のところ。「借金で一をしのぐ」「一の間に合わせ」❸しばらくの間。一時。「上京した一は苦しかった」❹「当座預金」の略。❺歌会・句会などで、その席上で出される題。また、その題で即席に詠まれる和歌・俳句。席題。即題。⇔兼日(けんじつ)。❻居合わせている、その場、その席。「一の一族三十余人」〈太平記・一〇〉 (類語)当面・当分・しばらく

(用法)**当座・当分・当面**――「これだけあれば、当座(当分・当面)間に合う」など、しばらくの間の意では、相通じて用いられる。◆「当座」には「開店した当座は客も少なく苦しかった」のように、過去のある期間を表す用法もある。◆「当分」は、やや長い期間を表す。「当分会えないよ」「当分の間、入院することになった」など。◆「当面」には「当面する課題」のように、時間の長さではなく「今・現在」を表す用法がある。◆類似の語に「さしあたり」があり、「さしあたり生活には困らない」のように、「当面」「当座」と同じように用いられる。

どう-さ【動作】〔名〕(スル) ❶何かをしようとして、からだを動かすこと。また、そのときのからだの動き。「合図の一」「きびきびとした一」❷機械類が作動すること。「工作機が複雑に一する」 (類語)身動き・身じろぎ・身もだえ

どう-さ【礬=水｜陶砂】(ダウ) 明礬(みょうばん)を溶かした水に、にかわをまぜた液。墨や絵の具などがにじむのを防ぐために紙・絹などに塗る。

どう-ざ【同座｜同×坐】〔名〕(スル) ❶同じ席または場所に居合わせること。同席。「宴席に一する」❷かかわりあいになること。連座。「汚職事件に一する」❸同じ劇場・劇団。また、その劇場・劇団。 (類語)同席・陪席・末席を汚す

どう-ざ【動座】〔名〕(スル) ❶貴人・神輿(しんよ)などが座所を他に移すこと。❷相手に対する敬意を表すために座席を離れて礼をすること。

どう-ざ【銅座】江戸時代、諸国産出の銅の精錬・専売をつかさどった役所。元文3年(1738)大坂に設置、のち江戸・長崎に出張所を置いた。慶応4年(1868)に銅会所、さらに鉱山局と改称。➡金座 ➡銀座

とう-さい【当歳】(タウ)《「とうざい」とも》❶生まれたその年。また、その年に生まれたこと。数えで1歳のこと。「一の子」「一馬」❷その年。当年。

とう-さい【盗採】(タウ)〔名〕(スル) 採取を禁じられている植物などを、こっそり取ること。「高山植物が一される」

とう-さい【搭載】(タフ)〔名〕(スル) ❶艦船・車両・航空機などに物資を積み込むこと。また、兵器を積んで装備すること。「ミサイルを一した原子力潜水艦」❷機器・自動車などに、ある装備や機能を組み込むこと。「カメラ機能を一した携帯電話」 (類語)積載・艦載・車載・装備・艤装(ぎそう)

とう-さい【登載】〔名〕(スル) ❶文章にして新聞・雑誌などにのせること。掲載。「投書を一する」❷台帳・帳簿などにのせること。記載。「戸籍に一する」 (類語)(❶)掲載・所載・満載・連載・転載・訳載

とう-さい【統裁】〔名〕(スル) 全体を統率し、裁断を下すこと。「全国の組織を一する」

とう-ざい【東西】㊀〔名〕❶東と西。また、その方向。「一に走る道路」❷東洋と西洋、関東と関西、東側諸国と西側諸国などの意。「一の文化」「洋の一を問わない」「古今一」❸世間。また、世間の事柄や事情。「一もわきまえない青二才」❹《東や西の意から》あちこち。方々。「何を見るぞと思ひて、一を見廻らせば」〈今昔・二八・七〉㊁〔感〕「東西東西」に同じ。「『一、黙って』と笑顔をお千世に向けて」〈鏡花・日本橋〉

東西眩(く)**る** 「東西を失う」に同じ。「一・れ果てて、さらに御返事ものたまはず」〈伽・物くさ太郎〉

東西南北(なんぼく)**の人** 《「礼記」檀弓上から》住所が定まらず、諸方をさまよい歩く人。放浪者。

東西を失・う 方向を見失う。方角がわからなくなる。途方に暮れる。東西眩(く)る。「山の中にして道に迷(まど)ひて一・ひつ」〈今昔・一三・一〉

東西を弁(わきま)**えず** 西も東もわからない。物事をわきまえない。東西をわきまえず。東西を知らず。

どう-ざい【同罪】同じ罪にあたること。また、同じ責任を負うこと。「知らん顔していた君も一だ」

とう-ざいく【×籐細工】籐の茎で細工をすること。また、その細工物。

とうさいずいひつ【東斎随筆】室町中期の説話集。2巻。一条兼良著。成立年未詳。主に平安時代の説話を集め、音楽・草木・人事など11の部門に分類する。随筆と称した最初の書。

とうざい-とうざい【東西東西】〔感〕《もと相撲で、東から西までおしずまりなさい、という意で言い始めたという》興行物などで口上を述べる時に、また、ざわめきをしずめる時などに言う語。東西。とざいとうざい。

とうざい-なんぼく【東西南北】東と西と南と北。四方。また、あちらこちら。諸方。「一から人が集まる」

とうざい-や【東西屋】《口上の始めに「東西東西」と言ったところから》人に雇われて、街頭などで広告の口上を述べる人。ひろめや。

とうざいゆうき【東西遊記】(トウザイイウキ) 橘南谿(たちばななんけい)の「東遊記」と「西遊記」との併称。

とうざ-いり【当座入り】(タウザ) その日かぎりの客。ふりの客。「一の人は鼻であしらふなど」〈浮・一代女・五〉

とうざ-がい【当座買ひ】(タウザガヒ) さしあたっての入り用だけを現金で買うこと。「たばね木の一やがて立ち消ゆる煙なるべし」〈浮・一代男・三〉

とうざ-かし【当座貸し】(タウザ) 期限を決めず、当分の間貸すこと。証文を取らない代わりに利息が高い。「一のはした銀(がね)」〈浮・永代蔵・一〉

とうざ-かしこし【当座貸越】(タウザ) 当座預金の取引先に対し、あらかじめ約定した一定の限度額および期間の範囲内であれば、いつでも当座預金残高を超えて振り出された小切手の支払いを認める貸付の方法。オーバードラフト。

どうさ-がみ【礬=水紙】(ダウサ) 礬水を塗って乾かした紙。書画に用いる。

とうざ-がり【当座借り】(タウザ) 期限を決めず、当分の間金を借りること。「金銀の一に事欠かぬ様にすべし」〈浮・新永代蔵・六〉

とうざ-かりこし【当座借越】(タウザ) 当座貸越を借り主の側からいう語。

どうさ-かんきょう【動作環境】(ークワンキャウ)《hardware requirement》コンピューター上でアプリケーションソフトなどを稼動させる際、必要となるハードウエアやオペレーティングシステムの条件のこと。正常に稼動する最低限の条件を必須(動作)環境、機能を十分に発揮できる条件を推奨(動作)環境と呼んで使い分けることもある。

とうさぎ【犢=鼻=褌｜×褌】(たふさぎ) ▶たふさぎ

とうさ-きゅうすう【等差級数】(ーキフ) 等差数列の各項を順に加えた形の級数。算術級数。

とうざ-ぎん【当座銀】(タウザ) その場で金銭の受け渡しをすること。現金取引。即金。「この米屋も、一にして」〈浮・永代蔵・五〉

とう-さく【東作】《「東」は春の意》春の耕作。また、農作。「春は一のおもひをわすれ、秋は西収のいとなみにも及ばず」〈平家・一〇〉➡西収

とう-さく【倒錯】(タウ)〔名〕(スル) さかさになること。また、さかさにすること。特に、本能や感情などが、本来のものと正反対の形をとって現れること。「一した愛情」「一的な快楽」

とう-さく【盗作】(タウ)〔名〕(スル) 他人の作品の全部または一部を、そのまま自分のものとして無断で使うこと。また、その作品。剽窃(ひょうせつ)。「論文を一される」 (類語)剽窃(ひょうせつ)・盗用

どう-さく【同作】❶同じ作り方。また、そのような作品。❷同じ人の作品。

とうさく-るい【頭索類】頭索綱に分類される原索動物。体は魚形をし、脊索が頭部にまで伸び、その背面を神経が並走する。筋肉は体節制を示す。雌雄異体。暖海に分布。ナメクジウオ類。

とうさ-ぐんとう【東沙群島】タウ グン 中国、南シナ海北部にある珊瑚礁さんごしょうの群島。近海は水産資源に富む。プラタス諸島。トンシャー群島。

どうさ-けんきゅう【動作研究】ケン キウ 労働者が行う作業を観察・記録・分析して無駄な動作を除き、最も効率的な標準動作を定める研究。時間研究と不可分に結びつき、作業研究の重要な要素となっている。

とうざ-こぎって【当座小切手】タウ ザ 銀行に当座勘定口座を設けている取引先が、その銀行にあてて振り出した小切手。

とう-ささげ【唐豇=豆】タウ インゲンマメの別名。

どう-ざし【胴差】木造建築の上階と下階の境界に用いる太い水平材。下階の柱頭をつなぎ、上階の床梁ゆかばりを支える。

とうざ-しのぎ【当座×凌ぎ】タウ ザ さしあたって、その場だけをまにあわせること。一時しのぎ。「一の修理」(類語)一時しのぎ・その場しのぎ・その場逃れ・当座逃れ・一時逃れ・間に合わせ・有り合わせ・糊塗こと・姑息・仮

どうさ-しゅうはすう【動作周波数】シウ ハ スウ ►クロック

とうさ-すうれつ【等差数列】隣り合う二項の差が一定である数列。

とうざ-ちょう【当座帳】タウ ザ チャウ 商家で、取引関係の仕訳をしないで発生順に仮に記入しておく帳簿。付け込み帳。

とう-さつ【盗撮】タウ〔名〕スル 被写体になる人物に気づかれないように、カメラ(ビデオカメラを含む)でこっそり撮影すること。また、映画館で上映中の映画をビデオカメラなどで撮影すること。盗み撮り。隠し撮り。

どう-さつ【洞察】〔名〕スル 物事を観察して、その本質や、奥底にあるものを見抜くこと。見通すこと。「人間の心理を一する」「一力」(類語)洞見・先見・明察

とうざ-づけ【当座漬(け)】タウ ザ 当座の用に充てるために、塩を少なくして漬けること。また、その漬物。浅漬け。

とうざ-のがれ【当座逃れ】タウ ザ その場をなんとか切り抜けようとすること。その場をつくろって責任をのがれようとすること。「一の安請合いをする」(類語)その場逃れ・一時逃れ・その場しのぎ・当座しのぎ・一時しのぎ・間に合わせ・有り合わせ・糊塗こと・姑息・仮

とうざ-ばらい【当座払ひ】タウザ バラヒ その場で支払うこと。現金払い。「大方おほかたの買物は一にして」〈浮・胸算用・四〉

とうざ-ふりこみ【当座振込】タウ ザ 振込の依頼人が受取人の取引銀行の当座勘定口座に一定金額を振り込むこと。

とう-さま【父様】《「ととさま」の音変化》父を敬い親しんで呼ぶ語。(対)母親かかさま。

とうざ-よきん【当座預金】タウ ザ 銀行に当座勘定口座を設けている取引先が、小切手・手形の支払資金として預け入れた預金。無利息で、預金者は小切手・手形により、自由に払い戻しを請求できる。

とうざよきん-かんじょう【当座預金勘定】タウザ ヨ キン カン ヂャウ 銀行などとの当座預金取引を記録する勘定。預金者は預入高を借方に、小切手振出高を貸方に記入する。

とう-さん【父さん】《「ととさん」の音変化》父を親しみを込めて呼ぶ語。「とうさま」よりくだけた言い方。(対)母さん。➡御父おとうさん

とう-さん【当参】タウ 参集すること。参集したばかりであること。「平家に一して六波羅ろくはらに伺候す」〈盛衰記・二一〉

とう-さん【東山】㊀《「とうざん」とも》東方の山。㊁「東山道」の略。「義仲も一北陸両道をしたがへて」〈平家・七〉

とう-さん【逃散】タウ ►ちょうさん(逃散)

とう-さん【倒産】タウ〔名〕スル ❶企業が経営資金のやりくりがつかなくなってつぶれること。企業が不渡手形などを出して銀行から取引停止を受け、営業困難に陥ること。「不況で一する」❷赤ん坊が逆子さかごで生まれること。(類語)破産・潰れる

とう-さん【▽嬢さん】《「いとさん」の「い」の落ちた語という》おじょうさん。関西地方で用いる。

とう-さん【×蕩産】タウ〔名〕スル 財産を使い果たすこと。破産。

とう-さん【×蕩散】タウ〔名〕スル 誘惑や快感などで人の気を散らし、心をとろけさせること。「稗官はいかん小説は、人の戯笑に供しその心志を一するものにして」〈中村訳・西国立志編〉

とう-ざん【当山】タウ ❶この山。❷この寺。当寺。❸「当山衆」「当山派」の略。

とう-ざん【逃×竄】タウ 逃げ隠れること。「トスカは一の貧士に食を与え」〈荷風・濹東綺譚〉

とう-ざん【唐山】タウ 中国のこと。から。もろこし。

とうざん【唐山】タウ シャン 中国、河北省東部の工業都市。開灤かいらん炭田の中心で、鉄鋼・機械などの重工業が発達。人口、行政区171万(2000)。タンシャン。

とう-ざん【唐桟】タウ 紺地に浅葱あさぎ・赤などの縦の細縞を織り出した綿織物。江戸時代、通人が羽織・着物などに愛用。もとインドのサントメから渡来。のち京都で織り出したものを和桟留、舶来物を唐桟留または唐桟といったが、現在はサントメ縞の総称。

どう-さん【動産】土地およびその定着物をいう不動産以外の物。現金・商品・家財などのように形を変えずに移転できる財産。無記名債権は動産とみなされ、船舶は不動産に準じた扱いを受ける。➡不動産

どう-さん【道産】ダウ ❶北海道の産物。❷北海道の生まれ。どさん。

どう-ざん【銅山】銅鉱を産出する山。(類語)鉱山・金山・銀山

どうざん-がわ【銅山川】がは 愛媛県東部を流れる川。吉野川の支流の一。石鎚いしづち山脈の冠かんむり山(標高1732メートル)北麓に源を発して新居浜市・四国中央市を東流、徳島県に入って伊予川となり三好みよし市山城町で吉野川に合流する。長さ約50キロ。上流部に江戸時代からの代表的な銅山・別子べっし銅山があったが、昭和48年(1973)閉鎖された。

どうさん-ぎんこう【動産銀行】ギン カウ 主として有価証券担保貸出の方法により、長期産業資金を供給する銀行。明治35年(1902)にその目的で設立されたのが日本興業銀行。

とう-さんさい【唐三彩】タウ 中国、唐代に作られた軟質陶器。白・緑・黄・茶・藍などの色釉いろぐすりで彩ったもので、各種の器のほか、俑ようも多い。

とうざん-じしん【唐山地震】タウザン ヂ シン 1976年7月28日、中国の唐山市中心部を震源に発生したマグニチュード7.8の地震。唐山・天津てんしん地区を中心に、死者約24万人を出す甚大な被害をもたらした。

どうさん-しち【動産質】動産を目的とする質権。目的物を質権者に引き渡すことが必要。

とうざん-しゅう【当山衆】タウザン 当山派の山伏。

とう-さんしょう【東三省】シャウ 中国東北地方の旧称。清代におかれた黒竜江省・吉林省・奉天省(今の遼寧省)の三省に由来。

どうさんじょうと-とうき【動産譲渡登記】ジャウト トウ キ 法人が動産を譲渡する際に、その動産の譲渡を動産譲渡登記ファイルに記録すること。譲渡を登記した動産は、民法上の引き渡しがなされたものとみなされ、譲受人は動産に対する対抗要件を備えることができる。動産担保融資を利用した企業の資金調達を円滑化するために改正された「動産及び債権の譲渡の対抗要件に関する民法の特例等に関する法律」に基づき、平成17年(2005)から運用開始。

どうさん-しんたく【動産信託】動産を信託財産として受け入れる信託。

どうさんたんぽ-ゆうし【動産担保融資】在庫商品・原材料・機械設備・売掛債権など、動産を担保にした融資。➡動産譲渡登記 ➡不動産担保融資 (補説)不動産を所有していない中小企業の資金調達手段として注目され、導入・普及が進められている。

どうさん-ていとう【動産抵当】テイ タウ 動産を債務者の手元に残したまま担保に供すること。現行法上、脱穀機などの農業用動産や自動車・航空機・建設機械について認めている。

とうさん-どう【東山道】ダウ 五畿七道の一。東海道と北陸道に挟まれた地帯で、現在の、中部・関東・東北の山地を中心とする地域。近江おうみ・美濃・飛騨・信濃・上野こうずけ・下野しもつけ・出羽・陸奥むつの8か国。明治元年(1868)陸奥・出羽が7か国に分かれ、13か国になった。また、これらの国々を結ぶ街道のことをもいう。とうせんどう。

とうざん-は【当山派】タウザン 修験道の一派。真言宗の僧聖宝しょうぼうを祖とし、京都宇治醍醐寺だいごじ三宝院を本山とする。➡本山派

とうさん-ほう【倒産法】タウサン ハフ 経済的に破綻した企業や個人の財産の清算、事業や経済生活の再建・再生などについて定めた法律の総称。日本では、破産法・民事再生法・会社更生法、および会社法の特別清算に関する規定などがこれにあたる。民事再生法と会社更生法は債務者の事業や経済生活の再建・再生を主な目的とする再建型、破産法および会社法の特別清算手続きは債務者の財産を可能な限り債権者に弁済することを主な目的とする清算型の倒産法である。➡破産手続き

とう-さんやく【党三役】タウ 政党において、重要な意思決定を行う三つの役職。(補説)自由民主党では幹事長・政調会長・総務会長(選挙対策委員長を加えて「党四役」とすることもある)、民主党では代表・幹事長・代表代行をいう。

とうざん-りょうかい【洞山良价】リャウ カイ [807〜869] 中国、唐代の僧。曹洞宗の祖。会稽(浙江せっこう省)の人。洞山(江西省)普利院に住して教化に努めた。弟子の曹山本寂そうざんほんじゃくがその禅風を高揚し、二人の名から曹洞宗の名称が出た。諡号しごう、悟本大師。

とう-し【刀子】タウ ►とうす(刀子)

とう-し【投資】〔名〕スル ❶利益を得る目的で、事業・不動産・証券などに資金を投下すること。転じて、その将来を見込んで金銭や力をつぎ込むこと。「土地に一する」「若いピアニストに一する」❷経済学で、一定期間における実物資本の増加分。(類語)出資・融資・投下

とう-し【凍死】〔名〕スル 凍えて死ぬこと。凍え死に。「冬山で一する」(季 冬)(類語)凍え死に

とう-し【唐紙】タウ 中国で作り、日本に輸入された紙。質はもろいが、墨の吸収がよいので古来書画用などとして愛用された。19世紀に入って和唐紙とよばれる模造品も作られた。➡からかみ(唐紙)

とう-し【唐詩】タウ ❶中国、唐代の詩。絶句・律詩などの近体詩が完成され、李白・杜甫らのすぐれた詩人が多い。❷一般に、中国古典詩のこと。からうた。

とう-し【島司】タウ 明治以降の地方行政官の一。勅令で指定された島地を、府県知事の指揮・監督を受けて管轄した奏任官。大正15年(1926)廃止。

とう-し【透視】〔名〕スル ❶すかして見ること。物を通して、向こう側にあるものを見ること。「心の中まで一するような目」❷X線を用いて体内を観察・診断すること。蛍光板やX線テレビに像を映し出して行う。「胸部を一する」❸超心理学の用語。普通の感覚器官以外の特別な感覚によって、隠された物を直接に感知すること。

とう-し【悼詞】タウ 人の死をいたみとむらう言葉。弔詞。

とう-し【盗視】タウ・【×偸視】トウ〔名〕スル ぬすみ見ること。こっそり見ること。「フロレンスー して少しく頭を低れ」〈織田訳・花柳春話〉

とう-し【×祷×祀】タウ いのりまつること。

とう-し【陶歯】タウ 長石などの粉末を練ったものを型に入れて焼いて作る義歯。

とう-し【読師】►どくし(読師)

とう-し【×蕩子】タウ 「蕩児とうじ」に同じ。「ドン・ホアンを欺く一なる如くにして」〈鴎外訳・即興詩人〉

とう-し【頭指】人さし指。

とう-し【藤氏】《「とうじ」とも》藤原姓の氏族。

とう-し【闘士】❶戦闘の場で戦う人。❷主義や信念のために熱心に行動する人。「組合運動の―」
とう-し【闘志】戦おうとする意気込み。「―がみなぎる」「―満々」(類語)覇気・ファイト
とう-し【闘詩】漢詩を作って、その優劣を争うこと。詩合わせ。
とうじ【刀自】▶とじ(刀自)
とう-じ【冬至】二十四節気の一。12月22日ごろ。太陽の中心が冬至点を通過する。北半球では一年中で昼がいちばん短く、夜がいちばん長くなる日。この日にはゆず湯に入ったり、地方によってはカボチャを食べたりする風習がある。(季 冬)「山国の虚空日わたる―かな/蛇笏」⇔夏至
とう-じ【当事】タウ その事柄に直接関係すること。(類語)係わる・関する・当該・からむ・関係
とう-じ【当時】タウ ❶過去のある時点、ある時期。その時。そのころ。「―を思い出す」「―はやった曲」「終戦―」❷現在。いま。「一人心の未だ一致せざるを匡済するに」〈陸羯南・近時政論考〉
(類語)(❶)過去・いにしえ・往時・昔・往年・旧時・一昔・昔年・往日・昔日・昔時・往昔・往古・古昔・在りし日
とうじ【×杜氏】酒づくりの職人の長。また、その職人。さかとうじ。とじ。
とう-じ【東寺】教王護国寺の異称。➡西寺㊁
とう-じ【悼辞】タウ 人の死を悲しみいたむ言葉。弔辞ちょうじ。
とう-じ【湯治】タウ ヂ〔名〕スル 温泉に入って病気などを治療すること。「術後に温泉場で―する」
とう-じ【答辞】タフ 祝辞・送辞などに対する答礼として述べる言葉。
とう-じ【統治】ヂ〔名〕スル ▶とうち(統治)
とう-じ【×蕩児】タウ 正業を忘れて、酒色にふける者。放蕩むすこ。遊蕩児。蕩子とうし。
とう-じ【登時】〔副〕すぐに。即座に。もと、軍隊でも用いられた。
どう-し【同士】身分や境遇、性質などが互いに共通している人。他の名詞の下に付いて、接尾語的にも用いられる。どし。「愛し合った―」「従兄弟いとこ―」「初対面―」(補説)「どち」の転じた「どし」が変化した語という。漢語「同志」の影響を受けて「同士」と当てたものか。(類語)仲間・同輩・朋輩ほうばい・同僚・同志・同人・同類・同腹・常連・一味・一派・輪林なかま・盟友・友・メート
どう-し【同氏】❶すでに名が話題にあがった、その人。❷同じ名字みょうじ・氏族。同姓。(類語)氏・同君・両氏
どう-し【同旨】趣旨が同じであること。
どう-し【同志】こころざしや主義・主張を同じくすること。また、その人。「―を募る」「―の人々」(類語)仲間・盟友・同腹・同士・同人・常連・一味・一派・徒党・味方
どう-し【同視】〔名〕スル 同じもののようにみなすこと。同一視。「俗輩と―されたくない」
どう-し【同歯】❶歯の形態が同じであること。❷《「歯」は年の意》同じ年齢。おない年。同年。
どう-し【動止】動くことと止まること。転じて、立ち居振る舞い。挙動。挙止。「平生の―をさえ窺い知ることを得る心地す」〈逍遥・小説神髄〉
どう-し【動詞】国語の品詞の一。事物の動作・作用・状態・存在などを表す語で、形容詞・形容動詞とともに用言に属する。活用のある自立語で、文中において単独で述語になりうる。その言い切りの形は、一般にウ段の音で終わるが、文語のラ行変格活用の語に限り、「り」とイ段の音で終わる。口語の動詞には、五段・上一段・下一段・カ行変格・サ行変格の5種類の活用形式があるが、文語の動詞には、四段・上二段・下二段・上一段・下一段・カ行変格・サ行変格・ナ行変格・ラ行変格の9種類の活用形式がある。
どう-し【童詩】子供のための詩。また、子供が作った詩。
どう-し【道士】ダウ《「どうじ」とも》❶道義を体得した人。❷仏道を修めた人。僧侶。❸道教を修めた人。道人。❹神仙の術を修めた人。仙人。
どう-し【道志】ダウ 律令制の大学の明法道みょうぼうどう出身者で、衛門府えもんふの志さかんと検非違使けびいしの志を兼ねた者。
どう-し【導師】ダウ ❶仏の教えを説いて、人々を仏道に入らせる僧。また、仏・菩薩ぼさつのこと。❷法会などのとき、衆僧の首座として儀式を執り行う僧。❸葬儀のとき、死者の霊を弔い鎮める僧。引導僧。
どう-し【×瞠視】ダウ〔名〕スル 目をみはって見つめること。「茫然として涙に濡れたる遺書を―すること久しかりき」〈鴎外訳・即興詩人〉
どう-し【瞳子】ひとみ。瞳孔。
どう-じ【同字】かな・漢字の同じ文字。
どう-じ【同次】多項式の各項の次数が等しいこと。
どう-じ【同時】❶時を同じにすること。同じ時に行われること。「到着はほとんど―だ」「―進行」❷同じ時代。同じ年代。(類語)一斉・一緒・一時いちじ・一時いちどきに・一遍に・一挙に・一度に・シンクロナイズ
どう-じ【童子｜童児】❶幼い少年。子供。わらわ。「三歳の―でもわかる話だ」❷貴人の身のまわりの世話をする、召し使いの少年。❸《梵 Kumāraの訳》㋐仏の王子、すなわち菩薩ぼさつのこと。㋑仏・菩薩・明王などの眷属けんぞくにつける名。八大童子など。㋒寺院へ入ってまだ得度剃髪ていはつせずに、仏典の読み方などを習いながら雑役に従事する少年。女子は童女という。(類語)子供・少年・子こ・小児しょうに・児童・学童・小人しょうじん・童わらべ・童わらわ・童わっぱ・幼子おさなご・幼童・ちびっこ・わっぱ・こわっぱ・小僧・餓鬼がき
どうじ【道慈】ダウ［?～744］奈良時代の三論宗の僧。大和の人。俗姓は額田氏。大宝2年(702)に入唐して三論と密教を学び、養老2年(718)帰国。大和の大安寺に住した。
とうじ-いん【等持院】トウヂ 京都市北区にある臨済宗天竜寺派の寺。山号は万年山。開創は興国2＝暦応4年(1341)、開基は足利尊氏あしかがたかうじ、開山は夢窓疎石。初め二条高倉にあり等持寺と称したが、尊氏が没するとこの寺に葬り、法号にちなみ等持院とした。以後、足利家歴代の廟所びょうしょ。京都十刹の一。
どうし-うち【同士討ち｜同士打ち】味方と味方の争い。仲間うちでの争い。どしうち。
とうじ-うめ【冬至梅】▶とうじばい(冬至梅)
とうしうんよう-ぎょう【投資運用業】ゲフ 金融商品取引業の一つ。投資一任契約を締結した顧客あるいは投資信託・ファンドの資産を、有価証券やデリバティブ取引に投資し、財産の運用を行うこと。(補説)平成19年(2007)の金融商品取引法施行に伴い、投資顧問業の法律上の呼称は、投資助言・代理業および投資運用業に変更された。
とうし-か【投資家】事業・不動産・証券などに投資をする人。個人である個人投資家と、法人である機関投資家とに分けられる。
とうし-がた【闘士型】▶筋骨きんこつ型
とうしがた-ねんきんほけん【投資型年金保険】▶変額年金保険
とうし-がほう【透視画法】ハフ ▶透視図法❶
とうじ-カボチャ【冬至カボチャ】冬至にカボチャを食べる風習。野菜の乏しい冬の時季の祭りの供え物の意味があった。
どうし-がわ【道志川】ダウシがは 山梨県南東部から神奈川県北西部を流れる川。相模川の一支流。山梨県南都留郡道志村南西部の山伏峠(標高1140メートル)に源を発し、北東に流れて神奈川県相模原市で津久井湖に注ぐ。長さ45キロ。
とう-しき【等式】二つの式または数を等号で結んだもの。
とう-じき【当色】タウ ❶位階に相当する服色。養老の衣服令では、一位は深紫、二・三位は浅紫、四位は深緋こきあけ、五位は浅緋、六位は深緑、七位は浅緑、八位は深縹こきはなだ、初位は浅縹。のち、多少の変化があった。位色いしき。❷宮中の公事くじの際、役職の者に賜った装束。❸陰陽道おんようどうで、その年の恵方えほうにあたる色。
とう-じき【陶磁器】タウ 陶器と磁器。広義には、粘土に長石・石英などの粉末をまぜて成形・焼成した製品の総称。素地きじの質や焼成温度などにより、土器・陶器・炻器せっき・磁器に大別される。
(類語)瀬戸物・磁器・陶器・焼き物・かわらけ・土器
どうじきょう【童子教】ドウジケウ 江戸時代、寺子屋の教科書として広く利用された教訓書。1巻。作者未詳。鎌倉後期の成立という。童子を対象とした教訓を漢文体五言320句に記したもの。
どうじきょう-ほう【童子経法】ドウジキヤウホフ 密教で、乾闥婆けんだつば王か不動明王を本尊とし、小児の病気・災厄を除き、また安産を祈る修法。
どうじ-ぎれ【同字切れ】連歌・連句で、前句にも付句にも句の切れ目に「てにをは」の同一文字があること。
とうし-ぎんこう【投資銀行】ギンカウ 企業が資金調達のために発行する株式や債券の引き受けを主な業務とし、M&Aの仲介や資産の証券化など財務戦略に関するアドバイスを行う金融機関。米国で生まれた業態で、事業内容は英国で発達したマーチャントバンクに類似する。日本の大手証券会社や銀行グループも投資銀行業務を行っている。インベストメントバンク。
とう-じく【等軸】ヂク 結晶系の中で、結晶軸が互いに直交し、長さが等しいもの。
どうじく-ケーブル【同軸ケーブル】ドウヂク《coaxial cable》1本の中心導体を外部導体が同心状に取り巻き、その間を絶縁体で絶縁した伝送線。テレビのアンテナ線、コンピューターのネットワークやディスプレーのケーブルなどに使用。外部導体が外側からの電磁波を遮断し、内側からの電磁波の漏洩を遮断するため、ノイズの影響が小さく、信号が減衰しにくい。
とうじく-しょうけい【等軸晶系】トウヂクシヤウケイ 結晶系の一。3本の結晶軸が互いに直交し、三軸の長さが等しいもの。ダイヤモンド・岩塩・黄鉄鉱などがこれに属する。立方晶系。
とうし-ぐち【投資口】投資法人の社員の地位を均等の割合的単位に細分化したもの。株式会社の株式に相当する。(補説)例えば不動産投資信託(REIT)の場合、投資法人が投資口を発行して投資家から集めた資金をオフィスビルなどの不動産に投資し、賃貸料や売買益などの収益を投資家に還元する。
どうじくん【童子訓】江戸中期の教訓書。5巻。貝原益軒著。宝永7年(1710)刊。儒学の立場から、児童教育についての意見を述べたもの。和俗童子訓。益軒十訓の一。
どうし-けいこく【道志渓谷】ダウシ 山梨県東部を流れ、神奈川県相模原市の津久井湖に注ぐ道志川のうち山梨県内の渓流。多くの沢が流れ込み、「道志七里」といわれる渓谷美をつくる。
とうじ-ご【頭字語】語群を構成する各語の先頭の文字や音節を表す文字をつづり合わせて作った語。ユネスコ(UNESCO)・レーダー(radar)など。
どうじ-ごうし【童子格子】ガウシ《酒呑しゅてん童子の着衣の模様から》子持ち筋のある太い格子縞。
とうし-こもんぎょう【投資顧問業】コモンゲフ 株式など投資対象の情報提供や資産運用についての助言などをする業務。(補説)平成19年(2007)に投資顧問業法が金融商品取引法に統合・廃止されたことに伴い、法律上の呼称は投資運用業、および投資助言・代理業に変更され、業務の範囲が拡大された。
とうしざいしゅっか-しすう【投資財出荷指数】内閣府が景気動向指数で発表する個別系列(指標)の一つ。経済産業省が鉱工業指数で発表する数値をもとに算出される。有効求人倍率などと共に、一致指数の算出に用いられる。投資財(輸送機械を除く)および建設財の出荷の増減を表す。
どうじ-さり【同字去り】連歌・連句で、同じ文字は3句隔てなければ用いられないという規定。字去り。
どうじ-しき【同次式】多項式で、どの項も次数が同じである式。
とうしじぎょう-くみあい【投資事業組合】トウシジゲフくみあひ 投資家から集めた資金を使って、主に投資先企業の株式などを購入することで企業に出資する組合。投資ファンドの一種。投資によって得た利益を投資家に分配し、運用者は手数料、成功報酬を受け取る。投資組合。

とうし-しじょう【投資市場】資本市場を投資家の側からいう語。

とう-ししつ【糖脂質】糖を含む複合脂質の総称。細胞の膜構造の成分で、生体の機能に重要なものが多い。

とうし-じま【答志島】三重県東部、鳥羽市北東部にある島。鳥羽湾中最大の島。面積7.2平方キロメートル。平地が少なく丘陵地がほとんどで、最高地点は167メートル。海女によるアワビ・サザエ・ワカメの採集、真珠・ノリ・ハマチの養殖が盛ん。

とうじ-しゃ【当事者】❶その事柄に直接関係している人。❷ある法律関係に直接関与する人。

とうじしゃ-さんか【当事者参加】係属中の民事訴訟に第三者が当事者として参加すること。

とうじしゃ-しゅぎ【当事者主義】訴訟の主導権を当事者に委ね、裁判所は中立的な審判者としての地位に立ち裁断する訴訟上の主義。➔職権主義

どうししゃ-じょしだいがく【同志社女子大学】京都府京田辺市に本部のある私立大学。明治10年(1877)設立の同志社女学校から同志社女子専門学校を経て、昭和24年(1949)新制大学。

どうししゃ-だいがく【同志社大学】京都市上京区に本部のある私立大学。明治8年(1875)新島襄が設立した同志社英学校に始まり、大正9年(1920)旧制大学となる。昭和23年(1948)新制大学移行。

とうじしゃ-てきかく【当事者適格】民事訴訟で、訴訟物とされた一定の権利関係について、訴訟当事者として訴訟を追行し本案判決を受けるために必要な資格。訴訟追行権。訴訟実施権。

とうじしゃ-のうりょく【当事者能力】訴訟法上、訴訟の当事者となることができる能力。原則として、自然人・法人はすべてこれを有し、権利能力のない社団または財団でも代表者または管理人の定めがあるものは認められる。

とうしじょげんだいり-ぎょう【投資助言・代理業】金融商品取引業の一つ。顧客と締結した投資顧問契約に基づいて、有価証券などの金融商品への投資判断について助言を行うこと。および、顧客と投資助言業者の投資顧問契約、顧客と投資運用業者の投資一任契約の締結について代理・媒介を行うこと。(補説)平成19年(2007)の金融商品取引法施行に伴い、投資顧問業の法律上の呼称は、投資助言・代理業および投資運用業に変更された。

とうししょよう-がく【投資所要額】株式投資で特定の銘柄へ投資する際に、最低限必要な金額のこと。その銘柄の単元株数に株価をかけて算出する。最小投資金額。

とうし-しんたく【投資信託】一般投資家から集めた資金を、専門の機関が運用し、その運用成果を投資家に配分する制度。投資信託会社が設定した投資信託の商品は、証券会社・銀行などを通して販売される。投資信託会社は、集めた資金を信託銀行に信託し、その銀行に指示して金融・証券市場で運用させて得た利子・配当金・値上がり益などを投資家に分配する。証券投資信託。投信。

▷ **投資信託に関連する項目**
投資家、証券会社、投資信託会社、信託銀行、交付目論見書、請求目論見書、運用報告書、基準価額、信託報酬、信託財産留保額
投資信託の種類
公社債投資信託、株式投資信託、オープン型投資信託、ユニット型投資信託、分配型投資信託、無分配型投資信託、MRF、MMF、ETF、REIT、J-REIT

とうししんたく-がいしゃ【投資信託会社】証券会社などが投資家から集めた資金の、実質的な運用方法を決めて指示を出す会社。アナリストが経済・証券市場などに関する調査を行い、その調査に基づいてファンドマネージャーが運用方針・投資対象を決定して、信託銀行に実際の運用を依頼する。

とうししんたく-ほう【投資信託法】▶投信法

とうし-ず【透視図】透視図法❶によって描いた図。

とうし-ずほう【透視図法】❶ある一点を視点とし、物体を人間の目に映るのと同様に遠くを小さく近くを大きく描く画法。透視画法。パースペクティブ。➔遠近法 ❷▶投射図法

とうじ-せい【等時性】振り子などの周期運動で、周期が振幅の大きさに無関係に一定であること。

どうし-せい【同歯性】動物で、一個体に一種類の形の歯しかないこと。サメなどにみられる。⇔異歯性。

とうしせん【唐詩選】中国の唐詩の選集。7巻。明の李攀竜の編というが未詳。李白・杜甫など、盛唐期の詩に重きを置き、計128人の465編を詩体別に収めたもの。日本には江戸初期に伝来し、漢詩入門書として大いに流行した。

どう-した〔連体〕《副詞「どう」＋動詞「する」の連用形＋助動詞「た」から》どのような。どういう。「―わけか成績が下がった」「返事がないのは―のか」

どう-じだい【同時代】同じ時代。同じ時期。また、同じ時代に存在すること。「―の作家」

どうじだい-じん【同時代人】同じ時代に生きる人。

とう-しつ【刀室】刀の鞘。

とう-しつ【等質】〔名・形動〕❶二つ以上のものの質が同じであること。また、そのさま。「―な(の)製品」❷あるもののどの部分も質が同じであること。また、そのさま。均質。「よく混ぜて―にする」(類語)同質・均質

とう-しつ【糖質】糖を主成分とする物質。炭水化物のこと。脂質・たんぱく質に対していう。穀物・砂糖・芋類などに含まれ、エネルギー源となる。

とう-じつ【冬日】❶冬の日。冬。❷冬の日光。

とう-じつ【当日】その日。そのことがある日、またあった日。「詳細は―知らせる」「大会―」
(類語)今日・本日

どう-しつ【同室】〔名〕スル ❶同じ部屋。❷住む部屋、泊まる部屋を同じくすること。「寮で―の友人」

どう-しつ【同質】〔名・形動〕二つ以上のものの質が同じであること。また、そのさま。「―な(の)犯罪」⇔異質。(類語)等質

どう-じつ【同日】❶同じ日。「同年―生まれ」❷すでに話題に出た、その日。「―午後三時に出発」
同日の論ではな・い　差が大きくて同じ扱いはできない。同日の談ではない。「技術面において二人は―・い」

どうしつ-いぞう【同質異像】▶多形

どうじ-つうやく【同時通訳】〔名〕スル 話者の話の進行と並行して、ほとんど同時に通訳すること。「大統領の声明を―する」

とうしつ-コルチコイド【糖質コルチコイド】副腎皮質ホルモンのうち、糖質代謝に関係するホルモン。抗ストレス・抗炎症作用もある。コルチゾールやコルチゾンが代表的。グルココルチコイド。

どう-して　㊀〔副〕❶方法についての疑問を表す。どのようにして。どうやって。「―時間をつぶそうか」❷原因・理由についての疑問を表す。なぜ。「―そんなにのろいのか」「―話を聞かないのだろう」❸強い否定の気持ちを表す。決して…ない。…はずがない。「これが―黙っていられよう」❹前の言葉を、予想外であるという意をこめて強く否定する気持ちを表す。それどころか。「見かけは子供っぽいが、―なかなかしっかりしている」㊁〔感〕❶感動をこめて強調する気持ちを表す。なんともはや。いやはや。「―、大層な人出でした」❷強く否定する気持ちを表す。とんでもない。いやいや。「―、―、私などの及ぶところではない」(類語)(㊀❷)なぜ・なんで・何故

どうじてき-しゆうどうたい【同時的雌雄同体】雌雄同体の生物のうち、同一個体が同時に雄雌両方の生殖機能を持ち、雌雄どちらでも生殖できる生物。自家受精(1個体単独で受精)を行うものと、他家受精(2個体以上で受精)を行うものがある。軟体動物(カタツムリ、ナメクジなど)や扁形動物(プラナリア、吸虫類など)、棘皮動物(クモヒトデなど)などに見られる。➔異時的雌雄同体

とうし-てつどう【東支鉄道】▶東清鉄道

どうして-も〔副〕❶どう努力してみても。どんな径路をたどっても。「―納得できない」「駅までは―一時間はかかる」「―話題がそこにいく」❷強い決意・願望を表す。どのようにしてでも。ぜひとも。絶対に。「―成功させたい」「―負けたくない」
(類語)(❷)必ず・絶対に・是非とも・断じて・何が何でも

とうじ-てん【冬至点】黄道上で、黄経270度の点。黄道上で最も南にあり、太陽がこの点に来たときが冬至。

どうじ-に【同時に】〔連語〕❶(副詞的に用いて)同じ時に。いちどきに。「上下線とも―発車する」❷(接続詞的に用いて)㋐それと時を同じにして。そのあとすぐに。「声がして、―人が入って来た」㋑それとともに。「これが短所であり、―長所でもある」❸(「…と同時に」の形で接続助詞的に用いて)㋐…すると同じ時に。…するとすぐに。「夜が明けると―出発した」㋑…とともに。…だけでなく、加えて。「他人に厳しいと―自分にも厳しい」
(類語)(❶)一時に・一時に・一遍に・一挙に・一斉に・一緒に・一度に・ついでに/(❸㋑)然も・その上・かつ・かつまた・なおかつ・おまけに・加うるに・のみならず・しかのみならず・そればかりか・糅てて加えて・更に・あまつさえ・それに

とうし-の-しけ【藤氏の四家】藤原不比等の四人の子がそれぞれ成した家、すなわち武智麻呂の南家、房前の北家、宇合の式家、麻呂の京家の総称。四家。

とうじ-ば【湯治場】湯治のために行く温泉場。

とうじ-ばい【冬至梅】梅の一品種。白い花が冬至のころから咲きはじめる。(季 冬)「―暖炉の側でふくらみぬ/青邨」

どうじ-はん【同時犯】二人以上の者が、意思の連絡なしに、たまたま同時に同一被害者に対する加害行為をすること。犯罪の成否に関しては各人個別に評価されるが、傷害の同時犯については共同正犯として取り扱われる。

とうし-ファンド【投資ファンド】金融機関・機関投資家や個人など、ある特定の投資家から資金を集め、それを基金として株や不動産などに投資し、売却益を投資家に還元する機関。また、その基金。投資事業組合もこの一種。企業価値を高めるために活動し、企業買収なども行う。これまで法的規制がゆるかったが、平成19年(2007)に施行された金融商品取引法で、ファンド出資者への情報開示や販売者・運用者の業者登録が定められた。単に、ファンドともいう。➔情報開示義務

どうじ-べっしん【同字別心】連歌・連句で、同一漢字ではあるが別の意味に使われているもの。同字去りの例外として認める。「春日」と「春日」の類。

とうし-ほうじん【投資法人】投資信託法に基づいて設立される法人。投資口(株式会社の株式に相当)を発行して投資家から出資を募り、有価証券や不動産などの特定資産へ投資して運用することを目的とする。

とうし-ほけん【投資保険】日本企業が海外に持つ株式や不動産などの資産について、外国政府による権利侵害や、天災・戦争による被害を受けた場合などに補償する保険。海外投資保険。

とうし-ほせい【透視補正】▶パースペクティブ補正

どうじま【堂島】㊀大阪市北区の地名。もと中之島と並ぶ島で、南は堂島川、北は明治期に埋め立てられた曽根崎川に接していた。元禄年間(1688〜1704)に米市場が開かれて以来、大阪の経済の中心地。㊁「堂島下駄」の略。

どうじま-げた【堂島下駄】《大阪堂島の米仲買人が用いたところから》くり歯の桐台に、畳表をつけた駒下駄。

どうじま-べいこくとりひきじょ【堂島米穀取引所】明治26年(1893)大阪堂島に設立された米穀取引所。同9年設立の大阪堂島米商会所を改称。米の先物取引を行っていたが、昭和14年(1939)米穀配給統制法の施行により廃止。

どうじ-マルチスレッディング【同時マルチスレ

ッディング】《simultaneous multithreading》マイクロプロセッサーの高速化技術の一。処理の空き時間を利用して、複数の命令を擬似的に同時に実行し、プロセッサーの利用効率を高めている。米国インテル社が開発したハイパースレッディングテクノロジーなどがある。

とう-しみ【灯▽心】《「とうじみ」とも》「とうしん(灯心)」に同じ。「髪は一を戴きたるやうにて」〈今昔・二九・二六〉

とうしみ-とんぼ【灯▽心蜻=蛉】イトトンボの別名。とうすみとんぼ。

どう-じめ【胴締め】❶物の中央部を締めること。また、そのひもや帯など。❷レスリングの技の一。両足で相手の胴を挟み、足の先を組んで締めること。柔道では禁止技。ボディーシザース。

どうじもん【童子問】江戸中期の儒学書。3巻。伊藤仁斎著。宝永4年(1707)刊。問答体で著者の思想を述べたもの。

とう-しゃ【当社】タウ ❶この会社。また、我が社。「一の規定により優遇」❷この神社。

とう-しゃ【投射】〔名〕スル ❶光線や影などを投げかけること。「照明を舞台に一する」❷「入射(にゅうしゃ)」に同じ。❸ ▶投影(とうえい)❹

とう-しゃ【透写】〔名〕スル 書画などの上に薄紙を置いて、なぞって写し取ること。すき写しにすること。敷き写し。「図面を一する」

(類語)敷き写し・すき写し・写す・なぞる・トレースする

とう-しゃ【謄写】〔名〕スル ❶書き写すこと。写し取ること。「帳簿を一する」❷謄写版で印刷すること。

(類語)筆写・書写・転写・転記・手写・臨写・写す・書き写す・書き取る

どう-しゃ【同車】〔名〕スル ともに同じ車に乗ること。同乗。「途中から一する」

どう-しゃ【堂舎】ダウ 《「堂」は大きな家、「舎」は小さな家の意。古くは「とうじゃ」「どうじゃ」とも》大小の建物。特に、社寺の建物。

どう-しゃ【×硇砂┆×磠砂】ダウ 《「磠」の字音は「ろ」だが、字形の近似から、「硇」に通用させたものか》塩化アンモニウムの古名。ろしゃ。

どう-しゃ【道者】ダウ ❶道教を修めた者。道士。❷仏道を修めた者。また、仏道の修行者。❸(「同者」「同社」とも書く)連れ立って社寺を参詣・巡拝する旅人。遍路。巡礼。道衆。

どう-しゃ【導車】ダウ 機械に装置して、他の多くの車に動力を伝える車輪。

どう-しゃ【導者】ダウ 案内する人。先導者。

とうしゃ-かく【投射角】❶ ▶入射角 ❷球技や投擲(とうてき)競技で、ボールなどを投げたときの地面とのなす角度。投射方向の仰角。

とう-しゃく【唐尺】タウ 中国、唐代に用いられた尺。大尺(約30センチ)と小尺(約24.6センチ)の2種がある。日本では、大宝・養老令で採用、大尺は田地などの測量用として、小尺はその他の測定用として、広く用いられた。

とう-じゃく【闘×雀】《「とうしゃく」とも》戦っている雀(すずめ)。

闘雀人(ひと・にん)を恐れず 弱い雀のような鳥でも必死で戦っているときは、人が近づいても恐れない。

どう-しゃく【道釈】ダウ 道教と仏教。

どう-じゃく【×瞠若】ダウ ㊀〔名〕スル 驚いて目を見張ること。「為永をして猶(なお)一せしむる醜猥なる物語を」〈魯庵・社会百面相〉㊁〔ト・タル〕図〔形動タリ〕驚いて目を見張るさま。「お傍の人たちを一たらしむるほどの秀歌を」〈太宰・右大臣実朝〉

どうしゃく-が【道釈画】ダウシャクグワ 道教や仏教に関係のある人物画。主に、神仙や仏教の羅漢・観音などを画題とする。日本では鎌倉・室町時代に盛行。道釈人物画。

どうしゃく-じんぶつが【道釈人物画】ダウシャクジンブツグワ ▶道釈画

とう-じゃくぼう【湯若望】タウジャクバウ ▶アダム＝シャール

とうしゃ-し【透写紙】トレーシング-ペーパーのこと。

とうしゃ-ずほう【投射図法】ーヅハフ 地図投影法の一。地球上の一点で接する平面に、ある一定の視点から経線・緯線などを投影する方法。視点の位置により、正射図法・平射図法・心射図法などがある。透視図法。

とうしゃ-だい【透写台】図面や絵などを透写するため、すりガラスの下に蛍光灯を備え、下から光を当てるようにした製図台。

とうしゃ-ばん【謄写版】孔版印刷の一種。ろう引きの原紙に、鉄筆で書いたりタイプライターで打ったりして細かい穴をあけ、そこから印刷インキをにじみ出させて刷る。また、その印刷機。がり版。

とうしゃ-ほう【投射法】ーハフ ▶投影法(とうえいほう)

ドゥシャンベ〖Dushanbe〗タジキスタン共和国の首都。同国西部にある工業都市で、機械・冶金・食品などの工業が盛ん。旧称スタリナバード。人口、行政区67万(2007)。

とう-しゅ【当主】タウ その家の現在の主人。当代の戸主。

とう-しゅ【投手】野球やソフトボールで、打者に向かってボールを投げる人。ピッチャー。

とう-しゅ【東首】頭を東に向けて寝ること。東枕(ひがしまくら)。「孔子も一し給へり」〈徒然・一三三〉

とう-しゅ【党首】タウ 政党など、党の首領。

とう-しゅ【盗取】タウ〔名〕スル ぬすみとること。「一した物品」

とう-しゅ【陶朱】タウ 范蠡(はんれい)の通称。官を退いてのち山東の陶の地に住み、朱公と称したのでいう。

とう-しゅ【頭首】❶あたま。くび。❷集団・団体の首領。かしら。頭目。

どう-しゅ【同種】種類・人種などが同じであること。また、同じ種類。同じ人種。同類。「一の植物」

(類語)同類・同系

どう-しゅ【同趣】おもむきを同じくすること。また、そのおもむき。「一の作品」

どう-しゅ【堂衆】ダウ 《「どうじゅ」とも》❶学僧に仕えていた童子で、出家得度した者。どうしゅう。❷天台宗教団での下級の僧で、寺院の諸堂に分属して雑役に従事した者。どうしゅう。❸真宗の本山や別院で法要を勤める役僧。どうしゅう。

とうしゅいとん-の-とみ【陶朱×猗頓の富】タウシュイトンー 《陶朱は金満家として知られ、猗頓は魯国の富豪であったところから》莫大(ばくだい)な富。また、富豪。

とうじゅ-いん【等澍院】ーキン 北海道様似郡様似町にある天台宗の寺。山号は帰嚮山。寺伝によれば円空の創建という。江戸幕府が文化元年(1804)北辺警備のために設置した蝦夷三大寺の一。

とう-しゅう【東州】ーシウ ❶東方の国。関東。東国。都から見ていう。❷東洋。「是遠く西洋の事を援くに及ばず、我が一に在て」〈西周・明六雑誌四二〉

とう-しゅう【東周】ーシウ ▶周(しゅう)

とう-しゅう【答酬】タフシウ 《古くは「とうじゅう」とも》相手の問いに対して答えること。返答。また、返事の手紙の表に書き添える語。

とう-しゅう【踏襲】タフシフ・【×蹈襲】タウシフ〔名〕スル 前人のやり方などをそのまま受け継ぐこと。「前社長の方針を一する」(類語)相承・承継・継承

とう-じゅう【当住】タウヂユウ 現在の住職。現住。

どう-しゅう【同舟】ーシウ〔名〕スル 同じ舟に乗り合わせること。また、その人。同船。「呉越(ごえつ)一」「連日此の者と一して」〈竜渓・経国美談〉

同舟相(あい)救う 《「孫子」九地から》立場を同じくする者は、平素は敵同士でも、いざという時には助け合う。

どう-しゅう【同臭】ーシウ ❶同じにおい。同じくさみ。❷「同臭味」に同じ。「次第に一の人も相加はり寄りつどふ事なりしが」〈蘭学事始〉

どう-しゅう【同衆】同じ仲間。ともがら。

どう-しゅう【堂衆】ダウ ▶どうしゅ(堂衆)

どう-しゅう【銅臭】ーシウ 《銅銭のもつ悪臭の意》金銭をむさぼり、また、金銭によって官位を得るなど、金力にまかせた処世を卑しむ語。後漢の崔烈(さいれつ)が銭五百万を使って大司徒にのぼったとき、子の鈞に世間の自分に対する評判を聞くと、鈞は「論者は、その銅臭を嫌う」と答えたという「後漢書」崔寔伝の故事による。「一ふんぷんの政治家」

どうじゅう-かく【同重核】ドウヂユウー ▶同重体

とうしゅうさい-しゃらく【東洲斎写楽】トウシウサイー 江戸後期の浮世絵師。東洲斎は号。徳島藩主蜂須賀氏のお抱え能役者といわれるが不明。役者似顔絵や相撲絵を描いたが、特に役者の個性豊かな顔を誇張的な描写で表し、大首絵に本領を発揮。現存する約140点の作品の制作期間は、寛政6年(1794)5月からの約10か月間と推定される。生没年未詳。

どうしゅう-せい【道州制】ダウシウー 数府県の地域を単位とする広域行政体として、道または州を置く制度。社会・経済の変化に伴い、現行の府県制の不適当を是正しようとして構想されたもの。

どうじゅう-たい【同重体】ドウヂユウー 質量数が等しく、原子番号の異なる原子種。例えば、アルゴン40(原子番号18)とカリウム40(同19)とカルシウム40(同20)など。同重核。同重核種。アイソバー。

どう-しゅうみ【同臭味】ーシウミ 《黄庭堅(こうていけん)の詩に「君と草木臭味同じ」とあるところから》同じ趣味、傾向を持つこと。また、その人・仲間。同類。同臭。「己れが一の者へ内意を通じ置き」〈鉄腸・花間鶯〉

とうじゅ-がくは【藤樹学派】中江藤樹の学説を継ぎ、またはその系統に属する学派。王陽明の致良知(ちりょうち)説を奉じ、実行を本旨とする。江西学派。

とう-しゅく【投宿】〔名〕スル 宿をとること。旅館に泊まること。「温泉旅館に一する」

(類語)外泊・旅宿・止宿・旅寝・仮寝・宿泊・野宿・寝泊まり・素泊まり・泊まる・宿る

とう-じゅく【登熟】穀類などが、出穂のあと成熟していくこと。

どう-しゅく【同宿】〔名〕スル 《古くは「どうじゅく」とも》❶同じ旅宿。同じ宿駅。❷同じ旅宿や家に泊まり合わせること。また、その人。「卒業旅行の学生と一する」❸同じ寺に住み、同じ師について修行すること。また、その僧。(類語)相宿

とうしゅく-るい【×荳×菽類】マメ科植物の作物の総称。ダイズ・アズキ・ソラマメなど。

とうじゅ-しょいん【藤樹書院】ーシヨキン 滋賀県高島市にあった中江藤樹の学塾。明治13年(1880)に焼失したが、のち再興。江西書院。

とう-じゅす【唐×繻子】タウ 練り絹糸を用い、縦糸を浮かせて織った経(たて)繻子織物。中国の蘇州・杭州で産した繻子織物の日本での名称。女帯地に用いる。

とうしゅ-せん【投手戦】野球で、両チームの投手が好投して、少ない点数でせり合う試合。

どう-しゅつ【導出】ダウ〔名〕スル みちびきだすこと。特に、論理的に結論をひきだすこと。「新しい理論から一された方法」

どう-じゅつ【道術】ダウ 道士・方士の行う術。符呪(ふじゅ)・神仙・養生の術などの総称。方術。仙術。

どうしゅ-どうぶん【同種同文】「同文同種」に同じ。

トウシュハウン〖Tórshavn〗北部大西洋上に浮かぶデンマーク領フェロー諸島の首都。主島ストレイモイ島の南東部に位置。9世紀よりバイキングの入植が始まり、議会が設置された。11世紀以降交易の中心地として発展。16世紀建造の要塞や18世紀末創設の教会、伝統的な芝生の屋根をもつ建物などが残る。

とうしゅ-ばん【投手板】野球で、投手が投球の際、軸足を触れていなければならない板。ピッチャーズプレート。

とう-じゅろ【唐×棕×櫚】タウ ヤシ科の常緑高木。葉は幹の頂にかたまってつき、扇状で深く裂け、裂片は垂れ下がらない。雌雄異株。黄色の雄花、緑色の雌花をつける。中国南部の原産で、庭に植えられる。

どうしゅん【道春】ダウシユン 林羅山(はやしらざん)の剃髪(ていはつ)後の号。

どうじゅん-かい【同潤会】ークワイ 関東大震災後、住宅の供給を目的として作られた財団法人。大正13年(1924)、全国からの義捐(ぎえん)金をもとに設立。東京・横浜などの市街地に鉄筋コンクリートのアパートを建設。昭和16年(1941)、住宅営団に事業を継承し解散。

とうしゅん-じ【洞春寺】山口市にある臨済宗建仁寺派の寺。一時、万年寺とも称した。山号は正宗山。

開創は元亀4年(1573)、開山は嘯岳鼎虎しょうがくていこ。毛利元就の菩提寺で、毛利輝元が建立。

とう-しょ【当初】タウ そのことのはじめ。最初。また、その時期。「―の計画」「―組まれた予算」
(類語)初期・初頭・始期・頭あたま・はじめ

とう-しょ【当所¦当処】タウ ❶この場所。この土地。当地。❷事務所・事業所など、「所」の付く機関が自身をさしていう語。(類語)当地・御当地・現地

とう-しょ【投書】〔名〕スル ❶意見・希望・苦情などの書状を関係機関などに送ること。また、その書状。「役所に―する」❷「投稿」に同じ。(類語)寄稿・投稿

とう-しょ【島×嶼】タウ《「島」は大きなしま、「嶼」は小さなしまの意》大小のしまじま。しま。
(類語)島・諸島・群島・列島・アイランド

とう-しょ【答書】タフ 返答の書状。答えの手紙。

とう-しょ【頭書】❶書物の本文の上欄に書き入れた解説や注釈。頭注。鼇頭ごうとう。❷文章の初めの書き出しの部分。「―のとおり」

とう-じょ【東序】禅宗で、法要儀礼の際に、法堂はっとう・仏殿の東側に並ぶ者。都寺つうす・監寺かんす・副寺ふうすなどの六知事のこと。⇔西序せいじょ。

とう-じょ【倒叙】タウ 現在から過去へ、時間を逆にさかのぼって叙述すること。「―法で書く推理小説」

とうじょ【唐書】タウジョ 中国、唐代の正史。「旧く唐書」と「新唐書」とがあるが、特に後者をさすことが多い。

どう-しょ【道書】ダウ 道教の教義、道術の法を説いた書物。

どう-しょ【銅×杵】銅でできた金剛杵こんごうしょ。

どう-じょ【童女】ドウヂョ 幼い女の子供。どうにょ。
(類語)幼女・少女・幼児・幼子・乳幼児・子供

とう-しょう【刀匠】タウシヤウ 刀を鍛えつくる職人。刀鍛冶かたなかじ。刀工。

とう-しょう【刀傷】タウシヤウ 刀で切られた傷。かたなきず。

とう-しょう【東証】「東京証券取引所」の略。

とう-しょう【凍傷】―シヤウ 極度の寒気などのために皮膚の血行が悪くなり、組織に損傷をきたす状態。程度により四段階に分けられ、第1度は皮膚に充血・むくみが生じ、第2度はさらに水疱すいほうが生じ、第3度は皮下組織が壊死えしを起こし、第4度は手足の指などが脱落してしまうもの。(季 冬)

とう-しょう【湯傷】タウシヤウ 熱湯によるやけど。

とう-しょう【痘×漿】―シヤウ 痘瘡とうそうの水疱すいほうから出る膿汁のうじゅう。

とう-しょう【登省】―シヤウ〔名〕スル ❶内閣の各省に出勤すること。❷式部省の試験を受けること。「後江相公―の時」〈十訓抄・四〉

とう-しょう【闘将】―シヤウ ❶戦闘力が強く、闘志の盛んな武将。❷闘志の盛んなスポーツ選手。❸人々の先頭に立って精力的に活動する人物。「左派の―」

とう-じょう【刀×杖】タウヂヤウ かたなとつえ。また、刀剣類の総称。

とう-じょう【東上】―ジヤウ〔名〕スル 西の地方から東方の都へ行くこと。ふつう、東京へ行くことをいう。⇔西下さいか。

とう-じょう【東浄】―ジヤウ ▶とうちん(東浄)

とう-じょう【凍上】―ジヤウ 冬季、土壌中の水分が凍結して膨張し、局部的に地表が持ち上がる現象。

とう-じょう【搭乗】タフ〔名〕スル 船舶や航空機などに乗り込むこと。「宇宙船に―する」「―員」
(類語)乗船・乗車・乗り込む

とう-じょう【登城】―ジヤウ ▶とじょう(登城)

とう-じょう【登場】―ヂヤウ〔名〕スル ❶演技者として舞台などに現れること。「上手かみてから―する」「真打ち―」⇔退場。❷小説や戯曲などに、ある役をもって現れること。「一人物」❸ある事柄の関係者として表面に出ること。「汚職事件の第三の人物として―する」❹新しい人物・製品などが世間に現れ出ること。「新型車の―」(類語)(❹)出現・台頭・誕生・現れる・デビュー

とう-じょう【頭状】―ジヤウ 頭のようにみえる形状。

とう-じょう【闘×諍】―ジヤウ 戦い争うこと。あらそい。いさかい。

どう-しょう【同床】―シヤウ〔名〕スル 同じ寝床に寝ること。同衾どうきん。

どう-しょう【洞×簫】―セウ ❶中国の管楽器。尺八より細い竹の管で、長さ55〜75センチくらい。上に吹き口があり、前面に5個、背面に1個の指孔がある。日本でも清楽や歌舞伎下座音楽などに用いられる。簫。❷一節切ひとよぎりの雅名。

どうしょう【道生】ダウシヤウ [?〜434]中国、東晋代の僧。廬山ろざんの慧遠えおんに、さらに鳩摩羅什くまらじゅうに師事。頓悟成仏とんごじょうぶつ説を唱えた。

どう-しょう【道床】ダウシヤウ 鉄道線路の路盤と枕木との間の層。砂利・砕石やコンクリートが敷かれ、列車荷重を路盤に広く分散させ、軌道に弾性を与えるなどの役をする。

どうしょう【道昭】ダウセウ [629〜700]飛鳥あすか時代の法相ほっそう宗の僧。河内かわちの人。入唐して玄奘げんじょうに学び、帰国後、元興寺に禅院を建立し、初めて法相宗を伝えた。遺命により日本最初の火葬に付された。

どう-しょう【銅賞】―シヤウ 展覧会・品評会などで、金賞・銀賞に次ぐ第3位の賞。

どう-じょう【同上】―ジヤウ 前に述べたことと同じであること。上記に同じであること。同前。(類語)同前・同右

どう-じょう【同乗】〔名〕スル 一つの乗り物に一緒に乗ること。乗り合わせること。「タクシーに―する」
(類語)相乗り・乗り合い・便乗

どう-じょう【同情】―ジヤウ〔名〕スル 他人の身の上になって、その感情をともにすること。特に他人の不幸や苦悩を、自分のことのように思いやっていたわること。「―を寄せる」「―を引く」「被害者に―する」
(類語)惻隠そくいん・あわれみ・思いやり・情け

どう-じょう【堂上】ダウジヤウ《古くは「とうしょう」「どうしょう」とも》❶建物の床の上。❷室町時代以降の公家の家格の一。清涼殿への昇殿を許される家柄。また、公卿になれる家柄。堂上家。⇔地下じげ/堂下どうか。❸近世、広く朝廷を形づくる人々。公家。堂上方。❹清涼殿に昇殿すること。「内記の持ちたる宣命を取らずして―せられにけり」〈徒然・一〇一〉

どう-じょう【道上】ダウジヤウ 道のほとり。また、道の上。路上。

どう-じょう【道場】ダウヂヤウ ❶武芸の修練を行う場所。また、広く心身の鍛錬などを行う場所。「剣道の―」「断食―」❷《梵 bodhi-maṇḍa の訳「菩提ぼだい道場」の略》㋐釈迦しゃかが悟りを開いた菩提樹下の場所。㋑仏道修行の場所。㋒浄土真宗・時宗の寺院。㋓信徒が集まって念仏を唱える集会所。

どうじょう-あらし【道場荒(ら)し】ダウヂヤウ― 武芸道場に押しかけて試合を強要し、勝つと金銭を要求などすること。また、その人。道場破り。

どうしょう-いむ【同床異夢】ドウシヤウ―《陳亮「与朱元晦書」から》同じ床に枕を並べて寝ながら、それぞれ違った夢を見ること。転じて、同じ事を行いながら、考えや思惑が異なること。

とうじょう-うん【塔状雲】タフジヤウ― 雲の上部が塔のように上方に向かって発達した雲。城壁の塔のように見える。高積雲・層積雲などに現れる。

とうじょう-か【筒状花】トウジヤウクワ ▶管状花かんじょうか

とうじょう-か【頭状花】―ジヤウクワ 頭状花序のこと。1個の花のようにみえる。

とう-しょうがく【等正覚】―シヤウガク 仏語。❶生死の迷いを去って、いっさいの真理を正しく平等に悟ること。仏の悟り。三藐三菩提さんみゃくさんぼだい。正等正覚。正等覚。❷仏の悟りを得た者の尊称。三藐三仏陀。正等覚者。❸真宗で、真実信心を得た位を往生が決定した正宗聚の位といい、その境地。

とうじょう-かじょ【頭状花序】トウジヤウクワジヨ 無限花序の一。花軸の先端が皿状などに広がり、柄のない花を多数密生するもの。ヒマワリ・タンポポ・菊などにみられる。頭花。頭状花。

どうじょう-がた【堂上方】ダウジヤウ― ▶堂上❸

とうしょう-かぶかしすう【東証株価指数】▶トピックス(TOPIX)

とうじょう-ぎもん【東条義門】トウデウ [1786〜1843]江戸後期の国学者。若狭の人。用言の活用や「てにをは」などの研究に貢献。著「山口栞」「活語指南」など。

とうじょう-きょう【搭乗橋】タフジヤウケウ ▶ボーディングブリッジ

とうしょう-ぐう【東照宮】トウセウ― ㊀徳川家康を祭る神社。初めは東照社と称された。家康は初め久能山に葬られたが、日光に社殿が営まれ東照大権現として奉斎。正保2年(1645)宮号を授けられると、全国の社も東照宮と改称した。㊁栃木県日光市にある神社。祭神は徳川家康を主神とし、源頼朝・豊臣秀吉を配祀はいし。元和3年(1617)に駿河の久能山より家康の霊を遷して祭ったのに始まる。平成11年(1999)「日光の社寺」の一つとして世界遺産(文化遺産)に登録された。

どうじょう-け【堂上家】ダウジヤウ― ▶堂上❷

とうじょう-けんご【闘×諍堅固】トウジヤウ― 仏語。修行僧らが互いに自説を主張して譲らず、争いが盛んな状態。後五百歳ごごひゃくさいをいう語。

どうじょう-じ【道成寺】ダウジヤウ― ㊀和歌山県日高郡日高川町にある天台宗の寺。山号は天音山。開創は寺伝によれば大宝元年(701)、開山は義淵、開基は紀道成きのみちなり。安珍と清姫の伝説で有名。鐘巻寺。日高寺。➡安珍清姫あんちんきよひめ ㊁謡曲。四・五番目物。道成寺伝説などに取材し、恋に狂った女の執念の恐ろしさを描いたもの。歌舞伎舞踊・沖縄舞踊などに大きな影響を与えている。➡道成寺物

どうじょうじ-もの【道成寺物】ダウジヤウジ― 歌舞伎・浄瑠璃の一系統。愛を誓った旅僧安珍に裏切られた清姫が、憤怒のあまり蛇体となってあとを追い、道成寺の鐘の中に隠れた安珍を、鐘ごと焼き尽くしたという道成寺伝説に取材したもの。歌舞伎舞踊では、謡曲「道成寺」の影響を受けたものが多い。

とうじょうしゃしょうがい-ほけん【搭乗者傷害保険】タフジヤウシヤシヤウガイ― 被保険自動車に搭乗していた者が、自動車事故によって死亡、けが、後遺障害を被った場合に保険金が支払われる自動車保険。運転者が死傷した場合にも補償される。

とうしょう-だいごんげん【東照大権現】トウセウ― 徳川家康の勅諡号ちょくしごう。死の翌年、後水尾天皇から贈られたもの。

とうしょうだい-じ【唐招提寺】タウセウダイ― 奈良市にある律宗の総本山。開創は天平宝字3年(759)、鑑真がんじんの開山で、ここに戒壇を設け律宗の根本道場とした。金堂、平城宮の朝集殿を移築した講堂、経蔵・宝蔵などは奈良時代の建物で国宝。薬師如来像・鑑真和上わじょう坐像(国宝)のほか多数の文化財を所蔵。平成10年(1998)「古都奈良の文化財」の一つとして世界遺産(文化遺産)に登録された。招提寺。

とうじょう-は【×桐城派】トウジヤウ― 中国、清代の文章家の一派。安徽あんき省桐城県出身の方苞ほうほうに始まり、劉大櫆りゅうたいかいを経て姚鼐ようだいに至って大成。唐宋の古文を規範として文章の典雅さを尊んだ。

どうじょう-は【堂上派】ダウジヤウ― 近世和歌の一派。二条家の歌学派中、細川幽斎ほそかわゆうさい以来の古今伝授こきんでんじゅを受け継いだ公家歌人の系統。中院通勝なかのいんみちかつ・烏丸光広からすまるみつひろ・三条西実条さんじょうにしさねえだなど。➡地下派じげは

とうじょう-ひでき【東条英機】トウデウ [1884〜1948]軍人・政治家。陸軍大将。東京の生まれ。関東軍参謀長・陸相を経て、昭和16年(1941)首相。内相・陸相を兼任し、太平洋戦争開戦の最高責任者となったが、戦況不利となった同19年総辞職。戦後、極東国際軍事裁判でA級戦犯とされ、絞首刑。

とう-しょうぶ【唐×菖×蒲】タウシヤウ― グラジオラスの別名。

とう-しょうへい【鄧小平】―セウヘイ [1904〜1997]中国の政治家。四川省嘉定の人。フランス留学中に中国共産党に入党。帰国後、長征・抗日戦に参加。1956年以来、党総書記・政治局常務委員などを歴任。文化大革命と76年の天安門事件で二度失脚したが、江青ら四人組追放後に復活。83年に国家中央軍事委員会主席に就任して最高実力者となった。89年までにほとんどの公職から引退。トン=シアオピン。

とうしょう-マザーズ【東証マザーズ】▶マザーズ

とうじょう-みさお【東条操】トウデウミサヲ [1884〜1966]国語学者。東京の生まれ。日本の方言学の基礎を築いた。編著「方言と方言学」「全国方言辞典」など。

とうしょう-めん【刀▽削麺】タウセウ 水で練った小麦粉のかたまりを、専用の刀で沸いた湯の中に削り入れて作る麺。形は平打ちうどんに似る。中国山西省の料理。

どうじょう-やぶり【道場破り】ダウヂヤウ ❶武芸の修行者が他流の道場へ行って試合をし、相手方をすべて打ち負かすこと。また、その人。❷「道場荒らし」に同じ。

とう-しょく【灯×燭】ともしび。灯火。とうそく。

とう-しょく【当職】タウ ❶この職業・職務。❷現在の職業・職務。現職。「惟規は一の蔵人にてありければ」〈今昔・三一・二八〉

とう-しょく【×偸食】なんの仕事もせずに遊び暮らすこと。徒食。「旧里静岡に蟄居して暫らくは一の民となり」〈二葉亭・浮雲〉

とう-しょく【×橙色】タウ だいだい色。

どう-しょく【同色】同じ色。同一の色彩。

どう-しょく【同職】❶職業・職務が同じであること。また、その人。❷前に述べた、その職業・職務。

どう-しょく【銅色】銅のような赤黒い色。あかがねいろ。

どうしょく-くみあい【同職組合】—くみあひ 同一職業の手工業者が結成した組合。➡ツンフト

どうしょく-ぶつ【動植物】動物と植物。

とうしょ-こく【島×嶼国】タウショ 領土が島で構成されている国。島国。

とうしょばらい-てがた【当所払い手形】タウショばらひ— 取引先から取り立てを依頼された手形のうち、支払場所である銀行の所在地が交換可能地域内にあるために、自店が加盟している手形交換所で交換できるもの。⇔他所払い手形。

どうじりこう-の-こうべんけん【同時履行の抗弁権】ドウジリカウ—カウベンケン 当事者の双方が相互に債務を負担する契約において、相手方が債務の履行を提供するまで、自己の債務の履行を拒否できる権利。

とうし-リスク【投資リスク】証券・不動産などへの投資に伴うリスク。金利の変動による金利リスク、為替の変動による為替リスク、物価上昇率に影響されるインフレリスク、債務不履行などによる信用リスク、カントリーリスクなどがある。

とうじ-りつ【透磁率】磁束密度すなわち磁気誘導の大きさと、磁界の強さとの比。導磁率。

どうじ-りつ【導磁率】ダウジ— ▶透磁率

とうじりょく-せん【等磁力線】地磁気の水平分力や全磁力の大きさの等しい地点を連ねた線。

とう・じる【投じる】〔動ザ上一〕「とう(投)ずる」(サ変)の上一段化。「土地の買収に大金を一・じる」

どう・じる【同じる】〔動ザ上一〕「どう(同)ずる」(サ変)の上一段化。「政府案には一・じない意向だ」

どう・じる【動じる】〔動ザ上一〕「どう(動)ずる」(サ変)の上一段化。「少々のことには一・じない」

とうし-るい【等×翅類】シロアリ類。シロアリ目の旧称。

どうし-るい【同×翅類】半翅目同翅亜目の昆虫の総称。翅はすべて膜質。セミ・アブラムシなど。

とうしろう【藤四郎】トウシラウ 🈩㊀鎌倉時代の陶工で瀬戸焼の祖とされる加藤四郎左衛門景正の略称。藤四郎の名は代々継承され、12代を数える。㊁鎌倉時代の刀工、粟田口吉光の通称。🈔❶陶工、藤四郎の焼いた陶器。特に茶入れで、2代目藤四郎基通作とされる真中古をさし、初代の作は春慶・唐物などと称される。❷《「しろうと(素人)」を逆さまにして人名のようにいった語》しろうと。とうしろ。

〖類語〗(🈔❷)素人・アマ・ノンプロ・アマチュア

どうじ-ろくおん【同時録音】映画やテレビなどの撮影で、映像に伴う音声を同時に録音すること。

とうじ-ろん【統辞論】▶統語論

とう-しん【刀心】タウ 刀の、柄の中に入っている部分。なかご。

とう-しん【刀身】タウ 刀の、鞘におさまる部分。

とう-しん【灯心¦灯芯】行灯・ランプなどの芯。灯油に浸して火をともすひも状のもの。綿糸などを縒り合わせて作る。

とう-しん【投身】〔名〕スル 身を投げ捨てること。特に、水中に飛びこんだり高い所から飛びおりたりして、自殺すること。身投げ。〖類語〗身投げ・飛び込み・入水

とう-しん【投信】「投資信託」の略。

とう-しん【東晋】▶晋㊁

とう-しん【東進】〔名〕スル 東の方角へ進むこと。「低気圧が一する」〖類語〗北上・南下・北進・南進・西進

とう-しん【盗心】タウ 他人の物をぬすもうと思う心。ぬすみごころ。「一を起こす」

とう-しん【痘×疹】痘瘡の発疹。もがさ。

とう-しん【等身】《「とうじん」とも》高さが人の身長に等しいこと。また、その高さ。「一の像」

とう-しん【等親】家族の階級的序列を表した語。例えば、夫は一等親、妻は二等親。血縁関係の緊密度を示す「親等」とは異なるが、両者は混用されている。

とう-しん【答申】タフ〔名〕スル 上司の問いに対して、意見を申し述べること。特に諮問機関が、諮問を受けた事項について行政官庁に意見を具申すること。「審議会が一する」

〖類語〗上申・具申・建議・献策・献言・進言

とう-しん【×蕩心】タウ 自堕落な心。また、遊蕩心。

とう-しん【頭身】❶あたまとからだ。頭部とそれ以外の身体の部分。❷数詞の下に付いて、身長と頭部の長さとの割合を表す。「八一」

とう-じん【刀刃】タウ かたなの刃。また、刀剣。

とう-じん【党人】タウ 政党に属する人。特に、官僚出身でない、政党生え抜きの人。

とう-じん【唐人】タウ ❶唐土の人。中国人。からびと。❷外国人。異国人。異人。「マドンナと云うと一の言葉で、別嬪さんの事じゃろうがなもし」〈漱石・坊っちゃん〉❸ものの道理のわからない人をののしっていう語。「ええこの一めらあ」〈滑・膝栗毛・五〉

唐人の寝言 何を言っているのかわからない言葉。また、筋の通らないことをくどくど言うたとえ。

とう-じん【島人】タウ 島に住む人。しまびと。

とう-じん【盗人】タウ ぬすびと。盗賊。

とう-じん【陶人】タウ 陶器をつくる職人。陶工。

とう-じん【×蕩尽】タウ〔名〕スル 財産などを使い果たすこと。「家財を一する」

どう-しん【同心】〔名〕スル《「どうじん」とも》❶目的・志などを同じくすること。一つ心になること。「それが我々一の道かと思われます」〈滝井・無限抱擁〉❷ともに事にあたること。協力すること。また、味方すること。「義景公をはじめだれも一するものがござりませなんだ」〈谷崎・盲目物語〉❸円などで、中心が同じであること。❹近世初期、武家に属した下級の兵卒。特に、徒歩の兵。❺江戸幕府で、所司代・諸奉行などに属し、与力の下にあって庶務・警察事務を分掌した下級の役人。

どう-しん【童心】子供の心。純真でけがれのない心。「一に返る」〖類語〗幼心・子供心

どう-しん【道心】ダウ ❶道徳心。「一に基づく行為」❷㋐仏道を修め仏果を求める心。仏道に帰依する心。菩提心。㋑13歳または15歳で仏門にはいった人。また一般に、仏道に帰依した人。「青一」

どう-じん【同人】❶同じ目的や趣味を持っている人。同好の人。どうにん。「一を募る」❷「どうにん(同人)❶」に同じ。〖類語〗仲間・同志・同士・同腹・常連・一味・一派・徒党・味方・翰林・盟友

どう-じん【同仁】差別なく、ひろく平等に愛すること。「一視一」

どう-じん【道人】ダウ ❶仏道の修行をする人。また、出家得道した人。どうにん。❷道教を修めた人。神仙の道を得た人。❸俗事を捨てた人。世捨て人。

とうじん-あめ【唐人×飴】タウジン 江戸後期ころから明治にかけて、中国風の服装で唐人笛を吹き、歌をうたいながら、長崎名物と称する飴を売り歩いた者。また、その飴。のちには唐人笛だけを吹き、飴と木製の笛を売って歩いた。

とうじん-うた【唐人歌】タウジン 江戸中期からはやった、中国音をまねた流行歌。「かんかんのう」の歌など。

どうしん-えん【同心円】—ヱン 中心を共有する二つ以上の円。

とうじん-おきち【唐人お吉】タウジン［1841〜1890］伊豆下田の船大工の娘。安政4年(1857)下田奉行所のはからいで、下田に滞在中のアメリカ総領事ハリスのもとに看護婦として送られたが、実際は妾であったという。のち自殺。

とうしん-おさえ【灯心抑え】—おさへ 油皿の灯心をおさえたり、かき立てたりするのに用いる金属または陶製の棒。かきたて棒。かきたて木。

とうじん-おどり【唐人踊(り)】タウジンをどり ▶看看踊り

ドゥジンカ〖Dudinka〗ロシア連邦中部、クラスノヤルスク地方のタイミル自治管区の都市。エニセイ川下流部に位置する。北極海に通じる港があり、非鉄金属、石炭の積み出し港になっている。2001年より、旅行や居住が制限される閉鎖都市に指定。

とうじん-がさ【唐人×笠】タウジン ❶縁があり、中央が高くとがった笠。祭礼で唐人囃子などをする者や唐人飴を売る者などがかぶった。❷近世、❶に模した兜。鉢が高く、つばが広い。

どうじん-きょうかい【同仁教会】—ケウクワイ ユニバーサリストの日本での称。正しくはキリスト教同仁社団。

どうじん-ざっし【同人雑誌】主義・目的・傾向などを同じくする仲間が集まって編集・発行する雑誌。どうにんざっし。

どうしん-じゃ【道心者】ダウシン ❶仏道に帰依した人。「年ごろきはめたる一にぞおはしける」〈大鏡・伊尹〉❷「道心坊❷」に同じ。「傾城狂ひを必ずとまるべし。やめずは…一になるべき」〈浮・椀久一世〉

どうじん-しゃ【同人社】明治6年(1873)中村正直が東京小石川の自邸内に開設した家塾。英学を教授し、慶応義塾と並んで多くの英才を送り出した。

とうじんずもう【唐人相撲】タウジンずまふ 狂言「唐相撲」の和泉流における名称。

どうしん-すんぽう【同身寸法】—スンパフ 経穴を取るときの尺度の一。本人の中指の第2・第3関節の間か母指の幅を基準にするが、どちらも1寸と定めるもの。➡骨度分寸法

とうしん-せん【等深線】地図上で、水底の地形を表すため、水深の等しい地点を結んだ曲線。同深線。

とうしん-そう【灯心草】—サウ 藺の別名。茎髄が灯心に利用され、また漢方で、利尿・消炎・鎮静薬などに用いる。とうしんぐさ。

とうしん-だい【等身大】❶人の身長と同じ大きさであること。「一の蝋人形」❷誇張も虚飾もない、ありのままの姿。「一の人間ドラマ」「一のヒーロー像」❸持っている力に見合うこと。「一の国際交流」「一の取り組み」

とうしん-てつどう【東清鉄道】—テツダウ 日清戦争後、ロシアが中国東北地方に建設した鉄道。シベリア鉄道に接続する満州里・綏芬河間の本線と、ハルビン・大連間の支線からなる。満州事変後、日本に移譲、のちソ連に移管。1952年ソ連から中国に返還され、現在は長春鉄路という。東支鉄道。

とうしんど-せん【等震度線】地図上で、地震の震度が等しい地点を結んでできる曲線。

とうしん-とんぼ【灯心蜻=蛉】イトトンボの別名。

とうじん-ばやし【唐人×囃子】タウジン 唐人の姿で、太鼓・笛・鉦などを奏すること。また、その囃子。

とうじん-ぶえ【唐人笛】タウジン チャルメラ。また、らっぱ。

とうしん-ぶつ【等身仏】人の身長と同じくらいの高さにつくった仏像。

とうしん-ほう【投信法】—ハフ《「投資信託及び投資法人に関する法律」の通称》投資家の資金を投資信託または投資法人を通じて集め、不動産や有価証券などに投資して運用し、収益を投資家に分配する制度を規定する法律。昭和26年(1951)制定の「証券投資信託法」を平成12年(2000)に改題。投資信託法。

とうじんぼう【東尋坊】トウジンバウ 福井県北部、坂井市の海岸にある景勝地。日本海の浸食を受けた輝石安山岩の柱状節理がそそり立つ。

どうしん-ぼう【道心坊】ダウシンバウ ❶成人してから仏門にはいった人。「年ごろ五十近き一」〈洒・田舎談義〉❷乞

食(じき)僧。乞食坊主。「物乞ひの—に出で立ちて」〈読・稲妻表紙・五〉❸江戸時代以降、網元に所属する漁師が漁獲物の一部をくすねること。
とうじん-まげ【唐人×髷】(タウジン) 江戸末期から明治末頃まで行われた少女の髪形。髷を左右にふっくらと結い、元結の代わりに毛で十文字に結び留めたもの。
とうじん-まち【唐人町】(タウジン) 江戸時代、中国人が集団居住していた町。長崎・博多などが有名。
とうじん-まめ【唐人豆】(タウジン) 落花生の別名。南京(ナンキン)豆。
どうしん-むすび【同心結び】「華鬘(けまん)結び」に同じ。
とうじん-やしき【唐人屋敷】(タウジン) 江戸時代、長崎に設けられた来航中国人の居住施設。元禄2年(1689)に開設。
とう-す【刀子】(タウ)《「す(子)」は唐音》小形の刀。古代から雑用に用いられ、しだいに装飾化されていった。後世の小刀(こがたな)。とうし。
とう-す【東▽司｜登▽司】《「す(司)」は唐音》禅寺で、便所の通称。もとは、東序に属する僧の使用する便所の意。東浄(とうじん)。
とう・ず〔動ダ下二〕《「と(取)りい(出)ず」の音変化。ふつう未然形・連用形の「とうで」の形が用いられる》取り出す。「いささかものも—・で侍らず」〈枕・三一四〉
とう・ず【討ず】(タウ)〔動サ変〕敵などを征伐する。「とがあるを—・じて」〈神皇正統記・仲恭〉
ドウス〖Dowth〗アイルランドの首都ダブリンの北郊、ボイン渓谷にある紀元前3000年頃に築かれた石室墓の一。直径90メートル、高さ15メートルの巨大な円形をしており、渦巻き模様が刻まれた外壁の石の一部が露出している。1年に1度、冬至の日に太陽の光が墓室の奥に射し込むよう設計されている。ニューグレンジ、ノウスなどの大型の石室墓とともに、1993年に「ボイン渓谷の遺跡群」として世界遺産(文化遺産)に登録された。ダウス。➡ブルーナボーニャ
とう-すい【東×陲｜東垂】東のはて。また、国の東のはて。「行基菩薩として—に現じて」〈盛衰記・二四〉
とう-すい【透水】水がしみとおること。「—性」
とう-すい【陶酔】(タウ)〔名〕(スル)❶気持ちよく酔うこと。「美酒に—する」❷心を奪われてうっとりすること。「名演技に—する」(類語)陶然・恍惚(こうこつ)・うっとり・酔う
とう-すい【統帥】〔名〕(スル) 軍隊を統率し指揮すること。「連合軍を—する」(類語)引率・統率・支配
どうすい【道邃】(ダウスイ) 中国、唐代の天台宗の僧。長安の人。諡号(しごう)、興道尊者。六祖湛然(たんねん)門下で天台山を継ぎ、日本の最澄に法を授けた。生没年未詳。
どう-すい【導水】(ダウ) 水をみちびいて流すこと。
(類語)放水
どうすい-あつ【動水圧】流水中の水圧。流れの向きに垂直な面が受ける圧力で、水の単位体積あたりの運動エネルギーに等しい。
どうすい-かん【導水管】(ダウスイクワン) 導水のために用いる管。
どうすい-きょ【導水×渠】(ダウスイ) 導水のために設けた溝や掘割。
とうすい-きょう【陶酔境】(タウスイキャウ) ほどよく酒に酔ったときの、うっとりとしたよい気持ち。また、美しいものやすばらしいものに接したときの、うっとりした気持ち。「—にひたる」
どうすい-きょう【導水橋】(ダウスイケウ) 河川・道路または鉄道線路上を横断して導水のために設けた橋。
とうすい-けん【統帥権】軍隊の最高指揮権。明治憲法下で天皇の大権と規定され、一般の国務から独立するとされた。
とうすいけんかんぱん-もんだい【統帥権干犯問題】昭和5年(1930)浜口雄幸内閣のロンドン海軍軍縮条約調印をめぐる政治問題。海軍軍令部の承認なしに兵力量を決めることは天皇の統帥権を犯すものだとして、右翼や政友会は同内閣を攻撃した。
とうすい-そう【透水層】砂や礫(れき)など粗粒の物質からなり、地下水が浸透しやすい地層。
どうすい-てい【導水堤】(ダウスイ) 河口付近で、川の流れを一定の方向にみちびいて適当な速さで流すために築いた突堤。土砂の堆積(たいせき)を防ぐ役もする。
どうすい-りきがく【動水力学】流体動力学に同じ。静水力学とともに、主として水理学の分野で用いられる。
とう-すう【頭数】牛馬や犬など、頭(とう)を用いて数える動物の数。
どう-すう【同数】数が同じであること。同一の数。
とう-すう-けん【統数研】「統計数理研究所」の略称。
トゥズ-こ【トゥズ湖】《Tuz Gölü》トルコ中央部、アナトリア地方にある湖。コンヤの北東約100キロメートルに位置する。平均水位1〜2メートル程度。トルコ語ではトゥズギョルと呼ばれ、塩湖の意。極端に塩分濃度が高く、夏場は干上がって塩の層を形成するため、同国最大の塩の産地になっている。また、オオフラミンゴやマガンの繁殖地として知られる。
とう-すみ【灯▽心】《「とうしみ」の音変化》「とうしん(灯心)」に同じ。
どう-ずみ【胴炭】茶の湯の炉や風炉(ふろ)に最初に据えて芯(しん)とする炭。
とうすみ-とんぼ【灯▽心蜻＝蛉】イトトンボの別名。
とうずもう【唐相撲】(タウずまふ) 狂言。和泉(いずみ)流では「唐人相撲」。中国滞在中の日本の相撲取りが、皇帝に帰国を許されたので、名残に唐人と相撲を取り、次々に負かしてついに皇帝まで負かす。
どう-ずり【どう掏＝摸】《「どう」は強意の接頭語》すり・盗人をののしっていう語。また、人をののしっていう語。「女房子供の身の皮はぎ、その金でおやま狂ひ、いけ—め」〈浄・天の網島〉
どう-ずり【胴擦り】塗り上げた漆器や蒔絵(まきえ)を木炭の粉を用いて磨くこと。
とう・ずる【投ずる】〔動サ変〕(文)とう・ず〔サ変〕❶投げる。投げ入れる。投じる。㋐物を投げる。ほうる。「白球を—・ずる」「一石を—・ずる」㋑投げ込むようにして入れる。投げ入れる。「一票を—・ずる」「滝壺に身を—・ずる」「獄に—・ずる」㋒離れた所から届くようにする。投げかける。「光を—・ずる」㋓途中でやめてしまう。投げ出す。「筆を—・ずる」㋔ある環境の中に自分から進んで身を置く。「反対運動に身を—・ずる」㋕資金・労力などを、惜しまずつぎ込む。「財を—・ずる」㋖薬などを与える。投与する。「解熱剤を—・ずる」❷自分自身を入れ置く。投じる。㋐うまく利用する。つけいる。乗ずる。「時流に—・ずる」㋑宿をとる。宿泊する。「旅宿に—・ずる」㋒降参する。投降する。「敵の軍門に—・ずる」㋓互いに合う。一致する。「嗜好に—・ずる」「意気相(あい)—・ず」
(類語)(❶)投げる・投じる・放る・ほうり投げる・ほっぽる・ぶん投げる・投げつける
どう・ずる【同ずる】〔動サ変〕(文)どう・ず〔サ変〕同意する。賛成する。同じる。「彼の意見に—・ずる」
どう・ずる【動ずる】〔動サ変〕(文)どう・ず〔サ変〕動く。特に、心が動揺する。平静を失う。動じる。「いくらおどしても—・ずる気配がない」
どうする-れん【どうする連】明治20年代から大正初期、娘義太夫をひいきにして、寄席などに足しげく通った連中。触りが語られるところで「どうするどうする」と声をかけたところからいう。
どう-すん【同寸】同じ寸法。同じ長さ。
とう-ぜ【党是】(タウ) その政党が決めた根本方針。
どう-せ〔副〕《副詞「どう」＋動詞「す」の命令形「せよ」の音変化から》❶経過がどうであろうと、結果は明らかだと認める気持ちを表す語。いずれにせよ。結局は。「—勝つんだ、気楽にやろう」「—やるなら、はでにやろう」❷あきらめや、すてばちな気持ちを表す語。所詮(しょせん)。「—私は下っ端(ぱ)ですよ」
(類語)いずれ・いずれにせよ・結局・結句・遂(つい)に・畢竟(ひっきょう)・どの道・とどの詰まり・詰まるところ・帰するところ・所詮(しょせん)・詮(せん)ずるところ・要するに
とう-せい【冬青】❶ソヨゴの別名。❷モチノキの別名。
とう-せい【当世】(タウ)❶今の世の中。いまどき。現代。「その柄は—のはやりではない」❷「当世風」の略。「同じ貰うなら矢張鞍馬の娘を貰った方が—だぜ」〈魯庵・社会百面相〉(類語)今・現在・現代・時代・現今・当今・当節・今日日(きょうび)・今日(こんにち)・当代・近代・同時代・今の世
とう-せい【東征】〔名〕(スル) 軍隊などが東方に行くこと。東方の敵を征伐すること。
とう-せい【党勢】(タウ) 党派・政党の勢力。「—拡大」
とう-せい【唐制】(タウ) 中国、唐の制度。
とう-せい【陶製】(タウ) 焼き物で作ること。また、そのもの。「—の人形」
とう-せい【等星】星の明るさをいう呼称。以前は六つの等級に分けて、肉眼で見える最も明るい星を一等星、最も暗い星を六等星とよんだ。現在は、一等星は六等星の約100倍の光量をもつことから、五等級の差が光の強さで100倍になるように、光量が2.512倍増すごとに等級数を1減らす。
とう-せい【統制】〔名〕(スル)❶多くの物事を一つにまとめておさめること。「—のとれたチーム」❷国家などが一定の計画や方針に従って指導・制限すること。「物資の—」「言論を—する」
(類語)(❶)支配・統轄・統御・統(す)べる/(❷)抑制・規制・管制・抑止・管理・管轄・監督・取り締まり
とう-せい【×搗精】(タウ) 玄米をついて白くすること。
とう-せい【踏青】(タフ)《古代中国の風習から》春の青草を踏んで遊ぶこと。春の野遊び。(季 春)
とう-せい【頭声】口腔(こうこう)・鼻腔など、頭に近い器官の共鳴による高声区の声。➡声区
とう-せい【×濤声】(タウ) 波の音。「怒り哮(たけ)る相模灘の—」〈蘆花・不如帰〉
とう-せい【騰勢】相場が騰貴する傾向にあること。(対)落勢。
どう-せい【同生】同じ母から生まれたもの。兄弟姉妹。
どう-せい【同声】❶同じ声。また、声を合わせること。❷音楽で合唱する時、男声または女声だけであること。
どう-せい【同姓】❶姓が同じであること。「—同名」(対)異姓。❷同じ一族。同族。
どう-せい【同性】❶男女や雌雄の性が同じであること。(対)異性。❷性質が同じであること。
どう-せい【同×棲】〔名〕(スル) 一緒に住むこと。特に、正式に結婚していない男女が同じ家で一緒に暮らすこと。「入籍せずに—する」(類語)同居・雑居
どう-せい【動静】〔名〕(スル)❶物事の動き。ありさま。ようす。「—を探る」「天下の—」❷行動したり、行動せずにじっとしていたりすること。「時に随って—するが政事家の活手段」〈魯庵・社会百面相〉
(類語)状態・有り様(よう)・様子(ようす)・様相・模様・態様・様態・具合(ぐあい)・状況・概況・情勢・形勢・容体・気配・調子
どう-せい【銅青】「緑青(ろくしょう)」に同じ。
どう-せい【銅製】銅で作ること。また、そのもの。
どう-ぜい【同勢】一緒に連れ立って行く人々。行動をともにする仲間。また、その人数。「—七人」
どうせい-あい【同性愛】同性を性愛の対象とすること。また、そのような関係。
とうせい-おとこ【当世男】(タウセイをとこ) 気風・態度や容姿などが当世風の男。「美しげなる—」〈浮・一代女・一〉
とうせい-おんな【当世女】(タウセイをんな) 気風・態度や容姿などが当世風の女。「仕出し衣装の物好み、—のただ中」〈浮・五人女・三〉
どうせい-がっしょう【同声合唱】(ガッシャウ) 男声または女声だけによる合唱。➡混声合唱
とうせい-き【桃青忌】(タウセイ) 松尾芭蕉の忌日。桃青は芭蕉の別号。陰暦10月12日。時雨忌。翁忌。芭蕉忌。(季 冬)
とうせい-ぐそく【当世具足】(タウセイ) 室町末期以降、戦国時代に多く用いられた鎧(よろい)の一様式。槍や飛び道具から身を守るため、従来の胴丸を鉄板製とし、全身を覆うための籠手(こて)・脛(すね)当てなどの小具足を付加したもの。旧来の具足に対して当世具足と称したが、のちには単に具足と呼ぶようになった。
とうせい-けいざい【統制経済】自由経済を建て前としたうえで、国家がある種の経済活動を強制的、組織的に計画・規制・誘導するような経済。
どうせい-こん【同性婚】同性の結婚。男と男、女と

女同士の結婚。

とうせい-じたて【当世仕立て】その時代の流行に従って着物を仕立てること。また、その仕立て方。「二尺五寸袖の一」〈浮・一代女・一〉

とうせいしょせいかたぎ【当世書生気質】坪内逍遥の小説。明治18〜19年(1885〜1886)刊。小町田粲爾(こまちだきんじ)という書生と芸妓との恋愛を中心に、当時の書生風俗の諸相を写実的に描き、「小説神髄」の理論の実践化を図ったもの。

とうせい-は【統制派】昭和初期、陸軍内で皇道派に対立した派閥。永田鉄山・東条英機らが中心で、直接行動を唱える青年将校の運動を封じ、一元的統制の下での国家改造を目ざした。二・二六事件以後、軍部の指導権を握った。

とうせい-ふう【当世風】〔名・形動〕その時代に流行の風俗・風習や考え方であること。また、そのさま。今風。「一な(の)身なり」

とうせい-むき【当世向き】〔名・形動〕その時代の流行や好みに合うこと。また、そのさま。「一な(の)おしゃれ」

とうせい-よう【当世様】当世風であること。「先づ大昔、中昔、一とて、三段あるが、どれを習ひたいぞ」〈虎明狂・音曲聟〉

とうせい-りゅう【当世流】当世風の流儀。今はやりのやり方。「一の言い方」

とう-せき【投石】〔名〕スル 石を投げつけること。また、その石。「暴徒が一する」

とう-せき【党籍】党員として登録されている籍。「一を離脱する」

とう-せき【透析】〔名〕スル セロハン膜などの半透膜を用いて、コロイド溶液や高分子溶液から低分子の不純物を除去すること。「人工一」

とう-せき【盗跖｜盗蹠】中国古代の大盗賊。春秋時代の魯(ろ)の人とも、黄帝時代の人ともいう。多数の部下を連れて各地を横行したといわれる。

とう-せき【陶石】陶磁器の原料となる岩石。石英と絹雲母(きぬうんも)からなり、少量のカオリンなどが加わるものもある。

どう-せき【同席】〔名〕スル ❶同じ席に居合わせること。「有名な俳優と一する」❷同じ席次・序列。
〔類語〕同座・陪席・末席を汚す

とう-せきじょ【鄧石如】[1743〜1805]中国、清代の書家。安徽(あんき)省懐寧の人。初名は琰(えん)で石如と字(あざな)したが、のち名を石如、字を頑伯と改める。号、完白山人。篆隷(てんれい)をよくし、篆刻にも新生面を開いた。

とうせき-へんか【等積変化】▶定積変化

とうせき-りょうほう【透析療法】腎不全や尿毒症で老廃物を除去できなくなった場合などに、人工的に透析を行って血液を浄化する治療法。人工腎臓を用いる方法や、腹腔内に灌流(かんりゅう)液を注入し腹膜を通して行う方法などがある。人工透析。

とう-せつ【当節】この時節。このごろ。当今。現今。「この商売は一あまりはやりません」
〔類語〕今・此の頃・現今・当今・今日日(きょうび)・今日(こんにち)・当世・当代・今の世(よ)

とう-せつ【盗窃】こっそり盗むこと。窃盗。

どう-せつ【同説】❶同じ意見。同じ学説。❷前に話題にのぼった、その説。

とう-せん【刀▽山】地獄にあるという、刀剣を植えた山。つるぎの山。

とう-せん【刀銭｜刀泉】古代中国で使われた刀子(とうす)の形を模した青銅貨幣。春秋戦国時代、斉・燕・趙・魏で鋳造された。刀貨。刀幣。

とう-せん【灯船】灯標を出す設備を備えた船。灯台設置の困難な海上・河口などに停泊して灯台の機能を果たす。灯台船。灯明船。

とう-せん【当千】《古くは「とうぜん」》一人で千人に匹敵すること。また、それほど武勇があること。「一騎一」

とう-せん【当選】〔名〕スル ❶選にあたること。選び出されること。「二等に一する」❷選挙によって選び出されること。「市会議員に一する」⇔落選。〔類語〕入選

とう-せん【当×籤】〔名〕スル くじに当たること。

とう-せん【投扇】「投扇興(とうせんきょう)」の略。

とう-せん【東遷】〔名〕スル 都などが東の方へ移ること。

とう-せん【唐船】❶中国の船。また、中国風の船。からふね。もろこしぶね。❷中世、中国との貿易にあたった日本の船。からふね。

とうせん【唐船】謡曲。四番目物。外山吉広(とびよしひろ)作という。捕虜の唐人祖慶官人を慕い、二人の子供が唐から迎えに来る。日本でもうけた二人の子供が帰国を引き留め、官人は困って死のうとするが、日本の子供も同行を許される。

とう-せん【盗泉】中国山東省泗水(しすい)県の東北にある泉。孔子がその名が悪いとして飲まなかったという故事で知られる。➡渇しても盗泉の水を飲まず

とう-せん【陶潜】▶陶淵明(とうえんめい)

とう-せん【登仙】❶天に登って仙人となること。また、仙人。「羽化一」❷貴人、特に天子を敬って、その死をいう語。〈運歩色葉〉

とう-せん【登船】〔名〕スル 船に乗り込むこと。乗船。とせん。「横浜から一する」

とう-ぜん【灯前】ともしびの前。あかりのそば近く。灯下。

とう-ぜん【当然】㊀〔名・形動〕そうなるのがあたりまえであること、道理にかなっていること。また、そのさま。「一の帰結」「罪人が報いを受けるのは一だ」「至極一」㊁〔副〕それがあたりまえであるさま。「一自分で行くべきだ」
〔類語〕至当・あたりまえ・もちろん・元より・もっとも

とう-ぜん【東漸】〔名〕スル 勢力が東の方へ次第に伝わり広まること。「仏教が一する」

とう-ぜん【陶然】〔ト・タル〕〔文〕〔形動タリ〕❶酒に酔ってよい気持ちになるさま。「美酒に一と酔いしれる」❷うっとりとよい気持ちであるさま。「一たる面持ちで名演奏を聴く」

とう-ぜん【×蕩然】〔ト・タル〕〔文〕〔形動タリ〕❶ひろびろとしているさま。「立春の夕、地も天も一として融けんとす」〈蘆花・自然と人生〉❷流されたようにあとかたもないさま。「先に与えたる千金の財本は一跡なく」〈永峰秀樹訳・暴夜物語〉❸心が自由であるさま。思うままにふるまうさま。「彼既に心骨一として悠悠款語」〈東海散士・佳人之奇遇〉

どう-せん【同船】〔名〕スル ❶同じ船。❷同じ船に乗り合わせること。また、その人。「先年宮の渡しに一したる人を、今日銀座の往来に見掛けて」〈福沢・学問のすゝめ〉❸前に話題にのぼった、その船。

どう-せん【動線】建築や都市における人や物の動きを示す線。方向・頻度・時間的変化などを表示し、建築設計や都市計画の判断材料とする。

どうせん【道宣】[596〜667]中国、唐代の僧。姓は銭。丹徒(浙江(せっこう)省)の人。智首に律を学び、終南山に住して四分律を研究、南山律宗を開いた。著「四分律行事鈔」「大唐内典録」など。

どう-せん【銅銭】銅で作られた貨幣。銅貨。

どう-せん【銅線】銅製のはりがね。主として電線に用いられる。〔類語〕針金・ワイヤ・鉄線・鉄条・鉄条網

どう-せん【導線】電流を流すための導体となる金属線。電線。

どう-ぜん【同前】〔名・形動〕❶前にあった物事、また、前に述べた物事と同じであること。同上。❷「同然」に同じ。「あらましは出来上ったも一でございまする」〈芥川・地獄変〉〔類語〕同右・同上

どう-ぜん【同然】〔名・形動〕同じであること。また、そのさま。同様。「死んだも一だ」「袋の鼠一の犯人」「夫婦一の関係」〔類語〕同様・一緒・同じ・等しい・イコール

どう-ぜん【島前】島根県北東部、日本海上にある隠岐(おき)諸島中、知夫里(ちぶり)島・西ノ島・中ノ島を中心とする島々の総称。島根半島の北方約50キロメートルに位置する。島後(どうご)水道を経て対する島後と合わせ隠岐諸島という。養殖漁業と観光開発が進んでいる。大山(だいせん)隠岐国立公園に属する。

とうせん-かくじつ【当選確実】選挙前または開票途中で当選が確実視されること。当確。

とうせん-かろ【冬扇夏炉】「夏炉冬扇(かろとうせん)」に同じ。

とうせん-きょう【投扇興】江戸時代に始まった室内遊戯の一。方形の台の上にイチョウ形の的を置き、離れた所から開いた扇を投げて打ち落とす。その落ち方や扇の開き具合により技の優劣を競った。扇落とし。投げ扇。(季 新年)

とうせん-しょうしょ【当選証書】選挙に当選したことを証明するため、当選人に選挙管理委員会から交付される証書。

とう-せんせき【透×閃石】角閃石の一。白または灰色で、長柱状または繊維状の結晶。単斜晶系。苦灰石が低温の変成作用を受けてできる。透角閃石。

とうせん-そしょう【当選訴訟】選挙で当選しなかった候補者が、当選人の決定に違法があるとして当選の効力を争う訴訟。➡選挙訴訟

とう-せんだん【唐×楝】センダン科の落葉高木。センダンに似るが、小葉の縁にはぎざぎざがない。果実は川楝子(せんれんし)といい、薬用。中国の原産。

とうせんぷろん【東潜夫論】江戸後期の経世論。3巻。帆足万里(ほあしばんり)著。弘化元年(1844)成立か。宮廷・幕府・諸藩の諸制度を批判、改革案を述べたもの。

とう-そ【刀×俎】庖丁とまないた。

とう-そ【×屠×蘇】「とそ」の音変化。「医師(くすし)ふりはへて一、白散(びゃくさん)、酒加へて持て来たり」〈土佐〉

どう-そ【同素】同じもと。同じ素質。同じ元素。

どう-ぞ〔副〕《副詞「どう」+助詞「ぞ」から》❶丁重に頼んだり、心から願ったりする気持ちを表す。どうか。なにとぞ。「一お許しください」「一大学に入れますように」❷相手に物事を勧めたり、承知・許可を与えたりする気持ちを表す。「一お召し上がりください」「はい、一」❸ある状態や行為を実現させたいという気持ちを表す。なんとか。どうにか。「一して産みの母にめぐりあいたい」「一身を粉(こ)にしても父上の御為にと」〈蘆花・不如帰〉➡どうか〔用法〕
〔類語〕どうか・くれぐれも・ぜひ・願わくは・なにとぞ・なんとか・ぜひとも・まげて・ひとつ

とう-そう【逃走】〔名〕スル にげること。にげ去ること。遁走(とんそう)。「その場から一する」
〔類語〕遁走・脱走・逐電・夜逃げ・高飛び・逃げる

とう-そう【党争】党派間のあらそい。特に、政党間の政権をめぐるあらそい。

とう-そう【党葬】政党が主催する葬式。

とう-そう【凍×瘡】冷たい空気に長時間さらしたために皮膚の血行障害が起こり、手足・耳などの皮膚が赤紫色にはれる症状。しもやけ。

とう-そう【痘×瘡】痘瘡ウイルスの感染によって起こる悪性の伝染病。高熱と全身に小水疱(すいほう)とが出て死亡することが多く、治ってもあばたが残る。感染症予防法の一類感染症、検疫法の検疫感染症の一。WHO(世界保健機関)の種痘の励行によって1980年地球上から消滅。天然痘。疱瘡(ほうそう)。

とう-そう【闘争】〔名〕スル ❶相手に勝とうとして争うこと。争闘。「一本能」「武力一」❷社会運動や労働運動などで、権利や要求を獲得するために争うこと。「賃上げを要求して一する」「階級一」
〔類語〕(❶)争い・抗争・暗闘・争闘・共闘・喧嘩(けんか)・紛争・諍(いさか)い・いがみ合い・立ち回り・大立ち回り・ゲバルト・戦う/(❷)労働争議・春闘・争議

どう-そう【同窓】同じ学校または同じ師について学んだこと。また、その人。「一の先輩」〔類語〕同門・同学

どうぞう【道蔵】中国の道教経典の集成。現存のものは明代の「正統道蔵」(5305巻、1445年刊)と「万暦続道蔵」(180巻、1607年刊)を合わせたもの。全体は洞真部・洞玄部・洞神部の正経三洞と、太玄部など、副の四輔とからなる。

どう-ぞう【銅像】青銅で鋳造した像。特に、野外に置かれる記念碑的な像をさすことが多い。

とうそうえんじょ-ざい【逃走援助罪】拘禁されている者を逃走させるために、器具の提供などや看守などへの暴行・脅迫をする罪。刑法第100条が禁じ、器具の提供などは3年以下の懲役に、暴行・脅迫は3か月以上5年以下の懲役に処せられる。

(補説)現行犯逮捕・緊急逮捕された被疑者の逃走を助けた場合も成立する。

とうそう-おん【唐×宋音】►唐音(とうおん)

とうそう-がい【凍霜害】作物が低温によって受ける被害のうち、凍害と霜害をあわせていう語。

どうそう-かい【同窓会】同窓の人たちの親睦のための団体。また、その会合。

とうそう-ざい【逃走罪】懲役・禁錮・拘留・勾留されている者や、死刑判決を受けて拘置されている者などが逃走する罪。刑法97条が禁じ、1年以下の懲役に処せられる。単純逃走罪。➡加重逃走罪 (補説)逮捕されただけの者の逃走では本罪は成立しない。海外では本罪の行為を罪に問わない国もある。また、逃走を助けた者には、被拘禁者奪取罪、逃走援助罪、看守者等による逃走援助罪などが適用される。

とうそう-はっか【唐宋八家】中国、唐・宋代の代表的な八人の文章家。唐の韓愈(かんゆ)・柳宗元、宋の欧陽脩・蘇洵(そじゅん)・蘇軾(そしょく)・蘇轍(そてつ)・曽鞏(そうきょう)・王安石。その文章を集めたものに、明の茅坤(ぼうこん)が編んだ「唐宋八家文鈔」などがある。唐宋八大家。

とうそうはっかぶんとくほん【唐宋八家文読本】中国の唐宋八家の文集。30巻。清の沈徳潜(しんとくせん)が明の茅坤(ぼうこん)編「唐宋八家文鈔」と清の儲欣(ちょきん)編「唐宋八大家類選」とからその粋を抜き、各編に主旨・評釈などを施したもの。1739年刊。

とうそう-るい【×荳草類】家畜の飼料や緑肥にするレンゲソウなどのマメ科植物の総称。

とう-そく【党則】党の規則。党規。

とう-そく【等速】速度が等しいこと。同じ速度。

とう-そく【頭足】あたまとあし。

とう-ぞく【盗賊】ぬすびと。泥棒。 (類語)泥棒・盗人・強盗・追い剝ぎ・賊・こそ泥・ギャング

とう-ぞく【統属】〔名〕スル 統制の下に属すること。所属すること。「軍に―する機関」

どう-ぞく【同族】❶同じ血筋・部族・系統に属していること。また、そのもの。❷周期表で元素が同じ族に属していること。

どう-ぞく【道俗】仏道に入っている人と俗世間の人。僧侶と俗人。僧俗。

どう-ぞく【銅×鏃】青銅製の鏃(やじり)。日本では弥生時代から古墳時代前半にかけて使用された。

とうそく-うんどう【等速運動】►等速度運動

とうそく-えんうんどう【等速円運動】円周に沿って一定の速さで動く物体の運動。半径r、速さvの等速円運動の場合、角速度ωは$\omega=v/r$、周期Tは$T=2\pi/\omega=2\pi r/v$で表される。また物体の質量をmとすると向心力の大きさは$mr\omega^2=mv^2/r$となる。

どうぞく-がいしゃ【同族会社】❶親族・使用人など、特殊な関係にある者だけからなる会社。❷税法上、一定数の株主や社員およびこれと特殊な関係にある者が、株式の総数または出資金額の一定割合以上を占めている会社。

とうぞく-かもめ【盗賊×鴎】❶トウゾクカモメ科の鳥。全長約50センチ。他の海鳥を襲いえさを横取りしたり、鳥の卵やひな、小動物を食べる。北極圏で繁殖し、冬には南半球まで渡る。❷チドリ目トウゾクカモメ科の鳥の総称。北極圏に、オオトウゾクカモメ・トウゾクカモメ・クロトウゾクカモメ・シロハラトウゾクカモメの4種、南極圏に、ナミオオトウゾクカモメ・ナンキョクオオトウゾクカモメの2種が生息する。

どうぞく-げんそ【同族元素】周期表で同じ族に属する元素。各種の性質が比較的似ている。

どうぞく-げんそ【銅族元素】金・銀・銅の3元素の総称。周期表 I B族に属する。金属光沢があり、展性・延性に富む。古来貴金属として珍重される。

どうぞく-たい【同族体】一つの一般式で示すことができ、化学的性質が互いに類似した一連の有機化合物。メタン系炭化水素に属するメタン・エタン・プロパンなど。

どうぞく-だん【同族団】協力互助関係にある同族の集団。本家・分家の系譜関係で結ばれている家の集団。奉公人などの非親族分家も含む。同族。

とうそくちょくせん-うんどう【等速直線運動】►等速度運動

とうそくど-うんどう【等速度運動】速度が一定な運動。外力の作用を受けないとき、物体は等速度運動をする。

とうそく-るい【頭足類】頭足綱の軟体動物の総称。体は頭・胴・腕に分かれ、腕は頭につく。数十本の腕と二対のえらをもつ四鰓(しさい)類(オウムガイ類)と、8または10本の腕と一対のえらをもつ二鰓類(イカ類・タコ類)とに分けられる。

どうそ-じん【道祖神】峠や辻・村境などの道端にあって悪霊や疫病などを防ぐ神。丸石・陰陽石・男女2体の石像などを神体とする。障(さえ)の神。手向(たむ)けの神。道陸神(どうろくじん)。

どうそ-たい【同素体】同じ種類の原子からなるが、原子の配列や結合のしかたが違い、性質の異なる単体。酸素とオゾン、ダイヤモンドと石墨など。

とう-そつ【統率】〔名〕スル 多くの人々をまとめてひきいること。「部員を―する」「―力」 (類語)引率・統帥・支配・統轄・統御・宰領(さいりょう)・統(す)べる

とう-た【×淘汰】〔名〕スル ❶水で洗ってより分けること。転じて、不必要なもの、不適当なものを除き去ること。「不良企業は―される」❷環境に適応した生物が子孫を残し、他は滅びる現象。選択。❸流水や風による運搬の過程で、堆積物(たいせきぶつ)が粒径・形状・比重などに応じて選別される現象。

とう-だ【投打】野球で、投手力と打撃力。「―にすぐれたチーム」「―の中心となる選手」

ドゥタール〘dotār｜dutār〙►ドタール

とう-たい【当体】仏語。ありのままの本性。本体。転じて、本心。「起り得る嫌疑を避けようとするのが彼女の―であったにした所で」〈漱石・明暗〉

とう-たい【東岱】中国、泰山の異称。五岳の一。

とう-たい【凍×餒】こごえることと飢えること。生活に苦しむこと。「宿榾を焚き以て大に―したるたけが身体を暖めしむ」〈菊亭香水・世路日記〉

とう-だい【灯台】❶昔の室内照明器具。上に油皿をのせ、灯心を立て火をともす木製の台。切り灯台・結び灯台など。❷航路標識の一。港口・岬・島など航路の要衝に築き、主に灯光を用いて、航行中の船舶にその所在などを明示する塔状の施設。灯明台。

灯台下(もと)暗(くら)し 灯台❶のすぐ下は暗いところから、身近な事情はかえってわかりにくいたとえ。

とう-だい【当代】❶今の時代。現代。当世。「―一流の作家」❷代々名を継ぐ地位の今の代(だい)。「―の菊五郎」❸その時代。その当時。❹今の主人。当主。「この店は―で躍進した」❺今の天子。現在の天皇。今上(きんじょう)。当今(とうぎん)。 (類語)現代・現今・今・当今・当節・今日日(きょうび)・今日(こんにち)・当世・今の世

とう-だい【登第】〔名〕スル 試験に合格すること。及第。「当人慥(たしか)に聟君―の栄を得る意(つもり)で己惚(うぬぼ)れているのが」〈魯庵・社会百面相〉

どう-たい【同体】❶同じからだ。一体であること。「一心―」❷相撲で、両力士が同時に土俵上に倒れたり、土俵外に出たりすること。取り直しとなる。

どう-たい【胴体】胴の部分。胴。また、船や飛行機の主体の部分。 (類語)胴

どう-たい【動体】❶動いているもの。❷気体および液体。流体。流動体。

どう-たい【動態】物事の動いている状態。また、変化してゆく状態。「人口の―調査」⇔静態。

どう-たい【童体】子供の姿。童形(どうぎょう)。

どう-たい【道▽諦】仏語。四諦の一。煩悩を滅して涅槃(ねはん)に至るために正しい修行を行わねばならないという真理。八正道(はっしょうどう)を内容とする。

どう-たい【導体】熱や電気を比較的よく通す物質。金属など。伝導体。

どう-だい【同大】大きさが同じであること。

とうだい-いし【灯台石】►手燭石(てしょくいし)

とう-たいかい【党大会】政党に所属する国会議員と都道府県組織の代表(代議員)によって構成される、政党の最高決定機関。

とうだい-き【灯台鬼】頭に灯台をのせた鬼。遣唐使として唐に渡った軽(かる)の大臣が、皇帝によって額に灯台を打ちつけられ、鬼の姿に変えられたというもの。源平盛衰記に見える。

とうだい-ぐさ【灯台草】❶トウダイグサ科の越年草。道端に生え、高さ25～35センチ。茎を切ると乳白色の汁が出る。茎頂に葉を輪生し、その上部に柄を伸ばし、春、黄緑色の1個の雌花と数個の雄花とをつけ、一つの花のように見える。有毒。すずふりばな。(季 春) ❷トウダイグサ科の双子葉植物の総称。主に熱帯地方に分布し、約8000種がある。多くは花びらがなく、茎や葉を切ると白い乳液を出す。トウダイグサ・ノウルシ・ニシキソウ・アカメガシワ・アブラギリ・トウゴマなどが含まれる。

とうだい-じ【東大寺】奈良市にある華厳宗の大本山。南都七大寺の一。聖武天皇の発願により創建。行基が勧進し、良弁(ろうべん)が開山。本尊の盧舎那(るしゃな)仏(奈良の大仏)の開眼供養は天平勝宝4年(752)。同6年には鑑真が来日して戒壇院を創設、三大戒壇の中心となる。のち、度々の兵火で被害を受けたが、平安末の重源や江戸時代の公慶によって復興。奈良時代の遺構として転害門(てがいもん)、法華堂、正倉院などとともに創建当時の不空羂索観音、日光・月光菩薩像をはじめ、各時代の美術品・文化財を多数残している。宝永6年(1709)再建の大仏殿は、日本最大の木造建造物。平成10年(1998)「古都奈良の文化財」の一つとして世界遺産(文化遺産)に登録された。金光明四天王護国寺。総国分寺。大華厳寺。➡奈良の大仏

どうたい-しりょく【動体視力】動いている物を見分ける能力。➡静止視力

とうだい-せん【灯台船】►灯船(とうせん)

どうたい-ちゃくりく【胴体着陸】〔名〕スル 飛行機が、着陸装置の故障により、胴体を直接滑走路に接触させて緊急着陸すること。

どうたい-とうけい【動態統計】ある集団的事象の一定期間における変化に関する統計。毎月勤労統計調査など。

どうたい-ほぞん【動態保存】実用されなくなった機械類を、操作や運用が可能な状態で保存しておくこと。「蒸気機関車の―」

とうだい-もり【灯台守】灯台❷の番をする人。

どうたいよそく-エーエフ【動体予測AF】オートフォーカスカメラの補助機能の一。常に動き続けている被写体に対し、次の位置を予測してピントを合わせ続けること。

とうだいわじょうとうせいでん【唐大和上東征伝】唐僧鑑真(がんじん)の伝記。1巻。淡海三船(おうみのみふね)著。宝亀10年(779)成立。鑑真の出自や出家から六度目にようやく渡日に成功して日本に戒律を伝えた経緯、唐招提寺の縁起を述べる。

どう-たく【銅×鐸】弥生時代の青銅器の一。扁円(へんえん)形の釣鐘形をしたベルで、高さ20～150センチ、上部に半円形のつまみと両側に鰭(ひれ)をもつ。中に吊り下げた棒(舌(ぜつ))と触れ合って実際に鳴るベルから、装飾過多の見るベルに変質。表面に原始絵画や文様を施す。近畿を中心に四国・中国・中部地方にかけて出土。農耕祭器であったと考えられている。

とう-たつ【到達】〔名〕スル ある状態・目的に行きつくこと。「山頂に―する」「同じ結論に―する」 (類語)到着・至る・達する

どう-だつ【堂達】仏教法会(ほうえ)の七僧の一。法会を指揮する会行事(えぎょうじ)の下にあって、導師に願文を、呪願師(じゅがんし)に呪願文を伝達する役。

とうたつ-しゅぎ【到達主義】意思表示の効力が発生する時期を、その表示が相手方に到達したときとする主義。例えば、手紙が郵便受けに配達されたときなど。民法はこの立場をとる。受信主義。➡発信主義

とうた-ばん【×淘汰盤】鉱物を比重の差を利用して選別する盤状の器具。多数の浅い溝または桟

がついていて、微粉にした鉱石を水流とともに流して選別する。

どう-だめし【胴試し】刀剣の切れ味をためすため、罪人などの胴を切ること。「久しくーを致さぬゆゑ真二つに致してくれる」〈伎・三人吉三〉

とう-たん【東端】東のはし。東のはずれ。

とう-だん【登壇】〔名〕スル ❶壇にあがること。特に、演説などのために壇にあがること。「講師がーする」⇔降壇。❷受戒のために戒壇にあがること。

どう-だん【同断】〔名・形動〕《「同じ断」を音読みにした語》前の、または、ほかのものと同じであること。また、そのさま。「前者とーだ」「以下ー」

(類語)等しい・同上・同前

どう-だん【▽灯▽台｜満▽天▽星】《「とうだい(灯台)」の音変化》「灯台躑躅」の略。

どう-だん【道断】《「道」は言う意》言うすべのないこと。もってのほかのこと。「言語ー」

どうだん-つつじ【▽灯▽台躑躅｜満▽天▽星】ツツジ科の落葉低木。枝はよく分枝し、その先に倒卵形の葉が輪生する。秋には紅葉する。春、若葉とともに、白い壺形の小花が多数下向きに咲く。暖地に自生するが、多く観賞用に植えられる。(季 春)

とう-たんぱくしつ【糖×蛋白質】糖を結合した複合たんぱく質の総称。生物体に広く分布。

とう-ち【当地】自分の今いるこの土地。この地方。当所。(類語)御当地・当所・現地・地元

とう-ち【倒置】〔名〕スル さかさまに置くこと。特に、語順を普通と逆にすること。

とう-ち【島地】島。しまぐに。

とう-ち【等値】❶値の等しいこと。❷►同値

とう-ち【統治】〔名〕スル まとめおさめること。特に、主権者がその国土・人民を支配し、おさめること。「一国をーする」(類語)支配・治世・経世・経国・経綸・治国

どう-ち【同地】❶同じ土地。❷前に述べた、その土地。

どう-ち【同値】論理学で、二つの命題p、qにおいて、一方が真であれば他方も真、一方が偽であれば他方も偽という関係が成り立つとき、pとqは同値であるという。また、「pならばq」と「qならばp」が同時に成り立つとき、pとqは同値であるという。等値。等価。同等。

どう-ち【動地】大地を動かすこと。転じて、世間を非常に驚かすこと。「驚天ー」

トウチー【豆豉】《中国語》大豆を粒ごと発酵させた食品。色が黒くて塩からく、浜納豆に似る。中国料理で調味料として用いる。ドウチー。

とうち-がいねん【等値概念】論理学で、内包は異なるが、外延が同一である概念。例えば、宵の明星と明けの明星。外延はいずれも金星をさす。同値概念。

とうち-きかん【統治機関】統治者が統治するために設置する国家機関。国会・内閣・裁判所など。

とう-ちく【唐竹】竹の一種。節間が著しく長い。花期にはひも状の小穂がつく。中国の原産で、観賞用に栽培。

とうち-けん【統治権】国土・国民を支配する権利。主権。

とうち-こうい【統治行為】高度の政治性を帯びているため、裁判所の審査の対象から除外される国家の行為。

とう-ぢさ【唐萵▽苣】フダンソウの別名。

とうち-しゃ【統治者】統治権を有する者。統治権の主体。

どうち-ちゅうこう【同治中興】中国で、同治年間(1862～1874)に行われた政治改革。表面的には、太平天国の乱も平定され内治・外交とも小康状態を保った時期で、曽国藩・李鴻章らの漢人官僚による洋務運動が推進され、清朝は一時的に安定した。

どうちばらい-てがた【同地払い手形】支払地と、為替手形の支払人または約束手形の振出人の住所地とが同一である手形。⇔他地払い手形。

とうち-ほう【倒置法】文などにおいてその成分をなす語や文節を、普通の順序とは逆にする表現法。語勢を強めたり、語調をととのえたりするために用いられる。「どこに行くのか、君は」「起きろよ、早く」など。

とう-ちゃ【唐茶】❶茶の変種。茶より大形の低木。葉は飲用になる。にがちゃ。❷中国渡来の茶。❸酒をいう僧侶仲間の隠語。「一の御馳走になりまして、大酩酊いたしました」〈伎・富士額男女繁山〉

とう-ちゃ【闘茶】茶の産地や品種を飲み分けて勝負を競う茶会の一種。宋から渡来し、鎌倉末期から南北朝時代にかけて盛んに行われた。現在の茶かぶきにその形がうかがえる。

とう-ちゃく【到着】〔名〕スル 目的地などに行きつくこと。到達。「取材先にーする」「ー時刻」(類語)到達・着・来着・参着・着く・行き着く・達する・至る

どう-ちゃく【同着】同時に決勝点や目的地などに着くこと。

どう-ちゃく【×撞着】〔名〕スル ❶つきあたること。ぶつかること。「忌諱すべき事にーすることも」〈鷗外・渋江抽斎〉❷つじつまが合わないこと。矛盾。「話の前後がーする」「自家ー」

(類語)(❷)矛盾・自家撞着・齟齬・牴牾・二律背反・背反・背理・不整合・食い違う

とうちゃく-ねだん【到着値段】商品が買い主の所に到着するまでに要した運賃・保険料などの費用を、生産者価格に加算した値段。到着価格。着値。

とう-ちゃん【父ちゃん】❶幼児が父親を親しんで呼ぶ語。❷妻が自分または他人の夫を親しんで呼ぶ語。

とう-ちゅう【糖酎】第二次大戦前まで小笠原諸島で造られていた焼酎。サトウキビのしぼり汁を木桶に入れて発酵させ、蒸留した。

とう-ちゅう【頭注｜頭×註】書物などの本文の上欄に書き入れた注。頭書き。冠注。⇔脚注。

どう-ちゅう【道中】❶旅行。また、旅行の途中。旅に出ている間。旅路。「ーの無事を祈る」「珍ー」❷花魁道中。❸手ぬぐいのかぶり方の一。

(類語)(❶)旅行・旅・遠出・行旅・客旅・羇旅・旅路・旅歩き・トラベル・ツアー・トリップ

どうちゅう-かご【道中×駕▽籠】江戸時代、賃銭を取って街道で客を乗せた駕籠。

どうちゅう-がさ【道中×笠】旅行用の笠。三度笠など。

どうちゅう-かせぎ【道中稼ぎ】街道で旅人から金品を盗むこと。また、その盗人。

とうちゅう-かそう【冬虫夏草】地中の昆虫に子嚢菌などが寄生し、地上にキノコ(子実体)を生じたもの。セミタケ・アリタケ・クモタケなど。冬は虫であるが夏には草に変わるという意からの名で、中国ではヤガの幼虫に生じるものを薬とする。

どうちゅう-き【道中記】❶旅行中の日記・記録。紀行。❷江戸時代に作られた旅行案内の書物。街道筋の宿場・名所・旧跡・里程などを記したもの。

どうちゅう-ぎ【道中着】旅行をするときに着る衣服。旅装束。

とうちゅうけん-くもえもん【桃中軒雲右衛門】[1873～1916]浪曲師。茨城の生まれ。本名、岡本峰吉。門付け芸にすぎなかった浪曲(浪花節)を、大劇場で通用する芸に高めた、浪曲中興の祖。宮崎滔天らと交わり、浪曲によって武士道を鼓吹した。

どうちゅう-ざし【道中差(し)】江戸時代、町人などが旅をするときに腰に差した、護身用の短い刀。

どうちゅう-し【道中師】街道を往復して人の用事を足すことを業とした人。飛脚・荷宰領の類。

とう-ちゅうじょ【董仲舒】[前176ころ～前104ころ]中国、前漢の儒学者。広川(河北省)の人。「春秋公羊伝」を学び、武帝のとき文教政策を建言、儒学を正統な官学とさせ、その隆盛をもたらした。著「春秋繁露」など。

どうちゅう-すがた【道中姿】❶旅をする姿。旅装束の姿。❷江戸時代、遊女が着かざって遊郭内を練り歩いた姿。

どうちゅう-すごろく【道中▽双六】東海道五十三次の絵を順次渦巻き形に描いた絵双六。江戸を振り出しに進み、京で上がりとする。旅双六。

どうちゅうせい-したい【同中性子体】質量数と中性子数が等しく、原子番号の異なる原子。例えば、窒素15(原子番号7)と酸素16(同8)など。同調体。アイソトーン。

どうちゅう-ばおり【道中羽織】江戸時代、武士が旅をするときに着用した羽織。

どうちゅう-はばき【道中脛▽巾】旅をするときに用いる脚絆。

どうちゅう-ぶぎょう【道中奉行】江戸幕府の職名。老中の支配下にあって、五街道宿場の伝馬・宿屋・飛脚の取り締まり、道路の管理、訴訟などをつかさどった。大目付・勘定奉行の兼職。

とう-ちょう【唐朝】唐の朝廷。また、唐時代。

とう-ちょう【盗聴】〔名〕スル 他人の会話などをぬすみぎきすること。「電話をーする」「ー器」

(類語)盗み聞き・立ち聞き

とう-ちょう【登庁】〔名〕スル 職員が役所に出勤すること。「定時にーする」「初ー」⇔退庁。

(類語)出勤・出社・出所

とう-ちょう【登頂】〔名〕スル 山の頂上にのぼること。とちょう。「未登峰にーする」

(類語)登山・山登り・登攀・クライミング

とう-ちょう【等張】2種の溶液の浸透圧が等しいこと。特に、血液や原形質液と等しい浸透圧をもつこと。「ー液」

とう-ちょう【頭頂】頭のいただき。頭のてっぺん。ずちょう。

どう-ちょう【同調】〔名〕スル ❶調子が同じであること。同じ調子。❷他に調子を合わせること。他人の意見・主張などに賛同すること。「彼の提案にーする」❸受信機などで、特定の周波数に共振するように固有振動数を合わせること。(類語)(❷)同意・協調・迎合

どう-ちょう【堂▽頭】禅寺の住職。また、住職の居所。方丈。どうとう。

どう-ちょう【道庁】「北海道庁」の略。

どうちょう-かいろ【同調回路】コイルやコンデンサーの値を調節して特定周波数に同調できるようにした電気回路。

とうちょう-こつ【頭頂骨】頭蓋骨の上壁をなす四角い皿状の骨。左右一対あり、矢状縫合で結合。顱頂骨。

とうちょう-じ【東長寺】福岡市博多区にある真言宗御室派系の単立寺院。山号は南岳山。開創は大同元年(806)。唐から帰国した空海の建立という。

どうちょう-しゃ【同調者】ある思想・運動などに賛同し支援する人。シンパサイザー。シンパ。

どうちょう-たい【同調体】►同中性子体

どうちょう-とせつ【道聴塗説】《「論語」陽貨から》道ばたで聞きかじったことを、すぐにまた道ばたで自説のように、他人に話すこと。有意義なことを聞いても表面だけとらえて、すぐに他人に受け売りすること。また、いいかげんな受け売りの話。

どうちょう-ばいよう【同調培養】微生物や細胞などの培養で、発育が均一になるように培養条件を調整し生活周期を同じにすること。

とうちょう-ほう【盗聴法】《「犯罪捜査のための通信傍受に関する法律」の通称》►通信傍受法

とうちょう-よう【頭頂葉】大脳半球の中央頂部。皮膚感覚・深部感覚・味覚などの中枢があり、さらに知覚・認知・判断などに関連する連合野がある。

とう-ちょく【当直】〔名〕スル 日直や宿直にあたること。また、その人。「順番でーする」「ーの医師」

(類語)当番・日直・夜直・宿直・泊まり番

どうち-りつ【同値律】「等しい」「合同である」「相似である」などの関係が満たす反射律・対称律・推移律の総称。

とう-ちりめん【唐×縮×緬】メリンスのこと。モスリン。

とう-ちん【東▽浄】《「ちん」は「浄」の唐音》「東司」に同じ。

とう-ちん【陶▽枕】タウ 陶磁器製の枕。中国から渡来。夏に使われる。(季 夏)

とうちん-こう【透▽頂香】トウ「外郎ういろう❶」に同じ。公家が冠の中に入れて髪の臭気を去るのに用いたところからの名。

とう-つう【×疼痛】ずきずき痛むこと。うずき。

(類語)うずき・激痛・鈍痛・痛痒つうよう

とう-つう【頭痛】▶ずつう(頭痛)

とうつうかんわ-ケア【×疼痛緩和ケア】トウツウクワンワ 激しい身体的痛みに襲われる患者に対し、モルヒネや鎮痛剤を使用して痛みを取り除き、患者が楽に暮らせるようにする医療や看護をいう。疼痛を伴う末期癌がん患者などに対して行われる。➡緩和ケア

とう-つうじ【唐通事】タウ 江戸時代、長崎奉行の配下に置かれ、中国との貿易交渉にあたった通訳。多く、中国からの渡来人の子孫が家業として世襲した。

とうつうせい-しょうがい【×疼痛性障害】シャウガイ 身体表現性障害の一。体のさまざまな部分に持続的な疼痛を感じるが、原因となる身体的な異常は生じていない。ストレスや不安が影響すると考えられる。

ドゥッガ〖Dougga〗チュニジア北部にある古代ローマ遺跡。元はヌミディア王国に属し、のちカルタゴ、ローマの支配地。野外劇場・神殿・共同浴場・凱旋門など、多くの遺構が残る。1997年、世界遺産(文化遺産)に登録された。トゥッガ。

どう-づき【胴突き】❶地盤を突き固め、また、くいを打つこと。また、その用具。俗に「よいとまけ」とよばれる真棒胴突きと、蛸たこ胴突きがある。土突き。❷釣りで、重りを最下端につけ、幹糸に枝針を何本かつけた仕掛け。

どう-づ・く【どう突く】〔動カ五(四)〕激しく突く。どつく。「そうー・いては困るよ」〈円朝・真景累ヶ淵〉

とう-づくえ【唐机】タウ ❶中国製の机。❷中国風の机。多くは紫檀したん製。

ドゥッセルドルフ〖Düsseldorf〗▶デュッセルドルフ

ドゥッチョ〖Duccio di Buoninsegna〗［1255ころ〜1319ころ］イタリアの画家。優美な色彩感覚と的確な写実により、シエナ派初期の代表者となった。

トゥッティ〖イタリア tutti〗管弦楽・合唱などで、全員が同時に演奏・合唱すること。また、その部分。総奏。

とう-つねより【東常縁】［1401〜1484ころ］室町中期の歌人。美濃国郡上ぐじょうの領主。東野州とうやしゅうと称した。法名、素伝。尭孝・正徹に歌を学ぶ。古今集の奥義をきわめ、弟子の宗祇に伝えたのが古今伝授の初めとされる。著「東野州聞書」「東野州家集」など。

とう-つばき【唐×椿】タウ ツバキ科の常緑小高木。中国雲南省の原産で、一重の花が咲くヤマトウツバキの園芸品種。葉は長楕円形で葉脈が著しくへこむ。春、桃色から赤色の大輪の花が咲く。

とうつる-もどき【藤×蔓▽擬】トウツルモドキ科の蔓性つるせいの常緑低木。葉は線状披針形で、先端は巻きひげとなる。白色の小花が円錐状に密生して咲く。果実は球形で赤く熟す。沖縄・台湾などに分布。

どう-で〔副〕「どうせ」に同じ。「そんな非難は一一方免るべからざるところと思えた」〈長与・竹沢先生と云ふ人〉

とう-てい【冬帝】冬の神。(季 冬)

とう-てい【到底】タウ〔副〕❶(あとに打消しの語を伴って)どうやってみても。どうしても。「一相手にならない」「一できない」❷つまるところ。つまり。「一人間として、生存する為には」〈漱石・それから〉

(類語)とても・どうしても・所詮しょせん・結局

どう-てい【同定】〔名〕スル ❶同一であると見きわめること。❷生物の分類上の所属や種名を決定すること。❸単離した化学物質が何であるかを決定すること。「スペクトルで物質を一する」

どう-てい【童貞】❶まだ異性と肉体関係をもったことがないこと。また、その人。ふつう男性にいう。❷カトリック教の尼僧。

どう-てい【道程】ダウ ❶ある地点に着くまでの距離。みちのり。行程。「一日の一」❷ある境地・状態になるまでの時間。過程。「完成までの一」

(類語)道のり・道・道筋・行程・旅程・過程・歴程・足跡そくせき・歩み・コース・ルート

どうてい【道程】ダウ 高村光太郎の第1詩集。大正3年(1914)刊。情熱の燃焼や生の充実感をうたう。

とう-ていかん【藤貞幹】［1732〜1797］江戸中期の考証学者。京都の人。姓は藤原または藤井という。号、無仏斎・好古。国学・有職故実を修め、特に古文書・金石文に通じた。著「衝口発しょうこうはつ」「好古日録」など。

どうてい-こ【洞庭湖】中国湖南省北部にある湖。かつては中国最大の淡水湖であったが、流入する湘江・沅江げんこう・揚子江などの堆積たいせき物によって縮小。周辺は瀟湘八景しょうしょうはっけいの名勝地。トンティンフー。

どうてい-せいしょく【童貞生殖】精子や精核が、卵の核を必要とせず、単独で新個体を形成する現象。ウニなどで実験的に行われる。自然ではマツヨイグサやツツジにみられ、雄性配偶子が核のない卵細胞に入って胚を作る。

どうてい-せつ【童貞説】聖母マリアは処女のまま聖霊によってキリストを産んだという説。

とうてい-らん【▽洞庭藍】ゴマノハグサ科の多年草。関西の海岸に自生。高さ40〜60センチ。全体が白い綿毛で覆われる。夏、青紫色の花をつけ、名はこれを中国の洞庭湖の水の色にたとえたもの。

トゥデー〖today〗《「ツデー」とも》今日。また、現代。

とう-てき【投×擲】〔名〕スル ❶投げうつこと。投げること。「小石を一する」❷「投擲競技」の略。

とう-てき【唐笛】タウ ❶《日本の雅楽の唐楽に用いるところから》竜笛の異称。❷朝鮮の李王朝の雅楽に用いた横笛。長さ約45センチで、指穴は6個ある。

どう-てき【動的】〔形動〕動きがあって、いきいきしているさま。「文化史の一な把握」㊥静的。

どうてき-あんぜん【動的安全】取引の当事者の利益と取引に関与しない第三者の利益とが対立する場合、取引の当事者の利益が保護されること。例えば、即時取得・表見代理など。取引の安全。㊥静的安全。

とうてき-きょうぎ【投×擲競技】キャウギ 陸上競技で、砲丸投げ・円盤投げ・槍投げ・ハンマー投げの総称。

どうてき-ディーエヌエス【動的DNS】▶ダイナミックDNS

どうてき-ぼうえいりょく【動的防衛力】バウヱイリョク 平成22年(2010)に策定された防衛大綱で示された、日本の防衛政策の基本となる概念。機動性・即応性を重視し、テロ・ゲリラ攻撃や中国の軍事力増強・海洋進出などにも対処する。昭和51年(1976)に初めて策定された防衛大綱以降続いてきた基盤的防衛力構想に代わるもの。

とう-てつ【透徹】〔名〕スル ❶澄みきっていること。透きとおっていること。「一した秋の空」❷筋道が、はっきりと通っていること。「一した理論」

どう-てつ【同×轍】《多くの車の轍わだちが等しい間隔である意から》同一であること。同様であること。「一同趣向の稗史をものする」〈逍遥・小説神髄〉

とうてつ-もん【×饕×餮文】タウテツ 中国、殷いん・周代の青銅器などに使われた獣面文様。大きな目と口、曲がった角、爪つめのある足などを特色とする。

どう-でも〔副〕❶強い意志を表す。なんとしても。どうしてでも。「一今日じゅうに仕上げる」❷行為や考慮が十分になされた上での判断を表す。どうしても。「一こういう結論しか出ない」❸とりたてて決める必要のないことを表す。どのようにでも。「一好きにするがいい」

どうでも-こうでも〔連語〕どのようにしても。どんなことをしてでも。また、どのようにでも。「一やってみせる」

とう-てん【冬天】冬の空。冬の天気。(季 冬)

とう-てん【当店】タウ この店。自分の店。「一のおすすめ品」

とう-てん【東天】東の空。特に、明け方の東の空。

とう-てん【唐天】タウ 綿ビロード。別珍べっちん。

とう-てん【×滔天】タウ 天までみなぎること。きわめて勢いが盛んなこと。「一の勢い」

とう-てん【読点】文の意味の切れ目を示したり、文を読みやすくしたりするために、文中に施す記号。普通は「、」を使う。点。➡句点

とう-でん【盗電】タウ〔名〕スル 料金を払わないで、電気をこっそり使うこと。

とう-でん【答電】タフ 返事の電報を打つこと。また、その電報。返電。

どう-てん【同点】得点数が同じであること。同じ点数。「一決勝」

どう-てん【動天】天を動かすほど勢いの盛んなこと。「驚地一」

どう-てん【動転｜動×顛】〔名〕スル ❶非常に驚いて平静を失うこと。驚きあわてること。「突然の悲報に一する」❷移り変わること。「近くは慈尊の出世を待ち、遠くは三世に一なしとかや」〈盛衰記・二八〉

(類語)動揺・狼狽ろうばい・当惑・混乱・錯乱・パニック

どう-でんき【動電気】流れている電気。流電気。

とうてん-こう【東天紅】㊀〔副〕《東の空が紅あかくなる意の漢字を当てたもの》夜明けを知らせる鶏の鳴き声を表す語。「竹林の外に一を唱う鶏の声聞いて」〈露伴・いさなとり〉㊁〔名〕鶏の一品種。長鳴き鶏どりの一。高知県で作り出された。

どうでんせい-こうぶんし【導電性高分子】ダウデンセイカウブンシ 電気を比較的よく通す高分子化合物。有機伝導体の一種。金属に似た電気的特性を持ち、電子の運動が特定の方向に制限される異方性を示すものが多い。ポリアセチレン、ポリチアジルなどが知られる。携帯電話やノートパソコンの充電池、タッチパネルをはじめとするエレクトロニクス分野への応用が進んでいる。導電性ポリマー。電導性ポリマー。合成金属。(補説)平成12年(2000)、白川英樹は導電性高分子の研究で、米国のマクダイアミド、ヒーガーとともにノーベル化学賞を受賞した。

どうでんせい-じゅし【導電性樹脂】ダウデンセイ ▶導電性プラスチック

どうでんせい-プラスチック【導電性プラスチック】ダウデンセイ 電気を通すプラスチック。一般に、絶縁性を持つプラスチックに、金属や炭素繊維などの無機導体を練りこんだり、表面に導体の薄膜を形成したりして導電性を持たせた複合材料をさす。それ自身が導体である高分子化合物は導電性高分子と呼び、区別することもある。導電性樹脂。電気伝導性樹脂。

どうでんせい-ポリマー【導電性ポリマー】ダウデンセイ ▶導電性高分子

とうでん-てん【等電点】アミノ酸やたんぱく質などの両性電解質、コロイドなどの溶液の電荷が零になるような水素イオン濃度。

どうでん-りつ【導電率】ダウデン ▶電気伝導率

どう-でんりょく【動電力】「起電力きでんりょく」に同じ。

とう-と【東都】東方のみやこ。日本では、京都に対して江戸または東京をいう。中国では、西都(長安)に対して洛陽をいうなど。

とう-と〔副〕《「とうど」とも》❶物の状態などが、安定しているさま。しっかりと。ちゃんと。「波風一静まって」〈狂言記・那須与一〉❷ゆったりと。ゆるりと。「まづ一居さしめ」〈虎明狂・磁石〉

とう-と【到頭】〔副〕「とうとう(到頭)」に同じ。「一長崎に行くことが出来ました」〈福沢・福翁自伝〉

とう-ど【東土】東方の地。東方の国。

とう-ど【凍土】寒気で凍った土。「永久一」

とう-ど【唐土】タウ 昔、日本から中国をさして呼んだ名。もろこし。

とう-ど【陶土】タウ 陶磁器の原料となる粘土の総称。白色のカオリンが多い。

どう-と【道途｜道塗】ダウ みち。道路。「一に飢凍することのないように」〈中島敦・山月記〉

どう-と〔副〕《古くは「どうど」とも》❶大きく重い物が倒れたり、落ちたりするさま。「巨木が一倒れる」「馬から一落ちる」❷病気が重くて床につくさま。「ぢいさまが一床に着いて」〈滑・浮世風呂・二〉

とうと・い【尊い｜貴い】タフトシ〔形〕図たふと・し〔ク〕❶崇高で近寄りがたい。神聖である。また、高貴であ

る。たっとい。「一・い神仏」「神さびて高く一・き駿河なる富士の高嶺を」〈万・三一七〉❷きわめて価値が高い。非常に貴重である。たっとい。「一・い命」「一・い犠牲を払う」❸高徳である。ありがたい。「横川にながし僧都とかいひて、いと一・き人住みけり」〈源・手習〉(派生)**とうとがる**〔動ラ五〕**とうとげ**〔形動〕**とうとさ**〔名〕(類語)たっとい・気高い・崇高・高貴・貴重・大切

尊い寺は門から見ゆる　尊いものは、その外観を見ただけでそれとわかる。

とうと-いりょうだいがく【東都医療大学】埼玉県深谷市にある私立大学。平成21年(2009)に開設された、ヒューマンケア学部の単科大学。

トゥトゥ〖Desmond Mpilo Tutu〗［1931～　］南アフリカ聖公会大主教。反アパルトヘイト運動の中心的指導者。1984年にヨハネスバーグ主教。同年ノーベル平和賞受賞。ツツ。

とう-とう【東塔】❶東西両塔のうち東にある塔。❷比叡山延暦寺の三塔の一。延暦寺の中心地域で、比叡山東側の中腹にある根本中堂・戒壇院などを含む堂塔の総称。

とう-とう【×偸盗】►ちゅうとう(偸盗)

とう-とう【▽丁▽丁】〔ト・タル〕図〔形動タリ〕斧おので木を切る音やくいを打つ音の響きわたるさま。「一と白檀を伐つ斧の音」〈白秋・蟻〉

とう-とう【▽洞▽洞】〔ト・タル〕図〔形動タリ〕穴などがぽっかりとあくさま。また、黒々と奥深いさま。「薄紫にけぶる野末に大きな月が一と顔を出す」〈蘆花・思出の記〉「黒一たる夜」〈芥川・羅生門〉

とう-とう【×滔×滔】〔ト・タル〕図〔形動タリ〕❶水がとどまることなく流れるさま。「一と流れる大河」❷次から次へとよどみなく話すさま。「一と述べる」❸物事が一つの方向へよどみなく流れ向かうさま。「其勢力一として」〈魯庵・社会百面相〉

(類語)(❷)ぺらぺら・べらべら・こんこん・えんえん

とう-とう【×幢×幢】〔ト・タル〕図〔形動タリ〕炎などが揺れ動くさま。「満目の紫焔一として」〈蘆花・自然と人生〉

とう-とう【×蕩×蕩】〔ト・タル〕図〔形動タリ〕❶はてしなく広いさま。「瓢々一として窮まるところを知らず」〈独歩・悪魔〉❷心のやすらかでゆったりしているさま。「王者の民一たりと云う句の価値を始めて発見する」〈漱石・吾輩は猫である〉

とう-とう【×鼕×鼕】・【×鞳×鞳】〔ト・タル〕図〔形動タリ〕❶鼓や太鼓の鳴り響くさま。「間もなく太鼓が一と打ち鳴らされた」〈島木健作・生活の探求〉❷水や波の音の響くさま。「荒磯に砕る響き、一たり」〈竜渓・経国美談〉

とう-とう〔副〕物を打ちたたいたり、板を踏み鳴らしたりする音を表す語。とんとん。「縁一と踏みならし」〈義経記・二〉

とう-とう【到頭】〔副〕《「とうどう」とも》物事が最終的にそうなるさま。ついに。結局。「真相は一わからなかった」「一やりとげたぞ」➡終に(用法)

(類語)ついに・結局・やっと・あげくの果て・とどのつまり

とう-とう【▽疾う▽疾う】〔副〕《「とくとく」の音変化》早く早く。さっさと。「少しもふた心あらん人々は、一これより帰らるべし」〈平家・一一〉

とう-とう【等等】〔接尾〕《接尾語「とう(等)」を繰り返して強めていうもの》いくつかの語を並べたものに付いて、それらの類が他にまだ多くあること、また、それらを省略して例示する意を表す。「ライオン・トラ・ヒョウ一の猛獣」

(類語)等・など・もろもろ・うんぬん・エトセトラ

トゥ-ドゥ〖to do〗するべきこと。しなければならないこと。「一リスト」

とう-どう【当道】❶この道。自分の学ぶ道。❷室町時代以後、幕府の公認で盲人が組織した職能団体。盲人の官位をつかさどり、琵琶・三弦・箏・鍼灸などの職業を専有し、これらを保護した。当道座。

とう-どう【東堂】禅寺で、前任の住持の居所。また、前任の住持。

とう-どう【東道】❶東方の道。❷「東道の主」の略。

どう-とう【同等】〔名・形動〕❶程度・等級などが同じであること。また、そのさま。「一な(の)資格」「一に扱う」❷►同値

(類語)対等・同格・同列・等し並み・等価・均等・一律・互角・五分・イコール

どう-とう【堂塔】堂と塔。仏教建築にいう。

どう-とう【堂頭】►どうちょう(堂頭)

どう-とう【道統】儒学を伝える系統。

どう-とう【導灯】夜間に船舶を安全に導くために、狭い水道や湾口に設けた一対の標識灯。一方を高く、一方を低くし、その間を安全航路とする。

どう-どう【同道】〔名〕スル　連れ立って行くこと。連れて行くこと。同行。「部下を一する」

(類語)同行・同伴・一緒・帯同・道連れ

どう-どう【堂堂】〔ト・タル〕図〔形動タリ〕❶りっぱで威厳のあるさま。「一たる邸宅」「一とした態度」❷なんの隠しだてもないさま。こそこそしないさま。「正面切って一と戦う」「白昼一」

堂堂の陣　規律が整然として士気の盛んな陣。

どう-どう〔副〕❶大量の水が激しく流れる音を表す語。「一と落ちる滝」❷波が激しく打ち寄せる音や、風が激しく吹きつける音を表す語。「一と森を吹きぬける風」❸床板などを踏み鳴らす音を表す語。どんどん。「縁の板踏みならし、西へ向きて一と行きける」〈義経記・四〉

どう-どう〔感〕馬・牛を御するとき、とくに、制止するときのかけ声。「はいし一」

とうどう-いが【藤堂×伊賀】伊賀焼の一。寛永(1624～1644)のころ、藤堂藩2代藩主高次が焼かせた陶器。茶器、特に水指が多い。

とうとう-し【陶唐氏】中国五帝の一人、尭の称。初め唐侯に封ぜられ、のち、天子となって陶を都としたところからいう。唐尭。

どう-どうじ【堂童子】❶寺院で、寺内の雑役に従事する童形のしもべ。❷宮中の大法会などのとき、花籠を配る役。蔵人および五位以上の公家の子弟が選ばれた。

とうどう-しづこ【藤堂志津子】［1949～　］小説家。北海道の生まれ。本名、熊谷政江。都会的な恋愛小説、特に中年女性の心理をえぐった作品で、同年輩の女性を中心に多くの読者を得る。「熟れてゆく夏」で直木賞受賞。他に「マドンナのごとく」「あの日、あなたは」「秋の猫」など。

とうどうしんでん【統道真伝】江戸中期の思想書。5巻。安藤昌益著。宝暦2年(1752)ごろ成立。差別のない平等な世を理想とし、儒教・仏教を批判した。「自然真営道」と並ぶ昌益の代表的著作。

とうどう-たかとら【藤堂高虎】［1556～1630］安土桃山時代・江戸初期の武将。近江の人。浅井長政・羽柴秀長・豊臣秀吉らに仕えた。関ヶ原の戦い、大坂の陣では徳川家康に属し、その功により伊勢・伊賀など32万石に封ぜられた。

とうとう-たらり　能の「翁」の冒頭に唱える言葉。語義未詳。流派によって「どうどうたらり」「どうとうたらり」などという。

とうどう-の-しゅ【東道の主】〔連語〕《「春秋左伝」僖公三十年から。東方へ赴く旅人をもてなす主人の意》主人となって来客の案内や世話をする者。東道の主人。

とうどう-ばつい【党同伐異】《「後漢書」党錮伝から》よい悪いにかかわらず、自分の仲間には味方をし、反対の者は攻撃すること。

どうどう-めぐり【堂堂巡り】・【堂堂▽回り】〔名〕スル　❶祈願のために、仏堂などのまわりをぐるぐるまわること。❷同じようなことが何度も繰り返され、進行しないこと。「議論が一する」❸国会で投票によって議決するとき、議員が演壇上の投票箱に順次投票することの俗称。

トゥドゥ-リスト〖to do list〗現在するべきことを書き出したもの。➡トゥドゥ

とう-とく【統督】〔名〕スル　まとめて取り締まること。「イパミノンダスの一せる一軍は」〈竜渓・経国美談〉

とう-どく【東独】《「東独逸」の略》ドイツ東部にあった、ドイツ民主共和国の通称。

どう-とく【道徳】❶人々が、善悪をわきまえて正しい行為をなすために、守り従わねばならない規範の総体。外面的・物理的強制を伴う法律と異なり、自発的に正しい行為へと促す内面的原理として働く。❷小・中学校で行われる指導の領域の一。昭和33年(1958)教育課程に設けられた。❸《道と徳を説くところから》老子の学。(類語)(❶)倫理・道義・徳義・人倫・人道・世道・公道・公徳・正義・規範・大義・仁義・徳・道・モラル・モラリティー

どうとく-いしき【道徳意識】道徳上の正邪善悪を適切に判別し、正や善に基づいて行動しようとする意識。良心とほぼ同義だが、良心が主として個人的な体験や事実の次元にかかわるのに対して、道徳意識はより社会的である。

どうとく-かがく【道徳科学】《フラ science des mœurs》道徳的規範・義務・権利など道徳意識の内容を社会的事実とみて実証的に研究し、その法則性を知ろうとする科学。フランスの社会学者レビ＝ブリュールが提唱。

どうとく-かんぜい【道徳関税】ぜいたく品の輸入にかける税率の高い関税。

どうとく-きょう【道徳経】►老子❷

どうとく-きょういく【道徳教育】社会の成員としての道徳的判断力・態度や行動様式を身につけさせるための教育。徳育。

どうとく-さいぶそう【道徳再武装】►エムアールエー運動

どうとく-しゃかいがく【道徳社会学】道徳現象を社会現象としてとらえ、社会学的方法によって研究しようとする立場。デュルケームによって社会学の一分野として位置づけられ、レビ＝ブリュールらに継承された。

どうとく-しん【道徳心】道徳を守る心。善悪を判断し善を行おうとする心。

どうとく-せい【道徳性】❶道徳の本性。また、人格・判断・行為などが道徳的であること。「企業の一が問われる」❷《ドイ Moralität》カント倫理学の用語。行為が、単に外面的に道徳法則に一致しているという適法性と区別して、道徳法則に対する尊敬を動機としていること。ヘーゲルでは、人倫と区別して主観的意志の法をさす。

どうとく-てき【道徳的】〔形動〕道徳に関係するさま。また、道徳にかなうさま。「一な責任」「一見地」

どうとくてき-しょうめい【道徳的証明】神の存在証明の一。神の存在を道徳的に要請するもの。カントは、道徳性と幸福との一致である最高善を実現するためには、神の存在が実践理性によって要請されなければならないとした。

どうとく-てつがく【道徳哲学】広義には、倫理学に同じ。狭義には、倫理学の一部門。先験的立場から、道徳的事実の基底をなす普遍的原理・法則を明らかにしようとするもの。

どうとく-ほうそく【道徳法則】道徳的行為の基準となる法則。「かくなすべし」という当為の形をとる。この法則を、行為の結果とは独立に、行為そのものを端的に命じるものとして普遍妥当的に実在すると考える義務論的立場や、行為の結果として生じる幸福などの実現のための手段と考える目的論的立場などがある。道徳律。

どうとく-りつ【道徳律】►道徳法則

どうと-だいがく【道都大学】北海道北広島市にある私立大学。昭和39年(1964)創立の北海道産業学園を母体に、同53年に開設された。

とう-とつ【唐突】〔名・形動〕だしぬけであること。また、そのさま。突然。不意。「一の感は免れない」「一な発言」(派生)**とうとつさ**〔名〕

(類語)出し抜け・突然・突如・いきなり・不意・短兵急・矢庭に・藪から棒

とうと・ぶ【尊ぶ】・【貴ぶ】❶〔動バ五(四)〕❶尊いものとしてあがめる。たっとぶ。「神仏を一・ぶ」❷価

値あるものとして重んじる。尊重する。たっとぶ。「人命を━・ぶ」㊁〔動ハ上二〕㊀に同じ。「耳を━・ぶるあまり」〈新古今・仮名序〉 類語 崇あがめる・敬う・敬する・仰ぐ・重んずる・尊崇・尊敬・尊重

とうと・む【尊む┊貴む】たふとむ〔動マ五(四)〕「尊ぶ」に同じ。「━・むべきものにあらず」〈福沢・学問のすゝめ〉

どう-とも〔副〕どのようにでも。いかようにも。どうでも。「━好きにしてくれ」「あとは━なれ」

とう-どり【頭取】❶音頭を取る人。転じて、集団のかしら。頭領。❷銀行などの首席の取締役。その代表者として業務執行に当たる。❸雅楽で、合奏の際の各楽器の首席演奏者。特に、管楽器でいう。音頭おんど。❹能・歌舞伎で、「翁おきな」「三番叟さんばそう」を上演するとき、小鼓方三人のうち、中央に座る主奏者。❺歌舞伎劇場で、楽屋のいっさいの取り締まりをする役。また、その人。古参役者から選ばれ、楽屋入り口の頭取座に詰めた。今は庶務係化している。楽屋頭取。❻相撲で、力士をまとめ、取り締まる人。

どう-とり【胴取┊▽筒取】ばくちをする場所を貸して歩合を取ること。また、その人。胴親。胴元。

とう-とん【逃×遁】タウ にげること。「━の一途あるのみ」〈花袋・一兵卒の銃殺〉

どうとんぼり【道頓堀】ダウトンボリ 大阪市中央区にある、劇場・飲食店などが立ち並ぶ歓楽街。江戸初期に安井道頓の開いた運河、道頓堀川の南岸に沿う。

とう-な【唐菜】タウ アブラナの変種。葉は大形で厚みがあり、柔らかく、漬物にする。つけな。ふゆな。

どうなダウナ《「だくな」の音変化》無益に浪費すること。多く、名詞のあとに付いて用いられる。「手間━」

トゥナイチャ-こ【トゥナイチャ湖】《Ozero Tunaycha》ロシア連邦、サハリン州(樺太)の海跡湖。砂州によってオホーツク海と隔てられた汽水湖であり、夏場の海水浴場としても知られる。1945年(昭和20)以前の日本領時代には富内湖とんないこと称した。

トゥナイト〔tonight〕《「ツナイト」とも》今夜。今晩。

どう-なか【胴中】❶からだの胴の中ほどの部分。「覚えずお浪は俊三の━に打ち伏して」〈木下尚江・良人の自白〉❷物体の中ほどの部分。「飯櫃めしびつを担出して…━を撫でて見たり」〈紅葉・二人女房〉

どう-なが【胴長】〔名・形動〕❶からだの他の部分に比べて、胴が長いこと。また、そのさま。「━な(の)人」❷胸当て・ズボン・靴が続きになったゴム製の衣服。釣り人などが着用。

どう-な・し【動無し】〔形ク〕動揺するようすがない。動じない。「更に例の━・きを、せめて言はれて」〈源・明石〉

とう-なす【唐茄＝子】タウ ❶カボチャの別名。ふつう日本カボチャをいう。《季 秋》❷人をののしっていう語。「あいつもいけねえ━だよ」〈洒・辰巳之園〉

どうな-と〔副〕どのようにでも。どうなりと。「━してくれ」〈鏡花・婦系図〉

どう-なり【胴鳴り】山や海が鳴動すること。また、その音。雪が降る前触れといわれる。「━を聞いて、雪が遠くないことを知る」〈康成・雪国〉

どうなり-こうなり〔副〕どうにかこうにか。どうやらこうやら。「作の道も少しやりやしたから━まとまってはおりやすが」〈魯文・安愚楽鍋〉

どうなり-と〔副〕どのようにでも。どうとも。多く命令文で用いる。「━自分の思うようにするがいい」

とう-なん【東南】東と南との中間の方角。巽たつみ。南東。ひがしみなみ。

とう-なん【盗難】タウ 金品を盗まれること。また、その災難。「━にあう」 類語 盗み・すり・空き巣・強盗

とうなん-アジア【東南アジア】アジア南東部、インドシナ半島とマレー諸島からなる地域の総称。ミャンマー・タイ・ラオス・カンボジア・ベトナム・マレーシア・ブルネイ・シンガポール・インドネシア・フィリピン・東ティモールの諸国がある。SEA(Southeast Asia)。

とうなんアジアじょうやく-きこう【東南アジア条約機構】トウナンアジアデウヤクキコウ ▶シアトー(SEATO)

とうなんアジアしょこく-れんごう【東南アジア諸国連合】…レンガフ ▶アセアン(ASEAN)

とうなんアジアゆうこうきょうりょく-じょうやく【東南アジア友好協力条約】トウナンアジアイウカウケフリヨクデウヤク 東南アジア諸国連合(ASEAN)が1976年2月にインドネシアのバリ島で開催された第1回首脳会議で採択した基本条約。加盟国の主権尊重・国内問題への不干渉・武力行使の放棄などを基本原則とする。87年に加入資格を域外国に開放。日本は2004年に加盟。TAC(Treaty of Amity and Cooperation in Southeast Asia)。

とうなんかい-じしん【東南海地震】…ヂシン 昭和19年(1944)12月7日、紀伊半島東沖で発生したマグニチュード7.9の地震。東海・近畿地方を襲った。熊野灘沿岸で6～8メートル、遠州灘えんしゅうなだ沿岸で1～2メートルの津波が発生。紀伊半島東岸では30～40センチ地盤が沈下した。死者・行方不明者1223人。

とうなんだいしゃとうひようたんぽ-とくやく【盗難代車等費用担保特約】タウナンダイシャトウヒヨウタンポトクヤク 自動車保険における特約の一つ。被保険自動車が盗難にあって使用不能などの損害を被った場合、代車などの費用が補償される。

とう-なんとう【東南東】東と南東との中間の方角。

とうなんぼうしそうち-わりびき【盗難防止装置割引】タウナンバウシサウチ 自動車保険の契約に際し、被保険自動車にイモビライザー・GPS追尾装置・盗難異常通報装置などの盗難防止装置が装備されている場合に適用される保険料の割引。イモビライザー割引。

とうなん-ほけん【盗難保険】タウナン 損害保険の一。盗難にあったり、汚損されたりすることによって生じる損害を塡補てんぽする保険。

とう-に【▽疾うに】〔副〕ずっと前に。とっくに。「仕事は━終わっています」 類語 とうから・既に・もはや

どう-にか〔副〕スル ❶まがりなりにも。なんとか。「論文を━形にしようとがんばる」❷かろうじて。やっとのことで。「━助かった」

類語 やっと・ようやく・何とか・かろうじて・からくも・危うく・すんでのところで・やっとこさ・間一髪

どうにか-こうにか〔連語〕「どうにか」を強めた言い方。「━合格しました」

どうにか-して〔連語〕どのような方法・手段によってでも。なんとかして。「━手に入れたい」

どう-にも〔副〕❶(あとに打消しの語を伴って用いる)どのようにしても。どうやっても。どうしても。「━がまんできない」❷なんとも。まったく。「━弱ったものだ」

どうにも-こうにも〔連語〕「どうにも」を強めた言い方。「━やっていけなくなった」

とう-にゅう【投入】…ニフ〔名〕スル ❶物を投げいれること。投げこむこと。「火中に━する」❷事業などに資金・労力などを注ぎこむこと。「主力を━する」❸心理学で、他人の望ましいものを自分のものとすること。➡同一視❷ 類語 投下・注入・導入・つぎ込む

とう-にゅう【豆乳】水に浸した大豆をひき砕き、水を加えて煮て、こした液。牛乳に似た白濁状で、古くから母乳・牛乳の代用とされてきた。豆腐・ゆばの原料。まめのご。

とう-にゅう【糖乳】タウ ▶コンデンスミルク

どうにゅう【道入】ダウニフ［1599～1656］江戸初期の陶工。京都の人。楽らく家の3代目。名は吉兵衛、のち吉左衛門。剃髪ていはつ後、道入と称した。俗称、のんこう。楽焼に新生面を開き、屈指の名手といわれる。名物茶碗「のんこう七種」は有名。

どう-にゅう【導入】ダウニフ〔名〕スル ❶外部から導き入れること。引き入れること。「新型機器を━する」「外資━」❷小説や音楽などで、主題に入る前のはじまりの部分。❸学習を始めるにあたり、児童・生徒に関心・興味をよびおこさせるための準備的段階。

とうにゅうさんしゅつ-ひょう【投入産出表】トウニフサンシユツヘウ ▶産業連関表

どうにゅう-ぶ【導入部】ダウニフ ❶▶序奏じょそう ❷本題へ導入するための部分。

どう-にょ【童女】女の子供。どうじょ。「童子━の倚来よりくるを進め」〈滑・浮世床・二〉

とう-にょう【糖尿】タウネウ ぶどう糖を病的に多く含む尿。

どう-にょう【導尿】ダウネウ 尿道口からカテーテルを膀胱ぼうこうに入れて尿を排出させること。自力で排尿できない場合や検査のために採取するときに行われる。

とうにょう-びょう【糖尿病】タウネウビヤウ 高血糖と糖尿とが持続的にみられる慢性の病気。体内でぶどう糖がエネルギー源として利用されるため、必要なインスリンの不足により起こる。のどの渇き・多尿・空腹感・倦怠感けんたいかんなどの自覚症状があり、感染症・動脈硬化・白内障などの合併症を起こしやすい。25歳未満の若年者に発症する一型糖尿病、主に成人になってから発症する二型糖尿病などがある。➡妊娠糖尿病

とう-にん【当人】タウ そのことに直接関係する人。本人。 類語 本人・当事者・張本人・本尊

とう-にん【桃▽仁】タウ 桃の種子。漢方で鎮痛・月経不順薬などに用いる。

とう-にん【頭人】❶集団のかしら。頭目。「工場の━、自らその作れる釜の図を持し」〈中村訳・西国立志編〉❷鎌倉・室町幕府における引付衆の長官。❸室町幕府の政所まんどころ・評定所・侍所さむらいどころなどの長官。

どう-にん【同人】❶同一の人。また、前に述べた、その人。どうじん。❷「どうじん(同人)❶」に同じ。「あの山口と━で矢張り踏外し連の一人」〈二葉亭・浮雲〉

どう-にん【道人】ダウ 仏道を修行する人。どうじん。「━は、遠く日月を惜しむべからず」〈徒然・一〇八〉

どう-にんぎょう【胴人形】…ニンギヤウ 歌舞伎の小道具の一。役者の代用にする等身大の人形。竹で胴体を作り、手足をつけて、衣装を着せたもの。投げ人形。

どうにん-ざっし【同人雑誌】▶どうじんざっし(同人雑誌)

とうにん-しゅ【桃▽仁酒】タウニン 桃仁を焼酎しょうちゅうに浸し、砂糖を加えて作った薬酒。

どう-ぬき【胴抜き】和服の下着などで、襟・袖口・振り・裾などに上等の生地をつけ、胴の部分を別布にする仕立て方。また、その衣服。額仕立がくじたて。

どう-ぬき【胴▽貫】建物の腰の部分に位置する貫ぬき。

とう-ねずみもち【唐×鼠×黐】タウ モクセイ科の常緑高木。ネズミモチに似るが、樹勢がよく、葉はやや大きく先が長くとがる。7月ごろ、白い小花が集まって咲く。中国の原産。庭木にする。果実は漢方で女貞子じょていしといい、強壮薬に用いる。

とうねつ-びょう【稲熱病】タウネツビヤウ ▶いもちびょう

とう-ねん【当年】タウ ❶この年。今年。本年。「━とって二〇歳」❷その年。その当時。❸シギ科の鳥。全長約15センチと小形。夏羽は頭・くびと背中が赤褐色、腹は白色。冬羽は背面が灰褐色。シベリアで繁殖、日本には春・秋に渡来し、干潟でみられる。

類語 今年ことし・今年こんねん・本年

どう-ねん【同年】❶同じ年。また、前に述べた、その年。「━の四月」❷同じ年齢。また、同じ学年。「━の若者」 ❶はドーネン、❷はドーネン。

どう-ねん【動燃】▶動力炉・核燃料開発事業団

どう-ねん【道念】ダウ ❶道徳の観念。道義心。❷神仏の道を求める心。求道心。❸僧侶の妻。梵妻ぼんさい。

どうねんせい-けいすう【動粘性係数】▶動粘性率

どうねんせい-りつ【動粘性率】流体の粘性の度合い。粘性率を密度で割った値。SI単位系では平方メートル毎秒(m^2/s)、CGS単位系ではストークス(記号はSt)が用いられる。動粘度。動粘性係数。

どうねん-ど【動粘度】▶動粘性率

どう-ねんぱい【同年輩】同じ年ごろ。また、その人。

どうねん-ぶし【道念節】ダウネン 江戸中期の流行歌。盆踊りの口説歌くどきうたから出たもの。貞享(1684～1688)ごろ、京都の道念山三郎という木遣きやりの音頭取りが歌いはじめたといわれ、踊り歌として流行。

とう-の【当の】タウ〔連体〕いま問題になっている人や物事をさしていう。ちょうどその。「━相手」

とう-の-いも【唐の芋】タウ サトイモの別名。

どうの-こうの〔副〕いろいろ言い立てるさま。なんのかの。どうこう。「━言ってもはじまらない」

とうのさわ-おんせん【塔ノ沢温泉】タフのさはヲンセン 神奈川県箱根町の温泉。塔ノ峰のふもとにあり、箱根七

湯の一。泉質は単純温泉。
どうのじ-てん【同の字点】踊り字の一種「々」のこと。形から「ノマ」ともいう。
とう-の-ちゅうじょう【頭中将】トウノチュウジャウ ❶近衛中将で、蔵人頭くろうどのとうを兼ねた人。❷源氏物語の登場人物。左大臣の長男。雲井の雁・柏木・玉鬘たまかずらなどの父。光源氏と親友で、太政大臣に至る。
とう-の-つち【唐の土】タウ 鉛白えんぱくのこと。
とう-の-つねより【東常縁】▶とうつねより
とう-の-はい【答の拝】タフ ▶とうはい(答拝)
とうのべ-かおる【東野辺薫】カヲル［1902〜1962］小説家。福島の生まれ。本名、野辺慎一。郷里で中学校・高校の教師を務める。福島県文学会会長。「和紙」で芥川賞受賞。他に「国土」「栄雅堂」など。
とう-の-べん【頭弁】弁官で、蔵人頭くろうどのとうを兼ねた人。
どう-の-ま【胴の間】和船の中央、胴にあたる部分。
とう-の-みね【多武峰】たふ 奈良県桜井市南部にある山。山頂は御破裂山といい標高619メートル。藤原鎌足が中大兄なかのおおえ皇子と蘇我氏討伐をはかった所とされる。山腹に鎌足を祭る談山たんざん神社がある。
とうのみねしょうしょうものがたり【多武峰少将物語】たふのみねせうしやうものがたり 平安中期の物語。1巻。作者未詳。応和(961〜964)初年ごろ成立か。藤原師輔もろすけの八男高光が出家して多武峰に草庵を結ぶまでの経緯を、和歌を交えて描いたもの。高光日記。
とう-の-や【答の矢】タフ 敵の射た矢に対して射返す矢。「—を射てその敵を射落とし」〈平家・九〉
とう-は【党派】タウ ❶考え方・主義や利害関係などを同じくする人々の集まり。党。❷党の中の分派。
[類語]派・党・政党・派閥・会派・徒党・セクト・パルタイ
とう-は【踏破】タフ〔名〕スル 困難な道や長い道のりを歩き通すこと。「山岳地帯を—する」
とう-は【×濤波】タウ なみ。おおなみ。波濤はとう。
トゥバ〖Tïva〗ロシア連邦にある21の共和国の一。モンゴル北西部に接し、トルコ系のトゥバ人が住む。首都はクィズィル。かつてはモンゴル・清・ロシア帝国の支配を受けたがロシア革命を機に独立。1944年にソ連に編入され自治共和国に、ソ連崩壊後に共和国となった。トゥヴァ。
とうば【東坡】中国宋代の文人、蘇軾そしょくの号。
とうば【塔婆】タフ「卒塔婆そとば」の略。➡卒塔婆そとば
どう-は【道破】ダウ〔名〕スル《「道」は言う意》ずばりと言ってのけること。言い切ること。「川に対する人間の感情は、実に此両句に—し尽されている」〈蘆花・自然と人生〉[類語]断言・確言・明言・言明・喝破
とう-はい【刀背】タウ 刀のみね。
とう-はい【等輩】《古くは「とうばい」とも》「同輩」に同じ。
とう-はい【答拝】タフ 先方の拝礼に答えて拝礼すること。また、その拝礼。とうのはい。たっぱい。
とう-はい【×榻背】タフ 椅子いすの背もたれ。
とう-ばい【等倍】一倍のこと。縮尺・拡大をしない、もとの大きさのこと。
どう-はい【同輩】地位・年齢・身分などが同じくらいの人。等輩。[類語]同僚・朋輩ほうばい
どう-はい【銅×牌】《「牌」はしるしの札の意》銅でつくった賞牌。銅メダル。
とうはい-ごう【統廃合】トウハイガフ〔名〕スル 統合と廃合。組織などを廃止したり合併・統合したりすること。「少子化に伴い、小中学校の—が進む」
どう-はいせんぎじゅつ【銅配線技術】《copper interconnection technology》マイクロプロセッサーなどの配線に銅を使用する基盤技術。従来使用されていたアルミニウムに比べ、消費電力が少なく高速で動作するといった利点がある。
どうは-かん【導波管】ダウハクワン マイクロ波をアンテナなどまで導くのに使われる中空の金属パイプ。その断面の大きさと同程度までの波長しか通さない。
どう-はぎ【胴▽接ぎ】和服で、袷あわせの裏身頃を胴の部分で接ぐこと。また、接いだ部分。長着は胴裏と裾回し、羽織は裏地と表の折り返しとを接ぐ。

とう-ばく【倒幕】タウ〔名〕スル 幕府を倒すこと。
とう-ばく【討幕】タウ〔名〕スル 幕府を討つこと。
とうばく-の-みっちょく【討幕の密勅】タウバク 慶応3年(1867)10月14日、薩長両藩にひそかに手渡された徳川慶喜追討の勅書。天皇の直筆がないことなどにより偽勅とする説もある。
とうは-せい【党派性】タウ ❶主義・主張などが特定の党派にかたよっていること。❷マルクス主義の用語。理論が階級性をもつこと。階級社会においては、理論は階級の利害を反映しており、無党派性は支配者階級の主張で、偽装にすぎないとされる。
とうはた-せいいち【東畑精一】［1899〜1983］農業経済学者。三重の生まれ。東大教授。日本の資本主義や農業問題を研究。第二次大戦後は農業総合研究所所長・アジア経済研究所所長などを歴任。文化勲章受章。著「日本農業の展開過程」など。
とうはち【藤八】❶「藤八五文薬とうはちごもんぐすり」の略。❷「藤八拳」の略。
どうはち【道八】ダウ 清水焼の陶工、高橋氏代々の名。また、道八が作った焼き物。➡仁阿弥道八にんあみどうはち
どう-ばち【銅×鈸｜銅鉢】仏家で用いる打楽器の一種。銅で作った二つの円盤で、外側中央にひもが通り、左右の手に持って打ち合わせて鳴らす。銅拍子どびょうし。鐃鈸にょうはち。
とうはち-けん【藤八拳】《藤八五文薬の売り声から、あるいは幇間ほうかん藤八からという》拳の一。二人が相対し、両手を開いて耳のあたりに上げるのを狐、ひざの上に置くのを庄屋、左手を前に突き出すのを鉄砲(または狩人)と定め、狐は庄屋に、庄屋は鉄砲に、鉄砲は狐にそれぞれ勝つ。狐拳きつねけん。庄屋拳。
とうはち-ごもんぐすり【藤八五文薬】文化・文政(1804〜1830)のころ、江戸ではやった行商の薬売り。また、その薬。二人一組で歩き、一人が「藤八」と呼ぶと、他の一人が「五文」と応じて、ともに「奇妙」と合唱した。長崎の綿屋藤八が始めた薬で、1粒5文であったことからの名。藤八薬。藤八五文。
とう-はつ【頭髪】頭部の毛髪。かみの毛。
[類語]髪・髪の毛・毛髪・おぐし・ヘア
とう-ばつ【党閥】タウ 同じ党派の者が自分たちの利益だけを図って、他党の者を排斥すること。
とう-ばつ【討伐】タウ〔名〕スル 軍勢をさしむけて、反抗する者を攻めうつこと。「逆賊を—する」
[類語]征討・征伐・退治
とう-ばつ【盗伐】タウ〔名〕スル 他人や国・地方自治体所有の山林から竹木をひそかに伐採して盗むこと。
どう-ばつ【銅×鈸】▶どうばち(銅鈸)
とう-はっかこく【東八箇国】足柄あしがらの関より東の8か国の称。相模・武蔵・安房あわ・上総かずさ・下総しもうさ・常陸ひたち・上野こうずけ・下野しもつけをさす。関東八州。関八州。
どうばつ-し【銅×鈸子】▶銅拍子どびょうし
とう-ばな【塔花】タフ シソ科の多年草。山野や道端に生え、高さ15〜30センチ。葉は卵形で、対生。夏、茎の先に淡紅色の小花が数段に輪生する。
とうば-にく【東×坡肉】▶トンポーロー
とうはば-フォント【等幅フォント】《fixed width font》すべての文字の幅を等しくしたフォント。半角の英数字は、全角の漢字・仮名文字の半分の幅となる。固定幅フォント。⇔プロポーショナルフォント。
[補説]欧文の場合はモノスペースフォントまたはシングルスペースフォントという。
ドウバヤズット〖Doğubeyazıt〗トルコ東部の都市。イラン、アルメニアとの国境に近く、ノアの方舟の伝説で知られるアララト山の麓に位置する。18世紀にクルド人領主によって建造されたイサクパシャ宮殿が残っている。ドウバヤジット。
とうばり【▽賜り】たうばり《動詞「とうば(賜)る」の連用形から》特別の恩顧によって、位階・官職・禄などをいただくこと。また、いただくもの。「右近中将になりて、御—の加階などをさへ」〈源・匂宮〉
どう-ばり【胴張り】❶角形の器で、側面がふくらんでいるもの。❷印刷機の加圧を調整するために、加圧円筒の裏面に布・紙・ゴムなどを巻くこと。

とうば-る【▽似る】たうばる〔動ラ四〕《「賜とうばる」と同語源》貴人の容貌を受けて、その人に似る。「かほすがた天皇に—・れり」〈雄略紀〉
とうば-る【▽賜る】たうばる〔動ラ四〕《「たまわる」の音変化》たまわる。いただく。「御返りはかならずあらむ。—・りてまうでこむ」〈宇津保・藤原の君〉
とう-はん【盗犯】タウ 窃盗せっとう・強盗の犯罪。
とう-はん【登坂】〔名〕スル 車両が坂道を登ること。とはん。「峠道を—する」
とう-はん【登×攀】〔名〕スル 登山で、険しい岩壁などをよじ登ること。とはん。「ヒマラヤ—に成功する」
[類語]登山・山登り・登頂・クライミング
とう-ばん【当番】タウ 順送りに仕事の番に当たること。また、その番に当たる人。「炊事—」
[類語]担当・受け持ち・係
とう-ばん【登板】〔名〕スル ❶野球で、投手としてマウンドに立つこと。「エースが—する」⇔降板。❷ある役割の担当者として登場すること。「初の女性大臣として—する」⇔降板。
とう-ばん【×纛×幡｜×纛×旛】タウ ❶平安時代、軍陣で将軍の標識として立てた旗。❷昔、朝廷で即位式などのとき大極殿だいごくでん(後世は紫宸殿ししんでん)の庭に威儀を整えるために立てた仗旗じょうき。
どう-はん【同伴】〔名〕スル 一緒に連れ立って行くこと。特に、男女が連れ立つこと。「父兄—」「夫に—する」[類語]同行・同道・一緒・帯同・付き添い
どう-ばん【銅板】《「どうはん」とも》銅を板状にしたもの。
どう-ばん【銅版】《「どうはん」とも》印刷技法の一。銅板の表面を凹版にし、インクを流して印刷する方法。銅板を直接彫る彫刻銅版と、薬品による腐食銅版とに大別される。➡腐食銅版
どう-ばん【銅盤】銅製のたらい。
どう-ばん【銅×礬】硫酸銅・硝石・明礬みょうばんなどから製した、淡緑色の塊状または棒状の薬品。点眼薬などに用いる。
どう-ばん【×幢×幡】仏堂に飾る旗。竿柱さおばしらに、長い帛はくを垂れ下げたもの。
どうばん-が【銅版画】グワ 銅版によって刷った版画。
どうはん-きょう【同×笵鏡】キャウ 同じ鋳型から鋳造された鏡。中国で鋳型を鎔笵とよぶことに基づく。
どうはん-しゃ【同伴者】❶同伴する人。連れ。❷ある思想運動に共鳴して、積極的に参加はしないが、協力をする人。同調者。
とうはん-しゃせん【登坂車線】登り坂が続く車道で、重量車両が低速度で登坂するための車線。走行車線の外側に設けられる。とはんしゃせん。
トウバンジャン【豆板醤】《中国語》トウガラシ味噌みそ。ソラマメ・トウガラシ・塩を発酵させた辛い味噌で、中国の代表的な調味料。
どうばん-まきえ【銅版×蒔絵】マキヱ 漆にアスファルトなどを混ぜたものを銅版の凹部にすりこみ、雁皮紙がんぴしなどに印刷して漆器面に転写し、金属粉や色粉をまいて仕上げた蒔絵。
とう-ひ【当否】タウ ❶あたることと、あたらないこと。あたりはずれ。❷道理に合うことと合わないこと。よしあし。「事の—は別として」[類語]是非・正否・可否・適否・良否・理非・正邪・善悪・曲直きょくちょく・よしあし
とう-ひ【逃避】タウ〔名〕スル 困難などに直面したとき逃げたり、意識しないようにしたりして、それを避けること。「現実から—する」
とう-ひ【党費】タウ ❶党を運営するための費用。❷党運営のために各党員が負担する費用。
とう-ひ【唐×檜】タウ マツ科の常緑高木。深山に自生。樹皮は赤みを帯びた暗褐色。葉は線形で短く、裏面は灰白色を呈する。材はヒノキの代わりに建築・土木に用い、またパルプを製する。とらのおもみ。しろつが。
とう-ひ【等比】二組みの数の比が相等しいこと。
とう-び【×掉尾】タウ「ちょうび(掉尾)」の慣用読み。「老人に—の大活躍をさせて」〈中島敦・名人伝〉
とうひ-きゅうすう【等比級数】キフ 等比数列の各

項を順に加えた形の級数。幾何級数。
とうひ-こう【逃避行】タウヒカウ 世間をはばかることがあって、あちこち移り歩いたり隠れ住んだりすること。
とうひ-しゅぎ【逃避主義】タウヒ 困難な現実に直面したとき、それに取り組むことを避け、他の物事にのがれようとする考え方。
とうひ-すうれつ【等比数列】隣り合う二項間の比が一定の数列。一つの数に、一定の数を次々に掛けていってできる数列。幾何数列。
とう-ひつ【刀筆】タウ 古代中国で、竹簡に字を書くために用いた筆と、誤記を削るために用いた小刀。転じて、筆。
どう-ひつ【同筆】同一人の筆跡。
とうひつ-の-り【刀筆の吏】タウヒ ❶記録に従事した地位の低い役人。❷下級の役人。
とう-ひつぶ【董必武】[1886〜1975]中国の政治家。湖北省出身。1921年中国共産党の創立に湖北省代表として参加。長征に参加し、第二次国共合作期には、共産党代表として周恩来らと武漢・重慶に駐在した。中華人民共和国成立とともに国家副主席、全国人民大会代表など要職を歴任。72年国家主席代理となる。トン=ピーウー。
とう-ひゃく【当百】タウ《「とうびゃく」とも》「当百銭」の略。
とうひゃく-せん【当百銭】タウヒャク 天保通宝の俗称。1枚で100文に相当するところからいう。
とうひ-ゆ【×橙皮油】タウヒ 柑橘類の果皮から採取した揮発性の油。無色または帯黄色で、せっけん・香水の原料。
とう-ひょう【灯標】ヘウ 航路標識の一。点灯装置をもち、暗礁・浅瀬などに設置される。
とう-ひょう【投票】ヘウ〔名〕スル ❶選挙や採決のとき、各人の意思表示のため、氏名や賛否などを規定の用紙に記し、一定の場所に提出すること。「支持政党に—する」「不在者—」❷競馬・競輪などで、馬券・車券を買い求めること。「勝馬—券」
(類語)選挙・票決・採決
とう-びょう 中国・四国地方でいう憑き物の一。小狐または小さい蛇で人に憑くという。
とう-びょう【投×錨】ベウ〔名〕スル 船のいかりをおろすこと。船が停泊すること。「母港に—する」↔抜錨
(類語)停泊・寄港・船繋り・係留
とう-びょう【痘苗】ベウ 種痘に使う材料。弱毒化した痘瘡ウイルスの液。
とう-びょう【闘病】ビヤウ〔名〕スル 病気を治そうという強い意志で療養につとめること。「長年の—生活」
(類語)静養・保養・療養・養生・保健
どう-ひょう【道標】ダウヘウ 通行人の便宜のため、方向や距離などを記して路傍に立てた標識。道しるべ。
(類語)道路標識・道しるべ・里程標・一里塚
どう-びょう【同病】ビヤウ ❶同じ病気。また、同じ病気の人。❷前に話題にのぼった、その病気。
同病相憐れむ　《「呉越春秋」闔閭内伝から》同じ病気、同じ悩みや苦しみをもつ人は互いにいたわりあい、同情しあう。
とうひょう-かんりしゃ【投票管理者】 選挙のとき、投票に関する事務を担任・管理する人。市町村の選挙管理委員会が有権者の中から一人を選任する。
とうひょう-く【投票区】トウヘウ 投票のために、選挙区をさらに区分して投票所ごとに設定した区画。
どう-びょうし【銅拍子】ヒヤウシ ▶どびょうし(銅拍子)
とうひょう-たちあいにん【投票立会人】 投票管理者の下で、投票に立ち会い監視する人。市町村の選挙管理委員会が投票区の選挙人名簿に登録された者の中から選任する。
とう-ひれん【唐飛廉】タウ キク科の多年草。日当たりのよい山地の草原に生え、高さ0.3〜1メートル。アザミに似るが、とげは鋭くない。葉は広卵形で、羽状に裂けている。秋、暗紫色の頭状花が咲く。
とう-ひん【盗品】タウ 盗んだ品物。贓品。
とう-びん【湯瓶】タウ 湯沸かし。鉄瓶・やかんの類。
どう-ひん【同品】❶同じ品物、商品。❷前に話題にのぼった、その品物、その商品。
とうひんとうかんよ-ざい【盗品等関与罪】 ▶盗品譲受け等罪
とうひんゆずりうけとう-ざい【盗品譲受け等罪】 盗品を、盗品と知りつつ無償で譲り受けたり、運搬・保管・購入などをしたりする罪。刑法第256条が禁じ、無償の譲り受けは3年以下の懲役に、その他は10年以下の懲役および50万円以下の罰金に処せられる。贓物罪。牙保罪。
とう-ふ【刀布】タウ 中国古代の、青銅製の貨幣。刀銭と布銭。
とう-ふ【豆腐】大豆の加工食品。水に浸した大豆を砕いて煮た汁を布でこして豆乳を作り、苦汁などを加えて固まらせたもの。木綿豆腐・絹ごし豆腐などがある。
豆腐に鎹　少しも手ごたえがなく、ききめがないたとえ。糠に釘。
とう-ふ【東父】▶東王父
とう-ふ【桃符】タウ 中国で、陰暦の元旦に門にかかげる魔除けのふだ。桃の木の板に百鬼を食べるという二神の像や吉祥の文字を書いたもの。
とう-ぶ【東武】㊀武蔵国の異称。また、その東部。㊁江戸の異称。
とう-ぶ【東部】その地域の東よりの部分。
とう-ぶ【答舞】タフ 舞楽で番舞を上演するとき、初めに舞う左方の舞に対し、あとにそれと組み合わせて舞う右方の舞。
とう-ぶ【踏舞】タフ〔名〕スル 足拍子をとって舞をまうこと。また、その舞。舞踏。「恰もフロレンスの—するを好まざるが如し」〈織田訳・花柳春話〉
とう-ぶ【頭部】頭の部分。また、物の先端の部分。あたま。「仏像の—」(類語)頭・頭・こうべ・つむり・かぶり・おつむ・首・雁首・ヘッド
とう-ぶ【▽賜ぶ・▽給ぶ・▽食ぶ】《「たまう」あるいは「たぶ」の音変化で、主として平安時代に用いた》㊀〔動バ四〕❶「与える」「授ける」の意の尊敬語。上の人から下の人へ与える。お与えになる。くださる。「たまう」よりも与える相手を低める気持ちが強い。「それは隆円に—・べ」〈能因本枕・九七〉❷尊者に対する会話などで自己側の動作に用い、第三者にくれてやりますの意を表す。「越の国へまかりける人に酒—・びけるついでに」〈後撰・離別・詞書〉❸動詞の連用形に付いて、その動作の主を尊敬する意を表す。…なさる。「たまう」よりも敬意は低い。「御館より出で—・びし日より」〈土佐〉㊁〔動バ下二〕❶「食う」「飲む」の意の謙譲語。飲食物を上位者からいただく。たべる。「大御酒など—・べて」〈古今・離別・詞書〉❷話し相手に対し、自己の飲食する意を、へりくだりあるいは丁寧にいう。たべる。「この酒をひとり—・べんがさうざうしければ」〈徒然・二一五〉
ドゥフ〖duff〗北アフリカから中央アジアにかけて広く分布する円形、四角形、八角形などの薄く浅い枠に革を1枚張った枠太鼓。枠の内側に小さな鉄輪を多数つけたものもある。(補説)アラビア語系の呼称で、ペルシア語系ではダイラ(daira)という。
どう-ふ【同父】父親が同じであること。
どう-ぶ【胴部】胴の部分。胴体。
どう-ぶ【童舞】《「とうぶ」とも》舞楽で、子供のまう舞。わらわまい。
とう-ふう【当風】タウ〔名・形動ナリ〕今の世に流行していること。また、そのさま。当世風。今風。「白き帷子に黒き帯の結び目を—に味はやれども」〈浮・五人女・二〉
とう-ふう【東風】東から吹いてくる風。ひがしかぜ。春風。こち。
とう-ふう【党風】タウ 党の気風・体質。「—刷新」
とう-ふう【唐風】タウ 中国の唐の制度・風俗に似ていること。からふう。「—の建築」
どう-ふう【同封】〔名〕スル 封筒の中に手紙と一緒にほかのものを入れること。「返信用の切手を—する」
どう-ふう【同風】同じ風習。また、同一の風俗になること。「天下の人を—一俗にせん事を」〈中村訳・自由之理〉
とうふう-きしゃ【東風汽車】中国の自動車会社グループ。1969年設立。第一汽車、上海汽車とともに中国の国有三大自動車会社グループの一つに数えられる。毛沢東によって設立された当初は第二汽車という名称だったが、92年に現名称に改称。バス、トラック、乗用車を生産。フランスのプジョー、日本の日産自動車、本田技研工業、韓国の起亜自動車との合弁会社をもつ。DFM(Dongfeng Motor)。東風汽車公司。
とうふうきしゃ-コンス【東風汽車公司】▶東風汽車
とうふ-うば【豆腐×姥】湯葉のこと。
とうぶおうしゅう-ひょうじゅんじ【東部欧州標準時】 ギリシャ、トルコ、ウクライナなど欧州の東部と、エジプト、リビア、スーダンなどで使われる標準時。協定世界時より2時間早く、日本標準時よりも7時間(夏時間の場合は6時間)遅い。東ヨーロッパ標準時。東ヨーロッパ時間。EET(eastern European time)。
とうふ-がら【豆腐殻】おから。うのはな。
とう-ふく【当腹】タウ《古くは「とうぶく」》今の妻の腹から生まれたこと。また、その人。「元来—の三男治部大輔義将寵愛して」〈太平記・三七〉
とう-ふく【倒伏】タウ〔名〕スル 稲・麦・樹木などがたおれること。
どう-ふく【同腹】❶同じ母から生まれたこと。また、その人。↔異腹。❷心を同じくすること。また、その人。同心。「此者島田と—にて主家を不義に陥れしめ」〈染崎延房・近世紀聞〉(類語)(❶)同母・同胞・はらから/(❷)同志・同士・同人・盟友・一味・一派
どう-ふく【堂幅】ダウ ❶中国で、庁堂(客間)の中央に飾る書画の掛け物。❷《❶と同様の幅であることから》画仙紙を切らないで、全紙に書画をかいて軸物にしたもの。➡条幅
どう-ぶく【胴服】❶室町末から江戸初期にかけて、武将が羽織った腰丈の上着。袖なしのものもあり、主として陣中用。❷▶胴着❶
どう-ぶく【道服】ダウ《「どうふく」とも》❶道士の着る服。道衣。❷公卿や大納言以上の人が家庭で内々に着た上衣。袖が広く腰から下にひだがあり、着物の上に羽織る。のち、道中着となり、さらに変化して今の羽織となった。❸袈裟のこと。真宗で、直綴のこと。
とうふく-じ【東福寺】京都市東山区にある臨済宗東福寺派の大本山。山号は慧日山。開創は嘉禎2年(1236)、開山は円爾、開基は九条道家。京都五山の第四位。九条家の氏寺で、東大寺と興福寺から1字ずつとって寺名とした。創建当初は、真言・天台・禅の三宗兼学。寺宝は無準師範像、宋版「太平御覧」など多数。三門は禅宗様としては日本最古。
とうふくじ-は【東福寺派】臨済宗の一派。円爾を祖とし、東福寺を本山とする。
どうふく-ちゅう【同腹中】「同腹❷」に同じ。「うそうそ窺ふ—」〈浄・手習鑑〉
とうふく-もんいん【東福門院】[1607〜1678]後水尾天皇の中宮。徳川秀忠の娘。名は和子。徳川幕府の朝廷対策により、14歳で入内。明正天皇の母。
どう-ぶくら【胴×脹ら】❶両端が細く中央部がまるくふくれていること。❷まんなか。なかほど。中央。「家居も京の—、諸役御免の門作り」〈浄・大経師〉❸真っ最中。さなか。「悲しゅてならぬ—に、あた聞きともない」〈浄・反魂香〉
どう-ふぐり 宝引きや福引きなどの綱につける根。昔は橙や木づちを用いた。
どう-ふ-けん【道府県】ダウ 北海道および各府県の総称。
どうふけん-ぜい【道府県税】 道府県が賦課する地方税。道府県民税・事業税など。
どうふけんみん-ぜい【道府県民税】 道府県内に住所・事務所・事業所などを有する個人・法

人に道府県が賦課する住民税。

とうぶ-しんしょく【頭部浸食┊頭部侵食】谷頭すなわち谷の最上流部がさらに上流の方へ伸びてゆく浸食作用。谷頭浸食。

どうふぜん-しょうこうぐん【洞不全症候群】心臓を一定のリズムで拍動させる洞結節の機能不全によって心拍数が低下し、めまい・失神・息切れ・疲れやすいなどの症状が起こる疾患。重症の場合、ペースメーカーによる治療が必要となることがある。SSS(sick sinus syndrome)。

どう-ぶち【胴縁】❶板塀・竹垣の板や竹を取り付けるため、柱と柱との間に水平に渡した材。❷壁に羽目板やボードを取り付けるため、柱・間柱に渡した水平材。

とう-ぶつ【唐物】中国、その他の諸外国から渡来した品物。舶来品。からもの。とうもつ。

どう-ぶつ【動物】❶生物を二大別したときに、植物に対する一群。多くは自由に移動することができ、植物などの作り出した有機物を栄養として摂取する。細胞壁がなく、種々の器官が分化し、神経系・感覚器官・排出器官・呼吸器官などをもつ。原生動物に分類されるものではほとんど植物と区別できないものもある。生態分布として、水生動物と陸生動物とに分けられる。❷人類以外の動物。特に、哺乳類をいう。獣類。

(類語)(❶)生き物・生類・生類・有情・衆生・生きとし生けるもの/(❷)けもの・けだもの・獣・獣類・畜類・畜生・野獣・百獣・鳥獣・禽獣・アニマル

どうぶつあいごかんり-ほう【動物愛護管理法】►動物愛護法

どうぶつあいご-ほう【動物愛護法】《「動物の愛護及び管理に関する法律」の通称》動物の虐待の防止、動物の適切な取り扱いなどについて定めた法律。動物の生命を尊重し愛護すること、動物による人の生命・身体・財産への侵害を防止することを目的とする。昭和48年(1973)制定。動物への虐待や遺棄は犯罪とされ、みだりに殺傷した者は1年以下の懲役または100万円以下の罰金に処せられる。

どうぶつ-ウイルス【動物ウイルス】動物の細胞に寄生するウイルス。一般には哺乳類・鳥類に感染するものをいう。

どうぶつ-えん【動物園】世界各地から集めた種々の動物を飼育し、調査や保護、教育、娯楽などを目的に広く一般に見せる施設。

どうぶつ-かい【動物界】❶動物の世界。❷生物を大別する、分類学上の最高の単位。動物の総称。植物界に対する。

どうぶつかいざい-りょうほう【動物介在療法】►アニマルアシステッドセラピー

どうぶつ-がく【動物学】動物の分類・形態・発生・生理・遺伝・進化などを研究する学問。

とうふっかく-せん【等伏角線】地図上で、地磁気の伏角が等しい地点を結んでできる曲線。

どうぶつ-がん【動物岩】生物岩の一。動物の遺体・骨片・外殻・分泌物などによってできた堆積岩。サンゴ石灰岩など。

どうぶつき【動物記】シートンの著作集。「私の知っている野生動物たち」(1898)、「大灰色グマの伝記」(1900)などがあり、精密な観察、すぐれた物語性により、動物文学の代表とされる。

どうぶつ-きょく【動物極】減数分裂のとき、極体が放出される部分。卵軸上の卵黄の比較的少ない一端。➡植物極

とうふつ-こ【濤沸湖】北海道東部、オホーツク海沿岸にある潟湖。網走市と小清水町にまたがる。湖畔に原生花園がある。平成17年(2005)ラムサール条約に登録された。

どうぶつ-こうどうがく【動物行動学】動物の行動を研究する生物学の一分野。心理学・生態学・生理学なども駆使して総合的に理解しようとするもの。エソロジー。比較行動学。行動生物学。

どうぶつ-さいみん【動物催眠】タコ・昆虫・鳥などで、人為的に刺激して随意運動を停止させる現象。鶏をしっかり捕らえてあおむけに置き、手をはなすと硬直状態のままその姿勢を続けるなど。ヒトの催眠とは区別される。

どうぶつ-しつ【動物質】動物体を構成する物質。主としてたんぱく質からなるものをいう。

どうぶつ-じっけん【動物実験】細菌学・免疫学・薬物学・生理学などの研究のため、動物を用いて行う実験。主にネズミ・モルモット・ウサギ・犬・猫などの小動物が用いられる。

どうぶつ-しんりがく【動物心理学】人間以外の動物の行動を研究する心理学の一部門。学習・情動・動機づけなどの実験・研究を通して人間の心理研究への貢献も大きい。➡比較心理学

どうぶつ-すうはい【動物崇拝】特定の動物に神秘的な呪力があるとして神聖視し、崇拝の対象とすること。また、動物が神や精霊の化身として信仰の対象となることもある。

どうぶつ-せい【動物性】動物としての性質。動物体特有の性質。

どうぶつせい-きかん【動物性器官】運動・感覚・神経など、動物体に特有の器官。

どうぶつせい-しょくひん【動物性食品】動物に由来する食品。肉・魚・貝・卵・乳など。たんぱく質・脂質・ビタミン・無機質が豊富。➡植物性食品

どうぶつせい-しんけい【動物性神経】脳脊髄神経のこと。植物性神経に対し、動物で発達しているのでいう。

どうぶつせい-せんい【動物性繊維】►動物繊維

どうぶつせい-たんぱくしつ【動物性×蛋白質】動物性食品に由来するたんぱく質。➡植物性蛋白質

どうぶつせい-ひりょう【動物性肥料】動物を原料とする肥料。魚肥・骨粉など。窒素・燐酸など有機成分に富む。動物質肥料。

どうぶつ-せんい【動物繊維】動物から得られる繊維。主成分はたんぱく質。羊毛・絹など。

どうぶつ-せんりょう【動物染料】動物体から採る染料。コチニールなど。

どうぶつ-そう【動物相】ある地域にすむ動物の全種類。昆虫相・鳥相などに分けることもある。ファウナ。

どうぶつ-たい【動物体】動物のからだ。

どうぶつ-ちりがく【動物地理学】地球上での動物の地理的な分布、およびその変遷や起因を研究する学問。

どうぶつ-ちりく【動物地理区】動物相による地球上の地域区分。区分の大きい順に界・区・亜区の単位に区分され、区では、全北区・旧熱帯区・オーストラリア区・大洋区・新熱帯区に分けられる。

どうぶつ-てき【動物的】〔形動〕動物の性質を持っているさま。また、人間らしい心がなく、動物のように本能だけで行動するさま。「―な勘が働く」

どうぶつ-でんき【動物電気】動物体に生じる電気。特に、シビレエイ・デンキウナギなどの発電器官によって生じるものをさす。

どうぶつ-プランクトン【動物プランクトン】動物の成体や幼生からなる浮遊生物。一般に体は微小であるが、大きなクラゲ類も含めていう。各種動物の重要な餌料となる。➡プランクトン

どうぶつ-ぶんがく【動物文学】動物を主人公とし、また動物と人間との交情を題材にした文学。

どうぶつ-ほうおんたん【動物報恩×譚】人から恵みや恩を受けた動物が、恩返しとしてその人に幸福や名声を報いるという昔話の一類。「鶴女房」「文福茶釜」など。

どうぶつほかん-けいかく【動物保管計画】►ズーストック計画

とうぶつ-や【唐物屋】唐物を売る店。洋品店。「―には毛糸、シャツ、ズボン下などが山のように並べられてある」〈花袋・田舎教師〉

どうぶつ-ゆし【動物油脂】動物体から採る油脂。魚油・鯨油・牛脂・豚脂など。

どうぶつゆらい-かんせんしょう【動物由来感染症】動物からヒトへ感染する病気の総称。噛まれたり排泄物に触れるなどして直接感染する狂犬病・ネコ引っ掻き病・トキソプラズマ症、水や土壌を介して感染するクリストスポリジウム症、蚊やダニなどが媒介する日本脳炎・ウエストナイル熱、動物性食品から感染するアニサキス症など、さまざまな感染経路がある。病原体の種類もウイルス・リケッチア・クラミジア・細菌・真菌・原虫・寄生虫などさまざまである。動物由来感染症はヒトから動物に感染する場合もある。人獣共通感染症。

どうぶつ-ろう【動物×蝋】蝋のうち、動物性のもの。蜜蝋・羊毛蝋など。

どうぶ-てい【道武帝】[371～409]中国、北魏の初代皇帝。在位386～409。廟号は太祖。本名は拓跋珪。鮮卑の拓跋部の出身で、匈奴・後燕を討滅し、華北を統一。平城(山西省)に都して、中国の官制・文化を取り入れ、北魏の基礎を確立。

とうぶ-てつどう【東武鉄道】東京都と埼玉・千葉・群馬・栃木の4県に路線をもつ鉄道会社。また、その鉄道。浅草・伊勢崎間の伊勢崎線、東武動物公園・東武日光間の日光線、池袋・寄居間の東上線などを中心として営業。明治30年(1897)創立。

とう-ふひょう【灯浮標】航路標識の一。浮標に点灯装置をつけ、暗礁や浅瀬を示すもの。

とうぶ-ひょうじゅんじ【東部標準時】アメリカ大陸の標準時の一。カナダのオタワ、米国のニューヨークやワシントン、キューバ、ペルーなどで使われる。協定世界時より5時間遅く、日本標準時より14時間(夏時間の場合は13時間)遅い。EST(eastern standard time)。

とうふ-よう【豆腐×餻】沖縄料理の一つ。島豆腐を麹や泡盛に漬けて発酵させたもの。さいころ大の小片で供され、少量ずつ食する。(補説)「餻」の本来の音は「コウ(カウ)」。「唐芙蓉」とも書く。

どう-ぶるい【胴震い】〔名〕寒さや恐れ・興奮などのために全身がふるえること。「緊張のあまり―する」

トゥブルジャ〖Tvrđa〗クロアチア北東部、スラボニア地方の都市オシイェクの旧市街。中心部にはペスト記念柱が立つトロイストフ広場がある。18世紀から19世紀にかけてハプスブルク帝国時代に建てられたバロック様式の建造物が数多く残っている。

ドゥブルベ-こくりつこうえん【W国立公園】ニジェール、ベナン、ブルキナファソの3か国にまたがる国立公園。サバンナと熱帯雨林という異なる環境を持ち、豊かな生物相を形成する。公園の名は、園の北端に接するニジェール川の流れが、W(ドゥブルベ)の字を描くように蛇行していることにちなむ。1996年、公園のニジェール領内が世界遺産(自然遺産)に登録された。

ドゥブロブニク〖Dubrovnik〗クロアチア最南部のアドリア海に面した都市。13世紀に自治都市となり、15～16世紀に最盛期を迎えた。厚さ約6メートル、高さ約25メートルの堅固な城壁に囲まれた旧市街には、後期ゴシック、ルネサンスの両様式を取り入れた歴史的建造物が多く残り、「アドリア海の真珠」と称えられる。内戦で多くの文化財が破壊されたが、市民の手によって忠実に復元された。総督邸や大聖堂のある旧市街は、1979年に世界遺産(文化遺産)に登録された。ドブロブニク。

ドゥブロブニクきょうわこくそうとく-てい【ドゥブロブニク共和国総督邸】《Knežev dvor》クロアチア最南部の都市、ドゥブロブニクの旧市街にある建物。15世紀初め、ドゥブロブニク共和国の総督の邸宅、および行政府、立法府として建造。完成から30年後、火薬の爆発で被害を受けて修復されたため、ゴシック様式とルネサンス様式が見られる。17世紀の大地震の後に行われた修復ではバロック様式の装飾が施された。現在は歴史博物館として利用されて

いる。

ドゥブロブニク-だいせいどう【ドゥブロブニク大聖堂】ﾀﾞｲｾｲﾄﾞｳ《Dubrovačka katedrala》クロアチア最南部の都市、ドゥブロブニクの旧市街にある大聖堂。12世紀末、ロマネスク様式で建造。17世紀の大地震で崩壊し、その後、イタリアの建築家によりバロック様式で再建された。ティツィアーノが描いた祭壇画「聖母被昇天」があることで知られる。正式名称は聖母被昇天大聖堂。

とう-ぶん【当分】ﾀｳ ﾌﾞﾝ ❶あることが起こった、その当座。時分。ころ。「当時クリミヤ戦争の一ではあるし」〈福沢・福翁自伝〉❷(副詞的にも用いる)現在のところ。ここしばらく。さしあたり。「一は間に合う」「一練習を休む」❸割り当てられた分。担当分。「一ツカマツッタ」〈日葡〉➡当座(用法)

(類語)当面・当座・しばらく・差し当たり・ひとまず

とう-ぶん【等分】〔名〕ｽﾙ 等しい分量に分けること。また、その分量や割合。「残りを三人で一する」「五十嵐と細君の顔を一に見る」〈虚子・俳諧師〉

(類語)均分・二等分・折半・平均・均等

とう-ぶん【×搨文】ﾀｳ 石摺ずりの文字や文章。

とう-ぶん【糖分】ﾀｳ あるものに含まれる、糖類の成分。また、甘み。「一を控える」

どう-ぶん【同文】❶文章が同じであること。❷互いに異なる民族または国家で、使用する文字が同一であること。

どうぶんつうこう【同文通考】ﾄﾞｳﾌﾞﾝﾂｳｶｳ 江戸中期の文字研究書。4巻。新井白石著。宝暦10年(1760)刊。漢字・仮名・国字などの成立・沿革などを体系的、実証的に研究したもの。文字考。書契文談。

どうぶん-どうき【同文同軌】《「礼記」中庸から》同じ文字を使用し、車輪の幅が同じ車を用いること。天下に秩序が保たれているたとえ。

どうぶん-どうしゅ【同文同種】使用する文字が同一で、人種も同類であること。主として中国と日本の間についていう。同種同文。

とう-へい【刀幣】ﾀｳ ﾍｲ ►刀銭とうせん

とう-へい【党弊】ﾀｳ ❶党派をつくることから生じる弊害。❷党派内にある欠点。

どうへい-しょうじ【同平章事】ﾍｲｼｬｳｼﾞ《「同中書門下平章事」の略》中国の唐・宋代、宰相に相当する官職の称。

とう-へき【盗癖】ﾀｳ 物を盗む習癖。ぬすみぐせ。

とう-べに【唐紅】ﾀｳ ►フクシン

トゥペロ〖Tupelo〗米国ミシシッピ州北東部の町。ロックの王様と称されたエルビス=プレスリーの出身地。

とう-へん【等辺】多角形の各辺の長さが等しいこと。

とう-べん【答弁｜答×辯】ﾀﾌ〔名〕ｽﾙ 質問に答えて説明すること。また、その説明。「議会で一する」

とうへんかく-せん【等偏角線】地図上で、地磁気の偏角が等しい地点を結んでできる曲線。

とうへん-さんかくけい【等辺三角形】3辺の長さの等しい三角形。正三角形。

とうべん-しょ【答弁書】ﾀﾌﾍﾞﾝ ❶答弁の主旨を記載した文書。❷訴訟法上、被告などが、訴状などに対し、反対の申し立てやその理由を記載して裁判所に提出する書面。➡準備書面

とうへん-たかくけい【等辺多角形】各辺の長さの等しい多角形。

とうへん-ついほう【陶片追放】ﾀｳﾍﾝ ﾂｲﾊｳ ►オストラシズム

とうへんぼく【唐変木】ﾀｳﾍﾝﾎﾞｸ 気のきかない人物、物分かりの悪い人物をののしっていう語。

(類語)分からず屋・朴念仁・でくの坊

とう-ぼ【登簿】官公署の帳簿に登記・登録すること。

どう-ぼ【同母】母が同じであること。同じ母から生まれたこと。(類語)同腹・同胞・はらから

とう-ほう【当方】ﾀｳ ﾊｳ 自分の属している方。自分の方。こちら。「一は皆無事です」(対)先方。

とう-ほう【投法】ﾊﾌ 物の投げ方。特に野球で、投手の球の投げ方。「サブマリン一」

とう-ほう【東方】ﾊｳ《「とうぼう」とも》❶東の方角・方向。また、東の方面。❷ヨーロッパから見て東の方に位置する国々、アジア諸国をさす語。

とう-ほう【答砲】ﾀﾌ ﾊｳ 礼砲に対する答礼として発射する空砲。軍艦対軍艦、軍艦対砲台の場合が多い。

とう-ぼう【逃亡】ﾀｳ ﾊﾞｳ〔名〕ｽﾙ ❶逃げて身を隠すこと。「犯人が一する」「敵前一」❷律令制で、本籍地・任地から他郷へかってに離れること。

(類語)逐電・出奔・高飛び・どろん

どう-ほう【同法】❶(ﾎﾞｳ) ㋐同じ方法や手段。また、同じ規則や法律。㋑前に話題にのぼった、その方法・法律。❷(ﾎﾞｳ)《「どうぼう」とも》同じ師について仏法を修行した仲間。

どう-ほう【同胞】ﾊｳ《「どうぼう」とも》❶同じ父母から生まれた兄弟姉妹。❷同じ国土に生まれた人々。同じ国民。また、同じ民族。「海外で働く一を支援する」

(類語)(❶)兄弟・姉妹しまい・はらから・連枝れんし・同腹・同母/(❷)国民・人民・万民ばんみん・四民・民草たみくさ・億兆おくちょう・蒼生そうせい

どう-ほう【同×袍】ﾊｳ《「詩経」秦風・無衣から。困窮の時には1枚の袍(綿入れの上着)を共用する親しい間柄の意》ともだち。友人。

どう-ぼう【同房】ﾊﾞｳ ❶同じ部屋。また、部屋を同じくすること。❷同じ監房。また、監房を同じくすること。「一者」

どう-ぼう【同×朋】❶仲間。友人。特に、志を同じくしてともに仏道を修める仲間。❷室町・江戸時代、将軍・大名に近侍して雑務や諸芸能をつかさどった僧体の者。室町時代には一般に阿弥あみ号を称し、一芸に秀でた者が多かった。江戸時代には幕府の役職の一つとなり、若年寄の支配下に大名の案内・着替えなどの雑事をつとめた。同朋衆。童坊。

どう-ぼう【洞房】ﾊﾞｳ ❶奥深い所にある部屋。寝室。閨房けいぼう。❷遊女の部屋。女郎屋。妓楼ぎろう。

どう-ぼう【道傍】ﾀﾞｳ ﾊﾞｳ みちばた。路傍ろぼう。

とう-ぼうえんきょう【塔望遠鏡】ﾀﾌﾊﾞｳｴﾝｷｬｳ 望遠鏡を塔内に垂直に固定し、塔上のシーロスタットにより太陽光を鏡筒に導く型の望遠鏡。太陽スペクトルなどの研究に使われる。

とうほう-おんがくだいがく【東邦音楽大学】ﾄｳﾊｳ 埼玉県川越市にある私立大学。昭和40年(1965)に開設された、音楽学部の単科大学。

とうほう-かい【東方会】ﾄｳﾊｳｸﾜｲ 昭和11年(1936)中野正剛が結成したファッショ的政治団体。新体制運動に協力したが、東条内閣には反発。同18年、中野の自殺で崩壊。

とうほう-かいぎ【東方会議】ﾄｳﾊｳｸﾜｲｷﾞ ㊀大正10年(1921)原敬首相が山東・シベリア撤兵問題を協議するために開いた会議。㊁昭和2年(1927)田中義一首相兼外相が、満蒙への積極的介入方針と対中国基本政策を決定するために開いた会議。➡田中メモランダム

とうほうがくえん-だいがく【桐朋学園大学】ﾄｳﾊｳｶﾞｸｴﾝ 東京都調布市にある私立大学。昭和36年(1961)の開設。音楽学部の単科大学。

とうほうがくえん-だいがくいんだいがく【桐朋学園大学院大学】ﾄｳﾊｳｶﾞｸｴﾝﾀﾞｲｶﾞｸｲﾝﾀﾞｲｶﾞｸ 富山市にある私立大学院大学。平成11年(1999)に開設された。

どうぼう-がしら【同×朋頭】江戸幕府の職名。若年寄に属し、同朋および表坊主・奥坊主の監督をつかさどった。

とうほう-きょうかい【東方教会】ﾄｳﾊｳｹｳｸﾜｲ ►東方正教会せいきょうかい

どうほう-きょうかい【同胞教会】ﾄﾞｳﾊｳｹｳｸﾜｲ《The Church of United Brethren in Christ》プロテスタントの一教派。ドイツの宣教師オッターバインらが、1789年ごろ、アメリカのペンシルベニアやメリーランドのドイツ系移民の間に伝道。日本には明治28年(1895)に伝えられ、日本基督同胞教会と称した。

どうぼう-けっせつ【洞房結節】ﾄﾞｳﾊﾞｳ ►洞結節どうけっせつ

とうほうけんぶんろく【東方見聞録】ﾄｳﾊｳｹﾝﾌﾞﾝﾛｸ マルコ=ポーロの旅行記。1271年から95年にかけての中央アジア・中国への旅行の体験談を、物語作者ルスティケロが筆録したもの。日本を黄金の国ジパングとして紹介。

どうぼうごえん【洞房語園】ﾄﾞｳﾊﾞｳｺﾞｴﾝ 江戸中期の随筆。2巻。庄司勝富著。享保5年(1720)成立。江戸の遊郭吉原の歴史・人物談などを述べる。

とうぼう-ざい【逃亡罪】ﾀｳﾊﾞｳ 旧陸軍刑法・海軍刑法上の犯罪で、軍人が理由なく職役を離れるか、これに就かず、または戦時に逃亡する罪。

とうほう-さいだいりかく【東方最大離角】ﾄｳﾊｳ ►最大離角

とうぼう-さく【東方朔】ﾄｳﾊﾞｳ ㊀[前154ころ～前93ころ]中国、前漢の文人。平原厭次(山東省)の人。字あざなは曼倩まんせい。武帝に仕えたが、巧みなユーモアと奇行により道化的存在だった。西王母の桃を盗んで食べ長寿を得たという伝説がある。著「答客難」「非有先生論」など。㊁謡曲。脇能物。観世・金春こんぱる・喜多流。金春禅鳳ぜんぽう作。漢の武帝が七夕の星祭りをしていると、東方朔が西王母とともに現れ、聖寿の長久を祝福する。

どうぼう-しゅう【同×朋衆】「同朋❷」に同じ。

とうほう-じょうるりいおう【東方浄瑠璃医王】ﾄｳﾊｳｼﾞｬｳﾙﾘｲﾜｳ 薬師如来のこと。

とうほう-じょうるりせかい【東方浄瑠璃世界】ﾄｳﾊｳｼﾞｬｳﾙﾘｾｶｲ 薬師如来のいる、瑠璃のように清浄な世界。

とうほう-せい【等方性】ﾄｳﾊｳ 物質や空間の物理的性質が、方向によって変わらないこと。(対)異方性。

とうほう-せいきょうかい【東方正教会】ﾄｳﾊｳｾｲｹｳｸﾜｲ キリスト教の三大分流の一。ロシア・中東・東欧を中心とする15の自立教会の連合体。1054年、東ローマ帝国圏のコンスタンティノポリスとローマの総主教座が、東西に分裂。以後、西方のローマ-カトリック教会に対して、正(オーソドックス)教会として発展。15世紀、ギリシャ正教会がオスマン帝国の支配を受けるようになると、主流はロシア正教会(ハリストス正教会)に移った。神学と礼拝が神秘主義的性格をもつ点に特徴がある。日本には文久元年(1861)ロシアの司教ニコライによって伝えられた。日本ではギリシャ正教会または単に正教会ともいう。東方教会。

とうほう-たい【等方体】ﾄｳﾊｳ 等方性をもつ物体。立方晶系の結晶など。(対)異方体。

とうほう-だいがく【東邦大学】ﾄｳﾊｳ 東京都大田区に本部のある私立大学。大正14年(1925)設立の帝国女子医学専門学校に始まり、帝国女子医学薬学専門学校、帝国女子理学専門学校を経て、昭和24年(1949)新制大学として発足。

どうほう-だいがく【同朋大学】名古屋市中村区にある私立大学。大正10年(1921)設立の真宗専門学校を母体に、昭和25年(1950)東海同朋大学として発足。同34年、現校名に改称。

とうぼうはんざいにん-ひきわたし【逃亡犯罪人引(き)渡し】ﾀｳﾊﾞｳﾊﾝｻﾞｲﾆﾝ 外国で罪を犯し、国内に逃亡してきた者を、その国に引き渡すこと。昭和28年(1953)制定の逃亡犯罪人引渡法により、犯罪人引き渡しの要件や手続などが定められている。

とう-ほく【東北】❶《古くは「とうぼく」か》東と北との中間の方角。北東。うしとら。❷「東北地方」の略。

とうぼく【東北】謡曲。三番目物。旅僧が都の東北院で梅を眺めていると、昔この梅を植えてめでていた和泉式部の霊が現れ、当時のようすを語る。

とう-ぼく【倒木】ﾀｳ たおれた木。

とう-ぼく【唐木】ﾀｳ 「からき」に同じ。

とう-ぼく【唐墨】ﾀｳ 中国製の墨。からすみ。

どう-ぼく【童僕｜×僮僕】召使いの少年。

とうほくがくいん-だいがく【東北学院大学】ﾄｳﾎｸｶﾞｸｲﾝ 仙台市に本部がある私立大学。明治19年(1886)設立の仙台神学校に始まり、東北学院専門学校を経て、昭和24年(1949)新制大学として発足。

とうほくかんとう-だいしんさい【東北・関東大震災】ﾄｳﾎｸｸﾜﾝﾄｳ ►東日本大震災

とうほく-げいじゅつこうかだいがく【東北芸術工科大学】ｹﾞｲｼﾞｭﾂｺｳｸﾜ 山形市にある私立大学。平成

4年(1992)に開設された。

とうほく-こうえきぶんかだいがく【東北公益文科大学】山形県酒田市にある私立大学。平成13年(2001)に開学した。公設民営方式による、公益学部の単科大学。

とうほく-こうぎょうだいがく【東北工業大学】仙台市に本部のある私立大学。昭和39年(1964)に工学部の単科大学として開設。平成20年(2008)にライフデザイン学部を新設した。

とうほく-じどうしゃどう【東北自動車道】東京から仙台・盛岡・弘前の各市を経て青森市に至る東北縦貫自動車道弘前線の通称。昭和62年(1987)全通。岩手県八幡平市で分岐し、八戸市経由で青森市に至る東北縦貫自動車道八戸線は八戸自動車道の通称で一部供用中。

とうほく-じょしだいがく【東北女子大学】青森県弘前市にある私立大学。昭和44年(1969)に開学した。

とうほく-しんかんせん【東北新幹線】東京と新青森を結ぶ新幹線。盛岡・大宮間が昭和57年(1982)、大宮・上野間が同60年、上野・東京間が平成3年(1991)、盛岡・八戸間が同14年、八戸・新青森間が同22年開業。運行列車は「はやぶさ」「はやて」「やまびこ」「なすの」。全長713.7キロ。

▷ **東北新幹線の駅**
東京—上野—大宮—小山—宇都宮—那須塩原—新白河—郡山—福島—白石蔵王—仙台—古川—くりこま高原—一ノ関—水沢江刺—北上—新花巻—盛岡—いわて沼宮内—二戸—八戸—七戸十和田—新青森

とうほく-せいかつぶんかだいがく【東北生活文化大学】仙台市にある私立大学。昭和33年(1958)三島学園女子大学として開設。昭和62年(1987)に現校名に改称され、男女共学校となった。

とうほく-だいがく【東北大学】仙台市にある国立大学法人。明治40年(1907)東北帝国大学として開校。当初は札幌農学校を改組した農科大学と仙台の理科大学からなる。第二高等学校ほか専門学校5校を合併して、昭和24年(1949)新制大学に移行。平成16年(2004)国立大学法人となる。

とうほく-ちほう【東北地方】㊀本州の北東部を占める地方。青森・岩手・秋田・宮城・山形・福島の6県。奥羽地方。㊁中国の北東部を占める地方。遼寧・吉林・黒龍江の3省。

とうほくちほうたいへいようおき-じしん【東北地方太平洋沖地震】平成23年(2011)3月11日午後2時46分ころに、三陸沖を震源として発生したマグニチュード9.0の地震。宮城県栗原市で最大震度7を観測。巨大津波を引き起こし、沿岸部を中心に甚大な被害が出た。➡東日本大震災 (補説)マグニチュード9.0は、気象庁による国内での観測史上最大の数値。➡地震(補説)

とう-ほくとう【東北東】東と北東との中間の方角。

とうほく-にほん【東北日本】日本列島を糸魚川静岡構造線で2分したときの北東部。

とうほく-のうさぎ【東北野×兎】ノウサギの一亜種。体長約50センチ、尾が短い。体毛は茶色で、冬に白色に変わる。本州に分布。えちごうさぎ。

とうほく-ふくしだいがく【東北福祉大学】仙台市にある私立大学。昭和33年(1958)に開学した東北福祉短期大学を前身として、同37年に開設された。

とうほくぶんかがくえん-だいがく【東北文化学園大学】仙台市にある私立大学。平成11年(1999)の開設。

とうほく-ぶんきょうだいがく【東北文教大学】山形市にある私立大学。富沢学園を母体に、平成22年(2010)開設。

とうほく-べん【東北弁】東北地方の方言。東北方言を使ったものの言い方。

とうほく-ほんせん【東北本線】宇都宮・福島・仙台・盛岡を経由して東京と青森を結んだJR線。もと日本鉄道で、明治39年(1906)国有化。昭和62年(1987)民営化。平成14年(2002)東北新幹線の八戸延伸に伴い、盛岡・八戸間がIGRいわて銀河鉄道と青い森鉄道に移されたため、東京・盛岡間と八戸・青森間の2区間に分かれている。

とうほく-やっかだいがく【東北薬科大学】仙台市にある私立大学。昭和14年(1939)設立の東北薬学専門学校を母体に、同24年新制大学として発足。

とうほく-らくてんゴールデンイーグルス【東北楽天ゴールデンイーグルス】プロ野球球団の一。パシフィックリーグに所属し、フランチャイズは宮城県。平成17年(2005)に発足。ゴールデンイーグルス。

どう-ほこ【銅×鉾｜銅矛】弥生時代の青銅製の鉾。朝鮮半島製の武器は、北部九州で墓に副葬。日本製の多くは実用から離れた祭器。九州から中国・四国地方にかけて出土する。

とう-ぼし【唐▽法師】➤大唐米

とう-ぼつ【投没】〘名〙スル 投げ入れること。投げて沈めること。「彼をして火中に—いたし候えば」〈魯文・安愚楽鍋〉

とうぼ-トンすう【登簿トン数】➤純トン数

どう-ぼね【胴骨】❶胴の骨。あばらぼね。「—ふまへて首ふっと捻ぢ切り」〈浄・盛衰記〉❷度胸。肝っ玉。「—を試さんが為に、物すごき処の墓原へ行きけれぱ」〈反故集〉

とう-ほん【唐本】中国から渡来した書物。漢籍。

とう-ほん【×搨本】➤拓本

とう-ほん【謄本】❶原本の内容を全部写して作った文書。戸籍謄本・登記簿謄本など。➡抄本 ❷戸籍謄本のこと。(類語)抄本・写し・コピー

とう-ほん【藤本｜×籐本】➤蔓植物

とう-ほん【騰奔】〘名〙スル ❶飛び上がるように走ること。❷物価などが急激に上昇すること。

とうほん-せいそう【東奔西走】〘名〙スル あちこち忙しく走りまわること。「資金集めに—する」(類語)奔走・狂奔・てんてこ舞い・きりきり舞い

とう-ま【稲麻】「稲麻竹葦」に同じ。「馬回りに徒立ちの射手五百人、…—の如く打ち囲うだり」〈太平記・二六〉

どう-まき【胴巻(き)】金銭などを入れて腹に巻きつける帯状の袋。

どうま-ごえ【胴間声】調子はずれの濁った太い声。胴声。「人の顔をのぞくものや、—に歌うものや」〈藤村・千曲川のスケッチ〉(類語)だみ声・どら声

ドゥマゴ-しょう【ドゥ・マゴ賞】《フランス Prix des Deux Magots》フランスの文学賞の一。1933年創設。ゴンクール賞に比べ、より先進的な作品に贈られることが多い。(補説)名称は、パリにあるカフェの名に由来。

どう-まさつ【動摩擦】物体が他の物体の表面に沿って動くとき、接触面に生じる抵抗力。運動摩擦。

どうまさつ-けいすう【動摩擦係数】動摩擦力は物体に作用する垂直抗力に比例する。このときの比例定数。その値は静止摩擦係数の値よりは小さい。

とうま-ちくい【稲麻竹×葦】《稲・麻・竹・葦の群生するようすから》多くの人が入り乱れて集まっているようすや、幾重にも取り囲んでいるようすをたとえていう語。「余りに人参り集ひて、筍を込み、—のごとし」〈平家・三〉

とう-まる【唐丸｜鶤＝鶏】❶ニワトリの一品種。長鳴き鶏の一。羽色は一般に黒色で、新潟県で作り出された。❷「唐丸籠」の略。

どう-まる【胴丸｜▽筒丸】中世の鎧の一。胴を丸く囲み、着用の際の引合を右側に設けた歩卒用の簡便な鎧。活動に適すように草摺を8枚に分け、本来は袖や兜は具備されない。その機能と構造は、当世具足に受け継がれ、近世の甲冑に影響を与えた。

とうまる-おくり【唐丸送り】江戸時代、罪人を唐丸籠に入れて護送すること。

とうまる-かご【唐丸籠】❶唐丸❶を入れて飼う、円筒形の竹籠。❷《形が❶に似るところから》江戸時代、罪人を護送するのに用いる、上を網でおおった竹駕籠。

とうまる-やぶり【唐丸破り】唐丸送りのかごを破って罪人が脱走したり、また、罪人を脱走させたりすること。また、その罪人。

どう-まわり【胴回り｜胴▽囲り】胴のまわり。また、その長さ。ウエスト。(類語)胴囲・ウエスト

とう-まんじゅう【唐×饅▽頭】小麦粉に砂糖・鶏卵をまぜて作った皮であんを包み、円形または小判形に焼いた和菓子。

とうみ【東御】長野県東部にある市。古くから名馬の産地として知られ、北国街道・海野宿は江戸時代の面影を残す。平成16年(2004)東部町、北御牧村が合併して成立。人口3.1万(2010)。

とう-み【唐×箕】穀粒を選別する装置。箱形の胴につけた羽根車で起こした風を利用し、秕・籾殻・ごみなどを吹き飛ばして、穀粒を下に残す。

とうみ-し【東御市】➤東御

とう-みつ【東密】空海の伝えた密教。真言宗をさす。京都の東寺(教王護国寺)に興ったのでこうよび、天台宗の台密に対していう。

とう-みつ【糖蜜】❶サトウキビなどを使って砂糖を製造するときに、糖液を蒸発・濃縮させて結晶を分離したあとに残る茶褐色の液体。砂糖製造の際の副産物で、主としてアルコール発酵や製パン用イーストの原料、製菓材料、甘味調味料などにする。廃糖蜜。モラセス。❷砂糖からつくった蜜。砂糖を水などに溶かし煮詰めて作る。砂糖蜜。

とう-みの【唐×蓑】肩にかけ背をおおう蓑。農作業のときなどに、日光や雨を防ぐために用いる。

どう-みゃく【動脈】❶血液を心臓からからだの各部分へ送り出す血管。一般に血管壁が厚く、弾力性に富み、心臓の鼓動に一致する脈拍をもつ。高等動物では心臓から肺動脈と大動脈とが出ている。大動脈は動脈血を運ぶが、肺動脈は静脈血を心臓から肺へ送る。➡静脈 ❷物資の輸送や情報の伝達などの主要な系路。「地震で都市の—が寸断される」

どうみゃく-けつ【動脈血】肺でガス交換を終え、鮮紅色で多量の酸素・栄養素を含む血液。一般に動脈を流れる。

どうみゃく-こうか【動脈硬化】❶「動脈硬化症」の略。❷考え方や感受性などが柔軟でなくなるたとえ。

どうみゃく-こうかしょう【動脈硬化症】動脈壁にコレステロールなどの沈着、変性などが起こって弾力性が失われ、血管が硬化した状態。心筋梗塞・脳出血などの誘因となる。

どうみゃく-せんせい【銅脈先生】[1752〜1801]江戸中期の狂詩作者。京都の人。本名、畠中正盈。号は観斎。銅脈先生は狂号。風刺のきいた狂詩で大田南畝と並び称される。著作に「太平楽府」「勢多唐巴詩」「太平遺響」など。

どうみゃく-りゅう【動脈×瘤】動脈壁の局部がこぶ状に拡張した状態。動脈硬化症・梅毒などによるものが多く、しだいに増大し、破裂して大出血を起こす危険がある。

とう-みょう【灯明】神仏に供えるともしび。昔は油を、今はろうそくなどを用いる。みあかし。

とう-みょう【豆▽苗】エンドウの若芽。食用。中国料理に使われる。

とう-みょう【唐名】「からな(唐名)❷」に同じ。

どう-みょう【同名】・【同▽苗】❶同じ名字。同姓。❷同じ一族。同族。

どうみょう-じ【道明寺】㊀大阪府藤井寺市にある真言宗御室派の尼寺。山号は蓮土山。推古天皇の時代、菅原氏の祖である土師連八島が自宅を寺として土師寺と称したのが始まりといわれる。道真の没後、天満宮が祀られ、道明寺と改称。本尊の十一面観音像は国宝。㊁謡曲。脇能物。観世・金剛・喜多流。僧尊性が霊夢により道明寺に行くと、白太夫の神が数珠にするための木槵樹の実を授ける。㊂浄瑠璃「菅原伝授手習鑑」の二段

目切きりの通称。太宰府への途中、菅原道真が河内土師はじの里に伯母を訪れると、時平の手先が襲ってくるが、みずから刻んだ木像が奇瑞をあらわして助ける。㊁❶「道明寺糒ほしい」の略。〔季 夏〕❷道明寺粉を材料として作った和菓子。

どうみょうじ-こ【道明寺粉】ダウミヤウジ 道明寺糒ほしいをひいた粉。製菓材料などに用い、道明寺種ともいう。

とうみょうじ-なわて【灯明寺畷】 延元3=暦応元年(1338)新田義貞が戦死した古戦場。福井市灯明寺町にある。

どうみょうじ-ほしい【道明寺×糒】ダウミヤウジ 糯米もちごめを蒸して日に干したもの。道明寺で創始。水や熱湯を注いでやわらかくして食べ、軍糧や旅の携行食として重用された。主に桜餅などの和菓子の材料とする。

とうみょう-せん【灯明船】 ▶灯船ともしぶね

とうみょう-だい【灯明台】 ❶灯明をのせる台。❷「灯台❷」に同じ。

とう-みん【冬眠】〔名〕スル 季節的な低温に対して動物がとる生活を休止した状態。カエル・イモリ・蛇などの陸生の変温動物や、ハリネズミ・ヤマネ・コウモリなどの恒温動物にみられる。クマなどの冬ごもりは体温低下がわずかで、睡眠状態に近い。〔季 冬〕「金色の蛇の一心足る/楸邨」〔類語〕冬ごもり・休眠

とう-みん【島民】タウ 島の住民。

とう-む【党務】タウ 政党・党派の仕事。

どう-むかえ【道迎へ】ダウむかへ 旅から帰る人などを途中まで出迎え、酒食を供すること。「一のそのために、一酒を持ちて参りたり」〈謡・俊寛〉

とう-むしろ【×籐×筵】籐で編んだむしろ。とむしろ。〔季 夏〕「仏壇の灯がうつりけり一/月斗」

とうめ【▽専女】たうめ ❶老女。「翁人おきなひと一人、一一人」〈土佐〉❷《「伊賀専女いがたうめ」の略》老狐。

とう-め【唐目】タウ《中国宋代の量目による》重さの単位の一。1斤を160匁(約600グラム)とする。からめ。➡大和目やまとめ

とうめ【▽専】たうめ〔副〕《「たくめ(専)」の音変化》もっぱら。専一に。「汝いまし一東の国ををさめよ」〈景行紀〉

とう-めい【刀銘】タウ 刀剣の銘。

とう-めい【東名】㊀東京と名古屋。㊁東名高速道路の略。

とう-めい【唐名】タウ 「からな(唐名)❷」に同じ。

とう-めい【透明】〔名・形動〕❶㋐すきとおって向こうがよく見えること。また、そのさま。「一なガラス」㋑すきとおって、にごりのないこと。また、そのさま。「一な音」「一な空」❷物体が光をよく通すこと。光が物質中を通過するとき、吸収される度合いが小さいこと。〔派生〕とうめいさ〔名〕

どう-めい【同名】同じ名であること。どうみょう。「同姓一」

どう-めい【同盟】㊀〔名〕スル 個人・団体または国家などが、互いに共通の目的を達成するために同一の行動をとることを約束すること。また、それによって成立した関係。「一を結ぶ」「一してストライキを打つ」㊁《「全日本労働総同盟」の略称》昭和39年(1964)全労会議と総同盟とが統合して結成された労働組合の全国組織。総評に対抗し、民間産業が中心。同62年、連合の発足により解散。
〔類語〕連盟・連合・連帯・協同・団結・ユニオン

どうめい-いじん【同名異人】名前は同じでも違う人であること。また、その人。

とうめい-かん【透明感】❶物体の、すきとおった感じ。「ガラスの一を生かしたデザイン」❷にごりがなく明るい感じ。「一あふれる歌声」「一のある肌」

どうめい-きゅうこう【同盟休校】ーキウカウ 学生が自分たちの要求を通すため、同盟して授業を放棄すること。学生ストライキ。

とうめい-こうそくどうろ【東名高速道路】ーカウソクダウロ 東京都世田谷区と愛知県小牧市を結ぶ高速自動車国道。昭和44年(1969)全線開通。全長346.7キロ。第一東海自動車道の通称。

どうめい-こく【同盟国】❶相互に同盟関係にある国家。同盟条約を結んだ当事国。❷第一次大戦で、連合国と戦った国々。ドイツ・オーストリア・オスマン帝国・ブルガリアのこと。➡連合国❷
〔類語〕連合国・盟邦・友邦・与国・味方

どう-めいし【動名詞】英語の動詞の原形に-ingをつけた形で、動詞的意味あるいは機能をもちながら、名詞と同じ用いられ方をするもの。ジェランド。

とうめい-しっぽう【透明七宝】七宝焼きの技法の一。素地きじに線刻や浮き彫りを施し、その上から透明な釉うわぐすりをかけて焼くもの。

どうめい-じょうやく【同盟条約】ーデウヤク 第三国との間に紛争が起こったときに、相互に援助を約束する条約。

とうめい-せっけん【透明石×鹸】ーセキケン 化粧石鹸の一種。牛脂・ひまし油などから作った石鹸をそのまま急冷するか、グリセリン・砂糖などの透明剤をまぜて作る。

とうめい-たい【透明体】光をよく通す物体。ガラス・水・空気の類。

どうめい-つうしんしゃ【同盟通信社】昭和11年(1936)日本電報通信社と新聞聯合社を合併して設立された独占的通信社。中国・東南アジア各地に支社をもち、国家代表の通信社として活動したが、第二次大戦敗戦により解散。その施設は共同通信社・時事通信社に受け継がれた。

とうめい-ど【透明度】湖や海の水の透明の度合い。透明度板を水中に沈め、肉眼で見えなくなるときの深さで表す。

とうめいど-ばん【透明度板】透明度を測定するために用いる直径30センチの白色の円板。実用化したイタリアの天文学者の名から、セッキー板ともいう。

どうめい-ひぎょう【同盟罷業】ーゲフ ▶ストライキ❶

どうめい-ひこう【同盟罷工】▶ストライキ❶

とうめい-りゅう【東明流】ーリウ 三味線音楽の流派の一。明治後期、平岡吟舟が当時の三味線音楽諸流の粋を集めて創始。初め東明節と称したが、昭和5年(1930)改称。

どう-メダル【銅メダル】銅製のメダル。オリンピックなどで、第3位に入賞した者に与えられる。

とう-めつ【討滅】タウ〔名〕スル うちほろぼすこと。「賊軍を一する」

とう-めん【当面】タウ〔名〕スル ❶じかに向き合うこと。まのあたりにすること。直面。「難局に一する」❷(副詞的にも用いる)さし迫っていること。さしあたり。「一の急務」「一問題はない」➡当座〔用法〕
〔類語〕当座・当分・しばらく・差し当たり・ひとまず

とう-めん【東面】〔名〕スル 東側に面すること。また、東側に面した方。

とう-めん【痘面】あばたづら。

とうめん-よう【等面葉】ーエフ 表裏の区別はほとんどないが、葉脈の維管束構造には背腹性のみられる葉。松・スイセンなど。葉脈の構造にも背腹性のない葉は単面葉といい、アヤメ・ネギなどにみられる。

どう-も㊀〔副〕❶あれこれ考えたり試したりしてもなかなか満足できない気持ちを表す。「何度やっても一うまくいかない」「あの判決には一納得できない」❷物事の原因や理由がはっきりわからない気持ちを表す。「一調子がおかしい」「理数系は一苦手だ」❸根拠や理由がはっきりしないまま漠然と推測する気持ちを表す。「明日は一雨になりそうだ」「一無事らしい」❹あいさつに用いて、深く感謝したり謝罪したりする気持ちを表す。「一ありがとう」「一失礼しました」㊁〔感〕気楽なあいさつや、気楽に謝意を表すときに用いる語。「やあ、一」「一。いつもすいませんね」
〔類語〕どうしても・どうやら・なにやら・なんだか

どう-もう【童×蒙】〔名・形動〕幼くて道理がわからないこと。また、その者や、そのさま。「一な顔の体のずんぐりした少女」〈秋声・仮装人物〉

どう-もう【×獰猛】ダウマウ〔名・形動〕性質が荒く乱暴であること。また、そのさま。「一な顔つき」「一な動物」
〔補説〕「ねいもう」は誤読。〔派生〕どうもうさ〔名〕
〔類語〕狂暴・凶暴・凶猛・凶悪・獰悪・猛悪

どう-もう【×艟×艨】軍艦。艨艟もうどう。

どうもうしょういん【童蒙頌韻】ドウモウショウヰン 平安後期の韻書。三善為康著。天仁2年(1109)成立。詩作に便利なように、漢字の平声の文字を配列し、4字句にして音訓を施したもの。

とう-もく【湯×沐】タウ 湯を浴びて、髪を洗うこと。ゆあみ。「一の風姿婀娜たるを窺い」〈東海散士・佳人之奇遇〉

とう-もく【頭目】❶頭と目。ずもく。「手足一の別なきが如く」〈染崎延房・近世紀聞〉❷かしら。親分。首領。「馬賊の一」
〔類語〕(❷)親分・親玉・棟梁とうりょう・首領・首魁しゅかい・ボス・ドン

どう-もく【×瞠目】ダウ〔名〕スル 驚いたり感心したりして、目をみはること。「一すべき成果」〔類語〕注目・刮目かつもく・驚嘆・目を疑う・目を丸くする・目を見張る

とう-もつ【唐物】タウ ▶とうぶつ(唐物)

どう-もと【胴元・▽筒元】❶さいころばくちの親。また、ばくちの場所を貸して、寺銭をとる者。胴親。❷物事のしめくくりをする人。元締め。

どうもと-いんしょう【堂本印象】ダウもとインシャウ［1891～1975］日本画家。京都の生まれ。本名、三之助。初期から各種の技法を駆使し、仏画・寺院襖絵ふすまえを手がけ、第二次大戦後は日本画における抽象表現の追求へと向かった。文化勲章受章。

とう-もめん【唐木綿】タウ 江戸時代、外国から輸入された木綿。糸が細く、織り幅が広い。

どう-もり【堂守】ダウ 堂を守ること。堂の番人。

トゥモロー〘tomorrow〙《「ツモロー」とも》明日。

とう-もろこし【玉=蜀=黍】タウ イネ科の一年草。高さ2～3メートル。茎は中に白い髄が詰まり、節に細長い葉が互生する。夏、茎頂に雄花穂を円錐状につけ、雌花穂は中ほどの葉の付け根につける。雌花は太い軸に多数規則正しく並び、数枚の苞ほうに包まれ、毛状の花柱を出している。種子は扁円形で、でんぷんに富み、食用および飼料にする。アメリカ熱帯地方の原産で、日本へは天正の初めに渡来。とうきび。まきび。南蛮きび。〔季 秋│花=夏〕

とうもろこし-いろ【玉=蜀=黍色】タウもろこし トウモロコシの実のような色。赤みがかった鮮やかな黄色。

とうもろこし-じょうりゅうかす【玉=蜀=黍蒸留×粕】タウもろこしジョウリウかす ▶ディー-ディー-ジー-エス(DDGS)

どう-もん【同門】同じ師匠・先生のもとで学ぶこと。また、その人。〔類語〕同学・同窓

どう-もん【洞門】❶ほらあなの入り口。また、そこに設けられた門。❷ほらあな。

とうもん-かい【稲門会】タウモンクワイ 卒業年や地域・職域・出身サークルなどごとに活動する早稲田大学卒業生の同窓会。上部組織に早稲田大学校友会。

とう-や【当夜】タウ ❶その夜。その事のあった夜。❷今夜。今晩。〔類語〕今宵こよい・今夜・今晩

とう-や【陶冶】タウ〔名〕スル ❶陶器をつくることと、鋳物をつくること。❷人の性質や能力を円満に育て上げること。育成。「人格を一する」

とう-や【塔屋】タフ 建物の屋上に突き出した部分。エレベーターの機械室や換気塔・冷却塔など。

とう-や【頭屋】トウ・【当屋】タウ 神社の祭礼にあたり、神事や行事の主宰者となる家。また、その家の主人。古くは世襲で、のち当番制になった。

とうや-かい【東冶会】ークワイ 東京大学工学部金属工学科などの卒業生の同窓会。

とう-やく【当薬】タウ センブリの全草を乾燥したもの。民間で苦味健胃薬として用いる。

とう-やく【投薬】〔名〕スル 病気や症状に応じて薬を与えること。「患者に一する」〔類語〕投与・施薬

とう-やく【湯薬】タウ せんじぐすり。煎薬せんやく。

とう-やく【頭役】トウ・【当役】タウ ❶連歌・俳諧の座または酒宴などで、座をとりしきる主人役や世話役。かしらやく。❷寺院で、講や仏事・法会の主役。

どう-やく【同役】❶同じ役目。また、その人。相役。❷同じ配役。

とうやく-りんどう【当薬▽竜▽胆】タウヤクリンダウ リンドウ科の多年草。本州の中部以北の高山に自生。高さ8～15センチ。葉は披針形。夏、筒状をし、淡黄色に緑色の点のある花が2、3個咲く。薬用にする。

とうや-こ【洞爺湖】北海道南西部にあるカルデラ湖。面積70.7平方キロメートル。最大深度179.7メートル。南岸に有珠(うす)山・昭和新山がある。
とう-やしゅう【東野州】トウヤシウ ▶東常縁(とうのつねより)
とうやま-みつる【頭山満】[1855～1944]国家主義者。福岡の生まれ。萩の乱で一時入獄。自由民権運動に参加後、国家主義に転じ、玄洋社を創立。強硬外交と大陸進出を唱え、在野で右翼の中心人物として活躍。
とうや-まる【洞爺丸】昭和22年(1947)に建造された青函連絡船の一。3898総トン。同29年9月26日、台風15号(洞爺丸台風)により函館港外で沈没。乗客・乗員1100人余が死亡した。
どう-やら〘副〙❶十分また完全ではないが、なんとか。どうにか。「一完成までこぎつけた」❷確実ではないが、なんとなく。「一明日は雨らしい」
類語 やっと・どうにか・恐らく・多分・大方(おおかた)
どうやら-こうやら〘副〙やっとのことで。どうにかこうにか。「一及第した」
とう-ゆ【灯油】❶灯火用の油。ともしあぶら。❷原油を蒸留したとき、セ氏150～250度で留出する油。精製度の高いものは灯火・暖房用に、低いものは発動機燃料・塗料用溶剤などに使用。ケロシン。
とう-ゆ【×桐油】❶アブラギリの種子から得られる赤黄色の油。乾燥が速く、耐水性がある。日本では古くから桐油紙・番傘などに使用。きりあぶら。❷「桐油紙」「桐油ガッパ」の略。
とう-ゆう【東×涌】東から太陽がのぼり出ること。⇔西没(せいぼつ)。
とう-ゆう【党友】タウイウ ❶同じ党派の仲間。❷その党派を外部から援助する人。
どう-ゆう【同友】ドウイウ 志を同じくする友。
どう-ゆう【同憂】ドウイウ 憂いをともにすること。同じように世の行く末を心配すること。「一の士」
とうゆうき【東遊記】トウイウキ 江戸後期の紀行・随筆。正編・続編各5巻。橘南谿(たちばななんけい)著。寛政7～9年(1795～1797)刊。天明4年(1784)京都から江戸へ行き、東海・東山・北陸の各道を旅行した時の見聞録。➡西遊記㊂
とう-ゆうし【投融資】投資と融資。「財政一」
とうゆ-うるし【×桐油漆】桐油に滑石・密陀僧(みつだそう)などを混ぜ、顔料を加えて作った塗料。
とうゆ-ガッパ【×桐油ガッパ】桐油紙で作った雨ガッパ。主として旅装用。
とうゆ-がみ【×桐油紙】桐油をひいた紙。湿気・雨をよく防ぐので、包み紙・カッパに用いる。合羽紙。
とうゆ-きかん【灯油機関】トウユキクワン 燃料に灯油を用い、これを加熱・霧化して火花点火する内燃機関。小出力の漁船・農業機械に用いる。
とう-ゆみ【唐弓】タウ― 繰綿(くりわた)を打って不純物を取り除き、やわらかくする道具。長さ1メートル半ほどの木弓に鯨の筋を弦に張ったもの。わたうちゆみ。
とう-よ【投与】〘名〙スル ❶投げ与えること。❷患者に薬を与えること。「新薬を一する」
類語 (❷)投薬・施薬
とうよ【東予】愛媛県中東部にあった市。壬生川(にゅうがわ)地区は米の積み出し港として発展。平成16年(2004)小松町、丹原町とともに西条市と合併。➡西条
とう-よ【党与】タウ― 一緒に何かをする仲間。徒党。「国内に一を結て」〈福沢・文明論之概略〉
とう-よう【灯用】灯火に用いること。
とう-よう【当用】タウ― さしあたって用いること。また、さしあたっての用事。
とう-よう【東洋】トウヤウ ❶アジア諸国の総称。特に、日本・中国・インドなどアジアの東部・南部をさす。⇔西洋。❷中国で、日本をさしていう語。
とう-よう【桃×夭】タウエウ《「詩経」周南・桃夭から。嫁ぐ若い女性の美しさを桃のみずみずしさにたとえた語》女性の婚期。嫁入りどき。
とう-よう【盗用】タウ―〘名〙スル 他人の所有になるものを無断で使用すること。「デザインを一する」
類語 盗作・剽窃(ひょうせつ)・丸写し・ぱくり・コピー
とう-よう【陶窯】タウエウ 陶磁器を焼くかま。
とう-よう【登用|登庸】〘名〙スル 人を官職などに取り立てること。また、人をそれまでより高い地位に引き上げて用いること。「人材を一する」
類語 起用・挙用・重用・抜擢(ばってき)・取り立て
とう-よう【×蕩揺】タウエウ〘名〙スル ゆり動かすこと。また、ゆれ動くこと。「春は何時(いつ)しか私の心を一し始めたのである」〈漱石・硝子戸の中〉
とう-よう【糖葉】タウエフ 光合成によって生じる同化産物が、単糖類または二糖類の形で細胞内に蓄積される葉。多くの単子葉植物にみられる。➡澱粉葉(でんぷんよう)
どう-よう【同様】ドウヤウ〘名・形動〙同じであること。ほとんど同じであること。また、そのさま。「前の事件と一な(の)手口」「兄弟一に育てられる」
類語 同然・同断・同じ・同種・同類・同列・同格
どう-よう【動揺】ドウエウ〘名〙スル ❶ゆれ動くこと。「強風で船体が一する」❷心や気持ちがゆれ動くこと。平静を失うこと。「事故の知らせに一する」❸社会などが秩序を失い乱れること。「政界が一する」
類語 震動・振動・激動・震撼(しんかん)
どう-よう【童幼】ドウエウ 幼い子供。幼児。
どう-よう【童謡】ドウエウ ❶子供が口ずさむ歌。また、子供が作った詩歌。❷民間に伝承されてきたわらべ歌。❸大正期以降、子供のために作られた歌。代表的な作詞家に北原白秋・野口雨情ら、作曲家に山田耕筰・中山晋平らがいる。創作童謡。
類語 童歌(わらべうた)・子守歌・マザーグース
とうよう-あく【東洋亜区】トウヤウ― 動物地理区の一。旧熱帯区に属し、ヒマラヤ以南のインド、東南アジア、南嶺以南の中国、琉球諸島を含む地域。オランウータン・テナガザル・パンダ・コブラ・クジャクなどが特徴。
とうよう-いがく【東洋医学】トウヤウ― ❶東洋諸地域でおこり発展した医学の総称。❷中国から伝来し、日本で発展した漢方医学。
とうようえいわじょがくいん-だいがく【東洋英和女学院大学】トウヤウエイワヂヨガクヰン― 横浜市にある私立大学。明治17年(1884)創立の東洋英和女学校を源流として、平成元年(1989)に開設。
とうよう-おり【東洋織(り)】トウヤウ― ❶綿の太糸を用いた敷物用綿織物。❷絹糸と綿糸との交ぜ織物。縦に二重の練り絹糸、横に綿糸を用いて模様を織り出したもの。袋地や鼻緒などに用いる。
とうよう-おんがく【東洋音楽】トウヤウ― 日本・中国・東南アジア・インド・中央アジア・西アジアなど、東洋諸民族の間に行われる音楽の総称。
とうよう-がい【当用買い】タウヨウがひ さしあたって必要な分だけを買うこと。
とうよう-がく【東洋学】トウヤウ― 東洋の言語・文学・歴史・宗教・哲学・芸術などを研究対象とする学問の総称。18世紀以降のヨーロッパに始まる。
とうようがくえん-だいがく【東洋学園大学】トウヤウガクヱン― 東京都文京区などにある私立大学。平成4年(1992)の開設。同20年に大学院を設置した。
とうよう-かんじ【当用漢字】タウヨウ― 現代国語を書き表すために、日常使用する漢字の範囲を示すものとして、国語審議会の答申に基づき、昭和21年(1946)11月16日、内閣訓令・告示として公布された「当用漢字表」に掲げられている1850字の漢字。のち「当用漢字音訓表」「当用漢字字体表」「当用漢字別表(教育漢字)」が定められたが、同56年10月、当用漢字にかわるものとして、当用漢字に95字を追加した「常用漢字表」が内閣告示・同訓令として公布された。➡常用漢字
とうよう-じゆうとう【東洋自由党】トウヤウジイウタウ 明治25年(1892)大井憲太郎を中心とした自由民権運動家が結成した政党。貧民労働者の保護や強硬外交などを主張した。機関誌「新東洋」を刊行。翌年解散。
とうよう-じん【東洋人】トウヤウ― 東洋の人。東洋の諸民族。
とうよう-だいがく【東洋大学】トウヤウ― 東京都文京区に本部がある私立大学。明治20年(1887)設立の哲学館に始まり、同39年現名に改称。昭和3年(1928)旧制大学となり、同24年新制大学に移行。
とうよう-だんつう【東洋×緞通】トウヤウ― イラン・インド・トルコ・中国・日本などで織られる緞通の総称。手織りによる多彩な図柄や色調に特徴がある。
とうよう-にっき【当用日記】タウヨウ― さしあたっての用事を記しておく日記。
とうよう-ぶんこ【東洋文庫】トウヤウ― 東京都文京区にある東洋学関係文献を所蔵する図書館。大正6年(1917)岩崎久弥が購入したモリソン収集の図書をもとに、既存の岩崎文庫を加え同13年財団法人として発足。昭和24年(1949)国会図書館の支部となる。
どう-よく【胴欲|胴×慾】〘名・形動〙《「どんよく(貪欲)」の音変化》❶非常に欲の深いこと。また、そのさま。「一な人」❷思いやりがなく、むごいこと。また、そのさま。非道。「さりとは一な」〈浮・禁短気・二〉 派生 どうよくさ〘名〙 類語 欲張り・欲深・貪欲・強欲・慳貪(けんどん)・がめつい・あこぎ
とうよ-し【東予市】▶東予
どうよ-たい【同余体】中性子数から陽子数(原子番号)を引いた数が等しい原子。例えば、アルミニウム27と塩素35など。また、その差を中性子過剰数という。
とう-らい【当来】タウ― 必ず来るはずの世。来世。
とう-らい【到来】タウ―〘名〙スル ❶時機や機運の来ること。「好機が一する」❷他からの贈り物が届くこと。また、その物。「一の品」
とうらいさしはくぎ【東莱左氏博義】中国の史書。25巻。南宋の呂祖謙(号、東莱)撰。1168年成立とされる。「春秋左氏伝」の論評的注釈書で、文官試験の規範とされた。東莱博義。
とうらい-さんな【唐来参和】タウライサンワ [1744?～1810]江戸後期の狂歌師・戯作者。姓は加藤。別号、質草少々など。通称、和泉屋源蔵。武士の出身で、狂歌は四方赤良(よものあから)の門下。洒落本「和唐珍解」、黄表紙「莫切自根金生木(きるなのねからかねのなるき)」など。
トゥライダ-じょう【トゥライダ城】―ジヤウ《Turaidas pils》ラトビア中部の町スィグルダにある城。ガウヤ川西岸に位置し、13世紀初めにリボニア帯剣騎士団が先住民リーブ人の城を破壊し、その場所にリガ司教アルベルトにより赤煉瓦造りのゴシック様式で建造。現在は歴史博物館になっている。
とうらい-の-どうし【当来の導師】タウライ― 来世に出現して衆生を救うという導師。弥勒菩薩(みろくぼさつ)のこと。
とうらい-もの【到来物】タウライ― よそからのもらい物。いただき物。
ドゥラウ〘Durău〙ルーマニア北東部の山岳保養地。チェアフラウ山地の標高800メートル付近に位置し、スキーや登山を楽しむ観光客が数多く訪れる。
トゥラカイ〘Trakai〙▶トラカイ
トゥラカイ-じょう【トゥラカイ城】―ジヤウ《Trakų salos pilis》▶トラカイ城
とう-らく【当落】タウ― 当選と落選。「一が判明する」
とう-らく【騰落】物価や相場などのあがりさがり。騰貴と下落。
どう-らく【道楽】ダウ― ❶本業以外のことに熱中して楽しむこと。趣味として楽しむこと。また、その楽しみ。「食い一」「着一」❷酒色・ばくちなどにふけること。また、その人。「一で身をもちくずす」「一息子」
類語 (❶)風流・数寄(すき)・趣味・遊び・ホビー/(❷)放蕩(ほうとう)・遊蕩・淫蕩・遊興・遊楽・豪遊・悪所通い
どうらく-もの【道楽者】ダウラク― ❶酒色・ばくちなどにふけり、本業に身を入れない者。❷怠け者。横着者。「一で、のら者で」〈浄・卯月の紅葉〉
ドゥラス〘Durrës〙《「ドゥレス」とも》アルバニア西部の都市。アドリア海に面する。同国屈指の港湾を擁し、工業が盛ん。紀元前7世紀、古代ギリシャ人が建設した植民都市エピダムノスに起源する。古代ローマ時代はディラキウムと呼ばれ、内陸部に続くエニャティア街道の起点となり、交通の要所として栄えた。現在も円形劇場や城壁などの遺跡が残る。市内には海水浴場があり、近年は海岸保養地としても知られる。
どう-らん【胴乱|▽筒卵】❶皮または布製の四角の

袋で、印章や薬などを入れて腰に下げるもの。もと、鉄砲の弾丸を入れるのに用いた。❷採集した植物を入れて持ち歩く円筒状の容器。

どう-らん【動乱】世の中が動揺し、乱れること。また、その乱れ。暴動などのさわぎ。「一が起こる」
類語 騒動・騒乱・騒擾そうじょう・戦乱・混乱・激動

どう-らん【銅藍】硫化銅からなる鉱物。濃藍青色で、板状または塊状。六方晶系。コベリン。

とうらん-けい【倒卵形】タウラン 卵を逆さにした形。上が太く下の方が細くなった形。

とう-り【党利】タウ 政党・党派の利益。「一党略」

とう-り【桃×李】タウ ❶桃とすもも。また、桃の花とすももの花。❷《唐の劉禹錫りゅううしゃくの「満城の桃李春官しゅんかんに属ぞくす」の詩句から》試験官が採用した門下生。自分がとりたてた人材。

桃李もの言わざれども下したに自おのずから蹊こみちを成す　《「史記」李将軍伝賛から》桃やすももは何も言わないが、花や実を慕って人が多く集まるので、その下には自然に道ができる。徳望のある人のもとへは人が自然に集まることのたとえ。

桃李門もんに満つ　《資治通鑑から》門下生にすぐれた人物がたくさんいることをいう。

とう-り【統理】〔名〕スル 統一しておさめること。「五千万人を一するの時」〈中村訳・西国立志編〉

どう-り【道理】ダウ〔名・形動〕❶物事の正しいすじみち。また、人として行うべき正しい道。ことわり。「一をわきまえる」「一に外れた行為」❷すじが通っていること。正論であること。また、そのさま。「言われてみれば一な話」類語 理り・理ことわり・事理・条理・論理・理屈・筋・筋道・道筋・辻褄つじつま・理路・ロジック

道理を詰つ・む　道理を通す。「一・んで話せば理解してもらえる」

どうり-きがく【動力学】力学のうちで、物体の運動と力との関係を取り扱う分野。➡静力学

とうりくてん【唐六典】タウリクテン 中国、唐代の官制・法制について記した書。30巻。唐の玄宗の勅撰。李林甫りりんぽらの注。738年成立。大唐六典。

どうり-しごく【道理至極】ダウリ この上もなく道理にかなっていること。

とう-りつ【倒立】タウ〔名〕スル ❶逆立つこと。「彼の激浪一すること十丈なる岸頭に」〈鴎外訳・即興詩人〉❷足を上にして立つこと。逆立ち。「片手で一する」

どう-りつ【同率】同じ率。同じ割合。「一首位」

どう-りつ【道立】ダウ 北海道庁が設立し維持すること。また、そのもの。

とうりつ-ぞう【倒立像】タウリツザウ 凸レンズなどを通して見られる像の上下が、物体の上下と反対になるもの。地上望遠鏡や双眼鏡では、補助レンズやプリズムを組み合わせて正立像が得られるように工夫されている。⇔正立像。

とうりつ-ふりこ【倒立振(り)子】タウリツ 棒の上部におもりをつけ、下部を支点として支えた振り子。下部は倒れないようにばねで支える。地震計に利用。

どうり-で【道理で】ダウリ〔副〕そうなる、またそうであるはずだ。道理がわかって納得するさま。なるほど。「海抜二〇〇〇メートルですか、一涼しいわけだ」

とうり-てん【×忉利天】タウリ《梵 Trāyastriṃśa の音写》六欲天の第二。須弥山しゅみせんの頂に位置し、閻浮提えんぶだいの上にある天界。中央の喜見城に帝釈たいしゃく天が住み、四方の峰に八天があるので、三十三天ともいう。

とう-りゃく【党略】タウ 政党・党派がみずからの利益を得るためにめぐらすはかりごと。「党利一」

とう-りゃく【韜略】タウ ❶兵法の書である「六韜りくとう」と「三略さんりゃく」のこと。❷兵法。戦略。「一をも一々書き付けたれば」〈鉄腸・南洋の大波瀾〉

とう-りゅう【当流】タウリウ ❶この流派。この流儀。❷今はやっている流儀。当世風。「一の大尽と見えて友だち多くつれだち」〈咄・露がはなし・四〉

とう-りゅう【×逗留】トゥリウ〔名〕スル ❶旅先などに一定期間とどまること。滞在。「湯治場に三か月間一する」「長ちょう一」❷その場にとどまって進まないこと。また、1か所でぐずぐずすること。「さばかりのことになりて一せさせ給はむやは」〈大鏡・師尹〉❸その場にとどまる時間。ひま。「我が屋に帰り物具せん一なかりければ」〈太平記・二六〉類語 滞在・滞留・寄留・ステイ

どう-りゅう【同流】ドウリウ ❶水などの同じ流れ。❷同じ流派。同じ流儀。

どうりゅう【道隆】ダウリウ ➡蘭渓道隆らんけいどうりゅう

とうりゅう-なだ【闘竜灘】兵庫県中央南部、加東市滝野町上滝野にある名勝。加古川の中流に位置し、川床は奇岩・怪石が多く、その岩に阻まれた川の流れは激流や滝となっている。飛びアユの名所。名の由来は、巨竜の躍動にも似た風景を、幕末の詩人梁川星巌やながわせいがんが七言絶句に詠んだことから。

とう-りゅうもん【登竜門】《「竜門」は中国黄河の上流にある急流で、ここをさかのぼることのできる鯉こいは竜になるという「後漢書」李膺りよう伝の故事から》立身出世の関門。「芥川賞は文壇への一だ」

とう-りょう【当量】タウリヤウ「化学当量」の略。また、「電気化学当量」「熱の仕事当量」の略。

とう-りょう【投了】トウレウ〔名〕スル 囲碁や将棋で、一方が負けを認めて、勝負を途中で終了すること。

とう-りょう【東陵】㊀中国遼寧省瀋陽の東北、天柱山にある清の太祖(ヌルハチ)の陵。福陵。㊁中国河北省遵化県の北西、昌瑞山にある清朝歴代皇帝の陵墓。易県にある西陵に対していう。

とう-りょう【棟×梁】トウリヤウ ❶建物の棟むねと梁はり。❷《棟と梁は家を支える重要な部分であるところから》㋐一族・一門の統率者。集団のかしら。頭領。また、一国を支える重職。㋑仏法を守り広める重要な地位。また、その人。㋒大工の親方。
類語 親方・親分・親玉・首領・頭領・頭目・ボス・ドン

とう-りょう【等量】トウリヤウ 分量が同じであること。また、同じ分量。同量。

とう-りょう【統領】トウリヤウ〔名〕スル 集団をまとめおさめること。また、その人。「洞門の開鑿を、一して居ると云えば」〈菊池寛・恩讐の彼方に〉

とう-りょう【頭領】トウリヤウ 集団のかしら。首領。

どう-りょう【同量】ドウリヤウ 同じ分量。等量。

どう-りょう【同僚】ドウレウ 職場が同じである人。また、地位・役目が同じである人。
類語 同輩・朋輩・僚友・同志・同役

どうりょう-さった【道了薩埵】ダウレウ 室町時代の曹洞宗の僧。字あざなは妙覚。相模最乗寺の守護神。同寺開山了庵慧明の弟子で、同寺の守護を誓って天狗となり、昇天したと伝えられる。生没年未詳。

とうりょう-せいふ【統領政府】トウリヤウ 1799年11月9日(ブリュメール18日)、クーデターによって総裁政府を倒して成立したフランスの政府。任期10年の3人の統領を置いたが、ナポレオンが第一統領となり、1802年に終身統領となる。1804年、第一帝政樹立のため廃止。執政政府。

どう-りょく【動力】水力・電力など、天然に存在するエネルギーを原動機によって機械を動かす力に変えたもの。原動力。類語 エネルギー・原動力・活力・体力・精力・パワー・精・馬力

どうりょく-いん【動力因】アリストテレスの説いた四原因の一。現実に作用し、事物の生成・変化・運動がそれによって引き起こされるもの。始動因。作用因。➡形相因 ➡質料因 ➡目的因

どうりょく-けい【動力計】蒸気機関・内燃機関・水車などの出力や圧縮機・ポンプなどの消費動力を測定する装置。ダイナモメーター。

どうりょく-しげん【動力資源】動力を発生させる資源。石炭・石油・水力・風力・原子力など。

どうりょく-しゃ【動力車】動力機関を備えた鉄道車両。機関車・電動車・気動車など。

どうりょく-シャベル【動力シャベル】➡パワーショベル

どうりょく-せん【動力泉】地下からポンプで汲み上げる温泉。➡自噴泉

どうりょく-へんせいがん【動力変成岩】変成岩の一。動力変成作用でできた岩石で、ミロナイト(圧砕岩)が代表的。

どうりょく-へんせいさよう【動力変成作用】地下深部で岩石が圧砕され、組織の変化をきたす作用。広域変成作用と同義にも用いられた。

とうりょく-ゆ【冬緑油】シラタマノキなどの果実を蒸留してとる香油。サリチル酸メチルを多量に含み、香料や薬用にする。

どうりょく-ろ【動力炉】動力源として使われる原子炉。発電用原子炉、艦船の推進用原子炉など。

どうりょくろかくねんりょうかいはつ-じぎょうだん【動力炉・核燃料開発事業団】ドウリヨクロカクネンレウカイハツジゲフダン 高速増殖炉・新型転換炉や核原料物質などの開発を行った機関。略称、動燃。原子力基本法に基づき、昭和42年(1967)発足した特殊法人で、平成10年(1998)核燃料サイクル開発機構に改組。核燃料サイクル開発機構は、同17年日本原子力研究所と統合し、独立行政法人日本原子力研究開発機構となる。

とう-りん【登臨】〔名〕スル ❶高い所に登って下方を眺めること。❷君主の位について人民を治めること。

どう-りん【動輪】機関車・電車で、動力を受けて回転し、列車を動かす車輪。

とうりん-とう【東林党】タウ 中国、明末の政治的党派。1604年、吏部の官吏を免ぜられた顧憲成らによって組織され、講学とともに朱子学的立場から官僚批判や政治批判を行った。

トゥル〖Toul〗➡ツール

とう-る【等流】仏語。原因から結果が流出するとき、その結果が原因と相似していること。のちに現れ出た同類のもの。「一果」

トゥルイ〖Tului〗[1192?～1232]チンギス=ハンの第4子。父に従って西征に活躍。父の死後、モンゴル本土の大半を相続したが三兄のオゴタイに譲位。ハン位は子のモンケ、フビライらに継承された。睿宗えいそうの廟号びょうごうを元朝から贈られた。補説「拖雷」とも書く。

とう-るい【党類】タウ なかま。徒党。

とう-るい【盗塁】タウ〔名〕スル 野球で、走者が守備側のすきをついて次の塁へ進むこと。スチール。

とう-るい【等類】❶同等の種類。同類。❷仲間。ともがら。❸和歌・連歌・俳諧で、素材や表現などが他の作品と類似すること。また、その歌や句。同類。

とう-るい【糖類】タウ 単糖類・少糖類・多糖類の総称。炭水化物と同義に用いられることが多い。

どう-るい【同類】❶同じ種類。同じたぐい。❷同じ種類のもの。同じたぐい。仲間。「傍観していた者も加害者と一だ」❸「等類とうるい❸」に同じ。
類語 同種・同系・同族・仲間・一味・一派

どうるい-いしき【同類意識】他者を自己と同類であると認める意識。米国の社会学者ギディングスは、これを社会的結合の本質をなすものとした。

どうるい-こう【同類項】ドウルイカウ ❶数式で、係数は異なっても文字因数が全く同じである項。❷同じたぐいのもの。仲間。

トゥルー-カラー〖true color〗➡フルカラー

トゥルーズ〖Toulouse〗➡ツールーズ

ドゥルーズ〖Gilles Deleuze〗[1925～1995]フランスの哲学者。ポスト構造主義の思想家。西欧の伝統的な哲学や近代的な知の階層的体系を批判し、より横断的・流動的なリゾームやノマドの概念を提示した。著「差異と反復」、ガタリとの共著「アンチ-オイディプス」「千のプラトー」など。ドルーズ。

トゥルータイプ〖TrueType〗➡トルータイプ

トゥルカナ-こ【トゥルカナ湖】《Turkana》ケニア北部の湖。北端はエチオピアに属する。アフリカ大陸の大地溝帯にあり、南北約300キロ、東西の最大幅約56キロと細長い。流入する川はあるが排水河川はない。旧称ルドルフ湖。

トゥルカナこ-こくりつこうえんぐん【トゥルカナ湖国立公園群】コクリツコウエングン《Turkana》ケニア北部のトゥルカナ湖にある三つの国立公園の総称。1997年、東岸のシビロイ国立公園と中央付近の火山島セントラルアイランド国立公園が世界遺産(自然遺産)に登録。2001年には南端の火山島サウスアイランド国立

公園が登録範囲に加わった。➡トゥルカナ湖

トゥルク〖Turku〗フィンランド南西部の港湾都市。1812年まで同国の首都。トゥルク大聖堂、トゥルク城などの歴史的建造物が多く残っている。スウェーデン語名、オーボ。

トゥルク-じょう【トゥルク城】ニジヤウ《Turun Linna》フィンランド南西部の都市、トゥルクにある城。13世紀後半、同国を支配するスウェーデンにより建造された。現存する同国最古で最大の城として知られる。

トゥルグ-ムレシュ〖Târgu Mureș〗ルーマニア中央部の都市。14世紀以降、交易の拠点として発展。その当時から現在に至るまで多くのハンガリー人が居住する。近郊に天然ガス田があり、社会主義政権時代に工業化が進められた。大学や交響楽団を擁する文化都市としても知られる。14世紀の要塞教会、15世紀の城砦などの歴史的建造物のほか、20世紀初頭に建造された市庁舎や文化宮殿がある。

トゥルゴビシュテ〖Târgoviște〗ルーマニア中南部の都市。14世紀末から17世紀末までワラキア公国の首都が置かれた。旧王宮跡には15世紀にワラキア公ブラド=ツェペシュが築いたキンディア塔や16世紀創建の王立教会が残っている。

トゥルシ-きゅうでん【トゥルシ宮殿】《Palazzo Tursi》►ドーリアトゥルシ宮殿

ドゥルジュ〖Dârjiu〗ルーマニア中央部の村。オスマン帝国の襲撃に備えて要塞化されたユニテリアンの教会があることで知られ、同様の教会をもつ南トランシルバニア地方の他の村々とともに、1999年に「トランシルバニア地方の要塞教会群のある集落」の名称で世界遺産(文化遺産)に登録。ドゥルジウ。ダルジュ。

トゥルチャ〖Tulcea〗ルーマニア東部の都市。紀元前1世紀に古代ギリシャの植民都市が建設され、続いて古代ローマ帝国、東ローマ帝国、ブルガリア帝国、ジェノバ共和国の支配下に置かれた。古くからドナウ川と黒海を結ぶ水運の要衝であり、オスマン帝国時代も貿易港として栄えた。1991年に世界遺産(自然遺産)に登録されたドナウデルタの玄関口に位置し、観光拠点の一つとして知られる。

トゥルニエ〖Michel Tournier〗[1924～]フランスの小説家。神話や伝説に題材を取った寓話的な小説で知られる。「魔王」でゴンクール賞受賞。他に「フライデーあるいは太平洋の冥界」など。

トゥルネー〖Tournai〗ベルギー西部、エノー州の都市。初代フランク国王、クロビス1世の生地。6世紀にフランク王国の中心地として大司教座が置かれた。タペストリーや陶磁器の生産で発展。12世紀から13世紀にかけて建造されたロマネスク様式のノートルダム大聖堂と12世紀末に建造された同国最古の鐘楼が、それぞれ世界遺産(文化遺産)に登録されている。オランダ語名、ドールニク。

トゥルム〖Tulum〗メキシコ東部のキンタナロー州、ユカタン半島東部の観光・保養都市、カンクンの南方約130キロにあるマヤ文明の遺跡。マヤの神々や死後の世界を描いたフレスコ画が残る神殿がある。

トゥルン〖Trun〗スイス中東部、グラウビュンデン州、スルセルバ地方の村。スイスの画家、アロイス=カリジェの生誕地。カリジェが学校や民家に描いた壁画が残されている。

トゥルン〖Tulln〗オーストリアの首都、ウィーン西部郊外にあるドナウ川沿いの町。画家エゴン=シーレの出身地。シーレの美術館やゆかりの場所がある。

どうれ〔感〕武家などで、訪問者が「たのもう」などと案内を請うたときに、家人が答える語。

とう-れい【東×嶺】㊀東方の山。㊁京都の東山の異称。

とう-れい【答礼】タフ〔名〕スル 相手の礼に答えて礼をすること。また、その礼。返礼。「会釈で―する」
(類語)返礼・礼・会釈・挨拶

どう-れい【同齢】同じ年齢。おないどし。

どうれい-りん【同齢林】ほぼ同じ樹齢の樹木からなる森林。

ドゥレス〖Durrës〗►ドゥラス

とう-れつ【凍裂】大木が凍結して、弾けるように裂けること。セ氏零下25度以下で起こる。

どう-れつ【同列】❶列が同じであること。同じ列。❷地位・程度・資格・待遇などが同じであること。「―に論じる」「若輩と―に扱われる」
(類語)同等・同格・同類・対等・等し並み

トゥレット-スュール-ル〖Tourrettes-sur-Loup〗►ツーレットシュルルー

とう-ろ【当路】タウ《要路にあたる意》重要な地位についていること。また、その人。「―者」「是に於て書を―に上つり」〈露伴・日ぐらし物語〉

とう-ろ【凍露】露がこおってできた氷のつぶ。

とう-ろ【頭×顱】あたま。頭部。「場内に充ち満ちた―が、ハッと机にうつむいて」〈谷崎・悪魔〉

どう-ろ【道路】ダウ 人や車などの通行するみち。往来。(類語)道・通り・往来・街道・ロード・ルート

とう-ろう【灯籠】灯明を安置するための用具。古くインドでは竹や瓦で作られたらしいが、日本では青銅製や石造のものが多い。台灯籠・釣り灯籠があり、現在は多く装飾用。盂蘭盆には切り子灯籠の類が用いられる。(季 秋)「―にしばらく残る匂ひかな/林火」

とう-ろう【登楼】〔名〕スル ❶高い建物に登ること。❷妓楼にあがって遊ぶこと。「明るいうちから―するのも」〈逍遥・当世書生気質〉

とう-ろう【×蟷×螂¦×螳×螂¦×螳×蜋】タウラウ かまきり。(季 秋)「―や露引きこぼす萩の枝/北枝」
蟷螂の斧 《カマキリが前あしを上げて、大きな車の進行を止めようとする意から》弱小のものが、自分の力量もわきまえず、強敵に向かうことのたとえ。

とうろう-おどり【灯籠踊(り)】ヲドリ 盂蘭盆や祭礼の際に、点灯した灯籠を頭にのせて踊る風流踊り。京都の花園踊りなど、主に、関西以西に分布。

とうろう-せつ【灯籠節】►元宵節

とうろう-ながし【灯籠流し】盆の終わりの夜に、魂送りのため、小さい灯籠に火をともして川や海に流す行事。流灯。流灯会。(季 秋)「ながあめのあがりし―かな/万太郎」

とうろう-にんぎょう【灯籠人形】ニンギヤウ 紙人形の体内に灯火をともしたり、舞台を灯籠などで飾ったりして操る人形芝居。

とう-ろうばい【唐×蝋梅】タウラフバイ ロウバイ科の落葉低木。春、葉の出る前に、ロウバイより大形の黄色い花をつける。中国の原産。檀香梅。

とうろう-びん【灯籠×鬢】江戸時代の女性の髪形の一。左右の鬢に鯨の骨製の鬢差しを入れて張り出させ、毛筋が透けて見えるようにしたもの。明和・安永(1764～1781)のころ、遊里で流行。

とうろう-ぶね【灯籠舟】麦わら・マコモ・麻などで舟の形に作り、中に盆の供物などをのせて、盆の終わりの日に海や川に流す舟。精霊舟。盆舟。

どうろうんそうしゃりょう-ほう【道路運送車両法】ダウロウンソウシヤリヤウハフ 自動車・原動機付自転車・軽車両などの道路運送車両の登録・保安基準・点検・整備・検査などについて定めた法律。昭和26年(1951)制定。

どうろうんそう-ほう【道路運送法】ダウロウンソウハフ 道路運送事業の適正な運営および公正な競争を確保し、道路運送に関する秩序を確立するための法律。昭和26年(1951)施行。

どうろがいしゃ-ほう【道路会社法】ダウログワイシヤハフ ►高速道路株式会社法

ドウロ-かわ【ドウロ川】ガハ《Douro》ヨーロッパのイベリア半島を流れる川。スペイン北部ウルビオン山を源流とし、ポルトガル北部を西に流れポルトから大西洋に注ぐ。全長897キロ。流域では小麦やワイン用のブドウの栽培が盛ん。特にポルトガルのアルトドウロ地域はポートワインの産地として知られる。ドーロ川。

どうろかんけい-よんこうだん【道路関係四公団】ダウロクワンケイ― 特殊法人として高速道路など有料道路の建設・管理を行っていた、日本道路公団・首都高速道路公団・阪神高速道路公団・本州四国連絡橋公団の総称。平成17年(2005)10月に民営化され、日本道路公団は、東日本高速道路株式会社・中日本高速道路株式会社・西日本高速道路株式会社の3社に、首都高速道路公団は、首都高速道路株式会社に、阪神高速道路公団は、阪神高速道路株式会社に、本州四国連絡橋公団は、本州四国連絡高速道路株式会社になった。

どうろかんけいよんこうだんみんえいかかんけい-よんぽう【道路関係四公団民営化関係四法】ダウロクワンケイよんコウダンミンエイクワクワンケイよんパフ 日本道路公団など道路関係4公団の民営化に伴い制定された法律の総称。民営化会社の設立・業務に関して定めた高速道路株式会社法、道路資産を保有する機構の設立・業務について定めた独立行政法人日本高速道路保有・債務返済機構法、有料道路事業の手続き等について定めた日本道路公団等の民営化に伴う道路関係法律の整備等に関する法律、民営化に伴う経過措置等について定めた日本道路公団等民営化関係法施行法の4法。

どうろ-きょう【道路橋】ダウロケウ 道路として使うために設けられた橋。

とう-ろく【登録】〔名〕スル ❶帳簿や原簿に記し載せること。「メンバーとして―する」❷一定の事項を公証するために、行政官庁などに備えてある公簿に記載すること。(類語)登記・記録・記載・記帳

とう-ろく【謄録】〔名〕スル うつして記録すること。

とうろく-いしょう【登録意匠】―イシヤウ 特許庁に登録の手続きをすませた意匠。

とうろくがた-はけん【登録型派遣】労働者派遣の形態の一つ。派遣労働を希望する労働者が、あらかじめ派遣会社に登録しておき、派遣先が決まった時点で、一定の期間を定めて雇用される。派遣期間が終わると雇用関係も終了する。賃金は、派遣就業期間中のみ支払われる。登録型派遣を行う会社は、厚生労働省から事業の許可を受ける必要がある。一般労働者派遣。一般派遣。➡常用型派遣

とうろくがた-はけんじぎょう【登録型派遣事業】―ハケンジゲフ ►一般労働者派遣事業

とうろく-げんぴょう【登録原票】―ゲンペウ ►外国人登録原票

とうろく-こくさい【登録国債】国債登録制度に基づき、日本銀行に備える国債登録簿に登録される国債。その国債の要項、権利者の住所・氏名などを記載するだけで、証券は発行しない。

とうろく-じどうしゃ【登録自動車】道路運送車両法の規定に基づいて、国土交通大臣が管理する自動車登録ファイルへの登録が義務づけられている自動車。道路運送車両法の小型自動車(二輪を除く)・普通自動車・大型特殊自動車がこれにあたる。

とうろく-しゃ【登録車】軽自動車の規格を超える大きさの自動車。国土交通省の運輸支局、自動車検査登録事務所に登録した車をいう。ナンバープレートの色は白か緑。道路運送車両法に規定される。➡軽自動車

とうろく-しょうひょう【登録商標】―シヤウヘウ 特許庁に登録の手続きをすませた商標。➡商標
(類語)商標・銘柄・ブランド・トレードマーク

とうろくじょうほうれんどうがた-こうこく【登録情報連動型広告】トウロクジヤウホウレンドウガタクワウコク インターネットを利用した広告の一。SNSやオンラインショッピングサイトなど、ユーザー情報を登録するウェブサイトにおいて、登録されたユーザー属性や過去の購買履歴などの情報に基づき、関連する広告を配信する。セグメンテーション型広告。

どうろく-じん【道▽陸神】ダウロクー ►道祖神

とうろく-ぜい【登録税】►登録免許税

とうろくはんばい-しゃ【登録販売者】薬事法で定められた医薬品販売の専門職。一般用医薬品のうち第二類医薬品と第三類医薬品を販売することができる。購入者から相談を受けた場合、適切な情報を提供することが義務付けられている。薬店等で1年以上の実務経験があり、都道府県が実施する試験に合格すると、資格を取得できる。登録販売者制

度の創設に伴い、薬種商販売制度は廃止された。

とうろくめんきょ-ぜい【登録免許税】不動産・船舶や航空機・特許権・著作権・意匠権・弁護士や医師の資格などを登記または登録するときに課される国税。登録税。

ドウロ-けいこく【ドウロ渓谷】《Alto Douro》▶アルトドウロ

どうろ-げんぴょう【道路元標】道路の起点・終点や主な経過点を表示する標識。

とうろ-こ【塘路湖】北海道東部にある海跡湖。釧路湿原の中で最大の湖で、周囲18キロ、面積6.3平方キロメートル。イトウ・ワカサギなどが生息している。カヌーやワカサギ釣りでにぎわう観光地。

どうろ-こうだん【道路公団】「日本道路公団」の略称。

どうろこうつう-ほう【道路交通法】道路における危険を防止し、その他交通の安全と円滑とを図ることを目的として、道路交通の基本的ルールを確立するとともに、違反行為に対する罰則と、反則行為に関する処理手続きを定めている法律。昭和35年(1960)施行。道交法。

どうろせいびじぎょうざいせい-とくべつそちほう【道路整備事業財政特別措置法】《「道路整備事業に係る国の財政上の特別措置に関する法律」の通称》道路整備の財源に関する法律。平成20年(2008)に、それまでの「道路整備財源特例法」から改題されて同法が成立したが、揮発油税・石油ガス税は道路特定財源に据え置かれた。平成21年(2009)の改正で、これらの税収の使途を道路整備に限定する規定が削除され、名目上は一般財源化された。道路整備事業特措法。

どうろ-せんようけん【道路占用権】道路管理者の許可に基づき、電柱・上下水道管などの設置のために道路を継続して使用する権利。

どうろ-とくていざいげん【道路特定財源】自動車利用者が道路整備の費用を負担する制度。昭和28年(1953)に揮発油税を道路特定財源として以来、地方道路譲与税・軽油引取税・石油ガス税・石油ガス譲与税・自動車取得税・自動車重量税・自動車重量譲与税が次々と創設・拡充されたが、平成13年(2001)の骨太の方針を契機に財政構造改革の一環として特定財源の見直しが議論されるようになり、平成21年度(2009)から道路特定財源はすべて一般財源化された。➡譲与税 ➡ガソリン税

どうろ-ひょうじ【道路標示】道路の交通についての規制や指示を、路面に記号・文字で記したもの。規制標示には転回禁止・進路変更禁止、指示標示には横断歩道標示・停止線などがある。

どうろ-ひょうしき【道路標識】道路の安全かつ円滑な利用を図るために、案内・警戒・規制・指示などをしるした標示板。〔類語〕道標・道しるべ

どうろ-ほう【道路法】道路に関する基本法。道路網の整備を図るため、高速自動車国道・一般国道・都道府県道・市町村道について、路線の指定および認定、管理・保全、費用の負担区分などに関する事項を定めている。昭和27年(1952)施行。

どうろ-りていひょう【道路里程標】道路元標からの距離を示す標識。

トゥロン〘Toulon〙▶ツーロン

とう-ろん【討論】〘名〙ある事柄について意見を出し合って議論をたたかわせること。「一会」
〔類語〕討議・議論・論争・ディスカッション・ディベート

どう-わ【同和】人々が和合すること。特に、被差別部落の解放と差別をなくす諸活動に関して用いられる。

どう-わ【童話】子供のために作られた話。昔から語り伝えられてきたおとぎ話や伝説・寓話などを含む。狭義には特に創作された物語をさし、日本では鈴木三重吉・小川未明らによって発展した。
〔類語〕おとぎ話・寓話・昔話・メルヘン・フェアリーテール

どう-わ【道話】❶人の道を説いた話。❷江戸時代、心学者によって行われた訓話。身近な例をあげて、わかりやすく道徳を説いたもの。心学道話。

どうわ-きょういく【同和教育】被差別部落の人々に対する差別と偏見を撤廃するために行われるいっさいの教育的活動。あらゆる差別の撤廃と人権の確立を目ざす。

とう-わく【当惑】〘名〙事にあたって、どうしたらいいか途方にくれること。「突然の話に一する」
〔類語〕戸惑い・困惑・混迷・動揺・狼狽

どうわ-げき【童話劇】童話的な素材を脚色した劇。

どう-わすれ【胴忘れ】〘名〙「度忘れ」に同じ。

とう-わた【唐綿】ガガイモ科の一年草。高さ60〜90センチ。葉は長楕円形で先がとがる。夏、赤い花が咲き、実が熟して裂けると、白い毛をもつ種子が出る。南アメリカの原産で、観賞用。

ドゥ-ワップ〘doo-wop〙▶ドゥーワップ

ドゥンス-スコトゥス〘Johannes Duns Scotus〙[1266ころ〜1308]英国のスコラ学者。フランチェスコ修道会士。トマス説に反対して、哲学(理性)と神学(信仰)を峻別し、また人間に関して知性に対する意志の優位を説いた。

トゥンパ-さん【トゥンパ山】《Muntele Tâmpa》ルーマニア中央部の都市ブラショフにある山。旧市街の南東部に位置し、麓から山頂までロープウエーが結んでいる。旧市街を見下ろす展望地として知られ、観光客に人気がある。

ドゥンブラバ-の-もり【ドゥンブラバの森】《Dumbrava》ルーマニア中央部の都市シビウの南西郊外に広がる森。野外民族博物館、動物園などがある。

と-え【十重】物が10、重なること。「一二十重」

と-えい【都営】東京都が経営または管理すること。また、その事業や設備。「一地下鉄」

と-えい【渡英】〘名〙英国へ渡ること。

と-えい【登営】幕府に出仕すること。また、軍人が所属の部隊の営所に入ること。とうえい。

とえ-はたえ【十重二-十-重】幾重にも多く重なること。「見物人が一に取り囲む」
〔類語〕多重・多層・重層・重畳

トエフル〘TOEFL〙▶トーフル

ど-えら・い【ど偉い】〘形〙物事の規模が常識を越えて大きい。けたはずれである。とてつもない。「一・い事をしでかした」「一・い人がいたものだ」

と-えん【兎園】中国、梁の孝王が河南省商丘県の東に築いた庭園。梁園。修竹園。

ど-えん【度縁】▶度牒

とえん-かい【兎園会】文政8年(1825)曲亭馬琴らが発起人となり、好事家が集まって結成した会。見聞を広めるため、珍説・奇談などを持ち寄って話し合った。➡兎園小説

とえん-さつ【×兎園冊】《梁の孝王の蔵書が俚語で書かれていたところから》❶俗語で書かれた卑近な書物。兎園冊子。❷自分の著書を謙遜していう語。

とえんしょうせつ【兎園小説】江戸後期の随筆集。曲亭馬琴ら編。12巻、他に外集・別集・余録など9巻がある。文政8年(1825)成立。兎園会の記録や考証を集録したもの。

とお【十】❶数の名。九つの次の自然数。じゅう。❷10歳。

十で神童十五で才子二十過ぎては只の人 幼いころは非常にすぐれていると思われていた人も、たいていは成長するにつれて平凡な人と変わりなくなってしまうこと。

トー〘toe〙❶足の指。また、靴のつま先部分。❷ゴルフのクラブなどで、ヘッドの先端部分。

とお-あさ【遠浅】海や川の岸から遠方まで水の浅いこと。また、そのような所。「一の海岸」

とお-あるき【遠歩き】〘名〙遠方へ出歩くこと。遠出。「虫取りに熱中してつい一する」

トーイ〘toy〙▶トイ

とお・い【遠い】〘形〙文とほ・し〘ク〙二つのものが空間的、時間的に、また心理的に離れているさま。❶場所が非常に離れている。距離が十分にある。「一・い国」「一・くまで歩く」⇔近い。❷時間が非常に離れている。間に多くの時間が流れている。「一・い将来」「完成には一・い」⇔近い。❸関係が薄い。気持ちの隔たりが大きい。親密でない。関心が薄い。「一・い間柄」「足が一・くなる」⇔近い。❹血のつながりが密接でない。「一・い親類」⇔近い。❺性質・内容・程度などの隔たりが大きい。似ていない。大きな差がある。「理想から一・い生活」「秀才というにはあまりに一・い」⇔近い。❻はっきり聞こえない。音が小さく聞こえる。「耳が一・い」「電話が一・い」❼(「気が遠くなる」の形で)意識が薄れる。「気が一・くなるほどの数字」❽(「目が遠い」の形で)遠視である。「目が一・くて本が読みにくい」⇔近い。〔派生〕とおさ〘名〙
〔…句〕話が遠い・耳が遠い・当たらずと雖も遠からず・殷鑑遠からず・生い先遠し・言近くして意遠し・任重くして道遠し・日暮れて道遠し

遠き慮りなければ必ず近き憂いあり 《「論語」衛霊公から》遠い将来のことまで考えずに目先のことばかり考えていると、近いうちに必ず困ったことが起こる。遠慮なければ近憂あり。

遠きに行くには必ず邇きよりす 《「礼記」中庸から》物事を行うには、順序を追って手近な事からやっていくべきである。一足とびには物事はできないことのたとえ。

遠きは花の香近きは糞の香 とかく人は、遠くにあるものを高く評価し、近くにあるものを低く評価するものであるというたとえ。

遠き守り 遠く冥土から加護すること。「草の陰にてもうれしと存じ候はば、遠き御守りでこそ候はんずれ」〈平家・七〉

遠くて近きは男女の仲 男女の仲は、遠く離れているように見えても、意外に結ばれやすいこと。

トーイック〘TOEIC〙《Test of English for International Communication》国際コミュニケーション英語能力テスト。英語を母語としない人を対象とする。米国の民間の教育研究機関、ETSが主催。

トー-イン〘toe-in〙自動車で、両前輪の前端がわずかに内側にすぼまっていること。車に直進性を与え、タイヤの異常摩耗を防ぐ。

と-おう【杜翁】トルストイのこと。

と-おう【渡欧】〘名〙欧州に渡ること。

とお-えん【遠縁】遠い血縁。また、その人。「一にあたる人」⇔近縁。〔類語〕縁故・縁者・縁続き・身寄り

とお-お【×撓】〘形動ナリ〙たわみ曲がるさま。たわわ。「秋萩の枝も一におく露のけさ消えぬとも色に出でめや」〈新古今・恋一〉

とお-か【十日】❶日の数の10。10日間。❷月の第10の日。

十日の菊 9月9日の菊の節句の翌日に咲いた菊。時機に遅れて役に立たないことのたとえ。六日の菖蒲。のちのきく。

トーガ〘ラテ toga〙古代ローマ市民が着用した外衣。半円形または楕円形の布をからだに巻くように袈裟がけに着る。のち男子の専用となって階級により色・着装法が定められた。

とおか-えびす【十日×戎｜十日恵比須】正月10日に行われる初恵比須の祭り。兵庫県西宮神社・大阪今宮戎神社・京都建仁寺などのものが有名。〔季 新年〕

とお-かがり【遠×篝】陣所から遠く離れた所でたくかがり火。「一を焼いて」〈太平記・六〉

とお-がけ【遠駆け｜遠懸け】馬を駆って遠くまで行くこと。

トーガ-けいかく【TOGA計画】《Tropical Ocean Global Atmosphere program》熱帯海洋・全球大気研究計画。地球規模で大気循環に影響を与える熱帯海洋での降水、海流、風などを調査し、海洋と大気のモデルを結びつけて、気象の経年変動を説明するシミュレーションを可能にしようとする研究。1985年から世界気候研究計画(WCRP)の一つとして取り組まれた。

とお-かさがけ【遠×笠懸】笠懸の一種。小笠懸

に比べ、的までの距離の遠いもの。

とおかまち【十日町】新潟県南部の市。信濃川上流にある十日町盆地の中心地。高級絹織物を産する。平成17年(2005)4月、川西町、中里村、松代町、松之山町と合併。人口5.9万(2010)。

とおかまち-し【十日町市】▶十日町

とおかまち-ぼんち【十日町盆地】新潟県南部にある盆地。関田山地と魚沼丘陵にはさまれた山間盆地で、十日町市中部から中魚沼郡津南町に広がる信濃川の中流域。河岸段丘が発達している。中心都市は十日町市。

とおかみ-えみため ❶亀甲の裏に刻んだ線。「と・ほ・かみ・ゑみ・ため」の五つの線を焼いて占う。表にあらわれたひび割れの形で吉凶を判断する。❷禊教など一部の神道教派が祈祷のときに唱える語。

とおか-や【十日夜】▶とおかんや

とおから-ず【遠からず】〔副〕遠くない将来に。近いうちに。ほどなく。「一実現するだろう」

(類語)何時か・軈て・追っ付け・間もなく・程なく・今に・近く

とおかん-や【十▽日夜】陰暦10月10日の夕。東日本で、稲刈りを終わって、田の神が山へ帰っていくのを送る行事をする。西日本の亥子と同じ趣旨のもので、収穫祭の一種といわれる。とおかや。(季冬)「一星殖え子らに藁鉄砲/林火」

トーキー〖talkie〗音声の出る映画。音声はフィルムのへりのサウンドトラックに録音され、映像と同時に再生される。発声映画。➡サイレント映画

トーキー〖Torquay〗英国イングランド南西部、デボン州の都市。トー湾に面する。鉄道が開通した19世紀後半以降、海岸保養地として発展。推理作家アガサ＝クリスティの生地として知られる。

とお-ぎき【遠聞き】武家の職名。敵陣や人家に忍び込んで事情を探る者。ものぎき。

トー-キック〖toe kick〗サッカーなどで、つま先でボールを蹴ること。トウキック。

トー-きゅうでん【トー宮殿】《Palais du Tau》フランス北東部、シャンパーニュ地方、マルヌ県の都市ランスにある宮殿。15世紀末から16世紀初頭にかけ、大司教の館として、ランス大聖堂に隣接して建造された。現在はカール大帝の護符や戴冠式にゆかりの宝物などを展示する美術館になっている。1991年、付近にあるランス大聖堂、サンレミ聖堂とともに、世界遺産(文化遺産)に登録された。トウ宮殿。

トーキング-ダウン〖talking down〗政治的発言により相場などの下落を誘導すること。

トーキング-ドラム〖talking drum〗人声言語の音調やリズムを模倣するアフリカの太鼓や割れ目太鼓などの総称。

トーキング-ペーパー〖talking paper〗討議資料。特に国際会議や外交交渉において、自国の主張や立場をあらかじめ相手側に伝えておくために作製・交付される文書をいう。

とおく【遠く】《形容詞「とおい」の連用形から》㊀〔名〕遠いところ。遠方。「一の町」「一へ行く」㊁〔副〕隔たりが大きいさま。はるかに。「先達には一及ばない」「一一〇〇〇年の昔から行われている」

(類語)遠方・遠隔・僻遠

遠くの火事より背中の灸 自分に関係のない大事よりも、小さなことでもわが身にふりかかることは痛切に感じられるというたとえ。

遠くの親類より近くの他人 遠方にいる親類よりも近隣にいる他人の方が頼りになる。また、疎遠な親類よりも親密な他人のほうが助けになる。

トーク〖talk〗話すこと。おしゃべりをすること。談話。「一ショー」

トーク〖toque〗浅い円筒形で、つばのない婦人帽。

ドーク〖dawk〗《dove(鳩)＋hawk(鷹)から》政治的にハト派でもタカ派でもない中間派。

トーク-イン〖talk-in〗形式ばらないくだけた討論会。また、抗議集会。

トーク-ショー〖talk show〗気のおけない、おしゃべりを主体にした放送番組。タレントや有名人らによるインタビューなど、娯楽的要素をもった座談番組。

トーク-セッション〖talk session〗話し合いのための集まり。会合。討論集会。

トークン〖token〗《証拠の意》コンピューターネットワーク上でデジタル認証を行うための小型装置。カード型やUSB型などがある。認証トークン。セキュリティートークン。

トークン-リング〖token ring〗米国IBM社が開発した、LAN伝送規格の一。名称は通信機器を環状に接続することに由来する。IEEE 802.5。

とお-けみ【遠▽検見】▶遠見検見

トーゴ〖Togo〗アフリカ西部、ギニア湾に臨む共和国。首都ロメ。1960年フランスから独立。カカオ豆や燐鉱石を産する。人口659万(2010)。

とお-ごう-さん【十▽五三】▶九六四

とお-ざか-る【遠ざかる】〔動ラ五(四)〕❶遠くに離れてゆく。遠のく。「足音が一・る」❷疎遠になる。うとくなる。「書物から一・る」(類語)遠のく・離れる・隔たる・隔絶する・去る・退く・後にする

とお-ざ-ける【遠ざける】〔動カ下一〕図とほざ・く〔カ下二〕❶遠くへ離れさせる。近くへ寄せない。「人を一・けて密談する」❷親しまない。うとんじる。「仲間を一・ける」「甘い物を一・ける」

(類語)離す・隔てる・隔離する・疎んずる・敬遠する

とお-さぶらい【遠▽侍】武家の屋敷で、主屋から遠く離れた中門のわきなどに設けられた警護の武士の詰め所。とおさむらい。外侍。➡内侍

とおし【通し】❶はじめから終わりまで切れ目なく続いていること。また、切れ目がなく、一続きになっていること。「閉店まで一で働く」❷途中で乗り換えたり宿泊したりしないで目的地まで直行すること。❸料理屋で注文の料理の前に出す、酒のさかなとしての簡単な料理。突き出し。おとおし。とおしもの。❹「通し狂言」の略。「四谷怪談を一で上演する」

とおし【×簁】竹または銅線で目を粗く編んだ大形の篩。千石簁。

どおし【通し】〔語素〕動詞の連用形に付いて、その動作・状態が続く意を表す。「働き一」「座り一」

とおし-うま【通し馬】途中で馬を乗り換えずに目的地まで同じ馬で直行すること。また、その馬。

とおし-うら【通し裏】着物の肩から裾までの裏地に全部同じ布を用いたもの。

とおし-かご【通し×駕▽籠】途中で駕籠の乗り継ぎをせず目的地まで直行すること。また、その駕籠。

とおし-がも【通し×鴨】夏になっても北へ飛び立たないで残っている鴨。(季夏)「暮らすには一人がましか一/一茶」

とおし-がら【通し柄】女帯の柄の一。全体に模様があるもの。

とおし-ぎっぷ【通し切符】❶出発地から目的地まで、異なる路線や異なる交通機関を通して使用することのできる切符。❷催し物などで、数回または昼夜の興行を通して通用する切符。

とおし-きょうげん【通し狂言】歌舞伎などで、一つの狂言を序幕から大切まで全幕、またはそれに近い場割りで通して上演すること。また、その狂言。

とおし-ぎり【通し×錐】「壺錐」に同じ。

とおし-げいこ【通し稽古】演劇・オペラ・バレエなどで、途中で中断することなく、本番どおりに行うけいこ。通常、衣装を着けて行う。ドレスリハーサル。➡ゲネプロ

とおし-だな【通し棚】▶通り棚

とおし-ちがいだな【通し違い棚】▶通り違い棚

とおし-ばしら【通し柱】木造建築で、土台から軒桁まで通した継ぎ目のない柱。➡管柱

とおし-ばんごう【通し番号】対象全部に対し、初めから終わりまで一続きにつける番号。

とおし-びきゃく【通し飛脚】江戸時代、途中で人を替えずに、目的地まで一人で行く飛脚。

とおし-ボルト【通しボルト】貫通している通り穴に、ナットとともに用いる、最も一般的なボルト。

とおし-や【通し矢】❶遠くの的を矢で射通すこと。また、その矢。❷平安末期、京都の三十三間堂で始められた弓術。三十三間堂裏側広縁の南端から北端までの66間(約120メートル)を射通すもの。室町末期から盛んになり、江戸時代に記録更新の矢数競技となった。堂射。(季夏)➡大矢数

トーシューズ〖toeshoes〗バレエを踊るときに履く、かかとのない靴。つま先立ちができるように先端を固く、平らに作ってある。

とお-しろ-し〔形ク〕❶大きく堂々たる様子である。雄大である。「天ざかる鄙にしあれば山高み川一・し」〈万・四〇一一〉❷歌学用語で、気高く奥深い。「気高く一・きをひとつのこととすべし」〈後鳥羽院御口伝〉

とお-す【通す】【▽徹す】【▽透す】〔動サ五(四)〕❶㋐一方から他方へ突き抜けさせる。「針に糸を一・す」㋑まんべんなくゆきわたらせる。「中まで十分に火を一・す」㋒二点間を結ぶ道筋をつくる。「バイパスを一・す」㋓正しい筋目をつける。「話の筋を一・す」❷㋐ある点を過ぎて行かせる。「車を止めて人を一・す」㋑(人を)屋内や室内に導き入れる。「客間に一・す」㋒人を仲立ちとして、また、物を隔ててそのことをする。「先生を一・して頼む」「レンズを一・して見る」㋓料理店などで、客の注文を帳場に取り次ぐ。❸㋐審査して成り立たせる。「法案を一・す」㋑無理やりに受け入れさせる。「我を一・す」❹㋐最後までその状態を続ける。「独身で一・す」㋑全期間、また、全体にわたってする。「夜を一・して話す」「書類に目を一・す」❺(動詞の連用形について)最後まで…続ける。「遂にやり一・した」(可能)とおせる

(一句)一念岩をも通す・牛は願いから鼻を通す・思う念力岩をも通す・女の一念岩をも通す・我を通す・気を通す・錐嚢を通す・袖を通す・手を通す・念力岩を徹す・火を通す・目を通す

(類語)突き通す・押し通す・貫く・徹する

ドーズ-あん【ドーズ案】第一次大戦後のドイツの賠償支払問題に関する計画案。支払期限の延長、アメリカ資本の貸与などを骨子とするもので、アメリカの財政家ドーズ(C.G.Dawes)を委員長とする賠償委員会が立案し、1924年に採択。➡ヤング案

トースカン《語源未詳》機械工作で、加工物に所定の水平線を引くための工具。ブロックに垂直な支柱を立て、この支柱に沿って上下できるように罫書き針を取り付けたもの。台付き罫書き。

トースター〖toaster〗食パンを焼いてトーストにする電気器具。

トースト〖toast〗❶薄く切り、両側を軽く焼いた食パン。❷乾杯。祝杯。「木像と人形に一を捧げるのが一番洒落ている」〈荷風・冷笑〉

とお-ぜめ【遠攻め】遠方より攻めること。遠くから囲んで軍勢が攻め寄ること。

とおせん-ぼう【通せん坊】❶両手を広げて道をふさぎ、人が通れないようにする子供の遊び。❷通路をふさいで、行く先や交通をさえぎること。「トラックが一をしていて通れない」

(類語)邪魔・妨害・場所ふさぎ・封鎖・遮断・ブロック

とお-そ-く【遠そく】〔動カ四〕遠く離れる。遠ざかる。「明日香川川門を清み後れ居て恋ふれば都いや一・きぬ」〈万・四二五八〉

ドーソン-シティー〖Dawson City〗カナダ、ユーコン準州の都市。19世紀末から20世紀初頭、ユーコン川支流クロンダイク川両岸一帯の金採掘で栄えた。ゴールドラッシュの面影を残す建造物や浚渫船が国定史跡に指定されている。

ドーター-ボード〖daughter board〗コンピューターのマザーボードや拡張ボードに垂直に装着する小型の半導体基板。差し替えが可能で、機能拡張などを容易に行うことができる。ライザーカード。

トータス〖tortoise〗亀。特に、陸亀。➡タートル

トータル〖total〗㊀〔名〕スル 合計すること。総計。「支出の一を出す」「得点を一する」㊁〔形動〕全体として

とらえるさま。総体的。「―な見方」
〘類語〙合計・総計・集計・計・全体・総体・締め・延べ

トータル‐コーディネート《和 total＋coordinate》ファッション用語で、頭のてっぺんから脚の先までの装いを、あるコンセプトに従って調和するように心がけ、衣服のシルエット・素材・色彩をそろえること。

トータルコスト‐オペレーション〖total cost operation〗生産、販売などに要した総費用。TCO。

トータル‐コミュニケーション〖total communication〗企業のあらゆるコミュニケーション活動を統合し、その効果を高めようとする考え方。広告・PR・販売促進などを個別に考えるのではなく、その連関性を考えることで、効果を高めようとするもの。

トータル‐コンタクト〖total contact〗総合的、全面的な接触。

トータル‐システム〖total system〗コンピューターで、ある目的を達成するために相互に作用し合う人間、コンピューターの装置、およびソフトウエアの体系(システム)の全体を完全に包含するものをさしていう。⇔サブシステム。

トータル‐チェック〖total check〗コンピューターで、入力データのある項目について、処理する以前に別の方法で合計した値を求めておき、その値と処理後の合計値を比較することにより、そのデータに入力ミスなどがあるかないかを調べること。

トータル‐ルック《和 total＋look》全体的に統一感のとれたファッションのこと。ウエア類だけではなく、帽子・靴下・靴などのアクセサリーも含めて着こなしに統一性をもたせること。

とお‐だんご【十団子】とを 昔、駿河の宇津谷(うつのや)峠のふもとで売っていた名物団子。黄・白・赤に染めた小さな団子を10個ずつ麻糸や竹ぐしに貫いたもの。

トー‐ダンス〖toe dance〗バレエで、爪先で立って演じる舞踊。

トーチ〖torch〗「たいまつ」に同じ。

トーチカ〖ロシア tochka〗《点の意》機関銃や砲などを備えた、コンクリート製の堅固な小型防御陣地。特火点(とっかてん)。

トーチ‐ソング〖torch song〗失恋や片思いなどを歌った歌。〘補説〙carry a torch for…(…に片思いする)という成句から。

トーチ‐ランプ《和 torch＋lamp》ガス炎を用いる携帯用バーナー。鉛管工事などで使用。ブローランプ。

トーチ‐リレー〖torch relay〗オリンピックの聖火リレー。1936年の第11回ベルリン大会から始められた。

とお‐つ【遠つ】とほ〔連語〕《「つ」は「の」の意の格助詞》遠くの。遠くにある。「霰(あられ)降り―大浦に寄する波よしも寄すとも憎くあらなくに」〈万・二七二九〉

とおつおうみ【遠淡海｜遠江】とほつあふみ 浜名湖のこと。琵琶湖を「近つ淡海」というのに対し、都から遠い湖の意。また、遠江(とおとうみ)の古称。「―引佐(いなさ)細江の水脈(みを)つくし我(あれ)を頼めてあさましものを」〈万・三四二九〉

とお‐つ‐おや【遠つ▽祖】とほ ❶先祖。祖先。「中臣の―天児屋命(あまのこやねのみこと)」〈祝詞・中臣寿詞〉❷祖父母の祖父。高祖父。〈和名抄〉

とお‐つ‐かみ【遠つ神】とほ ■〔名〕遠い昔、神であったころの先祖。「天降り来ましし伊支等(いきら)が―」〈出雲国風土記〉■〔枕〕「大君(おほきみ)」にかかる。「―我が大君の」〈万・五〉

とお‐つ‐くに【遠つ国】とほ 遠くの国。遠方にある国。「―黄泉(よみ)の界(さかひ)に延(は)ふつたの己(おの)が向き向き」〈万・一八〇四〉

とおっ‐ぱしり【遠っ走り】とほ〔名〕スル 遠くまで出かけること。遠出(とおで)。「新車で―する」

とお‐つ‐ひと【遠つ人】とほ〔枕〕❶遠くにいる人を待つ意から、「松」「松浦(まつら)(＝地名)」にかかる。「―松の下道(したぢ)ゆ」〈万・三三二四〉❷雁(かり)は遠くから来るので、「雁」「猟路(かりぢ)(＝地名)」にかかる。「―雁が来鳴かむ」〈万・三九四七〉

とお‐づま【遠▽夫】とほ 遠く離れている夫。会うことのまれな夫。また特に、七夕の牽牛(けんぎゅう)星のこと。「―の来べき秋なりいとのあみの玉のささがにかねてしるしも」〈夫木・一〇〉

とお‐づま【遠妻】とほ 遠く離れている妻。会うことのまれな妻。また七夕の織女星。「天の川川風すずし―のいつかと待ちし秋や来ぬらん」〈夫木・一〇〉

とお‐つら【十▽列】とを 賀茂の祭りのときなどに近衛の官人によって行われた一種の競馬。また、それを行う人。馬を10頭並べて走ったもの、また、20人が2騎ずつ走った10番のもの、などの説がある。

とお‐で【遠出】とほ〔名〕スル ❶遠くへ出かけること。遠あるき。「郊外まで―する」❷芸者が自分の属する地域から離れて、客と旅行すること。「十吉の家の花助と別の家の千代松という二人へ―の口をかけて」〈荷風・腕くらべ〉〘類語〙旅行・旅(たび)・行旅(こうりょ)・羇旅(きりょ)・遠歩き・遠乗り・遠足・遠征・ハイキング・ドライブ

ドーデ〖Daudet〗■(Alphonse ～)［1840～1897］フランスの小説家。故郷プロバンス地方の風物を叙情性豊かに描いた。短編集「風車小屋便り」「月曜物語」「タルタラン」、戯曲「アルルの女」など。■(Léon ～)［1867～1942］フランスの批評家。■の長男。王党主義の日刊紙「アクシオン‐フランセーズ」を創刊。

トーディ〖Todi〗イタリア中部、ウンブリア州の町。テベレ川東岸の丘の上に位置する。ウンブリ人が築いた町に起源し、続いて古代ローマ、ランゴバルドに支配された。12世紀に自治都市となり、その後は19世紀のイタリア統一に至るまで教皇領となった。城壁に囲まれた町の中心部には、大聖堂、ポポロ宮殿、プリオリ宮殿、サンフォルトゥナート教会をはじめとする歴史的建造物が数多く残っている。

トーテニズム「トーテミズム」の誤表記。

トーテミズム〖totemism〗社会を構成する各血縁集団が、トーテムとの間に特別な関係があるとする信仰や制度。各集団はトーテムの名で呼ばれ、それぞれトーテムとの結びつきを物語る神話や儀礼をもち、その採集や捕食などの禁忌をもつことが多い。また、族外婚の単位ともなる。⇒トーテム

トーテム〖totem〗ある血縁集団と特別な関係をもつ特定の動植物や自然物や自然現象。アメリカ先住民のオジブワ族の言葉ototeman(彼は私の一族のものだ、の意)に由来。

トーテム‐ポール〖totem pole〗北アメリカ北西海岸に住むインディアン諸族が、そのトーテムである動物・鳥などを彫刻した柱。独立柱・家柱・墓柱などとして立てられる。

トーテンクロイツ〖ドイツ Totenkreuz〗《死の十字架の意》重症の感染症などの末期に、体温の下降と脈拍数の増加を生じ、体温曲線と脈拍曲線が交差すること。

トーテン‐ポール〖totem pole〗▶トーテムポール

トート〖tote〗「トートバッグ」の略。

とおとうみ【遠江】とほたふみ 旧国名の一。現在の静岡県西部。遠淡海(とほつあふみ)(浜名湖)のある国の意。遠州。

ドードー〖dodo〗ハト目ドードー科の鳥の総称。全長約1メートル、体重は20キロを超えた。翼と尾は退化し飛ぶことはできなかった。木の実などを採食。3種がモーリシャスとその付近の島に生息していたが、船乗りの食料にされるなどで、18世紀までに絶滅した。

とおどお‐し・い【遠遠しい】とほどほ〔形〕〘文〙とほどほ・し〔シク〕❶長らく行き来がない。疎遠である。「須田とは、…自然―・くはなっていたけれど」〈里見弴・今年竹〉❷非常に離れている。「妻枕(つままき)きかねて―・し高志(こし)の国に」〈記・上・歌謡〉

トート‐バッグ〖tote bag〗《toteは、運ぶ、携帯する、の意》丈夫なキャンバス生地で作られ、下部が別色の生地で切り替えられた実用的な台形のバッグ。色とりどりの軽いナイロン地で作ったものもあり、実用バッグとして人気を呼んだ。元来は米国のL.L.Bean社が開発した氷運搬用のバッグ。

トートロジー〖tautology〗❶同語反復。❷命題論理で、要素となる命題の真偽がいかなるものであっても、常に真となるような論理式。恒真式。

とお‐なが・し【遠長し】とほ〔形ク〕❶遠くはるかである。「富士の嶺のいや―・き山路をも妹がりとへばけによはず来ぬ」〈万・三三五六〉❷永久である。永遠である。「音のみも名のみも絶えず天地のいや―・く偲ひ行かむ」〈万・一九六〉

ドーナツ〖doughnut〗《「ドーナッツ」とも》小麦粉に砂糖・卵・牛乳・ベーキングパウダーなどをまぜてこね、輪形などにして油で揚げた洋菓子。また、油で揚げずにオーブンで焼くものもある。⇒焼きドーナツ

ドーナツか‐げんしょう【ドーナツ化現象】クワゲンシヤウ ▶ドーナツ現象

ドーナツ‐げんしょう【ドーナツ現象】ゲンシヤウ 大都市の中心部の居住人口が地価の高騰や生活環境の悪化などのために減少し、周辺部の人口が増大して人口分布がドーナツ状になる現象。ドーナツ化現象。

ドーナッツ〖doughnut〗▶ドーナツ

ドーナツ‐ばん【ドーナツ盤】▶イー‐ピー(EP)

トーナメント〖tournament〗❶試合・競技で、敗者を除いていき、勝者どうしが戦い抜いて優勝を決める試合方式。勝ち残り式試合方法。勝ち抜き試合。⇒リーグ戦 ❷中世ヨーロッパ騎士の馬上試合。二組に分かれた騎士が甲冑をつけて馬に乗り、勝ち抜き式で行われた。

トーナメント‐プロ〖tournament pro〗トーナメントに出場し、その賞金獲得の資格をもつプロゴルファー。

とお‐なり【遠鳴り】とほ 遠くから、また、遠くまで鳴りひびくこと。また、その音。「潮の―」

トーニング‐シューズ〖toning shoes〗靴底が不安定な形にしてあり、バランスをとって歩くことで筋力強化などの効果が得られる靴。

とお‐ね【遠音】とほ 遠くの方から、また、遠くまで聞こえる音。とおと。「―に響く夕べの鐘」

とおの【遠野】とほの 岩手県中東部の市。もと南部氏の一族八戸(はちのへ)氏の城下町。古くから南部駒の産地であり、馬の競り市が行われる。また柳田国男「遠野物語」で民話・伝説のふるさととして知られる。酪農や木工業が盛ん。平成17年(2005)10月、宮守村と合併。人口2.9万(2010)。

とお‐の‐いましめ【十の戒め】とを 仏教の十戒(じっかい)のこと。

とお‐の・く【遠▽退く】とほ ■〔動カ五(四)〕❶遠くに離れる。遠ざかる。「寒さが―・く」「話し声が―・く」❷関係が薄くなる。疎遠になる。また、間隔があく。「足が―・く」「連絡が―・く」■〔動カ下二〕「とおのける」の文語形。〘類語〙遠ざかる・離れる・隔たる・去る・退(しりぞ)く・後(あと)にする

とお‐の‐くに【遠の国】とほ 遠くの国。えんごく。「家人(いへびと)は待ち恋ふらむに―いまだも着かず」〈万・三六八八〉

とお‐の・ける【遠▽退ける】とほ〔動カ下一〕〘文〙とほの・く〔カ下二〕とおざける。「人を―・けて話す」

とおの‐し【遠野市】とほの ▶遠野

とお‐の‐みかど【遠の朝▽廷】とほ 都から遠く離れた地方にある政庁。陸奥(みちのく)の鎮守府や諸国の国衙(こくが)などをさす。万葉集では大宰府や官家(朝鮮半島南部に置いた官府)についてもこの名称を使っている。

とおのものがたり【遠野物語】とほのものがたり 民間伝承の記録書。柳田国男著。明治43年(1910)刊。岩手県遠野郷に伝わる説話・民間信仰・年中行事などについての佐々木喜善の話を書きつづったもの。

とお‐のり【遠乗り】とほ〔名〕スル 馬や車などに乗って、遠方へ出かけること。「自動車で―する」

ドーハ〖Doha〗カタール国の首都。ペルシア湾に突き出るカタール半島の東岸にある港湾都市。人口、都市圏71万(2008)。

ドーパ〖dopa〗3,4-ジヒドロオキシフェニルアラニンの別名。アミノ酸の一種。人間の尿、副腎(ふくじん)などに検出される。また、このアミン誘導体はドーパミンと呼ばれる。⇒ドーパミン

ドーバー〖Dover〗英国イングランド南東部の港湾都市。ドーバー海峡の最狭部に臨む。ヨーロッパ大陸への連絡港。海岸にはドーバーチョークとよばれる白亜紀の白い崖が続く。

ドーバー‐かいきょう【ドーバー海峡】カイケフ イギリスとフランスとの間にあって、北海とイギリス海峡とを結

ぶ海峡。最狭部の幅34キロ。イギリス側にはドーバー、フランス側にはカレーの港がある。カレー海峡。

ドーバー-じょう【ドーバー城】《Dover Castle》英国イングランド南東端、ケント州の都市ドーバーにある城。古代ローマ時代より灯台が置かれ、12世紀にノルマン朝の要塞が築かれた。第二次大戦においても重要な戦略拠点になり、当時作られたトンネルが残っている。

ドーパミン〖dopamine〗生体内で合成されるアドレナリン・ノルアドレナリンの前駆物質。チロシンからドーパを経て生成される。それ自体で中枢神経伝達物質としても働く。

ドーハ-ラウンド〖Doha round〗WTO(世界貿易機関)による多角的貿易自由化交渉。1994年のウルグアイラウンド合意成立後、2001年にドーハで開催されたWTO第4回閣僚会議で開始が決定。正式名称は「ドーハ開発アジェンダ」。新ラウンド。ドーハ開発ラウンド。(補説)交渉分野は、農業・非農産品の関税引き下げ、サービス貿易の自由化、アンチダンピング・補助金協定から、途上国の開発促進や環境関連物品・サービスの自由化まで多岐にわたる。そのため、新興途上国と先進国、輸出国と輸入国など、交渉分野によって各国が複雑に対立し、交渉は難航・長期化している。

ドーパント〖dopant〗半導体に添加(ドーピング)される不純物。不純物の種類や濃度を変えることで半導体の性質を変えることができる。半導体に添加する不純物の最外殻電子が多いアクセプターの場合、電子を供給してn型半導体になり、最外殻電子が少ないドナーの場合、正孔を供給してp型半導体になる。

とお-び【遠火】とほ ❶遠くでたく火。❷物を火からはなして煮たり焼いたりすること。「魚を—で焼く」

トーピース〖toepiece〗スキー靴の締め具のつま先部分。

とお-ひがた【遠干潟】とほ 遠くまで潮の引いた潟。〈日葡〉

ドービル〖Deauville〗フランス北西部、ノルマンディー地方、カルバドス県の港町。1860年代に上流階級のための競馬場が建設され、高級ホテルやカジノが立ち並ぶ観光保養地に発展した。

トービン〖James Tobin〗[1918〜2002]米国の経済学者。資産選択の理論、貨幣的成長の理論などを提示した。1981年ノーベル経済学賞受賞。

ドーピング〖doping〗❶〔名〕スル スポーツ選手が競技出場前に運動能力を増進させるための刺激剤・興奮剤などを服用すること。不正行為として禁止されている。❷半導体に不純物を添加すること。➡ドーパント

ドーピング-コントロール〖doping control〗オリンピックなどの競技大会で、選手がドーピングを行ったかどうかを調べること。競技が終わったあと、尿または血液を分析し、使用が認められたときは失格となる。オリンピックでは、1968年の第19回メキシコ大会から実施されている。

トービン-ぜい【トービン税】外国為替取引に低率の税金を課すことで、投機を目的とした高頻度の取引の抑制を図る税制度。米国の経済学者ジェームズ=トービンが1972年に提案した。一部の国だけが導入した場合、外為取引が単に他国へと流れる結果になるため、導入に際しては国際的協調が求められることもあり、実現には至っていない。

トープ〖フランス taupe〗《モグラの意》茶色がかった濃い灰色。

ドープ〖dope〗▶ドーピング

ドープ-チェック〖dope check〗運動選手や競走馬などに対してドーピングの有無を調べること。

トーフル〖TOEFL〗《Test of English as a Foreign Language》米国やカナダへの留学を希望する外国人を対象とした、英語の学力テスト。主催はETS(米国の民間の教育研究機関)。トエフル。

ドーベルマン〖Doberman〗犬の一品種。ドイツで、ルイス=ドーベルマンによって作出された大形犬。精悍で、毛は短く、黒褐色。警察犬や軍用犬に用いられる。

とお-ぼえ【遠×吠え】とほ〔名〕スル ❶犬や狼などが遠くで声を長く引いてほえること。また、その声。❷自分より強い者に直接には手向かわないで、陰で悪口をいうこと。「少数の反主流派が—する」

(類語)吠える・嘯ぶく・哮る・わめく・咆哮する

トーホールド〖toehold〗レスリングの技の一。相手の足首からつま先を持って攻めること。アマチュアでは反則の技。

トーマ〖Charles Louis Ambroise Thomas〗[1811〜1896]フランスの作曲家。オペラ作曲家として活躍。作「ミニョン」「ハムレット」など。トマ。

ドーマー〖dormer〗屋根に付いている窓。屋根裏の寝室などの明かり取り。

ドーマー-ウインドー〖dormer window〗▶ドーマー

とお-まき【遠巻(き)】とほ 接近しないで、遠くの方からとりまくこと。「けんかを—にして見物する」

ドーマク〖Gerhard Domagk〗[1895〜1964]ドイツの生化学者。アゾ化合物の薬理を研究し、1932年に溶連菌に効力のある赤色プロントジルを発見、サルファ剤などの化学療法の基礎を築いた。39年、ノーベル生理学医学賞受賞が決定したがナチ政府により辞退させられ、47年受賞。

とお-まわし【遠回し】とほまはし〔名・形動〕直接的な表現を避けて、それとなく言うこと。また、そのさま。「—に注意する」(類語)婉曲・間接的・言外

とお-まわり【遠回り】とほまはり〔名・形動〕スル ❶遠い道を回って行くこと。まわり道をして行くこと。迂回。「—して帰る」❷かけなくてもいい手数をかけること。また、そのさま。迂遠。「—な方法」

(類語)迂回・回り道・遠道・寄り道・道草

とお-み【遠見】とほ ❶遠くを見渡すこと。遠くから見ること。「—のきく展望台」「—にはきれいに見える」❷高い所にのぼって遠方を見張ること。また、その人。❸歌舞伎の大道具で、遠景を描いた背景。❹歌舞伎の演出で、ある役の遠方での演技を見せるため、同じ扮装をした子役を登場させるもの。❺「遠見検見」の略。

ドーミー〖dormie〗ゴルフのマッチプレーで、勝ったホール数と残りのホール数とが同数になること。

ドーミエ〖Honoré Daumier〗[1808〜1879]フランスの画家・版画家。政治・社会を風刺した石版画や、貧しい庶民生活を写実的に描いた油彩画で有名。作「ロベール=マケール」「ドン=キホーテ」など。

とおみ-けみ【遠見×検見】とほみ 江戸時代の検見の一。検見に多くの日数や費用がかかるような場合に、一部の検見や内見などにもとづいて年貢の額を決めること。とおけみ。

とお-みち【遠道】とほ ❶長い道のりを歩くこと。また、長い道のり。「—を歩く」❷まわり道をすること。また、遠まわりの道。「帰りに—をする」

(類語)迂回・遠回り・回り道・寄り道・道草

ドーミトリー〖dormitory〗寄宿舎。寮。

とおみ-ばんしょ【遠見番所】とほみ ❶遠見の番人の詰め所。❷江戸幕府が沿岸各地に設けた、外国船を見張るための番所。

とお-みみ【遠耳】とほ 遠方の物音でもよく聞きとることができること。また、その耳。

とお・む【×撓む】とを〔動マ四〕たわむ。しなう。「沖つ波—む眉引き大舟のゆくらゆくらに面影にもとな見えつつ」〈万・四二二〇〉

ドーム〖dome〗❶半球形の天井や屋根。円天井。円屋根。円蓋。「—球場」❷いただきが半球状の峰。「穂高岳滝谷—」

ドームがた-きゅうじょう【ドーム型球場】キウヂヤウ ▶ドーム球場

ドーム-きゅうじょう【ドーム球場】キウヂヤウ 丸屋根の付いた野球場。屋根が開閉できるものもある。1965年に建設された、米国テキサス州ヒューストンのアストロドームが世界初。日本では昭和63年(1988)竣工の東京ドームが初。ドーム型球場。

ドームズデー〖doomsday〗《「ドゥームズデー」とも》❶キリスト教で、最後の審判の日。❷核戦争によって人類が滅亡する日。➡終末時計

ドーム-スピーカー《dome type speakerから》スピーカーユニットの一種。凸型お椀状の振動板から音を出す。中音・高音用に使用される。

トームペア〖Toompea〗エストニアの首都タリンの山の手地区。旧市街西部、城壁に囲まれた丘の上に位置し、13世紀建造のトームペア城、タリン大聖堂、帝政ロシア時代のアレクサンドルネフスキー大聖堂などがある。1997年、旧市街は「タリン歴史地区」の名称で世界遺産(文化遺産)に登録された。

トームペア-じょう【トームペア城】ジヤウ《Toompea Loss》エストニアの首都タリンの旧市街西部、トームペアの丘の上にある城。11世紀以前にエストニア人が建てた木造の砦があったが、13世紀前半にリボニア帯剣騎士団が進出して要塞を建造。以降、増改築が繰り返され18世紀後半には宮殿のような外観になった。現在は国会議事堂として使われている。

とお-め【遠め】とほ〔名・形動〕普通より少し遠いこと。また、そのさま。「—の球に手を出す」⇔近め。

とお-め【遠目・遠×眼】とほ ❶遠方までよく見える目。「—がきく」❷遠くの方から見ること。また、遠くから見たようす。「—には見分けがつかない」「夜目—」❸遠視。「—用の眼鏡」⇔近目。(類語)遠見・傍目

とお-めがね【遠眼-鏡】とほ 望遠鏡や双眼鏡の古い呼び方。

トーメ-の-おか【トーメの丘】をか《Toomemägi》エストニア中南部の都市タルトゥの中心部にある丘。13世紀の大聖堂跡や、「天使の橋」、「悪魔の橋」と呼ばれる陸橋がある。19世紀初頭に建てられた旧天文台は、ドイツ出身でロシアの天文学者F=シュトルーベが天文台長を務め、子午線測量に従事した。その測量点の一部が2005年に「シュトルーベの測地弧」として世界遺産(文化遺産)に登録。旧天文台はその測量に使われた最初の測量点として知られる。

とお-ものみ【遠物見】とほ 武家時代の戦いで、敵の動静を探るために遠くまで出かけたこと。また、その役目の者。遠見。

とお-もん【遠文】とほ 間隔をおいて散らした文様。また、その織物や染め物。⇔繁文。

とお-や【遠矢】とほ 遠方のものに矢を射ること。また、その矢。遠投げ。遠射。

とお-やま【遠山】とほ ❶遠方の山。遠くに見える山。❷葉茶壺の肩にある、ひもを通す耳。❸「遠山灰」の略。

とおやま-きんしろう【遠山金四郎】とほやまきんしらう [?〜1855]江戸末期の町奉行。名は景元。左衛門尉と称した。小普請・作事・勘定などの奉行を経て、江戸の町奉行となり、名奉行といわれた。桜の入れ墨のある「遠山の金さん」は、講談などでの脚色。

とおやま-ざくら【遠山桜】とほやま 遠方の山に咲いている桜。「春霞あやなたちそ雲のゐる—よそにても見ん」〈玉葉集・春下〉

とお-やまざと【遠山里】とほ 遠くの山里。都から遠い山里。「めづらしく今日聞く声をほとときす—は耳なれぬらむ」〈赤染衛門集〉

とおやま-ずり【遠山×摺り】とほやま 布地に遠方の山のようすを青く摺り出すこと。また、その摺り模様。「秋風にきつつ夜さむやかさぬらん—の衣かりがね」〈続千載・秋上〉

とお-やまどり【遠山鳥】とほ ヤマドリの別名。雌雄が山を隔てて寝るというところから、男女が別々に夜を過ごす意にかけて用いる。「冬の夜を羽も交さで明かすらむ—ぞよそにかなしき」〈相模集〉

とおやま-ばい【遠山灰】とほやまばひ 茶の湯で、風炉の五徳の向こうに山の形に盛った灰。一つ山・二つ山・向山の3種がある。

とおやま-ひらく【遠山啓】とほやま [1909〜1979]数学者。熊本の生まれ。東北大卒。東京工業大教授。代数関数論の研究で知られ、数学教育を改革する「水道方式」を提唱した。著作に「数学入門」「無限と

連続」など。
とおやま-まつり【遠山祭】長野県飯田市南東部の遠山地区で、12月上旬から翌年1月上旬にかけて行われる湯立て神楽。霜月祭。
とお-よせ【遠寄せ】❶遠まきにして攻め寄せること。❷歌舞伎下座音楽の一。大太鼓と銅鑼による鳴り物で、遠巻きの軍勢を表現する。
トーラー〖Torah〗ユダヤ教で、律法のこと。律法書とよばれるモーセ五書をさす。
とおら・う【×撓らふ】〔動ハ四〕揺れ動く。たゆとう。「釣舟の―・ふ見れば古のことそ思ほゆる」〈万・一七四〇〉
トーラス〖torus〗▶円環面
ドーラン〖ドイ Dohran〗《ドイツの製造会社の名から》舞台や映画・テレビの撮影の際に俳優などが化粧に用いる油性の練りおしろい。
とおり【通り】㊀〔名〕❶㋐人や車のとおるところ。道路。往来。「にぎやかな―」㋑（「…どおり」の形で）地名・場所などを表す名詞の下に付いて、その道筋・道路である意を表す。「銀座―」「裏町―」❷人や車が行ったり来たりすること。通行。ゆきき。往来。「車の―が激しい道」❸気体や液体が流れかようこと。流通。「風の―がいい」「下水の―が悪い」❹声や音などがよく伝わること。「声の―がいい」❺広く知れわたっていること。評判。「彼の名は―がよい」❻同じ状態・方法であること。「予想した―の成果が出た」「私の言った―だ」「今までの―に行う」❼理解。のみこみ。「―のよい説明」㊁〔接尾〕助数詞。❶組になっているものを数えるのに用いる。「道具を二―そろえる」❷種類を数えるのに用いる。「三―のやり方」
〔…語〕（どおり）裏通り・大通り・御目見通り・表通り・河岸通り・上通り・下通り・素通り・中通り・人通り・目通り・目抜き通り
〔類語〕道・往来・道路・街路・ストリート
どおり【通り】〔接尾〕❶数量を表す語に付いて、だいたいそのくらいという意を表す。「八、九分―でき上がった」❷名詞に付いて、同じ状態、そのままであるなどの意を表す。「従来―」「予想―」
ドーリア〖Doria〗▶ドリス
ドーリアトゥルシ-きゅうでん【ドーリアトゥルシ宮殿】《Palazzo Doria Tursi》イタリア北西部、リグリア州の都市ジェノバにある宮殿。16世紀にグリマルディ家の邸宅として建造。現在は市庁舎になっている。ジェノバ出身のバイオリン奏者ニコロ＝パガニーニ愛用のバイオリン「グァルネリ」を所蔵することで知られる。同宮殿があるガリバルディ通りは、16世紀から17世紀にかけて整備された「レ-ストラーデヌオーベ」（新しい街路群）の一であり、当時の富裕貴族が建てた多くの宮殿が立ち並ぶ。2006年に「ジェノバのレ-ストラーデヌオーベとパラッツィ-デイ-ロッリ制度」の名称で世界遺産（文化遺産）に登録された。トゥルシ宮殿。
とおり-あめ【通り雨】さっと降って、すぐやむ雨。
〔類語〕俄雨・驟雨・村雨・夕立・時雨・スコール
とおり-あわ・せる【通り合（わ）せる】〔動サ下一〕図とほりあは・す〔サ下二〕たまたまその場所を通る。「事故現場に―・せる」
〔類語〕通りかかる・通りすがる・さしかかる・行き合わせる
ドーリー〖dolly〗㊀〔名〕▶ドリー ㊁〔形動〕女性のファッションなどが、人形のようにかわいらしいさま。「―なドレス」
とおり-いっぺん【通り一遍】❶通るついでに立ち寄っただけで、深いなじみではないこと。振り。「―の客」❷うわべだけで誠意のないこと。また、そのさま。「―のあいさつ」〔類語〕おざなり・形式的・型通り
トーリー-とう【トーリー党】《the Tory》英国の政党。17世紀後半に成立。議会の権利を主張したホイッグ党に対して、王権や国教会を擁護して貴族・地主・聖職者の支持を受けた。1832年の選挙法改正以後、保守党と改称。
とおり-がかり【通り掛（か）り】❶たまたまそこを通ること。通りすがり。「―の人」❷よそへ行く道のついでに。通りがけ。「―に立ち寄る」
とおり-かか・る【通り掛（か）る】〔動ラ五（四）〕ちょうどそこを通る。「―・った船に救助される」〔類語〕通り合わせる・さしかかる・行き合わせる・行きかかる
とおり-かぐら【通り神-楽】❶町を流して歩く太神楽。❷歌舞伎下座音楽の一。篠笛と桶胴または大太鼓による囃子。❶を模したもので、初春の郭の場面などに用いる。
とおり-がけ【通り掛け】そこを通るついで。通りすがり。通りがかり。「―に声を掛ける」
とおり-きって【通り切手】▶関所手形
とおり-く【通り句】❶連歌・俳諧で、だれでも知っている有名な句。❷その世界に通用している文句。「艶治郎は青楼の―なり」〈洒・通言総籬〉
とおり-こ・す【通り越す】〔動サ五（四）〕❶ある地点を通り過ぎて先へ行く。通り過ぎる。「家の前を―・す」❷ある程度や限度を越える。「怒りを―・して呆然としている」〔類語〕通過する・通り過ぎる・行き過ぎる・越える・越す・過ぎる・渡る・またぐ
とおり-ことば【通り言葉】ある世界や仲間の間で用いられる言葉。また、世間一般に通用する言葉。
とおり-じ【通り字】❶人の実名に祖先から代々伝えて付ける文字。源氏で頼朝・頼家の「頼」、義朝・義経の「義」の字、平氏で清盛・知盛・維盛の「盛」の字など。❷世間一般に通用して使われる俗字。
とおり-すがり【通りすがり】たまたまそこを通ること。通りがかり。「―のタクシー」
とおり-すが・る【通りすがる】〔動ラ五（四）〕たまたま来かかって、そこを通る。「映画館の前を―・る」
とおり-す・ぎる【通り過ぎる】〔動ガ上一〕図とほりす・ぐ〔ガ上二〕ある所を通って向こうへ行く。通りこす。「足早に―・ぎる」「夕立が―・ぎる」
〔類語〕通過する・通り越す・通る・過ぎる・過ぎ去る
とおり-すじ【通り筋】大通り。表通り。「一人馬のかよひ絶ゆるほどのあけぼのに」〈浮・織留・二〉
とおり-そうば【通り相場】世間一般に通用する相場。普通の値段。通り値。また、一般にそういうものだといわれている評価。「仲介手数料は五分というのが―だ」
とおり-だな【通り棚】1枚の棚板を両端まで一直線にかけた床脇棚。通常、上に袋戸棚がつく。一文字棚。通し棚。
とおり-ちがいだな【通り違い棚】違い棚と通り棚とを上下に並べてかけた床脇棚。通常、上に袋戸棚がつく。通し違い棚。
とおり-てがた【通り手形】▶関所手形
とおり-な【通り名】❶世間一般に通用している名。通称。❷一家の主人が先祖から代々受け継いで用いる同一の名。「松右衛門といふ―は養ひ聟に譲りやる」〈浄・盛衰記〉❸遊女屋で、その家の遊女に代々名乗らせる同一の名。「いつしかここのうちの―を継いで、御職となりしが」〈洒・古契三娼〉
〔類語〕通称・俗称・呼び名・あだ名・愛称・ニックネーム
とおり-ぬけ【通り抜け】路地などを一方から他方に通り抜けること。また、通り抜けられる通路。「―禁止」
とおり-ぬ・ける【通り抜ける】〔動カ下一〕図とほりぬ・く〔カ下二〕ある所を通ってその先へ出る。「トンネルを―・ける」〔類語〕くぐり抜ける・擦り抜ける・突き抜ける・乗り越える・通る・抜ける
とおり-ね【通り値】世間一般で通用している値段。通り相場。
とおり-ふちょう【通り符×牒】同業者の間だけに通用する符牒。
とおり-ま【通り魔】❶瞬間的に通り過ぎて、それに出会った人に災害を与えるという魔物。❷通りすがりに人に不意に危害を加える者。
とおり-みち【通り道｜通り▽路】通って行く道筋。通路。また、通りすがりの道。
〔類語〕道筋・通路・経路・進路・コール・ルート
とおり-むかいだな【通り向（か）い棚】床の間のわきにつける飾り棚。通り棚の上に左右向かい合わせに短い棚をつけたもの。
とおり-もの【通り者】❶広く世間に名の知られている者。「岩橋という瓦屋のむすこで、いじめっ子の―であった」〈中勘助・銀の匙〉❷世態・人情によく通じた人。また、遊里で遊びなれた人。粋人。通人。「おじは―である。―とは道義心のlaxなる人物ということと見える」〈鴎外・ヰタ-セクスアリス〉❸男だて。侠客。また、ばくち打ち。
とお-りんね【遠輪×廻】連歌・連句の付合上の禁制の一。句を付け進めてゆく際に数句を隔てて同じような付合が出てくることを。
とおる【融】謡曲。五番目物。世阿弥作。伊勢物語・古今集などに取材。旅僧が六条河原院を訪れると、左大臣源融の霊が現れ、栄華の昔を語る。
トール〖Thor〗北欧神話の豪勇の神。背が高くたくましい筋骨を持つ。雷神・春の神・農耕の保護神。
とお・る【通る｜▽徹る｜▽透る】〔動ラ五（四）〕❶㋐物を貫いて反対側に至る。「串が―・る」㋑一方の口から差し入れて他方の口に出る。「袖に手が―・る」㋒まんべんなくゆきわたる。「肉に火が―・る」㋓二点間を結ぶ道筋ができる。「高速道路が―・る」㋔まっすぐな筋目が立つ。「柾目が―・る」❷人や車が行き来する。「絶え間なく車が―・る」❸㋐ある場所を過ぎる。「海辺を―・る」「東京を―・って仙台に行く」㋑（人が）屋内や室内に進み入る。「座敷に―・る」㋒料理店などで、客の注文が帳場に取り次がれる。❹㋐認められて成り立つ。「法案が―・る」「願いが―・る」㋑矛盾がなくて内容が理解できる。「理屈が―・っている」㋒とがめられずに受け入れられる。「無理が―・る」㋓それなりに通用する。「頑固者で―・る」㋔遠くまで伝わる。「よく―・る声」㋕評判になる。「名の―・った店」❺相手に通ずる。「おのづから本意―・らぬこと多かるべし」〈徒然・一四一〉〔可能〕とおれる
〔類語〕（❷）行く・行き通う・通う・行き交う・行き来する・往来する・通行する／（❸㋐）通過する・通り抜ける・経由する・経る・通り過ぎる・過ぎる・よぎる・抜ける・突っ切る・横切る
ドール〖dhole〗イヌ科の哺乳類。体長約1メートル、尾長約40センチ。外見はオオカミに似るが、歯の数が異なる。数頭の群れをつくり、ネズミ・シカなどを捕食。東アジア・東南アジアに分布。あかおおかみ。
ドール〖doll〗人形。「―ハウス」
トーループ-ジャンプ〖toe loop jump〗フィギュアスケートのジャンプの一。後ろ向きに滑り、滑走していない方の足のつま先で氷面を突いて踏み切る。空中で回転した後は滑走していた足で着氷する。
トールキン〖John Ronald Reuel Tolkien〗[1892〜1973]英国の児童文学作家・英語学者。南アフリカに生まれ、英国に移住。オックスフォード大学教授。中世の伝説や言語への深い知識をもとに、「指輪物語」などのファンタジー文学作品を残した。他に「ホビットの冒険」など。
トールゲート〖tollgate〗有料道路の料金徴収所。
ドールニク〖Doornik〗▶トゥルネー
ドール-ハウス〖dollhouse〗人形の家。ミニチュアの家具や食器などのついた精巧なものもある。
トール-ペインティング〖tole painting〗白木の家具や小物入れ、箱などにアクリル絵の具で絵を描くこと。開拓時代のアメリカで、古くなった家具やブリキ製品、陶器などを再生させようと彩色して使ったことから一般に広まった。
トールン〖Thorn〗オランダ、リンブルフ州、ベルギー国境付近の町。町全体の建物の壁が白く塗られ、「白い町」と称される。992年に建造された修道院教会があり、修道女の町としても知られる。
ドーロ-かわ【ドーロ川】《Douro》▶ドウロ川
トーン〖tone〗❶音、音調。❷色調。「暗い―の絵」❸物事全体から感じられる気分・調子。「交渉相手の―が変わる」〔類語〕音調・調子・語調・色調・色合い
トーン-アーム〖tone arm〗レコードプレーヤーのピックアップの一部。先端にカートリッジを取り付ける腕状部分。
トーン-かいせん【トーン回線】《tone line》▶

プッシュ回線

とおん-きごう【ト音記号】譜表で、中央ハ音より5度上のト音の位置を定める記号。Gの字を装飾化したもので、ふつう、譜表の第2線に定める。高音域を記譜するのに用いるので高音部記号ともいう。ト字記号。

トーン-クラスター〖tone cluster〗《音の塊の意》音楽で、全音ないしは半音、あるいは四分音といった狭い音程間隔で密集する複数の音をいう。主に現代音楽の作曲技法の一つとして用いられる。

ドーン-コーラス〖dawn chorus〗▶コーラス波

トーン-コントロール〖tone control〗ステレオアンプなどの、音質を高めるための調整機能。

トーン-しんごう【トーン信号】▶ディー-ティー-エム-エフ(DTMF)

トーン-ダイヤラー〖tone dialer〗プッシュホンのボタンを押す時に出るDTMF音を発生させる装置。プッシュホン回線では、ボタンを押す代わりに、このトーンダイヤラーを使って電話をかけられる。

トーン-ダウン〖tone down〗(発言や行為などの)調子・勢いを落としたり和らげたりすること。後退すること。

と-か【都下】❶都のうち。みやこ。「―にある人も漸く…、地方にても」〈鉄腸・花間鶯〉❷東京都のうち、23区を除いた市町村の称。「―三多摩地方」

と-か【渡河】〔名〕スル 河を渡ること。「人馬が―する」〔類語〕徒渉・跋渉

と-か〔連語〕㊀《格助詞「と」＋副助詞「か」》はっきりしない事柄を指示する意を表す。「家族が病気だ―で困っているらしい」〔補説〕中世以前の「とか」は、「か」を係助詞として扱うのが普通。㊁《並立助詞「と」＋副助詞「か」》❶事物や動作・作用を例示的に並列・列挙する意を表す。「漱石―鷗外―といった文人」「見る―見ない―騒いでいる」➡とかや〔補説〕「かゆいとか痛いなんて言っていられない」のように、末尾の事象(この文では「痛い」)に「とか」をつけない用い方もある。❷断定を避け、あいまいにするために語の後に付ける。「学校―から帰る」〔補説〕1990年代前半から若者の間で使われ、すぐに大人にも広まった。多用する話し方を「とか弁」ともいう。➡方➡的

と-が【図画】▶ずが(図画)

とが【ˣ咎｜▽科】❶人から責められたり非難されたりするような行為。あやまち。しくじり。「失敗は彼の―ではない」❷罰されるべき行為。罪。「盗みの―で捕らえられる」❸非難されるような欠点。「筑波嶺にそがひに見ゆる葦穂山悪しかる―もさね見えなくに」〈万・三三九一〉〔類語〕罪・過ち・罪悪・罪科・罪過・犯罪・罪障・罪業・悪行・悪事

とが【ˣ栂】ツガの別名。〔補説〕「栂」は国字。

と-が【都雅】〔名・形動〕みやびやかなこと。また、そのさま。「中国婦人の―な美しさが」〈横光・上海〉

ど-か【怒火】烈火のような怒り。ひどく怒ること。「―忽ち心頭に発し」〈竜渓・経国美談〉

どか〔接頭〕名詞に付いて、それが並みはずれたものである意を表す。「―雪」「―減り」

ドガ〖Edgar Degas〗[1834～1917]フランスの画家。印象派展に参加。踊子・浴女・洗濯女などを好んで描いた。パステル画・版画も多い。

と-かい【都会】❶人が多数住み、行政府があったり、商工業や文化が発達していたりする土地。都市。みやこ。❷「都議会」の略。「―議員」〔類語〕都市・みやこ・首都・都心・街中・街・市街・繁華街・盛り場

と-かい【渡海】〔名〕スル ❶船で海を渡ること。渡航。❷「渡海船」の略。

トカイ〖Tokaj〗ハンガリー北東部の町。ティサ川とボドログ川の合流点に位置する。世界三大貴腐ワインの一つ、トカイワインの産地として知られ、2002年に「トカイのワイン産地の歴史的・文化的景観」の名称で世界遺産(文化遺産)に登録された。

と-がい【ˣ蠹害】❶虫が物を食って害をなすこと。❷物事を害すること。また、その者。「これ当家の―、釈門の残賊なるべし」〈太平記・一八〉

ど-かい【土ˣ芥】土とごみ。ねうちのないもの、とるにたりないもののたとえ。「文三を―の如くに蔑視し」〈二葉亭・浮雲〉

ど-かい【土塊】土のかたまり。つちくれ。

ど-がい【度外】法度の外。範囲の外。また、数に入れないこと。

とかい-ぎいん【都会議員】都議会議員の通称。

どがい-し【度外視】〔名〕スル 問題にしないこと。無視すること。「採算を―した商法」

とかい-じん【都会人】都会に住み慣れた人。都会的に洗練されている人。

とかい-びょう【都会病】❶騒音・大気汚染、人間関係などのために、大都会で生活する人に起こりがちな健康障害。❷地方に住む人が、しきりに都会にあこがれる傾向。

とかい-ぶね【渡海船】江戸時代に、大坂を中心に瀬戸内海諸港間の貨客輸送にあたった小型廻船。大坂・丸亀間の金毘羅船、大坂・北九州間の小倉船など。

と-かえり【十返り】❶10回繰り返すこと。じっぺん。「年も六つを―の」〈浄・盛衰記〉❷《100年に一度という松の開花を10回くりかえす意から》長い年月。「―の霜には朽ちず」〈浄・女護島〉

とかえり-の-はな【十返りの花】松の花。祝賀の意に用いる。とかえりばな。「―を今日より松が枝にちぎるも久しよろづ代の春」〈新後拾遺・慶賀〉

とがおい-びくに【▽科負い▽比▽丘尼】昔、良家の妻女の身近にいて、その過失のとがを身代わりに負った比丘尼。尻負い比丘尼。

とが-おくり【ˣ咎送り｜▽科送り】罪のつぐないをすること。「旦方殿の―をする程に、来世の事は愚僧にまかせ給へ」〈浮・元禄大平記〉

と-かき【斗ˣ掻き｜▽概】枡で穀類などを量るとき、盛り上がった部分を平らにならすのに使う短い棒。ますかき。かいならし。

と-がき【ト書(き)】脚本で、登場人物の出入り・動き、場面の状況や照明・音楽・効果などの指定をせりふの間に書き入れたもの。歌舞伎脚本で、「ト思入れあって…」などと「ト」を用いたところからいう。

とかき-ぼし【斗ˣ掻き星】二十八宿の一、奎宿の和名。➡奎

と-かく【ˣ兎角】兎の角。現実に存在しないもののたとえ。「亀毛―」

と-かく㊀〔副〕スル ❶さまざまな物事を漠然とさす。何や彼や。いろいろ。「―するうちに一年が過ぎた」❷ある状態になりやすいさま。または、ある傾向が強いさま。ともすれば。ややもすると。「年をとると―忘れっぽくなって困る」「涙は―に止まなかった」〈小杉天外・はやり唄〉❸何はさておき。何にせよ。「―この世は住みにくい」❹(「とかくの」の形で)あれこれよくないさま。「彼には―の噂がつきまとう」㊁〔名〕種々さまざまな事柄。「先師暫く吟じて、―をのたまはず」〈去来抄・先師評〉〔補説〕「兎角」「左右」とも当てて書く。

〔類語〕そうこう・あれこれ・とこう・ともすると・えてして

どか-ぐい【どか食い】〔名〕スル 一度にたくさん食べること。「あんなに―しては太るのも当然だ」

とがくし【戸隠】長野市北西部の地名。天手力男命が投げた岩戸が飛んできた所という。戸隠神社の所在地。

とがくし-こうげん【戸隠高原】長野県北部、戸隠山と飯縄山の間にある高原。高原の中心部は湿地帯で、トガクシショウマ・トガクシギク・ミズバショウなどが見られる。上信越高原国立公園に属する。

とがくし-しょうま【戸隠升麻】メギ科の多年草。深山に自生し、高さ約30センチ。茎の先に2枚の葉がつき、葉は複葉。5月ごろ、淡紫色の花を開く。戸隠山で発見された。とがくしそう。

とがくし-じんじゃ【戸隠神社】長野市北西部にある神社。祭神は、奥社に天手力男命・九頭竜大神、中社に天八意思兼命、宝光社に天表春命。奥社は嘉祥3年(850)の創建という。平安末以来、修験道の道場となり、別当の顕光寺は戸隠三千坊と称されるほど栄えた。戸隠三社。

とがくし-やま【戸隠山】長野市北西部にある山。標高1904メートル。山麓の戸隠高原、戸隠神社で知られる。

とかげ【蜥＝蜴｜蝘＝蜓｜石＝竜＝子】有鱗目スキンク科の爬虫類。体長約20センチ。胴が円筒形で、体鱗は滑らか。体色は暗褐色で、縦縞がある。幼体は黒地に黄白色の縦縞が走り、尾は青色。尾は自切するとすぐに再生する。ニホントカゲ。〔季 夏〕「出て遊ぶ―に日蔭なかりけり/虚子」

蜥蜴の尻尾切り トカゲが尾を切り捨てて逃げるように、不祥事などが露見したとき、下位の者に責任をかぶせて、上の者が追及から逃れること。

とかげ-いろ【蜥＝蜴色】縦糸を浅葱または萌葱に染め、横糸を赤く染めた織り色。光線の具合で横糸の赤色が交差し、トカゲの色に似る。

とかげ-ざ【蜥＝蜴座】北天の小星座。10月下旬の午後8時ころ南中し、天頂近くに見える。白鳥座とアンドロメダ座の間にあるが、目立つ星はない。学名 Lacerta

とかけ-ば【▽外掛羽】矢羽のうち、矢をつがえて射るときに弓に触れない外側の羽。

とが-さわら【ˣ栂ˣ椹】マツ科の常緑大高木。本州・四国の深山に自生。樹皮は灰色。葉は針状で、2列に密生する。4月ごろ、雌花と雄花が咲き、球果は黒褐色。材は軽く、建築材や桶に利用。

とがし【富樫】姓氏の一。加賀の石川郡富樫郷を本拠とした豪族。鎌倉末期より南北朝時代にかけ、守護として勢力を張ったが、戦国時代に一向一揆のために滅亡。

とがし-ひろかげ【富樫広蔭】[1793～1873]江戸末期の国学者。紀伊の人。本居大平・春庭に学ぶ。「詞の玉襷」「詞の玉橋」などの著で、すぐれた品詞論を遺した。

とがし-まさちか【富樫政親】[1455～1488]室町中期の武将。加賀の人。応仁の乱で細川氏の東軍に属し、蓮如の後援で西軍についた弟幸千代丸を退けて加賀を支配した。のち、本願寺門徒の一向一揆と争い、高尾城に敗死。

とが-じんじゃ【砥鹿神社】愛知県豊川市にある神社。祭神は大己貴命。奥宮は本宮山の山頂にある。三河国一の宮。

とか-す【解かす｜ˣ梳かす】〔動サ五(四)〕《「溶かす」と同語源》櫛やブラシで髪の毛のもつれをととのえる。くしけずる。「髪を―・す」〔可能〕とかせる

とか-す【溶かす｜解かす｜▽融かす】〔動サ五(四)〕❶薬品や熱を加えて、固形物を液状にする。「鉄を―・す」「バターを―・す」❷固形物に液体を加えてまぜあわせる。また、まぜあわせて均一の液体にする。とく。「絵の具を―・す」「砂糖を水に―・す」〔補説〕❶で、特に金属の場合は「鎔かす」「熔かす」とも書く。〔可能〕とかせる〔類語〕溶く・溶解・融解

どか-す【▽退かす】〔動サ五(四)〕物や人を他の場所へ移して場所をあける。のかせる。「障害物を―・す」〔可能〕どかせる

と-がた【斗形｜ˣ枓】「枡形❷」に同じ。

ど-かた【土方】土木工事に従事する労働者。土工。

とかち【十勝】㊀北海道の旧国名の一。現在の十勝総合振興局の大半部。㊁北海道南東部の総合振興局。局所在地は帯広市。

とかち-いし【十勝石】北海道十勝地方から産出する黒色で光沢の強い黒曜石。飾り石として利用。

とかちおき-じしん【十勝沖地震】❶昭和27年(1952)3月4日、釧路沖を震源として発生した地震。北海道南部・東北北部に被害を及ぼした。マグニチュード8.2。❷昭和43年(1968)5月16日、青森県東方沖を震源として発生した地震。津波を伴った被害は青森県を中心に北海道南部・東北地方を襲った。マグニチュード7.9。❸平成15年(2003)9月26日、❶の地震とほぼ同じ場所を震源として発生した逆断層型

プレート間地震。北海道から東北地方の太平洋沿岸に最大約4メートルの津波が襲来し、被害を及ぼした。マグニチュード8.0。

とかちおびひろ-くうこう【とかち帯広空港】クウカウ 帯広空港の愛称。

とかち-がわ【十勝川】ガハ 十勝平野を貫流する川。北海道中央部の十勝岳に源を発し、太平洋に注ぐ。長さ156キロ。

とかち-しちょう【十勝支庁】シチヤウ 十勝総合振興局の旧称。

とかち-そうごうしんこうきょく【十勝総合振興局】ソウガフシンコウキヨク ►十勝㊂

とかち-だけ【十勝岳】北海道中央部、十勝・上川総合振興局の境にある三重式の成層火山。標高2077メートル。

とかち-へいや【十勝平野】北海道南東部、十勝川流域に広がる平野。畑作地帯で、豆類やジャガイモの産出が多く、酪農も盛ん。

どかっ-と〔副〕❶重いものを勢いよくおろすさま。「—荷物を置く」❷物事が一時期に集中して行われるさま。「雪が—降る」「株が—下がる」

どか-どか〔副〕❶大勢の者が足音をたてて、さわがしく出入りするさま。「客が—(と)入ってくる」❷物事が一時に集中するさま。「問い合わせが—(と)来る」「入学の諸費用が—(と)必要になる」

とがとが・し〔形シク〕事を荒立てるようすである。とげとげしい。理屈っぽい。「—・しき女聞きて」〈堤・虫めづる姫君〉

とか-なんとか【とか何とか】〔連語〕(多く「言う」の意を表す語を伴って)断定できないこと、漠然としていることを表す。などと。「五時ごろ会おう—言っていたよ」「—おっしゃって、やっぱり彼女が好きなんでしょ」

とが-にん【×咎人‖▽科人】罪を犯した人。罪人。

とがのお【栂尾】とがのを 京都市右京区、清滝(きよたき)川上流の景勝地。古来、高雄(たかを)(高尾)・槙尾(まきのを)とともに三尾(さんび)と称する紅葉の名所。明恵上人(みやうゑしやうにん)が再興した高山寺(かうさんじ)がある。

とが-の-き【×栂の木】ツガの別名。

とがのき-の【×栂の木の】〔枕〕「つがのきの」に同じ。「みづ枝さししじに生ひたる—いや継ぎ継ぎに」〈万・九〇七〉

どか-ひん【どか貧】急にひどい貧乏になること。
(類語)貧乏・じり貧

どか-べん【どか弁】《「土方弁当」の略》特別大きな弁当箱。また、それにつめた弁当。

と-がま【▽利鎌】《「とかま」とも》よく切れる鎌。切れ味のよい鎌。

ど-がま【土釜】土を焼き固めて作った釜。

ど-がま【土窯‖土×竈】炭焼きがまの一。出入り口のほか、全部を粘土で築き、焼けるのを待って密閉して火を消すもの。

と-がまえ【▽外構え】トガマヘ 家屋敷などの外面の構造。そとがまえ。「—の立派な屋敷」

トカマク〖ロシア tokamak〗環状の磁場を用いて高温のプラズマを閉じ込める核融合の研究装置。

どがま-ずみ【土窯炭】土窯で焼いた木炭。質がもろくて火がつきやすい。駱駝(らくだ)炭。

とが・む【×咎む】〔動マ下二〕「とが(咎)める」の文語形。

とがめ【×咎め】犯した罪や過失を責めること。また、それに対する罰。そしり。非難。叱責。「お—を受ける」

とがめ-だて【×咎め立て】〔名〕スル 必要以上に強くとがめること。「小さな失敗を—する」

とが・める【×咎める】〔動マ下一〕文とが・む〔マ下二〕❶悪いことをしたと心を痛める。「気が—・める」「良心が—・める」❷傷やはれものをいじって悪くする。また、悪くなる。「膿(う)んで傷が—・める」❸過ちや罪・欠点などを取り上げて責める。非難する。「過失を—・める」❹怪しんで問いただす。「挙動不審で警官に—・められる」(類語)責める・詰(なじ)る・難じる・問い詰める・詰問・難詰・譴責(けんせき)・詰責・面責・面詰・非難

と-か-や〔連語〕《格助詞「と」+係助詞「か」+間投助詞「や」》❶他から伝え聞くなど、不確かであることを表す。㋐文中用法。…とかいう物・事・人・所の意を表す。「一言芳談—名づけたる草子を見侍りしに」〈徒然・九八〉㋑文末用法。…とかいうことだ。「近き世にぼろんじ、梵字、漢字など云ひける者、その始めなりける—」〈徒然・一一五〉❷断定を避け、詠嘆の意を添える。「逆縁(=通リスガリノ縁)ながら弔(と)ふ—」〈謡・笠卒都婆〉

どか-ゆき【どか雪】短時間に多量に降り積もる雪。

トカラ〖Tokhara〗►トハラ

とから-うま【吐×噶×喇馬】吐噶喇列島の宝島にすむ在来馬。体高約1メートル。天然記念物。

とがら-か・す【×尖らかす】〔動サ五(四)〕「尖らす」に同じ。「口を—・して抗議する」

とがら・す【×尖らす】〔動サ五(四)〕❶物の先端を細く鋭くする。「鉛筆の芯を—・す」❷鋭敏にする。「神経を—・す」❸不機嫌な感じにする。とげとげしくする。「声を—・す」
(類語)とんがらす・研ぐ・研ぎすます・角立てる

とから-れっとう【吐噶喇列島】レツタウ 鹿児島県南部、屋久島と奄美大島との間に2列に点在する火山列島。口之島・中之島・臥蛇島・宝島・悪石島などからなる。

とがり【×尖り】とがっていること。また、その先端。「—岩」

と-がり【▽鳥狩り】鷹(たか)を使って鳥を捕らえること。鷹狩り。「都武賀野(つむがの)に鈴が音聞こゆ可牟思太(かむしだ)の殿の仲郎(なかち)し—すらしも」〈万・三四三八〉

どかり〔副〕重いものが落ちたり、置かれたりするさま。「—と腰を据える」「積もった雪が—と落ちる」

とがりいし-いせき【尖石遺跡】ヰセキ 長野県茅野市の八ヶ岳西麓にある縄文時代中期の代表的な集落遺跡。昭和15年(1940)ごろから地元の研究家が独力で発掘し、日本先史時代の集落研究の出発点となった。

とがり-がお【×尖り顔】ガホ 怒って口をとがらした顔つき。とんがり顔。

とがり-ごえ【×尖り声】ゴヱ 腹を立てたときなどのとげとげしくかん高い声。とんがり声。

とがり-ねずみ【×尖×鼠】食虫目トガリネズミ科トガリネズミ属の哺乳類の総称。ハツカネズミより小形。ネズミとは歯列が異なり、口先が細長くとがる。目や耳は小さい。北半球に約50種が分布。

とがり-や【×尖り矢‖▽利×雁矢】大形で先端の鋭くとがった鏃(やじり)。また、それをつけた矢。

とが・る【×尖る】〔動ラ五(四)〕❶物の先端が細く鋭くなっている。「先の—・った鉛筆」❷敏感になる。「神経が—・る」❸声などが興奮などのために高く鋭い調子になる。とげとげしくなる。「—・った声でなじる」「待たされた相手の目が—・る」❹(比喩的に)他よりも突出している。過激である。または、相手の弱点を容赦なく突いている。「—・った意見の持ち主」
(類語)とんがる・角張る・出っ張る・突き出る

トカル-きょうかい【トカル教会】ケウクワイ《Tokalı Kilise》►留め金の教会

トカル-キリセ〖Tokalı Kilise〗►留め金の教会

トカレフ〖ロシア Tokarev〗ソ連の軍用拳銃の一種。

とがわ-しゅうこつ【戸川秋骨】とがはシウコツ [1870〜1939]英文学者・随筆家。熊本の生まれ。本名、明三。島崎藤村・馬場孤蝶(こてふ)らと交わり、「文学界」の同人となった。著「英文学覚帳」、翻訳「エマーソン論文集」など。

とがわ-まさこ【戸川昌子】とがは [1933〜]推理作家。東京の生まれ。本姓、内田。会社勤務ののち、シャンソン歌手を経て「大いなる幻影」で江戸川乱歩賞を受賞、作家生活に入る。「猟人日記」は官能的描写で話題となる。他に「蜃気楼の帯」「蒼(あお)い蛇」など。

とがわ-ゆきお【戸川幸夫】とがはゆきを [1912〜2004]動物作家。佐賀の生まれ。正確な知識に基づいて動物の生態を描き、動物文学という新しいジャンルを文壇に打ち立てた。子供向けの作品も多い。「高安犬物語」で直木賞受賞。他に「オーロラの下で」など。動物愛護活動でも知られ、昭和40年(1965)にはイリオモテヤマネコの発見にも関与した。

とが-わん【戸賀湾】秋田県西部にある湾。男鹿半島西北部、日本海に面し半円の形をしている。噴火によってできたマール(円形の火口)湖が海食により湾になったとされる。養殖漁業・ワカメの栽培が盛ん。

ど-かん【土管】ドクワン 粘土を焼いて作った管。排水管や煙突などに用いる。

どかん〔副〕❶大きく重い物が落ちたりぶつかったりしたときなどに立てる音を表す。「—と電車が車止めにぶつかる」❷爆発したり破裂したときの大きな音を表す。「—と大砲の音が響く」❸物事が一度に大きく変化するさま。「地価が—とはねあがる」

ど-がん【奴×雁】►雁奴

とがん-しょう【×兎眼症】シヤウ 目をつぶってもまぶたが完全に閉じない状態。

トカンチンス〖Tocantins〗ブラジル中部にある州。1988年にゴイアス州の北半が分離して成立。州都はパウマス。

と-かんむり【戸冠】漢字の冠の一。「扇」「扁」などの「戸(戸)」の称。戸垂れ。

とき【土岐】岐阜県南東部の市。中心は土岐津(ときつ)。陶磁器製造が盛ん。人口6.0万(2010)。

とき【時】❶過去から現在、現在から未来へと、一方的また連続的に流れていくと考えられているもの。物事の変化・運動によって認識される。時間。「—が流れる」「—がたつ」「—を刻む」❷時法によって示される、1日のうちの特定の時点や時間帯。また、その時法に基づく単位時間。時刻。刻限。日本では明治6年(1873)以来、平均太陽時によって一昼夜を24等分し、太陽が子午線を通過する時刻の12時間前を零時とする時法が行われている。また一般に、24時を午前・午後の12時ずつに分けて、零時を午前零時、12時を午後零時とよぶ慣習もある。昔の時法には、1日を等分する定時法と、昼夜を別個に等分する不定時法とがあり、単位時間の長さは、不定時法では季節や場所によって異なった。定時法は古代律令時代には既にあり、漏刻(水時計)を用いて1日を12等分し、各時刻に十二支を配して、鼓や鐘を鳴らして時を告げた。真夜中の子(ね)の刻に9回、丑(うし)の刻に8回というぐあいに一時(いつとき)ごとに一打減らすもので、そのため、昼夜の各時刻を九つ…四つとも表した。近世になると、昼夜をそれぞれ6等分する不定時法が広く行われた。時刻の表し方は古代と同様であるが、各時刻はさらに2等分されて半とよばれたり、3等分されて上・中・下とよばれたりした。❸時間の流れの一点。時刻。また、時刻を知らせること。「—の鐘」「—をつくる」❹ある時期。㋐関心がおかれている時代や年代。ころ。「—は幕末、所は江戸」「—の首相」㋑季節。時候。「紅葉の—」「—の物でもてなす」「—なし大根」❺時勢。世の成り行き。「—に身をまかせる」「—に従う」❻何らかの状況を伴った、時間のひとくぎり。㋐さまざまな状況を念頭に置いた、不特定の時期。場合。「—に応じた方策」「あいさつのしかたも—と場所による」㋑状況が明示できない、漠然とした時期。「—には失敗もある」「—として、そんなことも起こる」❼㋐ちょうどよい機会。好機。「しかるべき—を待つ」「逆転の—をうかがう」㋑(「秋」とも書く)重要な時期。「危急存亡の—」❽わずかな間。一時。また、当座。臨時。「—借り」「—貸し」❾定められた期日。期限。「—を切って金を貸す」「返済の—が迫る」❿(行為や状態を表す連体修飾を受けて)㋐ある状態になっている時点や時期。「家に着いた—、母はいなかった」「幼稚園の—は、やんちゃ坊主だった」㋑ある状況を仮定的に表す。おり。場合。「地震の—はどうしよう」⓫(「どき」の形で接尾語的に用いて)まさにその時期。また、それにふさわしい時期。「食事—で店が混む」「今—の若者」⓬「時制(じせい)」に同じ。⓭陰陽道(おんやうだう)で、事を行うのに適した日時。暦の吉日。「暦の博士召して、—問はせなどし給ふほどに」〈源・葵〉⓮天台・真言などの密教で行う、定時の勤行(ごんぎやう)。時の修法。「その夜行幸にて侍りしかば、暁の御—ひきあ

げて」〈弁内侍日記〉(類語)(②)時間・時刻・タイム・アワー/(④)時代・時期・時節・時世・時世・エポック/(⑥)場合・折・ところ・場

時移り事去・る 《陳鴻「長恨歌伝」から》歳月とともにさまざまなものが変化してゆく。「さるほどに―・って、世の変はりゆく有様は」〈平家・二〉

時極まれば而ち転ず 《「史記」平準書から》時勢は行き着くところまで行くとやがて転じる。社会は時代によって変化してゆくものだということ。

時知ら・ず 時期をわきまえない。四季の区別もなく、年じゅう変化がない。「―・ぬ山は富士の嶺いつとてか鹿の子まだらに雪のふるらむ」〈伊勢・九〉

時ぞともな・し いつという定まった時もない。いつも。年がら年じゅう。「いたづらに雲ゐる山の松の葉の―・き五月雨の空」〈玉葉集・夏〉

時となく いつという時を定めず。常に。ひっきりなしに。「忘れ草我が紐に付く―思ひ渡れば生けりともなし」〈万・三〇六〇〉

時と場合 その時々とその場の状況。「―によって対策も異なる」

時無・し ❶いつと定まった時がない。「み吉野の耳我の嶺に―・くそ雪は降りける」〈万・二五〉❷不幸・失意の境遇にある。「東宮の御時の学士にて侍りしを、―・くおはしませば」〈今鏡・一〉

時成・る その時刻が来る。その時期になる。「その日は立ち騒ぎて、―・りぬれば、今はとて」〈更級〉

時に遇・う ❶よい時節にあう。時勢にあって栄える。「―・って社業が発展する」❷幸運にであう。「三代の帝に仕うまつりて、―・ひけれど」〈伊勢・一六〉

時に遇えば鼠も虎となる 時運に恵まれると、つまらない者でも権勢を振るうようになる。

時に当た・る ❶その時にさしあたる。その時にのぞむ。「近衛院に位を奪はれたりしかば…―・って恥辱を抱く」〈保元・上〉❷ふさわしい時期になる。「その上今の相国は、―・る職に達し、世に聞こえたる才幹なり」〈太平記・二七〉

時に従・う 世のなりゆきに従う。時勢に従う。

時に付・く その時の権勢にまかせる。「―・けたるをこそ、世人も許すめれ」〈源・竹河〉

時に取りて 場合によって。「人、木石にあらねば、―物に感ずる事なきにあらず」〈徒然・四一〉

時に臨・む その時になる。その時にさしあたる。「―・んでは、陣頭に立って戦う」

時に因・る その時のなりゆきや状況に応ずる。「どう対応するかは―・る」

時の代官、日の奉行 世の中をうまく渡っていくには、その時々の権勢ある者に従っているのがよいということのたとえ。

時の花をかざ・す 時節の花を挿頭にすることから、時勢にあって繁栄する。

時の用には鼻をも削・ぐ 急を要する大事な場合には鼻を切り落とすような手段でもとったほうがよい。危急の際には手段を選ばぬことのたとえ。時の用には鼻を欠け。

時は得難くして失い易し 好機はなかなかめぐってこないもので、たとえ来たにしても油断をするとすぐ去ってしまう。

時は金なり 《Time is money.》時は貴重であるからむだに過ごしてはならない。

時は人を待たず 年月は過ぎやすく、好機は失われやすいことをいう。歳月人を待たず。

時分か・ず 季節の区別がない。四季に関係ない。いつの時季でも。「湯の原に鳴く葦田鶴は我がごとく妹に恋ふれや―・ず鳴く」〈万・九六一〉「―・ず降れる雪かと見るまでに垣根もたわに咲ける卯の花」〈拾遺・夏〉(補説)文化庁が発表した平成20年度「国語に関する世論調査」では、「事件の後には、時を分かたず、厳重な警備が行われた」という例文を掲げ、「時を分かたず」について、(ア)すぐに、(イ)いつも、(ア)と(イ)の両方、(ア)(イ)とは全く別の意味、分からないの中から、その意味を選ばせている。解答率は(ア)66.8パーセント、(イ)14.1パーセント。国語課は(イ)を本来の意味とするが、この意味で使われている例はほとんどないのが実状で、例文の場合は(ア)(イ)どちらにも解釈可能である。◆国語課が調査対象とした「時を分かたず」は多くの国語辞典には採録されていない。また、新聞紙上等にも使用例を見出すのが難しい。そこで本書では古語「時分かず」を見出し語として立て、語釈も古語用例に従った。なお、国語課担当官によると、「昼夜を分かたず」の「分かたず」に注目し、これに「時を」を付けた「時を分かたず」を調査対象とし、本来の意味を「いつも」とした由である。

時を争・う 物事を、少しでも早く行おうとする。一刻を争う。「救急車は―・う患者のためにある」

時を失・う ❶よい時機を逃がす。「―・って事業の拡張はならなかった」❷時世に入れられず、権勢を失う。失意の人となる。「いつかまた春のみやこの花を見む時失へる山がつにして」〈源・須磨〉

時を移さず すぐさま。即刻。「―実行する」

時を得顔 よい時機にあって栄え、いかにも得意そうなようす。「―に振る舞う」

時を・得る 《「列子」説符の「時を得る者は昌え、時を失う者は亡ぶ」から》よい時機にめぐりあって栄える。時機をうまくとらえて利用する。

時を稼・ぐ 他の事で時間を長びかせているうちに、準備や用意を進める。時間を稼ぐ。「照会が済むまで世間話で―・ぐ」

時を奏・す 昔、宮中で夜警の武士が時刻を告げ知らせる。「時奏する、いみじうをかし」〈枕・二九〇〉

時を撞・く 時刻を知らせる鐘を撞き鳴らす。

時をつく・る 鶏が鳴いて夜明けの時を知らせる。

時を待・つ ❶時機を待つ。好機が来るのを待つ。「―・って旗上げする」❷死期を待つ。「あさましう沈ませ給ひて、ただ―・つばかりの御有様なり」〈栄花・花山尋ぬる中納言〉

時を・見る 時勢やよい時機を判断する。「―・見て話をつける」

時を分かたず ►時分かず(補説)

とき【▽斎】 ❶《食すべき時の食事の意》寺などで、食事のこと。インド以来の戒律により午前中に食べるのを正時とし、午後は食すべき時ではない時刻の食の意で非時という。斎食。❷寺で出す食事や精進料理。

とき【×鴇/朱=鷺/×鴾/桃=花=鳥】 コウノトリ目トキ科の鳥。全長77センチくらいで、淡紅色を帯びた白色。顔と脚が赤く、頭に冠羽があり、くちばしは黒く、下方に曲がる。水田や湿地でタニシ・ドジョウ・サワガニなどを捕食。巣は高い木の上に作る。東アジアに分布。日本では明治中ごろまで各地に生息したが、野生のものは絶滅。特別天然記念物。国際保護鳥。学名、ニッポニア・ニッポン。トキ科にはクロトキ・ショウジョウトキなども含まれる。(季 秋)(補説)「鴇」は国字。

とき【×鬨/時/鯨=波】 ❶合戦で、士気を鼓舞し、敵に対して戦闘の開始を告げるために発する叫び声。大将が「えいえい」と発声して全軍が「おう」と声を上げて和し、これを三度繰り返すのを通例とする。また、戦勝の喜びの表現としても発した。鬨の声。❷多数の人が、一度にどっとあげる声。

鬨を合わ・せる 敵方の鬨の声に応じて、こちらも鬨の声を上げる。

鬨をつく・る 大ぜいで一緒に鬨の声を上げる。「怪しげな服装の奴等が百人許り、―・って押寄せるじゃないか」〈小杉天外・初すがた〉

とぎ【×伽】 ❶退屈をなぐさめるために話し相手をすること。また、その人。「老人の―をする」❷病人の世話をすること。看病。❸通夜。「明くる日一晩お―をして」〈木下尚江・良人の自白〉❹「御伽衆」に同じ。❺寝所での相手をすること。また、その人。「旅人衆の―でもして」〈滑・膝栗毛・三〉

とぎ【研ぎ】 ❶とぐこと。また、といだぐあい。「―が足りない」❷刀などをとぐ人。研ぎ師。

と-ぎ【都議】「都議会議員」の略。

ど-き【土気】 土の含む気。土のにおい。

ど-き【土器】 粘土を成形して作った素焼きの器物。陶器・磁器に比べ、一般に焼成火度は低い。古くから世界各地で見られ、日本では縄文土器・弥生土器・土師器がある。出土した層や器形・文様などから考古学上の重要な資料となっている。かわらけ。(類語)陶器・磁器・陶磁器・焼き物・かわらけ

ど-き【度器】 長さを測るのに使う器具。ものさし。

ど-き【怒気】 怒った気持ち。怒りを含んだようす。「―を帯びた顔付き」(類語)怒り・腹立ち・立腹・憤り・瞋恚・憤怒・憤怒・憤懣・鬱憤・義憤・痛憤・悲憤・憤激・憤慨・激怒・癇癪・逆鱗

どき【時】「とき(時)⑪」に同じ。「買い―」「潮―」

とき-あか・す【解(き)明かす】〔動サ五(四)〕 問題を解いてその意味を明らかにする。解明する。「真相を―・す」

とき-あか・す【説(き)明かす】〔動サ五(四)〕 説いて物事の意味を明らかにする。「右からも左からも―・して」〈藤村・破戒〉(類語)解釈・釈義・講釈・評釈・解義・義解・読解・釈する

とき-あかり【時明(か)り】 ❶明け方近く、東の空がかすかに明るくなること。❷雨天のとき、ときどき雲が薄れて明るくなること。

ときあけ-もの【解(き)明け物】 綿入れの中綿を抜き取って袷や単に仕立て直した着物。綿貫。引解。ときあけ。

とぎ-あ・げる【研(ぎ)上げる】〔動ガ下一〕 図とぎあ・ぐ〔ガ下二〕刃物などをといで仕上げる。「ぴかぴかに―・げたナイフ」

とき-あらい【解(き)洗い】〔名〕(スル) 着物をほどいて洗うこと。また、洗い張りをすること。⇔丸洗い。

ドギー-バッグ〘doggy bag〙 レストランなどで、食べきれなかった料理を持ち帰るための容器。(補説)doggyは犬の、という意。表向きは飼い犬に食べさせるために残り物を包むとすることから。

とき-いろ【×鴇色】 トキの羽のような色。うすもも色。淡紅色。

ときえだ-もとき【時枝誠記】 [1900〜1967]国語学者。東京の生まれ。ソシュールの言語理論を批判し独自の言語観に基づき、言語過程説を唱え、国語学の分野に新しい展開をもたらした。著「国語学原論」「国語学史」「日本文法口語篇」「日本文法文語篇」など。

とき-おこ・す【説(き)起(こ)す】〔動サ五(四)〕 説明を始める。「基本から―・す」

とき-およ・ぶ【説(き)及ぶ】〔動バ五(四)〕 そのことにまで広げて説明する。「過去の例にまで―・ぶ」

とき-おり【時折】〔副〕 ときどき。ときたま。「―薄日がもれる」(類語)時時・折折・時たま・折節・間間

と-ぎかい【都議会】 東京都の議決機関。都議会議員により組織され、都の自治に関する事項について意思決定を行う。東京都議会。

とぎかい-ぎいん【都議会議員】 都議会を組織する議員。任期は4年。都会議員。都議。

とき-か・う【解き交ふ/解き替ふ】〔動ハ下二〕 ❶男女が相手の帯・ひもなどを解き合って共に寝る。解きかわす。「倭文幡の帯―・へて廬屋立て妻問ひしけむ」〈万・四三一〉❷互いに相手のひもなどを解き、形見として交換する。「白妙の袖―・へて還り来む月日を数みて往きて来ましを」〈万・五一〇〉

とき-がし【時貸し】〔名〕(スル) 一時的に金などを貸すこと。当座貸し。

とき-かた【解(き)方】 問題を解く方法。答えの出し方。解法。

とき-がね【時鐘】 時刻を知らせるために打ち鳴らす鐘。また、その音。時の鐘。

とき-がり【時借り】 一時的に金などを借りること。当座の借り。「お島は浜屋から―をして来た金を」〈秋声・あらくれ〉

とぎ-かわ【研(ぎ)革】 刃物をとぐのに使う革。革砥。

どき-がわ【土器川】 香川県中央部を流れる川。讃岐山脈の竜王山西斜面に源を発し、ほぼ北西

流して、丸亀市で瀬戸内海に注ぐ。上流は峡谷、中流部の丸亀平野には多くの溜池があり、満濃池は水源の一部をこの川に依存している。ダムがないのが特徴の川。

とき-かわ・す【解き交はす】〔動サ四〕「解き交う❶」に同じ。「高麗錦紐一・し天人の妻問ふ夕ぞ我も偲はむ」〈万・二〇九〇〉

とき-きか・せる【説(き)聞かせる】〔動サ下一〕図とききか・す〔サ下二〕よくわかるように説明して聞かせる。言いきかせる。「諄々と—・せる」

ときぎぬ-の【解き▽衣の】〔枕〕解き衣の乱れやすいことから、「思ひ乱る」「恋ひ乱る」にかかる。「—思ひ乱れて恋ふれども」〈万・二九六九〉

とき-ぐし【解き×櫛】髪をときほぐすのに使う歯の粗い櫛。

とき-けんじょう【時献上】江戸時代、四季それぞれに諸侯が自領の産物などを幕府に献上したこと。また、その献上物。

とき-さ・く【解き▽放く】〔動カ下二〕解きほどく。解きはなす。「細紋形錦の紐を—・けて数多は寝ずにただ一夜のみ」〈允恭紀・歌謡〉

とき-さけ【時×鮭】《「ときざけ」とも》「時知らず❷」に同じ。

とき-さと・す【説(き)諭す】〔動サ五(四)〕物事の道理をかみくだいて教え聞かせる。「非を—・す」

とき-し【土岐市】▶土岐

とき・じ【時じ】〔形シク〕《名詞「時」に打消しの意を添える接尾語「じ」がついて形容詞化した語》❶その時節ではない。季節はずれである。「我がやどの—・じき藤のめづらしく今も見てしか妹が笑まひを」〈万・一六二七〉❷時節を問わない。時を選ばない。「小治田の年魚道の水を間なくそ人は汲むといふ—・じくそ人は飲むといふ」〈万・三二六〇〉

とぎ-し【研(ぎ)師】刃物や鏡をとぐのを職業とする人。研ぎ物師。

ときじく-の-かくのこのみ【非=時▽香▽菓】《夏から早春枝にあり、香の消えないところから》タチバナの実。「—を恐くも残し給へれ」〈万・四一一一〉

とき-し-も【時しも】〔副〕《「し」は強めの助詞、「も」は詠嘆の助詞》ちょうどその時。折も折。「—八月半ばのことであった」

時しもあれ　ほかに時もあるのに。ふさわしい時期がほかにあるだろうに。折あしく。「例の、—雨いたく降り神いといたく鳴るを」〈かげろふ・中〉

とぎ-しゅう【×伽衆】▶御伽衆

とき-しらず【時知らず┊時▽不▽知】❶時期・季節を選ばないこと。また、そのような植物、キンセンカ・トキナシダイコンなどの別名。❷(秋の漁獲期に外れていることから)春から夏にかけて、北海道沿岸で獲れる若いサケ。脂がのっていて美味とされる。時鮭。➡秋味 ➡鮭児

ときしり-がお【時知り顔】〔名・形動〕時節をわきまえたという顔つき。また、時を得たのを知りそれを誇るさま。時を得顔。「万六波羅様をまねびて—なる」〈樗牛・滝口入道〉

とぎ-じる【▽磨ぎ汁】《「とぎしる」とも》米をといだあとの白く濁った水。とぎみず。

とき-すす・める【説(き)勧める】〔動マ下一〕図ときすす・む〔マ下二〕説明してすすめ誘う。「いろいろに—・めて、とうとう合点させて」〈鷗外・雁〉

とぎ-すま・す【研(ぎ)澄ます】〔動サ五(四)〕❶刃物をよくといで切れるようにする。また、鏡をよくみがいて曇りのないようにする。「—・した日本刀」❷心の働きを鋭くする。「—・された感覚」

とぎ-せん【都議選】《「都議」は「都議会議員」の略》都議会議員を選出するための選挙。

とき-ぜんまろ【土岐善麿】[1885〜1980]歌人・国文学者。東京の生まれ。別号、哀果。3行書きのローマ字歌集「NAKIWARAI」で注目された。また、ローマ字運動家としても知られる。著「田安宗武」など。

トキソイド〘toxoid〙細菌などがつくる毒素や蛇毒などをホルマリンで処理し、毒性を除いて抗原性だけを残したもの。ジフテリアや破傷風、ハブにかまれたときの毒の予防などに用いる。アナトキシン。

とき-そう【×鴇草】ラン科の多年草。湿原に生え、高さ15〜20センチ。茎の中ほどに葉が1枚つく。5、6月ごろ、茎の先に紅紫色の花を1個開く。

トキソカラ-しょう【トキソカラ症】《toxocariasis》犬や猫に寄生する回虫トキソカラ属の幼虫による内臓移行症。小児に経口感染し、肝臓や目に障害を起こす。

ときそば【時蕎麦】古典落語。蕎麦の代金16文を時刻をたずねながら1文ごまかした人を見て、ある男が真似をするが、逆に多く数えて4文損をしてしまう話。(補説)上方落語では「時うどん」の名で演じられる。

トキソプラズマ〘toxoplasma〙原生動物の一種。人間を含む哺乳類・鳥類に寄生する。

トキソプラズマ-しょう【トキソプラズマ症】《toxoplasmosis》原生動物の一種のトキソプラズマが寄生して起こる病気。人間のほか牛・羊・豚・犬・猫・鳥などにもみられ、食肉や排泄物から感染する。発熱・リンパ節腫脹・発疹・肺炎・脳炎などの症状がみられるが、症状の現れないことが多い。妊娠中の場合は流産や先天性脳障害を起こすが、非常にまれ。

とき-だいこ【時太鼓】時刻を知らせるために打ち鳴らす太鼓。時の太鼓。

とぎ-だし【研(ぎ)出し】❶大理石などの砕石粒をモルタルに混ぜて床・壁などに塗りつけ、硬化してから表面を研磨すること。また、そのような仕上げ。❷「研ぎ出し蒔絵」の略。

とぎだし-まきえ【研(ぎ)出し×蒔絵】蒔絵の技法の一。絵漆で文様などを描いた上から金銀粉・色粉などを蒔き、乾かしたのち透き漆または黒漆を塗って乾燥させ、文様・金銀粉が見えるように研ぎ出したもの。磨り出し蒔絵。

とぎ-だ・す【研(ぎ)出す】〔動サ五(四)〕研ぎ磨いてつやや模様などを出す。「木目を—・した杉戸」

とぎ-たて【研(ぎ)立て】研いだばかりであること。また、そのもの。

とき-たま【時▽偶】〔副〕ときどき。たまに。「—やって来る」(類語)折折・時時・時折・折節・間間

とき-たまご【溶き卵】生卵の身をほぐしたもの。また、それを水でゆるめたもの。

とき-つ【時つ】〔連語〕《「つ」は「の」の意の格助詞》その時期にかなった、その時にふさわしい、などの意を表す。

ど-ぎつ・い〔形〕色どりや人の言動などが強烈すぎて、不快感を与えるさま。「化粧が—・い」
(類語)毒毒しい・けばけばしい・派手

とき-づかさ【時▽司】古代、陰陽寮に属し、時刻の報知をつかさどった役所。また、その役。

とき-つ-かぜ【時つ風】[一]〔連語〕❶ほどよいころに吹く風。時節にかなった風。順風。「—おだやかに吹て万民太平を楽しみ」〈露伴・寝耳鉄砲〉❷潮の満ちる時刻になると吹く風。「—吹くべくなりぬ香椎潟潮干の浦に玉藻刈りてな」〈万・九五八〉[二]〔枕〕時つ風が吹く意から、地名の「吹飯」にかかる。「—吹飯の浜に出で居つつ贖ふ命は妹がためこそ」〈万・三二〇一〉

どき-つ・く〔動カ五(四)〕不安や期待で胸がどきどきする。「胸を—・かせて出番を待つ」

とき-つ-くに【時つ国】四季が順調にめぐり、よく治まっている国。「太刀抜かずして治まる—久しき」〈浮・武家義理・六〉

とき-づけ【時付け】❶到着の時刻などを書き記すこと。❷飛脚や使者などに手紙などを届ける日時を指定すること。「近江が方より—の早飛脚」〈浄・川中島〉

ときつげ-どり【時告げ鳥】《時刻を告げるところから》ニワトリの別名。「明け方の—ともろともに起きよとたたく水鶏なりけり」〈為忠集〉

とき-つ・ける【説(き)付ける】〔動カ下一〕図ときつ・く〔カ下二〕じっくり説明して自分の考えを相手にわからせる。「叔父を—・けて出資してもらう」
(類語)説き伏せる・説得する・口説く・言い含める

どきっ-と〔副〕スル　驚きや恐怖などのために、強く動悸が打つさま。「突然の指名で—した」
(類語)どきどき・どきりと・はらはら・ぞくぞく・ひやひや・ひやりと・びくっと・びっくり・ぎくっと・ぎょっと

とき-どき【時時】[一]〔名〕その時その時。時節、時節。「—の花を飾る」[二]〔副〕❶ある時間を置いて、繰り返されるさま。ときおり。「—大阪へ行く」「曇り—雨」❷まれであるさま。たまに。「—訪ねて来る」アク[一]はトキドキ、[二]はトキドキ。
(類語)時折・折折・時たま・折節・間間・随時・たまに

どき-どき〔副〕スル　激しい運動、または不安・恐怖・驚きなどで心臓の動悸が速くなるさま。「階段を上るだけで—する」「面接を控えて胸が—する」(類語)どきっと・どきりと・はらはら・わくわく・ぞくぞく・ひやひや

どぎ-どぎ〔副〕❶刃物の鋭利なさま。「触れて行くものは、忽ち両断されて了いそうな、—した刃が」〈里見弴・大道無門〉❷うろたえ、あわてるさま。どぎまぎ。「上人—し給ひ」〈浄・義経東六法〉

ときと-して【時として】〔副〕❶場合によって、ある物事が起こるさま。時には。たまに。「—晴れ間が出ることもある」❷(あとに打消しの語を伴って)少しの間もある状態にいられないさま。ひとときも。「心念々に動きて、—安からず」〈方丈記〉

ときと-すると【時とすると】〔副〕まれにある事が起こるさま。ひょっとすると。どうかすると。「—帰宅が遅くなることがある」

とき-なか【時中┊時▽半】一時の半分。今の約1時間。半時。「さて—ばかりありて」〈大鏡・師輔〉

とき-なし【時無し】時間・季節を定めないこと。常時。「大福餅や巴焼などを、…殆んど—に売っているのであった」〈葉山・海に生くる人々〉

ときなし-だいこん【時無し大根】大根の一品種。とうが立ちにくく、耐寒性があり、時節を限らず収穫できる。根はやわらかく、漬物に適する。ときしらず。

とき-なら◦ず【時ならず】〔連語〕❶(多く連体詞的に用いて)その時期ではない。時節に合わない。「—◦ぬ大雪」❷(副詞的に用いて)思いがけず。不意に。「—◦ず訪問を受けた」

とき-に【時に】[一]〔副〕❶場合によっては。時々。たまに。「—病気になることがある」❷まさしくその時。時あたかも。「—戦後の混乱期のさなかであった」[二]〔接〕会話で、新しい話題に入るときに用いる。さて。ところで。「—あの件はどうなりましたか」

ときに-は【時には】〔連語〕場合によっては。たまには。「—遅く帰ることもある」

とき-の【時の】〔連語〕話題となっている、その時の。その当時の。「—首相」

とき-の-アセスメント【時のアセスメント】▶公共事業再評価制度

とき-の-うじがみ【時の氏神】ちょうどよい時に出てきて仲裁する人。その時に際してありがたい人。

とき-の-うん【時の運】その時々の運・不運のめぐりあわせ。「合格、不合格は—」

とき-の-かね【時の鐘】時刻を知らせるために打つ鐘。また、その鐘の音。ときがね。

とき-の-きざみ【時の刻み】「漏刻」に同じ。

とき-の-きねんび【時の記念日】6月10日。時間への認識を新たにするため設けられた記念日。天智天皇10年(671)のこの日に水時計が初めて作られたことによる。(季 夏)

とき-の-くい【時の×杙】時の簡を支えるための杙。「—さす音など、いみじうをかし」〈枕・二九〇〉

とき-の-こえ【×鬨の声】士気を鼓舞するために、多数の人が一緒に叫ぶ声。「軍勢が—を上げる」
(類語)喊声・鯨波・凱歌・勝ち鬨

とき-の-そう【時の奏】昔、宮中で時刻を奏上したこと。亥の初刻から寅の刻の終わりまで、官人が一刻ごとに奏した。➡時の簡

とき-の-たいこ【時の太鼓】時刻を知らせるために打ち鳴らす太鼓。ときだいこ。

とき-の-ちょうし【時の調子】雅楽で、その季節

にふさわしい音楽の調子。春は双調、夏は黄鐘(おうしき)調、秋は平調、冬は盤渉(ばんしき)調などとされている。
とき-の-はな【時の花】その時節に咲く花。その時節にふさわしい花。「—いやめづらしもかくしこそ見(め)し明(あき)らめめ秋立つごとに」〈万・四四八五〉
とき-の-ひと【時の人】❶世間で話題になっている人。「—としてマスコミに取り上げられる」❷時を得て栄えている人。時めいている人。「—ぞや。心いと善しとて、いとらうらうたくし給ふ」〈宇津保・国譲上〉❸そのころの人。その時代の人。「事に触れて歌詠み優なりければ、—異名にやさ蔵人と云ひけるを」〈盛衰記・一七〉
とき-の-ふだ【時の▽簡】平安時代、宮中の清涼殿の殿上(てんじょう)の間(ま)の小庭に立てて、時刻を示した札。時刻ごとに雑事に当たる内豎(ないじゅ)が立て替えた。
とき-の-ま【時の間】ほんの少しのあいだ。つかのま。「—の出会い」
とき-の-もの【時の物】その時節にふさわしい物。「—を食卓にのせる」
とき-はずれ【時外れ】ときはづれ 時期にはずれていること。時節はずれ。「—の客の少い刻限を」〈里見弴・多情仏心〉
とき-はな・す【解(き)放す｜解(き)離す】〔動サ五(四)〕❶つながっているものをほどいて別々にする。「からまった毛糸を—・す」❷束縛を解いて自由にする。ときはなつ。「捕らえた鹿を—・す」「古いしきたりから—・す」〖類語〗解く・放す・放つ・解放する
とき-はな・つ【解(き)放つ】〔動タ五(四)〕「解き放す❷」に同じ。「傷の治った鳥を大空に—・つ」
とき-び【▽斎日】斎(とき)の施しをする日。
とき-ふ・せる【説(き)伏せる】〔動サ下一〕図ときふ・す〔サ下二〕相手によく説明して、自分の考えや意見に従わせる。「両親を—・せて結婚する」
〖類語〗説きつける・説得する・口説く・言い含める
とき-べ【解▽部】❶律令制で、治部省(じぶしょう)に属し、姓氏の相続に関する訴訟の裁判をつかさどった官。❷律令制で、刑部省(ぎょうぶしょう)に属し、被疑者の糾問(きゅうもん)をつかさどった官。
とき-ほぐ・す【解きほぐす】〔動サ五(四)〕❶もつれたり、固く結ばれたりしているものを少しずつ解いて、ばらばらにする。「もつれた髪を—・す」❷こりかたまったものを柔らかくする。また、緊張状態をやわらげる。「肩のこりを—・す」「かたくなな心を—・す」❸複雑にからんだ問題を少しずつほどくようにして解明する。「事件の謎を—・す」
とき-まい【▽斎米】斎の用として寺や僧に施す米。
どぎ-まぎ〔副〕スル 不意をつかれて、うろたえあわてるさま。「—と返答に窮する」「指名されて—する」
〖類語〗おたおた・まごまご・あたふた・おろおろ
とぎ-みず【研(ぎ)水｜▽磨ぎ水】とぎみづ ❶物をとぐのに使う水。❷米をといだ水。しろみず。とぎ汁。
とき-めか・し【時めかし】〔形シク〕全盛のさまである。「さわがしう—・しき所に」〈能因本枕・一二〉
とき-めか・す〔動サ五(四)〕期待や喜びで胸をどきどきさせる。心を躍らせる。「胸を—・して入学する」
とき-めか・す【時めかす】〔動サ五(四)〕❶よい時勢にめぐり合ってはぶりをきかせる。「地位を得て、—・し居り候も」〈紅葉・金色夜叉〉❷寵愛(ちょうあい)する。「帝は—・し給ふ事かぎりなし」〈宇津保・忠こそ〉
とき-めき 胸がときめくこと。「激しい—を覚える」
とき-め・く〔動カ五(四)〕喜びや期待などで胸がどきどきする。心が躍る。「—・く胸をおさえる」
〖類語〗高鳴る・どきつく・浮き立つ
とき-め・く【時めく】〔動カ五(四)〕❶よい時勢にめぐりあって栄える。時を得てもてはやされる。「今を—・く小説家」❷特に目をかけられてはぶりがよくなる。寵愛(ちょうあい)される。「すぐれて—・き給ふありけり」〈源・桐壺〉❸にぎやかに騒ぐ。「輿や車を遣り違へ—・きあへるその中に」〈仮・竹斎・上〉
ど-ぎも【度肝｜度▽胆】「きも」を強めていう語。きもったま。
度肝を抜・く ひどくびっくりさせる。肝をつぶさせる。「衣装の豪華さに—・かれる」
とき-もの【解(き)物】着物の縫い糸をほどくこと。また、その着物。ほどきもの。
とぎ-もの【研(ぎ)物】はさみや包丁などの刃物をとぐこと。また、とぐべきもの。
とぎもの-し【研(ぎ)物師】「研ぎ師」に同じ。
とき-もり【時守】▶守辰丁(しゅしんちょう)
ときもり-の-はかせ【時守博士】▶漏刻博士(ろうこくはかせ)
と-きゃく【吐却】はき出すこと。もどすこと。
と-ぎゃく【吐逆】一度飲み込んだ食物が、胃から逆行してのどや口中に上ってくる現象。吐き気がないため嘔吐(おうと)とは区別される。
ときゅう【×菟×裘】とく《魯の隠公がこの地を隠居の地と定めたとする「春秋左伝」隠公一一年の記事から》官を辞して隠居する地。
と-ぎゅう【斗牛】とぎう 二十八宿の斗宿と牛宿。
と-ぎゅう【×屠牛】とぎう 食用の肉をとるために牛を殺すこと。
ど-きゅう【土弓】垜(あずち)に的を置いて弓で射る遊戯。江戸中期以降は、楊弓(ようきゅう)と混同された。
ど-きゅう【×弩弓】「大弓(おおゆみ)」に同じ。
ど-きゅう【×弩級】どきふ《「弩」は1906年に建造された英国戦艦ドレッドノート号の頭文字の当て字。当時としては巨大な戦艦だったところから》並はずれて大きい等級、またはレベル。「超—」➡ドレッドノート
ど-ぎゅう【土牛】どぎう 昔、大寒の日の前夜、疫病をはらうために皇居の門口に陰陽師(おんようじ)が立てた土製の牛の像。
ドキュドラマ〖docudrama〗《documentary(ドキュメンタリー)＋drama(劇)から》取材レポートなどをもとにドラマに表し、両者を混合して構成した放送番組。
ドキュメンタリー〖documentary〗実際にあった事件などの記録を中心として、虚構を加えずに構成された映画・放送番組や文学作品など。〖類語〗実録・実記・ドキュメント・ルポルタージュ・ノンフィクション
ドキュメンタリー-えいが【ドキュメンタリー映画】―エイグワ 記録映画。
ドキュメンテーション〖documentation〗文献や資料・証拠書類などを提示すること。また、情報を収集して整理・体系化し、記録を作ること。文書化。
ドキュメント〖document〗❶資料的な文書。記録。❷記録映画。記録文学。❸コンピューターで、プログラム開発の際に作る仕様書や使用説明書。
〖類語〗記録・実録・実記・記事・ドキュメンタリー・ルポルタージュ・ノンフィクション
とき-よ【時世】❶時代。時節。「—を経る」❷その時の世の中。その時代の風潮。「—に従う」
〖類語〗時代・時世(じせい)・時節・世(よ)・時(とき)・時流
と-ぎょ【渡御】〔名〕スル ❶天皇・皇后などがおでましになること。出御(しゅつぎょ)。のちには将軍にも用いられた。❷神輿(みこし)が進むこと。
と-ぎょ【×蠹魚】❶昆虫シミの別名。❷本ばかり読んでいる人。また、本を読んでもその真意を理解できない者をあざけっていう語。書蠹(しょと)。
と-きょう【斗×栱｜×枓×栱】木造の寺院建築などで、主に柱上にあって、深い軒を支えるしくみ。斗(ます)と肘木(ひじき)とを組み合わせたもので、様式・年代によって特徴がある。升組(ますぐ)み。斗組(とぐ)み。組み物。
ど-きょう【度胸】物事を恐れない心。気おくれしない精神力。きもったま。「—をつける」「—の据わった人」〖類語〗肝っ玉・胆力・勇気・肝(きも)・胆(たん)・カレッジ
ど-きょう【読経】どきやう〔名〕スル 経文を音読すること。どっきょう。〖類語〗看経(かんきん)・勤め・お勤め・勤行(ごんぎょう)
どきょう-あらそい【読経争ひ】どきやうあらそひ 経文中の主要な文句を朗誦して、その声や節回しの優劣をきそうこと。「若き上達部、殿上人など、今様うたひ—など侍りけるに」〈弁内侍日記〉
と-きょうそう【徒競走】―キヤウソウ 一定の距離を走ってその速さをきそう競技。かけくらべ。かけっこ。
どきょう-だめし【度胸試し】度胸があるかどうかを試すこと。きもだめし。
ときよ-じせつ【時世時節】その時その時の移り変わり。その時その時のめぐりあわせ。「これも—で、致し方がなかろう」〈広津和郎・風雨強かるべし〉
どきり〔副〕「どきん」に同じ。「一瞬—とする」
とき-りょう【▽斎料】―レウ 僧の斎(とき)にあてる金品。「此の廿貫の銭をもて—にして」〈著聞集・一二〉
と-ぎれ【途切れ｜▽跡切れ】とぎれること。「車の—を待って横断する」
とぎれ-がち【途切れ勝ち】〔名・形動〕話や関係などが、ややもすると途切れそうになるさま。「—に語る」「—な故郷の便り」
とぎれ-とぎれ【途切れ途切れ】〔形動〕何度もとぎれるさま。とぎれながら続くさま。「—に聞こえる」
〖類語〗切れ切れ・飛び飛び
と-ぎ・れる【途切れる｜▽跡切れる】〔動ラ下一〕図とぎ・る〔ラ下二〕続いていたものが途中で切れる。「—・れることのない人波」「会話が—・れる」
〖類語〗切れる・やむ・とだえる・絶える
ときわ【常盤】ときは 京都市右京区双ヶ岡(ならびがおか)の南西、太秦(うずまさ)の北の地名。左大臣源常(ときわ)の山荘があったという。〖歌枕〗「秋来れど色も変はらぬ—山よその紅葉を風ぞかしける」〈古今・賀〉
ときわ【常盤】ときは「常盤御前」の略称。
ときわ【▽常×磐｜▽常×盤】ときは〔名・形動ナリ〕《「とこいわ」の音変化》❶常に変わらない岩。「皆人の命も我もみ吉野の滝の—の常ならぬかも」〈万・九二二〉❷永久に変わらないこと。また、そのさま。「大君は—にまさむ橘の殿の橘ひた照りにして」〈万・四〇六四〉❸常緑樹の葉がいつもその色を変えないこと。また、そのさま。常緑。「—なる松の緑も春来れば今ひとしほの色増さりけり」〈古今・春上〉
〖類語〗とこしえ・とこしなえ・とわ・永遠・永久・恒久・永劫(えいごう)・永世・永代・悠久・久遠(くおん)・無限・無窮・不朽・不変・万代不易・万世不易・万古不易・千古不易
ときわ-あけび【▽常×磐木＝通】ときは ムベの別名。
ときわかいがくえん-だいがく【常磐会学園大学】ときはクワイガクヱン 大阪市にある私立大学。平成11年(1999)に開学。国際コミュニケーション学部の単科大学。
ときわ-かえで【▽常×磐×楓】ときはかへで イタヤカエデの別名。
ときわ-かきわ【▽常×磐堅×磐】ときはかきは〔名・形動ナリ〕物事が永久不変であること。また、そのさま。とこしえに。「万代(よろづよ)をまつの尾山の陰茂み君をぞ祈る—に」〈新古今・賀〉
ときわ-ぎ【▽常×磐木】ときは 松や杉などのように、年じゅう葉が緑色の木。常緑樹。
ときわ-ぎょりゅう【▽常×磐御柳】ときはギヨリウ モクマオウ科の常緑高木。枝の節にうろこ状の小さい葉が輪生。初夏、雄花穂をつける。オーストラリアの原産で、並木・防風林として暖地に植えられる。
ときわ-ぐさ【▽常×磐草】ときは ❶松の別名。❷カンアオイの別名。
とき-わ・ける【説(き)分ける】〔動カ下一〕図ときわ・く〔カ下二〕順序だててよくわかるように説明する。「細部にわたって—・ける」
ときわ-こうえん【常磐公園】ときはコウヱン ▶偕楽園(かいらくえん)
ときわ-ごぜん【常盤御前】ときは 源義経の母。近衛天皇の中宮九条院の雑仕(ぞうし)であったが、源義朝の妾となり、今若・乙若・牛若(義経)を生んだ。義朝の死後、母と子の赦免を条件に平清盛の妾となり、のち、藤原長成に嫁したと伝えられる。生没年未詳。
ときわ-さんざし【▽常×磐山×樝子】ときは バラ科の常緑低木。枝にとげがあり、葉はやや幅広く縁に小さなぎざぎざがある。5、6月ごろに白い花が咲き、10、11月ごろに丸い実が多数房状について濃赤色に熟す。ヨーロッパ南部の原産。
ときわ-じんじゃ【常磐神社】ときは 茨城県水戸市にある神社。祭神は徳川光圀(とくがわみつくに)・徳川斉昭(とくがわなりあき)。明治7年(1874)現在地に造営。
ときわ-しんぺい【常盤新平】ときは［1931〜 ］小説家・翻訳家。岩手の生まれ。ミステリー雑誌の編集長を経て執筆活動に入る。アメリカ現代文学の翻訳者として活躍、またアメリカの現実を日本に紹介した。

マフィアの研究家としても知られる。「遠いアメリカ」で直木賞受賞。他に「ニューヨーク五番街物語」「窓の向うのアメリカ」など。

ときわず【常磐津】ときはづ ㊀常磐津節の家の名。㊁「常磐津節」の略。

ときわず-ぶし【▽常×磐津節】ときはづ 浄瑠璃の流派の一。延享4年(1747)常磐津文字太夫が創始。江戸で歌舞伎舞踊の伴奏音楽として発展した。時代物にすぐれ、曲風は義太夫節に近い。

ときわず-もじたゆう【常磐津文字太夫】ときはづモジタイフ [1709〜1781]初世。常磐津節の創始者。京都の人。俗称、駿河屋文右衛門。初世宮古路豊後掾みやこじぶんごのじょうに師事、宮古路文字太夫と名のって江戸で豊後節の再興に努めたが、延享4年(1747)常磐津と改姓して一流を興した。

ときわず-りんちゅう【常磐津林中】ときはづ [1842〜1906]常磐津節の太夫。江戸の生まれ。名人とうたわれた。

ときわ-だいがく【常磐大学】ときは 茨城県水戸市にある私立大学。昭和58年(1983)に開学した。3研究科からなる大学院をもつ。

ときわ-はぜ【▽常×磐黄=櫨】ときは ゴマノハグサ科の一、二年草。道端に生え、地をはう枝は出さない。高さ約10センチ。葉は倒卵形。春から秋、淡い紅紫色の花を開く。

ときわ-まんさく【▽常×磐満作】ときは マンサク科の常緑小高木。伊勢神宮付近および熊本に自生し、葉は卵形。5月ごろ、緑がかかった白色の4弁花を開き、実は熟すと黒色の種を出す。栽培もされる。

ときわ-みつなが【常盤光長】ときは 平安後期の宮廷画家。後白河法皇の命で作られた「年中行事絵巻」の中心画家で、また「伴大納言絵詞ばんだいなごんえことば」の作者ともされる。土佐光長とも称された。生没年未詳。

と-きん【と金】《駒を裏返して「と」と書いてある面を使うところから》将棋で、歩ふが敵陣の三段目以内に入って成ったもの。金将と同じ働きをする。

と-きん【頭巾┊×兜巾┊頭襟】修験道の山伏がかぶる小さな布製のずきん。ひもで下あごに結びとめる。

と-きん【×鍍金】〘名〙スル 「めっき(鍍金)」に同じ。

と-ぎん【都銀】「都市銀行」の略。

どきん〘副〙不意の出来事に驚き恐れて、激しく動悸どうきをうつさま。どきり。「突然の人影に―とした」
[類語]どきどき・どきっと・びくっと・ぎくっと

ときん-いばら【頭巾薔=薇】バラ科の落葉小低木。高さ約1メートル。葉は3〜5枚の小葉からなる複葉。5、6月ごろ、八重咲きの白い花を開く。中国の原産で、観賞用に栽培。ぼたんいばら。

ときん-そう【吐金草】―サウ キク科の一年草。道端に生え、高さ約10センチ。茎はよく分枝して地をはう。葉はへら状。夏、淡緑色で褐紫色を帯びた頭状花をつける。花を指でつぶすと、黄色の種子を吐き出す。はなひりぐさ。

ど-きんぞく【土金属】▶土類どるい金属元素

とき-ん-ば【時んば】〘連語〙《「とき(時)には」の音変化》…する時には。…する場合には。「漁人ノ魚鱗ヲ得ント思ウ―、退イテ網ヲムスブニシクコトナシ」〈天草本平家・序〉[補説]中古以後、主に漢文訓読文で用いられ、「則」の訓として定着した。

とく【得】〘名・形動〙❶(「徳」とも書く)利益を得ること。もうけること。有利であること。また、そのさま。「一文の―にもならない」「―な性分」⇔損。❷成就すること。成功すること。「つつしめるは―の本なり」〈徒然・一八七〉❸仏語。浄土に往生し、涅槃ねはんの証果を得ること。➔漢「とく(得)」
[類語]利・益・もうけ・利益・利得・有益・プラス
得を取るより名を取れ　金もうけより名誉のほうが大切だ。

とく【徳】❶精神の修養によってその身に得たすぐれた品性。人徳。「―が高い」「―を修める」➔徳目 ❷めぐみ。恩恵。神仏などの加護。「―をさずかる」「―を施す」❸▶得とく❶ ❹富。財産。「―いかめしうなど

漢字項目 とく

【読】▶どく

×**禿** 音トク呉漢　訓はげ、はげる、ちびる、かむろ、かぶろ‖①はげ。はげる。「禿頭/愚禿」②すり切れる。ちびる。「禿筆」

匿 音**トク**慣　訓かくす、かくまう‖隠して現さない。隠れる。「匿名/隠匿・竄匿ざんとく・潜匿・蔵匿・秘匿」

×**涜** 音トク漢‖①みぞ。用水路。「溝涜」②けがす。けがれる。「涜職・涜神/汚涜・自涜・冒涜」

特 学4　音**トク**漢‖①他と異なってそれ一つだけのさま。それだけ目立って著しいさま。「特異・特産・特殊・特色・特徴・特別・特有/奇特きとく・きどく・独特」②特別。「特価・特急・特許・特権・特集・特注・特売」[名付]こと・よし

得 学4　音**トク**呉漢　訓**える、うる**‖㊀〈トク〉①手に入れる。「得点・得票/獲得・既得・取得・拾得・所得・生得」②もうける。もうけ。「得策・得分/損得・役得・余得・欲得・利得」③心にかなう。わかる。「得意・得心・得得/会得・感得・自得・説得・体得・納得なっとく」㊁〈え〉「得体えたい・得手えて」[名付]あり・なり・のり・やす

督 音**トク**呉漢　訓かみ‖①見張って取り締まる。「督励/家督・監督・総督・提督・都督」②実行が遅れないようにせきたてる。「督促」[名付]おさむ・すけ・ただ・ただす・まさ・よし [難読]基督キリスト

徳〔德〕 学5　音**トク**呉漢‖①りっぱな行いや品性。「徳育・徳義・徳行・徳望/悪徳・威徳・学徳・公徳・高徳・人徳・仁徳・道徳・背徳・美徳・不徳」②すぐれた人格者。「碩徳せきとく・大徳」③恩恵。「徳政/遺徳・恩徳・神徳・報徳」④もうけ。「徳用/福徳」[名付]あきら・あつ・あつし・あり・いさお・え・かつ・さと・ただし・とこ・とみ・なり・なる・のぼる・のり・めぐむ・やす・よし

篤 音**トク**呉漢　訓あつい‖①まじめで行き届いている。手厚い。「篤学・篤行・篤実・篤信・篤農/懇篤・仁篤」②病気が重い。「危篤」[名付]あつ・あつし・しげ・すみ

×**牘** 音トク漢‖文字を書き記す木の札。文書。手紙。「簡牘・尺牘せきとく」

漢字項目 どく

毒 学4　音**ドク**呉‖①生命や健康を害するもの。「毒殺・毒蛇・毒素・毒物・毒薬/煙毒・解毒げどく・鉱毒・消毒・胎毒・丹毒・中毒・病毒・服毒・防毒・猛毒・有毒」②害を与える。ひどくそこなう。「毒手・毒舌・毒婦/害毒」

独〔獨〕 学5　音**ドク**呉　訓**ひとり**‖①つれあいのない者。ひとり者。「独身/孤独」②ただひとり。ただ一つ。「独学・独自・独奏・独特・独白・独立・独眼竜/慎独・単独」③他をかえりみず自分だけで。「独裁・独占・独善・独断」④ドイツ。「独語・独文/日独」[難読]独活うど・独楽こま・独乙ドイツ・独逸ドイツ・独鈷とっこ

読〔讀〕 学2　音**ドク**呉　**トク**漢　**トウ**漢　訓**よむ**‖㊀〈ドク〉①文や本をよむ。「読解・読者・読書・読破/愛読・一読・音読・熟読・素読・代読・耽読たんどく・通読・拝読・必読・黙読・乱読・朗読」②読み取る。理解する。「解読・判読・読心術・読唇術」㊁〈トク〉よむ。「読本」㊂〈トウ〉文章中の切れ目。「読点/句読」[名付]おと・よし・よみ [難読]読経どきょう・吏読りと

×**髑** 音ドク呉‖どくろ。されこうべ。「髑髏どくろ」

あれば、…家の内もきらきらしく」〈源・東屋〉❺生まれつき備わった能力・性質。天性。「鳥といっぱ、高く飛ぶをもってその―とす」〈仮・伊曽保・下〉➔漢「とく(徳)」
[類語](❶)人徳・徳性・品性・人品・人格・モラリティー/(❷)恩恵・恵み・恩顧・御蔭
徳と・する　ありがたいものと考える。感謝すべきものとする。「師の教えを―・する」
徳は孤こならず必ず隣となりあり　《「論語」里仁から》徳のある者は孤立することがなく、理解し助力する人が必ず現れる。
徳をもって怨うらみに報むくいる　《「論語」憲問から》うらみのある者を憎まず、かえって恩恵を施す。

と・く【解く】㊀〘動カ五(四)〙❶結んだりしばったりしてあるものをゆるめて分け離す。ほどく。「帯を―・く」「包みを―・く」❷縫い合わせてあるものの糸を抜き取って離す。また、編んであるものをほどく。「着物を―・く」「セーターを―・く」❸㋐もつれたものをもとに戻す。ほぐす。「からまった釣り糸を―・く」㋑(「梳く」とも書く)もつれた髪に櫛くしを入れて整える。とかす。すく。「乱れた髪を―・く」❹着ていたもの、身に取り付けたものをはずす。「旅装を―・く」❺命令・束縛・制約などから解放する。「鎖を―・く」「統制を―・く」「契約を―・く」❻任務・職をやめさせる。免じる。「任を―・く」❼拘束していた態勢を崩してもとの状態に戻す。「警備を―・く」「武装を―・く」❽心のわだかまりや緊張状態をほぐす。ふさがっていた気持ちをすっきりさせる。「怒りを―・く」「疑いを―・く」「誤解を―・く」❾筋道をたどって解答を出す。「問題を―・く」「なぞを―・く」[可能]とける ㊁〘動カ下二〙「と(解)ける」の文語形。
[用法]**とく・ほどく**――「帯を解く(ほどく)」「もつれた糸を解く(ほどく)」「着物を解く(ほどく)」など、ばらばらにする意では相通じて用いられるが、「ほどく」の方が口語的である。◆「問題を解く」「謎を解く」「誤解を解く」「禁止を解く」「武装を解く」「警戒を解く」「緊張を解く」など、結び目、縫い目をばらばらにする意以外の場合は「解く」だけを用いる。◆類似の語に「ほぐす」がある。解けた状態、ほどけた状態にする意で、「からんだ糸をほぐす」のほか、「緊張をほぐす」「肩の凝こりをほぐす」などと用いる。
[…句]印綬いんじゅを解く・頤おとがいを解く・帯を解く・帯紐おびひもを解く・褐かつを釈とく・産さんの紐を解く・綬じゅを解く・刃じんを迎えて解く・謎なぞを解く
[類語]ほどく・ほぐす・緩める・外す

と・く【溶く┊▽融く】《「解く」と同語源》㊀〘動カ五(四)〙❶液体に他の固形物や粉末をまぜて、また、分離しているものをまぜて均質な液状にする。とかす。「絵の具を―・く」「卵を―・く」❷(「鎔く」「熔く」とも書く)固体に熱を加えて、液状にする。[可能]とける ㊁〘動カ下二〙「と(溶)ける」の文語形。[類語]溶かす・溶解・融解

と・く【説く】〘動カ五(四)〙《「解く」と同語源》❶物事の道理や筋道をよくわかるように話す。さとす。「人の道を―・く」「仏の教えを―・く」❷物事の事情や成り行きを説明する。「開発の必要性を―・く」❸解説する。講義する。「孟子を―・く」[可能]とける [類語]さとす・論ずる・説き明かす・説明・解説

とく【▽疾く】㊀《形容詞「と(疾)し」の連用形》❶すぐに。急いで。「その窓の戸―さしてよ」〈鴎外・文づかひ〉❷時間的にさかのぼった時点で。ずっと以前に。「(名刺ヲ)―用意をして居たらしい」〈鏡花・婦系図〉㊁〘名〙ずっと以前。とっく。「我も―より気の付かざるにはあらねども」〈根無草〉

と・く〘連語〙《接続助詞「て」に動詞「お(置)く」の付いた「ておく」の音変化》❶あらかじめその動作を済ませておく意を表す。「出発前に注意し―・く」❷その状態を続ける意を表す。「そのまま寝かし―・く」[補説]ガ・ナ・バ・マ行の五段動詞に付く場合は「どく」となる。「犬をつないどく」「荷を積んどく」

と・ぐ【研ぐ┊▽磨ぐ】〘動ガ五(四)〙❶刃物を砥石といしや皮でこすってよく切れるようにする。「刀を―・ぐ」❷米などを水の中でこするようにして洗う。「米を―・ぐ」❸みがいてつやを出したり、汚れを取ったりする。「鏡を―・ぐ」[可能]とげる [類語]磨く・研磨する

と・ぐ【遂ぐ】〘動ガ下二〙「と(遂)げる」の文語形。

どく【毒】❶健康や生命を害するもの。特に、毒薬。「夜ふかしはからだに—だ」「—を仰ぐ」❷ためにならないもの。わざわいになるもの。害悪。「目の—」「青少年には—となる雑誌」❸人の心を傷つけるもの。悪意。「—のある言い方」❹「毒口(どくぐち)」の略。「やいのっそりめと頭から—を浴びせて呉れましたに」〈露伴・五重塔〉➡漢「どく(毒)」 類語 害悪・害・悪

毒にも薬にもならない　害もなく益もない。じゃまにもならないが、たいして役にも立たない。

毒を食らわば皿まで　いったん悪に手を染めたからには、最後まで悪に徹しよう。

毒を以(もっ)て毒を制(せい)す　悪を除くのに、他の悪を利用することのたとえ。

ど・く【▽退く】㊀〔動カ五(四)〕いる場所を動いて、そこをあける。のく。「早く—いてくれ」 可能 **どける** ㊁〔動カ下二〕「どける」の文語形。 類語 のく・しりぞく・引っ込む・引き下がる・立ち退く・立ち去る・下がる・離れる

どく-あく【毒悪】〔名・形動〕非常にわるいこと。ひどく害をなすこと。また、そのさま。「—な病と苦戦するあの女の心は」〈漱石・行人〉

どく-あたり【毒▽中り】〔名〕(スル) 飲食物の毒にあたって、からだを悪くすること。中毒(ちゅうどく)。

とく-い【特異】〔名・形動〕❶特別に他とちがっていること。また、そのさま。「彼はこの会社では—な存在だ」❷特にすぐれていること。また、そのさま。「—な才能の持ち主」 派生 **とくいさ**〔名〕
類語 変・異様・異色・特殊・特別・独得

とく-い【得意】〔名・形動〕❶自分の思いどおりになって満足していること。「—の絶頂」⇔失意。❷誇らしげなこと。また、そのさま。「—な顔」「—になる」❸最も手なれていて自信があり、じょうずであること。また、そのさま。得手(えて)。「—な競技種目」「—中の—」❹いつも商品を買ってもらったり取引したりする相手。顧客(こかく)。お得意。❺親しい友。「東山の辺にぞ—はある。いでさらば文をやらう」〈平家・五〉 派生 **とくいがる**〔動ラ五〕**とくいげ**〔形動〕**とくいさ**〔名〕
類語 (❷)鼻高高・誇らか・誇らしい・鼻が高い・肩身が広い・得得(とくとく)・揚揚・時を得顔・したり顔・自慢顔・自慢げ・自慢たらしい/(❸)得手(えて)・達者・堪能・上手(じょうず)・巧者・得手物(えてもの)・特技・おはこ・十八番・お家芸・お株・売り物・お手の物・専売特許/(❹)顧客・上得意・常得意・上客・常客・常連・馴染み

とくい-がお【得意顔】(がお)〔名・形動〕いかにも誇らしげな顔つきをすること。また、そのさま。したり顔。じまん顔。「—に鼻をうごめかす」

とく-いく【徳育】道徳心のある、情操豊かな人間性を養うための教育。知育や体育に対する。

とくい-さき【得意先】いつも品物を買ってくれる客。また、ふだん取引する相手。取引先。顧客(こかく)。「—をまわる」

とくい-じどう【特異児童】教育上特別な配慮を要する児童。心身障害児・学業不振児など。広義には、天才児・英才児を含めることもある。

とくい-しょうわくせい【特異小惑星】(トクイセウワクセイ) 多くの小惑星が含まれる小惑星帯とは異なる軌道をもつ小惑星の総称。軌道長半径が木星軌道より外側にあるケンタウロス族、アポロ群・アモール群・アテン群などの地球近傍小惑星、軌道傾斜角が90度以上の逆行小惑星などを指す。また小惑星帯にあっても、セレス、パラス、ベスタなどの直径が特に大きい小惑星を含める場合がある。

とくい-せい【特異性】❶そのものに備わっている特殊な性質。特殊性。❷抗体の、特定の抗原とだけ反応する性質。また、酵素の、特定の基質と結合することによってだけ作用する性質。

とくい-たいしつ【特異体質】普通の体質では反応しない食物や薬物などに対して、異常な反応を起こす体質。アレルギー体質のほか胸腺(きょうせん)リンパ体質・滲出(しんしゅつ)性体質などがある。

とくいつ【徳一】平安初期の法相(ほっそう)宗の僧。徳溢・得一とも書いた。藤原仲麻呂の子といわれる。東大寺に住んだのち東国に移り、筑波山に中禅寺、会津に慧日寺を開いて布教。法華一乗を唱える最澄と再三にわたり論争した。著「中辺義鏡」。生没年未詳。

とくい-てん【特異点】❶曲線・曲面上で、接線や接平面が存在しないか二つ以上ある点。❷重力の固有の大きさが無限大になってしまう点。ブラックホールは宇宙の特異点である。時空の特異点。

とくい-ば【得意場】得意先。「一廻(まわ)りをして来た小僧の一人が」〈秋声・新世帯〉

とくい-び【特異日】ある天候が、偶然とは思われないほど高い確率で現れる特定の日。2月7日の春一番、11月3日の秋晴れなど。

とくい-まわり【得意回り】(まはり) 商用などで取引先を訪ねること。

とくい-まんめん【得意満面】〔名・形動〕得意そうな気持ちが顔じゅうに満ちあふれること。また、そのさま。「—な(の)笑(え)みを浮かべる」

どく-いみ【毒忌(み)】薬を飲むとき、薬効の妨げとなる食物を避けること。転じて、何事にも忌み慎むこと。「余生いぶせく—に送り玉い」〈緑雨・置炬燵〉

とくいん-がい【特飲街】特殊飲食店の立ち並んでいる街。

ド-クインシー〘Thomas De Quincey〙［1785～1859］英国の随筆家・批評家。ワーズワースと共同生活を送った。自己の体験をもとにした「アヘン常用者の告白」で知られる。

とくいん-てん【特飲店】「特殊飲食店」の略。

ど-ぐう【土▽公】《「どぐう」とも》➤土公神(どくじん)

ど-ぐう【土偶】❶土をこねって作った人形。つちにんぎょう。❷粘土を材料として焼きあげた人形。東ヨーロッパでは旧石器時代にさかのぼるが、世界的には新石器時代以降の農耕社会に多い。日本では縄文時代を特色づける遺物。女性をかたどるものが多く、多産・豊饒(ほうじょう)・再生の呪術に用いたらしい。

どく-うつぎ【毒▽空木】ドクウツギ科の落葉低木。近畿以東に自生。高さ約1.5メートル。葉は細長い卵形で、対生。春、黄緑色の小花が総状につき、実は球形で赤から黒紫色に熟す。枝・葉・果実に猛毒がある。

どく-え【毒×荏】アブラギリの別名。

どく-えい【独泳】〔名〕(スル)❶ひとりで泳ぐこと。❷競泳で、他の選手を引き離して泳ぐこと。「記録保持者が—するレース展開」

どく-えき【毒液】毒の入っている汁。毒汁。

ドグエラ-ひひ【ドグエラ×狒×狒】《doguera baboon》ヒヒの一種。顔は毛がなく黒褐色で、体毛は灰褐色。アフリカのサバンナ地帯に分布し、食性は植物性のものを中心とするが、レイヨウなどを捕食することもある。アヌビスひひ。サバンナひひ。

どく-えん【毒炎｜毒×焰】有毒ガスを出すほのお。「硫黄気ある—を呼吸し」〈鴎外訳・即興詩人〉

どく-えん【独演】〔名〕(スル) 講談・落語・浪曲などの演芸を一人で行うこと。また、一人だけが演説・講演などをすること。

どくえん-かい【独演会】(クワイ)❶共演者をもたずに、一人だけで演じる会。❷他の人に話す機会を与えずにひとりでしゃべること。 類語 独擅場(どくせんじょう)・独り舞台

とく-おう【徳王】(ワウ)［1902～1966］中国内モンゴルの政治家。王公の家庭に生まれ、内モンゴルの自治権獲得運動に従事した。1939年日本軍の援助下に蒙古連合自治政府を樹立し、主席に就任。日本の敗戦後は反共運動を行い、外モンゴルに逃亡したが、捕らえられ中国に送還された。モンゴル名、デムチュクドンロプ。

どく-おう【独往】(ワウ) 自分の信じる道をひとすじに進むこと。「自主—」

どくおう-がっぽう【独墺合邦】(ドクアウガツパウ) ➤オーストリア併合

とくおか-しんせん【徳岡神泉】(トクをか)［1896～1972］日本画家。京都の生まれ。本名、時次郎。竹内栖鳳(せいほう)に師事。幽遠で静寂な画境を確立。文化勲章受章。

とく-おち【特落(ち)】《マスコミ用語》特に新聞で、同業他社がみな扱っている特種記事を掲載しそこなうこと。➡特種

とく-か【特化】(クワ)〔名〕(スル) ➤とっか(特化)

どく-が【毒牙】❶毒蛇などの、毒液を出す牙(きば)。❷邪悪なたくらみ。あくどい手段。毒手(どくしゅ)。「悪徳業者の—にかかる」

どく-が【毒×蛾】❶ドクガ科の昆虫。翅(はね)の開張4センチくらいで、全体に黄色。幼虫は黄褐色で肉いぼが黒く、毒毛をもつ毛虫で、桜・梅など多種の樹木の葉を食害。幼虫・成虫とも、人が触れると皮膚炎を起こす。❷鱗翅(りんし)目ドクガ科の昆虫の総称。口吻(こうふん)は退化している。夜行性。ドクガ・チャドクガ・マイマイガなど。

どく-が【独×臥】(グワ) ひとりで寝ること。

どく-がい【毒害】〔名〕(スル) 毒を飲ませて殺すこと。毒殺。「御遺子をば陰(ひそ)に—し」〈紅葉・不言不語〉

とく-がく【督学】❶学事を監督すること。また、その人。❷明治5～10年(1872～77)文部省に置かれた督学局の職員。文部卿の指揮を受けた学事を監督した。

とく-がく【篤学】熱心に学問に励むこと。また、その人。「—の士」 類語 好学・向学・志学

どく-がく【独学】〔名〕(スル) 学校に通わず師にもつかず、独力で学ぶこと。「—して中国語を習得する」
類語 独習・独修・自習

とくがく-かん【督学官】(クワン) 大正2年(1913)視学官を改称して置かれた教育行政官。専門学務局または普通学務局に所属してその事務をとるとともに、学事の視察・監督を行った。昭和17年(1942)教学官と改称。

どく-ガス【毒ガス】人間・動物に対して危害を与える気体または霧状液体で、軍事目的に使用されるもの。窒息性・靡爛(びらん)性・くしゃみ性・催涙性・神経性・精神錯乱性などの種類がある。第一次大戦でドイツ軍が最初に用いた。現在は国際条約で使用禁止。

どくが-ろん【独我論】《solipsism》真に実在するのは自我とその所産だけであり、他我やその他すべてのものはただ自己の意識内容にすぎないとする立場。バークリー・フィヒテ・シュティルナーなどにみられる。独在論。唯我論。独知論。

とくがわ【徳川】(トクがは) ㊀姓氏の一。㊁江戸幕府の将軍家。もと三河賀茂郡松平郷の土豪で松平氏を称したが、家康のとき徳川と改称。

とくがわ-いえさだ【徳川家定】(トクがはいへさだ)［1824～1858］江戸幕府第13代将軍。在職1853～1858。家慶の四男。生来病弱のため、政治は老中に一任。後嗣がなく、将軍継嗣問題が起きた。

とくがわ-いえさと【徳川家達】(トクがはいへさと)［1863～1940］政治家。田安慶頼の三男。幼名、亀之助。明治元年(1868)徳川宗家を相続。同23年、貴族院議員となり、以後、貴族院議長・日本赤十字社社長などを歴任、ワシントン軍縮会議の全権委員も務めた。

とくがわ-いえしげ【徳川家重】(トクがはいへしげ)［1711～1761］江戸幕府第9代将軍。在職1745～1760。吉宗の長男。生来病弱のため政務に耐えられず、側用人大岡忠光が権勢を振るった。

とくがわ-いえつぐ【徳川家継】(トクがはいへつぐ)［1709～1716］江戸幕府第7代将軍。在職1713～1716。家宣の四男。4歳で家督を相続。間部詮房(まなべあきふさ)・新井白石の補佐により、幕府刷新が行われた。

とくがわ-いえつな【徳川家綱】(トクがはいへつな)［1641～1680］江戸幕府第4代将軍。在職1651～1680。家光の長男。生来病弱のため、治政初期は保科正之・松平信綱らの老中が補佐し、後半は大老酒井忠清が実権を握った。

とくがわ-いえなり【徳川家斉】(トクがはいへなり)［1773～1841］江戸幕府第11代将軍。在職1787～1837。一橋治済(ひとつばしはるさだ)の長男。松平定信を老中に登用し、寛政の改革を行った。定信の失脚後はみずから政治を執り、ぜいたくな生活を好み、文化・文政の奢侈(しゃし)時代をもたらした。

とくがわ-いえのぶ【徳川家宣】(トクがはいへのぶ)［1662～17

12]江戸幕府第6代将軍。在職1709〜1712。甲府藩主徳川綱重の長男。綱吉の養嗣子。柳沢吉保を退け、間部詮房まなべあきふさ・新井白石を重用して政治の刷新を行った。

とくがわ-いえはる【徳川家治】トクがわいえはる［1737〜1786］江戸幕府第10代将軍。在職1760〜1786。家重の長男。田沼意次たぬまおきつぐが政治の実権を握り、商品経済の発展をみたが、他方、綱紀の退廃を招いた。

とくがわ-いえみつ【徳川家光】トクがわいえみつ［1604〜1651］江戸幕府第3代将軍。在職1623〜1651。秀忠の二男。幼名、竹千代。家康・秀忠の遺志を継ぎ、武家諸法度・参勤交代の制などを整え、幕政の基礎を築いた。また、キリシタンを弾圧して鎖国体制を強化した。

とくがわ-いえもち【徳川家茂】トクがわいえもち［1846〜1866］江戸幕府第14代将軍。在職1858〜1866。紀州藩主徳川斉順の長男。幼名、慶福よしとみ。将軍継嗣問題で井伊直弼いいなおすけに推されて将軍となり、井伊の死後、皇女和宮かずのみやと結婚して公武合体を進めたが、第二次長州征伐の際、大坂城で病死。

とくがわ-いえやす【徳川家康】トクがわいえやす［1542〜1616］江戸幕府初代将軍。在職1603〜1605。松平広忠の長男。織田信長と結んで駿河を、豊臣秀吉と和して関東を支配。豊臣氏五大老の筆頭となり、秀吉の死後石田三成を関ヶ原の戦いに破り、慶長8年(1603)征夷大将軍となって江戸に幕府を開いた。秀忠に将軍職を譲ったのち駿府すんぷに隠退したが、大坂の陣で豊臣氏を滅ぼし、武家諸法度などを定めて、幕政の基礎を築いた。東照大権現。

とくがわ-いえよし【徳川家慶】トクがわいえよし［1793〜1853］江戸幕府第12代将軍。在職1837〜1853。家斉の二男。老中水野忠邦に天保の改革を断行させたが、急激にすぎて失敗。のち、外国勢力の圧迫による難局にあたり、阿部正弘を起用。

とくがわきんれいこう【徳川禁令考】トクがわキンレイコウ 明治時代、司法省によって編纂へんさんされた江戸幕府の法令集。102巻。江戸時代の法制・政治・経済などを研究する上での重要史料。

とくがわ-じだい【徳川時代】トクがは ▶江戸時代えどじだい

とくがわじっき【徳川実紀】トクがはジッキ 江戸後期の史書。516冊。江戸幕府が大学頭林述斎を総裁として、成島司直らに編修させたもの。文化6年(1809)起稿、嘉永2年(1849)完成。徳川家康から第10代家治までの、歴代将軍ごとに区分した編年史。なお、第11代家斉以降を記した「続徳川実紀」がある。

とくがわ-ただなが【徳川忠長】トクがは［1606〜1634］江戸初期の大名。徳川2代将軍秀忠の三男で3代将軍家光の弟。通称駿河大納言。兄家光にうとまれ、秀忠の死後自刃。

とくがわ-つなしげ【徳川綱重】トクがは［1644〜1678］江戸初期の甲府藩主。家光の三男。第6代将軍家宣の父。第5代将軍に擁立の動きがあったが実現しなかった。

とくがわ-つなよし【徳川綱吉】トクがは［1646〜1709］江戸幕府第5代将軍。在職1680〜1709。家光の四男。治政初期は堀田正俊を登用して文治政治に努めたが、正俊の死後、柳沢吉保を重用し、生類憐しょうるいあわれみの令を発して犬公方いぬくぼうとよばれた。また、貨幣改鋳によって政治の混乱を招いた。

とくがわ-なりあき【徳川斉昭】トクがは［1800〜1860］江戸末期の水戸藩主。藤田東湖らを登用して藩政を改革。尊王攘夷論者で、井伊直弼いいなおすけと対立。安政の大獄で蟄居ちっきょを命ぜられた。水戸烈公。

とくがわ-ばくふ【徳川幕府】トクがは ▶江戸幕府えどばくふ

とくがわ-ひでただ【徳川秀忠】トクがは［1578〜1632］江戸幕府第2代将軍。在職1605〜1623。家康の三男。関ヶ原の戦いでは父の不興を買ったが、家康の死後はその遺命を守り、武家諸法度の制定など幕政の整備に努めた。

とくがわ-みつくに【徳川光圀】トクがは［1628〜1700］江戸前期の水戸藩主。頼房の三男。諡号しごう、義公。彰考館を設立して「大日本史」の編纂へんさんを始め、社寺の改革、勧農政策を推進した。中納言となり、その唐名黄門から後世、講談師によって水戸黄門として伝説化された。

とくがわ-むせい【徳川夢声】トクがは［1894〜1971］芸能家・随筆家。島根の生まれ。本名、福原駿雄。無声映画の弁士として名をあげ、のち、俳優や漫談家・司会者として活躍。巧みな話術を称賛された。

とくがわ-むねたけ【徳川宗武】トクがは ▶田安宗武たやすむねたけ

とくがわ-むねはる【徳川宗春】トクがは［1696〜1764］尾張藩第7代藩主。商業を重視し放任政策をとったため、8代将軍吉宗の享保の改革と対立、幕府から隠居させられる。著書「温知政要」は絶版処分。

とくがわ-よしなお【徳川義直】トクがはよしなほ［1600〜1650］江戸初期の尾張藩主。家康の九男。尾張徳川家の祖。尾州61万石の領主となり、儒学・神道を重んじ、「類聚日本紀」「神祇宝典」などの撰述がある。敬公。➡尾州家

とくがわ-よしのぶ【徳川慶喜】トクがは［1837〜1913］江戸幕府第15代将軍。在職1866〜1867。斉昭の七男。一橋家を相続。将軍継嗣問題では家茂に敗れ、安政の大獄では隠居謹慎を命じられた。桜田門外の変以後は家茂の後見職をつとめ、家茂の死後、江戸幕府最後の将軍となった。慶応3年(1867)大政奉還し、翌年江戸城を明け渡した。

とくがわ-よしむね【徳川吉宗】トクがは［1684〜1751］江戸幕府第8代将軍。在職1716〜1745。紀伊藩主徳川光貞の四男。紀州藩主から将軍となり、幕府財政の改革と幕政の強化につとめ、享保の改革を行った。

とくがわ-よりのぶ【徳川頼宣】トクがは［1602〜1671］江戸初期の紀州藩主。家康の一〇男。紀伊徳川家の祖。紀州55万石の領主となり、殖産興業・法典編纂に努めた。南竜公。➡紀州家

とくがわ-よりふさ【徳川頼房】トクがは［1603〜1661］江戸初期の水戸藩主。家康の一一男。水戸徳川家の祖。水戸28万石の領主となり、水戸藩を創始。威公。➡水戸家

どく-がん【独眼】ひとつの目。片目。隻眼せきがん。

どくがん-りゅう【独眼竜】㊀《「唐書」李克用伝の故事から》隻眼の英雄。㊁伊達政宗だてまさむねの通称。

とく-ぎ【特技】特別の技能。「一を生かす」
(類語)売り物・お手の物・十八番・おはこ・お家芸・お株・専売特許

とく-ぎ【徳義】人として守るべき道徳上の義務。(類語)道徳・倫理・道義・人倫・人道・世道・公道・公徳・正義・規範・大義・仁義・徳・道みち・モラル・モラリティー

とくぎ-しん【徳義心】徳義を重んじる心。

どく-きのこ【毒×茸】有毒のキノコ。テングタケ・ツキヨタケ・イッポンシメジ・ワライタケなど。どくたけ。(季 秋)

どく-ぎょ【毒魚】毒をもつ魚。肉や内臓に毒があるフグ、とげに毒があるゴンズイ・カサゴ・エイなど。

とく-ぎょう【得業】トクゲフ 学問や技芸などで、定められた課程を修了すること。(類語)修業・卒業

とくぎょう-し【得業士】トクゲフ 旧制の専門学校、特に、医学専門学校の卒業生に与えられた称号。

どく-ぎん【独吟】〔名〕スル ❶一人で詩歌・歌謡を口ずさむこと。❷連歌・連句を一人で詠むこと。また、その作品。片吟。➡三吟 ➡両吟 ❸謡曲の特定の聞かせどころを、囃子はやしを伴わずに一人で謡うこと。また、能の中で一人で謡うこと。㊥連吟。❹歌舞伎下座音楽で、下座唄を一人でうたうこと。主に「めりやす」を立唄たてうたの人がうたうこと。㊥両吟。

どく-く【毒▽鼓】▶どっく(毒鼓)

どく-ぐち【毒口】にくまれぐち。あくたれぐち。毒舌。「厭味交りの一きいて」〈露伴・寝耳鉄砲〉

どく-ぐも【毒蜘＝蛛】❶毒性の強いクモ。❷コモリグモの別名。

とく-ぐん【督軍】中国で辛亥しんがい革命後、従来の総督・巡撫じゅんぶに代わって、省長とともに各省に置かれた、省の軍政の長官。のち省長を兼任して行政の実権を握って割拠し、軍閥を形成。1928年廃止。

どく-け【毒気】❶毒の成分。毒を含んだ気。どっき。❷人の気持ちをひどく傷つけるような雰囲気。また、悪気。「一を含んだ言葉」
毒気に当てら◦れる　非常識な、また予想外な相手の行動や話に呆然ぼうぜんとする。「まくしたてられて、すっかり一◦れる」
毒気を抜か◦れる　びっくりさせられて呆然ぼうぜんとなる。ど肝を抜かれる。「一◦れて声も出ない」

どく-げき-ほう【毒劇法】ハフ「毒物及び劇物取締法」の略称。

どく-けし【毒消し】❶毒の作用を消すこと。解毒げどく。❷食あたりなどを治すための薬。越後国で製造された毒消丸が有名であった。(類語)解毒・消毒・殺菌

どく-げん【独言】〔名〕スル ひとりごとをいうこと。独語。

とく-こ【▽独×鈷】▶とっこ(独鈷)

どく-ご【独語】〔名〕スル ❶ひとりごとを言うこと。独言。「一する癖へきがある」❷ドイツ語。
(類語)独り言・独言・独話・独白・モノローグ

どく-ご【読後】本などを読んだあと。

とく-ごう【得業】トゴフ ❶僧の学階の称。奈良では、三会さんえの立義りゅうぎを勤め終えた僧の称号。比叡山では、横川よかわの四季講、定心房の三講の聴衆を勤めた僧の称号。❷浄土宗・真宗の僧の学階で最下級の称。

とくごう-しょう【得業生】トクゴフシャウ 古代の学制で、明経・紀伝(文章)・明法・算の各道の学生がくしょうから成績優秀の者を選んで与えた身分。一定期間の修学後、試験により修了を認定され、専門の官職に就いた。

とくごう-とうげ【徳本峠】タフげ 長野県西部、飛騨山脈南部の峠。松本市安曇あずみにあり、標高2135メートル。松本市街から島々しましまを経て上高地へ入る登山路が通る。

どくご-かん【読後感】本などを読んだあとの感想。

と-くさ【十▽種】10の種類。じっしゅ。

と-くさ【木＝賊】【×砥草】トクサ科の常緑、多年生のシダ。山間の川辺などに生え、高さ0.6〜1メートル。地下茎は横にはう。地上茎は直立し、枝分かれせず、節部に黒い鞘さや状の葉をもつ。夏、茎の頂に短い楕円状の胞子嚢ほうしのうの穂をつける。茎に多量の珪酸けいさんを含むので硬くざらついており、物を磨くのに使用。観賞用にもする。(季 秋)「谷水を踏まへて刈りし一かな／虚子」

とくさ【木賊】謡曲。四番目物。世阿弥作と伝える。都の僧が、父を尋ねたいという少年松若を連れてその故郷信濃へ下り、木賊を刈っている老いた父を見つける。

ドクサ【ギリシャ doxa】プラトンが、イデアによる知識であるエピステーメーに対し、一段下の感覚による知識(根拠のない主観的信念)をさして呼んだ語。臆見おっけん。思い做なし。

どく-ざ【独座】【独×坐】〔名〕スル ひとりで座っていること。孤座。「炉辺に一して」〈織田訳・花柳春話〉

とく-さい【特栽】「特別栽培農産物」の略。

とく-ざい【×贖罪】「しょくざい(贖罪)」の誤読。

どく-さい【独裁】〔名〕スル ❶独断で物事を決めること。「社長が一する」❷特定の個人・集団または階級が全権力を握り、支配すること。「一者」
(類語)専制・専断・専横・ワンマン

どく-ざい【毒剤】「毒薬どくやく」に同じ。

どくさい-せいじ【独裁政治】ヂ 特定の個人・党派・階級・身分などの少数者が国家権力を独占し、恣意しい的に行う政治。ローマ時代では非常事態に対処するために任命された統治者による政治の形態であったが、現代ではナチズム・ファシズム・スターリンなどの政治や第三世界の国に見られる軍部による政治などがこれにあたる。➡全体主義 ➡専制政治

とくさ-いた【木＝賊板】社寺などの屋根を葺ふくのに用いる、杉・椹さわら・檜ひのきなどの薄い割り板。厚さは柿板こけらいたと栩板とちいたとの中間で、4.5〜6ミリ。

どくさい-てき【独裁的】〔形動〕一人の人間がすべての権力を握って物事を進めるさま。「一な経営」

とくさ-いろ【木＝賊色】❶染め色の名。黒みを帯び

た緑色。❷襲(かさね)の色目の名。表は黒ずんだ青、または萌葱(もえぎ)、裏は白。老人が着用する。

とくさ-が-みね【十種ヶ峰】山口県と島根県の県境にある山。標高989メートル。長門(ながと)山地の東端にあり、独立峰のため頂上からは展望が開けている。山容から「長門富士」と呼ばれる。

とくさかり【木賊刈】歌舞伎舞踊。長唄。七変化「姿芸襠七種(すがたのはなおもいのななくさ)」の一。初世杵屋(きねや)正次郎作曲。寛政9年(1797)江戸都座初演。謡曲「木賊」に基づいた作品。

とく-さく【得策】利益のあるはかりごと。うまいやりかた。「引き受けるのが—だろう」
[類語]上策・良策・良計・妙策・妙案

どく-ささこ【毒×笹子】シメジ科のキノコ。秋、竹林や雑木林に群生。全体に橙褐色か茶褐色、傘は漏斗状で中央がくぼむ。有毒。食べると4、5日後に手足に激痛を生じる。やけどたけ。やぶしめじ。

とく-さつ【特撮】「特殊撮影」の略。「—シーン」

どく-さつ【毒殺】〔名〕スル 毒物・毒薬を用いて殺すこと。毒害。「政敵を—する」
[類語]毒害・薬殺・一服盛る

とくサビ-じったいちょうさ【特サビ実態調査】►特定サービス産業動態統計調査

とくさ-ぶき【木=賊×葺き】木賊板で屋根を葺くこと。また、その屋根。

とく-さん【特産】特にその土地や地方で産出すること。また、その産物。「—品」[類語]名物・名産・土産(どさん)

とくさん-せんかん【徳山宣鑑】［782～865］中国、唐代の禅僧。姓は周氏。初め律や唯識を学んだが、のち禅を学び、その修行は、徳山の棒と称されるほど厳格であった。諡号、見性禅師。

とく-し【特旨】特別の考え。特に、君主のおぼしめし。〈和英語林集成〉

とく-し【特使】特別の任務をもった使者。特に、外国に派遣される者。

とく-し【特賜】特別に賜ること。また、その物。

とく-し【篤志】〔名・形動〕志のあついこと。特に、社会事業や公共の福祉などに熱心に協力すること。また、その心や、そのさま。「—による慰問」「—な知己として丑松のことを」〈藤村・破戒〉

とくじ【徳治】鎌倉後期、後二条天皇・花園天皇の時の年号。1306年12月14日～1308年10月9日。

どく-し【毒死】〔名〕スル 毒薬によって死ぬこと。

どく-し【読史】《「とくし」とも》史書を読むこと。

どく-し【読師】《「とくし」「とくじ」「どくじ」とも》❶古代、諸国の国分寺に講師とともに一人置かれた僧官。講師より1階級低い。❷維摩会(ゆいまえ)・最勝会などのとき、講師と相対して仏前の高座に上り、経題・経文を読み上げる役目の僧。❸歌会などで、懐紙や短冊(たんざく)などを整理して講師に渡し、また講師に誤読のあった場合などには読み改める役。とうし。

どく-じ【独自】〔名・形動〕❶他とは関係なく自分ひとりであること。また、そのさま。「—に開発した技術」❷他と違って、そのものだけにあること。また、そのさま。独特。特有。「—な(の)文体」
[類語]独特・特有・固有・ユニーク・オリジナル

どく-じ【読字】文字を読むこと。「—力」

とくし-か【篤志家】篤志のある人。特に、社会奉仕・慈善事業などを熱心に実行・支援する人。

とく-しつ【特質】そのものだけがもっている特別の性質。特性。「雑誌の—を生かした報道」[類語]個性・特性・特徴・特色・特長・持ち味・長所・取り柄・カラー

とく-しつ【得失】❶得ることと失うこと。損得。「一相半ばする」「利害—」❷成功と失敗。「毎度ただ—なく、この一矢に定むべし」〈徒然・九二〉
[類語]利害・損得・損益・差し引き・プラスマイナス

とく-しつ【篤疾】❶病のあついこと。重病。❷律令制で規定された身体障害・疾病者。廃疾より重い癲狂・両目盲など。庸・調・雑徭などが免じられた。

とく-じつ【篤実】〔名・形動〕情が深く誠実なこと。また、そのさま。「—な人柄」[派生]とくじつさ〔名〕
[類語]誠実・篤厚・真摯・実直・忠実・至誠・信実

とくしま【徳島】㊀四国南東部の県。もとの阿波国にあたる。人口78.6万(2010)。㊁徳島県北東部の市。県庁所在地。もと蜂須賀(はちすか)氏の城下町。かつては藍の集散地。8月には阿波踊りでにぎわう。阿波浄瑠璃人形芝居の伝承地。重化学・木工業が盛ん。人口26.5万(2010)。

とくしま-ヴォルティス【徳島ヴォルティス】日本プロサッカーリーグのクラブチームの一。ホームタウンは徳島市ほか2市4町を中心とする徳島全県。昭和30年(1955)、大塚製薬サッカー部として設立。平成17年(2005)からJリーグに参加する。[補説]「ヴォルティス」はイタリア語で渦を意味する言葉からの造語。

とくしま-けん【徳島県】►徳島㊀

とくしま-し【徳島市】►徳島㊁

とくしま-せん【徳島線】佐古(さこ)から佃(つくだ)に至るJR線。吉野川に沿って西走し、土讃線に接続。全長67.5キロ。

とくしま-だいがく【徳島大学】徳島市にある国立大学法人。徳島師範学校・徳島青年師範学校・徳島医科大学・徳島医学専門学校・徳島高等学校・徳島工業専門学校を統合し、昭和24年(1949)新制大学として発足。平成16年(2004)国立大学法人となる。

とくしま-ぶんりだいがく【徳島文理大学】徳島市に本部のある私立大学。昭和41年(1966)に徳島女子大学として開学。同47年に現校名に改称し、男女共学となった。

とくしま-へいや【徳島平野】徳島県北部に広がる平野。吉野川の中・下流域の沖積平野で、畑作農業が主。平野周辺はミカンの栽培が盛ん。かつては藍の生産で有名だった。中心都市は徳島市で、臨海部は化学工業地帯。吉野川平野。

とく-しゃ【特写】〔名〕スル 特別に写真をとること。「実験現場を—する」「本誌—」

とく-しゃ【特赦】恩赦の一。有罪の言い渡しを受けた特定の者に対して、その効力を失わせること。
[類語]恩赦・大赦・減刑・アムネスティ

どく-しゃ【毒砂】硫砒鉄鉱(りゅうひてっこう)のこと。

どく-しゃ【読者】新聞・雑誌・書物などを購読する人。読み手。「—欄」[類語]読み手・リーダー

どく-じゃ【毒蛇】毒腺(どくせん)と毒牙(どくが)をもち、かみついたときに毒を出す蛇。マムシ・ハブ・コブラ・クサリヘビ・ウミヘビなど。どくへび。どくだ。
毒蛇の口 危険な場所。また、危険が身に迫っていることのたとえ。毒蛇の腮(あぎと)。

どく-しゃく【独酌】〔名〕スル ひとりで酒をついで飲むこと。「書物を片手に—する」

どくしゃ-そう【読者層】ある刊行物の読者の多数が属する層。年齢・職業などの共通性によって分けられる。

とく-しゅ【特殊】〔名・形動〕❶性質・内容などが、他と著しく異なること。また、そのさま。特異。「—な細菌」「—な事件」❷機能・用途・目的などが限られること。専門・専用であること。また、そのさま。特別。「—な技能」「—な装置」❸限られた範囲のものにしかあてはまらないこと。また、そのさま。「—な原理」⇔普遍。❹論理学で、個別を下位に、普遍を上位にもつ概念。例えば、「ソクラテス」(個別)と「人類」(普遍)に対する「ギリシャ人」。
[類語]特異・特別・特定・特有・独得

とく-しゅ【特種】特別な種類。

とく-じゅ【特需】特別の需要。一般に在日米軍の発注による需要。朝鮮戦争・ベトナム戦争の際、米軍が軍事物資の買い付けなどを行ったことをいう。
[類語]需要・軍需・民需・官需・外需・内需

どく-しゅ【毒手】❶人を殺害しようとする行為。「—にたおれる」❷あくどい手段。「—に陥る」

どく-しゅ【毒酒】毒を入れた酒。

どく-じゅ【読×誦】〔名〕スル《「読」は見てよむこと、「誦」はそらで唱えること》声を出して経文(きょうもん)を読むこと。読経(どきょう)。「法華経を—する」

とくしゅ-いんさつ【特殊印刷】❶活版印刷・オフセット印刷・グラビア印刷以外の印刷法。コロタイプ印刷・スクリーン印刷など。❷紙以外の、金属・ガラス・プラスチックなどへの印刷。

とくしゅ-いんしょくてん【特殊飲食店】昭和21年(1946)公娼(こうしょう)制度が廃止されてから同32年に売春防止法が施行されるまで、売春婦を置いていた飲食店。特飲店。

とく-しゅう【特集|特×輯】〔名〕スル 新聞・雑誌やラジオ・テレビなどで、特定の事件や問題をとりあげて編集したり放送したりすること。また、その記事・番組など。「核の問題を—する」

どく-しゅう【独修】〔名〕スル 先生につかないで、自分ひとりで修得すること。「—した技術」

どく-しゅう【独習】〔名〕スル 先生につかず、自分ひとりで学習すること。独学。「ギターを—する」
[類語]独修・独学・自習

どく-じゅうせき【毒重石】炭酸バリウムからなる鉱物。無色または白・灰色でガラス光沢を示す。紫外線などで蛍光・燐光(りんこう)を発する。斜方晶系。毒重土石。

とくしゅ-がいしゃ【特殊会社】事業が公益また国の政策に重大な関係があり、国の監督・保護を必要とするため、特別法により設立される会社。日本たばこ産業株式会社、首都高速道路株式会社など。

とくしゅ-がっきゅう【特殊学級】小・中・高等学校において、心身に障害のある児童・生徒のために特別に設けられた学級。平成19年(2007)学校教育法改正に伴い、特別支援学級に名称を変更。

とくしゅ-かぶぬし【特殊株主】総会屋のこと。

とくしゅ-きゅうしゅうぶたい【特殊急襲部隊】►サット(SAT)

とくしゅ-ぎんこう【特殊銀行】第二次大戦前、特定の政策金融を目的として特別法に基づいて設立された銀行。戦後廃止され、その一部は普通銀行・長期信用銀行などに転換した。戦前の横浜正金銀行・日本勧業銀行・農工銀行・北海道拓殖銀行・日本興業銀行・台湾銀行・朝鮮銀行など。

とくしゅ-こう【特殊鋼】炭素鋼に、珪素・マンガン・ニッケル・クロム・銅・モリブデン・コバルトなどの合金元素を加えた鋼。合金鋼。⇒普通鋼

とくしゅ-こうか【特殊効果】►エス-エフ-エックス(SFX)

とくしゅ-さいけん【特殊債券】特別の法律により、公団・公庫・金庫・特殊会社などの法人が発行する債券。

とくしゅ-さつえい【特殊撮影】映画・テレビなどで、特殊な機器・装置や技法を駆使して撮影し、実際には不可能なことや特殊な効果を画面に表すこと。また、その技術。高速度撮影・微速度撮影・ミニチュア撮影・スクリーンプロセスなど。特撮。

とくしゅ-し【特殊紙】特別な製法、特殊な加工による用途の限定される紙。耐水性・絶縁性・通電性をもたせたもの、麻の繊維を原料にしたライスペーパー、物質を濾し分ける濾過紙、電子情報を記録できるもの、絵の具の吸収性能が良い画材用紙など、さまざまな種類がある。また特に、文字の印刷に適した普通紙に対して、光沢紙・インクジェット用紙・写真専用用紙のことをいう。

とくしゅ-してい【特殊指定】不公正な方法による取引を禁ずる独占禁止法による制度。物流・大規模小売業・新聞の3分野について違法となる取引方法を具体的に指定している。例えば、新聞の値引き販売などは禁止されている。

とくしゅ-じどう【特殊児童】特殊学級の対象となる児童。

とくしゅ-じどうしゃ【特殊自動車】形態・構造・用途などが通常と異なる自動車。道路交通法では大型特殊自動車・小型特殊自動車に区分され、個別に免許が必要。キャタピラー車・ローラー車・フォークリフト・耕耘機など。

とくしゅ-じょうやく【特殊条約】特定の国家間で結ばれる条約。第三国は加入できない。個別条約。

とくしゅ-せんこうてい【特殊潜航艇】ーセンカウテイ 旧日本海軍が太平洋戦争で用いた小型潜航艇。母艦で目的地近くまで運ばれてから作戦任務に就く。昭和16年(1941)の真珠湾、その翌年のシドニーなどの攻撃に参加。

とくしゅ-そうたいせいりろん【特殊相対性理論】ーサウタイセイリロン 相対性原理を慣性系について主張した理論。特殊相対論。➡相対性理論

とくしゅ-そうたいろん【特殊相対論】ーサウタイロン ▶特殊相対性理論

とくしゅ-ちょうるい【特殊鳥類】ーテウルイ「特殊鳥類の譲渡等の規制に関する法律」で保護されていた鳥類。絶滅のおそれがあるヤンバルクイナ・ノグチゲラなど。同法は「絶滅のおそれのある野生動植物の種の保存に関する法律」の制定(平成5年施行)で失効。

とく-しゅつ【特出】〘名〙スル 他より特にすぐれていること。傑出けっしゅつ。「語学の才能が一している」

とくしゅとりあつかい-でんぽう【特殊取扱電報】トクシユとりあつかひー かつて行われていた、特殊の取り扱いをする電報。特使配達・照合・同文・局留めなどの扱いがある。

とくしゅとりあつかい-ゆうびん【特殊取扱郵便】トクシユとりあつかひイウー 特別の取り扱いをする郵便。速達・書留・引受時刻証明・配達証明・内容証明・特別送達・特定記録郵便・代金引換・年賀特別郵便・配達日指定郵便などがある。

とくしゅ-ほうじん【特殊法人】ーハフジン 公共の利益または国の政策上の特殊な事業を遂行するために、特別法によって設立された法人。日本赤十字社、日本放送協会(NHK)、日本中央競馬会など。

とくしゅようと-じどうしゃ【特種用途自動車】道路運送車両法などで定められた自動車の区分の一つ。所定の特別な用途に使用するもので、その使用目的を遂行するために必要な特殊な設備・構造を有する自動車。救急車・パトロールカー・現金輸送車・レッカー車・キャンピングカーなど。8ナンバー車。➡特殊自動車

どく-しょ【読書】〘名〙スル《古くは「とくしょ」》本を読むこと。「日がな一日一する」「一家」類語 書見

読書百遍ひゃっぺん**義**ぎ**自**おのずから**見**あらわる 《「魏志」王粛伝注董遇伝から》繰り返し熟読すれば、どんな書物でも意味が自然とわかってくる。読書百遍意自ら通ず。

とく-しょう【特称】❶特にそのものだけをいう呼び名。❷論理学で、判断において主語の外延の一部に論及すること。➡全称 ➡単称

とく-しょう【特賞】ーシャウ 特別の賞。多く一等の上に番外の賞として設けられる。

とく-じょう【特上】ージャウ 特別に上等であること。また、その物。「一の肉」類語 極上・最上・最高級

どく-しょう【毒性】ーシャウ〘名・形動〙(主に関西地方で)意地の悪いこと。また、そのさま。「お時さんのお父つぁんも、一な人や」〈上司・父の婚礼〉

どく-しょう【独唱】ーシャウ〘名〙スル 一人で歌うこと。ソロ。「開会式で国歌を一する」➡合唱 ➡斉唱 ➡重唱

どく-しょう【読×誦】〘名〙スル ❶声に出してよむこと。「漢詩を一する」❷▶どくじゅ(読誦)

とくしょう-はんだん【特称判断】論理学で、主語の外延の一部に論及する判断。「あるsはpである」という形式の特称肯定判断と「あるsはpでない」という形式の特称否定判断との2種がある。➡全称判断 ➡単称判断

とくしょう-ほう【特商法】トクシヤウハフ「特定商取引に関する法律」の略。

とく-しょく【×涜職】〘名〙スル 職をけがすこと。特に公務員が私利私欲のために職責をけがすこと。「汚職」で言い換える。類語 汚職・背任

とく-しょく【特色】他と特に異なっているところ。他のものよりすぐれて目立つ点。「一のある大学」「地方の一を出す」➡特長 用法

類語 特徴・特長・特質・特性・個性・持ち味・カラー

とくしょく-ざい【×涜職罪】公務員がその職をけがす行為の中で刑法に定めのある罪。職権濫用罪と収賄罪に分けられる。

どくしょ-さんとう【読書三到】ーサンタウ 読書して真意を悟るには、目でよく見、声に出し、心を集中することの三つが大事であるということ。➡三到

どくしょ-さんよ【読書三余】「三余」に同じ。

どくしょ-しゅうかん【読書週間】ーシウカン 良書の普及、読書の奨励を目的として設定された週間。10月27日から11月9日までの2週間。

どくしょ-しょうがい【読書障害】ーシャウガイ ▶ディスレクシア

どくしょ-しょうゆう【読書尚友】ーシャウイウ《「孟子」万章下から》書を読み、昔の賢人を友とすること。

どくしょ-じん【読書人】❶よく本を読む人。読書を好む人。❷昔、中国で、学問を積み、科挙を受けて官になった人。士大夫。また、学者・知識人。

どくしょ-はじめ【読書始(め)】❶皇族や貴族の子弟が、初めて孝経などの読み方を授けられる儀式。御書始め。ふみはじめ。❷宮中・将軍家などの新年行事の一。その年初めて書物を読む儀式。読み始め。

どくしょめいげん-の-ぎ【読書鳴弦の儀】宮中で皇子誕生後7日の間、御湯殿の儀式の際に湯殿の外で漢籍の前途奉祝の文を読み、弓の弦を引き鳴らす儀式。

とくしよろん【読史余論】江戸中期の史論書。3巻。新井白石著。正徳2年(1712)成立。将軍徳川家宣に日本史を進講したさいの講義案。主に武家政権の沿革を記したもの。

とく-しん【×涜神】神をけがすこと。「一行為」

類語 冒涜・涜聖

とく-しん【特進】〘名〙スル ❶特別のはからいで昇進すること。「二階級一する」❷正二位の唐名。

類語 栄進・累進・昇進・出世

とく-しん【得心】〘名〙スル よくわかって承知すること。納得すること。「一するまで説明を受ける」

類語 納得・合点・承知

得心が行・く 十分に承知する。よくわかって気持ちがおさまる。「話を聞いて一・く」

とく-しん【篤心】親切で誠実な心。篤実な心。

とく-しん【篤信】信仰のあついこと。「一家」

とく-じん【徳人】徳の高い人。有徳の人。とくにん。

どく-しん【毒心】他を害しようとする心。敵意。悪心。「一ナ者」〈日葡〉

どく-しん【毒針】動物の、毒を出す針状の突起。特にハチやアリの尾端にあるもの。どくばり。

どく-しん【独身】❶配偶者のいないこと。ひとりもの。ひとりみ。❷ただ一人であること。単独。単身。「にはかに一の遠行を企つ」〈海道記〉

類語 独り身・独り者・一人・単身・シングル・やもめ

どく-しん【独慎】❶ひとりで身をつつしむこと。❷旧制の監獄で、16歳未満の囚人が獄則に反したとき、一定期間独居謹慎させたこと。

どく-じん【土▽公神】陰陽道おんようどうで土をつかさどる神。春は竈かまど、夏は門、秋は井戸、冬は庭にあって、その季節にその場所を動かせばたたりがあるとされる。つちのかみ。つちぎみ。どくう。どこう。どこうじん。

どく-じん【毒刃】凶悪な者の持つ刃物。凶刃。「一にたおれる」

どくしん-じゅつ【読心術】顔の表情やからだの筋肉の動きから、直感的に相手の心の中を読みとる術。

どくしん-じゅつ【読唇術】耳の聞こえない人が、相手の唇の動きや形から言葉を読みとる技術。

とくしん-ずく【得心▽尽く】ーづく 双方とも承知の上ですること。納得ずく。「一で離縁する」

どくじん-とう【独▽参湯】ータウ ❶漢方で、人参の一種を煎じてつくる気付け薬。❷《よく効くところから》歌舞伎で、いつ演じてもよく当たる狂言。ふつう「仮名手本忠臣蔵」をいう。

どくしん-りょう【独身寮】ーレウ 企業などが、未婚の従業員を住まわせるために設置する寮。

どく-ず【読図】ーヅ〘名〙スル 地図や図面などを見て、その内容を読みとること。「地形図を一する」「一法」

どく-すい【毒水】毒を含んでいる水。どくみず。

とく-すき【特×漉き】特別の注文で紙をすくこと。特別の材料で紙をすくこと。また、その紙。

とく-する【得する｜徳する】〘動サ変〙文とく・す〘サ変〙利益を得る。もうける。「一万円一・した」

とく-する【督する】〘動サ変〙文とく・す〘サ変〙❶取り締まる。監督する。「市中を一・する」❷ひきいる。統率する。「中隊を一・する」❸うながす。督促する。「納税を一・する」

どく-する【毒する】〘動サ変〙文どく・す〘サ変〙悪い影響を与える。害する。「青少年を一・する書物」

とく-せい【×涜聖】神聖をけがすこと。

とく-せい【特性】そのものだけが持つ性質。特有のすぐれた性質。特質。「素材の一を活かす」

類語 特質・特色・特長・特徴・持ち味・取り柄・長所・売り・強み・カラー

とく-せい【特製】特別に念を入れて作ること。また、その品物。特別製。「一のステーキ」類語 上製・別製

とく-せい【徳性】道徳をわきまえた正しい品性。道徳心。道義心。「一を養う」類語 品性・徳・人徳

とく-せい【徳政】❶徳のある政治。免税・大赦などの目立った恩恵を施す政治。仁政。❷鎌倉・室町時代、貸借・売買契約の破棄のこと。幕府は御家人が質入れ・売却などで失った所領を回復させるため、しばしば徳政令を発布した。類語 善政・仁政・民政

とく-せい【徳星】❶吉兆のしるしとしてあらわれる星。❷徳のある人。賢人。❸木星の異称。

どく-せい【毒性】有毒の性質。また、その度合い。「一の強い薬品」「一を弱める」

とくせい-いっき【徳政一×揆】室町時代、畿内周辺の地侍・都市下層民・農民などが幕府に徳政令の発布を要求して起こした一揆。また、かってに徳政と称して金融業者を襲い、略奪を行うものもあった。

とくせい-エックスせん【特性X線】気体や金属に高エネルギー粒子を当てると、物質の構成原子の内殻電子がはねとばされて空所ができ、この空所に外殻電子がとび移るときに放出するX線。多く、各原子固有の線スペクトルを示す。固有X線。示性X線。

とくせい-れい【徳政令】徳政❷を適用する対象や条件などを規定した法令。徳政法。

とく-せき【督責】〘名〙スル 厳しく責めたてること。厳しく督促すること。「其治法を視察し一する挙も見えたり」〈田口・日本開化小史〉

とく-せつ【特設】〘名〙スル 特別に設置・設備すること。「社会人コースを一する」「一会場」類語 増設・仮設

どく-ぜつ【毒舌】辛辣しんらつな悪口や皮肉を言うこと。また、その悪口や皮肉。「一を吐く」「一家」類語 辛口からくち・皮肉・嫌味・悪たれ口・憎まれ口・悪態

とくせつちゅういしじょう-めいがら【特設注意市場銘柄】トクセツチユウイシヂヤウー 証券取引所(金融商品取引所)が、上場廃止にするほどではないが、企業の内部管理体制を改善する必要性が高いと判断した場合に指定するもの。指定された企業は「内部管理体制確認書」を提出して改善状況を説明し、問題がなければ指定が解除される。➡監理銘柄 ➡整理銘柄

どく-ぜり【毒×芹】セリ科の多年草。沼や小川に生え、高さ90センチにもなり、有毒。地下茎は太く、緑色で節があり、茎は中空。葉は羽状複葉。夏、多数の白い小花を散形につける。地下茎は万年竹・延命竹などといい盆栽にする。おおぜり。

とく-せん【特選｜特×撰】❶特別にすぐれたものとして選び出すこと。また、そのもの。「一品」❷展覧会などで、審査の結果、特にすぐれていると認められること。また、そのもの。「一で入賞する」

類語 精選・厳選・選えり抜き・粒選より

とく-せん【特薦】〘名〙スル 特別に推薦すること。「当店が一する品」

とく-せん【得選】❶《采女うねめの中から選ばれた者の意》御厨子所みずしどころの女官で、食膳および雑事に従事した女房。とくせに。❷律令制で、考課の対象となる官職。

とく-せん【督戦】〔名〕スル 部下を監督・激励して戦わせること。また、後方にいて、前線の軍を監視すること。「兵を—する」「—隊」

とく-せん【徳銭】「有徳銭(うとくせん)」の略。

どく-せん【毒腺】毒蛇などの、毒を分泌する腺。

どく-せん【独占】〔名〕スル ❶自分ひとりだけのものにすること。ひとりじめ。「人気を—する」❷特定の資本が他の競争者を排除し、生産と市場を支配している状態。(類語)専有・独り占め・壟断(ろうだん)・占有・占領・寡占・モノポリー

どく-せん【独×擅】自分ひとりが思うままに振る舞うこと。

どく-ぜん【独善】《「孟子」尽心上から》❶他人に関与せず、自分の身だけを正しく修めること。❷自分だけが正しいと考えること。ひとりよがり。「—に陥る」「—的」

どくせん-かかく【独占価格】独占者の決定する価格。売り手または買い手が市場をひとりじめにして、自分の利益が最大になるように定めた価格。

どくせんきんし-ほう【独占禁止法】ハフ《「私的独占の禁止及び公正取引の確保に関する法律」の通称》トラスト・カルテルなどによる競争の制限や事業活動の不当な拘束を排除し、企業結合などによる過度の経済力集中を防止して公正かつ自由な競争を促進し、国民経済の健全な発達を目的とする法律。昭和22年(1947)施行。独禁法。

とくせん-こ【得選子】得選❶を親しんで呼ぶ語。とくせにこ。「—が閨(ねや)なる」〈神楽・得選子〉

どくせん-こうしょうけん【独占交渉権】カウセフケン 物品の売買、企業買収などの交渉で一社だけが交渉できる権利。所定の期間内は当事者以外の第三者は介入できない。

どくせん-じぎょう【独占事業】ジゲフ 公衆の日常生活に不可欠な役務の提供や財政上の目的などにより、法律によって独占的な性質を付与されている事業。献血事業や公営ギャンブルなど。かつては郵便事業、アルコール専売事業、たばこ・塩事業、電気事業などがあった。

どくせん-しほん【独占資本】生産と市場を独占的に支配する大資本。カルテル・トラスト・コンツェルンなどの企業集中形態をとる。独占体。

どくせんしほん-しゅぎ【独占資本主義】独占資本・金融資本が国民経済を支配している資本主義の発展段階。19世紀末から20世紀初頭にかけて、先進資本主義諸国で生産と資本の集積・集中が進行して成立した。

どくぜん-しゅぎ【独善主義】他人の利害や立場を考えず、自分だけが正しいとする考え方。

どくせん-じょう【独×擅場】ヂヤウ その人だけが思うままに振る舞うことができる場所・場面。ひとり舞台。(補説)「擅」を「壇」と誤り、「ひとり舞台」の意から「独壇場(どくだんじょう)」というようになった。

どくせん-てき【独占的】〔形動〕独占するさま。また、独占する傾向があるさま。「公共物の—な使用」

と-くそ【×砥×糞】刃物をといだとき、砥石(といし)から出る泥のようなもの。

どく-そ【毒素】生物によって作られる毒性の物質。主に高分子化合物で、動物の血中に入って有毒なもの。細菌毒・カビ毒・蛇毒・フグ毒など。

とく-そう【×禿×瘡】サウ 頭部に発生する皮膚病。ところどころに円形をした紅色の斑点を生じ、時にはその毛髪が抜け落ちる。ケルスス禿瘡。

とく-そう【特捜】サウ ❶《「特別捜査」の略》平常とは異なる体制で行う捜査。「—部」❷検察庁の特別捜査部の略称。

とく-そう【特装】サウ ❶特別な装丁。「—本」❷用途に応じた特別な装備。「—車両」

とく-そう【得宗｜徳宗】鎌倉幕府の執権北条氏嫡流の当主のこと。北条義時の法名を徳宗といったのにちなむ。鎌倉末期には多くの得宗領と御内人(みうちびと)とよばれる家臣団とを持ち、専制政治を行った。

とく-そう【得喪】サウ 得ることと失うこと。得失。「利害一の念に攖されずして」〈雪嶺・真善美日本人〉

とく-そう【徳宗】㊀[742〜805]中国、唐の第9代皇帝。在位779〜805。代宗の子で、安史の乱後の財政再建のため、両税法を施行。書道に長じた。㊁清の光緒帝(こうしょてい)の廟号(びょうごう)。

とく-そう【徳操】サウ 固く守り変わることのない道徳心。「其の—を傷け、其の人物を下し」〈竜渓・経国美談〉

どく-そう【毒草】サウ アルカロイドなど有毒な成分を含む草。トリカブト・ドクゼリなど。

どく-そう【独走】〔名〕スル ❶ひとりで走ること。❷他を大きく引き離して先頭を走ること。「—態勢にはいる」❸他とは関係なく、ひとり自分勝手に振る舞うこと。「功を急いで—する」

どく-そう【独奏】〔名〕スル ひとりで楽器の演奏を行うこと。ソロ。「チェロが—するパート」➡合奏

どく-そう【独創】サウ〔名〕スル 模倣によらないで、独自の発想でつくりだすこと。また、そのもの。「絣(かすり)の意匠を—する」(類語)創造・創出・創作・クリエート

とくそうがかり-けんじ【特捜係検事】トクサウガカリ 検察庁の特別捜査部が被疑者を逮捕した事件の証拠を確認する検事。平成22年(2010)に、大阪地検特捜部が担当した事件で特捜部検事が証拠を改竄(かいざん)するなどしていた事件を受けて、再発防止のため導入された。

どくそう-せい【独創性】ドクサウ 独自の考えで物事をつくり出す能力。また、物事がもつそのような性質。「—のある作品」

どくそう-てき【独創的】ドクサウ〔形動〕独創する能力があるさま。また、独創されたものであるさま。「—な人」「—なアイデア」

とくそう-ぶ【特捜部】トクサウ ➤特別捜査部

とくそう-りょう【得宗領】ーリヤウ 北条氏得宗が世襲した所領。相模・武蔵を中心に全国にあった。

どくそう-りょく【独創力】ドクサウ 独創する能力。新しいものをつくりだす才能。「—に富む」

とく-そく【督促】〔名〕スル ❶約束の履行(りこう)や物事の実行をうながすこと。せきたてること。「図書の返却を—する」❷税法上、租税が期限までに納付されない場合、その納付を催告する行為。また、強制徴収の認められる公法上の金銭債権についても行われる。「—状」(類語)催促・催告・強請・要求

とくそく-てつづき【督促手続(き)】金銭その他の代替物または有価証券の一定数量の給付を目的とする請求権について、債務者に異議のないことを条件として、債権者に簡易・迅速に債務名義を与える訴訟手続き。簡易裁判所が行う。➡支払い命令

どくソ-せん【独ソ戦】第二次大戦中の1941年6月、独ソ不可侵条約を破って、ドイツがソ連を攻撃して始まった戦争。ドイツ軍はモスクワまで迫ったが、スターリングラードの敗戦以後敗退を続け、45年ベルリンが陥落、ドイツの無条件降伏に終わった。

どくソ-ふかしんじょうやく【独ソ不可侵条約】ーフカシンデウヤク 1939年8月、ドイツとソ連との間で結ばれた相互不可侵条約。付属の秘密議定書では東ヨーロッパにおける両国の勢力圏が定められ、両国はこれに従ってポーランドを分割した。41年6月、独ソ戦の開始によって消滅した。

とく-そん【特損】「特別損失」の略。

どく-そん【独尊】《「天上天下唯我独尊」の略》自分ひとりが他のだれよりもすぐれて尊いとすること。

ドクター【doctor｜Dr.】❶博士。博士号。「—を取得する」❷「ドクターコース」の略。❸医師。医者。(類語)医者・医師・医家・ドクトル

ドクター-イエロー《和 doctor＋yellow》新幹線の区間を走行しながら線路状態などを検測する車両。監視カメラやレーザー式センサーを備え、時速250キロ以上で走行することができる。名称は、車体が黄色(イエロー)に塗られていることから。

ドクター-カー【doctor car】医師が乗って現場に出動する自動車。肺に酸素を送る気管内挿管、点滴、心臓の刺激装置を有する。看護師が同乗し、電話で医師の指示を受けつつ手当てすることもある。

ドクター-コース《和 doctor＋course》大学院の博士課程。

ドクター-ショッピング【doctor shopping】かかる医者を次々に代えて診断を受けること。

ドクターズ-クラーク《和 doctor's＋clerk(事務員)》医師事務作業補助者の呼称の一つ。医師事務作業補助技能認定試験の合格者に付与される称号。試験を実施する財団法人日本医療教育財団の登録商標。

ドクター-ストップ《和 doctor＋stop》ボクシングで、試合中に選手が負傷し、医師が試合続行不可能と認めること。試合は中止され、負傷した選手のTKO(テクニカルノックアウト)負けとなる。

ドクター-バンク【doctor bank】医師の就職・転職、病院などの求人の情報を提供し、斡旋をする事業。私営・公営がある。

ドクター-ヘリ《和 doctor＋helicopterから》救急専用の医療機器を搭載し、医師・看護師が乗り込んで患者のもとに急行し、病院などに搬送する間に救命医療を施すことのできる救急ヘリコプター。

ドクター-レター《和 doctor＋letter》専門医が各種の治療薬の副作用の危険性を厳重に検査し、服用基準値などを詳述した緊急安全性情報のこと。

とく-たい【特待】特別の待遇をすること。

とく-たい【得替｜得代】❶国司などの任期が終わって交替すること。❷領主を替えて、新しい領主を置くこと。また、領主が所領を取り上げられること。

とく-だい【特大】〔名・形動〕特別に大きいこと。また、そのさま。「—のホームラン」「—号」(類語)巨大・極大・最大・超弩級(ちょうどきゅう)

とくたい-せい【特待生】成績優秀・品行方正で、授業料免除や奨学金の支給などの特典を与えられる学生。

とくだ-きゅういち【徳田球一】ーキウイチ[1894〜1953]政治家。沖縄の生まれ。大正11年(1922)日本共産党の創立に参加。三・一五事件で検挙され18年間獄中にあり、第二次大戦後出獄して日本共産党を再建し、書記長に就任。昭和21年(1946)衆議院議員となるが、同25年のマッカーサー指令で公職追放にあい、地下に潜行し、北京で客死。著「獄中十八年」。

とく-たく【徳沢】恵み。恩沢。「明治維新の—に浴するよう」〈藤村・夜明け前〉

どく-たけ【毒×茸】「どくきのこ」に同じ。(季 秋)「—のかさのうてなの溜水/誓子」

とくだ-しゅうせい【徳田秋声】ーシウセイ[1871〜1943]小説家。金沢の生まれ。本名、末雄。尾崎紅葉の門に入る。自然主義文学の代表的作家として活躍、大正中期以後は心境小説に秀作を残した。作「黴」「あらくれ」「仮装人物」「縮図」など。

どく-だち【毒断ち】〔名〕スル 病気のとき、からだに害を及ぼしたり、服薬の妨げとなったりするような飲食物をとらないこと。どくだて。「これに大事は—あり」〈浮・永代蔵・三〉

とく-だつ【得脱】〔名〕スル 仏語。生死の苦界から脱して、菩提(ぼだい)に向かうこと。

とく-だね【特種】新聞記事などで、その社だけが特に入手した情報。スクープ。「—をつかむ」(類語)スクープ・すっぱ抜き

どく-だみ【蕺草】ドクダミ科の多年草。日陰の湿地に生え、高さ15〜35センチ。全体に悪臭がある。葉は広卵形。夏、淡黄色の小花を穂状につけ、その基部に白い苞(ほう)が十字形につき、花びらのように見える。整腸・解毒・利尿などの民間薬として用いる。十薬(じゅうやく)。(季 夏)「—や真昼の闇に白十字/茅舎」

とく-だわら【徳俵】ーだはら 相撲の土俵で、東西南北の中央に切れ目を作り、円の外側に一俵ずつ、ずらして置いてある俵。

とく-だん【特段】特別。格段。「—変わった点はない」「—の配慮」(類語)特別・別段・格段・格別

どく-だん【独断】〔名〕スル ❶自分ひとりで物事を決断すること。また、その決断。「社長の—」「取引の開始を—する」❷自分の思い込みだけで、公正を欠いた

判断をすること。また、その判断。「結論が一に陥る」「一と偏見」(類語)独り決め・専断・専決・独裁

どくだん-じょう【独擅場】ーヂヤウ《「擅」を「壇」と書き誤って生じた語》「独擅場(どくせんじょう)」に同じ。

どくだん-せんこう【独断専行】ーセンカウ〔名〕スル　物事を独断で勝手に推し進めること。「執行部が一する」(類語)横暴・専横

どくだん-てき【独断的】〔形動〕❶深く吟味しないで、ひとりよがりの判断を真理として主張するさま。「一な見解」❷カント哲学で、認識能力の限界や本質について吟味せず、純粋な理性によって実在を認識できると主張するさま。

どくだん-ろん【独断論】❶勝手に決めた原理から結論を導くやり方。また、自分勝手な主張。❷ある言説を、不完全な点や誤りがあるかもしれないという検討を加えずに真理として主張する態度。教条主義。❸なんらかの教説を積極的に主張する立場。❹カント哲学で、可能的経験の領域においてのみ妥当する概念を形而上学的対象にも適用する立場。

と-ぐち【戸口】戸の立ててある、家の出入り口。(類語)玄関・門口・表口・門戸(もんこ)・エントランス

どく-ち【毒血】病毒を含んだ血。悪血(おけつ)。

どく-ち【独知】❶自分だけが知っていること。❷《conscienceの西周(にしあまね)による訳語》良心。「其正と不正とを弁別するは衆人の一警醒の際に在ること必あり」〈西周訳・万国公法〉

とくち-しそう【徳治思想】ーシサウ　中国古代の儒家のとなえた政治思想。武力によらず、君主の徳性によって人民を教化して政治を行うべきだとする考え。王道政治の思想。

とく-ちゅう【特注】〔名〕スル《「特別注文」「特別発注」の略》一般の商品とは別に、特に指定・条件などを加えて注文すること。「帽子を一する」「一品」

とく-ちょう【特長】ーチヤウ　他よりも特にすぐれている点。特別の長所。「一を生かす」「この機種の一は操作しやすいことだ」「水に強く軽いのがこの生地の一だ」

(用法)**特長・特徴・特色**――「各人がそれぞれに特長(特徴・特色)を発揮できる職場」のように、他と異って目立つ点の意では相通じて用いられる。◆「特徴」は、「顔の特徴を覚える」のように、そのものが持っている、特に他と違って目立つ点をいい、そのことのよしあしには関係はない。◆「特色」は、「日本語の特色の一つに敬語がある」「手先が器用という特色を生かして仕事をする」のように、他と特に異なっている点を指すほか、他と比べてすぐれている点の意でも使う。◆「特長」は、「このカメラは扱いが簡単で、軽いという特長がある」のように、他よりすぐれている点を表すことが多い。

(類語)長所・持ち味・取り柄・美点・利点・売り・強み・特色・特質・特性・身上・本領・セールスポイント

とく-ちょう【特徴】他と比べて特に目立つ点。きわだったしるし。「一のある声」➡特長(用法)

(類語)特長・特色・特質・個性・癖・味・キャラクター

ど-くつ【土窟】土中のほら穴。つちあな。〈日葡〉

どく-づ・く【毒突く】〔動カ五(四)〕相手に向かってひどい悪口を言う。ひどくののしる。「腹を立ててさんざん一・く」(類語)ののしる・罵倒・痛罵・面罵・悪罵

とく-てい【特定】〔名〕スル　特にそれと指定すること。また、特にそれと定まっていること。「一のボーイフレンドはいない」「大ぜいの中から一する」

(類語)指定・指名・名指し・限定

とくてい-いぞう【特定遺贈】ーヰゾウ　特定の財産を目的とする遺贈。遺産中の特定の物や権利または一定額の金銭を与える遺贈。➡包括遺贈

とくてい-がいく【特定街区】都市計画法で定められた地域地区の一。市街地を整備・改善するために、建築物の容積率、高さの最高限度、壁面の位置の制限などが規定される街区。建築物の高度化・大規模化が認められる一方、有効な空地が確保される。

とくてい-がいらいせいぶつ【特定外来生物】ーグワイライセイブツ　外来生物のうち、「特定外来生物被害防止法」で指定されたもの。在来の生物を補食したり、生態系に害を及ぼす可能性がある。ブラックバス(オオクチバス)、カミツキガメなど。哺乳類、鳥類、爬虫類、両生類、魚類、昆虫類、無脊椎動物、植物などの中から指定される。(補説)渡り鳥に付着して流入する植物の種や、海流にのってやってくる魚などは外来生物には含まない。

とくていがいらいせいぶつひがいぼうし-ほう【特定外来生物被害防止法】トクテイグワイライセイブツヒガイバウシハフ《「特定外来生物による生態系等に係る被害の防止に関する法律」の略称》生態系を乱す、人に害を与える、農林水産業に被害があるなどのおそれがある外国原産の生物を特定外来生物として指定し、飼養・栽培・保管・運搬・輸入などを規制する法律。個体だけでなく、卵・種子・器官も含まれ、生きているものに限られる。既に国内に入っている種についても、問題があれば指定することができる。平成16年(2004)6月成立。外来生物法。外来生物被害防止法。

とくてい-きけんぶい【特定危険部位】ーキケンブヰ　牛海綿状脳症(BSE)の発症原因とされる異常型プリオンが蓄積しやすい部分。国によって違いがあるが、日本では脳、脊髄、背根神経節を含む脊柱、回腸遠位部、眼球、扁桃が指定されている。感染牛ではプリオンの99パーセント以上が危険部位に集まるとされるため、これを取り除くことがBSE対策の柱となる。SRM(specified risk material)。

とくていきのう-びょういん【特定機能病院】ービヤウヰン　高度先端医療に対応できる病院として厚生労働大臣が承認した病院。一部の大学病院のほか、国立がん研究センター中央病院・国立循環器病研究センターなど。一般の病院、診療所からの紹介による受診を原則とする。平成5年(1993)施行の改正医療法により設置。

とくていきぼ-でんきじぎょうしゃ【特定規模電気事業者】ーデンキジゲフシヤ　契約電力が50キロワット以上の需要者に対して、一般電気事業者が所有する電線路によって電気を供給する事業者。PPS(power producer and supplier)。(補説)平成12年(2000)施行の改正電気事業法により電気の小売が自由化され、一般企業が電力事業に参入できるようになった。

とくていきろく-ゆうびん【特定記録郵便】ーイウビン　郵便物の特殊取扱の一。郵便局が郵便物を引き受けたことを記録するサービス。差出人に郵便物の受領証が交付される。郵便物は受取人の郵便受けに配達され、配達・受け取りの記録は行われない。➡特殊取扱郵便　(補説)平成21年(2009)に廃止された配達記録郵便に代わって設けられた。

とくていけんこうしんさ-とくていほけんしどう【特定健康診査・特定保健指導】トクテイケンカウシンサトクテイホケンシダウ　糖尿病・高血圧症・脂質異常症などの生活習慣病予防のために、40歳から74歳までを対象として実施される健診と保健指導。平成18年(2006)健康保険法の改正に伴い定められたもので、同20年4月から健康保険組合や国民健康保険などに対し、40歳以上の保険加入者を対象に、メタボリックシンドロームに着目した健診及び保健指導の実施が義務づけられた。メタボ健診。(補説)メタボリックシンドロームとは、腹囲が男性85センチ以上、女性90センチ以上で、かつ、中性脂肪や空腹時血糖などに異常がみられる状態をいう。

▷**特定健康診査の項目**
1.問診(既往歴調査、服薬歴、喫煙習慣の状況など)　**2.診察**(理学的検査)　**3.身体計測**(身長、体重、腹囲、BMI)　**4.血圧測定**　**5.血液検査**(中性脂肪、HDL・LDLコレステロール、GOT、GPT、γ-GTP、空腹時血糖、HbAlc)　**6.尿検査**　**7.医師の判断で選択的に実施**(心電図、血液一般、眼底検査)

とくてい-こうれいしゃ【特定高齢者】ーカウレイシヤ　65歳以上の高齢者で現在は自立して暮らしているが、近い将来に要支援・要介護になる可能性のある人をいう。健康診断などをもとに市区町村が選定し、介護予防ケアマネージメントが実施される。(補説)平成22年(2010)8月から「二次予防事業対象者」などの呼称が使用されている。

とくていサービスさんぎょう-どうたいとうけいちょうさ【特定サービス産業動態統計調査】トクテイーサンゲフドウタイトウケイテウサ　サービス産業の売上高・利用者数などに関する統計調査。経済産業省が月次で調査・公表する。景気・雇用動向の判断材料、産業構造把握の資料として使用される。昭和62年(1987)調査開始。特サビ実態調査。

とくてい-ざいげん【特定財源】国や地方自治体の財政において、特定の目的のために使われる財源。道路特定財源や、国庫支出金・地方債など。➡一般財源　(補説)道路特定財源は根拠法の改正により平成21年度(2009)から一般財源化されている。

とくてい-ざいさん【特定財産】全財産のうち、特に指定された一部の財産。

とくてい-しさん【特定資産】❶固定資産の区分の一つ。公益法人の貸借対照表で用いられる。退職給付引当資産・減価償却引当資産など使途が特定の目的に限定される資産がこれに該当する。❷特定目的会社または受託信託会社が、資産の流動化(証券化)を目的として取得した資産のこと。資産流動化法で規定される。

とくてい-しっかん【特定疾患】ーシツクワン　難病(なんびょう)のうち、厚生労働省が特に定めたもの。原因不明で治療方法の確立されていないもの、後遺症のために社会復帰が困難になるもの、慢性化・長期化によって家族の経済的・精神的負担が大きくなるもの、症例が少なく研究が進んでいないものなどが指定される。スモン、サルコイドーシス、パーキンソン病などがある。

とくてい-しっそうしゃ【特定失踪者】北朝鮮による拉致の可能性を排除できない日本人失踪者のこと。民間団体の特定失踪者問題調査会が調査・公表しているもので、271人の情報が公開されている。このうち北朝鮮に拉致された疑いを否定できない失踪者(0番台リスト)は198人、拉致の疑いが高い失踪者(1000番台リスト)は73人(平成24年7月現在)。➡拉致問題

とくてい-ジャスマーク【特定JASマーク】特別な生産・製造方法についての特定JAS規格を満たす食品などにつける印。➡ジャス(JAS)

とくてい-じゅうようこうわん【特定重要港湾】ーヂユウエウカウワン　重要港湾のうち、外国貿易上特に重要な港湾として政令で定めるもの。(補説)平成23年(2011)の港湾法改正に伴い名称が国際戦略港湾および国際拠点港湾に変更された。

とくてい-しょうけい【特定承継】他人の権利を個々に承継すること。売買などによる権利の取得など。➡包括承継

とくていしょうとりひき-ほう【特定商取引法】トクテイシヤウとりひきハフ《「特定商取引に関する法律」の略称》訪問販売・通信販売・電話勧誘販売・連鎖販売取引(マルチ商法)・特定継続的役務(えきむ)提供(エステティックサロン・語学教室・家庭教師・学習塾・結婚相手紹介サービス・パソコン教室)・業務提供誘引販売取引(収入が得られると仕事を紹介し、仕事に必要であるとして、商品等を売って金銭負担を負わせる取引)の6業態につき、取引の公正、購入者の保護を目的とした法律。従来の訪問販売法(訪問販売等に関する法律昭和51年制定)を平成12年(2000)に改正・改称したもの。特商法。

とくてい-しんきんしっかん【特定心筋疾患】ーシンキンシツクワン ▶特定心筋症

とくてい-しんきんしょう【特定心筋症】ーシンキンシヤウ　心筋の疾患のうち、原因や全身疾患との関連が明らかなもの。虚血性、弁膜症性、高血圧性、代謝性、過敏・中毒性、産褥(さんじょく)性のほか、筋ジストロフィー、神経・筋疾患、全身疾患(自己免疫疾患、サルコイドーシス等)に伴うものなど、さまざまなものがある。特定心筋疾患。続発性心筋症。二次性心筋症。(補説)原因が特定されていない心筋疾患(特発性心筋症)は心筋症と呼ばれ、特定心筋症とは区別される。

とくてい-しんしょびん【特定信書便】信書便の

分類の一。民間事業者が利用者のニーズに応じて多様な信書集配サービスを提供するもので、事業参入には、長さ・幅・厚さの合計が90センチ超または重量4キロ超の大型信書の取り扱い、3時間以内での配達、料金1000円超の高付加価値サービスのいずれかに該当する役務を提供する必要がある。➡一般信書便

とくてい‐せんびきこぎって【特定線引小切手】小切手の表面に2本の平行線が引かれ、その線の中に特定の銀行名が記載してある線引小切手。

とくていそんしょう‐とくやく【特定損傷特約】生命保険における特約の一つ。不慮の事故で骨折・関節脱臼・腱の断裂などの特定損傷の治療を受けた場合に給付金が支払われる。事故から180日以内の治療が対象となることが多い。

とくてい‐たすうけつ【特定多数決】欧州連合理事会の一部の議案に適用されている表決手続きの一つ。各加盟国に人口に応じて票数を割り当て、全345票のうち255票以上が支持、構成国の過半数が支持、支持国全体の人口が全EU人口の62パーセント以上の三つの条件を満たす場合に可決とする。各国の持ち票数は、例えば、ドイツ・フランスなどが29票、ギリシャ・ポルトガルなどが12票、ラトビア・キプロスなどが4票というように、中小国に不利にならないように重みづけがされている。QMV(Qualified Majority Voting)。補説2014年以降、欧州連合理事会の特定多数決は、リスボン条約で定める二重多数決(構成国の票数の55パーセント以上が支持、かつ支持国全体の人口が全EU人口の65パーセント以上の場合可決)に移行する予定。

とくていたもくてきダム‐ほう【特定多目的ダム法】国土交通大臣が河川法の規定により自ら新築する多目的ダムについて定めた法律。基本計画の作成、ダム使用権、都道府県との費用分担などについて規定が設けられている。昭和32年(1957)施行。補説多目的ダムの基本計画を作成・変更・廃止する際には、国土交通大臣は事前に関係行政機関の長と協議するとともに、ダム使用権の設定予定者の意見を聞かなければならないとする規定があり、建設中止には困難が伴う。

とくてい‐ちほうかんりくうこう【特定地方管理空港】拠点空港のうち、地方公共団体が設置・管理をする空港。山口宇部空港などがある。

とくてい‐ちほうけいむかん【特定地方警務官】地方警務官のうち、都道府県警察において巡査から警視の階級まで順に昇任し、そのまま地方警務官となった者、およびこれに準ずるものとして国家公安委員会規則で定められた者。国家公務員法第106条の2は、一般職国家公務員等が他の職員を営利企業に再就職させる斡旋行為を禁じているが、特定地方警務官には適用されない。

とくてい‐ちゅうがたじどうしゃ【特定中型自動車】中型自動車のうち、車両総重量が8トン以上、最大積載量が5トン以上、乗車定員が11人以上のもの。補説平成16年(2004)の道路交通法改正で中型自動車の区分が新設される以前は大型自動車に分類されていた車両で、貨物用は特定中型貨物自動車、乗用は特定中型乗用自動車と呼ばれる。

とくてい‐ちゅうがたしゃ【特定中型車】▶特定中型自動車

とくていちょうじゅう‐ほごかんりけいかく【特定鳥獣保護管理計画】各都道府県が作成する鳥獣保護管理計画に基き、特定の鳥獣を保護管理するための計画。地域の個体群を科学的・計画的に管理し、人との共生をはかることを目的とする。平成11年(1999)改正の「鳥獣保護及狩猟ニ関スル法律」(同14年全面改正後は「鳥獣の保護及び狩猟の適正化に関する法律(鳥獣保護法)」)による。

とくてい‐ちょうてい【特定調停】特定調停法に基づく、民事調停の一。支払い不能になりそうな債務者(個人・法人)が裁判所の調停委員のもとで債権者と話し合い、返済計画、債務の減免などを決めること。

とくていちょうてい‐ほう【特定調停法】《特定債務等の調整の促進のための特定調停に関する法律」の通称》支払い不能になりそうな債務者が経済的に立ち直ることができるよう、調停によって金銭債務の調整を促進するための法律。法人・個人を問わず債務者の救済に重点を置いており、不良債権の処理促進を目的とする。平成12年(2000)2月施行。➡特定調停

とくていつうじょうへいきしようきんしせいげん‐じょうやく【特定通常兵器使用禁止制限条約】▶シー‐シー‐ダブリュー(CCW)

とくてい‐でんきじぎょうしゃ【特定電気事業者】限定された区域に対して、自社所有の発電設備や電線路によって電気を供給する事業者。

とくてい‐でんきようひん【特定電気用品】構造や使用の方法・状況から危険・傷害の発生するおそれが多い電気製品。電気用品安全法に規定があり、同法施行令によりゴム絶縁電線・コンセント・電気便座・電気マッサージ器・高周波脱毛器・電動式おもちゃなど116品目が指定されている(平成24年7月現在)。特定電気用品を製造・輸入する事業者は、経済産業大臣の認定を受けた登録検査機関による適合性検査を受ける必要がある。適合製品には証明書が交付され、PSEマークを付けて販売される。

とくてい‐でんしメール【特定電子メール】営利を目的とし、広告・宣伝の手段として多数の相手に対して同時に送信する電子メール。特定電子メール法などにより規制されている。迷惑メール。

とくていでんしメール‐ほう【特定電子メール法】《特定電子メールの送信の適正化等に関する法律」の略称》宣伝・広告を目的とした電子メールのうち、受信者の同意のないものなどを規制する法律。平成14年(2002)7月施行。送信者の氏名・メールアドレスの表示義務、架空電子メールアドレスへの送信禁止などが定められている。同20年の改正で、原則的に受信者の同意を必要とするなど規制が強化された。特定電子メール送信適正化法。迷惑メール防止法。

とくてい‐どくりつぎょうせいほうじん【特定独立行政法人】独立行政法人のうち、その業務の停滞が国民生活や社会経済の安定に著しい支障を及ぼすと認められるもの。役員と職員の身分は国家公務員となる。国立印刷局、造幣局などがある。

とくていどくりつぎょうせいほうじんとうのろうどうかんけいにかんする‐ほうりつ【特定独立行政法人等の労働関係に関する法律】特定独立行政法人の職員の労働条件に関する苦情または紛争の平和的解決を目ざし、団体交渉の慣行と手続きを確立することで、特定独立行政法人の正常な運営を確保する法律。平成14年(2002)「国営企業労働関係法」から改題して施行。

とくていとしかせんしんすいひがい‐たいさくほう【特定都市河川浸水被害対策法】都市部を流れて浸水被害を起こす特定の河川と流域を指定し、排水設備の設置、雨水の貯留・浸透設備の整備などにより、浸水被害を防ぐことを目的とした法律。河川の指定は国土交通大臣と都道府県知事が協議して決める。平成16年(2004)施行。

とくてい‐ひえいりかつどう【特定非営利活動】平成10年(1998)施行の「特定非営利活動促進法(NPO法)」に規定される活動で、非営利で不特定多数への利益の増進に寄与することを目的とするもの。保健・医療・福祉の増進を図る活動、社会教育の推進を図る活動、まちづくりの推進を図る活動、学術・文化・芸術・スポーツの振興を図る活動、環境の保全を図る活動、災害救援活動、地域安全活動、人権の擁護又は平和の推進を図る活動、国際協力の活動、子どもの健全育成を図る活動、情報化社会の発展を図る活動、科学技術の振興を図る活動などが該当する。

とくていひえいりかつどうそくしん‐ほう【特定非営利活動促進法】特定非営利活動を行う民間非営利団体に法人格を与え、公共サービスやボランティアなど社会貢献活動の健全な発展を促進して公益の増進に寄与することを目的とする法律。平成10年(1998)施行。NPO法。

とくていひえいりかつどう‐ほうじん【特定非営利活動法人】▶NPO法人

とくてい‐ぶつ【特定物】具体的な取引に際して、当事者がその物の個性に着目して指定した物。例えば、「この米」といえば特定物となるが、「米一〇キロ」といえば不特定物となる。⇔不特定物。

とくてい‐ふようこうじょ【特定扶養控除】納税者に特定扶養親族(19歳以上23歳未満)がいる場合に適用される所得控除。一般の扶養控除(扶養親族が16歳以上19歳未満、23歳以上70歳未満の場合)の控除額(38万円)よりも多い63万円が所得から控除される。補説子ども手当ての財源確保などを理由に、特定扶養控除の対象親族・金額や扶養控除自体について見直しが進められている。

とくてい‐ふようしんぞく【特定扶養親族】控除対象扶養親族(16歳以上の扶養親族)のうち、その年の12月31日の時点で年齢が19歳以上23歳未満の人。➡特定扶養控除 補説平成22年(2010)までは、対象年齢が16歳以上23歳未満だった。

とくてい‐フロン【特定フロン】オゾン層を破壊するとして国際的な規制の対象になっているフロン。クロロフルオロカーボン(CFC)。日本では平成7年(1995)までに生産が全廃された。

とくてい‐ぼうさいがいくせいびちく【特定防災街区整備地区】密集市街地整備法により規定される、都市計画法上の地域地区の一つ。木造住宅等が密集し、地震やそれに伴う火災等の災害に対して脆弱な密集市街地について、防災機能を確保するために定められる地区。

とくてい‐ほけんようしょくひん【特定保健用食品】保健機能食品の一種。体の生理学的機能などに影響を与える保健機能成分を含み、血圧、血中のコレステロールを正常値に保つのを助けるなど、特定の効能が認められ、その効能を表示することを厚生労働省から許可された食品。商品には、特定の効能が期待できる旨の文言と、「厚生労働省許可特定保健用食品」という証票が表示される。特保。➡栄養機能食品

とくてい‐ほけんりょう【特定保険料】平成20年(2008)4月後期高齢者医療制度の開始に伴い、健康保険の一般保険料のうち、後期高齢者医療制度への支援金や前期高齢者医療給付のための納付金など、高齢者医療を支えるために使われる保険料のこと。一方、加入者本人への保険給付などにあてる一般保険料の一部を基本保険料という。二つを区別することで、これまで曖昧であった高齢者医療への負担分を明確にした。

とくてい‐ほしゅせいひん【特定保守製品】長期使用製品安全点検制度の対象となる9品目のこと。補説屋内式ガス瞬間湯沸器(都市ガス用・LPガス用)・屋内式ガスふろがま(都市ガス用・LPガス用)・石油給湯機・石油ふろがま・密閉燃焼式石油温風暖房機・ビルトイン式電気食器洗機・浴室用電気乾燥機の9品目。

とくてい‐めいがら【特定銘柄】もと、証券取引所が特に指定した人気のある代表的な株式銘柄。寄り付きと引けに撃柝による集団競争売買が行われた。昭和53年(1978)に指定銘柄制度が導入され、同57年に廃止された。➡指定銘柄

とくていもくてき‐がいしゃ【特定目的会社】資産流動化法に基づいて設立される会社。企業が保有する債権や不動産などの資産を譲り受けて証券化するなど、特定の目的のために設立。特定目的会社は原債権者(オリジネーター)である企業から譲渡された資産を担保に特定社債や優先出資証券などの証券を発行し、一般投資家から広く資金を調達

する。SPC(specific purpose company)。TMK。➡特別目的会社

とくていもくてき-しんたく【特定目的信託】資産流動化法に基づいて金銭債権や不動産などの資産を流動化する仕組みの一つ。特定資産の原委託者(オリジネーター)が信託会社に資産を信託し、取得した受益証券を一般投資家に販売することで資金を調達する。➡特定目的会社

とくていゆうしわく-けいやく【特定融資枠契約】►コミットメントライン

とくてい-ゆうびんきょく【特定郵便局】局員が2、3人から20人程度の郵便局。昭和16年(1941)の郵便局の等級改正により、それまでの三等郵便局に代わるものとして設置された。特定局。平成19年(2007)の郵政民営化後は郵便局株式会社の直営店。

とくてい-ゆうりょうちんたいじゅうたく【特定優良賃貸住宅】地方公共団体が認定する中堅所得者向けの良質な賃貸住宅。主に民間事業者が建設・管理し、国・地方公共団体が建設費用や家賃の一部を補助する。地方公共団体が建設する場合もある。特優賃。➡高齢者向け優良賃貸住宅

とくていようと-せいげんちいき【特定用途制限地域】都市計画法で定められた地域地区の一つ。用途地域の指定のない土地(市街化調整区域を除く)において良好な環境を形成・保持するため、人の集中・騒音・振動などを発生させるおそれのある施設等の建設が制限される。

とくてい-りょうようひ【特定療養費】公的医療保険の支給対象にならない高度先進医療および選定療養(差額ベッド、特殊な歯科材の使用、予約診療など)の費用について、療養全体の基礎的な部分として保険から支給されていた費用。混合診療を禁止する原則から、それまで診療の一部に公的医療保険の対象とならないものが含まれていると、原則その診療全体が保険給付外(全額自己負担)とされていたのを改めたもの。それ以外の特別な医療サービス費用は自己負担。

とくてい-ろうどうしゃはけん【特定労働者派遣】►常用型派遣

とくてい-ろうどうしゃはけんじぎょう【特定労働者派遣事業】労働者が派遣元に長期雇用される形式での派遣事業。労働者は、特定の派遣先での仕事が終了した後も、派遣元との雇用関係が継続する。事業を行う場合は、都道府県労働局を通じて厚生労働大臣に届出を行う。常用雇用労働者以外を一人でも派遣する場合は、一般労働者派遣事業の許可が必要。常用型派遣事業。➡常用型派遣

とく-てん【特典】特別に与えられる恩典。特別の待遇。「会員の—」〔類語〕恩典・特権・役得・メリット・プラス

とく-てん【特点】他のものに比べて、特に変わったところ。「是丈の—を前後なく殆んど同時に胸に入れ得た時」〈漱石・彼岸過迄〉

とく-てん【得点】〔名〕スル 競技・試験などで、点をとること。また、その点数。「大量に—する」⇔失点。

〔類語〕点・点数・ポイント・スコア・カウント

とく-でん【特電】《「特別電報」の略》ある新聞社が特派員や特別契約をしている海外の通信社から受ける特別の電報通信。

とく-と【篤と】〔副〕よく念を入れて物事を行うさま。じっくりと。「—考えてみる」「—御覧ください」

〔類語〕十分・存分に・思うさま・良く・みっちり・じっくり

とく-ど【得度】〔名〕スル《「度」は、梵 pāramitā(波羅蜜)の訳》❶生死の苦海を渡って涅槃の彼岸に至ること。❷出家して僧や尼になること。「幼くして—する」

トクド【独島】竹島の韓国名。➡竹島

とく-とう【禿頭】はげあたま。〔類語〕禿・禿頭

とく-とう【特等】特別にすぐれた等級。一等のさらに上の等級。「—に入選する」「—席」〔類語〕特級・最上級

とく-どう【得道】〔名〕スル 仏道を修行して悟りを開くこと。悟道。

とくとう-びょう【禿頭病】頭髪が抜け落ちる病気。脱毛症。

どく-とかげ【毒蜥蜴】有鱗目ドクトカゲ科の爬虫類の総称。下あごに毒腺をもち、毒性は強い。体長約50センチ。全身が細かいうろこで覆われ、黒色で淡紅色または黄色の斑紋がある。動作はにぶい。小動物を捕食する。アメリカドクトカゲとメキシコドクトカゲの2種がある。

とく-とく【得得】〔ト・タル〕図〔形動タリ〕得意そうなさま。自慢げなさま。「—として語る」〔類語〕揚揚・鼻高高・誇らしげ・誇らか・したり顔・自慢顔

とく-とく〔副〕しずくのしたたるさまや、その音を表す語。特に、口のせまい入れ物から液体が流れ出る場合にいう。「瓶からウイスキーを—(と)注ぐ」

とく-とく【疾く疾く】〔副〕大急ぎで。さっさと。「ただ—頸をとれ」〈平家・九〉

どく-とく【独特｜独得】〔名・形動〕❶そのものだけが特別にもっていること。また、そのさま。「—な(の)雰囲気」❷(独得)その人だけが会得していて、他の人には及ぶことができないこと。また、そのさま。「自家—の曲乗のままで」〈漱石・自転車日記〉

〔類語〕特有・固有・独自・個性的・ユニーク

どく-どく〔副〕液体が勢いよく盛んに流れ出るさま。「血が傷口から—(と)出る」

どくどく-し・い【毒毒しい】〔形〕図どくどく・し〔シク〕❶いかにも毒が含まれているようである。「見るからに—・いキノコ」❷強い悪意が感じられて、いかにも憎らしい。にくにくしい。「—・い捨てぜりふ」❸色などが、どぎつい。「—・い口紅」〔派生〕どくどくしげ〔形動〕どくどくしさ〔名〕

〔類語〕(❷)憎たらしい・憎憎しい・面憎い・小憎らしい／(❸)どぎつい・けばけばしい・派手

とくとみ-そほう【徳富蘇峰】[1863〜1957]評論家。熊本の生まれ。本名、猪一郎。蘆花の兄。同志社中退後、自由民権運動に参加。のち民友社を設立、「国民之友」「国民新聞」を発刊し、平民主義を主張。日清戦争後は政府と結び、国家主義の鼓吹者となった。著「近世日本国民史」など。

とくとみ-ろか【徳冨蘆花】[1868〜1927]小説家。熊本の生まれ。本名、徳富健次郎。蘇峰の弟。同志社中退後、民友社の記者となり、小説「不如帰」、随筆小品集「自然と人生」を発表して作家的地位を確立。のちトルストイに心酔、晩年はキリスト者として求道的生涯を送った。他に「思出の記」「みみずのたはこと」「黒潮」「富士」など。

ドクトリン〖doctrine〗❶教義。主義。❷政策上の原則などを示した教書。

ドクトル〖オランダ doctor｜ドイツ Doktor〗医者。ドクター。

〔類語〕ドクター・医者・医師・医家

とくなが-すなお【徳永直】[1899〜1958]小説家。熊本の生まれ。印刷工となり、上京して労働運動に参加。共同印刷争議の体験を「太陽のない街」に描き、プロレタリア作家としての地位を確立。他に「失業都市東京」「妻よねむれ」など。

とく-に【特に】〔副〕普通と違って際立っているさま。他からはっきりと区別されるさま。特別。とりわけ。格別。「この夏は—暑かった」「大ぜいの中から—彼を選んだ」「—用事はない」

〔用法〕特に・殊に——「今年の夏は特に(殊に)暑かった」など、取り立てていう意では相通じて用いられる。◆「特に」は、「大事なレコードだけど、特にあなたにだけ貸してあげる」のように、他と区別して特別に扱う意であり、この場合「殊に」は用いない。◆「殊に」は「小さい子供は活発なものだが、殊にこの子はよく動く」のように物事の程度が他と比べて一段と高い、という意で用いられる。◆類似の語に「とりわけ」があるが、全般にそうだが中でも、という意で「特に」「殊に」と同じように使われる。

〔類語〕殊に・とりわけ・特別・別段・格段・なかんずく

とく-に【疾くに】〔副〕すぐに。とうに。とっくに。「年歯—六十を越えたれど」〈木下尚江・火の柱〉

とく-にち【徳日】衰日をいう忌み詞。万事につけて忌みつつしむべき日。とくじつ。

とく-にん【特任】特にその職務に任ずること。また、その職務。

とく-にん【特認】〔名〕スル 特別の場合に限り、事情を認めて許すこと。「遅刻を—する」「—待遇」

とく-にん【徳人｜得人】❶►とくじん(徳人) ❷裕福な人。金持ち。有徳人。「財に飽き満ちて、あさましき—にて」〈今昔・二六・一二〉

どく-にん【独任】〔名〕スル 職務を、ひとりの人に専らまかせること。

どく-にんじん【毒人参】セリ科の越年草。高さ約2メートル。茎に紅紫色の斑点があり、葉は羽状に細かく裂けている。夏、白色の小花が多数咲く。有毒。特に果実にアルカロイドのコニインを多量に含み、古代ギリシャでは罪人の死刑に用いた。ヨーロッパやアフリカの原産で、薬草として栽培。コニウム。

どくにん-せい【独任制】行政機関が一人の者で構成される制度。各省大臣・都道府県知事など。単独制。⇔合議制。

どく-ねん【毒念】人に害を加えようとする心。

とく-のう【篤農】農業に熱心で研究的な人。篤農家。

とくのう-か【篤農家】「篤農」に同じ。

とく-の-しま【徳之島】鹿児島県、奄美群島の一島。サトウキビや大島紬を産する。アマミノクロウサギが生息。面積248平方キロメートル。

とく-は【特派】〔名〕スル ある任務のために、特別に派遣すること。「記者を—する」

どく-は【読破】〔名〕スル 難解な書物や大部の書物を終わりまで読み通すこと。「全巻を—する」

〔類語〕読了・読過・卒読

とく-はい【特配】〔名〕スル ❶物品を特別に配給すること。「慰問品を—する」❷「特別配当」の略。

とく-ばい【特売】〔名〕スル ❶期間を限り、特別に安い値段で品物を売ること。「冬物衣類を—する」「—場」❷入札によらず、随意契約によって特定の人に売り渡すこと。〔類語〕売り出し・安売り・廉売・投げ売り・捨て売り・叩き売り・乱売・ダンピング・蔵浚え・見切り売り・セール・バーゲンセール

どく-はい【毒杯】毒酒を入れた杯。「—を仰ぐ」

とくは-いん【特派員】特別にその地に派遣された人。特に、新聞・雑誌・放送などの報道機関から外国に派遣されて、取材に当たる記者についていう。「パリ駐在の—」

〔類語〕通信員・コレスポンデント・記者・レポーター

どく-はく【独白】〔名〕スル ❶演劇で、登場人物が相手なしでせりふを言うこと。また、そのせりふ。モノローグ。「主人公が真情を—する場面」「—劇」❷ひとりごとを言うこと。また、そのひとりごと。

〔類語〕モノローグ・独り言・独語

とくは-たいし【特派大使】儀式などに参列するため、臨時に政府を代表して外国へ派遣される大使。

とく-はつ【禿髪】髪の毛が抜けてはげること。また、その頭。禿。

とく-はつ【特発】〔名〕スル ❶定期的に出しているもののほかに、特別に出すこと。「満員のため、バスを—する」❷特別な原因が見当たらないのに発病すること。「—性疾患」

とくはつせい-かくちょうがた-しんきんしょう【特発性拡張型心筋症】►拡張型心筋症

とくはつせい-かんしつせい-はいえん【特発性間質性肺炎】肺の間質(肺胞壁・細気管支など)に炎症が起こる間質性肺炎のうち原因を特定できないもの。特発性肺線維症・器質化肺炎・非特異性間質性肺炎などの疾患が含まれる。特定疾患の一つ。IIP(idiopathic interstitial pneumonia)。

とくはつせい-けっしょうばんげんしょうせいしはんびょう【特発性血小板減少性紫斑病】基礎疾患や薬剤の影響がないにもかかわらず、血小板が減少し、さまざまな出血症状を引き起こす病気。特定疾患(難病)の一つ。小児の場合6か月以内に治癒することが多い。血小板に対する自

己抗体が生成され、脾臓で血小板が破壊されることにより起こると考えられている。ITP(Idiopathic thrombocytopenic purpura)。

とくはつせい-しんきんしょう【特発性心筋症】ーシンキンシヤウ 原因不明で起こる心筋の障害。心室壁が肥厚して内腔が狭くなる肥大型、心筋細胞が変性して収縮力がなくなる拡張型があり、拡張型は厚生労働省の特定疾患に指定。

とくはつせい-はいせんいしょう【特発性肺線維症】ーハイセンヰシヤウ 原因を特定できない肺線維症。肺線維症の半数を占める、予後不良の疾患。特発性間質性肺炎の一つとして特定疾患に指定されている。喫煙が危険因子とされる。治療薬として抗線維化剤のピルフェニドンが認可されている。IPF(idiopathic pulmonary fibrosis)。

どく-ばり【毒針】毒の塗ってある針。また、虫などにある毒液を出す針。

とく-ひつ【ˣ禿筆】穂先の擦り切れた筆。ちびた筆。また、自分の文章や筆力を謙遜していう語。

禿筆を呵か・す 穂先の擦り切れた筆に息を吹きかけて書く。転じて、下手な文章を書く。

とく-ひつ【特筆】〔名〕スル 特にとりたてて書くこと。「一に値する」「一すべき事」〈類語〉特記・大書・明記

どく-ひつ【毒筆】人を傷つける目的で、悪意をもって書くこと。また、その文章。

とくひつ-たいしょ【特筆大書】〔名〕スル 特に目立つようにしるすこと。

とく-ひょう【得票】ーヘウ〔名〕スル 選挙で候補者が票を得ること。また、その票。「婦人層から一する」

とくひょう-りつ【得票率】トクヘウー 有効投票数に占める、ある候補者や政党の得票数の割合。〈補説〉小選挙区制や選挙人制では、全選挙区累計の得票率で劣った政党や候補者が勝利することがある。2000年の米国大統領選挙では、ゴアがブッシュ㊁より多くの票を得たが、選挙人数で劣り、敗北した。

とく-びれ【特ˣ鰭】カサゴ目トクビレ科の海水魚。全長約40センチで、雄が大形。体は細長く、多数の骨板に覆われ、雄は第2背びれとしりびれが大きい。本州北部・北海道沿岸に分布。食用。

どく-ふ【毒婦】人をだましたりおとしいれたりする無慈悲で性根の悪い女。奸婦かんぷ。
〈類語〉悪女・あばずれ・奸婦・妖婦・バンプ

とく-ふう【徳風】《「論語」顔淵から》徳が人を感化することを風にたとえていった語。

どく-ふく【独幅】書画で、対ついになっていない一幅の掛け物。➡対幅

どく-ぶつ【毒物】毒性のある物。

どくぶつおよびげきぶつとりしまり-ほう【毒物及び劇物取締法】ーハフ 毒物・劇物について、保健衛生上の見地から必要な取り締まりを行うことを目的として定められた法律。登録・許可を受けた者以外の製造・輸入・販売を禁止するなどの規制を定めた法律。昭和25年(1950)成立。毒劇法。

どくぶつ-がく【毒物学】毒物の作用、中毒の診断・治療・予防などの方法を研究する学問。中毒学。毒性学。

どくふつ-せんそう【独仏戦争】ーセンサウ ▶普仏ふふつ戦争

とく-ぶん【得分】❶もうけ。利益。❷ある人がもらう分。とりぶん。分けまえ。❸中世、荘園の領主・荘官・地頭などが、所領から年貢として得た収益。
〈類語〉利益・儲もうけ・利・益・収益・得・利得

どく-ぶん【独文】❶ドイツ語で書かれた文章。❷ドイツ文学。❸「ドイツ文学科」の略称。

とく-べつ【特別】㊀〔名・形動〕他との間に、はっきりした区別があること。他と、はっきり区別して扱うこと。また、そのさま。格別。「一な(の)準備」「一な(の)感情は持っていない」「一に許可する」「一サービス」㊁〔副〕❶他と、はっきり区別されるさま。物事の状態・性質などの度合いが群を抜いているさま。格別。とりわけ。特に。「今日は一暑い」❷(下に打消しを伴って)これといって。それほど。「一することもない」
〈類語〉(㊀)格別・特段・別段・特殊・別格・別・例外・スペシャル/(㊁)特に・殊ことに・殊の外・取り分け・別して・格別・格段に・別に・別段・取り立てて

とくべつ-あつかい【特別扱い】ーあつかひ〔名〕スル 他とは違う扱いをすること。「上客として一する」

とくべつ-いいんかい【特別委員会】ーヰヰンクワイ 国会の両議院で、特に必要と認めた案件または常任委員会の所管に属さない特定の案件を審査するため、そのつど設けられる委員会。地方議会でも条例で設置できる。

とくべつ-えいじゅうしゃ【特別永住者】ーエイヂユウシヤ 第二次大戦以前から日本に住み、昭和27年(1952)サンフランシスコ講和条約により日本国籍を離脱した後も日本に在留している台湾・朝鮮半島出身者とその子孫。入国管理特例法によって永住資格が認められている。

とくべつえいじゅうしゃ-しょうめいしょ【特別永住者証明書】トクベツエイヂユウシヤー 入国管理特例法に基づき、特別永住者に法務省が交付する身分証明書。ICチップ内蔵のプラスチックカードで、氏名・国籍・住居地などが記載される。在留カードと異なり、常時携帯の義務はない。〈補説〉それまで市区町村が交付していた外国人登録証明書に替えて、平成24年(2012)から交付開始。

とくべつ-かい【特別会】ークワイ「特別国会」の法令上の正式名称。

とくべつ-かいけい【特別会計】ークワイケイ 国および地方公共団体で、一般会計と区分して設けられた会計。国については、特定の事業を行う場合、特定の資金を保有してその運用を行う場合、その他特定の歳入をもって特定の歳出に充て、一般の歳入歳出と区分して経理する必要がある場合に限り、法律によって設置する。特会。➡一般会計

とくべつ-かいゆううんちん【特別回遊運賃】ークワイイウウンチン ▶ペックス(PEX)

とくべつ-かつどう【特別活動】ークワツドウ 小・中・高等学校で、教科・道徳以外の教育課程の一領域。集団活動を通して、個性の伸長、自主的・実践的態度を育てることを目的とする。児童会・生徒会活動など。

とくべつ-かんじょう【特別勘定】ーカンヂヤウ 生命保険会社が変額保険や変額年金保険の資産を運用・管理するために用いる勘定。運用結果によって保険金・年金・給付金などの支払い額が変わるため、他の資産と区別される。定額型の保険商品の資産は一般勘定で運用・管理される。

とくべつ-かんちょう【特別官庁】ークワンチヤウ 行政官庁のうち、その権限が特殊の事務に限られる官庁。会計検査院・税務署など。

とくべつ-きてい【特別規定】ある特定の事項にだけ適用するきまり。

とくべつ-きゅうこう【特別急行】ーキフカウ 普通急行よりも速く、主要な駅にだけ停車する列車。特急。

とくべつ-きょうしつ【特別教室】ーケウシツ 理科・音楽・家庭科などの授業のため、特別の設備をした教室。

とくべつ-きょうしょ【特別教書】ーケウシヨ 米国大統領が必要に応じて議会に送る政治上の意見書。立法勧告・調査報告などを内容とする。

とくべつ-く【特別区】東京都の23区。特別地方公共団体の一つで、原則として市に準ずる扱いを受ける。区議会を置く。

とくべつ-くみんぜい【特別区民税】東京都の特別区が賦課する住民税。市町村民税に相当する。区民税。

とくべつ-けいほう【特別刑法】ーケイハフ 刑法典以外の刑罰法規。軽犯罪法などの罪と刑とを規定している法令と、道路交通法のような行政取締法規に含まれている罰則とがある。

とくべつ-けつぎ【特別決議】株式会社の株主総会での決議の一。定款の変更、会社の解散・合併など、会社経営の根本にかかわる議案についての決議で、議決権を持つ株主の過半数を定足数とし、その3分の2以上の賛成により成立する。➡普通決議

とくべつ-げんけい【特別減刑】恩赦の一。刑の言い渡しを受けた特定の者に対して、刑または刑の執行を減軽すること。

とくべつ-こうげきたい【特別攻撃隊】▶特攻隊

とくべつ-こうこく【特別抗告】ーカウコク 訴訟法上、通常の不服申し立てのできない決定・命令に対し、憲法違反を理由として最高裁判所に対して行う抗告。刑事訴訟では判例違反も理由とすることができる。

とくべつ-こうとうけいさつ【特別高等警察】ーカウトウケイサツ 明治末期から第二次大戦の敗戦まで、思想犯罪取り締まりに当たった警察。大逆事件を契機として、明治44年(1911)警視庁に特別高等課が設けられたのが最初で、昭和3年(1928)までには全国に設置され、国民の思想・言論・政治活動を弾圧した。同20年にGHQの指令により解体。特高。

とくべつ-こうふぜい【特別交付税】ーカウフゼイ 地方交付税の一。災害などの緊急時に国が交付する。➡普通交付税

とくべつ-こうむいん【特別公務員】ーコウムヰン 裁判・検察・警察の職務を行う公務員と、これらを補助する者。〈補説〉特別職公務員とは異なる。

とくべつこうむいんしょっけんらんよう-ざい【特別公務員職権濫用罪】トクベツコウムヰンシヨクケンランヨウー 特別公務員がその職権を濫用して、人を不当に逮捕・監禁する罪。刑法第194条が禁じ、6か月以上10年以下の懲役または禁錮に処せられる。

とくべつこうむいんしょっけんらんようとうちししょう-ざい【特別公務員職権濫用等致死傷罪】トクベツコウムヰンシヨクケンランヨウトウチシシヤウー 特別公務員職権濫用罪・特別公務員暴行陵虐罪にあたる行為で人を死傷させる罪。刑法第196条が禁じ、通常の傷害罪などより重い刑が科せられる。

とくべつこうむいんぼうこうりょうぎゃく-ざい【特別公務員暴行陵虐罪】トクベツコウムヰンボウカウリヨウギヤクー 特別公務員や刑務所の看守などが、その職務にあたり、被疑者・被告人などに暴行を加える罪。刑法第195条が禁じ、7年以下の懲役または禁錮に処せられる。

とくべつ-こっかい【特別国会】ーコククワイ 日本国憲法の規定により、衆議院の解散による総選挙後30日以内に召集される国会。内閣が総辞職し、首班の指名が行われる。特別会。➡通常国会 ➡臨時国会

とくべつ-さい【特別債】政府関係機関が特別の法律に基づいて、資金調達のために発行する債券。

とくべつさいばい-のうさんぶつ【特別栽培農産物】化学合成農薬・化学肥料ともにその地域の慣行レベルの5割以下の使用で栽培した農産物。また、そういう農産物であるという表示。農林水産省のガイドラインによる。特栽。

とくべつ-さいばんしょ【特別裁判所】特殊の身分の人や事件について裁判権を行使する裁判所。明治憲法下の軍法会議・行政裁判所などがこれにあたるが、日本国憲法はこれを認めていない。

とくべつ-さいばんせき【特別裁判籍】普通裁判籍以外に、特別な種類・内容の事件について認められる裁判籍。

とくべつしえん-がっきゅう【特別支援学級】トクベツシエンガクキフ 小学校・中学校・高等学校または中等教育学校内に置かれる、教育上特別な支援を必要とする児童・生徒のための学級。平成19年(2007)の学校教育法改正に伴い、従来の特殊学級の名称を変更して設置された。特別支援教室。➡特別支援教育

とくべつしえん-がっこう【特別支援学校】トクベツシエンガクカウ 心身に障害のある児童・生徒に対し、幼稚園・小学校・中学校・高等学校に準じる教育を行い、また、障害による学習上または生活上の困難を克服するために必要な知識・技能などを養うことを目的とする学校。平成19年(2007)の学校教育法改正に伴い、盲学校・聾学校・養護学校は統合されて特別支援学校となった。➡特別支援教育

とくべつしえん-きょういく【特別支援教育】トクベツシエンケウイク 障害を持つ児童・生徒の自立と社会参加を支援するための教育。➡特別支援学校 ➡特別支援学級 〈補説〉学校教育法の一部改正により平成19年

(2007)4月より実施。障害の範囲が従来の特殊教育より広げられ、学習障害・注意欠陥多動性障害(ADHD)・高機能自閉症なども支援対象となった。

とくべつしえんきょういく-コーディネーター【特別支援教育コーディネーター】トクベツシエンケウイクコー 特別支援学校や小・中学校において、特別支援教育を推進する役割を中心的に担う教諭。発達障害児に関する教育相談、福祉・医療等関連諸機関との連携調整役となる。

とくべつしえん-きょうしつ【特別支援教室】トクベツシエンケウシツ ▶特別支援学級

とくべつ-しほうけいさつしょくいん【特別司法警察職員】ーシハフケイサツシヨクヰン 特定の専門分野において犯罪事件の捜査にあたるため、一定の権限を付与された司法警察職員。海上保安官・皇宮護衛官・自衛隊警務官・麻薬取締官・労働基準監督官など。➡一般司法警察職員

とくべつ-じょうこく【特別上告】ージヤウコク 民事訴訟法上、高等裁判所が上告審としてなした終局判決などについて、違憲を理由として最高裁判所に対して行う不服申し立て。違憲上告。再上告。

とくべつ-しょうねんいん【特別少年院】ーセウネンヰン 心身に著しい故障はないが、犯罪的傾向の進んでいる、おおむね16歳以上23歳未満の非行少年を収容する少年院。少年院収容受刑者ならば16歳未満でも収容できる。特少。

とくべつ-しょく【特別職】国家公務員または地方公務員のうち、その職務の特別の性質から、法律上一般の公務員とは異なる取り扱いを受ける職。内閣総理大臣・国務大臣・国会議員・裁判官・地方公共団体の長・地方議会議員など。➡一般職

とくべつ-せいさん【特別清算】解散し清算中の株式会社に債務超過の疑いのある場合、債権者などの申し立てにより裁判所の監督の下に行われる清算手続き。

とくべつそうさ-ぶ【特別捜査部】トクベツサウサー 政治家の汚職・企業犯罪・多額の脱税事件などを独自に捜査する、検察庁の一部門。東京・大阪・名古屋の地方検察庁に置かれている。特捜。特捜部。

とくべつ-そうたつ【特別送達】郵便物の特殊取扱の一つ。民事訴訟法の規定に基づいて郵便物を送達し、その送達の事実を証明するもので、裁判所や公証役場などが訴訟関係者に書類を送達する場合に用いられる。➡特殊取扱郵便

とくべつ-そんえき【特別損益】企業の通常の活動以外の特別な要因によって一時的に発生した損益で、金額が大きいもの。損益計算書の区分の一つ。長期保有目的の有価証券や固定資産などの売却損益、災害による損失などが含まれる。経常損益(営業損益と営業外損益の合計)から特別損益を差し引いたものが、税引前当期純利益(損失)となる。➡特別利益 ➡特別損失

とくべつ-そんしつ【特別損失】企業が通常の活動以外で、特別な要因で一時的に発生した損失。不動産売却によって生じる損失、有価証券の評価損失、地震、火災などの災害による損失、労働争議や訴訟によって発生する損失など。特損。➡特別利益

とくべつ-たんぽ【特別担保】特定の債権の担保となっている特定財産。

とくべつ-ちほうこうきょうだんたい【特別地方公共団体】ーチハウコウキヨウダンタイ 都道府県・市町村などの普通地方公共団体に対し、組織・事務・権能などが特別の性格をもつ地方公共団体。特別区・地方公共団体の組合・財産区・地方開発事業団をいう。

とくべつ-ちほうしょうひぜい【特別地方消費税】ーチハウセウヒゼイ 料理店・飲食店・旅館などでの遊興・飲食・宿泊などの料金に対し、都道府県が課する消費税。平成元年(1989)消費税創設に伴い、従来の料理飲食等消費税を改めたもの。同12年廃止。

とくべつ-ちょうしゅう【特別徴収】ーチヨウシウ 地方税の徴収方法の一。納税者からは直接に徴収せず、徴収の便宜をもつ者に税を徴収・納付させること。給与所得者の住民税など。

とくべつ-てんねんきねんぶつ【特別天然記念物】天然記念物のうち、世界的にまた国家的に価値が特に高いとして、文化財保護法により指定されたもの。保護・保存がより徹底される。イリオモテヤマネコ・オオサンショウウオ・屋久島のスギ原始林など。

とくべつ-にんよう【特別任用】明治憲法下で、一定の資格・条件によらず、特別の官職に経験者を任用したこと。

とくべつ-はいとう【特別配当】ーハイタウ ❶普通配当のほかに特別に行う配当。企業の利益が特に増加したときに行う場合が多い。❷保険会社が長期継続契約に対し、契約消滅時に行う配当。通常配当に付加される。

とくべつ-はいにんざい【特別背任罪】株式会社の役員などが、自己もしくは第三者の利益のために会社に損害を加える罪。会社法の罰則に含まれており、刑法の背任罪に対していう。

とくべつ-ひきだしけん【特別引出権】▶エス-ディー-アール(SDR)

とくべつ-ふきん【特別賦金】▶受益者負担金

とくべつ-べんごにん【特別弁護人】簡易裁判所・家庭裁判所または地方裁判所に限って特に裁判所の許可を得て弁護士以外の者の中から選任される弁護人。

とくべつ-ほう【特別法】ーハフ 特定の人・地域・事項・行為について適用される法。例えば、民事一般について規定している民法に対して、借地借家法など。⇔一般法。

とくべつ-ぼうえいひみつ【特別防衛秘密】ーバウエイヒミツ 日本における防衛上の秘密情報の分類の一つ。日米相互防衛援助協定に伴う秘密保護法に基づいて指定された極めて高度な秘密情報。同協定に基づいて米国から供与された船舶・航空機・武器・弾薬などの装備品や資材に関する非公開情報が対象。情報を故意に漏洩した者は10年以下の懲役に処せられる。特防秘。➡防衛秘密

とくべつ-ほうじん【特別法人】ーハフジン 特別の法律により設立される法人。国民年金法に基づく国民年金基金連合会や、公有地の拡大の推進に関する法律に基づく土地開発公社など。

とくべつ-みんかんほうじん【特別民間法人】ーミンカンハフジン《「特別の法律により設立される民間法人」の略称》公共的な事業を行うために、個別の法律に基づいて設立される法人。国は役員の任命や出資を行わない。農林中央金庫・自動車安全運転センター・日本商工会議所など38法人がある(平成24年7月現在)。合理化のため特殊法人や認可法人から移行した。

とくべつ-めいしょう【特別名勝】名勝の中でも特に価値の高いものとされる景観。文化財保護法により、富士山、虹の松原、兼六園、識名(しきな)園などが指定されている。➡名勝❷

とくべつもくてき-がいしゃ【特別目的会社】ーグワイシヤ 企業の保有する債権や不動産などの資産を企業から譲り受け、その資産を担保に資産担保証券(ABS)や資産担保コマーシャルペーパー(ABCP)などを発行して資金を調達するための会社。SPC(special purpose company)。補説「資産流動化法(資産の流動化に関する法律)」に規定される特定目的会社も特別目的会社の一種。

とくべつようご-ろうじんホーム【特別養護老人ホーム】トクベツヤウゴラウジンー 身体上または精神上に著しい障害があり常時介護を心要とするが、居宅でこれを受けることの困難な65歳以上の高齢者を養護するための施設。入所者の意思を尊重しながら日常生活の世話や機能訓練などのサービスを提供する。老人福祉法に基づく老人福祉施設の一。介護保険法においては、介護保険施設のうちの指定介護老人福祉施設にあたり、利用者は施設と契約してサービスを受ける。特養ホーム。特養。

とくべつ-ようし【特別養子】ーヤウシ 実方(じつかた)との法律関係が断絶された養子。6歳未満の者について、一定期間の試験養育を経たのち、家庭裁判所の審判によって成立する。昭和63年(1988)新設。戸籍上は、養親の実子と同じ扱いとなる。

とくべつようと-ちく【特別用途地区】都市計画法で定められた地域地区の一つ。用途地域内の一定の地区をその特性に応じて有効に利用するために定められる地区。地方公共団体の条例によって建築物の制限を強化したり、国土交通大臣の承認を得て用途を緩和したりすることができる。

とくべつ-よぼう【特別予防】ーヨバウ 刑罰の目的は、個々の犯罪者の再犯を防止することにあるとして、特に行刑での受刑者の改善・教育に力を置く考え方。⇔一般予防。

とくべつ-りえき【特別利益】企業が通常の活動以外で、特別な要因で一時的に発生した利益。不動産売却による利益や有価証券の評価利益など。ただし、これらはその企業の主たる業務が何かによって異なる。➡特別損失

とくべつ-りっぽう【特別立法】ーリツパフ 特別法を制定すること。

どく-べにたけ【毒紅×茸】ベニタケ科のキノコ。山林などに生え、高さ2.5～8センチ、傘の直径3～10センチ。傘の表面は紅色で中央がややくぼむ。刺すような味があるが無毒。

どく-へび【毒蛇】「どくじゃ(毒蛇)」に同じ。

とく-ほ【特保】「特定保健用食品」の略。補説「トクホ」と書くことが多い。

どく-ほ【独歩】〘名〙スル「どっぽ(独歩)」に同じ。

とく-ほう【特報】〘名〙スル 特別に報告または報道すること。また、その報告・報道。「開票状況を―する」

とく-ほう【得法】ーホフ 仏法の真理を会得すること。転じて、物事の奥義をきわめること。「天下に許され、能に―したりとも」〈花伝・一〉

とく-ぼう【徳望】ーバウ 徳が高く人々から慕われること。「―が高い」類語 人望・名望・声望・信望

どく-ほう【独法】ーハフ「独立行政法人」の略称。

どく-ぼう【独房】ーバウ「独居房」の略。

とくぼう-か【徳望家】トクバウー 徳望のある人。

とく-ぼうひ【特防秘】ーバウヒ「特別防衛秘密」の略。

とく-ほん【読本】❶太平洋戦争前まで小学校で国語の授業に使用した教科書。また一般に、教科書のこと。❷読みやすいようにやさしく書かれた入門書や解説書。「文章―」類語 教科書・教本・テキスト

ドグマ〘dogma〙❶各宗教・宗派独自の教理・教義。❷独断。教条。「―に陥る」

ドグマチズム〘dogmatism〙▶教条主義

ドグマチック〘dogmatic〙〘形動〙原理や原則、またはある判断に固執して、他を受けいれないさま。独断的。教条的。「―な論理をふりかざす」

どく-み【毒味¦毒見】〘名〙スル ❶飲食物を人に進める前に飲食してみて、毒物の有無を確かめること。「―役」❷料理の味加減をみること。「―して塩を少し足す」補説「味」は当て字。類語 味見・試食・試飲

とくみ-どいや【十組問屋】ーどひや 江戸時代、江戸で組織された各種の荷受け問屋の組合。江戸と大坂間の海上輸送の不正や、遭難による損害を防ぐために、元禄7年(1694)に組織された。当初は綿店・酒店・紙店・塗物店・薬種店など10組であったが、のちにその組合数を増した。とくみどんや。

とく-みゃく【督脈】経絡の一。奇経八脈に属し、会陰(えいん)部に始まり、背部から頭部の正中を上って口中に終わる。

とく-む【特務】特別の任務。
類語 雑役・実務・事務・業務・雑務・要務・激務・急務

とくむ-かん【特務艦】戦闘に参加せず、他の艦艇の活動を支援することを任務とする海軍の艦艇の総称。工作艦・砕氷艦・標的艦・測量艦・給油艦など。

どく-むぎ【毒麦】イネ科の一年草。畑地などにみられ、高さ0.5～1メートル。葉は線形。5月ごろ、茎の先に2列に穂がつく。実などに毒がある。ヨーロッパの原産で、日本には明治時代に渡来、帰化。

とくむ-きかん【特務機関】❶作戦以外の諜報活動や特殊工作などを行う特殊軍事組織。❷旧日本陸軍で、軍隊・学校・官衙以外の特別の任務をもつ機関。元帥府・軍事参議院・侍従武官府など。

どく-むし【毒虫】毒液をもっていて、人体に害毒を与える虫。ハチ・ドクガ・ムカデ・サソリなどの類。

とくむ-そうちょう【特務曹長】陸軍の准士官。少尉と曹長の間に位する。旧日本陸軍ではのちに准尉と改称。

とく-めい【匿名】自分の名前を隠して知らせないこと。また、本名を隠してペンネームなどの別名をつかうこと。「―で投書する」「―批評」

とく-めい【特命】特別の命令・任命。「―を帯びる」

とくめい-くみあい【匿名組合】商法上の契約によって組織される営業のための組合。当事者の一方(匿名組合員)が相手方(営業者)の営業のために出資し、相手方がその営業から生じる利益を分配することを約するもの。営業者だけが外部に現れ、出資者は現れないのでこの名があり、法人ではない。(補説)平成19年(2007)に施行された金融商品取引法で、一人以上の適格機関投資家かつ49人以下の一般投資家を対象とする私募に届出義務が課されたため、匿名組合も同規定に基づいて金融庁への届出が必要となった。

とくめいくみあい-けいやく【匿名組合契約】出資者(匿名組合員)が特定の営業者の営業のために出資し、生じた利益の分配を受ける契約形態。出資者と営業者の契約であり、出資者間での権利・義務は発生しない。出資金で購入した資産の名義は営業者になり、出資者の匿名性が保たれ、投資リスクは出資額の範囲内に限定される。➡匿名組合

とくめい-ぜんけんこうし【特命全権公使】外交使節で大使に次ぐ階級。職務と特権は大使と異ならない。全権公使。公使。

とくめい-ぜんけんたいし【特命全権大使】外交使節の最上級の階級。常駐外交使節団の長として、駐在国との外交交渉および自国民の保護・監督などに当たる。全権大使。大使。A.E.&P.

とくめい-たんとうしょう【特命担当相】特命担当大臣のこと。

とくめい-たんとうだいじん【特命担当大臣】内閣府設置法に基づき、総理大臣が任命する国務大臣。総理大臣を助け、総理大臣の命令によって法定の事務や政権の緊急課題(特命)を担当する。平成13年(2001)法制化。「内閣府特命担当大臣(金融担当)」のように担当事務を( )付きで示す。特命担当相。内閣府特命担当大臣。

とく-めん【特免】〔名〕スル 特別にゆるすこと。特別に税や刑罰などを免除すること。

とく-もく【徳目】徳を分類した細目。儒教における仁・義・礼・智・信や古代ギリシャでの知恵・勇気・正義・節制、キリスト教における信仰・希望・愛など。

どく-や【毒矢】矢じりに毒を塗った矢。

とく-やく【特約】〔名〕スル ❶特別の条件をつけた約束。「協定の―事項」❷特別の便宜・利益をはかる契約をすること。また、その契約。「産地の農協と―している」

どく-やく【毒薬】微量で激しい作用をもち、生命の危険を起こす薬物。薬事法によって厚生労働大臣が指定する医薬品で、劇薬より作用が激しいもの。
(類語)毒・毒物・劇薬

どくやく-じょうこう【毒薬条項】►ポイズンピル

とくやく-てん【特約店】製造会社または販売会社と特別に契約を結んだ販売店。

とくやま【徳山】山口県南東部にあった市。平成15年(2003)新南陽市、熊毛町、鹿野町と合併し、周南市となる。もと毛利氏の支藩の徳山藩の城下町。湾岸は工業化が明治中期以降から始まり、現在では石油化学工業が発達。➡周南

とくやま-いし【徳山石】山口県周南市の黒髪島から産する花崗岩の石材名。国会議事堂に使われている。土木・墓石用材。黒髪石。

とくやま-し【徳山市】►徳山

とくやま-だいがく【徳山大学】山口県周南市にある私立大学。昭和46年(1971)の開設。

とく-ゆう【特有】〔名・形動〕そのものだけが特にもっていること。また、そのさま。「日本に―な(の)社会現象」(類語)固有・独自・独特・特殊・特異

とくゆう-ざいさん【特有財産】夫婦の一方が婚姻前から持っている財産、および婚姻中に自己の名義で得た財産。

とくゆう-せい【特有性】そのものだけが持っている特別の性質。特性。

とく-よう【特用】一般的でなく、限られた用途に使用すること。

とく-よう【特養】「特別養護老人ホーム」の略称。

とく-よう【徳用｜得用】〔名・形動〕❶値段のわりに利益のあること。安くて得なこと。また、そのさま。「―な(の)洗剤」「―品」❷徳があり、応用の才を備えていること。「汝は坐道場の―を備へたり」〈盛衰記・一〉❸功徳の力。とくゆう。「今この経の―にて…竜女成仏」〈謡・海人〉❹もうけ。利益。「一年に二千両づつ―がある」〈松翁道話・三〉
(類語)割安・格安・買い得・安上がり・リーズナブル

とくよう-さくもつ【特用作物】食用以外の特別の用途にあてるため栽培・加工する農作物。綿・桑・茶・麻・タバコ・藍など。

とくよう-ホーム【特養ホーム】「特別養護老人ホーム」の略称。

どく-よけ【毒▽除け】中毒を予防すること。また、そのためのもの。どくけし。

と-ぐら【▽鳥▽座｜▽鳥×栖｜×塒】鳥のねぐら。とや。「風吹けばゆるぎの森のひとつ松まつちの鳥の―なりけり」〈曽丹集〉

とぐらかみやまだ-おんせん【戸倉上山田温泉】長野県千曲市の温泉。千曲川沿いにあり、泉質は硫黄泉。

どく-らく【独楽】❶ひとりで楽しむこと。自分だけで楽しむこと。「一の樽枕にいかなる夢を結ぶかは知らず」〈風流志道軒伝〉❷《「こま」の当て字「独楽」を音読みにした語》こま。〈色葉字類抄〉

とくら-とうげ【戸倉峠】鳥取・兵庫県境にある峠。国道29号が通り、鳥取と京阪神とを結ぶ要路。

とく-り【特利】規定以上の高い利率。「―貸付」

とく-り【得利】利益。もうけ。利得。

とく-り【徳利】❶酒などを入れる陶製・金属製などの、口の細い容器。銚子。とっくり。❷《水中に入れると沈むところから》泳げない者をあざけっていう語。かなづち。とっくり。(類語)銚子・とっくり・片口

とく-りつ【特立】〔名〕スル ❶ぬきんでていること。「―した才能」❷他にたよらないこと。独立。

どく-りつ【独立】〔名〕スル ❶他のものから離れて別になっていること。「母屋から―した離れ」❷他からの束縛や支配を受けないで、自分の意志で行動すること。「―の精神」「―した一個の人間」❸自分の力で生計を営むこと。また、自分で事業を営むこと。「親から―して一家を構える」「―して自分の店をもつ」❹(法律の拘束を受けるが)他からの干渉・拘束を受けずに、単独にその権限を行使できること。「司法の―」「政府から―した機関」❺一国または一団体が完全にその主権を行使できる状態になること。「―を宣言する」「―したての若い国」「―国家」
(類語)(①)分離・分立・別立て/(②)自立・自律・自決・自主・自助・一本立ち・独り立ち・独り歩き/(③)自立・自活・独歩・独行・特立

どくりつ-えいよう【独立栄養】生存に必要なすべての有機物を、炭酸ガス・水などの無機物から合成できる栄養形式。緑色植物のほか、一部の細菌にもみられる。無機栄養。自主栄養。自養。⇔従属栄養。

どくりつ-かおく【独立家屋】一戸建ての家。一軒家。ひとつや。

どくりつ-かんちょう【独立官庁】憲法上の原則や三権分立の理念に基づき、議会および政府から独立し地位と権限を認められた官庁。裁判所・人事院・会計検査院など。

どくりつ-ぎょうせいほうじん【独立行政法人】政府の行政活動から一定の事務・事業を分離し、担当する機関に独立の法人格を与えて、実務の効率化等を図る制度。国民生活・社会経済の安定等の公共上の見地から確実に実施されることが必要な事務・事業ではあるが、国が自ら主体となって直接に実施する必要のないもののうち、民間の主体に委ねた場合には必ずしも実施されないおそれがあるもの、または独占的に行うことが必要であるものを効率的かつ効果的に行わせることを目的として設立される。独法。➡特定独立行政法人

どくりつぎょうせいほうじんにほんこうそくどうろほゆうさいむへんさいきこう-ほう【独立行政法人日本高速道路保有・債務返済機構法】日本道路公団など道路関係4公団の民営化に伴って設立された、独立行政法人日本高速道路保有・債務返済機構の目的・業務の範囲等について定めた法律。道路関係四公団民営化関係4法の一つ。平成16年(2004)制定。

どくりつ-ぎょうむうけおいにん【独立業務請負人】《independent contractor の訳語》企業と、雇用契約ではなく、業務単位の請負契約を結び、期限付きで専門性の高い仕事を行う個人事業主のこと。米国で普及し、日本でも増加傾向にある。独立契約者。インディペンデントコントラクター。IC。

どくりつ-きょく【独立局】特定のニュースネットワークなどに加入せず、主に自社制作の番組を放送する放送局。

どくりつけい-はつでんじぎょうしゃ【独立系発電事業者】►卸供給事業者

どくりつ-けん【独立権】国家が他国の干渉・拘束を受けずに内政・外交を処理する国際法上の権利。

どくりつ-ご【独立語】国文法で、文の成分の一。文の成文の他のものと直接関係することがなく、文中で比較的独立しているもの。文中に用いられた感動詞・接続詞など。

どくりつ-こく【独立国】完全な主権を有する国家。国際法上の能力をそなえた国際法主体。主権国。

どくりつこっか-きょうどうたい【独立国家共同体】►シー・アイ・エス(CIS)

どくりつさいさん-せい【独立採算制】❶私企業で、各部門がそれぞれ独立に自己の収支で採算をとるように経営させる方式。❷公企業で、その経費を事業経営による収入で賄う方式。

どくりつ-さんか【独立参加】第三者が係属中の民事訴訟に関連する権利をもつ場合、当事者としてその訴訟に参加すること。独立当事者参加。権利者参加。

どくりつ-じえい【独立自営】他人にたよらず自分の力で事業を営むこと。

どくりつじえい-のうみん【独立自営農民】封建的土地所有の崩壊過程において、14世紀以降、西ヨーロッパで生まれた自由で独立した土地所有農民。家族労働を中心とする農牧業経営を確立し、余剰生産物を商品として販売した。資本主義の発達とともに消滅。英国のヨーマンがその典型。

どくりつ-じしょう【独立事象】二つの事象において、一方の起こる確率と他方の起こる確率とが、互いに何ら影響を与えないような関係にあること。

どくりつ-じそん【独立自尊】何事も独力で行い、自己の人格の尊厳を保つこと。「―の精神」

どくりつ-じゅうさんしゅう【独立十三州】1776年7月に独立宣言を公表してアメリカ合衆国を構成した13州。もと英国領の植民地。

▷ **アメリカ合衆国の独立十三州**
コネティカット、サウスカロライナ、ジョージア、デラウェア、ニュージャージー、ニューハンプシャー、ニューヨーク、ノースカロライナ、バージニア、ペンシルベニア、マサチューセッツ、メリーランド、ロードアイランド

どくりつ-しん【独立心】他人に依存しないで、ひとり立ちしようとする心。自立心。

どくりつ-ぜい【独立税】地方公共団体が他の租税とは関係なく、独立に税目を立てて課する租税。第二次大戦前の地方税は付加税を中心としていたが、戦後はシャウプ勧告に基づいて独立税となった。

どくりつ-せつ【独立節】文の構造上、ある文節または連文節が、他の文節に対して独立し、直接の関係をもたない場合にいう。

どくりつ-せんげん【独立宣言】アメリカ合衆国がその独立に際して発した宣言。1776年7月4日、ジェファーソンが起草した宣言文を大陸会議で可決、公表された。ジョン=ロックの自然法思想に基づき、自由・平等・幸福の追求を人間の天賦の権利として主張、この権利を守るために独立すると宣言している。

どくりつ-とう【独立党】▶開化派

どくりつ-どっこう【独立独行】「独立独歩❶」に同じ。

どくりつ-どっぽ【独立独歩】❶他人にたよらず、自分の信じるところに従って行動すること。独立独行。「一の精神」❷他に並ぶもののないこと。

どくりつ-の-ほうそく【独立の法則】メンデルの遺伝法則の一。二対の対立形質について、2代目の表現型は9対3対3対1の比に分離して現れ、一対ずつの対立遺伝子について見るとそれぞれ3対1の分離比となっていることから、各対立遺伝子は個々独立して分配されるということ。

どくりつ-はつでんじぎょうしゃ【独立発電事業者】▶卸供給事業者

どくりつ-びじゅつきょうかい【独立美術協会】洋画団体。昭和5年(1930)日本的フォービスムをめざし、児島善三郎・林武・三岸好太郎らが結成。

どくりつ-ふき【独立不羈】他からの束縛を全く受けないこと。他から制御されることなく、みずからの考えで事を行うこと。

どくりつ-プロ【独立プロ】《「独立プロダクション」の略》大資本の映画会社などに所属せず、自己の資本をもとに映画を企画・製作する組織。俳優や監督を中心にしたものが多い。

どくりつ-へんすう【独立変数】関数 $y=f(x)$ で、変数 x のこと。x は独立に値をとり、y はそれに従属して値が定まる。

どくりつ-めいれい【独立命令】法律から独立して発せられる命令。明治憲法下で、天皇の大権として認められていた。

どくりつ-リーグ【独立リーグ】米国で、メジャー・マイナーの各リーグに所属せず、独立して運営興行しているプロ野球リーグ。日本でも平成17年(2005)春、四国アイランドリーグ(同23年から四国アイランドリーグplus)が発足。

どく-りょう【読了】〔名〕スル すっかり読みおえること。「全巻を一する」
類語 読破・読過・卒読

どく-りょく【独力】自分ひとりの力。自力。「一で事業をなしとげる」類語 自力

トグル〖toggle〗スイッチ機構の一つ。キーを押すたびに二つの状態が入れ替わるもの。例えば、パソコンでアルファベットの大文字か小文字を選ぶCaps Lockキーなどがある。

とぐ・る〔動ラ四〕❶言葉をまげて言う。隠語を使う。「たろく(=湯ノコト)と一・る男あれば」〈滑・浮世風呂・前〉❷拷問する。「こいつを一・ったら、長門之介や伝七が有り家知れぬといふ事はあるまい」〈伎・韓人漢文〉

と-ぐるま【戸車】戸の下または上下につけて、開閉をなめらかにする小さな車輪。

とく-れい【特例】❶特別に設けた例外。「今回は一として認める」❷特別の場合に適用される法令・規定。類語 例外・異例・エクセプション・特別扱い

とく-れい【督励】〔名〕スル 監督し、励ますこと。「部下を一する」

とくれい-こくさい【特例国債】▶赤字国債

とくれい-し【特例市】政令で指定する人口20万人以上の都市。環境行政や都市計画に関する事務など、中核市に委譲される事務のうち、都道府県が一体的に処理することが効率的なものなどを除いて、独自に行うことができる。

とくれい-しょうにん【特例承認】省庁等の公的機関が、関係法の規定に基づいて、通常の要件を緩和して特例的に承認を行うこと。補説 疾病の蔓延など健康被害の拡大防止のため緊急の対応が必要で、他に適当な方法がない場合、厚生労働大臣は、薬事法第14条の3(特例承認)の規定により、日本と同等水準の承認制度をもつ国で販売等が認められた医薬品・医療機器を通常より簡略な手続きで承認できる。平成22年(2010)1月、同規定が初めて適用され、新型インフルエンザの輸入ワクチンが特例承認を受けた。

とくれい-みんぽうほうじん【特例民法法人】平成20年(2008)の公益法人制度改革施行前に設立された社団法人または財団法人が、公益社団法人・公益財団法人あるいは一般社団法人・一般財団法人に移行するまでの間の法律上の名称である、特例社団法人および特例財団法人の総称。補説 移行期間が終了する平成25年(2013)11月までに公益社団・財団法人あるいは一般社団・財団法人に移行しなかった場合は解散したものとみなされる。

とくれいようせきりつ-てきようくいき【特例容積率適用区域】▶特例容積率適用地区

とくれいようせきりつ-てきようちく【特例容積率適用地区】複数の敷地間で建設する建築物の容積率を移転することが認められている地区。土地の有効利用などを目的に導入された建築基準法上の特例制度の一つ。例えば、指定容積率が600パーセントの地区で、容積率を200パーセントしか利用していない敷地がある場合、未使用の400パーセント分を、同じ地区の他の敷地に上乗せし、指定容積率を超える建築物を建設できる。容積率を移転する敷地は隣接していなくてもよい。容積率移転。➡空中権

とく-れん【得恋】恋愛が成就すること。失恋に対していう語。「一の甘みに酔ってる」〈里見弴・桐畑〉

とぐろ【塒・蜷局】蛇などが、からだを渦巻き状に巻いた状態でいること。また、その状態。
類語 渦・渦巻き・螺旋

塒を巻・く ❶蛇などがからだを渦巻き状に巻く。❷何人かが特に何をするでもなく、ある場所に集まっている。「若者たちが道の端で一・いている」❸ある場所に腰をすえて、動かないでいる。「スナックで一・いて帰ろうとしない」

どくろ【髑髏】風雨にさらされて肉が落ち、むきだしになった頭蓋骨。されこうべ。しゃれこうべ。
類語 されこうべ・頭骨・頭蓋骨・スカル

とく-ろん【徳論】倫理学の一部門。徳の本質・種類・実践方法などの考察を中心課題とするもの。

どく-わ【独和】ドイツ語と日本語。「一辞典」

どく-わ【独話】〔名〕スル ❶ひとりごと。独語。❷大ぜいの前で、ひとりが話すこと。「一独演」
類語 独り言・独語・独白・独演

とく-わか【徳若】〔名・形動ナリ〕《「とこわか(常若)」の音変化》「とこわか」に同じ。「殿も一民もゆたかに」〈虎寛狂・松楪〉

徳若に御万歳 いつも若々しく、長寿を保つようにという意の祝いの言葉。

とくわかごまんざいしゅう【徳和歌後万載集】江戸後期の狂歌集。15巻2冊。四方赤良(大田南畝)編。天明5年(1785)刊。「万載狂歌集」の続編。

とげ【刺・棘】❶体表にある、堅くて先のとがった突起物。植物では、表皮が変化したもの(バラ)や葉・茎・托葉・根が変化した葉針(サボテン)・茎針(サイカチ)・托葉針(カラタチ)・根針(シュロ)などがある。動物では、ハリネズミ、ゴンズイやアカエイ、ウニなどにみられる。❷木・竹・骨などの、細くとがった小片。「一を抜く」❸言葉に含まれた、相手の感情を傷つける皮肉や悪意。「一のある言葉」類語 いばら・いが

とけ-あい【解(け)合い】相場の暴騰・暴落で決済ができなくなったとき、買い方と売り方とが協議して一定の条件を決めて売買契約を解消すること。

とけ-あ・う【溶(け)合う・解(け)合う・融け合う】〔動ワ五(ハ四)〕❶とけて、まざり合い一つになる。「一・わない物質」❷わだかまりがなくなって仲よくなる。互いに打ち解ける。「心が一・う」❸(解け合う)取引で、話し合って円満に売買契約を解く。
類語 打ち解ける・馴染む・親しむ

と-けい【徒刑】❶旧刑法で、重罪人に科した刑。男は島に送り、女は内地で労役に就かせたもの。有期と無期があった。❷「徒」に同じ。

と-けい【時-計・土圭】時刻を知り、また時間を計るのに使う器機。日時計・砂時計・水時計などがあるが、現在一般的には、おもり・ぜんまい・電気・原子などを動力とし、振り子または天桴や水晶の振動の等時性を利用した機械時計をいう。表示装置には、文字盤と針によるアナログ式とローマ字や数字によるデジタル式とがある。「一が進む」「一が止まる」補説「時計」は当て字。「土圭」は、昔、中国で方角・日影を測る磁針を称した語。類語 自鳴鐘・時辰儀・機械時計

とけい-ざ【時-計座】南天の小さい星座。エリダヌス座の南にあり、本州では1月上旬、南の地平線近くに一部が見られるが、目立つ星はない。学名 Horologium

とけい-ざら【時-計皿】懐中時計のふた状のガラスの小皿。理化学実験に使用。

とけい-じかけ【時-計仕掛(け)】時計の働きを利用して、あらかじめ決めておいた時刻に作動させること。また、その装置。

とけい-しゅう【徒刑囚】徒刑に処せられた犯罪者。

とけい-すうじ【時計数字】《時計の文字盤などで用いるところから》ローマ数字のこと。

とけい-そう【時-計草】トケイソウ科の蔓性の多年草。高さ約4メートル。巻きひげで他に絡みつき、葉は手のひら状に深く裂けている。夏、直径8センチくらいの時計の文字盤に似た花を開く。花びらと萼は淡紅色か淡青色で、その内側に、糸状の紫色の副花冠が多数並ぶ。ペルー・ブラジルの原産で、日本には江戸時代に渡来。同属には花が赤色のホザキノトケイソウやパッションフルーツ(クダモノトケイソウ)などがある。〔季 夏〕

とけい-だい【時-計台】上部に大きな時計を取り付けた高い建物や塔。

とけい-の-ま【土圭の間】❶江戸時代、大名・旗本などの屋敷で、時計の置いてあった部屋。❷江戸城で、時計を置き、坊主が勤務して時報の任に当たった部屋。

とけい-まわり【時-計回り】時計の針と同じ方向に回ること。右回り。「一の順番」

とげ-うお【棘魚】トゲウオ目トゲウオ科の魚の総称。遡河型と陸封型がある。背部と腹びれ・しりびれに硬いとげをもつ。雄は産卵期に婚姻色を呈し、巣を作り、卵・幼魚を守る習性がある。北半球の温帯・亜寒帯に分布。日本には、背部のとげが3本のイトヨ・ハリヨ、約10本のトミヨなどがすむ。

とげ-ぐも【棘蜘=蛛】コガネグモ科のクモ。体長約6ミリ。腹部側方に二対、後方に一対の硬いとげ状の突起をもつ。樹間に丸い網を張る。本州以南に分布。

とけ-こ・む【溶(け)込む・解(け)込む・融け込む】〔動マ五(四)〕❶液体や気体の中に他の物質が溶けてまじる。「有毒物質が一・む」❷まわりの雰囲気や気分になじむ。また、同化して一体となる。「職場に一・む」「姿が闇に一・む」

ど-げざ【土下座】〔名〕スル ❶昔、貴人の通行の際に、ひざまずいて額を低く地面にすりつけて礼をしたこと。❷申し訳ないという気持ちを表すために、地面や床にひざまずいて謝ること。「一して許しを請う」
類語 平伏・平身低頭

とけし-な・し〔形ク〕《「とげしなし」とも》もどかしい。じれったい。待ち遠しい。「歩みくる間も―・く、なう我が君かなつかしや」〈浄・千本桜〉

とげ-だ・つ【▽刺立つ】〔動タ五(四)〕❶とげが立つ。「―・った木」❷とげとげしくなる。かどだつ。「―・った言葉」

ど-けち〔名・形動〕非常にけちであること。また、そのさま。「―なやつ」

と-けつ【吐血】〔名〕スル 食道・胃・十二指腸などから出血した血液を嘔吐おうとすること。吐いた血の色は褐色がかっている。➡喀血かっけつ

と-けつ【×兎欠】口唇裂こうしんれつのこと。

とげつ-きょう【渡月橋】ケウ 京都市、嵐山あらしやまの山麓の大堰おおい川に架かる橋。長さ155メートル。

とげっ-ぽう【吐月峰】《静岡市西部の丸子町にある山の名。連歌師宗長が、ここの竹林の竹で灰吹きを作り、吐月峰と名づけたところから》タバコ盆に用いる竹製の灰吹き。

とげ-とげ【▽刺▽刺】〔副〕スル とげとげしいさま。とげがあって、親しみにくいさま。「―した顔つき」

とげとげ-し・い【▽刺▽刺しい】〔形〕図とげとげ・し〔シク〕❶とげ立っている。みるからにとげのようである。「―・く尖とがった梢を張って居る」〈寒村・冬〉❷態度や言葉づかいにとげがある。つっけんどんである。「―・い口調で答える」「―・い雰囲気」(派生)とげとげしさ〔名〕(類語)険しい・ぎすぎす・つんけん・つんつん

とげ-な・し【▽利気無し】〔形ク〕しっかりしたところがない。気がきかない。「―・きものをば、あへなしと言ひける」〈竹取〉(補説)一説に、「遂げなし」で、やりとげることができない意とも。

とげ-ぬき【▽刺抜き】肌にささったとげを抜きとること。また、その用具。

とげぬき-じぞう【とげぬき地蔵】ヂザウ 東京都豊島区巣鴨にある高岩寺の通称。本尊の延命地蔵菩薩はとげ抜きのほか厄除け・招福に霊験があるとされる。

とげ-ねずみ【×棘×鼠】ネズミ科の哺乳類。沖縄本島と奄美あまみ大島の森林に生息。体長約13センチで、鋭い針状の毛が生えている。天然記念物。

トケラウ-しょとう【トケラウ諸島】ショタウ《Tokelau》南太平洋、サモアの北にあるニュージーランド領の環礁群。19世紀以来イギリス領だったが1948年からニュージーランド領。旧称ユニオン諸島。人口1400人(2010)。

と・ける【解ける】〔動カ下一〕図と・く〔カ下二〕❶結んであったものが、自然とはなれたりゆるんだりする。ほどける。「帯が―・ける」「靴ひもが―・ける」❷束縛から解放されて自由になる。命令や規制などが解除される。「停職が―・ける」「謹慎が―・ける」❸㋐心のわだかまり、不快に思う気持ちなどが消えてなくなる。「怒りが―・ける」「緊張が―・ける」㋑心のへだたりがなくなる。うちとける。「人の情なさけに―・けたと見える」〈鏡花・歌行灯〉❹わからなかったところがはっきりする。答えが得られる。「問題が―・ける」「暗号が―・ける」「疑義が―・ける」

と・ける【溶ける｜解ける｜▽融ける】〔動カ下一〕図と・く〔カ下二〕《「と(解)ける」と同語源》❶固体が、熱や薬品などによって、液状になる。「氷が―・ける」「暑さでアスファルトが―・ける」❷ある物質が液体の中に平均にまじって、液体と一体になる。「砂糖が水に―・ける」「油は水に―・けない」(補説)❶で、特に金属の場合は「鎔ける」「熔ける」とも書く。(類語)溶解・融解

と・げる【遂げる】〔動ガ下一〕図と・ぐ〔ガ下二〕❶目的を達する。果たす。なしおえる。「志を―・げる」「思いを―・げる」❷最後にそのような結果となる。「非業の死を―・げる」「急成長を―・げる」
(類語)果たす・全うする・成し遂げる

ど・ける【▽退ける】〔動カ下一〕図ど・く〔カ下二〕場所をあけるために、そこにあったものを他の場所へ移す。のける。どかす。「故障車を―・ける」
(類語)除く・のける・どかす・取り去る・撤去する

と-けん【×杜×鵑】ホトトギスの漢名。

ど-けん【土建】土木と建築。「―業」

とけん-か【×杜×鵑花】クワ サツキの漢名。

とこ【床】❶寝るために設けるところ。布団などの寝具を調えた場所。また、その布団など。ねどこ。「―を延べる」「―を取る」「病の―」❷男女の共寝。「―あしらい」❸地面より少し高くなっていて、板などを張ったところ。ゆか。「下には大きい材木が横になっているので、―を張ったようである」〈鷗外・山椒大夫〉❹「床の間」の略。「―に掛け軸を飾る」❺畳のしん。「古―どこ」❻ぬかみそなど、漬物の材料をつけ込む所。❼川の底。川床。❽苗を育てるところ。苗床。❾鉄床かなとこのこと。❿和船で、舵床かじどこ。⓫「髪結い床」の略。床屋。「浮世―」⓬牛車ぎっしゃの人の乗る所。屋形。車箱くるまばこ。
(…語)餌え床・鉄かな床・長床(どこ)石床・板床・浮世床・置き床・織部床・温ぬく床・牡蠣かき床・舵かじ床・壁床・髪床・髪結い床・川床・蹴込けこみ床・地じ床・書院床・釣り床・苗床・糠ぬか床・寝床・火床・袋床・船ふな床・踏込ふみこみ床・洞ほら床・本床・万年床・室むろ床・夜よ床
(類語)寝床・寝台・ふしど・ベッド

床に就・く ❶寝床に入る。就寝する。「毎晩早く―・く」❷病気になって寝る。「熱を出して―・く」

床離はな・る 夫婦関係がなくなる。離婚する。「年ごろ相馴れたる妻め、やうやう―・れてつひに尼になりて」〈伊勢・一六〉

床を上・げる 敷いていた布団などの寝具を片付ける。また特に、病気がよくなって寝具を片付ける。

床をと・る 蒲団を敷いて、寝所を作る。

とこ【▽所】《「ところ」の略》「ところ」のややくだけた言い方。「不便な―だ」「早い―かたづけよう」

とこ【常】〔語素〕名詞・形容詞などに付き、いつも変わらない、永久不変の、などの意を表す。「―夏」「―世」「―めずらし」(補説)古くは格助詞「つ」を介して名詞に付くこともあった。「常つ国」「常つ御門みかど」など。

と-ご【都護】❶中国の官名。軍隊を指揮して辺境を守護・統治する官で、漢代に設置された西域都護に始まる。唐代は都護府の長官。❷按察使あぜちの唐名。

ど-こ【土戸】平安時代、京洛の外部の農民。京都の内に住むものを京戸というのに対する。

ど-こ【土鼓】中国、周代の打楽器。土製の太鼓形の胴の両面に革を張った鼓。草を束ねた桴ばちで打つ。

ど-こ【▽何▽処｜▽何▽所】〔代〕《「いづこ」の音変化「いどこ」がさらに変化した語》不定称の指示代名詞。はっきりと指示できない場所や状況などをさす。❶どの場所。どの部分。どんなところ。「―へ行こうか」「―が悪かったのか」❷どのような程度。どのような段階。どれ程。「―まで本気なのか」「仕事は―まで進んでいるのか」「―も痛くない」
(類語)いずこ・どこら・どちら・どっち・どの辺

何処で暮らすも一生 どんな所で暮らしても、一生は一生である。同じことなら住みよい所に住んだほうが得である。

何処の馬の骨 身元の確かでない者をののしっていう言葉。「―か知れない奴」

何処吹く風 自分には全く関係・関心がないというように、知らん顔をすること。「―と聞き流す」

何処を押おせばそんな音ねが出でる 《勝手な言い分をとがめる時の言葉》何を根拠にそんな常識外れのことが言えるのか。

ど-ご【土語】その地域に土着している住民の用いる言葉。また、その地に特有の言葉。方言。

とこ-あげ【床上げ】〔名〕スル 大病や出産のあと、体力が回復して寝ていた床をかたづけること。また、その祝い。床払い。「全快して―する」
(類語)床払い・床離れ・床を上げる

とこ-あしらい【床あしらい】アシラヒ 遊女などの、床の中での客あしらい。

とこ-いた【床板】床の間に張る板。

どこ-いら【▽何▽処いら】〔代〕「どこら」に同じ。「―に置こうか」「―まで知っているのだろう」

とこ-いり【床入り】〔名〕スル 寝床に入ること。特に、婚礼の夜、新夫婦が初めて同じ床で寝ること。

と-こう【土貢】《「どこう」とも》鎌倉・室町時代、その土地からの貢ぎ物。主に田租をさす。

と-こう【徒行】カウ〔名〕スル 乗り物に乗らず歩いて行くこと。「群臣皆―す」〈金井之恭・東巡録〉

と-こう【都講】カウ ❶塾生のかしら。塾頭。❷「尚復しょうふく」に同じ。

と-こう【渡航】カウ〔名〕スル 航空機や船舶で海外へ行くこと。「イギリスに―する」「―者」
(類語)渡洋・密航

と-こう〔副〕スル《「とかく」の音変化》あれこれ。何やかや。「―するうちに日が暮れた」「―の注意がましき事をいうなどは」〈子規・墨汁一滴〉(補説)「兎角」「左右」とも当てて書く。
(類語)そうこう・とかく・あれこれ・何やかや

とご・う【×詛ふ｜▽呪ふ】トゴフ〔動ハ四〕のろう。「竹の葉に包みて、―・はしめて言ひけらく」〈記・中〉

ど-こう【土工】❶(「土功」とも書く)土木工事で、土を掘り、運び、盛り固めるなどの基礎的な作業。❷土木工事に従事する労働者。

ど-こう【土公】▶土公神どくじん

ど-こう【土×寇】土民の一揆いっき。土匪どひ。

ど-ごう【土豪】ガウ その土地の豪族。

ど-ごう【怒号】ガウ〔名〕スル ❶怒って、大声でどなること。また、その声。「議場に―がとびかう」❷風や波が荒れて激しい音をたてること。「脚下数十丈の深きに、海水衝盪―せり」〈中村訳・西国立志編〉
(類語)怒声・大声・叫び声・罵声ばせい・野次

とこう-いしょく【渡航移植】トカウ 他国へ渡航して臓器移植を受けること。海外渡航移植。➡移植ツーリズム

どこう-こく【土侯国】族長や首長などが支配する部族国家。特に英国統治下のインドで、英国の保護国として存続したものをいう。大小563を数えたが、インドの独立とともにインド・パキスタン両国に併合された。藩王国。

どこう-し【土工司】律令制で、宮内省に属し、製瓦・壁塗りや石灰を焼くことなどをつかさどった役所。つちたくみのつかさ。

どこう-じん【土公神】▶どくじん(土公神)

とこう-めんじょう【渡航免状】トカウメンジャウ 旅券。パスポート。

どごう-れっしん【土豪劣紳】ドガウ もと中国で、官僚や軍閥と結託して農民を搾取した大地主・資産家の蔑称。

とこ-おとめ【常▽少女】トコヲトメ いつも若々しい少女。また、永久に年をとらない少女。「河上かはのへのゆつ岩群いはむらに草生むさず常にもがもな―にて」〈万・二二〉

ド-ゴール〖Charles André Joseph Marie de Gaulle〗[1890～1970]フランスの軍人・政治家。1940年フランスの対ドイツ降伏後、ロンドンに自由フランス政府を樹立してレジスタンスを指導。解放後、共和国臨時政府主席。一時引退したが、1958年アルジェリア問題で危機に陥った際、挙国一致内閣で首相となり、第五共和制を発足させ、初代大統領に就任。米ソの国際関係の中でフランス独自の外交路線を追求した。

ドゴール-ひろば【ドゴール広場】フランス、パリ西部にある円形広場。シャンゼリゼなど12の大通りが放射状に伸び、中央部に凱旋門がある。旧称はエトワール広場で、1970年にドゴールにちなみ改称。シャルル=ドゴール広場。

どこ-か【▽何▽処か】〔連語〕《「か」は副助詞》(副詞的にも用いる)❶はっきりと指示できない場所を示す。「―で聞いた文句だ」「―遠くへ行きたい」❷はっきりとは示せないが、そのようであるという気持ちを表す。何となく。どこやら。「―変だ」(類語)どこやら・どことなく・何か・何やら・何となく・そこはかとなく

とこ-かざり【床飾り】床の間の飾り。掛け軸・置物・生け花など。

とこ-がため【床固め】河床が洗い流されるのを防ぐために、河川を横断して水底に設ける低いダム。

とこ-がまち【床×框】床の間の前端の化粧横木。床板とこいたまたは床畳とこだたみの端を隠すもの。床縁とこぶち。

とこ-げいしゃ【床芸者】芸を売るのでなく、客と床をともにするだけの芸者。ころび芸者。「木綿屋おきちなぞといふ名とりの—」〈洒・古契三娼〉
と-ごころ【▽利心｜▽鋭心】するどい心。しっかりした心。「朝夕(あさよひ)に音のみし泣けば焼き大刀の—も我(あれ)は思ひかねつも」〈万・四四七九〉
とこ-さかずき【床杯｜床×盃】(とこさかづき) 婚礼の夜、新夫婦が寝室で杯を取り交わす儀式。
とこ-ざし【床挿(し)】挿し木の際に、畑の苗床に挿し穂を挿すこと。
ドコサヘキサエン-さん【ドコサヘキサエン酸】《docosahexaenoic acid》多価不飽和脂肪酸の一種。マグロ・ブリ・サバ・サンマ・イワシなどに含まれる。動脈硬化や血液凝固を防ぎ、心筋梗塞(しんきんこうそく)・脳梗塞を予防する効果がある。記憶力の向上作用もあるといわれる。DHA。
とこし-え【常しえ｜▽長しえ｜永=久】(へ)〔名・形動〕いつまでも続くこと。また、そのさま。永遠。永久。とこしなえ。「—の命」「この愛よ、—に続け」
(類語)永久・永遠・とわ・常しなえ・常磐(ときわ)・永劫(えいごう)
とこしく-に【常しくに】〔副〕いつまでも。永久に。「すめろきの神の宮人ところづらいや—我かへり見む」〈万・一一三三〉
とこし-なえ【常しなえ｜▽長しなえ｜永=久】(なへ)〔形動〕図〔ナリ〕「とこしえ」に同じ。「驕る眼は—に閉じた」〈漱石・虞美人草〉
とこ-しばり【床縛り】牛車(ぎっしゃ)の屋形と車軸とを結びつける縄。
とこ-しめ【床締め】水漏れを防ぐために、水田の床に粘土を入れること。
とこ-じょうず【床上手】(じゃうず)〔名・形動〕床あしらいが上手なこと。閨房の技術にたけていること。また、そのさまや、その人。「—な遊び人」
とこ-じらみ【床×虱】半翅(はんし)目トコジラミ科の昆虫。体長約5ミリ、体は扁平な円盤状で、赤褐色。家屋内にすみ、人から吸血する。南京(なんきん)虫。とこむし。
とこ-すずみ【床涼み】夏の夜、屋外に床を出して涼むこと。特に、京都の四条河原での納涼をいう。
とこ-ずれ【床擦れ】〔名〕(スル) 長い病床生活で、腰・肩・くるぶしなど骨の出た部分が体重の圧迫によって血行不順となり、壊死(えし)に陥ること。蓐瘡(じょくそう)。
と-こそ〔連語〕《格助詞「と」＋係助詞「こそ」》❶「と」の意を強調する。「おいらかに鬼—向ひゐたらめ」〈源・帚木〉❷(命令形に付いて)命令の意を強調する。「いかに罪人、急げ—」〈虎明狂・瓜盗人〉➡とぞ
どこ-ぞ【▽何▽処ぞ】〔連語〕どことはっきり指定できない場所をさす語。どこか。「—おけがなさいませんでしたか」「—近くへ出かけました」
どこ-そこ【▽何▽処×其▽処】〔代〕不定称の指示代名詞。ある場所を漠然とさし示していう。これこれの所。「—のだれだれ、と名のってください」
とこ-だたみ【床畳】床の間に敷く畳。また、床(ゆか)に敷く畳。
とこ-だな【床棚】床脇にある棚。床脇棚(とこわきだな)。
とこ-つ-くに【常つ国】《「つ」は「の」の意の格助詞》「常世(とこよ)の国」に同じ。「やまひしあつしれて、—に至る」〈雄略紀〉
とこ-つち【床土】❶床の間の壁などに使う上等の土。❷苗床用の土。
とこ-つ-みかど【常つ▽御門】《「つ」は「の」の意の格助詞》永久に変わらず栄える宮殿。とこみや。「君ませば—と侍宿(とのゐ)するかも」〈万・一七四〉
とこ-とこ〔副〕小またで足早に歩くさま。「—(と)歩く」
どこ-どこ【▽何▽処▽何▽処】〔代〕「どこそこ」に同じ。「確か今日は—を回ってくると言ってました」
どこと-なく【▽何▽処と無く】〔副〕❶どことはっきり言えないが、なんとなく。「—似ている」❷どこと定まった場所もなく。「—地にはふ蔦のあはれなり/越水」〈曠野〉
どことも-なく【▽何▽処とも無く】〔副〕場所がはっきり定まらないさま。「—現れ、—立ち去る」
とこ-とわ【▽常】(とは)〔名・形動ナリ〕《古くは「とことば」》永久に変わらないこと。また、そのさま。とこしえ。「わが御門(みかど)千代—に栄えむと」〈万・一八三〉
とこ-とん ❶最後の最後。どんづまり。「—まで話し合う」❷(副詞的に用いて)どこまでも。徹底的に。「—しらを切る」
とことんやれ-ぶし【とことんやれ節】明治初年に流行した「とことんやれとんやれな」という囃子詞(はやしことば)を添える俗謡。明治元年(1868)官軍東征のとき、参謀の品川弥二郎が歌詞を作り、大村益次郎(一説には祇園の芸妓君尾)が節をつけて歌わせたといわれる。とんやれ節。
とこ-なか【床中】寝床のなか。寝床の中央。「枕よりあとより恋のせめ来ればせむかた無みぞ—にをる」〈古今・雑体〉
とこ-なつ【常夏】■❶一年中が夏であること。常に夏のような気候であること。「—の国」❷セキチクの変種。多くの品種があり、花は濃紅色のほか、白色や絞りなど。名は、春から秋にかけて咲きつづけることに由来。(季 夏)「—に水浅々と流れけり/青々」❸襲(かさね)の色目の名。「なでしこ」に同じ。❹《夏から秋にかけて咲くところから》ナデシコの古名。「—の花をだに見ばことなしに過す月日も短かかりなむ」〈後撰・夏〉■源氏物語第26巻の巻名。光源氏、36歳。源氏は玉鬘(たまかづら)に心をひかれ、内大臣は近江君(おうみのきみ)を探し出す。
とこ-なつか-し【常懐かし】〔形シク〕常に心が引かれ、親しみやすい。「なでしこの—・しき色を見ばもとの垣根を人やたづねむ」〈源・常夏〉
とこなつ-づき【常夏月】陰暦6月の異称。
とこなつ-に【常夏に】〔副〕夏中ずっと。また、毎年の夏ごとに。「立山(たちやま)に降り置ける雪の—消(け)ずて渡るは神(かむ)ながらとそ」〈万・四〇〇四〉
とこなみ-たけじろう【床次竹二郎】(たけじらう)[1866〜1935]政治家。鹿児島の生まれ。原・高橋両内閣の内相、以後、鉄道相・逓信相を歴任。政友会を割って政友本党を結成、その総裁となったが、5年にして政友会に復帰した。のち除名。
とこ-なめ【常滑】川床の岩などに水苔がついて、いつもなめらかであること。また、その場所。「見れど飽かぬ吉野の川の—の絶ゆる事なくまたかへり見む」〈万・三七〉
とこなめ【常滑】愛知県、知多半島の西岸にある市。常滑焼で知られる陶磁器の産地。人口5.5万(2010)。
とこなめ-し【常滑市】▶常滑
とこなめ-やき【常滑焼】常滑市およびその付近から産する陶磁器。平安後期ごろから自然釉(しぜんゆう)のかかった壺・甕(かめ)などが焼かれ、江戸後期には朱泥(しゅでい)などの焼成とともに茶陶器類を産して活況を呈した。今日では日用品・工業用品なども焼いている。とこなべやき。
とこぬし-の-かみ【▽地主の神】その土地を支配する神。じぬしのかみ。じしゅのかみ。
とこ-の-ま【床の間】日本建築で、座敷の床を一段高くし、掛け軸・置物・花などを飾る所。中世、書院造りの発達とともに形成され、近世以後の重要な座敷飾りとなった。
とこのま-つき【床の間付き】座敷に床の間のあること。また、その座敷。
とこ-は【常葉】常緑の葉。「橘は実さへ花さへその葉さへ枝(え)に霜降れどいや—の木」〈万・一〇〇九〉
とこ-ば【床場】髪結床(かみゆいどこ)。また、理髪店。〈和英語林集成〉
とこはがくえん-だいがく【常葉学園大学】静岡市にある私立大学。昭和55年(1980)に教育学部の単科大学として開設。その後、外国語学部・造形学部を設置した。
とこ-ばし【床箸】鋳金・鍛金などで、加熱した金属をはさんでもつ大型のやっとこ。
とこ-ばしら【床柱】床の間の脇に立つ化粧柱。面取りの角柱を正式とするが、面皮柱(めんかわばしら)や円柱も使い、紫檀・黒檀・鉄刀木(たがやさん)などの唐木、または皮付きの自然木などを用いる。(類語)柱・大黒柱・支柱
とこ-はつはな【常初花】いつも初めて咲いたように美しい花。「比(たぐ)へれどいやなつかしく相見れば—に心ぐしめぐしもなしに」〈万・三九七八〉
とこ-はな【常花】いつまでも散らずに咲いている花。「橘は—にもがほととぎす住むと来鳴かば聞かぬ日なけむ」〈万・三九〇九〉
とこ-ばな【床花】江戸時代、遊郭でなじみになったしるしに客が直接遊女に与える祝儀の金。ふつう三会目に与える。
とこ-ばなれ【床離れ】〔名〕(スル)❶目がさめて寝床から起き出ること。起床。「—がいい」❷夫婦が共寝をしなくなること。愛情がさめ離婚状態になること。〈和英語林集成〉❸病気が治って床から離れること。「半年ぶりに—する」(類語)床上げ・床払い・床を上げる
とこ-ばらい【床払い】(ばらひ)〔名〕(スル)「床(とこ)上げ」に同じ。
とこ-はる【常春】一年中が春のような温暖な気候であること。「—の地方」(類語)春暖・小春日和
とご-ふ【都護府】中国で唐代に、西域その他の辺境地を治めるために置かれた機関。安東・安南・安西・安北・単于(ぜんう)・北庭の6府があった。
トコフェロール〖tocopherol〗ビタミンEのこと。
とこ-ぶし【常節】ミミガイ科の巻き貝。アワビに似るが小型で、殻長約7センチ。殻の呼吸孔は6〜8個と多い。北海道南部から南の浅海の岩礁にすむ。食用。ながれこ。あなご。(季 春)
とこ-ぶち【床縁】「床框(とこがまち)」に同じ。
とこ-ふ・る【床▽旧る】〔動ラ上二〕夫婦が長く一緒に住む。長く連れ添う。「年ふれどいかなる人か—・りて相思ふ人に別れざるらむ」〈拾遺・哀傷〉
どこ-まで-も【▽何▽処までも】〔連語〕とどまることなく続くさま。徹底して。とことん。「—歩き続ける」「—しらを切る」
とこ-まんざい【▽徳万歳】〔感〕子供がくしゃみをしたときにまじないにいう語。
とこ-まんりき【床万力】仕事台に取り付けて使用する万力。箱万力。
とこ-みせ【床店｜床見世】商品を売るだけで人の住まない店。また、移動できる小さい店。屋台店。
とこ-みや【常宮】永久に変わらない宮殿。「わが大君の—と仕へ奉れる」〈万・九一七〉
トコム〖TOCOM〗《Tokyo Commodity Exchange》▶東京工業品取引所
とこ-むし【床虫】トコジラミの別名。南京(なんきん)虫。
とこ-めずら【常珍】(めづら)〔形動ナリ〕常に新鮮で、愛らしいさま。「年ごとに—なる鈴虫のふりてもふりぬ声ぞきこゆる」〈公任集〉
とこ-めずら・し【常珍し】(めづらし)〔形シク〕いつも目新しく新鮮である。「難波人(なにはひと)葦火(あしび)焚(た)く屋のすしてあれど己(おの)が妻こそ—・しき」〈万・二六五一〉
どこも-かしこも【▽何▽処も▽彼▽処も】〔連語〕どの場所と限らず、全体にわたっているようすを表す。どこもかも。「—桜が満開だ」「—傷だらけだ」
どこ-もと【▽何▽処▽許】〔代〕不定称の指示代名詞。どのあたり。どこら。「—なりとも、片陰のよさそうな所に居たいの」〈虎清狂・猿座頭〉
とこ-や【床屋】《江戸時代、髪結いが床店(とこみせ)で仕事をしていたところから》髪結い床。また、理髪店。
とこ-やま【床山】❶歌舞伎などで、興行中楽屋に詰めて、俳優の使用するかつらの結髪・修理・保管その他一切を扱う人。昔は俳優自身の髪を結った。❷相撲で、力士のまげを結うことを業とする人。
とこ-やみ【常闇】永久に暗闇であること。永遠の闇。「身辺忽ち—となりて」〈鴎外訳・即興詩人〉
どこ-やら【▽何▽処やら】■〔名〕場所をはっきりそこと示さないでいう。どこかあるところ。「—へ行くそうだ」■〔副〕それとはっきり示せないが、なんとなく。どことなく。「—父親似の顔」
とこ-よ【常世】❶「常世の国❶」に同じ。「—にと我が行かなくに小金門(をかなと)にもの悲しらに」〈万・七二三〉❷「常世の国❷」に同じ。「田道間守(たぢまもり)—に渡り」〈万・四一一一〉❸永久に変わらないこと。永遠。「我妹子(わぎも)

が見し鞆(とも)の浦のむろの木は―にあれど見し人そなき」〈万・四四六〉

とこ-よ【常夜】いつも夜であること。常闇(とこやみ)。「これに因りて―往きき」〈記・上〉

とこよ-の-かみ【常世の神】〔連語〕常世の国❷の神。長寿・富などを授けるとされる。「太秦(うづまさ)は神とも神と聞え来る―を打ち懲(きた)ますも」〈皇極紀・歌謡〉

とこよ-の-くに【常世の国】〔連語〕❶死者の行く永遠の世界。黄泉(よみ)の国。❷古代、海のかなたにあると考えられた不老不死の国。

とこよ-の-ながなきどり【常世の長鳴き鳥】鶏(にわとり)の別名。「―を集めて鳴かしめて」〈記・上〉

とこよ-もの【常世物】《常世の国❷から田道間守(たじまもり)が持ち帰ったと伝えられるところから》橘(たちばな)の古名。「―この橘のいや照りにわご大君は今も見るごと」〈万・四〇六三〉

どこ-ら【▽何▽処ら】〔代〕不定称の指示代名詞。どこのあたり。どのへん。どこいら。「工事のほうは―まで進んでいますか」(類語)どこ・いずこ・どの辺

ところ【所┊▽処】㊀〔名〕❶空間的な場所。人や物が存在する場所。㋐住んでいる場所。住所。住居。「お―とお名前を教えてください」㋑その地域。地方。「―の人に尋ねる」㋒連体修飾語によって限定される場所。「県庁のある―」❷抽象的な場所。場面。範囲。多く、連体修飾語によって限定される場所や部分をいう。㋐ふさわしい地位や立場。「職場で―を得る」㋑その人の所属している組織や集団。「知り合いの―に発注する」㋒部分。箇所。点。「悪い―を直す」「粋な―のある人だ」㋓場面。局面。「今の―おとなしい」「今日の―は許してやろう」㋔ちょうどその所。場合。際。おり。「さっき着いた―だ」㋕事柄。内容。こと。「思う―あって辞任する」「自分の信じる―を貫く」㋖範囲。程度。「調べた―では、そんな事実はない」「歩いて三〇分といった―かな」㋗(数量を表す語に格助詞「が」が付いた形を受けて)だいたいの程度を表す。「一〇分が―遅れた」「一万円が―借りている」❸(「どころ」の形で)㋐名詞に付いて、それが名産となっている地域を表す。「米―」「茶―」㋑動詞の連用形に付いて、その動作の行われる場所や部分、またその対象となる部分をいう。「うわさの出―」「つかみ―のない人」㋒動詞の連用形に付いて、その動作をするのによい場所や部分、そうすべき場所や部分をいう。「ごみの捨て―」「見―のある新人」「心のより―」㋓名詞や形容詞・形容動詞の語幹に付いて、それにあてはまる人々の意を表す。「中堅―が脇を固める」「きれい―を集める」❹㋐《漢文の、受身を表す「所」の訓読から。「…ところとなる」の形で》前に置かれた語句が示す行為の対象であることを表す。「世人の称賛する―となった」㋑《西洋語の関係代名詞の翻訳から、格助詞「の」を介して、体言またはそれに準じるものを修飾して》連体修飾語の役割をする。多く翻訳調の文章に用いられる。「世に知られている―の画家」「かつて訪れた―の屋敷」❺(「…したところ」の形で接続助詞的に用いて)上述した内容を条件として文を続ける。順接にも逆接にも用いる。「訪ねた―、不在だった」「依頼した―、断られた」❻「蔵人所(くろうどどころ)」「武者所(むしゃどころ)」などの略。㊁〔接尾〕助数詞。❶場所や箇所などを数えるのに用いる。「傷口を三―も縫った」❷貴人の人数を数えるのに用いる。「女御子たちふた―この御腹におはしませど」〈源・桐壺〉

(…句)帰する所・此処(ここ)の所・十指の指す所・十目(じゅうもく)の視(み)る所十手(じゅって)の指す所・早い所・日没する処(ところ)

(類語)場所・地点・点・箇所・ポイント・スポット

所変われば品変わる　土地が違えば、風俗・習慣なども違う。

所に付・く　その場所にふさわしくする。「―・けたる御贈り物どもささげ奉り給ふ」〈源・若菜〉

所へ持(も)ってきて　ある事に加えて、また別の事が起こる意を表す。「風邪をひいた―足まで挫(くじ)いてしまった」

所を◦得る　よい地位や境遇を得る。適した職を得て力を発揮する。「―◦得て存分に活躍する」

所を置・く　遠慮する。はばかる。「この世には我に所置き給ふべし」〈大鏡・時平〉

所を去・る　❶その場所を避けて他に移る。「つれづれなるもの、所去りたる物忌み」〈枕・一三九〉❷遠慮する。「所避(さ)り聞こえ給ふ御心深く」〈源・横笛〉

ところ【野=老】ヤマノイモ科の蔓性(つるせい)の多年草。原野に自生。葉は心臓形で先がとがり、互生する。雌雄異株。夏、淡緑色の小花を穂状につける。根茎にひげ根が多く、これを老人のひげにたとえて野老(やろう)とよび、正月の飾りに用い長寿を祝う。根茎をあく抜きして食用にすることもある。おにどころ。(季 新年)「―うり声大原の里びたり/其角」

どころ【所┊▽処】「ところ(所)㊀❸」に同じ。「お茶―」「つかみ―」

どころ〔副助〕《形式名詞「ところ」が連濁により音変化したものから》名詞または名詞に準じる語、活用語の終止形に付き「どころではない」などの形で、ある事態をあげ、そのようななまやさしい程度のものではないという意を表す。「勉強に追われて、遊ぶ―ではない」「暑い―の騒ぎじゃない」

ところ-あて【所宛┊所充て】平安中期から鎌倉時代、諸官司や諸官寺の別当を任命して職務・行事の担当をきめたこと。

ところ-あらわし【所▽顕し】(ところあらはし)《女の家の所在地を顕す意》平安時代、結婚の成立を披露する宴。男が女のもとに通い始めて数日後に、女の家で婿とその従者をもてなし、舅と婿が対面した。「四五日ありてぞ御―ありける」〈栄花・ゆふしで〉

ところえ-がお【所得顔】(…がほ)〔名・形動〕よい地位や境遇を得て満足した顔つき。また、そのさま。得意顔。「―に振る舞う」

ところが〔接〕《接続助詞「ところが」から》前の事柄から予想されるものと相反する内容を導く。そうであるのに。しかるに。「評判はあまりよくなかったんだ。―見ると聞くとでは大違いだったよ」(類語)だが・しかし・けれど・けれども・それでも・でも・しかしながら・然るに

ところが〔接助〕《形式名詞「ところ」＋格助詞「が」から》過去の助動詞「た」の終止形に付く。❶前述の事柄を受けて、それがきっかけとなってある事実を確認したりある事態が生じたりする意を表す。…てみると。ところ。「友人を訪ねた―、うまい具合に在宅だった」「狸の囃子(はやし)があると咄(はなし)をしだした―、女連も茶屋の婆さんもずいぶん請けやしたが」〈滑・八笑人・五〉❷逆接の仮定条件を表す。多く、前述の事柄を受けて好ましくない結果を予想するときに用いる。…としても。ところで。「頼んだ―色よい返事は期待できない」「七円五十銭の家賃の主人なんざあ、主人にした―見事な主人じゃない」〈漱石・琴のそら音〉(補説)「ところが」は近世後期以降用いられた。❷は現代語では「ところで」を用いるのが普通。

どころか〔副助〕《副助詞「どころ」＋副助詞「か」から》名詞または名詞に準じる語、活用語の終止形に付く。ある事柄を挙げ、それを否定することによって、あとの内容を強調する。「文章―、自分の名前も書けない」「成功する―、失敗ばかりしている」

ところ-がえ【所替え】(…がへ)〔名〕(スル)❶場所を他にかえること。「年内に事務所を―する」❷武家時代、大名・小名の領地を他に移しかえたこと。移封(いほう)。転封。国替え。

ところ-がき【所書(き)】紙などに住所を書きつけること。また、その書いた住所。「―を頼りに居所をさがす」(類語)住所・所番地(ところばんち)・番地・アドレス

ところ-がまえ【所構え】(…がまへ)▶所払い

ところ-がら【所柄】その場所の性質。場所柄。「―をわきまえた服装」「―魚がうまい」

(類語)場所柄・土地柄

ところ-がわ【常呂川】(…がは)北海道北東部を流れる川。石狩山地の三国山(標高1541メートル)に源を発し、北見市でオホーツク海に注ぐ。長さ120キロ。上流は森林が豊富、中流域は北見盆地で農業地帯。河口からサロマ湖にのびる砂丘上に常呂遺跡がある。秋にはサケが遡上(そじょう)する。

ところ-ことば【所言葉】その土地の言葉。方言。「異名を―にて杓(しゃく)と言へり」〈浮・一代男・三〉

ところ-ざけ【所酒】その土地でつくられる酒。地酒(じざけ)。「―の辛口」〈浮・永代蔵・一〉

ところざわ【所沢】(ところざは)埼玉県南部の市。南西に狭山丘陵が広がり、狭山湖(山口貯水池)や西武園遊園地・球場・競輪場などがある。人口34.2万(2010)。

ところざわ-し【所沢市】(ところざは-)▶所沢

ところ-じち【所質】中世の質取り行為の一。債権者が債務の支払いを求めて、債務者の属する組織体の成員やその動産を私的に差し押さえること。

ところ-じまん【所自慢】自分の故郷や、現在住んでいる所を自慢すること。

ところ-ずら【野=老▽葛】(…づら)㊀〔名〕トコロの古名。「稲幹(いながら)に這ひ廻(もとほ)ろふ―」〈記・中・歌謡〉㊁〔枕〕❶同音の繰り返しで「常(とこ)しく」にかかる。「―いや常しくに我かへり見む」〈万・一一三三〉❷芋を掘るとき、つるをたどるところから、「尋(と)め行く」にかかる。「懸(か)け佩(は)きの小大刀(をだち)取り佩き―尋め行きければ」〈万・一八〇九〉

ところせき-な・し【所▽狭きなし】〔形ク〕《「なし」は形容詞をつくる接尾語》余す所がない。「金比羅の祭りに、余多(あまた)の見物、讃岐円座の―・く」〈浮・二十不孝・五〉

ところ-せ・し【所▽狭し】〔形ク〕❶場所が狭い。いっぱいで余地がない。「小さき屋ども作り集めて奉り給へるを、―・きまで遊び広げ給へり」〈源・紅葉賀〉❷堂々としている。「さるおほのかなるものは、―・くやあらむ」〈枕・九七〉❸気づまりである。窮屈である。「かくよろづに―・き身を」〈狭衣・一〉❹取り扱いにくい。やっかいである。「箏(さう)の琴は中の細緒の堪へがたきこそ―・けれ」〈源・紅葉賀〉

ところ-せま・い【所狭い】〔形〕文ところせま・し〔ク〕場所がせまい。せまくて窮屈である。「―・く人が立ち並ぶ」「―・しと雑誌を広げる」

ところせまし-と【所狭しと】〔連語〕(副詞的に用いて)場所が狭く感じられるさま。窮屈なさま。

ところ-そだち【所育ち】その土地に生まれ育つこと。また、その人。「―も物紛れして」〈浮・一代男・四〉

ところ-たがえ【所▽違へ】(…たがへ)ある場所と他の場所をまちがえること。「―などならば、おのづからまた言ひに来なむ」〈枕・二七七〉

ところで〔接〕《接続助詞「ところで」から》❶いったん言葉を切って、話題を変えるとき用いる。ときに。それはそれとして。「―あなたはどうします」❷㋐それで。ゆえに。「其のくじに―くじが出たぞ。―臣下共が、今年ばかり代を御もちあらうかと」〈蒙求抄・一〉㋑けれども。だが。「こなたへは参り候ふまいといふぞ。―三度まで行かれたぞ」〈蒙求抄・一〉

ところで〔接助〕《形式名詞「ところ」＋格助詞「で」から》過去の助動詞「た」の終止形に付く。ある事態が起こっても、何もならないか、または、好ましくない状態をひき起こすことを予想させる意を表す。…しても。…たとしても。「警告を発した―聞き入れはすまい」「たとえ勝った―後味の悪い試合だ」(補説)「ところで」は中世後期以降用いられ、初めは順接の確定条件を表した。「人多い―見失うた」〈虎明狂・二九十八〉。近世後期になって、逆接の確定または仮定条件が生まれた。近代以降は、もっぱら逆接の意にのみ用いられ、「ところが」の領域をも占めるようになった。現代語では、「たとえ」「よし」「よしんば」などの副詞と呼応して用いられることが多い。

ところ-てん【心=太┊瓊=脂】海藻のテングサを煮て寒天質をこし、型に流し込んで冷やし固めた食品。ところてん突きで突き出してひも状にし、酢醤油・二杯酢などをかけて食べる。夏の味覚とされる。(季 夏)

ところてん-ぐさ【心=太草】テングサの別名。

ところてん-しき【心=太式】ところてん突きで突き出されるように押されて自然に先へ進むこと。また、そういう方式。「―に大学に進む」

ところてん-つき【心=太突き】ところてんを細く突

き出すための用具。長方形の箱型の筒で、一端に格子の網目があり、もう一端からところてんを入れて棒で突く。てんつき。

ところ-どう【所×籐】所々に籐を巻いた弓。

ところ-どころ【所所｜▽処▽処】❶あちらこちら。あちこち。「一に支店をつくる」「一誤りのある文章」❷「人々」の敬称。かたがた。「ここかしこにうち忍びて通ひ給ふ一は」〈源・葵〉

(類語)あちこち・そちこち・そこかしこ・そここ・所所・方方

ところ-な・し【所無し】〔形ク〕人や物が密集して空いた所がない。すきまがない。「一条の大路、一・くむくつけきまで騒ぎたり」〈源・葵〉

ところ-ならわし【所習はし】ならはし その土地の風習。「頭つきは一にして後ろ下がりに髪先短く」〈浮・五人女・五〉

ところに〔接〕《接続助詞「ところに」から》❶ちょうどその時に。そこで。「国をかけ落ちしましてござんす。一源五兵衛にめぐりあひましてござんす」〈伎・幼稚子敵討〉❷ところが。しかるに。「拙者儀は旦那のお気に入り。一お前方のお祝ひの酒を食ひ過ごし、御勘気を請けて」〈伎・幼稚子敵討〉

ところに〔接助〕❶逆接の意を表す。…けれども。「身に逢うたらば、悦ばう一、かへって手向ひするは何事ぞ」〈伎・なぐさみ曽我〉❷順接の意や単純な接続を表す。「イソポ風呂ニ行ッテミルー、ソノ風呂屋ノ前ニスルドナ石ガーツ出テアッタガ」〈天草本伊曽保・イソポが生涯〉

ところ-の-しゅう【所の衆】平安時代、蔵人所に属して雑事をつとめた者。六位の者の中から選ぶ。衆。

ところ-の-もの【所の物】その土地の産物。

ところ-ばらい【所払い】はらひ 江戸時代の刑罰の一。居住の町村から追放し、立ち入りを禁止するもの。所構え。

ところ-ばんち【所番地】居住地などの地名と番地。(類語)住所・アドレス・番地・所書き

ところ-へ ㊀〔接〕接続詞「ところに」に同じ。「又心配になる。一野々宮から電報が来た」〈漱石・三四郎〉㊁〔連語〕(「…たところへ」「…ているところへ」などの形で接続助詞的に用いて)ある事態になったその時に、または、ある事態になっている時に、別の事態が引き続き起こる意を表す。「私が席に着いた一彼が入ってきた」「寝ている一電話がかかった」

ところ-まだら【所▽斑】〔名・形動〕❶所々まだらでむらのあること。また、そのさま。「貧相な顔に一な厚化粧をして」〈志賀・真鶴〉❷所々を省略すること。また、そのさま。「一に言ひきかせければ」〈咄・醒睡笑・五〉

ところを〔接助〕《形式名詞「ところ」＋格助詞「を」から》通常のやり方や予期・予定などに反することを行う意を表す。本当なら…のに。「こちらから行くべき一来ていただく」「縦に並べる一横にする」

とこ-わか【常若】〔名・形動ナリ〕いつまでも若々しいこと。また、そのさま。「いつとなく君によはひをゆづりはのなほ一に栄ゆべらなり」〈林葉集〉

とこ-わき【床脇】❶床の間の脇。❷床脇棚のこと。

とこわき-だな【床脇棚】床脇に設けた棚。違い棚・袋棚・地袋などの種類がある。床棚。

と-こん【吐根】アカネ科の常緑低木。高さ約80センチ。葉は楕円形で対生し、筒状の白い小花が密に集まって咲く。根を乾燥したものを吐剤とし、またアメーバ赤痢の特効薬とする。ブラジルの原産で、東南アジアで栽培。

ど-こんじょう【ど根性】ジャウ ❶根性を強めていう語。「一のある奴」❷根性をののしっていう語。「いたづら娘の一と同じことで」〈伎・隅田川続俤〉

とさ【土佐】㊀旧国名の一。現在の高知県にあたる。土州。㊁高知県中部の市。仁淀川下流西岸に位置する。藺や柑橘類の栽培、和紙製造が盛ん。また、鰹節の産地。人口2.9万(2010)。

と-さ〔連語〕《格助詞「と」＋終助詞「さ」》ややぞんざいな気持ちをこめて引用・伝聞する意を表す。…だそうだ。…だって。「それで長者になった一」

どさ 地方。田舎。演劇・演芸などでいう。

どざ【土左】「土左衛門」の略。

ど-ざ【土座】「土間」に同じ。

トサー〖tosser〗▶セッター❷

と-ざい【吐剤】胃の中の物を吐き出させるために使う薬剤。催吐薬。吐き薬。

と-ざい【徒罪】▶徒

ど-さい【×駑才】《「どざい」とも》❶駑馬のように、愚かで鈍い才能。また、その人。鈍才。❷自分の才能をへりくだっていう語。非才。

とさ-いぬ【土佐犬】❶日本犬の一。高知地方にみられ、中形で毛色はごまや赤色。猪狩りに用いられた。四国犬。❷土佐闘犬のこと。

とさ-え【土佐絵】ヱ 土佐派の人々が描いた絵。また、その画風。

どざえもん【土左▽衛門】ヱモン《ふくれあがった水死体を、享保(1716〜1736)ころの江戸の力士成瀬川土左衛門の色白の肥満体に見立てて言いだしたものという》おぼれて死んだ人のからだ。水死体。

と-さか【鶏=冠】鶏・キジなどの頭の上にある肉質の冠状の突起物。ふつう雄に発達。肉冠。

鶏冠に来る 怒りでかっとなる。頭に来る。

とさか-じゅん【戸坂潤】[1900〜1945]哲学者・評論家。東京の生まれ。新カント学派から転じてマルクス主義哲学を研究し、唯物論研究会を創立、軍国主義に反対した。昭和13年(1938)検挙され、敗戦直前の8月9日に獄死。著「科学論」「日本イデオロギー論」。

とさか-のり【鶏=冠海=苔】ミリン科の紅藻。太平洋岸にみられ、大きさは20〜30センチ、不規則に分かれ、鮮紅色で鶏のとさかに似る。刺身のつまやサラダとして食べる。

どさ-くさ ㊀〔名〕突然の出来事や急用などのため混乱している状態。「一にまぎれて逃げ出す」㊁〔副〕スル ごたごたして落ち着きを失っているさま。「引っ越しで一している」

(類語)ごたごた・いざこざ・混乱・騒ぎ・騒動

どさくさ-まぎれ【どさくさ紛れ】混乱している状態に乗じて悪事などをすること。「火事騒ぎの一に盗まれたらしい」

とさ-し【土佐市】▶土佐㊁

と-ざし【▽鎖し｜×扃し】❶門戸をとざすこと。また、とざした門戸。「訪ふべき一もなかりけり」〈平治・下〉❷門戸をとざす道具。錠・掛け金の類。「鎰も一もあらばこそ」〈催馬楽・東屋〉

とさしみず【土佐清水】高知県南西部、太平洋に面する市。鰹節の製造が盛ん。足摺岬・竜串などの観光地がある。人口1.6万(2010)。

とさしみず-し【土佐清水市】▶土佐清水

とさ-じょうゆ【土佐×醤油】ジャウユ 鰹節のだしの入った醤油。刺身・冷ややっこなどに用いる。

とさ-じんじゃ【土佐神社】高知市にある神社。祭神は味鉏高彦根命。土佐国一の宮。通称、志奈禰様。

と-ざ・す【閉ざす｜▽鎖す】〔動サ五(四)〕❶戸や門をしめて錠をおろす。開いている所をしめる。「固く一・された山門」「口を一・す」❷出入り口や通路をふさいで行き来できないようにする。「道を一・す」「国を一・す」❸(主に受身の形で)何かですっかりおおって、動きがとれないようにする。閉じ込めて、出られないようにする。「暗闇に一・された世界」「心が悲しみに一・される」(可能)とざせる

(類語)閉める・閉じる・閉てる・ふさぐ・封じる・閉め切る

と-さつ【×屠殺】〔名〕スル 家畜類を殺すこと。屠畜。

と-さつ【塗擦】〔名〕スル 塗りつけて、すり込むこと。「軟膏を一する」(類語)塗る・塗抹・塗布

とさつ-いん【都察院】ヰン 中国、明・清時代の監察機関。明の洪武帝が御史台を改編して設置。百官の非違糾弾、行政の監察をつかさどった。

どさっ-と〔副〕❶「どさり❶」に同じ。「大きな包みが一落ちる」❷「どさり❷」に同じ。「注文が一来る」

とさ-とうけん【土佐闘犬】犬の一品種。明治の初期に、在来の土佐犬にマスチフやブルドッグなどを交配・改良して闘犬用に作出された。土佐犬。

どさ-どさ〔副〕❶重い物がたくさん続いて落ちるさま。「荷物を一(と)投げ込む」❷大ぜいの人が一度に入り込むさま。「警官が一(と)入ってくる」

とさ-に【土佐煮】醤油に鰹節とみりん・酒を加えて作る土佐醤油を使った煮物。また、煮物に鰹節を加えて仕上げる料理もいう。

とさにっき【土佐日記｜土左日記】平安中期の旅日記。1巻。紀貫之作。承平5年(935)成立とされる。任地の土佐を船出して都に帰るまでの55日間の出来事を、作者を女性に仮託して仮名書きで記したもの。仮名文日記の最初のもの。とさのにき。

とさ-の-いん【土佐院】ヰン 土御門天皇の異称。承久の乱後、土佐に流されたところからいう。

とさのすなやま【十三の砂山】青森県の民謡。五所川原市市浦地区、十三の盆踊り歌。江戸中期に北前船の船乗りにより伝えられた酒田節が原歌。

とさ-は【土佐派】平安時代以来の大和絵の伝統を受け継いだ画派。室町前期、宮廷の絵所預であった藤原行光が祖とされ、行広が土佐を名のって成立。室町後期の土佐光信によって隆盛をみた。漢画の狩野派と並ぶ画派として江戸末期まで続いた。

とさ-ばんし【土佐半紙】土佐から産し、工芸紙として良質な半紙。

とさ-ぶし【土佐節】❶土佐で作られる鰹節。❷古浄瑠璃の一派。土佐少掾橘正勝が語りはじめたもの。延宝〜宝永(1673〜1711)のころ、江戸で流行。

と-ざま【▽外様｜▽外▽方】❶鎌倉幕府以後、将軍の一門または譜代の家臣でないこと。また、そのような武家・大名。➡親藩 ➡譜代 ❷組織の中などで、主流でなく、傍流の立場にあること。また、その人。「一では出世は難しい」

とざま-こうざま〔副〕《「とさまかくさま」の音変化。「とさまこうさま」とも》あれやこれや。あれこれ。「一考えた末終に」〈子規・仰臥漫録〉

とざま-ざむらい【▽外様侍】江戸時代、外様大名の家来。

とざま-しゅう【▽外様衆】室町中期以降、足利氏の一門やその本来の家臣でない諸侯の家格を表す呼称。とざましゅ。

とざま-だいみょう【▽外様大名】ダイミャウ 江戸幕府で、親藩・譜代以外の大名。主に関ヶ原の戦いののち徳川氏に臣従した諸侯。➡譜代大名

どさ-まわり【どさ回り】まはり ❶芝居などの一座が、地方を興行して回ること。旅興行。また、もっぱら地方巡業をしている劇団など。❷盛り場などをうろつき回るならず者。地回り。(類語)巡業・旅回り

とさ-みずき【土佐水木】みづき マンサク科の落葉低木。高知県の山地に自生。葉は倒卵形で裏面に軟毛がある。春、葉より先に、淡黄色の小花が7〜10個の穂状に垂れて咲く。庭園によく植えられる。(季 春)

とさ-みつおき【土佐光起】[1617〜1691]江戸前期の画家。堺の人。光則の子。承応3年(1654)室町末期以来とだえていた宮廷の絵所預となり、土佐家を再興、江戸時代の土佐様式をつくりあげた。のち剃髪して常昭と号し、法眼にまで進んだ。

とさ-みつなが【土佐光長】▶常盤光長

とさ-みつのぶ【土佐光信】[?〜1522ころ]室町後期の画家。宮廷の絵所預、幕府の御用絵師をも務め、将監さらには刑部大輔に任じられ、画家として最高の地位をきわめて土佐派の画系を確立。絵巻・肖像画・仏画から工芸品の下絵まで幅広く活躍。作「清水寺縁起絵巻」など。

とさみなと-いせき【十三湊遺跡】青森県五所川原市市浦地区にある中世の港町の遺跡。町並みや館の遺構が確認され、中国・高麗製のものを含む大量の陶磁器などを出土した。

とさ-ゆきひろ【土佐行広】室町前期の画家。姓は藤原。宮廷絵所の絵師。応永13年(1406)土佐将監の記録が残り、土佐派を名のった最初の画人とされ

る。作「融通念仏縁起絵巻」など。生没年未詳。

どさり〘副〙❶重い物を一度におろしたり、重い物が落ちたり倒れたりする音や、そのさまを表す語。「背負った包みを—と置く」❷大量のものが一度に移動するさま。どっさり。「書類を—と届ける」

とさ-わん【土佐湾】高知県南岸、室戸むろと岬から足摺あしずり岬に至る湾。湾内は大陸棚が広く、湾岸には漁業基地が点在。

と-さん【渡×盞】杯をのせる台。さかずき台。「例の—出でて、祇園細工の足付きに」〈浮・一代男・一〉

と-ざん【登山】〘名〙スル ❶山に登ること。山登り。「家族連れで—する」「—家」《季 夏》㊥下山。❷山上の寺社に参詣すること。

(類語)山登り・登頂・登攀とうはん・クライミング

ど-さん【土産】《「とさん」とも》❶その土地の産物。❷みやげもの。みやげ。(類語)産物・物産・産

どさん-こ【▽道産子】❶北海道産の馬。❷北海道生まれの人。

どさん-せん【土讃線】四国、多度津たどつから高知を経て窪川くぼかわに至るJR線。昭和26年(1951)全通。瀬戸内海側と太平洋側を結ぶ。全長198.7キロ。

とざん-てつどう【登山鉄道】―テツダウ 山のふもとから、中腹や頂上まで通じる登山用の鉄道。登山電車。

とざん-りゅう【都山流】―リウ 尺八の流派の一。明治29年(1896)大阪で初世中尾都山が創始。古典的な琴古流に対して、新曲の演奏に特色がある。

とし【年・▽歳】❶時の単位。1月1日で始まり、12月31日に終わる12か月間。陽暦では、地球が太陽の周囲を1周する時間、365.2422日を1年とする。陰暦では、月が地球を12周する時間を1年とする。❷多くの歳月。年月。「—を経た神木」❸㋐年齢。「—を取る」「—のわりには元気だ」㋑人生の盛りを過ぎた年齢。老齢。「—を感じる」❹穀物、特に稲。また、稲が実ること。「我が欲ほりし雨は降り来きぬかくしあらば言挙ことあげせずとも—は栄えむ」〈万・四一二四〉❺季節。時節。「今年はあやしく—急ぎて(=早ク春ガ来テ)」〈宇津保・春日詣〉(補説)「とし」は元来穀物を意味し、1回の収穫に1年かかるので「年」を意味するようになったという。(類語)(❶)年次・歳/(❸)年齢・齢・馬齢・春秋

(一語)明くる年・好い年・大年・一昨年・騎竹の年・来る年・犬馬の年・今年・半年・旧年・毎年・耳順う年・行く年・翌年 (どし)相年・当たり年・いけ年・生まれ年・裏年・閏年・御厄年・同い年・数え年・困窮年・年年・生り年・貰い年・厄年

年有・り ❶稲が豊作である。「—・れば秋の雲なすいな筵かりしく民のたたぬ日ぞなき」〈新勅撰・賀〉❷年月が経過する。「予、此の人を教ふる事—・り」〈去来抄・同門評〉

年遅・し 閏月うるうづきなどがあって、季節の到来が例年よりも遅い。「年いと遅き年にて、三日かみの十日ばかり花ざかりなる」〈宇津保・国譲下〉

年が明あ・ける 新しい年が始まる。新年となる。

年が改ま・る ❶新年になる。「政局混迷のまま—・る」《季 新年》❷年号が変わる。改元する。

年が行・く ❶年を取る。「彼は私よりも—・っている」❷1年が終わろうとする。

年が返・る 新年になる。年が改まる。「あらたまの年返るまで相見ねば」〈万・三九七九〉

年が替わ・る ❶新年になる。年が改まる。《季 新年》❷年号が変わる。改元する。

年が積も・る 老年になる。「あまり年つもりなば、その御心ばへもつひに衰へなむ」〈源・若菜下〉

年が年 かなりの高齢であること。相当の年齢。「—だから無理がきかない」

年寒くして松柏しょうはくの凋しぼむに後おくるるを知る 《「論語」子罕から》寒い冬にこそ、他の植物がしおれても、松や柏かしわが緑を保っていることがわかる。人の真価は艱難かんなんにあって初めて知られるたとえ。

年高・し 年を取っている。高齢である。「仏の御年よりは御—・し」〈大鏡・陽成〉

年立ち返・る 「年が返る」に同じ。「—・る朝あしたの空の気色」〈源・初音〉

年立・つ ❶年が明ける。新年になる。《季 新年》「—・つや音なし川は闇の中/万太郎」❷年月が経過する。「吹き抜けの風穴があるということを、—・ってから聞きましたが」〈鏡花・高野聖〉

年足た・る 相応の年齢になる。「いはけなく—・らぬほどにおはすとも」〈源・東屋〉

年問わんより世を問え 《「問わん」の「ん」は推量の助動詞の婉曲用法》年齢の多少を問題にするよりも、その人がどう生きてきたかを問題にせよ。

年には勝て・ない 年を取ると、健康や体力が思うようにならない。「やる気は十分だが—・ない」

年に不足はな・い ❶もう十分に年を取っていていつ死んでも不満はない。❷年齢が若すぎるということはない。「結婚するには—・い」

年の余あまり 陰暦で、閏月うるうづきのあること。「この月の—に足らざらば鶯ははや鳴きぞしなまし」〈後撰・冬〉

年は争あらそえ・ない 老年になると、からだの衰えには勝てない。また、いくら若く見えても、年を取っていることは隠せない。「こんな古い映画を知っているようでは—・ないね」

年深・し 多くの年月を経ている。また、年老いている。「—・き身の、かうぶりをかけむ、何か惜しからむ」〈源・若菜下〉

年守も・る 大みそかの夜、家中の者が眠らずに夜を明かして元旦を迎える。としまもる。《季 冬》「—・る夜老いはたふとく見られたり/蕪村」

年を食・う 年を取る。「彼はかなり—・っているね」

年を越・す 旧年を送り、新年を迎える。越年する。「旅先で—・す」《季 冬》

年を取・る ❶年齢を加える。「—・ればそれだけ世間が見えてくる」❷老齢になる。「—・った人」

年を拾ひろ・う 年をとる。

年を経へ・る ❶長い年月を過ごす。「—・経た建物」❷年齢を重ねる。老いる。「色も香も同じ昔に咲くらめど年経ふる人ぞ改まりける」〈古今・春上〉

年を跨また・ぐ 次の年にかかる。2年ごしになる。「—・いで交渉する」

と-し【×杜詩】中国唐代の詩人である杜甫とほの詩。

と-し【妬視】〘名〙スル ねたんで見ること。嫉視しっし。

と-し【徒死】〘名〙スル むだ死にすること。犬死に。「無益な戦いに—する」

と-し【都市】多数の人口が比較的狭い区域に集中し、その地方の政治・経済・文化の中心となっている地域。「商業—」「学園—」(類語)都会

と・し【▽利し・▽鋭し・▽疾し・▽敏し】〘形ク〙❶(利し・鋭し)切れ味がよい。鋭い。「剣大刀つるぎたち諸刃もろはの—・きに足踏みて死なば死なむよ君によりては」〈万・二四九八〉❷(疾し)㋐勢いが激しい。「ぬばたまの夜さり来れば巻向まきむくの川音高しも嵐かも—・き」〈万・一一〇一〉㋑速力が早い。迅速である。「足—・き御馬に移鞍うつしおきて」〈源・夕霧〉㋒時期が早い。また、時間の経過が早い。「春や—・き花や遅きと聞き分かむ鶯だにも鳴かずもあるかな」〈古今・春上〉「うすものの表紙は—・く損ずるがわびしき」〈徒然・八二〉❸(敏し)頭の働きなどが機敏である。賢い。「心—・きものにて、ふと思ひ寄りぬ」〈源・葵〉

と-し〘連語〙《格助詞「と」＋副助詞「し」》「と」を強めていう語。「生きと—生けるもの」

とじ【▽刀自】《「戸主とぬし」の意で、「刀自」は当て字》❶年輩の女性を敬愛の気持ちを込めて呼ぶ称。名前の下に付けて敬称としても用いる。❷一家の主婦。「からたちの茨うばら刈り除そけ倉建てむ屎くそ遠くまれ櫛くし造る—」〈万・三八三二〉❸宮中の御厨子所みずしどころ・台盤所だいばんどころ・内侍所ないしどころなどで雑役を勤めた女官。「台盤所の—といふ者の」〈枕・一三八〉❹貴族の家に仕えて家事を扱う女性。「宮々の—」〈栄花・わかばえ〉

と-じ【×杜氏】▶とうじ(杜氏)

と-じ【徒事】むだなこと。むだごと。

と-じ【徒×爾】〘名・形動〙無益であること。また、そのさま。むだ。「—に終わる」

と-じ【途次】ある所へ向かう途中。道すがら。「帰省の—友人を訪ねる」

とじ【×綴じ】とぢ とじること。とじたもの。とじ方。「—が甘い」「和—」

どし【▽同士】《「どうし」または「どち」の音変化という》❶動作・性質・状態などにおいて互いに共通点をもっている人。同じ立場である者。名詞の下に付いて接尾語的にも用いる。「如何に気の弱い—であったろう」〈左千夫・野菊の墓〉「況まして大人—…貴賤の区別は中々喧やかましいことで」〈福沢・福翁自伝〉❷なかま。つれ。友人。「結句路次ろじで—口論し」〈虎明狂・文山立〉

どじどぢ〘名・形動〙《歴史的仮名遣いは、通常「どぢ」とするが、語源不明》間の抜けた失敗をすること。また、そのさま。へま。「—なまねをする」「—な奴」

(類語)ぽか・へま・失敗・失策・過失・過誤・不覚・粗相・しくじり・間違い・ミス・エラー

どじを踏・む 間の抜けた失敗をする。へまをやる。「取引で—・む」

とじ-あわ・す【×綴じ合(わ)す】とぢあはす ㊀〘動サ五(四)〙「綴じ合わせる」に同じ。「答案を—・して束にする」㊁〘動サ下二〙「とじあわせる」の文語形。

とじ-あわ・せる【×綴じ合(わ)せる】とぢあはせる〘動サ下一〙図とぢあは・す〘サ下二〙重ねて一つに綴じる。「書類を—・せる」

とじ-いと【×綴じ糸】とぢ― 物を綴じ合わせる糸。

とし-うえ【年上】―うへ 年齢が上であること。また、その人。年長。年嵩としかさ。㊥年下。(類語)年かさ・年長

とし-うら【年▽占】1年間の吉凶、特に農作物の豊凶を占うこと。粥占かゆうら・豆占まめうらなど。▶年見とし

トジェビーチ〘Třebíč〙チェコ南部にある町。ユダヤ人の居住区と墓地、13世紀に建てられたカトリックの聖プロコピウス聖堂は、2003年に「トジェビーチのユダヤ人街とプロコピウス聖堂」として世界遺産(文化遺産)に登録された。トシェビーチ。トシェビチ。

とし-おい【年老い】年をとっていること。老人。

とし-お・いる【年老いる】〘動ア上一〙図としお・ゆ〘ヤ上二〙年をとる。老齢になる。「—・いた両親」

とし-おけ【年×桶】―をけ 正月に、供物の米・餅もちなどを入れて年神に供える桶。

とし-おとこ【年男】―をとこ ❶その年の干支えとに当たる男性。節分の豆まき役となる。❷一家を代表して正月の行事を取りしきる役目の男性。若水をくんだり、年神の供物をととのえたりする。普通はその家の主人があたる。せちおとこ。わかおとこ。《季 新年》「白魚の塵も撰りけり—/言水」

とし-おろし【年卸し】中国地方で、正月の年神祭りの終わりの日に年桶を神前からおろす行事。5日または11日にする所が多い。

とし-おんな【年女】―をんな その年の干支えとに当たる女性。節分の豆まきをするようになったのは近年に生じた風潮。

とし-か【都市化】―クワ〘名〙スル 産業化による人口の都市への集中、それに伴って都市型生活様式が形成され、その都市周辺や農村へ拡大していくこと。また、その過程。

とし-がい【年▽甲×斐】―がひ 年齢にふさわしい思慮や分別。

年甲斐もな・い 年齢にふさわしくなく愚かである。「—・く派手なけんかをしてしまった」

とし-かさ【年×嵩】❶年齢がほかの人より多いこと。また、その人。年上。年長。「いちばん—の少年」「三つ—の友人」❷年齢。また、年齢の多いこと。高齢。「—の男性」(類語)年上・年長

とし-かさね【年重ね】東北地方などで、厄年の者が2月1日にもう一度正月祝いをして、厄年を早く終わったことにする習俗。年取り直し。

とし-がしら【年頭】❶仲間の中でいちばん年長であること。また、その人。❷年の初め。ねんとう。

とし-ガス【都市ガス】都市で配管を用いて供給される燃料用ガス。以前は石炭ガスが主に用いられたが、近年は液化天然ガスも導入。

どし-がた・い【度し難い】〘形〙図どしがた・し〘ク〙済度さいどし難い。救いがたい。道理を言い聞かせてもわからせることができない。「縁なき衆生しゅじょうは—・し」

「一・いわからずや」(派生)としがたさ〔名〕

とし‐かっこう【年格好】カッカウ・【年×恰好】カッカウ 外見から判断される、だいたいの年齢。年のころ。「一は一七、八の娘」

としかつどう‐ようすい【都市活動用水】トシクワツドウヨウスイ 企業や事業所、飲食店・デパート・ホテルなどの営業施設、公衆トイレ、公園の池や噴水などに使用される水。家庭用水と合わせて生活用水とよばれる。

とじ‐がね【×綴じ金】とぢ 物をとじ合わせるのに用いる金具。

とし‐がまえ【年構へ】がまへ〔名・形動ナリ〕かなり年をとっていること。また、そのさま。「鰥(やもめ)なる一なる親仁(おやぢ)、居ながら梢(こずゑ)とりて」〈浮・一代女・三〉

とし‐がみ【年神│▽歳神】❶正月に家々に迎えて祭る神。豊作の守り神であり、祖霊であるともいわれる。正月様。❷➡歳徳神(としとくじん)

とし‐ぎ【年木│▽歳木】❶新年の燃料として、暮れのうちに用意したたきぎ。(季 新年)❷戸口や門松のそばなどに置き、年神に供える木。節木(せちぎ)。若木。幸い木。(季 新年)

と‐じき【▽屯食】➡とんじき(屯食)

とし‐きこう【都市気候】都市にみられる、周辺の田園や森林地帯と異なる気候。高温や大気汚染による日射量の減少、風速の減少と風系の変化、霧や微雨日数の増加などを特徴とする。

とじ‐きごう【卜字記号】トジキガウ ➡卜音記号

としきばんせいび‐こうだん【都市基盤整備公団】市街地の再開発、分譲・賃貸住宅の建設・供給、都市公園の整備、公団鉄道の建設・管理などを行うため、平成11年(1999)に、住宅・都市整備公団を改組した国土交通省所管の特殊法人。同16年地域振興整備公団の地方都市開発整備部門ほかと統合し、独立行政法人都市再生機構となった。

と‐じきみ【戸×閾】❶「閾(しきみ)」に同じ。❷(「軾」とも書く)牛車(ぎっしゃ)の前の口の下にわたした仕切り板。

とし‐ぎり【年切り】❶年によって、樹木の実がならないこと。幸運にあわないことのたとえ。としぎれ。「今までになどかは花の咲かずして四十年(よそとせ)あまり一はする」〈後撰・雑一〉❷あることのために年数を限ること。〈日葡〉

とし‐ぎんこう【都市銀行】ギンカウ 主として大都市に営業基盤を置き、多数の支店をもつ全国的な規模の普通銀行。市中銀行。都銀。➡地方銀行

とし‐けいかく【都市計画】ケイクワク 都市内の土地利用・交通・緑地・防災・公共施設の整備などについての計画。能率的で、住民の健康で文化的な生活を確保することを目的とする。

としけいかく‐くいき【都市計画区域】トシケイクワクイキ 市町村の中心的な市街地とその周辺地域を一体の都市として総合的に整備・開発・保全するために、原則として都道府県が指定する区域。都市計画により土地利用の規制・都市施設の整備などが行われる。

としけいかく‐ほう【都市計画法】トシケイクワクハフ 都市計画の内容およびその決定手続き、開発許可制・建築制限などの都市計画制限、都市計画事業の認可・施行などを定めた法律。昭和44年(1969)施行。

とし‐ご【年子】同じ母親から生まれた一つ違いの子供。

としごい‐の‐まつり【▽祈▽年祭】としごひ 奈良・平安時代、陰暦2月4日に神祇官・国庁で五穀豊穣を祈り行った祭。祈年祭。

とし‐こうざん【都市鉱山】クワウザン 家電製品などに使われるレアメタル(希少金属)など有用な物質を再生可能な資源と見なし、それが廃棄されて集まる場所を都市の中の鉱山に見立てたもの。天然資源に乏しい日本にとっては重要なリサイクル資源として見直されている。(補説)東北大学南条道夫元教授が命名。

とし‐こし【年越し】〔名〕スル ❶旧年から新年に移ること。また、その変わりめの、大晦日(おおみそか)の夜。「旅行先で一する」(季 冬)❷節分の夜。また、その夜に行う行事。

としこし‐そば【年越し蕎＝麦】細く長くという縁起の意味で、大晦日の夜に食べるそば。晦日(みそか)蕎麦。晦(つごもり)蕎麦。(季 冬)「宵寝して一に起さるる/秋桜子」

としこし‐はけんむら【年越し派遣村】➡派遣村

としこし‐もうで【年越し詣で】まうで 大晦日または節分の夜に、歳徳(としとく)の方角にあたる社寺に参詣すること。年越し参り。(季 冬)

とし‐こっか【都市国家】コクカ 都市が政治的に独立し、自由市民を中心に一つの国家を形成したもの。アテネ・スパルタなど、古代ギリシャのポリスはその代表的なもの。また、ヨーロッパ中世末から近世にかけての自由都市をいう。

とし‐ごと【年▽毎】年が改まるたび。年々。毎年。

とじ‐こみ【×綴じ込み】とぢ とじ込むこと。また、とじ込んだもの。「一の広告」「一付録」

とじ‐こ・む【×綴じ込む】とぢ〔動マ五(四)〕❶とじて一つにまとめる。とじあわせる。「集めたパンフレットを一・む」❷とじたものの中にあとからとじ入れる。「仕様書に図面を一・む」

とじ‐こ・める【閉(じ)込める】とぢ〔動マ下一〕図とぢこ・む〔マ下二〕戸などをしめて中から出られないようにする。押しこめる。「一室に一・める」

(類語)押し込む・詰める・詰め込む・押し込める・突っ込む

とし‐ごもり【年籠もり】大晦日(おおみそか)の夜、社寺に参籠して、新しい年を迎えること。(季 冬)「とかくして又故郷(ふるさと)の一/一茶」

とじ‐こも・る【閉(じ)籠もる】とぢ〔動ラ五(四)〕家や部屋などに入ったまま、外へ出ないでいる。籠居(ろうきょ)する。「風邪で一日一・る」「自分の殻に一・る」

(類語)たてこもる・ひきこもる

とじ‐ごよみ【×綴じ暦】とぢ 綴じた冊子形式の暦。柱暦などに対していう。

とし‐ごろ【年頃】《古くは「としころ」》❶外見から判断した、だいたいの年齢。年のころ。「一は四〇歳くらいの男性でした」❷一人前の年齢。特に、女性の結婚するのにふさわしい年齢。妙齢。「長女が一を迎える」❸そのことにふさわしい年齢。また、一般的にある傾向になりやすい年齢。「働き盛りの一」「悩みの多い一」❹ここ数年の間。年来。副詞的にも用いる。「一彼の世話をしてきた藤井夫婦に取っては」〈漱石・明暗〉(類語)女盛り・娘盛り・妙齢・芳紀

としさいせい‐きこう【都市再生機構】平成16年(2004)都市基盤整備公団、地域振興整備公団の地方都市開発整備部門ほかが統合して設立された独立行政法人。独立行政法人都市再生機構法に基づく。都市基盤整備公団から継承した賃貸住宅等の管理や住環境、市街地の整備・改善、被災地復興事業、都市防災機能強化などを行う。UR都市機構。UR(Urban Renaissance Agency)。

としさいせい‐とくべつちく【都市再生特別地区】都市再生特別措置法により規定される、都市計画法上の地域地区の一つ。都市の再生を推進するために、用途地域内において建物の用途・容積・高さ・配列等が特別に規定される。

とし‐ざかり【年盛り】最も体力、気力の充実した年ごろ。働きざかりの年ごろ。壮年。

とし‐し【×菟糸子】ヒルガオ科のマメダオシまたはネナシカズラの種子。漢方で強精・強壮薬に用いる。

とし‐した【年下】年齢が他の人よりも少ないこと。また、その人。年少。⇔年上。

(類語)若い・年若・年弱(としよわ)・年少・弱小・弱年・弱齢

とし‐しゃかいがく【都市社会学】シャクワイガク 都市の社会・生活構造、社会意識、都市問題などを研究対象とする社会学の一分野。アメリカの社会学者パークが創始。

とししゅんでん【杜子春伝】中国、唐代の伝奇小説。鄭還古(ていかんこ)著。杜子春が、ある仙人に認められ、仙人になるため華山に登って修行したが、肉親に対する愛情を捨てきれずに失敗する物語。芥川竜之介の「杜子春」はこの翻案。

とじ‐しろ【×綴じ代】とぢ 綴じるためにあらかじめ少しあけておく、紙などの端の部分。

とし‐せん【年銭】厄年の人が年頭や節分に、厄払いのために四辻(よつじ)などに自分の年の数だけの金銭を包んで捨てるまじない。また、その金銭。

とし‐たいこうやきゅう【都市対抗野球】タイカウヤキウ 社会人野球の全国大会。年に1回、東京ドームで夏に実施。各都市の代表チーム(企業・クラブ)が戦う。

とし‐だか【年高】〔名・形動〕年が上であること。また、そのさま。年長。年嵩(としかさ)。「一だけに云い捲る舌鋭く」〈露伴・いさなとり〉

とし‐た・ける【年▽長ける】〔動カ下一〕図とした・く〔カ下二〕年齢を重ねる。年を取る。また、ある程度の年齢になる。「一・けた倅(せがれ)」〈浄・冥途の飛脚〉

と‐し‐た‐こと‐が【とした事が】〔連語〕❶(人を表す語に付いて)言動・状態が予想に反して似つかわしくない意を表す。…ともあろうものが。「私一、おとなげないまねをしたものだ」❷その状態の程度のはなはだしいことを驚いたりあきれたりする意を表す。…といったらまあ。「それに引き替(か)えて、おめえのまた元気のよさ一」〈滑・浮世風呂・三〉

とし‐だて【年立て】年表。年紀。紀年。

とし‐だな【年棚】➡歳徳棚(としとくだな)

とし‐だま【年玉】《年の賜物(たまもの)の意》新年を祝って人に贈る物。また、子供や奉公人・出入りの者に与える金品をいう。お年玉。(季 新年)「一のさいそくに来る孫子かな/一茶」

ど‐しつ【土質】土壌の物理的、化学的性質。

とし‐つき【年月】❶年と月。ねんげつ。❷長い歳月。つきひ。ねんげつ。「一を経る」「一を重ねる」❸年来。としごろ。副詞的にも用いる。「一願いつづけていたことがかなう」

(類語)月日・歳月・年月(ねんげつ)・光陰・日月・星霜・風霜

とじ‐つ・ける【×綴じ付ける】とぢ〔動カ下一〕図とぢつ・く〔カ下二〕とじて離れないようにする。また、一緒にとじる。「ほころびを一・ける」

としつみ‐づき【年積月】陰暦12月の異称。

とし‐づよ【年強】〔名・形動〕❶数え年で年齢をいう場合、その年の前半の生まれであること。また、そのさまや、その人。⇔年弱(としよわ)。「だけどお正月生まれだから一なのよ」〈中勘助・銀の匙〉❷年上であること。また、そのさま。年長。「一な(の)人」

と‐し‐て〔連語〕《格助詞または断定の助動詞「たり」の連用形「と」に、サ変動詞「す」の連用形「し」、接続助詞「て」の付いたもの》❶…の資格で。…の立場で。「公人一発言する」「親一当然のことをしたまでだ」❷それまでの話の内容をひとまず保留して、別の話題に移る意を表す。「仕事はいい一、からだのぐあいはどうだい」❸(下に打消しの語を伴って)例外なく全部である意を表す。「一人一生き残った者はいない」「一時(いっとき)一目が離せない」❹…で。「それがし一人一たぶるもいかがでござるほどに」〈虎明狂・口真似〉(補説)❶を格助詞、❷を接続助詞、❸を副助詞などとする説もある。

として‐の〔連語〕…である資格の。…である立場の。「担当者一責任を果たす」

として‐は〔連語〕…の立場では。…の場合には。「私一賛成できません」「山一そんなに高くはない」

として‐も〔連語〕❶…の立場でも。…の場合でも。「日本一開発途上国のために協力すべきだ」❷(活用語の終止形に付いて)仮に…であっても。…と仮定しても。「結婚した一幸せになるとは限らない」

とし‐でんせつ【都市伝説】都市化の進んだ現代において口承されている話。出所が明確でなく、多くの人に広まっている噂話。

とし‐どうめい【都市同盟】12〜14世紀にかけて、中世ヨーロッパの諸都市が皇帝や封建諸侯の圧力に対抗して、自由と商業的利益を守るために結成した同盟。北イタリアのロンバルディア同盟、ドイツのライン都市同盟、ハンザ同盟など。

とし‐とく【▽歳徳│年徳】❶「歳徳神」の略。❷歳徳神のいる方角。明きの方。恵方(えはう)。

としとく‐じん【▽歳徳神】陰陽道(おんやうだう)でその年の福徳をつかさどるとされる神。この神のいる方角を、明

きの方・恵方(えほう)といい、万事に吉という。年によって方角が違う。年神(としがみ)。(季 新年)「あばらやも一の御宿かな/一茶」

としとく-だな【▽歳徳棚】正月、歳徳神をまつる棚。その年の恵方に向けてつるし、注連(しめ)飾りをし、鏡餅(かがみもち)などを供える。恵方棚。年棚。(季 新年)「火の数や一のにぎやかさ/鬼貫」

とし-どし【年年】年を追うごと。年ごと。毎年。ねんねん。「一に人口が増える」

どし-どし〔副〕❶物事が引き続いて起こったり、行われたりするさま。どんどん。「仕事を一(と)かたづける」「家を一取り毀(こわ)させてしまったので」〈太宰・右大臣実朝〉❷遠慮なく行うさま。「一(と)質問してください」❸荒々しく足音を立てる音を表す語。「土足で一(と)歩く」

とし-とり【年取り】❶年齢が加わること。加年。加齢。❷新年を迎えること。また、大晦日(おおみそか)または節分の夜に年を取ることを祝って行う儀式。(季 冬)「一が済みて炬燵(こたつ)に炉に集ひ/素十」

としとり-ざかな【年取り魚】大晦日の年越しの膳に白飯とともにつける魚。塩鮭(しおざけ)・塩鰤(しおぶり)など、地方によって異なる。

としとり-もの【年取り物】年の暮れに用意する、正月を迎えるための飾り物や燃料・食料品など。年の物。(季 冬)「須磨の浦の一や柴一把/芭蕉」

とし-と・る【年取る】〔動ラ五(四)〕年齢が多くなる。また、老いる。「一・って、初めて良さがわかる」

とし-なか【年半┊年中】1年のなかば。半年くらい経たころ。

とし-なみ【年波】《年齢が重なるのを波にたとえていう語》年を取ること。また、経て来た年数。「寄る一には勝てない」「目にみえぬ一が一年々々若さを奪って行くことにも」〈秋声・縮図〉

とし-なみ【年並(み)┊年▽次】❶毎年変わらないこと。例年並み。「一の暑さ」❷としごと。年々。「堂塔一に建ち並び」〈読・春雨・天津処女〉

とし-なわ【年縄】(―なは)年神を祭るために、正月に張る注連縄(しめなわ)。左ないにして、先端はそろえない。

とし-の-あした【年の▽朝】元旦。元朝。歳旦(さいたん)。としのあさ。(季 新年)

とし-の-いち【年の市┊▽歳の市】新年の飾り物や正月用品を売る、年末に立つ市。(季 冬)

(類語)市・市場・河岸・バザール・マーケット・取引所・朝市・競り市・草市・蚤(のみ)の市・バザー

とし-の-うち【年の内】❶その年のうち。年内。特に、暮れのおしつまったころ。(季 冬)「漸(ようやく)に寝処(ねどころ)出来ぬ一/土芳」❷1年の間。年間。「一ゆきかはる時々の花もみじ」〈源・薄雲〉

とし-の-お【年の緒】(―を)年の長く続くことを、緒に見立てていう語。年月。「鶏(とり)が鳴く東男(あずまおとこ)の妻別れ悲しくありけむ一長み」〈万・四三三三〉

とし-の-かみ【年の神】五穀を守る神。としがみ。

とし-の-くれ【年の暮れ】年末。歳暮。(季 冬)「旧里(ふるさと)や臍(へそ)の緒に泣く一/芭蕉」

(類語)年末・歳末・暮れ・年の瀬・歳暮・節季

とし-の-こう【年の功】年を取って、経験を積んでいること。また、その経験の力。「亀(かめ)の甲より一」

とし-の-せ【年の瀬】年の暮れ。年末。(季 冬)

(類語)年末・歳末・暮れ・年の暮れ・歳暮・節季

とし-の-は【年のは】毎年。としごと。「一に春の来たらば」〈万・八三三〉

とし-の-は【年の端】❶年の始め。年初。❷年齢。よわい。としは。

とし-の-ほし【年の星┊▽歳の星】陰陽道(おんようどう)で、各人が属するという星。生まれ年の干支(えと)によって異なる。ねんせい。

とし-の-まめ【年の豆】節分の夜にまく豆。としまめ。(季 冬)「あたたかく炒(い)られて嬉し一/虚子」

とし-の-み【▽歳の実┊年の実】人から物を贈られたとき、その器に入れて返す品物。おうつり。

とし-の-ゆき【年の雪】年々ふえる白髪を雪にたとえていう語。「あたらしき春さへ近くなりゆけば降りのみまさる一かな」〈拾遺・冬〉

とし-の-よ【年の夜】大晦日(おおみそか)の夜。除夜。(季 冬)「一やもの枯れやまぬ風の音/水巴」

とし-の-よわい【年の▽齢】(―よはひ)年齢。とし。「若き人のかたちにつけて、一に慎ましきことなきが」〈紫式部日記〉

とし-の-わたり【年の渡り】❶1年の間。「玉葛(たまかずら)絶えぬものからさ寝(ぬ)らくは一にただ一夜のみ」〈万・二〇七八〉❷年に一度、彦星が天の川を渡って織女と会うこと。「天の川一の秋かけてさやかになりぬ夏の夜の闇」〈拾遺愚草・上〉

とし-は【年端┊年歯】年齢のほど。年齢。としのは。「一のいかない子」

と-しば【▽鳥×柴】鷹狩りの獲物を人に贈るとき、その鳥を結びつけた木。初めは柴につけたが、のち季節に応じて松・梅・桜・楓(かえで)などの枝を用いた。鳥付け柴。とりしば。

とし-ばい【年▽延い】〔名・形動ナリ〕❶「としばえ」に同じ。「ちゃうどお前の一で、格好もそのまま」〈浄・冥途の飛脚〉❷年齢にふさわしい思慮分別があること。また、そのさま。「徳兵衛殿はこなたかと、一なる仁体なり」〈浄・重井筒〉

とし-ばえ【年▽延え】(―ばへ)年のほど。年かっこう。年ごろ。「恋もなされた御一と」〈露伴・新浦島〉

としは-づき【年端月】陰暦正月の異称。

とし-はっけ【年八×卦】年齢や干支(えと)によって占う1年間の吉凶。また、その刷り物。江戸時代、正月に高声で売り歩いた。

とじ-ばり【×綴じ針】(とぢ―)物を綴じるのに使う太く長い針。

とし-び【年日】生まれた年の干支(えと)と同じ干支の日。当日は灸治(きゅうじ)などを避けるとされる。

としひさ-に【年久に】〔副〕ながい年月。年久しく。「一纈(ゆはた)の帯をとりしでて神にぞまつる妹(いも)に逢はんと」〈夫木・三三〉

としひと-しんのう【智仁親王】(―シンワウ)[1579～1629]江戸初期の親王。正親町(おおぎまち)天皇の皇子誠仁親王の子。桂離宮の造営で知られる。和歌にすぐれ、細川幽斎から古今伝授を受けた。八条宮。

とじ-ひも【×綴じ×紐】(とぢ―)布や紙などを綴じ合わせるためのひも。

とじ-ぶた【×綴じ蓋】(とぢ―)壊れたのを修繕したふた。「破(わ)れ鍋(なべ)に一」

としぶんしゅう【都氏文集】(トシブンシフ)平安前期の漢文集。6巻(現存3巻)。都良香(みやこのよしか)の作を、元慶4年(880)ころに門下生が編集したもの。

としべつ-がわ【利別川】(―がは)北海道南東部を流れる川。石狩山地南東にある標高1230メートルの東三国山に源を発し、豊頃町で十勝川に合流する。長さ150キロ。

とじ-ほん【×綴じ本】(とぢ―)綴じて作った本。冊子(さっし)。とじまき。(類語)折り本・巻子(かんす)本・草紙・冊子

とし-ま【年▽増】娘盛りを過ぎた女性。一般に30歳代半ばから40歳前後までの女性をいう。江戸時代には20歳前後を年増、20歳を過ぎてから28、9歳ぐらいまでを中年増、それより上を大年増といった。

と-しま【利島】東京都、伊豆七島の一。面積4.2平方キロメートルの火山島。海岸は断崖をなし、オオミズナギドリが群生。椿(つばき)油を特産。

としま【豊島】東京都の区名。副都心の一つ池袋の繁華街、目白の文教地区を含み、巣鴨にとげぬき地蔵などがある。人口28.5万(2010)。

としま-が-おか【豊島岡】(―をか)東京都文京区大塚にある丘。明治6年(1873)皇室墓地が置かれた。

とじ-まき【×綴じ巻】(とぢ―)「綴じ本」に同じ。

としま-く【豊島区】▶豊島

としま-ざかり【年▽増盛り】女として最も成熟した年ごろ。また、その年ごろの女性。

とし-まめ【年豆】節分の夜にまく豆。年の豆。

と-じまり【戸締(ま)り】〔名〕スル 家の戸・窓を閉め、錠などをかけること。「外出の前に一する」

とし-まわり【年回り】(―まはり)❶特定の年齢によって、運勢の吉凶があるとすること。男の42、女の33は最も凶といわれる。❷年齢。年のころ。

とし-み【年見】(東北地方で)正月14日の晩に、その年の豊凶を占うこと。➡年占(としうら)

としみ【▽落▽忌】《「おとしいみ」の略》精進の期間や法要を終えたあとの宴。精進落ち。「御一のこと、楽人舞人の定めなどを御心に入れて」〈源・少女〉

とじ・む【閉ぢむ】(とぢむ)〔動マ下二〕❶事をなし終える。しとげる。「かくて一・めてむと思ふものから」〈源・空蝉〉❷命を終える。死ぬ。「重き病者の、にはかに一・めつるさまなりつるを」〈源・若菜下〉

と-じめ【戸締め】❶戸を締めること。戸締まり。❷江戸時代、庶民に科した刑罰の一。家の門を釘付けにして外出を禁じ、謹慎させるもの。釘付け。

とじめ【閉ぢめ】(とぢめ)《動詞「閉じむ」の連用形から》❶物事の終わり。結末。終結。「こがらしの風のたつまでほころびぬ菊こそ花の一なりけれ」〈頼政集〉❷生を終える時。臨終。末期(まつご)。「いまはの一を御覧ぜらるべき身にも侍らねば」〈源・若菜上〉

とじ-め【×綴じ目】(とぢ―)❶綴じ合わせたところ。また、縫い目を止める糸の端の結び目。❷目じり。「目尻(まじり)の一をかしう薫れるけしきなど」〈源・横笛〉

どし-め・く〔動カ四〕どしどし音をたてる。大声でどなりちらす。「日頃はどっぱさっぱと一・けど」〈浄・忠臣蔵〉

とじめ-の-こと【閉ぢめの事】(とぢめ―)葬儀。葬式。「一をしも、山賤(やまがつ)の謗(そし)りをさへ負ふなむ」〈源・蜻蛉〉

と-しゃ【吐×瀉】〔名〕スル 吐くことと腹をくだすこと。嘔吐(おうと)と下痢。「激しく一する」「一物」

(類語)嘔吐・反吐(へど)・げろ

ど-しゃ【土砂】❶つちと、すな。「一崩れ」❷土砂加持を行った砂。種々の功徳があるとする。お土砂。

(類語)土石・礫土(れきど)

土砂をかけたよう《土砂加持を行った砂をかけると、硬直した死体も柔らかになるというところから》態度が急に軟化するさま。ぐにゃぐにゃになるさま。「土砂を掛けられた様に直ぐグタグタになる気遣(きづか)えは無エ」〈魯庵・くれの廿八日〉

ど-しゃ【度者】剃髪(ていはつ)して出家することを許された者。また、沙弥(しゃみ)となった者。得度者。

どしゃ-かじ【土砂加持】(―カヂ)密教で、清水で洗い清めた土砂を、光明真言を唱えて加持すること。また、この土砂を亡者の遺体や墓に散布して滅罪生善を得させる法。

とし-やく【年役】年を取って経験豊かな者として、物事の処理などを任せられること。また、年長者として当然務めるべき役目。年寄役(としよりやく)。

と-じゃく【×杜若】カキツバタ、またはヤブミョウガの漢名。

どしゃ-くずれ【土砂崩れ】(―くづれ)〔名〕スル 急傾斜地にある土砂が、地震や豪雨などによって急激にくずれ落ちること。

どしゃくずれ-ダム【土砂崩れダム】(ドシャくづれ―)土砂崩れが原因で河川がせき止められた状態。➡河道閉塞 ➡堰止め湖

どしゃ-ダム【土砂ダム】山崩れや土石流などによって土砂が流れ込み、河川をせき止めた状態。➡河道閉塞 ➡堰止め湖

とし-やとい【年雇い】(―やとひ)年限を決めて雇うこと。また、その雇われる人。

どしゃ-ぶり【土砂降り】雨が激しく降ること。また、その雨。(類語)大降り・本降り

とし-やみ【年病み】老年からくる病気。老衰病。老病。「なにもう一だらうはな。目は悪しの、足腰は不自由なりの」〈滑・浮世風呂・二〉

と-しゅ【斗酒】1斗の酒。多量の酒のたとえ。

斗酒猶(なお)辞(じ)せず 多量の酒も断らずに飲む。大酒飲みの人にいう。

と-しゅ【徒手】❶手に何も持たないこと。素手(すで)。空手(くうしゅ・からて)。てぶら。❷自分の力以外にいっさい頼るもののないこと。(類語)素手・空手・手ぶら・空拳

ど-しゅう【土州】(―シウ)土佐(とさ)国の異称。

とし-ゆき【年行き】年を取っていること。年寄り。〈日葡〉

としゅ-くうけん【徒手空拳】《「徒手」を強めていう語》❶手に何も持っていず、素手であること。❷資

金・地位など頼るものがなく、自分の身一つであること。「—で事業をはじめる」

とじゅ-けい【吐×綬鶏】❶ジュケイの別名。❷シチメンチョウの別名。

としゅ-せき【吐酒石】酒石酸の溶液に三酸化アンチモンを加えて作る、無色の粉末状の結晶。劇薬。かつては駆虫薬・催吐薬とされたが、副作用が強く、現在はほとんど用いられない。農薬・媒染剤・試薬などに使用。酒石酸カリウムアンチモニウム。

としゅ-たいそう【徒手体操】ﾀｲｻｳ 器械・手具を用いないで行う体操。

と-しゅつ【斗出】〔名〕ｽﾙ 角だって突き出ること。突出。「歌者の席なる—せる棚ｻｼﾞｷに遠からざりき」〈鷗外訳・即興詩人〉

と-しょ【図書】書籍。書物。本。ずしょ。「—を購入する」㊎本・書物・書籍・書冊・書・巻・ブック・文献

と-しょ【×屠所】食肉用の家畜を殺して処理する所。屠場。

屠所の羊ﾋﾂｼﾞ 《「北本涅槃経」から》屠所に引かれて行く羊。刻々と死に近づいているたとえ。また、不幸にあって気力をなくしていることのたとえ。

と-しょう【×杜松】植物ネズの漢名。

と-しょう【徒消】ｾｳ〔名〕ｽﾙ むだに使うこと。浪費。「形なき事業に—す」〈東海散士・佳人之奇遇〉

と-しょう【徒渉｜渡渉】ｾﾌ〔名〕ｽﾙ ❶川などを歩いてわたること。かちわたり。「旅には—する川が横たわり」〈寅彦・連句雑俎〉❷徒歩で陸を行ったり水を渡ったりすること。「鸞輿ﾗﾝﾖを跣行ｾﾝｶｳの—に易ｶへて」〈太平記・三九〉㊎渡河・跋渉ﾊﾞｯｼｮｳ

と-しょう【都省】ｼｬｳ 太政官ﾀﾞｲｼﾞｮｳｶﾝの異称。

と-じょう【▽外城】ｼﾞｬｳ ❶「がいじょう（外城）」に同じ。❷江戸時代、薩摩藩の行政区画。身分的には武士である外城衆中が日常は農業を営み、地方ｼﾞｶﾀ役人として農民を支配した。

と-じょう【途上】ｼﾞｬｳ ❶目的地に行く途中。「帰宅の—に雨にあう」❷事業・計画などが目的に従って進行している途中。「発展の—にある」
㊎途中・中途・途次・道中・行きがけ・路次

と-じょう【×屠場】ﾁﾔｳ「屠所」に同じ。

と-じょう【都城】ｼﾞｬｳ 周囲に城壁をめぐらした都市。また、城郭のある都市。

と-じょう【登城】ｼﾞｬｳ〔名〕ｽﾙ 城に参上すること。とうじょう。「家臣が—する」⇔下城。

と-じょう【登場】ﾁﾔｳ〔名〕ｽﾙ ▶とうじょう（登場）

と-じょう【賭場】ﾁﾔｳ「とば（賭場）」に同じ。

ど-じょう【土定】ﾁﾔｳ 仏道修行者がみずから穴を掘り、土中に埋もれながら入定ﾆｭｳｼﾞｮｳすること。➡火定ｶｼﾞｮｳ ➡水定ｽｲｼﾞｮｳ

ど-じょう【土城】ｼﾞｬｳ 周囲に土塁を巡らして築いた城。古代中国・朝鮮に多くみられ、日本でも奈良時代や平安時代初期に北九州・東北などで建設された。

ど-じょう【土壌】ｼﾞｬｳ ❶地殻の最上部にある、岩石の風化物に動植物の遺体あるいはその分解物が加わったもの。地表からの深さはせいぜい1、2メートルまで。つち。❷作物を生育させる土。「—改良」❸ものを発生・発展させる基盤。「優秀な学者を輩出する—がある」㊎土・土地

どじょう【泥=鰌｜×鰌】ﾄﾞｼﾞｬｳ コイ目ドジョウ科の淡水魚。小川や田などにすみ、冬は泥に潜る。全長約20センチにもなり、体は細長い筒形で尾部は側扁し、背側は緑褐色、腹側は淡黄褐色で、口ひげは五対。うろこは細かく、厚い粘液層で覆われ、補助的に腸呼吸を行う。柳川ﾔﾅｶﾞﾜ鍋やどじょう汁などにして食べる。近縁に、口ひげが三対のシマドジョウ・アジメドジョウなどがある。おどりこ。補説語源未詳で、歴史的仮名遣いも「どぢゃう」「どぜう」などの説もあるが、室町時代の文献に「どぢゃう」「土長」の表記がみられるので、これに従う。

とし-ようい【年用意】新年を迎えるために、掃除・注連縄ｼﾒﾅﾜ張りなどの準備をすること。年設け。季冬》「一袋猫もごまめの—／一茶」

どじょう-いんげん【泥=鰌隠元】ﾄﾞｼﾞｬｳ インゲンマメの一品種。蔓性ﾂﾙｾｲで、若いさやを食用にする。

どじょう-うち【泥=鰌打ち】ﾄﾞｼﾞｬｳ 夏の夜、ドジョウを灯火で誘い出し、棒の先に釘をつけた道具で突きさして捕らえること。

どじょう-おせん【土壌汚染】ﾄﾞｼﾞｬｳｵｾﾝ カドミウム・銅・砒素ﾋｿやPCB（ポリ塩化ビフェニル）などの有害な化学物質が土壌に蓄積し、その結果、農作物の生育や人畜の健康に悪影響を与えること。

どじょう-がく【土壌学】ﾄﾞｼﾞｬｳ 土壌の生成・性質・分類・分布や、その利用などを研究する学問。

どじょう-かご【泥=鰌籠】ﾄﾞｼﾞｬｳ 編み残した端をドジョウのひげのように延ばした竹籠。ひげこ。ひげかご。

どじょう-ざん【土常山】ﾄﾞｼﾞｬｳ アマチャの別名。

と-しょうじ【戸障子】ｼﾔｳ 雨戸と障子。また、建具ﾀﾃｸﾞの総称。

どじょう-じる【泥=鰌汁】ﾄﾞｼﾞｬｳ ドジョウを丸のまま入れた味噌汁。季夏

どじょう-しんしょく【土壌浸食｜土壌侵食】ﾄﾞｼﾞｬｳ 降雨・流水や風の作用などによって表土が流出・飛散して失われ、土地が荒廃すること。

どじょう-ず【土壌図】ﾄﾞｼﾞｬｳ 土壌の種類を分類し、その分布状態を色彩や記号で示した地図。土性図。

どじょう-すくい【泥=鰌×掬い】ﾄﾞｼﾞｬｳｽｸﾋ ❶ドジョウをざるなどですくって捕らえること。❷安来節ﾔｽｷﾞﾌﾞｼの歌に合わせて、ドジョウをすくう所作をする踊り。本来、この「どじょう」は「土壌」の意で、砂鉄を集める作業を模したものという。

どじょう-せん【泥=鰌×筌】ﾄﾞｼﾞｬｳ ドジョウを捕らえるための筌ｳｹ。細い竹を筒状に編み、入ったドジョウが出ないように両端に弁をつけ、水底に沈めておく。

どじょう-つなぎ【泥=鰌×繋】ﾄﾞｼﾞｬｳ イネ科の多年草。湿地に生え、高さ40〜60センチ。葉は線形。5、6月ごろ、緑色の小穂を円錐状につける。ドジョウを捕ってこの茎に刺して運んだという。

どじょう-なべ【泥=鰌鍋】ﾄﾞｼﾞｬｳ ❶鍋に丸のままのドジョウとささがきゴボウを入れ、みりん・醤油で味つけをしただしで煮たもの。季夏「灯を入れて葭戸ﾖｼﾄﾞ透くなり—／波郷」❷「柳川ﾔﾅｶﾞﾜ鍋」に同じ。

ど-しょうね【土性根】ｼﾔｳ「土性骨ﾄﾞｼﾖｳﾎﾞﾈ」に同じ。

どじょう-ひげ【泥=鰌×髭】ﾄﾞｼﾞｬｳ ドジョウのひげのように、まばらな薄い口ひげ。

どじょう-びせいぶつ【土壌微生物】ﾄﾞｼﾞｬｳ 土壌中に生息する微生物。細菌・放線菌・糸状菌・藻類・原生動物・線虫など。生物遺体を分解し、自然界における物質循環に重要な役割を果たしている。

ど-しょうぼね【土性骨】ｼﾔｳﾎﾞﾈ《「ど」は接頭語で、「土」は当て字》❶性質・根性を強調、またはののしっていう語。ど根性。「—をたたきなおす」❷人をののしって、その背骨をいう語。「—をへし折るぞ」

どしょう-まち【道修町】ﾀﾞｼﾖｳ 大阪市中央区の地名。江戸時代からの薬種問屋街で、今も製薬会社が並ぶ。

としょ-カード【図書カード】カードに記載されている金額の範囲内で、図書や雑誌を購入できるプリペイドカード。従来の図書券に代わり、平成2年（1990）から販売開始。正式名称は全国共通図書カード。

と-じょかい【杜如晦】ﾄｼﾞｮｸﾜｲ［585〜630］中国、唐の政治家。京兆（陝西ｾﾝｾｲ省）の人。太宗に仕え、房玄齢とともに、貞観の治の基礎を築いた名臣とされる。

としょ-かん【図書館】ｸﾜﾝ 図書・記録その他の資料を集め、整理・保管して、利用者の閲覧に供する施設。公共図書館・学校図書館・専門図書館などがある。

としょかんじょうほう-だいがく【図書館情報大学】ﾄｼﾖｸﾜﾝｼﾞﾔｳﾎｳ 茨城県つくば市にあった国立大学。図書館短期大学を母体に、昭和54年（1979）4年制大学として発足。平成14年（2002）筑波大学と統合し、筑波大学図書館情報専門学群となる。➡筑波大学

としょかん-ほう【図書館法】ﾄｼﾖｸﾜﾝﾊﾌ 図書館の設置・職員・運営などについて定めている法律。昭和25年（1950）施行。

と-しょく【徒食】〔名〕ｽﾙ 働かないで遊び暮らすこと。座食。居食い。「無為—」「親譲りの財産で—する島村には」〈康成・雪国〉

としょ-けん【図書券】券面に記載されている金額の範囲内で、図書や雑誌を購入することができる商品券。補説昭和35年（1960）販売開始、平成17年（2005）図書カードへの一本化により販売終了したが、利用は引き続き可能となっている。

としょ-しつ【図書室】学校・会社・官庁などで、図書を集めて保管し、閲覧させる部屋。

ど-しょっぽね【土▽性っ骨】「どしょうぼね」の音変化。「—が腐ってる」

としょ-もくろく【図書目録】図書館などで、所蔵図書の内容を一定の分類方式によって配列した、カードや冊子による目録。書名目録・著者目録・件名目録・分類目録などがある。

とし-より【年寄（り）】❶年をとった人。高齢の人。老人。❷武家時代、政務に参与した重臣。室町幕府の評定衆・引付衆、江戸幕府の老中、大名家の家老など。❸江戸幕府の、大奥の取り締まりをつかさどった女中の重職。❹江戸時代、町村の行政にあたった指導的立場の人。❺大相撲の関取以上の力士で、引退して年寄名跡を襲名・継承した者。日本相撲協会の運営や各部屋の力士養成を行う。➡老人 用法
㊎老人・老体・隠居・ロートル

年寄りには新湯ｻﾗﾕは毒 一番風呂は刺激が強くて、老人の体にはよくない。

年寄りの冷や水 老人が冷水を浴びるような、高齢に不相応な危ない行為や差し出がましい振る舞いをするのを、警告したり冷やかしたりしていう言葉。

としより-かぶ【年寄株】▶年寄名跡

としより-くさ・い【年寄り臭い】〔形〕文としよりくさ・し〔ク〕老人のようなさま。老人じみている。「年の割に—・い歩き方」「—・い分別」

としより-ご【年寄り子】祖父母に育てられた子。また、親が年老いてから生まれた子。としよりっこ。

としより-じ・みる【年寄り染みる】〔動マ上一〕老人のような特徴をもったり、考え方をしたりするようになる。「—・みた服装」

としより-しゅう【年寄衆】❶貞享3年（1686）以前における議奏ｷﾞｿｳの称。❷大名家の家老。❸江戸幕府の老中。❹江戸時代、町村内の行政をつかさどる役人。

としより-みょうせき【年寄名跡】ﾐﾔｳｾｷ 日本相撲協会の年寄名跡目録に記載される年寄の名。相撲協会の役員や親方になるために必要な資格。一代年寄を除き、105名。年寄株。親方株。

としより-やく【年寄役】❶「年役ﾄｼﾔｸ」に同じ。❷江戸幕府で、金座の役名。地金の品位の鑑定や、本金・試金石の保管をし、また、金座の総取り締まりをするもの。

としょ-りょう【図書寮】ﾚｳ ▶ずしょりょう（図書寮）

とし-よ・る【年寄る】〔動ラ五（四）〕年齢を重ねる。年をとる。老いる。「—・って足腰が弱くなる」

とし-よわ【年弱】〔名・形動〕❶数え年で年齢をいう場合、その年の後半の生まれであること。また、そのさまや、その人。⇔年強ﾄｼﾂﾞﾖ。「—なんだから、一年ぐらい遅れてもいいと」〈山本有三・波〉❷年下であること。また、そのさま。年少。「—な（の）子」㊎若い・年若・年少・弱小・年下・弱年・弱齢・ヤング

とし-よわい【年▽齢】ﾖﾊﾋ ねんれい。とし。「今はまして難かるべき—になりゆくを」〈かげろふ・下〉

どしり〔副〕❶重い物が落ちたりぶつかったりする音や、そのさまを表す語。どしん。「米俵が—と横倒しになる」❷「どっしり❷」に同じ。「—と構える」

と・じる【閉じる】ﾄﾂﾞ〔動ザ上一〕文と・づ〔ダ上二〕❶㋐あけてあったもの、あいていたものがしまる。両端を合わせた状態になる。ふさがる。「水門が—・じる」「ドアが—・じる」「貝のふたが—・じる」㋑続いていた物事が終わりになる。「会議が—・じる」❷㋐あいていたもの・部分をふさいでしまう。「本を—・じる」「まぶたを—・じる」「心を—・じる」㋑今まで続いたものを終わりにする。「店を—・じる」「会を—・じる」㋒原稿の、文章中のかなを漢字に書きなおす。➡開く❸とじこめる。こもらせる。「葎ﾑｸﾞﾗの門に、思ひのほかにらうた

げならむ人の―・ぢられたらむこそ〈源・帚木〉

(用法)とじる・しめる――「門を閉じる(閉める)」「店を閉じる(閉める)」「ふたを閉じる(閉める)」など、開いていたものの空間を埋める意では相通じて用いられる。◆「戸が閉じる」「貝のふたが閉じる」のように「～が閉じる」の形では「閉める」は使えない。「～が閉まる」の形になる。◆「閉じる」と「閉める」の使い分けは慣用による。目・口や本・傘などは「閉じる」、引き出し・門などは「閉める」を使うことが多い。◆「店を閉じる」は廃業する意で多く使うが、「店を閉める」は、1日の営業を終わる、または廃業するのどちらにも使う。

(類語)閉める・閉ざす・ふさぐ・たてる・閉め切る・畳む

と・じる【ˣ綴じる】〔動ザ上一〕図と・づ〔ダ上二〕❶重ね合わせた紙などに糸を通したりして、一つにまとめる。「原稿を―・じる」❷縫い合わせる。「破れを―・じる」❸汁の多い煮物で、かきまぜた卵などをかけ、具がまとまるようにする。「卵で―・じる」

(類語)綴る・縫う・縢る・絎ける・まつる・仕付ける

どじ・る〔動ラ五〕失敗をしでかす。へまをする。しくじる。「商談の詰めで―・る」➡どじ

とし-わか【年若】〔名・形動〕年齢の若いこと。また、そのさまや、そういう人。若年。年少。「極めて―な魔術師が」〈谷崎・魔術師〉(類語)若い・年弱・年少・弱小・年下・弱年・弱齢・ヤング

とし-わすれ【年忘れ】年の暮れに、その年にあった苦労を忘れること。また、そのために催す宴。忘年会。(季 冬)「拭きこみし柱の艶や―／万太郎」

と-しん【ˣ兎唇】口唇裂のこと。

と-しん【妬心】ねたむこころ。嫉妬心。

(類語)ジェラシー・嫉妬・焼き餅・悋気・おか焼き

と-しん【都心】大都会の中心部。特に、東京都の中心部。「副―」

と-じん【都人】みやこの人。都会に住んでいる人。

と-じん【都ˣ塵】都会のちり。また、都会のごみごみとしたそうぞうしさ。「―を避ける」

どしん〔副〕重い物が落ちたりぶつかったりする音や、そのさまを表す語。どすん。どしり。「荷物を―とほうり出す」「―と腰をおろす」

ど-じん【土人】❶その土地で生まれ育った人。土着の人。土地の人。❷未開地域の原始的な生活をしている住民を侮蔑していった語。

ど-じん【土神】►土公神

と-じんし【都人士】都会に住んでいる人。都人。「稲葉のつやつやと青んで、のびのびと立ちそろった所は、―に見せもしたい」〈蘆花・思出の記〉

とす【鳥栖】佐賀県東部の市。JR鹿児島本線と長崎本線との分岐点。古来、陸路の要所。田代太田古墳・安永田遺跡がある。人口6.9万(2010)。

トス〘toss〙〔名〕スル ❶野球・バスケットボールなどで、近くにいる味方へ、ボールを軽くすくうように投げ渡すこと。❷バレーボールで、味方選手がスパイクを打ち込みやすいようにボールを上げること。❸テニスで、サーブを打つときにボールを空中に投げ上げること。❹►コイントス

と・す【吐す】〔動サ四〕はく。もどす。「物を食して―・すものを膈といふは」〈滑・浮世風呂・前〉

と・ず【閉づ】〔動ダ上二〕「と(閉)じる」の文語形。

と・ず【ˣ綴づ】〔動ダ上二〕「と(綴)じる」の文語形。

どす《「おどす」の略か》❶人を刺すための、短刀・匕首など、小型の刀。❷人を恐れさせるような、すごみ。「―の利いた声」

どすを呑・む　懐に短刀などを隠し持つ。

ドス〘DOS〙►ディスクオペレーティング-システム

どす〔接頭〕多く色を表す形容詞に付いて、濁ったようなさまであることを表す。「―黒い」

と-すい【吐水】水を出すこと。「一栓」「一口」➡止水

ど-すう【度数】❶回数。頻度。「使用した―」❷度合いを表す数値。「アルコールの―」❸資料の整理をする場合、全体をいくつかの範囲に分けたとき、それぞれの範囲内の個数のこと。(類語)回数

どすう-せい【度数制】電話料金を使用回数によって計算する制度。

どすう-ぶんぷ【度数分布】統計資料の整理をする場合、いくつかに分けた範囲ごとの個数の分布。

トスカ〘Tosca〙㊀フランスの劇作家サルドゥーの戯曲。5幕。1887年初演。歌姫トスカと画家カバラドッシとの悲恋の物語。㊁プッチーニ作曲のオペラ。全3幕。1900年ローマで初演。㊀に題材をとったもので、アリア「歌に生き恋に生き」「星は光りぬ」などは有名。

トスカーナ〘Toscana〙イタリア半島中部、アペニン山脈西側にある州。16世紀ごろにはメディチ家の支配のもと、ルネサンス文化の中心地として栄えた。アレッツォ県・グロッセート県・シエナ県・ピサ県・ピストイア県・フィレンツェ県・プラート県・マッサカッラーラ県・リボルノ県・ルッカ県がある。州都はフィレンツェ。

トスカーナ-しき【トスカーナ式】古代ローマ建築の列柱様式の一。エトルリアの神殿様式に由来し、一見ドリス式に似ているが、柱身に彫溝(フルーティング)がなく、柱間も大きく、エンタブラチュアも簡素。➡オーダー❸ ➡エンタブラチュア

トスカニーニ〘Arturo Toscanini〙[1867～1957]イタリアの指揮者。ミラノのスカラ座音楽監督、ニューヨークフィル・NBC交響楽団などの指揮者を歴任。

トスカネッリ〘Paolo dal Pozzo Toscanelli〙[1397～1482]イタリアの地理・天文学者。フィレンツェの人。地球球形説を信じて西方航路を主張、コロンブスにその見解を伝え、自作の世界地図を贈った。

ドスキン〘doeskin〙《雌鹿の皮の意》メリノ羊毛の紡毛糸あるいは梳毛糸を用いて繻子織りにした、柔軟で光沢のある高級毛織物。外観が雌鹿の皮に似るのでいう。礼服やオーバーなどに用いる。

とず・く【ᐁ届く】㊀〔動カ四〕「とどく」に同じ。「海は艫櫂の―・かん程せめゆくべし」〈平家・一一〉㊁〔動カ下二〕「とどける」に同じ。「形見を―・くる音づれは」〈謡・柏崎〉

どす-ぐろ・い【どす黒い】〔形〕図どすぐろ・し〔ク〕色が黒く濁っている。きたならしく黒ずんでいる。「―・い血」「―・くよどんだ川」(派生)どすぐろさ〔名〕(類語)黒い・黒黒・黒ずむ・浅黒い・色黒・真っ黒け

ど-すけべい【ど助平】〔名・形動〕きわめて好色なこと。また、そのさまや、そのような人。ののしる気持ちを込めていう。どすけべ。「―なおやじ」

どすこい〔感〕相撲甚句のかけ声。「どっこい」が転じたもの。

ドス-こうげき【DoS攻撃】《denial of service attack》►サービス拒否攻撃

どす-ごえ【どす声】濁った太い声。どすのきいた声。「生得の―で」〈里見弴・多情仏心〉

トス-サラダ〘tossed salad〙《tossは軽く投げるの意》ボウルに野菜とドレッシングを入れて和えたサラダ。上からドレッシングをかけるよりも味がよくなじみ、また、ドレッシングも少なくてすむため、油分や塩分の摂取量をおさえることができる。

とす-し【鳥栖市】►鳥栖

とすじ-えもん【十筋ᐁ右ᐁ衛門】頭髪のきわめて少ない人をあざけっていう語。三筋右衛門。六筋右衛門。とすじ。「地髪は―と」〈浮・一代女・三〉

ドストエフスキー〘Fyodor Mikhaylovich Dostoevskiy〙[1821～1881]ロシアの小説家。処女作「貧しき人々」で作家として出発。混迷する社会の諸相を背景として、内面的、心理的矛盾と相克の世界を描き、人間存在の根本的問題を追求。20世紀の文学に多大の影響を与えた。作「罪と罰」「白痴」「悪霊」「カラマーゾフの兄弟」など。

トスド-サラダ〘tossed salad〙►トスサラダ

ドス-パソス〘John Roderigo Dos Passos〙[1896～1970]米国の小説家。第一次大戦の体験を描いた「三人の兵士」で注目され、米国社会を批判的に描く作品を発表し続けた。作「USA」三部作など。

トス-バッティング《和 toss＋batting》野球で、近くから軽く投げたボールに軽くバットを当てる、ミートを主眼にした打撃練習。

ドス-ブイ〘DOS/V〙《disk operating system/V》日本語を扱う機能を追加したPC/AT互換機用のオペレーティングシステム。日本語処理を特定のハードウエアに依存せずに行えるのが特長。DOS/Vの「V」は画面表示がVGAモードを基本としているため付けられている。平成2年(1990)日本IBMが発売。

トス-フェイント〘toss feint〙バレーボールで、トスするように見せかけて、相手陣営の選手のいないところにコントロールよく緩いボールを落とす戦法。

と-すべり【戸滑｜戸ˣ辷り】水蝋蝋の異称。

と・する【賭する】〔動サ変〕図と・す〔サ変〕ある目的のために、失うことを覚悟でさし出す。かける。「生命を―・して戦う」

と。する〔連語〕❶…と仮定する。「ここに川がある―。する」❷…と考える。…と判断する。「彼の意見をよし―。する者」❸(「む」「う」「よう」などにつづけて)ちょうど…しようとする。「出かけよう―。した」「ふねに乗りなむ―。す」〈土佐〉➡むとす

ど・する【度する】〔動サ変〕図ど・す〔サ変〕❶道理を言い聞かせて理解させる。納得させる。➡度し難い ❷仏が悟りの境地に導く。済度する。「菩薩、道を成じ給はん時に先づ我を―・し給へ」〈今昔・一・六〉❸官府が出家の許可を与える。官府から僧尼として認める度牒を与える。「勅あって宮中及び山階寺にして一千の僧を―・す」〈性霊集・一〇〉

と-すると〔接〕前の条件から必然的にあとの事柄が生じることを示す。そうだとすると。とすれば。「月曜日は祝日だ。―三連休になる」

と-すれば　㊀〔接〕「とすると」に同じ。「参加者は六人になる。―、車二台が必要だ」㊁〔副〕ともすると。「袖の上に―かかる涙かなあな言ひ知らず秋の夕暮れ」〈続古今・秋上〉

どすん〔副〕重くて大きいものが、倒れたりぶつかったりしてたてる音や、そのさまを表す語。どしん。「―(と)しりもちをつく」

とせ【ᐁ年｜ᐁ歳】〔接尾〕助数詞。年数を数えるのに用いる。「五―」「百―」

と-せい【都制】東京都のような特別な都市に関する制度。昭和18年(1943)首都の行政一体化を目的として実施されたが、同22年地方自治法の制定により廃止。

と-せい【都政】東京都の行政。

と-せい【渡世】〔名〕スル ❶この世で生きていくこと。生活すること。世渡り。「一の義理」「盗賊ひとごろしの心配もなくして―するを」〈福沢・学問のすゝめ〉❷生活していくための職業。なりわい。生業。稼業。「物書きを―とする」(類語)(❶)生活・暮らし・世渡り・処世・世過ぎ・身過ぎ・行路／(❷)職業・職・仕事・生業・業・なりわい・商売・家業・稼業・定職・ビジネス

渡世が成・る　世渡りができる。生活がなりたつ。

渡世を送・る　世渡りをする。生活する。

と-ぜい【都税】東京都が賦課・徴収する地方税。

ど-せい【土性】❶五行説で、土の気をうけた人の性。❷土地の性質。土壌の種類。砂土・赤土・黒土など。

ど-せい【土星】《Saturn》太陽系の6番目の惑星。太陽との平均距離14億2940万キロ。公転周期29.458年、自転周期0.444日。淡黄色で最大光度マイナス0.5等。木星に次ぐ大きな惑星で、赤道半径6万キロ、質量は地球の95.16倍。比重は0.7で惑星中最小。赤道の周囲に細かい粒子からなる数千本の環があり、他に60個以上の衛星がある。サターン。

▷ **土星の主な衛星**

ミマス、エンケラドゥス、テティス、ディオーネ、レア、タイタン、ヒペリオン、イアペトゥス、フェーベ、ヤヌス、エピメテウス、ヘレネ、テレスト、カリプソ、アトラス、プロメテウス、パンドラ、パン、ユミル、パーリアク、タルボス、イジラク、スッツングル、キビウク、ムンディルファリ、アルビオリックス、スカティ、エッリアポ、シアルナク、スリュムル、ナルビ、メトネ、パレネ、ポリデューシス、ダフニス、エイギル、ベビオン、ベルゲルミル、ベストラ、ファルバウチ、フェンリル、フォルニョート、ハチ、ヒュロッキン、カリ、ロゲ、スコル、スルツル、アンテ、ヤルンサクサ、グレイプ、タルケク

ど-せい【土製】土でつくること。また、土でつくったもの。「—の鈴」

ど-せい【怒声】怒って発する大声。怒ってどなる声。「—を浴びる」

どせい-ず【土性図】ヅ ▶土壌図どじょうず

と-せいちゅう【杜世忠】[1242〜1275]中国、元のフビライの臣。文永の役後、建治元年(1275)に元の正使として来日したが、鎌倉竜ノ口で斬首された。

とせい-にん【渡世人】ばくちうち。博徒。やくざ。

と-せき【図籍】▶ずせき(図籍)

ど-せき【土石】土と石。

(類語)土砂・礫土れきど

どせき-りゅう【土石流】リウ 長雨や豪雨によって水を含んだ粘土や岩片が、突然一気に山の斜面を流れ下る現象。

と-ぜつ【途絶┊×杜絶】〔名〕スル 続いていた物事がとぎれて絶えること。また、続いて行われてきたことを絶つこと。「連絡が—する」「弊習を—する」

(類語)中止・打ち切る・やめる・切り上げる・よす・断つ・とりやめる・休止・停止・中断・中絶・ストップ・沙汰止み・お流れ・立ち消え・断絶

と-せん【徒×跣】〔名〕スル はだしで歩くこと。素足すあし。「王者は—してここに来り」〈鷗外訳・即興詩人〉

と-せん【渡船】わたしぶね。

と-せん【賭銭】かけごとにかけた金銭。

と-ぜん【徒然】〔名・形動〕何もすることがなく、手持ちぶさたなこと。また、そのさま。つれづれ。無聊ぶりょう。「—の日を退屈そうに暮らしている」〈漱石・虞美人草〉

とせん-きょう【渡線橋】ケウ「跨線橋こせんきょう」に同じ。

とせん-ば【渡船場】わたしぶねの発着する所。わたしば。

と-そ【×屠×蘇】❶「屠蘇散」の略。❷屠蘇散を浸したみりんや酒。延命長寿を祝って年頭に飲む。また、年頭に飲む祝い酒。「—を祝う」(季 新年)「甘からぬ—や旅なる酔心地/漱石」

と-ぞ〔連語〕《格助詞「と」＋係助詞「ぞ」。古くは「とそ」とも》❶文中に用いて、「と」の受ける叙述を強調する意を表す。「人もとぶらひつきぬれば、又はとふべき人もなし—、心のうちにおぼゆる」〈かげろふ・中〉❷文末に用いて、一般にいわれている、または伝聞したことである意を表す。…ということだ。「女院の御所など借り申す、故実なり—」〈徒然・一五六〉

と-そう【斗×筲】サウ《1斗を入れる枡ますと、1斗2升を入れる竹器の意》❶度量のせまいこと。器量の小さいこと。としょう。「道義の儒は悉く下僚に沈み、—の輩独り志を得て顕要に上り」〈東海散士・佳人之奇遇〉❷禄ろくのわずかなこと。俸給の少ないこと。としょう。

と-そう【×抖×擻┊斗×藪】〔名〕スル《梵 dhūtaの訳。音字は頭陀》仏語。❶衣食住に対する欲望をはらいのけ、身心を清浄にすること。また、その修行。とすう。❷雑念をはらって心を一つに集めること。「いよいよ精神を—して」〈露伴・連環記〉

と-そう【塗装】サウ〔名〕スル 保護・装飾のため、材料の表面に、ペンキ・ニスなどを塗ったり吹きつけたりすること。「板塀を—する」

(類語)塗布・塗抹・塗り・塗る

ど-そう【土倉】サウ 中世の金融業者。現在の質屋にあたるもので、質物保管のための土蔵を建てていたのでこの名がある。鎌倉時代より発生し、室町時代に京都・奈良で発展、幕府は土倉役を課して大きな財源とした。資本のある酒屋などの兼業も多く、たびたび土一揆つちいっきの襲撃を受けた。つちくら。とくら。

ど-そう【土葬】サウ〔名〕スル 死骸を焼かずに土中に埋葬すること。また、その葬法。

ど-そう【度僧】政府から度牒どちょうを交付された僧。

ど-ぞう【土蔵】ザウ ❶盗難・火災に備えて、四面を土や漆喰しっくいなどで塗り固めた倉庫。つちぐら。❷「土倉どそう」に同じ。

どぞう-づくり【土蔵造(り)】ドザウ 土蔵のように家の四面を土や漆喰で塗った構造。また、その家屋。

とそう-の-ひと【斗×筲の人】トサウ《「論語」子路から》度量の小さいつまらない人物。小人物。

どぞう-やき【土蔵焼(き)】ドザウ アユ・フナ・ハヤなどを丸のまま山椒さんしょう味噌を塗って焼いた料理。

どぞう-やぶり【土蔵破り】ドザウ 土蔵を破って侵入し、中の財物を盗み出すこと。また、その盗賊。

とそえんめい-さん【×屠×蘇延命散】▶屠蘇散

とそ-きげん【×屠×蘇機嫌】正月の、屠蘇を飲んでちょっと酔った、よい気持ち。

と-ぞく【都俗】都会の風俗・習慣。みやこぶり。

ど-そく【土足】❶履物をはいたままの足。「—厳禁」❷土でよごれたままの足。どろあし。

ど-ぞく【土俗】その土地の住民。また、その土地の風俗。(類語)民俗

ど-ぞく【土賊】その土地の賊徒。土匪どひ。

どぞく-がく【土俗学】民族学・民俗学の旧称。

とそ-さん【×屠×蘇散】元旦に服用する延命長寿の漢方薬。山椒さんしょう・防風・白朮びゃくじゅつ・桔梗ききょう・桂皮などを砕いて調合したもの。屠蘇延命散。延命屠蘇散。

とそ-しゅ【×屠×蘇酒】「屠蘇❷」に同じ。

と-そつ【徒卒】徒歩の兵。歩兵。歩卒。

とそつ【×兜率┊都卒】《梵 tusitaの音写。上足・妙足・知足と訳す》「兜率天」の略。

とそつ-てん【×兜率天】仏語。六欲天の第四天。内院と外院があり、内院は将来仏となるべき弥勒菩薩みろくぼさつが住するとされ、外院は天衆の住む所とされる。都史多天。

とそ-ぶくろ【×屠×蘇袋】屠蘇酒をつくるとき、屠蘇散を入れて酒・みりんに浸す袋。紅絹もみまたは白絹を三角形に縫って作る。使ったあと、井戸に投げ込む風習があった。

とだ【戸田】埼玉県南東部の市。荒川北岸にあり、江戸時代には中山道なかせんどうの渡船場があった。戸田漕艇場がある。人口12.3万(2010)。

どだ　取引所で、相場の金額に添えて、ちょうどの意を表す語。「六〇〇円—」「八〇〇円—」

ドタール〖dotār┊dutār〗《「ドゥタール」とも》中央アジア・イラン・アフガニスタンなどに分布するロングリュート型撥弦はつげん楽器。可動フレットを有し、通常2弦。

と-だい【斗代】❶中世、田畑一段について何斗と定めた租税の率。❷江戸時代、上・中・下各等級ごとの田畑一段当たりの公定標準収穫高。石盛こくもり。

ど-だい【土代】文書・書画類の下書き。草稿。草案。〈色葉字類抄〉

ど-だい【土台】㊀〔名〕❶木造建築の骨組みの最下部にあって、柱を受け、その根本をつなぐ横材。建物の荷重を基礎に伝える。❷建築物の最下部にあって、上の重みを支えるもの。基礎。「—石」❸物事の基礎。物事の根本。「信頼関係を—から揺るがす事件」㊁〔副〕根本から。はじめから。もともと。「—無理な相談だ」「—勝てるはずがない」

(類語)(㊀)基礎・礎・礎石・基本・大本おおもと・根本こんぽん・根幹・中心・基軸・基調・基底・根底・基もとい・下地・初歩・いろは・ABC・基盤・基幹・基部・大根/(㊁)元来・もともと・本来・大体・自体・そもそも

と-だえ【途絶え┊×跡絶え】❶途中で切れて、続かなくなること。❷行き来がなくなること。男女の間が疎遠になること。「かれがれに—おかむ折こそは、さやうに思ひ変はることもあらめ」〈源・夕顔〉

と-だ・える【途絶える┊×跡絶える】〔動ア下一〕図とだ・ゆ〔ヤ下二〕❶続いていたものが、途中で切れてなくなる。「便りが—・えて久しい」❷人の行き来がなくなる。特に、男女の間が疎遠になる。「久しく—・え給はむは、心細からむ」〈源・総角〉

(類語)やむ・とぎれる・絶える

どた-キャン〔名〕スル《「土壇場のキャンセル」の意》直前になって約束や契約を取りやめること。

とだ-きょくざん【戸田旭山】[1696〜1769]江戸中期の医師。備前の人。名は斎。通称、斎宮いつき。本草学にすぐれ、大坂で開業。著「救生堂圃史」「医学名数」など。

どた-ぐつ【どた靴】大きすぎたり形がくずれたりして、履いて歩くとどたどたと音を立てるような不細工な靴。

とだ-し【戸田市】▶戸田

とだ-しば【戸田芝】イネ科の多年草。高さ約1メートル。葉は広線形。夏から秋、緑色または紫色を帯びた小さい穂が密につく。名は、多く生えていた荒川の埼玉県戸田原にちなむ。ばれんしば。

とだ-じょう【富田城】ジャウ 島根県安来やすぎ市にあった城。戦国大名尼子氏の本城で、永禄9年(1566)毛利軍に攻められて落城。富田月山城とだがっさんじょう。

とだ-じょうせい【戸田城聖】ジャウセイ[1900〜1958]宗教家。石川の生まれ。本名は甚一。牧口常三郎とともに創価教育学会を設立。第二次大戦後、同会を創価学会として再建し、第2代会長となる。折伏しゃくぶくによる布教を推進し、また公明党結成の基礎をつくった。

とだ-ていぞう【戸田貞三】テイザウ[1887〜1955]社会学者。兵庫の生まれ。東大教授。実証的な調査研究法を重視した社会学の確立に貢献。第1回の国勢調査の資料を基礎に日本の家族構成を分析。著「家族構成」など。

とたて-ぐも【戸▽閉蜘＝蛛】トタテグモ科およびカネコトタテグモ科などの原始的なクモの総称。体長10〜18ミリ、赤褐色から黒色。地中または大木の樹皮や岩の上に巣を作り、入り口に扉をつける。

どた-どた〔副〕荒々しく歩いたり走り回ったりする音や、そのさまを表す語。「廊下を—(と)走る」

と-だな【戸棚】三方を板などで囲って前面に戸をつけ、中に物をのせるための棚を設けた家具。

どた-ばた　㊀〔副〕スル 騒がしく走り回ったりあばれたりする音や、そのさまを表す語。「子供たちが—(と)はしゃぎ回る」「—してはいけない」㊁〔名〕「どたばた喜劇」の略。「—を演じる」 アク㊀はドタバタ、㊁はドタバタ。

どたばた-きげき【どたばた喜劇】こっけいなせりふや、大げさなしぐさで客を笑わせる喜劇。あちゃらか芝居。スラップスティック。

ど-たま《「どあたま(ど頭)」の略》人をののしって、その頭をいう語。「—をどついてくれる」

とだ-もすい【戸田茂睡】[1629〜1706]江戸前期の歌学者・歌人。駿河の人。名は恭光ゆきみつ。通称、茂右衛門。号、梨本なしのもと・隠家。岡崎藩本多氏に仕えたが、のち江戸浅草に隠棲。二条家の歌学を批判して用語の自由を主張。著「梨本集」「紫の一本」「僻言調ひがごとしらべ」など。

どたり〔副〕❶重い物などが落ちたり倒れたりする音や、そのさまを表す語。「馬上から—と落ちる」❷疲れ果てた人などが、こらえきれずに横になったり座ったりするさま。「—とソファーに座り込む」

とだ-りゅう【戸田流】リウ ❶剣術の一派。前田利家の家臣戸田越後綱義を祖とする。❷薙刀なぎなたの一派。嘉永年間(1848〜1854)に岩根左橘正承の創始。

とだ-りゅう【富田流】リウ ❶剣道の一派。越前朝倉氏の家臣、富田九郎左衛門長家を祖とする。❷槍術そうじゅつの一派。越前朝倉氏の家臣、富田牛生とだごしょうを祖とする。

と-だる【斗×樽】1斗(約18リットル)入りの平たい桶にふたをつけた酒樽。太鼓樽。

と-だれ【戸垂れ】▶戸冠とかんむり

と-たん【途端】あることが行われた、その瞬間。そのすぐあと。多く副詞的に用い、「に」を伴うこともある。「よそ見をした—転んだ」「飲むと—に人が変わる」

(類語)拍子・はずみ

と-たん【塗炭】泥にまみれ火に焼かれること。転じて、ひどい苦痛。きわめて辛い境遇。「アゼン国の兄弟を、—の中に救わんと」〈竜渓・経国美談〉

塗炭の苦しみ　泥や火の中にいるような、ひどい苦しみ。「—をなめる」

トタン《ポルトガル tutanaga(亜鉛の意)からか》「トタン板」に同じ。

どたん〔副〕重い物が倒れたり落ちたりするときの音や、そのさまを表す語。「—とふすまが倒れる」

ど-だん【土壇】❶土で築いた壇。❷茶道で、土を厚く塗った炉の内側の壁。❸「土壇場どたんば❶」に同じ。

トタン-いた【トタン板】薄い鋼板に亜鉛めっきをし

て耐食性をもたせたもの。屋根板などに用いる。亜鉛鉄板。トタン。

とたん-おち【途端落ち】落語の落ちの一。終わりの一言で話全体の結びがつくもの。

どたん-ば【土壇場】❶近世、首切りの刑を行うために築いた土の壇。前に穴を掘る。土壇だん。❷決断をせまられる、最後の場面。進退きわまった状態。「一で話がひっくりかえる」「一に立たされる」

(類語)(❷)正念場・瀬戸際・土俵際・崖っぷち

と-ち【土地】❶陸地。大地。地。「人跡未踏の一」❷植物・作物などが育つ土壌。土。「肥沃な一」「一を耕す」❸耕地や宅地など、さまざまに利用する地面。地所。「一を買う」「一を開発する」❹その地域。地方。「一の習慣」「一の人」「風光明媚びな一」❺領土。「一割譲」(類語)(❶)土つち・大地・地ち/(❷)土壌・壌土/(❸)地所・地面・用地・敷地・宅地・料地・農地・耕地・田地でん・田畑はた・田畑でんぱた・沃土よく・沃地・沃野/(❹)地ち・地方・当地・御当地・当所・現地・地元・地じ・地域・区域・地区・方面・一円・一帯・地帯・界隈かい・境域・境さか・領域・エリア・ゾーン・境・区画

とち【×橡¦栃¦×杼】トチノキの別名。(季 花＝夏¦実＝秋)「一咲くやまぬかれ難き女の身/波郷」(補説)「栃」は国字。

とち〔接頭〕名詞や動詞に付いて、それが愚かである、ふざけたさまであるなどの意を表す。「一狂う」「才三めに心を通はす一女ぢよめ」〈伎・宇都谷峠〉

どち　動作・性質・状態などにおいて、互いに共通点を持っている人。同じ仲間。名詞の下に付いて、接尾語的にも用いる。「君が家に植ゑたる萩の初花を折りてかざさな旅別る一」〈万・四二五二〉「男一は、心やりにやあらむ、詩からなどいふべし」〈土佐〉

ど-ち【▽何▽方】〔代〕《「いづち」の音変化》不定称の指示代名詞。どっち。どちら。「皆々一へおぢゃる」〈虎明狂・悪坊〉

とち-いた【×栩板】屋根を葺ふく板。厚さ1～3センチ、幅9～15センチ、長さ約60センチ程度の割り板。

とちお【栃尾】とちを 新潟県中部にあった市。近世は栃尾紬つむぎの産地として知られ、以来、機業が盛んで、合繊服地を生産。全国有数の豪雪地帯。平成18年(2006)長岡市に編入。➡長岡

とちお-し【栃尾市】とちをし▶栃尾

とちかいはつ-こうしゃ【土地開発公社】自治体が公共事業に必要とする土地の取得・造成・管理などを行うために設立された特別法人。資金は金融機関からの借り入れによる。

とち-かいりょう【土地改良】―カイリャウ 湿田の排水、用水改良、畑地灌漑かんがい、耕地整理などによって、土地の性質を改良すること。

とちかいりょう-く【土地改良区】トチカイリャウ― 一定の地区内の土地改良事業を行うことを目的として、土地改良法によって設立される公共組合。従前の耕地整理組合・普通水利組合などを統合したもの。

とちかいりょう-ほう【土地改良法】トチカイリャウハフ 農業生産の基盤の整備・開発を図るため、農用地の改良・開発・保全・集団化に関する事業に必要な事項を定めている法律。昭和24年(1949)施行。

とちかおく-ちょうさし【土地家屋調査士】トチカヲクテウサシ 他人の依頼を受けて、不動産の表示に関する登記について必要な土地または建物に関する調査・測量・申請手続きをすることを業とする者。

とち-かがみ【水＝鼈】トチカガミ科の多年草。湖沼に生え、葉は円形でつやがあり、裏面に空気の入った袋があって水面に浮かぶ。秋、白い花びらを3枚もつ雄花と雌花とが咲く。名は葉をとち(スッポン)の鏡にたとえたもの。どうがめばす。すっぽんのかがみ。

とち-がめ【×鼈亀】スッポンの別名。

とち-がゆ【栃×粥¦×橡×粥】あく抜きしたトチノキの実を入れて炊いた粥。

とち-がら【土地柄】その土地に特有の風習。また、そこの住民に特有の気風。ところがら。「純朴な一」

(類語)所柄・場所柄

とち-かん【土地鑑¦土地勘】その土地の地理・地形・事情などについての知識。「一がある」

とち-かんかつ【土地管轄】―クワンカツ 裁判所がそれぞれ地域的に分担して裁判権を行使する権限をもつ土地の区域。

とちぎ【栃木】㊀関東地方北部の県。もとの下野しもつけ国に相当。県庁所在地は宇都宮うつのみや市。人口200.7万(2010)。㊁栃木県南部の市。もと日光例幣使街道の宿場町、市場町として発達。明治4～17年(1871～1884)県庁所在地であった。平成22年(2010)に大平町・藤岡町・都賀つが町と、同23年、西方町と合併。人口14.7万(2012)。

とちぎ-エスシー【栃木SC】▶栃木サッカークラブ

とちぎ-けん【栃木県】▶栃木㊀

とちぎ-サッカークラブ【栃木サッカークラブ】日本プロサッカーリーグのクラブチームの一。ホームタウンは宇都宮市。昭和28年(1953)、栃木教員サッカー部として設立。平成21年(2009)からJリーグに参加。栃木SC。

とちぎ-し【栃木市】▶栃木㊁

とちぎやま-もりや【栃木山守也】[1892～1959]力士。第27代横綱。栃木県出身。本名、中田守也。旧姓、横田。筈はず押しの名人で、大正5年(1916)には太刀山たちやまの連勝を56で止める快挙を成し遂げた。優勝9回。引退後、年寄春日野。➡大錦卯一郎(第26代横綱) ➡大錦大五郎(第28代横綱)

と-ちく【×屠畜】〔名〕スル 食肉用の家畜を殺すこと。

とち-くかくせいり【土地区画整理】―クククワクセイリ 都市計画区域内の土地について、公共施設の整備・改善、宅地としての利用の増進を図るため、土地区画整理法に基づいて行われる土地の区画・形質の変更、公共施設の新設または変更などに関する事業。

とちく-じょう【×屠畜場】―ヂヤウ 食肉に供するために、屠畜・解体処理などを行う施設。屠場。

とち-くら・う【とち食らふ】―くらふ〔動ハ四〕ばか食いをする。ふざけてやたらと食う。「そば屋に燗かんをさせては一・ふだものを」〈滑・浮世風呂・三〉

とち-ぐる・う【とち狂う】―ぐるふ〔動ワ五(ハ四)〕《「どちぐるう」とも》ばかみたいにふざける。ひどくたわむれる。「侯爵令嬢は人もなげに白場四三太郎氏と一・う」〈魯庵・社会百面相〉

とち-こくゆうろん【土地国有論】―コクイウロン 土地の私的所有を廃止して国家の所有とすべきであるとする理論。18世紀以降、自由主義経済の発展した英国で唱えられたものと、マルクスの展開した理論とがある。

とち-ことば【土地言葉】その土地だけで使われる言葉。方言。

とち-ころがし【土地転がし】関係者間で土地の転売を重ねることによって地価をつり上げ、その値上げ幅から大きな利益を得ること。

どち-ざめ【奴×智×鮫】ネズミザメ目ドチザメ科の海水魚。全長約1.5メートル。淡紫黒色で10本の暗色横帯がある。沿岸性で、性質はおとなしい。

と-ちじ【都知事】東京都知事のこと。

とち-しゅうよう【土地収用】―シウヨウ 特定の公益事業に必要な土地に対し、国や地方公共団体などが、法律に基づいて、その所有権・使用権を所有者から強制的に取得すること。また、その行政処分。

とちしゅうよう-ほう【土地収用法】トチシウヨウハフ 公益事業に必要な土地などの収用・使用に関する基本法。その要件・手続き・効果および損失の補償などについて規定する。昭和26年(1951)施行。

とち-しようけん【土地使用権】国や地方公共団体などが、公共事業に必要な限度で他人の土地を使用できる権利。

とち-しょゆうけん【土地所有権】―シヨイウケン 土地を自由に使用・収益・処分できる権利。民法では、法令の制限内で土地の上空・地下に及ぶものと規定。

とち-しんたく【土地信託】土地所有者が委託者として信託銀行に土地を信託し、信託銀行は受託者としてその土地に賃貸ビルや住宅を建設して管理・運用し、その収益から経費などを差し引いた金銭を信託配当として委託者に交付する制度。

とち-だいちょう【土地台帳】―ダイチヤウ 土地の所在・地番・地目・地積などを登録して、土地の状況を明らかにした公簿。昭和22年(1947)土地台帳法により設けられたが、同35年に廃止。現在は土地登記簿の表題部に記載されている。地籍台帳。

とち-たちいりけん【土地立入権】国や地方公共団体などが、公共事業のために調査・測量などの必要がある場合に、他人の土地に立ち入り、一時使用できる権利。

とちっ-こ【土地っ子】その土地で生まれ、住みついている人。

とち-なまり【土地×訛り】その土地の住民に特有の発音のくせ。また、その言葉。

とちにしき-きよたか【栃錦清隆】[1925～1990]力士。第44代横綱。東京都出身。本名、中田清。旧姓、大塚。優勝10回。引退後、年寄春日野かすがの。➡吉葉山潤之輔じゅんのすけ(第43代横綱) ➡若乃花幹士㊀(第45代横綱)

とちのうみ-てるよし【栃ノ海晃嘉】[1938～]力士。第49代横綱。青森県出身。本名、花田茂広。優勝3回。引退後、年寄中立なかだちを経て春日野を襲名。➡大鵬たいほう幸喜(第48代横綱) ➡佐田の山晋松(第50代横綱)

とち-の-き【×橡¦▽栃】トチノキ科の落葉高木。山地に自生。葉は大きく、倒卵形の5～7枚の小葉からなる手のひら状の複葉。5月ごろ、白色で紅斑のある花が円錐状に咲く。実は丸く、熟すと三つに裂け、中にある褐色の種子は食用。近縁種にマロニエがある。庭園や街路に植栽。とち。(補説)「栃」は国字。

とちば-にんじん【栃葉人▽参】ウコギ科の多年草。日本特産。山地の木の下に生え、高さ約60センチ。葉は手のひら状の複葉で、数枚が輪生する。夏、長い柄を出して淡黄緑色の小花を球状につける。根茎は節があり、漢方で竹節人参ちくせつにんじんといい、チョウセンニンジンの代用にする。

とち-ぶき【×栩×葺き】栩板とちいたで屋根を葺ふくこと。また、その屋根。

とち-ふたん【土地負担】河川や道路の測量・工事などのために付近の土地に加えられる所有権の制限。

とち-まん【十千万】非常に多い数。巨万。多く助数詞を伴って用いる。「旅籠は一両でもいいから、もうちっときれいな座敷に」〈滑・続膝栗毛・一〉

とち-め・く〔動カ四〕あわてふためく。「顔ウチ赤メテ一・クニヨッテ」〈天草本伊曽保・イソポが生涯〉

とち-めん【栃麺¦×橡麺】あく抜きしたトチノキの実の粉を小麦粉やそば粉にまぜて、うどんのように作った食品。

栃麺棒ぼうを食・う　うろたえあわてる。

とちめん-ぼう【栃麺棒】❶栃麺を打ち延ばすのに用いる棒。❷《「とちめくぼう(坊)」の音変化という。一説に、栃麺をつくるのに迅速さが必要とされるところからとも》うろたえあわてること。また、あわて者。

とち-もち【栃餅¦×橡餅】あく抜きしたトチノキの実をまぜてついた餅。とちのもち。(季 秋)

ど-ちゃく【土着】〔名〕スル 先祖代々その土地に住んでいること。また、その土地に住みつくこと。

(類語)地付き

と-ちゅう【×杜仲】トチュウ科の落葉高木。葉は互生し、楕円形。雌雄異株で、春に小花をつける。樹皮を乾燥したものを強壮薬とする。また葉を煎じて茶のようにして飲む。中国の原産。はいまゆみ。

と-ちゅう【途中】❶出発してから目的地に着くまでの間。まだ目的地に到着しないうち。「出勤一の事故」「一で引き返す」❷物事を始めてから終わるまでの間。まだ終わらないうち。中途。「食事の一で席を立つ」「一をとばして読む」

(用法)途中・中途――「坂の途中(中途)に花子の家があった」「仕事を途中(中途)で投げ出してはいけない」のように、空間的な場合でも、時間的な場合でも、相通じて用いられる。◆「出張の途中に立ち寄る」「旅の途中で引き返す」「途中下車」のように、目的地

に着く前にの意味では、「途中」が適切である。◆「父の死で、兄は大学を中途で退学した」「視聴率不振で、番組は中途で打ち切られた」「中途採用」のように、続けてきた物事の半ばの意味では、「中途」がふさわしい。◆類似語に「中ごろ」がある。「試合の中ごろ(途中・中途)に雨が降りだした」のように、時間的な場合には「途中」「中途」と相通じて用いられるが、空間的な意では「中ごろ」はあまり用いない。
(類語)途上・中途・途次・道中・行きがけ・路次

ど-ちゅう【土中】土のなか。地面の下。

ど-ちゅう【土柱】石や岩塊があるために、その下の軟らかい土砂の層が雨水の浸食作用から保護され、柱状に残ったもの。徳島県の阿波の土柱は国の天然記念物。

とちゅう-けいか【途中経過】ーケイクヮ 途中の段階における成り行き。進行中の物事の変化のぐあい。「試合の—」

とちゅう-げしゃ【途中下車】〔名〕スル 汽車・電車などの乗客が、切符の乗車区間の途中で下車すること。

とちゅう-ごえ【途中越】京都市左京区大原から滋賀県大津市に至る峠。比叡山と比良山の鞍部にあり、古来京都と北国を結ぶ要地。竜花越(りゅうげごえ)。途中峠。

と-ちょう【斗帳┆戸帳】ーチャウ 帳台の上を覆う布、また神仏を安置した厨子(ずし)や龕(がん)の前などにかける小さなとばり。金襴(きんらん)・緞子(どんす)・綾(あや)・錦(にしき)などで作る。斗(ます)をふせたような形をしているのでいう。

と-ちょう【徒長】ーチャウ〔名〕スル 作物・樹木の茎や枝などがむだにのびてしまうこと。肥料の過多、日照の不足などから起こる。「—枝(し)」

と-ちょう【都庁】ーチャウ《「東京都庁」の略》東京都の行政事務を取り扱う役所。

と-ちょう【登頂】ーチャウ〔名〕スル ▶とうちょう(登頂)

ど-ちょう【度×牒】ーテフ 律令制で、僧尼になることを許可した公文書。受戒の年月日が記入され、官印がある。度縁。告牒。公験(くげん)。➔戒牒(かいちょう)

ど-ちょう【怒張】ーチャウ〔名〕スル ❶血管などが、ふくれること。「怒りで額の血管を—させる」❷肩や筋肉などを、いからして張ること。

ど-ちょう【怒潮】ーテウ 激しく打ち寄せる海水。

とちよ-ぐさ【▽豊千代草】松の別名。

どち-ら【▽何▽方】〔代〕❶不定称の指示代名詞。㋐不明または不特定の方向・場所をさす。「—へおいでですか」「お住まいは—ですか」㋑複数の中から一つだけを、限定しないまま、取り立ててさす。「—がお好きですか」「—とも言えません」「私には—も必要です」❷不定称の人代名詞。㋐(多く「どちらさま」の形で)不明または不特定の人をさす。「失礼ですが、—さまですか」「—さまもお忘れ物のないように願います」㋑複数の中から一人だけを、限定しないまま、取り立ててさす。「—がお姉様ですか」「テニスをなさるのは—ですか」「—も存じ上げません」(類語)(❶㋐)どっち・いずかた・どこ・いずこ/(❶㋑)どっち・いずれ・どれ

ドチリナ-キリシタン〘ポルトガル Doctrina Cristão〙キリシタン版の一。イエズス会の宣教師たちの手に成るキリスト教の教理問答書。16、7世紀の日本語の音韻・語法の体系の研究上、また日本印刷文化史上貴重な資料。現存する版本は、文禄元年(1592)に天草で出版されたローマ字本および推定天正19年(1591)刊の国字本、慶長5年(1600)長崎で刊行されたローマ字本および国字本の4種類。

とちりよう-ず【土地利用図】ーヅ 土地の利用状況を表した地図。都市を住宅・商業・工業・公共、耕地を田・畑・果樹園・茶畑などに分類して表示。

とち・る〔動ラ五(四)〕❶舞台などで、せりふやしぐさをまちがえる。「長ぜりふを—・る」❷焦ってうろたえる。まごまごする。「玄吉君は僕の居るのに些(ちい)と—・った風であったが」〈真山・南小泉村〉❸やりそこなう。失敗する。「取引で—・る」
(類語)損なう・損じる・失敗・しくじる・し損ずる・し損なう・やり損なう・抜かる・過つ・誤る

とっ【取っ】〔接頭〕《「と(取)り」の音変化》動詞に付いて、その意味を強めるのに用いる。「—組む」「—つかまえる」

とつ【×咄】〔感〕《舌打ちの音から》❶激しくしかるときに発する語。ちょっ。「—、国賊」〈木下尚江・良人の自白〉❷事の意外さに驚き怪しむときに発する語。➔漢「とつ(咄)」

とつ-おいつ〔副〕スル《「取りつ置きつ」の音変化。手に取ったり下に置いたりの意》考えが定まらず、あれこれと思い迷うさま。「将来のことを—考える」

とつ-おう【凸凹】ーアフ でっぱりとへこみ。でこぼこ。おうとつ。

とっ-か【特化】トククヮ〔名〕スル ある特定の部分に重点を置くこと。業務内容を限定し、専門化すること。「財政政策に—した政策論議」「品揃えを若者向きに—する」「M&Aに—した投資銀行」
(類語)特殊・ガラパゴス化・井の中の蛙大海を知らず

とっ-か【特価】トクー 特別に安い値段。「—品」

とっ-か【特科】トククヮ ❶特殊の科目。特別の教科。❷陸上自衛隊の職種の一。諸外国陸軍や旧日本陸軍の砲兵に相当し、野戦特科と高射特科からなる。

とっ-か【得花】トククヮ 能楽で、花の本質を悟り、それを会得すること。また、その境地。

とっ-か【徳化】トククヮ〔名〕スル 徳によって感化すること。また、徳に感化されること。「民衆を—する」
(類語)教化・感化・醇化(じゅんか)・文教

と-つか【十▽握┆十▽拳┆十▽束】《「つか」は、握った手の、小指から人差し指までの幅》10握りの長さ。10つかみの長さ。

とつか【戸塚】横浜市南西部の区名。昭和44年(1969)瀬谷(せや)区を、同61年栄(さかえ)区・泉(いずみ)区を分離。中心の戸塚はもと東海道五十三次の宿駅。

と-つか【▽取▽柄】弓や鞭(むち)などの握りの部分。

と-づか【斗▽束】上部に斗(ます)をのせた束。高欄などに用いる。ますづか。

どっ-か【読過】ドククヮ〔名〕スル ❶終わりまで読んでしまうこと。読み通すこと。読了。「大冊を—する」❷よみすごすこと。注意しないで読むこと。
(類語)読破・読了・卒読

どっ-か〔連語〕「どこか」の音変化。「—へ行こう」「—変わった人だね」

トッカータ〘イタリア toccata〙自由な形式の、鍵盤(けんばん)楽器のための技巧的な楽曲。

ドッガー-バンク〘Dogger Bank〙英国の東方、北海の中央部にある、水深の浅い所。ニシン・タラ・カレイなどの大漁場。

とっ-かい【特会】トククヮイ「特別会計」の略。

どっ-かい【読会】ドククヮイ 議会において、議案の審議を慎重にするために設けられた審議の段階。明治憲法下の帝国議会では3読会制を採用し、第1読会では議案の全体を討議し、第2読会では逐条審議を行い、第3読会で議案全体を改めて審議して可否を決定した。現在の国会にはない。

どっ-かい【読解】ドクー〔名〕スル 文章を読んで、その内容を理解すること。「古典を—する」「—力」(類語)解釈・釈義・講釈・評釈・解義・義解(ぎげ)・釈する・説き明かす

とっかえ-ひっかえ【取っ替え引っ替え】とつかへひつかへ〔副〕スル《「とりかえひきかえ」の音変化》あれこれと、次々に取り替えるさま。「洋服を毎日—する」

とっかえ-べい【取っ替えべい】とつかへー《その呼び声から》江戸時代、古鉄(ふるがね)類と飴(あめ)を引き替えに、町を流し歩いた飴売り。とりかえべい。とっかいべい。

とっ-かかり【取っ掛(か)り】物事を始めること。また、物事を始める最初の手がかり。「仲直りの—がない」「聞き込みを捜査の—にする」

とっ-かか・る【取っ掛(か)る】〔動ラ五〕《「とりかかる」の音変化》しはじめる。着手する。「仕上げに—・る」

とっ-かく【凸角】❶物の外部に出っぱった部分。❷二直角より小さい角。⇔凹角(おうかく)。

とっ-かく【突角】つき出たかど。
(類語)角・一隅・片隅・一角・すみ・隅っこ・端っこ・稜角

とつか-く【戸塚区】▶戸塚

どっ-かく【独覚】ドクー〔名〕スル ▶縁覚(えんがく)

とつか-せいかい【戸塚静海】[1799～1876]幕末・明治初期の蘭医。遠州掛川の人。法印。宇田川榛斎(しんさい)、シーボルトに医学を学ぶ。江戸で開業し、神田お玉が池種痘所開設に参加。のち幕府奥医師となる。

漢字項目　とつ

凸　音トツ(漢)　訓でこ‖中央がつき出ている。「凸起・凸版・凸面鏡/凹凸」(難読)凸凹(でこぼこ)・凸柑(ポンカン)

×吶　音トツ(慣)　訓どもる‖①どもる。口ごもる。「吶吶」②大声で叫ぶ。ときの声をあげる。「吶喊(とっかん)」

×咄　音トツ(漢)　訓はなし‖㊀〈トツ〉舌打ちする音。「咄嗟(とっさ)・咄咄」㊁〈はなし(ばなし)〉落とし話。「咄家(はなしか)/小咄・三題咄」

突〔突〕　音トツ(漢)　訓つく‖①つき出る。つく。つきあたる。「突貫・突撃・突出・突進・突入・突破/激突・衝突・猪突(ちょとつ)」②つき出たもの。「突端・突堤/煙突」③だしぬけ。「突如・突然・突発・突風/唐突」(難読)剣突(けんつく)・突(つ)っ慳貪(けんどん)

×訥　音トツ(慣)‖口ごもって、つっかえながら言う。「訥訥・訥弁/朴訥」

とつ-がた【凸型】凸の字のように、中ほどが出っぱっている形。⇔凹型(おうがた)。

どっ-かつ【独活】ドククヮツ ウドの根茎やシシウドなどの根を乾燥したもの。漢方で発汗・解熱・鎮痙(ちんけい)・鎮痛薬などに用いる。羌活(きょうかつ)。

とっ-かてん【特火点】トククヮテン トーチカのこと。旧日本陸軍で用いた語。

どっか-と〔副〕❶重い物を置くさま。どっかり。「かついだ荷物を—おろす」❷重々しく堂々と腰をおろすさま。また、堂々と居座るさま。どっかり。「茶の間に—座り込む」「梅雨前線が—腰を据える」

とっか-へい【特科兵】トククヮー 旧日本陸軍で、歩兵科以外の兵科の兵の総称。騎兵・砲兵・工兵・航空兵・憲兵など。

とつか-ようじ【戸塚洋二】ーヤウジ[1942～2008]物理学者・天文学者。静岡の生まれ。小柴昌俊に師事し、カミオカンデ・スーパーカミオカンデの建設にたずさわる。平成10年(1998)、ニュートリノに質量があることを確認。同16年文化勲章受章。

どっかり〔副〕❶「どっかと❶」に同じ。「—(と)リュックを床に置く」❷「どっかと❷」に同じ。「—(と)あぐらをかく」❸物事が急に大きく変動するさま。どかっと。「—(と)体重が減る」

とつ-かわーかは〔副〕あわてて動作をするさま。せかせかと。「老婢は此(ここ)を—起ちて」〈紅葉・金色夜叉〉

とつ-がわ【十津川】ーがは 奈良県南部を流れる川。上流は山上ケ岳付近に源を発する天(てん)ノ川で、南流して和歌山県に入り熊野川となる。

とつがわ-ごう【十津川郷】とつがはガウ 奈良県、十津川沿岸一帯の地。南朝の遺跡が残る。また、江戸末期、天誅組(てんちゅうぐみ)が戦った地。

とっ-かん【×吶×喊】〔名〕スル ❶ときの声をあげること。「車夫は一斉に—して馬を駭かせり」〈鏡花・義血侠血〉❷「突貫❸」に同じ。「炎熱の野天を土まみれで這いずり廻り、駈け、—し」〈野上・迷路〉

とっ-かん【突貫】ークヮン〔名〕スル ❶つきとおすこと。つらぬきとおすこと。❷短期間で一気にしあげること。「昼夜兼行の—工事」❸ときの声をあげて、敵陣へ突き進むこと。吶喊(とっかん)。「敵陣めがけて—する」

とっかん-さぎょう【突貫作業】トックヮンサゲフ 途中で休むことなく、一気に行われる作業。

とっ-き【凸起】〔名〕スル 中央が周囲より高く盛り上がっていること。また、そのもの。

とっ-き【突起】〔名〕スル ある部分が周囲より高く突き出ていること。また、そのもの。でっぱり。「ひときわ—したビル」「虫様(ちゅうよう)—」(類語)出っ張り

とっ-き【特記】トクー〔名〕スル 重要な事柄として、特別に書き記すこと。特筆。「—に値する」「—事項」
(類語)特筆・大書・明記

とっ-き【特機】トクー《「特殊機械」の略》テレビ・映画の

撮影に使う、移動撮影用のレール・台車・クレーン・送風機・撒水機などの機材。また、それらを操作する係。
とっ-き【徳器】徳行と器量。才能と徳。
どっ-き【毒気】❶毒性のある気体。❷「どくけ(毒気)」に同じ。「冷笑したが、しかし昨夜程の―はなかった」〈二葉亭・其面影〉
ど-つき【土突き】「胴突き❶」に同じ。
ど-つき【度付き】めがねなどに視力を調整するレンズが付いていること。度入り。「―サングラス」➡度❸㊀
とつぎおしえ-どり【嫁ぎ教え鳥】《伊弉諾尊と伊弉冉尊の二神に夫婦の交合を教えたという神話から》セキレイの別名。
とつぎ-さき【嫁ぎ先】嫁に行った家。婚家。
とつき-とおか【十月十日】10か月と10日。人の妊娠期間をいう語。(補説)人の妊娠期間は平均266日くらいといわれる。出産予定日は、WHO(世界保健機関)の指針によって、最終生理日から280日目とされるが、個人差がある。
どっ-きゃく【独客】茶の湯で、客が自分一人であること。
とっ-きゅう【特急】❶特に急を要すること。大急ぎ。「礼服を―で仕上げる」❷「特別急行」の略。
(類語)(❶)至急・早急・大急ぎ・急ぎ・緊急・急遽
とっ-きゅう【特級】特別の等級。一級よりもさらに上の等級。(類語)特等
とっきゅう-しゅ【特級酒】等級が特級の酒。ふつう清酒についていい、昭和18年(1943)から平成元年(1989)まで存在。酒税が最も高かった。
とっ-きょ【特許】❶国が特定の個人または法人に対して、特定の権利を与える行政行為。「専売―」❷特許法の定めにより、特許権を与える行政行為。❸特許権のこと。「―を申請する」
(類語)許可・認可・許諾・認許・允許・允可・裁許・免許・公許・官許・ライセンス
どっ-きょ【独居】〔名〕スル ひとりきりで暮らすこと。ひとりずまい。「家族と別れて―する」
(類語)一人暮らし・独り住まい・孤族
とっ-きょう【徳教】道徳によって、人をよい方向へと導く教え。
どっ-きょう【読経】〔名〕スル ▶どきょう(読経)
どっきょう-いかだいがく【独協医科大学】栃木県下都賀郡壬生町にある私立大学。独協学園を母体として、昭和48年(1973)に開学した。
どっきょう-だいがく【独協大学】埼玉県草加市にある私立大学。昭和39年(1964)に、学校法人独協学園により設立。伝統的に外国語教育が重視されている。
とっきょ-きぎょう【特許企業】国から公企業の特許を受けて経営する事業。電気事業・ガス事業など。
とっきょ-きょく【特許局】特許庁の前身。
とっきょ-けん【特許権】産業財産権の一。産業上利用することができる新規の発明を独占的・排他的に利用できる権利。特許庁に出願して特許原簿に登録されると発生し、原則として出願日から20年間(平成5年(1993)12月以前に出願された特許については出願公告日から15年間)、他人はその発明を使用・製作・販売・頒布することはできない。
とっきょ-げんぼ【特許原簿】特許権の設定・変更・移転・消滅などに関する事項を登録する公簿。特許庁に備えてある。
とっきょ-しさん【特許資産】登録特許を重要な知的財産とみなす考え方。または、企業などが保有する重要な価値のある特許のこと。(補説)民間の調査会社などが、特許の件数や重要度に着目して、企業などが所有する特許資産の価値の指標化を行っている。
とっきょ-じむしょ【特許事務所】弁理士の事務所。
どっきょ-しゃ【独居者】ひとり暮らしの人。
とっきょ-しんぱん【特許審判】特許に関する争訟を判定するための手続き。特許庁長官が指定する審判官の合議で行われる。
とっきょ-だいりぎょう【特許代理業】特許・実用新案・意匠・商標に関する代理業。
とっきょ-ちょう【特許庁】経済産業省の外局の一。発明・実用新案・意匠および商標に関する審査・審判・登録その他の事務を行う。
とっきょひけいそう-じょうこう【特許非係争条項】企業が自社の持つ特許の使用を他社に認めるとき、契約書の中でその特許が他社の持つ特許を侵害することがあっても他社は訴訟を起こさないとする条項。NAP(non-assertion of patent)条項。
とっきょ-ひん【特許品】特許権のある発明品。また、特許権のある方法で作られた物品。
とっきょ-ほう【特許法】発明者に特許権を付与して発明の保護・利用を図り、産業の発展に資することを目的とする法律。昭和35年(1960)施行。
どっきょ-ぼう【独居房】刑務所や拘置所で、収容者を一人だけ入れておく監房。独房。⇔雑居房。
どっきょ-ろうじん【独居老人】ひとりで暮らす老人。ひとり暮らしの高齢者。
どっきり〔副〕不意の出来事に対して、動悸が激しくなるほど強くおそれたり驚いたりするさま。「ええまたかと思わず―胸も裂けそうに」〈露伴・五重塔〉
ドッキング〖docking〗〔名〕スル ❶人工衛星や宇宙船が、宇宙空間で結合すること。❷二つの物が結合すること。「テレビとパソコンを―させる」
ドッキング-ステーション〖docking station〗ノートパソコンを機能拡張するための機器。
どっきん-とうきょく【独禁当局】各国・地域で独占禁止法に相当する法律を所管する行政当局のこと。日本では公正取引委員会、米国では司法省反トラスト局および連邦取引委員会。中国では商務部がこれに当たる。
どっきん-ほう【独禁法】「独占禁止法」の略。
とっく【▽疾っく】《「と(疾)く」の音変化》㊀〔名〕ずっと以前。とう。「―からここに住んでいる」「―の前、何処かへ、すっ飛んで居るんですから」〈鏡花・婦系図〉㊁〔副〕❶(多く「とっくに」の形で)ずっと前に。とうに。「食事は―に済ませた」「―申し聞かせんずれども」〈浄・女護島〉❷速やかに。急いで。「汝元来いづくより来たる。―去れ」〈浄・油地獄〉(類語)とうに・とうから・もう・もはや・既に・先刻・つとに・とうの昔
疾っくの疾う 「とっく㊀」を強めた言い方。「そんな事は―から知っていた」
疾っくの昔 ずっと以前。とうのむかし。「―に読んだ小説」
と-つ-ぐ【嫁ぐ】〔動ガ五(四)〕❶よめに行く。「長女が―・ぐ」❷交合する。交接する。「二柱―・ぎ給ひて」〈祝詞・鎮火祭〉(類語)嫁する・嫁入り・輿入れ・結婚
どっ-く【毒▽鼓】仏語。毒を塗った太鼓。この音を聞く者はみな死ぬといい、仏の教えが聞く者の煩悩を滅することにたとえる。
ドック〖dock〗❶船の建造・修理などを行うために構築された設備。乾ドック・湿ドック・浮きドックなどがある。船渠。❷「人間ドック」の略。
ドッグ〖dog〗❶犬。「―フード」❷「ホットドッグ」に同じ。
ど-づ-く【ど突く】〔動カ五(四)〕《「どつく」とも》こづく。なぐる。「追々あの胡麻の蠅を―・かなくなって来たじゃ無えか」〈芥川・鼠小僧次郎吉〉
ドッグ-イヤー〖dog year〗情報産業における変化のスピードが速いことをいう語。犬の成長の1年が、人間の7年分に相当することから。
ドッグ-サロン《和 dog＋salon》主に愛玩用の犬のための美容院。犬用の服や化粧道具などもそろえている。(補説)英語では、ペット一般の美容院をpet salon, pet grooming salonなどという。
ドッグ-タグ〖dog tag〗《犬の首に下げた鑑札の意》米軍兵士が首に下げる金属製の認識票のこと。また、それを真似たアクセサリー。
とっくつ【突×厥】▶とっけつ
とっく-と【▽篤と】〔副〕「とくと」を強めた言い方。「―御検討ください」
と-つ-くに【▽外つ国】《「つ」は「の」の意の格助詞》❶外国。異国。❷畿内以外の国。「中つ国に住ましめ難し。…―に班らしめよ」〈景行紀〉
(類語)外国・他国・異国・異邦・外邦・他邦・異朝・異境・異郷・異土・外地・海外・海彼・他郷
トックビル〖Charles Alexis Henri Clérel de Tocqueville〗[1805～1859]フランスの歴史家・政治家。1849年に外相に就任。ルイ＝ナポレオンのクーデターに反対して逮捕され、政界を退く。著「アメリカの民主主義」「旧制度とフランス革命」など。
ドッグファイト〖dogfight〗犬のけんか。転じて、戦闘機どうしの空中戦。
ドッグ-フード〖dog food〗犬用の食品。
とっくみ-あい【取っ組(み)合い】互いに組みつきあって争うこと。「口論から―になる」(類語)決闘・果たし合い・格闘・掴み合い・出入り・喧嘩
とっくみ-あ-う【取っ組(み)合う】〔動ワ五(ハ四)〕互いに組みついて格闘する。「兄弟で―・う」
とっ-く-む【取っ組む】〔動マ五(四)〕「取り組む」の音変化。「商品開発に―・む」
ドッグ-ラン〖dog run〗犬を放して自由に遊ばせることができる専用の広場。
ドックランズ〖Docklands〗英国の首都ロンドン東部の再開発地域。テムズ川に面し、かつて造船所や倉庫などの港湾施設があった。1980年代から90年代にかけて行われたウオーターフロントの再開発により、オフィスビル、ショッピングモール、住宅が集まる場所になった。ロンドンドックランズ。
とっく-り【▽徳利】❶「とくり(徳利)❶」に同じ。「二合―」❷「徳利襟」の略。
とっくり〔副〕念をいれて物事をするさま。十分に。よくよく。とくと。「―(と)考えて結論を出す」
とっくり-えり【▽徳利襟】シャツやセーターなどで、とっくりのように長く作った襟。ふつう、折り返して着る。タートルネック。
とっくり-つばめ【▽徳利×燕】コシアカツバメの別名。とっくり形の巣を作るところからいう。
とっくり-ばち【▽徳利蜂】ドロバチ科の昆虫。中形のハチで、体は黒色に黄色の斑紋があり、腹部はとっくり状にくびれている。小枝などに泥で壺形の巣を作って産卵し、シャクトリムシなどを狩り集めて運び入れ、幼虫のえさにする。
ドッグ-レース〖dog race〗犬を競走させる賭け事。グレーハウンド種の犬に、電動式の模型のウサギを追わせて競走させる。
ドッグレッグ〖dogleg〗ゴルフのコースで、フェアウエーが犬の後ろ足のように左または右に、くの字形に曲がっているホール。
とっ-くん【特訓】〔名〕スル《「特別訓練」の略》特に厳しく訓練すること。また、その訓練。
(類語)練習・訓練・習練・トレーニング・エクササイズ
どっ-け【毒気】▶どくけ(毒気)
とっ-けい【特恵】特に有利なようにとりはからうこと。特別の恩恵。
とっ-けい【篤敬】〔名・形動〕人情に厚く、つつしみ深いこと。また、そのさま。「蓋し品行の善なるものは、―正直にして」〈中村訳・西国立志編〉
トッケイ〖tokay〗オオヤモリの別名。その鳴き声からいう。
とつ-けい【凸形】中央が出っ張った形。⇔凹形。
とっけい-かんぜい【特恵関税】特定の国からの輸入品に対して、一般の税率よりも低い税率で課す関税。開発途上国の輸出所得の増大、工業化の促進や経済発展を図るために実施される。➡特恵税率
とっけい-ぜいりつ【特恵税率】特定の国からの輸入品に対して一般の関税率よりも低く設定された税率。➡特恵関税
とつ-げき【突撃】〔名〕スル 敵陣めがけて、勢いよく突っこんでいくこと。「一丸となって―する」(類語)攻撃・突入・突進・進撃・襲撃・急襲・強襲・斬り込み

どっ-けし【毒消し】ドク ▶どくけ(毒消)し
とっけつ【突×厥】《Türkの音写》6～8世紀にかけて、モンゴルから中央アジアを支配したトルコ系遊牧民族。また、その国。ササン朝ペルシアと協力してエフタルを滅ぼし大帝国となったが、583年には東西に分裂。モンゴル高原を支配した東突厥は、630年、唐の攻撃で滅び、中央アジアを支配した西突厥も唐に討たれ、7世紀末に滅亡。東突厥はその後一時復興したが、8世紀初めウイグルに討たれ滅亡。とっくつ。
どっけつ-しょう【毒血症】ドクケツシヤウ ジフテリア・ガス壊疽(えそ)・破傷風などの病原微生物がつくりだす毒素や、尿毒症・妊娠中毒症の原因となる代謝産物が、血液中に入ったために生じる全身的症状。
とっけつ-もじ【突×厥文字】突厥語の文字。39字よりなる。19世紀末デンマークの言語学者トムセンによって解読された。
とっけ-も-な・い〘形〙思いもよらない。途方もない。とんでもない。「野ごし山ごし、—・い所へうろたへまする」〈鳩翁道話・一〉
とっけり〘副〙熟睡するさま。ぐっすり。「逃げつ隠れつ、一夜の目も寝ねえせえだ」〈伎・小袖曽我〉
とっ-けん【特権】トク 特定の身分や地位の人がもつ、他に優越した権利。「外交官—」
類語 特典・利権・権利・資格・権限・権能・権益
とつ-げん【×訥言】言葉がすらすらと出ないしゃべり方。よどみがちな物言い。
どっ-けん【独見】ドク その人独自の見解。
とっけん-かいきゅう【特権階級】トクケンカイキフ 特別の権利や地位を享受する階級。中世の貴族や僧侶、近代の資本家など。
とっこ 人をあざむいて物を取る者。かたり。「我々がものした物の分口(わけくち)取らうとは、…大胆な—め」〈浮・鬼一法眼虎の巻〉
　とっこに取(と)・る 相手のささいな言動にいいがかりをつける。言質(げんち)にとる。「薬子の曽つての言葉を—・るには」〈秋声・仮装人物〉
とっ-こ【▽独×鈷・▽独古・▽独股】トク《「どっこ」とも》❶密教で用いる法具、金剛杵(こんごうしょ)の一種。鉄製または銅製で、両端がとがった短い棒状のもの。独鈷杵(とっこしょ)。とこ。❷縦に❶に模した形を連ねて、縞状に織り出した織物。また、その模様。主に帯地で用いる。
どっこい〘感〙❶力を入れて何かをするときのかけ声。どっこいしょ。「うんとこ—、うんとこな」❷相手の意図をさえぎり止めるときに発する語。「—、そうはさせない」❸民謡などの囃子詞(はやしことば)。
とっこ-いし【▽独×鈷石】トクコ 東日本の縄文晩期の磨製石器。両端がとがり、中央に2か所、節があり、仏具の独鈷(とっこ)に似ているところからの名称。呪術・祭儀などに用いたとみられる。
どっこい-しょ〘感〙❶力を入れるとき、また疲れたからだを動かすときに発する語。「—、と荷をかつぎあげる」❷民謡などの囃子詞(はやしことば)。
どっこい-どっこい〘形動〙両者の力・勢いなどが互いに同じ程度で優劣がないさま。「両チームの戦力は—だ」類語 おっつかっつ・互角・伯仲・五分五分・拮抗(きっこう)・とんとん
とっ-こう【特攻】トク 特別に編制して攻撃すること。「—機」
とっ-こう【特効】トクカウ すぐれたききめ。特別の効能。
とっ-こう【特高】トクカウ「特別高等警察」の略。
とっ-こう【徳行】トクカウ 徳の高い行い。道義にかなった行い。「—を重ねる」
とっ-こう【篤行】トクカウ 人情にあつい誠実な行為。
類語 善行・陰徳・功徳・善根
とっ-こう【篤厚】トク〘名・形動〙人情にあつく誠実なこと。また、そのさま。「是れ方正—のテンプルトンなり」〈織田訳・花柳春話〉
類語 誠実・篤実・真摯・忠実・信実・至誠
どっ-こう【独行】ドクカウ〘名〙スル ❶自分ひとりだけで行くこと。単独行。「千里—」「彼一人—するにもあらず」〈竜渓・経国美談〉❷自分の力だけで物事をすること。「独立—」類語 独立
どっ-こう【独航】ドクカウ 1隻だけで航行すること。
どっこう-せん【独航船】ドクカウ 母船とともに出漁して漁獲を行い、それを母船に売り渡す小型の船。サケ・マス漁業、カニ漁業などでみられる。
とっこう-たい【特攻隊】トクコウ《「特別攻撃隊」の略》第二次大戦で、旧日本陸海軍が体当たり戦法のために、特別に編制した部隊。爆装して敵艦に体当たりした航空特攻と、特殊潜航艇や人間魚雷などの海上特攻とがあった。
とっこう-やく【特効薬】トクカウ ❶ある病気・症状などに対してすぐれたききめのある薬。❷計画や事業などを進めるについての障害を解消するために優れた効果のある対策。「学力向上の—」
類語 良薬・妙薬・秘薬
とっこ-かまくび【▽独×鈷鎌首】トクコ 論争好きの歌人。六百番歌合の時、顕昭(けんしょう)が独鈷を手に持ち、寂蓮(じゃくれん)が鎌首のように首をもたげて論争したのを、女房たちが「例の独鈷鎌首」とはやしたところから。
とっこ-しょ【▽独×鈷×杵】トクコ「独鈷❶」に同じ。
とっ-こつ【突×兀】〘ト・タル〙図〘形動タリ〙高く突き出ているさま。高くそびえるさま。「—たる両岸の岩山は」〈木下尚江・良人の自白〉
とっこ-れい【▽独×鈷鈴】トクコ 密教で用いる、独鈷の一端に鈴をつけた法具。
とっ-さ【×咄×嗟】ごくわずかな時間。「—の判断」「—の行動」類語 一瞬・瞬間・瞬時・刹那(せつな)
とっ-さか〘形動〙《近世上方語》心がひねくれて、とげとげしいさま。「気の—な姑に」〈浄・宵庚申〉
とっ-さき【突先】とがった先端。突端。「岬の—」
類語 端・端(はし)・端(はじ)っこ・末(すえ)・先(さき)・先っぽ・突端(とっぱな)・先端(せんたん)・突端(とったん)・末端(まったん)・一端(いったん)・ヘッド・頭(あたま)
とっさ-に【×咄×嗟に】〘副〙その瞬間に。たちどころに。「—ブレーキをふむ」
とっ-さま【▽父様】《「ととさま」の音変化》父の敬称。とうさま。「死んだ—の遺言」〈円朝・塩原多助一代記〉
どっさり〘副〙❶数量の多いさま。たくさん。「お菓子が—(と)ある」❷重い物が落ちる音を表す語。どさり。「荷物が棚から—(と)落ちた」
類語 たんと・ごまんと・わんさと・うんと・ふんだん・たっぷり・一杯・たくさん・多く・多い・数数(かずかず)・多数・数多(あまた)・無数・多量・大量・大勢(おおぜい)・夥(おびただ)しい・あまた・多多・いくらも・いくらでも・ざらに・ごろごろ・十二分に・豊富に・腐るほど・しこたま・たんまり・仰山(ぎょうさん)
ドッジ〖dodge〗身をかわすこと。特に、ラグビー・サッカーなどで、たくみに相手から身をかわして進むこと。ドッジング。
ドッジ-ボール〖dodge ball〗《dodgeは身をかわす意》二組みに分かれてコート内でボールを投げ合い、ボールをより多く相手に当てた方を勝ちとするゲーム。ドッチボール。デッドボール。避球。
とっ-しゅつ【突出】〘名〙スル ❶高く、または長く突き出していること。「内海に—した半島」❷突き破って出ること。「火口から溶岩が—する」❸他より目立って多いこと。「—した業績」
とつ-じょ【突如】㊀〘ト・タル〙図〘形動タリ〙何の前触れもなく物事が起こるさま。だしぬけであるさま。突然。「—として人々が騒ぎだす」㊁〘副〙㊀に同じ。「—ガス爆発が起こる」類語 急・にわか・唐突・出し抜け・突然・急遽(きゅうきょ)・短兵急・不意・忽然(こつぜん)・俄然・いきなり・不意に・ふと・矢庭に
ドッジ-ライン〖Dodge line〗昭和24年(1949)日本経済の自立と安定とのために、GHQ経済顧問ジョセフ=ドッジによって立案・勧告され実施された財政金融引き締め政策。ドッジプラン。
どっしり〘副〙スル ❶いかにも重みのあるさま。ずっしり。「—(と)重い袋」❷落ち着きがあって重々しいさま。「—(と)した態度」類語 落ち着く
とっ-しん【突進】〘名〙スル 目標に向かって一気に進むこと。「ゴールめがけて—する」類語 猪突猛進・突撃・突入・驀進(ばくしん)・邁進(まいしん)・ダッシュ・ラッシュ・突き進む
ドッジング〖dodging〗「ドッジ」に同じ。
とつ-ぜん【突然】㊀〘ト・タル〙図〘形動タリ〙予期しないことが急に起こるさま。だしぬけであるさま。突如。「—として平野次郎が大変ありと言出(いいいで)るにぞ」〈染崎延房・近世紀聞〉㊁〘副〙㊀に同じ。「—大声を出す」「—訪問する」
用法 **突然・不意に**——「突然(不意に)電車が急停車した」「笛の音が突然(不意に)やんだ」など、急に事が起こる意では相通じて用いられる。◇「突然」は、前触れなしに急に何かが起こるさまに意味の重点がある。「突然大音響が聞こえた」「突然のお話で戸惑っております」◇「不意に」は、思ってもいなかったことが起きて驚き、当惑する気持ちに意味の重点がある。「不意にけいれんが起こった」「不意に飛び出してきた」◇類似の語に「いきなり」がある。「いきなり殴るとはひどい」「初出場でいきなり優勝した」のように、一足飛びに何かをするさまの意で、上の二例では「突然」「不意に」とは置き換えられない。
類語 急・にわか・出し抜け・急遽(きゅうきょ)・短兵急・不意・忽然(こつぜん)・俄然・突如・いきなり・不意に・ふと・矢庭に
とつぜん-し【突然死】何の前兆もなく突然死亡すること。急死。頓死(とんし)。
とつぜん-へんい【突然変異】生物体に、親の系統になかった新しい形質が突然生じ、それが遺伝する現象。遺伝子または染色体の変化によって起こり、放射線の照射などで人為的に出現させることもできる。偶然変異。
とつぜんへんいがた-コンピューターウイルス【突然変異型コンピューターウイルス】《mutation virus》▶ミューテーション型ウイルス
とつぜんへんい-せつ【突然変異説】生物は突然変異がもとになって新しい形質を生じ進化するという進化学説。1901年、ド=フリースが提唱。現在の一般的進化学説とは異なる。
とつ-たかくけい【凸多角形】すべての内角が二直角より小さい多角形。⇔凹多角形。
とっ-たり ❶《大声で「捕ったり」と叫ぶところから》歌舞伎で、捕り手の役。また、それに扮する役者。❷とんぼがえり。舞台で❶が演じるのでいう。❸相撲のきまり手の一。相手の差してくる手を両手で抱え、からだを開いて手前にひねり倒す技。
とっ-たん【突端】つき出た先端。とっさき。とっぱな。「桟橋の—」類語 先・先端・頭(あたま)・末・末端・先っぽ・ヘッド・端・端(はし)・端(はじ)っこ・突先(とっさき)・突端(とっぱな)・一端(いったん)
どっち【▽何▽方】〘代〙《「どち」の促音添加》❶不定称の指示代名詞。「どちら」よりもややくだけた感じの語。㋐「どちら❶㋐」に同じ。「交番は—ですか」㋑「どちら❶㋑」に同じ。「—でもいい方を買ってやるよ」❷不定称の人代名詞。「どちら❷㋑」に同じ。「—が年上ですか」類語 どちら・いずかた
　何方へ転(ころ)んでも どちらの場合になっても。どっちみち。「—損をしないようにする」
　何方もどっち 両方ともに同じくらい悪いこと。どちらか一方が悪いと決めつけにくいこと。
どっち-つかず【▽何▽方付かず】〘名・形動〙いずれとも定まらずに、中途半端なこと。また、そのさま。「—な(の)態度」類語 不確か・うやむや・あやふや・漠然・おぼろげ・煮え切らない・曖昧(あいまい)・要領を得ない
ドッチ-ボール〖dodge ball〗▶ドッジボール
どっち-みち【▽何▽方道】〘副〙どういうふうにしても、結局はある状態になることを表す。どちらにしても。いずれにしても。どのみち。「今から急いでも—間に合わない」
とっち・める〘動マ下一〙《「と(取)ってし(締)める」の音変化》きびしく責めたり、しかったりする。ひどくやりこめる。「いたずら者を—・める」
類語 懲らしめる・罰する・懲らす
とっ-ちゃん【▽父ちゃん】子供が父親を呼ぶ語。また、年輩の男性を親しんで呼ぶ語。
とっちゃん-ぼうや【▽父ちゃん坊や】バウヤ 大人でありながら、容貌やしぐさに子供っぽい一面のある人。
どっちょう-ごえ【▽怒張声】ドチヤウゴヱ 怒りどなる声。「伝八が—にびっくりし」〈浄・浪花鑑〉
ドッヂ-ライン〖Dodge line〗▶ドッジライン

とっ-ちらか・す【取っ散らかす】〔動サ五(四)〕《「とりちらかす」の音変化》物をあちこちに散らかす。「部屋を—・したまま出かける」

とっ-ちらか・る【取っ散らかる】〔動ラ五(四)〕《「とりちらかる」の音変化》物があちこちに散らかる。「—・った机の上」

どっ-ちらけ《「しらけ」を強調した語》ひどく興ざめなことをいう俗語。

とっちりとん　江戸時代、文化・文政年間(1804〜1830)に流行した俗曲。三味線の前弾きの終わりに「とっちりとん」と弾くところからの名。とっちりとん節。

とっちり-もん【とっちり▽者】酒に酔った人。酔っぱらい。とっちりもの。「—で工左衛門が来たはな」〈滑・浮世風呂・三〉

とっ-つかま・える【取っ捕まえる┆取っ×掴まえる】〔動ア下一〕「つかまえる」を強めていう語。「こそ泥を—・える」

とっ-つかま・る【取っ捕まる┆取っ×掴まる】〔動ラ五(四)〕「つかまる」を強めていう語。「犯人が—・る」

とっ-つき【取っ付き】❶最初。手初め。「習い事は—が肝心だ」❷いくつかあるうちのいちばん手前。「角を曲がった—の家」❸初めて会ったときの印象。第一印象。「—はよくないが、根はいい人だ」
(類語)(❶❷)はじめ/(❸)人当たり・人付き

とっ-つ・く【取っ付く】〔動カ五(四)〕《「とりつく」の音変化》❶しっかりとつかまる。とりすがる。「岩場に—・く」❷物事を始める。「新しい事業に—・く」❸人と接しはじめる。「—・きにくい人」❹悪い病気やつきものがつく。「貧乏神に—・かれる」

とっ-つけ【取付】❶鞍の後輪の四方手につけるひも。餉付。❷刀剣の柄口の金具。

とっ-て【取っ手┆▽把手】手でつかんだりするために家具・器物などに取り付けたつまみ。「ドアの—」
(類語)握り・グリップ・ノブ・つまみ・ハンドル・柄・柄・把手

とって《助詞「とて」の促音添加。近世語》㊀〔格助〕句または文を受けて、引用を表す。…と言って。…と思って。「年玉にいい—、おらが所ぢゃあ、いかいこと買ったよ」〈滑・浮世風呂・二〉㊁〔接助〕活用語の終止形、動詞の命令形、禁止の助詞「な」に付く。❶仮定の逆接条件を表す。たとえ…しても。…ても。「相手がいい—わりい—、どこに仕打ちがあるものか」〈滑・八笑人・三〉❷上の確定した事柄を仮定のこととして表す。…からといっても。「いかに江戸がひろい—」〈滑・続々膝栗毛・二〉

とっ-て【取って】〔連語〕❶数え年の年齢をいうときに用いる語。今年を数えに入れて。「当年—二七になります」❷(「…にとって」の形で)…としては。…の立場からすると。…からみて。「私に—大した問題ではない」「人類に—貴重な財産となる」

とっ-てい【突堤】港や河口などで、陸から海や川に長く突き出た堤防。防波堤・防砂堤など。

とって-おき【取って置き】いざという時のために、大切にしまっておくこと。また、そのもの。とっとき。「—のウイスキー」「—のいい話」(類語)秘蔵・珍蔵・私蔵・死蔵・蔵する・愛蔵・箱入り・虎の子

とって-も〔副〕「とても」を強めていう語。「—おいしい」「だめだなんて僕には—言えない」

とっと　魚・鶏・鳥などをいう幼児語。とと。

とっ-と〔副〕❶時間・場所などのはるかにへだたっているさま。ずっと。「—前から藤袴と契約ありと申さば」〈浄・反魂香〉❷状態や程度を強調する意を表す。まったく。まことに。「—不弁な人でござったが」〈咄・鹿の巻筆・二〉

トッド〘Alexander Robertus Todd〙[1907〜1997]英国の生化学者。ビタミンB_1やEの合成に成功。DNAの基本構造を解明し、1957年、ノーベル化学賞受賞。

ドット〘dot〙❶小さな点。ポイント。❷水玉模様。❸コンピューターの表示装置や印字装置において、文字や記号を表す構成要素となる点。「四八—で印字する」(類語)点

どっ-と〔副〕❶大ぜいがいっせいに声をあげるさま。「観客が—はやしたてる」❷たくさんの人や物が一時に押し寄せるさま。「注文が—舞い込む」❸病気が急に重くなるさま。「—病の床につく」
(類語)どやどや・わんさわんさ・ぞろぞろ

ドットインパクト-プリンター〘dot-impact printer〙▶ドットプリンター

とっとき【取っとき】「とっておき」の音変化。「—の芸」

ドット-コム〘.com〙❶《comはcommercial(商用)の略》インターネット上のドメインで、ジェネリックトップレベルドメイン(gTLD)の一。企業などの商用ドメインとして利用される。1985年に運用開始。コムドメイン。➡トップレベルドメイン ❷転じて、インターネットに関連するビジネスを行う企業のこと。「—企業」

ドットコム-きぎょう【ドットコム企業】▶ドットコム(.com)

とつ-として【突として】〔副〕急に。だしぬけに。突然。にわかに。「—一条の猛焔東岸砲台の一角より起り候間」〈独歩・愛弟通信〉

とつ-とつ【×訥×訥┆×吶×吶】〔ト・タル〕㊇〔形動タリ〕口ごもりながら話すさま。「—と語る」
(類語)口下手・訥弁・口重・舌足らず・口籠る

とつ-とつ【×咄×咄】《「とつ」を重ねていう語》㊀〔副〕驚いたりくやしがったりするさま。またそのために舌打ちをしたり声を発したりするさま。「—、何等の悲痛なる話ぞや」〈独歩・欺かざるの記〉㊁〔形動タリ〕㊀に同じ。「—と叱し給ふに」〈太平記・二四〉

咄咄人に逼る　《「世説新語」排調から》詩文・書画などがすぐれているのに感銘を受けていう語。

とつとつ-かいじ【×咄×咄怪事】❶たいへん奇怪な事柄。❷たいへんにけしからぬこと。

とっと-と〔副〕《「とっと」は「と(疾)くと(疾)くと」の音変化》さっさと。はやく。「—失せやがれ」

ドットネット〘.NET〙▶マイクロソフトドットネット

とっと-の-め【とっとの目】《鳥の目の意》幼児のしぐさ遊びの一。「かいぐり、かいぐり、とっとのめ」と唱えながら両手を糸を繰るように回し、「とっとのめ」で右の人差し指で左の手のひらをつく。

どっと-はらい〔感〕昔話の語り終わりや、ものを数え終わったときにいう語。これでおしまい。「いつまでも幸せに暮らしましたとさ、—」

ドット-ピッチ〘dot pitch〙コンピューターのディスプレーやプリンターヘッドなどの、ドットの間隔。

ドッドフランク-ほう【ドッドフランク法】米国の「金融規制強化法」の通称。法案を提出した下院金融サービス委員長バーニー=フランクと上院銀行委員長クリストファー=ドッドの姓に由来。

ドット-プリンター〘dot printer〙コンピューターの出力装置の一。点の集まりによって文字・記号などを印字する方式のプリンター。ドットインパクトプリンター。ドットマトリックスプリンター。

ドット-マップ〘dot map〙ある地域の人口・産物などの数量を、点の大小や粗密によって表した地図。

ドットマトリックス-プリンター〘dot matrix printer〙▶ドットプリンター

とっとり【鳥取】㊀中国地方の日本海に面する県。もとの因幡・伯耆の2国にあたる。人口58.8万(2010)。㊁鳥取県東部の市。県庁所在地。もと池田氏の城下町。商業・機械工業が盛ん。鳥取温泉・鳥取砂丘がある。平成16年(2004)11月に周辺8町村を編入。人口19.7万(2010)。

とっとり-かんきょうだいがく【鳥取環境大学】鳥取市にある公立大学。平成13年(2001)、鳥取県と鳥取市が設立した公設民営方式の私立大学として開学。同24年公立大学となる。環境情報学部の単科大学。

とっとり-けん【鳥取県】▶鳥取㊀

とっとりけんせいぶ-じしん【鳥取県西部地震】平成12年(2000)10月6日、鳥取県西部を震源に発生したマグニチュード7.3の地震。同県境港市・日野町で震度6強を観測。家屋倒壊のほか、斜面崩壊や落石などにより、交通網に甚大な被害を及ぼした。

とっとり-さきゅう【鳥取砂丘】鳥取県北東部、千代川河口に広がる砂丘。東西16キロ、南北2キロ。

とっとり-し【鳥取市】▶鳥取㊁

とっとり-じしん【鳥取地震】昭和18年(1943)9月10日、鳥取県東部に発生したマグニチュード7.2の地震。鳥取市を中心に大きな被害を及ぼした。死者1083人。家屋全壊7485戸。この地震により、長さ8キロの鹿野断層と、同4.5キロの吉岡断層が出現した。

とっとり-だいがく【鳥取大学】鳥取市に本部がある国立大学法人。鳥取師範学校・鳥取青年師範学校・鳥取農林専門学校・米子医科大学・米子医学専門学校を統合し、昭和24年(1949)新制大学として発足。平成16年(2004)国立大学法人となる。

とっとり-へいや【鳥取平野】鳥取県東部、千代川下流域に広がる平野。溺れ谷に千代川の流砂が埋め残した沖積平野で、鳥取砂丘と潟湖の湖山池がある。古くから開け周辺の丘陵には古墳が多く、奈良時代の条里制遺構も残る。中心は鳥取市。水田地帯で、二十世紀ナシの栽培も盛ん。

とつ-にゅう【突入】〔名〕スル ❶激しい勢いでつっこむこと。「敵陣内に—する」❷重大な事態に入ること。「ストに—する」「戦争に—する」

とっ-ぱ【突破】〔名〕スル ❶突き破ること。困難や障害などを克服すること。「包囲網を—する」「難関を—する」❷ある目標・数量を超えること。「目標額を—する」「人口が一億人を—する」(類語)(❶)打破・打開・脱却・脱出・クリア/(❷)凌駕・超過・クリア・オーバー・超える・超す・上回る・凌ぐ

トッパー〘topper〙腰丈くらいまでのゆったりした女性用のコート。トッパーコート。

トッパーズ〘topaz〙▶黄玉

とっ-ぱい【▽頭×盔┆突×盔】兜の鉢の頂のとがったもの。とっぱいがしら。

とっぱい-がしら【▽頭×盔頭】「頭盔」に同じ。

とっぱ-かわ〔副〕「どっぱさっぱ」に同じ。「—もどって我が家をとり違へ」〈咄・機嫌嚢・二〉

とっぱ-くさ〔副〕「どっぱさっぱ」に同じ。「小言たらだら、—と支度して」〈滑・続膝栗毛・五〉

とっぱ-こう【突破口】❶敵陣の一部を突破して作った攻め口。「—を開く」❷困難や障害を乗りこえる手がかり。「和平の—となる首脳会談」

どっぱ-さっぱ〔副〕(「とっぱさっぱ」とも)せわしく立ち騒ぐさま。あわただしく急ぐさま。「日比は—とどしめけど」〈浄・忠臣蔵〉

とっ-ぱし【突端】いちばんはし。はじっこ。

とっ-ぱじめ【とっ始め】物事のいちばんはじめ。

とっ-ぱず・す【取っ外す】〔動サ五(四)〕「とりはずす」の音変化。「制限を—・す」「賭けをしたら—・して負けたから」〈洒・船頭深話〉

とっ-ぱずれ【突外れ】いちばんはずれ。ずっと端の方。「村の—の一軒家」

とっ-ぱつ【突発】〔名〕スル　突然発生すること。「事件が—する」(類語)出来・勃発・起こる・起きる・持ち上がる・偶発・始まる

とっぱつせい-なんちょう【突発性難聴】特別の原因なしに突然に発症する難聴。ふつう片側に起こり、耳鳴りや耳の中が詰まった感じ、めまい・嘔吐などの症状を伴う。

とっぱつせい-ほっしん【突発性発×疹】生後6か月から1歳半の幼児にみられる感染症。突然高熱を出し、平熱に戻るころ全身に赤い発疹が現れて2、3日で消える。予後は良好。

とっぱつ-てき【突発的】〔形動〕事件などが突然起こるさま。「—な事故」

とっ-ぱな【突▽端】❶「とったん(突端)」に同じ。「岬の—」❷しょっぱな。「—に歌わされる」

とっ-ぱら・う【取っ払う】〔動ワ五(ハ四)〕「とりはらう」の音変化。「余計なものは—・ってしまえ」

とっ-ぱん【凸版】印刷版式の一。突起している画線部にインキをつけ、紙などに押圧して印刷する方法。活版・鉛版・網凸版などがある。➡凹版

とつ-ぴ【突鼻】《鼻を突く意から》主人からとがめを受けること。きびしく責められること。また、そのような失敗をしたり、騒ぎを起こしたりすること。「申し次ぎ駿河局―に及ぶ」〈吾妻鏡・一九〉

とっ-ぴ【突飛】〔形動〕〔文〕〔ナリ〕並み外れて風変わりなさま。また、あまりにも思いがけないさま。奇抜。「―な言動」「―な発想」(派生)とっぴさ〔名〕(類語)型破り・奇矯・エキセントリック・変・奇抜・風変わり・奇想天外

どっぴ〔副〕大声をあげたりして騒ぐさま。「さまざまの者を内へ取り込んで、――と騒ぐやら」〈滑・浮世風呂・前〉

ドッビアーコ〖Dobbiaco〗イタリア北東部、トレンティーノアルトアディジェ自治州の町。ドロミティ山地の北東部に位置し、オーストリアとの国境が近い。山岳保養地として知られ、ドッビアーコ湖、ブライエス湖、ミズリーナ湖などへの観光拠点になっている。

とっ-ぴゃくいん【▽十百韻】ﾄｯﾋﾟｬｸｲﾝ 俳諧で、一座百韻ごとの連句を十巻ﾄﾏｷ続けて行うもの。一巻ごとに百韻の式目に従う。➡千句

とっ-ぴゃくまん【▽十百万】数えきれないほどたくさんの数。

とっ-ぴょうし【突拍子】ﾄｯﾋﾟｬｳｼ 調子はずれなこと。度はずれなこと。

突拍子もな・い　とんでもなく調子はずれである。突飛である。「―・いことを言い出す」

トッピング〖topping〗〔名〕ｽﾙ 料理や菓子の上に各種の材料やソースなどをのせたり飾ったりすること。また、その材料。アイスクリーム・ケーキに添加するナッツ・チョコレートの粒やピザの具など。

トップ〖top〗❶順序の最初。1番目。「本日―の議題」❷首位。1位。「前半を―で折り返す」❸あるまとまりの中での最上層。また、そこに位置する人や物。「世界の―ランナー」❹最上部。てっぺん。頂上。「バックスイングの―の位置を直す」❺表面。上部。また、屋根。「デスク―型のパソコン」「ハードーのスポーツカー」❻新聞で、紙面の最上段の右にあたるところ。また、雑誌の巻頭。トップ記事。「第一面の―を飾るスクープ」❼自動車などの変速機で、最高速度を出すときに用いるギア。トップギア。「加速して―に入れる」❽上半身に着るもの。特に、上下に分かれている洋服の上着。トップス。⇔ボトム。❾ゴルフで、ボールの上部を打ってしまうミスショット。❿サッカーで、前線のポジションでプレーする選手のこと。➡フォワード (類語)(❶)一番・先頭・第一・真っ先・最初・初発・いの一番・初め/(❷❸)最上位・第一・一位・首位・王座・首席・長ﾁｮｳ・長ｵｻ・頭ｶｼﾗ・首領・頭目・首脳・上層部・幹部・ボス

トップを切・る　❶先頭を走る。また、1位になる。「―・って折り返す」❷最初に物事を始める。「体育祭の―・って陸上競技が行われた」

トップ〖TOP〗《technical office protocol》OA機器などの通信制御手順。事務環境の自動化、また生産のための標準通信規約。

とっ-ぷう【突風】突然吹きだす強風で、短時間で収まるもの。寒冷前線や雷雨などに伴って起こることが多い。疾風ﾊﾔﾃ。(類語)疾風ﾊﾔﾃ・疾風ｼｯﾌﾟｳ

トップ-オブ-スウィング〖top of the swing〗ゴルフで、バックスウィングの頂点。トップ。

トップ-かいだん【トップ会談】ｸﾜｲﾀﾞﾝ 団体や組織の最上層の地位にある人たちで行う会談。

トップ-ガン〖top gun〗米国空軍士官学校の最優秀の卒業生。転じて、ある分野・社会のトップクラスの人。

トップ-ギア〖top gear〗自動車や変速機付き自転車で、最高速度の走行に用いるギア。

トップ-クオーク〖top quark〗6種類あると予測されていたクオークのうちの、6番目のクオーク。第3世代に属する電荷⅔eのクオーク。1994年春アメリカ、フェルミ加速器研究所の巨大加速器テバトロンによって初めて観測された。➡ボトムクオーク

トップ-クラス〖top-class〗最高級。最上級。一流。

トップコート〖topcoat〗►スプリングコート

トップ-シークレット〖top-secret〗最高機密。極秘。

トップ-シェルフ〖top shelf〗ワゴンなどの天板。また、飾り棚。

トップ-した【トップ下】サッカーで、フォワードのすぐ後ろに位置するミッドフィールダーのこと。フォワードへパスを出したり自らもシュートを打ったりして、攻撃の基点となるポジション。➡オフェンシブハーフ (補説)「司令塔」と呼ばれることも多い。

トップス〖tops〗上半身に着る服。⇔ボトムス。

トップス〖TOPS〗《thermoelectric outer planet spacecraft》熱電式外惑星探査宇宙船。

トップスピン〖topspin〗テニスで、ボールを順回転させ、相手のコートで大きくバウンドさせる打法。

トップ-セールス《和 top＋sales》企業の社長自ら自社製品の特長や優秀性を宣伝し、積極的にセールスを行うこと。また、国の代表、地方自治体の代表などが、国や地方の産物・産業を、他の国や地方へ売り込むこと。

トップ-ダウン〖top-down〗企業経営などで、組織の上層部が意思決定をし、その実行を下部組織に指示する管理方式。➡ボトムアップ

トップダウン-アプローチ〖top-down approach〗投資信託などの株式によるポートフォリオ運用等において、マクロ経済の分析に基づいて資産配分・業種配分を決定した後、個別銘柄を選別する手法。⇔ボトムアップアプローチ。

とっ-ぷつ【突沸】沸点以上に加熱しても沸騰しない液体を、さらに加熱し続けると突然激しく沸騰する現象。

トップ-ニュース〖top news〗新聞で、紙面の最上段に掲載する重要な記事。また、放送で最初に大きく取り上げる重要なニュース。トップ記事。

トップ-バッター〖top batter〗❶野球で、最初に打席に入る打者。先頭打者。❷物事に最初に取り組む人。「代表質問の―」

トップ-ハット〖top hat〗「シルクハット」に同じ。

トップ-ページ〖top page〗インターネットのウェブサイトを構成するページのうち、最も上位にある「入り口」に相当するページ。

トップ-マネージメント〖top management〗企業の経営管理組織の最上層部。人事・経営方針などの重要事項についての意思決定を行う。

トップ-モード《和 top＋mode》最先端の流行。特に、服装についていう。

トップ-や【トップ屋】週刊誌の巻頭を飾るようなニュースを探りだし、記事にして雑誌社に売り込むことを仕事にしている人。

ドップラー〖Johann Christian Doppler〗[1803～1853]オーストリアの物理学者。ドップラー効果の発見者。

ドップラー-こうか【ドップラー効果】ｶｳｸﾜ 波源と観測者とが互いに近づくときは波長が縮み、互いに遠ざかるときは波長が伸びて観測される現象。1842年、ドップラーが光について発見、のち音についても指摘した。

ドップラー-ほう【ドップラー法】ﾊﾌ《Doppler method》超音波検査法の一種。体内で移動している対象物に超音波をあて、その移動速度を測定するのに用いられる。血流速度の計測・胎児心音や胎動の検出などに汎用されている。

ドップラー-レーダー〖Doppler radar〗ドップラー効果を利用して移動速度を測定するレーダー。気象では雲や降水粒子の落下速度や大気の動きを観測するのに用いる。

トップ-ライト〖top light〗❶採光用の天窓。また、そこから差し込む光。❷上方からの照明。

トップ-ランナー《和 top＋runner》❶リレー競技の第一走者。❷陸上競技で、一流の走者。転じて、その分野の第一線で活躍している人。

トップランナー-ほうしき【トップランナー方式】ﾊｳｼｷ 電気製品・自動車などの省エネルギーの基準を、現在もっともすぐれた性能をもつ製品に合わせる方式。トップランナー制度。

とっぷり〔副〕❶日がすっかり暮れるさま。「―(と)暮れる」❷湯に十分つかるさま。また、物にすっかりおおわれるさま。「温泉に―(と)つかる」

どっぷり〔副〕❶十分に液体をふくませるさま。また、湯などによくつかるさま。「墨を―(と)つける」「肩まで―(と)つかる」❷ある環境にすっかりはまっているさま。「悪の道に―(と)つかる」

トップレス〖topless〗乳房の部分のない女性用の水着またはドレス。

トップ-レディー《和 top＋lady》社交界や社会の第一線で活躍する女性。特に、元首・首相・大統領の夫人をさす場合もある。(補説)英語ではfirst lady

トップ-レベル〖top-level〗❶その領域で最高の水準にあること。「―の学力」❷国や組織の最高幹部。首脳部。「各企業の―が参集する」

トップレベル-ドメイン〖top-level domain〗インターネット上のドメインのうち、comやjpなど、ピリオドで区切られた文字列の最後尾の部分。階層構造をもつドメイン名の最上位にあたる。国や地域を表すccTLD、企業などの組織が利用するgTLDがある。

ドッペ・る〔動ラ五〕《ﾄﾞｲ doppelt(2倍の、の意)の動詞化》落第する。ダブる。昔、学生の間で用いられた語。「それゃあ―・るときまったから考えたんだけどね」〈中野重治・歌のわかれ〉

ドッペルゲンガー〖ﾄﾞｲ Doppelgänger〗自分とそっくりの姿をした分身。自己像幻視。

とつ-べん【×訥弁・×吶×辯】〔名・形動〕話し方がなめらかでないこと。また、そのさま。「―ナ人」〈和英語林集成〉(類語)口下手・とつとつ・口重・舌足らず・口籠る

ど-つぼ《「どつぼにはまる」の形で》ひどい状態になること、最低の状態であることを表す。(補説)「土壺」「ど壺」などとも書く。

どっ-ぽ【独歩】ﾄﾞｸ〔名〕ｽﾙ《「どくほ」とも》❶ひとりで歩くこと。ひとりあるき。「暗夜に―し走って何処の所に行んとするや」〈織田訳・花柳春話〉❷自力で事をなすこと。「独立―」❸他に並ぶものがないほどすぐれていること。「若し血を灑ぐに至らずして功を奏せば実に世界の歴史中に―すと云べし」〈新聞雑誌一四〉(類語)自助・専行・自主・独立

とっぽ・い〔形〕❶生意気である。粋ｲｷがっている。「新入生のくせに―・いやつだ」❷抜け目がない。ずるい。「当番の日に休むなんて―・いね」

トッポギ《朝鮮語》►トッポッキ

とつ-ぼく【×訥朴】〔名・形動〕「朴訥ﾎﾞｸﾄﾂ」に同じ。「―な風采ﾌｳｻｲ」

どっぽ-だか【独歩高】ﾄﾞｸﾎﾟ 為替相場で、単独の通貨のレートだけが上がること。また、株式相場全体が低迷しているときに、単独の銘柄だけが値上がりすること。⇔独歩安。

トッポッキ《朝鮮語》朝鮮料理の一。トックとよばれる棒状の餅を、コチュジャンなどで甘辛く炒めたもの。トッポギ。

どっぽ-やす【独歩安】ﾄﾞｸﾎﾟ 為替相場で、単独の通貨のレートだけが下がること。また、株式相場全体が堅調なときに、単独の銘柄だけが値下がりすること。⇔独歩高。

と-つ-みや【▽外つ宮】《「つ」は「の」の意の格助詞》❶離宮。行宮ｱﾝｸﾞｳ。「天皇…―にかへりおはします」〈用明紀〉❷伊勢神宮の外宮ｹﾞｸﾞｳ。「こは―の度相ﾜﾀﾗｲにます神ぞ」〈記・上〉

とつみや-どころ【▽外つ宮所】❶離宮のある所。「久ﾋｻに経ﾌる三諸ﾐﾓﾛの山の―」〈万・三二三一〉❷伊勢神宮の外宮ｹﾞｸﾞｳのある所。「みたらし川の―」〈殷富門院大輔集〉

とつ-めん【凸面】中央部が高くなっている面。⇔凹面ｵｳﾒﾝ。

とつめん-きょう【凸面鏡】ｷｬｳ 凸面の反射鏡。球面の外側を反射面として使う球面鏡。自動車のバックミラーなど。⇔凹面鏡。

トッレ-アヌンツィアータ〖Torre Annunziata〗イタリア南部、カンパニア州の町。オプロンティ(オプロンティス)という1世紀頃の都市遺跡には、古代ローマ皇帝ネロの妃ポッペアの別荘があり、紀元62年の地

震で大きな被害にあったことで知られる。79年のベスビオ火山の噴火により埋没した近郊のポンペイやエルコラーノとともに、1997年、世界遺産(文化遺産)に登録された。

とつ-レンズ【凸レンズ】中央部が縁より厚いレンズ。入射光線を集める働きがある。望遠鏡や顕微鏡の対物レンズ、写真レンズなどに使用。⇔凹レンズ。

とて 🈩〘格助〙名詞、引用の句・文に付く。❶引用を表す。…といって。…と思って。「山に登る―出かけた」「この名しかるべからず―、かの木を伐きられにけり」〈徒然・四五〉❷事物の名称、役職名などを表す。…という名で。…といって。「新三位中将資盛卿、その時はいまだ越前守―十三になられけるが」〈平家・一〉🈔〘接助〙活用語の終止形、助詞などに付く。打消し・反語の意の表現を伴って、ある条件を述べそれが順当な予想に反する結果を生じることを表す。…としても。…といっても。「言った―、どうにもならない」➡からとて ➡って 🈪〘係助〙名詞または名詞に準じる語に付く。❶ある事物が、例外でなく他の一般の場合の中に含まれることを表す。…だって。…でも。「私―不安がないわけではない」「違反すれば、未成年者―許すわけにはいかない」❷下の動作の根拠を提示する意を表す。「子供のこと―大目にみよう」
補説 語源については、格助詞「と」に接続助詞「て」の付いたものとする説や、断定の助動詞「たり」の連用形に接続助詞「て」の付いたものとする説などがある。🈪の場合、多く「こととて」の形で用いられるが、理由を表す接続助詞とする扱いもある。

ど-て【土手】🈩❶風水害を防ぐために、川岸に土を積み上げて築いた堤。❷平地より一段と高く築いた、道路・軌道用の堤。❸城郭の土塀。土居どい。築地ついじ。❹カツオ・マグロなどの背側の身。❺歯の抜け落ちたあとの、歯ぐき。❻陰阜いんぷ。🈔江戸新吉原の手前の堤のこと。日本堤。吉原土手。
類語 (🈩❶)堤防・堤・突堤

と-てい【徒弟】❶親方の家に住みこんで商工業の技術を見習う少年。丁稚でっち。小僧。❷門人・弟子。
類語 小僧・丁稚・弟子・奉公人・見習い・学僕・書生

とてい-せいど【徒弟制度】中世ヨーロッパの手工業ギルドにおいて、親方・職人・徒弟の3階層によって技能教育を行った制度。また、一般に日本の年季奉公・丁稚でっちなどの制度をもいう。

ど-でか・い〘形〙非常に大きい。びっくりするほどすごい。「―・いことをやってのける」

ドデカネス-しょとう【ドデカネス諸島】―シヨタウ《Dodekanisa》ギリシャ、エーゲ海南東部にある諸島。ギリシャ語で「12の島々」を意味するが、実際には有人島だけでも大小約30以上の島々からなる。聖ヨハネ騎士団が築いた城塞都市があるロードス島、聖ヨハネが黙示録を書いたとされるパトモス島などが含まれる。ドデカニサ諸島。

ドデカフォニー〘dodecaphony〙➤十二音音楽

とて-シャン《「とてもシャン」の略》大変美人であること。また、その女性。昭和初期の流行語。

と-てつ【途×轍】すじみち。道理。
途轍もな・い 途方もない。また、並み外れている。「―・く大きな計画」「―・い力の持ち主」

どてっ-ぱら【土手っ腹】腹部、はらをののしっていう語。「―に風穴をあける」

どて-なべ【土手鍋】鍋料理の一種。鍋の内側に味噌をぬりつけ、カキや野菜を煮ながら食べる。

どて-ぶし【土手節】江戸時代の流行唄はやりうた。万治(1658〜1661)ごろ、江戸で、日本堤(吉原土手)を通る吉原通いの嫖客ひょうかくたちが歌ったもの。

とて-も【×迚も】〘副〙《「とてもかくても」の略》❶(あとに打消しの表現を伴って用いる)どのようにしても実現しない気持ちを表す。どうしても。とうてい。「一食べられない量」「―無理な相談」❷程度のはなはだしいさま。非常に。たいへん。とっても。「空が―きれいだ」❸結局は否定的な結果になるという投げやりな気持ちを表す。どうせ。しょせん。「―お留守だろうと思ったんですけどね」〈里見弴・多情仏心〉「―、地獄は一定すみかぞかし」〈歎異抄〉❹よりよい内容を望む気持ちを表す。どうせ…なら。「―我をあはれみ給ふ上は」〈仮・伊曽保・上〉
補説 「迚」は国字。
類語 (❶)到底とうてい・どうしても・まず/(❷)大層・大変・極めて・至って・非常に・甚はなはだ・頗すこぶる・至極しごく・極ごく・実に・まことに・大いに・いたく・ひどく・恐ろしく・すごく・滅法めっぽう
迚もじゃないが 「とても❶」を強めた言い方。「その値段では―買えない」
迚ものことに ついでのことに。いっそのこと。「―其処へ遊んで見たまえ」〈露伴・観画談〉

とて-も〘連語〙🈩《格助詞「とて」+係助詞「も」》「とて」を強調する。❶…と言っても。「げにこそ、心細き夕べに侍れ―、泣き給ひぬ」〈源・葵〉❷…という際にも。…にも。「朝あさいに起きさせ給ふ―、明くるも知らで」〈源・桐壺〉🈔《係助詞「とて」+係助詞「も」》…も。…でも。「これが他人の妻であったら彼―美しいと感ずるであろう」〈谷崎・蓼喰ふ虫〉「けふ―何の用あるまじ」〈浮・胸算用・五〉🈪《接続助詞「とて」+係助詞「も」》…としても。…ても。「土に食ひ付き死ぬる―、こんな事はせぬものぢゃ」〈浄・曽根崎〉

とても-かくても【×迚も×斯くても】〘副〙❶いずれにせよ。どっちみち。「わが身は―同じこと」〈源・薄雲〉❷どのようにしてでも。どうあろうと。「おのれは―経なむ」〈大和・一四八〉

とても-とても【×迚も×迚も】〘副〙「とても❶」を繰り返して強調した語。「―まねなどできない」

とでも-な・い〘形〙《「と」は副詞の「と」、または「途と」か。近世語》「とんでもない」に同じ。「物覚えのないくせ―・い口たたくな」〈浄・釈迦如来〉

どてら【褞=袍|縕=袍】大きめに作り、綿を厚く入れた広袖の着物。防寒・寝具用。主に男子が用いる。丹前たんぜん。(季 冬)「星移り物変り―古びけり/草城」
類語 綿入れ・丹前

と-てん【渡天】天竺てんじくすなわちインドへ渡ること。

と-でん【都電】東京都交通局営業の路面電車。昭和18年(1943)頃に最盛期を迎え、計41系統が運行されていたが、自動車交通量の増加に伴い同42年から順次廃止。同47年以降は荒川線のみが残る。

ど-てん【▽途転】株式や為替などのポジションを逆転させること。保有する現物株式を売ると同時に、さらに信用売りをするなど。

どてん〘副〙《「どでん」とも》物や人が落ちたりひっくりかえったりする音や、そのさまを表す語。どたん。「―とあおむけに倒れる」

とと 魚・鳥をいう幼児語。おとと。

とと【▽父】❶子が自分の父を敬い親しんで呼ぶ語。⇔母かか。❷夫をさしていう語。「―がためかかに若菜をそろへさせ」〈浮・織留・六〉

トト〘Thoth〙エジプト神話の神。文芸・暦法・科学の神で、朱鷺ときの頭をした姿で表される。

トト〘toto〙《イタリアのサッカーくじ「トトカルチョ」から》Jリーグの試合を対象にしたサッカーくじの愛称。勝ち負け、引き分けなどを予想して投票券を買う。コンピューターが予測するBIGでは当籤金額が億を超えることもある。19歳未満の者は購入禁止。スポーツ振興くじ。正式には、「スポーツ振興投票」という。

とど 🈩〘名〙❶最も成長した段階のボラ。❷最後。限度。「全体土間も六人―で見るといいけれど」〈滑・客者評判記〉🈔〘副〙《「とどのつまり」の略》結局。しまいに。「二三の問答があって、一僕が狩野法眼元信の幅を…売渡す」〈漱石・吾輩は猫である〉
とどのつまり 《ボラは成長するとともに名称が変わり、最後にトドという名になるところから》いきつくところ。結局。多く、思わしくない結果である場合に用いる。「―計画は中止になった」

とど【海=馬|胡=獱】アシカ科の哺乳類。雄は体長約4メートル、体重1トンに達する。体は黒褐色で、頭の幅が広くて後頭部が低く、ひげがある。繁殖期には1頭の雄が多数の雌を従える。太平洋北部で繁殖し、冬に北海道などでもみられる。

とど【×椴】トドマツのこと。

とど〘副〙❶戸をたたく音や馬の駆ける足音など、響き渡る音を表す語。「馬の音の―ともすれば松陰に出でてそ見つるけだし君かと」〈万・二六五三〉❷よたよたよろめくさま。「―走りて倒れにけり」〈盛衰記・二〇〉

ど-ど【×呶×呶】《「どうどう」の慣用読み》🈩〘名〙スル くどくど言うこと。「汝復た―する勿れ」〈織田訳・花柳春話〉🈔〘ト・タル〙文〘形動タリ〙くどくど言うさま。「天狗あることを信じて―として其虚偽に非るを妄証する者は」〈津田真道・明六雑誌一四〉

ど-ど【度度】〘副〙たびたび。しばしば。「一同の意見に賛同の意を表した事は、―ある」〈芥川・或日の大石内蔵助〉

どどいつ【▽都▽都逸|▽都▽都一】俗曲の一。寛政(1789〜1801)末期から文化(1804〜1818)初期のころ、潮来節いたこぶし・よしこの節を母体として成立。天保(1830〜1844)末期に江戸の都々逸坊扇歌が寄席で歌って流行した。七・七・七・五の26文字で、男女の情の機微を表現したものが多い。

どどいつぼう-せんか【都都逸坊扇歌】ドドイツバウ― [1804〜1852]江戸後期の俗曲演奏家。初世。常陸ひたちの人。本名、岡福次郎。当時流行の都々逸節を改良して今日の曲調に定着させた。即席や謎解きも得意としたが、風刺性をとがめられて江戸を去った。

と-とう【徒党】―タウ〘名〙スル ある目的のために仲間や一味などを組むこと。また、その仲間や団体。「此奴等は―したのではないかと」〈円朝・怪談牡丹灯籠〉
類語 一党・一類・一派・一味・社中・連中・同類・同腹・仲間・セクト・グループ
徒党を組・む あることをなすために仲間が団結する。「―・んで謀反を起こす」

と-とう【都統】中国の官名。軍事をつかさどった武官で、南北朝時代に設置され、中華民国においても地方軍政官として存続した。

と-とう【渡唐】―タウ〘名〙スル 唐土すなわち中国へ渡ること。入唐にっとう。

と-とう【渡島】―タウ〘名〙スル 島に渡ること。「定期船で―する」

と-とう【渡頭】渡し場のあたり。また、渡し場。

ど-とう【怒×濤】―タウ 荒れ狂う大波。また、はげしい勢いで押し寄せるようすのたとえ。「逆巻く―」「―のごとく進撃する」類語 大波・高波・波濤・荒波・激浪

と-どう-ふ-けん【都道府県】―ダウ― ❶都と道と府と県。1都1道2府43県がある。❷市町村を包括する広域の地方公共団体。議決機関として議会、執行機関として知事、補助機関として副知事・職員などを置き、教育委員会・選挙管理委員会・監査委員などの委員会および委員を置く。自治権をもち、条例・規則を制定し、また、地方税・負担金などを賦課・徴収し、地方債を起こすなどの権限がある。

とどうふけん-ぎかい【都道府県議会】トダウフケンギクワイ 都道府県議会議員によって構成される議決機関。条例の制定・改廃、予算その他の重要事項の議決権のほか、行政監査権、一定の調査権、知事に対する不信任議決権などの権限を有する。

とどうふけんぎかい-ぎいん【都道府県議会議員】トダウフケンギクワイギヰン 都道府県議会を構成する議員。その都道府県の住民によって公選される。任期は4年。定数は人口に比例して定められる。

とどうふけん-くみあい【都道府県組合】トダウフケンくみあひ 二つ以上の都道府県が、土木・衛生・教育などの事務の一部を共同で処理するために組織する組合。地方自治法では、一部事務組合という。

とどうふけん-こうあんいいんかい【都道府県公安委員会】トダウフケンコウアンヰヰンクワイ 各都道府県に置かれる都道府県警察の管理機関。知事が議会の承認を得て任命する5名または3名の委員によって組織。任期は3年。

とどうふけん-じょうれい【都道府県条例】トダウフケンデウレイ 都道府県がその自治立法権に基づき、都道府県議会の議決によって制定する条例。

とどうふけん-ぜい【都道府県税】トダウフケン― 都道府県が賦課・徴収する地方税。普通税として都道府県民税・事業税・不動産取得税・自動車税など、目的税と

して水利地益税・自動車取得税などがある。
とどうふけん-ちじ【都道府県知事】トドウフケンチジ 都道府県の長。その都道府県を統轄し代表する執行機関。都道府県内の住民によって直接選挙される。特別職の地方公務員で、任期は4年。
とどうふけん-どう【都道府県道】トドウフケンダウ 道路法の規定に該当する道路で、都道府県知事がその路線を認定したもの。都道府県が設置し、管理する。
とどうふけん-ろうどういいんかい【都道府県労働委員会】トドウフケンラウドウヰヰンクワイ 各都道府県に置かれる労働委員会。都道府県知事が任命する、使用者・労働者・公益を代表する委員各5人～13人で構成される。争議行為の範囲が担当する都道府県内に限定されるものについて、不当労働行為の審査などを行い、労働紛争の斡旋(あっせん)、調停、仲裁にあたる。旧称、地方労働委員会。➡労働委員会
とと-かか ❶亭主と女房。父と母。「そこらの―聚(よ)ひ来て」〈読・八犬伝・八〉 ❷《「とと」のような「かか」の意から》夫のようにいばっている妻。かかあ天下。「鎌倉殿は―ぢゃなどと嘲って」〈浄・百人上臈〉
とど-が-さき【魹ヶ崎】岩手県東部、重茂(おもえ)半島の岬。宮古(みやこ)市に属し、本州の最東端。
トトカルチョ〘イタリア totocalcio〙プロのサッカー試合の勝敗予想賭博(とばく)。➡トト(toto)
ととき-にんじん【ととき人▽参】ツリガネニンジンの別名。
と-とく【都督】❶統率し、取り締まること。❷中国の官名。主に地方の軍事・民政をつかさどった。三国時代に設置され、唐代に廃止されたが、元・明代に復活。また、中華民国初期にも各省に置かれた。❸大宰帥(だざいのそち)または大宰大弐(だざいのだいに)の唐名。❹明治39年(1906)関東州を管掌するために設置された関東都督府の長官。
と-どく【×荼毒】〘名〙スル《ニガナの毒の意から》害毒。また、害毒を流すこと。「社会を―するものだと」〈鴎外・青年〉
と-どく【渡独】〘名〙スル ドイツへ行くこと。「特派員として―する」
と-どく【×蠹毒】《「蠹」はキクイムシまたはシミのこと》❶害虫による食害。❷物事をそこない害すること。また、その害毒。「鴉片(あへん)の―に斃るる者」〈東海散士・佳人之奇遇〉
とど・く【届く】㊀〘動カ五(四)〙❶ある所にまで至りつく。達する。及ぶ。「四十に手が―・く」「遠くまで―・く声」❷送った品物や郵便物が相手の所に着く。「母から便りが―・く」「贈り物が―・く」❸注意などが十分に行きわたる。行き届く。「親の目が―・く」「細部まで神経が―・く」❹願い事がかなう。気持ちが通じる。「祈りが―・く」「誠意が―・く」㊁〘動カ下二〙「とどける」の文語形。[類語]着く・至る・立ち至る・辿り着く
ととく-ふ【都督府】❶中国で、都督の執務する官庁。❷大宰府(だざいふ)の唐名。
とどけ【届(け)】❶先方に届けること。「―物」「つけ―」❷学校・役所・会社の上役などに届け出ること。また、その書類。届け書。「欠席の―を出す」「出生―」[類語]申告・届け出・申し出・申し入れ・願書
とどけ-いで【届け▽出で】「届出(とどけで)」に同じ。
とどけいで-でんせんびょう【届▽出伝染病】トドケイデデンセンビヤウ ❶家畜伝染病予防法および農林水産省令で定められている監視伝染病のうち、家畜伝染病(いわゆる家畜法定伝染病)以外の、都道府県知事に届出義務のある伝染性疾病。❷伝染病予防法で定められていた保健所長に届出義務のある伝染病(伝染性感染症)。平成11年(1999)の伝染病予防法廃止、感染症予防法施行に伴い、人の場合はこの呼称は使用されなくなった。
とどけ-さき【届(け)先】送り届ける相手方。宛先。
とどけ-しょ【届(け)書】届け出る事項を書いた文書。届け。
とどけ-ずみ【届(け)済み】届け出の手続きを済ませること。
とどけ-で【届(け)出】学校・役所や会社の上役などに届け出ること。とどけいで。「夏期休暇の―をする」[類語]申告・届け・申し出・申し入れ・願書
とどけ-でる【届(け)出る】〘動ダ下一〙学校・役所や会社の上役などに口頭または文書で申し出る。届けを出す。「被害を警察に―・でる」[類語]申し出る・願い出る・申し込む・訴える
とどけ-ぶみ【届け文】先方に送り届ける手紙。特に江戸時代、遊女から客に送り届ける手紙。「毎日の―一つの山をなし」〈浮・五人女・一〉
とど・ける【届ける】〘動カ下一〙文とど・く〘カ下二〙❶物を持っていき、先方へ渡す。「お歳暮を―・ける」❷学校・役所や会社の上役などに申し出る。届けを出す。「拾得物を―・ける」❸受け入れる。承知する。「其外の事ならば何事にてもうけ給はり、―・けてくれんとある詞に」〈浮・妾気質〉❹終わりまでやりとげる。「御掟ヲタヲモチ―・クル」〈日葡〉
[類語]送る・送り付ける・送り届ける・送付する・送達する・発送する・託送する・郵送する・差し出す
と-どこ【▽外床】入り口に近い方にある床。⇔奥床。「奥床に母は寝(い)ねたり―に父は寝(い)ねたり」〈万・三三一二〉
とどこおり【滞り】トドコホリ ❶物事が順調に進まないこと。「大会は―なく開催された」❷期限が切れても金を支払わないこと。また、その金。「納税の―」❸さしつかえること。さしさわり。「―なく聞きよく申したる」〈能因本枕・三一〉
とどこお・る【滞る】トドコホル〘動ラ五(四)〙❶物事が順調に運ばない。はかどらない。つかえる。「仕事が―・る」❷金を支払うべき期限になっても支払わない。「家賃が三月分―・る」❸流れがとまる。停滞する。「交通が―・る」❹ためらう。ぐずぐずする。「何ごとにかは―・り給はむ」〈源・賢木〉[類語]ぐずつく
とと-さま【▽父様】父を敬っていう語。おとうさま。「七つばかりの子が母の袖にすがりて―の所へいにたいといふにぞ」〈浮・武家義理・五〉⇔母様(かかさま)。
とど・す【▽座す】〘動サ変〙すわる。かがむ。「―・しては手も届かねば立ち上り」〈浄・油地獄〉
トドス-サントス-クチュマタン〘Todos Santos Cuchumatán〙グアテマラ西部、メキシコ国境近くにあるウエウエテナンゴ県の町。住民の多くはマヤ系先住民のマム族。ウイピルと呼ばれる色鮮やかな民族衣装で知られる。
ドドニ-いせき【ドドニ遺跡】ヰセキ《Dodoni》ギリシャ北西部、イピロス地方の都市イオアニナ近郊にある遺跡。古代名ドドナ、ドドネ。紀元前8世紀には既に存在したとみられ、同国最古のゼウスの神託所があった場所とされる。紀元前3世紀、古代ギリシャのエペイロス(イピロス)王ピロスにより建造された野外劇場、会議場、神殿などの遺跡がある。ドドナ遺跡。ドドネ遺跡。
ととの・う【整う|調う|▽斉う】トトノフ ㊀〘動ワ五(ハ四)〙❶必要なものがすべてそろう。「材料が―・う」「準備が―・う」❷きちんとまとまった状態や形になる。調和がとれる。「体裁が―・う」「―・った顔だち」❸交渉や相談がまとまる。「縁談が―・う」「契約が―・う」㊁〘動ハ下二〙「ととのえる」の文語形。[類語]揃う・出来る・出来上がる・仕上がる・成る・まとまる・済む・上がる・完成する・完了する・成り立つ・仕上げる
ととの・える【整える|調える|▽斉える】トトノヘル〘動ア下一〙文ととの・ふ〘ハ下二〙❶必要なものをすべてそろえる。間に合うように用意する。また、買ったりしてとりそろえる。「支度を―・える」「夕食を―・える」❷乱れのないように形をきちんとする。「服装を―・える」「隊列を―・える」❸交渉・相談を成立させる。まとめる。「縁談を―・える」「商談を―・える」❹点検して望ましい状態にしておく。調整する。「体調を―・える」「楽器の音程を―・える」[類語]揃える・取り揃える・調う・揃う・片付ける・直す・整頓(せいとん)する・整理する・始末する・仕舞う・収納する・かたす
ととのお・る【整ほる|調ほる|▽斉ほる】トトノホル〘動ラ四〙❶きちんとそろう。よく調和がとれる。「舞、楽、物の音ども―・りて」〈源・花宴〉❷乱れたところがなくなる。安定する。「人の心も―・らず」〈平家・三〉❸すっかり備わる。完備する。「すべて何も皆、事の―・りたるはあしきことなり」〈徒然・八二〉
とど-まつ【×椴松】マツ科の常緑高木。樹皮は灰白色。松かさは直立してつく。赤褐色のアカトドマツと緑色のアオトドマツとがある。北海道以北に自生し、材は建築・土木・家具・パルプなどに用いる。
とどま・る【▽止まる|▽留まる|▽停まる】〘動ラ五(四)〙❶進行していたものが停止する。立ちどまる。「―・ることなく水が流れる」「車は…家の入口に―・りぬ」〈鴎外・舞姫〉❷同じところ・地位にそのままいて動かないでいる。「現職に―・る」「首位に―・る」❸滞在する。「当地には、一〇日―・る予定」❹行かないで、あとに残る。「現地に―・って指導にあたる」「責任者は本部に―・る」❺その範囲・限度を越えないでいる。「期待されたが、平凡な記録に―・った」「問題点を指摘するに―・る」❻中止になる。「まうのぼり給ふことも―・り」〈大鏡・兼通〉❼しとめられる。「鹿(しし)は少しもはたらかず、二つの矢にてぞ―・りける」〈曽我・八〉❽最上である。それが一番すぐれている。「狂歌といふものはおそらく江戸に―・ったね」〈滑・浮世風呂・四〉[類語](❶)止(と)まる・停止する・ストップする/(❸)滞在する・逗留(とうりゅう)する・滞留する/(❹)残る・居残る・残留する
止まる所(ところ)を知(し)らない いつ止まるのか予測することができない。「連勝街道は―ない」
とど・む【▽止む|▽留む|▽停む】㊀〘動マ上二〙とどめる。とめる。「世の理(ことわり)なれば―・みかねつも」〈万・八〇五〉㊁〘動マ下二〙「とどめる」の文語形。
とどめ【▽止め】人などを殺すとき、のどや胸などを刺して息の根を止めること。「―の一撃」
止めを刺(さ)・す ❶殺したあと生き返らないように完全に息の根を止める。「獲物に―・す」❷再び立ち上がれないように決定的な一撃を加える。「終盤の得点で―・す」❸物事の急所を押さえて、あとで問題が生じないようにする。「期限後はいっさい受けつけないと―・す」❹それに限る。それがいちばんすぐれている。「花は吉野に―・す」
どどめ (関東で)クワの実。
ど-どめ【土留(め)】斜面の土砂が崩れ落ちるのを防ぐために柵などを設けること。また、その工作物。
どどめ-いろ【どどめ色】(関東で)クワの実の色。黒紫色。➡どどめ
とど・めく【×轟く】〘動カ四〙《「どどめく」とも》❶音がひびきわたる。とどろく。「いかづちの鳴り―・くをり」〈塵袋〉❷がやがや騒ぎたてる。「人の音多くして、―・き来る音す」〈宇治拾遺・一〉
とどめ-どり【▽禁め鳥】ウグイスの別名。村上天皇が民家の梅の木を宮中に移すのを断念した鶯宿梅(おうしゅくばい)の故事からいう。
とど・める【▽止める|▽留める|▽停める】〘動マ下一〙文とど・む〘マ下二〙❶移動させないで、元の所にいさせる。おさえて行かせないようにする。さしとめる。「帰ろうとする客を―・める」「足を―・める」❷元の形のままで、あとに残す。元の状態を保つ。「記録に―・める」「昔の姿を―・める」「原形を―・めない」❸その程度・段階・範囲内におさめて、それから出ないようにする。「会費は一万円に―・める」「意見を聞くだけに―・める」❹注意をそこに向ける。「目をし―・めつれば…必ず癖は見つけらるるわざに侍る」〈紫式部日記〉❺しとめる。「日の暮れ方に至るまで、鹿一頭も―・めずして」〈曽我・八〉[類語]残す・保つ
と-ともに【と共に】〘連語〙❶(体言に付いて)…と一緒に。「友人―学ぶ」❷(文などに付いて)…と同時に。「卒業する―結婚した」
とと-や【▽魚屋】高麗(こうらい)茶碗の一。赤土の上に青茶色の釉(うわぐすり)をかけたもの。名の由来は、堺の商人「ととや」が所持していたからとも、千利休が魚屋の店先で見いだしたからともいう。斗々屋。
ととやのちゃわん【魚屋の茶碗】歌舞伎狂言「三題噺魚屋茶碗(さんだいばなしととやのちゃわん)」の通称。
トドラー〘toddler〙よちよち歩きの子供。子供服の年齢表示などのために用いられ、大体3～7歳ぐらいの小児を対象とする。

ととり-べ【▽鳥取▽部】▶鳥飼部とりかい

とどろ【×轟】〔副〕音が大きく鳴り響くさま。「舟橋を渡る車の音が―に響いて」〈花袋・蒲団〉

とどろ-がけ【×轟駆け】馬がひづめの音を荒々しく響かせて進むこと。「百騎が十騎にならんまでも打てや者ども…とて、―にて歩ませける」〈義経記・三〉

とどろか・す【×轟かす】〔動サ五(四)〕❶大きな音を鳴り響かせる。「爆音を―・して飛びたつ」❷広く世間に知られるようにする。「天下に勇名を―・す」❸胸をどきどきさせる。「期待に胸を―・す」

とどろき【×轟き】とどろくこと。また、その音。「滝の―」「胸の―」

とどろき-けいこく【等々力渓谷】東京都世田谷区南部にある渓谷。多摩川に注ぐ谷沢やざわ川が刻む約1キロメートルの景勝地。東京23区内では珍しく自然の景観を残す。谷の斜面には多くの横穴式古墳が残されている。「等々力」の由来は滝の音から。

とどろき-けいりゅう【轟渓流】トドロキケイリウ 長崎県南東部、諫早いさはや市高来たかき町にある渓流。多良たら岳山系に源を発する境川の上流に位置し、高さ12メートルの轟の滝をはじめ、楊柳ようりゅうの滝・潜竜の滝など大小30余りの滝と奇岩のある景勝地。

とどろ・く【×轟く】〔動カ五(四)〕❶音が響きわたる。鳴り響く。「礼砲が―・く」❷世間に広く知れわたる。有名になる。「天下に英名が―・く」❸期待や興奮などで胸がどきどきする。鼓動がはげしくなる。「再会を前に胸が―・く」〔類語〕鳴る・響く・鳴り響く・響き渡る・鳴り渡る・高鳴る・聞こえる

とどろ-とどろ【×轟×轟】〔副〕「とどろ」を強めていう語。「渡殿の橋の―と踏みならさるるさへぞ」〈紫式部日記〉

とどろ-め・く【×轟めく】〔動カ四〕鳴り響く。とどろく。「谷へ―・きて逃げ行く音す」〈宇治拾遺・八〉

ど-どん【×駑鈍】〔名・形動〕才がにぶく、知恵が足りないこと。また、そのさま。愚鈍。「虐王に遇うても叛を謀らざるが如き、―なる根性とは」〈永峰秀樹訳・代議政体〉

ど-どん〔副〕銃砲・落石・爆発・大波などの強く鳴り響く音を表す語。「―と祝砲が響く」

と-な〔連語〕《格助詞「と」＋終助詞「な」》(多く文末に用いて)確かめる気持ちで相手に問い返す意を表す。…というのだな。「すりゃ、それにひかへし雅近初め、並び居る者の首を打てー」〈伎・暫〉

トナー〘toner〙コピー機やプリンターなどの静電複写印刷で、紙に転写される顔料の粉。カーボンブラックで着色したフェノール樹脂の微粉に、鉄粉をまぜて帯電可能にしたもの。

ドナー〘donor〙《寄付者・寄贈者の意》❶献血者や、臓器移植における角膜・腎臓などの提供者、骨髄移植おける骨髄の提供者のこと。⇔レシピエント ❷半導体の結晶に混ぜられる、原子価より大きい不純物。伝導帯に電子を供給し、電気伝導率を増加させる。

ドナー-カード〘donor card〙角膜や腎臓などの死後移植の意思を表示したカード。臓器移植において、提供者(ドナー)の意思をはっきりと示すもの。

トナー-カートリッジ〘toner cartridge〙▶インクカートリッジ

と-ない【都内】東京都の中。特に、東京都の23区のうち。

どない〔形動〕(関西地方で)どんな。どのよう。語幹を副詞的にも用いる。「―なもんですか」「一言うたらわかるの」

とな・う【唱ふ|▽称ふ】となふ〔動ハ下二〕「となえる」の文語形。

とな・う【▽調ふ|▽整ふ|▽斉ふ】となふ〔動ハ下二〕ととのえる。落ち着かせる。一つの所に集中させる。「心を―・へ祈り申し給ふ」〈栄花・玉の飾り〉

ドナウウェルト〘Donauwörth〙ドイツ南西部、バイエルン州の都市。ドナウ川と支流ウェルニッツ川の合流地点に位置し、中世より河川交通の要衝として発展。16世紀にアウグスブルクの豪商フッガー家が迎賓館として建てたフッガーハウス、スタッコ装飾が施されたバロック様式の聖十字架教会などの歴史的建造物があるほか、色とりどりの建物が並ぶライヒス通りが有名。ロマンチック街道沿いの都市の一。

ドナウエッシンゲン〘Donaueschingen〙ドイツ南西部、バーデン-ビュルテンベルク州、シュバルツバルト山地の都市。「ドナウの泉」と呼ばれる湧水池があり、観光名所になっている。毎年10月に現代音楽を中心とするドナウエッシンゲン音楽祭が開催される。

ドナウ-がわ【ドナウ川】がは《Donau》ドイツ南部の山地に源を発し、バイエルン地方を横断してウィーン・ブダペスト・ベオグラードなどを経てルーマニアとブルガリアとの国境を流れ、黒海に注ぐ国際河川。全長2860キロ。水運が発達し、北海方面へもライン水系のマイン川と運河で連絡する。ダニューブ川。

ドナウ-タワー〘Donauturm〙オーストリアの首都、ウィーンのドナウ川沿いのドナウ公園にあるテレビ塔。1964年建造。高さ252メートル。展望台やレストランがあり、ウィーン市街を一望できる。

ドナウ-デルタ〘Delta Dunării〙ルーマニア東部、黒海に注ぐドナウ川が形成する三角州。ドナウ川は河口付近で聖ゲオルゲ、スリナ、キリアという三つの分流になり、無数の湖沼が点在する広大な湿原を流れる。手つかずの自然が残るヨーロッパ最大の湿原で、ペリカン、ハクチョウを含む約300種の鳥類、カワウソ、オオカミ、イタチ、ヤマネコなどの数十種の野生動物が生息する。貴重な野生動植物の宝庫として知られ、1991年に世界遺産(自然遺産)に登録された。主な観光拠点は三角州の玄関口にあたる都市トゥルチャ、および黒海沿岸のスリナ。ドナウ川三角州。

ドナウ-ベンド〘Danube bend|Dunakanyar〙ハンガリー北部中央のドナウ川の屈曲部。ハンガリーとスロバキアとの国境を西から東へ流れるドナウ川が、南方に向きを変える辺りを指す。エステルゴム、ビシェグラード、センテンドレなど、中世の面影を残す古都が多い。

となえ【唱え|▽称え】となへ ❶となえること。声に出して言うこと。❷(称え)呼び名。称号。名称。
〔類語〕(❷)名前・名な・名称・呼び名・称しょう・呼称・称呼・称号・名目・名義・ネーム・ネーミング・名めい

となえ-ごと【唱え言】となへ まじないにとなえる言葉。

とな・える【唱える|▽称える】となへる〔動ア下一〕図とな・ふ〔ハ下二〕❶声に出して言う。声を立てて読む。「お題目を―・える」「呪文を―・える」❷大声で言う。さけぶ。「万歳を―・える」❸人に先んじて言いだす。首唱する。主張する。「新学説を―・える」「異議を―・える」❹(称える)名づけていう。呼ぶ。称する。「みずから救世主と―・える」
〔類語〕(❶)誦する・吟ずる/(❹)名乗る・称する・呼ぶ

トナカイ《アイヌ語から》シカ科の哺乳類。北極地方のツンドラ地帯に群をなしてすみ、体高1〜1.4メートル。雌雄ともに角をもち、ひづめが大きい。北ヨーロッパでは古くから家畜化され、そり引きなどに使われる。カリブー。〔補説〕「馴鹿」とも書く。

となき-じま【渡名喜島】沖縄県、沖縄本島の西58キロメートル、慶良間けらま諸島の北方にある島。島尻郡渡名喜村に属し1村1字あざからなる。面積3.5平方キロメートル、周囲約12キロメートル、最高点は179メートル。北部に渡名喜里さと遺跡がある。島内の集落すべてと里遺跡は、重要伝統的建造物群保存地区に選定されている。

と-なく【と無く】〔連語〕《格助詞「と」＋形容詞「ない」の連用形。「…となく…となく」の形で用いて》…だけでなく…も。…も…も。「昼―夜―歩き続ける」「敵―味方―感動した」

となご-まい【▽鳥名子舞】まひ《「となこまい」とも》伊勢神宮で6月16日(外宮)・17日(内宮)に行われた歌舞。常世とこよの長鳴き鳥を模した、童男・童女16人から18人の舞。とりなごまい。

となせ【戸無瀬】京都、嵐山付近の地名。また、大堰川おおいがわの古名。〔歌枕〕「惜しめどもよもの紅葉は散りはてて―ぞ秋のとまりなりける」〈金葉・秋〉

ど-な-た【▽何▽方】〔代〕❶不定称の人代名詞。「だれ」の意の尊敬語。「あの方は―ですか」「―かおいででしょうか」❷不定称の指示代名詞。どの方向。どちら。「―へ参らうずると」〈虎明狂・東西迷〉
〔類語〕誰・何者・どの方・どの人・どいつ・何奴

ドナテロ〘Donatello〙[1386ころ〜1466]イタリアの彫刻家。初期ルネサンスを代表する彫刻家で、厳格な写実により人体の力と美を表現した。作「ガッタメラータ将軍騎馬像」など。ドナテルロ。ドナテッロ。

ど-なべ【土鍋】土製の鍋。熱を長く保つので、鍋焼きうどんや湯豆腐などの鍋料理に用いる。

となみ【砺波】富山県西部、砺波平野の中央部にある市。チューリップの球根を輸出。人口4.9万(2010)。

となみ【▽鳥▽網】《「とのあみ」の音変化》鳥を捕るためにしかける網。とりあみ。「あしひきのをてもこのもに―張り」〈万・四〇一一〉

となみ-し【砺波市】▶砺波

となみ-の-せき【砺波の関】富山県小矢部おやべ市の砺波山に置かれた古代の関所。倶利伽羅くりから峠の東麓にあたり、加賀と越中を結ぶ旧北陸道の要地。

となみ-はる【▽鳥▽網張る】〔枕〕鳥網を坂に張る意から、「坂」にかかる。「―坂手さかでを過ぎ」〈万・三二三〇〉

となみ-はんとう【斗南半島】ハンタウ 青森県、下北半島の異称。

となみ-へいや【砺波平野】富山県西部、庄川しょう・小矢部川流域の平野。越中米の産地で、典型的な散村集落が見られる。

となみ-やま【砺波山】富山県小矢部市と石川県河北郡津幡町との境にある山。標高277メートル。山中に旧北陸道の倶利伽羅くりから峠や砺波の関跡がある。

と-なめ【×臀×呫】トンボの雌雄が交尾して、互いに尾をくわえ合い、輪になって飛ぶこと。「蜻蛉あきつの―の如くにあるかな」〈神武紀〉

となり【隣】❶並んで続いているもののうち、最も近くにあること。また、そのもの。「―の席」「―町」❷左右両側にある家。また、その家の人。「―に留守を頼む」〔類語〕横・脇わき・片脇・傍ら・片方かた・横手・横合い・そば

隣の芝生しばは青あおい 《The grass is always greener on the other side of the fence. の訳語》何でも他人のものはよく見えるものである。隣の花は赤い。隣の糂粏味噌じんだ。

隣の糂粏味噌じんだ 隣の糂粏味噌(ぬかみそ)のほうが香ばしく感じられるように、よそのものはなんでもよく見えること。隣の芝生は青い。

隣の疝気せんきを頭痛に病む 隣家の人の疝気を頭痛がするほど心配する意から、自分に関係のないことを心配するたとえ。人ひとの疝気を頭痛に病む。

隣の宝を数える 自分にはなんの利益にもならないことをするたとえ。人ひとの宝を数える。

隣の花はなは赤あかい ▶隣の芝生は青い

となり-あ・う【隣(り)合う】あふ〔動ワ五(ハ四)〕互いに隣となる。「電車で―・って座る」〔類語〕並ぶ

となり-あわせ【隣(り)合(わ)せ】あはせ 互いに隣り合っていること。「―に座る」〔類語〕隣接

となり-きんじょ【隣近所】❶隣の家や近所の家。また、そこに住む人々。「―と親しくする」❷近いところ。まわり。周辺。「うわさが―に知れわたる」
〔類語〕近所・四隣・向こう三軒両隣

となり-ぐさ【隣草】牡丹ぼたんの別名。

となり-ぐみ【隣組】第二次大戦下、国民統制のためにつくられた地域組織。町内会・部落会の下に属し、近隣数軒が一単位となって、互助・自警・配給などにあたった。昭和22年(1947)廃止。

どなり-こ・む【怒鳴り込む】〔動マ五(四)〕相手のところへ出かけていって、声高に苦情などを言い立てる。「騒音にたまりかねて―・む」

となり-ざかい【隣境|隣▽界】ざかひ 隣家との境界。「此処は―の藪際にて」〈一葉・暁月夜〉

となり-しらず【隣知らず】❶近くに他の家がないこと。また、その家。❷《隣近所が気づかないくらいの音でつくる意から》ぼたもちの異称。❸隣近所に知れないようにひそかに行う、簡略な婚礼。「離れ座敷は

―」〈浄・千本桜〉

となり-ずから【隣ずから】（ーづから）隣どうしである間柄。「―の寒暄（かんけん）の挨拶が喰付きで」〈二葉亭・浮雲〉

どなり-た・てる【怒鳴り立てる】〔動タ下一〕図どなりた・つ〔タ下二〕激しくどなる。大声でわめきたてる。「市場で売り子が―・る」

どなり-ちら・す【怒鳴り散らす】〔動サ五(四)〕あたりかまわず大声をはりあげていう。「コーチが選手たちに―・す」

となり-づきあい【隣付(き)合い】（ーづきあひ）隣家との交際。隣どうしのつきあい。

どなり-つ・ける【怒鳴り付ける】〔動カ下一〕相手に向かって激しくどなる。大声でしかる。「いたずら小僧を―・ける」

とな・る【隣る】〔動ラ五(四)〕❶家や土地が並び続く。「葦原に―・った石ころの多い空き地」〈芥川・おぎん〉❷区域・境界が接する。「此地ようろっぱに―・りたるふるきくになれども」〈魯文・西洋道中膝栗毛〉

ど-な・る【怒鳴る】〔動ラ五(四)〕《「ど」は擬声語》❶大きな声を出して呼ぶ。「声をかぎりに―・る」❷声高にしかりつける。「わるさをして―・られる」[可能]**どなれる** [類語]叫ぶ・喚く・張り上げる・騒ぐ

ドナルド-ダック〖Donald Duck〗ウォルト=ディズニープロ製作の漫画映画のキャラクターで、セーラー服姿のアヒルの名。デビューは1934年。

と-なん【斗南】北斗星より南。転じて、天下。

斗南の一人（いちにん）《「唐書」狄仁傑伝から》天下第一の人。天下に並ぶ者のない人。

と-なん【図南】《「荘子」逍遥遊より。想像上の巨鳥、鵬（ほう）が遥か南方に向かって飛び立とうとする意から》南に発展しようとすること。大事業を計画すること。

となん-の-つばさ【図南の翼】大事業をしようとする志・計画。図南の鵬翼（ほうよく）。

ドニ〖Maurice Denis〗[1870〜1943]フランスの画家。ゴーギャンの影響下に結成されたナビ派の中心となる。のち多数の宗教画を描いた。作「聖歌」など。

トニー-しょう【トニー賞】（ーシヤウ）《Tony Awards》年1回、ニューヨークのブロードウエーで上演された新作舞台作品を対象に選ぶ賞。1947年に女優アントワネット=ペリー(愛称トニー)をしのんで設けられた。正式名はAntoinette Perry Awardsという。

ドニエツク〖Donetsk〗ウクライナ東部の工業都市。ドネツ炭田の中心。旧称スターリノ。人口、行政区97万、都市圏99万(2008)。ドネツク。

ドニエプル-がわ【ドニエプル川】（ーがは）《Dnepr》ロシア連邦のモスクワ西方バルダイ丘陵からスモレンスク・キエフ・ドニエプロペトロフスク・ザポロージエなどの都市を経て黒海に注ぐ川。全長2285キロ。ドネープル。

ドニエプロペトロフスク〖Dnipropetrovs'k〗▶ドニプロペトロウシク

トニカ〖(イタリア) tonica〗▶トニック❸

とに-かく〔副〕❶他の事柄は別問題としてという気持ちを表す。何はともあれ。いずれにしても。ともかく。「一話すだけ話してみよう」「間に合うかどうか、一行ってみよう」❷(「…はとにかく」の形で)上の事柄にはかかわらないという気持ちを表す。さておき。ともかく。「結果は―、努力が大切だ」[補説]「兎に角」とも当てて書く。[類語]何しろ・ともかく

[用法]**とにかく・なにしろ**――「彼はとにかく(なにしろ)まじめな人だから」「このごろ、とにかく(なにしろ)忙しくってね」のように、取り上げた事柄をまず強調しようとする意では相通じて用いられる。◆「時間だから、とにかく出発しよう」「とにかく現場を見てください」のように、細かいことはさて置いて、まず行動をという場合は、「とにかく」しか使えない。「私はとにかく、あなたまで行くことはない」のような「…は別として」の意の用法も、「とにかく」に限られる。◆「なにしろ」は「なにしろあの人の言うことだから」「なにしろ暑いので」のように「から」「ので」と結び付いて、その事柄を理由・原因として強調する用法が多い。

とに-かくに〔副〕❶何やかや。あれこれ。「―つけて、ものまめやかに後ろ見」〈源・帚木〉❷それはさておき。いずれにせよ。「―君とわが仲よも尽きじ」〈仮・露殿・上〉

ドニゴール〖Donegal〗アイルランド北西部、ドニゴール州の町。ブルースタック山脈の麓、ドニゴール湾にそそぐエスケ川の河口に位置する。15世紀建造のドニゴール城、17世紀にアイルランドの年代記が書かれたフランシスコ派のドニゴール修道院、および4人の年代記作者に捧げられたフォーマスターズ教会がある。ドネゴール。ドネガル。

ドニゴール-しゅうどういん【ドニゴール修道院】（ーシウダウヰン）《Donegal Abbey》アイルランド北西部、ドニゴール州の町ドニゴールにある修道院跡。15世紀にフランシスコ派の修道院として創設。17世紀に4人の年代記作者が、アイルランドの歴史や聖者伝をまとめて年代記を作ったことで知られる。ドネゴール修道院。ドネガル修道院。

ドニゴール-じょう【ドニゴール城】（ージヤウ）《Donegal Castle》アイルランド北西部、ドニゴール州の町ドニゴールにある城。町の中心を流れるエスケ川に面する。13世紀より同地方を治めていたオドンネル家の居城として15世紀に建造。16世紀に英国軍の手に渡り、17世紀初頭にバジル=ブルック将軍によりジャコビアン様式の翼部が増築された。現在、城内は博物館として公開されている。ドネゴール城。ドネガル城。

ドニゴール-ツイード〖Donegal tweed〗アイルランド産のツイードの一種。縦糸と横糸の色を変え、太さにむらと節のある糸を使うため節(ネップ)が生地に点在し、ラフな印象になる。

ドニゼッティ〖Gaetano Donizetti〗[1797〜1848]イタリアの作曲家。明朗で洗練された作風で、19世紀前半のイタリア-オペラを代表。作品に「ランメルムーアのルチア」など。

と-にち【渡日】〔名〕(スル) 外国人が日本へ行くこと。

ど-にち【土日】土曜日と日曜日。週末。「―は別荘で過ごす」「―も休まず出勤する」[補説]週休二日制が広がったところから「土日」というだけで「休日」という意味も生じた。「―を返上して相談を受け付ける」

トニック〖tonic〗❶髪の栄養剤。「ヘアー」❷「トニックウオーター」に同じ。❸音楽で、主音。キーノート。トニカ。

トニック-ウオーター〖tonic water〗キニーネの苦味をもつ炭酸飲料。ジンなど洋酒に混ぜて用いることが多い。

トニック-ソルファ〖tonic sol-fa〗《sol-faは、階名唱法の意》音楽で、19世紀の中ごろまでに英国で体系化されたソルミゼーションの一種。➡ソルミゼーション

とに-に【▽頓に】〔副〕《「とに」は「頓」の字音「とん」から》「とみに」に同じ。「風波（かぜなみ）、―やむべくもあらず」〈土佐〉

ドニプロペトロウシク〖Dnipropetrovs'k〗ウクライナ東部、ドニプロペトロウシク州の都市。ロシア語名ドニエプロペトロフスク。同州の州都で同国有数の重工業都市として知られる。旧称エカチェリノスラーフ。人口102万(2008)。18世紀にドニエプル川沿いに築かれた要塞に起源し、ポチョムキン宮殿、プレオブラジェンスキー聖堂などの歴史的建造物が残っている。

とにも-かくにも〔副〕❶それはさておき。いずれにしても。とにかく。「―ここまでこぎつけた」❷何やかやと。あれこれと。「―そらごと多き世なり」〈徒然・七三〉[補説]「兎にも角にも」とも当てて書く。

ドニャーナ-こくりつこうえん【ドニャーナ国立公園】（ーコクリツコウヱン）《Doñana》スペイン、アンダルシア地方を流れるグアダルキビル川の三角州に広がる国立公園。面積は約543平方キロメートルでスペイン最大。砂地や湿原、森林など多様な環境を有し、野生生物の宝庫となっている。1994年に世界遺産(自然遺産)に登録され、2005年登録範囲が拡大された。

と-にゅう【吐乳】〔名〕(スル) 乳児が飲んだ乳を勢いよく吐き出すこと。➡溢乳（いつにゅう）

ドヌッサ-とう【ドヌッサ島】（ータウ）《Donousa》ギリシャ南東部、エーゲ海にある島。キクラデス諸島東部、ナクソス島の東方約15キロメートルに位置する。主な町は港があるスタブロス。

とね【▽刀×禰】❶律令制で、朝廷に仕える主典（さかん）以上の役人の称。❷郷・保・村などの長（おさ）。❸神社の所領内の有力者。住民を代表し、また、神事にも参加。伊勢神宮・賀茂神社のものが著名。❹中世、港湾の問屋・浦役人の一種。

とね-うんが【利根運河】千葉県北西部にある、利根川と江戸川とを結ぶ運河。北方の野田市関宿を回る水運の近道として、明治23年(1890)開通。長さ約8キロ。

とね-がわ【利根川】（ーがは）群馬県北部の大水上山付近に源を発し、関東平野を貫流して千葉県銚子（ちょうし）で太平洋に注ぐ川。長さ322キロ。流域面積は1万6840平方キロメートルで日本最大。もとは東京湾に注いでいたが、江戸初期に改修して鬼怒川（きぬがわ）下流に流路を変えた。坂東太郎（ばんどうたろう）。

とねがわずし【利根川図誌】（とねがはヅシ）江戸後期の地誌。6巻。赤松宗旦著。安政2年(1855)成立。利根川流域の諸事象を挿絵を交えてまとめたもの。

とねがわ-すすむ【利根川進】（とねがはー）[1939〜]生物学者。愛知の生まれ。分子生物学・免疫遺伝学を専攻し、免疫T細胞受容体遺伝子の研究で業績をあげた。昭和59年(1984)文化勲章受章。同62年ノーベル生理学医学賞受賞。

ドネツ-たんでん【ドネツ炭田】ウクライナ東部からロシア連邦にまたがる大炭田。ドン川支流のドネツ(Donets)川沿岸にある。ドンバス。

とねり【舎=人】《「との(殿)い(入)り」の音変化かという》❶古代、天皇・皇族の身辺で御用を勤めた者。❷律令制で、皇族や貴族に仕え、護衛・雑用に従事した下級官人。内舎人（うどねり）・大舎人・東宮舎人・中宮舎人などがあり、貴族・下級官人の子弟などから選任した。❸牛車（ぎっしゃ）の牛飼いや乗馬の口取り。❹旧宮内省式部職の判任名誉官。式典に関する雑務に当たった。

とねり-おとこ【舎=人男｜舎=人壮=士】（ーをとこ）「舎人❶」に同じ。「さすたけの―も忍ぶらひかへらひ見つつ」〈万・三七九一〉

とねりこ【×梣】モクセイ科の落葉高木。本州中部以北の山地に自生。葉は長卵形の小葉からなる羽状複葉。雌雄異株で、春、葉より先に淡緑色の小花を円錐状につけ、長い翼のある実を結ぶ。田のあぜなどに稲架（はさ）木として植えられ、材は家具・スキーなどに用いる。さととねりこ。

とねり-しんのう【舎人親王】（ーシンワウ）[676〜735]天武天皇の皇子。日本書紀の編纂（へんさん）を主宰し、養老4年(720)に完成。藤原不比等の死後、知太政官事（ちだじょうかんじ）となり、死後、太政大臣を贈られた。

とねり-の-つかさ【舎=人▽監】律令制で、東宮坊に属し、東宮の舎人の名帳・礼儀・分番をつかさどった役所。

ドネル-キュンベット〖Döner Kümbet〗トルコ中央部の都市カイセリの市街中心部にある霊廟（れいびょう）。13世紀にセルジュークトルコのスルターン、カイクバート1世が娘のために建造。火山岩を用いた重厚な石造建造物で、周囲は精巧な浮き彫りが施されている。

との【殿】❶貴人の住む大きな邸宅。やかた。ごてん。「―より人なむ参りたる」〈大和・一七一〉❷《邸宅に住む人をさしていう》㋐貴人に対する敬称。「―は、今こそいでさせ給ひけれ」〈源・少女〉㋑摂政・関白に対する敬称。「前（さき）の―の御女（むすめ）」〈増鏡・藤衣〉❸主君に対する敬称。「―は智者にてわたらせ給へば」〈仮・伊曽保・上〉❹中世、妻の夫に対する敬称。「―はおなじ心にもおぼさぬにや、とて」〈宇治拾遺・六〉❺女から男をさしていう敬称。殿御（とのご）。殿方。「起上り小法師、やよ、―だに見ればつい転ぶ」〈虎明狂・二人大名〉[補説]現代でも地位の高い人や主人にあたる人をさして呼ぶことがある。

との〔接頭〕《接頭語「たな」の音変化》動詞に付いて、一面に、十分になどの意を添えるのに用いる。「―ぐもる」「―びく」

と-の〔連語〕《格助詞「と」＋格助詞「の」》❶…という。

「明日来る—電話があった」❷…を相手とする。「家族—対話」
とのこと　人から聞いた話であることを表す。…という。…だそう。「彼は会社をやめた—だ」
どーの【▽何の】〘連体〙はっきりと限定できないもの、明らかでないものをさす。「一子と一子が仲良しなのかわからない」「—問題から手をつけようか」
〘類語〙これ・それ・あれ・どれ・この・その・あの・かの
何の面下げて　なんの面目があって。よくも恥ずかしくなく。「—帰れようか」
どの【殿】〘接尾〙❶氏名・役職名などに付けて、敬意を表す。古くは、「関白殿」「清盛入道殿」など、かなり身分の高い人にも用いた。現代では、公用の文書や手紙などに多く用いる。❷地名などに付いて、そこにある邸宅に対する敬称として用いる。間接的にはその邸宅に住む人への敬称としても用いる。「六条—はさくらの唐の綺の御直衣」〈源・行幸〉
〘類語〙さん・君・氏・様
とのーあぶら【殿油】「大殿油おおとなぶら」に同じ。
とのーい【宿=直】とのゐ《「殿居とのゐ」の意》❶宮廷や役所に泊まって勤務し、警備守護などをすること。「彼の宮に詣でて—に侍らむとす」〈皇極紀〉❷夜間、貴人のそばに侍して不寝番をすること。「御前に人あまたさぶらへ。新中納言など、—にはなどさぶらはれぬ」〈夜の寝覚・四〉❸貴人の寝所に女性が奉仕すること。夜伽よとぎ。「女御御息所の御—絶えたり」〈栄花・月の宴〉
とのいーぎぬ【宿=直衣】とのゐ「宿直装束とのいそうぞく」に同じ。
とのいーすがた【宿=直姿】とのゐ 宿直装束とのいそうぞくをつけた姿。
とのいーそうぞく【宿=直装束】とのゐさうぞく 宿直とのい❶に着用した装束。略式の衣冠または直衣のうし。束帯そくたいより軽装。とのいぎぬ。➡昼ひの装束
とのいーどころ【宿=直所】とのゐ ❶宮中で、官人が宿直とのい❶をする所。❷神社で、神官が宿直する所。とのいや。❸江戸時代、武家屋敷などで、侍が宿直する所。
とのいーひきめ【宿=直×蟇目】とのゐ 武家の寝所仕候の宿直の際、夜間警戒のために射る、音の出る蟇目の矢。
とのいーびと【宿=直人】とのゐ 宮中で、宿直とのい❶をする人。また、貴人の邸宅で夜番をする人。
とのいーぶくろ【宿=直袋】とのゐ「宿直物とのいもの の袋」に同じ。
とのいーもうし【宿=直▽奏し】とのゐまうし 宮中で宿直の官人が定刻に声をあげてその氏名を名のること。また、その声。「名対面なだいめんは過ぎぬらむ、滝口の—今こそと」〈源・夕顔〉➡名対面
とのいーもの【宿=直物】とのゐ 官人が宿直をするときの衣服・夜具の類。
とのいものーのーふくろ【宿=直物の袋】とのゐもの 宿直物、特に、宿直装束を入れる袋。とのいぶくろ。
どーのう【土×嚢】ドナウ 土を入れた袋。陣地や堤防を築くのに用いる。
とのーうつり【殿移り】貴人の転居。家移り。「この御—の数の中には」〈源・玉鬘〉
とーのーえ【▽外の重】へ《九重ここのえ(宮城)の外の意》宮城の外郭。また、衛門府の官人がいる陣。
とのおかーもじゅうろう【外岡茂十郎】とのをかもじふらう［1898〜1986］法学者・野球指導者。静岡の生まれ。民法研究のかたわら、昭和17年(1942)から22年間早大野球部長。ほかに六大学野球連盟理事長を務め、戦時下および戦後の学生野球の維持、復活に尽力。のち日本学生野球協会を設立した。
とのーがた【殿方】女性が男性を丁重にさしていうときに用いる語。〘類語〙殿御・男性・男子
とのーぐもーる【との曇る】〘動ラ四〙空一面に曇る。たなぐもる。「雨降らず—る夜のしめじめと恋ひつつ居りき君待ちがてり」〈万・三七〇〉
どのーくらい【▽何の位】くらゐ ❶どれほど。いくらぐらい。どの程度。「厚さは—の板か」「費用は—かかるのか」❷(副詞的に用いて)程度のはなはだしいさま。どれほどか。「—心配したと思う」
とーのーこ【×砥の粉】砥石といしを切り出すときに出る粉末。また、黄土を焼いて作った粉。刀剣の研磨、木材の着色、塗料の下地に用いる。
とのーご【殿御】女性が男性を敬っていう語。
〘類語〙殿方
とのこーいろ【×砥の粉色】砥の粉の色。薄い黄土色。
とのーごころ【殿心】女性が男性を恋しく思う心。「ももやもやと上気して…—のおこり」〈浮・一代女・四〉
とのごーはじめ【殿御始め】「殿始め」に同じ。「—の新枕」〈浄・忠臣蔵〉
とのごーぶり【殿御振り】男ぶり。男まえ。「色も香もある—」〈浄・太功記〉
とのーごもーる【殿▽隠る】〘動ラ四〙❶《殯もがりの宮にこもる意から》「死ぬ」の尊敬語。おかくれになる。崩御する。「大殿を仕へ奉りて—り隠りいませば」〈万・三三二六〉❷《寝殿にこもる意から》「寝る」の尊敬語。おやすみになる。おおとのごもる。「などか、…ここには—る」〈宇津保・嵯峨院〉
とのーさま【殿様】❶貴人・主君・領主などの敬称。❷江戸時代、大名・旗本の敬称。❸生活に恵まれ、何事にも鷹揚おうような人。のんびりしていて、世事にうとい人。
とのさまーがえる【殿様×蛙】がへる アカガエル科のカエル。体長5〜9センチ。背面は緑色ないし褐色で黒色斑紋があり、背の中央を黄色の線が走る。腹面は白または淡黄色。5〜8月に水田や池に寒天質の大きな卵塊を産む。金線蛙きんせんがえる。
とのさまーげい【殿様芸】貴人や金持ちなど、暇と金にゆとりのある人がなぐさみにおぼえた芸。だんな芸。
とのさまーしごと【殿様仕事】時間も費用も考えに入れず、気ままにする仕事。
とのさまーしょうばい【殿様商売】しやうばい 商品知識や客とのかけひきなど、もうけるための努力・工夫に気を使わない商い方を皮肉っていう語。「あんな—じゃ、いずれ倒産するよ」
とのさまーそだち【殿様育ち】多くの人にかしずかれて、なんの不自由もなく成長すること。
とのさまーばった【殿様蝗=虫】バッタの一種。全長5〜7センチ。色はふつう緑色で、翅はねに黒褐色の斑紋が散在。多数発生すると黒褐色に変化し、飛蝗ひこうとなることがある。乾いた草地にみられ、イネ科植物のほか種々の植物を食べる。大名ばった。
とのしょう【土庄】とのシヤウ 香川県、小豆島しょうどしま北西部の地名。中心の土庄は同島観光の玄関口にあたる港町。「二十四の瞳」の像がある。
とのしょうーちょう【土庄町】とのシヤウチヤウ ➤土庄
ドノソ〘José Donoso〙［1924〜1996］チリの小説家。社会問題や同性愛をテーマとした作品で知られる。作「夜のみだらな鳥」「この日曜日」など。
とのーたち【殿▽達】❶殿方たち。とのばら。「烏帽子えぼし親などといふものは—をこそ頼むものなれ」〈虎明狂・比丘貞〉❷近世、遊女などが客をいう語。「つどひての—の御出でなれば」〈仮・仁勢物語・下〉
とーのーちゃ【×礪(の)茶】江戸時代の染め色の名。赤黒い茶色。
とのちゃーこもん【×礪(の)茶小紋】礪の茶色の地に小紋を染め出したもの。
とのーづくり【殿作り｜殿造り】御殿を造ること。また、造った御殿のありさま。「心やすき—しては、かやうの人つどへて」〈源・澪標〉
とのーど【殿戸｜殿▽門】御殿の戸口。相手の家への敬意を表す語。「味酒うまさけ三輪の殿の朝戸にも出でて行かな三輪の—を」〈崇神紀・歌謡〉
とのーな【殿名】宮中の女房の呼び名の一つ。三条殿・大宮殿などと「…殿」と呼ぶもの。➡小路名こうじな
とのーのーうえ【殿の上】うへ 摂政・関白など、時の第一人者の妻に対する敬称。「—の御かたちに似る人おはせじ」〈源・玉鬘〉
とのーはじめ【殿始め】女性がはじめて男性と床をともにすること。「みづからは—」〈浄・烏帽子折〉
とのーばら【殿原】《「ばら」は複数を表す接尾語》身分の高い人々や武士などを敬っていう語。殿たち。「これを見給へ、東国の—」〈平家・九〉
とのーびと【殿人】貴族に仕える人。貴族の家人けにん。「—、親しき家司けいしなどは」〈源・総角〉
とのーぶり【殿振り】男ぶり。「馬上優ゆたかに出勤した姿は…適あつぱれ—と」〈紅葉・二人女房〉
どのーへん【▽何の辺】どのあたり。また、どの程度。「—で休憩にしようか」「—まで耐えらるか」
どーのーみち【▽何の道】〘副〙どんな経過をたどっても、結果が同じであるさま。いずれにしても。どっちみち。結局。「どこへ逃げても—つかまる」〘類語〙結局・畢竟ひっきょう・所詮・いずれにしても・いずれ・どうせ・結句・とどの詰まり・詰まるところ・帰するところ
とのむらーしげる【外村繁】［1902〜1961］小説家。滋賀の生まれ。本名、茂。江州商人である自家の歴史を描いた作「草筏くさいかだ」の他に「筏」「澪標みおつくし」などがある。
トノーメーター〘tonometer〙眼圧測定器。血圧計。
とのーも【主=殿】「とのもり(主殿)」の略。「—の女官御清めなどに参り果てて」〈枕・二七八〉
とーのーも【▽外の▽面】家のそと。「傍らなる『ランプ』の光を支え、黒き—を覗いたり」〈鷗外・ふた夜〉
とのもーづかさ【主=殿▽司｜▽殿▽司｜主=殿▽寮】❶➤とのもりづかさ❷➤主殿寮とのもりょう❶
とのもーのーかみ【主=殿▽頭】主殿寮とのもりょうの長官。従五位下相当の官。
とのもーのーすけ【主=殿助】主殿寮とのもりょうの次官。従六位相当の官。
とのもーのーつかさ【主=殿▽寮】➤とのもりょう❶
とのーもり【主=殿｜殿守】❶主殿寮とのもりょうの下級役人。❷宮中の雑役や、蔵人くろうど拝賀のとき賜る湯づけの給仕をした女官。
とのもりーづかさ【主=殿▽司｜▽殿▽司｜主=殿▽署】❶(主殿司)主殿寮とのもりょうに仕える職員。また、その役所。とのもづかさ。❷(殿司)後宮十二司の一。後宮の清掃・乗り物・灯火などのことをつかさどった役所。また、その女官。とのもづかさ。❸(主殿署)律令制で、東宮坊に属し、灯燭とうしょく・殿舎の清掃などをつかさどった役所。しゅでんしょ。とのもづかさ。
とのもりーのーかんにん【主=殿官人】くわんにん 主殿寮とのもりょうの役人。
とのもりーのーつかさ【主=殿▽寮｜主=殿▽司】❶(主殿寮)「とのもりょう❶」に同じ。❷(主殿司)「とのもりづかさ❶」に同じ。
とのもりーのーとものみやつこ【主=殿▽伴▽御▽奴】主殿寮とのもりょうの下役人。
とのもーりょう【主=殿寮】レウ ❶律令制で、宮内省に属し、宮中の清掃、灯燭とうしょく・薪炭など火に関すること、行幸時の乗り物、調度の帷幄などのことをつかさどった役所。とのもりのつかさ。とのもづかさ。とのもりりょう。しゅでんりょう。❷➤しゅでんりょう(主殿寮)❷
とのもりーりょう【主=殿寮】レウ ➤とのもりょう
どのーよう【▽何の様】ヤウ〘形動〙〘文〙〘ナリ〙どんなふう。「—なぐあいですか」「—に致しましょうか」
〘類語〙どんな・どういう・どう・いかが
とーは〘連語〙《格助詞「と」＋係助詞「は」》❶「と」の働きを強めた表現。「予想—違う結果が出た」❷定義・命題などの主題であることを示す。…というものは。「友情—、かけがえのないものだ」❸文末にあって、下に続くべき語句を省略し、情意を強く表す。「もうこれきり会えない—」「君の恋人が彼女—」
とば【鳥羽】㊀京都市の南区上鳥羽・伏見区下鳥羽の地域。院政期に鳥羽山荘が置かれた。幕末の鳥羽伏見の戦いの地。㊁三重県、志摩半島北東部にある市。もと九鬼くき氏の城下町。真珠島・水族館などがある。真珠の養殖・加工を行う。人口2.1万(2010)。
とーば【賭場】ばくちをする所。ばくちば。鉄火場。どば。「—を開く」
どーば【土場】❶床を張らないで地面のまま利用する所。土間。❷切り出した材木を一時集めておく所。また、上流から流した材木を陸揚げする所。❸「賭場とば」に同じ。「鎌倉の借元の大将…武蔵野の—で大勝

負〉〈浄・矢口渡〉
ど-ば【怒罵】怒りののしること。「嬉笑にも相感じ―にも相感じ」〈二葉亭・浮雲〉
ど-ば【×駑馬】足ののろい馬。また、才能の劣る人のたとえ。
駑馬に鞭打つ　能力のない者に無理に能力以上のことをさせることのたとえ。多くは、自分が努力することを謙遜していう言葉。
トパーズ〖topaz〗▶黄玉
と-はい【徒輩】やから。ともがら。「学識経験未だ見るに足らざる―に過ぎず」〈雪嶺・偽悪醜日本人〉
(類語)ともがら・やから・たぐい・連中・徒
ど-はい【奴輩】人々を卑しめていう語。やつばら。あいつら。「虚誕を設けて危難を逃るるの―ならんや」〈織田訳・花柳春話〉
ドバイ〖Dubai〗アラブ首長国連邦を構成する7首長国の一つ。アブダビの東隣に位置するが石油資源は豊富ではなく、1980年代から金融業などに注力、2000年代に物流の中心地として大きく発展した。首長は連邦の副大統領・首相を兼ねる。(補説)2000年代中盤には空前の繁栄をとげ、大規模建造物やリゾート開発に沸いたが、08年のリーマンショックで失速。09年にはドバイショックを引き起こすなど、需要を度外視した不動産開発やバランスを欠いた経済発展の立て直しが課題となっている。
とは-いいながら【とは言い×乍ら】■〔接〕「とは言うものの■」に同じ。「相手は強い。―まったく勝機がないわけではない」■〔連語〕《「ながら」は接続助詞》「とは言うものの■」に同じ。「子供―、たいしたものだ」
とは-いうものの【とは言うものの】■〔接〕前に述べた事柄と相反する内容を導く語。そうはいっても。とはいえ。「―、やはりこわい」■〔連語〕《「ものの」は接続助詞》…といっても。…とはいえ。「近い―、歩いて三〇分はかかる」
(類語)尤も・ただし・ただ・とは言え・さはあれ・しかし
とは-いえ【とは言え】■〔接〕「とは言うものの■」に同じ。「彼は不満らしい。―、全く反対でもない」■〔連語〕「とは言うものの■」に同じ。「人数は少ない―、意気込みは盛んだ」
ドバイ-げんゆ【ドバイ原油】アラブ首長国連邦のドバイで生産される原油。東京工業品取引所などに上場され、国際的な原油価格の指標の一つとなっている。
ドバイ-さいむもんだい【ドバイ債務問題】▶ドバイショック
ドバイ-ショック〖Dubai shock〗2009年11月にドバイ政府が、政府系企業の債権者に債務返済繰延べを求めたことに端を発する金融不安。ドバイ債務問題。
とば-え【▽鳥羽絵】■《戯画に長じたと伝える平安後期の僧、鳥羽僧正覚猷にちなんでいう》江戸時代、日常生活を軽妙なタッチで描いた墨書きの戯画。今日の漫画にあたり、大坂の松屋耳鳥斎らの手によって盛んになった。■歌舞伎舞踊。清元。九変化舞踊「御名残押絵交張」の一。2世桜田治助作詞、清沢万吉作曲。文政2年(1819)江戸中村座初演。■を題材にした踊りで、半裸の下男が枡を持ってねずみを追いかける図を舞踊化したもの。
と-ばかり〔副〕ちょっとの間。しばし。「高欄におしかかりて、―眺め給ふ」〈源・須磨〉
と-ばかり〔連語〕《格助詞「と」＋副助詞「ばかり」》「と」を受ける内容の限定を表す。…とだけ。「民子は私が殺した様なものだ、―いって居て」〈左千夫・野菊の墓〉
と-ばく【賭博】金品をかけて勝負を争うこと。かけごと。ばくち。(類語)博打・賭け・賭け事・ギャンブル
とばく-ざい【賭博罪】偶然の勝負に関し、財物を賭ける罪。刑法第185条が禁じ、50万円以下の罰金または科料に処せられる。単純賭博罪。(補説)関連する罪に、常習賭博罪、賭博場開張等図利罪、富くじ発売等罪などがある。競馬・競輪・競艇などは、それぞれ競馬法・自転車競技法・モーターボート競走法などで認められた賭博なので、刑法第35条の正当行為となり本罪にはあたらない。また、飲食物やその代金などを賭ける程度の場合は罪とならない。
とばくじょうかいちょうとうとり-ざい【賭博場開張等図利罪】寺銭などで利益を得るために賭博場を開き、客に賭博をさせる罪。自分が賭博に加わらなくても成立する。刑法第186条第2項が禁じ、3月以上5年以下の懲役に処せられる。賭博場開張図利罪。賭博場開張罪。
とば-くち【とば口】❶はいりぐち。入り口。戸口。「―に立つ」❷物事の始まったばかりのところ。「工事はまだほんの―だ」
どば-げい【土場芸】路傍や空地などで演じる芸。大道芸。
トバ-こ【トバ湖】《Toba》インドネシア、スマトラ島北部バリサン山脈中にあるカルデラ湖。避暑地。
とばし【飛ばし】❶とばすこと。とばす方法。❷含み損が生じた資産を市場価格よりも高値で第三者に転売することによって損失を隠すこと。会社が保有する有価証券の時価が大幅に下落したとき、決算期の異なる他の会社に簿価に近い価格で一時的に売却することによって、決算書への損失計上を回避・先送りすることなどがこれにあたる。金融商品取引法で禁止される損失補填に該当すると判断される場合がある。❸「飛ばし記事」の略。
とば-し【鳥羽市】▶鳥羽■
ど-ばし【土橋】土でおおった橋。つちばし。
とばし-きじ【飛ばし記事】裏付け取材に基づかず、記者などの憶測によって書かれた不正確な記事。飛ばし。
とばし-や【飛ばし屋】野球・ゴルフなどで、打球を遠くまで飛ばせる技術をもった人。「ツアー屈指の―」
と-ばしり【戸走り】水蜘蛛の異称。みぞに塗るとよく戸がすべるのでいう。
と-ばしり【×迸り】❶飛び散る水。しぶき。「床に滴る―をよける用心にと」〈荷風・つゆのあとさき〉❷まきぞえ。とばっちり。「事故の―がかかる」
と-ばし・る【×迸る】〔動ラ五(四)〕飛び散る。ほとばしる。「谷川の雪解け水が―・る」
とば・す【飛ばす】〔動サ五(四)〕❶空中を飛ぶようにする。「模型飛行機を―・す」「風船を―・す」❷何かをめがけて、手元から勢いよく放つ。「ボールを―・す」「矢を―・す」❸強く吹いて、空中に舞い上がらせる。「台風で屋根が―・される」「帽子を―・す」❹空中に散るようにする。はね散らす。飛散させる。「自動車が泥水を―・して通る」❺手や足で攻撃やわざをすばやくしかける。「内掛けを―・す」❻乗り物を速く走らせる。また、スピードを出して速く進む。「時速一〇〇キロで―・す」「前半をハイペースで―・す」❼勢いよく、また、遠慮なく言う。「やじを―・す」「皮肉を―・す」❽命令などが早く伝わるようにする。うわさなどが広まるようにする。「檄を―・す」「デマを―・す」❾急いで派遣する。「急便を―・す」「記者を現場に―・す」❿途中を抜かして先へ進む。間をぬく。「―・して読む」⓫中央から地方へ、または都会から辺地へ転任させる。左遷する。「地方の出張所へ―・された」⓬あったものを一時になくする。「強火で鍋のアルコール分を―・す」⓭(動詞の連用形に付いて)その動詞の意味を強める。勢いよく…する。乱暴に…する。「しかり―・す」「売り―・す」「突き―・す」⓮手の届かない所へ飛び去らせる。死なせる。「手に持てる我が子―・しつ」〈万・九〇四〉(可能)とばせる
(一句)羽觴を飛ばす・檄を飛ばす・口角泡を飛ばす・錫を飛ばす・魂を飛ばす・与太を飛ばす
ど-はずれ【度外れ】〔名・形動〕一定の程度・限度をはるかに越えていること。なみはずれていること。また、そのさま。「―な(の)強さで試合に勝つ」
(類語)余り・桁外れ・桁違い・極度・法外・箆棒
とば-そうじょう【鳥羽僧正】▶覚猷
とばた【戸畑】福岡県北九州市の区名。筑豊炭の積み出し港、漁港として発展。製鉄・水産加工業などが盛ん。飛幡の浦。
とばた-く【戸畑区】▶戸畑
トハチェフスキー〖Mikhail Nikolaevich Tukhachevskiy〗[1893〜1937]ロシアの軍人。参謀総長・国防人民委員代理、ソ連最初の元帥の一人。ロシア革命後の内戦期に赤軍を指揮して戦功をあげ、その後も赤軍の近代化に努めたが、スターリンの大粛清により銃殺された。1961年名誉回復。トゥハチェフスキー。
と-ばちり【×迸り】「とばっちり」に同じ。「水の―が少しおつぎの足へ掛った」〈長塚・土〉
ど-はつ【怒髪】激しい怒りのために逆立った頭髪。
怒髪天を衝く　怒髪が冠をつき上げる。激しい怒りの形相になる。怒髪冠を衝く。(補説)「怒髪、天を衝く」と区切る。
とば-つ・く〔動カ四〕そわそわする。落ち着かず、騒ぎたてる。「少しの喧嘩口論にも―・くものなり」〈甲陽軍鑑・一三〉
と-ばっちり【×迸り】《「とばちり」の音変化》❶飛び散った水。❷そばにいて災難を受けること。まきぞえ。とばしり。「けんかの―を食う」(類語)(❷)巻き添え・そばづえ・累・あおり・はね返り・余波・影響・皺寄せ
とばつ-びしゃもん【兜跋毘沙門】西域に起源をもつとみられる異形の毘沙門天。兜跋は「吐蕃」の転ともいう。
とば-てんのう【鳥羽天皇】[1103〜1156]第74代天皇。在位1107〜1123。堀河天皇の第1皇子。名は宗仁。白河法皇の院政下に即位。法皇の死により院政を行い、崇徳・近衛・後白河天皇の3代28年に及んだ。後白河天皇擁立から保元の乱が起こる。
ど-ばと【×鴿｜土×鳩】カワラバトの飼養品種。古くから家禽化され、繁殖力が旺盛。伝書鳩は改良種。いえばと。
とば-どの【鳥羽殿】京都市伏見区鳥羽にあった白河・鳥羽上皇の離宮。現在その跡に鳥羽離宮公園・安楽寿院・城南宮などがある。鳥羽離宮。城南離宮。
とばふしみ-の-たたかい【鳥羽伏見の戦い】戊辰戦争の発端となった内乱。慶応4年(1868)1月、大坂在城の幕兵および会津・桑名の藩兵が、徳川慶喜を擁して鳥羽・伏見で薩長軍と戦ったが、幕府軍が敗退し、慶喜は江戸に帰った。
トバモリー〖Tobermory〗英国スコットランド西岸、インナーヘブリディーズ諸島、マル島の町。同島の中心地。ブリテン島本土とは、マル海峡を挟んだ対岸の町キルホーアンと連絡航路で結ばれる。マル島博物館、観光案内所、200年以上の歴史をもつウイスキー蒸留所がある。
トハラ〖Tochara｜Tokhara〗アフガニスタン北部のアム川上流の民族名および地域名。民族は、イラン系の遊牧民で、前2世紀にバルフを中心としたバクトリア王国を倒し、のち大月氏に服属。史記では大夏と記述。古来、中国・中央アジア・インド・西アジアを結ぶ交通・貿易の要衝。トカラ。トクハラ。
と-ばり【▽帳｜×帷】❶室内や外部との境などに垂らして、区切りや隔てとする布帛。たれぎぬ。たれぬの。❷物をおおいかくすもの。さえぎって見えないようにするもの。「夜の―」
とばり-あげ【▽帳上げ｜×褰×帳】▶けんちょう(褰帳)
とば-りきゅう【鳥羽離宮】▶鳥羽殿
とばり-こがん【戸張孤雁】[1882〜1927]彫刻家。東京の生まれ。旧姓、志村。本名、亀吉。叙情味あふれる作品を制作。版画・水彩画でも活躍。
とばり-ちくふう【登張竹風】[1873〜1955]ドイツ文学者・評論家。広島の生まれ。本名、信一郎。高山樗牛とともにニーチェ主義を唱え、のち、「独和大辞典」などを編纂。著「ニイチェと二詩人」など。
と-はん【登坂】〔名〕スル ▶とうはん(登坂)
と-はん【登×攀】〔名〕スル ▶とうはん(登攀)
とばん【吐蕃】7世紀初め、チベットに成立した王国の中国名。ソンツェン＝ガンボが建国。しばしば唐と戦ったが、9世紀初め和平。843年に内紛により分裂し、崩壊。チベット文字が制定され、仏教が国教とさ

れた。また、中国史料でチベット地方の称。

と-ばん【塗板】白墨で書くために、黒や緑に塗った板。黒板。

ど-ばん【土版】東日本の縄文時代晩期の土製品。長さ5～15センチほどの長方形または楕円形の板で、表裏に顔の表現や文様がある。呪術・護符用のものと考えられている。

ど-ばん【土×蕃】土着の蛮人。

とはん-しゃせん【登坂車線】▶とうはんしゃせん(登坂車線)

と-ひ【徒費】〔名〕スル 金銭・時間・労力などをむだに使うこと。また、その使ったもの。浪費。「一した時間が如何にも惜しまれるように」〈菊池寛・恩讐の彼方に〉 (類語)無駄遣い・浪費・濫費・散財・空費・冗費

と-ひ【都×鄙】都会と田舎。

とび【飛び】❶飛ぶこと。また、飛ぶ回数を数えるときにいう語。「溝をひと一で越える」❷数字を読みあげる際、ある位の数字が零のとき、その零を読むかわりにいう語。例えば、「二〇八円」を「二百飛び八円」というなど。❸「飛魚」の略。

とび【×鳶｜×鵄｜×鴟】❶タカ科の鳥。全長約60センチ。全身茶色で、翼の下面に白斑がある。尾は凹形。ピーヒョロロと鳴きながら羽ばたかずに輪を描いて飛ぶ。ユーラシアに広く分布。漁港や市街地に多く、魚や動物の死体を食べる。とんび。❷「鳶職」の略。❸「鳶口」の略。❹「鳶色」の略。

鳶が鷹を生む 平凡な親がすぐれた子を生むことのたとえ。

鳶に油揚げをさらわれる 「とんび(鳶)に油揚げをさらわれる」に同じ。

鳶も居ずまいから鷹に見える いやしい者でも、立ち居振る舞いが正しければ、上品に見えることのたとえ。

トピ〖topi〗ウシ科の哺乳類で、アフリカに分布するレイヨウの一種。頭胴長約1.7メートル。

ど-ひ【土×匪】その土地に住みついて害をなす集団。土着の匪賊。土賊。

ど-ひ【土×樋】土管の樋。

ど-ひ【奴×婢】召使いの男女。下男と下女。ぬひ。

とび-あがり【飛(び)上(が)り】❶飛び上がること。❷一足とびに高い地位に出世すること。成り上がり。❸とっぴな行動をすること。また、その人。跳ね上がり。「同じ心の一ども四人」〈浮・織留・四〉

とびあがり-もの【飛(び)上(が)り者】❶低い地位から一足とびに出世した者。成り上がり者。❷とっぴな言動をする者。跳ね上がり者。

とび-あが・る【飛(び)上(が)る】〔動ラ五(四)〕❶(「跳び上がる」とも書く)跳ねて上にあがる。跳ね上がる。「岩の上に一・る」❷飛んで空へ上がる。空中へ舞いあがる。「飛行機が一・る」❸(「跳び上がる」とも書く)喜びや驚きのために、思わず飛びはねる。「一・って喜ぶ」❹順番を飛びこして進む。「二階級一・って師範になる」(類語)躍る・躍り上がる・跳ね上がる・飛び跳ねる・舞い上がる・跳ね上げる・飛ぶ

トピアリー〖topiary〗人工樹形の一種。樹枝を動物・星・円錐などの形態に刈り込む人工的整姿法。

ドヒアリウ-しゅうどういん【ドヒアリウ修道院】《Moni Dochiariou》ギリシャ北部、ハルキディキ半島にある東方正教会の聖地アトス山の修道院。11世紀に創設。16世紀建造の主聖堂は大天使ガブリエルとミカエルを祭り、アトス山の修道院で最大の聖堂とされ、クレタ派の画家によるフレスコ画がある。

とび-あり・く【飛び▽歩く】〔動カ五(四)〕虫などが飛んであちこち動く。「菜園麦隴の間を一・く蝶を」〈露伴・露団々〉

とび-ある・く【飛(び)歩く】〔動カ五(四)〕❶あちこちを忙しく歩きまわる。方々を動きまわる。「世界中を一・く」❷「とびありく」に同じ。「龍は一・くことが自由だから」〈滑・浮世床・初〉 (類語)飛び回る・駆けずり回る・駆け回る・立ち回る

とび-いか【×鳶烏＝賊】アカイカ科の頭足類。全長約30センチ。熱帯・亜熱帯に分布。海上を飛ぶことがある。沖縄ではするめにする。

ドビー-クロス〖dobby cloth〗細かい紋織物の一種。平織りの生地に柄の部分だけ他の糸を織り込んだもの。

とび-いし【飛(び)石】日本庭園の通路に、伝い歩くためにとびとびに置かれた平たい石。

とびいし-づたい【飛(び)石伝い】飛び石の上を順に伝っていくこと。

とびいし-れんきゅう【飛(び)石連休】日曜日や祝日などの休日が、間に平日をはさんで続くこと。

とび-いた【飛(び)板】水泳の飛び板飛び込みの踏み切りに使う弾力性のある板。スプリングボード。

とびいた-とびこみ【飛(び)板飛(び)込み】水泳の飛び込み競技で、水面からの高さが1メートルまたは3メートルの飛び板を利用して行う飛び込み。動作の正確さと美しさを競う。

とび-いり【飛(び)入り】❶ほかから不意に入りまじること。約束や予定なしに不意に参加すること。また、その人。「一で演説する」❷草木の花の色に、他の色が入って斑になったもの。「一つばき」 (類語)飛び込み

とび-いろ【×鳶色】鳶の羽のような色。こげ茶色。

とびいろ-うんか【×鳶色浮＝塵＝子】ウンカ科の昆虫。体長約5ミリ。全体に淡褐色ないし暗褐色。稲などの大害虫。あきうんか。

とび-うお【飛魚】❶トビウオ科の海水魚。全長約35センチ。背中が銀青色、腹が白い。大きな胸びれ・腹びれを広げて海面上を飛ぶ。本州中部以南に分布。食用。ほんとび。あご。つばめうお。とんぼうお。とび。(季 夏)❷ダツ目トビウオ科の海水魚の総称。体は筒形で長い。胸びれ・腹びれが著しく大きく、尾びれ下部も大きい。外洋の表層を群遊し、危険にあうと水から飛び出して飛行する。日本近海にはトビウオ・ハマトビウオ・ホソトビウオ・ツクシトビウオなどがみられる。

とびうお-ざ【飛魚座】南半球の小星座。日本からは見えない。学名 Volans

とび-うさぎ【跳×兎】齧歯目トビウサギ科の哺乳類。リスに近縁。体はウサギ大で、後肢と尾が長く、カンガルーに似て、後肢で跳ね飛ぶ。アフリカのサバンナや荒れ地にすみ、夜行性。

とび-うつ・る【飛(び)移る】〔動ラ五(四)〕空中を飛んで他の場所へ移動する。「猿が隣の木に一・る」

とび-うめ【飛(び)梅】菅原道真が大宰府に左遷されるとき、大切にしていた庭の梅の木に「東風吹かば匂ひおこせよ梅の花あるじなしとて春を忘るな」の一首をかけて去ったところ、その梅の木が道真を慕って、大宰府にまで飛んで行ったという故事。また、その故事にちなんだ、太宰府市安楽寺の梅。

とび-えい【×鳶×鱝】エイ目トビエイ科の海水魚。全長約1.8メートル。体は菱形。尾は全長の約3分の2。毒針がある。背面は黒褐色で腹面は白色。

とび-お・きる【飛(び)起きる】〔動カ上一〕図とびお・く〔カ上二〕飛びあがるように勢いよく起きる。「大声に驚いて一・きる」

とび-おり【飛(び)降り｜飛(び)下り】高い所から飛びおりること。また、走行中の乗り物から飛びおりること。

とびおり-じさつ【飛(び)降り自殺】高い建物などから飛び降りて自殺すること。

とび-お・りる【飛(び)降りる｜飛(び)下りる】〔動ラ上一〕図とびお・る〔ラ上二〕❶高い所から身をおどらせておりる。「二階から一・りる」❷走っている乗り物から飛んでおりる。「汽車から一・りる」 (類語)降りる・飛び込む

とび-か・う【飛(び)交う】〔動ワ五(ハ四)〕入りまじって飛ぶ。とびちがう。「鴎が一・う」「うわさが一・う」 (類語)乱れ飛ぶ・飛び違う

とび-かえ・る【飛び返る】〔動ラ四〕❶飛んでもとの所にもどる。また、急いでもどる。「天飛ぶや鳥にもがもや都まで送り申して一・るもの」〈万・八七六〉❷石などに当たってはねかえる。「重盛の射向の袖に、はたと当たって一・る」〈古活字本平治・中〉

とび-かか・る【飛(び)掛(か)る｜跳(び)掛(か)る】〔動ラ五(四)〕相手に勢いよくとびつく。おどりかかる。「獲物に一・る」 (類語)飛び付く・躍り掛かる

とび-かけ・る【飛び×翔る】〔動ラ五(四)〕空高く飛ぶ。「天空を一・る」

とび-がしら【×鳶頭】鳶の者のかしら。

トピカル〖topical〗〔形動〕話題性のあるさま。時事問題の。「一なテーマで話し合う」

とび-きゅう【飛(び)級】〔名〕スル 進級・進学の際に、成績の特に優秀である者が例外的に学年や課程を飛びこえて進級すること。

とび-きり【飛(び)切り】㊀〔名〕高く飛びあがって相手に切りつけること。「天狗一の術」㊁〔名・形動〕なみはずれてすぐれていること。最上級であること。また、そのさま。副詞的にも用いる。「一な(の)品」「一すばらしい贈り物」(類語)格段・段違い・特別

とび-ぐち【×鳶口】樫の棒の先に鳶のくちばしに似た形の鉄製の鉤をつけたもの。火事のときに家屋を壊したり、材木運搬の際にひっかけたりするのに用いる。鳶。

とびくも-がみ【飛雲紙】藍や紫の繊維を雲の飛んでいるように散らして漉き込んだ鳥の子紙。

とび-くら【飛び▽競】飛んで、その高さや幅を競うこと。とびっくら。とびっこ。

どひ-けいぞう【土肥慶蔵】[1866～1931]医学者。福井の生まれ。東大教授。皮膚病の発見および治療法、梅毒の伝播経路の研究で貢献。著「皮膚科学」「世界黴毒史」など。

とび-けら【飛蝼＝蛄｜石＝蚕】トビケラ目の昆虫の総称。水辺にすみ、翅に細かい毛が密生し、多くは後ろ翅が幅広で、屋根形に畳み、ガに似る。完全変態。幼虫は水生で、いさごむし・ごみかつぎなどとよばれ、水草や小石で筒状の巣を作る。毛翅類。

とび-げり【飛(び)蹴り｜跳(び)蹴り】❶空手で、飛び上がって空中で相手を蹴る技。❷▶ドロップキック❷

とび-こ トビウオの卵。塩漬けにしたものをすし種などにする。

とび-こ【飛び子】諸国をめぐって男色を売る若衆。「京、大坂の一の隠れ家を」〈浮・永代蔵・五〉

とび-こ・える【飛(び)越える｜跳(び)越える】〔動ア下一〕図とびこ・ゆ〔ヤ下二〕❶物の上を飛んで越える。飛び越す。「小川を一・える」「海を一・えて渡り鳥が来る」❷順序を越えて先へ進む。「先輩を一・えて出世する」(類語)飛ぶ

とびこし-じょうこく【飛越上告】▶跳躍上告

とび-こ・す【飛(び)越す｜跳(び)越す】〔動サ五(四)〕❶物の上を飛んで越える。飛び越える。「溝を一・す」❷順序を越して上へ進む。「二階級一・す」(類語)飛ぶ

とび-こみ【飛(び)込み】❶突然はいり込むこと。「一で宿をとる」❷突然はいって来ること。「一の客」「一の仕事」❸「飛び込み競技」の略。「一の選手」❹「飛び込み自殺」の略。「近所で一があった」

とびこみ-きょうぎ【飛(び)込み競技】水泳競技の一。飛び板飛び込みと高飛び込みとに分かれ、飛び込み動作の正確さと美しさを競う。ダイビング。

とびこみ-じさつ【飛(び)込み自殺】進行してくる列車などをめがけて飛び込み、自殺すること。また、水中などへ飛び込み、自殺すること。

とびこみ-だい【飛(び)込み台】水泳の飛び込み競技に使う台。飛び台。(季 夏)➡高飛び込み ➡飛び板飛び込み

とび-こ・む【飛(び)込む】〔動マ五(四)〕❶身をおどらせて中へはいる。はずみをつけて勢いよくはいる。「プールに一・む」❷進行してくる列車などの前に身を投げ出す。「電車に一・んで死ぬ」❸突然はいり込む。急いではいる。かけこむ。「財布を落として交番に一・む」❹積極的に仕事や事件にとりくむ。「渦中に一・む」「実社会に一・む」❺思いもよらない物事が突然やって来る。急にはいって来る。舞い込む。「うれしいニュースが一・む」「仕事が一・む」(類語)駆け込

む・転がり込む・滑り込む・突っ込む・躍り込む

とび-ざ【外山座】大和猿楽四座の一。奈良の春日神社に奉仕した。のちの宝生座。

ど-びさし【土×庇｜土×廂】「つちびさし」に同じ。

どひ-さねひら【土肥実平】鎌倉初期の武将。相模土肥荘に住み、土肥次郎と称した。源頼朝の挙兵、石橋山の合戦などで戦功をあげ、奥州征伐や頼朝上洛にも随行した。生没年未詳。

とび-ざや【飛び×紗×綾】紗綾さやの一種で地が厚く、飛び飛びに花模様のある織物。

とび-さ・る【飛(び)去る】〔動ラ五(四)〕❶飛んでそこを去る。「春になって白鳥が―・る」❷急に身をかわして退く。とびのく。「とっさに横へ―・る」

とび-しさ・る【飛び▽退る｜跳び▽退る】〔動ラ五(四)〕《「とびしざる」とも》すばやく後ろへさがる。「熱気の強い胸許から―・ると」〈有島・或る女〉

とび-しま【飛島】山形県酒田市、日本海上にある小島。西廻にしまわり航路の盛んなころは西風に強い重要寄港地。ウミネコの繁殖地。

とび-しょうぎ【飛(び)将棋】―シャウギ 将棋の駒を用いる遊びの一。将棋盤に双方3個ずつ三段に並べた9個の駒を、交互に一ますずつ進め、相手の駒にぶつかればその駒を飛び越え、早く敵陣地に駒を並べ終えたほうを勝ちとする。跳ね将棋。

とび-しょく【×鳶職】▶鳶の者

とびすけ【飛び▽介｜飛び助】《「突飛な者」あるいは「飛び上がり者」を人名のように表した語》軽率で落ち着きのない者。おっちょこちょい。また、浮かれ者。「常も利介は―で」〈浄・二つ腹帯〉

とび-すごろく【飛び▽双六】双六の一種。絵の双六の各区画に、さいの目による移動先が示してあり、振ったさいの目によって飛び移っていくもの。

とび-せいじ【飛(び)青磁】褐色の斑文はんもんを飛び飛びに散らして製した青磁。

とびた【飛田】大阪市西成区、天王寺公園の西方にある歓楽地。江戸時代には墓地・刑場があった。

とび-だい【飛(び)台】❶相場で、大台おおだいのこと。100円を飛び台とすると、108円を「一〇〇とび八円」などという類。❷「飛び込み台」に同じ。

とびだし-ナイフ【飛(び)出しナイフ】つまみを押すと刃が飛び出してくる仕組みのナイフ。

とび-だ・す【飛(び)出す】〔動サ五(四)〕❶急に勢いよく飛んで出る。勢いよく外や前へ出る。また、勢いよく他を抜いて前へ出る。「箱を開けると人形が―・す」「ゴール直前に―・す」❷思いがけないものがその場へ突然現れる。「車の前に急に―・す」「隠し芸が―・す」❸外の方へ突き出る。「目玉が―・す」❹そこからあわただしく出て行く。「遅刻しそうになって家を―・す」❺よくない事情などが生じて、職場や本拠とする所から急に外部へ出る。「会社を―・す」「親とけんかして家を―・す」❻飛び始める。「今日から新空港で飛行機が―・した」

とびた-すいしゅう【飛田穂洲】―スイシウ［1886～1965］野球評論家。茨城の生まれ。本名、忠順ちゅうじゅん。早稲田大学野球部監督を歴任。野球評論で精神野球を説き、学生野球の父とよばれた。著「熱球三十年」など。

とび-た・つ【飛(び)立つ】〔動タ五(四)〕❶空中に飛び上がる。飛んでそこを去る。「飛行機が―・つ」「巣から―・つ」❷喜びや期待で心が落ち着かなくなる。「―・つ思い」

飛び立たつばかり ❶うれしくておどりあがるほどであるさま。「―に喜ぶ」❷遠方のことを、飛んで行きたいほど懐かしく思うさま。「―思ひ寝の」〈仮・恨の介・下〉

とび-ち【飛(び)地】❶ある行政区画に属しながら、主地域から離れて他の区域内にある土地。❷江戸時代、大名の城付きの領地に対して遠隔地に分散している領地。飛び知。

とび-ちが・う【飛(び)違う】―ちがふ〔動ワ五(ハ四)〕❶入り乱れて飛ぶ。とびかう。「蛍が―・う」❷勢いよく飛んで位置が入れかわる。「―・いざまに相手の足をはらう」❸二つの物事がいちじるしく異なる。かけはなれる。「値段が―・っている」〖類語〗乱れ飛ぶ・飛び交う

とび-ち・る【飛(び)散る】〔動ラ五(四)〕飛んであちこちへ散る。飛散する。「火花が―・る」〖類語〗跳ねる・はじける・はぜる・ほとばしる・散る・飛ぶ・散ずる・散らばる・四散・分散・拡散・散開・飛散

ど-ひつ【土筆】❶「つくし」に当てた漢字「土筆」を音読みにした語。❷▶焼き筆ふで

とび-つ・く【飛(び)付く｜跳(び)付く】〔動カ五(四)〕❶勢いよく身をおどらせてとりつく。飛びかかる。「子供が母親に―・く」「柳に―・く蛙」❷興味をもったものなどに、軽率に手を出す。「もうけ話に―・く」「流行に―・く」〖類語〗(❶)飛び掛かる・躍り掛かる

トピック〖topic〗❶論題。題目。「―別に分類する」❷話題になる事柄・出来事。また、話題。トピックス。「―ニュース」

〖類語〗話題・題目・論題・主題・本題・テーマ・題材

トピックス〖TOPIX〗《Tokyo Stock Price Index》東京証券取引所が昭和44年(1969)7月から発表している、東証一部上場のすべての日本企業を対象とした株価指数で、同43年1月4日の時価総額を100として、毎日の時価総額を指数化したもの。東証株価指数。➡日経平均株価

とび-で【飛出】能面の一。口を大きく開け、目を飛び出すように見開いた、神体を現す面。大飛出と小飛出とがあり、脇能や切能きりのうの後ジテに用いる。

とび-・でる【飛(び)出る】〔動ダ下一〕「飛び出す」に同じ。「目の玉が―・るような値段」

とび-どうぐ【飛(び)道具】―ダウグ 遠くから飛ばして敵を撃つ武器。弓矢・鉄砲などの類。

とび-とかげ【飛蜥＝蜴】有鱗ゆうりん目アガマ科トビトカゲ属のトカゲの総称。全長約30センチ。胴の両側に肋骨ろっこつに支えられた翼膜があり、これを広げて滑空する。東南アジアに分布。

とび-とび【飛び飛び】〔形動〕〔文〕〔ナリ〕❶物が散在しているさま。「民家が―にしかない」❷連続しないで間があくさま。「ページが―になっている」〖類語〗点点

とび-にゅうがく【飛(び)入学】―ニフガク 小中高校の児童・生徒が最終学年を履修せずに上級学校へ進学する制度。現在、日本で実施しているのは高校2年から大学へ、大学3年から大学院への2種。➡飛び級

とび-にんぎょう【飛(び)人形】―ニンギャウ 2寸(約6センチ)ほどの割り竹の台に、張り子人形をとりつけ、台の下に仕掛けたばねによって、飛び上がるようにしたおもちゃ。

とび-にんそく【×鳶人足】鳶の者。

とび-ぬ・ける【飛(び)抜ける】〔動カ下一〕❶能力などが他とかけはなれてすぐれている。ずばぬける。「―・けて強い選手」❷飛んで通過する。「物体が頭上を―・ける」〖類語〗(❶)ぬきんでる・ずば抜ける・図抜ける・抜け出る

とび-ねずみ【跳×鼠】齧歯げっし目トビネズミ科の哺乳類の総称。尾は体長より長く、後肢も長く、跳躍して走る。北アフリカからアジアにかけて分布。

とび-の-お【×鴟の尾】―を《「鴟尾しび」を訓読みにした語》❶牛車ぎっしゃの後方に突き出た2本の短い棒。こながえ。とみのお。❷▶鴟尾しび

とびのお-ごと【×鴟の尾琴】とびのを― 頭部が鴟の尾のように上方へ曲がっている和琴わごん。

とび-の・く【飛び▽退く｜跳び▽退く】〔動カ五(四)〕飛んでよける。すばやく身をかわしてよける。「水をかけられまいとして―・く」

とび-の-もの【×鳶の者】《鳶口とびぐちを持つところから》土木・建築工事に従事する人。また、その職業。江戸時代は町火消し人足を兼ねた。鳶職。とび。

〖類語〗大工・左官・宮大工・船大工・叩き大工

とび-のり【飛(び)乗り】❶飛び乗ること。特に、進行中や出発寸前の乗り物に飛び乗ること。「電車の―」❷通りすがりの車馬などに乗り込むこと。「―の辻車で四方を推回し」〈紅葉・二人女房〉

とび-の・る【飛(び)乗る】〔動ラ五(四)〕❶勢いよく身をおどらせて、その上に乗る。「馬に―・る」❷進行中や出発直前の乗り物に飛びついて乗る。「列車に―・る」❸急用などのためにあわてて乗り物を使う。「タクシーに―・って病院にかけつける」

とび-ばこ【飛(び)箱｜跳(び)箱】木製の長方形の枠を重ね、最上部に布や皮で覆った台をのせた箱形の体操用器具。走ってきて飛びこえたり、その上で回転したりする。

とび-はぜ【跳×鯊】ハゼ科の海水魚。全長約10センチ。目は頭の上部にカエルのように飛び出している。体色は黄褐色でかすり状の暗色斑がある。干潟にみられ、胸びれで泥上を跳び歩き、小動物を捕らえる。本州中部以南の河口域に生息。

とび-はちじょう【×鳶八丈】―ハチヂャウ《もと八丈島で産したところから》鳶色の地に、黄または黒の格子縞のある絹織物。無地のものもある。鳶紬とびつむぎ。

とび-はな・れる【飛(び)離れる】〔動ラ下一〕〔文〕とびはな・る〔ラ下二〕❶身をおどらせてとびのく。「接触しそうになって―・れる」❷場所が遠く隔たる。「都会から―・れた地域」❸程度などがかけはなれている。段違いである。「実力が―・れている」

〖類語〗掛け離れる・隔たる

とび-は・ねる【飛(び)跳ねる】〔動ナ下一〕〔文〕とびは・ぬ〔ナ下二〕飛んだり跳ねたりする。また、跳ね上がる。「馬が驚いて―・ねる」「喜んで―・ねる」

〖類語〗躍り上がる・躍る・飛び上がる・跳ね上がる・舞い上がる・撥はね上げる・飛ぶ

とび-ひ【飛(び)火】〔名〕スル ❶火の粉が飛び散ること。また、その火の粉。❷火事のとき、火の粉が飛んで離れた場所に燃えうつること。また、燃えうつったその火。「風下に―する」❸事件の影響などが、無関係と思われるようなところにまで広がること。「汚職事件が各方面に―する」❹小児に多い伝染性の皮膚病。ぶどう球菌や連鎖球菌などの化膿かのう菌によって感染する。伝染性膿痂疹のうかしん。

〖類語〗(❷)延焼・類焼・もらい火

とび-まわ・る【飛(び)回る】―まはる〔動ラ五(四)〕❶空中をあちこちと飛ぶ。「花畑を蝶が―・る」❷(「跳び回る」とも書く)自由にあちこちかけまわる。はねまわる。「家の中を子供が―・る」❸(「跳び回る」とも書く)ある目的のために忙しくあちこち歩きまわる。奔走する。「取材に―・る」

〖類語〗駆けずり回る・駆け回る・飛び歩く・立ち回る

とび-むし【跳虫｜飛虫】❶トビムシ目の昆虫の総称。体長1～5ミリで、翅はねはない。腹部に跳躍器をもち、よく跳ねる。湿気の多い所をこのむ。粘管類。のみむし。❷端脚目ヨコエビ亜目の甲殻類。体長約1センチで、多くは淡水にすむ。体は平たく弓状に曲がり、よく跳ねる。

とび-めぐ・る【飛び巡る】〔動ラ四〕「飛び回る」に同じ。「尾を振って―・れども」〈仮・伊曽保・下〉

とび-もよう【飛(び)模様】―モヤウ ▶飛び紋

とび-もん【飛(び)紋】単純で同一の模様をとびとびに散らして織り込んだ模様。また、その織物。飛び模様。

とひもんどう【都鄙問答】トヒモンダフ 江戸中期の心学書。4巻。石田梅岩著。元文4年(1739)刊。石門心学の思想を、平易な問答形式で述べたもの。

ど-びゃくしょう【土百姓】―ビヤクシヤウ《「ど」は接頭語。「土」は当て字》百姓を卑しめていう語。

ドビュッシー〖Claude Achille Debussy〗［1862～1918］フランスの作曲家。象徴主義文学などの影響を受け、印象派音楽の世界を創造。作品に管弦楽曲「牧神の午後への前奏曲」「海」、オペラ「ペレアスとメリザンド」、ピアノ曲「子供の領分」など。

ど-ひょう【土俵】―ヘウ ❶土をつめた俵たわら。❷「土俵場ば」の略。「―を割る」❸議論・交渉などが行われる場。「相手の―に乗って話し合う」

土俵を割・る ❶相撲で、土俵の外へ出る。「相手の突きに負けて―・る」❷相手に押し切られて折れる。「組合が―・った形で春闘が決着する」

どひょう-いり【土俵入り】ドヘウ― 力士が土俵上で行う儀式。横綱土俵入り(手数てかず入り)と、幕内・十両力士の土俵入りとがある。元来は神に祈る儀式であった

が、近年は顔見せ、勢ぞろいの意となった。
どひょう-うつぼ【土俵▽空穂】ドヘウ《形が土俵に似ているところから》空穂の一種。竹または葛藤つづらで編み大形に作ったもので、多くの矢が入る。
どひょう-ぎわ【土俵際】ドヘウギハ ❶相撲の土俵上で内外の境界となる俵のそば。境界線は俵の外線。「―でうっちゃる」❷物事が決着する瀬戸際。土壇場。「交渉は今が―だ」
ど-びょうし【▽銅拍子┊土拍子】ドビヤウシ 打楽器の一。中央が椀状に突起した青銅製の円盤2個を両手に持って打ち合わせるもの。仏教儀式では鐃鈸にょうはち、田楽では土拍子、神楽などでは手平金てびらがね、歌舞伎下座音楽ではチャッパなどとよばれる。銅鈸子どうばつし。どうびょうし。
どひょう-だまり【土俵×溜まり】ドヘウ 相撲で、土俵下の審判員・力士・行司が控える所。たまり。
どひょう-ば【土俵場】ドヘウ 相撲の競技場。正式のものは、高さ1尺8寸(54センチ)、上辺の一辺が3間(5.7メートル)の台形に土を盛り上げ、中に小俵20俵で直径15尺(4.55メートル)の円を囲んで作る。
と-びら【扉┊×闔】❶《「戸と片ひら」の意》窓・出入り口・戸棚などにつける開き戸の戸。❷書物の見返しの次にある、書名・著者名などを記したページ。❸雑誌で、本文にはいる前の第1ページ。
類語(❶)戸・ドア・シャッター・雨戸・格子戸・網戸
とびら-え【扉絵】ヱ ❶厨子ずしや寺院などの扉にかいた絵。❷書物の扉にかいた絵。
とびら-の-き【扉の木】❶トベラの別名。❷シャクナゲの別名。
トビリシ〖Tbilisi〗グルジア共和国の首都。カフカス山脈の南麓にある、5世紀以来の古都。工業が盛ん。旧称チフリス。人口、行政区111万(2009)。
とび-ろっぽう【飛(び)六方】ーロクパウ 歌舞伎の六方の一。一足ずつにはずみをつけて飛ぶように踏む六方。走っていくようすを表すもので、「勧進帳」の弁慶などにみられる。
ど-びん【土瓶】茶を入れたり、湯をわかしたりするのに用いる陶製の器。胴に注ぎ口がつき、肩の両側の耳につるをかけたもの。
ドビンスク〖Dvinsk〗ラトビア南東部の都市ダウガフピルスの旧称。
どびん-むし【土瓶蒸(し)】松茸に鳥肉・野菜などをあしらい、土瓶に入れて蒸し煮にしたもの。
どびん-わり【土瓶割】クワエダシャクの幼虫。クワの木の枝に似るので、まちがえて土瓶をかけ、落として割るところからの名。
と-ふ【妬婦】嫉妬しっと深い女。やきもちやきの女。
と-ふ【都府】みやこ。都市。
と-ふ【塗布】〔名〕スル 薬剤などをぬりつけること。「患部に薬を―する」類語塗装・塗抹・塗り・塗る
と・ふ〔連語〕►とう〔連語〕
と・ぶ【飛ぶ┊跳ぶ】〔動バ五(四)〕❶空中を移動する。飛行する。「鳥が―・ぶ」❷吹かれて空中に舞う。「木の葉が―・ぶ」❸飛行機に乗って目的地へ行く。「外相がワシントンへ―・ぶ」❹何かをめがけて勢いよく放たれる。「つぶてが―・ぶ」❺はねて空中へ散る。飛散する。「火花が―・ぶ」「しぶきが―・ぶ」❻(「跳ぶ」と書くことが多い)はずみをつけて、地面・床などをけり、からだが空中にあがるようにする。強く踏みきって遠くへ行く。また、はねて越える。「ジャンプ競技でK点まで―・ぶ」「溝を―・ぶ」「飛び箱を―・ぶ」❼大急ぎで、また、あわててある所へ行く。急行する。かけつける。「事故現場へ―・ぶ」「おっとり刀で―・んでいく」❽一気に遠くまで至る。「心は故国に―・んでいる」❾犯人などが遠くへ逃げる。逃亡する。「犯人は海外へ―・んだらしい」❿すばやくある行為がなされたり、急に勢いよく言葉がかけられたりする。「びんたが―・ぶ」「声が―・ぶ」⓫うわさ・命令などがたちまちひろがる。つたわる。「デマが―・ぶ」⓬あったものが消えてしまう。一時になくなる。「染めが―・ぶ」「ローンの返済でボーナスの半分が―・ぶ」⓭つながっていたものが急に切れる。元から離れる。「ヒューズが―・ぶ」「地震計の針が―・ぶ」⓮間を抜かして先へ移る。途中が欠けてあとへ続く。「ページが―・ぶ」「縫い目が―・ぶ」⓯写真などで、明るい部分の階調が失われて真っ白になる。➡白飛び 可能とべる
類語(❶)翔かける・天翔あまかける・飛翔ひしょうする・飛行する・高翔こうしょうする・滑翔かっしょうする・舞う・飛来する・滑空する/(❺)飛び散る・散る・跳ねる・迸ほとばしる・弾はじける・爆はぜる・飛散する・散ずる・散らばる・散らかる・散らかす・散らす・四散・分散・拡散・散開・雲散・離散・霧散・散逸・雲散霧消/(❻)跳ねる・跳ね上がる・飛び上がる・躍り上がる・跳躍する・ジャンプする・飛び越える・飛び越す/(❼)駆け着ける・馳はせ着ける・馳せる・急行する
飛んで火に入いる夏の虫 明かるさにつられて飛んで来た夏の虫が、火で焼け死ぬ意から、自分から進んで災いの中に飛び込むことのたとえ。補説この句の場合、「入る」を「はいる」とは読まない。
飛ん・でる 常識にとらわれずに行動する。自由に生きる。「―・でる女性」補説「翔んでる」とも書く。
ど-ふ【土府】陰陽道おんようどうで、土掘り・井戸掘り・溝作り・塀作りなどの工事をしてはいけないとされる日。
どぶ【▽溝】雨水・汚水などが流れるみぞ。
類語溝・側溝・溝渠こうきょ・暗渠
トフィー〖toffee〗►タフィー
どぶいけ【丼池】大阪市中央区南船場にあった池。明治7年(1874)に埋められた。池に面していた丼池筋には第二次大戦前は家具問屋、戦後は繊維問屋が密集。旧名、芦間池あしまいけ。
どぶ-いた【▽溝板】❶どぶをおおう板。❷「溝板政治」「溝板選挙」の略。
どぶいた-せいじ【▽溝板政治】ーセイヂ《どぶ板のあるような細い路地にも気を配ることから》庶民の暮らしに密着した政治。地域住民の声に耳を傾ける政治。
どぶいた-せんきょ【▽溝板選挙】《どぶ板のあるような細い路地を一軒ずつ訪ねて回ることから》選挙区をこまめに回り、有権者の一人一人に訴えかける選挙運動。
どぶ-がい【▽溝貝┊土負貝】ーガヒ イシガイ科の二枚貝。池沼の泥底にすむ。貝殻は薄く、球卵形でよく膨らみ、殻長8センチくらい。殻表は黒褐色で滑らか、内面は真珠色。えらにタナゴが産卵する。ぬまがい。
どぶかっちり【丼礑】狂言。座頭が師の勾当こうとうを背負い、川を渡ろうとすると、通りがかりの者が座頭の背に乗って渡り、いたずらを続ける。
トプカプ-きゅうでん【トプカプ宮殿】《Topkapi Sarayi》トルコのイスタンブールにある宮殿。オスマン帝国のメフメト2世が15世紀後半に造営。現在は国立博物館。1985年、「イスタンブール歴史地域」の一部として世界遺産(文化遺産)に登録された。トプカプとは大砲の門の意。
どぶ-がわ【▽溝川】ーガハ《「どぶかわ」とも》雨水・汚水などが流れる小さな川。また、どぶのように汚い川。
とふ-ぎょ【×杜父魚】カジカの漢名。
と-ふく【×屠腹】〔名〕スル 切腹。割腹かっぷく。
ど-ぶくりょう【土×茯×苓】ーブクリヤウ サルトリイバラの根茎。漢方で排膿はいのう・利尿・駆梅薬などに用いる。
と-ぶくろ【戸袋】雨戸を収納しておくため、縁側や窓の敷居の端に設けた箱状の造作物。
と-ぶさ【▽鳥▽総】木のこずえや、枝葉の茂った先の部分。昔、木を切ったあとに、山神を祭るためにその株などにこれを立てた。「―立て足柄山あしがらやまに船木伐り木に伐り行きつあたら船木を」〈万・三九一〉
とぶさ-まつ【▽鳥▽総松】新年の門松を取り払った後の穴に、その松の一枝を挿しておくもの。季 新年
どぶ-さらい【▽溝×浚い】ーさらひ どぶにたまった汚泥を取り除くこと。どぶ掃除。
どぶ-しじみ【▽溝×蜆┊土負×蜆】ドブシジミ科の二枚貝。池や沼などにすむ。貝殻はシジミに似る。殻長7ミリほど。幼貝は母貝のえら室内で育つ。
と-ぶすま【戸×襖】板戸に襖紙を張った建具。
どぶ-そうじ【▽溝掃除】ーサウヂ「溝浚どぶさらい」に同じ。
ドブソン-ぶんこうこうどけい【ドブソン分光光度計】ーブンクワウクワウドケイ 大気中のオゾン含有量を測定するのに用いる光電子分光計。大気中の紫外線を2波長で測定し、その比較からオゾン量を求める。名はオゾンの分光法を開発した英国のG.M.B.Dobsonによる。
ドプチェク〖Alexander Dubček〗[1921～1992] チェコスロバキアの政治家。1968年チェコスロバキア共産党の第一書記となり、「プラハの春」として知られる改革を推進したが、ソ連の武力介入によって翌年辞任、政界から抹殺された。1989年の民主化により復権、連邦議会議長となった。ドゥプチェク。
と-ふつ【渡▽仏】〔名〕スル フランスへ行くこと。「ワインの買い付けのために―する」
ど-ぶつ【土仏】土製の仏像。布袋ほていの像をいう場合が多い。つちぼとけ。
どぶ-づけ【どぶ漬(け)】(関西で)ぬか味噌漬け。
どぶ-づり【×淵釣(り)】アユの釣り方の一。重いおもりをつけ、毛針を川の淵ふちに沈め、静かに上下させて釣るもの。
どぶ-どぶ〔副〕大量の液体が揺れ動く音や、そのさまを表す語。「雪解けの水が…―と漂っている」〈有島・生れ出づる悩み〉
とぶ-とり【飛ぶ鳥】〔連語〕空を飛んでいる鳥。
飛ぶ鳥跡を濁さず 「立つ鳥跡を濁さず」に同じ。
飛ぶ鳥も落ちる 権勢が盛んであることのたとえ。飛ぶ鳥を落とす。
飛ぶ鳥を落とす勢い 権力や威勢が盛んなようす。「―で出世する」
とぶとり-の【飛ぶ鳥の】〔枕〕地名「明日香あすか」にかかる。天武天皇の時に、赤い雉の献上を吉兆として朱鳥と改元、明日香にあった大宮を飛鳥とぶとりの浄御原きよみはらの宮と名づけたところからという。「―明日香の里を置きて去いなば」〈万・七八〉
どぶ-どろ【▽溝泥】どぶの底にたまる汚泥おでい。
ドブニウム〖dubnium〗人工放射性元素の一。1970年、米国カリフォルニア大学バークリー研究所のA=ギオルソらが、カリホルニウム249に窒素15を衝突させてその生成を報告した。同年旧ソ連ドゥブナ研究所のグループもアメリシウム243にネオン22を衝突させて生成し、翌年改良を加えた実験を行った。旧ソ連の研究所の所在地であるドゥブナにちなむ。元素記号Db 原子番号105。
どぶ-ねずみ【▽溝×鼠】❶ネズミ科の哺乳類。代表的な家ネズミで、下水溝などにすむ。クマネズミより大きく、気も荒い。中央アジアの原産であるが、18世紀ごろからヨーロッパを経て全世界に広がり、先に世界中に分布していたクマネズミを圧迫。白変種のシロネズミは動物実験に用いられる。七郎ねずみ。❷主人の目をかすめて悪事を働く使用人。
とふ-の-すがごも【十▽編の×菅▽薦】《「ふ」は編み目の意》編み目が十筋あるすがごも。「真菰まこもにまれ、…菅薦にまれ、ただあらむを貸し給へ。―な給ひそ」〈堤・由無し事〉
とぶ-ひ【飛ぶ火┊×烽┊×燧】古代、外敵襲来などの異変を知らせるために、火を燃やし、煙を立てた施設。
とぶひ-の【飛火野】奈良市、春日山のふもと、春日野の一部。また、春日野の別名。元明天皇のころに烽火とぶひ台が置かれた。
とぶひ-の-のもり【飛ぶ火の野守】飛火野とぶひのの番人。「春日かすが野の―いでてみよ」〈古今・春上〉
とぶらい【▽弔い】とぶらひ「とむらい」に同じ。「間もなくこっそり―も済みたるに」〈蘆花・自然と人生〉
とぶらい【▽訪ひ】とぶらひ ❶訪問すること。安否を問うこと。病気などを見舞うこと。「ひとびとたえず―にく」〈土佐〉❷訪問や見舞いの際の贈り物。進物。「御―どもところせきまで、御心寄せ」〈源・藤裏葉〉
とぶら・う【▽弔ふ】とぶらふ〔動ハ四〕「とむらう」に同じ。「父の後世を―・ふ」〈今昔・七・二七〉
とぶら・う【▽訪ふ】とぶらふ〔動ハ四〕❶訪問する。「我が庵は三輪の山本恋しくは―・ひ来ませ杉立てる門を」〈古今・雑下〉❷安否を問う。見舞う。「外の人さへ…いとほしがり―・ふものを」〈落窪・二〉❸さがし求める。

尋ねる。「遠く異朝を—・へば」〈平家・一〉

トブラルコ〖tobralco〗平織りと斜子ななこ織との混合組織になっている綿織物。無地・縞物があり、夏の婦人・子供服、シャツなどに用いる。

ド-フリース〖Hugo de Vries〗［1848〜1935］オランダの植物学者。原形質分離法により細胞の浸透圧を測定。オオマツヨイグサの雑種の研究から、進化の突然変異説を唱えた。

ドブリチ〖Dobrich〗ブルガリア北東部の都市。15世紀にトルコ人商人ハジオウル＝パザルジークの名を冠した集落が築かれ、交易の拠点になった。17世紀から19世紀にかけて、手工業で発展。オスマン帝国からの独立後、ドブリチに改称。1913年から1940年まではルーマニア領だった。第二次大戦後の共産党時代、旧ソ連の軍人フョードル＝トルブヒンの名前からトルブヒンと改称されたが、1990年に再び旧市名のドブリチになった。ワインの産地として有名。ドブリッチ。

ど-ぶろ【土風炉】茶の湯で、土を焼いて作った風炉。陶土製の風炉。奈良で作ったものを奈良風炉という。

ド-ブロイ〖Louis Victor de Broglie〗［1892〜1987］フランスの理論物理学者。1923年ド＝ブロイ波(物質波)の理論を発表、量子力学の基礎を築き、1929年ノーベル物理学賞受賞。➡物質波

ドブロイ-は【ドブロイ波】《de Broglie wave》►物質波

ドブロイ-はちょう【ドブロイ波長】ハチヤウ 物質の波動性に伴う物質波の波長。ド＝ブローイ波長。

とふ-ろう【都府楼】《大宰府だざいふを都督府と称したところから》大宰府の庁舎。

どぶろく【濁=醪｜濁=酒】発酵させただけの、白く濁った酒。もろみ酒。にごりざけ。(季 秋)

ドブロブニク〖Dubrovnik〗►ドゥブロブニク

ドブロリューボフ〖Nikolay Aleksandrovich Dobrolyubov〗［1836〜1861］ロシアの批評家。革命的民主主義の立場から文学の社会的、政治的意義を主張。ナロードニキにも大きな影響を与えた。著「オブローモフ主義とは何か」など。

ど-ふん【土墳】土を小高く盛り上げた墓。塚。

どぶん〔副〕重い物が水中に落ちる音を表す語。どぼん。「プールに—と飛び込む」

とふん-しょう【吐×糞症】シヤウ 腸閉塞ちょうへいそくのこと。消化された腸の内容物を嘔吐おうとすると糞臭がするところからいう。

とべ〔接尾〕上代、人名に付けて敬称として用いる。男女ともに用いる。とめ。「名草—」〈神武紀〉

と-へい【斗柄】北斗七星のつくるひしゃく形の柄にあたる部分。三つの星からなる。斗杓としゃく。

と-べい【斗米】1斗の米。わずかな米。また、わずかな給料。

と-べい【渡米】〔名〕スル 米国へ行くこと。「社用で—する」

ど-べい【土塀】土で築いた塀。築地ついじ。

とべい-かんゆう【斗米官遊】クワンイウ わずかな給料を得るため、故郷から離れた所に官吏として勤めること。

ど-へき【土壁】土塗りの壁。つちかべ。

とべ-やき【×砥▽部焼】愛媛県伊予郡砥部町およびその付近から産する磁器。18世紀前半の開窯。初め日用陶器を焼いていたが、その後、改良を重ね、白磁や染め付け・色絵などを焼成。

とべら【海=桐=花】トベラ科の常緑低木。本州以南の海岸に自生。葉は細長い倒卵形、革質でつやがある。雌雄異株。6月ごろ、香りのある花を密につけ、花の色は白から黄色に変わる。実は球形で、熟すと裂け、種子は赤褐色。枝や葉に一種の臭気があり、節分にこの枝を扉にはさんで鬼を防ぐ風習があった。庭木にもする。とびらのき。(季 花=夏｜実=秋)「一咲き沖曇りくる水族館/白葉女」

トベリ〖Tver'〗ロシア連邦西部、トベリ州の都市。同州の州都。1931年から1990年までの旧称カリーニン。首都モスクワの北西約170キロ、ボルガ川とベルツァ川の合流点に位置。12世紀に建設され、13世紀半ばにトベリ公国の首都になった。15世紀にモスクワ大公国に併合。郊外に16世紀建造のトロイツキー教会があるほか、18世紀後半、エカチェリーナ2世の時代に造られた新古典主義様式の建物が多く残る。

トペリウス〖Sakari Topelius〗［1818〜1898］フィンランドの詩人・小説家。ロシア治下における祖国愛をスウェーデン語で書き、フィンランド国民文学の先駆者となった。詩集「荒野の花」、小説「軍医物語」、童話「星のひとみ」など。

トベリ-どおり【トベリ通り】ドホリ《Tverskaya ulitsa》►トベルスカヤ通り

トベルスカヤ-どおり【トベルスカヤ通り】ドホリ《Tverskaya ulitsa》ロシア連邦の首都モスクワの大通りの一つ。市街中心部、クレムリンの北側のマネージ広場から北西方向に延びる。旧ソ連時代はゴーリキー通りと呼ばれた。1930年代の都市開発に伴って拡幅され、現在の幅40メートルの道路になった。モスクワ有数の繁華街として知られる。トベリ通り。

ど-へん【土偏】►つちへん(土偏)

と-ほ【杜甫】［712〜770］中国、盛唐期の詩人。鞏きょう県(河南省)の人。字あざなは子美しび。少陵と号し、杜工部、老杜とも呼ばれる。青年時代から各地を放浪。湖南省の湘江付近で不遇の一生を終えた。現実の社会と人間を直視し、誠実・雄渾な詩を作り、律詩の完成者で詩聖と称され、詩仙と呼ばれる李白と並ぶ唐代の代表的詩人とされる。「兵車行」「春望」などは有名。

と-ほ【徒歩】乗り物に乗らないで歩いて行くこと。「一で一〇分の距離」「一旅行」
(類語)歩み・歩・足・歩行・あんよ・歩く

とほ-あくはつ【吐哺握髪】「握髪吐哺」に同じ。

と-ほう【徒法】ハフ 実行しがたい無益な法令。

と-ほう【途方｜十方】ハウ ❶多くの方向。向かう方向。「一を失へる敵どもを」〈太平記・一〇〉❷てだて。方法。手段。「年よって子を先だて、一があるまい」〈浄・丹波与作〉❸すじみち。道理。「遠慮を忘れ一なくて、言ふまじき事をも言ひ」〈鑑草・一〉

途方途轍とてつもな・い　「途方もない」に同じ。

途方に暮・れる　方法や手段が尽きて、どうしてよいかわからなくなる。「道に迷って—・れる」

途方もな・い　❶道理に合わない。とんでもない。途方途轍もない。「一枚の絵に—・い高値がつく」❷並々でない。ずぬけている。途方途轍もない。「—・い大酒飲み」❸手段が尽きて困り果てる。途方に暮れる。「葬らんと思ひて北原へ連れては行けども、なにとも—・いなり」〈中華若木詩抄・上〉

と-ぼう【斗棒】穀物を量るときに枡ますに入れたものを平らにならす棒。

ど-ほう【土崩】土がくずれるように物事がしだいにくずれていくこと。

どほう-がかい【土崩瓦解】グワカイ〔名〕スル 《「史記」始皇本紀から》土や瓦がばらばらに崩れ落ちるように、物事が根底からくずれてしまうこと。(類語)崩れる

トボガン〖toboggan〗►リュージュ

と-ぼく【杜牧】［803〜853］中国、晩唐期の詩人。京兆けいちょう・万年(陝西せんせい省)の人。字あざなは牧之ぼくし。晩唐の技巧的風潮を排し、平明で豪放な詩を作った。杜甫の「老杜」に対し「小杜」と呼ばれる。賦では「阿房宮賦あぼうきゅうのふ」が有名。

ど-ぼく【土木】❶土と木。❷「土木工事」の略。

ど-ぼく【奴僕】雑役に使われる男。下男。ぬぼく。

どぼく-こうがく【土木工学】土木工事に関する理論と実際を研究する工学の一部門。

どぼく-こうじ【土木工事】道路・鉄道・河川・橋梁きょうりょう・港湾などの、土石・木材・鉄材などを使ってする建設工事。

とぼ-ぐち【とぼ口】《「とぼくち」とも》出入り口。門口。とばくち。「一を母の掃いてる有難さ」〈柳多留・一三〉

どぼく-の-へん【土木の変】1449年、中国、明の英宗が自らモンゴル族のオイラートの部隊と戦って敗北し、河北の土木堡どぼくほで捕虜となった事件。

トポグラフィー〖topography〗地勢。地形。また、地勢図。

とぼけ【×恍け｜×惚け】とぼけること。また、とぼけた人。➡御恍惚おとぼけ

とぼけ-がお【×恍け顔】ガホ とぼけた顔つき。とぼけづら。

とぼけ-づら【×恍け面】「恍け顔」に同じ。

とぼけ-もの【×恍け者】❶まぬけたふりをして、こっけいな言動をする人。❷ぼんやりした人。うっかりもの。❸しらばくれる人。

とぼ・ける【×恍ける｜×惚ける】〔動カ下一〕図とぼ・く〔カ下二〕❶聞かれたことに対して、わざと知らないふりをする。しらばくれる。「肝心の点になると—・ける」❷どことなく間のぬけたこっけいな表情やしぐさをする。「—・けた味がある」❸老いて頭の働きが鈍くなる。ぼける。「—・ケテ我ガ子ノ顔モ知ラヌ」〈和英語林集成〉(類語)(❶)知らんぷり・頰被り・かまとと・しらばくれる・そらとぼける・しらを切る

トポゴン〖Topogon〗ドイツ、カール-ツァイス社製の写真用広角レンズの商標。

ともし【▽灯｜点=火】松明たいまつや紙燭しそくの類。ともし。

とぼし-あぶら【▽灯油】灯火用の油。多くは桐油とうゆまたは菜種油。ともしあぶら。

とぼし・い【乏しい】〔形〕図とぼ・し〔シク〕《「ともしい」の音変化》❶十分でない。足りない。「人材が—・い」「—・い経験」❷経済的に貧しい。「—・い生活」(派生)とぼしげ〔形動〕とぼしさ〔名〕(類語)貧しい・貧乏・極貧・赤貧・清貧・じり貧・貧寒・貧・貧する

とぼし-がら【点=火▽茎】イネ科の二年草。林下に生え、高さ30〜50センチ。全体に暗緑色で、葉は細い線形。初夏、淡緑色の小さい穂がまばらにつく。

とぼ・す【▽点す｜▽灯す】〔動サ五(四)〕❶あかりをつける。ともす。「燭台の火を—・す」❷男女が交合する。「わっちらが様な数ならぬ女郎でも、—・しておくんなんす心意気は」〈洒・繁千話〉

と-ぼそ【▽枢】《「戸と臍ほそ」の意》❶開き戸を回転させるため、戸口の上下の框かまちに設けた穴。❷戸。扉。「庵の—を打叩けば」〈竜渓・経国美談〉

とぼ-つ・く〔動カ五(四)〕まごまごする。勢いがなくなる。「すっかり—・いちまってるんじゃないのかい」〈里見弴・多情仏心〉「客も三日往かぬとはやりものに遅れ遊びが—・くなり」〈洒・浪花色八卦〉

とぼ-とぼ〔副〕❶元気なく歩くさま。「人のあとに—(と)ついていく」❷炎などの勢いがないさま。「あの—する蝋燭の火が」〈倉田・出家とその弟子〉
(類語)(❶)のそのそ・よたよた・えっちらおっちら

とほほ〔感〕情けなく、みじめに感じている時などに発する語。「—、われながら恥ずかしい」

ドボラック〖DVORAK〗コンピューターや英文タイプライターのキー配列の一。1930年代に考案されたもの。名称は考案者の名前にちなむ。母音のキーを左側、子音のキーを右側に配し、英文入力する際にQWERTY配列よりも効率的な打鍵が行えるよう工夫されている。ドボラック配列。

ドボラック-はいれつ【DVORAK配列】►ドボラック(DVORAK)

トボリスク〖Tobol'sk〗ロシア連邦、西シベリアにある河港都市。イルティシ川に面する。18世紀後半にはシベリアの商業中心地の一。

とぼ・る【▽点る｜▽灯る】〔動ラ五(四)〕ともしびなどに火がつく。あかりがつく。ともる。「町々の提灯は美しく—・った」〈藤村・千曲川のスケッチ〉

ドボルザーク〖Antonín Dvořák〗［1841〜1904］チェコの作曲家。民族舞曲やボヘミアの題材を取り入れたチェコ民族音楽の第一人者。作品に、交響曲「新世界より」、ピアノ三重奏曲「ドゥムキー」など。

トポロギー〖ドイ Topologie〗►トポロジー

トポロジー〖topology〗❶位相。また、位相幾何学、位相数学。トポロギー。❷►ネットワークトポロジー

トポロジー-しんりがく【トポロジー心理学】レビンの学説。行動を起こすすべての条件は、その瞬間における生活空間に含まれていると考え、その生活空

間の構造をトポロジーの概念によって記述しようとするもの。位相心理学。

とほん〔副〕《「とぼん」とも》気ぬけしているさま。呆然。ぼんやり。「一として居た小女郎の喜野が立とうとする」〈鏡花・歌行灯〉

どぼん〔副〕「どぶん」に同じ。「一と川に落ちた」

とま【×苫|×篷】菅や茅などを粗く編んだむしろ。和船や家屋を覆って雨露をしのぐのに用いる。

ど-ま【土間】❶建物内で、床を張らず、地面を露出するか、三和土、タイル張りなどにした所。土間床。❷《もと、地面にじかに敷物を敷いて見物したところから》昔の歌舞伎劇場で、1階の舞台正面の観客席。明和(1764〜1772)ごろから枡で仕切られ、享和(1801〜1804)ごろから平土間・高土間などの区別ができた。

ドマーニ〘伊 domani〙明日。

トマール〘Tomar〙ポルトガル中西部の都市。ナバオン川沿いに位置する。ポルトガル王アフォンソ1世が、イスラム教徒との戦いに貢献したテンプル騎士団に土地を与えたことに起源する。12世紀に建造されたキリスト修道院は、1983年に世界遺産(文化遺産)に登録された。4年に1度、7月に催されるタブレイロスの祭りが有名。トマル。

と-まえ【戸前】㊀〔名〕土蔵の入り口の戸のある所。また、その戸。「一の錠もはずしてある」〈藤村・夜明け前〉㊁〔接尾〕助数詞。土蔵の数を数えるのに用いる。「蔵が十一ある」

と-まく【▽外幕】昔、陣中を囲うために張りめぐらす幕のうちで、最も外側に張った幕。大幕。㊇内幕。

どまぐ・れる〔動ラ下一〕《「どまくれる」とも》うろたえる。まごつく。どぎまぎする。「さてこそ縁を切りに来たと、思ふ心にロー・れ」〈浄・宵庚申〉

とまこまい【苫小牧】北海道南西部の市。太平洋に面する。製紙業で発展。昭和47年(1972)に港が完成し、総合工業地となる。人口17.3万(2010)。

とまこまい-こまざわだいがく【苫小牧駒沢大学】北海道苫小牧市にある私立大学。駒沢大学を母体とする。昭和40年(1965)に開校した苫小牧駒沢短期大学を改組して、平成10年(1998)に開設。

とまこまい-し【苫小牧市】▶苫小牧

と-ます【▽斗】漢字の旁の一。「料」「斟」などの「斗」の称。

と-ます【斗×枡】1斗(約18リットル)を量る枡。

トマス〘Dylan Marlais Thomas〙[1914〜1953]英国の詩人・放送作家。性と死、生と自然などの問題を追求。詩集「死と入口」、自伝的短編集「子犬のような芸術家の肖像」など。

トマス〘Thomas〙キリスト十二使徒の一人。イエスの復活を見て信仰を告白、伝道のためにインドへ渡ったとされる。トーマ。

とま・す【富ます】〔動サ五(四)〕富むようにする。豊かにする。「国を一・す」

トマス-アクィナス〘Thomas Aquinas〙[1225ころ〜1274]イタリアの哲学者・神学者。ドミニコ会修道士。アルベルトゥス=マグヌスに師事。キリスト教とアリストテレス哲学を総合し、スコラ学を完成。中世最大の哲学者。著「神学大全」「護教大全」など。

トマス-ア-ケンピス〘Thomas a Kempis〙[1380ころ〜1471]ドイツの神秘思想家。「キリストに倣いて」の著者と推定されている。生涯の大半をアウグスティヌス会修道院で過ごした。

トマス-カップ〘Thomas Cup〙男子バドミントンの国別対抗世界選手権で、優勝国に贈られる銀製のカップ。またその大会の略称。カップは国際バドミントン連盟初代会長ジョージ=トマス卿の寄贈のもの。大会は1948年以来2年に一度開催されている。［補説］大会の正式名称は、International Badminton Championship for The Thomas Cup

トマス-マン〘Thomas Mann〙▶マン㊁

トマス-モア〘Thomas More〙▶モア

と-また【×攴】《「攴」の字形がト又と2字に分けて読めるところから》支繞の俗称。

と-まつ【塗抹】〔名〕スル ❶塗りつけること。塗布。❷塗りつぶすこと。塗り消すこと。「ヒトフデニースル」〈和英語林集成〉❸物事を覆い隠したり除いたりすること。「汚職の跡を一する」

［類語］(❶)塗装・塗布・塗り・塗る/(❷❸)消す

トマト〘tomato〙ナス科の多年草。栽培上は一年草。高さ1〜1.5メートル。葉は羽状複葉。全体に白い毛があり、特有の匂いがある。夏、黄色い花を開く。実はやや平たい球状で赤く熟す。南アメリカのアンデス山脈の高地が原産で、日本には明治後期に渡来。生食のほかジュースやケチャップに加工。蕃茄。あかなす。さんごじゅなす。［季 夏］「灼け土にしづくたりつつ一食ふ/鳳作」

と-まどい【戸惑い】❶手段や方法がわからなくてどうしたらよいか迷うこと。「一を感じる」「一の表情を見せる」❷入る家や部屋、進む方向などがわからなくてこまること。「博覧会の門口で一でもすると極まりが悪い」〈総生寛・西洋道中膝栗毛〉

と-まど・う【戸惑う】〔動ワ五(ハ四)〕どう対処してよいかわからず、まごまごする。まごつく。「突然の申し出に一・う」［類語］迷う・惑う・迷わす・惑わす

トマト-ケチャップ〘tomato ketchup〙トマトピューレにタマネギ・各種香辛料・酢・食塩などを加え、なめらかにすりつぶした調味料。ケチャップ。

トマト-ジュース〘tomato juice〙トマトをつぶして絞ったジュース。

トマト-ソース〘tomato sauce〙トマトピューレをルーで濃度をつけて香辛料・調味料などを加えたソース。

トマト-ピューレ〘tomato purée〙トマトをつぶして裏ごしし、果皮や種子を除いたもの。トマトソースなどの原料とする。

とま-びさし【×苫×庇】苫葺きのひさし。「いつとなく塩やくあまの一」〈新古今・恋二〉

とま-ぶき【×苫×葺き】苫で屋根を葺くこと。また、その屋根。

とま-ぶね【×苫舟】苫で屋根を葺いた舟。

トマホーク〘tomahawk〙❶北米インディアンの武器。棍棒に球形の石塊や金属製の斧頭をつけたもの。❷米海軍の中距離巡航ミサイル。核弾頭装備の戦略型と、通常弾頭装備の戦術型とがある。

とま-や【×苫屋】苫で屋根を葺いた家。苫の屋。苫屋形。「木影に隠れたる一の灯見えたり」〈鴎外・うたかたの記〉

とまや-がい【×苫屋貝】トマヤガイ科の二枚貝。潮間帯の岩礁に足糸で固着している。長方形で、殻長約25ミリ。殻表に太い放射状の肋があり、灰白色で褐色斑がある。胎生。

と-まら【▽枢】《「と」は戸、「まら」は男根の意》開き戸の上下にある突き出た部分。とぼそにはめて戸を支え、開閉の軸とする。

とまり【止(ま)り|留(ま)り】❶とまること。また、その所。❷(多く「…どまり」の形で)終わり。限度。「よくいって課長一だ」「このバスは駅前一だ」❸最後まで連れ添う相手。本妻。「この人を、一にとも思ひとどめ侍らず」〈源・帚木〉

とまり【泊(ま)り】《「止まり」と同語源》❶泊まること。宿泊すること。また、泊まる所。宿屋。❷宿直。❸船つき場。港。［類語］(❷)当直・日直・夜直・宿直・泊まり番

トマリ〘Tomari〙ロシア連邦、サハリン州(樺太)南部の町。ユジノサハリンスクの北西約170キロメートル、間宮海峡に面する。1945年(昭和20)以前の日本領時代には泊居とよばれ、現在も当時の製紙工場跡や神社跡がある。

どまり【止(ま)り|留(ま)り】「と(止)まり❷」に同じ。「コンクールは毎年予選一だ」

とまり-あけ【泊(ま)り明け】宿直の勤務が終わること。また、宿直をすませた翌日。あけばん。

とまりおる【泊居】ロシア連邦の町トマリの、日本領時代の名称。

とまり-がけ【泊(ま)り掛け】行った先で泊まる予定で出かけること。「一の出張」

とまり-ぎ【止(ま)り木】❶鳥が止まれるように、鳥かごなどの中に取り付けた横木。❷酒場などのカウンターの前に置く脚の高い腰掛け。

とまり-こみ【泊(ま)り込み】仕事などのために、出先に宿泊すること。

とまり-こ・む【泊(ま)り込む】〔動マ五(四)〕帰宅せずに他所に泊まる。「仕事で会社に一・む」「病院に一・んで看病する」

とまり-センター【止(ま)りセンター】旋盤などの工作機械で、工作物の中心を回転させずに静止したまま支える工具。

とまり-ばめ【止(ま)り×嵌め】機械で、軸と穴の最大寸法と最小寸法の差によって、すきまや締め代ができる嵌め合い。締まり嵌め・すきま嵌めの中間。

とまり-ばん【泊(ま)り番】宿直。また、その当番。［類語］当直・日直・夜直・宿直・泊まり・週番

とまり-やま【泊(ま)り山】鷹狩りで、未明に鷹を放つため、前夜、山中に宿泊すること。泊まり狩り。［季 春］「一月出でて峰のたたずまひ/虚子」

トマル〘Tomar〙▶トマール

とま・る【止(ま)る|留(ま)る|▽停まる】〔動ラ五(四)〕❶動いていたものが動かなくなる。動きをそこでやめた状態になる。停止する。「時計が一・る」「特急の一・る駅」「エンジンが一・る」❷続いていたものが続かなくなる。通じていたものが通じなくなる。「成長が一・る」「道はそこで一・っている」「水道が一・る」❸飛んでいた虫・鳥などが物につかまって静止した状態を保つ。「蝶が花に一・る」「小鳥が枝に一・る」❹動かないように固定される。「画鋲ではうまく一・らない」❺心・目・耳に感じられる。印象が消えずに残る。「目に一・る」「耳に一・った話」❻(「お高くとまる」の形で)えらそうな態度をとる。「美人でお高く一・っている」❼とりやめになる。中止される。「いつしか思ひたることの、障ること出で来て、にはかに一・りぬる」〈能因本枕・一〇三〉❽行き着く。「ことわりも何もいづこに一・るべきにか」〈源・若菜上〉❾そこに残る。とどまる。「行くも一・るもみな泣きなどす」〈更級〉❿生き残る。この世にとどまる。「一・りゐる身も老いらくのちなればさらぬ別れぞいとどかなしき」〈新勅撰・雑三〉［可能］とまれる［類語］とめる・とどまる

［…句］お高くとまる・御目に留まる・耳に留まる・目が留まる・目に留まる・目にも留まらぬ

とま・る【泊(ま)る】〔動ラ五(四)〕《「止まる」と同語源》❶旅先・外出先・勤務先などで夜を過ごす。宿泊する。やどる。「親戚に一・る」「ホテルに一・る」❷船が港にとどまっている。停泊する。「港内に一・っている豪華客船」［可能］とまれる［類語］(❶)寝泊まり・宿泊・外泊・野宿・素泊まり・旅宿・投宿・止宿・旅寝・仮寝・宿る・合宿/(❷)寄港・停泊・投錨・船掛かり

と-まれ〔副〕《「ともあれ」の音変化》いずれにせよ。ともかく。「一この仕事を先にかたづける」

とまれかくまれ　《「ともあれかくもあれ」の音変化》どうあろうと。「翁、一申さむとて」〈竹取〉

とまれこうまれ　「とまれかくまれ」の音変化。「さらば、一いままゐらせ侍らむ」〈宇津保・国譲上〉

ド-マン〘Paul de Man〙[1919〜1983]米国の文学者・批評家。ベルギー出身。イェール学派の代表者の一人で、脱構築批評を展開した。著「読むことのアレゴリー」など。

とまん-こう【豆満江】朝鮮民主主義人民共和国と中国との国境を流れる川。白頭山に源を発し日本海に注ぐ。長さ520.5キロ。トマンガン。

ど-まんじゅう【土×饅▽頭】土を饅頭のように小高くまるく盛り上げた墓。塚。［類語］墓・墳墓・塚

ど-まんなか【ど真ん中】「まんなか」を強めていう語。まんまんなか。「大都会の一」［類語］中心

とみ【富】❶集めた財貨。財産。「巨万の一を築く」❷経済的に価値のあるもの。資源。「自然界の一」❸「富籤」の略。［類語］(❶)資産・財産・恒産・私財・財・家財・身代・産・資財・財貨・貨財・私産・家産

富の再分配　租税・社会保障・福祉・公共事業などにより、社会の中で富を移転させること。国など

が、大企業や富裕層の所得・資産に累進的に課税して得た富を、社会保障・福祉などを通して経済的弱者にもたらす。公共事業で雇用を創出し、所得として間接的にもたらすことにもいう。所得再分配。

富は屋を潤し徳は身を潤す　《「礼記」大学から》財宝を多く持てば家が栄えるのと同様、徳を多く積めばその人の品格が高くなる。

と-み【▽跡見】狩猟で、鳥獣の通った跡を見、その向かった方角などを考えること。また、その役目。「秋津の小野の野の上には一する置きて」〈万・九二六〉

とみ【▽頓】〘名・形動ナリ〙《「頓」の字音「とん」の音変化》にわかなこと。急なこと。また、そのさま。「一の事にて預め知らするに由なかりしが」〈鴎外・舞姫〉「一なる召使ひの、来あひたりつればなむ」〈かげろふ・上〉➡頓に

とみい-まさあきら【富井政章】[1858～1935]民法学者。京都の生まれ。フランス法学派の中心的存在。民法典起草者の一人。東大教授・貴族院議員・枢密顧問官などを歴任。著「民法原論」など。

とみおか【富岡】群馬県南部の市。日本の洋式機械製糸の発祥地。現在は製糸業にかわり電気工業が中心。平成18年(2006)3月、妙義町と合併。人口5.2万(2010)。

とみおか-し【富岡市】►富岡

とみおか-せいしじょう【富岡製糸場】明治前期の官営模範製糸工場。明治5年(1872)群馬県富岡に設立。フランスより機械と技術を導入、近代的熟練工を養成した。

とみおか-たえこ【富岡多恵子】[1935～　]小説家・詩人。大阪の生まれ。本姓、菅。詩集「返礼」でH氏賞、「物語の明くる日」で室生犀星詩人賞受賞ののち、小説に転じる。「立切れ」で川端康成文学賞受賞。他に「植物祭」「冥土の家族」「ひべるにあ島紀行」など。

とみおか-てっさい【富岡鉄斎】[1836～1924]日本画家。京都の生まれ。名は猷輔、のち百錬。国学・儒学を修め、幕末は勤皇学者として国事に奔走。維新後は絵画に専念。南画・明清画・大和絵などを研究。水墨画に独自の画境をひらく。作「不尽山頂全図」「蓬莱仙境図」など。

とみおか-はちまんぐう【富岡八幡宮】東京都江東区富岡にある神社。祭神は応神天皇ほか。例祭の深川祭りは江戸三大祭りの一。深川八幡宮。

とみ-くさ【富草】稲の古名。「荒田に生ふる一の花手に摘み入れて宮へ参らむ」〈風俗歌・荒田〉

とみ-くじ【富×籤】番号入りの札や券などを販売し、抽籤など偶然により当籤者を決め賞金を支払うくじ。江戸時代には、興行主が番号入りの富札を売り、別に用意した同じ番号の木札を箱に入れ、期日に箱の小穴から錐で木札を突いて当たりを決め、賞金を支払った。主に寺社が修復費募集の場合に許可されて興行主となった。江戸では谷中感応寺・湯島天神・目黒不動のものを三富といった。富突き。福富。見徳。

とみくじはつばいとう-ざい【富くじ発売等罪】富くじの売買などをする罪。刑法第187条が禁じ、発売した者は2年以下の懲役または150万円以下の罰金に、発売の取り次ぎ者は1年以下の懲役または100万円以下の罰金に、買ったり貰ったりした者は20万円以下の罰金または科料に処せられる。(補説)宝くじは当せん金付証票法で認められた富くじなので、刑法第35条の正当行為となり本罪にはあたらない。

とみぐすく【豊見城】沖縄県、沖縄島南部の市。那覇市に隣接する住宅都市。海軍司令部壕跡がある。人口5.7万(2010)。

とみぐすく-し【豊見城市】►豊見城

ドミグラス-ソース《和 demi-glace(フランス)＋sauce》ソースの一。ブラウンソースにだし汁を加えて煮つめた褐色のソース。肉料理、特にビーフステーキに用いる。デミグラスソース。

とみ-こうぎょう【富興行】富くじを催すこと。「江戸中に幾所となく一あれども」〈滑・古朽木〉

とみ-こうみ【▽左見▽右見】〘名〙スル　あっちを見たり、こっちを見たりすること。また、あちこち様子をうかがうこと。「一して貫一は呆るるのみなり」〈紅葉・金色夜叉〉

とみざき-しゅんしょう【富崎春昇】[1880～1958]地歌・箏曲演奏家。大阪の生まれ。本名、吉倉助次郎。富崎宗順に師事。古典曲の演奏家として活躍。「春の江の島」「蓬生」なども作曲。

とみさと【富里】千葉県中北部の市。下総台地上にあり、江戸時代には佐倉七牧のうち、内野牧と高野牧が広がっていた。現在も競走馬の牧場がある。成田国際空港のある成田市に隣接し、東関東自動車道も通じることから開発が進む。人口5.1万(2010)。

とみさと-し【富里市】►富里

とみさわ-ういお【富沢有為男】[1902～1970]小説家・画家。大分の生まれ。東京美術学校中退後、新愛知新聞の漫画記者となる。「地中海」で芥川賞受賞。他に「白い壁画」「侠骨一代」など。

トミス〘Tomis〙ルーマニア南東部の町コンスタンツァの、古代ギリシャ時代における名称。

トミズム〘Thomism〙トマス＝アクィナスの哲学・神学説。また、その学派の学説。中世のスコラ学を代表するもの。トマス説。

トミスラフ-ひろば【トミスラフ広場】《Trg kralja Tomislava》クロアチアの首都ザグレブの中心部にある広場。ザグレブ中央駅の正面玄関前に位置する。中央にはクロアチア王国の初代国王トミスラフの騎馬像がある。

とみた-けいせん【富田渓仙】[1879～1936]日本画家。福岡の生まれ。本名、鎮五郎。狩野派・四条派を学び、のち富岡鉄斎に私淑。南画の雅趣を根底に自由闊達な画風を示した。作「雷神風神」など。

とみた-つねお【富田常雄】[1904～1967]小説家。東京の生まれ。はじめは劇団に所属して新劇運動に参加し、多くの作品を脚色。その後大衆作家に転じて、痛快な時代小説で人気を集めた。「面」「刺青」で直木賞受賞。他に「姿三四郎」「弁慶」など。

とみ-つき【富突き】►富籤

とみて-ぼし【とみて星】二十八宿の一、虚宿の和名。➡虚

ドミトリー〘dormitory〙►ドーミトリー

ドミトリエフスキー-せいどう【ドミトリエフスキー聖堂】《Dmitrievskiy sobor》ロシア連邦西部、ウラジーミル州の都市ウラジーミルにあるロシア正教会の聖堂。12世紀末、ウラジーミル大公フセボロド3世により建造。外部の白壁には聖人の伝説などを主題とするさまざまな浮き彫りが施されている。1992年、ウスペンスキー大聖堂や黄金の門とともに「ウラジーミルとスーズダリの白亜の建造物群」の名称で世界遺産(文化遺産)に登録された。

とみなが-なかもと【富永仲基】[1715～1746]江戸中期の学者。大坂の人。字は子仲。号、南関・謙斎。儒学・仏教・神道に精通。これらに歴史的・実証的批判を加えた。著「出定後語」「翁の文」など。

ドミナント〘dominant〙❶支配していること。優勢であること。「一戦略」「一規制」❷►属音

ドミナント-きせい【ドミナント規制】《dominant carrier regulation》各種市場の支配的事業者に対する規制。一例として、携帯電話市場における、ある一定の市場占有率を獲得した事業者に対して総務省が行う規制がある。

ドミナント-しゅってん【ドミナント出店】►ドミナント戦略

ドミナント-せんりゃく【ドミナント戦略】チェーン店などが、ある特定の地域に集中して出店し、知名度を上げたり配送を効率化したりすることで、同業他社よりも優位に立つことを狙う商業戦略。ドミナント出店。

とみ-に【▽頓に】〘副〙急に。にわかに。「近年一人口が増える」「名声が一高まる」

ドミニオン〘dominion〙❶支配権。❷領土。❸(Dominion)英連邦内の自治領の旧称。

ドミニカ〘ラテン dominica〙キリスト教で、主の日。日曜日。安息日。

ドミニカ〘Dominica〙中央アメリカ、カリブ海のイスパニョーラ島の東部を占める共和国。首都サントドミンゴ。サトウキビ・コーヒー・カカオなどを産する。1492年コロンブスの発見後スペイン人が入植。1822年ハイチに併合、65年正式独立。1930年から30年間トルヒーヨの独裁政治が行われた。人口982万(2010)。

ドミニカ〘Dominica〙中央アメリカ、カリブ海の小アンティル諸島のドミニカ島を占める国。首都ロゾー。1493年コロンブスが発見。イギリス自治領から1978年独立、英連邦加盟国。バナナ・ココナッツなどを栽培。人口7万(2010)。

ドミニクス〘Dominicus de Guzman〙[1170ころ～1221]スペインのカトリック教会修道士。南フランスの異端アルビ派の教化に努め、1216年ツールーズ近郊にドミニコ修道会を創設した。ドミニコ。

ドミニコ〘スペイン Dominico〙►ドミニクス

ドミニコ-かい【ドミニコ会】カトリック修道会の一。1216年、ドミニクスが創立した托鉢修道会。清貧生活を旨とし、学問と教育を重んじて説教による異端者の帰正に努めた。日本には17世紀初頭に渡来。ドミニコ修道会。

ドミネ-クオバディス-きょうかい【ドミネクオバディス教会】《Chiesa del Domine Quo Vadis》イタリアの首都ローマ南東部、アッピア街道近くにある教会。紀元1世紀、ローマ皇帝ネロの治世下、キリスト教徒に対する迫害から使徒ペテロが逃げた時に、イエス＝キリストに出会ったとされる場所に建つ。ペテロはイエスに「主よ、どこに行かれるのですか」(ラテン語 Domine, quo vadis?)と尋ね、イエスは「再び十字架に掛けられにローマに行く」と答え、ペテロは逃げたことを恥じて町に戻り殉教した、という伝承が残っている。「キリストの足跡」とよばれる聖遺物の複製がある。正式名称はサンタマリアインパルミス教会。

ドミノ〘domino〙❶西洋カルタの一種。零から六までの賽の目2個ずつをしるした28枚の小札を持ち、同じ目を並べ合わせて、早く手札を並べ終わった者が勝つ。❷仮装舞踏会用の、小仮面と組みになった頭巾付きの長衣。

ドミノ-いしょく【ドミノ移植】〘名〙スル　提供者の臓器を患者に移植し、その患者から摘出した臓器を他の患者に移植すること。例えば心肺移植を行った患者から摘出した心臓を別の心臓病患者に移植するといったケース。

とみ-の-お【×鵄の尾】「とびのお❶」に同じ。「人の車の一といふ物に」〈枕・二六六〉

とみ-の-こうじ【富小路】㊀平安京の左京を南北に通じる街路の一。現在の麩屋町通はその一部。㊁京都市を南北に通ずる通りの一。平安京の富小路とは別で、天正年間(1573～1592)に開通。麩屋町通の西の通り。

とみのこうじ-どの【富小路殿】京都市中京区、冷泉小路の南、富小路の東にあった中世の邸宅および里内裏の名。もと西園寺実氏の邸で、後堀河上皇の御所となり、花園天皇が拡張、持明院統歴代の御所となった。のち、後醍醐天皇の皇居。延元元年＝建武3年(1336)焼亡。冷泉富小路殿。

ドミノ-じにん【ドミノ辞任】中心人物が辞任することで、ドミノ倒しのように次々と周囲の関係者が辞任すること。特に、大臣などが不信任案や問責決議案を受けて辞任した際に、他の大臣も次々と責任を問われ、辞任させられること。

ドミノ-たおし【ドミノ倒し】ドミノの牌をわずかな間隔で立て並べ、端の一つを倒すと次々に牌が倒れ続けてゆくもの。

ドミノ-りろん【ドミノ理論】一国が共産化すると、これに隣接する諸国がドミノ倒しのように次々と共産化していくという理論。1950年代に主張され、米国の共産主義勢力拡大阻止政策の理論的根拠とされた。

ドミ-フォン〘フランス demi-fond〙自転車トラック競技の一種目。誘導車を追走してスピードと耐久力を争うレースで、40〜50キロの完走タイムと1時間で走った距離を測って勝敗を決める二つの方法がある。

とみ-ふだ【富札】富くじで売り出す番号札。

とみもと【富本】[一]㊀姓氏の一。㊁富本節の家の名。[二]「富本節」の略。

とみもと-けんきち【富本憲吉】[1886〜1963]陶芸家。奈良の生まれ。英国に留学。帰国後、バーナード=リーチらと親交を結ぶ。特に色絵磁器に新境地を開き、白磁・染め付けにもすぐれた。文化勲章受章。

とみもと-ぶし【富本節】浄瑠璃の流派の一。寛延元年(1748)に、江戸で富本豊志太夫(のちに豊前掾(ぶぜんのじょう))が常磐津節(ときわずぶし)から分かれて創始。常磐津節と清元節の中間的節回しで、安永・天明(1772〜1789)ごろ全盛を誇ったが、その後衰退。現在は古曲の一つとされている。

とみもと-ぶぜんのじょう【富本豊前掾】[1716〜1764]江戸中期の富本節の太夫。初世。宮古路豊後掾の門人。寛延元年(1748)富本豊志太夫と名のり、独立して富本節を創始。翌年、豊前掾を受領、晩年には筑前掾を再受領した。

とみやす-ふうせい【富安風生】[1885〜1979]俳人。愛知の生まれ。本名、謙次。高浜虚子に師事し、「ホトトギス」同人となった。句集「草の花」「松籟(しょうらい)」「古稀春風」など。

とみ-やま【鳥見山】㊀奈良県桜井市外山(とび)にある山。神武天皇が皇祖天神を祭ったところという。標高245メートル。㊁奈良県桜井・宇陀両市の境にある山。標高735メートル。

とみよ　トゲウオ科の淡水魚。水の澄んだ池などにすむ。全長約5センチ。背びれに9、10本のとげがあり、体側に鱗板(りんばん)が並ぶ。体色は灰黄色で背部は青みを帯びる。北海道・本州に分布。はりお。

と-みん【都民】東京都の住民。

ど-みん【土民】その土地に住みついている住民。土着の民。

ドミンゴ〘スペイン domingo〙❶日曜日。❷キリシタン用語で、主(しゅ)の日、安息日。

とみん-ぜい【都民税】東京都が賦課する住民税。

トム〘René Thom〙[1923〜2002]フランスの数学者。カタストロフィ理論の創始者として知られる。位相幾何学の業績でフィールズ賞受賞。著「構造安定性と形態形成」など。

と・む【止む|留む|▽停む】〘動マ下二〙「と(止)める」の文語形。[類語]終わる・止まる

と・む【泊む】〘動マ下二〙「と(泊)める」の文語形。

と・む【富む】〘動マ五(四)〙❶財産が多くある。金持ちである。「—んだ家」❷豊富にある。多くそなえている。「才知に—・む」「起伏に—・んだ土地」[類語]栄える・繁栄・繁盛・にぎわう・栄華・興隆・隆盛

と・む【▽尋む|▽求む|×覓む】〘動マ下二〙たずねもとめる。さがしもとめる。「夜明けて、血を—・めて行きて見ければ」〈宇治拾遺・八〉

と-むき【▽外向き】弓に矢をつがえるとき、矢羽根の表が外側を向くように矧(は)いであること。また、その矢。[対]内向(うちむ)き。

ドム-きょうかい【ドム教会】ケウクワイ《Domkerk》オランダ中部の都市、ユトレヒトの中心部、ドム広場にある教会。オランダ最古のゴシック様式の教会。1254年から1520年にかけて建造。

トムジョーンズ《原題The History of Tom Jones, a Foundling》フィールディングの長編小説。18巻。1749年刊。地主に育てられた捨て子のトムが闊達(かったつ)な青年となり、さまざまな体験を経て幸福な結婚をする。18世紀の英国を代表する小説。

ドムス-アウレア〘Domus Aurea〙イタリアの首都ローマにある古代ローマ時代の宮殿の遺跡。ラテン語で「黄金宮殿」を意味する。紀元64年から68年にかけてローマ皇帝ネロにより建造。広大な敷地に、機械仕掛けでドーム型天井が回転する建物や、人工の川や池がある庭園などが造られた。ネロの死後、2世紀初頭の火災により焼失し、後の皇帝により埋められたり公共用地に転用されたりした。15世紀に地中に埋もれた宮殿の一部が発見され、残された壁画や彫刻はルネサンス期の芸術家に大きな影響を与えたことで知られる。ネロ帝の黄金宮殿。

トムスク〘Tomsk〙ロシア連邦、西シベリアのオビ川支流トム川に面する河港都市。1604年建設され、シベリア開発初期からの商業・交通の要地。金属・木材工業が盛ん。人口、行政区50万、都市圏52万(2008)。

トムソーヤーのぼうけん【トムソーヤーの冒険】《原題The Adventures of Tom Sawyer》マーク=トウェーンの長編小説。1876年刊。ミシシッピ川流域の小さな町を舞台に、腕白少年トムが親友ハックルベリー=フィンとともに繰り広げるさまざまないたずらや冒険を描く。⇒ハックルベリーフィンの冒険

トムソン〘Thomson〙㊀(Joseph John 〜)[1856〜1940]英国の物理学者。キャベンディッシュ研究所長を務め、電子の存在の確認、放射能の研究などにより、現代原子物理学の基礎を築いた。1906年、ノーベル物理学賞受賞。㊁(George Paget 〜)[1892〜1975]英国の物理学者。㊀の長男。電子線回折の実験により電子の波動性を実証し、1937年、ノーベル物理学賞受賞。

トムソン〘William Thomson〙英国の物理学者ケルビンの本名。

トムソン-ガゼル〘Thomson's gazell〙ウシ科の哺乳類で、小形のレイヨウの一種。アフリカに分布。頭胴長約1メートル、肩高55〜70センチ。

トムソン-こうか【トムソン効果】—カウクワ　導体の両端を異なる温度に保って電流を流すと、ジュール熱のほかに、熱の吸収または発生を生じる現象。電流の向きを逆にすると、吸収と発生の関係も逆になる。1851年、W=トムソン(ケルビン)が発見。

トムソン-ロイター〘Thomson Reuters〙米国の情報サービス企業。2008年に、英国の通信社ロイターをカナダのトムソンが買収して発足。金融情報などを提供する。

ドム-とう【ドム塔】—タフ《Domtoren》オランダ中部の都市、ユトレヒトの中心部、ドム広場にあるゴシック様式の塔。高さ112メートル。1321年から1382年にかけて建造。

トム-トム〘tom-tom〙《「タムタム」とも》円筒形の胴をもつ音律不定の太鼓。1920年代からジャズなどで用いられ、現在ではドラムセットの重要な構成要素。

とむ-な・い〔連語〕《連語「ともない」の音変化》動詞、および動詞型活用の助動詞に付く。…したくもない。「もはや責め—・い」〈続狂言記・朝比奈〉

と-むね【と胸】驚いてどきどきする胸。「はっと—の気をしずめ」〈浄・嫩軍記〉[類語]胸

と胸を衝(つ)・く　どきっとする。「無愛想に放つ一言、—・いて驚く女房」〈露伴・五重塔〉[補説]「と胸をつつく」とするのは誤り。

ドム-ひろば【ドム広場】《Domplein》オランダ中部の都市、ユトレヒトの中心部にある広場。オランダ最古のゴシック様式の教会として知られるドム教会やドム塔、オラニエ公ウィレム1世の弟でオランダ王家の父祖とされる、ヤン=ファン=ナッサウの銅像がある。

トム-ヤム-クン〘タイ tom yam kung〙酸味と辛味のきいたタイの代表的なスープ。具にエビ・魚・野菜・キノコなどをたっぷり用いる。

と-むら【十村】江戸時代、加賀藩に置かれた、10か村ないし数十か村を単位に設定された地方(じかた)支配の組織。また、その長。他藩の大庄屋にあたる。

ドムラ〘ロシア domra〙ロシアの民俗楽器の一。リュート属の撥弦楽器で、長い柄のある半球形の胴に、3本の金属弦を張る。バラライカの原型とされる。

とむらい【弔い】とむらひ《「とぶらい」の音変化》❶人の死を悲しみ、遺族を慰めること。くやみ。弔問。「—の言葉を述べる」❷葬式。野辺の送り。「—を出す」❸死者の霊を慰めること。法事。追福。追善。「七年忌の—」[類語](❷)葬式・葬儀・葬礼・本葬・密葬・仮葬・葬送

とむらい【▽訪ひ】とむらひ《「とぶらい」の音変化》おとずれること。たずねること。見舞うこと。「女院の御住居御—のため」〈謡・大原御幸〉

とむらい-あげ【弔い上げ】とむらひ—　法要を営む最終の年忌。三十三回忌または五十回忌とする所が多い。これ以後、年忌供養を営まない。問い切り。

とむらい-がっせん【弔い合戦】とむらひ—　戦死者のかたきをうって、その霊を慰めるための戦い。とむらいいくさ。追善合戦。

とむら・う【弔う】とむらふ〔動ワ五(ハ四)〕《「とぶらう」の音変化》❶人の死を悲しみいたんで、遺族におくやみを言う。「遺族を—・う」❷死者の霊を慰めるために追善供養を営む。「先祖の霊を—・う」

とむら・う【▽訪ふ】とむらふ〔動ハ四〕《「とぶらう」の音変化》安否を問う。見舞う。「軽薄の人は絶えて—・ふ日なし」〈読・雨月・菊花の約〉

トムラウシ-やま【トムラウシ山】北海道中央部、大雪山系のほぼ中央にある山。標高2141メートル。30万年前の火山活動でできた岩の山。ナキウサギの日本最大の生息地。大雪山国立公園に属する。

トムリスホルン〘Tomlishorn〙スイス中部、ルツェルン州とウンターワルデン州にまたがるピラトゥス山の頂上。標高2132メートル。ピラトゥス鉄道のピラトゥスクルム駅の展望地から往復2.5キロメートルのハイキングコースがある。

とめ【止め|留め】❶とめること。禁止すること。また、とめるもの。「けんかに—が入る」「通行—」❷物事の終わり。しまい。結末。「この話で—にする」「手紙とは云いながら五六行の走り書で、末にかしくの—も見えぬ」〈柳浪・今戸心中〉❸縫い糸の末端に作る結び目。❹二つの木材が直角または他の角度で出合うとき、その角度を折半して継ぎ目をつけたもの。主に額縁・長押(なげし)などの接合に用いる。❺生け花で、根締めのこと。

とめ【登米】宮城県北東部にある市。北上川が縦貫する稲作地帯。西部の伊豆沼は水鳥生息地としてラムサール条約の登録湿地。平成17年(2005)4月、迫(はさま)町、登米(とよま)町、東和町、中田町、豊里町、米山町、石越(いしこし)町、南方(みなみかた)町、津山町が合併して成立。人口8.4万(2010)。

ドメイン〘domain〙❶範囲。領域。❷インターネットやイントラネット上で、サーバーを中心にコンピューターをグループ化して、それぞれを識別できるようにしたもの。例えば、shogakukan.co.jpというドメイン名で一つのドメインを表す。❸「ドメイン名」に同じ。❹企業などが事業活動を行う範囲。「ドメインを設定する」とは、会社が自らの活動範囲を明示することを表す。

ドメイン-サフィックス〘domain suffix〙▶ディー-エヌ-エス(DNS)サフィックス

ドメイン-ネーム〘domain name〙▶ドメイン名

ドメインネーム-サーバー〘domain name server〙▶ディー-エヌ-エス(DNS)サーバー

ドメインネーム-システム〘domain name system〙▶ディー-エヌ-エス(DNS)

ドメイン-めい【ドメイン名】《domain name》インターネットに接続するネットワークの組織名を示す言葉。日本では日本レジストリサービス(JPRS)が管理をしている。組織の固有名と組織の種類、国名で構成されている。ドメインネーム。

とめ-おき【留(め)置き】❶その状態にそのままとめておくこと。「原級—」❷取り調べなどのために人を帰さずにとめておくこと。「一晩—をくう」❸「留め置き郵便」の略。

とめおき-ゆうびん【留(め)置(き)郵便】—イウ　世帯全員が不在の期間、届いた郵便物をすべて郵便局に保管すること。またその郵便物。不在届けを局に提出することで留め置きを依頼できる。

とめ-お・く【留(め)置く】〘動カ五(四)〙❶他にやらないでそのまま置いておく。「辞表を部長のもとに—・く」❷人を他所に行かせないでその場にとめておく。「妻子を郷里に—・く」「泥酔者を留置場に—・く」❸忘れないように書きしるしておく。「約束の日時を手帳に—・く」❹やめたままにしておく。「仕事はそこ

で―・いてあとの指図を待つ」〖類語〗留める・取り残す
とめ-おとこ【留(め)男】とめをとこ ❶芝居などで、けんかの仲裁に入る男。❷宿屋の客引きの男。
とめ-おんな【留(め)女】とめをんな ❶芝居などで、けんかの仲裁に入る女。❷宿屋の客引きの女。
とめ-がき【留(め)書(き)】❶書き留めておくこと。また、その文書。❷手紙文の末尾に添える語。「敬具」「草々」「かしこ」などの類。
とめ-がね【留(め)金】物の継ぎ目や合わせ目が離れないようにつなぎ留める金具。
とめがね-の-きょうかい【留め金の教会】トカルクリセ《Tokalı Kilise》トルコ中央部、カッパドキア地方の町ギョレメにある岩窟教会。イスラム教徒による迫害を逃れてキリスト教徒が造ったもので、ギョレメ野外博物館の教会の一つ。10世紀頃の建造。その後も増築され、新旧の教会、地下教会、礼拝堂の四つの空間からなる、同地方で最大規模の岩窟教会になった。名称は、かつて天井から留め金(バックル)がつり下がっていたことに由来するとされる。キリストの生涯を描いた、青を基調とする色鮮やかなフレスコ画が残っている。トカル教会。トカルキリセ。
とめ-がわ【留(め)川】とめがは 漁猟を禁じている川。
とめ-き【留(め)木】《「とめぎ」とも》香木を焚いて、香を衣服などに移し留めること。香水の香りもいう。「品のいい香水の―」〈大仏・帰郷〉
とめ-ぎ【止(め)木｜留(め)木】❶物を固定させるための木。❷江戸時代、山林の保護のため、切ることを禁じられていた木。停止木ちょうじぎ。
とめ-く【止(め)句】和歌・俳句などで、使用を忌み避ける句。禁句。
とめ-く【▽尋め来】〔動カ変〕たずね求めて来る。たずねて来る。「花散れる水のまにまに―・くれば山には春もなくなりにけり」〈古今・春下〉
とめ-ぐ【留(め)具】はなれたり動いたりしないようにとりつける小さな器具。
ど-め-く〔動カ四〕がやがやと騒ぐ。どよめく。「高声ニ上モ無ゲニ―・イテ酒ヲ飲ム」〈日葡〉
とめ-し【登米市】►登米
ドメスティック〖domestic〗〔形動〕❶家庭的であるさま。家族的であるさま。また、家事に関するさま。「―な話題」「―サイエンス」❷自国・国内に関するさま。「―プロダクツ(＝国産品)」
ドメスティック-バイオレンス〖domestic violence〗►ディー-ブイ(DV)
ドメスティック-ブランド〖domestic brands〗国内ブランド。特に、国内のファッションブランドをいう。
とめ-そうば【止(め)相場】とめさうば ❶取引所で、立ち会いの最後に成立した値段。大引け値段。❷►ストップ値段
とめ-そで【留袖】❶既婚女性の正装に用いる黒地五つ紋の江戸褄えどづま模様の着物。地色が色物の場合は色留袖という。本来は、長い振袖の丈を結婚後に詰めて短くした。❷男物和服で、袖付けを全部縫いふさいだ袖。
とめ-だて【留(め)立て】〔名〕スル 他人の行動を制止すること。「よけいな―はしない」
〖類語〗管制・抑制・規制・統制・抑止・牽制けんせい
とめ-ど【止め▽処】(多く「とめどない」「とめどもない」の形で)とめるところ。とどまるところ。終わり。際限。「涙が―もなく流れる」「―ない話」
とめ-な【止め名｜留め名】芸能界・角界などで、名人上手と言われた人の芸名をだれにも継がずに止めてしまうこと。落語界では古今亭志ん生、桂文治など。相撲の四股名では雷電、玉錦、双葉山など。また、歌舞伎役者では、その芸の家柄の最高の芸名をいう。市川団十郎、尾上おのえ菊五郎、中村歌右衛門うたえもんなど。
とめ-ナット【止(め)ナット】振動によるナットの戻りを止めるために用いるナット。本ナットの下に締め付け、また特殊の形状や仕掛けを施してある。
とめ-ぬい【留(め)縫い】とめぬひ 裁縫で、縫い糸の末端に留めを作って縫うこと。
とめ-ねじ【止め螺=子】とめねぢ ねじって押し込み、物が動かないように止めるねじ。押しねじ。
とめ-ば【留(め)場】❶江戸時代、一般人の漁猟・伐採を禁じた所。►御留場おとめば ❷江戸時代の歌舞伎劇場で、花道の揚げ幕の奥、西の木戸口の脇にあった場内取り締まりの若者の詰め所。また、その若者。
とめ-ばり【留(め)針｜止(め)針】❶裁縫で、合わせ目や折り目に仮に刺してとめておく針。待ち針。❷物が動かないように刺してとめておく針。ピン。
とめ-びょうし【留(め)拍子】とめびやうし 能で、1曲の最後にシテが足拍子を二つ踏むこと。また、その足拍子。能を模した歌舞伎舞踊でも、幕切れに主要な役が二つ足拍子を踏むことをいう。
とめ-ふで【留(め)筆】❶手紙の終わり。文の結末。❷書家や画家が、その師匠や主君から、随意に筆を執ることを禁じられること。また、その人。❸歌舞伎の番付や看板に一座の俳優を列記するとき、一番最後に書かれる俳優。ふつう座頭ざがしらが据えられた。また転じて、座頭のこと。►初筆しょふで
とめ-ぶろ【留め風呂】他人を入れず、自分だけはいる風呂。留め湯。「今宵は、身が―だ」〈浄・女楠〉
とめ-へん【止偏】漢字の偏への一。「此」などの「止」の称。
とめ-べん【止(め)弁｜止め×瓣】ねじの上下によって皿形の弁が弁座と直角の方向に動き、流量を調節する装置。ストップバルブ。
とめ-や【止め矢】最後に射る矢。とどめをさす矢。「うつぼの底の秘蔵の―とって」〈幸若・夜討曽我〉
とめ-やく【留(め)役】けんかや争いなどをとめて、なかなおりさせる役。また、その人。仲裁人。
とめ-やま【留山】江戸時代、山林保護のため狩りや伐木を禁じた山。立て山。►明山あきやま
とめ-ゆ【留(め)湯】❶前日の湯を捨てないで、翌日、再びわかして入浴すること。また、その湯。❷江戸時代の銭湯で、客が入浴代を月ぎめで支払って随時入浴すること。❸「留め風呂」に同じ。「今日は長田殿より―にて」〈浄・鎌田兵衛〉
とめ-ゆ・く【▽尋め行く】〔動カ四〕たずねていく。「ところづら―・きければ」〈万・一八〇九〉
と・める【止める｜留める｜▽停める】〔動マ下一〕文と・む〔マ下二〕❶動いているものを動かないようにする。「タクシーを―・める」「文章を書く手を―・める」❷継続しているものを続かなくさせる。とだえさせる。「息を―・める」「痛みを―・める」❸固定して離れないようにする。「紙をピンで―・める」「背広のボタンを―・める」❹やめさせる。制止する。「けんかを―・める」❺関心を向ける。注意する。「心を―・めて聞く」「ふとテレビに目を―・める」❻その場にとどめ置く。「取り調べのため警察に―・める」❼やめる。「忌あれば―・めつ」〈かげろふ・上〉❽あとに残す。「月影の宿れる袖はせばくとも―・めても見ばや飽あかぬ光を」〈源・須磨〉〖類語〗留め置く・取り残す・残す
〖…句〗息の根を止める・気に留める・心に留める・心を留める・耳に留める・目を留める
と・める【泊める】〔動マ下一〕文と・む〔マ下二〕《「止める」と同語源》❶宿泊させる。「ひと晩―・めてもらう」❷船を停泊させる。「湾内にヨットを―・める」
とめ-わん【止め×椀】会席料理で、最後に飯・香の物とともに出す汁物。止め。
ど-めん【土面】縄文時代後期・晩期、粘土で作って焼きあげた仮面。目に孔あながあいているものと、孔がなく額につけたらしいものとがある。
とも【友｜×朋】《「共」と同語源》❶いつも親しく交わっている相手。友人。朋友ほうゆう。ともだち。「良き―に恵まれる」❷志や目的を同じくする人。仲間。同志。「学問の―」「類は―を呼ぶ」❸ふだん好んで親しんでいるもの。「音楽を―とする」〖類語〗友達・友人・仲良し・友垣・朋友・朋輩ほうばい・仲間・同志・フレンド・メート
とも【共】❶同じであること。同一。「コートと―のドレス」「―の生地」❷一緒。また、同時。「起居を―にした仲」❸㋐名詞の上に付いて、一対のものが同類である、また、同じ性質であるという意を表す。「―働き」「―切れ」「―蓋ぶた」㋑名詞の下に付いて、それが一緒に込められている意を表す。「送料―一〇〇〇円」「付録―五〇〇円」㋒複数を表す名詞に付いて、それが全部同じ状態であることを表す。「二人―学生だった」「男女―若かった」►共に
とも【▽伴】世襲的職務をもって大和朝廷に仕えた官人の一団。のちに部べの制度に発展・編成された。
とも【供｜▽伴】《「共」と同語源》❶人の後ろにつき従って行くこと。また、主人に仕え、つき従う人。従者。「―を引き連れる」►御供おとも ❷(ふつう「トモ」と書く)能の役柄で、ツレのうち、太刀持ち・従者などの軽い役をいう。
とも【×鞆】古く、弓を射放したときの弓返りを防ぐため、左の手首に結びつけて弦つるを打ち止めた丸い皮製の道具。弦がこれに触れて音をたて、威容を示したといわれる。〖補説〗「鞆」は国字。
とも【×艫】船の後方の部分。船尾。⇔舳へさき。
とも ㊀〔接助〕動詞型・形容動詞型活用語の終止形、形容詞型活用語および助動詞「ず」の連用形に付く。❶未成立の事実を条件とし、それに制約されずにある事柄が実現する意を表す。…としても。…ても。「どんなにつらく―くじけるな」「嫌なら行かず―よい」「たとひ弓を持ちたり―、矢をはげずは(＝矢ヲ弓ノ弦ニヒッカケナケレバ)かなひがたし」〈平家・九〉❷確定した事柄を条件とし、それに制約されずにある事柄が実現する意を表す。たとえ、そうであっても。…のだが、それにしても。…たとしても。「かくさし籠めてあり―、かの国の人来こば、みな開きなむとす」〈竹取〉㊁〔副助〕形容詞型活用語の連用形、あるいは量を表す副詞につく。量・程度や限度などを示す。「遅く―九時までには帰る」「多少―理解を示す」㊂〔終助〕活用語の終止形に付く。相手の言葉に強く同調・同意する意を表す。「きれいだ―」「そうです、そのとおりです―」「左様でござる―」〈伎・幼稚子敵討〉〖補説〗「とも」は、引用の格助詞「と」に、係助詞「も」の付いたものとも。㊀は、上代、上一段活用動詞「見る」に付く場合に限り、「見みとも」という形をとることがある。「万代に携はり居て相見みとも思ひ過ぐべき恋にあらなくに」〈万・二〇二四〉また、中世以降、動詞型活用語の連体形に付くものもみられる。「死ぬるとも敵に後を見すな」〈平家・九〉近世以降になると、文章語に用いられ、口語では、もっぱら「ても」が使われるようになる。㊂は、中世末以降の口語において用いられた。
と-も〔連語〕《格助詞「と」＋係助詞「も」》❶「と」を強める言い方。「このままですむ―思えない」「たぎつ瀬の中にも淀はありてふなど我が恋の淵瀬―なき」〈古今・恋一〉❷(同じ語の間で用いて)語意を強める意を表す。「あなうれし―うれし」〈源・玉鬘〉
ども〔接助〕《接続助詞「ど」＋係助詞「も」から》活用語の已然形に付く。❶逆接の確定条件を表す。…けれども。…だが。「行け―行け―山また山」「日も暮るれ―、あやしのふしどへも帰らず」〈平家・三〉❷上の事柄を受け、それを条件として予想されることに反する事柄がいつも起こることを表す。…の場合でも、きまって。「このころの恋の繁けく夏草の刈り払へ―生おひしくごとし」〈万・一九八四〉〖補説〗中古の「ども」は漢文訓読文に多くみられるが、中世後期以降は「ど」より優勢となる。❷は、中世以後「たとひ」などと呼応して、逆接仮定条件のように用いられることもある。現代語では文章語として用いられる。►と言えども
ども【共】〔接尾〕❶一人称の代名詞、または自分の身内を表す名詞に付いて、謙譲の気持ちを表す。「私―と致しましては」❷人を表す名詞に付いて、複数であることを表す。「若い者―が手伝いに来た」❸人を表す名詞に付いて、相手への呼びかけに用いる。「嫗―、いざたまへ」〈大和・一五六〉►達たち〖用法〗
〖類語〗方・達・等ら・連・等ら・等等
と-も-あれ〔副〕❶いずれにせよ。とにかく。とまれ。「―今年も無事に終わった」❷(「…はともあれ」の形で)上の事柄は別にして、一応の判断を述べるときに用いる。さておき。ともかく。とにかく。「成績は―、よく努力した」
ともあれ-かくもあれ〔連語〕どうあろうと。いずれに

せよ。「一夜の明けはてぬさきに御舟に奉れ」〈源・明石〉
とも-いと【共糸】同じ色の糸。共色の糸。
とも-いろ【共色】同じ色。同色。「―の裏地」
とも-うら【共裏】衣服の裏に、表地と同じ布地を用いること。また、その布。
とも-え【×巴|×鞆絵】ゑ《鞆ともに形が似ているところからという》❶湧き出した水がうずを巻いて外へめぐるような形・模様。❷物が円形を描くように回るようす。「三者が―となって戦う」❸紋所の名。❶を図案化したもの。巻く方向によって左巴・右巴があり、その数によって一つ巴・二つ巴・三つ巴などという。
ともえ【巴】ども 謡曲。二番目物。平家物語などに取材。武者姿で現れた木曽義仲の愛妾巴御前の霊が、義仲とともに討ち死にできなかった無念を語る。
ともえ-が【×巴×蛾】ども ヤガ科の昆虫。翅はねの開張約6.5センチ。翅は褐色で、前翅に巴形の大きな紋がある。灯火にも来るが、昼間、林の中を飛ぶ。幼虫はネムノキの葉を食べる。
ともえ-がも【×巴×鴨】ども カモ科の鳥。全長約40センチ。雄の顔に緑色と黄色の巴形の斑紋がある。東シベリアで繁殖、日本では冬鳥。あじがも。あじ。
ともえ-がわら【×巴瓦】ともゑがはら 軒丸瓦のきまるがわらのこと。多く先端に巴紋をつけたのでいい、巴❶にちなんで火防のまじないとした。
ともえ-ごぜん【巴御前】ども 源義仲の側室。武勇をもって知られ、常に義仲に従ってしばしば戦功をたてた。義仲戦死後、尼となり越後の友松に移り住んだと伝えられる。生没年未詳。鞆絵御前。
ともえ-そう【×巴草】ともゑさう オトギリソウ科の多年草。山地に生え、高さ60〜90センチ。葉は細長く、対生する。夏から秋、黄色い5枚の花びらが巴状に並ぶ花を開き、1日で閉じる。
ともえ-なげ【×巴投げ】ども 柔道の捨て身技の一。相手を前方へ崩して、自分はからだを後方へ捨て、片足を相手の下腹に当てて、相手と巴の形になりながら頭越しに回転させて投げる技。
とも-えり【共襟】❶和服で、長着の襟の上にさらに共切れで襟を掛けること。また、その襟。掛け襟。❷洋服で、身頃みごろと同じ布地でできた襟。
とも-おし【×艫押し】和船の船尾の櫓ろを押す役。重要な役として船頭が扱い、櫓を押さないときは舵かじをとる。
ともかがみ【友鏡】江戸後期の語学書。1巻。東条義門著。文政6年(1823)刊。本居宣長の「てにをは紐鏡ひもかがみ」を補訂したもので、係り結びの法則を活用によって整理し、図表に示す。てにをは友鏡。
とも-かがみ【共鏡|友鏡】❶「合わせ鏡」に同じ。❷二つのものを照らし合わせること。「黒髪と雪との中のうき見れば―をもつらしとぞ思ふ」〈後撰・冬〉
とも-がき【友垣】《交わりを結ぶことを、垣根を結ぶのにたとえていった語》ともだち。とも。
とも-かく〔副〕❶とにかく。ともかくも。「うまくいくかどうか、―やってみよう」❷(「…はともかく」の形で)…は別として。…はさておき。「交通の便は―、閑静でいい」補説「兎も角」とも当てて書く。
類語何しろ・とにかく
とも-かくも〔副〕❶とにかく。ともかく。「―無事でよかった」「家具は―、家は早く決めたい」❷どのようにでも。なんとでも。「仰せごとに従ひてなむ、異ざまの事は―思ひ定むべき」〈源・行幸〉
とも-がしま【友ヶ島】和歌山県北西部、紀淡海峡にある無人島群の総称。地ジノ島・沖ノ島と付属の2島からなる。第二次大戦終結まで瀬戸内海入口の要塞になっていた。沖ノ島はキャンプ場・海水浴場。瀬戸内海国立公園に属する。
とも-がしら【供頭】武家時代に供ともの人々を取り締まった役。また、その役の人。
とも-かせぎ【共稼ぎ】〔名〕スル ❶ともに働いてそれぞれかせぐこと。「千両役者もとったりもなくてかなわぬ―」〈蘆花・思出の記〉❷夫婦がそろって勤めに出て生計を立てること。共働き。「子供ができるまで―する」
とも-がみ【共紙】材質や色などが同一の紙。
とも-がら【▽輩|×儕】同類の人々をさしていう語。仲間。「学問を志す―」
類語仲間・同類・一類・一党・徒輩とはい・徒と・やから・たぐい・組・集団・一群・一団・隊・班・チーム・パーティー
とも-ぎれ【共切れ|共▽布】仕立てた衣類と同じ布地の切れ端。共地ともじ。ともぬの。
とも-ぎんみ【共吟味】仲間どうしで調べ合うこと。「私共も銘々身晴。―して…きっとお目にかけませう」〈浄・歌祭文〉
とも-ぐい【共食い】ぐひ〔名〕スル ❶同じ種類の動物などが、互いに食い合うこと。「カマキリが―する」❷同業者が、互いに利益を奪い合い、その結果、ともに損をすること。また、そのような状態。「与党候補どうしの―となる」
トモグラフィー〖tomography〗X線撮影での人体の断層撮影法。➡断層撮影
とも-こ【友子】ともだち。友人。「―友達への面つらづくだ」〈滑・浮世風呂・四〉
とも-こうもかうも〔副〕「ともかくも」の音変化。「おのづから程へて、さるべきにおはしまさば、―侍りなむを」〈源・若紫〉
とも-ざ【×艫座|船尾座】南天の星座。大犬座の南東にあり、3月中旬の宵に南の地平線近くに見える。アルゴ座を4分割した一つで、アルゴ船の船尾にあたる。学名ラテ Puppis
とも-さき【供先】❶武家の供まわりの先鋒。「松平侯の―に粗忽で突き当って」〈漱石・野分〉❷供をして行った先方。
ともさき-ぎり【供先切り】武家などの供の行列の前方を横切ること。無礼なこととされた。
とも-ざむらい【供侍】ざむらひ 供として従う侍。
ともし【▽灯】❶ともしび。とうか。とぼし。「―は、その炎のまわりに無数の輪をかけながら」〈芥川・偸盗〉❷(「照射」とも書く)夏の夜、山中の木陰にたいまつなどをもやし、近寄る鹿を射殺す方法。また、その火。季夏「百姓の弓矢ふりたる―哉/召波」
灯火消えんとして光を増す　灯火が消えようとする直前に明るくなる。滅亡の直前に一時的に勢いを盛り返すことのたとえ。
と-もじ【十文字】十という文字。また、その形。じゅうもんじ。
十文字に踏ふ・む　ふらふらと十文字の形に歩く。千鳥足で歩く。
とも-じ【共地】ぢ「共切れ」に同じ。
ともし-あぶら【▽灯油】「とぼしあぶら」に同じ。
とも-し・い【▽乏しい|▽羨しい】〔形〕文とも・し〔シク〕❶「とぼしい❶」に同じ。「旅費が―・いから」〈宙外・独行〉❷「とぼしい❷」に同じ。「―・い生活を送る」❸心がひき込まれるようである。珍しくておもしろい。「―・しき君は明日さへもがも」〈万・三五二三〉❹うらやましい。自分もそうなりたい。「身の盛り人―・しきろかも」〈記・下・歌謡〉
ともし-び【▽灯火|▽灯|×燭】❶ともした火。あかり。とうか。ともし。「―がともる」「風前の―」「心の―」❷平安時代、大学寮の学生に、勉学のための灯油代として与えた奨学金。類語(❶)明かり・灯・灯火・ライト・光・輝き・煌きらめき・光線・光明こうみょう・光輝こうき・光耀こうよう・光彩・光芒こうぼう・閃光せんこう
ともしび-の【▽灯火の】〔枕〕ともしびが明るいの意で、地名「明石」にかかる。「―明石の沖のとも舟の」〈夫木・二三〉
ともし・ぶ【▽乏しぶ|▽羨しぶ】〔動バ上二〕うらやましく思う。「音のみも名のみも聞きて―・ぶるがね」〈万・四〇〇〇〉
ともし・む【▽乏しむ|▽羨しむ】〔動マ下二〕もの足りなく思わせる。うらやましがらせる。「恋しくは日け長きものを今だにも―・むべしや逢ふべき夜だに」〈万・二〇一七〉
とも-しらが【共白髪】白髪になるまで、夫婦がそろって長生きすること。また、その人。偕老かいろう。
とも・す【▽点す|▽灯す】〔動サ五(四)〕❶あかりをつける。とぼす。「ろうそくを―・す」❷男女が交合する。とぼす。「お前がた二人は丁ちんの側も構はず―・しかけなさるよって」〈咄・臍の宿替・九〉可能ともせる
類語点ける・点灯・点ずる
とも-すぎ【共過ぎ】❶人々が互いに助け合って生きていくこと。「相互ひ世は―に友千鳥」〈大句数〉❷共働きして生活すること。「やうやう夫婦の―しかねるもあれば」〈浮・永代蔵・六〉
とも-すると〔副〕どうかすると。場合によっては。ややもすると。ともすれば。「―初心を忘れそうになる」
とも-ずれ【友擦れ】〔名〕スル 友達との交際によって、世間なれしていくこと。
とも-すれば〔副〕「ともすると」に同じ。「―家にこもりがちになる」
トモセラピー〖TomoTherapy〗《装置を開発した米国の会社名に由来。「トモ」は、tomogram(断層写真)から》X線によるCT撮影装置と放射線照射装置とを一体にした医療機械。狭い範囲に正確に放射線を照射でき、かつ、1回の治療で複数の患部に照射できる。
とも-ぞろえ【供×揃え】ぞろへ 大名行列などで、供の人をそろえること。また、その人々。ともぞろい。
とも-だおれ【共倒れ】だふれ〔名〕スル 互いに競争し合ったり助け合ったりした結果、両者がともに成り立たなくなること。「同業者が増えて―する」
ともだ-きょうすけ【友田恭助】[1899〜1937]新劇俳優。東京の生まれ。本名、伴田五郎。築地小劇場の創立に参加。のち築地座を結成、創作劇の上演に努めた。
とも-だち【友達】互いに心を許し合って、対等に交わっている人。一緒に遊んだりしゃべったりする親しい人。友人。朋友ほうゆう。友。「―になる」「遊び―」「飲み―」類語友人・友・ペンフレンド・ペンパル・朋友・友垣・酒徒・茶飲み友だち・ルームメイト
ともだち-がい【友達▽甲×斐】がひ 友人に値するだけの価値。友人としてふさわしい付き合い。
とも-ちどり【友千鳥】群がっている千鳥。むらちどり。むれちどり。季冬「あら磯やはしり馴たる―/去来」
とも-チョコ【友チョコ】バレンタインデーに、女性が同性の友人などに贈るチョコレート。➡義理チョコ
とも-づな【×纜|×艫綱】船尾にあって船を陸につなぎとめる綱。もやいづな。
とも-づり【友釣(り)】アユの釣り方の一。掛け針をつけたおとりのアユを泳がせ、そこを縄張りにもつアユが挑んでくるのを針にかけて捕らえる方法。
とも-づる【友鶴】雌雄そろっている鶴。また転じて、よい配偶者。「君が幾代の―と、ことぶきてこそ染めにけり」〈浄・島原蛙合戦〉
とも-どち【友▽達】ともだち。仲間。「我が―はいづち行きけん」〈露伴・二日物語〉
とも-ども【共共】〔副〕一緒にあることをするさま。また、同じようであるさま。ともに。「親子―お世話になります」
とも-どり【×艫取り】《「ともとり」とも》舵かじの近くで艪ろをこぐ人。
とも-ない【伴ひ】なひ 伴うこと。また、その人。同伴者。「―に後おくれしよしにて一宿いっしゅくを求めらるる」〈読・雨月・菊花の約〉
とも-な・い〔連語〕《「たくもない」の転じた「たうもない」の音変化》動詞の連用形に付いて、…することを望まない、の意を表す。「女ながらも離れ―・い心持がする」〈一葉・にごりえ〉➡とむない
とも-な・う【伴う】なふ《「なう」は接尾語》㊀〔動ワ五(ハ四)〕❶㋐一緒に行く。ついていく。「父の出張に―・って外国へ行く」㋑ある物事に付随して別の物事が起こる。「科学技術の進歩に―・って生活が簡略化する」「危険が―・う冬山」㋒釣り合いがとれる。「収入に―・った生活」❷㋐一緒に連れていく。引き連れる。「妹を―・って外出する」㋑ある物事が同時に別の物事を併せ持つ。「困難を―・う仕事」㊁〔動ハ下二〕連れていく。「鳥つ鳥鵜養うかひが―・へ篝かがりさしなづさひ行けば」〈万・四一五六〉

(類語)引き連れる・率いる・従える・連れる・連れ立つ

ともなが【朝長】謡曲。二番目物。世阿弥または観世元雅の作。源朝長の守役であった僧が、美濃の青墓(あおはか)に朝長の墓所を訪ねて観音懺法(せんぼう)を修法すると、朝長の霊が現れ、自害するまでのようすを語る。

ともなが-さんじゅうろう【朝永三十郎】(サンジフラウ)[1871～1951]哲学者。長崎の生まれ。京大教授。日本での西洋近世哲学史研究の先駆者。著「近世における『我』の自覚史」「カントの平和論」など。

ともながシュウィンガー-りろん【朝永シュウィンガー理論】►超多時間理論

ともなが-しんいちろう【朝永振一郎】(シンイチラウ)[1906～1979]物理学者。東京の生まれ。三十郎の長男。東京教育大学学長。場の量子論において超多時間理論、繰り込み理論を発表。量子電磁力学の発展に寄与し、昭和40年(1965)ノーベル物理学賞受賞。同27年には文化勲章受章。パグウォッシュ会議に参加するなど平和運動にも尽力。著「量子力学的世界像」「量子力学」など。

とも-なく〔連語〕動作・状態のはっきりしないさまを表す。「どこから―聞こえてくる」

とも-なみだ【共涙】人が泣くのに同情して自分も泣くこと。もらいなき。「―をさそわれる」

ともなり【友成】平安中期の刀工。備前の人。正恒(まさつね)と並んで、古備前の代表者。生没年未詳。

とも-なり【共鳴り】►共鳴(きょうめい)

とも-に【共に|×倶に】〔連語〕❶一緒にあることをするさま。また、そろって同じ状態であるさま。「父と―行く」「私も兄も―健康だ」❷あることに伴って、別のことが同時に起こるさま。「雪解けと―草木が芽吹く」
(類語)一緒に・一斉に・同時・同じ・同様・等しい

倶に天を戴(いただ)かず 《「礼記」曲礼上から》相手とは殺すか殺されるかの関係で、一緒にはこの世に生きていられない。あだ打ちの、かたい決意を述べた言葉。➡不倶戴天(ふぐたいてん)

とも-ぬの【共布】「ともぎれ」に同じ。

とも-ね【共音】一緒に声を立てること。一緒に泣くこと。また、その声。「人々―に泣きぬ」〈鷗外訳・即興詩人〉

とも-ね【共寝】〔名〕(スル) 一つの寝床に一緒に寝ること。同衾(どうきん)。(類語)同衾・添い寝・雑魚寝・ごろ寝

とも-ね【×鞆音】弓を射たとき、弦が鞆(とも)に触れて鳴る音。「心ある射手の舎人のけしきかな玉しく庭に―響きて」〈夫木・一〉

とも-の-うら【鞆の浦】広島県福山市南部の鞆港を中心とする海域。瀬戸内海のほぼ中央に位置し、古代から海上交通の要所として栄えた。港には古い町並みや江戸時代の港湾施設が残る。大正14年(1925)に鞆公園として国の名勝に指定。昭和9年(1934)国立公園に指定。

とも-の-お【▽伴の緒|▽伴の▽男】(ヲ) 大化前代、世襲的な職業で朝廷に奉仕した一団の人々。

ともの-かしゅう【友野霞舟】(カシウ)[1791～1849]江戸後期の漢詩人。江戸の人。昌平坂(しょうへいざか)学問所教授、甲府徽典館(きてんかん)学頭。字(あざな)は子玉。霞舟は号。野村篁園(こうえん)に学び、昌平坂学問所の関係者たちと詩社を結ぶ。著作に「霞舟先生詩集」「錦天山房詩話」など。

ども-の-またへい【吃又平】浄瑠璃「傾城反魂香(けいせいはんごんこう)」に登場する絵師。死を決して自画像を石の手水鉢(ちょうずばち)に描くと、画像が裏へ抜け出る奇跡が起こる。その功で、土佐の名字を許される。吃又。

とも-の-みやつこ【▽伴▽造|▽伴▽部】❶(伴造)大化前代、職能をもって朝廷に仕えた伴(とも)を統率・管理した者。のちに部(べ)の制度が成立すると部の管理者と考えられるようになる。❷(伴部)►伴部(ともべ)

とも-の-よしお【伴善男】(ヨシヲ)[809～868]平安初期の廷臣。大納言となって権勢を振るったが、貞観8年(866)応天門炎上の犯人とされて伊豆に流された。絵巻物「伴大納言絵詞(ばんだいなごんえことば)」の主人公として有名。伴大納言善男。➡応天門の変

ともの-ろう【伴野朗】(ラウ)[1936～2004]小説家。愛媛の生まれ。朝日新聞に入社、サイゴン支局長・上海支局長を歴任。勤務のかたわら執筆した「五十万年の死角」で江戸川乱歩賞、「傷ついた野獣」で日本推理作家協会賞を受賞。他に「大航海」「西域伝」など。

とも-ばこ【共箱】書画骨董(こっとう)で、箱書きのある箱に納められているもの。また、その箱。

とも-ばたらき【共働き】〔名〕(スル) 夫婦がともに働きに出て生計を立てること。「共稼ぎ」の語感をきらってできた語。(類語)共稼ぎ

ともばやし-みつひら【伴林光平】[1813～1864]江戸末期の勤王家・国学者。河内(かわち)の人。天誅組(てんちゅうぐみ)に加わり、中山忠光らの大和挙兵に参加、捕らえられて刑死。著「南山踏雲録」など。ばんばやしみつひら。

とも-びき【友引】暦注の六曜の一。なにごとをしても勝ち負けがないといわれる日。この日に葬式を出すと、他人の死をさそうといって嫌う。友引日。

とも-びと【供人】供の人。従者。

ともひら-しんのう【具平親王】(シンワウ)[964～1009]平安中期の文人・歌人。村上天皇の第7皇子。中務卿(なかつかさきょう)。六条宮・千種(ちぐさ)殿・後(のち)中書王とよばれる。文才豊かで、和歌・漢詩文に長じ、音楽・陰陽(おんよう)・医術などにも通じた。著「弘決外典抄(ぐけつげてんしょう)」など。

とも-ぶた【共蓋】茶釜・水指(みずさし)・茶入れなどで、身と蓋とが同じ材質でできているもの。また、その蓋。⇔替え蓋。

とも-ぶね【友船|▽伴船】❶連れ立って行く船。❷同じ船に一緒に乗ること。

とも-ぶれ【供触れ】大名などが道を行くとき、供の者が先ぶれとしてそれを知らせること。

とも-べ【▽伴▽部】律令制で、諸官司に分属され、品部(しなべ)・雑戸(ざっこ)を管理した役人。とものみやつこ。

とも-べ【▽品▽部】►しなべ(品部)

とも-べや【供部屋】供の人々の詰めている部屋。

とも-ぼし【とも星】二十八宿の一、氐宿(ていしゅく)の和名。➡氐(てい)

どもまた【吃又】㊀「吃又平(どものまたへい)」の略称。㊁浄瑠璃「傾城反魂香(けいせいはんごんこう)」の上の巻の切(きり)「土佐将監閑居」の段の通称。

とも-まち【供待ち】〔名〕(スル) ❶訪問した先で主人を待つこと。また、その人。「自働車が一二台に…―している間を」〈荷風・腕くらべ〉❷家の門口辺りにある、来客の供人や運転手を待たせておく所。

とも-まわり【供回り】(マハリ) 供の人々。従者の一群。供勢(ともぜい)。「揃ひも揃うた―」〈浄・国性爺〉

ともやっこ【供奴】歌舞伎舞踊。長唄。七変化「拙筆力七以呂波(にじりがきななついろは)」の一。2世瀬川如皐(じょこう)作詞、10世杵屋六左衛門作曲。文政11年(1828)江戸中村座で中村芝翫(しかん)(4世歌右衛門)が初演。主人の供で郭(くるわ)へ通う奴(やっこ)を舞踊化したもの。芝翫奴。

ともらい【▽弔い】(トモラヒ)「とむらい」の音変化。「法蔵寺様へでも願って―を致したいと存じます」〈円朝・真景累ヶ淵〉

ともら-う【▽弔ふ】(トモラフ)〔動ハ四〕「とむらう」の音変化。「しみじみと―・ひ」〈浮・一代男・二〉

ど-もり【土盛(り)】〔名〕(スル) 土を持ってきて、盛り上げること。つちもり。「―して浸水を防ぐ」

どもり【×吃り】どもること。➡吃音(きつおん)

ど-もり【度盛(り)】温度計などの計器類で、その表面につけられた度数を示す目盛り。

とも-る【▽点る|▽灯る】〔動ラ五(四)〕あかりがつく。とぼる。「家々に灯が―・る」

ども-る【×吃る】〔動ラ五(四)〕ものを言うとき、言い出しの音が容易に発音できなかったり、ある音が何度も繰り返されたりする。「緊張して―・る」

ド-モルガン〖Augustus de Morgan〗[1806～1871]英国の数学者。インド生まれ。ロンドン大学教授。記号論理学・確立論などに業績を残す。集合についてのド=モルガンの法則があり、また、数学教育の改革に努めたことでも知られる。

とも-ろ【×艫×櫓|×艫×艪】和船のもっとも船尾に近いところにある櫓(ろ)。

と-もん【都門】都の入り口。また、都のなか。都。都会。「身は―の塵まみれにもなろうものを」〈佐藤春夫・晶子曼陀羅〉

どもん-けん【土門拳】[1909～1990]写真家。山形の生まれ。徹底したリアリズムの立場から「ヒロシマ」など社会的な題材に取り組む一方、「古寺巡礼」など伝統文化を独自の視点でとらえた。

と-や【▽鳥屋|×塒】❶鳥を飼っておく小屋。鳥小屋。❷ツグミなどの小鳥狩りの際、わなを仕掛けて待つために山中や谷間に設けた小屋。❸タカの羽が夏の末ごろから抜けて、冬までに生えかわること。その時機に、❶にこもるところからいう。❹歌舞伎劇場で、花道の揚げ幕の内部にある小部屋。花道への出入りの際の控え所。狭くて❶に似ていたのでいう。❺旅回りの役者などが、不入りなどで次の土地に出発できないでそこに滞在すること。❻遊女が梅毒で引きこもること。また、梅毒のこと。「―をせざる中は、本色の遊女とせず」〈浮・禁短気・三〉

鳥屋に就(つ)・く ❶鶏が産卵のために、また、タカが羽毛が抜け替わるときに、鳥屋にこもる。❷旅回りの役者などが、次の土地に出発できないで宿屋にこもる。❸遊女が梅毒にかかって引きこもる。また、梅毒のために毛が抜けて薄くなる。「小塚原へ遣った女が―・いてきてゐるから」〈伎・覗機関〉

と-や〔連語〕《格助詞「と」＋係助詞「や」》❶文中用法。「と」の受ける内容に対する疑問を表す。…と…か。「白たへの藤江の浦にいざりする海人(あま)と―見らむ旅行く我を」〈万・三六〇七〉❷文末用法。㋐伝聞、あるいは不確かな断定を表す。…とかいうことだ。「まだいと若うて、后(きさき)のただ(=臣下ノ身分)におはしける時―」〈伊勢・六〉㋑相手に問いかけ、または問い返す意を表す。…というのか。「なに母が首を打て―」〈伎・阿波のなると〉

ど-や 《「やど(宿)」を逆さ読みにした語》宿屋・簡易旅館をいう語。

どや-がい【どや街】日雇い労働者などの泊まる簡易旅館が多く集まっている地域。

とや-がえ・る【▽鳥屋返る】(ガヘル)〔動ラ四〕夏の末ごろ、鳥屋にいるタカの羽が抜け替わる。「―・りわが手ならしししはし鷹の来ると聞こゆる鈴虫の声」〈後拾遺・秋上〉

どや-がお【どや顔】(ガホ)《「どや」は「どうだ」の意の関西方言》得意顔のこと。自らの功を誇り「どうだ」と自慢している顔。

とや-かく〔副〕なんのかのと。あれこれと。「―言われる筋合いはない」(補説)「兎や角」とも当てて書く。

とや-かくや〔副〕なにやかやと。あれやこれやと。「―とおぼし扱ひきこえさせ給へる」〈源・葵〉

とや-がけ【▽鳥屋掛け】鳥小屋をつくること。また、その鳥小屋。

ど-やき【土焼(き)】素地(きじ)に吸水性のある土器・陶器。石焼きに対する語。つちやき。

どや・く〔動カ四〕《「どやぐ」とも》大声で騒ぐ。わめく。「それぞれ持仏堂の脇にもたし掛けて置きましたと―・きける」〈浮・五人女・一〉

どや-くや 《「とやくや」「どやぐや」とも》騒がしいこと。混乱すること。どさくさ。「今の―に、同道めが掴(つか)んで走った」〈浄・生玉心中〉

どやくや-まぎれ【どやくや紛れ】混雑につけこむこと。混乱を利用すること。どさくさまぎれ。「―に御太刀も盗み取りたるに疑ひなし」〈浄・艶狩剣本地〉

とや-こう(カウ)〔副〕「とやかく」の音変化。「千鶴子の―と気遣う気持ちも」〈横光・旅愁〉

とや-ごもり【▽鳥屋籠もり】夏の末ごろ、タカが羽の抜け替わる間、鳥屋にとじこもっていること。とやいり。「みちのくのしのぶの鷹の―かりにも知らじ思ふ心は」〈続古今・恋一〉

どやし-つ・ける〔動カ下一〕図どやしつ・く〔カ下二〕❶なぐりつける。「げんこつで―・ける」❷どなりつける。厳しくしかる。「無気力な若手を―・ける」

どや・す〔動サ五(四)〕❶なぐる。ぶつ。「力いっぱいに弟の背中を―・した」〈藤村・春〉❷どなりつける。しかりつける。「コーチが選手を―・す」

ど-やつ【▽何▽奴】〔代〕不定称の人代名詞。どいつ。

どのやつ。「—のしわざだ」

とや‐で【▽鳥屋出】❶鳥屋の中にこもっていたタカが、羽毛が抜け替わって、鳥屋から出ること。❷鳥が巣や鳥小屋から飛び出していくこと。「—のわしが餌（ゑ）にかつゑる」〈浄・吉岡染〉❸梅毒をわずらっていた遊女が治癒して病床を出ること。「大部屋へ—の鷹をつれてくる」〈柳多留・九〉

どや‐どや〔副〕大勢が群れになって、騒々しく移動するさま。「会場から—(と)人が出てくる」
〔類語〕どっと・わんさわんさ・ぞろぞろ

と‐やま【▽外山】人里に近い山。端の山。奥山・深山（みやま）に対していう。はやま。

とやま【富山】㊀中部地方の日本海に面する県。もとの越中にあたる。人口109.3万(2010)。㊁富山県中央部の市。神通（じんづう）川中下流域を占める。県庁所在地。加賀藩の支藩前田氏の城下町を中心に発展。製薬および売薬業、化学工業が盛ん。平成17年(2005)4月、上新川（かみにいかわ）郡、婦負（ねい）郡の6町村と合併。人口42.2万(2010)。

とやま‐いかやっかだいがく【富山医科薬科大学】（トヤマイクワヤククワダイガク）富山市にあった国立大学。新設の医学部と富山大学から移管された薬学部とが一体となり、昭和50年(1975)発足。平成17年(2005)富山大学と再び統合し、富山大学医学部・薬学部となる。➡富山大学

とやま‐えび【富山海＝老】タラバエビ科の甲殻類。体長17センチくらい。日本海からベーリング海に分布し、特に富山湾に多産。食用。

とやま‐が‐はら【戸山ヶ原】東京都新宿区中央部の地域。江戸時代には尾張徳川家の下屋敷、明治以降は陸軍の射撃場・練兵場などがあった。第二次大戦後は住宅・文教地区。

とやま‐かめたろう【外山亀太郎】（トヤマカメタラウ）[1867～1918]動物学者・遺伝学者。神奈川の生まれ。蚕の遺伝を研究し、メンデルの法則が昆虫でも成り立つことを証明した。また、蚕の一代雑種を発明し養蚕業発展に貢献。

とやま‐けん【富山県】►富山㊀

とやま‐けんりつだいがく【富山県立大学】富山県射水（いみず）市にある公立大学。平成2年(1990)に開設された、工学部の単科大学。

とやま‐こくさいだいがく【富山国際大学】富山市にある私立大学。平成2年(1990)に開設された。

とやま‐し【富山市】►富山㊁

とやま‐だいがく【富山大学】富山市に本部がある国立大学法人。富山高等学校・富山師範学校・富山青年師範学校・富山薬学専門学校・高岡工業専門学校を統合し、昭和24年(1949)新制大学として発足。薬学部が一時分離して富山医科薬科大学となるが、平成17年(2005)高岡短期大学とともに再び統合した。同14年からは国立大学法人。

とやま‐の‐くすりうり【富山の薬売り】富山の家庭薬行商人。また、その行商のこと。江戸中期に始まるといわれ、藩の保護・統制を受けて発展した。全国各地の得意先に薬を置き、年に一、二度訪問して使用分の代価を清算し薬を補充した。

とやま‐へいや【富山平野】富山県、富山湾に面する平野。黒部（くろべ）川・神通川など多くの河川による扇状地。米作が発達し、近年工業化も進む。

とやま‐まさかず【外山正一】[1848～1900]教育家・詩人。江戸の生まれ。号、ゝ山（ちゅざん）。英米に留学。東大総長・文部大臣などを歴任。学制の整備、育英事業に貢献。また、共著「新体詩抄」を刊行し、日本の近代詩の先駆をなした。

とやま‐わん【富山湾】富山県北部、能登半島に囲まれる日本海の湾。水深が1000メートルを超え、西域に大陸棚が広がる。ブリ・ホタルイカなどの漁業が盛ん。魚津（うおづ）では蜃気楼（しんきろう）が見られる。

と‐ゆう【杜佑】（トイウ）[735～812]中国、唐の政治家・学者。京兆・万年(陝西（せんせい）省)の人。徳宗・憲宗に仕えて、重要官職を歴任した。著「通典（つてん）」など。

と‐ゆう【都有】（トイウ）東京都の所有であること。

と‐ゆう【都×邑】（トイフ）みやことむら。また、みやこ。都会。「石打の怪奇事は—の中にも往々にして起こり」〈柳田・山の人生〉

とゆけぐうぎしきちょう【止由気宮儀式帳】（トユケグウギシキチャウ）豊受大神宮（とようけだいじんぐう）に関する祭儀・由来や職員の分掌などについて記した書。延暦23年(804)禰宜（ねぎ）五月麻呂らが神祇官に提出したもの。➡皇太神宮（こうたいじんぐう）儀式帳

とゆら‐でら【豊浦寺】向原寺（こうげんじ）の異称。

とゆら‐の‐みや【豊浦宮】奈良県高市郡明日香村豊浦にあったとされる推古天皇の皇居。

とよ【×樋】「とい」の音変化。

とよ【▽豊】〔語素〕格助詞「の」を伴って連体詞のように用いるほか、名詞、時に動詞の上に付いて複合語をつくる。十分に満ち足りていること、豊かなことを表し、ほめる意を添える。「—の年」「—の明け」「—あしはら」「—御酒（みき）」

と‐よ〔連語〕《格助詞「と」＋間投助詞「よ」》❶(多く「だとよ」の形で)他から伝え聞いた意を表す。揶揄（やゆ）する意を含むこともある。…ということだよ。…だそうな。「夜中に地震があったんだ—」「あれは鶴賀新内の元祖の家元だ—」〈滑・浮世風呂・四〉❷「と」の上の引用の内容に対して、念を押す意を表す。…ということだよ。…と思うよ。「やよやまて山ほととぎすことづてむわれ世の中にすみわびぬ—」〈古今・夏〉❸(「かとよ」の形で)不確かな断定を表す。…と思うがなあ。…だろう(か)。「また、同じころか—、おびただしく大地震（おほなゐ）ふること侍りき」〈方丈記〉❹感動・詠嘆を表す。…ということよ。「さま悪（あ）し—。さまであるべきことか」〈宇治拾遺・一〉

ど‐よ【杜預】[222～284]《「とよ」とも》中国、西晋の武将・学者。杜陵(陝西（せんせい）省)の人。武帝の呉の討伐で戦功をあげた。著「春秋左氏経伝集解」「春秋釈例」。

とよ‐あきつしま【豊秋津島】《古くは「とよあきづしま」》大和（やまと）を中心とする国。転じて、日本国の美称。「すなはち大日本（おほやまと）—を生む」〈神代紀・上〉

とよあけ【豊明】愛知県中部の市。名古屋市に隣接する衛星住宅都市。桶狭間（おけはざま）古戦場伝説地がある。人口7.0万(2010)。

とよあけ‐し【豊明市】►豊明

とよ‐あしはら【豊葦原】《豊かに葦の生い茂っている原の意》日本国の美称。「代々絶えず継ぎて久しく栄へなん—の国安くして」〈玉葉集・賀〉〔類語〕日本・大和（やまと）・日の本・八洲国（やしまぐに）・大八洲（おおやしま）・秋津島・敷島・葦原（あしはら）の中つ国・瑞穂（みずほ）の国・和国（わこく）・日東・東海・扶桑（ふそう）・神州・本邦・本朝・ジャパン・ジパング

とよあしはら‐の‐ちいおあきのみずほのくに【豊葦原の千五百秋の瑞穂の国】（トヨアシハラノチイホアキノミヅホノクニ）《葦が生い茂り、永遠に穀物が豊かにみのる国の意》日本国の美称。「—有り。宜しく汝（いまし）が往ひて脩（しら）すべし」〈神代紀・上〉

とよあしはら‐の‐なかつくに【豊葦原の中つ国】日本国の美称。「謂（おも）ふに当（まさ）に—は必ず長夜（とこよ）ゆかむ」〈神代紀・上〉

とよあしはら‐の‐みずほのくに【豊葦原の瑞穂の国】（ミヅホノクニ）《神意によって稲が豊かに実り、栄える国の意》日本国の美称。「此の—を挙（こぞ）りて我が天祖（あまつみおや）彦火の瓊々杵尊に授へり」〈神武紀〉

と‐よう【渡洋】（トヤウ）〔名〕(スル)広い海を渡っていくこと。「勉学のために—する」「—作戦」〔類語〕渡航・密航

ど‐よう【土用】❶雑節の一。1年に4回あり、立春・立夏・立秋・立冬の前各18日間。❷立秋前の夏の土用。丑（うし）の日に鰻（うなぎ）を食べる風習がある。〔季 夏〕「ほろほろと朝雨こぼす—かな／子規」

土用布子（ぬのこ）に寒帷子（かんかたびら）　暑いさかりに綿入れを着、冬の寒いときに単衣（ひとえ）の帷子（かたびら）を着ること。物事の順序が逆になることのたとえ。また、時節の用をなさないもののたとえ。

ど‐よう【土曜】（ドエウ）週の第7日。金曜の次の日。1週の最終の日。土曜日。

どよう‐がくれ【土用隠れ】夏の土用の水温が高い期間、魚が深場に移動し、釣れなくなること。

とようけ‐だいじんぐう【豊受大神宮】三重県伊勢市の山田原にある伊勢神宮の外宮。祭神は豊受大神。雄略天皇の時に、丹波比治の真名井原から迎えられたという。皇大神宮(内宮)と合わせて伊勢神宮と称する。渡会宮（わたらいのみや）。豊受宮（とゆけのみや）。外宮（げくう）。

とようけ‐の‐おおかみ【豊受大神】（オホカミ）伊弉諾尊（いざなぎのみこと）の孫、和久産巣日神（わくむすびのかみ）の子。五穀をつかさどる女神で、伊勢神宮の外宮（げくう）に祭る。豊宇気毘売神（とようけびめのかみ）。とようけのかみ。とゆけのおおかみ。

とようけびめ‐の‐かみ【豊宇気毘売神】豊受大神（とようけのおおかみ）の異称。

どよう‐さぶろう【土用▽三郎】（ドヨウサブラウ）夏の土用入りから3日目。この日が晴れれば豊作、雨ならば凶作といわれる。〔季 夏〕

どよう‐だけ【土用竹】ホウライチクの別名。

どよう‐でん【土用殿】熱田神宮の神体である草薙剣（くさなぎのつるぎ）を奉安した殿舎。

どよう‐なみ【土用波】夏の土用のころ、海岸に打ち寄せる大波。はるか沖合にある台風の影響によるうねりがやって来たもの。〔季 夏〕「—はるかに高し見えて来て／万太郎」

どよう‐ばき【土用掃き】夏の土用中に行うすすはらい。

どよう‐び【土曜日】（ドエウビ）「土曜」に同じ。

どよう‐ぼし【土用干し】夏の土用中に、衣類・書画・書籍などを陰干しにして風を通し、虫の害を防ぐこと。虫干し。虫払い。夏干し。〔季 夏〕

どよう‐め【土用芽】樹木などで、夏の土用のころに二次的に伸長する芽。〔季 夏〕

どよう‐もち【土用餅】夏の土用につく餅。力がつき、暑気あたりを防ぐという。〔季 夏〕「一腹で広がる雲の峰／許六」

どよう‐やすみ【土用休み】夏季の休業。夏休み。

とよおか【豊岡】（とよをか）兵庫県北東部の市。中心部はもと京極氏の城下町。かつては柳行李（やなぎごうり）、今はかばん類の産地。円山川河岸に天然記念物の玄武洞（げんぶどう）がある。平成17年(2005)4月、城崎（きのさき）町、竹野町、日高町、出石（いずし）町、但東（たんとう）町と合併。人口8.6万(2010)。

とよおか‐し【豊岡市】（とよをか）►豊岡

とよおか‐ぼんち【豊岡盆地】（とよをか）兵庫県北部、円山（まるやま）川下流を中心に細長く広がる盆地。丹後山地西側に位置する。南北約14キロ、東西約4キロ。周辺は低い山地・丘陵に囲まれている。穀倉地帯。

とよかわ【豊川】（とよかは）愛知県南東部の市。豊川稲荷（いなり）の門前町。自動車などの機械工業や花・野菜などの栽培が盛ん。平成18年(2006)に一宮町を、同20年に音羽町・御津町を、同22年に小坂井町を編入。人口18.2万(2010)。

とよ‐がわ【豊川】（がは）愛知県東部の川。段戸山付近に源を発し、南流して豊橋市で渥美湾に注ぐ。長さ77キロ。

とよかわ‐いなり【豊川稲荷】（とよかは）愛知県豊川市にある曹洞宗の寺、妙厳寺（みょうごんじ）の通称。山号は円福山。開創は嘉吉元年(1441)、開山は東海義易。義易が刻んだ仏法守護の吒枳尼天（だきにてん）(稲荷の本地仏)を安置したのが始まり。東京都港区赤坂の豊川稲荷はその別院。平八郎稲荷。

とよかわ‐し【豊川市】（とよかは）►豊川

とよかわ‐りょうへい【豊川良平】（とよかはりやうへい）[1852～1920]実業家。高知の生まれ。本名、小野春弥。岩崎弥太郎の従弟。三菱財閥の基礎を確立。政・財界の重鎮として活躍した。

とよきいりひこ‐の‐みこと【豊城入彦命｜豊木入日子命】崇神（すじん）天皇の皇子。東国の上毛野君（かみつけののきみ）・下毛野君（しもつけののきみ）の祖とされる。

とよ‐く〔動カ四〕やかましく騒ぐ。「唯、海外（わたのほか）の荒ぶる俗（ひと）、—・くこと未だ止まず」〈崇神紀〉

とよくこん【吐谷渾】中国の五胡十六国時代から唐代、青海地方にあった遊牧民族国家。4世紀初めに鮮卑系の一部がチベット系の土着の羌（きょう）族を支配して成立した。663年、吐蕃に滅ぼされた。

とよ-くに【▽豊国】㊀豊かな国。大いなる国。㊁㊀《上代、朝鮮を「宝の国」とみたところから》朝鮮のこと。㊁九州北東部の古い国名。文武天皇の代に豊前・豊後に分かれた。

とよくに-じんじゃ【豊国神社】京都市東山区にある神社。祭神は豊臣秀吉。慶長4年(1599)創建され豊国大明神の神号を宣下された豊国廟を、明治13年(1880)現在地に遷座・再興したもの。豊国大明神。豊国神社。俗称、ほうこくさん。

とよくに-は【▽豊国派】歌川豊国を祖とする浮世絵の一派。歌川派の支派。

とよくに-びょう【豊国廟】京都市東山の阿弥陀ヶ峰にあった豊臣秀吉の霊廟。日光廟などの先駆をなす。豊臣氏滅亡とともに衰退、廃絶。明治期に豊国神社に再建された。

とよさか【豊栄】新潟県北部にあった市。阿賀野川下流域に位置し、米作や青果生産が盛ん。中心の葛塚は六斎市場として発達。平成17年(2005)3月、新潟市に編入。➡新潟

とよさか-し【豊栄市】▶豊栄

とよさか-じんじゃ【豊栄神社】山口市上宇野礼にある神社。祭神は毛利元就。慶長5年(1600)毛利輝元が創建。仰徳大明神。

とよ-さかのぼり【▽豊▽栄登り】朝日が美しく輝いてのぼること。また、その時刻。「朝日の―にたたへごと竟へまつらくを」〈祝詞・広瀬大忌祭〉

とよざわ-だんぺい【豊沢団平】[1828～1898]義太夫節の三味線方。2世。播磨の人。本名、加古仁兵衛。豊沢広助に師事。名人といわれ、明治期義太夫節の代表的太夫を育てた。「壺坂霊験記」などを作曲。

とよしま-よしお【豊島与志雄】[1890～1955]小説家。福岡の生まれ。第三次「新思潮」同人。心理小説を多く発表。小説「野ざらし」「白い朝」「山吹の花」、翻訳「レミゼラブル」「ジャン=クリストフ」など。

とよすきいりひめ-の-みこと【豊鍬入姫命¦豊鉏入日売命】崇神天皇の皇女。最初の斎宮と伝えられる。

とよた【豊田】愛知県中部の市。もと内藤氏の城下町。昭和12年(1937)自動車工場を誘致し、以来、工業都市。旧称、挙母。平成17年(2005)4月、藤岡町、小原村、足助町、下山村、旭町、稲武町を編入。人口42.2万(2010)。

とよた-カップ【トヨタカップ】《TOYOTA Cup》日本の自動車メーカーであるトヨタ自動車が協賛して開催される、サッカーのクラブチームによる世界選手権大会の通称。

とよたけ【豊竹】義太夫節の太夫の家名。竹本義太夫の門人、豊竹若太夫(越前少掾)に始まる。語り風は華麗な節回しを特徴とし、竹本の堅実な西風に対して東風といわれる。

とよたけ-ざ【豊竹座】人形浄瑠璃の劇場。元禄16年(1703)初世豊竹若太夫が大坂道頓堀に創設。西の竹本座に対して東の芝居とよばれ、人形浄瑠璃の極盛期をもたらしたが、明和2年(1765)閉座。若太夫芝居。

とよたけ-やましろのしょうじょう【豊竹山城少掾】[1878～1967]義太夫節の太夫。東京の生まれ。本名、金杉弥太郎。前名、古靭太夫。秩父宮家から山城少掾を受領。義太夫節の古格を守りつつ、近代的芸風を確立。「熊谷陣屋」「道明寺」などを得意とした。

とよたけ-ろしょう【豊竹呂昇】[1874～1930]義太夫節の女太夫。名古屋の生まれ。本名、永田仲。美声と美貌、巧みな撥さばきで一世を風靡した。

とよたけ-わかたゆう【豊竹若太夫】義太夫節の太夫。㊀(初世)[1681～1764]大坂の人。通称、河内屋勘右衛門。初世竹本義太夫の門人。元禄16年(1703)豊竹若太夫を名のり、竹本座に対抗して豊竹座を創設。のち、上野少掾・越前少掾を受領。㊁(10世)[1888～1967]徳島の生まれ。本名、林英雄。昭和25年(1950)若太夫を襲名。豪放な語り口に特色があった。

とよた-こうぎょうだいがく【豊田工業大学】名古屋市にある私立大学。昭和56年(1981)、トヨタ自動車の社会貢献活動の一環として開学した。日本初の社会人大学として発足したが、現在は一般新卒者も受け入れている。工学部の単科大学。

とよだ-さきち【豊田佐吉】[1867～1930]発明家・実業家。静岡の生まれ。日本で最初の木製動力織機を発明、のち豊田式織機株式会社を設立。大正13年(1924)杼換式自動織機を完成、その特許権使用料をトヨタ自動車創業の基礎とした。

とよた-し【豊田市】▶豊田

とよだ-じょう【豊田穣】[1920～1994]小説家。満州の生まれ。本名、穣。海軍軍人として出征しアメリカ軍の捕虜となった体験を生かした戦記文学や、重い主題を扱った私小説的な作品を執筆した。「長良川」で直木賞受賞。他に「ミッドウェー海戦」「雪風ハ沈マズ」など。

とよだ-しろう【豊田四郎】[1906～1977]映画監督。京都の生まれ。文学作品の映画化に佳作が多い。代表作「若い人」「小島の春」「夫婦善哉」など。

とよたま-びめ【豊玉姫¦豊玉毘売】日本神話で、海神豊玉彦神の娘。彦火火出見尊(山幸彦)の妻となり鸕鶿草葺不合尊を生む。

とよだ-やすみつ【豊田泰光】[1935～　]プロ野球選手。茨城の生まれ。昭和28年(1953)西鉄(現埼玉西武)に入団。新人王を受賞。同31年には首位打者。球団の黄金時代の一端を担った。同38年国鉄(現ヤクルト)に移籍。引退後は解説者となる。

とよとみ【豊臣】姓氏の一。天正14年(1586)羽柴秀吉が上奏し、賜った姓。秀吉の子秀頼の自殺とともに滅びた。

とよとみ-ひでつぐ【豊臣秀次】[1568～1595]安土桃山時代の武将。秀吉の甥。天正19年(1591)秀吉の養子となり、ついで関白となった。秀頼誕生後は秀吉の寵を失い、高野山に追放されて、自殺を命ぜられた。秀吉との関係悪化に伴い、凶暴な行為が多かったので、殺生関白とよばれた。

とよとみ-ひでよし【豊臣秀吉】[1536～1598]安土桃山時代の武将。尾張の人。幼名、日吉丸。初名、木下藤吉郎。織田信長に仕え、戦功をたて、羽柴秀吉と名のった。信長の死後、明智光秀・柴田勝家を討ち、ついで四国・九州・関東・奥州を平定して天下を統一。この間、天正13年(1585)関白、翌年太政大臣となり、豊臣を賜姓。また、検地・刀狩りなどを行い、兵農分離を促進した。のち、明国征服を志して朝鮮に出兵したが、戦局半ばで病没。茶の湯などの活動も盛んで桃山文化を開花させた。豊太閤。

とよとみ-ひでより【豊臣秀頼】[1593～1615]安土桃山時代の武将。秀吉の次男。6歳で家督を相続、前田利家に養育されたが、関ヶ原の戦いののち、摂津・河内・和泉に60余万石の大名におとされた。のち、徳川秀忠の娘千姫と結婚したが、大坂夏の陣で敗れ、母の淀君とともに自殺。

とよとみみ-の-みこと【豊聡耳命】聖徳太子の異称。

とよなか【豊中】大阪府北西部の市。大阪市の北に接する住宅衛星都市。北部・東部は千里丘陵。大阪大学がある。人口38.9万(2010)。

とよなか-し【豊中市】▶豊中

とよに-こ【豊似湖】北海道中南部、えりも町にある湖。周囲1キロ。日高山脈襟裳国定公園の一部。形が馬の蹄に似ていることから、馬蹄湖ともいう。

とよ-の-あかり【▽豊の明(か)り】❶宴会。酒宴。主として、朝廷で儀式のあとなどに行われる宴会。❷「豊明の節会」に同じ。

とよのあかり-の-せちえ【▽豊明の節会】奈良時代以降、新嘗祭・大嘗祭の翌日に宮中で行われた儀式と宴会。天皇が豊楽殿(のちには紫宸殿)に出て新穀を召し、群臣にも賜った。国栖の奏や五節の舞などが行われ、叙位などがあった。とよのあかり。

とよ-の-あき【▽豊の秋】作物、特に稲のよく実った秋。《季 秋》

とよ-の-みそぎ【▽豊の▽御×禊】陰暦10月下旬、大嘗祭の前に、賀茂川の河原で行われたみそぎの儀式。御禊。かわらのみそぎ。

とよはし【豊橋】愛知県、渥美半島南東部の市。豊川下流南岸に位置する。もと松平氏の城下町。東海道五十三次の吉田宿・二川宿として発展。旧称、吉田を明治2年(1869)改称。かつては製糸が、現在は食品などの工業が盛ん。人口37.7万(2010)。

とよはし-ぎじゅつかがくだいがく【豊橋技術科学大学】愛知県豊橋市にある国立大学法人。昭和51年(1976)設置。平成16年(2004)国立大学法人となる。

とよはし-し【豊橋市】▶豊橋

とよはし-そうぞうだいがく【豊橋創造大学】愛知県豊橋市にある私立大学。平成8年(1996)の開設。

とよはし-へいや【豊橋平野】愛知県南東部、豊川下流域に広がる沖積平野。渥美湾岸は埋め立てられ、工業地域となっている。中心都市は豊橋市。東三河平野。東三平野。

とよ-はたぐも【▽豊旗雲】旗がなびいているように空にかかる美しい雲。「わたつみの―に入り日さし今夜の月夜さやけかりこそ」〈万・一五〉

とよはら【豊原】ロシア連邦、サハリン(樺太)南東部の都市、ユジノサハリンスクの日本領時代の称。樺太庁が置かれた。

とよひら【豊平】札幌市南東部の区名。豊平川東岸にある。

とよひら-く【豊平区】▶豊平

とよ-ほ・く【▽豊▽寿く¦▽豊▽祝く】〔動カ四〕《後世は「とよほぐ」》よろこび祝う。祝福する。「―・き寿き廻もとし献り来し御酒ぞ」〈記・中・歌謡〉

どよみ【▽響み】《古くは「とよみ」》❶大きな音が鳴りひびくこと。大声で騒ぐこと。また、その音や声。どよめき。「遠くでする市街の―を…聞きながら」〈近松秋江・疑惑〉❷ゆれうごくこと。動揺。「汽車の―に留南奇が散って」〈鏡花・婦系図〉

とよ-みき【▽豊▽御▽酒】酒の美称。おおみき。「―献らせ」〈記・上・歌謡〉

とよ-みてぐら【▽豊▽御▽幣】幣帛の美称。「神風や―になびく四手」〈新古今・神祇〉

とよ・む【▽響む】㊀〔動マ下二〕鳴りひびかせる。「我がやどの花橘をほととぎす来鳴き―・めて本に散らしつ」〈万・一四九三〉㊁〔動マ四〕▶どよむ

どよ・む【▽響む】〔動マ五(四)〕《平安末期ころまで「とよむ」》❶音が鳴りひびく。ひびきわたる。「砲声が―・む」❷多くの人が大声をあげて騒ぐ。「上下の人―・みて泣き合ひけるを」〈宇治拾遺・九〉❸ずきずきと痛む。うずく。「跡がきつう―・む」〈浄・大経師〉
〔類語〕(❶)響く

どよ-めき【▽響き】どよめくこと。また、その音。「―が起こる」〔類語〕ざわめき

どよ-め・く【▽響く】〔動カ五(四)〕❶音が鳴りひびく。とどろきひびく。「雷鳴が―・き渡る」❷ざわざわと騒ぐ。「新記録に場内が―・く」❸ゆれうごく。動揺する。「心が―・く」〔類語〕ざわめく・ざわつく・響く

どよも・す【▽響もす】〔動サ五(四)〕《古くは「とよもす」》声や音をひびかせる。鳴りひびかせる。「その声は瀬を―・して響いていた」〈梶井・交尾〉

と-よ・る【と寄る】〔動ラ四〕ちょっと立ち寄る。「白波の立ちながらだに長門なる豊浦の里の―・られよかし」〈後拾遺・雑六〉

と-よ・る【▽外寄る】〔動ラ四〕《本来のものから外れた方に寄る意》後世になる。当世風になる。「妙にをかしき事は、―・りてこそ書き出づる人々ありけれど」〈源・梅枝〉

とら【虎】❶ネコ科の哺乳類。ライオンと並ぶ大形の猛獣。体長約2メートル。全身黄褐色で黒い横縞がある。シカ・イノシシなどを捕食。沿海州から朝鮮半島・中国を経てインド・ジャワ・バリ島まで広くアジアに

分布し、主に密林に単独またはつがいで暮らす。シベリアトラ・ベンガルトラなどの亜種に分けられる。乱獲により数が激減。❷酒に酔って言動が荒くなった人。酔っぱらい。「一箱」
〔類語〕(❷)酔っぱらい・酔客・酔漢・酔いどれ

虎に翼　《「韓非子」難勢から》ただでさえ強い力をもつ者にさらに強い力が加わることのたとえ。

虎にな・る　酔って怖いもの知らずになる。酔ってあばれる。また、泥酔する。「―・って管を巻く」

虎の威を借る狐　《「戦国策」楚策から》他の権勢に頼って威張る小人のたとえ。

虎の尾を踏む　《「易経」履卦から》非常に危険なことをすることのたとえ。虎の口へ手を入れる。

虎の子渡し　《虎が子を3匹生むと、その中には必ず彪が1匹いて他の2匹を食おうとするので、川を渡る際に子を彪と2匹だけにしないよう子の運び方に苦慮するという「癸辛雑識」続集・下にみえる故事から》生計のやりくりに苦しむことのたとえ。

虎は死して皮を留め人は死して名を残す　虎は死後その皮を永く残して珍重され、人は死後その偉業によって名が語り継がれる。

虎は千里往って千里還る　虎は1日に千里の遠くへ行ってまた戻ってくる。勢いの盛んなことのたとえ。虎は一日千里行く。

虎を画きて狗に類す　《「後漢書」馬援伝から》勇猛な虎を描こうとして、犬のようなものになってしまう。力量のない者が、すぐれた人のまねをして、かえって軽薄になることのたとえ。また、目標が大きすぎて失敗することのたとえ。

虎を野に放つ　猛威を振るう者の力を発揮できるよう自由にさせることのたとえ。また、のちに大きな災いをもたらすような危険なものを野放しにしておくことのたとえ。

虎を養いて自ら患いを遺す　《「史記」項羽本紀から》情愛にひかれて後日に禍根を残すたとえ。

とら【×寅】❶十二支の一つで、その3番目。❷方角の名。東から北へ30度の方角。東北東。❸時刻の名。今の午前4時ごろ、およびその後の2時間、または午前4時前後の2時間。❹❶にあたる年や日。❺陰暦1月の異称。

トラ　「トラディショナル」の略。「ニュー―」「浜(=横浜)―」

どら　怠惰。道楽。放蕩。また、その人。現在では、多く「どら息子」「どら猫」など、接頭語的に用いる。「今の―がそれほどな身上を受け取って」〈滑・浮世風呂・前〉

どらを打・つ　道楽をする。放蕩して財産を使い果たす。「傾城集めてどら打たるるを」〈浄・浪花鑑〉
〔補説〕「金尽く」を「鉦を撞く」にもじり、さらに「銅鑼を打つ」とかけたしゃれという。

ど・ら【×銅×鑼】打楽器の一。青銅などでできた金属製円盤を枠につるし、ばちで打ち鳴らす。仏教の法要、民俗芸能の囃子、歌舞伎下座音楽、出帆の合図などに広く用いられる。ゴング。

ドラ　《ドラゴンから生じた語という》マージャンで、上がりの点数を高めるため、その場の初めに、ある牌をドラ牌ときめておき、その牌が上がりの手牌に含まれていたとき、点数を一牌につき一翻上げるようにする方法。また、その牌。

どら〔感〕決心したり思い立ったりして動作を始める時に発する語。どれ。どりゃ。「―、見てみよう」

トラー〖Ernst Toller〗［1893〜1939］ドイツの劇作家。革命運動に参加。表現主義・反戦平和主義の立場から作品を発表。ナチス政権成立後、米国に亡命、のち自殺。作「群集人間」「機械破壊者」など。

トラークル〖Georg Trakl〗［1887〜1914］オーストリアの詩人。初期表現主義の代表者。詩集「夢の中のセバスチャン」など。

トラーベミュンデ〖Travemünde〗ドイツ北部、シュレースウィヒ-ホルシュタイン州の都市、リューベックの近郊の観光保養地。バルト海沿岸の海水浴場として知られ、ヨットハーバー、ホテル、カジノなどがある。

と-らい【渡来】〔名〕スル　遠く外国から渡ってくること。「シベリアから―するハクチョウ」「南蛮―」

トライ〖try〗〔名〕スル　❶試みること。「新しい技に―する」❷ラグビーで、攻撃側のプレーヤーが相手側のインゴールに手でボールを着けること。5点の得点とゴールキックの権利を得る。

ドライ〖dry〗〔名・形動〕❶水気がないこと。水分が少ないこと。また、そのさま。「―な肌」「―シェービング」⇔ウエット。❷㋐風情などがなく、ありのままであること。また、そのさま。無味乾燥。「―な現実」㋑そっけないこと。感傷・人情などに動かされないで、合理的に割り切ること。また、そのさま。「―な対応」⇔ウエット。❸洋酒などの、辛口。「―シェリー」⇔スイート。

ドライ-アイ〖dry eye〗涙液の減少や乾燥により、眼球の表面の状態が悪くなる病気。目が疲れやすい、目がごろごろして痛む、まぶしくて目が開けられないなどの症状がある。高齢者に多い疾患であったが、パソコン画面を見続けて瞬きが減る、エアコンの効いた乾燥した部屋で長時間過ごす、コンタクトレンズの使用で涙液の蒸発量が増えて目が乾燥するなどの複合的な原因で若年層でも発症することが多くなった。

ドライ-アイス〖dry ice〗固体の二酸化炭素。炭酸ガスを圧縮・液化し、冷却して固化させたもの。昇華するため液体にならない。冷却剤として使用。

トライアウト〖tryout〗❶演技・スポーツなどで、適性を判断するための実技試験。また、プロ野球の入団テスト。❷演劇などで、本公演の前に観客の反応を見るために行う試験公演。

トライアスリート〖triathlete〗トライアスロンの選手。

トライアスロン〖triathlon〗水泳・自転車・マラソンの3種目を1日で行う耐久競技。一般に、遠泳3.9キロ、自転車180.2キロ、マラソン42.195キロを行い、総計の時間を競う。鉄人レース。

ドライアッド〖dryad〗ギリシャ神話で、森の妖精。また、木の精。ドリュアス。

トライアド〖triad〗米国戦略核戦力の3本柱。大陸間弾道ミサイル・潜水艦発射ミサイル・戦略爆撃機(空中発射巡航ミサイル)の3本立て(トライアド)で構成されている。

トライアル〖trial〗試すこと。試み。試行。特に、運動競技の試技、また予選試合。「タイム―」

トライアル-アンド-エラー〖trial and error〗試行錯誤。トライアンドエラー。

トライアル-こよう【トライアル雇用】公共職業安定所が紹介する労働者を企業が短期間(原則3か月)試行的に雇用し、双方が適性や職場環境等について相互に確認した上で常用雇用に移行する制度。対象となる労働者は、中高年齢者(45歳以上)・若年者(45歳未満)・母子家庭の母・障害者・日雇労働者・ホームレスなど一定の要件を満たす人に限られ、事業主には奨励金が支給される。試行雇用。

トライアル-ストーン《和 trial＋stone》試金石。物の価値や人の力量などを判定する基準となるもの。
〔補説〕英語ではtouchstone

トライアングル〖triangle〗❶三角形。三角形のもの。❷打楽器の一。鋼鉄の棒を一端があくように正三角形に折り曲げ、鋼鉄のばちで打つ。鋭く透明な音色をもつ。

トライ-アンド-エラー《和 try＋and＋error》▶トライアルアンドエラー

ドライ-イースト〖dry yeast〗▶乾燥酵母

ドライ-エッチング〖dry etching〗半導体集積回路などの微細回路を作製する際、プラズマガスやイオンを用い、不必要な部分を取り去る(エッチング)こと。

ドライ-エリア《和 dry＋area》地下室を持つ建築物の外壁に接する空堀。地下室の防湿・通風・採光のために設ける。〔補説〕英語ではareaway。

ドライ-カレー《和 dry＋curry》野菜とひき肉をいためてカレー粉を入れたもの。ご飯にかけて食べる。また、カレー粉で味を付けたいためご飯。

ドライ-クリーニング〖dry cleaning〗水洗いでなく、蒸気や、揮発性の溶剤を用いて行う洗濯。毛織物・絹・皮革に適する。

トライ-ゲッター《和 try＋getter》ラグビーで、トライする能力の高い選手。

トライコロジー〖trichology〗毛髪学。

ドライ-コンテナ〖dry container〗常温で輸送されるコンテナ。工業製品や日用品などを積み込む一般的なコンテナ。リーファーコンテナに対していう。

ドライサー〖Theodore Dreiser〗［1871〜1945］米国の小説家。自然主義的手法で米国資本主義社会の諸相を批判的に描いた。作「シスター-キャリー」「アメリカの悲劇」など。

トライサイクル〖tricycle〗▶トライシクル

ドライ-シェリー《和 dry＋sherry》辛口のシェリー酒。多く食前酒とされる。➡シェリー

トライシクル〖tricycle〗《tri-(3)＋cycle(自転車)から》三輪自転車。また、三輪自動車。トライサイクル。

ドライ-シャンプー〖dry shampoo〗頭毛をぬらさないでシャンプーする方法。卵白を頭皮に塗り、乾燥させた後ブラッシングを行う方法や、ヘアトニックやアルコールなどの揮発性の薬液で頭皮、頭毛をふく方法などがある。多く、水を使えない病人に用いる。

ドライ-シロップ〖dry syrup〗甘味をつけた散剤または顆粒剤。水などに溶かして服用する。➡シロップ剤

とらい-じん【渡来人】外国から渡来した人。特に古代、4〜7世紀ごろに朝鮮・中国から日本に移住してきた人々をいう。武具製作・機織り・農業などの先進技術をもって大和政権の軍事・政治面に重要な位置を占め、文化の発展にも大きく寄与した。

ドライ-スーツ〖dry suit〗服内への浸水を防ぐ構造の潜水服。保温性が高いので、低水温下および長時間の潜水に適する。

ドライ-スキン〖dry skin〗乾性肌。皮膚脂肪の分泌が少なく、ひびやあかぎれになりやすい。アレルギー性の肌の一つ。

トライチュケ〖Heinrich von Treitschke〗［1834〜1896］ドイツの歴史家・政治評論家。プロイセンを中心とするドイツ統一を主張。排他的な権力国家思想を鼓吹した。著「一九世紀ドイツ史」など。

ドライ-デー〖dry day〗酒を一切飲まない日。

ドライデン〖John Dryden〗［1631〜1700］英国の詩人・劇作家・批評家。王政復古期に時代思潮を反映する作品を書いた。詩「アブサロムとアキトフェル」、劇詩「すべてを恋に」、評論「劇詩論」など。

ドライトートガス-こくりつこうえん【ドライトートガス国立公園】《Dry Tortugas National Park》米国フロリダ州、フロリダキーズ諸島の西方113キロメートルにあるドライトートガス諸島と周辺海域を保護地区とする国立公園。ガーデンキーに19世紀半ばに建造されたジェファーソン砦がある。船または水上飛行機でのみ渡航可能。セグロアジサシ、クロアジサシ、アメリカグンカンドリなどの海鳥が生息する。

ドライ-ドック〖dry dock〗▶乾ドック

トライネシア《和 Trinesia》南太平洋上のミクロネシア・メラネシア・ポリネシアの三つの地域区分を一括した総称。

ドライバー〖driver〗❶自動車を運転する人。運転者。「オーナー―」❷ねじ回し。❸ゴルフで、ウッドクラブ1番の称。飛距離を出すのに用いる。1番ウッド。❹▶デバイスドライバー〔類語〕(❷)ねじ回し

ドライバー-ほけん【ドライバー保険】運転免許証を持っていても自分の自動車を持っていない人のための自動車保険。他人から借りた自動車やレンタカーなどを運転中に起きた事故を補償する。親族所有の自動車や法人名義の自動車を運転中の事故、また業務中の事故は補償されないなどの制約もある。自動車運転者損害賠償責任保険。

ドライバビリティー〖driveability〗自動車などの運転性。運転性能。

ドライバラ-しゅうどういん【ドライバラ修道院】《Dryburgh Abbey》英国スコットランドの町セントボズウェルズにある修道院。スコティッシュボーダーズ地方の4大修道院の一。12世紀にプレモントレ

修道会の修道院として創設。イングランドとのたび重なる戦いで破壊と修復が繰り返され、現在は外壁や塔の一部が残る。スコットランドを代表する詩人・小説家ウォルター＝スコットや第一次大戦で陸軍総司令官を務めたダグラス＝ヘイグが埋葬されている。

トライバリズム〖tribalism〗部族中心主義。同族意識。

トライバル〖tribal〗《部族独特の、の意》デザインやアクセサリーなどに民族的な要素を取り入れたファッション。

ドライ-ビール〖dry beer〗新しい醸造法や特殊な酵母を用いて、アルコール度数を従来のビールよりやや高め(5パーセント程度)にした辛口ビール。

ドライビング〖driving〗❶自動車を運転すること。「―テクニック」❷推進すること。「―フォース(=推進力)」

ドライビング-コンテスト〖driving contest〗▶ドラコン

ドライビング-シミュレーター〖driving simulator〗模擬運転台の前方にディスプレーを置いて刻々と変化する道路状況を映し出す装置。音や振動、車の傾きなどが加わるものもある。教習所での教習用、メーカーなどでの研究用に用いられる。

ドライビング-レンジ〖driving range〗ゴルフ練習場。

ドライブ〖drive〗〔名〕スル ❶自動車を運転すること。また、自動車で遠出すること。「半島を―する」❷テニス・卓球などで、順回転するようにボールを打つこと。また、その打球。「サーブに―をかける」❸機械などを駆動すること。また、その装置。コンピューターでは、磁気・光ディスクなどの駆動装置。ディスクドライブ。

ドライブ-イン〖drive-in〗❶自動車に乗ったまま買物・食事などができる施設。❷自動車旅行者を対象として駐車場を広くとった道路沿いの商店や食堂。

ドライブイン-シアター〖drive-in theater〗自動車に乗ったままで映画を見ることのできる屋外設備。

ドライブウエー〖driveway〗自動車道路。特に観光などのドライブに適した道路。

トライ-フォー-ポイント〖try for point〗アメリカンフットボールで、タッチダウン直後に行う、ゴール前3ヤード(プロは2ヤード)からの攻撃。

ドライブ-サーブ〖drive serve〗バレーボール・テニスなどで、手首を十分利かせ、ボールに順回転を強くかけたサーブ。

ドライブ-スルー〖drive-through〗自動車に乗ったままでサービスを受けることのできる方式。郊外型のファストフード店などが採用。

ドライブバイ-ダウンロード〖drive-by download〗コンピューターネットワークを通じてパソコンなどに被害を与える攻撃手法の一。ウェブブラウザーやオペレーティングシステムの脆弱性(ぜいじゃくせい)を狙うもので、悪意のあるウェブサイトを閲覧すると、利用者の意思に関係なくマルウエアがダウンロードされる。それにより、ネットワークを監視されたり、FTPサーバーのパスワードを盗まれたり、バックドア(不正アクセスのための侵入口)を作られたりする。2009年半ばより被害が拡大したガンブラーがよく知られる。

ドライブ-ベイ〖drive bay〗コンピューター本体内部に、ハードディスクやフロッピーディスクドライブなどの、周辺機器を格納するための空間。

ドライブ-マップ《和 drive＋map》「ロードマップ」に同じ。

ドライブ-めい【ドライブ名】《drive letter》▶ドライブレター

ドライ-フライ〖dry fly〗釣りのフライの一。水生昆虫の成虫などに似せて作り、水に浮かせて用いる。

ドライ-フラワー〖dried flower〗切り花などを乾燥させたもの。装飾用。

ドライ-フルーツ〖dried fruit〗乾燥果実。レーズン・パイナップル・アンズ・プラムなどがある。

ドライブ-レコーダー《和 drive＋recorder》「イベントデータレコーダー」に同じ。ドラレコ。DR。

ドライブ-レター〖drive letter〗主にWindowsなどのオペレーティングシステムにおいて、ハードディスク、フロッピーディスク、光学ドライブなど、各記憶装置の識別に用いる符号。AからZまでのアルファベット1文字が割り当てられる。ドライブ文字。ドライブ名。

トライベッカ〖Tribeca〗米国ニューヨーク市マンハッタン南部の地区名。ハドソン川に面し、レストランやカフェなどが多い。

ドライポイント〖drypoint〗腐食液を用いない銅版画技法で、先端の鋭いニードルという道具を使って銅版に線を刻み、版を作るもの。

トライボルミネセンス〖triboluminescence〗▶摩擦ルミネセンス

トライボロジー〖tribology〗二つの物体が互いに滑り合うような運動をしたときの、接触面に生じる摩擦・摩耗・潤滑の現象やその過程を対象とする応用力学の一分野。

ドライ-マーク《和 dry＋mark》繊維製品の品質表示に基づく取り扱い絵表示の一種。ドライクリーニングによる洗濯法を指定したもの。

ドライ-マウス〖dry mouth〗口腔乾燥症。唾液の出が減少し、口の中(口腔)が乾く状態。

ドライ-ミルク〖dry milk〗粉ミルク。粉乳。

トライヤー〖trier〗試験官。裁判官。審査員。

ドライヤー〖dryer¦drier〗乾燥器。「洗濯物を―に入れる」「ヘアー―」

ドライ-ラボ〖dry lab〗コンピューターによる模擬実験。

ドライ-リハーサル〖dry rehearsal〗放送用語で、本読みから立ち稽古まで、カメラなしで行うリハーサル。

トライリンガル〖trilingual〗3か国語を話す人。3か国語で表現されていること。トリリンガル。

とら・う【捕らふ¦捉ふ】とらふ〔動ハ下二〕「とらえる」の文語形。

トラウザーズ〖trousers〗ズボン。特に、男性用。

トラウト〖trout〗鱒(ます)。ニジマスの類。

トラウマ〖trauma〗▶精神的外傷(せいしんてきがいしょう)

トラウン-こ【トラウン湖】《Traunsee》オーストリア中部、ザルツカンマーグート地方の湖。同地方ではアッター湖に次ぐ面積をもつ。北端にグムンデン焼の産地として知られる町グムンデン、東側に標高1691メートルのトラウンシュタイン山がある。トラウンゼー。

トラウンゼー〖Traunsee〗▶トラウン湖

とらえ-どころ【捕(ら)え所¦捉え▽処】とらへ 証拠にしたり論点にしたりするための手がかり。判断のよりどころ。つかみどころ。「―がない性格」

とら-えび【虎海＝老】クルマエビ科の甲殻類。体長約10センチで、アカエビに似るが、体に黒褐色の斑がある。瀬戸内海・有明海に多い。食用。

どらえもん【ドラえもん】ドラエモン 藤子・F・不二雄の漫画。また、その登場人物。昭和44年(1969)より、小学館の学年誌で連載開始。何をしてもうまくいかない小学生と、22世紀からやってきたロボットの、少し不思議な日常を描く。

とら・える【捕(ら)える¦捉える】とらへる〔動ア下一〕図とら・ふ〔ハ下二〕❶㋐生き物をつかまえる。捕獲する。「珍獣を―・える」「魚を―・える」㋑逃げる人をとりおさえる。「犯人を―・える」❷離すまいと手でしっかりつかむ。「逃げる男の腕を―・える」❸㋐ある物事を確実に自分のものとする。手に入れる。「チャンスを―・える」㋑物事の本質・内容などを理解して自分のものとする。把握する。「意味を的確に―・える」「特徴をうまく―・える」❹感覚にはっきりと感じとる。「微妙な音の差を―・える」「レーダーが機影を―・える」❺ある部分を特にとりたてて問題とする。それにこだわる。「言葉じりを―・える」❻(「心をとらえる」「人をとらえる」などの形で)強く関心を引く。自分に引きつけて影響を与える。「若者の心を―・える」

(類語)(❶)捕まえる・取り押さえる・捕る・引っ捕らえる・生け捕る・召し捕る・搦(から)め取る・引っ括(くく)る・捕(と)らまえる・捕獲する・拿捕(だほ)する・捕縛する・逮捕する・検束する・検挙する・挙げる・ぱくる・しょっぴく/(❸㋑)つかむ・とる・把握する・解釈する・解する・理解する・認識する/(❹)感じ取る・察する・感知する・感受する・察知する・直感する

とら-が【虎×蛾】❶トラガ科の昆虫。翅(はね)は黒色で、前翅には黄白色の、後翅には橙黄色の斑紋があり、腹部には橙黄色の横縞がある。❷鱗翅(りんし)目トラガ科の昆虫の総称。おおむね昼飛性。翅は派手な色彩のものが多く、大部分は熱帯に産する。

とら-が-あめ【虎が雨】陰暦5月28日に降る雨。この日曽我祐成が斬り死にし、それを悲しんだ愛人の虎御前(とらごぜん)の涙が雨となったといわれる。曽我の雨。虎が涙。(季 夏)「寝白粉香にたちにけり―/草城」

トラカイ〖Trakai〗《「トゥラカイ」とも》リトアニア南東部の町。首都ビリニュスの西方約30キロメートルに位置する。ルコス湖、トトリシュキュウ湖、ガルベ湖をはじめ、多数の湖があり、周辺一帯がトラカイ歴史国立公園に指定されている。森と湖に囲まれた豊かな自然景観で知られる。ビリニュス遷都以前に首都が置かれ、15世紀に建てられたトラカイ城がある。

とら-が-いし【虎が石】神奈川県中郡大磯町の延台寺にある石。曽我祐成の愛人の遊女虎御前が化したもので、美男でなくては持ち上げられないと伝えられる。

トラカイ-じょう【トラカイ城】ジョウ《Trakųsalos pilis》リトアニア南東部の町トラカイにあるルネサンス様式の城。15世紀、トラカイ公キェストゥティスと息子のリトアニア大公ビタウタスにより、ガルベ湖に浮かぶ島の上に建造。15世紀半ばに軍事的な重要性を失い、宮殿に改築された。17世紀に戦争による被害を受けて荒廃したが、20世紀半ばに15世紀当時の姿に復元された。トゥラカイ城。

どら-がく【度羅楽¦▽吐羅楽】奈良時代の外来歌舞。唐楽・三韓(さんかん)楽とともに盛行。奈良末期には衰退。度羅は済州島とも、タイ国西部ともいう。

とら-がしら【虎頭】「虎冠(とらかんむり)」に同じ。

とらか・す【×盪かす¦×蕩かす】〔動サ五(四)〕❶金属などを高熱によってとかす。とろかす。「炎暑は金を流し石を―・す程なるが」〈鉄腸・南洋の大波瀾〉❷迷わして本心を失わせる。また、うっとりさせる。「人ノ心ヲ―・ス」〈日葡〉

とら-かみきり【虎天＝牛】カミキリムシ科の昆虫。黄褐色に黒い縞模様がある。幼虫は桑・リンゴなどの生木の内部にすむ。とらふかみきり。

とら-がり【虎刈(り)】頭髪などの刈り方がへたで、虎の毛模様のように段々になっていること。

とら-かん【虎巻】クワン「虎の巻(まき)❸」に同じ。

とら-かんむり【虎冠】漢字の冠の一。「虎」「虐」などの「虍」の称。とらがしら。

トラキア〖Thracia〗バルカン半島東部の地方。エーゲ海に臨み、ギリシャからトルコにまたがる。古代にはブルガリアも含め、北はドナウ川、東は黒海までをさした。トラーキ。

とら-ぎす【虎×鱚】スズキ目トラギス科の海水魚。全身約20センチ。体は筒形で、赤褐色に6本の暗褐色の横帯と体側に1本の青色の縦帯がある。本州中部以南に分布。食用。

ドラキュラ〖Dracula〗アイルランドの作家ブラム＝ストーカーの怪奇小説。1897年作。また、その主人公の吸血鬼の名。ルーマニアのトランシルバニア地方に伝わる吸血鬼伝説を基にしたもの。

とら・く【×盪く¦×蕩く】〔動カ下二〕❶ばらばらになる。散る。〈名義抄〉❷固まっていたものなどが解けほぐれる。緊張などが緩む。「堪能の人の句は心―・けて胸より出づる故に」〈ささめごと〉

ドラグ〖drag〗❶釣りで、リールのブレーキ。❷女装。女装パーティー。

トラクター〖tractor〗動輪あるいは無限軌道をもつ牽引車(けんいんしゃ)。トレーラーや農業機械を牽引したり、土工板をつけブルドーザーとして使用したりする。

ドラクマ〖ギリシャ drachmi〗❶ギリシャの旧通貨単位。1ドラクマは100レプタに相当した。2002年1月(銀行間取引は1999年1月)、EU(欧州連合)の単一通貨ユーロ導入以降は廃止。ダラクマ。❷古代ギリシャの銀貨。また、重量の単位。

ドラクロワ〘Eugène Delacroix〙[1798〜1863]フランスの画家。強烈な色彩と動的な構図による劇的な表現でロマン主義を代表。作「民衆を率いる自由の女神」「サルダナパールの死」など。ドラクロア。

とら-げ【虎毛】虎のように、黄褐色の地に太く黒いしまのある毛並みや模様。虎斑とらふ。

とら-けん【虎拳】拳の一。近松門左衛門の「国性爺合戦」により、腰をかがめて杖つえをつく姿を母親、こぶしを振り上げてにらむ姿を和藤内、這はって出る姿を虎とし、母親は和藤内に、和藤内は虎に、虎は母親に勝つとするもの。酒席の余興として行う。

どら-ごえ【どら声】ごゑ 太くて濁った声。濁った大声。「―を張り上げる」類語悪声・だみ声・胴間声

トラコーマ〘trachoma〙クラミジアの一種の感染によって起こる結膜炎。結膜の充血、まぶたの裏側の水ぶくれの多発、視力の低下などの症状を呈し、角膜が濁って失明することもある。トラホーム。

とら-ごぜん【虎御前】鎌倉時代の相模国大磯の遊女。曽我祐成(十郎)の妾となり、のち出家したという。➡虎が雨

トラコタルパン〘Tlacotalpan〙メキシコ、ベラクルス州、州都ベラクルスの南約90キロメートル、パパロアパン川の中州にある都市。ナワトル語で「水に囲まれた土地」を意味する。河川港として栄え、コロニアルスタイルとカリブ海地域の伝統が融合した古い町並みが残る。1998年に「トラコタルパンの歴史遺跡地帯」の名で世界遺産(文化遺産)に登録された。

ドラゴミルナ-しゅうどういん【ドラゴミルナ修道院】シウダウヰン《Mănăstirea Dragomirna》ルーマニア北東部の村ドラゴミルナにある修道院。スチャバの北西約15キロメートルに位置する。17世紀初頭、モルドバ公国の高官ルカ=ストロイチの支援により創設。ブコビナ地方南部の教会建築の中でも独特な非常に細長い平面構成をもち、高さ42メートルの塔がある。正面部分は黄色い砂岩で作られ、内側の一部にキリストの磔刑たっけいをはじめとするフレスコ画が残っている。

ドラ-コン《driving contestの略》ゴルフで、指定されたホールで第1打の飛距離を競うもの。

ドラゴン〘dragon〙❶ヨーロッパの伝説上の怪獣。翼と爪と蛇の尾をもつ爬虫類で、口から火を吐くとされる。竜。❷レース用ヨットで、全長8.91メートル、三人乗りのもの。

ドラゴンズ〘Dragons〙▶中日ドラゴンズ

ドラゴン-フルーツ〘dragon fruit〙サボテン科の食用月下美人の仲間の果実。果皮は赤く、白い果肉には黒くて細かい種子が散在し、甘味は弱い。レッドピターヤ。

とら-ざめ【虎×鮫】ネズミザメ目トラザメ科の海水魚。全長約50センチ、褐色の地に暗褐色の雲状斑がある。卵は、コイル状の糸で海草に絡みつく。

とらざわ-けんぎょう【虎沢検校】とらさはけんげう [?〜1654]文禄・慶長(1592〜1615)のころに活躍した三味線の名手。師匠の石村検校から伝えられた三味線組歌の琉球組を発展させて、本手組・破手組はでぐみをつくったといわれる。

トラジ《朝鮮語。桔梗ききょうの意》朝鮮民謡の一。桔梗の花に寄せて恋の心をうたったもの。五音音階の三拍子で、「アリラン」と並ぶ代表曲。

ドラジェ〘フランス dragée〙アーモンドに糖衣をかけたもの。アーモンド以外にピスタチオやリキュール、マジパン・チョコレートなども用いられる。

トラジェディー〘tragedy〙悲劇。⇔コメディー。

トラジコメディー〘tragicomedy〙悲喜劇。

トラジック〘tragic〙〘形動〙悲劇的なさま。「―な響きの楽器」

トラジディー〘tragedy〙▶トラジェディー

トラジメーノ-こ【トラジメーノ湖】《Lago Trasimeno》イタリア中部、ウンブリア州にある湖。同国第4の面積をもつ。湖岸の主要都市は西岸にあるカスティリオーネ-デル-ラーゴ。ポルベーゼ島、マッジョーレ島、ミノーレ島の三つの島がある。

トラス〘truss〙直線的な材料を用い、三角形を基本単位とする構造の骨組みで、各部材の節点を回転自由なピン接合としたもの。屋根組み・鉄橋などに使用。結構。➡ラーメン

とら-す【取らす】〘動サ下二〙「とらせる」の文語形。

トラス-きょう【トラス橋】ケウ 本体がトラスで構成される橋。

ドラスチック〘drastic〙〘形動〙《「ドラスティック」とも》やり方などが、思い切ったものであるさま。過激。「―な改革」類語過激・ラジカル・激しい・凄すさまじい・強烈・猛烈・激烈・熾烈しれつ・苛烈かれつ・激甚・急激・峻烈しゅんれつ・激越・矯激きょうげき・ファナティック

トラステベレ〘Trastevere〙イタリアの首都ローマ中心部、テベレ川右岸の地区名。古代ローマ時代、先住民であるエトルリア人の集落があった。ローマ最古とされる4世紀創建のサンタマリアイントラステベレ教会、聖女チェチリアを祭るサンタチェチリアイントラステベレ教会がある。庶民的な地区として知られ、日曜日に開かれるポルタポルテーゼの蚤の市が有名。

トラスト〘英・フランス trust ドイツ Trust〙❶信頼すること。信用。「―ミー(=私を信じなさい)」❷同一業種の各企業が独占的利益を得ることを目的に、資本的に結合する一形態。カルテルと異なり、各企業の独立性はほとんど失われる。企業合同。❸「ナショナルトラスト」の略。「―運動」
類語(❷)カルテル・コンツェルン・シンジケート

トラスト-バンキング〘trust banking〙信託業務。金銭・有価証券・不動産などの財産を所有者が一定の目的に従ってその管理・運用を任せることを信託といい、信託銀行(トラストバンク)などで取り扱うそれらの業務のこと。

トラスト-ほう【トラスト法】ハフ ▶反トラスト法

ドラセナ〘ラテン Dracaena〙リュウゼツラン科ドラセナ属(リュウケツジュ属)の植物の総称。低木または高木。観葉植物やフラダンスの腰みのにする。

とら-せる【取らせる】〘動サ下一〙図とら・す〘サ下二〙❶目上の者が目下の者に物を与える。「ほうびを―・せる」❷(動詞の連用形＋接続助詞「て」の形に付いて、補助動詞のように用いる)…してやる。「夫れ相応に世話しても―・すべし」〈一葉・やみ夜〉
類語与える・呉れる・遣る

トラッカー〘trucker〙トラックの運転手。トラック運送業者。

ドラッカー〘Peter Ferdinand Drucker〙[1909〜2005]オーストリア生まれの経済学者・経営思想家。ドイツのフランクフルト大学を卒業後、ロンドンの金融機関で証券アナリストなどを経て、1937年にアメリカへ移住。39年に処女作「経済人の終わり」を発表し、当時の英首相チャーチルに激賞された。その後も、「現代の経営」「断絶の時代」「マネジメント」「見えざる革命」などの著書を通じて社会の将来像を示し、「企業の社会的責任」「知識労働者」「民営化」などの新しい概念を次々と打ち出し、欧米日のビジネス界や経営者に大きな影響を与えた。

トラッキング〘tracking〙❶跡をたどること。❷ビデオテープなどの再生時に、ヘッドが正確にトラックをなぞること。また、その調整機構。❸映画・テレビの撮影で、カメラを前後に移動させること。❹プラグとコンセントの接触部分にほこりが付着し、湿気を帯びて漏電・発火すること。プラグを長期間差し込んだままにしたり、結露する窓の近くなど水気の多い場所で使用する場合に起こりやすい。トラッキング現象。

トラッキング-エラー〘tracking error〙❶投資信託の値動きにおける、ベンチマークとの乖離。また、その大きさ。パッシブ運用の投資信託は、この値の極小化を目指す。❷情報機器が、光ディスクやレコード・ハード-ディスクなど記憶媒体のデータを誤って読み込むこと。

トラッキング-げんしょう【トラッキング現象】ゲンシヤウ ▶トラッキング❹

トラック〘track〙〘名〙スル ❶陸上競技場で、競走用の走路。「―を一周する」❷「トラック競技」の略。❸㋐磁気テープや映画フィルムなどの録音する部分。また、レコード盤の溝。㋑コンピューターの磁気ディスクなど、円盤状の補助記憶装置を管理する単位。同心円状に分割した区画のこと。それを放射状(扇形)に等分割した区画をセクター、複数のセクターをまとめたものをクラスターという。❹足跡を追うこと。観測すること。「クリックしたユーザーを―する」
類語(❶)走路・コース・レーン・フィールド

トラック〘truck〙貨物運搬用の大型荷台をもつ自動車。貨物自動車。

ドラッグ〘drag〙〘名〙スル《引きずる、の意》コンピューターのマウスの操作で、ボタンを押したままマウスを移動させること。図形を描くときや文書処理の範囲指定などに使う。➡ドラッグアンドドロップ

ドラッグ〘drug〙❶薬。薬物。「―ストア」❷麻薬。「―中毒」

トラック-アット-ワンス〘track-at-once〙CD-RやCD-RWにデータを書き込む際、トラックという単位で、何度でも追記ができる方式のこと。TAO。

トラック-アップ〘track up〙映画・テレビなどで、カメラが被写体に向かって近づき、しだいに対象を大写しにしていく移動撮影法。⇔トラックバック。

ドラッグ-アンド-ドロップ〘drag and drop〙コンピューターで、ボタンを押したままマウスを移動させ、目的の位置でボタンを離すこと。➡ドラッグ

トラック-アンド-フィールド〘track and field〙トラック種目とフィールド種目を合わせた陸上競技の総称。

トラック-きょうぎ【トラック競技】キャウギ 陸上競技のうち、トラックで行う競技の総称。競走・障害物競走・リレーなど。➡フィールド競技

ドラッグ-クイーン〘drag queen〙女装した男性。特に、派手な衣装や化粧などのショー的な要素を含む扮装をしたホモセクシュアルの男性。補説「ドラッグ」がdrug(薬、麻薬)を連想させることから、「ドラァグクイーン」とも書く。

トラック-クレーン〘truck crane〙クレーンを装備した貨物自動車。移動式クレーンの一種。荷台があり貨物を積載して運搬できるもの(ユニック車)と、荷台はなく道路走行用とクレーン操作用の運転室が別個に設けられているものがある。後者のみをトラッククレーンと呼ぶこともある。多軸駆動・多軸操舵機構を装備し、整地されていない斜面での走行性や狭い場所での機動性に優れたオールテレーンクレーンもトラッククレーンに分類される。補説ユニック車は貨物自動車(1ナンバー・4ナンバー)、それ以外のトラッククレーンは特種用途自動車(8ナンバー)に分類される。

トラック-システム〘truck system〙給与の一部または全部を通貨以外の物品で支給する制度。

ドラッグ-シュート《和 drag＋chute》着陸時に機体尾部で開くパラシュート。軍用ジェット機などで着陸距離を短縮する。

トラック-しょとう【トラック諸島】シヨタウ《Truk》太平洋西部、カロリン諸島中部にある島々。大きな環礁の中にトル島・モエン島・フェファン島などが散在。もと米国信託統治領、現在ミクロネシア連邦に属する。チューク。

ドラッグストア〘drugstore〙雑貨・日用品・雑誌・タバコなどを販売する薬局。米国では軽飲食店も兼ねる。

トラックせきさいがた-クレーン【トラック積載型クレーン】▶ユニック車

トラック-ダウン〘track down〙レコード制作で、数多くのチャンネルに分けて多重録音されたものを混ぜ合わせ、音質や抑揚を決めて一つの曲にまとめていく過程。ミックスダウン。

ドラッグ-デザイン〘drug design〙医薬品開発の一つの方法。既知の化学物質の構造と薬理作用の関係に関する知識をもとに、その構造の一部を改変して新しい効果をもつ物質を開発する方法。

ドラッグデリバリー-システム〘drug delivery system〙薬が、必要な時期に、必要な部位へ、必要

な量だけ到達するように工夫した投薬システム。薬物送達システム。DDS。

ドラック-どうくつ【ドラック洞窟】《Cuevas del Drach》スペイン東部、マリョルカ島東岸の町ポルトクリスト近郊にある鍾乳洞。洞窟の奥に、長さ177メートル、深さ9メートルという世界最大級の地底湖マルテル湖がある。ドラッチ洞窟。

トラックとうさいがた-クレーン【トラック搭載型クレーン】►ユニック車

トラック-バック〖track back〗❶映画・テレビなどで、カメラが被写体から遠ざかり、しだいに対象を小さく写していく移動撮影法。⇔トラックアップ。❷ブログの機能の一。他のブログにリンクを張ると、その情報がリンク先のブログに通知され、また、リンク先の記事の要約などが送信される仕組み。TBとも略す。

トラックバック-スパム〖trackback spam〗ブログのトラックバック機能を利用した迷惑な広告行為。主にアクセス数が多いブログに対し、記事内容に関係なく行われる。トラバスパム。

トラックパッド〖trackpad〗コンピューターの入力装置、ポインティングデバイスの一。静電式、または感圧式の平板状のセンサー表面を指でなぞることにより、ディスプレー上のマウスポインターを動かす。ノートパソコンに広く採用される。タッチパッド。スライドパッド。

ドラッグ-バント〖drag bunt〗野球で、セーフティーバントの一。打者が普通の構えから打つ瞬間にバントにかえ、内野手の前に打球を転がすプレー。多く左打者が一・二塁手の方へ行う。

トラックポイント〖TrackPoint〗中国レノボ社のノートパソコン、シンクパッドに搭載されるポインティングスティックの呼称。商標名。

トラックボール〖trackball〗マウスをひっくり返した形状のポインティングデバイス。上面に出ているボールを手で回すことによりマウスカーソルを移動させる。

トラック-マン《和 track＋man》競馬場の競走路(トラック)を見守り、勝敗の予想をするスポーツ紙や専門紙の担当者。

とら-つぐみ【虎×鶫】ヒタキ科ツグミ亜科の鳥。全長約30センチ。全体に黄褐色に黒斑がある。暗い森の中にすみ、夜、ヒーヒョーと笛を吹くような寂しい声で鳴く。アジア・ニューギニアに分布。日本では漂鳥。ぬえどり。ぬえ。(季 夏) ➡鵺(ぬえ)

ドラッグ-ラグ〖drug lag〗海外では普通に使われている医薬品を、日本において使用できない状態。日本の新薬承認に長時間がかかることなどが要因。癌(がん)などの薬で多く、患者が未承認薬を自己負担で個人輸入して用いる例が多くみられる。(補説)厚生労働省は平成17年(2005)に「未承認薬使用問題検討会議」、同18年に「有効で安全な医薬品を迅速に提供するための検討会」を設置するなどして治験や承認審査の迅速化に取り組んでいる。

トラック-レーサー〖track racer〗トラック競技用の自転車。ソロ(一人乗り)とタンデム(二人乗り)がある。

ドラッグ-レース〖drag race〗アメリカで生まれた、4分の1マイルの直線路で加速力を競う自動車レース。通常2台ずつ走る。

ドラッチ-どうくつ【ドラッチ洞窟】《Cuevas del Drach》►ドラック洞窟

トラッツォ〖Torrazzo〗イタリア北部、ロンバルディア州の都市クレモナにある鐘楼。コムーネ広場のクレモナ大聖堂に隣接する。13世紀末の建造。高さは115メートルあり、同国で最も高い鐘楼とされる。15世紀に天文時計が取り付けられた。

トラッド〖trad〗〔名・形動〕《traditionalの略》❶伝統的であるさま。また、そのもの。特に、流行にとらわれないデザインの服装。「―なアイビールック」❷ディキシーランドジャズのこと。

トラットリア〖(イタリア) trattoria〗気軽に入れる、比較的小さくて大衆的なイタリア料理店。➡リストランテ

トラッピング〖trapping〗サッカーやホッケーで、パスされてきたボールの勢いを止めながら受けとめるプレー。ストッピング。トラップ。

トラップ〖trap〗❶排水管の途中に用い、臭気を封じる装置。S字・P字形などの管で、中にたまった水によって臭気が逆流するのを防ぐ。防臭弁。❷蒸気配管の水抜き装置。❸クレー射撃で、皿状の標的を飛ばす装置。❹動物を捕獲するための用具。わな。❺►トラッピング

トラップ-しゃげき【トラップ射撃】クレー射撃の一種目。平行に並ぶ五つの射撃台を順に移動しながら、前方15メートルの発射装置から飛び出る皿状の標的を散弾銃で撃つ競技。

トラディショナル〖traditional〗〔形動〕伝統的であるさま。また、因襲的なさま。旧式なさま。トラッド。「―な英国風の仕立て」「―な演奏法」

トラディション〖tradition〗❶伝統。慣習。❷伝承。伝説。

トラデスカンティア〖(ラテン) Tradescantia〗ツユクサ科トラデスカンティア属(ムラサキツユクサ属)の多年草の総称。園芸上は近縁の属も含めていう。節から発根。葉に白や淡黄色の縞模様がある。夏、白い小花が咲く。観賞用として吊り鉢などで楽しむ。トラデスカンチア。

とらでん【団乱旋】雅楽。唐楽。壱越(いちこつ)調で新楽の大曲。唐の則天武后作とも、大戸真縄(おおとのまなわ)作ともいう。四人または六人で舞ったが、現在は楽・舞とも廃絶。后帝(こうてい)団乱旋。団蘭伝。とらんでん。

ドラド〖(スペイン) dorado〗南米の淡水にすむ魚。全長約80センチ。体は黄金色に輝き、大変美しい。

とら-ねこ【虎猫】虎毛の猫。

どら-ねこ【どら猫】盗み食いなどをするずうずうしい猫。また、野良猫。

とら-の-お【虎の尾】(ヲ) ❶オカトラノオの別名。(季 夏)「掌に承けて―の柔かき/風生」❷トラノオシダの別名。

とらのお-しだ【虎の尾羊=歯】(とらのを―) チャセンシダ科の常緑、多年生のシダ。山野に自生。葉は羽状に裂け、裏面に線状に胞子嚢(ほうしのう)群がつく。

とら-の-かしら【虎の頭】虎の頭の形に模した作り物。それを煮るまねをした湯で産湯を使わせると、子供の穢(けが)れを払い丈夫に育つといわれた。後世の犬張り子はこれに倣ったものといわれる。

とら-の-かわ【虎の皮】(ハ) 虎の毛皮。敷物や、太刀・槍(やり)の鞘(さや)の素材とする。

虎の皮の褌(ふんどし) ❶鬼や雷神などが、腰に着けているという虎の皮で作ったふんどし。❷「取らぬ狸(たぬき)の皮算用」にかけて、そううまくいかない、の意をしゃれていう言葉。「おいらをおさきにしやあがって文使ひさせやうとは―だ」〈滑・続膝栗毛・五〉

とら-の-こ【虎の子】《虎はその子を非常にかわいがるところから》大切にして手放さないもの。秘蔵の金品。「―の財布」(類語)愛蔵・秘蔵・珍蔵・私蔵・死蔵・蔵する・取って置き・箱入り

とら-の-まき【虎の巻】《中国、周時代の兵法書「六韜(りくとう)」の虎韜(ことう)の巻による語》❶兵法の秘伝書。❷芸道などの秘事・秘伝を記した書。❸講義などの種本。また、教科書にある、問題の解答などが書いてある参考書。あんちょこ。とらかん。

とら-の-もん【虎ノ門】江戸城外郭門の一。外桜田門から芝方面に出る関門。現在、東京都港区の地名として残る。

とらのもん-じけん【虎ノ門事件】大正12年(1923)無政府主義者の難波大助が摂政宮裕仁(ひろひと)親王を、虎ノ門付近で狙撃した事件。山本権兵衛内閣は責任をとって総辞職した。

トラバース〖traverse〗〔名〕(スル) 登山で、岩壁や山の斜面を横切って進むこと。

トラバーチン〖travertine〗大理石の一種。緻密(ちみつ)な縞状構造をもつ。湧泉(ゆうせん)や地下水の炭酸カルシウムが沈殿してできる。建築や家具用材となる。

トラバーユ〖(フランス) travail〗仕事。職業。転じて、就職、転職。

とら-ばこ【虎箱】警察署内に置かれる、泥酔者を保護するための部屋の俗称。➡虎❷ (補説)警視庁では署内のほか、都内に4か所の「泥酔者保護所」を設置していたが、平成19年(2007)までにすべて閉鎖した。

とら-ばさみ【虎挟み】獣類を捕獲する猟具の一。鋼鉄製で、獣がこれを踏むと足や頭などを挟む。

トラバ-スパム「トラックバックスパム」の略。

ドラハダ〖Drogheda〗►ドロヘダ

トラパニ〖Trapani〗イタリア南部、シチリア島、シチリア自治州の港湾都市。同島西部に位置し、エガディ諸島、サルデーニャ島、北アフリカと航路で結ばれる。マグロ漁をはじめとする漁業、製塩業が盛ん。伝統的なサンゴ細工も有名。紀元前3世紀に古代カルタゴの軍港が置かれ、古代ローマとの海戦に敗れた後に衰退。中世にはノルマン朝、アラゴン家の支配の下、海運と商業で栄えた。

トラビアタ〖(イタリア) La Traviata〗►椿姫(つばきひめ)

とら-ひげ【虎×髭】虎のひげのように、毛がこわく突っ張った口ひげ。

トラピスト〖Trappists〗カトリック修道会の一。厳律シトー修道会の俗称。1664年、フランスのシトー会ラ・トラップ修道院改革に始まり、1892年に分離して独立の修道会となった。典礼を重んじ、沈黙・禁欲・観想・菜食の戒律を厳格に守り、農業労働の共同生活をする。日本には明治29年(1896)に伝えられた。(補説)国内では、北海道北斗市・大分県日出町にトラピスト修道院(男子)、北海道函館市・栃木県那須町・兵庫県西宮市・佐賀県伊万里市・大分県宇佐市にトラピスチヌ修道院(女子)がある。

ドラビダご-ぞく【ドラビダ語族】《Dravidian》インド南部を中心にスリランカ北部などでも話されている同系諸言語の総称。古い文献を有するタミル語・テルグ語やカンナダ語・マラヤーラム語などを含む。

ドラビダ-ぞく【ドラビダ族】《Dravidian》インド・アーリア人の南下以前からインドに住んでいた主要民族。現在は主としてインド南部に居住。ドラビダ系諸語を話す。

トラヒック〖traffic〗►トラフィック

とら-ふ【虎▽斑】「虎毛(とらげ)」に同じ。

トラフ〖trough〗❶海底の細長い凹地で、海溝ほど深くなく、両側の斜面も緩やかな海底地形。南海トラフなど。舟状海盆(しゅうじょうかいぼん)。❷「気圧の谷」に同じ。

トラファルガー〖Trafalgar〗スペイン南西部、大西洋に面する岬。トラファルガル。

トラファルガーおき-の-かいせん【トラファルガー沖の海戦】1805年に起こった海戦。ネルソンの率いる英国艦隊がフランス・スペイン連合艦隊に大勝し、ナポレオンは英国上陸を断念した。

トラファルガー-ひろば【トラファルガー広場】ロンドンの都心部、ウェストミンスター区にある広場。トラファルガー沖の海戦の勝利を記念して、1841年に造成。ネルソン記念塔がある。トラファルガースクエア。

とらふ-いし【虎▽斑石】虎の毛のような模様のある黄色の石英粗面岩。兵庫県豊岡市産の石材。かつては滋賀県高島産のものが、虎斑石硯(すずり)として著名であった。

トラフィック〖traffic〗《「トラヒック」とも》❶交通。運輸。また、交通量。❷貿易。取引。❸通信回線を通じて送受信される情報。「インターネット―」

トラフィック-ジャパン〖TRAFFIC Japan〗《TRAFFICは、Trade Records Analysis of Flora and Fauna in Commerceの略》野生動植物国際取引調査記録特別委員会の日本委員会。ワシントン条約に違反して行われている野生動植物取引を摘発する民間団体。

とら-ふぐ【虎河=豚】フグ科の海水魚。全長約70センチ。胸びれ後方に、周囲が白い黒青色の大斑があり、卵巣・肝臓に強毒がある。ふぐ料理では最高級品で冬が旬(しゅん)。ふぐ提灯にもする。北海道以南、東シナ海まで分布。下関地方で「まふく」、岡山・広島地方で「おおふく」とよぶ。(季 冬)

とらふ-ずく【虎▽斑木=菟】(づく) フクロウ科の鳥。全長38センチくらい。全身黄褐色で黒斑があり、耳羽が長い。ユーラシアと北アメリカに広く分布。日本では北海道と本州で繁殖し、本州以南で越冬する。

トラブゾン〘Trabzon〙トルコ北東部、黒海沿岸の港湾都市。紀元前7世紀に古代ギリシャが建設した交易都市トラペズスに起源し、古代ローマ時代に発展。13世紀初頭、十字軍によるコンスタンチノープル陥落後、東ローマ帝国の皇族が亡命して建てたトレビゾンド王国の首都となり、トレビゾンドと呼ばれた。15世紀半ばよりオスマン帝国領。アヤソフィアやスメラ修道院をはじめとするビザンチン式のキリスト教建築が多数残っている。

ドラフト〘draft〙❶人を選抜すること。➡ドラフト制 ❷下書き。草稿。❸洋裁で、型紙の輪郭を描いた下図。

ドラフト-いんさつ【ドラフト印刷】《draft print》印刷品質を落とした試し刷り。インクやトナーの使用量を減らす代わりに高速で印刷をする。

ドラフト-かん【ドラフト感】《ドラフトはdraftで、通気の意》普通は空気の流れをいい、通風、すきま風、賊風ともいう。低温の気流が吹き込むか、ガラスなどで冷やされた空気が流下して人体に不快感を与える現象。

ドラフト-せい【ドラフト制】プロ野球で、新人選手獲得の際、抽選によって交渉権を各チームに与える制度。新人選手選択制度。

ドラフト-ビール〘draft beer〙樽出しのビール。生ビール。

トラブル〘trouble〙❶もめごと。いざこざ。紛争。「金銭上の—を起こす」❷故障。不調。「エンジン—」(類語)内輪もめ・内紛・諍い・言い合い・口論・いがみあい・角突き合い・もめ事・いざこざ・ごたごた・騒ぎ・悶着・摩擦・波乱・小競り合い・喧嘩・問題

トラブ・る〔動ラ五〕《名詞「トラブル」の動詞化》❶もめ事やいざこざが起こる。❷故障する。

トラブルシューター〘troubleshooter〙❶機械の修理人。故障検査員。❷紛争などを調停・解決する人。

トラブルシューティング〘troubleshooting〙機械の故障やソフトウエアのトラブルなどが発生したときの解決法。

トラブルメーカー〘troublemaker〙もめごとをよく起こす人。

トラペーズ-ライン〘trapeze line〙《trapezeは、台形の意》ドレスやコートなどで、裾がやや広がった台形のシルエットのこと。

トラペジウム〘trapezium〙❶不等辺四辺形。どの二つの辺も平行でない四角形。❷オリオン星雲の中にある四つの重星。非常に高温で強い紫外線を放ち、星雲全体を光らせる。

トラペジッツァ-の-おか【トラペジッツァの丘】《Trapezitsa》ブルガリア中北部の都市ベリコタルノボにある丘。ヤントラ川右岸に位置し、ツァレベツの丘に次ぐ第2の要塞が築かれた。第二次ブルガリア帝国時代には貴族の屋敷があった。

トラペズス〘Trapezous〙トルコ北東部の都市トラブゾンの旧称。

トラベラー〘traveler〙旅行者。
(類語)旅行者・ツーリスト

トラベラーズ-チェック〘traveler's check〙旅行小切手。海外旅行者が現地通貨に換えたり支払いに用いたりする小切手。為替銀行が発行。TC。

トラベリング〘traveling〙❶バスケットボールで、プレーヤーがボールを持って三歩以上歩く反則。❷巡回すること。移動すること。

トラベル〘travel〙旅行。旅。「—ウオッチ」
(類語)旅行・旅・遠出・行旅・客旅・羇旅・旅路・道中・旅歩き・ツアー・トリップ・周遊

トラベル-ウオッチ《和 travel＋watch》目覚ましなどのついた旅行用の小型の置き時計。(補説)英語では、travel alarm clockなどという。

トラペン「トラペンシート」の略。

トラペン-シート《和 transparent＋sheetから》オーバーヘッドプロジェクターで使用する大型の透明シート。トラペン。(補説)英語ではtransparency

トラホーム〘ドイツ Trachom〙「トラコーマ」に同じ。

トラ-ポン「トランスポンダー」の略。

ドラマ〘drama〙❶演劇。芝居。「テレビ—」❷戯曲。脚本。「—を書く」❸劇的な出来事。劇的事件。「旅先で—がある」(類語)演劇・劇・芝居・猿芝居

ドラマー〘drummer〙ドラムの演奏者。鼓手。

とらま・える【▽捕まえる｜▽捉まえる】〔動ア下一〕《「とらえる」と「つかまえる」が混同してできた語》とらえる。つかまえる。「弱点を—・える」
(類語)捕まえる・捕る・捕らえる・引っ捕らえる・取り押さえる・生け捕る・召し捕る・搦め取る・引っ括る・捕獲する・拿捕する・捕縛する・逮捕する・検束する・検挙する・挙げる・ぱくる・しょっぴく

ドラマチスト〘dramatist〙劇作家。脚本家。

ドラマチック〘dramatic〙〔形動〕劇を見るように感動的、印象的であるさま。劇的。「—な生き方」

ドラマチック-ソプラノ〘dramatic soprano〙音楽で、特に劇的な表現に適したソプラノをさす。

ドラマチック-テナー〘dramatic tenor〙音楽で、特に劇的な表現に適したテナー(テノール)をさす。

ドラマツルギー〘ドイツ Dramaturgie〙《「ドラマトゥルギー」とも》❶戯曲の創作や構成についての技法。作劇法。戯曲作法。❷演劇に関する理論・法則・批評などの総称。演劇論。

とらま・る【▽捕まる｜▽捉まる】〔動ラ四〕❶とらえられる。「蜜夫をする程の男ゆゑ—・るやうな仕打ちを働かず」〈洒・一騎夜行〉❷つかまる。取りつく。「しっかりおれに—・ってゐやれ」〈伎・独道中五十三駅〉

ドラミング〘drumming〙動物が鳴き声以外の方法で音をたてる動作。ゴリラが両腕で胸をたたくことや、キツツキが木の幹をつつくこと、鳥が求愛や威嚇のために翼や尾羽などで音を出す行動など。➡母衣打ち

トラム〘tram〙❶《tramcarの略》路面電車。トラムカー。❷ロープウエーのゴンドラ。

ドラム〘dram〙▶ダラム

ドラム〘drum〙❶洋楽の太鼓のこと。また、ジャズ・ロックなどのバンドで用いるドラムセットをいう。❷建物で、ドームの下部にある円筒状の部分。❸円筒状の石材。❹円筒状の機械部品。「—ブレーキ」❺コンピューターで、磁気ドラム記憶装置のこと。

ドラム-かん【ドラム缶】鉄板で作った円筒形の大きい缶。液体燃料などを入れる。

ドラムクリフ〘Drumcliffe〙アイルランド北西部の都市スライゴーの北方約8キロメートルに位置する村。教会墓地には初期キリスト教時代の円塔や、保存状態の良いハイクロス(ケルト十字)が残っている。また、アイルランド文芸復興運動に貢献した詩人・劇作家のウィリアム=イェーツの墓地があることで知られる。

ドラム-じょう【ドラム城】《Drum Castle》英国スコットランド北東部、アバディーンシャー州バンコリーの近郊にある城。ロイヤルディーサイドとして知られるディー川沿いに位置する。スコットランド王ロバート1世がアービン家に土地を与え、14世紀に建造。増改築が繰り返され、ビクトリア朝時代に現在の姿になった。広大な庭園は18世紀に造られたもので、大英帝国の植民地からもたらされた木々を植えた樹木園や、さまざまなバラの原種が見られるバラ園がある。

どら-むすこ【どら息-子】怠け者で、素行の悪い息子。道楽息子。放蕩息子。

ドラムスティック〘drumstick〙《太鼓のばちの意》鶏肉の下もも肉。骨つきで、空揚げ・ロースト・ソース煮込みなどに用いる。形が太鼓のばちに似ているところからついた名称。

ドラム-バーカー〘drum barker〙円筒内に原木を入れて回転させ、ぶつかり合う力と円筒の内側についた刃で樹皮を剝ぐ機械。

ドラム-ブレーキ〘drum brake〙自動車で、車輪とともに回転するドラムの内側に、ブレーキシューを押し付けて制動する方式のブレーキ。

ドラムヘラー〘Drumheller〙カナダ、アルバータ州中南部、カルガリーの北東約120キロメートルに位置する町。恐竜や古生物の化石の産地として知られるバッドランド地域の中心地。

とらめ-いし【虎目石】青石綿を石英で充塡または交代した鉱物。青色と黄褐色で絹糸光沢があり、磨くとトラの目のように見える。飾り石にする。虎眼石。

どら-もの【どら者】道楽者。放蕩者。「何うして何うして為方の無ねえ—だった」〈真山・南小泉村〉

どら-やき【▽銅×鑼焼(き)】小麦粉・卵・砂糖などを溶いて銅鑼の形に丸く流して焼いた2枚の皮の間に粒あんを挟んだ和菓子。

とらや-げんだゆう【虎屋源太夫】江戸前期の古浄瑠璃の太夫。江戸の人。薩摩浄雲の門人。金平節浄瑠璃風の硬派の語り手として有名。上方の浄瑠璃にも影響を与えた。生没年未詳。

トラヤヌス〘Marcus Ulpius Trajanus〙[53～117]古代ローマ皇帝。在位98～117。五賢帝の一人。元老院と協調して内政を安定させるとともに、対外進出をはかってアルメニア・アッシリア・メソポタミアなどを征服、帝国の版図を最大にした。

ドラ-レコ「ドライブレコーダー」の略。

とられん-ぼ【取られん▽坊】遊女に金品をまきあげられる客。「金のあるほど—」〈吾妻物語〉

とらわ・る【▽囚はる】〔動ラ下二〕「とらわれる」の文語形。

とらわれ【▽囚われ】敵にとらえられること。また、その状態。「—の身となる」

とらわれ-の-み【▽囚われの身】逮捕されて、または捕虜となって身の自由を奪われた状態。囚われの身の上。「—となる」

とらわれ-びと【▽囚われ人】とらわれている人。とりこ。

とらわ・れる【▽囚われる｜捕(ら)われる｜▽捉われる】〔動ラ下一〕文とらは・る〔ラ下二〕❶つかまえられる。とらえられる。「敵に—・れる」❷固定した価値観や考え方などに拘束される。「先入観に—・れる」「目先のことに—・れる」(類語)(❶)捕まる/(❷)頓着・執着・執心・偏執・我執・固執

ドラン〘André Derain〙[1880～1954]フランスの画家。フォービスムから出発し、キュビスムに参加。のち、古典主義的傾向の作風となった。作「森」「ブロンドの女」など。

トランキライザー〘tranquilizer〙精神的興奮をしずめ不安などを緩和する薬の総称。精神安定剤。メジャートランキライザー(抗精神病薬)も含まれるが、主にマイナートランキライザー(抗不安薬)をさす。

トランク〘trunk〙❶大型で長方形の旅行用かばん。❷乗用車の荷物入れ。トランクルーム。
(類語)(❶)かばん・バッグ・手提げ・アタッシェケース・スーツケース

トランクイロ〘イタリア tranquillo〙音楽で、発想標語の一つ。「静かに」の意。

ドラングエイ-とう【ドラングエイ島】《Drangey》アイスランド北部、スカガフィヨルズル湾内の島。ソイザウルクロウクルの沖合に位置する。約70万年前の火山活動により形成。周囲を高さ約180メートルの切り立った断崖に囲まれ、ウミガラス、ウミスズメ、ツノメドリなどの海鳥の繁殖地になっている。ドラング島。

トランクス〘trunks〙男子用の短いパンツ。水泳・ボクシングなどで用いる。(類語)ブリーフ・パンツ

トランク-ピストン〘trunk piston〙ピストンの一つ。トランク機関に用いられる。

トランク-リッド〘trunk lid〙乗用車のトランクのふた。(補説)イギリス英語ではboot lid。

トランク-ルーム《和 trunk＋room》❶家具・美術品などを有料で保管する倉庫。❷「トランク❷」に同じ。

トランザクション〘transactions〙❶端末機器を介しての人間と電子計算機との対話。❷データ処理の際のデータ変更の要求、変更処理や、変更用のデータ。

トランザクション-しょり【トランザクション処理】《transaction processing》企業情報システムなどで、複数の関連する作業を1つの単位として処理す

ること。銀行・顧客間の出金・入金処理など、一方の処理だけではなく、両方の処理が完全に遂行されることを必要とする場合に用いる。➡トランザクション

トランザクション-ファイル〘transaction file〙新たに発生したデータを記録し、マスターファイルの更新に使われるファイル。更新ファイル。

トランシーバー〘transceiver〙❶送信機と受信機が一体になっている携帯用無線通話機。一般に、同一周波数を送・受信のどちらかに切りかえて使う。❷コンピューターとLANなどのネットワークケーブルの間で、電気信号を中継する装置。コンピューター内の信号をネットワークケーブルに適した信号に変換したり、信号のやり取りに伴う衝突を検出したりする役割をもつ。

トランジション〘transition〙❶移り変わり。また、変わり目。❷テレビ・映画などの場面転換。また、コンピューターで、画像と画像を切り替える手法。スライド、波紋、キューブ、ワイプなどさまざまな方法がある。❸政権交代の準備過程。行政側と行う事前協議。❹音楽で、一時的な転調。

トランジスター〘transistor〙ゲルマニウム・シリコンなどの半導体を利用した、三つ以上の電極をもつ素子。増幅・発振・変調などの機能をもつ。小型・軽量で、コンピューターなどに使用。

トランジスター-グラマー《和 transistor＋glamor》小柄だが肉体的に魅力のある女性のこと。

トランジスター-ラジオ〘transistor radio〙トランジスターを用いたラジオ。多く携帯用。

トランシット〘transit〙測角器械の一。主として水平角・鉛直角の測定に使用。水平分度盤と鉛直分度盤をもつ架台上に自由に回転できる望遠鏡を取り付けたもの。精密なものを経緯儀という。転鏡儀。

トランジット〘transit〙❶通行すること。通過すること。❷航空機で目的国に行く途中、給油その他のために一時他国の空港に立ち寄ること。乗客は空港外には出られず、空港外で宿泊する場合には一時的な通過査証(トランジットビザ)が発給される。

トランシト-きょうかい【トランシト教会】《スペイン Sinagoga del Tránsito》スペイン中央部の都市トレドにある教会。もとは14世紀初めに建てられたムデハル様式のシナゴーグ。現在は同地に定住したユダヤ人、セファルディムについての博物館になっている。1986年、「古都トレド」の名称で旧市街全域が世界遺産(文化遺産)に登録された。

トランシルバニア〘Transylvania〙ルーマニア北西部の地方。トランシルバニア-アルプス山脈とカルパチア山脈とに囲まれた台地部。11世紀にハンガリー領となり、第一次大戦までオーストリア-ハンガリー帝国の一部。

トランシルバニア-アルプス〘Transylvanian Alps〙ルーマニア中央部を東西に約300キロメートルにわたって走る山脈。中央ヨーロッパ、東ヨーロッパに連なるカルパチア山脈の最南部を成す。ブチェジ、ファガラシュ、パルング、レテザトという四つの山群がある。最高峰はファガラシュ山群のモルドベアヌ山で、標高2544メートル。南カルパチア山脈。

トランス〘trance〙催眠状態やヒステリーの場合にみられる、意識が通常とは異なった状態。受動性・被暗示性が高まって自発的な行為が減少し、運動・知覚・思考などの異常性が誘起されやすくなる。

トランス〘trans〙《横切って、他の側へ、超越して、の意》化合物中の原子や原子団などが、反対側に位置すること。➡シス

トランス《transformerの略》変圧器。

トランスアクスル〘transaxle〙自動車のトランスミッションとファイナルドライブ(最終駆動)、デフ(差動機)が一体になったもの。前輪駆動車・ミッドエンジン車や、それらを基にした四輪駆動車には必要不可欠。

トランスアミナーゼ〘transaminase〙アミノ酸からアミノ基を取ってケト酸(2-オキソ酸)にし、アミノ基を他のケト酸に与えてアミノ酸にする酵素の総称。すべての生物体内に存在し、窒素代謝やアミノ酸合成に重要。GPT(グルタミン酸ピルビン酸トランスアミナーゼ)・GOT(グルタミン酸オキサロ酢酸トランスアミナーゼ)など。アミノ基転移酵素。アミノトランスフェラーゼ。

トランスアミナーゼ-けんさ【トランスアミナーゼ検査】《transaminase test》血清中のトランスアミナーゼ量を測定し、病因を明らかにする診断法の一。GOT・GPTが代表的で、肝疾患の診断などに利用。

トランスカジュアル〘transcasual〙カジュアルを超えたファッションということ。従来の枠にとらわれない自由な発想のカジュアルファッション。

トランスクリプション〘transcription〙転写。DNAのもつ遺伝情報がRNA分子に写されること。

トランスジェニック-どうぶつ【トランスジェニック動物】《transgenic animal》遺伝子導入動物。その動物のではない、外来の遺伝子を組み込まれ、育てられた動物。人工的に操作した遺伝子を組み込み、特定の遺伝子が働かないようにし、その遺伝子のもっていた役割を調べるノックアウトマウスが有名。

トランスジェンダー〘transgender〙性同一性障害の一。身体の性と心の性が一致しないが、外科的手術は望まない人。TG。

トランス-しぼうさん【トランス脂肪酸】〘ベンジャン〙食用油を高熱で処理する、また水素を加えて固まりやすくする時に生じる不飽和脂肪酸。マーガリン、ショートニングなどの加工油に多く含まれる。自然には牛などの肉・脂肪に少量含まれる。過度の摂取は健康に有害とされ、規制する国もある。トランス型不飽和脂肪酸。TFA(trans fatty acid)。➡不飽和結合

トランスセクシュアル〘transsexual〙性同一性障害の一。身体の性と心の性が異なるため、外科的手術によって一致させることを望む人。トランスセクシャル。TS。

トランスナショナル〘transnational〙〘形動〙国境を越えた。一国の利害にとらわれない。「一な活動が認められての受賞」

トランスネプチューニアン-てんたい【トランスネプチューニアン天体】《trans-Neptunian objects》►太陽系外縁天体

トランスパーソナル-しんりがく【トランスパーソナル心理学】《transpersonal psychology》超個心理学。米国で広がっている新しい心理学。医学は体、心理学は心、宗教は魂を扱うが、この心理学は、これら三者を統合して人間の全体像をとらえる。

トランスバール〘Transvaal〙南アフリカ北東部の州。州都プレトリア。世界有数の鉱石の産地で、金・ウラン・ダイヤモンドなどを産出。19世紀にブーア人が移住し、1852年にトランスバール共和国を建てた地。

トランスファー〘transfer〙❶移動。移転。❷乗り換え。乗り換え切符。

トランスファー-アールエヌエー〘transfer RNA〙転移RNA。

トランスファージェット〘Transfer Jet〙近接無線通信技術の一。ソニーが開発したもので、通信距離は約3センチメートル、最大通信速度は560Mbps。携帯電話、デジタルカメラ、デジタルビデオカメラなどを、パソコンやオーディオ機器の通信部分にかざすだけで大容量のデータを高速転送することができる。

トランスファー-プライス〘transfer price〙移転価格。親会社と海外子会社の取引に用いられる輸出入価格。

トランスファー-マシン〘transfer machine〙各工程専用の自動機械を加工順に配し、機械間を自動搬送装置で結んだ設備。連続加工ができ、大量生産に使用。

トランスフェラーゼ〘transferase〙転移酵素。

トランスフォーム-だんそう【トランスフォーム断層】《transform fault》中央海嶺をところどころでほぼ直角に横切る断層。ずれ動くのは位置のずれた海嶺軸の間だけで、その外側では海底が同方向にずれているので、ずれは生じない。プレート境界の一。

トランスフォーメーション〘transformation〙変形。変化。変質。変換。

トランスペアレンス〘transparence〙ファッションで、透明な物、透ける素材。また、透けて見える服。

トランスペアレント〘transparent〙《透明なの意》従来のシースルーの新しい呼び方。健康的でセクシーに見せようとするファッション傾向で、薄地の素材や穴のあいたレース・ニットなどを用いる。

トランスポーター〘transporter〙運搬装置。運搬役。

トランスポート〘transport〙人・物を運ぶこと。輸送。移送。転送。

トランスポゾン〘transposon〙一定の構造をもったまま染色体上を自由に転移するDNA(デオキシリボ核酸)単位。両端に塩基対の反復配列をもち、みずからの転移に必要な遺伝子のほかに、薬剤耐性遺伝子などをもつ。

トランスポンダー〘transponder〙無線通信などに使用される無線中継機のこと。受信電波の周波数を変換し、増幅して再び送信する。

トランスミッション〘transmission〙動力伝達装置。特に、自動車の変速機。

トランスミッター〘transmitter〙信号を送り出す電気的、電子的機器。送信器。送話器。

トランスモジュレーション-ほうしき【トランスモジュレーション方式】〘ハウシキ〙CATV(ケーブルテレビ)で地上デジタルテレビ放送を伝送する方式の一。受信した電波をCATVで使われる変調方式に変換して伝送する。

トランスヨルダン〘Transjordan〙ヨルダンの旧称。英国の委任統治下での呼称。

トランスルーセント〘translucent〙《半透明なの意》肌が透けて見えるような透明感のある仕上がりの粉おしろいや口紅などの化粧品。

トランスレーション〘translation〙翻訳。

トランスレーター〘translator〙翻訳者。通訳。

トランソニック〘transonic〙気流または飛行体の速度が音速以下で音速に近いこと。遷音速。

トランタン〘フランス trente ans〙30歳。日本では、20代後半から30歳前半の女性をさす言葉として平成2年(1990)ごろから使われだし、30代の女性全体という意味にまで拡大されつつある。〘補説〙30ansと略記する場合もある。

トランパー〘tramper〙不定期船。不定期航空便。

トランプ〘trump〙《切り札の意》カード式の室内遊戯具の一。スペード・ハート・クラブ・ダイヤの4種のマークの札が各13枚と、ジョーカー1枚、計53枚を一組とする。西洋カルタ。また、それを使用するゲーム。〘類語〙カード・カルタ・百人一首

トランプるい-ぜい【トランプ類税】麻雀牌・トランプ・花札などを課税物件として課する国税。製造者などを納税義務者とする。平成元年(1989)消費税の導入に伴い廃止。

トランペット〘trumpet〙金管楽器の一。管を長円形に巻き、吹き口はカップ状で先端は朝顔形に開く。三つのバルブで音高を変える。

トランポリン〘trampoline〙円形や方形などの枠にスプリング付きの弾力性の強いマット(正式にはベッドとよぶ)を張った運動用の跳躍器具。また、それを使った体操の種目。その上で跳びはねたり、空中回転をしたりする。もと商標名。

トランポリン-せいさく【トランポリン政策】英国で採用された労働市場政策。セーフティーネット(安全網❷)が労働市場から「落下」した失業者を現金給付等で受け止める役割を果たすのに対し、トランポリン政策は職業訓練や事業主への助成金等を通じて、失業者を労働市場に復帰させることを目的とする。失業者が技術・技能を習得した後、就業して納税者に戻ることから、結果的に財政負担が軽減されると期待される。

と-り【図利】利を図ること。利益を得ようとすること。「賭博開張―」「―加害目的」

と-り【×肚×裡・×肚裏】腹の中。心中。

とり【×酉】❶十二支の一つで、その10番目。❷方角の名。西。❸時刻の名。今の午後6時ごろ、およびそ

の後の2時間、または午後6時前後の2時間。❹❶にあたる年や日。❺陰暦8月の異称。❻酉の市。「一の一」

とり【取(り)】㊀〔名〕❶取ること。また、その人。多く他の語と複合して用いる。「音頭一」「かじ一」「月給一」❷寄席で、最後に出演する人。「一をつとめる」❸最後に上演・上映する呼びもの番組・映画。❹(「…どり」の形で、数量を表す語に付けて用いる)㋐その量の米を知行として受け取る武士。「千石一」㋑その量の米でつくる供え餅。「二合一」㋒その金額の給料を取る者。「三十円一の会社員」〈一葉・ゆく雲〉㋓その揚げ代を取る下級の遊女。「三匁一は、さのみいやしからず」〈浮・一代女・二〉㊁〔接頭〕動詞などに付いて、語調を整え、改まった感じにするのに用いる。「一つくろう」「一みだす」(類語)(㊀❷)真打ち

とり【鳥┊▽鶏┊×禽】❶(鳥)からだ全体が羽毛で覆われ、翼で空中を飛ぶ恒温動物。鳥類。❷(鶏)にわとり。❸鳥肉。特に、鶏の肉。
(…語)青い鳥・大鳥・籠の鳥・唐鳥・雲鳥・小鳥・白鳥・寝鳥・初鶏・花鳥・比翼の鳥・水鳥・焼き鳥 (どり) 一番鶏・色鳥・浮かれ鳥・海鳥・親鳥・雄鳥・飼い鳥・風見鶏・閑古鳥・地鳥・旅鳥・千鳥・夏鳥・二番鶏・温め鳥・放ち鳥・羽抜け鳥・雛鳥・冬鳥・椋鳥・雌鳥・百千鳥・山鳥・呼ぶ子鳥・若鳥・渡り鳥
鳥無き里の蝙蝠　すぐれた者や強い者のいない所で、つまらない者がいばることのたとえ。
鶏の空音　鶏の鳴きまね。中国、戦国時代、斉の孟嘗君が秦から脱出するとき、夜中に函谷関に着き、従者が鶏の鳴き声をまねて門を開かせて、無事に関を越え追っ手から逃れたという故事による。

トリ〖ラテン tri〗数の3。「一クロロエチレン」

どり　鳥類の肺臓および気嚢。紅血色で海綿状のもの。古くは有毒と思われていたが毒はない。「鳥は食っても一食うな」

どり【取(り)】「と(取)り㊀❹」に同じ。「百石一の家臣」

ドリア〖フランス doria〗ピラフなどの上にホワイトソースをかけ、オーブンで焼いた料理。

トリアー〖Trier〗▶トリーア

トリアージ〖フランス triage〗《「選別」「優先割当」の意》大災害によって多数の被災者が発生した際に、どの負傷者から治療するか、どの患者を救急搬送するかといった優先順位を決めること。また、その役目。現場の人材・機材などを最大限に活用するために行う。(補説)優先順序を傷病者の手首につけたタグで表示する。緑が軽症、黄色が早期に治療が必要、赤が緊急治療が必要、黒が死亡を示す。

トリアー-だいせいどう【トリアー大聖堂】《Trierer Dom》▶トリーア大聖堂

とり-あい【取(り)合い】❶一つのものを取ろうとして争うこと。奪い合い。「席の一」❷つり合っていること。また、取り合わせ。配合。「上着にかかはらず、肌着との一なり」〈色道大鏡・三〉

とり-あ・う【取り▽敢ふ】〔動ハ下二〕❶余裕をもって取る。ちゃんと取る。多く、あとに打消しの表現を伴って用いる。「蓑も笠も一・へで、しとどにぬれて惑ひ来にけり」〈伊勢・一〇七〉❷前もって用意する。準備する。「かねてしも一・へたるやうなり」〈源・胡蝶〉❸ちょうどその場にある。また、当座に間に合わせる。「一・へたるに従ひて参らせたり」〈源・松風〉❹こらえる。耐える。「木の葉よりけにもろき御涙は、まして一・へ給はず」〈源・葵〉

とり-あ・う【取(り)合う】〔動ワ五(ハ四)〕❶一つのものを取ろうとして争う。奪い合う。「遺産を一・う」❷(多くあとに打消しの語を伴って用いる)相手になる。かかわり合う。「笑って一・わない」「一・う価値がない」❸(「手を取り合う」の形で)互いの手をしっかり持つ。「手を一・って歩く」❹調和する。つり合う。「これはこちらの道具とは一・はぬものぢゃが」〈虎寛狂・子盗人〉

とりあえ-ず【取り▽敢えず】〔副〕❶ほかのことはさしおいて、まず第一に。なにはさておき。「一母に合格を知らせる」「一お礼まで」❷何する間もなく。すぐに。「一応急処置をして、病院へ運ぶ」(補説)「取り敢えずの」の形で、名詞を修飾することがある。「粘土を練って一の形にする」(類語)さしずめ・ひとまず

とり-あげ【取(り)上げ】取り上げること。

とりあげ-おや【取(り)上げ親】生まれた子供を取り上げた人が仮親になること。また、その人。子取り親。

とりあげ-がみ【取り上げ髪】無造作にたぐり上げてたばねた髪。「一、ものぬりたる顔にもあらずして」〈浮・諸艶大鑑・五〉

とりあげ-ばば【取(り)上げ▽婆】出産のときに子供を取り上げたり、産婦・産児の世話をしたりする女性。昔は年配の人が多かったのでいう。助産婦。
(類語)産婆・助産婦・助産師

とりあげ-まご【取(り)上げ孫】介助して取り上げた子。取り上げ婆に対して孫といった。

とり-あ・げる【取(り)上げる】〔動ガ下一〕(文)とりあ・ぐ〔ガ下二〕❶置かれているものを手に取って持ち上げる。手に取る。「受話器を一・げる」❷申し出や意見を受け入れる。採用する。「緊急動議を一・げる」❸相手のもっているものを無理に奪う。㋐財産・地位などを奪い取る。没収する。「田畑を一・げる」「免許を一・げる」㋑相手の持ち物を一方的に奪う。おさえ取る。「賊の凶器を一・げる」❹税金などを取り立てる。徴収する。「会費の滞納分を一・げる」❺産婦を助けて子を産ませる。「産院で一・げてもらう」❻問題として扱う。「訴えを一・げる」❼髪を結いあげる。「内儀さんの背後へまわって髪を一・げてやったりした」〈秋声・あらくれ〉(類語)(❸)奪う・吸い取る・剝奪する・収奪する・分捕る・掠め取る・もぎ取る・引ったくる・ぶったくる・ふんだくる・攫う・掻っ攫う・横取りする・強奪する・略取する・略奪する・簒奪する

とり-あし【鳥足】❶鳥の足。❷台の下に、鳥の脚の形にした細い鉄柱をとりつけた足駄。行人などがはいた。鳥足駄。鳥足の高足駄。

とりあし-しょうま【鳥足升麻】ユキノシタ科の多年草。山地に生え、高さ約60センチ。6、7月ごろ、多数の白い小花を円錐状につける。若葉は食用になる。

トリアス-き【トリアス紀】《ドイツ Trias》▶三畳紀

トリアゾラム〖triazolam〗睡眠導入剤として不眠症や麻酔前投薬に用いられる薬。服用後の朦朧状態や、途中で目が覚めたときの行動の記憶消失がみられ、また若者の乱用などがあり、問題視されている。商品名ハルシオン。

とり-あつかい【取(り)扱い】取り扱うこと。「公平な一を受ける」「一注意」

とりあつかい-せつめいしょ【取(り)扱(い)説明書】機械・道具・アプリケーションなどの使用説明書。手引き書。マニュアル。取り説。

とり-あつか・う【取(り)扱う】〔動ワ五(ハ四)〕❶物を動かしたり操作したりする。「機械を一・う」「乱暴に一・う」❷物事を処理する。とりはからう。担当する。さばく。「事務を一・う」「輸入品を一・う」❸人を世話する。もてなす。接待する。「正客として一・う」「丁重に一・う」(類語)扱う・計らう・さばく・こなす・切り回す・取りさばく・処する・律する

トリアッティ〖Palmiro Togliatti〗[1893〜1964]イタリアの政治家。1921年にグラムシらとイタリア共産党を創立。ムッソリーニ政権下ではソ連に亡命。コミンテルン執行委員となり、国際共産主義運動を指導。帰国後は党書記長・副首相・法相を歴任。

トリアッティ〖Tol'yatti〗《「トリヤッチ」とも》ロシア連邦西部、サマーラ州の都市。ボルガ川中流部に位置する。18世紀に要塞が築かれたことに起源し、スタブロポリまたはスタブロポリナボルゲと呼ばれた。1950年代の人造湖、ダム、発電所の建設に伴い、現在の場所に移転。1964年、イタリアの共産主義運動の指導者パルミロ=トリアッティの死後、彼にちなんで現名称に改称された。自動車工業が盛ん。

とり-あつ・める【取(り)集める】〔動マ下一〕(文)とりあつ・む〔マ下二〕いろいろのものを寄せ集める。一つに集めまとめる。「見本を一・める」

とり-あみ【鳥網】木と木との間に張って、鳥を捕獲する網。とあみ。

とり-あわせ【取(り)合(わ)せ】❶ほどよく配合すること。「色の一がよい」❷とりなし。口添え。「お暇の出るやうに一頼みます」〈浄・万年草〉
(類語)配合・組み合わせ

とり-あわせ【▽鶏合(わ)せ】雄鶏を戦わせて勝負を競う遊び。古く宮中では陰暦3月3日に行われた。闘鶏。(季 春)「春暑く素袍に汗や一/蛇笏」

とり-あわ・せる【取(り)合(わ)せる】〔動サ下一〕(文)とりあは・す〔サ下二〕❶ほどよく組み合わせて整ったものにする。「海の幸と山の幸を一・せる」❷あれこれ寄せ集める。「各地の名産を一・せた即売会」❸世話をする。面倒をみる。「下々を一・せ、其の家をあまたに仕分くるこそ」〈浮・永代蔵・四〉

ドリアン〖durian〗キワタ科の常緑高木。高さ約20メートル。枝や幹に大形の白色の5弁花をつける。果実は緑褐色をし、直径約15センチの長楕円形。果肉はクリーム状で特有の臭気があり甘く、生食のほかジャムなどにする。マレー半島・マレー諸島の原産。

トリアンタ〖Trianta〗ギリシャ東部、ロードス島の町イアリソス中心部の街区の通称。

とり-い【鳥居】神社の神域を象徴する一種の門。2本の柱の上に笠木を渡し、その下に貫を入れて柱を連結したもの。笠木の下に島木のある明神鳥居の系統と、島木のない神明鳥居の系統に大別される。
鳥居を越・す　《狐が何度も鳥居を飛び越せば稲荷大明神になれるとの俗説から》年功を積み、老獪になる。「おそらく一・したる帥中間」〈浮・椀久二世〉

ドリー〖dolly〗映画・テレビで、移動撮影に用いる小型の台車。カメラやカメラマンなどをのせる。ドーリー。

トリーア〖Trier〗ドイツ西部、ラインラント-プファルツ州の歴史都市。モーゼル川に面し、ローマ時代の遺跡の市門ポルタ-ニグラ(黒い門)や皇帝浴場などがある。カール=マルクスの生地。トリール。

トリーア-だいせいどう【トリーア大聖堂】《Trierer Dom》ドイツ西部、ラインラント-プファルツ州の歴史都市、トリーアのカテドラル(司教座聖堂)。ドイツ最古の大聖堂で創建は4世紀。長い年月をかけて修復や増築がなされたため、ロマネスク、ゴシックなどさまざまな建築様式が混在する。1986年、「トリーアのローマ遺跡群、聖ペテロ大聖堂、聖母マリア教会」として世界遺産(文化遺産)に登録された。トリール大聖堂。聖ペテロ大聖堂。

とりい-かず【鳥居数】《稲荷大明神になるために狐が鳥居を飛び越える回数の意》経験の数。年功。場数。

とりい-きよなが【鳥居清長】[1752〜1815]江戸後期の浮世絵師。江戸の人。姓は関(一説に関口)。俗称、新助、のち市兵衛。初世清満に師事し、鳥居家4代目を継承。長身で健康的ないわゆる「清長風美人」を確立。代表作「風俗東之錦」など。

とりい-きよのぶ【鳥居清信】[1664〜1729]江戸中期の浮世絵師。初世。大坂の人。俗称、庄兵衛。鳥居派の祖。父清元とともに江戸に移る。瓢箪足や蚯蚓描きとよばれる躍動的な描法を創始して豪快な役者絵を確立。また、美人画にもすぐれた。

とりい-きよます【鳥居清倍】江戸中期の浮世絵師。初世。俗称、庄二郎。鳥居家2代目に擬せられる。清信の長男とも弟とも伝えられる。丹絵・漆絵による、すぐれた役者絵・美人画を残した。生没年未詳。

とりい-きよみつ【鳥居清満】[1735〜1785]江戸中期の浮世絵師。初世。江戸の人。俗称、亀次郎。2世清倍の次男。鳥居家3代目で、紅摺り絵による役者絵・美人画のほか、黒本・黄表紙の挿絵でも活躍。

とりい-しょうじ【鳥居障子】清涼殿の台盤所から鬼の間まで立て渡した衝立障子。柱の上部が鳥居の形をしている。

とり-い・ず【取り▽出づ】〔動ダ下二〕❶取り出す。「御衣を一・でて着せむとす」〈竹取〉❷うまく引き出す。

引き起こす。「思ひがけぬ幸ひ—・づるためしども多かりかし」〈源・帚木〉

とりい-すねえもん【鳥居強右衛門】[?〜1575]戦国時代の武士。三河の人。名は勝商。三河長篠城主奥平信昌の家臣。武田勝頼に囲まれた長篠城から脱出して徳川家康に援軍を頼み、使命を果たしたが、帰途捕らえられ、援軍の来ることを大声で城内に告げたため磔刑に処された。

とり-いそぎ【取(り)急ぎ】《「取り急ぐ」の連用形。副詞的に用いて》「いそぎ」を強めていう語。手紙文に用いる。「——筆申し上げます」〔類語〕至急・早急・急ぎ・大急ぎ・緊急・急遽・特急・超特急

とり-いそ・ぐ【取(り)急ぐ】〔動ガ五(四)〕「いそぐ」を強めていう語。「—・いで御報告申し上げます」

とりい-そせん【鳥居素川】[1867〜1928]ジャーナリスト。熊本の生まれ。本名、赫雄。大阪朝日新聞編集局長となり、民本主義の論陣を張ったが、大正7年(1918)筆禍事件で退社。のち大正日日新聞を創刊。

とりい-ぞり【鳥居反り】刀の反りの中心が刀身の中程にあり、全体が鳥居の笠木のような形をしたもの。笠木反り。京反り。

とり-いだ・す【取り▽出だす】〔動サ四〕❶持ち出す。とりだす。「やをら—・してふところにさしいれて」〈大鏡・兼通〉❷多くの中から選び出す。「よしとおぼすを—・させ給ひて」〈宇津保・蔵開中〉

とりい-だち【鳥居立ち】両足を踏み広げて立ちはだかること。仁王立ち。「—にぞまたがったる」〈浄・反魂香〉

とりい-だな【鳥居棚】床の間の脇に設ける棚の一種。上に袋戸棚があり、下には、左右に低く中央に高く3枚の棚をかけたもの。

とりい-つむじ【鳥居旋=毛】二つ並んでいるつむじ。「少しつむじが曲がって二つあるから—で」〈滑・魂胆夢輔譚〉

とりい-とうげ【鳥居峠】㊀群馬県吾妻郡と長野県上田市との境の峠。標高1362メートル。㊁長野県西部、木曽郡木祖村にある峠。標高1197メートル。太平洋側と日本海側の分水界をなす。中山道の奈良井宿が北に、藪原宿が南にあった。

トリートメント〖treatment〗手当て。治療。特に、傷んだ髪の手入れ。ヘア-トリートメント。

ドリーネ〖ドイ Doline〗石灰岩地域でみられるすり鉢状の凹地。溶食作用や、地下の石灰洞の拡大による地表の陥没で生じる。

とりい-は【鳥居派】浮世絵の一派。鳥居清信を始祖とする。美人画や役者絵にすぐれ、元禄(1688〜1704)初めごろから世襲的に芝居の絵看板・絵本番付を描き、現代まで続いている唯一の流派。

ドリーブ〖Léo Delibes〗[1836〜1891]フランスの作曲家。舞台音楽の分野で活躍し、オペラ・バレエ音楽などを多数作曲した。作品に「コッペリア」など。

とりいまえ-まち【鳥居前町】神社の鳥居の前に発達した町。神社を中心として成り立っている町。伊勢市など。

ドリーミー〖dreamy〗〔形動〕夢見るようなさま。また、夢を見させるようなさま。夢心地にさせる。かわいい。「—な女児服」

ドリーム〖dream〗夢。夢で見たもの。夢想。また、空想。「アメリカン—」

ドリームス〖DREAMS〗《denpo's real-time message management systems》NTTによる電報の即時自動処理システム。昭和61年(1986)サービス開始のTXASから、改良型のTXAS2を経て、平成11年(1999)に導入された。

とりいもと【鳥居本】滋賀県彦根市北部の地名。もと中山道の宿場町。

とりい-もとただ【鳥居元忠】[1539〜1600]安土桃山時代の武将。徳川家康に仕え、姉川・三方ヶ原・長篠などの戦いで戦功をあげた。関ヶ原の戦いに際して伏見城を守り、石田方に包囲されて自刃。

とりい-ようぞう【鳥居耀蔵】[1796〜1873]江戸後期の幕臣。林述斎の子。名は忠耀。旗本鳥居家の養子。目付になり蛮社の獄で洋学者を弾圧。町奉行として天保の改革を推進。のち、失脚。

とりい-りゅうぞう【鳥居竜蔵】[1870〜1953]考古学者・人類学者。徳島の生まれ。国学院大学・上智大学・北京の燕京大学教授を歴任。国内のほか、東アジアのほぼ全域を研究調査し、考古学・民族学・人類学に多くの業績を残した。

とり-い・る【取(り)入る】㊀〔動ラ五(四)〕相手の機嫌をとって、気に入られるように努める。「上司に—・る」㊁〔動ラ下二〕「とりいれる」の文語形。
〔類語〕へつらう・こびる・おもねる・ごますり・阿諛

とり-い・る【取り▽率る】〔動ワ上一〕召し連れる。引き連れる。「許さぬ迎へまうで来て、—・ゐてまかりぬれば」〈竹取〉

とり-いれ【取(り)入れ】❶取り入れること。「干し物の—」❷(「穫り入れ」とも書く)農作物を取り収めること。収穫。「稲の—」〔類語〕(❷)刈り入れ・収穫

とりいれ-ぐち【取(り)入れ口】発電・上水道・灌漑などに使用する水を河川・湖などから取り入れる所。取水口。

とり-い・れる【取(り)入れる】〔動ラ下一〕〔文〕とりい・る〔ラ下二〕❶外にあるものを取って中に入れる。とりこむ。「養分を体内に—・れる」「洗濯物を—・れる」❷他のよい点を採用する。「外国の文化を—・れる」❸(「穫り入れる」とも書く)農作物を収穫する。とりいれをする。「麦を—・れる」❹物の怪が人の心身を引き入れて悩ます。「御物の怪の度々—・れ奉りしを」〈源・葵〉

とりい-わく【鳥居枠】❶頭部を切り去った角錐形の木枠。中に石を詰めて防水工事に用いる。❷支柱の一種。両脚の頭部に横木を渡したもの。坑道などの支えに用いる。

とり-インフルエンザ【鳥インフルエンザ】鶏・ウズラ・七面鳥など家禽を含む鳥類が感染するA型ウイルスによるインフルエンザ。人にも感染する。特に症状が強く、死亡率が高いものを高病原性鳥インフルエンザといい、家畜伝染病予防法による監視伝染病(家畜伝染病)に指定。人の場合は感染症予防法により四類感染症に指定。人から人への感染の可能性のある新型インフルエンザへの変異が懸念される鳥インフルエンザ(H5N1型)は二類感染症(感染症予防法)、検疫感染症(検疫法)に指定。学校感染症の一。➡インフルエンザウイルス

とり-うち【鳥打ち】❶鉄砲で鳥を撃つこと。また、その人。❷「鳥打ち帽子」の略。❸弓の上部のいちばん反りの大きい部分の上辺部。射落とした鳥をここで打ったという。

とりうち-ぼう【鳥打(ち)帽】「鳥打ち帽子」に同じ。

とりうち-ぼうし【鳥打(ち)帽子】《狩猟などに用いたところから》前びさしのついた丸く平たい帽子。ハンチング。鳥打ち帽。

トリウム〖thorium〗アクチノイドに属する天然放射性元素の一。単体は銀白色のもろい金属。同位体もあるが、天然に存在するほとんどすべては質量数232のもので、中性子の照射でウラン233に変換するので原子炉燃料になる。光電管・放電管・熱陰極剤に使用。記号Th 原子番号90。原子量232.0。

トリウム-けいれつ【トリウム系列】天然の放射性核種の崩壊系列の一。トリウム232から始まり鉛208に終わるもの。この間、核種の質量数は4の倍数を保つので4n系列ともいう。

とり-うら【鳥▽占】ト占の一。鳥の鳴き声、止まった枝の方向、飛ぶ方角などで吉凶を占った。また、正月に小鳥の腹を裂いて、穀物が胃の中にあるかどうかで年占をしたともいう。

とり-うり【取り売り】古道具の売買をすること。また、その人。古道具屋。「上方の—がこの脇差を売りに来て」〈浄・女腹切〉

とり-え【取(り)柄|取(り)得】とりたてて すぐれた点。長所。「—のない人」「丈夫だけが—」
〔類語〕特長・長所・見どころ・美点・売り・強み・身上・魅力・持ち味・特色・特質・特性・本領・売り物・セールスポイント・チャームポイント・メリット

トリエステ〖Trieste〗イタリア北東部の港湾都市。アドリア海北岸にあり、工業が盛ん。トリエステ地方は14世紀以来オーストリア領。第一次大戦後イタリア領となり、第二次大戦後、1954年にロンドン協定で、北部と港はイタリア領、南部はユーゴスラビア(現スロベニア共和国)領となった。

トリエント-こうかいぎ【トリエント公会議】1545年から63年にかけて、イタリア北部の都市トリエントTrient(トレントのドイツ語名)で開催された公会議。宗教改革運動に対抗するため、カトリックの教義を再確認するとともに教会の諸改革を決定し、近代カトリシズムの基礎を固めた。

トリエンナーレ〖イタ triennale〗《3年目ごとの、の意》3年に一度開催される美術展覧会。特に、ミラノで開かれる国際美術展が有名。➡ビエンナーレ

トリオ〖イタ trio〗❶㋐三重奏。三重唱。㋑スケルツォ・メヌエットなど三部形式の楽曲の中間部。❷三人組。三つ組。「—を組む」「クリーンナップ—」

とり-おい【鳥追い】❶農作物の害鳥を追い払うこと。また、その仕掛け。鳥おどし。❷農村の小正月の行事の一。関東・東北地方などで行われる。多くは、子供たちが鳥追い歌をうたって、鳥追い棒と称する杓子や棒などで鳥を追うしぐさをする。❸門付けの一。新年に門口で、扇で手をたたきながら祝言を述べ、米銭の施しを得たもの。江戸初期、京都悲田院の与次郎が始めたという。たたき。たたきの与次郎。❹門付け芸の一。江戸中期以降、新年に女太夫たちが、新しい着物に日和下駄・編み笠姿で三味線などを弾きながら、鳥追い歌を歌って家々を回ったもの。(季 新年)「—やうき世の霜の袖袂/万太郎」

とりおい【鳥追】㊀地歌・箏曲。南枝作詞、松浦検校作曲。謡曲「鳥追舟」の詞章を取り入れた手事物。㊁謡曲「鳥追舟」の宝生流における名称。

とりおい-うた【鳥追い歌】鳥追いの行事のときに子供たちがうたった歌。のち正月の門付け芸人の女太夫の歌となった。

とりおい-ぶね【鳥追い舟】水田に害を与える鳥を追い払うための舟。笛・太鼓などではやしたてて追い払う。

とりおいぶね【鳥追舟】謡曲。四番目物。十余年主人の留守を預かる左近尉が、主人の妻子に鳥追いをさせたので、帰った主人は怒るが、妻がとりなす。

トリオース〖triose〗炭素原子3個をもつ単糖類。生体内の解糖系代謝の中間体。三炭糖。

とり-おき【取(り)置き】❶とっておくこと。また、そのもの。とっておき。❷かたづけること。処分。処置。「わが身の—もわが心よりとはなく」〈露伴・連環記〉❸葬ること。埋葬。「死骸の—にも構はず、野辺に送る人もなし」〈浮・二十不孝・三〉

とり-お・く【取(り)置く】〔動カ五(四)〕❶取りのけておく。別にしておく。とっておく。「万一に備えて食料を—・く」❷かたづける。始末する。「塗り籠めたる所に皆—・きつれば」〈堤・貝合〉❸死体をかたづける。葬る。「をのをの嘆きを止めて—・きける」〈浮・永代蔵・三〉❹さしおく。やめる。「私等が商売は—・くだやとぞ」〈浄・博多小女郎〉

とり-おこな・う【執(り)行う】〔動ワ五(ハ四)〕行事や式典などを改まって行う。執行する。挙行する。「落成式を—・う」〔可能〕とりおこなえる〔類語〕行う

とりお-こやた【鳥尾小弥太】[1847〜1905]軍人・政治家。陸軍中将。長門の人。反欧化主義の立場から谷干城らと保守中正派を結成。

とり-おさ・える【取(り)押(さ)える|取(り)抑える】〔動ア下一〕〔文〕とりおさ・ふ〔ハ下二〕❶暴れ動くものを押さえて動けないようにする。「荒れる牛を—・える」❷犯人をつかまえる。とらえる。「泥棒を—・える」「密売の現場を—・える」
〔類語〕捕らえる・捕まえる・捕る・引っ捕らえる・生け捕る・召し捕る・搦め取る・引っ括る・捕まえる・捕獲する・拿捕する・捕縛する・逮捕する・検束する・検

挙する・挙げる・ぱくる・しょっぴく
とり‐おさ・める【取(り)納める|取(り)収める】をさ〔動マ下一〕図とりをさ・む〔マ下二〕❶しまっておく。また、かたづける。「雛人形一式を―・める」❷心などを落ち着ける。気などをしずめる。「気の荒立ちを―・める良薬」〈里見弴・今年竹〉❸埋める。埋葬する。「成等正覚、頓証菩提とぞ―・めける」〈曽我・一〇〉
トリオ‐ソナタ〖trio sonata〗バロック時代の室内楽の一形式。一般に三声部で書かれ、二つの旋律楽器、低音旋律楽器、和声楽器の4楽器で構成される。
とり‐おどし【鳥▽威し】農作物を荒らす鳥をおどして追い払うためのしかけ。案山子かかし・鳴子なるこなどの類。《季 秋》「渡る雲のみとなりたる―/達治」
とり‐おと・す【取(り)落(と)す】〔動サ五(四)〕❶手に持っているものを誤って落とす。取りそこなって落とす。「あわてて絵筆を―・す」❷なくす。失う。「一命を―・す」❸うっかりして忘れる。気づかずにぬかす。「住所の記載を―・す」
トリオホン《和 triophone》三人で通話できる、電話の付加サービス。昭和60年(1985)4月開始。
とり‐おや【取り親】❶育ててくれた親。養い親。「上つ方のお乳の乳人めのとは―といふことあり」〈浄・松風村雨〉❷養子縁組みや奉公入りの際に、保証人として仮に立てた親。「十五、六より―をしてお大名様方を聟むこに取りまゐらせ」〈浮・曲三味線・五〉
とり‐おろ・す【取(り)下ろす】〔動サ五(四)〕❶上にあるものを取って下に置く。「棚から品物を―・す」❷貴人の前から物を下げる。「さらば、(オ膳カラ)―・して…とてまかなひ騒ぐほどに」〈枕・九九〉❸垂れ下がった髪の先を剃り落とす。「夢に、わがかしらを―・して、額を分くと見る」〈かげろふ・中〉
とり‐か【取箇】《「取」は田租を収納すること、「箇」は数の意》江戸時代、田畑に割り当てた年貢ねんぐのこと。成箇なりか。物成ものなり。
トリガー〖trigger〗❶銃の引き金。また転じて、物事を引き起こすきっかけ。「事変勃発の―となる」「一価格」❷銃の引き金の形をしたカメラのフィルム巻き上げレバー。
トリガー‐かかく【トリガー価格】《trigger pricing》アメリカ政府が、鉄鋼など自国の産業保護を目的に、ダンピング認定の基準として設定した価格。政府指定の商品について、一定水準の価格を決め、この価格以下で輸入された場合は、ダンピング調査の対象となる。
トリガー‐さんぎょう【トリガー産業】―サンゲフ《trigger industry》国や地域の経済成長を引っ張っていく産業。
とり‐かい【鳥飼い】―がひ 鳥を飼って養うこと。また、その人。
とり‐がい【鳥貝】―がひ ザルガイ科の二枚貝。内湾の泥底にすむ。貝殻は球円形で殻長9センチくらい。殻は薄く、表面は黄褐色の殻皮をかぶり、内面は紫紅色。すし種・干物などにする。《季 春》「三月や伊勢にまた来て―を/澄雄」
とりかい‐べ【鳥飼▽部】とりかひ― 大化前代、鳥を朝廷に献上したり飼育したりした品部しなべ。ととりべ。
とりかい‐りゅう【鳥飼流】とりかひリウ 和様書道の流派の一。御家流おいえりゅうの分派で、鳥飼宗慶を祖とする。
とり‐か・う【取り飼ふ】―かふ〔動ハ四〕鳥獣を飼い養う。「夜昼…―・ひ給ふほどに」〈大和・一五二〉
とり‐かえ【取(り)替え|取(り)換え】―かへ ❶他のものと替えること。交換。「特売品は―がきかない」❷新しいものに替えること。また、そのもの。予備。「電池の―を用意する」❸立て替え。「親共から百貫目余の―」〈浄・歌祭文〉〘類語〙交換・互換ごかん・付け替え・入れ替え・チェンジ・引き換え
とりかえ‐ぎん【取り替へ銀】とりかへ― 遊女や奉公人などに雇い主が立て替えて前渡しする金。前金。とりかえがね。「妹はわけもなき所へ奉公に出し、―をうれしく」〈浮・織留・三〉
とり‐かえし【取(り)返し】―かへし ■〔名〕取り返すこと。もとの状態に戻すこと。「―のつかない失敗」■〔副〕ふたたび。あらためて。「昔のこと―悲しくおぼさる」〈源・桐壺〉
とり‐かえ・す【取(り)返す】―かへす〔動サ五(四)〕❶人手に渡ったものを取り戻す。「おもちゃを―・す」「優勝旗を―・す」❷再びもとのようにする。もとへ戻す。「元気を―・す」「勉強の遅れを―・す」
〘類語〙取り戻す・回収・回復
とりかえっ‐こ【取(り)替えっこ】とりかへっ―〔名〕スル 互いに取り替えること。交換。「切手を―する」
とりかえばやものがたり【とりかへばや物語】とりかへばやものがたり 平安末期の物語。3巻または4巻。現存本はいわゆる「古とりかえばや」の改作といわれる。作者未詳。権大納言の男君と女君は性質が男女逆なので、男君を女、女君を男として養育されるが、混乱を生じ、もとの姿に戻って幸福になる。
とり‐か・える【取(り)替える|取(り)換える】―かへる〔動ア下一〕図とりか・ふ〔ハ下二〕❶互いに替える。相手と別のものに交換する。「友達と時計を―・える」「円をドルに―・える」❷今までのものを別のものに替える。新しいものと交換する。「衣装を―・える」「畳を―・える」❸金などを立て替える。用立てる。「二三日の間―・へてたもれ」〈伎・壬生大念仏〉〘類語〙(❶)引き換える・変換する・チェンジする/(❷)入れ替える・差し替える・置き替える・付け替える・切り替える・すげ替える
とりかがい‐もくてき【図利加害目的】背任罪の構成要件の一つ。背任罪の行為者が、自己または第三者の利益を図るか、または他人に損害を与えようとすること。未必的認識(そうなるかもしれないという程度の認識)であっても背任罪の要件を満たすとされる。➡任務違背行為 〘補説〙背任罪について規定した刑法247条「他人のためにその事務を処理する者が、自己若しくは第三者の利益を図り又は本人に損害を加える目的で、その任務に背く行為をし、本人に財産上の損害を加えたときは、5年以下の懲役又は50万円以下の罰金に処する」の「自己若しくは第三者の利益を図り又は本人に損害を加える目的」のこと(「本人」とは、当該行為者に事務の処理を任せた者を指す)。
とり‐かか・る【取(り)掛(か)る】〔動ラ五(四)〕❶手をつける。着手する。「作業に―・る」❷すがりつく。とりすがる。「手足に―・りて哭なき悲しみき」〈記・上〉❸組みつく。うってかかる。「ものどもに―・りて、つかみこぼし給ふ」〈宇津保・国譲中〉
〘類語〙(❶)始める・しだす・やりだす・掛かる・しかかる・しかける・開始する・着手する
とり‐かく・す【取り隠す】〔動サ四〕隠す。「御はさみなどやうの物は皆―・して」〈源・夕霧〉
とり‐かげ【鳥影】飛ぶ鳥の影。鳥の姿。
鳥影が射さす 鳥の影が壁などに映る。来客のある前触れという。
とり‐かご【鳥籠】小鳥を飼うためのかご。
とりか‐ごうちょう【取箇郷帳】―ガウチャウ ►郷帳ごうちょう
とり‐かこ・む【取(り)囲む】〔動マ五(四)〕まわりを囲む。「ストーブを―・む」〘可能〙とりかこめる
とり‐かさ・ぬ【取り重ぬ】〔動ナ下二〕ある上にさらに重ねる。加える。「公事ども繁く、春の急ぎに―・ねて催し行はるるさまぞ」〈徒然・一九〉
とり‐かじ【取り×舵】―かぢ ❶船首を左に向けるときの舵の取り方。「―いっぱい」⇔面舵おもかじ。❷左舷さげん。
とり‐がしら【鳥頭】「鳥頭の太刀」の略。
とりがしら‐の‐たち【鳥頭の太‐刀】柄頭つかがしらに鳥の頭をかたどった金具を付けた太刀。鷹飼いが用いたほか、儀仗ぎじょう用・奉献用ともされた。とりくびのたち。
とり‐かた【捕(り)方】❶罪人をとらえる方法。❷罪人をとらえる役人。捕り手。捕吏ほり。
とりがた‐ういち【鳥潟右一】[1883～1923]通信工学者。秋田の生まれ。逓信技師。日本の無線電信電話の技術を世界的水準に高め、鉱石検波器などを完成。
とり‐かたづ・ける【取(り)片付ける】〔動カ下一〕図とりかたづ・く〔カ下二〕整理する。きちんとあとかたづけをする。「食卓の上を―・ける」
とり‐かた・める【取(り)固める】〔動マ下一〕図とりかた・む〔マ下二〕しっかり固める。また、厳しく守りを固める。「城のまわりを―・める」
とり‐が‐なく【▽鶏が鳴く】〔枕〕地名「東あづま」にかかる。東国の言葉が鳥のさえずりのようにわかりにくいからとも、鶏が鳴くと東から夜が明けるからともいう。「―東をさして」〈万・四一三一〉
とり‐かぶと【鳥×兜|鳥▽甲】❶舞楽の襲装束かさねしょうぞくに用いるかぶりもの。鳳凰ほうおうの頭をかたどり、厚紙に金襴きんらん・紅絹もみなどをかぶせて作る。曲により形式・色彩などが異なる。❷キンポウゲ科の多年草。高さ約1メートル。葉は手のひら状に深く裂けている。秋、深紫色の冠状の花が集まって咲く。また、ハナトリカブトなどを含め、トリカブト属の総称。塊根は猛毒であるが、漢方では主根を烏頭うず、側根を附子ぶしといい、神経痛・リウマチなどの鎮痛薬に用いる。かぶとぎく。かぶとばな。《季 秋》「荒寥こうりょうと熊の湯ちかき―/秋桜子」
とり‐かみ【取(り)髪】《「とりがみ」とも》馬の首から肩のあたりのたてがみ。須弥しゅみの髪。
とり‐がら【▽鶏がら】食用の肉を取り去った鶏の骨。骨・髄とわずかな肉が残る。煮込んでスープをとるなどして使う。
トリカルボンさん‐かいろ【トリカルボン酸回路】―クワイロ《tricarboxylic acid cycle》生物体中で、有機物が燃焼して二酸化炭素と水になる代謝回路。糖や脂肪酸などの分解によってできた活性状態の酢酸がオキサロ酢酸と結合し、三つのカルボキシル基をもつ化合物の枸櫞くえん酸となることから始まり、さまざまな有機酸に転変しながら炭酸ガスと水、エネルギーを生じ、再びオキサロ酢酸に戻り、同様の反応を繰り返す。枸櫞酸回路。クレブス回路。TCA回路。
とり‐かわし【取(り)交(わ)し】―かはし 取り交わすこと。
とり‐かわ・す【取(り)交(わ)す】―かはす〔動サ五(四)〕互いにやりとりする。交換する。「杯を―・す」
とり‐き【取(り)木】新株を得る方法の一。枝などに傷をつけ、たわめて土中に埋める(伏せ枝法)か、枝の樹皮の一部をはぎとってミズゴケを巻きつける(高取り法)かしておき、根が出たあとで親株から切り離して苗木にする。ゴムノキ・シュロチクなどに応用される。圧条あつじょう。取り枝。《季 春》
とり‐きこ・ゆ【取り聞こゆ】〔動ヤ下二〕申し上げる。「―・ゆべきことあり」〈かげろふ・下〉
とり‐きめ【取(り)決め|取り▽極め】取り決めること。また、その内容。決定。約束。契約。「―を守る」「支払期日の―をする」
〘類語〙申し合わせ・決定・約束・決まり・本決まり・確定・画定・議決・決議・論決・評決・議定・断だん・断案・決けつ・裁決・裁定・決断・判断・断定
とり‐き・める【取(り)決める|取り▽極める】〔動マ下一〕図とりき・む〔マ下二〕❶相談して決める。決定する。「仕事の分担を―・める」❷約束する。契約する。「売買の条件を―・める」
〘類語〙約束・約する・申し合わせる・言い合わせる・契る・誓う・請け合う
とり‐き・る【取(り)切る】〔動ラ五(四)〕❶すべて取る。取り尽くす。「実がたくさんで一人では―・ることができない」❷通行を断つ。遮断する。「次ぎの六畳の一部を屏風で―・って」〈蘆花・思出の記〉
とりくい‐ぐも【鳥食蜘=蛛】とりくひ― トリトリグモの別名。
とり‐ぐ・す【取り具す】〔動サ変〕十分にそろえる。「いそぐべきものどもなど―・しつつ」〈源・蜻蛉〉
とり‐くず・す【取(り)崩す】―くづす〔動サ五(四)〕❶とりこわす。くずす。「古い蔵を―・す」❷まとまっているものを少しずつ取り出してなくす。「貯金を―・す」
とり‐くち【取(り)口】相撲を取る手口。相撲のとり方。「うまい―」
とり‐ぐち【鳥口】文杖ふづえなどの尖端せんたんの、物を挟む所。ここに文書などを挟んで位の上の人に差し出した。鳥のくちばしに似ているところからいう。

とりくび‐の‐たち【鳥×頸の太‐刀】▶鳥頭とりかぶとの太刀

とり‐くび・る【取り▽括る】〔動ラ四〕しっかりつかむ。「笏しゃく―・りてぞ、練り出でにたりし」〈宇津保・蔵開上〉

とり‐くみ【取(り)組(み)】❶取り組むこと。物事にあたること。「問題への―」❷組み合わせること。取り合わせ。特に、相撲の組み合わせ。「好―」❸信用取引で、売り残と買い残の状態または関係。

とり‐く・む【取(り)組む】〔動マ五(四)〕❶互いに組み合う。とっくむ。特に、相撲で、勝負をする。「横綱と―・む」「がっぷり四つに―・む」❷全力で事にあたる。「新しい研究に―・む」❸手を取り合う。「二人の女房は手に手を―・んで」〈太平記・一一〉

とり‐ぐもり【鳥曇(り)】春、渡り鳥が北へ帰る頃の曇り空。(季 春)「ゆく春に佐渡や越後の―/許六」

トリグラフ‐こくりつこうえん【トリグラフ国立公園】コクリツコウエン《Triglavski narodni park》スロベニア北西部にある国立公園。同国最高峰トリグラフ山をはじめ、ユリスケアルプスの標高2000メートル級の山々が連なり、美しい山岳景観と豊かな自然で知られる。公園内の主な町にボベツ、ボーヒニ、クランスカゴラなどがある。トリグラウ国立公園。

トリグラフ‐さん【トリグラフ山】《Triglav》スロベニア北西部、ユリスケアルプスにある同国最高峰の山。標高2864メートル。1924年に一帯がトリグラフ国立公園に指定された。トリグラウ山。

トリクロロエタン〖trichloroethane〗有機塩素化合物の一種。1・1・1‐トリクロロエタンは刺激性の液体。金属やプラスチックの洗浄剤として、また特にドライクリーニングに多く用いられてきたが、フロンとともにオゾン層を破壊するものとして1995年末に全廃。メチルクロロホルム。クロロセン。

トリクロロエチレン〖trichloroethylene〗エチレンの水素原子3個を塩素原子で置き換えた化合物。芳香のある無色の液体。溶剤・ドライクリーニング・殺虫剤などに用いる。有毒。化学式C_2HCl_3

とり‐げ【鳥毛】❶鳥の羽毛。❷指物さしものの竿さおの先や槍の鞘さやなどを羽毛で飾ったもの。大名行列などで、先頭の者がこれを振って威勢を示した。

とりげ‐うち【鳥毛打ち】岐阜県飛騨地方に伝わる民俗芸能。一文字笠や鶏の毛笠をかぶり、締め太鼓や鉦かねを打ちながら、笛などに合わせて大勢で踊る。

とりげ‐ざや【鳥毛×鞘】鳥毛を装飾としてつけた槍の鞘さや。

とり‐けし【取(り)消し】❶取り消すこと。撤回・解消すること。「予約の―をする」「免許―」❷公法上・私法上の意思表示または法律行為に瑕疵かしのある場合に、当事者の一方的な意思表示でその効力を無効にすること。

とりけし‐けん【取消権】形成権の一種。法律行為の取り消しの意思表示をなしうる権利。制限行為能力者、詐欺・強迫などを受けて意思表示をした者など、一定の者に認められる。

とり‐け・す【取(り)消す】〔動サ五(四)〕決定したことや発表したことなどをあとで打ち消す。撤回する。「発言を―・す」「注文を―・す」(可能)とりけせる
(類語)キャンセル・解約・破談・破約・反故ほご

とりげ‐の‐やり【鳥毛の×槍】鳥毛鞘ざやの槍。とりげやり。

とりげ‐も【鳥毛藻】イバラモ科の沈水性の一年草。池沼や水田中に生え、二また状に分枝し、葉は糸状。7〜9月、雌花と雄花をつける。

トリケラトプス〖ラテ Triceratops〗恐竜の一。中生代白亜紀後期に北米に生息。全長6〜9メートル。四足歩行をし、草食性。頭骨後部は襟形に広がり、目の上に1本ずつと鼻の上に1本の角をもつ。

とりげりゅうじょのびょうぶ【鳥毛立女屏風】トリゲリツジョノビョウブ 正倉院に伝わる屏風の一。六扇からなり、各扇に唐装の婦人を一人配した樹下美人図。天平勝宝8年(756)の東大寺献物帳に記載される。頭髪・着衣・樹木などにヤマドリの羽毛が貼はられていたのでこの名があるが、現在はほとんど剝落はくらくして下図の墨線のみとなり、彩色された面貌めんぼうだけが当初の様相をとどめている。「とりげたちおんなびょうぶ」ともいう。

とり‐こ【取り子】❶《「とりご」とも》子を神仏からの授かりものと考える習俗。生児を故意に社寺に捨て、神官や僧侶に拾ってもらって改めて生みの親が育てること。また、その子。❷もらい子。養子。「―をして、幼くよりはぐくみ養ひけり」〈発心集・三〉

とり‐こ【取(り)粉】つきたての餅もちを扱いやすくするためにまぶす粉。米粉や片栗粉など。しろこ。

とり‐こ【▽虜|俘=虜|×擒】❶生け捕りにした敵。捕虜。❷あることに心を奪われること。また、そのような人。「アニメのヒーローが子供を―にする」
(類語)捕虜・俘虜ふりょ・虜囚・人質

とり‐こし【取(り)越し】期日を繰り上げて事を行うこと。「一の御年始さと」〈一葉・わかれ道〉

とりこし‐くろう【取(り)越し苦労】ゴクロウ《「とりこしぐろう」とも》どうなるかわからないことをあれこれ心配すること。杞憂きゆう。(類語)懸念・恐れ・憂慮・危惧・悲観

とり‐こ・す【取(り)越す】〔動サ五(四)〕❶期日を繰り上げて事を行う。「―・して法要を営む」❷先のことをあれこれ考える。予測する。「此分なら、と文三は―・して安心をして」〈二葉亭・浮雲〉

トリコチロマニア〖trichotillomania〗ストレスなどの影響で、自分で毛を引っ張って抜く癖。小中学生の女子に多く、脱毛症の原因の一つとなる。抜毛症。

トリコット〖tricot〗トリコット機で編まれた縦編みのメリヤス地。肌合いが柔らかく伸縮性がある。下着から外衣まで広く利用される。

とり‐こな・す【取り▽熟す】〔動サ五(四)〕うまく取り扱う。「悉く大自然の点景として描き出されたものと仮定して―・して見様みよう」〈漱石・草枕〉

トリゴニア〖ラテ Trigonia〗三角貝の学名。

トリコニー〖フラ tricouni〗靴の底に打つ鋲びょうの一種。主に登山靴に用いる。

とり‐ごはん【鳥御飯】▶鳥飯とりめし

とり‐こぼし【取り▽零し】勝てるはずの勝負に負けること。

とり‐こぼ・す【取り▽零す】〔動サ五(四)〕勝てるはずの勝負に負ける。「大切な試合を―・す」

トリコマイシン〖trichomycin〗八丈島の土壌から発見された放線菌の産生する抗生物質。真菌・トリコモナスなどに有効。

とり‐こみ【取(り)込み】❶外に出した物を取って内に入れること。「洗濯物の―」❷不幸など、不意の出来事や急を要することなどで、ごたごたすること。「お―中を失礼しました」❸「取り込み詐欺」の略。

とりこみ‐ごと【取(り)込み事】冠婚葬祭などで家の中がごたごたすること。

とりこみ‐さぎ【取(り)込み詐欺】代金を支払う意志がないのに、商品を仕入れてだましとること。また、その商品を転売する行為。

とり‐こ・む【取(り)込む】〔動マ五(四)〕❶外に出してある物を取って中に入れる。とりいれる。「洗濯物を―・む」「のれんを―・む」❷㋐他のいいものを受け入れる。取り入れる。「大和絵の技法を―・む」㋑不正な方法で金品を自分のものにする。だましとる。「店の金を―・む」❸人をまるめこむ。取り入る。「社長にうまく―・んで専務に収まる」❹不幸など、不意の出来事や急を要することなどで、忙しく落ち着かない状態になる。ごたごたする。「突然の不幸で―・んでいる」「火事騒ぎで―・んでいる」

とり‐こ・める【取り▽籠める】〔動マ下一〕(文)とりこ・む〔マ下二〕❶中に押しこめる。とじこめる。「人質を一室に―・める」❷とりかこむ。包囲する。「敵の艦隊を中央に―・めて」〈蘆花・不如帰〉

トリコモナス〖ラテ Trichomonas〗鞭毛べんもう虫綱トリコモナス属の原生動物の総称。体は西洋ナシ形で、鞭毛と波動膜をもつ。膣ちつ内に寄生する種もある。

とり‐こも・る【取り籠もる】〔動ラ四〕とじこもる。「天の岩戸に―・らせ給ひし時」〈曽我・五〉

とり‐ごや【鳥小屋】❶鳥、特に鶏にわとりを飼っておく小屋。鶏舎けいしゃ。❷小正月の火祭りの行事である左義長さぎちょうのために設ける小屋。正月小屋。

トリコロール〖フラ tricolore〗三色旗。特に、フランスの国旗。また、青・白・赤の配色をいう。

トリコロジー〖trichology〗▶トライコロジー

トリコロジー〖trickology〗トリック学。

とり‐ころ・す【取(り)殺す】〔動サ五(四)〕死霊・生霊などがとりついて命をとる。「怨霊に―・される」

とり‐こわし【取(り)壊し|取り▽毀し】こはし 取り壊すこと。

とり‐こわ・す【取(り)壊す|取り▽毀す】こはす〔動サ五(四)〕建物などをこわす。「古いビルを―・す」
(類語)ぶち壊す・打ち壊す・打ち砕く・破壊・壊す・叩き壊す・毀損きそん・損壊・破損・破砕・砕破・全壊・壊滅

とり‐さ・う【取り▽支ふ|取り▽障ふ】さふ〔動ハ下二〕争っている間にはいって両者を引き離す。仲裁する。「いでて―・へんとするに」〈宇治拾遺・一〇〉

とり‐ざお【鳥×竿】さを 先に鳥もちをつけて小鳥をとる竿。とりさしざお。

とり‐ざかな【取り×肴】❶一つの器に盛って出し、各自が分けて取る酒の肴。❷日本料理で、最後の中酒ちゅうしゅ膳に出す肴。特に珍品などを用いる。

とり‐さ・く【取り▽放く】〔動カ下二〕とりのける。とりはらう。「御堂の飾り―・け、御しつらひあらたむるに」〈源・蜻蛉〉

とり‐さげ【取(り)下げ】取り下げること。撤回。

とり‐さ・げる【取(り)下げる】〔動ガ下一〕(文)とりさ・ぐ〔ガ下二〕❶いったん提出したものを取り戻す。「願書を―・げる」❷いったん提起した訴えや申し立てを取り消す。撤回する。「訴訟を―・げる」

とり‐さし【鳥刺(し)】❶竹ざおの先に鳥もちを塗って、小鳥をとらえること。また、それを職業とする人。❷鳥肉の刺身。❸江戸時代、幕府に鷹の餌えにする小鳥を納めた者。また、その配下。❹❶を舞踊化した芸能。多く、正月の祝福芸として万歳まんざい・太神楽だいかぐら・田植え踊りなどの中で行われる。鳥刺舞。

とりさし‐ざお【鳥刺し×竿】さを「鳥竿とりざお」に同じ。

とり‐ざた【取(り)沙汰】〔名〕スル《古くは「とりさた」》❶あれこれとうわさすること。また、そのうわさ。「とかくの―がある」「世間で―する」❷取り扱って処理すること。「軍勢の兵粮ひょうろう已下いげの事―しける衆の中へ」〈太平記・一七〉(類語)(❶)噂うわさ・評判・風聞・風説・風評・風声ふうせい・風の便り・世評・下馬評・巷説こうせつ・浮説・流説・流言・飛語・ゴシップ

とり‐さば・く【取り×捌く】〔動カ五(四)〕こみいった事柄をうまく処理する。「立て込んだ客を―・く」(可能)とりさばける (類語)扱う・切り回す・取り扱う・計らう・さばく・こなす・処する・律する

とり‐さま【取(り)様】「様」の旁つくりを「取」の字の草体で書いたもの。目下の人への宛名に用いる。

とり‐ざら【取(り)皿】料理などを各自取り分けるのに用いる小ぶりの皿。めいめい皿。

とり‐さ・る【取(り)去る】〔動ラ五(四)〕取ってなくす。取り除く。「不純物を―・る」「不安を―・る」
(類語)取り除く・外す・取り払う・取っ払う・引きのける

とり‐しき・る【取(り)仕切る】〔動ラ五(四)〕自分の身に引き受けて行う。いっさいを自分の責任で処理する。「家事を―・る」(可能)とりしきれる (類語)扱う

とり‐しず・める【取(り)鎮める】しづめる〔動マ下一〕(文)とりしづ・む〔マ下二〕騒ぎなどをしずめる。おさえて落ち着かせる。「興奮した観衆を―・める」

とり‐したた・む【取り▽認む】〔動マ下二〕きちんとかたづける。整理する。「見苦しき物あらば―・めんとてみるほどに」〈平家・四〉

とり‐しば・る【取(り)縛る】〔動ラ五(四)〕にぎりしめる。かたくにぎる。「恰も…戦場の報知を聞く心地で、細腕を―・りつつ」〈蘆花・思出の記〉

とり‐しま【鳥島】東京都、伊豆諸島南端の火山島。明治35年(1902)の大爆発で住民が全滅。現在は無人島。国際保護鳥のアホウドリの繁殖地。

とり‐しまり【取(り)締(ま)り】❶取り締まること。また、その人。「管内の―にあたる」❷(取締)「取締役」の略。(類語)(❶)管理・支配・監理・監督・統轄・総轄・

管轄・管掌・掌理・主管・所管・マネージメント・分轄・直轄・所轄・つかさどる

とりしまり-やく【取締役】株式会社で、取締役会の構成員として、会社の業務執行に関する意思決定に参加する者。株主総会で選任される。
(類語)役員・重役・理事・顧問・監査役・相談役

とりしまりやく-かい【取締役会】株式会社で、業務執行に関する会社の意思を決定する機関。取締役全員で構成され、株主総会の権限に属する事項以外の会社運営上の重要事項の決定を行う。

とり-しま・る【取(り)締(ま)る】〔動ラ五(四)〕不正や不法が行われないように監視する。管理・監督する。「違法行為を—・る」(類語)禁止・禁・禁制・禁断・禁令・禁遏・禁圧・厳禁・無用・法度・差し止め・駄目・禁忌・禁ずる・制する

とり-じもの【鳥じもの】(副詞的に用いて)鳥のように。「—朝立ちいまして」〈万・二一〇〉

とり-しらべ【取(り)調べ】取り調べること。特に、捜査機関が、被疑者や参考人の出頭を求めて犯罪に関する事情を聴取すること。

とり-しら・べる【取(り)調べる】〔動バ下一〕文とりしら・ぶ〔バ下二〕調査する。特に、犯罪の容疑に関して、いろいろと調べる。「原因を—・べる」「容疑者を—・べる」(類語)調べる

トリシル〖Trysil〗ノルウェー南東部、ヘドマルク県の町。同国屈指のスキーリゾートとして知られ、競技会などが多く催される。

とり・す【執りす】〔動サ変〕心を傾けてする。一心にする。「人の才はかなく—・することどもも物のはえありて」〈源・若菜下〉

ドリス〖Dōris〗古代ギリシャの地名。ドーリア。

とり-す・う【取り据う】〔動ワ下二〕❶しっかりとそこへ置く。安置する。「大きなるかなまりを具したり。皆台に—・ゑつ」〈今昔・二八・二三〉❷人を一定の場所に住まわせる。特に、妻として家に置く。「家にも—・ゑ、まことの妻にも定むべかりしを」〈曽我・四〉

とり-すが・る【取り×縋る】〔動ラ五(四)〕相手のからだなどにつかまって離れまいとする。すがりつく。「そでに—・って泣く」(類語)すがる・すがりつく・取り付く

ドリス-しき【ドリス式】古代ギリシャ建築の列柱様式の一。最も古い時期のもの。柱に礎盤がなく、柱身はエンタシスとよばれる膨らみを示し、簡素な柱頭をもつ。パルテノン神殿に代表される。ドーリア式。➡イオニア式 ➡コリント式

ドリス-じん【ドリス人】古代ギリシャの一民族。前1200年ごろ、西北方から鉄器をもって侵入を開始し、ミケーネ文明を破壊してペロポネソス半島やエーゲ海諸島に定住した。スパルタはその代表的都市国家。ドーリア人。

トリスタン〖TRISTAN〗《Transposable Ring Intersecting Storage Accelerators in Nippon》筑波研究学園都市の高エネルギー物理学研究所(現高エネルギー加速器研究機構)にあった加速器。1周3キロのリング上で、電子と陽電子を逆方向に加速して衝突させ、クオークと反クオークを発生させる。昭和61年(1986)に完成し、平成7年(1995)まで運転。運用終了後は、加速器トンネルをはじめ設備・装置の多くがKEKB(平成10年完成)に転用された。

トリスタンとイゾルデ《原題、(ドイ)Tristan und Isolde》中世ヨーロッパの伝説の一。騎士トリスタンと、伯父マルクの王妃イゾルデの悲恋を描いたもの。ゴットフリート=フォン=シュトラスブルクの叙事詩や、1865年にミュンヘンで初演されたワグナーの全3幕からなる楽劇で有名。

とり-す・てる【取(り)捨てる】〔動タ下一〕文とりす・つ〔タ下二〕取って捨てる。取り除く。取り去る。「まざったごみを—・てる」

とり-すま・す【取(り)澄ます】〔動サ五(四)〕すました顔つきをする。きどる。「つんと—・す」

ドリス-ようしき【ドリス様式】「ドリス式」に同じ。

ドリズラー-ジャケット〖drizzler jacket〗雨天の際に着るファスナーフロントのショートジャケットのこと。元来はゴルフやリゾート用に作られたもので、スイングトップと似たようなもの。

とり-せつ【取(り)説】「取扱説明書」の略。

とり-ぜん【取(り)膳】夫婦・男女・親子などが二人だけで一つの膳に向かい合って食事をすること。また、その膳。

とり-ぞうし【鳥曹司】平安時代、宮中で飼育する鷹をつないでおいた所。内裏内郭の回廊の南東の角にあった。

とり-そ・える【取(り)添える】〔動ア下一〕文とりそ・ふ〔ハ下二〕つけ加える。そえる。「書類に写真を—・えて提出する」

とり-そこな・う【取(り)損なう】〔動ワ五(ハ四)〕❶取るのをしくじる。取りはぐる。「平凡なフライを—・う」「代金を—・う」❷意味を取りちがえる。理解をあやまる。「問題の意味を—・う」

とり-ぞめ【取(り)染(め)】細い横筋を間隔を置いて絞り染めにしたもの。

とり-そろ・える【取り×揃える】〔動ア下一〕文とりそろ・ふ〔ハ下二〕もれなく集めてそろえる。「関連の品を各種—・える」(類語)調える・揃える・調う・揃う

とり-だか【取(り)高】❶収穫の量。取り入れ高。❷収入の額。俸給額。また、分け前。

とり-たが・う【取り▽違ふ】〔動ハ下二〕間違えて取る。とりちがえる。「人のもとにさるもの包みて送るやうやはある。—・へたるか」〈枕・八四〉

とり-だ・す【取(り)出す】〔動サ五(四)〕❶中から取って、外へ出す。「かばんからノートを—・す」❷多くの中から選び出す。「秀句を—・す」(類語)抜き出す・抜く

とり-だすき【鳥×襷】綾や浮き織物の織り文様の一。花菱を中心に、図案化された尾長鳥が2羽ずつ相対し、輪違いに連なっている文様。指貫や屏風の裏などに用いられる。

とり-ただ・す【取り×糺す】〔動サ五(四)〕きちんと調べる。「深く事情も—・さず」〈鉄腸・雪中梅〉

とり-たて【取(り)立て】❶特に目をかけて登用すること。抜擢。「社長の—で出世する」❷強制的に取ること。催促して徴収すること。「借金の—にあう」❸取って間がないこと。また、そのもの。「—のトマト」

とりたて-いにん【取立委任】債権者が、自分の債権内容を債務者から受けることを第三者に委任すること。

とりたていにん-うらがき【取立委任裏書】裏書人が手形金額の取り立てのため、自分に代わって被裏書人に手形または小切手上の権利を行わせるためにする裏書。代理裏書。委任裏書。

とりたて-かわせ【取立為-替】▶逆為替

とりたて-きん【取立金】強制的に徴収する金銭。

とりたて-さいむ【取立債務】債権者が債務者の住所または営業所を履行の場所とする債務。➡持参債務 ➡送付債務

とりたて-しんたく【取立信託】金銭債権の取り立てを目的とする信託。

とりたて-てがた【取立手形】債権を取り立てるために振り出される手形。

とりたて-めいれい【取立命令】差し押さえの対象となった債権を、差し押さえ債権者みずからに取り立てる権限を付与する執行裁判所の命令。昭和54年(1979)に民事執行法が制定されて廃止。現在では、金銭債権の取り立ては命令なしでできる。

とり-た・てる【取(り)立てる】〔動タ下一〕文とりた・つ〔タ下二〕❶多くの中から特別に取り上げる。「一度の失敗を—・てて責める」「—・てて言うこともない」❷大勢の中から特に選び出して用いる。抜擢する。引き立てる。「店長に—・てる」❸催促し徴収する。強制的に取る。「部屋代を—・てる」「税金を—・てる」❹取り扱う。使う。「弓矢を—・てむとすれども」〈竹取〉❺そろえる。調える。「しろがね、こがねの馬、さまざま色々—・てて」〈宇津保・蔵開下〉❻築く。建てる。「金堂はそののち倒れ伏したるままにて—・つるわざもなし」〈徒然・二五〉(類語)(❸)徴収・徴発・徴税・収税・課税・追徴

トリチウム〖tritium〗水素の同位体で、質量数3のもの。陽子1個、中性子2個からなる人工放射性元素。半減期は12.33年。トレーサー、核融合反応の燃料として利用。記号Tまたは^{3}H 三重水素。

トリチェリ〖Evangelista Torricelli〗[1608～1647]イタリアの物理学者・数学者。ガリレイに師事し、地球の回転を研究。のち、「トリチェリの真空」をつくり出し、液体の流出速度に関する定理を発見した。

トリチェリ-の-じっけん【トリチェリの実験】1643年にトリチェリが行った真空と大気圧を示す実験。一端を閉じた長さ約1メートルのガラス管に水銀を満たし、開いた一端を水銀を入れた別の容器に倒立させると、管内の水銀は約760ミリメートルの高さまで下降して止まり、ガラス管の上部は真空となる。これによって大気圧の存在がわかり、初めて真空を作るのに成功した。

トリチェリ-の-しんくう【トリチェリの真空】トリチェリの実験で作られた、ガラス管上部の真空。

とり-ちがえ【取(り)違え】取り違えること。「原稿の—」「話の—」

とり-ちが・える【取(り)違える】〔動ア下一〕文とりちが・ふ〔ハ下二〕❶間違って他の物を取る。取り間違える。「靴を—・える」❷間違って理解する。誤解する。「意味を—・える」❸互い違いにする。また、互いに取り合う。「手に手を—・へ、腹掻切て臥し給ふ」〈太平記・二九〉(類語)(❷)思い違い・誤解・勘違い・心得違い・曲解・混同・本末転倒

とり-ちょう【取帳】▶検注帳

とり-ちらか・す【取(り)散らかす】〔動サ五(四)〕「とりちらす」に同じ。「—・した部屋」

とり-ちらか・る【取(り)散らかる】〔動ラ五(四)〕物があちこちに散らかる。「—・った座敷を片着けている女中を」〈秋声・足迹〉

とり-ちら・す【取(り)散らす】〔動サ五(四)〕物をあちこちに散らかす。とりちらかす。「箪笥から出した物も其儘—・して」〈小杉天外・はやり唄〉

と-りつ【都立】東京都によって設立・管理されること。また、その施設。「—高校」

とり-つき【取(り)付き】❶物事のはじめ。とっかかり。とっつき。「商売の—から挫折する」❷道などが始まる場所。とばくち。とっつき。「登攀ルートの—」❸人から受ける最初の印象。とっつき。「—の悪い人」

とり-つぎ【取(り)次ぎ】❶取り次ぐこと。連絡・仲介すること。また、その人。「来客の—をする」❷自己の名で委託販売などを行い、計算は委託者に帰する取引行為をすること。

トリッキー〖tricky〗〔形動〕❶奇をてらったさま。「—なボクシングのスタイル」❷罠やひっかけがあって油断ならないさま。「—な試験問題」

とりつぎ-じょ【取次所】取り次ぎをする所。

とりつぎ-しょう【取次商】取り次ぎに関する行為をする商人。商法では問屋・運送取扱人・準問屋の3種を認めている。

とりつき-しんしょう【取(り)付き身上】所帯をもったばかりで何事もととのわない暮らし向き。「—の苦しさと」〈秋声・あらくれ〉

とりつぎ-てん【取次店】客の注文を受けて商品・サービスの取り次ぎをする店。

とりつき-どころ【取(り)付き所】頼りにしてすがるところ。取り付く島。取り付き端。「そう云っちゃ—もないが」〈漱石・坊っちゃん〉

とりつき-は【取(り)付き端】《「とりつきば」とも》「取り付き所」に同じ。「如何にも—がない」〈福沢・福翁自伝〉

トリック〖trick〗❶人の目をあざむくためのからくり。詭計。「—を見破る」❷「トリック撮影」の略。

とり-つ・く【取(り)付く】㊀〔動カ五(四)〕❶しっかりとつかまる。すがりつく。とりすがる。「救命ブイに—・く」❷しっかりと組みつく。組みかかる。「岩場に—・く」「一人に五、六人が—・く」❸新しく物事を始める。着手する。とりかかる。「家の普請に—・く」❹きっかけをつかむ。手がかりを得る。「—・きようのない難問」❺(「取り憑く」とも書く)心霊や魔物が乗り移る。つきものがつく。「怨霊が—・く」❻(「取り憑く」とも書く)あ

る感情などが根付いて離れなくなる。「強迫観念に—·かれる」㊁〔動カ下二〕「とりつける」の文語形。

取り付く島 頼りとしてすがるところ。取り付き所。多く、あとに打消しの表現を伴って用いる。「つっけんどんで—もない」(補説)文化庁が発表した平成15年度「国語に関する世論調査」では、本来の言い方である「取り付く島がない」を使う人が44.4パーセント、間違った言い方「取り付く暇がない」を使う人が42.0パーセントという結果が出ている。

とり-つ·ぐ【取(り)次ぐ】〔動ガ五(四)〕❶間に立って、一方から他方へ用件などを伝える。「主人に—·ぐ」「意向を—·ぐ」「電話を—·ぐ」❷製造元と小売店との間などに立って、商品売買の中継ぎをする。「仕入れを—·ぐ」(類語)(❶)伝える・知らせる・報ずる・告げる・言い送る・申し送る・達する・伝達する・通知する・連絡する・通告する・通達する・下達する・令達する・口達する・通ずる・コミュニケートする・伝言する

トリック-アート【trick art】視覚的な錯覚を利用した作品。実物の窓や扉があるように描かれた壁画、実際にはありえない立体を描いた絵画など。➡トロンプルイユ

トリック-さつえい【トリック撮影】映画・テレビなどで、仕掛けや特殊撮影によって、実際にはありえないことを本当らしく見せる技術。

トリックしき-ばくだん【トリック式爆弾】相手のなんらかの動作が引き金となって爆発するように仕掛けた爆弾。手紙を開くと爆発する手紙爆弾など。

とり-つく·す【取(り)尽(く)す】〔動サ五(四)〕残らず取ってしまう。全部取る。「実を—·す」

トリックスター【trickster】❶詐欺師。ぺてん師。❷神話や民間伝承に現れるいたずら者。秩序の破壊者でありながら一方で創造者であり、善と悪など矛盾した性格の持ち主で、対立した二項間の仲介・媒介者の役目を果たす。

トリック-プレー【trick play】野球で、隠し球や見せかけの牽制などで走者をだますプレー。

とり-つくろ·う【取(り)繕う】〔動ワ五(ハ四)〕❶ととのえて見よくする。「体裁を—·う」❷不都合などを隠そうとしてうわべを飾る。「陽気に振る舞って悲しみを—·う」❸間に合わせに修繕する。「ふすまの破れを—·う」(可能)とりつくろえる

とり-つけ【取(り)付け】❶取り付けること。機械・器具などを設置すること。「湯沸かし器の—」「—料」❷いつもその店から買っていること。また、その店。買いつけ。「—の酒屋」❸恐慌などのとき、信用を失った銀行に預金者が払い戻しを求めて殺到すること。「—騒ぎ」

とり-つ·ける【取(り)付ける】〔動カ下一〕(文)とりつ·く〔カ下二〕❶ある物を他の物に装置する。「防音壁を—·ける」❷自分の方に引き寄せて獲得する。「約束を—·ける」❸いつもその店に注文して買う。よく配達してもらう。「—·けている酒店」(類語)置く・据える

とりっ-こ【取りっこ】〔名〕(スル) 何人かで争って取ること。とりっくら。「ボールの—」

とり-つた·う【取り伝ふ】〔動ハ下二〕取り次ぐ。受け伝える。「かかる御文なども—·へ始めけれど」〈源・東屋〉

とり-つづ·く【取り続く】㊀〔動カ四〕❶次から次へと続く。引き続く。「—·き追ひ来るものは百種に追め寄り来たる」〈万・八〇四〉❷生計を立てていく。「商売物を小体にして、渡世に—·き」〈浮・歌三味線・一〉㊁〔動カ下二〕次から次へと続ける。「空消息をつきづきしく—·けて」〈源・藤袴〉

ドリッパー《coffee dripperから》コーヒーをたてる器具。綿ネルのこし袋やペーパーフィルターにコーヒー粉を入れ、熱湯を注いでコーヒー液を浸出させる。コーヒードリッパー。(補説)ドリップしたコーヒーを入れる容器は、drip pot。

トリッピング【tripping】バスケットボール・サッカー・アメリカンフットボールなどで、足でひっかけて、相手の動きを妨害する反則。

ドリッピング【dripping】キャンバスに絵の具を垂らして描く絵画技法。偶然性・即興性の効果をもつ。ドリップペインティング。➡タシスム

トリップ【trip】❶旅行。「ワンデー—」❷麻薬などによる幻覚状態。(類語)(❶)旅行・旅・遠出・行旅・客旅・羇旅・旅路・道中・トラベル・ツアー

ドリップ【drip】❶しずく。したたり。❷コーヒーの入れ方の一。布や紙のフィルターの上にひいたコーヒー豆を入れ、上から熱湯を注いで漉す。

とり-つぶし【取(り)潰し】取りつぶすこと。特に、江戸時代、幕府が大名や旗本の家の断絶を命じ、所領などを没収すること。

とり-つぶ·す【取(り)潰す】〔動サ五(四)〕組織・計画などを消滅させる。「圧力をかけて組合を—·す」(可能)とりつぶせる

トリップス【TRIPS】《Agreement on Trade-Related Aspects of Intellectual Property Rights》知的所有権の貿易関連の側面に関する協定。著作権など知的所有権保護の最低基準、内国民待遇、最恵国待遇の適用等を定めるWTO(世界貿易機関)設立協定の付属文書。1994年締結。

ドリップ-ドライ【drip-dry】《しずくを垂らして乾かす、の意》洗濯して絞らずにそのまま干して乾かすと、すぐに乾いてしわもできず、アイロンがけが不要な合成繊維などの衣類のこと。

ドリップ-ペインティング【drip painting】▶ドリッピング

トリップ-メーター【trip meter】自動車の走行距離計のうち、簡単にゼロに戻せるもの。⇔マイレージメーター。

トリッペル【(ドイツ)Tripper】淋病。

とり-つ·める【取(り)詰める】〔動マ下一〕(文)とりつ·む〔マ下二〕❶ひどく思い悩む。思い詰める。「胸も張り裂けるばかりに—·めて」〈紅葉・多情多恨〉❷逆上する。のぼせあがる。「若い主が—·めたようになって」〈秋声・足迹〉❸激しく責めつける。きびしく迫る。「冷泉院を—·めまゐらせたり」〈愚管抄・七〉

とり-て【取(り)手】❶物を受け取る人。❷カルタのふだを取る人。読み手に対していう。❸相撲・柔道などの技。また、その技の巧みな人。❹武術の一。武器を持たずに敵を倒し、捕らえる術。

とり-て【捕(り)手】罪人を捕らえる役人。捕り方。捕吏。

とりで【取手】茨城県南部、利根川の北岸にある市。近世は水戸街道の宿場町。名は平将門が築いた「とりで」からといわれる。人口11.0万(2010)。

とり-で【×砦|×塁|×寨】《取り出して築く城の意》❶本城の外の要所に築く小規模な城。出城。柵塁。❷外敵の攻撃を防ぐための建造物。要塞。

とり-てき【取的】力士の最下位の者の称。(類語)力士・相撲取り・お相撲さん・関取・ふんどし担ぎ・関

とりで-し【取手市】▶取手

とり-てつ【撮り鉄】列車や車両の撮影に熱中する鉄道ファン。➡乗り鉄(補説)熱中のあまり、線路内に入って列車を止める事件が起きたこともある。

とり-どく【取(り)得|取(り)徳】取っただけ自分の利益になること。

とり-どころ【取(り)所】❶取り立てていうだけの価値のある点。長所。とりえ。「此徳川政府を見ると殆んど—のない有様で」〈福沢・福翁自伝〉❷器物の取っ手。柄。「—には、女の一人若菜摘みたる形を作りたり」〈宇津保・蔵開中〉

とり-とめ【取(り)留め】はっきりしたまとまり。それと定めた目的。「—のない話」

とり-と·める【取(り)留める】〔動マ下一〕(文)とりと·む〔マ下二〕❶失いかけた生命を失わずにすむ。「一命を—·める」❷はっきりとさせる。確かにそれと定める。「誰と云て—·めた相手は無いが腹が立つ」〈二葉亭・浮雲〉❸押さえとどめる。引き留める。「—·むるものにしあらねば年月をあはれあな憂と過ぐしつるかな」〈古今・雑上〉

とり-どり【取り取り】〔名・形動〕人や物によってそれぞれに違っていること。また、そのさま。まちまち。副詞的にも用いる。「—な(の)服装」「主人も老婆も—僕によくしてくれた」〈蘆花・思出の記〉(類語)いろいろ・各種・種種・諸種・さまざま・多様・多種・多彩・数数

とりとり-ぐも【鳥捕蜘=蛛】オオツチグモ科の大形のクモの総称。地上や樹上にすみ、昆虫・トカゲ・カエルなどを捕食。名は、小鳥も捕らえると想像されたことによる。熱帯地方に分布。とりくいぐも。

トリトン【triton】水素の同位体であるトリチウムの原子核。1個の陽子と2個の中性子とが結合したもの。

トリトン【Triton】海王星の第1衛星。1846年に発見。名の由来はギリシャ神話の海神ポセイドンの子。海王星系で最大。海王星の自転と逆向きに公転するため、潮汐力で公転速度と軌道が低下しつつあり、将来は海王星に衝突すると思われる。表面では火山活動が見られ、液体窒素・液体メタンなどを噴出している。直径は約2700キロ(地球のおよそ0.2倍)。平均表面温度はセ氏マイナス235度。

とりな-うた【とりな歌】平仮名を1字1回使って作った、七五調4句の今様歌。「鳥啼く声す夢覚ませ見よ明け渡る東を空色映えて沖つ辺に帆船群れゐぬ靄の中」で、いろは歌の47文字に「ん」を加えた48文字で作られている。万朝報が募集した「新いろは歌」で第一席となったもの。

とり-なおし【取(り)直し】❶取り直すこと。特に、相撲で、勝負をやりなおすこと。「二番後—」❷(「撮り直し」とも書く)写真などの撮影をやり直すこと。「グラビアの—」

とり-なお·す【取(り)直す】〔動サ五(四)〕❶改めてもう一度とる。「許可を—·す」「決を—·す」❷改めて手に取る。また、持ち方を変える。「筆を—·して書き継ぐ」❸気持ちを改める。沈んだ気持ちなどを回復させる。「気を—·して再度挑戦する」❹相撲で、改めて勝負をする。「物言いがついて—·す」❺(「撮り直す」とも書く)写真などを、改めてとる。「集合写真を—·す」「コピーを—·す」

とり-なし【取(り)成し|執(り)成し】❶対立する二者の間に入って、うまく折り合いをつけること。仲裁。また、仲介。「—を頼む」❷連歌・連句の付合手法の一。前句の言葉を別の意味に転じるなどして句を付けること。

とりなし-がお【取(り)成し顔】その場をうまくおさめようとする態度や顔つき。

とり-な·す【取(り)成す|執(り)成す】〔動サ五(四)〕❶対立する二者の間に立って、事態が好転するようにうまくとりはからう。また、その場の気まずい雰囲気をうまくまとめる。「座を—·す」❷なかだちをする。仲介する。「面会できるよう—·す」❸手に取って別の物に変える。「湯津爪櫛にその童女を—·して」〈記・上〉❹取り沙汰する。「作りごとめきて—·す人ものし給ひければ」〈源・夕顔〉❺実際とは違うように振る舞う。「思はぬ人を思ふ顔に—·す言の葉多かるものと」〈源・総角〉❻調子を合わせる。「あまり情にひきこめられて、—·せば、あだめく」〈源・帚木〉(可能)とりなせる(類語)仲裁・調停

とり-なら·べる【取(り)並べる】〔動バ下一〕(文)とりなら·ぶ〔バ下二〕ずらりとならべる。また、とりそろえる。「新製品を—·べて展示する」

とり-なり【取(り)成り】なりふり。人の身なりや素振り。「おとなしやかな—で」〈鏡花・高野聖〉

とり-なわ【取(り)縄|捕(り)縄】❶罪人などを捕らえて縛る縄。捕縄。❷太刀の鞘についているひも。太刀を帯びるとき、腰に結ぶ。帯取革。

トリニール【Trinil】インドネシア、ジャワ島中東部、ソロ川中流域の地名。19世紀末に化石人類ピテカントロプスが発見された。

とり-にが·す【取(り)逃がす】〔動サ五(四)〕❶捕らえかけて逃げられる。また、一度は捕らえたのに逃げられる。「犯人を—·す」❷手に入れそこなう。「好機を—·す」(類語)逃がす・逃す・逸する・失う・失する

とり-にく【鳥肉】食用の鳥の肉。特に、鶏の肉。

トリニダー【Trinidad】❶ボリビア北部の都市。ベニ県の県都。天然ゴムの生産で発展した。多くの日

系人が居住する。❷キューバ中部、サンクティスピリトゥス州の都市。1514年、同国で最も早く町が築かれ、砂糖交易と奴隷売買の中心地として発展。財を成した農園主たちの大邸宅が数多く残っている。サトウキビ畑が広がっていたロスインヘニオス渓谷とともに、1988年、世界遺産(文化遺産)に登録された。

トリニダード-トバゴ〖Trinidad and Tobago〗西インド諸島南端のトリニダード島およびその北方にあるトバゴ島からなる共和国。首都ポート-オブ-スペインはトリニダード島にある。石油や天然ガス・アスファルトを産する。もと英国領。1962年独立し、英連邦の一員。人口123万(2010)。

トリニタ-デイ-モンティ-きょうかい【トリニタデイモンティ教会】《Chiesa della Trinità dei Monti》イタリアの首都ローマにある教会。ローマ屈指の観光名所として知られるスペイン広場からスペイン階段を上った場所に位置する。16世紀初頭、フランス王ルイ12世により建造。

トリニティー〖trinity〗三位一体。

トリニトロトルエン〖trinitrotoluene〗トルエンをニトロ化した化合物。黄色の柱状結晶。爆薬。TNT。

トリニトロフェノール〖trinitrophenol〗▶ピクリン酸

トリニトロベンゼン〖trinitrobenzene〗ベンゼン環に三つのニトロ基がついた化合物。白色の針状結晶。トリニトロトルエンより強力な爆薬。TNB。

トリニトロン〖Trinitron〗ソニーが開発したアパーチャーグリル方式のブラウン管の商標名。

トリノ〖Torino〗イタリア北西部の商工業都市。サボイア家の領地時代の建築物が多く残る。サルデーニャ王国の首都、イタリア統一運動の中心地ともなった。自動車工業が盛ん。アミーチスの「クオレ」の舞台。人口、行政区91万(2008)。

とり-の-あし【鳥の脚】❶ウミユリ綱ゴカクウミユリ科の棘皮動物。相模湾などの深い海底に固着して生息。外観は鶏の足を逆さにしたようで、多数の腕が冠状につき、全体が薄桃色で、多くの節がある。❷海藻のユイキリの別名。❸シダのイノモトソウの別名。

とり-の-あと【鳥の跡】❶《中国上古、黄帝の時、蒼頡が鳥の足跡を見て文字を作ったという故事から》文字。筆跡。また、手紙。「一ひさしくとどまれらば」〈古今・仮名序〉❷へたな文字や筆跡。「陸奥国紙五六枚に、つぶつぶとあやしきーのやうに書きて」〈源・橋姫〉(類語)文字・字・鳥跡

とり-の-いち【×酉の市】11月の酉の日に行われる鷲神社(大鳥神社)の祭り。年により2回または3回あり、順に一の酉・二の酉・三の酉とよぶ。東京都台東区千束の鷲神社の祭りが有名で、縁起物の熊手などを売る露店が立ち並んでにぎわう。お酉さま。とりのまち。(季 冬)「若夫婦出してやりけりー/虚子」

酉の市の売れ残り　醜い女をいう言葉。江戸時代、酉の市の夜は吉原の遊郭も繁昌したが、その夜でさえ売れ残る意からとも、酉の市で売られる、お多福の面のついた熊手の売れ残りの意からともいう。

とり-の-いわくすぶね【鳥の×磐×樟船】上代の船の名。鳥のように速く、岩のように堅固な、クスノキでつくった船。

トリノ-おうきゅう【トリノ王宮】《Palazzo Reale di Torino》イタリア北西部、ピエモンテ州の都市トリノにある宮殿。カステッロ広場に面する。16世紀末に、トリノの都市計画を進めたアスカニオ＝ビトッツィの設計により建設が始まり、17世紀半ばにカルロ＝モレッロにより完成した。19世紀までサボイア公国の王宮がおかれた。現在は、12世紀から18世紀までの武具を展示する博物館がある。1997年、「サボイア王家の王宮群」の名称で世界遺産(文化遺産)に登録された。パラッツォレアーレ-ディ-トリノ。

とりのがく【鳥の楽】雅楽の迦陵頻のこと。

とりのき-むじん【取り▽退き無尽】江戸時代に流行した無尽。くじに当たって金を取った者は退会し、それ以後掛け金を払わなくてもいいもの。

とり-のけ【取り▽除け】❶取り除けること。除外。❷例外。「送籍は吾々仲間のうちでもーですが」〈漱石・吾輩は猫である〉

とり-の・ける【取り▽除ける】〔動カ下一〕図とりの・く〔カ下二〕❶そこから取ってなくす。とりのぞく。「障害物をー・ける」❷取り出して別にする。「予約の分をー・ける」

とり-の-こ【鳥の子】❶鳥の卵。特に、鶏の卵。❷鳥のひな。特に、鶏のひな。ひよこ。❸「鳥の子色」の略。❹「鳥の子紙」の略。

とりのこ-いろ【鳥の子色】鶏卵の殻のような色。淡黄色。

とりのこ-がみ【鳥の子紙】雁皮を主原料とした上質の和紙。鶏卵の色に似た淡黄色で、強く耐久性があり、墨の映りもよい。福井県・兵庫県産のものが有名で、越前鳥の子・播磨紙ともいわれる。

とりのこさ・れる【取(り)残される】〔連語〕《動詞「とりのこす」の未然形＋受身の助動詞「れる」》「取り残す❷」に同じ。「時代にー・れる」

とりのこし【取(り)残し】全部取らずに残しておくこと。取ったあとに残っていること。また、そのもの。

とりのこ・す【取(り)残す】〔動サ五(四)〕❶全部取らずに残しておく。「ー・した分を回収する」❷(多く「取り残される」の形で)そのものだけをあとに残す。置き去りにする。「仲間にー・される」

とりのこ-もち【鳥の子餅】祝儀用の、平たい卵形の紅白の餅。鶴の子餅。

とりのぞ・く【取(り)除く】〔動カ五(四)〕取ってなくす。とりのける。「不純物をー・く」(類語)取り去る・外す

トリノ-だいせいどう【トリノ大聖堂】《Duomo di Torino》イタリア北西部、ピエモンテ州の都市トリノにあるルネサンス様式の大聖堂。15世紀に建造。17世紀後半、バロックの建築家グエアリーノ＝グアリーニの設計で建てられたサンタシンドーネ礼拝堂には、キリストの処刑後、その遺体を包んでいたとされる聖骸布があることで広く知られる。

とり-の-つかさ【鳥▽司】平安時代、宮中で時刻を知らせる役目の人。鶏人。

とりのふん-だまし【鳥の×糞×騙|擬＝鳥＝糞＝蜘＝蛛】コガネグモ科のクモ。体長約1センチ。腹部は横に大きく膨らみ、黄白色で、葉に脚を縮めて止まっているようすが鳥の糞のように見える。日没後に網を張り、日の出前にこわす。

とり-のぼ・せる【取(り)上せる】〔動サ下一〕図とりのぼ・す〔サ下二〕興奮のあまり、分別を失う。逆上する。また、のぼせあがる。「耳まで真赤にー・せた彼女の目が」〈有島・宣言〉

とりのまい【鳥の舞】舞楽。迦陵頻の舞。左舞で、四人の童舞。天冠・鳥の羽をつけて舞う。

とり-の-まち【×酉の町|×酉の待】酉の市の旧称。

とりのみ-の-き【鳥海柵】岩手県胆沢郡金ケ崎町にあった城柵。前九年の役に安倍宗任が拠ったもの。

とり-ばい【取(り)灰】かまどから取り出した灰。また、わらを焼いて作った灰。

とり-ばかま【取り×袴】袴の股立ちを取ること。「人も追はぬにーして」〈平家・二〉

とり-はからい【取(り)計らい】取り計らうこと。「適切なーをする」

とり-はから・う【取(り)計らう】〔動ワ五(ハ四)〕物事がうまく運ぶように考えて処理をする。「穏便にー・う」(可能)とりはからえる

とり-は・く【取り▽佩く】〔動カ四〕取って身に着ける。「剣大刀腰にー・き」〈万・八〇四〉

とり-は・く【取り▽矧く】〔動カ下二〕弓に弓弦をとりつける。「梓弓弦緒ー・け引く人は」〈万・九九〉

とり-はこ・ぶ【取(り)運ぶ】〔動バ五(四)〕物事をとどこおりなく進行させる。「円滑に議事をー・ぶ」

とり-ばし【取(り)箸】盛り合わせにした料理などの取り分けに使う箸。➡直箸

とり-はずし【取(り)外し】❶取りつけてあるものを外すこと。「ーがきく棚板」❷うっかり失敗すること。「永い間にはーも有ると見えて」〈二葉亭・浮雲〉

とり-はず・す【取(り)外す】〔動サ五(四)〕❶取り付けてあったものを外す。とっぱずす。「足場をー・す」「車両をー・す」❷うっかりして取りそこなう。取りそこなって落とす。「茶わんをー・す」「機会をー・す」❸うっかりして失敗する。粗相をする。しくじる。「今度の試験を、長く一緒にいる男がまたー・して了たことを」〈秋声・足迹〉

とり-はだ【鳥肌】❶皮膚が、羽をむしり取った鳥の皮のようにぶつぶつになる現象。また、その肌。寒さや恐怖などによって立毛筋が収縮し毛が立って起こる。粟はだ。「ーが立つ」❷ざらざらしている皮膚。鮫肌。

とり-はな・す【取(り)離す|取(り)放す】〔動サ五(四)〕❶手に持っているものをうっかり離す。また、手もとから逃がす。「綱をー・す」❷戸・障子などを開け広げる。「今日は非番の暇にて奥の間ー・して」〈浮・伝来記・四〉

とり-はな・つ【取り放つ】〔動タ四〕❶引き離す。別々にする。「まだ幼くおはせし折よりー・ち養ひ奉らせ給ひけるほどに」〈栄花・後悔の大将〉❷取り外す。「北の御障子もー・ちて、御簾かけたり」〈源・鈴虫〉❸取り上げる。剝奪する。「咎もなき入道が所領をー・ちて」〈平治・中〉

トリパノソーマ〖ギリ Trypanosoma〗動物性鞭毛虫綱マクムシ科の原生動物の総称。鳥獣やカエルの寄生虫で、単細胞。アフリカではツェツェバエの媒介で睡眠病を起こすものもある。

とり-ばみ【取り▽食み】大饗の料理の残りを庭上に投げ、下衆に与えること。また、それを食べる者。「ーといふもの、男などのせむだにいとうたてあるを」〈枕・一四二〉(補説)一説に「鳥食み」の意ともいう。

とり-はや・す【取り×囃す】〔動サ四〕座をにぎやかにして興をそえる。座をとりもつ。「御くだもの参りなどー・して、御前にも参らせ給ふ」〈枕・一八四〉

とり-はらい【取(り)払い】取り払うこと。

とり-はら・う【取(り)払う】〔動ワ五(ハ四)〕すっかり取ってなくしてしまう。全部取り除く。撤去する。とっぱらう。「足場をー・う」(類語)取り去る・取り除く

トリハロメタン〖trihalomethane〗メタンの水素原子三つがハロゲン原子で置換されたもの。トリクロロメタン(クロロホルム)・トリブロモメタン(ブロモホルム)・トリヨードメタン(ヨードホルム)など。

トリビア〖trivia〗つまらないことについての知識。雑学。

トリビアリズム〖trivialism〗末梢的な事柄にこだわる態度。瑣末主義。

トリビアル〖trivial〗〔形動〕瑣末なさま。つまらないものにこだわるさま。「ーな批評」

とり-ひき【取引】〔名〕スル ❶商人と商人、または、商人と客との間で行われる経済行為。「外国企業とーする」「ー先」❷互いに利益を得られるよう交渉すること。「ライバル会社と裏でーする」(類語)(❶)売買・売り買い・引き合い・商い・商売・商行為・交易・トレード・ビジネス・貿易/(❷)交渉・折衝・ネゴシエーション

とりひき-じょ【取引所】有価証券または商品の売買取引・先物取引などを行う常設の場所。証券取引所(金融商品取引所)と商品取引所とがある。(類語)市場・市・河岸・バザール・マーケット・朝市

とりひき-しょうひょうしょ【取引証×憑書】取引の発生の際、当事者間で受け渡しされる書類およびその控えなど。取引の物的証拠となるとともに帳簿記入の基礎資料となる。

とりひきじょがい-とりひき【取引所外取引】金融商品取引所を通さずに有価証券を売買すること。相対売買、ダークプールや私設取引システム(PTS)を利用した売買など。

とり-びしお【鳥×醢】塩漬けの鳥肉をさらに麹・味醂・醬油などに漬けた食品。鳥肉の塩辛。

とり-ひし・ぐ【取り▽拉ぐ】〔動ガ五(四)〕押しつぶす。ひしぐ。「其圧制をー・ぎ」〈露伴・露団々〉

とり-ひそ・む【取り潜む】〔動マ下二〕❶見えないよ

うに隠す。「日暮るれば…小竹の節(よ)を多く散らし置きて、つとめては―・めけり」〈著聞集・一六〉❷静まらせる。とりしずめる。「酒宴―・めて」〈盛衰記・三〉

トリビュート〘tribute〙感謝・賞賛・尊敬などの気持ちを表すしるし。賛辞。捧げ物。「―アルバム」「―作品」

トリビューン〘tribune〙▶護民官(ごみんかん)

とり-ひろ・げる【取(り)広げる】〔動ガ下一〕図とりひろ・ぐ〔ガ下二〕❶物を取り出して広げる。また、並べる。「部屋中に衣服を―・げる」❷物を取りのけて場所を広げる。拡張する。「都市計画で道幅を―・げる」

とりぶき-やね【取り×葺き屋根】薄くそいだ板を並べ、丸太や石を押さえとした粗末な屋根の葺き方。また、その屋根。

トリプシン〘trypsin〙消化酵素の一。膵臓(すいぞう)から分泌され、腸内で活性化され、たんぱく質を加水分解してペプトンやポリペプチドにする。

とり-ぶすま【鳥×衾】大棟(おおむね)または隅棟(すみむね)などの鬼瓦の上に、反って長く突き出した円筒状の瓦。雀瓦。

とり-ふだ【取(り)札】カルタで、並べておいて取るほうの札。⇔読み札。

とり-ぶっし【止利仏師】▶鞍作止利(くらつくりのとり)

トリプティク〘triptych〙キリスト教美術で、祭壇を飾るための三枚一組の聖画像。中央パネルの両側に翼パネルがあり、折り畳めるようになっている。

ドリフト〘drift〙〔名〕スル ❶漂うこと。流されること。❷自動車のコーナリング技術の一。コーナーでハンドルを切るとともにアクセルを踏み、後輪を滑らせて回る方法。❸物質内の粒子がブラウン運動をしながら外力に作用されて移動する現象。❹磁場内で、荷電粒子の描く円軌道の中心が、磁場の変化や外力の作用によって磁束線に垂直に移動する現象。❺測定器で、測定対象や条件を固定しても、時間とともに示される値がしだいにずれること。また、その値。

ドリフト-ぞく【ドリフト族】公道のコーナーで、ドリフト(アクセルを吹かして滑らせて回るレース走法)を繰り返す暴走族の一種。

トリプトファン〘tryptophan〙必須アミノ酸の一。広くたんぱく質に含まれるが含有量は少なく、欠乏しやすい。生体内でニコチン酸・セロトニン・インドール酢酸などの合成の原料として重要。

トリフュ〘フラ truffe〙▶トリュフ

トリプル〘triple〙3倍の数や量。また、多く複合語の形で用い、三重の、三連続の、などの意を表す。「―ジャンプ」

ドリブル〘dribble〙〔名〕スル ❶サッカーやラグビーなどで、ボールを蹴りながら前進すること。❷バスケットボールやハンドボールで、手でボールをつきながら進むこと。❸ホッケーなどで、スティックで球を小刻みにころがしながら前進すること。❹▶ダブルコンタクト

トリプル-アクセル〘Triple Axel〙フィギュアスケートの3回転半ジャンプ。前向きの姿勢から片足で踏み切って跳び上がり、そのまま3回転半して、もう一方の足で氷面に下りる高難度の技。アクセルジャンプをベースに開発された。

トリプル-エー〘AAA〙《abdominal aortic aneurysm》腹部大動脈瘤。腹部大動脈にできる動脈瘤。

トリプル-エー〘AAA〙《American Automobile Association》米国自動車協会。米国とカナダの自動車ドライバーの組織。日本のJAFに相当。1902年設立。

トリプル-エー〘triple A〙公債や社債などの債券の元利償還能力を、格付会社が分析し、ABCなどの記号で表す評価結果で、最高ランクである「AAA」(会社によってAaaやaaaとも)のこと。

トリプル-クラウン〘triple crown〙❶プロ野球で、三冠王。❷競馬で、三冠馬。

トリプル-ディーイーエス【トリプルDES】《triple DES》DESという共通鍵暗号方式を三重に施すことにより安全性を向上させた暗号方式。米国IBM社が開発。

トリプル-トラッキング〘triple tracking〙1路線に航空会社3社が運航すること。⇒ダブルトラッキング

トリプル-プレー〘triple play〙❶野球で、連続した一つのプレーで三人を一度にアウトにすること。三重殺。❷音声通話(固定電話)、データ通信(インターネット)、映像配信(テレビ放送)の三つのサービスを、一つの事業者が同時に提供すること。ブロードバンド回線の普及とVoIPやIPTVなどのIP技術の確立により、従来、別々のインフラを通じて提供されていた三つのサービスの融合が進められている。また、これに携帯電話などの移動体通信を加えたサービスをクアドロプルプレーという。

トリプル-ボギー〘triple bogey〙ゴルフで、当該ホールの基準打数より3打多い打数でホールアウトすること。

トリプル-メリット〘triple merit〙三重の利益。

トリプレット〘triplet〙3個のヌクレオチドの組。核酸における3個の塩基の並び。遺伝暗号となり、1個のアミノ酸に対応する。

トリプレット-レンズ〘triplet lens〙英国のH=D=テーラーが発明した3群3枚構成の写真用レンズ。これを改良してテッサーが作られた。

とり-ぶん【取(り)分】自分が取るべき分。分け前。取り前。「―が少ない」類語分け前・割り前・取り高

とりべ-の【鳥辺野|鳥部野】京都市東山区の清水寺(きよみずでら)から西大谷に通じるあたりの地名。古く、火葬場があった。鳥辺山。

とりべ-やま【鳥辺山|鳥部山】㊀鳥辺野(とりべの)の異称。㊁地歌。近松門左衛門作詞、湖出金四郎作曲、岡崎検校改調とされる。宝永3年(1706)京都の都万太夫座で上演されたおまん・源五兵衛の道行(みちゆき)を原拠とするが、同年夏、大坂で上演のときはお染・半九郎に改められる。㊂宮薗(みやぞの)節。宮薗鸞鳳軒(らんぽうけん)作曲。明和3年(1766)大坂竹本座初演「太平記忠臣講釈」の「道行人目の重縫(かさね)」からとったもので、縫之助・浮橋の道行とする。宮薗節の代表的名作。

とりべやましんじゅう【鳥辺山心中】(とりべやまシンヂュウ) 岡本綺堂の戯曲。新歌舞伎の一。大正4年(1915)初演。親友の弟を討った旗本菊地半九郎と、祇園の遊女お染との鳥辺山での心中を題材としたもの。

とり-へん【×酉偏】漢字の偏の一。「酔」「酸」などの「酉」の称。日読みのとり。

とり-へん【鳥偏】漢字の偏の一。「鴃(げき)」「鴕(だ)」などの「鳥」の称。

とり-ぼうき【鳥×箒】(ばうき) 鳥の羽で作ったほうき。羽箒(はぼうき)。

とり-ほうだい【取(り)放題】(ハウダイ) 欲しいだけいくらでも取れること。いくら取ってもよいこと。

トリポッド〘tripod〙三脚。また、3本脚のいすやテーブル。

トリボニアヌス〘Tribonianus〙[?〜545ころ]東ローマ帝国の法学者。ユスティニアヌス1世の命を受け、「ローマ法大全(ユスティニアヌス法典)」を編纂(へんさん)。

トリポリ〘Tripoli〙㊀レバノン北西部、地中海に面する港湾都市。前7世紀からローマ時代にかけてフェニキアの都市として栄えた。イラクからの石油積み出し港。また精油業が盛ん。タラーブルス。㊁リビアの首都。同国北西部、地中海南岸にある港湾都市。フェニキアの植民地として建設された。

トリボルミネセンス〘triboluminescence〙▶摩擦ルミネセンス

トリマー〘trimmer〙❶写真フィルムなどの裁断機。❷犬・猫などの毛を刈り整える職業の人。

とり-まえ【取(り)前】(まへ) 取り分。分け前。

とり-まかな・う【取り賄ふ】(まかなふ)〔動ハ四〕用意する。また、処理する。「すべて、よその人の―・ひたらん、うたて心づきなき事多かるべし」〈徒然・二四〇〉

とり-まき【取(り)巻(き)】金持ちや権力者につきまとって機嫌をとること。また、その人。「―に囲まれる」「―連中」

とり-まぎ・れる【取(り)紛れる】〔動ラ下一〕図とりまぎ・る〔ラ下二〕❶まぎれてはいり込む。混入する。「雑踏に―・れる」❷目先の事に気をとられて、他の事に心が及ばなくなる。「雑事に―・れる」

とり-ま・く【取(り)巻く】〔動カ五(四)〕❶まわりを囲む。取り囲む。「やじうまに―・かれる」「業界を―・く事情」❷人にまつわりついて、気に入るように振る舞う。「客に―・く」類語囲む・囲う・巡らす・巡る

とり-ま・ぜる【取(り)混ぜる|取(り)交ぜる】〔動ザ下一〕図とりま・ず〔ザ下二〕いろいろなものを一つにまぜ合わせる。「大小―・ぜる」類語混ぜる・かき混ぜる

とり-まとめ【取り×纏め】とりまとめること。「アンケートの―を頼まれる」

とり-まと・める【取り×纏める】〔動マ下一〕図とりまと・む〔マ下二〕❶多くのものを整理して一つにする。「荷物を―・めて上京する」❷物事を望ましい状態にしてきまりをつける。「縁談を―・める」

トリマラン〘trimaran〙ヨットで、三つの胴体から成り立っている艇のこと。双胴艇(カタマラン)よりさらに安定性があり、巡航用として多く使用される。

とり-まわし【取(り)回し】(まはし) ❶身のこなし。立ち居振舞い。「背恰好から―、声は全然(まるで)違うがね」〈紅葉・多情多恨〉❷とりなし。処置。「何んな人間に対しても―の上手なお前は」〈近松秋江・疑惑〉❸力士のまわし。「花車は衣服を脱ぐと下には―をしめている」〈円朝・真景累ヶ淵〉

とり-まわ・す【取(り)回す】(まはす)〔動サ五(四)〕❶順に取ってまわす。また、手に取ってまわす。「料理を皿に―・す」❷仕事などをうまく処理する。きりまわす。「家事を―・す」❸まわりを囲む。取り巻く。「男どもぶちのめせと―・せば」〈浄・歌念仏〉

とり-み【鳥見】江戸幕府の職名。若年寄の支配下に属し、鳥見組頭の指揮を受けて将軍の遊猟地の巡検にあたった。

とり-みだ・す【取(り)乱す】〔動サ五(四)〕❶だらしなく乱す。乱雑にする。また、取り散らかす。「服装を―・す」❷心の落ち着きを失う。見苦しいようすをする。「人前で―・す」類語騒ぐ・慌てる・うろたえる・狼狽(ろうばい)する・じたばたする・立ち騒ぐ・騒ぎ立てる・周章

とり-みだ・る【取り乱る】㊀〔動ラ四〕心の落ち着きを失う。取り乱す。「朝廷(おほやけ)に数まへられ奉りては、また―・り暇(いとま)なくなどして」〈源・朝顔〉㊁〔動ラ下二〕「とりみだれる」の文語形。

とり-みだ・れる【取(り)乱れる】〔動ラ下一〕図とりみだ・る〔ラ下二〕❶散り乱れる。取り散らかる。また、しどけないありさまになる。「部屋の中が―・れる」❷心の落ち着きを失う。「女心のあさましさ、嫉妬のうらみに―・れ」〈浄・出世景清〉

とり-・みる【執り見る|取り見る】〔動マ上一〕❶手に取って見る。「秋さり衣誰か―・みむ」〈万・二〇三四〉❷世話をする。面倒をみる。また、介抱する。「今年行く新島守が麻衣肩のまよひは誰か―・みむ」〈万・一二六五〉

トリミング〘trimming〙〔名〕スル《刈り整えることの意》❶写真で焼き付け・引き伸ばしをしたり、コンピューターで画像を加工したりする際、不要な部分を取り除いて画面を整えること。「人物中心に―する」❷帽子の縁やドレスの裾(すそ)・袖口などをテープなどで縁どりすること。また、その縁どり。❸刈り整えて仕上げること。「犬の毛の―」❹コンピューターのプログラミングで、文字列データ中の空白文字や任意の文字列を削除すること。

トリム〘trim〙❶船が外力を受けてできる船首喫水と船尾喫水との差。縦傾斜。❷船の釣り合い。バランス。

トリム〘Trim〙アイルランド東部、ミース州の町。ボイン川沿いに位置する。中世にノルマン人が築いた町で、今もノルマン様式のトリム城が残る。現在州都はナバンだが、中世以来、同地域の中心地だった。

トリム-うんどう【トリム運動】スポーツ・医療・食事改善などにより、積極的に心身を調整し、健康の維持・増進を図ること。1967年、ノルウェーに始まる。

トリム-カラー《和 trim＋color, trimは、こぎれいな、きちんとした、手入れのよい、の意》全体にさっぱりした感じのきれいな色のこと。くすんだアースカラーに対して、クリーンな気持ちのよい色調をいう。

とり-む・く【取り向く】〔動カ下二〕たむける。神に奉る。「在り峰よし対馬の渡り海中にぬさ―・けて早帰り来ね」〈万・六二〉

トリム-じょう【トリム城】《Trim Castle》アイルランド東部、ミース州の町、トリムにある城。アイルランドに侵入したノルマン人が12世紀に建てた木造の塔に起源する。一度破壊されたが、13世紀初めにジョン王により、ノルマン様式の堅固な城が造られた。同国最大規模を誇る城として知られる。

とり-むす・ぶ【取(り)結ぶ】〔動バ五(四)〕❶約束などをかたく結ぶ。「契約を―・ぶ」❷双方の仲をとりもつ。仲立ちをする。「二人の間を―・ぶ」❸へつらって人の機嫌をとる。「機嫌を―・ぶ」(可能)とりむすべる

とり-め【鳥目】《鳥の多くは夜目がきかないところから》夜になると、視力が著しく衰えて物がよく見えなくなる病気。ビタミンAの不足により起こる。夜盲症。

とりめ-え【鳥目絵】►鳥瞰図

とり-めし【鳥飯｜鶏飯】鳥肉を入れた炊き込みご飯。鳥御飯。

とり-もう・す【取り申す｜執り申す】〔動サ四〕❶申し上げる。「何事を―・さむと思ひめぐらすに」〈源・帚木〉❷取り次いで申し上げる。「入道随分―・ししかども、遂に御承引なくして」〈平家・三〉

とり-もち【取(り)持(ち)】❶両者の間に立って仲を取り持つこと。仲立ちをすること。また、その人。「意中の人との―を頼む」❷人をもてなすこと。接待。「客の―がうまい」(類語)世話・口利き・口入れ・口添え・仲立ち・肝煎り・斡旋・周旋・紹介・仲介

とり-もち【鳥黐｜黐】さおの先などに塗りつけて小鳥や昆虫などを捕らえるのに用いる粘着力の強い物質。モチノキ・クロガネモチ・ヤマグルマなどの樹皮から作る。もち。

とりもち-あじろ【鳥持ち網代】海鳥のアビが小魚を追う習性を利用して、その小魚に集まるタイ・スズキなどを捕る漁場または漁法。(季 春)

とりもち-の-き【鳥黐の木】❶モチノキの別名。❷ヤマグルマの別名。

とり-も・つ【取(り)持つ】〔動タ五(四)〕❶両者の間に立って事がうまくいくように世話をする。仲立ちをする。「二人の間を―・つ」❷相手の気持ちを損ねたり、座がしらけたりしないようにもてなす。「宴席を―・つ」「御機嫌を―・つ」❸取りしきって事を行う。「政務を―・つ」❹手に取って持つ。「―・ちてわが二人見し…槻の木」〈万・二一〇〉(類語)橋渡し・仲立ち・仲介

とりもどし-けん【取戻権】破産法や会社更生法で、破産財団または更生会社に組み入れられた財産を、第三者が財団または更生会社に属さない財産として、取り戻すことができる権利。

とり-もど・す【取(り)戻す】〔動サ五(四)〕一度失ったものや与えたものを再び自分のものとする。取り返す。「陣地を―・す」「往年の元気を―・す」(類語)取り返す・奪い返す・奪回する・回収・回復

とり-もの【捕(り)物】罪人を召しとること。

とり-もの【採(り)物】❶祭祀で、神職が手に持つ道具。特に御神楽で、人長が舞うときに手に持つもの。榊・幣・杖・篠など。❷神楽歌で、御神楽の初めのほうで歌われる神事色の強い一群。もとは人長の舞を伴った。榊・幣・杖・篠・弓・剣・鉾・杓・葛の9曲。

とりもの-ちょう【捕(り)物帳】《江戸時代、目明かしなどの捕り物についての覚え書き帳の意から》犯罪事件を題材とした、時代物の推理小説。「半七―」

とりもの-の-うた【採(り)物の歌】御神楽で人長が採り物を持って舞うとき、その採り物にちなんでうたわれる歌。9曲からなるが、現行は榊のみ。

トリモンティウム〘Trimontium〙ブルガリア中南部の都市プロブディフの、古代ローマ時代における名称。

とり-や【鳥屋】❶鳥の売買を業とする店。また、その人。❷鳥肉を売る店。また、その料理を出す店。

どりゃ〔感〕《「どれは」の音変化》相手を促し、また、自身が何か行動するときに発する語。どれ。さて。「一、見せてみろ」

トリヤッチ〘Tol'yatti〙►トリアッティ

トリャブナ〘Tryavna〙ブルガリア中部の町。バルカン山脈北麓、トリャブナ川沿いに位置する。オスマン帝国時代に織物業で発展し、木工芸やイコン製作が盛ん。民族復興様式の建造物が多いことで知られる。13世紀の大天使ミハイル教会、木彫やイコンに関する博物館がある。作家ペンチョ=スラベイコフ、独立期に活躍した革命家アンゲル=カンチェフの生地。

とり-やま【鳥山】魚群の上を多くの海鳥が飛び回っていること。釣りや漁の目安になる。「―が立つ」

とりやま-あきら【鳥山明】［1955～ ］漫画家。愛知の生まれ。かわいらしいキャラクターが活躍する娯楽性の高い作品で、国内だけでなく外国でも人気を集める。代表作の「Dr.スランプ」「ドラゴンボール」はテレビアニメ化され、国民的ブームとなった。テレビゲームのキャラクターデザインも手がける。

とり-やめ【取り止め】予定していたことをやめること。中止。「試合が―になる」(類語)中止

とり-や・める【取り止める】〔動マ下一〕(文)とりや・む〔マ下二〕予定していたことをやめる。中止する。「雨天の場合遠足は―・める」(類語)やめる・切り上げる・よす・断つ・中止する・打ち切る・休止・停止・中断・中絶・ストップ・沙汰止み・お流れ・立ち消え・途絶

とり-やり【取り遣り】〔名〕(スル)物を受け取ったり与えたりすること。やりとり。「鋼鉄榴弾もて命の―するには」〈独歩・愛弟通信〉

とり-や・る【取り遣る】〔動ラ四〕取りかたづける。とりのける。「御床など―・りて、かき払ひたり」〈源・椎本〉

とり-ゆ【取り由｜取り揺】箏を弾奏するときの技法の一。右手で弾いたあと、左手の指でその弦をつまみ、右の方に引きよせて音を下げること。「つらつき美しげにて、一の手つき、いみじう作りたるものの心地するを」〈源・少女〉

ど-りゅう【土竜】❶地上の竜ともいうべき名馬。竜馬。❷モグラの別名。

トリュフ〘フランス truffe〙西洋松露のこと。特に料理の材料とするものをいう。塊状のキノコで、独特の芳香があり、卵・鶏料理などに用いる。

トリュフォー〘François Truffaut〙［1932～1984］フランスの映画監督。長編第1作「大人は判ってくれない」でヌーベルバーグの代表者の一人となる。多彩な作風で愛のテーマを追求。他に「突然炎のごとく」「恋のエチュード」など。

ドリュ-ラ-ロシェル〘Pierre Drieu La Rochelle〙［1893～1945］フランスの小説家。第一次大戦後の青年の不安と絶望を描いた代表的作家。第二次大戦中はナチスに協力し、戦後自殺した。小説「ゆらめく炎」「ジル」など。

と-りょう【斗量】斗ではかること。また、多量にあることのたとえ。

と-りょう【屠竜】伝説上の動物である竜を殺すこと。実際には益のない行為のたとえ。

と-りょう【塗料】物の表面に塗って皮膜を作り、保護また着色・装飾するための流動性の物質の総称。漆・ペンキ・ワニスなど。(類語)ラッカー・エナメル

ど-りょう【度量】❶物差しと枡。転じて、長さと容積。❷他人の言行をよく受けいれる、広くおおらかな心。「―が広い」(類語)(❷)器量・料簡・雅量・寛容

どりょう-こう【度量衡】❶長さと容積と重さ。❷「度量衡器」の略。(類語)計器・メーター

どりょうこう-き【度量衡器】度量衡をはかる器具。物差し・枡・秤の総称。

どりょうこう-げんき【度量衡原器】度量衡の統一と正確を期するための基本単位の基準器。白金とイリジウムの合金製。メートル原器・キログラム原器など。

どりょうこう-せい【度量衡制】度量衡の基本単位の大きさや各単位間の関係を規定する、学術上・法律上の取り決め。

とりょう-の-ぎ【屠竜の技】《「荘子」列禦寇から》身につけても実際の役に立たない技術。屠竜の術。

ど-りょく【努力】〔名〕(スル)ある目的のために力を尽くして励むこと。「―が実る」「たゆまず―する」「―家」(類語)精励・奮励・研鑽・修養・精進・鍛錬・頑張る

とり-よせ【鳥寄せ】おとりやえさ、または笛などを使って、鳥を呼び寄せること。

とり-よ・せる【取(り)寄せる】〔動サ下一〕(文)とりよ・す〔サ下二〕❶注文して送らせたり、持って来させたりする。「資料を郵便で―・せる」「食事を部屋に―・せる」❷手にとって近くに寄せる。手もとへ引き寄せる。「散らかった書類を―・せる」❸人を近くに来させる。引き取る。「さる天神を…名指して―・する」〈浮・一代男・五〉

とり-よそ・う【取り装ふ】〔動ハ四〕身なりをととのえる。身支度をする。「ぬばたまの黒き御衣をまつぶさに―・ひ」〈記・上・歌謡〉

とり-よみ【取(り)読み】先に読んだ者が読みちがえた場合、他の者がすぐにその続きを引き取って読み、次から次へと読み継いでいく方法。「先生は復習のためだといって―をさせた」〈中勘助・銀の匙〉

とり-よ・る【取り寄る】〔動ラ四〕❶近くに寄る。親しくする。「この人に―・り候ふべし」〈太平記・三三〉❷手本としてよりどころとする。「此の句には是こそ―・るべき所よと見えて」〈連理秘抄〉

とり-よろ・う〔動ハ四〕語義未詳。とりわけてよいさまであるの意とも、すべてのものが集まり整うの意とも、宮の近くに寄っているの意ともいう。「大和には群山あれど―・ふ天の香具山」〈万・二〉

トリラー〘ドイツ Triller〙►トリル

トリリンガル〘trilingual〙►トライリンガル

トリル〘trill〙装飾音の一。ある音とその2度上または下の音とを急速に反復させるもの。顫音。

ドリル〘drill〙❶穴あけ工具の一。丸棒状の鋼材に螺旋状の切り刃と逃げ溝をつけ、これを回転させて使用。ツイストドリル。ねじれ錐。❷知識・技能を習得するための反復練習。また、反復練習による指導法。「―学習」(類語)(❶)錐・千枚通し/(❷)授業・講義・レッスン・レクチャー

ドリル-チーム〘drill team〙スポーツなどで、自軍チームの応援のために厳しく、正確に訓練された行進や体操などの模範演技を見せるチーム。

トリレンマ〘trilemma〙❶どれも好ましくない三つのうちから、一つを選ばなければいけない、という三者択一の窮地。❷三つの好ましくない状況。三重苦。

トリロジー〘trilogy〙三部作。

とり-わき【取り分き】〔副〕「取り分け」に同じ。「―仰せ言ありて」〈源・桐壺〉

とり-わく【撮(り)枠】ロールフィルムを使用しないカメラで撮影の際に乾板・フィルムを入れる枠。

とり-わ・く【取り分く】㊀〔動カ四〕特に他と異なっている。特別である。「御前よりも―・きさるべきものどもをいだささせ給ふ」〈大鏡・頼忠〉㊁〔動カ下二〕「とりわける」の文語形。

とり-わけ【取(り)分け】〔副〕《動詞「取り分ける」の連用形から》特に。ことに。とりわけて。「今年の夏は―暑い」(類語)殊に・特に・別段・なかんずく・特別

とりわけ-て【取(り)分けて】〔副〕「取り分け」に同じ。「―興味のあるテーマ」

とり-わ・ける【取(り)分ける】〔動カ下一〕(文)とりわ・く〔カ下二〕❶食べ物などを別の器に分けて取る。「大皿から―・ける」❷同類のものの中でも特別なものとして、別にする。「高級品を―・ける」

とり-わた・す【取り渡す】〔動サ四〕物や人を移動させる。持って来る。また、持って行く。「唐の物ども―・させ給ひて」〈源・梅枝〉

ドリンカー〘drinker〙酒飲み。「キッチン―」

トリンキュロ〘Trinculo〙天王星の第21衛星。2001年に発見された。名の由来はシェークスピアの「テンペスト」の登場人物。天王星の赤道面に対して傾いた軌道を公転している。直径が10キロ前後と小さ

い。トリンキュロー。

ドリンク〘drink〙❶飲み物。飲料。「ホット―」❷「ドリンク剤」の略。

ドリンク‐ざい【ドリンク剤】疲労回復や体力増強などをうたい文句に売られる、小びん入りの清涼飲料または薬剤。

ドリンク‐バー《和 drink＋bar》レストラン内の、セルフサービス方式のドリンクコーナー。コーヒーや紅茶、ジュースなどの飲料が並べられており、自由に選ぶことができる。

ドリンスク〘Dolinsk〙ロシア連邦、サハリン州(樺太)南部の町。ユジノサハリンスクの北約40キロメートルに位置する。1945年(昭和20)以前の日本領時代には落合とよばれ、製紙工場があった。

とりん‐ぼう【取りん坊】❶遊里で、遊女をだまして金品を奪う客。転じて、遊女にだまされて多額の金品を奪われる客。とられんぼう。「女郎も―も、あまねく色道の鏡といたしぬ」〈浮・色三味線・二〉❷遊里で、ひやかし。素見。「往古吉原にては―と云ひ、今は素見といふ」〈洒・娼妓絹籭〉

トル〘torr〙圧力の単位。1トルは水銀柱1ミリが底面に及ぼす圧力で、133.3224パスカル。E＝トリチェリの名にちなむ。記号torr, Torr

と・る【取る｜執る｜採る｜捕る｜撮る】㊀〔動ラ五(四)〕❶手の中におさめる。手に持つ。㋐手でつかむ。握って持つ。「その本を―・って見てください」「胸ぐらを―・る」㋑手に持って動かす。手を働かして何かをする。操作する。「舵を―・る」㋒(手を持って)教えたり、導いたりする。「手―・り、足―・りして教える」㋓(動物などを)つかまえる。「セミを―・る」「銛で魚を―・る」㋔(「穫る」「獲る」とも書く)生きていくための、えものや作物を手に入れる。収穫したり、捕獲したりする。「山菜を―・って暮らしを立てる」❷㋐(手で)うまく動かして、事を行う。処理する。「事務を―・る」「指揮を―・る」㋑そのような考え方を固く守る。主張する。「中立の立場を―・る」「強硬な態度を―・る」❸いろいろな方法で自分のものにする。㋐相手からもらってこちらのものにする。手に入れる。「金メダルを―・る」「休みを―・る」「免許を―・る」「税金を―・られる」㋑(その家の者として)人を迎え入れる。「内弟子を―・る」「婿を―・る」㋒注文して届けさせる。いつもそこで買う。「お昼にすしを―・る」「酒はあの店から―・る」「新聞を―・る」㋓(「盗る」とも書く)人のものを無理に自分のものとする。盗む。奪う。「力ずくで財布を―・る」「現金だけ―・られた」㋔召し上げる。没収する。「官職を―・る」㋕自分のものにすることを前もって約束する。予約する。「芝居の席を―・る」㋖身にひきうける。「責任を―・る」「正直だという評判を―・る」「父の跡を―・る」㋗客として相手をする。「芸者が客を―・る」㋘(年などを)かさねる。「年を―・る」❹㋐身につけているものをはずしたり、ぬいだりする。(一時的に)からだから離す。「帽子を―・る」「ネクタイを―・る」㋑(そこにある不用のもの、余分なものを)他へ移す。除き去る。そこからいなくする。「しみを―・る」「痛みを―・る薬」「かたきを―・る」❺㋐(同類のものを)広く、多く集める。採取する。「木の実を―・って食糧にする」㋑(多くの中から)選んで、決める。採用したり、選択したりする。「気に入った品を―・る」「新卒者を―・る」㋒選んで、どちらかのほうに決める。「可否を―・る」「南に針路を―・る」㋓みちびき入れる。「明かりを―・る窓」㋔(「摂る」とも書く)必要なものとして体内にとり入れる。「栄養を―・る」㋕材料・原料からとり出したり、作り出したりする。製する。「豆から油を―・る」❻形をまねて作る。(記して)形を残す。「入れ歯の型を―・る」「不動の姿勢を―・る」「メモを―・る」❼数量をはかる。数える。調べる。「統計を―・る」「寸法を―・る」「タイムを―・る」「脈を―・る」❽㋐(人の心をおしはかったり、要点を押さえたりして)うまくことをすすめる。「ごきげんを―・る」「バランスを―・る」㋑調子を合わせる。「拍子を―・る」「歩調を―・れ」❾そのことのために場所や時間などを必要とする。「手間を―・る仕事」「大きすぎて場所を―・る」❿そのように解釈したり、判断したりする。解する。「文字どおりに―・る」「悪く―・る」⓫相撲やカルタなどの遊びをする。「一番―・ろうか」「花札を―・る」⓬㋐(撮る)写真を写す。「記念写真を―・る」㋑写しを作る。「コピーを―・る」㋒(録る)録画する。録音する。「フルハイビジョンカメラで―・る」⓭(「…にとって」の形で)…としては。…の立場からは。「彼の死は経済界に―・って大きな痛手だ」[可能]とれる ㊁〔動ラ下二〕「とれる」の文語形。[類語](❶)持つ・握る・捕まえる・捕らえる・取り押さえる・生け捕る・捕まえる・捕獲する／(❸)得る・奪う・取り上げる・分捕る・掠め取る・もぎ取る・引ったくる・ふんだくる・攫う・掻っ攫う・横取りする・強奪する・奪取する・略取する・略奪する・収奪する・簒奪する・剝奪する・吸い取る／(❹㋐)脱ぐ／(❿)解釈・理解・判断・解する・受け取る・とらえる・知る・把握・分かる・分かり・のみ込み・承知・認識／(⓬㋐)撮影・写す・写る

[下接句]揚げ足を取る・当たりを取る・虻蜂取らず・彝を秉る・暇を取る・裏を取る・猿猴が月を取る・後れを取る・鬼の首を取ったよう・音頭を取る・舵を取る・気を取られる・機嫌気褄を取る・機嫌を取る・牛耳を執る・教鞭を執る・消し口を取る・堅を被り鋭を執る・木盾に取る・小褄を取る・采を採る・鞘を取る・質に取る・死に水を取る・尺を取る・酌を取る・章を断ち義を取る・陣を取る・先を取る・損して得取る・大事を取る・盾に取る・短を舎て長を取る・褄を取る・手に手を取る・手に取るよう・手を取る・手玉に取る・天下を取る・得を取るより名を取れ・年を取る・とっこに取る・鳶に油揚げを取られたよう・名を捨てて実を取る・名を取る・中を取る・鳴く猫は鼠を捕らぬ・盗人の上前を取る・箸を取る・引けを取る・庇を貸して母屋を取られる・左褄を取る・人の褌で相撲を取る・暇を取る・不覚を取る・筆を執る・面を取る・股立を取る・涼を取る・労を取る

取って返・す　最初の地点へ戻る。途中からひき返す。「自宅に―・す」

取って代わ・る　入れ代わる。交代する。「信長に―・り秀吉が天下を統一する」

取って食・う　手に取って食い殺す。凶暴なことをする。「―・いはしないから、そうびくびくするな」

取って付けたよう　言葉や態度などが不自然でわざとらしいようす。「―なお世辞をいう」

取っても付かぬ　まったく寄せつけようとしない。そっけない。「一挨拶に、重ねて返す詞もなく」〈浄・二つ腹帯〉

取らぬ狸の皮算用　まだ捕まえてもいない狸の皮を売ることを考えること。手に入るかどうかわからないものを当てにして計画を立てることのたとえ。

取りも敢えず　取るべきものも取ることができないほど急であるさま。「夕汐ただ満ちに満ち来るさま、―」〈更級〉

取りも直さず　それがただちに。そのまま。すなわち。「発明するということは―人類の発展に寄与することである」

取るに足ら・ない　「取るに足りない」に同じ。「―・ないことにこだわる」

取るに足り・ない　問題として取り上げる価値もない。ささいなことである。取るに足らない。「―・ない話題」

取る物も取り敢えず　大急ぎで。大あわてで。「―病院へ駆けつける」

と・る〔連語〕《接続助詞「て」に動詞「お(居)る」の付いた「ておる」の音変化》動詞の連用形に付いて、そうした動作・状態にあることを表す。…ている。「ここで待っ―・れ」「話は聞い―・る」[補説]ガ・ナ・バ・マ行の五段動詞に付く場合は「どる」となる。「支払いは済んどる」

ドル《蘭 dollarから》❶米国・カナダ・オーストラリア・ニュージーランド・シンガポールなどの通貨単位。通常、米国のドルをさす。1ドルは100セント。記号は＄。ダラー。❷金銭。お金。「一箱」[補説]「弗」とも書く。

ど‐るい【土塁】土を盛り上げて築いたとりで。[類語]要塞・防塞・塁・堡塁

ど‐るい【土類】水に溶けず、還元しにくい金属酸化物のこと。酸化アルミニウムなど。

どるいきんぞく‐げんそ【土類金属元素】アルミニウム・ガリウム・インジウム・タリウムの4元素の総称。また、アルミニウムと希土類元素の総称。土金属。

トルイジン〘toluidine〙ベンゼンの水素原子2個をメチル基およびアミノ基で置換した化合物。アゾ染料などの原料。

ドルイド‐きょう【ドルイド教】《druidism》ガリア・ブリタニアに定着した古代ケルト人の宗教。ドルイドとよばれる神官を中心に、占いや天文の知識、聖樹崇拝を重視し、霊魂不滅、輪廻の教義を説いた。

トルー〘true〙多く複合語の形で用い、まことの、本当の、などの意を表す。「―ストーリー」「―ラブ」

トルー‐カラー〘true color〙▶フルカラー

トルースタイト〘troostite〙鋼の焼き入れで生じる、微細な炭化鉄と鉄の結晶とが重なりあった二相組織。焼き入れが不十分であったり、焼き戻したりしたときにできる。高級刃物に利用。

ドルーズ‐は【ドルーズ派】《Druse, Druze》イスラム教シーア派から派生した一派。レバノン・シリア・イスラエルの山岳地方に数十万人の信徒がいる。

トルータイプ〘TrueType〙米国アップルコンピューター社(現アップル)が1989年に開発したアウトラインフォントシステム。

トルーマン〘Harry Shippe Truman〙[1884～1972]米国の政治家。第33代大統領。在任1945～1953。民主党㊞。第二次大戦の終結を指導。第二次大戦後、対外的にはトルーマン‐ドクトリンによる反ソ反共政策を、内政面ではフェア‐ディール政策を推進。▶アイゼンハワー

トルーマン‐ドクトリン〘Truman Doctrine〙1947年、トルーマンが議会で発表した外交方針。ギリシャ・トルコ両国への軍事・経済援助を議会に要請し、世界的規模での反ソ反共政策を提唱。その主張はマーシャルプラン、北大西洋条約機構(NATO)などに受け継がれた。

トルエン〘toluene〙芳香族炭化水素の一。ベンゼンの水素原子1個をメチル基で置換した化合物。無色、可燃性の液体で特異臭がある。コールタールの分留、石油の分解・改質などにより得られる。染料・爆薬・合成樹脂などの原料、また溶剤として広く用いられ、シンナーの主成分。化学式$C_6H_5CH_3$　トルオール。メチルベンゼン。

ドル‐がいこう【ドル外交】資本力を背景に対外進出をはかる米国の外交政策。特に、20世紀初頭のタフト政権の外交政策をさす。

ドルかい‐じけん【ドル買い事件】昭和6年(1931)財閥系銀行などが金輸出再禁止を見越してドル為替を大量に買い入れ、円相場下落後、巨額の為替差益を得た事件。軍部・右翼による財閥攻撃をもたらし、ファッショ化を進める一因となった。

トルキスタン〘Turkestan〙中央アジアの大部分を占める地域の称。名はトルコ人の土地の意で、9世紀以降、住民の多くをトルコ系民族が占める。タリム盆地一帯を東トルキスタン(中国領)、パミール高原からカスピ海東岸までの一帯を西トルキスタンとよぶ。西トルキスタンにはトルクメニスタン・ウズベキスタン・タジキスタン・キルギス・カザフスタンの5共和国がある。

トルク〘torque〙回転している物体の回転軸の周りに働く力のモーメント。ねじりモーメント。

トルク‐コンバーター〘torque converter〙自動変速機の一部をなす油圧式のトルク(回転力)変換機。密閉容器の中に二つの翼車を対置し、中を油で満たす。一方を回すと、油の流れで他方も回り、その際、間に固定翼を置いて流れの方向を変えると、低速時にはトルクが増大され、高速時にはトルクが小さくなり、変速機の要求と一致する。トルコン。

トルクス〘TORX〙ナットやボルトの頭部が、上から見ると花模様のような形に作られているもの。マイナスやプラスの形に比べてネジ山がつぶれにくく、作業

しやすい。米国のカムカー社の規格。商標名。〔補説〕「ヘクサロビュラー(6個の突起)」などと言い換える。

トルクス-ドライバー〘TORX driver〙トルクスねじ用の、ねじまわし。

トルクス-レンチ〘TORX wrench〙トルクス頭のボルトなどにかぶせて回す工具。

トルクメニスタン〘Türkmenistan〙中央アジアの南西部、アムダリアから西はカスピ海までの地域を占める共和国。東はアフガニスタン、南はイランと接する。首都アシガバード。1991年にソ連邦解体に伴い独立。砂漠が多く、灌漑(かんがい)農業や牧畜が行われ、また石油などを産する。旧称トルクメン。人口494万(2010)。

トルクメン〘Turkmen〙トルクメニスタンの旧称。

トルコ〘ポルトガル Turco〙小アジアとバルカン半島の東端にまたがる共和国。首都アンカラ。14世紀以降オスマン帝国として栄え、ヨーロッパ東部・アジア西部・アフリカ北部にまたがる大帝国となったが、17世紀末から衰退し、第一次大戦の敗戦で多くの領土を失った。1923年、ケマル＝アタチュルクらによる革命を経て共和国となり、首都をイスタンブールから移して近代化を推進。面積78万平方キロメートル。人口7780万(2010)。トゥルク。〔補説〕「土耳古」とも書く。

トルコ-アイス《和 Turco(ポルトガル)＋ice creamから》▶ドンドルマ

トルコ-あか【トルコ赤】アカネの根やアリザリンで染めた鮮明な赤色。また、その色で染めた木綿布。

トルコ-いし【トルコ石】銅・アルミニウムの燐酸塩(りんさんえん)鉱物。空色ないし青緑色を呈する。三斜晶系。飾り石にする。ターコイズ。トルコ玉。

トルコ-かくめい【トルコ革命】ケマル＝アタチュルクの指導下に、オスマン帝国を倒し、1923年にトルコ共和国を樹立した革命。以後、カリフ制の廃止、文字改革・太陽暦の採用・政教分離などの近代化政策が推進された。

トルコ-ぎきょう【トルコ×桔▽梗】ユーストマ リンドウ科の一年草または多年草。高さ約60センチ。夏、茎の先に淡紫色の杯状の花をつける。花びらの質は薄く、紫・桃・白色などの園芸品種もある。北アメリカの原産。

トルコ-ご【トルコ語】チュルク語系諸言語の一つで、トルコ共和国の公用語。ギリシャ東部・ブルガリア・キプロスなどでも話されている。

トルコ-コーヒー《Turkish coffeeから》トルコ風のコーヒー。長い柄の独特の鍋にコーヒー粉・砂糖・水を入れて煮出し、小さめのカップに注ぎ、上澄み液を飲む。濃くて苦みが強い。

トルコ-ぞく【トルコ族】トルコ共和国を中心に、広くヨーロッパ・シベリア・中央アジアに居住する民族。6世紀に突厥(とっけつ)を建国し、11世紀にはセルジューク-トルコ、13世紀末にはオスマン-トルコを建てた。人種的には、コーカサス人・イラン人との混血が続き、本来の特徴を失っている。

トルコ-だいじしん【トルコ大地震】ダイヂシン 1999年8月17日、トルコ北西部で発生したマグニチュード7.8の地震。死者約1万6000人、被災建物約24万4000棟など、甚大な被害があった。トルコ北部には全長1000キロメートルにおよぶ北アナトリア断層が走っており、この断層沿いでは過去にマグニチュード7級の地震が多発していた。

トルコ-タバコ トルコ産の葉タバコ。色は鮮黄で、ニコチンの含有量が少ない。古来、高級紙巻きタバコの原料として知られる。エジプトタバコ。

トルコ-だま【トルコ玉】「トルコ石」に同じ。

トルコ-ぶろ【トルコ風呂】トルコ人など回教徒の間で広く行われた入浴法。密室に熱気を充満させる乾燥浴で、発汗後にからだを洗う。

トルコ-ぼう【トルコ帽】円錐台形の、つばのない帽子。頂上の中央に房をつける。もと、トルコ人がかぶっていたところからの名。今はイスラム教徒が多く着用。

トルコ-ライス 一つの皿にピラフとスパゲッティを盛り合わせ、その上に豚カツをのせた料理。長崎が発祥の地という。名称は地名のトルコに由来するともされるが、不明。

トルサット〘Trsat〙クロアチア北西部の都市リエカの一地区。市街北東部の丘の上に位置し、古代ローマ時代より防衛上の要地として城塞が築かれた。現在、トルサット城、トルサット聖母教会、フランチェスコ修道会の修道院などがある。

トルサット-じょう【トルサット城】ジャウ《Trsatski kaštel》クロアチア北西部の都市リエカにある城。市街北東部のトルサットの丘の上にある。古代ローマ時代に防衛上の要地として築かれた砦に起源する。中世に城塞が建てられ、19世紀の改築で現在の姿になった。

トルサット-せいぼきょうかい【トルサット聖母教会】セイボケウクワイ《Crkva Gospe Trsatske》クロアチア北西部の都市リエカにある教会。市街北東部のトルサットの丘の上にある。13世紀末、イエス＝キリストの暮らした家が天使によってナザレからこの地に運ばれたという奇跡に基づいて建てられた。奇跡が起きたという5月10日には、毎年世界中から巡礼者が訪れることで知られる。

ドルジェルはくのぶとうかい【ドルジェル伯の舞踏会】ハクのブタフクワイ《原題、フランス Le Bal du comte d'Orgel》ラディゲの長編小説。1924年刊。社交界を背景に、名晰(めいせき)な筆致で女性の心理を描く。

トルジニー-コロナーダ〘Tržní kolonáda〙チェコ西部の温泉保養都市カルロビバリにある温泉施設の一。1883年に建造。白いレース状の装飾が施された駅舎のような外観をもつ。神聖ローマ皇帝カレル4世が脚の治療に訪れたといわれる。

トルジャーノ〘Torgiano〙イタリア中部、ウンブリア州の町。ペルージアの南東約10キロメートル、キアショ川とテベレ川の合流点を見下ろす丘の上に位置する。エトルリア人が築いた町に起源し、中世に城塞都市が築かれた。ワインの産地として知られ、ルンガロッティ一族のワイン工場やワイン博物館がある。

ドル-ショック《和 dollar＋shock》▶ニクソン-ショック❶

ドル-ショップ〘dollar shop〙その国の通貨を使わなくてもドルで買い物ができる店。

ドルスキニンカイ〘Druskininkai〙リトアニア南部の町。ネムナス川沿いに位置し、ベラルーシとポーランドとの国境に近い。18世紀に温泉と療養所が開設され、保養地として知られる。同国を代表する画家・作曲家、M＝K＝チュルリョーニスの生地。ドゥルスキニンカイ。

ドルスタル〘Drastar〙ブルガリア北東部の都市シリストラの旧称。

トルストイ〘Aleksey Konstantinovich Tolstoy〙[1817〜1875]ロシアの詩人・小説家・劇作家。ロシア象徴派の祖と目され、叙情詩のほかに、多彩なジャンルで活躍した。歴史小説「白銀公爵」、史劇「皇帝フョードル＝イワノビチ」「皇帝ボリス」など。

トルストイ〘Aleksey Nikolaevich Tolstoy〙[1883〜1945]ロシア・ソ連の小説家。革命後一時亡命。帰国後民族愛に満ちた作品を書いた。作「苦悩の中を行く」「ピョートル一世」など。

トルストイ〘Lev Nikolaevich Tolstoy〙[1828〜1910]ロシアの小説家・思想家。人間の良心とキリスト教的愛を背景に、人道主義的文学を樹立。晩年、放浪の旅に出て、病死。小説「戦争と平和」「アンナ＝カレーニナ」「復活」、戯曲「生ける屍」など。大トルストイ。杜翁(とおう)。

トルストイアン〘Tolstoyan｜Tolstoian〙ロシアの文豪トルストイの思想を信奉する人。

トルソ〘イタリア torso〙《人体の胴の意。「トルソー」とも》首・四肢のない、胴体だけの彫像。

ドルソドゥーロ〘Dorsoduro〙イタリア北東部の都市ベネチアの一地区。ベネチア本島南部に位置し、ジュデッカ運河を挟んで対岸にあるジュデッカ島も含まれる。ベネチア大学のほか、アカデミア美術館、グッゲンハイム美術館などが集まる文化的な地区。

ドル-だて【ドル建て】債権・債務の関係をドル貨に換算した金額で表示すること。

ドルチェ〘イタリア dolce〙❶甘い菓子。デザート類。❷音楽で、発想標語の一。甘美に、やさしく、の意。

トルチェッロ-とう【トルチェッロ島】タウ《Torcello》イタリア北東部の都市ベネチアの潟(かた)にある島。ブラーノ島の隣に位置。ベネチアで最も早く5世紀頃から定住が始まり、7世紀から10世紀にかけて栄えたが、マラリアの蔓延(まんえん)により人口が激減した。ベネチア最古の教会の一、サンタマリアアッスンタ聖堂がある。

トルテ〘ドイツ Torte〙円盤状の洋菓子の総称。

トルティーヤ〘スペイン tortilla〙メキシコ料理で、トウモロコシ粉をこね、薄くのばして焼いたもの。タコスに用いる。

ドルト〘Dordt〙▶ドルドレヒト

トルトゥゲーロ-こくりつこうえん【トルトゥゲーロ国立公園】コクリツコウヱン《Parque Nacional Tortuguero》コスタリカ北東部、リモン県、カリブ海沿岸にある国立公園。ジャガー、ナマケモノ、バクなどの大型哺乳類が生息する熱帯雨林や、カリブ海一帯のウミガメが産卵に訪れる海岸がある。

ドルトムント〘Dortmund〙ドイツ中西部の商工業都市。中世にはハンザ同盟都市。ルール炭田の発展につれて成長。鉄鋼・ビール醸造業などが盛ん。人口、行政区58万(2008)。

ドルドレヒト〘Dordrecht〙オランダ、ゾイトホラント州南部の商工業都市。ラインマース川水系の下流部、メルウェーデ川が三つに分流する地点にあり、中世より貿易港として発展。15世紀に建造されたゴシック様式の聖母教会、近世にワイン貿易で財を成した商人の館や倉庫群がある。ドルト。

ドルトン〘John Dalton〙[1766〜1844]英国の化学者。混合気体の分圧の法則を発見。また原子説を化学に導入し、倍数比例の法則を発見した。色覚異常の研究でも知られる。ダルトン。

ドルトン-の-ほうそく【ドルトンの法則】ハフソク 1801年、ドルトンが発見した気体の分圧に関する法則。混合気体の全圧は、各成分気体が混合気体と同温・同容積において示す圧力の和に等しいというもの。分圧の法則。混合気体の法則。

ドルトン-プラン〘Dalton Plan〙米国のヘレン＝パーカーストが1920年にマサチューセッツ州ドルトンのハイスクールで創始した教育法。主要教科については「実験室」とよばれる教室で、生徒に自己のペースで学習させ、教師は助言を行う。

トルヌード-ステーキ《和 tournedos(フランス)＋steak》ビーフステーキの一種。牛のヒレの中央部からとった肉を用いる。

トルネード〘tornado〙北アメリカ大陸の中南部地方に多く起こる大規模な竜巻。大被害をもたらす。

トルネード-きゅう【トルネード級】キフ《tornado class》二つの胴体を横に連結した双胴船ヨットで、全長6.25メートルの二人乗りのもの。また、それを用いた競技。

ドル-ばこ【ドル箱】❶金銭を入れる箱。金箱。金庫。また、資金などの提供者のたとえ。❷多くの利益をもたらす人や商品。「―航路」「―スター」

ドルバック〘Paul Henri Dietrich d'Holbach〙[1723〜1789]フランスの哲学者。ドイツに生まれ、フランスに帰化。百科全書の事業に参加。著「自然の体系」「キリスト教暴露」など。ホルバハ。

ドルパット〘Dorpat〙エストニア中南部の都市タルトゥのドイツ語名。

トルバドゥール〘フランス troubadour〙中世の南フランスにおいて、オック語で高貴な婦人への憧れや恋心を歌った宮廷詩人兼作曲家の総称。北フランスのトルベール、ドイツのミンネゼンガーとともに吟遊詩人に発展した。

トルバルセン〘Bertel Thorvaldsen〙[1770〜1844]デンマークの彫刻家。主にローマで活躍。カノーバと並ぶ新古典主義の代表者。作「キリスト像」など。

ドルビー-システム〘Dolby System〙ノイズリダクションの一方式。英国ドルビー研究所が開発。

ドルビー-スリーディー【ドルビー3D】《Dolby 3D》米国ドルビーラボラトリーズ社が開発した立体映画の映写システム。左右別々に赤・青・緑の波長をずらした映像を毎秒144コマ投影し、観客は、左眼と右眼で分光特性が異なる干渉フィルターの眼鏡をかけて鑑賞する。通常のスクリーンで上映が可能。

トルヒーリョ〖Trujillo〗《「トルヒージョ」「トルヒーヨ」とも》㊀スペイン西部、エストレマドゥーラ州の町。イスラム教徒が防備のために築いた城や軍事施設が残っている。ペルーを征服したフランシスコ＝ピサロ、アマゾン川を探検したフランシスコ＝デ＝オレリャーナなど、16世紀に中南米を征服・探検したコンキスタドーレスを輩出したことで知られる。㊁ペルー西部、同国第三の都市。ラ-リベルター県の県都。近郊に世界遺産に登録されたチャンチャン遺跡や、モチェ文化の遺跡「太陽のワカ・月のワカ」がある。㊂中央アメリカ、ホンジュラス北部にある港湾都市。スペイン植民地時代の最初の首都。16世紀に建てられたサンタバルバラ要塞が残っている。

トルファン〖Turfan〗中国新疆ウイグル自治区中東部にある盆地。また、そこにあるオアシス都市。天山山脈南麓、シルクロードの要地で、歴代王朝の西域経営の拠点。標高マイナス150メートル。中国で最も低地。トゥルファン。(補説)「吐魯番」とも書く。

ドルフィン〖dolphin〗海豚。

ドルフィン-キック〖dolphin kick〗水泳で、両足を同時に上下させ、足の甲で水を蹴ること。バタフライや背泳ぎのスタート直後に行う。イルカ蹴り。

ドル-プール〖dollar pool〗第二次大戦後、英ポンド域内諸国がドル資金を重点的に運用するため、諸国のドル資金を英本国に集中したこと。

トルブヒン〖Tolbuhin〗ブルガリア北東部の都市ドブリチの、共産党政権時代の名称。旧ソ連の軍人フョードル＝トルブヒンの名にちなむ。1990年に現名称ドブリチに改称された。

ドルフマン〖Ariel Dorfman〗[1942～　]チリの小説家。小説「マヌエル＝センデロの最後の歌」、戯曲「死と乙女」、批評「ラテンアメリカにおける想像と暴力」など。ドーフマン。

ドル-ベース〖dollar base〗諸経済指標を米ドル表示ですること。

トルベール〖フランス trouvère〗中世の北フランスにおいて、トルバドゥールの影響下、オイル語で作詩・作曲した詩人兼作曲家の総称。

ドル-ペッグ〖dollar peg〗《「ドルペグ」とも》自国の為替レートを米国ドルと連動させること。米国に対する輸出比率の高い中東の産油国、経済基盤の弱い国が多く採用する。対ドル固定相場。ドルペッグ制。

トルベツコイ〖Nikolay Sergeevich Trubetskoy〗[1890～1938]ロシア生まれの言語学者。ヨーロッパ構造言語学の発展に貢献、特に新しい音韻論の方法論を確立した。

ドルマバフチェ-きゅうでん【ドルマバフチェ宮殿】《Dolmabahçe Sarayı》トルコ北西部の都市イスタンブールの新市街にある宮殿。1843年から1856年にかけて、オスマン帝国のスルターン、アブドゥル＝メジド1世により建造。バロック様式を採り入れたオスマン建築の宮殿であり、豪華な装飾や巨大なシャンデリアがある。共和国となった1923年以降は政府の施設となり、初期には大統領官邸として利用され、現在は迎賓館になっている。

トルマリン〖tourmaline〗▶電気石

ドルマン-スリーブ〖dolman sleeve〗《トルコ人の用いたドルマンという長い外套の袖形から》袖ぐりが深くゆったりし、袖口に向かって細くなる袖形。

ドルメン〖dolmen〗新石器時代から鉄器時代にかけて、世界各地で作られた巨大な石の墳墓。数個の自然石で墓室を作り、上に大きな自然石板を載せたもので、巨石記念物の一。

ドル-ユーザンス〖dollar usance〗輸入業者の為替手形に対し、金融機関が与える外貨建て短期金融。輸入商品の売却代金で手形の決済をする。

ドルリンク-つうか【ドルリンク通貨】《dollar-linked currency》為替相場が米ドルと連動している通貨。

トルン〖Toruń〗ポーランド中北部の工業都市。ビスワ川に沿う。13世紀にドイツ騎士団の拠点が置かれ、中世より貿易の中継地として栄えた。旧市庁舎、聖母マリア教会、聖ヨハネ大聖堂、ドイツ騎士団城跡など、13世紀から14世紀にかけての歴史的建造物が数多く残り、1997年に「中世都市トルン」の名で世界遺産(文化遺産)に登録された。地動説を唱えた天文学者コペルニクスの生地でもある。

ドルン-こうか【ドルン効果】荷電した微粒子が液体中を移動することで電位差が生じる現象。これによって液体中に生じる電位差は泳動電位とよばれる。

トレ「トレーニング」の略。「自主―」「筋(＝筋肉)―」「―セン(＝トレーニングセンター)」

どれ　❶酔っぱらい。「―に下地の無息力」〈浄・寿の門松〉❷ならず者。どら。「さてやかましい、皆あいらは―さうな」〈浄・虎が磨〉

どれ【何れ】㊀〔代〕不定称の指示代名詞。❶限定されたものの中から選び出すものをさす。どのこと。どのもの。「テーマを―にしようか迷う」「―でも好きなのを選びなさい」❷不明・不特定の場所をさす。どこ。「―から―への御出でござあるぞ」〈虎清狂・禁野〉❸不特定の人をさす。だれ。「―ぞおともしやれ」〈洒・遊子方言〉㊁〔感〕❶相手の呼びかけに応じるときに発する語。どら。「『この字何て読むの』『―、見せてごらん』」❷自分で行動を起こそうとするときに発する語。どら。「―、そろそろ出かけるとするか」❸「どうれ」に同じ。「『物申』『―』」〈咄・御前男・四〉
(類語)これ・それ・あれ・この・その・あの・どの・かの

トレアドール〖スペイン toreador〗闘牛士。➡ピカドール ➡マタドール

トレアドール-パンツ〖toreador pants〗八分丈で、足にぴったり合った女性用ズボン。闘牛士のズボンをまねた形のもの。

トレアドル〖スペイン toreador〗▶トレアドール

トレイ〖tray〗▶トレー

ど-れい【土鈴】土を焼いて作った鈴。古くから魔よけとされ、今も郷土玩具として各地にみられる。

ど-れい【奴隷】❶人間としての権利・自由を認められず、他人の私有財産として労働を強制され、また、売買・譲渡の対象ともされた人。古代ではギリシャ・ローマ、近代ではアメリカにみられた。❷ある事に心を奪われ、他をかえりみない人。「恋の―」「金銭の―」

どれい-おうちょう【奴隷王朝】デリーを首都とするインド最初のイスラム王朝。1206年、ゴール朝の分裂に乗じて、奴隷出身の武将クトゥブッディーン＝アイバクが自立して創始。1290年、ハルジー朝にとって代わられた。

どれい-かいがん【奴隷海岸】アフリカ西部、ギニア湾沿岸のうち、ガーナとトーゴの国境付近からニジェール川に至る海岸の旧植民地時代の通称。15～19世紀に奴隷貿易が最も盛んであったことに由来する名称。

どれい-かいほう【奴隷解放】奴隷制度を廃止し、奴隷を身分的、人格的に自由にすること。その運動は18世紀に、啓蒙主義者・人道主義者などを中心に始められ、19世紀に入ってウィーン会議での奴隷貿易廃止原則の確認、英国の奴隷貿易禁止、米国のリンカーン大統領による奴隷解放宣言(1862年)などを経て実現した。

どれい-せい【奴隷制】奴隷を生産労働の主な担い手とする社会制度。原始社会に次ぐ古代社会に一般的に認められ、ギリシャ・ローマの社会に典型的にみられる。

どれい-どうとく【奴隷道徳】ニーチェの用語。強者の道徳としての君主道徳に対し、強者への怨恨から成立する弱者の道徳。キリスト教道徳がその典型であるとした。

どれい-ぼうえき【奴隷貿易】奴隷を商品として行う貿易。特に16世紀以降、新大陸の植民地開発のための労働力としてアフリカ住民を対象に、ヨーロッパ各国の間で盛んに行われた。19世紀に入り奴隷解放運動が高まるにつれて急速に衰退。

どれい-ろうどう【奴隷労働】労働する人間の人格を無視して強制される労働。

トレイン〖train〗▶トレーン

ドレイン〖drain〗▶ドレーン

トレー〖tray〗❶料理などを運ぶ盆。多く金属製のものをいう。❷底の浅い書類整理箱。

ドレーク〖Francis Drake〗[1545ころ～1596]英国の航海者。西インド諸島のスペイン植民地略奪に私掠船長として活躍。1577～80年、世界一周にマゼランに次いで成功。のち、英国艦隊の司令官としてスペイン無敵艦隊を撃破。

トレーサー〖tracer〗ある物質の移動や変化を追跡するために、目印として添加される物質。フルオレセインなどの色素や、放射性同位体などが用いられる。追跡子。

トレーサビリティー〖traceability〗《跡をたどることができることの意》農産物・食品・医薬品・工業製品などの商品やその原材料・部品などを個別に識別し、生産から加工・流通・販売・廃棄までの過程を明確に記録することによって、商品からさかのぼって履歴情報を確認できるようにすること。また、そのシステム。生産履歴管理システム。➡牛肉トレーサビリティー法

トレーシング-ペーパー〖tracing paper〗原図を透写したり、複写用原稿用紙などに用いたりする薄い半透明の紙。透写紙。トレペ。

トレース〖trace〗〔名〕スル ❶原図を薄紙などに透かして、敷き写すこと。「設計図を―する」❷登山で、踏み跡。また、その踏み跡をたどること。❸コンピューターのプログラムが実行されていく過程を追跡し、調べること。(類語)写す・謄写する・筆写する・手写する・書写する・臨写する・透写する・なぞる・転写する

トレーズ〖Maurice Thorez〗[1900～1964]フランスの政治家。フランス共産党書記長。人民戦線の結成に尽力。第二次大戦中はソ連に亡命、帰国後、副首相兼国務相に就任。自伝「人民の子」。

ドレーズ-テスト〖Draize test〗医薬品・化粧品・洗剤などに使われる化学物質の、皮膚や粘膜に対する局所刺激性を調べる試験法の一。アメリカの実験医学者ドレーズの名にちなむ。

トレーダー〖trader〗❶貿易業者。取引業者。❷証券の売買を行う人。また、その業者。

トレーディング-カード〖trading card〗趣味として収集したり交換(トレーディング)したりすることを目的とする、トランプ大のカード。プロスポーツ選手や人気タレント、アニメなどを題材にしたものが多い。トレカ。

トレーディング-カンパニー〖trading company〗商事会社。貿易会社。

トレーディング-ルーム〖trading room〗証券会社で、株・債券・外国為替をまとめて売買する部署。

トレード〖trade〗〔名〕スル ❶売買の取引をすること。貿易。❷プロ野球の球団間で、選手の交換・移籍を行うこと。「他球団に―する」「金銭―」(類語)取引・貿易・通商・交易・互市・輸出入・外国貿易・国際貿易

トレード-オフ〖trade-off〗失業率を低めようとすれば物価の上昇圧力が強まり、物価を安定させようとすれば失業率が高まるというように、一方を追求すると他方が犠牲になるような両立しえない経済的関係。

トレード-シークレット〖trade secret〗機密事項として管理されている、企業の顧客情報や未公開の新製品、ノウハウなど、企業に経済利益を与える情報。企業秘密。➡営業秘密 (補説)米国はこの分野の防衛意識が強く、知的財産権の国際調整をめぐって、特許・商標権・著作権とともにその保護を強調している。

トレード-ショー〖trade show〗産業見本市。

トレードマーク〖trademark〗❶登録商標。商標。❷その人を特徴づける独特の外見。「立派なあごひげが彼の―だ」(類語)商標・ブランド・登録商標・銘柄・銘・サービスマーク

トレード-マネー《和 trade＋money》プロスポーツで、選手の移籍の際、獲得する側がもとの所属チームなどに対して支払う移籍料。
トレード-ユニオン〖trade union〗労働組合。
トレーナー〖trainer〗❶スポーツで、主に体力作りなどを行う指導者。❷運動選手がからだを冷やさないために着る、練習用の上着。スエットシャツ。
トレーナビリティー〖trainability〗教育可能性。訓練によって能力が向上する可能性。
トレーニー〖trainee〗職業などの訓練を受ける人。研修生。研修員。
トレーニング〖training〗〔名〕スル 練習をすること。訓練。鍛錬。「試合を前に―する」「ハード―」
(類語)練習・稽古・訓練・習練・特訓・エクササイズ
トレーニング-ウエア《和 training＋wear》スポーツの練習時に着る衣服。運動着。
トレーニング-シャツ《和 training＋shirt》運動をするときに着るシャツ。
トレーニング-センター〖training center〗❶トラックや種々のアスレチックマシーンを備えたジム。トレセン。❷競馬の競走馬を1か所に集めて、調教・管理をする施設。トレセン。
トレーニング-パンツ《和 training＋pants》スポーツ練習用の、足首まであるズボン。トレパン。(補説)英語でtraining pantsは、おしめを外すころに幼児にはかせる短い用便訓練用パンツのこと。トレパンの意ではsweat pants。
ドレーピング〖draping〗〔名〕スル 平面の製図によって裁断するのではなく、人体または仮ボディーに布を直接かけて形作りをし、不要な所をとって服の形に仕上げること。
ドレープ〖drape〗布を垂らしたときにできるゆったりとしたひだ。
ドレープ-カーテン〖draped curtain〗厚地の織り生地を用いて、豊かなひだをとったカーテン。
トレーラー〖trailer〗牽引けんいん車に引かれて荷物や旅客を運搬する車。
トレーラー-ハウス《和 trailer＋house》自動車で牽引される移動家屋。旅行に使用。ハウストレーラー。
トレーラー-バス〖trailer bus〗乗客の乗る付随車を引いて走行する大型バス。
トレーラー-ペーパー〖trailer paper〗►リーダーペーパー
トレール〖trail〗森林・原野・山地などの踏み分け道。山の小道。
トレール-バイク〖trail bike〗山道や原野などを走るための軽量で丈夫なオートバイ。
トレール-ラン「トレールランニング」の略。
トレール-ランニング〖trail running〗森林・原野・山地などにコースを設定して、走破するタイムを競う耐久レース。トレールラン。トレラン。
トレーン〖train〗❶列車。汽車。「ブルー―」❷女性用の礼服などの裳裾もすそのこと。ウエディングドレスなどの後ろに引きずったスカートの裾の部分。
ドレーン〖drain〗❶排水管。下水溝。❷創傷部にたまった液、尿などの排出に用いる排液管。❸電界効果トランジスターで、正孔や伝導電子が電流通路から流出する部分。
ドレーン-コック〖drain cock〗排水コック。排水栓。
トレーン-ジャック《和 trainjack》一つの編成の電車の車内広告を全部、同じ広告主やある一つの商品で埋め尽くすという、新しい広告の手法。
ドレーン-チェリー〖drained cherry〗《「ドレンチェリー」「ドレインチェリー」とも》サクランボウを砂糖やシロップに漬けて水分を抜いたもの。赤や緑の着色を施して洋菓子の飾りなどに使われる。
トレオニン〖ドイツ Threonin〗必須アミノ酸の一。脱脂粉乳・カゼイン・ゼラチンなどたんぱく質に広く含まれる。スレオニン。
トレ-カ「トレーディングカード」の略。
ど-れきせい【土×瀝青】アスファルトのこと。
トレジャー〖treasure〗宝物。財宝。秘宝。「―ハンター」
トレジャー-ハンター〖treasure hunter〗宝探しをする人。遺跡や沈没船、山奥などに隠された財宝を探し求める人。
トレジャリー-ストック〖treasury stock〗金庫株。企業が市場から買い入れて保有する自社株式。日本では原則として禁止されていたが、2001年から全面的に解禁された。
トレジャリー-ノート〖treasury note〗アメリカ連邦政府(財務省)が発行する債券で、償還期間が1年を超えて10年以下のもの。(補説)Treasuryは、アメリカ財務省のこと。
トレジャリー-ビル〖treasury bill〗アメリカ連邦政府(財務省)が発行する債券で、償還期間が1年以下のもの。TB。
トレジャリー-ボンド〖treasury bond〗アメリカ連邦政府(財務省)が発行する債券で、償還期間が10年以上のもの。
ドレス〖dress〗衣服・衣装・服装などの総称。特に、ワンピース型の婦人服。正装や礼服の場合に用いられる。「ウエディング―」(類語)衣類・着物・着衣・衣料
ドレス-アップ〖dress-up〗〔名〕スル 着飾ること。盛装すること。「―して出かける」(類語)おめかし・コーディネート・お洒落・身じまい・身拵こしらえ・身繕い・着こなし
ドレス-ウオッチ〖dress watch〗フォーマルウエアに合わせる腕時計のこと。超薄型で上品なデザインが特徴。
ドレス-コード〖dress code〗軍隊・学校などの集団や、パーティーなどの集会、高級レストランなどにおける服装の規則。
ドレス-コンフォートシューズ〖dress comfort shoes〗機能性とファッション性を併せもつコンフォートシューズ。足に負担をかけることなく、フォーマルスーツなどに合わせても違和感のないデザインを楽しむことができる。
ドレス-シャツ〖dress shirt〗❶正式な礼服にコーディネートする絹製のシャツのこと。❷カジュアルシャツと対照的に用いられるタウンウエアのシャツで、ワイシャツをはじめとするネクタイを締めるシャツの総称。
ドレス-シューズ〖dress shoes〗礼装用の靴。男性用の革靴や女性用のパンプスなどで、礼服に合わせるもの。
ドレス-ダウン〖dress down〗着くずすこと。ドレスアップの反対語で、着こなしの上でのテクニックとしていう。(対)ドレスアップ。(補説)日本語での用法。
ドレスデン〖Dresden〗ドイツ東部、エルベ川に沿う工業都市。もとザクセン王国の首都。ツウィンガー宮殿・ザクセン州立歌劇場(ゼンパーオーパー)などがある。精密光学器械・ビール醸造などが盛ん。
ドレスデン-じょう【ドレスデン城】《ドイツ Dresdner Residenzschloß》ドイツ東部、ザクセン州の州都、ドレスデンの旧市街にある城。12世紀末よりザクセン選帝侯代々の居城。第二次大戦で大きな被害を受けたが、戦後に修復された。城の北東部外壁に歴代君主を描いたマイセン焼タイルによる長さ100メートルにわたる大壁画がある。
ドレス-フォーム〖dress form〗「ボディー❸」に同じ。
ドレスメーカー〖dressmaker〗婦人服を仕立てる人。また、その店。洋裁師。洋裁店。➡テーラー
ドレスメーキング〖dressmaking〗婦人服の仕立て。また、その職業。洋裁。
ドレス-リハーサル〖dress rehearsal〗放送用語で、本番そのままに衣装を着けて行うリハーサル。通し稽古。
トレ-セン「トレーニングセンター」の略。「ナショナル―」
とれ-だか【取れ高】農作物の収穫量。
とれ-たて【取れ立て】収穫したばかりであること。また、そのもの。とりたて。「―の桃」
トレ-チーメ-ディ-ラバレード〖Tre Cime di Lavaredo〗イタリア北部、南チロル地方のドロミティ山地北東部にある岩峰。標高2999メートル。「トレチーメ」はイタリア語で三つの頂を意味し、ピッコラ、グランデ、オベストと呼ばれる鋭い岩峰が並ぶ。
トレチェント〖イタリア Trecento〗芸術史上で、1300年代の時代概念。ルネサンス美術の黎明れいめい期。➡クワトロチェント
と-れつ【×堵列】〔名〕スル《「堵」は垣かきの意》大勢の人が垣のように横に並んで立つこと。また、その列。「―した警官の挙手の間を」〈徳永・太陽のない街〉
(類語)並列・整列・行列・列立・林立・分列・櫛比しっぴ
トレッカー〖trekker〗❶(徒歩による)旅行者。❷(一般の)旅行者。特に、山地旅行者。➡トレッキング
トレッキング〖trekking〗健康やレクリエーションを目的とした山歩き。また、高山の山麓を徒歩で旅行すること。歩くスキーなどについてもいう。
ドレッサー〖dresser〗❶服を着る人。着こなしの面からいう。「ベスト―」❷着付けをする人。❸化粧台。鏡台。特に、鏡つきの化粧だんす。
ドレッシー〖dressy〗〔形動〕服装が華やかで改まった感じのするさま。「―なワンピース姿」
ドレッジャー〖dredger〗浚渫しゅんせつ船。浚渫機。
ドレッシング〖dressing〗❶着付け。装い。化粧。「―ルーム」❷酢・サラダ油・香辛料などをまぜ合わせたソース。「サラダ―」「フレンチ―」❸「ドレッシング買い」の略。
ドレッシング-がい【ドレッシング買い】がひ 企業や投資信託などが決算期末になって保有株式の評価額を上げるために関連する株式に買い注文を出すこと。ドレッシング。お化粧買い。
ドレッシング-ガウン〖dressing gown〗丈の長いゆったりとしたガウン。男女ともに用いる。化粧着。
トレッド〖tread〗❶自動車で、左右のタイヤの接地面中心間の距離。❷自動車タイヤの地面に接する部分。また、その部分に刻まれた溝。
ドレッドノート〖Dreadnought〗《何ものをも恐れない意》英国海軍が1906年に建造した大型戦艦の名。転じて、大型戦艦。弩級どきゅう艦。
トレッド-パターン〖tread pattern〗自動車のタイヤの接地面に刻まれた溝模様。滑りを防ぎ、ステアリングやブレーキ、エンジンの駆動力の効率を高める働きをする。
ドレッド-ヘア《和 dread＋hair》三つ編みの周りに毛を巻きつけ、表面をあぶって溶かし、縮れた毛が固まったように形作る髪形。ジャマイカのレゲエの音楽家たちを中心に流行。
トレッドミル〖treadmill〗体力測定や立位による運動、特にランニング時の人体への負荷を測定する装置。回転速度や角度を変えることのできる無限走行のベルトの上を、ベルトの走行とは逆向き・定位置で走らせて計測する。
トレド〖Toledo〗スペイン中央部の都市。タホ川に臨む。西ゴート王国の都として建設され、イスラム時代の8〜11世紀に繁栄。画家エル＝グレコの家、アルカサールの城などがある。1986年「古都トレド」の名で世界遺産(文化遺産)に登録された。
トレド-だいせいどう【トレド大聖堂】《スペイン Catedral de Santa María de Toledo》スペイン中央部、カスティーリャ-イ-ラマンチャ州の都市トレドにあるゴシック様式の大聖堂。スペインカトリック教会の首座司教座。カスティーリャ王フェルナンド3世により13世紀に建設が始まり15世紀末に完成。エル＝グレコの「聖衣剝奪」や「十二使徒」のほか、ゴヤ、ティツィアーノによる絵画がある。1986年、「古都トレド」の名称で旧市街全域が世界遺産(文化遺産)に登録された。
どれ-どれ【▽何れ▽何れ】㊀〔代〕《代名詞「どれ」を重ねて強めた語》❶不特定の事物をさす。「―と言ってもらえば、それをお出しします」❷(「どれどれも」の形で)すべての者。みんな。「―もことのほか成人いたして」〈狂言記拾遺・鐘の音〉㊁〔感〕感動詞「どれ」を重ねて強めた語。「―、貸してごらん」
ドレニスケ-トプリツェ〖Dolenjske Toplice〗スロベニア南部の町。ノボメストの南西郊外に位置する。古くからの温泉地として知られる。
トレハロース〖trehalose〗動植物・微生物などに含

まれる天然糖質。甘みのほか、保湿性能などもあり、食品加工・化粧品など多方面に利用されている。
トレ-パン 「トレーニングパンツ」の略。
トレ-ビアン〘フランス très bien〙〘感〙賞賛するときに発する語。とてもよい。すばらしい。
トレビス〘フランス trévise〙キク科の植物。北イタリア特産。紫キャベツに似た野菜で、葉を食べる。生のままサラダや料理の付け合わせにする。イタリア北部の都市Trevisoの名に由来する。
トレビゾンド〘Trebizond〙トルコ北東部の都市トラブゾンの旧称。
トレビ-の-いずみ【トレビの泉】《Fontana di Trevi》ローマ中心部付近にある噴水。ローマ神話の海神ネプトゥーヌスを中心にローマ神話の神々の像が配置されており、背後にはポーリ宮殿が建つ。後ろ向きにコインを投げ入れると願いが叶うという言い伝えがある。
ドレフュス-じけん【ドレフュス事件】1894年、フランスに起こったスパイ事件。ユダヤ系のドレフュス(A. Dreyfus)大尉は、ドイツのスパイとして終身刑に処せられたが、96年に真犯人が現れ、軍部がこれを隠匿。これに対し、小説家ゾラや知識人・進歩的共和派が弾劾運動を展開、政治的大事件となり、99年、ドレフュスは釈放され、1906年に無罪が確定。
トレブル〘treble〙アンプのトーンコントロールで、高音を調節する機能。また、その調節用のつまみ。
トレ-ペ 「トレーシングペーパー」の略。
どれ-ほど【▽何れ程】❶数量・程度などについての疑問を表す。どのくらい。いかほど。「被害の程度は一ですか」❷限度がわからないほど多い量。また、程度の大きさ。どんなにたくさん。多く副詞的に用いる。「一がんばってもたかがしれている」
トレミー〘Ptolemy〙プトレマイオスの英語名。
トレメッツォ〘Tremezzo〙イタリア北部、ロンバルディア州の町。コモ湖西岸に面する観光保養地。湖を見下ろす高台には、18世紀に建てられた新古典様式の別荘ビラカルロッタがある。
トレモリノス〘Torremolinos〙スペイン南部、アンダルシア州の都市マラガ近郊の海岸保養地。1960年代よりコスタ-デル-ソルの中心地として知られる。アラモス、バホンディーリョ、サルティーリョなど、6つのビーチが広がる。トレモリーノス。
トレモロ〘イタリア tremolo〙同音または異なる2音を、急速に反復させる奏法。主に弦楽器で行う。震音。
トレ-ラン 「トレールランニング」の略。
と・れる【取れる¦捕れる¦採れる¦撮れる】〘動ラ下一〙図と・る〘ラ下二〙❶ついていたものが離れ落ちる。はなれる。「ボタンが一・れる」「表紙が一・れる」❷今まであった好ましくない状態が消え去る。「疲れが一・れる」「痛みが一・れる」❸(「穫れる」「獲れる」とも書く)収穫物・捕獲物や資源が得られる。「米が一・れる」「近海で一・れた魚」「良質の鉄鉱石が一・れる」❹そのように解釈できる。理解される。「どちらにも一・れる説明」「皮肉に一・れる」❺調和した状態になる。「釣り合いが一・れる」「栄養のバランスの一・れた食事」❻(撮れる)写真に写る。「よく一・れた写真」❼(「録れる」と書く)録音される。「鳥の声がよく一・れる」
〘…句〙肩上げが取れる・角が取れる・圭角が取れる・採算が取れる
ど・れる〘動ラ下一〙酔っぱらう。「冷酒は飲まれじと、皆々一・れて立ち騒ぐは」〈浮・諸艶大鑑・七〉
トレルチ〘Ernst Troeltsch〙[1865〜1923]ドイツの神学者・哲学者。教義学の立場からキリスト教の絶対性を支持したが、歴史学の立場からはその相対性を承認した。著「歴史主義とその諸問題」など。
トレレウ〘Trelew〙アルゼンチン南東部、チュブト州、大西洋に突き出すバルデス半島の付け根に位置する町。世界遺産に登録されたバルデス半島への観光拠点として知られる。トレリュー。
トレンカ つま先とかかとの部分を切り取った形の女性用タイツ。
ドレンスカ〘Dolenjska〙スロベニア南部の歴史的地方名。かつてハプスブルク家の領地の一部だった。主な都市はノボメスト。
トレンチ〘trench〙❶塹壕。❷考古学で、細長い発掘溝のこと。その部分の発掘から遺跡全体の状況を探る。必要に応じて横方向に拡張し、また、二つの遺構の関連を知るために両者間にも設ける。
トレンチーン〘Trenčín〙スロバキア北西部の都市。バーフ川沿いに位置する。ローマ帝国の中央ヨーロッパ最北端の拠点があったことを示す石碑が見つかっている。11世紀よりハンガリー王国の支配下となり、交易の要衝として栄え、17世紀から18世紀初頭にかけてオスマン帝国の攻撃を受けた。11世紀創建のトレンチーン城がある。
トレンチーン-じょう【トレンチーン城】《Trenčiansky hrad》スロバキア北西部の都市トレンチーンにある城。バーフ川に臨む岩山の上に位置する。13世紀半ばに建造。1790年の大火で廃墟になり、20世紀半ばに修復された。
トレンチ-コート〘trench coat〙《第一次大戦で英国兵が塹壕内で着たところから》肩に共ぎれの大きな当て布がつき、ダブルの打ち合わせでベルトを締めて着るコート。
ドレンチャー〘drencher〙火災の延焼を防ぐ装置の一種。屋根・外壁・軒先・窓上などに配管し、圧力をつけて送水し、建物の周りに水幕を張る。
トレンディー〘trendy〙〘形動〙最新流行である。時代の先端をいっている。「一なウエア」「一な街」
トレンディー-ドラマ《和 trendy＋drama》都会を舞台に、若い男女の生活を、最新の流行や風俗を交えて描いたテレビドラマ。1980年代後半から90年代前半に多く制作された。
トレンティーノ-アルト-アディジェ〘Trentino-Alto Adige〙イタリア北東部の自治州。長くオーストリア領で、第一次世界大戦後にイタリア王国に併合された。このため現在でもドイツ系住民が多い。トレント県・ボルツァーノ県がある。州都はトレント。
トレント〘Trento〙イタリア北東部の都市。ブドウなどを栽培。1545〜63年に宗教改革に対抗するトレント宗教会議が開かれた地。
トレンド〘trend〙傾向。趨勢。ファッションの流行や経済変動の動向など。〘類語〙傾向・流行・傾き・気味・性向・趨勢・趨向・動向・流れ・大勢
トレント-だいせいどう【トレント大聖堂】《Duomo di Trento》➤サンビジリオ大聖堂
トレンド-リーダー《和 trend＋leader》最先端の流行ファッションを生み出していく新しい感性の人たち。〘補説〙英語では、trendsetter
トレンド-リサーチ〘trend research〙世相・風俗・文化・意識の行方をとらえるための調査・情報収集。新製品開発の際に特に重要となる。
とろ ❶マグロの肉の脂肪の多い部分。「中一」❷とろろ汁を用いた料理の名。「麦一」❸椿油を綿にひたしたもの。舞台化粧を落とすのに用いる。
と-ろ【吐露】〘名〙スル 心に思っていることを、隠さずうちあけること。「真情を一する」
とろ【×瀞】《「どろ」とも》川の水に浸食されてできた深い淵で、流れがゆるやかな所。「一八丁」
トロ 「トロッコ」の略。
どろ【泥】❶水がまじってやわらかくなった土。粒子は砂よりも細かく、大きさによりシルトと粘土とに分ける。❷「泥棒」の略。「こそ一」〘類語〙泥んこ
泥のように眠・る 正体もなく眠り込んでいるさまにいう。「長旅に疲れはてて一・る」
泥を被・る 不利を覚悟の上で役目を引き受ける。「一人が一・って騒ぎを収める」
泥を塗・る 面目を失わせる。恥をかかせる。「のれんに一・る」
泥を吐・く 問い詰められて、隠していた罪状を白状する。「厳しい取り調べに、ついに一・く」
トロア〘Troyes〙フランス北東部、シャンパーニュ地方の都市。百年戦争におけるトロア条約の締結地。20世紀半ば、木組み造りの家並みの保護・復元が進められた。ステンドグラスの美しさで知られるサントマドレーヌ教会やサンピエールエサンポール大聖堂などの歴史的建造物が数多く残っている。トロワ。
どろ-あし【泥足】泥がついてよごれた足。
どろ-あそび【泥遊び】〘名〙スル 泥を使って、いろいろな物を作るなどして遊ぶこと。泥んこ遊び。
トロア-バレー〘Trois Vallées〙フランス南東部、アルプス山脈西部に広がる世界最大級のスキーエリア。クールシュベル、バルトランス、メリベルなどのスキー場で構成される。トロワバレー。
トロイ〘troy〙《フランスの地名Troyesから》イギリスで貴金属・宝石に使用するヤード-ポンド法の質量の単位。
トロイ〘Troy〙➤トロイア
とろ・い〘形〙図とろ・し〘ク〙❶動作や頭の働きがにぶい。のろい。「一・い奴」❷火などの勢いが弱い。「火を一・くして置いて」〈里見弴・今年竹〉〘類語〙(❶)のろくさい・のろま・まだるっこい・鈍感・愚鈍・間ぬけ・あほう
トロイア〘Troia〙トルコ西部にある古代都市の遺跡。小アジア半島(アナトリア)の北西端、エーゲ海から内陸へ約5キロメートル、ヒッサリクの丘に位置する。紀元前3000年頃から集落ができ、紀元前2500年から前2000年頃にかけて地中海交易の拠点として栄えたが、トロイア戦争が起こり、衰退。古代ギリシャ時代はイリオスまたはイリオン、もしくはトロイア、トロヤと呼ばれた。ドイツの考古学者シュリーマンが1870年代より発掘を開始し、同地がトロイアであると比定したことで知られる。引き続き行われた発掘調査により、最下層の第一市から最上層の第九市まで、異なる時代の九つの都市があったと考えられ、第一市の住居跡、第二市の道路、第六市の城壁や塔、第九市の劇場や神殿などの遺跡が残っている。トロイ。1998年に世界遺産(文化遺産)に登録された。
トロイア-せんそう【トロイア戦争】ホメロスの英雄叙事詩「イリアス」に語られる、ギリシャとトロイアとの戦争。トロイアの王子パリスに誘拐されたスパルタ王妃ヘレネ奪還のため、ギリシャ連合軍がアガメムノンを総帥として10年間攻撃。最後に木馬に兵をひそませて侵入、落城させたという。前13世紀ごろと推定される。
トロイ-オンス〘troy ounce〙質量の単位の一。トロイポンドの12分の1。1トロイオンスは480グレーン、すなわち約31.103グラム。
トロイカ〘ロシア troyka〙ロシアの3頭立ての馬車。あるいは馬ぞり。
トロイカ-たいせい【トロイカ体制】三人の実力者が組織を指導し運営する、集団指導の仕組み。トロイカ方式。〘補説〙旧ソ連で、スターリンの死後、マレンコフ、フルシチョフ、ヴォロシーロフら三人に権力を分散して国政を担当した集団指導体制の称から。
トロイカ-ほうしき【トロイカ方式】「トロイカ体制」に同じ。
どろ-いじり【泥▽弄り】〘名〙スル ❶「土いじり」に同じ。❷「泥遊び」に同じ。
とろ-いせき【登呂遺跡】静岡市南部にある弥生時代の農村・水田遺跡。昭和22年(1947)から同25年にかけて発掘調査され、住居や高床倉庫のほか、大規模な水田跡や木製の農具・器具などが出土。特別史跡。
ドロイゼン〘Johann Gustav Droysen〙[1808〜1884]ドイツの歴史学者・政治家。ヘレニズムの歴史的概念を明らかにした。著「プロイセン政治史」「ヘレニズム史」など。
トロイダル-コイル〘toroidal coil〙円環にそって巻かれたコイル。トーラス状の磁力線を形成するために用いられる。
トロイツェセルギエフ-だいしゅうどういん【トロイツェセルギエフ大修道院】《Troitse-Sergieva Lavra》ロシア連邦西部の都市セルギエフポサードにある修道院。14世紀半ば、のちに聖人に列せられた貴族セルギー＝ラドネシスキーが創設。ロシア

正教会の中心地の一として知られる。16世紀に築かれた城壁内には、ウスペンスキー大聖堂、トロイツキー聖堂、スモレンスカヤ教会などの歴史的建造物があり、1993年に世界遺産(文化遺産)に登録。トロイツェセルギー大修道院。三位一体セルギエフ修道院。

トロイツカヤ-とう【トロイツカヤ塔】《Troitskaya bashnya》ロシア連邦の首都モスクワの中心部、クレムリンにある塔。北西の城壁の中央に位置する。高さ約80メートル。クレムリンを囲む20の塔の中で最も高い。突端部にはロシア革命20周年を記念してルビー製の赤い星が付けられた。ボロビツカヤ塔とともに一般者用の通用門として利用される。

トロイツキー-せいどう【トロイツキー聖堂】《Troitskiy sobor》ロシア連邦西部、モスクワ州の都市セルギエフポサードにある聖堂。1993年に世界遺産(文化遺産)に登録されたトロイツェセルギエフ大修道院の歴史的建造物群の一つ。15世紀に建造され、同修道院を創設し、のちに聖人に列せられた貴族セルギー=ラドネシスキー(ラドネジの聖セルギー)に献堂。堂内には中世ロシア最大のイコン画家の一人アンドレイ=ルブリョフのイコノスタシス(教会内陣の障壁)があり、聖セルギーの棺が安置されている。

トロイツキー-ばし【トロイツキー橋】《Troitskiy Most》ロシア連邦北西部、レニングラード州の都市サンクトペテルブルグにあるネバ川に架かる跳ね橋。マルスの広場とペトログラード側を結ぶ。20世紀初頭、エッフェルの設計で建造された。

トロイデ〖ドイツ Tholoide〗ドイツの火山学者シュナイダーによる火山分類の一で、溶岩円頂丘のこと。

トロイ-の-もくば【トロイの木馬】《トロイア戦争で、ギリシャ軍がトロイア軍を攻略するため、兵を巨大な木馬にひそませて侵入したという故事から》❶正体を偽って潜入し、破壊工作を行う者のたとえ。❷有益なソフトウエアに見せかけて、コンピューターのデータ消去・改竄・流出などの破壊活動を行うプログラム。➡コンピューターウイルス

トロイ-ポンド〖troy pound〗質量の単位の一。1トロイポンドは12トロイオンス、すなわち約373.24グラム。

どろいれ-とりのこ【泥入れ鳥の子】和紙の一。粘土の粉を入れて漉いた鳥の子紙。兵庫県西宮市名塩の特産。

と-ろう【徒労】むだな骨折り。無益な苦労。「せっかくの努力が―に帰す」「―に終わる」(類語)無駄骨

ど-ろう【土楼】中国、福建省の南西部に分布する客家の伝統的な家屋。円形または方形の土壁で囲まれた集合住宅で、大きなものでは200以上の部屋をもつ。2008年、「福建の土楼」として世界遺産(文化遺産)に登録された。福建土楼。客家土楼。

どろ-うみ【泥海】❶泥水をたたえた海。❷一面のぬかるみ。また、そのような広い水たまり。

どろ-え【泥絵】❶泥絵の具で描いた絵。江戸末期に起こり、主に芝居の書き割りや看板に用いられた。❷►でいえ(泥絵)❶

どろ-えのぐ【泥絵の具】胡粉をまぜた粉末状の絵の具。水に溶いて泥状にして用いる。

ドロー〖draw〗❶スポーツの試合で、引き分けること。❷テニス・ゴルフなどの競技の組み合わせの抽選。❸「ドローボール」の略。❹「ドローイング❶」に同じ。(類語)(❶)引き分け・預かり・持・あいこ

ドローイング〖drawing〗❶製図。ドロー。❷単色の線で簡単な図をかくこと。デッサン。❸コンピューターで描画する際、向きや長さといった数値データで表されるベクトルグラフィックスで表現すること。このような描画をするためのドローソフトがある。

ドローイング-ソフト《drawing software から》►ドローソフト

ドローイング-ソフトウエア〖drawing software〗►ドローソフト

ドローイング-ペーパー〖drawing paper〗画用紙。製図用紙。

どろ-おおつ【泥大津】壁土の一。川土・蠣灰・揉苆などをまぜ、布海苔で練り合わせたもの。

ドロー-ソフト《drawing software から》直線や曲線をベクトルグラフィックスで表現するソフトウエア。画像の拡大や縮小、変形を行っても画質劣化が起こらない利点がある。

ドロー-ソフトウエア《drawing software から》►ドローソフト

トローチ〖troche〗口の中に含んでゆっくり溶かし、口内の殺菌・消炎、咳止めなどに用いる錠剤。

トロードス-さんみゃく【トロードス山脈】《Troodos》キプロス島中央部から西部に広がる山脈。最高峰は標高1952メートルのオリンポス山。山中にはアシヌ教会、聖ニコラオス教会、ポディトゥ教会をはじめ、東ローマ帝国時代に描かれた美しいフレスコ画が残る聖堂や修道院があり、1985年に「トロードス地方の壁画聖堂群」として世界遺産(文化遺産)に登録。

ドローネー〖Robert Delaunay〗[1885～1941]フランスの画家。キュビスムの構成に色と光・律動感の要素を包括したオルフィスムとよばれる画風を確立。作「エッフェル塔」など。

ドロー-ボール〖draw ball〗ゴルフで、打球が落下直前に失速して、打者の利き腕の反対側にわずかに曲がること。ドロー。➡フェードボール

トローリング〖trolling〗船を走らせ、ルアーか餌を引いて大形の魚をねらう釣り。引き釣り。

トロール〖trawl〗「トロール網」の略。

トロール-あみ【トロール網】底引き網の一。三角形の袋網と両側の袖網とからなり、網口を広げるためのオッターボードまたはビームがついたものを、1隻あるいは2隻の機船で引く。

トロール-ぎょぎょう【トロール漁業】トロールを機船で引き回して行う漁業。19世紀ごろ英国で発達。日本では明治末期に導入。

ドローン〖drone〗一定の持続する音で、多くは低音。また、それを奏するための楽器や楽器の部分をさすこともある。

ドローン-ゲーム〖drawn game〗►ドロンゲーム

ドローン-ワーク〖drawn work〗►ドロンワーク

とろか-す【×蕩かす|×盪かす】〔動サ五(四)〕❶固体状のものを熱してとかし、液状にしたりやわらかくしたりする。とらかす。「チーズを―・す」「鉄を―・す」❷惑わして本心を失わせる。うっとりさせる。とらかす。「心を―・す美しい音楽」

どろ-がに【泥×蟹】ヒシガニ科の甲殻類。甲幅約6センチ。全身が軟毛で覆われ、泥が付着している。本州中部以南の太平洋岸の海底にすむ。

どろ-がめ【泥亀】スッポンの別名。

トロギール〖Trogir〗クロアチアのアドリア海に面する港町。スプリトから西へ20キロ。紀元前385年頃に造られたギリシャの植民都市を起源として、中世には城壁を巡らした要塞都市となった。11世紀の聖バルバラ聖堂、13世紀に着工された聖ロブロ大聖堂、15世紀の回廊や市庁舎など、旧市街には中世の歴史的建造物が建ち並んでいる。1997年に「古都トロギール」として世界遺産(文化遺産)に登録された。

トロギール-だいせいどう【トロギール大聖堂】《Trogirska katedrala》►聖ロブロ大聖堂

とろき-ぼし【とろき星】二十八宿の一、觜宿の和名。➡觜

どろ-きょう【瀞峡】三重・奈良・和歌山3県の県境にある峡谷。熊野川の支流北山川にあり、上流から奥瀞峡(北山峡)・上瀞峡・下瀞峡の三つに分けられる。下瀞峡の玉置口・田戸の約1.2キロメートルが最も渓谷美にすぐれ、瀞八丁と呼ばれて国の特別名勝・天然記念物に指定されている。吉野熊野国立公園の一部。

とろく《「とお(遠)く」の音変化か》奥の方。底の方。「櫃の―へ納めん」〈浄・二つ腹帯〉

とろく【土呂久】宮崎県北部、高千穂町の鉱山。昭和37年(1962)休山。大正時代から亜砒酸を製造。砒素中毒が広がり、公害病に指定された。

とろ-く【×蕩く|×盪く】〔動カ下二〕「とろける」の文語形。

とろ-くさ-い〔形〕図とろくさ・し〔ク〕のろい。まだるっこい。「―・い仕事ぶり」

どろ-くさ-い【泥臭い】〔形〕図どろくさ・し〔ク〕❶泥のようなくさみがする。「―・い水」❷あかぬけていない。やぼったい。「―・い身なり」「―・い演技」(派生)どろくささ〔名〕(類語)土臭い・垢抜けない・田舎臭い

どろ-ぐつ【泥靴】泥でよごれた靴。

とろ-ける【×蕩ける|×盪ける】〔動カ下一〕図とろ・く〔カ下二〕❶固まっていた物が溶けて軟らかくなる。また、液状になる。「バターが―・ける」❷心のしまりがなくなる。「甘美な音楽に心が―・ける」❸心が和らぐ。なごむ。「御憤り、殊の外に―・けてこそ見え給ひつれ」〈盛衰記・一一〉(類語)ふやける・溶ける・ゆるむ

トロコイド〖trochoid〗一つの円が直線上を滑ることなく転がるとき、中心を通る直線上の定点の描く曲線。

トロコフォラ〖trochophora〗軟体動物・環形動物の幼生の一型。孵化後に生じ、浮遊性。体は球状で、一定位置を環状に取り巻く繊毛帯がある。貝類ではベリジャー期、ゴカイ類ではロベーン期を経て成体となる。担輪子幼生。トロコフォア。

どろ-じあい【泥仕合】❶互いに相手の弱点・秘密などをあばきたててみにくく争うこと。また、その争い。❷歌舞伎で、舞台上に泥田を作り、その中で立ち回りを演じること。また、その立ち回り。(補説)「泥試合」と書かないのが一般的。

どろ-しゅう【泥衆】泥棒。また、泥棒たち。「人の買った酒を横取りして飲むといふは、まあ、―といふものだ」〈滑・膝栗毛・三〉

ドロストーン〖dolostone〗►苦灰岩

トロセイ-じょう【トロセイ城】《Torosay Castle》英国スコットランド西岸、マル島東部の町クレイグニュアの南郊にあるビクトリア朝様式の城。19世紀中頃、キャンベル一族の居城として建造。建築家デビッド=ブライスの設計による。

どろ-た【泥田】泥深い水田。

泥田を棒で打つ　無意味なことをする。分別なく、むちゃくちゃなことをするたとえ。

どろ-だらけ【泥だらけ】〔名・形動〕泥まみれになること。また、そのさま。「―な(の)野良着」

トロツキー〖Leon Trotskiy〗[1879～1940]ロシアの革命家。本名、レフ=ダビドビチ=ブロンシュテイン(Lev Davidovich Bronshteyn)。ウクライナ生まれのユダヤ人。二月革命後ボリシェビキに入党、ペトログラード-ソビエト議長として十月革命を指導。革命後、外務人民委員・軍事人民委員などを歴任。世界革命論を唱え、一国社会主義を唱えるスターリンと対立。1927年に共産党から除名。のち国外追放。メキシコで暗殺された。著「わが生涯」「ロシア革命史」など。

どろ-つきげ【泥月毛】馬の毛色。黒みを帯びた月毛。

トロツキスト〖Trotskyist〗❶トロツキーの思想を支持する人。❷左翼内部で、極左派の称。

トロツキズム〖Trotskyism〗レーニンやスターリンの一国社会主義革命論に反対し、世界革命を主張するトロツキーの思想。

トロッコ《truck から》軽便軌道の上を、手押しで走る小型の貨車。土砂運搬用。トロ。

トロッター〖trotter〗米国で作り出された馬の一品種。ギャロップ(駆け足)よりトロット(速歩)を得意とし、繋駕競走用。

どろ-つち【泥土】どろ。でいど。

トロッティング〖trotting〗競馬で、繋駕速歩レース。馬の後ろに、騎手が乗った馬車をつけ、馬は速足で走る。

トロット〖trot〗❶馬術で、跑足。並足と速足との中間の歩調。速歩。❷「フォックストロット」の略。

ドロットニングホルム-きゅうでん【ドロットニングホルム宮殿】《Drottningholms slott》スウェーデン、ストックホルム郊外のメーラレン湖内、ローベン島にある宮殿。17世紀に創建、18世紀後半には、内装がロココ様式に大改築された。1982年以降は現王室の居城となるが、一部は一般にも公開されている。

1991年「ドロットニングホルムの王領地」として世界遺産(文化遺産)に登録された。

ドロップ〖drop〗〔名〕スル ❶(drops)砂糖に水飴(みずあめ)をまぜて煮詰め、色素・香料などを加え、型を打ち抜いた飴菓子。❷しずく。滴り。❸落ちること。落下。❹野球で、投手の投球が打者の前で急に落ちること。また、その球。カーブの一種。❺ゴルフで、打球がプレーできない状況にあるとき、規則に従ってボールを拾い上げ、肩の高さから落とすこと。❻コンピューターのマウスの操作の一。目的とする位置でマウスボタンから指を放し、ファイルなどを移動させること。ファイルのアイコンをあるフォルダーから別のフォルダーに運び、仮想的に「落とす」ことを指し、その一連の操作をドラッグアンドドロップという。

ドロップアウト〖dropout〗〔名〕スル ❶脱落すること。また、管理社会におさまることができなくて、枠の外に抜け出ること。「エリートコースから—する」❷ラグビーで、防御側が自陣の22メートルラインの後方からドロップキックを行って競技を再開すること。

ドロップ-オフ〖drop-off〗急斜面。断崖。また、垂直に降下すること。多く、スキューバダイビングなどでいう。

ドロップ-キック〖drop kick〗❶サッカーやラグビーで、ボールを地面に落とし、跳ね上がる瞬間を蹴る方法。❷《フライングドロップキック」の略》プロレスで、跳び上がって両足で相手を蹴る技。跳び蹴りの一種。

ドロップ-ゴール〖drop goal〗ラグビーで、ドロップキックによってゴールすること。3点が入る。

ドロップ-シッピング〖drop shipping〗インターネットを使った通信販売の一方法。仲介業者がメーカーや卸売業者から商品情報を集め、会員登録した個人がその情報をもとに気に入った商品を自己のサイトで紹介し、販売するというもの。商品価格は個人が設定でき、仲介業者が決めた最低価格より高く売った分が収入となる。商品はメーカーから購入者に送られ、個人で在庫を持つ必要はない。平成18年(2006)ころから副業として注目されるようになった。DS。

ドロップ-ショット〖drop shot〗テニスで、ボールに逆回転を与え、相手コートのネット際に落とす打法。

ドロップ-ショルダー〖dropped shoulder〗袖(そで)付け線が普通よりも腕の方に落ちている肩のライン。女性的な感じのする自然なシルエット。

ドロップダウン-メニュー〖drop-down menu〗▶プルダウンメニュー

ドロップ-バック〖drop back〗アメリカンフットボールで、センターからボールを受けたクオーターバックが妨害を避けてパスをするために、真後ろに下がること。

ドロップ-ハンドル《和 drop＋handle》競技用やサイクリング用に作られた、下に大きく曲がった自転車のハンドル。空気の抵抗を考えて作られたもの。

ドロップ-ハンマー〖drop hammer〗ウインチで巻き上げたおもりを落下させてくいを打ち込む土木機械。また、つるし上げた槌(つち)を落下させて鍛造やプレスを行う工作機械。

とろっ-ぺき〔名・形動ナリ〕《「どろっぺき」とも》泥酔すること。また、そのさま。へべれけ。「何所で飲んで失せたか—になって来て」〈滑・浮世床・初〉

トロッポ〖イタリア troppo〗音楽用語で、「過度の」の意。「アレグロ-マ-ノン-トロッポ(快速に、ただし速すぎないように)」などのように用いる。

とろ-とろ ㊀〔副〕スル ❶固形物が溶けて軟らかくなるさま。また、液体がやや粘り気をもつさま。「ソフトクリームが—(と)溶け出す」「火に掛けて—するまでかきまぜる」❷勢いが弱いさま。ゆっくりと静かに進むさま。「弱火で—(と)煮込む」「市電が—(と)走る」❸眠気をもよおすさま。また、ちょっとの間、浅く眠るさま。「テレビを見ながら—(と)する」㊁〔形動〕㊀❶に同じ。「—になるまで煮込む」アク㊀はトロトロ、㊁はトロトロ。

どろ-どろ ㊀〔副〕❶遠くの方で鳴りわたる雷や大砲などの音を表す語。「遠くで—(と)雷鳴がとどろく」❷大勢の人が一度に騒がしく移動するさま。どやどや。ぞろぞろ。「紳士の一行が—と此方(こっち)を指して来る容子を見て」〈二葉亭・浮雲〉㊁〔名〕歌舞伎下座音楽の一。大太鼓を長ばちで打つもの。幽霊・妖怪などの出現、また、人物が正気を失うとき、夢からさめるときなどの場面に用いる。打ちかたによって、どろどろ・薄どろ・大どろの別がある。どろん。

どろ-どろ ㊀〔副〕スル ❶固形物が溶けて、粘液状の流動物になっているさま。「—(と)した溶岩」❷欲望や感情などがもつれ合って、奥底にわだかまっているさま。「—(と)した業界の裏側」㊁〔形動〕❶泥などにまみれてひどく汚れているさま。「—になって遊ぶ」「油で—な作業服」❷㊀❶に同じ。「—に溶けた鉄」アク㊀はドロドロ、㊁はドロドロ。

とろとろ-び【とろとろ火】「とろ火」に同じ。「風呂は—ながら、ちいちいと音がしてる」〈左千夫・隣の嫁〉

どろ-なわ【泥縄】《「泥棒を捕らえて縄をなう」の意から》事がおこってからあわてて対策を立てたり準備をしたりすること。「—の試験勉強」「—式」

どろ-にんぎょう【泥人形】泥をこねて固めた人形。土偶。

どろ-ぬま【泥沼】❶泥深い沼。❷一度落ちこむと抜け出ることが困難な悪い状況。「—の紛争」
〘類語〙沢・沼・湖・沼沢・湖沼・池・潟

どろ-の-き【泥の木｜白=楊】ヤナギ科の落葉高木。中部地方以北の湿地に自生。高さ約15メートル。雌雄異株。春、葉の出る前に雄花・雌花を穂状につける。名は、材が泥のように柔らかいことから。マッチの軸や細工物などに利用。でろ。どろやなぎ。

トロ-ばこ【トロ箱】《トロはトロール網から》鮮魚を入れて運ぶ箱。かつては木製であったが、現在はほとんどが発泡スチロール製。大きさは種々。植物栽培などにも利用。

どろ-はっちょう【瀞八丁】《「とろはっちょう」とも》和歌山・奈良・三重の3県境付近にある峡谷。熊野川支流の北山川の瀞峡の下流部で、長さ1.2キロ。

とろ-び【とろ火】勢いの弱い火。ぬる火。とろとろ火。「柔らかくなるまで—で煮る」

トロピカル〖tropical〗〔名・形動〕❶熱帯また熱帯的であるさま。また、そのもの。「—なサウンド」「—フィッシュ」❷薄手のさらっとした感触の平織り梳毛(そもう)織物。通気性に富み、夏服地に用いる。

トロピカル-ドリンク〖tropical drink〗トロピカルフルーツを原料とした飲料。カクテルなどもいう。

トロピカル-フィッシュ〖tropical fish〗「熱帯魚」に同じ。

トロピカル-フルーツ〖tropical fruit〗熱帯産の果実。マンゴー・アボカド・ドリアン・パパイアなど。

トロピズム〖tropism〗❶屈性。植物が特定の刺激に対し一定方向に屈曲する性質。❷親和性。向性。ウイルスの種類によって増殖可能な細胞の種類が決まっていること。

トロフィー〖trophy〗優勝や入賞などの勝利を記念して与えられるカップ・盾・像など。〘類語〙賞杯・メダル

トロフィー-キッズ〖trophy kids〗自分の出世のために、家庭の幸福さを対外的に印象づけたい親によって、きれいな服を着せられたり、養育係や家庭教師をつけられたりして、飾り物の役目をさせられる子供。

どろ-ぶか・い【泥深い】〔形〕文どろぶか・し〔ク〕田や沼などの底に泥が厚く積もっているさま。「この辺りの田は—・い」

どろ-ぶね【泥船｜泥舟】❶泥を積んで運ぶ船。土船。❷歌舞伎で、箱の中に泥を入れて舞台に置き、泥の池や田んぼに見立てたもの。また、その箱。

ドロプレット〖droplet〗小さなしずく。小滴。

トロペア〖Tropea〗イタリア南部、カラブリア州、ティレニア海に面する町。白い砂浜が広がり、海水浴場として知られる。12世紀に建造された大聖堂や海岸近くの岩山に築かれたサンタマリアデッリゾラ聖所記念堂などの歴史的建造物がある。

ドロヘダ〖Drogheda〗アイルランド東部の都市。ボイン川沿いに位置する。9世紀にバイキング、12世紀にノルマン人に征服され、以降英国の統治下に置かれた。近郊に、ウィリアム3世率いるイングランド-オランダ連合軍と、王位を追われたジェームズ2世率いるスコットランド軍との間で行われた「ボイン川の戦い」の古戦場がある。先史時代の遺跡が集中する世界遺産(文化遺産)ボイン渓谷への観光拠点。ドラハダ。

どろ-ぼう【泥棒】・【泥坊】〔名〕スル 人の物をぬすむこと。また、その人。ぬすびと。「—に入られる」「人の物を—してはいけない」〘類語〙盗人・盗賊・強盗

泥棒に追い銭 「盗人(ぬすっと)に追い銭」に同じ。

泥棒にも三分(さんぶ)の道理 「盗人(ぬすっと)にも三分の理」に同じ。

泥棒を捕らえて縄(なわ)を綯(な)う 準備を怠り、事が起こってからあわてて用意をするたとえ。盗人(ぬすっと)を捕らえて縄を綯う。▶泥縄(どろなわ)

どろぼう-こんじょう【泥棒根性】他人の物をとろうとする気質・性分。泥棒のようなずるい気質・性分。ぬすっと根性。

どろぼう-ねこ【泥棒猫】他家の食べ物を盗む猫。

どろぼう-まわり【泥棒回り】車座になって行うゲームで、右から左へと順番を回すこと。和服の場合、手が懐へ入る形になるところからいう。

トロポポーズ〖tropopause〗対流圏と成層圏の境界面。地表から高さ7〜8キロから十数キロのところにある。

ドロマイト〖dolomite〗❶▶苦灰石 ❷▶苦灰岩

どろ-まみれ【泥▽塗れ】〔名・形動〕泥だらけになること。また、そのさま。「ころんで—になる」

とろみ 軽くねばる状態。とろりとした状態。料理にいう。「ソースに—をつける」

とろみ【×瀞み】❶海面が油を流したように、よどんだ状態になること。❷魚の群れが海面にひしめいて、その一帯が黒く盛り上がっている状態。

どろ-みず【泥水】❶泥がまじって濁った水。❷芸妓・娼妓(しょうぎ)などの色を売って生活をする世界。花柳社会。

どろみず-かぎょう【泥水稼業】芸妓・娼妓などを職業とすること。泥水渡世。泥水商売。

どろ-みち【泥道｜泥▽路】泥でぬかった道。どろんこの道。〘類語〙悪路・難路・ぬかるみ

ドロミティ-さんち【ドロミティ山地】《Dolomiti》イタリア北部、南チロル地方の山岳地帯。アルプス東部に属し、最高峰マルモラーダ山(標高3342メートル)をはじめ、2000〜3000メートル級の山々が連なる。名称はフランスの地質学者ドロミューが発見した苦灰石(ドロマイト)を多く含む苦灰岩に由来する。観光拠点としては西側のボルツァーノ、東側のコルティーナダンペッツォがあり、その間をドロミティ街道が結ぶ。山岳保養地、またはスキーリゾートとして名高い。2009年、世界遺産(自然遺産)として登録された。ドロミテ山地。

とろ・む【×瀞む】〔動マ五(四)〕水面が波立たないで油を流したように静まる。「川面(かわも)が—・む」

トロムスダーレン-きょうかい【トロムスダーレン教会】《Tromsdalen Kirke》▶北極教会

トロムソ〖Tromsø〗ノルウェー北部の港湾都市。北緯70度付近に位置する、北極圏地方最大の都市。トロムソ島に中心市街があり、ノルウェー本土とはトロムソ橋および海底トンネルで結ばれる。クバロヤ島に空港がある。北極圏における狩猟や捕鯨、探検家アムンゼンの業績を紹介する北極圏博物館や、ヨーロッパ最大級のステンドグラスで知られる北極教会がある。

ドロムナドロケット〖Drumnadrochit〗英国スコットランド北部の都市インバネスの南西約20キロメートルにある町。ネス湖西岸部に位置し、観光拠点になっている。伝説の怪獣ネッシーに関するアトラクション施設やネス湖の観光船の発着地がある。

どろ-め【泥目】ハゼ科の海水魚。潮だまりなどでみられ、体長13センチくらい。体色は暗褐色で白斑が多数散在する。だぼはぜ。

とろ-め・く【×蕩めく】〔動カ四〕❶眠けを催して、とろとろする。うとうとする。「かく—・きて寝(ぬ)をのみ寝給ふは」〈今昔・四・三一〉❷うっとりする。恍惚(こうこつ)となる。「扇の蔭で目を—・かす」〈閑吟集〉

とろ-めん【×兜▽羅綿】《「とろ」は、梵 tūlaの音写。

綿花の意》綿糸にウサギの毛をまぜて織った織物。色はねずみ色・藤色・薄柿色などが多く、もと舶来品。のちには毛をまぜない和製のものもできた。

トロモストウイエ〘Tromostovje〙▶三本橋

トロヤ〘ギリシャ Troia〙▶トロイア

トロヤ-じょう【トロヤ城】チェコ《Trojský zámek》チェコ共和国の首都プラハの北郊にある城館。17世紀に貴族の居城として、イタリアの別荘建築を模して建てられた初期バロック様式の建物。現在はプラハ市ギャラリーの分館の一。19世紀美術のコレクションがある。

どろ-やなぎ【泥柳｜白▽楊】ドロノキの別名。

どろ-よけ【泥▽除け】❶泥のはね上がるのを防ぐもの。❷自転車や自動車などの、車輪の外側につけて、飛び散る泥を防ぐためのおおい。フェンダー。

とろり〘副〙❶ものが溶けてやわらかくなるさま。また、液体にやや粘り気があって、滑らかなさま。「舌の上で―と溶ける」「汁が―となるまで煮つめる」❷眠けをもよおすさま。少しまどろむさま。また、うっとりとするさま。「暖かくてつい―とする」「酔って目を―とさせる」

どろり〘副〙液体が濃くて粘りけの強いさま。「ペンキが―と流れ出る」

トロリー〘trolley〙ポールの先端にある滑車で、架線から電力を得る集電装置。

トロリー-せん【トロリー線】《trolley wire「トロリ線」とも》鉄道などの架線で、パンタグラフを通して電力を供給する電線。➡吊架線ちょうかせん

トロリー-バス〘trolley bus〙架線から得る電力によってモーターを駆動し、無軌条で路面を走るバス。無軌条電車。

トロリー-バッグ〘trolley bag〙底に車輪が付いており、取っ手を伸ばして引いて歩くことができるかばん。大きさはさまざまで、主に旅行用。商標。

とろろ【黄＝蜀＝葵】トロロアオイの別名。また、その根をすりつぶした粘りのある汁。和紙を漉すくときの糊のりに用いる。

とろろ【薯＝蕷】❶「とろろいも」の略。❷「とろろ汁」の略。

とろろ-あおい【黄＝蜀＝葵】ふゆアオイ科の一年草。高さ1～1.5メートル。葉は互生し、手のひら状に深く裂けている。夏から秋、淡黄色の大きな5弁花を横向きにつけ、茎の下のほうから上へ順に開き、1日でしぼむ。中国の原産で、観賞用。根は漢方で鎮咳ちんがい薬・健胃薬とする。黄蜀葵おうしょっき。〔季 夏〕「歩きゐて日暮るる―かな／澄雄」

とろろ-いも【薯＝蕷芋】とろろ汁にする芋。ヤマノイモ・ツクネイモ・ナガイモなど。

とろろ-ごはん【薯＝蕷御飯】▶薯蕷飯とろろめし

とろろ-こんぶ【とろろ昆布】❶マコンブ・リシリコンブなどを削って作った食品。表面を削った黒とろろ、中心部のみを削った白とろろがある。とろろこぶ。❷コンブ科の褐藻。北海道釧路くしろから根室ねむろの寒流に産する。粘質物を多く含み、食用。

とろろ-じる【薯＝蕷汁】ヤマノイモなどをすりおろして調味したもの。〔季 秋〕「一吾に齢よわいの高さなし／誓子」

とろろ-めし【薯＝蕷飯】麦飯などに、とろろ汁をかけたもの。薯蕷御飯。

トロワ〘Troyes〙▶トロア

トロワ-バレー〘Trois Vallées〙▶トロアバレー

トロワ-リビエール〘Trois-Rivières〙カナダ、ケベック州南部の都市。サンモリシェ川が3本に分岐し、セントローレンス川に注ぐ合流地点にある。17世紀前半から毛皮取引の拠点としてフランス人が入植した。州都ケベックに次ぎ同国で2番目に長い歴史をもつ。18世紀に建てられた教会などの建造物が多い。

と-ろん【徒論】実りのないむだな議論。

トロン〘TRON〙《The Real-time Operating-system Nucleus》身の回りのあらゆる場所にコンピューターや情報機器を遍在させ、相互に有機的に連携するユビキタスコンピューティングの構築を目指すプロジェクト。1984年に東京大学の坂村健氏が提唱し、財団法人トロン協会が同プロジェクトを推進。名称の由来は、実環境での利用を念頭に、リアルタイム性を重視したオペレーティングシステムを採用していることから。機械制御、通信制御、パソコン向けのオペレーティングシステムBTRONなどの複数のサブプロジェクトで構成され、それぞれ規格や仕様の策定が進められている。身近なところでは、携帯電話や情報家電などの組み込みOSとしてITRONが広く採用されている。

とろん〘副〙眠けや酒の酔いなどで、目つきがぼんやりとして、生気がないさま。「―として、眠そうだ」

どろん〘名〙スル ❶急に姿を隠すこと。「借金を残して―する」❷歌舞伎で、幽霊が出るときや消えるときに連打する大太鼓。どろどろ。〔類語〕出奔・とんずら・逐電

どろん〘副〙空気や液体などが重くよどんでいるさま。「―とよどんだ沼」「―と濁った目」

ドロン-ゲーム〘drawn game〙《「ドローンゲーム」とも》引き分け試合。

どろんこ【泥んこ】〘名・形動〙泥。また、泥だらけなさま。「―をこねて遊ぶ」「雨で道が―になる」

どろんこ-あそび【泥んこ遊び】〘名〙スル 泥を使って、いろいろな物を作るなどして遊ぶこと。泥遊び。

トロント〘Toronto〙カナダ東部、オンタリオ湖の北西岸にある港湾都市。オンタリオ州の州都。商工業が盛ん。人口、都市圏553万(2008)。

トロンビン〘thrombin〙血液が凝固する過程の最終段階に働くたんぱく質分解酵素。血漿けっしょう中に存在するプロトロンビンが血管の損傷・出血時に活性化されたもので、フィブリノゲンを加水分解してフィブリンに変える。

トロンプ-ルイユ〘フランス trompe-l'œil〙《人目を欺あざむく意》❶実物と見まがうほど写実的な絵画。また、その技法。古くは古代ギリシャ絵画にみられ、ルネサンス期では、建築物の壁面に大理石の模様や彫刻作品を描き込むなどの表現も行われた。現代ではシュールレアリスムの一部やスーパーリアリズムにみられる。だまし絵。❷ファッションで、襟えりやポケット、アクセサリーなどを本物のように描き入れた洋服。

トロンヘイム〘Trondheim〙ノルウェー西海岸にある、オスロ、ベルゲンに次ぐ、同国第3の都市。997年、ノルウェー王オーラフ1世が創設。13世紀頃までニダロスと呼ばれ、同国の首都だった。中部ノルウェーの農業地帯の中心地として、また鉱産物や水産物の集散地として発展。オーラフ2世を祀まつったニダロス大聖堂や17世紀に築かれたクリスチャン要塞などがある。

トロンボーン〘trombone〙金管楽器の一。カップ状の吹き口をもち、U字形の管を2本組み合わせ、一方の管をスライドさせて音高を変える。バルブによって管の長さを調節するものもある。

トロンボプラスチン〘thromboplastin〙血液凝固に関与する物質。プロトロンビンをトロンビンに変える作用をもつ。トロンボキナーゼ。➡プロトロンビン ➡トロンビン

トロンメル〘trommel〙鉱石を選別するのに用いる、円筒状の回転式ふるい。

ドロン-ワーク〘drawn work〙麻布などの織り糸を何本か引き抜き、残った織り糸を束ねて透かし模様を作る刺繡ししゅう。テーブルクロス・ハンカチなどに用いる。抜きかがり刺繡。

とわ【▽常｜永＝久】とは〘名・形動〙《古くは「とば」とも》いつまでも変わらないこと。また、そのさま。とこしえ。永遠。えいきゅう。「―の別れ」〔類語〕永久・永遠・永世・常とこしえ・恒久・悠久・長久・経常・不変・常しなえ・悠遠・常磐ときわ・永劫・永代・久遠くおん・無限・無窮・不朽・万代不易・万世不易・万古不易・千古不易

ドワーフ〘dwarf〙❶魔力を持つ、伝説上の小人こびと。❷動植物名に付けて、小さい、矮小である、の意を表す。矮性。「―グラミー」

トワール〘フランス toile〙《「トワル」とも》❶型取り用の粗布そふ。❷人台じんだい。裁縫やデザインで使われる人体模型。〔補説〕❷は日本語での用法。

トワイライト〘twilight〙薄明かり。たそがれ。また、終末期。

とわ-かわとはがは〘副〙《「とばかわ」とも》あわてるさま。せかせかするさま。とっぱかわ。「―かしこへ急ぎ行く」〈浄・先代萩〉

とわずがたり【とはずがたり】とはずがたり 鎌倉後期の日記。5巻。後深草院二条作。徳治元年(1306)以後に成立。14歳で後深草上皇の寵ちょうを得て、宮廷生活を送ったときの愛欲の記録や、31歳で出家後、諸国を巡った旅の見聞・感想を記したもの。

とわず-がたり【問わず語り】とはず 人がたずねないのに、自分から語りだすこと。また、ひとりごと。

ど-わすれ【度忘れ】〘名〙スル よく知っているはずの物事をふと忘れてしまって、どうしても思いだせないこと。胴忘れ。「知人の名前を―する」〔類語〕失念・忘却

とわだ【十和田】青森県南東部の市。南部藩士新渡戸伝にとべつとうによって開発。馬市で知られたが、現在は乳牛・肉牛の酪農が盛ん。平成17年(2005)1月に十和田湖町と合併し、十和田湖東岸から三本木原台地西部までを広く占める。旧称、三本木さんぼんぎ市。人口6.6万(2010)。

とわだ-こ【十和田湖】青森・秋田の県境にあるカルデラ湖。東岸の子ノ口ねのくちから奥入瀬おいらせ川が流出。十和田八幡平国立公園の中心。面積59.8平方キロメートル。深度327メートル。湖面標高401メートル。

とわだ-し【十和田市】▶十和田

とわだはちまんたい-こくりつこうえん【十和田八幡平国立公園】コクリツコウヱン 秋田・青森・岩手の3県にまたがる国立公園。十和田湖・奥入瀬おいらせ川渓流・八甲田山を含む地域と八幡平・駒ヶ岳・岩手山を含む地域の2地域からなる。

と-わたり【▽門渡り】会陰えいんの俗称。蟻ありの門渡り。

と-わた・る【▽門渡る】〘動ラ四〙川・海峡・海などを渡る。「夕なぎに―・る千鳥波間より見ゆる小島の雲に消えぬる」〈新古今・冬〉

トワラー〘twirler〙「バトントワラー」の略。

トワリスト《フランス toile(型取り用の粗布そふ)から》デザイン画をもとに立体裁断をし、服の型紙を作る人。

トワル〘フランス toile〙▶トワール

トワルドフスキー〘Aleksandr Trifonovich Tvardovskiy〙[1910～1971]ロシアの詩人。連作叙事詩「ワシリー＝チョールキン」によって、国民的な人気を得た。また、文芸誌「新世界」の編集長として、ソ連の文芸自由化を推進した。トバルドフスキー。

トワレ〘フランス toilette〙❶「オードトワレ」の略。❷化粧室。トワレット。トイレ。

とん【豚】ぶた。ぶた肉。「―カツ」「―汁」➡漢「とん(豚)」

とん【▽貪】仏語。三毒の一。むさぼり求める心。➡漢「どん(貪)」

とん【×榻｜×墩】《「とん(榻)」は唐音》陶磁器製で円筒形の中国風腰掛け。多く庭園に置く。

トン〘ton〙【屯｜×噸｜×瓲】❶質量の単位。記号t。㋐メートル法で、1トンは1000キログラム。仏トン。グラムトン。メートルトン。㋑英トン。ヤード-ポンド法で、1トンは2240ポンド、すなわち約1016キログラム。ロングトン。大トン。㋒米トン。ヤード-ポンド法で、1トンは2000ポンド、すなわち907.18キログラム。ショートトン。❷船舶の大きさを質量や容積で表す単位。排水トン数・載貨重量トン数・総トン数・容積トン数・純トン数など。〔補説〕「瓲」は国字。

とん〘副〙物が軽く当たったり、物を打ったり突いたりしたときの音や、そのさまを表す語。「舞台で―と足を打つ」「胸を―と押す」

どん ㊀〘名〙正午を知らせる空砲。サイレンの普及する以前の明治初期から昭和初期にかけて行われ、東京では丸の内で鳴らした。㊁〘副〙❶弾薬などが炸裂するときや、太鼓を強く打ったときなどに響く、低くて大きい音を表す語。「祝砲が―と鳴り響く」❷音をたてるほど勢いよく押したり、突いたり、ぶつかったりするさま。「肩口を―と突く」

どん【丼】「どんぶり」の略。「うな―」「天―」

どん【鈍】〘名・形動〙❶にぶいこと。頭の回転が遅く、動作がのろいこと。また、そのさま。「なんて―な奴だ」❷愚かであること。ばかげていること。また、そのさ

ま。「一な事ぢゃぞ、…妹めが居らぬ」〈伎・幼稚子敵討〉 ➡漢「どん(鈍)」 類語 鈍重・遅鈍・愚鈍・鈍才

ドン〘スペイン・イタリア Don〙❶スペイン・イタリアなどで、男性の姓または名の前につける敬称。「一キホーテ」「一ファン」「一ジョバンニ」❷首領。ボス。「政界の一」 補説 もとは貴族の出身を示し、フランスの「ド」、ドイツの「フォン」などに対応する。 類語 親分・親玉・頭目

どん〔接頭〕名詞に付いて、まさにそれに相当するものであることを強調していうのに用いる。接頭語「ど」をさらに強めた語。「一じり」「一底」「一づまり」

どん〔接尾〕《「どの(殿)」の音変化》人名、または人を表す名詞に付いて、軽い敬愛の気持ちを表す。商家などで、同輩または目上の人が奉公人を呼ぶときなどに用いる。「お梅一」「長一(=長吉ノコト)」 補説 九州南部では一般の敬称としても用いる。

とんあ【頓阿】[1289～1372]鎌倉末・南北朝時代の歌人。俗名、二階堂貞宗。比叡山で修行し、のち諸国を行脚。和歌を藤原為世に学び、二条派を再興。和歌四天王の一人。「新拾遺和歌集」の完成に尽力。著「井蛙抄」「愚問賢註」、家集「草庵集」など。

とん-あい【▽貪愛】〔名〕スル《「どんあい」とも》❶むやみにほしがること。「金銭を一する人の目よりこれを観れば」〈中村訳・西国立志編〉❷仏語。対象に執着すること。貪。貪欲。「一瞋憎」

とん-えい【屯営】〔名〕スル 兵士がたむろすること。また、その場所。兵営。屯所。「機動部隊が一する」

ドン-エンガス〘Dun Aengus〙アイルランド西部、ゴールウエー湾に浮かぶアラン諸島の一、イニシュモア島にある先史時代の遺跡。島の南側、海面からの高さが100メートル近くある断崖の上に半円形の石壁が残っている。古代ケルト人が築いた砦か神殿と考えられ、最も古い部分は約2000年前のものとされる。ダンエンガス。ドゥーンエンガス。

ドン-オウレ〘Dun Eochla〙アイルランド西部、ゴールウエー湾に浮かぶアラン諸島の一、イニシュモア島にある先史時代の遺跡。島の中央の最も標高が高い地点にあり、円形状の2列の石壁が残っている。6世紀半ばから8世紀にかけてケルト人が築いた砦といわれる。ドゥーンオクラ。

トンガ〘Tonga〙南太平洋中部にあるトンガ諸島を占める王国。首都ヌクアロファ。住民はポリネシア系のトンガ族。1900年に英国の保護領、1970年に独立。人口12万(2010)。

どん-か【鈍化】〔名〕スル にぶくなること。また、にぶくすること。「感受性が一する」「不況が消費活動を一する」

どん-が【×嫩芽】若い芽。新芽。「草木の春風に逢いて一を発するが如く」〈田口・日本開化小史〉

どん-かく【鈍角】直角より大きく、二直角より小さい角。⇔鋭角。

どんかく-さんかくけい【鈍角三角形】一つの角が鈍角である三角形。⇔鋭角三角形。

とん-かち《打ちたたくときの音から》かなづち。

とん-カツ【豚カツ】豚肉のカツレツ。豚肉に小麦粉・とき卵・パン粉をつけ、油で揚げたもの。

ドンカマ《和 donca maticから》ミュージシャンの用語で、リズムマシンの総称。日本の電子楽器メーカー、コルグ社が1963年に開発したリズムマシンの商標名から。

どん-がめ【▽団亀】《「どうがめ(胴亀)」の音変化》❶スッポンの別名。「池の一ならばくんくるべいとの」〈伎・名歌徳〉❷丁銀のこと。「一三つで一貫五百目請取るからは」〈浄・歌祭文〉

どんがめ-ざる【▽団亀×笊】伏せた形がカメの甲に似ているざる。

とんがら-か・す【×尖らかす】〔動サ五〕《「とがらかす」の音変化》「尖らす」に同じ。「口を一・して抗議する」

とんがらか・る【×尖らかる】〔動ラ五〕とんがる。とがる。「三角に一・った目でにらむ」

とんが・る【×尖る】〔動ラ五(四)〕「とがる」の音変化。「一・った屋根」「口調が一・る」

ドン-がわ【ドン川】《Don》ロシア連邦西部、モスクワ南方の丘陵に源を発して南へ流れ、アゾフ海に注ぐ川。全長1970キロ。

どん-かん【貪官】《「たんかん」とも》欲が深く、わいろなどをむさぼる役人。貪吏。「一汚吏」

どん-かん【鈍感】〔名・形動〕感じ方がにぶいこと。気がきかないこと。また、そのさま。「においに一になる」「皮肉の通じない一な人」⇔敏感。 類語 鈍い・鈍麻

どん-き【鈍器】❶切れのにぶい刃物。❷凶器となりうる、こん棒・れんがなどのような、固くて重みのあるもの。「一で頭を殴打される」

ドンキー〘donkey〙❶驢馬。❷まぬけ。のろま。

どんき-しょう【×呑気症】無意識のうちに空気を飲み込んで、腹が張ったり、こめかみが痛くなったりする症状。早食い、炭酸飲料の飲みすぎのほか、ストレスも原因となる。空気嚥下症。

ドン-キホーテ ㊀《原題、スペイン El ingenioso hidalgo Don Quijote de la Mancha》セルバンテスの長編小説。第一部1605年刊、第二部1615年刊。騎士道の妄想につかれたドン=キホーテと従者サンチョ=パンサが旅先で巻き起こす失敗や冒険のなかに、理想と現実との相克などのテーマを織り込んだ、近代文学の先駆的作品。㊁《㊀の主人公の名から》ドン=キホーテ型の空想的理想主義者のこと。

ドンキホーテ-がた【ドンキホーテ型】理想を追い求めるあまり、分別に欠けたり、独善的に陥ったりする性格。ツルゲーネフにより立てられた概念。⇔ハムレット型。

とん-きょ【頓×狂】〔名・形動〕「とんきょう(頓狂)」に同じ。「一な事をしていたのに気が付いた」〈有島・或る女〉

とん-きょう【頓狂】【頓興】〔名・形動〕だしぬけに、その場にそぐわない調子はずれの言動をすること。また、そのさま。「一な声を上げる」 類語 すっ頓狂

とん-ぎょう【頓教】仏語。修行の階程を経ないで、直ちに成仏できると説く教え。また、最初からいきなり深遠な大乗の理法を説く教え。➡漸教

トン-キロ《和 ton+kilo(フランス)》貨物の輸送量を表す単位。貨物の重量トン数に、それを輸送した距離のキロ数を乗じたもの。

トンキン〘Tonkin〙ベトナム北部一帯の旧称。首都ハノイ、港市ハイフォンなどがある。 補説 「東京」とも書く。

トンキン-にっけい【トンキン肉×桂】カシアの別名。

トンキン-わん【トンキン湾】ベトナムの北東岸と中国の雷州半島・海南島とに囲まれた湾。南シナ海の支湾。1964年8月に、アメリカがベトナム戦争介入の口実とした軍事衝突のあった所。

トンキンわん-じけん【トンキン湾事件】1964年にトンキン湾で起きた、米国海軍と北ベトナム軍の軍事衝突。8月2日と4日に、北ベトナム軍の魚雷艇が米軍の駆逐艦に攻撃を仕掛けたというもの。米国は、この事件をベトナム戦争へ本格介入する口実とした。後年、4日の事件は米国による捏造であることが判明した。

トング〘フランス tong〙下駄の鼻緒のようにつま先ではさむ形になったサンダルのこと。ベンハーサンダル。

トング〘tongs〙物をはさんだりつかんだりする道具。「パスタ一」

とん-ぐう【頓宮】仮の宮殿。行宮。「廟院の南に一あり」〈著聞集・四〉

どん-くさ・い【鈍臭い】〔形〕図どんくさ・し〔ク〕まだるい。まがぬけている。「旧式で一・い機械」

どん-ぐり【▽団×栗｜×橡】クヌギ・カシワ・コナラ・カシなどのブナ科植物の実。球形や卵形で堅く、下方を殻斗が包む。(季 秋)「一の寝ん寝んころりころりかな/一茶」

団栗の背比べ どれもこれも平凡で、特にすぐれて目立つものがないことのたとえ。

どんぐり-まなこ【▽団×栗眼】どんぐりのように丸くてくりくりした目。また、まん丸く大きく開いた目。どんぐり目。どんぐり目玉。

ドングル〘dongle〙ソフトウエアのコピープロテクションのために用いるコネクター状の機器。

漢字項目 とん

【団】➡だん

屯 音トン漢 訓たむろ ‖ 多くの人が群がり集まる。たむろする。「屯営・屯所/駐屯」 名付 みつ・むら・より 難読 屯倉

豚 音トン漢 訓ぶた ‖ ㊀〈トン〉①家畜の名。ブタ。「豚舎/養豚」②自分の子に添える謙称。「豚児」㊁〈ぶた〉「豚肉・豚箱/子豚」 難読 海豚・河豚

人 **敦** 音トン呉漢 訓あつい ‖ 重々しく手厚い。「敦厚・敦朴」 名付 あつ・あつし・おさむ・たい・つとむ・つる・のぶ 難読 倫敦

人 **遁** 音トン漢 訓のがれる ‖ にげる。のがれる。「遁辞・遁世・遁走/隠遁・火遁・水遁」 補説 人名用漢字表(戸籍法)の字体は「遁」。

頓 音トン呉漢 訓とみに、ひたすら ‖ ①頭を地面につけて礼をする。ぬかずく。「頓首」②その場にとどまる。落ち着く。「整頓・停頓」③すぐに。即座に。急に。とみに。「頓悟・頓才・頓死・頓知」④一回。一度。「頓服」

漢字項目 どん

人 **呑** 音ドン慣 訓のむ ‖ のみこむ。「呑吐/併呑」 難読 呑気・雲呑

貪 音ドン慣 タン漢 トン呉 訓むさぼる ‖ むやみにほしがる。欲が深い。「貪愛・貪欲・貪・貪・貪・貪婪/慳貪」

鈍 音ドン呉 訓にぶい、にぶる、のろい ‖ ①刃物の切れ味が悪い。「鈍器・鈍刀」②感覚や動作がにぶい。「鈍感・鈍根・鈍重・鈍痛/愚鈍・遅鈍」③にぶくなる。にぶる。「鈍麻・鈍磨」④進行が遅い。「鈍行」⑤角度がゆるい。「鈍角」 難読 鈍色・鈍間

× **緞** 音ドン唐 タン漢 ‖ 厚地で光沢のある絹織物。どんす。「緞子・緞帳」 難読 絨緞

曇 音ドン呉 タン漢 訓くもる ‖ 空がくもる。「曇天/晴曇」 難読 悉曇

トング-レール〘tongue rail〙鉄道で、分岐器のポイント部にある可動レール。

どん-げ【鈍げ】〔形動ナリ〕にぶくて気がきかないさま。おろかなさま。また、のろくさいさま。「ええ一な」〈浄・重井筒〉

とん-げつ【×遯月】《易の卦で「遯」は6月に配されることから》陰暦6月の異称。

どん-けつ ❶最下位。最後。どんじり。❷尻をののしっていう語。

とん-けん【豚犬】❶ぶたといぬ。❷おろか者。❸自分の子供をへりくだっていう語。豚児。

とん-ご【頓悟】仏語。長期の修行を経ないで、一足とびに悟りを開くこと。⇔漸悟。

どん-こ【▽冬×菇｜▽冬子】《中国音からという》大きくて肉厚のかさが開ききっていない干し椎茸。最上級とされる。

どん-こ【鈍▽甲】❶カワアナゴ科の淡水魚。川・池・沼にすみ、全長約15センチ。体形はハゼ形で頭部は扁平。体色に変異が多い。本州中部以南に分布。美味。いしぶし。❷チチブ・カジカ・イタチウオの別名。

とん-こう【×敦厚】〔名・形動〕誠実で、人情に厚いこと。また、そのさま。「一な人柄」「敬の言、一を欠き」〈露伴・運命〉

とんこう【敦煌｜燉煌】中国甘粛省北西部のオアシス都市。古来から西域との交通の要衝。南東郊外に敦煌石窟がある。トゥンホワン。

どん-こう【鈍行】急行に対して、普通列車・普通電車をいう語。

とんこう-せっくつ【敦煌石窟】敦煌郊外、鳴沙山の山腹にある石窟寺院。4～14世紀に造営され、約490窟が現存する。貴重な壁画や仏像・古文書・古写本などが出土、雲崗・竜門の両石窟とともに中国の代表的仏教石窟。1987年、世界遺産

（文化遺産）に登録された。千仏洞。莫高窟ばっこうくつ・ばくこうくつ。

ドン-コサック〘Don Cossack〙16世紀以降、ドン川流域に勢力をもったコサック。狩猟や養蜂などを生業とする一方で軍事的共同体を形成。ロシアの農奴制に反発を繰り返すが、プガチョフの乱以降は中央政府の管理下に置かれた。18世紀から20世紀にかけては正規軍として組織され、革命運動などの弾圧にも用いられた。

とん-こつ【豚骨】❶豚の骨付きあばら肉と大根・こんにゃくなどを、焼酎・味噌・黒砂糖などで煮込んだもの。鹿児島県の郷土料理。❷豚の骨。中国料理でだしの材料にする。

ドン-コナー〘Dun Conor〙アイルランド西部、ゴールウエー湾に浮かぶアラン諸島の一、イニシュマーン島にある先史時代の遺跡。島の中央に位置し、同諸島の中でイニシュモア島のドンエンガスに次いで大きい。ケルト人が1世紀頃に築いた砦といわれる。ドゥーンホンフル。

トンコリ 樺太アイヌの弦楽器。くりぬいた丸木に薄い響板を張った細長い胴に、5本の弦を張ったもの。座って斜めに抱き、両手の指で弾奏する。北海道アイヌでは「カー」とよばれる。

ドンゴロス《dungareesから》麻袋。また、麻袋を作る目の粗い厚手の布。梱包こんぽう・天幕などにも用いる。

どん-こん【鈍根】《「どんごん」とも》生まれつき頭の働きがにぶいこと。また、そのような性質。㊀利根りこん。「我々一のものが…考えも纏まとまらないうちに」〈中島敦・悟浄歎異〉

どんこん-そう【鈍根草】サウ ミョウガの別名。

とん-ざ【頓挫】〔名〕スル ❶勢いが急に弱まること。また、計画や事業などが途中で遂行できなくなること。「活動に一一を来きたす」「不況で事業が一する」❷文章や演説の調子が急に変わること。「口から出任せの抑揚一」〈逍遥・当世書生気質〉

どんざ ぼろや古綿でできた綿入れの着物。

とん-さい【頓才】その場に応じてうまく働く知恵。機転をきかせる才。頓知の才。「彼等一流の奇智一を掉ふるって」〈里見弴・多情仏心〉

とん-ざい【屯在】〔名〕スル 多くの者が集まっていること。たむろしていること。「兵士を一せしむる其地には」〈福沢・福翁百話〉

どん-さい【鈍才】頭の働きがにぶいこと。また、その人。類語 愚鈍・鈍重・鈍・遅鈍・魯鈍・馬鹿

とん-さく【頓作】〔名・形動ナリ〕即座にうまく応答したり洒落しゃれなどを言ったりすること。また、そのような人や、そのさま。「一なる人の知らせて、先づ占ひを見給へとて」〈浮・新可笑記・二〉

とん-ざん【×遯×竄｜×遁×竄】〔名〕スル にげかくれること。「地中海中の諸島に一する者も、尠すくなからざりき」〈竜渓・経国美談〉

どん-さん【×呑酸】胃液が口内に逆流すること。

とん-し【豚脂】豚の脂肪。ラード。

とん-し【頓死】〔名〕スル ❶突然死ぬこと。急死。「旅先で一する」❷将棋で、自分の王将の詰みを見落として詰まされてしまうこと。類語 急死・急逝・即死・死ぬ

とん-じ【豚児】❶豚の子。❷自分の子供をへりくだっていう語。豚犬。類語 愚息・どら息子・蕩子とうし

とん-じ【×遁辞】言い逃れの言葉。逃げ口上。「家主に対する一ではないのだろうか」〈梶井・瀬山の話〉

とん-じき【屯食｜頓食】❶平安・鎌倉時代、宮中や貴族の宴会のとき、庭上で下仕えの者に賜る酒食をのせた台。また、そこにのせた食物。特に、強飯こわめしを卵形に握り固めたもの。❷《「どんじき」と発音》江戸時代、京都の公家社会で、握り飯の称。

どん-じき【鈍色】法衣ほうえの一。上衣（袍ほう）と袴はかま・裙くんと帯からなる単ひとえのもの。無紋の絹で仕立て、僧綱領そうごうえりを立てる。鈍色の衣。

どん-じまい【どん仕舞（い）】ジマヒ 物事のいちばん最後。どんじり。

とん-しゃ【豚舎】豚を飼う小屋。豚小屋。

とん-しゃ【頓写】❶急いで書き写すこと。❷追善供養のため大勢が集まって一部の経を1日で写すこと。一日経。「一日一の経書きて、回向ゑかうして」〈仮・御伽婢子・一三〉

とん-じゃく【▽貪着】ヂャク〔名〕スル 仏語。むさぼり執着すること。物事にとらわれること。

とん-じゃく【頓着】ヂャク〔名〕スル《「貪着」と同語源。「とんちゃく」とも》深く気にかけてこだわること。執着すること。「相手の気持ちに一しない」
類語 固執・執着・執心・偏執・我執・囚われる

とんじゃく-な-い【頓着無い】トンヂャク〔形〕文とんぢゃくな・し〔ク〕気にかけない。無頓着である。「服装には一い人」

とん-しゅ【頓首】〔名〕スル《「とんじゅ」とも》❶中国の礼式で、頭を地面にすりつけるように拝礼すること。ぬかずくこと。❷手紙文の末尾に書き添えて、相手に対する敬意を表す語。「一再拝」類語（❷）かしこ・敬具・敬白・謹言・拝具・草草・早早・怱怱・不一・不二

とんし-ゆ【豚脂油】豚脂を精製したもの。無色で少し臭気がある。せっけんの原料や皮革油用。

ドン-ジュアン〘Don Juan〙▶ドン＝ファン

とん-しゅう【屯集】ジフ〔名〕スル 群れ集まりたむろすること。「筑波辺に一した賊徒どものうち」〈藤村・夜明け前〉

どん-しゅう【×呑舟】シウ 舟をまるのみにすること。

呑舟の魚うを《「荘子」庚桑楚から》舟をまるのみにするほどの大きな魚。転じて、大人物。大物。「雑魚を数えて一を取りのがすのである」〈寅彦・量的と質的と統計的と〉

呑舟の魚うをは枝流しりゅうに游およがず《「列子」楊朱から》舟をまるのみするほどの大魚は小さな川にはすまない。大人物はつまらない者と交わったりはしない、また、高遠な志を抱く者は、小事にはかかわらないことのたとえ。

どん-じゅう【鈍重】ヂュウ〔名・形動〕動作や物事に対する反応がにぶくてのろいこと。また、そのさま。「一な足運び」派生 どんじゅうさ〔名〕
類語 鈍どん・遅鈍・愚鈍・鈍才・魯鈍

とん-しゅつ【×遁出】〔名〕スル 逃げ出すこと。「スパルタ人は一する者を捕て」〈竜渓・経国美談〉

とん-しょ【屯所】❶兵士などが詰めている所。❷明治初めの警察署の称。

トン-じょ【東女】ヂョ 東京女子大学の俗称。➡本女ぽんじょ

とんしょう-ぼだい【頓証×菩▽提】仏語。速やかに悟りの境地に達すること。死者の追善供養のときなどに、極楽往生を祈る言葉として唱える。頓証仏果。速証菩提。

どん-しょく【貪食】〔名〕スル むさぼり食うこと。たんしょく。「あるものは極度に一で」〈中島敦・悟浄出世〉

どんしょく-さいぼう【貪食細胞】サイバウ ▶食細胞

ドン-ジョバンニ〘Don Giovanni〙㊀モーツァルト作曲のオペラ。2幕。1787年初演。スペインの伝説上の人物ドン＝ファンを主人公とし、序曲やアリアの「打ってよマゼット」「セレナーデ」などが有名。㊁▶ドン＝ファン

どん-じり【どん尻】いちばん最後。どんじまい。
類語 しんがり・びり・どんけつ・びりっけつ・最後・尻しり

とん-じる【豚汁】「ぶたじる」に同じ。

とん-じん-ち【▽貪×瞋痴】仏語。むさぼりと怒りと無知。貪欲と瞋恚しんいと愚痴。三毒。

トンズ【筒子】《中国語》マージャン牌パイのうち、筒の模様が彫ってあるもの。ピンズ。

どん-す【×緞子】《唐音》室町時代末、中国から伝えられたといわれる絹の紋織物。繻子しゅす地に同じ繻子の裏組織で文様を織り出したもの。

トン-スイ【湯匙】《中国語から。「吞水」とも書く》取っ手の付いた小鉢。鍋料理を取り分ける際などに使う。補説 中国語ではタンチーと読み、食器のちりれんげの意。

トン-すう【トン数】重量および容積などをトンで表した数値。➡トン

トンスラ〘tonsure〙カトリックで、聖職者を表するしとして，頭頂部の毛髪の一部または全部を環状に剃そること。また、その儀式。現在は行われない。

とん-ずら〔名〕スル《「とん」は遁、「ずら」は「ずらかる」の略》逃げること。ずらかること。「当番をさぼって一する」類語 出奔・脱走・遁走とんそう・雲隠れ・エスケープ

とん-する【屯する】〔動サ変〕文とん・す〔サ変〕❶集まる。たむろする。「セーベ国都、回復の吉報を、得たりしかば、今境上に一・せり」〈竜渓・経国美談〉❷守るために集める。集めとどめる。「辺疆に一・するところの者は皆」〈中勘助・鳥の物語〉

どん-する【鈍する】〔動サ変〕文どん・す〔サ変〕にぶくなる。ばかになる。「貧すれば一・する」

とん-せい【×遁世｜×遯世】〔名〕スル《古くは「とんぜい」》❶隠棲して世間の煩わしさから離れること。「一して庵をむすぶ」❷俗世間を逃れて仏門に入ること。出家。とんせ。

トン-ぜい【トン税】外国貿易船が入港する際、その純トン数を課税標準として課される国税。

どん-ぜい【×呑×噬】〔名〕スル ❶のむことと、かむこと。「鰻鱺まんれいを圧倒し山鯨を一し」〈服部誠一・東京新繁昌記〉❷他国を攻略してその領土を奪うこと。「スパルタは、今又一を逞うして」〈竜渓・経国美談〉

とんせい-しゃ【×遁世者】《「とんぜいじゃ」とも》俗世をのがれて仏門に入った人。世捨て人。

とん-そう【屯倉】ソウ ▶みやけ（屯倉）

とん-そう【×遁走】〔名〕スル 逃げ出すこと。逃がれ去ること。逃走とうそう。「敵前から一する」

どん-そう【×嫩草】ソウ 芽ばえたばかりの若草。

とんそう-きょく【×遁走曲】▶フーガ

どん-そく【鈍足】走り方がおそいこと。

どん-ぞこ【どん底】いちばん下の底。また、物事の最悪・最低の状態。「貧乏の一」

どんぞこ【どん底】《原題、ロシア Na dne》ゴーリキーの戯曲。4幕。1902年初演。木賃宿を舞台に、社会の底辺に生きる人々の姿を描いたもの。

とん-だ ㊀〔連体〕話し手の判断の範囲を越えていることをさしていう。❶意外な。思いのほかの。「一長居を致しました」❷とりかえしのつかない。こまった。「一失敗をしでかした」❸道理にはずれた。よくない。「一心得違いというものだ」㊁〔副〕たいへん。非常に。「一可愛らしい、温おとなしそうな娘こだったよ」〈柳浪・骨ぬすみ〉類語 とんでもない・途方もない・とてつもない・大それた・もってのほか・法外・不届き

とんだ茶釜ちゃがま とんだよいもの。とんだ美人。江戸、谷中笠森の茶屋女お仙の美しさに対して言い出された流行語。

とんだ所へ北村大膳だいぜん 「とんだ所へ来た」の「きた」に「北村」の「きた」を掛けて続けた言葉遊び。歌舞伎「天衣紛上野初花くもにまごううえののはつはな」の河内山宗俊こうちやまそうしゅんのせりふの一節で、松江侯の屋敷に宮家の使僧と偽って乗り込んできた河内山が、家臣の北村大膳に正体を見破られて言う。

とんだ目に太田道灌どうかん 「とんだ目に遭うた」の「おうた」に「太田」を掛けて続けた言葉遊び。

とんだ霊宝れいほう 江戸両国で興行された見世物の一。三尊仏・不動明王・鬼などを乾魚や乾大根で細工し見世物としたもの。転じて、とんだこと、の意にいう。「ぬしは一だね」〈洒・広街一寸間遊〉

ドンタク《オランダ zondagから》㊀❶日曜日。「一六の一に五人一座で」〈魯文・安愚楽鍋〉❷休日。休業。「ヤ。いかんいかん。時計は一じゃ」〈逍遥・当世書生気質〉㊁「博多どんたく」のこと。季 春「一は囃はやしながらにあるくなり/鶏二」

とんだばやし【富田林】大阪府南東部の市。もと真宗興正寺別院の寺内町として発達。すだれなどを特産。PL教団本部がある。人口11.9万（2010）。

とんだばやし-し【富田林市】▶富田林

どん-たろう【鈍太郎】ラウ 才知のにぶい人。

どんだろう【鈍太郎】ドンダラウ《「どんたろう」とも》狂言。3年ぶりに帰京した鈍太郎が、妻と妾を訪ねるが入れてもらえないので当てつけに剃髪ていはつすると、女たちが止めに来て発心をやめさせる。

とん-たんどく【豚丹毒】家畜伝染病予防法による監視伝染病（届出伝染病）の一。豚丹毒菌という桿菌かんきんによって起こる。主に豚に感染するが、人間や

他の動物にも感染。

とん-ち【頓知・頓×智】その場に応じて即座に出る知恵。機知。「―を働かす」
［類語］機知・機転・ウイット・エスプリ・ユーモア

とん-ちき【頓痴気】《「ちき」は接尾語。「頓痴気」は当て字》とんま。まぬけ。人をからかい、ののしっていう語。「またへまをしたな、この―め」［類語］ぼんくら

とん-ちゃく【頓着】▶とんじゃく(頓着)

どん-ちゃん ㊀〔名〕❶鉦かね・太鼓・三味線などの鳴り物入りで騒ぐこと。❷戦乱などの騒ぎ。「軍がはじまるという噂じゃが…―は真平真平」〈逍遥・桐一葉〉㊁〔副〕鉦や太鼓を打ち鳴らす音を表す語。また、鳴り物入りで歌ったり踊ったりして遊び騒ぐ音や、そのさまを表す語。「――遠くから囃している」〈漱石・三四郎〉

どんちゃん-さわぎ【どんちゃん騒ぎ】〔名〕スル 太鼓・三味線などの鳴り物入りでにぎやかに遊ぶこと。また、そのような騒ぎ。「優勝を祝って―する」
［類語］大騒ぎ・らんちき騒ぎ・ばか騒ぎ・お祭り騒ぎ

どん-ちょう【×緞帳】ヂャウ ❶厚地の織物でつくった模様入りの布。帳とばりなどに用いる。❷劇場の舞台と観客席とを仕切る垂れ幕。厚地に絵や刺繡ししゅうなどを施した幕で、上下に開閉する。緞帳幕。❸「緞帳芝居」「緞帳役者」の略。［類語］揚げ幕・引き幕・定式幕

どんちょう【曇徴】7世紀の高句麗こうくりの僧。推古天皇18年(610)渡来。五経に通じ、彩色(絵画)、紙墨の製法、水力を利用した臼の製法を伝えたという。生没年未詳。

どんちょう-しばい【×緞帳芝居】ドンチャウシバヰ 江戸時代から明治中ごろまで、条件付きで認可された格式の低い小劇場。また、そこで演じられた芝居。引き幕の使用を許されず、垂れ幕を用いたのでいう。小芝居こしばい。

どんちょう-やくしゃ【×緞帳役者】ドンチャウ 緞帳芝居に出演する役者。下級の役者。

とん-ちん-かん【頓珍漢】〔名・形動〕《鍛冶屋かじやの相槌あいづちの音を漢字を当てて表したもの。その打つ音がそろわないところから》❶物事のつじつまが合わないこと。見当違いであること。また、そのさま。「―な受け答え」❷間のぬけた言動をすること。また、そのさまや、その人。「―な奴」「この―め」

トン-ツー《モールス符号の短音を「トン」、長い音を「ツー」と呼ぶところから》モールス符号。また、無線電信のこと。

どん-つう【鈍痛】にぶく重苦しい痛み。
［類語］激痛・疼痛とうつう・痛痒つうよう・苦痛・疼うずき・差し込み

どん-つく ㊀〔名〕《㊁のうちわ太鼓の音から》日蓮宗。また、その信徒。㊁〔副〕太鼓の音、特に、日蓮宗で使ううちわ太鼓の音を表す語。

どんつく 歌舞伎舞踊。常磐津ときわず。本名題「神楽諷雲井曲毬かぐらうたくもいのきょくまり」。3世桜田治助作詞、5世岸沢式佐作曲。弘化3年(1846)江戸市村座初演。太神楽だいかぐらの風俗を舞踊化したもの。「どんつく」とよばれる田舎者の下男が主にこっけいな踊りを見せる。

どん-つく【鈍付く】❶にぶいこと。愚鈍なこと。また、その人。のろま。「この―め」❷太神楽だいかぐらで、太夫たゆうの相手をして、こっけいな役をつとめる人。❸「鈍付く布子ぬのこ」の略。

どんつく-ぬのこ【鈍付く布子】糸が太く節の多い木綿地で作った綿入れ。

どん-づまり【どん詰(ま)り】物事の最後のところ。行き詰まって先のない場所。「ペナントレースも―になる」「横町の―の家」［類語］終わり・最後・おしまい・終了・終結・終焉しゅうえん・終末・果てし・幕切れ・閉幕・幕・打ち止め・ちょん・完かん・了りょう・ジエンド・終しまい・最終・結末・結び・締め括くくり・結尾・末尾・掉尾とうび・掉尾ちょうび・終局・終幕・大詰め・土壇場どたんば・末すえ・ラスト・エンディング・フィニッシュ・フィナーレ

とん-てき【頓的・頓敵】軽はずみであること。また、その者。飛び上がり者。「休斎といへる―」〈浮・御前義経記・四〉

とんでも-な・い〔形〕《「とでもない」の音変化》❶思いもかけない。意外である。「―・い人にばったり出会う」「―・い発明」❷もってのほかである。「―・い悪さをする」❸まったくそうではない。滅相もない。相手の言葉を強く否定していう。「―・い、私は無関係だ」［補説］「とんでも」に「ない」の付いた形だが、「とんでも」が単独で使われた例はなく、「とんでもない」で一語と見るのがよい。とすれば、「ない」を切り離して「ありません」「ございません」と置き換えて丁寧表現とするのは不適切で、丁寧に言うなら「とんでもないことです」「とんでもないことでございます」「とんでものうございます」と言わねばならない。しかし、最近は「とんでもありません」「とんでもございません」と言う人が多くなっている。◆平成19年(2007)2月文化審議会答申の『敬語の指針』では、相手からのほめ言葉に対して謙遜しながら軽く打ち消す表現として「とんでもございません(とんでもありません)」を使っても、現在では問題ないとしている。◆なお、「とんでもない」には「もってのほかだ」と強く否定する意味もあり、「とんでもないことでございます」を使う場合は注意が必要と『指針』は述べている。［類語］途方もない・とてつもない・とんだ・大それた・もってのほか・法外・不届き

とんでも-ハップン〔連語〕《「とんでもない」と、英語happenを結びつけた語》「とんでもない」を強めた語。昭和25年(1950)前後の流行語。「―! いけませんよ」〈獅子文六・自由学校〉

とん-でん【屯田】❶兵士が辺境の地を守りながら、ふだんは農業に従事すること。❷屯田兵❷のための田。❸上代、皇室用の田。❹主税寮しゅぜいりょうの唐名。

どん-てん【曇天】くもりの天気。くもり空。
［類語］曇り・薄曇り・花曇り・雨曇り・雲翳うんえい・どんより

どんでん-がえし【どんでん返し】ガヘシ ❶正反対にひっくり返すこと。話・形勢・立場などが逆転すること。「映画の結末に―がある」❷「強盗返ごうどうがえし」に同じ。

とんでん-へい【屯田兵】❶土着して平時は農業に従事している兵。❷明治政府が北海道の開拓と警備のために設置した農兵。明治8年(1875)から同37年まで続いた。

どんでん-やま【ドンデン山】新潟県佐渡島の大佐渡山地南麓にある山。高原状で標高は934メートル。西側のドンデン高原は佐渡牛の放牧地。山頂からの展望がよく、佐渡が一望できる。タダラ峰。

とん-と〔副〕❶すっかり。きれいさっぱり。「宿題を―忘れた」❷(あとに打消しの表現を伴って)一向に。すこしも。「何度聞いても―わからない」「―姿を見せない」［類語］全然・全く・皆・一向・さっぱり・まるきり・まるで・少しも・からきし・ちっとも・皆目・一切・まるっきり・何ら・いささかも・毫ごうも・微塵みじんも・毛頭・露・更更

どん-と【×呑吐】〔名〕スル のむことと、はくこと。のんだりはいたりすること。「相模灘は…太平洋の水を―して居る」〈蘆花・自然と人生〉

どん-と〔副〕❶物がたくさんあるさま。どっさり。「酒が―出る」❷威勢のよいさま。力強いさま。「―構える」「―来い」

どんど《「とんど」とも》正月15日に、門松・竹・注連縄しめなわなどを燃やす行事。どんど焼き。どんど祭り。［季 新年］「黒こげの餅見失ふ―かな/犀星」➡左義長さぎちょう

どん-ど〔副〕❶水が勢いよく流れる音や、そのさまを表す語。「あの―といふは川ではないか」〈狂言記・丼礑〉❷どなりたてる声や、そのさまを表す語。「田舎者と見えて、なにやら―と申すほどに」〈狂言記・粟田口〉

とん-とう【×遁逃】タウ〔名〕スル にげること。のがれること。「遂に自から軍艦を破壊して陸上に―するならん」〈独歩・愛弟通信〉

どん-とう【鈍刀】タウ 切れ味のにぶい刀。なまくら。

ドント-しょう【ドント商】シャウ ドント方式で行われる比例代表選挙において、各政党の獲得議席数を決定するため、各政党の得票数を1以降の整数で割った数値のこと。［補説］各政党のドント商(得票数÷1、得票数÷2、得票数÷3、…)に対し、値が大きい順に順位を付けていき、比例代表の定数までの順位が付いたドント商の数を各政党の獲得議席数とする。

ドント-ほうしき【ドント方式】ハウシキ 比例代表制選挙において、各政党に配分される議席の算定方法の一。各政党の得票数を1から順に整数で割っていき、その商の大きい順に議席を与える方式。日本では昭和58年(1983)の参議院議員選挙から採用された。考案者であるベルギーの法学者ドント(V.d'Hondt)の名にちなむ。

とんど-まつり【とんど祭(り)】▶どんど

どんど-やき【どんど焼(き)】「どんど」に同じ。

ドンドルマ〖トルコ dondorma〗《「凍らせたもの」の意》牛乳・羊乳と砂糖に、サレップという植物の根からとる粉末を加えた氷菓子。アイスクリームに似るが、餅のようにねばりがあるのが特徴。ドンドゥルマ。トルコアイス。

とん-とろ【豚とろ】豚の肩・首にある、脂が乗った肉。焼き肉用として好まれる。ピーとろ。

とん-とん ㊀〔副〕❶物を続けざまに軽くたたく音を表す語。「ドアを―(と)ノックする」「はしご段を―(と)上る」❷物事がとどこおることなく進むさま。「縁談が―(と)まとまる」㊁〔形動〕ふたつのものがほとんど同じで差がないさま。また、損得のないさま。「実力は―だ」「収支が―になる」アクセント㊀はトントン、㊁はトントン。
［類語］(㊁)おっつかっつ・互角・伯仲・五分五分・拮抗きっこう・どっこいどっこい・あいこ・引き分け・対等・半々

どん-どん〔副〕❶物を続けざまに強く打ったり大きく鳴らしたりする音を表す語。「扉を乱暴に―(と)たたく」「花火が―(と)あがる」❷物事が勢いよく進行するさま。また、物事をためらわないでするさま。「仕事が―はかどる」「遠慮しないで―相談に来てください」

どんどん-ばし【どんどん橋】踏むとどんどんと音のする木造のそり橋。

とんとん-びょうし【とんとん拍子】ビャウシ〔名・形動〕物事が順調にはかどること。また、そのさま。「交渉が―に運ぶ」

とんとん-ぶき【とんとん×葺き】柿こけら葺ぶきのこと。

どんどん-ぶし【どんどん節】明治末期から大正初期にかけて流行したはやり歌。あとに「アレワドンドン」などの囃子詞はやしことばがつくところからいう。

どんな〔形動〕❶はっきりしないそのものの状態・性質・程度などを想像しようとするさま。「―人が来るのだろう」「―にかうれしかったろう」「―ものをお探しですか」❷物事の状態・性質・程度などに左右されないさま。「―物でも買い取る」「―に悲しくとも泣かない」［補説］連体形に「どんな」「どんなな」の二形がある。連体形として一般には「どんな」の形が用いられるが、助詞「の」に続くときなどは「どんなな」の形が用いられる。「通信事情が悪いので、今の状況がどんななのか、よくわからない」［類語］どういう・どのよう・どう

とんない【富内】ロシア連邦サハリン州のオホーツコエ村の、日本領時代の名称。

とんない-こ【富内湖】ロシア連邦サハリン州のトゥナイチャ湖の、日本領時代の名称。

とん-にく【豚肉】豚の肉。ぶたにく。

トンネリング〖tunneling〗インターネットなどのコンピューターネットワークにおいて、ある2点間を結んで、閉じられた通信回線を確立すること。通信プロトコルを暗号化されたパケットにして、セキュリティー機能を高めている。

トンネル〖tunnel〗〔名〕スル ❶山腹や地下などを掘り貫いた通路。鉄道・自動車道・人道や水路用。隧道ずいどう。❷野球で、野手がゴロを捕りそこない、球をまたの間を通過させて、後ろに逃がすこと。
［類語］(❶)地下道・隧道・坑道・地下街/(❷)失策・エラー・失敗・失態・過ち・しくじり・過失・へま

トンネル-がいしゃ【トンネル会社】グワイシャ 官庁・大会社などの払い下げや注文などを他に周旋し、中間利益を取るだけの名目上の会社。

トンネル-こうか【トンネル効果】カウクワ 量子力学で、粒子が自分の運動エネルギーよりも大きなエネルギー障壁を、山のトンネルを通るようにして通り抜ける現象。粒子の波動性による量子力学的現象。エサキダイオードはこれを利用したもの。量子トンネル効果。

トンネル-さいばい【トンネル栽培】トンネル状の枠にビニールをかぶせて保温し、その中で作物を栽培すること。

トンネルじきていこう-こうか【トンネル磁気抵抗効果】ージキテイカウカウクワ 強磁性の金属層に挟まれた薄い絶縁膜を通って流れるトンネル電流が磁場により変化する現象。1975年の発見当時は試料をセ氏零下270度近くまで冷却する必要があったが、1995年に同様の現象が室温でも実現できるようになった。これによりトンネル磁気抵抗素子への実用化につながり、巨大磁気抵抗素子に続いてハードディスクの読み出し部分(磁気ヘッド)に応用され、記憶容量の増加をもたらしたことで知られる。TMR(tunnel magneto-resistance)。

トンネルじきていこう-そし【トンネル磁気抵抗素子】ージキテイカウー 磁場によりトンネル電流が変化するトンネル磁気抵抗効果を利用した素子。厚さ数ナノメートル以下の酸化アルミニウムなどの絶縁層を2枚の強磁性の金属層で挟んだもの。ハードディスクの読み出し部分(磁気ヘッド)などで使われている。TMR素子。トンネル磁気抵抗効果素子。

トンネル-ダイオード〖tunnel diode〗►エサキダイオード

トンネル-でんりゅう【トンネル電流】ーデンリウ 量子力学のトンネル効果により、薄い絶縁膜やエネルギー障壁を超えて、山のトンネルを通るようにして流れる電流のこと。エサキダイオードはこれを利用したもの。

トンバク〖ペルシア tonbak〗イランの酒杯形の片面太鼓。形状、奏法ともダラブッカに似るが、より大型で、胴は木製。ザルブ(zarb)。➡ダラブッカ

ドンバス〖Donbass〗ドネツ炭田の異称。

どん-ぱち ㊀〔副〕ピストルなどを撃つ音や、火薬が爆発する音を表す語。㊁〔名〕ピストルなどで撃ち合うこと。転じて、抗争や戦争のこと。「―が始まる」

どんぱん-ぶし【どんぱん節】秋田県の民謡。酒盛り歌として歌われる。明治のころ、仙北郡中仙町(現在の大仙市)の大工の円満蔵えんまんぞうが、秋田甚句の変化したドドサイ節をもとに作ったものという。

とんび【×鳶】❶「とび(鳶)❶」に同じ。❷用もなくうろつく者。また、通りがかりに店先や門口のものを盗む、こそ泥。「廊下―」❸「鳶ガッパ」の略。《季 冬》

鳶に油揚あぶらあげ**をさらわれる** ふいに横合いから大事な物を奪われることのたとえ。

とんび-あし【×鳶足】正座の形から折った両足を開いてその間に尻を落とすすわり方。

とんび-ガッパ【×鳶ガッパ】男子の和服用防寒外套がいとう。インバネスの変形したもので、幅広の袖で、身頃みごろにゆったりとしたケープがつく。二重回し。

どん-びき【どん引き】〔名〕スル《「どん」は強意の接頭語》だれかの言動で、その場の雰囲気が急にしらけること。(補説)もとは、映画やテレビの撮影で、ズームレンズを引いて被写体を小さくすることをいった。

どん-ぴしゃ〔名・形動〕「どんぴしゃり」に同じ。「モデルの目にピントが―に合う」

どん-ぴしゃり〔名・形動〕少しの違いもなく的中すること。また、そのさま。「―な(の)答え」

とんび-だこ【×鳶×凧】❶鳶が羽を広げた形に作った凧。❷《❶の動きがふらふらしているところから》人をののしっていう語。「―め、うるさいは」〈伎・助六〉

どん-びゃくしょう【▽土百姓】ーヒヤクシヤウ「どびゃくしょう(土百姓)」の音変化。

ドン-ファン〖Don Juan〗㊀スペインの伝説上の人物。美男の好色漢、愛の遍歴者として多くの文学作品に登場する。モリーナの戯曲「セビリアの色事師と石の客」が原型。モリエールの喜劇、バイロンの長詩、モーツァルトのオペラなどで有名。ドン=ジュアン。ドン=ジョバンニ。㊁《㊀から転じて》漁色家。女たらし。

とん-ぷく【頓服】対症療法として薬を何回にも分けずに1回に飲むこと。また、その薬。1回服用する分を一包にしてある。頓服薬。

トンブクツ〖Tombouctou〗アフリカ西部、マリ中部の商業都市。ニジェール川北岸にあり、サハラ砂漠を縦断する隊商路の要地。ティンブクトゥ。

とんぷく-やく【頓服薬】►頓服

どん-ぶつ【鈍物】頭の働きなどのにぶい人。

とんぶり ホウキギの実。粟粒あわつぶに似ており、三杯酢などにして食す。形状や食感などから、畑のキャビア・陸のキャビアとよばれる。

どんぶり【丼】❶食物を盛るための厚手で深い陶製の大きな鉢。どんぶりばち。❷職人などの腹掛けの前部につけた大きな物入れ。❸サラサや緞子どんすなどで作った懐中用の大きな袋。江戸時代、若い遊び人が好んで用いた。❹「丼物どんぶりもの」の略。(類語)茶碗・鉢

どんぶり〔副〕勢いよく水に落ちる音や、そのさまを表す語。どぶん。「―(と)水に飛び込む」

どんぶり-かんじょう【丼勘定】ーカンヂヤウ 細かく計算などをしないで、おおまかに金の出し入れをすること。昔、職人などが、腹掛けのどんぶりから無造作に金を出し入れして使ったことからいう。

どんぶり-こ〔副〕❶水に音を立てて落ちるさま。「どんぐりころころ―、お池にはまってさあ大変」❷重みのある物などが水に浮いたり沈んだりしながら漂うさま。どんぶらこ。「大きな桃が川上から―と流れてきた」

どんぶり-ばち【丼鉢】「どんぶり❶」に同じ。

どんぶり-めし【丼飯】どんぶりに盛った飯。

どんぶり-もの【丼物】どんぶり飯の上に具をのせたもの。カツ丼・天丼など。どんもの。

トンブル-ジャーミヤ〖Tombul dzhamiya〗ブルガリア北東部の都市シュメンにあるイスラム寺院。18世紀半ば、オスマン帝国時代に建造。高さ25メートルのドームと40メートルの尖塔がある。内装・外観ともにバロック様式の影響を受けており、同国最大級のイスラム寺院として知られる。トンブルモスク。

トンブル-モスク〖Tombul Mosque〗►トンブルジャーミヤ

とんぼ【蜻=蛉|蜻=蜓】❶トンボ目の昆虫の総称。頭部の複眼は大きく左右に突出し、単眼は3個ある。触角は短く、かむ口をもつ。胸部には長大な2対の翅はねをもつ。腹部は長く棒状。幼虫は水生で、ヤゴとよばれる。成虫・幼虫ともに他の昆虫を捕食する。不完全変態。イトトンボ・サナエトンボ・オニヤンマ・アキアカネ・シオカラトンボなど。あきつ。かげろう。せいれい。とんぼう。《季 秋》「とどまればあたりにふゆる―かな/汀女」❷トビウオの別名。とんぼうお。❸歌舞伎で、役者が立ち回り中に切られたり投げられたりしたときなどに、手をつかずに宙返りすること。とんぼがえり。「―を切る」❹印刷で、刷り位置を正確にするために版や原稿につける十文字の印。❺運動場を整地する道具の通称。木製・金属製の丁字形の棒で、地面をならして平坦にする。形状が❶に似ることによる呼び名。❻「蜻蛉結び」の略。❼「蜻蛉持ち」の略。

とんぼう【蜻=蛉】トンバウ「とんぼ❶」に同じ。

トンポーロー【東坡肉】《中国語》中国料理の一。豚のバラ肉を大きな角切りにし、醤油・酒などでじっくり煮込んだもの。宋代の詩人蘇東坡そとうばが好み、得意料理にしたという。豚の角煮。

とんぼ-がえり【蜻=蛉返り|筋=斗返り】ーがへり〔名〕スル《トンボが飛びながら、軽く身をひるがえして後ろへ戻るところから》❶地面をけって、空中でからだを1回転させること。「床の上で―してみせる」❷ある場所に行って用を済ませ、すぐに戻ってくること。「出張先から一日で―する」❸「とんぼ❸」に同じ。(補説)「とんぼ帰り」と書くのは誤り。(類語)宙返り・もんどり・でんぐり返る

とんぼ-しび【蜻=蛉×鮪】ビンナガの別名。

とんぼ-そう【蜻=蛉草】ーサウ ラン科の多年草。山林に生え、高さ15～30センチ。2枚の葉が互生。夏、淡緑色の小花を総状につける。

とんぼ-だま【蜻=蛉玉】色ガラスを象眼したガラス製の丸玉。斑文がトンボの複眼に似ていることからいう。日本では古墳時代の玉の一種。

とんぼ-つり【蜻=蛉釣(り)】おとりのトンボを竿の先に糸で結んで飛ばし、他のトンボを誘い寄せて捕らえる遊び。また、鳥もちをつけた竿でトンボを捕る遊び。《季 秋》

とんぼ-むすび【蜻=蛉結び】ひもの結び方で、トンボが羽を広げた形に結ぶもの。

とんぼ-もち【蜻=蛉持(ち)】物を担ぐとき、棒の前端に横木をそえ、その両端と後棒とを三人で担ぐこと。

トンボロ〖イタリア tombolo〗陸繋島りくけいとうの砂州さすの部分。陸繋砂州。

とん-ま【頓馬】〔名・形動〕間が抜けていること。また、そのさまや、その人。「―をしでかす」「―な奴」(類語)馬鹿・魯鈍ろどん・愚鈍・無知・蒙昧もうまい・愚昧ぐまい・愚蒙ぐもう・暗愚・頑愚・愚か・薄のろ・盆暗ぼんくら・あほう・まぬけ・たわけ・馬鹿者・馬鹿野郎・馬鹿たれ・与太郎・抜け作・おたんこなす・おたんちん・あんぽんたん

どん-ま【鈍麻】〔名〕スル 感覚がにぶくなること。「神経が―する」

どん-ま【鈍磨】〔名〕スル すりへって鋭くなくなること。「包丁が―する」

ドン-マイ〔感〕《Don't mind.から。「気にするな」「心配するな」の意》失敗して気落ちしている人を励ます掛け声。スポーツの応援などに用いる。

どんみり〔副〕色合いなどが濁っているさま。また、空の曇っているさま。どんより。「鼠色の汚え泡だらけになって―と流れたわ」〈鏡花・草迷宮〉

どんむせん【曇無讖】[385～433]中インドから北中国の北涼に来た僧。「涅槃ねはん経」「金光明経」「仏所行讃」などを漢訳。王の政治顧問ともなったが、刺客に殺害された。どんむしん。

どん-もの【丼物】►どんぶりもの(丼物)

とん-や【問屋】《「といや」の音変化》❶生産者・輸入業者・一次卸売業者などから商品を仕入れ、主として最終消費者以外に対して販売を行う流通業者。卸売商。➡といや(問屋)❷あることを一手に引き受けている人。「悪事の―」(類語)仲買なかがい・ブローカー

どん-よう【×嫩葉】ーエフ 新芽の葉。わかば。

とん-よく【▽貪欲】仏語。三毒・十悪の一。欲望にまかせて執着しむさぼること。貪。

どん-よく【貪欲】〔名・形動〕《古くは「とんよく」とも》非常に欲が深いこと。むさぼって飽くことを知らないこと。また、そのさま。「―に知識を吸収する」「―な男」(派生)どんよくさ〔名〕(類語)欲張り・欲深・強欲・がめつい・胴欲・慳貪・あこぎ

どんより〔副〕スル ❶空が曇って重苦しく感じられるさま。空気などが濁って不透明なさま。「―(と)曇った日」「―(と)よどんだ沼の水」❷目が濁って生気が感じられないさま。「―(と)した目つき」
(類語)昏昏こんこん・陰陰・濛濛もうもう・蒼然そうぜん・模糊

どん-らん【貪×婪】〔名・形動〕《「とんらん」とも》ひどく欲が深いこと。また、そのさま。貪欲。たんらん。「―に利益をむさぼる」「―な知識欲」(派生)どんらんさ〔名〕

どんらん【曇鸞】[476～542]中国、北魏の僧。雁門(山西省)の人。唐代浄土教大成の基礎を築いた。浄土教五祖の初祖とされる。著「浄土論註」「讃阿弥陀仏偈」など。

どん-り【貪吏】利益をむさぼる欲の深い役人。

どん-り【貪利】欲深く利益を求めること。たんり。「―の商人が巨額の見越輸入をして」〈魯庵・社会百面相〉

どん-り【鈍利】鈍いことと鋭いこと。また、愚かなことと利口なこと。

どんりゅう【呑竜】[1556～1623]江戸初期の浄土宗の僧。武蔵の人。上野こうずけ太田の大光院を始め各地に寺を開き、また、堕胎の風潮を悲しんで赤子を養育したので、子育て呑竜とよばれた。

どん-りょく【×嫩緑】若葉の緑。新緑。

どん-りん【貪×吝】〔名・形動〕欲が深くてけちなこと。また、そのさま。たんりん。「彼の―なる欲を忘れ」〈逍遥・小説神髄〉

どん-れい【貪戻】〔名・形動〕►たんれい(貪戻)

トンレサップ-こ【トンレサップ湖】《Tonlé Sap》カンボジアにある、インドシナ半島最大の湖。乾季・雨季で面積の変化が激しく、メコン川ともつながっている。

とん-ろ【×遁路】にげみち。退路。

どん-わん【鈍腕】〔名・形動〕物事を処理する能力が劣ること。腕前のにぶいこと。また、そのさま。「―な指揮官」

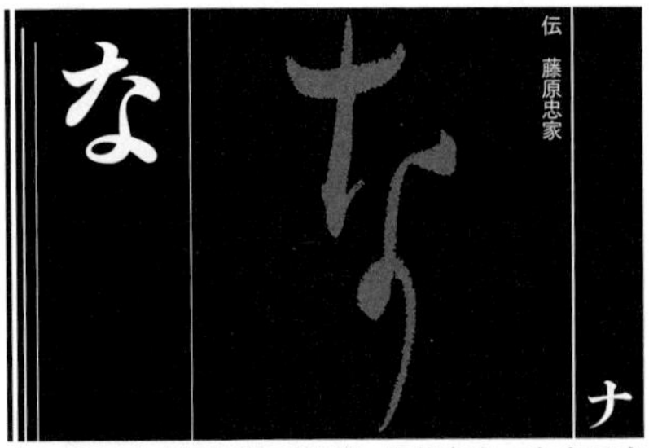

な ❶五十音図ナ行の第1音。歯茎鼻音の有声子音[n]と母音[a]とから成る音節。[na] ❷平仮名「な」は「奈」の草体から。片仮名「ナ」は「奈」の初2画から。

な【▽七】 ななつ。なな。しち。物の数を声に出して数えるときに用い、「なあ」となることが多い。「いつ、む、—、や」

な【名】 ❶ある事物を他の事物と区別するために、それに対応するものとして与える、言語による記号。名前。㋐一般に、その事物の呼び方。「人と—の付く生き物」「花の—」㋑ただ一つしか存在しないものとしての、その事物の固有の呼び方。「富士という—の山」「—もない島」㋒その人の、固有の呼び方。氏名。姓名。また、姓に対して、家の中でその人を区別する呼び方。「初対面で—を名乗る」「子に—を付ける」㋓その集団・組織などの呼び方。「学校の—」❷集団・組織などを代表するものとして、表向きに示される呼び方。名義。「会社の—で登記する」❸㋐評判。うわさ。「好き者の—が広がる」㋑名声。名誉。「世に—の聞こえた人物」「家の—を傷つける」㋒守るべき分際。名分。➡名を正す ❹㋐うわべの形式。体裁。「会社とは—ばかりの個人経営」㋑表向きの理由。名目。「福祉事業の—で営利をむさぼる」(類語)(❶❷)名前・名称・名・名義・呼び名・称・呼称・称呼・称号・称え・名目・ネーム・ネーミング/(❸)信用・評判・名誉・英名・名聞・美名・盛名・令名・栄冠・栄光・栄誉・光栄・誉れ・栄え・光輝・栄名・声誉・信・信頼・信任・信望・人望・定評・暖簾・覚え・名望・声望・徳望・人気・魅力・受け・面目・体面・面子

(下接)徒名・渾名・宛名・家名・一名・浮き名・氏名・烏帽子名・大名・贈り名・幼名・男名・替え名・隠し名・仮名・唐名・国名・源氏名・小路名・小名・醜名・通り名・殿名・暖簾名・又の名・真名・物の名・大和名・呼び名・童名

名有り 有名である。著名である。

名有りて実無し 評判ばかりが高くて、実質が伴わない。有名無実。

名が有・る その名をよく知られる。「いずれ—・る人の筆跡だろう」

名が売・れる 世間によく名を知られる。有名になる。「作家として—・れる」

名が通・る 広く名が知られる。有名である。「全国的に—・った企業」

名が流・る 名が世間に広まる。評判が広まる。「滝の糸は絶えて久しくなりぬれど名こそ流れてなほ聞こえけれ」〈拾遺・雑上〉

名に負・う 名に、その実体を伴う。また、その名とともに評判される。「—・う親知らず子知らずの難所」「大伴の氏と—・へる大夫の伴」〈万・四四六五〉

名に聞・く うわさに聞く。音に聞く。「まことにて—・くところ羽根ならば飛ぶがごとくに都へもがな」〈土佐〉

名にし負・う 《「し」は強意の副助詞》「名に負う」に同じ。「—・う富士の高嶺」「—・はばいざ言問はむ都鳥わが思ふ人はありやなしやと」〈伊勢・九〉

名に背・く 実体が名と一致しない。名声に反する。「日本アルプスの—・かない大景観」

名に立・つ 評判になる。「—・ちて伏見の里といふことはもみぢを床に敷けばなりけり」〈後撰・雑四〉

名に流・る 名が世に広まる。名高くなる。「うつろはぬ—・れたる川竹のいづれの世にか秋を知るべき」〈後撰・雑四〉

名に旧・る 古くからその名が知られている。「ここぞ—・る鈴の森最期場」〈浄・八百屋お七〉

名の無い星は宵から出る 初めに出てくるものにろくなものがないことのたとえ。また、待ってもいない者が早く来ることのたとえ。

名は実の賓 《「荘子」逍遥遊から》徳が主で、名誉は客であること。名誉は徳に伴うべきものであること。

名は体を表す 名はそのものの実体を表している。名と実は相応ずる。

名も無・い 特に名を呼ばれて注目されるほどではない。また、人に知られるほどの名をもたない。「道端の—・い花」「—・い一介の学生」

名を揚・げる 名声をあらわす。有名になる。「俳優として—・げる」

名を売・る 名を広く世間に知れ渡るようにする。「ヒットメーカーとして—・る」

名を得る 名声を得る。有名になる。「東洋風のテイストで—得たデザイナー」

名を惜し・む 名声・名誉が失われるのをおそれる。「—・むは武士の常」

名を折・る 名誉を傷つける。名をけがす。「主君の—・る」

名を借・りる ❶他人の名義を借りる。「友人の—・りて申し込む」❷表面上の口実にする。「慈善事業に—・りた売名行為」

名を腐・す 名声を落とす。名をけがす。「業平が名をやくたすべき」〈源・絵合〉

名を汚・す 名誉を傷つける。「母校の—・す」

名を雪・ぐ 名誉を回復する。名をそそぐ。「万年最下位の—・ぐ」

名を捨てて実を取る 体裁・名誉などを犠牲にしても、実質的な利益を得るほうを選ぶ。

名を正・す ❶《「論語」子路から》君臣・父子などの名分を正す。❷正邪の判断を下す。「うき世をば今ぞ別るるとどまらむ名をばただすの神にまかせて」〈源・須磨〉

名を立・てる ❶名声を世にあらわす。名をあげる。「政治家として—・てる」❷評判を立てる。「年の内にあはぬためしの—・ててわれ七夕にいまるべきかな」〈後拾遺・恋三〉

名を竹帛に垂る 《「後漢書」鄧禹伝から》長く後世に伝えられるような名を歴史の上に残す。功名を竹帛に垂る。

名を連・ねる 名簿に名前を並べる。団体や組織などの一員として加わる。「発起人の中に—・ねる」

名を遂・げる 名声を得ることをやり遂げる。「企業家として—・げる」「功成り—・げる」

名を留・める 名を後世に残す。「歴史に—・める」

名を取・る 評判を得る。名を得る。「あだなる—・り給ふ面起こしに」〈源・夕霧〉

名を流・す 名を広める。また、悪い評判を立てられる。「女たらしの—・す」

名を成・す 人に名を知られるようになる。また、名声を得る。「作曲家として—・す」

名を残・す 後世まで名声が伝えられる。「創業者として—・す」

名を辱・める 名声を傷つける。名をけがす。「一族の—・める」

名を馳・せる 名を広く知られるようになる。「近隣に悪童の—・せる」

な【▽字｜名】 《「名」と同語源》文字。「真—」「仮—」

な【×肴】 鳥獣の肉や魚介・野菜など、酒・飯に添える副食物の総称。おかず。「後妻が—乞はさば柃実の多けくを」〈記・中・歌謡〉

な【菜】 《「肴」と同語源》❶葉・茎を食用とする草本。菜っ葉。「サラダ—」❷油菜。「—の花」

な【▽魚】 《「肴」と同語源》食用とする魚。さかな。「海佐知を以ちて—釣らすに」〈記・上〉

な【×儺】 疫鬼を追い払う行事。追儺。鬼遣らい。「晦日の日になりて、—といふもの試みるを」〈かげろふ・上〉

な【▽己｜×汝】 〔代〕❶一人称の人代名詞。わたくし。自分。「常世辺に住むべきものを剣大刀—が心からおそやこの君」〈万・一七四一〉❷二人称の人代名詞。あなた。おまえ。なんじ。「千鳥鳴く佐保の川門の瀬を広み打橋渡す—が来と思へば」〈万・五二八〉(補説)もと一人称であったものが、二人称に転用されたもの。

な【▽何】 〔代〕「なに」の音変化。または「なん」の撥音の無表記。「あなうたてや、こは—ぞ」〈源・宿木〉

な 〔副〕❶あとに動詞の連用形(カ変・サ変は未然形)を伴って、禁止の意を表す。…するな。「妹があたり我は袖振らむ木の間より出て来る月に雲—たなびき」〈万・一〇八五〉❷「な…そ」の形で、動詞の連用形(カ変・サ変は未然形)を間にはさんで、相手に懇願しつつ婉曲に禁止する意を表す。どうぞ…してくれるな。「ほととぎすいたく—鳴きそ汝が声を五月の玉にあへ貫くまでに」〈万・一四六五〉

な 〔感〕「なあ」に同じ。「—、わかっただろう」

な 〔助動〕㊀断定の助動詞「だ」の連体形。㊁❶断定の助動詞「なり」の連体形「なる」の音変化「なん」の、撥音の無表記。➡ななり ➡なめり ➡ならし ❷《中世語》断定の助動詞「なり」の連体形「なる」の音変化。「連銭芦毛ナ馬ニ金覆輪ノ鞍ヲ置イテ」〈天草本平家・二〉㊂完了の助動詞「ぬ」の未然形。➡ななむ ➡なむ ➡なまし ㊃打消しの助動詞「ず」の未然形の古形。➡なく ➡なくに ➡なな

な ㊀〔終助〕❶動詞・動詞型助動詞の終止形、ラ変型活用語の連体形に付く。禁止の意を表す。「油断する—」「まだ帰る—」「かの尼君などの聞かむに、おどろおどろしく言ふ—」〈源・夕顔〉❷《補助動詞「なさる」の命令形「なさい」の省略形》動詞・動詞型助動詞の連用形に付く。命令の意を表す。「早く行き—」「好きなようにやり—」❸活用語の終止形、助詞に付く。㋐軽い断定・主張の意を表す。「これは失敗だ—」㋑(多く「なさい」「ください」「ちょうだい」などに付いて)命令をやわらげていう意を表す。「これください—」「お手伝いしてちょうだい—」㋒相手の返答・同意を求めたり、念を押したりする意を表す。「君も行ってくれるだろう—」「早めに片付けよう—」「こは常陸の宮ぞかし—、しか侍りと聞こゆ」〈源・蓬生〉㋓感動・詠嘆の意を表す。「この暑さにはまいった—」「楽しい—」「花の色はうつりにけり—いたづらにわが身世にふるながめせしまに」〈古今・春下〉❹《上代語》動詞・動詞型助動詞の未然形に付く。㋐自分の決意・願望を表す。…しよう。…したい。「帰るさに妹に見せむにわたつみの沖つ白玉拾ひて行か—」〈万・三六一四〉㋑他に対する勧誘・願望の意を表す。…しようよ。「梅の花今盛りなり思ふどちかざしにして—今盛りなり」〈万・八二〇〉㊁〔間助〕文末や、文中の種々の切れ目に用いる。語勢を添えて、自分の言葉を相手に納得させようとする気持ちを表す。「あの店は—、品物がいいんだ」「彼—、来られないんだって」㊂〔格助〕❶《上代語》名詞に付く。連体修飾格を示す。の。「ま—かひに、もとなかかりて」〈万・八〇二〉❷《格助詞「に」の音変化。上代東国方言》時間・場所を表す。に。「草陰の安努(=地名)—行かむと墾りし道安努は行かずて荒草立ちぬ」〈万・三四四七〉(補説)❶は現在「まなこ(眼)」「みなと(港)」などの語にその形をとどめる。㊃〔係助〕係助詞「は」が直前の撥音「ん」と融合して音変化したもの。「また生滅々已の心北門—建長寺」〈虎明狂・鐘の音〉(補説)能・狂言・平曲などに行われたが、本文表記は「は」のままなのが普通。

な 〔接尾〕時を表す名詞に付いて、並列するのに用いる。「朝—朝—」「朝—夕—」

な 〔接尾〕《上代語》人を表す名詞に付いて、親愛の意を添える。「せ—」「いも—ろ」

なあ 〔感〕呼びかけたり、同意を求めたり、念を押したりするときに発する語。な。「—、いいだろう」

なあ 《助詞「な」の音変化》㊀〔終助〕❶終助詞「な❸㋒」に同じ。「君に頼んでもいいか—」❷終助詞「な❸㋓」に同じ。「すばらしい景色だ—」㊁〔間助〕間投助詞「な」に同じ。「明日は—、大事な試合なんだ」

ナーイ〘アラビア nāy〙▶ネイ(ney)

ナーガールジュナ〘Nāgārjuna〙竜樹りゅうじゅの梵語名。

ナーゲル〘ドイツ Nagel〙《爪の意》登山靴の革底に打つ鉄の鋲びょう。また、その鋲を打った登山靴。ゴム底登山靴の普及でほとんど使われない。

ナーサリー〘nursery〙❶保育園。託児所。❷子供部屋。育児室。

ナーサリー-スクール〘nursery school〙▶ナーサリー❶

ナーシサス〘narcissus〙ナルキッソスの英語名。

ナーシング-ホーム〘nursing home〙重度の寝たきり老人などを対象とする福祉施設。

ナース〘nurse〙❶看護師。❷乳母。保母。

ナース-コール《和 nurse＋call》病院の病室などに設置される、看護師と連絡をとるための装置。

ナース-ステーション《和 nurse＋station》病院で、看護師の詰め所。

ナース-バンク《和 nurse＋bank》看護師銀行。厚生労働大臣の認可を受けた看護師の無料職業紹介所。看護師の資格をもちながら実際には仕事に就いていない人を登録し、再度、医療機関へ復帰させようとする制度。昭和49年(1974)設立。

ナース-プラクティショナー〘nurse practitioner〙診療補助だけでなく、医師の監督下で診察・診断・薬剤の処方・腰椎穿刺せんし等の処置などを行うことが認められている看護師。診療看護師。NP。補説一定の職務経験を有した上で専門知識を学び、試験に合格することで資格が得られる。米国で導入されており、日本では準備中。

ナーセリー〘nursery〙植物栽培園。

ナーダシュディ-じょう【ナーダシュディ城】《ハンガリー Nádasdy-vár》ハンガリー西部の町シャールバールにある城。16世紀半ば、貴族ナーダシュディ家の居館および要塞として建造。五角形の中庭があり、建造当初は堀もあった。17世紀の城主フィレンツ2世の妻バートリ＝エルジェーベトは怪奇小説「ドラキュラ」のモデルの一人として知られる。シャールバール城。

ナーダム〘モンゴル naadam〙《遊戯の意》モンゴル国で毎年7月に行われる国内最大の祭り。ブフ(モンゴル相撲)、競馬、弓術の三つの競技が行われる。

な-あて【名宛】❶手紙・小包などの、受け取るべき相手を指定すること。また、その名。あてな。「父の―で金を送る」❷遊女などを指名すること。名ざし。「わるい志庵が―にて、浮名をあげづめに」〈黄・艶気樺焼〉

なあて-にん【名宛人】❶名宛の人。受取人。「封書の―」❷証券などで、名を指定されている人。約束手形の受取人、為替手形の支払人など。

ナード〘nerd〙あることに熱中しており、あまり社交的でない人。特に、コンピューターやインターネットの知識が豊富で、他人とのつきあいを好まない人をいう。➡ギーク❷

なあ-なあ《感動詞「なあ」を重ねたものから》相手と適当に折り合いをつけて、いい加減に済ませること。「―で話をつける」「―の間柄」

なあに《「なに(何)」の音変化》㊀〔代〕「なに㊀」に同じ。「あれ―」㊁〔感〕相手の言葉を受けて、それを軽く否定する語。大したことはないという気持ちを含める。「―、そんなに難しくはない」

ナーバス〘nervous〙〔形動〕神経質なさま。神経過敏なさま。「本番前で―になる」「―な人」

ナーランダー〘梵 Nālanda〙インド、ビハール州中部にある仏教遺跡。5〜12世紀にインド随一の学問寺として繁栄、玄奘げんじょうも留学した。那爛陀寺。

ナールデン〘Naarden〙オランダ、ノルトホラント州の都市。五稜郭に似た星形の濠に囲まれる城塞都市として知られる。17世紀に建造。砲座があった土塁の一部に城塞博物館がある。

ナーンタリ〘Naantali〙フィンランド南西部の観光保養地。中世の面影を残す木造建築が並ぶ旧市街やスパ施設のほか、ムーミンワールドがある。

なあんて〔副助〕《「なんて」の変化した語》❶下に否定的な表現を伴って、ある物事を例示する。話し言葉で「なんて」を強調した、くだけた表現に用いる。…なんか。…などという。「大人―大うそつきだ」「できる―言っていいの」❷(終助詞的に用いて)ありそうもない事態を確信せずに言うときや飛び抜けた自慢を照れをこめていうときに用いる語。…などといってしまって。なあんちゃって。「一日もあればできますよ―」「世界は私を待っている―」

ないな《「な」は地、「い」は居の意》❶大地。地盤。「ない震よる」「ない揺よる」などの形で、地震が起こる意で使われることが多い。「下動とよみ―が揺り来ば破やれむ柴垣」〈武烈紀・歌謡〉❷地震。「恐れのなかに恐るべかりけるはただ―なりけり」〈方丈記〉

ない【内】うち。なか。内部。「ディスクーの情報」➡漢「ない(内)」

な・い【無い】〔形〕図な・し〔ク〕❶物事が存在しない。「あやしい節は―・い」「読書に飽きることは―・い」❷持っていない。「金が―・い」「子供が―・い」「信用が―・い」「品が―・い」「魅力が―・い」❸時間・数量などが、その表示された数に達していない。「開演まで五分も―・い」「海岸まで一〇〇メートルと―・い」❹気持ちをもたない。心がはっきりしていない。「正体―・く酔っている」「まるでやる気が―・い」❺経験していない。「見たことが―・い」❻同じ物が二つと存在しない。類がない。「またと―・い珍品」❼(亡い)すでに死んで、この世にいない。「母の―・い子」「私は―・い者と考えてください」❽留守である。不在である。「老いらくの来むと知りせば門さして―・しと答へて逢はざらましを」〈古今・雑上〉❾㋐形容詞型・形容動詞型活用の語の連用形に付いて、打消しの意を表す。「あの映画はおもしろく―・い」「そんな話は聞きたく―・い」「後悔なんて君らしくも―・い」「人が言うほどきれいで―・い」「申し出は受け入れられそうに―・い」「見た目ほど忙しいようでは―・い」㋑(「…ないではない」「…ないこともない」などの形で)すっかり否定しきらないで、いくらかは認めるさま。「言い分はわからないでも―・い」「条件によっては承知できないことも―・い」㋒(「…ではないか」などの形で)確認したり念を押したりする意を表す。「あれほど説明したでは―・いか」「やればできるじゃ―・いか」㋓(「…しようではないか」などの形で)勧誘したり催促したりする意を表す。「ともに頑張ろうでは―・いか」「やってみせようじゃ―・いか」㋔(「…のではない」などの形で)否定・禁止の意を表す。「人をからかうものでは―・い」「頭で覚えるんじゃ―・い、からだで覚えるんだ」㋕(「…ともなく」などの形で)はっきりしないままそれが行われるさま。「聞くとも―・く話を聞く」「降るとも―・く降り続く雨」㋖(「お…でない」などの形で)禁止の意を表す。「調子に乗っておふざけで―・い」❿名詞に付いて、否定の意を含む形容詞をつくる。「こころ―・い」「違い―・い」「面目めんぼく―・い」派生なげ〔形動〕なさ〔名〕

句味も素っ気もない・蟻ありの這はい出る隙すきもない・合わせる顔がない・生きた空がない・痛くも痒かゆくもない・一言いちごんもない・応接に暇いとまがない・影も形もない・神も仏もない・薬にしたくもない・芸がない・是非もない・只ただより高いものはない・血も涙もない・取り付く島がない・鰾膠にべもない・根も葉もない・恥も外聞もない・非の打ち所がない・方図ほうずがない・枚挙に遑いとまがない・身の置き所がない・身も蓋ふたもない・身も世もない・見る影もない・目がない・元もとも子もない・油断も隙もない・欲も得もない・埒らちもない・立錐りっすいの余地もない・渡る世間に鬼はない・瓜うりに爪つめあり爪に爪なし・可もなく不可もなし・稼ぐに追いつく貧乏なし・顔色なし・眼中人無し・看板に偽りなし・鬼神に横道おうどうなし・国に二君なし・恋に上下の差別なし・恒産なきものは恒心なし・触らぬ神に祟たたりなし・三界に家無し・山中暦日なし・死人に口なし・備えあれば患うれいなし・大事の中に小事なし・玉磨かざれば光なし・天に二日にじつ無し・名ありて実なし・武士に二言無し・目に一丁字なし・名所に見所なし・名物に旨うまい物なし・本木もときにまさる末木うらきなし・野やに遺賢無し・勇将の下に弱卒無し・行くとして可ならざるはなし

無い袖そでは振れ・ない　実際にないものはどうにもしようがない。持っていないものは出せない。「援助はしたいが―・ない」

無いもせぬ　《「ない」を強調した表現》ありもしない。「―内を喰ひ費やすも気の毒なり」〈浮・好色盛衰記・四〉

無き手を出い・す　❶この上もない秘術を尽くす。「仲頼の主ぬし、なき手出いだして遊ぶ」〈宇津保・嵯峨院〉❷ありとあらゆる手段をめぐらす。「いかでこの人のためにはと、―・し」〈源・帚木〉

無きにしも非あらず　ないわけではない。ないとは限らない。少しはある。「勝利の可能性は―だ」

無きにな・す　ないものとする。数のうちに入れず、顧みない。「わが身を―・しても」〈源・賢木〉

無くて七癖ななくせ　どんな人でも多少は癖があるものだということ。「―有って四十八癖しじゅうはっくせ」

ない〔感〕武家に仕える中間ちゅうげん・奴やっこなどが呼ばれて答えるときなどに発する語。はい。「『馬取り共その間、宮へ行て休息せい』『―』」〈浄・鑓の権三〉

ない〔助動〕〔なかろ｜なく・なかっ｜ない｜ない｜なけれ｜○〕動詞・助動詞「れる」「られる」「せる」「させる」「たがる」の未然形に付く。❶動作・作用を打ち消す意を表す。「悪い本は読まない」「足下そっかのやうに言ひやうては論が干ひない」〈滑・浮世床・初〉❷文末にあり、上昇調のイントネーションを伴って、発問・勧誘を表す。「学校から通知が来ない」「そろそろ出かけない」➡ないか ➡ないで ➡なかった ➡なくて ➡ならない 補説「ない」は室町末期以来主に東日本で使われているが、終止形・連体形以外の用法はきわめて少ない。「ず(ぬ)」に代わって打消しの助動詞として用いられるようになったのは、江戸後期からである。語源については、打消しの助動詞「ぬ」を形容詞化したとみる説、形容詞「なし」、または、東国方言「なふ」の音変化説など諸説がある。「ない」がサ変動詞に付くときは、「しない(じない)」の形をとる。また動詞のうち「ある」には付かない。❷は、話し言葉に用いられるが、終止形用法に限られ、ほとんど打消しの意が失われているところから、終助詞として扱うこともある。

な・い〔接尾〕《形容詞型活用図な・し(ク活)》形容詞・形容動詞の語幹など性質・状態を表す語に付いて形容詞をつくり、その意味を強調する。「あどけ―・い」「せわし―・い」「切―・い」「はした―・い」

ナイアガラ-オン-ザ-レイク〘Niagara-on-the-Lake〙カナダ、オンタリオ州南東部の町。オンタリオ湖に注ぐナイアガラ川の河口に位置する。19世紀、イギリス植民地時代にアッパーカナダ(現在のオンタリオ州)で最初に総督官邸が置かれ、首都として栄えた。近郊ではワイン生産が盛ん。

ナイアガラ-の-たき【ナイアガラの滝】《Niagara》米国とカナダの国境にある大きな滝。エリー湖からオンタリオ湖へ流れるナイアガラ川にかかる。ゴート島とルナ島で3分され、西からカナダ滝(落差53メートル、幅670メートル)、ブライダルベール滝(落差55メートル、幅15メートル)、アメリカ滝(落差34メートル、幅260メートル)がある。

ナイアガラ-フォールズ〘Niagara Falls〙㊀米国ニューヨーク州西部の都市。ナイアガラ川を挟み、カナダのオンタリオ州の同名都市と隣接する。ナイアガラの滝への観光拠点。㊁カナダ、オンタリオ州南東端の都市。ナイアガラ川を挟み、米国ニューヨーク州の同名都市と隣接する。世界三大瀑布ばくふの一つ、ナイアガラの滝がある。

ナイアガラ-ワインルート〘Niagara Wine Route〙カナダ、オンタリオ州南東部、ナイアガラ地域のワイン産地の通称。ナイアガラ-オン-ザ-レイクの周辺に数多くのワイン醸造所があり、特に高品質のアイスワイン(凍ったブドウで作るワイン)は世界的に知られる。➡オカナガンワインルート

ナイアシン〘niacin〙ニコチン酸の異称。

ない-あつ【内圧】国や組織などの内部からの圧力。↔外圧。

ナイアッド〖Naiad〗海王星の第3衛星。1989年にボイジャー2号の接近で発見された。名の由来はギリシャ神話の川のニンフ。海王星系で最も内側の極めて低い軌道を公転するため、いずれは海王星に落下すると思われる。非球形で平均直径は約60キロ。ナイアド。

ない-あん【内案】内々の案文。また、心中の考え。

ない-い【内位】ナイヰ 律令制で、外げのつかない位階。五位以下に内・外の別を設け、地方官や姓かばねの下位の者が位階を与えられるときは外位げいに叙せられ、次いで内位に叙せられた。内階。正位。

ない-い【内意】心の中で思っていること。また、公表してない考え。内々の意向。「—を伝える」

ナイーブ〖naive〗〘形動〙飾りけがなく、素直であるさま。また、純粋で傷つきやすいさま。単純で未熟なさま。「—な感性」「—な性格」(類語)純真・純情

ない-いん【内印】天皇の印。方3寸(約9センチ)で、「天皇御璽」の4字を印文とし、少納言が管理して、五位以上の位記、および諸国に下す公文書などに用いた。⇒外印げいん

ない-いん【内因】❶それ自体に内在する原因。そのものの内部にある原因。⇔外因。❷病気の原因となる、生体側の素地。免疫や抵抗力の低下、遺伝、特異体質など。

ない-いん【内院】ナイヰン ❶伊勢神宮の斎宮寮の三院の一。斎王の常の御座所。また、神宮の祭神を祭る神殿および付属の社殿のある区域。❷寺院の敷地の奥の方にある建物。❸仏語。兜率天とそつてんの内にあり、弥勒菩薩みろくぼさつが法を説く所。善法堂。

ないいん-し【内因死】外傷ではなく、病気による死亡。特に、突然死の原因が心疾患や脳疾患など内臓の不調によるものをいう。⇔外因死。

ない-え【内▽衣】❶三衣さんえの一、安陀会あんだえのこと。五条衣。❷腰にまとう裙子くんすのこと。

ない-え【内▽衛】ナイヱ 律令時代の六衛府のうち、左右の近衛府このえふのこと。⇔外衛げえ。

ない-えつ【内謁】〘名〙スル 内々で謁見すること。「—して指示を仰ぐ」(類語)謁見・お目見え・目通り・拝謁

ない-えつ【内閲】〘名〙スル 書類などを非公式に閲覧・検閲すること。「答申書を—する」

ない-えん【内炎｜内×焔】ブンゼン・バーナーなどの炎の内部の、光の強い部分。一酸化炭素・水素を含み、不完全燃焼していて還元性が強い。還元炎。⇔外炎。

ない-えん【内×苑】ナイヱン 宮城・神社などの中庭。⇔外苑。

ない-えん【内宴】❶内々の宴。内部の者だけで催す宴。❷平安時代、宮中で行われた内々の公事くじ。正月20日ごろの子ねの日に仁寿殿じじゅうでん南廂みなみびさしに天皇が出御、公卿以下文人を召して詩文を作らせ、また酒宴を催した。

ない-えん【内縁】❶事実上は同居して婚姻関係にありながら、婚姻届を出していないために法律上の夫婦とは認められない男女の関係。「—の妻」❷内側のへり。⇔外縁。❸内々の縁故。内々の関係。「これは私が退れ難い—の者の宅」〈人・梅児誉美・四〉
(類語)結婚・婚約・ゴールイン・婚姻こんいん・縁組み・嫁入り・輿こし入れ・嫁取り・婿むこ入り・婿取り・成婚・おめでた

ない-おう【内応】〘名〙スル 味方を裏切ってひそかに敵と通じること。内通。「敵に—する」
(類語)内通・裏切り・気脈を通じる・背信・背徳・背任・変心・寝返り・密告・おためごかし

ない-おう【内奥】ナイアウ 内部の奥深いところ。「心の—」
(類語)内部・中・内面・内側・深奥・間・胸・内方・内

ない-か【内科】ナイクワ 全身性あるいは内臓などの病気を、主に薬物療法によって治療する医学・医療の分野。呼吸器科・循環器科・消化器科などに分けられ、医療の中で最も広い領域。⇔外科。

ない-か〘連語〙《助動詞「ない」＋終助詞「か」》❶勧誘の意を表す。「コーヒーを飲ま—」❷命令の意を表す。「早くし—」「もたもたしないでさっさと歩か—」❸依頼の意を表す。「ちょっと教えてくれ—」❹(あとに「なあ」などを伴って)願望の意を表す。「宝くじでも当たら—なあ」「病気が治ら—ね」

ないか-い【内科医】ナイクワイ 内科を専門とする医師。

ない-かい【内海】❶周りを陸地に囲まれ、狭い海峡で外洋と連絡している海。瀬戸内海など。うちうみ。⇔外海。❷仏語。須弥山しゅみせんを囲む九山八海のうち、第八山の内側にある海。❸茶入れの一。大海たいかいに対して、口の狭い小形のもの。うちうみ。
(類語)海・海洋・大洋・大海・海原・領海・内海うちうみ

ない-かい【内界】❶内部の世界。心の中の世界。❷哲学で、意識の内部のすべての事象。意識の内面的世界。⇔外界。

ない-がい【内外】ナイグワイ ❶うちとそと。「学校の—」❷国内と国外。「—の同胞」❸数量・時間などを表す語のあとに付いて、その数値に近い意を表す語。前後。くらい。「一週間—でき上がる」
(類語)世界・万国・万邦・国際社会・中外・四海しかい・八紘はっこう・宇内うだい

ないがい-がくせいセンター【内外学生センター】ナイグワイ— 学生交流会館・学生寮の運営、アルバイトの斡旋、就職情報の提供、支援基金などの事業を行った財団法人。昭和20年(1945)、動員学徒援護会として設立。勤労学徒援護会、学徒援護会を経て平成元年(1989)、内外学生センターとなる。同16年、日本育英会・日本国際教育協会・国際学友会・関西国際学友会と業務を整理統合し、独立行政法人日本学生支援機構(JSSO)および財団法人日本国際教育支援協会(JEES)として改組。

ないがい-じん【内外人】ナイグワイ— その国の人と外国人。また、内部の人と外部の人。

ないがいじん-びょうどうしゅぎ【内外人平等主義】ナイグワイジンビヤウドウシユギ 私法上、外国人にも内国人と平等に権利能力をもつことを認める主義。

ないかい-の-ざいか【内界の財貨】—ザイクワ 知徳・芸能などのように、人の心の中に存在する無形の財産。

ない-かがい【内花蓋】—クワガイ「内花被ないかひ」に同じ。

ない-かく【内角】❶多角形で、隣り合う2辺が多角形の内部につくる角。⇔外角。❷野球で、インコーナー。⇔外角。(類語)インコース・インサイド・インコーナー

ない-かく【内核】地球の核のうち、5000キロより深い中心の部分。外核に囲まれる。鉄を主成分とし、固体状と考えられている。

ない-かく【内郭｜内×廓】—クワク 城などの内側に築かれた囲い。また、その区域。うちぐるわ。⇔外郭。

ない-かく【内閣】❶国家の行政権を担当する最高の合議機関。首長である内閣総理大臣およびその他の国務大臣で組織され、行政権の行使について国会に対して連帯して責任を負う。また、天皇の国事行為に助言と承認を与え、その責任を負う。職務として、一般行政事務、外交関係の処理、条約の締結、予算の作成、政令の制定などの事務を行う。日本では明治18年(1885)太政官制を廃止して設置。❷中国、明・清代の国政の最高機関。明初、中書省を廃止したのち、宰相の職として明の永楽帝が殿閣大学士(のち内閣大学士と改称)を置き、内閣と称したのに始まる。清代に軍機処が設置されたのち、しだいに実権を失った。(類語)政府・行政府・政庁・政権・台閣・官府・官庁・官衙かんが・官かん・国くに・公おおやけ・お上かみ

ない-がく【内学】仏教に関する学問。⇔外学げがく。

ないかく-えいせいじょうほうセンター【内閣衛星情報センター】—エイセイジヤウホウ— 情報収集衛星の開発・運用を担当する、内閣情報調査室に置かれた組織。平成13年(2001)設置。衛星が収集した画像の分析なども行う。東京都新宿区に中央センター、茨城県行方市に副センターがある。CSICE(Cabinet Satellite Intelligence Center)。

ないかく-かいぞう【内閣改造】—カイザウ 内閣総理大臣が、任期の途中で国務大臣の全部または大部分を入れ替えること。(補説)総理大臣は、国務大臣の提出する辞表をとりまとめ、新たに任命し組閣する。留任する大臣には辞表を返還する。この手順で組織された内閣を「改造内閣」という。

漢字項目 な

【南】▶なん
【納】▶のう

那 (音)ナ(呉) (訓)なんぞ、どれ、どの ‖ ①なんぞ。なに。どの。「那辺」②梵語・外国語の音訳字。「那落/支那・刹那せつな・檀那だんな」(名付)とも・ふゆ・やす

奈 (音)ナ(呉) (訓)いかん、いかんぞ ‖ ①いかん。どうして。どの。「奈辺」②梵語・外国語の音訳字。「奈翁(ナポレオン)・奈落」(補説)「柰」は本字。(難読)奈何いかん

漢字項目 ない

【×乃】▶だい

内 (学)2 (音)ナイ(呉) ダイ(漢) (訓)うち ‖ ㊀〈ナイ〉①ある範囲のうちがわ。「内外・内臓・内部・内面・内容/案内・以内・屋内・管内・圏内・構内・国内・車内・体内・町内」②仲間うち。組織や国の中。「内訌ないこう・内政・内戦・内紛・内乱」③家庭。妻。「内室・内助/家内」④宮中。朝廷。「内供ないぐ・内帑ないど」⑤表立たないさま。うちうち。「内示・内情・内定・内偵・内密」⑥中に入れる。「内服・内用」㊁〈ダイ〉①うちがわ。「宇内・海内・境内」②宮中。「内裏/参内・入内じゅだい」㊂〈うち〉「内側・内金うちきん・内幕/幕内・身内」(名付)ただ・ちか・のぶ・はる・まさ・みつ (難読)内耗うちべり・河内かわち・内障そこひ・内匠たくみ

ないかく-かんぼう【内閣官房】—クワンバウ 内閣の付属補助機関。閣議事項の整理、情報収集などを行う。内閣官房長官がその事務を統轄するが、主任の大臣は内閣総理大臣。

ないかくかんぼう-じょうほうセキュリティーセンター【内閣官房情報セキュリティーセンター】ナイカククワンバウジヤウホウ— 平成17年(2005)、内閣官房に設置された情報セキュリティー対策の中核組織。日本の情報セキュリティー政策の立案、国際的な連携、情報分析、政府機関への支援、官民連携によるインフラ対策などを進めている。NISCニスク(National Information Security Center)。

ないかくかんぼう-ちょうかん【内閣官房長官】ナイカククワンバウチヤウクワン 国務大臣の一。内閣官房の長官として事務を統轄し、内閣総理大臣を補佐する。官房長官。

ないかくかんぼう-ほうしょうひ【内閣官房報償費】ナイカククワンバウホウシヤウヒ 内閣官房長官が管理し、国の事業を円滑に遂行するために使用するとされる経費。使途は公表されない。官房機密費。(補説)政府の答弁書には、国の事務または事業を円滑かつ効果的に遂行するため、当面の任務と状況に応じその都度の判断で最も適当と認められる方法により機動的に使用する経費と記載される。平成13年(2001)、外務省報償費(外交機密費)の一部が内閣官房報償費に流用されているとの疑惑が表面化。当時の自由民主党政権は否定したが、平成22年(2010)、民主党政権下で流用の事実が明らかにされた。外務省は、流用された外務省報償費について「官邸の外交用務に使用された」と説明している。

ないかく-じょうほうかいぎ【内閣情報会議】—ジヤウホウクワイギ 国や国民の安全に関する重要な情報を総合的に把握するために内閣に設置された会議。内閣官房長官を議長とし、内閣官房副長官・内閣危機管理監・内閣情報官、および情報関係省庁(警察庁・金融庁・公安調査庁・外務省・財務省・経済産業省・海上保安庁・防衛省)の事務次官などで構成される。

ないかく-じょうほうかん【内閣情報官】—ジヤウホウクワン 内閣情報調査室の事務を掌理する、特別職の国家公務員。官邸首脳が必要としている情報を常時把握し、オールソースアナリシスの成果を報告する。

ないかく-じょうほうちょうさしつ【内閣情報調査室】—ジヤウホウテウサシツ 内閣官房に設置された組織の一つ。内閣の重要政策に関する情報の収集・分析その他の調査に関する事務を担当する情報機関で、内閣

[内閣総理大臣] 歴代内閣総理大臣一覧

歴代	氏名	在職期間
1	伊藤博文(第1次)	明治18年12月22日～21年4月30日
2	黒田清隆	明治21年4月30日～22年10月25日
	三条実美(兼任)	明治22年10月25日～12月24日
3	山県有朋(第1次)	明治22年12月24日～24年5月6日
4	松方正義(第1次)	明治24年5月6日～25年8月8日
5	伊藤博文(第2次)	明治25年8月8日～29年8月31日
	黒田清隆(臨時兼任)	明治29年8月31日～9月18日
6	松方正義(第2次)	明治29年9月18日～31年1月12日
7	伊藤博文(第3次)	明治31年1月12日～6月30日
8	大隈重信(第1次)	明治31年6月30日～11月8日
9	山県有朋(第2次)	明治31年11月8日～33年10月19日
10	伊藤博文(第4次)	明治33年10月19日～34年5月10日
	西園寺公望(臨時兼任)	明治34年5月10日～6月2日
11	桂太郎(第1次)	明治34年6月2日～39年1月7日
12	西園寺公望(第1次)	明治39年1月7日～41年7月14日
13	桂太郎(第2次)	明治41年7月14日～44年8月30日
14	西園寺公望(第2次)	明治44年8月30日～大正元年12月21日
15	桂太郎(第3次)	大正元年12月21日～2年2月20日
16	山本権兵衛(第1次)	大正2年2月20日～3年4月16日
17	大隈重信(第2次)	大正3年4月16日～5年10月9日
18	寺内正毅	大正5年10月9日～7年9月29日
19	原敬	大正7年9月29日～10年11月4日
	内田康哉(臨時兼任)	大正10年11月4日～11月13日
20	高橋是清	大正10年11月13日～11年6月12日
21	加藤友三郎	大正11年6月12日～12年8月24日
	内田康哉(臨時兼任)	大正12年8月25日～9月2日
22	山本権兵衛(第2次)	大正12年9月2日～13年1月7日
23	清浦奎吾	大正13年1月7日～6月11日
24	加藤高明	大正13年6月11日～15年1月28日
	若槻礼次郎(臨時兼任)	大正15年1月28日～1月30日
25	若槻礼次郎(第1次)	大正15年1月30日～昭和2年4月20日
26	田中義一	昭和2年4月20日～4年7月2日
27	浜口雄幸	昭和4年7月2日～6年4月14日
28	若槻礼次郎(第2次)	昭和6年4月14日～12月13日
29	犬養毅	昭和6年12月13日～7年5月16日
	高橋是清(臨時兼任)	昭和7年5月16日～5月26日
30	斎藤実	昭和7年5月26日～9年7月8日
31	岡田啓介	昭和9年7月8日～11年3月9日
32	広田弘毅	昭和11年3月9日～12年2月2日
33	林銑十郎	昭和12年2月2日～6月4日
34	近衛文麿(第1次)	昭和12年6月4日～14年1月5日
35	平沼騏一郎	昭和14年1月5日～8月30日
36	阿部信行	昭和14年8月30日～15年1月16日
37	米内光政	昭和15年1月16日～7月22日
38	近衛文麿(第2次)	昭和15年7月22日～16年7月18日
39	近衛文麿(第3次)	昭和16年7月18日～10月18日
40	東条英機	昭和16年10月18日～19年7月22日
41	小磯国昭	昭和19年7月22日～20年4月7日
42	鈴木貫太郎	昭和20年4月7日～8月17日
43	東久邇稔彦	昭和20年8月17日～10月9日
44	幣原喜重郎	昭和20年10月9日～21年5月22日
45	吉田茂(第1次)	昭和21年5月22日～22年5月24日
46	片山哲	昭和22年5月24日～23年3月10日
47	芦田均	昭和23年3月10日～10月15日
48	吉田茂(第2次)	昭和23年10月15日～24年2月16日
49	吉田茂(第3次)	昭和24年2月16日～27年10月30日
50	吉田茂(第4次)	昭和27年10月30日～28年5月21日
51	吉田茂(第5次)	昭和28年5月21日～29年12月10日
52	鳩山一郎(第1次)	昭和29年12月10日～30年3月19日
53	鳩山一郎(第2次)	昭和30年3月19日～11月22日
54	鳩山一郎(第3次)	昭和30年11月22日～31年12月23日
55	石橋湛山	昭和31年12月23日～32年2月25日
56	岸信介(第1次)	昭和32年2月25日～33年6月12日
57	岸信介(第2次)	昭和33年6月12日～35年7月19日
58	池田勇人(第1次)	昭和35年7月19日～12月8日
59	池田勇人(第2次)	昭和35年12月8日～38年12月9日
60	池田勇人(第3次)	昭和38年12月9日～39年11月9日
61	佐藤栄作(第1次)	昭和39年11月9日～42年2月17日
62	佐藤栄作(第2次)	昭和42年2月17日～45年1月14日
63	佐藤栄作(第3次)	昭和45年1月14日～47年7月7日
64	田中角栄(第1次)	昭和47年7月7日～12月22日
65	田中角栄(第2次)	昭和47年12月22日～49年12月9日
66	三木武夫	昭和49年12月9日～51年12月24日
67	福田赳夫	昭和51年12月24日～53年12月7日
68	大平正芳(第1次)	昭和53年12月7日～54年11月9日
69	大平正芳(第2次)	昭和54年11月9日～55年6月12日
	伊東正義(臨時代理)	昭和55年6月12日～7月17日
70	鈴木善幸	昭和55年7月17日～57年11月27日
71	中曽根康弘(第1次)	昭和57年11月27日～58年12月27日
72	中曽根康弘(第2次)	昭和58年12月27日～61年7月22日
73	中曽根康弘(第3次)	昭和61年7月22日～62年11月6日
74	竹下登	昭和62年11月6日～平成元年6月3日
75	宇野宗佑	平成元年6月3日～8月10日
76	海部俊樹(第1次)	平成元年8月10日～2年2月28日
77	海部俊樹(第2次)	平成2年2月28日～3年11月5日
78	宮沢喜一	平成3年11月5日～5年8月9日
79	細川護熙	平成5年8月9日～6年4月28日
80	羽田孜	平成6年4月28日～6月30日
81	村山富市	平成6年6月30日～8年1月11日
82	橋本龍太郎(第1次)	平成8年1月11日～11月7日
83	橋本龍太郎(第2次)	平成8年11月7日～10年7月30日
84	小渕恵三	平成10年7月30日～12年4月5日
85	森喜朗(第1次)	平成12年4月5日～7月4日
86	森喜朗(第2次)	平成12年7月4日～13年4月26日
87	小泉純一郎(第1次)	平成13年4月26日～15年11月19日
88	小泉純一郎(第2次)	平成15年11月19日～17年9月21日
89	小泉純一郎(第3次)	平成17年9月21日～18年9月26日
90	安倍晋三	平成18年9月26日～19年9月26日
91	福田康夫	平成19年9月26日～20年9月24日
92	麻生太郎	平成20年9月24日～21年9月16日
93	鳩山由紀夫	平成21年9月16日～22年6月8日
94	菅直人	平成22年6月8日～23年9月2日
95	野田佳彦	平成23年9月2日～

情報官が統括する。内調。サイロ(CIRO)。

ないかく-しんにんけつぎ【内閣信任決議】 内閣を信任するという議会の決議による意思表示。衆議院にのみ認められた議決で、野党の内閣不信任案や参議院における首相問責決議などに対抗するために用いられる。内閣信任案が可決されない場合は、日本国憲法の定めにより、内閣不信任決議と同様、内閣は10日以内に衆議院を解散するか、あるいは総辞職するかを選択する。(補説)首班指名選挙に内閣信任決議と同じ効力があるところから決議に至るのは稀で、平成4年(1992)の宮沢内閣と同20年の福田内閣の時に衆議院で可決されただけである。

ないかく-そうじしょく【内閣総辞職】 内閣総理大臣と国務大臣の全員が同時に辞職すること。衆議院で内閣不信任案が可決され10日以内に衆議院が解散されないとき、内閣総理大臣が欠けたとき、衆議院議員総選挙後に初めて国会の召集があったときなどに行われる。総辞職。

ないかく-そうりだいじん【内閣総理大臣】 内閣の首長である国務大臣。国会議員の中から国会の議決によって指名され、天皇により任命される。内閣を組織し、閣議の主宰、行政各部の指揮・監督を行うほか、内閣府の長として所管の事務を担当する。首相。総理大臣。総理。➡表

ないかくそうりだいじんしめい-せんきょ【内閣総理大臣指名選挙】▶首班指名選挙

ないかくそうりだいじん-ほさかん【内閣総理大臣補佐官】ᐨホサクワン 内閣の重要政策について内閣総理大臣に進言・意見具申する特別職の国家公務員。内閣官房に最大5人まで置くことができる。平成8年(1996)制度化。首相補佐官。

ないかく-ふ【内閣府】 内閣に置かれる機関の一。内閣の重要政策に関する内閣の事務を助けるため、内閣官房を助けて行政各部の施策の統一を図るために必要となる企画及び立案並びに総合調整に関する事務をつかさどるほか、皇室、栄典及び公式制度、消費者行政、物価行政、市民活動の促進に関する事務などを担当する。平成13年(2001)中央省庁改編に伴い設置。内閣総理大臣を長とし、事務を整理・統括するために内閣官房長官が置かれる。宮内庁は内閣府に属し、外局として国家公安委員会、金融庁などが置かれる。

ないかく-ふしんにんあん【内閣不信任案】 内閣不信任決議を求めた議案。内閣不信任決議案。「一を可決する」

ないかく-ふしんにんけつぎ【内閣不信任決議】 内閣を信任しないという議会の決議による意思表示。衆議院にのみ認められた議決で、日本国憲法の定めにより、内閣は10日以内に衆議院を解散するか、あるいは総辞職するかを選択する。➡問責決議 ➡内閣信任決議

ないかくふ-とくめいたんとうだいじん【内閣府特命担当大臣】ᐨトクメイタンタウダイジン ▶特命担当大臣

ないかくふ-れい【内閣府令】 内閣府所管の行政事務に関して内閣総理大臣が発する命令。

ないかく-ぶんこ【内閣文庫】 国立公文書館の一部局で、約50万冊の和漢の書籍を所蔵する図書館。明治17年(1884)太政官文庫として創立、翌年内閣文庫と改称。江戸幕府の紅葉山文庫・昌平坂学問所などの蔵書も引き継ぎ、第二次大戦後、国立国会図書館を経て、昭和46年(1971)現組織となった。

ないかく-ほうせいきょく【内閣法制局】ᐨハフセイキヨク 内閣の付属補助機関の一。閣議に付される法令案の立案・審査、国内法および国際法に関する調査、政府の法的統一見解の作成などを行う。

ないかく-もん【内郭門】ナイクワク ❶城などの内がこいにある門。❷内裏内郭の諸門。閤門(こうもん)。⇔外郭門。

ないかけい-しゅうちゅうちりょうしつ【内科系集中治療室】ナイクワケイシフチユウチレウシツ ▶シー-シー-ユー(CCU)

ない-が-しろ【▽蔑ろ】〔名・形動〕《「な(無)きがしろ(代)」の音変化》❶あってもないもののように軽んじること。また、そのさま。「親を一にする」❷しまりのないさま。だらしのないさま。「狩衣姿の一にて来ければ」〈源・末摘花〉➡等閑(なおざり)(用法)

ないか-てい【内火艇】ナイクワ 内燃機関で走る小船。

ない-かひ【内花被】ᐨクワヒ 花被のうち、内側にあるもの。内花蓋(ないかがい)。

ない-かひ【内果皮】ᐨクワヒ 果実の内部の種子を直接包んでいる部分。梅・桃の核、ミカンの袋など。

ない-がま【×薙鎌】「なぎがま」の音変化。「熊手、一、金撮棒(かなさいぼう)を」〈虎寛狂・朝比奈〉

ない-かん【内官】ᐨクワン ❶律令制で、在京の官吏。京官。⇔外官(げかん)。❷宮中に奉仕する官吏。

ない-かん【内患】ᐨクワン 内部のわざわい。国家などが内部にかかえる心配事。内憂。「一外憂」⇔外患。

ない-かん【内観】ᐨクワン〔名〕スル ❶仏語。内省して自己の仏性・仏身などを観じること。観心(かんじん)。❷《introspection》心理学で、自分の意識やその状態をみずから観察すること。内省。自己観察。

ない-がん【内含】〔名〕スル 内部に含むこと。内包。(類語)含む・含有・包含・内包・包括・包蔵・包摂

ないかん-の-じもく【内官の除目】ナイクワンᐨヂモク ▶司召(つかさめし)の除目

ないかん-ほう【内観法】ナイクワンハフ 心理学の研究方法の一。自分の心理過程をみずから観察・考察して意識的経験の知識を得ようとするもの。内省法。

ない-かんれい【内管▽領】ᐨクワンレイ ▶うちかんれい

ない-き【内記】 律令制で、中務省(なかつかさしょう)に属し、詔勅・宣命の草案を作り、叙位の文書交付や記録などを扱った官職。大・中・少各2名ずつあったが、のちに中内記は廃された。うちのしるすつかさ。➡外記(げき)

ない-き【内規】 ❶組織の内部に適用されるきまり。❷弓の的(まと)で、中心に一番近い輪。(類語)社規

ナイキ〖Nike〗㊀ギリシャ神話の女神ニケの英語名。㊁米国陸軍の迎撃用地対空ミサイルシステム。および、そのミサイルの通称。

ない-ぎ【内儀｜内義】 他人の妻を敬っていう語。多く、町家の妻にいう。「町家の一らしい丸髷の女が七八ッになる娘の手を引いて」〈荷風・すみだ川〉

ない-ぎ【内議｜内義｜内儀】 ❶内々で評議すること。内々の相談。「一を経る」❷内々のこと。内証。「一ヲ申ス」〈日葡〉

ない-きせい【内寄生】 ▶内部(ないぶ)寄生

ない-きゅう【内給】ᐨキフ 平安中期以後、天皇に与えら

れた年給。➡年給 ➡年官

ない-きょ【内許】内々の許可。

ない-きょう【内教】仏家で、儒教・道教などに対して、仏教をいう語。また、仏典のこと。⇔外教(げきょう)。

ない-きょうぼう【内教坊】奈良・平安時代、宮中で舞姫をおいて女楽・踏歌などを教え練習させた所。坊家(ぼうけ)。

ない-きょく【内局】内閣府や各省など中央官庁の内部に設置される官房並びに局の総称。大臣・次官の監督を直接受ける。⇔外局。

ない-きん【内勤】〔名〕スル 官庁・会社などで、勤め先の内部で仕事をすること。また、その人。⇔外勤。

ない-ぐ【内供】「内供奉(ないぐぶ)」の略。

ない-くう【内宮】伊勢神宮の皇大神宮のこと。⇔外宮(げくう)。

ない-ぐぶ【内供奉】宮中の内道場に奉仕し、御斎会(ごさいえ)のときに読師(どくし)を、または天皇の夜居(よい)を勤めた僧職。十禅師の兼職で、諸国より高僧が選抜された。内供。供奉。

ない-くん【内君】他人の妻を敬っていう語。「節蔵氏の—」〈福沢・福翁自伝〉

ない-げ【内外】〔名〕スル ❶内と外。ないがい。「造り道十余町を見下して—に鳥居を立てたり」〈盛衰記・三三〉 ❷奥向きと表向き。「—につけたる執権の臣とぞみえし」〈平家・一〉 ❸朝廷や貴人の家などに出入りすること。「—許されたる若き男ども」〈枕・一二〇〉 ❹仏語。内典と外典(げてん)また、内教と外教(げきょう)。

ない-けい【内径】円筒形や球形の物体の内側の直径。⇔外径。

ないげ-くう【内外宮】伊勢神宮の内宮と外宮。

ないげ-てん【内外典】《「ないげでん」とも》内典と外典。仏教とそれ以外の典籍。

ない-ければ〔連語〕《打消しの助動詞「ない」の終止形＋接続助詞「ければ」。近世江戸語》仮定条件を表す「なければ」に先立って使われた語。「滅多なことでも出来—よいが」〈咄・喜美だんご〉

ない-けん【内見】〔名〕スル ❶内々に見ること。内覧。「委員会の報告を—する」 ❷▶ないみ(内見)

ない-けん【内検】❶内々で取り調べること。下検分。❷中世、風水害や虫害などで農作物が不作のとき、臨時に行った検注。

ない-げんかん【内玄関】▶うちげんかん

ない-げんご【内言語】声や文字となって外に現れない言語。思考や黙読などを言語活動の内面化したものとして説明した言い方。内語。

ない-こ【内顧】国・家などの内をかえりみること。「国内に威福の行われて—の患なかりしこと」〈福沢・文明論之概略〉

ない-ご【内語】❶自分の国の言葉。自国語。❷「内言語(ないげんご)」に同じ。

ない-こう【内向】〔名〕スル 心のはたらきが自分の内部に向かうこと。「—しがちな性格」「—的な人」⇔外向。〔類語〕陰気・陰性・陰気臭い・しんねりむっつり

ない-こう【内考】律令制で、内位の人についての勤務評定。➡外考(げこう)

ない-こう【内攻】〔名〕スル 病気が身体の表面に表れないで、内部に広がり悪くなること。精神的なものにもいう。「嫉妬心が—する」

ない-こう【内航】国内を航行すること。また、その航路。⇔外航。

ない-こう【内×訌】内部の乱れ。内部の騒ぎ。うちわもめ。内紛。「四方を囲繞(いじょう)する政党の軍勢中に—を生じて」〈鉄腸・雪中梅〉

ない-こう【内港】港湾の内部にあり、乗客の乗下船や荷役を行う区域。⇔外港。

ない-こう【内項】比例式で、内側にある項。$a:b=c:d$ではbとc。⇔外項。

ない-こう【×乃公】〔代〕▶だいこう(乃公)

ない-ごう【内合】内惑星(水星・金星)が地球と太陽との間にある合。内惑星の黄経と太陽の黄経とが等しい場合をいう。下合。⇔外合。

ない-ごう【内×壕】城の内部にある堀。

ないごう-がいじゅう【内剛外柔】「外柔内剛」に同じ。

ないこうかもん-きょう【内行花文鏡】中国、後漢代の銅鏡の一。半円状の弧形を内に向かうように連環状に連ねた文様をもつ。日本の弥生時代から古墳時代にかけての遺跡からも出土する。

ない-こうしょう【内交渉】内々の交渉。非公式の交渉。

ないこう-せい【内向性】興味や関心が自己の内面に向けられ、主観的、内気・孤独で思慮深い反面、実行力・社交性に乏しい性格特性。⇔外向性。

ないこう-せん【内航船】内国航路を航行する船舶。⇔外航船。

ないこう-どうぶつ【内×肛動物】▶曲形(きょくけい)動物

ないこう-の-せだい【内向の世代】昭和45年(1970)前後に登場した若手作家の呼称。古井由吉(よしきち)・黒井千次・小川国夫など。文芸評論家の小田切秀雄が命名。個人の内面を描く作風を批判的な意味合いで呼んだもの。

ない-こきゅう【内呼吸】「細胞呼吸」に同じ。⇔外呼吸。

ない-こく【内国】その国のうち。国内。「—の人民」

ないこく-かわせ【内国為-替】同一国内における貸借の決済や送金を現金の輸送によらず、送金為替・取立為替などによって行う方法。

ないこく-こうろ【内国航路】一国の領土内の航路。国内航路。

ないこく-さい【内国債】▶内債

ないこく-じん【内国人】その国の国籍をもつ人。⇔外国人。「外国の士人又は—にても」〈福沢・福翁百話〉

ないこく-ほう【内国法】国際私法上、渉外的法律関係の準拠法となる裁判所の所在地国の法律。

ないこくみん-たいぐう【内国民待遇】裁判・税金・契約や団体への参加、事業活動などに関して、相手国の国民を自国民と同等に待遇すること。

ないこく-ゆうびん【内国郵便】一国の領土内だけで往復する郵便。国内郵便。

ない-こっかく【内骨格】動物の体内にあって、体を支え、筋肉の付着点となる硬い器官。脊椎動物でよく発達。海綿類やナマコ・サンゴなどの骨片も含めていう。⇔外骨格。

ない-こん【内婚】▶族内婚(ぞくないこん)

ない-さい【内妻】内縁の妻。

ない-さい【内済】表沙汰にしないで内々で事をすませること。「もし青山の親戚一同にこの事を—にする意向があるなら」〈藤村・夜明け前〉

ない-さい【内債】債券発行者の国内で募集される公債や社債。内国債。⇔外債。

ない-さい【内×鰓】魚などの呼吸器官で、鰓裂の内側にあって体外に露出していないえら。➡外鰓(がいさい)

ない-ざい【内在】〔名〕スル ❶あるものが、そのものの中におのずから存在すること。「人の心に—する道徳律」⇔外在。❷哲学で、超越に対し、現象がみずからの内にその根拠・原因をもっていること。神が世界の内において働く原因である(スピノザ)、経験可能の範囲にある(カント)、事物は意識・自我の内にある(主観的観念論)などのさまざまな意味に用いられる。

ないざい-いん【内在因】事物の内部から作用して、その運動・変化を引き起こす原因。アリストテレス哲学において、生物などの運動・変化の説明に用いられた。汎神論では、神は世界の内にあって働きかけると説かれる。⇔外在因。

ないざい-ひひょう【内在批評】❶ある学説・思想などを、その前提となるものを一応認めたうえで、それに即して批評すること。❷文芸批評の一。個々の文学作品を、その形式・技巧や主題の性質に関して批評すること。⇔外在批評。

ないさい-ぶんり【内際分離】首都圏の国際空港について、成田空港を国際線、羽田空港を国内線の基幹空港として運用するという航空行政上の原則。昭和53年(1978)の成田空港開港に伴い導入された。首都圏の国際競争力を強化するために、羽田・成田空港の利便性向上が必要との観点から、内際分離の原則を見直す動きがある。

ない-し【内史】❶中国の官名。周代に始まり春官に属したが、秦・漢代には京師の治をつかさどった。唐代には中書令の異名。❷内記の唐名。

ない-し【内旨】朝廷からの内々の沙汰。内命の趣旨。

ない-し【内▽侍】❶内侍司(ないしのつかさ)の女官の総称。また特に、掌侍(ないしのじょう)のこと。❷斎宮寮(さいぐうりょう)の女官。❸厳島(いつくしま)神社に仕えた巫女(みこ)。

ない-し【×乃至】〔接〕❶あるいは。または。「電話—手紙で知らせる」❷数量などの上下・前後の限界を示して、その中間を省略するときに用いる語。「三年—五年かかる」

〔類語〕または・もしくは・あるいは・それとも

ない-じ【内示】〔名〕スル《「ないし」とも》非公式に通知すること。「—を受ける」「昇進を—する」

ない-じ【内耳】耳の最深部の、複雑な骨壁に囲まれた部分。聴覚をつかさどる蝸牛(かぎゅう)と、平衡感覚をつかさどる三半規管・前庭(ぜんてい)からなる。迷路。

ない-じ【内事】内部に関する事柄。うちうちのこと。⇔外事。

ナイジェリア〖Nigeria〗アフリカ西部、ギニア湾に面する連邦共和国。ニジェール川とその支流域にある。首都アブジャ。最大の都市はラゴス。英国の植民地から1960年に独立。石油やカカオ・やし油・落花生などを産出。人口1億5222万(2010)。

ないじ-えん【内耳炎】内耳の炎症。難聴・耳鳴り・めまいなどを起こす。迷路炎。

ないし-きょう【内視鏡】体内の腔所を観察するための光学系を組み込んだ医療器具。気管支鏡・胃鏡・腹腔鏡・膀胱(ぼうこう)鏡・直腸鏡などがあり、現在はファイバースコープが広く用いられる。

ないしきょう-しゅじゅつ【内視鏡手術】腹部に3〜15ミリ程度の穴を数か所開けて、そこから内視鏡や専用の手術器具を挿入し、モニターに映し出される体内の様子を観察しながら、遠隔操作で手術を行う方法。消化器科・婦人科・泌尿器科・整形外科から心臓外科・脳神経外科まで幅広い診療科で行われている。切開手術よりも患者の身体的負担が少なく、回復も早いが、高度な技術が必要とされる。➡腹腔鏡手術

ないじ-しんけい【内耳神経】聴覚と平衡をつかさどる脳神経。内耳の蝸牛(かぎゅう)から始まる聴神経と、三半規管・前庭(ぜんてい)から始まる平衡神経からなり、内耳道で合する。第8脳神経。

ないし-せん【内▽侍宣】平安時代、勾当内侍(こうとうのないし)が勅命を奉じて宣した文書。内宣。だいしせん。

ない-しつ【内室】身分の高い人の妻を敬っていう語。転じて、一般に他人の妻を敬っていう語。令室。

ない-じつ【内実】❶内部の実情。うちまく。「苦しい—を訴える」❷(副詞的に用いて)本当のところ。その実。「度を過ぎた親切に—迷惑している」

〔類語〕内情・内幕・実際・内容・内内(うちうち)・内内(ないない)・内部・内密・こっそり・内輪・内裏(うちうら)・内緒・内分

ないし-どころ【内▽侍所】❶平安時代、三種の神器の一つである神鏡(八咫鏡(やたのかがみ))を安置した所。温明殿(うんめいでん)にあり、内侍が奉仕した。賢所(かしこどころ)。❷八咫鏡の異称。

ないし-の-かみ【尚＝侍】内侍司(ないしのつかさ)の長官。もと従五位相当、のち従三位相当。天皇に近侍して、奏請・伝宣などをつかさどったが、のちには女御(にょうご)・更衣(こうい)に準じて後宮に列するようになった。しょうじ。

ないし-の-じょう【掌＝侍】内侍司(ないしのつかさ)の判官(じょう)。もと従七位相当、のち従五位相当。その第一位を勾当内侍(こうとうのないし)という。しょうじ。

ないし-の-すけ【典＝侍】内侍司(ないしのつかさ)の次官。もと従六位相当、のち従四位相当。てんじ。

ないし-の-つかさ【内▽侍▽司】律令制の後宮十二司の一。天皇に近侍して、奏請・伝宣の事にあたり、また、後宮の礼式などをつかさどった。職員は女性で、尚侍(ないしのかみ)・典侍(ないしのすけ)・掌侍(ないしのじょう)・女孺(にょじゅ)などがある。

ないし-は【×乃至は】〔接〕「ないし」を強めていう語。「書類は持参―郵送のこと」

ない-しゃく【内借】〔名〕スル ❶内々に借金すること。「実家から―する」❷受け取るべき金銭の一部を期日前に借りること。前借り。「給料から―する」

ない-しゃく【内▽戚】父方の親戚しんせき。ないせき。「―にも外戚にも、女というものなむ乏ともしく侍る」〈宇津保・内侍督〉⇔外戚げしゃく。

ない-じゃくり【泣い×噦り】〔名〕スル「泣き噦り」に同じ。「『わ、私だって…』と―するのみである」〈小杉天外・魔風恋風〉

ない-じゃく・る【泣い×噦る】〔動ラ五(四)〕「泣き噦る」に同じ。「だだこねて―・りたい衝動が」〈康成・招魂祭一景〉

ない-じゅ【内需】国内の需要。「―拡大」⇔外需。

ない-じゅ【内×豎】❶古代中国、周代の官名。宮中の雑役に服したわらべ。❷奈良・平安時代、宮中の行事や日常の雑事の処理に召し使われた者。少年が多い。

ないじゅいそんがた-さんぎょう【内需依存型産業】ゲフ 国内市場を中心に行われる産業。国内の景気に大きく左右され、また影響を与える産業。建設・不動産、小売業、サービス業など。⇔外需依存型産業。

ない-しゅう【内周】シウ 内側で測ったまわりの長さ。うちまわり。⇔外周。

ないじゅう-がいごう【内柔外剛】ナイジウグワイガウ 内心は気が弱いが、外見は強そうに見えること。

ない-しゅうげん【内祝言】シウゲン 内々に祝言すること。

ないじゅかんれん-かぶ【内需関連株】ナイジュクワンレン 国内での需要の増減が収益に大きく影響する業種の株式。建築・不動産・通信・小売りなど。「一部投資家に―をねらう動きが出る」➡外需関連株

ない-しゅっけつ【内出血】〔名〕スル 体内で出血が起こること。血液が組織や体腔内にとどまって体外に出ない状態。「打撲部位が―する」⇔外出血。

ないじゅ-デフレーター【内需デフレーター】▶国内需要デフレーター

ないじゅ-どころ【内×豎所】宮中で、内豎を指揮し、それに関する事務をつかさどった役所。

ない-しゅひ【内珠皮】種子植物の胚珠を包む珠皮が2枚あるとき、その内側のもの。⇔外珠皮。

ない-しゅひ【内種皮】種子を包む2枚の種皮のうち、内側のもの。⇔外種皮。

ない-しょ【内書】❶内密の書状。❷執事・奉行などの手を通さずに、主君が直接に出す書状。将軍の出すものは特に御内書とよばれた。直書じきしょ。

ない-しょ【内緒｜内▽証｜内所】《「ないしょう(内証)」の音変化》❶「ないしょう(内証)❷」に同じ。「―の話」「―にする」❷「ないしょう(内証)❸」に同じ。❸「ないしょう(内証)❹」に同じ。「ですがね、花魁、余り我儘ばかりなさると、私が御―で叱られますよ」〈柳浪・今戸心中〉

(類語)隠密おんみつ・極秘ごくひ・厳秘げんぴ・丸秘まるひ・機密・枢密すうみつ・天機・機事・密事・秘事・暗部・隠し事・秘め事・密ひそか事・内証ないしょ事・秘中の秘・密ひそか・内密・内分・内聞・内内うちうち・内内ないない・内輪・内部・こっそり・内幕・内裏うちうら・内情・内実・ひそか・忍びやか・そっと・秘密

ない-じょ【内助】内部からする援助。特に、妻が夫の外での活躍を家の中にあって支えること。「―の功」(類語)互助・相身互い

ない-しょう【内相】シャウ 内務大臣の略称。

ない-しょう【内訟】〔名〕スル 自分で自分の過ちをとがめること。内省。(類語)反省・自責・内省・自省・猛省

ない-しょう【内証】❶仏語。自己の心の内で真理を悟ること。内面的な悟り。❷表向きにせず、内々にしておくこと。外部には隠しておくこと。また、そういう意向。内密。ないしょ。「―にてのお掛合いも愈いよいよ手切と相成り候間」〈芥川・糸女覚え書〉「商売の元手をとらすべしと、この―を両方へ聞かせしに」〈浮・桜陰比事・五〉❸表向きでないところ。奥の間。特に、勝手、台所。また、そのやりくり。内々の経済状態。家の暮らし向き。ないしょ。「―は火の車だ」「―より内儀声を立てて」〈浮・諸国ばなし・一〉❹遊女屋の、主人のいる所。また、主人。ないしょ。「―の千臆ちおくさんへ…伝言をたのまれやしたから」〈魯文・安愚楽鍋〉❺内輪の事情。内々のようす。内情。「扇風かたへ参りて―を吹き込みければ」〈浮・禁短気・一〉❻他人の妻を敬っていう語。内室。「塩冶が―顔世の頼み」〈浄・忠臣蔵〉❼内輪の者。みうち。親族。「世間、―ともに心を付けぬるかはゆさに」〈浮・一代男・六〉(類語)経済・やりくり・収支・家計・台所・勝手向き・手許てもと・秘密

ない-しょう【内障】シャウ ❶仏語。煩悩ぼんのうなど、心の内部の障害。❷「内障眼」の略。

ない-しょう【内×鞘】セウ 高等植物の茎または根の内皮のすぐ内側にあって、維管束を囲む柔組織の細胞層。根ではこれが分裂して側根を形成する。

ない-じょう【内状】ジャウ ❶▶内情 ❷内密の書状。「―を通じて、事の由を知らせたりければ」〈太平記・三一〉

ない-じょう【内城】ジャウ 城の本丸。また、城の内郭。⇔外城。

ない-じょう【内情｜内状】ジャウ 内部の事情。内部の状況。「業界の―にくわしい」⇔外情。

(類語)内実・内幕・内内うちうち・内内ないない・遠慮・内部・内密・こっそり・内輪・内裏うちうら・内緒・内分・内聞・ひそか・忍びやか・そっと・秘密

ないしょう-がん【内障眼】ナイシャウ ▶底翳そこひ

ないしょう-ちょう【内証帳】チャウ 私的な事柄が書いてある帳面。「玉川千之丞―の事」〈浮・男色大鑑・五〉

ない-しょうでん【内昇殿】宮中の清涼殿の殿上てんじょうの間まに昇ることを許されること。うちの昇殿。

ないしょう-むき【内証向き】家計に関すること。勝手向き。「―はいざ知らず、福々しくぞ見えし」〈滑・古朽木〉

ないしょう-よし【内証善し】財政状態がよいこと。また、その人。「利発なる商人あり。―と世間の見立て違はず」〈浮・桜陰比事・三〉

ない-しょく【内食】〔名〕スル ❶「うちしょく(内食)」に同じ。❷こっそり食事を取ること。内証で食事をすること。また、その食事。「早々下タヘ来ると膳所に琴雅乙彦などいふ風流雄ふうりゅうおが―をきめてゐる」〈魯文・安愚楽鍋〉

ない-しょく【内職】〔名〕スル ❶本職とは別に、収入を得るためにする仕事。副業。❷家庭の主婦などが家計の助けに主として自宅でする賃仕事。❸授業中などにこっそり別の勉強などをすること。

(類語)常勤・非常勤・パートタイム・アルバイト・手間仕事・賃仕事

ないしょく-しょうほう【内職商法】シャウハフ 高収入の内職を紹介するが、その前に講習の受講、用具の購入、あるいは登録料が必要だとして高額の金銭をだまし取る商法。

ないしょ-ごと【内緒事】秘密にしていること。また、内々のこと。ないしょうごと。(類語)秘密・密事・秘事・暗部・隠し事・秘め事・密ひそか事・秘中の秘・内密・内証ないしょ・内内ないない・隠密おんみつ・極秘ごくひ・厳秘げんぴ・丸秘まるひ

ないしょ-ばなし【内緒話】人に聞かれないように、こっそりする話。ないしょうばなし。

ないし-るい【内×翅類】完全変態を行う昆虫の一群。蛹さなぎになってから翅はねが外部に現れる。⇔外翅類。

ない-しん【内心】❶表に出さない気持ち。心のうち。心中。副詞的にも用いる。「―を打ち明ける」「―びくびくだった」❷三角形の内接円の中心。三つの内角それぞれの二等分線が交わる点に一致する。⇔外心。(類語)心底しんてい・胸奥・心奥・心底しんそこ・腹心

内心如夜叉ないしんにょやしゃ 「外面似菩薩げめんじぼさつ内心如夜叉」の略。

ない-しん【内申】〔名〕スル 内々に申し述べること。また、その文書。「本人の適性について―する」

ない-しん【内診】〔名〕スル ❶直腸や女性の生殖器の内部を診察すること。❷医師が自分の診療所内で診療を行うこと。宅診。

ない-しん【内親】父方の親類。内戚ないせき。「偏に外縁の愁へに就きて、卒爾そつじに―の道を忘れぬ」〈将門記〉

ない-じん【内陣】ヂン 社寺の内部で、神体または本尊を安置してある奥の間。内殿。⇔外陣げじん。

ないしん-しょ【内申書】❶内申の事項を記して報告する書類。❷入学者選抜の資料として、志願者の学業成績・性格・出欠状況などを記入して出身校の校長から入学志望校の校長へ提出する調書。調査書。

ないしん-せい【内進生】《「内部進学生」の略》「内部生」に同じ。⇔外進生。

ない-しんのう【内親王】ワウ ❶皇室典範で、嫡出の皇女および嫡男系嫡出の皇孫である女子。旧皇室典範では、皇女から皇玄孫までの女子をいった。❷律令制で、天皇の姉妹および皇女。うちのみこ。

ナイス〖NEISS〗《National Electronic Injury Surveillance System》米国の電算機危害監視システム。人体に危害を与える商品事故の情報を収集し、迅速な処理を行うと同時に事故防止もはかるシステム。米国の消費者製品安全委員会が1973年、最初にこのシステムを始めた。

ナイス〖nice〗■〔形動〕見事なさま。かっこいいさま。すてき。すばらしい。「渋い―な中年」「―プレー」「―ショット」■〔感〕感心して称賛するときに発する語。「―、いいボールだ」

ナイズ〔接尾〕名詞に付けて、それと同じようになる、それらしくする意の動作性のある語を作る。…化。「アメリカ―された発想」「ロシア語をローマ―する」

(補説)英語の接尾辞izeは元来nで終わる名詞・形容詞に付いて動詞をつくるので、誤ってそのnizeの形として接尾語の働きをもたせたもの。

ない-すい【内水】国家の領域内にある水域。国内の河川・湖沼・運河および湾・内海・港など。

ないすいめん-ぎょぎょう【内水面漁業】ギョゲフ 河川・湖沼などで行う漁業および養殖業。海で行う海面漁業に対していう。

ナイス-ガイ〖nice guy〗いいやつ。すてきな男性。

ナイス-キャッチ〖nice catch〗野球で、野手などが飛んできた球をうまく捕らえること。感動詞的にも用いる。好捕。「うまい、―!」

ナイス-ショット〖nice shot〗スポーツで、うまい一打。ゴルフの打球やバスケットボールのシュートなどについていう。感動詞的にも用いる。

ナイス-ミディ《和 nice＋midi》30代からのすてきな中年女性。➡ナイスミドル

ナイスミディ-パス《和 nice＋midi＋pass》JRの割引乗車券の一種。30歳以上の女性が2名以上のグループで旅行するときに利用できるもの。

ナイス-ミドル《和 nice＋middle》かっこよさと思慮深さとを兼ね備えた中年男性。同様の中年女性をナイスミディnice midiともいう。

ない-せい【内生】心の中に、ある感情や考えなどが生じること。

ない-せい【内声】多声部の楽曲で、最上声部と最下声部との間に入る声部の総称。四声部の曲では、アルトとテノールの声部。⇔外声。

ない-せい【内政】国内の政治。また、国内の行政。「―の改革」⇔外政。(類語)国政

ない-せい【内省】〔名〕スル ❶自分の考えや行動などを深くかえりみること。反省。「過去を―する」❷「内観ないかん」に同じ。(類語)反省・自省・猛省

ない-せい【内製】〔名〕スル 外部に委託・発注せず、自社ですべてを製造・制作すること。「―化」

ない-せいかつ【内生活】クヮツ 精神面の生活。「私の―に取って殆ど関係のないのと一般でした」〈漱石・こゝろ〉

ないせい-かんしょう【内政干渉】カンセフ 他国の政治・外交に介入して、その国の主権を束縛・侵害すること。

ない-せいき【内性器】体内にあり、外部に露出していない性器。女性では膣ちつ・子宮・卵管・卵巣、男性では前立腺ぜんりつせん・射精管・精嚢せいのう・精管・精巣上体・精巣など。⇔外性器。

ないせい-こん【内政懇】《「内政懇談」の略。新聞・放送業界の用語》外国訪問中の首相や大臣、政党の首脳が、出先で同行記者団と国内政治につい

て懇談する会。記者会見に準ずるという。

ないせい-ふかんしょう【内政不干渉】一国の内政問題はそれぞれの国家の意思によって決められるべきで、他国が干渉してはならないこと。国際法上の原則となっている。

ナイセ-がわ【ナイセ川】《Neiße》ドイツとポーランドの国境をなす、オーデル川の支流。ニーサ川。➡オーデルナイセ線

ない-せき【内戚】父方の親類。

ない-せき【内積】二つのベクトルの単位座標ベクトルに関する成分どうしの積の和。ベクトル$\vec{a}$，$\vec{b}$があって、二つのなす角をθとするとき、$|\vec{a}||\vec{b}|\cos\theta$の値をいう。$\vec{a}=(a_1,\ a_2)$，$\vec{b}=(b_1,\ b_2)$と成分表示するとき、内積は$a_1b_1+a_2b_2$の値になる。スカラー積。

ナイセス〖NICES〗日本経済新聞社と日経リサーチ、日本経済新聞デジタルメディアが共同開発し、平成22年(2010)から始動した企業評価システム。「投資家(Investor)」「消費者・取引先(Consumer & Business Partner)」「従業員(Employee)」「社会(Society)」の4指標について評価し、順位を付ける。NICESの名称は4指標の英語の頭文字ICESに日経のNを加えたもの。➡プリズム

ない-せつ【内接｜内切】〘名〙スル 多角形の各頂点が一つの円の円周上の一点に接すること、一つの円の円周が一つの多角形の各辺の一点に接すること、小円が大円の内側にあって大円の円周上の一点で接していること、一つの多角形の各頂点がその外側にある多角形の各辺と一点で接すること、一つの球がその外側にある多面体の各面と一点で接することなど。⇔外接。

ないせつ-えん【内接円】円や多角形に内接する円。⇔外接円。

ないせつ-たかくけい【内接多角形】円や多角形に内接する多角形。⇔外接多角形。

ない-せん【内宣】「内侍宣」の略。

ない-せん【内戦】一国内における、同じ国民どうしの戦い。内乱。⇔外戦。(類語)内乱・革命

ない-せん【内線】❶屋内の電線。⇔外線。❷会社などで、内部相互間の電話線。「―番号」⇔外線。❸内側の線。⇔外線。

ない-ぜん【内膳】「内膳司」の略。

ないせん-さくせん【内線作戦】敵軍に包囲されたり挟撃されたりするような位置で作戦を展開すること。

ないせん-し【内染司】律令制で、宮内省に属し、御用の染め物のことをつかさどった役所。うちのそめもののつかさ。

ないぜん-し【内膳司】律令制で、宮内省に属し、天皇の食事をつかさどった役所。うちのかしわでのつかさ。

ない-そ【×乃祖】汝(なんじ)の祖父。また、祖先。だいそ。

ない-そ【内訴】鎌倉幕府の訴訟制度で、執権・連署または六波羅探題に内々に上訴すること。

ない-そう【内争】内部で争うこと。また、その争い。うちわもめ。内紛。内訌(ないこう)。

ない-そう【内奏】〘名〙スル ❶内密に天皇に奏上すること。❷中世、側近の臣下や後宮から天皇に奏聞(そうもん)して事を取り計らうこと。

ない-そう【内葬】〘名〙スル ❶内々でほうむること。内輪で執り行う葬式。密葬。❷死者を埋葬するとき、死者が生前に愛用していた品物を遺体に添えて墓や棺に納めること。「石棺―品」

ない-そう【内装】建築物などの内部の設備や装飾。また、そのための工事。⇔外装。(類語)インテリア

ない-そう【内層】内側の層。⇔外層。

ない-ぞう【内蔵】〘名〙スル 内部に持っていること。「露出計を―するカメラ」「危険を―する」

ない-ぞう【内臓】動物の内腔にある器官の総称。消化器・呼吸器・泌尿生殖器・内分泌器をいう。(類語)臓器・五臓六腑・臓腑・五臓・腸・臓物

ないぞう-かんかく【内臓感覚】➤臓器(ぞうき)感覚

ないぞう-しぼう【内臓脂肪】体脂肪のうち、内臓の周囲に付いた脂肪。大量になると、高血圧や高脂血症になる率が高くなるとされる。➡メタボリックシンドローム

ないぞうしぼう-しょうこうぐん【内臓脂肪症候群】➤メタボリックシンドローム

ないぞう-とうがい【内臓頭蓋】脊椎動物の頭蓋のうちで、口の周辺や耳などを構成する部分。上顎骨(じょうがくこつ)・頬骨(きょうこつ)・口蓋骨・下顎骨・舌骨・耳小骨からなる。顔面頭蓋。➡神経頭蓋

ないそう-ほう【内挿法】➤補間法(ほかんほう)

ない-そく【内則】団体などの内部で定めた規則。内規。

ない-そく【内側】物の内面。うちがわ。⇔外側。

ない-ぞく【内属】〘名〙スル ❶外国が属国として服従すること。また、外国人が帰服して来住すること。「百済―するに至りて漢字漸く我国に伝わり」〈田口・日本開化小史〉❷《inherence》哲学で、物のさまざまな性質がその属する実体に対してもつ関係。

ない-そん【内孫】「うちまご」に同じ。⇔外孫(がいそん)。

ない-そん【内損】内臓の病気。特に、飲酒で胃腸を悪くすること。「『病は何と申す症にて候ふや』『ただ―と見えたる』」〈咄・醒睡笑・七〉

ナイター《和 night＋er》夜間に行われる、野球・サッカーなどの試合。ナイトゲーム。(季 夏)

ない-たい【内帯】❶湾曲している山脈の、へこんだほうの側。❷「西南日本内帯」に同じ。

ない-だい【内題】書物の扉や本文の初めなど内部に記されている題名。➡外題(げだい)

(類語)題・題名・題目・題号・標題・表題・外題(げだい)・名題(なだい)・作品名・書名・書目・編目・演題・画題・タイトル・仮題・原題

ない-だいじん【内大臣】❶令外(りょうげ)の官の一。藤原鎌足が死に臨んで任ぜられたのに始まり、初めは名誉称号であったが、のち、左右大臣を補佐し、その出仕しないときに政務を執った。うちのおおまえつぎみ。うちのおとど。❷明治18年(1885)の内閣制度の発足とともに宮中に設置された官職。天皇を常時補佐して詔勅など宮中内部の文書に関する事務をつかさどった。昭和20年(1945)廃止。内府。

ないたがし-けいやく【名板貸し契約】他人に自分の氏名や商号を使用して営業することを許諾する契約。看板貸し契約。名義貸し契約。

ない-だく【内諾】〘名〙スル 内々に承諾すること。「―を与える」「転勤を―する」(類語)認める・承認・同意・肯定・うべなう・うけがう・是認・容認・認容・許容・許す・受け入れる・聞き入れる・聞き届ける・承諾・受諾・心得る・応じる・承る・承服・黙認・約諾・快諾

ない-たつ【内達】〘名〙スル 前もって内々に通達すること。また、その通達。「部課の統廃合を―する」

ない-たん【内探】〘名〙スル ひそかに探り調べること。内偵。「ライバル社の動きを―する」

ない-だん【内談】〘名〙スル ❶内々に話し合うこと。また、その相談。「運動方針について―する」❷室町時代、引付衆(ひきつけしゅう)が行った政務の評定。

(類語)相談・打ち合わせ・下相談・談合・示談・合議・協議・商議・評議・評定(ひょうじょう)・鳩首(きゅうしゅ)・凝議(ぎょうぎ)

ないだん-しゅう【内談衆】室町幕府の引付衆(ひきつけしゅう)のこと。

ないだん-はじめ【内談始め】室町幕府で、年始または将軍の交代襲職のときに行われた部局内の仕事始め。

ない-ち【内地】❶一国の領土内の土地。国内。❷もと樺太(からふと)・千島・朝鮮・琉球・台湾などに対して、日本の本来の領土である本州・四国・九州・北海道。本土。「―へ引き上げる」⇔外地。❸北海道や沖縄で本州をさしていう。❹海岸から遠く入った内部の土地。内陸。(類語)本国・本土

ない-ち【内治】《「ないぢ」とも》国内の政治。内政。「―に力を注ぐ」

ないち-ざっきょ【内地雑居】外国人に対して、居留地を設定しないで、自由に国内に居住させること。

ない-ちょう【内調】「内閣情報調査室」の略称。

ない-ちょう【内×寵】君主などがひそかに妾(めかけ)などを寵愛すること。また、その寵愛される人。

ないち-りゅうがく【内地留学】〘名〙スル 官庁・会社・学校などの職員が、現職のまま国内にある自己所属外の大学や研究機関に派遣されて長期にわたる研究をすること。

ない-ちん【内陳】〘名〙スル 非公式に意見などを述べること。「私見を―する」

ナイチンゲール〖Florence Nightingale〗［1820～1910］イタリア生まれの英国の看護婦。クリミア戦争のとき、多くの看護婦を率いて傷病者の救護にあたり、「クリミアの天使」とよばれた。その後も病院・看護施設の創設・改善に努力し、看護婦の教育制度を整えた。著「看護ノート」。

ナイチンゲール〖nightingale〗ヒタキ科ツグミ亜科の鳥。全長16センチくらい。背面は暗灰褐色で腹は白い。早朝・夕方や月明かりの夜などによく鳴く。ヨーロッパに分布し、春の鳥として知られる。さよなきどり。よなきうぐいす。よるうぐいす。

ナイチンゲール-きしょう【ナイチンゲール記章】国際赤十字委員会が、すぐれた看護師に授与する国際的な功労章。1912年、ナイチンゲールの功績をたたえて創設された。

ない-つう【内通】〘名〙スル ❶味方の中にいて、こっそり敵に通じること。内応。「敵方と―する」❷男女がひそかに情を通じること。私通。密通。❸内々に話を通しておくこと。「たより悪しくばたいこに―して、つかはすべし」〈吉原すずめ・上〉

(類語)内応・裏切り・気脈を通じる・背信・背徳・背任・変心・寝返り・密告・おためごかし

ない-つうじ【内通事｜内通詞】江戸時代、長崎で長崎奉行の支配を受けずに外国人と日本人の商取引の斡旋(あっせん)にあたった通訳。

ナイツブリッジ〖Knightsbridge〗英国の首都ロンドン北西部、シティーオブウエストミンスターにある一地区。ハイドパークに隣接する。高級百貨店ハロッズの本店があることでも知られる。

ない-で〘連語〙❶打消しの意を含んで下に続く意を表す。「仕事もし―ぶらぶらしている」「逆上(のぼせ)―至極よいお薬でございます」〈滑・浮世風呂・二〉❷(「ないでください」「ないでほしい」などの形で)打消しの希望、婉曲な禁止を表す。「この中へは、入ら―ください」「勝手に使わ―ほしい」❸(「ないでいい」などの形で)ある動作をしないことを許可・認容する意を表す。「君は忙しいから出かけ―いい」➡なくて (補説)「ないで」については、打消しの助動詞「ない」に、助詞「で」、あるいは断定の助動詞「だ」の連用形「で」が付いて成ったとする説などがあり、いまだ定説をみない。また、「ないで」全体を接続助詞などとする扱いもある。❷は、「お母さん、もうどこにも行かないで」のように文末に用いられることもある。

ない-てい【内廷】宮廷の内部。⇔外廷。

ない-てい【内定】〘名〙スル 正式の発表の前に内々で定まること。また、その決定。「就任が―する」(類語)確定・既定・本決まり・所定・暫定・未定・予定・決定

ない-てい【内庭】なかにわ。うちにわ。

ない-てい【内偵】〘名〙スル ひそかに相手方の状況を探ること。内探。「敵の動静を―する」(類語)探る

ナイティー〖nightie｜nighty〗夜着。寝巻。

ない-ていこう【内抵抗】➤内部抵抗

ないてい-ひ【内廷費】皇室費の一。天皇および皇族の日常の費用として国庫から毎年定額を支出するもの。御手元金(おてもときん)となり、公金とはされない。

ない-てき【内的】〘形動〙❶物事の内部に関するさま。「―な事情で延期する」⇔外的。❷精神に関するさま。内面的。「―な問題で悩む」⇔外的。

ないてき-せいかつ【内的生活】精神生活。内面生活。

ない-てん【内典】《「ないでん」とも》仏教の典籍。⇔外典(げてん)。

ない-でん【内殿】❶「内陣」に同じ。❷奥の方にある御殿。

な

ナイト〘knight〙❶ヨーロッパ中世の騎士。女性に奉仕することが美徳とされたところから転じて、女性に付き添い護衛役をする人。❷英国で、国王・国家に対する功労により授けられる1代限りの爵位。サーの称号を許される。勲爵士。❸チェスで、馬の頭の形をした駒。将棋の桂馬に似た動きをする。

ナイト〘night〙夜。夜間。「―クリーム」「オール―」 類語 小夜・宵・晩・暮夜・夜中・夜半・夜中・夜半

ナイト〘NITE〙《National Institute of Technology and Evaluation》▶製品評価技術基盤機構

ない-ど【内×帑】❶皇室・君主が所蔵している財貨の倉庫。❷君主の所有する財貨。

ない-どう【内道】仏教のこと。また、その教えを奉ずる者。内教。⇔外道。

ナイトウエア〘nightwear〙寝る前の部屋着。また、寝るときに着る衣服。寝巻。

ないとう-こなん【内藤湖南】［1866～1934］東洋史学者。秋田の生まれ。本名、虎次郎。大阪朝日新聞などの記者を経て京大教授となり東洋史学を担任、中国史学の発展に貢献した。著「日本文化史研究」「支那史学史」など。

ない-どうじょう【内道場】❶宮中に設けられた仏事を行う堂宇。日本では奈良時代にすでに知られ、のちに空海の奏請により特に真言院が置かれた。内寺。❷一般寺院中の最も神聖な一室。

ないとう-じょうそう【内藤丈草】［1662～1704］江戸前期の俳人。蕉門十哲の一人。通称、林右衛門。別号、懶窩・仏幻庵など。尾張犬山藩士。出家して京にのぼり、芭蕉に師事。句風は軽妙洒脱。著「寝ころび草」など。

ないとう-しんじゅく【内藤新宿】江戸時代、甲州街道の日本橋と高井戸との間にあった宿駅。元禄11年(1698)、信州高遠藩主内藤家の下屋敷の一部に新たに設置された。今日の新宿区新宿の発祥の地。

ないとう-めいせつ【内藤鳴雪】［1847～1926］俳人。江戸の生まれ。本名、素行。別号、老梅居。正岡子規の影響で俳句を始める。平明温雅な作風で、日本派の長老と仰がれた。著「鳴雪句集」「鳴雪俳話」など。

ナイトガウン〘nightgown〙夜、寝巻の上に羽織るゆったりした部屋着。

ナイトキャップ〘nightcap〙❶寝るときに、髪の乱れを防ぐためにかぶる帽子。❷寝る前に飲む酒。

ないど-きん【内×帑金】君主が手もとに所持する金。

ない-どくそ【内毒素】チフス菌・サルモネラ菌などの菌体の細胞壁に存在する毒素。たんぱく質・多糖類・脂質などからなり、菌体が破壊されると遊離して、毛細血管透過性を増大させ、ショックや発熱などをひきおこす。毒性は外毒素に比べると弱いが、熱に強い。エンドトキシン。

ナイトクラビング〘nightclubbing〙夜、クラブやディスコで音楽や踊りを楽しむこと。

ナイト-クラブ〘night club〙夜間営業の社交場。ダンス・バンド演奏・ショーなどを楽しむ高級飲食店。本来は同伴客の利用する所。

ナイト-クリーム〘night cream〙就寝前、顔を清潔にしたあとに用いる栄養クリーム。

ナイト-ケア〘night care〙厚生労働省が老人性認知症にかかっている患者とその家族のために設けた夜間介護制度。従来のデイケアとショートステイに加えるもの。

ナイト-ゲーム〘night game〙夜間試合。ナイター。⇔デーゲーム。

ナイト-ショー《和 night＋show》映画やショーなどで、通常の興行を終えたあと夜遅くに行う興行。深夜興行。レイトショー。

ナイト-テーブル〘night table〙ベッドのわき机。

ナイトメア〘nightmare〙❶恐ろしい夢。悪夢。❷夢魔。

ナイト-ラッチ〘night latch〙内側からは、ノブに付いているつまみを回したりボタンを押したりするだけで施錠し、外側からは鍵を使う方式のドアの錠。

ナイトロジェン-マスタード〘nitrogen mustard〙制癌剤の一つで、白血病などに有効。マスタードガスから作られる。

ない-ない【内内】㊀〘名・形動〙❶表立てないでひそかに、また、非公式に事を行うこと。また、そのさま。内密。うちわ。「―の約束」「―に処理する」❷物事の内部、内側。「―の館のありさま」〈平家・四〉㊁〘副〙❶表面に出さないさま。ひそかに。内密に。うちわに。「私にだけ―知らせてくれた」❷心の中でひそかに思うさま。内心では。心の中では。「遭難したのではないかと―心配していた」 類語 隠密・極秘・厳秘・丸秘・機密・枢密・天機・機事・密事・秘事・暗部・隠し事・秘め事・密か事・内証・秘中の秘・密か・内緒・内密・内分・内聞・秘密・内内・内輪・遠慮・内部・こっそり・内幕・内裏・内情・内実・ひそか・忍びやか・そっと

ない-ないじん【内内陣】神社本殿の最も奥の、神体を安置する所。また、神体を安置する殿内の小祠。

ないない-づくし【無い無い尽(く)し】あれもない、これもないといった状態。なにもないこと。ないものだらけ。「―の耐乏生活」

ない-ないてい【内内定】《「内定前の内定」の意》就職を希望する新規学卒者などに対して企業が出す非公式の採用予定通知。 補説 経団連の倫理憲章で、採用活動は最終学年に入ってから、内定通知は10月1日からと定められているため、4月から9月までは「内内定」となる。

ない-にゅう【内乳】種子内で、胚が生長を開始して芽生えるまで、胚の栄養源となるでんぷん・たんぱく質・脂肪などを蓄えている組織。内胚乳。

ない-ねん【内燃】ガソリン・重油などの燃料をシリンダーの中で燃焼させ、爆発させること。

ないねん-きかん【内燃機関】内燃によって得た熱エネルギーを機械的仕事に変換させる装置。ガソリン機関・ディーゼル機関・ジェット機関・ガスタービンなど。⇔外燃機関。

ないねんきかん-ゆ【内燃機関油】内燃機関で、軸受けなどの摩擦部の潤滑剤として用いる油。

ないねん-でんどうしゃ【内燃電動車】内燃機関を動力とする鉄道用車両。ディーゼルカーなど。内燃動車。

ない-はいよう【内×胚葉】多細胞動物における発生の途中でできる胚葉の一。初期の嚢胚期の最も内側の細胞層。のちに、消化管の主要部分やその付属腺、呼吸器などが形成される。

ない-はつ【内発】〘名〙スル 外部からの刺激によらずに、内部から自然に生じること。「―する社会変革」

ないはつ-てき【内発的】〘形動〙外からの働きかけによらずに、内部から自然に起こるさま。「―な改革」

ないばつ-てき【内罰的】〘形動〙失敗したときや思うようにならなかったときに、攻撃を自分に向け、みずからを責める傾向があるさま。自罰的。「―な性格」⇔外罰的 ⇒無罰的

ない-ばら【ない腹】無き腹、または、泣き腹の変化した語か。

ない腹を立・つ　一時の怒りに立腹する。または、泣いて立腹する。「その随身の、やがて馬の上にて、―・ちて見かへるままに」〈大鏡・伊尹〉

ない-はん【内反】〘名〙スル 医学で、足などが正中線の側に反っていること。

ないはん-しつ【内反▽膝】両下肢が外側に湾曲し、両ひざがくっつかないような状態になっているもの。O脚。

ないはん-そく【内反足】足首の関節の異常などで、足の裏が内側を向いて外側部だけが地についているもの。先天性のものが多い。内翻足。⇔外反足。

ない-ひ【内皮】❶物の内側の皮。⇔外皮。❷脊椎動物の血管・リンパ管などの内腔表面を覆う1層の扁平な上皮細胞群。一般に透過性があり、毛細血管では血液成分などが出入りする。❸植物の根・茎・葉の皮層の最も内側にあり、中心柱を取り巻く1層の細胞からなる組織。

ない-ひょう【内評】内々の評判・批評など。

ない-ふ【内府】内大臣の別称。だいふ。

ナイフ〘knife〙❶洋式の小刀。「飛び出し―」「ペティ―」❷特に、洋食の際に食卓で用いる小刀。

ない-ぶ【内部】❶物の内側の部分。「―のようすをうかがう」⇔外部。❷組織などに属する範囲内。「会社の―で対立がある」⇔外部。 類語 (❶)中・内・内側・内方・内面・内奥・奥・間・胸/(❷)部内・内輪・インサイド

ナイフ-エッジ〘knife edge〙ナイフの刃のように鋭くとがった稜線。

ないぶ-エネルギー【内部エネルギー】物体内部の状態だけで決まるエネルギー。物体を構成する分子や原子の運動エネルギーと、その相互作用による位置エネルギーとの総和。

ないぶ-かんさ【内部監査】(会計士や企業外の監査人による外部監査に対し)企業内部に経営者に直結して置かれる職務。経営諸活動が合法的・合理的に行われているかを検討・評価して問題点を指摘し、効率の高い経営を提案する。 補説 日本内部監査協会が内部監査人の資格試験を実施している。

ないぶ-きおくそうち【内部記憶装置】《internal storage》▶主記憶装置

ないぶ-きせい【内部寄生】寄生虫が宿主である生物体内の消化管・筋肉などに寄生すること。内寄生。⇔外部寄生。

ないぶ-きんゆう【内部金融】企業が経営活動に必要な資金を企業内部で調達すること。主として内部留保と減価償却による資金を源泉とする。自己金融。⇔外部金融。

ない-ふく【内服】〘名〙スル 薬を飲むこと。内用。「胃腸薬を毎食後―する」 類語 服用・服薬・内用・頓服

ない-ふく【内福】〘名・形動〙見かけよりも内実が豊かなこと。内証の裕福なこと。また、そのさま。「―な人」「―の聞えある男爵家の」〈魯庵・破垣〉

ないふく-やく【内服薬】経口投与により用いられる薬。飲み薬。内用薬。

ないぶ-けいざい【内部経済】企業自体の設備投資や経営能力の向上などによって生産費が低下し利益を得ること。⇔外部経済。

ないぶけんせい-そしき【内部×牽制組織】企業などで不正・誤謬の発生を事前に防止するために、一つの会計処理・事務処理を二人以上に分割して担当させ、自動的に照合するように仕組んだ組織。

ないぶ-こうさく【内部工作】事をおおやけにするに先立ち、内々に意見を取りまとめること。「―に乗り出す」

ないぶ-こうでんこうか【内部光電効果】▶光伝導

ないぶ-こくはつ【内部告発】組織内の人間が、その組織で行われている不正・違法な行為を、監督官庁や報道機関などの外部に知らせること。 補説 内部告発をした労働者を解雇、左遷、降格などの処分から保護するため「公益通報者保護法」が平成18年(2006)施行された。

ないぶ-さいぼうかい【内部細胞塊】《inner cell mass》哺乳類の発生の初期の段階で、胚盤胞の内部に形成される細胞群のこと。外側の細胞は胎盤になり、この内部の細胞塊が生物の本体となる。これを取り出して培養することでES細胞を樹立することができる。ICM。

ないぶしゃ-とりひき【内部者取引】▶インサイダー取引

ないぶ-しょうがい【内部障害】内臓機能の障害。心臓・腎臓・呼吸器・膀胱・直腸・小腸・肝臓の機能障害とHIVによる免疫機能障害の総称。糖尿病なども含まれ、見た目には健康な人と変わりがないため、誤解されやすい。

ないぶ-せい【内部生】大学や高等学校などで、付

属学校から進学した学生・生徒。内進生。⇔外部生。

ない-ぶつ【内仏】❶寺院で、本堂以外の私房に安置した仏像。❷在家で、居室に安置した仏像。持仏。

ないぶ-ていこう【内部抵抗】電池の内部、真空管のプレート、電源・電流計・電圧計の端子間などに存在する抵抗。内抵抗。

ないぶ-とうせい【内部統制】企業や行政機関などにおいて、業務が適正かつ効率的に遂行されるように組織を統制するための仕組み。組織内で不正・違法行為・ミスの発生を防止し、組織が有効に運営されるように、業務に関する規則・基準・プロセスを規定・運用するとともに、内部統制やリスクの評価を継続的に行うことなどにより確立される。情報システムの構築などITへの対応も求められる。1990年代に米国で内部統制の重要性が提唱されるようになり、主として投資家保護のため財務報告の適正化を目指して法制化された。日本では、会社法・金融商品取引法などに幅広く規定されている。➡コンプライアンス ➡コーポレートガバナンス

ないぶとうせい-ほうこくせいど【内部統制報告制度】財務報告の信頼性を確保するため、企業に内部統制の強化を求める制度。金融商品取引法に基づき、平成20年(2008)から導入された。

ないぶ-ひばく【内部被×曝】体内に取り込まれた放射性物質による被曝。汚染された飲食物を経口摂取したり、放射性の粉塵を肺に吸い込んだりするほか、傷口から血液中に取り込まれることなどが考えられる。放射線の到達距離が短いα線とβ線が人体に悪影響をもたらす。一方、人体表面からの被曝を外部被曝という。体内被曝。

ないぶ-まさつ【内部摩擦】物質内部の各部分に働く運動摩擦。流体では、流速の大きい部分と小さい部分との間に生じる抵抗、すなわち粘性としてあらわれ、固体では結晶粒子間のかみ合いによる摩擦をいう。

ナイフ-リッジ〖knife ridge〗ナイフの刃のように鋭く切り立った尾根。

ないぶ-りゅうほ【内部留保】企業の利益金額から配当金・役員賞与金・租税などの社外流出分を除いた部分を社内に留保すること。また、その金額。法律で定められた利益準備金と、企業の自由意思による任意積立金などがある。社内留保。

ない-ふん【内紛】内部での争い。うちわのもめごと。内訌。「社内の—に巻き込まれる」〘類語〙内輪もめ・喧嘩・諍い・言い合い・口論・いがみあい・角突き合い・揉め事・悶着・いざこざ・ごたごた

ない-ふん【内憤】内心のいきどおり。心中の怒り。

ない-ぶん【内分】〔名〕スル ❶表沙汰にしないでおくこと。内聞。「事件を—にする」❷線分上に点をとり、その線分をある比に分けること。「線分ABを—する点C」⇔外分。〘類語〙内緒・内密・内聞・内内・内内・遠慮・内部・こっそり・内幕・内裏・内輪・内情・内実・ひそか・忍びやか・そっと・秘密

ない-ぶん【内文】内印を押した公式文書。うちぶみ。➡外文

ない-ぶん【内聞】〔名〕スル ❶内々に聞くこと。非公式に身分の高い人の耳に入ること。「—に達する」❷表沙汰にしないこと。内分。「御—に願います」〘類語〙内緒・内密・内分・内内・内内・内輪・遠慮・内部・こっそり・内幕・内裏・内情・内実・ひそか

ない-ぶんぴ【内分泌】▶ないぶんぴつ(内分泌)

ない-ぶんぴつ【内分泌】生体内の分泌腺が分泌物を直接に血液などの中へ出すこと。ないぶんぴ。⇔外分泌。

ないぶんぴつかくらん-かがくぶっしつ【内分泌×攪乱化学物質】▶環境ホルモン

ないぶんぴつかくらん-ぶっしつ【内分泌×攪乱物質】▶環境ホルモン

ないぶんぴつ-きかん【内分泌器官】▶内分泌腺

ないぶんぴつ-せん【内分泌腺】導管がなく、分泌物(ホルモン)を血液・体液・リンパ中に放出する腺。脊椎動物では脳下垂体・甲状腺・副甲状腺・副腎・膵臓のランゲルハンス島・精巣・卵巣などがある。⇔外分泌腺。

ないへい-せい【内閉性】自分自身の内に閉じこもり、現実世界に背を向ける傾向。自閉性。

ない-へき【内壁】内側の壁。また、壁の内側。「胃の—」⇔外壁。

ない-へん【内辺】うちがわ。内面。⇔外辺。

ない-へん【内変】内部の変化。また、国内の変事。

ない-へん【内編｜内×篇】主に漢籍で、著者が言おうとする要旨を述べた中心部分。⇔外編。

ない-べん【内弁｜内×辨】即位や朝賀などの節会の際、承明門内で諸事を取り計らった公卿。➡外弁

ない-ほう【内方】❶内部のほう。うちがわ。⇔外方。❷(「内宝」とも書く)他人の妻を敬っていう語。内儀。内室。うちかた。「高砂歌う礼式さえすれば、夫で女は御—様になり」〈露伴・寝耳鉄砲〉〘類語〙内部・中・内面・内側・間・胸・内・内奥

ない-ほう【内包】〔名〕スル ❶内部にもっていること。「多大のリスクを—する計画」❷論理学で、概念が適用される事物に共通な性質の集合。例えば、学者という概念の内包は「学問の研究者」など。⇔外延。〘類語〙含む・含有・包含・内含・包括・包蔵・包摂

ない-ほう【内法】❶(ﾗﾞ)内側の寸法。うちのり。❷(ﾗﾞ)仏語。他の宗教に対し、仏法。⇔外法。

ない-ほう【内報】〔名〕スル 内々に知らせること。また、その知らせ。「関係者に結果を—する」

ないほう-りょう【内包量】温度や速度のように、加え合わせても意味のない量。⇔外延量。

ナイポール〖Vidiadhar Surajprasad Naipaul〗［1932〜　］英国の小説家。トリニダード・トバゴ出身、インド系移民の子。西インド諸島のインド系社会の貧困と混迷を描いた「ビスワス氏の家」は代表作。現代社会の精神的荒廃と複雑な政治的現実を独自な視点で描いた作品で知られる。2001年ノーベル文学賞受賞。他の作に「自由国家で」「暗い河」など。

ないほろ【内幌】ロシア連邦の町ゴルノザボーツクの、日本領時代の名称。

ないほん-そく【内翻足】▶内反足

ない-まく【内幕】外部には知られていない内部の事情。うちまく。「—を暴露する」

ない-まく【内膜】体内器官の内側の膜。

ない-まぜ【×綯い交ぜ】❶種々の色糸をより合わせて、紐などをなうこと。❷いろいろのものをまぜ合わせて一緒にすること。「虚実を—にして語る」❸歌舞伎に用いる鉢巻きの一。丸ぐけの緒を縄のようになったもの。荒事の奮闘の場面などに用いる。❹歌舞伎で、時代や人物などの異なった二つ以上の在来の筋を絡ませて1編の脚本に仕立てること。また、その脚本。

ない-ま-ぜる【×綯い交ぜる】〔動ザ下一〕図なひま・ず〔ザ下二〕❶種々の色糸をより合わせて紐などにする。「五色の糸を—・ぜる」❷質の違うものをまぜ合わせる。「和洋中を—・ぜた料理」

ナイマン〖Naiman〗10〜13世紀に、中央アジアのアルタイ山脈地方で遊牧したトルコ系部族。モンゴル軍によって1218年に滅亡。

ない-み【内見】江戸時代、代官が検見を実施する以前に、村役人があらかじめ収穫量の調査を行ったこと。ないけん。

ない-みつ【内密】〔名・形動〕表沙汰にしないこと。また、そのさま。内緒。「—に事を運ぶ」〘類語〙隠密・極秘・厳秘・丸秘・機密・枢密・天機・機事・密事・秘事・暗部・隠し事・秘め事・密か事・内証・事・秘中の秘・密か・内緒・内分・内聞・秘密・内内・内内・内輪・内部・こっそり・内幕・内裏

ない-みょう【内明】五明の一。仏教の教理を研究する学問。内術。

ない-みょうぶ【内命婦】律令制で、五位以上の位階を持つ女官の称。特定の職掌はないが、儀式などに参加した。ひめもうちぎみ。➡外命婦

ない-む【内務】❶国内の政務。⇔外務。❷地方行政・警察・土木・衛生などに関する政務の総称。内務行政。❸軍隊で、日常生活に関する室内での仕事。

ないむ-きょう【内務×卿】明治18年(1885)の官制改革以前の内務省の長官の称。

ないむ-しょう【内務省】第二次大戦前の中央行政官庁。警察・地方行政・土木などの内務行政を統轄した。明治6年(1873)設置、昭和22年(1947)廃止。

ないむ-だいじん【内務大臣】内務省の長官。内相。

ないむ-はん【内務班】旧日本陸軍で、平時における隊内起居生活の最小単位。30〜40名からなり、班長は軍曹または伍長。中隊長の直接指揮下に置かれた。

ない-めい【内命】〔名〕スル 内々に命令すること。また、その命令。「—を帯びる」「係官に調査を—する」

ナイメックス〖NYMEX〗《New York Mercantile Exchange》ニューヨークマーカンタイル取引所。米国のニューヨークにある世界最大規模の商品先物・オプション取引所。1872年にニューヨークバターチーズ取引所として創設。2008年にCME(Chicago Mercantile Exchange)グループに買収された。

ない-めん【内面】❶物の内側の面。⇔外面。❷精神・心理に関する面。心の中。「—の動揺を隠す」⇔外面。〘類語〙内部・内側・内方・内奥・胸・精神

ないめん-けんさくばん【内面研削盤】円筒状の工作物の内面を研削して仕上げる工作機械。

ないめん-せいかつ【内面生活】精神的な面、心理的な面からみた人間の生活。精神生活。

ないめん-てき【内面的】〔形動〕❶物事の内部・内容に関するさま。「家庭の—な事情」⇔外面的。❷精神・心理に関するさま。内的。「人間の—な側面を描く」⇔外面的。

ないめん-びょうしゃ【内面描写】小説などで、人物の心理や感情の動きなどを描くこと。

ない-もうこ【内蒙古】モンゴル高原東部、ゴビ砂漠以南の地域。うちもうこ。

ないもうこ-じちく【内蒙古自治区】▶内モンゴル自治区

ないもの-ねだり【無い物強=請り】ない物を欲しがること。実現できないことを無理に望むこと。

ない-や【内野】❶野球で、一塁・二塁・三塁・本塁を結ぶ直線で囲まれた四角形の区域。インフィールド。ダイヤモンド。⇔外野。❷「内野手」の略。

ないや-あんだ【内野安打】野球で、内野に飛んだ打球がヒットになったもの。

ない-やく【内約】〔名〕スル 内々に約束をすること。また、その約束。「次期の昇格を—する」〘類語〙密約・黙約・黙契・約束・取り決め・申し合わせ・契り・誓い・固め・指切り・約・約定・契約・協約・協定・結約・盟約・誓約・確約・公約・口約・アポイントメント

ないやく-し【内薬司】律令制で、中務省に属し、宮中の薬・香の管理・調合などをつかさどった役所。うちのくすりのつかさ。

ないや-しゅ【内野手】野球で、内野の守備をする選手。一塁手・二塁手・三塁手・遊撃手の四人。インフィールダー。⇔外野手。

ないや-せき【内野席】野球場で、一塁・三塁・本塁側に設けた観覧席。⇔外野席。

ない-ゆ【内諭】表沙汰にしないで、内々でさとすこと。また、そのさとし。

ない-ゆう【内憂】国や組織などの内部にある心配事。内部の難儀。内患。⇔外憂。

ないゆう-がいかん【内憂外患】国内にある心配事と外国から受ける心配事。「—こもごも至る」

ない-よう【内用】〔名〕スル ❶内々の用事。❷「内服」に同じ。「漢方薬を—する」〘類語〙服用・服薬・内服・頓服

ない-よう【内洋】大部分を陸地に囲まれる海。内海。⇔外洋。

ない-よう【内容】❶容器や包みなどの、中に入っているもの。なかみ。「手荷物の—を申告する」❷物事を成り立たせているなかみ。実体。実質。「試合の—に不満が残る」❸文章や話などの中で伝えようとして

いる事柄。意味。「手紙の―」「―のない番組」❹哲学で、事物や事象を成立させ、また、表面に現れている実質・意味。⇔形式。
〔類語〕(❶)中身なかみ・正味・内訳・品目・コンテンツ/(❷)中身・実質・実体・内実・実じつ/(❸)趣おもむき・旨むね・趣旨しゅし・趣意・要旨

ないよう-きょうか【内容教科】―ケウクワ 社会科・理科のように、知識内容の学習を主とする教科。⇔用具教科。

ないよう-しょうめい【内容証明】郵便物の特殊取扱の一。書留郵便物の謄本を郵便局が保存し、文書の内容や差出人・受取人・差出日を証明する。相手に意思を表明した証拠が必要なときなどに利用される。➡特殊取扱郵便

ないようしょうめい-ゆうびん【内容証明郵便】―イウ 内容証明の取り扱いをする郵便。また、その郵便物。

ないよう-び【内容美】芸術作品で、思想・感情など、内容的側面の美。⇔形式美。

ないよう-みほん【内容見本】書籍などの広告で、実物の一部を示してあるパンフレット。

ないよう-やく【内用薬】「内服薬」に同じ。

ない-よりあい【内寄合】―あひ 江戸時代、寺社・町・勘定の各奉行が月3回月番の役宅に集まり、事務連絡や公事訴訟の審判を行ったこと。うちよりあい。

ない-ら【内羅】馬の内臓の病気。転じて、猫などについても言う。

ないらい-し【内礼司】律令制で、中務なかつかさ省に属し、宮中の礼儀や非違の検察をつかさどった役所。うちのいやのつかさ。

ない-らん【内乱】❶国内の騒乱。❷一国内において、政府の転覆を目的とする反政府勢力と政府側とによって行われる武力闘争。〔類語〕内戦・革命

ない-らん【内覧】〔名〕スル ❶内々で見ること。「重要書類を―する」❷平安時代以降、太政官から天皇に奏上する文書を、摂政・関白または宣旨を受けた大臣が前もって読んで処置すること。

ないらん-ざい【内乱罪】政府の転覆など、国家の基本的組織を不法に変革・破壊する目的で暴動を起こす罪。刑法第77条が禁じ、首謀者は死刑または無期禁錮に、共謀者・煽動者は無期または3年以上の禁錮に、その他の職務の者は1年以上10年以下の禁錮に、単なる参加者は3年以下の禁錮に処せられる。〔補説〕内乱が成功すれば革命となり、裁くことはできない。また、過去には軍法で処断された五・一五事件、二・二六事件を含め、本罪が適用された例は一つもない。オウム真理教による事件の際も、適用を求める意見があったが見送られた。

ないらんとうほうじょ-ざい【内乱等×幇助罪】ナイラントウハウジョー 内乱罪にあたる行為を助けるため、兵器・資金・食糧の供給などをする罪。刑法第79条が禁じ、7年以下の禁錮に処せられる。内乱幇助罪。

ないらん-の-せんじ【内覧の宣旨】内覧を許す旨を申し付ける宣旨。

ないらんほうじょ-ざい【内乱×幇助罪】ナイランハウジョー ➡内乱等幇助罪

な-いり【名入り】物に名前を印刷したり染めたりすること。また、そのもの。「―の手帳」

ないり【▽泥▽梨┊▽泥×黎】《梵 nirayaの音写》仏語。地獄。奈落ならく。奈利なり。

ない-りく【内陸】陸地の、海から遠く離れた地域。「東北地方―部」〔類語〕陸おか・陸りく・陸地・大陸

ないりく-うんが【内陸運河】川船用の運河。速度の遅い、喫水の浅い船を通す。

ないりく-かせん【内陸河川】内陸にあって、海に注がない川。多くは内陸湖に注ぎ、乾燥地帯では末無し川となるものもある。ボルガ川・タリム川など。

ないりく-こ【内陸湖】➡無口湖むこうこ

ないりく-こく【内陸国】内陸にあり、海岸をもたない国。内陸国は沿岸国と同等の条件で公海の自由を享有するため、海岸との間にある国との合意により、その国の領域を自由に通過することができる。オーストリア・スイスなど。

ない-りょく【内力】❶物体系・質点系の内部で、各質点間に働く力。❷➡応力おうりょく

ないりん-ざん【内輪山】中央火口丘のこと。外輪山の内側にあるのでいう。

ない-リンパ【内リンパ】内耳の膜迷路の中を満たす液。

ナイル-がわ【ナイル川】―がは アフリカ東部を流れる世界最長の大河。ブルンジ・タンザニア近辺に源を発し、ビクトリア湖・アルバート湖を経て北流する白ナイルと、エチオピア高原のタナ湖に源を発する青ナイルとが、スーダンのハルツーム付近で合流、エジプトに大三角州を形成して地中海に注ぐ。全長6690キロ。定期的な増水は流域をうるおし、古代エジプト文明を生み、「エジプトはナイルの賜物」と称された。

ナイル-グリーン〖Nile green〗ナイル川の色のような、青白い緑色。

ナイル-わに【ナイル×鰐】クロコダイル科のワニ。全長7メートルに達する。アフリカ大陸とマダガスカル・コモロ・セーシェル諸島の河川・湖沼に分布し、人畜を襲うこともある。古代エジプトでは神の使者とされた。

な-いれ【名入れ】商品に、贈る相手の姓名や持ち主の姓名などを入れること。「―ライター」「―本」

ナイロビ〖Nairobi〗ケニア共和国の首都。標高1798メートルの高原にある。東アフリカの政治・経済・文化の中心で、国際航路の要地。付近にナイロビ国立公園(野獣保護区)がある。人口、行政区295万(2006)。

ナイロン〖nylon〗ポリアミド系合成繊維の総称。絹に似た光沢があり、耐久性は勝るが、熱に弱い。アジピン酸とヘキサメチレンジアミンとの縮重合によって得られるものと、カプロラクタムの開環重合によるものがある。1935年に米国のカロザースが発明。衣料などのほか、成形品にも用いられる。もと商品名。

ない-ろんぎ【内論議】➡うちろんぎ(内論議)

ない-わ【内話】外交官などの非公式な会話。

ない-わくせい【内惑星】太陽系のうち、地球軌道の内側を公転している惑星。水星と金星。内遊星。⇔外惑星。

ない-わん【内湾】幅に対して奥行の大きい湾。

ナイン〖nine〗❶数の9。九つ。❷《1チーム九人で試合をするところから》野球のチーム。また、その一チームを構成する選手。「ベスト―」

ナイン〖ドイツ nein〗〔感〕いいえ。いや。

ナイン-イレブン〖nine eleven〗アメリカ同時多発テロ事件のこと。2001年9月11日に発生したことから。

ナウ〖NOW〗《National Organization for Women》全米女性機構。ウーマンリブの代表的組織。1966年結成。

な・う【×綯う】なふ〔動ワ五(ハ四)〕糸やひもなどを1本により合わせる。あざなう。よる。「縄を―・う」〔可能〕なえる〔類語〕縒よる

ナウ〖now〗〔形動〕❶現代的な感覚があふれていて新鮮であるさま。「―なスタイル」❷《「なう」と書く》ツイッターなどのマイクロブログに投稿される、ごく短い文の末尾によく用いられる言葉。インターネットスラングの一つで、自分が現在いる場所や置かれた状況を表す場合に使われる。「東京駅なう」は「私はいま東京駅にいます」という意味になる。

なう なふ〔助動〕[なは(のへ)|○|な|なへ|○|なへ]《上代東国方言》活用語の未然形に付く。打消しを表す。…ない。「まかなしみ寝ぬれば言ことに出ださ寝なへば心の緒ろに乗りてかなしも」〈万・三四六六〉〔補説〕語源については、打消しの助動詞「ず」の未然形の古い形「な」に接尾語「ふ」の付いたものとも、同じく連体形に接尾語「あふ」の付いたものともいう。

な・う なふ〔接尾〕《動詞五(四)段型活用》名詞、形容詞の語幹などに付いて動詞をつくり、その行為をするという意を表す。「あき―・う(商う)」「に―・う(荷なう)」「あま―・う(甘なう)」

ナウ・い〔形〕《「ナウnow」の形容詞化》いかにも現代的である。当世風で格好がいい。「―・い服装」

ナウエルワピ-こくりつこうえん【ナウエルワピ国立公園】―コクリツコウヱン《Parque Nacional Nahuel Huapi》アルゼンチン中西部、リオネグロ州にある国立公園。100キロメートル以上の長さがある氷河湖のナウエルワピ湖や、カテドラル山をはじめとするアンデス山脈の山々を擁す。

ナウ-かんじょう【NOW勘定】―カンヂヤウ《negotiable order of withdrawal account》米国の譲渡可能貯蓄預金。小切手振り出しが可能な貯蓄預金。

なうけ-にん【名請人】江戸時代、領主から耕作地の所持を認められ、年貢負担者として検地帳にその名を登録された農民。高請人。竿請さおうけ人。

ナウス〖Knowth〗➡ノウス

な-うて【名うて】名高いこと。ある方面で有名なこと。「―の剣客」「―の相場師」〔類語〕有名・知名・著名

ナウプリウス〖ラテン nauplius〗➡ノープリウス

ナウマン〖Edmund Naumann〗[1850〜1927]ドイツの地質学者。明治8年(1875)日本政府に招かれて来日、同18年帰国まで東大で地質学を教授。日本列島の地質構造を調査し、フォッサマグナによって東北日本と西南日本に分け、西南日本を中央構造線によって内帯・外帯に分けた。

ナウマン-ぞう【ナウマン象】―ザウ 第四紀更新世後期に栄えたゾウの一種。中国から日本にかけての温帯地域に生息し、化石が日本各地から発見される。肩高約3メートル、牙は長さ約2メートルで湾曲し、前肢が太い。名はE=ナウマンにちなむ。

ナウムブルク〖Naumburg〗ドイツ中東部の都市。正式名称はナウムブルク-アン-デア-ザーレ。1949年から1990年まで旧東ドイツに属した。中世より交通の要衝、15世紀にハンザ同盟に加盟した。ロマネスク様式からゴシック様式への移行期に建造された大聖堂をはじめ、歴史的建造物が数多く残っている。

ナウムブルク-だいせいどう【ナウムブルク大聖堂】―ダイセイダウ《Naumburger Dom》ドイツ中東部、ザクセン-アンハルト州の都市、ナウムブルクにある大聖堂。正式名称は聖ペーターとパウル教会。創建は11世紀。ロマネスク様式からゴシック様式への移行期にあたる教会建築として知られる。13世紀に制作された寄進者の等身大の石像が有名。

な-うら【名裏】「名残なごりの裏」の略。

ナウル〖Nauru〗南太平洋の共和国。首都ナウル。赤道の南にあり、サンゴ礁のナウル島を占める。第二次大戦後イギリス・オーストラリア・ニュージーランドの信託統治領となり、1968年に独立。燐りん鉱石を産し輸出していたが枯渇しつつある。人口1万(2010)。

なえ【苗】なへ ❶種から芽を出して間のない草や木。定植前の草木。❷稲の苗。さなえ。〔類語〕苗木・早苗

なえ【萎え】力が抜けて自由がきかなくなること。なえること。「足の―」「気力の―」〔補説〕「あしなえ」「てなえ」の「なえ」は、歴史的かなづかいが「なへ」であり、意味も足や手の運用が自由でないことの意で「萎え」とは異なるが、後世混同された。

な-え ―へ〔連語〕《「な」は「の」の意の格助詞で、「へ」は「うへ(上)」の音変化とも。上代語》接続助詞的に用いられ、上の事態と同時に他の事態も存在することを表す。…と同時に。…とともに。「雲の上に鳴きつる雁の寒き―萩の下葉はもみちぬるかも」〈万・一五七五〉

なえ-いみ【苗忌(み)】なへ― 種まき後、稲の苗を取ることを忌む期間。関東では42日間とする。42日目・49日目など特定の1日だけとする所も多い。

なえ-いろ【苗色】なへ― 染め色の名。薄い萌葱もえぎ色。

なえ-うち【苗打ち】なへ― 田植えをする田へ苗束を適当に投げて配ること。また、その役目。

なえ-うり【苗売り】なへ― 初夏に植える野菜や草花の苗を売り歩く人。〔季 夏〕「寺の門出て―に逢へりけり/万太郎」

なえ-ぎ【苗木】なへ― 樹木の苗。移植するために育てた幼い木。〔類語〕苗・早苗

なえ・ぐ【×蹇ぐ】なへ―〔動ガ四〕足が悪くて自由に歩けなくなる。「年老いて力少なし。足―・ぎて歩き難し」〈三宝絵・上〉

なえ-じゃく【苗尺】►苗印

なえ-しょうぞく【萎装束】►なえそうぞく

なえ-じるし【苗印┊苗▽標】種まき後の苗代に立てる木の枝や竹。苗の成長の物差しというが、本来は田の神の依代であった。苗尺・苗棒・苗忌竹・種たん棒・苗代男など、地方名称が多い。

なえ-しろ【苗代】►なわしろ

なえ-そうぞく【萎装束】糊を使わずに、柔らかな生地で仕立てた装束。平安末期から行われた強装束に対して従来のものをいう。うちなし。なえしょうぞく。

なえ-どこ【苗床】野菜・草花・樹木などの苗を育てるためにつくった場所。土をよく耕し、種子が発芽しやすい条件を整えた所。(季 春)「一の地虫を箆ではねにけり/虚子」

なえとり-うた【苗取り歌】苗代で育てた苗を田植え用に抜き取るときに歌う民謡。

なえ-なえ【萎え萎え】〔副〕スル 着古してくたくたになっているさま。また、力なくぐったりしているさま。「一した烏帽子をかけて」〈芥川・芋粥〉

なえ-に〔連語〕《連語「なえ」+格助詞「に」》「なえ」に同じ。「うぐひすの音聞く一梅の花我家の園に咲きて散る見ゆ」〈万・八四一〉(補説)主として上代に用いられ、中古以降は和歌の中で用いられた。

なえば-さん【苗場山】新潟・長野県境にある火山。標高2145メートル。東麓にスキー場がある。なえばやま。

なえ-はた【苗畑】苗木を育てる畑。

なえ-ば・む【萎えばむ】〔動マ四〕衣服などがくたくたになる。また、糊が落ちて柔らかになる。「うちとけ一・める姿に」〈源・野分〉

なえ-ぶね【苗舟】田植えのとき、深田で苗を運ぶ小舟。田植え舟。

なえ-ぼう【苗棒】►苗印

なえみ-だけ【苗▽忌竹】►苗印

なえ-やか〔形動ナリ〕「なよやか」に同じ。「一なる直垂の腰つき」〈延慶本平家・二末〉

な・える【萎える】〔動ア下一〕文な・ゆ〔ヤ下二〕❶体力や気力が衰えて弱る。「寝たきりで、手足が一・えてくる」「心が一・える」❷植物などがしおれる。しなびる。「草花が一・える」❸着古したり、糊が落ちたりして、衣服が柔らかくなる。「小倉袴の一・えたるを着て」〈蘆花・不如帰〉(類語)しおれる・しなびる・枯れる

なお【直】㊀〔形動ナリ〕まっすぐで、曲折のないさま。➡直直 ➡真直 ㊁〔副〕❶取り立てて言うべき事もないさま。ありきたりに。「天の下の色好みの歌にては、一ぞありける」〈伊勢・三九〉❷特に何もしないさま。そのまま。「かうやうに物もて来る人に、一しもえあらで」〈土佐〉

なお【▽猶┊▽尚】㊀〔副〕❶以前の状態がそのまま続いているさま。相変わらず。やはり。まだ。「今も一健在だ」「昼一暗い」❷状態や程度がいちだんと進むさま。さらに。もっと。いっそう。「君が来てくれれば一都合がいい」「会えば別れが一つらい」❸現にある物事に付け加えるべきものがあるさま。「一検討の余地がある」「一三日の猶予がほしい」❹(あとに「ごとし」を伴って)ちょうど。あたかも。「過ぎたるは一及ばざるがごとし」「御首は敷皮の上に落ちて、質は一坐せるが如し」〈太平記・二〉㊁〔接〕ある話の終わったあとで、さらに別のことを言い添えるのに用いる語。「一詳しくは後便にて申し上げます」(類語)㊀(❶)いまだ・いまだに・今なお・今もって・なおも・依然・相変わらず・やっぱり・なおかつ/(❷)更に・一層・もっと・ますます・いよいよ・より・もう少し・ずっと・余計・なおさら・一段と・弥が上に/(❸)もう/㊁但し・まだ・余計

猶あら◦じ　このままでは終わらすまい。このままでは済まされない。「うち嘆きて一◦じに弘徽殿の細殿に立ち寄り給へれば」〈源・花宴〉

な-おう【奈翁】《「奈」は「奈破崙」の略》ナポレオンのこと。

なおえ-かねつぐ【直江兼続】[1560～1619]安土桃山時代の武将。越後の人。山城守と称す。上杉謙信・景勝に仕え、名家老として知られた。慶長12年(1607)、活字によって刊行した「文選」61巻は直江版として著名。➡直江版

なおえ-じょう【直江状】直江兼続が慶長5年(1600)に徳川家康の家臣である西笑承兌に送った書簡。上杉家への上洛勧告に対する返書で、挑発的な内容であったことから、家康の会津征伐につながったとされる。実物は現存せず、後世の偽作ともいわれる。

なおえつ【直江津】新潟県上越市の地名。旧直江津市。日本海に面し、古くからの交通の要地。戦国時代には上杉氏の春日山城の城下町、江戸時代には高田の外港として発展。現在は工業が盛ん。

なおえ-ばん【直江版】直江兼続が慶長12年(1607)に刊行した「文選」のこと。南宋の「五臣注文選」に唐代の「李善注文選」を加えて「六臣注」としたもの。日本で初めて銅活字が用いられたといわれる。

なお-がき【▽尚書き┊▽猶書き】「なお」の語を書き出しにして、前文の内容などについての説明・条件・例外などを書き添えた文。「主文の末尾に一を付けて説明する」

(類語)備考・補足・但し書き・追って書き

なお-かし【▽猶かし】〔副〕《「かし」は強めを表す助詞》なおさら。ますます。いっそう。「未来は一覚束なや」〈浄・今宮の心中〉

なお-かつ【▽尚且つ】〔副〕❶その上さらに。その上また。「美しく、一頭がよい」❷それでもまだ。それでもやはり。「失敗しても一挑戦する」(類語)(❶)然も・その上・かつ・かつまた・おまけに・加うるに・のみならず・そればかりか・糅てて加えて・同時に・更に・あまつさえ・それに/(❷)矢張り・まだ・なお・いまだ・いまだに・今なお・今もって・なおも・依然・相変わらず

なおき-さんじゅうご【直木三十五】[1891～1934]小説家。大阪の生まれ。本名、植村宗一。「時事新報」に月評を執筆。のち、時代小説「南国太平記」で流行作家となり、大衆文学の向上に貢献。他に「荒木又右衛門」「楠木正成」など。

なおきさんじゅうご-しょう【直木三十五賞】「直木賞」の正式名称。

なおき-しょう【直木賞】直木三十五の業績を記念し、昭和10年(1935)菊池寛の提唱により創設された文学賞。毎年2回、大衆文学の新進・中堅作家に贈られる。直木三十五賞。➡芥川賞

なおき-まつたろう【直木松太郎】[1891～1947]野球指導者。京都の生まれ。慶大在学中に米国の野球規則を翻訳して出版。また、独自のスコア記録法を確立。慶大監督、東京六大学野球連盟規則委員を務め、野球ルールの基礎を築いた。

なお-さら【▽尚更】〔副〕物事の程度が前よりいっそう進むさま。ますます。いちだんと。「風がないので、一暑く感じる」

(類語)まして・いわんや・更に・余計・一層・もっと・ますます・いよいよ・より・も少し・もう少し・ずっと・余計・なお・一段と・弥が上に

なおざり【等=閑】〔形動〕文〔ナリ〕❶いいかげんにしておくさま。本気でないさま。おろそか。「一な練習態度」「子供のしつけを一にする」❷ほどほどで、あっさりしているさま。「よき人は、ひとへに好けるさまにも見えず、興ずるさまも一なり」〈徒然・一三七〉

(用法)**なおざり・ないがしろ**――「学業をなおざり(ないがしろ)にする」のように、いいかげんにする意では相通じて用いられる。◆「なおざり」は、きちんとすべきことを手を抜いていいかげんにするさまをいう。「なおざりに聞き流す」「なおざりにできない問題」◆「ないがしろ」は大切にすべきものを粗略に扱う、また無視するさまをいう。「親をないがしろにする」のように用いる。◆類似の語「ゆるがせ」は「なおざり」と同じく、手を抜いておろそかにするさま。「一刻もゆるがせにできない」のように用いる。

(類語)おろそか・ゆるがせ・仮初

なおざり-ごと【等=閑事】いいかげんなこと。「心とまりぬべきをも強ひて一にしなして」〈源・蛍〉

なおし【直し】❶ゆがみや誤りなどを正しくすること。また、こわれたものを、もとどおりにすること。「カメラを一に出す」❷器物の修理をする職種。また、その人。「錠前一」❸「直し酒」の略。「一を一杯ごちそうになるか」〈志賀・暗夜行路〉❹「直し味醂」の略。❺「色直し」の略。❻江戸時代の遊里で、客がさらに時間を延長して遊ぶこと。ふつう「お直し」の形で用いる。

(類語)改修・繕う・修繕・修理・修復・修正・手直し

なおし【直=衣】►のうし

なお・し【直し】〔形ク〕《「なお(直)」の形容詞化》❶まっすぐである。ゆがんでいない。「この国は一・く日の出づるかたに向けり」〈景行紀〉❷素直である。正直である。「一・き誠の心を以ちて」〈続紀・文武〉❸尋常である。普通である。「目も鼻も一・しと覚ゆるは、心のなしにやあらむ」〈源・総角〉❹平らである。「荒畠といふものの、土うるはしうも一・からぬ」〈枕・一四四〉

なお-し【▽猶し┊▽尚し】〔副〕《「し」は強めを表す助詞》❶それでもやっぱり。依然として。「橘は花にも実にも見つれどもいや時じくに一見がほし」〈万・四一一二〉❷ますます。いっそう。「鳥の飛ぶよりも、一疾く飛びに行くに」〈今昔・一〇・三四〉❸(あとに「ごとし」を伴って)あたかも。まるで。「汝を守る事、一眼精を守るが如くなり」〈今昔・一七・一七〉

なおし-ざけ【直し酒】腐りかけた酒や下等な酒を加工して、普通の酒のように直したもの。

なおし-た・つ【直し立つ】〔動タ下二〕もとの地位に戻す。「一・て給ひて御心地すずしく思しける」〈源・澪標〉

なおし-どころ【直し所】❶直し改めるべき点。欠点。「さ一なく誰も物し給ふめれば」〈源・若菜上〉❷直すだけの値うち。「心もとなくとも、一ある心地すべし」〈源・帚木〉

なおし-ばい【直し灰】酒の腐敗をなおすのに用いる灰。本石灰1斗に豊後灰4升をまぜて炒り、湿りを加える。

なお-しま【直島】香川県中北部、瀬戸内海にある島。岡山県玉野市に近接する。銅・硫酸などの製錬所がある。

なおしま-しょとう【直島諸島】香川県高松市と岡山県玉野市の間の瀬戸内海に点在する27の島々の総称。井島の一部以外は香川県香川郡直島町に属する。

なおし-みりん【直し味×醂】みりんに焼酎またはエチルアルコールを加えた甘い酒。柳蔭。本直し。

なお-しも【▽猶しも】〔副〕《「しも」は強めを表す助詞》ますます。いっそう。「吉野山一奥に花さかば又あくがるる身とやなりなん」〈新勅撰・恋五〉

なおし-もの【直し物】❶ものを直すこと。また、直さなければならないもの。つくろいもの。❷除目のあと、召名などの誤りを改める儀式。

なお・す【直す】〔動サ五(四)〕❶もとの良好な状態に戻す。㋐もとのようすに復させる。「気分を一・す」「化粧を一・す」㋑もとどおりに役立つようにする。修復する。「故障を一・す」「雨漏りの箇所を一・す」㋒(ふつう「治す」と書く)病気やけがを回復させる。治療する。「頭痛を一・す薬」「虫歯を一・す」❷良好な状態に改める。㋐好ましいようすに整える。「枝ぶりを一・す」「姿勢を一・す」㋑適切なものに改める。正す。「誤記を一・す」「条文を一・す」㋒より上位の位置に移し据える。「下座から上座に一・す」❸別の状態に変える。㋐対応するものと置き換える。「英文を和文に一・す」「新字体に一・す」「メートル法に一・す」㋑別様のものに整えかえる。「コートをジャンパーに一・す」「進路に沿って向きを一・す」❹㋐能の型で、横に向いた位置から、正面に向き直る。㋑浄瑠璃で、他の音曲から取り入れた節(謡・歌など)を浄瑠璃本来の節に戻す。また、二上りや三下りを本調子に戻す。㋒歌舞伎で、開幕の合図に狂言方が拍子木を二つ打つ。これをきっかけに開幕の下座音楽が始まる。❺(動詞の連用形に付いて)もっとよくなるように、改めてもう一度する意を表す。「何度も見一・す」「やり

―・す　[可能]なおせる

[用法]なおす・あらためる――「英文を日本語に直す(改める)」のように、ある状態を他の状態に変える意では相通じて用いられる。◆「なおす」は異常な状態にあるものを正常な状態に戻すことで、「故障を直す」「病気を治す」などと使う。◆「改める」は、「規則を改める」「態度を改める」のように、今までとは違う新しい状態に変えること。「尺貫法をメートル法に直す」は換算するの意であるが、「尺貫法をメートル法に改める」といえば制度を変える意になる。◆類似の語「正す」は、誤りを正しくする意では「直す」と、きちんとするの意では「あらためる」と相通じる。「誤字を直す(正す)」「姿勢をあらためる(正す)」

[類語](❶㋐)改める・繕う・整える/(❶㋑)修理する・修繕する・修復する・補修する・改修する/(❶㋒)癒す・医する・治療する・療治する・根治する・手入れする/(❷㋐㋑)改める・正す・訂する・修正する・是正する・規正する・改善する・改良する・改正する・補正する・訂正する・修訂する・改訂する・補訂する・補綴する・手直しする・手を入れる・手を加える　(癖などを)矯める・矯正する/(❸)変える・変更する・変換する

な-おと【×汝▽弟】弟を親しみを込めていう語。わが弟。「愛しきよし―のみこと」〈万・三九五七〉

なお-なお【直直】なほなほ〔形動ナリ〕まっすぐなさま。すなおなさま。「ひさかたの天路は遠しー―に家に帰りて業をしまさに」〈万・八〇一〉

なお-なお【▽尚▽尚｜▽猶▽猶】なほなほ《「なお」を重ねて強めた語》㊀〔副〕❶ますます。さらに。「一努力が求められる」❷まだやはり。依然として。「―も康頼を恋しと思しめされん時は」〈延慶本平家・一末〉㊁〔接〕手紙文などの最後に別の事柄を追加するときに用いる。加えて。「―、品物は明日お送り申し上げます」

なおなお-がき【▽尚▽尚書(き)】なほなほ 手紙で、本文のあとに書き添える文。「尚々」の語で書き始めるところからいう。追而書き。二伸。追伸。

なおなお-し【直直し】なほなほ〔形シク〕❶普通である。平凡である。きわだたない。「正身を、―・しくやつして」〈源・東屋〉❷品がない。卑しい。「いとあさましう、―・しき御心なり」〈狭衣・四〉

なお-の-こと【▽尚の事】なほ〔副〕「なお」を強めていう語。なおさら。よりいっそう。「天気がよければ、―旅は楽しい」

なお-び【直×毘｜直日】なほ 物斎みが終わって、平常の生活に復すること。また、その日。なおみ。

なお-びと【直人】なほ 平凡な家柄の人。ただびと。「父は―にて、母なむ藤原なりける」〈伊勢・一〇〉

なおび-の-かみ【直毘神｜直日神】なほび 凶事・罪悪・災害などを改め直すという神。伊弉諾尊が筑紫の檍原でみそぎをしたときに生まれた神。

なおびのみたま【直毘霊】なほびのみたま 江戸中期の神道書。1巻。本居宣長著。明和8年(1771)成立。宣長の神道説・国体観などの骨子を説いたもの。

なお-また【▽尚又】なほ〔接〕話し終わったあとに、さらに別の事柄を言い添えるのに用いる。その上さらに。そのほかに。「―、参加者には記念品を贈呈します」

なお-み【直×毘】なほ「なおび」に同じ。

なお-も【▽尚も】なほ〔副〕その上まだ。あいかわらず。「深更、―議論が続く」[類語]未だ・矢張り・なお・いまだ・いまだに・今なお・今もって・依然・相変わらず

なお-もって【▽尚▽以て】なほ〔副〕❶それでもやはり。それでもまだ。「催促したのに、―できない」❷なおさら。いっそう。「聞けば―分からなくなる」

な-おもて【名表】「名残の表」の略。

な-おや【名親】名付け親。

なおらい【直▽会】なほらひ 祭事が終わってのち、供え物の神酒・神饌を下げて酒食する宴。

なおらい-どの【直▽会殿】なほらひ 神社に付属する建物で、神官が集まって直会をする所。解斎殿。なおらいどころ。

な-おり【名折り】なをり「名折れ」に同じ。「むなしく鎌倉へとられん事は、寺中坊中の―」〈曽我・一〇〉

な-おり【▽波折り】なをり 波がいく重にも重なって寄せてくること。また、その所。「潮瀬の―を見れば遊び来る鮪が鰭手に妻立てり見ゆ」〈記・下・歌謡〉

なおり【直り】なほり ❶もとの状態に復すること。❷(ふつう「治り」と書く)病気やけがが回復すること。「けがの―が早い」❸劇場・寄席などで、より上等な席に移ること。❹鉱床中の特に鉱石の多い部分。

なお・る【直る】なほる〔動ラ五(四)〕❶もとの良好な状態に戻る。㋐もとのようすに復する。「機嫌が―・る」「天候が―・る」「仲たがいが―・る」㋑もとどおり役立つようになる。修復される。「機械の調子が―・る」「橋が―・って渡れる」㋒(ふつう「治る」と書く)病気やけがが回復する。治癒する。「大病が―・る」「傷口がふさがって―・る」❷良好な状態に改まる。㋐好ましいようすに整う。「ばらばらの人達が一列に―・る」「姿勢が―・る」㋑適切なものに改められる。正される。「上がり性が―・る」「誤りが―・る」㋒より上位の位置に移る。「上座に―・る」「あとがまに―・る」「指定席に―・る」㋓指定の場にきちんと座る。「そこに―・れ」❸罪が許される。「こと―・りて都に帰りけるに」〈月詣集・九・詞書〉❹「死ぬ」ことをいう斎宮の忌み詞。[類語](❶㋐㋑)戻る・返る・よみがえる・復する・やり直す・やり返す・持ち直す・立ち返る・立ち直る・舞い戻る/(❶㋒)癒える

な-おれ【名折れ】なをれ 名誉をきずつけられること。名をけがすこと。不名誉。なおり。「武士の―」[類語]面汚し・恥・不名誉・不面目・赤恥・羞恥・生き恥

なか【中】❶空間的に仕切られた物の内側。内部。「建物の―に入る」「部屋の―が丸見えだ」❷中央。まんなか。「込み合いますから―へお詰め下さい」❸二つの物事のあいだ。中間。また、中庸。「ハムを―に挟む」「―三日置いて返事が来る」❹物の奥深いところ。また、表面からは隠れた部分。「山の―で迷う」「腹の―を探る」❺限られた範囲に含まれる部分。一定のグループや集団の範囲のうち。「人込みの―を急ぐ」「仲間の―でいちばん若い」「予算の―でまかなう」❻物事が進行している最中。また、ある状態が続いているとき。「あらしの―を突き進む」「お忙しい―をありがとうございます」❼月の半ばごろ。中旬。「―の五日に出発する」「弥生―の六日なれば」〈平家・三〉❽三人兄弟の2番目。「―の息子」「―に当たるなむ姫君とて」〈源・東屋〉❾中等。中流。中位。「―ほどのものを見せてください」❿遊郭。特に、江戸の吉原と大坂の新町。「縞縮緬の鹿の子の帯。たしかに―の風と見た」〈浄・油地獄〉➡内(用法)

[下接句]相中・御中・川中・最中・正中・背中・直中・田中・月中・胴中・中中・野中・畑中・原中・腹の中・人中・日中・昼中・町中・真ん中・道中・最中・山中・夜中・世の中・海中

[類語](❶)内・内面・内部・内側・内方・内奥/(❸)間

中絶たゆ　中がとぎれる。中断する。また、人との交わりが絶える。「忘らるる身をうぢばしの―・えて人も通はぬ年ぞ経にける」〈古今・恋五〉

中に立・つ　両者の間に入って世話をする。仲介する。「―・って話をまとめる」

中に就いて　《「就中」の表記の訓読から生じたもの》その中でもとりわけ。なかんずく。「世の中といふもの、…定まりたる事侍らね、―も女の宿世はいと浮かびたるなむあはれに侍る」〈源・帚木〉

中に入・る　仲裁する。また、仲介する。「―・って話をまとめる」

中を取・る　中間を取る。折り合いをつける。「―・って七千円で売る」

なか【中】㊀横浜市の区名。港の見える丘公園などがある。㊁浜松市の区名。古くからの市街地で、企業、住宅が密集する。㊂名古屋市の区名。名古屋城がある。㊃堺市の区名。大阪府立大学がある。㊄岡山市の区名。平成24年(2012)政令都市移行に伴い成立。㊅広島市の区名。平和記念公園や広島城跡がある。

なか【仲】《「中」と同語源》人と人との間柄。「―のよい友達」「気楽な―」「犬猿の―」[類語]関係・間柄

仲を裂・く　親しい者どうしの関係を無理に切り離す。「親子の―・く」

なか【那珂】茨城県中北部にある市。水戸市の北にあり、中心は菅谷。杉苗木やゴボウの栽培が盛ん。平成17年(2005)1月に那珂町、瓜連町が合併して成立。人口5.4万(2010)。

なが【長｜永】《形容詞「ながい」の語幹から》❶長いこと。長く続くこと。➡長の ❷「長点」の略。❸「長上下」の略。❹「長掛」の略。

なか-あい【中▽間】なかあひ ❶なかほど。あいだ。ちゅうかん。「愛宕と比叡の山との―にもあれ」〈堤・由無し事〉❷間柄。なからい。「日頃懇意な―ゆゑ」〈伎・有松染相撲浴衣〉

なか-あき【仲秋】《「仲秋」を訓読みにした語》「仲の秋」に同じ。

なが-あき【長秋】この上なく長い年月。長五百秋。「万千秋の―に」〈祝詞・大殿祭〉

なが-あみ【長編み】鉤針編みの一。針に一度糸を掛けて下の鎖目を拾い、二目ずつ二度引き抜いて長い編み目を作る。

なが-あめ【長雨｜×霖】長く降り続く雨。霖雨。

なか-い【仲居】なかゐ ❶旅館や料亭などで客の接待をする女性。❷近世、幕府の大奥や大名屋敷などに仕える女性の詰めていた部屋。また、そこに詰めた女性。お仲居。御末。❸近世、武家や商家の上女中と下女中との中間に使われた女性。中通りの女。

ながい【長井】ながゐ 山形県南部の市。最上川舟運の河港として発展。長井紬の産地。人口2.9万(2010)。

なが-い【長居】ながゐ〔名〕スル　同じ所に長くいること。長座。「―は無用」「あまり―しては迷惑だ」

長居は恐れ　長居をすると、ろくなことはない。長居は相手の迷惑となると戒める語。

なが・い【長い｜永い】〔形〕文なが・し〔ク〕❶(長い)はしからはしまでの隔たりが大きい。「―・い橋」「―・いひも」「手足が―・い」⇔短い。❷ある時点までの間隔が大きい。久しい。また、永久である。「―・い年月」「―・い旅に出る」「―・い時間話し合う」⇔短い。❸のんびりしている。また、辛抱強い。「気が―・い」「息の―・い研究」⇔短い。[派生]ながげ〔形動〕ながさ〔名〕

[下接句]舌が長い・尻が長い・鼻毛が長い・鼻の下が長い・細く長く・帯に短し襷に長し・山高く水長し

[類語]ロング・長大

長い目で見る　現状だけで判断を下さず、気長に将来を見守る。「新人の成長を―見る」

長い物には巻かれよ　勢力・権力のある者には、逆らわないほうが得である。

長い草鞋を履・く　博徒などがその土地にいられなくなり、旅に出る。

長き眠り　❶長い間の眠り。迷いから長くさめないことのたとえ。「逢ふと見しその夜の夢のさめであれな―は憂かるべけれど」〈千載・恋四〉❷死ぬこと。永眠。「七十の夢より後のいかならん―の果てぞ悲しき」〈続千載・雑下〉

永き日　昼間の長い春の日。永日。(季 春)

長き夜　夜明けまでの時間が長い夜。特に、秋の夜。(季 秋)「―やひそかに月の石だたみ/万太郎」

長き世の闇　釈尊の入滅後を闇にたとえたもの。また、無明の闇。「まつはれてこそは、―にもまどふわざなれ」〈源・横笛〉

長き別れ　長い間の別れ。また、永久に会えない別れ。永別。永の別れ。「これもまた―になりやせむ暮を待つべき命ならねば」〈新古今・恋三〉

ながい-うた【長井雅楽】ながゐ［1819～1863］江戸末期の長洲藩士。名は時庸。開国・公武合体を建言して藩是として採用されたが、尊攘派の台頭により失脚、切腹を命ぜられた。

ながい-うんぺい【長井雲坪】ながゐ［1833～1899］江戸末期・明治の文人画家。越後の生まれ。名は元。通称、元次郎。水墨山水画にすぐれた。

なが-いおあき【長▽五▽百秋】ながいほあき 限りなく長い年月。ながあき。「豊葦原の千秋の―の水穂の国」〈記・上〉

ながい-かふう【永井荷風】[1879～1959]小説家。東京の生まれ。本名、壮吉。広津柳浪に師事、ゾラの影響を受けて「地獄の花」を発表。アメリカ・フランス遊学後、「あめりか物語」「ふらんす物語」や「すみだ川」などを執筆、耽美派の中心的存在となる。のち、「腕くらべ」などで花柳界の風俗を描いた。文化勲章受章。他に「濹東綺譚」「つゆのあとさき」、訳詩集「珊瑚集」、日記「断腸亭日乗」など。➡荷風忌

なが-いき【長生き】〔名〕スル 長く生きること。長寿。長命。「丈夫で一する」類語 長寿・長命・長生・延命

ながい-ごう【永井豪】[1945～]漫画家。石川の生まれ。本名、潔。SF・時代もの・ファンタジーなど多様なジャンルを扱い、ギャグでもシリアスでも描ける幅広い作風で評価を得る。代表作「キューティーハニー」「デビルマン」「マジンガーZ」など。

ながい-し【長井市】▶長井

なかい-しゅうあん【中井甃庵】[1693～1758]江戸中期の儒学者。播磨の人。名は誠之。大坂に出て三宅石庵に朱子学を学び、懐徳堂を設立。著「不問語」「五孝子伝」など。

なが-いす【長椅子】座る部分を横に長く作った椅子。ソファーやベンチなど。

なか-いた【中板】茶室のまん中に設けられた板敷き。客畳と手前畳との間に入れる板。

なが-いた【長板】茶道で、風炉・水指などをのせる長方形の板。台子の地板に相当するもの。

ながい-たつお【永井竜男】[1904～1990]小説家。東京の生まれ。人情の機微に触れた作風で知られ、短編に本領を発揮した。文化勲章受章。作「朝霧」「コチャバンバ行き」「秋」など。

なかい-ちくざん【中井竹山】[1730～1804]江戸中期の儒学者。大坂の人。名は積善。甃庵の長男。五井蘭洲に朱子学を学び、父の没後懐徳堂学主となり、その全盛時代をもたらした。著「草茅危言」「非論語徴」など。

ながい-つむぎ【長井×紬】長井市付近で産する米沢紬のこと。

ながい-なおむね【永井尚志】[1816～1891]幕末期の幕臣、維新期の官吏。三河奥殿藩主松平乗尹の子。名は「なおゆき」とも。旗本永井尚徳の養子となり、長崎海軍伝習所総督、初代外国奉行、初代軍艦奉行を歴任するが安政の大獄で免職。のちに復活して将軍慶喜の下で若年寄。箱館戦争に参加して敗北。明治政府では開拓使御用掛・元老院権大書記官などを務めた。

なかい-ひでお【中井英夫】[1922～1993]小説家。東京の生まれ。短歌雑誌の編集長時代に寺山修司らを見いだす。のち創作に専念し、塔晶夫の筆名で発表した「虚無への供物」で評価を得る。「悪夢の骨牌」で泉鏡花文学賞受賞。他に「幻想博物館」「黒鳥の囁き」「光のアダム」など。

ながい-ひょうすけ【長井兵助】江戸時代の歯医者。代々浅草蔵前に住み、歯の治療のかたわら大道で居合抜きを見せて人を集め、家伝の歯磨きや陣中膏蟇の油を売った。

なか-いま【中今】神道における歴史観の一。時間の永遠の流れのうちに中心点として存在する今。単なる時間的な現在ではなく、神代を継承している今。

なかい-まさかず【中井正一】[1900～1952]美学者。広島の生まれ。京大卒。「世界文化」誌を創刊、反ファシズム運動を展開するが、治安維持法により検挙。第二次大戦後、国立国会図書館の初代副館長。著作に「美学入門」「美と集団の論理」「委員会の論理」など。

ながい-みちこ【永井路子】[1925～]小説家。東京の生まれ。本名、黒板拡子。正確な時代考証と鋭い現代的感覚を併せ持つ歴史小説で、多くの読者を得る。「炎環」で直木賞受賞。他に「雲と風と」「北条政子」「つわものの賦」など。

なが-いも【長芋｜長×薯】ヤマノイモ科の蔓性の多年草。塊根は長い棒状になるほか、形は品種によりさまざま。葉は矢じり形で先がとがり、葉のわきにむかごをつける。雌雄異株。夏に白い小花が穂状に咲く。中国の原産。芋をとろろ汁などにし食する。漢方では薯蕷・山薬と称し薬用にする。季 秋「一掘って入日に土の香寒し/蝶衣」

なか-いり【中入り】❶能や狂言で、1曲が前場・後場に分かれる場合、前場が終わってシテなどがいったん退場すること。❷寄席・相撲などの興行物で、途中でしばらく休憩すること。また、その休憩時間。

なかい-りけん【中井履軒】[1732～1817]江戸中期の儒学者。大坂の人。名は積徳。甃庵の次男。兄竹山とともに五井蘭洲に学び、折衷主義的で自由な学風を樹立した。著「七経逢原」「年成録」など。

ながい-りゅうたろう【永井柳太郎】[1881～1944]政治家。石川の生まれ。早大教授。雑誌「新日本」主筆。憲政会から代議士となり、のち立憲民政党。拓相・逓相・鉄道相を歴任。雄弁家で知られた。

なか-いれ【中入れ】中に入れること。特に、衣服や帯などの表と裏の間に綿や芯を入れること。また、そのもの。

なが-うた【長唄｜長歌】❶(長唄)江戸歌舞伎の伴奏曲として発達した三味線音楽。享保(1716～1736)ごろまでに❷の影響を受けて確立。豊後節系統の浄瑠璃や大薩摩節などを取り入れて多様な音楽となり、文政(1818～1830)ごろには劇場と離れた鑑賞本位のお座敷長唄も生まれ、明治以後広く普及。江戸長唄。❷(長歌)地歌の一種で、組歌の次に創始された古典的な三味線歌曲。小編歌曲を組み合わせた組歌に対し、一つのまとまった内容の歌詞をもつ歌曲。元禄(1688～1704)ごろに上方に現れた。長歌物。上方長歌。❸「ちょうか(長歌)❶」に同じ。㊥短歌。

ながうた-もの【長歌物】「長歌❷」に同じ。

なか-うど【仲▽人】▶なこうど

なか-うみ【中海】島根県北東部、島根半島と鳥取県の弓ケ浜に囲まれる潟湖。西は大橋川で宍道湖に、東は中江瀬戸で美保湾に通じる。平成17年(2005)ラムサール条約に登録された。なかのうみ。

なかうら-ジュリアン【中浦ジュリアン】[1568～1633]安土桃山時代の天正遣欧使節の副使。肥前の人。天正10年(1582)渡欧し、ローマ教皇に謁見。帰国後、イエズス会司祭となり布教につとめたが、長崎で殉教。

なか-うり【中売り】劇場などで、客席の間をまわって飲食物を売り歩くこと。また、その人。

な-がえ【名替え】❶呼び名を変えること。❷平安時代、年給で諸国の掾・目などに任じられた人が何かの理由で任命を受けなかった場合、他の人を改めて任命したこと。

なが-え【長柄】❶器物や武具の柄の長いこと。また、その柄。「一のひしゃく」❷柄の長い器具や武具。槍・刀・銚子など。

なが-え【×轅】《「長柄」の意》馬車・牛車などの前方に長く突き出ている2本の棒。先端に軛をつけて牛や馬にひかせる。

なかえ-うしきち【中江丑吉】[1889～1942]中国学者。大阪の生まれ。兆民の長男。北京に在住約30年。中国古代思想史などを研究。著「中国古代政治思想」など。

ながえ-がたな【長柄刀】柄を長くした刀。

なかえ-ちょうみん【中江兆民】[1847～1901]思想家。土佐の人。名は篤介。フランスに留学し、帰国後仏学塾を開設。「東洋自由新聞」を創刊し、主筆として明治政府を攻撃し、自由民権運動の理論的指導者となった。ルソーの「民約論」を翻訳。著「三酔人経綸問答」「一年有半」など。

なかえ-とうじゅ【中江藤樹】[1608～1648]江戸前期の儒学者。近江の人。名は原。字は惟命。日本陽明学派の祖。初め朱子学を修め、のち、陽明学を首唱して近江聖人とよばれた。熊沢蕃山・淵岡山はその高弟。著「鑑草」「翁問答」など。

ながえ-の-かさ【長柄の傘】貴人などにさしかけるため、柄を長くした傘。のちに、遊女が揚屋・引き手茶屋などへ往来するのにも用いた。ながえのからかさ。

ながえ-の-ちょうし【長柄の×銚子】柄の長い銚子。鶴亀・松竹梅などの模様のあるものが多い。

ながえ-の-やり【長柄の×槍】柄の長さが2間(約3.6メートル)から3間(約5.4メートル)に及ぶ槍。やぐらおとし。

なが-えぼし【長×烏▽帽子】立烏帽子の丈の長いもの。

ながえ-もち【長柄持】長柄の傘、長柄の槍などを持って主人に従う者。

なが-おい【長追い】〔名〕スル 逃げる者を遠くまで追いかけること。深追いすること。「それでも厭かずばと、一する」〈露伴・椀久物語〉

ながおか【長岡】新潟県中部の市。もと牧野氏の城下町。信濃川水運で栄え、明治時代には油田の開発で発展。繊維・機械工業や商業が盛ん。平成17年(2005)周辺5町村を、平成18年(2006)に栃尾市と3町を、平成22年(2010)に川口町を編入。旧川口町は飛び地。人口28.3万(2010)。

ながおか-ぎじゅつかがくだいがく【長岡技術科学大学】長岡市にある国立大学法人。昭和51年(1976)設置。高等専門学校の卒業生を主な対象とするもの。平成16年(2004)国立大学法人となる。

ながおか-きょう【長岡京】㊀京都府向日市・長岡京市付近にあった桓武天皇造営の都。延暦3年(784)に平城京からここに移った。同13年(794)平安京に遷都。㊁京都府南部の市。京都・大阪の中間にあり、住宅地化が著しい。もと㊀の地で、古墳が多く、長岡天満宮・光明寺などがある。人口8.0万(2010)。

ながおかきょう-し【長岡京市】▶長岡京㊁

ながお-かげとら【長尾景虎】▶上杉謙信

ながおか-し【長岡市】▶長岡

なかおか-しんたろう【中岡慎太郎】[1838～1867]幕末の志士。土佐の人。土佐藩を脱藩して尊攘派浪士の指導者となり、薩長両藩の提携を画策。陸援隊を組織し、討幕運動に奔走したが、坂本竜馬とともに京都で幕府の刺客に暗殺された。

ながおか-ぞうけいだいがく【長岡造形大学】新潟県長岡市にある私立大学。平成6年(1994)に長岡市が新潟県の支援をうけて開設した公設民営方式による大学で、造形学部の単科大学。

ながおか-だいがく【長岡大学】新潟県長岡市にある私立大学。平成13年(2001)開設。産業経営学部を改組した経済経営学部の単科大学。

ながおか-はんたろう【長岡半太郎】[1865～1950]物理学者。長崎の生まれ。ドイツでヘルムホルツらに学ぶ。明治36年(1903)土星型原子模型を発表。また地震波の伝播などの研究に業績を残した。阪大総長・学士院長などを歴任。文化勲章受章。

なか-おく【中奥】江戸城の表と大奥の間にあり、将軍が起居し、政務を執った建物。

なか-おし【中押し】▶ちゅうお(中押)し

なか-おち【中落ち】魚を三枚におろしたときの中骨の部分。また、そこについている肉。

なかお-とざん【中尾都山】[1876～1956]尺八家。初世。大阪の生まれ。本名、琳三。虚無僧として修業ののち、明治29年(1896)都山流を創始。

ながお-どり【長尾▽鶏】▶尾長鶏

ながお-ばな【長尾鼻】鳥取県中央北部にある、日本海に突出した岬。北端の断崖上に高さ68メートルの灯台が、西端には海女漁業で有名な夏泊がある。名の由来は鳥の長い尾羽根に似ていることから。長尾ノ鼻。長尾埼。長尾岬。

なか-おび【中帯】上着の下、小袖の上に結ぶ帯。したひも。したのおび。

なかお-ひろし【中尾碩志】[1919～1977]プロ野球選手・指導者。三重の生まれ。昭和14年(1939)巨人に入団、速球投手として高い勝率を残した。戦後は技巧派として活躍し、通算209勝を記録。引退後は同球団のコーチ、二軍監督を務めた。

なか-おもて【中表】布地などの表面を内側にして畳むこと。⇔外表。

なか-おり【中折り】❶中ほどから折ること。また、折ってあること。❷台の中央を切って自在に曲がるようにした表つきの駒下駄。中折れ下駄。❸「中折り紙」の略。

なかおり-がみ【中折り紙】❶まん中で二つに折った紙。❷半紙の一種で、二つに折って懐中に入れ、鼻紙に用いる粗末なもの。

なか-おれ【中折れ】❶中央が折れたり、くぼんでいたりすること。❷「中折れ帽子」の略。(類語)破り物・帽子・山高帽子・シルクハット・鳥打ち帽・ベレー

なかおれ-げた【中折れ下▽駄】►中折り❷

なかおれ-ぼうし【中折れ帽子】山高帽の頂を前後にくぼませてかぶるフェルト製の紳士帽。中折れ帽。ソフト。

なか-がい【仲買】物品や権利の売買の媒介をして営利をはかること。また、それを業とする人。ブローカー。「一人」(類語)卸・卸売り・小売り

なか-がき【中垣】隣家との隔ての垣根。また、人との仲を隔てるもののたとえ。「一の隔てが出来て、ロクロクも話せなかったから」〈左千夫・野菊の墓〉

なが-かけ【長掛】❶打掛の長いもの。❷長い髢。「お年寄さま方は一と申して長をおかけ遊ばす」〈滑・浮世風呂・三〉

なが-がたな【長刀】《「なががたな」とも》刀身の長い刀。

なが-ガッパ【長ガッパ】着物の裾までおおう、丈の長い袖ガッパ。雨天用・道中用。

ながかべ-ほう【長壁法】石炭採掘法の一。天井を坑木やカッペとよぶ梁で支え、幅広い採炭面を掘り進めてゆくもの。

なか-がみ【天一神・中神】陰陽道で、八方を運行し、吉凶禍福をつかさどるとされる神。己酉の日に天から下り、東・西など四方に5日ずつ、北東・南東など四隅には6日ずついて合計44日、癸巳の日に正北から天に上って16日間天上にいて己酉の日に再び下って前のように遊行する。この神の遊行の方角を塞がりといい、その方角に向かう場合は、方違えをする。てんいちじん。

なかがみ-けんじ【中上健次】[1946～1992]小説家。和歌山の生まれ。故郷の紀州熊野の風土を背景に、複雑な血縁関係の愛憎に生きる人間を描いた作品を発表。作「岬」「枯木灘」「地の果て至上の時」など。

なが-がみしも【長上下・長×裃】江戸時代の武家の礼服。大名・高家・御目見え以上の旗本の通常礼服で、肩衣の下に同じ色や模様の長袴を着た。

なかがみ-ひでお【中上英雄】[1918～1997]プロ野球選手。朝鮮の生まれ。旧姓、藤本。昭和17年(1942)巨人に入団し、その年10勝無敗。同25年には日本プロ野球初の完全試合を達成。同30年に引退するまで通算勝率6割9分7厘、防御率1.90、6試合連続完封など、多くのプロ記録を樹立。

なが-かめむし【長椿象・長亀虫】半翅目ナガカメムシ科の昆虫の総称。体長5～10ミリのものが多く、体は細長いか楕円形で扁平。植物の汁や他の昆虫の体液を吸う。

なが-かもじ【長×髢】毛が多くて丈の長い髢。近世、武家婦人・女官などがすべらかしなどに用いた。

なか-がわ【中川】㊀埼玉県羽生市で利根川から分かれ、南東流して東京都に入り、荒川放水路沿いに流れて東京湾に注ぐ川。上流は古利根川とよぶ。長さ約80キロ。㊁名古屋市の区名。工業地帯で、旧中川を開削した中川運河が貫流。

なか-がわ【中側】あるもの、またはある区切りの中の方。内側。⇔外側。

なか-がわ【那珂川】㊀栃木県北部の茶臼岳付近に源を発し、南東流して茨城県に入り那珂湊で太平洋に注ぐ川。長さ150キロ。㊁福岡平野を貫流する川。佐賀県境に源を発し、北流して博多湾に注ぐ。長さ30キロ。

なかがわ【那賀川】徳島県、剣山に源を発し、ほぼ東流して阿南市の北で紀伊水道に注ぐ川。長さ125キロ。

なかがわ-おつゆう【中川乙由】[1675～1739]江戸中期の俳人。伊勢の人。通称、喜右衛門。別号、麦林舎・梅我。岩田涼菟に師事。伊勢派の中心人物。平俗軽妙な作風で知られた。編著「麦林集」「伊勢新百韻」など。

なかがわ-かずまさ【中川一政】[1893～1991]洋画家。東京の生まれ。春陽会の創立に参加。躍動感あふれる筆触と独自の詩情で知られる。日本画・随筆・書・陶芸などでも活躍。文化勲章受章。

なかがわ-く【中川区】►中川㊁

なかがわ-じゅんあん【中川淳庵】[1739～1786]江戸中期の蘭医。江戸の人。名は玄鱗。本草学・蘭学を学び、杉田玄白らと「解体新書」を翻訳。オランダ医ツンベルクと交流があった。著「和蘭局方」「和蘭薬譜」など。

なかがわ-のぶお【中川信夫】[1905～1984]映画監督。京都の生まれ。榎本健一の出演作を数多く手がけ、テンポのよいギャグを連発する作品で庶民の人気を集めた。戦後はさまざまなジャンルの作品を生み出し、特に怪談映画で高い評価を得る。代表作「東海道四谷怪談」「怪異談生きてゐる小平次」「地獄」など。

なかがわ-みよし【中河美芳】[1920～1944]プロ野球選手。鳥取の生まれ。昭和12年(1937)関西大を中退してイーグルスに入団。「タコ足」と呼ばれた柔軟な体を生かし、一塁手兼投手で活躍した。ルソン島で戦死。

なかがわ-よいち【中河与一】[1897～1994]小説家。香川の生まれ。川端康成・横光利一らと「文芸時代」を創刊。新感覚派の旗手として活躍。戦時下は民族主義に傾いた。作「天の夕顔」「失楽の庭」など。

なかがわ-りえこ【中川李枝子】[1935～　]児童文学作家。北海道の生まれ。保育園勤務のかたわら童話を執筆、「いやいやえん」で野間児童文芸推奨作品賞・厚生大臣賞などを受賞。2匹の野ネズミを主人公にした「ぐりとぐら」シリーズはロングセラーとなる。他に「そらいろのたね」「ももいろのきりん」「子犬のロクがやってきた」など。「ぐりとぐら」などの挿画を手がけた山脇百合子は実妹。

なか-かんすけ【中勘助】[1885～1965]小説家・詩人。東京の生まれ。処女作「銀の匙」で夏目漱石に認められた。隠者的生活を送り、孤高の作家として知られた。小説「提婆達多」「犬」、詩集「琅玕」など。

なか-がんな【中×鉋】►中仕子

なか-ぎ【中着】和服の三枚襲で、下着と上着の中間に着る小袖。胴着など。

な-がき【名書き】名を書くこと。また、その名。署名。「起請を書かせ、指しぼらせて一の下を染めさせけるに」〈浮・一代男・三〉

ながき【長き・永き】《形容詞「ながし」の連体形から》ながいこと。ながい期間。「三〇年の一にわたり勤務した」

なが-ぎ【長着】身丈が裾までの長さの和服。一般に着物といっているもの。昭和初期、文部省の裁縫教授書に記され、一般化した語。

なかぎょう【中京】京都市の区名。昭和4年(1929)上京区・下京区の一部を併せて成立。二条城がある。

なかぎょう-く【中京区】►中京

なか-ぎり【中▽限】限月を立てて行う先物取引で、三限月制の場合に受渡期限が売買約定した翌月のもの。中物。ちゅうぎり。➡先限 ➡当限

なか-く【中区】►中

なが-くえにち【長▽凶会日】陰陽道で、凶会日がいく日も続くこと。

なか-くぎ【中×釘】茶室の床の間の壁の中央に打ってある折れ釘型の金具。花入れなどを掛ける。

なか-くぐり【中▽潜り】茶室の庭で、外露地と内露地との間にある門。くぐって出入りするのでいう。

な-がくし【名隠し】名を隠して言わないこと。匿名。

なかぐすくじょう-あと【中城城跡】沖縄県中頭郡中城村と北中城村の村境にある城跡。15世紀中ごろ、中世沖縄の有力按司護佐丸によって増築・築城されたものといわれる。沖縄戦の戦禍を逃れ、城郭のほとんどが原形をとどめている。昭和47年(1972)国指定史跡。平成12年(2000)「琉球王国のグスク及び関連遺産群」の一つとして世界遺産(文化遺産)に登録された。

なかぐすく-わん【中城湾】沖縄県、沖縄本島南東部の太平洋に面した湾。湾口は勝連半島と知念半島および沖合の津堅島・ウガン岩・久高島に囲まれた水域。面積約220平方キロメートル、水深10～15メートル。重要港湾に指定され、中城港湾と呼ばれる。

なが-ぐそく【長具足】槍・長刀・鎖鎌など、長い武器。長物。

なか-ぐち【中口】❶中央にある入り口。なかのくち。❷両者の間に入って、どちらに対しても相手の悪口を言うこと。中傷。なかごと。「有るかぎりの蔭口、一、告口、そしり口」〈荷風・腕くらべ〉

なが-ぐつ【長靴】ゴムや革で作った、ひざ下まである長い靴。雨雪・水作業・乗馬などに使用する。(類語)靴・シューズ・短靴・雨靴・編み上げ靴・ブーツ

ながくて【長久手】愛知県西部、名古屋市の北東隣にある市。羽柴秀吉と徳川家康とが戦い秀吉が敗れた古戦場。愛知芸術大学などがある。平成24年(2012)市制施行。人口5.3万(2012)。

ながくて-し【長久手市】►長久手

なか-くぼ【中×窪】中央部がくぼんでいること。また、そのようなもの。なかびく。

ながくぼ-せきすい【長久保赤水】[1717～1801]江戸中期の地理学者。常陸の人。名は玄珠。水戸藩の侍講となり、「大日本史」地理志の編纂に加わる。「日本輿地路程全図」などの地図を作成した。

なか-くみ【中×汲み】濁り酒の一種。上澄みと底のよどみとの中間を汲み取ったもの。中澄み。

なが-くら【長倉】►長殿

なかぐり-ばん【中×刳り盤】シリンダーや軸受けなど円筒状のものの内面を切削加工する工作機械。ボーリングマシン。

なか-くれない【中紅】染め色の名。中間のくれない色。韓紅と淡紅との間の色。

なか-ぐろ【中黒】❶記号活字の「・」。縦書きの小数点、同種のものの並列の区切りなどに用いる。中点。❷ワシの矢羽で、上下が白く、中央に黒い切斑のあるもの。黒い部分の大小によって大中黒・小中黒という。❸紋所の名。新田氏の紋で、輪の中に横に黒く太い一線を引いたもの。一つ引両。

なが-け・し【長けし】〔形ク〕《「けし」は接尾語》長い。「一・くも頼めけるかな世の中を袖に涙のかかる身をもて」〈大和・一一六〉

なか-ご【中子・中▽心】❶物の中央部。中心。また、しん。「一のできた飯を噛んで食べた」〈嘉村・途上〉❷ウリ類の中心の種子を含んだ柔かな部分。❸(「茎」とも書く)刀剣類の、柄に入っている部分。❹入れ子づくりのもので、中に入るもの。「重箱の一」❺中空の鋳物を作る際に、中空となる部分に入れる鋳型。外形の鋳型は主型という。❻鏃の根もと。箆の中に入る部分。❼三味線・胡弓の棹の下端で、胴の中に隠れている部分。中木。❽《堂の中央に安置することから》斎宮の忌み詞で、仏。「釈迦の一金銅の像」〈北野本欽明紀〉

なが-こい【長恋・永恋】長い間思い慕うこと。「後れ居て一せずはみ園生の梅の花にもならましものを」〈万・八六四〉

なが-こうじょう【長口上】長々とものを言うこと。「一の言い訳」

なかご-さき【中子先】三味線・胡弓の棹の胴を貫いて突き出ている部分。根緒をかけるところ。根

緒懸け。中木先なかぎき。

なか-ごしょ【中御所】将軍家または大臣家以上の公卿で、隠居した者が一家に数人いる場合、上かみ御所に次ぐ者。➡上御所 ➡下しも御所

なか-ごと【中言】「中口なかぐち❷」に同じ。「けだしくも人の一聞かせかもここだく待てど君が来まさぬ」〈万・六八〇〉

なが-ごと【長言】長々と話をすること。長話。「にくきもの。急ぐことある折に来て一する客人まらうど」〈枕・二八〉

なが-ごと【長事】長々しい事柄。「今を春べの顔見せに、日も一の御退屈」〈浄・二枚絵草紙〉

なかご-ぼし【中子星】二十八宿の一、心宿しんしゅくの和名。中心の星の意。➡心しん

なが-こゆい【長小結】ながこゆひ「長小結の烏帽子えぼし」に同じ。

ながこゆい-の-えぼし【長小結の×烏▽帽子】ながこゆひ 折おり烏帽子の一。小結の結び余りを左右に長く出したもの。元服したての冠者が着用した。長組輪ながくみわの烏帽子。長組輪。長小結。

なか-ごろ【中頃】❶中ほどの場所。中ほどの時期。物事の中間。途中。「坂の一にあるポスト」「番組の一にコマーシャルが入る」「五月の一」❷歴史上、あまり遠くない昔。中ほどの時代。「一小野小町とて、みめかたち世にすぐれ」〈平家・九〉(類語)中盤・中間

なか-ざ【中座】講談師の階級で、前座と真打しんうち(後座)との中間に位するもの。中座読み。

なかざ【中座】大阪市中央区道頓堀にあった劇場。承応年間(1652〜1655)の創立という。「中の芝居」とよばれ、江戸時代は大坂の歌舞伎興行の中心であった。平成11年(1999)閉鎖。

なが-さ【長さ】❶長いこと。また、その度合い。「昼の一」❷数学で、直線または曲線に沿って測った2点間の距離。「線分ABの一」(類語)寸法

なが-ざ【長座】〔名〕スル 長時間いること。長居。ちょうざ。「話に熱中してつい一してしまった」

なが-ざお【長×竿｜長×棹】ざを《「ながさお」とも》❶長いさお。さお竹・釣りざおなどの長いもの。❷長持をいう女房詞。❸《長いさおで、帰り客の舟を岸から突き離したからという》江戸時代、遊女が客を冷淡にあしらうこと。また、客のほうから遊女と縁を切ること。「お前をば一にして」〈伎・盟三五大切〉

ながさき【長崎】㊀九州地方北西部の県。もとの肥前の西半部と壱岐いき・対馬つしまの2国にあたる。人口142.7万(2010)。㊁長崎県南部の市。県庁所在地。元亀2年(1571)ポルトガル船寄港以来発展し、鎖国時代は唯一の外国貿易港として繁栄。昭和20年(1945)8月9日、原子爆弾が投下され被災。造船・水産業が盛ん。浦上天主堂・グラバー邸などがある。平成17年(2005)周辺6町を、翌18年に琴海町を編入。人口44.3万(2010)。

ながさき-ウエスレヤンだいがく【長崎ウエスレヤン大学】長崎県諫早いさはや市にある私立大学。平成14年(2002)の開設。

ながさき-うんじょう【長崎運上】ウンジヤウ 江戸幕府が、長崎貿易を独占した長崎会所に課した運上金。

ながさき-え【長崎絵】ヱ 江戸時代、唯一海外に開かれた港町長崎で作られた木版画。異国の風俗を題材としたもの。

ながさき-がいこくごだいがく【長崎外国語大学】ガイコクゴ 長崎市にある私立大学。平成13年(2001)の開設。

ながさき-かいしょ【長崎会所】クワイ 江戸時代、長崎における貿易統制や会計事務などを扱った会所。長崎商人の自治団体で、長崎奉行の監督を受けた。

ながさき-くうこう【長崎空港】クウカウ 長崎県大村市にある空港。国管理空港の一。本土部分と大村湾の箕島を埋め立てて作った部分に分かれ、前者は大村航空基地として主に海上自衛隊が使用し、後者は民間旅客用に使われている。昭和30年(1955)に大村空港として本土部に開港。同50年に埋め立て部が完成して現名称に変更された。➡拠点空港

ながさき-くんち【長崎くんち】長崎市、諏訪神社の大祭。10月7日から3日間。竜踊じゃおどりなど、奉納踊りが名物。

ながさき-けん【長崎県】►長崎㊀

ながさき-げんばくしりょうかん【長崎原爆資料館】ゲンバクシリヤウクワン 長崎に投下された原子爆弾による被害を示す資料を展示する施設。平成8年(1996)、それまで被爆資料の展示などをしていた長崎国際文化会館を建て替えて開館。

ながさき-けんりつだいがく【長崎県立大学】長崎県佐世保市にある公立大学。長崎県立短期大学を母体に、昭和42年(1967)長崎県立国際経済大学として発足。平成3年(1991)現校名に改称。平成17年(2005)公立大学法人となる。

ながさき-こくさいだいがく【長崎国際大学】長崎県佐世保市にある私立大学。平成12年(2000)の開設。

ながさき-し【長崎市】►長崎㊁

ながさき-じゅんしんだいがく【長崎純心大学】長崎市にある私立大学。平成6年(1994)の開設。

ながさき-そうごうかがくだいがく【長崎総合科学大学】ソウガフクワガク 長崎市にある私立大学。昭和40年(1965)の開設。

ながさき-だいがく【長崎大学】長崎市にある国立大学法人。長崎経済専門学校・長崎医科大学・同付属薬学専門部・長崎高等学校・長崎師範学校・長崎青年師範学校を統合して、昭和24年(1949)新制大学として発足。平成16年(2004)国立大学法人となる。

ながさき-たかすけ【長崎高資】[?〜1333]鎌倉後期の武将。執権北条氏の御内人。北条高時のとき内管領となり実権を握ったが、失政から政治混乱を起こした。新田義貞の鎌倉攻めに敗れて自殺。

ながさき-は【長崎派】江戸時代、長崎に興った絵画の諸派の総称。外国から伝来した絵画の影響を受け、南蘋なんぴん派・南宗画派・北宗画派・洋画派など多様な展開をみた。

ながさき-ばな【長崎鼻】鹿児島県南部、薩摩さつま半島南東端の東シナ海に突出した岬。指宿いぶすき市に属する。西側の平坦地では草花の栽培が盛ん。ソテツが自生し、特別天然記念物に指定。開聞かいもん岳の眺望がよく、種子島や屋久やく島も遠望できる。霧島錦江湾きんこうわん国立公園に属する。

ながさきハルマ【長崎ハルマ】►道富波留麻ドゥーフハルマ

ながさき-はんとう【長崎半島】タウ 長崎県南部の半島。南西に延び、先端に野母のも崎・脇岬がある。野母半島。

ながさき-ぶぎょう【長崎奉行】ブギヤウ 江戸幕府の職名。遠国奉行の一。老中に属し、長崎の民政、貿易・船舶などの管理、諸外国の動静監視および海防などをつかさどった。

ながさき-ぼうえき【長崎貿易】江戸幕府の鎖国後、長崎を通じて行われた対外貿易。相手国は中国・オランダの2国に限られた。主な輸入品は生糸・薬品・書籍、輸出品は銀・銅・海産物。輸入品は長崎会所で一括購入され、入札により国内商人に売却された。

ながさき-ほんせん【長崎本線】佐賀県の鳥栖とすから佐賀・諫早いさはやを経て長崎に至るJR線。明治38年(1905)開業当時のルートは、現在の佐世保線・大村線経由であった。昭和9年(1934)有明東・西線が、同47年喜々津・浦上間を短絡する浦上新線が開通し、全長148.8キロとなる。

ながさき-りょうり【長崎料理】レウリ 長崎で発達した料理。普茶料理・卓袱しっぽく料理など。

なが-ささげ【長豇＝豆】十六豇豆じゅうろくささげの別名。

なか-ざし【中差｜中挿】❶(中挿)丸髷などの髻もとどりの中央に左右から差す笄こうがい。❷箙えびらの中に差し入れてある矢で、上差うわざし以外の征矢そや。戦闘用とした。

なか-さだ【中さだ】《「さだ」は時の意》筆跡などが古風でも近代風でもなく中期の様式であること。一説に、上手でもなく下手でもなく中等であること。「手はさすがに文字強う一の筋にて」〈源・末摘花〉

なかざと-かいざん【中里介山】[1885〜1944]小説家。東京の生まれ。本名、弥之助。キリスト教・仏教・社会主義を遍歴。大長編「大菩薩峠だいぼさつとうげ」は大衆文学の代表作。

なかざと-つねこ【中里恒子】[1909〜1987]小説家。神奈川の生まれ。「乗合馬車」で女性で初の芥川賞受賞。生を見据える作風が晩年に開花した。小説「歌枕」「誰袖草たがそでそう」など。

なが-ざま【長様】〔形動ナリ〕長めであるさま。「畳一ひとひらを一に縁はしを端にして」〈枕・二七八〉

ながされ-びと【流され人】配流はいるされた人。流人るにん。「いかに、この島に一のござ候ふか」〈謡・俊寛〉

なかさ◦れる【泣かされる】〔連語〕❶苦しめられたり困らせられたりする。ひどい目にあわされる。「数学にはさんざん一◦れた」❷涙が出るほどひどく感動させられる。「一◦れるシーンだね」

なかざわ-けい【中沢けい】なかざは［1959〜 ］小説家。神奈川の生まれ。本名、本田恵美子。高校生の恋愛と性体験を描いた自伝的小説「海を感じる時」でデビュー、ベストセラーとなる。他に「野ぶどうを摘む」「水平線上にて」「豆畑の昼」など。

なかざわ-どうに【中沢道二】ダウニなかざは［1725〜1803］江戸中期の心学者。京都の人。名は義道。通称、亀屋久兵衛。手島堵庵てじまとあんに師事。江戸に参前舎を開き、心学の布教につとめた。著「道二翁道話」など。

なかざわ-ふじお【中沢不二雄】ふじをなかざは［1892〜1965］野球選手・パリーグ会長。滋賀の生まれ。明大野球部では遊撃手として海外遠征などで活躍。満鉄に入社し、都市対抗野球で優勝。戦後、パリーグの初代専任会長に就任。昭和34年(1959)の天覧試合では、昭和天皇への説明役を務めた。

なかざわ-よしお【中沢良夫】なかざはよしを［1883〜1966］応用化学者。東京の生まれ。京都帝大教授、京都工芸繊維大学長を歴任。全国中等学校野球大会の創設に尽力し、昭和23年(1948)全国高等学校野球連盟の会長に就任。高校野球の発展に寄与。

なかざわ-りんせん【中沢臨川】なかざは［1878〜1920］評論家。長野の生まれ。本名、重雄。19世紀後半の西欧文芸・思想を紹介。評論「鬢華びんか集」「破壊と建設」、評伝「トルストイ」「ベルグソン」など。

ながさわ-ろせつ【長沢蘆雪】ながさは［1754〜1799］江戸中期の画家。山城の人。名は政勝、または魚まな。字あざなは氷計。円山応挙まるやまおうきょの門下。奇抜な構図と奔放な筆致で障壁画を多く残した。作、厳島神社の絵馬「山姥の図」など。

なか-し【仲仕】港などで、船の貨物をかついで運ぶ作業員。「沖一」

なか-し【那珂市】►那珂

ながし【流し】❶流すこと。流されること。「島一」「灯籠とうろう一」❷台所・洗濯場などの、物を洗ったり水を流したりする所。「汚れた食器を一に置く」❸浴場の体を洗う所。流し場。❹銭湯で入浴客の背中などを洗うこと。また、それを職業とする人。「一をとる」❺客を求めて移り動くこと。また、その人。「一のタクシー」「新内一」❻能楽および長唄の囃子はやしで、大鼓・小鼓・太鼓を演奏するとき、同種の打音を数多く連続して打つこと。❼「流し枝」の略。(用)❺はナガシ、その他はナガシ。

(下接語)筏いかだ流し・色流し・扇流し・辛皮からかわ流し・着流し・経木きょうぎ流し・銀流し・管流し・ころ流し・島流し・精霊しょうりょう流し・新内流し・州す流し・墨流し・外流し・垂れ流し・血流し・灯籠とうろう流し・眠り流し・吹き流し・闇やみ流し・横流し

なが-じ【長路｜長▽道】ぢ►ながち(長路)

ながし-あみ【流し網】位置を固定せずに網を魚群の通路を遮って張り、魚を網に絡ませて捕る漁法。

ながし-いた【流し板】❶流しに張った板。❷浴場などで、体を洗う流しに張った板。

ながし-うち【流し打ち】野球で、右打者ならば右翼方面に、左打者ならば左翼方面に打球が飛ぶように打つこと。

ながし-えだ【流し枝】生け花の役枝の一。立花では、水際より横に長く出した枝。生花では、地の枝のこと。➡七つ道具

なか-しお【中潮】満潮と干潮との差が中ぐらいの潮。大潮と小潮との間の潮。

なが-しお【長潮】満潮と干潮との差が最も少ないときの潮。小潮のころの潮。

なが-しかく【長四角】細長い四角。長方形。

なか-じき【中敷(き)】中に敷くこと。中間に敷くこと。また、そのもの。「靴の—」

ながし-ぎ【流し木】山から切り出して川に流し下す木材。

なか-じきい【中敷居】押入などを二段に分けるとき、鴨居と敷居との中間に入れる敷居。

なか-じきり【中仕切り】一つの室や器物の中を区切って分ける仕切り。「—のすだれ」

なか-じく【中軸】歌舞伎俳優の一座における位置を示す語。看板や番付の中央に名前を書き、多くは第三位の者。中筆。ちゅうじく。

なか-しこ【中仕子┊中×鉋】▶ちゅうしこ

ながし-こ・む【流し込む】〘動マ五(四)〙❶流して中へ入れる。注ぎ入れる。「ゼリーを型に—・む」❷新聞や雑誌などのレイアウトで、一定のスペースに記事を切れ目なく配する。「見出しに続けて記事を—・む」❸電子データをあるフォーマットに読み込んで配置する。「表計算ソフトに家計簿データを—・む」

ながし-ずき【流し×漉き】手漉き和紙の漉き方の一。ねりとよぶ植物性粘液を混ぜた紙料液を、ばね式につるしてある漉き桁の中へ手前からすくい入れ、揺り動かして繊維の絡みをよくし、向こう側へ余分な水を流し、これを数回繰り返す。漉き上がった湿紙を重ねても、ねりの粘度が急速に減退するので、1枚ずつはがせる。➡溜め漉き

ながし-そうめん【流し▽素麺】竹などで作った樋に冷水と素麺を流し、それを箸ですくい上げて食べるもの。また、その食べ方。

ながし-だい【流し台】台所にすえつけて、食品・食器を洗ったり、水を流したりする台。

なかじた-ぼいん【中舌母音】▶ちゅうぜつぼいん

ながし-つかわ・す【流し遣はす】〘動サ四〙流罪に処して配所にやる。「伊豆の大島へ—・さる」〈保元・下〉

ながし-づり【流し釣(り)】釣りで、仕掛けを潮や川の流れにまかせて流しながら釣ること。また、その釣り。

ながし-どり【流し撮り】〘名〙ｽﾙ 動いている物体に合わせて、カメラを移動させながら写す撮影法。追い写し。

ながし-にわか【流し×俄】祭礼の夜などに、家々の門口や大道などで演じられた俄狂言。

ながしの【長篠】愛知県東部、新城市の地名。長篠城址がある。

ながしの-の-たたかい【長篠の戦い】天正3年(1575)三河の長篠城を包囲した武田勝頼の軍と、織田信長・徳川家康の連合軍とが設楽原で行った戦い。鉄砲の使用により、連合軍が圧勝した。

ながし-ば【流し場】❶浴室や銭湯の体を洗う場所。流し。❷台所などで洗いものをしたり、洗い水を流したりする所。また、台所。炊事場。

ながし-ばこ【流し箱】寒天などを流しこんで固める箱形の器具。

ながし-びな【流し×雛】3月3日の節句の夕方、川や海に流し去る雛人形。また、その行事・風習。罪やけがれを移して形代を流したことに由来する。雛送り。雛流し。(季 春)「—冠をぬいで舟にます/誓子」

ながし-ぶみ【流し文】受け取っても返事をしない手紙。聞き流しにする手紙。

なか-じま【中島】池や川などの中にある島。特に、寝殿造りの庭園の池にこしらえた島。

ながしま【長島】三重県北東部、桑名郡の地名。木曽川と長良川・揖斐川とに挟まれたデルタにあり、かつて七つの輪中に分かれ、七島とよばれた。昭和34年(1959)の伊勢湾台風後、一つの輪中となる。

なかじま-あずさ【中島梓】▶栗本薫

なかじま-あつし【中島敦】[1909〜1942]小説家。東京の生まれ。中国の史実・古典に題材を求めた作品を書いたが夭折、死後再評価された。作「李陵」「山月記」「光と風と夢」など。

ながしま-いっき【長島一揆】元亀元年(1570)長島で起こった一向一揆。織田信長に対抗していた石山本願寺の命に応じて蜂起したが、信長による3回の攻撃により天正2年(1574)鎮定された。

なかじま-きょうこ【中島京子】[1964〜]小説家。東京の生まれ。出版社勤務、フリーライターなどを経て「FUTON」で作家デビュー。「小さいおうち」で直木賞受賞。他に「イトウの恋」「女中譚」など。

なかじま-けんぞう【中島健蔵】[1903〜1979]評論家・仏文学者。東京の生まれ。国語審議会委員として「当用漢字表」「現代仮名遣い」の制定を推進。評論は文芸から音楽まで幅広い。著「現代文芸論」「回想の文学」「昭和時代」など。

なかじま-さだお【中島貞夫】[1934〜]映画監督。千葉の生まれ。やくざ映画を代表する監督。代表作「日本の首領」シリーズ、「893愚連隊」「狂った野獣」など。

ながしま-しげお【長嶋茂雄】[1936〜]プロ野球選手・監督。千葉の生まれ。立教大では東京六大学野球の当時の記録である8本塁打を放つ。昭和32年(1957)巨人に入団。翌年本塁打、打点の二冠を獲得し新人王を受賞。国民的な人気を集め「ミスタージャイアンツ」と呼ばれる。特に王貞治とのコンビはON砲と呼ばれ、一世を風靡。引退後も監督として同球団を5回のリーグ優勝、2回の日本一に導いた。平成17年(2005)文化功労者。

ながしま-しんじ【永島慎二】[1937〜2005]漫画家。東京の生まれ。本名、真一。赤裸々な青春像を巧みなタッチで描いた作品で、若者を中心に大きな支持を得た。代表作「漫画家残酷物語」「フーテン」「若者たち」など。テレビドラマで人気を集めた「柔道一直線」も途中まで執筆している。

なかじま-ちくへい【中島知久平】[1884〜1949]実業家・政治家。群馬の生まれ。海軍の飛行機工場長を経て、中島飛行機会社を創設。のち政界に進出し、鉄道相・政友会総裁・軍需相などを歴任。

なかじま-としこ【中島俊子】▶岸田俊子

なかじま-のぶゆき【中島信行】[1846〜1899]政治家。土佐の人。岸田俊子の夫。坂本竜馬の海援隊に所属。明治維新後、神奈川県令・元老院議官などを歴任。自由党結成に参加、副総理となり、民権運動を推進した。のち初代衆議院議長。

なかじま-はるやす【中島治康】[1909〜1987]プロ野球選手。長野の生まれ。昭和9年(1934)大日本東京野球倶楽部(現巨人)に入団し、同13年には日本初の三冠王。引退後は六大学野球の評論を執筆した。

なかじま-ひろたり【中島広足】[1792〜1864]江戸後期の国学者・歌人。肥後の人。号、橿園。長崎に住んだ。独学で本居宣長父子の学を継承。のち肥後藩の藩校の国学教授。著「詞玉緒補遺」「橿園集」など。

ながしま-ゆう【長嶋有】[1972〜]小説家・俳人。埼玉の生まれ。俳号は肩甲。「猛スピードで母は」で芥川賞受賞。他に小説「サイドカーに犬」「夕子ちゃんの近道」、句集「月に行く」など。

なかじま-らも【中島らも】[1952〜2004]小説家・劇作家。兵庫の生まれ。本名、裕之。印刷会社・広告代理店勤務を経て、テレビ番組の構成やラジオのディスクジョッキーなど広範囲に活躍。はじめエッセーで認められる。小説「今夜、すべてのバーで」「ガダラの豚」「永遠も半ばを過ぎて」など。

なか-じめ【中締め】❶中ほどを締めて結ぶこと。❷宴会などの終了前にとりあえず一区切りをつけ、手締めなどをすること。

ながし-め【流し目┊流×眄】❶顔を向けずに、ひとみだけを横に動かして見ること。また、その目つき。よこめ。「—で見る」❷男女間で、感情をこめて送る、気を引くような目つき。色目。秋波。「—を使う」(類語)横目

ながし-もと【流し元】台所の流しのある所。

ながし-もの【流し物】「寄せ物」に同じ。

ながし-もの【流し者】流罪に処せられた人。流人。

なか-じゃく【仲酌┊中酌】❶婚姻の仲を取り持つこと。媒酌すること。また、その人。仲人。「はるばる嫁入して来たと思ひましたれば、—する者が騙者にて」〈浮・名代紙衣・四〉❷争いごとの間に入って仲を取り持つこと。仲裁。「とかくは私共がお詫び事申します…と—に入れば」〈浮・禁短気・五〉

なか-しゅ【仲衆┊中衆】「仲仕」に同じ。「—、上荷さしなど夫婦となりて」〈浮・一代男・三〉

なが-ジュバン【長ジュバン】和服の間着で、長着と同じ長さのジュバン。ながジバン。

なか-しょうじ【中障子】部屋を仕切る襖障子や衝立障子。なかそうじ。「—のもとに、宰相の君を召し出でて」〈浜松・二〉

なか-じょうめん【中正面】《「なかしょうめん」とも》能舞台の観客席のうち、正面と脇正面とに挟まれた三角形の部分の席。

なか-しょく【中食】〘名〙ｽﾙ《「ちゅうしょく」とも》弁当などの調理済みの食材を買って持ち帰り、職場や家庭などで食べること。また、その食事。「—産業」➡内食 ➡外食

な-がしら【名頭】❶人の姓または名の最初の文字。名前の頭字。「人の—の字を花もて現したるにぞありける」〈鴎外訳・即興詩人〉❷源・平・藤・橘など、姓氏の頭の字を列記したもの。江戸時代に寺子屋などで書き方を教えるのに用いた。

なが-じり【長尻】他人の家などで、座り込んでなかなか帰らないこと。ながっちり。「いつも—の人」

なか-じろ【中白】ワシの矢羽で、上下が黒く、中に白い切斑のあるもの。

なが-しんくいむし【長心×喰虫┊長蠹＝虫】甲虫目ナガシンクイムシ科の昆虫の総称。体は円筒形で小形。幼虫・成虫とも枯れ木に穴をあけるものが多いが、家具・建材・貯蔵穀物を害するものもある。

なか-す【中州┊中×洲】川の中の、土砂などが堆積して低い島状になっている所。(類語)砂州・デルタ

なかす【中洲】福岡市博多区の地名。那珂川の中州にあり、劇場・飲食店が多い。

なか・す【泣かす】㊀〘動サ五(四)〙「泣かせる」に同じ。「よく弟を—・した」「—・すエピソード」㊁〘動サ下二〙「なかせる」の文語形。

なかず【中洲】東京都中央区日本橋の地名。明和8年(1771)隅田川と箱崎川の分かれる三股とよばれた所を埋め立ててつくられた。茶屋が立ち並び繁栄。寛政元年(1789)取り払われ、明治19年(1886)再び埋め立てられて大正期までにぎわった。

なが・す【流す】〘動サ五(四)〙❶液体が流れるようにする。㋐水などを流れさせる。「汚水をどぶに—・す」「トイレの水を—・す」㋑血・汗・涙などをしたたらせる。「脂汗を—・す」「よだれを—・す」㋒水流に乗せて他の物を運ばせる。「いかだを—・す」「台風で橋が—・される」㋓付着物を水や湯などで洗い落とす。「背中を—・す」「シャワーで汗を—・す」❷物を動かして移らせる。㋐空中に漂わせる。「異臭を—・す」㋑流罪に処する。配流する。「罪人を離れ島に—・す」㋒次々にめぐらせる。「電流を—・す」「ムード音楽を—・す」㋓広く伝わらせる。「デマを—・す」「情報を—・す」㋔ひそかに売ったり渡したりする。「物資を闇に—・す」❸物事が成立しないようにする。㋐とりやめにする。中止する。「総会を—・す」「ゲームを—・す」㋑わきにそらす。その事にこだわらないようにする。「論敵の攻撃を軽く—・す」「柳に風と聞き—・す」㋒流産させる。「おなかの子を—・す」㋓一定の期間が過ぎて質物の所有権を失う。「入質したカメラを—・す」㋔力まないで気楽にする。「ウオーミングアップに一〇〇メートルを軽く—・す」㋕野球で、流し打ちをする。「ライトに—・す」⇔引っ張る。❹客を求めてあちこち移り動く。「タクシーが盛り場を—・す」「酒場をギタ

ーを弾いてー・す」❺遊郭で居つづける。流連する。「長く居なさんな、息子株ぢゃあああるめえし、ー・せば迚とても程があらあな」〈滑・浮世床・初〉(可能)ながせる
(一句)汗を流す・汗水を流す・油を流したよう・車軸を流す・智ちに働けば角かどが立つ、情じょうに棹さおさせば流される・水に流す・涎よだれを流す (類語)洗う・濯すすぐ・濯すぐ・晒さらす・洗い上げる・洗い直す

なか-ずおう【中×蘇▽芳】ナカズ ハウ 中くらいの濃さをもつ蘇芳色。

ながす-くじら【長須鯨|長×簀鯨】ナガス クジラ目ナガスクジラ科の哺乳類。体長20メートルを超えるヒゲクジラ。背は黒く、腹は白で畝うね状のひだが並ぶ。夏は高緯度海域で生活し、冬に低緯度海域で出産する。捕鯨によって生息数が減少。えびすくじら。

ながすね-ひこ【長髄彦】日本神話上の人物。神武天皇の東征のとき、反抗した大和国鳥見とみの土豪。金色の鵄とびが神武天皇の弓にとまり、その光で目がくらみ、饒速日命にぎはやひのみことに討たれたという。登美能那賀須泥毘古とみのながすねびこ。

なが-すびつ【長▽炭×櫃】横長の炭櫃。

なが-ズボン【長ズボン】足首までの丈の普通のズボン。

なか-ずみ【中墨】《墨縄の中央の意》建築物などで、中心線。

なか-ずみ【中澄み】「中汲なかくみ」に同じ。

なか-ずり【中×剃り】〔名〕スル「なかぞり」に同じ。

なかせ【泣かせ】〔語素〕人の意を表す名詞の下に付いて、その人をひどく困らせること、また、そのような人の意を表す。「親ー」「医者ー」

なか-せき【中席】寄席などで、1か月の興行のうち、11日から20日までの興行のこと。➡上席かみせき ➡下席しもせき

なか・せる【泣かせる】〔動サ下一〕文なか・す〔サ下二〕❶泣くようにさせる。「泣きたいだけー・せる」❷ひどい仕打ちをして、泣きたくなるほど苦しめる。「親をー・せるようなことはするな」❸泣きたくなるほどの感動を与える。「人をー・せる話」

なか-せん【中線】►ダッシュ❷

なが-せんぎ【長詮議】長々と多人数で相談すること。また、いつまでもまとまらない評定。長評定。「この事のーに日数経てのち」〈折たく柴の記・下〉

なか-せんだい【中先代】建武政府に対して挙兵した北条高時の遺子時行のこと。鎌倉幕府の滅亡後、幕府の執権北条氏を先代、室町幕府の足利氏を当代とよぶのに対する称。二十日先代。

なかせんだい-の-らん【中先代の乱】建武2年(1335)北条時行が鎌倉幕府の再興を図って起こした反乱。鎌倉を征圧した20日後に足利尊氏に滅ぼされた。二十日先代の乱。

なかせん-どう【中山道|中仙道】ダウ 江戸時代の五街道の一。江戸の日本橋から高崎・下諏訪・木曽谷を経て近江おうみの草津で東海道と合し、京都に至る。

なか-そうじ【中▽障子】ナカサウジ「なかしょうじ」に同じ。「人静まるほどにーを引けど」〈源・少女〉

なが-ぞうり【長草履】ナガザウリ 普通の長さの草履。足半あしなかに対していう。

なが-そで【長袖】❶洋服で、手首まである丈の袖。また、その服。半袖や七分袖に対していう。「ーのブラウス」❷和服で、普通の丈の袂袖たもとそで。また、その和服。筒袖などに対していう。❸《袖ぐくりをして鎧よろいを着る武士に対して、長袖の衣服を着ているところから》公卿くぎょう・僧・神官・学者などのこと。長袖者ちょうしゅうしゃ。「ーのぬるき立ち振る舞ひを見なれて」〈咄・きのふはけふ・上〉

なか-ぞなえ【中備え】ナカゾナヘ 先陣と後陣の間にある陣。大将の本陣がある所。

ながそね-こてつ【長曽禰虎徹】►虎徹こてつ

なかそね-は【中曽根派】自由民主党にあった派閥の一。新政同志会・政策科学研究所の昭和41年(1966)から平成2年(1990)における通称。河野派㊀が源流で中曽根康弘が旗揚げ。➡渡辺派

なかそね-やすひろ【中曽根康弘】[1918〜]政治家。群馬の生まれ。海軍主計少佐として終戦を迎え、昭和22年(1947)民主党から衆議院議員初当選。長く憲法改正を主張しつつ、保守合同後は自民党で科学技術庁長官・防衛庁長官・通産大臣などを歴任。同57年首相就任。改憲はできなかったものの国鉄・電電公社・日本専売公社民営化を実現し、外交ではレーガン米大統領との盟友関係を築いた。62年退陣。平成15年(2003)政界引退。➡竹下登

なか-ぞら【中空】㊀〔名〕空の中ほど。中天。「ーまでも立ち昇る烈々とした炎の色は」〈芥川・地獄変〉㊁〔形動ナリ〕❶どちらともきまらないさま。中途半端。「いづ方にも寄らずーにうき御宿世なりければ」〈源・柏木〉❷心が落ち着かないさま。うわのそら。「初雁のはつかに声を聞きしよりーにのみ物を思ふかな」〈古今・恋一〉❸いいかげんなさま。おろそか。「女のためもーにこそなしらめ」〈徒然・一九〇〉(類語)中空ちゅうくう・中天

なか-ぞり【中×剃り】〔名〕スル 頭の中央部の髪を剃り去ること。なかずり。

ながた【長田】神戸市の区名。昭和20年(1945)林田はやしだ区と須磨区の一部とを合わせて成立。

なが-だいこん【長大根】守口もりぐち大根の別名。

なか-だえ【中絶え】仲が絶えること。交際が中断すること。「この昔御ーのほどには」〈源・夕霧〉

なか-だか【中高】〔名・形動〕❶中央が小高く盛り上がって、周囲が低くなっていること。また、そのさま。「料理をーに盛る」❷鼻筋が通って整った顔であること。また、そのさま。「ーな(の)面立ち」

なか-たがい【仲▽違い】ナカタガヒ〔名〕スル 仲が悪くなること。なかたがえ。「兄とーする」(類語)不仲・不和・反目

なかだ-かおる【中田薫】ナカダ カヲル[1877〜1967]法制史学者。鹿児島の生まれ。東大教授。比較法制史を研究して、日本法制史学を確立。文化勲章受章。著「法制史論集」など。

ながた-く【長田区】►長田

ながた-じんじゃ【長田神社】神戸市長田区にある神社。祭神は事代主神ことしろぬしのかみ。開運・産業の神とされる。

なが-たずね【永尋ね】ナガタヅネ 江戸時代、逃亡した罪人を期限をつけずに長年月かかって捜索したこと。60年過ぎると時効になった。

ながた-ぜんきち【永田善吉】亜欧堂田善あおうどうでんぜんの本名。

ながた-だけ【永田岳】鹿児島県、屋久やく島の中央部にある山。花崗かこう岩からなる。標高1886メートルで、東に位置する宮之浦岳(標高1936メートル)に次ぐ九州第2の高峰。ローソク岩と呼ばれる奇岩、山間の峡谷・屋久杉の原始林など景観に富む。屋久島国立公園に属する。

なか-だち【中立ち】❶会合などの中途で席を立つこと。中座。❷正式の茶事で、懐石のあと、後座が始まるまで客がいったん席を立って露地の腰掛けに出ること。

なか-だち【仲立ち|中立ち|▽媒】〔名〕スル ❶双方の間に立って事をとりもつこと。また、その人。媒介。仲介。仲立て。「知人のーで見合いする」「和解のためにーする」❷他人間の商行為の媒介をすること。(類語)取り持つ・橋渡し・仲介・媒介・取り次ぐ・介する・世話・取り持ち・口利き・口入れ・口添え・斡旋あっせん

なが-たち【長太-刀|長▽剣】❶古代、儀仗に用いた、細くて長い太刀。細太刀。❷大太刀おおだちのこと。

なかだち-えいぎょう【仲立ち営業】ナカダチエイゲフ 他人間の商行為の媒介をすることを目的とする営業。商品・有価証券・海上運送・保険・金融などを扱う営業。

なかだち-ぐち【仲立ち口】両者の間に入ってうまくとりなす言葉。なこうどぐち。

なかだち-にん【仲立ち人】❶仲立ちをする人。媒介者。❷他人間の商行為の仲介を職業とする人。ブローカー。

ながた-ちょう【永田町】ナガタチヤウ ㊀東京都千代田区の地名。皇居の南西に位置する。国会議事堂・国会図書館・首相官邸などがあり、国政の中心地。㊁(㊀にあるところから)首相官邸並びにその組織を指していう語。また、政界を漠然と指していう語。「解散総選挙の気運がーで高まっている」

なか-だて【仲立て】「仲立ち❶」に同じ。「歌よむーにては、それなむせらるなる」〈今鏡・二〉

ながた-てつざん【永田鉄山】[1884〜1935]陸軍軍人。長野の生まれ。第一次大戦後、国家総力戦体制を推進。統制派の中心人物。軍務局長のとき皇道派の相沢三郎中佐に斬殺された。➡相沢事件

ながた-とくほん【永田徳本】[1513?〜1630?]戦国時代から江戸初期の医者。三河の人といわれる。号、知足斎。各地を流浪したが、比較的長く甲斐の武田信虎に仕えた。著「医之弁」など。長田徳本。

な-がたな【菜刀】「菜切り包丁」に同じ。

なか-たび【中度】なかごろ。なかばのとき。中途。「直様すぐさま煮かけては置いたけれどーお客は断れない」〈一葉・たけくらべ〉

なが-たび【長旅】長途の旅。長期間にわたる旅行。(類語)旅行・道中・旅立ち・物見遊山・漫遊

ながた-ひでお【長田秀雄】ナガタ ヒデヲ[1885〜1949]詩人・劇作家。東京の生まれ。幹彦の兄。「明星」「スバル」に参加。自由劇場の発足とともに新劇運動に加わり、史劇で新分野を開いた。戯曲「歓楽の鬼」「大仏開眼」など。

ながた-まさいち【永田雅一】[1906〜1985]映画製作者。京都の生まれ。昭和22年(1947)大映社長となり、ベネチア映画祭で作品賞を受賞した「羅生門」などを製作。また、大映スターズを結成しプロ野球に進出、同28年パリーグの初代総裁となる。

ながた-みきひこ【長田幹彦】[1887〜1964]小説家。東京の生まれ。秀雄の弟。「明星」「スバル」に参加。小説「澪みお」「零落」で流行作家となった。また、「祇園小唄」などの歌謡曲の作詞者としても有名。

なかだ-よしなお【中田喜直】ナカダ ヨシナホ[1923〜2000]作曲家。東京の生まれ。東京音楽学校卒。叙情豊かな童謡や歌曲を数多く手がけた。代表作に「めだかのがっこう」「ちいさい秋みつけた」「夏の思い出」「雪の降るまちを」など。

なが-たらし・い【長たらしい】〔形〕文ながたら・し〔シク〕いかにも長い。いやになるほど長い。長ったらしい。「ー・いお説教」(派生)ながたらしさ〔名〕(類語)冗長・冗漫・長長しい・便便

なか-だるみ【中×弛み】〔名〕スル ❶中間がたるむこと。途中で一時的に緊張がゆるむこと。「ーする映画」❷取引用語で、上昇気配の相場が途中で一時横ばいないし軟調になること。「株式市況がーになる」

なが-だんぎ【長談義】長い説法。転じて、長たらしくてまとまりのない話。「下手のー」

なか-ち【仲▽子】兄弟の中で、年齢が中間にある子。なかちこ。「都武賀野つむがのに鈴が音聞こゆ可牟思太かむしだの殿のーし鳥狩とがりすらしも」〈万・三四三八〉

なが-ち【長血】子宮から血のまじったおりものが長期間出ること。赤帯下しゃくたいげ。

なが-ち【長▽路|長▽道】《「ながぢ」とも》道のりの長い所。遠い道のり。「天離あまざかる鄙ひなのーゆ恋ひ来れば明石の門とより大和島見ゆ」〈万・二五五〉

なか-ちがい【仲違ひ】ナカチガヒ「なかたがい」に同じ。「御辺達、痛く近付いて頸にーすな」〈太平記・二二〉

なか-ちょう【仲町】ナカチャウ 江戸深川の地名。現在の東京都江東区門前仲町。富岡八幡宮の門前町で、江戸時代には茶屋が多くあった。

なが-ちょうば【長丁場|長町場】ナガチャウバ ❶長い道のり。特に、宿場間の距離が長いこと。「きのうきんざいゆきのーにて」〈魯文・安愚楽鍋〉❷一つの事柄が一段落するまでに長くかかること。また、長くかかる物事。「基礎調査のーを乗り切る」❸演劇などで、時間が長くかかる一連の場面。(類語)遠距離・長距離

なかつ【中津】大分県北西端の市。周防灘すおうなだに臨む。近世は奥平氏らの城下町。耶馬渓やばけいや福沢諭吉の旧居がある。平成17年(2005)3月に下毛しもげ郡4町村を編入。人口8.4万(2010)。

なか-つ【中つ】〔連語〕《「つ」は「の」の意の格助詞》まん中の。中間にある。

なか-つ-え【中つ▽枝】中間の高さにある枝。「ーの

な

枝えの末葉ばは下つ枝に落ち触らばへ〈記・下・歌謡〉

なが-つか【長▽柄】❶矢束やつかのきわめて長いもの。❷柄つかの長い刀。❸ニシキギンポ科の海魚。

なか-づかい【中使ひ】づかひ 間に立って、双方の意思を伝えるための使い。「一の下女に暇やったれば」〈浄・鑓の権三〉

なかつか-いっぺきろう【中塚一碧楼】[1887～1946]俳人。岡山の生まれ。本名、直三。河東碧梧桐かわひがしへきごとうの新傾向俳句の中心作家。「海紅」創刊に加わり、のち主宰。句集「はかぐら」「多摩川」など。

なか-つかさ【中▽務】《「なかづかさ」とも》「中務卿」「中務省」の略。

なかつかさ【中務】平安中期の女流歌人。三十六歌仙の一人。宇多天皇の皇子、中務卿敦慶あつよし親王の王女。母は歌人の伊勢。家集に「中務集」がある。生没年未詳。

なかつかさ-きょう【中▽務×卿】―キャウ 中務省の長官。正四位上相当。平安時代以後、四品以上の親王が任命された。なかつかさのかみ。

なかつかさ-しょう【中▽務省】―シャウ 律令制で、太政官だいじょうかん八省の一。天皇に近侍し、詔勅の宣下や位記いきの発行、上表の受納など、宮中の政務をつかさどった。四等官のほかに侍従・内記・監物けんもつ・主鈴などの職員がいた。なかのまつりごとのつかさ。なかのつかさ。

なかつかさのないし【中務内侍】鎌倉後期の女流歌人。中務大輔たいふ藤原永経の娘。伏見天皇に仕え、和歌に長じた。「中務内侍日記」の作者。生没年未詳。

なかつかさのないしにっき【中務内侍日記】中務内侍の日記。1巻。弘安3年(1280)伏見天皇の東宮とうぐう時代から、正応5年(1292)病で里に下がるまでの仮名文日記。身辺や宮廷生活を記したもの。

ながつか-たかし【長塚節】[1879～1915]歌人・小説家。茨城の生まれ。正岡子規に師事、「アララギ」の代表的歌人となり、短歌・写生文を発表。長編小説「土」、歌集「鍼はりの如く」などがある。

なか-つ-かみ【中つ神】《陰陽道おんようどうで、八将神の一つの豹尾ひょうび神が中央に位置しているところから》ヒョウの古名。「一の尾させる者二騎」〈欽明紀〉

なかつがわ【中津川】なかつがは 岐阜県南東部の市。木曽谷の出入り口にあたり、中山道の宿場町として発展。製紙・電機工業が盛ん。平成17年(2005)2月に恵那郡北部の6町村と長野県山口村を編入。人口8.1万(2010)。➡島崎藤村

なかつがわ-し【中津川市】なかつがは― ▶中津川

なか-つぎ【中継(ぎ)｜中次(ぎ)】〔名〕スル ❶途中で引き継ぐこと。「一の投手」「電波を一する」❷二者の間に立って取り次ぐこと。また、その人。「二社の商取引を一する」❸家督相続者が年少のとき、成長するまで他の人が一時家督を継ぐこと。また、その人。❹三味線の棹さおや尺八、釣りざおなど、棒状の物を中間で継ぎ合わせること。また、そのように作ったものや、その継ぎ目の部分。❺茶入れで、蓋ふたと身の合わせ口が胴の中央にある形のもの。

なが-つき【長月】陰暦9月の異称。《季 秋》

なかつぎ-ぼうえき【中継(ぎ)貿易】輸入した貨物をそのまま、あるいは加工して再輸出する貿易の形態。ちゅうけいぼうえき。

なかつ-きょう【中津峡】―ケフ 埼玉県西部を流れる中津川の中流9キロメートルの峡谷部分。垂直に近い絶壁が続き、奥秩父を代表する渓谷。県指定の名勝で、特に紅葉の名所。秩父多摩甲斐国立公園に含まれる。中津渓谷。中津仙峡。

なかつき-ルビ【中付(き)ルビ】ルビの付け方の一種。親文字(ルビを付ける文字)の中央を起点にしたルビの付け方。一つの文字に対して中央揃えにしたルビの付け方。➡肩付きルビ

なか-つ-くに【中つ国】「葦原あしはらの中つ国」の略。

なかつ-し【中津市】▶中津

なかっ-た〔連語〕㊀《形容詞「ない」の連用形＋完了の助動詞「た」。中世後期以降の語》❶ある事柄が過去に存在しない意を表す。「こんなに大きな地震は一た」❷過去のある状態・心情などを打ち消す意を表す。「あの料理はうまく一た」㊁《打消しの助動詞「ない」の連用形＋完了の助動詞「た」》過去のある動作・作用を打ち消す意を表す。「なかった」は「なんだ」に代わって江戸末期ごろから用いられはじめた。「雨で外に出られ一た」「今朝は一度もおまへに合は一たねえ」〈人・恵の花・二〉

ながっ-たらし・い【長ったらしい】〔形〕「長たらしい」に同じ。「一・い演説」

ながっ-ちり【長っ▽尻】「ながじり」の音変化。「一のお客」

なが-つづき【長続き｜永続き】〔名〕スル 一つの物事が途中でとぎれずに長く続くこと。「飽きやすくて一しない性格」【類語】永続・存続・持続・連続・継続・続く

なかつつのお-の-みこと【中筒之男命】なかつつのをの― 住吉大社に祭られている三神の一。➡住吉神すみのえのかみ

なか-つ-に【中つ▽土】中層にある赤土。「三つ栗のその一を」〈記・中・歌謡〉

なが-つぼね【長▽局】宮中や江戸城大奥などで、長い1棟の中をいくつもの局(女房の部屋)に仕切った住まい。また、そこに住む女房。局町つぼねまち。

なか-つまど【中妻戸】中仕切りに用いる開き戸。

なか-づみ【中積み】荷を中央部に積むこと。また、その荷。

なか-づり【中×吊り】電車・バスなどの中にポスターを吊り下げること。また、そのポスター。「一広告」

なか-て【中手｜中＝生】❶(「中稲」とも書く)早稲わせと晩稲おくての中間期に成熟する品種の稲。《季 秋》❷はしりの次に出回る野菜。

なか-で【中手｜中▽点】囲碁で、相手の石の眼形を奪うため、相手の地の中に石を打ち込むこと。また、その石。目の数により、三目中手、五目中手などと呼ぶ。

なが-て【長手】❶長めなこと。また、長いもの。「一盆」❷長い道のり。ながち。「君が行く道の一を繰り畳ね焼き滅ぼさむ天の火もがも」〈万・三七二四〉

なか-でも【中でも】〔副〕多くのものの中で、特に。とりわけ。特別。「どれもいいが、一これが好きだ」

なが-てん【長点】和歌・俳諧などですぐれた作品につける評点。なが。ちょうてん。

なか-と【中×砥】粗研ぎと仕上げの間に使う、きめが中位の砥石といし。青砥と白砥がある。ちゅうと。➡粗砥あらと ➡仕上げ砥と

なか-ど【中戸】❶部屋と部屋の間の戸。中の戸。❷江戸時代、商家の店から奥に通じる土間の口の仕切り戸。「一を奥へは、かすかに聞こえける」〈浮・永代蔵・四〉

ながと【長門】㊀旧国名の一。今の山口県の北西部に相当する。長州。㊁山口県北西部、日本海に臨む市。水産業が盛んで、仙崎かまぼこの産地。青海おうみ島・湯本温泉など観光地が多い。平成17年(2005)3月に大津郡3町と合併。人口3.8万(2010)。㊂旧日本海軍の戦艦。陸奥むつと同型艦。大正9年(1920)八八はちはち艦隊の一番艦として竣工。排水量3万2700トン。第二次大戦敗戦後、ビキニのアメリカ原爆実験の標的艦とされ沈没。

ながと-いんろう【長▽門印籠】❶《秋月長門守の屋敷から作り出されたところから》牛・馬の皮に黒漆を塗って作った印籠。薬を保存するのに適した。❷《❶が蓋と身とがぴったり合うところから》二人の仲がしっくりいくことのたとえ。「まあ二、三年して顔も直し脇詰めたらしっくりの一」〈浄・鑓の権三〉

なが-どうぐ【長道具】―ダウグ 槍やり・薙刀なぎなた・大太刀おおだち・鎖鎌くさりがまなどの、柄の長い武器。長具足。

なが-どうちゅう【長道中】―ダウチュウ 遠い道のり。長い旅。

なが-とうりゅう【長×逗留】―トウリウ〔名〕スル《「ながどうりゅう」とも》長い間滞在すること。「湯治場で一する」

なか-とおか【中十日】―とをか 1か月のうち、中旬の10日間。特に、陰暦4月と10月の中旬をいう。一年中で最も日の長い時と短い時にあたる。「一馬にしたがる黒木売り」〈柳多留・六〉

なか-どおり【中通り】―どほり ㊀❶本通りと裏通りとの間の通り。「一の商店街」❷上等と下等の中間。中等。「一の侍衆一人、是は香の物ばかりでよし」〈浄・西王母〉❸「中通り女」の略。「一の女は経帷子を縫ふなど」〈浮・懐硯・二〉❹遊里で、太夫の次の位の遊女。天神。「一。天職をさしていふ」〈色道大鏡・一〉㊁福島県中央部、奥羽山脈と阿武隈高地にはさまれた地域をいう。福島市・二本松市・本宮もとみや市・郡山市・須賀川市・白河市の各都市がある。➡会津 ➡浜通り

なかどおり-おんな【中通り女】なかどほりをんな 江戸時代の町家で、上女中と下女中の間の女中。「一とて、出合がしらにふたり一度に連れて来たりけるが」〈浮・織留・六〉

なが-ときん【長頭巾】垂れを後ろに長く下げ、頭をすっぽり覆う頭巾。熊野新宮の山伏が多く用いた。

なが-とこ【長床】《「ながどこ」とも》寺院などで、板敷きの上に一段高くして、長く畳を敷いた所。「我独り両所の御前にて一に寝ねぬ」〈梁塵秘抄口伝・一〇〉

ながと-さんち【長門山地】山口県北西部をほぼ東西に広がる山地。南北10～30キロメートル、東西約100キロメートル。西中国山地の延長上に位置し、日本海側と瀬戸内海側の分水界となっている。南縁に古生代の石灰岩台地からなる秋吉台がある。

なか-とじ【中×綴じ】―とぢ ❶製本で、綴じ方の一。表紙と中身をそろえて重ね、真ん中を針金か糸で綴じ、二つ折りにして仕上げる。比較的ページ数の少ない雑誌などに用いる。❷袷あわせ・綿入れなどの着物の表と裏の縫い代を離れないように綴じること。

ながと-し【長門市】▶長門㊁

なが-どす【長どす】長脇差ながわきざしのこと。

ながと-たんだい【長▽門探題】▶中国探題

なが-との【長殿】律令制による大蔵省の官庫の一。数戸を1棟に長く続けた形につくられ、諸国からの貢ぎ物を国別に収納した。長倉ながくら。

なか-とびら【中扉】1冊の書物で内容が部・編などに大きく分かれるとき、その区切りをつけるために挿入する標題紙。

なかとみ【中臣】古代の氏族の一。天児屋命あまのこやねのみことの子孫と伝えられる。大和朝廷に忌部いんべ氏とともに仕え、代々神事・祭祀をつかさどった。初め連むらじ、のち朝臣あそん姓となり、鎌足かまたりの死に際して藤原の姓を賜った。

なかとみ-の-かまこ【中臣鎌子】藤原鎌足ふじわらのかまたりの初名。

なかとみ-の-かまたり【中臣鎌足】▶藤原鎌足ふじわらのかまたり

なかとみ-の-はらえ【中▽臣の×祓】―はらへ 中臣氏が代々つかさどっていたところから大祓おおはらえのこと。

なかとみ-の-よごと【中▽臣の▽寿▽詞】天皇践祚せんそや大嘗祭だいじょうさいの際に、中臣氏が天皇の御代をことほぐために奏した詞。天つ神の寿詞。

なか-とり【中取り】食器や布帛ふはくを載せ、二人で運ぶ柄つきの台。中取りの机。「朴の木にくろがきの足つけたる一」〈宇津保・あて宮〉

ながとろ【長瀞】埼玉県北西部、秩父郡長瀞町にある、荒川上流の峡谷。結晶片岩の浸食された岩畳や甌穴おうけつ・秩父赤壁がみられる。

なか-なおし【中直し｜仲直し】―なほし ❶(中直し)美濃紙の中判のもの。上美濃。❷仲直りさせること。仲裁。「何方どなたが一なされても、あの男はふつふつ厭でござります」〈狂言記拾遺・石神〉

なか-なおり【仲直り｜中直り】―なほり〔名〕スル ❶仲が悪くなっていた人達が、もとのように仲よくなること。和解。和睦わぼく。「弟と一する」❷(中直り)死期が近づいたとき、病状が一時的に小康状態になること。

なか-なか【中中】㊀〔形動〕〔文〕〔ナリ〕❶予想した程度を上回るさま。かなりなさま。「色もいいがデザインも一だ」「一な技倆者やりてだと見えるナ」〈魯庵・社会百面相〉❷物事が予想したようには容易に実現しないさま。「具体化まではまだ一だ」❸中途半端なさま。また、中途半端で、いっそそうでないほうがましなさま。「げに一ならむよりは、いと良しかし」〈狭衣・三〉㊁〔副〕❶予想した以上に。意外に。かなり。「一難しい問題

だ」「敵も―やるね」「―の腕前」❷(多くあとに打消しの語を伴って)容易に実現しないさま。「電車が―来ない」「話しても―わかってくれない」❸予想や一般的な状況とは反対の結果になるさま。むしろ。かえって。「白き紙に捨て書い給へるしもぞ、―をかしげなる」〈源・末摘花〉❹(あとに打消しの語を伴って)とうてい。けっして。「やれやれ大きになられた、よそで見たらば―見知るまい」〈虎明狂・腰祈〉㊁〔感〕相手の言葉に相槌を打つときに発する語。はい。ええ。そうです。『いざさらば行かう。おりやれ、おりやれ』『―、参りまらする』」〈虎清狂・猿座頭〉[類語](㊀❶)かなり・相当・随分・結構・存外・案外・意外に・思いの外・割に・予想外・割合・割り方・割りかし・まずまず

中中でもな・い　思いもよらない。とんでもない。「―・い事を言ひをる」〈続狂言記・桜争〉

なが‐なが【長長｜永永】〔副〕きわめて長いさま。いかにも長いさま。「―(と)講釈を垂れる」「―(と)お世話になりました」「ソファーに―(と)横たわる」

ながなが‐し・い【長長しい｜永永しい】〔形〕[文]ながなが・し〔シク〕きわめて長い。いやになるほど長い。「―・い前置き」[派生]ながながしげ〔形動〕ながながしさ〔名〕[類語]冗長・長たらしい・冗漫・便便

なかなか‐に【中中に】〔副〕❶中途半端に。なまじっか。「―君に恋ひずは比良の浦の海人ならましを玉藻刈りつつ」〈万・二七四三〉❷かえって。むしろ。「―死なば安けむ君が目を見ず久ならばすべなかるべし」〈万・三九三四〉

なが‐なき【長鳴き】〔名〕(スル)鳥獣が長く鳴きつづけること。また、声を長く引いて鳴くこと。「犬が―する」

ながなき‐どり【長鳴き鳥｜長鳴き▽鶏】鶏の別名。

なが‐なり【長鳴り】長い間鳴り響くこと。「弓は強し、浦響くほど―して」〈平家・一一〉

なか‐な・る【中×萎る｜中×馴る】〔動ラ下二〕中くらいに古びる。ほどよい程度に古くなっている。「四尺の屏風の―・れたる立てたり」〈今昔・二四・三一〉

なか‐に【中に】〔副〕中でも特に。とりわけ。「―すぐれてをかしげなる所を聞こゆるぞかし」〈落窪・二〉

なが‐にし【長×螺】イトマキボラ科の巻き貝。浅海の砂底にすむ。貝殻は細長い紡錘形で、殻高14センチくらい。殻表に黄白色の殻皮をかぶり、動物体は赤い。卵嚢は逆さほおずき・軍配ほおずきとよばれる。北海道南部から南に分布。[季夏]

なかにし‐ごどう【中西悟堂】[1895～1984]野鳥研究家・天台宗の僧。石川の生まれ。本名、富嗣。昭和9年(1934)日本野鳥の会を結成。探鳥会を行い、自然保護運動に尽力した。著「定本野鳥記」など。

なかにし‐ばいか【中西梅花】[1866～1898]詩人・小説家。江戸の生まれ。本名、幹男。読売新聞に入社して小説を発表。のち、詩に専念。著「新体梅花詩集」など。

なかにし‐ふとし【中西太】[1933～]プロ野球選手・監督。香川の生まれ。高松一高時代から豪快な打撃で「怪童」と呼ばれる。昭和27年(1952)西鉄(現埼玉西武)に入団し新人王。翌年には史上3人目の3割30本塁打30盗塁以上を達成。同37年からは選手兼任監督となる。同44年に引退するまで本塁打王を5回、打点王を3回獲得。引退後は日本ハム・阪神・ヤクルト・ロッテの監督を務めた。

なかにし‐れい【なかにし礼】[1938～]作詞家・小説家。満州の生まれ。本名、中西礼三。シャンソンの訳詩を手がけた後、歌謡曲の作詞家となり、洗練された大人の感覚で多くのヒット曲を生む。その後小説も執筆し、自伝的な作品が話題となる。「長崎ぶらぶら節」で直木賞受賞。他に「兄弟」「赤い月」「てるてる坊主の照子さん」など。

なか‐には【中には】〔連語〕多くの中でいくらかは。「がらくたばかりだが、―掘り出し物もある」

なかにほんこうそくどうろ‐かぶしきがいしゃ【中日本高速道路株式会社】《Central Nippon Expressway Company Limited》道路関係四公団の民営化に伴って成立した高速道路株式会社法および日本道路公団等民営化関係法施行法などに基づいて、平成17年(2005)10月に設立された特殊会社。中部日本地域の高速道路、自動車専用道路などの改築・維持・修繕といった管理運営事業や、新規道路建設事業を行う。NEXCO中日本。➡日本道路公団 [補説]道路施設や債務は独立行政法人日本高速道路保有・債務返済機構が保有する。会社は機構と協定を結んで施設を借り受け運営し、賃貸料を支払う上下分離方式が取られる。新規に建設した高速道路なども、施設と債務を機構が保有する。

なか‐にも【中にも】〔連語〕多くの中でとりわけ。なかでも。「どれも秀作だが、―この小品は珠玉だ」

なか‐にわ【中庭】建物と建物の間につくった庭。周囲に建物のある庭。

なか‐ぬき【中抜き｜中▽貫き】❶中を抜きとること。内部をくりぬくこと。また、そのもの。❷商品の流通経路で、卸売など中間業者を抜かして生産者と小売業または消費者が直接に取引すること。「産直という名の―に問屋は打撃」❸野菜や草花を一度間引いたあとで更にもう一度間引くこと。またそのもの。❹「中抜き草履」の略。

なかぬき‐ぞうり【中抜き草履】表はわらの芯で作り、わらに白紙を巻いてよった緒をつけた草履。阿波草履。

なかぬき‐だいこん【中抜き大根】一度間引いてから、さらにもう一度間引いた大根。若い根を漬物や料理のつまなどに用いる。なかぬきだいこ。おろぬきだいこん。[季秋]

なか‐ぬけ【中抜け】勤め人が勤務時間中に私用で職場をこっそり抜け出すこと。また、学生が学校を無断で抜け出すこと。「―してパチンコ屋へ行く」

ながぬま‐そしょう【長沼訴訟】航空自衛隊のミサイル基地建設をめぐる行政訴訟。自衛隊の違憲性が問われた裁判。昭和44年(1969)、北海道夕張郡長沼町にナイキJ地対空ミサイルの発射基地を設置するため、農林大臣が建設予定地の保安林指定を解除。地元住民が国を相手取り、指定解除処分の停止・取り消しを求める訴訟を起こした。住民側は、自衛隊は違憲であり、基地建設は公益上の理由に該当せず、保安林の指定解除処分は違法と主張。第一審判決は原告の訴えを認め、自衛隊は違憲との判断を示し、注目された。しかし、第二審では自衛隊問題を統治行為として司法判断を避け、原告の請求を棄却。最高裁も違憲審査権の行使を控え、原告の上告を棄却した。長沼ナイキ事件。長沼ナイキ基地訴訟。

ながぬま‐もりよし【長沼守敬】[1857～1942]彫刻家。岩手の生まれ。明治美術会の創設に参加。日本近代彫刻の基礎づくりに尽力した。

なか‐ぬり【中塗(り)】〔名〕(スル)漆器や壁・漆喰などで、下塗りの次、上塗りの前に塗ること。

なか‐ね【中値】❶高値と安値との中間の値段。❷売値と買値との中間の値段。

なが‐ね【長寝】長い間寝ること。いつまでも目を覚まさないこと。

なが‐ねぎ【長×葱】玉葱に対して、細長いいわゆる普通の葱をいう語。

なかね‐きよし【中根淑】[1839～1913]漢学者。江戸の人。号は香亭。旧幕臣で、出版社に勤め、西洋文法を学んで日本文法を研究した。著「日本文典」など。

なが‐ねん【長年｜永年】長い年月。久しい間。多年。「―の習慣」「―住みなれた家」[類語]積年・永代

なかの【中野】東京都の区名。住宅地。人口31.5万(2010)。

なかの【中野】長野県北東部の市。千曲川支流の夜間瀬川の扇状地にあり、ブドウ・モモなどの栽培や精密・電子工業が行われる。志賀高原の入り口。人口4.6万(2010)。

ながの【長野】㊀中部地方中央部の県。信濃国にあたる。明治期から養蚕県・教育県として有名。人口215.3万(2010)。㊁長野県北部の市。県庁所在地。善光寺の門前町、北国街道の宿場町として発展した。リンゴ栽培、電機・食品工業などが盛ん。平成17年(2005)に周辺4町村を、同22年に信州新町・中条村を編入。人口38.2万(2010)。

なが‐の【長の｜永の】〔連体〕時間・距離などの長くかかる。また、永久の。永遠の。「―道中」「―暇」

なか‐の‐あき【仲の秋】《「仲秋」を訓読みにした語》陰暦8月の異称。

なか‐の‐いつか【中の五日】その月の15日。「二月の―は、鶴の林にたき木尽きにし日なれば」〈増鏡・序〉

なか‐の‐いのこ【中の×亥の子】陰暦10月に3回亥の日があるとき、その中間の亥の日。餅をついて食し、子孫繁栄を祝う。また、初めてこたつを開く日とした。

なか‐の‐いん【中の院】➤ちゅういん(中院)❶

なかのいん【中院】姓氏の一。村上源氏の一流。具平親王の子師房が臣籍に下って源姓を賜り、その後裔である鎌倉時代の大納言通方を祖とする。

なかのいん‐みちかつ【中院通勝】[1556～1610]安土桃山時代の学者・歌人。号、也足軒。法名、素然。和歌を細川幽斎に学び、古今伝授を受けた。源氏物語の注釈書「岷江入楚」55巻を著した。

なかのいん‐みちむら【中院通村】[1588～1653]江戸初期の廷臣・歌人。通勝の子。号、後十輪院。後水尾天皇の譲位事件に関与して江戸に幽閉された。歌集「後十輪院集」など。

なか‐の‐うみ【中海】➤なかうみ(中海)

なか‐の‐え【中の重】❶内裏外郭門である建礼・春華・修明・建春・宜秋・朔平・式乾などの諸門の内側と内郭との間の区域のこと。❷神社・宮殿の殿舎と中門の間の空き地。

なかのえ‐の‐とりい【中重鳥居】伊勢神宮の内宮・外宮の、外玉垣南御門と内玉垣南御門の中間にある鳥居。

なか‐の‐お【中の緒】楽箏の13弦のうち、第6から第10までの弦。また、和琴の6弦のうち第2の弦、琴の7弦のうち第4の弦。

なかのおおえ‐の‐おうじ【中大兄皇子】➤天智天皇

なが‐の‐おきまろ【長奥麻呂】7世紀ころの万葉歌人。名は意吉麻呂・興麻呂とも書く。万葉集に短歌14首を残す。生没年未詳。

ながの‐おさみ【永野修身】[1880～1947]軍人。海軍大将・元帥。高知の生まれ。ロンドン軍縮会議首席代表・海相・連合艦隊司令長官・軍令部総長などを歴任。第二次大戦後、戦犯に指名され、裁判中に病没。

なかの‐がっこう【中野学校】➤陸軍中野学校

なか‐の‐きみ【中の君】姉妹の中で2番目の姫君。「宮の―も同じほどにおはすれば」〈源・澪標〉

なか‐の‐く【中野区】➤中野

なか‐の‐くち【中の口】屋敷の玄関と台所口の間にある入り口。

ながの‐けん【長野県】➤長野㊀

ながのけん‐かんごだいがく【長野県看護大学】長野県駒ヶ根市にある公立大学。平成7年(1995)に開設された、看護学部の単科大学。

ながのけんせいぶ‐じしん【長野県西部地震】昭和59年(1984)9月14日、長野県木曽郡王滝村に発生したマグニチュード6.8の地震。降り続いていた雨の影響で、山崩れや土石流などが発生し、大きな被害を及ぼした。

なかの‐こうじ【中野孝次】[1925～2004]独文学者・小説家・評論家。千葉の生まれ。東大卒。「ブリューゲルへの旅」で日本エッセイストクラブ賞、「麦熟るる日に」で平林たい子文学賞、「ハラスのいた日々」で新田次郎文学賞、「暗殺者」で芸術選奨。他に「清貧の思想」など。

なか‐の‐ころも【中の衣】直衣の下、単衣の

上に着る衣服。和歌では多く男女の「仲」にかけて用いる。「包むめる名やもり出でむ引き交はしかくほころぶる—に」〈源・紅葉賀〉

なかの-し【中野市】▶中野

ながの-し【長野市】▶長野㊁

なかの-しげはる【中野重治】[1902～1979]小説家・詩人・評論家。福井の生まれ。日本プロレタリア芸術連盟に参加。第二次大戦後は新日本文学会の中心的人物として活躍。詩集「中野重治詩集」、小説「歌のわかれ」「むらぎも」、評論「斎藤茂吉ノオト」など。

なか-の-しま【中之島】大阪市北区の地名。堂島川と土佐堀川とに囲まれた中州。江戸時代は蔵屋敷が立ち並び、繁栄した。現在は市役所・公会堂・図書館などが集まる市の中心部。

なかのしま-きんいち【中能島欣一】[1904～1984]山田流箏曲(そうきょく)演奏家・作曲家。東京の生まれ。中能島検校の孫。中能島派の4代家元。東京芸大教授。芸術院会員、人間国宝。古典演奏にすぐれ「新晒(しんざらし)」などの編曲・演奏で高い評価を得る一方、現代邦楽「陽炎の踊」「赤壁賦」「三つの断章」などを作曲。昭和58年(1983)文化功労者。

なかのしま-こうえん【中之島公園】コウヱン 中之島東部にある公園。明治24年(1891)最初の大阪市営公園として開設。

ながの-しんかんせん【長野新幹線】▶北陸新幹線

なかの-せいごう【中野正剛】ガウ[1886～1943]政治家。福岡の生まれ。新聞記者を経て衆議院議員となり、憲政会・立憲民政党に所属。東方会を組織し、民間での全体主義運動を推進。「戦時宰相論」で東条英機首相を批判、さらに内閣打倒を策して逮捕され、釈放直後自殺。

ながの-だいがく【長野大学】長野県上田市にある私立大学。昭和41年(1966)に本州大学として開学。昭和49年(1974)に現校名に改称された。

なか-の-たけ【中ノ岳】新潟県南東部、越後山脈中の山。標高2085メートル。北の駒ヶ岳、西の八海(はっかい)山とともに越後三山と称され、その最高峰。

なかの-たけじ【中野武二】[1884～1947]野球選手・審判。東京の生まれ。一高主将として活躍したのち、同校のコーチとなる。公正な審判員としても評価され、早慶戦や国際試合で主審を務めた。

なか-の-ちょう【仲の町│中の町】チャウ 吉原遊郭の中央を貫いていた通り。現在の東京都台東区千束4丁目付近。

なか-の-つかさ【中=務=省】▶なかつかさしょう

なか-の-と【中の戸】❶部屋と部屋との間にある戸。「大将の君なほしきて、—を押し開けて」〈宇津保・蔵開中〉❷清涼殿の萩の戸と藤壺の上の御局との間にある戸。「蔵人参りて御物(おもの)奏すれば—より渡らせ給ふ」〈枕・二三〉

なか-の-とおか【中の十日】トヲカ ❶その月の、中旬の10日間。「野の盛りは八月—」〈宇津保・吹上下〉❷中旬の10日目。20日。「文治三(みつ)の歳の秋長月の—に撰び奉りぬるになむありける」〈千載・序〉

なか-の-なつ【仲の夏】《「仲夏(ちゅうか)」を訓読みにした語》陰暦5月の異称。

なか-の-はる【仲の春】《「仲春(ちゅうしゅん)」を訓読みにした語》陰暦2月の異称。

なか-の-ひと【中の人】❶着包(きぐる)みなどを着てキャラクターを演じている人。また、アニメーションなどで特定のキャラクターを演じている声優など。❷外部から見た、特定の企業・組織などの関係者。裏方。

なか-の-ふゆ【仲の冬】《「仲冬(ちゅうとう)」を訓読みにした語》陰暦11月の異称。

なが-のべ【長延べ】建築で、湾曲または屈曲したものに沿ってはかった長さ。

なか-のぼり【中上り│中登り】❶国司などが任期中に一度上京すること。「かの陸奥の守の—といふことして」〈今昔・二六・一四〉❷上方から江戸に奉公に出ている者が、途中で一時上方へ帰ること。「是は上方者にて、はや—もすみ」〈洒・京伝予誌〉

ながの-ぼんち【長野盆地】長野県北部、長野市を中心とする盆地。千曲(ちくま)川下流域を占め、扇状地が発達。善光寺平。

なか-の-ま【中の間】家の中央にある部屋。奥の間と玄関などとの間にある部屋。

なかのまつりごと-の-つかさ【中=務=省】▶なかつかさしょう

なか-の-みかど【中の▽御門】待賢門(たいけんもん)の異称。

なかのみや-の-つかさ【中宮▽職】▶ちゅうぐうしき(中宮職)

なか-の-ものもうすつかさ【中=納=言】ものまうすつかさ ▶ちゅうなごん(中納言)

なかの-よしお【中野好夫】よしを[1903～1985]英文学者・評論家。愛媛の生まれ。シェークスピア・スウィフト・モームらの研究で知られ、また、ジャーナリズムで健筆を振るった。著「アラビアのロレンス」「蘆花徳冨健次郎」など。

なか-のり【中乗り】❶乗り物の中央に乗ること。また、中央から乗ること。「—前降りのバス」❷いかだの中央に乗って操る人。「木曽の—さん」

なかの-りゅうほ【中野柳圃】リウホ ▶志筑忠雄(しづきただお)

ながの-わかれ【永の別れ】❶再び会うことのない別れ。永久の別れ。❷死に別れ。

なか-ば【半ば】㊀〔名〕❶全体を二つに分けた、その一方。半分。「敷地の—を人手に渡す」❷一定の距離・期間などの中間のあたり。「枝を—から切り落とす」「五月の—」「人生の—」❸ある物事の途中。ある物事をしている最中。「式典の—で退席する」「志—で挫折する」㊁〔副〕❶半分ほど、ある状態になっているさま。「—あきれ、—感心する」❷完全にではないが、かなりの程度。ほとんど。「—観念している」

なが-ばおり【長羽織】❶丈が膝下くらいまでの羽織。本羽織。❷天明(1781～1789)ごろに通人が着用した小袖丈に近い長い羽織。

なが-ばかま【長×袴】裾が長く、後ろに引きずる袴。近世、直垂(ひたたれ)・大紋(だいもん)・素襖(すおう)・長上下(ながかみしも)などの礼服に着用した。⇔半袴。

ながは-ぐさ【長葉草】イネ科の多年草。林野に生え、高さ50～70センチ。葉は線形で、長さ15～30センチ。ヨーロッパの原産で、明治初年に牧草として輸入。ケンタッキーブルーグラス。

なが-はし【長橋】❶長い橋。❷宮中の清涼殿から紫宸殿(ししんでん)に通じる廊下。

なかはし-とくごろう【中橋徳五郎】ゴラウ[1861～1934]実業家・政治家。石川の生まれ。大阪商船社長を退いて政界に入り、政友会に所属。文相・商工相・内相などを歴任。

ながはし-の-つぼね【長橋の▽局】《長橋❷のそばに局があったところから》勾当内侍(こうとうのないし)の異称。

なか-ばしら【中柱】❶茶室内の炉の隅に立てられる柱。ゆがみばしら。❷部屋の中央にある柱。「母屋の—にそばめる人」〈源・空蝉〉

なか-ばたらき【仲働き│中働き】奥向きと勝手向きの中間の雑用をする女中。奥女中や下女に対していう。

なが-ばなし【長話】〔名〕スル 長い時間話をすること。また、その話。「街頭で立ったまま—する」

なかば-の-つき【半ばの月】❶半円形の月。半月(はんげつ)。「末の世を照らしてこそは二月(きさらぎ)の—は雲がくれけれ」〈続千載・釈教〉❷月半ばの月。満月。特に、中秋の名月。「秋の空、余りにたへぬ—」〈謡・雨月〉❸《表面に半月形の穴があるところから》琵琶(びわ)。「四つの緒の調べにつけて思ひ出でよ—に我も忘れじ」〈玉葉集・雑五〉

ながはま【長浜】滋賀県の北端、琵琶湖岸にある市。もと今浜といったが、羽柴秀吉が城下町をつくり、長浜と改めた。ビロード・縮緬(ちりめん)の産地。平成18年(2006)浅井(あざい)町・びわ町と合併。平成22年(2010)に周辺6町を編入。人口12.4万(2010)。

ながはま【長浜】ロシア連邦の村オジョルスキーの、日本領時代の名称。

ながはま-し【長浜市】▶長浜

ながはま-ちりめん【長浜▽縮×緬】長浜地方から産出する、地の厚い上等の縮緬。浜縮緬。

ながはま-バイオだいがく【長浜バイオ大学】滋賀県長浜市にある私立大学。平成15年(2003)に開学した。バイオサイエンス学部の単科大学。

なかはま-まんじろう【中浜万次郎】マンジラウ[1827～1898]幕末の幕臣。土佐の漁師の息子。天保12年(1841)出漁中に遭難して米船に救われ、米国で教育を受けた。嘉永4年(1851)帰国し、幕府に用いられて翻訳や軍艦操練・英語の教授にあたった。維新後、開成学校教授。ジョン万次郎。

なかばやし-ちくとう【中林竹洞】[1776～1853]江戸後期の文人画家。尾張の人。名は成昌。字(あざな)は伯明。瀟洒(しょうしゃ)な山水画を得意とした。著「竹洞画論」など。

なかはら【中原】神奈川県川崎市の区名。中心の小杉は、江戸から平塚市中原に至る中原街道の宿駅として発達。

なかはら【中原】㊀姓氏の一。㊁平安時代以来、清原氏とならぶ明経道(みょうぎょうどう)の博士家。南北朝時代から押小路氏を称した。

なか-ばらい【中払ひ】ばらひ 江戸時代、盆と大晦日(おおみそか)の中間、10月末の支払い。「—の残り十貫五百文、御算用頼みます」〈浄・歌祭文〉

なかはら-く【中原区】▶中原

なかはら-じゅんいち【中原淳一】[1913～1983]画家・服飾美術家。香川の生まれ。昭和7年(1932)少女向け雑誌の挿絵画家となり、モダンな雰囲気の美少女画で人気を博す。のち雑誌編集や服飾デザインなども手がけた。

なかはら-ちかよし【中原親能】[1143～1208]鎌倉初期の幕臣。源頼朝に仕え、幕府の創業に参与。政所(まんどころ)公事奉行・京都守護などを歴任。

なかはら-ちゅうや【中原中也】[1907～1937]詩人。山口の生まれ。ランボーやベルレーヌに傾倒し、象徴的手法で生の倦怠(けんたい)と虚無感を歌った。詩集「山羊(やぎ)の歌」「在りし日の歌」など。

なかはら-ていじろう【中原悌二郎】テイジラウ[1888～1921]彫刻家。北海道の生まれ。荻原守衛(もりえ)に傾倒し、強い影響を受けた。大正期の彫刻界の代表的存在。作「若きカフカス人」など。

なかはら-ゆうすけ【中原佑介】イウスケ[1931～2011]美術評論家。兵庫の生まれ。本名、江戸頌昌(つぐまさ)。理論物理学から美術評論に転じ、戦後の美術評論をリードした。京都精華大学長、水戸芸術館総監督などを歴任。著作に「人間と物質のあいだ」「見ることの神話」など。

なか-び【中日】❶一定期間のまんなかにあたる日。ちゅうにち。「彼岸の—」❷芝居・寄席・相撲などで、興行期間のまんなかの日。❸「中日祝儀」の略。

なが-び【長日│永日】日の出から日没までの時間の長い日。えいじつ。「春の—」

なか-びく【中低】〔名・形動〕❶中央部が低くなっていること。また、そのさま。なかくぼ。「—になっている土地」❷鼻の低いこと。また、そのさま。「横から見ると随分しゃくれた—の顔であるが」〈荷風・つゆのあとさき〉

なが-び・く【長引く】〔動カ五(四)〕はかどらないで、時間が長くかかる。終了までの時間が延びる。「紛争の終結が—・く」「病気が—・く」〔類語〕手間取る・暇取る

なが-ひじき【長鹿=尾=菜】ヒジキを商品として出荷する際に、芽と茎をより分けて茎の部分だけにしたもの。茎ひじき。糸ひじき。➡芽ひじき

なか-びしゃ【中飛車】将棋の振り飛車戦法の一つで、飛車を5筋に移して中央突破をねらう指し方。

なかび-しゅうぎ【中日祝儀】シウギ 芝居・寄席などで、中日に出演者から楽屋の者などに出す祝儀。

なが-ひたたれ【長▽直垂】普通の直垂。鎧直垂(よろいひたたれ)に対していう。

なが-びつ【長×櫃】❶衣服・調度を入れる形の細長い櫃。棒を通して二人で担ぐ。❷長方形の炭櫃(すびつ)。長炭櫃(ながすびつ)。

なか-びと【仲人│中人】なかだちとなる人。なこう

ど。「かの―に謀られて」〈源・東屋〉

なが-ひと【長人】長生きする人。「汝なこそは世の―」〈記・下・歌謡〉

なが-ひばち【長火鉢】居間・茶の間などにおく、長方形の箱火鉢。引き出し・銅壺どうなどがついている。

なかひら-こう【中平康】ナカヒラ コウ［1926～1978］映画監督。東京の生まれ。石原裕次郎主演「狂った果実」で監督デビュー。青春映画やコメディーなど、幅広く手がけた。代表作「牛乳屋フランキー」「美徳のよろめき」「紅の翼」「あいつと私」など。

なが-ふくりん【長覆輪】《「ながぶくりん」とも》柄頭つかがしらから石突いしづきまで、覆輪をかけ通した太刀たち。

なか-ぶた【中蓋】二重蓋になっている容器の内側の蓋。

なか-ふで【中筆】▶中軸なかじく

なか-べ【中▽陪｜中▽倍｜中▽重】《「なかへ」とも》衣服などの間に重ね入れること。また、そのもの。近世では、小袿こうちぎの袖口・襟・裾などで、表地と施おもてとの間に入れた別の色の絹地。

なか-へだて【中隔て】間にある仕切り。なかじきり。「一の壁に穴をあけて」〈大鏡・師輔〉

なが-ぼう【長棒】❶長い棒。❷「長棒駕籠かご」の略。

ながぼう-かご【長棒×駕▽籠】かつぎ棒が長く、数人でかつぐ上等の駕籠。格式のある人、または特別に許された人が乗った。

なが-ぼえ【長×吠え】〔名〕スル ❶犬などが長く声を引いてほえること。「犬ガーヲスル」〈日葡〉❷長々としゃべること。「―するな、返答は我が眼中にあり」〈浄・関八州繋馬〉

なが-ほそ・い【長細い】〔形〕文ながほそ・し〔ク〕長くて細い。

なか-ほど【中程】❶ある期間・時期のまんなかのあたり。なかごろ。なかば。「来月の―までには参ります」「宴会の―で呼び出される」❷物の位置や距離のまん中のあたり。「車両の―までお詰めください」❸程度の中くらい。「クラスで―の成績」(類語)中位・中庸

なかま【中間】福岡県北部の市。明治末期から筑豊炭田の炭鉱町として発展。現在は住宅地化が著しい。人口4.4万(2010)。

なか-ま【仲間】❶一緒に物事をする間柄。また、その人。「趣味を同じにする―に加わる」「飲み―」❷地位・職業などの同じ人々。「文士の―」❸同じ種類のもの。同類。「オオカミは犬の―だ」❹近世、商工業者の同業組合。官許を得たものを株仲間といった。(類語)(❶)同輩・朋輩ほうばい・同僚・同志・同人・友・メート・同士・常連・一味・一派・徒党・味方・翰林かんりん・盟友・同腹・相手／(❷❸)同類・一類・一党・徒輩とはい・徒と・ともがら・やから・たぐい・組・一団・隊・班・チーム

なかま-いり【仲間入り】〔名〕スル 仲間に加わること。「社会人に―する」(類語)参加・参画・加入・加盟・入会・飛び入り・飛び込み・参入・参与・参会・参列

なかま-うけ【仲間受け】仲間内での評判。

なかま-うち【仲間内】仲間のあいだ。仲間の者どうし。「―のもめごと」

なかま-がわ【仲間川】ナカマ ガワ 沖縄県、西表いりおもて島南部を流れる川。浦内川に次ぐ島内第2の川。南部の山地に源を発して東流し、大富おおとみ付近で太平洋に注ぐ。長さ約12.3キロ。河口から2キロメートルの右岸山域に、国の天然記念物ヤエヤマヤシの群生がある。河口部には広大なマングローブ湿地帯、ヒルギの大群落が見られ、流域一帯は仲間川天然保護区域になっている。西表石垣国立公園に属する。

なが-まき【長巻】長太刀に長柄をつけ、革または組みひもで柄を巻き、鐔つばをつけた武器。戦場で、人や馬の足をなぎ倒すのに用いた。長巻の太刀。

なか-まく【中幕】幕末から昭和初期の歌舞伎で、一番目狂言と二番目狂言との間に演じる狂言。華やかな一幕物が多い。京阪では、中なか狂言といった。

なが-まくら【長枕】二人用の長いくくり枕。また、男女が共寝をすること。「男持ったも名ばかりぞ、益もなき―科とがはなけれど成敗と」〈浄・蝉丸〉

なかま-し【中間市】▶中間

ながまちおんなのはらきり【長町女腹切】ながまちをんなのはらきり 浄瑠璃。世話物。3巻。近松門左衛門作。正徳2年(1712)大坂竹本座初演。お花半七の心中事件と、大坂長町であった女性の腹切り事件とを合わせて脚色したもの。

なかま-はずれ【仲間外れ】はづれ 仲間に加えられないこと。仲間から除かれること。また、その人。「―になる」(類語)のけ者・爪弾き・村八分

なが-ま・る【長まる】〔動ラ五(四)〕長くなる。からだを長く伸ばして横になる。「神経痛が起って、いかにも所在なげに―・っている時の」〈島木健作・生活の探求〉

なかま-われ【仲間割れ】〔名〕スル 仲間どうしが争って分裂すること。「議案をめぐって与党内が―する」

なか-み【中身｜中味】❶中に入っているもの。中に入れてあるもの。「バッグの―」❷物事の内容・実質。「―の薄い話」❸刀剣の刃の部分。刀身。

なが-み【長身】刀・槍などの刃・穂の部分の長いこと。また、そのもの。

なか-みかど【中御門】待賢門たいけんもんの異称。

なかみかど-てんのう【中御門天皇】ナカミカド テンワウ［1701～1737］第114代天皇。在位1709～1735。名は慶仁やすひと。東山天皇の第5皇子。

なかみがわ-ひこじろう【中上川彦次郎】なかみがわ ひこじらう［1854～1901］実業家。大分の生まれ。福沢諭吉の甥。諭吉に学び、英国へ留学。三井財閥の確立に貢献した。

なが-みじか【長短】長いことと短いこと。また、長さがまちまちであること。ちょうたん。「―に挿した線香の細い煙が」〈三重吉・小鳥の巣〉

なか-みせ【中見世｜仲見世｜仲店】社寺の境内などにある商店街。特に、東京浅草の雷門から観音堂前に続く商店街が有名。

なか-みち【中道】❶まんなかの道。土地の中央、山の中腹などを通る道。「―を通って下山する」❷二つのものの間の道。「思はずに井手の―隔つともいはでぞ恋ふる山吹の花」〈源・真木柱〉

なが-みち【長道｜長▽路】長く続く道。また、長い道のり。

ながみち【長道】［1633～1685］江戸前期の刀工。会津の人。通称、藤四郎。初め三好道長と称したが、陸奥大掾むつのだいじょうを受領して三善長道と改名。

なか-みちよ【那珂通世】［1851～1908］東洋史学者。岩手の生まれ。東京高師教授。日本・朝鮮・中国・モンゴルの古代史を研究し、日本紀年の誤りを立証した。また、著「支那通史」「成吉思汗実録」など。

ながみつ【長光】鎌倉中期から後期の刀工。備前の人。光忠の子。足利将軍の宝刀「大般若長光」ほか多くの名刀を作り、長船おさふね派の名声を確立。生没年未詳。

ながみつ【長光】狂言。都の盗人が田舎者の持つ長光の太刀をだまし取ろうとして争いになる。仲裁人がその特徴を聞くと、盗人は田舎者の話をまねて答えるが、最後にはごまかしきれなくなって逃げだす。

なかみなと【那珂湊】ひたちなか市東部の地名。また、平成6年(1994)旧勝田市と合併して現市名となるまでの市名。那珂川河口にある。江戸と奥州を結ぶ中継港として栄え、近年は漁業・水産加工業が盛ん。乾燥芋を特産。

なが-む【眺む】〔動マ下二〕「ながめる」の文語形。

なが-む【▽詠む】〔動マ下二〕《「長む」の意からという》❶声を長く引く。また、声を長く引いて詩歌などをよむ。「女房の舟中に忍びたる声にて、淀の渡のまだよふかきにと―・められたりし」〈十訓抄・一〉❷詩歌・俳句などを作る。「彼の在原のなにがしの、唐衣きつつなれにしと―・めけん」〈平家・一〇〉

なか-むかし【中昔】それほど遠くない昔。「―のことにやありけん」〈伽・鉢かづき〉

なが-むし【長虫】蛇の異称。

なが-むしろ【長×筵】丈の長いむしろ。「女、一なにやかやー つやりたりける」〈堤・由無し事〉

なかむら【中村】高知県南西部、四万十しまんと川下流にあった市。応仁2年(1468)一条教房のりふさが土佐の国司として居を構えた地。米・イグサの産地。平成17年(2005)西土佐村と合併し四万十市となる。➡四万十

なかむら【中村】名古屋市の区名。豊臣秀吉の生地。

なかむら-あきひこ【中村彰彦】［1949～］小説家。栃木の生まれ。本名、加藤保栄やすえい。幕末・維新に生きる群像に題材をとった小説を執筆する。「二つの山河」で直木賞受賞。他に「明治新選組」「五左衛門坂の敵討かたきうち」「落花は枝に還らずとも」など。

なかむら-うたえもん【中村歌右衛門】ウタヱモン 歌舞伎俳優。屋号は初世と3世は加賀屋、2世は蛭子えびす屋、4世から成駒なりこま屋。㊀(初世)［1714～1791］金沢の人。医師の子。京坂で敵役の名人となった。㊁(3世)［1778～1838］初世の子。俳名、芝翫しかん・梅玉ばいぎょく。ほとんどの役柄をこなし、3都を通じて文化・文政期(1804～1830)随一の名優といわれた。㊂(4世)［1798～1852］3世の門人、中村藤太郎。江戸の人。俳名、翫雀。時代物と所作事にすぐれた。㊃(5世)［1865～1940］4世中村芝翫の養子。東京の人。その美貌と品格のある演技から、明治・大正・昭和の歌舞伎界で名女方といわれた。㊄(6世)［1917～2001］5世の子。東京の人。文化功労者・人間国宝。昭和54年(1979)文化勲章受章。

なかむらがくえん-だいがく【中村学園大学】なかむらがくゑんダイガク 福岡市にある私立大学。昭和40年(1965)の開設。

なかむら-がくりょう【中村岳陵】［1890～1969］日本画家。静岡の生まれ。本名、恒吉つねきち。日本画の伝統的技法に近代西欧絵画の表現を取り入れた独自の画風を確立。大阪四天王寺金堂壁画を制作した。文化勲章受章。

なかむら-かんえもん【中村翫右衛門】クワンヱモン［1901～1982］歌舞伎俳優。3世。屋号、成駒屋。東京の生まれ。昭和6年(1931)河原崎長十郎と前進座を創立。歌舞伎の革新に尽力した。

なかむら-かんざぶろう【中村勘三郎】カンザブラウ 歌舞伎俳優。㊀(初世)［1598～1658］山城の人。屋号、柏屋。寛永元年(1624)江戸中橋に江戸で最初の歌舞伎劇場猿若座を創立、のち中村座と改称。以後代々俳優と座元を継承。猿若勘三郎。㊁(17世)［1909～1988］東京の生まれ。3世中村歌六の三男。屋号、中村屋。初世中村吉右衛門の弟。義父6世尾上菊五郎の芸風を受け継ぎ、特に世話物に独自の芸境を示した。昭和55年(1980)文化勲章受章。

なかむら-がんじろう【中村鴈治郎】ガンヂラウ 歌舞伎俳優。屋号、成駒なりこま屋。㊀(初世)［1860～1935］大阪の生まれ。3世中村翫雀かんじゃくの子。京阪の代表的名優で、上方の和事わごと・実事じつごとをよくした。㊁(2世)［1902～1983］大阪の生まれ。初世の次男。上方歌舞伎の大立て者。上方和事系の義太夫狂言の諸役を中心に円熟した技芸を示した。㊂(3世)▶坂田藤十郎㊁

なかむら-きちえもん【中村吉右衛門】キチヱモン［1886～1954］歌舞伎俳優。初世。東京の生まれ。3世中村歌六の長男。屋号、播磨はりま屋。9世市川団十郎の芸風を継承し、立ち役を得意とした。6世尾上菊五郎と菊吉時代をつくった名優。文化勲章受章。

なかむら-きちぞう【中村吉蔵】キチザウ［1877～1941］劇作家・演劇学者。島根の生まれ。欧米に留学。帰国後は芸術座に参加し、近代劇運動で活躍した。戯曲「剃刀」「井伊大老の死」「星亨ほしとおる」、論文「日本戯曲技巧論」など。

なかむら-く【中村区】▶中村

なかむら-くさたお【中村草田男】くさたを［1901～1983］俳人。中国アモイの生まれ。本名、清一郎。「ホトトギス」の同人。新興俳句に対して批判的立場をとった。のち、「万緑」を創刊、主宰。句集「長子」「銀河依然」「美田」など。

なかむら-けんきち【中村憲吉】［1889～1934］歌人。広島の生まれ。伊藤左千夫に師事し、「アララギ」の同人として活躍。歌集「馬鈴薯ばれいしょの花」(島木赤彦と共著)「林泉集」「しがらみ」「軽雷集」など。

なかむら-ざ【中村座】歌舞伎劇場。江戸三座の一。寛永元年(1624)初世猿若(中村)勘三郎が江戸中橋に創立。禰宜町・堺町・猿若町と移転し、明治9年(1876)休座。のち何度か再興したが長続きせず、同26年に廃座。初期には猿若座、末期には都座・猿若座・鳥越座などと称した。

なかむら-し【中村市】▶中村

なかむら-しんいちろう【中村真一郎】［1918～1997］小説家・文芸評論家。東京の生まれ。戦時下に書き綴った「死の影の下に」などで戦後派作家として注目を集める。他に「空中庭園」「四季」四部作など。評伝「頼山陽とその時代」で芸術選奨受賞。芸術院会員。

なかむら-つね【中村彝】［1887～1924］洋画家。茨城の生まれ。中村不折・満谷国四郎に師事。レンブラント・ルノワールらの影響を受け、肖像画を多く描いた。作「エロシェンコ氏の像」など。

なかむら-ていじょ【中村汀女】［1900～1988］俳人。熊本の生まれ。本名、破魔子。「ホトトギス」同人として活躍。「風花」を創刊。句集「春雪」「汀女句集」など。

なかむら-てきさい【中村惕斎】［1629～1702］江戸前期の儒学者。京都の人。名は之欽。朱子学を奉じ、伊藤仁斎と並び称された。著「四書示蒙句解」「訓蒙図彙」など。

なかむら-とみじゅうろう【中村富十郎】［1719～1786］歌舞伎俳優。初世。屋号、天王寺屋。大坂の人。初世芳沢あやめの三男。名女方として活躍し、「京鹿子娘道成寺」の創演者として知られる。

なかむら-なかぞう【中村仲蔵】［1736～1790］歌舞伎俳優。初世。屋号、栄屋。江戸の人。俳名、秀鶴。忠臣蔵五段目の定九郎をはじめとして、実悪の演技に長じ、すぐれた型を残した。舞踊志賀山流の中興の祖。

なかむら-のぼる【中村登】［1913～1981］映画監督。東京の生まれ。記録映画で映画監督としてのスタートを切ったのち、さまざまなジャンルの作品を発表。特に「塩狩峠」「智恵子抄」などの文芸作品の映画化で高い評価を得た。代表作「集金旅行」「古都」「紀ノ川」など。

なかむら-はくよう【中村白葉】［1890～1974］ロシア文学者。兵庫の生まれ。本名、長三郎。東京外語学校卒。在学中に「露西亜文学」を創刊。ドストエフスキーの「罪と罰」を初めて原典から翻訳したほか、チェーホフやトルストイなど、数多くのロシア文学を翻訳した。芸術院賞受賞。

なかむら-はじめ【中村元】［1912～1999］インド哲学者・仏教学者。島根の生まれ。昭和32年(1957)「初期ヴェーダーンタ哲学史」で学士院恩賜賞受賞。同48年、東洋思想の研究機関である東方学院を創立。同52年文化勲章受章。

なかむら-ふせつ【中村不折】［1866～1943］洋画家・書家。江戸の生まれ。本名、鈼太郎。フランスに留学したのち、太平洋画会に参加。歴史画を多く描いた。また、東京根岸に書道博物館を設立。

なかむら-ふみのり【中村文則】［1977～　］小説家。愛知の生まれ。「土の中の子供」で芥川賞受賞。犯罪と暴力をテーマとする作品が多い。他に「銃」「遮光」など。

なかむら-まさなお【中村正直】［1832～1891］幕末・明治の洋学者・教育家。江戸の生まれ。東大教授。号、敬宇。昌平坂学問所に学び、英国留学後、明六社の設立に参加し、啓蒙思想の普及につとめた。訳著「西国立志編」「自由之理」など。

なかむら-まさのり【中村正軌】［1928～　］小説家。満州の生まれ。航空会社勤務により長い海外生活を経験し、それを生かした国際小説を執筆した。「元首の謀叛」で直木賞受賞。その後は勤務に専念したが、定年退職後に作家活動を再開。他に「アリスの消えた日」「貧者の核爆弾」など。

なかむら-みつお【中村光夫】［1911～1988］評論家・劇作家・小説家。東京の生まれ。本名、木庭一郎。近代リアリズムの歴史をたどり、日本近代文学に対して鋭い批判を行った。評論「二葉亭論」「風俗小説論」、小説「わが性の白書」、戯曲「パリ繁昌記」など。

なかむら-むらお【中村武羅夫】［1886～1949］小説家・評論家。北海道の生まれ。小栗風葉に師事し、雑誌「新潮」の編集者として活躍。また、同人誌「不同調」を創刊。評論「誰だ?花園を荒すものは!」、小説「地霊」など。

なかむら-や【中村屋】歌舞伎俳優の屋号。17世以後の中村勘三郎、およびその一門が用いる。

ながめ【長雨・霖】《「ながあめ」の音変化》長く降りつづく雨。和歌では多く「眺め」と掛けて用いる。「つれづれと―ふる日は青柳のいとどうき世にみだれてぞふる」〈紫式部集〉

なが-め【長め】〔名・形動〕いくらか長いこと。普通より長いこと。また、そのさま。「平日より―な(の)営業時間」「バットを―に持つ」

ながめ【眺め】❶見渡すこと。遠くまで見ること。また、その風景。眺望。「―のきく場所」「―が良い」❷物思いにふけりながら見ること。和歌では多く「長雨」と掛けて用いる。「花の色は移りにけりないたづらに我身世にふる―せしまに」〈古今・春下〉〔類語〕風景・景色・風光・風物・景観・眺望・見晴らし・パノラマ

な-がめ【菜椿象】カメムシ科の昆虫。体長9ミリくらいで、藍黒色の地に橙赤色のすじがある。アブラナ・ダイコンなどの害虫。

ながめ【詠め】詩歌を口ずさむこと。また、詩歌を作ること。「摂政公の―に(心ヲ)奪はれ」〈笈の小文〉

ながめ-あか・す【眺め明かす】〔動サ四〕物思いにふけりながら夜を明かす。「御格子も参らで―・し給ひければ」〈源・須磨〉

ながめ-い・る【眺め入る】〔動ラ五(四)〕❶じっと熱心に見る。見入る。「子供の寝顔を―・る」❷深く物思いにふけりながら見る。「夕暮の空を―・りてふし給へる所に」〈源・夕霧〉

ながめ-がち【眺め勝ち】〔形動ナリ〕物思いに沈みながら見やることの多いさま。「ただならず―なり」〈源・空蟬〉

ながめ-くら・す【眺め暮(ら)す】〔動サ五(四)〕❶眺めながら暮らす。「山を―・す」❷物思いにふけりながら日を過ごす。和歌では、多く長雨の降り暮らす意に掛けて用いる。「起きもせず寝もせで夜を明かしては春のものとて―・しつ」〈伊勢・二〉

ながめ-の-そら【眺めの空】物思いに沈みながら見る空。「心の通ふならば、いかに―も物忘れし侍らむ」〈源・賢木〉

ながめ-の-はま【長目の浜】鹿児島県、甑島列島の上甑島北部にある砂州。長さ約4キロメートル、幅50メートルの浜。砂礫が波によって水面上に現れた地形で、なまこ池(海水)の北端から貝池(汽水)を間にはさみ、東端のかざき池(淡水)の三つの池を海岸が隔てている。この三つの池はそれぞれ性質の異なった生態系を示し、特に貝池には世界でも数か所にしか見られない原始的なバクテリアが生息し、学術的に貴重な場所となっている。島内を代表する景勝地で、19代薩摩藩主島津久光があまりの美しさに「眺めの浜」と呼んだことから名付けられた。

ながめ・ふ【眺め経】〔動ハ下二〕物思いに沈みながら月日を過ごす。和歌では多く「長雨が降る」と掛けて用いる。「我が宿の嘆きの下葉色ふかく移ろひにけり―・ふるまに」〈かげろふ・上〉

ながめ-まわ・す【眺め回す】〔動サ五(四)〕まわりをひととおり眺める。「珍しげに―・す」

ながめ-もの【眺め物】眺めて楽しむもの。眺める価値のあるもの。「一生の―ながら、女の姿過ぎたるはあしからめ」〈浮・一代女・三〉

ながめ-や・る【眺め遣る】〔動ラ五(四)〕はるか遠くを眺める。また、その方向へ目を向けて見る。「空のかなたを―・る」「物音のする方を―・る」

なが・める【眺める】〔動マ下一〕図なが・む〔マ下二〕❶視野に入ってくるもの全体を見る。のんびりと遠くを見る。広く見渡す。「星を―・める」「田園風景を―・める」❷じっと見つめる。感情をこめて、つくづくと見る。「しげしげと人の顔を―・める」❸かたわらで成り行きを見る。静観する。「状況を―・める」❹物思いにふけりながら、見るともなくぼんやり見る。「夕月夜のをかしきほどに出だし立てさせ給ひて、やがて―・めおはします」〈源・桐壺〉〔類語〕見やる・望む・見渡す

ながめ-わ・ぶ【眺め侘ぶ】〔動バ上二〕物思いに沈んで、やるせなく思う。「例は暮らしがたくのみ霞める山際を―・び給ふに」〈源・浮舟〉

なが-もち【長持(ち)】〔名〕スル ❶長くよい状態などを保つこと。「―する花」❷衣服・調度品などを入れる、蓋つきの長方形の大きな箱。多く木製。運ぶときは両端の金具に棹を通して二人でかつぐ。

長持枕にならず　大は小を兼ねるといっても、大きすぎては用をなさないこともある。杓子は耳かきにならぬ。

ながもち-うた【長持歌｜長持唄】民謡の一。神事や婚礼のときに長持をかついで運ぶ人たちがうたう歌。拍子にはまらず、ゆっくりした節回し。

ながもちがた-せっかん【長持形石棺】底・側・蓋を石板で組み合わせて作った5世紀の石棺。運搬用の縄をかける突起を作り出してある。

なが-ものがたり【長物語】長い時間物語ること。また、その物語。

なが-や【長屋｜長家】❶細長い形の家。棟を長く建てた家。❷1棟を仕切って、数戸が住めるようにつくった細長い家。棟割り長屋。❸遊女屋の一。最下級の遊女である局女郎のいる切見世。また、そこで商売する局女郎。〔類語〕アパート・マンション・ハイツ

なかや-うきちろう【中谷宇吉郎】［1900～1962］物理学者・随筆家。石川の生まれ。北大教授。寺田寅彦に師事。雪の結晶を研究し、人工雪の製作に成功。雪氷学を開拓。著「雪の研究」「冬の華」など。

ながや-おう【長屋王】［684～729］奈良前期の政治家。天武天皇の孫。高市皇子の子。聖武天皇のもとで左大臣となり、藤原氏を抑えて皇親政治を推進したが、讒言により、自殺に追い込まれた。

なが-やか【長やか】〔形動〕図〔ナリ〕いかにも長いさま。「或いは―に説述ぶる場合もあるべし」〈逍遥・小説神髄〉

なか-やしき【中屋敷】江戸時代、大名などが上屋敷の控えとして設けた屋敷。➡上屋敷 ➡下屋敷

なか-やすみ【中休み】〔名〕スル ❶仕事などの途中で一時休むこと。また、その休み。「ここらで―しよう」❷劇場での幕間の休み。

なか-やど【中宿】❶目的地までの途中で宿をとること。また、その宿。❷江戸時代、宿元のない奉公人の身元引受人となり、出替わりや宿下がりのときに仮に滞在させた宿。奉公人宿。❸江戸時代、男女を密会させた宿。出合茶屋。❹江戸時代、上方で、引き手茶屋の称。

なか-やどり【中宿り】「なかやど❶」に同じ。「内裏よりまかで給ふ―に」〈源・夕顔〉

なかやま【中山】千葉県市川市と船橋市にまたがる地名。日蓮宗法華経寺の門前町から発展。中山競馬場がある。

ながやま【永山】北海道旭川市の地名。上川盆地最初の屯田兵村。米作が行われ、近年都市化が進む。

なかやま-いちろう【中山伊知郎】［1898～1980］経済学者。三重の生まれ。シュンペーターについて理論経済学を学び、近代経済学の導入・普及に努めた。一橋大学学長・中央労働委員会会長などを歴任。著「純粋経済学」「発展過程の均衡分析」など。

なかやま-がわ【中山川】愛媛県中西部を流れる川。肱川水系の一。伊予市中山町の階上山(標高899メートル)に源を発して南流し、喜多郡内子町で肱川支流の小田川と合流する。長さ25キロ。流域はタバコ栽培地。ほかに柑橘類・クリ(中山栗)の生産がある。

なかやま-ぎしゅう【中山義秀】［1900～1969］小説家。福島の生まれ。本名、議秀。「厚物咲」で

芥川賞を受け、晩年は歴史小説をよくした。作「碑」「テニヤンの末日」「咲庵」など。

ながやま-きじゅん【永山基準】刑罰として死刑を適用する際の判断基準。拳銃で4人を連続して殺害した永山則夫元死刑囚に対する判決で、最高裁が昭和58年(1983)に示したもので、(1)犯行の罪質、(2)動機、(3)態様(特に殺害方法の執拗さや残虐さ)、(4)結果の重大性(特に殺害された被害者の数)、(5)遺族の被害感情、(6)社会的影響、(7)犯人の年齢、(8)前科、(9)犯行後の情状等を総合的に考察し、やむを得ないと認められる場合には死刑の選択も許される、としている。

なかやましちり【中山七里】岐阜県中部、下呂市にある、益田川中流の峡谷。景勝地。長さ28キロ。

なかやま-じんじゃ【中山神社】岡山県津山市にある神社。主祭神は鏡作神。慶雲3年(706)の創建と伝える。美作国一の宮。仲山大明神。南宮。

なかやま-しんぺい【中山晋平】［1887～1952］作曲家。長野の生まれ。多数の歌謡曲・童謡などを作曲、晋平節といわれる独特の様式をつくりあげた。作品に「カチューシャの唄」「ゴンドラの唄」「てるてる坊主」「波浮の港」など。

なかやま-ただちか【中山忠親】［1132～1195］平安末期・鎌倉初期の廷臣。内大臣。故実典礼に通じ、日記「山槐記」など貴重な資料を残した。「今鏡」「水鏡」の著者ともいわれる。

なかやま-ただみつ【中山忠光】［1845～1864］幕末の尊攘派公家。天誅組の大和五条挙兵に参加、その首領となったが、事破れて長州に逃れ、暗殺された。

なかやま-でら【中山寺】兵庫県宝塚市にある真言宗中山寺派の大本山。山号は紫雲山。用明天皇元年(586)聖徳太子の開創と伝える。現在の堂宇は慶長8年(1603)豊臣秀頼の再建。西国三十三所第24番札所。仲山寺。中山観音。

なかやま-みき【中山みき】［1798～1887］天理教の教祖。大和の人。41歳のとき霊感を得、世人救済のために布教を始めた。歌集「おふでさき」は託宣・予言をうたったもの。

なが-やみ【長病み】〔名〕スル 長い間病気であること。また、その病気。長患い。「―してやせ細る」

ながや-もん【長屋門】武家屋敷でみられた門の形式。門の両側が長屋となっており、そこに家臣や下男を住まわせたもの。富裕な農家にもみられた。

なが-ゆ【長湯】〔名〕スル 長い時間入浴すること。長ぶろ。「―してのぼせる」

なか-ゆい【中結ひ】衣服の裾を引き上げるなどして腰帯を結ぶこと。また、その帯。「僧正、―うちして」〈宇治拾遺・一四〉

なか-ゆび【中指】5本の指のまんなかの指。

(類語)中指・親指・人差し指・薬指・小指・高高指

なか-ゆるし【中許し】芸事などで、初許しの次、奥許しの前に師匠から受ける免許。

なが-よ【長夜】夜の明けるまでが長い夜。特に、秋の夜についていう。夜長。ちょうや。

なか-よく【仲良く｜仲▽好く】〔副〕仲がよいさま。むつまじいさま。「―暮らす」

なか-よし【仲良し｜仲▽好し】仲のよいこと。また、その間柄の人。(類語)親しい・近しい・心安い・気安い・睦まじい・親密・懇意・昵懇・懇親・別懇・懇ろ・親愛・和気藹藹・仲が良い・気が置けない

ながよし【長吉】室町後期の刀工。山城の人。刀身彫刻にすぐれ、槍も作った。生没年未詳。

なかよし-こよし【仲良し小▽好し】「仲良し」を調子よくいった語。

ながよ-せんさい【長与専斎】［1838～1902］医者。肥前の生まれ。緒方洪庵に師事。長崎でポンペに西洋医学を学び、のち長崎医学校長となる。岩倉遣欧使節に随行し、帰国後、文部省医務局長・東京医学校長を歴任し、衛生行政を確立。

ながよ-またろう【長与又郎】［1878～1941］医学者。東京の生まれ。専斎の三男。ドイツに留学。恙虫病リケッチアの発見者の一人。心臓・肝臓の病理学の権威。東大総長などを歴任。

ながよ-よしろう【長与善郎】［1888～1961］小説家・劇作家。東京の生まれ。専斎の五男。「白樺」同人。個性の葛藤を描いた作品が多い。小説「青銅の基督」「竹沢先生と云ふ人」、戯曲「項羽と劉邦」、自伝「わが心の遍歴」など。

なから【▽半ら】❶まんなかのあたり。「室の―で」〈二葉亭訳・めぐりあひ〉❷半分ほどの量や大きさ。また、半分ほどの程度。なかば。「足を砂子に脛の―ばかりふみ入れて」〈宇治拾遺・三〉❸中ほどの地点・時点。途中。「山の―ばかりの」〈更級〉

ながら【長柄】大阪市北区の地名。淀川と新淀川との分岐点の南西側に位置する。

ながら【×乍ら】〔接助〕❶動詞・動詞型活用語の連用形に付く。二つの動作・状態が並行して行われる意を表す。「ラジオを聞き―勉強する」「左右を見―横断する」「いといたうなげき―出で給ひぬ」〈落窪・三〉❷名詞、動詞型活用語の連用形、形容詞型活用語の連体形などに付く。内容の矛盾する二つの事柄をつなぐ意を表す。…にもかかわらず。…ではあるが。「学生―読書もしない」「知ってい―答えない」「狭い―も楽しく暮らす」「我が宿の物なり―桜花散るをばえこそとどめざりけれ」〈新古今・春下〉❸体言、副詞、動詞型活用語の連用形などに付く。ある状態のままにある意を表す。…のまま。…のとおり。「昔―の街道」「い―にして手に取るようにわかる」「源氏の五十余巻、ひつに入り―、…得て帰る心地のうれしさぞいみじきや」〈更級〉❹体言・副詞などに付く。そろってそのまま、同じ状態にある意を表す。全部。…とも。それごと。「兄弟―技師になる」「三回―失敗した」(補説)種々の語に付くが、概して、活用語に付くものは接続助詞、名詞・副詞などに付くものは「…の本質において」「…として」「…のまま」の意を表す。接尾語、または、副助詞と考えることもできる。中でも接尾語としての用法が古く、後に接続助詞としての用法が現れたという。同類の接続助詞に「つつ」があるが、近世以降は「ながら」が優位に立つようになった。

なからい【中らい｜仲らい】❶人と人の間柄。人間関係。「夫婦の―」❷一族。親類。「上達部の筋にて、―も物きたなき人ならず」〈源・東屋〉

なからい-とうすい【半井桃水】［1860～1926］小説家。対馬の人。本名、洌。朝日新聞の記者となり、通俗小説を発表。門下に樋口一葉がいた。作「海王丸」「天狗廻状」など。

なからい-ぼくよう【半井卜養】［1607～1678］江戸前期の俳人・狂歌師。堺の人。名は慶友。幕府の医師として江戸に招かれた。俳諧を松永貞徳に学び、和歌・連歌・狂歌をよくした。家集「卜養狂歌集」など。

なが-ラウ【長ラウ】キセルのラウの長いもの。ながラオ。

ながら・う【永らふ｜長らふ｜▽存ふ】〔動ハ下二〕「ながらえる」の文語形。

ながら・う【流らふ】〔動ハ下二〕《下二段動詞「ながる」＋反復継続の助動詞「ふ」から》流れつづける。流れるようにそれが続く。「雉鳴く高円の辺に桜花散りて―・ふ見む人もがも」〈万・一八六六〉

ながらえ-は・つ【永らへ果つ】〔動タ下二〕生きながらえて、天命を全うする。「あからさまとは思へども―・つることもあり」〈平家・一〉

ながら・える【永らえる｜長らえる｜▽存える】〔動ア下一〕(文)ながら・ふ〔ハ下二〕《「流らう」と同語源》❶命を長く存続させる。長く生きつづける。「心ならずもこの歳まで―・えた」「生き―・える」❷長い時間を経る。「世の中は常なきものと語り継ぎ―・へ来れ」〈万・四一六〇〉❸長つづきする。「―・ふべきものとしも思ひ給へざりしかど」〈源・帚木〉(類語)生きる・生き延びる・生き残る・生き長らえる・生存する・存命する

ながら-がわ【長良川】濃尾平野を貫流する川。岐阜県の大日岳に源を発して南流、木曽川と並走し、三重県桑名市で揖斐川と合流して伊勢湾に注ぐ。長さ約120キロ。流域は人工的な改変が少なく、清流として知られる。岐阜市の鵜飼いが有名。

ながらく【長らく｜永らく】〔副〕長い間。久しく。「―御無沙汰致しております」

なから-じに【▽半ら死に】死にきれないでいること。半死半生。「―して恥さらし」〈浄・重井筒〉

ながら-ぞく【×乍ら族】音楽を聞くなど、他のことをしながら勉強や仕事をする習慣を持っている人。

ながらのとよさき-の-みや【長柄豊碕宮】➡難波長柄豊碕宮

ながら-の-はし【長柄の橋】長柄あたりにあった橋。現在の長柄橋付近にあったといわれる。(歌枕)「難波なる―もつくるなり今は我が身を何にたとへむ」〈古今・雑体〉

なから-はんじゃく【▽半ら半尺】〔名・形動〕中途半端であること。いいかげんであること。また、そのさま。「重忠は―で役目を粗末にするはな」〈滑・浮世風呂・二〉

ながら-やま【長等山】滋賀県大津市の三井寺の後ろの山。(歌枕)「世の中をいとひがてらに来しかども憂き身ながらの山にぞありける」〈後撰・雑三〉

なかり-せ-ば【無かりせば】〔連語〕《形容詞「なし」の連用形＋過去の助動詞「き」の未然形＋接続助詞「ば」》もしなかったならば。「吹く風と谷の水とし―み山がくれの花を見ましや」〈古今・春下〉

なが・る【流る】〔動ラ下二〕「ながれる」の文語形。

なかれ【×勿れ｜×莫れ｜×毋れ】《形容詞「なし」の命令形》禁止の意を表す。してはいけない。するな。「驚く―」「待つこと―」

ながれ【流れ】㊀〔名〕❶液体や気体が流れること。また、その状態や、そのもの。「潮の―が速い」「空気の―が悪い」「川の―をせき止める」❷流れるように連なって動くもの。また、その動き。「人の―に逆らって歩く」「車の―がとどこおる」❸目上の人などから、杯を順にめぐらせること。また、杯の飲み残しのしずく。「お―を頂戴する」「―の御かはらけ給はらばや」〈宇津保・蔵開上〉➡お流れ❷ ❹時間の経過や物事の移り変わり。「時代の―に乗る」「試合の―を読む」❺血筋。また、流派。系譜。「菅家の―」「印象派の―」❻集会などから人が一斉に移動すること。「卒業式の―」❼予定・計画などが中止になること。➡お流れ❶ ❽質物を受け出す期限が過ぎて、所有権がなくなること。また、その質物。「質―」❾屋根などの傾斜。また、その度合い。「片―」❿人が当て所もなく歩くこと。また、定めのない境遇。遊女の身の上などにいう。「―の者」「つらさ果てなき―の苦しみ」〈浄・用明天王〉㊁〔接尾〕助数詞。旗・幟など、細長いものを数えるのに用いる。「白旗二十余―」〈平治・中〉

(下接語)枝流れ・御流れ・片流れ・川流れ・里流れ・質流れ・四方流れ・注文流れ・抵当直し流れ・抵当流れ・手付流れ・横流れ

(類語)傾向・風潮・趨勢・趨向・動向・大勢

流れに棹さす　流れに棹をさして水の勢いに乗るように、物事が思いどおりに進行する。誤って、時流・大勢に逆らう意に用いることがある。(補説)文化庁が発表した平成18年度「国語に関する世論調査」では、「その発言は流れに棹さすものだ」を、本来の意味である「**傾向に乗って、勢いを増す行為をすること**」で使う人が17.5パーセント、間違った意味「**傾向に逆らって、勢いを失わせる行為をすること**」で使う人が62.2パーセントと、逆転した結果が出ている。

流れに耳を洗う　《「史記正義」伯夷伝・註から。中国の伝説上の人物許由が、天子の堯から帝位を譲ろうと言われて、汚れたことを聞いたと耳を洗ったという故事から》汚れたことを聞いたので、その耳を流れで洗い清める。俗事にかかわりなく暮らすことのたとえ。潁水に耳を洗う。

流れを汲む　その系統や流派を受け継ぐ。その系譜に連なる。「源氏の―・む」「象徴派の―・む」

ながれ-ある・く【流れ歩く】〔動カ五(四)〕あちこちをさすらい歩く。放浪する。「日本中を―・く」

ながれ-かいさん【流れ解散】デモ行進などの終点で、到着しだいにそのまま解散すること。

な

ながれ-かんじょう【流れ×灌頂】クワンヂャウ 出産で死んだ女性の霊をとむらうために、橋畔や水辺に棒を立てて赤い布を張り、通行人に水をかけてもらう習俗。布の色があせると亡霊が成仏できるという。地方によっては水死者のためなどにも行い、供養の仕方にも違いがある。

ながれ-ぎ【流れ木】❶りゅうぼく。❷流人をたとえていう語。「名取河あふせによどむ—の寄るかた知らでぬるる袖かな」〈続後拾遺・恋一〉

ながれ-こ・む【流れ込む】〔動マ五(四)〕流れて入りこむ。「汚水が湾内に—・む」

ながれ-さぎょう【流れ作業】ゲフ 標準化された大量の製品を生産するのに適した作業組織の一形態。製造工程の順序に従って作業員と機械を配置し、一連の作業を連続的に行って製品を完成させる方式。コンベヤーシステムなど。

ながれ-じち【流れ質】約束の期限が過ぎて質権者の所有となった質物。

ながれ-ず【流れ図】ヅ ▶フローチャート

ながれ-だ・す【流れ出す】〔動サ五(四)〕❶流れて外へ出る。流れ出る。「火口から溶岩が—・す」❷流れはじめる。「渋滞していた車の列が—・す」

ながれ-だま【流れ弾┆流れ玉】目標からそれて飛ぶ弾丸。それだま。

ながれ-つ・く【流れ着く】〔動カ五(四)〕❶漂流して、ある場所に行き着く。❷居場所を転々として、ある土地にたどり着く。

ながれ-づくり【流れ造(り)】神社本殿形式の一。切妻造り、平入りで、屋根前面の流れが長く延びて向拝となるもの。神社建築中では最も多く、平安時代にできたもので、宇治上神社が最古の例。

ながれ-ていとう【流れ抵当】ーテイタウ ▶抵当直流ていとうじきながれ

ながれ・でる【流れ出る】〔動ダ下一〕流れて外へ出る。流出する。流れ出す。「傷口から血が—・出る」

ながれ-の-さと【流れの里】流れの身である遊女のいる所。遊里。「一ぞ気散じなる」〈浄・寿の門松〉

ながれ-の-すえ【流れの末】ーすゑ ❶流れてゆく末の方。下流。「よどみしもまた立ち帰る五十鈴川—は神のまにまに」〈風雅・神祇〉❷血筋などを受け継ぐ人。子孫。末流。「—のわれらまで、豊かに住めるうれしさよ」〈謡・養老〉

ながれ-の-ひと【流れの人】流れの身である人。遊女。「—のこの後は、絶えて心中せぬやうに」〈浄・天の網島〉

ながれ-の-み【流れの身】放浪する身の上。身の定まらない人。古くは、遊女のこと。

ながれ-の-みち【流れの道】遊女の道。遊女稼業。「我また—、ある程は立てつくして」〈浮・一代女・六〉

ながれ-はふ【流れ破風】屋根の流れの前方を後方よりも長くした破風。流れ造りなどにみられる。

ながれ-びと【流れ人】▶流れ仏ぼとけ

ながれ-ぼし【流れ星】❶「流星りゅうせい」に同じ。《季 秋》「ふるさともものの傾きて—／草田男」❷馬の毛色の一。額の中央部から鼻の上まで白い斑点のあるもの。星月ほしづき。

ながれ-ぼとけ【流れ仏】海に漂う溺死体できしたい。漁民がこれに遭遇すると大漁の前兆として手厚く葬る風習がある。流れ人びと。

ながれ-もの【流れ物】❶水の中を流れる物。❷質流れとなった物。

ながれ-もの【流れ者】土地から土地へと流れ歩く者。渡り者。

ながれ-や【流れ矢】目標からそれて飛ぶ矢。それ矢。

ながれやま【流山】千葉県北西部の市。江戸川東岸にあり、河港として発達。住宅地。みりん醸造が盛ん。人口14.4万(2010)。

ながれやま-し【流山市】▶流山

なが・れる【流れる】〔動ラ下一〕図なが・る〔ラ下二〕❶㋐液体がある方向へ道筋をなすように移動する。「川が—・れる」「潮が—・れる」㋑水滴などが筋となって伝わり落ちる。「汗が—・れる」「涙が—・れる」㋒液体の移動とともに動く。川の水などに運ばれて動く。「洪水で橋が—・れる」「氷山が—・れる」❷川の水などが移動するように、連続してものが動く。㋐空中を移動する。「霧が—・れる」「星が—・れる」㋑経路を伝って移動する。「電流が—・れる」「渋滞で車が—・れない」㋒伝わり広がる。「世間にうわさが—・れる」「怪情報が—・れる」❸時間が経過する。「歳月が—・れる」❹人が定まりなく移動する。「職を求めて土地から土地へ—・れる」❺㋐本来の経路などから外れて動く。思いがけない方向へ行く。「他店へ客が—・れる」「砲弾が—・れる」㋑押さえがきかないで思わず動いてしまう。「腰が—・れる」「筆が—・れる」㋒人の態度などが、望ましくない方へ傾く。「怠惰に—・れる」「奢侈しゃしに—・れる」❻㋐予定されていた行事などが中止になる。物事が実現しないまま終わる。「会議が—・れる」「企画が—・れる」㋑流産する。「おなかの子が—・れる」❼一定の期限が過ぎて、質物の所有権がなくなる。「質草が—・れる」❽テレビの映像が乱れる。「画面が上下に—・れる」
[類語](❶㋐)流動する・貫流する・流通する・流出する・捌はける・通う／(❶㋑)滴る・零こぼれる・零れ落ちる・伝う／(❶㋒)漂う・浮流する・漂流する

ながれ-わたり【流れ渡り】❶成り行きにまかせて暮らすこと。「唯—に此の世を渡りて」〈福沢・学問のすゝめ〉❷川などを流れにまかせて渡ること。「水に従ひて—に渡すべし」〈盛衰記・一五〉

ながれ-わた・る【流れ渡る】〔動ラ五(四)〕土地から土地へと渡り歩く。「転々と諸国を—・る」

なか-ろうか【中廊下】ーラウカ 両側に部屋または住戸を配置してある廊下。

ながわ-かめすけ【奈河亀輔】ながは 江戸中期の歌舞伎狂言作者。初世。奈良の人。並木正三の門人で、安永・天明(1772〜1789)のころに京坂で活躍。代表作「伽羅先代萩めいぼくせんだいはぎ」「伊賀越乗掛合羽いがごえのりかけがっぱ」「競伊勢物語はでくらべいせものがたり」など。生没年未詳。

なが-わきざし【長脇差】❶長い脇差。大脇差。❷《江戸時代、関東で❶を差していたところから》ばくち打ち。博徒ばくと。侠客きょうかく。

なが-わずらい【長煩い┆長患い】ーわづらひ〔名〕スル 長い間病気をすること。また、その病気。

なか-わた【中綿】布団・着物などの中に入れる綿。

なか-わたり【中渡り】織物・陶磁器などで、古渡こわたりと後渡あとわたりとの中間の、永正・大永(1504〜1528)のころに渡来したこと。また、そのもの。ちゅうわたり。

なか-わん【中×椀】親椀おやわんの次の大きさの椀。汁物を入れるのに用いる。

なかん-ずく【▽就▽中】ーづく〔副〕《「就中」を訓読みにした「なかにつく」の音変化》その中でも。とりわけ。「すべての学科にいえるが、—語学は重要だ」

なき【泣き】泣くこと。また、泣きたいほどつらいこと。「—の涙」「うれし—」「うそ—」「すすり—」

泣きを入・れる ❶泣きついてわびをいい、許しを求める。哀願する。「借金が返せなくて—・れる」❷相場の暴騰・暴落のとき、売り方または買い方が相手方に対して、相当の値段での解約を頼む。

泣きを見・せる 泣くような目にあわせる。苦労をかける。「家族に—・せる」

泣きを◦見る 泣くようなつらい目にあう。「怠けているとあとで—◦見ることになる」

なき【亡き】〔連体〕《形容詞「なし」の連体形から》生きていない。死んだ。亡くなった。「—父の形見」

なぎ【水=葱┆菜×葱】ミズアオイの別名。《季 夏》

なぎ【×凪┆▽和ぎ】風がやんで、波がなくなり、海面が静まること。朝凪や夕凪。「べた—」⇔時化しけ。[補説]「凪」は国字。

なぎ【×梛┆竹=柏】マキ科の常緑高木。暖地に自生し、高さ約20メートル。葉は対生し、楕円形で厚い。雌雄異株。5月ごろ開花し、実は丸く、10月ごろ青白色に熟す。庭木とする。熊野神社では神木とされる。また、凪なぎに通じるので特に船乗りに信仰され、葉を災難よけに守り袋や鏡の裏に入れる俗習があった。なぎのき。ちからしば。

なぎ【×薙】《動詞「な(薙)ぐ」の連用形から》山の一部が崩れて、横に切りはらったようになっている所。

なき-あか・す【泣(き)明かす】〔動サ五(四)〕一晩中泣いて夜を明かす。また、ずっと泣いて過ごす。「遺体にすがって—・す」「三日間—・す」

なき-あ・ぐ【鳴き上ぐ】〔動ガ下二〕声を高くあげて鳴く。「犬のもろ声に長々と—・げたる」〈枕・二八〉

なき-あと【亡き後】〔連語〕人の死んだあと。「—を弔う」

なき-あひる【鳴き家=鴨】アイガモの別名。

なきあま【泣尼】狂言。説法を頼まれた僧が、泣尼と異名をとる老尼を法事に雇い泣かせようとするが、法談の最中に居眠りをしてしまい、あげくに布施の取り分で僧と争う。

なき-あわせ【鳴(き)合(わ)せ】ーあはせ 同類の声の美しい鳥を持ち寄り、その鳴き声の優劣を競い合うこと。

なぎ-いかだ【×梛×筏】ユリ科の常緑小低木。高さ約30〜50センチ。枝は濃緑色の平たい卵形で先がとがり、葉のように見える。葉は鱗片りんぺん状。雌雄異株で、5月ごろ、葉状の枝の中ほどに白い小花をつけ、丸く赤い実を結ぶ。地中海沿岸地方の原産で、明治初年に渡来。

ナキール〖Nakheel〗アラブ首長国連邦ドバイの政府系不動産開発会社。エマールとともに中東最大級の規模をもち、主に人工島や沿岸部の開発を行うほか、高さ1000メートル以上の超高層ビルの建設も予定されている。

なき-い・る【泣(き)入る】〔動ラ五(四)〕激しく泣く。また、泣き悲しむ。「お師匠様は道に倒れて—・られましたよ」〈倉田・出家とその弟子〉

なき-うさぎ【×啼×兎】ウサギ目ナキウサギ科の哺乳類の総称。岩場などにすみ、体長約15センチ。耳は短くて丸く、尾はない。プチーと聞こえる鋭い声で鳴く。シベリア・中国東北部・北海道に分布。

なき-おとこ【泣(き)男】ーをとこ 葬式の際に雇われて大声で泣く役目の男。

なき-おとし【泣(き)落(と)し】泣くなどして相手の同情を買い、自分の言い分を承知させること。「おどしてだめだと—にかかる」「—戦術」

なき-おと・す【泣(き)落(と)す】〔動サ五(四)〕❶泣いたり不幸な身の上を語ったりして、相手の同情を買い、自分の言い分を承知させる。「親を—・して資金を出させる」❷泣きくずれる。歌舞伎のト書で用いる語。「死骸に取りつき—・す」〈伎・吾嬬鑑〉

なき-おんな【泣(き)女】ーをんな 葬式の際に雇われて大声で泣く役目の女。日本のほか、朝鮮・中国にもある。なきめ。

なき-かえ・る【泣き返る】ーかへる〔動ラ四〕激しく泣く。泣き入る。「雲路をも知らぬ我さへもろ声に今日ばかりとぞ—・りぬる」〈後撰・雑四〉

なき-がお【泣(き)顔】ーがほ 泣いている顔。また、泣き出しそうな顔つき。泣きつら。「—で謝る」

なき-かげ【亡き影】〔連語〕❶死んだ人のおもかげ。また、死者の霊。「—やいかが見るらむよそへつつながむる月も雲がくれぬる」〈源・須磨〉❷死後。亡き跡。「いかで—にてもかの恨み忘るばかりと思ひ給ふるを」〈源・澪標〉

なき-かず【亡き数】〔連語〕死んだ人の仲間。「—に入る」[類語]死ぬ・死亡・逝去・臨終・往生・成仏・他界

なぎ-がま【×薙ぎ鎌】❶物を薙ぎ切るための鎌。ないがま。❷鎌に長柄をつけたもので、人馬の足などを薙ぎ払うための武器。ないがま。「郎等下部まで、熊手—持ちて」〈盛衰記・三六〉

なき-がら【亡▽骸】死んで魂の抜けてしまったからだ。死体。しかばね。遺体。「—を葬る」[類語]死体・死骸・遺体・遺骸・死屍・屍しかばね・屍かばね・むくろ

なき-かわ・す【泣(き)交(わ)す┆鳴(き)交(わ)す】ーかはす〔動サ五(四)〕❶(泣き交わす)互いに泣く。泣き合う。「手を取り合って—・す」❷(鳴き交わす)鳥獣・虫などが、互いに鳴く。「畦あぜでカエルが—・す」

なき-くず・れる【泣(き)崩れる】ーくづれる〔動ラ下一〕図

なきくづ・る〔ラ下二〕激しくとり乱して泣く。「その場に—・れる」

なき-くら・す【泣(き)暮(ら)す】〔動サ五(四)〕泣きながら日を過ごす。来る日も来る日も泣いてばかりいる。「亡き子を思い—・す」

なぎ-けいし【南木佳士】［1951〜 ］小説家・医師。群馬の生まれ。本名、霜田哲夫。内科医として勤務するかたわら小説を発表。「ダイヤモンドダスト」で芥川賞受賞。他に「破水」「落葉小僧」「阿弥陀堂だより」など。

なき-ごえ【泣(き)声｜鳴(き)声】‐ごゑ ❶(泣き声)㋐泣く声。「赤ん坊の元気な—」㋑泣きながら話す声。また、泣きそうな声。涙声。「—で抗議する」❷(鳴き声)鳥獣・虫などの鳴く声。「鳥の—」

なき-こが・る【泣き焦がる】〔動ラ下二〕思いこがれて泣く。泣くほど恋い慕う。「母北の方、おなじ煙にものぼりなむと—・れ給ひて」〈源・桐壺〉

なき-こと【無き事】〔連語〕ありもしないこと。身に覚えのないこと。無実。「—によりかく罪せられ給ふを」〈大鏡・時平〉

なき-ごと【泣(き)言】泣きながらぐずぐず訴える言葉。不運や苦しみを嘆く言葉。「—を並べる」

なき-こ・む【泣(き)込む】〔動マ五(四)〕泣いて訴える。また、泣くようにして頼みこむ。泣きつく。「役所に—・む」

なぎさ【×渚｜×汀】海・湖などの、波打ち際。みぎわ。

なき-さけ・ぶ【泣(き)叫ぶ】〔動バ五(四)〕大きな声で泣く。泣きながら叫ぶ。「迷子が道で—・ぶ」 類語 泣きじゃくる・泣きわめく・号泣する

なぎ-さん【那岐山】岡山県・鳥取県の県境にある山。中国山地の主峰の一。標高1255メートル。津山盆地北部に位置する。山頂からは、北は日本海・大山(だいせん)・鳥取砂丘、南は瀬戸内海が眺望できる。南東麓にある菩提寺は、比叡(ひえい)山に登るまでの4年間法然上人が修行した寺。古来から信仰の対象となっており、山名の由来は伊弉諾尊(いざなぎのみこと)にちなむといわれる。

なき-しき・る【泣き▽頻る｜鳴き▽頻る】〔動ラ五(四)〕❶(泣き頻る)しきりに泣く。続けて泣く。「—・る幼子」❷(鳴き頻る)虫や鳥などが絶え間なく鳴きつづける。しきりに鳴く。「松虫が—・る」 類語 泣きじゃくる・しゃくり上げる・すすり上げる・泣き伏す・泣き叫ぶ

なき-しず・む【泣(き)沈む】‐しづむ〔動マ五(四)〕深い悲しみに泣いて沈みこむ。「夫に先立たれて—・む日々」

なき-しみづ・く【泣き染み付く】〔動カ四〕泣いて涙でぬれる。泣きぬれる。「—・いて頼まれければ、宿老の内儀涙ぐみ」〈浮・親仁形気・二〉

なき-じゃく・る【泣き×噦る】〔動ラ五(四)〕しゃくりあげて泣く。「—・りながら言い訳する」 類語 しゃくり上げる・すすり上げる・泣き伏す・泣き叫ぶ・泣きしきる

なき-じょうご【泣(き)上戸】‐じやうご 酒に酔うと泣くくせのある人。また、そのくせ。 類語 笑い上戸・酒癖

なきじんぐすく-あと【今帰仁城跡】▶なきじんじょうあと(今帰仁城跡)

なきじんじょう-あと【今帰仁城跡】‐じやう‐《「なきじんぐすくあと」とも》沖縄県今帰仁村にある城跡。14世紀後半から15世紀初頭、山北(さんほく)(北山)・中山(ちゅうざん)・山南(南山)の三山時代に北山王統の居城として栄えたが、中山の尚巴志(しょうはし)により滅ぼされた。昭和47年(1972)国指定史跡。平成12年(2000)「琉球王国のグスク及び関連遺産群」の一つとして世界遺産(文化遺産)に登録された。

なき-すが・る【泣き×縋る】〔動ラ五(四)〕泣きながらすがりつく。また、苦しい状況を訴えて援助を頼む。「夫の胸に—・る」

なき-すな【泣き砂｜鳴き砂】上を歩くと「きゅっきゅっ」と音を立てる砂浜。石英粒を多く含むとされる。島根の琴ヶ浜や京都の琴引浜などが有名。

なぎ-そで【×薙ぎ袖】和服の袖の一。袖下がなぎなたの刃の形のような丸みをもった袖。なぎなた袖。そぎ袖。

なぎ-たお・す【×薙ぎ倒す】‐たふす〔動サ五(四)〕❶横ざまにはらって倒す。「強風が稲を—・す」❷相手を次々に打ち負かす。「並み居る強豪を—・す」 類語 討つ・打ち破る・打ち倒す・打ち負かす・打ち取る・打倒

なき-だ・す【泣(き)出す｜鳴(き)出す】〔動サ五(四)〕❶(泣き出す)泣きはじめる。「こらえきれずに—・す」❷(鳴き出す)鳴きはじめる。「鳥が—・す」

泣き出しそうな空模様　今にも雨が降りだしそうな空のようす。

なき-た・てる【泣(き)立てる｜鳴(き)立てる】〔動タ下一〕文なきた・つ〔タ下二〕❶(泣き立てる)声をあげてしきりに泣く。「おなかをすかせた赤ん坊が—・てる」❷(鳴き立てる)虫・鳥獣などが声高に鳴く。「子犬がきゃんきゃん—・てる」

なぎ-た・てる【×薙ぎ立てる】〔動タ下一〕文なぎた・つ〔タ下二〕勢いよく横に払うように切りまくる。「白刃を抜はなし敵を選まず—・てれば」〈染崎延房・近世紀聞〉

なき-たま【亡き▽魂】〔連語〕死んだ人のたましい。「あはれ、—や宿りて見給ふらむ」〈源・東屋〉

なき-ちら・す【鳴き散らす】〔動サ四〕鳥が鳴きながら飛び回り、花を散らす。「うぐひすの—・すらむ春の花いつしか君と手折りかざさむ」〈万・三九六六〉

なき-つ・く【泣(き)付く】〔動カ五(四)〕❶泣きながらすがりつく。「わっと—・く」❷泣かんばかりに頼み込む。哀願する。「—・かれて金を貸す」 類語 哀訴する・哀願する・泣訴する・愁訴する・掻(か)き口説(くど)く

なき-つく・す【泣(き)尽(く)す｜鳴(き)尽(く)す】〔動サ五(四)〕❶(泣き尽くす)泣きたいだけ存分に泣く。「涙もかれんばかりに—・す」❷(鳴き尽くす)虫などが声の限りに鳴く。「蟋蟀は…変りなく秋を—・している」〈芥川・戯作三昧〉

なきっ-つら【泣きっ面】「なきつら」の音変化。「—をかく」

なき-つら【泣(き)面】泣いた顔つき。また、泣き出しそうな顔つき。泣き顔。泣きっ面。「—を見せる」

泣き面に蜂(はち)　泣いている顔をさらに蜂が刺す。不運や不幸が重なることのたとえ。

なぎ-づら【×薙ぎ面】木材の表面を手斧(ちょうな)で削って凹凸に仕上げる方法。風流な趣のあるものとして用いる。なぐり。

なき-どころ【泣(き)所】❶打たれると泣くほど痛く感じる部分。また、急所。「弁慶の—」❷弱み。弱点。「相手チームの—をつく」 類語 弱点・ウイークポイント

なき-とよ・む【泣き▽響む｜鳴き▽響む】《「なきどよむ」とも》㊀〔動マ四〕❶(泣き響む)人があたりにひびくように大声で泣く。泣き叫ぶ。「上下ゆすり満ちて—・むに」〈源・若菜上〉❷(鳴き響む)鳥・動物などが、あたりにひびきわたるように鳴く。「あしひきの八つ峰(を)の雉(きぎし)—・む朝明(あさけ)の霞見れば悲しも」〈万・四一四九〉㊁〔動マ下二〕(鳴き響む)鳴き声をあたりにひびかせる。「ときはなる花橘にほととぎす—・めつつ千代も経ぬかな」〈古今六帖・四〉

なき-とよも・す【鳴き▽響もす】〔動サ四〕鳴き声をあたりにひびかせる。「ほととぎす花橘の枝にいて—・せば花は散りつつ」〈万・一九五〇〉

なき-どり【鳴(き)鳥】鳴き声を聞くための飼い鳥。

なき-な【無き名】〔連語〕身に覚えのないうわさ。ぬれぎぬ。「—ぞと人には言ひてありぬべし心の問はばいかが答へむ」〈後撰・恋三〉

なき-なき【泣き泣き】〔副〕泣きながら。泣く泣く。「—身の上話をする」

なぎ-なた【長＝刀｜×薙▽刀｜眉＝尖＝刀】❶長い柄の先に反り返った長い刃をつけた武器。また、それを使う武術。平安後期の後三年の役のころから室町中期まで多く用いられた。戦国時代以後、槍(やり)が多く用いられるようになり、江戸時代には主に女性の武具とされた。❷「長刀草履」の略。 類語 矛・槍・盾

なぎなた-あしらい【長＝刀会＝釈】‐あしらひ なぎなたで相手をあしらうように、相手に適当に応対すること。「途絶えつつ訪ふを—に／重頼」〈犬子集〉

なぎなた-こうじゅ【×薙▽刀香×薷】‐かうじゅ シソ科の一年草。山地や道端に生え、高さ30〜60センチ。葉は狭卵形で、対生。秋、太く長い穂を出し、淡紫色の唇形の小花が密生して咲く。漢方で地上部を香薷といい、浮腫(ふしゅ)・下痢などに用いる。

なぎなた-ぞうり【長＝刀草履】‐ざうり はきふるして形がくずれ、なぎなたのように長くのび曲がってしまった草履。

なぎなた-なおし【長＝刀直し】‐なほし なぎなたの中子(なかご)を短く切り縮め、刀として用いるもの。

なぎなた-ほおずき【×薙▽刀酸＝漿】‐ほほづき アカニシの卵嚢(らんのう)。形がなぎなたに似て、中身を取り去った袋を鳴らして遊ぶ。 季 夏 ➡海ほおずき

なき-ぬら・す【泣き×濡らす】〔動サ五(四)〕泣いて涙で衣服などをぬらす。「袖(そで)を—・す」

なき-ぬ・れる【泣き×濡れる】〔動ラ下一〕文なきぬ・る〔ラ下二〕泣いて涙で頬などがぬれる。「—・れた顔」

なき-ね【泣(き)寝】〔名〕スル「泣き寝入り」に同じ。「ぐずりながら—する」

なき-ねいり【泣(き)寝入り】〔名〕スル ❶泣いているうちに寝入ってしまうこと。泣き寝。「いつのまにか—した子供」❷異議や不服はあるが、そのままあきらめてしまうこと。「—しないで世に訴える」 類語 ふて寝

なき-の-なみだ【泣きの涙】涙を流して泣くこと。非常に悲しい思いをすること。「—で手放す」

なぎのはな-の-みこし【×葱の花の▽御×輿｜×葱の花の×輦】「葱花輦(そうかれん)」に同じ。「行幸などに、—にたてまつる、いとめでたし」〈枕・二八七〉

なぎ-はら・う【×薙ぎ払う】‐はらふ〔動ワ五(ハ四)〕刃物などで、勢いよく横に払う。「草を—・う」

なき-はら・す【泣(き)腫らす】〔動サ五(四)〕ひどく泣いて、まぶたをはらす。「目を赤く—・す」

なき-ひと【亡き人】〔連語〕死んでしまってこの世にいない人。「—を悼む」

ナギブ〖Muḥammad Nagīb〗［1901〜1984］エジプトの軍人・政治家。スーダンの生まれ。1952年ナセルとともに革命に成功し、国王ファルーク1世を追放して首相になる。53年エジプト共和国初代大統領となったが、翌年失脚。

なき-ぶくろ【鳴(き)袋】ホエザルなど猿ののどにある、袋状の共鳴器官のこと。喉嚢(こうのう)。

なぎ-ぶし【×梛節】投節(なげぶし)❶の発生当初の称。

なき-ふ・す【泣(き)伏す】〔動サ五(四)〕悲しみのあまり、うつぶせになって泣く。「床に—・す」 類語 泣きじゃくる・しゃくり上げる・すすり上げる・泣き叫ぶ

なぎ-ふ・せる【×薙ぎ伏せる】〔動サ下一〕文なぎふ・す〔サ下二〕勢いよく横に払って切り倒す。薙ぎ倒す。「敵を—・せる」

なき-ふ・る【鳴き▽旧る】〔動ラ上二〕鳴き声を聞き慣れて珍しくなくなる。「—・りて後に語らへほととぎす老いて聞くべき初音ならずは」〈新千載・夏〉

なき-ふる・す【鳴き▽旧す】〔動サ四〕何度も鳴いて珍しさを感じなくさせる。「昔より—・しつつほととぎすいくその夏を声にたつらむ」〈古今六帖・六〉

なき-べそ【泣きべそ】❶今にも泣きそうな顔になること。また、その顔。「—をかく」❷「泣き虫」に同じ。「—の弟」 類語 泣き顔・泣き面・べそ・吠え面

なき-べんけい【泣き弁慶】泣きながらも意地を張りとおすこと。また、その人。「母は去られていなれたで、—と申すなり」〈浄・忠臣蔵〉

なき-ぼくろ【泣(き)黒＝子】目尻、または目の下にあるほくろ。このほくろのある人は涙もろいという。

なき-ぼん【泣(き)本】《「なきほん」とも》人情本の異称。主人公をことさら不遇に描いて、女性読者の悲涙を誘ったところからいう。

なき-まさ・る【泣き勝る】〔動ラ四〕ますます激しく泣く。「いとど—・りて、あやにくなる気色なれば」〈狭衣・一〉

なき-まど・う【泣き惑ふ】‐まどふ〔動ハ四〕泣き悲しんで取り乱す。前後のわきまえもなく泣く。「さぶらふ人々の—・ひ、上も御涙のひまなく」〈源・桐壺〉

なき-まね【泣(き)真＝似｜鳴(き)真＝似】❶(泣き真似)泣くまねをすること。そらなき。❷(鳴き真似)動物の鳴き声をまねること。

な

なき-みそ【泣(き)味ˣ噌】「泣き虫」に同じ。

なき-み・つ【泣き満つ｜鳴き満つ】〔動タ四〕❶(泣き満つ)一座の人がみんな泣く。「迎への人々、まがまがしう―・ちたり」〈源・須磨〉❷(鳴き満つ)鳥や虫などの鳴き声がその場に満ちる。「ひぐらしさかりと―・ちたり」〈かげろふ・中〉

なき-むし【泣(き)虫】ちょっとしたことにもすぐ泣くこと。また、その人。泣き味噌。泣きべそ。

なき-め【泣(き)女】「なきおんな」に同じ。

なき-もの【亡き者｜無き者】〔連語〕死んでこの世にいない者。死者。死人。「―となる」

亡き者に・する　この世にいない者にする。殺す。「政敵を―・しようと謀る」

なき-や・む【泣き▽止む｜鳴き▽止む】〔動マ五(四)〕❶(泣き止む)泣くことをやめる。「赤ん坊がなかなか―・まない」❷(鳴き止む)鳥獣・虫などが鳴くことをやめる。「草むらの虫がぴたりと―・む」

なき-よ【無き世】〔連語〕死んだあとの世。死後。「―を思ひの数々に」〈謡・小督〉

な-ぎょう【な行｜ナ行】ギャウ　五十音図の第五行。な・に・ぬ・ね・の。

なぎょうへんかく-かつよう【ナ行変格活用】ナギャウヘンカククワツヨウ　文語動詞の活用形式の一。語形が「死な・死に・死ぬ・死ぬる・死ぬれ・死ね」と五十音図ナ行のナ・ニ・ヌ・ネ四段の音で語形変化するが、連体形「死ぬる」・已然形「死ぬれ」の語尾が四段活用と異なるところから「変格」と称する。「死ぬ」「往ぬ」の二語がナ行変格活用に属する。現代共通語では「死ぬ」は五段活用に変化している。なお、「往(去)ぬ」は関西方言では使われている。ナ変。〘補説〙6種の異なる活用形を持つ動詞はナ変以外にはなく、活用語に6活用形を立てるのはこのナ行変格活用を基準にしている。

なきよ-がたり【無き世語り】死後のうわさ話。死後の評判。「―も恥づかしとて」〈謡・実盛〉

なき-より【泣(き)寄り】悲しいことのあるときに、親しい者が集まって互いに慰め合ったり助け合ったりすること。「親しは―、他人は食い寄り」

な-きり【菜切(り)】❶野菜を切ること。❷「菜切り包丁」の略。

なきり-すげ【菜切ˣ菅】カヤツリグサ科の多年草。林下に群がり生え、高さ30〜60センチ。葉は細長く、秋、穂をまばらにつける。

なきり-ぼうちょう【菜切(り)包丁】バウチャウ　野菜などを切るのに用いる、刃が薄くて幅が広く、先のとがっていない包丁。菜刀。なっきりぼうちょう。

なき-りゅう【鳴(き)竜】天井や床、平行な壁の間などで手をたたくと、多重反響現象によって、特有の残響が聞こえるもの。天井に竜を描いた日光輪王寺薬師堂などが有名なところから、この現象一般をいう。

なき-わ【泣き輪】《はめるのに泣きたいほど苦労するところから》桶や樽のいちばん底にはめる、たが。「鮎のすし桶―が切れて」〈胆大小心録〉

なき-わかれ【泣(き)別れ】〔名〕スル　❶泣き泣き別れること。嘆き悲しみながら別れること。「父親と―する」❷俗に、一緒にしておくべきものが別れ別れになること。「イラストがページの間で―になる」「首と胴が―になる」〘類語〙別れ・別離・離別・一別・決別・生き別れ

なき-わか・れる【泣(き)別れる】〔動ラ下一〕図なきわか・る〔ラ下二〕泣きながら別れる。泣く泣く別れる。「恋人と―・れる」

なき-わた・る【鳴(き)渡る】〔動ラ五(四)〕鳥などが鳴きながら飛んでゆく。「雁が―・る」「暁の潮満ち来れば葦辺には鶴たづ―・る」〈万・三六二七〉

なき-わ・ぶ【泣きˣ侘ぶ】〔動バ上二〕わびしがって泣く。思い悩んで泣く。「我のみや世をうぐひすと―・びむ人の心の花と散りなば」〈古今・恋五〉

なき-わめ・く【泣き▽喚く】〔動カ五(四)〕わめきながら泣く。泣き叫ぶ。「だだをこねて―・く」

なき-わらい【泣き笑い】ワラヒ〔名〕スル　❶泣きながら笑うこと。❷泣いたり笑ったりすること。悲しいこともうれしいこともあること。「―の人生」

な-く《打消しの助動詞「ず」のク語法。上代語》ないこと。「ももしきの大宮人の熟田津にきたつに船乗しけむ年の知らなく―」〈万・三二三〉➡なくに

ナク〘NaK〙ナトリウム22パーセント・カリウム78パーセントの合金。常温で液体。原子炉の冷却材に使用。

な・く【泣く｜鳴く｜ˣ啼く】〔動カ五(四)〕❶(泣く)㋐悲しみ・苦しみ・喜びや痛さなどをおさえることができず、声をあげたり、涙を出したりする。「うれし泣きに―・く」「大声をあげて―・く」「話に感動して―・く」㋑身にしみて、つらい思いをする。苦労を経験する。「悲運に―・く」「悪天候に―・く」㋒無理や損を知りつつ承知する。権利をあきらめたり、しかたなく身をひいたりする。「ここは一つ君に―・いてもらおう」㋓実際の内容と隔たりが大きく、それと名乗るのがはばかられる思いがする。「看板が―・く」「名門校の名が―・く」㋔染色や加工のとき染料が隣の色や白地の部分に浸出する。❷(鳴く・啼く)鳥・虫・獣などが声を出す。「虫が―・く」「蛙がやかましく―・く」「雉きじも―・かずば撃たれまい」〘可能〙なける〘類語〙(❶㋐)涙する・涙ぐむ・噎むせぶ・啜すすり上げる・嗽しゃくり上げる・咳せき上げる・哭こくする・落涙する・流涕りゅうていする・涕泣ていきゅうする・歔欷きょきする・嗚咽おえつする・慟哭どうこくする・号泣する・号哭ごうこくする・めそめそする・涙に暮れる・涙に沈む・涙に噎ぶ・袖そでを絞る・むずかる・べそをかく／(❶㋒)負ける・値引きする・おまけする・勉強する・奉仕する・サービスする・色を付ける／(❷)囀さえずる・集すだく・吠ほえる・嘶いななく・咆哮ほうこうする・遠吠えする・時をつくる

鳴いた烏からすがもう笑う　▶今泣いた烏からすがもう笑う

泣いて暮らすも一生笑って暮らすも一生　悲しんで暮らしても、愉快に暮らしても、一生は一生だから、愉快に暮らさなければつまらない。

泣いて馬謖ばしょくを斬きる　《中国の三国時代、蜀しょくの諸葛孔明しょかつこうめいは日ごろ重用していた臣下の馬謖が命に従わず魏に大敗したために、泣いて斬罪に処したという「蜀志」馬謖伝の故事から》規律を保つためには、たとえ愛する者であっても、違反者は厳しく処分することのたとえ。

泣いても笑っても　どのようにしてみても。物事が最後の段階にきていることのたとえ。「―卒業まであと一週間だ」

鳴かず飛ばず　将来の活躍に備えて行いを控え、機会を待っているさま。また、何の活躍もしないでいるさま。「―の下積み生活」➡三年飛ばず鳴かず

泣く子と地頭じとうには勝てぬ　聞き分けのない子や横暴な地頭とは、道理で争っても勝ち目はない。道理の通じない相手には、黙って従うしかない。

泣く子もあれば笑う子もある　同じ子供でも、泣く子もあれば笑う子もあるように、世の中はさまざまである。

泣く子も黙る　聞き分けなく泣いている子供も急に黙ってしまうほど、威力や勢力のあることのたとえ。

泣く子も目を開あけ　泣いている子でも、目をあけて周囲の状況を見る。いくら思慮分別のない者でも、少しは時と場合とを考えて振る舞うものだ。

鳴く蟬せみよりも鳴かぬ蛍ほたるが身を焦がす　あれこれ口に出す者より、何も言わない者のほうが情が深いというたとえ。

泣くに泣け・ない　泣いたくらいではどうにもならないほど、ひどくつらい。「―・ない凡ミス」

鳴く猫ねこは鼠ねずみを捕らぬ　よくしゃべる者は、かえって実行しないということのたとえ。

鳴くまで待とう時鳥ほととぎす　機が熟するまで辛抱強く待とう、の意。徳川家康の性格を表現した句「鳴かぬなら鳴くまで待とう時鳥」から。これに対し、「鳴かぬなら殺してしまえ時鳥」が織田信長の、「鳴かぬなら鳴かしてみしょう時鳥」が豊臣秀吉の性格を表現しているとする。

な・ぐ【ˣ凪ぐ｜▽和ぐ】㊀〔動ガ五(四)〕❶(凪ぐ)風がやんで波が静かになる。風波がおさまる。「―・いだ海」❷(和ぐ)気持ちが穏やかになる。なごむ。「心が―・ぐ」㊁〔動ガ上二〕❶㊀❶に同じ。「海つ路の―・ぎなむ時も渡らなむかく立つ波に舟出すべしや」〈万・一七八一〉❷天候が穏やかになる。よく晴れわたる。「雲もなく―・ぎたる朝の我なれやいとはれてのみ世をば経ぬらむ」〈古今・恋五〉❸㊀❷に同じ。「天離る鄙ひなとも著しるくここだくも繁き恋かも―・ぐる日もなく」〈万・四〇一九〉〘補説〙「凪」は国字。

な・ぐ【投ぐ】〔動ガ下二〕「なげる」の文語形。

な・ぐ【ˣ薙ぐ】〔動ガ五(四)〕刃物を勢いよく横に払って切る。「草を―・ぐ」

なくこ-なす【泣く子なす】〔枕〕乳を探り求めて泣く子のように、または、人込みにはぐれた親を求めて泣く子のように、の意から、「さぐり」に掛かる。「里人の行きの集ひに―行き取り探り」〈万・三三〇二〉

なぐさ【▽慰】心を慰めるもの。なぐさめ。「我あれのみそ君には恋ふる我が背子が恋ふと言ふことは言ことの―そ」〈万・六五六〉

なぐさ-の-はま【名草の浜】和歌山市南部、紀三井きみ寺付近の浜。〘歌枕〙「海人あまの刈るみるめを波にまがへつつ―を尋ねわびぬる」〈新古今・恋一〉

なぐさみ【慰み】❶心を楽しませること。また、そのもの。たのしみ。気晴らし。「―に絵を描く」➡お慰み❷からかったり、もてあそんだりすること。また、その相手。「太鼓持ちの坊主を西国衆に仕立て、京中の見世女を集め、―にせられける」〈浮・一代女・一〉

なぐさみ-がき【慰み書(き)】慰みとして書や絵画をかくこと。また、そのもの。

なぐさみ-ごと【慰み事】❶慰みになること。慰みとして行うこと。❷ばくち。かけごと。〘類語〙遊び・遊戯・戯たわむれ・遊すさび・気晴らし・娯楽・遊技・レジャー

なぐさみ-はんぶん【慰み半分】半ば慰みの気持ちですること。「定年後―で書道を始める」

なぐさみ-もの【慰み物】慰みのたねや手段となるもの。「ほんの―程度の余技」

なぐさみ-もの【慰み者】一時の慰みにもてあそばれる者。

なぐさ・む【慰む】㊀〔動マ五(四)〕❶そのことで、一時気持ちが晴れ晴れする。気がまぎれる。なごむ。「心―・む話」❷㋐もてあそんで楽しむ。慰み者にする。「さんざー・んで捨てる」㋑気をまぎらす。心を楽しませる。「人に本意なく思はせて我が心を―・まん事、徳に背けり」〈徒然・一三〇〉㋒からかって楽しむ。おもちゃにする。「―・みかけさっせえたに違ひはあらまい」〈滑・膝栗毛・四〉㊁〔動マ下二〕「なぐさめる」の文語形。

なぐさめ【慰め】慰めること。また、そのもの。「子供の成長が―になる」「けががなかったのがせめてもの―である」〘類語〙慰み・手慰み・手すさび

なぐさめ-がお【慰め顔】ガホ　慰めようとする顔つき、そぶり。「―で言葉をかける」

なぐさめ-ぐさ【慰め▽種｜慰め草】心を慰める材料。心をいやすもととなるもの。「命侍らむ限りは、何か朝夕の―にて見過ぐしつべし」〈源・東屋〉

なぐさめ-どころ【慰め所】心の慰めになる所や物事、相手。「限りだになき物思ひは口惜しく、―だにぞなかりける」〈狭衣・二〉

なぐさ・める【慰める】〔動マ下一〕図なぐさ・む〔マ下二〕❶何かをして、一時の悲しみや苦しみをまぎらせる。心を楽しませる。心をなごやかに静める。「失意の友を―・める」「音楽に―・められる」❷労をねぎらう。いたわってやる。「下向には京へ寄りて、四、五日も―・め」〈浮・五人女・二〉❸なだめる。すかして落ち着かせる。「とかく―・めて、とく来こといひやりたるに」〈枕・二五〉

〘用法〙なぐさめる・いたわる――「病人を慰める(いたわる)」「老母を慰める(いたわる)」など、やさしく接する意では相通じて用いられる。◆「なぐさめる」「いたわる」ともに、相手を大切にして元気づけることだが、心の悩みについては「なぐさめる」、肉体の苦しみについては「いたわる」を使う傾向がある。「心(寂しさ)をなぐさめる」「病身をいたわる」◆類似の語「ねぎらう」は、仕事や労苦に対して感謝の気持ちを示すことであり、多く目下に対して使う。「徹夜した部下をねぎらう」は「いたわる」でもよいが、「病身の老母をいたわる」に「ねぎらう」は使えない。

〘類語〙いたわる・慰安・慰藉いしゃ・慰問・見舞い・ねぎらう

なぐさもる【慰もる】《動詞「なぐさむ」の連体形「なぐ

さむる」の音変化》気をまぎらす。なぐさめる。「一心はなしにかくのみし恋ひや渡らむ月に日に異(け)に」〈万・二五九六〉

なくし‐もの【無くし物】落としたり置き忘れたりして、失った物。

なく・す【無くす｜亡くす】㊀〔動サ五〕❶(無くす)㋐今まであったもの、持っていたものを失う。無くする。「財布を―・す」「やる気を―・す」㋑努めて、ない状態にする。「むだを―・す」❷(亡くす)死なれて失う。死なせる。亡くする。「一人息子を―・す」(可能)なくせる ㊁〔動サ変〕「なくする」の文語形。(類語)失う・落とす・喪失・無くなる・紛失・亡失・遺失・無くする・無くなす

なく・する【無くする｜亡くする】〔動サ変〕図なく・す〔サ変〕❶(無くする)「無くす㊀❶」に同じ。「戦争を―・する」「意欲を―・する」❷(亡くする)「無くす㊀❷」に同じ。「事故で子供を―・する」

ナクソス〖Naxos〗▶ホラ

ナクソス‐とう【ナクソス島】(タウ)《Naxos》ギリシャ南東部、エーゲ海にある島。キクラデス諸島の中で最も大きく、パロス島の東に位置する。主な町はナクソス。島の中央にそびえる標高1004メートルのゼウス山は同諸島中で最も高い。オリーブ、ワイン、良質な大理石の産地。ギリシャ神話で、テセウスの命を救ったアリアドネが置き去りにされた島として知られる。

なくっ‐て〔連語〕《「なくて」の音変化》「なくて」に同じ。「いやなら、食べ―いい」

なく‐て〔連語〕㊀《形容詞「ない」の連用形＋接続助詞「て」》❶ある状態を打ち消して下に続ける。「欲しい本が―困った」❷(「なくていい」の形で)ある事柄が存在しないことを許可・認容する意を表す。「そんなもの―いい」㊁《打消しの助動詞「ない」の連用形＋接続助詞「て」》❶ある動作を打ち消して下に続ける。「返さ―結構です」「うちの子は勉強し―困っています」❷(「なくていい」の形で)ある動作をしないことを許可・認容する意を表す。「もう来―いい」➡ないで

なく‐なく【泣く泣く】〔副〕泣きながら。また、泣きたいほどつらい気持ちで。泣き泣き。「―一部始終を語る」「―条件をのむ」

なく‐な・す【無くなす｜亡くなす】〔動サ五(四)〕❶(無くなす)㋐ないようにする。無くす。失う。「ライターを―・す」「明るさを―・す」㋑力のないものにする。ないがしろにする。「いかでこの大将を―・してばや」〈栄花・花山尋ぬる中納言〉❷(亡くなす)死なれて失う。亡くす。「両親を―・す」(類語)失う・紛失・亡失・喪失・遺失・無くす・無くする・無くなる・落とす

なく‐な・る【無くなる｜亡くなる】〔動ラ五(四)〕❶(無くなる)㋐今まであったもの、持っていたものがない状態になる。「夢が―・る」「痛みが―・る」㋑盗まれたり、紛れたりして、見当たらなくなる。「網棚の荷物が―・る」㋒使ったり、減ったりして、尽きる。「資金が―・る」❷(亡くなる)「人が死ぬ」の婉曲的な言い方。「恩師が―・られた」(類語)(❶)遺失・紛失・亡失・喪失・失う・無くす・落とす・失(う)せる・消失する・消散する・雲散する・霧散する・消滅する・四散する/(❷)没する・逝く・果てる・くたばる・みまかる・瞑(めい)する・消える・死ぬ

なく‐に〔連語〕《打消しの助動詞「ず」のク語法「なく」＋格助詞「に」》❶詠嘆的な打消しを表す。…ないことだなあ。「苦しくも降り来る雨か三輪の崎狭野(さの)の渡りに家もあら―」〈万・二六五〉❷詠嘆的に打消し、逆接的に接続する意を表す。…ないことなのに。「やどりせし花橘(はなたちばな)も枯れ―などほととぎす声絶えぬらむ」〈古今・夏〉(補説)「に」は詠嘆の終助詞とも。主として和歌に用いられ、上代では❶の意で文末の用法が多く、平安時代以降は❷の意で文中の用法が多い。

なくに‐がえ【名国替え】(ガヘ)平安時代以後、地方官の任命において、名替えと国替えを一緒にすること。

ナグプル〖Nagpur〗インド中央部の都市。マハラシュトラ州東部の行政の中心で、デカン高原の交通の要地。綿織物工業が盛ん。人口、行政区205万、都市圏213万(2001)。

なく‐もがな【無くもがな】〔連語〕《「もがな」は願望の意を表す助詞》ないほうがよい。なくてもよい。「―のせりふ」(類語)余計・余分・蛇足(だそく)・不必要・不要・不用・無用・無益・無駄(むだ)・あらずもがな

なぐ‐や【投ぐ矢｜投ぐ×箭】「投げ矢」に同じ。「一持ち千尋射渡し剣大刀腰に取り佩(は)き」〈万・四一六四〉

なぐら　海上の風がおさまったあとも、なお高く立っている波。なぐれ。なごろ。

なぐら‐アンパル【名蔵アンパル】沖縄県、石垣島西部の名蔵川河口に広がる干潟。石垣市に属する。面積1.57平方キロメートル。マングローブの林が広がり、カンムリワシが生息する。シギ・チドリ・シラサギなどの渡り鳥も多く、鳥獣保護地域に指定されている。平成17年(2005)ラムサール条約に登録された。

なぐり【殴り｜×擲り】❶なぐること。❷▶薙(な)ぎ面(づら)

なぐり‐あい【殴り合い】(あひ)互いに相手をなぐること。「口論の末、―になる」(類語)喧嘩(けんか)・決闘・格闘

なぐり‐がき【殴り書(き)】〔名〕(スル)乱暴に、または無造作に書くこと。また、そのように書いたもの。「メモ用紙に―する」(類語)走り書き・崩し書き

なぐり‐けいこく【名栗渓谷】埼玉県南西部、入間川上流の名栗川にある渓谷。飯能市の岩根橋から上流約1キロメートルの谷。奇岩と渓谷美に富んでいる。名栗川渓谷。

なぐり‐こ【名栗湖】埼玉県南西部、飯能市名栗地区にある人造湖。入間川上流にある支流の有間川がせき止められて昭和61年(1986)完成した有間ダム(多目的ダム)の貯水池。周囲約5キロメートル。有間湖。

なぐり‐こみ【殴り込み】殴り込むこと。「―をかける」

なぐり‐こ・む【殴り込む】〔動マ五(四)〕❶けんか相手などの所へ押しかけて乱暴をはたらく。「武装して―・む」❷相手の根拠地に進出して、商売上の勝負をしかける。「大手スーパーが地元に―・む」

なぐり‐ころ・す【殴り殺す】〔動サ五(四)〕殴って殺す。殴殺(おうさつ)する。「鉄棒で―・す」(類語)絞め殺す・縊(くび)る・刺し殺す・噛み殺す・轢(ひ)き殺す・打ち殺す

なぐり‐たお・す【殴り倒す】(たふす)〔動サ五(四)〕殴って倒す。「けんかの相手を―・す」

なぐり‐つ・ける【殴り付ける】〔動カ下一〕図なぐりつ・く〔カ下二〕❶強く殴る。「思いきり―・ける」❷絵や文章などを、なげやりに粗っぽく書く。「汎そ八九十枚―・けたが」〈逍遥・当世書生気質〉(類語)殴る・打ち据える・ぶん殴る・殴り飛ばす・張る・食らわす

なぐり‐とば・す【殴り飛ばす】〔動サ五(四)〕力まかせに強く殴る。「悪さをして父に―・される」(類語)殴る・叩きのめす・打ち据える・ぶん殴る・殴りつける・食らわす

なぐ・る〔動ラ下二〕「なぐれる」の文語形。

なぐ・る【殴る｜×擲る｜▽撲る】〔動ラ五(四)〕❶(こぶしや棒などで)相手を乱暴に強く打つ。「―・る蹴るの暴行」❷乱暴に物事をする。また、なげやりにする。補助動詞的にも用いる。「書き―・る」「ええ加減に―・って早くしまはうねえ」〈黄・艶気樺焼〉(可能)なぐれる (類語)打つ・叩く・ぶつ・小突く・ひっぱたく・叩きのめす・打ち据える・ぶん殴る・殴り飛ばす・殴りつける

なぐるさ‐の【投ぐる×箭の】〔枕〕投げる矢が遠く飛ぶ意から、「遠ざかる」に掛かる。「―遠ざかり居て思ふ空安けなくに」〈万・三三三〇〉

なぐれ《動詞「なぐれる」の連用形から》❶横にそれること。「其の拍子に風の―で奴等の上の釣洋灯(つりランプ)がぱっと消えた」〈鏡花・歌行灯〉❷おちぶれること。身持ちが悪くなること。また、その者。なぐれ者。「浪人の―」〈洒・花菖蒲待乳問答〉❸売れ残ること。また、そのもの。売れ残り。「門松の―今戸で鬼を焼き」〈柳多留・一二〉❹「なぐら」に同じ。「矢田の野や浦の―に鳴千鳥/凡兆」〈猿蓑〉

なぐ・れる〔動ラ下一〕図なぐ・る〔ラ下二〕❶横の方へそれる。「蕢(たばこ)の煙白く横に―・れて」〈小杉天外・はやり唄〉❷おちぶれる。身を持ちくずす。「北海道へ行って―・れていると聞いたけれど」〈三重吉・小鳥の巣〉❸売れ残る。また、仕事にあぶれる。「新造の―・れた市とすけんいひ」〈柳多留・九〉

な‐ぐわ・し【名▽細し｜名▽美し】(ぐはし)〔形シク〕名高い。名がりっぱである。「―・しき稲見の海の沖つ波千重に隠りぬ大和島根は」〈万・三〇三〉

なげ【投げ】❶投げること。「槍―」「身―」❷相撲・柔道の技の一。相手の回しや腕・首などに手をかけ、腰を入れて投げ倒すこと。上手(うわ)投げ・背負い投げ・首投げなど。「―を打つ」❸囲碁・将棋で、終局にならないうちに負けが明らかになったとき、自分の持っている石または駒を盤上に置き負けを認めること。投了。❹取引で、相場が買い値よりも下がり、このままでは損が大きくなると判断したとき、損を承知で売ること。

な‐げ【無げ】〔形動〕図〔ナリ〕❶ないように見えるさま。「事も―にやってのける」❷無造作なさま。心のこもっていないさま。かりそめ。「―の筆づかひにつけたる事のは」〈源・夕顔〉

無げのあわれ　心からではない、表面だけの同情。「―をもかけ給ふ人あらむをこそは」〈源・柏木〉

無げの言葉　心からではない、口先ばかりの言葉。無げのことのは。「―なれど、せちに心に深く入らねど」〈枕・二六九〉

無げの遊(すさ)び　一時の気晴らし。無げのすさみ。「―にものをも言ひふれ」〈源・宿木〉

無げの情け　うわべだけの、真心のこもっていない情け。「なほざりの―を頼まずばよしなきものは思はざらまし」〈玉葉集・恋三〉

なげ‐あし【投(げ)足】❶足を投げ出して座ること。また、その足。❷他人の行為などで迷惑を受けること。「そいで、其の―がわたへんとこへ来たんだすかいな」〈上司・兵隊の宿〉

なげ‐あみ【投(げ)網】❶「投網(とあみ)」に同じ。❷鴨捕り用の三角形の網。下方に長い柄をつけて、鴨が飛んでくるのを待ち構え、通過直前に投げ上げる。

なげ‐い・ず【投げ▽出づ】(いづ)〔動ダ下二〕投げ与える。なげだす。「ただあららかなる東絹(あづまぎぬ)どもを、押しまろがして―・でつ」〈源・東屋〉

なげ‐いだ・す【投げ▽出だす】〔動サ四〕「投げ出(だ)す」に同じ。「果ては命を―・す、投げ丁半の旅稼ぎ」〈伎・五十三駅扇宿附〉

なげ‐いれ【投(げ)入れ｜×抛げ入れ】生け花で、自然のままの風姿を保つように生けること。また、その花。室町末期に始まる。投げ込み。投げ入れ花。

なげいれ‐ばな【投(げ)入れ花】「投げ入れ」に同じ。

なげ‐い・れる【投(げ)入れる】〔動ラ下一〕図なげい・る〔ラ下二〕投げて中へ入れる。投げ込む。「いかりを海に―・れる」

なげ‐う・つ【投(げ)打つ｜×擲つ｜×抛つ】〔動タ五(四)〕❶惜しげもなく差し出す。また、捨ててしまう。「全財産を―・つ」❷投げつける。なげすてる。「弓箭を―・ちて宣旨を下していはく」〈今昔・三・二五〉

なげ‐うり【投(げ)売り】〔名〕(スル)損を承知で、安値で売ること。捨て売り。「在庫品を―する」(類語)売り出し・安売り・特売・廉売・捨て売り・叩き売り・セール

なげ‐おうぎ【投(げ)扇】(あふぎ)▶投扇興(とうせんきょう)

なげ‐おろ・す【投(げ)下ろす】〔動サ五(四)〕上から下の方へ向けて投げる。「救命具を海に―・す」

なげか‐う【嘆かふ】(なげかふ)〔連語〕《動詞「なげ(嘆)く」の未然形＋反復継続の助動詞「ふ」。上代語》嘆きつづける。しきりに嘆息する。「隠(こも)り恋ひ息づき渡り下思(したもひ)ひに―・ふ我が背」〈万・三九七三〉

なげ‐かえ・す【投(げ)返す】(かへす)〔動サ五(四)〕❶投げて相手に返す。「投手の正面に―・す」❷言葉や視線などを相手に返す。「ほほえみを―・す」

なげかく【嘆かく】《動詞「なげ(嘆)く」のク語法》嘆くこと。「鹿(か)待つと我が居る時にさ雄鹿(をしか)の来立ち―たちまちに我は死ぬべし」〈万・三八八五〉

なげ‐か・ける【投(げ)掛ける】〔動カ下一〕図なげか・く〔カ下二〕❶投げて掛ける。「帽子を―・ける」❷相手に届くように送る。「熱い視線を―・ける」❸相手や関係のある方面に問題などを提起する。「疑問を―・ける」❹寄りかかるようにする。「身を―・ける」❺投げるようにして着せかける。「肩に羽織を―・け

る」「一族五人、腹巻取って―・け―・け、皆高紐しめて」〈太平記・七〉

なげか・し【嘆かし】〔形シク〕《動詞「なげ(嘆)く」の形容詞化》「嘆かわしい」に同じ。「明日知らぬ世のさすがに―・しきも」〈源・総角〉

なげ-がね【投(げ)金┊投げ▽銀】❶江戸初期、博多・長崎などの豪商が、船舶や積み荷を担保に、朱印船主やポルトガル人・中国人に貸し付けた金。高利を得る反面、危険を伴う投資であった。❷遊興に金銭を注ぎ込むこと。また、その金銭。「武蔵野から―して、一目も見ぬ女郎をかいつかみ」〈浮・敗毒散・一〉

なげかわし・い【嘆かわしい】(なげかはしい)〔形〕図なげかは・し〔シク〕悲しく情けなく感じられる。残念に思う。「―・い事件が起こる」派生なげかわしげ〔形動〕なげかわしさ〔名〕類語情けない

なげき【嘆き┊×歎き】《「長息(ながいき)」の音変化》❶深く悲しむこと。悲しみにひたること。「―に沈む」「―のあまり病に伏す」❷ある物事に対して、悲しみ憤ること。「物価高にあえぐ国民の―」❸思い通りにならなくて、ため息をつくこと。嘆息。「―せば人知りぬべみ山川の激(たぎ)つ心を塞(せ)かへてあるかも」〈万・一三八三〉❹切に願うこと。嘆願。愁訴。「お乗り物にすがって―を申し」〈浄・反魂香〉

なげき-あか・す【嘆き明かす】〔動サ五(四)〕嘆いて夜を明かす。嘆きながら月日を送る。「死を悼み―・す」

なげき-あま・る【嘆き余る】〔動ラ四〕嘆いても嘆ききれない。嘆きの思いがあふれて外に表れる。「―・り知らせそめつる言の葉も思ふばかりは言はれざりけり」〈千載・恋一〉

なげき-かなし・む【嘆き悲しむ】〔動マ五(四)〕悲しく思い、心が痛む。「友人の死を―・む」

なげき-くら・す【嘆き暮らす】〔動サ四〕一日中嘆いて送る。嘆きながら月日を送る。「―・したる夕暮れ、常よりも面影におぼえ給へ」〈成尋母集・詞書〉

なげき-じに【嘆き死に】悲しさに耐えかねて死ぬこと。「十六と申す年、終(つひ)に―に死にけり」〈義経記・二〉

なげ-キッス【投(げ)キッス】唇に指を当てて相手にキッスを投げかける動作をすること。「―を送る」

なげき-の-いろ【嘆きの色】嘆き悲しむようす。和歌では多く、「木」に掛けて用いる。「夏山の木のした露の深ければかつぞ―もえにける」〈かげろふ・下〉

なげき-の-かべ【嘆きの壁】《Wailing Wall》エルサレム旧市街の西側の城壁の一部の呼称。ユダヤ王ヘロデの時代に改築され、紀元70年にローマ軍によって破壊されたエルサレム神殿唯一の遺構。ユダヤ人の聖地とされ、中世以来、ユダヤ人はこの壁に額を押し当て、聖なる都の滅亡と神殿の荒廃を嘆き、その回復と復興を祈ってきた。

なげき-の-きり【嘆きの霧】ため息をつくときに出る息。嘆きの深いことを霧にたとえていう。「沖つ風いたく吹きせば吾妹子が―に飽かましものを」〈万・三六一六〉

なげき-わた・る【嘆き渡る】〔動ラ四〕長い間、ずっと嘆きつづける。嘆いて年月を過ごす。「心の闇、晴れ間なく―・り侍りしままに」〈源・松風〉

なげき-わ・ぶ【嘆き×侘ぶ】〔動バ上二〕嘆いて思いわずらう。「―・び空に乱るるわが魂を結びとどめよしたがひの褄(つま)」〈源・葵〉

なげ・く【嘆く┊×歎く】〔動カ五(四)〕❶ひどく悲しむ。悲しんで泣く。悲嘆にくれる。「身の薄幸を―・く」「友の死を―・く」❷世の風潮などを憂えて憤る。慨嘆する。「現今の世相を―・く」「倫理観の喪失を―・く」❸心にかなわぬことがあって、ため息をつく。嘆息する。「君が行く海辺の宿に霧立たば我(あ)が立ち―・く息と知りませ」〈万・三五八〇〉❹心から切に願う。哀願する。「世の中にさらぬ別れのなくもがな千代もと―・く人の子のため」〈古今・雑上〉類語(❶)悲しむ・愁える・託(かこ)つ・嘆(たん)ずる・悲嘆する・愁嘆する・痛嘆する・嗟嘆(さたん)する・嘆息する・長嘆する/(❷)慨(がい)する・慨嘆する・慷慨(こうがい)する・悲憤する

なげ-ぐし【投げ×櫛】櫛を投げること。また、その櫛。絶縁することや不吉なものを意味するとして忌み嫌った。「あきれてとんと―は、別れの櫛とて忌むことを」〈浄・油地獄〉

なげ-くび【投(げ)首】首を前に投げ出すようにうなだれること。取るべき手段・方法がなく思案にくれるようすをいう。「思案―」「勇みかけても―に、目も泣きはらして返事もせず」〈浄・反魂香〉

なげ-こみ【投(げ)込み】❶投げ込むこと。❷新聞・書籍などに挟み込まれるもの。広告・読者カード・売上伝票など。❸「投げ入れ」に同じ。❹無縁仏となった死者を葬ること。「一同様、生きている中の悪事の罰で」〈円朝・真景累ヶ淵〉❺「投げ込み寺」の略。

なげこみ-づり【投(げ)込み釣(り)】岩礁にいる魚を、リール竿を用い、おもりをつけた仕掛けを投げ込んで釣る方法。

なげこみ-でら【投(げ)込み寺】遊女や行き倒れなど、引き取り手のない死者を大きな穴に投げ入れて葬った寺。吉原の西念寺、新宿の成覚寺など。

なげ-こ・む【投(げ)込む】〔動マ五(四)〕❶投げて入れる。また、無造作に投げ入れる。「郵便受けに散らしを―・む」❷野球で、投手が数多く投球練習をする。「十分に―・んでから登板する」

なげ-ざお【投げ×竿】(なげざを)投げ釣り用の竿。継ぎ竿と振り出し竿がある。

なげ-ざや【投げ×鞘】槍(やり)の鞘(さや)の一。毛皮などで長く作り、先端を折りたらして飾りとするもの。

なげ-ざん【投(げ)算】算木や銭を投げて、その表裏により吉凶や方角を占うこと。また、その占い。

なげし【▽長×押】日本建築で、柱から柱へと水平に打ち付けた材。もとは柱を連結する構造材であったが、貫(ぬき)が用いられるようになってから装飾化した。取り付ける位置によって、地長押・腰長押・内法(うちのり)長押・蟻壁(ありかべ)長押・天井長押などがある。

なげ-しまだ【投(げ)島田】髻(もとどり)の根を低く下げて結い、後ろへ倒れるようにそらした島田髷。遊女好みのいきな結い方で、元禄(1688～1704)ごろ特に流行した。下げ島田。

なげ-ずきん【投(げ)頭巾】(なげヅキン)四角い袋状に縫い、上端を後ろに折り垂らしてかぶる頭巾。江戸時代、傀儡師(くぐつし)・飴(あめ)売りなどが着用。黒船頭巾。

なげ-す・てる【投(げ)捨てる┊投げ▽棄てる】〔動タ下一〕図なげす・つ〔タ下二〕❶ほうり出して捨てる。「空き缶を―・てる」❷途中でやめてそのままほうっておく。「仕事を半分で―・てる」

なげ-せん【投(げ)銭】大道芸人やこじきなどに、金銭を投げ与えること。また、その金銭。なげぜに。

なげ-だし【投(げ)出し】❶投げ出すこと。投げ出してあること。「道具を―にしたまま帰る」❷料理屋などで、客が最初に金を渡し、その額に相当したまかないをさせること。

なげ-だ・す【投(げ)出す】〔動サ五(四)〕❶投げて外へ出す。ほうりだす。「がらくたを外へ―・す」❷投げるように乱暴につきだす。また、無造作に置く。「床に足を―・す」「本を机の上に―・す」❸物事を成就しないうちにあきらめて止める。放棄する。「試合を―・す」「学業を中途で―・す」❹大切なものや財産などを惜しげもなく差し出す。「命を―・す」「全財産を孤児救済に―・す」❺投げ始める。「仕上がりが早く、変化球を―・す」類語ほうり出す

なげ-つ・ける【投(げ)付ける】〔動カ下一〕図なげつ・く〔カ下二〕❶目標に向かって投げる。また、乱暴に投げる。「相手をマットに―・ける」❷乱暴な言葉を相手に向けて強く発する。「ひどい言葉を―・ける」

ナゲット〖nugget〗❶貴金属のかたまり。特に、天然の金塊。❷鶏肉や豚肉などの小さなかたまりを揚げたもの。「チキン―」

なげ-づり【投(げ)釣(り)】砂底の海岸で、リールを使って仕掛けを遠くに投げる釣り方。キス・ニベ・カレイなどを対象とする。

なげ-つるべ【投(げ)釣▽瓶】❶釣瓶に縄をつけ、水中に投げ入れて水を汲み上げるもの。❷釣瓶の両端につけた縄を二人で持ち、水中に投げ入れて水を汲み上げるもの。溝さらいや田の灌漑(かんがい)に用いる。

なげ-とば・す【投(げ)飛ばす】〔動サ五(四)〕手荒く投げる。勢いよく遠くへ投げる。「大男を―・す」

なけ-なくに【無けなくに】〔連語〕《形容詞「なし」の古い未然形「なけ」＋連語「なくに」》ないわけではないのに。いるのに。あるのに。「ま葛(くず)延(は)ふ小野の浅茅を心ゆも人引かめやも我が―」〈万・二八三五〉

なけ-なし　あるとはいえないほど少ないこと。ほんのわずかしかないこと。「―の金をはたく」

なげ-なわ【投(げ)縄】(なげなは)先端を輪に結んだ長い縄。遠くから投げて動物を捕らえるのに用いる。

なげ-に【投(げ)荷】航行が困難になったとき、積荷を海中に投げ捨てて船の重量を軽くすること。打ち荷。撥(は)ね荷。

なげ-ぶし【投節】《歌の末尾を投げるように歌うところから》❶江戸初期の流行歌。明暦・万治(1655～1661)ごろに京都島原の遊里で起こり、宝永・正徳(1704～1716)ごろ衰退。梛節(なぎぶし)。❷江戸後期の流行歌で、そそり節の一種。歌詞は七・七・七・五調で、間に「な」「やん」という囃子詞(はやしことば)が入る。❸三味線音楽の曲節の一。長唄や常磐津(ときわず)などで、郭(くるわ)の情景を表す旋律型として用いられる。

なげ-ぶみ【投(げ)文┊投げ▽書】他人の家や庭先などに書状を投げ込むこと。また、その書状。

なげ-ぼう【投(げ)棒】逃走する者の両足の間に棒を投げ入れて転ばせること。また、その棒。

なげ-もの【投(げ)物】取引で、投げ売りの品物。

なげもの-いちじゅん【投物一巡】投げ物がほとんど出尽くし、相場の下落が止まった状態。投げ一巡。

なげ-や【投(げ)矢】弓につがえないで、手で投げ放つ矢。なぐや。

なげ-やり【投げ×槍】敵に投げつけるために用いる柄の短い槍。

なげ-やり【投げ▽遣り】〔名・形動〕物事をいいかげんに行うこと。成り行きまかせにすること。また、そのさま。「―な態度」「商売を―にする」補説この意味で「投げ槍」と書くのは誤り。類語いい加減・適当・生半可・ぞんざい・でたらめ・ちゃらんぽらん・無責任

なげ-や・る【投げ▽遣る】〔動ラ五(四)〕❶物事をいいかげんにする。成り行きにまかせてほうっておく。なげやりにする。「何うともならばなれと―・る外はなかった」〈森田草平・煤煙〉❷投げて与える。投げてやる。「えさを―・る」

な・ける【泣ける】〔動カ下一〕《泣くことができる意から》思いがあふれて、ひとりでに泣いてしまう。涙が出るほど感動する。「―・ける映画」「災難続きでわれながら―・けてくる」

な・げる【投げる】〔動ガ下一〕図な・ぐ〔ガ下二〕❶空中へほうる。手にとって遠くへ飛ばす。また、ほうり出す。「池に小石を―・げる」❷かかえたり、つかんだりして転ばす。「首をつかんで地面に―・げる」❸倒れるように体をほうり出す。また、体をほうり出して自殺する。身投げをする。「いすに身を―・げる」「ビルの屋上から身を―・げる」❹あきらめる。途中でやめる。放棄する。「最初から―・げてかかる」「やりかけた仕事を―・げるようなことはしない」❺ある方向、方面に向ける。「視線を―・げる」「自分に―・げられた言葉」用法なげる・ほうる――「石を投げる(ほうる)」など、手に取って空中へ飛ばす意では相通じて用いる。◇「なげる」は、力を入れて速く遠くまで飛ばす場合に多く使う。「ボールをなげる」「逃げる犯人に棒をなげる」◇「ほうる」は、それほど力を入れずに軽く飛ばす場合に多く使う。「そこにあるかぎをほうっておくれ」◇「仕事をなげる」は続けられずに止めにすることだが、「仕事をほうって遊ぶ」は、あとまわしにすることである。◇類似の語「投ずる」は「なげる」の文章語で、「千金(一石・一票)を投ずる」は慣用として固定しており、「投げる」には言い換えられない。◇「社会運動に身を投ずる」は「なげる」に言い換えられないが、「海に身を投ずる」は「投げる」でもよい。
類語投ずる・放る・ほうり投げる・ほっぽる・飛ばす

なければ-なら・ない【無ければならない】〔連

語】❶《「なけれ」は形容詞「ない」の仮定形》当然あるべきである。あるに違いない。あることが必要だ。「国家には法律が一・ない」❷《「なけれ」は助動詞「ない」の仮定形》…する義務がある。…することが必要だ。当然…すべきだ。「彼の好意には感謝し一・ない」「読ま一・ない本を挙げてもらう」

なげ-わざ【投(げ)技】柔道・相撲・レスリングなどで、相手を投げ倒す技。

なげ-わたし【投(げ)渡し】❶投げて渡すこと。❷「桁橋(けたばし)」に同じ。❸「投げ渡し板」の略。❹「歩(あゆ)み板❷」のこと。

なげわたし-いた【投(げ)渡し板】通行に便利なように、物の上に渡した板。あゆみいた。

なげ-わた・す【投(げ)渡す】〔動サ五(四)〕投げて渡してやる。また、投げるようにして物をかけ渡す。「浮き袋を一・す」

なご「いしなご」の略。

な-ご【名子】中世、荘園領主や名主に隷属した下層農民。地方によっては近世にも残り、本百姓に隷属した。下人(げにん)・被官・家抱(けほう)・作子(さくご)などと同種の身分層。

なご【名護】沖縄県、沖縄本島中北部の市。名護湾に臨み、名護七曲りとよばれる海岸は屈曲が多い。製糖業などが行われる。人口6.0万(2010)。

なご【奈呉｜奈古｜那古｜名児】㊀大阪市住吉区の住吉大社の西にあった海岸付近の古名。〔歌枕〕「住吉(すみのえ)の一の浜辺に馬立てて玉拾(ひり)ひしく常忘らえず」〈万・一一五三〉㊁富山県新湊(しんみなと)市の放生津江(ほうじょうづえ)付近の古名。奈呉の浦。〔歌枕〕「一の海の沖つ白浪しくしくに思ほえむかも立ち別れなば」〈万・三九八九〉

なこうど【仲人｜媒＝人】(ナカウド)《「なかびと」の音変化》中に立って橋渡しをする人。特に、結婚の仲立ちをする人。媒酌人。月下氷人(げっかひょうじん)。ちゅうにん。

仲人口(なこうどぐち)は半分に聞け　仲人の話には誇張が多いので話半分に聞いておいたほうがよい。

仲人は宵の口　仲人は、結婚式が済んで任務が終わったら、長居をせずに引き上げたほうがいい。

なこうど-おや【仲人親】(ナカウド)結婚式のときに後見人となる名目上の親。媒酌人。杯親(さかずきおや)。

なこうど-ぐち【仲人口】(ナカウド)仲人が縁談をまとめるため、両方に体よくとりなしていう言葉。また、あてにならない話のたとえ。

なご-おや【名子親】名子が属している家の主人。

な-こく【奴国】弥生時代、現在の福岡市付近にあった小国名。「後漢書」東夷伝に、朝貢した奴国が印綬を賜った記事がある。なのくに。わのなこく。➡漢倭奴国王印(かんのわのなのこくおうのいん)

なご-し【名護市】▶名護

な-ごし【▽夏越し｜名越し】「夏越しの祓(はらえ)」の略。

なご・し【▽和し】〔形ク〕❶なごやかである。穏やかである。「鶏の声など、さまざま一・うきこえたり」〈かげろふ・下〉❷柔らかである。「高麗(こま)の紙の膚こまかに一・うなつかしきが」〈源・梅枝〉

なごし-の-せっく【▽夏越しの節供】陰暦6月晦日(みそか)の行事。海や川で身を清めたり、牛・馬を水辺で遊ばせたりする。

なごし-の-つき【▽夏越しの月】夏越しの祓(はらえ)の行われる月。陰暦6月。「今日よりは一になりぬとて荒ぶる神にもの馴(な)るな人」〈曽丹集〉

なごし-の-はらえ【▽夏越しの×祓】(ハラヘ)陰暦6月晦日(みそか)に、罪やけがれを除き去るため宮中および諸社で行われる祓の行事。茅(ち)の輪をくぐったり、人形(ひとがた)を作って身体をなでて清め、それを水に流したりした。輪越しの祭り。みなづきばらえ。なごしのみそぎ。なつばらえ。（季 夏）

なごし-の-みそぎ【▽夏越しの×禊】「夏越しの祓(はらえ)」に同じ。

なご・す【▽和す】〔動サ四〕柔らげる。穏やかにする。また、従わせる。「みちのく常陸のあら夷(えびす)等をよく一・し給ふ」〈読・春雨・捨石丸〉

なこそ【勿来】福島県いわき市南東部の地名。旧勿来市。勿来関跡がある。

なこそ-の-せき【勿来の関】いわき市勿来町付近にあった古代の関所。常陸(ひたち)・陸奥(むつ)の国境にあり、白河の関・念珠(ねず)ヶ関とともに奥羽三関の一。はじめ菊多の関とよばれた。〔歌枕〕「吹く風を一と思へども道も狭(せ)に散る山桜かな」〈千載・春下〉

なこ-でら【那古寺】千葉県館山市にある真言宗智山派の寺。山号は補陀落山。養老元年(717)行基の創建で、承和14年(847)円仁の再興と伝える。のち、源頼朝が再建。坂東三十三所最終札所。那古観音。

な-ことば【名▽詞】名詞(めいし)の旧称。

なご-の-うら【奈呉の浦】▶奈呉(なご)㊁

なご・む【和む】㊀〔動マ五(四)〕気持ちなどがやわらいで落ち着く。なごやかになる。「すさんだ気分が一・む」㊁〔動マ下二〕気持ちなどをやわらげる。なごやかにする。「さて腹だてなむ、なほ一・めさせおはしませ」〈落窪・二〉〔類語〕緩衝・和らぐ・緩和・融和・和らげる・弛緩(しかん)・間延び

なごや【名古屋】愛知県西部の市。県庁所在地。指定都市。もと尾張徳川氏の城下町。中部地方の商・工業、交通の中心地で、中京(ちゅうきょう)ともよばれ、中京工業地帯の中核をなす。古くは「那古屋」「名護屋」と書いた。人口226.4万(2010)。

なごや【名護屋】佐賀県唐津市の地名。壱岐(いき)水道に面し、豊臣秀吉が朝鮮出兵の際に本拠とした名護屋城跡ならびに陣跡がある。

なご-や【和や】《「や」は接尾語》柔らかなもの。荒々しくないもの。「蒸衾(むしぶすま)一が下に臥せれども妹とし寝ねば肌し寒しも」〈万・五二四〉

なごや-あんどん【名古屋行▽灯】角行灯(かくあんどん)の一。火袋の枠を細い鉄で作ったもので、江戸中期以降に用いられた。

なごや-うち【名護屋打ち｜名古屋打ち】「名護屋帯」に同じ。

なごや-おうぎ【名古屋扇】(アフギ)▶なごやせん

なごや-おび【名古屋帯】お太鼓結びの部分を並幅にし、その他の部分を半幅に仕立てた女性用の帯。大正7、8年ころ名古屋から流行したといわれる。

なごや-おび【名護屋帯】もと肥前国名護屋で作られた丸打ちの帯。両端に房をつけ、腰に幾重にも巻き、後ろまたは脇で両わなに結び下げる。桃山時代から江戸初期に、男女ともに用いた。名護屋打ち。

なごや-おんがくだいがく【名古屋音楽大学】名古屋市にある私立大学。昭和51年(1976)に開学。

なごや-おんど【名古屋音頭】江戸中期、名古屋地方で行われた盆踊り。また、その歌。年に一度、町人が城内に踊り込んだものという。

なご-やか【和やか】〔形動〕〔文〕〔ナリ〕ものやわらかなさま。穏やかなさま。「一な家庭」「話し合いは一に進んだ」

なごや-がいこくごだいがく【名古屋外国語大学】(グワイコク)愛知県日進(にっしん)市にある私立大学。昭和63年(1988)の開学。

なごやがくいん-だいがく【名古屋学院大学】(ガクヰン)名古屋市などにある私立大学。昭和39年(1964)に開学。経済学部の単科大学として出発したが、後に外国語学部や商学部などが設置された。

なごや-がくげいだいがく【名古屋学芸大学】愛知県日進(にっしん)市にある私立大学。平成14年(2002)に開学した。

なごや-ぎていしょ【名古屋議定書】遺伝資源の利用と公正な利益配分(ABS)に関する国際的な取り決め。平成22年(2010)に名古屋市で開催された生物多様性条約第10回締約国会議(COP10、通称国連地球生きもの会議)で採択された決議の一つ。資源利用国は資源提供国の法令に従い、事前に提供国の同意を得ること、遺伝資源の利用から生じる利益は両者が相互に合意した条件で公正に配分すること、などが定められた。ABS議定書。➡愛知ターゲット

なごや-クアラルンプールほそくぎていしょ【名古屋・クアラルンプール補足議定書】遺伝子組み換え生物(LMO)の輸出入に関する国際的な枠組みを定めたカルタヘナ議定書を補足する議定書。遺伝子組み換え生物の輸出入によって生態系に悪影響が生じた場合、締約国は、開発企業や輸送業者など損害を引き起こした事業者を特定し、原状回復させる義務を負う。2004年にマレーシアのクアラルンプールで交渉が開始され、2010年に名古屋で開始されたカルタヘナ議定書第5回締約国会議(COP-MOP5)で採択されたことから、両都市の名前が付けられた。

なごや-グランパスエイト【名古屋グランパスエイト】日本プロサッカーリーグのクラブチームの一。ホームタウンは名古屋市ほか2市を中心とする愛知全県。昭和14年(1939)創設のトヨタ自動車サッカー部を再編し、平成3年(1991)に発足。同5年のJリーグ発足時から参加。同20年から「エイト」を除いて呼称する。〔補説〕「グランパス(grampus)」は英語で鯱(しゃち)の意。「エイト(eight)」は名古屋市の市章(八)であり、末広がりを表す。

なごや-けいざいだいがく【名古屋経済大学】愛知県犬山市にある私立大学。昭和54年(1979)に市邨(いちむら)学園大学として開学。同58年に、現校名に改称した。

なごや-げいじゅつだいがく【名古屋芸術大学】愛知県北名古屋市にある私立大学。昭和45年(1970)に開学した。

なごや-げんい【名古屋玄医】[1628～1696]江戸前期の医師。京都の人。字(あざな)は閲甫・富潤。号、宜春庵・丹水子・桐渓。古医方説を唱えた。著「医方問余」など。

なごや-こうぎょうだいがく【名古屋工業大学】(コウゲフダイガク)名古屋市昭和区にある国立大学法人。名古屋工業専門学校が愛知県立工業専門学校を包括し、昭和24年(1949)新制大学として発足。平成16年(2004)国立大学法人となる。

なごや-こうぎょうちたい【名古屋工業地帯】(コウゲフ)▶中京工業地帯

なごや-コーチン【名古屋コーチン】鶏の一品種。卵肉兼用。愛知県でコーチン種より改良して作られた。体は黄褐色。名古屋種。

なごや-さんぎょうだいがく【名古屋産業大学】(サンゲフダイガク)愛知県尾張旭市にある私立大学。平成12年(2000)に開学した。環境情報ビジネス学部の単科大学。

なごや-さんざ【名古屋山三】[?～1603]出雲の阿国(おくに)とともに、歌舞伎の始祖とされた伝説的な人物。史実によれば加賀藩名越家の出で、名越山三郎といい、蒲生氏郷(がもううじさと)の奥州攻めに小姓として従い手柄を立てて名を上げ、のち美作(みまさか)の森家に仕えたという。名古屋山三郎。

なごや-し【名古屋市】▶名古屋

なごや-じけん【名古屋事件】明治17年(1884)に起こった自由民権運動の激化事件の一。名古屋の自由党過激派が政府転覆を計画して強盗などを働いたが、飯田事件発覚に関連して逮捕された。

なごや-じょう【名古屋城】(ジャウ)名古屋市中区にある城。慶長15年(1610)徳川家康が築いた典型的な平城(ひらじろ)。同17年に完成した天守は加藤清正の造営で、大棟上の金の鯱(しゃち)は有名。天守下の本丸殿舎とともに太平洋戦争で焼失、戦後復元。狩野探幽(かのうたんゆう)らの手になる襖絵(ふすまえ)が戦災をまぬがれ、宝物館に保存されている。

なごや-しょうかだいがく【名古屋商科大学】(シャウクワダイガク)愛知県日進(にっしん)市にある私立大学。昭和10年(1935)設立の名古屋鉄道学校に始まり、同28年に新制大学として発足。

なごや-しょうけんとりひきじょ【名古屋証券取引所】愛知県名古屋市中区栄にある証券取引所(金融商品取引所)。昭和24年(1949)開設。略称は、名証(めいしょう)。

なごや-じょしだいがく【名古屋女子大学】(ヂョシダイガク)名古屋市にある私立大学。昭和39年(1964)に開学

した。

なごや-しりつだいがく【名古屋市立大学】名古屋市瑞穂区に本部のある公立大学。名古屋女子医科大学と名古屋薬科大学とを母体に、昭和25年(1950)新制大学として発足。平成18年(2006)公立大学法人となる。

なごや-じんく【名古屋甚句】名古屋地方の座敷歌。相撲甚句に新しい歌詞をつけたもの。幕末ごろから歌われ、明治中ごろに流行。

なごや-せん【名古屋扇】名古屋から産する扇の一。骨は細く密で、地紙に渋をひいたもの。なごやおうぎ。

なごや-ぞうけいだいがく【名古屋造形大学】デザイン・アート 愛知県小牧市にある私立大学。平成2年(1990)に名古屋造形芸術大学として開学。同20年に現校名に改称した。造形学部の単科大学。

なごや-だいがく【名古屋大学】名古屋市千種区に本部のある国立大学法人。明治4年(1871)設立の仮医学校を起源とし、旧制の県立愛知医科大学・名古屋帝国大学を経て、昭和24年(1949)同付属医学専門部・第八高等学校・名古屋経済専門学校・岡崎高等師範学校を合併して新制大学に移行。平成16年(2004)国立大学法人となる。

なごや-てつどう【名古屋鉄道】テツダウ 愛知県と岐阜県に路線をもつ鉄道会社。また、その鉄道。豊橋・岐阜間の名古屋本線を中心として営業。明治27年(1894)創立。名鉄めいてつ。

なごや-ぶんりだいがく【名古屋文理大学】 愛知県稲沢市にある私立大学。平成11年(1999)に開学した。

なご-らん【名護×蘭】ラン科の常緑多年草。暖地の樹上などに着生。茎の下部から太い気根を出す。葉は長楕円形で厚く、夏、数個の香りのある白い花が咲く。名は沖縄の名護岳にちなむ。

なごり【名残】《「余波なごり」から》❶ある事柄が過ぎ去ったあとに、なおその気配や影響が残っていること。また、その気配や影響。余波よは。「台風の―の高波」「古都の―をとどめる」❷人と別れるときに思い切れない気持ちが残ること。また、その気持ち。「尽きない―」❸物事の最後。終わり。「この世の―」「一期いちごの―ぢゃと思うて清水へ参って」〈狂言記・武悪〉❹亡くなった人をしのぶよすがとなるもの。忘れ形見。子孫。「かの維時これときが―は、ひたすら民となりて」〈増鏡・新島守〉❺病後のからだに残る影響。「いと重くわづらひ給へれど、ことなる―残らず」〈源・夕顔〉❻残り。残余。「弥生中の六日なれば花はいまだ―あり」〈平家・三〉❼「名残の折」「名残の茶」などの略。(類語)残存・残り

名残を惜し・む　別れがつらく、惜しいと思う。「旅立つ友と―・む」「行く春の―・む」

なごり【余=波】《「なみのこり」の音変化》❶波が打ち寄せたあと、渚のあちこちに残っている海水や海藻など。「難波潟なにはがた潮干の―よく見てむ家なる妹が待ち問はむため」〈万・九七六〉❷強風の吹きやんだあとでもまだその影響が残っている波。なごろ。「風しも吹けば、―しも立てれば」〈催馬楽・紀の国〉

なごり-おし・い【名残惜しい】ヲシイ〔形〕文なごりを・し〔シク〕別れがつらく、心残りのするさま。「親友との別れはことさら―・い」

なごり-きょうげん【名残狂言】キャウゲン ►御名残狂言おなごりきょうげん

なごり-な・い【名残無い】〔形〕文なごりな・し〔ク〕残るところがない。あとかたない。物事の影響や余韻がない。「打続いての快晴で空は―・く晴渡ってはいたが」〈二葉亭・浮雲〉「柴の戸をさすや日影の―・く春暮れかかる山のはの雲」〈新古今・春下〉

なごり-の-うら【名残の裏】連歌・連句を書きつける懐紙の最後の一折の裏。百韻では最後の8句、歌仙では最後の6句を書く。名裏。

なごり-の-おもて【名残の表】連歌・連句を書きつける懐紙の最後の一折の表。百韻では14句、歌仙では12句を書く。名表。

なごり-の-おり【名残の折】ヲリ 連歌・連句を書きつける懐紙の最後の一折。百韻では4枚目、歌仙・五十韻では2枚目についていう。名残。➡初折しょおり

なごり-の-さかずき【名残の杯】サカヅキ 別れを惜しんでくみかわす杯。別杯べっぱい。

なごり-の-しも【名残の霜】八十八夜のころ降りる霜。別れ霜。忘れ霜。(季 春)

なごり-の-そで【名残の袖】別れの心残りを惜しむことのたとえ。なごりのたもと。「さらばよ友人、―を招く尾花のほのかに見えし跡絶えて」〈謡・松虫〉

なごり-の-たもと【名残の×袂】「名残の袖そで」に同じ。「泣いて尽きせぬ―見捨てて抱かかへを手繰り寄せ」〈浄・天の網島〉

なごり-の-ちゃ【名残の茶】茶の湯で、残り少なくなった前年の古茶の名残を惜しんで、陰暦8月末日から9月にかけて催す茶会。今は、風炉から炉に移る10月中旬より下旬にかけて催す。名残の茶事。

なごり-の-ちゃじ【名残の茶事】「名残の茶」に同じ。

なごり-の-つき【名残の月】❶夜明け方の空に残る月。有り明けの月。残月。❷《その年の最後の観月となるところから》陰暦九月十三夜の月。十三夜。後の月。(季 秋)(類語)後の月・豆名月・栗名月

なごり-の-なみだ【名残の涙】名残を惜しんで流す涙。別れの涙。「息をとぢたる眼まなこにも―せきあへず」〈浄・用明天王〉

なごり-の-はな【名残の花】❶散り残っている花。残花。多く桜をいう。❷連句で、名残の折の裏に詠む花。歌仙では名残の裏の5句目に花の句を詠み込む。

なごり-の-ゆき【名残の雪】❶春が来ても消え残っている雪。❷春が来てから降る雪。(季 春)

ナゴルノ-カラバフ〖Nagorno-Karabah〗アゼルバイジャン共和国に属する自治州。中心都市ステパナケルト。アルメニア人が多く居住しており、ソ連時代から民族紛争がたびたび起こった。1992年、共和国として独立自治を宣言するも、アゼルバイジャン・アルメニアは認めず、同地の帰属をめぐって2国間の衝突が激化。1994年の停戦後も和平交渉は難航している。

なごろ【余=波】《「なごり」の音変化》「なごり(余波)❷」に同じ。「手もたゆく浦つたひしてこぐ舟は沖の―を怖づるなるべし」〈堀河百首〉

なご-わん【名護湾】沖縄県、沖縄本島のほぼ中央、東シナ海側に弧を描くように広がる湾。本部もとぶ半島と部瀬名ぶせな岬とに囲まれた水域。面積約35平方キロメートル。湾岸の中心は名護市。沖縄海岸国定公園に属する。

な-ごん【納言】大納言・中納言・少納言の総称。ものもうすつかさ。のうごん。

ナサ〖NASA〗《National Aeronautics and Space Administration》アメリカ航空宇宙局の略称。1958年に設立された政府機関。アポロ計画、スペースシャトル計画などを達成し、国際宇宙ステーションの開発にも参画している。ワシントン特別区に本部をもつほか、各地に研究センターがある。ロケットの打ち上げはフロリダ州にあるケネディ宇宙センターから行われる。

なさい《動詞「なさる(ラ五)」の命令形》「しろ」「せよ」の意のやわらげた言い方。「自分の事は自分で―」「ほら、御覧―」(補説)「なさる」の本来の命令形「なされ」の音変化とも、「なさいませ」の略とも。

な-さか【名さか】《「なさが」とも》悪い評判。悪評。多く「なさかの立つ」の形で用いられる。「どうぞ―の立たぬやうに」〈浄・天鼓〉

なさけ【情け】❶人間味のある心。他人をいたわる心。人情。情愛。思いやり。「武士の―」「浮き世の―」➡御情おなさけ ❷男女の情愛。恋情。また、情事。いろごと。「深―」「薄―」❸風情。おもむき。あじわい。「落花啼鳥の―も心に浮かばぬ」〈漱石・草枕〉❹もののあわれを知る心。風雅を解する心。風流心。「―ある人にて、かめに花をさせり」〈伊勢・一〇一〉(類語)(❶)情じょう・情合い・情愛・情味・人情・人情味・温情・恩情・厚情・思いやり・いつくしみ・慈愛・仁愛・仁恵・仁慈・仁心・仁じん・慈悲・憐あわれみ・哀憐・同情(尊敬)芳情・芳志・高情・高志・恩情・厚志

情けが仇あだ　同情や思いやりからしたことが、かえって相手のためにならないこと。

情けに刃向かう刃やいばなし　思いやりをもって接する人に対しては、だれも刃向かうことはできない。

情けは人の為ためならず　人に親切にすれば、その相手のためになるだけでなく、やがてはよい報いとなって自分にもどってくる、ということ。誤って、親切にするのはその人のためにならないの意に用いることがある。(補説)文化庁が発表した平成22年度(2010)「国語に関する世論調査」では、本来の意味である「人に情けを掛けておくと、巡り巡って結局は自分のためになる」で使う人が45.8パーセント、間違った意味「人に情けを掛けて助けてやることは、結局はその人のためにならない」で使う人が45.7パーセントという結果が出ている。

情けを売・る　❶色を売る。売春をする。❷損得を考えて、人に情けをかけておく。

情けを掛・ける　哀れみをかける。親切にいたわる。「不遇な友に―・ける」

情けを交かわ・す　思いをかけ合う。愛し合う。「―・した仲」

情けを知・る　❶人情のこまやかさを知る。「旅に出て―・る」❷色恋の道に通じる。情事を経験する。「―・る年ごろ」

なさけ-がお【情け顔】ガホ 情けがありそうな顔つき。「夕霧が―、半太夫が美しさ」〈浮・諸艶大鑑・八〉

なさけ-ごかし【情けごかし】情けがあるかのように振る舞って、実は自分のためにすること。「親切な介抱は―にこの金を取らうたくみであったるか」〈伎・小袖曽我〉

なさけ-ごころ【情け心】思いやりがある心。

なさけ-しらず【情け知らず】〔名・形動〕❶思いやりのないこと。人情を心得ないこと。また、そのような人や、そのさま。「―な(の)悪党」「―な(の)仕打ち」❷男女の情愛を解さないこと。不粋なこと。また、そのような人や、そのさま。「数百人の通はせ文つひにあけず、諸人に―と名に立つも」〈浮・男色大鑑・二〉

なさけ-しり【情け知り】人情をわきまえていること。男女の道に詳しいこと。また、その人。わけしり。「思ひの外なる―、寺には惜しやと」〈浮・五人女・四〉

なさけ-だ・つ【情け立つ】〔動タ四〕❶情けがありそうに振る舞う。「わざとならねど、―・ち給ふ若人は恨めしと思ふもありけり」〈源・藤裏葉〉❷みやびやかなことをする。風流ぶる。「―・ちたる筋はこのころの人に、えしも勝らざりけむかし」〈源・初音〉

なさけ-どころ【情け所】情事の急所。陰部、または男色での肛門をいう。

なさけ-な・い【情け無い】〔形〕文なさけな・し〔ク〕❶思いやりがない。無情である。すげない。「随分―・い、苛酷な事もためらわずにする」〈鴎外・山椒大夫〉❷同情の余地がない。嘆かわしい。「―・い成績に終わる」「優柔不断な自分が―・い」❸みじめである。見るにしのびない。「ずぶぬれの―・い姿」「―・い声で訴える」❹無風流である。風情がない。「白き単衣ひとへの―・くあざやぎたる」〈源・手習〉

なさけなさけ・し【情け情けし】〔形シク〕情愛や思いやりが深い。「あはれ知るばかり―・しくのたまひ尽くすべかめれど」〈源・帚木〉

なさけ-の-みち【情けの道】人情の道。また、男女の道。恋の道。「―も浅からずちぎり給ひて」〈謡・夕顔〉

なさけ-びと【情け人】❶情愛の深い人。恋情を解する人。「業平様は―、年寄の心を哀み」〈浄・井筒業平〉❷色を売る人。遊女。「ここに名高き―…都女郎難波女にもすぐれたるとこそ申せ」〈浮・三代男・三〉

なさけ・ぶ【情けぶ】〔動バ上二〕情けがありそうな態度をする。「故少弐せうにの、いと―・び、きらきらしうものし給ひしを」〈源・玉鬘〉

なさけ-ぶか・い【情け深い】〔形〕文なさけぶか・し〔ク〕❶思いやりの心が強い。「―・い人」❷情趣を理解する心が深い。「日ごろの御ありさまけはひのなつ

かしく―・う」〈源・総角〉 類語 寛容・寛仁・慈悲深い
なさけ-やど【情け宿】男女の密会に利用される宿。あいびき宿。「雪の夜の―」〈浮・五人女・四〉
なさけ-ようしゃ【情け容赦】（多く下に打消しの語を伴って用いる）情けをかけて寛容にすること。思いやり。「―のない催促」「―もなく罰する」
なさけ-らし・い【情けらしい】〔形〕文なさけら・し〔シク〕情が細やかそうである。「いろいろな灯火が、人懐っこい、―・い光をそれぞれに増してきた」〈万太郎・露芝〉
な-ざし【名指(し)】〔名〕スル 名前をあげてそれと指定すること。指名。「―で非難する」「犯人を―する」
な-ざ・す【名指す】〔動サ五(四)〕それと名をさし示す。指名する。「―・して回答を求める」
なさぬ-こ【生さぬ子】〔連語〕自分が産んだのではない子。
なさぬ-なか【生さぬ仲】〔連語〕血のつながりのない親子の間柄。柳川春葉の同名の新聞小説が、大正2年(1913)に劇化されてから広まった語。
なさり・ます〔連語〕《動詞「なさる」の連用形＋丁寧の助動詞「ます」》❶尊敬語「なさる」の丁寧表現。「どうぞ―・ましたか」〈洒・遊僊窟烟之花〉❷「お」「御」を伴った動詞の連用形または動作性の漢語名詞に付いて、敬意を添える。「さ、お立ち―・ませ」〈洒・婦美車紫鹿〉
なさり・やす〔連語〕《「なさります」の音変化》「なさります❷」に同じ。「さあおあがり―・やし」〈洒・娼註銚子戯語〉
なさ・る【為さる】㊀〔動ラ五(四)〕❶「する」「なす」の尊敬語。あそばす。「研究を―・る」❷(補助動詞)他の動詞の連用形や動作性の漢語名詞に付いて敬意を添える。「お…なさる」「御…なさる」の形でも用いる。…あそばす。「連絡―・ったほうが、いいでしょう」「お見舞い―・る」「御旅行―・る」 補説 丁寧の助動詞「ます」が付くときは、「なさります」よりも「なさいます」の形をとるのが普通。また、命令形には二つの形があるが、「なさい」が普通で、「なされ」は古風な言い方。㊁〔動ラ下二〕「なされる」の文語形。類語 為する・為す（尊敬）される・遊ばす（謙譲）致す・仕る
ナザレ〖Nazaré〗ポルトガル西部、大西洋に面する港町。名称は、4世紀に聖職者がイスラエルのナザレから聖母像を持ち込んだことにちなむ。コスタ-デ-プラタの代表的な海岸保養地の一。海岸近くのプライア、丘の上にある旧市街シティオおよびペデルネイラの3地区で構成される。シティオ地区には14世紀創建のノッサセニョーラ-ダ-ナザレ教会や、聖母が騎士の命を救ったという奇跡に由来するメモリア礼拝堂がある。
ナザレ〖Nazareth〗《ナザレスとも》イスラエル北部の都市。ガリラヤ高地の南部にある。イエス＝キリストの生地で、生涯の大半をここで過ごしたと伝えられ、受胎告知教会、聖ヨセフ教会、メンザクリスティ教会、聖ガブリエル教会など、イエスに関わりある教会が多い。
ナザレ-は【ナザレ派】19世紀初頭、古典主義への反動として興ったドイツの画派。初期ルネサンス絵画に範をとり、宗教画の復興を企図した。オーベルベック・プフォル・コルネリウスなど。
ナザレ-びと【ナザレ人】❶ナザレの人。特に、キリストの称。❷初代のキリスト教徒に対して、それ以外のユダヤ人が用いた呼称。
なされ・ます〔連語〕《動詞「なされる」の連用形＋丁寧の助動詞「ます」》❶尊敬語「なされる」の丁寧表現。「これを―・ましては何と御座りませう」〈伎・なぐさみ曽我〉❷「お」「御」を伴った動詞の連用形または動作性の漢語名詞に付いて、敬意を添える。「さあおはいり―・ませ」〈洒・婦美車紫鹿〉 補説 命令形は、高い敬意をもって相手の動作を要求する。近世前期上方語では、「なされませ」「なされませい」、後期江戸語では「なされませ」「なされまし」の2型がある。
なさ・れる【為される】〔動ラ下一〕文なさ・る〔ラ下二〕❶「なさる❶」に同じ。「そんなにあわててどう―・れたのですか」❷「なさる❷」に同じ。「どうぞお召しあがり―・れませ」
なさん・す【為さんす】〔動サ特活〕《「なさります」の音変化》「なさる」の丁寧語。多く補助動詞として用いる。…なさいます。…なされます。「清幸さんお上がり―・し」〈洒・穴知鳥〉 補説 命令形に「なさんせ(い)」「なさんし」の形を用いる。
なし【生し】《動詞「な(生)す」の連用形から》産むこと。「父母が―のまにまに箸向かふ弟の命は」〈万・一八〇四〉
なし【成し｜為し】《動詞「な(成)す」の連用形から》そのようにすること。しむけること。しわざ。「心の―にやあらむ」〈源・宿木〉
なし【梨｜梨子】バラ科ナシ属の落葉高木。葉は卵円形。春の終わりごろ、白い5弁花をつけ、秋に大形で果皮に斑点のある実を結ぶ。果樹として栽培され、二十世紀などの青ナシと長十郎などの赤ナシがある。ナシ属には西洋ナシ・中国ナシなども含まれ、品種が多い。ありのみ。《季 実＝秋｜花＝春》「―むくや故郷をあとの舟の中／東洋城」
梨の礫 投げられた礫のように、便りをやったのに返事のないこと。「梨」は「無し」に掛けたもの。「いくら使いをやっても―だ」
なし【無し】❶無いこと。無。「抜け駆けは―にしよう」❷名詞などに付いて複合語をつくり、…のないこと、…ない人、の意を表す。「芸―」「人で―」「待った―」 類語 無き・ゼロ・ナッシング
なし-あ・ぐ【成し上ぐ】〔動ガ下二〕昇進させる。位をのぼらせる。「上達部には、我しあれば、今日明日と言ふばかりに―・げてむ」〈源・東屋〉
なし-うち【梨子打ち】《「な(萎)やしう(打)ち」の音変化。柔らかに作る意》「梨子打ち烏帽子」の略。
なしうち-えぼし【梨子打ち烏帽子】黒の紗や綾に漆を粗く塗って作った、先のとがった揉烏帽子。近世は縁に鉢巻きをつけ、鎧直垂に用いた。
なし-うり【梨瓜】マクワウリの一品種。実は卵形で、果皮は灰白色。果肉は水分が多く甘味が強い。中国の原産で、明治初年に渡来。
なじ-か〔副〕《「なに(何)しか」の音変化》どうして。なぜ。疑問や反語の意を表すのに用いる。「声よく節も上手でありければ、―舞も損ずべき」〈平家・一〉
なじか-は〔副〕「なじか」を強めた語。「かくあるべしと知るならば、―八幡へ参りけん」〈保元・下〉
なし-かん【梨羹】ナシの実をすりおろして漉した汁に、寒天・砂糖などを加えて流し固めた菓子。
なし-くずし【済し崩し】スル 物事を少しずつかたづけていくこと。徐々に物事を行うこと。「企画が―に変更される」
なし-くず・す【済し崩す】〔動サ五(四)〕なしくずしにする。「じみちに稼ぎ稼ぎ借金を―・し」〈鏡花・湯島詣〉
ナシ-ゴレン〖インドネシア nasi goréng〗《ナシはご飯、ゴレンは炒める、油で揚げるの意》インドネシア料理の一つで、辛味のきいた焼き飯風のもの。
なし-じ【梨子地】❶蒔絵の地蒔きの一。漆を塗った上に梨子地粉を蒔き、乾燥後、梨子地漆を塗って、漆を透かして梨子地粉が見えるように研いだもの。梨の実の表皮に似るのでいう。鎌倉時代に始まる。❷「梨子地織」の略。
なしじ-うるし【梨子地漆】梨子地に用いる、黄色味を帯びた透明度の高い漆。生漆に雌黄・梔子などを加えて作る。
なしじ-おり【梨子地織(り)】布の表面に縮緬のしぼのようなものを出し、梨の実の表皮に似た外観をもたせた織物。婦人子供服地・着尺地・半襟などに用いる。花崗織り。
なしじ-ぬり【梨子地塗(り)】梨子地に塗ること。また、その塗り物。
なしじ-ふん【梨子地粉】梨子地に用いる金銀の粉末。平目粉をさらに平らに薄く細かくしたもの。
なし-しゅ【梨酒】ナシの実のしぼり汁を発酵させて造った酒。また、ナシの実を焼酎と砂糖で漬けた果実酒。
なしじょう-か【梨状果】花托や萼の基部が多肉となって子房を覆い、果実の主要部分となる果実。ナシ・リンゴなどにみられる。
なし-た・つ【成し立つ】〔動タ下二〕りっぱに育てあげる。一人前に育てる。「御子ども腹々いと多かるに…みな―・て給ふ」〈源・蛍〉
ナジツェンク〖Nagycenk〗ハンガリー北西部の町。同国の近代化に寄与した政治家セーチェーニ＝イシュトバーン伯の生地であり、セーチェーニ家の墓所やセーチェーニ宮殿がある。
なし-つぼ【梨壺】《庭に梨の木が植えられていたところから》昭陽舎の異称。
なしつぼ-の-ごにん【梨壺の五人】天暦5年(951)村上天皇の命により、梨壺の和歌所で後撰集を撰集し、また万葉集の訓点を施した五人の寄人。大中臣能宣・源順・清原元輔・紀時文・坂上望城。五歌仙。
なし-と・げる【成し遂げる｜為し遂げる】〔動ガ下一〕文なしと・ぐ〔ガ下二〕物事を最後までやりとげる。また、みごとにやってのける。「研究を―・げる」「新記録樹立の快挙を―・げる」
なじ-に〔副〕《「なに(何)しに」の音変化という》何ゆえに。どうしたわけで。なぜ。「我はままより先に心得たるぞ。―さかしく教ふる」〈沙石集・八〉
なしのき-じんじゃ【梨木神社】京都市上京区にある神社。祭神は三条実万・実美。
なしのもとしゅう【梨本集】江戸中期の歌論書。3巻。戸田茂睡著。元禄11年(1698)成立、同13年刊。多くの例歌から、二条派の制詞・禁詞が根拠のないものであることを論証したもの。
ナジバーラド〖Nagyvárad〗ルーマニア西部の都市オラデアのハンガリー語名。
な-じみ【馴染み】❶なれ親しんで知っていること。また、その人。「―の店」「昔の―に会う」❷同じ遊女のもとに通いなれること。また、その客。遊女の側からもいう。❸長年つれ添った夫、または妻。「―に別れての当座は」〈浮・一代男・二〉 類語 昵懇・交情・懇意・親交・好み・得意・顧客・常客・常連・顔馴染み
なじみ-きゃく【馴染み客】❶いつも来てなれ親しんでいる客。❷遊里で、一人の遊女に通いなれた客。
なじみ-きん【馴染み金】遊里、特に吉原で、同一の遊女を揚げた客が3回目に祝儀として出す金。
なじ・む【馴染む】〔動マ五(四)〕❶人になれて親しくなる。また、物事や場所になれて親しみをもつ。「都会の生活に―・む」「土地の言葉に―・む」❷味わいや調子などが一つに溶けあう。ほどよく調和する。「家風に―・む」「足に―・んだ靴」❸同じ遊女のもとに通いなれる。なじみになる。「はや四年も殿とは―・みまゐらせ」〈浮・一代女・三〉 可能 なじめる
類語 解け合う・打ち解ける・親しむ
なしもと-の-みや【梨本宮】旧宮家の一。明治3年(1870)伏見宮貞敬親王の子の守脩親王が創立。昭和22年(1947)、臣籍降下。
なしもと-ぼう【梨本坊】三千院の異称。
なし-もの【鱁鮧】塩辛。また、魚醤。
ナジャ〖フランス Nadja〗フランスの詩人ブルトンの散文作品。1928年刊。女性ナジャとの出会いによって現実のうちに潜む超現実を実感するさまを物語った、シュールレアリスム文学の代表的作品。
ナジャフ〖Najaf〗イラク中部の都市。ユーフラテス川中流域にある。イスラム教シーア派の聖地で、初代カリフ、アリーの聖廟がある。アンナジャフ。
なじょう㊀〔副〕「なんじょう㊀」に同じ。「―、かかる見苦しき人がさる事は思ひかくる」〈落窪・一〉㊁〔連体〕「なんじょう㊁」に同じ。「さる幼きほどなれば、―わざをもえせず」〈宇津保・俊蔭〉「―事にさはりて、その所に暮らしつる」〈枕・一八一〉
なじょうことかあら・む どういうことがあろうか。問題にすることがあるものか。「ただ清き衣を着て詣でむに、―・む」〈枕・一一九〉
なじょうことな・し ことさら問題とするにあたらない。

平凡である。「一・き人の、笑まがちにてものいたう言ひたる」〈枕・二八〉

ナショナリスティック〖nationalistic〗〘形動〙民族主義的。また、国家主義的。「一な世論がわき上がる」

ナショナリスト〖nationalist〗ナショナリズムの信奉者。民族主義者。国家主義者。国粋主義者。

ナショナリズム〖nationalism〗国家や民族の統一・独立・繁栄を目ざす思想や運動。➡国家主義 ➡民族主義 ➡国民主義

ナショナリゼーション〖nationalization〗《「ナショナライゼーション」とも》国有化。国営化。

ナショナリティー〖nationality〗❶国民性。民族性。❷国籍。

ナショナル〖national〗〘形動〙❶国家的・国民的であるさま。また、全国的な規模であるさま。「一な連帯意識」「一ネットワーク」❷多く複合語の形で用い、国立の、国有の、の意を表す。「一パーク」

ナショナル-アイデンティティー〖national identity〗国民的または民族的一体感。国民意識。

ナショナル-アド〖national ad〗全国広告。全国を対象に出稿する広告。⇔ローカルアド。

ナショナル-インタレスト〖national interest〗国家全体にかかわる利益。国益。

ナショナル-ウォーレスモニュメント〖The National Wallace Monument〗►ウォーレス記念塔

ナショナル-コンセンサス〖national consensus〗国の政策などについて、大多数の国民が同意すること。国民的合意。

ナショナル-コンベンション〖national convention〗全国大会。特に、米国大統領候補を選出する民主・共和両党の代議員大会。

ナショナル-スポンサー〖national sponsor〗全国を対象に広告活動を行う広告主。⇔ローカルスポンサー。

ナショナル-セキュリティー〖national security〗国家の安全を図ること。国家安全保障。

ナショナル-センター《national center of trade unionの略》労働組合の全国中央組織。加盟労働組合の利害の調整、労働争議の支援、教宣活動などを目的として設立されるもので、日本では、連合やかつての総評・同盟などがこれに当たる。

ナショナル-チーム〖national team〗スポーツなどで、国家を代表するチーム。

ナショナル-チェーン〖national chain〗全国的規模で複数の地域にチェーンストア網を確立している飲食・小売企業。

ナショナル-トラスト〖National Trust〗㊀歴史的建造物と自然の保護を目的とする英国の民間団体。1895年設立。寄贈や買い取りによってその土地を入手し、保全・管理する。(補説)正式名称は、The National Trust for Places of Historic Interest or Natural Beauty ㊁自然環境や歴史的地区などの保存を目的とした活動。寄付金や会費などによって森林や海岸、歴史的建造物を買い上げ、保全を行う。トラスト。

ナショナル-バンク〖national bank〗中央銀行。紙幣の発券や公定歩合の決定など、一国の金融システムの中心となる存在。

ナショナル-フラッグ〖national flag〗国旗。

ナショナル-フラッグ-キャリア〖national flag career〗►フラッグキャリア

ナショナル-ブランド〖national brand〗全国的な知名度を持つ銘柄・商標。全国各地で販売されている製造業企業の有力商品やその商標。NB。➡ローカルブランド ➡プライベートブランド

ナショナル-プレスクラブ〖National Press Club〗米ワシントンに駐在する世界各国の新聞・通信・放送特派員が組織している親睦団体。

ナショナル-プレステージ〖national prestige〗国際社会における、その国家の威信。国威。

ナショナル-プロジェクト〖national project〗国家的規模の事業。国が目標を定めて進める大規模研究開発など。

ナショナル-ホリデー〖national holiday〗全国規模の休日。法定休日。国民の休日。

ナショナル-ボンド〖national bond〗国債。

ナショナル-ミニマム〖national minimum〗国家が国民に対して保障する最低限の生活水準。英国のウェッブ夫妻によって提唱された。

ナショナル-モール〖National Mall〗米国の首都ワシントンの中心部の国立公園。連邦議事堂、ワシントン記念塔、ポトマック公園、ジェファーソン記念館、リンカーン記念堂などがある。モール地区。

ナショナル-リーグ〖National League〗米国のプロ野球メジャーリーグの一。1876年に8球団で結成、現在では16球団が加盟。ナリーグ。NL。➡アメリカンリーグ

ナ-ショフト-ジャンピル〖Na Seacht dTeampall〗アイルランド西部、ゴールウエー湾に浮かぶアラン諸島の一、イニシュモア島にある中世の教会跡。島の西部に位置する。9世紀から15世紀にかけて建造。ゲール語で「七つの教会」を意味するが、教会は二つだけで、残りは修道士の住居とされる。また、聖ブレコンが埋葬されたといわれている。セブンチャーチズ。

なじ・る【詰る】〘動ラ五(四)〙相手を問いつめて責める。詰問する。「心変わりを一・る」(類語)責める・咎とがめる・追及・詰問・難詰・吊つるし上げる・締め上げる

な-しろ【名代】大化の改新以前の皇族の私有部民べみん。諸国の国造くにのみやつこの民から割いて設け、皇族名を付した。子代こしろとともに皇族の経済源となった。御名代みなしろ。

なし-わり【梨割り】❶ナシを割るように、刀でまっ二つに切り割ること。「まっかうー車斬り、頭切らるるやつもあり」〈滑・浮世風呂・前〉❷歌舞伎の小道具の一。くわえ面の一種で、刀で梨割りにされたとき、赤く染めた綿が見えるようにしたもの。

なす【那須】㊀栃木県北東部、那須郡の地名。中心の芦野はもと奥州街道の宿場町。牧牛が盛ん。北西部に那須温泉郷がある。㊁栃木県北部、那珂なか川上流地域の称。古代は那須国があった。

なす【茄=子|×茄】❶ナス科の多年草。栽培上は一年草。葉は大きな楕円形。夏から秋、紫色の花を開く。実を食用とし、果皮はふつう紫黒色で光沢があり、形は品種によって丸いものや細長いものなどさまざま。インドの原産といわれる。なすび。(季 夏)「採るーの手籠てかごにきゅアとなきにけり/蛇笏」(補説)ナス科の双子葉植物は、約2000種が熱帯から温帯に分布し、中南米に多く、ナス・トマト・ジャガイモ・タバコやチョウセンアサガオ・ハシリドコロなども含まれる。❷茶の湯で用いる茶入れの一。丸形で口もとがすぼみ、中央がふくらんだ形のもの。

ナス〖NAS〗《network attached storage》コンピューターネットワークに直接接続して利用する記憶装置。

な・す【▽生す】〘動サ五(四)〙産む。出産する。「子までー・した仲」(類語)生む・出産・分娩ぶんべん・お産・産する

な・す【成す】〘動サ五(四)〙❶(「為す」とも書く)ある行為をする。「無益の事を一・す」「一・すすべもなく敗れる」「国のこといとよく一・したりければ」〈落窪・四〉❷物を作りあげる。仕上げる。また、事をしとげる。「一代にして産を一・す」❸ある形・状態などをしている。「組織の体を一・していない」「球状を一・す」「門前市を一・す」❹他の物に変える。他の状態にする。「新しい技法を自己のものと一・す」「思はむ子を法師に一・したらむこそ心苦しけれ」〈枕・七〉❺役や位につかせる。任命する。「強ひて帥そちに一・し奉りて」〈かげろふ・中〉❻高貴な方のお出ましを仰ぐ。お出ましのあるようにする。「主上を扶たすけ乗せ進まいらせて陽明門より一・し奉る」〈太平記・二〉❼(他の動詞の連用形に付いて)意識してそのようにする。わざと…する。「敵と見一・す」「中の宮をなむいかで人めかしくも扱ひ一・したてまつらむ」〈源・総角〉(可能)なせる (類語)行う・為する(尊敬)される・なさる・遊ばす (謙譲)致す・仕つかまつる

な・す【▽済す】〘動サ五(四)〙❶借りた金品を返す。返済する。「借金を一・す」❷義務を果たす。果たす。税などを完納する。「諸衛の大粮たいらうの米を一・さざりければ」〈今昔・二八・五〉

済す時の閻魔顔えんまがお　他人から金品を借りるときはにこにこしているが、返済するときには渋い顔をする。「借かる時の地蔵顔一」

な・す【▽寝す】〘動サ四〙《動詞「ぬ(寝)」に上代の尊敬の助動詞「す」が付いて音変化したもの》「寝る」の尊敬語。寝ていらっしゃる。「沖つ波来寄する荒磯ありそをしきたへの枕とまきて一・せる君かも」〈万・二二二〉

な・す【▽寝す】〘動サ四〙《動詞「ぬ(寝)」に使役の意が加わった語形》寝させる。寝かす。「まなかひにもとなかかりて安眠やすしー・さぬ」〈万・八〇二〉

な・す【▽鳴す】〘動サ四〙音をたてる。鳴らす。「時守の打ちー・す鼓数よみみれば時にはなりぬ逢はなくも怪し」〈万・二六四一〉

なす〘接尾〙❶名詞に付いて、…のような、という意の連体修飾語として用いられる。「山一大波」❷名詞または動詞の連体形の下に付いて、…のように、…のような、などの意を表す。「くらげーただよへる時」〈記・上〉(補説)現代語では❶の用法だけであるが、古くは❷のように、連用修飾語・連体修飾語のいずれにも用いられる。

な・ず【×撫づ】なづ〘動ダ下二〙「なでる」の文語形。

なす-おんせんきょう【那須温泉郷】ナスヲンセンキャウ 栃木県北部、那須岳山腹の温泉群。那須湯本・高雄・弁天・大丸・北・板室・三斗小屋さんどごやの温泉を那須七湯、さらに新那須・八幡・旭を加えて那須十湯とよぶ。泉質は単純温泉・炭酸水素塩泉・硫黄泉など。

ナスカ〖Nazca〗ペルー南西部の小都市。1〜8世紀にかけナスカ文化が栄えた地で、巨大な地上絵や多くの遺跡がある。

なす-かざんたい【那須火山帯】ナスクワザンタイ 北海道南西部から奥羽山脈、栃木県の那須岳を経て、長野県東部の浅間山付近まで続く火山帯。

なすからすやま【那須烏山】栃木県中東部にある市。那珂なか川が南流する。中心地の烏山は中世は那須氏の、近世は烏山藩の城下町。JR烏山線で宇都宮市と結ばれる。平成17年(2005)10月に南那須町・烏山町が合併して成立。人口2.9万(2010)。

なすからすやま-し【那須烏山市】►那須烏山

なずき【▽脳|▽髄】なづき ❶脳・脳髄・脳蓋骨のうがいこつなどの古名。「独鈷とこをもって一をつきくだき」〈平家・八〉❷頭。「見る人の一も痛む雨夜かな」〈毛吹草・六〉

な-ず・く【▽懐く】なづく〘動カ五(四)〙►なつく

な-ず・ける【▽懐ける】なづける〘動カ下一〙►なつける

なす-こうげん【那須高原】ナスカウゲン 栃木県北部、那須岳南東麓の那珂なか川以北に広がる高原。那珂川の支流が樹枝状の浸食谷を形成している。観光・酪農が盛ん。また、土地改良による水田が一部に見られる。那須御用邸がある。

なす-こん【茄=子紺】ナスの実のような、赤みを帯びた濃い紺色。「一のスーツ」

なずさ・うなづさふ〘動ハ四〙❶水に浮いて漂う。または、水につかる。「はしけやし家を離れて波の上ゆー・ひ来にて」〈万・三六九一〉❷なれ親しむ。なつく。「いときなきより一・ひし者の」〈源・夕顔〉

なずさわ・るなづさはる〘動ラ四〙なれ親しむ。なじむ。「終夜よもすがらー・りつる妹が袖なごり恋しく思ほゆるかな」〈古今六帖・五〉

なすしおばら【那須塩原】なすしほばら 栃木県北端の市。那須野ヶ原の森林が覆う。平成17年(2005)1月に黒磯市、西那須野町、塩原町が合併して成立。人口11.8万(2010)。

なすしおばら-し【那須塩原市】なすしほばらし ►那須塩原

なす-しちとう【那須七党】ナスシチタウ 中世、下野しもつけ那須郡の武士を中心とする七家の連合組織。那須・蘆野・福原・千本・伊王野・大関・大田原の七氏。那須衆。

ナスダ〖NASDA〗《National Space Development Agency of Japan》宇宙開発事業団。昭和44年(1969)設立。平成15年(2003)に、宇宙科学研究所(ISAS)、航空宇宙技術研究所(NAL)と統合さ

れ、独立行政法人の宇宙航空研究開発機構(JAXA)となる。
ナスターチウム〖nasturtium〗植物ノウゼンハレンの別名。
なす-だけ【那須岳】栃木県北部にある火山。標高1915メートル。茶臼岳。また、連なる三本槍岳・朝日岳・南月山・黒尾谷岳を含めた五岳の総称。那須山。
ナスダック〖NASDAQ〗《National Association of Securities Dealers Automated Quotations》全米証券業者協会(NASD)が1971年に導入したコンピューターによる株式の電子売買システム。また、このシステムを用いた店頭取引市場のこと。この市場にはマイクロソフト、インテル、グーグル、ヤフー、アマゾンなどのハイテク・インターネット関連企業が数多く上場している。➡ヘラクレス㊂
ナスダック-そうごうしすう【ナスダック総合指数】《Nasdaq Composite Index》ニューヨークにある株式市場ナスダックで取引されているすべての銘柄(約5,500)を時価総額加重平均で算出した株価指数。1971年2月5日の株価を基準値100として算出する。
ナステック〖NUSTEC〗《Nuclear Safety Technology Center》►原子力安全技術センター
ナス-でんち【NAS電池】《「NA」はナトリウム(natrium)の元素記号Naから。「S」は硫黄(sulfur)の元素記号。商標名》►ナトリウム硫黄電池
なずな【▽薺】アブラナ科の越年草。道端などに生え、高さ10～40センチ。葉は羽状に裂けている。春、白い小さな4弁花を総状につけ、三味線の撥のような形の実を結ぶ。春の七草の一つで、若葉は食用。三味線草。ぺんぺん草。(季新年｜花=春)「一とせに一度つまるる一かな/芭蕉」
薺打-つ　正月6日の晩から7日の暁にかけ、七草粥に入れる菜をまな板にのせ、囃子詞を唱えながら、たたき刻む。七草打つ。薺はやす。(季新年)「一・つ妻は醍醐の里育ち/野風呂」
なす-の【那須野】㊀►那須野ヶ原 ㊁箏曲。山田流。文化4年(1807)ごろ、山田検校が作曲。玉藻の前伝説によったもの。
なすの-が-はら【那須野ヶ原】栃木県北部、那珂川と箒川とに挟まれた扇状地。明治以後、那須疏水が通じて開発が始まり、特に第二次大戦後に開拓農家が多く入植。
なすの-がみ【那須野紙】那須野の烏山地方に産する和紙。烏山紙。
なすのくにのみやつこ-の-ひ【那須国造碑】栃木県大田原市の笠石神社にある古碑。文武天皇4年(700)に没した那須国造韋提の徳をたたえて建てたもの。古代三碑の一。なすこくぞうひ。
なす-の-よいち【那須与一】鎌倉初期の武将。下野の人。名は宗高。与市・余市とも。源義経に従い、文治元年(1185)屋島の戦いで、平家の扇の的を弓で射落とした話で有名。生没年未詳。
なすび【茄=子｜×茄】❶ナスの別名。(季夏) ❷紋所の名。ナスの実・花・葉を組み合わせて図案化したもの。
なすび-ば【茄=子歯】❶虫歯になり、黒くなった歯。❷おはぐろをつけた歯。また、なすの実の皮をあてて、おはぐろのまねをした歯。
なずま-し【▽泥まし】〔形シク〕《動詞「なづむ」の形容詞化》❶物事がはかばかしく進まないさま。ぐずぐずしている。「なま君達は、一・しくすずろはしきものぞ」〈狭衣・一〉❷ほれぼれするほどである。「いかにしても一・しい男よと、思ひ寄ったも何ぞの罰」〈浮・万金丹・二〉
なす-まち【那須町】►那須㊂
なずみ【▽泥み｜▽滞み】《動詞「なづむ」の連用形から》❶なれ親しむこと。なじみ。「舌に一があるばかりでなく」〈里見弴・多情仏心〉❷思い込むこと。執心すること。「ある西国の蔵屋敷衆、身も捨て給ふ程御一深かりき」〈浮・一代女・六〉
なず-む【▽泥む｜▽滞む】〔動マ五(四)〕❶そのことに心がとらわれる。こだわる。執着する。「旧例に一・む」「強ちに外形に一・みて総ての物類を描擬するにあらず」〈逍遥・小説神髄〉❷物事がはかばかしく進まないでいる。進むのに難渋する。とどこおる。「暮れ一・む空」「船が行き一・む」❸なじむ。なれ親しむ。「滅多にいらっしゃらないから…本当には一・まないんだと」〈山本有三・波〉❹悩み苦しむ。病む。「この君一・みて泣きむつかり」〈源・横笛〉❺植物がしおれる。生気がなくなる。「色づける葉の一・みて立てるを見れば」〈かげろふ・中〉❻ひたむきに思いを寄せる。執心する。「おれが首だけ一・んでゐる」〈浄・冥途の飛脚〉
なずらい【▽準ひ｜▽准ひ｜▽擬ひ】《動詞「なずらう」の連用形から》本物に準ずること。匹敵すること。似つかわしいこと。また、そのもの。「かの人の御一にだにもあらざりけるかな」〈源・若菜下〉
なずら-う【▽準ふ｜▽准ふ｜▽擬ふ】㊀〔動ハ四〕類する。準ずる。「女御子たち二所、この御腹におはしませど、一・ひ給ふべきだにぞなかりける」〈源・桐壺〉㊁〔動ハ下二〕「なずらえる」の文語形。
なずらえ【▽準へ｜▽准へ｜▽擬へ】「なずらい」に同じ。「これかれ参らすれど、をさをさ一なるもなし」〈増鏡・老のなみ〉
なずらえ-うた【▽準え歌】古今集仮名序の和歌の六義の一。物事になぞらえて詠んだ歌。漢詩の六義の「比」にあたる。なぞらえうた。
なずら-える【▽準える｜▽准える｜▽擬える】〔動ア下一〕図なずら・ふ〔ハ下二〕「なぞらえる」に同じ。「世間を荒海に一・える」「茶室に一・えた造り」
なすり-あい【▽擦り合い】互いになすること。また、責任などを押し付け合うこと。「罪の一」
なすり-つ-ける【▽擦り付ける】〔動カ下一〕図なすりつ・く〔カ下二〕❶なすってつける。「傷口に薬を一・ける」❷過失などを他人に押し付ける。転嫁する。「自分の罪を人に一・ける」
なす-る【▽擦る】〔動ラ五(四)〕❶物の表面に他の物をつけようとして、軽くこする。「顔に墨を一・る」❷責任・罪などを他の人に負わせる。転嫁する。「失敗の責任を部下に一・る」
ナスルちょう-きゅうでん【ナスル朝宮殿】《Palacios Nazaries》スペイン南部の都市グラナダにあるアルハンブラ宮殿の中心的な建造物群。現存する最古の建物であるメスアール宮、アラヤネスの中庭を囲むコマレス宮、ライオン宮などで構成される。アメリカの作家ワシントン=アービングが「アルハンブラ物語」を執筆した部屋も残っている。
な-せ【×汝▽兄】《上代語。本来「な」は一人称》女性が男性を親しんでよぶ語。あなた。いろせ。いろね。せ。「一の子やとりのをかぢし中だをれ我を音し泣くよ息づくまでに」〈万・三四五八〉
なぜ【名瀬】鹿児島県、奄美大島中部にあった市。平成18年(2006)3月、住用村・笠利町と合併して奄美市となる。➡奄美㊂
なぜ【何=故】〔副〕理由・原因などを問うのに用いる。どうして。なにゆえ。どういうわけで。「空は一青いの」「一怒られたのかわからない」(類語)なんで
なぜ-か【何=故か】〔副〕理由・原因がはっきりしないさま。どういうわけか。なぜだか。「一心が騒ぐ」
なぜ-し【名瀬市】►名瀬
なぜ-なら【何=故なら】〔接〕「なぜならば」に同じ。「もうがまんできない。一彼の態度はあまりにもひどい」
なぜなら-ば【何=故ならば】〔接〕事柄の原因・理由の説明をみちびくのに用いる。なぜかというと。なぜなれば。なぜなら。「今は何とも言えない。一まだ協議中だから」
なぜ-に【何=故に】〔副〕どうして。なにゆえに。なぜ。「人は一生きるのだろうか」
ナセル〖Jamāl Abd al-Nāṣir〗[1918～1970]エジプトの軍人・政治家。ナギブとともに1952年の革命を指導し、王制を打破。56年に大統領に就任。ネルーらと非同盟主義外交を推進するとともに、スエズ運河の国有化、シリアとの併合によるアラブ連合共和国(61年解体)の成立を実現。のち、国内の再建に努力した。
なせ-る【▽為せる】〔連語〕《動詞「な(為)す」の已然形＋完了の助動詞「り」の連体形》なした。した。おこなった。「神の一業」
な-ぜる【×撫ぜる】〔動ザ下一〕「なでる」の音変化。「頬を風が一・ぜる」
ナセル-こ【ナセル湖】エジプト南部東、ナイル川中流にある人造湖。1970年、アスワンハイダムの完成によって出現。長さ500キロ、幅10～30キロ。名はナセル大統領にちなむ。ハイダム湖。
な-ぞ【謎】《「何ぞ」の意から》❶「なぞなぞ」に同じ。❷遠回しに言ってそれとなくさとらせようとすること。❸内容・正体などがはっきりわからない事柄。「宇宙の一を解く」「一に包まれた事件」(類語)神秘・超自然・ミステリー・神妙・不思議・不可思議・不可解・不審・奇妙・面妖・妙・変・異・怪・奇・奇異・奇怪
謎を掛・ける　❶なぞなぞの題を出して問いかける。❷遠回しにわからせようとする。「一・けて報酬を暗に要求する」
謎を解・く　❶なぞなぞの答えを当てる。❷遠回しに言われたことの意味を理解する。❸むずかしい問題などを解決する。「事件の一・く鍵」
な-ぞ【▽何ぞ】《「なにぞ」の音変化》㊀〔副〕《古くは「なぞ」》どうして。なぜ。「一かう暑きにこの格子はおろされたる」〈源・空蝉〉㊁〔連語〕❶何であるか。なにごとか。「こは一。あなもの狂ほしの物怖ぢや」〈源・夕顔〉❷なんという。どんな。「一の犬のかく久しう鳴くにかあらむ」〈枕・九〉
なぞ〔副助〕《「なんぞ」の音変化》副助詞「なんぞ」に同じ。「そば一取ろうか」「医者に一行くもんか」
なぞ-う【▽準ふ｜▽准ふ｜▽擬ふ】〔動ハ下二〕《古くは「なそふ」とも》見立てる。くらべる。なぞらえる。「愛しみ我が思ふ君はなでしこが花に一・へて見れど飽かぬかも」〈万・四四五一〉
なぞえ　ななめ。はすかい。また、斜面。「青い竹垣を一に向の方へ廻り込んで」〈漱石・永日小品〉
なぞえ【▽準へ｜▽准へ｜▽擬へ】《動詞「なぞう」の連用形から》比較すること。区別すること。「あふなあふな思ひはすべし一なく高き卑しき苦しかりけり」〈伊勢・九三〉
なぞ-かけ【謎掛(け)】謎を言いかけること。➡謎謎❶
なぞ-かんばん【謎看板】文字や絵などに意味をもたせ、その謎を解かせる看板。焼き芋屋の看板に「十三里」と書いて「九里四里(栗より)うまい」の意味を表すなどの類。
なぞ-ことば【謎言葉】謎になっている言葉。質屋のことを一六銀行、片思いのことを鮑という類。➡一六銀行 ➡鮑の片思い
なぞ-ぞめ【謎染(め)】謎の意味を寓した絵模様を染め出した布地。斧・琴・菊をあしらって「善き事を聞く」の意を表しているなど。
なぞ-づけ【謎付け】前句付けの一種。謎掛けのような題に、答えとなる句を付けるもの。寛保(1741～1744)のころ流行。
なぞ-とき【謎解き】謎を解くこと。
なぞ-なぞ【謎謎】《「何ぞ何ぞ」の意から》❶言葉や文章などの中に、ある意味を隠して問いかけ、その意味を当てさせる遊び。「浦島太郎の玉手箱と掛けて何と解く。大みそかと解く。心は、あけると年をとる」の類。なぞ。❷遠回しに言うこと。それとなくさとらせること。また、その言葉。(補説)本来、信仰に関連があり、巫子の使う隠語、忌み詞の類に近かった。奈良末期の歌経標式にもすでに謎々を織り込んだ歌がみられ、江戸時代には酒席の興としても流行した。(類語)(❶)クイズ・パズル・クロスワードパズル
なぞなぞ-あわせ【謎謎合(わ)せ】物合わせの一。左右二組みに分かれて互いに謎を出題し合い、その解き方の優劣を競う遊び。謎合わせ。
なぞなぞ-ものがたり【謎謎物語】謎々を言うこと。謎々を言い合って遊ぶこと。「一しける所に」〈拾遺・雑下・詞書〉

なぞ-め・く【謎めく】〘動カ五(四)〙謎のようにみえる。「―・いた私生活」

なぞ-も【▽何ぞも】〘連語〙「なぞ」を強めた語。いったいどうして。またなぜ。「をととしの先つ年より今年まで恋ふれど―妹に逢ひかたき」〈万・七八三〉

なぞ-や【▽何ぞや】〘連語〙《連語「な(何)ぞ」＋係助詞「や」》❶どうしたことだろう。なんだろう。「かからぬ世にも経べき身を、―」〈かげろふ・上〉❷(副詞的に用いて)㋐疑問の意を表す。どうして…か。なぜ…か。「浅茅生あさぢふに今朝おく露の寒けくにかれにし人の―恋しき」〈詞花・恋下〉㋑反語の意を表す。どうして…か。「大方は―わが名の惜しからむ昔の妻と人に語らむ」〈後撰・恋一〉

なぞら・う【▽準ふ・▽准ふ・▽擬ふ】なぞふ ㊀〘動ハ四〙「なずらう」に同じ。「見ぬ人に形見がてらは折らざりき身に―・へるいろにかさねば」〈片仮名本後撰・春中〉㊁〘動ハ下二〙「なぞらえる」の文語形。

なぞら・える【▽準える・▽准える・▽擬える】なぞらふ〘動ア下一〙図なぞら・ふ〘ハ下二〙❶ある物事を類似のものと比較して、仮にそれとみなす。擬する。なずらえる。「人生を航海に―・える」❷まねて作る。にせる。なずらえる。「正倉院に―・えた造り」

なそり【納曽利・納蘇利】雅楽。高麗楽こまがく。高麗壱越こまいち調の小曲。舞は二人の走り舞で、一人で舞うときは落蹲らくそんという。番舞つがいまいは蘭陵王らんりょうおう。双竜舞そうりゅうのまい。

なぞり-がき【なぞり書(き)】〘名〙スル 文字や絵などをなぞってかくこと。また、そのかいたもの。

なぞ・る〘動ラ五(四)〙❶すでにかかれた文字や絵などの上をたどって、そのとおりにかく。「手本を―・る」❷すでに行われた事実や書かれた文章などをたどって、再現する。「事件の経過を―・っただけの小説」〘可能〙なぞれる〘類語〙写す・書き写す・書き取る・転記する・透写する・トレースする・転写する・拓本

なた【×鉈】❶幅のある厚い刃物に柄をつけたもの。まき割り、樹木の枝下ろしなどに用いる。❷相撲で、立ち合いにひじを曲げて相手ののど、または胸を攻めること。〘類語〙斧・手斧ちょうな・手斧ておの・鉞まさかり

鉈を振る・う　切るべきものは切って、思い切った整理をする。「人事刷新に―・う」

なだ【▽涙】なみだ。江戸時代、奴やっこなどの間で用いられた語。「心中がうれしくて、うら、―がこぼるる」〈浄・加増曽我〉

なだ【×灘・▽洋】海で、風波が荒く、または流れが速くて航海の困難な所。「玄界―」「遠州―」

なだ【灘】㊀兵庫県の神戸市灘区から西宮市にかけての海岸地帯の称。天保11年(1840)宮水が発見されて以来、酒造地として知られる。摂津灘。㊁神戸市東部の区名。大阪湾に面し、沿岸は工業地帯。

灘の生き一本　灘産のまじりけのない上等の清酒。

ナダール〖Nadar〗[1820〜1910]フランスの写真家・風刺画家。本名ガスパール＝フェリックス＝トゥルナション(Gaspard-Félix Tournachon)。パリに写真館を開業し、ボードレール、ドラクロワなど、第二帝政期の文化人・芸術家の肖像写真を撮影した。気球からの空中写真の撮影に成功したことでも知られる。

な-だい【名代】〘名・形動〙❶名前を知られていること。評判の高いこと。また、そのさま。「―の色事師」「竜閑橋りゅうかんばしや、―な橋だがね」〈漱石・草枕〉❷名目として掲げる名前。名義。名目みょうもく。「加賀一疋、旦那の―で買ひがかる」〈浄・曽根崎〉❸江戸時代、歌舞伎・操り芝居などの興行で、奉行所から許可を得た興行権の名義人。江戸では座元と一致したので使われず、上方で用いられた。〘類語〙(❶)評判・有名・著名・名うて・名物・名高い・名立たる

な-だい【名題・名代】❶歌舞伎狂言や浄瑠璃などの題名。元禄(1688〜1704)ごろから縁起上、字数を奇数に定め、特殊な読み方をするようになった。上方では外題げだい・芸題という。❷「名題看板」の略。❸「名題役者」の略。〘類語〙(❶)題・題名・題目・題号・標題・表題・外題げだい・内題・作品名・書名・書目・編目・演題・画題・タイトル・仮題・原題

なだい-かんばん【名題看板】歌舞伎劇場の表看板の一つで、上演狂言の題名を記したもの。総表題を示し、上部に主要配役を絵組で表した大名題看板と、各幕の小題名を示した小名題看板とがある。

なだい-した【名題下】❶歌舞伎俳優のうち、名題役者以外の者。❷歌舞伎俳優の階級の一。名題役者の下の位。下回りの俳優の最上位にあたる。明治以後にできた。

なだい-ひろう【名題披露】歌舞伎俳優が名題役者に昇進した時に行う披露。

な-だいめん【名対面】❶宮中で、供奉ぐぶ・宿直とのいの官人が、一定の時刻に行われる点呼で名のること。おおむね亥いの刻(午後10時)に行われた。名謁みょうえつ。宿直申し。問籍もんじゃく。❷戦場で互いに自分の氏名を名のりあうこと。「互ひに―して散々に射殺しぬる者もあり」〈盛衰記・四一〉

なだい-やくしゃ【名題役者】歌舞伎で、名題看板の絵組に描かれる資格の役者。幹部級の俳優の総称。

な-だか・い【名高い】〘形〙図なだか・し〘ク〙広く世間に名が知られている。有名である。「歴史に―・い寺院」〘類語〙有名・知名・著名・高名・名うて・名代

なだ-く【灘区】▶灘㊁

なだ-ごごう【灘五郷】ごう 兵庫県、灘一帯の酒造地の称。西宮市の今津郷・西宮郷、神戸市東灘区の東郷・中郷、同灘区の西郷の五つ。宮水が湧出し、灘の生一本きいっぽんで知られる。

なだ-ざけ【×灘酒】兵庫県の灘地方から産する清酒。古くから、良質の水と優秀な醸造技術からつくられた優良品と称されてきた。灘目酒なだめざけ。灘。

なだ・す【×撫す】〘動サ四〙《動詞「な(撫)ず」の未然形に尊敬の助動詞「す」がついたものの音変化。上代語》おなでになる。一説に、正ただす意とも。「臣の子は栲の袴を七重をし庭に立たして足結あゆひ―・すも」〈雄略紀・歌謡〉

な-だた・し【名立たし】〘形シク〙評判になりそうである。うわさが立ちそうである。「いと清げなる相婿とり給ひてけりな。あな―・し」〈落窪・一〉

な-だた・り【名立たり】〘動ラ変〙《「なたちあり」の音変化》名が立っている。有名である。「世の中に―・り給ひつる仇人あだびとの」〈宇津保・嵯峨院〉

な-だたる【名立たる】〘連体〙《動詞「なだたり」の連体形から》有名な。評判の高い。「景勝の―地」「世界に―音楽家」

な-た・つ【名立つ】〘動タ四〙うわさが立つ。評判になる。「すだれ編みの翁は、かしたいしの娘に―・ち」〈堤・由無し事〉

な-だて【名立て】評判が立つようにすること。また、その評判。「移ろはぬ松の―にあやなくも宿れる藤の咲きて散るかな」〈貫之集〉

ナタ-デ-ココ〖スペイン nata de coco〗ココナッツミルクを材料としたデザート用の発酵食品。

なた-でら【那谷寺】石川県小松市にある高野山真言宗の寺。山号は自生山。開創は養老元年(717)、開山は泰澄で、岩屋寺と称した。寛弘4年(1007)花山法皇が改称、勅願寺となる。のち焼失したが、江戸初期に加賀藩主前田利常が復興。那谷の観音。

な-たね【菜種】アブラナの種子。また、アブラナの別名。一般に、セイヨウアブラナなど近縁の採油植物も含めていう。

なたね-あぶら【菜種油】アブラナなどの種子から圧搾してとった黄褐色の油。食用油のほか、潤滑油・工業用油などに使用。たねあぶら。

なたね-かす【菜種×糟】菜種から油をしぼったあとのかす。肥料に用いる。なたねあぶらかす。

なたね-づゆ【菜種梅‐雨】菜の花の咲く3月下旬から4月にかけて、連日降りつづく寒々とした小雨。〘季 春〙「一念仏の膝ひざつめあはせ/信子」

なたねゆ-いろ【菜種油色】精製前の菜種油のような色。緑がかった濃い黄色。

なだ-の-しおや【×灘の塩屋】しほや 摂津国灘のあたりで塩をつくる家。「いまさらに住みうしとてもいかならむ―の夕暮の空」〈新古今・雑中〉

なだ-の-しおやき【×灘の塩焼き】しほやき 摂津国灘のあたりで塩をつくる人。「蘆の屋の―いとまなみ黄楊つげの小櫛もささず来にけり」〈伊勢・八七〉

なだ-ぶね【×灘船】摂津国灘付近の沖を通う船。また、江戸時代、酒や米などを積んで運んだ灘の廻船。

なた-ぼり【×鉈彫(り)】表面に丸鑿まるのみの彫りあとを残した木彫。平安中期から鎌倉初期の関東から東北にかけて多くみられ、未完成のものとする説もあるが、仏像彫刻の一様式と考えられる。神奈川県弘明寺ぐみょうじの十一面観音像など。

なた-まめ【×鉈豆・▽刀豆】❶マメ科の蔓性つるせいの一年草。葉は長楕円形の3枚の小葉からなる複葉。夏、淡紅紫色か白色の花を穂状につけ、やや垂れる。豆果は長さ約30センチに達し、弓形に曲がる。熱帯アジアの原産で、江戸時代に渡来。若い莢さやを福神漬などにする。たちはき。〘季 秋〙「―や垣もゆかりのむらさき野/蕪村」❷「鉈豆ギセル」の略。

なたまめ-ギセル【×鉈豆ギセル】ナタマメのさやに似た形のキセル。平たく延べ打ちにした短いもの。

なだ・む【×宥む】〘動マ下二〙「なだめる」の文語形。

なた-め【×鉈目】登山者や山仕事をする人たちが、道しるべとして山中の樹木に鉈でつけた目印。

なだめ-ざけ【×灘目酒】「灘酒なださけ」に同じ。〘補説〙灘目は灘地方の旧郷名。

なだめ-すか・す【×宥め×賺す】〘動サ五(四)〙機嫌をとって、相手の気持ちをやわらげる。また、相手の心をやわらげて、こちらの都合のいいようにしむける。「いやがるのを―・して薬を飲ませる」

なだ・める【×宥める】〘動マ下一〙図なだ・む〘マ下二〙❶怒りや不満などをやわらげ静める。事が荒だたないようにとりなす。「泣く子を―・める」「―・めてもすかしても聞き入れない」❷罪などに対して寛大な処置をとる。「死罪を―・めて」〈曽我・一〇〉

なだ-らか〘形動〙図〘ナリ〙❶傾斜の度合いがゆるやかなさま。「―な坂」❷物の表面が角ばっていないさま。滑らか。「鏡という道具は…―に人の顔を写さなくては義理が立たぬ」〈漱石・草枕〉「―なる石、角かどある岩など」〈宇津保・祭の使〉❸物事が滞ることなく進むさま。円滑なさま。滑らか。「―な口調」「若き人々の―に物聞こゆべきもなく」〈源・橋姫〉❹何も変わったことのないさま。平穏。無事。「―にて世の中を過ぐさむことを願ふなり」〈源・東屋〉❺人の性格・態度などが、穏やかなさま。角立たないさま。「我も人も心得て、―にもてなし過ぐし給はば」〈源・若菜上〉〘派生〙なだらかさ〘名〙〘類語〙緩やか・緩い・滑らか

なだら・む〘動マ下二〙なだらかにする。なだめる。「よろづのことに通はし―・めて」〈源・常夏〉

ナタリスト〖natalist〗産児増加提唱者。

ナタル〖Natal〗㊀ブラジル北東部の港湾都市。リオグランデ-ド-ノルテ州の州都。太平洋に注ぐポテンジ川の河口に位置し、農産物の集散地として発展。ポンタネグラ海岸、アルチスタス海岸などのリゾート地がある。ナタール。ナタウ。㊁▶プロジェクトナタル

なだ・る【雪‐崩る・▽傾る・×頽る】〘動ラ下二〙「なだれる」の文語形。

なだれ【雪‐崩・▽傾れ・×頽れ】《動詞「なだる」の連用形から》❶(雪崩)山の斜面に積もった大量の雪が、急激にくずれ落ちる現象。表層雪崩・全層雪崩に分けられる。〘季 春〙「夜半さめて―をさそふ風聞けり/秋桜子」❷斜めにかたむくこと。傾斜。「これから近道を杉山の間の処から―を通って」〈円朝・真景累ヶ淵〉❸押しくずれること。くずれ落ちること。❹(頽れ)陶器で、釉うわぐすりが溶けて上方から流れ下がったもの。やきなだれ。

雪崩を打・つ　雪崩❶のような勢いで、大勢の人が一時にどっと移動する。「敵軍が―・って敗走する」

なだれ-こ・む【雪‐崩れ込む・▽傾れ込む】〘動マ五(四)〙雪崩❶のように、多くの人や物が同時にどっと入り込む。「乗客が列車にどっと―・む」

なだ・れる【雪‐崩れる・▽傾れる・×頽れる】〘動ラ下一〙図なだ・る〘ラ下二〙❶(雪崩れる)斜面などに降り積もった大量の雪や土砂などが、急激にくずれ

落ちる。「去年は大雪だったよ。よく一・れてね」〈康成・雪国〉❷一度にどっと動く。「前後左右に一・れ出した見送り人の中へ」〈芥川・路上〉❸斜めにかたむく。傾斜する。「西へ一・れたる尾崎(=麓)は、平地につづきたれば」〈太平記・二〇〉(類語)(❶)崩れる

なち【那智】和歌山県南東部、東牟婁(ひがしむろ)郡那智勝浦町の地名。熊野那智大社の門前町。

ナチ〖ドイツ Nazi〗▶ナチス

なち-おおたき【那智大滝】(なちおおたき) ▶那智の滝

なち-ぐろ【那×智黒】❶三重県の熊野地方から産出する、黒色の緻密(ちみつ)な珪質(けいしつ)粘板岩。和歌山県那智地方で硯石(すずりいし)・黒碁石に加工される。❷碁石の形をした黒砂糖の飴(あめ)。和歌山県の郷土菓子。

なち-げんしりん【那智原始林】和歌山県南東部、那智山にある原始林。熊野那智大社の社有林で、昭和3年(1928)天然記念物。平成16年(2004)「紀伊山地の霊場と参詣道」の一部として世界遺産(文化遺産)に登録された。➡那智山

なち-さん【那智山】和歌山県南東部、熊野那智大社周辺の山。那智の滝・那智原始林や青岸渡寺がある。

ナチス〖ドイツ Nazis〗《Nationalsozialistische Deutsche Arbeiterparteiの略称ナチ(Nazi)の複数形》ドイツの政党、国家社会主義ドイツ労働者党の略称。また、その党員。1920年ドイツ労働者党を改称して成立。翌年以降ヒトラーを党首とし、1933年に政権を掌握。反民主・反共産・反ユダヤ主義を標榜して、全体主義的独裁政治を推進。また、ベルサイユ体制の打破をめざして再軍備を強行、第二次大戦を引き起こし、1945年に敗戦とともに崩壊した。

ナチズム〖Nazism〗ナチスの思想・主義・支配体制。全体主義、偏狭な民族主義などを特徴とする。

なち-の-たき【那智の滝】和歌山県、那智山にある滝。那智川にかかる四十八滝のうち、一の滝とよばれ、高さ133メートル。飛滝(ひろう)神社の神体。平成16年(2004)「紀伊山地の霊場と参詣道」の一部として世界遺産(文化遺産)に登録された。那智大滝。

なち-ひまつり【那智火祭】和歌山県東牟婁(ひがしむろ)郡那智勝浦町の熊野那智大社で7月14日に行われる祭礼。那智の滝へ向かう扇神輿(おうぎみこし)を途中で大松明(おおたいまつ)が迎え、神輿を火で清める。田楽なども演じられる。那智扇祭。

ナチュラリスト〖naturalist〗❶自然に関心をもって、積極的に自然に親しむ人。また、自然の動植物を観察・研究する人。❷自然主義者。

ナチュラリズム〖naturalism〗「自然主義」に同じ。

ナチュラリゼーション〖naturalization〗《「ナチュラライゼーション」とも》環境への順応。土着化。また、帰化。

ナチュラル〖natural〗〘名・形動〙❶自然であること。天然であること。飾り気や誇張のないこと。また、そのさま。「一な素材」「一な生き方」「一メーク」❷音楽で、変化記号を取り消し、もとの音に戻すための♮の記号。(類語)(❶)自然・無為・素朴・有るがまま

ナチュラルキラー-さいぼう【ナチュラルキラー細胞】(さいばう)《natural killer cell》感作(かんさ)されずにキラー細胞として働くリンパ球。非T・非Bリンパ球で、悪性変化を起こした細胞や、ウイルスを殺す。ウイルス感染では免疫系の活性化以前に第一線の防衛を行う。NK細胞。

ナチュラル-サイエンス〖natural science〗自然科学。

ナチュラル-ショルダー〖natural shoulder〗衣服の肩のラインが自然で、無理のないシルエットのこと。

ナチュラル-セレクション〖natural selection〗自然選択。自然淘汰(とうた)。生物は自然環境の中での生存競争の結果、わずかでもすぐれた形質をもつものが適者生存して子孫を残し、劣者は滅びること。

ナチュラル-チーズ〖natural cheese〗乳を乳酸菌や酵素で発酵させたままのチーズ。さらに微生物で熟成させるものもある。⇔プロセスチーズ。

ナチュラル-トーン〖natural tone〗自然な色合い。自然のままの色調を生かしたもの。

ナチュラル-ハイ《和 natural＋high》麻薬や覚醒(かくせい)剤などを使用することなく、合法的かつ自然に幻覚症状を体験すること。

ナチュラル-ヒストリー〖natural history〗博物学。

ナチュラル-フード〖natural foods〗自然食品。農薬をまったく使わずに育てた作物。

ナチュラル-メーキャップ〖natural makeup〗いわゆる作り上げたメーキャップではなく、その人の顔のつくりや肌の色を生かした素肌感覚のメーキャップ。ナチュラルメーク。

ナチュラル-メーク《natural makeupから》「ナチュラルメーキャップ」に同じ。

ナチュラル-ルック〖natural look〗自然な肩の線など、全体に誇張のない自然な線でまとめた紳士服の型のこと。

なつ【夏】四季の第二。春と秋の間で、6・7・8月をいう。暦の上では立夏から立秋の前日まで(陰暦の4月から6月まで)をいい、天文学では夏至から秋分までをいう。一年中で最も高温・多湿で、日中が長い。(季 夏)「一真昼死は半眼に人を見る/蛇笏」

夏歌う者は冬泣く　働ける夏に働かないで歌い暮らす者は、冬になって寒さと飢えに泣く。

夏掛・く　春から夏にまたがる。「池の藤波一・けてこれも御幸を待ち顔に」〈謡・大原御幸〉

夏の小袖(こそで)　小袖は冬着であるところから、時節外れで不用な物のたとえ。

夏も小袖(こそで)　「戴(いただ)く物は夏も小袖」の略。

なつ-あかね【夏×茜】赤トンボの一種。アキアカネに似て、夏季は頭・胸部が褐色、腹部が橙色であるが、秋になると、特に雄は鮮紅色になる。6月末から10月ごろまでみられる。(季 夏)「電線はくらきを走り一/竜太」

なつ-いん【×捺印】〘名〙(スル)印判をおすこと。また、おした印影。押印。「契約書に一する」(類語)押印・押捺

なつ-うめ【夏梅】マタタビの別名。

ナツーラ〖ポルトガル natura〗《「ナツラ」とも》キリシタン用語。自然。天性。本性。

なつ-おうぎ【夏扇】(あふぎ)紙を張った扇。ヒノキの薄板を重ねた檜扇(ひおうぎ)を冬扇というのに対していう。

なつ-おび【夏帯】夏に用いる帯。博多織などの単帯(ひとえおび)や麻・絽(ろ)・紗(しゃ)などの薄手の生地で作った昼夜帯などがある。(季 夏)「一やわが娘(こ)きびしく育てつつ/汀女」

なつ-かぐら【夏神-楽】夏祭りまたは夏越(なご)しの祓(はら)えのときに行う神楽。(季 夏)「若禰宜(わかねぎ)のすがすがしさよ一/蕪村」

なつ-かげ【夏陰】夏の日陰。夏の物陰の涼しい所。「一のつま屋の下に衣(きぬ)裁つ我妹(わぎも)裏設けて我がため裁たばやや大に裁て」〈万・一二七八〉

なつ-がけ【夏掛(け)】夏の上掛け用の寝具。夏布団。(季 夏)「一や転寝(うたた)の孫のころがれる/孝作」

なつかし・い【懐かしい】〘形〙(文)なつか・し〘シク〙《動詞「なつ(懐)く」の形容詞化》❶心がひかれて離れがたい。㋐魅力的である。すぐそばに身を置きたい。「三蔵は少し葉蔭になっている他の(牡丹ノ)一輪を一・く見る」〈虚子・俳諧師〉「霞立つ長き春日をかざせれどいや一・しき梅の花かも」〈万・八四六〉㋑好感がもてて近付きになりたい。親しくしたい。「目鼻立の好い男は、…、利いた風で一・くない」〈鷗外・雁〉❷かつて慣れ親しんだ人や事物を思い出して、昔にもどったようで楽しい。「三〇年振りに一・い顔ぶれがそろった」「遠い昔が一・く思い出される」❸引き寄せたいほどかわいい。いとおしい。「気配、姿、みめありさま、かうばしく一・しき事限りなし」〈宇治拾遺・六〉❹衣服などがなじんで着ごこちがよい。「一・しき程の直衣に」〈源・夕霧〉(派生)なつかしがる〘動五〙なつかしげ〘形動〙なつかしさ〘名〙(類語)慕わしい・恋しい・ゆかしい

なつかし・む【懐かしむ】〘動マ五(四)〙なつかしく思う。なつかしがる。「往時を一・む」(類語)懐旧・懐古

なつ-かぜ【夏風-邪】夏にひく風邪。夏の風邪。

なつか-まさいえ【長束正家】(なつかまさいへ)[?～1600]安土桃山時代の武将。丹羽長秀、のち、豊臣秀吉に仕え、財政をつかさどった。五奉行の一人。秀吉の没後、関ヶ原の戦いに敗れて自殺。

漢字項目　なっ

【納】▶のう

漢字項目　なつ

人 **捺**　音ナツ(呉)　訓おす ‖ 手で押しつける。「捺印・捺染/押捺」

なつ-がも【夏×鴨】カルガモの別名。渡りをせず、夏でも見られるのでいう。(季 夏)

なつ-がれ【夏枯れ】❶植物が、夏の暑さのために生気を失うこと。❷夏、特に商店・劇場・料亭などが、客足が減って不景気になること。(季 夏)

なつ-かん【夏×柑】ナツミカンの別名。

なつ-き【夏季】❶夏の季節。かき。❷江戸時代、1年2季と定められた奉公の期限で、春の出替わりから秋の出替わりまでの半年季。明暦の大火以後は3月5日から9月4日までを夏季とした。

なつ-ぎ【夏着】夏に着る衣服。なつごろも。「一姿」(季 夏)(類語)夏物・夏服

な-づき【名付き｜名×簿】自分の官位・氏名などを書いた札。入門・服従のしるしとして、また、貴人に会うときなどに差し出した。みょうぶ。「人のそこら奉る一をとどめさせ給ひて」〈宇津保・藤原の君〉

なつ-ぎく【夏菊】6月から7月ごろにかけて花が咲く菊の品種の総称。小輪の八重咲きが多い。(季 夏)「一に露をうったる家居かな/鬼貫」

なつき-しずこ【夏樹静子】(なつきしづこ)[1938～]推理作家。東京の生まれ。本姓、出光(いでみつ)。旧姓、五十嵐。女性の繊細な心理描写と大胆なトリックを駆使した本格物に優れる。作品に「蒸発」「天使が消えていく」「Wの悲劇」ほか。「妻たちの欲望」などのノンフィクションもある。平成19年(2007)功績により日本ミステリー文学大賞受賞。

なつ-きょうげん【夏狂言】(なつきゃうげん)江戸時代、歌舞伎で、主要俳優の土用休み中に行われた若手俳優中心の臨時の興行。また、その演目。夏芝居。土用芝居。

なっきり-ぼうちょう【菜っ切(り)包丁】(なっきりばうちゃう)「なきりぼうちょう」の変化した語。

な-つ・く【懐く】㊀〘動カ五(四)〙《馴れ付く意。「なづく」とも》慣れ親しむ。慣れて付き従う。「人によく一・く鳥」「人見知りでなかなか一・かない」㊁〘動カ下二〙「なつける」の文語形。

なつ-くいな【夏水×鶏】(なつくひな)ヒクイナの別名。夏に渡来するのでいう。

なつ-くさ【夏草】夏に生い茂る草。(季 夏)「一や兵(つはもの)どもが夢の跡/芭蕉」

なつくさ-の【夏草の】〘枕〙❶夏草の生い茂る野の意から、「野」を含む地名「野島」に掛かる。「一野島が崎に舟近付きぬ」〈新拾遺・羇旅〉❷夏草が日に照らされてしなえる意から、「思ひ萎(しな)ゆ」に掛かる。「一思ひ萎えて嘆くらむ」〈万・一三八〉❸夏草が繁茂するところから、「繁し」「深し」に掛かる。「一繁き思ひは」〈新勅撰・恋二〉❹夏草を刈る意から、「刈る」と同意を含む「仮」「仮初(かりそめ)」に掛かる。「一仮初にとて来しかども」〈能因集〉

ナックシー〖NACC〗《North Atlantic Cooperation Council》北大西洋協力理事会。NATO(北大西洋条約機構)および旧ワルシャワ条約機構(WTO)加盟国37か国で構成。ヨーロッパ地域での安全保障、紛争解決に向けて協力を行う。1991年設立。97年EAPC(欧州大西洋パートナーシップ理事会)に改組。

なつ-くず【夏葛】マメ科の多年草クズの別名。

なつくず-の【夏葛の】〘枕〙クズが伸び広がる意から、「絶えぬ」に掛かる。「一絶えぬ使ひのよどめれば」〈万・六四九〉

なつ-ぐみ【夏茱=萸｜夏胡=頽=子】グミ科の落葉小高木。山野に自生。葉は長楕円形で裏面が白い。春、淡黄色の筒状の花が垂れてつき、初夏には赤い実を結び、食べられる。(季 夏)

なつ‐ぐも【夏雲】夏空に現れる雲。入道雲・夕立雲・雷雲など変化が多い。《季 夏》
ナックル〖knuckle〗❶指の関節。❷「ナックルボール」の略。
ナックル‐パート〖knuckle part〗ボクシングで、こぶしをつくったとき、4本の指の、手の甲にいちばん近い関節と次の関節との間にできる四角の部分。この部分で打たないと反則になる。
ナックル‐フォア〖knuckle four〗四人漕ぎ、舵手つきの規格艇。競技普及のために考案された日本独特の艇。ナックル艇。
ナックル‐ボール〖knuckle ball〗野球で、投手の変化球の一。親指と小指の間の3本の指を曲げ、そのつめを球の縫い目にかけて投げる球で、ほとんど回転せず、打者の近くで不規則に変化する。
なつ‐げ【夏毛】❶鳥獣の夏の毛。晩春から初夏に換毛し、秋まで存続する。⇔冬毛。❷鹿の夏の毛。夏の半ばを過ぎて黄色になり、白い斑点がはっきり浮き出たもの。毛皮で行縢(むかばき)、毛で筆を作った。
な‐づけ【名付け】❶名をつけること。特に、新生児に名をつけること。また、その儀式。ふつう生後7日目に行う。命名。❷「いいなずけ」に同じ。「―の方より、急々に欲しいと申すにつき」〈浄・今宮の心中〉
な‐づけ【菜漬(け)】からし菜・高菜・水菜などの菜っ葉を塩漬けにした香の物。はづけ。《季 冬》
なづけ‐いわい【名付け祝(い)】‥いはひ 子供が生まれて7日目に名前をつける儀礼。名前を紙に書いて床の間などに貼(は)るなどする。お七夜(しちや)。
なづけ‐おや【名付け親】❶生まれた子に名前をつける人。昔は主に母方の祖父が命名した。名親(なおや)。❷仮親の一。子供の後見人として命名したり、別名を与えたりする人。名親(なおや)。❸ある物事の呼び名を最初に言い出した人。「新製品の―」
なづけ‐そ・む【名付け▽初む】〔動マ下二〕はじめて名付ける。言いはじめる。「煙立ち燃ゆとも見えぬ草の葉をたれかわらびと―・めけむ」〈古今・物名〉
なつ・ける【懐ける】〔動カ下一〕文なつ・く〔カ下二〕《「なづける」とも》なつくようにする。「犬ヲ―・ケル」〈和英語林集成〉「智深うして人を―・け、慮(おもんぱかり)遠くして主を諫む」〈太平記・四〉
なづ・ける【名付ける】〔動カ下一〕文なづ・く〔カ下二〕名をつける。命名する。また、呼びならわす。称する。呼称する。「子犬をシロと―・ける」「天気雨のことを―・けて狐の嫁入りという」〖類語〗命名・ネーミング
なつ‐ご【夏子┆夏×仔】夏に生まれた動物の子。
なつ‐ご【夏▽蚕】初夏に孵化(ふか)して飼われる蚕。飼養日数が短く、繭の量・質ともに劣る。かさん。《季 夏》「―いまねむりたらひね透きとほり/楸邨」
なつこ・い【懐こい】〔形〕人にすぐなれ親しみやすい。また、そのような性質である。人なつこい。なつっこい。「―・く話しかける」
なつ‐こだち【夏木立】夏の、生い茂った木立。《季 夏》「―故郷近くなりにけり/子規」
なつ‐こむぎ【夏小麦】ライムギの別名。
なつ‐ごろも【夏衣】㊀〔名〕夏に着る衣服。夏着(なつぎ)。《季 夏》「着馴れても折目正しや―/来山」㊁〔枕〕❶夏衣は薄く、単衣(ひとえ)であるところから、「うすし」「ひとへ」に掛かる。「―うすくは更に思はぬを」〈続後拾遺・恋四〉「―ひとへに西を思ふかな」〈新拾遺・釈教〉❷夏衣を裁(た)つ意から、「立つ」などに掛かる。「―立ち別るべき今夜こそ」〈拾遺・別〉
なつ‐さくもつ【夏作物】夏の間に栽培・収穫される農作物。稲・大豆・ナス・トウモロコシなど。
なつ‐ざしき【夏座敷】ふすま・障子などを取り外して風通しをよくし、調度類も涼しげに整えた夏の座敷。《季 夏》「山も庭もうごき入るるや―/芭蕉」
ナッジ〖NADGE〗《NATO Air Defense Ground Environment》NATO（北大西洋条約機構）の自動防空管制組織。
なつ‐じかん【夏時間】仕事の能率向上を図るために、夏の一定期間を限って、時計を1時間進める制度。日本では、昭和23年（1948）に、4月第1日曜から9月第2土曜まで夏時刻法が公布実施されたが、同27年に廃止された。夏時刻。サマータイム。
なつ‐じこく【夏時刻】「夏時間」に同じ。
なつ‐しばい【夏芝居】‥しばゐ 夏季に興行される芝居。安価で、水狂言や怪談物、喜劇などが多く上演される。《季 夏》
なつしま‐かいづか【夏島貝塚】‥かひづか 神奈川県横須賀市にある縄文時代早期の貝塚。
ナッシュ〖Paul Nash〗［1889〜1946］英国の画家。第一次大戦に従軍して、戦争のなかで荒廃した自然を描く。戦争後は英国のシュールレアリスム運動を推進、幻想的な風景画や静物画を描いた。作「月下の柱」など。
ナッシュビル〖Nashville〗米国テネシー州中部の都市。同州の州都。カントリーアンドウエスタン発祥の地。大学が多く文教都市としても知られる。
なっ‐しょ【納所】❶古代・中世、年貢などを納入した場所およびそこに勤務した役人。また、年貢などを納めること。❷禅寺で、施物の金品・米穀などの出納事務を執る所。また、その役の僧。❸「納所坊主」の略。
なっしょ‐ぼうず【納所坊主】‥バウズ 寺の会計・庶務を取り扱う下級の僧。
なつ‐しろぎく【夏白菊】キク科の多年草。高さ約60センチ。夏に白や黄色の頭状花を多数開く。ヨーロッパの原産。マトリカリア。なつのこしろぎく。
ナッシング〖nothing〗❶何もないこと。皆無。ゼロ。「オール‐オア‐―」❷野球のボールカウントで、ストライクまたはボールが1球もないこと。「ツーボール―」「ワン―」
なつ‐ずいせん【夏水仙】ヒガンバナ科の多年草。葉は幅広の線形で、春に伸び、夏には枯れる。8月ごろ、高さ50〜70センチの花茎を伸ばし、淡紅色のらっぱ状の花を数個開く。中国の原産。《季 夏》「花かざし―の独り立ち/欣一」
なつ‐すがた【夏姿】夏らしい風物のようす。また、夏の服装をした姿。
なつ‐ぜみ【夏×蟬】夏に鳴く蟬。アブラゼミ・クマゼミ・ニイニイゼミなど。
なっ‐せん【×捺染】〔名〕スル 染料を糊(のり)にまぜ、直接布地に摺(す)り付けて染色すること。特に、型を用いた模様染めをいう。プリント。おしぞめ。なせん。
なつ‐そ【夏▽麻】夏に麻畑から刈り取った麻。「をさめどのより―賜へるに」〈忠見集・詞書〉
ナッソー〖nassau〗ゴルフで、1ラウンドをアウト、イン、トータルの三群に分け、それぞれの群の合計打数の上位者に1ポイントの得点を与えるゲームの方法。すべての群で勝てば3ポイントを得る。
ナッソー〖Nassau〗西インド諸島北部、バハマの首都。バハマ諸島中部、ニュープロビデンス島の北東岸に位置する。カリブ海地域の代表的な観光・保養地として知られる。
なつそ‐びく【夏▽麻引く】〔枕〕❶夏麻を畑の畝から引く、麻を績(う)むなどの意から、「う」「うな」に掛かるといわれる。「―宇奈比(うなひ)をさして飛ぶ鳥の」〈万・三三八一〉❷麻の糸(いと)の意から、「命(いのち)」に掛かるといわれる。「―命かたまけ刈り薦(こも)の心もしのに」〈万・三二五五〉
なつ‐ぞら【夏空】夏の空。夏の晴れたまぶしい空。《季 夏》「―へ雲のらくがき奔放に/誓子」
ナッタ〖Giulio Natta〗［1903〜1979］イタリアの化学者。合成繊維ポリプロピレンの合成に成功したほか、合成ゴムの製法を発明した。1963年、K＝ツィーグラーとともにノーベル化学賞受賞。
なつ‐だいこん【夏大根】早春に種をまき、夏から秋にかけて収穫する大根。小振りで、辛味が強い。なつだいこ。《季 夏》「貧乏な青物店や―/碧梧桐」
なつ‐だいだい【夏×橙】ナツミカンの別名。
なつ‐たび【夏足‐袋】夏にはく薄地の足袋。底を薄地の木綿にすることが多い。《季 夏》「畳踏む―映(うつ)る鏡かな/青畝」
ナッチェス〖Natchez〗米国ミシシッピ州南西部の都市。ミシシッピ川に面する河港があり、19世紀に綿花取引で栄えた。南北戦争以前に建てられたプランテーション所有者の大邸宅が多く残っている。
ナッチェストレース‐パークウエー〖Natchez Trace Parkway〗米国ミシシッピ州ナッチェスとテネシー州ナッシュビルを結ぶ国立公園局が管理する全長約700キロメートルの観光道路。南北戦争以前における南部の旧街道に沿う。沿道には綿花やトウモロコシ畑が広がり、先住民ナッチェス族の古墳やエルビス＝プレスリーの生家がある。
なっちょらん‐ぶし【なっちょらん節】大正期の流行歌の一。第一次大戦中の青島(チンタオ)守備の日本軍水兵たちが歌い出したもの。歌の終わりに「なっちょらん」が繰り返される。青島節。
なっ‐ちん【納音】ナフイン《「なついん」の連声(れんじょう)》六〇通りの干支(えと)に五行を配し、それぞれに名称をつけ、人の生年に当てて運勢を判断するもの。
ナッツ〖nuts〗❶クルミ・アーモンドなど、食用になる木の実。ナット。❷➤ナット❷
なつっこ・い【懐っこい】〔形〕「なつこい」の音変化。「―・くほほえみかける」
なつ‐づた【夏×蔦】ツタの別名。
なつ‐つばき【夏×椿】ツバキ科の落葉高木。山地に自生。葉は楕円形で、互生する。夏、ツバキに似た白い5弁花を開く。庭木として植えられ、俗にシャラノキともいうが、別種。《季 花＝夏》
ナッツ‐ベリーファーム〖Knott's Berry Farm〗米国カリフォルニア州ブエナパークにある遊園地。西部開拓時代を舞台にした各種アトラクションやジェットコースターなどがある。
ナット〖NAT〗《network address translator》インターネット上の一つのグローバルアドレスを、LANに接続された複数のコンピューターで共有する仕組み。企業などの組織内におけるローカルアドレスを必要に応じてグローバルアドレスに対応させる。
ナット〖nut〗❶ボルトと組み合わせて、物を締め付けるのに用いる機械部品。ふつう外形が六角形で、中央の穴の内面に雌(め)ねじが切ってある。❷ロッククライミングの用具の一。金属製で、岩の割れ目などにはめこんで、確保や前進用の支点として用いる。初め❶を利用したところからこの名がある。チョック。ナッツ。❸木の実。➡ナッツ
ナッド〖NAD〗《nicotinamide adenine dinucleotide》ニコチンアミド・アデニン・ジヌクレオチド。白色吸湿性の粉末。生体の酸化還元反応で、水素を伝達することにより有機物の酸化に関与する。多くの脱水素酵素の補酵素として水素原子と電子1個を受容して還元型となる。補酵素Ⅰともいう。
なっ‐とう【納豆】❶よく蒸した大豆に納豆菌を加え、適温の中で発酵させた食品。粘って糸を引くので糸引き納豆ともいい、関東以北でよく用いる。《季 冬》「―の糸引張って遊びけり/一茶」❷蒸した大豆に麴(こうじ)を加え、塩水に漬けて発酵させてから乾燥させた食品。浜納豆・大徳寺納豆・寺納豆などがある。《季 冬》❸（関西地方で）甘納豆のこと。
なっとう‐えぼし【納豆×烏▽帽子】近世の折り烏帽子の俗称。巾子形(こじがた)の前面にある「まねき」の部分が、三角形をしていて寺納豆の入れ物である曲げ物の形状に似ているところからの名。
なっとう‐きん【納豆菌】納豆を製造するために用いる好気性の桿菌(かんきん)。たんぱく質を分解して特有の粘質性と匂いを生じる。
なっとう‐じる【納豆汁】すりつぶした納豆を入れた味噌汁。具には豆腐のほか、こんにゃく・シイタケ・油揚げなども用いられる。なっとじる。《季 冬》
なつ‐とうだい【夏灯台】トウダイグサ科の多年草。山地などに生え、高さ約30センチ。茎は紅色を帯び、切ると白い汁が出る。葉は先の丸い披針(ひしん)形で、互生するが、茎頂では5枚の葉を輪生する。6〜7月、暗赤色の花が咲く。有毒であるが、根は薬用。
なっ‐とく【納得】〔名〕スル 他人の考えや行動などを十分に理解して得心すること。「―のいかない話」「説明を聞いて―する」〖類語〗得心・合点・承知・了承・了解・承諾・承認・承引・承服・同意・受諾・応諾・許

諾・オーケー・受け入れる・聞き入れる・うべなう

なっとく-ずく【納得▽尽く】ずく　十分納得した上であること。「―で解約する」

ナットクラッカー〖nutcracker〗くるみ割り。

なつ-どなり【夏隣】夏に近い晩春のころ。(季 春)

なつどまり-はんとう【夏泊半島】ハントウ　青森県中央部、陸奥湾のほぼ中央に突出した半島。青森湾と野辺地湾を分ける半島。東津軽郡平内町の椿山はツバキの自生北限地帯で、国の天然記念物に指定されている。東部の浅所海岸はハクチョウの飛来地。

なつ-どり【夏鳥】ある地域に春から夏に渡来して繁殖し、秋に南方へ渡る鳥。日本ではツバメ・カッコウ・ヨタカ・サンコウチョウなど。➡冬鳥

なつ-なか【夏中】夏の最中。夏の盛り。「―に秋を知らするもみぢ葉は色ばかりこそ変はらざりけれ」〈貫之集〉

なつ-なり【夏成り】❶果実・野菜などが夏に成熟すること。また、そのもの。❷江戸時代、関東で夏に納めた畑年貢のこと。中世にも麦作などを対象とする公事があった。

なつ-ねぶつ【夏▽念仏】夏の土用に念仏を唱えて修行すること。なつねんぶつ。(季 夏)「手まはしに朝の間涼し―/野坡」

なつ-の【夏野】夏草の茂る野原。夏野原。(季 夏)「馬ぼくぼく我を絵に見る―哉/芭蕉」

なつ-の-かげ【夏の陰┊夏の×蔭】夏の、涼しい物陰。夏陰。「片岡のこの向つ峰をに椎しまかば今年の―にならむか」〈万・一〇九九〉

なつ-の-きゅうでん【夏の宮殿】《Letniy dvorets》ロシア連邦北西部、レニングラード州の都市サンクトペテルブルグにあるロシア帝国時代の宮殿。ネバ川、フォンタンカ川、白鳥運河に囲まれた夏の庭園内に位置する。18世紀初頭、ピョートル1世により建造。

なつのきょく【夏の曲】箏曲そうきょく。嘉永・安政(1848〜1860)ごろ、2世吉沢検校が作曲した古今組の一。古今集の夏の部から4首を選んで歌詞としたもの。明治中期に松坂春栄が手事てごとを作曲、挿入した。

なつ-の-くれ【夏の暮れ】❶夏の終わりごろ。❷夏の日の夕暮れ時。(季 夏)

なつ-の-しげり【夏の茂り】夏、草木の葉がしげること。また、その所。「物思ひの深さくらべにきてみれば―もものならなくに」〈かげろふ・中〉

なつ-の-せんしゅけん【夏の選手権】➤全国高等学校野球選手権大会

なつ-の-たむらそう【夏の田村草】タムラソウ　シソ科の多年草。関東以西の山地に自生。アキノタムラソウに似て、夏、枝先の穂に濃紫色の唇形の花を数段に輪生する。

なつ-の-ていえん【夏の庭園】テイエン《Letniy sad》ロシア連邦北西部、レニングラード州の都市サンクトペテルブルグにあるロシア帝国時代の庭園。ネバ川、フォンタンカ川、白鳥運河に囲まれる。園内には約250もの彫像が置かれ、18世紀初頭にピョートル1世が建造した夏の宮殿がある。18世紀後半に洪水に遭い、エカチェリーナ2世によって造りなおされた。

なつ-の-はなわらび【夏の花×蕨】ハナヤスリ科の多年草。山地などで、初夏から秋にかけてみられるシダ。

なつ-の-むし【夏の虫】夏に出る虫。特に、灯火に慕い寄るガの類。夏虫。(季 夏)

なつ-ば【夏場】❶夏のころ。夏の間。夏季。「―の商売」⇔冬場。❷「夏場所❷」に同じ。

なっ-ぱ【菜っ葉】野菜の葉。また、葉を食用とする野菜。

なつ-ばおり【夏羽織】夏に着る単ひとえの羽織。絽ろ・紗しゃ・麻などの薄物で作る。(季 夏)「側に置きて着ぬことはりや―/太祇」

なつ-はぎ【夏×萩】❶夏に花の咲くハギ。特に、ミヤギノハギをさす。(季 夏)「―の花のともしく夕さだれ/亜浪」❷襲かさねの色目の名。表は青、裏は紫。陰暦5、6月に用いる。

なつ-ばしょ【夏場所】❶夏に行われる大相撲の本場所。5月に東京で行われる。五月場所。(季 夏)❷夏の間、人出が多くにぎわう場所。夏場。

なつ-はぜ【夏黄=櫨】ツツジ科の落葉低木。山地に自生。葉は楕円形で粗い毛がある。初夏、黄赤色の釣鐘状の小花をつけ、実は黒褐色に熟し、食べられる。

なつは-づき【夏端月┊夏▽初月】《「なつはつき」とも》陰暦4月の異称。卯月うづき。(季 夏)

なつ-ばて【夏ばて】〔名〕スル　夏の暑さで疲れ、動作や思考力が鈍くなること。夏負け。「―して寝込む」

なつ-ばね【夏羽】鳥の繁殖期の羽。春の換羽のあとの羽で、雄では派手なものが多い。➡冬羽

なっぱ-ふく【菜っ葉服】工場労働者などが着る、薄青色の作業服。

なつ-ばらえ【夏×祓】ばらえ「夏越なごしの祓はらえ」に同じ。

なつ-び【夏日】❶夏の強い日ざし。また、夏の暑い日。(季 夏)「焼岳は―に灼けて立つけぶり/秋桜子」❷一日の最高気温がセ氏25度以上の日。➡真夏日➡猛暑日

なつ-びき【夏引き】《「なつひき」とも》夏に糸をつむぐこと。また、その糸。夏蚕なつごの糸、または夏に取った麻の糸をつむぐ意ともいう。「―の手引きの糸の年経ても絶えぬ思ひにむすぼほれつつ」〈新古今・恋二〉

なつびき-の【夏引きの】〔枕〕夏に糸をつむぐ意から、「いと」に掛かる。「―いとほしとだに言ふと聞かばや」〈金葉・恋上〉

ナッピング〖napping〗織物の表面に毛羽を立てる仕上げ加工のこと。主にウール・フランネル生地、毛糸製品に与える仕上げのことをいう。

ナップ〖NAPF〗《エスペラント Nippona Artista Proleta Federacio》昭和3年(1928)結成された全日本無産者芸術連盟と、それを改組した全日本無産者芸術団体協議会の略称。日本プロレタリア芸術運動の統一組織として、機関誌「戦旗」および「ナップ」を刊行。同6年コップに合流して解消。

なつ-ふく【夏服】夏に着る薄手の衣服。多く洋服にいう。(季 夏)「―や軽々として業にあり/虚子」

ナップザック〖ドイツ Knappsack〗《「ナップサック」とも》ハイキングなどに使う小形のリュックサック。

なつ-ふじ【夏藤】ふぢ　マメ科の蔓性つるせいの落葉低木。山林に生え、葉は羽状複葉。夏、白い蝶形の花をつける。土用藤。(季 夏)

なつ-ぶし【夏沸=瘡】夏、あせもが化膿して、子供の頭に発するできもの。なつぼし。なつむし。(季 夏)

ナップスター〖Napster〗インターネットを通じて、個人が所有するMP3形式の音楽ファイルを交換できるアプリケーションソフト。または同技術の著作権違反判決を受け、デジタル著作権管理技術を導入して新規に開始された音楽配信サービス、および提供元の企業名を指す。

なつ-ぶとん【夏布団】夏用の、綿を薄く入れた布団。(季 夏)

なつ-ぼうし【夏帽子】夏にかぶる帽子。麦わら帽子・パナマ帽など。(季 夏)「松風をうつつに聞くよ―/竜之介」

なつ-ぼし【夏干し】❶夏に冬物の衣服などを干すこと。また、その干したもの。❷土用干どようぼし。

なつ-まけ【夏負け】〔名〕スル　夏の暑さのために、食欲不振になり、体が衰弱すること。夏ばて。「―して痩やせる」(季 夏)

なつ-まつり【夏祭(り)】夏季に行われる神社の祭り。疫病・災厄などをはらう祈願から発生したものが多い。(季 夏)

なつまつりなにわかがみ【夏祭浪花鑑】なつまつりなにわかがみ　浄瑠璃。世話物。九段。並木千柳(宗輔そうすけ)・三好松洛・竹田小出雲の合作。延享2年(1745)大坂竹本座初演。団七九郎兵衛・釣船三婦さぶ・一寸徳兵衛ら三人の侠客きょうかくの達引たてひきを中心にした、季節感あふれる夏狂言。

なつ-まめ【夏豆】❶ダイズの早生種。枝豆として食べる。夏だいず。(季 夏)「―の二葉や麦の株返し/去来」❷(中国・九州地方で)ソラマメの別名。

なつ-みかん【夏▽蜜×柑】ミカン科の常緑低木。山口県で作られたのが最初で、各地で栽培される。葉は楕円形。初夏に白い花が咲き、秋に大形の実を結ぶ。果皮は黄色で厚く、果肉は酸味が強く、生食のほか砂糖漬などにする。夏橙なつだいだい。夏柑。(季 夏)「―みのる木陰に父祖の墓/信子」

なつ-みち【夏道】積雪期でない時期の登山道。

なつ-むき【夏向き】❶夏の季節にふさわしいこと。また、そのもの。「―の衣服」❷夏のころ。夏の間。「是から―は熱苦しくて」〈漱石・虞美人草〉

なつ-むし【夏虫】❶夏の虫。夏の夜、灯火に寄ってくる虫。火取り虫。(季 夏)「―や夜学の人の顔をうつ/召波」❷ホタルの異名。「―の影見し沢のわすれ水思ひ出でても身はこがれつつ」〈続千載・恋四〉❸セミの異名。「八重むぐらしげき宿には―の声よりほかにとふ人もなし」〈後撰・夏〉❹「夏沸瘡なつぶし」に同じ。

なつむし-の-いろ【夏虫の色】染め色の名。蝉せみまたは青蛾の二藍ふたあい色・緑色あるいは瑠璃るり色をいう。「―したるも涼しげなり」〈枕・二八一〉

なつ-め【夏芽】➤かが(夏芽)

なつめ【×棗】❶クロウメモドキ科の落葉高木。葉は卵形で、3本の脈が目立ち、互生する。夏、黄緑色の小花をつけ、楕円形の実を結び、暗赤褐色に熟す。実は食用に、また漢方で乾燥させたものを大棗たいそうといい、強壮薬に用いる。中国北部の原産。名は、初夏になって葉の芽を出すことによる。(季 実=秋┊花=夏)「竿をもて―をたたく巡査かな/素十」❷染料の一。❶の実を乾燥し、刻んだものを煎せんじて染め汁を作る。茶系統の色。❸薄茶器の一。木製漆器の容器で、形状が❶の実に似ている。古くは棗形茶入れといい、室町中期に京都妙覚寺法界門付近に住んでいた羽田五郎はねだごろうが始めたという。

なつめ-がい【×棗貝】がひ　ナツメガイ科の巻き貝。潮間帯下にすみ、貝殻は球卵形で、殻径3センチくらい。殻表は淡褐色に濃褐色の斑点が密にある。本州中部以南に分布。

なつめがた-ちょうずばち【×棗形┊手▽水鉢】ちょうずばち　形がナツメの果実に似て長円形をした石造の手水鉢。

なつめ-く【夏めく】〔動カ五(四)〕夏らしくなる。「日差しが―・く」(季 夏)

ナツメグ〖nutmeg〗ニクズクの種子。香味料とし、肉料理やハム・ソーセージなど食肉の加工に使用。ナツメッグ。ナッツメッグ。

なつめ-せいび【夏目成美】[1749〜1816]江戸後期の俳人。江戸の人。名は包嘉。通称、井筒屋八郎右衛門。別号、随斎など。浅草蔵前の札差ふださし。乙二おつに・大江丸らと交わり、小林一茶の後援者でもあった。句集「成美家集」、著「随斎諧話」など。

なつめ-そうせき【夏目漱石】[1867〜1916]小説家・英文学者。江戸の生まれ。本名、金之助。英国留学後、教職を辞して朝日新聞の専属作家となった。自然主義に対立し、心理的手法で近代人の孤独やエゴイズムを追求、晩年は「則天去私」の境地を求めた。日本近代文学の代表的作家。小説「吾輩わがはいは猫である」「坊っちゃん」「三四郎」「それから」「行人」「こころ」「道草」「明暗」など。

なつめ-だま【×棗玉】古墳時代に装身具として用いた玉。切り子玉の稜角りょうかくを取り去ったナツメの実の形をしたもの。琥珀こはく製のものが多い。

なつめ-みかまろ【夏目甕麿】[1773〜1822]江戸後期の国学者・歌人。遠江とおとうみの人。通称、嘉右衛門。号、萩園。本居宣長の門人。著「国懸社考」、家集「志乃夫集」など。

なつめ-やし【×棗×椰子】ヤシ科の常緑高木。幹はまっすぐ伸び、高さ20〜25メートル。葉は幹の先に群がってつき、羽状複葉で、長さ約2メートル。雌雄異株。果実は長楕円形で、食用とし、樹液からは砂糖・椰子酒(アラック酒)をつくる。アラビアの原産。葉を束ねて戦勝などの祝賀に用いるので、戦捷木せんしょうぼくともよぶ。

なつ-メロ【懐メロ】《「懐かしのメロディー」の略》ひととき流行し、そのころのことが懐しく思い出されるよう

〔ナトー〕ナトー加盟国一覧

年	加盟国
1949年	アイスランド、アメリカ、イギリス、イタリア、オランダ、カナダ、デンマーク、ノルウェー、フランス、ベルギー、ポルトガル、ルクセンブルク(原加盟国、12か国)
1952年	ギリシャ、トルコ
1955年	西ドイツ(90年に東西ドイツ統一)
1982年	スペイン
1999年	チェコ、ハンガリー、ポーランド
2004年	ブルガリア、エストニア、ラトビア、リトアニア、ルーマニア、スロバキア、スロベニア
2009年	アルバニア、クロアチア

な歌。

なつ-もの【夏物】夏に使うもの。夏向きのもの。特に、夏に着る衣服。(季 夏)(類語)夏着・夏服

なつ-もも【夏桃】桃の一品種。早生種で、実は夏にできる。早桃さもも。

なつ-やかた【夏館】風鈴や打ち水など、涼しそうな夏の装いを見せている家屋。(季 夏)「夕月をいたゞきて―かな/万太郎」

なつ-やさい【夏野菜】夏に成熟する野菜。トマト・キュウリ・ナス・トウモロコシ・カボチャ・オクラ・ピーマン・ニラなど。(補説)温室栽培などで季節に関係なく食べられるものが多い。

なつ-やすみ【夏休み】学校・会社などで、夏季に設けられた休暇。暑中休暇。夏期休暇。(季 夏)

なつ-やせ【夏痩せ】〔名〕スル 夏の暑さのために、食欲が減退し、からだが衰弱してやせること。「―して服がゆるくなる」(季 夏)

なつ-やま【夏山】❶夏の、草木が青々と茂った山。(季 夏)「―や京尽し飛ぶ鷺一つ/蕪村」❷夏の登山、また、その対象となる山。⇔冬山。

ナツラ〖ポルトガル natura〗▶ナツーラ

な-で〔連語〕《完了の助動詞「ぬ」の未然形＋接続助詞「で」》…てしまわないで。…せずに。「濡れたる衣をだに脱ぎかへ―なむ、こちまうで来つる」〈竹取〉

なで-あ・げる【×撫で上げる】〔動ガ下一〕図なであ・ぐ〔ガ下二〕なでて上の方へ上げる。上の方へ向かってなでる。「髪を―・げる」(類語)こする・さする・撫でる・擦る・撫で下ろす・逆撫で・愛撫

なで-うし【×撫で牛】伏した牛の形に作った素焼きまたは木彫りの置物。商家などで、なでて吉事を祈る。吉事のたびに、下に布団を重ねて敷いた。

なで-おお・す【×撫で▽生す】なでおほす〔動サ四〕なでるようにかわいがって育てる。「なでしこは―・したりや、呉竹は立てたりや」〈かげろふ・中〉

なで-おろ・す【×撫で下ろす】〔動サ五(四)〕❶なでて下の方へ下げる。上から下へ向けてなでる。「髪を―・す」❷(「胸をなでおろす」の形で)ひとまず安心する。「事件がかたづいてほっと胸を―・した」(類語)こする・さする・撫でる・擦る・撫で上げる・逆撫で・愛撫

なで-かく【×撫で角】❶四角なもののかどを落として丸みをもたせたもの。「―の金鍔きんつば」❷「撫で角銭」の略。

なでかく-せん【×撫で角銭】仙台藩が、天明4年(1784)から発行した撫で角形の鉄銭。

なで-かしず・く【×撫で×傅く】なでかしづく〔動カ四〕なでるように大切に世話をする。かわいがって育てる。「明け暮れまもりて、―・くこと限りなし」〈源・東屋〉

なで-がた【×撫で肩】なでおろしたようになだらかに下がった肩。「ほっそりした―の人」⇔怒り肩。

なで-ぎり【×撫で切り|×撫で斬り】❶刃物でなでるようにして切ること。薄くそぐように切ること。❷たくさんの人を、片端から切り捨てること。また、多くの相手を打ち負かすこと。「群がる敵を―にする」

なでしこ【×撫子|瞿=麦】❶ナデシコ科の多年草。山野に自生し、高さ約50センチ。葉は線形で白色を帯び、対生。夏から秋、淡紅色の花を開き、花びらの先は細く裂けている。秋の七草の一。とこなつ。かわらなでしこ。やまとなでしこ。(季 夏)「―や片陰できし夕薬師/一茶」❷襲かさねの色目の名。表は紅梅、裏は青。一説に、表裏ともに紅色という。夏に用いる。なでしこがさね。❸紋所の名。ナデシコの花と葉を取り合わせて図案化したもの。❹なでるようにかわいがっている子。いとしい子。愛児。歌などで、植物の「ナデシコ」と「撫でし子」を掛け詞にしていることが多い。「忘れ形見の―の、花やかなるべき身なれども」〈謡・生田敦盛〉

なでしこ-いろ【×撫子色|瞿=麦色】撫子の花弁のような、柔らかい赤紫色。

なでしこ-ジャパン 女子サッカー日本代表チームの愛称。平成16年(2004)のアテネオリンピック出場に際して、一般公募により選ばれた。同23年に開催されたFIFA女子ワールドカップ決勝でアメリカ代表と対戦、延長戦を2対2としたあとPK戦を3対1で制して初優勝を果たした。同年、国民栄誉賞受賞。

なでしこのわかば-の-いろ【×撫子の若葉の色】襲かさねの色目の名。表は蘇芳すおう、裏は青。

ナデジディンスク〖Nadezhdinsk〗ロシア連邦の都市セローフの旧称。

なで-つくろ・う【×撫で繕ふ】なでつくろふ〔動ハ四〕髪などをかきなでて装いを直す。また、なでて整える。「御髪みぐしを―・ひつつきこえ給へば」〈源・総角〉

なで-つけ【×撫で付け】❶なでつけること。また、そのもの。❷「撫で付け髪」の略。

なでつけ-がみ【×撫で付け髪】❶きれいにそろえてなでつけた髪。❷結ばずになでつけて後ろへ垂らした髪。江戸時代、儒学者・易者・山伏などがした。

なで-つ・ける【×撫で付ける】〔動カ下一〕図なでつ・く〔カ下二〕なでて押しつける。特に、乱れた髪を櫛くしや手で押しつけて整える。「髪を―・ける」

なで-づり【×撫で釣(り)】擬餌鉤ぎじばりをつけた釣り糸を、水面をなでるように動かして釣ること。サヨリ・ブリなどに用いる。

なで-ぼとけ【×撫で仏】賓頭盧びんずるの像。病人が患部に相当する像の部分をなで、その手で患部をさすると病気が治るとされる。さすりぼとけ。

なで-まわ・す【×撫で回す】なでまはす〔動サ五(四)〕手のひらであちらこちらをなでる。「顔を―・す」

なで-もの【×撫で物】禊みそぎや祈祷きとうの折などに、身代わりに用いる人形ひとがたや衣服。それでからだをなでて、災いなどを移したあと水に流す。形代かたしろ。

なでもの-づかい【×撫物使】なでものづかひ 室町幕府の職名。将軍のために祈祷きとうを行うとき、撫で物を寺社へ持っていったり、河原で祓はらい棄すてたりする役。贖物役あがものやく。

なで-やしな・う【×撫で養ふ】なでやしなふ〔動ハ四〕なでるようにかわいがって育てる。撫育ぶいくする。「父母、―・ひ給ふこと限りなし」〈宇津保・忠こそ〉

な・でる【×撫でる】〔動ダ下一〕図な・づ〔ダ下二〕❶てのひらで軽くさわり、さする。「犬の頭を―・でる」❷物や風などが軽く触れる。「高原の風が頬を―・でる」❸髪に櫛くしを入れる。「化粧鏡を取出し鬢を―・でて」〈荷風・腕くらべ〉❹大切にする。いたわる。いつくしむ。「善を―・で悪を罪するは天なり」〈読・雨月・貧福論〉(類語)さする・こする・擦る・触る・弄いじる・愛撫

な-でん【南殿】㊀《「なんでん」の撥音の無表記》紫宸殿ししんでんの異称。内裏の南側の中央に位置しているのでいう。㊁サトザクラの一品種。葉の裏面に毛が密にある。花は八重または半八重で淡紅色。

なでん-の-さくら【南殿の桜】▶左近さこんの桜

なと《助詞「なりと」の音変化》名詞、または、名詞に準ずる語などに付く。㊀〔副助〕「なりと㊀」に同じ。「何―お申し付け下さい」「あり所の知れた紙入れ、明日中ちゅう―取らんせ」〈浄・油地獄〉㊁〔並助〕「なりと㊁」に同じ。「琴―三味―弾かし召されて」〈浄・朝顔話〉

など【▽何ど】〔副〕《「なにと」の音変化》なぜ。どうして。「―かくはするぞ」〈宇治拾遺・一〇〉

など【▽等|×抔】〔副助〕《副助詞「なんど」の音変化》名詞、活用語の連用形、一部の助詞などに付く。❶一例を挙げ、あるいは、いくつか並べたものを総括して示し、それに限らず、ほかにも同種類のものがあるという意を表す。…なんか。「赤や黄―の落ち葉」「寒くなったのでこたつを出し―する」「よき程なる人に成りぬれば、髪上げ―さうして」〈竹取〉❷ある事物を例示し、特にそれを軽んじて扱う意を表す。…なんか。…なんて。「わたしのこと―お忘れでしょう」「金―いるものか」❸婉曲に言う意を表す。…でも。…なんか。「お茶―召しあがりませんか」「今インフレに―なったら大変だ」「そこ近くゐて物―うち言ひたる、いとをかし」〈枕・四〉❹(引用句、または文を受けて)それが大体の内容であることを表す。…というようなことを。「断る―とは言っていられまい」「心あてに、それか、かれか、―問ふなかに」〈源・帚木〉➡なぞ〔副助〕➡なんぞ〔副助〕➡なんか

ナトー〖NATO〗《North Atlantic Treaty Organization》北大西洋条約機構。1949年に結成された西欧諸国の軍事機構。米国・カナダおよび欧州の資本主義国が加盟。冷戦終了後、東欧諸国が加わり、28か国で構成される(2012年7月現在)。最高機関は加盟国代表からなる理事会で、その下に北大西洋軍(欧州連合軍)を置く。本部はブリュッセル。➡EAPC ➡表

など-か【▽何どか】〔副〕《副詞「など」＋係助詞「か」から》どうして…か。「藤波の茂りは過ぎぬあしひきの山ほととぎす―来鳴かぬ」〈万・四二一〇〉

などか-は【▽何どかは】〔連語〕「などか」を強めた言い方。「―、かく定かに思ひ知り給ひけることを、今までは告げ給はざりつらむ」〈源・明石〉

などか-も〔連語〕「などか」に詠嘆の気持ちを込めた言い方。どうして、まあ。「―妹いもに告のらず来にけむ」〈万・五〇九〉

な-どころ【名所】❶姓名と住所。❷景色・旧跡などで有名な場所。めいしょ。「桜の―」❸器物などの部分の名称。「鎧よろいの―」「馬の―」

など-て【▽何どて】〔副〕《副詞「など」＋接続助詞「て」から》どうして。なぜ。「故宮おはしましし世を、―辛からしと思ひけむ」〈源・末摘花〉

など-て〔連語〕《「などい(言)ひて」の音変化》…などと言って。「急ぎ出でぬる―、見えたりし人」〈かげろふ・下〉

などて-か【▽何どてか】〔連語〕《「か」は係助詞》どうして…だろうか。「世の中もいと常なきものを、―さのみは思ひ悩まむ」〈源・若菜上〉

など-や【▽何どや】〔副〕「など」の疑問の意を強めた言い方。「―今まで迎へさせ給はぬぞ」〈平家・一〇〉

など-やか〔形動ナリ〕おとなしく、おっとりしたさま。穏やかなさま。なごやか。「人々の気質で―にうるはしきもあり」〈ひとりね・下〉

など-よう【▽等様】やう〔連語〕《「など」は副助詞》例を挙げ、ほかにも類似することのあることを表す。…などのよう。「つれづれなる夕暮れ、もしはものあはれなるあけぼのの―に紛らはして」〈源・明石〉

な-とり【名取】❶芸道で、一定の技能を修得し、家元・師匠から芸名を許されること。また、その人。「踊りの―」❷評判の高いこと。名高いこと。また、その人。「かの偏屈者の―の謹次氏」〈蘆花・思出の記〉「東西南北の遊所から、―の美人をうけ出して」〈黄・見徳一炊夢〉

なとり【名取】宮城県中南部の市。中心の増田はもと奥州街道の宿場町。植松には雷神山古墳がある。仙台市の南にあり、住宅地化が進む。人口7.3万(2010)。

な-どり【×汝鳥】あなたの鳥。あなたの意に従う鳥。「今こそは我鳥わどりにあらめ後は―にあらむを」〈記・上・歌謡〉

ナトリウム〖ドイツ Natrium〗アルカリ金属元素の一。単体は銀白色の軟らかい金属で、水よりも軽い。水と激しく反応して水素を発生する。空気中では酸化しやすいので、石油中に保存する。還元剤などに用い、原子炉の冷却剤にも利用。海水中に塩化ナトリウムとして多量に存在。生体では細胞外液に多く、体液の浸透圧の維持や、筋・神経の刺激の伝達に重要な役割を果たす。炎色反応は黄色。元素記号Na　原子番号11。原子量22.99。ソジウム。

ナトリウムアマルガム〖ドイツ Natriumamalgam〗ナトリウムと水銀との合金。有機合成の還元剤として用いる。

ナトリウムいおう-でんち【ナトリウム硫-黄電池】陰極に液化ナトリウム（元素記号Na）、陽極に液化硫黄（元素記号S）、電解質に特殊なセラミックスを使った蓄電池。セ氏300度前後で作動し、大容量の電力の貯蔵に向く。寿命が長く、多数回の充放電ができる。出力の変動の大きい風力発電・太陽光発電の蓄電に利用。また、割安の夜間電力を充電し、昼間に放電するなどの使われ方もある。NAS電池。

ナトリウム-えん【ナトリウム炎】炎の中にナトリウム塩を入れた時に呈する黄色い炎。炎色反応の一種で、ナトリウム原子が発するD線による。

ナトリウム-せん【ナトリウム線】▶D線

ナトリウム-ディーせん【ナトリウムD線】▶D線

ナトリウム-とう【ナトリウム灯】▶ナトリウムランプ

ナトリウム-ランプ《和 Natrium（ﾄﾞｲ）＋lamp》不活性ガスを封入した発光管中にナトリウムを入れておき、ナトリウム蒸気により橙色光を出し、霧などに対する透光性を良くしたもの。ナトリウム灯。

ナトリウムりにょう-ペプチド【ナトリウム利尿ペプチド】心臓・血管・体液量の恒常性維持に重要な役割を果たすホルモン。心房性ナトリウム利尿ペプチド（ANP）・脳性ナトリウム利尿ペプチド（BNP）・C型ナトリウム利尿ペプチド（CNP）などがある。

なとり-がわ【名取川】㊀宮城県中南部を東流する川。奥羽山脈の二口峠付近に源を発し、仙台市と名取市の境で仙台湾に注ぐ。流域に秋保温泉がある。〔歌枕〕「陸奥にありといふなる―なき名とりては苦しかりけり」〈古今・恋三〉㊁狂言。新米の僧が法衣に書いた法名を誤って名取川の水で消してしまうが、土地の者とのやりとりでその法名を思い出す。

なとり-ぐさ【名取草】牡丹の別名。

なとり-し【名取市】▶名取

なとり-ようのすけ【名取洋之助】［1910〜1962］写真家。東京の生まれ。昭和8年（1933）木村伊兵衛らとともに日本工房を設立。報道写真の分野で活躍する一方、土門拳らの門弟を育成した。

など・る〔動ラ四〕「なぞる」に同じ。「簪にて団扇の絵を―・る仕形をして」〈人・英対暖語・六〉

ナトルプ〖Paul Natorp〗［1854〜1924］ドイツの哲学者・教育学者。コーエンとともにマールブルク学派の代表者。存在の認識を基礎づける一般論理学を展開。意志の陶冶を重視する社会的教育学を提唱した。著「精密科学の論理的基礎」「社会的教育学」など。

なな【七】しち。ななつ。声に出して数をかぞえるときなどに用いる。「いつ、む、―、や」「―曲がり」「―転び八起き」〔補説〕「いち（一）」との聞き違えを避けて「しち（七）」を「なな」で言い換えることが多い。

ナナ〖Nana〗ゾラの長編小説。1880年刊。女優ナナの享楽的生活と、ナナをとりまく男たちの破局を通して、第二帝政時代の腐敗した社会の一面を描く。

ナナ〖NANA〗《North American Newspaper Alliance》北米新聞連合。系列下の新聞社にニュースを配信する企業。1922年創設。

な-な〔連語〕㊀《上代東国方言》活用語の未然形に付く。…ないで。…ずに。「我が背なを筑紫へ遣りて愛しみ帯は解かな―あやにかも寝も」〈万・四四二二〉〔補説〕前の「な」は打消しの助動詞「ず」の古い未然形。後の「な」については、打消しの助動詞「ず」の古い未然形、または終助詞、あるいは助詞「に」の音変化した「な」などとする説がある。万葉集の東歌にだけみられる。㊁《完了の助動詞「ぬ」の未然形＋終助詞「な」。上代語》活用語の連用形に付く。…てしまいたい。…てしまおう。「秋の田の穂向きの寄れる片寄りに君に寄り―言痛くありとも」〈万・一一四〉

ナナイモ〖Nanaimo〗カナダ南西部、ブリティッシュコロンビア州、バンクーバー島東岸の都市。ビクトリアに次ぐ同島第2の都市として知られ、カナダ本土からの玄関口にあたる。

なな-いろ【七色】❶7種類の色。赤・橙・黄・緑・青・藍・菫の七つの色をいう。しちしょく。「―の虹」❷ななとおり。7種類。また、いろいろの種類。「―の声を出す声優」❸「七色唐辛子」の略。❹「七色菓子」の略。

なないろ-うり【七色売り】七色菓子を売り歩いた者。

なないろ-がし【七色菓子】庚申に供えた干菓子・砂糖豆・せんべいなど7種類の菓子。江戸初期から売り出され、元禄（1688〜1704）のころには、天満宮や甲子の大黒天などの祭りにも供えた。

なないろ-づけ【七色漬（け）】梅びしお・桜の花・ほととぎす巻きなど7種類を取り合わせた漬物。神奈川県小田原の名産。

なないろ-とうがらし【七色唐辛子】「七味唐辛子」に同じ。

なな-え【七重】七つ重ねること。また、それのものを重ねること。多くの重なり。しちじゅう。

七重の膝を八重に折る　ていねいなうえにもていねいな態度をとって、わびたり願ったりする。

ななえ-やえ【七重八重】数多く重なること。また、そのもの。「―に包帯を巻く」

ななお【七尾】石川県、能登半島東岸部と能登島からなる市。七尾湾に面する貿易港。もと能登国府の所在地。漁業・窯業・製材業が盛ん。和倉温泉がある。人口5.8万（2010）。

ななお-し【七尾市】▶七尾

ななお-わん【七尾湾】石川県能登半島東部にある湾。湾内中央にある能登島によって七尾北湾・七尾南湾・七尾西湾に分かれる。北湾はタラ・ブリの定置網漁業とカキ・真珠の養殖、西湾ではカキ・真珠の養殖が行われる。西湾側に和倉温泉、南湾側に七尾市・七尾港がある。能登半島国定公園に属する。

なな-かまど【七竈】バラ科の落葉高木。山地に自生。葉は長楕円形の小葉が5〜7対つく羽状複葉で、秋に紅葉する。7月ごろ、白色の小花を群生し、実は熟すと赤い。材は燃えにくく、名は七度かまどに入れても燃えないということにちなむ。〔季 秋〕

なな-くさ【七種｜七草】❶7種類。ないろ。また、いろいろ。❷「春の七草」のこと。芹・薺・御形・蘩蔞・仏座・菘・蘿蔔。〔季 新年〕❸「秋の七草」のこと。萩・尾花・葛・撫子・女郎花・藤袴・桔梗。❹「七種の節句」の略。

ななくさ-がゆ【七草粥｜七種粥】❶正月7日に春の七草を入れて炊く粥。ナズナかアブラナの葉だけを用いる地方もある。〔季 新年〕「七日客―の残りなど／虚子」❷正月15日に米・粟・稗・黍・麦・胡麻・小豆を入れて炊いた粥。のちに小豆粥となった。

ななくさ-たたき【七種叩き】七種の節句の前夜または当日の朝、まな板の上に春の七草をのせ、「ななくさなずな、唐土の鳥が日本の土地へ渡らぬさきに、ストトントンとたたきなせえ」などとはやしながら包丁・すりこぎなどで叩くこと。ななくさばやし。

ななくさ-づめ【七種爪】正月7日に、邪気を払うとして、7種の菜をゆでた汁に指先を浸したりしたあとに爪を切ること。七日爪。薺爪。〔季 新年〕

ななくさ-の-いわい【七種の祝（い）】「七種の節句」に同じ。

ななくさ-の-せっく【七種の節句】五節句の一。七草がゆを食べて祝う正月7日の節句のこと。七種の祝い。人日。

ななくさ-の-たから【七種の宝】▶七宝❶

ななくさ-ばやし【七種囃し】▶七種叩き

なな-くせ【七癖】だれにでも癖はあるということ。「無くて―」

なな-こ【魚子｜納子｜斜子｜七子】《「魚の子」の意で、魚卵の粒がつながっている形から》❶彫金技法の一。先端が小円になった鏨を打ちこみ、金属の表面に細かい粒が密に置かれたようにみせるもの。一般に地文として用いる。ササン朝ペルシアから中国を経て奈良時代に日本に伝わった。❷「魚子織り」の略。

ナナコ〖nanaco〗非接触型ICカードまたは携帯電話（おサイフケータイ）を用いた電子マネーサービス。セブンアンドアイ・ホールディングスが平成19年（2007）よりサービスを開始。同社の系列のスーパーマーケットやコンビニエンスストアなどで利用できる。支払い金額に応じて、電子マネーに交換可能なポイントが付与される。商標名。〔補説〕名称は、セブンアンドアイ・ホールディングスの「セブン（七）」と、「コイン」を組み合わせた造語。

ななこ-おり【魚子織（り）】数本ずつ並んだ縦糸と横糸を平織りにしたもので、織物の表面が魚卵のように粒だった絹織物。羽織地などに用い、京魚子・桐生魚子などがある。

なな-こまち【七小町】小野小町の伝説に取材した七つの謡曲。草子洗小町・通小町・鸚鵡小町・卒都婆小町・関寺小町・清水小町・雨乞小町の7曲。また、それに基づく浄瑠璃・歌舞伎・歌謡など。

ななころび-やおき【七転び八起き】《七度転んで八度起き上がる意から》多くの失敗にもめげず、そのたびに奮起して立ち直ること。転じて、人生には浮き沈みが多いことのたとえ。〔類語〕浮き沈み・浮沈・消長

ななさんいち-ぶたい【七三一部隊】旧日本陸軍が細菌戦の研究・遂行を目的として昭和8年（1933）に設置した特殊部隊。ハルビンに本部を置き、中国人・ロシア人捕虜などに対し生体実験・生体解剖を行い、また、中国戦線で何度か細菌戦も実行し、多くの犠牲者を出した。正式名称は関東軍防疫給水部本部。部隊長名から石井部隊とも呼ばれた。

な-なし【名無し】名前がないこと。名前のついていないこと。また、そのもの。

ななし-ぐさ【名無し草】名もないつまらない草。雑草。「あれど甲斐なき―」〈浄・吉野忠信〉

ななし-の-ごんべえ【名無しの権兵衛】名のわからない人や物をさして、たわむれていう語。

ななしゅ-きょうぎ【七種競技】陸上競技で、女子の混成競技。第1日は100メートルハードル・走り高跳び・砲丸投げ・200メートル走、第2日は走り幅跳び・槍投げ・800メートル走の7種目を一人で行い、総得点で順位を競う。ヘプタスロン。➡近代五種競技 ➡五種競技 ➡十種競技

ななし-ゆび【名無し指】くすりゆび。無名指。

なな-せ【七瀬】❶七つの瀬。数多くの瀬。「松浦川―の淀は淀むとも我は淀まず君をし待たむ」〈万・八六〇〉❷七瀬の祓を行う7か所の瀬。「難波の御祓へ―によそほしう仕まつる」〈源・澪標〉

ななせ-の-はらえ【七瀬の祓】平安時代以降、朝廷で毎月または臨時に行った公事の一。吉日を選んで、天皇の災禍を負わせた人形を七人の勅使の手で加茂七瀬などの七つの瀬に持ってゆき、祓をして流した。鎌倉幕府もこれに準じて行った。七瀬の御禊。

なな-そ【七十】しちじゅう。「良き馬―匹」〈欽明紀〉

ななそ-じ【七十路｜七十】❶70歳。70年。「老人は、まだ、其の上を四つ五つで、やがて―なるべし」〈椿花・歌行灯〉❷しちじゅう。ななそ。

なな-だいしゅう【七大州｜七大洲】地球上の七つの大陸。アジア・アフリカ・北アメリカ・南アメリカ・ヨーロッパ・オセアニア・南極。七大陸。しちだいしゅう。➡五大州 ➡六大州

なな-たいりく【七大陸】「七大州」に同じ。

ななたいりく-さいこうほう【七大陸最高峰】▶セブンサミット

なな-たび【七度】7回。また、多くの回数。

七度尋ねて人を疑え　物が見当たらないときなどは、よく探したうえで最後に他人を疑え。軽々しく人を疑ってはいけないということ。

なな-つ【七つ】❶数の名。六つの次、八つの前の自然数。7個。しち。なな。❷7歳。❸昔の時刻の名。今の午前4時および午後の4時ごろ。ななつどき。〔類語〕七・セブン

ななつ-いろは【七つ以呂波】平仮名・片仮名・万葉仮名など七つの書体に書き分けた、いろは歌。手習いの手本などに用いた。

ななつ-お【七つ緒】❶七つの緒。多くのひもや

糸。また、7本の弦。「一の琴」「我がうなげる玉の一」〈万・三八七五〉❷輿(こし)や牛車(ぎっしゃ)などの御簾(みす)についている7本のひも。

ななつ-がま【七つ釜】佐賀県西北部、唐津市屋形石にある海食洞。玄界(げんかい)灘の荒波により玄武岩が浸食されてできた柱状節理・洞穴。七つある洞穴のうち最大のものは高さ3メートル、奥行き110メートル。「屋形石の七ツ釜」として国指定の天然記念物になっている。玄海(げんかい)国定公園の一部。

ななつ-ぐち【七つ口】江戸城大奥の出入り口の一。奥女中の外出のときなどの通用口。夕方七つ時に閉鎖された。

ななつ-げ【七つ毛】手足の指に生えた柔らかい毛。「一の蚊に苦しむや足疾鬼」〈五元集〉

ななつ-さがり【七つ下(が)り】❶㋐今の午後4時を過ぎたころ。㋑「七つ下がりの雨」の略。❷午後4時を過ぎたころの状態。特に、空腹を感じている状態。「刻限は知らねども、わが腹は一」〈浄・浦島年代記〉❸物が古びること。衣服などの色がさめること。七つ時分(じぶん)。七つ過ぎ。七つ半。「羊羹(ようかん)色の小袖に、おなじ縮緬(ちりめん)の羽織、一とおぼしきを引っかけ」〈滑・六あみだ詣〉

ななつさがり-の-あめ【七つ下(が)りの雨】午後4時過ぎに降り出した雨。大概は長く降り続くので、なかなか終わらないもののたとえにいう。

ななつ-すぎ【七つ過ぎ】❶今の、午前4時または午後4時を過ぎたころ。❷「七つ下がり❸」に同じ。

ななつ-だち【七つ立ち】早朝4時ごろに出発すること。「旅の汚れのあかつきは一か八つ立ちか」〈浄・丹波与作〉

ななつ-どうぐ【七つ道具】ダウ ❶7種類で一組とされる道具。また、7種に限らず、ある事をするのに必要なひとそろいの道具。「スパイの一」❷武士が戦場に出るとき携えたという7種の武具。ふつう、具足・刀・太刀・弓・矢・母衣(ほろ)・兜(かぶと)。また、弁慶など豪勇の者が用いたという、鋸(のこぎり)・槌(つち)・鎌・斧(おの)・熊手などの7種類の道具。❸大名行列で、供に持たせた、槍・長刀(なぎなた)・台笠・立傘・大鳥毛・馬印・挟み箱。❹女性が身だしなみのために一組にして携帯する小道具。はさみ・小刀・針・耳かき・毛抜き・糸巻き・爪切りなど。❺立花(りっか)で基本となる七つの役枝(やくえだ)。真・副(そえ)・受け(請け)・正真(しょうしん)・見越し・流枝(ながし)・前置きの七つ。❻《「七(しち)」が「質(しち)」と同音であるところから》質ぐさ。

ななつ-どき【七つ時】昔の時刻の名。今の午前4時および午後4時ころ。

ななつ-の-うみ【七つの海】南太平洋・北太平洋・南大西洋・北大西洋・南極海・北極海・インド洋の七つの海。また、世界中のすべての海。「一を股(また)に掛ける」

ななつ-の-ほし【七つの星】❶北斗七星。ななつぼし。❷日・月と木・火・土・金・水の五星。七曜。ななつのひかり。

ななつ-の-みち【七つの道】▶七道(しちどう)

ななつ-ばち【七つ鉢】七つを入れ子にして一組とした鉢。「さては昼も棚から入子鉢の落つる事もあるよ。いたづらなる一め」〈浮・五人女・二〉

ななつ-はん【七つ半】❶昔の時刻の名。今の午前5時および午後5時ごろ。❷「七つ下がり❸」に同じ。「中形小紋の一ごろの小袖を着」〈洒・錦之裏〉

ななつ-ぶとん【七つ布団】道中馬に布団を7枚重ねて敷いて乗ること。また、その布団。ぜいたくを尽くすたとえ。「三匹そろへて一を白縮緬(しろちりめん)にしめかけ」〈浮・一代男・五〉

ななつ-ぼうず【七つ坊主】バウズ 近世末期、芝増上寺を出て江戸市中を毎夕七つ時から、拍子木を打ち、念仏を唱えて托鉢(たくはつ)して歩いた僧。「一の拍子木とともに座敷の道具かはりて」〈人・辰巳園・後〉

ななつ-ぼし【七つ星】❶北斗七星。❷紋所の名。白抜きの丸一つを中心に、周りに同じ白抜きの丸六つを並べたもの。❸マイワシの別名。体側に斑点が並ぶところからいう。

ななつめん【七つ面】歌舞伎十八番の一。時代物。一幕。津打治兵衛・藤本斗文作。元文5年(1740)江戸市村座で「姿観隅田川(すがたみすみだがわ)」の二番目として2世市川団十郎が初演。

ななつ-もん【七つ紋】紋所が羽織や着物の背に一つ、両袖の前後に一つずつ、胸の前の両側に一つずつ、あわせて七つついていること。また、その衣服。

ななつ-や【七つ屋】《「七(しち)」が「質(しち)」と同音であるところから》質屋のこと。「年の暮れに一の蔵へ行くことなどを」〈藤村・家〉〔類語〕質屋・一六銀行・質店・質草

ななとこ-いわい【七▽所祝(い)】イハヒ 南九州などで、7歳の子が正月7日に7軒の家から雑炊(ぞうすい)をもらい集めて食べ、福を得ようとする風習。七所雑炊。

ななとこ-がり【七▽所借り】「ななところがり」に同じ。

なな-ところ【七所】❶七つの場所。7か所。❷「七所拵(ごしら)え」の略。「一の大脇指」〈浮・一代男・七〉

ななところ-がり【七所借り】あちこちから金品を借り集めること。ななとこがり。

ななところ-ごしらえ【七所×拵え】ゴシラヘ 脇差(わきざし)の縁・頭(かしら)・目貫(めぬき)・折金・栗形・裏瓦(うらがわら)・笄(こうがい)の七つを同じ地金・図案でそろえたもの。

なな-なぬか【七七日】人の死後49日目。四十九日(しじゅうくにち)。七巡(なめぐ)り。しちしちにち。なななのか。「一の法要」

なな-なのか【七七日】「なななぬか」に同じ。

ななナンバー-しゃ【七ナンバー車】ナンバープレートの分類番号が7で始まる車。〔補説〕1桁の分類番号が使用されていた当時、7は小型三輪乗用車に適用されていたが、2桁(70番台)または3桁(700番台)は小型乗用車に割り当てられている。

なな-の-さかしきひと【七の▽賢しき人】《「七賢人」を訓読した語》竹林の七賢のこと。「いにしへの一たちも欲りせしものは酒にしあるらし」〈万・三四〇〉

なな-の-やしろ【七の社】「山王七社(さんのうしちしゃ)」に同じ。「わが頼む一のゆふだすきかけても六の道にかへすな」〈新古今・神祇〉

ななはか-まいり【七墓参り】マヰリ 昔、大阪で、陰暦7月16日の宵から翌日の夜明けにかけて、鉦(かね)・太鼓をたたきながら市内の7か所の墓地を巡って参拝したこと。また、その巡拝者。

なな-ばけ【七化け】▶七変化(しちへんげ)❶

なな-ばしょ【七場所】江戸深川の花街を形成した七つの地区。仲町・新地(大・小)・石場(古・新)・櫓下(表・裏)・裾継・土橋・佃をいう。

なな-はん【七半】排気量750ccエンジンのオートバイの俗称。

なな-ひかり【七光】親や仕えている主人などのおかげで、いろいろな形の利益を受けること。「親の一」

ななひこ-の-かゆ【七×彦の×粥】産後お七夜の産養(うぶやしない)の祝いにつくる粥。ながひこのかゆ。

なな-ふし【七節┆竹=節=虫】❶ナナフシ目ナナフシ科の昆虫。体長7〜10センチ。体や脚は細長く、竹の枝に似て、緑色または褐色。翅(はね)はない。コナラ・クマイチゴなどの葉を食べる。たけのふしむし。❷ナナフシ目の昆虫の総称。体は植物の枝や葉に色・形とも似て、翅は短いか、ない。しばしば単為生殖をし、不完全変態。卵は植物の種子を思わせる。ナナフシ・エダナナフシ・コノハムシなど。

なな-ふしぎ【七不思議】ある地域で不思議な現象としている七つの事柄。自然現象に関するものが多い。「麻布の一」

なな-へんげ【七変化】▶しちへんげ(七変化)

ななほし-てんとう【七星瓢=虫】テンタウ テントウムシ科の昆虫。体長8ミリくらいの半球形で脚は短い。上翅(じょうし)は橙黄色で7個の黒紋がある。幼虫・成虫ともアブラムシを捕食する益虫。

なな-まがり【七曲(が)り】道路や坂などが幾重にも折れ曲がっていること。また、その所。〔類語〕迂曲(うきょく)・曲折・ジグザグ・カーブ・九十九折(つづらおり)・羊腸

ななます-ほし【七▽座星】北斗七星の異称。「わが恋は一に祈りみん」〈夫木・一九〉

な-なむ〔連語〕《完了の助動詞「ぬ」の未然形＋終助詞「なむ」》…てしまってほしい。…てしまってくれ。「墨染めのくらまの山に入る人はたどるたどるも帰り来一」〈大和・一〇五〉

ななめ【斜め】〔名・形動〕《「なのめ」の音変化》❶垂直・水平面や正面に対し、方向がずれていること。また、そのさま。はす。はすかい。「少し一を向く」「帽子を一にかぶる」❷日や月が中天を過ぎること。「日ざしが一になった」❸普通とは違っているさま。正常でないさま。「ご機嫌が一だ」「世間を一に見る」❹普通。ひととおり。世間なみ。「げに一にかたほなるだに、人の親の習ひ、いかが思ふめるに」〈浮・男色大鑑・三〉❺ひととおりでないさま。甚だしいさま。「西行一に喜びて」〈仮・薄雪〉〔類語〕(❶)斜(はす)・斜交(はすか)い・斜掛(はすが)け・筋交(すじか)い・筋違い・なぞえ・袈裟(けさ)懸け・斜(しゃ)

斜めならず　「なのめならず」に同じ。「其(そ)の声一不機嫌なり」〈紅葉・二人女房〉

なな-めぐり【七巡り】❶七度めぐること。また、何度もめぐること。ななまわり。❷四十九日(しじゅうくにち)。七七日(なななぬか)。

ななめ-よみ【斜め読み】〔名〕スル 全体の流れをつかむために、細かい部分は所どころ飛ばして早く読むこと。「パソコンを使って新着ニュースを一する」

なな-よ【七夜】❶7日間の夜。七晩。また、数多くの夜。「月重ね我が思ふ妹(いも)に逢へる夜は今し一を継ぎこせぬかも」〈万・二〇五七〉❷子どもが誕生してから7日目の夜の祝い。おしちや。「たけならぬ二葉の松のおひ初めてこよひ一になりにけるかな」〈永久百首〉

ななよ-づき【七夜月】《「七夕(たなばた)のある月」の意》陰暦7月の異称。

ななよ-まち【七夜待ち】神仏に七夜続けて参り祈願すること。「諸神に祈誓の一をけだいなく」〈浮・新可笑記・二〉

な◦なり〔連語〕《断定の助動詞「なり」の連体形「なる」に伝聞推定の助動詞「なり」の付いた「なるなり」の音変化「なんなり」の撥音の無表記》…であるようだ。…であるということだ。「人づてに承りし事の筋一◦なり」〈源・宿木〉

なな-わた【七▽曲】「七曲(ななまが)り」に同じ。「一に曲れる玉の緒をぬきて」〈枕・二四四〉

なに【何】㊀〔代〕不定称の指示代名詞。はっきりしない事物について問う語。また、事物・人などをぼかしてさす語。「おやつには一をあげようか」「おい、例の一を持ってきてくれ」「一は来ねえか。蜂の野郎は」〈滑・浮世床・初〉㊁〔副〕❶(下に打消しの語を伴って)否定の気持ちを強める。何一つとして。少しも。「一不自由なく暮らす」❷なぜ。どうして。「見渡せば山もと霞むみなせ川夕べは秋と一思ひけむ」〈新古今・春上〉㊂〔感〕❶心外である、信じられないという気持ちで、強く問い返すときに発する語。「一、彼が犯人だと」❷意に介さない、懸念するに及ばないという気持ちを表すときに発する語。なんの。いや。「一、ちょっとしたことさ」❸相手に怒りを感じて発する語。「一、もう一度言ってみろ」

何から何まで　何もかも。すべて。みんな。一から十まで。万事。「事情を一知っている」

何食わぬ顔　何も知らない、自分には関係ないという顔つき、またはそのように振る舞うようす。そしらぬ顔。「人を裏切りながら一でつき合う」

何にも増して　ほかのなにものよりも。いちばん。「彼は一酒が好きだ」

何も彼(か)にも　何もかも。すべてみな。

何やかや　あれやこれや。いろいろ。「一で費用がかさむ」「一と忙しい」

何をおいても　どんな物事にも優先させて。まず第一に。何はさておき。「生きていくには一食糧を確保しなければならない」

何をか言わんや　なにを言おうか、言うことがなにもない。あきれてなにも言えない。「こんな基礎知識すら知らないようでは一だ」

何を隠(かく)そう　《思い切って本当のことを述べる前に言う語》何も隠すつもりはない。

何をがな　何かよいものがあればそれを。何かを。「一形見に嫗に取らせんと」〈今昔・一六・九〉

ナニー〖nanny〗乳母。住み込みで子供の面倒をみる、育児や教育の専門知識を持った女性。

なに-か【何▽彼】《代名詞「なに」＋代名詞「か」から》種々雑多な事物をまとめていう。あれやこれや。いろいろ。「ただ大方の御しつらひ、―のことばかりをなむ営ませ給ひける」〈源・御法〉「―の御礼も申さっしゃれと申しまする」〈浄・歌念仏〉

何彼無し　《「なにがなし」とも》あれこれ迷わずにあっさり物事をするさまを表す。とやかく言わずに。とにかく。「まづ話す事もある、此の船へ、と言ふ。―に乗り移りて」〈浮・一代男・五〉

何彼に付け　いろいろの場合に、同じ行動をしたり、同じ状態になったりするさまを表す。「―感情を顔に出す」「―て世話になった」

なに-か【何か】〔連語〕㊀《代名詞「なに」＋助詞「か」》❶《「か」は副助詞》感覚・願望などの内容がはっきりしない事物をさす。「―ありそうだ」「お茶か―飲みたい」❷《「か」は係助詞。感動詞的に用いる》㋐相手の言葉・気持ちを確認しようとする意を表す。「それなら―、君のほうが正しいというのだな」㋑今まで述べてきたことや相手の言葉などを否定して、それとは反対の趣旨を述べるときに用いる。いやいや。とんでもない。「―。この歌よみ侍らじとなむ思ひ侍るを」〈枕・九九〉㊁《副詞「なに」＋助詞「か」》❶《「か」は副助詞》はっきりした訳もなく、ある感情が起こるさま。どことなく。なんだか。「―気味が悪い」❷《「か」は係助詞》㋐疑問の意を表す。なぜ…か。どうして…か。「あしひきの山も近きをほととぎす月立つまでに―来鳴かぬ」〈万・三九八三〉㋑反語の意を表す。どうして…か、いやそんなことはない。「命だに心にかなふものならば―別れの悲しからまし」〈古今・離別〉

何かせ◦む　ある行為をしても結局は何の役にも立たない、という気持ちを表す。何になろうか、何にもなりはしない。「思ふ事ならでは世の中に生きて―◦むと思ひしかば」〈竹取〉

何かと言うと　「何かと言えば」に同じ。「―昔の手柄話をもち出す」

何かと言えば　何か事があると必ず同じ言動をするさま。何かと言うと。「―部下をどなりつける」

何か無し　《「なにがなし」とも》「何か㊁❶」に同じ。「夕方になると―悲しくなる」「子供等は―に嬉しそうに床に就いた」〈藤村・新生〉

なに-が【何が】〔連語〕《代名詞「なに」＋格助詞「が」》❶反語の意を表す。どうして…か、そんなことはない。「そんなに着ていて、―寒いものか」「―惜しかろ。…是もそちにやるぞ」〈続狂言記・秀句大名〉❷原因を表す句の上に付いて、次の結果は当然であるという気持ちを表す。なにしろ。なにせ。「信濃へ行きやした。―あっちは飯どころでござりやすから」〈滑・膝栗毛・七〉

何がさて　❶何はともあれ。とにかく。何はさておき。「馬鹿気た様なことを思って見たり、―上機嫌だったのだ」〈梶井・瀬山の話〉❷もちろん。『「今日は一段の御機嫌でござる」「―、かやうに天下穏やかにして、めでたい折から、機嫌の悪からう子細がない」』〈虎明狂・鈍根草〉

何が何して何とやら　浪曲の節を示すのに、それにのせていう言葉。

何がなんでも　どんなことがあっても。絶対に。「―やりぬくぞ」

なに-がし【▽某・何▽某】㊀〔名〕数量、特に、金銭の額があまり多くないことを漠然と表す。「―かの金を寄付する」㊁〔代〕❶不定称の指示代名詞。人・事物・場所などについて名などがはっきりしないことを表し、あるいはそれをぼかしたままに示す。どこそこ。だれそれ。何とかいう人・物。「鈴木―という男性」「―の右馬四郎とかや云ふ者ありけり」〈沙石集・六〉❷一人称の人代名詞。わたし。それがし。拙者。卑下した気持ちで用いる。「―らが、私の君と思ひ申して、頂きになむ捧げて奉るべき」〈源・玉鬘〉(類語)誰それ

なにがし-くれがし【▽某▽某】〔代〕だれそれ。なにがしそれがし。「―と数へしは頭中将の随身、その小舎人童をなむ、しるしに言ひ侍りし」〈源・夕顔〉

なにがし-それがし【▽某▽某】〔代〕だれそれ。なにがしくれがし。「―留めて侍れば」〈狭衣・一〉

なにか-しら【何かしら】〔副〕《「なにかしらん」の音変化》❶何かわからないあるものを示す。なにか。「行けば必ず―得るものがある」❷理由などがはっきりしないことを示す。どういうわけか。なぜか。「苦しいままに、―気の遠くなるような快感を」〈志賀・暗夜行路〉

なにか-と【何▽彼と】〔副〕一つの物事に限定しない気持ちを表す。何やかやと。あれやこれやと。いろいろと。「暮れは―忙しい」

なに-がな【何がな】〔連語〕《「がな」は副助詞》願望にかなうものを探し求める気持ちを表す語。なにか。「俳人の中には―新奇を弄し少しも流行におくれまじとする連中ありて」〈子規・墨汁一滴〉「―取らせんと思へども」〈宇治拾遺・九〉

なにか-は【何かは】〔連語〕❶反語の意を表す。何が…か、いやそんなことはない。「折にふれば、―あはれならざらん」〈徒然・二一〉❷反語の意を表す。どうして…か、いや…はしない。「葎はふ下にも年は経ぬる身の―玉のうてなをも見む」〈竹取〉❸(感動詞的に用いて)いやいや。とんでもない。「いと賢うなり給へり、など言ふいらへに、―、いと異様に…など言ふも」〈枕・一八五〉

なに-くそ【何×糞】〔感〕困難な事態に出あったときに、くじけそうな気持ちを奮いたたせるために発する語。「―負けるものか」

なに-くれ【何くれ】㊀〔副〕あれやこれや。いろいろ。何くれとなく。「居りさえすれば、―と款待なして呉れた」〈漱石・坊っちゃん〉㊁〔代〕不定称の指示代名詞。不特定多数の人や事物を漠然とさす。なになに。「―の宮、かの殿ばらの御女など名乗り給ふ人々多かめり」〈栄花・ゆふしで〉

何くれと無く　あれこれ。いろいろ。なにくれと。「常日ごろ―力になってくれる」

なにげ-な・い【何気無い】〔形〕図なにげな・し〔ク〕はっきりした考えや意図がなくて行動するさま。また、そのように見えるさま。さりげない。「―・いふうを装う」「―・く近づく」(補説)「何げに」は「何気ない」の「ない」を取り、形容動詞活用語尾「に」を付けて副詞化した語。若者が「何気なく」と同じように使い始めたが、最近は「その服なにげに似合うね」のように、わりあい、なかなか、の意でも使われる。初出の時期は不詳だが、昭和60年代の初めかと思われる。似た語に「さりげない」から派生した「さりげに」がある。➡さりげない (派生)なにげなさ〔名〕(類語)さりげない

なにげ-なし【何気無し】さりげないようす。なにげないこと。「喫茶店の入り口を―に見ていた」➡何気無い

なにげ-に【何気に】《「何気ない」の「ない」を取り、形容動詞活用語尾「に」を付けて副詞化した語》▶何気無い(補説)

なに-ごこち【何心地】❶どんな気持ち。なにごころ。「かかる繁き中に、―して過ぐし給ふらむ」〈源・蓬生〉❷どんな病気。「―にかあらむ、そこはかとなくいと苦しけれど」〈かげろふ・中〉

なに-ごころ【何心】どういう考え。どんな気持ち。なにごこち。「―ありて海の底まで深う思ひ入るらむ」〈源・若紫〉

なにごころ-な・い【何心無い】〔形〕図なにごころな・し〔ク〕はっきりした考え、意図がない。なにげない。また、無心である。「万年筆で―・く二三行書きかけた時」〈漱石・明暗〉「―・く御前にもて参りて」〈堤・虫めづる姫君〉

なに-ごと【何事】❶どのような事柄。どんなこと。「―によらず命令に従う」「突然の銃声は―か」❷(多く「も」を伴って)あらゆること。万事。「―も辞さない」「―も運を天にまかせる」❸(相手をとがめる気持ちで)どうしたこと。なんということ。「こんなことで弱音を吐くとは―だ」❹不定の事柄をさしていう語。なになに。「―の式といふ事は、後嵯峨の御代までは言はざりけるを」〈徒然・一六九〉

何事も因縁　すべての事は前世からの因縁によって起こり、偶然ということはありえないの意。

なに-さま【何様】㊀〔名〕❶様づけで呼ばれるような身分の方。高貴な人。皮肉の意を込めて用いることが多い。「―でもあるまいし、それくらい自分でやれ」❷《「なにざま」とも》どんなようす。どのよう。「かの尋ね出でたりけむや、―の人ぞ」〈源・玉鬘〉㊁〔副〕いかにも。まったく。「―近来に稀れなる一珍事なり」〈鉄腸・南洋の大波瀾〉

なに-し-か【何しか】〔連語〕《「し」は強意の副助詞、「か」は係助詞》どうして…か。なぜ…か。「あづまぢの小夜の中山なかなかに―人を思ひそめけむ」〈古今・恋二〉

なにしか-も【何しかも】〔連語〕「なにしか」を強めた言い方。なんでまあ…か。「たきつ瀬のはやき心を―人めつづみのせきとどむらむ」〈古今・恋三〉

なに-しに【何▽為に】〔副〕《代名詞「なに」＋動詞「する」の連用形＋格助詞「に」から》❶なぜ。どうして。なんのために。「このうるはし者は、―来るぞ」〈宇津保・国譲中〉❷反語の意を表す。どうして…か。なんだって…か。「―悲しきに見送り奉らむ」〈竹取〉

なに-しろ【何しろ】〔副〕《代名詞「なに」＋動詞「する」の命令形「しろ」から》どんな事実や事情があっても、という気持ちを表す。なんにせよ。とにかく。「―今日中に終わらせなければ」「―この大雪では出かけられない」➡とにかく(用法)

なに・する【何▽為る】〔動サ変〕❶ある動作をぼかして遠回しにいうときの語。「それをうまく―・してくれ」❷相手の動作をとがめるときにいう語。何をする。「―・するんだ。よせ」

何するものぞ　なにができようか。たいしたことはない。「難敵―」

なに-すれぞ【何▽為れぞ】〔副〕どうして。なぜ。「時々の花は咲けども―母とふ花の咲き出来ずけむ」〈万・四三二三〉

なに-せ【何せ】〔副〕《代名詞「なに」＋動詞「する」の命令形「せい」から》「何しろ」に同じ。「―この風では舟を出せない」

なに-せむ【何せむ】〔連語〕反語の意を表す。何になろうか、何の役にも立たない。「恋ひ死なむ後は―生ける日のためこそ妹を見まく欲りすれ」〈万・五六〇〉

何せむに　❶何のために。なぜ。「―我を召すらめや」〈万・三八八六〉❷「何せむ」を強めた言い方。「銀も金も玉も―まされる宝子にしかめやも」〈万・八〇三〉

なに-ぞ【何ぞ】㊀〔連語〕「なんぞ㊀」に同じ。「草の上におきたりける露を、かれは―、となむ男に問ひける」〈伊勢・六〉㊁〔副〕「なんぞ㊁」に同じ。「かへる山―はありてあるかひは来てもとまらぬ名にこそありけれ」〈古今・離別〉

なに-と【何と】㊀〔連語〕《代名詞「なに」＋格助詞「と」》ほかにも同種類のものがあるという意を表す。助詞的に用いられる。など。「これかれ酒―持て追ひ来て」〈土佐〉㊁〔副〕❶どんなふうに。どのように。「さても維盛卿の子息は―候ふやらん」〈平家・一二〉❷なぜ。どうして。「―かく思ひも分かでしのぶらん過ぎにし方も同じ憂き世を」〈新後撰・雑下〉㊂〔感〕❶問い返すときに用いる。なんだって。『「兄弟の者の細首を、ただ一討ちに討ち落としたると申し候」「えい―、―」』〈謡・烏帽子折〉❷相談・質問などを相手にもちかけるときに用いる。どうだ。ところで。「―、酒は売れまらするか」〈虎明狂・伯母が酒〉

何とした　❶どうした。どういう。「―しだらで何方へ立ち退きやる」〈浄・博多小女郎〉❷どんな…も。いかなる…も。「―敵にも左右なう取りひしがるることあるまじいぞ」〈天草本伊曽保・百姓と子供〉❸どうしたらよい。どうすべき。「汝が知らずはあるまい。―ものであらうぞ」〈虎寛狂・末広がり〉

何として　❶原因・動機・手段などについての疑問を表す。どうして。なぜ。なんのために。「―憂き身一つの残るらん同じ昔の人はなき世に」〈新後撰・雑下〉❷反語の意を表す。どうして…であろうか。「わが一生涯は―よからうぞ」〈周易抄・六〉

何と無・し　❶事物の状態や雰囲気などが、それと限定されないさま。これということもない。「空のけしきの、―・くすずろにをかしきに」〈枕・五〉❷とり立てて言うに及ばない。平凡である。「―・き御歩きももの憂くおぼしなられて」〈源・葵〉❸意識しないでも、気持ちがそちらに向くさま。「鵜飼一人ありけるが―・く佐殿を見奉り」〈平治・下〉

何とは無・し　別にどうということもない。なんとはなし。「―・けれど、過ぐる齢にそへて忘れぬ昔の御物語など承り」〈源・鈴虫〉

何とやらん　❶なんであろうか。どういうものか。「漫々たる海上に、―はたらく物あり」〈延慶本平家・二本〉❷なんとなく。どことなく。「―足がひろがったやうで歩(ありき)にくいよ」〈虎明狂・引敷聟〉

なにと-かは【何とかは】〔連語〕❶疑問を表す。どのように…か。「君なくて岩のかけ道絶えしより松の雪をも―見る」〈源・椎本〉❷反語の意を表す。どうして…か。「つれなき人の御心をば―見奉りとがめむ」〈源・初音〉

なにと-かも【何とかも】〔連語〕どういうわけでまあ…か。どうしてまあ…か。「本ごとに花は咲けども―愛(うつく)し妹(いも)がまた咲き出来(こ)ぬ」〈孝徳紀・歌謡〉

なに-とぞ【何▽卒】〔副〕《代名詞「なに」＋格助詞「と」＋係助詞「ぞ」から》❶相手に強く願う気持ちを表す。どうぞ。どうか。「―お許しください」❷手段を尽くそうとする意志を表す。なんとかして。ぜひとも。「拙老より篤と本人へ申聴かせ―して料簡を入替えさせ度」〈谷崎・蓼喰ふ虫〉[類語]是非・どうぞ・どうか・願わくは・くれぐれも・なんとか・ぜひとも・まげて・ひとつ

なに-とて【何とて】〔副〕不明な原因・動機などを尋ねる意を表す。なぜ。どうして。「おぬしは、―物言はしまさぬぞ」〈虎清狂・猿座頭〉

なに-とも【何とも】〔副〕❶(あとに打消しの語を伴って用いる)㋐特別の感情を催さないさまを表す。別に大したものとも。物の数とも。「いにしへは―見ざりし衣裳の紋、今は目にたちて」〈曽我・三〉㋑行動を特定できないさまを表す。どうとも。「―言ひ出でじ」〈紫式部日記〉❷いろいろに手段をつくすさまを表す。あらゆる方法で。なんとかして。「―風体を巧みて」〈能作書〉❸他に表現のしようがないという気持ちを表す。いかにも。なんとも。「―迷惑ニゴザル」〈日葡〉

なに-なに【何何】㊀〔代〕不定称の指示代名詞。不明なものや不確定なものを並べあげるのに用いる。何と何。また、一つ一つの内容を具体的に記す必要のないときに用いる。「遠足には―を用意したらいいのか」「第一条―、第二条―」㊁〔感〕❶手紙・書類などを読みはじめるとき、何が書いてあるのかなというような感じで発する語。「―、いったい何の用かな」❷相手の言ったことを受け、それを確認、反問しようとするときに発する語。「―、もう一遍言ってくれ」❸前の事柄を否定して、自分の考えなどを述べようとするときに発する語。「―、一晩くらい寝なくとも大丈夫だ」

なに-なら・ず【何ならず】〔連語〕とるに足らない。物の数でない。「この世は仮の宿りなり。恥ぢても恥ぢても―・ず」〈平家・一〉

なにに-まれ【何にまれ】〔連語〕《「なににもあれ」の音変化》なんであってもかまわない。どれと限らず。「彼はそのために―仕事のありしだい身を骨灰にして働いた」〈中勘助・菩提樹の蔭〉「―、かにまれ、手にあたらん物を取りて」〈古本説話集・下〉

なに-の【何の】〔連語〕《代名詞「なに」＋格助詞「の」》❶何々の。なんとかいう。「―前司にこそは、などぞ必ずいらふる」〈枕・二五〉❷どんな。いかなる。「―面目にてか、また都にも帰らむ」〈源・若紫〉❸(打消しや反語の意で)何ほどの。どれだけの。「―咎(とが)か侍らむ」〈源・夢浮橋〉「―かたき人にもあらず」〈和泉式部日記〉❹(副詞的に用いて)㋐どうして。なんで。「荒磯はあされど―かひなくて潮に濡るるあまの袖かな」〈更級〉㋑なんという。「されば―よきことと思ひて」〈伊勢・六五〉

なに-は【何は】〔連語〕《代名詞「何」＋係助詞「は」》何やかやは。あれやこれやは。種々のことは。多く地名「難波」に掛けて用いる。「津の国の―思はず山城のとはにあひ見むことをのみこそ」〈古今・恋四〉

何はさておき　ほかの事はひとまずあとのことにしても。まっ先に。「―被災地の救援にあたる」

何はともあれ　ほかの事はどうであろうとも。ともかく。「―報告だけはきちんとしておく」

何は無くとも　格別のものはなくとも。ほかのものは差し置いても。当面はそのものがあれば十分という気持ちを表す。「―米の飯だけは欠かせない」

何はの事　❶どんな事。何事。「―を、さる住まひにて思ひ残し言ひ残すらむ」〈かげろふ・下〉❷あれやこれやの事。万事。「いにしへに―も変らねど涙のかかるたびはなかりき」〈後拾遺・哀傷〉

なに-びと【何人】どういう人。いかなる人。何者。なんぴと。「―も他人の権利を冒すことはできない」

なに-ひとつ【何一つ】〔副〕(多くあとに打消しの語を伴って)何も。ひとつも。すこしも。「その件については―知りません」「―不自由のない生活」

なに-ぶん【何分】㊀〔名〕❶はっきりしない内容を漠然と表す。なんらか。「いずれ―の沙汰があるだろう」❷あまり多くない数量を漠然と表す。いくらか。なにがし。「―の御寄付をお願いいたします」㊁〔副〕❶適切な処置を依頼するときに用いる。どうぞ。何とぞ。「―よろしくお願いします」❷どんな事情よりも優先する事柄を述べて、弁解などをするときに用いる。何しろ。何せ。「―この天気ですので、船は出せません」

何分にも　なんといっても。とにもかくにも。「―昔の事なので思い出せない」

なに-ぼう【何某】姓名を明示しないで、一定の人をさすときに用いる。なんとかいう名前の人。だれそれ。なにがし。「有名な映画俳優―」[類語]誰それ・誰誰・なにがし・誰がし・それがし・某・某氏

なに-ほど【何程】(副詞的にも用いる)❶どれほど。どのくらい。数量・程度についての疑問を表す。「資金は―必要ですか」❷どんなに。いかに。程度の不定を表すことにより、その甚だしさを示す。「会うことを―楽しみにしていたことか」❸反語の表現に用いて、とるにたりないの意を表す。「仮令(たとえ)一発二発の鉄砲丸に当たっても―の事あるべき」〈円朝・怪談牡丹灯籠〉

なにも【×汝▽妹】《「なのいも」の音変化。本来「な」は一人称》男が女を親しんで呼ぶ語。あなた。「愛(うつく)しき我(あ)が―の命(みこと)」〈記・上〉

なに-も【何も】〔副〕あとに打消しの語を伴う。❶全面的に否定する気持ちを表す。まったく。「―知らない」❷取り立ててそう限定する必要もないという気持ちを表す。別段。「―今日でなくともいいのに」

なに-も【何も】〔連語〕(「…も何も」の形で)同類の事物を一括して示す。どんなものでも。「仕事も―忘れて休養する」

何も彼(か)も　どれもこれも。すべて。「―失った」

なに-もの【何物】どのような物。いかなる物。「健康は―にも代えがたい」「犠牲以外の―でもない」

なに-もの【何者】❶はっきりしない相手をさす語。だれ。何人(なにびと)。「―かに聞かれていたらしい」❷あらゆる人。いかなる人。何人(なにびと)。「―も太刀打ちできない」[類語]誰・どなた・どの方・どの人・どいつ・何奴(なにやつ)

なに-やつ【何▽奴】どんなやつ。いかなるやつ。何者。「―の仕業かはっきりしない」

なに-やら【何やら】〔副〕❶実体がはっきりわからないさま。なにかしら。「―物音がする」❷なんとなく。どことなく。「―雨が降りだしそうな雲行き」

なに-ゆえ【何故】(ゆゑ)〔副〕どうして。どういうわけで。なぜ。「―そう思うのか」

なに-よう【何用】どのような用件。何の用事。「こんな時間に―ですか」

なに-より【何より】〔連語〕❶抜きんでていること。それよりほかにないこと。副詞的にも用いる。「お目にかかれて―うれしい」「ここにいるのが―の証拠」❷最上・最良であること。「贈り物として―の品」「お元気で―です」[類語]殊の外・頗(すこぶ)る・甚だ・格別・結構

なに-ら【何▽等】〔副〕「なんら」に同じ。「―の事柄を以てする歟(か)」〈逍遥・小説神髄〉

なにわ【難波｜浪速｜浪華｜浪花】(なには)㊀大阪市付近の古称。特に、上町(うえまち)台地の北部一帯。仁徳天皇の難波高津宮や孝徳天皇の難波長柄豊碕宮(なにわのながらのとよさきのみや)など、たびたび皇居が造営された地。また、一般に、大阪のこと。㊁(浪速)大阪市中部の区名。道頓堀川の南、木津川の東の地域。今宮戎(えびす)神社や新世界の通天閣がある。

難波の葦(あし)は伊勢(いせ)の浜荻(はまおぎ)　難波で葦と呼ぶ草を伊勢では浜荻と呼ぶ。物の名や、風俗・習慣などは、土地によって違うことのたとえ。

なにわ-いばら【▽難▽波薔▽薇】(なには)バラ科の蔓性(つるせい)の常緑低木。葉は卵形の3枚の小葉からなる複葉。夏、白い5弁花をつける。中国の原産で、観賞用に栽培されるが、暖地では野生化。なにわばら。

なにわ-え【難波江】(なには)上代、大阪市の上町台地の西側まで来ていた海域の古称。難波潟。[歌枕]「―の蘆のかりねの一夜ゆゑみをつくしてや恋ひわたるべき」〈千載・恋三〉

なにわ-おどり【▽浪▽速踊(り)｜▽浪▽花踊(り)】(なにはをどり)大阪曽根崎新地の芸妓の舞踊会。毎年3月15日から10日間行われる。明治15年(1882)創始。かつては新町の浪速踊りもあった。[季 春]「一見つつはあれど旅疲れ／風生」

なにわ-がた【難波潟】(なには)「難波江(なにはえ)」に同じ。[歌枕]「―短き蘆の節の間も逢はでこの世を過ぐしてよとや」〈新古今・恋一〉

なにわ-く【浪速区】(なには)▶なにわ㊁

なにわ-ぐさ【▽難▽波草】(なには)アシの別名。

なに-わざ【何業】どんなこと。どんなしわざ。「―してかしづきしぞ」〈源・蛍〉

なにわ-じょうるり【▽難▽波浄瑠璃】(なにはじやうるり)難波(大坂)に起こった浄瑠璃。京浄瑠璃・江戸浄瑠璃に対していう。播磨(はりま)節・文弥節・義太夫節など。

なにわ-づ【難波津】(なには)㊀上代、難波江にあった港。また、大阪港の古名。[歌枕]「千鳥鳴くふけひの潟を見渡せば月影さびし―の浦」〈聞書集〉㊁❶王仁(わに)が詠んだという「難波津に咲くやこの花冬ごもり今を春べと咲くやこの花」の和歌。幼児の手習いの最初に習わせた。難波津の歌。「―をだに、はかばかしう続け侍らざめれば」〈源・若紫〉❷和歌の道。和歌。

なにわ-と【難波門】(なには)難波の港。「―を漕(こ)ぎ出て見れば神さぶる生駒高嶺に雲そたなびく」〈万・四三八〇〉

なにわのながらのとよさき-の-みや【難波長柄豊碕宮】(なにはのながらのとよさきのみや)孝徳天皇の皇居。今の大阪市中央区の大阪城の南に宮址がある。

なにわ-の-みや【難波宮】(なには)奈良時代に聖武天皇が一時造営した皇居。難波長柄豊碕宮(なにわのながらのとよさきのみや)と同じ場所。

なにわ-ばし【難波橋】(なには)大阪市中央区北浜と北区西天満を結び、堂島川と土佐堀川にまたがって架かる橋。江戸時代には東に並ぶ天神橋・天満橋とともに浪華三大橋とよばれた。

なにわ-ぶし【▽浪▽花節｜▽難▽波節】(なには)語り物の一種。江戸末期、説経節・祭文などの影響を受けて大坂で成立。初めはちょんがれ節・うかれ節などともよばれた。三味線の伴奏で独演し、題材は軍談・講釈・物語など、義理人情をテーマとしたものが多い。浪曲。

なにわぶし-てき【▽浪▽花節的】(なにはぶし)〔形動〕言動や考え方が義理人情を重んじ、通俗的で情緒的であるさま。「―な解決」

なにわみやげ【難波土産】(なにはみやげ)浄瑠璃注釈書。5巻。三木貞成著。元文3年(1738)刊。義太夫節9曲に注釈・批評を加えたもの。穂積以貫の筆とされる近松門左衛門の聞き書き「虚実皮膜論(きょじつひまくろん)」を収める。

なにわ-やき【▽難▽波焼】(なには)大坂高津近辺から産した陶器。延宝年間(1673～1681)ごろの開窯で、日用雑器・茶器などを焼いた。高津焼。なんばやき。

なに-を【何を】〔感〕問い返したり反発したりして、語気強く発する語。なんだって。「―、やるか」

なぬ-か【七日】❶日の数の七つ。7日間。1週間。

❷月の第7の日。特に、正月7日、七夕の7月7日などをいう。(季 新年)「すずろいでて松笠拾ふ―かな/水巴」❸「七夜しちや」に同じ。「君が経む八百万代を数ふればかつがつ今日ぞ―なりける」〈拾遺・賀〉❹「七日七日」に同じ。「真砂君―のわざを」〈宇津保・菊の宴〉

なぬか-がえり【七日帰り】 ナヌカガヘリ 外出してから7日目に帰ってくることを忌む習俗。初七日しょなぬかを連想させるため。

なぬか-しょうがつ【七日正月】 ナヌカシヤウグワツ 正月7日の祝い。七種ななくさの節句。(季 新年)

なぬか-なぬか【七日七日】 ❶7日ごと。7日目ごと。❷初七日から四十九日まで、7日目ごとに営む死者の追善供養。「―の御誦経みずきやうなどを」〈源・柏木〉

なぬか-の-せちえ【七日の節会】 ナヌカノセチヱ ►白馬あおうまの節会せちえ

なぬか-び【七日日】「七日盆なぬかぼん」に同じ。

なぬか-ぼん【七日盆】 7月7日をいう。この日に墓掃除・井戸替え・女の髪洗いなどをする。盆はじめ。なぬかび。(季 秋)

なぬか-まいり【七日参り】 ナヌカマヰリ「七日詣なぬかもうで」に同じ。

なぬか-もうで【七日詣で】 ナヌカマウデ 7日間、毎日社寺に参詣すること。本来は毎日7度ずつ、合計49度参詣した。七日参り。

な-ぬし【名主】 ❶►みょうしゅ(名主) ❷江戸時代、地方じかた三役の一。領主の下で村政を担当した村の長。主として関東での呼称で、関西では庄屋、東北では肝煎きもいりと称した。❸江戸時代、町役人の一。町奉行の支配のもと、町年寄の下で町政を担当した職。町名主。

な-ね【×汝ね】《本来「な」は一人称。「ね」は敬愛の意を表す》親愛の気持ちを込めて相手を呼ぶ語。「朝髪の思ひ乱れてかくばかり―が恋ふれそ夢いめに見えける」〈万・七二四〉

ナノ〖nano|nanno〗《ギリシャ nanos(小人)から》国際単位系(SI)で、メートル法の単位の上に付けて10億分の1、すなわち10^{-9}を表す語。記号n

なの-か【七日】「なぬか」の音変化。

ナノ-カーボン〖nano-carbon〗直径がナノメートル単位の炭素粒子で構成される物質。カーボンナノチューブなど。電気・熱の伝導性や機械的強度などに優れた特性を持ち、ナノテクノロジーの中心的な素材として注目されている。

なのか-かい【七日会】 ナノカクワイ 自由民主党にあった派閥の一。田中派。昭和47年(1972)に田中角栄らが佐藤派から独立して結成。名の由来は田中の首相就任が同年7月7日だったことによる。➡木曜クラブ

な-の-き【名の木】 ❶すぐれた香木。特に伽羅きゃらをさす。めいぼく。「灯の影かすかに―の匂ひほのかにして」〈浮・万金丹・五〉❷俳諧で、楓かえで・柳など、名の知られた木。

な-の-くに【奴国】 ►なこく(奴国)

ナノグラフェン〖nanographene〗ナノメートル程度のグラフェンの総称。主に単層としてのグラフェンを指す。

ナノコンポジット〖nanocomposite〗《「コンポジット」は複合物の意》ナノメートル(10億分の1メートル)規模の微少な物質を混合することで従来にない特性を持つ複合材料。強度の向上、光学的また電磁的特性を持つなど。

な-の◦だ〔連語〕《断定の助動詞「だ」または形容動詞の連体形活用語尾＋助詞「の」＋断定の助動詞「だ」》説明、または強い断定の意を表す。「そこが問題―◦だ」「何もかも君のため―◦だ」(補説)話し言葉では「なんだ」の形をとることが多い。

ナノチューブ〖nanotube〗直径が10億分の1メートル程度(ナノメートル程度)の管状の物質の総称。代表的なナノチューブとして、炭素原子が六角形の格子状に並んだ表面構造をとるカーボンナノチューブが知られ、単にナノチューブというとカーボンナノチューブを指すことが多い。炭素以外では、ケイ素(Si)や窒化ホウ素(BN)のナノチューブが発見されている。

な-ので〔連語〕《断定の助動詞「だ」の連体形または形容動詞の連体形活用語尾＋接続助詞「ので」》…だから。…であるから。「かぜ―学校を休んだ」「故障の原因が明らか―すぐに直せます」

ナノ-テク「ナノテクノロジー」の略。

ナノテクノロジー〖nanotechnology〗10億分の1メートルというような極細な単位で加工・計測を行う超精密技術。半導体や機械加工、生物や医学分野への応用を目指している。超微細技術。

な-の◦です〔連語〕《断定の助動詞「だ」または形容動詞の連体形活用語尾＋助詞「の」＋丁寧な断定の助動詞「です」》「なのだ」の丁寧な表現。「子供にとっては親の愛情がいちばん―◦です」「仕事は自分のためにするべき―◦です」(補説)話し言葉で用いる場合「なんです」の形をとることが多い。

な-のに〔接〕《接続詞「それなのに」の「それ」が省略されたもの》前述の事柄に対し、あとの事柄がそれと矛盾する内容であることを示す。「彼は三時に来ると言った。―来なかった」

な-のに〔連語〕《断定の助動詞「だ」の連体形または形容動詞の連体形活用語尾＋接続助詞「のに」》…にもかかわらず。…だけれども。「来たばかり―もう帰るのか」「体つきはきゃしゃ―丈夫な人だ」

な-の-はな【菜の花】 アブラナの花。菜種の花。花菜はなな。(季 春)「―や月は東に日は西に/蕪村」

なのはな-いろ【菜の花色】 ナノハナの花弁のような色。鮮やかな明るい黄色。

なのめ【▽斜め】〔形動ナリ〕❶傾斜しているさま。ななめ。〈新撰字鏡〉❷ありふれているさま。平凡。普通。「わが娘は―ならむ人に見せむは惜しげなるさまを」〈源・東屋〉❸いいかげんであるさま。なおざり。「世を―に書き流したることばのにくきこそ」〈枕・二六二〉❹(中世以降「なのめに」の形で)ひととおりでないさま。大いに。なのめならず。「大将―に喜うで三杯ほし給ひ」〈虎明狂・二千石〉

斜めなら◦ず ひととおりでない。いいかげんでない。「苦しき御心地にも、―◦ずかしこまりかしづき聞こえ給ふ」〈源・夕霧〉

な-のり【名乗り|名▽告り】 ❶自分の名前をはっきりと言うこと。また、その名前。「互いに―をする」❷武士が戦場などで自分の氏名・家柄・身分などを声高に告げること。❸公家・武家の男子が元服するとき、幼名や通称に代えてつける名。牛若丸・九郎に対する義経など。❹能・狂言で、登場人物が自分の身分・氏名や、成り行きの説明、行動の予定などを述べる部分。❺商人が売り物の名を呼んで歩きまわること。「大路近き所におぼとれたる声して、いかにとか聞きも知らぬ―をして」〈源・東屋〉

名乗りを上・げる ❶武士が戦場で戦う前に自分の名を大声で告げる。また、一般に自分の名を告げる。「当選者が―・げる」❷競争に加わることをはっきり示す。立候補する。「開催地として―・げる」

なのり-あ・う【名乗り合う】 ナノリアフ〔動ワ五(ハ四)〕互いにおのおのの名を告げる。「初対面で―・う」

なのり-い・ず【名乗り▽出づ】 ナノリイヅ〔動ダ下二〕「名乗り出る」に同じ。「我なむかこつべき事あると、―・で侍りけるを」〈源・常夏〉

なのり-か・く【名乗り掛く】〔動カ下二〕相手に自分のほうから名をいう。「右衛門佐重盛、生年二十三、と―・けければ」〈古活字本平治・中〉

なのり-ざ【名乗り座】 能舞台で、常座じょうざの異称。

なのり-じ【名乗り字】 名乗り❸を書き表す漢字。

なのりそ【×莫▽告▽藻|神=馬=藻】 ホンダワラの古名。和歌では「な告のりそ」の意に掛けて用いられたり、「名告る」を導く序詞を構成したりする。なのりそも。「海わたの底沖つ玉藻の―の花妹と我われとここにありと―の花」〈万・一二九〇〉

なのりそ-の【×莫▽告▽藻の】〔枕〕同音の繰り返しで「名」に掛かる。「―己おのが名惜しみ」〈万・九四六〉

なのりそ-も【×莫▽告藻】「なのりそ」に同じ。「浜藻を号なづけて―と謂へり」〈允恭紀〉

なのり-・でる【名乗り出る】〔動ダ下一〕自分の姓名・身分などを告げて出る。自分がその当人であると申し出る。「落とし主が―・でる」

な-の・る【名乗る|名▽告る】〔動ラ五(四)〕❶自分の姓名・身分などを相手に告げる。「名を―・ってから話を切り出す」❷自分の名としていう。称する。「芸名を―・る」「二代目を―・る」❸売り物の名を呼ぶ。「海老、鰯いわし、小貝やうの物、―・りて過ぐる事も明け暮れなり」〈鶉衣・七景記〉(可能)なのれる (類語)称する

なは【那覇】 沖縄県、沖縄島南西部の市。県庁所在地。琉球王都の首里しゅりの外港として発展。第二次大戦後は、昭和47年(1972)の沖縄返還までアメリカ軍政の中心地。壺屋焼・紅型びんがたなどを特産。昭和29年(1954)首里市を、同32年真和志まわし市を編入。人口31.6万(2010)。

な-ば〔連語〕《完了の助動詞「ぬ」の未然形＋接続助詞「ば」》❶…てしまったならば。「冬来たり―春遠からじ」「潮干―またも我来む」〈万・三七一〇〉❷確かに…ならば。「心だにまことの道にかなひ―祈らずとても神や守らん」〈都鄙問答・二〉

ナパーム-だん【ナパーム弾】《napalm》第二次大戦末期に作られた強力な油脂焼夷しょうい弾。ナフサとパーム油とを主原料とし、航空機から落下させて広範囲にわたり焼夷効果を及ぼす。

な-ばかり【名▽許り】 立派な名前に内容がともなわないこと。形式は整っているが実質がともなわないこと。「公園とは―の小さな空き地」「―管理職」

なばかり-かんりしょく【名▽許り管理職】 ナバカリクワンリショク 実質的な権限を与えられていない、肩書だけの管理職。また、その任にある人。(補説)労働基準法における、事業の種類にかかわらず監督もしくは管理の地位にある者または機密の事務を取り扱う者には同法の労働時間・休憩・休日に関する規定を適用しないという条文を利用して、形だけの管理監督者とすることで残業代や休日出勤手当の支払いなどを免れようとする雇用形態から生まれた言葉。通常、管理監督者の要件として、経営者と一体的な立場にあること、出退勤の自由度が高いこと、基本給・手当などで相応の待遇を受けていることなどが必要とされる。

なは-くうこう【那覇空港】 ナハクウカウ 沖縄県那覇市にある空港。国管理空港の一。昭和47年(1972)開港。自衛隊と海上保安庁の基地を併設する。➡拠点空港

なは-し【那覇市】 ►那覇

ナパ-バレー〖Napa Valley〗米国カリフォルニア州北部にある同国有数のワイン産地。ナパ川に沿って、ナパ、セントヘレナ、ヨウントビル、カリストーガなどの町にワイン醸造所が点在する。

ナバラ〖Navarra〗スペイン北東部、ピレネー山脈南麓にある自治州。西隣のバスク自治州やフランスのアキテーヌ南部とともにバスク文化圏を形成している。州都はパンプローナ。

なばり【名張】 三重県中西部の市。古く、大和と伊勢を結ぶ街道の宿場町として栄えた。赤目四十八滝・香落渓こおちだになどの景勝地がある。人口8.0万(2010)。

なばり-がわ【名張川】 ナバリガハ 三重・京都・奈良の府県境を流れる川。奈良県宇陀うだ郡御杖みつえ村南東部の三峰みうね山(標高1235メートル)北麓に源を発して北流し、三重県名張市で青蓮寺しょうれんじ川・宇陀川を合流、さらに京都府相楽そうらく郡南山城村で伊賀川と合流して木津川となる。

なばり-し【名張市】 ►名張

なは・る〔動ラ五(四)〕《「なさる」の音変化》❶「する」の尊敬語。なさる。江戸中期以降、上方のちに江戸の遊里で用いられ、やがて一般の町家にも広まった。「南でするやうな事―・ると中居が興をさます」〈洒・浪花色八卦〉❷(動詞の連用形や「お」「ご」を冠した語を受け、補助動詞として関西方面で用いる)…なさる。「さあ飲み―・れ」「御覧―・れ」

な-はん【名判】 証文などに付された姓名と印判。「請取帳に―をしるし」〈浮・織留・一〉

ナバン〖Navan〗アイルランド東部、ミース州の町。同州の州都。ボイン渓谷中にあり、ボイン川とブラックウ

オーター川の合流点に位置する。南郊のタラの丘、およびニューグレンジ、ノウス、ドウスなどの新石器時代の遺跡をはじめ、多くの歴史遺産がある。

ナバン-フォート〘Navan Fort〙英国、北アイルランド東部の町アーマーの西郊にある古代遺跡。直径30メートルと40メートルの二つの丘があり、青銅器時代から鉄器時代初期にかけての遺物が見つかっている。アルスター神話における、かつての都エバンバハであると考えられている。

ナビ ❶「ナビゲート」の略。❷「ナビゲーション」の略。❸「ナビゲーター」の略。

ナビエストークス-の-ほうていしき【ナビエストークスの方程式】流体力学における基礎方程式の一。粘性流体の振舞いを記述する運動方程式であり、質量×加速度=重力+圧力勾配+粘性力で表される2階非線形偏微分方程式の形式をもつ。19世紀にH=ナビエ、G=ストークスにより導出された。

なびか-ふ【×靡かふ】〔連語〕《動詞「なび(靡)く」の未然形+反復継続の助動詞「ふ」。上代語》なびき続ける。寄り添い続ける。「玉藻なすか寄りかく寄り―ひし妻の命(みこと)の」〈万・一九四〉

なびか-す【×靡かす】〔動サ五(四)〕❶なびくようにする。なびかせる。「旗を風に―・す」❷相手を自分の意に従わせる。「彼女を―・すのは無理だ」

なびき【×靡き】❶なびくこと。なびくぐあい。❷指物(さしもの)の一。さおの先端を細く作って風にしなうようにしたもの。

なびき-がお【×靡き顔】相手の意向に従うような顔つきやそぶり。「さるべきついであらば、人の御言に―にて許してむ」〈源・行幸〉

なびき-ざま【×靡き様】なびくようす。「木草の―もことに見なされて」〈源・総角〉

なびき-ぬ【×靡き▽寝】〔動ナ下二〕寄り添って寝る。「わたつみの沖つ玉藻の―・ねむはや来ませ君待たば苦しも」〈万・三〇七九〉

なびき-も【×靡き藻】水の流れや波などになびく藻。「紫の名高の浦の―の心は妹に寄りにしものを」〈万・二七八〇〉

なび-く【×靡く】㊀〔動カ五(四)〕❶風や水の勢いに従って横にゆらめくように動く。「柳が風に―・く」❷他の意志や威力などに屈したり、引き寄せられたりして服従する。また、女性が男性に言い寄られて承知する。「威光に―・く」「いくら口説いても―・かない」㊁〔動カ下二〕「なびける」の文語形。

ナビゲーション〘navigation〙❶航海術。航空術。❷自動車ラリーなどで、助手が運転者に方向や速度を指示すること。

ナビゲーター〘navigator〙❶操縦士。航海士。❷自動車ラリーなどで、運転者に速度や方向の指示を与える同乗者。

ナビゲート〘navigate〙〔名〕スル 操縦すること。進路を決めること。道案内すること。「秋のパリを―する番組」

なび-ける【×靡ける】〔動カ下一〕図なび・く〔カ下二〕❶なびくようにさせる。なびかせる。「髪を肩に―・け」〈中勘助・島守〉❷自分の意に従わせる。服従させる。「九国を―・けんとするに」〈保元・上〉

ナビ-シート《navigator's seatから》自動車のラリーで、ドライバーの横の、ナビゲーターが座る席。また、一般に乗用車の助手席。

ナビタイム〘NAVITIME〙ナビタイムジャパン社が提供する総合ナビゲーションサービス。出発地と目的地を指定すると、電車、車、徒歩などさまざまな移動手段を組み合わせて、最適な経路を探索して表示する。携帯電話を中心に、携帯情報端末(PDA)、パソコン向けにサービスを提供。

な-びと【×汝人】〔代〕《「なひと」とも》二人称の人代名詞。おまえ。「能(よ)く園を作るや―」〈允恭紀〉

なび-やか〔形動ナリ〕優美であるさま。「若き女房の、みめかたち―なるが」〈沙石集・二〉

なび-らか〔形動ナリ〕「なびやか」に同じ。「―に聞きにくからぬやうに詠みなすが」〈毎月抄〉

ナビリオ〘Naviglio〙イタリア北部、ロンバルディア州の都市ミラノの南西部の地区名。12世紀にミラノとティチーノ川を結ぶために造られたナビリオグランデ運河沿いを指す。古い街並みを生かした再開発が進められている。

な-びろめ【名広め｜名披露目】商店が開店したときや、芸人が襲名したときに、その名を世間に知らせること。

なふ〔助動〕▶なう〔助動〕

ナブ〘NAB〙《new arrangements to borrow》IMF(国際通貨基金)の資金基盤を強化する目的で、1998年にG10など経済力のある25か国とIMFの間で締結された取り決め。GAB(一般借入取り決め)を補完する制度。国際金融システムに危機的状況が生じた場合、IMFの要請に応じて必要な資金を提供する。37か国が参加(2012年7月現在)。新規借入取り決め。新規借入取極。

な-ぶ【▽並ぶ】〔動バ下二〕ならべる。「日々(かが)―・べて、夜には九夜、日には十日を」〈記・中・歌謡〉➡並(な)べて

な-ぶ【×靡ぶ】〔動バ下二〕なびくようにする。なびかせる。多く、複合語の形で用いられる。「そらみつ大和の国はおし―・べて我こそ居(を)れしき―・べて我こそいませ」〈万・一〉

ナフキン 「ナプキン」に同じ。補説「ナプキン」に「ふきん(布巾)」の連想がはたらいてできた語。

ナプキン〘napkin〙❶食事中に口や指をふいたり、衣服を汚さないように胸やひざにかけたりする布や紙。❷生理用の、パッド。

ナフサ〘naphtha〙《「ナフタ」とも》原油を分留して得られる、揮発性の高い未精製のガソリン。石油化学工業の原料などとして重要。粗製ガソリン。石油ナフサ。

なふさ-なふさ〔形動ナリ〕▶のうさのうさ

ナプシーコピエ-どおり【ナプシーコピエ通り】《Na Příkopě》チェコの首都プラハの中心部、旧市街と新市街の境界をなす通り。バーツラフ広場と共和国広場を結ぶ。銀行・レストラン・カフェ・高級ブランド店が並ぶプラハ随一の繁華街として知られる。「ナプシーコピエ」はチェコ語で「堀の上」を意味し、かつて旧市街の防備のための堀があったことに由来する。18世紀後半に埋め立てられて現在の通りが造られた。

ナフタ〘NAFTA〙《North America Free Trade Agreement》北米自由貿易協定。アメリカ・カナダ・メキシコの3か国による域内の貿易自由化をめざす協定。関税の引き下げ・撤廃、金融サービス市場の開放、投資の自由化などを内容とする。1992年に調印、94年1月発効。

な-ふだ【名札】姓名を書いた札。また、名刺。

ナフタリン〘ドイ Naphthalin〙▶ナフタレン

ナフタレン〘naphthalene〙芳香族炭化水素の一。コールタールを精製して得られる、昇華性の白色のうろこ状結晶。特有のにおいがある。防虫・防臭剤に用いるほか、有機化学合成の原料として広く用いられる。化学式$C_{10}H_8$

ナフテン〘naphthene〙石油に含まれるシクロアルカン(環状構造をもつ飽和炭化水素)の総称。代表的なものとしてシクロヘキサンが知られる。ナフテン系炭化水素。シクロパラフィン系炭化水素。

ナフテンけい-たんかすいそ【ナフテン系炭化水素】▶ナフテン

ナフトール〘naphthol〙ナフタレンの水素原子1個が水酸基で置換された化合物。特有の臭気をもつ昇華性の針状または板状結晶。水には溶けにくいが、ベンゼン・エタノールなどには溶けやすい。防腐剤・染料などの原料。化学式$C_{10}H_7OH$

ナフトール-せんりょう【ナフトール染料】水に不溶性のアゾ染料。ナフトール溶液で下漬けしてから乾燥し、これをジアゾ化合物の水溶液に浸して発色させる。木綿・レーヨンなどの染色に用いる。

ナフプリオン〘Nafplion〙ギリシャ、ペロポネソス半島北東部にある都市。アルゴリコス湾に面する港があり、東ローマ帝国やベネチア共和国の支配の下、何度も要塞化され、パラミディ要塞やアクロナフプリア要塞が残っている。1828年から1834年まで、ギリシャの首都が置かれた。現在はベネチア時代の街並みが残る観光地として知られる。ナフプリオ。

なぶり【×嬲り】からかったり苦しめたりしてもてあそぶこと。

なぶり-ごろし【×嬲り殺し】もてあそび苦しめながら殺すこと。「―にする」類語 虐殺(ぎゃくさつ)・惨殺・殺戮(さつりく)

なぶり-もの【×嬲り者｜×嬲り物】もてあそばれ苦しめられるもの。慰みもの。「皆の―にされる」

なぶ-る【×嬲る】〔動ラ五(四)〕❶弱い立場の者などを、おもしろ半分に苦しめたり、もてあそんだりする。「新入りを―・る」❷からかってばかにする。愚弄する。「教師が生徒に―・られる」❸手でもてあそぶ。いじりまわす。「おもちゃを―・る」類語 いじめる・虐げる

ナプルプス〘NAPLPS〙《North American Presentation Level Protocol Syntax》ビデオテックスの北米標準方式。日本の標準方式はCAPTAINという。

な-へ〔連語〕▶なえ〔連語〕

な-べ【鍋】《肴(な)を煮る瓮(へ)の意》❶食物を煮る、揚げる、ゆでる、蒸すなどの加熱調理をする器。金属製・陶器製などで、ふた・つる・取っ手などが付き、用途別に多くの種類がある。❷鍋料理のこと。鍋物。「―をつつく」「牛―」

〔…鍋〕胡坐(あぐら)鍋・揚げ鍋・圧力鍋・石狩鍋・煎(い)り鍋・御(お)鍋・親子鍋・牡蠣(かき)鍋・燗(かん)鍋・牛(ぎゅう)鍋・薬鍋・小鍋・桜鍋・猪(しし)鍋・慈善鍋・社会鍋・塩汁(しょっつる)鍋・成吉思汗(ジンギスカン)鍋・鋤(すき)鍋・楽しみ鍋・中華鍋・ちり鍋・弦(つる)鍋・手鍋・泥鰌(どじょう)鍋・土手鍋・土鍋・鳥鍋・生臭鍋・肉鍋・蛤(はま)鍋・平鍋・牡丹(ぼたん)鍋・蒸し鍋・焼き鍋・柳川(やながわ)鍋・行平(ゆきひら)鍋・寄せ鍋・割れ鍋

なべ-がね【鍋▽鉄】銑鉄(せんてつ)のこと。鍋などを鋳るのに用いるのでいう。

なべ-かぶり【鍋▽被り】❶滋賀県の筑摩(つくま)神社の祭礼の際の風習。➡筑摩祭 ❷ヒガラの別名。

なべ-かま【鍋釜】鍋と釜。炊事道具。また、最低限の生活用品をたとえていう語。「―まで借金の形(かた)に取られる」

なべ-こう【鍋×鸛】コウノトリ科の鳥。全長約95センチ。腹が白いほかは全体に金属光沢のある黒色で、くちばしと脚は赤い。ユーラシア大陸に分布。日本では迷鳥。

なべ-ざ【鍋座】▶嬶座(かかざ)

なべ-しき【鍋敷(き)】鍋を火から下ろしたときに、下に敷いて鍋を置くもの。

なべ-しぎやき【鍋×鴫焼(き)】輪切りにしたナスを油でいため、練り味噌を入れて煮た料理。

なべしま-かんそう【鍋島閑叟】▶鍋島直正(なおまさ)

なべしま-そうどう【鍋島騒動】江戸時代、佐賀藩成立期に起きた御家騒動。鍋島氏が主家竜造寺氏に代わって藩主となったことに対し、ひそかに竜造寺氏の再興が画策されたといわれる事件。のちに化け猫騒動として講談・歌舞伎などに脚色された。

なべしま-だんつう【鍋島×緞通】佐賀県で織られていた綿の緞通。江戸中期ごろ、中国の緞通の技法にならって創製。鍋島氏の佐賀藩が生産を奨励していたところからの名称。

なべしま-なおまさ【鍋島直正】[1814～1871]幕末の佐賀藩主。号、閑叟(かんそう)。藩政を改革し、殖産興業政策を推進。西洋文明を積極的に採用、軍備近代化・反射炉建設・蘭学奨励・種痘などを行い、名君としてきこえた。明治維新後、議定・開拓使長官などを歴任。

なべしま-やき【鍋島焼】江戸前期、肥前鍋島家が藩窯で焼かせた磁器。寛永5年(1628)の始まりと伝えるが、延宝3年(1675)松浦郡大川内に窯を移してから最盛期を迎えた。貴紳への献上品の焼造を主眼として、精巧華麗な作風を展開。染め付け・青磁もあるが、特に色絵は色鍋島として名高い。明治初期に藩窯は廃されたが、その技法は民間に受け継が

れている。

なべ-じり【鍋尻】鍋の底の火に当たる部分。

鍋尻を焼・く　夫婦となって世帯を営む。「白人まはしの駕籠の者とひとつになって、辛き—・いて半分は嘘で浮世をわたりぬ」〈浮・娘気質・五〉

なべ-しろ【鍋代】▶嬶座

なべ-ずみ【鍋墨】鍋・釜の底についた黒いすす。

なべ-せん【鍋銭】鍋鉄で鋳造した鉄銭。寛永通宝のうちでも劣悪なもの。なべぜに。

なべ-ぞこ【鍋底】❶鍋の内側の底。❷最も低く落ち込んだ状態が続くこと。「—景気」

なべぞこ-けいき【鍋底景気】景気が底をついたまま、長く回復しない状態。特に、昭和32年(1957)から翌年にかけての不況をいった語。

なべ-づる【鍋×鉉】鍋に取り付けてある、つる。

なべ-づる【鍋鶴】ツル科の鳥。全長約105センチ。体は灰黒色で頭と首が白く、頭上は皮膚が裸出して赤い。シベリアで繁殖。日本には冬鳥として山口県周南市・鹿児島県出水市に渡来し、特別天然記念物。

なべ-て【▽並べて】〔副〕《動詞「な(並)ぶ」の連用形＋接続助詞「て」から》❶全体が同じような状態・程度であるさま。総じて。おしなべて。「このクラスは—成績がよい」❷普通であるさま。「御ありさまの、あやしく、げに—に覚え給はぬなり」〈源・橋姫〉〔類語〕総じて・概して・大抵・全般に・おおむね・大概・一体に・およそ

並べてなら・ず　なみなみでない。格別である。「姿、用意など、—・ず見ゆ」〈源・絵合〉

なべ-とり【鍋取り】❶つるのない鍋・釜を火から下ろすとき、両手に持って縁をつかむためにわらで作った道具。鍋・釜の下にも敷いた。❷《形が❶に似ているところから》冠の老懸の異称。

なべ-な【山＝芹菜】マツムシソウ科の越年草。山地に生え、高さ1メートル以上になり、全体にとげのような毛がある。葉は羽状に裂けていて、柄に翼がある。夏から秋、紅紫色の頭状の花が咲く。

なへ-に〔連語〕▶なえに〔連語〕

なべ-ぶぎょう【鍋奉行】鍋料理の食材の入れ方や味の付け方、食べる順序などについて、あれこれと世話を焼きたがる人。

なべ-ぶた【鍋蓋】❶鍋のふた。❷卦算冠の俗称。「京」「亨」などの「亠」の部分。

鍋蓋に眼鼻　丸く平らで色の黒い顔のことを馬鹿にして言う言葉。

なべぶた-むし【鍋蓋虫】❶ナベブタムシ科の昆虫。体長約10ミリ。鍋のふたに似る。黄褐色に黒褐色の斑紋がある。清流の砂中にすむ。❷半翅目ナベブタムシ科の昆虫の総称。体は扁平な楕円形をし、有翅または無翅。清流中にすみ、他の昆虫を捕らえ吸血する。

なべ-まつり【鍋祭】▶筑摩祭

なべ-もの【鍋物】鍋で煮炊きしながら食べる料理。水炊き・寄せ鍋・牛鍋・すき焼きなど。鍋料理。

なべ-やき【鍋焼(き)】❶肉・魚・野菜などを土鍋に入れて煮た料理。《季 冬》❷「鍋焼き饂飩」の略。《季 冬》

なべやき-うどん【鍋焼(き)×饂×飩】うどんを、小さい土鍋で、かまぼこ・エビ・卵・野菜などの具とともに煮込んだもの。鍋からじかに食べる。《季 冬》「郭の夜更けて—かな／月斗」

なべやつばち【鍋八撥】狂言。鍋売りが、羯鼓売りと1軒の店を争って舞ううち、鍋を割ってしまい、「数が多くなってめでたい」と負け惜しみをいう。

なべ-りょうり【鍋料理】鍋を食卓に出し、材料を煮ながら食べる料理。鍋物。

なべ-わり【鍋▽破】ビャクブ科の多年草。湿った所に生え、高さ30～50センチ。4、5月ごろ、淡緑色の花が下向きに咲く。有毒で、なめると舌が割れるという「舐め割り」による名。

な-へん【ナ変】「ナ行変格活用」の略。

な-へん【那辺│奈辺】〔代〕不定称の指示代名詞。どのあたり。どのへん。どこ。「彼の意図が—にあるのかわからない」

ナボーナ-ひろば【ナボーナ広場】《Piazza Navona》イタリアの首都ローマにある広場。ローマ皇帝ドミティアヌスによる競技場の跡地に造られた。中央に、世界の四大河川を擬人化したベルニーニ作の噴水がある。ボロミーニ設計のサンタニェーゼインアゴーネ教会に面し、代表的なバロック様式の広場の一つとして知られる。1980年、「ローマ歴史地区、教皇領とサンパオロフォーリ-レ-ムーラ大聖堂」の名称で世界遺産(文化遺産)に登録された。

ナポカ〖Napoca〗ルーマニア北西部の都市クルージュナポカの、古代ローマ帝国時代における名称。

ナボコフ〖Vladimir Nabokov〗[1899～1977]ロシア生まれの米国の小説家・詩人。中年男の少女への倒錯的な愛を描いた小説「ロリータ」のほか、自伝「記憶よ、語れ」、評伝「ゴーゴリ伝」など。

ナホトカ〖Nakhodka〗ロシア連邦東部、沿海地方の港湾都市。日本海のナホトカ湾に面する不凍港を擁す。シベリア鉄道支線の終点。日本人墓地があるほか、1967年から93年まで日本の総領事館が置かれた。

ナポリ〖Napoli〗イタリア南西部、ティレニア海に臨む港湾都市。近くにカプリ島・ベズビオ火山があり、風光明媚な観光地として知られる。前600年ごろ、ギリシャの植民市として建設され、ネアポリス(新市)とよばれた。ローマ帝国の支配を経てナポリ王国の首都となり、ルネサンス文化の中心の一つとなった。1995年「ナポリ歴史地区」として世界遺産(文化遺産)に登録。英語名、ネープルズ。人口、行政区97万(2008)。

ナポリを見てから死ね　ナポリの風光を見ずに死んでしまっては、生きていた甲斐がない。ナポリ湾一帯の美しさを強調したイタリアのことわざ。

ナポリ-おうきゅう【ナポリ王宮】《Palazzo Reale di Napoli》イタリア南部、カンパニア州の都市ナポリにある宮殿。17世紀初頭、スペイン統治時代にフェリペ3世の居城として建築家ドメニコ＝フォンタナの設計により建造された。その後フェリペ3世は一度も訪れることなく、18世紀に増改築され、ナポリ王、両シチリア王に就いたブルボン家の王宮になった。現在は王宮博物館として、歴代ナポリ王の立像、17世紀から18世紀にかけてのナポリ派の絵画、家具調度品、タペストリー、陶磁器などを展示。パラッツォレアーレ-ディ-ナポリ。

ナポリ-おうこく【ナポリ王国】13世紀からイタリア半島南部にあった王国。1435年シチリア王国と合体。1713年以来オーストリア・スペイン・フランスの支配下におかれた。1815年再びシチリア王国と合体し、60年ガルバルディの軍に征服され、61年統一イタリアの一部となる。

ナポリ-だいせいどう【ナポリ大聖堂】《Cattedrale di Napoli》イタリア南部、カンパニア州の都市ナポリにある大聖堂。ナポリの守護聖人ジェンナーロを祭る。シチリア王カルロ1世の命で13世紀末に建設が始まり、14世紀初めに完成。19世紀にファサード部分が改築された。年に二度、瓶に入った聖ジェンナーロの血が液化するという奇跡で知られ、5月と9月に盛大な祭りが催される。サンジェンナーロ大聖堂。ドゥオモ-ディ-ナポリ。

ナポリタン〖フランス napolitain〗ナポリ風の、トマトソースを用いた料理。特に、スパゲティナポリタンのこと。

ナポレオン〖Napoléon〗[一]フランス皇帝。㊀(～Bonaparte)(1世)[1769～1821]在位1804～1814、1815。コルシカ島の生まれ。砲兵将校としてフランス革命に参加。イタリア派遣軍司令官として勝利を得、1799年のクーデターで執政、1804年皇帝となる。ヨーロッパを征服したが、対英封鎖に失敗、ロシア遠征にも失敗。1814年退位してエルバ島に流される。翌年帰国し、皇帝に復したがワーテルローの戦いに敗れ、セントヘレナ島に流されて没した。ナポレオン法典の編纂、教育制度の設立など、近代化に功績を残した。〔補説〕「奈破崙」とも書く。㊁(Charles Louis～Bonaparte)(3世)[1808～1873]在位1852～1870。㊀の甥。1848年に大統領。1851年クーデターで議会を解散。翌年、憲法を制定して皇帝となり第二帝政を開く。1870年普仏戦争に敗れて退位、英国に亡命。ルイ＝ナポレオン。[二]❶ブランデーを貯蔵年数で等級に分ける場合の、最高級の称。❷トランプゲームの一。中の一人がナポレオンとなって副官を指名し、他の者は連合軍となって対抗し合い、取り札の多いほうが勝ちとなる。❸サクランボウの一品種。❹ナポレオン1世が鋳造させた20フラン金貨。

ナポレオン-せんそう【ナポレオン戦争】ナポレオン1世が執政および皇帝に在位した期間に指揮した戦争の総称。1796年のイタリア遠征をはじめ、トラファルガー沖の海戦、アウステルリッツの戦い、ワーテルローの戦いなどを含む。

ナポレオン-ほうてん【ナポレオン法典】1804年3月、ナポレオン1世が制定した民法典。全文2281条。私的所有権の絶対、個人意志の自由、家族の尊重を基本原則とし、身分編・財産編・財産取得編の3部からなる。世界各国の民法に大きな影響を与えた。

なま【生】[一]〔名・形動〕❶食物などを煮たり焼いたりしていないこと。加熱・殺菌などの処理をしていないこと。また、そのさま。「魚を—で食う」「しぼりたての—の牛乳」❷作為がなく、ありのままであること。また、そのさま。「国民の—の声」「—な身をもってしたおのれの純粋体験から」〈長与・竹沢先生と云ふ人〉❸㋐演技・演奏などを直接その場で見たり聞いたりすること。「—の舞台」㋑録音・録画などによらないで直接その場から放送すること。「—の番組」❹技術・経験などが未熟であること。また、そのさま。「石鹸なんぞを、つけて、剃るなあ、腕が—なんだが」〈漱石・草枕〉❺「生意気」の略。「—を言う」「お—な子」❻「生ビール」の略。「ビールは—がうまい」[二]〔副〕なんとなく。中途半端に。「この男も—頭痛くなりて」〈今昔・二七・二〇〉[三]〔接頭〕❶名詞に付いて、いいかげんな、中途半端な、などの意を表す。「—返事」「—あくび」「—煮え」❷形容詞・形容動詞に付いて、少しばかり、何となく、などの意を表す。「—ぬるい」「—暖かい」❸人を表す名詞に付いて、年功が足りない、世慣れていない、年が若いなどの意を表す。「—女房」「—侍」

なま-あくび【生欠＝伸】中途半端なあくび。「—をかみ殺す」

なま-あげ【生揚(げ)】❶揚げ方が不十分な状態。また、そのもの。❷油揚げの一。豆腐を厚く切って油で揚げたもの。関西では厚揚げという。

なま-あし【生足】靴下・ストッキングをはいていない女性の足をいう俗語。素足。〔補説〕男には使わない。

なま-あたたか・い【生暖かい】〔形〕〔文〕なまあたたか・し〔ク〕なんとなく暖かい。「—・い風が吹く」〔派生〕なまあたたかさ〔名〕〔類語〕暖かい・あったか・暖か・温暖・ぽかぽか・ほかほか・温和・優しい・温い・ぬくい・生ぬるい・ぬくぬく・ぬくもり・ほやほや

なま-あたらし・い【生新しい】〔形〕〔文〕なまあたら・し〔シク〕いかにも新しい。なまなましい。「—・い傷あと」

なま-あん【生×餡】小豆などを煮てつぶしただけで、砂糖を加えてない餡。

なま-い【生×藺】オモダカの古名。〈本草和名〉

なま-いえ【生癒え】病気や傷が十分に治っていないこと。「二寸ばかり疵あり、いまだ—にて、あかみたり」〈宇治拾遺・一〉

なま-いき【生意気】〔名・形動〕自分の年齢や能力を考えず、出すぎた言動をすること。また、そのさま。「—な口をきく」〔類語〕こざかしい・利いた風・小癪

なまいき-ざかり【生意気盛り】生意気な言動をしがちな年頃。「—の高校生」

なまいだ　「なむあみだぶつ(南無阿弥陀仏)」の音変化。

なまいだ-ぼうず【なまいだ坊主】江戸時代、鉦をたたいて念仏を唱えながら浄瑠璃や物まねを演じて金品をもらい歩いた僧形の物乞い。

なま-いとお・し【生いとほし】〔形シク〕なんとなく気の毒である。「乱るる所もやと、—・しくおぼす」

〈源・若菜下〉

なま-いり【生煎り｜生×熬り】十分に煎(い)ってないこと。また、そのもの。「一の豆」

なま-いわけな・し【生▽稚し】〔形ク〕なんとなく幼稚である。「一・き戯れ言なども」〈源・若菜下〉

なま-うお【生魚】煮たり焼いたりなどしてない、なまのさかな。なまざかな。

なま-うかび【生浮かび】十分な覚悟をもたずに仏道に入ること。「一にては、かへりて悪しき道にも漂ひぬべくぞ覚ゆる」〈源・帚木〉

なま-うしろめた・し【生後ろめたし】〔形ク〕なんとなく不安な気がする。なんとなく気がとがめる。「いかでかばかりも人に声聞かすべきものとならひ給ひけむと、一・し」〈源・蜻蛉〉

なま-うらめ・し【生恨めし】〔形シク〕なんとなく恨めしい。「一・しと思ひ聞え給ふべかめり」〈源・総角〉

なま-え【生餌】❶「いきえ」に同じ。❷「擂(す)り餌」に同じ。

な-まえ【名前】❶㋐人の氏名。姓名。「新入社員の一をおぼえる」㋑姓に対しての、名。「子に一を付ける」❷事物の名称。㋐一般の名称。「草木の一」㋑固有の名称。「山の一」

(類語)(❶)人名・氏名・姓名・姓氏・姓(せい)・名字・氏(うじ)・ファーストネーム・フルネーム（尊敬）芳名・尊名・高名(こうめい)・貴名／(❷)名(な)・名称・呼び名・称(しょう)・呼称・称呼・称号・称(たた)え・名目・名義・ネーム・ネーミング・名(めい)

なま-えい【生▽酔ひ】「なまよい」に同じ。「例の一であたけたかと思ひやした」〈滑・浮世床・初〉

なまえ-かいけつ【名前解決】コンピューターネットワークにおいて、コンピューター名やドメイン名などからIPアドレスを割り出すこと。または、IPアドレスからコンピューター名やドメイン名を割り出すこと。

なまえ-まけ【名前負け】〔名〕(スル) 名前がりっぱすぎて、実物が見劣りすること。「先代の名をもらって一する」

なま-えんそう【生演奏】劇場・ホールでの実際の演奏。レコード・録音テープなどに対していう。

なま-おか・し【生可=笑し】〔形シク〕少し心がひかれる。なんとなく興味がある。「一・しくもあはれにもおぼし出でけり」〈源・若菜下〉

なま-おそろ・し【生恐ろし】〔形シク〕なんとなく恐ろしい。「一・しと思へるけしきを見て」〈更級〉

なま-おぼえ【生覚え】❶記憶が確かでないこと。うろおぼえ。「よみたる歌などをだに一なるものを」〈枕・一六一〉❷あまり気に入られていないこと。「一あざやかならぬにや、暗き紛れに立ちまじりたりけむ」〈源・宿木〉

なま-お・ゆ【生老ゆ】〔動ヤ上二〕やや年老いている。「一・いたる女法師」〈枕・八七〉

なま-おんな【生女】❶未熟な女。一人前でない女。「かやうの一こそは、ものたばかりはすめれ」〈宇津保・嵯峨院〉❷身分のいやしい女。「もしは一などして言はすることこそあれ」〈かげろふ・上〉

なま-がい【生貝】❶なまの貝。貝類の生肉。❷アワビの生肉。塩で洗って締まった肉を刻み、冷水で冷やして食べる。水貝(みずがい)。

なま-がくしょう【生学生】未熟な大学寮の学生。「父が一につかはれ奉りて」〈大鏡・序〉

なま-かく・す【生隠す】〔動サ四〕なんとなく隠す。「一・す気色(けしき)なれば、人にも語らず」〈源・手習〉

なま-がくもん【生学問】なまかじりの学問。

なま-がし【生菓子】❶餡(あん)を主に用いた和菓子。餅(もち)菓子・蒸し菓子・まんじゅう・ようかんの類。水分を多く含むため長もちしない。⇔干菓子(ひがし)。❷クリーム・果実・ゼリーなどを使った水分の多い洋菓子。シュークリームの類。

なま-かじり【生×齧り】〔名〕(スル) 物事を表面的に少しばかり知っただけで、十分に理解していないこと。「一の知識」「外来の思想を一して」〈有島・星座〉

なまがた-ほう【生型法】湿ったままの砂で鋳型をつくり、乾燥工程を省いてそのまま溶融金属を注入して鋳造する方法。低コストを特色とする。

なま-かたわらいた・し【生傍ら痛し】〔形ク〕なんとなくきまりが悪い。「いと盛り過ぎ給へりやなど、一・く思ひ給へり」〈源・若菜上〉

なま-がてん【生合点】よく理解しないでわかったつもりになること。なまがってん。「一の返事」

なま-がね【生▽鉄】よく鍛えていない鉄。

なま-かべ【生壁】❶塗りたてで、まだよく乾いていない壁。❷「生壁色」の略。

なまかべ-いろ【生壁色】茶色がかったねずみ色。また、濃い藍ねずみ色。

なま-かわ【生皮】❶なまのままの新しい皮。はいだばかりで、まだ乾燥や加工のしてない皮。「一をはぐ」❷雁(がん)や鴨(かも)の皮を酢に漬けたもの。煮たてた醤油につけて食べる。❸怠けること。ものぐさなこと。また、その人。「物ぐさの蔵人と召されけるより、世には一の蔵人とも呼ぶ」〈鶉衣・蔵人伝〉

なま-かわき【生乾き】《「なまがわき」とも》十分に乾いていないこと。「一のシャツ」

なまかわ-もの【生皮者】怠け者。横着者。「この男、一なりければ」〈仮・仁勢物語・下〉

なま-かんだちめ【生▽上▽達▽部】未熟な年若い上達部。「元は公家の一に仕へて」〈太平記・二一〉

なま-き【生木】❶地に根を張って生きている木。❷切ったばかりで、まだ乾燥していない木。

生木を裂・く　相愛の夫婦・恋人などをむりやり別れさせる。「一・かれる目にあう」

なま-ぎき【生聞き】〔名・形動〕❶いい加減に聞くこと。また、そのさま。「注意を一にしていて痛い目にあう」❷よく知りもしないで、知ったかぶりに振る舞うこと。また、その人やさま。半可通。「恋愛があるのないのと一な事を思ったが」〈鴎外・青年〉

なま-きず【生傷｜生×疵】なまなましい傷。新しい傷。「一が絶えない」(類語)怪我・傷手・手傷・古傷・痛手

なま-ギター【生ギター】▶アコースティックギター

なま-キャラメル【生キャラメル】生クリームを多めに加えた、やわらかく口溶けのよいキャラメル。

なま-きんだち【生▽公▽達】それほど身分の高くない公家の子息。「一の蔭妻(かげづま)にて、益なし」〈狭衣・三〉

なま-くげ【生▽公家】未熟な年若い公家。身分の低い公家。また、公家をののしっていう語。「一ばら、引っ括れ」〈浄・女楠〉

なま-ぐさ【生臭｜×腥】❶生臭いこと。また、そのもの。生臭物。❷「生臭坊主」の略。

なま-ぐさ・い【生臭い｜×腥い】〔形〕図なまぐさ・し〔ク〕❶生の魚や肉のにおいがする。「魚を料理して手が一・くなる」❷気持ちの悪いにおいがする。また、血のにおいがする。「一・い風が吹く」❸僧が戒律を守らず堕落している。俗臭が鼻につくさま。「一・い坊主」❹欲望・利害などがからんでいるさま。「政界と財界との一・い癒着」❺生意気である。こしゃくである。「一・い男呼ばり、置け置け、置いてくれ」〈浄・寿の門松〉(派生)なまぐささ〔名〕(類語)(❷)血生臭い

なまぐさ-なべ【生臭鍋】❶魚など、なまぐさ物を使った鍋料理。❷遠い親族。やっと一族のにおいがする程度の意からという。〈俚言集覧〉

なまぐさ-ぼうず【生臭坊主】《魚肉・獣肉など生臭いものを食べる坊主の意から》戒律を守らない品行の悪い僧。また、俗気の多い僧。

なまぐさ-もの【生臭物】なまぐさいもの。魚介・獣肉など。また、それを使った料理。⇔精進物(しょうじんもの)。

なまぐさ-りょうり【生臭料理】生臭物を使った料理。⇔精進(しょうじん)料理。

なま-くちお・し【生口惜し】〔形シク〕少し残念である。「いと御心とどめ給へる皇女(みこ)と聞きしをと思ふも、一・しけれど」〈源・若菜上〉

なま-くねくね・し【生くねくねし】〔形シク〕なんとなくひねくれている。どこかねじけている。「うるはしうもあらぬ心ばへうちまじり、一・しき事も出で来る時々あれど」〈源・紅梅〉

なま-くび【生首】斬って間のないなまなましい首。

なま-くら【▽鈍】〔名・形動〕❶刃物の切れ味が鈍いこと。また、そのさまや、その刃物。「一な包丁」❷力が弱いこと。意気地がないこと。また、そのさまや、その人。「一なからだ」「そんな一なことでどうする」❸腕前が未熟であること。また、そのさまや、その人。「一な芸」

なまくら-がたな【▽鈍刀】切れ味の鈍い刀。なまくら。

なま-くら・し【生暗し】〔形ク〕薄暗い。「御車のあたりに、一・き折に立てりけり」〈大和・一六一〉

なまくら-ぶし【▽鈍武士】なまくら刀を帯びた武士。また、意気地のない武士。こしぬけざむらい。

なまくら-よつ【▽鈍四つ】相撲で、右四つ・左四つのどちらで組んでも取り組めること。

なま-ぐり【生×栗】生のままの栗の実。

なま-クリーム【生クリーム】牛乳から分離・抽出した脂肪分。洋菓子の材料やコーヒー添加用などにする。

なま-くる・し【生苦し】〔形シク〕なんとなく迷惑である。少し困る。「心安くならひ給へる有様の、所狭(せ)からむ事を、一・しくおぼすに」〈源・宿木〉

なまけ【怠け｜×懶け】怠けること。ずるけること。「単なる一で学校を休む」

怠け者の足から鳥が起(た)つ　ふだん怠けている者は、いざ事が起こるとあわて騒いでやり始める。➡足元から鳥が立つ

怠け者の節句働(ばたら)き　ふだん怠けている者が、世間の人が休む日に限って働くこと。

なまけ-ぐせ【怠け癖】しなくてはならないことを怠ける習慣。「一を直す」

なまけ-ぐま【×懶熊】クマ科の哺乳類。体長140〜180センチ。体は黒い長毛で覆われ、前肢の爪が長い。果物や蜂蜜(はちみつ)を好み、インド・スリランカの森林地帯に分布。蜜熊。

なまけ-もの【怠け者】怠ける人。怠けてばかりいる人。

なまけ-もの【樹=懶】貧歯目ナマケモノ科の哺乳類の総称。体長約50センチ、尾はきわめて短く、鉤(かぎ)状の爪で木の枝にぶら下がり、動作は緩慢。歯は不完全で、柔らかな木の葉や芽を食べる。体毛は長く茶色であるが、藻類が寄生するので緑色を呈し、保護色となる。フタユビナマケモノとミユビナマケモノの2属に大別される。

なま-けやけ・し【生けやけし】〔形ク〕なんとなく煩わしい。「一・しとは見給へど」〈源・夕霧〉

なま・ける【怠ける｜×懶ける】〔動カ下一〕図なま・く〔カ下二〕❶なすべきことをしない。働かない。ずるける。「仕事を一・ける」❷元気がなくなる。力がなくなる。「旅人を乗せたる馬士(まご)一・けたる声にて」〈滑・膝栗毛・初〉❸なまやさしくなる。鈍くなる。「京の詞は一・けて悪い」〈浄・矢口渡〉(類語)怠る・サボる・ずるける

なま-げんこう【生原稿】肉筆の原稿。

なま-こ【海=鼠】❶ナマコ綱の棘皮(きょくひ)動物の総称。すべて海産。体は円筒形で前後に細長く、前端に口と触手、後端に肛門があり、皮膚の中に小さな骨片が散在。種類が多く、マナマコは生食のほか、海参(いりこ)・海鼠腸(このわた)に加工する。(季 冬)「尾頭のこころもとなき一哉／去来」❷製錬した鉄・銅・鉛などを鋳型に流し込んだもの。❸「海鼠板」「海鼠壁」「海鼠絞り」などの略。

なま-こい・し【生恋し】〔形シク〕なんとなく恋しい。「京さへ一・しき旅のほど」〈大和・附一〉

なまこ-いた【海=鼠板】波形をした板。波形のスレート板や亜鉛鉄板。屋根・塀などに使う。波板。

なまごおり-どうふ【生凍り豆腐】豆腐を大きめの賽(さい)の目に切り、寒い野外で一晩凍らせたもの。ぬるま湯で戻し、煮物などにする。

なまこ-がた【海=鼠形】❶海鼠のような形。半円筒形。かまぼこ形。❷火鉢の縁などの手をかける穴で、海鼠餅(もち)の切り口に似たもの。

なまこ-かべ【海=鼠壁】四角い平瓦(ひらがわら)を張り、その目地(めじ)に漆喰(しっくい)をかまぼこ形に盛り上げて塗った壁。土蔵などの外壁に用いる。

なまこ-がわら【海=鼠瓦】「丸瓦(まるがわら)」に同じ。

なま-ごころ【生心】❶なまはんかな風流心。「昔、一ある女ありけり」〈伊勢・一八〉❷好色な心。「兄一万は一、顔を赤めてさしうつぶき」〈浄・根元曽我〉

なま-こころぐる・し【生心苦し】〔形シク〕なんとなく心配である。「六条院は一・しう、さまざまおぼし乱る」〈源・若菜上〉

なま-こざか・し【生小▽賢し】〔形シク〕どことなく利口ぶっている。生意気である。「一・しきさかしらの出で来るこそ」〈沙石集・四〉

なまこ-しっくい【海=鼠漆×喰】海鼠壁の瓦の継ぎ目を塗り固める漆喰。

なまこ-しぼり【海=鼠絞】有松絞をいっそう細かく絞ったもの。根がけなどに用いる。布の形が海鼠に似ているところからいう。

なまこ-ひき【海=鼠×曳き】小正月の行事の一。海鼠を藁苞に入れ、長い縄に結んで屋根の周囲や町中を曳いて歩き、「もぐらもち内にか、なまこどんのお通りだ」などと唱える。もぐらひき。

なま-ごみ【生×塵】台所から出る、魚・野菜などのくずや残りかすなど、水けのあるごみ。

なま-ゴム【生ゴム】ゴム植物から採取した乳液(ラテックス)を酸で凝固・乾燥させた原料ゴム。硫黄を加えて弾性ゴムとする。

なま-ごめ【生米】生のままの米。炊いたり煎ったりしていない米。

なまこ-もち【海=鼠餅】海鼠形に作った餅。薄く切ってかき餅などにする。

なま-ごろし【生殺し】❶殺す寸前まで痛めつけること。「へびの一」❷物事を中途半端の状態にして相手を苦しめること。「一線級の選手を一にする」

なま-コン【生コン】「生コンクリート」の略。

なま-コンクリート【生コンクリート】コンクリート工場からミキサー車などで工事現場に運ばれる、固まっていないコンクリート。生コン。

なま-さか・し【生▽賢し】〔形シク〕少しばかりかしこい。こざかしい。「一・しき事しいでては悪しかりなん」〈著聞集・九〉

なま-さかしら【生▽賢しら】ちょっと利口そうに振る舞うこと。「一などする人は」〈かげろふ・上〉

なま-ざかな【生魚｜生×肴】煮たり焼いたりしていないなまの魚。なまうお。

なま-ざけ【生酒】もろみを絞っただけで、殺菌のための火入れをしていない酒。

なま-ざとり【生悟り】《「なまさとり」とも》いいかげんな悟り方。なまはんかな悟り。「一の経仏講釈に為事なしのあきらめ」〈一葉・やみ夜〉

なま-さぶらい【生▽侍】未熟な侍。年若く、身分の低い侍。あおざむらい。「今は昔、人のもとに宮づかへしてある一ありけり」〈宇治拾遺・六〉

なま・し【生し】〔形シク〕❶なまである。新鮮である。「一・しき鯛はいみじき物なりし」〈今昔・二八・三〇〉❷十分に熟練していない。未熟である。「衆生の機一・しき時は感応なし」〈沙石集・二〉

な・まし〔連語〕《完了の助動詞「ぬ」の未然形＋推量の助動詞「まし」》❶(多く上の仮定表現を受けて)きっと…していただろう。「白玉か何ぞと人の問ひし時露と答へて消えー・ましものを」〈伊勢・六〉❷(上の疑問の語を受けて)…してしまおうかしら。いっそのこと…しようか。「幼き御ありさまのうしろめたさにことつけて、下りやしー・ましと、かねてよりおぼしけり」〈源・葵〉❸きっと…だろう。…てしまうかもしれない。「けふ来ずはあすは雪とぞ降りー・まし消えずはありとも花と見ましや」〈古今・春上〉

なまじ【×憖】《「なまじい」の音変化》㊀〔形動〕㊇〔ナリ〕完全ではなく中途半端であるさま。いいかげん。なまじっか。「一なことでは承知しまい」㊁〔副〕❶無理にしようとするさま。しなければよかったのに、という気持ちで用いる。なまじっか。「一手出しをしたばかりに失敗に終わった」❷中途半端なさま。なまじっか。「一金があるものだから」〔類語〕なまじっか・あやふや

なま-じい【×憖】㊀〔形動〕㊇〔ナリ〕❶「なまじ㊀」に同じ。「一に御器量好しだの美人だの云われた丈に」〈蘆花・自然と人生〉❷そうするのは無理なのにあえてするさま。「物思ふと人に見えじと一に常に思へりありそかねつる」〈万・六一三〉❸しなくてもいいのにするさま。「一なるいくさして、言ふかひなく敵の手にかかり」〈太平記・一一〉㊁〔副〕「なまじ㊁」に同じ。「お旗下の若様だと一若い人に知らせると」〈円朝・真景累ヶ淵〉

なま-しぞく【生▽親族】血縁の近くない親族。「一だつ人とぶらひにものしたり」〈かげろふ・中〉

なまじっか【×憖っか】㊀〔形動〕「なまじ㊀」に同じ。「一な知識をひけらかす」㊁〔副〕「なまじ㊁」に同じ。「一行かなければよかった」

なましな【男信】江戸後期の語学書。3巻。東条義門著。天保13年(1842)刊。漢字音の韻尾にn音とm音の区別があり、それが日本の古い地名表記などに示されていることを考証したもの。

なま-じめ【生締】歌舞伎の鬘の一種で、髷を油で棒状に固めたもの。石切り梶原や佐々木盛綱・熊谷直実など時代物の分別ある武士の役に用いることが多いので、これらの役柄をもさす。

なま-じょうゆ【生×醤油】▶きじょうゆ

なま-しょく【生食】〔名〕スル ▶せいしょく(生食)

なま-じろ・い【生白い】〔形〕㊇なまじろ・し〔ク〕《「なましろい」とも》いくらか白い。また、肌などの色がいやに白い。そのような人の弱々しさについてもいう。なまっちろい。「病み上がりのー・い顔」「やはりー・く笑いながら立ち上がった」〈康成・温泉宿〉〔派生〕なまじろさ〔名〕

なます【×膾｜×鱠】古くは、魚・貝・獣などの生肉を細かく刻んだもの。のちに、魚・貝や野菜などを刻んで生のまま調味酢であえた料理をさす。

膾に叩たく　細かに切り刻んで膾にする。転じて、大勢で人をめった打ちにする。「ー・けと声々にをめいてかかれば」〈浄・聖徳太子〉

膾を吹く　▶羹に懲りて膾を吹く

なま・す【▽鈍す】〔動サ五(四)〕❶焼いた鋼を水やぬるま湯に入れて硬度を高める。「刃物をー・す」➡にらぐ❷高温で熱した鉄材などをゆっくりと冷やす。焼き鈍しをする。「鉄線をー・す」➡焼き鈍し

なます〔助動〕《「なさいます」の変化形「なはいます」「なはます」の音変化。近世後期の遊里語》動詞の連用形に付いて尊敬の意を表す。…なさいます。「お家さんの傍に立って居なます嬰児さんを見いな」〈滑・浮世風呂・二〉

なまず【×癜】斑点を生じる皮膚病。表皮が癜風菌という真菌に感染して起こり、冒された皮膚の色により、白なまず・黒なまずという。

なまず【×鯰】❶ナマズ目ナマズ科の淡水魚。流れの緩やかな川や湖沼の泥底にすみ、全長約50センチ。頭部は縦扁するが尾部は側扁し、うろこはない。口ひげは4本ある。体色は暗褐色ないし緑褐色で、雲形斑紋のあることが多い。夜行性。東アジアに分布。食用。近縁種に琵琶湖特産のビワコオオナマズ・イワトコナマズがある。〔季 夏〕「一見てもの書けぬ時慰みぬ/青邨」❷(大ナマズが地中であばれるため地震が起こるという俗説から)地震のこと。❸「鯰髭」の略。〔補説〕「鯰」は国字。

鯰に瓢箪　▶瓢箪鯰

なまず-え【×鯰絵】《大ナマズが動いて地震を起こすという俗信から》大ナマズと地震を主題にした錦絵。安政2年(1855)10月2日の夜、江戸を襲った安政の大地震の直後から多数発行された。

なまず-ぐま【×鯰×隈】歌舞伎の隈取りの一。鼻脇から下部へ、墨で鯰ひげを描くのが特徴。鯰坊主などに用いる。

ナマステ〔ヒンディー namaste〕〔感〕あいさつに用いる語。おはよう。こんにちは。こんばんは。

なまず-はだ【×癜肌】なまずのできている肌。

なまず-はだ【×鯰肌】「澄肌」に同じ。

なまず-ひげ【×鯰×髭】❶ナマズのひげに似た細長い口ひげ。また、そのような口ひげの人。❷《多くなまずひげを生やしていたところから》明治初期に、官吏をあざけっていった語。

なまず-ぼうず【×鯰坊主】歌舞伎の役柄の一。左右のもみ上げから、太白の糸で編んだ長い毛を垂らしている坊主。「暫」に登場する。

なま-ずりょう【生▽受領】実力のない国司。「ことなる事なきーなどやうの家に」〈源・蓬生〉

なま-ぜん【生禅】禅を学び、なまかじりなのに自分では悟った気になっていること。野狐禅。

なま-そんのう【生孫王】たいしたことのない孫王。「一めくいやしからぬ人」〈源・椎本〉

なま-だけ【生竹】《「なまたけ」とも》切りたての青々とした竹。青竹。

なま-だね【生種】蚕の不越年卵のこと。産卵後、休眠することなく発育を続け、短期間で孵化する。

なま-たまご【生卵｜生玉子】ゆでたり焼いたりしていない、なまのままの卵。

なま-ち【生血】新鮮な血。いきち。

なま-ちち【生乳】しぼったばかりの新しい乳。まだ加工していない乳。

なま-ちゅうけい【生中継】〔名〕スル 録音や録画などによらず、現場から直接状況を中継放送すること。実況中継。「事故現場から一する」〔類語〕生放送・ライブ

なま-づけ【生漬(け)】漬物の漬け方が十分でないこと。また、その漬物。

なまっ-ちょろ・い【生っちょろい】〔形〕《「なまちょろい」の促音添加》態度ややり方などに厳しさが足りない。あまっちょろい。「そんなー・いことではなめられるぞ」

なまっ-ちろ・い【生っ▽白い】〔形〕「なまじろい」の音変化。「ー・い若者」

なま-つば【生唾】おいしそうなものや酸味のあるものを見たり想像したりしたときや、気分が悪かったり興奮・緊張したりしたときなどに、自然に口の中に出てくるつば。なまつばき。

生唾を飲み込・む　目の前にあるものが欲しくてたまらなくなる。

なま-づめ【生爪】指に生えているままのつめ。「一をはがす」

なま-づら【生面】(「生面下げる」の形で)顔をののしっていう語。いけしゃあしゃあとした顔。「なんの一さげて、今この所へ来たりしぞ」〈浄・出世景清〉

なま-テープ【生テープ】まだ録音や録画をしていない磁気テープ。

なま-ドル【×訛ドル】《「訛りのあるアイドル」の略》方言で話すことが魅力の一つになっているアイドルタレント。

なま-なか【生中｜生半】㊀〔形動〕㊇〔ナリ〕中途半端なさま。どっちつかず。なまはんか。「一な心得では太刀打ちできない」㊁〔副〕そうすることがかえって良い結果とならず、まずいという気持ちを表す。なまじっか。「けれど一お顔を見るなんざ唯思いを増すばかりでね」〈木下尚江・良人の自白〉

なま-なま【生生】㊀〔副〕スル 非常に新しいさま。いかにも生々しいさま。「青い葉が一して一めんに散っているのである」〈堀辰雄・巣立ち〉㊁〔形動ナリ〕❶本気でしないさま。しぶしぶ。「其の御琴を取り依せて一に控き坐しき」〈記・中〉❷未熟なさま。中途半端なさま。「一にまねびて思ひ叶はぬたぐひありける後」〈源・若菜下〉

なまなま-し・い【生生しい】〔形〕㊇なまなま・し〔シク〕❶今できたばかりのようである。真新しい感じがする。「ー・い傷あと」「ー・い事件の現場」❷目の前に見ているような感じである。「記憶にー・い」「ー・い体験談」❸生身である。生きている。「神よりもきみは消たなむ誰により一・し身の燃ゆる思ひぞ」〈平中・一一〉〔派生〕なまなましさ〔名〕〔類語〕新しい・ありあり

なま-なり【生成り｜生▽熟り】〔名・形動〕❶「生熟れ❶」に同じ。❷能面の一。角を少し生やし、髪を乱した女面。般若の前段階で、女性の中の魔性がまだ十分に熟さない状態を表す。「鉄輪」の後ジテに用いる。❸未熟であること。十分にできあがっていないこと。また、そのさまや、そのもの。「一ナ鮨」〈日葡〉

なま-なれ【生▽熟れ】〔名・形動〕❶熟れ鮨で、十分熟成していないもの。❷果物などで、十分熟していないもの。❸十分に熟達していないこと。また、そのさまや、そのような人。「一な商人の来る節句前」〈川柳

評万句合〉
なま‐にえ【生煮え】〔名・形動〕❶十分煮えていないこと。また、そのもの。半煮え。「―な(の)ジャガイモ」❷未熟なこと。また、そのさま。「―な(の)知識をふりまわす」❸どちらともはっきりせず、煮えきらないこと。また、そのさま。「―な(の)返事」「対応が―だ」❹十分な議論・検討のされていないこと。「―の法案を提出する」➡煮詰まる
なま‐にく【生肉】火を通していない、なまの肉。
なま‐にく・し【生憎し】〔形ク〕どことなく憎らしい。少しもかわいげがない。「いとつつみなく、もの馴れたるも―・きものから」〈源・橋姫〉
なま‐にょうぼう【生女房】ニヨウバウ 宮仕えにまだなれていない女房。新参で未熟な女房。青女房。「ある人のもとに―のありけるが」〈宇治拾遺・五〉
なま‐にんじゃく【生人尺】〔名・形動ナリ〕「生半可なまはん」に同じ。「(ドラ息子ノ)居続けへ―な母の文」〈柳多留・二〉
なま‐ぬか・る【生抜かる】〔動ラ四〕うっかり油断する。また、どことなく間が抜けている。「―・って侮られな」〈浄・松風村雨〉
なま‐ぬり【生塗(り)】塗り方が不十分であること。また、塗って、乾きが不十分であること。「―の看板」
なま‐ぬる・い【生▽温い】〔形〕文なまぬる・し〔ク〕❶少しあたたかい。中途半端にあたたかい。また、変にあたたかい。なまあたたかい。「―・いふろ」「―・い春風」❷きびしさがない。手ぬるい。「―・い処置」「しつけ方が―・い」❸気力が感じられない。情熱が足りない。「―・き、色の白きひな男なり」〈仮・東海道名所記・一〉(派生)なまぬるさ〔名〕(類語)(⑴)ぬるい・ぬくぬく・ぬるむ・暖かい・温暖・生あたたかい・ぬくい/(⑵)甘い・手ぬるい・甘っちょろい・安易・いいかげん
なま‐のみこみ【生×呑み込み】十分に理解しないで、わかった積もりになること。
なま‐はげ【生剝げ】《「なま」は「なもみ」の意》秋田県男鹿おが地方などで、陰暦正月15日夜(近年は多く大みそか、または陽暦1月15日)に行われる行事。数人の青年が蓑みの・仮面などで鬼の姿をし、木製の大包丁・手桶などを持って家々を訪れ、子供の怠惰を戒めたりして、酒食の振る舞いを受け、祝儀の餅をもらって帰る。あまめはぎ。なもみはぎ。ひかたたくり。(季 新年)
なま‐はしたな・し【生はしたなし】〔形ク〕少しはしたない。また、なんとなくきまりが悪い。「いらへ給はでほど経ければ、―・きに」〈源・夕顔〉
なま‐ばな【生花】生け花で、自然の花。造花や枯れ枝、人工を加えた花などに対していう。
なま‐ハム【生ハム】豚肉を塩漬けして低温で燻煙くんえんし、湯煮をしないハム。または、燻煙せずに乾燥させたハム。
なま‐ば・む【生ばむ】〔動マ四〕なんとなく怪しく見える。どことなくうさんくさい。「用心の最中、―・うたる人の疲れ乞ひするは、夜討ち強盗の案内見る者か」〈太平記・三三〉
なま‐はるまき【生春巻(き)】ベトナム料理の一。エビや肉、生野菜などをライスペーパーで巻いた料理。名称は、油で揚げたり焼いたりしないことから。ゴイクーン。
なま‐はんか【生半可】〔名・形動〕十分でなく中途半端であること。いいかげんであること。また、そのさま。「―な(の)知識」「―な気持ちではだめだ」(類語)いい加減・適当・生半尺・でたらめ・ちゃらんぽらん・行きあたりばったり・無責任・半端・中途半端
なま‐ばんぐみ【生番組】ラジオ・テレビなどの、生放送による番組。
なま‐はんじゃく【生半尺】〔名・形動ナリ〕「生半可なまはんか」に同じ。「今つうといふは―をいふ」〈洒・噺之画有多〉
なま‐び【生干|生▽乾】十分に乾いていないこと。また、そのもの。なまがわき。なまぼし。「鯵あぢの塩焼が二尾と、―の雷干で」〈紅葉・二人女房〉
なま‐ビール【生ビール】醸造したあと、加熱殺菌をしていないビール。なま。➡ラガービール
なま‐びょうほう【生兵法】ナマビヤウハフ ❶中途半端に兵法を知っていること。未熟な兵法。❷十分身についていない知識や技術。なまはんかな学問。
生兵法は大怪我おおけがの基もと 少しばかりの知識や技術は、それに頼ったり自負したりして、かえって大失敗をすることのたとえ。生兵法は大疵おおきずのもと。
なま‐ふ【生×麩】小麦粉に含まれるでんぷん質を水で流し去り、残ったたんぱく質がグルテンを形成したものにもち米などを加え、ゆでるか蒸すかしたもの。汁の具や煮物に用いる。
なま‐フィルム【生フィルム】未使用のフィルム。
なま‐ふごう【生不合】ナマフガフ〔形動ナリ〕ちょっと金に困っているさま。暮らしが余り楽でないさま。「大学の衆どもの―にいましかりしを」〈大鏡・時平〉
なま‐ぶし【生節】「生り節」に同じ。
なま‐へんじ【生返事】いいかげんな受け答え。はっきりしない返事。気のない返事。
なま‐ぽ【生保】《多く「ナマポ」と書く》インターネットなどで使われる俗語で、生活保護、またはその受給者の蔑称。
なま‐ほうそう【生放送】ナマハウソウ ラジオ・テレビなどで、録音・録画などによらず、スタジオや現場から直接に放送すること。また、その放送。(類語)生中継・生・中継
なま‐ぼし【生干し|生▽乾し】魚や大根などを、十分に干し上げないこと。また、そのもの。
なま‐まゆ【生繭】煮沸・乾燥する前の、中のさなぎが生きたままの繭。きまゆ。
なま‐み【生身】❶現に生きているからだ。血も通い感情もはたらいている身。いきみ。「―の人間」❷なまのままの魚肉。❸調理用語。すりつぶした魚肉のこと。しんじょ・はんぺん・伊達巻だてまきなどの種にする。
なま‐みず【生水】ナマミヅ 飲料に用いる水で、煮沸していないもの。
なま‐みそ【生味×噌】つくったままで、加熱や調味の手を加えていない味噌。
なまみだ 「なむあみだぶつ(南無阿弥陀仏)」の音変化。
なまみだぶ 「なむあみだぶつ(南無阿弥陀仏)」の音変化。
なま‐みや【生宮】宮という名だけの、不遇な皇族。「都におはします―たちの」〈増鏡・さしぐし〉
なま‐みやづかえ【生宮仕へ】ナマミヤヅカヘ 名ばかりの宮仕え。「この男、―しければ」〈伊勢・八七〉
なま‐むぎ【生麦】手を加えてない、生の麦の実。
生麦生米生卵 早口言葉の一。ガ行音・ナ行音・マ行音が連続・接近していて、発音しにくい。
なまむぎ【生麦】横浜市鶴見区南西部の地名。江戸時代は東海道沿いの漁村であったが、現在は海岸が埋め立てられて京浜工業地帯の一部をなす。
なまむぎ‐じけん【生麦事件】文久2年(1862)薩摩さつま藩の島津久光一行が江戸からの帰途、横浜生麦村にさしかかった際、騎馬のまま行列を横切った英国人4人を殺傷した事件。➡薩英さつえい戦争
なま‐むつか・し【生難し】〔形シク〕なんとなくめんどうである。こうるさい。「しばしは、―・しう煩はしきやうにはばからるることあれど」〈源・夕霧〉
なま‐め【生海=布】なまの海藻。海にあるままの海藻。「こゆるぎの海人あまはあさりにやつれつついかなる時に―刈るらむ」〈忠見集〉
な‐まめ【×儺豆】節分の夜、悪鬼を追い払うのにまく豆。
なま‐めかし・い【▽艶めかしい】〔形〕文なまめかし〔シク〕《動詞「なまめく」の形容詞化》❶姿やしぐさが色っぽい。あだっぽい。「―・い声」「―・くしなを作る」❷清新でみずみずしい。若々しい。「あてに―・しう、二月ばかりのしだり柳のさましたり」〈紫式部日記〉❸優雅で気品がある。「御簾押し上げて眺め給へるさま…若う―・しき御さまなり」〈源・若菜上〉❹物や情景などが美しく趣がある。風流である。「七夕まつるこそ―・しけれ」〈徒然・一九〉(派生)なまめかしげ〔形動〕なまめかしさ〔名〕(類語)色っぽい・あだっぽい・あだ・コケットリー・コケティッシュ
なま‐め・く【▽艶めく】〔動カ五(四)〕《「なま」は未熟の意》❶異性の心を誘うような色っぽさが感じられる。また、あだっぽいふるまいをする。「―・いたしぐさ」「このくるまを女車とみて、寄り来てとかく―・くあひだに」〈伊勢・三九〉❷若々しく美しく見える。清新である。「その里に、いと―・いたる女はらから住みけり」〈伊勢・一〉❸しっとりとして、品がある。優美である。「高麗こまの紙の…色などは華やかならで―・きたるに」〈源・梅枝〉❹物や情景などが、美しく趣がある。風流である。「秋の野のいと―・きたるなど見給ひて」〈源・賢木〉(類語)色めく・つやめく・色っぽい・あでやか
なま‐めざま・し【生目覚まし】〔形シク〕なんとなく気にくわない。少し目ざわりだ。「―・しきものにおぼしたりしを」〈源・幻〉
なまめ‐ぼし【なまめ星】二十八宿の一、壁宿なまめぼしの和名。➡壁へき
なま‐もの【生物】加熱や乾燥、燻製・塩物などの加工をしていない、なまの食品。主に魚類にいう。
なま‐もの【生者】未熟な者。なまいきな者。また、身分の卑しい者。「今は昔、京にきはめて身貧しき―ありけり」〈今昔・三〇・五〉
なま‐ものしり【生物知り】《「なまものじり」とも》いいかげんの知識しかないのに物知り顔をすること。また、その人。「世間の―がたまたま事のなりゆきを見て」〈谷崎・盲目物語〉
なま‐やか【生やか|▽艶やか】〔形動ナリ〕若々しく美しいさま。なまめいたさま。「いと―なる女房一人臥したりけり」〈著聞集・一二〉
なま‐やき【生焼(き)】❶なまの部分がいくぶん残る程度に焼くこと。また、そのもの。❷刃物の焼きの不十分なこと。また、その刃物。なまくら。
なま‐やけ【生焼け】十分に焼けていないこと。また、そのもの。「肉はまだ―だ」
なま‐やさい【生野菜】煮たりいためたりしていない野菜。
なま‐やさし・い【生易しい】〔形〕文なまやさ・し〔シク〕簡単である。たやすい。下に打消しの語を伴って用いる。「思ったほど―・い仕事ではない」(類語)安易
なま‐やさし・い【生優しい】〔形〕文なまやさ・し〔シク〕中途半端にやさしい。「今ここで君らが―・い心を出して見たまえ」〈藤村・家〉
なま‐ゆうぐれ【生夕暮れ】ナマゆふぐれ 夕暮れに間近いころ。たそがれ。「―になりにけり」〈平中・三六〉
なま‐ゆか・し【生▽懐し】〔形シク〕なんとなく慕わしい。「京の―・しうなりゆけるに」〈平中・三六〉
なま‐ゆで【生×茹で】ゆで方が不十分であること。また、そのもの。
なま‐よい【生酔い】ナマヨヒ《「なまえい」の音変化》酒に少し酔うこと。また転じて、相当に酔っていること。また、その人。酔っぱらい。(類語)微酔・ほろ酔い・陶酔
生酔い本性ほんしょう違たがわず 酒に酔っても人の本性は変わらない。生酔い本性忘れず。
なまよみ‐の〔枕〕「甲斐かひ」にかかる。語義・かかり方未詳。「―甲斐の国」〈万・三一九〉
なま‐よろ・し【生▽宜し】〔形シク〕ややよい。いくらかましである。「抱き移し奉る御乳母など―・しからむはいとわりなかるべし」〈栄花・松の下枝〉
なまり【生り】「生り節」の略。
なまり【×訛り】ある地方特有の発音。標準語・共通語とは異なった発音。「言葉に―がある」(類語)訛音かおん
訛りは国の手形てがた 言葉の訛りで、その人の出身地がわかるということ。
なまり【鉛】炭素族元素の一。単体は青白色の軟らかくて重い金属。融点がセ氏327.5度と低く、加工が容易。耐食性にすぐれ、空気中では表面が酸化されて被膜となり、内部に及ばない。主要鉱石は方鉛鉱。鉛管・電線被覆材・はんだ・活字合金・蓄電池極板・放射線遮蔽しゃへい材などに使用。元素記号Pb 原子番号82。原子量207.2。
なまり‐いろ【鉛色】鉛の色に似た、淡いねずみ色。「―の空」
なまり‐がみ【鉛紙】ガラス類・金属類・細工物・果実

などの包み紙として用いる薄い紙。明治初年、輸入鉛板の間に挟んであった薄用紙に似せて製造したもの。

なまり-ガラス【鉛ガラス】酸化鉛を含有するガラス。フリントガラスはこの一種。軟らかくてカットしやすく、屈折率が大。光学ガラスやクリスタルガラスとして用いる。

なまり-ごえ【×訛り声】なまりのある、濁った声。だみごえ。「―にて、高声におきてければ」〈著聞集・一六〉

なまり-せん【鉛銭】鉛で鋳造した銭貨。中世から近世初期にかけて流通した悪質の私鋳銭のほか、江戸末期から明治初期に関東・東北の一部で流通したものがある。なまりぜに。

なまり-ちくでんち【鉛蓄電池】陽極に二酸化鉛、陰極に鉛、電解液に希硫酸を用いる蓄電池。現在最も広く使用されている。

なまり-ちゅうどく【鉛中毒】鉛による中毒。重症ではヘモグロビン合成が阻害されるために貧血となり、手の麻痺、腹痛、脳障害などの症状を呈する。鉛を扱う職業や鉛入り白粉(おしろい)使用でみられた。えんちゅうどく。

なまり-ぶし【生り節】カツオの肉を蒸し、一度だけ火入れして生干しにした食品。煮つけや酢の物などにして食べる。なまぶし。(季 夏)「薬苞(くすりづと)に背腹見えけり―/鬼城」

なまり-ふん【鉛粉】鉛の粉末。蒔絵(まきえ)の顔料として用いる。

なま・る【×訛る】〘動ラ五(四)〙ある地方特有の発音をする。標準語・共通語とは異なった発音をする。(補説)多く、方言にいうが、『けったい』は『きたい(希体)』のなまった形である』というふうにも使う。

なま・る【▽鈍る】〘動ラ五(四)〙❶刃物の切れ味が悪くなる。「包丁が―・る」❷鋭さが失われる。勢いが弱まる。にぶる。「からだが―・る」❸技量・働きの冴(さ)えがなくなる。にぶる。「腕が―・る」

なま・る【▽隠る】〘動ラ四〙《「なばる」の音変化》隠れる。「難波の小江(をえ)に廬(いほ)作り―・りて居る葦蟹(あしがに)を」〈万・三八八六〉

なま-ろく【生録】《「生録音」「生録画」の略》直接現場の音や状況を録音・録画すること。

なま-わか・い【生若い】〘形〙図なまわか・し〘ク〙ういういしく若い。若くて未熟である。「イヤに―・い新米らしい巡査が」〈志賀・正義派〉

なま-ワクチン【生ワクチン】毒性の弱い、もしくは毒性を弱めた細菌・ウイルスを生きたまま使うワクチン。痘苗(とうびょう)・BCG・ポリオ生ワクチンなどがある。生菌(せいきん)ワクチン。

なま-わずらわ・し【生煩はし】〘形シク〙いささかめんどうである。なんとなく煩わしい。「君たち、―・しく聞き給へど」〈源・総角〉

なま-わろ【生▽悪】〘形動ナリ〙なんとなく体裁が悪いさま。「無才の人、―ならむ振舞ひなど見えむに」〈源・帚木〉

なみ【波|▽浪|×濤】❶風や震動によって起こる海や川の水面の高低運動。波浪。「―が寄せてくる」「―が砕ける」「逆巻く―」❷空間や物体の一部における振動や変化が、周囲の部分に次々に伝わっていく現象。波動。「光の―」「音の―」❸押し寄せるように揺れ動くものの動き。「人の―」❹個人ではどうしようもない変化が、かわるがわる生じること。「歴史の―」「国際化の―」❺形状や有様などが、波の形や動きを思わせるもの。「いらかの―」「雲の―」「稲穂の―が揺れる」❻物事の動向にでこぼこ・高低・出来不出来などがあって、一定しないこと。むら。「調子に―がある」「成績に―がある」「感情の―が激しい」❼老いて皮膚にできるしわ。「老いの―」「額の―」❽海水の流れ。うしお・潮流。「はやき―ありて、はなはだはやきに会ひぬ」〈神武紀〉❾世の乱れ。騒ぎ。ごたごた。「四海の―も静かにて」〈謡・内外詣〉❿はかないもの、消えやすいものをたとえていう語。「―と消えにし跡なれや」〈謡・江口〉⓫紋所の名。❶を図案化したもの。(下接語)徒(あだ)波・荒波・磯(いそ)波・浮き世の波・卯(う)波・大波・男(お)波・風(かざ)波・風(かぜ)波・川波・黄金(こがね)の波・小波・逆(さか)波・細(さざ)波・細(さざれ)波・細(さざら)波・三角波・白(しら)波・高波・縦波・津波・年波・土用波・早波・人波・藤(ふじ)波・穂波・女(め)波・夕波・横波

(類語)波浪・さざ波・白波・逆波・津波・土用波・うねり

波に乗・る　時勢に合って栄える。時流に乗る。また、調子に乗る。「好況の―・る」

波にも磯にもつかぬ心地(ここち)　どっちつかずの、落ち着かない気持ち。「なまじいに一門には離れ給ひぬ、―ぞせられける」〈平家・七〉

波を打・つ　「波打(なみう)つ」に同じ。

なみ【並(み)】《動詞「なむ」の連用形から》❶並んでいること。並んだもの。ならび。❷よくも悪くもないこと。ごく一般的であること。また、そのもの。中ぐらい。普通。「―の品」「―の選手」❸商品などの等級で、上と下の中間のもの。中程度。「にぎりの―」❹同程度・同類であること。同等。「わが―の人にはあらじと思ひて」〈源・玉鬘〉❺名詞の下に付いて接尾語的に用いられる。㋐そのものと同じ、そのものと同じ程度などの意を表す。「例年―の気候」「世間―の生活」㋑その物ごと、その時ごとの意を表す。「軒―」「月―」㋒それが並んでいること、いくつも重なっている意を表す。「歯―」「家―」(類語)平凡・ありきたり・凡俗・俗・ありふれる・普通・一般・一般的・尋常・通常・平常・通例・標準・標準的・平均的・常(つね)・常並み・世間並み・十人並み・ノーマル・レギュラー・スタンダード

な-み【無み】〘連語〙《形容詞「なし」の語幹「な」＋接尾語「み」》…ないので。…なさに。「よるべ―身をこそ遠くへだてつれ」〈古今・恋三〉

なみ-あし【並(み)足】❶速くも遅くもない、普通の足並み。❷(「常歩」とも書く)馬術で、いちばん歩度の遅い馬の進ませ方。

なみ-あと【波跡】波が打ち寄せて、浜辺などに残した跡。また、進み行く船の後方の水面に残る跡。

なみ-いた【波板】▶海鼠板(なまこいた)

なみ-い・る【並(み)居る】〘動ア上一〙図〘ワ上一〙その場所に並んで座っている。「―・いるお歴々」

なみうち-ぎわ【波打ち際】そこまで波が打ち寄せる所。なみぎわ。なぎさ。(類語)水際・渚・磯

なみ-う・つ【波打つ】〘動タ五(四)〙❶波が寄せてくる。波がうねる。「―・つ荒磯(ありそ)」❷波のように起伏して揺れ動く。また、起伏がある。「秋風に―・つ稲穂」「心臓が激しく―・つ」(類語)波立つ・泡立つ・ウエーブ

なみ-おと【波音】❶波が寄せたり引いたりするときに起こす音。❷歌舞伎下座音楽の鳴り物の一。大太鼓を長桴(ながばち)で打って波の音を表現するもの。

なみ-おぶね【波小舟】波のまにまに漂う小さな舟。頼りない意を込めても用いる。「あまりに隙(ひま)も―、なにを頼みに老いの身の」〈謡・通盛〉

なみ-がい【波貝】キヌマトイガイ科の二枚貝。浅海の砂泥底にすむ。貝殻は長楕円形で、殻長約10センチ。殻表は白色で、同心円状に起状が著しく、波状に見える。水管は長く太く、食用。翁貝(おきながい)の面貝。

なみ-がえし【波返し】❶堤防などの上面を海側に反らせ、波がはね返るようにした工作物。波返し工。❷雅楽の「青海波(せいがいは)」を演奏する際の打楽器の打ち方。❸箏(そう)の弾き方の一。右手の中指と食指を表・裏・表と返して弾くもの。

なみかけ-ごろも【波掛け衣】波のかかる衣。波にぬれた衣。「須磨のあまの―よそにのみ聞くは我が身になりにけるかな」〈新古今・恋一〉

なみ-がしら【波頭】❶波の盛り上がった頂。波頭(はとう)。❷波の立ってくずれる形を模様化したもの。

なみ-かぜ【波風】❶波と風。また、風が強く吹いて波立つこと。「―が強まる」❷家庭や世間に起こるごたごた。もめごと。「家の中に―が立つ」❸さまざまのつらい事柄。「世の―にもまれる」

なみ-がた【波形】❶波のような形。また、波をかたどった模様。「―の罫線」「グラフが―を示す」❷語句と語句との間に入れる「〜」の記号。数値や時間、場所の範囲を示すときや、語句の省略などに用いる。波ダッシュ。波ダーシ。スワングダッシュ。

なみ-かっこ【波括弧】文章表記中などで用いる｛　｝の記号。補足説明や注記などを表すのに用いる。ブレース。(　)を小括弧、[　]を大括弧というのに対して、中括弧ともいう。➡括弧

なみ-がわせ【並為‐替】▶送金為替

なみかわ-そうすけ【濤川惣助】[1847〜1910]七宝作家。下総の人。帝室技芸員。輪郭線のない無線七宝の技法を開発、有線七宝の並河靖之と並び称された。パリ万博などに出品し、その絵画的な作品は世界的な評価を獲得した。

なみかわ-やすゆき【並河靖之】[1845〜1927]七宝作家。京都の人。帝室技芸員。伝統的有線七宝の作家として無線七宝の濤川惣助と並び称された。また、黒色透明釉を開発したことでも知られる。

なみ-き【並木】並んで立っている樹木。また、街路の両側などに1列に並べて植えた木。街路樹。「―道」「桜―」

なみき-ごへい【並木五瓶】[1747〜1808]江戸後期の歌舞伎狂言作者。初世。大坂の人。並木正三の弟子。大坂および江戸の劇壇で活躍し、幕末までの歌舞伎の隆盛をもたらした。写実的、合理的作風で知られる。代表作「五大力恋緘(ごだいりきこいのふうじめ)」「金門五山桐(きんもんごさんのきり)」など。

なみき-しき【並木敷(き)】並木の根などを傷めないために、街路にしないで残してある土地。

なみき-しょうぞう【並木正三】[1730〜1773]江戸中期の歌舞伎狂言作者。初世。大坂の人。並木宗輔の弟子。浄瑠璃の手法を応用した脚色と、奇抜な舞台装置で新生面を開いた。代表作「三十石艠始(さんじっこくよふねのはじまり)」「宿無団七時雨傘(やどなしだんしちしぐれのからかさ)」など。

なみき-そう【▽浪来草】シソ科の多年草。海岸の砂地に生え、高さ10〜40センチ。茎は四角柱。葉は対生し、長楕円形。夏から秋、紫色の花を開く。

なみき-そうすけ【並木宗輔】[1695〜1751]江戸中期の浄瑠璃作者。大坂の人。別名、宗助・千柳。西沢一風の弟子。僧であったが、還俗して豊竹座および竹本座で立作者として執筆。竹田出雲・三好松洛との合作が多く、浄瑠璃全盛期をもたらした。代表作「菅原伝授手習鑑(すがわらでんじゅてならいかがみ)」「義経千本桜」「仮名手本忠臣蔵」など。

なみ-ぎぬ【波▽衣】大嘗祭(だいじょうさい)のとき、天皇が沐浴(もくよく)する湯槽(ゆぶね)におおう絹。

なみくも-の【波雲の】〘枕〙波形の雲の美しい意から、「愛(うつく)し」にかかる。「―愛し妻と語らはず」〈万・三二七六〉

なみ-けい【波×罫】印刷で用いる、波形をした罫線の「〜〜」。ぶる罫。

なみけし-ブロック【波消しブロック】▶消波(しょうは)ブロック

なみ-じ【波路|▽浪路】船の通う道筋。ふなじ。

なみ-じ【並字】印刷で、特殊でない書体や大きさの活字。一般に明朝体(みんちょうたい)の全角のものをいう。

なみ-しぶき【波飛‐沫】波がくだけて散る水滴。

なみ・する【無みする|▽蔑する】〘動サ変〙図なみ・す〘サ変〙《形容詞「な(無)い」の語幹に接尾語「み」の付いた「なみ」に、動詞「する」の付いたものから》そのものの存在を無視する。ないがしろにする。あなどる。「正義を―・し、得手勝手な暴圧を加えるようなものが」〈里見弴・安城家の兄弟〉

なみ-せい【並製】並の程度に作ること。また、その製品。(対)上製(じょうせい)。

なみ-せん【波銭|▽浪銭】江戸時代に鋳造された銭で、裏に波形の紋様のあるもの。寛永通宝四文銭・文久永宝のこと。四文銭。

なみだ【涙|×涕|×泪】❶涙腺(るいせん)から分泌される液体。眼球をうるおし、異物を洗い流す作用がある。刺激や感動で分泌が盛んになる。「―がこぼれる」「―を浮かべる」❷涙を流すこと。泣くこと。「聞くも―、語るも―」「―をこらえる」「―をさそう話」❸人間らしい思いやり。人情。情愛。同情心。「血も―もない」❹(接頭語的に)名詞に冠して、ほんの少しの意を表す。「―金」

(下接語)有り難(がた)涙・嬉(うれ)し涙・おろおろ涙・忝(かたじけな)涙・悔し

涙・忍び涙・空涙・溜め涙・血の涙・共涙・泣きの涙・貰い涙

涙片手に　涙を片手で押さえながら。泣く泣く。「詮方なくなく一琴引き寄せ」〈浄・川中島〉

涙に暮・れる　❶涙のために目が見えないほどになる。ひどく泣き悲しむ。「別れを惜しんで一・れる」❷泣いて月日を送る。泣き暮らす。

涙に沈・む　ひどく涙を流す。泣き伏す。「悲しみのあまり一・む」

涙に咽・ぶ　涙でのどがつまるほどに泣く。

涙を絞・る　絞るほどたくさん涙が出る。

涙を呑・む　くやしさ、無念さをじっとこらえる。「一・んで不利な条件を受け入れる」

涙を振る・う　こぼれる涙を振り払う。私情を振り切る。同情を捨てる。「一・って厳罰に処する」

なみ-ダーシ【波ダーシ】►波形❷

なみだ-あめ【涙雨】❶悲しみの涙が化して降ると思われる雨。❷ほんの少し降る雨。

なみ-たいてい【並大抵】〔名・形動〕普通に考えられる程度であること。また、そのさま。ひととおり。多く打消しの語を伴って用いる。「この悪天候に出航するとは一でない」

なみ-だいもく【波題目】日蓮が佐渡流罪のとき、海面に南無妙法蓮華経の題目を書いて高波を静め、難破するのを救ったという故事。

なみだ-がお【涙顔】涙ぐんだ顔つき。泣き顔。

なみだ-がち【涙勝ち】〔形動〕図〔ナリ〕よく涙を流すさま。泣くことが多いさま。「悲しみにくれて一な時を過ごす」

なみだ-がわ【涙川】涙があふれ流れるのを川にたとえた語。また、川のように流れ出る涙。なみだのかわ。「つれづれのながめにまさる一袖のみぬれて逢ふよしもなし」〈古今・恋三〉

なみだ-きん【涙金】同情して与える金。また、お情けで与えるわずかな金。特に、これまでの関係を絶つときなどに与える少しの金。

なみだ-ぐまし・い【涙ぐましい】〔形〕図なみだぐま・し〔シク〕❶涙が出そうなほど感動する。また、あわれである。「一・い努力」❷ひとりでに涙が出そうになる。「妹と来し敏馬の崎を帰るさに一人し見れば一・しも」〈万・四四九〉

なみだ-ぐ・む【涙ぐむ】〔動マ五(四)〕目に涙をためる。涙を催す。「昔を思い出して一・む」(類語)涙する・涙目・涙を浮かべる・涙がにじむ・目が潤む・落涙する・めそめそする・涙に噎ぶ・むずかる・べそをかく

なみだ-ごえ【涙声】涙ぐんだ時の声。泣き出しそうな人の声。「一で訴える」

なみだ・する【涙する】〔動サ変〕図なみだ・す〔サ変〕涙を流す。泣く。「人知れず一・する」

(類語)泣く・涙ぐむ・噎ぶ・啜り上げる・噦り上げる・咳き上げる・哭する・落涙する・流涕する・涕泣する・歔欷する・嗚咽する・慟哭する・号泣する・号哭する・めそめそする・涙に暮れる・涙に沈む・涙に噎ぶ・袖を絞る・むずかる・べそをかく

なみだ-たけ【涙×茸】イドタケ科のキノコ。木材を腐らせる菌で、建物の湿った所などに繁殖し、扇形に広がり、白色から暗褐色になる。発育中は水分を含み、涙のように水滴を出すのでいう。

なみ-た・つ【並み立つ】〔動タ四〕並んで立つ。並び立つ。「一・てる松のしづ枝をくもでにて霞渡れる天の橋立」〈詞花・雑上〉

なみ-だ・つ【波立つ】〔動タ五(四)〕❶波が立つ。波が起こる。また、波のように起伏する。「湖面が一・つ」❷争いごとが起きて、騒がしくなる。「周囲が一・つ」❸心が動揺する。「不安に胸が一・つ」

なみ-ダッシュ【波ダッシュ】►波形❷

なみだ-づよ・い【涙強い】〔形〕図なみだづよ・し〔ク〕めったに涙を見せない。〈日葡〉

なみだ-ながら【涙×乍ら】〔副〕涙を流しながら事をするさま。泣きながら。「一に語る」

なみだ-の-あめ【涙の雨】涙がはげしく流れ落ちることを雨にたとえた語。「いとせき難き一のみ降りまされば」〈源・幻〉

なみだ-の-いと【涙の糸】ほおを伝わり、筋となって流れる涙を糸に見立てた語。「二人の心ぞ不憫なる、一の結び松」〈浄・曽根崎〉

なみだ-の-いろ【涙の色】❶ひどい悲しみや憤りのときに流すという、血のような涙の色。「いにしへを恋ふる一に似てたもとに散るは紅葉なりけり」〈山家集・中〉❷涙を流し泣くようす。「先非を悔ゆる父が心、一にも見ゆらんものを」〈謡・雲雀山〉

なみだ-の-そこ【涙の底】流す涙がたまってできた淵の底。「恋ひわぶる心は空に浮きぬれど一に身は沈むかな」〈千載・恋五〉

なみだ-ばし【涙箸】嫌い箸の一。箸でつまんだ食べ物の汁をたらしながら口に運ぶこと。

なみだ-ぶくろ【涙袋】俗に、目の下のふくらんだ部分のこと。涙堂。

なみだ-まじり【涙交じり】涙を出しながら物事をすること。涙ながら。「一に語る」

なみだ-め【涙目】❶涙ぐんだ目。泣いている顔。「くやしくて一になる」❷眼病などのために、涙が出やすくなった目。

なみだ-もろ【涙×脆】〔形動ナリ〕涙をこぼしやすいさま。涙もろいさま。「さしもあるまじきことにつけてだに、一なるわざに侍るを」〈源・葵〉

なみだ-もろ・い【涙×脆い】〔形〕図なみだもろ・し〔ク〕ちょっとしたことにも涙が出がちである。情にほだされやすい。「一・い人」

なみ-つぎ【並継ぎ】釣りの継ぎ竿の継ぎ目が普通の差し込みのもの。印籠継ぎなどに対していう。

なみ-てがた【並手形】日本銀行が貸出を行う場合、信用度の高い日銀再割引適格手形のような金利上の優遇措置は与えられないが、手形貸付担保適格として認められた手形。

なみ-とう【並(み)等】上等と下等の中間の等級。中等。「一の米」

なみ-なみ【並並】〔名・形動〕❶なみひととおりであること。また、そのさま。多く、打消しの語を伴って用いる。「一ならぬ苦労」「一でない才能」❷同列・同等であること。ひとしなみ。「何すと違ひは居らむ否も諾も友の一われも依りなむ」〈万・三七九八〉(類語)非常

なみ-なみ〔副〕酒や水などが容器にあふれるほどいっぱいにあるさま。「酒を一(と)つぐ」

なみ-にく【並(み)肉】上肉・中肉より品質の劣る肉。

なみ-ぬの【波布┆▽浪布】歌舞伎の大道具の一。波の絵を描いた地がすりで、舞台や花道に敷いて海・川などの水面を表す。

なみ-の-あや【波の×綾】さざ波の立つさまを綾織物に見立てた語。「御几帳の裾ども川風に涼しさまさりて、一もけざやかに見えたるに」〈栄花・初花〉

なみのうえ-ぐう【波上宮】沖縄県那覇市にある神社。祭神は伊弉冉尊・速玉男尊・事解男尊。波上権現。波上宮。

なみのこ-がい【波の子貝】フジノハナガイ科の二枚貝。潮間帯の砂地にすみ、干満の波にのり移動する。殻長約2センチ。貝殻は丸みのある三角形で平たく、白色・褐色・紫褐色など。なみあそび。

なみ-の-せきもり【波の関守】波を関守に見立てた語。「都に帰る夢をさへ通さぬ一に、いとど涙を催され」〈太平記・二〉

なみ-の-たより【波の便り】打ち寄せる波が伝える便り。波の使い。「いにしへの跡をば告げよ浜千鳥昔にかへる一に」〈続拾遺・雑上〉

なみ-の-つづみ【波の鼓】波の音を鼓を打つ音にたとえていう語。また、波の調べのように打つ鼓。「石に精あり、水に音あり、一も時を得て」〈謡・河水〉

なみ-の-はな【波の花】❶塩。もと、女房詞。❷波の白くあわだつのを花にたとえていう語。「一沖から咲きて散り来めり」〈古今・物名〉

なみ-の-ほ【波の穂】「波穂」に同じ。「一より天の羅摩船に乗りて…帰り来る神ありき」〈記・上〉

なみのほ-の【波の穂の】〔枕〕波の穂が激しく動くところから、「いたぶらし」に掛かる。「一いたぶらしもよ昨夜独り寝て」〈万・三五五〇〉

なみ-のり【波乗り】❶波に乗ること。❷板などを使って波に乗る遊び。サーフィン。(季 夏)

なみ-はずれ【並(み)外れ】〔名・形動〕なみはずれていること。また、そのさま。「一な(の)才能」

(類語)非常・大変・大層・異常・極度・桁外れ・桁違い・格段・著しい・甚だしい・すごい

なみ-はず・れる【並(み)外れる】〔動ラ下一〕図なみはづ・る〔ラ下二〕普通の程度や状態とかなり違っている。「一・れて足が速い」

なみ-はば【並幅】反物の普通の幅。鯨尺の9寸5分(約36センチ)。小幅。

なみはば-もの【並幅物】並幅の反物。小幅物。

ナミビア〖Namibia〗アフリカ南西部、大西洋に臨む共和国。首都ウィントフーク。旧ドイツ領南西アフリカ。1920年、南アフリカ連邦の委任統治領となり、第二次大戦後、国連信託統治領に移行させ独立をはかるが、南ア連邦は認めず、62年、南西アフリカ人民機構が結成され独立運動を展開。68年にナミビアと呼称を改め、90年独立。ダイヤモンド・ウラン・銅などの産地。人口213万(2010)。

なみ-ひととおり【並(み)一通り】〔名・形動〕ごく普通であること。通り一遍であること。また、そのさま。「一な(の)努力では成功できない」

なみ-ほ【波穂】波の頂。波がしら。なみのほ。「則ち一を踏んで」〈神武紀〉

なみ-ま【波間】波のうねりとうねりの間。また、波が寄せてくるまでの絶え間。「一にただよう小舟」

なみまがしわ-がい【波間×柏貝】ナミマガシワガイ科の二枚貝。浅海の岩や小石などに付着し、貝殻はほぼ円形で薄く、殻長約4センチ。左殻は雲母状の光沢があり、白・黄・赤橙色など。右殻には足糸を出す大きな穴がある。

なみ-まく【波幕┆▽浪幕】歌舞伎の大道具の一。波の絵を描いた道具幕で、海や川などの場面での舞台のつなぎなどに用いる。

なみ-まくら【波枕】❶《波を枕に寝る意から》船中で旅寝をすること。船路の旅。「海のあなたの遥けき国へいつも夢路の一」〈上田敏訳・海潮音・海のあなたの〉❷枕もとに波の音が聞こえてくること。

なみ-もの【並(み)物】価格・品質などが、普通の程度の物。

ナミュール〖Namur〗ベルギー中南部、ナミュール州の州都。ワロン地方における商工業の中心地。サンブル川とムーズ川の合流点に位置する。古くから交通の要衝を守る城砦が築かれ、17世紀以来、度々戦いの舞台となった。現在、城砦には庭園や博物館などがあり、市民の憩いの場になっている。

なみ-よけ【波▽除け】波を防ぐこと。また、そのために用いるもの。特に防波堤をいうこともある。

なみ-よ・る【並み寄る】〔動ラ四〕並んで一方に寄る。並んで寄り合う。「風ふけば門田の稲も一・るにいかなる人か過ぎて行くらむ」〈和泉式部集・上〉

なむ【南無】《梵 namasの音写。南摩・納莫などとも音写。敬礼・帰命などと訳す》仏語。仏・菩薩に向かって、心からの帰依を表す語。その名を呼ぶときに冠する。

な・む【▽並む】㊀〔動マ四〕ならぶ。連なる。「松の木の一・みたる見れば家人の我を見送ると立たりしもころ」〈万・四三七五〉㊁〔動マ下二〕ならべる。ならばせる。連ねる。「駒一・めてうち過ぎ給ふにも」〈源・澪標〉

な・む【×嘗む┆×舐む】〔動マ下二〕「な(嘗)める」の文語形。

なむ〔助動〕《上代東国方言》動詞・動詞型活用語の終止形に付く。推量の助動詞「らむ」に同じ。「国々の社の神に幣奉り我が恋すなむ妹がかなしさ」〈万・四三九一〉➡なも〔助動〕

なむ　㊀〔係助〕《上代の係助詞「なも」の音変化。「なん」とも》名詞、活用語の連用形・連体形、副詞、助詞に付く。❶上の事柄を強く示す意を表す。「夜半うち過ぐるほどに一、絶えはて給ひぬる」〈源・桐壺〉❷

(文末で)上の事柄を強く示すとともに余情を残す意を表す。…てねえ。「ましていと憚ばかり多く―」〈源・桐壺〉【補説】中古の散文、特に会話文で多く用いられた。文中にある場合、これを受ける活用語は連体形となるのが原則である。ただし受ける語が接続助詞を伴って下に続く場合は、連体形で結ぶとは限らない。また、❷のように結びが省略されることもある。同じ係助詞の「こそ」や「ぞ」に比べて語勢は弱いといわれる。㊁〔終助〕《上代の終助詞「なも」の音変化》動詞型活用語の未然形に付く。他に対してあつらえ望む意を表す。…てほしい。…であってほしい。「ま遠くの野にも逢はむ―心なく里のみ中に逢へる背なかも」〈万・三四六三〉

な◦む〔連語〕《完了の助動詞「ぬ」の未然形＋推量の助動詞「む(ん)」》❶推量を強調する意を表す。きっと…だろう。…にちがいない。「世の中の憂きたびごとに身を投げば深き谷こそ浅くなり―◦め」〈古今・雑体〉❷意志を強調する意を表す。必ず…しよう。…てしまおう。「舟に乗り―◦むとす」〈土佐〉❸可能の推量を強調して表す。…することができよう。「この御方々のすげなくし給はむには、殿の内には立てり―◦むはや」〈源・常夏〉❹適当・当然を強調して表す。…てしまうのがよい。…のはずだ。「それ(＝スグレタ文才)もすたれたる所のなきは、一生この事にて暮れにけりと、つたなく見ゆ。今は忘れにけり、と言ひてあり―◦ん」〈徒然・一六八〉❺(多く「なむや」の形で敬語とともに用いられ)相手を勧誘する意を表す。…たらどうだ。…てくれないか。「忍びては参り給ひ―◦むや」〈源・桐壺〉

なむ-あみだ【南無×阿▽弥×陀】「南無阿弥陀仏」の略。

なむ-あみだぶつ【南無×阿▽弥×陀仏】阿弥陀仏に帰依する意。浄土宗で、阿弥陀仏の救済を願って唱える語。六字の名号。

なむおみ-どうふ【南無×阿▽弥豆腐】❶《禅僧の多くが豆腐を食い、また、その念仏の声が「なむおみどう」と聞こえるところから》「南無阿弥陀仏なむあみだぶ」をしゃれていった語。なむあみどうふ。「―、―と奈落ならの鍋へ落ちいったる湯豆腐も」〈浄・堀川夜討〉❷豆腐のこと。「―をやっこにして」〈浄・略縁起出家形気〉

なむ-きみょう【南無帰命】《梵語の音写「南無」とその漢訳語「帰命」とを重ねた語》仏に対する帰依を表す語。

なむ-きみょうちょうらい【南無帰命頂礼】仏に対する帰依礼拝を表す語。仏に礼拝するときに唱える。

なむ-さん【南無三】〔感〕《「南無三宝」の略》「南無三宝㊁」に同じ。「―、逃げられたか」

なむ-さんぼう【南無三宝】㊀〔名〕仏・法・僧の三宝に帰依する意。三宝に呼びかけて、仏の助けを求める語。㊁〔感〕驚いたとき、失敗したときなどに発する語。しまった。なむさん。「―、こいつは困った」

な-むし【菜虫】大根・かぶ・白菜などの葉を食い荒す虫。モンシロチョウの幼虫が最も普通に見られる。〔季 秋〕「屈託もなく起きいでて―とる/虚子」

な◦むず〔連語〕▶なんず

な-むち【×汝】〔代〕《代名詞「な」＋「むち(貴)」から》「なんじ」に同じ。「ああ、―軽の皇子きこ」〈孝徳紀〉

なむ-とうらいどうし【南無当来導師】当来導師すなわち弥勒菩薩みろくぼさつに帰依することを表して祈る語。

なむ-と◦す〔連語〕《連語「なむ」＋格助詞「と」＋サ変動詞「す」。「なんとす」とも》その事態に立ち至ることが近々に迫っているか、またはそう確信される状態にあることを表す。…てしまおうとする。…てしまいそうだ。「春もすでに暮れ―◦す」〈平家・一〇〉「家の内にをれば、忽ちにひしげ―◦す」〈方丈記〉

ナム-プラー【タイ num pla】▶ナンプラー

ナムポ【南浦】朝鮮民主主義人民共和国の工業都市。特級市。大同江の北岸にあり、平壌の外港。金属工業が盛ん。旧称、鎮南浦。なんぽ。

なむ-みょうほうれんげきょう【南無妙法×蓮華経】妙法蓮華経すなわち法華経に帰依する意。日蓮宗で、そのよりどころとする法華経の加護を祈るときに唱える語。七字の題目。お題目。

な-むら【▽魚群】海中の魚の群れ。ぎょぐん。

ナムル《朝鮮語》朝鮮料理で、大豆もやし・きゅうり・なす・ぜんまいなどの和あえ物。ごま油・醤油やごま・にんにく・唐辛子などで調味する。

なめ【白=痢】下痢のひどいときの無色の粘液便。びゃくり。〈和名抄〉

なめ【×緡▽面】銭の裏の、文字がなくて滑らかな面。〈書言字考節用集〉

なめ【無=礼】〔形動〕〔文〕〔ナリ〕《形容詞「なめし」の語幹から》無礼であるさま。無作法。「座客の―なるを厭いてか」〈鴎外・うたかたの記〉

なめ-いし【大=理石】《なめらかな石の意》大理石だいりせきのこと。「―はいよよ真白に」〈白秋・断章〉

なめ-がお【無=礼顔】人をばかにしたような顔つき。「文蔵は―にて、皆様の粋が足りませぬ」〈浮・万金丹・一〉

なめ-かた【×緡▽面形】銭を投げて、その裏表によって物事を占うこと。また、裏か表かを言い当てる賭博。「―をして張る奴は出者なり」〈柳多留・四〉

なめがた【行方】茨城県南東部、霞ヶ浦と北浦に挟まれた地域にある市。低地を利用した稲作のほか、チンゲンサイの栽培が盛ん。平成17年(2005)9月に麻生町・北浦町・玉造町が合併して成立。人口3.8万(2010)。

なめがた-し【行方市】▶行方

なめくじ【蛞=蝓】腹足綱ナメクジ科の軟体動物。陸生の巻き貝であるが、殻をもたず、体長6センチくらい。体は細長く、前端に触角があり、体表は粘液に覆われる。湿った所を好み、野菜などを食害。塩をかけると水分が出るため体が小さく縮む。背面に殻片をもつものは別科のコウラナメクジ。なめくじり。なめくじら。〔季 夏〕

蛞蝓に塩　《ナメクジに塩をかけると縮むところから》苦手なものを前に、縮み上がることのたとえ。

なめくじ-うお【蛞=蝓魚】頭索綱ナメクジウオ科の原索動物。浅海にすみ、全長約5センチ。魚に似るが、頭も目もはっきりせず、体は淡桃色で透明。あごがなく、吸い込んだ水を濾こして栄養を摂取する。神経はあるが、脳はない。脊索をもち、脊椎動物の原形として学術上重要。本州中部以南に分布するが、数はきわめて少ない。愛知県蒲郡がまごおり市・広島県三原市の生息地では天然記念物。【補説】ゲノム分析から、ナメクジウオが人を含む脊椎動物の共通の祖先に最も近いという説が唱えられている。

なめくじら【蛞=蝓】ナメクジの別名。

なめくじり【蛞=蝓】ナメクジの別名。

なめ-げ【無=礼げ】〔形動ナリ〕失礼なさま。無作法そうなさま。「人よりもまさりて侍れば、―なる心はよも使ひ侍らじ」〈狭衣・四〉

なめ-こ【滑子】モエギタケ科のキノコ。秋から冬にかけ、ブナなどの枯れ木に生える。茶色で、全体が粘液に覆われる。人工栽培もされ、色は淡い。味噌汁の具やおろし和えなどにする。〔季 冬〕「霧さむき月山―食ひ惜しむ/楸邨」

な-めし【菜飯】刻んだ青菜を炊き込んだ飯。また、さっと湯に通して塩を加えた青菜をまぜた飯。〔季 春〕「さみどりの―が出来てかぐはしや/虚子」

なめし【×鞣】皮をなめすこと。また、なめした皮革。

なめ-し【無=礼し】〔形ク〕無礼である。無作法である。「文ことば―・き人こそいと憎けれ」〈枕・二六二〉【補説】シク活用の例が近世以降認められる。「いとなめしけれど、病間まにて対面せんとて此間まへ通す」〈一葉・日記〉

なめし-がわ【×鞣革】❶なめした革。作り皮。レザー。❷漢字の構成部分で、「韓」「韜」などの「韋」の称。

なめ-す【×鞣す】〔動サ五(四)〕動物の生皮から不要なたんぱく質や脂肪を取り除き、薬品で処理して、耐久性・耐熱性・柔軟性をもたせる。「鹿皮を―・した手袋」【可能】なめせる

なめ-す・う【▽並め据う】〔動ワ下二〕並べて据える。「物ども御前に―・ゑ」〈宇津保・蔵開上〉

なめ-ずり【×舐めずり┊×嘗めずり】舌で唇などをなめまわすこと。「舌―」「ロ―」

なめ-ず・る【×舐めずる┊×嘗めずる】〔動ラ五(四)〕舌でくちびるなどを何度もなめる。「舌を―・り―・り言い出した」〈上司・太政官〉

なめ-て【▽並めて】〔副〕「なべて」に同じ。「吹く風の―梢にあたるかなかばかり人の惜しむ桜に」〈山家集・上〉

並めてなら◦ず　「なべてならず」に同じ。「―◦ぬ御事は、ゆめゆめおぼし召し留まり給へ」〈延慶本平家・一本〉

なめ-にんぎょう【×嘗め人形】幼児に、乳首の代わりにしゃぶらせる人形。

なめ-まわ・す【×嘗め回す┊×舐め回す】〔動サ五(四)〕あちこちをなめる。「唇を―・す」

なめ-みそ【×嘗め味×噌】野菜・果物・穀物・豆・魚・獣肉などを入れてつくった味噌。副食や酒の肴にする。たい味噌・ゆず味噌・金山寺きんざんじ味噌など。

なめ-もの【×嘗め物】嘗め味噌・ひしお・塩辛などの、半固形体の副食物の総称。

なめ-らか【滑らか】〔形動〕〔文〕〔ナリ〕❶物の表面にでこぼこがなくて、すべすべ、また、つるつるしているさま。「―な肌ざわり」❷物事が、すらすらと滞りなく進むさま。「―な話しぶり」「両国間の折衝が―に運ぶ」【派生】なめらかさ〔名〕【類語】滑っこい・平滑

な◦めり〔連語〕連語「なんめり」の撥音の無表記。であると見える。であるらしい。「うるはしき皮―◦めり」〈竹取〉

なめりかわ【滑川】富山県中部の市。富山湾に臨み、早月川河口沖はホタルイカ群遊海面として特別天然記念物。売薬業が盛ん。人口3.4万(2010)。

なめりかわ-し【滑川市】▶滑川

なめ・る【滑る】〔動ラ四〕すべすべしている。ぬるぬるとすべる。ぬめる。「わづかにかかる石の橋の、苔は―・りて足もたまらず」〈謡・石橋〉

な・める【×嘗める┊×舐める】〔動マ下一〕〔文〕な・む〔マ下二〕❶舌の先でなでるように触れる。「切手を―・めてはる」「猫が毛を―・める」❷舌の先で味をみる。また、そのようにして酒を少しずつ飲む。口に含んだものを舌で味わう。「砂糖を―・める」「ウイスキーを―・める」❸つらいことや苦しいことを経験する。「辛酸を―・める」❹(炎の動きを舌の動きに見たてて)炎がはうようにして燃え広がる。「炎が家並みを―・める」❺《形容詞「なめし」の動詞化かともいう》かるく見なす。甘く見る。みくびる。「若造に―・められる」「―・めたことを言うな」【類語】しゃぶる

【下接句】肝きもを嘗める・苦汁を嘗める・苦杯を嘗める・辛酸を嘗める・糟粕そうはくを嘗める

なめろう《「皿までなめろ」の意という》アジ・サンマ・イワシなどを三枚に下ろして細く切り、細かく刻んだネギ・青シソ・ショウガなどと味噌を混ぜて包丁でたたいた料理。房総の漁師の工夫という。

なめんだら〔形動ナリ〕整頓されていないさま。秩序のないさま。「在々所々―に、ここに一手、かしこに一手」〈伽・鴉鷺合戦〉

なも【南▽無┊那×謨】〔感〕「なむ(南無)」に同じ。「―当来導師とぞ拝むなる」〈源・夕顔〉

なも〔助動〕〔○|○|なも|なも|なめ|○〕《上代東国方言》動詞・動詞型活用語の終止形に付く。推量の助動詞「らむ」に同じ。「うべ児こなは我わぬに恋ふなも立とと月つのぬがなへ行けば恋こふしかるなも」〈万・三四七六〉➡なむ〔助動〕

なも　㊀〔係助〕《上代語》係助詞「なむ」の古形。多く助詞に付く。「何時いつはも恋ひずありとはあらねどもうたてこのころ恋し繁しも」〈万・二八七七〉㊁〔終助〕《上代語》終助詞「なむ」の古形。動詞・動詞型活用語の未然形に付く。「上野かみつけの乎度をどの多杼里たどりが川路にも児こらは逢は―ひとりのみして」〈万・三四〇五〉

なもうだ「なむあみだぶつ(南無阿弥陀仏)」の音変化。「―、―と誰か頼まざる」〈浄・賀古教信〉

なもみ　火にあたりすぎて腕やすねにできる赤いまだら模様。火だこ。

なも-ろ〔連語〕《推量の助動詞「なも」＋間投助詞「ろ」。上代東国方言》…ているだろうよ。「松が浦にさわゑ浦立ち真人言(まひとごと)思ほす―わが思(も)ほのすも」〈万・三五五二〉

な-や【納屋】❶屋外に建てられた物を納めておく小屋。❷漁業地で、若者を起居させる網元の小部屋。❸室町時代、海産物を保管するため港町の海浜に設けた倉庫。❹江戸時代、河岸(かし)に建てられていた商品倉庫。[類語]物置・倉・収納庫・小屋・貯蔵庫

なや-しゅう【納屋衆】室町時代、海岸に倉庫を持ち、それを貸し付けていた堺の豪商。その中から選ばれた者が市政を執った。

なや・す【▽萎す】〔動サ五(四)〕❶衣服などをしなやかにする。また、物を柔らかくする。「痛い頭を―・そうとして」〈秋声・黴〉「着―・したる、ものの色もあらぬやうに見ゆ」〈かげろふ・上〉❷気力をなくさせる。力を失わせる。「その道理に服するのではなくて、只何がなしに―・されてしまうのである」〈鴎外・雁〉❸鉄などを打ち鍛える。ねやす。「クロガネヲ―・シテ刀ヲツクル」〈和英語林集成〉

なや-すけざえもん【納屋助左衛門】(なやすけざヱモン) 安土桃山時代の豪商。堺の人。文禄2年(1593)ルソンに渡航し、持ち帰った壺・傘・ろうそくなどを豊臣秀吉に献じた。のち、奢侈(しゃし)をとがめられて没落。呂宋(るそん)助左衛門。生没年未詳。

なや-せいど【納屋制度】►飯場制度[illegible]

なやまし・い【悩ましい】〔形〕図なやま・し〔シク〕《動詞「なや(悩)む」の形容詞化》❶悩むことがあって苦しい。難儀である。「焦りと苛立ちの―・い日々を送る」❷官能が刺激されて、心が平静でいられない。「―・い姿態」「―・い調べに誘われる」❸病気などで気分が悪い。「―・しく侍りて、内へも参らず」〈宇津保・忠こそ〉[派生]**なやましがる**〔動五〕**なやましげ**〔形動〕**なやましさ**〔名〕

なやま・す【悩ます】〔動サ五(四)〕悩むようにする。苦しめる。「頭を―・す」「腰痛に―・される」

なやみ【悩み】❶思いわずらうこと。心の苦しみ。「―の種が絶えない」❷やまい。病気。「御目の―さへ、この頃重くならせ給ひて」〈源・明石〉[類語]苦悩・苦悶(くもん)・苦渋・煩悶・難儀

なや・む【悩む】㊀〔動マ五(四)〕❶決めかねたり解決の方法が見いだせなかったりして、心を痛める。思いわずらう。「進学か就職かで―・む」「恋に―・む若者」「人生に―・む」❷対応や処理がむずかしくて苦しむ。困る。「騒音に―・む」「人材不足に―・む企業」❸からだの痛みなどに苦しむ。また、病気になる。「頭痛に―・む」「持病のぜんそくに―・む」❹とやかく言う。非難する。「御子もおはせぬ女御の后にゐ給ひぬる事、安からぬ事に世の人―・み申して」〈栄花・花山尋ぬる中納言〉❺(動詞の連用形に付いて)その動作が思うようにはかどらない意を表す。「伸び―・む」「行き―・む」㊁〔動マ下二〕「なやめる」の文語形。[類語](㊀❶)苦しむ・煩(わずら)う・悶(もだ)える・思い煩う・思い迷う・思い乱れる・苦悩する・懊悩(おうのう)する・煩悶(はんもん)する・憂悶(ゆうもん)する・苦悶(くもん)する・苦慮する・頭を痛める・頭を悩ます・思い詰める

なや・める【悩める】〔動マ下一〕図なや・む〔マ下二〕悩ます。苦しめる。「子の将来に心を―・める」

なや-もの【納屋物】江戸時代、各藩の蔵屋敷などを経て販売された蔵物に対して、民間の商人によって直接売買された米その他の商品。生産者から、荷積問屋・荷受問屋・仲買・小売を経て消費者に渡った。

な-やらい【▽追×儺】(なやらひ) 鬼やらい。追儺(ついな)。「滝口も―果てけるままに、皆まかでてけり」〈紫式部日記〉

な-やら・う【▽追×儺ふ】(なやらふ)〔動ハ四〕鬼やらいをする。追儺(ついな)をする。「―・ふ、―・ふと騒ぎののしるを」〈かげろふ・中〉

な・ゆ【萎ゆ】〔動ヤ下二〕「なえる」の文語形。

なゆた【那由他¦那×庾多】《梵 nayutaの音写》❶古代インドの数量の単位。ふつう一千億と解するが、異説も多い。転じて、きわめて大きな数量。❷数の単位。10の60乗。一説に10の72乗。⇒表「位(くらい)」

なゆ-たけ【萎ゆ竹】「弱竹(なよたけ)」に同じ。〈名義抄〉

なゆたけ-の【萎ゆ竹の】〔枕〕「弱竹(なよたけ)の❶」に同じ。「―とをよる御子(みこ)」〈万・四二〇〉

な-よし【名▽吉¦×鯔】ボラの幼魚。いな。「赤女は即ち、赤鯛なり。口女は即ち―なり」〈神代紀・下〉

な-よせ【名寄せ】❶人・物・名所などの名を寄せ集めること。また、そのもの。「名所の―」❷同じ名義で普通預金・定期預金・当座預金など複数の口座を持っている場合、それらを一つにまとめること。本当の預金者を特定して預金者の保有する預金総額を算出する作業。破綻した金融機関にある預金の払戻額の確定に必要となる。⇒ペイオフ❷ [補説]《❷から転じて》金融機関以外でも、データベースに登録されている同一人物、同一企業、同一世帯などのデータを統合すること、その作業の意味で用いられる。「政府は1年以内に年金記録の―を行うと言明した」

なよせ-ちょう【名寄せ帳】(なよせチヤウ) 中世・近世、田畑の面積や年貢額などを、その占有者ごとにまとめて書いた土地台帳。

なよ-たけ【▽弱竹】《「なよだけ」とも》細くてしなやかな竹。また、女竹(めだけ)の別名とも。なゆたけ。「―の繁れる宿にまとゐしてただ世にそへむ数は知るやは」〈宇津保・沖つ白浪〉

なよたけ-の【▽弱竹の】〔枕〕❶なよ竹がたわむ意から、「とをよる」にかかる。「―とをよる児らは」〈万・二一七〉❷竹の節(よ)の意から、「よ」にかかる。「―夜ながきうへに」〈古今・雑下〉❸竹の節(ふし)の意から、「ふし」にかかる。「―いたづらふしに明けぬこの夜は」〈新千載・恋三〉

なよたけものがたり【なよ竹物語】►鳴門(なると)中将物語

なよ-なよ〔副〕(スル) 力がなくて弱々しいさま。しなやかなさま。「―(と)したからだつき」[類語]なよやか

なよび-か〔形動ナリ〕❶手ざわりや肌ざわりがしなやかであるさま。なよやか。「白き御衣どもの―なるに」〈源・総角〉❷人柄などが、上品でやさしいさま。「―に女しと見れば、あまり情にひきこめられて」〈源・帚木〉❸なまめかしいさま。「まめだち給ひけるほど、―にをかしきことはなくて」〈源・帚木〉

なよ・ぶ〔動バ上二〕❶しなやかになる。柔らかくなる。「―・びたる御衣ども脱い給うて」〈源・夕霧〉❷物腰などがなよなよしている。しとやかである。「内侍は、ねびたれど、いたくよしばみ―・びたる人の」〈源・紅葉賀〉[補説]連用形「なよび」以外用いられないので、四段活用とする説もある。多く、完了の助動詞「たり」を伴って用いられる。

なよ-やか〔形動〕図〔ナリ〕柔らかくなよなよしているさま。「瑠璃珊瑚を鏤めた金冠の重さに得堪えぬ―な体」〈谷崎・刺青〉[派生]**なよやかさ**〔名〕[類語]しなしな

なよ-よか〔形動ナリ〕「なよやか」に同じ。「白き御衣どもの―なるに」〈源・帚木〉

なよ-らか〔形動ナリ〕「なよやか」に同じ。「―なる御衣どもに」〈夜の寝覚・二〉

なよろ【名寄】北海道北部の市。名寄盆地の商業中心地。酪農が盛ん。珍石の鈴石・高師小僧を産し、いずれも天然記念物。平成18年(2006)3月、風連(ふうれん)町と合併。人口3.1万(2010)。

なよろ-し【名寄市】►名寄

なよろ-しりつだいがく【名寄市立大学】北海道名寄市にある、日本最北の公立大学。昭和35年(1960)開学の名寄女子短期大学を改組して、平成18年(2006)に開学した。保健福祉学部の単科大学。

なよろ-ほんせん【名寄本線】名寄から東へ興部(おこっぺ)を経てオホーツク海に沿い、中湧別(なかゆうべつ)から南へ遠軽(えんがる)まで走ったJR線。現在廃線。

なよろ-ぼんち【名寄盆地】北海道北部にある盆地。南北80キロメートル、東西10キロメートルの南北に細長い盆地。中央低地帯に属し、中心は名寄市。製材・酪農が盛ん。北海道でも特に寒さが厳しい。

なら【奈良】㊀近畿地方中部の県。もとの大和(やまと)にあたる。人口140.0万(2010)。㊁奈良県北部の市。県庁所在地。和銅3年(710)平城京が建設され、75年間古代日本の首都として栄えた。のち、京都を北都というのに対して南都と呼ばれる。また、東大寺・春日大社・興福寺の門前町として発達。古社寺、文化財、伝統行事が多い。奈良漬・墨・一刀彫などを特産。古くは「那羅」「平城」「寧楽」などとも書いた。人口36.7万(2010)。[補説]平成5年(1993)に「法隆寺地域の仏教建築物」として法隆寺と法起寺が、同10年に「古都奈良の文化財」の名で東大寺、興福寺、春日大社と春日山原始林、元興寺、薬師寺、唐招提寺、平城宮跡が世界遺産(文化遺産)に登録された。

なら【×楢¦×柞¦×枹】コナラの別名。また、ミズナラ・ナラガシワなどを含めた総称。

なら〔接〕「それなら」のくだけた言い方。じゃあ。「もう片付いたのか。―帰るよ」

なら〔助動〕㊀《断定の助動詞「だ」の仮定形》►だ〔助動〕㊁《断定の助動詞「なり」の未然形》►なり〔助動〕

なら　㊀〔副助〕《断定の助動詞「なり」の未然形から》体言に付く。話題となるものを取り上げて示す。…について言えば。「母―間もなく帰ると思います」㊁〔並助〕《近世語》いくつかの事柄を並列して言うのに用いる。…といい、…といい。「姿―面体―、京のどなたの奥様にも誰が否とはいなば山」〈浄・堀川波鼓〉⇒なり〔並助〕

ならい(ならひ) 冬に吹く強い風。海沿いの地でいい、風向きは地方によって異なる。ならい風。【季 冬】「ター―トきは月のほそりかな/万太郎」

ならい【習い¦▽慣らい】(ならひ) ❶しきたりとなっていること。ならわし。習慣。「土地の―で盆は旧に行う」❷世間であたりまえであること。世の常。「栄枯盛衰は世の―」❸ならうこと。学ぶこと。「以て貿易不利にして帰り来らんとき狼狽せざるの―となし」〈永峰秀樹訳・暴夜物語〉❹秘事などを口授されて学ぶこと。また、その秘事や、古くからの言い伝え。「この御社の獅子の立てられやう、定めて―あることに侍らん」〈徒然・二三六〉[類語]ならわし・しきたり・例・慣行・慣例

習い性(せい)となる　《「書経」太甲上から》習慣は、ついにはその人の生まれつきの性質のようになる。[補説]「習い、性となる」と区切る。「ならいしょう、となる」「ならいせい、となる」とは読まない。

ならい-かぜ【ならい風】(ならひ) 「ならい」に同じ。

ならい-ごと【習い事】(ならひ) 芸事・技術などを師匠について習得すること。けいこ事。

ならい-せんばん【倣い旋盤】(ならひ) 模型の形状に沿って工具の動きを自動的に案内し、工作物を同様の形状に切削する旋盤。

なら-いっとうぼり【奈良一刀彫】(ーイッタウぼり) 江戸初期、奈良で始まった一刀彫り。また、それによる人形・動物など。奈良彫。⇒奈良人形

ならい-と・る【習ひ取る】(ならひ)〔動ラ四〕習って自分のものとする。習得する。「父が弾く手、一つ残さず―・りつ」〈宇津保・俊蔭〉

ならい-もの【習い物】(ならひ) ❶習う事柄。❷能・音曲などの芸道や茶道・華道などで、特別の許し(伝授)を得なければ、けいこすることのできない曲や段階。秘事。伝授物。

なら・う【倣う¦×傚う】(ならふ)〔動ワ五(ハ四)〕《「習う」と同語源》すでにあるやり方、例をまねて、そのとおりにする。手本としてまねをする。「前例に―・う」[類語]従う

なら・う【習う¦▽慣らう¦×馴らう】(ならふ)〔動ワ五(ハ四)〕❶教わったことを繰り返し練習して身につける。けいこする。「夜ふけに一人でダンスのステップを―・う」❷知識や技術などの教えを受ける。教わる。学ぶ。「父から将棋を―・う」「中学で―・った先生」❸経験を積んで、なれる。習慣となる。「心ざしはいたしけれど、さるいやしきわざも―・はざりければ」〈伊勢・四一〉❹慣れ親しむ。「かく久しく遊び聞こえて―・ひ奉れり」〈竹取〉[可能]**ならえる** [類語]学ぶ・教わる・修める

習うより慣れよ　人に教えられるよりも、自分で経験を重ねたほうが身につく。

なら-うちわ【奈良団扇】(ーうちは) 奈良で作られる古雅なうちわ。もと、春日神社の神官が軍扇の形にならって作ったもので、天平模様や奈良の風物などが透かし彫りしてある。禰宜(ねぎ)うちわ。【季 夏】

なら-え【奈良絵】ヱ 室町末期から江戸初期にかけて、冊子本(奈良絵本)・絵巻物の挿絵として描かれた絵画。奈良興福寺などの絵仏師の作との説があるが、呼称は明治以降に生まれたもので、奈良との関係は不明。明るい彩色の素朴な作風を特色とする。

ならえ-ほん【奈良絵本】ナラヱホン 奈良絵を挿絵とした一種の絵本。御伽草子おとぎぞうしを主とし、金泥きんでい・銀泥を用いた細密華麗な描写のものもある。わかりやすく明快な表現が愛され、庶民に普及した。

ならえん【那羅延】《梵 Nārāyaṇaの音写》梵天・帝釈天たいしゃくてんとともに仏教を守護する神。非常に力が強く、那羅延金剛ならえんこんごうともいい、その大力を那羅延力という。那羅延天。

ならえん-こんごう【那羅延金剛】コンガウ ❶▶那羅延 ❷金剛力士の一。密迹みっしゃく金剛とともに仁王とよばれる。

なら-がしわ【×楢×柏】ガしは ❶カシワの別名。また、コナラの別名。❷ブナ科の落葉高木。本州中部以西の山地に自生。葉は長楕円形で、裏面が灰白色。実は椀形の殻斗かくとをもつどんぐり。

なら-かぞく【奈良華族】クワゾク 奈良興福寺の公家出身の僧で、明治以後、勅命により還俗し、華族となった水谷川・梶野などの諸家の俗称。

なら-がたな【奈良刀】室町時代以降、奈良地方に住む刀工が鍛えた刀。近世には大量生産されて粗悪になり、鈍刀の代名詞ともなった。奈良物。

なら-がみ【奈良紙】室町ごろ、奈良地方南部の山麓地帯から産した雑用紙。コウゾを原料とし、薄く柔らかい。やわやわ。

なら-きょういくだいがく【奈良教育大学】ケウイクダイガク 奈良市にある国立大学法人。奈良師範学校と奈良青年師範学校を統合し、昭和24年(1949)奈良学芸大学として発足。同41年に現校名に改称。平成16年(2004)国立大学法人となる。

なら-く《伝聞推定の助動詞「なり」のク語法》「言うならく」「聞くならく」の形で、…と言うことには、聞くところでは、の意を表す。主に漢文訓読体の文章に用いられる。「聞く一公こうが雲峰の裡うち、病に臥して真を契らむとすと」〈文華秀麗集・中〉

ならく【奈落｜那落｜×捺落】《梵 narakaの音写「奈落迦」の転》❶地獄。また、地獄に落ちること。「一の苦しみを味わう」❷物事の最後の所。どん底。特に、これ以上はない、ひどい境遇。「一に沈む」❸(奈落)劇場で、舞台や花道の床下。地下室となっていて、回り舞台やせり出しの装置があり、通路にもなる。

ならく-の-そこ【奈落の底】❶地獄の底。「一へ突き落とされる」❷抜け出すことのできない、どうにもならない状態。「極貧の一からはいあがる」❸物事の最終。果ての果て。「つぎかけ、つぎかけ。一まで飲み伏せ」〈浄・会稽山〉

なら-けん【奈良県】▶奈良㊁

なら-けんりついかだいがく【奈良県立医科大学】ナラケンリツイクワダイガク 奈良県橿原市にある公立大学。昭和20年(1945)設立の奈良県立医学専門学校が前身。同27年新制大学となる。平成19年(2007)公立大学法人。

なら-けんりつだいがく【奈良県立大学】奈良市にある公立大学。平成2年(1990)に奈良県立商科大学として開学。同13年に商学部を地域創造学部に改組し、現校名に改称した。同学部の単科大学で、同19年に、夜間部から昼間部へ移行した。

なら-こうえん【奈良公園】コウヱン 奈良市街地東部にある公園。若草山・春日山の西麓一帯で、興福寺・猿沢池・東大寺・春日大社・奈良国立博物館などがあり、鹿が放し飼いにされている。

なら-こくりつはくぶつかん【奈良国立博物館】ーコクリツハクブツクワン 奈良市登大路町にある国立博物館。明治28年(1895)帝国奈良博物館として開館。昭和27年(1952)に現名称となった。平成13年(2001)独立行政法人国立博物館の、同19年より国立文化財機構の管轄となる。仏教美術品を中心に収蔵・展示し、毎年秋には正倉院展が開催される。

なら-こくりつぶんかざいけんきゅうじょ【奈良国立文化財研究所】ーコクリツブンクワザイケンキウジョ 奈良文化財研究所の前身。昭和27年(1952)設立、同43年に文化庁の付属機関となる。平成13年(2001)東京国立文化財研究所とともに独立行政法人文化財研究所に統合。

なら-こんごう【奈良金剛】ーコンガウ ▶奈良草履ぞうり

なら-ざか【奈良坂｜平城坂】《「ならさか」とも》奈良市の北から京都府木津川市木津に出る坂道。古くは、平城京大内裏の北の歌姫から山城へ越える歌姫越えを称したが、のちには、東大寺の北、般若寺はんにゃじを経て木津へ出る坂をいう。般若寺坂。

なら-ざけ【奈良酒】奈良地方で産する酒。古く寺院中心に醸造され、優良酒として知られた。

なら-ざらし【奈良×晒】慶長年間(1596～1615)以来、奈良地方で産出した麻の晒し布。生平きびらを漂白した上質なもの。

なら-さんぎょうだいがく【奈良産業大学】ーサンゲフダイガク 奈良県生駒郡三郷さんごう町にある私立大学。昭和59年(1984)の開設。

なら-さんさい【奈良三彩】奈良時代、唐三彩にならって日本でつくられた三彩陶器。

なら-さんさく【奈良三作】奈良派で、最も有名な三人の金工。奈良利寿としなが・土屋安親やすちか・杉浦乗意じょうい。

ならし【▽均し｜▽平し】❶平らにすること。平均すること。平均。「それにどう、一に分けたのが不服だって」〈康成・温泉宿〉❷横にわたして衣類などをかけるさお。ならし竹。

なら-し【奈良市】▶奈良㊁

ならし【慣らし｜×馴らし】❶ならすこと。なれるようにすること。「足一」「一に一矢づつ射て見候はん」〈太平記・一七〉❷習慣。慣習。しきたり。ならわし。「水はまづすみかはるとも円居まとゐる今日の一はいつか絶ゆべき」〈宇津保・国譲中〉

な◦らし〔連語〕《断定の助動詞「なり」の連体形「なる」に推量の助動詞「らし」の付いた「なるらし」の音変化》❶…であるらしい。「すむ人もあるかなきかの宿一◦らしあしまの月のもるにまかせて」〈新古今・雑上〉❷…である。…だなあ。「難波のくれは鳥織留むる物一◦らし」〈浮・織留・序〉(補説)一説に、「なり」が形容詞ふうに活用したものともいう。❷の用法は鎌倉時代以後の用法。

なら-じだい【奈良時代】奈良の平城京に都のあった時代。和銅3年(710)から延暦3年(784)までの74年間。律令国家の完成期にあたり、国土の開発、制度の整備が進められ、唐や朝鮮との交通、仏教の興隆などにつれて、日本の文化・芸術が大きく開花した。聖武天皇の時代が最盛期。美術史では天平時代ともいう。奈良朝。

ならしの【習志野】千葉県北西部の市。下総台地と東京湾の埋立地からなり、住宅地。もと陸軍の演習地。西部に谷津干潟公園がある。人口16.4万(2010)。

ならしの-し【習志野市】▶習志野

なら-しば【×楢×柴】楢の木の枝。「み狩する雁羽の小野の一の慣れは増さらず恋こそ増され」〈万・三〇四八〉

ならしば-どり【×楢芝鳥】鷹たかの別名。

なら-じょしだいがく【奈良女子大学】ーヂョシダイガク 奈良市にある国立大学法人。明治41年(1908)設立の奈良女子高等師範学校を母体に、昭和24年(1949)新制大学として発足。平成16年(2004)国立大学法人となる。

なら-す【▽生らす】〔動サ五(四)〕果実を実らせる。実を結ばせる。「柿の木が実を一・す」

なら-す【▽均す｜▽平す】〔動サ五(四)〕❶高低・凹凸をなくして平らにする。「グラウンドを一・す」❷平均する。「利益を一・して分配する」(類語)(❷)平均・均等・均分・等分・平準・標準・アベレージ・押し均す・揃そろう

なら-す【慣らす｜×馴らす】〔動サ五(四)〕❶ある状態・環境になれさせる。少しずつ何度も試みて、そのことが当然のことになるようにする。また、うまくやれるかどうか前もって調子をためしたり整えたりする。なじませる。順応させる。「準備運動をして体を一・す」「水に一・す」「履き一・した靴」❷動物を訓練して、なつかせる。人になじみ親しむようにする。「鷹たかを一・す」「野生の馬を飼い一・す」❸技芸などを習わせる。練習させる。「舞ども一・し、殿の内ゆすりてののしる」〈源・若菜下〉❹なれすぎてあなどる。横柄になる。「すべて人の振る舞ひは重らかに言葉少なにて、人をも一・さず、人にも一・されず」〈十訓抄・一〉

なら-す【鳴らす】〔動サ五(四)〕❶音を出すようにする。音をひびかせる。「鐘を一・す」「ブザーを一・す」「指を一・す」❷そのことで大変世間の評判をとる。「昔は名投手で一・したものだ」❸やかましく言いたてる。「不平を一・す」「非を一・す」❹音を出して放屁する。おならをする。「誤りていと高く一・してけり」〈今昔・二八・一〇〉(可能)ならせる

ならず-まげ【ならず×髷】女性の髪形の一。無造作にたばねただけで、髷にもなっていないもの。ならずわげ。「髪は一に爪切らず」〈浮・娘気質・三〉

なら-ずみ【奈良墨】奈良地方で産する油煙製の良質な墨。

ならず-もの【成らず者｜破＝落＝戸】❶品行の悪い者。また、定職がなく、悪事をして歩きまわる者。無頼漢。ごろつき。❷生計が思うようにならない者。「銀の才覚一と茶屋にはせかれ」〈浄・女腹切〉(類語)ごろつき・地回り・やくざ・暴力団・無頼漢・無法者

なら-せんたんかがくぎじゅつだいがくいんだいがく【奈良先端科学技術大学院大学】ーセンタンクワガクギジュツダイガクヰンダイガク 奈良県生駒いこま市にある国立大学院大学。平成3年(1991)の開設。同16年国立大学法人となる。

なら-そ【奈良▽麻】奈良晒ならざらしの原料として奈良地方で生産された麻。

なら-ぞうり【奈良草履】ーザウリ 奈良産の金剛こんごう草履。

ナラタージュ〘narratage〙映画などで、ある人物の語りや回想によって過去を再現する手法。

なら-だいがく【奈良大学】奈良市にある私立大学。昭和44年(1969)の開設。

なら-だいしゅ【奈良大衆】▶奈良法師ならほうし

なら-たけ【×楢×茸】キシメジ科のキノコ。夏から秋、枯れ木などに生える。傘は直径5～15センチで、表面は淡黄褐色。細長い菌糸束を生じて広がり、菌糸の若いものは発光する。食用。はりがねたけ。(季 秋)

なら-ちゃ【奈良茶】❶奈良地方産の茶。❷「奈良茶飯ならちゃめし」の略。

なら-ちゃがゆ【奈良茶×粥】「奈良茶飯ならちゃめし」に同じ。

ならちゃ-ぶね【奈良茶船】奈良茶飯を売る船。伏見・大坂間の乗合船などを相手に商売をした。

なら-ちゃめし【奈良茶飯】❶煮出した茶にいり大豆・小豆などを入れて塩味で炊いた柔らかい飯。奈良の東大寺・興福寺で炊きはじめたところからいう。❷茶飯に豆腐汁・煮豆などを添えた一膳飯いちぜんめし。江戸では明暦(1655～1658)のころ繁盛した。

なら-ちょう【奈良朝】ーテウ「奈良時代」に同じ。

なら-づけ【奈良漬(け)】シロウリを主に、ナス・キュウリなどを酒粕さけかすに漬けたもの。奈良の漢方医糸屋宗仙が、慶長年間(1596～1615)に創製したといわれる。

なら-で〔連語〕《断定の助動詞「なり」の未然形＋接続助詞「で」》…ではなくて。…以外に。「秋一逢ふことかたきをみなへし天の河原に生ひぬものゆゑ」〈古今・秋上〉

ナラティブ〘narrative〙物語。朗読による物語文学。叙述すること。話術。語り口。➡ナレーター

ナラティブベースト-メディシン〘narrative-based medicine〙《物語に基づく医療、の意》。患者が語る病の体験を、医師が真摯に聞き、理解を深め、また対話を通して問題解決に向けた新しい物語を創り出すこと。医療の質の向上、治療の促進が期待される。科学的根拠に基づく医療(エビデンスベーストメディシン)を補完するものとして提唱されている。NBM。

なら-で-は〔連語〕❶(多く「ならではの」の形で)ただ…だけ。「日本一の習慣だ」❷(多く、下に打消しの語を伴って)…でなくては。…以外には。「下町ー見ることのできない光景」「恩愛の道ー、かかる者の心に慈悲ありなんや〈徒然・一四二〉

なら-でんじゅ【奈良伝授】古今こきん伝授の流派の一。宗祇そうぎから伝授された牡丹花肖柏ぼたんかしょうはくが、奈良の町人学者饅頭屋まんじゅうや宗二に伝えたもの。

なら-としなが【奈良利寿】[1667〜1736]江戸中期の装剣金工家。江戸の人。通称、太兵衛。奈良三作の一人。高肉彫り・色絵を得意とし、縁頭ふちがしらの作が多い。

なら◦ない〔連語〕《動詞「な(成)る」の未然形＋打消しの助動詞「ない」》❶(「てならない」の形で)その事について抑えようのない気持ちを表す。「話の続きが気になってー◦ない」「おかしくてー◦ない」❷(多く「てはならない」の形で)禁止を表す。「絶対に忘れてはー◦ない」「許可なしに入室してはー◦ない」❸(「なければならない」「なくてはならない」「ねばならない」などの形で)㋐責任・義務の意を表す。「法律には従わなければー◦ない」「今月中に仕事を仕上げなくてはー◦ない」㋑必要不可欠の意を表す。「政治は国民のためのものでなくてはー◦ない」➡ならぬ

ならな-きろ【生らな切ろ】《実がならなければ切ってしまおうの意》「生り木責め」に同じ。

なら-なくに〔連語〕《断定の助動詞「なり」の未然形＋連語「なくに」》…ではないのに。「めづらしき声ーほととぎすここらの年を飽かずもあるかな〈古今・賀〉

なら-にんぎょう【奈良人形】ならニンギャウ 奈良名産の木彫りの彩色人形。小形の一刀彫りで、根付け・置物とする。刀痕とうこんを残して仕上げるのが特徴。鹿などのほか、能楽の人形・舞楽人形も多い。江戸末期に森川杜園もりかわとえんがすぐれた作品を作って名を広めた。

なら◦ぬ〔連語〕《「ぬ」は打消しの助動詞》「ならない」に同じ。「ならん」の形でも用いる。「私語を交わしてはー◦ぬ」「どうにかせねばー◦ぬ」

なら-ぬ〔連語〕《「ぬ」は打消しの助動詞「ず」の連体形》…でない。「一方ひとかたーご指導」「ただー事態」

なら-の-おがわ【楢の小川】ならのをがは 京都市北区上賀茂の御手洗みたらし川の異称。〔歌枕〕「風そよぐーの夕暮れはみそぎぞ夏のしるしなりける〈新勅撰・夏〉

なら-の-だいぶつ【奈良の大仏】奈良東大寺大仏殿の本尊。毘盧遮那仏びるしゃなぶつの金銅座像で、像高14.87メートル。聖武天皇の発願により天平勝宝元年(749)創建、同4年開眼供養。二度の戦火などで改鋳が重ねられ、台座蓮弁の一部のみが当初のもので、胴部は鎌倉時代、頭部は元禄3年(1690)の鋳造。

なら-の-はがしわ【×楢の葉×柏】ならのはがしは 楢の木の葉。「見るままにー紅葉して佐保のわたりの山ぞしぐるる〈続古今・秋下〉

なら-の-はもり【×楢の葉守】楢の木に宿り樹木を守る神。「青丹あをによしーの神心〈謡・金札〉

なら-の-ふること【奈良の古言】《万葉集の成立時についての、清和天皇の問いに、文屋有季が「神無月時雨降りおけるならの葉の名におふ宮の古言ぞこれ」と答えたという古今集の歌から》万葉集の異称。

なら-の-みやこ【奈良京｜寧楽京】平城京のこと。

なら-の-やえざくら【奈良の八重桜】ならのやへざくら 桜の一品種。カスミザクラの改良種とされる。4月下旬から5月にかけて、淡紅色で八重咲きの花を開く。東大寺知足院のものは天然記念物。ならやえざくら。

なら-は【奈良派】江戸時代の装剣金工の一派。江戸初期の奈良利輝を祖とする。

なら-ば〔連語〕《動詞「な(成)る」の未然形＋接続助詞「ば」》できることならば。それなら。「すっかり気おくれがして了って、ー逃げだしたいのを〈里見弴・多情仏心〉

なら-ばん【奈良版】鎌倉時代に、奈良地方の諸大寺が出版した版本の総称。東大寺・西大寺・唐招提寺・法隆寺などのものをいい、大部分が仏典。平安時代からの興福寺版を含めていうこともある。

ならび【並び｜▽双び】❶並ぶこと。並んだようす。並んでいるもの。列。「歯のーが悪い」「このビルのーにある書店」❷たぐい。比類。「天下にーもない武芸の達人」〔類語〕列

ならび-が-おか【双ヶ岡】ならびがをか 京都市右京区御室おむろにある丘陵。一ノ岡・二ノ岡・三ノ岡に分かれ、西麓に吉田兼好が住んだ。双の岡。

ならび-ぐら【並び倉】二つの倉が並んで立ち、中間に連結部分のあるもの。正倉院はその例。

ならび-だいみょう【並び大名】ならびダイミャウ ❶歌舞伎で、大名の扮装をして、ただ並んでいるだけの役。また、それに扮した俳優。❷人数に加わっているだけで、あまり重要ではない人。「ーにすぎない役員」

ならび-た・つ【並び立つ】〔動タ五(四)〕❶並んで立つ。「街道にー・つ松」❷対等の位置に並ぶ。同等の勢力をもつ。「諸大国とー・つ」「両雄ー・たず」

ならび-な・い【並び無い】〔形〕文ならびな・し〔ク〕他と比較できるものがない。類がない。たぐいない。「ー・い権力者」

ならび-に【並びに】〔接〕前後二つの事柄をつなぐのに用いる語。および。また。と。「氏名ー電話番号を明記のこと」➡及および〔用法〕

ならび-へいし【並び▽瓶子】紋所の名。瓶子を二つ並べたもの。

なら・ぶ【並ぶ｜▽双ぶ｜▽列ぶ】㊀〔動バ五(四)〕❶列などをつくって位置する。また、隣り合う。つらなる。「切符を買いにー・ぶ」「店に品物がー・んでいる」「ー・んで座る」❷二つのものが一緒に存在する。力の程度に優劣がなく、対等である。匹敵する。「実力、人気ともにー・ぶ」「彼にー・ぶ者はいない」〔可能〕ならべる ㊁〔動バ下二〕「ならべる」の文語形。〔類語〕㊀(❶)列する・連なる・続く・隣り合う・並列する・整列する・堵列とれつする・行列する・列立する・林立する・櫛比しっぴする・隣接する・並行する／(❷)伍ごする・敵かなう・敵する・比肩する・匹敵する・並立する・伯仲する・肩を並べる

なら-ぶぎょう【奈良奉行】ならブギャウ 江戸幕府の職名。遠国奉行の一。奈良の市政や寺社を管掌した。老中の支配下で、京都所司代の指揮を受けた。

なら-ぶろ【奈良風炉】奈良で製出した茶の湯用の土風炉どぶろ。京都でも同形のものがつくられた。

なら-ぶんかざいけんきゅうじょ【奈良文化財研究所】ならブンカザイケンキウジョ 奈良市にある調査研究機関。独立行政法人国立文化財機構に属する。遺跡・建造物・庭園などの文化財の調査・保存・活用を目的とする。前身は奈良国立文化財研究所。

ならべ-た・てる【並べ立てる】〔動タ下一〕文ならべた・つ〔タ下二〕❶多くの物を次々に並べる。また、立て並べる。「品物をー・てる」「看板をー・てる」❷いろいろ並べて言う。「不平をー・てる」

なら・べる【並べる｜▽双べる】〔動バ下一〕文なら・ぶ〔バ下二〕❶並んだ状態に位置させる。列をなすように位置させる。また、隣り合わせに置く。「二列にー・べる」「肩をー・べて歩く」「机をー・べて勉強した間柄」❷ひきあてててその優劣を比べる。「芭蕉と蕪村をー・べて論じる」「花のさかりにー・べて見ばや〈源・若菜上〉❸いくつも、またいろいろなものを次々と置く。「碁石をー・べる」「食卓に料理をー・べる」❹次々といくつもあげて言う。「欠点をー・べる」❺時間的に続ける。連続させる。「夜よー・べて君を来ませとちはやぶる神の社を祈のまぬ日はなし〈万・二六六〇〉

〔用法〕ならべる・つらねる――「美辞麗句を並べる(連ねる)」「軒を並べる(連ねる)」など、列にして位置させる意では相通じて用いられる。◆「並べる」は、列を作って位置させること。「机を五列に並べる」「机の上に開いた本を並べて調べる」◆「連ねる」は縦でも横でも1列に位置させること。ばらばらの状態には使わない。「車を連ねて行進する」「名簿に名を連ねる」など。◆類似の語に「配列する」「羅列する」がある。「配列する」は、ある基準に従ってきちんと並べること。「五十音順に配列する」「メーカー別に商品を配列する」など。「羅列する」は、やたらに、またずらりと並べること。「無意味な文字を羅列してもしようがない」

〔一句〕肩を並べる・轡くつわを並べる・机を並べる・軒を並べる・不平を並べる・枕まくらを並べる

なら-ほうし【奈良法師】ならホフシ《「ならぼうし」とも》奈良の東大寺・興福寺などにいた法師。長巻といわれる長い太刀を持つ。中世、興福寺の大衆だいしゅが有名。奈良大衆。

なら-ぼり【奈良彫】❶装剣金工の一派、奈良派の手になる彫り物。❷►奈良一刀彫いっとうぼり

なら-ぼんち【奈良盆地】奈良県北西部の盆地。東を大和高原、西を生駒・金剛山地に囲まれる。古代に都城の置かれた地で、藤原宮跡・平城宮跡などがある。大和盆地。

なら◦む〔連語〕《断定の助動詞「なり」の未然形＋推量の助動詞「む(ん)」》❶断定的な推量の意を表す。…であろう。…だろう。「うれしとや思ふと告げ聞かするー◦む〈枕・八〉❷仮定の事柄や想像した事柄などを表す。…であるような。…のような。「同じ心ー◦ん人と、しめやかに物語して〈徒然・一二〉

なら-もの【奈良物】►奈良刀ならがたな

なら-もろはく【奈良▽諸白】奈良酒のこと。

なら-やま【奈良山】奈良市街地北部一帯の丘陵。平城宮跡の北方を佐紀丘陵、その東を佐保丘陵とよび、奈良坂が通じる。

ならや-もざえもん【奈良屋茂左衛門】ならやモザヱモン [?〜1714]江戸中期の豪商。江戸深川の材木商。日光東照宮の修築で巨富を積み、紀国屋文左衛門と並び称された。資産を継いだ子が吉原で豪遊した話は有名。

ならわ-かし【習はかし】ならはかし「習わし❶」に同じ。「一家一門みな侍、思ひ切っては見返らず〈浄・油地獄〉

ならわ-か・す【習はかす】ならはかす〔動サ四〕こらしめる。思い知らせる。「あまり気随にあたった程に、ちとー・いておぢゃる〈虎明狂・髭櫓〉

ならわし【習わし｜▽慣わし】ならはし ❶しきたり。習慣。風習。「世間のー」「家のー」❷習わせること。けいこ。「舞ーなどは、里にていとようしたてて〈源・少女〉❸習慣づけること。しつけ。「そよ。誰がーにかあらむ〈源・澪標〉〔類語〕習い・しきたり・例・慣行・慣例

ならわし-もの【習はし物】ならはしもの 習慣で身につけられるもの。慣れによってどうともなるもの。「人の身もーをあはずしていざ試みむ恋ひや死ぬると〈古今・恋一〉

ならわ・す【習わす｜▽慣わす】ならはす〔動サ五(四)〕❶学ばせる。習わせる。「英会話をー・す」❷習慣づける。慣れさせる。「深き山住みせむにも、かくて身をー・したらむは、こよなう心澄みぬべきわざなりけり〈源・幻〉❸こらしめる。思い知らせる。「諸人を散々に悪口してとがむる者をー・して〈義経記・三〉❹(動詞の連用形に付いて)いつも…する。…することになっている。「言いー・す」「呼びー・す」

なら◦ん〔連語〕❶►ならむ ❷►ならぬ

なり【▽生り】実がなること。「ーのよい木」「鈴ー」

なり【成り】❶将棋で、駒が成ること。➡成る㊈❷(「おなり」の形で)貴人の外出・訪問などを敬っていう語。おでまし。➡御成り

なり【▽形｜▽態】《動詞「な(成)る」の連用形から》❶物の形。形状。「ーの良い花活け」❷からだつき。体格。「大きなーをしてみっともない」❸服装。身なり。なりふり。「学生らしいーをする」「ーばかりを気にする」❹他の語の下に付いて、接尾語的に用いられる。㋐動詞の連用形に付いて、…するまま、…するとおり、などの意を表す。「人の言いーになる」㋑名詞または形容詞の連体形に付いて、そのものにふさわしい、また、それに応じて、という意を表す。「弟ーの考え」「狭ければ狭いーに住むしかない」㋒名詞に付いて、…の形という意を表す。「弓ーになる」㋓動詞の連体形について、…したとたんに、…するとすぐ、の意を表す。「見るー顔色を変えた」〔類語〕姿・恰好

なり【奈利】「泥梨ないり」に同じ。

なり【▽業】生活のための仕事。生業。なりわい。「ひさかたの天路あまぢは遠しなほなほに家に帰りてーをしまさに〈万・八〇一〉

なり【鳴り】鳴ること。音をたてること。また、その音。「—のよいスピーカー」「海—」「耳—」
鳴りを静・める 物音を立てるのをやめる。物音を立てないようにする。「—・めて演奏に聞き入る」
鳴りを潜・める ❶物音を立てないで静かにする。「緊張のあまり—・める」❷活動をとめてじっとしている。「犯人が—・める」
なり〔助動〕［○|なり|なり|なる|なれ|○］活用語の終止形に付く。平安時代以後は、ラ変形活用語には連体形に付く。❶音や声が聞こえるという意を表す。㋐…の音や声が聞こえる。「みとらしの梓弓の弓の中弭の音すなり」〈万・三〉㋑他から伝え聞いたことを表す。…そうだ。…ということだ。…と聞いている。「また聞けば、侍従の大納言の御女なくなり給ひぬなり」〈更級〉㋒音・声やうわさなどに基づく推定を表す。…するようだ。…しているらしい。「呼びわづらひて笛をいとをかしく吹きすまして過ぎぬなり」〈更級〉❷詠嘆の気持ちを表す。…であることよ。…ているよ。「手枕に身を愛すなりおぼろ月/蕪村」〘補説〙一般に伝聞推定の助動詞とよばれ、語源については「音ね」「鳴る」「泣く」などの「ね」「な」に「あり」が付き、融合したとみる説が有力である。❷は近世に生じた用法。
なり〔助動〕［なら|なり・に|なり|なる|なれ|なれ］《格助詞「に」＋ラ変動詞「あり」の音変化》体言および体言に準じるもの、活用語の連体形、形容動詞の語幹、助詞「と」「て」「ば」などに付く。❶断定の意を表す。…だ。…である。「そのとき、右の馬の頭なりける人を常に率ておはしましけり」〈伊勢・八二〉❷（主に連体形「なる」の形で）存在の判断を表す。…にある。…にいる。…にあたる。「小諸なる古城のほとり雲白く遊子悲しむ」〈藤村・千曲川旅情の歌〉「さるべき故ありて東山なる所へ移ろふ」〈更級〉❸（多く根拠を示す語を伴い文末に用いて）事柄を説き示す意を表す。…のである。…からである。「都へと思ふをもの悲しきは帰らぬ人のあればなりけり」〈土佐〉❹（人や物などに付いて）「という」の意を表す。「顔回なる者あり。学を好む」〈論語・雍也〉➡たり〘補説〙連体形「なる」は室町時代に「な」となり、口語の助動詞「だ」の連体形に、未然形「なら」は同じく仮定形に用いられるようになった。❹は漢文訓読からの用法。また終止形を「也」と書いて、「金参万円也」のように、証書などで金額にそれ以下の数字がないことを示すのに用いる。
なり㊀〔接助〕動詞・動詞型活用語の終止形に付く。❶ある動作・作用が終わったと同時に、他の動作・作用が行われる意を表す。…するとすぐに。「玄関に入る—、異様な気配に気づいた」「床に就く—、いびきをかきはじめた」❷（助動詞「た」に付いて）ある動作が成立して、それが継続している意を表す。そのままの状態で。…したまま。「出て行った—帰ってこない」「絵を見つめた—まばたき一つしない」㊁〔副助〕名詞、名詞に準じる語、副詞、活用語の終止形、助詞などに付く。それ以外にも適当なものがあるという気持ちを含めて、ある事柄を例示的に示す意を表す。…でも。「彼に—相談したらいい」「電話—してください」㊂〔並助〕並列・列挙した中から、どれか一つを選択する意を表す。…か…か。「兄さん—姉さん—に教えてもらいなさい」「御飯にする—お風呂に入る—早くして」「大—小—」〘補説〙「なり」は文語の断定の助動詞「なり」から転じたもので、近世以降、助詞として用いられた。ただし㊀については「形・ようす」の意の名詞「なり」からの転という説もある。㊁㊂は「なりと」「なりとも」となる場合もある。㊂は「…なり…なり」となるのが普通であるが、後の「なり」が省略される場合もある。
なり-あい【成り合ひ】〔名・形動ナリ〕なるがままにすること。なりゆきにまかせること。「今日を—に暮らしぬ」〈浮・武家義理・一〉
なりあい-さん【成相山】京都府北部、宮津湾西岸にある山。天橋立の展望地。中腹に成相寺がある。標高569メートル。
なりあい-じ【成相寺】京都府宮津市にある高野山真言宗の別格本山。山号は成相山。西国三十三所第28番札所。開創は慶雲年間（704〜708）、開山は真応と伝える。橋立観音。
なり-あ・う【成り合ふ】〔動ハ四〕❶でき上がって整う。整った姿になる。「まだ—・はぬ仏の御飾りなど見給へおきて」〈源・東屋〉❷成長する。成熟する。「かた生ひの—・はぬほどともなく」〈夜の寝覚・五〉❸互いに連絡して一緒になる。「御方の者どもが敵と—・ひて後ろ矢を射るよと」〈太平記・一五〉
なりあがり【成上がり】狂言。鞍馬へ参籠した主従が、詐欺師に太刀を竹棒とすり替えられる。太郎冠者は、太刀が竹に成り上がったのは瑞相だと言いわけしてしかられる。
なり-あがり【成(り)上(が)り】成り上がること。また、その者。多く軽蔑の気持ちを込めるなどしていう。
なりあがり-もの【成(り)上(が)り者】成り上がった者。成り上がり。
なり-あが・る【成(り)上(が)る】〔動ラ五(四)〕❶貧しかったり地位の低かったりした者が金持ちになったり高い地位を得たりする。「政界に身を投じて大臣にまで—・る」❷でき上がる。成就する。「一本の大道は眼の自由行動と平行して—・ったものと」〈漱石・坑夫〉❸位階が上がる。昇進する。「受領したる人の宰相になりたるこそ、もとの君たちの—・りたるよりもしたり顔にけだかう」〈枕・一八五〉
なり-あま・る【成り余る】〔動ラ四〕でき上がってなお余分のところがある。「我が身は成り成りて—・れる処一処あり」〈記・上〉
ナ-リーグ「ナショナルリーグ」の略。
なり-いし【鳴(り)石】石の団塊の内部に空間ができ、振ると、中の小石が音を立てるもの。鈴石。
なり-い・ず【生り▽出づ｜成り▽出づ】〔動ダ下二〕❶生まれ出る。また、成長する。「何時しかも人と—・でて」〈万・九〇四〉❷（成り出づ）出世する。昇進する。「次々に—・でつつ、劣らず栄えたる御家の内なり」〈源・少女〉
なりう-みさき【成生岬】《「なりゅうざき」とも》京都府北東部、大浦半島北端に突出した岬。若狭湾に面した断崖で、岬の突端に灯台がある。東方約1キロメートルの位置に浮かぶ毛島は、周囲約4キロメートルで京都府最大の離島。若狭湾国定公園の一部。
なり-おお・せる【成り▽果せる】〔動サ下一〕㊀なりおほ・す〔サ下二〕そのものになりきる。なりすます。「学生らしく—・せた」
なり-おと・る【成り劣る】〔動ラ四〕昇進が遅れる。「叔父にて甥に—・るやうやはある」〈落窪・四〉
なり-か【成箇】➤取箇
なり-かえ・る【成り返る】〔動ラ四〕❶もとのようになる。もとどおりになる。「今めかしくも—・る御有様かな」〈源・若菜上〉❷裏返る。ひっくり返る。「さを鹿のしがらみふする秋萩は下葉や上に—・るらむ」〈拾遺・雑下〉❸すっかりその状態になりきる。「頼政卿はいみじかりし歌仙なり。心の底まで歌に—・りて」〈無名抄〉
なり-かか・る【鳴(り)掛(か)る】〔動ラ五(四)〕❶鳴りそうになる。また、ちょっと鳴ってやむ。「電話のベルが—・る」❷声を立てて騒ぐ。「知る知らぬ多くの僧ども—・り加持参るほどに」〈栄花・衣の珠〉
なりか-ごうちょう【成箇郷帳】➤郷帳
なり-かたち【▽形▽姿｜▽形▽貌】すがたかたち。身なり。〘類語〙格好・出で立ち・体裁・風采・風体・装い
なり-かつよう【ナリ活用】文語形容動詞の活用形式の一。「静かなり」「丁寧なり」などのように、終止形の語尾が「なり」の形をとるもの。元来、「静かに」「丁寧に」などの形が動詞「あり」に結びついた「静かにあり」「丁寧にあり」の音変化したもので、これに「—に」の形も連用形に加えて、「なら・なり(に)・なり・なる・なれ・なれ」と変化する。この類は、口語では、「—だ」の形になっている。➡形容動詞
なり-かぶら【鳴り×鏑】➤鏑矢
なり-がら【成り柄｜成り▽束】除目のとき、成り文をこよりで束ねたものの称。なりづか。
なり-かわ・る【成(り)代(わ)る｜▽為り変(わ)る】〔動ラ五(四)〕❶臨時にその人の代わりとなる。「本人に—・りましてお礼を申し上げます」❷別のものになる。「山林がすっかり宅地に—・る」
なり-き【▽生り木】果実のなる木。果樹。
なりき-ぜめ【▽生り木責め｜成り木責め】小正月の行事。一人が果樹を祝い棒でたたいたりして「なるかならぬか、ならねば切り倒す」とおどすと、もう一人が木に代わって「なります、なります」と言い、果実がよくなることを約束させるまじない。木呪い。㊎新年
なり-き・る【成(り)切る】〔動ラ五(四)〕すっかりそのものになる。「主人公の役柄に—・る」
なり-きん【成(り)金】❶急に金持ちになること。また、その人。「土地—」❷将棋で、駒が敵陣に入って金将と同じ働きをするようになったもの。〘類語〙（❶）金持ち・富豪・金満家・大尽・素封家・財閥・長者
なり-くだもの【▽生り果-物】果実。また、果樹。
なり-くち【▽生り口】果実のへたの部分。果実が枝についている部分。
なり-けり〔連語〕《断定の助動詞「なり」の連用形＋過去の助動詞「けり」》…であった。…であったという。…であったよ。「春風の花を散らすと見る夢はさめても胸のさわぐ—けり」〈山家集・上〉
なり-こま【成(り)駒】将棋で、敵陣に入って成った駒。➡成る❾
なりこま-や【成駒屋】歌舞伎俳優中村歌右衛門・中村鴈治郎、およびその一門の屋号。
なり-こ・む【鳴り込む】〔動マ四〕大声を立てて入り込む。どなり込む。「思ふさま—・んでやるべい」〈滑・浮世風呂・二〉
なり-さがり【成(り)下(が)り】地位・財産などを失うこと。落ちぶれること。また、その人。
なり-さが・る【成(り)下(が)る】〔動ラ五(四)〕地位・財産などを失う。落ちぶれる。「泥棒に—・る」
なり-さま【成り様｜▽形様】❶姿かたち。ありさま。「遊女、かぶき者の—を移し」〈浮・一代女・三〉❷成長するようす。「子供の—を尋ね」〈浮・一代男・二〉
なり-しだい【成り次第｜▽為り次第】〔名・形動ナリ〕成り行きにまかせること。また、そのさま。「—に勤めて」〈浮・諸艶大鑑・六〉
ナリシング-クリーム〖nourishing cream〗➤ナイトクリーム
なり-すがた【▽形姿】なりふり。身なり。
なり-すまし【成(り)済まし】❶氏名・生年月日・住所・本籍・職歴などの個人情報を不正に手に入れ、その人の振りをして資格を取ったり、金品をだまし取ったりすること。「金融機関では—を警戒している」➡過誤払い ❷他人のユーザーIDやパスワードを盗み、その人になりすましてネットワーク上で活動すること。機密データを盗んだり、身分を偽って犯罪行為に及んだりすることが多く、この行為自体、法律（不正アクセス禁止法）で罰せられる。スプーフィング。
なり-すま・す【成(り)済ます】〔動サ五(四)〕❶すっかりそのものになる。「『婦人の鑑』の中の女に自分も—・した気がして」〈白鳥・泥人形〉❷本当にそのものであるようなふりをする。「医者に—・す」
なり-そ・う【成り添ふ】〔動ハ四〕その度合いが増す。ますますそうなる。「人のそねみ深くつもり、安からぬこと多く—・ひ侍りつるに」〈源・桐壺〉
なりた【成田】千葉県北部の市。成田山新勝寺の門前町。三里塚に成田国際空港がある。平成18年（2006）3月、下総町・大栄町を編入。人口12.9万（2010）。
なり-たか・し【鳴り高し】〔形ク〕人の声が騒々しいのを制する語。やかましい。静まれ。「—・し、鳴り止まむ」〈源・少女〉
なりた-くうこう【成田空港】成田国際空港の通称。
なり-たけ【成り丈】〔副〕「なるたけ」の音変化。「—早く帰りたいの」〈漱石・それから〉
なりた-こくさいくうこう【成田国際空港】千葉県成田市にある空港。会社管理空港の一。昭和53年（1978）新東京国際空港として開港。主として国際線航空機の発着に使用。平成16年（2004）株式会社化し現名称に変更。成田空港。➡三里塚

➡拠点空港
なりた-し【成田市】▶成田
なりた-そうきゅう【成田蒼虬】(サウキウ)[1761～1842] 江戸後期の俳人。金沢の人。名は利定。高桑闌更(たかくわらんこう)に学び、師の没後、京都に出て東山双林寺の芭蕉堂を守り、各地を遊歴。句集「蒼虬翁句集」「蒼虬翁俳諧集」。
なり-たち【成(り)立ち】❶あるものができ上がること。また、でき上がるまでの過程や事情。「作品の―を説明する」「会社の―」❷いくつかの要素からでき上がっているものの、仕組み。「文の―」❸人が成長すること。また、その経歴。生い立ち。「身元、―、偽らず、つぶさに申せ」〈浄・松風村雨〉[類語]構造・造り・組み立て・骨組み・仕組み・構成・編成・組成・組織・機構・機序・機制・体制・体系・コンストラクション
なり-た・つ【成(り)立つ】〔動タ五(四)〕❶ある物事ができ上がる。すっかりある状態になる。成立する。「交渉が―・つ」❷いくつかの要素が組み合わさってでき上がる。「限られたメンバーによって―・つ」❸採算がとれて経営・生活などを続けていくことができる。「商売が―・つ」「暮らしが―・つ」❹一人前の人間に成長する。「おのづから宿世宿世に人と―・ちぬれば」〈源・少女〉[類語]出来る・成る・仕上がる・出来上がる・仕上げる・まとまる・整う・済む・上がる
なり-たて【成(り)立て】❶なって間もないこと。「まだ春に―の肌寒いころ」「―のほやほやの社会人」❷そうなった由来、経歴。「銘々の親方分限の―を語りけるに」〈浮・永代蔵・五〉
なりた-ふどう【成田不動】成田市にある新勝寺の通称。
なりた-や【成田屋】歌舞伎俳優市川団十郎、およびその一門の屋号。初世団十郎が成田不動を信仰したことによるという。
ナリチク〖Nal'chik〗ロシア連邦南西部、カバルディノバルカリア共和国の首都。カフカス山脈の北麓、エリブルース山への玄関口にあたり、テレク川の支流ナリチク川沿いに位置する工業都市。鉱泉があり、療養地としても知られる。
なり-つけ【▽形付け】裁縫・手工などで、布や紙に位置の目じるしをつけるへら。かたべら。
なり-て【成(り)手】それになる人。それになろうという人。「幹事の―がない」
なりと《断定の助動詞「なり」＋接続助詞「と」から》名詞、名詞に準じる語、副詞、活用語の終止形、助詞などに付く。「なりとも」の形でも使う。㊀〔副助〕❶いくつかあるもののうちの一つを、一応の例として示す意を表す。…でも。…だけでも。「見かけたときに声をかける―しておけばよかった」❷(「どこ」「だれ」「いつ」「なに」などの疑問語とともに用いて)漠然と指し示す、あるいは、特に限定しない意を表す。「だれ―呼んでくれませんか」「何―お申しつけ下さい」➡なと ㊁〔並助〕どれか一つを選ぶ意を表す。「帰る―泊まる―お好きなように」➡なと
なり-どころ【▽業所】❶生産をする田地と、そこに設けた家。田地と邸宅。「逆流を塞ぎて―を全くせよ」〈仁徳紀〉❷別邸。別荘。「飛鳥の皇女の―に幸(いでま)す」〈持統紀〉
なり-どし【▽生り年】果実のよくなる年。「柿の―」
なりなが-しんのう【成良親王】(シンワウ)[1326～1344]後醍醐天皇の皇子。名は「なりよし」とも。建武の中興後、鎌倉に下向。上野(こうずけ)太守となり、続いて征夷大将軍となった。北朝の光明天皇の即位にあたり皇太子に立てられたが、まもなく廃された。
なり-な・る【成り成る】〔動ラ四〕❶でき上がる。「我が身は―・りて成り合はざる処一処あり」〈記・上〉❷次々になる。「男子、女子あまた生みつづけて、またそれが妻男(めをとこ)に―・りしつつ」〈宇治拾遺・四〉
なりなん-と・す【▽垂んとす】〔連語〕《動詞「な(成)る」の連用形に、完了の助動詞「ぬ」の未然形、推量の助動詞「む」の終止形、さらに格助詞「と」、動詞「す(為)」が付いたもの》▶なんなんとする
なり-のぼ・る【成り上る】〔動ラ四〕高い地位に上る。なりあがる。「聞こえし人々の、めやすく―・りつつ」〈源・竹河〉
なり-はず【鳴り×弭｜鳴り×筈】矢を射るとき、筈(はず)が音高く鳴る弓。
なり-はため・く【鳴りはためく】〔動カ五(四)〕鳴りひびく。鳴りとどろく。「窓のガラス戸が一時に―・く」〈風葉・青春〉
なり-は・てる【成(り)果てる】〔動タ下一〕[文]なりは・つ〔タ下二〕❶すっかりその状態になる。すっかり達成する。「功―・てる」❷みじめな状態になる。落ちぶれてしまう。「負け犬に―・てる」
なり-ひさご【▽生り×瓢】《古くは「なりびさこ」とも》❶ヒョウタンの別名。❷ヒョウタンの実を二つに割って、酒や水をすくって飲む器にしたもの。「―といふ物を人の得させたりければ」〈徒然・一八〉
なり-ひび・く【鳴(り)響く】〔動カ五(四)〕❶音が鳴ってあたりに響き渡る。「電話のベルが―・く」❷名声・評判が世の中に知れわたる。「勇名が天下に―・く」[類語]鳴る・響く・響き渡る・鳴り渡る・轟(とどろ)く
なりひら【業平】▶在原業平(ありわらのなりひら)
なりひら-だけ【▽業平竹】イネ科の植物。高さ約5メートル。茎は紅緑色になり、葉は枝先に4、5枚つく。観賞用として庭園に植える。名は、形がよいことを在原業平になぞらえたもの。大名竹(だいみょうちく)。
なりひら-づくり【▽業平作り】在原業平のような美男子の容姿。「花橘(はなたちばな)の袖の香に、昔男の―」〈浄・歌念仏〉
なり-ぶみ【成り文】平安時代、太政官から奏請して勅許された文書。
なり-ふり【▽形振り】身なりと振る舞い。服装と態度。「―をかまわない人」[類語]格好・上面(うわつら)・上辺・外見(がいけん)・外見(そとみ)・見掛け・外観・みてくれ・見た目
なり-ぼし【成(り)星】《「一つ星見つけた、長者になろう」というわらべ唄から生じた語という》急に富貴になること。にわか成り金。できぼし。
なり-まさ・る【成(り)増さる】〔動ラ五(四)〕ますますそういう状態になる。いよいよその度合いが増す。「夢は美しく―・る」〈康成・招魂祭一景〉
なり-み・つ【鳴り満つ】〔動タ四〕あたり一面に響きわたる。「(雷ガ)なほやまず―・ちて」〈源・須磨〉
なり-もてゆ・く【成りもて行く】〔動カ四〕だんだんそうなっていく。「ただいふ言葉も、口惜しうこそ―・くなれ」〈徒然・二二〉
なり-もの【▽生り物】❶田畑からの収穫物。❷くだもの。果実。また、果実のなる木。
なり-もの【鳴(り)物】❶楽器。また、音曲。❷歌舞伎下座音楽で、三味線と唄以外の鉦(かね)・太鼓・鼓・笛などの楽器による囃子(はやし)または擬音。また、それらの楽器。
なりもの-いり【鳴(り)物入り】❶鳴り物を入れて、にぎやかにはやしたてること。「―の応援」❷おおげさに宣伝すること。「―で入団した選手」[類語]喧伝(けんでん)
なりもの-し【鳴(り)物師】長唄や歌舞伎下座音楽で、鳴り物を扱う囃子方(はやしかた)。出囃子の場合、雛段(ひなだん)の下段に並ぶので下方(したかた)ともいう。
なりもの-ちょうじ【鳴(り)物▽停止】(チャウジ)歌舞・音曲など一切の楽器の演奏を禁示すること。国葬のときなどに行われた。
なり-や【鳴(り)矢】鏑矢(かぶらや)のこと。
ナリヤン-マル〖Nar'yan-Mar〗ロシア連邦北西部、ネネツ自治管区の行政中心都市。バレンツ海に注ぐペチョラ川の河口に位置し、港湾を有す。ペチョラ炭田の開発拠点として建設された。食品工業、木材加工業が盛ん。
なり-ゆき【成(り)行き】❶物事が次第に変化していくようすや過程。また、その結果。「事態の―を見守る」「―にまかせる」❷「成り行き注文」の略。[類語]経過
なりゆき-ちゅうもん【成(り)行き注文】顧客が銘柄と数量だけを指定し、値段はその時の相場で取引するように出す売買注文。➡指し値注文
なりゆき-まかせ【成(り)行き任せ】物事の自然の成り行きにゆだねること。積極的に関わらずに自由にさせること。「―では自分に合う仕事は見つからない」[類語]人任せ・天道任せ・運任せ・風任せ・行き当たりばったり・適当・でたらめ・いい加減
なり-ゆ・く【成(り)行く】〔動カ五(四)〕次第にある状態に移っていく。「どう―・くかを見きわめる」
なりよし-しんのう【成良親王】(シンワウ)▶なりながしんのう(成良親王)
なり-わい【生=業｜家=業】(ナリハヒ)❶生活を営むための仕事。「小説を書くことを―とする」❷五穀が実るようにつとめるわざ。農業。また、その作物。「―は天下の大きなる本なり」〈崇神紀〉[類語](❶)職業・職・仕事・生業(せいぎょう)・商売・家業(かぎょう)・稼業・ビジネス
なり-わい【成り▽合ひ】(ナリアヒ)〔名・形動ナリ〕「なりあい」の音変化。「―の渡世は送るものなり」〈浮・永代蔵・四〉
なり-わた・る【鳴(り)渡る】〔動ラ五(四)〕❶音があたり一面に響きわたる。「号砲が―・る」❷名が広く世に知れわたる。評判になる。「名声が―・る」[類語]鳴る・響く・鳴り響く・響き渡る・高鳴る・轟(とどろ)く
ナル〖NAL〗《National Aerospace Laboratory of Japan》航空宇宙技術研究所。昭和30年(1955)設立。平成15年(2003)に、宇宙科学研究所(ISAS)、宇宙開発事業団(NASDA)と統合され、独立行政法人の宇宙航空研究開発機構(JAXA)となる。
な・る【▽生る】〔動ラ五(四)〕❶草木の実(み)ができる。結実する。みのる。「柿が―・る」❷新たに生じる。「親無しに汝(なれ)―・りけめや」〈推古紀・歌謡〉[類語]出来る
な・る【成る｜▽為る】〔動ラ五(四)〕❶物事ができ上がる。実現する。成就する。「ついに五連覇が―・る」「念願―・って一人立ちする」❷今までと違った状態・形に変わる。「氷が水に―・る」「血と―・り肉と―・る」❸㋐ある時分・時期などに至る。「夜に―・る」「結婚して一〇年に―・る」㋑ある数値に達する。「積み上げると三メートルにも―・る」「全部で千円に―・る」❹ある働きをする。作用する。「不用意な発言が紛糾のもとと―・る」「将来のために―・る話」❺許すことができる。許して、よいとする。「負けて―・るものか」「勘弁―・らない」➡ならない❷ ❻(「手になる」「筆になる」などの形で)その人によってつくられる。「名工の手に―・る茶碗」「空海の筆に―・る書」❼(「…からなる」の形で)全体がそれによって構成される。「前編と後編とから―・る」「組織は三部門から―・る」❽(「人の…になる」の形で)他からその恩恵を受ける。「先輩の世話に―・って就職する」「出先でごちそうに―・る」❾将棋で、王将・金将以外の駒が、敵陣三段目以内に入ったとき、また、そこに打ったそれらの駒が動いたとき、裏返しになり、飛車・角行(かくぎょう)は本来の働きのほかに金将・銀将の働きをあわせもち、他の駒はすべて金将と同じ働きをするようになる。❿役や位につく。任命される。「四位にも―・るべき年にあたりければ」〈大和・四〉⓫落ちぶれる。なれの果てになる。「入道かたぶけうどする奴が―・れる姿よ」〈平家・二〉⓬酒が飲める。上戸である。「さて、この鬼も酒が一つ―・るいやい」〈虎寛狂・伯母が酒〉⓭(「お…になる」「ご…になる」の形で)尊敬の意を表す。…なさる。「お休みに―・る」「ご訪問に―・る」⓮(中世以降、動作を表す名詞に付いて)非常に高い敬意を表す。…なさる。…になる。「法皇、夜を籠(こ)めて、大原の奥へぞ御幸―・る」〈平家・灌頂〉[可能]なれる [類語]出来る・成り立つ・仕上がる・出来上がる・仕上げる・適う
[一句]足が棒になる・朝(あした)には紅顔ありて夕べには白骨となる・後の雁(かり)が先になる・後は野となれ山となれ・打って一丸(いちがん)となる・絵になる・男になる・女になる・陰になり日向(ひなた)になり・江南(こうなん)の橘(たちばな)、江北の枳(からたち)となる・様(さま)になる・杓子(しゃくし)は耳掻(みみか)きにならず・朱に交われば赤くなる・相撲にならない・泉下の客となる・滄海(そうかい)変じて桑田(そうでん)となる・塵(ちり)も積もれば山となる・土になる・毒にも薬にもならない・虎(とら)になる・習い性(せい)となる・根葉(ねは)になる・灰になる・馬鹿(ばか)にならない・馬鹿になる・白玉楼中の人となる・話にならない・人となる・身二つになる・ミイラ取りがミイラになる・水になる・目頭が熱くなる・物になる
なっちょらん《「なってはおらぬ」の音変化》「なって

ない」に同じ。「やることがまったくもって―」

なってな・い　非常に悪くて問題にならない。「しつけが―・い」

成らぬ中なかが楽たのしみ　物事は、成就してしまえばそれほどのことはなく、結果がどうなるだろうと考えているうちが楽しみなのである。待つうちが花。

成らぬ堪忍かんにんするが堪忍　がまんできないことをこらえるのが、本当の忍耐というものである。

成るは厭いやなり思おもうは成らず　実現するものは気に入らず、心を寄せているものはうまく行かない。縁談などが思いどおりにならないことにいう。

成ろう事ことなら　もしも実現できることならば。できることなら。「―海外で暮らしたい」

な・る【×狎る】〔動ラ下二〕「な(狎)れる」の文語形。

な・る【慣る┊×馴る】〔動ラ下二〕「な(慣)れる」の文語形。

な・る【鳴る】〔動ラ五(四)〕❶音が出る。音を発する。「鐘が―・る」「雷が―・る」❷名声などが、広く世間に知れわたる。「策士をもって―・る人物」〘類語〙響く・鳴り響く・響き渡る・鳴り渡る・轟とどろく・聞こえる

な・る【▽熟る】〔動ラ下二〕「な(熟)れる」の文語形。

なる-いた【鳴板】▶見参けんざんの板

なる-かみ【鳴る神】かみなり。〘季 夏〙「―や暗くなりつつ能最中なかたかし」〘類語〙雷・雷いかずち・雷らい・雷鳴・雷電・天雷・急雷・疾雷しつらい・迅雷じんらい・霹靂へきれき・雷公・遠雷・春雷・界雷・熱雷・落雷・稲妻いなずま・稲光いなびかり・電光

なるかみ【鳴神】歌舞伎十八番の一。時代物。1幕。貞享元年(1684)に初世市川団十郎が自作の「門松四天王」で演じたのが始まりとされる。能の「一角仙人」に取材し、高僧が美女の誘惑に戒を破る話を扱ったもの。現在の定型は、寛保2年(1742)2世団十郎が、大坂佐渡島座で初演した安田蛙文ほかの合作「雷神不動北山桜なるかみふどうきたやまざくら」の4幕目による。

なるかみ-づき【鳴神月】《雷鳴が多い月の意から》陰暦6月の異称。

なるかみ-の【鳴る神の】〔枕〕雷の音の意から、「音」「音羽おとわ」に掛かる。「一音羽の山の峰の雲」〈壬二集・下〉

ナルキッソス〖Narkissos〗ギリシャ神話中の美青年。ニンフのエコーを失恋させたあと、泉の水に映った自分の姿に恋し、満たされぬ思いにやつれ死んで、水仙の花に化したという。ナルシス。

なる-くち【成る口】❶酒が飲める人。いける口。「―と云うでもないのに、立続けの五六杯が劇ひどく利いて」〈柳浪・河内屋〉❷口説いたらものになりそうな人。「こいつ―ぢゃと思うて」〈伎・韓人漢文〉

なる-こ【鳴子】❶田畑が鳥獣に荒らされるのを防ぐための仕掛け。横板に数本の竹片をぶら下げたものを縄に掛け連ね、縄を引くと音が鳴るようにしたもの。ひきいた。〘季 秋〙「引かで鳴る夜の―の淋しさよ/漱石」❷❶に似せて作った打楽器。持ち手をつけた板に木片を取り付け、振って打ち鳴らす。高知県のよさこい祭などで使われる。

なるこ【鳴子】宮城県大崎市の地名。温泉地。鳴子こけし・鳴子塗の産地。荒雄川支流の大谷川に鳴子きょう峡がある。

なるこ【鳴子】狂言。和泉いずみ流。太郎冠者と次郎冠者が、山田へ鳥追いに来て、主人が持ってきてくれた酒を飲み、鳴子を引きながら歌い舞ううちに酔って寝てしまう。

なるご-おんせん【鳴子温泉】ヲンセン 宮城県大崎市の温泉群。泉質は炭酸水素塩泉・硫酸塩泉・硫黄泉など。なるこおんせん。

なるご-きょう【鳴子峡】ケフ 宮城県北西部にある峡谷。鳴子温泉の西、荒雄川支流の大谷川の渓谷に沿って2.5キロメートル続くV字形の峡谷。奇岩・断崖が連なり渓谷美で知られる。なるこきょう。

なるこ-すげ【鳴子×菅】カヤツリグサ科の多年草。山地の渓流沿いに生え、大きな株をつくる。高さ約30センチ。葉は線形。5月ごろ、茎の頂に雄花の穂、その下に雌花の穂が連なってつき、鳴子を思わせる。

ナルコチン〖narcotine〗アヘンアルカロイドの一種。速効性の鎮咳ちんがい作用を有する。ノスカピン。

なるこ-なわ【鳴子縄】ナハ 鳴子をつけてある縄。〘季 秋〙

なるこ-びえ【鳴子×稗】イネ科の多年草。原野や川原などに生え、高さ約60センチ。葉は細長い。夏、茎の頂の一方の側に数個の穂をつける。すずめのあわ。

なるこ-ゆり【鳴子百=合】ユリ科の多年草。山野に生え、高さ約80センチ。地下茎がはい、先から1年ごとに1本の茎を出す。茎は弓なりに伸び、葉を互生する。5、6月ごろ、葉のわきから緑白色の筒状の花が垂れ下がって咲き、暗緑色の実を結ぶ。漢方で根茎を黄精といい強壮薬に使う。えみぐさ。

ナルコレプシー〖narcolepsy〗突然激しい眠気におそわれ、短時間眠り込んでしまう病気。驚きや笑いに伴う脱力や、入眠時の幻覚、覚醒時の金縛り状態といった症状のみられることもある。

なる-さお【鳴×竿】サヲ 鳴子をつけた竿。〘季 秋〙

ナルサルスアーク〖Narsarsuaq〗《グリーンランド語で大平原の意》デンマーク領グリーンランド南部の町。10世紀に赤毛のエリック(ヨーロッパ人初のグリーンランド入植者)が同地に移住。国際空港があり、同島南部における空の玄関口として知られる。

なる・し【▽緩し】〔形ク〕穏やかである。性格・やり方などが、なまぬるい。「―・く言ふとつきあがって」〈滑・続膝栗毛・七〉

ナルシシスティック〖narcissistic〗〔形動〕自己愛的な。自己陶酔的な。ナルシスティック。「―な演技」

ナルシシスト〖narcissist〗自己陶酔型の人。また、うぬぼれ屋。ナルシスト。

ナルシシズム〖narcissism〗❶精神分析の用語。自分自身を性愛の対象とすること。自己愛。ギリシャ神話のナルキッソスに由来。❷自己陶酔。

ナルシス〖Narcisse〗ナルキッソスのフランス語名。

ナルシスティック〖narcissistic〗▶ナルシシスティック

ナルシスト〖narcist〗▶ナルシシスト

ナルシズム〖narcism〗▶ナルシシズム

なるしま-もとなお【成島司直】モトナホ［1778～1862］江戸後期の幕府奥儒者。号、東岳。「徳川実紀」の編纂へんさんにあたった。

なるしま-りゅうほく【成島柳北】リウホク［1837～1884］漢詩人・随筆家・ジャーナリスト。江戸の生まれ。本名、惟弘これひろ。幕臣として騎兵奉行・外国奉行などを歴任。維新後欧米を外遊し、明治7年(1874)朝野新聞社長となり、文明批評を展開した。また、「花月新誌」を創刊。著「柳橋新誌」「京猫一斑」など。

なるせ-がわ【鳴瀬川】ガハ 宮城県北部から中央東部に流れる川。山形県境にある船形山の北麓に源を発し、東松島市で石巻湾に注ぐ。長さ89キロ。北上川に合流せず、単独で太平洋に注ぐ。

なるせ-じんぞう【成瀬仁蔵】ジンザウ［1858～1919］教育家。山口の生まれ。米国に留学して女子教育を研究。帰国後、明治34年(1901)日本女子大学校を創立。

なるせ-みきお【成瀬巳喜男】ミキヲ［1905～1969］映画監督。東京の生まれ。庶民的な女性を私小説風に描いて、独特の世界を確立。代表作「妻よ薔薇のように」「めし」「浮雲」など。

なるたき【鳴滝】京都市右京区の地名。中央を流れる御室川を鳴滝川ともいう。もと砥石といしや苗木の産地。

なるたき-じゅく【鳴滝塾】シーボルトが、文政7年(1824)に長崎郊外の鳴滝に開いた診療所兼蘭学塾。江戸の芝蘭堂、京都の適々斎塾と並び称された。伊東玄朴・高野長英らの人材を輩出した。

なる-たけ【成る丈】〔副〕《動詞「な(成)る」に限度の意を表す名詞「たけ(丈)」の付いた語から。「なるだけ」とも》できる限り。できるだけ。なるべく。「―早く来てください」〘類語〙なるべく・できるだけ・極力

なる-と【鳴る戸】平安時代、宮中にあった戸。開閉のときに激しく鳴った。「春宮に―といふ戸のもとに、女とものいひけるに」〈後撰・恋二・詞書〉

なる-と【鳴▽門┊鳴戸】❶潮の干満の際、潮流が渦を巻いて鳴りとどろく瀬戸。「阿波の―」「これやこの名に負ふ―の渦潮に玉藻刈るとふ海人娘子あまをとめども」〈万・三六三八〉❷「鳴門巻き」の略。

なると【鳴門】㊀徳島県北東部の市。鳴門海峡に面する。製塩業で発展。現在は製薬・養殖業・繊維・農業が盛ん。人口6.2万(2010)。㊁▶鳴門海峡

なると-かいきょう【鳴門海峡】カイケフ 徳島県鳴門市孫崎と兵庫県の淡路島の門崎とざきとの間の海峡。内海側の播磨灘はりまなだと外洋側の紀伊水道との干満による海面差が大きいことから、潮の流れが急で、渦潮を生じる。昭和60年(1985)完成の大鳴門橋が架かる。

なると-きょういくだいがく【鳴門教育大学】ケウイクダイガク 鳴門市にある国立大学法人。昭和56年(1981)設置。平成16年(2004)国立大学法人となる。

なると-し【鳴門市】▶鳴門㊀

なるとちゅうじょうものがたり【鳴門中将物語】なるとチュウジャウものがたり 鎌倉時代の物語。1巻。作者未詳。文永9年(1272)以後の成立。後嵯峨天皇に見そめられたある少将の妻が、その機知によって天皇の寵愛ちょうあいを受ける。夫は中将に昇進し、鳴門は良い海布めのとれるところから良き妻めをかけて鳴門中将とよばれたという。なよ竹物語。

なると-まき【鳴▽門巻(き)】❶切り口が渦巻き模様になるように、食紅で着色した魚のすり身を、白いすり身で巻いて作ったかまぼこ。鳴戸。❷昆布の上に魚のすり身を延ばし、巻き込んで蒸した食品。

なると-みかん【鳴▽門▽蜜×柑】ナツミカンの一品種。淡路島の特産。3～6月ごろ実が熟し、果実は大きく果肉は多汁で甘いが、種子の数が多い。

なると-わかめ【鳴▽門若▽布】ワカメに木灰をまぶして砂浜で日干ししたあと、灰を洗って再び陰干ししたもの。鳴門地方で産する。

ナルバ〖Narva〗エストニア北東部の都市。タリン、タルトゥに次いで同国第3の規模をもつ。ナルバ川を挟んでロシアの都市イワンゴロドと接する。オイルシェールを産し、同国有数の工業地域。労働者として移住してきたロシア語系住民が9割以上を占める。かつて「バルト海の真珠」と称されるバロック様式の街並みがあったが、第二次大戦のソ連軍による攻撃でその多くが失われた。エストニア独立後に再建されたナルバ城がある。

なる-はじかみ【蜀=椒】アサクラザンショウの別名。

ナルバ-じょう【ナルバ城】ジャウ《Narva Hermanni linnus》エストニア北東部の都市ナルバにある城。ナルバ川に面し、対岸のロシア領にあるイワンゴロド城と相対する。13世紀にデンマーク人が造った要塞に起源し、14世紀半ばにリボニア騎士団が石造の城を建造した。第二次大戦のソ連軍による攻撃で大破したが、エストニア独立後に修復され、現在は歴史博物館になっている。

ナルビ〖Narvi〗土星の第31衛星。2003年に発見。名は北欧神話に由来。非球形で平均直径は約6.6キロ。ナルビー。

ナルビク〖Narvik〗ノルウェー北西部の港湾都市。ベストフィヨルドの湾奥にあり、不凍港。スウェーデンのキルナ・イェリバレ両鉱山の鉄鉱石の積み出し港。第二次大戦の激戦地。

なる-べく【成る▽可く】〔副〕《動詞「な(成)る」の終止形＋可能の助動詞「べし」の連用形から》できる限り。できるだけ。なるたけ。「―早く行く」「―残さずに食べなさい」〘類語〙なるたけ・できるだけ・極力

なるべし【南留別志】江戸中期の随筆。5巻。荻生徂徠著。元文元年(1736)刊。四百余の名称の語源を挙げ、転訛てんかを正そうとしたもの。題名は、各条末に「なるべし」を用いていることによる。

なる-ほど【成る程】㊀〔副〕❶他人の言葉を受け入れて、自分も同意見であることを示す。たしかに。まことに。「―それはいい」❷その範囲でできるだけのことをする意を示す。なるべく。「そのやうに言うて皆様

が召すものか。一慇懃に売れ」〈狂言記外篇・昆布売〉
㊁〔感〕相手の言葉に対して、その通りであると同意する気持ちを表す。「一。おっしゃる通りですね」

なるみ【鳴海】㊀名古屋市緑区の地名。もと東海道の宿場町。鳴海絞を特産。古代には海岸で、鳴海潟とよばれた。〔歌枕〕「いざ知らず一の浦にひく潮のはやくぞ人は遠ざかりにし」〈新撰六帖・三〉㊁「鳴海絞」の略。

なるみ-がた【鳴海潟】名古屋市緑区鳴海付近にあった海浜。〔歌枕〕「一岩根に寄する波の音にみなれながらもたつ千鳥かな」〈月詣集・一一〉

なるみ-しぼり【鳴▽海絞】名古屋市緑区鳴海地方で産する木綿の絞り染め。有松絞(ありまつしぼり)。

なる-や【鳴る矢】「鏑矢(かぶらや)」に同じ。「それをなん一を以て射たりければ」〈今昔・二七・三三〉

なれ【慣れ|×馴れ】慣れること。習熟。習慣。「一からくる油断」「場一」

なれ【▽熟れ】《「慣れ」と同語源》食物が程よく熟すること。また、その程度。「鮨(すし)の一の加減を見る」

なれ【×汝】〔代〕二人称の人代名詞。おまえ。なんじ。「親なしに一生(な)りけめや」〈推古紀・歌謡〉

なれ-あい【×馴れ合い】(あひ) ❶ひそかに通じ合い、ぐるになって事を運ぶこと。「一の勝負」❷「馴れ合い夫婦」の略。〔類語〕結託・ぐる・八百長・共犯

なれあい-そうば【×馴れ合い相場】(なれあひさうば) 取引で、売り手と買い手とが通謀して作った人為的な相場。

なれあい-ふうふ【×馴れ合い夫婦】(なれあひ) 正式な手続きをふまず、なれあって一緒になった夫婦。

なれ-あ・う【×馴れ合う】(あふ)〔動ワ五(ハ四)〕❶互いに親しむ。「一・って気心の知れた仲」❷共謀して悪事をたくらむ。ぐるになって他をあざむく。「業者どうしが一・う」❸男女が情を通じ合う。「他国から稼ぎに来てる男と一・って」〈左千夫・春の潮〉

ナレーション〘narration〙❶物語。叙述。❷映画・テレビ・演劇などで、劇の筋や場面、登場人物の心理などを説明すること。また、その説明。語り。

ナレーター〘narrator〙映画・ラジオ・テレビなどの語り手。

ナレーター-コンパニオン《和 narrator＋companion》展示会や見本市などで、商品の機能や特徴などを、来場者に説明する係の女性。

なれ-がお【×馴れ顔】(がほ) うちとけた態度や顔つき。「いと一に、御帳の内に入り給へば」〈源・若紫〉

なれこ-まい【×馴子舞|×馴▽講舞】(まひ) ❶初対面の人などが親睦を図るために寄り集まってする舞。また、その舞を伴う宴会。「芸に従ひて思ひ思ひの一する中にも面白かりし事は」〈義経記・五〉❷旅人が社寺の前を通るとき、神仏への手向けとして行う舞。「王子王子の御前にて、一ばかりをばつかまつらる」〈盛衰記・九〉

なれ-ごろも【×馴れ衣|×褻れ衣】着なれた衣。なれぎぬ。「別れにし妹(いも)が着せてし一袖片敷きてひとりかも寝む」〈万・三六二五〉

なれ-したし・む【慣れ親しむ|×馴れ親しむ】〔動マ五(四)〕いつも接してなじむ。身近なものとしてなれる。「外国を学ぶには、ネイティブのアクセントやイントネーションに一・むことが大切だ」

なれ-すがた【×馴れ姿|×褻れ姿】着なれた衣服を身につけた姿。ふだん着の姿。「あやしき一を、うちとけ御覧ぜられむとは」〈源・若菜下〉

なれ-ずし【▽熟れ×鮨】塩蔵の魚に飯を合わせ、その自然発酵によって酸味が生じた鮨。飯もともに食べるもの(和歌山県の下鮨(さば)など)と、飯は少量使い、主に魚を食べるもの(滋賀県の鮒鮨(ふな)など)とがある。腐れ鮨。うれずし。〔季 夏〕

なれ-そめ【×馴れ初め】恋仲の者が知り合ったはじめ。恋のきっかけ。

なれ-そ・める【×馴れ初める】〔動マ下一〕〔文〕なれそ・む〔マ下二〕親しくなりはじめる。男女が恋する仲となる。「此の源さまと一・めた所から、源さまは御勘当になりまして」〈円朝・怪談牡丹灯籠〉

なれっ-こ【慣れっこ|×馴れっこ】〔名・形動〕すっかりなれていること。また、そのさま。「怒られるのは一になっている」〔類語〕免疫・場慣れ

ナレッジ〘knowledge〙❶知識・情報。❷企業などの組織にとって有益な知識・経験・事例・ノウハウなど付加価値のある情報。➡ナレッジマネージメント

ナレッジ-エンジニア〘knowledge engineer〙人工知能の応用技術を取り扱う技術者。

ナレッジ-エンジニアリング〘knowledge engineering〙▶知識工学

ナレッジ-マネージメント〘knowledge management〙個人・グループが所有する知識や、企業内の各部門に蓄積された知識情報を、企業などの組織全体で共有して活用する仕組み。または、そのような経営手法。知識管理。知識経営。KM。

なれ-ど〔接〕《断定の助動詞「なり」の已然形＋接続助詞「ど」から》「なれども」に同じ。「天気は晴朗。一、波高し」「どこでも大事ござらぬ。一、ちょっと医者殿へ聞いてみての事にして下さい」〈咄・鹿の子餅〉

なれ-ども〔接〕《断定の助動詞「なり」の已然形＋接続助詞「ども」から》前の事柄とあとの事柄が、反対・対立の関係にあることを示す。であるが。けれども。なれど。「田舎仏師の拵えたものでございましょう。一金箔を置き直したと見え、ぴかぴかと光って居ります る」〈円朝・真景累ヶ淵〉

なれなれ-し・い【×馴れ×馴れしい】〔形〕〔文〕なれなれ・し〔シク〕❶非常に親しいようすである。「一・く軽口を交わす」❷ぶしつけである。遠慮がなさすぎる。「上司に一・い口をきく」〔派生〕なれなれしげ〔形動〕なれなれしさ〔名〕

なれ-の-はて【成れの果て】落ちぶれはてた姿。「道楽者の一」

なれ-ば〔接〕《断定の助動詞「なり」の已然形＋接続助詞「ば」から》それだから。したがって。「はじめは嘘なれども女房になれば男を真実に思ふ。一これを嘘の誠といふ」〈伎・浅間嶽〉

なれ-むつ・ぶ【×馴れ▽睦ぶ】〔動バ上二〕慣れ親しむ。「年ごろ一・び聞こえ給ひつるを」〈源・桐壺〉

なれ-もの【×馴れ者】世なれた人。「物言ひて人笑はする一なる翁にてぞありければ」〈今昔・二八・五〉

なれ-や〔連語〕㊀《断定の助動詞「なり」の已然形＋係助詞「や」》❶疑問の意を表す。…なのだろうか。「我が恋はみ山がくれの草一しげさまされど知る人のなき」〈古今・恋二〉❷反語の意を表す。…だろうか、いや…でない。「思ふとも恋ふとも会はむものー結うてもたゆく解くる下紐(したひも)」〈古今・恋一〉㊁《断定の助動詞「なり」の已然形「なれ」＋間投助詞「や」》詠嘆の意を表す。…であることよ。…だなあ。「世の中はくもりはてぬる月一さりともと見し影も待たれず」〈山家集・上〉

なれ-よ・る【×馴れ寄る】〔動ラ四〕なれて近付く。「近やかに一・り給ふ」〈源・常夏〉

な・れる【×狎れる】〔動ラ下一〕〔文〕な・る〔ラ下二〕《「慣れる」と同語源》親しくするあまり、礼儀を失した振る舞いをする。「寵愛(ちょうあい)に一・れる」

な・れる【慣れる|×馴れる】〔動ラ下一〕〔文〕な・る〔ラ下二〕❶その状態に長く置かれたり、たびたびそれを経験したりして、違和感がなくなる。通常のこととして受け入れられるようになる。「その土地の気候に一・れる」「移動する車中での睡眠に一・れる」「彼女の気まぐれにはもう一・れた」「住み一・れる」❷経験を重ねて、そのことがうまくできるようになる。習熟する。「患者の扱いに一・れる」「一・れた手つき」「旅一・れる」❸道具などが、からだになじむ。「一・れた靴で出かける」「一・れた万年筆で書く」❹(馴れる)㋐その人に対して、違和感がなくなる。その人に親しみの気持ちをもつようになる。「子供が家庭教師に一・れる」「新しい上司に一・れる」㋑動物が、人間に対して、警戒心などを抱かなくなる。「人に一・れない馬」

な・れる【▽熟れる】〔動ラ下一〕〔文〕な・る〔ラ下二〕《「慣れる」と同語源》❶食物がほどよく発酵するなどして、味がよくなる。熟成する。「よく一・れた味噌」❷腐る。「魚の一・れたる穿鑿(せんさく)もなく」〈甲陽軍鑑・三〇〉

ナロー〘narrow〙〔形動〕幅が狭いさま。細いさま。「一なラインのワンピース」「一ゲージ」

ナローキャスティング〘narrowcasting〙限定された地域や階層の視聴者を対象にした放送。ケーブルテレビなど。⇔ブロードキャスティング。

ナロー-ゲージ〘narrow gauge〙「狭軌(きょうき)」に同じ。⇔ワイドゲージ。

ナロー-シルエット〘narrow silhouette〙ファッションで、全体的にほっそりとしたラインに仕上げたスタイルのこと。

ナロードニキ〘ロシア narodniki〙19世紀後半、ロシアで革命運動を行ったインテリゲンチャ。農村共同体(ミール)を基盤とした独自な社会主義への移行を考え、「ブ-ナロード(人民の中へ)」をスローガンに農民の啓蒙に努めたが、農民の無関心と官憲の弾圧によって挫折。人民主義者。

ナロー-バンク〘narrow banks〙銀行の業態に関する概念の一。預金を集めて国債などの安全な資産で運用し、振込・送金などの決済を行うが、リスクを伴う貸付業務は行わない。

ナロー-バンド〘narrow band〙低速な通信回線のこと。高速・大容量の通信回線を意味するブロードバンドの反対語。

なわ【縄】(なは) ❶麻・わらなどの植物繊維や化学繊維をより合わせて作った、細長いひも。物を縛ったりつないだりするのに用いる。「一をなう」❷罪人を縛るための縄。捕縄(ほじょう)。とりなわ。❸田畑の面積を間縄(けんなわ)で測ること。また、それに用いるもの。縄入れ。➡綱(つな)〔用法〕
〔…語〕麻縄・荒縄・鵜(う)縄・鉤(かぎ)縄・掛け縄・飾り縄・口取り縄・口縄・朽ち縄・首縄・化粧縄・間(けん)縄・極楽縄・腰縄・下げ縄・差し縄・緡(さし)縄・三寸縄・渋縄・注連(しめ)縄・棕櫚(しゅろ)縄・墨縄・高縄・手(た)縄・釣り縄・手縄・胴縄・年縄・捕り縄・泥縄・投げ縄・鳴子縄・荷縄・延(はえ)縄・早縄・引き縄・左縄・一筋縄・火縄・振り縄・水(み)縄・水(み)縄・黐(もち)縄・櫓(ろ)縄・藁(わら)縄
〔類語〕綱・紐(ひも)・荒縄・細引き・テープ・鎖・しめ縄

縄に掛か・る　犯人が縄で縛られる。罪人などが捕らえられる。「手配犯が一・る」

縄を入・れる　田畑を測量するために縄を張る。「開墾地に一・れる」

縄を打・つ　❶田畑を測量する。❷罪人などを捕らえて縛る。「犯人を取り押さえて一・つ」

縄を掛・ける　❶縄でからげて縛る。「荷物に一・ける」❷人を捕らえて縄で縛る。「泥棒に一・ける」

なわ-いれ【縄入れ】(なは) 江戸時代、間縄(けんなわ)を使って田畑を測量すること。検地。縄打ち。

なわ-うち【縄打ち】(なは) ❶「縄張り❷」に同じ。❷「縄入れ」に同じ。

なわ-えい【縄×纓】(なは) 縄と布、または縄と亀綱(きづな)とをより合わせて作った黒・黄2本の纓。天皇が諒闇(りょうあん)のときに用いた。

なわ-おび【縄帯】(なは) 縄を帯の代用にして腰に巻くこと。また、そのもの。

なわ-かくし【縄隠し】(なは) 土蔵の壁塗りのとき、壁に巻き込んだ棕櫚(しゅろ)縄を、漆喰(しっくい)などで隠すこと。

なわ-かっしょ【那波活所】(なばクワツショ)［1595～1648］江戸初期の儒学者。播磨(はりま)の人。字(あざな)は道円。藤原惺窩(せいか)に学び、のち、紀伊侯徳川頼宣に仕えた。著「人君明暗図説」「活所遺稿」。

なわ-からげ【縄×紮げ】(なは) 縄を巻きつけてしばること。「氷を一にして運ぶ」

なわ-さんずん【縄三寸】(なは) 「三寸縄(さんずんなわ)」に同じ。「捕って引っ敷き、一に締め上ぐれば」〈浄・油地獄〉

なわ-じり【縄尻】(なは) 縄の端。特に、罪人などを縛った縄の一端を余して連行する人が持つ部分。

なわ-しろ【苗代】(なは) 田植えの前に、稲の種をまいて苗を育てる田。苗代田。なえしろ。〔季 春〕「一に落ち一塊の畦の土／素十」

なわしろ-いちご【苗代×苺】(なはしろ) バラ科の落葉小低木。原野に生え、茎ははうように伸び、小さなとげがある。夏の苗代のころ、淡紅紫色の花を開くと球形の実が深赤色に熟し、食用。さつきいちご。〔季 夏 花＝春〕「よく熟(う)れて一向ふ岸／圭岳」

なわしろ-おとこ【苗代男】(なはしろをとこ) ▶苗標(なえじるし)

なわしろ-ぐみ【苗代茱萸】なはしろ― グミ科の常緑低木。暖地の山野に自生。枝はとげ状になり、葉は長楕円形で縁が波うつ。秋、白い花が垂れて咲き、実は翌年の田植えのころに赤く熟し、食用となる。はるぐみ。（季 夏／花=春）「小女の一に口染る／青々」

なわしろ-だ【苗代田】なはしろ― 「苗代」に同じ。

なわしろ-どき【苗代時】なはしろ― 苗代に水を引いて、種もみをまく時期。苗代を仕立てる時期。（季 春）「市中や一の鰌売／子規」

なわしろ-みず【苗代水】なはしろみづ 苗代に注ぎ入れる水。（季 春）「ゆたかなる一の門辺かな／たかし」

なわ-じんじゃ【名和神社】鳥取県西伯郡大山町にある神社。祭神は名和長年、他に名和一族・家臣の霊を配祀。氏殿権現。

なわ-すだれ【縄×簾】なは ❶縄をいく筋も垂らして、すだれとしたもの。なわのれん。❷南蛮焼きの茶器、特に水指で、❶のような模様があるもの。南蛮縄簾。

なわ-せみ【×蚱×蝉】なは セミの雌。発音器官をもたず、鳴かない。おしぜみ。なわせび。〈本草和名〉

なわ-たらし【縄×誑し】なは 縛った縄をはずして逃げること。また、そのさまを演じる曲芸。「古狐で一をしたげな」〈和泉流狂・狐塚〉

なわ-つき【縄付き】なは 罪人として捕らえられること。また、その人。「身内から一を出す」

なわ-て【縄手｜×畷】なは ❶田の間の道。あぜ道。なわて道。❷まっすぐな長い道。❸縄の筋。なわ。「いかりおろす舟の一は細くとも命の限り絶えじとぞ思ふ」〈続後拾遺・恋三〉

なわて-みち【縄手道】なはて― 田の間の道。あぜ道。「堤のように高く築き上げてある、長い長い一を」〈鴎外・カズイスチカ〉

なわ-とび【縄跳び｜縄飛び】なは 縄の両端を左右の手で持って回しながら跳んだり、縄を二人で回して他の者が跳んだりする遊び。（季 冬）「一の縄は冷えねど夜迫る／草田男」

なわ-とり【縄取り】なは《「なわどり」とも》罪人を縛った縄の端を持って、逃げないように警護すること。また、その役。「大納言殿、一にひかへられて、中門へ出で給ふ」〈太平記・一三〉

なわない【縄綯】なはなひ 狂言。太郎冠者が主人のばくちの賭け物として他家へやらされるが働かず、戻ってきて縄をないながらその家の悪口を並べたてる。しばらくすると他家の主人がいつのまにか後ろにいるので逃げ回る。

なわ-ながとし【名和長年】[?〜1336]南北朝時代の武将。伯耆の人。前名、長高。元弘3=正慶2年(1333)後醍醐天皇が隠岐を脱出するとこれを船上山に迎えて鎌倉幕府軍と敵対。建武政権では要職を務めたが、のち、足利尊氏と戦って戦死。

なわ-ぬけ【縄抜け｜縄▽脱け】なは〘名〙スル 縛られている者が、縄をはずして逃げること。「一の術」

なわ-のび【縄延び】なは 江戸時代、検地に使用する縄が、気候条件などにより延びること。また、そのため土地の実面積が、測量面積より大きくなること。

なわ-のり【縄海=苔】なは 縄のように細長い海藻。うみそうめん（アメフラシの卵塊）のことともいう。「海原の沖つ一うちなびき心もしのに思ほゆるかも」〈万・二七七九〉

なわのり-の【縄海=苔の】なはのり〘枕〙なわのりは引くと切れやすい意から、「引けば絶ゆ」にかかる。「一引けば絶ゆとや」〈万・三三〇二〉

なわ-のれん【縄▽暖×簾】なは ❶「縄簾❶」に同じ。❷《店先に❶を下げたところから》居酒屋・一膳飯屋などのこと。「一で一杯やる」（類語）（❷）酒場・飲み屋・割烹・居酒屋・ビヤホール・ビヤガーデン

なわ-ばしご【縄×梯子】なは 縄で作ったはしご。平行する2本の太縄に、横に踏み木をつけ、一端につけた鉤を高所にひっかけて用いる。

なわ-ばり【縄張(り)】なは ❶縄を張って境界を決めること。❷建築予定の敷地に縄を張って、建物の位置を定めること。縄打ち。❸博徒や暴力団などの勢力範囲。「一争い」❹ある人の勢力範囲や専門とする領域。「営業部の一を荒らす」❺動物の個体や集団が、それぞれの生活の場を確保するために、他の個体や集団の侵入を許さない地域。テリトリー。
（類語）領域・領分・島・テリトリー・範囲・枠

なわ-びき【縄引(き)】なは《「なわひき」とも》田畑などの境界を示すために、縄を引き渡すこと。

なわ-ぶね【縄船】なは 延縄漁業を行う船。

なわ-むしろ【縄×筵】なは 縄を編んで作ったむしろ。

なわ-め【縄目】なは ❶縄の結び目。「一をほどく」❷土器などの表面に縄を押し付けて作った模様。❸敵などにつかまって縄で縛られること。「一に掛かる」

なわめ-の-はじ【縄目の恥】なはめ― 捕らえられて縄をかけられる恥。「一を受ける」

なわ-もじ【縄文字】なは 原始文字の一。縄を文字の代わりに使用し、主として数を表すのに用いたもの。太縄に結ぶ細縄との、その太さ・位置・結び目などの組み合わせによる。結縄文字。

なわ-やすし【名和靖】[1857〜1926]昆虫学者。岐阜の生まれ。明治29年(1896)名和昆虫研究所を岐阜市に設立、農作物害虫の駆除・予防を研究。翌年から月刊誌「昆虫世界」を発刊、これは昭和21年(1946)まで続いた。著「名和日本昆虫図説」など。

なわ-ろどう【那波魯堂】なはロダウ[1727〜1789]江戸中期の儒学者。播磨の人。活所の子孫。岡白駒に古学を学び、のち、朱子学に転じた。著「学問源流」「魯堂文集」。

なん【難】❶災い。災難。「あやうく一を逃れる」❷むずかしいこと。むずかしさ。困難。「一を避け、易きに就く」❸欠点。「少々一のある品」「強いて一をいえばやや甘さが足りない」❹非難すべき点。難点。「うかつだったとの一を免かれない」➡漢「なん（難）」
（類語）（❶）災害・災難・災い・被害・害・禍害・惨害・惨禍・災禍・被災／（❸）欠陥・難点・短所・傷・癖・遜色

難付・く ㊀（「付く」が下二段活用の場合）非難する。難癖をつける。「人の上を一・け、おとしめざまのこと言ふ人をば」〈源・蛍〉㊁（「付く」が四段活用の場合）難癖をつけられる。傷がつく。「私が内証の自分仕事にしませう、時には（=ソレナラ）家に一・かず」〈浄・氷の朔日〉

難無・し 非難するところがない。差し支えない。「いづくも一・しとて」〈徒然・三三〉➡難無く

難に臨んで遽かに兵を鋳る 《「晏子春秋」雑上から》戦争が起こってから急いで武器を作る。事が起こってからあわてて準備をしても間に合わないというたとえ。

難を付・ける 欠点を指摘して責める。難癖を付ける。「仕上がりに一・ける」

ナン〘ヒンディー naan〙インドや中近東の平焼きのパン。小麦の精白粉に牛乳・バターなどを練り込んで発酵させてから、タンドールとよぶかまどの内壁に張りつけて焼く。

ナン〘NaN〙《not a number》コンピューターのプログラミング言語で数値計算をする際に、正常な演算結果が得られなかったことを示す数値表現。0（ゼロ）で除算したり、演算に∞（無限大）が含まれたりすると生じる。非数。

なん【何】㊀〘代〙「なに」の音変化。「それを一にするつもりか」「一とも言えない」㊁〘接頭〙名詞または名詞に準じる語に付いて、数量・程度などが疑問または不定であることを表す。「一回」「一キロ」

何にせよ どんな事態があるにしても。いずれにしても。「この状態では一医者に診せねばなるまい」

何の事はない たいしたことではない。問題とするほどのことではない。「大騒ぎしたのに一、人違いでした」

なん〘係助・終助〙➡なむ〘係助・終助〙

な・ん〘連語〙➡なむ〘連語〙

なん-ア【南ア】㊀南アフリカ共和国の略称。南阿。㊁南アルプスの略称。

なんア-せんそう【南ア戦争】―センサウ 1899〜1902年、英国と、アフリカ南部のオランダ系住民の国トランスバール共和国およびオレンジ自由国との間で行われた戦争。英国が両国に侵入して植民地とし、1910年に南アフリカ連邦を成立させた。ブール戦争。ボーア戦争。ブーア戦争。南アフリカ戦争。

漢字項目 なん

【男】➡だん
【納】➡のう

南 学2 音ナン(呉) ナ(慣) 訓みなみ ‖ ㊀〈ナン〉方角の一。みなみ。「南下・南極・南端・南部・南方・南北・南洋／以南・江南・指南・西南・東南」㊁〈ナ〉①みなみ。「南殿」②梵語の音訳字。「南無」㊂〈みなみ〉「南風／真南」（名付）あけ・みな・よし（難読）南瓜・南風

軟 音ナン(慣) 訓やわらか、やわらかい ‖ ①やわらかい。「軟球・軟膏・軟骨・軟弱／硬軟・柔軟」②おだやか。「軟禁・軟派・軟風・軟着陸」（難読）軟障

難〔難〕 学6 音ナン(呉) 訓かたい、むずかしい、むつかしい、にくい ‖ ①事態がうまくいかない。容易でない。むずかしい。「難易・難解・難局・難渋・難所・難色・難題・難病・難問／困難・至難」②つらく苦しい事態。苦しみ。災い。「海難・艱難・救難・苦難・国難・困難・災難・受難・殉難・水難・遭難・多難・盗難・避難」③非を責める。なじる。「難詰・難点／非難・弁難・論難」④非難すべき点。欠点。「七難・無難」

なんア-れんぽう【南ア連邦】―レンパウ 南アフリカ連邦の略称。

なん-い【南緯】―ヰ 赤道から南の緯度。⇔北緯。

なん-い【難易】むずかしいこととたやすいこと。困難と容易。「仕事の一は問わない」

なん-いち【南一】江戸時代、南鐐といわれた二朱銀1枚のこと。また、その値段。

なんい-ど【難易度】難易の程度。「入試の一」「一の高い技」

なん-えつ【南越】―ヱツ ㊀古代中国の国名。前207年、秦の南海郡尉趙佗が建国。都は番禺（現在の広州）。現在の福建・広東省からベトナム北部を支配して南海貿易の利を独占したが、前111年、漢の武帝に滅ぼされた。㊁越前の別称。

なん-エックスせん【軟X線】薄い空気層でも吸収されるような透過力の弱いX線。波長は比較的長い。金属材料の検査などに使用。

なん-えん【南燕】中国の国名。五胡十六国の一。398年、鮮卑の慕容徳が建国。都は広固（山東省）。410年、東晋の武将劉裕に滅ぼされた。

なん-えんどう【南円堂】―ヱンダウ 奈良市の興福寺にある堂の一。江戸時代の再建で北円堂と同じ八角円堂。本尊の不空羂索観音の座像は平安末期の康慶の作。西国三十三所第9番札所。

なん-えんぶだい【南×閻浮▽提】閻浮提の異称。須弥山の南にあるのでいう。

なん-おう【南欧】ヨーロッパの南部。イタリア・フランス南部・スペイン・ポルトガルなどをさす。南ヨーロッパ。

なん-か【南下】〘名〙スル 南へ向かって進むこと。「船は一路一する」⇔北上。（類語）北進・東進・南進・西進

なん-か【南×瓜】―クヮ カボチャのこと。

なん-か【南×柯】南側に差し出た枝。南枝。

南柯の夢 はかない夢。また、栄華のむなしいことのたとえ。槐夢。槐安の夢。（補説）昔、中国で、淳于棼という人が、酔って古い槐の木の下で眠り、夢で大槐安国に行き、王から南柯郡主に任ぜられて20年の間、栄華をきわめたが、夢から覚めてみれば蟻の国での出来事にすぎなかったという、唐代の小説「南柯記」の故事から。

なんか【南華】―クヮ ㊀「南華真経」の略。㊁《㊀の寓話には変わったものが多いところから》変わり者。変人。また、とりとめもないことを言う者。「うつけたる者を今も一と名付くるなり」〈仮・浮世物語・一〉

なん-か【軟化】―クヮ〘名〙スル ❶かたい物がやわらかくなること。固形物質が加熱によってやわらかくなり、変形しやすくなること。また、物をやわらかくすること。⇔硬化。❷主張・態度をやわらげ、穏やかになるこ

と。また、穏やかにすることも「深夜に及ぶ説得に態度を一させる」⇔硬化。❸取引で、相場が下がり気味になること。⇔硬化。❹硬水中のカルシウムやマグネシウムを取り除き、軟水にすること。❺野菜の食用部分を白くやわらかに生長させること。軟白。

なん-か【軟貨】❶鋳造貨幣以外の貨幣。紙幣。❷国際金融上、金または米ドルなどの外貨と交換できない通貨。➡硬貨

なん-か【難化】〔名〕スル むずかしさを増すこと。「入学試験が年々一する」

なんか〔副助〕《代名詞「なに」に副助詞「か」の付いた「なにか」の音変化から》名詞、名詞に準じる語、活用語の連用形、一部の助詞などに付く。❶一例を挙げて示す。…など。「この着物一お似合いです」「映画一よく行く」❷ある事物を例示し、それを軽んじていう意を表す。…など。「彼の言うこと一聞くな」「君に一わからない」

なん-か【何か】〔連語〕「なにか」の音変化。「一欲しいものはありませんか」

なん-が【南画】❶南宗画の略称。❷江戸中期以降、南宗画の影響のもとに独自の様式を追求した新興の画派の作品。大成者は池大雅と与謝蕪村。

なん-かい【何回】どれほどの回数。また、多くの回数。何度。何遍。「一ドイツへ行きましたか」「一も試みる」「一見てもおもしろい」

なん-かい【南海】㊀南方の海。また、そこにある島や国。「一の楽園」㊁㊀「南海道」の略。㊁中国で、南方にある地域や海域の呼称。転じて、東南アジア諸国をさすが、インド洋の沿岸地方を含めることもある。

なん-かい【南界】動物地理区の三界の一。オーストラリア区と大洋区に分けられる。

なん-かい【南階】南向きに設けられた階段。特に、紫宸殿の南面中央の階段。その左右に、左近の桜と右近の橘とがあった。

なん-かい【難解】〔名・形動〕わかりにくいこと。むずかしいこと。また、そのさま。「一な書物」〔類語〕難しい・分かりにくい・詰屈・晦渋・深遠・高度

なんかい-じしん【南海地震】►南海道地震

なん-かいじん【南懐仁】フェルビーストの中国名。

なんかい-でんきてつどう【南海電気鉄道】大阪府と和歌山県に路線をもつ電鉄会社。また、その鉄道。難波・和歌山市間の南海本線、大阪の汐見橋と高野山の極楽橋間の高野線を中心として営業。明治18年(1885)開業。南海。

なんかい-どう【南海道】五畿七道の一。現在の近畿地方南部と四国の全域。紀伊・淡路・阿波・讃岐・伊予・土佐の6か国。また、この国々を結ぶ街道のこと。

なんかいどう-じしん【南海道地震】紀伊半島沖から四国沖にかけての地域を震源に発生する大地震。天武天皇13年(684)、正平16年(1361)、宝永4年(1707)、安政元年(1854)、昭和21年(1946)と、繰り返し発生している。昭和21年の地震(マグニチュード8.0)では、津波を伴い甚大な被害を及ぼした。死者1330人。家屋全壊1万1591戸。南海地震。

なんかい-トラフ【南海トラフ】駿河湾トラフに続き、日本列島に沿って日向灘沖まで延びる細長い凹地。水深4000〜4800メートル。フィリピン海プレートの沈み込み帯にあたる。西南日本海溝。南海舟状海盆。

なん-がく【南学】土佐で興り発達した日本の朱子学の一派。室町末期の南村梅軒を祖とし、谷時中・小倉三省・野中兼山・山崎闇斎らが著名。現実社会における実践を重視した。海南学派。

なん-がく【南岳】中国の五岳の一、衡山の異称。

なんがく-えじょう【南岳懐譲】[677〜744] 中国、唐代の禅僧。慧能に師事。湖南省南岳の般若寺に住み、独自の禅風を広めた。その法系から臨済・潙仰などの宗派が生まれた。諡号、大慧禅師。

なんかくらん ヒカゲノカズラ科の常緑、多年生のシダ。亜熱帯性の森林にみられ、樹幹などに着生。茎は垂れ、披針形の葉が密生。葉の付け根に、腎臓形の胞子嚢をつける。

なんか-さいばい【軟化栽培】茎・葉に土を盛ったり日光を遮る覆いをかぶせたりして野菜を軟化させる栽培法。ウド・アスパラガス・ミツバ・ネギなどに適用。軟化法。

なんか-しんきょう【南華真経】中国の書「荘子」の異称。

なんか-しんじん【南華真人】中国の思想家、荘周の異称。唐の玄宗が追贈した称号。

なんか-てん【軟化点】固形物質が軟化して変形を起こしはじめる温度。

ナンガ-パルバット〖Nanga Parbat〗カシミール地方のヒマラヤ山脈西部の高峰。標高8125メートル。1895年の登高の試み以来、多くの犠牲者を出し、魔の山とよばれた。1953年にドイツ-オーストリア隊が初登頂。

なんか-びょう【軟化病】蚕の体が軟弱になって死ぬ病気。起縮病・卒倒病など。細菌・ウイルスによって起こる。

なん-かん【南漢】中国の国名。五代十国の一。917年、劉龑が建国。広東・広西に勢力を張り、南海貿易で栄えたが、971年、宋に併合された。

なん-かん【難関】❶通過するのがむずかしい関所。❷切り抜けるのがむずかしい場面。打開するのが困難な事態。「入学試験の一を突破する」〔類語〕(❷)暗礁・デッドロック

なん-かん【難×艱】《「なんがん」とも》苦しい目にあうこと。また、苦しい思いをすること。苦しみ。艱難。「始めは知らずと言ひけれども、一のあまりにありのままに申しける」〈平治・上〉

なん-がん【南岸】南側の岸。

なんかん-こう【難関校】入学試験の難易度が高い学校。

なん-き【南紀】《紀伊国南部の意》和歌山県南部から三重県南部にまたがる地域。紀南。

なん-ぎ【難技】演じるのが難しいわざ。高い技術が必要とされるわざ。「愁嘆場の一で、劇中最高の見せ場とされる」「トリプルアクセルなどの一を無難にこなす」

なん-ぎ【難義】意味内容がむずかしいこと。また、その語。

なん-ぎ【難儀】〔名・形動〕スル ❶苦しみ悩むこと。苦労すること。また、そのさま。「腰を屈めるのも一だ」「雪道を行くのに一する」❷面倒なこと。迷惑なこと。また、そのさま。「一をかける」「一な話をもちこむ」❸処理するのがむずかしいこと。また、そのさま。一大事。「宮は此の事何れも一なりとおぼし召して」〈太平記・五〉〔派生〕なんぎさ〔名〕〔類語〕苦労・困る・難しい・弱る・参る・窮する・困ずる・苦しむ・困り果てる・困りきる・困りぬく・てこずる・困却・往生・難渋・閉口・困惑・当惑・途方に暮れる・手を焼く

なん-きつ【難詰】〔名〕スル 手きびしく非難すること。きびしく問いつめること。「不注意を一する」〔類語〕責める・咎める・詰る・難ずる・嘖む・吊るし上げる・締め上げる・責め付ける・責め立てる・難じる・非難・面詰・面責・問責・詰責・叱責する・譴責する・弁難・論難・指弾・追及・詰問

なんき-ぶんこ【南葵文庫】東京都港区にあった図書館。明治35年(1902)旧紀州藩主徳川頼倫が自邸に設立、同41年一般に公開された。その蔵書は現在は東京大学図書館が所蔵。旧藩領地の南紀と家紋の葵から命名されたもの。

なん-きゅう【軟球】軟式のテニス・卓球・野球などで用いるボール。硬式用のボールよりも軽くて軟らかい。⇔硬球。

なん-きゅう【難球】球技で、打ったり取ったりしにくい球。

なん-きょう【南京】「南都㊁」に同じ。

なん-きょう【難境】困難な境遇。切り抜けるのがむずかしい事態。

なん-ぎょう【難行】きわめて苦しい修行。自力によって悟りを開く修行。⇔易行。

なん-ぎょう【難業】むずかしい事業。困難な仕事。「一を成し遂げる」〔類語〕大業・覇業・偉業

なんぎょう-くぎょう【難行苦行】〔名〕スル 悟りを開くため、種々の苦難に耐えて修行すること。また、ひどい苦労をすること。「一してようやく完成にこぎつける」

なんきょう-さんえ【南京三会】►三会❸

なんぎょう-どう【難行道】自力による修行をもって悟りの境地に達する方法。聖道門。⇔易行道。

なん-きょく【南曲】中国の戯曲の一。南宋のころ、浙江省温州の地方劇を母体として成立、明代に元曲の衰微とともに盛んになった。伝奇的な作品が多い。「琵琶記」など。明曲。➡北曲

なん-きょく【南極】㊀❶地軸が南半球で地表と交わる点。南極点。❷地軸の延長線が南側で天球と交わる点。天の南極。❸地磁気の南の極。南磁極。㊁南極大陸および南極圏の略称。

なん-きょく【難曲】演奏するのがむずかしい曲。また、能・狂言で高度な演技力を求められる演目。

なん-きょく【難局】困難な局面。処理のむずかしい重大な情勢。「一を乗り切る」「一に立つ」〔類語〕危局・非常時

なん-ぎょく【軟玉】硬度が比較的低い玉の一。緑閃石または透閃石からなり、古くから飾り石や工芸品に用いられた。➡硬玉

なんきょく-あく【南極亜区】動物地理区の一。大洋区に属し、南極大陸を含む地域。アザラシ・ペンギンが特徴。

なんきょく-かい【南極海】南極大陸を囲む、南緯55度付近までの海域。太平洋・大西洋・インド洋の南端にあたる。南大洋。南氷洋。南極洋。

なんきょく-かんそくきち【南極観測基地】各国が協力して観測するために南極に設置された基地。1957〜58年の国際地球観測年の一環事業として行われた。日本の昭和基地など。

なんきょく-かんりゅう【南極環流】南極大陸の周囲を西から東へ向かって流れる海流。周南極海流。

なんきょく-く【南極区】植物区系の一。南アメリカ南部のパタゴニア、ニュージーランド南部、および南極大陸などを含む地域。ナンキョクブナが特徴。

なんきょく-けん【南極圏】南緯66度33分の緯線、または、それより南の地域。冬至には太陽が一日中地平線下に沈まず、夏至には地平線上に太陽が現れない。⇔北極圏。

なんきょくけんきゅう-かがくいいんかい【南極研究科学委員会】►エス-シー-エー-アール(SCAR)

なんきょく-しゅう【南極州】「南極地方」に同じ。

なんきょく-じょうやく【南極条約】南極での領土権主張の凍結、平和利用、科学的調査の自由と国際協力などを定めた国際条約。1959年にワシントンで調印され、1961年発効。

なんきょくじょうやくきょうぎこく-かいぎ【南極条約協議国会議】南極条約に基づいて、締約国が情報交換・利害関係の調整・各国政府への勧告の取りまとめなどを行う会議。1961年にオーストラリアのキャンベラで第1回会議を開催。以降ほぼ2年ごとにに開催され、1994年以降は毎年開催されている。ATCM(Antarctic Treaty Consultative Meeting)。

なんきょく-しんどう【南極振動】南極と南半球中緯度地域の気圧が相反する傾向で変動する現象。南極の気圧が平年よりも高いと中緯度地域の気圧は平年より低くなり、南極の気圧が平年より低いと中緯度地域の気圧は平年より高くなる。南半球環状モード。AAO(Antarctic oscillation)。➡北極振動

なんきょく-せい【南極星】天の南極辺りにある、竜骨座のカノープスの中国名。老人星、または南極老人ともいう。人の寿命をつかさどるとされ、この星が現れると天下が治まるともいう。

なんきょく-たいりく【南極大陸】南極を中心に広がる大陸。ほとんどが厚い氷に覆われるが、地質構造上は、楯状地たてじょうちの東南極(インド洋側)と古生代以後の変動帯の西南極(太平洋側)の二つに大別される。面積1391万8000平方キロメートル。

なんきょく-ちほう【南極地方】ᴬᵗᵏ南極大陸およびその周辺の島々の地方。南極州。

なんきょく-てん【南極点】地軸の南端、南緯90度の地点。1911年12月14日にノルウェーのアムンゼン隊が初めて到達。

なんきょく-はんとう【南極半島】ᴬᵗᵏ南極大陸の、ドレーク海峡を隔てた南アメリカのホーン岬に向かって伸びる半島。パーマー半島。グレアムランド。

なんきょく-ろうじん【南極老人】㊀▶南極星 ㊁▶寿老人じゅろうじん

なん-きん【軟禁】〔名〕ス几 比較的ゆるやかな監禁。家または室内にとどめておき、外部との交渉・接触を自由にさせないこと。「一室に―する」
(類語)監禁・幽閉・缶詰

ナンキン【南京】㊀中国江蘇省の省都。揚子江の南岸に位置し、水陸交通の要衝。古来、三国の呉や六朝・明・中華民国などの都として栄えた。名称は建業・建鄴けんぎょう・建康・金陵などに変わり、明の永楽帝のとき、北京に対して南京と称した。石油化学などの重工業が発達。人口、行政区362万(2000)。ナンチン。㊁❶カボチャの別名。❷(物の名に冠して)㋐中国から、また東南アジアから中国を経て渡来したものの意を表す。「一米」「一豆」㋑珍しいもの、小さくて可愛いものの意を表す。「一玉」「一鼠ねずみ」

ナンキン-あやつり【南▽京操り】糸操りの初期のころの呼称。

ナンキン-こくみんせいふ【南京国民政府】1927年4月、国民党右派の蒋介石が反共クーデターによって南京に樹立した政府。広東を拠点とする国民革命政府が、北伐を通して勢力を拡大したもので、同年8月、国民党左派の武漢政府を吸収して、列国の承認を受け、中華民国の正式な中央政府となった。

ナンキン-じけん【南京事件】1927年、中国で北伐軍が南京を攻撃した際、列国領事館を略奪したという口実で、英国と米国の軍艦が南京を砲撃した事件。蒋介石しょうかいせきの国民党右派が共産党と分裂するきっかけとなった。

ナンキン-シャモ 鶏の一品種。小形の愛玩用のシャモ。

ナンキン-じゅす【南▽京×繻子】中国から渡来し、明治のころ西陣で改良されて織り出された繻子しゅす。縦に絹糸、横に綿糸を使った交ぜ織り。

ナンキン-じょう【南▽京錠】ᵗᵃ巾着きんちゃくの形をした錠前。輸入された当時、巾着錠・西洋錠と呼ばれた。
(類語)鍵・錠・錠前・キー・合い鍵

ナンキン-じょうやく【南京条約】1842年、アヘン戦争の結果、南京で締結された英国と清国との間の条約。広州・福州・廈門アモイ・寧波ニンポー・上海の開港、香港の割譲、賠償金の支払いなどを内容とした。江寧こうねい条約。

ナンキン-せん【南▽京銭】▶京銭きんせん

ナンキン-だいぎゃくさつ【南京大虐殺】日中戦争初期の昭和12年(1937)、南京を占領した日本軍による、中国軍捕虜や一般市民に対する大規模な略奪・暴行・虐殺事件。

ナンキン-だま【南▽京玉】陶製やガラス製の小さい玉。糸を通す穴があり、指輪や首飾り、刺繍ししゅうの材料などにする。ビーズ。

ナンキン-ななかまど【南▽京七×竈】バラ科の落葉低木。山地に生え、ナナカマドより小形で、羽状複葉の小葉しょうようは基部のものほど小さい。初夏、黄緑色の花を密につける。こばのななかまど。

ナンキン-ねずみ【南▽京×鼠】ハツカネズミの飼養白変種。実験用・愛玩用。

ナンキン-はぜ【南▽京黄=櫨】トウダイグサ科の落葉高木。菱形の葉は長い柄で互生し、秋に紅葉する。春から夏、黄色の穂状の花が咲き、穂の上部が雄花、基部が雌花。実は黒褐色に熟し、種子から蝋ろうをとる。中国原産で、九州の一部に自生。庭木にする。乾燥した根皮を漢方で烏桕うきゅうといい、利尿薬にする。

ナンキン-ぶくろ【南▽京袋】黄麻で織った袋。穀物などを入れる。

ナンキン-まい【南▽京米】東南アジアおよび中国などから輸入した外米。粒は細長く、粘質に乏しい。

ナンキン-まち【南▽京町】中華街のこと。

ナンキン-まめ【南▽京豆】落花生らっかせいの別名。

ナンキン-むし【南▽京虫】トコジラミの別名。

ナンキン-りょうり【南▽京料理】中国、揚子江沿いの南京を中心に発達した料理。川魚や野菜を多用する。➡中国料理

なん-く【難句】むずかしくわかりにくい句。理解しにくい句。また、連歌で付けにくい句。

なんぐう-じんじゃ【南宮神社】岐阜県不破郡垂井町にある神社。主祭神は金山彦命で彦火火出見命ひこほほでみのみこと・見野命みののみことを配祀はいし。古称、仲山金山彦神社。美濃国一の宮。

なん-くせ【難癖】非難すべき点。悪いところ。
(類語)言い掛かり・因縁・難題・いちゃもん・無理難題

難癖を付・ける ささいな欠点を見つけて大げさにとがめる。「製品に―・ける」

なん-くん【難訓】漢字の読み方がむずかしいこと。また、訓読するのがむずかしいこと。(類語)難読

なん-け【南家】藤原氏四家の一。不比等ふひとの長男武智麻呂の子孫の系統。武智麻呂の二男仲麻呂以後衰え、主流は北家に移った。

なん-け【難化】仏語。衆生を教化きょうけするのがむずかしいこと。

なん-けん【難件】処理のむずかしい事件や問題。

なん-こ【何個¦何▽箇】❶どれほどの個数。いくつ。個数が不明であるときに用いる。「あと―必要ですか」❷《「なんご」とも》遊戯の一。碁石や細かく折った杉ばしなどを、手の中に握って差し出し、持っている数を当てさせるもの。❸江戸時代、一文銭を手のひらに握り、その数を当てさせるばくち。

なん-ご【×喃語】〔名〕ス几 ❶くどくどと話すこと。❷男女がむつまじくささやき合うように話すこと。むつごと。「妓ぎを擁して―するもの」〈木下尚江・火の柱〉❸乳児のまだ言葉にならない発声。(類語)(❸)片言

なん-ご【難語】むずかしい語。わかりにくい言葉。

なん-こう【南郊】都市の南に隣接する郊外。

なん-こう【軟×膏】均質な半固形状の外用薬。脂肪・ろう・ワセリン・ラノリン・マクロゴール(ポリエチレングリコール)などの基剤に医薬品を混和したもの。外傷や皮膚疾患に使われる。軟膏薬。軟膏剤。⇔硬膏。

なん-こう【軟鋼】炭素を0.13～0.20パーセント含む炭素鋼。一般にいう鉄材。低炭素鋼。

なん-こう【楠公】楠木正成くすのきまさしげの敬称。

なん-こう【難航】〔名〕ス几 ❶暴風雨などのために、航行が困難になること。「時化しけで船が―する」❷障害が多く、物事がはかどらないこと。「労使の話し合いが―する」(類語)渋滞・停滞・難渋・停頓ていとん

なん-こうがい【軟口蓋】口蓋の一部。硬口蓋こうこうがいの後部にあり、柔軟で、嚥下えんげに際して後鼻孔をふさいで食物が鼻腔に入るのを防ぐ。後端中央に口蓋垂こうがいすい、両側に口蓋扁桃こうがいへんとうがある。

なんこうがい-おん【軟口蓋音】奥舌面と軟口蓋との間で調音される音。[k][g][ŋ][w]など。

なんこう-ざい【軟×膏剤】▶軟膏

なんこう-ふらく【難攻不落】❶攻撃するのがむずかしく、たやすく陥落しないこと。「―の陣地」❷承知させるのが困難なこと。「―の堅物かたぶつ」

なんこうほくてい-がた【南高北低型】日本付近の夏に多い気圧配置。北太平洋高気圧が日本および南方海上を覆い、低気圧が北方にある。高温の晴天が続く。

なんこう-やく【軟×膏薬】▶軟膏

なんこく【南国】高知県中部の市。土佐湾に面する。土佐国府・国分寺跡がある。人口4.9万(2010)。

なん-ごく【南国】㊀南方の国。南方の地方。南州。「―の生まれ」㊁《江戸城の南にあったところから》品川遊郭の異称。新吉原の「北国」に対していう。南。南州。(類語)(㊀)暖国

なんこく-し【南国市】▶南国

なん-こつ【軟骨】軟骨細胞とそれを取り囲む基質からなる支持器官。弾力性があり、脊椎動物によく発達。発生初期は骨格の大部分を占めるが、のちに骨組織に置換され、人間では関節・喉頭蓋こうとうがい・耳介・椎間板などにみられる。⇔硬骨。

なんこつ-ぎょるい【軟骨魚類】軟骨魚綱の脊椎動物。円口類・硬骨魚類とともに広義の魚類を構成する一群。骨格が軟骨からなる。海産種が多く、板鰓ばんさい類(サメ・エイ類)と全頭類(ギンザメ類)に分けられる。

なんこつ-そしき【軟骨組織】動物の結合組織の一。細胞間質である膠こう状の軟骨基質と、その中に散在する円形または楕円形の軟骨細胞からなり、軟骨を形成する。

なん-こん【男根】▶だんこん(男根)

なん-ざ 「なんざあ」の音変化。「今日はステーキー食いたくない」

なん-ざあ〔連語〕《副助詞「なんぞ」に係助詞「は」の付いた「なんぞは」の音変化。関東で用いる》「など」に同じ。「時間に遅れる―だらしのないことだ」

なん-ざい【軟材】針葉樹の材。広葉樹のものに比べて軟らかいものが多いところからいう。⇔硬材。

なんさ-ぐんとう【南沙群島】▶南沙諸島

なんさ-しょとう【南沙諸島】南シナ海、インドシナ半島とフィリピン諸島の間にある諸島。大部分は無人の小島だが、豊富な水産資源と海底油田を有する。中国やフィリピンなどの周辺国がそれぞれ領有権を主張している。南沙群島。ナンシャー諸島。スプラトリー諸島。

なん-ざん【南山】㊀❶南の方角にある山。❷▶埃あず ❸《「南山の寿」から》長寿を祝うこと。㊁㊀高野山。比叡山ひえいざんを北嶺ほくれいとよぶのに対する。➡北嶺 ㊁中国の終南山の異称。㊂中国遼寧りょうねい省金州城の南にある小丘。日露戦争の激戦地。㊃大韓民国ソウル市の山。南山公園にある。高さ265メートル。ナムサン。

南山の寿じゅ 《「詩経」小雅・天保から》終南山が崩れないように生命や事業がいつまでも続くこと。人の長寿を祝う言葉。

なん-ざん【難産】〔名〕ス几 ❶出産で、胎児がなかなか生まれないこと。⇔安産。❷物事がたやすく成立しないこと。「―の末に法案が成立した」
(類語)産む・生み落とす・出産・分娩ぶんべん・お産・安産・初産ういざん・初産はつざん・初産しょさん・生なす・産する・身二つになる・腹を痛める・産卵

難産色いろに懲こりず 《難産で苦しんだ女が、懲りもしないで、また色事を行う意から》苦しんだことを忘れ、懲りずにまた同じ事を繰り返すことのたとえ。喉元過ぎれば熱さを忘れる。

なんざん-しゅう【南山宗】中国の律宗を代表する一派。開祖は終南山に住した道宣。弟子に多くの逸材が出て長く命脈を保ち、日本には鑑真がんじんがその教義を伝えた。

なんざん-だいがく【南山大学】名古屋市昭和区にある私立大学。昭和7年(1932)設立の南山中学校に始まり、南山外国語専門学校・名古屋外国語専門学校を経て、同24年新制大学として発足。

なんざん-だいし【南山大師】《南山すなわち高野山を開いたところから》空海の異称。

なん-し【男子】▶だんし(男子)

なん-し【南支】かつての中国南部の称。華南。

なんし【南史】中国、二十四史の一。唐の李延寿撰。高宗(649～683)の時に成立。南朝の宋・斉・梁・陳の4代の史書を1書に編纂しなおしたもの。本紀10巻、列伝70巻から成り、全80巻。➡北史

なん-じ【何時】時刻が不明の場合、また、時刻を特定しない場合に用いる語。なんどき。「―に出発しようか」「―でもいいから電話をください」

なん-じ【難字】むずかしい字。難解な漢字。

なん-じ【難事】処理するのが困難な事柄。

なん-じ【難治】ヂ《「なんち」とも》❶病気のなおりにくいこと。「一の病」❷民心などのおさめにくいこと。❸むずかしいこと。困難。難儀。「その条当時一に侍り」〈盛衰記・四一〉

なんじ【×汝｜×爾】ぢ〔代〕《「なむち」の音変化》二人称の人代名詞。多く、対等またはそれ以下の人に用いられる。「一コレヲワキマエタカ」〈天草本伊曽保・イソポが生涯〉(類語)あなた・お宅

汝の敵を愛せよ 《Love your enemies.》悪意を抱いて迫害する者に対して、慈愛をもって接せよ。新約聖書「マタイによる福音書」第5章、「ルカによる福音書」第6章にある言葉。

汝自(みずか)らを知れ 自分の無知を自覚し、自分の心を高めるように励め。ソクラテスの行動上の標語で、アポロの神殿に掲げられていたという。

ナンシー〖Nancy〗フランス北東部、ロレーヌ地方の中心都市。13世紀からロレーヌ(ロートリンゲン)公国の首都として発展。ロレーヌ工業地帯の主要都市の一つで、交通の要衝でもある。18世紀中頃、ロレーヌ公が大規模な都市開発を行ったことで知られ、中心部にある広場が、1983年に「ナンシーのスタニスラス広場、カリエール広場、アリアンス広場」の名称で世界遺産(文化遺産)に登録。19世紀末のアールヌーボーにおけるナンシー派の中心人物エミール＝ガレの生地。

なん-しき【軟式】野球・テニス・卓球などで、軟球を使用する方式。⇔硬式。

なんしき-テニス【軟式テニス】ゴム製の軟球を用いて行うテニス。明治時代に日本で考案。競技はダブルスを原則とする。軟式庭球。平成4年(1992)から競技としての正式名称がソフトテニスと改称された。

なんしき-やきゅう【軟式野球】ヤキウ 軟球を用いて行う野球。大正時代に日本で考案。

なん-じきょく【南磁極】▶磁南極(じなんきょく)

なんじせいしっかんこくふくけんきゅう-じぎょう【難治性疾患克服研究事業】ナンヂセイシツクワンコクフクケンキウジゲフ 症例数が少なく、原因が不明で、治療法が確立されていない疾患で、長期間生活に支障を及ぼすものについて、研究班を設置し、原因の究明・治療法の確立に取り組む、厚生労働省の事業。国の難病対策の一。脊髄小脳変性症・多発性硬化症・再生不良性貧血など130の特定疾患が対象。

なん-しちょう【難視聴】ナンシチヤウ テレビの映像・音声の受信がむずかしいこと。「一地域対策」

なん-しつ【軟質】質がやわらかいこと。また、やわらかい性質。⇔硬質。

なんしつ-ガラス【軟質ガラス】比較的融解しやすいガラス。普通のソーダガラスをいうことが多い。

ナンシャー-しょとう【南沙諸島】ナンシヤータウ ▶なんさしょとう(南沙諸島)

なん-じゃく【軟弱】〔名・形動〕❶質がやわらかく弱いこと。また、そのさま。「一な地盤」❷意志・態度などがしっかりしていないこと。相手の言いなりになりやすいこと。また、そのさま。「一な態度」
(類語)弱い・脆(もろ)い・柔(やわ)い・柔(やわ)・脆弱(ぜいじゃく)・繊弱・孱弱(せんじゃく)・華奢(きゃしゃ)・か弱い・ひ弱い

なんじゃく-がいこう【軟弱外交】グワイカウ 他国の態度を気にし、その言い分に屈服しがちな弱い外交。

なんじゃ-もんじゃ【何じゃもんじゃ】なんぢやもんぢや 主に関東地方で、その地域で見られなかったり、きわめて珍しかったりする大木をさしていう語。千葉県香取(かとり)郡神崎町(こうざきまち)神崎神社のクスノキ、東京都明治神宮外苑のヒトツバタゴなど。あんにゃもんにゃ。

なんじゃもんじゃ-ごけ【何じゃもんじゃ×苔】なんぢやもんぢや ナンジャモンジャゴケ科の苔(こけ)類。高山の雪渓付近でみられ、高さ1センチほど。葉は茎と同じく棒状で、仮根はない。発見されたとき、所属が不明であったところから、正体不明の意で命名。

なんじゃもんじゃ-の-き【何じゃもんじゃの木】なんぢやもんぢや ▶何じゃもんじゃ

なん-しゅう【南州｜南×洲】シウ ㊀「南国(なんごく)㊀」に同じ。㊁「南国㊁」に同じ。

なん-しゅう【南宗】❶中国禅宗の一派。唐の慧能(えのう)が開き、主として中国江南地方に行われた。日本の禅宗はこの系統。南禅。❷「南宗画」の略。

なん-じゅう【難渋】ジフ〔名・形動〕スル ❶物事の処置や進行がむずかしくてすらすらいかないこと。また、そのさま。「交渉は一している」「風俗史を編成することと頗る一なる業なるのみか」〈逍遥・小説神髄〉❷困ること。もてあますこと。また、そのさま。「泥道を歩くのに一する」「脚に一な腫物があった」〈鏡花・高野聖〉❸生活が苦しいこと。貧乏なこと。「不景気で暮らし向きが一する」「徒に有産の輩を覆して無産の一に陥れたるに似たれども」〈福沢・文明論之概略〉❹人に金品を与えたり、貸したりするのを惜しむこと。「主俄に欲念おこって、ほうびの金を一せしめんがため」〈仮・伊曽保・上〉(類語)(❶)渋滞・停滞・難航・停頓(ていとん)・踊り場・横ばい・足踏み・とどまる/(❷)往生・手詰まり・困却・困る・弱る・参る・窮(きゅう)する・困(こう)ずる・苦しむ・困り果てる・困りきる・困りぬく・てこずる・難儀・閉口・困惑・当惑・途方に暮れる・手を焼く

なんしゅう-が【南宗画】グワ 中国絵画の系統の一。唐の王維に始まり、董源(とうげん)・巨然(きょねん)・米芾(べいふつ)、元末四大家(黄公望・呉鎮・倪瓚(げいさん)・王蒙(おうもう))などを経て、明の沈周(しんしゅう)はじめ呉派に至る文人画家の山水画様式。明末の董其昌(とうきしょう)の提唱による。水墨による柔らかい描線と自然な感興が特色。文人画。➡南画(なんが)

なんしゅう-じ【南宗寺】大阪府堺市にある臨済宗大徳寺派の寺。山号は竜興山。開創は弘治2年(1556)、開山は大林宗套(だいりんそうとう)、開基は三好長慶。兵火にあって焼失したが、沢庵宗彭(たくあんそうほう)が中興。境内に武野紹鷗(たけのじょうおう)・千利休の供養塔がある。

なんしゅう-じ【南洲寺】ナンシウ 鹿児島市南林寺町にある臨済宗相国寺派の寺。明治9年(1876)創建。西郷隆盛の菩提寺で、勤王の僧月照の墓がある。

なん-しょ【難所】《「なんじょ」とも》通行に困難な険しい所。危険な場所。「峠の一にさしかかる」
(類語)悪所・悪場

なんしょう【南昌】ナンシヤウ 中国江西省の省都。鄱陽(はよう)湖の西、贛江(かんこう)下流に位置し交通の要衝で、商業都市。1927年8月1日、中国共産党が最初の武装蜂起を行った地。滕王閣(とうおうかく)など古跡も多い。人口、行政区184万(2000)。ナンチャン。

なんしょう【南詔】ナンセウ 中国唐代に、雲南省の大理を中心にチベット-ビルマ族が建てた王国。7世紀中ごろ、蒙舎詔(もうしゃしょう)が諸部族を統一して建国。8世紀末に最盛期を迎えたが、902年に内乱で滅亡。

なん-しょう【難症】ナンシヤウ 治りにくい病気。難病。

なんじょう【南城】ナンジヤウ 沖縄県、沖縄島南部にある市。観光業のほか車海老などの養殖が盛ん。平成18年(2006)1月、玉城(たまぐすく)村・知念(ちねん)村・佐敷町・大里村が合併して成立。人口4.0万(2010)。

なん-じょう【軟条】デウ 魚のひれにある軟らかいすじ。節や枝分かれのあることが多い。

なん-じょう【何じょう】ぢやう《「なんという」の音変化》㊀〔副〕反語を表す。どうして…か。なんで…か。「一かかる事にひるむべき」〈河上肇・貧乏物語〉㊁〔連体〕❶どういう。何という。「一心地すれば、かく物を思ひたるさまにて、月を見給ふぞ」〈竹取〉❷(反語を表す語を伴って)どうという。どれほどの。たいした。「一事か候はん」〈今昔・二六・一四〉㊂〔感〕なにを言うか。とんでもない。「一、汝がなにほどの恩を見せけるぞや」〈仮・伊曽保・中〉

なんじょう-し【南城市】ナンジヤウ ▶南城

なんじょう-のりお【南条範夫】ナンデウ [1908～2004]小説家。東京の生まれ。本名、古賀英正。武士の世の非情さを描いた時代小説で「残酷もの」ブームを巻き起こす。「灯台鬼」で直木賞受賞。他に「細香(さいこう)日記」「月影兵庫」シリーズなど。経済学者としても著作を残している。

なんじょう-ぶんゆう【南条文雄】ナンデウ [1849～1927]仏教学者。岐阜の生まれ。号、碩果。英国に留学し、マックス＝ミューラーに師事し梵文学を研究。のち大谷大学学長を務め、仏典研究に貢献。著「大明三蔵聖教目録」「梵本般若心経」など。

なん-しょく【男色】❶男性間の同性愛。衆道。だんしょく。❷男色の対象となる男。陰間(かげま)。

なん-しょく【難色】不承知らしいようす。また、非難するような顔つき。「一を示す」(類語)一蹴・拒否・拒絶・不承知・蹴る・断る・拒む・否(いな)む・辞する・謝する・謝絶する・辞退する・固辞する・遠慮する・拝辞する・退ける・撥(は)ね付ける・突っ撥(ぱ)ねる・峻拒(しゅんきょ)する

なんしょくおおかがみ【男色大鑑】ナンショクおほかがみ 浮世草子。8巻。井原西鶴作。貞享4年(1687)刊。各巻5章5話、計40話から成る。前半は武家社会の義理と意気地に殉ずる男たちを描き、後半は歌舞伎若衆の男色咄(ばなし)を収める。

なん・じる【難じる】〔動ザ上一〕「なん(難)ずる」(サ変)の上一段化。「仕事が遅いと一・じる」
(類語)責める・咎(とが)める・詰(なじ)る・難ずる・嘖(さいな)む・吊(つる)し上げる・締め上げる・責め付ける・責め立てる・非難する・難詰する・面詰する・面責する・問責する・詰責する・叱責(しっせき)する・譴責(けんせき)する・弁難する・論難する・指弾する・追及する・詰問する

なん-しん【南進】〔名〕スル 南の方へ向かって進むこと。「部隊が一する」⇔北進。(類語)北上・南下・東進・西進

なん-じん【南人】❶南部に住む人。南方の人。❷中国の金・元代、滅亡した宋の支配下にあった住民の呼称。特に元代には、元に最後に服属した南宋の住民をさし、最も冷遇された。

なんしん-せいさく【南進政策】日中戦争の全面化の中で、陸軍の北進論に対し、海軍などが戦略物資を求めてインドシナ半島など南方地域を確保しようとした政策。広義には、明治以降の日本が南方地域に対外進出しようとした政策全般をいう。南進論。

なん・す〔動サ特活〕《「なさります」の音変化「なさんす」がさらに音変化した語か。近世の遊里語》❶「する」の尊敬語。なさいます。「お前はこちら枕に一・すかえ」〈洒・聖遊廓〉❷(補助動詞)「お…なんす」の形で、尊敬の意を表す。…なさいます。「米八つぁん、今の通りだから、どうぞお気の毒ながらさう思っておくん一・し」〈人・梅児誉美・初〉(補説)活用は「なんせ(なんし)・なんし・なんす・なんす・なんすれ(なんせ)・なんせ(なんし)」

な。んず〔連語〕《完了の助動詞「ぬ」の未然形＋推量の助動詞「むず(んず)」》きっと…てしまうだろう。「薄手負うて死にもやらず、生けながら六波羅へ取られ一。んず」〈義経記・六〉

なん-すい【軟水】カルシウムやマグネシウムなどの塩類の含有量が少ない水。ふつう硬度10度以下の水をいい、洗濯・染色などに適する。⇔硬水。

なん・ずる【難ずる】〔動サ変〕文なん・ず〔サ変〕非難する。悪く言う。また、難癖をつける。「相手の非を一・ずる」(類語)責める・批判・咎(とが)める・詰(なじ)る・嘖(さいな)む・吊(つる)し上げる・締め上げる・責め付ける・責め立てる・難じる・非難する・難詰する・面詰する・面責する・問責する・詰責する・叱責(しっせき)する・譴責(けんせき)する・弁難する・論難する・指弾する・追及する・詰問する

なん-すれ-ぞ【何×為れぞ】〔副〕《「なにすれぞ」の音変化。もと、漢文訓読語》どうして。「一金を欲する此くの如く其れ切なるや」〈織田訳・花柳春話〉

なん-せ【何せ】〔副〕《「なにせ」の音変化》なんといっても。なにしろ。「一資金がない」

なん-せい【南西】南と西との間の方角。西南。

なん-せい【南征】南方に行くこと。南方の敵を征伐すること。

なん-せい【南斉】中国の国名。南北朝時代の南朝の第2王朝。479年、蕭道成(しょうどうせい)が宋の順帝の禅譲を得て建国。都は建康。502年、蕭衍(しょうえん)(梁の武帝)に滅ぼされた。斉。

なん-せい【軟性】やわらかな性質。柔軟な性質。⇔硬性。

なんせい-げかん【軟性下×疳】性病の一。ジュクレー連鎖桿菌(かんきん)の感染によって起こる。感染後2、3日して陰部に米粒ほどの膿疱(のうほう)性の発疹(ほっしん)ができ、潰瘍(かいよう)となって痛む。2、3週間で治癒する。

なんせい-けんぽう【軟性憲法】特別の改正手続きによらず、通常の法律と同じ手続きで改正できる憲法。⇨硬性憲法

なんせいしょ【南斉書】中国の二十四史の一。南斉の正史で、梁の蕭子顕撰。もとは60巻だが唐代に1巻を逸し、現存するのは本紀8巻、志11巻、列伝40巻の全59巻。

なんせい-しょとう【南西諸島】九州南端から台湾へ連なる列島の総称。鹿児島県の大隅・吐噶喇・奄美、沖縄県の沖縄・先島の各諸島からなり、太平洋と東シナ海を分ける。

なんせいしょとう-かいこう【南西諸島海溝】南西諸島の東側に沿い、台湾東沖まで延びる海溝。最深部7460メートル。琉球海溝。

なん-せっけん【軟石鹸】軟らかいのり状石鹸の総称。ふつうカリ石鹸をさしていう。

なん-せん【難船】〔名〕スル 風波などのため、船が破損・転覆または座礁すること。また、その船。難破船。「暴風雨に遭い―する」「―救助」〔類語〕難破・座礁

なん-せん【難戦】〔名〕スル 苦しい戦いをすること。また、その戦い。苦戦。「ずいぶん―いたしたような咄を承りました」〈藤村・夜明け前〉

ナンセン〖Fridtjof Nansen〗[1861〜1930]ノルウェーの探検家・政治家。北極をフラム号で探検し、1895年、北緯86度14分の地点まで到達、北極地方が海洋であることを立証。第一次大戦後は難民救助などに活躍し、1922年にノーベル平和賞受賞。

なんぜん-じ【南禅寺】京都市左京区にある臨済宗南禅寺派の大本山。正しくは太平興国南禅禅寺。山号は瑞竜山。正応4年(1291)無関普門を開山とし、亀山法皇の離宮を寺としたのに始まる。足利義満のとき、五山の別格上位に列せられた。藤堂高虎造営の三門、国宝の方丈などのほか、小堀遠州の作と伝える枯山水庭園がある。江戸初期に以心崇伝が住した金地院をはじめ塔頭も多い。

なんぜんじ-は【南禅寺派】京都の南禅寺を本山とする臨済宗の一派。無関普門を始祖とする。

ナンセンス〖nonsense〗〔名・形動〕意味をなさないこと。無意味であること。ばかげていること。また、そのさま。ノンセンス。「―な議論」〔類語〕論外・不毛

ナンセンス-コメディー〖nonsense comedy〗だじゃれなどたわいない笑いを売り物にする喜劇。

なん-せんぶしゅう【南×贍部×洲】▶閻浮提

なんせん-ほくば【南船北馬】《中国の南方は川や湖が多いので船を用い、北方には平原や山野が多いので馬に乗るというところから》絶えず旅していること。各地をせわしく旅すること。東奔西走。

なんぞ〔副助〕《代名詞「なに」に副助詞「ぞ」の付いた「なにぞ」の音変化》名詞、名詞に準じる語、活用語の連用形、一部の助詞などに付く。ある事物を例示する意を表す。など。「お茶―飲んでいきましょうよ」「病気―してたまるか」〔補説〕「なんぞ」は中世後期以降用いられ、現代語では、「なぞ」「なんか」と同じく、くだけた表現に用いられる。

なん-ぞ【何ぞ】㊀〔連語〕❶《代名詞「なに」に副助詞「ぞ」の付いた「なにぞ」の音変化》㋐漠然と物事をさす。なにか。「―おもしろいことはないか」「―用でもあるのか」㋑(下に助詞「の」を伴って)どんな。どういう。「汝は―の人ぞ」〈宇津保・俊蔭〉❷《代名詞「なに」に係助詞「ぞ」の付いた「なにぞ」の音変化》どういうものか。何物か。何事か。なにか。「人生とは―や」「上たち聞きつけさせ給ひて、―と問はせ給ふ」〈宇津保・楼上下〉㊁〔副〕❶なぜ。どうして。「―今一人はゐて来たらぬぞ」〈今昔・七・四六〉❷反語の意を表す。どうして…か、いや、そうではない。「この経―必ず法華経の序たるべき」〈今昔・七・一三〉

なん-そう【南宋】中国の国名。靖康の変で宋の皇帝らが金に連れ去られた後、1127年、高宗が江南に拠り、臨安を都として再建した王朝。1279年、金に代わった元に滅ぼされた。

なん-そう【南総】上総の異称。下総を北総というのに対する。

なんそうさとみはっけんでん【南総里見八犬伝】読本。9輯106冊。曲亭馬琴作。文化11〜天保13年(1814〜1842)刊。仁・義・礼・智・忠・信・孝・悌の八つの徳の玉をもつ八犬士を中心に、安房の里見家の興亡を描いた伝奇小説。勧善懲悪を基調とし、「水滸伝」に構想を借りたもの。里見八犬伝。八犬伝。

なんぞれ-かぞれ【何▽其れ▽彼×其れ】〔連語〕なんのかの。なにやかや。「人といふものは、―、取り得のあるもんでござりやすが」〈滑・浮世風呂・前〉

なんだ【▽涙】「なみだ」の音変化。「熱い―は思わず知らず流れ落ちて」〈藤村・破戒〉

なんだ【難陀】㊀《梵 Nandaの音写》❶釈迦の異母弟。孫陀羅難陀。❷釈迦の弟子の一。牧牛難陀。❸唯識十大論師の一。6世紀ごろのインドの仏教学者。❹「難陀竜王」に同じ。㊁《梵 Nandāの音写》波斯匿王が仏に万灯を供養したのに対して、わずかに一灯を供養した貧女の名。

なんだ〔助動〕[なんだら|なんだ(なんだり)|なんだ|○|○]動詞型活用語の未然形に付く。過去の打消しの意を表す。なかった。「売薬の外は誰にも逢わ**なんだ**ことは」〈鏡花・高野聖〉「実否ヲ未ダ決シサセラレ**ナンダレ**バ」〈天草本伊曽保・イソポが生涯〉「物しったり物しら**なんだり**、物しり物しらずさ」〈滑・浮世床・初〉〔補説〕語源は未詳。打消しの助動詞「ぬ」に「あった」の付いた「ぬあった」の音変化とみる説や、打消しの「なん」に過去の「た」が付いた助動詞からとする説など、諸説がある。室町時代から江戸後期まで用いられたが、江戸末期からは「なかった」がそれに代わった。現在では、主に関西方言に行われる。

なん◦だ〔連語〕▶なのだ〔連語〕

なん-だ【何だ】〔連語〕《「だ」は断定の助動詞》❶疑問を表す。「あの音は―」「それが―というんだ」❷直接言うのがはばかられたり、適当な言い方が見つからなかったりする場合に、代わりに用いる語。「自分で言うのも―が、僕ならできる」「つまりは、―、もうやめたいということか」❸感動詞的に用いて、意外なことにあきれたり、がっかりしたりする気持ちを表す。「―まだ終わらないのか」「―君か」❹話題にする事柄がたいしたことではないという意を表す。「地位が―、金が―」「―、こんな傷ぐらいで大騒ぎするな」

何だ彼んだ　ああだこうだ。あれやこれや。なんのかの。なんだかだ。「―と難癖をつける」

なん-たい【男体】男のからだ。男のすがた。

なん-だい【難題】❶詩歌や文章を作るのにむずかしい題。❷解決のむずかしい問題。難問。「軍縮という―に取り組む」❸無理な要求。無理な言いがかり。「―をふっかける」「無理―」〔類語〕(❸)言い掛かり・因縁・いちゃもん・難癖・無理難題

なんたい-さん【男体山】栃木県北西部、日光市にある火山。標高2486メートル。山麓に中禅寺湖がある。古くからの山岳霊場。二荒山。黒髪山。国神山。

なんたい-どうぶつ【軟体動物】動物界の一門。体は軟らかく、頭・足・内臓からなるが、明らかな区別はできない。外套膜で覆われ、多くは体表に石灰質の殻を分泌する。ヒザラガイ・巻き貝類・ツノガイ類・二枚貝類・頭足類などに分けられる。

なんたいへいき【難太平記】室町時代の史書。1巻。今川了俊著。応永9年(1402)成立。今川一族の家系・歴史・功績などを記し、「太平記」の記述を訂正する箇所が多い。

なんだい-むこ【難題婿】男が課された難題を次々に解決することによって娘との婚姻が成立するという、一群の昔話。

なん-だいもん【南大門】都城・仏寺などで、南方に建てられ、中心的な建物に通じる門。ふつう、正門とされる。

なん-だか【何だか】〔副〕物事がはっきりしないさま。原因・理由などがよくわからないさま。「―雲行きが怪しい」「―悲しい気分だ」〔類語〕何となく

ナンタケット-とう【ナンタケット島】《Nantucket》米国マサチューセッツ州南東部、コッド岬の南方約40キロメートルに浮かぶ島。19世紀に捕鯨産業で栄え、ハーマン=メルビルの小説「白鯨」にもその名を残す。現在は観光・保養地。中心地はナンタケットタウン。

なん-だち【×汝▽達】〔代〕《古くは「なむたち」》二人称の人代名詞。なんじたち。おまえたち。「―が戦ひて敵を殺すは、大の功なり」〈塵袋〉

なん-だったら【何だったら】〔連語〕「何なら」に同じ。「―先に帰ってもいいですよ」

なん-だって【何だって】㊀〔感〕相手の言葉をとがめたり、問い返したりするときに発する語。なんだと。「―、もう一度言ってみろ」㊁〔連語〕❶《「なんだといって」の音変化》どういうわけで。どうして。なぜ。「―今まで黙っていたのだ」❷《「なんであっても」の音変化》なんでも。どんなものでも。「―かまわない」

なん-たら【何たら】㊀〔連体〕《「なんたる」の音変化》なんという。「―事だ面白くもない」〈一葉・にごりえ〉㊁〔副〕《「なんとやら」の音変化》名称などのはっきりわからないさま。なんとか。「―いう骨の多い、いやぁな焼肴じゃ」〈逍遥・当世書生気質〉

なんだ-りゅうおう【難陀竜王】八大竜王の第一。跋難陀竜王の兄弟とされる。仏法護法の竜神で、頭に七竜頭をつける。難陀。

なん-たる【何たる】㊀〔連体〕非難・詠嘆などの気持ちを表す語。なんという。「―醜態」㊁〔連語〕どのようなものである。「学問の―かを知る」

なんたん【南丹】京都府中部、大堰川上流域を占める市。水菜・壬生菜など京野菜の生産が盛ん。大学の郊外キャンパスや専門学校が多い。平成18年(2006)1月、美山町・園部町・八木町・日吉町が合併して成立。人口3.5万(2010)。

なん-たん【南端】南のはし。「半島の―」

なん-たん【軟炭】無煙炭を除く軟質の石炭。主に瀝青炭をさしたが、最近では一部の亜瀝青炭と褐炭の総称。⇔硬炭。

なんたん-し【南丹市】▶南丹

なん-ち【難治】▶なんじ(難治)

なん-ちゃくりく【軟着陸】〔名〕スル ❶宇宙船などが、惑星などの重力に対して、衝撃を受けないように減速しながら着陸すること。ソフトランディング。「月面に―する」❷高成長を安定へ導く過程で、不況などを招かないように徐々に成長速度を低下させる経済政策。ソフトランディング。❸交渉やもめ事で、無理に言い分を通そうとせず、よく話し合って結論を出すこと。ソフトランディング。「選挙を控え懸案解決に―をはかる」

なん-ちゃって〔連語〕《副助詞「なんて」＋動詞「言う」＋連語「ちゃう」＋助詞「て」の「なんて言っちゃって」から変化したもの》❶などと言ってしまって。俗に、何かを言った後に、それが失言や誇張、嘘などであったことを、ちゃかしたりごまかしたりする気持ちで用いる。❷(連体詞的に)模造した。まがいものの。「―ブランド」「―制服」

なん-ちゅう【南中】〔名〕スル 天体が日周運動により天の北極の南側で子午線を通過すること。正中。

なん-ちゅう【難中】困難な事柄のうち。

なんちゅう-の-なん【難中の難】難しいことの中でも、特に難しいこと。「あの人を説得するのは―だ」

なん-ちょう【南朝】㊀中国の南北朝時代、江南に拠って建国した漢民族の王朝。420年建国の宋に始まり、斉・梁・陳の四王朝が、589年隋の統一まで続いた。三国の呉と東晋を加えて六朝ともいう。㊁日本で、延元元＝建武3年(1336)に後醍醐天皇が大和の吉野に移ってから、後村上・長慶・後亀山天皇と続いた大覚寺統の朝廷。吉野朝。⇨南北朝時代

なん-ちょう【軟調】❶やわらかい調子であること。⇔硬調。❷写真の原板や印画で、明暗の対照が弱いこと。画面の調子がやわらかいこと。多く黒白写真でいう。「―のプリント」⇔硬調。❸相場が下落の傾向にあること。⇔堅調。

なん-ちょう【難聴】❶聴力が弱いために、音や声がよく聞きとれない状態。中耳炎などの病気や老

化、騒音に長時間さらされたときなどに起こる。❷ラジオなどの放送が聞きとりにくいこと。「—地域」

なん-ちん【難陳】非難したり弁解したり、互いに議論をたたかわせること。「—あって、判者これを聞く」〈三冊子・白双紙〉

なん-て【何て】〔副〕《「なんという」の音変化》❶驚いたり、あきれたり、感心したりする気持ちを表す。なんという。「—だらしないんだ」「—すばらしい絵だ」❷どのように。なんと。「—返事を書こうか」

なんて〔副助〕《副助詞「など」に格助詞「と」の付いた「などと」の音変化》名詞、名詞に準じる語、活用語の終止形に付く。❶ある事物を例示して、それを軽んじたり、婉曲えんきょくに言ったりする意を表す。なんか。…などということは。「手伝い—できるか」「本気にする—ばかね」❷(終助詞ふうに文末に用いて)ある事物を例示して、それを意外に、また、疑わしく思う気持ちを表す。「日本が沈没する—」「あの人が先生だ—」❸ある事物を例示して、次の語と同格であることを示す。…などという。「田中—人、知らない」「人間—ものはちっぽけなもんです」

なん-で【何で】〔副〕❶どういうわけで。どうして。なぜ。「—けんかなんかしたのだ」❷反語表現に用いて、強く否定する意を表す。どうして。「—泣かずにいられようか」〔類語〕なぜ・どうして・何故

なん-てい【南庭】建物の南側にある庭。また特に、紫宸殿ししんでんの正面の庭。「大徳寺方丈—」

なん-でい【軟泥】プランクトンなどの遺骸を30パーセント以上含む、海底の軟らかい泥。有孔虫軟泥などの石灰質軟泥と、珪藻軟泥などの珪質軟泥に分ける。

なん-てき【難敵】勝つことが困難な敵。手ごわい相手。「—を下す」「—を屠ほふる」
〔類語〕相手・敵てき・敵かたき・ライバル・好敵手・仇敵・宿敵

なん-゜です〔連語〕▶なのです〔連語〕

なん-てつ【軟鉄】炭素をほとんど含まない比較的純粋な鉄。軟鋼をさすこともある。軟らかく、展延性があり、電磁気材料などに使用。

なん-でも【何でも】《代名詞「なに」に副助詞「でも」が付いた「なにでも」の音変化》㊀〔副〕❶よくはわからないが。どうやら。「—近く結婚するらしい」❷どうしても。ぜひ。「何が—やりぬこう」「あれは世間に重宝する三光とやらいふ鳥であらう。—刺いてくれう」〈続狂言記・鶯〉㊁〔連語〕どういうものでも。どういうことでも。「生活用品なら—ある」「頼まれたことは—する」

何でもな・い　取り立てて問題にするほどではない。たいしたことはない。「風邪ぐらい—・い」「—・い言葉に腹を立てる」

なんでも-かんでも【何でも▽彼んでも】〔連語〕❶どういうものでも。すべて。なんでもかでも。「本なら—買う」❷どうしても。ぜひとも。なんでもかでも。「—あの大学に入りたい」

なんでも-や【何でも屋】❶日用雑貨の類をひととおり売っている店。よろずや。❷何でも引き受ける人。また、何をしてもひととおりできる人。

なん-てん【南天】❶南の空。南半球の空。㊥北天。❷メギ科の常緑低木。本州中部以南の暖地に自生。葉は羽状複葉で、先のとがった楕円形の堅い小葉からなる。6月ごろ、白い小花を円錐状につける。果実は球形で、ふつう赤く熟す。果実を干して鎮咳ちんがい薬にする。庭木とし、品種が多い。南天竹。南天燭。〔季 実=冬｜花=夏〕❸家紋の一。❷の葉や実を組み合わせて図案化したもの。〔補説〕❷は、「難転」と掛け「難を転じて幸となす」と解して、縁起物とされる。

なん-てん【難点】❶むずかしいところ。処理などの困難な点。「—を克服する」❷非難すべきところ。欠点。「人の—を指摘する」
〔類語〕欠陥・短所・傷・瑕きず・難・瑕疵

なん-でん【南殿】㊀南向きの御殿。南方にある殿舎。㊁紫宸殿ししんでんの異称。なでん。

なん-てんじく【南天竺】テンヂク 五天竺の一。インド南部にあたる。

なんてん-はぎ【南天×萩】マメ科の多年草。原野に生え、高さ30～60センチ。葉は一対の小葉からなり、互生する。夏から秋、紅紫色の蝶形の花を開く。若葉をあずき菜とよび、食用にする。

なんと【南砺】富山県南西部にある市。山間部は白山国立公園の森林で合掌造りの民家がある。平成16年(2004)11月に城端じょうはな町、平ない村、上平かみたいら村、利賀とが村、井波町、井口いのくち村、福野町、福光ふくみつ町が合併して成立。人口5.5万(2010)。

なん-と【南都】㊀平城京、すなわち奈良の異称。京都の北都(平安京)に対していう。南京。➡北都㊀　㊁奈良の興福寺。比叡山の延暦寺を北嶺ほくれいとよぶのに対する。➡北嶺㊁

ナント〖Nantes〗フランス西部、ロアール川下流にある河港都市。食品や機械・化学などの工業が発達。

なん-と【何と】《「なにと」の音変化》㊀〔副〕スル ❶どのように。どんなふうに。どう。「これは—したことか」「—ご返事したらよいでしょう」❷感心・失望などの気持ちを強調して表す。なんて。「—美しい花だ」「—愚かな人だ」❸反語を表す。どうして。「ふまれて—男がならうか」〈狂言記・文山立〉㊁〔感〕相手に呼びかけ同意を求めたり、反応を探ったりするときに用いる語。どうだ。「—、これでもか」

何という　❶感嘆・失望などの気持ちが、言い表せないほど大きいさま。「—優しさであろう」「—暴挙、断じて許せない」❷はっきりしない名称などをさす。「これは—草ですか」❸(あとに打消しの語を伴って用いる)取り立てていうほどの。どうという。「医者の見立てでは—こともないらしい」

何と言っても　他の一切に対して、その事柄が優先される意を表す。どう言おうとも。どう考えても。なんてったって。「—命だけは大事だ」

何として　どういうわけで。どうして。「方さまは—ここにはござります」〈浮・一代男・五〉

何としてでも　あらゆる手段を尽くしてでも。どんなことをしてでも。「—やりとげたい」

何としても　❶どうやってでも。必ず。「—約束だけは守る」❷(あとに打消しの語を伴って用いる)どうやってみても。「彼には—勝てない」

なんと〔副助〕《副助詞「など」に格助詞「と」が付いた「などと」の音変化》引用文を受けて、おおよそのところを示す。「『あたいが馬になってやろう』—いうこともあったが」〈中勘助・銀の匙〉

なん-ど【何度】❶どれほどの回数。また、多くの回数。何回。「—やってもできない」「—でも挑戦するつもりだ」❷はっきりしない温度・角度などをさす。「気温は—ですか」

なん-ど【納戸】❶衣服・調度品などを収納する部屋。中世以降、屋内の物置部屋をいい、寝室・産室にも用いた。おなんど。❷「納戸方」の略。❸「納戸色」の略。

なん-ど【難度】難しさの度合い。特に、体操競技で、技・運動の難しさの程度。基礎的な技から高度な技へ順にA・B・C・D・E・F・Gの七段階に分ける。

ナンド【NAND】《notとandから》論理演算の一つで否定論理積。または、コンピューターで、NAND回路。

なんど〔副助〕《「なにと」の音変化》「など」に同じ。「それを釣瓶—に植えて」〈露伴・魔法修行者〉

なんど-いろ【納戸色】藍染めの一つで、緑色を帯びた青色。江戸城内の、納戸の垂れ幕やふろしきに用いられた。お納戸色。
〔類語〕青・真っ青・青色せいしょく・藍あい・青藍せいらん・紺青こんじょう・紺碧こんぺき・群青ぐんじょう・紺・瑠璃るり色・縹はなだ・花色・露草色・浅葱あさぎ・水色・空色・ブルー・インジゴ・コバルト・シアン・ウルトラマリン・マリンブルー・スカイブルー

なん-とう【南東】南と東との中間にあたる方角。東南。

なん-とう【南唐】タウ 中国の国名。五代十国の一。937年、呉の李昪りべんが呉帝の禅譲を受けて建国。都は金陵(今の南京)。江南の富を背景に強盛を誇ったが、975年、宋の太祖に滅ぼされた。江南国。

なん-とう【南島】タウ 南方にある島。

なん-とう【軟投】野球で、投手が速度の緩い変化球を投げること。「—派の投手」

なんとう-ごぞく【南島語族】ナンタウ― ▶マレーポリネシア語族

なんとう-ぼうえきふう【南東貿易風】南半球で吹く貿易風。風向は南東。

ナンド-えんざんかいろ【NAND演算回路】―エンザンクワイロ《NAND circuit；NANDはnotとandから》▶NAND回路

なん-とか【何とか】㊀〔副〕スル ❶あれこれ工夫や努力をするさま。どうにか。「そこを—頼む」「—しよう」❷完全・十分とはいえないが、条件・要求などに一応かなうさま。かろうじて。どうにか。「—暮らしていける」「—間に合う」㊁〔連語〕❶名称・内容などのはっきりしないものをさす。「銀座の—という店」「—言ってみろよ」❷あるものの名称などをはっきり言わないで、それをさす。「—の一つおぼえ」❸(「…とか何とか」の形で)それを含めて、あれこれ。「病気だとか—言って休めばよい」〔類語〕(㊀)やっと・ようやく・どうにか・かろうじて・からくも・危うく・すんでのところで・やっとこさ・間一髪・是非・どうぞ・どうか・願わくは・なにとぞ・くれぐれも・ぜひとも・まげて・ひとつ

何とか彼かとか　ああだとかこうだとか。なんとかかんとか。「また—云って来られると面倒だからね」〈漱石・明暗〉

何とか彼かんとか　❶やっとのことで。どうにかこうにか。「—完成させた」❷「なんとかかとか」に同じ。「—いやあがるんさ」〈逍遥・当世書生気質〉

何とかして　いろいろ努力して。どうにかして。ぜひ。「—勝ちたい」

ナンド-かいろ【NAND回路】―クワイロ《NAND circuit；NANDはnotとandから》コンピューターで用いる論理回路の一。論理積を否定する演算を行う回路で、AND回路にNOT回路を接続したもので、すべての入力端子に信号が加えられたときにだけ、出力端子に出力信号が現れず、それ以外の場合、すなわち、少なくとも1個の入力端子に信号が加わらないときに、出力信号が現れる。否定論理積回路。NAND演算回路。NANDゲート。

なんど-かた【納戸方】江戸幕府の職名。将軍の衣服・調度を管理し、諸侯・旗本から献上されたり彼らに賜与されたりする金銀・諸物に関する事務を管掌。御納戸役。

ナンドがた-フラッシュメモリー【NAND型フラッシュメモリー】《NAND-type flash memory》電気的にデータの消去と書き換えができるフラッシュメモリーの一。東芝が開発。大容量化が容易で消去や書き込みの速度も速いが、ランダムアクセスは遅い。デジタルカメラやデジタルオーディオプレーヤー、携帯電話のメモリーカードなどのデータ保存に使われる。➡NOR型フラッシュメモリー

なんど-がまえ【納戸構え】―がまへ ▶帳台ちょうだい構え

なんど-がみ【納戸神】納戸にまつられる神。恵比須えびすや大黒だいこくなどが多くまつられたが、隠れキリシタンは聖画像をまつった。

なん-どき【何時】《「なにとき」の音変化》いつ。どのとき。「今、—ですか」「—病気になるとも限らない」「いつ—必要になるかもわからない」〔類語〕いつ・いつごろ

なん-どく【難読】漢字の読み方がむずかしいこと。「—語」「—地名」〔類語〕難訓

なんどく-しょう【難読症】―シャウ ▶ディスレクシア

ナンド-ゲート【NANDゲート】《NAND gate；NANDはnotとandから》▶NAND回路

なんと-し【南砺市】▶南砺

なんと-しちだいじ【南都七大寺】奈良にある七つの大寺。東大寺・興福寺・元興寺がんごうじ・大安寺・薬師寺・西大寺・法隆寺の七寺。南都七堂。七大寺。

なんど-ちゃ【納戸茶】染め色の名。灰色がかった暗い青緑色。

なんと-なく【何と無く】〔副〕言動などに、はっきりとした理由・目的がないさま。なんとはなしに。「—心が引かれる」「—日々を送る」〔類語〕何だか

なんと-なれば【何となれば】〔接〕《「なにとなれば」の音変化》前述の事柄を受けて、その原因・理由

の説明を導く。なぜならば。「計画は中止する。一、資金ができないからだ」

ナント-の-ちょくれい【ナントの勅令】1598年、フランス国王アンリ4世がナントで発した勅令。プロテスタントの信仰の自由と政治上の平等を認めたもので、ユグノー戦争を終結させたが、1685年、ルイ14世によって廃止。ナントの王令。

なんと-ぶぎょう【南都奉行】ーブギヤウ ❶室町幕府の職名。東大寺・興福寺を管理し、また、奈良の市政・訴訟などをつかさどった。❷江戸時代、奈良奉行の俗称。

なんと-ほくれい【南都北嶺】奈良の興福寺（南都）と比叡山の延暦寺（北嶺）。

なんど-めし【納戸飯】遊女が客の目に触れないように納戸などの物陰でする食事。「一にも浅漬ならでは」〈浮・二代男・二〉

なん-とも【何とも】〔副〕《「なにとも」の音変化》❶言葉にいえないほど程度がはなはだしいさま。「一あきれた話だ」❷どういう限定のないさま。どうとも。「結果は一言えない」❸（打消しの語を伴って）問題にするほどでないさま。どうとも。「悪口なんか一思わない」「徹夜しても一ない」アクセント❶❷はナントモ、❸はナントモ。（類語）全(まった)く

何とも彼(か)とも　どのように形容していいのかわからないさま。「一いえない味」

何ともはや　あまりのことでどう形容していいかわからないさま。まったくもって。なんともまあ。「一おわびの申しようもありません」

なんど-やく【納戸役】▶納戸方(なんどかた)

なんと-やら【何とやら】〔連語〕❶名称などのはっきりしないものをさす。なんとか。「一いう人」❷どういうわけか。なんとなく。なにやら。「一恥づかしき事にぞあれど」〈浮・武家義理・一〉

なんと-ろくしゅう【南都六宗】奈良時代における仏教の代表的な六つの宗派。三論宗・成実(じょうじつ)宗・法相(ほっそう)宗・倶舎(くしゃ)宗・律宗・華厳宗の六宗。後世の宗派と異なり、経論の研究学派としての性格をもつ。

なんと-ろくせい【南斗六星】夏、南の夜空に見える射手座の中心部に、柄杓(ひしゃく)を伏せた形に並ぶ6個の星。二十八宿の一つの斗宿にあたる。➔斗

なんとん-ほくぜん【南頓北漸】中国禅宗の南宗と北宗のこと。南宗は頓悟(とんご)を尊び、北宗は漸悟(ぜんご)を旨とする。

なん-なく【難無く】〔副〕たやすく。やすやすと。「試験を一パスする」（類語）簡単・楽・容易・訳(わけ)無い・与(くみ)し易(やす)い・楽楽・易易(いい)・軽く・悠悠・苦も無く

なん-なら【何なら】〔副〕《「なになら」の音変化》❶相手が実現を希望していることを仮定する気持ちを表す。もしよければ。「一私のほうからお電話しましょう」❷相手がそれを希望しないことを仮定する気持ちを表す。気に入らないなら。「ビールが一日本酒にしましょうか」

なん-なり【何なり】〔副〕どんなことでも。どんなものでも。「一とお申しつけください」

なん。なり〔連語〕▶ななり〔連語〕

なん-なん【×喃×喃】〔ト・タル〕文〔形動タリ〕口数多くしゃべり続けるさま。「喋々(ちょうちょう)一」「何か一と話しているものもある」〈花袋・田舎教師〉

なん-なんせい【南南西】南と南西の間の方角。

なん-なんとう【南南東】南と南東の間の方角。

なんなん-と。する【▽垂んとする】〔動サ変〕文なんなんと・す〔サ変〕《「なりなんとする」の音変化》その状態になろうとしている。もう少しでそれに及ぼうとする。「一〇年に一。する歳月」「棟梁年を経て地に傾き殆んど仆るるに一。す」〈織田訳・花柳春話〉

なん-にち【何日】❶どれほどの日数。いく日。「一かかるかわからない」❷どの日。いく日。「あれは二月の一だったか」

なん-にも【何にも】〔副〕《「なににも」の音変化。あとに打消しの語を伴う》何物にも。何事にも。「それでは一ならない」

なんに-も【何にも】〔副〕《「なにも」の撥音添加。あとに打消しの語を伴う》まったく。何一つ。「一わからない」（補説）「なんに」は「なに」に撥音が加わったものだが、表記は「なにも」と読み誤らないよう「何も」ではなく、「何にも」とした。

［ナンバースクール］旧制高校のナンバースクール一覧

旧制高校	略称	現在の名称	設置年	所在地
第一高等学校	一高	東京大学	明治19年（1886）	東京
第二高等学校	二高	東北大学	明治19年（1886）	仙台
第三高等学校	三高	京都大学	明治19年（1886）	京都
第四高等学校	四高	金沢大学	明治19年（1886）	金沢
第五高等学校	五高	熊本大学	明治19年（1886）	熊本
第六高等学校	六高	岡山大学	明治33年（1900）	岡山
第七高等学校造士館	七高	鹿児島大学	明治34年（1901）	鹿児島
第八高等学校	八高	名古屋大学	明治41年（1908）	名古屋

なん-にょ【男女】おとこと、おんな。だんじょ。「老若(ろうにゃく)一」

なん-にん【何人】はっきりしない人数を表す。いく人。「一いるか」「一でも多いほうがいい」

なんねい【南寧】中国、広西チワン族自治区の区都。インドシナ半島への交通・軍事の要衝。人口、行政区178万（2000）。ナンニン。

なん-ねん【何年】❶はっきりしない年数や年次を表す。いく年。「一か前」❷はっきりとわからない年をさす。どの年。「あれは昭和一だったか」

なん-ねん【難燃】燃えにくいこと。

なんねん-かこう【難燃加工】繊維や建材など燃えやすい材料を、燃えにくくするために施す加工。

なんねん-せい【難燃性】燃えにくさ。燃えにくい性質。「一のオイルを利用したパネルヒーター」

なん-の【何の】《代名詞「なに」に格助詞「の」の付いた「なにの」の音変化》㊀〔感〕軽く否定したり受け流したりするときに用いる語。「一、これしき」「一、大丈夫だ」㊁〔連語〕❶いかなる。どういう。「いったい一意味があるのか」「一因果か」❷（あとに打消しの語を伴って）㋐まったく。「一苦もなくやってのける」「一役にも立たない」㋑それほどの。「一気なしに話す」「一ことはない」❸強く反発・否定する気持ちを反語的に表す。どうして。「酒なくして一人生ぞ」「一戸外へ出すものか」〈鏡花・琵琶伝〉❹（「…のなんの」の形で）㋐同類の事柄をいろいろと付け加える意を表す。「主婦は炊事だの一と忙しい」㋑上に付く語を強調する意を表す。「痛いの一って、涙が出たよ」

何の彼(か)の　あれやこれや。なんのかんの。「年末は一と忙しい」

何の其(そ)の　軽く受け流したり、反発したりする気持ちを表す。なにほどのことがあろうか。なんでもない。「寒さなんか一」

なんば【難波】《「なにわ（難波）」の音変化》大阪市の中央区から浪速区にまたがる地名。道頓堀・千日前などとともに「ミナミ」と称される繁華街をなす。

なん-ば【難場】困難な場所・場面。難所。「一を乗りきる」

なん-ぱ【軟派】〔名〕スル ❶強硬な意見・主義などをもたない一派。「一の議員」⇔硬派。❷女性と交際したり、服装に気をつかったりすることを好む態度。また、そのような人や、一派。「一の学生」⇔硬派。❸新聞・雑誌などで、文化・芸能関係の記事や記者。「一の雑誌」⇔硬派。❹街頭などで声をかけて、男性が女性を誘うこと。「一して遊びに行く」

なん-ぱ【難破】〔名〕スル ❶暴風雨などのために船が破損・座礁・沈没などをすること。❷相手の意見を非難し、論破すること。「五畿遠近都鄙悉く大師を一す」〈私聚百因縁集・七六〉（類語）難船・座礁

ナンバー〖number〗❶数。数字。番号。「部屋の一」❷自動車のナンバープレートのこと。また、それに記された文字や数字。「白一」❸定期刊行物の号数。「雑誌のバック一」❹軽音楽で、曲目。「スタンダード一」❺数詞の前に置いて「第」の意に用いられる。No.と略記する。「一スリー」（類語）番号

ナンバー-エイト〖number eight〗ラグビーで、フォワードの3列目のプレーヤー。チームを統率する重要なポジション。

ナンバー-サイン〖number sign〗▶ハッシュマーク

ナンバー-スクール《和 number＋school》設置順を示す数字を校名につけた学校。特に、旧制の第一高等学校から第八高等学校までをいう。➔高等学校❷ ➔表

ナンバーズ-ゲーム〖numbers game〗❶くじを買う人が当たり番号を選ぶ方式の数当て宝くじ。❷特に、アメリカで行われる違法の数当て賭博。001から999までの数字から当たり番号を選ぶ方式で、当たりの番号は、新聞に発表される株式市況などの各種統計数字の下3ケタからとられる。

ナンバー-ツー〖number two〗❶第二番。第2号。❷ナンバーワンに次ぐ実力者。「党内の一」

ナンバー-ディスプレー《和 number＋display》▶発信者番号通知サービス（補説）英語では caller ID。「ナンバー・ディスプレイ」で商標登録されている。

ナンバー-プレース〖number place〗▶数独

ナンバー-プレート〖number plate〗❶機器などの番号を記した金属板。❷自動車登録番号標・車両番号標などのこと。運輸支局や市区町村などに登録された車両につけられる、登録地や番号などを記した金属板。

▷ **自動車の種類とナンバープレートの色**
自家用自動車：白地に緑字　事業用自動車：緑地に白字　自家用軽自動車：黄地に黒字　事業用軽自動車：黒地に黄字　外交官用自動車：青地に白字

なんば-あるき【難波歩き】《語源未詳。難波は当て字》右手と右足、左手と左足を同時に前に出す歩き方。江戸時代にはふつうの歩き方であったともいわれる。➔難波走り

ナンバー-ワン〖number one〗❶第1号。第一番。❷第1位の人や物。「人気一」（類語）一番

なん-ぱく【軟白】〔名〕スル「軟化(なんか)❺」に同じ。

なんば-としぞう【難波利三】ーとしザウ［1936〜　］小説家。島根の生まれ。大阪の庶民生活を題材にした大衆小説で直木賞候補の常連となり、6度目の「てんのじ村」で受賞。他に「地虫」「雑魚(ざこ)の棲(す)む路地」「イルティッシュ号の来た日」など。

なんば-に【難波煮】魚や野菜などを、ぶつ切りのネギとともに醤油などで煮たもの。大阪の難波がもとネギの産地であったところからの名。

なんば-ばしり【難波走り】《語源未詳。難波は当て字》右手と右足、左手と左足を同時に動かして走る、日本古来の走法。➔難波歩き

なんばら-しげる【南原繁】［1889〜1974］政治学者。東大総長。香川の生まれ。無教会主義の立場にたち、国家主義やマルクス主義を批判。第二次大戦後の講和問題では全面講和論を展開した。著「国家と宗教」。

ナンバリング〖numbering〗〔名〕スル ❶番号を通して打つこと。「書類に一する」❷「ナンバリングマシン」の略。

ナンバリング-マシン〖numbering machine〗文書などに番号を印字する事務用器具。番号印字器。

なん-ばん【南蛮】❶古代中国人が、インドシナをはじめとする南海の諸民族を卑しんで呼んだ語。南夷。➔西戎(せいじゅう) ➔東夷(とうい) ➔北狄(ほくてき) ❷日本で室町末期から江戸時代にかけて、ベトナム・タイ・フィリピンなど、東南アジア方面をさしていった語。❸東南アジアに植民地をもつポルトガル・スペインをいった語。➔紅毛(こうもう) ❹名詞の上に付いて❷❸から渡来したものであること、またそのように異国風であること、などの意を表す。「一絵」❺歌舞伎・舞踊・操り人形などの演技で、右手と右足、左手と左足を一緒に前に出すしぐさ。なんば。なんば振り。❻「南蛮煮」の略。また、ネギを入れて煮たうどんやそばをいい、具によって「鴨(かも)南蛮」「カレー南蛮」などがある。❼「南蛮黍(きび)」の

略。❸「南蛮辛子なんばんがらし」の略。類語(❸)西洋・欧米・泰西たいせい・西欧・欧州・西方・あちら・ヨーロッパ

なんばん-え【南蛮絵】ヱ 桃山時代前後にポルトガル人やスペイン人がもたらした西洋画。また、それを模倣して描いたキリスト教的題材の絵画や、西洋風俗画。蛮絵。

なんばん-がし【南蛮菓子】クヮシ ポルトガル・オランダなどから伝えられた菓子。コンペイトー・カステラ・ボーロなど。

なんばん-がらし【南蛮辛子】トウガラシの別名。南蛮。

なんばん-ギセル【南蛮ギセル】ハマウツボ科の一年草。ススキ・ミョウガ・サトウキビなどの根に寄生する。全体に赤褐色で、茎はほとんど地上に出ず、数枚の鱗片りんぺん状の葉がつく。秋、高さ15〜30センチの花柄を出し、淡紫色の筒状の花を横向きに開く。名は、全体の形がパイプに似ることに由来。おもいぐさ。(季 秋)

なんばん-きび【南蛮×黍】トウモロコシの別名。

なんばん-ぎり【南蛮×錐】先端が螺旋らせん状になっていて、丁字形の柄を回して穴をあける錐。

なんばん-じ【南蛮寺】室町末期から安土桃山時代にかけて建てられたキリスト教教会堂の総称。特に、外国人宣教師が織田信長の許しを得て、京都と安土に建てたものをいうこともある。

なんばん-しぼり【南蛮絞り】粗銅中の銀を分離する精錬法。銀を含む粗銅に鉛を加えて溶かし、圧搾して鉛とともに銀を流出させる。このあと灰吹き法で銀を分離。天正19年(1591)ごろ、蘇我理右衛門が南蛮人から伝授されたという。南蛮吹き。

なんばん-しゅう【南蛮宗】室町末期から江戸初期にかけて、ポルトガル・スペインなどの宣教師により伝えられたキリスト教の称。天主教。キリシタン宗。➡キリシタン

なんばん-じん【南蛮人】室町末期から江戸時代にかけて、日本に渡来したポルトガル人・スペイン人などの称。

なんばん-ずな【南蛮砂】硼砂ほうしゃのこと。

なんばん-せん【南蛮船】室町末期から江戸時代にかけて、南洋方面から日本に来航した、スペイン・ポルトガルなどの外国船。紅毛船。

なんばん-づけ【南蛮漬(け)】から揚げした魚や肉をネギ・唐辛子などを加えた三杯酢に漬けたもの。

なんばん-てつ【南蛮鉄】室町末期から江戸初期に輸入された精錬鉄。刀や甲冑かっちゅうの材料として用いられた。

なんばん-なわすだれ【南蛮縄×簾】ナハすだれ ▶縄簾なわすだれ

なんばん-に【南蛮煮】❶ネギや唐辛子を加えて煮た料理。❷野菜・魚・鳥などを油でいためたり揚げて煮たりした料理。

なんばん-はこべ【南蛮蘩=蔞】ナデシコ科の多年草。茎は分枝し、蔓つるのように伸びる。葉は卵形。夏から秋、白い5弁花を開き、花びらは2裂し、反り返る。萼がくは鐘状。実は黒く熟す。蔓仙翁つるせんのう。

なんばん-びじゅつ【南蛮美術】桃山時代から江戸初期にかけて、西洋の影響のもとにつくられた美術。

なんばん-びょうぶ【南蛮×屏風】ビャウブ 桃山時代から江戸初期にかけて、ポルトガル人来航の様子や風俗を描いた屏風。主題は異国的であるが、表現技法は在来の大和絵と変わらない。長崎屏風。

なんばん-ぶき【南蛮吹き】▶南蛮絞り

なんばん-ぶんか【南蛮文化】ブンクヮ 室町末期から江戸初期にかけて、ポルトガル・スペインなどの宣教師・貿易商により伝えられた西洋文化。医学・天文学や芸術のほか、鉄砲製造などの諸技術が伝えられ、また、キリシタン版が刊行された。

なんばん-ぶんがく【南蛮文学】▶キリシタン文学

なんばん-ぼうえき【南蛮貿易】鎖国で途絶した日本と南蛮船(主にポルトガル・スペイン船)との貿易。16世紀中ごろから始まり、日本は生糸・鉄砲などを輸入し、金・銀・銅・硫黄などを輸出。

なんばん-もの【南蛮物】南蛮渡来の品物。

なんばん-やき【南蛮焼(き)】古く中国南部を中心にシャム・安南などから渡来した粗陶器。無釉むゆうの炻器せっき質で紫黒色のものが多く、茶入れ・水指みずさしなどに用いた。

なんばん-りゅう【南蛮流】リウ ❶西洋流の外科医術。日本に帰化したポルトガル人クリストファン=フェレイラ(日本名、沢野忠庵)を祖とし、その門人の西吉兵衛が大成した流派。❷古砲術の一流派。武宮嘉兵衛貞幹の創始という。

なん-ぴと【何人】《「なにびと」の音変化。「なんびと」とも》いかなる人。どういう人。何者。「―も入るべからず」

なん-びょう【難病】ビャウ ❶治りにくい病気。❷厚生労働省が指定する特定疾患のこと。
類語 業病ごうびょう・死病・悪疾

なん-ぴょうよう【南氷洋】ピャウヤウ 南極海の異称。

なん-ぴん【難▽平】《「ぴん(平)」は唐音で、ならす意》❶取引で、損失を平均化すること。買ったあとに相場が下落しても買い増して買値の平均を下げておき、逆に売ったあとに相場が騰貴したら売り増して売値の平均を上げておくことによって、損失を回復しようとすること。「一買い」❷《見通しもなく❶をして大損をする意から》愚かなこと。また、その人。「我が身知らずの―なり」〈浮・一代女・一〉

なんぴん-は【南×蘋派】江戸時代、日本画の流派の一。享保年間(1716〜1736)に長崎に渡来した清の画家、沈南蘋しんなんぴんの影響を受け、花鳥画を主とした。

なん-ぶ【南部】ある地域の南の部分。「合衆国―」

なんぶ【南部】陸奥むつの豪族南部氏の旧領地で、現在の青森県東半分から岩手県中部にわたる地域の称。特に、盛岡をいう場合もある。

なん-ぷう【南風】❶南から吹く風。特に、夏季に南から吹く風。みなみかぜ。はえ。(季 夏)❷南方の歌謡。南方の風習をうたった歌謡。

南風競きそわず　《「春秋左伝」襄公一八年の、南方の歌謡の声調が北方の歌謡に負けている意から》南方の国の勢いが振るわないこと。日本では吉野朝(南朝)の勢力が北朝に押されて振るわないことをいった。

なん-ぷう【軟風】❶そよ風。微風。❷風力階級3の風。風速毎秒3.4〜5.4メートル。

なんぶ-うしおいうた【南部牛追い唄】うしおひうた 岩手県の民謡。西和賀にしわが町沢内地方の米を牛の背にのせ、南部藩の米蔵のある盛岡などに運ぶ際に牛方たちが歌ったもの。

なんぶ-うま【南部馬】南部地方から産する馬。体が大きく強健。

なんぶ-うまかたぶし【南部馬方節】岩手県東部の民謡。下閉伊しもへい郡・上閉伊郡地方の馬子唄。博労ばくろうが馬市への往復に、馬を曳ひきながら歌ったもの。

なんぶ-おり【南部織】南部地方から産する紬つむぎ・縮緬ちりめんなどの織物。

なんぶ-がま【南部釜】盛岡一帯で鋳造される茶の湯釜。延宝(1673〜1681)ごろに京都の釜師小泉仁左衛門清行が盛岡に移り、黒木山の鉄、北上川の砂鉄で鋳造を開始したとされる。

なんぶ-ごよみ【南部暦】南部地方で作られた暦。文字の読めない人でもわかるように、すべて絵によって月日、農事の気候などを一枚刷りで表したもの。南部絵暦。

なんぶ-じま【南部×縞】南部地方から産する絹の縞しま織物。

なんぶ-せんべい【南部煎餅】水溶き小麦粉を焼き固めた煎餅の一。青森県東部から岩手県北部の南部氏旧支配地域の特産。生地に甘味を加え、ごまや落花生を入れて円形に焼いたものが多い。

なんぶ-そう【南部草】サウ メギ科の多年草。東北地方や北海道の山地に自生し、高さ30〜40センチ。葉は細長い柄で立ち、広卵形や扇形の3枚の小葉からなる。夏、雄しべと雌しべだけの花を穂状につける。

なんぶ-ちゅうへい【南部忠平】[1904〜1997]陸上競技選手。北海道の生まれ。昭和6年(1931)走幅跳びで7メートル98の世界新記録を樹立、翌年のロサンゼルスオリンピックでは三段跳びで優勝。

なん-ぶつ【難物】取り扱いにくい事物。また、扱いにくい人物。「今度の交渉はなかなかの―だ」

なんぶ-つむぎ【南部×紬】南部地方から産する紬。

なんぶ-てつびん【南部鉄瓶】盛岡地方から産する良質の鉄瓶。

なんぶ-ぬり【南部塗】南部地方から産する漆器の総称。椀を中心に皿・折敷おしき・重箱などがある。内は朱漆塗り、外は黒漆塗りに色漆で草花などの絵をかき要所に金箔を押して装飾したもの。秀衡ひでひら塗・正法寺塗・浄法寺塗などの総称。

なんぶ-ふじ【南部富士】岩手山の異称。

なんぶ-よういちろう【南部陽一郎】ヤウイチラウ[1921〜]物理学者。東京の生まれ。昭和36年(1961)、自発的対称性の破れのしくみを発見。素粒子物理学の基礎を築き、量子色力学の分野でも業績を残した。同53年、文化勲章受章。平成20年(2008)、ノーベル物理学賞受賞。

ナン-プラー〖タイnum pla〗《「ナムプラー」とも》タイで調味料として用いられている小魚を塩漬け発酵させた魚醤ぎょしょう。

ナン-プレ「ナンバープレース」の略。➡数独

なん-ぶん【難文】わかりにくい文章。

なん-ぶんがく【軟文学】恋愛・情事などを主題とした文学作品。江戸時代の浮世草子・洒落本・人情本などや近代の恋愛小説・戯曲など。➡硬文学

なん-べい【南米】南アメリカの略称。

なんべい-こうろ【南米航路】カウロ 南アメリカの沿岸諸港に至る定期航路。第二次大戦前までは移民輸送が主体で、神戸・横浜からの航路が著名。昭和47年(1972)廃止。

なんべい-しゅっけつねつ【南米出血熱】中南米で発生している、アルゼンチン出血熱、ベネズエラ出血熱、ブラジル出血熱、ボリビア出血熱など、ウイルスの感染によって発症する出血性熱疾患の総称。感染症予防法の一類感染症、検疫法の検疫感染症の一。症状・経過はエボラ出血熱などと似る。

なん-べん【何遍】不明・不定の回数。また、多くの回数。何回。何度。「―か行ったことがある」「―やってもできない」

なん-べん【軟便】やわらかい大便。

なん-ぼ【何ぼ】〔副〕《「なんぼう」の音変化》❶数量・程度についての疑問を表す。いくら。どれほど。「値段は―ですか」❷数量・程度が限定できない意を表す。いくら。どれほど。「そばなら―でも食える」「―つらい思いをしたことか」❸そのことが許容・譲歩などの条件にはならないことを表す。いくら。いくらなんでも。「―兄弟だって許せない」

何ぼ何でも　たとえどれほどであろうとも。いくらなんでも。「―このやり方はひどい」

なんぽ【南浦】▶ナムポ(南浦)

なん-ぼう【男房】バウ 女房に対して、局つぼねを与えられて宮中に仕えた男子。特に、蔵人くろうどをいう。また、貴人に仕えた男子。「御所中の女房、―」〈保元・上〉

なん-ぼう【何ぼう】〔副〕《「なにほど」の音変化》❶「なんぼ❶」に同じ。「稽古の際をば―御見せ候ふぞ」〈謡・鞍馬天狗〉❷「なんぼ❷」に同じ。「一飽かれた中なりとも」〈浄・国性爺〉❸いやはや。なんとまあ。「―世には情なき者の候ふぞ」〈謡・隅田川〉

なん-ぽう【南方】バウ 南の方向・方面。また、南の方にある国。「―に転戦する」「―海上」対 北方。

なんぽう-ぶっきょう【南方仏教】ナンパウブッケウ インド中部に起こった仏教が、南方に伝わったもの。スリランカ・ミャンマー・タイ・カンボジア・ラオスで信仰され、釈迦しゃかの教えに忠実で、戒律が厳しい。➡北方仏教

なんぽうろく【南方録｜南坊録】ナンパウロク 安土桃山時代の茶道書。7巻。南坊宗啓著。文禄2年(1593)ごろの成立。師千利休から習得した茶道の心得や秘伝を記したもの。福岡藩黒田氏の家老立花実山による偽書とする説もある。

なん-ぼく【南北】南と北。また、南と北との間。「―

に縦断する道」

なんぼく-せんそう【南北戦争】ｾﾝｻｳ 1861～65年に起こった米国の内戦。黒人奴隷を使用して自由貿易を主張する南部と、国内市場の統一、保護貿易を主張する北部との対立が、奴隷制不拡大を掲げるリンカーンの大統領当選を機に、戦争へ発展したもの。劣勢であった北部が奴隷解放宣言ののち攻勢に転じ、南部の降伏で終結。この結果、奴隷制度は廃止され、独立以来、対立を続けた南部・北部は事実上統一された。

なんぼく-ちょう【南北朝】ﾃｳ ❶南朝と北朝。❷ ▶南北朝時代

なんぼくちょう-じだい【南北朝時代】ﾅﾝﾎﾞｸﾃｳ 南朝と北朝の対立した時代。㊀日本で、延元元=建武3年(1336)に後醍醐天皇が吉野に移ってから、後亀山天皇が京都にもどり南北朝が合体した元中9=明徳3年(1392)までの57年間、吉野の南朝(大覚寺統)と、足利氏の擁立する京都の北朝(持明院統)とが対立して争った時代。吉野朝時代。㊁中国で、漢人の南朝と鮮卑ｾﾝﾋﾟ族の北朝が対立した時代。北魏ﾎｸｷﾞが、439年華北を統一して江南の宋と対してから、589年、隋ｽﾞｲが陳を滅ぼすまでの約150年間。北朝は5王朝、南朝は4王朝が興亡した。

なんぼくちょう-せいじゅんろん【南北朝正×閏論】ﾅﾝﾎﾞｸﾃｳ 南朝と北朝のどちらを正統とするかについての論争。「神皇正統記」や「大日本史」以来の経緯があるが、明治44年(1911)両朝を対等とした国定教科書の記述が問題化し、執筆者の文部省編修官喜田貞吉が休職処分となり、以後、南朝を正統とする考え方が第二次大戦敗戦時まで支配的となった。

なんぼく-もんだい【南北問題】《North-South problem》北半球に偏在する先進諸国と南半球に偏在する開発途上諸国との間の経済格差に基づく政治的、経済的諸問題。

なんぽ-しょうみょう【南浦紹明】ｾｳﾐｬｳ［1235～1308］鎌倉中期の臨済ﾘﾝｻﾞｲ宗の僧。駿河の人。鎌倉建長寺住持。紹明は「じょうみん」「じょうみょう」とも。建長寺の蘭渓道隆ﾗﾝｹｲﾄﾞｳﾘｭｳに師事し、正元元年(1259)入宋、帰国後、各地で禅宗を弘め臨済宗発展の基礎をつくった。諡号ｼｺﾞｳは円通大応国師。弟子が編纂した「大応国師語録」などが伝わる。

なんぽ-ぶんし【南浦文之】［1555～1620］江戸初期の禅僧。日向の人。名は玄昌。島津氏に仕え、薩摩の竜源寺・大竜寺などに住す。「四書集註」などに和訓(文之点)を施したことで知られる。著作に「南浦文集」など。

なんまいだ「なむあみだぶつ(南無阿弥陀仏)」の音変化「なんまいだぶつ」の略。

なん-まく【軟膜】脳脊髄膜のうち最も内側にあり、脳脊髄を直接包んでいる膜。

なん-マンガンこう【軟マンガン鉱】ｸﾜｳ 二酸化マンガンからなる鉄黒色の不透明な軟らかい鉱物。繊維状または塊状で産出する。マンガンの鉱石。

なん-みん【難民】❶天災・戦禍などによって生活が困難な状態にある人民。❷人種・宗教・政治的意見の相違などによる迫害を避け、外国に逃れた人。ある程度まとまった集団についていう。
（類語）流民・避難民

なんみん-じょうやく【難民条約】ﾃﾞｳﾔｸ《正式名称は「難民の地位に関する条約」》本国の庇護ﾋｺﾞがおよばない難民の保護を目的とする国際条約。迫害のおそれのある国への追放・送還の禁止、任意帰国・再移住・定住に対する便宜を与えることなどを定めている。1951年、ジュネーブで締結され、1954年発効。日本は1981年(昭和56)に加盟、翌年発効。国連難民条約。

なんみん-にんてい【難民認定】人種・宗教・政治的意見等により母国において迫害を受ける恐れがある人を、他国で難民と認定し、在留許可などを与える制度。国連の難民条約の規定と照らし合わせて認定する場合や、難民キャンプからの受け入れなどがある。

なん-めい【南×溟】南方の大海。

なん-めり〔連語〕▶なめり〔連語〕

なん-めん【南面】〔名〕ｽﾙ ❶南に面すること。また、南の面。「庭園に―する殿舎」❷《昔、中国で天子は臣下に対面するとき、陽の方位である南に面して座ったことから》天子の位に就くこと。天子となって国内を治めること。

南面して天下に聴・く《「易経」説卦から》天子の位に就いて、天下の人民の声を聞いて政治を行う。

なんめん-の-くらい【南面の位】ｸﾗｲ 天子の位。帝位。「君を―につけ」〈浄・井筒業平〉

なんめん-の-とく【南面の徳】天子としての徳。「朕ふたたび―を治めて」〈太平記・三〉

なん-も【何も】〔副〕「なにも」の音変化。

なん-もん【難問】❶解決・回答などのむずかしい問題。「―に挑戦する」「―をかかえる」❷非難して返答を迫ること。「諸宗こぞって―し」〈浄・大原問答〉

なん-やく【難役】むずかしい役目・役割。（類語）大役

なん-よう【南洋】ﾔｳ ❶日本の南方、特に太平洋の赤道付近の海洋とその洋上にある島々の総称。第二次大戦後はほとんど用いられない呼称。❷清末の中国で、江蘇省以南の沿海諸省の総称。

なんよう【南陽】ﾅﾝﾔｳ 山形県南部の市。電気機器・繊維などの工業やブドウの栽培が盛ん。赤湯温泉がある。人口3.4万(2010)。

なんよう-ぐんとう【南洋群島】ﾅﾝﾔｳ 太平洋西部の赤道以北にある島群。マリアナ・パラオ・カロリン・マーシャル諸島をさし、大部分はもとドイツ領で、第一次大戦後に日本の委任統治領となり、第二次大戦後は米国の信託統治領。南洋諸島。

なんよう-し【南陽市】ﾅﾝﾔｳ ▶南陽

なんよう-すぎ【南洋杉】ﾅﾝﾔｳ ❶ナンヨウスギ科の常緑高木。生長が早く、樹皮はざらざらして横に裂け、枝は輪生する。葉は針形。オーストラリアの原産で、日本では温室で栽培。アローカリア。❷ナンヨウスギ科の裸子植物の総称。38種がインドシナ・ニュージーランドを中心に分布。

なん-ら【何▽等】〔副〕《「なにら」の音変化》❶(あとに打消しの表現を伴って)まったく。少しも。「一恥じるところはない」❷(「なんらの…もない」などの形で)ほんの少し。わずか。「―の利益もない」❸「なんらの」の形で、あとの語の内容を強調する。なんという。「―の至幸、―の快事」〈織田訳・花柳春話〉❹(「なんらの…か」などの形で)どのよう。どれほど。「其胸中には―の感想が往来してたであろうか」〈木下尚江・火の柱〉（類語）(❶)全然・全まったく・一向・さっぱり・まるきり・まるで・少しも・からきし・ちっとも・皆目・一切・まるっきり・とんと・いささかも・毫ごうも・微塵みじんも・毛頭・露・更更

なんら-か【何▽等か】〔副〕❶なにか。なにがしか。「―の参考にはなるだろう」❷いくらか。「―の可能性はある」

なん-りょ【南▽呂】❶中国音楽の十二律の一。基音の黄鐘こうしょうより九律高い音。日本の十二律の盤渉ばんしきにあたる。❷陰暦8月の異称。

なん-りょう【南涼】ﾘｬｳ 中国の国名。五胡十六国の一。397年、鮮卑せんぴの禿髪烏孤とくはつうこが、廉川れんせん(青海)に拠って建国。のち、北涼の圧迫で衰退し、414年、西秦に滅ぼされた。

なん-りょう【南×鐐】ﾚｳ ❶美しい銀。精錬した上質の銀。❷江戸時代、二朱銀の異称。長方形の銀貨幣で、1両の8分の1。南鐐銀。南挺なんてい。

なんれい-さんみゃく【南嶺山脈】中国南部、華南と華中を分ける山脈群。広西チワン族自治区・広東省と湖南省・江西省との境を東西に走る。タングステンの産地。ナンリン山脈。

なん-ろ【難路】険しい道。通るのに困難な道。
（類語）悪路・泥道

なん-ろう【軟×鑞】ﾗﾌ 錫すず・鉛を主成分とする低融点の鑞付け用合金。主に半田はんだをさす。➡硬鑞こうろう

なん-ろん【難論】〔名〕ｽﾙ ❶むずかしい議論。❷相手を非難して論じること。論難。「不正を―する」

なんわ-ほくりょ【南×倭北虜】「北虜南倭」に同じ。

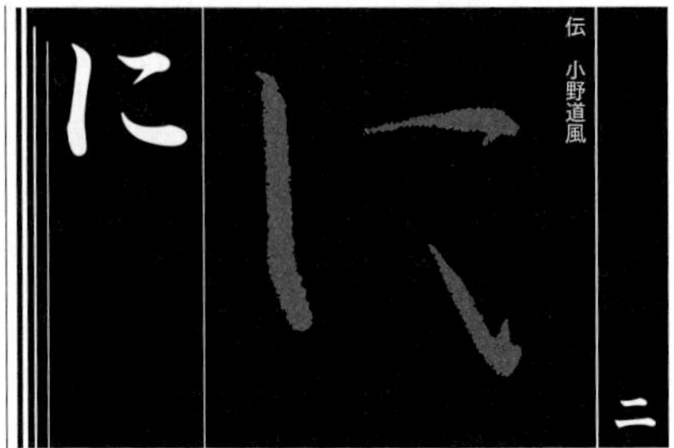

に ❶五十音図ナ行の第2音。歯茎鼻音の有声子音[n]と母音[i]とから成る音節。[ni] ❷平仮名「に」は「仁」の草体から。片仮名「ニ」は「二」の全画。

に【二】洋楽の音名の一つで、日本音名の第2音。

に【二｜弐】❶数の名。1の次、3の前の数。ふた。ふたつ。「一プラス一は―」❷2番目。第2。つぎ。あと。「―の句」❸三味線で、二の糸。❹(弐)大宰府の次官。大弐・少弐がある。（補説）「弐」は金銭証書などで、間違いを防ぐために「二」の代わりに用いることがある。➡漢「に(二・弐)」（類語）一・三・四・五・六・七・八・九・十じゅう・百・千・万・億・兆・ゼロ・零れい・一つ・二つ・三つ・四つ・五つ・六つ・七つ・八つ・九つ・十とお

に【▽土】土。特に赤土。「櫟井いちいの丸邇坂わにさの―を端はつ―は膚赤らけみ」〈記・中・歌謡〉

に【▽丹】《「土に」と同語源》❶赤い色。丹色。「一塗りの鳥居」❷赤い色の顔料に用いる赤土。「丹生にふの郷さと。昔時むかしの人、此の山の沙いさごを取りて―に該あてき」〈豊後国風土記〉
（類語）(❶)赤・真っ赤・赤色せきしょく・紅色こうしょく・紅くれない・紅べに・真紅しんく・鮮紅せんこう・緋ひ・緋色・朱しゅ・朱あけ・茜あかね色・薔薇ばら色・小豆あずき色・臙脂えんじ・暗紅あんこう・唐紅からくれない・レッド・スカーレット・バーミリオン・マゼンタ・ローズ・ワインレッド

に【尼】㊀〔名〕《「比丘尼」の略》出家して戒を受けた女性。あま。㊁〔接尾〕出家した女性の名の下に添えて用いる。「蓮月―」➡漢「に(尼)」

に【荷】❶運搬するようにまとめた品物。荷物。「―を運ぶ」❷責任。また、負担。「約束を果たして―が軽くなる」「病人の世話が―になる」
（…語）明け荷・揚げ荷・脚荷・荒荷・在り荷・入り荷・浮き荷・打ち荷・上うわ荷・重荷・片荷・軽荷・倉荷・先荷・下した荷・底荷・着ちゃく荷・積み荷・投げ荷・抜き荷・抜け荷・濡ぬれ荷・初荷・撥はね荷・散ばら荷・船荷・持ち荷
（類語）荷物・貨物・手荷物・小荷物・小包・積み荷

荷が重・い 力量にくらべて、負担や責任が大き過ぎる。「―・い役目」

荷が下・りる 責任や負担が除かれる。肩の荷が下りる。「子供が一人前になって―・りる」

荷が勝・つ 荷物が重すぎる。責任や負担が重すぎる。「経験の浅い彼には―・った仕事だ」

荷を下ろ・す 責任や負担を除く。責任を果たす。「懸案を解決して、ようやく―・した」

に【煮】煮ること。煮えること。また、そのもの。にえ。「―が足りない」「クリーム―」

に【×瓊】玉。特に、赤く美しい玉。「五百箇いほつの御統みすまるの―の綸をを」〈神代紀・上〉

に〔助動〕❶《断定の助動詞「なり」の連用形》▶なり〔助動〕❷《完了の助動詞「ぬ」の連用形》▶ぬ〔助動〕

に ㊀〔格助〕名詞、名詞に準じる語、動詞の連用形・連体形などに付く。❶動作・作用の行われる時・場所を表す。「三時―間に合わせる」「紙上―発表する」「熟田津にきたつに船乗りせむと月待てば潮もかなひぬ今は漕ぎ出でな」〈万・八〉「二十一日、卯うの時ばかり―船出だす」〈土佐〉❷人・事物の存在や出現する場所を表す。「庭―池がある」「右―見えるのが国会議事堂です」❸動作・作用の帰着点・方向を表す。「家―着く」「東―向かう」「蟻のごとくに集まりて、東西―急ぎ、南北―走る」〈徒然・七四〉❹動作・作用・変化の結果を表す。「危篤―陥る」「水泡―帰する」「青葉―なり行くまで、よろづにただ心をのみぞ悩ます」〈徒然・一九〉❺動作・作用の目的を表す。「見舞い―行く」

「迎え―行く」「白馬(あをうま)見―とて里人は車清げにしたてて見―行く」〈枕・三〉 ❻動作・作用の行われる対象・相手を表す。「人―よくかみつく犬」「友人―伝える」「人―若菜給ひける御歌」〈古今・春上・詞書〉 ❼動作・作用の原因・理由・きっかけとなるものを示す。…のために。…によって。「あまりのうれしさ―泣き出す」「退職金をもとで―商売を始める」「春の野に若菜摘まむと来(こ)しものを散りかふ花―道はまどひぬ」〈古今・春下〉 ❽動作・作用の行われ方、その状態のあり方を表す。「直角―交わる」「会わず―帰る」「桐の木の花、紫―咲きたるはなほをかしきに」〈枕・三七〉 ❾資格を表す。…として。「委員―君を推す」「はじめより我はと思ひあがり給へる御方々、(桐壺ノ更衣ヲ)めざましきもの―おとしめそねみ給ふ」〈源・桐壺〉 ❿受け身・使役の相手・対象を表す。「犬―かまれた」「巣箱を子供たち―作らせる」「ありがたきもの、舅(しうと)―ほめらるる婿」〈枕・七五〉 ⓫比較・割合の基準や、比較の対象を表す。「君―似ている」「一日―三回服用する」「御袴着(はかまぎ)のこと、一の宮の奉りし―劣らず」〈源・桐壺〉 ⓬(場所を示す用法から転じて、多く「には」の形で)敬意の対象を表す。「博士―は古稀(こき)の祝いを迎えられた」「先生―はいかがお過ごしですか」「うへ―も聞こしめして渡りおはしましたり」〈枕・九〉 ⓭(動詞・形容詞を重ねて)強意を表す。「騒ぎ―騒ぐ」「風いたう吹き、海の面(おもて)ただあし―あしうなるに」〈枕・三〇六〉 ⓮「思う」「聞く」「見る」「知る」などの動詞に付いて状態・内容を表す。「この継母の有様をあたらしきもの―思ひて」〈源・帚木〉 ⓯比喩(ひゆ)の意を表す。「逢坂をうち出でて見れば近江の海白木綿花(しらゆふばな)―波立ち渡る」〈万・三二三八〉 ㊁〔接助〕活用語の連体形に付く。❶あとの叙述の前置きとして続ける意を表す。…と。…ところ。「考えてみる―庶民のための政治は当分望めそうにない」「こともあろう―警官にけんかを売るとは」「あやしがりて寄りて見る―、筒の中光りたり」〈竹取〉 ❷理由・原因を表す。…ので。…だから。「渡し守、はや舟に乗れ、日も暮れぬと言ふ―、乗りて渡らむとするに」〈伊勢・九〉 ❸逆接の確定条件を表す。…けれども。…のに。…だが。「日中の照りに乾いて、きょうは道が好かった―、小庭の苔はまだ濡れている」〈鴎外・蛇〉「よろしうよみたりと思ふ歌を人のもとにやりたる―、返しせぬ」〈枕・二五〉 ❹添加・並列を表す。…のに加えて。…の上にさらに。「旅の空を思ひやるだにいとあはれなる―、人の心もいと頼もしげには見えずなむありける」〈かげろふ・上〉 補説 接続助詞「に」は、用言の連体形に付く格助詞「に」から転じたもので、❶は口語では多く「要するに」「こともあろうに」などの慣用的表現として用いられる。㊂〔終助〕❶《上代語》活用語の未然形に付く。他に対してあつらえ望む意を表す。…てほしい。「ひさかたの天路(あまぢ)は遠しなほなほに家に帰りて業(なり)をしまさ―」〈万・八〇一〉 ❷《近世語》活用語の終止形に付く。軽く注意を促したり、とがめたりする意を表す。…のにな。…のだぜ。「飯をたいたら、かゆになってしまうわな。米をたくといへばいい―」〈滑・膝栗毛・初〉 ㊃〔並助〕並列・列挙・添加・取り合わせを表す。「バター―チーズ―牛乳」「月―むら雲、花―嵐」「有識(いうそく)―公事(くじ)のかた、人の鏡ならんこそいみじかるべけれ」〈徒然・一〉

に【似】〔語素〕体言の下に付いて、そのものに似ているさまを表す。「母親―」「他人の空―」

ニア〖near〗多く複合語の形で用い、接近している、似ている、などの意を表す。「―ミス」「―ピン」

ニア〖NEAR〗《Near Earth Asteroid Rendezvous》NEARシューメーカーの旧称。

に-あい【似合(い)】(にあひ) 似合うこと。ふさわしいこと。「―のカップル」類語 ぴったり

に-あ・う【似合う】(にあふ)〔動ワ五(ハ四)〕ちょうどよくつりあう。調和する。「着物がよく―・う人」「年に―・わず行動的だ」類語 見合う・釣り合う・そぐう・即する

に-あがり【二上り】三味線の調弦法の一。本調子を基準にして第2弦を1全音(長2度)高くしたもの。はでで陽気な気分や田舎風を表す。

にあがり-しんない【二上り新内】俗曲の一。二上りの調子で歌う、新内節のように哀調を帯びた小唄。江戸後期に流行した。

に-あが・る【煮上(が)る】〔動ラ五(四)〕十分に煮える。煮終える。「豆が―・る」

に-あげ【荷揚げ】〔名〕スル 船から、積荷を陸に揚げること。陸揚げ。「本土からの貨物を―する」

に-あ・げる【煮上げる】〔動ガ下一〕文 にあ・ぐ〔ガ下二〕十分に煮る。「味がしみるまで―・げる」

ニアサ-こ【ニアサ湖】《Nyasa》▶マラウイ湖

ニアサランド〖Nyasaland〗マラウイの旧称。

に-あし【荷足】船の重心を低くするために、船底に積む重い荷物。底荷。

ニア-シューメーカー〖NEAR Shoemaker〗米国の小惑星探査機。1996年に打ち上げられ、地球近傍小惑星エロスの探査および軟着陸を行った。小惑星との接近に初めて成功したことで知られる。探査機の名称は、もともとはNEARだったが、計画に寄与しながら急逝した米国の天文学者ユージン＝シューメーカーを偲び、探査終了後NEARシューメーカーに改称された。

ニア-ソーリー〖Near Sawrey〗英国イングランド北西部、カンブリア州の小村。湖水地方の観光地の一つで、エスウェイト湖畔に位置する。「ピーターラビット」の作者として知られるビアトリクス＝ポターが半生を過ごした家「ヒルトップ」がある。

に-あつかい【荷扱い】(にあつかひ) 荷物を取り扱うこと。特に、運送する荷物の発送・受け取り・保管などをすること。

ニア-デス〖near death〗臨死体験。

ニア-ビデオオンデマンド〖near video on demand〗CATVなどで、映画などを複数のチャンネルで時間をずらして放映するサービス。短時間待てば最初から見ることができるため、視聴者の好きな時に番組を呼び出せるビデオオンデマンドに近い効果を期待できる。NVOD。

ニア-フォール〖near fall〗レスリングで、相手をフォール寸前か、それに近い状態に追い込むこと。

ニア-ミス〖near miss〗飛行中の航空機どうしが、接触の危険を生じるほど接近すること。異常接近。

ニアメ〖Niamey〗ニジェール共和国の首都。ニジェール川中流の河港都市。人口、行政区71万(2001)。

ニアラ〖nyala〗ウシ科の哺乳類で、レイヨウの一種。エチオピアに生息。頭胴長1.5～2.5メートル。

に-あわし・い【似合(わ)しい】(にあはしい)〔形〕文 にあは・し〔シク〕よく似合っている。ふさわしい。につかわしい。「―・い相手」「プロに―・からぬミス」派生 **にあわしげ**〔形動〕**にあわしさ**〔名〕

ニー〖knee〗ひざ。ひざ頭。「―サポーター」

にい【新】(にひ)〔語素〕名詞の上に付いて、初めての、新鮮な、初々しい、などの意を表す。「―妻」「―盆」

にいがた【新潟】(にひがた) ㊀中部地方北東部の県。もとの越後・佐渡にあたる。米どころとして知られる。人口237.5万(2010)。㊁新潟県中北部の市。県庁所在地。信濃川河口にあり、日本海側の重要港。安政5年(1858)の日米修好通商条約で開港場となる。現在は重化学工業が盛ん。平成17年(2005)3月に新津市、白根(しろね)市、豊栄(とよさか)市と周辺9町村を、10月に巻町を編入。平成19年(2007)4月、指定都市となった。人口81.2万(2010)。

にいがた-いりょうふくしだいがく【新潟医療福祉大学】(にひがたイレウフクシダイガク) 新潟市北区にある私立大学。平成13年(2001)に開設された。

にいがた-くうこう【新潟空港】(にひがたクウカウ) 新潟市東区にある空港。国管理空港の一。昭和5年(1930)開港。航空自衛隊と海上保安庁の基地を併設する。➡拠点空港

にいがた-けいえいだいがく【新潟経営大学】(にひがた―) 新潟県加茂市にある私立大学。平成6年(1994)に開設された。経営情報学部の単科大学。

にいがた-けん【新潟県】(にひがた―) ▶新潟㊀

にいがたけんちゅうえつおき-じしん【新潟県中越沖地震】(にひがたケンチユウヱツおきヂシン) 平成19年(2007)7月16日、新潟県上中越沖を震源として発生したマグニチュード6.8の逆断層型地殻内地震。新潟県3市村と長野県1町で最大震度6強を観測。柏崎刈羽原子力発電所も被害にあった。死者15人、負傷者2000人をこえる。

にいがたけんちゅうえつ-じしん【新潟県中越地震】(にひがたケンチユウヱツヂシン) 平成16年(2004)10月23日、新潟県中越地方で発生したマグニチュード6.8の逆断層型地震。北魚沼郡川口町(現長岡市)で震度7を観測した。大規模な余震が続き、地震発生前の長雨による地盤の緩みと重なって、地滑りなどの被害が拡大した。

にいがたけんりつ-かんごだいがく【新潟県立看護大学】(にひがたケンリツ―) 新潟県上越市にある公立大学。平成14年(2002)に開設された。

にいがた-けんりつだいがく【新潟県立大学】(にひがた―) 新潟市東区にある県立大学。県立新潟女子短期大学を母体に、平成21年(2009)に公立大学法人として開学した。

にいがた-こうかだいがく【新潟工科大学】(にひがたコウクワダイガク) 新潟県柏崎市にある私立大学。平成7年(1995)に開設された。新潟県・県内市町村・県内企業などが中心となって設立した工学部の単科大学。

にいがた-こくさいじょうほうだいがく【新潟国際情報大学】(にひがたコクサイジヤウホウダイガク) 新潟市西区にある私立大学。平成6年(1994)に開設された。情報文化学部の単科大学。

にいがた-さんぎょうだいがく【新潟産業大学】(にひがたサンゲフダイガク) 新潟県柏崎市にある私立大学。昭和63年(1988)に開設された。経済学部の単科大学。

にいがた-し【新潟市】(にひがた―) ▶新潟㊁

にいがた-じしん【新潟地震】(にひがたヂシン) 昭和39年(1964)6月16日、新潟県北部沖を震源に発生したマグニチュード7.5の地震。新潟・秋田・山形の3県を中心に被害を及ぼし、新潟市内では地盤の液状化現象による被害が目立った。震源地に近い粟島(あはしま)は、約1メートル隆起した。

にいがた-せいりょうだいがく【新潟青陵大学】(にひがた―) 新潟市中央区にある私立大学。平成12年(2000)に開設された。看護福祉心理学部の単科大学。

にいがた-だいがく【新潟大学】(にひがた―) 新潟市西区にある国立大学法人。新潟医科大学・同付属医学専門部・新潟高等学校・長岡工業専門学校・新潟第一師範学校・新潟第二師範学校・新潟青年師範学校・新潟県立農林専門学校を統合し、昭和24年(1949)新制大学として発足。平成16年(2004)国立大学法人となる。

にいがた-へいや【新潟平野】(にひがた―) 新潟県中央部の平野。信濃川と阿賀野川の下流域。日本最大の米作地帯。越後平野。

にいがた-やっかだいがく【新潟薬科大学】(にひがたヤククワダイガク) 新潟市秋葉区にある私立大学。昭和52年(1977)に開設された。

にいがた-リハビリテーションだいがく【新潟リハビリテーション大学】(にひがた―) 新潟県村上市にある私立大学。平成22年(2010)開学。

にいがた-リハビリテーションだいがくいんだいがく【新潟リハビリテーション大学院大学】(にひがた―ダイガクヰンダイガク) 新潟県村上市にあった私立大学院大学。平成19年(2007)開学。同23年、新潟リハビリテーション大学の大学院に改組された。

にい-くさ【新草】(にひ―) 春先に芽を出した草。若草。「おもしろき野をばな焼きそ古草に―交じり生ひは生ふるがに」〈万・三四五二〉

にいぐわ-まゆ【新桑繭】(にひぐは―) 新しい桑の葉で育った繭。今年の蚕の繭。にいぐわまよ。「今年おひの―の唐衣(からころも)千代をかけてぞ祝ひそめける」〈貫之集〉

にいぐわ-まよ【新桑▽繭】(にひぐは―)「にいぐわまゆ」に同じ。「筑波嶺(つくばね)の―の衣あれど君が御衣(みけし)しあやに着欲しも」〈万・三三五〇〉

にいざ【新座】(にひざ) 埼玉県南部の市。江戸時代、野火止(のびどめ)用水の完成後に開発。平林寺がある。近年は東京のベッドタウン化が進む。人口15.9万(2010)。

にい-さきもり【新防=人】にひ 新しく派遣された防人。「今替はる―が舟出する海原の上に波な咲きそね」〈万・四三三五〉

にいざ-し【新座市】にひざ ►新座

にい-さま【兄様】兄を敬っていう語。「にいさん」より改まった言い方。

にい-さん【兄さん】❶兄を敬っていう語。❷若い男性を親しみをこめて呼ぶ語。「そこの―、落とし物だよ」(類語)あんちゃん・兄貴

に-いし【▽丹石】❶代赭石(たいしゃせき)の異称。❷黄土(おうど)の異称。

にい-し【新し】にひし〘形シク〙あたらしい。「―・しき鉤(ち)を作りて兄(このかみ)に与ふ」〈神代紀・下〉

にい-じま【新島】にひ 伊豆七島の一。東京都大島支庁に属する火山島。抗火石と呼ぶ石材の産地。

にいじま-じょう【新島襄】にひじまジャウ［1843〜1890］教育家。江戸の生まれ。密出国して渡米。アマースト大学を卒業。岩倉使節団に随行し欧米の教育制度を視察。帰国後、京都に同志社英学校(のちの同志社大学)を創立。キリスト教精神に基づく教育に専念した。

にい-しまもり【新島守】にひ《「にいじまもり」とも》新しく任に着いた島守。「玉しまや―がことしゆく川瀬ほのめく春の三日月」〈壬二集〉

ニース〘Nice〙フランス南東部、地中海に臨む都市。コートダジュール海岸に面しており、カンヌとならぶ観光保養地。古代フェニキア人が植民地ニケとして建設。

ニーズ〘needs〙必要。要求。需要。「市民の―にこたえる」「消費者の―が多様化する」

ニーズ〘NIES〙《newly industrializing economies》新興工業経済地域。輸出産業を軸として急速に工業化を遂げ、高い経済成長率を達成している諸国・地域。韓国・台湾・シンガポール・ギリシャ・メキシコなど。1988年のサミットからの呼称。(補説)1970年代になって急速に工業化をとげた、スペイン・ポルトガル・ギリシャ・旧ユーゴスラビア・ブラジル・メキシコ・香港・韓国・台湾・シンガポールの10か国・地域をNICS(ニックス)と呼んだ。OECD(経済協力開発機構)が79年に発表した報告書で命名。88年、さらに中国・マレーシア・タイの3国を加えてNIES(新興工業経済地域)と呼ぶようになった。

ニース-じょうやく【ニース条約】―デウヤク EU(欧州連合)の基本条約。ローマ条約とマーストリヒト条約を修正したもの。加盟国増加によるEUの拡大に備え、欧州委員会の定員の見直しなどをはかった。2003年2月発効。

ニー-スラックス《knee-length slacks から》ひざ下またはひざ上までの短めのスラックスのこと。

ニーズ-リサーチ〘needs research〙消費者の不満や要望を調べること。商品や生活についての不満や要望を参考に、商品の開発・改良や広告宣伝にいかす。➡コンシューマーリサーチ

ニー-ソックス〘knee socks〙《kneeは、ひざの意》►ハイソックス

ニーダーザクセン〘Niedersachsen〙ドイツ北西部の州。州都はハノーバー。北部は北海に面し、州の大部分を北ドイツ平原が占める。北海沿岸と、ゲーストと呼ばれるやせた台地で酪農が行われている。中部山地のふもとに肥沃な黄土地帯があり、農業が盛ん。ミッテルラント運河が流れ商工業が盛んなハノーバーのほか、主な都市として、ブラウンシュワイク、オスナーブリュック、オルデンブルク、ゲッティンゲン、ウォルフスブルクなどがある。

にいたか-やま【新高山】にひたか 台湾の最高峰、玉山(ぎょくざん)の日本統治時代の呼称。

にい-たまくら【新手枕】にひ 男女が初めて交わす共寝の手枕。男女の初めての契り。にいまくら。「―の心苦しくて、夜をや隔てむ」〈源・葵〉

ニーダム〘Joseph Needham〙［1900〜1995］英国の化学技術史家・生化学者。ケンブリッジ大学ニーダム研究所長。発生生化学の分野で業績をあげた後、日中戦争中に重慶の英国大使館科学顧問となる。中国科学史を研究し、英国・中国の文化交流に貢献した。戦後ユネスコ設立に尽力したことでも知られる。主著「中国の科学と文明」。

ニーチェ〘Friedrich Wilhelm Nietzsche〙［1844〜1900］ドイツの哲学者。ギリシャ古典学、東洋思想に深い関心を示して近代文明の批判と克服を図り、キリスト教の神の死を宣言。善悪を超越した永遠回帰のニヒリズムに至った。さらにその体現者としての超人の出現を求めた。生の哲学、実存主義の先駆とされる。著「悲劇の誕生」「ツァラトゥストラはかく語りき」「権力への意志」など。

にいち-スト【二・一スト】昭和22年(1947)2月1日に予定されていたゼネラルストライキ。激しいインフレによる労働者の不満を背景に、全官公庁共同闘争委員会が結成され、数百万人参加のゼネストが計画されていたが、連合国軍最高司令官マッカーサーの命令で中止になった。二・一ゼネスト。

にいち-てんさく-の-ご【二一天作の五】❶旧式珠算での割算の九九の一つ。10を2で割るとき、一〇の位の一の珠(たま)をはらい、桁(けた)の上の珠を一つおろして五とおくこと。❷物を半分ずつに分けること。❸計算。勘定。

にいつ【新津】にひつ 新潟県中北部、阿賀野川西岸にあった市。信越本線・羽越本線・磐越西線の交差する交通の要地。新津油田で発展。チューリップなどの球根栽培が盛ん。平成17年(2005)3月、新潟市に編入。➡新潟

にいつ-し【新津市】にひつ ►新津

にい-づま【新妻】にひ 結婚して間もない妻。(類語)花嫁・新婦・お嫁さん

にいつ-ゆでん【新津油田】にひつ 新潟市秋葉区新津地区を中心とする油田。明治末期から大正初期が全盛で、現在は産油量が減少。

にいでんし-ざっしゅ【二遺伝子雑種】ニイデンシ 2対の対立遺伝子について互いに異なる個体間の雑種。両性雑種。

ニート〘NEAT〙《nonexercise activity thermogenesis》体を鍛えるための運動によるものではなく、日常生活の活動の中で発生する熱量。家事や通勤・通学などの日常生活において、なるべく体を動かして消費熱量を増やすように心掛けることが生活習慣病予防対策には大切であるとされる。

ニート〘NEAT〙《near-Earth asteroid tracking》NASA(米航空宇宙局)ジェット推進研究所による地球近傍小惑星の探査・追跡プログラム。1995年に探査開始。ハワイ、マウイ島の望遠鏡やパロマー山天文台の望遠鏡を利用し、「潜在的に地球と衝突する恐れがある小惑星」(PHA)の探査・追跡を行っている。準惑星エリス、セドナ、クワオアーをはじめ、多数の小惑星、彗星を発見している。地球近傍小惑星追跡。

ニート〘NEET〙《not in education, employment or training》学校にも行かず、就職しようともせず、職業訓練も受けない若者のこと。1990年代末に英国で名付けられた。2000年代になって日本でも問題化。➡フリーター (補説)日本では、内閣府と厚生労働省がそれぞれ次のように定義している。

▷［内閣府］15〜34歳までで、学校に通学せず、独身で、収入を伴う仕事に就いていない人。
［厚生労働省］15〜34歳までで、仕事に就いておらず、家事も通学もしていない人。

ニート〘neat〙〘形動〙ごてごてした飾りがなく、すっきりしているさま。「―なファッション」

ニードル〘needle〙❶針。❷►エギーユ

ニードルパンチ-カーペット〘needle punched carpet〙基布材の上に、主としてポリプロピレン繊維などを積み重ね、多数の針で表裏両面から突き刺して作る量産カーペット。

ニードルポイント-レース〘needlepoint lace〙ボビン(糸巻き)を使わないで、1本の糸を文字どおり縫い針だけで、糸輪を組み合わせながらかがって作る、透かし穴飾りレースのこと。

にい-なえ【新×嘗】にひなへ「しんじょう(新嘗)」に同じ。「新粟(わせ)の―して」〈常陸風土記〉

漢字項目　に

二 (学)1 (音)ニ(呉) ジ(漢) (訓)ふた、ふたつ ‖ ㊀〈ニ〉①数の名。ふたつ。「二回・二箇月/無二」②二番目。次の。「二階・二月・二世・二等」③二回。ふたたび。「二食・二伸・二毛作」④二つに分かれる。違っている。「二言・二心」㊁〈ジ〉ふたつ。「不二/二心」㊂〈ふた〉「二重・二言」(名付)かず・すすむ・つぎ・つぐ・ふ (難読)二合半(こなから)・十重二十重(とえはたえ)・二十(はた)・二十歳(はたち)・二十日(はつか)・二十重(はたえ)・二幅(ふたの)・二布(ふたの)・二人(ふたり)・二日(ふつか)

尼 (音)ニ(呉) ジ(チ)(漢) (訓)あま ‖ ㊀〈ニ〉①あま。「尼僧/禅尼・僧尼・老尼」②外国語の音訳字。「尼港/摩尼・牟尼(むに)」(補説)①も梵語の音訳字で「比丘尼(びくに)」の略。㊁〈ジ〉孔子のこと。「尼父(じほ)」

弐〔貳〕 (音)ニ(呉) ジ(漢) (訓)すけ ‖ ①「二」の大字。「弐万円」②二つに離れる。「弐心(にしん・じしん)」

にい-なめ【新×嘗】にひ《「にいなえ」の音変化》「しんじょう(新嘗)」に同じ。

にいなめ-さい【新×嘗祭】にひなめ「しんじょうさい(新嘗祭)」に同じ。

にいにい-ぜみ【にいにい×蝉】セミ科の昆虫。体長は翅(はね)の先まで約3.5センチと小形。くすんだ黄褐色の地に緑色や茶褐色の紋をもち、前翅に黒褐色の雲状紋がある。成虫は7、8月に出現し、チイチイと鳴く。ちいちいぜみ。こぜみ。(季 夏)

にい-の-あま【二位尼】ニヰ ►平時子(たいらのときこ)

ニーバー〘Reinhold Niebuhr〙［1892〜1971］米国の神学者・倫理学者・牧師。「文明は宗教を必要とするか」「道徳的人間と非道徳的社会」など、近代社会とキリスト教倫理に関する著書を多数著した。

ニー-ハイ-ソックス〘knee high socks〙《kneeは、ひざの意》►ハイソックス

ニーハオ【你好】〘感〙《中国語》こんにちは。お元気ですか。

にい-はだ【新肌】にひ 男女が初めて接し合う肌。「馬柵(ませ)越し麦食(は)む駒のはつはつに―触れし児ろしかなしも」〈万・三五三七〉

にいはま【新居浜】にゐはま 愛媛県東部、瀬戸内海に面する市。江戸時代から別子鉱山の銅の積み出し港として発達、明治以後は重化学工業が発展。人口12.2万(2010)。

にいはま-し【新居浜市】にゐはま ►新居浜

にい-ばり【新▽治・新▽墾】にひ《「にいはり」とも》新しく開墾すること。また、新しく開いた田畑や道。「―の十握(つか)の稲(いね)の穂」〈顕宗紀〉

ニーブール〘Barthold Georg Niebuhr〙［1776〜1831］ドイツの歴史家・政治家。プロイセン解放運動を擁護。史実に基づく批判的方法による近代史学を樹立。著「ローマ史」など。

ニーベルングのゆびわ【ニーベルングの指輪】《原題、ドイ Der Ring des Nibelungen》ワグナーの楽劇。1876年にバイロイトで初演。中世ドイツの叙事詩「ニーベルンゲンの歌」に取材したもの。全上演に十数時間を要する壮大な規模のオペラで、序夜「ラインの黄金」、第1夜「ワルキューレ」、第2夜「ジークフリート」、第3夜「神々の黄昏(たそがれ)」からなる。➡楽劇

ニーベルンゲンのうた【ニーベルンゲンの歌】《原題、ドイ Das Nibelungenlied》中世ドイツの叙事詩。作者未詳。13世紀初頭の作。古代ゲルマンの英雄伝説をもとに、第一部は英雄ジークフリートの、ブルグント族の王の妹クリームヒルトとの結婚と暗殺による死を、第二部はクリームヒルトの復讐とブルグント族の滅亡を描く。ワグナーの楽劇「ニーベルングの指輪」はこれに取材したもの。

にい-ぼとけ【新仏】にひ 近ごろ亡くなった死者。新盆(にいぼん)を迎えるまでをいうことが多い。

にい-ぼん【新盆】にひ その人が死んで最初の盆。初盆(はつぼん)。あらぼん。しんぼん。(季 秋)
(類語)盂蘭盆(うらぼん)・盆・精霊会・旧盆・霊祭(たままつ)り

ニーマ【NEMA】《National Electrical Manufacturers Association》▶ネマ(NEMA)

にい-まいり【新参り】にひまゐり 新たに仕えること。また、その人。しんざん。「一し侍りける女の前ゆるされてのち」〈詞花・雑下・詞書〉

にい-まくら【新枕】にひ― 男女が初めて一緒に寝ること。初枕(はつまくら)。「一を交わす」

にいまなび【新学】にひまなび 江戸後期の歌論書。1巻。賀茂真淵(かものまぶち)著。明和2年(1765)成立、寛政12年(1800)刊。復古主義に立ち、万葉集を重視すべきことを説いた。

にいまなびいけん【新学異見】にひまなびいけん 江戸後期の歌論書。1巻。香川景樹著。文化8年(1811)成立、同12年刊。賀茂真淵(かものまぶち)の「新学」に対して古今集を擁護し、現代主義を主張した。

ニーマンピック-びょう【ニーマンピック病】―ビャウ《Niemann-Pick disease》遺伝性の脂質(スフィンゴミエリン)代謝障害。肝臓や脾臓(ひぞう)への脂質蓄積による、腫大(しゅだい)・発育障害・知能障害を生じる。ドイツの医師、A=ニーマンとL=ピックによって記載された。

ニーマン-フェローシップ【Neaman fellowship】アメリカ、ハーバード大学が設置しているジャーナリストのための特別研究員制度。ミルウォーキージャーナル紙の創立者ルシアス=ニーマンの遺産の寄付によって設立された。

にいみ【新見】にひ― 岡山県北西部の市。高梁川(たかはしがわ)上流域にあり、石灰石を産出。千屋牛(ちやうし)の産地。鍾乳洞(しょうにゅうどう)の井倉洞・満奇(まき)洞がある。平成17年(2005)3月、阿哲(あてつ)郡4町と合併。人口3.4万(2010)。

にいみ-こうりつだいがく【新見公立大学】にひみ― 岡山県新見市にある公立大学。新見公立短期大学の看護学科を改組して、平成22年(2010)に公立大学法人として開学した。

にいみ-し【新見市】にひみ― ▶新見

にいみ-なんきち【新美南吉】にひみ―［1913～1943］児童文学者。愛知の生まれ。本名、正八。素朴な善意や人生の哀歓を詩情豊かに描く。作「ごんぎつね」「おぢいさんのランプ」など。

ニーム【Nîmes】フランス南部、ガール県の都市。同県の県都。ワイン、ブランデーをはじめ農産物の取引や工業が盛ん。円形劇場、神殿など古代ローマ時代の遺跡が数多く残っている。郊外を流れるガルドン川に、石造アーチ構造の水道橋、ガール橋がある。

ニーム-オイル【neem oil】センダン科の常緑高木、ニーム(インド栴檀(せんだん))の種子からとれる油分。昆虫の摂食や成長などを阻害する効果があるため、害虫駆除に利用される。ニーム油。

ニーム-ゆ【ニーム油】▶ニームオイル

にい-むろ【新室】にひ― 新しくつくった家。「一に遊びして、夜を以て昼に継ぐに会ひぬ」〈顕宗紀〉

ニーメラー【Martin Niemöller】［1892～1984］ドイツのルター派神学者。第一次大戦に従軍。戦後に神学を学び牧師となる。ナチス政権に抵抗し、告白教会を指導。第二次大戦後は、反戦・平和運動に献身。

にい-も【新喪】にひ― 新たに服する喪。「一のごとも音(ね)泣きつるかも」〈万・一八〇九〉

ニーモニック【mnemonic】アセンブリー言語で使われる、機械語と一対一に対応する文字。

ニーモン【mnemon】記憶単位。脳が記憶し得る最小限の単位。

にい-や【新家｜新屋】にひ― ❶新しく建てた家。しんや。❷本家から独立して築いた家。分家。

ニーレングス【kneelength】ひざまでの長さのこと。女性用の靴下やブーツなどにいう。

ニーレンバーグ【Marshall Warren Nirenberg】［1927～2010］米国の生化学者。たんぱく質の合成に成功。人工RNAから人工ポリペプチドを得たことにより、遺伝情報の解読に導いた。1968年、H=G=コラーナ・R=W=ホリーとともにノーベル生理学医学賞を受賞。

に-いろ【▽丹色】丹の色。赤色。「一の門柱」

に-いん【二院】―ヰン 二院制における上院と下院。日本では、衆議院と参議院。両院。

にいん-クラブ【二院クラブ】ニヰン― 「第二院クラブ」の略称。

にいん-せい【二院制】ニヰン― 議会が、おのおの別の議決権をもつ二つの議院で構成され、両方の議決が一致することで、議会の意思を形成する制度。両院制。➡一院制

ニウエ-とう【ニウエ島】―タウ《Niue》南太平洋、トンガの東にある島。ニュージーランド自治領。目立った産業がなく本国に移住した元島民の仕送りに頼る。またインターネットの独自ドメイン(.nu)を割り当てられており、それへの登録権を海外に売っている。人口1354人(2010)。

にうかわかみ-じんじゃ【丹生川上神社】にふかはかみ― 奈良県吉野郡にある神社。川上村にある上社、東吉野村にある中社、下市町にある下社の総称。旧官幣大社。祭神は上社に高龗神(たかおかみのかみ)、中社に罔象女神(みずはのめのかみ)、下社に闇龗神(くらおかみのかみ)。古来、水神、雨乞いの神として信仰された。

にうかんしょうぶ-じんじゃ【丹生官省符神社】にふクワンシヤウブ― 和歌山県伊都郡九度山(くどやま)町にある神社。空海(弘法大師)が慈尊院を開いたとき、参道の正面上壇に丹生高野明神社を創建。のち丹生七社大明神・丹生神社の社名を経て現名に改称。主祭神は丹生都比売大神(にうつひめのおおかみ)・高野御子大神(たかのみこのおおかみ)・天照大御神(あまてらすおおみかみ)とし、他に四神を祭る。平成16年(2004)「紀伊山地の霊場と参詣道」の一部として世界遺産(文化遺産)に登録された。

に-うけ【荷受け】送ってきた荷物を受け取ること。

にうけ-にん【荷受け人】運送契約で、自分の名義で運送品の引き渡しを受ける者として指定された人。

に-うごき【荷動き】取引に伴う商品などの荷物の動き。

に-うち【荷打ち】「打ち荷」に同じ。

にうつひめ-じんじゃ【丹生都比売神社】にふつひめ― 和歌山県伊都郡かつらぎ町にある神社。旧官幣大社。祭神は丹生都比売大神ほか三神。平成16年(2004)「紀伊山地の霊場と参詣道」の一部として世界遺産(文化遺産)に登録された。天野(あまの)大社。天野四社明神。丹生四社明神。

に-うま【荷馬】荷物を運ぶ馬。荷負い馬。駄馬。

に-うめ【煮梅】❶梅の実を砂糖煮にしたもの。《季 夏》「何阿弥の秘めて一の加減かな／嘯山」❷よく熟した梅の実を煮てすりつぶし、塩を加えた中に青梅を漬け込んだもの。

に-うり【煮売り】飯や、副食物とする魚・野菜・豆などを煮て売ること。また、その煮た食物。

にうり-ざかや【煮売り酒屋】煮売りを兼業した居酒屋。一膳飯(いちぜんめし)と酒を供する店。

にうり-ぢゃや【煮売り茶屋】宿場などで、煮売りを兼業とした茶屋。

にうり-ぶね【煮売り船】廻船や乗合船の乗客を相手に、飲食物を売り回った船。小型の船にかまどを設け、餅や酒などを供した。➡うろうろ舟 ➡食らわんか舟

に-え【二会】―ヱ 京都の天台宗円宗寺の法華会(ほっけえ)と、同じく法勝寺の大乗会の二つの法会。また、円宗寺の法華会と最勝会の二つの法会。

にえ【▽沸｜×錵】日本刀の刃と地肌との境に現れる、銀砂をまいたように輝いて見えるもの。➡匂い❹

にえ【煮え】煮えること。「鍋の一が遅い」「生(なま)一」

にえ【×贄｜▽牲】にへ ❶神に供えるささげ物。また、天子に献上する魚や鳥などの食物。その年の新穀などを奉るのにもいう。❷進物。贈り物。会見のときの礼物。「かの歌女もし我心に協(かな)わば、我はこれを一にせん」〈鷗外訳・即興詩人〉❸あることをするために払われる物や労力。犠牲。いけにえ。「で、まだかまだかと、美しい一のみを迫る」〈鏡花・白鷺〉

にえ-あが・る【煮え上(が)る】〘動ラ五(四)〙❶十分に煮える。煮上がる。「小豆が一・る」❷煮えて、沸き上がる。煮え立つ。「湯が一・る」

にえ-い・る【にえ入る】〘動ラ四〙はまりこむ。没入する。「余りに多く込み乗りたければ、目の前に大船二艘(にそう)一・りたり」〈延慶本平家・五〉

にえうみ-の-しんじ【×贄海の神事】にへうみ― 伊勢の皇大神宮で、月次祭(つきなみのまつり)が行われる6月と12月の15日に、阿原木神崎で贄とする牡蠣(かき)・水松(みる)などを採取した神事。明治初年廃止。

ニエオ【NIEO】《New International Economic Order》新国際経済秩序。1974年、国連本会議で採択された決議に盛りこまれた、国際経済全般にわたる開発途上国の自立的な経済建設を志向する変革案。

にえ-かえ・る【煮え返る】―かへる〘動ラ五(四)〙❶ぐらぐら煮える。沸騰する。煮えたぎる。「やかんの湯が一・る」❷ひどく腹が立つ。煮えくり返る。「腹わたが一・る思い」❸大騒ぎをする。騒ぎ立てる。「節季師走にこの在所は傾城ごとで一・る」〈浄・冥途の飛脚〉 類語 煮立つ・煮え立つ・煮え繰り返る・煮えたぎる・煮沸

にえ-かげん【煮え加減】食物などの煮えた程度。煮えぐあい。「一を見る」

にえきら◦ない【煮え切らない】〘連語〙態度がはっきりしない。ぐずぐずしている。「一◦ない返事」
類語 不確か・うやむや・あやふや・漠然・おぼろげ・曖昧・どっちつかず・要領を得ない

にえくり-かえ・る【煮え繰り返る】―かへる〘動ラ五(四)〙「煮え返る」を強めていう語。「鍋の汁が一・る」「腹の中が一・る」
類語 煮立つ・煮え立つ・煮え返る・煮えたぎる・煮沸

にえ-こぼ・れる【煮え▽零れる】〘動ラ下一〙文にえこぼ・る〘ラ下二〙煮え立って汁などが容器の外にこぼれる。「おかゆが一・れる」

にえ-こ・む【にえ込む】〘動マ四〙はまり込む。めり込む。「首は胴にぞ一・みける」〈浄・出世景清〉

にえさ【にへ―】〘形動ナリ〙たくさんあるさま。また、はなはだしいさま。「天皇一に悦び給うて」〈神武紀〉

にえ-・す【×饗す】にへ―〘動サ変〙その年の新穀などを神に供える。「にほ鳥の葛飾早稲(わせ)を一・すともそのかなしきを外(と)に立てめやも」〈万・三三八六〉

にえ-たぎ・る【煮え×滾る】〘動ラ五(四)〙煮えて、盛んに沸き返る。煮え返る。「湯が一・る」 類語 煮立つ・煮え立つ・煮え返る・煮え繰り返る・煮沸

にえ-た・つ【煮え立つ】〘動タ五(四)〙❶煮えて、沸き立つ。にたつ。「スープが一・つ」❷怒りや憎しみでいっぱいになる。「腹の底が一・つ」 類語 煮立つ・煮え返る・煮え繰り返る・煮えたぎる・煮沸

にえ-どの【×贄殿】にへ― ❶大嘗会(だいじょうえ)のとき、悠紀(ゆき)・主基(すき)の内院において神饌(しんせん)を納めておく殿舎。❷宮中の内膳司(ないぜんし)にあって諸国から献上の贄を納めておく所。❸貴人の家で、食物とする魚・鳥の類を蓄えたり、調理したりする所。

にえ-ばな【煮え花｜煮え▽端】「にばな」に同じ。「ごぶりごぶりと一の、茶瓶頭を振り立てて」〈浄・女腹切〉

にえ-びと【×贄人】にへ― 贄にする魚や鳥などをとる人。「誰が一ぞ鴫(しぎ)突き上る」〈神楽・薦枕〉

ニエプス【Joseph Nicéphore Niépce】［1765～1833］フランスの化学者・発明家。瀝青(れきせい)の感光性を利用して写真製版に成功。ダゲールの銀板写真術完成にも協力した。

にえもん-じま【仁右衛門島】ニヱモン― 千葉県南部、鴨川市沖にある小島。石橋山の合戦に敗れた源頼朝を、平野仁右衛門がこの島にかくまったと伝える。

にえ-ゆ【煮え湯】煮え立った湯。熱湯。
　煮え湯を飲ま・す　信用している人を裏切ってひどい目にあわせる。「腹心の部下に一・される」

に・える【煮える】〘動ア下一〙文に・ゆ〘ヤ下二〙❶鍋(なべ)などの水や汁が十分に熱せられ、中に入れた食物によく熱が通って食べられるようになる。「芋が一・える」❷㋐水に熱が加えられて熱い湯になる。沸騰する。「一・えた湯で殺菌する」㋑固体が、熱が加えられたために、熱い液状になる。「コールタールが一・える」❸はげしく怒る。怒りのために心の平静を失う。「業(ごう)が一・える」「一・える腹をこらえる」❹話がまとま

る。手を打つ。「サァ話しが段々—・えて来た」〈露伴・日ぐらし物語〉❺あわてふためいて混乱する。大騒ぎをする。「勝二郎は追放で八幡は—・える」〈浄・淀鯉〉
(類語)炊かしぐ・炊く・煮る

ニエレレ〖Julius Kambarage Nyerere〗[1922〜1999]タンザニアの政治家。独立運動を指導し、1961年の独立とともに首相、次いで共和国の初代大統領に就任。独自の社会主義路線を推進。

にえんき-さん【二塩基酸】1分子中に電離することのできる水素原子2個を含む酸。硫酸・炭酸など。

にお にほ 刈り稲を円錐形に高く積み上げたもの。稲むら。稲にお。(季 秋)「山国の—木莵づくに似て脚もてる/たかし」

にお【×鳰】にほ カイツブリの別名。(季 冬)「湖や渺々べうべうとして—一つ/子規」

におい【匂い】にほひ ❶そのものから漂ってきて、嗅覚を刺激するもの。「香水の—」「サンマを焼く—」➡臭におい❶❷いかにもそれらしい感じ・趣。「都会の—」「生活の—」➡臭におい❷ ❸芸能や文芸で、表現の内にどことなくただよう情趣・気分・余情。❹日本刀の刃と地肌との境に現れた、白くかすんだように見える部分。➡沸にえ ❺染め色、襲かさねの色目や鎧よろいの威おどしの配色で、濃い色からしだいに薄くなっていくもの。ぼかし。❻「匂い威おどし」の略。❼視覚を通して見られる、鮮やかに美しい色合い。特に、赤色についていう。「もみち葉の—は繁し然れども妻梨の木を手折りかざさむ」〈万・二一八八〉❽人の内部から立ち現れる、豊かで生き生きとした美しさ。「—多く見えて、さるかたにいとをかしき人ざまなり」〈源・空蟬〉❾はなやかで、見栄えのすること。威光。栄華。「官かう、位、世の中の—も、何ともおぼえずなむ」〈源・椎本〉❿声が豊かで、つやのあること。「答へたる声も、いみじう—あり」〈とりかへばや・一〉
(用法)におい・かおり——「バラの甘いにおい(香り)が漂う」のように、鼻に感じるここちよい刺激については相通じて用いられる。◆「におい」は良い・悪い・好ましい・不快など、鼻で感じるものすべてについていう。「いいにおい」「アンモニアのにおい」「魚の腐ったようなにおい」◆また、そのもののうちに漂う雰囲気についてもいう。「生活のにおいの漂う文章」◆「香り」は鼻に好ましく感じられるものに限って使われる。「馥郁ふくいくたる香り」「香こうの香り(薫り)を楽しむ」。また、そのものからおのずから出てくる感じについてもいう。「芸術の香りに満ちた町」
(類語)(❷❸❽❾)空気・雰囲気・気分・感じ・様子・気配けはい・ムード・アトモスフィア・佇まい・気色きしょく・気色きそく・気色けしき

におい【臭い】にほひ《「匂い」と同語源》❶嗅覚を刺激する、不快なくさみ。悪臭。「どぶの—」❷いかにもそのような感じ・気配。特に、好ましくないものについていう。「犯罪の—がする」

におい-あぶら【匂い油】にほひ 髪などにつける香料入りの油。香油。化粧油。

におい-あらせいとう【匂あらせいとう】にほひ アブラナ科の多年草。高さ約30センチ。春から夏、香りのある大形の黄・赤色などの花を総状につける。南ヨーロッパの原産で、日本には江戸末期に渡来。観賞用。ケイランサス。

におい-うま【荷負い馬】にほひ「荷馬」に同じ。

におい-えんどう【匂×豌豆】にほひゑんどう スイートピーの別名。

におい-おどし【匂い▽威】にほひをどし 鎧よろいの威の一。上方を濃く、下方をしだいに薄く威したもの。

におい-か【匂ひ香】にほひ《「においが」とも》匂いと香り。香気。「梅の花折れればこぼれぬ我が袖に—移せ家づとにせむ」〈後撰・春上〉

におい-がみ【匂い紙】にほひ ❶香料などの匂いをつけた化粧紙。❷ ►ムイエット❷

におい-こぼ・れる【匂い▽零れる】にほひ〘動ラ下一〙図にほひこぼ・る〘ラ下二〙❶よいかおりがあふれ出てただよう。「—・れて咲きそろう」❷美しさや魅力があふれ出る。「—・れる笑顔」

におい-ざくら【匂桜】にほひ ❶桜の一品種。花は白色、八重で、香りがある。❷香りのある花をつける桜。

におい-すみれ【匂×菫】にほひ スミレ科の多年草。高さ約15センチ。葉は根際から出て、心臓形。春、濃紫色の芳香のある花が咲く。南ヨーロッパ・西アジアの原産。観賞用。バイオレット。(季 春)

におい-だま【匂い玉】にほひ 玉の形をした匂い袋。匂いの玉。

におい-づけ【匂い付け】にほひ 連句の付合つけあい手法の一。前句と付句との間に気分・情趣の照応や調和をはかる付け方。特に、蕉風せうふうで用いられた。

に-おい-て【に×於て】〘連語〙《「におきて」の音変化》❶動作・作用の行われる時・場所・場合を表す。「パリ—外相会議が開かれる」「この事天下—殊ことなる勝事しようじなれば、公卿僉議くぎやうせんぎあり」〈平家・一〉❷事物や人物について、それと関連する意を表す。…に関して。…について。「規模の大きさ—ひけをとらない」❸(多くは下に「は」を伴って)上の人物・事柄を強く指示する意を表す。…こそ。「妹尾せのを—は又いけどりに仕つかまつり候はん」〈平家・八〉❹(下に「は」を伴って)仮定条件を示す。もし…の場合には。「一方欠けん—は、いかでかその歎きなからんや」〈平家・四〉(補説)平安時代以降、漢文の「於」を「おきて」と訓読したものが和文にも広がったもの。中世の軍記物などに多くみられる。現代語では文語的表現に用いられる。

におい-どり【匂い鳥】にほひ ウグイスの別名。

におい-ねずみ【臭×鼠】にほひ マスクラットの別名。

におい-の-はな【匂いの花】にほひ 連句で、名残の裏の定座ぢやうざ(歌仙では5句目、百韻では7句目)に詠み込む花。名残の花。➡花の定座

におい-ぶくろ【匂い袋】にほひ 丁字ちやうじ・麝香じやかう・白檀びやくだんなどの香料を入れた小袋。携帯用としたり、たんすの中に入れたりする。(季 夏)

におい-やか【匂いやか】にほひ〘形動〙図〘ナリ〙❶つやつやと輝くように美しいさま。におやか。「彼女の顔の白さが薄闇のなかに—に仄めいた」〈秋声・仮装人物〉❷よい香りが立ちこめているさま。かぐわしいさま。におやか。「—な春の気」

に-おう【二王】ニワウ 中国、東晋の書家、王羲之わうぎし・王献之の父子。

に-おう【仁王|二王】ニワウ 寺門の左右にあって、その忿怒ふんぬの形相で仏敵を払う守護神。ふつう二神一対で、一体は口を開いた阿形あぎやう、もう一体は口を閉じた吽形うんぎやうとする。金剛力士。

におう【仁王】ニワウ 狂言。某なにがしが無一文の男を仁王に仕立てて参詣人の供物を集めるが、足の不自由な男が仁王と縁を結びたいと身体をなで回し、正体がばれる。

にお・う【匂う】にほふ ❶〘動ワ五(ハ四)〙《「丹に秀ほ」を活用した語で、赤色が際立つ意》❶よいにおいを鼻に感じる。かおりがただよう。「百合の花が—・う」「石鹸がほのかに—・う」➡臭う❶ ❷鮮やかに色づく。特に、赤く色づく。また、色が美しく輝く。照り映える。「紅に—・う梅の花」「朝日に—・う山桜」❸内面の美しさなどがあふれ出て、生き生きと輝く。「純な、朗らかな、恵みに—・うた相が」〈倉田・愛と認識との出発〉❹おかげをこうむって、栄える。引き立てられる。「思ひかしづかれ給へる御宿世をぞ、わが家までは—・ひ来ねど」〈源・少女〉❺染め色または襲かさねの色目などで、濃い色合いからしだいに薄くぼかしてある。「五節の折着たりし黄なるより紅まで—・ひたりし紅葉どもに」〈讃岐典侍日記・下〉❷〘動ハ下二〙美しく色を染める。「住吉すみのえの岸野の榛はりに—・ふれどにほはぬ我やにほひて居らむ」〈万・三八〇一〉(類語)(❶❶)薫る・薫くんずる・匂わす・鼻につく・香こうばしい・芳かんばしい・馥郁ふくいく・芬芬ふんぷん

にお・う【臭う】にほふ〘動ワ五(ハ四)〙《「匂う」と同語源》❶くさく感じる。いやなにおいがする。「ガスが—・う」「生ごみが—・う」❷はっきりとはわからないが、その可能性が感じられる。多く、好ましくない物事にいう。「何か魂胆が—・うぞ」

におう-だち【仁王立ち】ニワウ 仁王の像のように、いかめしく力強い様相で立つこと。「—になって行く手をふさぐ」

におうみや【匂宮】にほふみや ㊀源氏物語第42巻の巻名。薫大将、14歳から20歳。匂宮と薫との生い立ちが中心。におうのみや。㊁源氏物語の登場人物。光源氏の孫。今上帝の第3皇子。宇治十帖の主要人物で、薫と浮舟をめぐって争う。匂兵部卿宮。におうのみや。

におう-もん【仁王門】ニワウ 仁王像を左右に安置してある社寺の門。

におう-らん【二黄卵】ニワウ 一つの殻の中に、黄身が二つ入っている鶏卵。卵を産み始めたばかりの若鶏が産むことが多い。

におう-りき【仁王力】ニワウ 仁王のような大力。金剛力。

にお-がい【×鳰貝】にほがひ ニオガイ科の二枚貝。貝殻は白色で細長く、殻長約5センチ。殻表の前半はやすり目状をし、潮間帯の泥岩に穴を掘ってすむ。

に-おき-て【に×於きて】〘連語〙《格助詞「に」＋動詞「おく」の連用形＋接続助詞「て」》「において」に同じ。「その道さへなほ以て暗し。いはんや武道—をや」〈保元・上〉

に-おくり【荷送り】荷物を先方へ送り出すこと。

におくり-にん【荷送り人】運送契約の当事者として運送人に物品の運送を委託する人。

に-おけ-る【に×於ける】〘連語〙《格助詞「に」＋動詞「おく」の已然形＋完了の助動詞「り」の連体形》❶ある事柄が存在し、または行われる場所・場合・状況などにある限定を加える。…での。「わが国—公害対策」「民主主義—人権尊重」❷(「…の…における」の形で)それと関連する意を表す。…に関する。…に対する。「科学の人類—意義」「環境の子ども—影響」

ニオコロコバ-こくりつこうえん【ニオコロコバ国立公園】ニコクリツコウエン《Niokolo-Koba》セネガル南東部、ギニアとの国境付近に広がる国立公園。園内を流れるガンビア川、支流のニオコロコバ川・クルントゥ川が蛇行を繰り返し、一帯の森林や草原を潤す。1981年に世界遺産(自然遺産)に登録されたが、ライオンやアフリカゾウなどの密猟の横行やダム建設計画により、2007年、危機遺産リストに登録された。ニョコロコバ国立公園。

にお・す【▽匂す】にほす〘動サ四〙草・木・赤土などで色をつける。染める。「ま榛はりもち—・しし衣に」〈万・三七九一〉

にお-て・る【×鳰照る】にほ〘動ラ四〙語義未詳。琵琶湖の水面などが月の光に照り映える意か。「さざ浪や志賀の浦風海吹けば—・りまさる月の影かな」〈新続古今・秋上〉

におてる-や【×鳰照るや】にほてる〘枕〙「志賀しが」「矢橋やばせ」など、琵琶湖畔の地名に掛かる。「—志賀の浦風春かけて」〈新千載・春上〉

にお-どり【×鳰鳥】にほ カイツブリの別名。(季 冬)

におどり-の【×鳰鳥の】にほどり〘枕〙❶鳰鳥が水に潜かづき、長くもぐる意から、「葛飾かづしか」「息長おきなが」に掛かる。「—葛飾早稲わせをにへすとも」〈万・三三八六〉❷鳰鳥が雌雄並んで水に遊ぶ意から、「なづさふ」「二人並び居ゐ」に掛かる。「—なづさひ来しを人見けむかも」〈万・二四九二〉

にお-の-うきす【×鳰の浮き巣】にほ カイツブリの巣。アシの間などに作られ、それが水に浮いているように見えるので、和歌などでは、よるべないあわれなものとして詠まれる。(季 夏)

にお-の-うみ【×鳰の海】にほ 琵琶湖の異称。におのみずうみ。「—や潮干にあらぬかひなさはみるめかづかむ方のなきかな」〈夜の寝覚・四〉

ニオバイト〖Niobite〗►コルンブ石

ニオビウム〖niobium〗►ニオブ

ニオブ〖ドイツ Niob〗バナジウム族元素の一。単体は灰白色で、展延性に富む金属。融点が高く、塩酸・熱硫酸に溶けるが、硝酸・アルカリには溶けない。耐熱合金の添加材、超伝導材料などに利用。かつてはコロンビウムといった。元素記号Nb　原子番号41。原子量92.91。

ニオベ〖Niobē〗ギリシャ神話に登場する女性。タンタロスの娘で、テーベ王アンフィオンの妻。女神レトに

子供の数の多さを誇ったため、レトの子アポロンとアルテミスにすべての子供を射殺され、悲しみのあまり石になったという。

に-おも【荷重】〔名・形動〕❶荷物が重いこと。また、そのさま。「一な車」❷責任や負担が重すぎること。また、そのさま。「新人には一な仕事だ」

にお-やか【匂やか】〔形動〕図〔ナリ〕❶「においやか❶」に同じ。「電灯の光を浴びている遊女の一な白粉の顔が」〈近松秋江・青草〉❷「においやか❷」に同じ。「ふかぶかと胸一杯に一な空気を吸い込んだりした」〈梶井・瀬山の話〉㊟馥郁

にお-ゆ【匂ゆ】〔動ヤ下二〕「におう㊀」に同じ。「春花の一・え栄えて」〈万・四二一一〉

に-おろし【荷下ろし｜荷卸し】〔名〕スル 積荷を下ろすこと。

におわ-し【匂はし】〔形シク〕艶やかで美しい。輝くようである。「あざやかに一・しき所は添ひてさへ見ゆ」〈源・藤裏葉〉

におわ-す【匂わす】〔動サ五(四)〕❶匂うようにする。香りを立てる。「香水をほのかに一・す」❷つややかに美しく染める。「秋の野を一・す萩は咲けれども見る験なし旅にしあれば」〈万・三六七七〉

㊟匂う・薫る・薫ずる・鼻につく・香ばしい・芳しい・馥郁・芬芬

におわ-す【臭わす】〔動サ五(四)〕❶臭うようにする。「悪臭を一・す」❷それとなく遠回しにいう。ほのめかす。「賄賂の必要を一・す」

におわ-せる【匂わせる】〔動サ下一〕「匂わす」に同じ。「オーデコロンを一・せる」

におわ-せる【臭わせる】〔動サ下一〕「臭わす」に同じ。「体臭を一・せる」「裏取引を一・せる」

に-おん【二恩】❶父と母の恩。❷師と親の恩。

に-か【二化】昆虫などが、1年間に2世代を経過すること。

に-が【二河】仏語。火の河と水の河。人間の瞋憎を火に、貪愛を水にたとえたもの。

にが【苦】《形容詞「にがい」の語幹から》憎まれ口。いやみ。にがぐち。「必ず後悔さっしゃるなと一を放して」〈浄・矢口渡〉

に-かい【二階】❶建物などで、上下2層の階があること。❷2層以上ある建物などで、地表から2層目の階。「一にあがる」「地下一」❸「二階厨子」の略。❹「二階棚」の略。

二階から目薬　2階にいて、階下の人に目薬を差すこと。もどかしいこと、また遠回しすぎて効果がないことのたとえ。

にが-い【苦い】〔形〕図にが・し〔ク〕❶舌を刺激し、口がゆがむような嫌な味である。「餅が黒焦げになって一・い」「一・いコーヒー」➡五味❷不快である。おもしろくない。にがにがしい。「交渉決裂の報に一・い顔をする」❸つらくて苦しい。その事を考えたり思い出したりするのも嫌である。「一・い思い」「一・い経験」㊛にがさ〔名〕にがみ〔名〕㊟渋い・ほろ苦い

ニカイア〖ギリシャ Nikaia〗小アジアの北西部にあった古代都市。325年、ローマ皇帝コンスタンティヌス1世がキリスト教会最初の公会議を召集し、三位一体説をとるアタナシウス派を正統とし、アリウス派を異端とした。現在名イズニク。ニカエア。ニケーア。

にかい-ずし【二階×厨子】寝殿造りの室内家具の一。二段になった棚の下に両開きの扉をつけた脚つきの戸棚。

にかい-だて【二階建て】2階がある建物。また、2階があるつくり。「一のバス」

にかい-だな【二階棚】❶寝殿造りの調度の一。手回りの道具などをのせておく二重の棚。二階。❷床の間や書院などのわきに設ける二重の棚。

にが-いちご【苦×苺】バラ科の落葉低木。山野に生え、高さ30〜50センチ。枝にとげがある。葉は三つに裂けていて、裏面は粉白色。春、白い花を開く。実は赤く熟し、食べられるが、核が苦い。五月いちご。

にかい-づくり【二階造(り)】2階建てにつくること。また、そのつくり。

にかい-まわし【二階回し】江戸・東京の遊里で、妓楼の2階に勤め、座敷や道具類一切を取り扱った者。

にかい-や【二階屋｜二階家】2階建ての家。

にが-いろ【苦色】襲の色目の名。表は濃い香色、裏は二藍。

にが-うり【苦×瓜】ツルレイシの別名。ごおや。(季 秋)

に-かえし【煮返し】煮なおすこと。また、そのもの。

にかえし-ず【煮返し酢】少し塩を入れて煮立て、冷ました酢。

に-かえ・す【煮返す】〔動サ五(四)〕煮てあるものを再び煮る。煮なおす。「昼飯の里いもを一・す」

に-がお【似顔】「似顔絵」の略。

にがお-え【似顔絵】❶ある人の顔に似せて描いた絵。❷浮世絵で、面貌・姿を似せて描いた役者絵・美人画など。

にか-かい【二科会】美術団体。大正3年(1914)文展洋画部に第二科設置を建議していれられなかった石井柏亭・津田青楓らが創設。昭和19年(1944)戦争のため一時解散。戦後、東郷青児を中心に再結成され、同54年社団法人となる。現在は絵画部・彫刻部・デザイン部・写真部があり、毎年秋に公募展を開催する。平成24年(2012)公益社団法人に移行。

にが-かしゅう【苦何首×烏】ヤマノイモ科の蔓性の多年草。山裾や川岸に自生。カシュウイモに似るが、むかごや塊根に苦味があり、食用にしない。

にが-き【苦木】ニガキ科の落葉小高木。山野に自生し、高さ約10メートル。葉は長卵形の小葉からなる羽状複葉。雌雄異株で、夏、黄緑色の小花が密につく。全体に苦味がある。健胃薬や駆虫薬に用いる。くぼく。

にが-ぐち【苦口】《「にがくち」とも》にがにがしい物の言い方。にくまれぐち。毒舌。「心に思はぬ一言ひしが」〈浮・禁短気・三〉

にが-くりたけ【苦×栗×茸】モエギタケ科の毒キノコ。春から秋にかけ、枯れた幹や倒木に群生。全体がクリタケに似るが、やや小さく、硫黄色を帯びる。

にかこくご-ほうそう【二箇国語放送】音声多重放送の一。テレビ放送などで、二つの言語による音声を同時に放送すること。三か国語以上の場合も、日本ではこのように呼ばれる。➡副音声

に-がさ【荷×嵩】荷物がかさばること。また、荷物のかさ。

にか-さん【二化蚕】自然条件下で1年に2回孵化し、2世代を繰り返す蚕。一化蚕よりも一般に繭は小さいが、強健。

にが-しお【苦塩】「苦汁」に同じ。

にが-しお【苦潮】赤潮のこと。(季 夏)

にがし-べん【逃がし弁】機器・流路内の流体の圧力が所定以上となったとき、自動的に開いて一部を他へ逃がして減圧し、常に一定の圧力を保たせる弁。

にが・す【逃がす】〔動サ五(四)〕❶捕らえていたものを放してやる。また、逃げさせる。「つかまえた蝉を一・す」「かくまっていた人を一・す」❷捕らえようとしたものをつかまえそこねる。「獲物を一・す」「チャンスを一・す」㊕にがせる

㊟逃がす・逸する・取り逃がす・失う・失する

逃がした魚は大きい　手に入れそこなったものは、惜しさが加わって、実際より価値があるように思われるものである。釣り落とした魚は大きい。

にか-せんしょくたい【二価染色体】第1回の減数分裂において、相同染色体が2本ずつ平行して並び、接合したもの。

にが-そば【苦蕎=麦】➤韃靼蕎麦

に-かた【荷方】荷物を取り扱う役。また、その人。荷物方。

に-かた【煮方】❶物を煮る方法。❷日本料理の調理場で、主に物を煮ることを受け持つ人。板前に次ぐ役目。

にが-たけ【苦竹】マダケまたはメダケの別名。

にがた-とうにょうびょう【二型糖尿病】脂肪の過剰摂取や運動不足などの生活習慣や遺伝的要因によって、インスリンの分泌低下や血糖降下作用の低下によって起こる糖尿病。成人になってから発症することが多く、緩やかに進行する。生活習慣病の一つで、日本では糖尿病の95パーセント以上を占める。成人発症型糖尿病。インスリン非依存性糖尿病。NIDDM(non-insulin-dependent diabetes mellitus)。

に-がつ【二月】1年の2番目の月。1月の次、3月の前。きさらぎ。(季 春)「波を追ふ波いそがしき一かな/万太郎」

にがつ-かくめい【二月革命】㊀1848年2月、フランスに起こった市民革命。七月王政を倒し、第二共和制を樹立したが、まもなく内紛を生じ、ルイ=ナポレオンのクーデターと第二帝政の成立によって崩壊した。㊁1917年3月(ロシア暦2月)、ロシアに起こった市民革命。第一次大戦による経済不況と厭戦気分の高まりから、首都ペトログラードに民衆のストライキとデモが起こり、軍隊もこれに呼応。その結果、皇帝ニコライ2世は退位して帝政は倒れ、ケレンスキーを首班とする臨時政府が成立した。三月革命。➡ロシア革命

に-かつぎ【荷担ぎ】荷物を担いで運ぶこと。また、その人。荷負い。荷物担ぎ。

にが-つち【苦土】耕土の下層にあって耕されていない土で、有機物が少ない土。

にがつ-どう【二月堂】奈良東大寺にある堂。天平勝宝4年(752)良弁の弟子実忠が創建。現在の堂宇は寛文9年(1669)の再建。陰暦2月に修二会が行われるのでこの名がある。

にがつどう-の-ごおう【二月堂の×牛王】東大寺二月堂から出す牛王の札。病災よけとされる。

にが-て【苦手】〔名・形動〕❶扱いにくく、いやな相手。なかなか勝てなくて、いやな相手。また、そのようなさま。「あいつはどうも一だ」❷得意でないこと。また、そのさま。不得手。「数学の一な人」❸不思議な力をもつ手。その手で押さえると、腹の痛みはおさまり、蛇は動けなくなって捕らえられるなどという。「天性一といふものにて、小児の虫つかへをさするに妙を得て」〈浮・娘気質・三〉㊟不得意・不得手

にか-てん【二科展】二科会が毎年秋に開催する美術展。作品は公募され、絵画・彫刻・デザイン・写真の4部門がある。

ニカド-でんち【ニカド電池】《NiCad battery ; NiCadはnickel + cadmiumから》➤ニッケルカドミウム電池

にが-な【苦菜】❶キク科の多年草。道端などに生え、高さ約30センチ。茎は細く、葉は細長く縁に粗いぎざぎざがあり、基部は茎を包む。茎や葉に苦味のある乳液を含む。夏、黄色い小花をつける。❷リンドウの古名。〈和名抄〉

にがにがし-い【苦苦しい】〔形〕図にがにが・し〔シク〕非常に不愉快である。「一・く思う」㊛にがにがしげ〔形動〕にがにがしさ〔名〕

㊟腹立たしい・いまいましい

にが-びゃくどう【二河白道】浄土教で、阿弥陀仏の救いを説く比喩。火の河と水の河を人の貪欲と怒りにたとえ、この間にある白い道は極楽に通じる道で、往生を願う信心にたとえる。びゃくどう。

ニカブ〖niqab〗イスラム教徒の女性が着用するベール。目以外の顔と髪をすっぽりと覆うもの。➡ブルカ➡チャドル ➡ヘジャブ

にかほ　秋田県南西端、鳥海山の北麓にある市。電子部品産業と漁業が盛ん。平成17年(2005)10月に仁賀保町・金浦町・象潟町が合併して成立。人口2.8万(2010)。

にかほ-し【にかほ市】➤にかほ

にが-み【苦み｜苦味】❶苦いこと。苦い味。苦い度合い。「一の強いコーヒー」❷不愉快な心持ち。つらい心情。「万の感情はさらりと消えて、唯一のみ残りしなり」〈蘆花・不如帰〉❸渋さを含んでひきしまった感じのすること。男性の顔つきにいう。「一のきいた、渋い二枚目」㊟「味」は当て字。

にが-みず【苦水】にがい水。転じて、にがい思い。苦汁。「—を飲まされる」

にがみ-ばし・る【苦み走る】〔動ラ五(四)〕顔つきに渋みがあり、ひきしまっている。「—・った男」

にが・む【苦む】㊀〔動マ四〕❶にがにがしく思う。にがにがしい顔つきや態度になる。「いとわびしう心地悪しうなりて、いかに仕まつらむとて—・みて」〈宇津保・楼上下〉❷しわがよる。「大豆をいりて…酢をかけつれば、酢むつかりとて、—・みて」〈宇治拾遺・四〉㊁〔動マ下二〕「にがめる」の文語形。

にが-むし【苦虫】かめば苦かろうと思われる虫。

苦虫を噛み潰したよう ひどくにがにがしい顔をするようす。不愉快そうな顔つき。

にか-めいが【二化×螟×蛾】メイガ科の昆虫。翅が黄褐色または灰褐色のガで、初夏と晩夏の年2回発生するが、北海道・東北では年1回、沖縄では年4回発生する。夜行性。幼虫は稲のほかアワ・トウモロコシなどの茎に食い入る大害虫。

にか-めいちゅう【二化×螟虫】ニカメイガの幼虫。

にが・める【苦める】〔動マ下一〕文にが・む〔マ下二〕にがにがしそうに顔をしかめる。「顔ヲ—・メル」〈和英語林集成〉

に-かよ・う【似通う】〔動ワ五(ハ四)〕互いによく似ている。「—・った顔立ち」

類語 似る・類する・似つく・あやかる・瓜二つ・そっくり・生き写し・そのまま・酷似・相似・似寄る・通う・相通ずる・紛う・類似する・近似する・肖似する

にが-よもぎ【苦×艾】キク科の多年草。高さ約1メートル。全体はヨモギに似て、強いにおいがあり、白い毛で覆われる。葉は羽状に裂けている。夏、黄色い小花がつく。葉や花を健胃・駆虫薬とし、またアブサン酒作りに用いられた。ヨーロッパの原産。くがい。

に-がら【煮殻】煮出したあとのかす。煮出し殻。

ニカラグア〖Nicaragua〗中央アメリカの共和国。首都マナグア。1821年にスペインから独立。23年中央アメリカ連邦に加わるが、38年分離独立。1979年革命政権が樹立された。コーヒー・綿花などを産する。人口600万(2010)。

ニカラグア-こ【ニカラグア湖】ニカラグア南西部にある、中央アメリカ最大の湖。面積8029平方キロメートル。水深70メートル。

にがり【苦=汁｜滷=汁】海水から食塩を析出させたあとの残液。苦みがあり、主成分は塩化マグネシウム。豆腐の凝固剤などに使用。苦塩。くじゅう。

ニカリア-とう【ニカリア島】《Nikaria》イカリア島の旧称。

にがり-き・る【苦り切る】〔動ラ五(四)〕きわめてにがにがしく思う。ひどく不愉快な顔つきをする。「連戦連敗で—・る」「—・った表情」

にがり-みず【苦=汁水｜滷=汁水】▶にがり

にがり-わら・う【苦り笑ふ】〔動ハ四〕「にがわらう」に同じ。「判官—・うて」〈盛衰記・三四〉

にが・る【苦る】〔動ラ四〕にがにがしく思う。不愉快なようすをする。「笑ひつる人も—・りてぞ見えける」〈沙石集・三〉

に-かわ【×膠】獣や魚の皮・骨などを水で煮沸し、その溶液からコラーゲンやゼラチンなどを抽出し、濃縮・冷却し凝固させたもの。接着剤・写真乳剤・染色などに用いる。

にかわ-したじ【×膠下地】漆器で、にかわを塗って下地としたもの。

にかわ-しつ【×膠質】▶コロイド

に-がわせ【荷為-替】「荷為替手形」の略。

にがわせ-しんようじょう【荷為-替信用状】輸入業者の依頼によって取引銀行が発行し、輸出業者の振り出す荷為替手形の引き受け・支払いを保証するという内容の信用状。

にがわせ-てがた【荷為-替手形】隔地間の売買取引において、銀行を通しての代金取立または割引を受けるために、買い主を支払人として振り出した為替手形。荷付為替手形。

にが-わらい【苦笑い】〔名〕スル にがにがしく思いながら、しかたなく笑うこと。また、その笑い。苦笑。「—を浮かべる」「弱点をつかれて—する」

類語 苦笑・微苦笑・笑い

にが-わら・う【苦笑ふ】〔動ハ四〕にがわらいをする。「下には用心して、—・ひてのみぞありける」〈平家・三〉

に-かん【二官】律令制で、神祇官と太政官のこと。

にがん-レフ【二眼レフ】撮影用レンズと同じ焦点距離をもつファインダー用レンズが別についているレフレックスカメラ。

に-き【二気】陰と陽。二儀。両儀。

に-き【二季】❶四季の中の二つの季節。春と秋、または夏と冬など。❷盆と暮れ。

に-き【二期】二つの期間。「—制」「—連続当選」

に-き【▽日記】「にっき」の促音の無表記。「をとこもすなる—といふものを」〈土佐〉

にき【▽和｜▽熟】〔語素〕《中世以降「にぎ」とも》名詞の上に付いて、やわらかな、しなやかな、穏やかな、などの意を表す。「—たえ(和妙)」「—て(和幣)」

に◦き〔連語〕《完了の助動詞「ぬ」の連用形＋過去の助動詞「き」》すでに…た。…てしまった。「名にめでて折れるばかりぞ女郎花我落ち—◦きと人にかたるな」〈古今・秋上〉

に-ぎ【二儀】❶天と地。両儀。❷陰と陽。両儀。

にき-えつこ【仁木悦子】[1928〜1986]推理作家。東京の生まれ。本名、二日市三重。幼時にカリエスを発病、家庭で教育を受ける。「猫は知っていた」で江戸川乱歩賞を受賞。他に「林の中の家」「赤い猫」など。

にき-えみし【▽熟蝦=夷】上代、朝廷に服した柔順な蝦夷。㊀荒蝦夷。

にき-さく【二期作】同一耕地で、同じ作物、主に稲を年2回栽培・収穫すること。

にき-しね【▽和▽稲】《後世は「にぎしね」とも》もみをすりとった稲。にこしね。「みかの腹満てならべて、—、荒稲に」〈祝詞・竜田風神祭〉

に-ぎす【似×鱚｜似義須】サケ目ニギス科の海水魚。全長約20センチ。体は細長い筒形で、目が大きく、吻がとがり、脂びれをもつ。背側は淡青色で腹側は銀白色。干物・練り製品として利用。

にき-たえ【▽和▽妙｜▽和×栲】《後世は「にぎたえ」とも》織り目の細かい布の総称。また、打って柔らかくしてさらした布。にこたえ。「片手には木綿取り持ち片手には—奉り」〈万・四四三〉➡荒妙

にきた-つ【熟田津】《「にきたづ」とも》愛媛県松山市の道後温泉付近にあった船着き場。〔歌枕〕「—に舟乗りせむと月待てば潮もかなひぬ今は漕ぎ出でな」〈万・八〉

にき-たま【▽和▽魂】《後世は「にぎたま」とも》「にきみたま」に同じ。「大君の—あへや豊国の鏡の山を宮と定むる」〈万・四一七〉

にき-て【▽和▽幣｜幣=帛｜▽幣】《後世は「にぎて」「にきで」とも》榊の枝に掛けて、神前にささげる麻や楮で織った布。のちには絹や紙も用いた。「下枝には青—、白—をとりしでて」〈神代紀・上〉

にぎ-てき【二義的】〔形動〕根本的でないさま。二次的。「—な問題とする」

にぎ-にぎ【握握】❶赤ん坊がその手を握ったり広げたりすること。❷賄賂などを受領すること。「役人の子は—を能く覚え」〈柳多留・初〉❸握り飯をいう幼児語。「—して上げましょと飯匙取って手の内に」〈浄・先代萩〉

にぎ-にぎ【×賑×賑】〔副〕にぎやかなさま。「家内モ—ト見エタ」〈日葡〉

にぎにぎ-し・い【×賑×賑しい】〔形〕文にぎにぎ・し〔シク〕非常ににぎやかである。「大勢で—・く出迎える」派生 にぎにぎしさ〔名〕

にき-はだ【▽和肌｜▽柔▽膚】柔らかな肌。やわはだ。にこはだ。「夫の命の たたなづく—すらを剣大刀身に副へ寝ねば」〈万・一九四〉

にぎはやひ-の-みこと【饒速日命｜邇芸速日命】日本神話で、天孫降臨に先だち、天磐船に乗って天下ったという神。物部氏の祖神と伝える。

にき-ばらい【二季払い】盆・暮れに支払うこと。盆暮れ払い。

にきび【面=皰】思春期の男女の顔・胸・背の毛包に生じる小さな丘疹や膿疱。皮脂の分泌が増えて毛穴に詰まり、炎症を起こしたもの。尋常性痤瘡。面皰。アクネ。補説 毛穴が詰まり、分泌された皮脂が毛穴の奥にたまって膨らんだものを白にきび、たまった皮脂が毛穴を押し広げて空気に触れ、酸化して黒く見えるものを黒にきびという。そこから移行して、細菌が増殖し毛穴やその周囲に炎症が起きたものを赤にきびという。膿が出たり痛みを伴うことが多い。

にきび-だに【面=皰×蜱】ニキビダニ科のダニ。体長0.4ミリほどの蛆状で、腹部が後方に伸びる。人の脂腺や毛嚢に寄生するが、にきびの原因になるとは限らない。毛嚢虫。

にき・ぶ【▽和ぶ】〔動バ上二〕なれ親しむ。うちとける。「—・びにし家ゆも出でて」〈万・四八一〉

にきみ【面=皰｜×痤】小さなはれものやにきびのこと。二禁。〈和名抄〉

にき-みたま【▽和▽御▽魂｜▽和▽魂】《後世は「にぎみたま」とも》柔和な徳を備えた神霊。にきたま。「大和の—は静まりて」〈出雲国風土記〉㊀荒御魂。

にき-め【▽和▽布】《後世は「にぎめ」とも》柔らかな海草。ワカメの類。「角島の瀬戸のわかめは人のむた荒かりしかど我とは—」〈万・三八七一〉

にぎ-やか【×賑やか】〔形動〕文〔ナリ〕❶人などが多く集まって活気のあるさま。「—な会合」「店がたくさんできて—になる」❷物音や人声などが盛んに聞こえるさま。よくしゃべったりして陽気なさま。「—な笑い声」「—な人」派生 にぎやかさ〔名〕

類語 うるさい・やかましい・騒騒しい・騒がしい・かまびすしい・かしましい・口うるさい・口やかましい・小やかましい・騒然・喧騒・喧喧囂囂・けたたましい

にぎやかし【×賑やかし】《動詞「にぎやかす」の連用形から》にぎやかにすること。また、にぎやかさを少しだけ添えるもの。「宴会の—の余興」

にぎやか・す【×賑やかす】〔動サ五(四)〕にぎやかにする。陽気にする。「場を—・す」

に-きゅう【二級】❶二つの等級。❷第2位の等級。「—品」

にきゅう-かせん【二級河川】一級河川以外の水系で、公共の利害に重要な関係があるもののうち、都道府県知事が指定した河川。

に-きょう【二喬】▶大喬小喬

に-ぎょう【二業】芸者屋と料理屋の2種の営業。➡三業❶

にぎょう-くみあい【二業組合】二業の営業者によって組織された同業組合。

にぎょう-ち【二業地】二業の営業を許可された一定の地域。➡三業地

にきょう-ゆうずい【二強雄×蕊】▶二長雄蕊

に-きょく【二曲】能の2種の基本技芸で、舞と音曲のこと。舞歌。

に-きょく【二極】❶陰極と陽極。❷二つの中心勢力があること。「—分化」

にきょく-か【二極化】〔名〕スル「二極分化」に同じ。

にきょく-かん【二極管】陽極と陰極の二極からなる電子管。ふつう二極真空管をいう。

にきょく-しんくうかん【二極真空管】陰極にあたるフィラメントと、陽極にあたる金属板(プレート)とを封入した真空管。交流を直流に変える整流器や検波器に使用。

にきょく-ぶんか【二極分化】〔名〕スル 中間が減少して両極端に分かれる現象。大都市への人口集中と農漁村の過疎化、貧富の格差の拡大など。二極化。

にぎら・す【握らす】〔動サ五(四)〕❶握るようにさせる。「しっかりと手を—・す」❷賄賂の金銭を渡す。「口封じに—・す」

にぎら・せる【握らせる】〔動サ下一〕「握らす」に同じ。「すしを—・せる」「袖の下を—・せる」

に-きり【煮切り】煮切ること。調味料として加える酒やみりんを煮立て、アルコール分をとばすこと。こうすることでうまみが強くなる。また、煮つめて水分や煮汁を除くこと。

にぎり【握り】❶手で握ること。また、握ったもの。❷手で握った長さや太さ。また、量。「ひと一の米」❸器物の、手で取り持つ部分。「包丁の一」❹囲碁で、先番をきめる方法。握った石の数が偶数か奇数かを言い当てることで先手を決める。❺「握り飯」の略。❻「握り鮨(ずし)」の略。類語(❸)取っ手・グリップ・ノブ・つまみ・ハンドル・柄(え)・柄(つか)・把手

にぎり-おの【握り×斧】▶あくふ(握斧)

にぎり-かわ【握り革】弓・刀などの握り持つ部分に巻いた革。

にぎり-ぎんたま【握り金玉】ふところ手のまま、何もしないこと。

にぎり-こぶし【握り拳】❶固く握りしめた手。げんこつ。こぶし。❷無一文なこと。空手(からて)。
類語(❶)拳(けん)・拳骨(げんこつ)・鉄拳・拳固(げんこ)

にぎり-し・める【握り締める】〔動マ下一〕文にぎりし・む〔マ下二〕力を入れて固く握る。しっかりと握って離さないようにする。「母親の手を一・める」「小遣いを一・めておもちゃを買いに行く」

にぎり-ずし【握り×鮨】魚や貝などの種(たね)を、小さく握り固めた鮨飯にのせた鮨。江戸前鮨。

にぎり-つぶし【握り潰し】握りつぶすこと。「議案の一をもくろむ」

にぎり-つぶ・す【握り潰す】〔動サ五(四)〕❶強く握ってつぶす。「粘土を一・す」❷意見・提案などを手もとに故意にとどめ、処置しないままにして、うやむやにする。「要求を一・す」

にぎり-て【握り手】❶「握り❸」に同じ。「ステッキの一」❷握る役目の人。「鮨(すし)の一」

にぎり-ばさみ【握り×鋏】指を入れる穴のない、握り持って切るはさみ。糸切りばさみ。和鋏(わばさみ)。これに対して、指を入れる穴のあるはさみを「洋ばさみ(西洋ばさみ)」という。

にぎり-ばし【握り箸】嫌い箸の一。棒を握るような手つきで箸を持つこと。

にぎり-ばす【握り×蓮】勾欄(こうらん)などの束(つか)の上に設け、手すりを支える蓮の葉形の彫刻装飾。

にぎり-ぶと【握り太】〔名・形動〕❶握って太く感じること。また、そのさまや、そのもの。「一な(の)杖」❷弓柄(ゆづか)を皮などで巻き太くしたもの。

にぎり-べ【握り×屁】放屁(ほうひ)して、臭気を手のひらで握るようにすること。また、その屁。にぎりっぺ。

にぎり-めし【握り飯】飯を握り固めたもの。梅干しを入れたり海苔を巻いたりする。おにぎり。むすび。

にぎり-や【握り屋】金銭をためこむばかりで出し惜しむ人。類語けち・吝嗇(りんしょく)・しみったれ・しわい・渋い・しょっぱい・細かい・みみっちい（けちな人）けちん坊・しわん坊・締まり屋・吝嗇漢(りんしょくかん)・守銭奴(しゅせんど)・倹約家・始末屋

に-き・る【煮切る】〔動ラ五(四)〕調味料として加える酒やみりんを煮立て、アルコール分をとばす。こうすることで、うまみが強くなる。また、煮つめて水分や煮汁を除く。「酒を一・る」

にぎ・る【握る】〔動ラ五(四)〕❶手の指全部を内側へ曲げる。また、そのようにして、物をつかんだり、持ったりする。「こぶしを一・る」「ペンを一・る」「車のハンドルを一・る」❷物事をとらえて自分のものとする。手中に収める。「実権を一・る」「政権を一・る」「大金を一・る」❸重要な事柄を確実につかむ。「相手の弱みを一・る」「秘密を一・る」「証拠を一・る」❹握り飯や握りずしを作る。「好みのねたを一・ってもらう」➡掴(つか)む用法 可能にぎれる
…句 キャスティングボートを握る・采配(さいはい)を握る・財布の紐(ひも)を握る・手に汗を握る・手を握る
類語(❶)執(と)る・把持する・把握する・捕まえる／(❷)押さえる・制する・掌握する・確保する・保持する・独占する・占有する・支配する・我が物にする・統治・君臨・制覇・制圧・征服・圧伏・管理・管轄・統轄・統御・統率・宰領(さいりょう)・監督・統制・取り締まり・独裁・専制・治世・統(す)べる・領する・牛耳(ぎゅうじ)る

にぎ-わい【×賑わい】にぎわうこと。「街の一」

にぎ-わ・う【×賑わう】〔動ワ五(ハ四)〕《「わう」は接尾語》❶人が集まるなどしてにぎやかになる。「行楽客で一・う」❷豊かになる。繁盛する。「一門が一・う」「店が一・う」類語栄える・繁栄・繁盛・富む・栄華・全盛・最盛・興隆・隆盛

にぎわし・い【×賑わしい】〔形〕文にぎは・し〔シク〕にぎわっている。「表通りは夜更けまで一・い」派生にぎわしさ〔名〕

にぎわ・す【×賑わす】〔動サ五(四)〕❶にぎやかにする。活気のある状態にする。「座を一・す」「マスコミを一・す事件」❷豊かにする。また、ほどこして豊かにする。「旬(しゅん)の物で食卓を一・す」「民ヲ一・ス」〈和英語林集成〉

にぎわわ・し【×賑ははし】〔形シク〕❶富み栄えている。「かく一・しきところにならひて」〈大和・一四九〉❷明るく陽気である。賑やかである。「一・しう愛敬づき、をかしげなるを」〈源・空蝉〉

にぎわわ・す【×賑わわす】〔動サ五(四)〕「賑わす」に同じ。「新聞紙上を一・す事件」

にきん-さ【二均差】月の黄経に現れる周期的な摂動の一。振幅0.66度、周期は半朔望月（14.7653日）。太陽の引力のため、角速度が加速されたり減速されたりすることによる。

に-く【二九】❶2と9とを掛けること。❷18歳のこと。特に、娘ざかりの年ごろ。

にく【肉】❶動物の皮膚の下にあって骨に付着している柔らかい部分。主に筋肉から成る。「一がつく」❷食用にする動物の筋肉や脂肪の部分。特に、鳥獣のそれをいう。「魚よりも一を好む」❸果物などの、皮と種子の間にある部分。果肉。「一の厚い果実」❹精神に対する人間のからだ。肉体。「霊と一の合一」❺物の厚み。「一の厚い紙」❻骨格・基本となる部分に付け加えられる、内容の厚み・深み・豊かさなど。「文章に一をつける」❼印肉のこと。「朱一」➡漢「にく(肉)」類語筋肉

肉が落(お)・ちる　からだがやせる。

肉を切らせて骨を切る　自分も痛手を受ける代わりに、相手にそれ以上の打撃を与える。捨て身で敵に勝つ。肉を切らせて骨を断つ。

にく【×褥】❶毛の敷物。しとね。「一と思ひし苔にも」〈梁塵秘抄・二〉❷《皮が敷物に適するところから》カモシカの別名。〈文明本節用集〉

に-ぐ【逃ぐ】〔動ガ下二〕「にげる」の文語形。

にく-あつ【肉厚】〔形動〕文〔ナリ〕肉の分厚いさま。厚みがあるさま。「一な肩」「一のメロン」

にく・い【憎い】【▽悪い】〔形〕文にく・し〔ク〕❶そのものに強い抵抗感・不快感を抱くさま。許しがたく思って嫌うさま。にくらしい。「冷酷な犯人が一・い」「不正を許す社会が一・い」❷（しゃくにさわるほどすぐれている、の意で反語的に）感心すべきである。たいそう好ましい。「なかなか一・い趣向だ」「一・いことを言うね」「三拍子そろった一・い選手」❸見苦しい。みっともない。「一・き顔を鼻などうち赤めつつ」〈源・松風〉❹気がひける。はしたない。「我ながら一・き心かなと」〈源・宿木〉派生にくがる〔動ラ五〕にくげ〔形動〕にくさ〔名〕類語憎らしい

にく・い【▽難い】【▽悪い】〔接尾〕《形容詞型活用 文にく・し(ク活)。形容詞「にくい」の接尾語化》動詞の連用形に付いて、…することがむずかしい、…しづらい、…しがたい、などの意を表す。「見一・い」「読み一・い」「書き一・い」類語難(がた)い・辛(づら)い

にく-いれ【肉入れ】印肉入れ。肉池(にくち)。

にく-いろ【肉色】❶肉の色。❷肌の色。黄みがかった淡紅色。肌色。

に-ぐう【二宮】❶中宮と東宮。❷2柱の神の宮。特に、内宮と外宮。

にく-うす【肉薄】〔形動〕文〔ナリ〕肉が薄いさま。厚みの少ないさま。「一な(の)板」

にぐう-の-たいきょう【二宮の大×饗】平安時代、正月2日に、親王・王・公卿などが中宮・東宮に拝賀して饗宴を賜ったこと。

にく-エキス【肉エキス】肉の煮出し汁、あるいは肉を酵素で分解した液汁を濃縮したもの。スープストックや加工食品の調味に使用。

にく-えん【肉縁】血の続いた間柄。肉親の関係。また、その人。血族。血縁。

にく-が【肉芽】❶外傷や炎症により欠損を生じた部分にできてくる、赤く柔らかい粒状の結合組織。肉芽組織。にくげ。❷「零余子(むかご)」に同じ。

にく-かい【肉界】肉体とその作用の及ぶ世界。
類語この世・うつし世・現世・地上・人界・下界・娑婆(しゃば)・此岸(しがん)・苦界・人間界・世界

にく-かい【肉塊】肉のかたまり。また、肉体。
類語体(からだ)・身(み)・体(たい)・身体(しんたい)・肉体・体躯(たいく)・図体(ずうたい)・肢体(したい)・五体(ごたい)・全身・満身・総身(そうみ)・総身(そうしん)・人身(じんしん)・人体・生体・ボディー・ししむら・骨身

にくが-しゅ【肉芽腫】《医学では「にくげしゅ」という》マクロファージなどの細胞が増殖して結節を形成したもの。体内に侵入した病原体などの異物をマクロファージが分解・排除できない場合に、異物を取り囲んで組織の中に閉じ込めることによって異物の作用を抑える、免疫反応の一つ。

にくが-そしき【肉芽組織】《医学で「肉芽」は「にくげ」という》▶肉芽

にく-かみうた【二句神歌】上の句と下の句の2句からなる短歌体の神歌。平安末期から鎌倉時代にかけて行われた。にくのかみうた。

にくから-ず【憎からず】〔連語〕《形容詞「にくし」の未然形＋打消しの助動詞「ず」》❶好感がもてる。かわいい。慕わしい。「一ず思う」❷見苦しくない。感じがよい。「一ず、うち笑みて聞きゐ給へり」〈源・東屋〉

にく-かん【肉冠】「鶏冠(とさか)」に同じ。

にく-かん【肉感】▶にっかん(肉感)

にく-がん【肉眼】❶肉体にそなわっている目。望遠鏡・顕微鏡などを用いない生来の視力。「一では見えない星」❷▶にくげん(肉眼)

にく-きゅう【肉球】猫や犬などの足の裏にある肉質の塊。毛はなく、弾力があり、表面は厚い角質層に覆われる。歩くときのクッションになる。蹠球(しょきゅう)。

にく-ぎゅう【肉牛】食肉を得る目的で飼育される牛。

にく-きり【肉切り】❶獣肉などを切ること。❷「肉切り包丁」の略。

にくきり-ぼうちょう【肉切り包丁】食用の獣肉などを切るのに用いる包丁。

にく-げ【肉▽芽】▶肉芽(にくが)❶

にく-けい【肉刑】肉体の一部を傷つける刑罰。入れ墨・鼻切り・宮刑などの類。

にく-けい【肉×髻】仏の三十二相の一。頭頂部に一段高く碗形に隆起している部分。烏瑟膩沙(うしつにしゃ)。

にくげ-ごと【憎げ言】憎らしげな言葉。憎まれ口。「例の一し給ふめり」〈能因本枕・二七〉

にくげ-しゅ【肉▽芽腫】《医学用語》▶にくがしゅ(肉芽腫)

にく-げん【肉眼】仏語。五眼の一。人間の肉体に備わっている目。凡夫の目。にくがん。

にく-こう【肉交】男女の肉体的な交わり。性交。

にく-こう【肉×羹】「肉汁(にくじる)❶」に同じ。

にく-こっぷん【肉骨粉】家畜から食肉を除いた残りの部分を加熱処理し、粉末にしたもの。飼料や肥料にする。➡骨粉 ➡牛海綿状脳症

にく-さ【肉×叉】フォーク。肉刺し。「一を用いて、塩豕一片を口に投じて」〈逍遥・内地雑居未来之夢〉

にく-さ【憎さ】憎いこと。憎いことの度合い。「かわいさ余って一百倍」

憎さも憎し　いくら憎んでも憎み足りない。いかにも憎い。

にくさ-げ【憎さげ】〔形動〕文〔ナリ〕❶いかにも憎らしそうなさま。憎らしげ。「『…随分おしゃべりねえ』と、さも一に言った」〈小山内・大川端〉❷見た目に不快なさま。醜い。「顔一なる人にも立ちまじりて」〈徒然・一〉

にく-さし【肉刺(し)】フォーク。肉叉(にくさ)。「手にした一

に料理をさしながら〈荷風・ふらんす物語〉

に-くさび【荷▽轄】和船の舟べりをおおって、波の当たりを和らげるわらやむしろの類。

にく-ざり【二句去り】連歌・俳諧などで、2句以上を隔てなければ使ってはならない字や語。

にくざん-ほりん【肉山×脯林】《「帝王世紀」の「夏桀(かけつ)は肉山脯林を為し、殷紂は酒池肉林を為す」から》生肉の山と干し肉の林。宴席などのぜいたくきわまるようすのたとえ。酒池肉林。

にく-じき【肉食】〘名〙スル 鳥獣魚介の肉を食うこと。にくしょく。

にくじき-さいたい【肉食妻帯】僧が肉食をし、妻をもつこと。戒律では禁じられているが、真宗・修験道では早くから認めている。

にく-しつ【肉質】❶肉の質。また食肉の品質。❷肉の多い性質。「一の葉」

にくしつ-るい【肉質類】肉質綱に属する原生動物の総称。原形質流動や偽足によって運動する。アメーバ・有孔虫・太陽虫・放散虫や粘菌など。根足虫類。

にくし-み【憎しみ】憎いと思うこと。憎悪の気持ち。「一に満ちたまなざし」「周囲の一を買う」(類語)嫌悪・憎悪・厭悪(えんお)・恨み・怨恨(えんこん)・怨嗟(えんさ)・意趣・私怨(しえん)・遺恨(いこん)・怨念(おんねん)・宿意・宿怨(しゅくえん)・宿恨・積怨(せきえん)・旧怨(きゅうえん)・仇(あだ)・復讐心(ふくしゅうしん)・逆恨み・恨めしい

にくし-む【憎しむ】〘動マ四〙憎いと思う。憎む。「一家一門其方を恨み一・み」〈浄・天の網島〉

にく-ジャガ【肉ジャガ】《ジャガは「ジャガイモ」の略》牛肉または豚肉とジャガイモを、醤油や砂糖などで味つけした煮物。明治時代、旧日本海軍の艦上食として発案されたのが始まりという。

にく-しゅ【肉腫】上皮細胞からなる癌腫(がんしゅ)に対し、非上皮性細胞からなる悪性腫瘍(しゅよう)の総称。線維肉腫・骨肉腫・筋肉腫などがある。

にく-じゅう【肉汁】ヂフ ❶鳥獣の肉を煮出した汁。肉羹(にっこう)。❷肉をしぼって取った汁。肉漿(にくしょう)。❸(「にくじる」とも)肉を焼いたときにしみ出る液汁。

にく-ジュバン【肉ジュバン】演劇、特に歌舞伎で、役者が肌を現すときに用いる、肌にぴったり合った肉色のジュバン。刺青を描いたものや、肥満体にみせるために綿を入れたものなどもある。肉ジバン。

にく-じゅよう【肉×蓯×蓉】植物オニクに近縁の中国産のホンオニクを乾燥したもの。漢方で強壮薬とする。にくしょうよう。

にく-しょう【肉障】シヤウ 唐の楊国忠(ようこくちゅう)が多くの美女を周囲に並べて、寒さ防ぎの屏風(びょうぶ)がわりにした故事。肉屏風。肉陣。

にく-しょう【肉×漿】シヤウ 肉の中に含まれている汁。また、肉をしぼって取った汁。肉汁。

にく-しょう【肉×醤】シヤウ「ししびしお❶」に同じ。

にく-じょう【肉情】ジヤウ 異性に対して感じる肉体的な欲望。性的な欲情。

にく-しょく【肉色】▶にくいろ

にく-しょく【肉食】〘名〙スル ❶人が鳥獣の肉を食うこと。にくじき。❷動物が他の動物を食物とすること。

にくしょく-じゅう【肉食獣】ジウ 肉食性の獣。

にくしょく-せい【肉食性】動物肉を常食とする性質。食性の一。

にくしょく-ちょう【肉食鳥】テウ 動物、特に小形の哺乳類や鳥類を捕食する鳥。ワシ・タカなど。

にくしょく-どうぶつ【肉食動物】肉食性の動物。一般に、性質が荒く、鋭い歯・つめ・くちばしなどをもつ。

にく-じる【肉汁】▶にくじゅう❸

にく-しん【肉身】生身のからだ。肉体。

にく-しん【肉親】親子・兄弟など、非常に近い血縁関係にある人。(類語)近親・身内・係累(けいるい)・家族・一家・家内・家人・家(うち)の人・親子・親兄弟・妻子・骨肉・血肉(けつにく)・身寄り・家累・家眷(かけん)・一家眷属(いっかけんぞく)・妻子眷属(さいしけんぞく)・一族・ファミリー・家庭

にく-じん【肉陣】ヂン「肉障(にくしょう)」に同じ。

ニクス〖Nix〗冥王星の第2衛星。名の由来はギリシャ神話の夜の女神。2005年にハッブル宇宙望遠鏡で発見された。直径は40～60キロ。

にく-すい【肉垂】鳥の頬(ほお)や顎(あご)の辺りに垂れ下がる肉質の塊。肉垂れ。

にくすい-かじょ【肉穂花序】クワジヨ 穂状花序の特殊化したもの。多肉な花軸の周囲に柄のない花が多数密生するもの。仏炎苞(ぶつえんほう)をもつ。テンナンショウ・ミズバショウなどにみられる。

にく-ずく【肉豆×蔲】ヅク ニクズク科の常緑高木。葉は長楕円形で革質。雌雄異株。実は洋なし状で、果皮内に、紅色をした肉質で網状の仮種皮に包まれた1個の種子がある。種子をナツメグ、仮種皮をメースといい、香辛料として用いる。モルッカ諸島の原産で、熱帯地方で栽培される。

にくずく-ゆ【肉豆×蔲油】ニクヅク ニクズクの実を蒸留して採った油。淡黄色で芳香があり、薬用・食品香料とする。

に-くずれ【荷崩れ】クヅレ〘名〙スル 積み荷がくずれること。「運送中に一する」

に-くずれ【煮崩れ】クヅレ〘名〙スル 魚や野菜などを煮ているうちに、形が崩れてくること。「ジャガイモは一するのでスープが濁りやすくなります」

にく-せい【肉声】❶マイクや電話のような機械を通した声に対し、人ののどから出るなまの声。「一でも聞こえる広さの部屋」❷人工的に作り出された音声に対し、人が出す声。「一による車内放送」(類語)地声

にく-せいひん【肉製品】鳥獣の肉からつくった食品の総称。

にく-そう【憎相¦悪相】サウ《「にくぞう」とも》憎らしいようす。憎たらしい顔つき。また、その人。「如何なる一の者かしたりけん」〈太平記・一五〉

ニクソン〖Richard Milhous Nixon〗[1913～1994]米国の政治家。第37代大統領。在任1969～1974。共和党。ドル防衛策の強行などで、国内外に動揺を与える一方、米中接近やベトナム戦争の休戦を実現させた。1974年、ウオーターゲート事件により辞任。➡フォード

ニクソン-ショック〖Nixon shock〗❶1971年8月に米国のニクソン大統領がドルの金兌換(だかん)の停止を宣言したこと。ベトナム戦争による財政悪化の解決策として、大統領が議会にもはからずに発表したもので、輸入課徴金の実施などを内容とするドル防衛のための新経済政策によって、世界経済が衝撃的な影響を受けた。その後の為替相場は変動相場制になり、円高・ドル安で日本経済は打撃を受けた。ドルショック。➡ブレトンウッズ協定 ❷長期化、泥沼化したベトナム戦争の解決のためには中国との和解が必要と考えたニクソン大統領が、極秘に中国と交渉した一連の出来事。1971年に対中関係改善をめざす声明を発表、72年2月米大統領として初めて中国を訪問し、米中関係の改善が実現した。この頭越しの秘密交渉で日本の外交は衝撃を受けた。

にく-たい【肉体】生身のからだ。生きている人間のからだ。肉身。(類語)体(からだ)・身体・体(たい)・身・ボディー・肉塊・ししむら・骨身・体躯(たいく)・図体(ずうたい)・肢体(したい)・五体(ごたい)・全身・満身・総身(そうしん)・総身(そうみ)・人身(じんしん)・人体・生体

にく-たい【憎体】〘名・形動〙▶にくてい(憎体)

にくたい-かんけい【肉体関係】クワンケイ 男女の性的な結びつき。

にくたい-てき【肉体的】〘形動〙肉体に関するさま。「一な疲れ」

にくたいのあくま【肉体の悪魔】《原題、フランス Le Diable au corps》ラディゲの長編小説。1923年刊。早熟な少年と出征兵士の妻との恋愛心理を、簡潔な古典的文体で描く。

にくたい-び【肉体美】肉体の美しさ。からだつきの美しさ。

にくたい-ぶんがく【肉体文学】肉体の開放を通して人間をとらえようとした文学。第二次大戦直後、田村泰次郎が主唱した。

にくたい-ろうどう【肉体労働】ラウドウ からだを使ってする労働。筋肉労働。(類語)重労働・力仕事・手仕事・荒仕事・作業

にく-たらし-い【憎たらしい】〘形〙図にくたら・し〘シク〙いかにも憎らしい。なんとも憎らしい。にくったらしい。「一・い口をきく」(派生)にくたらしげ〘形動〙にくたらしさ〘名〙(類語)憎憎しい・小憎らしい・面(つら)憎い・憎体(にくてい)・毒毒しい

にく-だれ【肉垂れ】「にくすい(肉垂)」に同じ。

にく-たん【肉×袒】肩脱ぎして肉体の一部を現すこと。昔、中国で降伏や謝罪の意を示すために行った。

にく-だん【肉弾】人間の肉体を弾丸として敵陣に突入すること。「一戦」(補説)日露戦争を描いた桜井忠温(ただよし)の戦記文学「肉弾」からできた語。

にく-だんご【肉団子】ひき肉を丸めて調理した食品。ミートボール。

にく-ち【肉池】印肉を入れる容器。肉入れ。

にく-ちゅう【肉柱】貝柱(かいばしら)。

にく-づき【肉月】漢字の偏の一。「肌」「肝」「胸」などの「月」の称。本来は「肉」の字の象形で、日月の「月」と区別していう。現在では同じ字形を用いる。

にく-づき【肉付き】《「にくつき」とも》❶肉がついていること。また、そのもの。❷からだの肉のつきぐあい。太りぐあい。「一がよい」(類語)恰幅(かっぷく)・体つき・体格・体躯(たいく)・背恰好(せかっこう)・筋骨

にくづき-の-めん【肉付きの面】越前の吉崎観音の霊験物語。邪悪な姑(しゅうとめ)が鬼女の面をかぶって嫁を脅すと、その面が顔に食いついて外れなくなるというもの。

にく-づ-く【肉付く】〘動カ五(四)〙からだに肉がつく。太る。「ふっくらと一・く」

にく-づけ【肉付け】〘名〙スル ❶肉をつけること。骨組みがひととおり出来上がってから、細部に手を加え、内容に厚みを与えること。「大まかなプランに一する」❷塑像などで、肉をつけて厚みや丸みを出すこと。モデリング。

にく-てい【憎体】〘名・形動〙❶憎々しいこと。また、そのさま。「一な意地わるが」〈野上・迷路〉❷「憎体口(にくていぐち)」の略。(類語)憎たらしい・憎憎しい・面(つら)憎い・小憎らしい・毒毒しい

にくてい-ぐち【憎体口】憎らしいものの言い方。にくまれぐち。「何がなあたる一」〈浄・朝顔話〉

にく-てき【肉的】〘形動〙肉体に関するさま。肉欲に関するさま。肉体的。「一な苦悩」(対)霊的。

にくて-ぐち【憎▽体口】「にくていぐち」の音変化。「平日(いつ)に似気(にげ)なき一を利いた」〈魯庵・社会百面相〉

にくて-らし-い【憎▽体らしい】〘形〙図にくてら・し〘シク〙《「にくていらしい」の音変化。近世語》憎々しい。憎らしい。「二つ元結の一・い男つき」〈伎・助六〉

にく-なべ【肉鍋】❶肉料理用の鍋。❷鳥獣の肉などを鍋で煮ながら食う料理。

にく-なんばん【肉南蛮】煮た豚肉とネギを加えた掛けそば、または掛けうどん。

にく-にく【憎憎】〘副〙いかにも憎そうであるさま。「一と返事しければ」〈著聞集・一六〉

にくにく-し-い【憎憎しい】〘形〙図にくにく・し〘シク〙いかにも憎らしい。非常に憎らしい。「一・い態度」(派生)にくにくしげ〘形動〙にくにくしさ〘名〙(類語)憎たらしい・小憎らしい・面(つら)憎い・憎体(にくてい)・毒毒しい

にく-ばえ【肉×蠅】バヘ 双翅(そうし)目ニクバエ科の昆虫の総称。全体に灰黒色で、胸部背面に3本の縦縞、腹部背面に銀色の市松模様がある。幼虫は動物の腐肉を好む。しまばえ。

にく-はく【肉薄¦肉迫】〘名〙スル ❶身をもって敵地な

漢字項目 **にく**

【▽辱】▶じょく

肉 (学)2 (音)ニク(呉) (訓)しし ‖ ①動物の皮下で骨を包む柔らかい組織。「肉塊・肉片/筋肉・贅肉(ぜいにく)・皮肉・髀肉(ひにく)」②食用にする動物の肉。「肉牛・肉汁・肉食/牛肉・魚肉・鶏肉・酒肉・生肉・精肉・冷肉」③人のからだ。「肉体・肉薄・肉欲/苦肉・霊肉」④生身であること。じか。「肉眼・肉声・肉筆」⑤身近なもの。血縁。「肉親/骨肉」⑥肉のように柔らかいもの。「印肉・果肉・朱肉・梅肉・葉肉」(難読)肉叢(ししむら)・肉豆蔲(にくずく)・肉刺(まめ)

に

どに迫ること。「敵の本拠に―する」❷競争などで、すぐ近くまで追い迫ること。「首位に―する」❸鋭く問い詰めること。「議会が政府に―する」

にく-ばなれ【肉離れ】筋肉や筋線維が部分的または完全に断裂し、種々の障害をきたした状態。疾走・跳躍時に筋肉の急激な収縮によって起こることが多い。

にく-ひつ【肉筆】印刷・複製などでなく、本人が実際に手で書くこと。また、そのもの。「―の手紙」

にく-びょうぶ【肉×屏風】ニブン「肉障(にくしょうじ)」に同じ。「女小姓を―奢りに透間中庭の」〈浄・妹背山〉

にく-ぶと【肉太】〘名・形動〙文字の線が太いこと。また、そのさま。「―な(の)力強い字」⇔肉細。

(類語)太い・筆太・ボールド

にく-ぶとん【肉布団】同衾(どうきん)する女性を布団に見立てていう語。

にくぶとん【肉蒲団】中国の好色小説。6巻20回。明末・清初の作家李漁の作といわれ、主人公の未央生が漁色の末に出家する物語。一名、覚後禅。日本でも18世紀初めに出版された。

にく-ふん【肉粉】獣肉などを乾燥して粉末にしたもの。飼料・肥料などに用いる。

にく-へん【肉片】肉の切れ端。

にく-ぼそ【肉細】〘名・形動〙文字の線が細いこと。また、そのさま。「―な(の)活字」⇔肉太。

にくま-れ【憎まれ】❶人から憎まれること。❷「憎まれ口」の略。

にくまれ-ぐち【憎まれ口】人に憎まれるようなことを言うこと。また、その言葉。「―をたたく」

(類語)減らず口

にくまれっ-こ【憎まれっ子】かわいげがなく、だれからも好かれない子供・人。

憎まれっ子世にはばかる　人に憎まれるような者が、かえって世間では幅をきかせる。

にくまれ-やく【憎まれ役】人から憎まれるような役目・立場。「―に徹する」「―を買って出る」(類語)敵役

にく-まん【肉×饅】「肉饅頭」の略。

にく-まんじゅう【肉×饅×頭】ニヂュウ 刻んだ野菜などをまぜた挽肉(ひきにく)を調味し、イーストを加えた小麦粉の生地で包んで蒸した饅頭。肉まん。

にくみ【憎み】▽悪み】憎むこと。憎しみ。憎悪。〈和英語林集成〉

にく-む【憎む】▽悪む】〘動マ五(四)〙❶よくないこと、本来あってはいけないこととして許しがたく思って嫌う。他人の言動などに強い不快の感情をいだく。憎いと思う。「不正を―む」「戦争を―む」「―むべき犯罪」❷自分に不利益をもたらすものとして嫌う。「恋敵を―む」❸非難する。なじる。「人の―むをよしと言ひ、ほむるをも悪(あ)しと言ふ人は」〈枕・三一九〉

(可能)にくめる (類語)嫌う・忌み嫌う・恨む・嫉(ねた)む・呪(のろ)う・嫌がる・厭(いと)う・憎悪する・嫌悪する・敵視する・仇視(きゅうし)する・嫉視(しっし)する・呪詛(じゅそ)する・唾棄(だき)する・目の敵(かたき)にする・白い目で見る

にくめ-ない【憎めない】〘連語〙憎もうとしても憎むことができない。愛すべきところがある。「乱暴者だが、―ないやつ」

にく-や【肉屋】肉を売る店。肉店。

にく-よう【肉用】食用の肉として用いること。食肉用。

にくよう-しゅ【肉用種】食肉を得る目的で飼育される牛・鶏・羊などの品種。

にく-よく【肉欲】肉×慾】異性の肉体を求める性的欲望。性欲。情欲。「―におぼれる」

(類語)性欲・情欲・愛欲・色欲・淫欲

に-ぐら【荷×鞍】《「にくら」とも》荷馬の背に置く鞍。荷をつけるための鞍。

にくらか【憎らか】〘形動ナリ〙憎らしいさま。「さるべき方には卑下(ひげ)して、―にもうけばらぬなどを、ほめぬ人なし」〈源・若菜上〉

にくらし-い【憎らしい】〘形〙図にくら・し〘シク〙❶気にさわって許しがたく思うさま。ひどくしゃくにさわるさま。にくい。「言い方がいちいち―い」「私を捨てたあの人が―い」❷気にさわるほどすばらしい。にくい。「―い心配り」(派生)にくらしがる〘動ラ五〙にくらしげ〘形動〙にくらしさ〘名〙(類語)憎い

ニグリステ-きょうかい【ニグリステ教会】ケウクワイ《Niguliste Kirik》エストニアの首都タリンの旧市街にある教会。船乗りの守護聖人ニコラスを祭る。13世紀に建造。第二次大戦でソ連軍に一部破壊され、修復後は美術館およびホールとして利用されている。15世紀ドイツの画家・彫刻家ベルント=ノトケによる絵画「死の舞踏」があることで知られる。聖ニコラス教会。

にく-りゅう【肉×瘤】リウ ❶こぶ。肉腫(にくしゅ)。❷盛り上がった、たくましい筋肉。

にく-りん【肉林】宴席などで肉の料理が豊富にあること。➡酒池(しゅち)肉林

にく-るい【肉類】食用にする肉の類。

に-ぐるま【荷車】人・馬が引くなどして荷物を運搬するための車。

ニグロ〘Negro〙黒色人種を意味する学術用語。黒人。ネグロ。➡ニグロイド (補説)日常用いる語としては好まれない。アフリカ系アメリカ人の意味では、通常African American を用いる。

ニグロイド〘Negroid〙形態的特徴による人種の三大区分の一。皮膚の特徴は黄褐色から黒色、頭髪は縮れ、鼻は幅広い。アフリカニグロイド・エチオピア人種・コイサン・ピグミー・メラネシア人など。類黒色人種。ネグロイド。➡コーカソイド ➡モンゴロイド

に-ぐろ-し【▽土黒し】〘形ク〙土の色のように黒い。「底土(しはに)は―きゆゑ」〈記・中・歌謡〉

ニクロム〘Nichrome〙ニッケルとクロムを主体とする合金。少量のマンガン・鉄・炭素・珪素なども含む。高温に耐え、電気抵抗が大きい。商標名。

にクロム-さん【二クロム酸】クロムのオキソ酸の一。化学式$H_2Cr_2O_7$　重クロム酸。

にクロムさん-カリウム【二クロム酸カリウム】橙赤色の結晶。強い酸化作用を示す。媒染剤・クロムめっき・写真印刷・分析試薬など用途が広い。化学式$K_2Cr_2O_7$　重クロム酸カリウム。

にクロムさん-ナトリウム【二クロム酸ナトリウム】二水和物は吸湿性のある橙赤色の結晶。化学的性質は二クロム酸カリウムによく似る。皮なめし剤・媒染剤などに利用。化学式$Na_2Cr_2O_7$　重クロム酸ナトリウム。

ニクロム-せん【ニクロム線】ニクロムの針金。電熱線や抵抗線として使用。

に-ぐろめ【煮黒め】銅の合金の一。銅100に対し白鑞(しろめ)3の比率で調合したもの。銅よりも黒みを帯びる。にぐるみ。

に-くん【二君】二人の君主。じくん。「忠臣は―に仕えず」

に-ぐん【二軍】スポーツで、一軍に対する予備的なチーム。

ニケ〘Nikē〙ギリシャ神話の勝利の女神。ローマ神話のビクトリアにあたる。翼をもつ若い女神として描かれ、エーゲ海のサモトラケ島出土の像はギリシャ美術の傑作。➡サモトラケのニケ

に-げ【二毛】《「にけ」とも》馬の毛色の名。白黒2色まじったもの。「逃げ」に掛けることもある。ねずみげ。「忠清は―の馬にぞ乗りにける」〈平家・五〉

にげ【逃げ】逃げること。「―の一手」「勝ち―」

(類語)とんずら・エスケープ

逃げを打・つ　逃げるための用意をする。責任の追及などを逃れようと手段を講じる。逃げを張る。「万一の場合に備えて―・つ」

逃げを張・る　「逃げを打つ」に同じ。

にげ-あし【逃(げ)足】逃げようとする足つき。また、逃げる速さ。「―が速い」

にげ-う・せる【逃げ▽失せる】〘動サ下一〙図にげう・す〘サ下二〙逃げて行方をくらます。逃亡する。「首尾よく―・せる」

にげ-うま【逃(げ)馬】競馬で、最初から先頭に立って逃げ切るのを得意とする脚質の馬。

ニケーア〘Nicaea〙►ニカイア

にげ-おお・せる【逃げ▽果せる】ニゲオホセル〘動サ下一〙図にげおほ・す〘サ下二〙最後まで逃げきる。「警察の追跡からはとても―・せない」

にげ-おく・れる【逃(げ)遅れる】〘動ラ下一〙図にげおく・る〘ラ下二〙逃げるのが遅れる。逃げそこなう。「火災で―・れる」

にげ-お・ちる【逃(げ)落ちる】〘動タ上一〙図にげお・つ〘タ上二〙逃げてひそかによそへ行く。逃げのびる。「戦に敗れて―・ちる」

にげ-かえ・る【逃(げ)帰る】ニゲカヘル〘動ラ五(四)〙逃げて帰る。逃げもどる。「命からがら―・る」

にげ-かく【逃(げ)角】工作機械のバイトやドリルなどで、刃先の背が工作物に当たらないように透かせる角度。

にげ-かくれ【逃(げ)隠れ】〘名〙スル 逃げ隠れること。「―しないで対決する」(類語)潜伏

にげ-かく・れる【逃(げ)隠れる】〘動ラ下一〙図にげかく・る〘ラ下二〙逃げて人目につかないようにする。逃げて身を隠す。「追っ手から―・れる」

にげ-か・む【×齝む】〘動マ四〙食物を反芻(はんすう)する。「食ひ已れば―・む」〈霊異記・下〉

にげ-きず【逃げ傷】逃げ×疵】逃げるときに背後から受けた傷。うしろきず。「人より先に逃げ、うろたへて―をしたたかに蒙り」〈仮・浮世物語・三〉

にげ-き・る【逃(げ)切る】〘動ラ五(四)〙❶最後まで追いつかれないで逃げ終える。「鹿がハンターから―・る」❷競技などで、相手に追いつかれないで、うまく勝つ。「先行馬が―・る」「五対四で―・る」

にげ-く【逃げ句】×遁げ句】❶言いのがれをしようとしていう言葉。逃げ口上。「また―をいふよ」〈人・梅児誉美・初〉❷(遁げ句)連句の付合(つけあい)手法の一。手の込んだ句が連続したときや前句がむずかしいときに、さらりと叙景句などを付けて、次句を付けやすくすること。遣(や)り句。➡七名八体(しちみょうはったい)

にげ-ぐち【逃(げ)口】《「にげくち」とも》❶外へ逃げるための出口。❷言いのがれ。逃げ口上。「いいえ、そんな―は聞きません」〈逍遥・当世書生気質〉

にげ-こうじょう【逃(げ)口上】ニゲコウジャウ 責任などをのがれようとしていう言葉。逃げ口。

(類語)弁解・弁明・釈明・申し訳・言い開き・申し開き・言い逃れ・言い抜け・言い訳

にげ-ごし【逃(げ)腰】今にも逃げようとする腰つき。また、責任などをのがれようとする態度。「問い詰められて―になる」

(類語)浮き腰・及び腰・へっぴり腰・弱腰

にげ-こ・む【逃(げ)込む】〘動マ五(四)〙❶逃げて、ある場所へ入り込む。「雨に降られて軒下へ―・む」❷競技などで、逃げ切って勝ちをおさめる。「僅差(きんさ)で―・む」(類語)駆け込む・隠れる・潜(ひそ)む・忍(しの)ぶ・伏(ふ)す・潜(もぐ)る・紛(まぎ)れる・紛れ込む・潜伏(せんぷく)する・隠伏する・韜晦(とうかい)する・身を隠す・身を潜(ひそ)める・人目を盗む

にげ-さ・る【逃(げ)去る】〘動ラ五(四)〙逃げていなくなる。「獲物が―・る」

にげ-じたく【逃(げ)支度】逃げ出す用意。

にげ-だ・す【逃(げ)出す】〘動サ五(四)〙❶逃げてその場から立ち去る。「―・したい気分」❷逃げはじめる。「敗色濃厚になって兵が―・す」

にげ-ち・る【逃(げ)散る】〘動ラ五(四)〙逃げてちりぢりになる。散らばって逃げる。「音に驚いて集まっていた魚が―・る」

にげ-ど【逃げ▽所】逃げる場所。逃げ場。「どうにもこうにも―がありませぬ」〈円朝・真景累ヶ淵〉

にげ-とお・す【逃(げ)通す】ニゲトホス〘動サ五(四)〙最後まで追いつかれずにうまく逃げる。逃げ切る。

にげ-な・い【似気無い】〘形〙図にげな・し〘ク〙ふさわしくない。似つかわしくない。「老人(としより)に―・い悪戯々々した顔つき」〈里見弴・安城家の兄弟〉

にげ-の・びる【逃(げ)延びる】〘動バ上一〙図にげの・ぶ〘バ上二〙捕らえられないで遠くへ逃げる。ある場所まで無事に逃げる。「戦火から―・びる」

にげ-ば【逃(げ)場】逃げ隠れるのに都合のよい場所。避難する場所。また、逃げ道。「―を失う」

にげ-ぼえ【逃げ×吠え】❶犬などが逃げながら吠え

ること。❷負けて逃げながら憎まれ口をきくこと。「一してぞ帰りける」〈浄・鑓の権三〉

にげ-まど・う【逃(げ)惑う】〔動ワ五(ハ四)〕どこへ逃げたらよいかわからず、うろうろする。逃げ迷う。「砲火の下を一・う」

にげ-まわ・る【逃(げ)回る】〔動ラ五(四)〕つかまらないようにあちこち逃げる。「国中を一・る」

にげ-みず【逃(げ)水】❶砂地や舗装道路で、前方に水たまりがあるかのように見え、近づくとその先に移っていく現象。光の異常屈折によるもので、強い日射で地面が非常に熱せられたときに見られる。古く、武蔵野の名物とされた。地鏡(ちかがみ)。(季 春)「一の逃げては光る夕日かな/月斗」❷川の水が地下にしみ、流れが地上から消える現象。

にげ-みち【逃(げ)道】❶逃げて行く道。「取り囲まれて一がなくなる」❷責任をのがれる手段。「失敗したときのために一を作っておく」

(類語)退路・抜け道・抜け穴

に。けむ〔連語〕《完了の助動詞「ぬ」の連用形＋過去の推量の助動詞「けむ(けん)」》きっと…ただろう。…てしまっただろう。「いづくには鳴きもし一。けむほととぎす我家の里に今日のみぞ鳴く」〈万・一四八八〉

にげ-め【逃げ目】逃げようとするときの目つき。「この女、大刀帯(たちはき)どもを見て、あやしく一をつかひて」〈今昔・三一・三一〉

にげ-もうけ【逃げ設け】逃げる用意。「もとより一してはなんのよかうぞ」〈平家・一一〉

に。けり〔連語〕《完了の助動詞「ぬ」の連用形＋過去の助動詞「けり」》…てしまった。…たことだ。「時世経て久しくなり一。ければ、その人の名忘れ一。けり」〈伊勢・八二〉

に・げる【逃げる】〔動ガ下一〕図に・ぐ〔ガ下二〕❶捕まらないように、追って来るものの力の及ばない所に身を置く。「犯人は盗難車で一・げたらしい」「一目散に一・げる」❷自由のきかない所や危険から抜け出して、去る。「ライオンが檻(おり)から一・げる」「命からがら一・げる」❸面倒なこと、いやなことから積極的に遠ざかろうとする。直面するのを回避する。「やっかいな仕事から一・げる」「一・げないで真っ向から勝負する」❹運動競技で、首位を行く者が、後続する者に追いつかれないで勝つ。「先行したままゴールまで一・げる」❺からだが望ましい構えから後方へ引いた状態になる。ひける。「腰が一・げている」❻室内・容器の中の気体や味などが、そのまま保たれないで外へ出てしまう。「熱が一・げる」「土鍋はさめにくい上に風味も一・げない」

(用法)**にげる・のがれる**――「命からがら逃げる(のがれる)」のように、好ましくない事物から遠ざかる意の場合は相通じて用いられる。◆「逃げる」には、相手につかまらないように、またつかまっている場から抜け出して去る意がある。「警官の姿を見てスリは逃げた」「手錠のまま逃げた犯人」◆「のがれる」は「逃げる」の文章語であり、危険な状態や不快な思いから離れる意がある。「都会の騒音からのがれる」「危うく難をのがれる」◆「逃げる」「のがれる」はともに面倒なことにかかわらないで避けようとする意がある。どちらを使うかは慣用により固定しており、「責任をのがれる」「災いをのがれる」などと使う。

(類語)逃れる・免れる

逃げた魚(うお)は大きい　「逃がした魚は大きい」に同じ。

逃げるが勝ち　争わないで相手に勝ちを譲るほうが、大局的に見れば得策である。

に。けん〔連語〕▶にけむ

に-げん【二元】❶もととなるものが二つあること。❷物事が二つの異なった原理から成り立つこと。また、その原理。❸代数式で、未知数が二つであること。「一連立方程式」

に-げん【二言】▶にごん(二言)

にげん-きん【二弦琴｜二×絃琴】弦楽器の一種で、細長い胴に同じ長さの2弦を張った琴。八雲琴(やくもごと)と、それを改良した東流(あずまりゅう)二弦琴がある。

にげんし-ぶんし【二原子分子】2個の原子でできている分子。水素、酸素、窒素のほか、一酸化炭素など。

にげん-ほうそう【二元放送】二つの場所を同時に使って行う放送形式。

にげん-ほうていしき【二元方程式】未知数を二つ含む方程式。

にげん-ろん【二元論】❶異なった二つの原理で、あらゆるものを説明しようとする考え方。❷哲学で、世界を相対立する二つの原理によって説明しようとする立場。精神と物質との二実体を認めたデカルトの物心二元論など。➡一元論 ➡多元論 ❸宗教で、世界を光と闇(やみ)、善と悪など、相対立する二つの原理の闘争として説明する立場。

に-こ【二×胡】中国の弦楽器。胡琴の一種。六角筒形・円筒形などの木製の小さな胴の片面に蛇皮(じゃひ)を張り、長さ約80センチの木製の棹(さお)を貫通させ、2本の金属弦を張ったもの。馬尾の弓で擦奏する。

にこ【▽和｜▽柔】〔語素〕やわらかい、こまかいの意を表す。「一やか」「一毛」

に-ごい【似×鯉】コイ科の淡水魚。湖沼や中・下流の川底にすむ。全長約50センチ。体は細長くわずかに側扁し、口ひげは一対。背側は暗褐色で腹側は白い。食用。さい。

に-こう【二更】五更の第二。およそ現在の午後9時または午後10時から2時間をいう。亥(い)の刻。乙夜(いつや)。

に-こう【二校】「再校(❶)」に同じ。

に-こう【二項】数学で、項が二つあること。また、二つの項。

に-こう【尼公】尼になった高貴の女性を敬っていう語。あまぎみ。

にこう【尼港】ニコラエフスクナアムーレの日本名。

に-ごう【二号】❶第2番目であること。また、そのもの。「一車」❷めかけ。本妻を一号と見立てていう。

に-ごう【二合】❶1合の2倍。➡合(ごう) ❷《二官を合わせて一官とする意》平安時代、年給制における年官として、二分官である目(さかん)一人と一分官である史生(ししょう)一人との代わりに、三分官である掾(じょう)一人を任命したこと。❸「二合体」の略。

にこう-しき【二項式】項が二つある式。$a+b$, ab^2-2cなど。

にこう-じけん【尼港事件】シベリア出兵中の大正9年(1920)、ソ連のパルチザンが尼港で日本人捕虜などを殺害した事件。日本の世論は激高し、日本軍は事件解決まで北樺太(きたからふと)を保障占領した。

にごう-たい【二合体】花押(かおう)の様式の一。実名の2字の字画の一部を組み合わせて作ったもの。二合。二合の判。➡花押

にこう-ちゅう【二口虫】ジストマの旧称。

にこうてい-きかん【二行程機関】▶二サイクル機関

にこう-ていり【二項定理】代数で、二項式の累乗を、二項の同次式として表す公式。$(a+b)^2=a^2+2ab+b^2$など。

にごう-はん【二合半】❶2合5勺(約0.45リットル)のこと。❷《1日5合の扶持米(ふちまい)を朝夕二度に分けて食べたところから》武家の下級の奉公人。また、身分の低い奴(やっこ)などを卑しめていう語。

にこう-ぶんぷ【二項分布】ある試行において、事象Eが起こる確率をp、起こらない確率をqとし、独立にn回試行するとき、その事象Eがr回起こる確率${}_nC_r p^r q^{n-r}$の分布の状態。

に-こく【二黒】▶じこく(二黒)

にこ-ぐさ【▽和草】葉や茎の柔らかい草。一説に、ハコネシダの古名とも。多く序詞に用いられる。「葦垣の中の一にこよかに我(あれ)と笑まして人に知らゆな」〈万・二七六二〉

にこ-げ【▽和毛｜×毳】鳥獣の柔らかい毛。また、人の柔らかい毛。うぶげ。(類語)産毛(うぶげ)

に-こごり【煮▽凝り｜煮▽凍り】魚などの煮汁が、冷えて固まったもの。また、魚などを柔らかく煮て、煮汁ごとゼラチン・寒天などで固めた料理。(季 冬)「一に哀しき債(おい)おもふかな/万太郎」

にこ・し【▽和し｜▽柔し】〔形ク〕やわらかい。荒々しくない。穏やかである。「毛の一・き物、毛の荒き物」〈祝詞・広瀬大忌祭〉

ニコシア〘Nicosia〙キプロス共和国の首都。10世紀以降キプロス島の中心地として発展。歴史的建造物が多い。小麦やぶどう酒の集散地。人口、都市圏22万(2006)。ギリシャ語名レフコシア、トルコ語名レフコシャ。

に-ごしらえ【荷×拵え】〔名〕スル 荷づくりをすること。「短時間で一する」

(類語)荷造り・梱包(こんぽう)・包装・パッキング・包み

にご・す【濁す】〔動サ五(四)〕❶濁るようにする。濁らせる。「水を一・す」❷言葉などをあいまいにする。ごまかす。「口を一・す」(可能)にごせる

(類語)汚濁・濁る・白濁・混濁

にこ-ずみ【▽和炭】松・栗などを原料とした軟らかい木炭。鍛冶(かじ)に用いる。鍛冶屋炭。にきずみ。

ニコチアナ〘(ラテ) nicotiana〙ナス科の一年草。タバコと同属の植物で、近年栽培が解禁された。

ニコチン〘nicotine｜(ドイ) Nikotin〙タバコの葉に含まれるアルカロイドの一。無色の揮発性の液体で、空気に触れると褐色になる。独特の臭気と味をもち、水に溶けやすい。神経系に作用し、興奮もしくは麻痺(まひ)させる。猛毒。農業用殺虫剤などに使用。化学式$C_{10}H_{14}N_2$

ニコチン-ガム〘nicotine gum〙ニコチンを含んだガム。タバコ以外のものからニコチンを補給させることで禁煙させようという狙いで開発された。

ニコチン-さん【ニコチン酸】ビタミンB複合体の一。無色の結晶。ニコチン酸アミドの形で生体内に広く分布し、特に動物の肝臓に多い。欠乏症ではペラグラになる。化学式$C_6H_5NO_2$　ナイアシン。

ニコチン-ちゅうどく【ニコチン中毒】❶ニコチンによる中毒。過度の喫煙や農業などのニコチン剤の吸入によって起こる。急性では吐き気・発汗・頭痛、慢性では気管支炎・不整脈・弱視などの症状が現れる。❷俗に、タバコが好きでやめられないこと。

ニコチン-パッチ〘nicotine patch〙禁煙治療に使う、ニコチンを含む貼り薬。禁煙による離脱症状を和らげる。医師の処方により、腕や腹に貼る。使用中に喫煙してはならない。

にこっか-きょうそん【二国家共存】パレスチナ国家を樹立してイスラエルとの共存を図り、中東和平を実現しようとする構想。2003年に米国・ロシア・EU・国連がロードマップ(行程表)を提案。イスラエル・パレスチナ両政府も合意し、和平への努力を続けているが、双方とも内部に過激派・強硬派を抱え、武力衝突が繰り返され、目覚ましい進展はみられない。➡ガザ

にこ-つ・く〔動カ五(四)〕にっこりする。「彦右衛門も一・きながら」〈露伴・いさなとり〉

(類語)笑う・笑む・微笑む・目を細める・相好を崩す

にこっ-と〔副〕スル にこやかにほほえむさま。にこりと。「一してあいさつした」

にこ-で【▽和手｜▽柔手】やわらかい手。「向かつ峰(を)に立てる夫(せ)らが一こそ我が手を取らめ」〈皇極紀・歌謡〉

にこ-どう【ニコ動】「ニコニコ動画」の略。

にこ-にこ〔副〕スル 楽しそうにほほえみを浮かべるさま。にっこり。「一(と)笑う」「一して話しかける」

(類語)にっこり・にこり・にこやか・嫣然(えんぜん)

にこにこ-がお【にこにこ顔】にこにこした顔つき。えびす顔。(類語)笑顔・笑い顔・恵比須(えびす)顔・地蔵顔・破顔・喜色・朗色・生色

にこにこ-どうが【ニコニコ動画】インターネット上での動画共有サービスの一。ニワンゴ社が提供。音声付きの動画を自由に投稿・閲覧することができるほか、動画に対して投稿されたコメントが、動画上に映画の字幕のように表示されるという特徴がある。ニコ動。

に-こぶ【荷×瘤】常に荷物を担いでいるため肩などにできるこぶ。〈日葡〉

に

に-こぼ・れる【煮▽零れる】〔動ラ下一〕図にこぼ・る〔ラ下二〕煮立って汁などが鍋からあふれる。「—・れないよう火を弱める」

にこ-ぽん《にこにこして、相手の肩をぽんとたたくことから》親しそうに応対して相手を懐柔すること。もと、明治後期の首相、桂太郎の巧みな政党懐柔策を評した語。

に-こみ【煮込み】煮汁を十分に入れて長時間弱火で煮ること。また、そのもの。「—うどん」

に-こ・む【煮込む】〔動マ五(四)〕❶いろいろな材料をまぜて煮る。「肉や野菜をふんだんに—・む」❷時間をかけて煮る。「とろ火で—・む」

(類語)煮付ける・煮染める・煮詰まる

にこ-や【▽和や・▽柔や】やわらかいこと。また、そのもの。「蚕衾(むしぶすま)—が下に」〈記・上・歌謡〉

にこ-やか【▽和やか・▽柔やか】〔形動〕図〔ナリ〕❶ほほえみを浮かべるさま。にこにこしているさま。「—にあいさつを返す」❷物腰・筆跡などの、柔らかいさま。「—なる方の懐かしさは」〈源・梅枝〉

(類語)(❶)にっこり・にこり・にこにこ・嫣然(えんぜん)

にこ-よ【▽和世】6月・12月の大祓(おおはらえ)のとき、神祇官(じんぎかん)から天皇の贖物(あがもの)として献じた和妙(にぎたえ)の衣。⇔荒世(あらよ)。

にこ-よ【▽和▽節】祓(はら)えの式の節折(よお)りの儀で、天皇の身長を計る竹の一。⇔荒節(あらよ)。

にこ-よか【▽和よか・▽柔よか】〔形動ナリ〕「にこやか」に同じ。「秋風になびく川辺(かはび)のにこ草の—にしも思ほゆるかも」〈万・四三〇九〉

にこ-よん《「二個四」の意。昭和20年代の半ばに、失業対策事業に就労して職業安定所からもらう日給が240円だったところから》日雇い労働者の俗称。

ニコライ〖Nikolay〗㊀[1836〜1912]ロシア正教会の宣教師。日本ハリストス正教会の創始者。1861年、函館のロシア領事館付き司祭として来日し、布教。1906年大主教となる。➡ニコライ堂 ㊁(1世)[1796〜1855]ロシア皇帝。在位1825〜1855。即位直後デカブリストの乱を鎮圧、反動的専制政治を行い、クリミア戦争を起こした。㊂(2世)[1868〜1918]ロシア最後の皇帝。在位1894〜1917。即位後、積極的に極東に進出したが、日露戦争に敗北。第一次大戦中の1917年、ロシア革命により退位、のち、シベリアで処刑された。

ニコライ-どう【ニコライ堂】東京都千代田区にある日本ハリストス正教会復活大聖堂の通称。明治24年(1891)ニコライによって創立されたのでこの名がある。ドームの堂頂までの高さ35メートル、鐘楼があって美しい。➡ニコライ㊀

ニコラウス-クサヌス〖Nicolaus Cusanus〗[1401〜1464]ドイツの神学者・哲学者。神秘主義と自然科学の調和を目ざす独自の哲学を説き、地球球体説を擁護し、近世への道を開いた先駆者といわれる。著「知ある無知」など。

ニコラエフスカヤ-きょうかい【ニコラエフスカヤ教会】《Nikolaevskaya tserkov'》ロシア連邦東部、サハ共和国の首都ヤクーツクにあるロシア正教会の教会。19世紀半ばに建造。ロシア革命以降、ヤクーツクにおいて唯一破壊されずに残った教会として知られる。旧ソ連時代、共産党の文書館。

ニコラエフスク-ナ-アムーレ〖Nikolaevsk-na-Amure〗ロシア連邦東部、アムール川河口近くの河港都市。1850年に軍事拠点として建設。ロシア内戦中の1918年、日本軍によって一時占領されて尼港(にこう)とよばれた。➡尼港事件

にごら・す【濁らす】〔動サ五(四)〕❶濁るようにする。にごす。「水を—・す」❷言葉をあいまいにする。ごまかす。「口を—・す」

にこり〔副〕ほほえむさま。ちょっと笑うさま。にっこり。「ほめられても—ともしない」

(類語)にっこり・にこにこ・にこやか・嫣然(えんぜん)

にごり【濁り】❶濁っていること。透明でないこと。「水の—」「レンズの—」❷色・音声などが、鮮明でないこと。「—のある発色」❸精神などが、けがれていること。「心の—」❹濁音の符号。濁点。❺「濁り酒」の略。

濁りに染(し)・む 世のけがれに染まる。「世々をへて—・みしわが心清滝川にすすぎつるかな」〈玉葉集・釈教〉

にごりえ 樋口一葉の小説。明治28年(1895)発表。酌婦お力を通して、下層社会の暗い宿命観を写実的に描く。

にごり-え【濁り江】水の濁っている入り江。「—の澄まむことこそ難(かた)からめいかでほのかに影を見せまし」〈新古今・恋一〉

にごり-ぐち【×艙口】船の貨物を船倉から揚げ卸しするために、上甲板に設けた四角い穴。そうこう。

にごり-ざけ【濁り酒】麹(こうじ)の糟(かす)を漉(こ)してない、白く濁った酒。どぶろく。だくしゅ。(季 秋)「蘗の栓してみちのくの—／青邨」

にごり-てん【濁り点】濁音を表す記号。だくてん。

にごり-みず【濁り水】濁った水。澄んでいない水。だくすい。➡濁度

ニコル〖Charles-Jean-Henri Nicolle〗[1866〜1936]フランスの細菌学者。チュニスのパスツール研究所所長。回帰熱・発疹(ほっしん)チフスなどの研究で有名。1928年ノーベル生理学医学賞受賞。著「伝染病の発生」など。

ニコル〖William Nicol〗㊀[1768〜1851]英国の物理学者。1828年、自然光から直線偏光を得るニコルのプリズムを発明、光学実験の進歩に寄与した。㊁「ニコルのプリズム」の略。

にご・る【濁る】〔動ラ五(四)〕❶液体・気体などに他の物質がまじりこんで透明でなくなる。「水が—・る」「煙で空気が—・る」⇔澄む。❷色・音声などが鮮明でなくなる。「—・った声」⇔澄む。❸精神などが健全でなくなる。けがれる。「欲望で—・った心」❹濁音になる。濁点を打つ。「この字は—・って読む」⇔澄む。

(類語)白濁・汚濁・混濁・濁す

ニコルソン〖Ben Nicholson〗[1894〜1982]英国の画家。モンドリアンの影響を受け、幾何学的構成の作品を発表。清朗な叙情性を特色とする。

ニコル-の-プリズム 方解石の複屈折を利用する偏光プリズム。方解石を劈開(へきかい)面に沿って切り、再びはり合わせたもの。1828年、英国の物理学者W=ニコルが発明。偏光ニコル。

に-ごろ【煮頃】❶煮て食うのにちょうどよいころあい。❷「煮頃鮒(にごろぶな)」の略。

に-ころがし【煮転がし】サトイモなどを焦げつかないように転がしながら煮詰めたもの。にころばし。にっころがし。(類語)煮物・煮付け・煮染め・煮浸し・佃煮(つくだに)

に-ころばし【煮転ばし】「煮転がし」に同じ。

にごろ-ぶな【煮頃×鮒】フナの一亜種。全長約40センチ。体高が低く、体は筒形に近い。琵琶湖特産で、鮒鮨の材料として珍重。まるぶな。

に-ごん【二言】❶二度ものを言うこと。ふたこと。「一言、—」❷前に言ったことと違うことを言うこと。「武士に—はない」

ニザーム-アル-ムルク〖Niẓām al-Mulk〗[1018〜1092]イラン系ムスリムの政治家。セルジュークトルコのスルターンに宰相として仕え、事実上の実権を握った。バグダッドなど各地にニザーミヤ学院を設立、スンニー派の復興に努めた。著「政治の書」。

に-さい【二歳・二才】❶生まれて2年目のもの。また、満2年たったもの。❷青二才。「—の分際として甚だ不埒の申状じゃ」〈木下尚江・良人の自白〉

にサイクル-きかん【二サイクル機関】内燃機関で、燃料や空気の吸入・圧縮・燃焼・排気の4行程を2行程で、すなわちピストン1往復で行う形式の熱機関。二行程機関。

に-ざかな【煮魚・煮×肴】魚を味付けして煮たもの。

にざ-だい【仁座×鯛】スズキ目ニザダイ科の海水魚。全長約40センチ。体は卵形で側扁が著しく、吻(ふん)がとがる。尾柄部に3〜5個の鋭い突起がある。体色は暗灰色。本州の中部以南の沿岸の岩礁域にすみ、石灰藻を好んで食べる。食用。

に-さばき【荷×捌き】❶荷物の処理・整理をすること。❷入荷した商品を売りさばくこと。

にさばき-しゃ【荷×捌き車】商品の配送、回収をする自動車。

に-ざまし【煮冷まし】いったん煮たものを冷ますこと。また、そのもの。にびやし。

に-さん【二三】ふたつみつ。数の少ないことをいう。いくつか。「—質問をしたい」

(類語)少し・少ない・小勢・少数・小人数・無勢

にさん-か【二酸化】酸素2原子と化合していること。

にさんか-いおう【二酸化硫×黄】硫黄や硫黄化合物を燃やすと得られる、刺激臭のある無色の気体。粘膜を冒し、有毒。石炭・石油の燃焼後の排ガスに含まれ、公害の原因の一。硫酸の製造原料、漂白剤などに使用。化学式SO_2　亜硫酸ガス。無水亜硫酸。

にさんか-ウラン【二酸化ウラン】褐色の粉末。原子炉燃料として、タバコのフィルター状にプレスして焼き固めたものを使う。化学式UO_2

にさんか-けいそ【二酸化×珪素】珪素の酸化物。天然には水晶・石英・瑪瑙(めのう)・オパールなどとして産出。純粋なものは無色の結晶。弗化(ふっか)水素・融解アルカリ以外に対しては安定。ガラス・水晶発振器・研磨剤などに利用。化学式SiO_2　シリカ。無水珪酸。

にさんか-たんそ【二酸化炭素】炭素や炭素化合物の完全燃焼、生物の呼吸や発酵、火山の噴火などのときに生成される、無色・無臭の気体。空気中に約0.03パーセント存在。工業的には石灰石を熱して作る。炭酸ナトリウムの製造や清涼飲料水・ドライアイス・消火剤などに使用。化学式CO_2　炭酸ガス。無水炭酸。

にさんかたんそ-こてい【二酸化炭素固定】►炭酸同化作用

にさんかたんそ-せん【二酸化炭素泉】泉質の一。二酸化炭素を多く含む温泉。血行を良くするなどの効能があるほか、飲用もされる。炭酸泉。

にさんかたんそはいしゅつ-けん【二酸化炭素排出権】►炭素排出権

にさんか-ちっそ【二酸化窒素】一酸化窒素が空気または酸素と反応して生成する、刺激臭のある赤褐色の気体。有毒。常温では一部が重合して無色の四酸化二窒素N_2O_4となり、それとの平衡混合物になる。水とは反応して硝酸となる。化学式NO_2

にさんか-なまり【二酸化鉛】一酸化鉛や鉛丹(えんたん)などを塩素水や過酸化水素で処理するとできる、黒褐色の粉末。酸化鉛(Ⅳ)。酸化剤で、鉛蓄電池の陽極などに使用。化学式PbO_2

にさんか-マンガン【二酸化マンガン】マンガンの酸化物の一。灰黒色の粉末。天然には軟マンガン鉱として産出。酸化剤のほかマッチ・乾電池の材料、塗料・ガラスなどの製造に利用。化学式MnO_2

に-ざんしょう【煮山×椒】山椒の実を、みりん・塩あるいは醤油・酒・砂糖などを加えて煮つめたもの。にざんしょ。

にさんだん-の-わざ【二三段の技】剣道で、ある部位を攻撃し、相手がそれにひるんだりすきができたりした瞬間、他の部位を連続して攻撃する技。

に-し【二死】野球などで、アウトカウントが二つであること。ツーアウト。ツーダン。「—満塁」

に-し【二至】夏至と冬至。

にし【西】❶太陽の沈む方角。西方。⇔東。❷西洋。「—に航せし昔の我ならず」〈鴎外・舞姫〉❸西風。「—が吹く」❹西方浄土。❺相撲の番付で、向かって左側の称。❻歌舞伎劇場内で、江戸では舞台に向かって左側、京坂では右側をいう。(類語)東・南・北

西と言えば東と言う いちいち人と反対のことを言う。へそ曲がりであるたとえにいう。

西も東も分から・ない ❶その土地の地理が全くわからない。西も東も知らない。「—・ないまま旅をする」❷物事を理解する力が全くない。また、どうしたらよいかわからない。西も東も知らない。「—・ない

子供」

にし【西】㊀江戸城の西の新宿の遊里、また、大坂の新町遊郭、京都の島原遊郭の俗称。➡東 ➡北 ➡南 ㊁西本願寺、また、西本願寺派のこと。お西。

にし【西】㊀札幌市の区名。平成元年(1989)手稲区を分区。㊁さいたま市の区名。市西部、荒川両岸を占める。㊂横浜市の区名。横浜駅周辺。㊃新潟市の区名。旧黒埼町・旧巻町の一部を含む。㊄浜松市の区名。浜名湖東岸に位置し、舘山寺温泉、弁天島がある。㊅名古屋市の区名。庄内川が東西を貫流する。㊆大阪市の区名。近年、人口の増加が著しい。㊇堺市の区名。市の西部に位置し、大阪湾に臨む。㊈神戸市の区名。昭和57年(1982)垂水区の北西部が分離して成立。㊉広島市の区名。広島西飛行場がある。(十一)福岡市の区名。昭和57年(1982)城南・早良の2区を分区して現在の区域となる。(十二)熊本市の区名。平成24年(2012)政令指定都市移行に伴い成立。

にし【×螺｜辛=螺】巻き貝の一群。アカニシ・ナガニシ・タニシなど。

にし【▽主】〔代〕《「ぬし」の音変化》二人称の人代名詞。あんた。おまえ。「これさ—たち、物さ問ひ申すべい」〈浄・碁盤太平記〉

に-じ【二字】❶文字ふたつ。ふたつの文字。❷《人名はふつう漢字2字であることから》実名。名乗り。「—を僧正に奉りて命いけにけり」〈十訓抄・四〉❸《武士は実名を名乗るところから》武士の身分。「—を蒙った者をいつまでなぶらうぞ」〈虎明狂・昆布売〉

に-じ【二次】❶第2回。2番目。「—募集」❷ある物事や現象が、本来のものに対して付随する関係にあること。副次。「—利用」❸数学で、式・関数などの未知数の最高次数が2であること。「—式」

に-じ【尼寺】あまでら。「国分寺と国分—」

にじ【虹｜×霓】雨上がりに、太陽と反対方向の地表から空にかけて現れる7色の円弧状の帯。空中の水滴によって太陽光が分散されて生じる。内側が紫、外側が赤の主虹のほかに、離れてその外側に、色の配列が逆の副虹が見えることがある。(季 夏)「一立ちて忽ち君の在る如し／虚子」

にし-あかり【西明(か)り】日没後、西の空がしばらく明るいこと。また、その空。残照。

にし-アジア【西アジア】アフガニスタン以西、トルコ以東の地域の通称。イラン・イラク・シリア・レバノン・イスラエル・ヨルダンやアラビア半島の諸国などを含めていう。西南アジア。

にし-あまね【西周】[1829〜1897]哲学者・啓蒙思想家。石見の人。津和野藩医の子。オランダに留学、帰国して、開成所教授。森有礼らと明六社を結成し、西洋哲学の紹介、啓蒙思想の普及に努めた。著「百一新論」「致知啓蒙」「百学連環」など。

にしあらい-だいし【西新井大師】東京都足立区西新井にある真言宗豊山派の寺。正しくは五智山遍照院総持寺。開創は弘仁11年(820)、開山は空海と伝える。厄除け大師として著名。

に-ジー〖2G〗《2nd generation》►第二世代携帯電話

にし-イリアン【西イリアン】《West Irian》インドネシア領のイリアンジャヤの旧称。

にしインド-がいしゃ【西インド会社】アメリカ沿岸とアフリカ西岸の貿易独占をめざして1621年にオランダ、64年にフランスが設立した特許会社。イギリスの東インド会社にならったものであるが、いずれも経営不振のため74年に解散。

にしインド-しょとう【西インド諸島】中央アメリカ東方、フロリダ半島とベネズエラ北部沿岸との間に弧状にのびる島群。1492年に到達したコロンブスがインドと誤認したためについた名。バハマ・大アンティル・小アンティル各諸島に分けられる。

にし-うけ【西受け】西日を受ける向き。西向き。「—の竹欞子、反古障子を細目にあけて」〈浄・冥途の飛脚〉

にじ-うちゅうせん【二次宇宙線】一次宇宙線が地球大気に入射してつくる宇宙線。空気の原子核と衝突して生じたπ中間子が、さらに分裂して生じた電子やμ中間子など。

にしうら-おんせん【西浦温泉】愛知県蒲郡市にある温泉。三河湾に臨む。泉質は単純温泉・含鉄泉など。

ニジェール〖Niger〗アフリカ中西部、サハラ砂漠南部の共和国。首都ニアメ。1958年フランス共同体の一員となり、60年独立。農牧業が行われ、またウランを産する。人口1588万(2010)。

ニジェール-がわ【ニジェール川】アフリカ西部を流れる大河。ギニア山地からマリ、ニジェールを流れ、ナイジェリアでギニア湾へ注ぐ。全長4180キロ。

にじ-エックスせん【二次X線】物質にX線を照射した際、その物質から放射されるX線。散乱X線と蛍光X線の2種類がある。はじめに照射したX線は一次X線という。

にじ-エネルギー【二次エネルギー】電気・都市ガスなど、一次エネルギーを変換・加工したもの。

にし-エルサレム【西エルサレム】エルサレム西部、1947年の国連によるパレスチナ分割案によってユダヤ人居住地とされた地区。新市街でイスラエル博物館・国会議事堂・官公庁・ヘブライ大学・商業施設などがある。中東戦争以降、イスラエルはこの地のみならず旧市街を含む東エルサレムをも実行支配している。

にしお【西尾】愛知県中南部の市。もと松平氏の城下町。三河木綿や碾き茶の産地。自動車関連の機械工業が盛ん。岩瀬文庫がある。人口10.7万(2010)。

にし-おおたに【西大谷】真宗の本派(西)本願寺に属する大谷本廟の俗称。➡東大谷

にしお-し【西尾市】►西尾

にしお-すえひろ【西尾末広】[1891〜1981]政治家。香川の生まれ。大正期に労働運動に入り、各種争議を指導。社会民衆党の結党に参加。第二次大戦後に日本社会党結党の中心となり、芦田内閣の副総理に就任するが昭電疑獄で辞任。日米安保条約改定に際し日本社会党を脱党、民主社会党を創立。

にしお-みのる【西尾実】[1889〜1979]国文学者・国語教育学者。長野の生まれ。国立国語研究所初代所長。中世文学の研究のほか、国語教育にも貢献した。著「中世的なものとその展開」など。

にし-おもて【西面】❶西の方面。「—に見えし山なり」〈更級〉❷宮中や寝殿造の建物で、西に向いた廂の間。「この—にぞ人のけはひする」〈源・帚木〉❸►西面の武士

にしが〔終助〕《完了の助動詞「ぬ」の連用形「に」＋終助詞「しか」から》動詞・動詞型活用語の連用形に付く。願望を表す。…たいものだ。「伊勢の海に遊ぶ海人ともなり—波かきわけてみるめかづかむ」〈後撰・恋五〉➡てしが ➡にしがな (補説)上代は清音「にしか」、後世「にしが」に音変化したというが、上代に例は認められない。

にじ-かい【二次会】❶最初の会合が終わってから開かれる二度目の会合。❷宴会が終わってから席を替えて開く二度目の宴会。

にしかいがん-ひょうじゅんじ【西海岸標準時】►太平洋標準時

にじ-かいろ【二次回路】電磁誘導によって相互に作用する二つの回路のうち、誘導起電力を生じる負荷側の回路。

にし-かぜ【西風】西から吹いてくる風。にし。

にし-かた【西方】❶西の方角。❷勝負・競技などで、東西に分けた場合、西に陣どったほう。

にしがな〔終助〕《終助詞「にしが」＋感動の終助詞「な」から》願望を詠嘆をこめて表す。…たいものだなあ。「母なかんめれば、いかでよろしく思はれ—とこそ思はめ」〈落窪・一〉(補説)中古以降の語。

にし-カフカス【西カフカス】《Zapadnïy Kavkaz》ロシア連邦のカフカス西部の地域。カフカス山脈西端のエリブルース山から黒海にいたる地域を指し、手つかずの自然が残るカフカス自然保護区、ソチ国立公園などが含まれる。氷河地形や高山湖、鍾乳洞があるほか、ヨーロッパ最大規模の原生林が広がっている。ヨーロッパバイソンの生息地だったが1920年代に最後の野生種が密猟され、その後、飼育種の野生への再導入が図られた。99年に世界遺産(自然遺産)に登録。西コーカサス。

にし-かわ【西川】京都の西を流れる桂川の異称。賀茂川を東川というのに対する。

にし-がわ【西側】❶西に面した側。また、ある位置より西の方。⇔東側。❷米国や西欧などの資本主義諸国のこと。⇔東側。

にしかわ-こうじろう【西川光二郎】[1876〜1940]社会主義者。兵庫の生まれ。片山潜に協力して「労働世界」を発行。また、社会民主党結成に加わり、幸徳秋水らの平民社に参加。大逆事件後転向し、精神修養家となる。

にしかわ-じょけん【西川如見】[1648〜1724]江戸中期の天文・地理学者。長崎の人。名は忠英。号、求林斎。宋学・天文暦算を学び、儒教的自然観をとりつつ実証主義的見地を展開した。晩年、徳川吉宗に仕えた。著「華夷通商考」「町人嚢」「天文義論」など。

にしかわ-すけのぶ【西川祐信】[1671〜1750]江戸中期の浮世絵師。京都の人。号、自得叟・文華堂など。西川派の祖。初め狩野派を学び、さらに大和絵画法を会得し、折衷した画風を確立。肉筆美人画を得意とした。また、絵本作家として浮世草子の挿絵を多数描いた。

にしかわ-せんぞう【西川扇蔵】日本舞踊西川流の家元の名。初世(?〜1756)は千蔵または仙蔵といったが、2世千蔵が扇蔵と改名、以後代々扇蔵を名のる。2世(?〜1817)・4世(1792〜1845)・5世(?〜1860)が江戸の振付師として有名。

にしかわ-は【西川派】浮世絵の一派。西川祐信を祖とする。

にしかわ-りゅう【西川流】日本舞踊の流派の一。初世西川千蔵を流祖とするが、流儀として確立したのは2世扇蔵。江戸中期から後期にかけて、江戸の歌舞伎劇場の振り付けを行い流勢を誇った。分派として名古屋西川流と正派西川流とがある。

にしかん【西蒲】新潟市の区名。旧西川町・旧巻町の一部・旧岩室村・旧潟東村・旧中之口村域を占める。

にしかん-く【西蒲区】►西蒲

にじ-かんすう【二次関数】独立変数の二次式で表される関数。グラフは放物線になる。

にじ-かんせん【二次感染】同じ人が、ある感染症に続いて別の感染症にかかること。また、集団感染で、ある感染症に最初に感染した人から感染を受けること。続発感染。

にしき【錦】❶種々の色糸で地色と文様を織り出した織物の総称。縦糸で文様を表した経錦と、横糸で表した緯錦のほか、唐錦・大和錦などがある。❷美しいもの、りっぱなものをたとえていう語。「—織りなす紅葉」「—をまとう」

錦を飾・る　美しい着物を着る。転じて、成功して美しく着飾って故郷へ帰る。「故郷に—・る」

錦を衣て夜行くが如し　《「史記」項羽本紀から》立身出世しても、故郷の人々に知られることなく終わってしまってはかいがないというたとえ。

に-じき【二食】二度の食事。また、1日に2回だけ食事をとること。

にしき-うつぎ【二色▽空木｜錦▽空木】スイカズラ科の落葉低木。山中に生え、葉は長卵形で、先が鋭くとがる。5、6月ごろ、初め白色でのち紅色に変わる漏斗状の花を開く。

にしき-え【錦絵】多色刷りの浮世絵版画。明和2年(1765)絵師鈴木春信を中心に彫り師や摺り師が協力して創始した、錦のように精緻で美しい版画。浮世絵の代名詞ともなった。江戸絵。東錦絵。➡浮世絵

にしき-えび【錦海=老】イセエビ科の甲殻類。浅海にすみ、イセエビに似るが大きく、体長約50センチ。

に

体色は褐色に白斑があり、脚は白に紫褐色の横縞がある。三重県以南に分布。食用。

にしき-がい【錦貝】ガヒ イタヤガイ科の二枚貝。海岸の岩に付着し、殻長約4センチ。アズマニシキガイに似るが、殻表に鱗片りんぺん状の突起の並ぶ太い放射状の肋ろくがある。色は白・褐色・紅色などさまざま。本州中部以南に分布。みやこがい。

にしき-がま【錦窯】►きんがま(錦窯)

にしき-がわ【錦川】ガハ 山口県東部を流れる川。島根県との境にある莇ヶ岳あざみがたけ付近に源を発し、岩国市で錦帯橋の下を流れて広島湾に注ぐ。長さ110キロ。岩国川。

にしき-がわ【錦革】ガハ 織物の錦に似せて文様を染め出した鹿革。

にしき-ぎ【錦木】❶ニシキギ科の落葉低木。山野に自生。枝にコルク質の翼が四方につき、葉は楕円形で、秋に紅葉する。5月ごろ、黄緑色の小花が咲き、実は赤く熟す。庭木にされ、枝に翼のないものをコマユミという。ニシキギ科にはマユミ・マサキなども含まれ、種子に鮮やかな色の仮種皮をもつものが多い。(季 秋¦花=夏)「われ稀に来て―を立去らず/夜半」❷5色に彩った約30センチくらいの木。昔、奥州で、男が恋する女に会おうとするとき、女の家の前にこれを立て、女に迎え入れる心があれば取り入れ、取り入れなければ、男はさらに繰り返し、千本を限度として通ったという。「思ひかね今日立て初むる―の千束も待たであふよしもがな」〈詞花・恋上〉

にしき-ぐさ【錦草】❶紅葉もみじのこと。❷ニシキソウの別名。

にしき-ごい【錦×鯉】ゴヒ コイの色変わり種をもとに日本で改良された品種。色彩・斑紋はきわめて多様。色鯉。花鯉。変わり鯉。(季 夏)

にしき-ごろも【錦衣】シソ科の多年草。山地の木陰に生え、高さ5〜15センチ。葉は倒卵形で、表面は葉脈に沿って紫色になり、裏面全体に紫色を帯びる。初夏、淡紅白色の唇形の花を開く。金紋草きんもんそう。

にしき-そう【錦草】サウ トウダイグサ科の一年草。畑や道端に生える。茎は赤く、根際から枝分かれして地をはい、切ると白い汁が出る。葉は楕円形で小さく、対生。夏から秋、淡赤紫色の小花が集まって咲く。(季 秋)

にし-きた【西北】西と北の中間にあたる方角。せいほく。

にしき-たまご【錦卵¦二色玉子】ゆでたまごの黄身と白身を分けて裏ごしし、調味してから蒸し型に黄と白の二段に重ね入れ、蒸した料理。

にしき-づた【錦×蔦】キヅタで、葉に白の斑ふが入ったもの。

にしき-で【錦手】赤・緑・黄・青・紫などで上絵うわえをつけた陶磁器。五彩・色絵・赤絵などとほぼ同義で、古伊万里などで多く用いられる呼称。

にしき-どり【錦鳥】キンケイの別名。

にしき-ぬり【錦塗】津軽塗の一。下地に2種の色漆を塗り分け、ぼかしを加えるなどしたのち七子ななこ状の地文を作り、黒漆でさまざまな模様を描いて仕上げるもの。

にしきのうら【錦之裏】洒落本。1冊。山東京伝作・画。寛政3年(1791)刊。角書は「青楼昼之世界」。遊郭の昼間の情景に取材し、遊里の内情、遊女の生活などを精細に描写。同年刊「仕懸文庫」「娼妓絹籭しょうぎきぬぶるい」とともに絶版を命じられた。

にしき-の-みはた【錦の▽御旗】❶赤地の錦に、日月を金銀で刺繡ししゅうしたり、描いたりした旗。鎌倉時代以後、朝敵を征討する際に官軍の旗印に用いた。錦旗きんき。❷自分の行為・主張などを権威づけるために掲げる名分。「環境保護を―に掲げる」

にしき-はし【錦端】►錦縁にしきべり

にしき-ぶんりゅう【錦文流】ブンリウ 江戸中期の浮世草子・浄瑠璃作者、俳人。元禄〜享保(1688〜1736)にかけて大坂で活躍。浄瑠璃「本海道虎石」、浮世草子「当世乙女織」など。生没年未詳。

にしき-へび【錦蛇】ボア科ニシキヘビ亜科のヘビの総称。最大で全長10メートル近くになるが、小形種もある。体は黄褐色に赤褐色または黒褐色の斑紋をもち、総排出腔の近くに後肢の痕跡こんせきがある。無毒。東南アジアからアフリカにかけて分布し、大形の動物を襲う。アミメニシキヘビ・インドニシキヘビなど。パイソン。王蛇。

にしき-べら【錦▽遍羅】ベラ科の海水魚。全長約20センチ、背は緑色に紅褐色の斑紋があり、腹は藍色で紅色の縦帯が1本ある。本州中部から沖縄にかけて分布。あおべら。

にしき-べり【錦▽縁】錦を用いた畳のへり。また、それを用いた畳。にしきはし。

にしき-まさあき【西木正明】[1940〜]小説家。秋田の生まれ。本名、鈴木正昭まさあき。自ら現地に赴いて綿密に取材したドキュメンタリー作品を多く手がける。「凍しばれる瞳」「端島の女」で直木賞受賞。他に「オホーツク諜報船ちょうほうせん」「ケープタウンから来た手紙」「夢顔さんによろしく」など。

にしき-めがね【錦眼-鏡】►万華鏡まんげきょう

にしきゅうしゅう-だいがく【西九州大学】ニシキウシウ 佐賀県神埼かんざき市にある私立大学。昭和43年(1968)に佐賀家政大学として開学、同49年現校名に改称。

にしきょう【西京】ニシキャウ 京都市南西部の区名。昭和51年(1976)右京区のうち桂川以西を分離して成立。

にしきょう-く【西京区】ニシキャウ ►西京

にじ-きょくせん【二次曲線】二次方程式によって表される曲線。放物線・楕円・双曲線の総称。➡円錐曲線

にじ-きょくめん【二次曲面】平面による切り口が楕円・双曲線・放物線などの二次曲線になる曲面。三元二次方程式で表される。

にし-く【西区】►西

にじく-けっしょう【二軸結晶】ニヂクケツシャウ ►双軸結晶

にじ-ぐち【二字口】相撲で、東西の力士の土俵への上がり口。徳俵と平行に土俵外に俵が埋めてあり、二の字の形になっていることからいう。

に-じげん【二次元】次元の数が二つあること。長さと幅のように、二つの座標で表される広がり。

にじげん-コード【二次元コード】バーコードのような横の向きだけに情報を持つ一次元コードに対して、縦と横の両方向に情報をもつコード。より多くの情報を小さな面積で扱うことができる。携帯電話などで読み取れるQRコードが普及している。SPコードは専用の読み取り装置で音声データを再生することができる。

にじ-コイル【二次コイル】変圧器で、入力側のコイルを一次コイルとよぶのに対して、出力側のコイル。

にし-コーカサス【西コーカサス】《Western Caucasus》►西カフカス

にしゴート-ぞく【西ゴート族】ゲルマン民族の一部族。3世紀ごろまでにドナウ川下流の北方に定着・居住したが、フン族の圧迫を受けてローマ領内へ移動。これが民族大移動の契機となった。その後も西進を続け、418年、イベリア半島に西ゴート王国を建てた。711年、イスラム軍の攻撃により滅亡。

にしごり-べ【▽錦▽織▽部】大化前代、錦を織ることを職とした部民べみん。

にし-サハラ【西サハラ】アフリカ北西部、サハラ砂漠西端の地域。旧スペイン領サハラ。中心都市アイウン。1975年、スペインが領有権を放棄し、76年、隣国のモーリタニアとモロッコが分割統治。同年、西サハラのポリサリオ戦線がサハラ・アラブ民主共和国として独立を宣言。79年、モーリタニアは領有を放棄したが、モロッコは全域の領有を続け、紛争が続いている。燐りん鉱山があり、大西洋沖は好漁場。人口49万(2010)。

にし-ざま【西▽方】西のほう。西の方角。せいほう。「二条より―に」〈古本説話集・上〉

にし-サモア【西サモア】サモア独立国の旧称。➡サモア

にしざわ-いっぷう【西沢一風】ニシザハ [1665〜1731] 江戸中期の浮世草子・浄瑠璃作者。大坂の人。名は義教。西鶴以後の代表的浮世草子作者。また、正本しょうほん屋を営みながら、豊竹座で浄瑠璃を執筆。浮世草子「御前義経記」、浄瑠璃「北条時頼記」、著「今昔操年代記いまむかしあやつりねんだいき」など。

にしざわ-いっぽう【西沢一鳳】ニシザハ [1802〜1852] 江戸後期の歌舞伎狂言作者。大坂の人。西沢一風の曽孫。家業の書店と貸本屋を営みながら、劇作および演劇考証に励んだ。著「脚色余録」「皇都午睡みやこのひるね」など。

にしざわ-けいこく【西沢渓谷】ニシザハ 山梨県山梨市の北部にある渓谷。笛吹川上流の渓谷で、全長5.5キロにわたり、連続した滝や大きな甌穴おうけつなどが見られる。特に、5段になって流れ落ちる「七ツ釜ななつがま五段の滝」は有名。秩父多摩甲斐国立公園に属する。

にしざわ-みちお【西沢道夫】ニシザハミチヲ [1921〜1977] プロ野球選手・監督。東京の生まれ。昭和12年(1937)16歳で名古屋軍(現中日)の投手としてデビュー。のち一塁手に転向してからは強打者として活躍。引退後は同球団の監督も務めた。

にじ-さんぎょう【二次産業】ニサンゲフ ►第二次産業

にじ-しき【二次式】未知数の最高次数が二次である式。

にしじん【西陣】ニシヂン ㊀《応仁の乱のとき、西軍の山名宗全が陣を置いたところから》京都市上京区の新町通から西へ千本通に至る、一条通より北の一帯の称。桃山時代からの機業地。㊁「西陣織」の略。

にしじん-おり【西陣織】ニシヂン 京都の西陣から産出する織物の総称。主として錦にしき・繻子しゅす・金襴きんらん・緞子どんすなどの高級絹織物をいう。西陣。

にし-する【西する】〔動サ変〕文にし・す〔サ変〕西に向かって行く。「―・すること二日で至る」

にじせい-しんきんしょう【二次性心筋症】シンキンシャウ ►特定心筋症

にじせい-ずつう【二次性頭痛】ヅツウ 明確な疾患が原因で突然に起こる激しい頭痛。高熱・嘔吐を伴うこともある。頭部外傷、蜘蛛膜下出血・脳腫瘍・髄膜炎などが原因で起こる。➡一次性頭痛

にじ-そしき【二次組織】植物で、すでに分化した形成層から新たにつくり出される組織。種子植物にみられる。

にしそのぎ-はんとう【西彼杵半島】ハンタウ 長崎市から北方に突出している半島。東は大村湾、西は角力灘すもうなだに面する。北部に佐世保とを結ぶ西海さいかい橋がある。

にしだ-きたろう【西田幾多郎】キタラウ [1870〜1945] 哲学者。石川の生まれ。京大教授。東洋思想の絶対無を根底に置き、それを理論化して西洋哲学と融合する西田哲学を樹立した。文化勲章受章。著「善の研究」「芸術と道徳」「哲学の根本問題」など。

にしだん【尼師壇】《梵 Nisidanaの音写》仏語。六物ろくもつの一。座臥ざがのとき地に敷く方形の布。

に-しちにち【二七日】「ふたなぬか」に同じ。

にしちゅうごくさんち-こくていこうえん【西中国山地国定公園】コクテイコウエン 中国山地西部の国定公園。広島・島根・山口3県にまたがり、阿佐山・恐羅漢おそらかん山・冠山などの山々と三段峡・匹見ひきみ峡などの渓谷がある。

にじっ-せいき【二十世紀】❶西暦1901年から2000年までの100年間。❷ナシの一品種。19世紀末に千葉県松戸で発見された。果皮は淡緑黄色、果肉は水分に富み甘い。

に-して〔連語〕㊀《断定の助動詞「なり」の連用形＋接続助詞「して」》…であって。「人―人にあらず」「言出いでしは誰たが言ことなるか小山田の苗代水の中淀なかよど―」〈万・七七六〉㊁《格助詞「に」＋サ変動詞「す」の連用形＋接続助詞「て」》❶場所を表す。…において。「家―結ひてし紐を解き放さけず思ふ心を誰か知らむも」〈万・三九五〇〉❷時を表す。…で。「彼は一歳―すでに字を書いていたという」「三十みそぢ余り―、さらにわが心と一の庵いほを結ぶ」〈方丈記〉

にじ-てき【二次的】〔形動〕主となる物事に対して、それに付随する関係にあるさま。また、ある物事から派生したもので、それほど重要でないさま。副次的。

「一な災害」「一な問題」

にして-は〔連語〕《「にして㊀」＋係助詞「は」》…であることを考えると。…としてみれば。…では。「冬一暖かい一日だった」「女性一背の高い人」

にして-も〔連語〕《「にして㊀」＋係助詞「も」》❶…であることを考えても。…する場合でも。とはいえ。「雨天一この記録は悪すぎる」「負ける一最善を尽くせ」❷いずれの場合も例外ではない意を表す。…でも。「人格一能力一申し分がない」

にじ-でんし【二次電子】電子が金属などに衝突したとき、そこから放出される電子。衝突した電子を一次電子という。

にじでんし-ぞうばいかん【二次電子増倍管】二次電子を加速して次の電極に衝突させ、次々に電子を増倍させて大きな電子流やイオン流を得る真空管。イオン電流や光電子の測定に使用。

にじ-でんち【二次電池】「蓄電池」に同じ。

にじ-でんりゅう【二次電流】二次コイルや二次回路に、電磁誘導によって流れる電流。

にし-ドイツ【西ドイツ】1949年から90年に統一するまで東西に分裂していたドイツの西側地域、ドイツ連邦共和国の通称。➡ドイツ

にしとうきょう【西東京】東京都中北部、武蔵野台地上にある市。住宅都市。平成13年(2001)田無市と保谷市が合併して成立。

にしとうきょう-し【西東京市】▶西東京

にし-どち【復=蛸】チョウやガのさなぎ。特に、アゲハチョウやスズメガのさなぎ。指でつまんで「西はどっち、東はどっち」と言うと、それに答えるように腰から上を振るといわれる。入道虫。西向け。

にしな-もりとお【仁科盛遠】鎌倉時代の武将。信濃の人。後鳥羽上皇に仕え、承久の乱で北条朝時と戦い敗れた。生没年未詳。

にしな-よしお【仁科芳雄】[1890～1951]物理学者。岡山の生まれ。長岡半太郎・ラザフォード・ボーアに師事。理化学研究所の主任研究員から所長となり、量子力学・原子核・宇宙線の研究に業績をあげ、また、湯川秀樹・朝永振一郎・坂田昌一ら後進を指導した。昭和12年(1937)および同19年、日本最初のサイクロトロンを建設。文化勲章受章。

にしなり【西成】大阪市の区名。大阪市の南西部、木津川の東にある。

にしなり-く【西成区】▶西成

ニジニー-タギル〔Nizhniy Tagil〕ロシア連邦中部、スベルドロフスク州の都市。ウラル山脈東斜面、タギル川沿いに位置し、市内にニジネタギリスキー湖がある。17世紀末に鉄鉱山が開かれ、18世紀に製鉄業で発展。20世紀半ばに鉄鋼コンビナートが建設された。同地の鉱山や工場を所有したデミードフ家が19世紀に建造した図書館や博物館などが残る。

ニジニー-ノブゴロド〔Nizhniy Novgorod〕ロシア連邦西部、ニジニーノブゴロド州の州都。ボルガ川に臨む河港都市であり、シベリア鉄道が通る。大発電所があり、各種の工業が盛ん。13世紀に築かれた要塞に起源し、14世紀半ば、スーズダリニジェゴロド公国の首都が置かれた。作家ゴーリキーの生地で、1932年から1991年までゴーリキー市とよばれた。市街中心部には15世紀から18世紀に建てられたクレムリンやウスペンスキー教会などの歴史的建造物が残る。人口、行政区127万、都市圏128万(2008)。

にしにっぽん-こうぎょうだいがく【西日本工業大学】福岡県京都郡苅田町にある私立大学。昭和42年(1967)の開設。平成16年(2004)に大学院を設置した。

にしにっぽん-てつどう【西日本鉄道】福岡県に路線をもつ鉄道会社。また、その鉄道。福岡・大牟田間の大牟田線を中心として営業。明治41年(1908)創立。西鉄。

にし-にほん【西日本】日本列島の西半部の地域。中部地方以西の、近畿・中国・四国・九州の各地方。にしにっぽん。

にしにほん-かざんたい【西日本火山帯】山陰地方から九州を経て南西諸島に至る火山帯。従来の大山火山帯と霧島火山帯を包括する。南海トラフ・琉球海溝とほぼ平行で、岩石分布の特徴が東日本火山帯と異なる。

にしにほんこうそくどうろ-かぶしきがいしゃ【西日本高速道路株式会社】《West Nippon Expressway Company Limited》道路関係四公団の民営化に伴って成立した高速道路株式会社法および日本道路公団等民営化関係法施行法などに基づいて、平成17年(2005)10月に設立された特殊会社。西日本地域の高速道路、自動車専用道路などの改築・維持・修繕といった管理運営事業や、新規道路建設事業を行う。NEXCO西日本。➡日本道路公団 補説 道路施設や債務は独立行政法人日本高速道路保有・債務返済機構が保有する。会社は機構と協定を結んで施設を借り受け運営し、賃貸料を支払う上下分離方式が取られる。新規に建設した高速道路なども、施設と債務を機構が保有。

にしにほん-しんぶん【西日本新聞】西日本新聞社が発行する日刊ブロック紙。明治10年(1877)創刊の「筑紫新聞」などが前身。本社は福岡市。福岡県を中心に九州北部で多く読まれる。発行部数は約76万部(平成24年上期平均)。

にし-の-うち【西の内】「西の内紙」の略。

にしのうち-がみ【西の内紙】質はやや粗いが、非常にじょうぶな、生漉きの楮紙。もと茨城県常陸大宮市西野内で産し、明治時代、選挙の投票用紙や印鑑証明用紙に指定され、全国的に有名になった。

にし-の-うみ【西の湖】富士五湖の一、西湖の旧称。

にしのうみ-かじろう【西ノ海嘉治郎】力士。㊀(初代)[1855～1908]第16代横綱。薩摩の人。本名、小園嘉次郎。明治中期に活躍。番付に「横綱」と明記されたのは、西ノ海が最初。引退後、年寄井筒。➡梅ヶ谷藤太郎(第15代横綱)➡小錦八十吉(第17代横綱)㊁(2代)[1880～1931]第25代横綱。鹿児島県出身。本名、近藤休八。旧姓、牧瀬。優勝1回。引退後、年寄井筒。➡鳳谷五郎(第24代横綱)➡大錦卯一郎(第26代横綱)㊂(3代)[1890～1933]第30代横綱。鹿児島県出身。本名、松山伊勢助。優勝1回。引退後、年寄浅香山。➡宮城山福松(第29代横綱)➡常ノ花寛市(第31代横綱)

にしのおもて【西之表】鹿児島県、種子島北部にある市。サトウキビ栽培やトビウオ漁が行われる。日本のサツマイモ栽培発祥地。人口1.7万(2010)。

にしのおもて-し【西之表市】▶西之表

にし-の-きょう【西の京】平城京・平安京で、朱雀大路の西側の地域。右京。さいきょう。

にし-の-こ【西の湖】滋賀県中央東部、琵琶湖東南岸にある湖。愛知川南岸にできた大中之湖干拓地造成の際、干拓されずに残った部分。北西端からは長命寺川が流出して琵琶湖に注ぐ。葭の生産のほか淡水での真珠養殖が行われている。周辺の集落とともに水郷として重要文化的景観に指定。東に安土城趾のある安土山(標高199メートル)が位置する。

にし-の-しゅう【西の衆】室町幕府の柳営内で将軍に謁見するとき、西向きの縁から出仕することに決まっていた門跡・摂家・清華の人々。➡東の衆

にし-の-たい【西の対】寝殿造りで、主殿の西方にある対の屋。二の対。

にじ-の-まつばら【虹の松原】佐賀県北部、唐津湾沿いに連なる松原。虹のような弧状をなす。

にし-の-まる【西の丸】❶城の中心部の本丸に対し、その西側にある一郭。❷江戸城本丸の南西方の一郭。将軍の世子の居所、また、将軍の隠居所。

にし-の-みち【西の道】❶西海道・山陽道のこと。❷上代、中国へ国使を遣わした時の西路。「一の使…百済より還りて」〈斉明紀〉

にしのみや【西宮】兵庫県東部、大阪湾に臨む市。西宮神社の門前町、西国街道の宿場町として発達。酒造業のほか、工業も盛ん。山の手は住宅地。美術館や球場がある。人口48.3万(2010)。

にしのみや-し【西宮市】▶西宮

にしのみや-じんじゃ【西宮神社】西宮市にある神社。主祭神は蛭子大神で、他に三神を配祀。全国の恵比須社の総本社。中世以降、漁業者や商業者の信仰があつい。戎神社。西宮の戎さん。

にしはちじょう-どの【西八条殿】平安京左京の八条大路北、大宮大路西にあった平清盛の邸宅。八条亭。八条坊門第。

に-し-はつ【二四八】《平安時代の歌学で、万葉集にホトトギスの鳴き声を「二四八」と表記していると説かれたために生じた歌語》ホトトギスの初めて鳴く声。「奈良坂を来鳴きとよますほととぎす一とこそをちかへり鳴け」〈奥義抄・下〉

にしはら-しゃっかん【西原借款】第一次大戦中、寺内正毅内閣が北京の軍閥の段祺瑞に供与した1億4500万円の借款。首相の私設秘書西原亀三が担当した。段派の権力失墜により回収不能となり、内外の非難を浴びた。

にし-はんきゅう【西半球】地球を二つの半球に分けた場合の、西側の半分。子午線の零度から西へ180度の地域をさし、南北アメリカ大陸・グリーンランドが含まれる。⇔東半球。

にし-び【西日】西に傾いた太陽。また、その日ざし。遅い午後の日ざし。《季 夏》「一照りいのち無惨にありにけり／秀野」類語 夕日・入り日・落日・落陽・斜陽・夕影・残光・夕映え

にじ-ふだ【二字札】「下馬」または「下乗」の2字を記して、馬やかごに乗ったまま入ることを禁じた制札。

にし-ふどう【二四不同】▶二六対

にしフランク-おうこく【西フランク王国】843年のベルダン条約、870年のメルセン条約を経て3分割されたフランク王国の西方の部分。カール2世が継承したが、王権が弱く、ノルマン人の侵入、封建貴族の台頭に苦しみ、987年カロリング朝は断絶。次いで、パリ伯ユーグ=カペーがカペー朝を開き、フランス封建国家が発足した。

にし-ベルリン【西ベルリン】ベルリンの西部地域。第二次大戦後、アメリカ・イギリス・フランス3国の管理となり、1950年以降90年まで西ドイツの一州を構成していた。

にじ-ほうていしき【二次方程式】未知数の最高次数が二次である方程式。一般形は $ax^2+bx+c=0(a\neq0)$ で表される。

にしぼり-えいざぶろう【西堀栄三郎】[1903～1989]化学者・技術者。京都の生まれ。京大教授。品質管理の普及に貢献。登山家としても著名で、第1次南極越冬隊隊長を務めた。著作に「南極越冬記」「品質管理実施法」など。

にし-ほんがんじ【西本願寺】浄土真宗本願寺派の本山である本願寺の通称。➡本願寺㊀

にじ-ます【虹×鱒】サケ科の淡水魚。全長約50センチ。体色は暗青色で背面・背びれ・尾びれに小黒点が散在し、体側に紅色の帯が縦に走る。北アメリカの原産で、日本へは明治10年(1877)以降移入、湖沼や渓流に放流され釣り魚にも利用。食用。レインボートラウト。《季 夏》

にし-まわり【西回り｜西×廻り】❶ある地域の西側を回ること。また、地球を西に向かって回ること。「一で世界一周する」❷「西廻り航路」の略。

にしまわり-こうろ【西×廻り航路】江戸時代、日本海沿岸の港と大坂を結ぶ幹線航路。17世紀半ばに開かれ、日本海を西へ航海し、下関から瀬戸内海に入り大坂に達する。➡東廻り航路

にじみ-でる【×滲み出る】〔動ダ下一〕❶水などが、じわじわとしみて出る。「汗が一・でる」❷性格などが自然に現れ出る。「生活の一・でている手」類語 あふれ出る・現れる

にし-みなみ【西南】西と南の中間にあたる方角。せいなん。

にじ-む【×滲む】〔動マ五(四)〕❶液体が物にしみて広がる。「包帯に血が一・む」「紙の文字が一・む」❷液体がうっすらと出てくる。「目に涙が一・む」➡染

みる(用法)(類語)染みる・浸透

にし-むき【西向き】西の方に向いていること。

にしむら-きょうたろう【西村京太郎】[1930〜　]推理作家。東京の生まれ。本名、矢島喜八郎。「天使の傷痕」で江戸川乱歩賞受賞。「寝台特急殺人事件」で人気を集め、「終着駅殺人事件」など鉄道をトリックに使った作品を多数執筆。トラベルミステリーの第一人者となる。平成17年(2005)功績により日本ミステリー文学大賞受賞。

にしむら-けんた【西村賢太】[1967〜　]小説家。東京の生まれ。中学卒業後は日雇いなどで生計を立てながら、平成15年(2003)より小説を書き始める。「苦役列車」で芥川賞受賞。

にしむら-しげき【西村茂樹】[1828〜1902]道徳教育家。下総の生まれ。明六社に参加。また、明治9年(1876)東京修身学社を創設(のち日本弘道会と改称)し、儒教的倫理思想に基づく国民道徳の高揚に努めた。著「日本道徳論」など。

にしむら-てんしゅう【西村天囚】[1865〜1924]新聞記者・小説家・漢学者。大隅種子島の人。名は時彦。大阪朝日新聞社社員、のち宮内省御用掛などを務めた。小説「屑屋の籠」、著「日本宋学史」など。

にしむら-ゆきお【西村幸生】[1910〜1945]プロ野球選手。三重の生まれ。関西大で投手として活躍後、昭和12年(1937)大阪タイガース(現阪神)に入団、チームを二度の優勝に導く。3年で退団し、満州に渡るが、第二次大戦で戦死。

に-しめ【煮▽染め】濃いめの味で、野菜・干物・こんにゃくなどをじっくり煮上げたもの。

(類語)煮物・煮付け・煮転がし・煮浸し・佃煮

に-し・める【煮▽染める】〔動マ下一〕文にし・む〔マ下二〕食物をよく煮て煮汁の味をしみ込ませる。また、醤油がしみこんだような色になる。「こんにゃくを―・める」「―・めたような手ぬぐい」

(類語)煮込む・煮付ける・煮詰まる

にしもと-ゆきお【西本幸雄】[1920〜2011]プロ野球選手・監督。和歌山の生まれ。都市対抗野球で活躍後、昭和25年(1950)毎日(現千葉ロッテ)に入団。引退後、同球団の監督となり、リーグ優勝。のち阪急・近鉄(ともに現オリックス)の監督を歴任し、計8度のリーグ優勝を果たしたが日本一にはなれず、「悲運の名将」といわれた。

に-しゃ【二者】二つのもの。また、ふたりの人。両者。「―残塁」

にしゃ-さんにゅう【二捨三入】〔名〕スル 端数が1・2のときは切り捨て、3・4・5・6・7のときは5、8・9のときは10として切り上げる計算法。

にしゃ-せんいつ【二者選一】「二者択一」に同じ。

にしゃ-たくいつ【二者択一】二つのうち、どちらか一つを選ぶこと。二者選一。「―を迫られる」

にし-やま【西山】❶西方の山。❷京都市の西に連なる山々。愛宕山・嵐山など。また、その一帯の称。東山に対していう。

にしやま-せっさい【西山拙斎】[1735〜1798]江戸中期の儒学者。備中鴨方の人。名は正。字は士雅。大坂で医学と儒学を修め、郷里で塾を開いて育英に任じた。著「間窓瑣言」など。

にしやま-そういん【西山宗因】[1605〜1682]江戸前期の連歌師・俳人。談林派の祖。肥後の人。名は豊一。別号、西翁・梅翁など。里村昌琢に連歌を学び、主家加藤侯没落後、大坂天満宮の連歌所宗匠となった。俳諧では自由軽妙な談林俳諧を興し、門下に井原西鶴らを輩出。編著「宗因連歌千句」など。

にしやまものがたり【西山物語】読本。3巻3冊。建部綾足作。明和5年(1768)刊。京都の渡辺源太が恋愛のもつれから妹を斬殺した実話を題材に、武家社会の若い男女の悲恋を描く。

に-しゅ【二朱】「二朱金」「二朱銀」の略。

に-じゅ【二×豎】《豎は子供の意。「春秋左伝」成公一〇年の、病気をした晋の景公が、病因の変化である二人の豎子が良医を恐れて肓と膏の下に隠れた夢を見たという故事から》病魔。また、病気。「―に侵される」

に-じゅう【二十｜×廿】❶10の2倍の数。❷20歳。はたち。

に-じゅう【二重】❶同じことが二つ重なること。「おめでたが―になる」❷同じものが二つ重なること。ふたえ。「物が―に見える」❸「二重舞台」の略。

にじゅう-あご【二重顎】あごの肉づきがよく、二重になっているもの。

にじゅういちだい-しゅう【二十一代集】古今和歌集から新続古今和歌集までの21の勅撰和歌集で、八代集と十三代集とを合わせた称。

にじゅういっかじょう-ようきゅう【二十一箇条要求】▶対華二十一箇条要求

にじゅういっ-し【二十一史】中国の歴代の正史21書。史記・漢書・後漢書・三国志・晋書・宋書・南斉書・梁書・陳書・魏書・北斉書・周書・隋書・南史・北史・新唐書・新五代史・宋史・遼史・金史・元史をいう。

にじゅういっせいき-りんちょう【二十一世紀臨調】《新しい日本をつくる国民会議》の通称》政治改革の推進を目的として、経済界・労働界・学界・自治体・報道・NPOなど各界から約150人のメンバーが集まり、会合を重ね、不偏不党の立場から政策提言を行う。政治政党の立て直し、生活者を起点とする分権改革、政治インフラの再構築を目標に掲げる。前身の民間政治臨調を改組し、平成11年(1999)に発足。

にじゅう-うつし【二重写し】❶映画・テレビで、ある画面の上にさらに別の画面を重ねて写す技法。オーバーラップ。❷「二重露出」に同じ。

にじゅう-うり【二重売り】売る約束をして代金を受け取った物品を、さらに他の者に売ること。

にじゅう-おり【二重織(り)】縦糸に表に出るものと裏に出るものとの2種を用い、また横糸も表・裏それぞれの縦糸と織り合わせる2種を用いて、表と裏を別組織に織った織物。

にじゅうおんせい-ほうそう【二重音声放送】音声多重放送の一。主音声と副音声を使う二か国語放送、解説放送、副音声放送などがある。テレビの音声モードを切り替えることにより、主音声のみ、副音声のみ、主音声と副音声の両方を聴取できる。

にじゅう-がいこう【二重外交】内閣以外の機関が、外務省と別個に外交活動を行うこと。日本では日露戦争以後、特に昭和初期から旧陸軍が行った対外活動などについていう。

にじゅう-かかく【二重価格】同一商品に対して二つの異なった価格を設定すること。また、その価格。国内価格と輸出価格、政府米の二重米価など。

にじゅう-かぜい【二重課税】同一の納税者や同一の取引・事実に対して、同じ種類の租税が重複して課税されること。例えば、ある企業が外国で得た所得に対して、その国と国内の両方で法人税が課税されることなど。納税者に過重な税負担を課したり、税負担の公平性が損なわれたりするような二重課税については、回避・調整するための措置がとられる。二重税。重複課税。タックスオンタックス。

にじゅうかわせ-せいど【二重為替制度】為替市場を経常取引と資本取引の二つに分け、前者には固定為替相場制、後者には変動為替相場制が適用される為替相場制度。

にじゅう-ぎり【二重切り】筒形の竹花入れの切り方の一。上下二段に花窓を切ったもの。

にじゅう-けつごう【二重結合】2個の原子がふつう二つの共有結合によって結合していること。2本線の価標「＝」で表し、例えばエチレンCH_2=CH_2のように示す。

にじゅう-けんりょく【二重権力】❶二つの勢力が対立したまま権力を保持している状態。「革命政府と亡命政府による―支配が続く」❷表面上の権力者とは別に、裏に潜む実力者が影響を及ぼす状態。「舞台裏から政権を操る―構造」

にじゅうご-う【二十五有】仏語。25種の有情としての存在の意。三界を25に分けたもの。欲界に14、色界に7、無色界に4ある。

にじゅう-こうぞう【二重構造】近代的大企業と前近代的零細企業が並存し、両者の間に資本集約度・生産性・賃金などに大きな格差があるような経済構造。

にじゅうごか-れいじょう【二十五箇霊場】法然ゆかりの25の霊場。円光大師二十五霊場。

にじゅう-こくせき【二重国籍】個人が同時に二つ以上の国籍をもつこと。重国籍。

にじゅうご-ざ【二十五座】主な曲数が25曲ある里神楽。主に東京周辺の祭礼に行われる。二十五座神楽。

にじゅう-ごさい【二汁五菜】本膳料理の標準的な膳立て。本膳と二の膳にそれぞれ汁と菜2品ずつ置き、別の膳に焼き物を置いたもの。

にじゅうご-し【二十五史】二十四史に新元史を加えた中国の正史の称。

にじゅうご-だいじ【二十五大寺】平安時代の25の大寺。東大寺・興福寺・元興寺・大安寺・薬師寺・西大寺・法隆寺・新薬師寺・大后寺・不退寺・超証寺・招提寺・京法華寺・宗鏡寺・弘福寺(川原寺)・崇福寺・梵釈寺・檀林寺・延暦寺・貞観寺・元慶寺・仁和寺・醍醐寺・浄福寺・勧修寺。

にじゅうごにち-さま【二十五日様】《その忌日が陰暦正月25日であるところから》浄土宗で、法然の敬称。

にじゅうご-ぼさつ【二十五菩薩】阿弥陀仏を念じて往生を願う者を浄土に迎える25体の菩薩。観世音・勢至・薬王・薬上・普賢・法自在王・獅子吼・陀羅尼・虚空蔵・徳蔵・宝蔵・山海慧・金蔵・金剛蔵・光明王・華厳王・衆宝王・日照王・月光王・三昧王・定自在王・大自在王・白象王・大威徳王・無辺身の各菩薩。

にじゅう-さしおさえ【二重差(し)押(さ)え】ある債権者のためにすでに差し押さえられた財産を、さらに他の債権者のために差し押さえること。民事執行法上、動産については禁止されている。

にじゅうさん-や【二十三夜】陰暦で23日の夜。また、その夜の月待ち行事。(季 秋)

にじゅうし-き【二十四気】▶二十四節気

にじゅうしき-かざん【二重式火山】火口やカルデラの内部に小さい火山体をもつ火山。

にじゅうし-こう【二十四孝】㊀中国で古来有名な孝子24人の称。虞舜・漢の文帝・曽参・閔子騫・仲由・董永・剡子・江革・陸績・唐夫人・呉猛・王祥・郭巨・楊香・朱寿昌・庾黔婁・老莱子・蔡順・黄香・姜詩・王褒・丁蘭・孟宗・黄庭堅のこと。㊁(廿四孝)「本朝廿四孝」の略称。

にじゅうし-し【二十四史】二十一史に旧唐書・旧五代史・明史を加えた中国の正史の称。清の乾隆年間(1736〜1795)に勅命によって選定。

にじゅうし-せつ【二十四節】❶▶二十四節気 ❷連句の形式の一。懐紙2折の表裏に6句ずつ、計24句を一巻とする。箙。

にじゅうし-せっき【二十四節気】太陰太陽暦で、季節を正しく示すために用いた語。1太陽年を太陽の黄経によって24等分し、その分点に節気と中気を交互に配列し、それぞれに季節の名称を与えたもの。正月節は立春、正月中は雨水などと表す。立春・雨水・啓蟄・春分・清明・穀雨・立夏・小満・芒種・夏至・小暑・大暑・立秋・処暑・白露・秋分・寒露・霜降・立冬・小雪・大雪・冬至・小寒・大寒。二十四節。二十四気。節気。

にじゅうしちねん-テーゼ【二十七年テーゼ】1927年、コミンテルンが決定し、日本共産党が採択した「日本問題に関する決議」の通称。当時の日本資本主義を分析し、当面する革命の性格と党の任務を明確にした最初の綱領的文書。➡三十二年テーゼ

にじゅうしのひとみ【二十四の瞳】壺井栄の小説。昭和27年(1952)発表。第二次大戦前後の世相を背景に、瀬戸内海の島に赴任した若い女性

教師と12人の生徒たちの交情を描く。

にじゅうしばん-かしんふう【二十四番花信風】二十四節気中の小寒から穀雨に至る八節気を24に分け、各候に咲く花を知らせる風。24候にそれぞれ新たな風が吹くとして、それに花を配したもの。二十四番の風。

にじゅう-しょう【二重唱】二人の歌手による重唱。デュエット。デュオ。

にじゅう-じんかく【二重人格】一人の人間の中に二つの全く異なる人格が交代して現れること。互いに他方の人格にあるときの行動を想起できない。3種以上の人格が現れる場合は多重人格という。

にじゅう-しんり【二重真理】哲学で、啓示と理性(信仰と知識)の2種類の真理が並存するというヨーロッパ中世末期の思想。

にじゅう-スパイ【二重スパイ】ある勢力が送り込んだスパイが、同時に相手側のスパイでもあること。また、その者。ダブルスパイ。

にじゅう-せい【二重星】肉眼では一つの星に見えるが、望遠鏡で見ると互いに接近して同じ方向に見える2個の恒星。➡重星

にじゅう-ぜい【二重税】▶二重課税

にじゅう-せいかつ【二重生活】❶同一人が性質の異なる二つの生活を営むこと。「医者と物書きの―」❷一つの家族の構成員が何かの事情で、別々に生活すること。

にじゅう-そう【二重奏】二つの楽器による重奏。デュエット。デュオ。

にじゅう-ぞこ【二重底】容器などの底が二重になっていること。また、その底。

にじゅう-そしょう【二重訴訟】同一事件について、同一審級での訴訟を重ねて求めること。民事訴訟・刑事訴訟とも認められていない。

にじゅう-ちょうぼ【二重帳簿】事実を記録する帳簿のほかに、脱税や粉飾決算などのために作成された帳簿があること。また、その帳簿。

にじゅうつうか-さい【二重通貨債】▶二重通貨建て債

にじゅうつうかだて-さい【二重通貨建(て)債】払い込み、利息、償還を異なる通貨で行う債券のこと。購入代金の払い込みと利息が円建てで、償還がドルなどの外貨建てのものをデュアルカレンシー債、払い込みと償還が円で、利息が外貨のものをリバースデュアルカレンシー債ともいう。1982年ユーロ市場に登場した債券。85年、円の国際化をねらってユーロ円で導入。複数通貨建て債。➡外貨債 ➡円建て債

にじゅう-ていとう【二重抵当】すでに抵当権が設定されている不動産にさらに抵当権を設定すること。

にじゅう-とび【二重跳び・二重飛び】縄跳びの、跳び方の一。跳躍している間に、縄を2回転させる。

にじゅう-どり【二重取り】取り分をすでに受け取っておきながら、再度受け取ること。

にじゅう-どり【二重撮り】「二重露出」に同じ。

にじゅう-ないりくこく【二重内陸国】内陸国のうち、国境を接する全ての国が内陸国である国。海に出るために最低2回国境を通過しなければならない。リヒテンシュタインとウズベキスタンのみがこれにあたる。

にじゅうに-し【二十二史】二十一史に旧唐書または明史を加えた中国の正史の称。

にじゅうにしさっき【二十二史劄記】中国の歴史評論書。清の趙翼著。36巻。史記から明史に至る二十二史の記事を比較研究し、精密な考証を加えている。

にじゅうに-しゃ【二十二社】平安時代、朝廷から奉幣使の立った22の神社。伊勢・石清水・賀茂・松尾・平野・稲荷・春日・大原野・大神・石上・大和・広瀬・竜田・住吉・日吉・梅宮・吉田・広田・祇園・北野・丹生川上・貴船の各社。

にじゅう-ばいばい【二重売買】売り主が同一の目的物を別々の買い主に二重に売ること。民事上、先に登記または引き渡しなどの対抗要件を備えた買い主が完全な所有権を取得する。

にじゅう-ばし【二重橋】皇居正門の堀にかかる鉄製の橋の俗称。江戸時代は木橋で、堀が深いため上下二重に橋桁を組んだところからよばれたもの。

にじゅうはちぶ-しゅう【二十八部衆】千手観音の眷属である、28人の善神。神名には諸説があり、一定でない。

にじゅうはっ-しゅく【二十八宿】❶古代中国で、月・太陽などの位置を示すために、赤道・黄道付近で天球を28に区分し、それぞれを一つの宿としたもの。月はおよそ1日に一宿ずつ動く。❷連句の形式の一。初表6句・初裏8句、名残の表8句・裏6句の28句を一巻としたもの。

▷ 二十八宿(❶)
角(すぼし)、亢(あみぼし)、氐(ともぼし)、房(そいぼし)、心(なかごぼし)、尾(あしたれぼし)、箕(みぼし)、斗(ひきつぼし)、牛(いなみぼし)、女(うるきぼし)、虚(とみてぼし)、危(うみやめぼし)、室(はついぼし)、壁(なまめぼし)、奎(とかきぼし)、婁(たたらぼし)、胃(えきえぼし)、昴(すばるぼし)、畢(あめふりぼし)、觜(とろきぼし)、参(からすきぼし)、井(ちちりぼし)、鬼(たまおのほし)、柳(ぬりこぼし)、星(ほとおりぼし)、張(ちりこぼし)、翼(たすきぼし)、軫(みつかけぼし)

にじゅうはっ-しょう【二十八将】中国で、後漢の光武帝の功臣で、明帝のときにその像を雲台に描かれた28人。鄧禹・馬成・呉漢・王梁・賈復・陳俊・耿弇・杜茂・寇恂・傅俊・岑彭・堅鐔・馮異・王覇・朱祐・任光・祭遵・李忠・景丹・万脩・蓋延・邳彤・銚期・劉植・耿純・臧宮・馬武・劉隆。

にじゅう-ひてい【二重否定】否定の言葉を二度重ねて肯定の意味を強めたり、その肯定を婉曲に表したりする語法。「辞退したいわけではない」「行かないわけではない」など。

にじゅう-ぶた【二重蓋】器物で、蓋の内側にもう一つ蓋のある作り。また、そのような蓋。

にじゅう-ぶたい【二重舞台】劇場で、平舞台より一段高い舞台。平台と箱馬を組み合わせ、必要に応じて平舞台上に組み立てる。高さによって、常足・中足・高足などの別がある。

にじゅう-ぼいん【二重母音】連続する二つの異なった母音で、一つの音節をなすもの。東京語の「貝」の[ai]など。重母音。

にじゅう-ほうそう【二重放送】一つの放送所から、異なる番組を周波数の違う電波で同時に放送すること。また、その放送。

にじゅう-まど【二重窓】遮音・断熱などのため、二重の構造に作られた窓。

にじゅう-まる【二重丸】二重の丸。「◎」。丸「○」より評価が高いこと、重要であることなどを示す。

にじゅう-まわし【二重回し】男性用の和装防寒コート。インバネスの和装化したもので、袖ぐりが大きくあき、ケープ風の袖がついている。とんび。(季 冬)

にじゅう-もうけんほう【二重盲検法】治験薬の薬効を客観的に調べる臨床試験の方法。多数の患者に調べたい薬と偽薬(プラセボ)とを投与し、だれにどちらを与えたかは患者にも医師にもわからないようにしておき、結果を統計学的に判定する。プラセボ比較試験。➡偽薬効果

にじゅう-やきつけ【二重焼(き)付け】写真・映画で、別々に撮影した2枚の陰画を同一の印画紙やフィルムに焼き付けること。二重焼き。

にじゅうやほし-てんとう【二十八星瓢虫】テントウムシ科の昆虫。体長6～7ミリ。背面は橙色で28個の黒紋がある。幼虫・成虫ともナス・ジャガイモ・トマトなどの葉を食害。よく似て大形のオオニジュウヤホシテントウも同様の害虫。てんとうむしだまし。

にじゅうよくみ-どいや【二十四組問屋】江戸時代、大坂の江戸積問屋の仲間。17世紀末に成立。当初10組、のち24組。同じころ成立した江戸の十組問屋と結んで、大坂から江戸へ積み出す荷物を独占的に取り扱った。

にじゅうよ-じかん【二十四時間】午前零時から午後12時までの間。まる1日。

にじゅうよ-はい【二十四輩】親鸞の弟子24人を選んだもの。性信・真仏・順信など。また、その遺跡寺院や、その寺院を巡拝する人。

にじゅうよん-きん【二十四金】《金の含有量が24分の24である金合金の意》純金のこと。➡カラット

にじゅうよんビット-カラー【24ビットカラー】《24bit color》コンピューターのディスプレーで表示する色に関するモードの一。1画素当たり24ビットの色情報をもち、1677万7216色を表現できる。32ビットカラーと合わせて、フルカラーと呼ばれる。

にじゅう-りょう【二十寮】律令制で、太政官八省に属した20の寮。大舎人・図書・内蔵・縫殿・内匠・大学・雅楽・玄蕃・諸陵・主計・主税・木工・左右馬・兵庫・陰陽・主殿・典薬・大炊・掃部・斎宮の諸寮。

にじゅうろく-せいじん【二十六聖人】▶日本二十六聖人

にじゅうろく-や【二十六夜】❶陰暦正月・7月の26日の夜。❷「二十六夜待ち」の略。

にじゅうろくや-まち【二十六夜待ち】江戸時代、陰暦正月・7月の26日の夜、月の出るのを待って拝むこと。月光の中に弥陀・観音・勢至の三尊が現れると言い伝えられ、特に江戸高輪から品川あたりにかけて盛んに行われた。六夜待ち。

にじゅう-ろしゅつ【二重露出】写真撮影で、同一のフィルム・印画紙などに二度露出を行うこと。二重撮り。二重写し。

にじゅう-わくせい【二重惑星】大きさの似た二つの惑星が、互いの周囲を公転しているもの。(補説)冥王星の第1衛星カロンは直径が約1200キロあり、主星(約2300キロ)に対して太陽系で最大の比をもつため、この二つを二重惑星とする見方もあった。その後、冥王星が準惑星に格下げされたため、現在の太陽系内に二重惑星は存在しない。

にしゅ-きん【二朱金】江戸時代通用の金貨の一。長方形で、8枚が小判1両に相当する。元禄二朱金・天保二朱金・万延二朱金がある。二朱判金。

にしゅ-ぎん【二朱銀】江戸時代通用の銀貨の一。長方形で、2枚が銀1分。8枚が小判1両、つまり二朱金同等に通用した。安永南鐐・文政南鐐・安政二朱銀がある。二朱判銀。

にしゅ-しけん【二種試験】国家公務員採用試験の一。昭和59年度(1984)から、それまでの中級試験に代えて行われた。平成23年度(2011)をもって廃止され、次年度から旧三種試験と統合した一般職試験となる。国家公務員採用二種試験。国二。

にしゅ-じんしん【二種深信】仏語。機の深信と法の深信。自己の素質や能力は劣っており、阿弥陀仏の本願でなければ出離できないと深く信じることと、そのような者を救うのは阿弥陀仏だけであると深く信じること。

にしゅばん-きん【二朱判金】▶二朱金

にしゅばん-ぎん【二朱判銀】▶二朱銀

に-じょ【二女】❶2番目の女の子。次女。❷二人の娘。「一男一の父親」

に-しょう【二障】仏語。悟りを妨げる二つの障害。心をかき乱す煩悩障と、正しい智慧が生じるのを妨げる所知障。

にじょう【二条】㊀平安京の条坊の一。また、東西に通じる大路の名。二条大路。㊁▶二条通り

にじょう【二条】㊀五摂家の一。鎌倉中期、九条道家の子良実が二条京極に住み二条を称したのに始まる。㊁藤原氏御子左家の子孫の歌道の家系。為家の子為氏を祖とし、その子為世から二条と号した。京極・冷泉両家と対立し、保守的立場をとり、「続拾遺和歌集」以下の多くの勅撰集を撰進。室町初期に絶えた。

に-じょう【二乗】〔名〕スル ❶ある数・式に、同じ数・式

を掛け合わせること。自乗。平方。❷仏語。㋐声聞しょうもん乗と縁覚えんがく乗。㋑大乗と小乗。

にじょう-おおむぎ【二条大麦】ニデウオホムギ オオムギで、三つの小穂のうち中央のものだけが結実して長い芒のぎをもち、穎果えいかが軸の両側に2列につくもの。矢羽根形をなすので矢羽根麦ともいう。ビール醸造に用いる。

にしょうがくしゃ-だいがく【二松学舎大学】東京都千代田区に本部のある私立大学。明治10年(1877)設立の漢学塾二松学舎に始まり、昭和24年(1949)、新制の二松学舎大学として発足。

にじょう-き【二畳紀】ニデフ 地質時代の区分の一。古生代最後の紀で、石炭紀のあとの時代。2億8900万年前から2億4700万年前まで。両生類・紡錘虫が繁栄し、裸子植物が発展しはじめた。南半球には広く氷河が発達した。名は地層が大きく2分されるのでいい、またウラル地方のペルミで模式的な地層がみられるところからペルム紀ともいう。

にじょう-こん【二乗根】「平方根」に同じ。

にじょう-さん【二上山】ニジヤウ 大阪府と奈良県との境にある火山。金剛山地北部に位置し、北の雄岳おだけ(標高517メートル)と南の雌岳めだけ(標高474メートル)の二峰からなる。雄岳山頂に大津皇子おおつのみこの墓がある。ふたかみやま。

にじょう-じょう【二条城】ニデウジヤウ 京都市中京区にある城。慶長8年(1603)徳川家康が京都の守護および上洛じょうらく時の居城として築城。天守や本丸御殿は焼亡したが、二の丸御殿は桃山時代の書院造りの形態を伝え、狩野派の画家による障壁画とともに重要な遺構。平成6年(1994)「古都京都の文化財」の一つとして世界遺産(文化遺産)に登録された。

にじょう-じょうだい【二条城代】ニデウジヤウダイ 江戸幕府の職名。京都二条城を守衛する役。江戸初期に設置、元禄12年(1699)廃止。

にじょう-じょうばん【二条定番】ニデウヂヤウバン 江戸幕府の職名。京都所司代支配下にあって二条城の城門を警衛する職。

にじょう-だい【二畳台】ニデフ 歌舞伎の大道具の一。畳二畳ほどの広さの台。ふつう8寸(約24センチ)くらいの高さで、高位の武将、公家の座などに用いる。

にじょう-ためよ【二条為世】ニデウ ▶藤原為世

にじょう-でんじゅ【二条伝授】ニデウ 古今伝授の流派の一。宗祇そうぎから二条派の三条西実隆さんじょうにしさねたかを経て細川幽斎に伝わったもの。

にじょう-てんのう【二条天皇】ニデウテンワウ [1143〜1165] 第78代天皇。在位1158〜1165。後白河天皇の第1皇子。名は守仁。親政を行おうとして父の院政と対立した。平治の乱で幽閉されたが、平清盛が救出。

にじょう-どおり【二条通り】ニデウどほり 京都市中央部を東西に通じる道路。二条大橋から二条城に至る。寺町通り以西は平安京の二条大路にあたる。

にじょう-は【二条派】ニデウ 中世の歌道師範家である二条家系統の和歌の流派。近世まで及ぶ。➡二条㊂

にじょう-よしもと【二条良基】ニデウ [1320〜1388] 南北朝時代の公卿・歌人・連歌師。初め後醍醐天皇に仕え、のち北朝の天皇に仕えた。和歌は頓阿とんあに学び、連歌は救済ぐさいを師としてともに「菟玖波つくば集」を撰し、式目を制定するなど、連歌の文学的地位を確立した。歌論「近来風体抄」、連歌論「筑波問答」「応安新式」「連理秘抄」など。

にし-ヨーロッパ【西ヨーロッパ】▶西欧せいおう㊁

にしヨーロッパ-じかん【西ヨーロッパ時間】▶西部欧州標準時

にしヨーロッパ-ひょうじゅんじ【西ヨーロッパ標準時】ヒヤウジユンジ ▶西部欧州標準時

にしょ-そうびょう【二所宗廟】ソウベウ 伊勢大神宮と石清水八幡宮いわしみずはちまんぐう。

にしょ-だいじんぐう【二所大神宮】伊勢の皇大神宮(内宮ないくう)と豊受とようけ大神宮(外宮げくう)の二神宮。➡伊勢神宮

にしよどがわ【西淀川】にしよどがは 大阪市北西部の区名。淀川河口の北岸にあり、工業地帯。

にしよどがわ-く【西淀川区】にしよどがは ▶西淀川

にしょ-の-ごんげん【二所の権現】伊豆山いずさん権現(伊豆山神社)と箱根権現(箱根神社)の称。鎌倉時代、将軍家から尊崇された。両所権現。

にじり【×躙り｜×躪り】❶にじること。にじるようにして動くこと。❷「躙り口」の略。

にじり-あがり【×躙り上(が)り】「躙り口」に同じ。

にじり-がき【×躙り書(き)】〔名〕スル 筆を紙に押さえつけて、にじるように文字を書くこと。「手探りで—した遺書かきおきを残してな」〈鏡花・歌行灯〉

にじり-ぐち【×躙り口】草庵茶室における客の出入り口。ふつう、高さ2尺2寸(約66センチ)、幅2尺1寸(約63センチ)くらい。にじるようにして入るのでこの名がある。にじりあがり。くぐり。➡貴人口きにんぐち

にじり-こ・む【×躙り込む】〔動マ五(四)〕座ったままひざを進めて少しずつ入り込む。また、無理に入り込む。「廊下の突膝を、そのまま—・ませて、静かにあとをしめ」〈里見弴・大道無門〉

にじり-・でる【×躙り出る】〔動ダ下一〕座ったままひざを進めて少しずつ出る。また、じわじわと出る。「そろそろ遣戸の後から、—・でながら」〈芥川・偸盗〉

にじ-りよう【二次利用】〔名〕スル ❶原作品・原論文・原資料などを引用・転載・コピーするなどして利用すること。❷放送局が制作放送した番組を、有線放送・インターネット配信に譲ったり、映画化したりDVDにして販売したりすること。

にじり-よ・る【×躙り寄る】〔動ラ五(四)〕座ったままじりじりとひざで進み寄る。「火鉢のそばに—・る」「—・って耳打ちする」類語 すり寄る・詰め寄る

に-じる【煮汁】《「にしる」とも》❶物を煮た汁。❷金属工芸品の着色に用いる水溶液。緑青ろくしょう・酢・胆礬たんばんなどを水にまぜたもの。

にじ・る【×躙る｜×躪る】〔動ラ五(四)〕❶座ったまま、少しずつひざを使って進む。「—・って近くへ寄る」❷押しつけてすり動かす。「煙草の火を—・って消す」

に-じるし【荷印】荷物を発送するとき、その所属や種類などを示すために包装につける符号。

にじ-れいきゃくすい【二次冷却水】加圧水型原子炉で、炉心を通る一次冷却水からの熱を受け取り、蒸気となってタービンを回す循環水。

に-しろ〔連語〕《格助詞「に」＋サ変動詞「する」の命令形「しろ」》❶仮定または確定の事柄を示し、あとにそれに逆らう事柄を判断的に述べる意を表す。…にしても。「失敗する—やるだけのことはやる」❷例を示し、それがあとに述べる事柄に当てはまることを暗示する意を表す。…にしても。「どちら—高過ぎて手が出ない」「買う—買わない—一度見ておこう」補説 ❶は係助詞「も」を挿入した「にもしろ」の形でも用いる。「短時間にもしろ会えたのは幸運だ」

にしローマ-ていこく【西ローマ帝国】㊀古代末期、皇帝テオドシウス1世死後の395年、東西に分割されたローマ帝国の西方部分を継いで、成立した帝国。都はローマ。皇帝の乱立、ゲルマン民族の侵入などによって衰退し、476年ゲルマン人の傭兵隊長オドアケルによって滅ぼされた。➡東ローマ帝国 ㊁フランク王シャルルマーニュ(カール大帝)が、800年に復興した国名。神聖ローマ帝国成立まで続いたが、名目だけのものだった。

ニシロス-とう【ニシロス島】タウ《Nisyros》ギリシャ東部、エーゲ海にある島。イタリア語名ニシロ島。ドデカネス諸島に属し、コス島とティロス島の間に位置する。中心地はマンドラキ。火山島として知られ、温泉もあり、噴火口から火山ガスを活発に噴出している。

ニシロ-とう【ニシロ島】タウ《Nisiro》ギリシャ東部にある、ニシロス島のイタリア語名。

にしわき【西脇】兵庫県中部の市。綿織りの播州ばんしゅう織の産地。平成17年(2005)10月、黒田庄町と合併。人口4.3万(2010)。

にしわき-し【西脇市】▶西脇

にしわき-じゅんざぶろう【西脇順三郎】ジュンザブラウ [1894〜1982]詩人・英文学者。新潟の生まれ。慶大教授。シュールレアリスムの理論的指導者として活躍。詩集「Ambarvalia」「旅人かへらず」「近代の寓話」など。

に-しん【二心｜弐心】《二つの心をもつ意から》❶そむこうとする心。ふたごころ。じしん。「主君に—を抱く」❷疑いの心。疑心。

に-しん【二伸】書き終わった手紙に、さらに文を追加するとき、その初めに書く言葉。追伸。
類語 追伸・再伸・追って書き

に-しん【二神】《「にじん」とも》2柱の神。特に、伊弉諾いざなぎ・伊弉冉いざなみの神のこと。

に-しん【二審】一審の判決に対して、不服申し立てのあったときに行われる第二段階の審理。控訴審。第二審。➡審級

に-しん【二親】ふたおや。両親。〈和英語林集成〉

にしん【×鰊｜×鯡】ニシン目ニシン科の海水魚。全長約30センチ。体は長く、マイワシに似るが体側に黒点がない。北太平洋に広く分布し、沖合を回遊。春季、産卵のために群れをなして接岸する。食用。卵は数の子とよばれる。かど。かどいわし。はるつげうお。季 春「妻も吾もみちのくびとや—食ふ/青邨」

に-じん【二陣】ヂン 陣立てで、先陣の次に控えた陣営。また、二番目に攻め入る軍勢。二番備え。

にしん-あぶら【×鰊油】にしんかすを作るときに搾り出した油。硬化油・機械油に精製される。にしんゆ。

にしんか-じっしんふごう【二進化十進符号】ニシンクワジッシンフガウ 十進法で表される数字の各桁を、4桁の二進法の数字の組み合わせによって表現する符号。コンピューターで使用。BCDコード。

にしん-かす【×鰊×粕】ニシンを煮て、圧搾して油をとったあと乾燥させたもの。窒素・燐りんに富み、魚肥として使用。

にしん-くき【×鰊▽群来】産卵期のニシンが大群で主に北海道西岸に押し寄せること。季 春「どんよりと利尻の富士や—/誓子」

にしん-ぐもり【×鰊曇(り)】北海道近海で、ニシンがとれる頃に多い曇り空のこと。季 春

にしん-すう【二進数】《binary number》二進法で表される数。➡二進法

ニジンスキー〖Vatslav Nizhinskiy〗[1890〜1950]ポーランド系のロシアの舞踊家。ディアギレフのロシアバレエ団で活躍し、また「牧神の午後」「春の祭典」などの振り付けに才能を発揮した。

に-しんとう【二親等】親等の一。本人および配偶者から2世代を隔てた関係にある親族。祖父母・兄弟姉妹・孫など。二等親。

にしん-ほう【二進法】ハフ《binary number system》2倍ごとに桁けたを一つ増やす記数法。基数を2とし、すべての数を0と1との組み合わせで表す。十進法の1・2・3・4・5…9は、二進法で表せば1, 10, 11, 100, 101…1001となる。コンピューターの内部では、あらゆる数字や文字、命令が原理的に二進数として処理される。

ニス「ワニス」の略。補説「仮漆」とも書く。

に・す【似す】〔動サ下二〕「にせる」の文語形。

に-すい【二水】漢字の偏の一。「冷」「凍」などの「冫」の称。

に-すがた【似姿】似せてつくった像や絵。肖像。

に-すがた【荷姿】梱包こんぽうされた荷物の外見。

ニスク〖NISC〗《National Information Security Center》▶内閣官房情報セキュリティーセンター

にすけ【仁助｜仁▽介】江戸時代、船頭・馬方、または仲間ちゅうげん・小者などの奉公人のこと。仁蔵にぞ。

に-すす【煮×煤】煤を煮た汁。板などの色つけや防腐に用いる。

ニスト〖NIST〗《National Institute of Standards and Technology》国立標準技術研究所。米商務省所管の科学技術に関する総合研究機関。1901年工業規格の標準化をつかさどるNBS(国立標準局)として設立されたが、88年現在の組織に改組。近年は基礎研究および先端技術研究に重点を移し、米国産業の革新と競争力の強化を図ることを目的としている。所在地はメリーランド州ゲイザーズバーグ。

に-ずり【▽丹×摺り】古代の染色法で、赤土または茜あか

などの染料で模様をすりつけること。
に-せ【二世】現世と来世。今生こんじょうと後生ごしょう。この世とあの世。(類語)三世・他生・三界
にせ【偽|×贋】《動詞「に(似)せる」の連用形から》本物に似せて作ること。本物のように見せかけること。また、そのもの。「—の手紙」「—ダイヤ」
(類語)偽物にせもの・えせ・贋物がんぶつ・偽物ぎぶつ・まがい物・まがい・もどき・まやかし
にせ-アカシア【×贋アカシア】ハリエンジュの別名。
に-せい【二世】❶同じ名をもって国王・皇帝・教皇などの地位を継いだ2代目。「エカテリーナ—」❷芸能・芸術などで、その名跡を継いだ2代目であること。「—市川猿之助」❸親の跡を継ぐ男子。息子。「—が誕生する」❹移民の子で、外国で生まれ、その国の市民権を持つ人。「日系—」
に-せい【二星】二つの星。特に、牽牛星けんぎゅうせいと織女星。(季 秋)
にせい-ぎいん【二世議員】ニセイギイン 親が議員を務めており、自身も議員である人。また、議員を引退した親から選挙地盤などを受け継いで議員となった人。➡世襲議員
にせ-いん【偽印|×贋印】にせの印。にせはん。
にせ-え【似絵】ニセヱ 平安末期から鎌倉時代に流行した大和絵様式の肖像画。特に面貌めんぼうを写実的に描く。藤原隆信に始まり、その子信実によって大成された。代表作に信実の「後鳥羽上皇像」がある。
にせ-がき【偽書(き)|×贋書(き)】他人の筆跡をまねて書くこと。また、書いたもの。
にせ-がね【偽金|×贋金】にせの貨幣。
にせ-くろはつ【偽黒初】ベニタケ科のキノコ。クロハツに似るが有毒。夏から秋にかけて広葉樹林に生える。傘は黒褐色で、初め丸く、成長すると浅い漏斗ろうと状になる。肉は白く、傷つけると赤くなる。
ニセコ 北海道南西部、後志しりべし総合振興局の地名。ニセコアンヌプリや羊蹄山の南にある。旧称、狩太かりぶと町。文学者有島武郎の父が農場を開いた地。
ニセコアンヌプリ 北海道南西部、ニセコ・倶知安町境にある、ニセコアンヌプリ火山群の主峰。標高1308メートル。スキー場・温泉がある。
ニセコしゃこたんおたるかいがん-こくていこうえん【ニセコ積丹小樽海岸国定公園】ニセコシャコタンオタルカイガンコクテイコウエン 北海道南西部、積丹半島の海岸とニセコアンヌプリ火山群を中心とする国定公園。
にせ-さつ【偽札|×贋札】にせの紙幣。偽造紙幣。がんさつ。
にせ-じょうもん【偽証文|×贋証文】にせの証文。偽造した証文。
にせ-しょうろ【×贋松露】ニセショウロ科の毒キノコ。夏から秋に山野などの地上に生える。ショウロに似るが、表面に裂け目がある。
に-せそん【二世尊】2体の仏。特に、法華経で説く多宝塔中の二仏、釈迦しゃか如来と多宝如来。
にせ-の-えん【二世の縁】《親子は一世、夫婦は二世、主従は三世の縁があるというところから》夫婦の縁。
にせ-の-かため【二世の固め】夫婦になる約束。「貞女両夫に見まえずの掟は夫も同じ事、一は赦ゆるしてと」〈浄・千本桜〉
にせ-の-ちぎり【二世の契り】来世まで夫婦として連れ添おうという約束。
にせ-の-つま【二世の▽夫|二世の妻】来世まで連れ添おうと約束した夫または妻。「われこそ清十郎が—」〈浄・歌念仏〉
にせ-はん【偽判|×贋判】《「にせばん」とも》にせの判。また、その判を押すこと。にせいん。
にせむらさきいなかげんじ【偽紫田舎源氏】ニセムラサキイナカゲンジ 合巻。38編152冊。柳亭種彦作、歌川国貞画。文政12〜天保13年(1829〜42)刊。源氏物語の世界を室町時代に移して翻案したもの。江戸城大奥を描いたとうわさされ、天保の改革によって絶版を命じられた。39・40編は未刊。
にせ-もの【偽物|×贋物】本物に似せてつくったもの。まがい物。「—をつかまされる」
(類語)偽・えせ・贋物がんぶつ・偽物ぎぶつ・まがい・まやかし
にせ-もの【偽者|×贋者】本人に見せかけた別人。
にせものがたり【仁勢物語】仮名草子。2巻。作者未詳。寛永17年(1640)ごろ成立。伊勢物語をもじって、当時の世相・風俗を滑稽に描いた。
にせよ〔連語〕《格助詞「に」+サ変動詞「する」の命令形「せよ」》「にしろ」のやや改まった言い方。「上からの指令—行動は起こせない」「出席—欠席—返事がほしい」(補説)「にしろ❶」に対応した用法では「にもせよ」の形もある。「冗談じょうだんにもせよ、言ってはならぬ」
に・せる【似せる】〔動サ下一〕図に・す〔サ下二〕似るようにする。まねる。「実物に—・せる」
にせんきゅう-インフルエンザ【2009インフルエンザ】ニセンキュウ 2009年から2010年にかけて世界的に流行したブタ由来の新型インフルエンザ(AH1N1)のこと。➡豚インフルエンザ
にせんさんじゅうはちねん-もんだい【二〇三八年問題】ニセンサンジュウハチネン《Year 2038 problem》協定世界時で、西暦2038年1月19日午前3時14分7秒を過ぎると、コンピューターが誤作動を起こすことによって生じる各種システムの不具合や社会的混乱。UNIXユニックスが管理する日付時刻のオーバーフローに起因する。➡二〇〇〇年問題 ➡二〇三六年問題
にせんさんじゅうろくねん-もんだい【二〇三六年問題】ニセンサンジュウロクネン《year 2036 problem》協定世界時で、西暦2036年2月6日午前6時28分15秒を過ぎると、コンピューターが誤作動を起こすことによって生じる各種システムの不具合や社会的混乱。インターネットを介した時刻調整に利用されるプロトコル、NTPの時刻管理のオーバーフローに起因する。➡二〇〇〇年問題 ➡二〇三八年問題
にせんしちねん-もんだい【二〇〇七年問題】昭和22年(1947)から同24年に生まれた団塊の世代の労働者が60歳定年を迎え、平成19年(2007)をピークに一斉に退職することにより発生すると予想された問題の総称。労働力の不足、技術・技能継承の断絶などが懸念されたが、定年延長・継続雇用制度の導入などにより、大きな混乱は生じなかった。
にせん-せき【二千石】《中国漢代の郡の太守(長官)の年俸が二千石であったところから》地方長官・知事のこと。じせんせき。
にせんねん-もんだい【二〇〇〇年問題】《year 2000 problem》年号を下二桁で管理していたコンピューターが西暦2000年を迎えた時に1900年と誤認することによって生じる各種システムの不具合や社会的混乱を指す。Y2K。➡二〇三六年問題 ➡二〇三八年問題
にせん-べん【二×尖弁】▶僧帽弁そうぼうべん
にせん-ぼけ【二線×暈け】レンズの収差によって生じるぼけ方の一。ピントが合った位置よりも後ろにあるものの線がぼけて二重になること。特に、木の枝や電柱などの直線的なものに多く見られる。
にせん-り【二千里】千里の2倍。
二千里の外ほかの故人こじんの心 《白居易の詩による》遠方にいる旧友を思う心。
に-そ【二×鼠】仏語。白・黒の2匹のネズミ。昼夜・日月などにたとえる。
二鼠藤とうを噛かむ 《「二鼠」を日月、「藤」を生命にたとえた言葉》人の命ははかなく、刻々と死に近づいていることのたとえ。
に-そう【尼僧】❶出家して仏道に入った女性。比丘尼びくに。尼あま。❷カトリック教会の修道女。
(類語)尼・修道女・シスター・巫女みこ
に-ぞう【二蔵】ニザウ 仏教の経典を二大別したもの。声聞しょうもん・縁覚えんがくのために説かれた小乗の教法の声聞蔵と、菩薩ぼさつのために説かれた大乗の教法の菩薩蔵。
にぞう【仁蔵|二蔵】ニザウ 鍛冶かじ屋の職人、船頭・馬方などの通称。仁助にすけ。「鉱あらがねの槌打つ—までも」〈浮・男色大鑑・六〉
に-そく【二足】❶履物の2対。❷鳥類のこと。「四足—ヲ食スル」〈日葡〉
二足の草鞋わらじを履はく 両立しえないような二つの職業を同一人が兼ねること。特に、江戸時代、博徒が捕吏を兼ねることをいう。
(類語)掛け持ち・兼職・兼業・兼任・兼務
にそく-さんもん【二束三文|二足三文】数量が多くても、値段がごく安いこと。また、ひどく安い値段。「—で売り払う」(補説)2たばでわずか3文の値である意で、金剛草履の値段から出た語という。
に-ぞめ【煮染(め)】草・花・樹皮などを煎じた熱い汁で染色すること。また、染めたもの。
に-そん【二尊】㊀浄土教で、釈迦しゃか仏と阿弥陀仏。また、過去仏である釈迦と当来仏である弥勒みろく。㊁阿弥陀三尊のうち、観音と勢至の二菩薩ぼさつ。
にそん-いん【二尊院】ニソンヰン 京都市右京区にある天台宗の寺。山号は小倉山。承和年間(834〜848)嵯峨上皇の勅によって創建。開山は円仁。釈迦しゃか・阿弥陀の二尊を本尊とする。はじめ天台・真言・律・浄土の四宗兼学で、法然が住して以来念仏の根本道場となり、明治に入って現宗に改宗。法然廟、角倉了以・伊藤仁斎らの墓がある。二尊教院華台寺。
にそん-ぎょう【二尊教】ニソンゲウ 浄土教の教え。「観無量寿経」には釈迦しゃか・阿弥陀二仏の教義があるとみた善導の考え方によるもので、二尊の意志は等しく念仏の一道であるとする。
にた〔名・形動ナリ〕やわらかく水気の多いこと。また、そのさま。「御乾飯みかれいひ—に食をしまさむと」〈出雲国風土記〉
に-だ【荷駄】駄馬で運ぶ荷物。
ニダ〘Nida〙リトアニア西部の町。ドイツ語名ニッデン。バルト海とクルシュー潟湖に挟まれ、約100キロメートルにわたって延びるクルシュー砂州の中央部に位置する。観光拠点として知られる。ドイツの作家トマス＝マンの別荘があり、現在は博物館になっている。
に-たい【二▽諦】仏語。真諦しんたいと俗諦ぞくたいのこと。
に-だい【荷台】トラックや自転車の、荷物を載せるところ。
にだいせいとう-せい【二大政党制】ニダイセイトウセイ 二つの大政党が相互に政権を争い、選挙で勝った党が政権を担当する政党政治。米国の共和党と民主党㊄、英国の保守党㊁と労働党㊀などの例が典型。二党制。(補説)日本では戦後、自由民主党㊀による一党優位体制が続いたが、平成21年(2009)に民主党㊃を中心とする連立政権が発足。政権交代可能な二大政党制に近づいたとされる。一方、英国では、2010年の総選挙において、どの政党も過半数の議席を獲得できない状態(ハングパーラメント)が生じ、第一党の保守党と第三党の自由民主党㊂が連立政権を発足。二度の世界大戦や大恐慌下での連立・挙国一致内閣などを除いて、19世紀から長く続いた二大政党制が転換点を迎えたとの見方もある。
にだいせいとう-せいじ【二大政党政治】ニダイセイトウセイジ ▶二大政党制
に-たき【煮炊き|煮×焚き】〔名〕スル 食物を煮たり炊いたりすること。炊事。「朝晩自分で—する」
(類語)料理・調理・調味・クッキング・割烹かっぽう・菜さい・おかず・膳ぜん・膳部・食膳・ご馳走ちそう・佳肴かこう・酒肴しゅこう・ディッシュ
にた・し〔形シク〕湿って水気が多い。「是こは—・しき小国をぐになり」〈出雲国風土記〉
に-だし【煮出し】❶煮てうまみを出すこと。❷「煮出し汁」の略。
にだし-じる【煮出し汁】かつお節・昆布・煮干しなどを煮出した汁。だし。だし汁。
に-だ・す【煮出す】〔動サ五(四)〕❶食物を煮てそのうまみを汁に出す。「鶏がらを—・してスープをとる」❷煮はじめる。「早めに大豆を—・す」
に-た・す【煮立たす】〔動サ五(四)〕煮立てる。「—・してから具を入れる」
に-た・つ【煮立つ】㊀〔動タ五(四)〕煮えて沸騰する。煮え立つ。「—・ったら差し水をする」㊁〔動タ下二〕「にたてる」の文語形。(類語)煮え立つ・煮え返る・煮え繰り返る・煮えたぎる・煮沸
にた-つ・く〔動カ五(四)〕にたにた笑う。にたにたする。「いやらしく—・く」

[類語]笑う・にやつく・にやける・脂下がる

に-た・てる【煮立てる】〔動タ下一〕図にた・つ〔タ下二〕十分に煮え立たせる。煮立たす。「湯をぐらぐらと—・てる」

にた-にた〔副〕スル 薄気味悪く笑う表情をするさま。「—(と)笑う」「人前で—する」[類語]にたり・にっと

にた-もの【似た者】性格・好みなどが互いに似ている者。「—どうし」

にたもの-ふうふ【似た者夫婦】夫婦は互いに性質や好みが似るということ。また、性質や好みが似ている夫婦。

にた-やま【仁田山】❶「仁田山織」の略。❷《仁田山織の紬は普通の紬に似ているが、質が悪いところから》似て非なるもの。まがいもの。「この頃—の今助六といふ野郎が」〈洒・大通秘密論〉

にたやま-おり【仁田山織】群馬県仁田山地方(現在の桐生市)から産出する織物の総称。

にたやま-ぎぬ【仁田山絹】仁田山織の太絹織物。

にたやま-つむぎ【仁田山×紬】仁田山織の紬。

にだゆう【仁太夫】江戸時代、江戸市中の浮浪人の元締めの名。代々中山仁太夫と称し、門付渡世の者に鑑札を発行して金をとった。

に-たり【似たり】❶にせもの。まがいもの。❷近世、関東地方の河川で用いられた、平田船に似た大型の川船の一種。

に-たり【荷足り】「荷足り船」の略。

にたり〔副〕声を出さずに、薄気味の悪い笑いを浮かべるさま。「—と笑う」「—とする」

[類語]にたにた・にっと

に◦たり〔連語〕《完了の助動詞「ぬ」の連用形＋完了の助動詞「たり」》…てしまっている。…てしまった。「そこらの年頃、そこらの金給ひて、身をかへたるがごとなり—◦たり」〈竹取〉

にたり-がい【似たり貝】《女陰に似るところから》貽貝の別名。

にたり-がき【似たり柿】カキの一品種。御所柿に似るが、甘味が少ない。

にたり-くじら【似鯨】ナガスクジラ科のヒゲクジラ。全長約13メートル。赤道域から亜寒帯境界域の暖水域に分布。1940年代末に識別されるまでイワシクジラと同種として扱われていたが、腹部の畝が長く、ナガスクジラに似ていることからこの名がついた。頭部の先端から噴気孔にかけて3本の稜線があるのが特徴。カツオの群れの中でよく見られることからカツオクジラとも呼ばれる。➡調査捕鯨

にたり-ぶね【荷足り船】茶船の一種で、関東の河川や江戸湾で小荷物の運搬に使われた小形の和船。

にたり-よったり【似たり寄ったり】〔名・形動〕互いに優劣・差異などがほとんどないこと。また、そのさま。大同小異。どっこいどっこい。「—な(の)出来ばえ」[類語]共通・通有・普遍・同一・一律・一つ・類似・相似・酷似・近似・類縁・髣髴・通ずる・通う・通底・軌を一にする

ニダロス-だいせいどう【ニダロス大聖堂】《Nidarosdomen》ノルウェー西海岸の都市、トロンヘイムにある同国最大の大聖堂。ノルウェーのキリスト教化に努めたオーラフ2世が埋葬されている。1070年に建造が始まってから何度も改修され、ゴシック様式とロマネスク様式が混在する。中世には北欧の重要な巡礼地だった。

に-だん【二段】❶二つの段。また、第2の段。「剣道—」❷文章などのまとまりのうち2番目の区切り。❸主要なことに次ぐ事柄。「敵の事は—、まず此の女めを刻まねば」〈浮・曲三味線・六〉

にだん-かくめい【二段革命】社会主義社会の実現には、封建制を打倒する市民革命と、資本主義を否定する社会主義革命の二つの段階が必要であるとする立場。

にだん-がまえ【二段構え】成り行きに応じて対応ができるよう、二通りの方法・手段を用意しておくこと。「—で会談に臨む」

にだん-じお【二段潮】「二枚潮」に同じ。

にだん-ぬき【二段抜き】新聞・雑誌の紙面で、見出しや囲み記事を二つの段にわたって入れること。「—の広告」

にたん-の-しろう【仁田四郎】仁田忠常の通称。

にだん-ポンプ【二段ポンプ】低圧と高圧の2台のポンプを同一軸に取り付け、低圧のほうから押し出された流体を高圧のほうに導入し、効力を大にするもの。

にだん-め【二段目】相撲の番付で、上から二段目。十枚目力士(十両)の次位、すなわち幕下のこと。幕下二段目。

にち《動詞「にちる」の連用形から》言いがかりをつけて、ねだること。ゆすること。「博奕の場ににじり込みて—を言うても」〈浮・二十不孝・一〉

にちを入い・る 言いがかりをつけて金品をゆすりとる。「—・る手だてもあり」〈色道大鏡・一四〉

にち【日】㊀〔名〕❶日曜日。❷「日本」の略。「対—貿易」㊁〔接尾〕助数詞。❶月の中の何番目の日であるかを表すのに用いる。「四月二八—」「きょうは何—ですか」❷日数を数えるのに用いる。「誕生日まであと一二—だ」➡漢「にち(日)」

にち-い【日伊】日本とイタリア。「—交流」

にち-い【日医】「日本医師会」の略称。

にち-いき【日域】❶日の照らす地域。転じて、天下。❷太陽の出る所。❸《日の出る国の意から》日本の異称。じちいき。「日本をば日を像りて—といふなり」〈日本略記〉

にち-い-れん【日医連】「日本医師連盟」の略称。

にち-いん【日印】日本とインド。「—関係」

にち-うん【日×暈】太陽を光源としてその周囲に生じる光の輪。太陽の暈。ひがさ。

にち-えい【日英】日本とイギリス。「—同盟」

にち-えい-しん【日映審】▶日本映像倫理審査機構

にちえい-つうしょうこうかいじょうやく【日英通商航海条約】明治27年(1894)日清戦争の直前、駐英公使青木周蔵と英外相キンバレーによりロンドンで調印された条約。治外法権の廃止に成功し、安政の仮条約の不平等性の一つが解消した。

にちえい-どうめい【日英同盟】明治35年(1902)日本と英国との間に結ばれた同盟条約。ロシアのアジア進出の牽制を目的とし、一方の締結国が2国以上と戦争状態に入った時には他方の締結国も参戦することを協約した。日本の第一次大戦参戦の根拠ともなったが、大正11年(1922)に廃止。

にち-えつ【日越】日本とベトナム。「—翻訳」

にち-おう【日欧】日本とヨーロッパ。「—協力」

にちおう【日奥】[1565～1630]安土桃山・江戸初期の日蓮宗の僧。京都の人。不受不施派の祖。豊臣秀吉の千僧供養に応じず、のち徳川家康によって対馬に配流。許されてのち妙覚寺に住した。

にち-おう【日墺】日本とオーストリア。「—交流」

にち-かくさ【日較差】気温などの、1日のうちの最高値と最低値との差。

にち-がぞう【二値画像】《binary format image》▶バイナリー画像

にちがつとうみょう-ぶつ【日月灯明仏】過去世において法華経を説いた仏。同名の2万の仏が続いて出て説いたといい、最後の仏の子八人のうちの一人が燃灯仏であるとする。

にち-ぎん【日銀】「日本銀行」の略。

にちぎん-けん【日銀券】「日本銀行券」の略。

にちぎん-こうさ【日銀考査】日本銀行の職員が、取引先の金融機関に立ち入って行う実態調査。資産内容や管理体制などについて調査し、改善すべき箇所があれば指導も行う。

にちぎん-たんかん【日銀短観】《「短観」は「主要企業短期経済観測調査」または「全国企業短期経済観測調査」の略》日本銀行が3か月ごとに公表する、日本の経済動向に関する統計調査。約1万社を対象にしたアンケート調査をまとめて発表する。特に、業況判断指数が日本の景況感を表すとされ、株価などに影響を与える。短観。

にちぎん-ちょうじり【日銀帳尻】日本銀行の主要勘定のうち、その日の日銀券発行高・貸出高・国債残高、およびこれらの前日との増減比のこと。毎日発表される。

にちぎん-とうざよきん【日銀当座預金】金融機関が日本銀行に保有している当座預金。他の金融機関・日銀・国との取引の決済手段、個人や企業に支払う現金通貨の支払い準備としての役割があり、日銀当座預金残高は準備預金制度で義務付けられた準備預金としてカウントされる。[補説]日銀が平成13年(2001)3月から実施した量的緩和政策では、日銀当座預金残高を主な操作目標として金融調節が行われた。

にちぎん-とくゆう【日銀特融】《「特融」は「特別融資」の略》日本銀行が、内閣総理大臣と財務大臣の要請を受け、経営不振に陥った金融機関に対してする無担保の融資。システミックリスク回避のために行われる。➡最後の貸し手

にちぎん-ほう【日銀法】「日本銀行法」の略称。

にち-げい【日芸】日本大学芸術学部の俗称。[補説]他学部が「日法」「日経」などと呼ばれることはないが、同学部のみがこう呼ばれる。

にち-げつ【日月】太陽と月。また、月日。年月。じつげつ。

にち-げん【日限】前もって期日を限って定めること。また、その期限の日。ひぎり。「—を切る」「約束の—が迫る」

にち-ご【日午】午の刻。正午。

にち-ご【日語】日本語。

にち-ごう【日豪】日本とオーストラリア。「—親善」

にちじ【日持】[1250～?]鎌倉後期の日蓮宗の僧。駿河の人。六老僧の一人。通称、蓮華阿闍梨。初め比叡山に学び、のち、日蓮に師事。日蓮の没後、池上本門寺に日蓮像を造立。

にち-じ【日時】❶日付と時刻。じつじ。「出発の—」❷ある長さの日数と時間。「—がかかる」

[類語]日付・デート

にちじゅう【日什】[1314～1392]南北朝時代の日蓮宗の僧。会津の人。妙満寺派(今の顕本法華宗)の祖。通称、玄妙阿闍梨。比叡山で学び天台僧となる。66歳のとき日蓮の著書を読み、日蓮宗に帰した。京都に妙満寺を建立。著「治国策」など。

にちしゅつたい-しょく【日出帯食┊日出帯×蝕】日の出における日帯食。日食で太陽が欠けたまま地平線から昇ってくること。⇔日没帯食。

にち-じょう【日乗】《「乗」は記録の意》日記。日録。「断腸亭—」

にちじょう【日乗】[?～1577]戦国時代の僧。出雲朝山郷の人。織田信長の寵を受け、内裏修造の奉行を務めた。キリスト教を排撃し、信長の面前でイエズス会士フロイスと宗論を交えたが敗れたという。

にち-じょう【日常】つねひごろ。ふだん。平生。「—用いる道具」「—会話」「—性」[類語]日頃・平常・平素・常・人生・生・生活・現世・生き方

にちじょうげんご-がくは【日常言語学派】▶オックスフォード学派

にちじょう-さはん【日常茶飯】《毎日の食事の意から》毎日のありふれた事柄。日常茶飯事。

[類語]普通・一般・一般的・尋常・通常・平常・通例・標準・標準的・平均的・平凡・並み・常・只・当たり前・在り来り・常並み・世間並み・十人並み・ノーマル・レギュラー・スタンダード

にちじょうさはん-じ【日常茶飯事】「日常茶飯」に同じ。

にちじょう-てき【日常的】〔形動〕毎日のようにくり返されるさま。ふだん通りであるさま。「散歩は—に行っている」

にちぞう【日像】[1269～1342]鎌倉後期の日蓮宗の僧。下総の人。通称、肥後阿闍梨。日蓮・日朗に師事。京都に入り三度追放されたが、妙顕寺を創建し京都布教の基盤をつくった。著「秘蔵集」など。

にちぞう-どう【日像×幢】ニチザウ-ドウ 元日や即位式のときの威儀の具の一。黒塗りの高さ3丈(約9メートル)の柱に、金漆塗りの九輪を貫き、その上に日にかたどった金漆塗りの円板に朱で3本足の烏を描いたものをつけたもの。儀場の庭上に立てる。⇔月像幢

にち-ど【日土】日本とトルコ。「一友好」

にち-どく【日独】日本とドイツ。「一関係」

にちどくい-さんごくどうめい【日独伊三国同盟】昭和15年(1940)日本・ドイツ・イタリアの間で結ばれた軍事同盟条約。日独伊防共協定が、第二次大戦初頭のドイツ優勢の状況下で発展、成立したもの。敗戦により崩壊。

にちどく-ぼうきょうきょうてい【日独防共協定】ニチドクバウキョウケフテイ 昭和11年(1936)日本とドイツとの間で結ばれた協定。コミンテルンに関する情報交換、ソ連に対する軍事牽制を目的としたもので、翌年、イタリアも参加して、日独伊防共協定となった。

にちなん【日南】宮崎県南部の市。日向灘に面する。中心の飫肥はもと伊東氏の城下町。油津は県南の重要港。杉を産する。平成21年(2009)北郷町・南郷町と合併。人口5.8万(2010)。

にちなんかいがん-こくていこうえん【日南海岸国定公園】ニチナンカイガン-コクテイコウヱン 宮崎県南部の日南海岸から鹿児島県東部の志布志湾の海岸に沿う国定公園。海食地形や亜熱帯植物がみられ、青島・鵜戸神宮・都井岬などがある。

にちなん-し【日南市】▶日南

にち-にち【日日】1日1日。毎日。ひび。「科学は一進歩する」〔類語〕毎日・日日・連日・日ごと

日日是好日《「碧巌録」から》毎日毎日が無事でよい日であるということ。

にちにち-か【日日花】ニチニチクワ ニチニチソウの別名。

にちにち-そう【日日草】ニチニチサウ キョウチクトウ科の一年草。高さ30〜60センチ。葉は長楕円形で、対生。夏から秋にかけ、紅紫色や白色の5弁花を開く。西インドの原産。日日花。(季 夏)

にちにゅうたい-しょく【日入帯食｜日入帯×蝕】ニチニフタイ- ▶日没帯食

にち-はく【日伯】日本とブラジル。「一交流」

にち-びょう-やく【日病薬】ニチビヤウ- ▶日本病院薬剤師会

にち-ぶ【日舞】「日本舞踊」の略。⇔洋舞。

にち-ふつ【日仏】日本とフランス。「一辞書」

にちふつじしょ【日仏辞書】《原題、フランス Dictionnaire Japonais-Français》日本語辞書。パジェス編。1868年パリ刊。「日葡辞書」の仏訳・改編版。

にち-ぶん【日文】「日本文学」の略。

にち-べい【日米】日本とアメリカ合衆国。

にちべい-あんぜんほしょうきょうぎいいんかい【日米安全保障協議委員会】ニチベイアンゼンホシャウケフギヰヰンクワイ ▶エス-シー-シー(SCC)

にちべい-あんぜんほしょうじょうやく【日米安全保障条約】ニチベイアンゼンホシャウデウヤク 昭和26年(1951)9月、サンフランシスコ講和条約調印と同時に日米間で締結された条約。日本の安全を保障するため、米軍の日本駐留などを定めた。同35年新条約に改定され、軍事行動に関して両国の事前協議・相互協力義務などが新たに加えられた。期限は10年で、それ以後は通告後1年で廃棄できる。同45年から自動延長されている。正式名称は「日本国とアメリカ合衆国との間の相互協力及び安全保障条約」。安保条約。〔補説〕全10条からなり、第五条と第六条が重要。

▷ **日米安全保障条約**

［第五条］各締約国は、日本国の施政の下にある領域における、いずれか一方に対する武力攻撃が、自国の平和及び安全を危うくするものであることを認め、自国の憲法上の規定及び手続に従つて共通の危険に対処するように行動することを宣言する。

前記の武力攻撃及びその結果として執つたすべての措置は、国際連合憲章第五十一条の規定に従つて直ちに国際連合安全保障理事会に報告しなければならない。その措置は、安全保障理事会が国際の平和及び安全を回復し及び維持するために必要な措置を執つたときは、終止しなければならない。

［第六条］日本国の安全に寄与し、並びに極東における国際の平和及び安全の維持に寄与するため、アメリカ合衆国は、その陸軍、空軍及び海軍が日本国において施設及び区域を使用することを許される。

前記の施設及び区域の使用並びに日本国における合衆国軍隊の地位は、千九百五十二年二月二十八日に東京で署名された日本国とアメリカ合衆国との間の安全保障条約第三条に基く行政協定(改正を含む。)に代わる別個の協定及び合意される他の取極により規律される。

にちべい-あんぽじょうやく【日米安保条約】ニチベイアンポデウヤク《「日本国とアメリカ合衆国との間の相互協力及び安全保障条約」の通称》▶日米安全保障条約

にちべい-ぎょうせいきょうてい【日米行政協定】ニチベイギャウセイケフテイ 日米安全保障条約第三条に基づき、昭和27年(1952)に締結された在日米軍に関する細目協定。施設の提供、出入国・裁判管轄権などについて詳細に規定した。同35年、日米地位協定として継承。

にちべい-しゅうこうつうしょうじょうやく【日米修好通商条約】ニチベイシウカウツウシャウデウヤク 安政5年(1858)江戸幕府と米国との間で結ばれた通商条約。日米和親条約で既に開かれていた箱館のほか、神奈川・長崎・新潟・兵庫の開港(ただし開港となっていた下田は閉港となる)、公使の交換、江戸・大坂の開市、開港場の外国人居留地の設定、自由貿易の原則を認めたが、領事裁判権を規定し、関税自主権を否定するなど、日本側に不平等条約であった。その後、オランダ・ロシア・イギリス・フランスとも同等の条約を調印。⇒安政の仮条約

にちべい-そうごぼうえいえんじょきょうてい【日米相互防衛援助協定】ニチベイサウゴバウヱイヱンジョケフテイ《「日本国とアメリカ合衆国との間の相互防衛援助協定」の通称》▶MDA協定

にちべい-ちいきょうてい【日米地位協定】ニチベイチヰケフテイ《「日本国とアメリカ合衆国との間の相互協力及び安全保障条約第六条に基づく施設及び区域並びに日本国における合衆国軍隊の地位に関する協定」の通称》日米安全保障条約に基づいて、在日米軍に施設や用地を提供する方法や、日本国内での米軍人の権利などについて定めた協定。昭和35年(1960)締結。SOFA(Japan Status of Forces Agreement)。⇒日米行政協定〔補説〕公務外・米軍施設外での米軍人の犯罪行為については日本に優先的な裁判権があるとされているが、被疑者である米軍人の身柄は日本の検察が起訴をした後に引き渡されると規定されているため、日本側で十分な捜査ができないとの問題点が指摘されている。これに対して外務省は、米国とNATOの地域協定では日本の場合と同様に起訴時、ドイツとは原則として判決執行時、韓国とは凶悪犯罪について起訴時、その他の犯罪は判決執行時に身柄を引き渡すと規定されていることを挙げて、日米地位協定の規定は米軍受入国の中で有利なものとなっていると説明している。また、平成20年(2008)には、米国で公開された公文書に、日本政府が在日米軍に対して、重要案件以外の裁判権を放棄する密約を結んでいたことを示す記述が発見された。

にちべい-つうしょうこうかいじょうやく【日米通商航海条約】ニチベイツウシャウカウカイデウヤク 日本・米国間の通商および航海に関する条約。㊀明治27年(1894)幕末の不平等条約を改正して成立した条約。治外法権が撤廃された。㊁明治44年(1911)調印の新条約。関税自主権が完全に回復したが、昭和14年(1939)日本の中国侵略に抗議してアメリカは破棄を通告。㊂サンフランシスコ講和条約発効に伴い、昭和28年(1953)調印された現行条約。

にちべい-わしんじょうやく【日米和親条約】ニチベイワシンデウヤク 安政元年(1854)神奈川で、江戸幕府と米国使節ペリーとの間に結ばれた条約。米国船の薪水・食料などの買い入れを認め、下田・箱館の開港、下田に領事を置くことなどが規定された。神奈川条約。

漢字項目　にち

日 〔学〕1 〔音〕ニチ(呉) ジツ(漢) 〔訓〕ひ、か ‖ ㊀〈ニチ〉①太陽。「日光・日食・日没・日輪」②昼間。「日中・日暮・日夜」③一昼夜。ひ。「日課・日記・日限・日時／縁日・吉日・今日・半日・毎日・明日・命日」④日本のこと。「日系・日中・日米／抗日・親日・駐日・来日」⑤日向国。「日州・日南・日豊」㊁〈ジツ〉①太陽。「日月／旭日・天日・落日」②一昼夜。ひ。「隔日・元日・期日・吉日・休日・好日・昨日・終日・数日・昔日・先日・他日・連日」㊂〈ひ(び・ぴ)〉「日脚／朝日・月日・天日・中日・西日・厄日・曜日」〔名付〕あき・てる・とき・はる・ひる〔難読〕明後日・明日・一昨日・一昨昨日・昨日・今日・一昨昨日・明明後日・一日・二十日・日向・日向・終日・日和・二日・三十日・晦日

にち-へん【日偏】▶ひへん(日偏)

にち-へんか【日変化】ニチヘンクワ 同一地点での、気温・湿度・地磁気などの1日の間における変化。

にち-べん-れん【日弁連】「日本弁護士連合会」の略称。

にち-ぼ【日暮】ひぐれ。夕暮れ。

にち-ぼく【日墨】日本とメキシコ。「一協力」

にち-ぼつ【日没】太陽の上端が地平線下に沈むこと。また、その時刻。日の入り。⇔日出

にちぼつたい-しょく【日没帯食｜日没帯×蝕】日の入りにおける日帯食。日食で太陽が欠けたまま地平線に沈んでいくこと。日入帯食。⇔日出帯食。

にちまん-ぎていしょ【日満議定書】昭和7年(1932)日本と満州国との間で結ばれた協定。満州国は領土内の日本の権益を尊重し、日本軍の駐留を認めることなどが規定された。国際連盟のリットン報告書の公表に先立って行われた。

にちみん-ぼうえき【日明貿易】室町時代、日本と明国との間で行われた正式の貿易。⇒勘合貿易

にちめん-けいか【日面経過】ニチメンケイクワ ▶日面通過

にちめん-つうか【日面通過】ニチメンツウクワ 水星や金星などの内惑星が、地球と太陽の間を通過すること。地球上からは、太陽面を黒い円形の影が移動する様子が観測される。水星の場合、1世紀の間に13回から14回起きる。金星の場合、非常に頻度が少ないまれな現象であり、21世紀の前後数世紀においては、243年周期の中で8年の間隔を置いて2回対になって起きる。21世紀初頭では2004年と2012年、その後、2117年と2125年に起こることがわかっている。太陽面通過。太陽面経過。日面経過。

にち-もつ【日▽没】六時の一。日暮れ。にちぼつ。

にち-や【日夜】❶昼と夜。昼夜。❷(副詞的に用いて)昼も夜も。いつも。「一研究に励む」〔類語〕昼夜・夜昼

にちゃ-つ・く〔動カ五(四)〕ねばねばする。にちゃにちゃする。「パイプがやにで一・く」

にちゃ-にちゃ〔副〕スル ❶物がねばねばしてくっつくさま。また、その音を表す語。「餅が一と歯につく」❷ねばりつくようで不快なさま。「疑い深い一した口調で」〈谷崎・卍〉

に-チャンネル【2ちゃんねる】日本最大規模の電子掲示板(BBS)サイト。平成11年(1999)に西村博之が開設。ニュース、世界情勢、趣味、芸能、ゲームなど、分野別に数百の掲示板が設けられ、それぞれ話題別に細分されたスレッドからなる。匿名での投稿が基本であり、独特な言い回しや隠語が多用される。2ちゃん。2ch。

にちゅう〔形動ナリ〕未熟なさま。不得手なさま。「一中節」になっていない意のしゃれ。「色男ちとそろばんは一なり」〈柳多留・二〉

にちゅうれき【二中歴】鎌倉時代の百科事典。13巻。編者未詳。鎌倉末期の成立で、現存の増補版は文安年間(1444〜1449)ころの成立とされる。平安時代の「掌中歴」と「懐中歴」を再編集したもので、

人名・物名などを81項目にわたって列挙している。

に-ちょう【二丁┊二×梃】❶一丁(一梃)の2倍。❷歌舞伎劇場で、合図として打たれる柝(き)の一。開幕10分前に、頭取部屋の前でチョンチョンと二つ打つもの。

にち-よう【日用】毎日使用すること。また、そのもの。「一に役立てる」「一雑貨」
(類語)公用・共用・専用・常用・占用・愛用

にち-よう【日曜】週の第1日。土曜の次の日。日曜日。キリスト教の安息日に由来し、官公庁・学校・一般企業で休日とする。

にちよう-がっこう【日曜学校】キリスト教会が日曜日に児童を集め、宗教教育をする機関。18世紀半ばごろ英国で貧困家庭の子弟を対象として始められ、欧米諸国、さらに世界各地に普及した。教会学校。

にちよう-ざん【日用算】日常生活で使用する計算。加減乗除や割合計算、度量衡の換算など。

にちよう-だいく【日曜大工】日曜などの休日に趣味でする簡単な大工仕事。

にちょう-だて【二×梃立て】2梃の艪(ろ)をつけた船足の速い船。特に江戸時代、吉原通いに使われた猪牙舟(ちょきぶね)をいう。にちょうだち。「金竜山を目当てに浅草川の一」〈浮・一代男・七〉

にちよう-とう【日曜島】西太平洋、トラック島の大環礁にある一小島の日本委任統治領時代の呼称。

にちょう-なげ【二丁投げ】相撲の決まりの手の一。自分の足を、相手の反対側の足の外側のひざのあたりに掛けて、払うようにして投げる技。二丁掛け。

にちょう-の-ゆみ【二張の弓】ふたはりの弓。武士が二心を抱くことや、節操をまげることのたとえ。「女の操を守って、一を引くまじとは」〈浄・女護島〉

にちよう-び【日曜日】「日曜」に同じ。

にちよう-ひん【日用品】日常生活に使用する品物。(類語)小間物・荒物・雑貨・備品・消耗品

にちよう-ぶん【日用文】日常使用する文章。特に、手紙の文章。

にちょう-まち【二丁町】江戸日本橋の堺町(さかいちょう)・葺屋町(ふきやちょう)の2町の併称。ともに芝居町として知られた。

にちょう-ゆうずい【二長雄×蕊】花の雄しべが4本あるうち、2本は長く2本が短いもの。シソ・オドリコソウなどでみられる。二強雄蕊。

に-ちょっかく【二直角】直角二つ分の角。180度の角。

にち-らい【日来】ふだん。平生。「夜来、一に面目を新たにするものじゃ」〈漱石・虞美人草〉

にち-らん【日蘭】日本とオランダ。「一貿易」

にち-りょう【日量】1日の産出などの量。

にち-りん【日輪】太陽の異称。(類語)太陽・日(ひ)・天日(てんじつ)・火輪(かりん)・金烏(きんう)・日天子(にってんし)・白日(はくじつ)・赤日(せきじつ)・烈日(れつじつ)・お日様・お天道(てんとう)様・今日(こんにち)様・サン・ソレイユ・陽光・日光・日色(にっしょく)・日差し・日影・天日(てんぴ)

にちりん-そう【日輪草】ヒマワリの別名。(季)夏

に-ちる〔動タ上一〕ねちる。ねじこむ。「さあ証拠を出せと一・ちければ」〈浄・万年草〉

にちれん【日蓮】[1222〜1282]鎌倉時代の僧。日蓮宗の開祖。安房(あわ)の人。12歳で清澄寺(せいちょうじ)に入り天台宗などを学び、出家して蓮長と称した。比叡山などで修学ののち、建長5年(1253)「南無妙法蓮華経」の題目を唱え、法華経の信仰を説いた。辻説法で他宗を攻撃したため迫害を受け、「立正安国論」の筆禍で伊豆の伊東に配流。許されたのちも他宗への攻撃は激しく、佐渡に流され、赦免後、身延山に隠棲。武蔵の池上で入寂。著「開目鈔」「観心本尊鈔」など。勅諡号(ちょくしごう)は立正大師。

にちれん-しゅう【日×蓮宗】仏教の一宗派。鎌倉時代に日蓮が開いた。法華経を所依(しょえ)とし、南無妙法蓮華経の題目を唱える実践を重んじ、折伏(しゃくぶく)・摂受(しょうじゅ)の二門を立て、現実における仏国土建設をめざす。のち、分派を形成。法華宗。

にちれん-しょうしゅう【日×蓮正宗】日蓮宗の一派。日興を派祖とし、本山は静岡県富士宮市にある大石寺(たいせきじ)。

にち-ろ【日露】日本とロシア。(補説)「日ロ」とも書く。

にちろう【日朗】[1243〜1320]鎌倉時代の日蓮宗の僧。下総(しもうさ)の人。六老僧の一人。号、筑後房。通称、大国阿闍梨(あじゃり)。日蓮に随侍し、のち鎌倉妙本寺・武蔵池上本門寺の主。多くの門弟を育てた。

にちろ-きょうやく【日露協約】明治40年(1907)から大正5年(1916)にかけて、4回にわたって日本とロシアとの間で結ばれた協約。米英の中国進出に対応する目的で、中国における両国の利権の擁護、勢力範囲を設定した。

にち-ろく【日録】日々の記録。日記。

にちろ-せんそう【日露戦争】明治37年(1904)から翌年にかけて、満州(中国東北部)・朝鮮の支配権をめぐって日本とロシアとの間で行われた戦争。日本は旅順攻撃・奉天の会戦・日本海海戦などで勝利を収めたが、戦争遂行能力が限界に達し、ロシアも革命勃発などによって戦争終結を望み、米国大統領T=ルーズベルトの斡旋によりポーツマスで講和条約を締結。⇒ポーツマス条約

にちろ-つうこうじょうやく【日露通好条約】▶日露和親条約

にちろ-わしんじょうやく【日露和親条約】安政元年12月(1855年2月)下田で、日本とロシアとの間に結ばれた条約。下田・箱館・長崎を開港、択捉(エトロフ)・得撫(ウルップ)島間を国境とし、樺太を両国雑居地と定めた。下田条約。日露通好条約。

にち-ろんりがく【二値論理学】命題の真理値として真・偽の二値だけを想定する論理学。⇒多値論理学

に-ついて【に就いて】〔連語〕《格助詞「に」に動詞「つ(就)く」の連用形と接続助詞「て」の付いた「につきて」の音変化》ある事柄に関して、その範囲をそれと限定する。「右の問題一解答せよ」「日時一は後日連絡する」

にっ-か【日加】日本とカナダ。「一首脳会談」

にっ-か【日華】㊀太陽。また、日光。㊁日本と中華民国。

にっ-か【日貨】日本から輸出される商品。

にっ-か【日課】毎日決めてする仕事。また、毎日割り当ててすること。「朝の体操を一とする」
(類語)勤め・任(にん)・任務・義務・責任・責務・本務・使命・役目・役(やく)・役儀・分(ぶん)・本分・職分・職責・責め・課業

ニッカー〖knickers〗「ニッカーボッカー」の略。

ニッカーズ〖knickers〗▶ニッカーボッカー

ニッカーボッカー〖knickerbockers〗ひざ下で裾口を絞ったゆったりした半ズボン。ゴルフ・登山などに用いる。

にっ-かい【肉界】▶にくかい(肉界)

にっ-かい【肉塊】▶にくかい(肉塊)

にっか-じへん【日華事変】▶日中戦争

ニッカド-でんち【ニッカド電池】「ニッケルカドミウム電池」の略。

にっか-ひょう【日課表】日課を書きつけた表。

にっか-もん【日華門】平安京内裏内郭門の一。紫宸殿(ししんでん)南庭の東側にある門。西側の月華門と相対する。じっかもん。

に-つかわし・い【似付かわしい】〔形〕図につかは・し〔シク〕《動詞「につく」の形容詞化》いかにもふさわしい。似合わしい。「子供に一・い遊び」(派生)につかわしげ〔形動〕につかわしさ〔名〕
(類語)ふさわしい

にっ-かん【日刊】毎日刊行すること。「一紙」

にっ-かん【日間】1日の間。また、昼間。日中。

にっ-かん【日韓】日本と韓国。

にっ-かん【肉冠】▶にくかん(肉冠)

にっ-かん【肉感】❶肉体に起こる感覚。❷性欲をそそる感じ。「一を刺激する」
(類語)感覚・知覚・官能・五感・体感・感触・感じ

にっかん-かいだん【日韓会談】第二次大戦後の日本と大韓民国との国交関係を協議するための会談。昭和26年(1951)から開始され、同40年、日韓基本条約とその付属協定が調印されて終結。

にっかん-ぎていしょ【日韓議定書】明治37年(1904)日露開戦とともに、日本と韓国の間に締結された協約。韓国の安全のためとして、戦争遂行に必要な諸便宜を韓国が提供すると約したもので、日本の韓国植民地化の第一歩となった。

にっかん-きほんじょうやく【日韓基本条約】昭和40年(1965)に調印された、日本と大韓民国との間の基本関係に関する条約。大韓民国を朝鮮における唯一の合法政府と認め、両国間の外交関係の開設、日韓併合条約の失効などを規定した。日韓条約。

にっ-かん-きょう【日看協】▶日本看護協会

にっ-かん-きょう【日管協】「日本賃貸住宅管理協会」の略称。

にっかん-きょうやく【日韓協約】日露戦争から韓国併合まで、日本が朝鮮支配を推進するために、三次にわたって締結した協約。(第一次)明治37年(1904)8月、韓国が日本政府推薦の外交・財政顧問を採用することなどを決めた協約。(第二次)同38年11月、日本が韓国の外交権を握り、統監がそれを統轄することを規定した協約で、保護条約ともいう。(第三次)同40年7月、司法・警察権を含む内政権を統監の下に置くことを決めた協約。

にっかん-じょうやく【日韓条約】「日韓基本条約」の略称。

にっかん-てき【肉感的】〔形動〕性欲をそそるさま。「一な姿態」(類語)グラマー

にっかん-パートナーシップせんげん【日韓パートナーシップ宣言】《「日韓共同宣言 21世紀に向けた新たな日韓パートナーシップ」の通称》日本と韓国の友好協力関係の発展を目指した共同宣言。平成10年(1998)に日本の首相小渕恵三と韓国大統領金大中が会談後に発表。過去の歴史をふまえた上で、相互理解と信頼に基づいて未来志向の関係を構築する意思を示した。

にっかん-へいごう【日韓併合】▶韓国併合

にっかん-へいごうじょうやく【日韓併合条約】明治43年(1910)日本が韓国を併合するにあたって結ばれた条約。これにより韓国は日本の完全な植民地となり、朝鮮総督府による支配下に置かれた。⇒韓国併合

にっ-き【日希】日本とギリシャ。「一辞典」

にっ-き【日記】❶毎日の出来事や感想などの記録。日誌。日録。ダイアリー。「かかさずに一をつける」「絵一」❷「日記帳」の略。(類語)ダイアリー・日誌

にっ-き【日×晷】太陽のかげ。ひかげ。

にっ-き【肉×桂】《「にっけい」の音変化》ニッケイの、主に樹皮を乾燥したもの。独特の香りと辛味があり、香味料などにする。

に-つき【に就き】〔連語〕《格助詞「に」＋動詞「つ(就)く」の連用形》❶動作や状態などの対象を表す。について。「その件一ご相談したい」❷理由を表す。…のために。「店内改装中一休業」❸単位あたりでの数量などを表す。…ごとに。…に対して。「一回一千円の料金」「水一カップ一醤油大さじ三」

にっき-ぎ【日×晷儀】▶晷針(きしん)

にっき-だんじょう【仁木弾正】歌舞伎「伽羅先代萩(めいぼくせんだいはぎ)」など伊達騒動(だてそうどう)物に登場する人物。お家乗っ取りをはかる悪人で、実悪(じつあく)の典型的な役どころ。仙台藩の家老原田甲斐(はらだかい)をモデルとする。

にっき-ちょう【日記帳】❶日記を書き記す帳面。❷初期の簿記で、日々の取引の概要を発生順に記録した帳簿。現代の簿記では、仕訳帳に記入する小書きがその役目を果たしている。

にっき-ぶんがく【日記文学】日記の中で、自照性が濃く、内面的な深みをもち、記述描写が文学的にすぐれているもの。日本では主として平安時代から鎌倉時代にかけて書かれたものをさし、土佐日記を先駆として、蜻蛉(かげろう)日記・紫式部日記・更級(さらしな)日記など仮名書きで女性の手になるものが多い。

にっ-きゃく【日脚】太陽が空を移動する速さ。ひあし。また、日の光。

にっ-きゅう【日給】ニチキフ ❶1日につきいくらと定めた給料。❷清涼殿の殿上てんじょうの間に出仕すること。当直の日のつとめ。(類語)年俸・月給・週給・時給

にっきゅう-げっきゅう【日給月給】ニッキフゲッキフ ❶賃金を月額で定め、就業しなかった日数の分だけ差し引いて支払う方式。❷賃金を日額で定め、1か月間に就業した日数を乗じて、毎月一定の期日に支払う方式。

にっきゅう-の-ふだ【日給の▽簡】ニッキフ 日給❷の確認のために殿上てんじょうの間の西北の壁に立てかけた札。殿上人てんじょうびとの官位姓名を記し、出仕者は自分の名の下に日付を記した紙片、すなわち放ち紙をはった。仙籍。ひだまいのふだ。

にっ-きょう【日共】「日本共産党」の略。

にっ-きょう-そ【日教組】ニッケウソ「日本教職員組合」の略称。

にっ-きん【日勤】〔名〕スル ❶毎日出勤すること。「事務所に―する」❷夜勤に対して、昼間の勤務。
(類語)夜勤・明け番・半ドン・夜業・夜なべ・昼夜兼行

ニック〖NIC〗《network interface card》▶ネットワークカード

に-つ-く【似付く】〔動カ五(四)〕❶よく似ている。「似ても―・かない」❷よく似合う。よく調和する。「深刻づらは君に―・かない」(類語)似る・似寄る・似通う・通う・相通ずる・類する・紛まがう・類似する・相似する・近似する・酷似する・肖似しょうじする・あやかる

に-つ-く【煮付く】〔動カ下二〕「につける」の文語形。

ニックス〖NICS〗《newly industrializing countries》ニーズ(NIES)の旧称。

ニックネーム〖nickname〗親しみやからかいの気持ちを込めて呼ばれる、本名以外の名。愛称。

ニックパック〖NCPAC〗《National Conservative Political Action Committee》全米保守政治行動委員会。反共・保守の政治家を支持する有力な政治団体。1975年設立。

に-づくり【荷造り・荷作り】〔名〕スル 品物を運送できるようにひもをかけたり、包んだりすること。「ガラス食器を慎重に―する」
(類語)荷拵にごしらえ・梱包こんぽう・包装・パッキング・包み

に-つけ【煮付け】煮付けること。また、煮付けたもの。「魚の―」
(類語)煮物・煮染め・煮転がし・煮浸し・佃煮つくだに

に-つけ【に付け】〔連語〕「に付けて❶」に同じ。「何か―思い出される」「うれしい―悲しい―親に手紙を書く」

にっ-けい【日系】❶企業などが日本の資本で経営されていること。また、日系人によって経営されていること。「―企業」「ホノルルの―紙」➡外資系 ❷「日系人」の略。「ブラジルの―社会」「―アメリカ人」

にっ-けい【日計】その日の分の計算。また、1日の総計。

にっ-けい【肉刑】ニク ▶にくけい(肉刑)

にっ-けい【肉×桂】ニク ❶クスノキ科の常緑高木。葉は長楕円形で光沢がある。夏に淡黄色の花が咲き、果実は黒く熟す。中国・インドシナの原産で、日本には江戸時代に中国から渡来、暖地で栽培される。樹皮を漢方で桂皮・桂枝ともいい薬用に、また香味料に使う。にっき。❷クスノキ科クスノキ属のニッケイ・シナモン・カシアなどの総称。特有の芳香がある。

にっ-けい【肉×髻】ニク ▶にくけい(肉髻)

にっけい-いろ【肉×桂色】ニクケイ 肉桂の樹皮を乾燥させた漢方薬、桂皮の色。くすんだ黄赤。

にっけい-かいしゃじょうほう【日経会社情報】ニッケイクワイシャジャウホウ 日本経済新聞社が昭和54年(1979)に創刊した情報誌。株式公開企業の業績や状況などを掲載。年4回発行される。➡会社四季報

にっけい-きぎょう【日系企業】―キゲフ 外国で活動する日本企業。また、資本の一定割合を日本企業が支配している企業。➡外資系企業

にっけい-じん【日系人】外国に移住し、その国籍などを取得した日本人とその子孫。「―部隊」

にっけい-しんぶん【日経新聞】「日本経済新聞」の略称。

にっけい-ににご【日経二二五】《NIKKEI225》▶日経平均株価

にっけいににご-オプション【日経二二五オプション】オプション取引の一。権利行使日に、日経平均株価を権利行使価格で売買する権利を取引する。大阪証券取引所に上場されている。日経平均株価オプション。

にっけいににご-さきもの【日経二二五先物】日経平均株価(日経225)を対象とした株価指数先物取引。大阪証券取引所に上場されている。最小取引単位(1枚と呼ぶ)は日経225先物指数の1000倍。このため、買い(売り)ポジション1枚の状態で指数が10円値上がりすると、1万円の利益(損失)が発生する。損益分は、取引開始時に積む証拠金から決済時に差し引きされる。

にっけい-にひゃくにじゅうごしゅへいきんかぶか【日経二二五種平均株価】ニヒャクニジフゴシュヘイキンかぶか ▶日経平均株価

にっけい-ひょう【日計表】―ベウ 毎日の計算を表にしたもの。特に、銀行で毎日作成される試算表。

にっけい-へいきんかぶか【日経平均株価】日本経済新聞社が、東京証券取引所第一部に上場する銘柄のうち225銘柄を用いて表す株価指数。ダウ平均株価をもとにした計算方式を用いて、平均株価を算出して発表する。銘柄は毎年一部が入れ替えられる。東証株価指数(TOPIX)とともに日本の代表的な株価指数。日経225。日経225種平均株価。NIKKEI225。

にっけいへいきん-さきもの【日経平均先物】日経平均株価を対象とした株価指数先物の総称。主に、大阪証券取引所に上場されている日経225先物を指すが、シカゴマーカンタイル取引所(CME)やシンガポール証券取引所でも日経平均先物が取引されている。特にシカゴ日経平均先物は、時差の関係で日本の証券取引所が閉じた後の最新の状況が反映されるため、注目を集める。

にっけい-ゆ【肉×桂油】ニクケイ ▶桂皮油けいひゆ

にっ-けい-れん【日経連】「日本経営者団体連盟」の略称。

に-つけ-て【に付けて】〔連語〕《格助詞「に」＋動詞「つ(付)ける」の連用形＋接続助詞「て」》❶動作や心情が起こるきっかけとなる事柄を表す。…に関連して。…するとそれに関連して。「何か―力になる」「うわさを聞く―心配が増す」❷その二つのいずれにおいても。「真俗―必ず果し遂げんと思はん事は、機嫌をいふべからず」〈徒然・一五五〉

ニッケル〖nickel〗鉄族元素の一。主要鉱石は珪けいニッケル鉱・紅砒こうひニッケル鉱などで、隕石中に含まれることもある。単体は銀白色で光沢があり、展延性に富み、強磁性を示す。空気・水・アルコールなどに侵されず、合金・めっき・貨幣材料などに利用。元素記号Ni　原子番号28。原子量58.69。

に-つ-ける【煮付ける】〔動カ下一〕文につ・く〔カ下二〕野菜や魚肉などを、調味した汁が十分しみ込むまでよく煮る。「鯖さばを―・ける」
(類語)煮込む・煮染める・煮詰まる

ニッケルオデオン〖nickelodeon〗昔の米国の、入場料が5セントの大衆向けの劇場・映画館。ニッケルは5セントの白銅貨。

ニッケルカドミウム-でんち【ニッケルカドミウム電池】陽極に水酸化ニッケル、陰極にカドミウム、電解液に水酸化カリウムを用いたアルカリ蓄電池。繰り返し充電・放電ができるのが特徴。ニッケルカドミウム蓄電池。ニッカド電池。ニカド電池。カドニカ電池。ユングナー電池。(補説)ニッカド電池、カドニカ電池の名称はそれぞれ商標名。

ニッケル-かんでんち【ニッケル乾電池】正極にオキシ水酸化ニッケル、負極に亜鉛を使った乾電池。長時間使え、低温でも出力が落ちない。デジタル機器用。

ニッケルクロム-こう【ニッケルクロム鋼】―カウ ニッケルを1～5パーセント、クロムを0.5～3パーセント含む合金鋼。きわめて強靭きょうじんで、ボルト・歯車などに使用。

ニッケル-こう【ニッケル鋼】―カウ ニッケルを含む合金鋼。炭素鋼に比べ、強靭きょうじんで耐食性が大。構造用鋼・耐食合金として利用。

ニッケルすいそ-じゅうでんち【ニッケル水素充電池】▶ニッケル水素電池

ニッケルすいそ-ちくでんち【ニッケル水素蓄電池】▶ニッケル水素電池

ニッケルすいそ-でんち【ニッケル水素電池】《nickel-hydride battery》充電可能な二次電池の一。ニッケルカドミウム電池の陰極のカドミウムの代わりに水素吸蔵合金(水素を吸蔵、放出できる合金)を用いて大容量、小型軽量化を図ったもの。ノートパソコンやハイブリッドカーのバッテリーに使われている。

ニッケル-どう【ニッケル銅】ニッケル20パーセントと銅80パーセントの合金。加工性がよく、耐食性も大。貨幣などに利用。白銅。

ニッケル-めっき【ニッケル鍍＝金】金属の表面をニッケルでめっきすること。装飾や防食のため、鉄・銅合金・亜鉛ダイカストなどに行う。

にっ-こう【日光】ニックワウ 日の光。太陽の光線。
(類語)陽光・日差し・日影・日色にっしょく・天日てんぴ・薄日・太陽・日ひ・天日てんじつ・日輪にちりん・火輪かりん・金烏きんう・日天子にってんし・白日はくじつ・赤日せきじつ・烈日れつじつ・お日様・お天道てんとう様・今日こんにち様・サン・ソレイユ

にっこう【日光】ニックワウ 栃木県北西部を占める市。東照宮の門前町。日光国立公園の自然景観にも恵まれた観光地。漆器・木彫りを特産。平成18年(2006)3月、今市市・足尾町・栗山村・藤原町と合併。人口9.0万(2010)。(補説)東照宮、二荒山ふたらさん神社、輪王寺りんのうじの建造物及び周辺の自然環境は、平成11年(1999)「日光の社寺」の名で世界遺産(文化遺産)に登録された。

日光を見ない中うちは結構と言うな 日光東照宮を見ないうちは、他の建築物をむやみにほめてはならない。東照宮の美しさをたたえた言葉。

にっこう【日光】ニックワウ 短歌雑誌。大正13年(1924)創刊、昭和2年(1927)廃刊。北原白秋・川田順・古泉千樫こいずみちかし・釈迢空しゃくちょうくう・木下利玄らが同人。歌人の大同団結を目的としたもの。

にっ-こう【日洪】日本とハンガリー。「―友好」

にっこう【日興】[1246～1333]鎌倉後期の日蓮宗の僧。甲斐の人。通称、伯耆房ほうきぼう・白蓮阿闍梨びゃくれんあじゃり。六老僧の一人。富士派(日蓮正宗)の祖。日蓮に従い各地に布教。師の没後、身延山を出て富士山麓に大石寺たいせきじ・本門寺を建立。著「開目抄要文」など。にちこう。

にっ-こう【肉交】ニクカウ ▶にくこう(肉交)

にっ-こう【肉×羹】ニクカウ ▶にくこう(肉羹)

にっこう-かいどう【日光街道】ニックワウカイダウ 江戸時代の五街道の一。江戸から宇都宮を経て日光に至る街道。千住せんじゅから宇都宮までは奥州街道を兼ねる。日光道中。

にっこう-かくかしょう【日光角化症】ニックワウカククワシャウ 顔面・手の甲・前腕など日光がよく当たる部位の皮膚に起こる病変。大きさ1～数センチの淡褐色から紅褐色のかさかさした皮疹ができる。中年以降、高齢者に多い。皮膚の前癌病変の一つだが、癌化する頻度は低く、自然に消失することもある。光線角化症。老人性角化症。

にっこう-きすげ【日光黄×菅】ニックワウ ユリ科の多年草。本州中部以北の山地に群生。高さ約50センチ。葉は線形。7月ごろ、橙黄色の6弁花を数個開くが、花は1日でしぼむ。禅庭花ぜんていか。(季 夏)

にっこう-こくりつこうえん【日光国立公園】ニックワウコクリツコウヱン 栃木県北部を中心に群馬・福島の各県にまたがる国立公園。東照宮・中禅寺湖・那須・鬼怒川などがある。昭和9年(1934)に群馬・福島・新潟の3県にまたがる尾瀬地区を含む範囲で指定されたが、平成19年(2007)に尾瀬国立公園が分離した。

にっこう-さん【日光山】ニックワウ ㊀栃木県日光市にある輪王寺りんのうじの山号。㊁日光市にある火山群。最高

峰は男体山の標高2486メートル。

にっこう-し【日光市】▶日光

にっこう-しゃさん【日光社参】江戸時代、徳川家康の命日に行われる日光東照宮の4月の大祭に将軍みずから参詣したこと。

にっこう-しゃしん【日光写真】日光にあてて写す写真玩具。絵を印刷したネガを感光紙に重ねて、ガラス板をはめた枠に入れ、日光に数分間あてて焼きつけるもの。

にっこう-しょうどく【日光消毒】日光にさらし、紫外線を利用して殺菌する消毒法。

にっこう-ぜめ【日光責め】日光の輪王寺で行う強飯式の異称。➡強飯

にっこう-ぜん【日光膳】日光塗の膳。

にっこう-てんし【日光天子】▶日天子

にっこう-とうがらし【日光唐辛子】日光から産するシソで巻いた塩漬けトウガラシ。日光巻き。

にっこう-とうしょうぐう【日光東照宮】▶東照宮

にっこう-ぬり【日光塗】春慶塗の一。日光の産で、粗製であるが堅牢。

にっこう-びょう【日光廟】日光にある徳川家康と徳川家光の霊廟。

にっこう-ぶぎょう【日光奉行】江戸幕府の職名。遠国奉行の一。老中の支配に属し、日光東照宮の警備・祭祀・修理および日光町の政務一般を管掌し、上野・下野両国の訴訟をも扱った。

にっこう-ぼさつ【日光菩薩】《梵 Sūrya-prabhāの訳》薬師如来の脇侍。右の月光に対して左に配される。彫像では薬師寺の金堂三尊像や東大寺法華堂(三月堂)の塑像が有名。

にっこう-もうまくえん【日光網膜炎】▶太陽性網膜症

にっこう-もうまくしょう【日光網膜症】▶太陽性網膜症

にっこうゆもと-おんせん【日光湯元温泉】日光市西部、湯ノ湖北岸にある温泉。泉質は硫黄泉。

にっこう-よく【日光浴】〔名〕スル 健康のためからだに日光を浴びること。「海岸で―する」

にっこう-りょうほう【日光療法】日光を直接に皮膚に当てて治療する方法。くる病などに行う。

にっこう-れいへいし【日光例幣使】江戸時代、朝廷から日光東照宮の4月の大祭に差し遣わされた奉幣使。

にっこ-と〔副〕スル にこりと。「―笑う」

につこ-らし・い【似つこらしい】〔形〕文につこら・し〔シク〕❶似つかわしい。ふさわしい。「年頃といい、家柄といい、恰ど―・い夫婦故」〈嵯峨の屋・初恋〉❷よく似ている。あまりに似ていて紛らわしい。「書きし字の―・きに間違いは今一たび」〈緑雨・門三味線〉❸いかにも本当らしい。もっともらしい。「―・い嘘を言うと」〈一葉・われから〉

にっこり〔副〕スル「にこり」に同じ。「愛想よく―(と)笑う」「うれしさに思わず―(と)する」

にっころがし【煮っ転がし】「にころがし」の音変化。「サトイモの―」

にっ-さい-ぎん【日債銀】「日本債券信用銀行」の略。

にっさか【日坂】静岡県掛川市の地名。小夜の中山の西口に位置し、もと東海道五十三次の宿駅。

にっ-さん【日参】〔名〕スル ❶神社・仏閣に毎日参詣すること。日参り。「満願成就を祈って―する」❷毎日同じ場所へ出向くこと。「得意先に―する」

にっ-さん【日産】1日当たりの産出量・生産量。

にっ-し【日子】日数。「大学を卒業するまでには十何年の長い―を要する」〈谷崎・神童〉

にっ-し【日支】日本と支那。「―事変」

にっ-し【日至】冬至または夏至。

にっ-し【日誌】日々の出来事などの記録。また、その帳面。「学級―」「航海―」類語 日記・ダイアリー

にっし-じへん【日支事変】日中戦争に対する、当時の日本側の呼称。➡日中戦争

にっ-しゃ【日射】日光がさすこと。また、地表に到達した太陽の放射エネルギー。ひざし。

にっしゃ-けい【日射計】日射の強さを測る器機。太陽面そのものからの放射を測る直達日射計、天空の反射まで含めて測る全天日射計などがある。

にっしゃ-びょう【日射病】強い直射日光を受けたために起こる病気。体温調節中枢の機能が低下し、体温が急上昇して、意識を失う。霍乱。(季 夏)➡熱射病

にっ-しゅう【入集】〔名〕スル 歌集や句集などに作品を選んで入れること。

にっ-しゅう【日収】日々の収入。

にっしゅう-うんどう【日周運動】1日を周期とする天球の回転運動。地球が自転しているために、天体が東から西へ移動しているように見える。

にっしゅう-けん【日周圏】日周運動によって天体が動く軌道。天の赤道に平行な小円となる。

にっしゅう-しさ【日周視差】ある天体を、地表の観測点と地球の中心から見たときの方向の差。地球の自転運動に伴い1日周期で変化するが、その最大値で表す。太陽系内の惑星など、比較的近距離にある天体の距離を決定できる。地心視差。➡年周視差

にっしゅう-リズム【日周リズム】生物で、一昼夜を周期としてあらわれる生活リズム。内因的な概日リズムが、外界の日周変化に同調したためである場合が多い。

にっ-しゅつ【日出】太陽の上端が地平線上に現れること。また、その時刻。ひので。「―時」⇔日没。

にっ-しょう【入声】漢字の四声の一。屋・沃・覚・質・物・月・曷・黠・屑・薬・陌・錫・職・緝・合・葉・洽の17の類の字に分ける。これに属する字はすべて仄韻の文字で、発音が短く急である。日本語ではチ・ツ・ク・キ・ウ(歴史的かなづかいではフ)で終わるもの。

にっ-しょう【日商】❶その日1日の総商取引高。❷「日本商工会議所」の略称。

にっ-しょう【日章】太陽をかたどったしるし。日の丸のしるし。

にっ-しょう【日照】太陽の直射光が地表を照らすこと。気象観測では、物の影ができる程度であれば日照があるという。

にっしょう-き【日章旗】日本国の国旗である日の丸の旗。布地は白の長方形で、縦横の比率は7対10。日章は赤で、直径は縦幅の5分の3。明治3年(1870)の太政官布告で日本の商船の掲げるべき旗と定められ、のち実質上国旗として用いていたが、平成11年(1999)8月施行の「国旗国歌法」で国旗と定められた。類語 万国旗・日の丸・国旗

にっしょう-けい【日照計】日照時間を記録する計器。

にっしょう-けん【日照権】日照を確保する権利。高層の建物などによって日当たりが妨げられて被害を生じた場合に、損害賠償・妨害排除などの請求の根拠として主張される。

にっしょう-じかん【日照時間】1日のうちで、直射日光が地表を照らした時間。

にっしょう-りつ【日照率】日照時間と、可照時間すなわち日の出から日没までの時間との比。

にっ-しょく【日色】日の色。また、日の光。転じて、太陽のこと。類語 太陽・日・天日・日輪・火輪・金烏・日天子・白日・赤日・烈日・お日様・お天道様・今日様・サン・ソレイユ・陽光・日光・日差し・日影・天日

にっ-しょく【日食｜日×蝕】地球から見て、太陽が月に隠される現象。月が太陽面を全部隠すのを皆既食、一部を隠すのを部分食、太陽の縁が月の回りにはみ出すのを金環食という。➡皆既日食

にっしょくせい-もうまくえん【日食性網膜炎】▶日食網膜症

にっしょく-もうまくえん【日食網膜炎】▶日食網膜症

にっしょく-もうまくしょう【日食網膜症】日食の観察を不適切な方法で行うことで生じる太陽性網膜症。太陽を見つめると、強い可視光線や赤外線が眼底に達し、網膜に火傷を起こす。視野の中心がぼやけ、視力が低下する。重症の場合、恒久的な視力低下や失明のおそれもある。日食網膜炎。日食性網膜炎。

にっ-しん【日清】日本と清国。

にっ-しん【日進】日々に進歩すること。「西洋―の書を読むことは」〈福沢・福翁自伝〉

にっしん【日進】愛知県中部の市。名古屋市の東に接し、住宅地化が進む。人口8.4万(2010)。

にっ-しん【日新】日々に新しくなっていくこと。「一月化」

にっ-しん【日震】太陽表面に生じる振動や波動現象。1960年代、米国のロバート=レイトンが太陽表面の大気の動きによるドップラー効果から、約5分周期の振動を発見。理論的には太陽内部の対流運動に励起された音波的な固有振動であると考えられている。これらの観測から太陽内部の物理構造を研究する学問を日震学という。➡月震 ➡星震 ➡宇宙震

にっしん【日親】[1407〜1488]室町中期の日蓮宗の僧。上総の人。号、久遠成院。京都で辻説法をし、本法寺を開創。「立正治国論」を著して将軍足利義教を諫言したため焼き鍋をかぶせられた。

にっしん-がく【日震学】日震とよばれる太陽表面に生じる振動現象を観測することで、太陽の内部構造や物理状態を研究する学問。現在までに、太陽内部の対流層の厚さ、内部の角速度分布などが明らかになった。陽震学。

にっしん-かん【日新館】江戸時代の会津藩の藩校。藩主松平容頌が創立した藩校に寛政11年(1799)命名したもの。同名のものが、美濃・土佐・対馬などにもあった。

にっしん-げっぽ【日進月歩】日ごと月ごとに絶えず進歩すること。「―の科学技術」類語 進歩

にっしん-こうけい【日心黄経】太陽の中心を原点とする黄道座標の黄経。⇔地心黄経。

にっしん-し【日進市】▶日進

にっしん-しさ【日心視差】▶年周視差

にっしん-しゅうこうじょうき【日清修好条規】明治4年(1871)日本と清国とが自主的に締結した最初の条約。領事裁判権と協定関税率を相互に承認し、最恵国条款を欠くなど変則的な対等条約であった。

にっしんしんじし【日新真事誌】明治5年(1872)英国人ブラックが東京で創刊した邦字新聞。民撰議院設立建白書を掲載したことで有名。同8年廃刊。

にっしん-せんそう【日清戦争】明治27年(1894)朝鮮の支配権をめぐって日本と清国との間で起こった戦争。朝鮮で起こった甲午農民戦争鎮圧のため清国が出兵したとき、対抗して日本も出兵、豊島沖で開戦。日本は平壌の戦いや黄海の海戦などで勝利を収め、翌年下関で講和条約を結んだ。➡下関条約

にっ-すい【日瑞】❶日本とスイス。❷日本とスウェーデン。

にっ-すう【日数】何かをするのに要するひにちの数。ひかず。「出発までの―」「出席―」類語 日数・日にち・暦日

にっ-せい【入声】▶にっしょう(入声)

にっ-せい【日西】日本とスペイン。「―翻訳」

にっせい-きょう【日生協】「日本生活協同組合連合会」の略。

にっ-せき【日夕】❶昼と夜。よるひる。❷(副詞的に用いて)昼も夜も。いつも。「ここに―、自分が住むことになるのか」〈島木健作・生活の探求〉

にっ-せき【日赤】「日本赤十字社」の略称。

にっせん-じ【日暹寺】名古屋市千種区にある日泰寺の旧称。

にっ-ソ【日ソ】日本とソ連。

にっ-そう【入×宋】〔名〕スル 日本の僧や使節などが宋に行くこと。にゅうそう。

にっ-そう【日奏】平安時代、宮中で宿直した人の官位姓名を翌日奏上したこと。また、その文書。

にっそう-ぼうえき【日×宋貿易】平安中期から鎌倉中期、日本と宋の間で行われた貿易。主な輸入品は銅銭・陶磁器・香料など、輸出品は硫黄・刀剣・砂金などで、平氏政権・鎌倉幕府とも積極的に推進した。

にっソ-きほんじょうやく【日ソ基本条約】ニチソキホンデウヤク 大正14年(1925)日本と革命後のソ連との間に結ばれた条約。外交関係の樹立、ポーツマス条約の有効性などを確認。

にっソ-きょうどうせんげん【日ソ共同宣言】昭和31年(1956)に調印された日本とソ連との間の共同宣言。第二次大戦における両国間の戦争状態の終結、国交の回復、平和条約締結後に歯舞はぼまい群島・色丹しこたん島を日本側に引き渡すことなどを規定。

にっソ-ぎょぎょうきょうりょくきょうてい【日ソ漁業協力協定】ニチソギョゲフケフリョクケフテイ 昭和60年(1985)日ソ間で締結された、ソ連200海里以遠の水域におけるサケ・マス漁業に関する協定。平成3年(1991)ソ連解体後はロシア連邦に引き継がれ、同5年北太平洋公海でのサケ・マス沖取り禁止後は日ロ漁業合同委員会で200海里水域内の漁獲量などを協議する。

にっソ-ぎょぎょうじょうやく【日ソ漁業条約】ニチソギョゲフデウヤク 昭和31年(1956)北西太平洋における漁業資源の保護と有効利用を目的として日ソ間で結ばれた条約。これに基づき、両国のサケ・マスなどの漁獲量・操業水域・漁期などが毎年取り決められた。同52年、ソ連の200海里漁業専管水域宣言に伴い廃止。

にっソ-ちゅうりつじょうやく【日ソ中立条約】ニチソチュウリツデウヤク 昭和16年(1941)4月、日本とソ連との間で相互不可侵と相互中立を定めた条約。同年7月、日本は関特演(関東軍特種演習)と称してソ満国境に進軍し、この条約を無視。一方、有効期限内の同20年、ソ連は廃棄を通告、対日参戦した。

にった【新田】㊀姓氏の一。㊁清和源氏の一族。平安末期、源義家の孫義重が上野こうずけの新田郡に土着し称したのに始まる。

ニッター〖knitter〗(毛)糸で編む人。また、編物業者。

にっ-たい【日台】日本と台湾(中華民国)。「―関係」

にっ-たい【日泰】日本とタイ。「―貿易」

にったい-じ【日泰寺】名古屋市千種ちくさ区にある単立の寺。山号は覚王山。明治33年(1900)シャム王室から仏舎利と金銅釈尊像を寄贈され、同37年に各宗派が合同して建立。旧称、日暹寺にっせんじ。

にったい-しょく【日帯食｜日帯×蝕】日食の状態で、太陽が欠けながら地平線上に昇り、または沈むこと。⇒日出帯食 ⇒日没帯食

にった-じろう【新田次郎】ニッタジラウ [1912〜1980]小説家。長野の生まれ。本名、藤原寛人ひろと。気象台勤務の経験を生かした山岳小説で人気を集め、昭和を代表する作家となる。また歴史小説の大作でも知られる。「強力伝ごうりきでん」で直木賞受賞。他に「孤高の人」「八甲田山死の彷徨」「武田信玄」など。映像化された作品も多い。

にった-じんじゃ【新田神社】鹿児島県薩摩川内さつませんだい市にある神社。瓊瓊杵尊ににぎのみことを主神とし、天照大神あまてらすおおみかみ・天忍穂耳尊あまのおしほみみのみことを配祀はいし。川内八幡。

にった-ただつね【仁田忠常】[?〜1203]鎌倉初期の武将。伊豆の人。通称、仁田四郎にたんのしろう。源頼朝に仕え、範頼に従って平氏を追討。また、富士の巻狩りで曽我十郎祐成すけなりを討った。のち、将軍頼家と北条時政の争いに巻き込まれて殺された。

にった-よしあき【新田義顕】[?〜1337]鎌倉末期・南北朝時代の武将。義貞の長男。建武政権崩壊後、義貞と越前金崎かねがさき城を守ったが、足利方に攻められて落城、尊良たかなが親王とともに自害した。

にった-よしおき【新田義興】[1331〜1358]南北朝時代の武将。義貞の二男。関東でしばしば北朝方と戦ったが、足利尊氏あしかがたかうじらに敗れて越後に逃れた。のち、足利方の策により、武蔵国多摩川の矢口の渡で謀殺された。

にった-よしさだ【新田義貞】[1301〜1338]鎌倉末期・南北朝時代の武将。上野の人。元弘3＝正慶2年(1333)鎌倉幕府を滅ぼし、建武政権から重用されたが、のち、足利尊氏あしかがたかうじと対立。兵庫で楠木正成くすのきまさしげとともに九州から東上する尊氏と戦ったが敗れ、恒良・尊良両親王を奉じて越前金崎かねがさき城によったが落城。のち、藤島で戦死。

にったり〔副〕「にたり」に同じ。「―(と)意味ありげに笑う」

ニッチ〖niche〗❶西洋建築で、厚みのある壁をえぐって作ったくぼみ部分。彫像や花瓶などを置く。壁龕へきがん。❷ある生物が生態系の中で占める位置。生態的地位。ニッチェ。❸橋・トンネルなどのわきに設けられる非常用の退避空間。❹すきま。「―産業」

ニッチ-さんぎょう【ニッチ産業】ニッチサンゲフ《niche industry》「すき間産業」に同じ。

にっちも-さっちも【二▽進も三▽進も】〔副〕《そろばんの割り算から出た語で、計算のやりくりの意》物事が行き詰まり、身動きのとれないさま。どうにもこうにも。「借金が増えすぎて―行かない」

にっ-ちゅう【日中】❶日がのぼっている間。ひるま。「―留守にすることが多い」❷六時の一。まひる。正午。また、その時に行う勤行ごんぎょう。(類語)昼

にっ-ちゅう【日中】日本と中国。「―友好」「―文化交流」

にっちゅう-きょうどうせいめい【日中共同声明】日本と中国との戦争状態を終結させ、国交を正常化したことを発表した声明。昭和47年(1972)調印。日本側は中華人民共和国を中国の唯一の政府と承認、中国側は戦争賠償請求権を放棄した。

にっちゅう-シンクロ【日中シンクロ】►デイライトシンクロ

にっちゅう-せんそう【日中戦争】ニッチュウセンサウ 昭和12年(1937)7月の盧溝橋ろこうきょう事件をきっかけにして起こった日本と中国との間の戦争。はじめ日本政府は支那事変あるいは日支事変とよび、宣戦布告も行わなかったが、戦線は全中国に拡大、太平洋戦争に発展した。日華事変。

にっちゅう-へいわゆうこうじょうやく【日中平和友好条約】ニッチュウヘイワイウカウデウヤク 昭和53年(1978)に締結された日本と中華人民共和国との条約。国連憲章の原則を尊重し、覇権を求めず、他国の覇権確立の試みに反対することなどを規定。

にっ-ちょう【日長】ニッチャウ 日照時間の長さ。

にっちょう【日頂】ニッチャウ [1252〜1317]鎌倉中期の日蓮宗の僧。駿河の人。通称、伊予阿闍梨あじゃり。六老僧の一人。日蓮の没後、下総しもうさ真間の弘法寺ぐほうじを管し、のち養父の日常と離別し故郷に退いた。

にっちょう【日朝】ニッテウ [1422〜1500]室町中期の日蓮宗の僧。伊豆の人。号、行学院。通称、加賀阿闍梨あじゃり。比叡山・南都などに学ぶ。寛正元年(1460)身延山第11世を継ぎ、寺境を拡張、制度を整備して身延山中興の祖といわれる。著「法華草案鈔」など多数。

にっ-ちょう【日朝】ニッテウ 日本と朝鮮。また、日本と朝鮮民主主義人民共和国。

にっちょう-しゅうこうじょうき【日朝修好条規】ニッテウシウカウデウキ 江華島事件後、明治9年(1876)に日本が朝鮮の開国を求め、締結させた条約。日本の一方的な領事裁判権を定め、朝鮮の関税自主権を認めないなど、不平等なものであった。江華条約。

にっ-ちょく【日直】❶その日の当直。また、その人。❷昼間または休日の当直。また、その人。
(類語)当直・夜直・宿直・泊まり・泊まり番・週番

にっちろく【日知録】中国、清代の随筆。32巻。顧炎武著。経学・史学・文学・政治・社会・地理・風俗などの分野について、実証的に論じた書。清朝学術の最高水準を示したものとされる。

に-つつじ【▽丹躑＝躅】赤い花の咲くツツジ。特に、ヤマツツジのこと。「竜田道の岡辺の道に―のにほはむ時の」〈万・九七一〉

にっ-てい【日程】仕事や行事などの、ある1日の、あるいは毎日の予定。また、日どり。「―をたてる」
(類語)スケジュール・プログラム・予定

ニッティング〖knitting〗編み物。編んだ物。

にっ-テレ【日テレ】►日本テレビ放送網

にっ-てん【日天】❶日天子の治める世界。転じて、太陽。❷►日天子にってんし

にっ-てん【日展】《「日本美術展覧会」の略称》美術団体の一。また、その主催する美術展。日本画、洋画、彫刻、工芸美術、書の五つの部門がある。昭和21年(1946)文展を継いで発足。同33年以後、社団法人組織となり、民間団体として運営。平成24年(2012)公益社団法人に移行。⇒文展 ⇒官展

にっ-てんし【日天子】㊀太陽を神格化したもの。インド神話の神で、仏教に取り入れられた。観世音菩薩の変化身ともいい、密教では日天とよばれ、仏法守護の十二天の一。図像では、5馬または7馬に乗る。日光天子。㊁太陽。「毎朝―の出でて照らさせ給へども」〈戴恩記・下〉

ニット〖knit〗編み物。編んだ服や布地。「―のスーツ」

にっ-と〔副〕声を出さずに、口もとだけでちょっと笑うさま。「白い歯をみせて―笑う」

にっ-とう【▽入唐】ニッタウ〔名〕スル 日本から僧や使節などが唐に行くこと。

にっ-とう【日当】ニッタウ 1日あたりのきまった手当。

にっ-とう【日東】《中国から見て、日の昇る東方の国の意》日本の国の称。

ニットウエア〖knitwear〗ニット製の衣類。

にっとうぐほうじゅんれいこうき【入唐求法巡礼行記】ニッタウグホフジュンレイカウキ 平安初期の中国旅行記。4巻。円仁えんにん著。承和5年(838)遣唐使に従って入唐し、承和14年(847)帰国するまでの見聞記。仏教の霊場を遍歴し、仏教教義・交通路・社会風俗などを詳細に記録したもの。入唐巡礼記。

にっ-とう-こま-せん【日東駒専】入試難易度が近い在京私大群である、日本大学・東洋大学・駒沢大学・専修大学の総称。

にっとう-はっけ【入唐八家】ニッタウ 平安初期に唐に渡り、密教経典を伝えた八人の僧。最澄・空海・常暁・円行・円仁・慧運えうん・円珍・宗叡しゅうえい。

ニット-タイ〖knit tie〗編み地素材で作られたネクタイ。カジュアルなスタイルのネクタイ。

ニッパー〖nipper〗電線・針金などを切断するのに用いる工具。針金切り。

にっ-ぱい【日×牌】毎日、位牌の前で供養を行うこと。また、その位牌。「是にて石塔を供養し、―も立てかへれ」〈浮・諸艶大鑑・四〉

にっぱし-がわ【日橋川】ニッパシがは 福島県西部を流れる川。猪苗代湖北西部の銚子ちょうしノ口付近から流れ出し、会津盆地中央部の喜多方市で阿賀川に合流する。長さ約25キロ。猪苗代湖から流出する唯一の川。

にっ-ぱち【二八】2月と8月。商売が低調で景気が悪いとされる月。二八月にっぱちがつ。

ニッパ-やし【ニッパ×椰子】《nipa》ヤシ科の常緑低木。葉は羽状に裂けていて、地際から出る。褐色の卵形の大きな実が多数なり、食用。花柄の液を砂糖の原料にし、葉を屋根を葺ふくのに用いる。インドからオーストラリアにかけ、湿地に生育。

にっぱら-しょうにゅうどう【日原鍾乳洞】東京都西部、多摩川支流の日原川上流小川谷にある鍾乳洞。関東では最大級の規模を誇り、温度は年間を通してセ氏11度と一定している。総延長1270メートル、高低差134メートル。昔、山伏によって開かれた修行場で、現在は奥多摩の中心観光地。東京都の天然記念物に指定されており、秩父多摩甲斐国立公園に属する。

にっ-ぴ【日比】日本とフィリピン。「―友好」

にっぷ-かしきん【日賦貸(し)金】►日掛け金融

にっ-ぽ【日葡】日本とポルトガル。「―辞書」

にっ-ぽう【日報】❶毎日行う報告。「業務―」❷毎日の報道。また、毎日発行される新聞。

にっ-ぽう【日豊】日向ひゅうがと豊前ぶぜん・豊後ぶんごを併せた地域。

にっぽうかいがん-こくていこうえん【日豊海岸国定公園】ニッポウカイガンコクテイコウヱン 大分県から宮崎県北部にかけて

のリアス式の海岸を中心とする国定公園。大分市の佐賀関(さがのせき)半島から宮崎県日向(ひゅうが)市の美々津(みみつ)海岸にいたる豊後(ぶんご)水道・日向灘北部西岸と、点在する小島を含む。海食崖・洞穴・岩礁など変化に富む。

にっぽう-ほんせん【日豊本線】九州、小倉から大分・宮崎を経て鹿児島に至るJR線。全長462.6キロ。

にっぽじしょ【日葡辞書】《原題、(ポルトガル) Vocabvlario da Lingoa de Iapam》日本語辞書。2冊。イエズス会宣教師数名の共編。本篇は慶長8年(1603)長崎学林刊。補遺は同9年刊。日本語をポルトガル語によって説明したもので、当時の口語を中心に約3万2800語を収録。重要な語には用法を示す。

ニッポニア-ニッポン〘(ラテン) Nipponia nippon〙トキの学名。オランダのテミンクが1835年にIbis nipponと命名し、その後52年にドイツ人ライヘンバッハが独立した属として、属名Nipponiaを与えた。

にっぽん【日本】㊀わが国の呼び名。「ヒノマルノハタハーノシルシデアリマス」〈尋常小学修身書・第2学年用・明治36年〉〈日葡〉➡にほん(日本)〔補説〕「日本」が「ニホン」か「ニッポン」かについては決定的な説はない。「日」は漢音ジツ、呉音ニチで、ニチホンがニッポンに音変化し、発音の柔らかさを好むところからさらにニホンが生じたものか。ジパング・ジャパンなどはジッホンに基づくものであろう。国の呼称としては、昭和9年(1934)に臨時国語調査会(国語審議会の前身)が国号呼称統一案としてニッポンを決議したが、政府採択には至っていない。日本放送協会は同26年に、正式の国号としてはニッポン、その他の場合はニホンといってもよいとした。日本銀行券(紙幣)や国際運動競技のユニホームのローマ字表記がNipponなのは、先の事情による。外務省では、英語による名称はジャパンJapanを用いている。なお本辞典では、両様に通用する語については、便宜上「にほん」の見出しのもとに集めた。㊁〘名・形動〙《安永・天明(1772～1789)ごろの江戸での流行語》日本一であること。すばらしいこと。また、そのさま。「この不自由なところが—だとうれしがりけり」〈黄・艶気樺焼〉

にっぽん-いしんのかい【日本維新の会】(ーキシンのクワイ) 平成24年(2012)9月、橋下徹大阪市長や松井一郎大阪府知事らが地域政治団体「大阪維新の会」を元に結成した政治団体。国政への進出を目指す。

にっぽん-いち【日本一】「にほんいち」に同じ。

にっぽんえいたいぐら【日本永代蔵】浮世草子。6巻。井原西鶴作。元禄元年(1688)刊。各巻5章、全30話からなる。知恵と才覚によって長者となるまでの町人の生活を描く、西鶴の町人物の第1作。副題「大福新長者教」。

にっぽん-かいはつぎんこう【日本開発銀行】(ーカイハツギンカウ) 昭和26年(1951)に設立された全額政府出資の政府金融機関。産業の開発および経済社会の発展に寄与する設備や高度で新しい技術の研究開発、地域開発、都市再開発などに必要な長期資金の貸し付けをした。平成11年(1999)日本政策投資銀行(現、株式会社日本政策投資銀行)に業務を引き継ぎ解散。開銀。

にっぽんがくせいやきゅう-けんしょう【日本学生野球憲章】(ニツポンガクセイヤキウケンシヤウ) 日本の学生野球の健全な発達を図って定められた規約。これに違反した場合、日本学生野球協会や日本高等学校野球連盟から出場停止などの処置が下される。昭和21年(1946)制定の「学生野球基準要項」をもとに、同25年に制定。平成22年(2010)、学生野球が教育活動の一環であることの明文化や、協会の承認があればプロ野球との交流も認められるなどの改正がなされた。

にっぽん-かんぎょうぎんこう【日本勧業銀行】(ークワンゲフギンカウ) 明治30年(1897)日本勧業銀行法に基づいて設立され、昭和25年(1950)普通銀行に転換した銀行。同46年第一銀行と合併、第一勧業銀行と改称。平成12年(2000)日本興業銀行、富士銀行と共に持株会社みずほホールディングスを設立。同14年に3行が統合・再編されて、みずほ銀行およびみずほコーポレート銀行となった。勧銀。

にっぽん-ぎんこう【日本銀行】(ーギンカウ) 日本の中央銀行。発券銀行、銀行の銀行、政府の銀行などの機能をもつとともに、以上の3機能を通じて金融政策の運営にあたっている。明治15年(1882)日本銀行条例に基づいて設立。昭和17年(1942)日本銀行法により改組。平成9年(1997)に改正され、同10年に施行された新日銀法に基づいて認可法人となる。総裁1名、副総裁2名、審議委員等によって構成される政策委員会を最高意思決定機関とし、資本金1億円のうち5500万円を下回らない出資を政府から受けているが、政府機関ではない。日銀。BOJ(Bank of Japan)。➡国会同意人事

にっぽんぎんこう-けん【日本銀行券】(ニツポンギンカウー) 日本銀行が発行する銀行券。日銀券。

にっぽんぎんこう-ほう【日本銀行法】(ニツポンギンカウハフ) 日本の中央銀行である日本銀行について定めた法律。中央銀行として、政府からの独立性を高めることなどを目的に、昭和17年(1942)制定の旧日本銀行法を全面改正して、平成10年(1998)施行。金融調節や物価の安定等、日銀が目指す役割や、日銀の組織運営、業務等を規定する。日銀法。

にっぽん-けいざいだんたいれんごうかい【日本経済団体連合会】(ーケイザイダンタイレンガフクワイ) 東証一部上場企業や業種別団体・経済団体によって構成される総合経済団体。経済三団体の一つ。経済界の意見を取りまとめ、政治・行政・労働組合・市民に幅広く働きかける。外国の政府・経済団体や国際機関とも対話を通じて問題解決や経済関係の緊密化を図る。昭和21年(1946)に経済団体連合会として設立。平成14年(2002)に日本経営者団体連盟(日経連)と統合し、日本経済団体連合会として新たに発足。経団連。JBF(Japan Business Federation)。〔補説〕平成14年5月に日経連と統合後、同23年6月までは「日本経団連」を略称として使用していた。旧経団連は非自民連立政権が発足した平成5年(1993)に、会員企業・団体による政治献金の斡旋を取りやめていたが、日経連との合併後の同16年から再開。献金を行う際の基準となる各党への「政策評価」を毎年発表していた。同21年、民主党政権が発足したことを機に政策評価の発表を打ち切り、企業・団体献金への関与を行わない方針を示した。

にっぽん-けいさつけんきょうかい【日本警察犬協会】(ーケイサツケンケフクワイ) 警察犬種の改良増殖を目的として設立され、警察犬が出動する犯罪捜査への協力、警察犬の資質審査会・訓練競技会の開催などの事業を行う社団法人。昭和7年(1932)に帝国軍用犬協会として発足。略称はNPDAまたはPD(Nippon Police Dog Association)。

にっぽん-けいだんれん【日本経団連】日本経済団体連合会(経団連)の旧略称。〔補説〕平成14年(2002)5月に日本経営者団体連盟(日経連)と統合後、同23年6月まで使用。

にっぽんけいだんれん-せいぶつたようせいせんげん【日本経団連生物多様性宣言】(ーセイブツタヤウセイセンゲン)「経団連生物多様性宣言」の旧称。

にっぽん-こうぎょうぎんこう【日本興業銀行】(ーコウゲフギンカウ) 長期信用銀行の一。金融債を発行して資金を調達し、企業に設備資金・長期運転資金などの長期資金を貸し付けることを主な業務とした。明治35年(1902)日本興業銀行法に基づいて設立。昭和25年(1950)普通銀行に転換、同27年に長期信用銀行となった。平成12年(2000)第一勧業銀行、富士銀行と共に持株会社みずほホールディングスを設立。同14年に3行が統合・再編されて、みずほ銀行およびみずほコーポレート銀行となった。興銀。

にっぽん-こく【日本国】▶日本(にっぽん)㊀

にっぽん-さいけんしんようぎんこう【日本債券信用銀行】(ーサイケンシンヨウギンカウ) 長期信用銀行の一。金融債を発行して資金を調達し、企業に設備資金・長期運転資金などの長期資金を貸し付けることを主な業務とした。昭和32年(1957)旧朝鮮銀行の残余財産をもとに日本不動産銀行として設立。同52年日本債券信用銀行に変更。一時国有化を経て現在はあおぞら銀行。日債銀。

にっぽん-ざいだん【日本財団】競艇の売上金の一部を財源として、社会福祉・教育・文化、船舶・海洋、海外協力援助などの事業を支援する公益財団法人。昭和37年(1962)財団法人日本船舶振興会として設立。平成23年(2011)公益財団法人に移行し、通称として使用していた「日本財団」を正式名称とした。英語名はThe Nippon Foundation。

にっぽん-しゃかいとう【日本社会党】(ーシヤクワイタウ) ㊀明治39年(1906)幸徳秋水らを中心として結成された日本最初の合法的社会主義政党。翌年、治安警察法の適用によって解散。㊁昭和20年(1945)第二次大戦前の無産政党各派が合同して結成した社会主義政党。同22年初代委員長片山哲を首班として、民主党・国民協同党との三党連立内閣を組織したが、翌年総辞職。以後、党内左右の対立が激化し、同26年分裂。同30年左派の主導のもとに再統一したが、同35年には右派が脱党して民主社会党を結成した。平成8年(1996)社会民主党に改称。

にっぽん-せいこうかい【日本聖公会】(ーセイコウクワイ) 日本におけるプロテスタント教会の一宗派。英国国教会の系統をひく。安政6年(1859)米国の宣教師ウィリアムズとリギンズによって伝道開始。明治20年(1887)に米国監督教会、英国の宣教協会および福音宣布協会の三派が合同して日本聖公会を創立。

にっぽん-せいさくきんゆうこうこ【日本政策金融公庫】政府金融機関である、国民生活金融公庫、中小企業金融公庫、農林漁業金融公庫、沖縄振興開発金融公庫、国際協力銀行の国際金融等業務などを、公的金融縮小を最大の目的として統廃合し、平成20年(2008)10月に設立。国の政策に基づいて、個人・中小企業・農林水産業者への融資、国内産業の国際競争力向上や海外での資源開発促進のための金融など、一般の金融機関を補完する業務を行う。政府が全額出資し、経営の効率や透明性を高めるために株式会社の形態で運営される。

にっぽん-せきじゅうじしゃ【日本赤十字社】(ーセキジフジシヤ) 赤十字精神にのっとって、戦争や災害時に救護・医療を行う日本における組織。明治10年(1877)西南の役の際に佐野常民らによって設立された博愛社を前身とし、同20年国際的に公認され現名に改称。現在は昭和27年(1952)の日本赤十字社法による認可法人。日赤。JRCS(Japanese Red Cross Society)。

にっぽん-ちょうきしんようぎんこう【日本長期信用銀行】(ーチヤウキシンヨウギンカウ) 長期信用銀行の一。金融債を発行して資金を調達し、企業に設備資金・長期運転資金などの長期資金を貸し付けることを主な業務とした。昭和27年(1952)設立。一時国有化を経て現在は新生銀行。長銀。

にっぽんテレビ-ほうそうもう【日本テレビ放送網】(ーハウソウマウ) 東京都港区にあるテレビ局の一。昭和28年(1953)開局で、読売新聞社との関係が深い。報道番組の取材・配信網として全国の系列局とNNNを形成する。コールサインJOAX-DTVから、AXとも。日テレ。NTV(Nippon Television Network)。

にっぽん-でんしんでんわかぶしきがいしゃ【日本電信電話株式会社】(ーデンシンデンワかぶシキグワイシヤ) 日本電信電話公社の民営化により、昭和60年(1985)に設立された日本最大規模の株式会社。主要業務は、国内電気通信事業。NTT(Nippon Telegraph and Telephone Corporation)。

にっぽん-ニューマーケットヘラクレス【ニッポン・ニュー・マーケット・ヘラクレス】《Nippon New Market Hercules》▶ヘラクレス㊁

にっぽん-ねんきんきこう【日本年金機構】厚生労働大臣から委任・委託を受けて公的年金(厚生年金・国民年金)の運営業務を行う非公務員型の特殊法人。不正な事務処理や年金記録のずさんな管理が発覚し、平成21年(2009)12月に廃止された社会保険庁から業務を引き継ぎ、同22年1月に発足。年

金資格得喪の確認・届出や申請の受け付け・厚生年金標準報酬額の決定など国から権限を委任された業務については日本年金機構の名で実施し、受給権の裁定・年金の給付など国から事務を委託された業務は厚生労働大臣の名で機構が実施する。財政・管理運営の責任は国が負う。補説社会保険庁が行っていた政府管掌健康保険事業は全国健康保険協会に引き継がれた。

にっぽん‐ばし【日本橋】㊀大阪市中央区の道頓堀どうとんぼり川に架かる橋。㊁大阪市中央区の地名。浪速なにわ区にかけて商店街が続き、日本橋筋とよばれる。補説東京の日本橋は「にほんばし」と読む。

にっぽんハム‐ファイターズ【日本ハムファイターズ】▶北海道日本ハムファイターズ

にっぽん‐ばれ【日本晴(れ)】❶「にほんばれ」に同じ。❷稲の一品種。北陸以西で普及。

にっぽん‐ぶどうかん【日本武道館】ニッポンブダウクワン 東京都千代田区にある武道の競技館。昭和39年(1964)完成。柔道・剣道・弓道などに用いられ、観客1万5000人を収容できる。

にっぽん‐プロやきゅうそしき【日本プロ野球組織】ニッポンヤキウソシキ プロ野球で、セ、パ両リーグとその所属球団が構成する組織。日本野球機構によって運営される。代表者はコミッショナー。NPB(Nippon Professional Baseball)。

にっぽん‐ほうそう【ニッポン放送】ニッポンハウソウ 東京・千代田区にある関東地方を放送範囲とするAMラジオ局。昭和28年(1953)設立、翌年に放送開始。フジメディアホールディングス傘下。文化放送とともにNRNのキー局を務める。周波数は1242キロヘルツ。LF。

にっぽん‐ほうそうきょうかい【日本放送協会】ニッポンハウソウケフクワイ 日本の公共放送を行う事業体。大正15年(1926)設立の社団法人日本放送協会が前身で、昭和25年(1950)放送法に基づく特殊法人として発足。国内のテレビ・ラジオ放送、国際放送などを行っている。NHK。

にっぽん‐まる【日本丸】㊀日本の航海練習用帆船。昭和5年(1930)、文部省航海練習所所属の商船教育用として建造。海の貴婦人といわれ、同60年以降横浜市の日本丸メモリアルパークに係留。同59年には2世を運輸省航海訓練所所属船として建造。4本マスト、2570総トン、全長100.9メートル。商船大学・商船高専・海員学校が使用。㊁豊臣秀吉朝鮮侵攻時の軍船。文禄元年(1592)建造。全長99尺(約30メートル)、1500石積み(積載重量220トン)、櫓100丁立てで、当時最大級の安宅船あたけぶね。

にっぽん‐やきゅうきこう【日本野球機構】ニッポンヤキウキコウ 日本のプロ野球を統轄・運営する社団法人。日本シリーズやオールスターゲームなどを主催する。また、日本プロ野球組織を運営する。NPB(Nippon Professional Baseball Organization)。

にっぽんゆうせい‐かぶしきがいしゃ【日本郵政株式会社】ニッポンイウセイかぶシキグワイシヤ 日本郵政公社の事業を引き継ぎ、郵便・物流・銀行業・生命保険業等の事業会社を管理する持株会社。平成18年(2006)郵政事業民営化後の持株会社となる準備企画会社として設立。同19年日本郵政公社の事業を承継して民営化。JP日本郵政。➡日本郵政グループ

にっぽん‐ゆうせいグループ【日本郵政グループ】ーイウセイ 日本郵政公社の民営・分社化により発足した企業グループ。持株会社の日本郵政株式会社のもとに、郵便事業株式会社、郵便局株式会社、株式会社ゆうちょ銀行、株式会社かんぽ生命保険の四つの事業会社がある。補説郵便事業株式会社と郵便局株式会社は、平成24年(2012)10月に統合し「日本郵便株式会社」となる。

にっぽんゆうせいグループ‐ろうどうくみあい【日本郵政グループ労働組合】ニッポンイウセイーラウドウくみあひ 平成19年(2007)日本郵政公社の民営・分社化に伴い、日本郵政公社労働組合(JPU。旧、全逓)と全日本郵政労働組合(全郵政)が組織統合し結成された労働組合。JPGU。JP労組。

にっぽん‐ゆうせいこうしゃ【日本郵政公社】ーイウセイ 郵政三事業(郵便・郵便貯金・簡易生命保険)を独立採算制のもとに効率的に行うために、平成15年(2003)旧郵政事業庁の業務を引き継いで発足した国営の公社。総務省所管の特殊法人の一つ。同19年に実施された郵政民営化に伴い解散。郵政事業は日本郵政グループに移管された。

にっぽん‐ゆうせん【日本郵船】ーイウセン 日本の代表的な海運会社の一。明治18年(1885)郵便汽船三菱会社と共同運輸会社とが合併して設立。昭和39年(1964)三菱海運を吸収合併。NYK(Nippon Yusen Kabushiki Kaisha)。

にっぽん‐ゆうびん【日本郵便】ーイウビン ㊀▶郵便事業株式会社 ㊁▶日本にっぽん郵便株式会社

にっぽんゆうびん‐かぶしきがいしゃ【日本郵便株式会社】ニッポンイウビンかぶシキグワイシヤ 郵政民営化の見直しに伴い、平成24年(2012)10月に郵便局株式会社と郵便事業株式会社が統合して発足する会社。

にっぽん‐ゆしゅつにゅうぎんこう【日本輸出入銀行】ニッポンユシュツニフギンカウ 昭和25年(1950)に設立された全額政府出資の政府金融機関。一般の金融機関が行う輸出入および海外投資に関する金融を補完し、または奨励することを目的とし、平成11年(1999)国際協力銀行に業務を引き継ぎ解散。輸銀。EIB。

に‐つま・る【煮詰(ま)る】〔動ラ五(四)〕❶煮えて水分がなくなる。「汁が―・る」❷討議・検討が十分になされて、結論が出る段階に近づく。「問題が―・ってきた」➡生煮え 補説近頃では、若者に限らず、「煮詰まってしまっていい考えが浮かばない」のように「行き詰まる」の意味で使われることが多くなっている。本来は誤用。❷の意は1900年代後半に始まるようである。「行き詰まる」の意は1950年ころの使用例があるが、広まったのは2000年ころからか。◆文化庁が発表した平成19年度「国語に関する世論調査」では、「7日間に及ぶ議論で、計画が煮詰まった」を、本来の意味である「(議論や意見が十分に出尽くして)**結論の出る状態になること**」で使う人が56.7パーセント、間違った意味「(議論が行き詰まってしまって)**結論が出せない状態になること**」で使う人が37.3パーセントという結果が出ている。

に‐づみ【荷積み】船やトラックに、荷物を積み込むこと。また、ある場所に荷物を積むこと。

に‐つ・める【煮詰める】〔動マ下一〕図につ・む〔マ下二〕❶煮て水分を少なくする。「―・めてとろりとさせる」❷討議・検討を十分に重ねて結論を出す。「計画を―・める」類語練る

に‐つら・う【▽丹つらふ】にづらふ〔動ハ四〕《後世は「にづらう」とも》赤く照り映える。特に、ほおが紅色の美しい顔色をしている。「吾のみやかく恋すらむかきつばた―・ふ妹はいかにあるらむ」〈万・一九八六〉

に‐つれ【に連れ】〔連語〕「に連れて」に同じ。「時がたつ―熱が冷める」

に‐つれ‐て【に連れて】〔連語〕《格助詞「に」＋動詞「つ(連)れる」の連用形＋接続助詞「て」》物事・状態の変化に伴って、他も変化する意を表す。…にしたがって。…とともに。…につれ。「開始が近づく―緊張が高まる」「人口の増加―住宅が不足してくる」

にて〔格助〕《格助詞「に」＋接続助詞「て」から》名詞、活用語の連体形に付く。❶場所を表す。…において。…で。「面接は本社―行います」「わづかに二つの矢、師の前―一つをおろかにせんと思はんや」〈徒然・九二〉❷時・年齢を表す。…の時に。…で。「本日は午後五時―閉館します」「長くとも、四十よそぢにたらぬほど―死なんこそ、めやすかるべけれ」〈徒然・七〉❸手段・方法・材料を表す。…によって。…で。「飛行機―任地へ赴く」「すべて、月、花をば、さのみ目―見るものかは」〈徒然・一三七〉❹理由・原因を表す。…によって。…で。「病気―欠席いたします」「御物の怪け―、時々悩ませ給ふこともありつれど」〈源・若菜上〉❺資格を表す。…として。「ただ人うど―おほやけの御後見うしろみをするなむ、ゆく先も頼もしげなめる」〈源・桐壺〉補説中世以降「で」に音変化して現代語に及ぶ。なお、「にて」は、現代語でも文語的表現あるいは改まった表現に用いる。

に‐て〔連語〕㊀《完了の助動詞「ぬ」の連用形＋接続助詞「て」。上代語》…てしまって。…てしまっていて。「老い―ある我あが身の上に」〈万・八九七〉㊁《断定の助動詞「なり」の連用形＋接続助詞「て」》❶…であって。…という状態で。「望月の明あかさを十あはせたるばかり―、ある人の毛の穴さへ見ゆるほどなり」〈竹取〉❷(下に補助動詞「あり」「おはす」などを伴って)…で。…として。「大路見たるこそ、祭り見たる―はあれ」〈徒然・一三七〉

にていぜんしょ【二程全書】中国の思想書。68巻。明の徐必達校訂。1606年刊。北宋の程顥ていこう・程頤ていい兄弟の文集・語録・著述などを集大成したもの。宋学の先駆となる著作集。

にでがわ‐のぶあき【二出川延明】ニでがはー［1901～1989］プロ野球審判員。兵庫の生まれ。昭和9年(1934)メジャーリーグ選抜チーム来日の際、全日本の選手に選出されるが、同11年より審判員に転身。同25年、2リーグ分立後はパリーグに所属し、同35年からは審判部長。判定への抗議を「おれがルールブックだ」と退けたという逸話がある。

に‐てん【二天】㊀❶二つの天体。❷《天恩と並ぶもう一つの天の意で》恩人を天にたとえていう語。㊁㊀仁王におう。㊁帝釈天たいしゃくてんと梵天ぼんてん。㊂四天王のうち、持国天と増長天。または、多聞天たもんてんと持国天、増長天と多聞天。㊃日天子にってんしと月天子がってんし。㊄摩醯首羅天まけいしゅらてんと毘紐天びちゅうてん。

に‐てん【二典】㊀内典と外典。㊁「書経」の尭典ぎょうてんと舜典しゅんてんのこと。

にてん‐もん【二天門】左右に一対の仁王の像を安置した寺院の門。また、多聞天たもんてんと持国天の像を安置した門。

にてん‐りゅう【二天流】ーリウ《「二天一流」の略》剣術の一流派。宮本二天(武蔵)が創始。二刀流。

に‐と【二×兎】2匹のウサギ。

二兎を追・う 同時に二つの物事をなしとげようとする。

二兎を追う者は一兎をも得ず 同時に違った二つの事をしようとすれば、結局どちらも成功しないというたとえ。西洋のことわざ。

に‐と【二途】二つの道。また、二つの方法。類語二道・両道

に‐ど【二度】2回。ふたたび。「―は言わない」

二度あることは三度ある 二度あったことは必ずもう一度ある。物事は繰り返されるものである。

二度と再び 「二度と」を強調した言い方。「―会うことはなかった」

にど‐あげ【二度揚(げ)】一度揚げた材料を、やや高温の油でもう一度揚げること。中まで火をよく通し、外側をからっと仕上げることができる。

にど‐いも【二度芋】《1年に2回とれるところから》ジャガイモの別名。

に‐とう【二刀】ータウ 2本の刀。特に、大刀と小刀。大小。

に‐とう【二桃】ータウ 2個の桃。

二桃三子を殺す 《中国の春秋時代、斉せいの景公に公孫接・田開疆でんかいきょう・古冶子こやしの三人の勇士があり功を誇ってわがままであったが、宰相晏子あんしが計らって三人に2個の桃を与え、互いに争わせて自殺させたという「晏子春秋」諫下の故事から》奇計によって人を自滅させるたとえ。二桃三士を殺す。

に‐とう【二等】第2の等級。2番目の順位。「福引きで―が当たる」「―星」

に‐とう【二頭】❶2ひき。❷頭部が二つあること。双頭。❸二人の頭首。「―会談」

にとう‐しゃ【二等車】もと国鉄で、旅客サービスに三等級があった時代の、第二等級の車両。

にとう‐しん【二等親】▶二親等

にとう‐すいへい【二等水兵】旧海軍における水兵科の兵の4階級の一つ。昭和17年(1942)以前は第2位の階級だったが、同年以降は四等水兵を改称してこう呼び、一等水兵(元の三等水兵)の下で最下位

となった。
にとう-せい【二党制】ニタウ「二大政党制」に同じ。
にとう-だて【二頭立て】2頭の馬で馬車などを引かせること。また、その車。二頭びき。
にとう-つかい【二刀遣い】ニタウつかひ「両刀遣りょうとうづかい」「二刀流」に同じ。
に-とうぶん【二等分】〔名〕スル 二つに等分すること。「収益を一する」(類語)等分・折半
にとう-へい【二等兵】陸空軍兵士の階級の一。最下位のもの。海軍では二等水兵。
にとう-へいそう【二等兵曹】ニヘイサウ 旧海軍における水兵科下士官の3階級の一つ。昭和17年(1942)以前は中間の階級だったが、同年以降は最下位の三等兵曹を改称してこう呼び、一等兵曹の下で兵である水兵長の上となった。陸軍の伍長に相当する。
にとうへん-さんかくけい【二等辺三角形】2辺の長さが等しい三角形。等辺に対する角を底角といい、両底角は等しい。等脚三角形。
にとう-まい【二等米】米穀検査で判定される米の等級区分の一つ。水稲うるち玄米・水稲もち玄米の場合、整粒が60パーセント以上、被害粒・死米・着色粒・異種穀粒・異物が計20パーセント以下などが条件。⇒一等米
にとう-りゅう【二刀流】ニタウリウ ❶両手に1本ずつの刀を持って戦う剣術の流派。宮本武蔵の創始した二天一流などが有名。❷酒も甘いものも両方好きなこと。また、その人。両刀づかい。
にとう-るい【二糖類】ニタウ 加水分解によって2分子の単糖類を生じる糖。麦芽糖・蔗糖しょとう・乳糖など。
にど-がり【二度刈(り)】穀物を1年に二度刈り取って収穫すること。
にど-ざき【二度咲き】花が1年のうちに二度咲くこと。特に、春に咲いて、再び秋に咲くこと。かえりざき。
にど-さんど【二度三度】二度または三度。たびたび。再三。「一の催促」「同じことを一言わせるな」
にど-ぞい【二度添い】ぞひ 二度目の妻となること。また、その人。後妻。のちぞい。
に-とって【に取って】〔連語〕《格助詞「に」＋動詞「と(取)る」の連用形の音便形「とっ」＋接続助詞「て」》判断や評価の基準となるものを表す。…として。…からみて。「この額は学生一大金だ」
に-とって-も【に取っても】〔連語〕他と同じ事態になることを表す。…の立場から見ても。…の領域から考えても。「お正月は大人一楽しいものだ」「政治一経済一世界の情勢は厳しい」
にど-でま【二度手間】一度ですむところを、さらに手間をかけること。「連絡の行き違いで一になる」
にど-と【二度と】〔副〕(あとに打消しの語を伴って)同じような状況が重ねて起こるとは、まず考えられないさま。「一行くものか」「一ないチャンス」
にど-なり【二度▽生り】❶果実などが1年に二度実を結ぶこと。❷インゲンマメの別名。
にど-ぬい【二度縫い】ぬひ 和裁の縫い方の一。本縫いをし、さらに縫い代側をもう一度縫うこと。単ひとえの背縫いや、脇縫いなどに用いる。
にど-ね【二度寝】〔名〕スル 一度目が覚めたあと、本格的に活動を開始する前にもう一度寝ること。当人の起床時間帯に目覚めていながら、軽くもう一度眠ること。「休日なので一した」
にど-の-つき【二度の月】❶陰暦八月十五夜と九月十三夜の2回、月見をすること。関東地方では、片方だけの月見をすることを片月見と呼んで忌んだ。❷江戸吉原での約束ごとで、紋日もんびの八月十五夜に来る客は必ず九月十三夜にも登楼し、一方だけの片月見を嫌ったこと。
にど-の-つとめ【二度の勤め】❶一度やめた者が、またもとの勤めに戻ること。昔は遊女の場合に使った語。❷一度使ったものを、再び役立てて使うこと。
にとべ-いなぞう【新渡戸稲造】ニトベイナザウ［1862〜1933］教育者・農政学者。岩手の生まれ。札幌農学校卒業後、アメリカ・ドイツに留学。一高校長・東大教授・東京女子大初代学長などを歴任。国際連盟事務次長、また太平洋問題調査会理事長として国際理解と世界平和のために尽くした。著「農業本論」「武士道」など。
に-どめ【荷留】中世、領主が領内の港や関所で、そこを通過する物資の移出入を禁止・制限したこと。
にとものがたり【二都物語】《原題 A Tale of Two Cities》ディケンズの長編小説。1859年刊。フランス革命のころのパリとロンドンを舞台に、四人の男女の複雑に変転する運命を描いた大作。
ニトラ〖Nitra〗スロバキア西部の都市。ゾボル山の麓、ニトラ川沿いに位置する。9世紀にスラブ人のプリビナ公によりニトラ公国が建てられたが、大モラビア王国に併合。11世紀よりハンガリー王国の支配下となり、13世紀まで政治的・宗教的に重要な都市として栄えた。11世紀創建のニトラ城がある。
ニトラ-じょう【ニトラ城】ジヤウ《Nitriansky hrad》スロバキア西部の都市ニトラの旧市街にある城。11世紀の創建。城域にはロマネスク様式の聖エメラム教会、ゴシック様式の聖エメラム大聖堂、バロック様式の司教邸がある。16世紀から17世紀にかけて、オスマン帝国の侵入に備えて要塞化が図られた。
に-とり【煮取り】かつお節を作るときに煮た鍋底に残る液を加工した調味料。
に-とり【に取り】〔連語〕「に取って」に同じ。「彼の成功は私一この上もない喜びだ」
ニトリル〖nitrile〗❶炭化水素基の炭素原子にシアン基−C≡Nが結合した化合物。カルボニトリル。❷一価の基、NO_2のこと。
ニトリロトリ-さくさん【ニトリロトリ酢酸】《nitrilotriacetic acid》アンモニアとモノクロロ酢酸から得られる白色粉末。重金属、アルカリ土類金属と水溶性の安定錯塩をつくる。アンモニア三酢酸。NTA。
ニトロ〖nitro〗❶$-NO_2$で表される一価の基。ニトロ基。❷「ニトログリセリン」に同じ。
ニトロ-かごうぶつ【ニトロ化合物】クワガフブツ ニトロ基をもつ化合物の総称。特に有機化合物をいい、ニトロベンゼン・ニトログリセリンなど、染料や爆薬として重要なものが多い。
ニトロ-き【ニトロ基】《nitro group》「ニトロ❶」に同じ。
ニトログリセリン〖nitroglycerin〗グリセリンの硝酸エステル。グリセリンを硝酸と硫酸の混合物で処理して得られる無色の油状液体。わずかの衝撃でも爆発し、威力は大きい。ダイナマイト・無煙火薬の原料。血管拡張作用があり発作が緩解されるので、狭心症などに舌下錠として用いる。化学式$C_3H_5N_3O_9$
ニトロゲン〖ドイツ Nitrogen〗窒素。常温で無色・無臭の気体。空気体積の約78パーセントを占める。
ニトロサミン〖nitrosamine|nitrosoamine〗亜硝酸と第2アミンとの反応により生成するN−NOの原子団をもつ物質の総称。発癌はつがん性をもつ。食品添加物中の亜硝酸塩と食品中のアミンにより体内でも生成する。ニトロソアミン。
ニトロセルロース〖nitrocellulose〗セルロースの硝酸エステル。セルロースを硝酸・硫酸・水の混合物で処理してつくる。硝酸度の多いものは無煙火薬などに、少ないものはラッカーやフィルム、セルロイドなどの原料。硝酸セルロース。硝酸繊維素。硝化綿。
ニトロソアミド〖nitrosamide|nitrosoamide〗ニトロソ基(−NO)をもつアミド。食品より検出される発癌はつがん物質で、胃や食道の発癌に関係する。
ニトロソアミン〖nitrosamine|nitrosoamine〗►ニトロサミン
ニトロソ-かごうぶつ【ニトロソ化合物】クワガフブツ《ニトロソは、nitroso, nitros》ニトロソ基(−NO)のついた化合物。不安定で発癌はつがん性が強い。食品添加物の亜硝酸塩とアミノ酸から腸内細菌が作るアミンの反応により体内で生ずる。
ニトロソグアニジン〖nitrosoguanidine|nitrosguanidine〗ニトロソ化合物の一つ。高い確率で微生物に突然変異を起こさせるので、バイオテクノロジー研究に使用される。発癌はつがん性がある。
ニトロソメタンフェタミン〖nitrosomethamphetamine〗覚醒かくせい剤ヒロポンの成分であるメタンフェタミンが、亜硝酸ソーダと反応して生ずる発癌はつがん物質。
ニトロピレン〖nitropyrene〗突然変異を起こす作用が強い発癌はつがん物質。ジェット燃料を燃やしたとき生ずる。
ニトロベンゼン〖nitrobenzene〗ベンゼンを硫酸・硝酸・水の混合物で処理すると得られる、特異な香気がある無色の液体。有毒。アニリンの原料として重要。化学式$C_6H_5NO_2$
ニトロベンゾール〖ドイツ Nitrobenzol〗►ニトロベンゼン
にな【×蜷】カワニナの別名。(季 春)「悉ことごとくこれ一日の一の道/素十」
にない【担い|▽荷い】になひ ❶担うこと。❷「担い桶」の略。
にない-あきない【担い商い】になひあきなひ 商品を肩にかついで売り歩く商売。また、その商人。にないうり。かつぎあきない。
にない-いだ・す【担ひ▽出だす|▽荷ひ▽出だす】になひ〔動サ四〕かつぎだす。また、かろうじて出す。「この海べにて一・せる歌」〈土佐〉
にない-おけ【担い×桶】になひをけ 水や糞尿を入れて天秤棒てんびんぼうでかついで運ぶ桶。
にない-がい【担ひ買ひ】になひがひ 天秤棒てんびんぼうに掛けてかつぐときのように、一人で二人の遊女を同時に買うこと。「島原の野風、新町の荻野、この二人を毎日一して」〈浮・五人女・二〉
にない-かご【担い籠】になひ 物を入れ、かついで運ぶのに用いるかご。
にない-しょうこ【担×鉦鼓】になひしやうこ 雅楽で用いる鉦鼓の一。道楽みちがくのとき、二人で担って歩きながら打つもの。
にない-だいこ【担太鼓】になひ 雅楽で用いる楽太鼓の一。道楽みちがくのとき二人で担って歩きながら打ち鳴らすもの。
にない-ぢゃや【担ひ茶屋】になひ 中世から江戸末期まで、茶道具一式を振り分けにかつぎ歩き、客の求めに応じて茶を立てた行商人。また、その茶道具。一服1銭。「一しほらしくこしらへ」〈浮・永代蔵・四〉
にない-つむじ【担い旋=毛】になひ 頭髪のつむじが二つ並んであること。また、そのつむじ。にないつじ。
にない-て【担い手】になひ ❶荷物をかつぐ人。❷中心となってある事柄を支え、推し進めていく人。「生計の一」「新しい文化の一」
にない-ばね【担い発=条】になひ 鉄道車両・自動車などの車体を支える、弧状の重ね板ばね。たんばね。
にない-ぼう【担い棒】になひ 物をかつぐときに用いる棒。天秤棒。朸おうご。
にない-もの【担い物】になひ 祭礼のときに前後二人で担いで見せて歩く品物。
にな-いろ【×蜷色】❶襲かさねの色目の名。表は黄、裏は青。❷染め色の名。青黒い色。
にな・う【担う|▽荷う】になふ〔動ワ五(ハ四)〕❶物を肩に支え持って運ぶ。かつぐ。「十字架を一・う」❷ある物事を支え、推し進める。また、自分の責任として身に引き受ける。負担する。「責任の一端を一・う」「地球の未来を一・う」「衆望を一・う」(可能)になえる (類語)担ぐ・負う
にながわ-ちうん【蜷川智蘊】になが ►智蘊ちうん
に-な・し【二無し|似無し】〔形ク〕比べるものがない。二つとない。この上もない。「をとこ…いと一・き人を思ひかけたりけり」〈伊勢・九三〉
にな-むすび【×蜷結び】ひもの結び方の一。泔坏ゆするつきの台や厨子ずし棚などの敷物の周辺をとじつける飾りの結び。形が蜷に似ているところからいう。
に-なわ【荷縄】なは 荷物を縛るのに用いる縄。
ににぎ-の-みこと【瓊瓊杵尊|邇邇芸命】日本神話で、天照大神あまてらすおおみかみの孫。天忍穂耳尊あまのおしほみみのみことの子。天照大神の命令で、葦原の中つ国を統治するため、高天原たかまがはらから日向ひゅうが高千穂峰に天降ったとされる。木花開耶姫このはなさくやひめを妻とし、彦火火出見尊ひこほほでみのみことを生んだ。天津彦彦火瓊瓊杵尊あまつひこひこほのににぎのみこと。
ににろく-じけん【二・二六事件】昭和11年(1936)2月26日、陸軍の皇道派青年将校が武力による

政治改革を目ざし、下士官・兵を率いて起こしたクーデター事件。内大臣斎藤実・蔵相高橋是清・教育総監渡辺錠太郎らを殺害、国会議事堂・首相官邸周辺を占領した。翌日東京市に戒厳令が公布され、29日鎮圧された。将校の大半は死刑となり、以後、統制派を中心とする軍部の発言権が強化された。

に-にん【二人】人数が2であること。ふたり。[補説]「二人」は「ふたり」とも読む。「二人組」「二人乗り」などは「ににんぐみ・ふたりぐみ」「ににんのり・ふたりのり」のどちらにも読む。慣用で読みの決まっている語は慣用に従う。「同行二人どうぎょうににん」「二人椀久ににんわんきゅう(歌舞伎)」「二人静ふたりしずか(植物)」など。

ににん-さんきゃく【二人三脚】❶二人が一組みになって横に並び、隣り合う足をひもで結んで、3脚で走ること。また、その競技。❷両者が協力して物事を行うこと。「官民の―で研究を進める」

に-にんしょう【二人称】文法で人称の一。話し手(書き手)に対して、聞き手(読み手)をさし示すもの。日本語では、「あなた」「あなたがた」「きみ」「きみたち」など。第二人称。対称。
[類語]一人称・三人称・自称・対称・他称

ににんどうじょうじ【二人道成寺】ニニンダウジヤウジ 歌舞伎舞踊。常磐津ときわづ・長唄。天保6年(1835)大坂角かどの芝居で「恋袂かなそで二人道成寺」の名題で初演。「京鹿子きょうかのこ娘道成寺」を二人で踊る趣向のもの。

ににん-のり【二人乗り】〔名〕スル ▶ふたりのり

ににん-ばおり【二人羽織】袖に手を通さずに羽織を着た人の後ろから、もう一人が羽織の中に入って袖に手を通し、前の人に物を食べさせたりする芸。見当違いの動きを楽しむ。寄席や宴会の余興などで演じられる。

ににんびくに【二人比丘尼】仮名草子。2冊。鈴木正三しょうさん作。寛永9年(1632)ごろの刊か。戦乱で夫に死別した二人の尼により、仏の道を説く。

ににんわんきゅう【二人椀久】ニニンワンキウ 歌舞伎舞踊。長唄。本名題「其面影二人椀久」。作詞者未詳、初世錦屋金蔵作曲。安永3年(1774)江戸市村座初演。狂乱した椀久の夢の中に恋しい傾城けいせい松山が現れる。

に-ぬき【荷抜き】〔名〕スル 運送する荷物から一部をこっそり抜き取ること。「輸送途中で―する」

に-ぬき【煮抜き】❶水を多くして炊いた飯からとった粘りのある汁。おねば。❷「煮抜き卵」の略。

にぬき-たまご【煮抜き卵｜煮抜き玉子】《関西地方で》かたゆでの卵のこと。

に-ぬし【荷主】荷物の持ち主、また、発送人。

に-ぬり【▽丹塗(り)】丹にまたは朱で塗ること。また、そのもの。「―の盆」

ニネベ〖Nineveh〗古代アッシリアの都市。現在のイラクの北部、チグリス川を挟んでモスル市の対岸に位置する。前8～7世紀ごろ首都となり栄えたが、前612年、メディア・バビロニア連合軍に破壊された。19世紀以来発掘され、宮殿跡や粘土板などが発見されている。古名ニヌア。

に-ねん【二念】二つの異なった考え。また、他の考え。「彼を愛するに―無く」〈紅葉・金色夜叉〉

にねん-せい【二年生】❶第2学年の児童・生徒・学生。❷「二年生植物」の略。

にねんせい-しょくぶつ【二年生植物】「越年生植物」に同じ。

にねん-そう【二年草】―サウ「越年草」に同じ。

にの【▽布】「ぬの(布)」の上代東国方言。にぬ。「筑波嶺つくばねに雪かも降らる否をかも愛しき児ろが―乾さるかも」〈万・三三五一〉

に-の-あし【二の足】❶二歩目。❷《二の足を踏むの意から》ためらうこと。しりごみ。❸太刀の鞘さやの帯取りを通す足金物あしかなもので鞘口から遠い方のもの。

二の足を踏・む　一歩目は進みながら、二歩目はためらって足踏みする。思い切れずに迷う。ためらう。しりごみする。「正札を見て―・む」

に-の-いた【二の板】❶兜かぶとの錏しころ、鎧よろいの草摺くさずり、袖、栴檀せんだんの板などの、上から2枚目の板。❷籠手こての二の腕の表面に据える板。二の座盤ざばん。

に-の-いと【二の糸】三味線の第2の弦。一の糸よりも細く、三の糸よりも太い。

に-の-うで【二の腕】肩からひじまでの間の部分。上膊じょうはく。[類語]上腕・上膊じょうはく・かいな・細腕・やせ腕・右腕・片腕・利き腕・腕

に-の-うら【二の裏】連歌・俳諧で、百韻の二の折の裏。歌仙では名残の裏にあたる。

に-の-おもて【二の表】連歌・俳諧で、百韻の二の折の表。歌仙では名残の表にあたる。

に-の-おり【二の折】―をり 連歌・俳諧で、百韻一巻を書くときの懐紙の2枚目の一折。裏表にそれぞれ14句を記す。歌仙では名残の折にあたる。

に-の-かわり【二の替(わ)り】―かはり ❶京阪の歌舞伎で、正月興行のこと。また、その上演狂言。顔見世の次の興行なのでいう。二の替わり狂言。(季 新年) ❷演劇興行の中で、初日からの演目を入れ替えたあとの興行。また、その演目。

に-の-く【二の句】❶次に言いだす言葉。❷雅楽で、朗詠の詩句を三段に分けて歌うときの第二段の詩句。

二の句が継つげ◦ない　次に言う言葉が出てこない。あきれたり驚いたりして、次に言うべき言葉を失う。「あっけにとられて―◦ない」

にの-ぐも【▽布雲】布のように横になびいている雲。にぬぐも。「夕されば山を去らぬ―のあぜか絶えむと言ひし児ろはも」〈万・三五一三〉

にのじ-てん【二の字点】踊り字の一種「ゝ」のこと。

に-の-ぜん【二の膳】正式の日本料理で、本膳に添えて、または本膳の次に出す膳。➡本膳

に-の-たい【二の対】寝殿造りで、東の対・西の対に対し、東北・西北の対屋たいのや。

に-の-たち【二の太▽刀】二度目に斬きりつけること。また、その刀。「―を浴びせる」

に-の-つぎ【二の次】2番目。そのつぎ。あとまわし。「話は―にして早く片付けなさい」

に-の-つづみ【二の鼓】雅楽の打楽器で、細腰鼓さいようこの一種。壱鼓いっこと三の鼓の中間の大きさのもの。奈良朝には唐楽に、平安朝以後は高麗楽こまがくに用いられたが、衰滅した。

に-の-とり【二の×酉】11月の第2の酉の日。また、その日にたつ市。(季 冬)「―やいよいよ枯るる雑司ケ谷/波郷」

に-の-ひと【二の人】宮中での地位が一の人である摂政・関白に次ぐ人。「世の―にておはしますめり」〈大鏡・道長上〉

にのへ【二戸】岩手県北部の市。リンゴ・葉タバコ栽培、稲作や畜産が盛ん。平成18年(2006)1月、浄法寺町と合併。人口3.0万(2010)。

にのへ-し【二戸市】▶二戸

に-の-ほ【▽丹の穂】赤い色の目立つこと。「春されば花咲きををり秋付けば―に黄色もみつ」〈万・三二六六〉

に-の-まい【二の舞】―まひ ㊀雅楽。唐楽。壱越いちこつ調で古楽の中曲。舞は二人。「安摩あま」に引き続いて、それを見ていた咲面えみめんの老爺と腫面はれめんの老婆が、安摩の舞をまねてこっけいに舞う。「安摩」の答舞。㊁人のあとに出てそのまねをすること。特に、人のした失敗を繰り返すこと。「前任者の―を演ずる」「―を踏む」

に-の-まち【二の町】《「町」は等級・階級の意》第二級。二流どころ。「顔は少々―だけれど」〈秋声・仮装人物〉

に-の-まつ【二の松】能舞台で、橋懸かりの前の白州に等間隔に植えられた3本の若松のうち、まん中の松。袖摺そですりの松。

に-の-まる【二の丸】城の本丸の外側を囲む城郭。

に-の-みや【二の宮】❶第2皇子、または皇女。❷諸国で、一の宮に次ぐ社格の神社。

にのみや-きんじろう【二宮金次郎】―キンジラウ 二宮尊徳の幼名。

にのみや-けいさく【二宮敬作】[1804～1862]江戸末期の蘭方医。伊予の人。号、如山。長崎でシーボルトに師事。シーボルト帰国後は宇和島藩医として種痘の普及などに尽力。

にのみや-そんとく【二宮尊徳】[1787～1856]江戸後期の農政家・思想家。相模の人。幼名、金次郎。農家に生まれ、没落した家を再興。のち、諸藩・諸村の復興に尽力、幕臣となった。徹底した実践主義者で、その思想・行動は報徳社運動として受け継がれた。

にのみや-ちゅうはち【二宮忠八】[1866～1936]日本最初の飛行機発明者。愛媛の生まれ。明治24年(1891)ライト兄弟に先んじて小型飛行機を考案、製作した。

に-の-や【二の矢】❶2番目に射る矢。➡一の矢 ❷続けて次に打つ手段。次の手。

二の矢が継つげ◦ない　続いて打つべき手段がない。「新製品は当たったものの―◦ない」

に-は〔連語〕㊀《格助詞「に」＋係助詞「は」》❶「に」の付いた部分を強める意を表す。「僕―わかっている」「ここ―ない」「わざわざ出向く―当たらない」「水の底―大綱あるらん」〈平家・九〉❷敬意の対象を表す。…におかれましては。「皆様―ますます御活躍のことと存じ上げます」❸(多く「…には…が」の形で、動詞や形容詞を繰り返して)一応その動作や状態は認めるが、それに関連して起こる動作や状態については関知したり容認したりしない意を表す。「推薦状は、書く―書くが、あまり期待しないでくれ」「涼しい―涼しいが、ちょっと冷えすぎる」㊁《断定の助動詞「なり」の連用形＋係助詞「は」》…では。「誠に、ただ人―あらざりけるとぞ」〈徒然・一八四〉

ニパーネット〖NIPRNet〗米国の国防総省が管理・運用する、TCP/IPを利用した専用コンピューターネットワーク。機密扱いになっていない重要情報の伝送に利用される。非機密IPルーターネットワーク。➡シパーネット(SIPRNet)

にはい-ず【二杯酢】酢に醤油または塩を適宜加えた合わせ酢。だしを加えることもある。魚や貝の酢の物や鍋料理に用いる。

にばい-たい【二倍体】染色体が対になっていて、基数の2倍の染色体数をもつ細胞または個体。動物の配偶子以外と、植物の胞子体にみられる。

にバイト-もじ【二バイト文字】コンピューターの文字コード体系において、1文字が2バイトのデータで表される文字。漢字やひらがななど文字数が多い文字コード体系に用いられる。

に-はく【二白】❶馬の四肢のうち、二肢の下部が白いもの。ふたつじろ。❷二伸。追伸。

に-ばしゃ【荷馬車】荷物を運ぶ馬車。

に-はち【二八】《2と8の積から》16。また、16歳。「―の春を迎へしかば」〈読・八犬伝・三〉

にはち-そば【二八蕎＝麦】うどん粉とそば粉の割合を2対8でつくったそば。また、そば粉2、うどん粉8の割合でつくった下等なそば。1杯16文の安価なそばをさしたともいう。

にはちろく〖286〗▶はちまるにはちろく(80286)

に-ばな【煮▽端】せんじたての香味のよい茶。でばな。にえばな。

にば-む【▽鈍む】〔動マ四〕鈍色にびいろになる。薄墨色に染まる。「紫の―・める紙に」〈源・葵〉

に-はん【二半｜二判】〔名・形動〕《2と3との中間の意から》❶どっちつかずであること。また、そのさま。「見るのもいや、どけてしまってもすまない、―な心持で」〈宮本・伸子〉❷江戸時代、御目見おめみえ以下で譜代の下位の格の人。二半場。

に-ばん【二番】❶順序・等級などが第二であること。「クラスで―の成績」❷二度目。2回。❸「二番煎じ」「二番太鼓」「二番茶」などの略。❹大きさや質が中くらいであること。「肴かけには―鰤ぶり一本」〈浮・胸算用・一〉❺《知者を一番にたとえて》愚か者。ばか。「心だての―なる、紀三井寺のともがら」〈仮・浮世物語・一〉

にばん-かん【二番館】―クワン 封切り館の次に、新しい映画を見せる映画館。

にばん-ぐさ【二番草】田植えをしたあと2回目に行う除草。(季 夏)「―過ぎて善光寺参りかな/一茶」

にばん-しょうがつ【二番正月】―シャウグワツ「小正月こしょうがつ」に同じ。

に

〔二百メートル走〕二百メートル走の世界記録・日本記録　（2012年8月現在）

		記録	更新日	選手名(国籍)
世界記録	男子	19秒19	2009年8月20日	ウサイン＝ボルト(ジャマイカ)
	女子	21秒34	1988年9月29日	フローレンス＝ジョイナー(米国)
日本記録	男子	20秒03	2003年6月7日	末續慎吾
	女子	22秒89	2010年5月3日	福島千里

にばん-せんじ【二番煎じ】❶一度煎じたものをもう一度煎じること。また、そのもの。「一の茶」❷前にあったことの模倣で新味のないもの。「一のコマーシャル」

にばん-ぞこ【二番底】株式相場や為替相場などの下降局面において、最初の安値である一番底を付けた後、いったん反発してから再び下降し、下げ止まって付けた安値。またはその状況。ダブルディップ。➡底値 ➡二番天井

にばん-だいこ【二番太鼓】歌舞伎劇場の儀式音楽。一番太鼓の次に打つ大太鼓の独奏で、まもなく芝居が始まることを知らせる。明治中期まで行われた。

にばん-ちゃ【二番茶】一番茶を摘んだあと、2回目に摘む茶。

にばん-ていとう【二番抵当】同一物件に二つ以上の抵当権が設定されているとき、2番目に登記されているもの。

にばん-てんじょう【二番天井】株式相場や為替相場などの上昇局面において、最初の高値である一番天井よりも高い水準で付けた高値。またはその状況。➡天井値 ➡二番底

にばん-どり【二番▽鶏】夜明けに、一番鶏に次いで鳴く鶏。また、その声や、その時刻。

にばん-ばえ【二番生え】❶一度刈った草などが再び生えてくること。また、そのような草。❷次男。「内儀のない息子、一の手代などに」〈浮・禁短気・三〉❸後妻、継母。「針ほどを棒とは母の一」〈柳多留・初〉❹愚かな者。「一の若者、心玉を取られ」〈浮・新色五巻書・三〉

にばん-め【二番目】❶順番が第2位であること。第2番。❷「二番目狂言」の略。

にばんめ-きょうげん【二番目狂言】歌舞伎で、1回の興行の二番目の演目。江戸後期には一番目(時代物)・二番目(世話物)の2番目興行で、のちに間に中幕、最後に大切が入った。二番目物。

にばんめ-もの【二番目物】❶能の分類で、正式な五番立ての演能の際に二番目に上演される曲。多くは武将の霊をシテとし、修羅道の苦患を表現する。修羅物。❷「二番目狂言」に同じ。

にび【▽鈍】「鈍色」の略。「青一」「薄一」

にび-いろ【▽鈍色】染め色の名。濃いねずみ色。昔、喪服に用いた。鈍。にぶいろ。

に-びき【荷引き】生産地からそこの産物を運んでくること。

に-びたし【煮浸し】素焼きにした小魚や菜っ葉などを、薄味のたっぷりの汁で煮たもの。
(類語)煮物・煮付け・煮染め・煮転がし・佃煮

にひゃくさん-こうち【二百三高地】㊀中国遼寧省大連市の旅順にある標高203メートルの高地。日露戦争の激戦地。㊁女性の束髪の一。㊀にちなんでできた髪形で、戦勝をたたえて明治38年(1905)ごろ流行した。赤熊を入れてふくらませた髪を高く結い上げ、頭頂を突起させたもの。二百三高地巻き。

にひゃく-とおか【二百十日】雑節の一。立春から数えて210日目、9月1日ごろにあたる。台風襲来の時期で、稲の開花期にあたるため、昔から二百二十日とともに農家の厄日とされる。(季 秋)「曇るまま一を忘じけり／青峰」

にひゃくねん-じゅうたく【二百年住宅】長期間にわたって循環利用できる質の高い住宅のこと。平成18年(2006)6月に制定された住生活基本法の理念に沿って、自由民主党住宅土地調査会が長寿命住宅を概念的に表現したもの。耐久・耐震性・省エネ性に優れ、バリアフリーに対応し、数世代にわたって暮らし続けられる可変性を備えた、高品質の住宅とされる。➡長期優良住宅

にひゃく-はつか【二百二-十-日】雑節の一。立春から数えて220日目、9月11日ごろにあたり、昔から二百十日とともに農家の厄日とされる。(季 秋)「荒れもせで一のお百姓／虚子」

にひゃくメートル-そう【二百メートル走】陸上競技の短距離競走の一。200メートルを、どれほどの速力で走れるかを競う。➡短距離競走 ➡表

に-びょうし【二拍子】音楽で、二つの拍を一単位とする拍子。通常、強拍・弱拍の配置をとる。2分の2拍子・4分の2拍子など。

ニヒリスティック〖nihilistic〗〘形動〙虚無的。虚無主義的。ニヒル。「一な考え方」

ニヒリスト〖nihilist〗❶ニヒリズムを信奉する人。虚無主義者。❷19世紀後半の帝政ロシアにおける革命的民主主義者。また、その党派。虚無党。

ニヒリズム〖nihilism〗虚無主義。❶すべての事象の根底に虚無を見いだし、何物も真に存在せず、また認識もできないとする立場。❷既存の価値体系や権威をすべて否定する思想や態度。ツルゲーネフ・ニーチェ・カミュなどに代表される。

ニヒル〖ラテン nihil〗〘形動〙❶虚無的。虚無主義的。ニヒリスティック。「一な思想」❷冷たく醒めていて、暗い影のあるさま。「一な男」「一な笑い」

に-ふ【二夫】➤じふ(二夫)

に-ふ【二歩】将棋で、禁じ手の一。同一の筋に味方の歩を二つ置くこと。

に-ぶ【二部】❶二つの部分。また、第2の部分。「一から成る伝記」「大河ドラマの一」❷書物・書類などの二そろい。「コピーを一とる」❸大学で、昼間部に対して夜間部のこと。

に・ぶ【▽鈍ぶ】〘動バ上二〙にび色になる。にばむ。「一・びたる御衣どもなれど」〈源・朝顔〉

にぶ・い【鈍い】〘形〙図にぶ・し〘ク〙❶刃物の切れ味が悪い。「ナイフの切れが一・い」㊥鋭い。❷㋐動きがのろい。動作が機敏でない。「客足が一・い」「動作の一・い動物」㋑感覚が鋭敏でない。反応が遅い。「勘が一・い」「運動神経が一・い」㊥鋭い。❸人の感覚を刺激する力が弱い。「一・い日差し」「一・い音」「一・い痛み」㊥鋭い。(派生)にぶさ〘名〙
(類語)(❷)鈍感・無神経・うかつ

にぶ-いろ【鈍色】「にびいろ」に同じ。「一の雲の彼方に」〈有島・或る女〉

にぶ-おんぷ【二分音符】➤にぶんおんぷ(二分音符)

にぶ-がっしょう【二部合唱】二つの声部による合唱。

にぶ-きん【二分金】江戸時代の金貨の一。1両の2分の1にあたる。文政二分金・安政二分金・万延二分金などがある。二分判金。

にふく-つい【二幅対】二幅で一対の掛け物。

に-ふく・める【煮含める】〘動マ下一〙図にふく・む〘マ下二〙煮物で、ゆっくり煮て、調味汁を材料に十分しみこませる。「弱火で一・める」

にぶ-けいしき【二部形式】一つの楽曲が二つの楽節からなる形式。第一部分と第二部分が、同じもの(反復)と異なるもの(対照)の二つの型がある。二部分形式。

にぶ-さく【二部作】二つの独立した部分からなり、互いに相関連して統一のとれている一つの作品。

にぶ-じゅぎょう【二部授業】小・中学校で、教員あるいは教室不足などの場合に、児童・生徒を午前・午後などの2部に分けて授業を行うこと。

に-ふだ【荷札】宛先と送り主の住所・氏名などを書いて荷物につける札。

に-ぶつ【二仏】2体の仏。特に、釈迦仏と弥勒仏。

に-ぶつ【二物】二つのもの。「天は一を与えず」

にぶつ-ちゅうげん【二仏中間】仏語。釈迦入滅後、弥勒菩薩が出現するまでの中間の時。無仏の世で、地蔵菩薩が代わって衆生を済度するという。

に-ぶね【荷船】荷物を運送する船。荷方船。

ニブヒ〖Nivkhi〗ロシア連邦の極東、アムール川下流域からサハリン(樺太)にかけて居住する民族。漁労や海獣猟を生業とし、農耕は行わない。かつてはギリヤークと称された。ニブフ。ニクブン。

にふぶ-に〘副〙にこにことほほえむさま。「夏の野のさ百合の花の花咲みに一笑みて」〈万・四一一六〉

ニブル〖nibble〗コンピューターで扱う情報量の単位。1ニブルは4ビット。1バイトの半分で、上位または下位の4ビットを指す。

にぶ・る【鈍る】〘動ラ五(四)〙❶鈍くなる。「刃が一・る」「勘が一・る」❷力・勢いなどが弱まる。衰える。「動きが一・る」「腕が一・る」(類語)弱る・弱まる

に-ぶん【二分】〘名〙スル❶二つに分けること。また、二つに分かれること。「人気を一する」「勢力が一する」❷春分と秋分。また、春分点と秋分点。❸印刷で、和文活字・インテルなどの幅が、各号やポイントの全角の大きさの2分の1であること。半角。「行間は九ポ一」(類語)分割・両分・大別

にぶん-おんぷ【二分音符】全音符の2分の1の長さを表す音符。にぶおんぷ。

にぶん-けんさく【二分検索】《binary search》➤二分探索

にぶん-たんさく【二分探索】《binary search》データ検索の手法の一。ソートされたデータ列から目的とするデータを検索する際、まずデータ列の中央の値と大小比較をし、目的とするデータがどちらにあるかを判断する。この作業を目的のデータがあるとされた半分のデータ列に対して繰り返し行うことにより、目的とするデータを検索する。二分検索。バイナリーサーチ。

にべ【×鮸】スズキ目ニベ科の海水魚。全長約70センチ。体は長楕円形で側扁する。体色は淡灰青色、うろこの列に沿って暗褐色の斜線が走る。耳石が大きく、浮き袋がよく発達し、筋肉で振動させて発音する。松島湾以南の浅海の泥底にすむ。練り製品の原料。浮き袋は、にかわの原料。ぐち。

にべ【鰾=膠・鮸=膠】❶ニベやコイ・ウナギ・サメなどの浮き袋からつくるにかわ。粘着力が強い。にべにかわ。❷愛想。世辞。「言葉に一の無さ過ぎる返辞をすれば」〈露伴・五重塔〉

鰾膠もしゃしゃりも無・い 《粘りけもさっぱりしたところもないの意から》味もそっけもない。にべもない。「一・いものの言いよう」

鰾膠も無・い 愛想がない。取り付く島もない。「一・い態度」「一・く断られる」

ニペソツ-やま【ニペソツ山】北海道中央部、石狩山地にある山。東大雪山系の最高峰で、標高2013メートル。音更川の水源。大雪山国立公園に属する。

に-べつ【二別】花押の書き方の一。名乗りを書くときに、上の字をふつうの書体で、下の字を草体で書くこと。にべち。

にべ-な・い【鰾=膠無い】〘形〙図にべな・し〘ク〙愛想がない。おせじがない。そっけない。にべもない。「一・い返事」「一・く拒否される」(類語)そっけない・すげない・つれない・よそよそしい・けんもほろろ・冷たい

にほう-こうじん【二宝荒神】・【二方荒神】馬の背の両側に枠をつけて、そこに一人ずつ乗ること。「所謂からしり、乗りかけ、二宝荒神、三宝荒神なるまで」〈孔雀楼筆記・四〉

に-ぼく【二木｜似×ト】江戸前期、京都で酌婦と娼婦とを兼ねた茶屋女。「胡桃屋の一がやりくりを見習ひ」〈浮・一代女・五〉

に-ぼし【煮干し】カタクチイワシなどの稚魚を煮て干したもの。主にだしをとるのに用いる。だしじゃこ。いりこ。

にぼし-こ【煮干し粉】煮干しを粉末としたもの。だしをとるのに用いる。

に-ほん【二本】❶1本の2倍。❷刀と脇差。大小の刀。転じて、武士。

に-ほん【二▽品】❶律令制で、一品から四品まである親王の位階のうち第二等。❷官位の二位の異称。

にほん【日本】わが国の国号。アジア大陸の東方にあり、北海道・本州・四国・九州および周辺諸島から

なる島国。首都、東京。行政上、1都1道2府43県に分けられる。総面積37万7815平方キロメートル。総人口、1億2806万(2010)。〘補説〙古くは大和(やまと)地方を基盤とする大和政権によって国家統一がなされたところから「やまと」「おおやまと」と称したが、大化の改新のころ「日出づる処(ところ)」の意で日本(ひのもと)と称し、奈良時代以降これを音読して「ニッポン」または「ニホン」というようになった。古く、大八嶋国(おおやしまぐに)・葦原中国(あしはらのなかつくに)・葦原千五百秋瑞穂国(あしはらのちいおあきのみずほのくに)などの美称がある。明治22年(1889)には「大日本帝国憲法」の制定により「大日本帝国(だいにっぽんていこく)」が国号として用いられ、昭和21年(1946)には「日本国憲法」の公布により「日本国」が国号となったが、読み方は統一されていない。大和政権以降、公家による律令時代、武家による封建時代を経て19世紀後半の明治維新により近代国家としての基礎が確立。日清・日露戦争と第一次大戦などで千島列島・台湾・南サハリン・朝鮮などを領土として獲得したが、第二次大戦に敗れその大半を失った。➡にっぽん(日本)〘類語〙大和(やまと)・日の本・八洲国(やしまぐに)・大八洲(おおやしま)・秋津島・敷島・葦原(あしはら)の中つ国・豊葦原(とよあしはら)・瑞穂(みずほ)の国・和国(わこく)・日東・東海・扶桑(ふそう)・神州・本邦・本朝・ジャパン・ジパング

にほん-あかがえる【日本赤×蛙】(ニホンあかがえる) ▶赤蛙(あかがえる)

にほん-あまがえる【日本雨×蛙】(ニホンあまがえる) ▶雨蛙(あまがえる)

にほん-アルプス【日本アルプス】中部地方の南北に連なる山脈の総称。明治14年(1881)英人ガウランドが木曽山脈に命名、のちウエストンが飛驒・赤石山脈も含めてよび、小島烏水が飛驒山脈を北アルプス、木曽山脈を中央アルプス、赤石山脈を南アルプスと名付けた。

にほん-いかだいがく【日本医科大学】(ニイカダイガク) 東京都文京区に本部のある私立大学。明治37年(1904)日本医学校として設立。大正15年(1926)旧制大学となり、昭和27年(1952)新制大学に移行。

にほん-いくえいかい【日本育英会】(ニイクエイカイ) 国の育英事業を行った特殊法人。昭和18年(1943)財団法人大日本育英会として設立。同19年日本育英会と名称を変更。平成16年(2004)、独立行政法人日本学生支援機構(JASSO(ジャッソ))となった。

にほん-いしかい【日本医師会】(ニイシカイ) 医師の全国組織。会員には開業医が多い。医学の発達・普及と公衆衛生の向上を目的とし、医療保健行政に影響力をもつ。大正12年(1923)発足、第二次大戦後解散し、昭和22年(1947)新たに設立。日医。

にほん-いしれんめい【日本医師連盟】日本医師会の政治団体。日本医師会の会員が、組織の目的達成を目指して政治活動を行う。日本医師会自体は学術団体であるため、政治活動は行わない。日医連。

にほん-いぞくかい【日本遺族会】(ニイゾクカイ) 第二次大戦、特に太平洋戦争の戦没者遺族の全国組織。昭和22年(1947)日本遺族厚生連盟として設立、同28年現名称の財団法人となる。戦没者の霊の顕彰と遺族の処遇改善を目的とする。

にほん-いち【日本一】❶日本で第一であること。また、そのもの。天下一。にっぽんいち。「一の大泥棒」「富士は一の山」❷最もすぐれていること。最上。最良。「一のご機嫌にて候」〈謡・西行桜〉

にほんいっし【日本逸史】江戸中期の歴史書。40巻。鴨祐之編。元禄5年(1692)成立。散逸した「日本後紀」を復原する意図で、「類聚国史」「日本紀略」などから記事を抄出し、延暦11年(792)から天長10年(833)までを編年順に収録。

にほん-いもり【日本井守】(ニホンいもり) ▶井守(いもり)

にほん-いりょうかがくだいがく【日本医療科学大学】(ニイリョウカガクダイガク) 埼玉県入間郡毛呂山(もろやま)町にある私立大学。平成19年(2007)に開学した、保健医療学部の単科大学。

にほん-いりょうきのうひょうかきこう【日本医療機能評価機構】(ニイリョウキノウヒョウカキコウ) 第三者機関として中立的な立場で医療機関の審査・評価を行う、厚生労働省所管の公益財団法人。病院の問題点を指摘し、改善を促す病院機能評価事業、産科医療補償制度の運営、医療事故情報の収集、薬局で発生したヒヤリ・ハット事例の収集・分析などの事業を行う。平成7年(1995)設立。JCQHC(Japan Council for Quality Health Care)。

にほん-ウェルネススポーツだいがく【日本ウェルネススポーツ大学】茨城県北相馬郡利根町にある私立大学。平成24年(2012)開学。

にほん-えいがだいがく【日本映画大学】(ニエイガダイガク) 神奈川県川崎市にある私立大学。平成23年(2011)開学。

にほん-えいぞうりんりしんさきこう【日本映像倫理審査機構】(ニエイゾウリンリシンサキコウ) 映像倫理機構の旧称。日映審。

にほんえいたいぐら【日本永代蔵】▶にっぽんえいたいぐら(日本永代蔵)

にほん-えいほう【日本泳法】(ニエイホウ) 日本で古来から武芸の一つとして発達した水泳法。水府流・向井流など多くの流派がある。

にほん-エネルギーけいざいけんきゅうじょ【日本エネルギー経済研究所】(ニケイザイケンキュウジョ) 各種エネルギーに関する政策・需給・経済動向などを研究する一般財団法人。昭和41年(1966)設立。経済産業省の委託で石油製品の価格動向調査を行うなど、国や独立行政法人からの事業収入が多いが、自主研究も行っている。

にほんえんせいき【日本遠征記】(ニホンエンセイキ) 幕末期日本に来航したペリーが、帰国後米国政府の要請により編纂(へんさん)した記録。3巻。1856年刊。日本との条約締結交渉をはじめ、日本の産業・風俗などについても記述する。ペリー提督日本遠征記。

にほんおうじょうごくらくき【日本往生極楽記】(ニホンオウジョウゴクラクキ) 平安時代の往生伝。1巻。慶滋保胤(よししげのやすたね)著。寛和元～2年(985～86)ごろ成立。聖徳太子以下45人の往生伝をまとめたもの。

にほん-おおかみ【日本×狼】(ニホンおおかみ) イヌ科の哺乳類。かつて本州・四国・九州に分布していたが、1905年奈良県で捕獲されたのを最後に絶滅。オオカミとしては最も小形。北海道にいて1900年ごろ絶滅したエゾオオカミとは、亜種あるいは種が異なる。やまいぬ。ほんどおおかみ。

にほんおよびにほんじん【日本及日本人】評論雑誌。明治40年(1907)雑誌「日本人」を改題して三宅雪嶺を中心に発刊。国粋主義を唱えた。

にほん-オリンピックいいんかい【日本オリンピック委員会】(ニオイインカイ) 日本の国内オリンピック委員会のこと。日本体育協会内に置かれ、日本のアマチュアスポーツの国際活動を行い、オリンピック関係のすべての諸事業を管理する。平成元年(1989)財団法人として独立、同23年に公益財団法人となった。JOC(Japanese Olympic Committee)。➡オリンピック(❷)

にほん-おろしでんりょくとりひきじょ【日本卸電力取引所】電力を有効に利用するために、余剰電気の現物取引を行う取引所。1日単位で取引を行うスポット市場や、特定期間を通じて取引を行う先渡し市場などがある。平成15年(2003)民間の有限責任中間法人として設立。JEPX(Japan Electric Power Exchange)。

にほん-おんがく【日本音楽】日本の伝統音楽。狭義には雅楽・声明(しょうみょう)・能楽・琵琶楽・尺八楽・箏曲・三味線楽などの邦楽をいい、広義には洋楽の形式を取り入れて日本で作曲された音楽をもいう。

にほん-おんがくちょさくけんきょうかい【日本音楽著作権協会】(ニオンガクチョサクケンキョウカイ) ▶ジャスラック

にほん-が【日本画】(ニガ) 古代以来、中国・朝鮮からの影響を受けながら日本で発達した、独自の様式を有する絵画。絹や紙に毛筆で描き、主として岩絵の具(顔料)を用いる。西洋画(洋画)に対していう。

にほん-かい【日本海】日本列島とアジア大陸に囲まれた海域。北は宗谷海峡でオホーツク海へ、津軽海峡で太平洋へ、南は対馬(つしま)海峡で東シナ海へ通じる。中央部に大和堆(やまとたい)がある。対馬海流が日本列島に沿って北上する好漁場。朝鮮では古くから東海と呼ぶ。

にほんかい-かいせん【日本海海戦】明治38年(1905)5月27日から翌日にかけて行われた日露戦争中最大の海戦。日本海対馬(つしま)沖で、東郷平八郎司令長官の率いる連合艦隊が、ロシアのバルチック艦隊に壊滅的打撃を与えた。

にほんかいかしょうし【日本開化小史】(ニホンカイカショウシ) 歴史書。田口卯吉著。6巻6冊。明治10～15年(1877～82)刊。ギゾーらのヨーロッパ文明史論の影響のもと、独自の視点から古代から明治維新までの歴史を社会進化に重点を置き叙述したもの。

にほんかいがわ-きこう【日本海側気候】(ニホンカイガワキコウ) 日本列島の日本海側にみられる、冬は雪が多く、夏は晴天が多い気候。日本海に低気圧が発達するとフェーン現象が起こるなどの特徴がある。➡太平洋側気候

にほん-かいこう【日本海溝】東北・関東地方沖を南北に走る海溝。長さ約800キロ、最深部8058メートル。北は襟裳(えりも)岬沖で千島カムチャツカ海溝に、南は房総半島沖で伊豆小笠原海溝に接する。

にほんがいし【日本外史】(ニホンガイシ) 江戸後期の歴史書。22巻。頼山陽著。文政10年(1827)成立。天保7～8年(1836～37)ごろ刊。源平二氏以降徳川氏までの武家の興亡を、漢文体で記したもの。

にほんかいちゅうぶ-じしん【日本海中部地震】(ニチュウブジシン) 昭和58年(1983)5月26日、秋田・青森県沖で発生したマグニチュード7.7の地震。日本海沿岸の広範囲にわたって津波が発生し、秋田・青森・北海道を中心に、大きな被害を受けた。警報発令以前に津波に襲われた場所もあり、死者104人のうち100人が津波によるもの。

にほん-かいはつぎんこう【日本開発銀行】(ニカイハツギンコウ) ▶にっぽんかいはつぎんこう

にほん-かいりゅう【日本海流】(ニカイリュウ) ▶黒潮(くろしお)

にほん-かがくぎじゅつじょうほうセンター【日本科学技術情報センター】(ニカガクギジュツジョウホウ) 内外の科学技術情報の収集・分類・提供などを行った特殊法人。昭和32年(1957)設立。平成15年(2003)独立行政法人科学技術振興機構(JST)に改編。JICST(ジクスト)。

にほん-がくしいん【日本学士院】(ニガクシイン) 学術上の功績顕著な科学者を優遇するための栄誉機関。文部科学省の所管。帝国学士院を昭和22年(1947)改称したもの。日本学術会議が選ぶ150名の終身会員で組織され、人文科学系の第一部と自然科学系の第二部とに分かれる。学士院。

にほん-がくじゅつかいぎ【日本学術会議】(ニガクジュツカイギ) 昭和24年(1949)に設立された、日本の科学者の内外に対する代表機関。内閣の所管。人文科学部門の3部と自然科学部門の4部からなり、科学の向上・発展を図り、国民生活への科学の浸透を目的に、科学に関する重要事項の審議および政府への答申・勧告などを行う。学術会議。

にほん-がくじゅつしんこうかい【日本学術振興会】(ニガクジュツシンコウカイ) 学術の振興、学術に関する国際交流、研究者の育成などを行う文部科学省所管の独立行政法人。昭和7年(1932)財団法人として設立。同42年特殊法人となり、平成15年(2003)独立行政法人化。学振。JSPS(Japan Society for the Promotion of Science)。

にほんがくじゅつしんこうかい-ほう【日本学術振興会法】(ニホンガクジュツシンコウカイホウ) 独立行政法人日本学術振興会の目的・組織・業務等について定めた法律。平成14年(2002)施行。同法人は業務として、学術研究の助成、研究者養成を目的とした研究奨励資金の支給、学術に関する国際交流の促進、学術の応用に関する研究等を行う。

にほん-がくせいしえんきこう【日本学生支援機構】(ニガクセイシエンキコウ) 学生支援事業を総合的に実施する文部科学省所管の独立行政法人。従来、日本育英会が実施していた日本人学生への奨学金貸与事

業、日本国際教育協会(AIEJ)・内外学生センターなどが実施していた留学生支援事業などを整理・統合して、平成16年(2004)日本国際教育支援協会(JEES)とともに設立された。奨学金貸与事業、学生生活支援事業、留学生支援事業を行う。JASSO(Japan Student Services Organization)。

にほん-がくせいやきゅうきょうかい【日本学生野球協会】日本の高校野球と大学野球を統轄する公益財団法人。学生野球大会を主催するほか、日本学生野球憲章に違反した加盟校・団体に処分を下す役割も担う。昭和21年(1946)創設。

にほん-かしきんぎょうきょうかい【日本貸金業協会】貸金業の適正な運営と資金需要者の利益保護を目的として、平成19年(2007)に設立された業界の自主規制機関。同18年の改正貸金業法に基づく認可法人。消費者金融・事業者金融・手形割引業者、クレジット・リース・信販会社など登録貸金業者の約半数が加入する。会員業者に対して監査・監督・指導を行い、従わない場合には過怠金などの罰則を科す。

にほんがふ【日本楽府】江戸後期の漢詩集。1巻。頼山陽著。文政11年(1828)成立。日本の史実から題目を選んだ楽府体の史詩66首を収録。明の李東陽の「擬古楽府」を手本としたもの。

にほん-がみ【日本髪】日本に古くからある女性の髪形の総称。特に、明治以降の洋髪に対して、丸髷・島田髷・桃割れ・銀杏返しなどをいう。

にほん-かもしか【日本×羚鹿】ウシ科の哺乳類。体長1〜1.2メートル。体毛はやや長く、白色・茶褐色・黒褐色など。雌雄とも短い角をもつ。草食。本州・九州などの山地に1頭またはつがいで暮らす。日本特産種で、特別天然記念物。

にほん-がわら【日本瓦】粘土で作った焼き瓦。素焼きのものと、表面に釉薬をかけて焼いたものとがある。セメント瓦や金属瓦に対していう。

にほん-かんぎょうぎんこう【日本勧業銀行】▶にっぽんかんぎょうぎんこう

にほん-かんごきょうかい【日本看護協会】保健師・助産師・看護師・准看護師が自主的に加入・運営する看護職能団体。社団法人。各都道府県の看護協会と連携して活動する全国組織。加入者数は約65万人(平成24年度)。昭和21年(1946)に日本産婆看護婦保健婦協会として設立。同26年現名称に改称。日看協。JNA(Japanese Nursing Association)。

にほん-かんじのうりょくけんてい【日本漢字能力検定】「漢字検定」の正式名称。➡漢字検定

にほん-かんじのうりょくけんていきょうかい【日本漢字能力検定協会】日本漢字能力検定(漢検)などを実施する、文部科学省所管の財団法人。一年の世相を漢字一文字で表す「今年の漢字」も、同協会が平成7年(1995)から発表している。

にほん-かんせんしょうがっかい【日本感染症学会】急性伝染病をはじめとする感染症に関する調査・研究等を行う日本の学会。新型インフルエンザなど新たな感染症についても、対応策の提言等を行う。感染症専門医の認定も行っている。大正15年(1926)に日本伝染病学会として創設。研究分野を感染症全般に広げたことから、昭和49年(1974)に現名称に変更。

にほんぎ【日本紀】㊀日本書紀のこと。㊁日本の歴史を記した書物。特に、六国史のこと。

にほん-きいん【日本棋院】囲碁技術の向上発展と国際的普及のために組織された専門棋士の団体。大正13年(1924)創立の公益財団法人で、棋士の昇段などを定める大手合のほか各種棋戦を実施し、免状の発行もする。

にほん-きしょうきょうかい【日本気象協会】▶ジェー-ダブリュー-エー(JWA)

にほんきょういく-だいがくいんだいがく【日本教育大学院大学】東京都千代田区にある大学院大学。平成18年(2006)の開学。

にほん-きょうさんとう【日本共産党】マルクス-レーニン主義を指導理論とする日本の共産主義政党。大正11年(1922)コミンテルン日本支部として結成。非合法組織として激しい弾圧の下に地下運動を続けたが、昭和20年(1945)合法政党として再建された。

にほん-きょうしょくいんくみあい【日本教職員組合】昭和22年(1947)に結成された、都道府県単位の教職員組合の全国連合体。全国の幼稚園から大学までの教員・事務職員などによって組織される。日教組。

にほん-キリストきょうかい【日本基督教会】㊀日本基督教団成立以前の日本プロテスタント教会三大教派のうち最大の教派。明治23年(1890)長老派・改革派などの諸教派が合同、日本基督教会として成立。植村正久らが指導。㊁昭和26年(1951)旧日本基督教会系の一部が日本基督教団を離脱して設立した教派。

にほん-キリストきょうだん【日本基督教団】昭和16年(1941)当時日本にあったプロテスタント諸教派三十余派の合同教会として成立した日本最大のプロテスタント教会。同29年、教団独自の信仰告白を制定。

にほんきりゃく【日本紀略】平安後期の歴史書。34巻。編者・成立年未詳。神代から後一条天皇までの歴史を漢文の編年体で記したもの。神代は日本書紀、神武天皇から光孝天皇までは六国史よりの抄録、以降は各種の日記・記録による。六国史の欠を補う重要史料。

にほん-ぎんこう【日本銀行】▶にっぽんぎんこう

にほん-きんだいぶんがくかん【日本近代文学館】近代文学の関係諸資料を収集・保管・公開するための文学センター。昭和42年(1967)東京都目黒区駒場公園内に開館。

にほんくにづくし【日本国尽】安土桃山時代の往来物。1巻。著者未詳。成立年未詳。慶長2年(1597)初刊。日本国内諸国名を畿内七道に分類列記し、学習記憶に便利なように編集した教科書。最古の国尽型往来物。

にほん-くみあいキリストきょうかい【日本組合基督教会】日本基督教団成立以前のプロテスタント三大教派の一。会衆派に属し、米国の宣教師グリーン、新島襄らによって明治19年(1886)結成された。同志社大学などを設立。

にほん-けいえいしゃだんたいれんめい【日本経営者団体連盟】日本経済団体連合会の前身団体の一。業種別・地方別経営者団体の全国組織として昭和23年(1948)に発足。平成14年(2002)に経済団体連合会と統合。日経連。

にほんけいざいけんきゅう-センター【日本経済研究センター】内外の金融・経済・産業などについて幅広く調査・研究を行う公益社団法人。昭和38年(1963)設立。JCER(Japan Center for Economic Research)。

にほん-けいざいしんぶん【日本経済新聞】日本経済新聞社が発行する日刊全国紙。同社の本社は東京都千代田区大手町にある。明治9年(1876)「中外物価新報」として創刊。昭和21年(1946)に現紙名に改題。日経平均株価の銘柄選定などを行い、経済に大きな影響力を持つ。発行部数は約299万部(平成24年上期平均)。日経新聞。日経。

にほん-けいざいだいがく【日本経済大学】福岡県太宰府市に本部のある私立大学。昭和43年(1968)に第一経済大学として開設。平成19年(2007)に福岡経済大学に改称したのち、同22年に現校名に改称した。経済学部の単科大学。

にほん-げいじゅついん【日本芸術院】芸術上の功績顕著な芸術家を優遇するための栄誉機関。文化庁の所管。昭和22年(1947)帝国芸術院から現名に改称。第一部美術、第二部文芸、第三部音楽・演劇・舞踊に分かれ、会員は終身で120名以内。毎年、芸術に貢献した者に恩賜賞・芸術院賞を授与する。

にほん-けん【日本犬】日本で古くから飼われてきた犬。口先がとがり、耳はとがって直立し、尾は上に巻き上がっている。主に猟犬として改良され、大形の秋田犬、中形の紀州犬・甲斐犬、小形の柴犬などがある。にほんいぬ。

にほん-げんしりょくけんきゅうかいはつきこう【日本原子力研究開発機構】原子力基本法に基づき、原子力に関する基礎的研究、応用研究、核燃料サイクルを確立するための技術の開発などを総合的に行う独立行政法人。平成17年(2005)日本原子力研究所(JAERI)と核燃料サイクル開発機構(JNC)とを統合して設立。茨城県那珂郡東海村に本部を置く。原子力機構。JAEA(Japan Atomic Energy Agency)。

にほん-げんしりょくけんきゅうじょ【日本原子力研究所】原子力基本法に基づき、政府の監督下に原子力の基礎・応用に関する研究開発を行った特殊法人。昭和31年(1956)に設立。平成17年(2005)日本原子力研究開発機構(JAEA)となる。原研。JAERI。

にほん-げんねん【日本原燃】核燃料サイクルの事業化を目的として設立された株式会社。電力会社と日本原子力発電などの出資により、日本原燃サービスの名称で昭和55年(1980)に発足。平成4年(1992)に日本原燃産業と合併して現在の名称となる。本社は青森県上北郡六ヶ所村。低レベル放射性廃棄物の埋設、高レベル放射性廃棄物の貯蔵管理などの事業を行う。ウラン濃縮工場は同4年に操業を開始したが、現在7施設中6施設が運転停止中。再処理工場は試験運転中。MOX燃料工場は2016年の完成を目指して建設中(平成24年7月現在)。原燃。JNFL(Japan Nuclear Fuel Limited)。➡核燃料再処理

にほん-ご【日本語】日本の国語。万葉仮名で書かれた古代日本語からの文献をもつ。敬語、男女の言葉の違いの発達などの複雑な面に比して、音体系の変化は比較的少なく保守的である。アルタイ諸語との同系説、南方の諸言語との同系説があるが、結論は得られていない。

にほんご-イーユーシー【日本語EUC】▶イーユーシー-ジェーピー(EUC-JP)

にほんこうき【日本後紀】平安前期の歴史書。六国史の一。40巻。藤原緒嗣らの編。承和7年(840)成立。桓武天皇の延暦11年(792)から淳和天皇の天長10年(833)までの国史を漢文の編年体で記したもの。

にほん-こうぎょうきかく【日本工業規格】▶ジス(JIS)

にほん-こうぎょうぎんこう【日本興業銀行】▶にっぽんこうぎょうぎんこう

にほん-こうぎょうだいがく【日本工業大学】埼玉県南埼玉郡宮代町にある私立大学。昭和42年(1967)に設立された、工学部の単科大学。

にほん-こうこうやきゅうれんめい【日本高校野球連盟】▶日本高等学校野球連盟

にほん-こうしゅうえいせいきょうかい【日本公衆衛生協会】公衆衛生に関する調査研究・知識の普及啓発などの事業を行う公益法人。昭和6年(1931)に日本衛生会として設立。同26年現名称に改称。JPHA(Japan Public Health Association)。

にほん-こうそくどうろほゆうさいむへんさいきこう【日本高速道路保有・債務返済機構】《Japan Expressway Holding and Debt Repayment Agency》道路関係四公団の民営化に伴い施行された独立行政法人日本高速道路保有・債務返済機構法に基づいて、平成17年(2005)10月に設立された独立行政法人。高速道路に関連する道路資産の保有・貸し付けや、道路関係四公団が保有した債務の早期・確実な返済等を行うことを目的とする。高速道路機構。(補説)道路関係四公団が所

有した道路施設と債務を保有し、民営化後の、東日本高速道路株式会社・中日本高速道路株式会社・西日本高速道路株式会社・首都高速道路株式会社・阪神高速道路株式会社・本州四国連絡高速道路株式会社に施設を貸し付け、賃貸料で債務の返済や機構の維持管理費用をまかなう。また、高速道路の新設、改築、修繕などの際には民営会社と協定を結び、その費用に充てるために各社が負担した債務の引き受けと返済を行う。民営化から45年以内ですべての債務を返済し、解散する。

にほん-こうつうこうしゃ【日本交通公社】―カウツウコウシヤ 日本最大の旅行業者。明治45年(1912)設立の「ジャパン-ツーリスト-ビューロー」が数度の改組・改称を経て、昭和20年(1945)現名称の財団法人となったのち、同38年営業部門を分離して株式会社としたもの。さらに平成13年(2001)社名を「ジェイティービー」に改称した。同名の財団法人は観光調査・研修事業などを行っている。

にほん-こうどうかい【日本弘道会】―コウダウクワイ 明治時代の国家主義的教化団体。前身は西村茂樹が設立した修身学社で、日本講道会を経て明治20年(1887)日本弘道会と改称。機関誌「弘道」を刊行して修身道徳教育を主張した。

にほん-こうとうがっこうやきゅうれんめい【日本高等学校野球連盟】―カウトウガクカウヤキウレンメイ 日本の高校野球を統轄する組織。大会の運営や管理などを行う。日本学生野球協会の下部に属する。日本高校野球連盟。日本高野連。高野連。

にほん-こうにんかいけいしきょうかい【日本公認会計士協会】―コウニンクワイケイシケフクワイ 公認会計士で組織する士業団体。昭和24年(1949)に任意団体として発足、同41年に公認会計士法で定める特殊法人となり、平成16年(2004)に特別民間法人となった。所管は金融庁。公認会計士・監査法人は日本公認会計士協会の会員となることが義務付けられており、同協会は自主規制機関として会員の指導・連絡・監督に関する事務を行っている。会員数は、公認会計士2万3121人、監査法人215法人(平成24年6月現在)。JICPA(Japanese Institute of Certified Public Accountants)。

にほんご-がっこう【日本語学校】―ガクカウ 日本で日本語を学ぼうとする外国人のための学校。修業年限1〜2年。多くは各種学校であり、留学ビザが必要。また、海外にある、日本語を教える学校も日本語学校と呼ぶ。

にほん-こく【日本国】▶日本(にほん)

にほんこくげんざいしょもくろく【日本国見在書目録】平安前期の漢籍目録。1巻。藤原佐世(すけよ)撰。寛平3年(891)ごろの成立か。当時日本にあった漢籍1万6790巻を部門別に分類し、書名・巻数・著者名などを記したもの。

にほんこく-けんぽう【日本国憲法】―ケンパフ 日本の現行の憲法。大日本帝国憲法に代わり、昭和21年(1946)11月3日に公布、同22年5月3日から施行。前文および11章103条からなる。国民主権、基本的人権の尊重、平和主義を基調として、象徴天皇制、戦争の放棄、三権分立、国権の最高機関としての国会、地方自治の保障などを規定している。➡日本国憲法第九条 ➡日本国憲法第二十五条

▷ **日本国憲法前文**
日本国民は、正当に選挙された国会における代表者を通じて行動し、われらとわれらの子孫のために、諸国民との協和による成果と、わが国全土にわたつて自由のもたらす恵沢を確保し、政府の行為によつて再び戦争の惨禍が起ることのないやうにすることを決意し、ここに主権が国民に存することを宣言し、この憲法を確定する。そもそも国政は、国民の厳粛な信託によるものであつて、その権威は国民に由来し、その権力は国民の代表者がこれを行使し、その福利は国民がこれを享受する。これは人類普遍の原理であり、この憲法は、かかる原理に基くものである。われらは、これに反する一切の憲法、法令及び詔勅を排除する。
日本国民は、恒久の平和を念願し、人間相互の関係を支配する崇高な理想を深く自覚するのであつて、平和を愛する諸国民の公正と信義に信頼して、われらの安全と生存を保持しようと決意した。われらは、平和を維持し、専制と隷従、圧迫と偏狭を地上から永遠に除去しようと努めてゐる国際社会において、名誉ある地位を占めたいと思ふ。われらは、全世界の国民が、ひとしく恐怖と欠乏から免かれ、平和のうちに生存する権利を有することを確認する。
われらは、いづれの国家も、自国のことのみに専念して他国を無視してはならないのであつて、政治道徳の法則は、普遍的なものであり、この法則に従ふことは、自国の主権を維持し、他国と対等関係に立たうとする各国の責務であると信ずる。
日本国民は、国家の名誉にかけ、全力をあげてこの崇高な理想と目的を達成することを誓ふ。

にほんこくけんぽう-だいきゅうじょう【日本国憲法第九条】ニホンコクケンパフダイキウデウ 日本国憲法第2章「戦争の放棄」の条文。第2章は条文が一つしかなく、戦争放棄・戦力の不保持・交戦権の否認について規定する。

▷ **日本国憲法第九条**
1 日本国民は、正義と秩序を基調とする国際平和を誠実に希求し、国権の発動たる戦争と、武力による威嚇又は武力の行使は、国際紛争を解決する手段としては、永久にこれを放棄する。
2 前項の目的を達するため、陸海空軍その他の戦力は、これを保持しない。国の交戦権は、これを認めない。

にほんこくけんぽう-だいにじゅうごじょう【日本国憲法第二十五条】ニホンコクケンパフダイニジフゴデウ 日本国憲法第3章「国民の権利及び義務」の条文の一。生存権および社会福祉・社会保障・公衆衛生について規定する。

▷ **日本国憲法第二十五条**
1 すべて国民は、健康で文化的な最低限度の生活を営む権利を有する。
2 国は、すべての生活部面について、社会福祉、社会保障及び公衆衛生の向上及び増進に努めなければならない。

にほん-こくさいきょういくきょうかい【日本国際教育協会】―コクサイケウイクケフクワイ 日本への留学を支援するために設立された財団法人。昭和32年(1957)設立。平成16年(2004)、日本育英会・内外学生センター・国際学友会・関西国際学友会と業務を整理・統合し、独立行政法人日本学生支援機構(JASSO(ジャッソ))および公益財団法人日本国際教育支援協会(JEES)として改組。AIEJ(Association of International Education, Japan)。

にほん-こくさいきょういくしえんきょうかい【日本国際教育支援協会】―コクサイケウイクシエンケフクワイ 日本への留学生を支援するために設立された公益財団法人。日本国際教育協会(AIEJ)・内外学生センターなどが実施していた留学生支援事業などを整理・統合して、平成16年(2004)独立行政法人日本学生支援機構(JASSO(ジャッソ))とともに設立された。奨学金の給付、無利子での一時金貸与、日本語能力試験、学生教育研究災害傷害保険、日本語教育能力検定試験などを実施する。JEES(Japan Educational Exchanges and Services)。

にほん-こくさいじどうとしょひょうぎかい【日本国際児童図書評議会】―コクサイジドウトショヒヤウギクワイ ▶ジェー-ビー-ビー-ワイ(JBBY)

にほん-こくゆうてつどう【日本国有鉄道】―コクイウテツダウ 日本の国有鉄道および関連部門の事業経営を行った公共企業体。昭和24年(1949)運輸省鉄道総局を母体に設立されたが、同62年4月、旅客鉄道株式会社6社、新幹線鉄道保有機構などに分割・民営化された。国鉄。➡JR

にほんこくゆうてつどう-せいさんじぎょうだん【日本国有鉄道清算事業団】ニホンコクイウテツダウセイサンジゲフダン 日本国有鉄道(国鉄)が昭和62年(1987)に分割・民営化されてJRへ移行した際、国鉄から継承した長期債務の返済や余剰人員の再就職促進を行うために設立された特殊法人。平成10年(1998)に解散。解散時に残った債務は国の一般会計に引き継がれた。国鉄清算事業団。清算事業団。

にほん-ごだいむかしばなし【日本五大昔話】室町末期から江戸初期にかけて成立した代表的な五つの昔話。桃太郎・かちかち山・猿蟹(さるかに)合戦・舌切り雀(すずめ)・花咲爺(はなさかじじい)。

にほんご-ドメインめい【日本語ドメイン名】《Japanese JP domain name》ひらがなや漢字を用いたドメイン名、またはその技術仕様を指す。IDN(国際化ドメイン名)の規格に基づいている。

にほんごにゅうりょく-システム【日本語入力システム】ニホンゴニフリヨク― キーボードから入力した文字を日本語に変換するソフトウエア。かなを漢字に変換する機能をもつ。➡IME

にほんごにゅうりょく-ソフト【日本語入力ソフト】ニホンゴニフリヨク― ▶日本語入力システム

にほん-さいけんしんようぎんこう【日本債券信用銀行】―サイケンシンヨウギンカウ ▶にっぽんさいけんしんようぎんこう

にほん-ざし【二本差(し)】❶《腰に刀と脇差を差すところから》武士のこと。❷《2本の串(くし)をさすところから》焼き豆腐、または豆腐田楽のこと。❸相撲で、もろざしのこと。

にほん-ざっしきょうかい【日本雑誌協会】―ザッシケフクワイ 雑誌を刊行する出版社で構成される業界団体。出版倫理の向上と雑誌出版社の利益擁護などを目的として、昭和31年(1956)設立。文化庁所管の社団法人。業界取引の合理化・改革を推進するとともに、雑誌に関する重要問題について雑誌出版界を代表して対処している。また、雑誌編集に関する取材活動の便宜をはかるため、国会雑誌記者クラブなど6つの記者クラブを運営している。雑協。➡日本書籍出版協会

にほん-ざる【日本猿】オナガザル科の哺乳類。世界で最も北にすむ猿。日本特産で、青森県の下北半島から鹿児島県の屋久島まで分布。体長約60センチ、尾長約10センチ。毛は長く、顔としりの裸出部は赤色で、秋から冬にかけて赤みが増す。20〜80頭くらいの群れをつくり、統率のとれた社会構造を示す。

にほん-さんきゅうりゅう【日本三急流】―サンキフリウ 日本の代表的な三つの急流。最上(もがみ)川・富士川・球磨(くま)川。

にほん-さんけい【日本三景】日本の代表的な三つの景勝地。京都の天橋立(あまのはしだて)・宮城の松島・広島の厳島(いつくしま)。

にほんさんだいじつろく【日本三代実録】▶三代実録

にほん-し【日本史】❶日本の歴史。❷高等学校社会科の科目の一。

にほん-し【日本紙】和紙のこと。国外品と区別するための称。

にほん-じか【日本鹿】▶鹿(しか)❶㋐

にほん-しかだいがく【日本歯科大学】―シクワダイガク 東京都千代田区に本部のある私立大学。明治40年(1907)設立の共立歯科医学校に始まり、日本歯科医学専門学校を経て、昭和22年(1947)旧制大学となり、同27年新制大学に移行。

にほん-じかん【日本時間】「日本標準時」に同じ。

にほん-しき【日本式】日本固有の方式・様式。日本風のやり方。「一庭園」

にほんしき-ローマじつづりかた【日本式ローマ字×綴り方】日本語を書き表すためのローマ字のつづり方の一。明治18年(1885)田中館愛橘(たなかだてあいきつ)が提唱したつづり方。クヮ・グヮをkwa,gwa,ヂ・ヅをdi,du,ヂャ・ヂュ・ヂョをdya,dyu,dyo,ヲをwoとつづるのが特徴。➡ローマ字綴(つづ)り

にほん-ししゅう【日本刺×繡】―シシウ 日本の伝統的な刺繡。刺繡台や角枠・丸枠を用い、主に絹地に多彩な絹糸や金糸・銀糸で風景・花鳥などの図柄を刺す。平繡(ひらぬい)・刺繡(さしぬい)・相良繡(さがらぬい)などの技法がある。

にほん-じっしんぶんるいほう【日本十進分類

法】ージツシンブンルイハフ 図書分類法の一。米国のデューイの十進分類法を参考にして、日本で考案された十進分類法。NDC(Nippon Decimal Classification)。➡十進分類法

にほん-じどうしゃれんめい【日本自動車連盟】►ジェー-エー-エフ(JAF)

にほん-しほうしえんセンター【日本司法支援センター】ーシハフシエンー 平成16年(2004)に成立した総合法律支援法に基づき、同18年に設立された法人。離婚・相続・契約など民事・刑事を問わず、国民のかかえる法律問題について相談を受け、制度の説明、関係機関の紹介、弁護士費用の立て替え援助、国選弁護人の確保、犯罪被害者支援、司法過疎地域でのサービスなどを行う。本部は東京。都道府県庁所在地ほか大都市、過疎地にある。愛称は、法テラス。

にほんしほんしゅぎはったつしこうざ【日本資本主義発達史講座】ニホンシホンシユギハツタツシカウザ 講座本としての経済学・歴史学書。全7巻。昭和7～8年(1932～33)刊。野呂栄太郎の企画・指導のもとに、大塚金之助・山田盛太郎・平野義太郎・服部之総・羽仁五郎・小林良正ら三十数名の執筆になる。明治維新以来の日本資本主義の発達および現状の諸条件、その特質と矛盾を分析し、日本資本主義を初めて包括的に解明した。➡講座派

にほんしほんしゅぎ-ろんそう【日本資本主義論争】ーロンサウ 昭和2～12年(1927～37)ころ、日本のマルクス主義理論家の間で、革命戦略と日本資本主義の性格規定をめぐり行われた一連の論争。労農派と講座派が戦略論争・封建論争を闘わせ、日本の社会科学の発展に大きな影響を与えた。

にほん-しゃかいじぎょうだいがく【日本社会事業大学】ーシヤクワイジゲフダイガク 東京都清瀬きよせ市にある私立大学。昭和21年(1946)に厚生省(当時)の委託を受けて日本社会事業学校として創設され、同33年に大学となった。社会福祉学部の単科大学。

にほん-しゃかいとう【日本社会党】ーシヤクワイタウ ►にっぽんしゃかいとう

にほんしゃくみょう【日本釈名】ニホンシヤクミヤウ 江戸中期の語源辞書。3巻。貝原益軒著。元禄12年(1699)成立。翌年刊行。後漢の劉熙りゅうきの「釈名」にならい、和語を23項目に分類して五十音順に配列し、語源を解説したもの。

にほん-しゅ【日本酒】日本在来の醸造法によって造った酒。特に、清酒をいう。(類語)清酒・濁酒

にほん-じゅういせいめいかがくだいがく【日本獣医生命科学大学】ージウイセイメイクワガクダイガク 東京都武蔵野市にある私立大学。明治14年(1881)設立の獣医学校に始まり、東京獣医学校・日本高等獣医学校・日本獣医畜産専門学校を経て、昭和24年(1949)日本獣医畜産大学として発足。平成18年(2006)に現校名に改称。

にほん-じゅうけつきゅうちゅう【日本住血吸虫】ーヂユウケツキフチユウ 住血吸虫の一種。体は細長いひも形で雌が雄より大きい。中間宿主はカタヤマガイ。貝から出た幼虫は皮膚を通して人・牛・犬・猫などの腸間膜に寄生。粘血便・発熱・腹痛、慢性期になると肝硬変などの疾患を起こす。日本・中国・東南アジアの一定地域に分布。

にほん-じゅうたくこうだん【日本住宅公団】ーヂユウタクコウダン 集団住宅・宅地の大規模な供給と新市街地の造成を行うことを目的として、昭和30年(1955)に設立された特殊法人。同56年宅地開発公団と統合、住宅・都市整備公団となる。

にほん-じゆうとう【日本自由党】ージイウタウ ►自由党

にほん-しゅぎ【日本主義】明治中期、政府の欧化政策に対する反動として起こった国家主義思想。高山樗牛たかやまちょぎゅう・井上哲次郎らが雑誌「日本主義」を刊行、日本古来の伝統的精神を重視しようとしたもの。

にほん-しょうぎれんめい【日本将棋連盟】ーシヤウギレンメイ 将棋の普及・発展を目的とする社団法人。四段以上の専門棋士を中心に組織される。大正13年(1924)設立の東京将棋連盟がその前身。

にほん-しょうけんぎょうきょうかい【日本証券業協会】ーシヨウケンゲフケフクワイ 証券会社・金融機関によって組織される業界団体。金融商品取引法に基づき、内閣総理大臣の認可を受けた認可法人。有価証券の売買の公正化や円滑化、金融商品取引業の健全な発展や投資者の保護などを目的とする。昭和48年(1973)日本証券業協会連合会を解散して社団法人日本証券業協会を設立し、全国組織となる。平成4年(1992)証券取引法に基づく認可法人、同19年金融商品取引法の施行で同法の認可法人となる。JSDA(Japan Securities Dealers Association)。

にほん-しょうこうかいぎしょ【日本商工会議所】ーシヤウコウクワイギシヨ 全国の主要都市にある商工会議所を会員とする中央機関。大正11年(1922)設立。政策提言、マル経融資制度の適用を受ける企業への経営指導などの中小企業振興事業、地域振興の取り組み、PL保険や所得補償保険など商工会議所会員向けの事業、簿記等の検定試験などを行う。経済三団体の一つ。日商。JCCI(Japan Chamber of Commerce and Industry)。

にほん-じょうほうしょりかいはつきょうかい【日本情報処理開発協会】ージヤウホウシヨリカイハツケフクワイ ►ジプデック(JIPDEC)

にほんしょき【日本書紀】奈良時代の歴史書。最初の勅撰正史。六国史りっこくしの第一。30巻。舎人とねり親王らの編。養老4年(720)成立。資料として、帝紀・旧辞のほか寺院の縁起、諸家の記録、中国・朝鮮の史料などを広く用い、神代から持統天皇までを漢文の編年体で記したもの。日本紀にほんぎ。

にほんしょきつうしゃく【日本書紀通釈】日本書紀の注釈書。70巻。飯田武郷著。明治32年(1899)成立。同35～42年刊。江戸時代の諸注釈の説を集成したもの。

にほんしょきつうしょう【日本書紀通証】日本書紀全巻にわたる最初の注釈書。35巻。谷川士清たにかわことすが著。宝暦12年(1762)刊。

にほん-じょしたいいくだいがく【日本女子体育大学】ーヂヨシタイイクダイガク 東京都世田谷区にある私立大学。大正11年(1922)創立の二階堂体操塾を源流として、昭和40年(1965)に開学した。

にほん-じょしだいがく【日本女子大学】ーヂヨシダイガク 東京都文京区に本部のある私立大学。明治33年(1900)専門学校の日本女子大学校として設立、昭和23年(1948)新制大学として発足。ぽんじょ。

にほん-しょせきしゅっぱんきょうかい【日本書籍出版協会】ーシヨセキシユツパンケフクワイ 書籍を発行する出版社で構成される業界団体。出版事業の発展・出版文化の向上などを目的として、昭和32年(1957)設立。同40年社団法人に改組。出版情報インフラ整備の一環として、国内で流通している書籍を網羅したデータベース日本書籍総目録の運営、読書推進運動の一環として東京国際ブックフェアの開催などの事業を行っている。書協。➡日本雑誌協会

にほん-シリーズ【日本シリーズ】日本のプロ野球で、セントラル・パシフィック両リーグの、その年度のクライマックスシリーズを勝ち抜いたチームが7回戦制で対戦し、選手権を争う試合。昭和25年(1950)開始。

にほん-じん【日本人】❶日本国の国民。日本の国籍をもつ人。❷人類学的分類で、モンゴロイドの一。形態的には中身長で、黄色の皮膚、黒色・直毛の毛髪をもち、虹彩は黒褐色。日本語を用いる。にっぽんじん。

にほんじん【日本人】評論雑誌。明治21年(1888)政教社より創刊。同40年「日本及日本人」と改題。

にほんじん-がっこう【日本人学校】ーガクカウ 海外に住む日本人の子女を対象とした学校で、現地の日本人会などが設置し、文部科学省の認可を受けたもの。全日制で、国内の小学校・中学校と同等の教育を行う。

にほん-しんとう【日本新党】ーシンタウ 平成4年(1992)細川護熙を党首として結成。政治の改革・刷新を掲げ無党派層の支持を得て躍進、翌年細川は非自民系連立政権の首相となった。同6年解党。

にほん-しんはっけい【日本新八景】昭和2年(1927)、鉄道省が東京日日新聞と共同で選定した日本の代表的景勝地。狩勝峠かりかちとうげ・十和田湖・華厳滝けごんのたき・上高地かみこうち・木曽川・室戸岬むろとみさき・別府・雲仙うんぜんの八つ。

にほん-しんぽとう【日本進歩党】ーシンポタウ 昭和20年(1945)旧立憲民政党員を中心に結成された保守政党。同22年、民主党となる。

にほんじん-まち【日本人町】►日本町にほんまち

にほん-しんわ【日本神話】日本で伝えられた神話の総称。古事記・日本書紀の神々についての記載を中心とし、古語拾遺の中の氏族伝承、風土記にある各地の伝承などを含む。天地の成り立ちから、神々の出現、神々の行為とその結果、国土の生成、物事のいわれなどを主な内容とする。

にほん-すいえいれんめい【日本水泳連盟】日本の水泳界を統轄・代表する団体。水泳および水泳競技の普及と発展を図る。大正13年(1924)創設の「大日本水上競技連盟」を母体とする財団法人。日本水連。JASF(Japan Swimming Federation)。

にほん-すいどうきょうかい【日本水道協会】ースイダウケフクワイ 水道施設の整備を推進し、安全で安定した水道水の供給を確保するために、事業経営・技術に関する調査研究、研修、給水器具の品質認証、広報活動などを行う社団法人。昭和7年(1932)に水道協会として設立され、同31年に現名称に変更。JWWA(Japan Water Works Association)。

にほん-すいれん【日本水連】「日本水泳連盟」の略。

にほん-すもうきょうかい【日本相撲協会】ーすまふケフクワイ 相撲を維持・発展させることを目的とする財団法人。年寄・力士・行司・呼び出し・床山らによって運営される。大正14年(1925)大日本相撲協会として設立。昭和33年(1958)現在名に改称。

にほん-せいかつきょうどうくみあいれんごうかい【日本生活協同組合連合会】ーセイクワツケフドウくみあひレンガフクワイ 消費生活協同組合の全国的な連合会。昭和26年(1951)設立。日生協。

にほんせいき【日本政記】江戸後期の歴史書。16巻。頼山陽著。天保3年(1832)成立。神武天皇から後陽成天皇までの歴史を漢文の編年体で記述。

にほん-せいさくとうしぎんこう【日本政策投資銀行】ーセイサクトウシギンカウ 平成11年(1999)日本開発銀行と北海道東北開発公庫を統合し、地域振興整備公団および環境事業団の融資業務を引き継いで発足した全額政府出資の特殊銀行。資金の出融資は政策性のある分野の事業や、民間金融機関が行う長期資金の供給等を補完・奨励するためのものが主。同20年10月の政府金融機関改革により、株式会社日本政策投資銀行に移行。DBJ(Development Bank of Japan)。

にほんせいさくとうしぎんこう-ほう【日本政策投資銀行法】ニホンセイサクトウシギンカウハフ 日本政策投資銀行の目的・業務・財務会計等について定めた法律。平成11年(1999)制定。同行の株式会社化に伴い同19年に廃止され、株式会社日本政策投資銀行法が制定された。

にほん-せいさんぎのうろうむきょうかい【日本生産技能労務協会】ーセイサンギノウラウムケフクワイ 製造業派遣・請負業の業界団体。建設業・製造業等の労働者の就労促進、労務管理の改善、技能労働者の養成などを行う。平成12年(2000)設立。社団法人。JSLA(Japan Production Skill Labor Association)。

にほん-せいさんせいほんぶ【日本生産性本部】昭和30年(1955)に財界の寄付金と政府・米国からの補助金によって設立された財団法人。生産性向上を推進するための調査・研究、各企業への助言・奨励などの活動を行った。平成6年(1994)社会経済生産性本部に改組。同21年名称を日本生産性本部に戻し、同22年公益財団法人に移行。

にほんせいふ-かんこうきょく【日本政府観光

局】ニクワンク ワクキョク ►国際観光振興機構

にほんせきじゅうじ-あきたかんごだいがく【日本赤十字秋田看護大学】ニホンセキ ジフジ 秋田市にある私立大学。平成21年(2009)の開学。東北地方唯一の赤十字看護大学。

にほんせきじゅうじ-かんごだいがく【日本赤十字看護大学】ニホンセキ ジフジ 東京都渋谷区などにある私立大学。明治23年(1890)創立の日本赤十字社看護婦養成所を源流として、昭和61年(1986)に開設。平成8年(1996)からは男女共学となった。

にほんせきじゅうじ-きゅうしゅうこくさいかんごだいがく【日本赤十字九州国際看護大学】ニホンセキジフジキウシウ コクサイカンゴダイガク 福岡県宗像むなかた市にある私立大学。平成13年(2001)の開設。日本赤十字学園の4番目の大学として開学した、看護学部の単科大学。

にほん-せきじゅうじしゃ【日本赤十字社】ニホセキ ジフジシャ ►にっぽんせきじゅうじしゃ

にほんせきじゅうじ-とよたかんごだいがく【日本赤十字豊田看護大学】ニホンセキ ジフジ 愛知県豊田市にある私立大学。平成16年(2004)に開学した。看護学部の単科大学。

にほんせきじゅうじ-ひろしまかんごだいがく【日本赤十字広島看護大学】ニホンセキ ジフジ 広島県廿日市はつかいち市にある私立大学。日本赤十字学園の中・四国ブロック拠点校として、平成12年(2000)に設立された。看護学部の単科大学。

にほんせきじゅうじ-ほっかいどうかんごだいがく【日本赤十字北海道看護大学】ニホンセキジフジホクカイダウカンゴダイガク 北海道北見市にある私立大学。平成11年(1999)の開学。

にほん-せんばいこうしゃ【日本専売公社】昭和24年(1949)日本専売公社法に基づいて設立された公共企業体。大蔵省専売局直営の専売事業を引き継ぎ、タバコおよび塩の買入・製造・販売・輸出入などを主な業務とした。同60年日本たばこ産業株式会社に改組・改称。

にほん-ぞうきいしょくネットワーク【日本臓器移植ネットワーク】ニザウキイ ショク 死後に臓器を提供する意思のある人(ドナー)やその家族と臓器の提供を希望する人(レシピエント)の橋渡しをする組織。専任の移植コーディネーターが24時間対応で待機する。移植ネット。

にほん-たいいくきょうかい【日本体育協会】ニタイイクケフクワイ アマチュアスポーツの振興により、国民の体力向上とスポーツ精神の涵養かんようを目的とする組織。各競技団体と都道府県体育協会の統合組織で、明治44年(1911)設立の大日本体育協会を母体とする財団法人。体協。

にほん-たいいくだいがく【日本体育大学】東京都世田谷区にある私立大学。明治26年(1893)設立の体操練習所に始まり、日本体育専門学校を経て、昭和24年(1949)新制大学として発足。

にほん-だいがく【日本大学】東京都千代田区に本部のある私立大学。明治22年(1889)日本法律学校として設立。大正9年(1920)旧制大学となり、昭和24年(1949)新制大学に移行。

にほんだいぶんてん【日本大文典】《原題、ポルトガル Arte da Lingoa de Iapam》日本語学書。ロドリゲス著。慶長9～13年(1604～08)長崎で刊行。キリシタン宣教師の日本語修得を目的として、当時の日本の口語文法を中心に国語の広範な領域にわたり、ポルトガル語によって詳細に記述。元和6年(1620)マカオで刊行した「日本小文典」に対していう。

にほん-だいら【日本平】ニホ ンダイラ 静岡市にある有度山うどやまの平坦な山上。観光地。富士山展望の景勝地。

にほん-だて【二本立て】❶映画などの興行で、2本の作品を上映・上演すること。❷二つの物事を同時に行うこと。「―で雑誌の特集を組む」

にほん-タバコさんぎょうかぶしきがいしゃ【日本たばこ産業株式会社】ニサンゲフカブ シキグワイシャ 日本専売公社の民営化により、昭和60年(1985)に設立された特殊会社。政府は2分の1以上の株式保有を義務づけられている。主要業務は、国内における製造権を独占しているタバコ事業。JT(Japan Tabacco)。

にほん-たんかくしゅ【日本短角種】和牛の一種。在来種の南部牛と外国種のショートホーン種を交配した品種。毛色は褐色。成長が早く、放牧に適する。岩手県・青森県・秋田県が主産地。短角牛。短角種。〔補説〕「短角」は肉用牛としての改良に導入されたショートホーン種に由来。黒毛和種などに比べて角が短いわけではない。

にほん-ちゃ【日本茶】緑茶のこと。紅茶や中国茶に対していう。

にほん-ちゅうおうけいばかい【日本中央競馬会】ニチユウアウ ケイバクワイ 中央競馬を運営する特殊法人。昭和29年(1954)全額国庫出資で設立。農林水産省の監督下に置かれ、全国10か所の競馬場で競馬を開催する。JRA(Japan Racing Association)。

にほん-ちょうきしんようぎんこう【日本長期信用銀行】ニチヤウキシン ヨウギンカウ ►にっぽんちょうきしんようぎんこう

にほん-ちんたいじゅうたくかんりきょうかい【日本賃貸住宅管理協会】ニチンタイヂユウタク クワンリケフクワイ 賃貸住宅の運営・管理の適正化、賃貸住宅市場の整備等を目的とする公益財団法人。賃貸住宅管理会社など約1200社が加盟(平成24年3月現在)。賃貸取引に関する適正なルールの作成や空室率等の指標作成などを行う。平成13年(2001)設立。日管協。

にほん-づつみ【日本堤】東京都台東区の地名。江戸時代、隅田川から三ノ輪までの掘割、山谷さんや堀の土手で、吉原遊郭への通路ともされた。

にほん-ていえん【日本庭園】ニテイ ヱン 池泉・庭石・植木・橋・あずまや・茶室などを絵画的に配置した、日本風の庭園。

にほん-てぬぐい【日本手拭い】ニてぬ ぐひ 日本で古くから使われていた、木綿の平織りの手ぬぐい。

にほん-でんしきかいこうぎょうかい【日本電子機械工業会】ニデンシキカイ コウゲフクワイ ►イー－アイ－エー－ジェー(EIAJ)

にほん-でんしこうぎょうしんこうきょうかい【日本電子工業振興協会】ニデンシコウゲフシ ンコウケフクワイ ►ジェイダ(JEIDA)

にほん-でんししゅっぱんきょうかい【日本電子出版協会】ニデンシシユツ パンケフクワイ 電子出版や各種情報媒体の制作に関わる出版社・電機メーカー・ソフトハウス・印刷会社などによって組織される団体。著作権委員会・デジタル情報ビジネス研究委員会・電子図書館委員会などの専門委員会を置き、先端技術の普及・教育および会員企業の業務促進・標準化などを図る。昭和61年(1986)発足。JEPAジェパ(Japan Electronic Publishing Association)。

にほん-でんしんでんわかぶしきがいしゃ【日本電信電話株式会社】ニデンシンデンワカ ブシキグワイシャ ►にっぽんでんしんでんわかぶしきがいしゃ

にほん-とう【日本刀】ニタウ 日本固有の方法で作られた刀剣の総称。軟らかい鉄を芯しん(心鉄しんがね)として硬い鋼はがね(皮鉄かわがね)で包む独特の鍛造法が用いられ、切れ味と造形的均整美にすぐれたものが多い。慶長(1596～1615)の初めごろまでのものを古刀、それ以後のものを新刀とよぶ。にっぽんとう。〔類語〕刀・太刀たち・大刀だいとう・大刀だいとう・軍刀・真剣・段平だんびら・業物わざもの・秋水しゅうすい・正宗まさむね・帯刀たいとう・腰の物・白刃はくじん・抜き身

にほん-どうろこうだん【日本道路公団】ニダウロ コウダン 日本道路公団法に基づいて、高速道路・一般有料道路および関連施設の建設・管理を統括した特殊法人。昭和31年(1956)設立。平成17年(2005)民営化され、施設の管理運営・建設については、東日本高速道路株式会社、中日本高速道路株式会社、西日本高速道路株式会社の3社が分割して引き継いだ。道路公団。JH(Japan Highway Public Corporation)。➡道路関係四公団

にほんどうろこうだんとうのみんえいかにともなう-どうろかんけいほうりつのせいびとうにかんするほうりつ【日本道路公団等の民営化に伴う道路関係法律の整備等に関する法律】ニホンダウロコウダンとうのミンエイクワにともなふダウ ロクワンケイハフリツのセイビとうにクワンするハフリツ 日本道路公団など道路関係四公団の民営化に伴って制定された法律。道路関係四公団民営化関係四法の一つ。道路整備特別措置法・道路法・高速自動車国道法などの一部を改正するもので、高速道路株式会社が有料道路事業を行う際の手続き等について定めている。平成16年(2004)制定。

にほんどうろこうだんとうみんえいかかんけいほう-しこうほう【日本道路公団等民営化関係法施行法】ニホンダウロコウダントウミンエイ クワクワンケイハフシカウハフ 日本道路公団など道路関係四公団の民営化に伴って制定された法律。道路関係四公団民営化関係四法の一つ。高速道路機構の設立、公団から高速道路会社・機構への権利義務の継承、公団の解散などについて規定している。平成16年(2004)制定。

にほん-としょかんきょうかい【日本図書館協会】ニトシヨクワン ケフクワイ 図書館や読書施設の進歩と発展を図り、文化の進展に寄与することを目的とする社団法人。所管は文部科学省。明治25年(1892)日本文庫協会として発足、数度の名称変更と改組を経て昭和22年(1947)より現名称で社団法人となる。JLA(Japan Library Association)。

にほん-にじゅうろくせいじん【日本二十六聖人】ニニジフロ クセイジン 慶長元年12月19日(1597年2月5日)豊臣秀吉の命により長崎で殉教したフランシスコ会宣教師6人と日本人信徒17人、日本人イエズス会士3人のキリシタン。1861～62年、ローマ教皇ピウス9世により聖人に列せられた。記念日は2月5日。二十六聖人。

にほん-ネットワークインフォメーションセンター【日本ネットワークインフォメーションセンター】►ジェーピーニック(JPNIC)

にほん-のうえん【日本脳炎】ニナウ エン 日本脳炎ウイルスの感染によって起こる脳炎。感染症予防法の四類感染症の一。コガタアカイエカの媒介によるため、夏に流行する。感染しても症状の現れないことが多いが、発病すれば致命率が高く、治っても重い後遺症を残す。

にほん-のうみんくみあい【日本農民組合】ニノウ ミンく みあひ ㊀大正11年(1922)に創立された最初の農民組合の統一組織。昭和3年(1928)先に分裂した全日本農民組合(全日農㊁)と再合同して全国農民組合を結成。㊁昭和6年(1931)に創立した農民運動右派の全国組織。全日本農民組合と日本農民組合総同盟が合同して成立。翌年分裂。㊂第二次大戦後の農民運動の中心的組織。昭和21年(1946)発足。農地改革後各派に分裂したが、同33年合同して全日本農民組合連合会(全日農㊂)を結成。

にほん-のうりんきかく【日本農林規格】►ジャス(JAS)

にほんのうりんきかく-ほう【日本農林規格法】ハフ ►ジャス(JAS)法

にほんのかそうしゃかい【日本之下層社会】ニホン ノカソウ シヤクワイ 明治中期における労働者・貧民・小作人の状態を実態調査に基づいて記した書。1巻。横山源之助著。明治32年(1899)刊。

にほん-は【日本派】明治時代の俳句の流派。正岡子規が新聞「日本」の俳句欄で、俳句革新運動を主唱したことによる。河東碧梧桐かわひがしへきごとう・高浜虚子・内藤鳴雪・夏目漱石らを輩出。根岸派。子規派。

にほん-パーソナルコンピューターソフトウエアきょうかい【日本パーソナルコンピューターソフトウエア協会】ケフクワイ ►シー-エス-エー-ジェー(CSAJ)

にほん-ばし【日本橋】㊀東京都中央区、日本橋川に架かる橋。現在のルネサンス風の石橋は明治44年(1911)建造。橋中央に国道の起点として道路元標がある。㊁東京都中央区北半部の地名。経済の中心地で、日本銀行・証券取引所(金融商品取引所)や各種銀行・問屋・百貨店などが多い。もと東京市の区名。➡にっぽんばし(日本橋)

にほんばし-がっかんだいがく【日本橋学館大学】千葉県柏市にある私立大学。平成12年(2000)に開学した。

にほん-ハリストスせいきょうかい【日本ハリストス正教会】江戸末期にロシアから日本に伝わった東方正教会。ニコライ堂を本山とする。

にほん-ばれ【日本晴(れ)】❶一点の雲もなく晴れわたった空。にっぽんばれ。❷心が晴れ晴れとしていること。心にわだかまりなどがまったくないこと。「すがすがしい一の気持ち」
(類語)晴れ・快晴・晴天・好天・上天気・五月晴れ

にほんばん-エフシーシー【日本版FCC】政府・民主党が設置を検討している、通信・放送分野の独立行政委員会。総務省が所管する通信・放送行政のうち、放送免許の付与・更新や番組規制などを行う規制監督部門を独立機関に移す。米国の連邦通信委員会(FCC)がモデル。「国家権力を監視する役割を持つ放送局を国家権力が監督するという矛盾を解消する」のが狙い。通信・放送委員会。

にほんばん-エルエルシー【日本版LLC】▶合同会社

にほんばん-エルエルピー【日本版LLP】▶有限責任事業組合

にほんばん-デュアルシステム【日本版デュアルシステム】企業での実習(OJT)と学校での講義(Off JT)を並行して行う、若年者向けの職業教育訓練システム。ドイツの制度を参考に、日本に導入された。文部科学省が平成16年度(2004)から一部の高等学校で試験的に導入しているものと、厚生労働省所管の高齢・障害・求職者雇用支援機構が職業能力開発大学校・職業能力開発促進センター・専修学校(委託訓練)などで行っているものがある。

にほんばん-ビッグバン【日本版ビッグバン】▶ビッグバン❸

にほんばん-よんまるいちケー【日本版401k】「確定拠出年金」の通称。

にほん-びじゅついん【日本美術院】美術団体。明治31年(1898)岡倉天心が橋本雅邦らと設立。日本画の近代化を目ざして独自の道を開き、横山大観・下村観山・菱田春草らが輩出。年2回の展覧会「院展」を開催。

にほん-びじゅつてんらんかい【日本美術展覧会】「日展」の正称。

にほん-ビデオりんりきょうかい【日本ビデオ倫理協会】成人向けビデオの内容のわいせつ度を審査するため、昭和47年(1972)に設立された自主審査機関。平成19年(2007)、審査が不十分として警視庁の捜査を受け、同20年に審査業務を終了した。同業務は一般社団法人日本映像倫理審査機構が継承。通称、ビデ倫。

にほん-びょういんやくざいしかい【日本病院薬剤師会】病院・診療所などの医療機関に勤務する薬剤師の職能団体。社団法人。各都道府県の病院薬剤師会の全国組織。会員数は約4万人。日病薬。JSHP(Japanese Society of Hospital Pharmacists)。

にほん-ひょうじゅんじ【日本標準時】協定世界時(UTC)に9時間を加えた時刻。「+0900(JST)」と表す。情報通信研究機構(NICT)が原子時計によって作成し、標準電波や電話回線、インターネットのNTPサーバーを利用して全国に配信している。日本時間。中央標準時。JST(Japan standard time)。➡標準時 (補説)かつては兵庫県明石市などを通過する東経135度の子午線上での平均太陽時として、天体観測に基づいて計測されていた。現在は、情報通信研究機構が複数のセシウム原子時計・水素メーザー原子時計によって得られる時刻を平均・合成して協定世界時を生成し、これを9時間進めたものを日本標準時として決定している。

にほん-ふ【日本府】大和朝廷が、朝鮮半島の任那に設置したという政治的、軍事的機関。6世紀中ごろまで存続したとみられる。倭宰。任那日本府。

にほん-ふう【日本風】日本在来の形式や風俗。和風。「一の家屋」

にほん-ふく【日本服】「和服」に同じ。「一を着せて呉れたりしました」〈漱石・こゝろ〉

にほん-ふくしだいがく【日本福祉大学】愛知県知多郡美浜町などにある私立大学。昭和32年(1957)に開学した。

にほん-ぶよう【日本舞踊】歌詞を伴う三味線などを伴奏とした日本の伝統的舞踊。狭義には歌舞伎舞踊をさす。日舞。

にほん-プロサッカーリーグ【日本プロサッカーリーグ】▶Jリーグ

にほん-プロバスケットボールリーグ【日本プロバスケットボールリーグ】▶bjリーグ

にほん-プロやきゅうせんしゅかい【日本プロ野球選手会】日本のプロ野球球団に所属する日本人選手および一部の外国人選手を会員とする団体。労働組合と社団法人の2法人が登記されている。平成16年(2004)には球界再編問題を受けて、プロ野球史上初のストライキに踏み切った。JPBPA(Japan Professional Baseball Players Association)。

にほん-ぶんかだいがく【日本文化大学】東京都八王子市にある私立大学。昭和53年(1978)に開学した、法学部の単科大学。

にほん-ぶんげいかきょうかい【日本文芸家協会】文芸的著作家の職能団体。文芸家の親睦・共済、著作権の擁護などを図るため、大正15年(1926)文芸家協会として設立。昭和21年(1946)現名に改称して再発足。

にほん-ぶんりだいがく【日本文理大学】大分市にある私立大学。昭和42年(1967)に大分工業大学として開設。同57年に現校名に改称した。

にほん-ペンクラブ【日本ペンクラブ】国際ペンクラブの日本支部。昭和10年(1935)設立。同22年再発足し、翌年国際ペンクラブに復帰。

にほん-べんごしれんごうかい【日本弁護士連合会】全国の弁護士および弁護士会を会員とする公法人。弁護士の登録、会員の指導・連絡・監督に関する事務を行う。昭和24年(1949)設立。日弁連。

にほん-ぼう【二本棒】❶子供が左右の鼻の穴からたらしている鼻汁。❷間の抜けた人、また、甘い男をあざけっていう語。「己はお前の考えてるような一じゃないよ」〈漱石・明暗〉❸編み物に用いる、二本で一組みになった編み棒。二本針。❹二本差しの武士をののしっていう語。「いめえましい一めが」〈滑・続膝栗毛・六〉

にほん-ぼうえきしんこうかい【日本貿易振興会】▶ジェトロ(JETRO)

にほん-ぼうえきしんこうきこう【日本貿易振興機構】▶ジェトロ(JETRO)

にほん-ほうそうきょうかい【日本放送協会】▶にっぽんほうそうきょうかい

にほん-ほけんいりょうだいがく【日本保健医療大学】埼玉県幸手市にある私立大学。平成22年(2010)の開校。

にほん-ほにゅうるいがっかい【日本哺乳類学会】哺乳類に関する研究の推進・交流を目的とした学会。昭和62年(1987)に日本哺乳動物学会(同24年発足)と哺乳類研究グループ(同30年発足)が合併して創設。

にほん-ま【日本間】伝統的な日本風家屋の様式に基づいてつくられた部屋。ふつう、壁は塗壁、床は畳あるいは板敷で、建具は障子・襖を入れ、いすを用いず、床の上に座る。和室。⇔洋間。

にほん-まい【日本米】日本で産出する米。内地米。

にほん-まち【日本町】16～17世紀、南方諸国に進出した日本人の集団居留地。朱印船貿易の発展により多くの日本人が海外に移民。シャムのアユタヤ、ルソンのディラオ・サンミゲル、コーチのツーラン・フェフォなどが有名。日本人町。

にほんまつ【二本松】福島県中北部の市。もと丹羽氏の城下町、奥州街道の宿駅。城跡は霞ヶ城とよばれる。家具製造・酒造・繊維工業などが盛んで、10月には提灯祭が行われる。平成17年(2005)12月、安達町・岩代町・東和町と合併。人口6.0万(2010)。

にほんまつ-し【二本松市】▶二本松

にほんまつ-じょう【二本松城】福島県中北部、二本松市にある城。江戸時代前期、白河から移封された陸奥二本松藩主丹羽光重により10年の歳月をかけて築城された。小堀遠州作の名園が残る。城趾は県立公園となっている。霞ヶ城。

にほん-まる【日本丸】▶にっぽんまる

にほん-みんかんほうそうれんめい【日本民間放送連盟】全国の民間放送事業者が加盟している社団法人。民間放送に共通する問題に対応し、公共的使命を達成する目的で昭和26年(1951)設立された。放送倫理水準の向上や、放送事業を通じた公共の福祉増進に資することを目指している。全国の放送局203社が参加(平成24年7月現在)。関連団体にBPO(放送倫理番組向上機構)、ACC(全日本シーエム放送連盟)などがある。民放連。JBA(The Japan Commercial Broadcasters Association)。

にほん-みんしゅしゅぎぶんがくかい【日本民主主義文学会】日本の作家・評論家の職能団体。創造・批評活動を通じ、文学・芸術の民主的発展を図るため、昭和40年(1965)日本民主主義文学同盟として設立。平成15年(2003)現名に改称。

にほん-みんしゅとう【日本民主党】昭和29年(1954)自由党の新党派と改進党とが合同し、鳩山一郎を総裁として結成された政党。翌年、保守合同により自由民主党となった。

にほん-メソジストきょうかい【日本メソジスト教会】日本基督教団成立以前の、日本プロテスタント教会三大教派の一。メソジスト系教会の日本宣教開始は明治6年(1873)であるが、同40年アメリカメソジスト監督教会・アメリカ南メソジスト監督教会・カナダメソジスト教会の三派合同により成立。➡メソジスト

にほんもんとくてんのうじつろく【日本文徳天皇実録】「文徳実録」の正式名称。

にほん-やくざいしかい【日本薬剤師会】薬剤師の全国組織。医薬品情報の提供・薬局機能の向上支援・薬剤師の利益保護・教育および啓発活動などを行う。明治26年(1893)設立。

にほん-やちょうのかい【日本野鳥の会】野鳥の保護、野鳥保護教育の普及、野鳥の調査研究を目的とする財団法人。昭和9年(1934)設立。本部は東京。

にほん-やっかだいがく【日本薬科大学】埼玉県北足立郡伊奈町にある私立大学。平成16年(2004)に開学した、薬学部の単科大学。日本初の漢方薬学科をもつ。

にほん-やっきょくほう【日本薬局方】日本国内で医療に供する重要な医薬品について、その性状および品質の適正をはかるため、品質・純度・強度の基準を定めた公定書。

にほんゆうしゅうき【日本幽囚記】文化8年(1811)千島列島に来航したロシア帝国軍人ゴロブニンの2年3か月余にわたる日本幽閉中の手記。1巻。1816年刊。文政年間(1818～1830)に「遭厄日本紀事」、明治27年(1894)に「日本幽囚実記」と題して邦訳された。

にほんゆうせい-かぶしきがいしゃ【日本郵政株式会社】▶にっぽんゆうせいかぶしきがいしゃ

にほん-ゆうせいグループ【日本郵政グループ】▶にっぽんゆうせいグループ

にほんゆうせいグループ-ろうどうくみあい【日本郵政グループ労働組合】▶にっぽんゆうせいグループろうどうくみあい

にほん-ゆうびん【日本郵便】㊀▶郵便事業

株式会社 ㊁▶日本郵便株式会社

にほん-ゆしゅつにゅうぎんこう【日本輸出入銀行】ニヨシユツニユウギンコウ ▶にっぽんゆしゅつにゅうぎんこう

にほん-ライン【日本ライン】木曽川中流の渓谷の称。岐阜県可児かに市今渡いまわたりから愛知県の犬山城付近に至り、長さ13キロ。ドイツのライン川に似ているというので、大正時代に地理学者志賀重昂しがしげたかが命名。舟による川下りの観光地。

にほん-ラジオネットワーク【日本ラジオネットワーク】▶エヌ-アール-エヌ(NRN)

にほん-りす【日本×栗×鼠】▶栗鼠りす❶

にほんりょういき【日本霊異記】ニホンリヨウイキ 平安前期の日本最古の仏教説話集。3巻。景戒けいかい・きょうかい著。弘仁14年(823)ごろ成立。異聞・因果談・発心談など116の説話を、日本風の漢文で記したもの。日本国現報善悪霊異記。霊異記。にほんれいいき。

にほん-りょうり【日本料理】ニレウリ 日本の風土で独自に発達した料理。季節感を重んじ、新鮮な魚介や野菜を用い、刺身や煮物・焼き物・汁物・寄せ物などに材料の持ち味を生かして調理し、強い香辛料をあまり使わない。器の種類や盛り付けにも工夫を凝らし、見た目の美しさを尊重する。和食。

にほん-りょっかセンター【日本緑化センター】ニリヨク 環境緑化に関する調査・研究や技術開発などを目的とした財団法人。昭和48年(1973)設立。森林整備、樹木の生産、都市部や工場の緑化推進などのほか、樹木医の認定を行う。

にほん-りんしょうびせいぶつがっかい【日本臨床微生物学会】ニリンシヤウビセイブツガククワイ 臨床微生物学および感染症の診断・治療・予防の推進、病院感染の防止などに貢献することを目的とする学会。平成2年(1990)設立。認定臨床微生物検査技師・感染制御認定臨床微生物検査技師の研修・認定を行う。

にほんれいいき【日本霊異記】▶にほんりょういき

にほん-レジストリサービス【日本レジストリサービス】▶ジェー-ピー-アール-エス(JPRS)

にほん-れっとう【日本列島】ニレツタウ アジア大陸の東方に連なる弧状列島。地殻変動・火山活動が活発。数万年前に大陸と離れてほぼ現在の形になった。

にほん-ろう【日本×蝋】ニラフ 木蝋もくろうのこと。日本特産なのでいう。

にほん-ろうどうくみあいそうどうめい【日本労働組合総同盟】ニラウドウクミアヒソウドウメイ 総同盟㊀の正式名称。

にほん-ろうどうくみあいそうひょうぎかい【日本労働組合総評議会】ニラウドウクミアヒソウヒヤウギクワイ 総評㊁の正式名称。

にほん-ろうどうくみあいそうれんごうかい【日本労働組合総連合会】ニラウドウクミアヒソウレンガフクワイ 連合㊁の正式名称。

にほん-ろうどうそうどうめい【日本労働総同盟】ニラウドウソウドウメイ 総同盟㊀の正式名称。

にほんろうまんは【日本浪曼派】ニホンラウマンハ 文芸雑誌。また、その雑誌によって活動した一派。昭和10年(1935)3月、保田与重郎・亀井勝一郎らを中心に創刊。自然主義文学を批判し、ロマン主義を標榜ひょうぼう。同13年8月廃刊。

に-まい【二枚】1枚の2倍。ふたひら。

にまい-おち【二枚落ち】将棋で、上位者が飛車と角行を落としてさすこと。飛車角落ち。

にまい-おろし【二枚下ろし】頭を切り落とした魚を、片身を中骨なかぼねつきとして二枚に切り分けること。片身おろし。

にまい-がい【二枚貝】ニマイガヒ 二枚貝綱に分類される軟体動物の総称。体の左右に一対の貝殻があり、触角・目はなく、えらは弁状で二対あり、足は斧のような形をしている。アカガイ・ホタテガイ・ハマグリ・シジミなど。斧足ふそく・おの類。双殻類。弁鰓べんさい類。

にまい-がけ【二枚掛(け)】写真の印画紙の大きさの一。手札判とキャビネ判の中間で、縦12.3センチ、横9.8センチ。

にまい-がさね【二枚重ね┆二枚▽襲】和服で、長着ながぎ2枚を重ねて着ること。

にまい-がた【二枚肩】駕籠かごを二人でかつぐこと。また、その駕籠。「一にもえ乗らいで」〈松の葉・三〉

にまい-かんさつ【二枚鑑札】❶一人の人が同時に二つの資格などをもつこと。現役の力士・行司が、同時に年寄の株をもつことなど。❷芸者が娼妓も兼ねること。「芸者といってももちろん一だが」〈志賀・暗夜行路〉

にまい-がんな【二枚×鉋】普通の刃の裏面にもう1枚の刃を合わせて、軟木や逆目でも削れるようにした鉋。

にまい-かんばん【二枚看板】❶芝居などの興行で、中心となる二人の出演者。❷人々の注意をひいたり、人気を集めたりするのに有効な二つの物事。「減税と行革とを一とする党」

にまい-ぐし【二枚×櫛】2枚の櫛を結った髪の前頂に並べてさすこと。ふつう、遊女がした。

にまい-げり【二枚蹴り】相撲のきまり手の一。四つに組み、相手を浮かしぎみの体勢から、差し手の側の足裏で相手のくるぶし付近を払い上げて倒す技。

にまい-ごし【二枚腰】相撲などで、粘り強い腰のこと。

にまい-じお【二枚潮】ニジホ 釣りで、上層と下層の潮温の差が大きいこと。魚の食いが悪い。二段潮。

にまい-じた【二枚舌】矛盾したことをいうこと。うそをつくこと。「一を使う」(類語)食言・二言にごん・空そら約束・まやかし・ごまかし・舌先三寸・空言そらごと・嘘うそ・偽り

にまい-ど【二枚戸】2枚を引き違いにして開閉する戸。

にまい-め【二枚目】❶歌舞伎の役柄で、主に恋愛場面を見せる美男の立ち役。江戸時代の劇場で、表の看板の右から2番目に名が書かれたところからいう。また一般に、映画などの美男役。⇒三枚目 ❷《❶から転じて》美男子。やさおとこ。❸相撲の番付で、前頭・十両・幕下などの2番目の位置。
(類語)(❶)三枚目/(❷)美男・美男子・色男・美丈夫・美少年・美童・ハンサム

にまいめ-はん【二枚目半】三枚目の要素をもつ二枚目の役柄。

に-まめ【煮豆】乾燥した豆を水でもどし、味付けして煮たもの。大豆のほかは甘くすることが多い。

にまんごせん-にち【二万五千日】京都・長崎などの清水寺へ7月10日に参詣すること。この日に参詣すれば、2万5000日通ったほどの利益りやくがあるという。

ニムス〖NIMS〗《National Institute for Materials Science》▶物質・材料研究機構

にめい-ほう【二名法】ニハフ 生物の種の学名の付け方で、ラテン語を用い、属名(大文字)と種名(小文字)とを列記するもの。リンネが提案。

に-も〔連語〕㊀《格助詞「に」+係助詞「も」》❶格助詞「に」に並列・列挙や強調などの意を加える。「ぼくーわかる」「被害額は数億円一のぼる」「かばかり守る所に、天の人一負けむや」〈竹取〉❷(「…にも…ない」「…にも…ず」の形で、下に上の動詞の可能形を置き)その動作がどうしてもできない、または、その動作をするのをためらう、という意を表す。「歩く一歩けない」「笑う一笑えず困った」㊁《接続助詞「に」+係助詞「も」》(多く「…うにも」の形で)逆接の仮定条件を表す。「運転しよう一車がない」㊂《断定の助動詞「なり」の連用形+係助詞「も」》…でも。「あぢきなきすさびにて、かつ破やり捨つべきものなれば、人の見るべき一あらず」〈徒然・一九〉

に-もう【二毛】白髪のまじっている髪。また、そのような老人。「一の嘆きを撥はらはむ」〈万・八〇四・題詞〉

にもう-さく【二毛作】同じ耕地で、1年に二度、別種の農作物を栽培すること。⇒一毛作 ⇒多毛作

に-も-かかわらず【にも▽拘らず】ニモカカハラズ【連語】《連語「にも㊀」+動詞「かかわる」の未然形+打消しの助動詞「ず」》❶前述の事柄を受けて、それと相反する行動をとる意を表す。…であるのに。「雨一出かける」「あれほど固く約束した一姿を現さない」❷(接続詞的に用いて)それなのに。しかし。「疲れがひどかった。一、がんばった」

に-もじ【に文字】ニンニクをいう女房詞。

に-もたれ【荷×凭れ】在庫品が大量にあるため、相場が下がっていくこと。

に-もち【荷持(ち)】❶荷物を持ち運びする人。❷家財道具を多く持っている人。❸建築で、上部の荷重を受ける建材。

に-もつ【荷物】❶運搬・運送する品物。❷重荷に感じられるもの。負担となるもの。お荷物。「とんだ一をしょいこむ」「皆のおーにはなりたくない」
(類語)荷・貨物・手荷物・小荷物・小包・積み荷

に-もの【煮物】材料に調味した汁を加えて煮ること。また、煮たもの。
(類語)煮付け・煮染め・煮転がし・煮浸し・佃煮つくだに

にゃ〔連語〕《「ねば」の音変化》連語「ねば❶」に同じ。「今日中に家に戻ら一何を言われるかわかったもんじゃない」⇒ねばならない (補説)うちとけた会話などで用いられ、「にゃあ」となることもある。

に-や〔連語〕㊀《断定の助動詞「なり」の連用形+係助詞「や」》❶㋐文中にあって連体形の結びを伴う用法。…で…か。「朝夕の宮仕へにつけても、人の心をのみ動かし、恨みを負ふつもり一ありけむ」〈源・桐壺〉㋑文末にあって結びを伴わない用法。…なのか。「あやし。ひが耳一」〈源・若紫〉❷軽く詠嘆的に言い切る意を表す。「さもあるべき事一」〈奥の細道〉(補説)❶㋐は下に「あらむ」「あるらむ」「ありけむ」などを伴うことが多い。❷は江戸時代の用法。㊁《格助詞「に」+係助詞「や」》疑問・反語の意を表す。…に…か。「そなた一まゐり来くべき」〈かげろふ・下〉

にゃあ-にゃあ㊀〔副〕猫の鳴き声を表す語。「えさをねだって一(と)鳴く」㊁〔名〕猫をいう幼児語。

ニヤーヤ〖梵 Nyāya〗インド六派哲学の学派の一。「ニヤーヤ-スートラ(正理経)」を経典とし、ガウタマが開祖とされ、1世紀ごろ古代インドで成立したと推定される。それまでの論理学と自然哲学とを集大成したもの。ニヤーヤ学派。正理学派。

に-やき【煮焼き】〔名〕スル 食物を煮たり焼いたりすること。「魚を一する」

にゃく 蒟蒻こんにゃくをいう女房詞。

に-やく【荷役】船荷のあげおろしをすること。また、それをする人。

にゃくおうじ-じんじゃ【若王子神社】ニヤクワウジ- 京都市左京区にある神社。祭神は伊弉諾尊いざなぎのみこと。熊野の王子信仰に伴い、後白河法皇の勧請によるという。

にゃく-そう【若僧】年の若い僧。

にゃく-ぞく【若族┆若俗】若い人。若者。「ある時は児ちご、一の能かと見え」〈花伝・七〉

にゃく-どう【若道】ニヤクダウ 男色の道。じゃくどう。「一になづまず傾城嫌ひ」〈浮・栄花一代男〉

にや-くや〔副〕あいまいでにえきらないさま。「懐中が乏しきゆゑ、一の挨拶をしてゐるに」〈滑・続膝栗毛・七〉

にや-け【▽若気】《古くは「にゃけ」か》❶男が派手に着飾ったり、媚こびるような態度をとったりすること。また、その人。「一男」❷男色を売る若衆。陰間かげま。「長季は宇治殿の一なり」〈古事談・二〉

にや・ける【▽若気る】〔動カ下一〕《名詞「にやけ」の動詞化》❶男が変にめかしこんだり、色っぽいようすをしたりする。「一・けたやつ」❷《若者言葉》にやにやする。口許がゆるんで笑顔になる。「彼のことを考え、一・けてしまう」
(類語)(❷)にやつく・にたつく・笑う・脂やに下がる・にんまりする・ほくそ笑む

にや-こ・い〔形〕《近世語》女にあまい。また、にやけている。「下地が一・い旦那様」〈浄・阿波鳴渡〉

に-やっかい【荷厄介】ニヤククワイ〔名・形動〕荷物をもてあますこと。転じて、物事が負担になること。また、そのさま。「身体が一になって」〈紅葉・二人女房〉

にや-つ・く〔動カ五(四)〕にやにや笑う。にやにやする。「一・かないで、ぴりっとしろ」
(類語)笑う・にたつく・にやける・脂やに下がる

に-やっこ【煮▽奴】大きめの賽さいの目に切った豆腐を醤油味のだし汁で煮たもの。煮奴豆腐。

にやつこら・し〘形シク〙につかわしい。「是見られよと—・しき注文とり出し」〈浮・新色五巻書・三〉

にや-にや〘副〙スル 声を出さないで薄笑いを浮かべるさま。「子供の話となると急に—(と)しはじめる」「意味ありげに—(と)笑う」類語にんまり・にやり

にやり〘副〙声を出さないでちょっと笑いを浮かべるさま。「皮肉っぽく—と笑う」
類語にんまり・にやにや・ほくそ笑む

に・ゆ【煮ゆ】〘動ヤ下二〙「にえる」の文語形。

ニュアンス〘フラ nuance〙❶言葉などの微妙な意味合い。また、言外に表された話し手の意図。「発言の—を汲む」❷色彩・音色などの微妙な差異。「細かいグラデーションで—を出す」類語意味合い・含み・含意・含蓄・語感・感じ

ニュイ-サンジョルジュ〘Nuits-Saint-Georges〙フランス中東部、コート-ドール県南部の村。ブルゴーニュワインの産地、コート-ド-ニュイ地域の中心地として知られる。カシスの生産も盛ん。

ニュー〘new〙❶新しいもの。新品。「お—の服」❷外来語の上に付いて、新しい、の意を表す。「—カップル」類語新規・最新・新

ニュー〘N｜ν｜nu〙❶〈N・ν〉ギリシャ語アルファベットの第13字。❷〈ν〉ニュートリノの記号。

に-ゆう【二×酉】ニイウ《中国の大酉・小酉という二つの山の石窟から千巻の古書が出てきたという故事から》蔵書の多いこと。また、それを収めた所。

ニュー-アムステルダム〘New Amsterdam〙米国ニューヨーク市にあたる地域に、1625年にオランダ人が建設した都市。➡ニューヨーク㊁

にゅう-いき【入域】ニフヰキ〘名〙スル その区域へはいること。⇔出域。

ニューイヤー-カード〘New Year's card〙「年賀状」に同じ。

にゅう-いん【入院】ニフヰン〘名〙スル ❶院と名のつくところにはいること。特に、病気やけがの治療などのために一定の期間病院にはいること。「精密検査のために—する」⇔退院。❷僧侶が住職となって寺院にはいること。じゅいん。類語通院・外来

ニュー-イングランド〘New England〙米国北東部、メーン・ニューハンプシャー・バーモント・マサチューセッツ・ロードアイランド・コネチカットの6州からなる地方。英国から清教徒が最初に入植した地。

にゅう-いんりょう【乳飲料】ニウインレウ 牛乳や乳製品をもとにして作った飲み物。果汁・コーヒーなどで風味をつけたものなど。

ニュー-ウエーブ〘new wave〙新しい波。芸術や政治運動で、新しくきわだった傾向・流行。ヌーベルバーグ。

にゅう-えい【入営】ニフ〘名〙スル 兵役義務者または志願兵が、軍務に就くために兵営にはいること。

ニューエージ-ミュージック〘new age music〙《「ニューエイジミュージック」とも》1980年代半ばごろから脚光を浴び始めた、アメリカ・カナダに端を発する新しい音楽カテゴリー。自然をテーマとし、精神的緊張をほぐして心に安らぎを与えることを求めたインストルメンタル。

にゅう-えき【乳液】❶植物の茎などを切ると出る白い乳状の液体。タンポポなどにみられる。❷皮膚に水分と油分を与えるための乳状の化粧品。

ニュー-エレガンス《和 new＋elegance》従来の単に女性的なエレガンスではなく、他の異質な要素、例えば、クラシックなアイテムや男物などを取り入れてなおかつエレガントな感じに表現したファッションのこと。

にゅう-えん【入園】ニフヱン〘名〙スル ❶動物園・遊園地などに入場すること。「—料」❷幼稚園や保育園に園児としてはいること。「四月に—する」（季 春）

にゅうえん-しき【入園式】ニフヱン 幼稚園や保育園に入園するに際し、行う儀式。

ニュー-オーリンズ〘New Orleans〙米国ルイジアナ州、ミシシッピ川下流の河港都市。ラテンアメリカとの貿易の中心港。18世紀初めにフランス人が建設し、名は新オルレアンの意。ジャズ音楽の発祥地。人口、行政区31万(2008)。

にゅう-か【入花】ニフクワ「いればな❸」に同じ。

にゅう-か【入荷】ニフ〘名〙スル 商店や市場に品物がはいること。「新製品が—する」

にゅう-か【乳化】ニウ〘名〙スル 互いに混ざり合わない液体の一方を微粒子にして他方に分散させること。撹拌などの方法を用い、保存するためにふつう乳化剤を加える。

にゅう-か【乳×痂】乳児のほおが赤くなり、かさぶたを生じるもの。

にゅう-か【乳菓】ニウクワ 牛乳を入れて製した菓子。

にゅう-かい【入会】ニフクワイ〘名〙スル 会にはいること。新しく会員になること。「自然観察会に—する」「—金」「—資格」⇔退会。類語参加・加入・加盟・仲間入り・加わる・列する・連なる・名を連ねる

にゅうが-がにゅう【入我我入】ニフガガニフ 仏語。密教で、如来の三密が自己に入り、自己の三業が如来に入り、両者が一体の境地になること。

にゅう-かく【入閣】ニフ〘名〙スル 国務大臣として内閣に加わること。「民間から—する」

にゅう-がく【入学】ニフ〘名〙スル ❶ある学校の新しい児童・生徒・学生となること。「大学に—する」「—式」（季 春）❷弟子入りすること。入門。類語就学・入校

にゅうがく-きん【入学金】ニフガク 入学の際、授業料以外に学校に納入する金。

にゅうがく-しき【入学式】ニフガク 入学に際し、行う儀式。➡入学❶

にゅうがく-しけん【入学試験】ニフガク 一定の入学者を選ぶために入学志願者に対して行う試験。入試。（季 春）「一幼き頸の溝ふかく／草田男」

にゅうか-ざい【乳化剤】ニウクワ 乳化を容易にし、また、それを安定させる物質。多く界面活性剤が用いられる。

ニューカッスル〘Newcastle〙㊀英国イングランド北東部の河港・工業都市。タイン川下流にあり、造船業や商業が盛ん。ニューカッスル-アポン-タイン。㊁オーストラリア南東部の港湾・工業都市。シドニーの北方にあり、石炭の積み出しや鉄鋼業が盛ん。

ニューカッスル-アポン-タイン〘Newcastle-upon-Tyne〙▶ニューカッスル

ニューカッスル-びょう【ニューカッスル病】ビヤウ 鶏の急性伝染病。家畜伝染病予防法の監視伝染病(家畜伝染病)の一。ウイルスの感染により、肺炎や緑色の下痢便、痙攣などの症状を示す。死亡率が高く、人にも伝染する。英国ニューカッスル地方で流行し、発見された。

ニューカマー〘newcomer〙新しく来た人。新参者。特に、大都市近郊の新規入居者。

ニュー-カレドニア〘New Caledonia〙南太平洋西部、メラネシアの島。オーストラリアの東方にある。中心都市ヌーメア。1774年英人クックが発見し、スコットランドの古名カレドニアにちなんで命名。1853年以来フランス領。ニッケル・クロムなどの地下資源が豊富。先住民はメラネシア系のカナカ人。面積1万7000平方キロメートル。人口25万(2010)。

にゅう-かん【入棺】ニフクワン〘名〙スル 遺体を棺に納めること。納棺。じゅかん。

にゅう-かん【入感】ニフ 無線通信などで、電波が届くこと。受信すること。⇔消感。

にゅう-かん【入管】ニフクワン「入国管理局」の略称。

にゅう-かん【入監】ニフ〘名〙スル 監獄に収容されること。入獄。

にゅう-かん【入館】ニフクワン〘名〙スル 図書館・美術館など、館と名のつく施設にはいること。「—料」「—証」

にゅう-かん【乳管】ニウクワン ❶植物の、乳液を分泌する細胞が集まってできている管。タンポポ・ケシなどにみられる。❷哺乳類の乳腺の各小葉から出て乳頭に開口する管。

にゅう-がん【入眼】ニフ ▶じゅがん(入眼)

にゅう-がん【乳×癌】乳腺にできる癌。40歳以上の女性に多く、初め乳房にしこりができるが、痛みはない。早期発見による切除のほか、放射線や制癌剤による治療がある。

にゅうかん-ジーメン【入管Gメン】ニフクワン ▶入国警備官

にゅうかん-なんみんほう【入管難民法】ニフクワンナンミンハフ ▶入国管理法

にゅうかん-ほう【入管法】ニフクワンハフ「入国管理法」の略。

にゅう-ぎ【▽新木】年木の一。小正月に門口に立てて置く割り木。十二月と書いたり、12本の横線を書いたりする。御新木。鬼打ち木。

にゅうき-こう【入気坑】ニフキカウ 炭鉱で、外気を坑内へ流入させるための坑道あるいは坑口。⇔排気坑。

ニュー-ギニア〘New Guinea〙南太平洋西部、オーストラリアの北方にある世界第二の大島。東経141度線を境に、西部はインドネシア領西イリアン(イリアンジャヤ)、東部はパプア-ニューギニア。中央部の山岳地帯を除き熱帯雨林に覆われる。焼畑農耕が中心。先住民はメラネシア系のパプア人。面積79万平方キロメートル。パプア島。

ニュー-きもの【ニュー着物】《ふつう「ニューキモノ」と書く》DCブランドのデザイナーなどによって作り出された新しい感覚の着物のこと。

ニューキャッスル-アポン-タイン〘Newcastle-upon-Tyne〙▶ニューカッスル

にゅう-ぎゅう【乳牛】ニウギウ 乳をとることを目的として飼育される牛。

にゅう-きょ【入居】ニフ〘名〙スル はいってそこに住むこと。「アパートに—する」
類語転居・移転・居住・家移り・宿替え・住む・移り住む

にゅう-きょ【入×渠】ニフ〘名〙スル 船がドック(船渠)にはいること。「修理のため—する」

にゅう-ぎょ【入御】ニフ〘名〙スル 天皇・皇后・皇太后が内裏へはいること。じゅぎょ。

にゅう-ぎょ【入漁】ニフ 他人や他の団体が権利を有する特定の漁場に入って漁業を行うこと。にゅうりょう。類語漁・漁労・密漁・漁獲・出漁

にゅう-きょう【入京】ニフキヤウ〘名〙スル 地方からみやこへはいること。にゅうけい。「新しい細君を迎えるために—したのである」〈漱石・行人〉

にゅう-きょう【入×鋏】ニフケフ〘名〙スル 乗車券・入場券などに、係員がはさみを入れること。「—省略」

にゅう-ぎょう【乳業】ニウゲフ 牛乳や乳製品を製造する事業。

にゅう-きょく【入局】ニフ〘名〙スル 放送局・医局など、局と名のつくところに職員としてはいること。「テレビ局に—する」

にゅう-ぎょく【入玉】ニフ〘名〙スル 将棋で、王将が敵陣の三段目以内にはいりこむこと。入り王。

にゅうぎょ-けん【入漁権】ニフギョ 他人の共同漁業権または特定の区画漁業権に属する漁場で漁業を営む権利。漁業権者との契約によって設定される。

にゅうぎょ-りょう【入漁料】ニフギョレウ ❶入漁に際して漁業権者に支払う料金。❷200海里水域内で他国の漁船が操業するときに支払う料金。

にゅう-きん【入金】ニフ〘名〙スル ❶金銭を受け取ること。収入金があること。「月末に—がある」「—伝票」⇔出金。❷金銭を払い込むこと。また、その金銭。「前金として半額を—する」
類語収入・実入り・入り・上がり・稼ぎ・歳入・収受・受納・領収・インカム・納入・納付・上納・納金・払い込み

にゅう-ぎん【入銀】ニフ「入金❶」に同じ。「過分の—算用なしに遣ひかかり」〈浮・好色盛衰記〉

ニューク〘nuke〙《nuclearの略》核の、核兵器の、などの意を表す語。

ニュー-クチュール〘new couture〙1950年代のオートクチュールのような、エレガントで女らしい着こなしを特徴とするファッションの傾向。

ニューグランジ〘Newgrange〙▶ニューグレンジ

ニュークリア〘nuclear〙核エネルギー。原子力。核兵器。また、多く複合語の形で用い、原子力の、核兵器の、などの意を表す。「—ボム」

ニュークリア-フィッション〘nuclear fission〙「核分裂」に同じ。

ニュークリア-フュージョン〘nuclear fusion〙「核

融合」に同じ。

ニュークリア-ボム〘nuclear bomb〙核爆弾。原子爆弾・水素爆弾など。

ニュー-クリティシズム〘New Criticism〙1930年代、米国で確立した文芸批評の方法。作家の伝記や時代背景についての知識を重視せず、作品を自律的なものとして、その構造・意味・象徴性などを解明するもの。新批評。

ニュークレオン〘nucleon〙核子。

ニューグレンジ〘Newgrange〙アイルランドの首都ダブリンの北40キロメートル、ボイン渓谷にある紀元前3000年頃に築かれた石室墓の一。直径76メートル、高さ12メートルの巨大なハート形をしており、外壁の石には渦巻き模様が刻まれている。1年に1度、冬至の日に太陽の光が墓室の奥に射し込むよう設計されている。ドウス、ノウスなどの大型の石室墓とともに、1993年「ボイン渓谷の遺跡群」として世界遺産(文化遺産)に登録。ニューグランジ。➡ブルーナボーニャ

にゅう-こ【入庫】〔名〕スル ❶品物が倉庫にはいること。また、入れること。くらいれ。「発注していた品が一する」⇔出庫。❷電車・自動車などが車庫にはいること。また、車庫に入れること。「業務を終えて一する」⇔出庫。

にゅう-こ【乳虎】出産後の乳飲み子をもつ雌虎。性質が最も狂暴だという。

にゅう-こう【入坑】〔名〕スル 炭坑や鉱山などで、坑道にはいること。「採掘のために一する」

にゅう-こう【入校】〔名〕スル 学校にはいること。入学。「予備校に一する」「一手続き」

にゅう-こう【入貢】〔名〕スル 外国から使節が貢物を持って来ること。「一船」

にゅう-こう【入×寇】〔名〕スル 外国から攻め入ってくること。来寇。

にゅう-こう【入港】〔名〕スル 船が港にはいること。「外国船が一する」⇔出港。

にゅう-こう【入構】〔名〕スル 構内にはいること。「車両が一する」「一許可証」

にゅう-こう【入稿】〔名〕スル ❶印刷するための原稿を印刷所に渡すこと。「写真原稿を一する」❷原稿を著者から入手すること。「一待ち」

にゅう-こう【乳光】▶蛋白光

にゅう-こう【乳香】カンラン科の常緑高木。また、その樹脂。葉は羽状複葉。白色または淡紅色の小花を円錐状につける。北アフリカの原産。樹脂は芳香があり、古代エジプト時代からの薫香料。

にゅう-こく【入国】〔名〕スル ❶他の国にはいること。「不法に一する」⇔出国。❷領主が初めてその領地にはいること。〈日葡〉

にゅう-ごく【入獄】〔名〕スル 監獄に拘禁されること。入監。⇔出獄。

にゅうこくかんり-きょく【入国管理局】法務省の部局の一。日本人・外国人の出入国審査、外国人の在留管理、難民認定などを扱う。地方入国管理局、同支局・出張所などがある。入管。

にゅうこくかんり-とくれいほう【入国管理特例法】《「日本国との平和条約に基づき日本の国籍を離脱した者等の出入国管理に関する特例法」の通称》特別永住者の身分や出入国に関して定めた法律。通常の入国管理法の特例として平成3年(1991)に施行された。出入国管理特例法。入管特例法。

にゅうこくかんり-ほう【入国管理法】《「出入国管理及び難民認定法」の通称》日本に出入国するすべての人の公正な管理、外国人の在留手続き、難民の認定などについて定める法律。昭和26年(1951)に公布された出入国管理令を同57年に改正。入管法。出入国管理法。入管難民法。出管法。

にゅうこく-けいびかん【入国警備官】来日する外国人、在留外国人の管理に当たる国家公務員。入国管理法違反者の摘発・収容・送還の権限を持つ。入管Gメン。

ニューコメン〘Thomas Newcomen〙[1663〜1729]英国の技術者。蒸気力揚水機を改良し、ワットが蒸気機関の特許を取るまでの約60年間、鉱業などの動力として活躍したニューコメン機関を発明。

ニュー-コモンキャリア〘new common carrier〙▶新電電

にゅう-こん【入魂】❶精魂を注ぎこむこと。「一の技」「一球一」❷そのものに魂を呼び入れること。「彫りあげた仏像に一する」

にゅう-ざ【乳座】梵鐘などにある乳頭状の突起物。

ニュー-サービス《和 new＋service》▶ニュービジネス

にゅう-ざい【乳剤】水に溶けない物質に乳化剤を加え、水と混和させて作った乳白色の液体。単に写真用フィルムや印画紙の感光材料を指すこともある。

ニュー-サイエンス〘new science〙1970年代にアメリカの自然科学分野で起こった反近代主義運動の一。西欧科学の根幹である物質主義・要素還元主義の克服を目指した。アメリカでは本来ニューエージサイエンスと呼ばれたが、日本でニューサイエンスと呼ばれるようになってから、アメリカでもこの言葉が使われている。

にゅうざい-ばんごう【乳剤番号】《emulsion number》写真用フィルムのパッケージに記された製造番号。番号が同じ場合、フィルムメーカーにおいて、同一の乳剤を用いて同時期に製造されたことを意味する。エマルジョンナンバー。(補説)現在では製造技術が高くなり、番号の違いによる感度や色調のばらつきはほとんどない。

ニュー-さいらん【ニュー西×蘭】《原産地のニュージーランドを「新西蘭」と書いたところから》マオランの別名。

ニュー-サウスウェールズ〘New South Wales〙オーストラリア南東部の州。州都シドニー。1770年クックが上陸、大陸開拓の発祥地。

にゅう-さつ【入札】〔名〕スル 物品の売買、工事の請負などに際して契約希望者が複数ある場合、金額などを文書で表示させ最も有利な内容を提示した者と契約すること。いれふだ。「護岸工事に四社が一する」

にゅうさつけいやく-てきせいか-ほう【入札契約適正化法】《「公共工事の入札及び契約の適正化の促進に関する法律」の通称》公共工事の入札・契約制度の透明性向上と不正防止を目的として定められた法律。平成13年(2001)施行。適正な入札・契約の基本原則として、透明性の確保・公正な競争の促進・適正な施工の確保・不正行為の排除の徹底を明示し、発注者の義務やガイドラインなどが規定されている。

にゅうさつ-だんごう【入札談合】公共事業などの競争入札において、競争するはずの業者どうしが、あらかじめ話し合って協定すること。高い価格での落札や持ち回りでの落札で、業界全体で利益を不正に分け合う。公正な価格競争を害し、発注元の国・地方公共団体の支出を増すことになり、刑法で禁じられる。発注元の公務員などが協定に関与するものを、特に官製談合と呼ぶ。平成15年(2003)入札談合等関与行為防止法が施行。公務員が入札談合に関与した場合、公正取引委員会は同法に基づいて所属機関に改善を求めることができる。談合。

にゅうさつだんごうとうかんよこうい-ぼうしほう【入札談合等関与行為防止法】《「入札談合等関与行為の排除及び防止並びに職員による入札等の公正を害すべき行為の処罰に関する法律」の通称》国や地方公共団体等の職員が入札談合に関与していた事例を受け、再発を防止するために制定された法律。平成15年(2003)施行。公務員が入札談合に関与している場合、公正取引委員会は、この法律に基づいて所属機関の長に改善措置を求めることができる。同18年の改正で罰則を科す規定が加えられた。官製談合防止法。

にゅうさつ-ばらい【入札払い】入札によって売り払うこと。

漢字項目　にゃ

【▽若】▶じゃく

漢字項目　にゃく

【若・▽弱】▶じゃく

漢字項目　にゅう

【柔】▶じゅう

入　(学)1　(音)ニュウ(ニフ)(呉)　ジュ(慣)　ジュウ(ジフ)(漢)　(訓)いる、いれる、はいる、しお ‖ ㊀〈ニュウ〉①ある区域や範囲の中にはいる。「入学・入国・入浴/加入・介入・混入・参入・出入・侵入・潜入・転入・突入・没入・乱入」②いれる。「入金・入手・入籍・入念/記入・吸入・購入・収入・挿入・注入・投入・納入・搬入・編入・輸入」③必要とする。「入費・入用」④漢字の四声の一。入声。「平上去入」㊁〈ジュ〉はいる。「入水・入内・入木・入洛」(補説)「入魂」のジッは入声音ジフの音変化、「入唐」「入宋」のニッは入声音ニフの音変化。(名付)いり・なり (難読)一入

乳　(学)6　(音)ニュウ(慣)　(訓)ちち、ち ‖ ㊀〈ニュウ〉①ちち。「乳牛・乳製品/牛乳・搾乳・授乳・哺乳・母乳・離乳」②ちち状の液体。「乳液/豆乳」③乳房。「乳癌・乳頭」④母のちちを飲む年齢。「乳歯・乳児」㊁〈ちち〉「乳色」㊂〈ち〉「乳首・乳房」(難読)乳母

にゅうさつよてい-かかく【入札予定価格】公共工事の発注者が設定する落札の上限価格。工事にかかる費用を積算した設計金額をもとにして設定される。設計金額にランダム係数を乗じて予定価格を算出する場合もある。入札金額が予定価格と最低制限価格(工事品質を確保するため定められた落札下限価格)の範囲内にない場合、失格となる。(補説)入札の公平性を保つため、予定価格は非公開の場合が多いが、近年は情報漏洩などの不正を防止するため、予定価格を事前に公表する自治体も増えている。これによって最低制限価格の予測が容易になり、過度な価格競争が行われる傾向がみられることから、国土交通省は予定価格の事前公表を行わないよう自治体に要請している。

にゅう-さん【乳酸】有機酸の一。無色の柱状結晶。水・エタノールに溶ける。動物体内に存在し、解糖の最終生成物で、筋肉中に蓄積されると疲労の原因となる。また乳酸菌による発酵で生じ、薄い水溶液はさわやかな酸味をもち、清涼飲料の酸味剤に利用。化学式$CH_3CH(OH)COOH$

にゅう-ざん【入山】〔名〕スル ❶山にはいること。「気象観測のために一する」❷僧が修行または住職となるために寺にはいること。「本寺に一する」

にゅうさん-いんりょう【乳酸飲料】「酸乳飲料」に同じ。

にゅうさん-きん【乳酸菌】糖類を分解して乳酸をつくる働きをする細菌の総称。穀類や腐敗した牛乳中にみられ、人工培養して乳酸発酵やヨーグルト・チーズの製造などに利用。

にゅうさんきん-いんりょう【乳酸菌飲料】「酸乳飲料」に同じ。

ニューサンシャイン-けいかく【ニューサンシャイン計画】《ニューサンシャインは、和 new＋sunshine》経済産業省が進めた「エネルギー・環境領域総合技術開発推進計画」の通称。新エネルギーを開発し省エネルギーを推進するために、昭和49年(1974)に発足したサンシャイン計画(石炭の液化・ガス化、太陽電池など新エネルギー技術の開発)、同53年発足のムーンライト計画(燃料電池、超伝導など省エネルギー技術の開発)などを統合して平成5年(1993)に発足した。同12年に終了。

ニューサンス〘nuisance〙❶煤煙・汚水・騒音・震動などによって、他人の財産や健康・安楽・利便などを侵害する行為。英米法で発達した概念。生活妨

害。❷ ▶不快害虫

にゅうさん-はっこう【乳酸発酵】乳酸菌が糖類を分解して乳酸を生成する反応。

にゅう-し【入試】「入学試験」の略。

にゅう-し【乳歯】哺乳類でふつう1回換歯するうちの、最初の歯。人間では生後6か月ごろから生えはじめ、10歳前後に永久歯と抜け替わる。ふつう、20本。脱落歯。

にゅう-し【乳×嘴】「乳頭❶」に同じ。

にゅう-じ【入寺】❶僧または住職として寺にはいること。❷真言宗における僧侶の階級。阿闍梨の下、衆分の上にあたるもの。入寺僧。「東寺の一になりて拝堂しけるに」〈今昔・二八・九〉

にゅう-じ【乳児】生後1年ころまでの小児。乳で育てられ、歩きだすまでの時期の子供。ちのみご。
(類語)乳飲み子・赤ん坊・赤ちゃん・みどりご・嬰児・赤子・ベビー

ニュー-ジーランド〖New Zealand〗南太平洋にある国。オーストラリアの南東方にある。北島・南島および付属島群からなる。首都ウェリントン。牧畜が盛ん。社会保障の進歩した福祉国家。国土は山がちで、最高峰は標高3754メートルのクック山。1642年オランダのタスマンが発見、のち同国の一地方名ゼーラントにちなみ命名。1840年英国の直轄植民地、1907年独立し英連邦の一員となる。先住民はポリネシア系のマオリ族。人口425万(2010)。(補説)「新西蘭」とも書く。

ニュージーランド-あく【ニュージーランド亜区】動物地理区の一。大洋区に属し、ニュージーランドの地域。飛べない鳥キウイやフクロウインコやムカシトカゲが特徴。

ニュージーランド-あしか【ニュージーランド海=驢】《New Zealand sea lion》アシカ科の哺乳類。ニュージーランド近海に分布。頭胴長約2.4メートル。

にゅうじ-いん【乳児院】児童福祉施設の一。家庭で保育を受けられない乳児の養育を目的とする施設。

にゅうじ-かっけ【乳児▽脚気】母親が脚気で母乳中のビタミンB_1が欠乏し、その母乳を飲む乳児に起こる脚気。

にゅう-しち【入質】〔名〕スル 質屋に品物を預け入れること。質入れ。「着物を一する」

にゅう-しつ【入室】〔名〕スル ❶部屋にはいること。「かぎを開けて一する」「一禁止」⇔退室。❷研究室などの一員となること。「助手として一する」❸《「論語」先進から》学芸の道の奥義に到達すること。❹仏語。師の室に入り、道を問うこと。また、師から法を相続すること。にっしつ。

にゅう-しつ【乳質】❶乳の性質・品質。❷乳のような性質。

ニュー-シネマ〖new cinema〗1970年前後アメリカに起こった、ハリウッドを離れ、ロケ中心のリアリティーを追う映画運動。「俺たちに明日はない」「イージーライダー」などがその代表作。アメリカンニューシネマ。

にゅう-しぼう【乳脂肪】乳、特に牛乳に含まれている脂肪。乳脂。

にゅう-しゃ【入社】〔名〕スル 会社にはいり、その社員となること。「縁故で一する」⇔退社。

にゅう-しゃ【入舎】〔名〕スル 寄宿舎など、舎と名のつくところにはいること。「学校の宿舎に一する」

にゅう-しゃ【入射】〔名〕スル 第一の媒質内を進む光や粒子線などが、第二の媒質との境界面に達すること。投射。

ニュー-ジャージー〖New Jersey〗米国北東部の州。大西洋に面し、独立13州の一。州都トレントン。大都市ニューヨーク・フィラデルフィア・ワシントンに近く、交通網が発達。➡表「アメリカ合衆国」

ニュー-ジャーナリズム〖New Journalism〗記者が単なる情報の記録者ではなく、取材対象と個人的なかかわりあいをもつことで、事件の本質を伝えようとする報道の手法。

にゅうしゃ-かく【入射角】光線が入射するとき、入射方向と境界面の法線とがなす角度。投射角。

にゅう-じゃく【入寂】〔名〕スル 仏語。寂滅にはいること。特に、僧侶が死ぬこと。入滅。「高僧が一する」
(類語)入滅・円寂・遷化・死ぬ・寂する

にゅう-じゃく【柔弱】〔名・形動〕気力や体質が弱々しいこと。また、そのさま。じゅうじゃく。「一な精神」「一なからだ」(類語)弱い

にゅうしゃこうしき-ろしゅつけい【入射光式露出計】写真撮影に用いる露出計のうち、被写体に直接入射する光を測定するタイプのもの。被写体の反射率によらない。➡反射光式露出計

にゅうしゃ-こうせん【入射光線】入射した光線。投射光線。

にゅうしゃ-どう【入射瞳】《entrance pupil》カメラのレンズなどの光学系を通過する光束の太さ。絞りがある場合は絞りの直径を、絞りがない場合は対物レンズの口径そのものを指す。にゅうしゃひとみ。

ニュー-シャトル《和 new＋shuttle》埼玉新交通株式会社が、上越新幹線の高架の張り出し部分を利用して、昭和58年(1983)に地域輸送機関として開業した案内軌道方式の新交通システム。

にゅうしゃ-ひとみ【入射瞳】▶にゅうしゃどう

にゅう-しゅ【入手】〔名〕スル 手にはいること。また、手に入れること。自分のものにすること。「新しい資料を一する」(類語)取得・落手・落掌・ゲット

にゅう-しゅ【乳首】ちくび。

にゅう-しゅう【乳臭】乳のにおい。また、乳のにおいがすること。転じて、幼く未熟なこと。「一が取れない若者」

にゅう-じゅう【乳汁】「乳❶」に同じ。

にゅうしゅう-じ【乳臭児】乳のにおいのする小児。転じて、年少で未熟な者をあざけっていう語。青二才。「まだ世間を知らぬ一のように」〈花袋・田舎教師〉

にゅう-じゅく【入塾】〔名〕スル 塾にはいること。塾生となること。「師を慕って一する」

にゅう-じゅく【乳熟】稲などの実の胚乳がまだ十分に熟さず、濃い乳状をしている状態。

にゅう-しょ【入所】〔名〕スル ❶研究所など、所と名のつくところに所員としてはいること。「民間のシンクタンクに一する」⇔退所。❷刑務所にはいること。⇔退所。❸養護老人ホーム、児童養護施設、知的障害児施設、授産施設などの社会福祉施設に入って生活すること。⇔退所。➡通所

にゅう-しょう【入省】〔名〕スル 財務省・厚生労働省・防衛省など、省と名の付く中央行政機関に国家公務員としてはいること。

にゅう-しょう【入賞】〔名〕スル 展覧会や競技会で賞を受ける順位内にはいること。「マラソンで一する」

にゅう-じょう【入定】〔名〕スル 仏語。❶禅定にはいること。精神を統一して煩悩を去り、無我の境地にはいること。⇔出定。❷高僧が死ぬこと。入滅。

にゅう-じょう【入城】〔名〕スル 城にはいること。特に、戦いに勝って敵の城にはいること。「反乱軍が王都に一する」

にゅう-じょう【入場】〔名〕スル 会場・競技場・式場などにはいること。「選手が一する」「一無料」⇔退場。

にゅう-じょう【乳状】乳のように白色で、どろりとした状態。「一の洗顔料」

にゅうじょう-けん【入場券】入場するために必要な札。

にゅうじょう-ぜい【入場税】映画・演劇・音楽・スポーツ・競馬などの興行場への入場者に課される国税。平成元年(1989)消費税の導入に伴い廃止。

ニュー-ジョージア〖New Georgia〗南太平洋、ソロモン諸島北西部の島。マロボ礁湖がある。

にゅう-しょく【入植】〔名〕スル 開拓地や植民地などにはいって生活すること。「原野に一する」

にゅう-しょく【入職】〔名〕スル 職に就くこと。新規採用・再就職によって就労者となること。転職による労働移動者も含む。⇔離職。➡入職率

にゅうしょく-しゃ【入職者】職に就いた人。新規採用・再就職によって就労するようになった人。転職による労働移動者も含む。⇔離職者。

にゅうしょく-りつ【入職率】労働人口のうち、ある一定の期間に新たに入職した人の割合。企業などの労働者在籍数に対する、新たな入職者の割合。⇔離職率。➡労働移動者

ニュー-シルバー《和 new＋silver》50歳以上の、活発で好奇心の強い中高年層の呼び名。

にゅう-しん【入信】〔名〕スル 宗教を信仰し、その信者になること。「カトリックに一する」(類語)帰依・回心

にゅう-しん【入津】〔名〕スル 船舶が港にはいること。入港。にゅうつ。

にゅう-しん【入神】技術が上達し、人間わざとは思えない境地に達すること。「一の技」

ニュー-シングル《和 new＋single》結婚適齢期になっても仕事を優先して結婚しない独身者。

にゅうしん-まい【入津米】海上輸送により市場に搬入された米。➡回着米

ニュース〖news〗❶新しく一般にはまだ知られていないできごとや情報。「一が入る」「ビッグ一」❷新聞・ラジオ・テレビなどでの報道。「ローカル一」(類語)報道

ニュース-アナリスト〖news analyst〗ニュース解説者。特に、ラジオ・テレビのニュース分析者。(補説)英語ではnews commentatorが一般的。

にゅう-すい【入水】〔名〕スル ❶水にはいること。「一前の準備運動」❷水の中に身を投じて死ぬこと。じゅすい。「一自殺」

にゅうすい-かん【入水管】二枚貝の腹側にある、水を取り込む水管。出水管よりも太く長く、入り口にひだや触手をもつものもある。

ニューズウィーク〖Newsweek〗「タイム」と並ぶ米国の代表的週刊ニュース雑誌。1933年創刊。

ニュース-えいが【ニュース映画】時事的な話題を中心に、トピックをいくつかまとめて報道する短編の記録映画。

ニュース-エージェンシー〖news agency〗通信社。契約を結んでいる報道機関などにニュースを配信する組織。

ニュースキャスター〖newscaster〗テレビなどのニュース番組で、解説や論評を加えながら番組を進行させる人。

ニュース-グループ〖news group〗ネットニュースにおける話題別の記事のグループのこと。

ニューズ-コーポレーション〖News Corporation〗英語圏を中心に活動する複合メディア企業。1979年、ルパート=マードックがオーストラリアに設立。同国の各メディアのほか、英国のタイムズやザ-サン、米国のウォールストリート-ジャーナルなどの新聞社を買収。テレビではFOXを創業。2004年に米国に本拠を移し、各媒体で新自由主義的な論調を展開している。

ニュース-ショー〖news show〗キャスターを中心に、さまざまなニュースを関係者とのインタビュー、現場中継、記者のリポート、あるいは解説などを多様に織り交ぜながら、一種のショー形式風に構成したテレビニュースの報道番組。

ニュース-ストーリー〖news story〗新聞・雑誌に掲載の実話物語。ニュースで話題になった事件を物語風に書き直したもの。(補説)日本語での用法。英語では、一般のニュース記事のこと。

ニュース-ソース〖news source〗情報の出所。情報源。取材源。「一を明かす」

ニュー-スタイル〖new style〗新しい形式・様式。「一のプレースポット」

ニュース-バリュー〖news value〗報道に値すると認められる、ニュースの重要性・価値。

ニュースペーパー〖newspaper〗新聞。新聞紙。

ニュースマガジン〖newsmagazine〗時事ニュースの報道を主とする雑誌。週刊が多い。

ニュースメーカー〖newsmaker〗ニュースバリューの高い人。話題性のある人。

ニュースライター〖newswriter〗新聞記者。ニュース報道者。

ニュース-リーダー〖news reader〗インターネット上のネットニュースの閲覧や書き込みをするためのアプリケーションソフト。電子メールソフトにこの機能が含まれていることが多い。

ニュースリム-パンツ〖new slim pants〗細身のシルエットを特徴とするパンツ。股上𫝼が深く、腰のあたりはぴったりとフィットし、もものあたりで余裕があり、ひざから裾𬃉にかけて急速に細くなっている。

ニュース-リリース〖news release〗官庁・企業・団体などが広報用に報道機関に配布する発表資料の印刷物。また、報道機関向けの発表。プレスリリース。

ニューズレター〖newsletter〗❶企業や政府機関、学会などが従業員、株主、報道機関、一般の人々、会員などに発行する定期的な刊行物。❷特定の予約購読者に送る時事解説、時事通信。

にゅう-せい【乳清】▶ホエー

にゅう-せいひん【乳製品】牛乳を加工した食品。バター・チーズ・ヨーグルトなど。

ニュー-セーラム〖New Sarum〗▶ソールズベリ

にゅう-せき【入籍】ニフ〔名〕スル ❶すでにある戸籍に入ること。生まれた子が父母の戸籍に入る、養子縁組によって養父母の戸籍に入るなど。❷俗に、男女が婚姻届を出して新しい戸籍を作り、そこに入ること。

ニュー-セラミックス〖new ceramics〗▶ファインセラミックス

にゅう-せん【入船】ニフ〔名〕スル 船が港にはいること。また、その船。いりふね。

にゅう-せん【入線】ニフ〔名〕スル 列車が始発駅で指定された番線にはいること。「臨時列車が—する」

にゅう-せん【入選】ニフ〔名〕スル 選にはいること。応募した作品などが、審査に合格すること。「初の応募で—する」⇔落選。(類語)入賞・選出・選定・特選・当選

にゅう-せん【乳腺】哺乳類𬃉𬃉に特有の乳汁を分泌する腺。雄では痕跡的で、雌に発達。乳房中にあり、汗腺の変化したもので、15〜20の乳腺葉に分かれ、乳管によって乳頭に開口する。

にゅうせん-えん【乳腺炎】乳腺の炎症。腫𬃉れ・痛み・発熱などがみられる。化膿𬃉菌の感染などが原因。

にゅうせん-げか【乳腺外科】ゲク 乳癌𬃉𬃉など、乳腺の病気の検査・治療を専門とする外科。

にゅうせん-しょう【乳腺症】シヤウ 乳腺にいくつかの境界のはっきりしない腫瘤𬃉𬃉ができる良性の病気。30〜40歳の女性に多い。

にゅうせん-せんいせんしゅ【乳腺線維腺腫】センヰセンシユ 乳腺にできる良性腫瘍。主に思春期から30歳代の女性にみられる。しこりは硬く弾力があり、よく動く。痛みを伴わない場合が多い。手術により切除することもあるが、小さい場合などは治療を必要としないこともある。

にゅうせん-のうほうしょう【乳腺×嚢胞症】ナウハウシヤウ 乳腺の中に液体が貯まる袋(嚢胞)ができた状態。小さいものは自然に消滅する。痛みがある場合は、注射器で吸引する。

にゅう-たい【入隊】ニフ〔名〕スル 軍隊など隊と呼ばれる組織の一員となること。「志願して—する」⇔除隊。

ニュー-タウン〖new town〗大都市周辺に計画的に建設した衛星都市や住宅団地。

にゅう-だく【乳濁】〔名〕スル 乳のように白く濁ること。「—した汚水」

にゅうだく-えき【乳濁液】▶エマルション

にゅう-だん【入団】ニフ〔名〕スル 少年団・消防団など、団と名のつく組織の一員となること。「海洋少年団に—する」⇔退団。

にゅう-ちょう【入庁】ニフチヤウ〔名〕スル 検察庁・国税庁・文化庁や、都庁・県庁など、庁と名のつく役所(官庁)の職員になること。

にゅう-ちょう【入朝】ニフテウ〔名〕スル 外国の使節などが日本に来て朝廷に参内すること。

にゅう-ちょう【入超】ニフテウ「輸入超過」の略。⇔出超。

にゅう-つ【入津】ニフ《「にゅうづ」とも》「にゅうしん(入津)」に同じ。「飛脚船の—する港を」〈魯文・西洋道中膝栗毛〉

にゅう-てい【入廷】ニフ〔名〕スル 裁判の関係者が法廷に入ること。⇔退廷。

ニュー-ディール〖New Deal〗《新規まき直しの意》1933年以降、米国大統領F=ルーズベルトが大恐慌による不況の克服を目的として実施した一連の社会経済政策。農業調整法・全国産業復興法・社会保障法などの制定・施行、テネシー渓谷開発事業など。

ニュー-デリー〖New Delhi〗インドの首都。デリーに接し、中央政府直轄地区。1912〜31年にかけ、英国領インドの政庁所在都市として建設された。人口、行政区30万(2001)。

にゅう-でん【入電】ニフ〔名〕スル 電報・電信などが来ること。また、その通信。「第一報が—する」

にゅう-とう【入刀】ニフタウ〔名〕スル 結婚披露宴で、新郎新婦が1本のナイフを二人で持って、ウエディングケーキを切ること。(補説)結婚において縁起の悪い「切る」という言葉を避けるために用いられる。

にゅう-とう【入党】ニフタウ〔名〕スル 加入して党の一員となること。「早くから—したはえぬきの党員」

にゅう-とう【入唐】ニフタウ ▶にっとう(入唐)

にゅう-とう【入湯】ニフタウ〔名〕スル 湯にはいること。特に、湯泉にはいること。(類語)入浴・湯あみ・湯治

にゅう-とう【乳糖】タウ 哺乳類の乳に含まれている二糖類。わずかに甘い、無色結晶。加水分解でぶどう糖とガラクトースになる。人工乳などに利用。化学式 $C_{12}H_{22}O_{11}$　ラクトース。

にゅう-とう【乳頭】❶乳房の中央に突出する乳腺の開口部。ちくび。乳嘴𬃉。❷皮膚・舌などにみられる、球状に突出している構造。

にゅう-どう【入道】ニフダウ〔名〕スル ❶仏語。㋐煩悩を断って悟りの境に入ること。㋑出家・剃髪𬃉して仏道に入り修行すること。また、その人。「寂照は—してから、ただもう道心を持し」〈露伴・連環記〉❷皇族や公卿で、在俗のまま剃髪𬃉し、僧衣をつけ仏道に入った人。「清盛—」❸坊主頭の人。また、坊主頭の化け物。「大—」「蛸𬃉—」

にゅうどう-いか【入道烏=賊】ニフダウ ツメイカ科のイカ。巨大で、胴長約2メートル。ひれは長三角形で胴の半ばまでつき、触腕も長く、先端に36個の鉤𬃉が2列に並ぶ。北太平洋に分布。

にゅうどう-ぐも【入道雲】ニフダウ 積乱雲や雄大な積雲の俗称。(季 夏)(類語)雲

にゅうどう-ざき【入道崎】ニフダウ 秋田県西部、男鹿𬃉半島北西部の突端にある岬。なだらかな台地が広がるが、海岸は約30メートルの断崖となっている。付近はアワビ・サザエの産地。

にゅうとう-ざん【乳頭山】秋田・岩手の県境にある山。標高1478メートル。山頂周辺の平坦地は高山植物の宝庫。岩場には、本州では珍しい高山性シダのリシリシノブが分布している。山麓一帯は温泉地。十和田八幡平𬃉𬃉国立公園に属する。岩手県では烏帽子𬃉岳と呼ぶ。

にゅうどう-しんのう【入道親王】ニフダウシンワウ 親王の宣下があったのちに仏門に入った皇族の男子。⇒法親王𬃉𬃉

にゅうとう-ぜい【入湯税】ニフタウ 温泉や鉱泉の入湯客に課される市町村税。

にゅうどう-ぜんか【入道禅下】ニフダウ 出家した人の尊称。

にゅうどう-の-みや【入道の宮】ニフダウ 仏門にはいった親王・内親王または女院など。

にゅうどう-むし【入道虫】ニフダウ ❶チョウやガのさなぎ。⇒にしどち ❷地虫𬃉の別名。

ニュー-トラ「ニュートラディショナル」の略。

ニュー-トラディショナル《和 new＋traditional》米国の伝統的アイビースタイルに、コンチネンタル風の自由な着こなしを加味したもの。ニュートラッド。

ニュー-トラム《和 new＋tram》大阪南港ポートタウンと住之江公園とを結ぶ案内軌道輸送方式の新交通システム。昭和56年(1981)住之江公園から中ふ頭までが開業。平成9年(1997)OTSニュートラムテクノポート線のコスモスクエアまで相互直通運転。

ニュートラリーノ〖neutralino〗素粒子物理学の超対称性理論から導かれる未知の超対称性粒子。ボース粒子のZボソン、フォトン(光子)、中性ヒッグス粒子の超対称性パートナーであるジーノ、フォティーノ、中性ヒッグシーノが混合状態にあるものとされる。電気的に中性なフェルミ粒子であり、重力以外にほとんど相互作用を起こさない。また、超対称性粒子の中で最も軽いと考えられているニュートラリーノはLSPと呼ばれ、宇宙論における暗黒物質の候補であるWIMPの一つとして挙がっている。

ニュートラリズム〖neutralism〗「中立主義」に同じ。

ニュートラル〖neutral〗〔形動〕❶いずれにも片寄らないさま。中立的。中間的。「—な物の見方」❷自動車などで、ギアがかみ合わず動力が伝達されない状態。

ニュートラル-グレーカード〖neutral gray card〗▶グレーカード

ニュートラル-コーナー〖neutral corner〗ボクシングなどのリングで、両選手の本拠であるコーナー以外の二つの隅。

ニュートラル-ステア〖neutral steer〗自動車の操縦上の一性質で、アンダーでもオーバーでもなく、常に中立であるものをいう。⇒アンダーステア ⇒オーバーステア

ニュートラル-ゾーン〖neutral zone〗❶アメリカンフットボールで、守備側と攻撃側のスクリメージライン間の地域。ボールの長軸の幅11インチ(約29センチ)。❷アイスホッケーのリンクの中央区域。

ニュートリノ〖neutrino〗素粒子の一。レプトンに属し、電荷が零、スピン半整数(1/2)。弱い相互作用に関与し、電子、μ𬃉粒子、τ𬃉粒子と対になって現れる3種類のニュートリノ(電子ニュートリノ、μニュートリノ、τニュートリノ)が存在することがわかっている。質量の有無が長く論じられてきたが、近年のスーパーカミオカンデの実験などで、質量があることが確実視される。記号νニュ　中性微子。⇒レプトン

ニュートリノ-しんどう【ニュートリノ振動】ニュートリノが質量をもつことで、ニュートリノの種類(電子ニュートリノ、μ𬃉ニュートリノ、τ𬃉ニュートリノ)が変わる現象。昭和37年(1962)、牧二郎、中川昌美、坂田昌一が提唱した。平成10年(1998)、日本の宇宙素粒子観測装置スーパーカミオカンデにより大気ニュートリノ振動が検出され、質量をもつことが確実となった。太陽から飛来するニュートリノの数が核融合理論と一致しないという太陽ニュートリノ問題もこの現象により説明することができる。

ニュートリノ-てんもんがく【ニュートリノ天文学】太陽など恒星の中心部で起こる核融合反応に伴って発生するニュートリノを観測して、恒星の進化などを探ろうという天文学の新分野。

ニュートロン〖neutron〗中性子。

ニュートン〖Isaac Newton〗[1642〜1727]英国の物理学者・天文学者・数学者。運動の法則、万有引力の法則の導入、微積分法の発明、光のスペクトル分析などの業績がある。1687年「プリンキピア(自然哲学の数学的原理)」を著して力学体系を建設し、近代科学の範となった。

ニュートン〖newton〗国際単位系(SI)の力の単位。1ニュートンは1キログラムの質量の物体に働いて、毎秒毎秒1メートルの加速度を生じさせる力。名称はI=ニュートンにちなむ。記号N

ニュートン-かん【ニュートン環】クワン 波長の異なる光が互いに干渉してできる同心円状の縞𬃉。板ガラス上に平凸レンズを凸面を下にして置き、真上から光を当てたときに現れる。ニュートンが著「光学」の中で報告。ニュートンリング。

ニュートン-ごうきん【ニュートン合金】ガフキン 融点が低い易融合金の一つ。ビスマス、鉛、錫をそれぞれ、52、32、16パーセントを含有し、融点はセ氏95度。

ニュートンしき-はんしゃぼうえんきょう【ニュートン式反射望遠鏡】ハンシヤバウヱンキヤウ 主鏡の凹面で反射さ

せた光を、光軸に対して45度に傾けた副鏡の平面で再反射させ、鏡筒の側面の穴に導いて観測する望遠鏡。1668年、ニュートンが考案・製作。

ニュートン-りきがく【ニュートン力学】ニュートンの運動の法則を基礎に確立された力学体系。量子力学などに対していう。古典力学。

ニュートン-リング〘Newton's rings〙▶ニュートン環

にゅう-ない【入内】ニフ ❶律令位階制で、外位げいから内位に進むこと。外従五位下から従五位下になるなどの例。❷▶じゅだい(入内)

にゅうない-すずめ【入内×雀】ニフナイ ハタオリドリ科の鳥。全長14センチくらい。スズメに似るが、背面の赤みが強く、ほおに黒い部分がない。ユーラシア東部に分布。夏は山林に生息し、冬は稲田に集まる。(季 秋)

にゅう-なん【柔軟】ニウ〔名・形動ナリ〕❶仏教に従いその心が穏やかなこと。また、そのさま。「既に一の仏子となった以上は」〈露伴・連環記〉❷「じゅうなん(柔軟)」に同じ。「イカニモ静カニ―ナフリデ」〈天草本伊曽保・獅子と馬〉

にゅう-ねはん【入×涅×槃】ニフ 涅槃に入ること。ふつうは釈迦しゃかの死をいう。入寂。入滅。

にゅう-ねん【入念】ニフ〔名・形動〕細かいところまで行きとどいていて、丁寧なこと。また、そのさま。ねんいり。「一な細工」「一に調査する」(類語)念入り・丹念・丁寧・克明・綿密・細密・緻密・細心・周密・周到

ニュー-ノーマル〘new normal〙新たな常態・常識、という意味。世界経済はリーマンショックから回復しても以前の姿には戻れない、との見方から生まれた言葉。構造的な変化が避けられない状況を示唆している。

ニュー-ハーフ《和 new＋half》女装した男性だが、外見からは女としか見えない者のこと。昭和56年(1981)にデビューしたタレント松原留美子がこのキャッチフレーズで売り出したことから一般化した。

にゅう-ばい【入梅】ニフ 雑節の一。太陽の黄経が80度に達した日で、6月11日ごろ。気象では梅雨に入る日をさし、地域や年により異なる。つゆいり。⇔出梅。(季 夏)「一や墓さむげなる竹のつゆ/芭蕉」(類語)梅雨入り

にゅう-ばく【入幕】ニフ〔名〕スル ❶幕を張った中にはいること。❷幕僚となること。

にゅうはく-しょく【乳白色】乳のような不透明な白色。ちちいろ。「一の靄もや」(類語)白・乳色ちちいろ・ミルク色・象牙色ぞうげいろ・オフホワイト・アイボリー

にゅう-ばち【乳鉢】試料を乳棒ですり、粉末にしたり、粉末を混合したりするための陶磁製・金属製などの鉢。にゅうはち。

ニュー-ハンプシャー〘New Hampshire〙米国北東部の州。独立13州の一。州都コンコード。工業が発達。氷河湖が多く、景勝地に富む。➡表「アメリカ合衆国」

にゅう-ひ【入費】ニフ 物事をするのにかかる費用。かかり。「一節約」(類語)費用・掛かり・費ついえ・入いり・入いり目・出費・用度・経費・実費・コスト

にゅう-び【乳×糜】腸から吸収された脂肪粒や脂肪酸、グリセリンを含んで乳白色をしているリンパ液。食後に、腸管からリンパ管によくみられる。

にゅうび-かん【乳×糜管】クワン 腸にあるリンパ管。内部に乳糜が満たされている。腸リンパ。

ニュー-ビジネス《和 new＋business》社会の新しい動向に対応して生まれた新種のビジネス。人材派遣業・ビデオレンタル・便利屋など。

にゅうび-にょう【乳×糜尿】ネウ 尿が脂肪を多く含んで乳白色に濁った状態。リンパ管の閉塞などが原因となって生じる。

にゅう-ふ【入夫】ニフ ❶民法旧規定で、戸主である女性と結婚して、その夫となること。また、その夫。❷▶入り婿むこ

にゅう-ふ【入府】ニフ〔名〕スル《「にゅうぶ」とも》❶府内にはいること。都にはいること。❷「入部❷」に同じ。「殿様の御一」〈伎・鳴門白浪〉

にゅう-ふ【乳腐】豆腐にカビなどの菌をつけて塩漬け発酵させた、チーズ状の中国の食品。

にゅう-ぶ【入▽峰】ニフ 修験者が修行のために山岳の霊場などに入ること。峰入り。

にゅう-ぶ【入部】ニフ〔名〕スル ❶部と名のつく団体にはいること。「運動部に一する」⇔退部。❷国司や地頭が初めてその任国や領地にはいること。入府。

ニュー-プアー《和 new＋poor》貧乏ではないが、生活にゆとりがないと思っている人々の呼び名。バブル期の地価高騰などの影響で生まれた新しい富裕層に対する、相対的な貧困層。➡ニューリッチ

ニュー-ファッション〘new fashion〙❶最新流行。最新式。❷「ニューモード」に同じ。

ニュー-ファミリー〘new family〙第二次大戦後のベビーブーム期以降に生まれた世代の夫婦と子どもたちが構成する家庭。友達どうし的な夫婦関係、マイホーム志向、ファッションに敏感などの要素をもつものとして、広告や販売の関係者の間で想定された。

ニューファンドランド〘Newfoundland〙カナダ東端にある島。付属島やラブラドル半島とともにニューファンドランド-ラブラドル州をなし、州都セントジョンズが所在。1583年に英国初の植民地となり、1949年からカナダ領。周囲の海域は霧と氷山が多く、南東方には大漁場のグランドバンクスがある。

ニュー-フェース〘new face〙❶映画などで、新人の俳優。❷新人。新顔。「今春入社の一」❸新商品。新製品。「輸入果物の一」

にゅうふ-こんいん【入夫婚姻】ニフ 民法旧規定で、女戸主である妻の家に夫が入る婚姻。

にゅう-ぶつ【入仏】ニフ 仏像を寺院に迎え入れて安置すること。

にゅうぶつ-くよう【入仏供養】ニフブツクヤウ 入仏のために営む儀式。入仏式。

ニューブリテン-とう【ニューブリテン島】タウ《New Britain》南太平洋西部、ビスマーク諸島の主島。パプア-ニューギニア領。中心都市ラバウル。ココヤシ・ココア・木材を産出。

ニュープロビデンス-とう【ニュープロビデンス島】タウ《New Providence》西インド諸島北部、バハマ諸島中部のバハマの島。同国の首都、ナッソーがある。カリブ海地域の代表的な観光・保養地として知られる。

ニュー-フロンティア〘new frontier〙❶新天地。❷《New Frontier》米国のケネディ大統領が1960年代初めに提唱した改革政策。社会福祉の充実、人種差別の廃止などを目指す。

ニュー-ペインティング〘new painting〙1980年代に入って盛んになった具象絵画の一傾向。原色を用い、自由で荒々しい筆致で描く。新表現主義。

ニューヘブリディーズ-しょとう【ニューヘブリディーズ諸島】タウ《New Hebrides》南太平洋西部、オーストラリア北東方にある火山性諸島。最大の島は北西端のエスピリツサント島。1980年独立のバヌアツ領。

ニューベリーかざん-こくていこうえん【ニューベリー火山国定公園】クワザン ヱン《Newberry National Volcanic Monument》米国オレゴン州中部、カスケード山脈のニューベリー火山を中核とする国定公園。二つの火口湖をもつニューベリーカルデラ、噴石丘、溶岩流洞窟などがある。

にゅう-ぼ【乳母】うば。めのと。

ニュー-ボイス《和 new＋voice》新人歌手。

にゅう-ぼう【▽女房】ニフバウ「にょうぼう」に同じ。「三十余人の一たちを始めとして」〈仮・根の介・上〉(補説)「にゅうぼう」と書いて「にょうぼう」の発音を表したもの。

にゅう-ぼう【乳房】バウ ちぶさ。

にゅう-ぼう【乳棒】乳鉢とともに用いる、擂すり粉木状の棒。乳鉢と同じ材質で作る。

にゅうぼう-うん【乳房雲】ニュウバウ 積雲とは逆に、雲底から牛の乳房のように垂れ下がっている雲。ちぶさぐも。

にゅうぼうおんぞん-しゅじゅつ【乳房温存手術】ニュウバウヲンゾン 直径3センチ以下の乳癌がんの治療で、乳房を全切除せず、腫瘍しゅようとその周囲だけを取り除く手術。乳房や乳首に多少の変形は起こるが乳房を残すことができる。乳房温存手術と全摘出手術では生存率・再発率などに違いはないとされるが、乳房温存手術で術後に腫瘍の取り残しが見つかると再手術が必要になる場合があるほか、手術後に放射線照射(週5回、約5週間)を行うことが多い。

ニューポート〘Newport〙㊀米国西部、オレゴン州の太平洋に面する港湾都市。木材の大輸出港。㊁米国北東部、ロードアイランド州の港湾都市。海軍基地がある。㊂英国ウエールズ南東部の港湾都市。ウスク川に臨む。工業製品などの輸出が盛ん。

ニューポート-ビーチ〘Newport Beach〙米国カリフォルニア州オレンジ郡、バルボア島とバルボア半島を含む地区。海浜保養地として知られ、ヨットハーバー、高級住宅街がある。

ニュー-ホライズンズ〘New Horizons〙米国の無人探査機。2006年に打ち上げられ、冥王星をはじめとする太陽系外縁天体の史上初の探査を行う。2015年に冥王星と衛星カロンに接近し、16年から20年にかけてカイパーベルト天体を観測する予定。

ニューマーケット〘Newmarket〙英国イングランド中東部、サフォーク州の町。17世紀にジェームズ1世が同国における競馬の中心地と定めて以来、近代競馬発祥の地として知られる。多数の競馬場、牧場のほか、せり市、国立競馬博物館がある。

にゅう-まく【入幕】ニフ〔名〕スル 相撲で、力士が昇進して幕内力士となること。「最年少で一する」

ニューマティック-タイヤ〘pneumatic tire〙空気を入れて使う、普通のタイヤ。

ニューマン〘John Henry Newman〙[1801〜1890]英国の神学者。英国国教会の牧師からカトリックに改宗、枢機卿となる。万人が哲学や神学を知らなくても信仰に至ることができると説いた。著「アポロギア」。

ニューマン-ハウス〘Newman House〙アイルランドの首都ダブリン中心部にある建物。セントスティーブンスグリーンの南に隣接する。18世紀半ば、ニューマン枢機卿がジョージ朝様式の二つの邸宅を購入し、カトリック教徒のための大学とした。作家ジェームズ＝ジョイスが学生だった時の教室と、詩人ジェラルド＝マンリー＝ホプキンスが教授を務めた時の書斎が当時のまま残っている。

ニュー-ミュージック〘new music〙昭和40年代後半に現れた新しいスタイルの日本のポピュラー音楽。フォークやロックの影響を受けた世代によって生み出された。

にゅう-みん【入眠】ニフ 眠りにつくこと。意識が覚醒した状態から睡眠の状態へ移行すること。

にゅうみん-ざい【入眠剤】ニフミン ▶催眠薬

ニューム「アルミニウム」の略。

ニュー-メキシコ〘New Mexico〙米国南西部の州。州都サンタフェ。1848年メキシコから割譲、1912年に47番目の州となる。インディアン居留地があり、スペイン植民時代の史跡が多い。➡表「アメリカ合衆国」

にゅう-めつ【入滅】ニフ〔名〕スル 滅度すなわち涅槃にはいること。釈迦しゃかの死、高僧などの死にいう。(類語)入寂・円寂・遷化せんげ・死ぬ・寂じゃくする

ニュー-メディア〘new media〙新聞・雑誌・テレビなど在来のメディアに対し、エレクトロニクス技術の発展と、それに支えられる新しい通信手段によって開発された情報伝達媒体。キャプテン・ビデオディスク・INS(高度情報通信システム)・CATV(有線テレビ)など。昭和50年代半ばから出現。

にゅう-めん【▽煮麺】ニウ・【入麺】ニフ《「にめん(煮麺)」の変化した語》ゆでたそうめんと具を醤油味のだし汁でさっと煮たもの。

ニュー-モード《和 new＋mode(フランス)》服飾で、最新の流行。また、その衣服。

にゅう-もく【乳木】密教で、護摩に用いる木。乳汁の多い桑などの生木。にゅうぼく。

ニューモシスチス-ジロベチ〘Pneumocystis jirovecii〙ヒトの肺に常在する真菌の一種。免疫機能が正常であれば病原性を発揮しないが、免疫

不全の状態では肺炎を発症する。➡ニューモシスチス肺炎

ニューモシスチス-はいえん【ニューモシスチス肺炎】ニューモシスチス-ジロベチという真菌によって引き起こされる肺炎。エイズ・癌がんの末期など免疫機能が低下している場合に、日和見ひよりみ感染により発症する。PCP(Pneumocystis pneumonia)。〘補説〙以前はカリニ肺炎と呼ばれていたが、ヒトで肺炎を起こすニューモシスチス属の菌は、ラットなどの動物から分離されるニューモシスチス-カリニとは別種であることが判明し、ヒト型はニューモシスチス-ジロベチと命名されたため、疾病の名称もニューモシスチス肺炎に変更された。

ニュー-モデル〘new model〙新型。

ニューモバックス〘Pneumovax〙肺炎球菌ワクチン、PPV23の商品名。

にゅう-もん【入門】ニフ〔名〕スル ❶門のうちにはいること。「葷酒くんしゅの一するを許さず」❷師について、弟子となること。「落語家に一する」❸学問・技芸などを学びはじめること。「パソコンの一書」
〘類語〙(❷)師事・弟子入り

にゅうもん-きょう【乳文鏡】ニウキヤウ 4、5世紀の日本製の青銅鏡。直径10センチ未満。背面に乳頭状の突起を配した文様がある。

にゅう-よ【入×輿】ニフ ►じゅよ(入輿)

にゅう-よう【入用】ニフ〔名・形動〕❶その用に必要であること。また、そのさま。いりよう。「一な品を都合する」❷その用に必要な金銭。費用。「無益に金を費して一不足すれば」〈福沢・学問のすゝめ〉
〘類語〙(❶)必要・必須・所要・要用・必需・須要しゅよう・不可欠・要よう・入り用

にゅう-よう【乳用】乳をとることを目的とすること。「ヤギを一に飼育する」

にゅう-よう【乳養】ニウヤウ〔名〕スル 乳を与えて養育すること。「寺領に属する嬰児は、貧院の中にて一すべからず」〈中村訳・西国立志編〉

にゅうよう-じ【乳幼児】ニウエウ 乳児と幼児。小学校入学前の子供の総称。
〘類語〙幼子・乳児・幼児・幼女・童児・童女・子供

にゅうようじ-とつぜんししょうこうぐん【乳幼児突然死症候群】ニウエウジトツゼンシシヤウコウグン 今まで元気であった乳幼児が、何の兆候も既往歴もないまま、主に睡眠中に突然死ぬ疾患。原則として1歳未満の乳幼児にいう。解剖検査でも原因不明。日本では4000人に一人の割合で発症するといわれる。SIDS(sudden infant death syndrome)。

にゅうよう-しゅ【乳用種】乳を得ることを主な目的とする品種の牛。ホルスタイン・ジャージーなど。乳牛。

にゅうようじ-ゆさぶられしょうこうぐん【乳幼児揺さ振られ症候群】ニウエウジゆさぶられシヤウコウグン ►揺さ振られっ子症候群

にゅうよう-とっき【乳様突起】ニウヤウ 側頭骨の突起部。耳たぶの後ろに突出をなす。内部は蜂の巣状で、鼓室と連絡している。乳突。

ニューヨーカー〘New Yorker〙ニューヨークの住民。ニューヨーク市民。

ニュー-ヨーク〘New York〙㊀米国北東部の州。大西洋岸から北はカナダに接する。独立13州の一。州都オールバニー。工業や近郊農業が盛ん。➡表「アメリカ合衆国」㊁ニューヨーク州南東端にある米国最大の都市。ハドソン川の河口に位置する港湾都市で、世界経済の中心。マンハッタン区・ブロンクス区・クイーンズ区・ブルックリン区およびスタッテン島区の5区に分けられる。1626年オランダ人が入植しニューアムステルダムと称したが、64年英国に割譲されたとき現名に改称。国連本部が所在。人口、行政区836万(2008)。〘補説〙「紐育」とも書く。

ニューヨーク-カット〘New York cut〙骨なしヒレ肉の上等なビーフステーキ。

ニューヨーク-きんだいびじゅつかん【ニューヨーク近代美術館】ーキンダイビジュツクワン《Museum of Modern Art》►モマ

ニューヨーク-しょうけんとりひきじょ【ニューヨーク証券取引所】►エヌ-ワイ-エス-イー(NYSE)

ニューヨーク-しょうひんとりひきじょ【ニューヨーク商品取引所】ーシヤウヒントリヒキジヨ 農産品・外国為替・株価指数の先物・オプション取引市場。1998年にニューヨーク綿花取引所(1870年創設)とコーヒー砂糖ココア取引所(1882年創設)を統合して開設。2007年、インターコンチネンタル取引所(ICE)に買収され、ICEフューチャーズU.S.に名称を変更。NYBOT(New York Board of Trade)。

ニューヨーク-タイムズ〘The New York Times〙米国の代表的な日刊新聞の一。1851年、ニューヨークで創刊。リベラルな論調で知られる。発行部数は約91万6911部(2010年10月～2011年3月期平均)。NYT。

ニューヨーク-ダウ《「NYダウ」とも書く》►ダウ平均株価

ニューヨーク-ダウこうぎょうかぶ【ニューヨークダウ工業株】ーコウゲフかぶ ►ダウ工業株三十種平均

ニューヨーク-へいきんかぶか【ニューヨーク平均株価】►ダウ平均株価

ニューヨーク-マーカンタイル-とりひきじょ【ニューヨークマーカンタイル取引所】►ナイメックス(NYMEX)

にゅう-よく【入浴】ニフ〔名〕スル 風呂にはいること。ゆあみ。「一剤」〘類語〙入湯・湯あみ・温浴・行水・一風呂

にゅうよく-ざい【入浴剤】ニフヨク 風呂の湯に入れる粉末または液体。色や香りを楽しんだり、体を温めるなど健康増進の効果を期待するもので、天然の湯の花や海藻を使用したものから合成剤まで多くの種類がある。

にゅう-らい【入来】ニフ〔名〕スル はいってくること。多く「御入来」の形で他人の来訪を敬っていう語。じゅらい。「ようこそ御一くださいました」

ニュー-ライト〘new right〙進歩的な考えをもつ右派。新保守主義。

にゅう-らく【入×洛】ニフ〔名〕スル 都にはいること。じゅらく。「使者が一する」

にゅう-らく【乳酪】牛や羊の乳を原料として製した食品。バターやクリームなど。

ニュー-ラナーク〘New Lanark〙スコットランド南部、グラスゴーの南東約40キロメートルにある産業遺跡。19世紀初頭に社会主義者ロバート=オーエンが綿紡績工場の操業を始め、労働者の住宅、子弟の学校などの環境を整え、理想的な産業コミュニティをつくろうとした。今も、工場施設などが見学できるように整備されている。2001年、世界遺産(文化遺産)に登録された。

ニューラル-ネットワーク〘neural network〙人間の脳神経系を抽象化し、情報の分散処理システムとしてとらえたモデル。ニューロネットワーク。神経回路網。

ニュー-リアリズム〘New Realism〙►ヌーボーレアリスム

ニュー-リーダー〘new leader〙新しい(世代の)指導者。特に、日本の政界で使われる言葉。

ニュー-リッチ《和 new＋rich》1980年代後半の財テクブームや地価高騰の資産効果などによって生じた新富民層。➡ニュープア

にゅう-りょう【入漁】ニフレフ〔名〕スル ►にゅうぎょ(入漁)

にゅう-りょう【入寮】ニフレウ〔名〕スル 寄宿するために、学生寮・社員寮などにはいること。㊥退寮。

にゅう-りょく【入力】ニフ〔名〕スル ❶機械装置・電気回路などに動力または信号を与えること。❷コンピューターで、処理させる情報を入れること。インプット。「パソコンにデータを一する」㊥出力。

にゅうりょく-そうち【入力装置】ニフリヨクサウチ コンピューターの入力に用いる装置。キーボード・マウス・タブレット・バーコードリーダーなど。

にゅうりょく-フォーカス【入力フォーカス】ニフリヨクー《input focus》コンピューターの操作画面において、マルチウインドー環境で複数のウインドーを開いている時、ユーザーの処理の対象となっているウインドーや入力領域のこと。

にゅう-りん【乳輪】乳首ちくびの周囲の褐色の部分。乳暈にゅううん。

ニュー-ルック〘new look〙❶「ニューモード」に同じ。❷1947年、フランスのクリスチャン=ディオールが発表した、なで肩・フレアスカートのデザイン。米国で名づけた。

ニュー-レフト〘new left〙新左翼。

ニューロ〘neuro〙神経回路網のような学習や自己組織化の機能をもっているという意味を表す語。洗濯機やエアコンなどの電気製品のカタログなどによく使われた。

にゅう-ろう【入×牢】ニフラウ〔名〕スル ►じゅろう(入牢)

ニューロエソロジー〘neuroethology〙神経行動学。動物の行動や習性の発現メカニズムを神経生理学的に追究する学問。

ニューロ-エルエスアイ〘neuro-LSI〙人間の頭脳により近い学習機能をもつ超大型集積回路。入力信号に対応して判断した出力信号と、正解の出力信号との誤差をもとに、正確な出力信号を導き出す機能をもつ。➡LSI

ニューロ-ぎじゅつ【ニューロ技術】《neuro-technology》人間の脳が行う情報処理をモデルにしたコンピューターの情報処理システム。

ニューロコンピューター〘neurocomputer〙人間の神経回路網の構造や働きをモデルにして作られるコンピューター。柔軟な認識や推論を行う機能をもつ。

ニューロティック〘neurotic〙〔形動〕神経症的であるさま。「一な映像美の映画」

ニューロパチー〘neuropathy〙末梢神経の障害。

ニューロロジー〘neurology〙神経学。神経系の病気に関する学問。

ニューロン〘neuron〙神経細胞のこと。ノイロン。

にゅう-わ【柔和】ニウ〔名・形動〕性質や態度が、ものやわらかであること。また、そのさま。「一なまなざし」
〘類語〙温厚・温和・穏健・温良・優しい

にゅうわ-にんにく【柔和忍▽辱】ニウワ 仏法に従い、心やさしく、侮辱や迫害にも耐え忍ぶこと。「一のかたちを作なし、慈悲を先となす」〈太平記・一二〉

ニューンベルク〘ドイツ Nürnberg〙►ニュルンベルク

にゅっ-と〔副〕不意に現れたり、突き出たりしているさま。「物陰から一現れる」「煙突が一立つ」

ニュルンベルク〘Nürnberg〙ドイツ、バイエルン州の商工業都市。中世から商業都市として発展し、多くのゴシック建築が残る。玩具・文具の製造が盛ん。

ニュルンベルク-さいばん【ニュルンベルク裁判】1945年11月から1946年10月、ニュルンベルクで開かれた、第二次大戦のドイツの主要戦争犯罪人22名に対する連合国の国際軍事裁判。史上初めての戦争犯罪に対する裁判で、平和に対する罪および人道に対する罪が問われ、12名が絞首刑に処された。➡極東国際軍事裁判

にょ-い【女医】律令制で、典薬寮に属した女性の医師。産科・外科・針灸などを担当した。

にょ-い【如意】〔名・形動〕❶物事が思いどおりになること。また、そのさま。「彼が文華なるも言魂ことだまの資たすけを得ざれば文を成すに一ならず」〈逍遥・小説神髄〉❷僧が読経・説法のときに持つ僧具の一。孫の手の形をし、先端をわらび形に巻き曲げたもの。

にょい〔副〕ふいに目前に現れるさま。ひょいと。「一と手を伸ばして」〈鏡花・婦系図〉

にょい-が-だけ【如意ヶ岳】京都市、東山北端の山。標高472メートル。大文字山の東隣にある。

にょい-じゅ【如意珠】「如意宝珠」に同じ。

にょい-ぼう【如意棒】思うままに伸縮し、自在にあやつることができるという棒。

にょい-ほうじゅ【如意宝珠】意のごとく願望を成就させてくれるという宝珠。

にょい-りん【如意輪】「如意輪観音」に同じ。

にょいりん-かんのん【如意輪観音】ークワンオン《梵 Cintāmaṇi-cakraの訳》六観音・七観音の一。法輪をも

って一切の願望を満たし、苦しみを救う。形像は頭頂に宝荘厳があり、多くは六臂(ろっぴ)で、如意宝珠と宝輪などを持つ。

にょいりん-じ【如意輪寺】奈良県吉野郡吉野町にある浄土宗の寺。山号は塔尾山。開創は延喜年間(901〜923)、開山は日蔵道賢。のち、南朝の勅願寺。楠木正行(くすのきまさつら)一族が出陣に際し、名を本堂の壁板に記し、辞世の歌を残したと「太平記」は記す。

にょ-いん【女院】ニョヰン 三后(さんこう)・准母(じゅんぼ)・女御(にょうご)・内親王などで、朝廷から特に「院」または「門院」の称号を受けた女性。平安時代、一条天皇のとき皇太后藤原詮子が出家の際に東三条院の院号を贈られたのに始まる。上皇に準じる待遇を受けた。にょういん。

にょう【尿】ネウ 腎臓(じんぞう)で生成される排泄液(はいせつえき)。水分中に尿素・塩分などが含まれる。小便。→漢「にょう(尿)」 類語 小便・小水・おしっこ

にょう【×繞】ネウ 漢字の構成部位の一。左から右下にかけて囲む部分。「辶(しんにょう)」「廴(えんにょう)」など。→漢「にょう(繞)」

にょう【×鐃】ネウ 仏教で使う打楽器の一。フライパン型の金属製の銅鑼(どら)で、ひもで下げ、桴(ばち)で打つ。

に-よう【二様】ニヤウ ふたとおり。2種類。「一に解釈しうる」「一の方法」

によ-う【呻=吟ふ】によ〔動ハ四〕❶苦しそうにうなる。うめく。「あくる日まで頭痛く、物食はず、一・ひふし」〈徒然・一七五〉❷詠歌がうまくできず悩む。苦吟する。「歌を一・ひをる程に」〈落窪・二〉

にょう-い【尿意】ネウ 小便がしたいという生理的感覚。「一を催す」

にょう-いん【女院】ニョウ「にょいん(女院)」に同じ。「何(いか)なる一、姫宮にても坐(おはしま)せ」〈太平記・一八〉

にょう-かん【女官】ニョウクワン「にょかん(女官)」に同じ。「主殿司(とのもりづかさ)、一などのゆきちがひたるこそをかしけれ」〈枕・三〉

にょう-かん【尿管】ネウクワン 尿を腎臓から膀胱(ぼうこう)に送る管。輸尿管。

にょう-き【尿器】ネウ 病人などが寝たまま小便をするのに用いる容器。溲瓶(しびん)。

にょう-けっせき【尿結石】ネウ 尿中の成分が、腎臓や膀胱(ぼうこう)など尿の通路内で凝集してできた結石。尿路結石。尿石。

にょう-けんさ【尿検査】ネウ 診断のため、尿を検査すること。尿にさまざまな代謝産物が排出されるので、腎臓・泌尿器だけでなく全身の疾患を見つけるため行われる。検尿。

にょう-ご【女御】❶後宮(こうきゅう)に入り天皇の寝所に侍した高位の女官。皇后・中宮に次ぎ、更衣の上に位した。主に摂関の娘がなり、平安中期以後は皇后に立てられる者も出た。にょご。「いづれの御時にか、一、更衣あまたさぶらひ給ひけるなかに」〈源・桐壺〉❷上皇・皇太子の妃。「三条の院の東宮にておはしまし折の一にて」〈大鏡・師尹〉

にょうご-だい【女御代】大嘗会(だいじょうえ)の御禊(ごけい)の儀を行うとき、選ばれて女御❶の代わりを務めた女官。

にょう-さいかん【尿細管】ネウサイクワン 腎臓内にある、腎小体に続くうねり曲がった無数の細い管。血液からこし分けられた原尿の中から必要なものを再吸収し、不要なものを集めて腎盂(じんう)に送る。細尿管。

にょう-さん【尿酸】ネウ 有機酸の一。無味無臭の白色の結晶で、水にごくわずか溶ける。動物の排出物中に多く含まれ、鳥類や陸生爬虫(はちゅう)類では窒素代謝の最終生成物であるが、人間ではプリン化合物の分解によって生成。化学式$C_5H_4N_4O_3$

にょう-しっきん【尿失禁】ネウ 無意識に尿が排出されること。子供に多いが、成人では脳脊髄の疾患や前立腺肥大によるものが多い。

にょう-じゅ【女×嬬|女×孺】▶にょじゅ(女嬬)❶

にょう-せき【尿石】ネウ ▶尿結石(にょうけっせき)

にょう-ぜつ【×饒舌】ネウ〔名・形動〕「じょうぜつ(饒舌)」に同じ。「年寄でもさすが女の一なもので」〈蘆花・思出の記〉

にょう-そ【尿素】ネウ 窒素を含む有機化合物。無色の柱状結晶。水・エタノールに溶ける。生体内でのたんぱく質代謝の最終生成物で、哺乳類やカメ・カエル・サメなどの尿中に多い。工業的には二酸化炭素とアンモニアとから合成され、肥料・尿素樹脂の原料。化学式$CO(NH_2)_2$ カルバミド。ユリア。ウレア。

にょうそ-かいろ【尿素回路】ネウソクワイロ ▶オルニチン回路

にょうそ-じゅし【尿素樹脂】ネウ 尿素とホルムアルデヒドとの縮重合により作られる熱硬化性樹脂。着色が容易で安価。日用品・接着剤などに利用する。ユリア樹脂。

にょうそ-ひりょう【尿素肥料】ネウソヒレウ 尿素を主体とする窒素肥料。土壌を酸性にするおそれが少ない。

にょう-どう【尿道】ネウダウ 膀胱(ぼうこう)内の尿を体外に排出する管。男性では陰茎中を走り精液の通路を兼ね、女性では短い。

にょう-どう【×繞堂|×遶堂】ネウダウ 法会(ほうえ)のとき、衆僧が仏像などの周囲を読経しながら、右回りに巡ること。繞仏。行道。

にょうどう-えん【尿道炎】ネウダウ 尿道の炎症。淋菌(りんきん)などの感染によって起こる。

にょうどう-りゅう【尿道×瘤】ネウダウ ▶骨盤臓器脱

にょうどく-しょう【尿毒症】ネウドクシヤウ 腎臓の機能障害により、尿中のたんぱく質分解産物、特に窒素成分が十分体外へ出されないために起こる疾患。頭痛・嘔吐・不眠などを伴い、進行すると昏睡状態になる。

にょう-のう【尿×嚢】ネウナウ 脊椎動物の羊膜類の発生中の胚(はい)にできる、内胚葉と中胚葉からなる袋状のもの。初めは排泄物を満たすが、のちに爬虫(はちゅう)類・鳥類では呼吸器官として働き、哺乳類では胎盤の一部を形成する。

にょう-はち【×鐃×鈸】ネウ 法会(ほうえ)に用いる2種の打楽器、鐃と鈸。主として鈸をいう。にょうはつ。

にょう-ぶつ【×繞仏|×遶仏】ネウ「繞堂(にょうどう)」に同じ。

にょう-へい【尿閉】ネウ 膀胱(ぼうこう)内にたまった尿をうまく排出できない状態。膀胱や尿道の神経の障害、尿路結石や前立腺肥大のため尿道が狭くなった場合にみられる。

にょう-ぼ【女▽房】「にょうぼう」の音変化。

にょう-ぼう【女房】ニョウバウ《❷が原義》❶妻のこと。多く、夫が自分の妻をさしていう。にょうぼ。「一に頭があがらない」「恋一」「世話一」❷女官の部屋。また、朝廷に仕える女官で、一人住みの部屋を与えられた者。出身の階級により、上臈(じょうろう)・中臈・下臈に大別される。「一の曹司には、廊の廻りにしたるをなむ割りつつ給へりける」〈宇津保・藤原の君〉❸貴族の家に仕える侍女。「かのふる里は一などの悲しびに堪へず、泣き惑ひ侍らむに」〈源・夕顔〉❹中世・近世、一般に女性、また、愛情の対象としての女性のこと。「あひそめし一に、はらるれば、せく心出き」〈難波物語〉

類語 妻(さい)・妻(つま)・家内・細君・かみさん・かかあ・山の神・ワイフ・ベターハーフ

女房と畳(たたみ)は新しい方がよい　妻と畳の新しいのは、新鮮な気分がしてよいものだということ。

女房の妬(や)くほど亭主(ていしゅ)もてもせず　妻というものは、とかくやきもちをやくものだが、夫は妻が考えるほどもてることはないということ。

にょうぼう-いえぬし【女房家主】ニョウバウいへぬし 一家の女主人。女房あるじ。「ことに近年は、いづかたも一奢りて」〈浮・胸算用・一〉

にょうぼう-ぐるま【女房車】ニョウバウ 女房❷が外出時に使う牛車(ぎっしゃ)。おんなぐるま。「御車に下簾かけ、一の様にておはして」〈夜の寝覚・二〉

にょうぼう-ことば【女房▽詞】ニョウバウ 室町初期ごろから、宮中に仕える女房が、多く衣食に関して用いた一種の隠語。のち、将軍家に仕える女性、さらに町家の女性にまで普及し、現代の一般語になったものもある。省略や言い換えを行ったものが多い。「おでん(田楽)」「おひや(水)」「かもじ(髪・かずら)」など。御所言葉。

にょうほう-しょう【尿崩症】ネウホウシヤウ 異常に多量の尿を排出する病気。脳下垂体後葉からの抗利尿ホルモンの分泌不足が原因となる。

にょうぼう-しょうぞく【女房装束】ニョウバウシヤウゾク 平安時代、朝廷の後宮に仕える女房の服装。宮中内に起居するので、奉仕のときに朝服を着用した。後世、俗にいわれる十二単(じゅうにひとえ)で、白小袖の上に紅の袴(はかま)をはき、単(ひとえ)・五衣(いつつぎぬ)・打衣(うちぎぬ)・表着(うわぎ)を重ね、腰に裳(も)をつけ、唐衣(からぎぬ)を着る。鎌倉時代以降、装束は簡略化された。

にょうぼう-の-さぶらい【女房▽侍】ニョウバウのさぶらひ 宮中で、女房の詰めている所。台盤所。

にょうぼう-の-ふだ【女房の▽簡】ニョウバウ 日給の簡(ふだ)の一。宮中で、清涼殿の台盤所の御椅子と唐櫃(からびつ)との間に立て、女房の出勤日を記録した。

にょうぼう-ひでり【女房×旱り】ニョウバウ「女旱(おんなひでり)」に同じ。「京にも一にや、あのやうなる下子使ふ親方もあると笑へば」〈浮・一代男・一〉

にょうぼう-ほうしょ【女房奉書】ニョウバウ 天皇の側近の女房が天皇の意思を奉じて発給した仮名書きの文書。ふつう、散らし書きで書かれる。鎌倉時代からみられ、室町後期には勅命を伝える文書の主流となった。

にょうぼう-もち【女房持(ち)】ニョウバウ 妻帯していること。また、妻帯者。

にょうぼう-やく【女房役】ニョウバウ 妻が夫を助けるように、傍らから補佐する役目。また、その人。

類語 補佐・片腕・右腕

にょう-まく【尿膜】ネウ 脊椎動物の羊膜類の発生でできる胚膜の一。尿嚢(にょうのう)を形成する。

にょう-ろ【尿路】ネウ 尿が排出される通路。腎臓(じんぞう)・尿管・膀胱(ぼうこう)・尿道の総称。「一結石」

にょうろ-けっせき【尿路結石】ネウ 尿路内にできた結石。尿に含まれるカルシウム・シュウ酸・リン酸・尿酸などが結晶化したもの。結石ができる場所によって、腎結石・尿管結石・膀胱結石・前立腺結石・尿道結石と呼ぶ。小さな結石は自然に排出されるが、体内にとどまると腰や腹部の痛みや血尿などを起こす。遺伝的な体質・生活習慣・ストレス・水分摂取不足などが重なって起こると考えられている。

にょ-おう【女王】ニヨワウ ▶じょおう(女王)

にょ-かん【女官】ニヨクワン 朝廷に仕える女性の官人の総称。後宮十二司に仕える女性のほか、命婦(みょうぶ)・女蔵人(にょくろうど)などがある。官女。にょうかん。

にょ-ぎ【女儀】女性のことを丁寧にいう語。「しかし一の御事なれば」〈浄・手習鑑〉

にょき-にょき〔副〕細長い物が次々に現れ出るさま。「高層ビルが一(と)立つ」

ニョク-マム〔ベトナム nuoc mam〕ベトナムで調味料として用いられている小魚を塩漬け発酵させた魚醤(ぎょしょう)。

にょ-くろうど【女▽蔵▽人】ニヨくらうど 宮中に奉仕した下級の女房。内侍(ないし)・命婦(みょうぶ)の下で、雑用を務めた。

にょ-けい【女系】▶じょけい(女系)

にょ-げん【如幻】仏語。幻のようにはかないこと。無常のたとえ。

にょ-ご【女御】▶にょうご(女御)

にょご-が-しま【女護が島】❶女性だけが住むという想像上の島。近世の日本では八丈島がこれに擬せられた。にょごのしま。❷女性ばかり居る場所。古く、大奥や吉原の遊里などをたとえていう。

にょ-こしゅ【女戸主】民法旧規定で、女子の戸主。

にょご-の-しま【女護の島】「にょごがしま」に同じ。「これより一にわたりて、つかみどりの女を見せん」〈浮・一代男・八〉

にょ-さんのみや【女三の宮】▶おんなさんのみや㊁

にょ-し【女子】「じょし」に同じ。「恋愛にうみたるあくびは一の天性」〈独歩・牛肉と馬鈴薯〉

にょ-しき【女色】「じょしょく(女色)」に同じ。「天竺の衒売(げんばい)一といったら訳るめえが」〈魯文・西洋道中膝栗毛〉

にょ-じつ【如実】❶現実のままであること。事実のとおりであること。「被災地の惨状を一に物語る写真」❷仏語。㋐教えの真実や道理にかなっていること。㋑真如(しんにょ)。類語 迫真・リアル・ありあり・まざまざ

にょじつ-ちけん【如実知見】仏語。現実をありのままに見抜くこと。

にょ-じゅ【女×孺｜女×孺｜女×豎】❶律令制で、宮中に仕えた下級の女官。堂上の掃除、灯油のことなどをつかさどった。めのわらわ。にょうじゅ。❷中国で、后・妃・夫人・嬪などに仕えた女官。

にょ-じょい【女叙位】隔年の正月8日に行う、女官に位階を授けた朝廷の儀式。おんなじょい。

にょ-しょう【女性】女の人。じょせい。

にょ-しょう【女将】料亭・旅館などの女主人。おかみ。じょしょう。

にょ-しょく【女色】▶じょしょく(女色)

にょ-ぜ【如是】《梵evamの訳》仏語。❶かくのごとく、このように、の意。経典の冒頭に記される語。❷「十如是」の略。

にょぜ-がもん【如是我聞】仏語。このように私は聞いた、の意。経典の冒頭に記される語。経典中の釈迦の言動を、経蔵の編集者とされる阿難が聞いたことを示す言葉。

にょ-そう【女僧】女性の僧侶。尼。比丘尼。

にょ-ぞく【女賊】❶女の盗賊。❷仏語。女性のこと。求道心が女色によって損なわれるところから、賊にたとえたもの。

にょ-たい【女体】❶女性のからだ。また、女性の姿かたち。❷能の三体の一。女人の風姿。

ニョッキ【伊 gnocchi】パスタの一種。小麦粉に卵・牛乳・チーズなどを加えて練り、棒状にのばして小さく切ったり、小さく丸めてゆでたもの。バターで炒めたりソースをかけて食べる。

にょっきり〔副〕ぬきんでて高いさま。にょっこり。「山の頂が雲海の上に—(と)顔を出す」

に-よっ-て【に因って｜に▽依って】〔連語〕《格助詞「に」に動詞「よる」の連用形が付き、さらに接続助詞「て」の付いた「によりて」の音変化》❶原因・理由を表す。…ので。…ために。「踏切事故—電車が遅れる」「年をとらぬ年が八年ある—、四十七ながら三十九ぢゃ」〈浮・永代蔵・三〉❷手段・方法を表す。「特殊な顔料—書かれた絵」❸その中のあるものについて、または、その中の一つ一つについていうと、の意を表す。「種類—毒のあるものもいる」「政治家—主張は異なる」❹よりどころを表す。「命令—行動する」

にょ-てい【女帝】▶じょてい(女帝)

にょ-どう【女道】遊女を相手に遊興すること。衆道に対していう。「衆道、—を昼夜のわかちもなく」〈浮・五人女・三〉

によど-がわ【仁淀川】愛媛県と高知県を流れる川。愛媛県石鎚山南斜面に源を発し、高知県中央部を流れて土佐市と高知市の境で土佐湾に注ぐ。長さ124キロ。愛媛県側では面河川、高知県側では仁淀川という。中流部は峡谷で、山間地はコウゾなどの製紙原料の産地。下流部は園芸を中心とした農業が盛ん。上流部は石鎚国定公園に属する。

にょ-にゃく【女若】女と若衆。また、女道と若道。「—二つの恋草を」〈浄・鑓の権三〉

にょ-にん【女人】女の人。女性。じょにん。

にょにん-きんぜい【女人禁制】《「にょにんきんせい」とも》宗教修行の地域・霊場などへの女性の立ち入りを禁止する風習。比叡山・高野山などで行われたが、明治5年(1872)に立ち入りを認める政令が出て以降、ほとんど廃止となった。

にょにん-けっかい【女人結界】結界して女性の出入りを禁じること。女人禁制とする区域。

にょにん-こうや【女人高野】室生寺の異称。女人禁制の高野山に対して、女子の参拝が許されたところからいう。

にょにん-どう【女人堂】女人禁制の地で、女性が参籠して読経や念仏をすることができるよう結界の外に設けられた堂。高野山のものが有名。

にょ-ひつ【女筆】女の筆跡。おんなで。じょひつ。「門柱に—指南の張り紙して」〈浮・一代女・二〉

によ・ぶ【呻＝吟ぶ】〔動バ四〕▶によう(呻吟ふ)

にょ-べっとう【女別当】平安時代、斎宮・斎院に仕えた女官。

にょ-ほう【如法】〔名・形動〕❶仏語。仏の教法にかなっていること。❷文字どおりであること。また、そのさま。「—の闇」❸穏やかであること。柔和であること。また、そのさま。「—なる気もまる額、にこやかに」〈浄・今宮の心中〉

にょほう-あんや【如法暗夜】全くのやみよ。まっくらやみ。

にょほう-きょう【如法経】《「にょほうぎょう」とも》一定の法式に従って経文を筆写すること。また、その筆写した経文。多くは法華経についていう。如法写経。

にょほう-さん【女峰山】栃木県北西部、日光市北西にある山。標高2483メートル。日光火山群東部の成層火山で、北麓を鬼怒川、南麓を大谷川が流れる。南麓に二荒山神社・東照宮などの社寺がある。

にょ-ぼさつ【女×菩×薩】❶菩薩のように美しくやさしい女性。❷《「外面如菩薩」の「如」を「女」に置きかえたもの》遊女のこと。

にょ-ぼさつ【如×菩×薩】菩薩のように、気高く柔和なこと。「外面—、内心如夜叉」

にょ-ぼん【女×犯】僧が不淫戒を破り、女性と関係すること。

にょ-むげんほうよう【如夢幻泡▽影】仏語。この世のことはすべて、ゆめ・まぼろし・あわ・かげのようで、実体がなく空であるということ。無常のたとえ。如夢幻泡。如夢幻。

にょ-やしゃ【女夜×叉】女体の夜叉。

にょ-やしゃ【如夜×叉】夜叉のように恐ろしい心をもっていること。

にょ-らい【如来】《梵 Tathāgataの訳》真理に到達した人。仏陀をいう。仏の十号の一。「釈迦—」〔補説〕如(真理)より生来したもの、と解しての訳。

如来掛けて　如来様に誓って。仏に誓って。神掛けて。「微塵も愛着残らぬと、—の母が言ひ分」〈浄・油地獄〉

にょらいし【如偏子】▶じょらいし(如偏子)

にょらい-じゅうごう【如来十号】▶十号

にょらい-しん【如来身】仏徳が円満に備わった如来の体。仏身。

にょらい-ぞう【如来蔵】凡夫の心のうちに存在している、如来(仏)になりうる可能性。煩悩に覆い隠されている、本来清浄な悟りの本性。

にょらい-ばい【如来▽唄】如来をたたえた勝鬘経の8句の偈を梵唄の調子で歌うもの。

にょらい-はだ【如来肌】❶肉づきがよく滑らかで温かい肌。「端傾城—とや申すらん/正察」〈六日飛脚〉❷人の体温で温められていること。「きやつが寝たあとを探ってみたれば、—な程に、遠くへは行くまい」〈虎明狂・磁石〉

に-より【似寄り】よく似ていること。また、そのもの。「—の品を探す」

に-より【に因り｜に▽依り】〔連語〕「によって」のやや改まった言い方。「代議員—選出される」「憲法第十一条—基本的人権が保障されている」

に-よりて【に因りて｜に▽依りて】〔連語〕「によって」に同じ。「何—か目を喜ばしむる」〈方丈記〉

に-よ・る【似寄る】〔動ラ五(四)〕よく似ている。類似する。「今一つ—・ったお話をしなければならぬ」〈河上肇・貧乏物語〉〔類語〕似る・似つく・似通う・通う・相通ずる・類する・類似する・相似する・近似する・酷似する・肖似する

に-よると【に因ると｜に▽依ると】〔連語〕情報や判断の出所を表す。「新聞—また運賃が上がるとか」

にょろ-にょろ〔副〕細長いものが、からだをくねらせながら進み動くさま。「—(と)はいまわる」

にょろり〔副〕「にょろにょろ」に同じ。「蛇がやぶから—とはい出る」

ニヨン〖Nyon〗スイス西部の都市。レマン湖北西岸に面する。ローマ帝国の植民都市に起源し、円形劇場や神殿の遺跡がある。サボイア家の居城だったニヨン城、および磁器のニヨン焼が有名。

漢字項目 にょ

【女｜如】▶じょ

漢字項目 にょう

【女】▶じょ

尿　音ニョウ(ネウ)㊉　訓いばり、ゆばり‖小便。「尿意・尿道／血尿・検尿・排尿・糞尿・放尿・泌尿器」

×繞　音ニョウ(ネウ)㊉　ジョウ(ゼウ)㊈　訓まとう、めぐる‖㊀〈ニョウ〉めぐる。かこむ。「囲繞」㊁〈ジョウ〉①まとう。まつわる。「纏繞」②めぐる。「囲繞」

に-よん-ディー〖2,4-D〗《Dはdichlorophenoxyacetic acid 2, 4-ジクロロフェノキシ酢酸の略称》生長調節剤の一。植物ホルモンのオーキシンの作用を示し、ナトリウム塩などとして広葉雑草の除草剤に使用。

にょん-にょ〔副〕にょきにょき。にゅうっと。「お背が—と伸びまする」〈浄・鎌倉三代記〉

にら【×韮｜×韭】ユリ科の多年草。全体に特有のにおいがある。鱗茎は卵形で、細長く平たい葉が出る。秋、葉の間から高さ30〜40センチの茎を伸ばし、半球状に白い小花を多数つける。アジア大陸に分布、葉を食用にする。みら。こみら。〔季 春｜花＝夏〕

ニラ〖NIRA〗《National Industrial Recovery Act》全国産業復興法。米国のニューディール政策の一環として、1933年制定された法律。初期ニューディール政策の中心となった総合的産業政策。35年最高裁により、違憲とされた。

ニラ〖NIRA〗《National Institute for Research Advancement》総合研究開発機構。昭和49年(1974)に設立されたシンクタンク。21世紀プロジェクトやエネルギー問題などの研究成果を発表する。

にらい-かない　沖縄や奄美で古来信じられてきた海のかなたの楽土・聖地。そこから神々が来訪して福をもたらすとか、火や穀種が来るとか伝える。

にらき-す【×葅×醢】人を殺しその肉を塩漬けにする刑。「韓彭—されたり」〈平家・二〉

にら・ぐ【×焠ぐ｜×淬ぐ】〔動ガ四〕《古くは「にらく」》赤熱した鉄を水に入れて鍛える。焼きを入れる。「かの竜泉に剣を—・ぐとかや」〈奥の細道〉

にらさき【韮崎】山梨県北西部の市。街道が交差する交通の要地として発展。南アルプスの登山口。武田勝頼の新府城跡がある。人口3.2万(2010)。

にらさき-し【韮崎市】▶韮崎

にらま・う【×睨まふ】〔動ハ下二〕「にらまえる」の文語形。

にらま・える【×睨まえる】〔動ア下一〕〔文〕にらま・ふ〔ハ下二〕するどい目つきでじっとにらむ。「噛みつくように伸子を—・え」〈宮本・伸子〉

にらま・れる【×睨まれる】〔連語〕《動詞「にら(睨)む」の未然形＋受身の助動詞「れる」》「睨む❹」に同じ。「当局に—・れる」

にらみ【×睨み】❶にらむこと。「ひと—」❷他人を押さえつける威力。〔類語〕睥睨

睨みが利・く　他の者を押さえつける威力がある。「実績があるだけに後輩に—・く」

睨みを利か・せる　他の者に勝手なことをさせないように押さえつける。「ベテランが—・せる」

にらみ-あい【×睨み合い】❶にらみ合うこと。反目し合うこと。「労使が—を続ける」❷取引市場で、材料が好悪相半ばして売方・買方とも機の熟すのを待つこと。

にらみ-あ・う【×睨み合う】〔動ワ五(ハ四)〕❶互いに相手をにらむ。「土俵上で—・う」❷互いに相手の動きをうかがいながら向かい合う。「両軍が川を挟んで—・う」

にらみ-あわ・す【×睨み合(わ)す】〔動サ五(四)〕「にらみ合わせる」に同じ。「眼と眼を—・した」〈二葉亭・浮雲〉

にらみ-あわ・せる【×睨み合(わ)せる】〔動サ下一〕互いににらむ。また、あれとこれとを比較して考え合わせる。「予算と—・せて計画を立てる」

にらみ-かえ・す【×睨み返す】〔動サ五(四)〕相手からにらまれた際に、こちらからもにらみつける。「負けずに相手を―・す」

にらみ-くら【×睨み▽競】「にらめっこ」に同じ。

にらみ-す・える【×睨み据える】〔動ア下一〕図にらみす・う〔ワ下二〕視線を動かさないで強くにらむ。「じっと―・えて一歩もひかない」

にらみ-つ・ける【×睨み付ける】〔動カ下一〕図にらみつ・く〔カ下二〕激しくにらむ。じっとにらむ。「やじった聴衆を―・ける」

〔類語〕にらむ・ねめつける・にらみ合う

にら・む【×睨む】〔動マ五(四)〕❶目をいからしてじっと見る。鋭い目つきで見る。「じろりと―・む」❷精神を集中し、視線を動かさずに見つめる。事態を注意してよく見る。「局面を―・む」「情勢を―・む」❸見当や目ぼしをつける。「あやしいと―・む」「共犯者がいると―・んだ」❹(ふつう「にらまれる」の形で)注意を要する人物、好ましくない人物として、目をつける。「ボスに―・まれたらおしまいだ」❺前もって考慮に入れる。計算に入れる。「彼の発言は明らかに総選挙を―・んだものだ」

〔類語〕にらみつける・ねめつける・にらみ合う・睥睨する・見る・見つめる・見すえる・注視する

にらめ-くら【×睨め▽競】「にらめっこ」に同じ。「書物と―をしているもの」〈漱石・趣味の遺伝〉

にらめっ-こ【×睨めっこ】〔名〕スル ❶にらみ合うこと。❷子供の遊びの一。互いににらみあって、先に笑ったほうが負けとなる。にらみくら。にらめくら。

にら・める【×睨める】〔動マ下一〕「睨む」に同じ。「横眼で津田の顔を―・めるように見ながら」〈漱石・明暗〉

にらやま【韮山】静岡県伊豆の国市の地名。伊豆半島北部に位置する。源頼朝が流された蛭ヶ小島、幕末に築造された反射炉などの史跡がある。

にらやま-がさ【×韮山×笠】《幕末、伊豆韮山の代官江川太郎左衛門が考案したことから》こよりを編んで黒漆を塗った、平たい円錐形の笠。砲術訓練の武士が用いた。戴潜。

にらやま-ずきん【×韮山頭巾】《幕末、伊豆韮山の代官江川太郎左衛門が考案したところから》黒ビロードで半球状に縫い、後ろに錣をつけた頭巾。砲術訓練をする時に用いた。講武所頭巾。

にら-レバ【×韮レバ】「にらレバ炒め」の略。レバにら。➡レバ韮炒め

にらレバ-いため【×韮レバ×炒め】▶レバ韮炒め

に-らん【二卵】2個のたまご。また、2個の卵子。

にらんせい-そうせいじ【二卵性双生児】二つの卵子が別々の精子を同時に受精して胎児となった双生児。一卵性と異なり、異性の場合もある。

にりつ-はいはん【二律背反】哲学で、相互に矛盾する二つの命題(定立と反定立)が同等の妥当性をもって主張されること。アンチノミー。

にりとう-いせき【二里頭遺跡】中国、河南省偃師県にある殷代前期の遺跡。中国最古の青銅器や宮殿跡が出土し、殷墟期に先行する二里頭期の標準遺跡とされる。

に-りゅう【二流】❶二つの流れ・流派。また、二つの方法。「系統が―に分かれる」❷一流より程度がやや劣ること。また、そのもの。「―の会社」

〔類語〕三流・三等・B級・マイナー・亜流・エピゴーネン

にりゅうか-たんそ【二硫化炭素】赤熱した炭素に硫黄蒸気を反応させて得られる、特異臭のある無色の液体。引火しやすく、有毒。硫黄・燐・沃素・油脂・ゴムなどを溶かす。溶媒や殺虫剤・ビスコースの製造原料などに使用。化学式CS_2

に-りん【二輪】❶二つの車輪。また、二輪車のこと。❷二つの花。「―咲き」❸二つの丸いもの。「日月―を漂出す」〈神皇正統記・序〉

にりんじどうしゃげんどうきつきじてんしゃにかんするとうなんきけんふたんぽ-とくやく【二輪自動車原動機付自転車に関する盗難危険不担保特約】自動車保険における特約の一。二輪自動車および原動機付自転車の盗難による損害に対しては、保険金を支払わないとするもの。二輪自動車および原動機付自転車は屋外に放置されることが多く管理も不十分になりがちになるため、保険会社の危険回避措置としての特約。

にりん-しゃ【二輪車】車輪が二つある車。「自動―」

にりん-そう【二輪草】キンポウゲ科の多年草。各地の林縁などに群生する。高さは約15センチ。葉はふつう三つに深く裂けている。4月ごろ、白い花びら状の萼をもつ花が、ふつう二つ咲く。《季 春》

にる【似る】〔動ナ上一〕図〔ナ上一〕❶物の形が見た目に同じようである。「双子のようににている」「夕顔ににた白い花」❷性質・状態などがほとんど同じである。「意味のにた言葉」「親ににてそそっかしい」❸(「…に似ず…だ」の形で)それから受ける印象のとおりであろうと判断されるのとは実際には違って…である。「外見ににずたくましい」❹それに相応すると判断される。…ようだ。「こころざしあるににたり」〈土佐〉

〔類語〕(❶❷)似寄る・似つく・似通う・通う・相通ずる・類する・類似する・相似する・近似する・酷似する・肖似する

似て非なり　《「孟子」尽心下から》ちょっと見たかぎりでは似ているが、実際は全く違う。「慎重と臆病とは―なるものである」

似ても似付かない　まったく似ていない。「想像とは―ない光景」

似れば似るもの　《驚きの気持をこめて》似ているとはいっても、これほどまで似ているとは。「兄弟とは言っても、―だ」

にる【煮る】〔動ナ上一〕図〔ナ上一〕水などの中に食物を入れ、火にかけて熱を通す。「強火でにる」「魚を甘辛くにる」

〔類語〕炊く・炊ぐ・茹でる・煮込む・煮あげる

煮て食おうと焼いて食おうと　どんなことをしようとも。「―そっちの好きにしてくれ」

煮ても焼いても食えない　どうやっても思うようには扱えない。手に負えない。「―相手」

ニル-アドミラリ〔ラテ nil admirari〕〔名・形動〕何事にも驚かないこと。また、そのさま。無感動。「あらゆることに対して―な」〈高見・故旧忘れ得べき〉

に-るい【二塁】野球で、一塁と三塁の間の塁。セカンドベース。セカンド。

にるい-しゅ【二塁手】野球で、二塁を中心にその周辺を守る内野手。セカンド。

にるい-だ【二塁打】野球で、打者が二塁まで達することのできた安打。ツーベースヒット。

ニルバーナ〔梵 nirvāṇa〕涅槃。

にれ【×楡】ニレ科ニレ属の高木の総称。アキニレ・オヒョウなどがあるが、ふつうハルニレをさす。ニレ科にはケヤキ・ムクノキ・エノキなども含まれる。

にれい-さん【爾霊山】二百三高地のこと。日露戦争時に乃木希典が命名。

にれ-か・む【×齝む】〔動マ五(四)〕牛などが、かんで一度飲み込んだ食物を再び口に戻してかむ。反芻する。「人が皆―・むと云うことをする動物のように」〈鷗外・灰燼〉

に-れん【二連】同じ形・様式のものが二つ続くこと。

にれん-じゅう【二連銃】銃身が2本ある銃。

にれんぜん-が【尼連禅河】インドのビハール州を流れるガンジス川の支流パルガ川の古称。河畔の菩提樹の下で釈迦が悟りを開いたと伝える。

にろくじ-ちゅう【二六時中】《昔、1日が12刻であったところから》終日。一日中。また、いつも。四六時中。「一警戒にあたる」

〔類語〕始終・常時・いつも・四六時中・日夜・一日中

にろく-つい【二六対】漢詩の平仄上の規則の一。七言の近体詩で、同一句の第2字と第6字とは平仄を同じにしなければならないこと。また、同一句の第2字と第4字とは平仄を同じにしてはいけないことあわせて、二四不同26対ともいう。

にわ【庭】❶屋敷内で、ある広さをもって空けてある地面。草木を植えたり、泉水や築山を設けたりする。「―の手入れ」「―を造る」「―をいじる」❷物事の行われる場所。神事・行事などの行われる場所。「学びの―」「いくさの―」「祭りの―」❸家の中の土間。❹波の平らな海面。「武庫の海の―良くあらしいざりする海人の釣舟波の上ゆ見ゆ」〈万・三六〇九〉

〔類語〕庭園・園・ガーデン

〔下接〕石庭・内庭・裏庭・奥庭・教えの庭・苔庭・小庭・裁きの庭・戦いの庭・造り庭・坪庭・中庭・箱庭・平庭・広庭・学びの庭・露地庭

にわ-いし【庭石】庭に趣を添えるためにすえる観賞用の石。また、庭の飛石・敷石などのこと。

にわ-いじり【庭▽弄り】庭の草木などの手入れをすること。

にわ-うめ【庭梅】バラ科の落葉低木。葉は卵形で縁にぎざぎざがある。春、新葉とともに白色または淡紅色の花をつけ、赤い実を結ぶ。実は食べられる。中国の原産。庭木や鉢植えにする。郁李。こうめ。《季 春》「曙やや―の匂ふ家の前/月斗」

にわ-うるし【庭漆】シンジュ(神樹)の別名。

にわか【×俄】㊀〔形動〕図〔ナリ〕❶物事が急に起こるさま。突然。「天候が―に変化する」「―には信じがたい噂」❷病気が急変するさま。「此の時御病いと―になりぬ」〈記・中〉❸一時的であるさま。かりそめであるさま。「―にしもあらぬ匂ひ、いとなつかしう住みなしたり」〈徒然・一〇四〉㊁〔名〕(「仁輪加」「仁和賀」などとも書く)「俄狂言」に同じ。

〔類語〕急・突然・突如・忽然・俄然・唐突・出し抜け・急遽・短兵急・いきなり・不意に・ふと・矢庭に

にわか-あめ【×俄雨】急に降りだしてまもなくやんでしまう雨。驟雨。

〔類語〕通り雨・夕立・時雨・驟雨・村雨・スコール

俄雨と女の腕捲り　にわか雨は大降りでもすぐにやみ、女の腕まくりは驚くに足らぬところから、恐れるに足りないことのたとえ。

にわか-おどり【×俄踊(り)】❶その場で即興的に演じるこっけいな踊り。❷俄狂言の中でおどる踊り。

にわか-きょうげん【×俄狂言】素人が、宴席や街頭で即興に演じたこっけいな寸劇。江戸中期から明治にかけて流行。座敷で行う座敷俄、屋外で行う流し俄などがあり、大阪俄・博多俄などが有名。のちに職業として、寄席で、道具・鳴り物入りで行うようになった。にわか。

にわ-かぐら【庭神-楽】舞台を設けず、庭にかがり火をたいて奏する神楽。

にわか-ごしらえ【×俄×拵え】にわか仕立て。急ごしらえ。「―の料理」

にわか-ごと【×俄事】急な出来事。「―にて侍る上、おりふし無勢にて」〈古活字本保元・上〉

にわか-し【×俄師】俄狂言を職業とする人。

にわか-じこみ【×俄仕込み】❶商品を必要になってから急いで仕込むこと。また、その商品。❷間に合わせるために大急ぎで覚えること。また、そのもの。「―の英会話」「―の隠し芸」

にわか-じたて【×俄仕立て】間に合わせるために急につくること。「―のチーム」

にわか-しばい【×俄芝居】俄狂言の芝居。

にわか-だいじん【×俄大尽】「俄分限」に同じ。

にわか-ちょうじゃ【×俄長者】「俄分限」に同じ。

にわか-づくり【×俄作り】間に合わせに急いで作ること。にわかごしらえ。「―の土俵」

にわか-どうしん【×俄道心】急に思いたって出家すること。また、その人。「無意気なる―」〈咄・露がはなし・一〉

にわか-びより【×俄日-和】降っていた雨が急にやんで、晴れること。

にわか-ぶげん【×俄分限】急に大金持ちになること。また、その人。俄長者。俄大尽。にわかぶんげん。

にわか-ぶんげん【×俄分限】「にわかぶげん」に同じ。

にわ-かまど【庭×竈】には― ❶土間につくりつけたかまど。❷江戸時代、奈良地方で、正月の三が日、入り口の土間にかまどをつくり、その周辺に一家の者が集まって飲食した風習。

にわか-ゆき【×俄雪】にはか― 急に降り出して、まもなくやむ雪。

にわ-き【庭木】には― 庭に植える樹木。

にわ-きど【庭木戸】には― 庭の出入り口の木戸。

にわ-くさ【庭草】には― ❶庭に生えている草。❷ホウキギの古名。〈和名抄〉

にわ-ぐち【庭口】には― 庭の出入り口。

にわ-くなぶり【鶺=鴒】には― セキレイの古名。〈和名抄〉

にわ-ぐら【庭蔵】には― 母屋から離して庭に建てる蔵。穀物・道具・商品などを収める。内蔵や金蔵に対していう。

にわ-げた【庭下▽駄】には― 庭を歩くための下駄。多くは焼き杉製の簡素なもの。

にわ-こ【庭子】には― 江戸時代、代々その家に仕えている下男と下女のあいだに生まれた子。また、広く主家に代々隷属する農民をいう。

にわ-こ【庭▽籠】には― 庭に置き小鳥などを入れて飼うかご。「三十七羽すぐりて、これを―に入れさせ」〈浮・男色大鑑・八〉

にわ-こぶ【庭×瘤】には― 土間などの、人の出入りの多い所にできる凹凸。

にわ-さき【庭先｜庭▽前】には― 縁側に近い庭の部分。ていぜん。

にわさき-そうば【庭先相場】にはさきさうば 農産物の生産地相場。

にわ-ざくら【庭桜】には― ニワウメの変種。葉が細長く、上面にしわがある。花は白色で八重咲き。

にわ-し【庭師】には― 庭園をつくったり、その手入れをしたりするのを職業とする人。(類語)園丁・植木屋

にわしく【×俄しく】にはしく〔副〕急に。にわかに。「潮舟の舳^越そ白波―も負ふせたまほか思はへなくに」〈万・四三八九〉

にわ-しごと【庭仕事】には― ❶収穫した穀類を、屋敷内で処理する仕事。❷「庭いじり」に同じ。

にわし-どり【庭師鳥】にはし― スズメ目ニワシドリ科の鳥の総称。全長約30センチ。オーストラリア・ニューギニアの密林などにすむ。卵を産む巣とは別に、雄が枝などで小屋のような巣を作り、果実・花などを飾って周囲を美しく手入れする。あずまやどり。こやつくり。

にわ-すずめ【庭×雀】には― 庭にいる雀。「―踞集(うずすま)り居て」〈記・下・歌謡〉

にわ-ぜきしょう【庭石×菖】にはぜきしやう アヤメ科の多年草。日当たりのよい草地にみられ、高さ10～20センチ。葉は線形。5、6月ごろ、茎の頂の2枚の苞(ほう)の間から花柄を出し、紫色か白紫色の6弁花を開く。北米の原産。(季 夏)

にわ-せん【庭銭】には― ❶遊里で紋日(もんび)に遊ぶことを約束した客が、遊女や揚屋などの奉公人に与える祝儀の金。「太夫様より宿への時服、―まきちらす」〈浮・一代男・八〉❷江戸時代、街道の宿駅の問屋場に荷物を一時預けたときの保管料。

にわ-そ には― ナツトウダイの古名。〈和名抄〉

にわ-たうえ【庭田植(え)】にはたうゑ 小正月の予祝行事の一。東北地方で、わら・豆がらなどを稲苗になぞらえて庭にまいて行う模擬的な田植えの儀礼。

にわたし-さしずしょう【荷渡し指図証】にわたしさしづしよう 倉庫業者・物品保管者に対して、物品の引き渡しを指図する証券。特に海上運送において、船荷証券が発行されている運送品の引き渡しを指図する証券。荷渡し指図書。

にわ-たずみ【×潦｜行=潦】にはたづみ ❶〔名〕雨が降って、地上にたまり流れる水。「はなはだも降らぬ雨故―いたくな行きそ人の知るべく」〈万・一三七〇〉❷〔枕〕地上にたまった水が流れるようすから、「流る」「すまぬ」「行方しらぬ」にかかる。「―流るる涙留めかねつも」〈万・四一六〇〉

にわ-たたき【庭×叩き】には― セキレイの別名。

にわ-ちょう【庭帳】にはちやう 江戸時代、年貢を納入する現場で、その出納を記載登録した帳簿。

にわ-つくり【庭作り】には― ❶庭に樹木を植えたり、築山(つきやま)・泉水などをつくったりすること。また、その職人。庭師。❷江戸幕府の職名。作事奉行の配下で造園に従ったもの。

にわ-づたい【庭伝い】にはづたひ ある庭から他の庭へと伝ってゆくこと。

にわ-つづき【庭続き】には― 庭に接していること。また、境なしに庭に続いていること。「―の菜園」

にわ-つ-とり【庭つ鳥】には― ❶〔名〕ニワトリの古名。「物思ふと寝ねず起きたる朝明(あさけ)にはわびて鳴くなり―さへ」〈万・三〇九四〉❷〔枕〕庭に飼う鳥の意から、「鶏(かけ)」にかかる。「―鶏の垂り尾の」〈万・一四一三〉

にわ-とこ【接=骨=木｜庭常】には― スイカズラ科の落葉低木。山野に自生。枝の内部に白い髄があり、葉は長楕円形の小葉からなる羽状複葉。春、白色の小花が円錐状に咲き、実は赤く熟す。幹や枝を消炎・利尿薬に、花を発汗に用いる。庭木とする。(季 春)「―の花咲けり何かにまぎれんと／秋を」

にわ-とり【鶏｜×雞】には― 《庭の鳥の意》キジ科の鳥。古くから家禽(かきん)化され、東南アジアに分布するセキショクヤケイ(赤色野鶏)が原種に近いといわれる。あまり飛ばず、頭頂に赤いとさかをもつ。卵用のレグホン、肉用のコーチン、卵肉兼用のプリマスロック、愛玩用のチャボ・東天紅・唐丸など、品種が多い。とり。

鶏を割(さ)くにいずくんぞ牛刀(ぎゅうとう)を用(もち)いん 《「論語」陽貨から》小事を処理するのに、大人物に頼んだり大げさな方法を用いる必要はないというたとえ。

にわとり-あわせ【鶏合(わ)せ】にはとりあはせ 「とりあわせ」に同じ。

にわとり-びと【鶏人】にはとり― ►けいじん(鶏人)

にわとり-ぼこ【鶏×鉾】にはとり― 京都の祇園会(ぎおんえ)に出る山鉾(やまぼこ)の一種。山車(だし)の屋形の軒に鶏の形をした飾りをつけたもの。

にわとりむこ【鶏聟】にはとりむこ 狂言。婿が人から婿入りの作法として鶏冠をつけて鶏の鳴き声をまねるようにうそを教えられ、そのとおりにすると、舅(しゅうと)も婿に恥をかかすまいと鳴き返す。

にわ-ない【▽新×嘗】にはなひ 「にいなめ(新嘗)」に同じ。「天照大神の―きこしめす時を見て」〈神代紀・上〉

にわ-ながひで【丹羽長秀】には― [1535～1585]安土桃山時代の武将。尾張の人。織田信長に仕え、近江(おうみ)の佐和山城主。本能寺の変後は豊臣秀吉を助け、山崎の戦い・賤ヶ岳(しずがたけ)の戦いに功を立て、越前北ノ庄城主となった。

にわ-に-たつ【庭に立つ】には― 〔枕〕庭に生い立つ麻の意から、「麻」にかかる。「―麻手小衾(あさでこぶすま)」〈万・三四五四〉

にわ-の-おしえ【庭の▽訓】にはのをしへ 《「庭訓(ていきん)」を訓読みにした語》家庭教育。「余は幼き比より厳しき―を受けし甲斐に」〈鴎外・舞姫〉

にわ-の-もの【庭の者】には― 武家で、庭の掃除など雑事を仕事とする下級の者。室町幕府では庭奉行、江戸幕府では若年寄の配下にあった。

にわ-のり【庭乗り】には― 庭先などで馬を乗りならすこと。「小馬を賜って―仕りける程に」〈盛衰記・一一〉

にわ-ばん【庭番】には― ❶庭の番人。❷►御庭番(おにわばん)

にわ-び【庭火｜庭×燎】には― ❶庭でたく火。特に、神事の庭にたくかがり火。また、宮中の御神楽(みかぐら)でたくかがり火。柴灯(さいとう)。(季 冬)❷宮中の御神楽の一曲で、楽器の調子合わせに続いて行う一種の序曲。歌は採り物の葛(かずら)の歌。

にわ-ぶぎょう【庭奉行】にはぶぎやう 室町幕府の職名。幕府庭内の清掃や建物の修繕などをつかさどった。

にわ-ふじ【庭藤】にはふぢ マメ科の落葉小低木。川岸などに生え、高さ30～60センチ。葉は狭卵形の小葉からなる羽状複葉。夏、紅色か白色の花を総状につける。庭園によく植えられる。いわふじ。

にわ-ふみお【丹羽文雄】にはふみを [1904～2005]小説家。三重の生まれ。独特のリアリズムによる風俗小説、また、生家の寺院を背景にした仏教的小説を発表。文化勲章受章。作「鮎(あゆ)」「厭がらせの年齢」「親鸞(しんらん)」など。

漢字項目 にん

【人】【▽刃】【▽仁】►じん

任 (学)5 (音)ニン(呉) ジン(漢) (訓)まかせる、まかす ‖ ①引き受けた役目。「任務／解任・在任・辞任・就任・責任・退任・大任・担任・着任・適任・赴任・留任・歴任」②ある役目に当てる。「任官・任期・任命・任免／後任・再任・主任・常任・親任・選任」③自由にさせる。まかせる。「任意／委任・一任・信任・放任」④気力をたのみにする。「任侠(にんきょう・じんきょう)」(名付)たえ・たか・たかし・ただ・たね・たもつ・と・とう・ひで (難読)任那(みまな)

妊 (音)ニン(呉) (訓)はらむ ‖ みごもる。はらむ。「妊娠・妊婦／懐妊・避妊」(補説)「姙」は異体字。(名付)さね・もつ

忍 (音)ニン(呉) (訓)しのぶ、しのばせる ‖ ①がまんする。じっとこらえる。「忍苦・忍従・忍耐／隠忍・堪忍・堅忍」②むごいことを平気でする。「残忍」③隠れて行動する。「忍者・忍術」(名付)おし・しの・たう (難読)忍冬(すいかずら)・忍辱(にんにく)

認 (学)6 (音)ニン(呉) (訓)みとめる、したためる ‖ ①物事をそれと見きわめる。「認識・認知／確認・誤認・視認」②それと見定めて許す。承知する。みとめる。「認可・認定・認容／公認・承認・信認・是認・追認・否認・黙認・容認」(名付)もろ

にわ-ほこり【庭×埃】には― イネ科の一年草。庭や田などに繁茂し、高さ15～25センチ。葉は線形。夏から秋に、多数の淡紫色の小穂が円錐状につく。

にわ-まわり【庭回り】にはまはり 庭園の周辺。

にわみ-ぐさ【庭見草】にはみ― ハギの古名。「垣根には朝顔かかる―折に立ちよる人のうとさよ」〈蔵玉集〉

にわ-も【庭▽面】には― 庭の表面。庭の上。

にわ-やき【庭焼(き)】には― ►御庭焼(おにわやき)

にわ-やなぎ【庭柳】には― タデ科の一年草。道端に群生し、茎は地をはうことが多い。葉は柳に似る。夏、花びらのない、萼(がく)の縁が白か紅色の小花をつける。乾かした全草を薬用にする。みちやなぎ。

にわ-やま【庭山】には― 庭につくった山。築山(つきやま)。

にん【人】❶〔名〕❶ひと。ひとがら。「―ヲ見テ法ヲ説ク」〈和英語林集成〉❷その行為をする人。その役目の人。多く複合語の形で用いる。「手形振出―」「後見―」❷〔接尾〕助数詞。人数を数えるのに用いる。「五―」「七―」➡漢「じん(人)」(類語)(❶)名(めい)

人を見て法を説け ►人(ひと)を見て法を説け

にん【任】❶まかせられた役目。任務。「―を解く」「―に堪えない」❷任務を行う期間。任期。「―が満ちる」「―を終える」➡漢「にん(任)」
(類語)務め・任務・義務・責任・責務・本務・使命・役目・役(やく)・役儀・分(ぶん)・本分・職分・職責・責め

任重くして道遠し 《「論語」泰伯から》任務は重く、行くべき道は遠い。責任が重く、実行が困難であることのたとえ。

にん【忍】❶こらえること。「―の一字」❷仏語。㋐忍辱(にんにく)の意。苦難に耐えること。㋑修行の階位の忍位。四諦(したい)の理を理解し、善根も定まって、悪趣に落ちない位。➡漢「にん(忍)」

にん-あい【人愛】人づきあい。人あしらい。「天道にも背き、―にも外れなんず」〈仮・伊曽保・中〉

にんあん【仁安】平安末期、六条天皇・高倉天皇の時の年号。1166年8月27日～1169年4月8日。にんなん。

にん-い【任意】〔名・形動〕思いのままにまかせること。その人の自由意志にまかせること。また、そのさま。「―に選ぶ」「―な(の)行動」「―の点AとBを結ぶ線」(類語)随意・恣意(しい)・自由・無作為・ランダム

にんい-かんさ【任意監査】法律によって義務づけられたものではなく、特定の目的のために会社が公認会計士・監査法人などに依頼する会計監査および業務監査。企業買収・合併、営業譲渡、投資、自社財務諸表の信頼性確保などを目的として行われる。

➡法定監査
にんい-きてい【任意規定】▶任意法規
にんいけいぞく-ひほけんしゃ【任意継続被保険者】会社などを退職した後も、本人の希望により最長2年間、健康保険の被保険者となることができる制度。
にんい-こうけん【任意後見】成年後見制度の一。将来、判断能力が不十分になることに備えて、法律行為などの代理・補助をする者を本人が選任し、公正証書をもって契約を結んでおくこと。法定後見よりも優先される。
にんい-さいけん【任意債権】本来は特定の給付を目的とするが、他の給付をもってこれに代えることのできる債権。
にんい-じどうしゃほけん【任意自動車保険】自動車の保有者が、自動車損害賠償責任保険のほかに任意で加入する保険。➡自動車保険
にんい-しゅっとう【任意出頭】刑事訴訟法上、身体の拘束を受けていない被疑者が、取り調べを受けるため自発的に捜査機関に出頭すること。
にんい-じゅんびきん【任意準備金】▶任意積立金
にんい-しょうきゃく【任意消却】ニンイショウキャク 株主の同意により、会社が自己株式を取得した後に、これを消却すること。➡強制消却
にんい-せいさん【任意清算】合名会社・合資会社で、定款または総社員の同意によって任意に定めた方法による清算。➡法定清算
にんい-せいり【任意整理】▶私的整理
にんい-せっしゅ【任意接種】予防接種のうち、希望者が医療機関で受けることのできるもの。インフルエンザ・おたふくかぜ・水痘・A型肝炎・B型肝炎・ヒブワクチン・肺炎球菌・狂犬病など。費用は全額自己負担となる。定期接種を対象年齢内に接種しなかった場合も任意接種となる。
にんい-そうさ【任意捜査】ニンイソウサ 強制処分を用いないで、関係者の承諾を得てなされる捜査。➡強制捜査
にんい-だいり【任意代理】本人の信任に基づき、本人と代理人との間の授権行為によって成立する代理。その代理人を任意代理人という。民法では、委任による代理(委任代理)とも称する。➡法定代理
にんい-だんたい【任意団体】法人(株式会社・学校法人・財団法人・社団法人・NPO法人など)として認められていない団体。法人格のない社団のこと。➡権利能力なき社団
にんい-ちゅうしゅつほう【任意抽出法】ニンイチュウシュツホウ ▶無作為抽出法
にんい-ちょうてい【任意調停】ニンイチョウテイ 労働争議の当事者双方の意思に基づき、労働委員会が行う調停。➡強制調停
にんい-つみたてきん【任意積立金】株式会社が定款の規定または株主総会の決議により、利益を源泉として任意に設定した積立金。任意準備金。➡法定準備金
にんい-どうこう【任意同行】ニンイドウコウ 警察官が職務質問をしようとする者を、その者の同意を得て最寄りの警察署・交番・駐在所に同行すること。また、任意出頭を求める方法として行われることもある。
にんい-ぬきとり【任意抜(き)取り】「任意抽出法」に同じ。
にんい-ほう【任意法】ニンイホウ ▶任意法規
にんい-ほうき【任意法規】ニンイホウキ 当事者が法令の規定と異なる意思を表示した場合、その効力が優先して法令の規定が排除される規定。任意法。任意規定。➡強行法規
にんい-ほけん【任意保険】保険加入が当事者の自由意思に任されている保険。➡強制保険
にん-いん【認印】みとめいん。承認のしるしに押す印。
にん-か【認可】〔名〕スル ❶適当と認めて、許可すること。❷公の機関(行政庁)が第三者の行為を補充して、その法律上の効力を完成させる行政行為。「保育所の設立を―する」➡許可
(類語)許可・裁可・特許・免許・許諾・承認・認許・允許いんきょ・允可いんか・裁許・公許・官許・許し・ライセンス
にん-が【人我】❶他人と自分。❷仏語。人間にあるとされた、常住不変の我がのこと。我執。
にん-かい【任×槐】ニンカイ 太政大臣・左大臣・右大臣のいずれかに任じること。また、任じられること。
にん-かい【忍界】仏語。さまざまな煩悩ぼんのうを耐え忍ばなければならない娑婆しゃば世界のこと。忍土。
にん-がい【人外】ニンガイ 人としての正しい道にはずれること。また、その人。ひとでなし。「会はずに帰って―の名を取れか」〈浄・反魂香〉
にん-がい【人界】仏語。十界の一。人間の住んでいる世界。人間という世界。人間界。
にんがい【仁海】[951～1046]平安中期の真言宗の僧。和泉いずみの人。小野流の始祖。通称、小野僧正・雨僧正。高野山で修行し、京都醍醐寺の元杲げんごうに師事、小野に曼荼羅まんだら寺(のちの随心院)を開創。東大寺別当・東寺長者に任ぜられる。雨ごいの修法で知られる。著「小野六帖」「伝受集」など。にんかい。
にんか-じょう【認可状】ニンカジョウ 他国のある人を領事として受け入れることを認める国家の文書。
にんか-ほいくしょ【認可保育所】児童福祉法に基づいて設置された児童福祉施設。施設の広さ、保育士等の職員数、給食設備、防災管理、衛生管理など国が定めた設置基準を満たし、都道府県知事に認可された保育所。保護者が仕事や病気などの理由で小学校就学前の子どもを保育できない場合に、子どもを預かって保育する。同法の設置基準を満たさない、ベビーホテルや事業所内保育施設などは、認可外保育施設あるいは無認可保育施設と呼ばれる。児童福祉法の改正により平成14年(2002)以降は、認可外保育施設も届出が義務づけられている。➡認可幼稚園 ➡認証保育所 ➡認定こども園
にんか-ほうじん【認可法人】ニンカホウジン 特別の法律に基づいて設立され、設立に際し主務大臣の認可を受ける必要のある法人。日本銀行法に基づき財務省が所管する日本銀行、日本赤十字社法に基づき厚生労働省が所管する日本赤十字社などがある。
にんか-ようちえん【認可幼稚園】ニンカヨウチエン 学校教育法に基づいて設置された教育施設。一学級の幼児数、施設や設備の構造など国が定めた設置基準を満たし、都道府県知事に認可された幼稚園。無認可の施設は幼稚園の名称を使用できない。認可保育所と連携したり、独自に保育所としての機能を備えた、認定こども園と呼ばれる施設もある。
にん-かん【任官】ニンクヮン〔名〕スル 官に任じられること。官職に就くこと。「一等書記官に―する」
にん-き【人気】❶人々の気受け。世間一般の評判。「―が上がる」「―をさらう」❷その土地の人々の気風。じんき。「―の荒い土地柄」❸人間の意気。じんき。「天道―に空しからず」〈浮・新永代蔵〉
(類語)評判・衆望・人望・声望・声価・名望・名々・受け・覚え・客受け・俗受け
にん-き【任期】ある職務に就いている期間。
(類語)年季・年期
にんき-かぶ【人気株】株式市場で、株価の動きや出来高の中心になっている株式。
にんき-しょうばい【人気商売】ニンキシャウバイ 芸能人など、人々の人気を得ることが必要な職業。
にんき-とうひょう【人気投票】ニンキトウヘウ 一般の投票によって人気の順位を決めること。また、その投票。
にんき-とり【人気取り】世間や周囲の人気を得ようとすること。また、それが巧みな人。「―の政策」
にんき-もの【人気者】多くの人々の受けがよくて、もてはやされる人。
にん-きょ【認許】〔名〕スル 認めて、許すこと。認可。許可。「吾人が―する知足安分者は」〈永峰秀樹訳・代議政体〉(類語)許可・認可・許諾・承認・允許いんきょ・允可いんか・容認・聴許・裁許・免許・公許・官許・許し・ライセンス (―する)許す・認める
にん-ぎょ【人魚】上半身が女身で、下半身が魚の形をしているという想像上の動物。マーメイド。
にん-きょう【任×侠／▽仁×侠】ニンケフ 弱い者を助け強い者をくじき、義のためならば命も惜しまないといった気性に富むこと。おとこ気。「―道」
(類語)男気・侠気・義侠・一本気・きっぷ
にん-ぎょう【人形】ニンギャウ ❶木や紙、土などで人間の形をまねて作ったもの。古くは信仰の対象であったが、中世以後は愛玩・観賞用として発達。演劇にも用いられる。❷自分の意志では行動できず、他人のなすがままになっている人のたとえ。❸男物の長着で、袂袖たもとそでの袖付けどまりから袖下までを縫いふさいだところ。❹人の形を絵にかいたもの。ひとがた。「見るにまばゆくなって、さながら―とは思はれず」〈浮・一代女・四〉(類語)(❶)縫いぐるみ・マネキン・こけし
にんぎょう-おくり【人形送り】ニンギャウ 害虫や悪疫の災厄を除くために、わら人形などを村境や川へ送り出す風習。
にんぎょう-くい【人形食い】ニンギャウクヒ 美貌にばかり目をつけて、相手をえり好みすること。また、その人。めんくい。「秋葉さんは―で居らっしゃるから」〈魯庵・社会百面相〉
にんぎょう-げき【人形劇】ニンギャウ 人形遣いが人形を操って演じさせる劇。指で操るギニョール、糸で操るマリオネット、文楽のように一体の人形を何人かの手で操るものなどがある。人形芝居。
にんぎょう-ざん【人形山】ニンギャウ 富山県南西部、南砺なんと市と岐阜県大野郡白川村との県境にある山。標高1726メートル。信仰の山で、白山はくさんを開山した泰澄大師が開いたと伝えられる。名の由来は残雪の形が人の姿に似ていることから。
にんぎょう-じたて【人形仕立て】ニンギャウ《人形に着せる着物の仕立て方に似ているところから》❶和服で、脇の下をあけたまま袖をつける仕立て方。❷「比翼ひよく仕立て」に同じ。
にんぎょう-しばい【人形芝居】ニンギャウシバヰ 人形劇。操り芝居。
にんぎょう-じょうるり【人形浄瑠璃】ニンギャウジャウルリ 日本の古典芸能の一。三味線伴奏の浄瑠璃に合わせて、人形を遣う人形劇。慶長(1596～1615)ごろ発生。貞享年間(1684～1688)作者の近松門左衛門と太夫の竹本義太夫が提携して成功を収めて以後、主に義太夫節によって行われるようになった。京坂を中心に盛行、歌舞伎にも大きな影響を与えた。現在の文楽ぶんらくに受け継がれている。
にんぎょう-つかい【人形遣い】ニンギャウツカヒ 人形劇で、人形を操ること。また、その人。日本では、傀儡子くぐつの芸から発展し、手遣い・糸操り・からくりなどの操作方法がある。人形回し。
にんぎょう-で【人形手】ニンギャウ ❶唐子からこ人形の模様を染めだした上等の更紗サラサ、または、印伝の染め革。❷中国、明代の青磁茶碗の一。多く内側に人物模様を型押ししてある。
にんぎょう-とうげ【人形峠】ニンギャウタウゲ 鳥取県三朝みささ町と岡山県鏡野町の境の峠。標高739メートル。昭和30年(1955)に付近でウラン鉱が発見された。
にんぎょうのいえ【人形の家】ニンギャウノイヘ《原題、ノルウェー Et Dukkehjem》イプセンの戯曲。3幕。1879年作。弁護士の夫から人形のように愛されていただけであったことを知ったノラが、一個の人間として生きるために夫と子供を捨てて家を出る。女性解放の問題を提起した近代社会劇の代表作。
にんぎょう-ぶり【人形振り】ニンギャウ 歌舞伎の演出で、義太夫狂言の一部を役者が人形芝居の人形の動きをまねて演技するもの。「神霊矢口渡」のお舟、「日高川入相花王ひだかがわいりあいざくら」の清姫などに用いる。
にんぎょう-まわし【人形回し】ニンギャウマハシ ▶人形遣い
にんぎょう-やき【人形焼(き)】ニンギャウ 人体や顔を模した鉄型にカステラ風の生地を流し込み、餡あんを入れて焼いた和菓子。東京の日本橋人形町にんぎょうちょうで売り出されたとされる。
にん-く【人工】作業者の手間を数える語。ある仕事に1日または1時間を要する人員数で表し、土木工事

の見積り書などに用いられる。➡人日にんにち ➡人月にんげつ

にん-く【忍苦】〔名〕スル 苦しみを耐えしのぶこと。「—したかいがある」

にん-げつ【人月】作業者の手間を数える語。ある仕事に1か月を要する人員数で表す。人件費の見積りなどに用いられ、3人で2か月かかる仕事は6人月となる。「3—の作業」「—計算」➡人工にんく ➡人日にんにち

にん-げん【人間】❶ひと。人類。「—の歴史」❷人柄。また、人格。人物。「—がいい」「—ができている」❸人の住む世界。人間界。世の中。じんかん。「—五十年下天のうちをくらぶれば」〈幸若・敦盛〉
(類語)(❶)人ひと・人類・人倫・万物の霊長・考える葦あし・米の虫・ホモサピエンス・人物・人士・仁じん・者もの/(❷)人ひと・人柄・為人ひととなり・人物・人格・器量・器うつわ・人にん

人間到いたる所青山せいざんあり 《幕末の僧、月性げっしょうの「清狂遺稿」から》故郷ばかりが骨を埋めるべき土地ではない。大志を抱いて、郷里を出て大いに活動すべきである。➡青山せいざん

人間は万物の尺度である 古代ギリシャの哲学者プロタゴラスの言葉。個々の人間の知覚こそ、真理の基準であり、絶対的な真理は存在しないの意とされる。

人間万事塞翁さいおうが馬 ►塞翁さいおうが馬

にんげん-えいせい【人間衛星】ーヱイセイ 人間を乗せて地球を周回する宇宙船。1961年4月にソ連が打ち上げたボストーク1号が最初で、ガガーリンが乗り、地球を1周した。

にんげん-かい【人間界】人間の住む世界。人界にんがい。(類語)世界・この世・うつし世・現世・地上・人界・下界・娑婆しゃば・此岸しがん・苦界・肉界

にんげん-かいはつ【人間開発】人が自己の可能性を十分に発展させ、自分の必要とする生産的・創造的な人生を築くことができるような環境を整備すること。そのためには、人々が健康で長生きをし、必要な知識を獲得し、適正な生活水準を保つための所得を確保し、地域社会において活動に参加することが必要であるとする。パキスタンの経済学者マプーブル=ハクが提唱した概念。➡人間開発指数

にんげんかいはつ-しすう【人間開発指数】平均余命・教育・所得の側面から人間開発の達成度を示す指数。パキスタンの経済学者マプーブル=ハクが1990年に考案。国連開発計画(UNDP)が毎年発表する。日本は91年、93年に1位となっている。人間開発指標。HDI(human development index)。(補説)人間開発指数に人間貧困指数(HPI)・ジェンダー開発指数(GDI)・ジェンダーエンパワーメント指数(GDM)を加えた四つの指数をまとめて人間開発指数という場合もある。

にんげん-かがく【人間科学】ークワガク 人間に関わる諸事象を総合的に研究しようとする経験科学の総称。

にんげん-がく【人間学】人間の本質を哲学的に研究する学問。神や宇宙に対する人間の関係あるいは身体や精神の在り方など、人間に関する考察は古くからなされてきたが、人間学という概念は近世になってからできたもので、哲学の基礎学としての性格が強い。➡人類学

にんげんがくてき-しょうめい【人間学的証明】《フランス preuve anthropologique》デカルトによる神の存在証明の一。人間は自分が不完全であることを完全者たる神の観念に比較して知る。しかし、この完全者の観念を不完全な存在である人間がみずから生み出すことはできないから、完全者たる神が人間のほかに存在していて人間にその観念を与えたとするもの。人性論的証明。

にんげんかんきょう-せんげん【人間環境宣言】ニンゲンクワンキヤウー 1972年、ストックホルムでの国連人間環境会議で採択された宣言。前文7項と26の原則からなり、現在および将来の世代のために人間環境を保全し向上させることなどを謳うたっている。ストックホルム宣言。

にんげんかんきょう-だいがく【人間環境大学】ニンゲンクワンキヤウー 愛知県岡崎市にある私立大学。平成12年(2000)に開学した。人間環境学部の単科大学。

にんげん-かんけい【人間関係】ークワンケイ 集団や組織内における人と人との関係。特に成員相互の間の心理的関係をいう。ヒューマンリレーションズ。

にんげん-きかいろん【人間機械論】《フランス homme-machine》人間のあらゆる機能は物理的に分析できるとし、人間は一種の機械であるとする考え。フランスのラ=メトリの同名の著書によって確立。

にんげんきげき【人間喜劇】《原題、フランス La Comédie humaine》バルザックが自作の小説九十数編に付けた総題。風俗的研究・哲学的研究・分析的研究の3部に大別。大革命直後から二月革命直前までのフランスの完全な社会史を企図したもの。ダンテの「神曲」(原題「神聖喜劇」)に対してつけられた題。

にんげん-ぎょらい【人間魚雷】人間が乗って操縦する魚雷。第二次大戦中にイタリアが使用したものは爆発前に人間が脱出するものであったが、旧日本海軍の回天と命名されたものは、乗員が乗ったまま敵艦に体当たりする特攻兵器であった。

にんげん-ぎらい【人間嫌い】ーぎらひ 世間の人とつきあうのを嫌うこと。また、その人。◆戯曲名別項。

にんげんぎらい【人間嫌い】ニンゲンぎらひ《原題、フランス Le Misanthrope》モリエールの戯曲。5幕。1666年初演。上流社会の不義・不正や虚偽を憎む人間嫌いの潔癖な青年アルセストが、コケットな未亡人に恋するというジレンマをめぐって繰り広げられる性格喜劇。

にんげん-くさ・い【人間臭い】〔形〕文にんげんくさ・し〔ク〕❶人間の体臭のようなにおいがする。「—・いにおいがするぞ」❷人間らしさが感じられるさまである。「—・い演技」

にんげん-こうがく【人間工学】生理学・心理学・生産工学などの諸分野を総合的に研究し、人間の身体・能力にあわせて機械・設備を設計しようとする学問。作業員の負担を軽くすると同時に、安全性・作業効率を高めることも目的とする。エルゴノミクス。エルゴノミックス。ヒューマンエンジニアリング。HE(human engineering)。

にんげん-こくほう【人間国宝】重要無形文化財保持者のこと。➡無形文化財

にんげんしっかく【人間失格】太宰治の小説。昭和23年(1948)発表。人間の生活の営みに適応できずに破滅していく主人公を、作者自身の体験と生涯を投影させて手記の形で描く。

にんげん-せい【人間性】人間特有の本性。人間として生まれつきそなえている性質。人間らしさ。「—にもとる行為」「—を疑う」(類語)人性じんせい・ヒューマニティー

にんげん-ぞう【人間像】ーザウ 性格・容貌・行動・思想などのすべてを含めたその人の姿。「社会に期待される—」

にんげん-そうごうかがくだいがく【人間総合科学大学】ーソウガフクワガクダイガク さいたま市にある私立大学。通信制の大学として、平成12年(2000)に開学した。

にんげん-てき【人間的】〔形動〕❶人間としての性格・行動などに関するさま。「—な欠陥」❷人間らしい性質・感情などがあるさま。「—な優しい心」

にんけん-てんのう【仁賢天皇】ーテンワウ 記紀で、第24代の天皇。父は磐坂市辺押磐いわさかのいちべのおしわ皇子。名は億計おけ。父が雄略天皇に殺されると難を避けて播磨はりまに逃れたが、清寧天皇の皇太子に迎えられ、天皇の没後、弟弘計おけ王(顕宗天皇)に皇位を譲り、その没後即位したという。

にんげん-どう【人間道】ーダウ ❶人間として行うべき道徳。人道じんどう。❷仏語。六道の一。人界にんがい。人道にんどう。

にんげん-ドック【人間ドック】健康状態を総合的に精密検査するための短期間の入院。船体点検のドック入りになぞらえたもの。

にんげん-なみ【人間並(み)】〔名・形動〕❶世間一般の人と同じような程度であること。また、そのさま。ひとなみ。「—の暮らし」❷人間でないものが、人間と同じであるさま。「ロボットが—に働く」

にんげん-の-くさり【人間の鎖】示威運動の一。抗議や要求のために、参加者が手をつないで施設や敷地を取り囲んだり、二つの地点をつないだりする行為。(補説)大規模なものとしては、1989年にバルト三国で行われたものがある。独ソ不可侵条約50周年を記念してソ連からの分離・独立を要求したもので、長さは600キロメートルに及んだ。

にんげんのじょうけん【人間の条件】ニンゲンのデウケン《原題、フランス La Condition humaine》マルローの長編小説。1933年刊。1927年の上海クーデターを背景に、革命に参加する人々の生と死を描く。

にんげん-の-たて【人間の盾】《Human Shieldの訳語》戦争や紛争において、敵が攻撃目標とする施設の内部や周囲に民間人を配置するなどして、攻撃を牽制すること。ジュネーブ条約では戦争犯罪とみなされる。

にんげん-ばなれ【人間離れ】〔名〕スル 性質・能力などが普通の人とかけ離れていること。「—した仙人のような生活」

にんげん-み【人間味】人間としての豊かな情緒。また、人間らしい思いやりや、やさしさ。人情味。「—にあふれた人」(類語)人情味・情味

にんげん-らし・い【人間らしい】〔形〕人間としてふさわしい。また、人間味がある。「—・い生活」

にんげん-わざ【人間業】人間の能力でなしうること。「—とは思えない」

にんこう-てんのう【仁孝天皇】ニンカウテンワウ［1800～1846］第120代天皇。在位1817～1846。光格天皇の第4皇子。名は恵仁あやひと。父天皇の遺志を継いで、堂上子弟のために学舎(のちの学習院)建設を命じた。

にん-ごく【任国】《「にんこく」とも》❶大使・公使・領事として赴任する国。❷国司として任命された国。「我が—にゐて行きて」〈今昔・二七・二四〉

にんさん-ばけしち【人三化け七】《人間らしい部分が三分で、化け物のような部分が七分である意》容貌ようぼうの醜いこと。

にん-さんぷ【妊産婦】妊婦と産婦。妊娠中や出産前後の女性。(類語)産婦・妊婦

にん-じ【人事】人間に関すること。じんじ。「諸方の雲水の—の産を受けず」〈正法眼蔵・行持下〉

にんじ【仁治】ニンヂ 鎌倉時代、四条天皇・後嵯峨天皇の時の年号。1240年7月16日～1243年2月26日。

にん-しき【認識】〔名〕スル ❶ある物事を知り、その本質・意義などを理解すること。また、そういう心の働き。「—が甘い」「—を新たにする」「—を深める」「対象を—する」❷《cognition》哲学で、意欲・情緒とともに意識の基本的なはたらきの一で、事物・事柄の何であるかを知ること。また、知られた内容。(類語)(❶)理解・知得・把握・把捉はそく・領略・識別・認知・了知・意識・知識 (—する)知る・とらえる・つかむ・悟る・弁わきまえる・解する・取る・受け取る・分かる

認識ある過失 過失のうち、行為者が、罪になるような結果の発生を認識しながらも、その発生を避けられるものと信じて行為し、結果を発生させた場合をいう。

認識なき過失 過失のうち、行為者が、罪になるような結果の発生を認識しないで行為し、たまたま結果の発生を招くことになった場合をいう。

にんしき-こんきょ【認識根拠】►認識理由

にんしき-しゃかいがく【認識社会学】ーシャクワイガク《sociology of cognition; フランス sociologie de la connaissance》人間の認識を中心とした思考作用について、その社会との関連性や社会的性格を研究する社会学の一分野。フランスのデュルケームが提唱し、ドイツのイェルザレム(K.W.Jerusalem)が確立。知識社会学と同義に用いられることもある。

にんしき-しょく【認識色】動物の標識色の一。相互に目につきやすく、連絡に役立つような色彩や斑紋。シカの尾の白色部分、雄コマドリの胸の赤い斑紋など。

にんしき-ひょう【認識票】ーヘウ 軍人が身につける、名前や所属部隊などを刻んだ金属製の札。戦死した場合の身許確認などに用いる。

にんしき-ぶそく【認識不足】ある物事について、正しい判断を下すための知識・理解などに欠けるこ

と。
にんしき-りゆう【認識理由】ある事象が存在することの原因に対し、それを認識するための理由となるもの。例えば、カント倫理学では、自由は道徳法則の実在理由であるが、道徳法則は自由の認識理由であるといわれる。認識根拠。
にんしき-ろん【認識論】《ﾄﾞｲﾂ Erkenntnistheorie》認識の起源・本質・方法・限界などについて考察する哲学の一部門。知識論。
にん-じゃ【忍者】忍術を使って敵方に忍び入り、諜報・謀略活動などを行う者。忍術使い。忍びの者。
にん-じゅ【人▽数】❶「にんずう(人数)❶」に同じ。「舎人、雑色一わづかに十四、五人」〈平家・一二〉❷「にんずう(人数)❷」に同じ。「金谷の宿に一を揃へ」〈浮・武家義理・一〉
にんじゅ【仁寿】平安前期、文徳天皇の時の年号。851年4月28日～854年11月30日。
にん-じゅ【忍受】〔名〕ｽﾙ 耐え忍んで受け入れること。「大事を前に侮辱を一する」
にん-じゅう【人中】❶人間界。「最後の身に一に生まれて」〈今昔・一・二二〉❷ ►じんちゅう(人中)
にん-じゅう【忍従】〔名〕ｽﾙ がまんして従うこと。「辛い境遇に一する」(類語)服従・屈従・屈伏・隷従・我慢・忍耐・隠忍・耐え忍ぶ・忍ぶ
にんじゅ-だて【人▽数立て】人員の配分。軍勢の手配。にんずだて。「主殿寮の一」〈徒然・二二〉
にん-じゅつ【忍術】敵の情報を調査したり、後方を攪乱したりする術。変装・潜行・速歩などを利用し、巧みに敵方に入りこむ。甲賀流・伊賀流などがある。隠形術。忍びの術。(類語)忍法・忍び
にん-しょ【任所¦任処】官吏などが任務のために派遣されて在住する場所。任地。
にん-しょう【人称】文法範疇の一。動作の主体が話し手・聞き手・第三者のいずれであるかの区別。それぞれ、第一人称(自称)・第二人称(対称)・第三人称(他称)とよび、いずれかはっきりしない場合、これを不定称ということがある。人称の区別は、人称代名詞の使い分けや動詞の語尾変化などに現れる(日本語の場合は前者のみ)。
にん-しょう【人証】►じんしょう(人証)
にんしょう【忍性】[1217～1303]鎌倉時代の真言律宗の僧。大和の人。字は良観。叡尊・覚盛に師事。鎌倉に極楽寺を開創。道路・橋梁の建設や貧民救済など社会事業に尽くした。忍性菩薩。
にん-しょう【認証】❶〔名〕ｽﾙ 一定の行為または文書の成立・記載が正当な手続きでなされたことを公の機関が証明すること。❷コンピューターやネットワークシステムを利用する際に必要な本人確認のこと。通常、ユーザー名やパスワードによってなされる。
にん-じょう【人定】人が寝静まる時刻。今の午後10時ごろ。亥の刻。じんじょう。じんてい。〈色葉字類抄〉
にん-じょう【人▽長】宮中の御神楽の舞人の長。行事の進行をつかさどり、舞もまう。巻纓の冠に老懸をつけ、白い袍を着て、榊の枝を持つ。近衛の舎人が務めた。ひとおさ。
にん-じょう【人情】❶人間の自然な心の動き。人間のありのままの情感。「やすきにつくは一の常」❷人としての情け。他人への思いやり。「一の厚い人」「一家」(類語)情け・情
にん-じょう【▽刃傷】刃物で人を傷つけること。
にんしょう-かん【認証官】その任免について天皇の認証を必要とする官職。国務大臣・最高裁判所判事・高等裁判所長官・検事総長・会計検査院検査官・人事官・特命全権大使など。
にんしょう-きょく【認証局】電子証明書を発行する機関のこと。CA局、CAセンターと呼ぶ。インターネットによる電子商取引などにおいて、個人・法人の実在性、正当性を保証する。CA(certificate authority)。
にんしょう-ごび【人称語尾】主語の人称に従って語形が変化する動詞の語尾。日本語にはこの現象はないが、インド-ヨーロッパ語やセム語には多く見られる。
にんしょう-サーバー【認証サーバー】《authentication server》コンピューターネットワーク上でユーザーの認証とユーザー情報の管理を一元的に行うサーバー。電子証明などに用いられる。
にんじょう-ざた【▽刃傷沙汰】刃物で人を傷つけるような争いや、騒ぎ。「一に及ぶ」「一になる」
にんしょう-しき【認証式】認証官の任命に際して、天皇が認証のために行う儀式。
にんじょう-ずもう【人情相=撲】対戦相手の苦しい事情を推察して、わざと負けてやること。一人八百長。
にんしょう-だいめいし【人称代名詞】代名詞の一。人物を指し示す代名詞。➡人代名詞
にんしょう-トークン【認証トークン】►トークン
にんじょう-ばなし【人情話¦人情×噺¦人情×咄】落語で、世情・人情を主な題材としたもの。「芝浜」「文七元結」など。
にんしょう-ひょうか【認証評価】大学・短大・高等専門学校・専門職大学院に対して、文部科学大臣の認証を受けた評価機関による評価を、7年以内(専門職大学院は5年以内)ごとに受けることを義務付ける制度。学校教育法の規定が根拠。平成16年(2004)開始。教育の質の確保を目的とするもので、認定・不認定・保留等の認証結果が公表され、問題点などが示される。➡大学基準協会
にんしょう-ほいくしょ【認証保育所】東京都独自の基準により設置された保育所。認可保育所よりも開所時間が長く、全施設で0歳児保育を行うなど、共働き世帯などの都市型保育ニーズに対応している。設置基準は認可保育所より緩やかで、A型(駅前基本型)とB型(小規模・家庭的保育所)の2種類がある。平成13年(2001)5月に制度発足。同24年7月現在657施設(A型568、B型89)、定員2万2112人(A型2万301人、B型1811人)。
にんじょう-ぼん【人情本】江戸後期から明治初期まで行われた小説の一種。洒落本のあとを受けたもので、町人の恋愛・人情の葛藤などを描く。為永春水の「春色梅児誉美」などが代表作。中本。泣き本。
にんじょう-み【人情味】人間らしい心のあたたかみ。情味。「一あふれる話」(類語)人間味・情味・情け
にん-じる【任じる】〔動ザ上一〕「にん(任)ずる」(サ変)の上一段化。「特使に一・じる」
にん-しん【妊娠】〔名〕ｽﾙ 女性が身ごもること。受精した卵子を子宮内で発育させること。哺乳類にみられ、受精卵が子宮に着床し、母体と連絡する胎盤を生じて発生が進み、一定の期間を経て胎児が分娩される。懐妊。懐胎。妊孕。
(類語)懐妊・懐胎・受胎・身重
にんじん《原題、ﾌﾗﾝｽ Poil de Carotte》ルナールの長編小説。1894年刊。のちに一幕ものの戯曲に改作。「にんじん」とよばれる赤毛でそばかす顔の少年が、冷たい母親や兄姉との家庭生活で味わう孤独と、父親の人間性にふれて救われる心理とを描く。
にん-じん【人身】人間のからだ。じんしん。「幸に一を得、要法をきく」〈沙石集・三〉
にん-じん【人▽参】❶セリ科の越年草。茎は高さ約1メートルになり、葉は細かく裂ける。根は太く、地中にまっすぐ伸び、黄橙色。カロテンを含む代表的な野菜で、根のほか若葉も食用になる。初夏、白い小花を多数つける。名は、チョウセンニンジンに似ていることに由来。ヨーロッパから西アジアの原産。(季 冬)❷チョウセンニンジンの別名。
人参飲んで首縊る 高価な朝鮮人参薬を飲んで病気を治したが、金銭に窮して首をくくる。前後のことをよく考えなかったり、身分不相応のことをしたりして身を滅ぼすことのたとえ。
にんじん-いろ【人▽参色】人参❶の根のような色。鮮やかな橙色。
にんしん-おそ【妊娠悪阻】妊娠初期のつわりの悪化したもの。
にんしんこうけつあつ-しょうこうぐん【妊娠高血圧症候群】妊娠20週以降から分娩後12週までに高血圧症状あるいは高血圧に加えて尿たんぱくがみられる異常の総称。母体が妊娠に伴うさまざまな生理現象に適応できないために起きると考えられている。日頃から血圧が高い、高血圧の家系、糖尿病、肥満、多胎、前回妊娠時に妊娠高血圧症候群になった、などの場合に多くみられる。悪化すると子癇発作・肺水腫・胎盤早期剝離などを併発し胎児死亡・早産による低体重児出生・胎児仮死などのリスクが高くなる。日常の体重・塩分摂取管理・安静が重要だが、重症の場合は入院による薬物治療が必要となる。(補説)以前は妊娠中毒症とよばれていたが、何らかの毒によって症状が引き起こされるわけではないので、平成17年(2005)に産科婦人科学会により妊娠高血圧症候群と改められた。
にんじん-ざ【人▽参座】江戸時代、幕府から薬用人参の専売特権を与えられた座。
にんしん-じん【妊娠腎】妊娠が原因で腎臓の機能に障害が起きた状態。むくみ・たんぱく尿などの症状を示す。子癇を起こす危険がある。
にんしん-ちゅうぜつ【妊娠中絶】►人工妊娠中絶
にんしん-ちゅうどくしょう【妊娠中毒症】妊娠が原因となって母体に異常が引き起こされる状態。つわり・妊娠悪阻・妊娠腎・子癇などが含まれる。➡妊娠高血圧症候群
にんしん-とうにょうびょう【妊娠糖尿病】妊娠中に、一時的に糖を代謝する機能が低下し、血糖値が高くなる病気。妊娠後に初めて発症し、出産後に回復することが多い。GDM(gestational diabetes mellitus)。
にんじん-ぼく【人▽参木】クマツヅラ科の落葉低木。葉は細長い3または5枚の小葉からなる手のひら状の複葉で、チョウセンニンジンに似る。7、8月ごろ、淡紫色の唇形の小花を多数つける。中国の原産で、果実は薬用。庭木にする。
にんしん-マーク【妊娠マーク】►マタニティーマーク
にん-ず【人数】「にんずう(人数)」に同じ。「国境には数千の一」〈染崎延房・近世紀聞〉
にん-ずう【人数】❶ひとのかず。ひとかず。「一を数える」❷多くの人。大勢。「一を集める」
(類語)員数・人員・頭数・頭数・定員・人口
にん・ずる【任ずる】〔動サ変〕(文)にん・ず〔サ変〕❶官職を与える。その役に就かせる。「大使に一・ぜられる」❷自分の責任・任務とする。「国政に一・ずる」❸自分がその任務・責任を果たすことができるという自信を持つ。自任する。「芸術家をもって一・じている」(類語)命じる・据える・就ける・任命する・任用する
にんせい【仁清】►野々村仁清
にんせい-やき【▽仁清焼】►御室焼
にん-せん【人選】「じんせん(人選)」に同じ。「ある方面から一の依託を受けた」〈漱石・彼岸過迄〉
にん-そう【人相】❶人の顔つき。容貌。「一が変わる」「一のよくない男」❷人の顔だちを見て、その人の運命・吉凶などを占うこと。「一を見る」(類語)顔・顔付き・顔立ち・容貌・面構え・面差し・面立ち・面影・面相・容色・相好・血相・形相・剣幕・面魂・表情
にんそう-がき【人相書(き)】犯罪者や行方不明者を捜すために、その顔つきの特徴などをかいて配布するもの。
にんそう-がく【人相学】►観相学
にんそう-づら【人相面】不愛想な顔つき。仏頂面。「女房を持って一になり」〈柳多留・一七〉
にんそう-み【人相見】人相を見て運命・吉凶などを判断することを業とする人。観相家。人相家。
にん-そく【人足】荷物の運搬や普請などの力仕事に従事する労働者。
にんそく-よせば【人足寄場】江戸幕府が幕臣長谷川平蔵の献策により設置した浮浪人収容所。寛政2年(1790)老中松平定信が無宿人や引き取り人のいない刑余者を江戸石川島に収容して生業を授

けたのに始まる。常陸上郷村や長崎・箱館などにも設置された。

にん-たい【人体】▶にんてい(人体)

にん-たい【忍耐】〔名〕スル 苦難などをこらえること。「―のいる仕事」「食糧の不足を―する」
（類語）辛抱・我慢・忍苦・隠忍・忍従・耐える・耐え忍ぶ・忍ぶ・こらえる

にん-だいじん【任大臣】大臣に任じること。大臣に任ぜられること。「一の大饗せん日」〈著聞集・五〉

にんだいじん-の-せちえ【任大臣の節会】大臣を任命する儀式。紫宸殿で行われた。「或人、一の内弁を勤められけるに」〈徒然・一〇一〉

にん-だく【認諾】〔名〕スル ❶それを認めてよしとすること。「公子夫妻はわが多少の情あるを―せり」〈鴎外訳・即興詩人〉❷民事訴訟において、被告が口頭弁論または準備手続きで、原告の訴訟上の請求である権利主張を肯定する陳述をすること。

にんだく-ちょうしょ【認諾調書】民事訴訟において、被告の認諾の内容を記載した調書。確定判決と同一の効力をもつ。

にん-ち【任地】任務のために居住する土地。任所。「新しい―へおもむく」

にん-ち【認知】〔名〕スル ❶ある事柄をはっきりと認めること。「反省すべき点を―する」❷婚姻関係にない男女の間に生まれた子について、その父または母が自分の子であると認め、法律上の親子関係を発生させること。❸《cognition》心理学で、知識を得る働き、すなわち知覚・記憶・推論・問題解決などの知的活動を総称する。（類語）認識・知覚・感知・看取・認める・見る・見て取る・見取る

にんち-かがく【認知科学】人間やその他の生物の認識機構を対象とする科学。神経科学・人工知能・哲学・心理学・言語学など、多方面にかかわる総合的、学際的な科学。

にん-ちく【人畜】❶人間と畜生。また、人間界と畜生界。じんちく。❷「人畜生」の略。

にん-ちくしょう【人畜生】畜生のような行いをする人間。ひとでなし。「おのれ、不義もの…―」〈鏡花・眉かくしの霊〉

にんち-こうこがく【認知考古学】心の進化を研究する進化心理学を取り入れ、遺物・遺跡の分析から古代人の精神状態を解明しようとする、新しい研究分野。

にんちこうどう-りょうほう【認知行動療法】情緒障害や気分障害などに対する治療技法の一。物事を解釈したり理解する仕方を修正する認知療法と、学習理論に基づいて行動を修正する行動療法を統合した療法。他の心理療法よりも比較的短期間で治療効果が認められるとされ、パニック障害、強迫性障害、摂食障害などに効果があるとされる。

にんち-しょう【認知症】成人後に、脳に損傷を受けることによって認知機能が低下する状態。脳血管障害、脳外傷、変性疾患、アルコール中毒などが原因で起こる。原因疾患からアルツハイマー型認知症、脳血管性認知症、レビー小体型認知症などに分類される。➡若年性認知症 ➡老人性認知症（補説）「痴呆症」「痴呆」の言い換え語。「痴呆」には蔑視の意があるとして厚生労働省が平成16年(2004)12月に報告書を提出し、変更された。

にんちしょうサポーター-せいど【認知症サポーター制度】認知症について正しく理解し、認知症の人に対する接し方を学んだ人が、生活のさまざまな場面で、認知症の人およびその家族をサポートする制度。厚生労働省が推進する事業。各地域で開催される「認知症サポーター養成講座」を受講すると、認知症サポーターの証としてオレンジリングと呼ばれるブレスレットが授与される。認知症サポーターは、各自できる範囲で認知症の人を支援する。（補説）平成24年(2012)6月現在、認知症サポーターの数は全国で343万人に達している。

にんちてき-ふきょうわ【認知的不協和】個人のもつある認知と他の認知との間に不一致・不調和が生じること。その結果、不協和を解消あるいは低減しようとして行動や態度に変化が起こる。

にん-ちゅう【人中】❶上唇中央のくぼみ。じんちゅう。❷「にんじゅう(人中)❶」に同じ。「一、天上の善果を受く」〈謡・江口〉

にんちゅう-おう【人中黄】▶じんちゅうおう(人中黄)

にんちゅう-はく【人中白】▶じんちゅうはく(人中白)

にん-てい【人体】❶その人の外見のようす。風体。また、それから受ける人としての印象。人品。「卑しからぬ―」❷からだつき。容姿。「―のどかなるよそほひ」〈花鏡〉

にん-てい【認定】〔名〕スル ❶資格・事実などの有無、また、事柄の当否などを判断して決めること。「合格と―する」❷国・地方公共団体などの行政機関が、各種の事柄の存否・当否などを判断して決定すること。（類語）判定・評定・査定・認める

にんてい-い【認定医】内科・外科・神経・麻酔などの各学会から一定の制度によって認定された医師。➡専門医

にんてい-エヌピーオーほうじん【認定NPO法人】国税庁長官が認定し、税制上の優遇措置を受けられるNPO法人。認定制度は平成13年(2001)に始まり、実績判定期間の寄付金等収入金額が経常収入金額の原則20パーセント以上であることなどの認定要件がある。（補説）平成24年4月から、都道府県知事または指定都市の長が認定する制度に改正された。

にんてい-かんごし【認定看護師】特定の看護分野について優れた知識と熟練した看護技術を持つと日本看護協会が認定した看護師。平成24年(2012)現在、救急看護師、感染管理看護師など21分野がある。CN(certified nurse)。

にんてい-こうしゅう【認定講習】一定の上級資格を得るために行われる講習。特に、各種教育職員の資格を得るための講習。

にんてい-こどもえん【認定こども園】就学前の子供に幼児教育と保育の両方を提供し、また地域における子育て支援事業を行う施設として、都道府県知事の認定を受けた施設。保護者の就労の有無によらず利用できる。地域の実情に応じて、認可幼稚園と認可保育所が連携する幼保連携型、認可幼稚園が保育所的機能を備える幼稚園型、認可保育所が幼稚園的機能を備える保育所型、認可外の施設が認定こども園となる地方裁量型などのタイプがある。平成18年(2006)10月施行の「就学前の子どもに関する教育、保育等の総合的な提供の推進に関する法律」により制定された。

にんてい-しぼう【認定死亡】水難・火災・震災・航空機事故などにより、死体が発見されなくても周囲の状況から死亡が確実とみられる場合に、その取り調べをした官公署の報告によって死亡と認定すること。

にんていしほうしょし-せいど【認定司法書士制度】法務大臣の認定を受けた司法書士が、簡易裁判所管轄の民事事件で、弁護士と同様に代理人を務めることができる制度。司法書士のうち、所定の研修を修了し、簡裁訴訟代理能力認定考査に合格した認定司法書士は、通常の司法書士業務に加えて、簡易裁判所において、請求額が140万円までの民事事件について、民事訴訟の代理人を務めることができる。平成14年(2002)の司法書士法改正により導入された。

にんてい-しょくぎょうくんれん【認定職業訓練】職業能力開発促進法に規定された公共職業訓練の基準に合致すると都道府県知事が認定したもの。➡公共職業訓練

にんてい-とうししゃほごだんたい【認定投資者保護団体】金融取引における投資者の保護を目的として、金融機関等に対する苦情の処理や、トラブルの仲裁を行う民間団体。金融庁が認定する。金融商品取引法に基づいて、平成19年(2007)の同制度開始以来、生命保険・損害保険・銀行などの業界団体が認定を受けている。要件・基準を満たせば消費者団体など業界と直接関係のない団体も認定を受けることができる。

にんてい-ほうそうもちかぶがいしゃ【認定放送持(ち)株会社】総務省が認定した放送持株会社。

にんてい-りんしょうびせいぶつけんさぎし【認定臨床微生物検査技師】感染症の検査(臨床微生物検査)に関する高度な専門知識・技術を有し、院内感染の制御に取り組む臨床検査技師。日本臨床微生物学会が研修・認定を行う。感染制御認定臨床微生物検査技師資格取得の条件となる。

にん-でん【人天】《「にんてん」とも》仏語。人間界の人と、天上界の神。人間界と天上界。じんてん。

にんてんどう-ディーエス【ニンテンドーDS】《NINTENDO DS》任天堂が開発した携帯型ゲーム機の商標名。ゲームボーイ、ゲームボーイアドバンスの後継機種として平成16年(2004)に登場。折りたたみ式で二つの液晶画面をもち、タッチパネルや音声による入力が可能。

にんてんどう-ろくじゅうよん【ニンテンドー64】《NINTENDO 64》任天堂が平成8年(1996)に発売した家庭用ゲーム機の商標名。64ビットのCPUを搭載。同社が同2年に発売したスーパーファミコンの後継機として登場。三次元コンピューターグラフィックスの性能に優れ、ゲームの操作を容易にするコントローラー「3Dスティック」が付属する。

にん-とう【人頭】人数。あたまかず。じんとう。

にん-どう【人道】❶仏語。六道の一。人間の世界。人界。❷▶じんどう(人道)

にん-どう【忍冬】❶スイカズラの別名。冬でも葉がしおれないのでいう。（季 夏）❷スイカズラの茎・葉を乾燥したもの。漢方で浄血・利尿・解毒薬などに用いる。

にんどう-しゅ【忍冬酒】スイカズラの葉や茎を用いてつくる薬酒。

にんとう-ぜい【人頭税】▶じんとうぜい(人頭税)

にんどう-もん【忍冬文】スイカズラのようなつる草を図案化した唐草文様。パルメットが伝来する過程で変化し生まれたものと考えられ、日本には中国を経て渡来。飛鳥・奈良時代の美術に影響を与えた。忍冬唐草文。

にん-とく【人徳】▶じんとく(人徳)

にん-とく【▽仁徳】▶じんとく(仁徳)

にんとく-てんのう【仁徳天皇】記紀で、第16代の天皇。応神天皇の第4皇子。名は大鷦鷯尊。租税を免除し、茨田の堤を築造するなどの仁政を行ったという。「宋書」などにみえる倭の五王の讃または珍に比定する説もある。➡大山古墳

にんとくてんのう-りょう【仁徳天皇陵】▶大山古墳

にんとくりょう-こふん【仁徳陵古墳】▶大山古墳

にんな【仁和】《「にんわ」の連声》平安前期、光孝天皇・宇多天皇の時の年号。885年2月21日～889年4月27日。

にんな-じ【仁和寺】京都市右京区にある真言宗御室派の総本山。山号は大内山。宇多天皇が光孝天皇の志を継いで仁和4年(888)完成。譲位後、益信を戒師として出家、一宇を設け御座所として住んだので、御室御所と称した。のち、門跡寺院として代々法親王が入寺。金堂は寛永年間(1624～1644)に紫宸殿を移築したもの。平安時代作の本尊阿弥陀三尊像や「三十帖冊子」「医心方」をはじめ、多数の文化財を所蔵。平成6年(1994)「古都京都の文化財」の一つとして世界遺産(文化遺産)に登録された。御室仁和寺門跡。

にんなみ-どうはち【仁阿弥道八】[1783～1855]江戸後期の陶工。京都の人。清水焼を焼いて代々高橋道八を名のる家系の2代目。初代の次男。名は光時。仁和寺宮から「仁」の字を賜り、仁阿

弥と号した。新旧の技術を修得し、琳派風の意匠をよくした。

にん-にく【大蒜|×葫】ユリ科の多年草。高さ約60センチ。全体に強いにおいがある。地下の鱗茎は灰白色で、数個の小鱗茎からなり、食用。強壮薬・香辛料などにも用いる。夏、茎の先に、長い包葉に包まれて白紫色の花が集まって咲く。花の間にむかごをつける。ガーリック。(季 春)

にん-にく【忍▽辱】仏語。六波羅蜜の第三。侮辱や苦しみに耐え忍び、心を動かさないこと。忍辱波羅蜜。

にんにく-の-けさ【忍▽辱の×袈×裟】仏語。忍辱の心を、身を守る袈裟にたとえていう語。転じて、袈裟のこと。忍辱衣。忍辱の衣。

にんにく-の-ころも【忍▽辱の衣】「忍辱の袈裟」に同じ。

にん-にち【人日】作業者の手間を数える語。ある仕事に1日(ふつう8時間)を要する人員数で表す。人件費の見積りなどに用いられ、5人で3日かかる仕事は15人日となる。「20―として見積もる」「一計算」➡人工 ➡人月

にん-にょう【人×繞】漢字の繞の一。「元」「充」「児」などの「儿」の称。人足。

にん-にん【人人】各人。めいめい。「是れは全く―の貧富に由ることにして」〈福沢・福翁百話〉

にんにん-かいご【認認介護】認知症の家族を介護している人もまた認知症を患っている状態。

にん-のう【人皇】《「にんおう」の連声》神代と区別して神武天皇以後の天皇。じんこう。

にんのう-え【▽仁王会】天下太平・鎮護国家を祈願するために、仁王経を講説・讃嘆する法会。斉明天皇6年(660)に始まり、奈良・平安時代には年中行事化した。宮中の大極殿・紫宸殿・清涼殿などで行われた。

にんのう-こう【▽仁王講】「仁王般若経」を講じ読誦する法会。護国・万民豊楽を祈願して行う。

にんのう-はんにゃきょう【仁王般若経】大乗経典。漢訳に鳩摩羅什訳「仁王般若波羅蜜経」(略称、仁王経)2巻と、唐の不空訳「仁王護国般若波羅蜜多経」(略称、仁王護国経・新訳仁王経)2巻の2種がある。般若波羅蜜を受持することによって、国家の安穏が得られると説くため、「法華経」「金光明経」とともに護国三部経とされた。仁王経。

ニンバさん-げんせいしぜんほごく【ニンバ山厳正自然保護区】《Nimba》ギニアとコートジボワールの両国にまたがる自然保護区。標高1752メートルのニンバ山一帯を対象とする。マホガニーなどの原始の森が広がり、この地固有の生物が多く生息している。1981年にギニア領内が、翌年にはコートジボワール領内が世界遺産(自然遺産)に登録されたが、鉱山開発やリベリアからの難民流入問題などから、92年に危機遺産リストに登録された。

にん-ぴ【認否】認めることと、認めないこと。また、認めるか否かということ。「罪状―」

にん-ぴにん【人非人】❶人道に外れた行いをする者。ひとでなし。❷インドの俗神、緊那羅の通称。その姿が人に似て人ではないのでいう。

ニンフ〖nymph〗❶ギリシャ神話で、川・泉・谷・山・樹木などの精。若く美しい女性で、歌や踊りを好む。❷不完全変態をする昆虫の幼虫。

にん-ぷ【人夫】《古くは「にんぶ」》❶力仕事に従事する労働者。❷昔、公役に徴用された人民。夫役を課せられた人民。

にん-ぷ【任符】除目で、国司に新任されたときに賜る太政官符。任地に携行して身分を証明した。

にん-ぷ【妊婦】妊娠している女性。
(類語)産婦・妊産婦

ニンフェンブルク-じょう【ニンフェンブルク城】《Schloß Nymphenburg》ドイツ、ミュンヘンにあるバロック様式の城。ウィッテルスバッハ家の夏の離宮として17世紀に建造された。ロココ様式の大広間シュタイネルネザール、ルートウィヒ1世が理想の女性を選んで描かせた美人画ギャラリーなどがある。

ニンフォマニア〖nymphomania〗女性の異常な性欲亢進。女性の色情狂。

にんぷ-けんしん【妊婦検診】妊娠してから定期的に受ける産婦人科の検査。胎児の状態のほか、子宮がん、クラミジア、貧血、肝炎など、母体と胎児に影響のある疾病・感染症について検査する。

ニンフ-フライ《和 nymph＋fly》釣りで、水生昆虫の幼虫に似せて作った擬似餌。

にんぺい【仁平】平安後期、近衛天皇の時の年号。1151年1月26日～1154年10月28日。にんぴょう。

にん-べつ【人別】❶人ごとにすること。人ごとに割り当てること。「一に分配する」❷「人別帳」の略。

にんべつ-あらため【人別改】江戸時代の人口調査。初期には臨時的、部分的であったが、のち、宗門改と合わせて行われるようになり、享保11年(1726)以降は6年ごとに定期的に行われた。人改め。

にんべつ-ちょう【人別帳】江戸時代、人別改の帳簿。初期は、家畜・家屋なども記載。

にん-べん【人偏】漢字の偏の一。「仏」「仲」などの「亻」の称。

にん-ぽう【人法】仏語。❶人と教え。❷人と法。有情としての人と、その構成要素である五蘊のこと。

にん-ぽう【忍法】忍術の法。忍術。

ニンポー【寧波】中国浙江省北東部の商業都市。東シナ海に注ぐ甬江に臨み、古くから日本や南海との交易で繁栄した。茶・綿花・海産物の集散地。浙江商人の本拠地。ねいは。

にんまり〘副〙スル 満足したときなどに、声を出さないで笑いを浮かべるさま。「思惑どおりに事が運んで―(と)する」
(類語)にやり・にやにや・ほくそ笑む

にん-みゃく【任脈】漢方の経絡の一。奇経八脈に属し、会陰部より起こり体の前面に出て腹・胸部の正中を上行し唇に至る。任脈筋。

にんみょう-てんのう【仁明天皇】[810～850]第54代天皇。在位833～850。嵯峨天皇の第2皇子。名は正良。深草帝とも称する。在位中に令義解の施行、日本後紀の編集などが行われた。

にん-む【任務】責任をもって果たすべきつとめ。「―を遂行する」
(類語)務め・任・本務・責務・義務・役目・本分・課業・日課・責任・使命・役・役儀・職分・職責・責め

にんむ-いはいこうい【任務違背行為】任務に背く行為。背任罪の構成要件の一。➡図利加害目的 (補説)背任罪について規定した刑法247条「他人のためにその事務を処理する者が、自己若しくは第三者の利益を図り又は本人に損害を加える目的で、その任務に背く行為をし、本人に財産上の損害を加えたときは、5年以下の懲役又は50万円以下の罰金に処する」の「その任務に背く行為」のこと。

にん-めい【任命】〘名〙スル ある官職や役目に就くよう命じること。「適任者を所長に―する」
(類語)任用・任ずる・命じる・据える

にんめい-けん【任命権】ある官職や役目に人を任命することのできる権限。

にん-めん【人面】►じんめん(人面)

にん-めん【任免】〘名〙スル 職務に任じることと、職務を免じること。「職員を―する」「一権」

にんめん-じゅうしん【人面獣心】►じんめんじゅうしん(人面獣心)

にん-よう【任用】〘名〙スル 人をある職務につかせて用いること。「官吏に―する」

にん-よう【妊×孕】妊娠すること。身ごもること。〈和英語林集成〉

にん-よう【認容】〘名〙スル 認めて受け入れること。容認。「提示された条件を―する」
(類語)容認・承認・是認・許容・許諾・承諾・受容・認める・受け入れる

にんよう-せい【妊×孕性】妊娠のしやすさ。高齢になると低下するとされる。

ぬ ❶五十音図ナ行の第3音。歯茎鼻音の有声子音[n]と母音[u]とから成る音節。[nu] ❷平仮名「ぬ」は「奴」の草体から。片仮名「ヌ」は「奴」の旁から。

ぬ【▽沼】ぬま。多く複合語として用いる。「隠り―」「行くへなみ隠れる小―の下思ひに我れそ物思ふこのころの間」〈万・三〇二二〉

ぬ【▽野】❶《上代東国方言》「の(野)」に同じ。「千葉の―の児手柏の含まれどあやにかなしみ置きて高来ぬ」〈万・四三八七〉❷「の」の甲類音を表す万葉仮名とされる「努」「怒」「弩」などを、主に江戸時代の国学者が「ぬ」と訓んで、「野」の義に解した語。「野火」「野辺」など。

ぬ【×瓊】玉。赤色の玉。「一な音ももゆらに、天の真名井に振りすすぎて」〈記・上〉

ぬ【▽寝】〘動ナ下二〙「ね(寝)る」の文語形。

ぬ〘助動〙《文語の打消しの助動詞「ず」の連体形が口語の終止形となったもの》助動詞「だ」「たい」を除く活用語の未然形に付く。❶打消しの意を表す。「まかぬ種は生えぬ」「思わず叫ぶ」「勉強をしない生徒がよい成績をとれるはずがありません」❷(「てはいかん」「てはならぬ(ん)」の形で)禁止の意を表す。「高山植物を採ってはいかん」❸(「ねばならぬ(ん)」「ねばなるまい」の形で)当然・義務の意を表す。「明日は会社に八時までに行かねばならぬ」❹(「ずともよい」「ぬともよい」「んでもいい」の形で)許容・許可の意を表す。「君は行かずともよい」「風邪をひいているから風呂はわかさんでもいい」❺(文末にあって「ん」「ぬ(ん)か」の形で)催促・勧誘・依頼の意を表す。「早く起きんか」「あなたも体操をなさいませんか」「三谷さんに一服さしあげて下さいません?」〈康成・千羽鶴〉
(補説)打消しの助動詞は、共通語においては「ない」を用いるのが普通で、「ます」に続く「ん」以外の「ぬ(ん)」は、主に文語的表現や慣用句的表現に使われるだけであるが、関西を中心とする西部の方言では「ぬ(ん)」が広く用いられる。連用形「ん」は「んで」「んでも」の形で用いられる。

ぬ〘助動〙《動詞「い(去)ぬ」から出た語》動詞・動詞型活用語の連用形に付く。❶動作・作用が完了または実現したことを表す。…た。…てしまう。…てしまった。「夏の夜はまだ宵ながら明けぬるを雲のいづこに月やどるらむ」〈古今・夏〉❷(多く「なむ」「ぬべし」「ぬらむ」の形で)動作・作用の確認または強意を表す。きっと。確かに。「春ごとに花のさかりはありなめどあひ見む事は命なりけり」〈古今・春下〉「今度のいくさには相違なく勝ちぬとおぼゆるぞ」〈平家・七〉❸(「ぬ…ぬ」の形で)動作・作用の並列または継続を表す。…たり…たり。…したし…した。「備中守浮きぬ沈みぬし給ひけるを」〈平家・九〉➡たり ➡つ ➡り

ヌアー〖Nuer〗南スーダン、ナイル川上流域に住む牧畜民。雨季には丘上の村で共同生活を営み、乾季には遊牧を行う。多数の部族の集合で、政治制度や長をもたない。ヌエル。

ヌアクショット〖Nouakchott〗アフリカ西部、モーリタニア-イスラム共和国の首都。大西洋に面する砂漠性台地にあり、交通の中心。人口、行政区56万(2000)。

ぬい【縫い】❶縫うこと。また、縫い方。「―がきちんとしている」「下―」❷縫い目。❸(「繡」とも書く)刺繡。ぬいとり。「宝石の飾をした―のある立派なもんです」〈魯庵・社会百面相〉❹「縫殿寮」の略。

ぬい-あげ【縫(い)上げ┊縫(い)揚げ】子供物の和服の肩や腰の部分に上げをし、袖丈や着丈を調節すること。また、その上げ。

ぬい-あ・げる【縫(い)上げる】〔動ガ下一〕図ぬひあ・ぐ〔ガ下二〕❶縫って仕上げる。「徹夜で―・げる」❷縫い上げをする。「腰の部分を―・げる」

ぬい-あわ・す【縫(い)合(わ)す】㊀〔動サ五(四)〕「縫い合わせる」に同じ。「前後の身頃を―・す」㊁〔動サ下二〕「ぬいあわせる」の文語形。

ぬい-あわ・せる【縫(い)合(わ)せる】〔動サ下一〕図ぬひあは・す〔サ下二〕縫ってつなぎ合わせる。「端切れを―・せて座布団を作る」

ぬい-いと【縫(い)糸】裁縫用の糸。用途により手縫い糸・ミシン糸・しつけ糸などがあり、素材により木綿糸・絹糸・化繊糸などがある。

ぬい-かえし【縫(い)返し】縫い返すこと。縫い直し。

ぬい-かえ・す【縫(い)返す】〔動サ五(四)〕❶「縫い直す」に同じ。「洗い張りして―・す」❷縫い終わったとき、糸が抜けないように、もとの方に縫う。「二、三針―・して留める」

ぬい-くぎ【縫い釘】建築や和船の建造で、木材のはぎ合わせに用いる釘。

ぬい-ぐるみ【縫い包み】❶布の中に物をつつみ込むようにして縫ったもの。特に、綿などをつつみ込んで動物などの形に作ったおもちゃ。「犬の―」❷芝居で、俳優が動物に扮する場合に着る動物を模した衣装。また、立ち回りなどで用いる、それらしく作った棒。(類語)(❶)人形・マネキン・こけし/(❷)着ぐるみ

ぬい-こ【縫(い)子】雇われて裁縫する女性。針子。

ぬい-こみ【縫(い)込み】縫い代の中に入れ込んで縫うこと。また、その部分。

ぬい-こ・む【縫(い)込む】〔動マ五(四)〕❶中に何かほかの物を入れて縫う。縫って中に入れ込む。「現金を服の裏に―・む」❷布の大きすぎる分などを縫い代の中に入れ込んで縫う。また、縫い代を大きくとって縫う。「五センチほど―・む」
(類語)縫う・綴る・綴じる・縢る・絎ける・まつる・仕付ける・裁縫する・縫製する

ぬい-ざま【縫ひ様】〔名・形動ナリ〕《「ぬいさま」とも》❶縫ってあるありさま。縫い方。「ひとへを縫ひ重ね縫ひ重ねまぜつつ…―さへかどかどし」〈紫式部日記〉❷縫いつけたようなさま。「股を―に貫かれて」〈平家・四〉

ぬい-し【縫(い)師】縫い物や刺繍を職業とする人。縫い物師。

ぬい-じるし【縫い標】篦などでしるしのつきにくい布地や上物の布地に、絹しつけ糸でところどころに小さく縫ってつけるしるし。

ぬい-しろ【縫(い)代】布を縫い合わせるための、でき上がり線より外側の部分。

ぬい-ぞめ【縫(い)初め】正月にその年初めて裁縫をすること。初針。(季 新年)

ぬい-づかさ【縫=殿寮】▶ぬいどのりょう

ぬいつけ-もん【縫(い)付け紋】別の布帛に描いて、衣服に縫いつけた紋。

ぬい-つ・ける【縫(い)付ける】〔動カ下一〕図ぬひつ・く〔カ下二〕縫って付着するようにする。縫ってくっつける。「背番号を―・ける」

ぬい-どの【縫殿】「縫殿寮」の略。

ぬいどの-の-つかさ【縫殿寮】▶ぬいどのりょう

ぬいどの-りょう【縫殿寮】律令制で、中務省に属し、天皇および賞賜の衣服を裁縫し、また、女官の考課をつかさどった役所。ぬいどののつかさ。ぬいづかさ。ぬいりょう。ぬい。

ぬい-とり【縫(い)取り】〔名〕スル 刺繍をすること。また、染め出してある模様の上を色糸で縫いつづること。また、その模様。「頭文字を―したハンカチ」

ぬいとり-おり【縫(い)取り織(り)】文様の部分だけに絵緯を用いて、刺繍のように織り出すこと。また、その織物。

ぬい-と・る【縫(い)取る】〔動ラ五(四)〕縫い取りをする。「裾に青海波を―・った訪問着」

ぬい-なおし【縫(い)直し】縫い直すこと。また、縫い直したもの。縫い返し。「―の浴衣」

ぬい-なお・す【縫(い)直す】〔動サ五(四)〕縫ってあるものをほどいて、改めて縫う。縫い返す。「着物を子供用に―・す」

ぬい-の-つかさ【縫司】後宮十二司の一。衣服の裁縫、組紐を編むことをつかさどり、あわせて女官の出仕・朝参のことを管理した役所。

ぬい-はく【縫箔】❶刺繍と摺箔を併用して布地に模様を表すこと。また、そのもの。❷❶で模様を表出した能装束。主に女役の着付けに用いる。

ぬい-はり【縫(い)針】裁縫。針仕事。「稽古しているーだの琴だの活花だのを」〈漱石・こゝろ〉

ぬい-ばり【縫(い)針】縫い物に用いる針。

ぬい-べ【縫部】縫部司に属した技術者。

ぬいべ-の-つかさ【縫部司】律令制で、大蔵省に属し、衛士などの衣服を裁縫することをつかさどった役所。大同3年(808)縫殿寮に合併。

ぬい-ぼとけ【縫(い)仏】縫い取りで表した仏の像。刺繍した仏像。

ぬい-め【縫女】縫部司に属し、裁縫に従事した女子技術者。また、縫部司が縫殿寮に合併後、大蔵省に配属され、幄や幔幕などを裁縫した女官。

ぬい-め【縫(い)目】❶布の上に見える、縫った糸の目。「―が飛ぶ」❷縫い合わせたさかいめ。「―がほどける」

ぬい-もの【縫(い)物】❶衣服などを縫うこと。裁縫。また、縫ったもの。「―をして生計を立てる」❷(「繍」とも書く)刺繍。ぬいとり。「むつかしげなるもの、―の裏」〈枕・一五五〉
(類語)裁縫・仕立て・針仕事・繕い物・刺繍・手芸

ぬいもの-し【縫(い)物師】裁縫や刺繍を職業とする人。

ぬい-もよう【縫(い)模様】刺繍をして表した模様。

ぬい-もん【縫(い)紋】刺繍をして表した紋。染め抜き紋よりは略式。繍縫い・絞り縫いなどがある。

ぬい-りょう【縫=殿寮】▶ぬいどのりょう

ヌー〖gnu〗ウシ科の哺乳類。大形のレイヨウで、体毛は灰色または黒褐色。たてがみや尾は長く房状で、黒色。角は雌雄ともにあり、大きい。アフリカ東部・南部の草原に群れを作って暮らす。オグロヌー。うしかもしか。

ぬ・う【縫う】〔動ワ五(ハ四)〕❶糸を通した針を布地などの裏表に交互に刺して進める。また、そのようにして布地などをつなぎ合わせたり、衣服などを作ったりする。「裾のほつれを―・う」「カーテンを―・う」❷(「繍う」とも書く)刺繍をする。縫い取りをする。「地獄絵を―・うた襠の裳を」〈芥川・きりしとほろ上人伝〉❸傷口を針と糸でとじ合わせる。縫合する。「五針も―・う怪我」❹槍や矢などが刺し貫く。「白犬が一頭、たかうすびょうの矢に腹を―・われて」〈芥川・偸盗〉❺事物や人々の狭い間を抜けて進む。「雑踏を―・って進む」「間隙を―・う」(可能)ぬえる
(類語)(❶)綴る・綴じる・縢る・絎ける・まつる・縫い込む・仕付ける・裁縫する・縫製する

ヌーク〖Nook〗▶ヌック

ヌーク〖Nuuk〗デンマーク領グリーンランドの首都。旧称ゴートホープ。グリーンランド南西岸に位置する。紀元前よりイヌイットが居住し、18世紀にデンマーク-ノルウェー連合の宣教師が植民地を建設。1979年に自治政府が置かれ、現名称になった。

ヌーシャテル〖Neuchâtel〗スイス西部の都市。ジュラ山脈の南東麓にある。時計工業が盛ん。

ヌース〖ギリシャ nūs〗古代ギリシャ哲学で、心・精神・理性の意。アナクサゴラスでは、混沌状態に運動を与えて秩序ある世界を形成する原理とされたが、プラトンでは、イデアを認識する理性的能力をさす。

漢字項目 ぬ

【奴┊怒】▶ど

ぬうっ-と〔副〕❶音を立てずにゆっくりと現れ出るさま。「顔の前に―手が出る」❷黙って突っ立っているさま。「―立ったままあいさつもしない」

ヌーディスト〖nudist〗全裸で生活することを主義とする人。裸体主義者。

ヌーディズム〖nudism〗健康法としての裸体主義。

ヌード〖nude〗❶裸。裸体。❷絵画・写真・彫刻などの裸体像。裸像。「―モデル」(類語)裸

ヌード-カラー《和 nude＋color》肌の色。また、衣服や口紅、マニキュアなどの色が肌色であること。

ヌード-ショー《和 nude＋show》女性の裸体を見せ物とする演芸。

ヌード-マウス〖nude mouse〗ネズミ科の哺乳類。実験動物のマウスの突然変異。全く毛がなく、細胞免疫で主要なはたらきのある胸腺を欠く。

ヌートリア〖nutria〗齧歯目カプロミス科の哺乳類。体長40～60センチ、尾長20～40センチ。体つきはビーバーに、尾はネズミに似て、後ろ足に水かきをもち、水辺にすむ。草食性。南アメリカに分布し、日本では軍用毛皮獣として輸入されたものが野生化。海狸ねずみ。沼狸。

ヌードル〖noodle〗卵と小麦粉で作っためん類。スープなどに入れて食べる。

ヌープ-かたさ【ヌープ硬さ】工業材料をはじめとする物質の硬さ(硬度)の示し方の一。押し込み硬さの一種で、対角線長が異なるひし形をした四角錐(頂角172.5度と130度、対角線長比1：7.11)のダイヤモンドを試料表面に押し込み、ビッカース硬さと同様に、できたくぼみの表面積でその荷重を除した値で表す。単位はHK。1939年、米国のウィルソン社により考案された。ヌープ硬度。

ヌープ-こうど【ヌープ硬度】▶ヌープ硬さ

ヌーベル〖フランス nouvelle〗❶コント(短編小説)とロマン(長編小説)の中間の長さの小説。中編小説。❷多く複合語の形で用い、新しい、新たな、の意を表す。「―バーグ」

ヌーベル-キュイジーヌ〖フランス nouvelle cuisine〗フランス料理の新しい傾向の料理法。素材を生かし、濃厚な味付けを控え、量も少なめとするもの。

ヌーベル-バーグ〖フランス nouvelle vague〗新しい波。1958年ごろからフランス映画界に現れた一群の若い映画監督、およびその作品傾向をさす。ストーリーにこだわらず、映像の主体性を重視するなど、旧来の映画作法の打破を試みた。ゴダール・トリュフォーなど。

ヌーボー〖フランス nouveau〗㊀〔名〕❶新しいこと。新しいもの。❷「アールヌーボー」の略。❸「ボージョレヌーボー」の略。㊁〔ト・タル〕《ぬうとして、ぼうとしているさまを㊀の音に掛けていったもの》人の行動や性格がつかみどころのないさま。「―とした人物」

ヌーボー-レアリスム〖フランス Nouveau Réalisme〗1960年、ミラノで結成された前衛美術集団。工業生産品などを用いて、現代の自然・環境そのものを提示しようとした。

ヌーボー-ロマン〖フランス nouveau roman〗1950年代以降、フランスに興った一群の前衛小説の称。従来の小説の概念、物語性や人物造形などの意識的な解体を企図した。アンチロマン(反小説)。

ヌーメア〖Nouméa〗南太平洋、ニューカレドニア島の港湾都市。ニューカレドニアの行政中心地。

ヌーン〖noon〗正午。真昼。

ぬえ【鵺┊鵼】❶トラツグミの別名。❷源頼政が退治したという、伝説上の妖力をもった怪獣。頭は猿、胴は狸、尾は蛇、手足は虎、声はトラツグミに似るという。❸つかみどころがなくて、正体のはっきりしない人物・物事。「政界の―」

ぬえ【鵺】謡曲。五番目物。世阿弥作。平家物語などに取材。旅僧の前に鵺の亡霊が現れ、源頼政の矢に射殺されたときのありさまを語る。

ぬえくさ-の【萎草の】〔枕〕なよなよとした草の意

ぬ

から、「女」に掛かる。「―女にしあれば」〈記・上・歌謡〉

ぬえこ-どり【×鵼子鳥】㊀〔名〕トラツグミの別名。㊁〔枕〕㊀が悲しげな声で鳴くところから、「うら嘆く」に掛かる。「―うらなけ居れば」〈万・五〉

ヌエストラセニョーラ-デル-ピラール-せいどう【ヌエストラセニョーラデルピラール聖堂】《Catedral de Nuestra Señora del Pilar de Zaragoza》スペイン北東部の都市サラゴサにある聖堂。十二使徒の一人、聖ヤコブの前に聖母マリアが現れ木像と円柱を手渡したという事跡に起源する。現在のバロック様式の聖堂は17世紀に建造。柱上の聖母聖堂。

ぬえ-てき【×鵼的】〔形動〕つかみどころがなくて得体の知れないさま。「―な人物」「―存在」

ぬえ-どり【×鵼鳥】トラツグミの別名。

ぬえどり-の【×鵼鳥の】〔枕〕鵼鳥がもの悲しく、人を恋い慕うように鳴くところから、「のどよふ」「うら嘆く」「片恋」に掛かる。「―うら嘆けしつつ」〈万・三九七八〉

ヌオボ-じょう【ヌオボ城】《Castel Nuovo》イタリア南部の都市ナポリにあるルネサンス様式の城。イタリア語で「新しい城」を意味し、卵城と区別するために命名された。13世紀にアンジュー家のナポリ王カルロ1世が建造し、15世紀に再建。見張りのための五つの円塔をもつ城壁に囲まれる。アンジュー朝時代に建てられたパラティーナ礼拝堂には、ジョットによるフレスコ画が残る。現在は市立博物館として公開されている。アンジュー砦。カステルヌオボ。

ヌオロ〘Nuoro〙イタリア半島の西方、サルデーニャ島にある町。1926年にノーベル文学賞を受賞した、グラツィア=デレッダの生地。周辺には先史時代の巨大建造物ヌラーゲが点在することで知られる。

ぬか【×糠】❶玄米などを精白する際に果皮・種皮などが破けて粉になったもの。こめぬか。飼料や漬物などに用いる。❷「糠味噌」の略。❸接頭語的に用いて、ごく細かいこと、また、はかないこと、むなしいことの意を表す。「―雨」「―喜び」

糠に釘 ぬかに釘を打つこと。なんの手ごたえもなく、効き目のないことのたとえ。暖簾に腕押し。ぬかくぎ。「いくら注意しても―だ」

糠を舐りて米に及ぶ 《「史記」呉王濞伝から》糠をなめ尽くせば、やがては米にまで手をつける。被害が徐々に拡大することのたとえ。

ぬか【▽額】❶ひたい。「黒がねの―はありとも帰りてエリスに何とかいわん」〈鴎外・舞姫〉❷ぬかずくこと。礼拝。「暁の―など、いみじうあはれなり」〈枕・一一九〉

額を突・く ひたいを地や床につけるほど丁寧にお辞儀や拝礼をする。叩頭する。ぬかずく。「身を捨てて―・き、祈り申すほどに」〈更級〉

ぬ-か〔連語〕《打消しの助動詞「ず」の連体形＋係助詞「か」。上代語》(多く「も…ぬか」の形で)詠嘆の気持ちをこめた願望の意を表す。…ないかなあ。…てほしい。「ひさかたの天の川津に舟浮けて君待つ夜らは明けずもあら―」〈万・二〇七〇〉補説「ぬか」の「ぬ」にはすでに打消しの意は失われているところから、一語で願望の終助詞とみる説もある。➡ぬかも

ヌガー〘フランス nougat〙砂糖と水飴を煮詰め、泡立てた卵白またはゼラチンを加えて作った、柔らかいキャンデー。ナッツなどを加えることが多い。

ぬか-あぶら【×糠油】糠からとった油。食用にするほか、石鹸の原料などに用いる。こめあぶら。

ぬか-あめ【×糠雨】霧のような細かい雨。霧雨。こぬかあめ。類語霧雨・小糠雨・小雨・小雨

ぬか-えび【×糠×蝦】ヌマエビ科の甲殻類。川や沼の水草の間にすみ、体長3センチくらいで、黒褐色または青褐色。本州中部以北に分布。干しエビにする。

ぬか-か【×糠蚊】双翅目ヌカカ科の昆虫の総称。体長約1ミリ、黄褐色。他の昆虫から吸血したり花から蜜を吸ったりする種もあるが、人畜から吸血する種も多い。寒地や湿地に多く、薄明・薄暮に活動。めまとい。まくなぎ。ぬかご。ぬかばえ。季夏

ぬか-がき【▽額×繋】馬具の一。馬の頭上にかけて轡を固定させるひも。

ぬかが-は【額賀派】自由民主党の派閥の一。平成研究会の平成21年(2009)以降の通称。同年、前会長の津島雄二が政界を引退し、額賀福志郎が継承した。

ぬか-がみ【▽額髪】ひたいの上の髪。まえがみ。ひたいがみ。「肥人の―結へる染木綿の染みにし心我忘れめや」〈万・二四九六〉

ぬか-きび【×糠×黍】イネ科の一年草。道端などに生え、高さ約1メートル。全体に柔らかく、毛はない。秋、暗紫色の穂が離れ離れにつく。

ぬか-くぎ【×糠×釘】❶きわめて小さい釘。❷「糠に釘」の略。

ぬか-ご【零=余=子】「むかご」に同じ。

ぬか-ご【×糠子】ヌカカの別名。

ぬか-す【抜かす】〔動サ五(四)〕❶入れるべきものを入れない。うっかりして落とす。漏らす。また、間をとばす。「順番を―・す」❷抜けるようにする。力などを失わせる。「びっくりして腰を―・す」「現を―・す」❸(「吐かす」とも書く)言う、しゃべるの意で、相手を卑しめていう語。言いやがる。ほざく。「てめえ何を―・すか」❹ある場所から逃げ出させる。「権三様をもあの婆が、見ぬやうにそっと―・して往なせませ」〈浄・鑓の権三〉可能ぬかせる 類語(❶)漏らす・落とす・取り落とす・飛ばす・忘れる・外す・脱漏・遺漏/(❸)ほざく・吐く・こく・うそぶく・たたく・口走る・言い出す

ぬか-ずき【酸=漿】ホオズキの古名。「―などいふもののやうにだにあれかし」〈枕・六七〉

ぬかずき-むし【叩=頭虫｜▽額突虫】《「ぬかつきむし」とも》コメツキムシの別名。

ぬか-ず・く【▽額突く｜叩=頭く】〔動カ五(四)〕ひたいを地につけて拝礼する。ひたいが地につくほどに丁寧にお辞儀をする。「主の御前に―・く」

ぬかた-の-おおきみ【額田王】飛鳥時代の歌人。7世紀末までは在世。鏡王の娘。大海人皇子(天武天皇)の寵を得て十市皇女を産み、のちに天智天皇に召された。万葉集に十余首の長歌・短歌を収録。生没年未詳。

ぬか-づけ【×糠漬(け)】糠に塩をまぜたものに野菜や魚を漬けたもの。また、糠味噌漬けのこと。

ぬか-どこ【×糠床】糠味噌のこと。

ぬ-がに〔連語〕《完了の助動詞「ぬ」の終止形＋接続助詞「がに」。上代語》…してしまいそうに。…してしまうばかりに。「我がやどの夕影草の白露の消―もとな思ほゆるかも」〈万・五九四〉

ぬか-ばえ【×糠×蠅】❶ヌカカの別名。❷ウンカの別名。

ぬか-ばたらき【×糠働き】せっかく働いても働きがいのないこと。骨折り損。むだばたらき。

ぬかびら-こ【糠平湖】北海道中部にある人造湖。周囲32キロメートル。石狩山地の音更川を堰き止めてできた、原生林に囲まれたダム湖。

ぬかふく-こめふく【×糠福米福】継子説話の一。後妻が先妻の子の糠福に意地悪をし、わが娘の米福をかわいがるが、最後に糠福は長者の家に嫁ぎ、幸福になる。「紅皿欠皿」なども同趣。

ぬか-ぶくろ【×糠袋】糠を入れた布袋。肌を洗うのに用いる。また、木の艶出しなどにも用いる。

ぬか-ぶるい【×糠×篩】精米と糠を分けるのに用いる目の細かいふるい。ぬかどおし。

ぬか-ぼ【×糠穂】イネ科の多年草。路傍に生え、高さ30～40センチ。葉は線形。5、6月ごろ、茎の先に細い枝を輪生し、小穂を多数つける。

ぬか-ぼし【×糠星】❶夜空にちらばって見える、無数の星。❷兜の鉢についている小さい星形の金具。

ぬかぼし-そう【×糠星草】イグサ科の多年草。山のふもとに群生し、高さ20～30センチ。葉は広線形。夏、黄色みを帯びた花をつける。

ぬか-みそ【×糠味×噌】糠に塩・水を加え、まぜ合わせて発酵させたもの。糠味噌漬けのもとになり、毎日かきまぜて空気を入れ、水分が多くなると新しく糠と塩を足していく。ぬかどこ。

糠味噌が腐る 悪声であったり調子が外れていたりする歌いぶりをあざけっていう言葉。

ぬかみそ-くさ・い【×糠味×噌臭い】〔形〕図ぬかみそくさ・し〔ク〕❶糠味噌のにおいがする。「―・い手」❷女性が所帯じみている。「―・い古女房」

ぬかみそ-じる【×糠味×噌汁】❶古い糠味噌を味噌代わりにして作った、粗末な汁。❷《「女郎買いの糠味噌汁」から》家ではけちで、ひどい粗食をすること。「身上は―でぐっとやせ」〈柳多留・五五〉

ぬかみそ-づけ【×糠味×噌漬(け)】糠味噌にナス・キュウリなどの野菜を漬けた漬物。ぬかづけ。

ぬかみそ-にょうぼう【×糠味×噌女房】家事に追われ所帯じみてしまった妻。また、自分の妻をへりくだっていう語。

ぬか-も〔連語〕《連語「ぬか」＋終助詞「も」。上代語》願望の意を表す。…くれないかなあ。…てほしいなあ。「ぬばたまの夜渡る月ははやも出で―」〈万・三六五一〉補説「ぬか」よりも強い願望の意を表す。

ぬ-かも〔連語〕《打消しの助動詞「ず」の連体形＋詠嘆の終助詞「かも」。上代語》詠嘆の意を表す。…ないなあ。…ないことだよ。「あをによし奈良の都にたなびける天の白雲見れど飽か―」〈万・三六〇二〉

ぬか-よろこび【×糠喜び】〔名〕スル あてがはずれて、あとでがっくりするような一時的な喜び。小糠祝い。「一時の―に終わる」「早合点で―する」

ぬかり【抜かり】油断。手落ち。手ぬかり。「万事に―がない」「―なく目を光らす」
類語手落ち・手抜かり・そつ・手抜き・遺漏

ぬかり【泥=濘】雨水などで地面がどろどろになること。「あぜを越す苗代水のほど見えて路の―のかわくまもなし」〈為尹千首〉

ぬか・る【抜かる】〔動ラ五(四)〕❶油断して、失敗する。「敵は手強いぞ、―・るなよ」❷ぐずぐずして時機を失する。また、だらしなくなる。「航海士は―・らず…と言ったので」〈独歩・別天地〉類語(❶)やり損なう・しくじる・つまずく・失敗する・し損ずる・し損なう・とちる

抜からぬ顔 油断のない顔つき。また、そしらぬ顔。「こりゃ何ぢゃと、おもやると言へば、―して」〈浮・諸艶大鑑・一〉

ぬか・る【泥=濘る】〔動ラ五(四)〕雨や雪解けなどで、地面の土がどろどろになる。ぬかるむ。「霜解けで道が―・っている」

ぬかる-み【泥=濘】雨や雪解けなどで地面がぬかっている所。「―に足を取られる」「―にはまる」
類語泥濘・春泥・泥土

ぬかる・む【泥=濘む】〔動マ五(四)〕「泥濘る」に同じ。「―・んで歩きにくい道」

ぬき【抜き】❶取り除くこと。省略すること。「堅苦しいあいさつは―にする」「朝飯―で出社する」❷ドジョウなどの骨を取ること。また、骨を取ったドジョウやその料理。❸料理などで、普通は入れてあるものを除くこと。また、そのもの。「わさび―のにぎり」❹「栓抜き」の略。❺対戦などで、その人数だけ勝ちぬくこと。「五人―」❻新聞やテレビなどで、他社に先駆けて特ダネを報道すること。

ぬき【▽貫】柱と柱、束と束の間を横に貫いてつなぐ材。位置により頭貫・内法貫・地貫などとよぶ。貫木。「―を渡す」

ぬき【▽緯】《「貫」と同語源》❶織物の横糸。ぬきいと。❷横に通っているもの。よこすじ。

ぬき-あし【抜(き)足】音を立てないように、足をそっと抜き上げるようにして歩くこと。
類語忍び足・差し足・すり足・盗み足

抜き足差し足 人に気づかれないように音を立てずに歩くさま。「―忍び足」

ぬき-あわ・せる【抜(き)合(わ)せる】〔動サ下一〕図ぬきあは・す〔サ下二〕互いに刀を抜いて向かい合う。「敵味方が刀を―・せる」

ぬき-い・ず【抜き▽出づ】〔動ダ下二〕❶㋐現れ出る。「御寺のかたはら近き林に―・でたる筍」〈源・横笛〉㋑ひいでる。ぬきんでる。「容貌のすぐれたるにも百千の中に―・でたると」〈色道大鏡・一〉❷㋐抜いて

出す。引き抜く。「剣大刀鞘ゆ―・でて」〈万・三二四〇〉④選び出す。選抜する。「すぐれたる限り―・で給ふめりしかば」〈増鏡・おどろの下〉

ぬき-いだ・す【抜き▽出だす】〔動サ四〕「抜き出す」に同じ。「扇―・し、銚子の長柄をたうたうと打って」〈虎明狂・二千石〉

ぬき-いと【抜(き)糸】縫い物をほどくとき抜き取った糸。

ぬき-いと【▽緯糸】織物の横糸。ぬき。

ぬき-い・る【▽貫き入る】〔動ラ下二〕鞭についたひもの輪を手首にはめ入れる。「手に―・れたる鞭を抜出して」〈保元・上〉

ぬき-うち【抜(き)打ち】❶刀を抜くと同時に斬りつけること。❷予告をしないで、だしぬけに事を行うこと。「―にテストをする」「―検査」

ぬきうち-かいさん【抜(き)打ち解散】政府の都合で、何の予告もなく衆議院を解散すること。

ぬきうち-スト【抜(き)打ちスト】予告なしに行われるストライキ。労働関係調整法上、公益事業では違法とされる。

ぬき-うつし【抜(き)写し】〔名〕スル　必要部分を抜き出して写すこと。ぬきがき。「要点を―する」

ぬき-えもん【抜き▽衣紋】和服の後ろ襟を引き下げ、襟足を出した着方。現在は女性の着方。抜き襟。仰け衣紋。仰け領。

ぬき-えり【抜(き)襟】▶抜き衣紋

ぬき-おさ【▽緯×筬】機織りで、横糸を通すのに使う筬。

ぬき-がき【抜(き)書(き)】〔名〕スル　❶書物などから必要な部分を抜き出して書くこと。また、そのもの。「ポイントを―する」❷演劇で、一人の役者の受け持つ箇所だけを書き抜いた略式台本。書き抜き。
(類語)(❶)抜き写し・抜粋・抄録・抄出

ぬぎ-かけ【脱(ぎ)掛け】❶脱いでいる途中であること。「―の服をあわてて着直す」❷「脱ぎ下げ」に同じ。❸着物を半分脱いで、肩を出すこと。肩脱ぎ。また、抜き衣紋にすること。「ゆたかに―して肌帷子の紋所に地蔵を付けてゐるこそ」〈浮・一代男・五〉

ぬぎ-か・ける【脱(ぎ)掛ける】〔動カ下一〕文ぬぎか・く〔カ下二〕❶衣服を脱ぎはじめる。途中まで脱ぐ。「―・けたコートをまた着直す」❷衣服を脱いで物や肩に掛ける。「我が身は竹の林にあらねどもさたが衣を―・くるかな」〈今昔・二四・五六〉❸衣服を脱いで賞として人に与える。「―・け給ふ色々、秋の錦を風の吹きおほふかと見ゆ」〈源・松風〉❹肩脱ぎをする。また、抜き衣紋にする。「ふたあひの織物の衣―・けておはするを」〈宇津保・国譲中〉

ぬき-かざ・す【抜き×翳す】〔動サ五(四)〕刀を抜いて頭上に振りかざす。「太刀を―・す」

ぬき-がた・い【抜(き)難い】〔形〕文ぬきがた・し〔ク〕取り除くことが難しい。「―・い不信感」

ぬき-かぶり【緯=車】糸を管に巻きつけてつむぐ糸車。いとくりぐるま。

ぬき-ぐし【抜き×櫛・▽抽き×櫛】❶頭髪の飾りにさす櫛。さしぐし。「刀ならびに―等を嬰児に授く」〈吾妻鏡・七〉❷髪を強く櫛ですくこと。また、その櫛。「―に引っ立てられる病み上り」〈柳多留・二〉

ぬきさき-じんじゃ【貫前神社】一之宮貫前神社の旧称。

ぬぎ-さげ【脱ぎ下げ】能装束の着方の一。着流しにした唐織などの右袖を脱いで後ろに垂らすもの。狂女物に多い。脱ぎ掛け。

ぬき-さし【抜き差し】〔名〕スル　❶抜き出すことと差し込むこと。「―しにくいコンセント」❷身動きすること。やりくりすること。

抜き差しならない　動きがとれない。のっぴきならない。「―ない状況にある」

ぬき-さ・る【抜(き)去る】〔動ラ五(四)〕❶完全に取り除く。「不安を―・る」❷追い抜いて先に行く。「一気に先頭の走者を―・る」

ぬき-し【抜(き)師】掏摸のこと。

ぬき-しあい【抜(き)試合】柔道・剣道などの団体対抗試合で、同一人が引き分けるか負けるかするまで、何人とでも勝負を続ける方法。勝ち抜き試合。

ぬき-じょう【抜(き)状】近世、早飛脚の行李から特に急を要する書状を抜き取って、別に急飛脚を仕立てて昼夜の別なく送り届けたもの。また、その書状。

ぬき-じろ【▽緯白】横糸が白の織り色。狭義には、縦糸が紫、横糸が白のものをいう。

ぬき-す【▽貫き×簀】丸く削った竹で編んだ簀。たらいなどにかけて、水や湯を使うとき、手もとにかからないようにする道具。「女の手洗ふ所に―をうち遣りて」〈伊勢・二七〉

ぬぎ-すて【脱(ぎ)捨て】脱ぎ捨てたままにすること。また、その衣服や履物。「―の寝巻」

ぬぎ-す・てる【脱(ぎ)捨てる】〔動タ下一〕文ぬぎす・つ〔タ下二〕❶衣服や履物などを脱いでそのままにしておく。「コートを―・てる」❷古い考え方や習慣などを捨て去る。「旧弊を―・てる」

ぬぎ-すべ・す【脱ぎ滑す】〔動サ四〕着物を滑らせるようにして脱ぐ。「女も―・させ給ひてしかば、細やかなる姿つきいとをかしげなり」〈源・浮舟〉

ぬき-ずり【抜(き)刷(り)】〔名〕スル　印刷物の一部分を抜き出して、別に印刷すること。また、そのもの。別刷り。「紀要から論文を―する」(類語)別刷り

ぬき-ぞめ【抜(き)染(め)】▶抜染

ぬき-だ・す【抜(き)出す】〔動サ五(四)〕❶引き抜いて出す。取り出す。「財布からお金を―・す」❷選び出す。「該当部分を―・す」❸突き出す。「黯黒の中からヌッと半身を―・して」〈二葉亭・浮雲〉
(類語)取り出す・抜き取る・抜く・引き抜く

ぬき-た・る【▽貫き垂る】〔動ラ下二〕玉などをつらぬき、垂れるようにする。「竹玉を間なく―・れ」〈万・四二〇〉

ぬぎ-た・る【脱ぎ垂る】〔動ラ下二〕着物の片袖を脱いで垂らす。「直衣のいと白き、紐を解きたればー・れられ」〈枕・三〇二〉

ぬき-つ【▽脱きつ】〔動タ下二〕《「ぬ(脱)きう(棄)つ」の音変化》脱ぎ捨てる。「うけ沓を―・つるごとく踏み脱きて」〈万・八〇〇〉

ぬき-つ・れる【抜(き)連れる】〔動ラ下一〕文ぬきつ・る〔ラ下二〕大勢の者が一斉に刀を抜く。「太刀を―・れた侍たちのただ中へ」〈芥川・偸盗〉

ぬき-て【抜(き)手】《「ぬきで」とも》日本泳法の一。水をかいた手を水面上に抜き出す泳ぎ方。片抜き手・両抜き手などがある。

抜き手を切・る　抜き手で泳ぐ。「―・って流れを渡る」

ぬき-て【▽貫手】空手で、指先を用いて相手ののど・脇腹・みぞおち・目などを突く技。指1本で行う1本貫手から4本貫手まで4種がある。

ぬき-で【抜(き)出】平安時代、相撲の節の翌日、前日特に成績のよかった者を選抜してさらに取組をさせたこと。また、それに選ばれた者。抜き取り。

ぬき・でる【抜(き)出る】〔動ダ下一〕文ぬき・づ〔ダ下二〕他のものにまさって先に出る。際立って出る。ぬきんでる。「頭一つ―・でる」

ぬき-と・む【▽貫き止む】〔動マ下二〕緒を通してつらぬきとめる。「玉乱る上葉の露は七夕の絶えせぬ糸に―・めて見む」〈出羽弁集〉

ぬぎ-と・む【脱ぎ留む】〔動マ下二〕着物を脱いであとに残しておく。「―・め給へる単衣の袖を引き寄せ給ひて」〈源・夕霧〉

ぬき-とり【抜(き)取り】❶抜き取ること。特に、中身を盗み取ること。「荷物の―に遭う」❷「抜き出」に同じ。

ぬきとり-けんさ【抜(き)取り検査】製品の一部を抜き取って検査し、その結果から全体の合格・不合格を統計学的に推定する検査法。サンプリング調査。標本調査。

ぬき-と・る【抜(き)取る】〔動ラ五(四)〕❶引き抜いて取る。「とげを―・る」❷全体の中から一部を取り出す。「製品を―・って検査する」❸中身を取り出して盗む。「拾った財布から現金を―・る」
(類語)抜く・引き抜く・抜き出す・取り出す

ぬきな-かいおく【貫名海屋】[1778～1863]江戸後期の書家・画家。阿波の人。本名、苞。字は子善、または君茂。別号、海客・菘翁など。空海をはじめ和漢の書を研究。南画にすぐれたほか、京都で須静塾を開いて儒学も講じた。幕末の三筆の一人。

ぬき-に【抜(き)荷】運送中または保管中の荷物の一部をこっそり抜き取ること。また、その品。

ぬき-にしき【▽緯錦】▶よこにしき

ぬき-ばな【抜(き)花】《「花」は花代のこと》芸者や遊女が客の相手をしている時間中に、席をはずして他の客の相手もしてかせぐこと。

ぬき-はな・す【抜(き)放す】〔動サ五(四)〕「抜き放つ」に同じ。「例の七首を手に取上げて―・し」〈美妙・武蔵野〉

ぬき-はな・つ【抜(き)放つ】〔動タ五(四)〕刀などを勢いよく抜く。抜き放す。「鞘から太刀を―・つ」

ぬき-ほ【抜(き)穂】《「ぬきぼ」とも》稲の穂を抜き取ること。また、その穂。特に、大嘗祭のとき、悠紀・主基の斎田の稲の穂を神饌用に抜き取る神事。

ぬきほ-の-つかい【抜穂の使】大嘗祭の行われる年の8月下旬、抜き穂のために悠紀・主基の両国に巡遣された勅使。ぬきほし。

ぬき-ほん【抜(き)本】❶書物からの書き抜きをまとめた本。抄本。❷義太夫節の一部分を抜粋した本。丸本に対していう。

ぬき-み【抜(き)身】❶鞘から抜き放った刀身や槍の穂先。❷貝などのむき身。(類語)白刃・刃・抜刀

ぬき-みだ・る【抜き乱る・▽貫き乱る】㊀〔動ラ四〕つらぬいている緒を抜き取って玉を散らす。「―・る人こそあるらし白玉の間なくも散るか袖のせばきに」〈古今・雑上〉㊁〔動ラ下二〕つらぬいている緒が抜けて、玉が乱れ散る。「―・れ散るるか白玉白妙の衣手涼し布引の滝」〈壬二集〉

ぬき-もん【抜(き)紋】白く染め抜いた紋。

ぬき-よみ【抜(き)読み】〔名〕スル　読みたい部分や必要な部分を選んで読むこと。「講談を―する」
(類語)走り読み・拾い読み・盗み読み

ぬき-わた【抜(き)綿】古着や古布団から抜き取った綿。

ぬきん・でる【抜きん出る・▽抽んでる・×擢んでる】〔動ダ下一〕文ぬきん・づ〔ダ下二〕《「ぬ(抜)きい(出)ず」の音変化》❶ひときわ高く出る。「他に―・でた長身」❷ひときわすぐれる。秀でる。「衆に―・でた才能」❸選び出す。「成斎は用人格に―・でられ」〈鷗外・渋江抽斎〉❹そのことに人一倍はげむ。「日夜に丹誠を―・でて」〈芥川・地獄変〉(類語)(❷)ずば抜ける・図抜ける・飛び抜ける・抜け出る・秀でる・光る

ぬく【▽温】《形容詞「ぬくい」の語幹から》人をののしっていう語。まぬけ。のろま。「そこな―め」〈浄・鑓の権三〉

ぬ・く【抜く】㊀〔動カ五(四)〕❶中にはいっているもの、はまっているもの、刺さっているものを引っ張って取る。「刀を―・く」「歯を―・く」「とげを―・く」❷中に満ちていたり含まれていたりするものを外へ出す。「浮き袋の空気を―・く」「プールの水を―・く」「力を―・いて楽にする」❸中にはいっている金品をこっそり盗み取る。「車中で財布を―・かれた」「積み荷を―・かれる」❹多くのものの中から必要なものを選び取る。全体から一部分を取り出す。「書棚から読みたい本を―・く」「秀歌を―・いて詞華集を編む」❺今まであったもの、付いていたものを除き去る。不要のものとして取り除く。「染みを―・く」「籍を―・く」「不良品を―・く」「さびを―・いたにぎりずし」❻手順などを省く。また、それなしで済ませる。省略する。「仕事の手を―・く」「朝食を―・く」❼前にいる者や上位の者に追いつき、さらにその先に出たり、その上位になったりする。「先頭の走者を一気に―・く」「すでに師匠の芸を―・いている」❽新聞報道やテレビ報道などで、他社に先駆けて特ダネを報道する。すっぱ抜く。「スクープを―・く」❾力などが他よりすぐれている。基準よりも上である。「実力が群を―・いている」❿(「貫く」とも書く)突き通して向こう側へ出るようにする。一

ぬ

方から他方へ通じさせる。つらぬく。「山を—・いてトンネルをつくる」「一、二塁間を—・くヒット」⓫型にはめて、ある形として取り出す。また、ある部分だけ残して他の部分を染める。「ハート形に—・く」「紫紺の地に白く—・いた紋」⓬攻め落とす。「城を—・く」「堅塁を—・く」⓭和服の着方で、抜き衣紋にする。「襟を—・く」⓮囲碁で、相手の死んだ石を取る。⓯(動詞の連用形に付いて)そのことを最後までする。しとおす。また、すっかり…する。しきる。「難工事をやり—・く」「がんばり—・く」「ほとほと困り—・く」[可能]ぬける ㊁〔動カ下二〕「ぬける」の文語形。[類語]取り出す・抜き出す・抜き取る・引き抜く・引き出す・つまみ出す・つまみ取る

[一句]足を抜く・荒肝(あらぎも)を抜く・息を抜く・生き馬の目を抜く・生き肝を抜く・一頭地を抜く・肩を抜く・気を抜く・群を抜く・尻毛(しりげ)を抜く・筋骨(すじぼね)を抜かれたよう・月夜に釜(かま)を抜かれる・手を抜く・度肝を抜く・毒気(どっけ)を抜かれる・鼻毛を抜く・山を抜く

抜きつ抜かれつ　追い越したり、追い越されたりして、激しく先後を争うさま。「—のデッドヒート」

抜く手も見せず　❶手元の動きが見えないほど早く刀を抜く。「—斬りかかる」❷すばやく物事を行う。「—人事を刷新する」

抜けば玉散る氷の刃(やいば)　研ぎすまされた刀が輝くさまをいう言葉。活動写真の弁士が剣劇で用いた。

ぬ・ぐ【脱ぐ】㊀〔動ガ五(四)〕《古くは「ぬく」》❶身につけていたものを取り去る。「コートを—・ぐ」「靴を—・ぐ」「かぶとを—・ぐ」❷(女優などが演技や撮影のために)裸になる。「とうとう—・いだ清純派女優」[可能]ぬげる ㊁〔動ガ下二〕「ぬげる」の文語形。
[類語]取る・取り去る・脱ぎ捨てる
[一句]逢(あ)うた時に笠を脱げ・兜(かぶと)を脱ぐ・裃(かみしも)を脱ぐ・仮面を脱ぐ・シャッポを脱ぐ・肌を脱ぐ・一肩脱ぐ・一肌脱ぐ・諸肌(もろはだ)を脱ぐ・草鞋(わらじ)を脱ぐ

ヌクアロファ〖Nukualofa〗南太平洋、トンガ王国の首都。トンガタプ島北岸にある港湾都市。人口、行政区2万、都市圏3万(2000)。

ぬく・い【▽温い】〔形〕[文]ぬく・し〔ク〕あたたかい。ぬくとい。「布団が—・い」[派生]ぬくさ〔名〕
[類語]暖かい・生あたたかい・あったか・暖か・温暖・温和・ほかほか・ぽかぽか・ぬくぬく・ほやほや

ぬぐい-いた【拭い板】(ぬぐひ) ❶表面を削って滑らかに仕上げた板。❷「塗り板❶」に同じ。

ぬぐい-うるし【拭い漆】(ぬぐひ) 器物の表面に、軽く拭うように漆を刷(は)くこと。

ぬぐい-さ・る【拭い去る】(ぬぐひ)〔動ラ五(四)〕❶拭って汚れなどをすっかり取る。「靴の泥を—・る」❷すっかり取り除く。消し去る。「疑惑を—・る」
[類語]拭(ふ)き取る・消し去る・消去する・払拭(ふっしょく)する

ぬぐい-と・る【拭い取る】(ぬぐひ)〔動ラ五(四)〕ふいてきれいに取る。ふき取る。「油汚れを—・る」

ぬぐ・う【拭う】(ぬぐふ)〔動ワ五(ハ四)〕❶ふいてきれいにする。「汗を—・う」「涙を—・う」❷汚点などを除き去る。また、消し去る。「汚名を—・う」「無責任の感を—・いきれない」⇒拭(ふ)く[用法] [可能]ぬぐえる
[類語]拭(ふ)く・拭(ふ)き取る・拭(ぬぐ)い取る・払拭する

ヌクテー【勒犬】《朝鮮語》オオカミの亜種のチョウセンオオカミのこと。ニホンオオカミより大形で、朝鮮半島から中国、ヒマラヤ地方にかけて分布。また、ドールをいうこともあり、日本語の豺狼(さいろう)に相当するともされる。

ぬくと・い【▽温とい】〔形〕[文]ぬくと・し〔ク〕あたたかい。ぬくい。「若い女子とでなければ—・う睡られん齢になって」〈魯庵・破垣〉

ぬく-ぬく【▽温▽温】〔副〕(スル)❶気持ちよくあたたかいさま。「部屋の中が—(と)してくる」❷苦労や不自由がなく、満ち足りているさま。「裕福な家庭で—(と)育つ」❸周囲を気にせず、ずうずうしく振る舞うさま。ぬけぬけ。「此方は御暇(おいとま)、孝助は—と奉公して居るというのだ」〈円朝・怪談牡丹灯籠〉[類語](❶)ほかほか・ぽかぽか・ほやほや・温かい・あったか・温か・ぬくい

ぬく-ばい【▽温灰】(ばひ) 火の熱であたたまった灰。

ぬくまり【▽温まり】ぬくまること。ぬくもり。

ぬくま・る【▽温まる】〔動ラ五(四)〕あたたまる。ぬくもる。「風呂で—・る」「臨時収入で懐が—・る」

ぬく-み【▽温み】あたたかい感じ。あたたかみ。「からだの—」

ぬく・む【▽温む】〔動マ下二〕「ぬくめる」の文語形。

ぬくめ-どり【▽温め鳥】❶冬の寒い夜、鷹(たか)が小鳥を捕らえてつかみ、足をあたためること。また、その小鳥。翌朝その小鳥を放し、その飛び去った方向へその日は行かないという。[季 冬]「遥かなる行方の冴や—/青々」❷親鳥がひなを羽の下に抱いてあたためること。また、そのひな。「羽交(はがい)の下の—、恩愛こそはあはれなれ」〈浄・百合若大臣〉

ぬく・める【▽温める】〔動マ下一〕[文]ぬく・む〔マ下二〕あたたかくする。あたためる。「たき火でからだを—・める」

ぬくもり【▽温もり】あたたかみ。ぬくみ。「肌の—」「贈り主の—が伝わるプレゼント」
[類語]温かみ・ぬくみ・暖・温熱

ぬくも・る【▽温もる】〔動ラ五(四)〕あたたかくなる。あたたまる。ぬくまる。「こたつで—・る」

ヌクレアーゼ〖nuclease〗核酸を加水分解する酵素の総称。リボヌクレアーゼ・デオキシリボヌクレアーゼなど。

ヌクレオシド〖nucleoside〗プリン塩基またはピリミジン塩基と糖が結合した化合物。アデノシン・グアノシン・ウリジンなどがあり、核酸の構成成分。

ヌクレオソーム〖nucleosome〗核たんぱく質の構造体。染色体の基本構成単位で、8個のヒストンからなる芯(しん)にDNAが2回巻き付いたもの。

ヌクレオチド〖nucleotide〗ヌクレオシドの糖部分に燐酸(りんさん)が結合した化合物。核酸はこれが多数重合したポリヌクレオチドで、補酵素の構成成分にもなっている。アデニル酸・グアニル酸など。

ぬけ【抜け】❶抜けていること。あるべきものがないこと。「文章に1行—がある」❷知恵の足りないこと。また、その人。まぬけ。❸俳諧で、主題を句の表面に表さないで、暗にそれをほのめかす手法。談林俳諧で流行した。[類語](❶)落ち・漏れ・欠け

抜けが良・い　音や光をよく通すさま。音響や画面がすっきりしているさま。「高音域の—・いスピーカー」

ぬけ-あが・る【抜け上(が)る】〔動ラ五(四)〕❶抜け通る。透き通る。「—・った白い肌」❷頭髪の生えぎわが抜けて、上の方へはげあがる。「額が—・る」

ぬけ-あきない【抜け商い】(あきなひ) 規則を犯したり仲間の申し合わせを破ったりしてひそかに商売をすること。密売買。〈和英語林集成〉

ぬけ-あな【抜け穴】❶通り抜けられる穴。こっそり抜け出せるように掘った穴。「屋敷の外へ通じる—」❷うまく逃れる手段・方法。「法律の—」

ぬけ-い・ず【抜け▽出づ】(いづ)〔動ダ下二〕「ぬけでる」に同じ。

ぬけ-うら【抜け裏】通り抜けることができる裏道。抜け道。「不規則な小路やどこへ通ずるとも知らぬ—が多い」〈荷風・ふらんす物語〉

ぬけ-うり【抜け売り】〔名〕(スル) 規則を犯したり仲間を出し抜いたりしてひそかに物品を売ること。「西班牙の禿山を—する人々」〈荷風・ふらんす物語〉

ぬけ-お・ちる【抜け落ちる】〔動タ上一〕[文]ぬけお・つ〔タ上二〕❶生えていたり刺さっていたりしたものが取れて落ちる。また、重みのかかっていた面などが下に抜けて落ちる。「髪の毛が—・ちる」「床が—・ちる」❷あるべきものが欠ける。欠落する。「報告書で肝心の点が—・ちる」

ぬけ-がい【抜け買い】(がひ)〔名〕(スル) 規則を犯して物品を買い入れること。

ぬけ-がけ【抜け駆け】〔名〕(スル)❶戦場で、ひそかに陣を抜けだし、武功を立てようと人より先に敵中に攻め入ること。「夜陰に乗じて—する」❷人を出し抜いて、物事を行うこと。「—して秘密をばらす」
[類語]一番槍・先駆け・出し抜く

抜け駆けの功名(こうみょう)　抜け駆けをして立てた手柄。

ぬけ-がみ【抜け髪】抜け落ちた髪。抜け毛。

ぬけ-がら【抜け殻|▽脱け殻】❶昆虫や甲殻類などが脱皮した古い体皮。「ヘビの—」❷中身のなくなったあとのもの。また、人がうつろな状態であること。「無人の—になった部屋」「魂の—」

ぬけがら【抜殻】狂言。使いの途中、道で酔いつぶれた太郎冠者が、後をつけていた主人に鬼の面をかぶせられ、目を覚まして水に映った自分の姿に悲観し死のうとするが、そのはずみに面が取れる。

ぬけ-かわ・る【抜け替(わ)る】(かはる)〔動ラ五(四)〕抜けて、新しいものと替わる。生え替わる。「乳歯が永久歯に—・る」

ぬけ-く【抜け句】言い訳。逃げ口上。「鼻も動かさずに手のよい—を仰せらるる」〈浮・禁短気・五〉

ぬけ-ぐち【抜け口】通り抜けられる場所。逃げ口。

ぬけ-くび【抜け首】「轆轤首(ろくろくび)」に同じ。

ぬけ-げ【抜け毛|▽脱け毛】毛が抜け落ちること。また、その毛。

ぬけ-こうじ【抜け▽小路】(こうぢ) 通り抜けのできる小路。抜け露地。

ぬけ-さく【抜け作】《「作」は人名めかした言い方》間抜けな人をあざけっていう語。

ぬけ-じ【抜け字|▽脱け字】脱字。「本文に—がある」

ぬけ-そけ【抜けそけ】こっそり抜け出すこと。夜逃げや駆け落ちをすること。「この内を—するのかして」〈浄・忠臣蔵〉

ぬけ-た【抜けた】〔連体〕「抜ける❽」に同じ。「ずいぶんと—男だなあ」

ぬけ-だ・す【抜け出す|▽脱け出す】〔動サ五(四)〕❶こっそりその場を離れて外へ出る。抜け出る。「宴会を—・す」❷競っているものの中から、一つが抜けて先へ行く。「混戦から—・す」❸好ましくない状態から離れ出る。「スランプから—・す」❹抜けはじめる。「毛髪が—・す」

ぬけ-で・る【抜け出る|▽脱け出る】〔動ダ下一〕❶抜けて出る。外へ出る。「布団から—・でる」❷その場からこっそり外へ出る。抜け出す。「会場から—・でる」❸他の物よりも高く突き出る。「群衆の中で一人—・でた大男」❹他に比べてひときわすぐれる。「—・でた才能の持ち主」

ぬけ-に【抜け荷】江戸時代、主として日本に来航したオランダ人・中国人との間で行われた密貿易のこと。出買い。抜け買い。

ぬけ-ぬけ【抜け抜け】㊀〔副〕❶恥ずべきことを平然と行うさま。ずうずうしいさま。「—としらをきる」❷間が抜けているさま。愚かであるさま。「大将は—となされ」〈盛衰記・一四〉㊁〔名〕大相撲で、一人の力士が1日おきに勝ち負けを繰り返すこと。㊂〔形動ナリ〕徐々にこっそりと抜け出すさま。「先駆けのつはものども—に赤坂の城へ向って」〈太平記・六〉
[類語]のめのめ・おめおめ・しゃあしゃあ・いけしゃあしゃあ・平然・恬然(てんぜん)・平気の平左・けろりと・しれっと・事も無げ

ぬけ-ば【抜け歯】抜け落ちた歯。また、あちこち抜けている歯。

ぬけ-ぶね【抜け船】❶役目についている船を臨時に他の用に使うこと。また、その船。「—を急がせ」〈浮・一代男・五〉❷江戸時代、鎖国の禁を犯して密貿易を行った船。

ぬけ-まいり【抜け参り】(まゐり) 親や主人の許しを受けないで家を抜け出し、往来手形なしで伊勢参りに行くこと。江戸時代に流行し、黙認された。

ぬけ-みち【抜け道|抜け▽路】❶本道をはずれた近道。間道。「—を使って先まわりする」❷逃れる手だて。また、逃げ口上。口実。「法の—」
[類語](❶)裏通り・裏道・裏街道・間道・横道・近道・脇道・枝道/(❷)逃げ道・退路・抜け穴

ぬけ-め【抜け目】抜けたところ。欠けているところ。また、手抜かり。

抜け目(め)がな・い　注意深く、やることに抜けたところがない。また、自分の利益になりそうだと見れば、その機会を逃さない。「万事に—・い」

ぬ・ける【抜ける】〔動カ下一〕[文]ぬ・く〔カ下二〕❶中

にはまっていたものや、ついていたものが離れて取れる。「歯が―・ける」「栓が―・ける」「髪の毛が―・ける」❷中に満ちていたり含まれたりしていたものが外へ出る。「タイヤの空気が―・ける」「気の―・けたビール」「臭みが―・ける」❸押している状態のまま、押す力が消える。「ブレーキが―・けて空走する」❹ある傾向・習慣・くせや力などがなくなる。「怠けぐせが―・けない」「疲れが―・ける」「腰が―・ける」❺本来あるべきもの、必要なものが漏れたり欠けたりしている。「名簿から名前が―・けている」「主語が―・けている」❻(「脱ける」とも書く)㋐それまでいた場所や、属していた組織・仲間から離れる。「座敷を―・ける」「組合を―・ける」㋑しばらくの間だけ自分の部署を離れる。「仕事を―・けて人に会いに行く」㋒ある場所・状況から逃れ出る。脱する。「危ないところを無事に―・ける」「最悪の状況から―・ける」㋓言いつくろって責任を免れる。言い逃れる。「左様ｻﾞｳ―・けてはいけぬ、真実の処を話して聞かせよ」〈一葉・にごりえ〉❼その所を通って向こう側へ出る。一方の側から他方の側へ通って出る。通り抜ける。「打球が右中間を―・ける」「トンネルを―・ける」❽(多く「ぬけた」「ぬけている」の形で)知恵が十分に働かない。気がきかずぼんやりしている。足りない。「あの人はどこか―・けている」「間ﾏの―・けた話」❾(「ぬけるような」「ぬけるように」の形で)隔てがなくなり、どこまでも続いている。透き通っている。「―・けるような青空」「―・けるように白い肌」❿他が及ばないほどすぐれている。ひいでる。抜きんでる。「官ﾂｶｻ位高くのぼり、世に―・けぬる人の」〈源・絵合〉 〔類語〕(❶)取れる・落ちる・外れる/(❺)落ちる・漏れる・欠ける・脱落する/(❻)抜け出す・脱する・離れる

〔用法〕ぬける・おちる――「名簿に君の名が抜けて(落ちて)いたよ」「この記事には大切な部分が抜けて(落ちて)いる」など、あるべきものが欠けている意では相通じて用いられる。◆「抜ける」は、中にあるものがなくなる、外に出る意に重点がある。「くさみが抜ける」「魂が抜けたよう」「気の抜けたサイダー」「歯が抜ける」など。◆「落ちる」は付いていたものが取れる意に重点がある。「洗うと色が落ちる」「憑ﾂき物が落ちる」「がんこな油のしみがきれいに落ちた」などと使う。

ぬ・げる【脱げる】〔動ガ下一〕〔文〕ぬ・ぐ〔ガ下二〕身につけているものが取れて離れる。「靴が―・げる」

ぬけるよう【抜ける様】ﾔｳ〔連語〕「抜ける❾」に同じ。「―な青空」

ぬけろじ【抜け露地】ﾁﾞ「抜け小路ｺｳｼﾞ」に同じ。

ぬさ【▽幣】❶祈願をし、または、罪・けがれを払うため神前に供える幣帛ﾍｲﾊｸ。紙・麻・木綿ﾕｳなどを使う。みてぐら。御幣ｺﾞﾍｲ。幣帛。❷旅の無事を祈って贈るもの。はなむけ。「さて東に帰り下るころ、上下色々の―多かりしなかに」〈増鏡・新島守〉

ぬさぶくろ【▽幣袋】道中の安全を祈るため、道祖神に捧げる幣を入れてたずさえた袋。

ぬし【主】㊀〔名〕❶その社会・集団などを支配・統率する人。あるじ。「一国の―」「世帯―」❷所有者。持ち主。「地―」❸動作・行為の主体。また、ある事柄の主人公。「声の―」「うわさの―」❹山や川などに古くからすみ、霊力があると信じられている動物。転じて、ある場所に長くいる人。「沼の―」「この学校の―」❺夫。また、定まった情夫。「―ある身」㊁〔代〕二人称の人代名詞。❶敬意や親しみを込めて相手を呼ぶ語。多く同輩以下の男性に対して用いる。「―はいづくへぞなど、語らひ行くほどに」〈今昔・二九・二三〉➡おぬし ❷女性が親密な男性を呼ぶ語。「もし、―が逢ひたがらしゃんすその人に」〈伎・助六〉㊂〔接尾〕人名や呼称に付けて、軽い敬意を表す。男性に用いることが多いが、まれに女性にも用いる。「源氏木曽冠者義仲―は」〈吾妻鏡・一〉 〔類語〕主人・あるじ

〔…主〕県ｱｶﾞﾀ主・網主・家主・馬主・売り主・送り主・御ｵ主・買い主・飼い主・抱え主・貸し主・株主・借り主・神主・倉主・地主・救い主・世帯主・名主・荷主・船主・持ち主・雇い主・家ﾔ主・吾ﾜ主

主ある詞ｺﾄﾊﾞ　歌学で、特定の個人が創始した秀句で、歌に詠み込むのを禁じられた句。例えば、西行の「すずしくくもる」、定家の「雪の夕ぐれ」など。

主ある花　すでにきまった相手のある女性。

ぬし【▽塗師】《「ぬりし」が音変化した「ぬっし」の促音無表記》「塗り師」に同じ。

ぬし【塗師】狂言。和泉ｲｽﾞﾐ流では「塗師平六」。越後の塗師、平六を頼って都から師匠が来ると、平六の妻は夫の仕事が減ると思い夫は死んだと偽る。師匠に会いたい平六はしかたなく幽霊に化けて対面する。

ぬしがら【主柄】その人の品位。人品ｼﾞﾝﾋﾟﾝ。「和歌は―なむ、をかしさはまさるといふらむやうに」〈栄花・輝く藤壺〉

ぬしさま【主様】〔代〕二人称の人代名詞。江戸時代、女性が男性を敬って呼ぶ語。「帯は裂けても―とわしが間はよも裂けじと」〈浄・曽根崎〉

ぬしづ・く【主付く】〔動カ四〕自分のものとする。所有する。「七百町を―・かんと」〈浄・反魂香〉

ぬしどの【主殿】〔代〕二人称の人代名詞。同輩以下を敬っていう語。あなた。「いかに、―は拝み奉るや」〈宇治拾遺・八〉

ぬしぶろ【▽塗師風呂】漆器を乾かすための密閉した室ﾑﾛ。

ぬしへいろく【塗師平六】狂言「塗師ﾇｼ」の和泉ｲｽﾞﾐ流における名称。

ぬしや【▽塗師屋】漆器を製作・販売する人。また、その家。

ヌジャメナ〔N'djamena〕アフリカ中北部、チャド共和国の首都。チャド湖の南方にあり、交通の要地。旧称フォールラミ。ンジャメナ。

ぬすっと【盗▽人】「ぬすびと」の音変化。

盗人猛猛ﾀｹﾀﾞｹ**しい**　盗みをしながら平気でいたり、悪事をとがめられて逆に居直ったりすることをののしっていう語。ぬすびと猛々しい。

ぬすっとねこ【盗▽人猫】「泥棒猫ﾄﾞﾛﾎﾞｳﾈｺ」に同じ。

ぬすと【盗▽人】「ぬすびと❶」に同じ。「嘘は云わん、―はせん男と云う事が」〈蘆花・思出の記〉

ヌストルテ〔ﾄﾞｲﾂ Nußtorte〕《ヌスはナッツの意》クルミなどのナッツ類を使ったケーキ。ドイツやスイスなどでつくられる。

ぬすびと【盗人】❶他人の所有物を盗み取る者。盗賊。どろぼう。ぬすっと。ぬすと。❷人をののしっていう語。ぬすっと。「かぐや姫てふ大―の奴が」〈竹取〉

〔類語〕泥棒・盗賊・強盗・偸盗ﾁｭｳﾄｳ・賊・こそ泥

盗人猛猛ﾀｹﾀﾞｹ**しい**　「ぬすっと猛猛しい」に同じ。

盗人に追ｵ**い**　「盗人に追い銭」に同じ。「それは―といふものなり」〈浮・胸算用・一〉

盗人に追い銭ｾﾝ　盗人に物を盗まれたうえに、さらに金銭を与えること。損を重ねることのたとえ。泥棒に追い銭。

盗人に鍵ｶｷﾞ**を預ける**　どろぼうに便宜を与える。災いのもとになるものを助長することのたとえ。

盗人にも三分ﾌﾞ**の理**ﾘ　悪事を働くにも相応の理屈はある。どんなことにでも理屈はつけられるということ。泥棒にも三分の道理。

盗人の上前ｳﾜﾏｴ**を取る**　盗人が盗んできた物の一部をぬすみ取る。ひどく悪質であること、また、悪人にも上には上があることのたとえ。

盗人の逆恨ｻｶｳﾗ**み**　泥棒が自分の悪事はたなに上げて、捕らえた人や被害者を恨むこと。

盗人の隙ｽｷ**はあれども守り手の隙はない**　盗人はころあいを見て盗みにはいるから余裕があるが、番をするほうは少しも気を緩めるときがない。盗人は防ぎようがないことのたとえ。

盗人の昼寝　盗人が夜の稼ぎに備えて昼寝をすること。何をするにも思わくがあることのたとえ。

盗人を捕らえて見れば我が子なり　事が意外で、どうしてよいかその処置に迷うことのたとえ。また、親しい間柄でも気を許せないたとえにいう。

盗人を見て縄を綯ﾅ**う**　►泥棒ﾄﾞﾛﾎﾞｳを捕らえて縄を綯う

ぬすびとこんじょう【盗人根性】ｺﾝｼﾞｬｳ 盗みを働く者のもつ、ずるくていやらしい性質。

ぬすびとじょうご【盗人上戸】ｼﾞｬｳｺﾞ ❶酒も甘い物も好む人。両刀使い。❷酒を多量に飲んでも顔やようすに酔いの現れないこと。また、その人。「当飲はげに―」〈読・八犬伝・三〉

ぬすびとのあし【盗人の足】オニノヤガラの別名。

ぬすびとはぎ【盗人×萩】マメ科の多年草。山野に生え、高さ60～120センチ。基部はやや木質化する。葉はまばらにつき、3枚の長卵形の小葉からなる複葉。夏から秋にかけ、淡紅色、まれに白色の蝶形の花が咲く。豆果のさやはふつう2節からなり、節は半月形で、表面の鉤ｶｷﾞ形の細毛で衣服などにつく。

ぬすびとやど【盗人宿】盗賊の足だまりとなる宿や家。

ぬすま・う【盗まふ】ﾇｽﾏﾌ〔動ハ四〕《連語「盗まう」から》すきをぬすむ。「人にも見せず、―・はれて食ふほどに」〈古本説話集・下〉

ぬすま◦う【盗まふ】ﾇｽﾏﾌ〔連語〕《動詞「ぬす(盗)む」の未然形＋反復継続の助動詞「ふ」。上代語》❶人目を盗んで、し続ける。「山川に筌ｳｴを伏せて守りもあへず年の八歳ﾔﾄｾを我が―◦ひし」〈万・二八三二〉❷人をだまし続ける。「心さへ奉ﾏﾂれる君に何をかも言はずて言ひしと我が―◦はむ」〈万・二五七三〉

ぬすみ【盗み|×偸み】人の物を盗むこと。「―を働く」〔類語〕窃盗・泥棒・万引き

ぬすみあし【盗み足】足音をたてずにそっと歩くこと。ぬきあし。「―で忍び寄る」

ぬすみうお【盗み魚】ｳｵ 漁夫が漁獲物をくすねること。道心坊。

ぬすみぎき【盗み聞き】〔名〕ｽﾙ 他人の会話などを、こっそり聞くこと。「扉の陰で―する」

〔類語〕立ち聞き・盗聴

ぬすみぐい【盗み食い】ｸﾞﾋ〔名〕ｽﾙ ❶人に隠れてものを食うこと。また、物を盗んで食うこと。「猫が台所の魚を―する」❷密通すること。〔類語〕つまみ食い

ぬすみごころ【盗み心】盗みをしようとする心。とうしん。

ぬすみだ・す【盗み出す】〔動サ五(四)〕盗んで持ち出す。「蔵から宝物を―・す」

ぬすみどり【盗み撮り】〔名〕ｽﾙ「盗撮」に同じ。「スターの私生活を―する」

ぬすみと・る【盗み取る】〔動ラ五(四)〕盗んで自分のものとする。「金を―・る」「芸を―・る」

ぬすみに【▽窃に】〔副〕こっそり。ひそかに。秘密に。「初霜の置き残したる白菊を露や―うつろはすらむ」〈散木集・三〉

ぬすみ・みる【盗み見る】〔動マ上一〕〔文〕〔マ上一〕人に気づかれないようにこっそり見る。「物陰から―・みる」〔類語〕のぞく・垣間見る・のぞき込む

ぬすみよみ【盗み読み】〔名〕ｽﾙ ❶他人あての手紙などを、ひそかに読むこと。「日記を―する」❷他人が読んでいるものを、近くからそれとなく読むこと。「隣の乗客の新聞を―する」

ぬすみわらい【盗み笑い】ﾜﾗﾋ〔名〕ｽﾙ 人に知られないようにこっそり笑うこと。「顔をうつむけて―する」

ぬす・む【盗む|×偸む】〔動マ五(四)〕❶ひそかに他人のものを取って自分のものにする。「金品を―・む」❷他人の技・芸や考えなどをひそかに、また無断でまねる。「他人の論文を―・む」❸人に気づかれないように、何かをする。「人目を―・んで会う」❹わずかの時間をやりくりして、何かをする。「暇を―・んで読書する」❺野球で、盗塁をする。「二塁を―・む」

〔可能〕ぬすめる

〔…句〕生ｾｲを偸ﾇｽむ・人目を盗む・暇を盗む・骨を盗む・耳を掩ｵｵいて鐘を盗む・目を盗む・禄ﾛｸを盗む

ヌスレティエジャーミー〔Nusretiye Camii〕
►ヌスレティエモスク

ヌスレティエモスク〔Nusretiye Mosque〕トルコ北西部の都市イスタンブールの新市街にあるイスラム寺院。オスマン帝国のスルターン、セリム3世が建てたモスクがあったが火災に遭い、19世紀にマフムト2世により再建。バロック風の装飾が施され、2本の尖塔がある。ヌスレティエジャーミー。

ぬ-た【▽沼田】❶泥ぶかい田。沼地。ぬまた。「をぐろ崎―のねぬなは踏みしだき日も夕ましに蛙かはず鳴くなり」〈散木集・二〉❷《猪いのししは、泥の上に枯れ草を集めて寝るというところから》猪の臥床ふしど。また、泥土。泥。「君恋ふと猪ゐの刈る藻より寝覚めして浴あみける―にやつれてぞをる」〈散木集・八〉

ぬた【×饅】野菜・魚・貝などを酢味噌であえたもの。ぬたあえ。ぬたなます。

ぬた-あえ【×饅▽和え┊×饅×韲え】―あへ「饅ぬた」に同じ。

ぬた-う・つ〔動タ四〕❶猪いのししが泥土に転がり臥ふす。「恋をして臥す猪ゐの床とこはまどろまで―・ちさます夜半の寝覚よ」〈夫木・二七〉❷しまりなく寝ころがる。また、転げまわる。のたうつ。「―・つ泥だらけな豚にならうずものを」〈史記抄・老子伯夷伝〉

ぬた-うなぎ【▽沼田×鰻】❶ヌタウナギ科の魚。全長約60センチ。体は茶褐色。本州中部地方以南の海域にすむ。❷ヌタウナギ目ヌタウナギ科の魚の総称。円口類の一群。体はウナギ形で、前端に口があり、肉質の四対のひげが囲む。外鰓がいさい孔は一対または六対。目は退化して皮下に埋まっている。死魚などに吸着して肉を食う。この科の魚類はメクラウナギ目メクラウナギ科に分類されていたが、日本魚類学会が平成19年(2007)1月に現在の分類に改めた。ヌタウナギ❶やホソヌタウナギなどが属する。

ぬた-がわ【沼田川】―がは 広島県中央南部を流れる川。東広島市北西の鷹ノ巣山(標高922メートル)の南方に源を発し、三原市で瀬戸内海に注ぐ。長さ48キロ。中流部は吉備きび高原を浸食して峡谷をつくり、下流部は沖積平野が発達している。三原市市街の大部分は三角州に立地されている。川の名「ぬた」は、低湿地の意味といわれる。

ぬた-く・る〔動ラ五(四)〕❶からだをくねらせてはう。のたくる。「蛇が―・る」❷筆などで塗りまくる。また、下手な字や絵をかきつける。「クレヨンを―・る」
類語(❷)塗りたくる・塗り立てる・塗り付ける

ぬた-なます【×饅×膾】「饅ぬた」に同じ。

ぬた-はだ【×鮄】鹿の角の表面にある波のような模様。ぬた。ぬため。

ぬた-め【×鮄目】「鮄ぬたはだ」に同じ。

ぬため-の-かぶら【×鮄目の×鏑】鮄目のある鹿の角で作った鏑矢。ぬたかぶら。

ぬたり-の-き【渟足柵】大化3年(647)朝廷が蝦夷えぞに備え、今の新潟市沼垂ぬったり付近に設けた城柵じょうさく。

ぬち〔連語〕《格助詞「の」に名詞「うち(内)」の付いた「のうち」の音変化》…の内。「悔しかもかく知らませばあをによし国く―ことごと見せましものを」〈万・七九七〉

ヌック〖Nook〗2009年に米国の書店チェーン最大手バーンズアンドノーブル社が発売した、電子書籍を閲覧する携帯端末機器。実行環境としてアンドロイドを採用。携帯電話の通信網やワイファイを利用して、電子書籍や新聞記事のデータをダウンロードする。また、友人などに書籍データを一定期間貸与できる機能がある。

ぬっくり〔副〕❶あたたかそうなさま。ぬくぬく。「嫁の手織を―と着る」〈住吉みやげ〉❷あつかましいさま。ぬけぬけと。「右大将の威をかって、御辺―とまらんとや」〈浄・嫗山姥〉❸うまく事を行うさま。「御褒美恩賞方図は知れぬ。是を―と持たせて置く」〈浄・振袖始〉

ぬっ-と〔副〕❶突然現れ出るさま。「物陰から―現れる」❷急に立ち上がるさま。「―立ち上がる」

ぬっぺら-ぼん　つかみどころのないこと。また、そのもの。のっぺらぼう。「どっちつかずの―」〈滑・浮世床・初〉

ぬっぺり〔副〕スル ❶顔かたちは整っているが、しまりのないさま。のっぺり。「―した俳優やくしゃ同様の者と」〈饗庭篁村・当世商人気質〉❷ずうずうしいさま。ぬけぬけ。「誕生の御子を御世継と、―とはぬかせども」〈浄・本朝三国志〉

ぬて【×鐸】「ぬりて(鐸)」の音変化。「百伝ももづたふ―ゆらくも置目おきめ来らしも」〈記・下・歌謡〉

ぬ-な-い【×渟名井】―ゐ《「ぬ」は玉、「な」は「の」の意》玉のように清浄な井、または泉。「天あまの―に」〈神代紀・上〉

ぬなくま-じんじゃ【沼名前神社】広島県福山市にある神社。祭神は大綿津見神おおわたつみのかみと須佐之男命すさのおのみこと。俗称、鞆ともの祇園ぎおん社。

ぬ-な-と【×瓊▽音】《「ぬ」は玉、「な」は「の」の意》玉の触れあう音。「―もゆらに」〈記・上〉

ヌナブット〖Nunavut〗《イヌイットの言葉で「我々の土地」の意。「ヌナブト」とも》カナダ北西部の準州。1999年、ノースウエスト準州の東半分が独立して成立。イヌイットの自治政府がおかれる。州都イカルイット。

ぬ-なわ【×蓴┊▽沼縄】―なは ジュンサイの別名。《季 夏》「仰むいて沼はさびしき―かな／不死男」

ぬなわ-くりぬなは― ジュンサイの古名。「―延はへけく知らに」〈記・中・歌謡〉

ぬの【布】❶織物の総称。古くは、絹に対して、麻・葛くずなどの植物繊維で織ったものをいい、のち、木綿も含めた。❷建築で、横・平ら・水平・平行などの意を表す語。「―羽目はめ」
類語布地・生地・服地・反物・呉服・太物

ぬの-いし【布石】道に沿うなどして、長くすえつけた敷石。ぬのしきいし。

ぬの-かたぎぬ【布肩▽衣】植物繊維で織った布で作った肩衣。「綿もなき―の」〈万・八九二〉

ぬの-きぬ【布▽衣】《「ぬのぎぬ」とも》植物繊維で織った布で作った衣服。「荒たへの―をだに着せかてにかくや嘆かむせむすべをなみ」〈万・九〇一〉

ぬの-きれ【布切れ】《「ぬのぎれ」とも》布の切れ端。また、布。

ぬの-こ【布子】木綿の綿入れ。古くは麻布の袷あわせや綿入れをいった。《季 冬》

ぬの-ごし【布×漉し】〔名〕スル 食材を布でこすこと。また、こしたもの。「―したあん」

ぬの-ざらし【布×晒し】❶布を洗って日光にさらすこと。❷日本舞踊で、両手に長い布を持って洗いさらすようすを表す所作。また、その曲。

ぬの-じ【布地】―ヂ 衣服などに仕立てるための織物。また、その織りぐあいや品質。生地きじ。きれじ。
類語布・生地・服地・反物・呉服・太物

ぬの-じき【布敷(き)】石敷き・瓦敷きの一。目地めじを建物と平行になるように並べる敷き方。

ぬの-そうじ【布▽障子】―サウジ 白布を張った襖ふすま障子。「―はらせて住まひたる」〈枕・一七七〉

ぬの-ナプキン【布ナプキン】生理用品の一。布製のパッドで、洗ってくり返し使うもの。

ぬの-はめ【布羽目】板を横に張った羽目。

ぬの-びき【布引き】❶布を張ること。❷平安時代、朝廷で、臨時の相撲すまいのあとや、相撲の節せちの還饗かえりあるじのときなどに左右の力士に布を引かせて力くらべをさせたこと。❸大勢の人がとぎれることなく続くこと。「参詣の貴賤―なりけるが」〈太平記・二三〉

ぬのびき-さんち【布引山地】三重県中西部、伊勢平野と上野盆地の境に南北に連なる山地。長さ約30キロメートル。最高峰は南部に位置する大洞おおぼら山(標高985メートル)。東西を断層で区切られ、伊勢湾側が急崖となっている。山地中に約16キロメートルにわたって隆起準平原が広がり、青山高原と呼ばれる。室生むろう赤目青山国定公園に属する。名は、地形が布を引いたように見えるところから。

ぬのびき-の-たき【布引の滝】神戸市中央区、六甲山麓の生田いくた川にかかる滝。雄滝・夫婦めおと滝・鼓ヶ滝・雌滝がある。歌枕「水上の空に見ゆるは白雲のたつにまがへる―」〈新古今・雑中〉

ぬの-ひたたれ【布▽直垂】布で作った直垂。近世、麻地などの布製は地下じげの諸大夫の料となり、武家では大紋だいもんと称した。

ぬの-びょうぶ【布×屏風】―ビャウブ 布を張って絵などを描いた屏風。

ぬの-ぼり【布掘り】建築物の基礎工事で、壁や土台の下となる部分を溝状に細長く掘ること。丁字ちょうじ掘り。➡総掘り ➡壺掘り

ぬの-まき【布巻(き)】❶織り上がった布に折り目やしわのできるのを防ぎ、縦糸と横糸のゆがみを正すために、布を木製の棒や鉄板に巻きつけること。❷「千巻ちまき」に同じ。

ぬの-まるた【布丸太】建築の足場や仮板囲いなどの柱を横につなぐ丸太。

ぬの-め【布目】❶布地の縦糸・横糸の織り目。❷布の織り目のような模様。❸瓦や陶器で、型抜きしやすくするために型に敷いた布の織り目が残ったもの。陶器では装飾として用いられるようにもなった。

ぬのめ-がみ【布目紙】布目模様があらわれるように加工した紙。羅文紙らもんし。

ぬのめ-がわら【布目瓦】―がはら 布目の跡のある屋根瓦。製造時に用いた布の織り目が残ったもので、奈良・平安時代の瓦に多くみられる。

ぬのめ-ぞうがん【布目象眼】―ザウガン 象眼技法の一。地金に布目状の筋を彫り、その部分に薄く延ばした金属をかみこませて平面にしたもの。

ぬのめ-ぬり【布目塗(り)】素地きじに漆を塗布した布・紗しゃをあて、上から摩擦して布目を転写し模様をつける漆塗り技法。

ぬ-ばかま【▽奴×袴】《指貫さしぬきに「袴奴」の字を用いたのを逆にし、誤読したもの》指貫さしぬきの異称。「烏帽子直衣に―の稜そば取り」〈盛衰記・六〉

ぬ-ばかり〔連語〕㊀《打消しの助動詞「ず」の連体形＋副助詞「ばかり」》動詞の未然形に付く。…ないだけ。…ないほど。「桜花折りて見しにも変はらぬに散ら―ぞしるしなりける」〈新古今・雑上〉㊁《完了の助動詞「ぬ」の終止形＋副助詞「ばかり」》動詞の連用形に付く。今にも…してしまいそうに。…しただけ。「うへの衣きぬの片袂かたそでの落ち―取りかからせ給ふに」〈大鏡・師尹〉

ぬば-たま【射＝干玉】ヒオウギの種子。丸くて黒い。うばたま。むばたま。

ぬばたま-の【射＝干玉の】〔枕〕❶「ぬばたま」のように黒い意から、「黒」「夜」「夕」「宵」「髪」などにかかる。うばたまの。むばたまの。「―黒髪山を朝越えて」〈万・一二四一〉「―夜のふけゆけば」〈万・九二五〉❷夜にかかわるところから、「月」「夢」などにかかる。「―夢いめにはもとな」〈万・三九八〇〉「―月に向かひて」〈万・三九八八〉

ヌバック〖nubuck〗牛・羊などの表皮を削って毛羽立たせ、ビロードのような質感をもたせた革素材。

ぬ-ひ【▽奴×婢】《古くは「ぬび」》❶召使いの男女。下男と下女。❷律令制における賤民せんみんの一。奴は男子、婢は女子のこと。官が所有する公奴婢くぬひと私人が所有する私奴婢とがある。

ヌビア〖Nubia〗アフリカ北東部、エジプトのアスワンからスーダンのハルツームに至るあたりのナイル川流域の地。古代エジプトの遺跡が残り、1979年「アブシンベルからフィラエまでのヌビア遺跡群」の名で世界遺産(文化遺産)に登録された。

ぬ-べし〔連語〕《完了の助動詞「ぬ」の終止形＋推量の助動詞「べし」。この場合「ぬ」は強調の用法》❶推量の意を表す。…に違いない。きっと…てしまうだろう。「御舟みふね海の底に入らずは神落ちかかり―べし」〈竹取〉❷意志を表す。…してしまうつもりだ。きっと…しよう。「今いととくまかで―べし」〈かげろふ・中〉❸(下に打消し・反語を伴って)可能の意を表す。きっと…することができる。…できそうだ。「したり顔に、おとなしく、もどき―べくもあらぬ人の、言ひ聞かするを」〈徒然・一六八〉❹当然の意を表す。きっと…するはずである。「古今あまた書き写しなどする人は、みなも覚え―べきことぞかし」〈枕・二三〉❺適当の意を表す。…するのがよい。「けにかの国の内に、さも人の籠りみ―べき所々はありながら」〈源・若菜〉補説「ぬべし」は平安時代から鎌倉時代にかけて最も多く用いられた。

ぬ-ぼく【▽奴僕】しもべ。下男。

ぬ-ほこ【×瓊矛】玉で飾った矛。あまのぬほこ。「天あまの―をもて」〈神代紀・上〉

ぬま【沼】湖より浅い水域。ふつう、水深は5メートル以内で、フサモ・クロモなどの水中植物が繁茂する。
類語沢・池・湖・沼沢・湖沼・泥沼・潟

ぬま-えび【沼海＝老┊沼×蝦】❶十脚目ヌマエビ科の甲殻類の総称。淡水または汽水にすむ。ヤマトヌマエビ・ヌカエビなど。❷ヌマエビ科のエビ。体長約3

センチ。本州中部以南に多い。釣りの餌にする。

ぬま-がい【沼貝】ドブガイの別名。

ぬま-がえる【沼×蛙】アカガエル科の両生類。体長3～5センチで、雌は時に6センチを超える。背は褐色に暗色斑があり、腹面は白い。本州中部以南から東南アジア一帯に分布。ぬまあかがえる。

ぬま-がや【沼×茅¦沼×萱】イネ科の多年草。湿地に群生し、高さ約1メートル。根茎は短く、葉は線形。8～10月、淡紫緑色の穂を円錐状につける。

ぬまざわ-こ【沼沢湖】福島県西部にあるカルデラ湖。只見川中流に位置する。只見川とは約200メートルの高低差があるため、これを利用して揚水式発電の貯水池となっている。面積3平方キロメートル、湖面標高475メートル、最大深度96メートル。只見柳津県立自然公園の中心。

ぬま-すぎ【沼杉】スギ科の落葉高木。高さ25～50メートル。湿地では、根回りの地上に呼吸根を出す。樹皮は赤褐色か灰褐色で、繊維状にはげる。葉は線形で羽状に並び、秋に褐色に色づいたのち、枝とともに落葉。北アメリカ南東部の原産。公園の水辺などに植えられる。落羽松。

ぬま-た【沼田】沼のように泥深い田。

ぬまた【沼田】群馬県北東部の市。江戸時代は真田・本多・土岐氏などの城下町。木材の集散や木工業が盛ん。奥日光・尾瀬の玄関口。平成17年(2005)白沢村・利根村を編入。人口5.1万(2010)。

ぬま-だいこん【沼大根】キク科の多年草。暖地の湿地や水辺に生え、高さ30センチ～1メートル。葉は対生し、長卵形。秋、白い頭状花をまばらにつける。

ぬまた-し【沼田市】▶沼田

ぬまた-ぼんち【沼田盆地】群馬県北部に広がる盆地。赤城山・子持山・武尊山などに囲まれた三角形の地域。標高は300～500メートル。西方の利根川に片品川・蓮根川が合流する。河岸段丘が発達し、上位段丘は畑、下位段丘は水田に利用される。中心都市は段丘上にある沼田市。

ぬま-たろう【沼太郎】❶スッポンの別名。❷ヒシクイの別名。

ぬま-ち【沼地】泥深く、じめじめしている土地。
(類語)湿地

ぬまづ【沼津】静岡県東部の市。駿河湾に面する。もと水野氏の城下町で、東海道の宿場町として発展。水産加工業・金属機械工業・近郊農業が盛ん。千本浜公園がある。人口20.2万(2010)。

ぬまづ-アルプス【沼津アルプス】静岡県の伊豆半島西部の付け根に延びる低山群の総称。沼津市内の香貫山(標高193メートル)から南に横山(標高183メートル)・徳倉山(標高256メートル)・鷲頭山(標高392メートル)・大平山(標高356メートル)と続く。富士山、伊豆・箱根、駿河湾を望むことができる。

ぬまづ-がき【沼津垣】細い割り竹や板などを斜めに編んで作った網代垣。沼津地方に多い。

ぬまづ-し【沼津市】▶沼津

ぬま-とらのお【沼虎の尾】サクラソウ科の多年草。湿地に群生し、高さ40～70センチ。葉は長楕円形で、互生する。夏、茎の先に総状に多数の白い小花が密生して咲く。ぬまはぎ。

ぬま-はぎ【沼×萩】ヌマトラノオの別名。

ぬま-もりかず【沼間守一】［1843～1890］政治家・ジャーナリスト。江戸の生まれ。明治維新後、大蔵省・司法省・元老院に出仕。嚶鳴社を興し、「東京横浜毎日新聞」を経営した。立憲改進党の結成に参加。

ぬま-よもぎ【沼×蓬】ヤマヨモギの別名。

ぬみ【要=害¦×要】❶攻防上で重要な地点。要衝。ぬま。「賊虜の拠る所は皆是一の地なり」〈神武紀〉❷たいせつなこと。要点。ぬま。「機の一を宣示まして先づ当郡の兵を発せ」〈天武紀〉

ぬみ-ぐすり ❶シャクヤクの古名。〈和名抄〉❷クコの古名。〈和名抄〉

ヌミディア〖Numidia〗古代、アフリカの北西部、現在のアルジェリア付近にあった地方名。前3世紀ごろ、ヌミディア王国が成立したが、のちローマ帝国の属州となった。

ぬめ【×絖】生糸を繻子織にして精練した絹織物。生地が薄く、滑らかで光沢があり、日本画用の絵絹や造花などに用いられる。天正年間(1573～1592)に中国から京都西陣に伝来。日本でも織られた。

ぬめ【▽滑】敷居や鴨居などの部材で、溝のないもの。無目。

ぬめ-かわ【▽滑革¦×靴】牛皮をタンニンでなめした、光沢と弾力のある皮革。革細工に用いる。

ぬめ-く・る【▽滑くる】〔動ラ四〕なめらかで滑る。ぬるぬるする。「丸太舟をこぎ出すごとく一・って歩み寄り」〈浄・嫗山姥〉

ぬめ-ごま【▽滑×胡麻】アマの別名。

ぬめ-ぬめ【▽滑▽滑】〔副〕柔らかくなめらかで感触のよくないさま。「一と光る」「一(と)した液体」

ぬめり【▽滑り】❶ぬるぬるすること。また、ぬるぬるしたもの。「魚の一をとる」❷のらりくらりと放蕩すること。❸連歌・俳諧などで、平凡で見所のない句。また、「きぎす」を「きじ」という類の田舎言葉。❹「滑り唄」の略。

ぬめり-い・ず【▽滑り▽出づ】〔動ダ下二〕すべるようにしとやかに出る。「花の立木のそのままに一・でたるごとくなり」〈浄・反魂香〉

ぬめり-うた【▽滑り唄】❶江戸時代、明暦・万治(1655～1661)のころ、遊里を中心に流行した俗謡。滑り節。滑り小唄。❷歌舞伎下座音楽の一。主に傾城や御殿女中の登場などの際に、三味線・太鼓・摺鉦などを用いて歌いはやすもの。

ぬめり-ぐさ【▽滑草】イネ科の一年草。湿地に生え、高さ30～40センチ。葉は線形で、もむと粘液が出てぬるぬるする。秋、円柱状の暗紫色の穂を出す。(季 秋)

ぬめり-ごち【▽滑×鯒】ウバウオ目ネズッポ科の海水魚。沿岸の砂泥底にすみ、全長約20センチ。体はうろこがなくて粘液に覆われ、扁平で細長く、黄褐色に暗色の斑紋がある。食用。ねずっぽ。めごち。

ぬめり-こ・む【▽滑り込む】〔動マ四〕すべるようにして入り込む。すべり入る。「奥様になりに今日この内へ一・むのさ」〈浄・嫩軍記〉

ぬめり-どうちゅう【▽滑り道中】遊郭で、大夫が遊女屋と揚屋を往復するときに、内八文字や外八文字で練り歩く道中。「抜き足の一」〈浮・一代男・六〉

ぬめり-ふう【▽滑り風】浮かれた風体。なまめかしいそぶり。「衣紋繕ひ…虎にしかけの一」〈浄・虎が磨〉

ぬめり-ぶし【▽滑り節】▶滑り唄❶

ぬめり-もの【▽滑り者】浮かれ歩く者。遊蕩する者。「ぬれ者といふ時は一の心に通ふ」〈色道大鏡・一〉

ぬめ・る【▽滑る】〔動ラ五(四)〕❶ぬるぬるしてすべる。なめらかですべる。「ウナギが一・る」❷浮かれ歩く。遊び歩く。「夢の浮世を一・ろやれ」〈仮・恨の介・上〉❸なまめく。粋なふうをする。めかす。「歌草紙などに心を寄せ、ひとぬめり一・りたる手書き女房を」〈仮・可笑記・三〉❹ぬらりくらりと言い逃れる。「何と一・らん詞もなく、口をつむぎて居たりしが」〈浄・義経新含状〉

ぬ-もじ【ぬ文字】《「ぬ」で始まる語の後半を略して、「文字」を添えたもの》盗人。「雑事銭、今宵一にともじせらるる」〈宗長手記〉

ヌラーゲ-スー-ヌラクシ〖Nuraghe su Nuraxi〗▶スーヌラクシ

ぬら-くら〔副〕「ぬらりくらり」に同じ。「一(と)遊び暮らす」「一(と)してまともに答えない」

ぬらし【×濡らし】《動詞「ぬらす」の連用形から》色めかしいそぶりをすること。「口ききたるままに、よき加減なる一をしかけ」〈難波物語〉

ぬ・らし〔連語〕《完了の助動詞「ぬ」の終止形＋推量の助動詞「らし」》…たにちがいない。…たらしい。「ぬばたまの夜はふけ一・らし玉くしげ二上山に月傾きかたぶきぬ」〈万・三九五五〉

ぬら・す【×濡らす】〔動サ五(四)〕❶ぬれた状態にする。「涙でほおを一・す」❷やっと暮らしを立てる。「僅に尋中の教師に口は一・しても」〈魯庵・社会百面相〉❸色めかしいそぶりをする。「威勢でおどし、文で一・し、色か一品か一口説きしを」〈浄・女楠〉
(類語)湿す・湿らす・潤す

ぬら-つ・く〔動カ五(四)〕ぬらぬらする。ぬめぬめする。「油仕事で手が一・く」

ぬら-ぬら〔副〕❶「ぬるぬる㊀」に同じ。「プールの底が一(と)する」❷のろのろと動くさま。「一と長い鎖を引き出した」〈漱石・虞美人草〉

ぬ・らむ〔連語〕《完了の助動詞「ぬ」の終止形＋推量の助動詞「らむ」。「ぬらん」とも》きっと…したであろう。…てしまったに違いない。「ぬばたまの夜明かしも舟は漕ぎ行かな三津の浜松待ち恋ひ一・らむ」〈万・三七二一〉

ぬらり〔副〕ぬるぬるするさま。ぬるり。「一(と)した血のり」

ぬらり-くらり〔副〕❶柔らかくてぬるぬるとすべるさま。ぬらくら。ぬらぬら。「一(と)してつかまえにくい」❷態度などがはっきりせず、とらえどころのないさま。ぬらくら。のらりくらり。「一(と)言い逃れる」❸しまりなく、漫然としているさま。ぬらくら。のらりくらり。「一(と)一生を送る」

ぬらり-ひょん【▽滑×瓢】ぬらぬらしてとらえどころのない化け物。

ぬ・らん〔連語〕▶ぬらむ

ぬり【塗(り)】❶塗ること。塗ったもの。また、塗り方。「一がはげる」❷特に、漆塗りのこと。「一桶」「一椀」
(類語)塗装・塗布・塗抹

ぬり-あ・げる【塗(り)上げる】〔動ガ下一〕〔文〕ぬりあ・ぐ〔ガ下二〕すっかり塗り終える。全部塗って仕上げる。「壁を一・げる」

ぬり-いた【塗(り)板】❶漆塗りの板。書いた文字をぬぐい消して何回でも使えるようにしたもの。ぬぐいいた。❷黒板のこと。ぬりばん。

ぬり-え【塗(り)絵】紙に絵の輪郭だけが描かれたもの。これに色を塗って遊ぶ。

ぬり-おけ【塗り×桶】❶漆塗りの桶。❷綿摘み❶用の器具。真綿を上にのせて引き延ばすのに用いた。木製または土焼製で、桶に似た黒の漆塗りのもの。

ぬり-かえ【塗(り)替え】塗り替えること。「塀の一にまる一日かかる」

ぬり-か・える【塗(り)替える】〔動ア下一〕〔文〕ぬりか・ふ〔ハ下二〕❶前に塗ってある上に改めて塗る。塗り直す。「外壁を一・える」❷前とはすっかり違ったものにする。一新する。また、記録を更新する。「勢力図を一・える」「日本記録を一・える」

ぬり-かく・す【塗(り)隠す】〔動サ五(四)〕❶上から塗って見えないようにする。「壁の落書きを一・す」❷失敗など都合の悪いことを人に知られないようにする。「欠損を一・す」「身内の恥を一・す」

ぬり-がさ【塗り×笠】薄いへぎ板に紙を張り、黒漆を塗った笠。近世、多く女子が用いた。

ぬり-かた・める【塗(り)固める】〔動マ下一〕〔文〕ぬりかた・む〔マ下二〕塗ってしっかり固まらせる。「漆で一・める」

ぬり-かべ【塗(り)壁】壁土・モルタル・漆喰などを塗って仕上げた壁。

ぬり-きじ【塗り▽素地】塗り物の素地。塗り下地。

ぬり-ぐすり【塗(り)薬】患部の皮膚に塗る薬。塗布剤。

ぬり-け・す【塗(り)消す】〔動サ五(四)〕あるものの上に塗って、もとのものが見えないようにする。「塀の落書きを一・す」

ぬり-げた【塗(り)下▽駄】漆塗りの下駄。

ぬり-こく・る【塗りこくる】〔動ラ五(四)〕むやみに塗りつける。ぬりたくる。「絵の具を一・る」

ぬり-ごし【塗り×輿】箱の表面を漆塗りにした輿。公方・門跡・長老などが略儀用の乗り物として用いた。塗り板輿。

ぬりこ-ぼし【ぬりこ星】二十八宿の一、柳宿の和名。▶柳

ぬり-こ・む【塗(り)込む¦塗り▽籠む】㊀〔動マ五(四)〕すきまなくしっかりと塗る。「軟膏を一・む」㊁〔動マ下二〕「ぬりこめる」の文語形。

ぬり-ごめ【塗り▽籠め】❶寝殿造りで、母屋(もや)の一部を仕切って周囲を厚く壁で塗り、明かり取りと妻戸を設けた部屋。寝所または納戸として用いた。❷「塗り籠め籐(どう)」の略。

ぬりごめ-どう【塗り▽籠め×籐】籐巻(とうまき)の弓の、籐の部分を含めて全体を漆で塗り籠めること。また、その弓。

ぬり-こ・める【塗(り)込める|塗り▽籠める】〔動マ下一〕文ぬりこ・む〔マ下二〕外側から見えないように上から塗り固める。塗ってすきまをなくす。「壁に経文を—・める」

ぬり-し【塗(り)師】漆細工や漆器の製造に従事する職人。

ぬり-した【塗(り)下】「塗り下地」の略。

ぬり-したじ【塗(り)下地】ーしたヂ 漆塗り・漆喰(しっくい)塗りなどの下地。塗り下。

ぬり-たく・る【塗りたくる】〔動ラ五(四)〕むやみやたらに塗る。ごてごてと塗る。「口紅を—・る」〘類語〙塗る・塗(ぬ)たくる・塗り立てる・塗り付ける・塗り潰す

ぬり-たて【塗(り)立て】❶塗ったばかりであること。「ペンキ—」❷▶花塗り

ぬりたて-うるし【塗(り)立て漆】▶花漆(はなうるし)

ぬり-た・てる【塗(り)立てる】〔動タ下一〕文ぬりた・つ〔タ下二〕❶十分に塗る。きれいに塗って飾る。「美しく—・てた山門」❷やたらに厚化粧をする。「顔を真っ白に—・てる」
〘類語〙塗りたくる・塗(ぬ)たくる・塗り付ける・塗り潰す

ぬり-だる【塗り×樽】朱または黒などの漆を塗った酒樽。祝いなどに用いる。柳樽。

ぬり-たれ【塗(り)垂れ】《「ぬりだれ」とも》土蔵から庇(ひさし)をつくり出して塗り家(や)にした家の造り。

ぬり-づくえ【塗(り)机】漆塗りの机。

ぬり-つ・ける【塗(り)付ける】〔動カ下一〕文ぬりつ・く〔カ下二〕❶塗って、あるものをつける。なすりつける。「髪に油を—・ける」❷自分の罪や責任を他人に負わせる。なすりつける。「罪を人に—・ける」
〘類語〙塗る・塗抹する・塗擦する・塗り立てる

ぬり-つぶ・す【塗(り)潰す】〔動サ五(四)〕❶すきまのないようにびっしりと一面に塗る。「バックを黒く—・す」❷物事を覆いつくす。「真相を—・す」
〘類語〙塗りたくる・塗(ぬ)たくる・塗り立てる・塗り付ける

ぬり-て【×鐸】古代、長い柄をつけ、合図のために振り鳴らした鈴状・鐘状のもの。たく。

ぬりで【白=膠=木】ヌルデの別名。

ぬり-の【塗り×箆】漆塗りの矢箆(やの)の総称。

ぬり-ばし【塗(り)箸】漆塗りの箸。
塗り箸で素麺(そうめん)を食う 《すべって挟みにくいところから》物事がやりにくいことのたとえ。

ぬり-ふで【塗(り)筆】▶平筆(ひらふで)

ぬり-べ【▽漆▽部】漆部司に属した漆塗りの技術者。

ぬりべ-の-つかさ【▽漆▽部▽司】律令制で、大蔵省に属し、漆塗りのことをつかさどった役所。大同3年(808)内匠寮(たくみりょう)に併合。うるしべのつかさ。

ぬり-ほね【塗(り)骨】《「ぬりぼね」とも》扇や障子などの骨で、漆塗りにしたもの。

ぬり-ぼん【塗(り)盆】漆塗りの盆。

ぬり-まくら【塗(り)枕】漆塗りの箱枕。遊里などで用いた。

ぬり-まわし【塗(り)回し】ーまはし 茶室などで、塗り壁の出隅・入り隅の部分を丸く面をとって柱を見せないように塗ること。

ぬり-もの【塗(り)物】漆塗りの器物の総称。漆器。

ぬりもの-し【塗(り)物師】漆塗りを業とする人。ぬりし。

ぬり-や【塗(り)屋|塗(り)家】外壁を土・モルタル・漆喰(しっくい)などで厚く塗った建物。

ぬり-やかた【×染屋形】彩色した屋形舟。「沖つ国うしはく君が—丹塗(にぬ)りの屋形神が門(と)渡る」〈万・三八八八〉〘補説〙用例の原表記は諸本「染屋形」で、従来「しめやかた」または「そめやかた」とよまれていたが、この「染」を「柒」の誤写として「ぬりやかた」とよむ説が出て、それに従うものが多くなった。

ぬり-わん【塗り×椀】漆塗りの椀。

ヌル〖null〗プログラミング言語やデータベースにおいて、変数やデータが何も含まれない状態のこと。または、空の文字列を表す。

ぬ・る【▽解る】〔動ラ下二〕髪などがゆるんでほどける。「たけば—・れたかねば長き妹が髪このころ見ぬに掻き入れつらむか」〈万・一二三〉

ぬ・る【塗る】〔動ラ五(四)〕❶物の表面に塗料や液状のものなどをこするようにしてつける。「患部に薬を—・る」「パンにジャムを—・る」❷壁土や漆喰(しっくい)などをこすってつけて、壁や塀などをつくりあげる。「壁を—・る」❸おしろいをつけて厚化粧をする。「白くごてごて—・る」❹自分の罪や責任を他人に負わせる。「人の顔に泥を—・る」「人ニ罪ヲ—・ル」〈和英語林集成〉〘可能〙ぬれる 〘類語〙(❶)擦(す)る・刷(は)く・付ける・塗り付ける・塗りたくる・塗布する・塗抹する・塗擦する

ぬ・る【×濡る】〔動ラ下二〕「ぬれる」の文語形。

ぬる・い【▽温い】〔形〕文ぬる・し〔ク〕❶適温よりも低い。また、なまあたたかい。「風呂が—・い」「—・いビール」❷(「緩い」とも書く)㋐きびしくない。てぬるい。「若手のきたえ方が—・い」㋑動きがおそい。のろい。「春の水が…のたりのたりと—・く揺(うご)いている」〈漱石・草枕〉❸てきぱきしない。鈍い。「いと—・きこと多かるを」〈源・若菜下〉❹愛情が薄い。熱心でない。「うちうちの御志—・きやうにはありけれ」〈源・若菜上〉〘派生〙ぬるさ〔名〕〘類語〙(❶)生あたたかい・ぬくい・生ぬるい

ぬる-がね【▽温金】熱湯に浸して用いる鍼(はり)。漢方で、眼科・歯科などの治療に用いる。

ぬるで【白=膠=木】ウルシ科の落葉小高木。山野に生え、葉は卵形または楕円形の小葉からなる羽状複葉で、葉軸に翼があり、秋に紅葉する。雌雄異株。夏、枝の先に白い小花を円錐状につけ、果実は白くて短毛を密生。葉にできる虫こぶを五倍子(ごばいし)・(ふし)といい、タンニンを含む。白い樹液は塗料に利用。ふしのき。かちのき。かつのき。ぬで。ぬりで。

ぬるで-の-みみふし【白=膠=木の耳五=倍=子】アブラムシ科の昆虫。体長1〜1.5ミリ、黄褐色または暗緑色。春から夏、ヌルデの葉などに寄生し、五倍子とよぶ虫こぶを作って暮らす。秋になると翅(はね)をもつものが現れ、コケ類に移動して産卵。幼虫で越冬ののち、ヌルデに移る。

ぬる-ぬる ㊀〔副〕スル 粘液状のものがついたりしていてすべりやすいさま。また、そのような感じで不快なさま。ぬらぬら。「川底が苔で—(と)している」㊁〔名〕ぬるぬるしているもの。「ナメコの—を洗い流す」㊂〔形動〕㊀に同じ。「—になる」「—な手ざわり」アク㊀はヌルヌル、㊁㊂はヌルヌル。

ヌルハチ〖Nurhaci〗[1559〜1626]中国、清朝初代の皇帝。在位1616〜1626。廟号は太祖。姓は愛新覚羅。建州女真を統一後、女真族各部をまとめてハン(汗)位に就き、国号を後金とし、英明皇帝と称した。満州文字や八旗制度を制定、清朝の基礎を確立。明を征討中に陣没。〘補説〙「弩爾哈斉」「奴児哈赤」とも書く。

ぬる-び【微=温火|▽緩火】火気の弱い火。とろ火。「箱火鉢には、—に大きな土瓶が掛かっている」〈鴎外・ヰタ-セクスアリス〉

ぬるま【微=温】❶ぬるいこと。「—になって居るが、この番茶を替りに」〈円朝・真景累ヶ淵〉❷「ぬるま湯」の略。❸愚鈍なこと。のろま。「兄貴は知れた—殿」〈浄・盛衰記〉

ぬるま-ゆ【微=温湯】❶ぬるい湯。ぬるゆ。びおんとう。❷刺激や緊張のない境遇や生活。「—の暮らしから抜け出す」
微温湯につか・る 安楽な現状に甘んじて、のんきに過ごす。「長期政権のもとで—・る」

ぬる-み【▽温み|微=温み】❶《動詞「ぬるむ」の連用形からか》㋐なまあたたかいこと。ぬるいこと。また、その程度。「どこか底に—を持った風が額に当る」〈鴎外・魔睡〉㋑ぬるま湯。「—汲みとり用意の気付け」〈浄・朝顔話〉❷《「み」は接尾語か》川の流れの緩やかな所。よどみ。「弱き馬をば下手に立てて、—に付けて、渡すべし」〈盛衰記・三五〉

ぬるみ-ごこち【▽温み心地】病気のため体温が高くなって不快であること。「—わづらひて参らず」〈讃岐典侍日記・上〉

ぬる・む【▽温む|微=温む】㊀〔動マ五(四)〕❶少しあたたかくなる。「水—・む季節」❷熱い湯などが少しさめる。ぬるくなる。「お茶が—・む」❸病気で体温が高くなる。「うちはへ—・みなどし給ひつる事はさめ給ひて」〈源・手習〉㊁〔動マ下二〕「ぬるめる」の文語形。

ぬるめ 日本の山間地や高冷地でみられる、水田のふちに設けた、冷水を温めるための水溜まりや溝。用水路から直接引水しないで、ここでいったん温めてから田に水を入れる。

ぬる・める【▽温める|微=温める】〔動マ下一〕文ぬる・む〔マ下二〕湯などの温度を下げる。ぬるくする。「水を加えて—・める」

ぬる-ゆ【微=温湯】「ぬるまゆ❶」に同じ。

ぬるり〔副〕ぬるぬるしたさま。ぬるぬるしたものに触ったさま。「—とした川底」

ぬれ【×濡れ】❶雨などで濡れること。「ずぶ—」「ぐしょ—」❷色事。情事。恋愛。「かなはぬ—に身を浸し」〈浄・薩摩歌〉❸愛人。情人。いろ。「間夫(まぶ)を—ととなへて」〈洒・浪花色八卦〉

ぬ-れい【▽奴隷】召使いの男。どれい。〈日葡〉

ぬれ-いろ【×濡れ色】水に濡れた色。また、そのようなつややかな色。「黒い髪の陰に—をした大きい目を見ながら」〈秋声・仮装人物〉

ぬれ-えん【×濡れ縁】雨戸の敷居の外側に設けられた雨ざらしの縁側。〘類語〙縁側・縁台

ぬれ-おちば【×濡れ落ち葉】《濡れた落ち葉が地面に張り付いて取れないさまから》仕事も趣味も仲間もなく、妻に頼りきって離れようとしない定年退職後の男。〘補説〙平成元年(1989)ごろの流行語。

ぬれ-かか・る【×濡れ掛(か)る】〔動ラ五(四)〕❶ぬれ始める。また、ぬれそうになる。「—・ったところに出迎えが来た」❷色事をしかける。「母は御堂へ、娘一人、折柄こそと—・る」〈浮・三代男・一〉

ぬれ-か・く【×濡れ掛く】〔動カ下二〕情事をしかける。「—・けて欺して問はんと」〈浄・冥途の飛脚〉

ぬれ-がみ【×濡れ紙】水に濡れた紙。水に濡らした紙。湿紙。
濡れ紙を剝(は)がすよう ❶物事を静かに取り扱うようすのたとえ。❷病気が日増しに快方に向かうようすのたとえ。

ぬれ-がみ【×濡れ髪】濡れてまだ乾かない髪。

ぬれがみ-ちょうごろう【濡髪長五郎】ーチヤウゴラウ 浄瑠璃「双蝶々曲輪日記(ふたつちょうちょうくるわにっき)」の主人公の一人。大坂相撲の人気力士。義理ある人を助けるため侍を殺し、逃亡の果て、生母に一目逢おうと八幡の親里に現れる。

ぬれ-ぎぬ【×濡れ▽衣】❶濡れた衣服。身に覚えのない罪をいうたとえ。「その疑いは—だ」❷根拠のないうわさ。無実の浮き名。ぬれごろも。「憎からぬ人ゆゑは、—をだに着まほしがる類もあなればにや」〈源・紅葉賀〉〘類語〙冤罪
濡れ衣を着・せる ❶無実の罪を負わせる。「同僚に—・せる」❷根拠のない浮き名を立てる。「おほかたは我が—・せずとも朽ちにし袖の名やは隠るる」〈源・夕霧〉
濡れ衣を◦着る ❶無実の罪を負わされる。「仲間をかばって—◦着る」❷根拠のない浮き名を立てられる。「名にし負はばあだにぞあるべきたはれ島浪の濡れ衣着るといふなる」〈伊勢・六一〉

ぬれ-げしき【×濡れ気色】色っぽい風情。なまめかしいそぶり。「ゆふべゆふべの—」〈浮・一代女・五〉

ぬれ-ごと【×濡れ事】❶歌舞伎で、男女が愛情を交わす場面。また、その演出・演技。色模様よりも濃厚で、特に元禄期(1688〜1704)に上方の傾城買(けいせいかい)狂言の中で形成された。❷情事。色事。

ぬれごと-し【×濡れ事師】❶歌舞伎で、濡れ事を得意とする役者。色事師。❷情事に巧みな人。色事師。

ぬれ-ごろも【×濡れ衣】❶「ぬれぎぬ❶」に同じ。「のがるとも誰か着ざらむ一天(あめ)の下にし住まむ限りは」〈大和・四四〉❷根も葉もないうわさ。ぬれぎぬ。「一は、なほ、え干させ給はじ」〈源・夕霧〉

ぬれ-しょぼた・れる【×濡れしょぼたれる】〔動ラ下一〕濡れてぐしょぐしょになる。ひどく濡れる。「大雨が降出したもんだから、道灌さまも一・れて」〈魯文・安愚楽鍋〉

ぬれ-せんべい【×濡れ煎餅】千葉県銚子市の名物で、焼きたてのせんべいを醤油だれにつけたもの。しっとりと濡れた感じで柔らかく、味は濃い。(補説)銚子市内のせんべい屋の創案で、商品化は昭和38年(1963)という。「ぬれせん」は商標名。

ぬれ-そぼ・つ【×濡れそぼつ】〔動タ五(四)〕濡れてびしょびしょになる。「春雨に一・ちながら歩く」(類語)濡れる・湿(しと)る・そぼつ・そぼ濡れる・しょぼたれる・しょぼ濡れる・潮たれる

ぬれ-て【×濡れ手】水に濡れた手。

濡れ手で粟(あわ)　濡れた手で粟をつかめば粟粒がたくさんついてくるように、ほねをおらずに多くの利益を得ること。やすやすと金もうけをすること。(補説)「濡れ手で泡」と書き、いくら努力しても実りがないことの意とするのは誤り。

ぬれ-とお・る【×濡れ▽透る】一とほる〔動ラ五(四)〕雨や水などが中までしみとおる。「下着まで一・る」

ぬれ-に【×濡れ荷】船積みまたは運送のときに水に濡れた貨物。

ぬれ-ぬれ〔副〕❶水に濡れるさま。また、濡れたようにつややかなさま。「色のまだ一と紅な、お千世の唇を放して」〈鏡花・日本橋〉❷粘液状のものがついているさま。「くだんの馬の足に土つきて、一とある事たびたびにおよびける時」〈著聞集・一一〉

ぬれ-ねずみ【×濡れ×鼠】水に濡れた鼠のように、衣服を着たまま全身がずぶ濡れになること。「夕立で一になる」(類語)びしょ濡れ・ずぶ濡れ・ぐしょ濡れ

ぬれ-ば【×濡れ場】❶歌舞伎で、男女の情事の場面。また、その演出。初期歌舞伎の濡れ事が発展したもの。濡れ幕。❷情事の場面。ラブシーン。

ぬれば-いろ【×濡れ羽色】水に濡れた烏(からす)の羽のように、しっとりとつやのある黒色。「髪は烏の一」

ぬれ-ばなし【×濡れ話】色事の話。いろばなし。

ぬれ-ば・む【×濡ればむ】〔動マ四〕濡れたように見える。「鼻の先は赤みて、穴のめぐりいたく一・みたるは」〈今昔・二六・一七〉

ぬれ-ぶみ【×濡れ文】恋文。いろぶみ。つやぶみ。「久米様への一が法印様の御手に入り」〈浄・万年草〉

ぬれ-ぼうず【×濡れ坊主】一バウズ 好色な僧。「この庵の一、所こそあれ、仏壇に女寝させて」〈浄・蝉丸〉

ぬれ-ぼとけ【×濡れ仏】屋外に安置した仏像。露仏。

ぬれ-まく【×濡れ幕】「濡れ場❶」に同じ。

ぬれ-もの【×濡れ物】❶火事の際に水をかぶった物。❷まだよく乾いていない洗濯物。

ぬれ-もの【×濡れ者】色事に通じた人。好色者。また、男心をそそる美人。「かの玄宗皇帝の鼻毛をのばされし楊貴妃といふ一は」〈浮・旅日記〉

ぬれ-ゆき【×濡れ雪】水分の多い雪。

ぬ・れる【×濡れる】〔動ラ下一〕図ぬ・る〔ラ下二〕❶表面に水などがつく。また、水がかかったり水につかったりしてしみ込む。「雨に一・れる」「一・れた瞳」❷男女が情を通じる。情事を行う。「しっぽり一・れる」(類語)湿(しめ)る・湿(しと)る・潤う・潤む・濡(そぼ)つ・濡れそぼつ・そぼ濡れる・しょぼ濡れる・しょぼたれる・潮(しお)垂れる

濡れぬ先こそ露をも厭(いと)え　濡れる前は露をさえ厭うが、いったん濡れてしまうと、いくら濡れてもかまわなくなる。一度過ちを犯すと、もっとひどい過ちを平気で犯すようになることのたとえ。

ぬわ・る【▽縫はる】ぬはる〔動ラ下二〕周りのものにまぎれるように隠れる。「とある畔(くろ)のかげに一・れ伏し」〈太平記・九〉

ぬんちゃく　カシの木の短い棒2本をひもや鎖でつないだ武具。沖縄で用いられた。

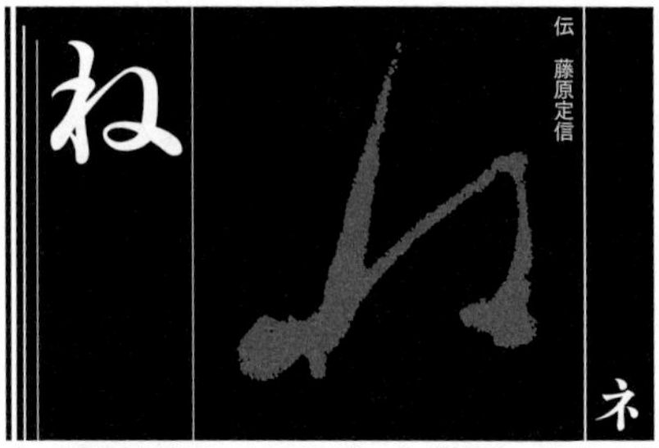

ね　❶五十音図ナ行の第4音。歯茎鼻音の有声子音[n]と母音[e]とから成る音節。[ne]❷平仮名「ね」は「祢」の草体から。片仮名「ネ」は「祢」の偏から。

ね【▽子】❶十二支の一で、その1番目。❷方角の名。北。❸時刻の名。今の夜中の12時ごろ、およびその後の2時間。または夜中の12時前後の2時間。❹❶にあたる年や日。❺陰暦11月の異称。

ね【音┊×哭】❶おと。「鐘の一」「琴の一」❷声。また、泣き声。「本一」「弱一」❸鳥獣などの鳴き声。「雁(かり)の一」「虫の一」(補説)「おと」が大きな音響をさしたのに対し、「ね」は比較的小さな、人の感情に訴えかけるような音声をいう。

(類語)音(おと)・物音・音声・音(おん)・音色・楽音・サウンド

音に立・つ　声を立てる。また、声を出して泣く。「あしびきの山ほととぎす今日とてやあやめの草の一・てて鳴く」〈拾遺・夏〉

音に泣・く　声を出して泣く。声を立てて鳴く。「わが園の梅のほつ枝に鶯の一・きぬべき恋もするかな」〈古今・恋一〉

音を上・げる　苦しさに耐えられず声を立てる。弱音を吐く。降参する。「つらい仕事に一・げる」

音を泣・く　声を出して泣く。「一・けば袖はくちてもうせぬめりなほ憂き事ぞつきせざりける」〈和泉式部集・上〉

ね【値┊▽直】❶物が売買されるときの金額。値段。あたい。価格。「土地の一が上がる」「一をつける」❷物の値うち。価値。「父親としての一を上げる」

(類語)値段・価格・物価・価・金額・単価

値がで・きる　売り手と買い手の間で、価格の話し合いがつく。商談がまとまる。

値が張・る　値段が普通よりだいぶ高くなっている。「一・るけれども品はよい」

値を消・す　高騰していた相場が急に下落する。

ね【▽峰┊×嶺】山の頂上。みね。「真白き富士の一」「高き一に雲の付くのす我さへに君に付きなな高嶺と思(も)ひて」〈万・三五一四〉

ね【根】❶維管束植物の基本器官の一。普通は地中にあって、植物体を支え、水・養分を吸収する。先端に根冠に包まれた生長点があり、根毛をもつ。「植木の一がつく」「竹が一を張る」❷立ったり生えたりしているものの下の部分。「歯の一」「髷(まげ)の一」❸物事の基礎・土台。根本。「息の一を止める」「思想の一」❹物事の起こるもと。根本原因。「悪の一を絶つ」「両国の対立の一は深い」❺はれ物などの中心になっている堅い部分。「できものの一」「魚の目の一」❻本来の性質。生まれつきの性質。「一は心のやさしい人だ」❼釣りで、海底にある岩礁帯。「一魚」❽名詞の下に付いて、複合語をつくる。㋐地に根ざしている、立っている意を表す。「垣一」「岩一」㋑語調を整えるために用いる。「杵(き)一」「島一」

(…語)息の根・岩根・枝根・海老(えび)根・大(おお)根・尾根・主(おも)根・垣根・固根・草の根・首根・心根・舌の根・性(しょう)根・白(しら)根・白(しろ)根・付け根・這(は)い根・蓮(はす)根・羽根・歯の根・鬚(ひげ)根・菱(ひし)根・棒根・細根・眉(まゆ)根・屋根・矢の根・横根・若根

(類語)(❶)根っこ・根もと・株/(❸)根本・大本(おおもと)・大根(おおね)・本(もと)・根元(ねもと)・根底・基底・根基・根幹・基本・本質・大本(たいほん)・根源・本源・基礎・基盤・基幹・基部

根浅ければ則(すなわ)ち末短く本(もと)傷(やぶ)るれば則ち枝枯(か)る　《「淮南子」繆称訓から》根元が深くしっかりしていなければ枝葉もよく伸びず、幹が傷んでいると枝葉も枯れる。基礎がしっかりしていないものは伸びがなく、すぐだめになるということ。

根が生・える　その場所から動かなくなる。「飲み始めると一・えたように動かない」

根に持・つ　いつまでも恨みに思って忘れない。「昔の失言をまだ一・っている」

根も葉もな・い　少しの根拠もない。でたらめである。「一・いうわさ」

根を下ろ・す　草木がしっかりと根を生やす。転じて、しっかりと位置を占める。定着する。「漫画文化が若者の間に一・す」

根を絶・つ　すっかり取り除く。「汚職の一・つ」

根を生や・す　❶その場所に腰を落ち着けて動こうとしない。「玄関口に一・して話し込む」❷定着する。「仏教思想が一・した国」

根を張・る　深く広がって、動かしがたいものになる。ある感情や風習・勢力などが定着する。「政治家への不信感が一・る」「市内全域に一・る組織」

根を深くし蔕(ほぞ)を固くす　《「老子」59章から》根本を堅固にすることのたとえ。

ね【寝】寝ること。眠ること。「一が浅い」

ね〔感〕親しみをこめて呼びかけたり、念を押したりするときに言う語。「一、聞いて」「一、いいよね」

ね　㊀〔助動〕《完了の助動詞「ぬ」の命令形》▶ぬ〔助動〕㊁〔助動〕《打消しの助動詞「ぬ」の已然形》▶ぬ〔助動〕

ね　㊀〔終助〕文末の種々の語に付く。❶軽い感動・詠嘆の意を表す。「いい眺めです一」「よくしゃべる人だわ一」❷相手の同意・返答などを期待する意を表す。「君の郷里は青森でした一」「そろそろ出かけよう一」❸自分の考え・気持ちを主張する意を表す。「その方法はまずい一」「彼はりっぱな人だと思います一」❹《上代語》動詞・動詞型活用語の未然形、禁止の「な…そ」に付いて、他に対してあつらえ望む意を表す。…てほしい。「この岡に菜摘ます児(こ)家聞かな名告(の)らさ一」〈万・一〉「大き海の水底照らし沈く玉斎(いは)ひて取らむ風な吹きそ一」〈万・一三一九〉㊁〔間助〕文節の切れ目に付いて、相手の注意をひくように語勢を添えたり、語調を整えたりする意を表す。「しかし一、こっちだって一、都合があるんだよ」「あれから一、わたしを送ってやらうとって」〈滑・浮世風呂・二〉(補説)㊀❶～❸、㊁は近世後期以降話し言葉に用いられる。同じ用法の助詞「な」よりも語勢は柔らかい。「ねえ」となることもある。

ね〔接尾〕《上代語》人を表す名詞に付いて、親愛の意を表す。「いろ一」「な一」

ね-あか【根明】〔名・形動〕ねっから性格が明るいこと。また、そのさまや、そういう人。「一な(の)お調子者」⇔根暗(ねくら)。

ネア-カメニ-とう【ネアカメニ島】一タウ《Nea Kameni》ギリシャ南東部、エーゲ海にある小島。キクラデス諸島の最南部、大小五つの島からなるサントリーニ島の中央部に位置する火山島。紀元前15世紀の大噴火でカルデラができ、紀元前2世紀以降の噴火で中央火口丘群が海上に現れて、同島が形成された。現在も火山活動が続いている。

ね-あがり【値上(が)り】〔名〕スル 物の値段や料金が高くなること。「諸物価が一する」

(類語)騰貴・高騰・急騰・暴騰・アップ・値上げ

ね-あがり【根上(が)り】木の根が地上に現れていること。「一の松」

ね-あげ【値上げ】〔名〕スル 物の値段や料金を高くすること。「家賃を一する」「一幅」

(類語)引き上げ・アップ・値上がり・騰貴・高騰

ね-あせ【寝汗┊盗=汗】眠っている間にかく汗。悪夢を見たときなどのほか、肺結核など病気の一症状として現れることもある。とうかん。「一をかく」

(類語)汗・盗汗(とうかん)・汗水・脂汗・冷や汗

ネアポリこうこがく-こうえん【ネアポリ考古学公園】一カウコガクコウヱン《Parco Archeologico della Neapoli》イタリア南部、シチリア島、シチリア自治州の都市シラ

クサにある公園。紀元前5世紀頃の円形劇場、紀元後3世紀頃の円形闘技場、ヒエロン2世の祭壇、天国の石切り場など、古代ギリシャ、ローマ時代の遺跡が数多くある。

ネア-モニ-しゅうどういん【ネアモニ修道院】ﾆｰﾝｼｳﾀﾞｳｲﾝ《Nea Moni》エーゲ海のヒオス島にある修道院。東ローマ帝国最盛期の11世紀を代表する建造物で、コンスタンティヌス9世によって建てられた。外観は質素だが内部は華麗に装飾され、聖母マリアの図が名高い。1990年に「ダフニ修道院群、オシオスルカス修道院群及びヒオス島のネアモニ修道院群」として世界遺産(文化遺産)に登録された。

ね-あらい【値洗い】ねあらひ 貸借取引などで、同一銘柄について高低まちまちな多くの約定値段を毎日1本の標準値段に引き直し、その差額を受け渡しながら取引を続けること。

ネアルコス〖Nearchos〗[?〜前312]アレクサンドロス大王の部将。クレタ島の生まれ。東征の帰途、インダス川からチグリス川まで航海を指揮した。

ね-あわせ【根合(わ)せ】ねあはせ 物合わせの一。平安時代の遊戯で、陰暦5月5日の端午の節句に、左右に分かれて菖蒲しょうぶの根の長短を比べあい、和歌を詠み添えて勝負を競ったもの。菖蒲合わせ。

ネアンデルタール〖Neanderthal〗ドイツ中西部、ノルトライン-ウェストファーレン州の州都、デュッセルドルフ近郊にあるデュッセル川の谷。1856年、ネアンデルタール人の骨が発見された場所として知られる。ネアンデル谷。

ネアンデルタール-じん【ネアンデルタール人】《ドイ Neanderthal》旧人に属する化石人類。1856年、ドイツのデュッセルドルフ近郊に位置するネアンデルタールの石灰岩洞穴で初めて発見され、以後、アフリカ・ヨーロッパ・西アジアなどの各地で出土した。脳容量は現代人と変わらず約1500立方センチで、死者の埋葬を行うなど精神的発達が認められる。学名はホモ-ネアンデルタレンシス。

ネアンデル-たに【ネアンデル谷】《Neanderthal》▶ネアンデルタール

ネイ〖ペルシア ney〗北アフリカから西アジアにかけて用いられる尺八系の縦笛。ふつう、葦あし製で、前面に5〜7、背面に1個の指孔がある。ナーイ。

ねい〔感〕呼ばれて答えるとき、また同意を表すときに発する語。はい。あい。へい。江戸時代に武家の奴やっこ、下男などが主人に対して用いた。「『伝助わごりょも、ひとつ飲みやれ』『—』」〈滑・膝栗毛・二〉

ねい-あく【×佞悪】〔名・形動〕心の曲がっていること。また、そのさま。「—な手合い」「—奸智かんち」

ねいか【寧夏】中国、寧夏回族自治区の区都、銀川の旧称。

ねいかかいぞく-じちく【寧夏回族自治区】ﾆﾝｼｱﾎｲｽﾞｸ 中国中北部の自治区。黄河の中流域に位置する。区都は銀川。農業や遊牧が行われる。人口、595万(2005)。寧。ニンシアホイ族自治区。

ねい-かん【×佞×奸｜×佞×姦】〔名・形動〕口先巧みに従順を装いながら、心の中は悪がしこくねじけていること。また、そのさまや、その人。「—な(の)輩」

ね-いき【寝息】睡眠中の呼吸。「安らかな—」
(類語)呼吸・息・気息・息衝き・息遣い・息差し
寝息を窺うかがう 眠っているのかどうかようすを見る。また、人が眠っている間に、気づかれずに悪事などをしようとする。「—・って部屋に忍び込む」

ねいけい-じ【寧×馨児】《「晋書」王衍伝から。「寧馨」は中国晋・宋のころの俗語で、あのような、このような、という意》すぐれた子。神童。麒麟児きりんじ。

ねい-げん【×佞言】へつらいの言葉。
佞言は忠に似たり 《「宋史」李沆伝から》へつらいの言葉は忠義の言葉と似ているので、注意して聞かなくてはいけない、の意。

ねい-さい【寧歳】穏やかな年。平和な年月。「希臘ギリシャに—なかるべきを以て」〈竜渓・経国美談〉

ね-いし【根石】❶石垣などでいちばん下に積む礎石。❷建物の地盤に接する部分の石積み。

ねい-じつ【寧日】穏やかで無事な日。安らかな日。「爾後病状一少く」〈子規・墨汁一滴〉
(類語)佳日・吉日・好日

ねい-しゃ【×佞者】《「ねいじゃ」とも》「佞人ねいじん」に同じ。「朝廷を軽蔑する—の為に退けられ」〈和田定節・春雨文庫〉

ねい-しん【×佞臣】口先巧みに主君にへつらう、心のよこしまな臣下。

ねい-じん【×佞人】口先巧みにへつらう、心のよこしまな人。佞者。「君側の—ばらが、この陵の一失を取上げて」〈中島敦・李陵〉

ね-いす【寝椅子】からだを横たえることができる椅子。

ねい・する【×佞する】〔動サ変〕文ねい・す〔サ変〕口先巧みにこびへつらう。おもねる。「世に—・する者あり」〈福沢・文明論之概略〉

ねい-せい【寧静】〔名・形動〕安らかで静かなこと。平穏無事なこと。また、そのさま。「海内—に帰せしかば」〈島田三郎・条約改正論〉

ねい-ち【×佞知｜×佞×智】ずるがしこい知恵。うまくこびへつらう知恵。「—にたける」

ネイチャー〖nature〗▶ネーチャー

ネイチャリング ▶ネーチャリング

ネイティビスト〖nativist〗極端な保護主義者。排外主義者。

ネイティビズム〖nativism〗排外主義。極端な保護主義。⇔グローバリズム。

ネイティブ〖native〗《「ネーティブ」とも》❶その土地の人。原住の人々。また、他の語と複合して、その土地生えぬきの、原産の、先住の、などの意を表す。「—から採話する」「—アメリカン」❷「ネイティブスピーカー」に同じ。

ネイティブ-アプリ「ネイティブアプリケーション」の略。

ネイティブ-アプリケーション〖native application〗アプリケーションソフトのうち、パソコンやスマートホンなどの端末が有するマイクロプロセッサーが直接解釈し実行できる形式のもの。端末の種類に依存せず、ブラウザー上で利用できるウェブアプリケーションに対していう。ネイティブアプリ。

ネイティブ-アメリカン〖Native American〗アメリカ先住民。かつてアメリカインディアンと呼ばれた人々の自称ならびに公称。植民・征服者であったヨーロッパ人の事実誤認に基づく「インディアン」という呼び名を排して、こう呼ばれるようになった。

ネイティブ-コード〖native code〗▶オブジェクトコード

ネイティブ-スピーカー〖native speaker〗ある言語を母国語として話す人。ネイティブ。

ネイティブ-プログラム〖native program〗▶オブジェクトコード

ネイティブ-ランゲージ〖native language〗母語。第一言語。

ねいは【寧波】▶ニンポー

ネイバー〖neighbor〗隣人。近隣の人。隣国人。近隣諸国の人。

ねい-ひつ【寧×謐】〔名・形動〕世の中が治まり、おだやかなこと。また、そのさま。「諸国が—な現況」

ねい-べん【×佞弁｜×佞×辯】心がねじけていて口先が巧みなこと。また、その言葉。「—を弄ろうする」

ね-いみ【▽子忌み】▶子ねの日の遊び

ね-いも【根芋】サトイモの子芋の芽生えたもの。食用。

ねい-もう【×獰猛】ﾈｲﾏｳ〔名・形動〕「どうもう(獰猛)」の誤読。

ね-いり【根入り】柱などの地中に入り込んでいる深さ。「—三尺」

ネイリスト〖nailist〗つめのデザイナー。つめにマニキュアを施したり、つめの形を整えたり、さまざまな飾りをつけるなどしてデザインする人のこと。

ねいり-ばな【寝入り▽端】眠りについたばかりのころ。ねばな。「—を電話で起こされる」
(類語)寝しな・寝ぎわ

ネイル〖nail〗《「ネール」とも》つめ。「—ブラシ」「—アート」

ね-い・る【寝入る】〔動ラ五(四)〕❶眠りに入る。「床に入るやすぐに—・る」❷よく眠る。熟睡する。「ぐっすり—・っている」❸活気がなくなる。「元はあんな—・った子じゃなかったが」〈漱石・門〉
(類語)寝る・寝つく・寝込む・眠り込む・熟睡

ネイル-アーティスト〖nail artist〗アート感覚でつめの表面にマニキュアを施したり、付けづめなどをするネイルケアの専門家。

ネイル-アート〖nail art〗つめに小さな人工宝石を飾ったり、模様を描いたり、シールを貼ったりするおしゃれ。付けづめをしたりもする。

ネイル-エナメル〖nail enamel〗つめに光沢や色をつけるために塗るエナメル。

ネイル-カラー〖nail color〗つめの表面に施すマニキュアの色。

ネイル-ケア〖nail care〗マニキュア・ペディキュアなどのつま先のおしゃれや、つめを健康に美しく保つための手入れ。つめの表面や甘皮の手入れ、つめのマッサージ、つめに水分と油分を与えるトリートメントなどもある。

ネイル-サロン〖nail salon〗つめのおしゃれや手入れをする美容室。

ネイル-ショップ〖nail shop〗つめのマニキュアを専門に施す美容院。

ネイル-ファッション《和 nail＋fashion》▶ネイルアート

ネイル-ポリッシュ〖nail polish〗▶ネイルエナメル

ネイル-ラッカー〖nail lacquer〗▶ネイルエナメル

ね-いろ【音色】発音体の違い、あるいは同じ発音体でも音の出し方によって生じる、音の感覚的な特性。高さや強さが同じ音でも、それに含まれる部分音の種類や強さなどによって違いが生じる。おんしょく。
(類語)音おと・音ね・音ね・物音・音声・楽音・サウンド

ネ-ウィン〖Ne Win〗[1911〜2002]ビルマ(ミャンマー)の軍人・政治家。1962年、クーデターによって政権を掌握。革命評議会議長、次いで大統領となり、独自の社会主義路線を進めた。在任1974〜81年。

ね-うお【根魚】ﾈｳｵ 岩礁や瀬などにすみ、遠くへ移動しない魚。カサゴ・アイナメ・アカハタなど。根付き魚。ねざかな。

ね-うごき【値動き】〔名〕ｽﾙ 相場が変動すること。「国際情勢に反応して—する」

ねうし-おきうま【寝牛起(き)馬】〔連語〕牛は伏すのを、馬は立つのを好むということ。人の好みがさまざまであることのたとえ。

ね-うち【値打ち｜▽直打ち】❶その物や事柄がもっている価値。役に立つ程度・度合いや、その物の品位。「—のある本」「やってみる—がある」「人の—は外見では決められない」❷品物の値段。あたい。「一文の—もないがらくた」❸値段を評定すること。ねぶみ。「あれでも—にしたら今じゃ余っ程するでしょう」〈漱石・道草〉(類語)(❶)価値・価あたい・真価しんか・意義・有用性・バリュー・メリット

ね-うち【寝▽射ち｜寝撃ち】▶伏射ふくしゃ

ネウマ〖ラテン neuma〗中世のグレゴリオ聖歌などの記譜に用いられた記号。音の上下の動きを点や曲線などで示すもの。13世紀には譜線を伴った四角音符が用いられるようになった。

ねえ〔感〕「ね」の長音化した語。「—、あなた」「—、そうでしょう」

ねえ《「ね」の長音化した語》■〔終助〕終助詞「ね■」に同じ。「まあ、よかったわ—」■〔間助〕間投助詞「ね■」に同じ。「今度—、ぼくの家にも—、来てよ」

ネーキッド-ショートセリング〖naked short selling〗取引の裏付けとなる株式を保有しないで空売りを行うこと。⇒カバードショートセリング

ねえ-さま【姉様】姉を敬って呼ぶ語。「ねえさん」より改まった言い方。

ねえ-さん【姉さん｜×姐さん】❶(姉さん)姉を敬っていう語。あねさん。❷若い女性を親しんで呼ぶ語。

「そこの—、何か落ちたよ」❸(姐さん)旅館や料理屋などで、客が女性の従業員を呼ぶ語。「—ビールをもう一本」❹(姐さん)芸者などの間で、先輩を呼んでいう語。あねさん。〔類語〕姉・姉貴・姉御

ねえさん-かぶ【姉さん株】仲間うちで先輩格として立てられている女性。「—の芸妓」

ねえさん-かぶり【姉さん▽被り】「あねさんかぶり」に同じ。

ネーション〔nation〕国民。国。国家。また、民族。

ネーション-ステート〔nation state〕国民国家。民族国家。ある民族集団あるいはその構成員の一部によって支配される国家。

ネーチャー〔nature〕❶自然。❷天性。性質。
〔類語〕自然・天地・あめつち・山河・山水・山川草木・生態系

ネーチャー-ゲーム〔nature game〕さまざまなゲームをしながら体全体で自然と触れ合うことによって、人間と自然の共存の大切さを子供たちに実感させる教育手段。アメリカのナチュラリストであるジョセフ=コーネルが考案した。

ネーチャー-スキー《和 nature＋ski》雪の積もった森林や原野をスキーをつけて歩き回り自然観察を楽しむこと。

ネーチャー-フォト《nature photographyから》自然を対象とした写真。

ネーチャリング《和 nature＋ing》未開の自然を探索すること。また、その様子を撮影したテレビ番組。ネイチャリング。

ネーティブ〔native〕▶ネイティブ

ネーデルラント〔Nederland〕《低地の意》㊀オランダの、本国での呼称。㊁ライン川・マース川・シェルデ(スケルト)川の下流域の低地帯。オランダ・ベルギーおよびフランス北東部を含む地域。

ネーピア〔John Napier〕[1550～1617]英国の数学者。対数を創始し、近代的計算機の原型となる計算機も発明した。著「驚くべき対数規則の記述」など。

ネービー〔navy〕《「ネイビー」とも》❶「海軍」に同じ。❷「ネービーブルー」の略。

ネーピードー〔Naypyidaw〕《「ネピドー」とも》ミャンマー連邦の首都。2005年、旧首都で最大の都市ヤンゴンの北320キロメートルにあるピンマナの西郊の軍用地に官庁街が建設され、ネーピードーと名付けられて2006年2月から新首都となった。一般国民の立ち入りは禁じられている。ナイピイダウ。

ネービー-ブルー〔navy blue〕英国海軍の制服に用いる紺色。濃紺色。「—の海」

ネービー-ルック《和 navy＋look》海軍の制服デザインからヒントを得たスタイルのこと。色は白やネービーブルーと呼ばれる紺が中心。

ネープ〔nape〕襟足の生え際の頭毛のことをいう。また、単に、うなじ、襟首のこと。

ネーブル〔navel〕《へその意》ダイダイの一品種。果実は球形で、上部中央にへそ状の突起がある。果肉は甘く、香りがよい。ブラジルの原産。へそみかん。ネーブルオレンジ。(季 春)

ネープルス〔Naples〕米国フロリダ州南西部の都市。観光・保養地として知られるほか、ツルの一種であるツルモドキが生息するコークスクリュー-スワンプ-サンクチュアリなどの自然保護区がある。

ネーミング〔naming〕名前をつけること。特に、新製品などに命名すること。「—のおもしろい商品」
〔類語〕命名・名付け・銘打つ

ネーミング-ライツ〔naming rights〕スポーツ施設などの名称を付ける権利。施設所有者が企業などに売る。命名権。

ネーム〔name〕❶名。名前。「クリスチャン—」❷出版物の写真や図版につける簡単な説明文。
〔類語〕名前・名・名め・名称・呼び名・称・呼称・銘・号・称号・氏名・姓名・名義・ネーミング

ネーム-サーバー〔name server〕▶ディーエヌエス(DNS)サーバー

ネーム-スクール《和 name＋school》旧制高等学校のうち、第一高等学校(東京)のように序数がつけられたものに対して、静岡高等学校など、地名がつけられた学校のこと。➡ナンバースクール

ネーム-タグ〔name tag〕商品の製造メーカー・ブランド・デザイナーなどの製造責任を表す布製または革製の商標。

ネーム-バリュー《和 name＋value》世間での知名度。名前そのものの価値。「—のある企業」〔補説〕英語ではnameだけで名声の意がある。

ネームプレート〔nameplate〕❶表札。名札。❷機械や器具に付ける、製造会社名・製造年月日・機種などを記した札。
〔類語〕名札・表札・門札

ねえ-や【▽姉や｜×姐や】年の若い女中や下女を親しんで呼んだ語。〔類語〕お手伝いさん・女中・家政婦・派出婦・メード・ハウスキーパー

ネール〔nail〕▶ネイル

ネール〔Nehrū〕▶ネルー

ネール-ルック〔Nehru look〕インドの元首相ネルーが着たような、ネールカラーと呼ばれる、独特の立ち襟を特徴とするファッションのこと。

ネーロイフィヨルド〔Nærøyfjord〕ノルウェー南西部、同国最大の峡湾であるソグネフィヨルドの支湾の一。同国屈指の観光地として知られる。2005年、「西ノルウェーフィヨルド群、ガイランゲルフィヨルドとネーロイフィヨルド」の名称で世界遺産(自然遺産)に登録された。➡ガイランゲルフィヨルド

ね-お【根緒】❶三味線の弦の下端を結びつけ、それを中子先にかけて弦を張る組紐。❷箙の後ろ緒のうち、受け緒・懸け緒をつける腰革。

ネオ〔NEO〕ジャスダック証券取引所が平成19年(2007)に開設した新興企業向けの株式市場。同22年10月ジャスダック・ヘラクレス㊁と統合。ジャスダックNEO。➡新興市場〔補説〕NEOは「新しい」の意だが、New Entrepreneurs' Opportunity(新しい起業家たちの機会)またはNew Evaluation Opportunity(新しい評価の機会)の略語でもある。

ネオ〔neo〕〔語素〕外来語の上に付いて、新しいという意を表す。「—ロマンチシズム」

ネオ-アイデアリズム〔neo-idealism〕「新理想主義」に同じ。

ネオアナーキズム〔neoanarchism〕新無政府主義。第二次大戦後の左翼の一潮流。➡アナーキズム

ネオ-アンプレッショニスム〔フランス néo-impressionnisme〕新印象主義。

ね-おい【根生い】❶草木などの根が生え育つこと。また、その草木。根つき。「—の松」❷その地で生まれそこで育つこと。代々その土地で業を営んでいること。また、その人。はえぬき。「—の商人」❸生まれついての素姓。「—の軽躁者なれば」〈二葉亭・浮雲〉

ねお-かけ【根緒懸(け)】中子先の異称。

ね-おき【寝起き】〔名〕❶眠りから覚めて起きること。また、起きたばかりの状態。「—が悪い」❷寝ることと起きること。転じて、生活すること。「一つ屋根の下に—する」〔類語〕目覚め・寝覚め・起き抜け

ね-お・く【寝起く】〔動カ上二〕目覚めて起きる。「日高う—・き給ひて」〈源・若紫〉

ネオクラシシズム〔neoclassicism〕「新古典主義」に同じ。

ネオコーポラティズム〔neocorporatism〕主要な行政・経済政策の策定に、関係する各界の利益代表を参加させ、利害の調整を図って政策を実施しようとする手法。新協調組合主義。

ネオコロニアリズム〔neocolonialism〕▶新植民地主義

ネオコン「ネオコンサバティズム」の略。➡新保守主義

ネオコンサバティズム〔neoconservatism〕▶新保守主義

ネオコンサバティブ〔neoconservative〕▶新保守主義

ネオサルバルサン〔Neosalvarsan〕梅毒の注射用の治療薬。サルバルサンを改良したもので、砒素を含み、現在は使用されない。商標名。

漢字項目　ねい

×**佞**　音ネイ漢‖①口先がうまい。心がねじけている。「佞奸・佞言・佞臣・佞人／奸佞・邪佞」②人あたりがよい。才がある。「不佞」〔補説〕「侫」は俗字。

寧　音ネイ漢　ニョウ(ニャウ)呉　訓むしろ‖①安らかに落ち着いている。「寧歳・寧日／安寧」②ねんごろ。「丁寧」〔補説〕「甯」は異体字。〔名付〕さだ・しず・やす・やすし

ね-おし【寝押し｜寝▽圧し】〔名〕衣類などを寝床の下に敷いて、しわをのばしたり折り目をつけたりすること。寝敷き。「ズボンを—する」

ネオジム〔ドイツ Neodym〕希土類元素(レアアース)のランタノイドの一。銀白色の金属で、展延性がある。熱水には水素を発生して溶ける。ガラスの着色剤やレーザーの活性剤、永久磁石などに使用。元素記号Nd　原子番号60。原子量144.2。

ネオジム-じしゃく【ネオジム磁石】ネオジム、鉄、ホウ素を主成分とする永久磁石。希土類磁石の一で、実用化されている磁石の中で最も磁力が強い。ハードディスク、携帯電話、ヘッドホンなどに用いられる。

ネオジムヤグ-レーザー〔Neodym-YAG laser〕YAGレーザーの一種。イットリウムとアルミニウムの複合酸化物からなるガーネット構造の結晶を製造する際に、ネオジムを添加した結晶を使用する。産業用、医療用レーザーとして広く利用される。Nd:YAGレーザー。

ね-おしろい【寝白＝粉】夜、寝るときに白粉を塗ること。寝化粧。

ネオ-ダーウィニズム〔neo-Darwinism〕ダーウィンの学説のうち、自然選択を強調し、獲得形質の遺伝を否定した考え方。ワイスマンが主張。

ネオ-ダダ〔neo-Dada〕伝統芸術破壊を唱えた第一次大戦後のダダイスムとは別に、日用品や廃品などの素材を用いて1950年代に興った新芸術運動。

ねお-だに【根尾谷】岐阜県西部、本巣市の根尾川上流域の称。

ねおだに-だんそう【根尾谷断層】福井県今立郡池田町付近から岐阜県の根尾谷を経て関市付近に達する断層。明治24年(1891)の濃尾地震で総延長約80キロにわたり変位を生じた。本巣市根尾水鳥の断層崖は落差6メートル、横ずれ2メートルあり、特別天然記念物。

ネオテニー〔neoteny〕▶幼形成熟

ネオ-トミズム〔Neo-Thomism〕トマス=アクィナスの説を復活させ、近代合理主義を克服して現代の諸問題を解決しようとするカトリックの哲学運動。新トマス説。➡トミズム

ね-おどろ・く【寝驚く】〔動カ四〕眠っていてふと目が覚める。「夜中…児—・きて」〈今昔・二六・五〉

ネオ-ナチ〔Neo-Nazi〕ネオナチズムの信奉者。

ネオ-ナチズム〔Neo-Nazism〕新ナチズム。ドイツなどの、反ユダヤ主義・国家主義運動。➡ナチズム

ネオニアーノ-せんれいどう【ネオニアーノ洗礼堂】《イタリア Battistero Neoniano》イタリア北東部、エミリアロマーニャ州の都市ラベンナにある洗礼堂。5世紀半ば、司祭ネオンにより建造。大聖堂に隣接する。八角形の平面構成の建物で、内部のキューポラ(円蓋)にはキリストの洗礼と十二使徒を描いた荘厳なモザイクがあり、初期キリスト教美術の傑作として知られる。1996年、「ラベンナの初期キリスト教建築物群」の名称で世界遺産(文化遺産)に登録された。ネオン洗礼堂。

ネオ-ニコチノイド〔neo-nicotinoid〕タバコの葉などに含まれるニコチンに似た構造・作用を持つ殺虫剤の総称。神経伝達系のアセチルコリン受容体と結合し情報伝達を阻害する。稲につくカメムシ・アブラムシ、柑橘類につくガなどの駆除に使用される。有機リン系農薬と比較して人体に対する毒性は低いと

されるが、受粉を媒介するミツバチへの影響などが問題視されている。

ネオ-バロック〘フランス néo-baroque〙19世紀後半のヨーロッパで、古典主義に代わって起こった美術や音楽の様式。特に建築様式の上で明晰な単純な形式に対して、華麗で変則的な傾向が一世を風靡した。

ネオピカレスク-ノベル〘neo-picaresque novel〙1950年代の英国で、社会機構に組み込まれることを拒否する若者たちの反抗的な気分を軽快に描いた一群の小説に対する呼称。ジョン=ウェインの「急いで下りろ」など。新悪漢小説。

ネオピリナ〘ラテン Neopilina〙単板綱ネオピリナ目の軟体動物の総称。貝殻は笠形の楕円形で、殻長2〜37ミリ。体の収縮筋・えら・神経などに体節構造を示し、「生きている化石」といわれる。中央アメリカ沖や東太平洋などの深海から約10種が知られる。

ね-おび・る【寝おびる】〔動ラ下二〕睡眠中に恐ろしい夢などをみておびえて目覚める。また、寝ぼける。「三つばかりなる稚児の―・れてうちしはぶきたるも、いとうつくし」〈枕・一二〇〉

ネオファシスト〘neofascist〙ネオ-ファシズムを信奉する者。ネオナチ。

ネオ-ファシズム〘neo fascism〙主にイタリアでの、外国人労働者の排斥などを訴える政治思想。第二次世界大戦後に否定されたファシズム体制の、治安面や所得再分配などの政策を再評価する。イタリア社会運動(国民同盟)などの政党の理念となった。

ネオ-プラスティシズム〘neo-plasticism〙《「ネオプラスチシズム」とも》1917年、オランダの画家モンドリアンが唱えた絵画思想。絵を垂直線・水平線と三原色で構成し、造形上の純粋な表現を追求した。新造形主義。

ネオ-フルリオ〘Neo Frourio〙ギリシャ西部、ケルキラ島の中心都市ケルキラ(コルフ)にある要塞。ギリシャ語で「新しい要塞」を意味する。旧市街の北西部、小高い丘の上にあり、市街を一望できる。ベネチア共和国時代の16世紀後半に建造。

ネオプレン〘Neoprene〙クロロプレンの重合による合成ゴム。天然ゴムよりも燃えにくく、耐油・耐候性にすぐれ、電線被覆・塗料などに使用。商標名。

ネオ-マスカット《和 neo＋muscat》ブドウの一品種。果皮は緑色で甘い。日本で甲州ブドウとマスカットオブアレキサンドリアの交配によって作出された。

ネオ-ラッダイト〘neo-Luddite〙現代米国で、技術革新・高度情報化社会を嫌悪し、テレビ・自動車・電気などを拒否する生活を実践する人々。➡ラッダイト運動

ネオリベラリズム〘neoliberalism〙▶新自由主義

ネオ-レアリスム〘フランス néo-réalisme〙しだいに写実から離れていく現代絵画に対して、写実主義の再生を主張するもの。新写実主義。

ネオレアリズモ〘イタリア neorealismo〙《「ネオリアリズモ」とも》第二次大戦直後に現れたイタリア映画の新しい傾向。現実を客観的に凝視し、ドキュメンタリー風に描写した。ロッセリーニ「無防備都市」「戦火のかなた」、デ=シーカ「自転車泥棒」など。新現実主義。

ね-おろし【×嶺×颪】山から吹きおろす風。やまおろし。

ネオロジズム〘neologism〙新造語。新語義。また、それを用いた表現。

ネオ-ロマンチシズム〘neo-romanticism〙▶新ロマン主義

ネオン〘neon〙❶希ガス元素の一。単体は液化空気の分留によって得られる、無色無臭の不活性気体。空気中にわずかに存在し、低圧放電により赤色の輝線スペクトルを発する。ネオンサインなどに利用。元素記号Ne　原子番号10。原子量20.18。❷「ネオンサイン」の略。

ネオン-がい【ネオン街】ネオンサインを掲げる酒場や遊戯場などが多く建ち並ぶ区画。夜に人通りが多くなる歓楽街。

ネオン-かん【ネオン管】ネオンクワン 細長いガラス管に不活性ガスを封入した低圧放電管。両端に円筒形電極を設けてある。ネオン管灯。

ねおんぎょく【寝音曲】狂言。謡を所望された太郎冠者が、ひざまくらでしかうたえないと言うので、主人はひざを貸すが、起こしたり寝かせたりするうちにうたう場を取り違える。古称「寝声(ねごえ)」。

ネオン-サイン〘neon sign〙ネオン管を用いた装飾的な文字や絵。ネオンの赤、アルゴンの紫、ヘリウムの白、水銀の青色など、封入するガスによって色が変化するので広告などに利用される。

ネオン-せんれいどう【ネオン洗礼堂】ネオンセンレイダウ《Battistero Neoniano》▶ネオニアーノ洗礼堂

ネオン-テトラ〘neon tetra〙コイ目カラシン科の淡水魚。全長4センチくらい。目から尾にかけ青色の縦帯が走り、体側後半は赤く、うろこを透過する光の具合によって輝く。南アメリカのアマゾン川に分布。観賞用。

ネオン-ランプ〘neon lamp〙ガラス球内にネオンガスを封入し、グロー放電によって発光させる放電管。消費電力が少なく、電気器具のパイロットランプなどに利用。

ネガ《「ネガティブ」の略》「ネガティブ㊀❷」に同じ。⇔ポジ。

ねがい【願い】ねがひ ❶願うこと。また、その事柄。「―を聞き入れる」「―が届く」❷手続きを踏んで願い出ること。また、その文書。「―を出す」「退職―」

(類語)願い事・願望・希望・望み・宿願・本願・大願・本懐・素懐

ねがい-あ・げる【願い上げる】ねがひ〔動ガ下一〕図ねがひあ・ぐ〔ガ下二〕うやうやしくお願いする。多く、手紙文などで用いる。「格別のご配慮を賜りますよう―・げます」

ねがい-ごと【願い事】ねがひ 願う事柄。特に、神仏に祈願する事柄。「―がかなう」

(類語)願い・願望・希望・望み・宿願・本願・大願

ねがい-さげ【願い下げ】ねがひ ❶願い出たことの取り消しを申し出ること。願書・訴訟などの下げ戻しを願うこと。❷頼まれても断ること。「そんな話ならこちらから―だ」(類語)辞退・固辞・謝絶・断り・御免・拒絶・拒否・遠慮・一蹴・不承知

ねがい-しょ【願い書】ねがひ「がんしょ(願書)」に同じ。

ねがい-で【願い出】ねがひ 願いを申し出ること。願書を提出すること。

ねがい-・でる【願い出る】ねがひ〔動ダ下一〕願いを申し出る。また、願書を提出する。「早退を―・でる」

(類語)願う・訴える・申し出る・申し込む・申請する・出願する・請願する

ねがい-にん【願い人】ねがひ 願い出る人。願い主。

ねがい-の-いと【願いの糸】ねがひ 七夕に、願いをこめて、さおの先に掲げて織女星にたむけた5色の糸。(季 秋)

ねがい-ぶみ【願い文】ねがひ「願書」に同じ。

ねが・う【願う】ねがふ〔動ワ五(ハ四)〕《「ね(祈)ぐ」の未然形＋反復継続の助動詞「ふ」から》❶神仏に、希望の実現することを祈る。祈請する。願をかける。「神前で合格を―・う」❷望みがかなうように請い求める。望み求める。「成功を心から―・う」❸こうしてほしいことを人に頼む。助力や配慮を求める。「手伝いを―・う」「ご援助を―・う」❹公の機関に希望することを申請する。請願する。「国有林の払い下げを―・う」❺商店で、品物を客に買ってもらう。「お安く―・っております」❻動詞の連用形や動作性のある漢語の名詞などに付いて、「…していただく」などの意を表す。「ぜひともお越し―・います」「ぜひ出席―・いたい」

(可能)ねがえる

(類語)(❶)祈る・祈願する・祈念する・誓願する・立願する・発願する・願を掛ける・願を立てる/(❷)希う・望む・求める・欲する・念ずる・念願する・願望する・希求する・希望する・庶幾する・切望する・切願する・熱望する・熱願する・思う/(❸)請う・仰ぐ・頼む・懇願する・懇請する・懇望する/(❹)願い出る・請願する・出願する・申請する・陳情する

願いましては　珠算の読み上げ算で、数字を読み上げるとき、最初に言う言葉。

願ったり叶ったり　希望と一致すること。すっかり願い通りになること。「―の好条件」

願っても無い　望んでも簡単にかなないそうもないことが運よく実現するさま。「―好機が訪れる」

ね-がえり【寝返り】ねがへり ❶寝たままからだの向きを変えること。❷味方を裏切って敵方につくこと。「同志の―を恐れる」(類語)(❶)輾転・輾転反側/(❷)裏切り・内応・内通・背信・変心・転向

寝返りを打・つ　❶寝返り❶をする。寝たままからだの向きを変える。❷寝返り❷をする。味方を裏切って敵方につく。「―・って相手方に走る」

ね-がえ・る【寝返る】ねがへる〔動ラ五(四)〕《「ねかえる」とも》❶寝たままからだの向きを変える。「―・った拍子に首の筋を違える」❷味方を裏切って敵方につく。「反対派に―・る」(類語)(❷)裏切る・背く・内応する・内通する・変心する・転向する

ね-がお【寝顔】ねがほ 眠っているときの顔つき、表情。

ね-がかり【根掛(か)り】〔名〕スル 釣り針やおもりが海底の岩・海藻などに引っ掛かること。「―して仕掛けを取られる」

ね-がけ【根掛(け)】女性が日本髪の髷の根元に結ぶ飾り。金糸・銀糸・絹ひも・緋縮緬・宝石類など。

ね-がさ【値×嵩】値段が高いこと。

ねがさ-かぶ【値×嵩株】値段の高い株式。高位株。

ねかし-つ・ける【寝かし付ける】〔動カ下一〕図ねかしつ・く〔カ下二〕寝つくようにする。特に、子供などを眠らせる。「泣く子をあやして―・ける」

ねかし-もの【寝かし物】売れ行きが悪く、手もとに長くおいてある商品。

ね-か・す【寝かす】㊀〔動サ五(四)〕❶眠りにつかせる。寝つくようにする。「赤ん坊を―・す」❷からだを横たえさせる。「患者をベッドに―・す」❸縦のものを横にする。横に倒す。「ロッカーを―・して運び込む」❹品物や金銭などを活用せずに手元にとどめておく。「商品を倉庫に―・しておく」❺発酵・熟成させるために、一定の温度でしばらくそのままにしておく。「みそを―・す」「ワインを―・す」㊁〔動サ下二〕「ねかせる」の文語形。

(類語)㊀(❶)寝かせる・寝せる/(❸)倒す・横たえる

ね-かせ【根▽械】門柱・旗ざお・掘っ立て柱などが傾いたり沈んだりしないために、その下方に一文字や十文字に取り付ける木材。

ねか・せる【寝かせる】〔動サ下一〕図ねか・す〔サ下二〕「寝かす」に同じ。「起きるまで―・せておこう」「パンの生地を―・せる」

ね-かた【根方】《「ねがた」とも》❶木の根もと。根のあたり。「松の―にたたずむ」❷ものの下の方。下部。「行く道の岸の―に」〈為忠集・詞書〉

ネガティブ〘negative〙㊀〔名〕❶電気の陰極。マイナス。❷撮影・現像してできた、明暗や色相が実物と反対のフィルム・乾板の画像。陰画。ネガ。⇔ポジティブ。㊁〔形動〕否定的なさま。消極的。「―な返事」「―に考える」⇔ポジティブ。

ネガティブ-アド〘negative ad.〙他社製品や敵対する相手の欠点・弱点・悪口などを大げさに取り上げ、視聴者や読者に製品や人物のマイナスイメージを増幅させることを意図した非難広告。また、そうした宣伝手法。

ネガティブ-アプローチ〘negative approach〙商品の否定面をあえて強調する広告の一手法。企業や商品の否定的側面を訴えてショックを与え、その後自社商品を用いればその否定面を避けられることを納得させる方法。⇔ポジティブアプローチ。

ネガティブ-オプション〘negative option〙業者が注文なしに勝手に商品を送付し、消費者が返品または購入しない旨の通知をしないと、購入したとみなして代金を請求する商法。

ネガティブ-キャンペーン〘negative campaign〙

ネガティブアドなどをからめて行う、選挙のライバル候補や他社商品に対する徹底的な誹謗・中傷キャンペーン。
ネガティブ-シンキング〖negative thinking〗消極的、悲観的な考え方をすること。⇨ポジティブシンキング
ネガティブ-ゾーン〖negative zone〗拒絶相場圏。ある通貨が下落してはならない範囲のこと。例えば、1987年のG7声明当時の1ドル＝125～130円のドルの下限など。
ネガティブ-フィルム〖negative film〗▶ネガティブ❶❷
ネガティブ-リスト〖negative list〗原則として規制がない中で、例外として禁止するものを列挙した表。特に、原則として輸入は自由とし、例外として制限する品目を列記したもの。輸入制限品目表。⇔ポジティブリスト。(補説)日本は昭和37年（1962）に、自由化商品を列記するポジティブリスト方式からネガティブリスト方式に移行した。
ね-かぶ【根株】木の切り株。
ネガ-フィルム《negative filmから》▶ネガティブ❶❷
ネ-カフェ「インターネットカフェ」の略。
ね-がみ【根神】沖縄本島で、村落の旧家（根屋）から出た神女。根屋の当主を根人というのに対し、その姉妹をいう。一般の家々のおなり神にあたる。
ね-がみ【寝紙】印刷所で買い置きをして、そのまま使用されない紙。
ね-から【根から】〔副〕❶「ねっから❶」に同じ。「老人は一の芸人ではないので」〈荷風・腕くらべ〉❷「ねっから❷」に同じ。「こちゃ一読めんわいな」〈滑・膝栗毛・八〉
ね-がら【音柄】音の調子。音のぐあい。「物の一の筋ことなるものなれば」〈源・末摘花〉
ねから-はから【根から葉から】〔副〕《「葉から」は、「根から」に語調を合わせたもの》いっこうに。全然。「お金の入る事は一とんとおかまひないおかたちゃ」〈滑・膝栗毛・五〉
ね-がらみ【根絡み｜根×搦み】❶根がはびこること。❷柱の根元や束などを連結する木。ねじがらみ。❸セキショウの別名。
ねがわく-は【願わくは｜▽希わくは】〔副〕《動詞「ねが(願)う」のク語法「ねがわく」＋係助詞「は」から。「ねがわくば」とも》(多く、あとに願望を表す語を伴って)願うところは。望むことは。どうか。「一一日も早い解決のあらんことを」
(類語)どうぞ・どうか・くれぐれも・ぜひ・なにとぞ・なんとか・ぜひとも・まげて・ひとつ
ねがわし-い【願わしい】〔形〕(文)ねがは・し〔シク〕願うところである。そうなってほしい。「皆が協力し合うことが一・い」
ね-かん【寝棺】《「ねがん」とも》死体をあおむけに寝かせたまま納める棺。⇨座棺
ね-き【根▽際】(中部地方以西で)そば。かたわら。
ねぎ【×葱】ユリ科の多年草。葉は太い管状で先がとがり、中に粘液を含む。初夏、管状の花茎を出し、先にねぎ坊主とよばれる白緑色の小花が球状に密生する。野菜として栽培され、葉の白い部分を食べるものを根深ネギ、緑の部分を食べるものを葉ネギともいう。シベリア・アルタイ地方の原産とされる。き。ながねぎ。(季 冬｜花＝春)「一洗ふ女や一人暮れ残る/紅葉」
ねぎ【×禰宜】《動詞「ね(労)ぐ」の連用形から》❶神社で、宮司・権宮司を補佐する職。また、一般に神職の総称。❷昔の神職の一。神主の下、祝の上の位。❸バッタの別名。
ねぎ-か・く【▽祈ぎ掛く｜▽祈ぎ懸く】〔動カ下二〕神仏に祈願をかける。「一・くる比叡の社のゆふだすき草のかき葉もことやめてきけ」〈拾遺・神楽歌〉
ねぎ-ごと【▽祈ぎ事｜▽願ぎ事】神仏に祈願する事柄。願い事。「若き男女の一の成就したる御礼の印だ」〈木下尚江・良人の自白〉
ね-ぎし【根岸】❶山のふもとに沿った地帯。❷砂質の上等な壁土。
ねぎし【根岸】㊀東京都台東区北部の地名。江戸時代は初音の里といわれた鶯の名所。㊁神奈川県横浜市中区の地名。日本の洋式競馬発祥の地。
ねぎし-いろ【根岸色】根岸❷で塗った壁の色。緑がかった茶色。
ねぎし-えいいち【根岸英一】[1935～]化学者。旧満州の生まれ。有機化合物の合成で、リチャード＝ヘックが確立したヘック反応をクロスカップリング反応に応用した根岸カップリングを開発した。平成22年（2010）、リチャード＝ヘック、鈴木章とともにノーベル化学賞を受賞。同年、文化勲章受章。
ねぎし-カップリングはんのう【根岸カップリング反応】有機化合物の合成にパラジウムを触媒として用いるクロスカップリング反応の一。化学反応のある段階において、亜鉛を含む有機金属化合物が一時的に接着剤に似た役割を担い、さまざまな有機化合物の炭素どうしを選択的に結びつける。昭和52年（1977）に根岸英一らにより発見。平成22年（2010）、根岸は同業績により、鈴木章、ヘックとともにノーベル化学賞を受賞した。根岸クロスカップリング反応。
ねぎし-きちたろう【根岸吉太郎】[1950～]映画監督。東京の生まれ。ポルノ作品を手がけたのち一般映画に転じる。代表作「遠雷」「探偵物語」「雪に願うこと」など。
ねぎし-クロスカップリングはんのう【根岸クロスカップリング反応】▶根岸カップリング反応
ねぎし-たんかかい【根岸短歌会】短歌結社。明治32年（1899）正岡子規が東京下谷区上根岸（現在の台東区内）の自宅で開いた短歌会に始まる。新聞「日本」、雑誌「心の花」により、写生説に基づき、万葉風の復活を唱えた。子規没後、機関誌「馬酔木」を発行、のち、「アララギ」派に発展。
ねぎし-は【根岸派】❶明治20年代、饗庭篁村・森田思軒らを中心に、硯友社と対峙した文人の一派。❷根岸短歌会を中心とする短歌の流派。香取秀真・岡麓・伊藤左千夫・長塚節らが属した。
ねぎし-やすもり【根岸鎮衛】[1737～1815]江戸後期の江戸町奉行。在任は足掛け18年にも及び、名奉行とされる。著「耳嚢」。
ねぎ-なんばん【×葱南蛮】かけそば・かけうどんに、煮たネギと油揚げをのせたもの。ねぎなん。
ねぎ-ぼうず【×葱坊主】ネギの花。球状の花を坊主頭に見立てていう。(季 春)「一雨降ればまたさむくなる/林火」
ねぎ-ま【×葱間】焼き鳥のうち、肉と長ネギを交互に串に刺したもの。
ねぎ-ま【×葱×鮪】ネギとマグロを使った料理。ねぎま鍋・ねぎま汁など。(季 冬)
ねぎま-なべ【×葱×鮪鍋】マグロとネギを調味した汁で煮ながら食べる鍋料理。(季 冬)
ねき-もの【ねき物】売れずに残った品物。売れ残り。「大一座一までもさらへ出し」〈柳多留拾遺・七〉
ねぎやまぶし【禰宜山伏】狂言。禰宜と山伏が茶店で争い、亭主の提案で大黒天を祈り合って験のあるほうを勝ちとすることにしたが、大黒天は禰宜のほうばかり向いて浮かれる。
ねぎらい【▽労い｜×犒い】相手の労苦をいたわること。「一の言葉をかける」
ねぎら・う【▽労う｜×犒う】〔動ワ五(ハ四)〕苦労や骨折りに感謝し、いたわる。現代では、同等または下の人に対して用いる。「従業員の労を一・う」
(類語)いたわる・慰める・慰労・慰安・慰藉・慰問
ね-きり【根切り】❶木などの根を切ること。❷物事の根を断つこと。根絶やし。
ね-ぎり【値切り｜▽直切り】値切ること。
ね-ぎり【根切り】建物の基礎などとするために、地盤面以下の土を掘り取ること。また、その穴。
ねぎり-こぎり【値切り小切り】あれこれ言い立てて、値切ること。「八百屋などが来ると…やかましく一をする」〈寅彦・伊太利人〉
ねきり-はきり【根切り葉切り】〔副〕何もかもすべて。ことごとく。根こそぎ。根っ切り葉っ切り。「一これでおしまいだ」
ねきり-むし【根切虫】土中にいて作物の根際をかみ切る虫。カブラヤガ・タマナヤガなどのヤガ類や、コガネムシ類の幼虫。(季 夏)
ね-ぎ・る【値切る｜▽直切る】〔動ラ五(四)〕値段を安くさせる。まけさせる。「傷物を一・って買う」
ね-ぎわ【根際】根の近辺。根もと。
ね-ぎわ【寝際】寝ようとするとき。寝しな。
(類語)寝しな・寝入りばな
ね・ぐ【▽労ぐ｜×犒ぐ】〔動ガ上二〕❶神の心を慰めて、加護を願う。「和魂を一・ぎて王船の鎮めとし」〈神功紀〉❷いたわる。慰める。ねぎらう。「勇みたる猛き軍士と一・ぎ給ひ」〈万・四三三一〉
ね・ぐ【▽祈ぐ】〔動ガ四〕祈願する。いのる。「いその神ふりにし恋のかみさびてたたるに我は一・ぎぞかねつる」〈拾遺・恋四〉
ね-ぐい【寝食い】仕事をしないで暮らすこと。徒食。
ねくい-はむし【根食葉虫】ハムシ科の昆虫。体は小形で細長く、金属光沢があり、腹側には銀色の微毛が密生する。半水生。幼虫は水草やスゲの根を食べる。いねねくいはむし。ねくいむし。
ね-ぐさ・い【寝臭い】〔形〕(文)ねぐさ・し〔ク〕❶寝床から発するような臭みがある。「一・い匂いに…君江は夜具の上から這い出して」〈荷風・つゆのあとさき〉❷寝たようすがある。また、共寝をした気配がある。「近江にかありといふなる餔山君は越えけり人と一・し」〈金葉・恋下〉
ネクサス-ワン〖Nexus One〗2010年に米国グーグル社が発売したスマートホン。台湾のHTC社が製造。実行環境としてアンドロイドを採用し、本体表面のディスプレーにタッチパネルを搭載するほか、500万画素のカメラや無線LAN機能をもつ。また、音声による文字入力が可能。⇨グーグル携帯
ね-くさ・る【寝腐る】〔動ラ五(四)〕だらしなくいつまでも寝る。他人がだらだらと寝ているのをののしっていう語。「もう昼だ。いつまで一・る」
ね-ぐさ・る【根腐る】〔動ラ四〕(多く「命」のあとに続けて)命運が尽きる。「助けられたる命一・って死に来たか」〈浄・浦島年代記〉
ねぐされ-びょう【根腐れ病】農作物の根や地下茎が、糸状菌の寄生などにより、腐る病害。地上部の生育が悪くなり、やがて立ち枯れる。根腐れ。
ネクスコ-なかにほん【NEXCO中日本】《NEXCOは、Nippon Expressway Company Limitedから》▶中日本高速道路株式会社
ネクスコ-にしにほん【NEXCO西日本】《NEXCOは、Nippon Expressway Company Limitedから》▶西日本高速道路株式会社
ネクスコ-ひがしにほん【NEXCO東日本】《NEXCOは、Nippon Expressway Company Limitedから》▶東日本高速道路株式会社
ネクスト〖next〗外来語の上に付いて、次の、の意を表す。「一ステップ」
ネクスト-キャビネット〖next cabinet〗▶次の内閣
ネクストステップ〖NEXTSTEP〗米国アップルコンピューター社(現アップル)の創業者の一人、スティーブ＝ジョブズが設立したコンピューターメーカー、ネクスト社が自社のコンピューターのために開発したオペレーティングシステム。同社がアップルに買収された後、アップルのオペレーティングシステムの基幹技術として採用された。
ね-くずれ【値崩れ】〔名〕(スル)売り値が急激に下がること。「生産過剰で野菜が一する」
(類語)下落・低落・急落・暴落
ネクセ〖Nexø〗▶アンデルセン＝ネクセ
ね-ぐせ【寝癖】❶寝ている間についた髪の毛のくせ。「一のついた髪」❷寝ている間に、からだを動かしたりするようなくせ。「一が悪い」❸子供が寝つくと

きにぐずったりするくせ。[類語]（②）手癖・足癖
ネクター〘nectar〙❶ギリシャ神話で、神々の飲む不老長寿の赤色の酒。ネクタル。❷果実をすりつぶして作った植物繊維入りの濃厚なジュース。
ネクタイ〘necktie〙首またはシャツなどの襟もとに巻いて正面で結ぶ細い帯状の飾りの布。タイ。
ネクタイ-どめ【ネクタイ留(め)】「ネクタイピン」に同じ。
ネクタイ-ピン《和 necktie＋pin》ネクタイにつける飾り留め具の総称。タイタック・タイクリップ・タイバーなどがある。ネクタイ留め。タイピン。
ネクタリン〘nectarine〙桃の一品種。果実は桃よりやや小さく黄赤色を帯び、毛はない。中国西域の原産で、日本では古くから東北・北陸などで栽培。椿桃(つばいもも)。
ネクタル〘ギリシャ nektar〙►ネクター❶
ね-くたれ【寝▽腐れ】寝たために、髪や着物などが乱れていること。「―のしどけない姿」
ねくたれ-がみ【寝▽腐れ髪】寝たために乱れた髪。寝乱れ髪。
ね-くた・れる【寝▽腐れる】〔動ラ下一〕文ねくた・る〔ラ下二〕寝乱れて、しどけない姿になる。寝たために髪や着物などが乱れる。「―・れた着物を直す」
ネクトン〘nekton〙水域の生物のうち、水の動きに逆らって水中を自由に遊泳する、移動性の大きい生物。魚類や鯨・ウミガメ・イカ・タコなど。プランクトンなどに対していう。遊泳生物。
ね-くび【寝首】寝ている人の首。
寝首を掻(か)・く ❶眠っているところを襲って、首を切り取る。「敵将の―・く」❷人の油断に乗じて、卑劣なはかりごとで陥れる。「同業者に―・かれる」
ね-ぐみ【根組み】根深い意図。たくらみ。「問ふに及ばぬ悪事の―」〈伎・名歌徳〉
ね-くら【根暗】〔名・形動〕ねっから性格が暗いこと。また、そのさまや、そういう人。「人づきあいの悪い―な(の)人」⇔根明(ねあか)。
ね-ぐら【×塒】《「寝座(ねぐら)」の意》❶鳥の寝る所。巣。とや。「―に帰る鳥(とり)」❷人の寝る場所。また、自分の家。「今夜の―を定める」
[類語]巣・住みか・居所・住まい・家・うち・住居・宿(やど)・私宅・自宅
ネクラーソフ〘Nikolay Alekseevich Nekrasov〙[1821～1878]ロシアの詩人・ジャーナリスト。農奴解放を呼びかける一方、進歩的雑誌「同時代人」「祖国雑記」を編集。長編叙事詩「ロシアはだれに住みよいか」「デカブリストの妻」など。
ネグリ〘Ada Negri〙[1870～1945]イタリアの女流詩人・小説家。貧苦との戦いと労働の尊さを追求。詩集「宿命」「あらし」、小説「暁の星」など。
ネグリート〘Negrito〙►ネグリト
ネグリジェ〘フランス négligé〙《飾り気のない、構わない、の意》ワンピース型でゆったりした、女性用の部屋着・化粧着・寝巻。
ネグリチュード〘フランス négritude〙アフリカ黒人の文化の独創性を主張し、それを誇りとする立場。サンゴールやセゼールらが主張して運動を展開した。
ネグリト〘Negrito〙《小さな黒人の意》東南アジアの一部に居住し、身長が低く暗褐色の肌を特徴とする民族の称。マレー半島のセマン族、フィリピンのアエタ族、アンダマン島の先住民など。ニグリト。
ネグリル〘Negril〙西インド諸島、ジャマイカ西部の町。セブンマイルビーチをはじめとするビーチリゾートが点在する。同国の観光・保養地として人気が高い。
ネグ・る〔動ラ五(四)〕《「ネグレクト」を略し動詞化したもの》無視する。「細部の説明を―・る」
ね-ぐるし・い【寝苦しい】〔形〕文ねぐる・し〔シク〕暑さなどのために、なかなか眠りにつけない。気持ちよく眠れない。「蒸し暑くて―・い」
ネグレクト〘neglect〙〔名〕スル❶無視すること。ないがしろにすること。「住民の要望が―される」❷乳幼児に対する適切な養育を親が放棄すること。例えば、子供に食事を与えない、乳児が泣いていても無視する、病気なのに治療を受けさせない、いつも強く叱って子供の情緒を不安にさせるなどの行為のことで、これによって、子供の精神的な発達が阻害され、人格形成に悪影響を与えるといわれる。養育放棄。
ネグロ〘Negro〙►ニグロ
ネグロイド〘Negroid〙►ニグロイド
ネクロフィリア〘necrophilia〙死体に性的興奮を感じる異常性欲。死体性愛。屍姦(しかん)症。
ネクロポリス〘necropolis〙死都。廃墟(はいきょ)となった町。
ネグロポンテ-とう【ネグロポンテ島】タウ《Negroponte》エビア島の旧称。
ね-げしょう【寝化粧】ネゲシヤウ 寝る前にする化粧。
[類語]寝白粉(ねおしろい)・化粧・作り・お作り・拵(こしら)え
ね-こ【猫】《「ね」は鳴き声の擬声、「こ」は親愛の気持ちを表す接尾語》❶食肉目ネコ科の哺乳類。体はしなやかで、足裏に肉球があり、爪を鞘に収めることができる。口のまわりや目の上に長いひげがあり、感覚器として重要。舌はとげ状の突起で覆われ、ざらつく。夜行性で、目に反射板状の構造をもち、光って見える。瞳孔は暗所で円形に開き、明所で細く狭くなる。単独で暮らす。家猫はネズミ駆除のためリビアヤマネコやヨーロッパヤマネコなどから馴化(じゅんか)されたもの。起源はエジプト王朝時代にさかのぼり、さまざまな品種がある。日本ネコは中国から渡来したといわれ、毛色により烏猫・虎猫・三毛猫・斑(ぶち)猫などという。ネコ科にはヤマネコ・トラ・ヒョウ・ライオン・チーターなども含まれる。❷《胴を猫の皮で張るところから》三味線のこと。❸《三味線を弾くところから》芸妓のこと。「―が一枚とびこむと、八右衛門がしらまで、浮気になってがなりだす」〈魯文・安愚楽鍋〉❹「猫火鉢」の略。❺「猫車」の略。
[下接語]海猫・飼い猫・烏(からす)猫・唐(から)猫・雉(きじ)猫・恋猫・小猫・麝香(じゃこう)猫・シャム猫・漁(すなどり)猫・虎(とら)猫・どら猫・泥棒猫・盗っ人(と)猫・野猫・野良猫・灰猫・化け猫・ペルシア猫・招き猫・三毛猫・山猫
猫に鰹節(かつおぶし) 猫のそばに、その好物の鰹節を置くこと。油断できないこと、危険であることのたとえ。
猫に小判(こばん) 貴重なものを与えても、本人にはその値うちがわからないことのたとえ。
猫に木天蓼(またたび)お女郎(じょろう)に小判(こばん) 大好物のたとえ。また、非常に効き目があることのたとえ。
猫の首に鈴を付ける 《猫に仲間を捕られる鼠(ねずみ)たちが集まって相談し、猫の首に鈴をつけることにしたが、実行する鼠はいなかったという西洋の寓話から》いざ実行となると、引き受け手のない至難なことのたとえ。
猫の子一匹いない 人が全くいないたとえ。「―夜の官庁街」
猫の子を貰(もら)うよう 猫の子をもらうときのように、縁組みが手軽に行われるようす。
猫の手も借りたい 非常に忙しく手不足で、どんな手伝いでもほしいことのたとえ。
猫も杓子(しゃくし)も だれもかれも。なにもかも。「当節は―海外旅行をする」
猫を被(かぶ)・る うわべをおとなしく見せかける。「入社当時は―・ってしとやかそうだった」
猫を殺せば七代祟(たた)る 猫は執念深い魔性の動物であり、殺すと子々孫々までたたるという俗説。
ね-こ【寝粉】❶古くなって使えなくなった粉。ひねこ。❷継粉(ままこ)のこと。
ネゴ 「ネゴシエーション」の略。
ねこ-あし【猫足｜猫脚】❶猫のように音を立てないで歩くこと。また、その歩き方。「例の如く―にあるいて来て」〈漱石・坊っちゃん〉❷膳(ぜん)や机などの脚で、上部がふくらみ、中ほどがやや細くなり、下部が丸くなっていて、猫の足の形に似たもの。
ねこあし-こんぶ【猫足昆布】コンブ科の褐藻。葉は長さ2、3メートルの帯状。葉の基部の両端に耳状の突起ができ、そこから新葉ができる。北海道の北東部から千島に産し、甘味が強く、とろろ昆布として食用にする。みみこんぶ。
ね-ご・い【寝濃い】〔形〕文ねご・し〔ク〕《中世・近世語》ねぼうである。いぎたない。「頬(ほう)りにおとづるるに―・い八千代さへ目覚めて」〈浮・一代男・七〉
ねこ-いし【猫石】板塀などの土台の下端で柱の真下にすえる石。
ねこ-いた【猫板】長火鉢の端の引き出し部分にのせる板。そこに猫がうずくまるところからいう。
ねこ-いらず【猫いらず】黄燐(おうりん)や亜砒酸(あひさん)を主成分とした殺鼠剤(さっそざい)。商標名。[補説]「捕鼠薬」などと言い換える。
ね-ごえ【根肥】カリ肥料のこと。カリウムが根の生育に不可欠なのでいう。
ね-ごえ【寝声】ねごゑ ❶邦楽などで、歌を長くうたわなかったために悪くなった声。❷眠そうな声。ねぼけ声。「番の者―にて女一人と答へて」〈浮・男色大鑑・六〉
ねごえ【寝声】ねごゑ 狂言「寝音曲(ねおんぎょく)」のこと。
ねこ-おろし【猫下ろし】猫が物を食い残すこと。また、その食い残した物。「猫殿は小食(しょうしょく)におはしけるや。聞こゆる―し給ひたり」〈平家・八〉
ねこ-がき【猫×掻き】❶陶磁器で、猫の爪で引っ掻(か)いたような短い櫛目(くしめ)状の刻線。中国の珠光青磁、朝鮮の金海茶碗にみられる。❷わらで編んだむしろ。蹴鞠(けまり)などのとき、庭に敷くもの。「―を敷かれたり」〈著聞集・一一〉
ねこ-かし【寝▽転かし】《「ねごかし」とも》寝ている人をそのまま放っておくこと。特に、遊里で客が寝ている間に、遊女がこっそりいなくなってしまうこと。「其の方はそれなり―を喰わしてしまうのだ」〈荷風・つゆのあとさき〉
ねこか・す【寝▽転かす】〔動サ四〕《「ねごかす」とも》寝ている人をそのまま放っておく。特に、遊里で客が寝ている間に、遊女がこっそりいなくなる。「敵娼(あいかた)を―・して、髪を結ひに往って知らぬ顔とはずるい、ずるい」〈滑・七偏人・四〉
ねこ-かぶり【猫▽被り】本性を隠して、おとなしそうなふりをすること。また、知っていて知らないふりをすること。また、そういう人。ねこっかぶり。
ねこ-かわいがり【猫可▽愛がり】ねこかはいがり〔名〕スル 猫をかわいがるように、甘やかしてかわいがること。「孫を―する」[類語]溺愛・盲愛・子煩悩
ね-こぎ【根▽扱ぎ】草木を根ごと引き抜くこと。転じて、全て取ること。根こそぎ。「古い松の木を―にする」
ねこ-ぐさ【猫草】オキナグサの別名。
ねこ-ぐるま【猫車】土砂などを運搬する一輪の手押し車。ねこ。
ね-ごこち【寝心地】寝ているときの気分。ねごころ。「―のいいベッド」
ね-ごころ【根心】こころね。また、真意。本心。「むかし勤めし遊女の道は、さして取る比翼連理の―をわきまへて」〈浮・一代女・二〉
ね-ごころ【寝心】「寝心地」に同じ。「ああ、―の好(い)い思いをしたのは、その晩切(ぎ)りさ」〈鏡花・歌行灯〉
ね-ござ【寝×茣×蓙】敷いて寝るのに用いるござ。(季 夏)
ねこ-ざめ【猫×鮫】ネコザメ目ネコザメ科の海水魚。全長約1メートル。頭部が丸みを帯び、猫の顔に似る。体色は褐色で7本の暗色横帯がある。歯は前部と後部とで形態が異なり、貝類をかみ割って肉を食べる。岩礁底にすみ、卵生。本州中部以南に分布。練り製品の原料。さざえわり。
ね-こじ【根▽掘じ】樹木などを根のついたまま掘り取ること。「見やるに、大(おほ)きなる木の―にて流れくだるが」〈読・春雨・樊噲下〉
ね-ごし【根越し】樹木を根ごと掘り取ること。「松を―にする」
ね-ごし【寝越し】前もって寝ておくこと。寝だめ。
ネゴシエーション〘negotiation〙❶交渉。協定・取引などの話し合い。ネゴ。❷モデムやFAX、コンピューターと周辺装置、コンピューター同士などの通信の際、通信速度や制御方式についての情報を相互

に交換すること。(類語)取引
ネゴシエーター〖negotiator〗(商売や取引の)交渉者。
ねこ-じた【猫舌】《猫が熱い食べ物を嫌うところから》熱い食べ物を口にできないこと。また、その人。
ねこ-じゃらし【猫じゃらし】❶エノコログサの別名。(季 秋) ❷後ろで結んだ帯の両端を不均等に長く垂れ下げたもの。
ね-ごしらえ【根×拵え】ごしらへ〔名〕スル　移植するために、植物の根を整えること。
ね-こ・ず【根▽掘ず】〔動〕《活用は四段か上二段か未詳》樹木を、根の付いたまま掘り起こして取る。「若木の梅を―・じつるかな」〈源師光集〉
ねこ-ずきん【猫頭巾】ヅキン　江戸時代に、火消しが火事場でかぶった頭巾。火の粉や熱風を防ぐためのもので、紺木綿の綿入れで刺子をしたもの。
ねこ-ぜ【猫背】首をやや前に出し、背を丸めた姿勢。また、そのようなからだつき。
ね-こそぎ【根×刮ぎ】根まですっかり抜き取ること。転じて、余さずすべてすること。ねこそげ。副詞的にも用いる。「金目のものを―盗まれる」(類語)残らず・洗いざらい・くまなく・虱潰し・皆・すべて
ね-こそげ【根×刮げ】「ねこそぎ」に同じ。「この大釜に一歩一杯ほしや、―にすます事ぢゃ」〈浮・胸算用・三〉
ねこ-だ　わらや縄で編んだ大形のむしろ。また、背負い袋。ねこ。「―敷く車力は人にうらやまれ」〈柳多留・二二〉
ねこだ-ながし【ねこだ流し】古く行われた金・銀などの選鉱方法。細かく砕いた鉱石を、板に張った晒木綿やねこだなどの上に流し、その目に残った金・銀の粒子を採取する。ねこ流し。
ねこ-だまし【猫だまし】相撲で、立ち合いなどに相手の眼前で両手を打ち、ひるませて自分優位の型に入る戦法。めくらまし。
ねこっ-かぶり【猫っ▽被り】「ねこかぶり」の音変化。
ねこっ-け【猫っ毛】猫の毛のように、柔らかく、ねやすい頭髪。
ね-ごと【寝言】❶眠っている間に無意識に発する言葉。❷訳のわからない言葉。ばかばかしい言い分。たわごと。「そんな―を並べたって始まらない」
(類語)うわごと・たわ言・ざれ言・しれ言・妄言・無駄口
ねこなで-ごえ【猫×撫で声】ゴヱ　猫が人になでられたときに発するような、きげんを取るためのやさしくこびる声。「―で頼み込む」(類語)作り声・鼻声・甘口
ねこ-の-こい【猫の恋】コヒ　晩冬から初春にかけて、猫が交尾期にあること。(季 春)「うらやまし思ひきる時―/越人」
ねこ-の-した【猫の舌】キク科の多年草。暖地にみられ、海岸の岩の上や砂地をはう。葉は楕円形で、短い剛毛があってざらつく。夏、黄色い頭状花をつける。はまぐるま。
ねこ-の-ひたい【猫の額】ヒタヒ《猫の額が狭いところから》場所の狭いことのたとえ。ねこびたい。「―ほどの庭」
ねこ-の-め【猫の目】《猫のひとみは明るさにより形が変わるところから》非常に変化しやすいことのたとえ。「政策が―のように変わる」
ねこのめ-そう【猫の目草】サウ　ユキノシタ科の多年草。山中の湿地に生え、高さ5～20センチ。茎は地をはい、葉は広卵形。3、4月ごろ、苞をもつ黄色い小花が集まってつく。二つに裂けた果実は、猫の目を思わせる。(季 春)
ねこ-はぎ【猫×萩】マメ科の多年草。草地に生える。全体に毛が多く、茎は地をはい、葉は楕円形の3枚の小葉からなる複葉。夏から秋、葉の付け根に、白い小さい蝶形の花を数個ずつつける。
ねこ-はち【猫八】江戸時代の物乞いの一。猫・犬・鶏などの鳴き声をまねて金品をもらって歩いた者。
ねこ-ばば【猫×糞】〔名〕スル《猫が、糞をしたあとを、砂をかけて隠すところから》悪いことを隠して素知らぬ顔をすること。また、拾得物などをこっそり自分のものとすること。「拾った物を―する」
(類語)着服・横領・失敬・横取り・くすねる
ねこ-びたい【猫額】ビタヒ「猫の額」に同じ。
ねこ-ひばち【猫火鉢】中に入れた火桶を上から覆うようにし、側面に穴をあけた火鉢。布団の中に入れて足を温めるもの。ねこ。
ね-こぶ【根×瘤】松などの根もとがふくれて、瘤のようになったもの。
ねこ-ま【猫ま】猫の古名。〈和名抄〉
ねこ-ま【猫間】扇の親骨の透かし彫りの一。猫の瞳が明暗で変化するように、丸い形や細長い形などを連続的に彫り透かしたもの。
ねこ-また【猫股|猫又】年老いた猫で、尾が二またに分かれ、化けて人を害するといわれるもの。
ねこ-またぎ【猫×跨ぎ】《魚の好きな猫でもまたいで通り過ぎる意から》味のよくない魚。
ねこ-まんま【猫▽飯】猫に与える餌。また、米飯に鰹節と醤油、または味噌汁などをかけた人の食事。ねこめし。
ね-こみ【寝込み】《「ねごみ」とも》眠っている最中。「―を襲われる」
ね-こ・む【寝込む】〔動マ五(四)〕❶ぐっすりと寝入る。熟睡する。「―・んでいて地震に気がつかない」❷病気で床につく。「風邪で―・む」
(類語)(❶)寝入る・眠り込む・寝る・熟睡
ね-ごめ【根込め】根のついたままであること。根ぐるみ。根ごと。「垣ごしに散りくる花を見るよりは―に風の吹きもこさなむ」〈後撰・春下〉
ねこめ-いし【猫目石】宝石にする良質の金緑石。結晶中に平行な多くの針状の包有物があり、半球状に磨くと中央に1本の光彩が現れ、猫の目を思わせる。猫睛石。キャッツアイ。
ねこ-めし【猫飯】「ねこまんま」に同じ。
ね-ごや【根小屋】《「ねこや」とも》館や城のある山のふもとの集落。「居館の小城へ押し寄せ、―まで焼き候へども」〈甲陽軍鑑・二三〉
ねこ-やなぎ【猫柳】ヤナギ科の落葉低木。川岸に多く、葉は長楕円形で、裏は白みがかっている。雌雄異株。早春、葉より先に、赤褐色の鱗片が取れて白い毛を密生した雄花穂や雌花穂が現れる。かわやなぎ。えのころやなぎ。(季 春)「一高嶺は雪をあらたにす/誓子」
ね-ごろ【値頃】〔名・形動〕品物の値うちに相応した値段であること。また、買うのにちょうど手ごろな値段であるさま。「―な(の)品」「―感」
ねごろ【根来】■和歌山県北部、岩出市の地名。根来寺の所在地。■「根来塗」の略。
ね-ころが・る【寝転がる】〔動ラ五(四)〕「寝転ぶ」に同じ。「畳に―・って新聞を読む」
ねごろ-かん【値頃感】品物の価値相応の値段である感じ。また、買い得であるという感じ。「連日の株価下落で―から買い戻しが入る」
ねごろ-ぐみ【根▽来組】江戸幕府の鉄砲百人組の一。天正13年(1585)根来寺の衆徒が豊臣秀吉に討伐されたのち、徳川家康に浜松で召し出されて組織したもの。
ねごろ-じ【根来寺】和歌山県岩出市にある真言宗の総本山。山号は一乗山。正しくは大伝法院。大治5年(1130)覚鑁が高野山に開いた伝法院に始まる。のち、根来の豊福寺に移転。正応元年(1288)頼瑜が大伝法院の堂塔をここに移し、新義真言宗の拠点としての根来寺が成立。戦国時代には多数の僧兵根来衆を擁して豊臣秀吉と対立し、焼き打ちされたが、紀州徳川家の外護により復興。天文16年(1547)完成の多宝塔は大塔形式をもつ遺構で国宝。
ねごろ-しゅう【根▽来衆】根来寺の僧兵。南北朝時代以後、特に戦国時代に鉄砲で武装して強大な勢力をもった。石山合戦で石山本願寺に味方して織田信長軍と戦ったが、のち、豊臣秀吉に滅ぼされた。根来寺衆。根来法師。
ねごろ-ぬり【根▽来塗】中世、根来寺やその近辺で主に日用品として作られた漆器。黒漆で下塗りした上に朱漆を塗ったものが多い。長年の使用で黒漆が斑文となってあらわれたものが茶人に好まれたため、それを意図的に表現したものもある。
ね-ころ・ぶ【寝転ぶ】〔動バ五(四)〕ごろりとからだを横にする。むぞうさに横になる。ねころがる。「芝生に―・んで空を見る」
(類語)寝転がる・横たわる・横たえる・寝そべる・寝る・臥す・臥せる・枕する・横臥する・安臥する・仰臥する・伏臥する・側臥する・横になる
ねごろ-ほうし【根▽来法師】ホフシ ▶根来衆
ね-こんざい【根金際】〔副〕《「根こそぎ」と「金輪際」が合わさってできた語》全部。すっかり。「元手の強い尊氏様も―ぶち負けて」〈浄・矢口渡〉
ね-ごんぞう　ゴンザウ〔副〕《「ねこんざい」の音変化》すっかり。「―取られにゃならぬ」〈伎・韓人漢文〉
ね-ざかな【根魚】▶ねうお(根魚)
ね-さがり【値下(が)り】〔名〕スル　物の値段や料金が安くなること。「野菜が―する」(類語)切り下げ・値下げ
ね-さげ【値下げ】〔名〕スル　物の値段や料金を安くすること。「売れ残りの商品を―する」
(類語)切り下げ・値下がり
ね-ざけ【寝酒】床につく前に飲む酒。(季 冬)「手さぐりの―の量をあやまたず/狩行」
ね-ざさ【根×笹】❶イネ科の植物。西日本の山野に群生し、高さ3メートルに達する。茎は地中を横に伸び、強い。葉は細長く、先が急にとがる。4、5月ごろ花をつける。❷紋所の名。❶を図案化したもの。
ね-ざし【根差(し)】❶植物が地中に根を伸ばして深く入ること。また、その根。❷ある結果を生じる物事の根源。物事の由来。「かえって小よしとの関係の上に一層深い―を持ち来した」〈万太郎・末枯〉❸家柄。素性。「もとの―賤しからぬ」〈源・帚木〉
ね-ざし【根挿(し)】挿し木の方法の一。1、2年の若い根を15センチほどに切って土中に斜めに埋め、新株を得る。
ね-ざ・す【根差す】〔動サ五(四)〕《古くは「ねさす」》❶植物が土の中に根を伸ばす。根づく。「地中深く―・した松」❷物事が定着する。「環境保護の運動が―・した」❸そこに基盤を置く。また、原因となる。もとづく。「地元に―・した企業」
(類語)根付く・因る・起因する・基づく・発する・立脚する
ね-ざと・い【寝×聡い】〔形〕文ねざと・し〔ク〕すぐ目をさますさま。「―・イ人」〈和英語林集成〉
ね-ざま【寝様】寝ているようす。寝すがた。寝相。「この睦じい―がふいと七八年前の事を思返させた」〈荷風・ふらんす物語〉
ね-ざ・む【寝覚む】〔動マ下二〕眠りから覚める。目を覚ます。「はかなくて君にわかれし後よりは―・めぬ夜なくものぞ悲しき」〈夜の寝覚・一〉
ね-ざめ【寝覚め】❶眠りから覚めること。めざめること。「―がよい」❷「寝覚め提げ重」の略。「―にもろこし餅、酒など持たせて」〈浮・一代男・六〉
(類語)目覚め・寝起き・覚醒
寝覚めが悪・い　眠りから覚めたときの気分がよくない。転じて、過去の行為を思い出し、良心に責めさいなまれる。「むごい仕打ちをした後は―・い」
ねざめ-ぐさ【寝覚め草】❶松の別名。❷オギの別名。
ねざめ-さげじゅう【寝覚め提げ重】サゲヂユウ　遊山などに使用する携帯用重箱。「―、五升樽、坊主持ちして」〈浄・油地獄〉
ねざめ-づき【寝覚め月】陰暦9月の異称。
ねざめ-どり【寝覚め鳥】鶏の別名。
ねざめのとこ【寝覚の床】長野県南西部の木曽川の景勝地。木曽郡上松町にある。浸食によって花崗岩が柱状節理の絶壁となり、多数の甌穴もある。
ね-ざや【値×鞘】取引市場で、値段の差。相場の開き。「―が大きい」
ねじ【螺=子|捻=子|捩=子|螺=旋】ねぢ《動詞「ねじ(捩)づ」の連用形から》❶円筒や円錐の面に沿って

ね

螺旋状の溝を切ったもの。溝を外面に切ったものを雄ねじ、それにはまり合うように内面に切ったものを雌ねじという。物を締めつけるのに用いる。❷ぜんまいを巻く装置。また、ぜんまい。
(類語)雄螺子・雌螺子・ボルト・ナット
螺子が緩・む　規律がゆるんで、だらだらしている。緊張を欠く。「とかく春休みは―・む」
螺子を巻・く　だらしない態度や行動などを、しかったり励ましたりしてきちんとさせる。「最近たるんでいるので少し―・いてやろう」
ねじ-あ・う【×捩じ合う｜▽捻じ合う】〔動ワ五(ハ四)〕互いにねじる。また、もみあう。組み打ちをする。「―・った末は、悪かった位言わせて仲直りして了う積であったのに」〈二葉亭・其面影〉
ねじ-あ・ける【×捩じ開ける｜▽捻じ開ける】〔動カ下一〕図ねぢあ・く〔カ下二〕ねじって無理に開ける。こじあける。「ふたを―・ける」
ねじ-あ・げる【×捩じ上げる｜▽捻じ上げる】〔動ガ下一〕図ねぢあ・ぐ〔ガ下二〕ねじって上へあげる。ねじりあげる。「相手の腕を―・げる」
ねじ-あな【螺＝子穴】雌ねじの切ってある穴。
ねじ-あやめ【×捩菖＝蒲】アヤメ科の多年草。高さ約1メートル。葉は剣状でねじれている。春、淡紫色の香りのある花を開く。朝鮮半島・中国の原産。馬藺。馬楝。(季 春)
ねじ-がい【×捩貝】イトカケガイ科の巻き貝。岩礁の潮間帯にすみ、殻高約3センチで、高い円錐形。殻表は白色で、10～15本の縦の肋がめだつ。イソギンチャクを食べる。本州以南に分布。
ねじ-き【×捩木】ツツジ科の落葉低木。山地に生え、幹が多少ねじれており、若い枝は赤い。葉は楕円形。初夏、白い壺形の小花が並んで下向きに咲く。この木炭で漆器をみがく。かしおしみ。
ね-じき【寝敷(き)】〔名〕スル「寝押し」に同じ。
ねじ-きり【×捩ぢ切り｜▽捻ぢ切り】奴などが、短い上着を着て、尻端折りをすること。「いづれも一対の―奴にて、梅の花鎗をもち」〈伎・暫〉
ねじ-きり【螺＝子切り】ボルトやナットのねじの溝を切り込むこと。また、そのための工具。
ねじ-ぎり【螺＝子×錐】刃が螺旋状になっている錐。まいぎり。
ねじきり-ばん【螺＝子切り盤】ねじ溝を切るための工作機械。
ねじ-き・る【×捩じ切る｜▽捻じ切る】〔動ラ五(四)〕つよくねじって切断する。「針金を―・る」
ねじ・く【×拗く】〔動カ下二〕「ねじける」の文語形。
ねじ-くぎ【螺＝子×釘】足の部分に雄ねじが切ってある釘。結合度が強い。
ねじ-くび【×捩ぢ首｜▽捻ぢ首】首をねじって殺すこと。また、その首。「上なる道口をかいつかんで、―にせんと振り返りて見ける処を」〈太平記・二九〉
ねじ-く・る【×捩じくる｜▽捻じくる】■〔動ラ五(四)〕ねじって回す。ねじる。「からだを―・る」■〔動ラ下二〕「ねじくれる」の文語形。
ねじ-く・れる【×捩じくれる｜▽捻じくれる｜×拗じくれる】〔動ラ下一〕図ねぢく・る〔ラ下二〕❶ねじれて曲がる。曲がりくねる。「―・れた松の幹」❷ひねくれる。「―・れた性格」
(類語)ひねくれる・すねる・ひがむ・ねじける・いじける
ねじ-ゲージ【螺＝子ゲージ】ねじ山の形と寸法を検査するゲージ。雄ねじ用と雌ねじ用とがある。
ねじけ-がま・し【×拗けがまし】〔形シク〕正常ではない。ひねくれているようである。「世にまぎれたるも、―・しきおぼえもなきほどは」〈更級〉
ねじけ・し【×拗けし】〔形ク〕ねじれゆがんでいる。「其の国王の心極めて―・くて」〈今昔・四・三一〉
ねじけ-びと【×拗け人｜×佞け人】心のひねくれた人。素直でない人。また、悪人。ねじけもの。「―らを誅せんとて」〈読・八犬伝・九〉
ねじけ-もの【×拗け者】「拗け人」に同じ。
ねじ・ける【×拗ける】〔動カ下一〕図ねぢ・く〔カ下二〕❶ねじれゆがむ。曲がりくねる。「―・けた木の幹」❷性質がひねくれる。「心の―・けた人」
(類語)曲がる・歪む・ねじくれる・ひねくれる・すねる・ひがむ・いじける
ねじ-こ・む【×捩じ込む｜▽捻じ込む】〔動マ五(四)〕❶ねじって中へ入れる。「ボルトを―・む」❷狭い所などへ無理やり押し入れる。強引に押し込む。「ポケットへ―・む」「6メートルのバーディーパットを―・む」❸相手の失敗や失言などをなじり責める。また、押しかけて抗議をする。「役所に―・む」「子供のけんかで親が―・んできた」
ねじ-コンベヤー【螺＝子コンベヤー】円筒内のスクリューが回転して品物を運搬する装置。セメントなど粉状の物の移送に適する。スクリューコンベヤー。
ねじ-じょうご【×捩じ上戸｜×拗じ上戸】酔うと理屈を並べたて人にからむくせ。また、その人。「酔えば即ち―」〈紅葉・二人女房〉
ね-しずま・る【寝静まる】〔動ラ五(四)〕夜が更け、人々が皆寝てしまってあたりがしんと静かになる。「街が―・る」(類語)静まる・静まり返る・鎮静
ねじ-そで【▽捻じ袖】►捩袖
ね-じたく【寝支度】寝るための用意。寝る準備をすること。「―を調える」
ネジド〖Nejd〗サウジアラビア中央部の高原地域。イスラム教ワッハーブ派の発祥地。
ね-しな【寝しな】《「しな」は、…するときの意の接尾語》寝ようとするとき。また、眠りについたばかりのころ。ねぎわ。「―に電話が鳴る」
(類語)寝ぎわ・寝入りばな
ね-じに【寝死に】眠っているうちに死ぬこと。「その夜の宿にして―に死にけり」〈今昔・二七・四五〉
ねじ-ぬき【螺＝子抜き】ねじを抜くのに用いる道具。
ねじ-はぐるま【螺＝子歯車】ねじ状に歯を切った歯車。二軸が互いに平行でなく、交わりもしない場合の伝動に用いる。スクリューギア。
ねじ-はちまき【×捩じ鉢巻(き)】「捩り鉢巻き」に同じ。「―の男」〈中勘助・銀の匙〉
ねじ-ばな【×捩花】ラン科の多年草。草地や芝生に生え、高さ5～30センチ。広線形の葉が根もとから出る。夏、花茎に多数の桃紅色の小花が螺旋状に並んでつく。もじずり。(季 夏)「―のまことねぢれてゐたるかな／時彦」
ねじ-ふ・せる【×捩じ伏せる｜▽捻じ伏せる】〔動サ下一〕図ねぢふ・す〔サ下二〕❶相手の腕をねじって倒し、押さえつける。「暴漢を―・せる」❷強引に、相手を屈伏させる。「理屈で―・せる」
(類語)押さえる・押さえ込む・押さえ付ける・押し付ける・組み伏せる・組み敷く
ねじ-プロペラ【螺＝子プロペラ】►スクリュー
ねじ-ポンプ【螺＝子ポンプ】シリンダー内でねじ形のローターを回転させ、流体を吸い込み押し出すポンプ。
ねじ-マウント【螺＝子マウント】►スクリューマウント
ねじ-ま・げる【×捩じ曲げる｜▽捻じ曲げる】〔動ガ下一〕図ねぢま・ぐ〔ガ下二〕❶ねじって曲げる。「鉄をも―・げる怪力」❷故意にゆがめる。「事実を―・げた報道」
(類語)曲げる・折り曲げる・ひん曲げる・歪める
ねじ-まわし【螺＝子回し】ねじなどを締めたり抜き取ったりする工具。ドライバー。
ねじ-む・く【×捩じ向く｜▽捻じ向く】■〔動カ五(四)〕体をねじってある方向に向く。「屋台のうしろに腰かけたまま、―・いて通りを見た」〈鏡花・玄武朱雀〉■〔動カ下二〕「ねじむける」の文語形。
ねじ-む・ける【×捩じ向ける｜▽捻じ向ける】〔動カ下一〕図ねぢむ・く〔カ下二〕ねじって、ある方向に向かせる。「無理にからだを―・ける」
ね-じめ【音締め】三味線・琴などの弦を締めて、音調を整えること。また、その音の冴えや音色。
ね-じめ【根締め】❶移植した樹木の根もとの土をつき固めること。❷庭木や鉢植えの木などの根もとに植える草。❸生け花で、挿した花や枝などの根もとを締め、形を整える花材。「―に小菊をさす」❹ゆるまないように物事の根本を締め固めること。「おつう―をきめてゐるな」〈伎・四谷怪談〉
ねじめ-しょういち【ねじめ正一】[1948～　]詩人・小説家。東京の生まれ。本姓、禰寝。民芸店を営む傍ら詩を書き、饒舌な作風とパフォーマンスで現代詩の大衆化に力を尽くした。「高円寺純情商店街」で直木賞を受賞し、その後は小説・エッセーに重点を移す。他に「熊谷突撃商店」「眼鏡屋直次郎」、詩集「ふ」など。
ね-しゃか【寝▽釈×迦】《「ねじゃか」とも》釈迦入滅のときの寝姿をかたどった像。涅槃像。寝仏。(季 春)「小うるさい花が咲くとて―かな／一茶」
ねじ-やま【螺＝子山】ねじの溝と溝との間の突起している部分。スクリュースレッド。
ね-しょうが【根生×姜】ショウガの根の部分。ひねしょうがなどにし、食用。
ね-しょうがつ【寝正月】どこにも出かけず正月を家でゆっくり寝て過ごすこと。また、病気で正月を寝て過ごす場合、縁起をかついでいう。(季 新年)「次の間に妻の客あり―／草城」
ね-しょうべん【寝小便】睡眠中に無意識にする小便。夜尿。おねしょ。(類語)おねしょ・夜尿・遺尿・粗相・失禁・おもらし・垂れ流し
ねじ-よ・る【×捩ぢ寄る｜▽捻ぢ寄る】〔動ラ四〕じわじわとそばに寄る。にじり寄る。「花の本には―・り、立ち寄り」〈徒然・一三七〉
ねじり【×捩り｜▽捻り】❶ねじること。ねじったもの。❷枠糸をねじって一括にしたもの。
ねじり-あめ【×捩り×飴】さらし飴を細長くし、ねじったもの。
ねじり-しけん【×捩り試験】金属材料のねじりに対する強さを測定する試験。
ねじり-ばかり【×捩り×秤】►ねじればかり
ねじり-はちまき【×捩り鉢巻(き)】〔名〕スル　手ぬぐいをねじって頭に巻き、額で結んだ鉢巻き。ねじはちまき。「―して御輿をかつぐ」
ねじり-ぼう【×捩り棒】ねじった形のおこし。駄菓子の一。
ねじり-モーメント【×捩りモーメント】►トルク
ね・じる【×捩じる｜▽捻じる｜×拗じる】〔動ザ上一〕図ね・づ〔ダ上二〕❶「ねじ(捩)る■」に同じ。「手鍋の下の瓦斯を―・じた」〈三重吉・桑の実〉「鳴かぬ雁の頸を―・ぢて殺して」〈今昔・一〇・一二〉❷くねり曲がる。ねじれる。「柱ガー・ヂタ」〈日葡〉(補説)現在は、単独で用いられることは少なく、「ねじ切る」「ねじ込む」のように複合動詞の形で用いられる。
ね・じる【×捩る｜▽捻る｜×拗る】■〔動ラ五(四)〕《近世以降上二段動詞「ねず」が四段にも活用するようになったもの》❶細長いものの両端に力を加えて、互いに逆の方向に回す。また、一端を固定して、他の一端を無理に回す。ひねる。「針金を―・る」「腕を―・る」「水道の栓を―・る」❷体の筋をちがえる。捻挫する。「足首を―・る」(可能)ねじれる■〔動ラ下二〕「ねじれる」の文語形。
(用法)ねじる・ひねる――「体をねじる(ひねる)」「水道の栓をねじる(ひねる)」など、ひねって回すの意では相通じて用いられる。◇力を入れて回すときは「ねじる」、指先で軽く回すようなときは「ひねる」と使い分けることがある。「びんのふたをねじって開ける」「スイッチをひねる」◇「転んだはずみに足首をひねって痛めた」「腰をひねって医者にかかる」などでは「ねじる」を用いない。◇「ひねる」の方が意味の範囲が広い。「頭をひねる」「首をひねる」「俳句をひねる」「強敵にあっさりひねられた」などの使い方は「ねじる」にはない。◇類似の語「よじる」も「腹をよじって笑う」など、使い方は限られている。
(類語)ひねる・よじる・くねらす・回す・曲げる
ねじれ【×捩れ｜×拗れ｜▽捻れ】❶ねじれること。ねじれていること。また、ねじれたもの。「庭木の―」「縄の―を戻す」❷本来の関係からずれた状態にあ

ること。ちぐはぐになっていること。「党本部と県連で支援に一が生じる」「一現象」「一国会」❸物体の一端を固定し、他端をその軸に対して直角の面内で回転させたときに物体に生じる変形。

ねじれ-ぎり【×捩れ×錐】ねじれ ▶ドリル

ねじれ-こっかい【×捩れ国会・×拗れ国会・▽捻れ国会】衆議院と参議院で、与党・野党の議席数における優位が逆転した状態で開催される国会のこと。通常、参議院で野党が過半数を獲得した状態をいう。逆転国会。➡与党(補説)

ねじれネマティック-えきしょう【×捩れネマティック液晶】▶TN液晶

ねじれ-ばかり【×捩れ×秤】弾性体のねじれを利用して、微小な力を測定する装置。金属や石英の細線を用い、これにつるした物体に偶力が働いたときの線のねじれの角度から測定するものなどがある。万有引力や電磁気力の測定に使用。ねじりばかり。

ねじれ-ばね【×撚×翅】ネジレバネ目の昆虫の総称。体は微小。雄は前翅が退化し棍棒状でねじれており、後ろ翅は膜質で扇状。雌は蛆状。他の昆虫に寄生する。幼虫は寄主の体内に入ると脱皮して無脚となり、寄主を中性化させる。完全変態。撚翅類。

ねじれ-ふりこ【×捩れ振(り)子】細い針金の上端を固定し、下端におもりをつけ、ねじれを与えて振動させる振り子。その振動周期から針金の剛性率が求められる。ねじりふりこ。

ねじ・れる【×捩れる・▽捻れる・×拗れる】〔動ラ下一〕図ねぢ・る〔ラ下二〕❶細長いものが、くねり曲がる。ねじられた状態になる。「コードが一・れる」❷気持ちが素直でなくなる。ひねくれる。素直なやり取りができない状態になる。「性根が一・れている」「あの一言を機に上司との関係が一・れてしまう」❸本来の関係からずれた状態にある。うまく対応せず、ちぐはぐな関係になる。「党本部と県支部が一・れたまま選挙戦に突入」(補説)「腹がねじれるほどおかしい」などという表現を見かけるが、「腹の皮が捩れる」からの誤用か。

(類語)よじれる・ねじくれる・ねじける・ひねくれる

ね-じろ【根白】流水に洗われるなどして草木の根の白いこと。「木鍬持ち打ちし大根一の白腕」〈記・下・歌謡〉

ね-じろ【根城】❶本拠とする城。主将の居城。本城。➡出城 ❷行動の根拠とする場所。根拠地。「町はずれの旅館を一に取材を進める」(類語)本拠

ねじろ-ぐさ【根白草】セリの別名。

ねじろ-たかがや【根白高×萱】川水などに洗われて、根が白く高く現れた萱。「川上の一あやにあやにさ寝さ寝てこそ言に出にしか」〈万・三四九七〉

ね・す【寝す】〔動サ下二〕「ねせる」の文語形。

ね・す【▽熱す】〔動サ変〕《「ねっす」の促音の無表記》熱が出る。発熱する。「女院、もの(＝ハレモノ)一・せさせ給ひて」〈栄花・鳥辺野〉

ねず【杜＝松】ヒノキ科の常緑樹。山地の日当たりのよい斜面に生え、高さ約15メートルになる。樹皮は灰色がかった赤褐色で、葉は針状に堅くとがり、3枚ずつつく。雌雄異株で、4月ごろ雄花や雌花がつく。実は球形で熟すと黒紫色になる。庭木や盆栽にする。むろのき。ねずみさし。

ねず【×鼠】「ねずみ」の略。「一公」「銀一」

ね・ず【×捩づ・▽捻づ・×拗づ】〔動ダ上二〕「ね(捩)じる」(動ザ上一)の文語形。

ねず-お【根▽助緒】指貫の裾のくくり方の一。結び余りの紐の先を出して垂らすもの。

ねず-が-せき【念珠ヶ関・鼠ヶ関】古代、越後と出羽の国境(現在の山形県鶴岡市鼠ヶ関)に置かれた関所。勿来の関・白河の関とともに奥州三関の一。ねんじゅのせき。

ね-すがた【寝姿】寝ている姿。「あられもない一」

(類語)寝相・寝様

ね-す・ぎる【寝過ぎる】〔動ガ上一〕図ねす・ぐ〔ガ上二〕❶いつもより時間を長く寝てしまう。「一・ぎて頭がぼんやりする」❷「寝過ごす」に同じ。「一・ぎて列車に遅れる」(類語)寝過ごす・寝坊

ね-すぐ・す【寝過ぐす】〔動サ四〕「寝過ごす」に同じ。「恐ろしと思ひ明かし給ひける名残りに一・して」〈源・野分〉

ネス-こ【ネス湖】《Ness》英国スコットランド北西部にある細長い湖。全長38.5キロ、最大水深230メートル。カレドニア運河と結ばれる航路。怪獣ネッシーがすむという言い伝えがある。

ねず-こ【×鼠子】ヒノキ科の常緑高木クロベの別名。

ネスコイプスタズル〖Neskaupstaður〗アイスランド東部の港町。18世紀以来の漁港があり、19世紀以降、同国東部で最大の港町になった。現在はスキーやハイキングなどの観光拠点として知られる。

ね-すご・す【寝過ごす】〔動サ五(四)〕起きる予定の時刻が過ぎても寝ている。「一・して遅刻する」

(類語)寝過ぎる・寝坊

ねずっ-ぽ【×鼠▽坊】ウバウオ目ネズッポ科の海水魚の総称。ヌメリゴチ・ネズミゴチなど。

ネスティング〖nesting〗❶外で遊び回らず、自分の部屋を居心地よく演出することを重視するライフスタイル。インテリアに凝ったり、自分の趣味に合う食器や家具をそろえて恋人や親しい友人を招き、食事やゲームを楽しんだりする。❷▶ネスト❹

ネスト〖nest〗❶鳥や昆虫の巣。すみか。❷隠れ家。安心できる住まい。❸入れ子。入れ子になっている一組のもの。「一テーブル」❹ストラクチャード(構造化)プログラミングにおいて、複数の命令群を何層にも組み合わせ、内包させながらプログラムを構成すること。ネスティング。

ネストリウス〖Nestorius〗[381〜451ころ]コンスタンチノープルの大主教。シリア生まれ。キリストの神性と人性の一致およびマリアに対する「神の母」の呼び名を否定し、431年、エフェソス公会議で異端の宣告を受けて追放された。

ネストリウス-は【ネストリウス派】ネストリウスの説を支持するキリスト教の一派。シリア、ペルシアからアジア各地に布教。インドに伝えられて聖トマス派となり、630年代に中国に伝えられて景教とよばれた。

ネストル〖Nestōr〗ホメロスの叙事詩「イリアス」「オデュッセイア」の中で活躍するピュロスの王。トロイ遠征軍中の最年長で、さまざまな助言を行う。

ネストル〖Nestor〗[1056〜1114]ロシアの修道僧。ロシア最古の年代記の編者。

ねず-なき【×鼠鳴き】❶ネズミが鳴くこと。また、その鳴き声。ねずみなき。「うつくしきもの…雀の子の一するに踊り来る」〈枕・一五一〉❷人がネズミの鳴き声をまねて出す声。人の注意を促したり、合図をしたりするときにする。ねずみなき。「(大人ガ子供ニ)一しかけ給へば」〈夜の寝覚・二〉

ねず-の-ばん【▽不▽寝の番】❶一晩じゅう眠らないで番をすること。また、その人。不寝番。ねずばん。❷江戸時代、遊女屋で、灯火の油などをさしたりしながら、一晩じゅう起きていて火の用心をする者。ねずばん。「廊下には一、多くの行灯を並べ掃除してゐる」〈洒・錦之裏〉

ねず-ばしり【×鼠走り】「ねずみばしり」に同じ。

ねず-ばん【▽不▽寝番】「ねずのばん」に同じ。

ねずみ【×鼠】❶齧歯目ネズミ科の哺乳類の総称。一般に小形で、体毛は灰色・黒褐色で尾は細長い。犬歯はなく、一対の門歯が発達し一生伸び続ける。繁殖力は旺盛だが、寿命は短い。農作物・貯蔵穀物などに甚大な損害を与え、また病気を媒介する。❷「ねずみ色」の略。❸ひそかに害をなす者。❹つまらない者。「ただの一ではない」

(下接語)藍鼠・赤鼠・油鼠・家鼠・薄鼠・萱鼠・川鼠・関節鼠・絹毛鼠・木鼠・銀鼠・熊鼠・黒鼠・毛長鼠・小鼠・濃鼠・独楽鼠・子守鼠・地鼠・麝香鼠・白鼠・大黒鼠・田鼠・旅鼠・月の鼠・天竺鼠・尖鼠・棘鼠・跳鼠・溝鼠・南京鼠・濡れ鼠・野鼠・畑鼠・二十日鼠・針鼠・火鼠・姫鼠・袋鼠・葡萄鼠・舞鼠・谷地鼠・鎧鼠・利休鼠

鼠が塩を引く《ネズミが塩を引いて行くのは少量ずつだが、度重なっていつの間にか多量になるところから》小事が積もり積もって大事になることのたとえ。また、少しずつ減っていったあげくに、すっかりなくなってしまうことのたとえ。

鼠壁を忘る壁鼠を忘れず　ネズミは自分がかじった壁のことなど忘れているが、壁はネズミにかじられたことを忘れない。苦しめられた恨みは長く消えないことのたとえ。

鼠に引かれる　家の中に一人きりでいて、さびしいことのたとえ。

ねずみ-あな【×鼠穴】壁などにネズミがかじってあけた穴。

ねずみ-いらず【×鼠入らず】ネズミが入らないように作った食器棚。

ねずみ-いるか【×鼠海＝豚】クジラ目ネズミイルカ科の哺乳類。体長約1.8メートル。頭が丸く、吻はとがっていない。北半球の温帯・寒帯の海に分布。

ねずみ-いろ【×鼠色】ネズミの毛色のような淡黒色。灰色。ねず。「一の目立たないスーツ」

(類語)灰色・グレー

ねずみ-おい【×鼠生ひ】生まれたばかりのネズミ程度に非常に小さく幼いこと。「小さきよりも、世に言ふなる一のほどにだにあらぬを」〈かげろふ・下〉

ねずみ-おとし【×鼠落(と)し】ネズミをその中に落とし入れて捕らえる器具。

ねずみ-がえし【×鼠返し】ネズミの侵入を阻むための装置。校倉・板倉の支柱や蔵の入り口に取り付ける逆斜面の板の類。

ねずみ-かべ【×鼠壁】ねずみ色に塗った壁。

ねずみ-がみ【×鼠紙】反故紙などをすき返した、ねずみ色の紙。

ねずみ-カンガルー【×鼠カンガルー】有袋目カンガルー科ネズミカンガルー亜科の哺乳類の総称。ウサギ大で、9種ほどがオーストラリアおよびタスマニアの一部に分布。草食性。地中に巣を作り、巣材の草や小枝を尾で束ねるように巻いて運ぶ。

ねずみ-きど【×鼠木戸】❶木戸や門扉に設ける小さなくぐり戸。ねずみど。❷江戸時代、芝居・見世物小屋などの木戸に設けた無料入場を防ぐための狭いくぐら戸。ねずみど。❸民家の台所などに設ける、細い桟を打った格子戸。

ねずみ-げ【×鼠毛】馬の毛色の一。ねずみ色のもの。

ねずみ-こう【×鼠講】加入者がねずみ算式に会員を増やすことにより、加入金額以上の金銭を得る一種の金融組織。昭和53年(1978)制定の「無限連鎖講の防止に関する法律」(通称、ねずみ講防止法)で禁止された。無限連鎖講。

ねずみこう-ぼうしほう【×鼠講防止法】《「無限連鎖講の防止に関する法律」の通称》終局的には破綻する性質を持つねずみ講(無限連鎖講)に関与する行為を禁止し、ねずみ講がもたらす社会的な害悪を防止するための法律。昭和53年(1978)制定、翌年施行。無限連鎖講防止法。

ねずみ-こぞう【鼠小僧】[1795〜1832]江戸後期の盗賊。名は次郎吉。動作が敏捷なのでこの名で呼ばれた。大名屋敷だけに忍び入ったといい、獄門に処せられた。小説・講談・戯曲などに多くとりあげられる。

ねずみ-ごち【×鼠×鯒】ネズッポ科の海水魚。全長約20センチ。ヌメリゴチに酷似し、しばしば混称される。食用。のどくさり。めごち。

ねずみ-ごっこ【×鼠ごっこ】「いたちごっこ」に同じ。「鶴と亀の齢が一をしなくっちゃあ、追付きゃあしやせん」〈総生寛・西洋道中膝栗毛〉

ねずみ-こもん【×鼠小紋】ねずみ色の地に小紋を染め出した布。

ねずみ-ごろも【×鼠衣】ねずみ色の法衣。「小僧が破れた一に歯欠け下駄を穿いて」〈木下尚江・良人の自白〉

ねずみ-こんじょう【×鼠根性】ネズミのように、こそこそと悪事をはたらくずるい性質。「にくむ処枉

惑わくなる―なるかな」〈咄・醒睡笑・四〉

ねずみ-さし【×鼠刺】ヒノキ科の常緑樹ネズの別名。

ねずみ-ざめ【×鼠×鮫】ネズミザメ目ネズミザメ科の海水魚。全長約3メートル。背面は黒く、腹側に小斑が散在。寒海に分布し、サケ・マスを食べる。卵胎生。食用。らくだざめ。もうか。

ねずみ-ざん【×鼠算】❶和算の計算問題の一。正月に雌雄2匹のネズミが12匹の子を産み、2月にはその親子のネズミ七つがいがそれぞれ12匹の子を産み、毎月このようにネズミが増えていくと12月には何匹になるかという問題で、2×7^{12}すなわち276億8257万4402匹になる。鼠の子算用。❷急激にふえていくことのたとえ。「―式に増える」

ねずみ-じょうど【×鼠浄土】ジヤウド 昔話の一。爺じいが落として転がった握り飯を追って穴へ入ると、鼠の国へ案内され、歓待されたうえに土産をもらって帰る。隣の爺がまねをして穴へ入り、猫の鳴き声をまねると穴が崩れて埋まってしまうというもの。

ねずみ-せん【×鼠×銑】破断面がねずみ色の銑鉄。炭素を黒鉛の状態で多量に含み、鋳造性にすぐれる。

ねずみ-たけ【×鼠×茸】ホウキタケの別名。

ねずみ-つき【×鼠突き】未熟な槍やりの使いよう。また、槍術の未熟な者をあざけっていう語。「彦九郎あざ笑ひ、なんのおのれが―」〈浄・堀川波鼓〉

ねずみ-ど【×鼠戸】❶「鼠木戸ねずみきど❶」に同じ。❷「鼠木戸❷」に同じ。「―の口も塞ふさがりて、入るべき方もなし」〈太平記・二七〉

ねずみ-とり【×鼠取り┆×鼠捕り】❶ネズミを捕らえること。また、その器具や薬剤。❷《ネズミを捕食するところから》アオダイショウの別名。❸警察が行う交通速度違反の取り締まりをいう俗語。➡オービス

ねずみ-なき【×鼠鳴き】「ねずなき」に同じ。「簾の内から―、何事かと寄る袖の時雨」〈浮・新色五巻書・三〉

ねずみ-の-お【×鼠の尾】ヲ イネ科の多年草。日当たりのよい地に生え、高さ50～70センチ。葉は線形。夏から秋、ネズミの尾に似た淡緑色の穂が茎の上部に集まってつく。(季 秋)

ねずみのこ-さんよう【×鼠の子算用】「鼠算ねずみざん❶」に同じ。

ねずみ-のみ【×鼠×蚤】ネズミに寄生するノミ。ケオプスネズミノミ・ヤマトネズミノミなど。人体にも寄生し、ペストなどを媒介する。

ねずみ-の-よめいり【×鼠の嫁入り】昔話の一。ネズミの夫婦が秘蔵の娘に天下一の婿をとろうとして、太陽・雲・風・築地と、次々に申し込むが、結局は同じ仲間のネズミを選ぶという話。ねずみの婿取り。

ねずみ-ばしり【×鼠走り】門または出入り口などの、扉の枢くるるを受けるために柱間に渡した梁はり。とかみ。ねずばしり。

ねずみ-はなび【×鼠花火】小さな花火の一。火薬を詰めた細い紙の管を小さい輪にしたもの。火を付けるとネズミのように地面を走り回り、破裂する。ねずみ火。(季 夏)

ねずみ-はんぎり【×鼠半切り】ねずみ色の半切り紙。漉すき返しの悪紙。

ねずみ-ばんし【×鼠半紙】ねずみ色の粗末な半紙。

ねずみ-まい【×鼠舞ひ】マヒ（ネズミが穴を出ようか出まいかとようすをうかがうように）ためらうこと。まごまごすること。ねずまい。「猪武者の尾につきて、―せし松寿が徒然」〈読・弓張月・残〉

ねずみ-もち【×鼠×黐】モクセイ科の常緑低木。暖地に自生。葉は楕円形でつやがあり、モチノキに似る。夏、白色の小花を円錐状に密につけ、果実は楕円形で黒紫色に熟し、ネズミの糞ふんに似る。生垣に使われ、剪定せんていに強い。たまつばき。ひめつばき。ねずもち。(季 花＝夏┆実＝冬)

ね-す・む【寝住む】〔動マ四〕ずっと一緒に暮らす。「年を経て君をのみこそ―・みつれ異腹ことはらにやは子をばうむべき」〈拾遺・物名〉

ねず-もち【×鼠×黐】▶ねずみもち

ネスラー-しやく【ネスラー試薬】アンモニアおよびアンモニウム塩の検出用の試薬。沃化ようカリウム・沃化水銀を含む水溶液。微量のアンモニアで黄褐色を示す。ドイツの化学者ネスラー(J.Nessler)が発明。

ね-ずり【根×摺り】ムラサキソウの根ですり染めること。また、染めたもの。「みかりするかきの―の衣手に乱れもどろにしめるわが恋」〈経信集〉

ねすり-ごと【ねすり言】皮肉。いやみ。あてこすり。「向うの主人もお前の姿を褒めて居るそうに聞いたぞと、碌でもなき―」〈一葉・われから〉

ねず・る〔動ラ四〕皮肉る。あてこする。「子にかへての義理立てはおかしいのいやらしいのと―・られて」〈浄・槐久末松山〉

ねず・る【×舐る】〔動ラ四〕「ねぶる」に同じ。「唇を―・りまはし」〈滑・膝栗毛・三〉

ねせ-つ・ける【寝せ付ける】〔動カ下一〕図ねせつ・く〔カ下二〕「寝かし付ける」に同じ。「むずかる子を―・ける」

ネセバル〖Nesebar〗ブルガリア東部、黒海に面する町。古代トラキア人集落メネブリアに起源し、紀元前6世紀初頭に古代ギリシャの植民都市メセンブリアが建設され、アポロニア(現ソゾポル)とともに海上交易の拠点として栄えた。続いて古代ローマ帝国、東ローマ帝国に支配され、第一次ブルガリア帝国時代に現名称に改称。第二次ブルガリア帝国時代に最盛期を迎えたが、十字軍に征服されて東ローマ帝国に復帰した。以降、オスマン帝国支配が続き、19世紀末よりブルガリア領。黒海に突き出た半島部に聖パントクラトール教会、聖ステファン教会などの歴史的建造物が残る。3000年にわたる歴史を有する古都として知られ、1983年に世界遺産(文化遺産)に登録された。

ね-ぜり【根×芹】セリ。根を食用とするところからいう。(季 春)「我が事と鰌どじょうの逃げし―かな／丈草」

ね・せる【寝せる】〔動サ下一〕図ね・す〔サ下二〕寝るようにする。寝かす。「赤ん坊を―・せる」

(類語)寝かす・寝かせる

ねそ《副詞「ねそねそ」から》鈍重で気が利かないこと。また、そのような人。「大宮司の―殿がいつの間にやらちょろまかし」〈浄・猿丸太夫鹿巻毫〉

ネソ〖Neso〗海王星の第13衛星。2002年に発見された。名の由来はギリシャ神話の海のニンフ。海王星からの軌道距離は平均で4860万キロ、最も離れると7200万キロ(地球と月の距離の約190倍)に達し、太陽系の衛星で最大。非球形で平均直径は40～60キロ。

ね-そう【▽年▽星┆▽年▽三】ザウ《「ねんそう」の撥音の無表記》陰陽家で、開運を祈って、その人の生まれた年にあたる属星ぞくしょうをまつること。また、正月・5月・9月の年に三度行う精進。「世をいと憂きものにおぼして―などし給ふ」〈源・玉鬘〉

ね-ぞう【寝相】ザウ 眠っているときのかっこう。ねざま。ねずまい。「―が悪い」(類語)寝姿・寝様

ねそ-ねそ〔副〕言語・動作が鈍重であるさま。「そばから―上方の産まれと見えて」〈根無草・後〉

ね-そび・れる【寝そびれる】〔動ラ下一〕図ねそび・る〔ラ下二〕寝る時機を失って眠れなくなる。寝そこなう。「長電話のせいで―・れてしまった」

ね-そべ・る【寝そべる】〔動ラ五(四)〕横になったり腹ばいになったりして、ゆったりとからだを伸ばす。「床に―・る」

(類語)横たわる・寝転ぶ・寝転がる・寝る・臥ふす・臥ふせる・枕まくらする・横臥おうがする・安臥あんがする・仰臥ぎょうがする・伏臥ふくがする・側臥そくがする・横になる

ね-そ・む【寝初む】〔動マ下二〕男女が初めて共寝をする。「そき板もち葺ふける板目のあはざらばいかにせむとか我が―・めけむ」〈万・二六五〇〉

ね-ぞろい【根×揃い】ゾロヒ ❶根がそろっていること。❷髪を結ったとき、鬢びんや前髪などの根がそろっていること。ねぞろえ。「まことにお上手だね。―から何から、きまったものだ」〈滑・浮世風呂・三〉

ねた《「たね(種)」を逆さ読みにした語》❶新聞記事・文章などの材料。「小説の―」❷証拠。「―があがる」❸奇術などの仕掛け。「―を明かす」❹料理などの原料。また、材料。「すしの―」

(類語)(❶)種たね・素材・題材・材料・もと・出所・ソース／(❷)証拠・証しょう・あかし・証左・裏付け・裏

ねたが割・れる　手品などの仕掛けがばれる。また、たくらみがばれる。「狂言強盗の―・れる」

ねた【▽妬┆▽嫉】《形容詞「ねた(妬)し」の語幹から》ねたましいこと。また、恨みに思うこと。根にもつこと。「宵に悪口あっこうせられしその―に、わざと口を裂かるるとぞ」〈曽我・九〉

妬に籠こ・む　いつまでも恨みに思う。根にもつ。「きさとねんごろ致せしを由兵衛めが―・み」〈浄・今宮の心中〉

ね-だ【根太】❶床板を支える横木。「―が腐る」❷❶の上に張る板。床板ゆかいた。ねだいた。

ね-だい【寝台】寝床にする台。ベッド。しんだい。

ねだ-いた【根太板】「根太❷」に同じ。

ね-だおし【根倒し】ダフシ 根のついたまま抜いて倒すこと。「強風で街路樹が―にされる」

ねた-おろし【ねた下ろし】《「ねた」は「たね(種)」を逆さ読みにした語》落語や漫才などで、初めてその芸を高座で演じること。

ねだ-かけ【根太掛(け)】根太の端を受けるために柱に取り付けた横木。

ねた-が・る【▽妬がる】〔動ラ四〕ねたましく思う。悔しがる。うらめしく思う。「かくいかう猛たけき身に生まれて、なんぢを―・りて」〈宇治拾遺・八〉

ねた-きり【寝た切り】横になったまま起きられないこと。「―の病人」

ねだ-ぎり【根太切り】あるだけ全部を出し尽くすこと。ありったけ。ねこそぎ。ねだっきり。「もう―でごんすか」〈浄・源頼家源実朝鎌倉三代記〉

ねた-げ【▽妬げ┆▽嫉げ】〔形動ナリ〕❶ねたましいさま。憎らしくて腹立たしいさま。「かくほかに歩けどさらに―にも見えずなどあれば」〈大和・一四九〉❷ねたましく感じられるほどすばらしいさま。りっぱであるさま。「ほととぎすは…はたかくれたるも―なる心ばへなり」〈枕・四一〉

ね-だけ【根竹】竹の根もとの部分。

ねた・し【▽妬し┆▽嫉し】〔形ク〕❶うらやましくねたましい。また、ねたましく思われるほどすばらしい。「心にくく―・き音ねぞまされる」〈源・明石〉❷憎らしい。残念である。「哀れなるかな、―・きかな、我が大師、何の過あやまち在おはしまして」〈今昔・一二・一三〉

ね-だな【根×柵┆根棚】▶加敷かじき

ね-だに【根×蜱】コナダニ科ネダニ属のダニの総称。体長0.7ミリほどで乳白色。チューリップ・ヒヤシンスなどの球根につき、害を与える。

ね-たば【▽寝刃】刀剣の、切れ味の鈍くなった刃。「―を研ぐ」

寝刃を合わ・す　刀剣の刃を研ぐ。転じて、こっそり悪事をたくらむ。

ね-タバコ【寝タバコ】寝床の中でタバコを吸うこと。また、そのタバコ。

ねた-ばれ　仕掛け(ねた)が事前にわかって(ばれて)しまうこと。主に映画・演劇・小説・漫画などの作品の内容や結末が露見すること。また、その情報。「―注意」

ねたまし・い【妬ましい┆▽嫉ましい】〔形〕図ねたま・し〔シク〕《「ねた(妬)む」の形容詞化》うらやましくて憎らしい。悔しい。「人気のある新人が―・い」(派生)ねたましげ〔形動〕ねたましさ〔名〕(類語)羨ましい・嫉妬

ねたま・す【▽妬ます┆▽嫉ます】〔動サ四〕ねたむように仕向ける。悔しがらせる。「―・しきこゆれば、あなかしがましと」〈源・総角〉

ねたみ【妬み┆▽嫉み】ねたむこと。嫉妬しっと。そねみ。「―を買う」「―から告げ口をする」

(類語)そねみ・ひがみ・うらやみ

ねた・む【妬む┆▽嫉む】〔動マ五(四)〕❶他人が自分よりすぐれている状態をうらやましく思って憎む。ねたましく思う。そねむ。「同僚の昇進を―・む」❷男女

間のことで嫉妬する。やきもちをやく。「妻一・める気色もなくて過ごしけり」〈十訓抄・八〉❸腹を立てる。恨み嘆く。「いと憂しと思へど、さらに言ひも一・まず」〈大和・一五八〉

(用法)ねたむ・そねむ――「先に昇進した同期生をねたむ(そねむ)」など、うらやみ憎む意では相通じて用いられる。◆「順調な出世をそねみ、ねたまれる」のように重ねて使われることもある。また、「そねむ」の方が「ねたむ」に比べて、憎みうらむ気持ちが強い。

(類語)そねむ・やっかむ・やく・羨む・嫉妬・羨望

ね-だめ【寝×溜め】〔名〕スル 睡眠不足を予測して、あらかじめ十分に寝ておくこと。「休日に一する」

ね-だやし【根絶やし】❶根まで全部取って絶やすこと。「雑草を一にする」❷物事の根本から取り去ること。根絶すること。「悪を一にする」

ねだり【強＝請り】ねだること。せがむこと。「おやつのお一」

ねだり-がまし・い【強＝請りがましい】〔形〕(文)ねだりがま・し〔シク〕いかにもねだるようである。ゆするようである。「一・く催促する」

ねだり-ごと【強＝請り事】ねだること。せがむこと。また、言いがかりをつけて金品などを要求すること。「一をいわずに遣って呉れ」〈円朝・真景累ヶ淵〉

ね-だ・る【根足る】〔動ラ四〕根が十分に伸びて張る。「竹の根の一・る宮」〈記・下・歌謡〉

ねだ・る【強＝請る】㊀〔動ラ五(四)〕❶甘えたり、無理に頼んだりしてほしいものを請い求める。せがむ。せびる。「小遣いを一・る」「おもちゃを一・る」❷難くせをつけて要求する。ゆする。「おれを一・って銀取らうとは」〈浄・曽根崎〉❸ぐずぐず文句を言う。ごねる。「客様さへ紛らかしてくれなさるに、華車様聞こえぬと一・りけるを」〈咄・軽口大黒柱・四〉㊁〔動ラ下二〕㊀に同じ。「たった今給はらんとぞ一・れける」〈浄・百日曽我〉(類語)(❶)せがむ・せびる・無心する・求める

(用法)ねだる・せがむ――「小遣いをねだる(せがむ)」「公園に連れていってとねだる(せがむ)」など、物や行為を求める意では相通じて用いられる。◆「ねだる」のほうが用いられる範囲が広く、物品に関しても行動に関しても言う。また「無いものねだり」「おねだり」のような名詞的用法も「ねだる」に限られる。◆「せがむ」のほうは、「幼児が母親に抱いてとせがむ(＝だっこをせがむ)」のように、行為を要求する場合に多く用いる。◆類似の語に「せびる」がある。しつこく強要して金や物をもらう意がより強い。「しつこく申し出て、相当の金品をせびり取った」

ねだれ【強＝請れ】強いて請い求めること。ゆすること。また、その人。「やい、待て、待てと、一の胴声」〈浄・堀川夜討〉

ねだれ-ごと【強＝請れ言】ねだっていう言葉。ゆする言葉。「理屈をつめて一、腹が立つやら憎いやら」〈浄・冥途の飛脚〉

ねだれ-もの【強＝請れ者】物をねだる人。言いがかりをつけてゆする人。ねだりもの。「一か知らぬ、粗相をすな」〈浄・阿波鳴渡〉

ね-だん【値段｜▽直段】売買されるときの金額。あたい。価格。「一が安い」「一をつける」

(類語)値・価格・物価・価・金額・単価

ね-ちがい【寝違い】寝違えること。寝違え。

ね-ちがえ【寝違え】寝違えること。

ね-ちが・える【寝違える】〔動ア下一〕(文)ねちが・ふ〔ハ下二〕睡眠時の姿勢が悪くて、首などの筋を痛める。「肩の筋を一・える」

ネチケット〘netiquette〙《network＋etiquetteから》ネットワーク上で情報や意見を交換したりする際のマナー。ネットワーク上でのエチケットという意味。

ねち-こ・い〔形〕「ねちっこい」に同じ。

ネチズン〘netizen〙《network＋citizen(市民)から》インターネットなどのコンピューターネットワーク上で活動する人々。

ねちっ-こ・い〔形〕ねちねちしている。しつこい。ねちこい。「一・い性格」「一・く説教する」(派生)ねちっこさ〔名〕

ねち-ねち〔副〕スル ❶ねばねばしているさま。不快に粘つくさま。「アスファルトがとけて一する」❷性質や話しぶりがしつこいさま。くどくてさっぱりしないさま。「一(と)愚痴をこぼす」「一(と)した人物」

ねちみゃく《「ねぢみゃく」とも》言語・動作・性格などが、ぐずぐずして思い切りの悪いこと。くどくて、さっぱりしないこと。「ねばうかたう一するは鬼も笑はん」〈浮・今様廿四孝〉

ねち-もの【ねち者】ごたごた言って人を困らせ、ゆする者。ねだり者。「こなさんが親ぢゃと言うてござっては、一に成ります」〈伎・壬生大念仏〉

ネチャーエフ〘Sergey Gennadievich Nechaev〙[1847〜1882]ロシアの革命家。学生運動を指導して亡命し、亡命中にバクーニンとともに檄文「革命家の教理問答」を発表した。帰国後、批判的なメンバーをリンチ殺人し亡命。1872年逮捕・送還され、獄死した。ドストエフスキーの小説「悪霊」の登場人物のモデルで、陰謀家の典型とされる。

ね-ちょう【根帳】元帳。台帳。「年久しき手代一をしめ」〈浮・永代蔵・三〉

ねつ【熱】❶あついこと。肌に感じるあつさ。気候などの暑さ。また、高い気温。「一を逃がす」「一を加えて調理する」❷病気などによる平常以上の体温。「三八度の一が出る」❸物事に打ち込むこと。ある事に精神を集中させること。熱意。「一のこもった議論」「もっと一を入れて勉強しろ」❹ある対象に夢中になること。「旅行一が高まる」「サッカー一」❺物体の温度差の原因となるもの。高温の物体から低温の物体へ移動するエネルギーの流れ。分子や原子の運動に関連するエネルギーの一形態。❻「熱病」の略。➡漢「ねつ(熱)」

(類語)(❶)温熱・火熱・炎熱・焦熱・熱気・温気・熱いきれ・熱ぼり・ほとぼり・余熱/(❸)熱意・情熱・熱情・気魄/(❹)熱中・熱狂・狂騒・フィーバー

熱が冷さ・める 熱中する度合いが下がる。「テレビゲームへの一・める」

熱に浮かさ・れる ❶病気で高熱のためにうわごとを言う。❷前後を忘れて夢中になる。のぼせ上がる。「一・れていて忠告など耳に入らない」(補説)文化庁が発表した平成18年度「国語に関する世論調査」では、本来の言い方である「熱に**浮かされる**」を使う人が35.6パーセント、間違った言い方「熱に**うなされる**」を使う人が48.3パーセントと、逆転した結果が出ている。

熱を上・げる ❶夢中になる。「アイドル歌手に一・げる」❷気炎を上げる。「議論に一・げる」

熱を入・れる 熱意をこめる。熱心になる。「一・れて応援する」

熱を吹・く 気炎を上げる。大言を吐く。言いたいほうだいのことを言う。「手前勝手な一・く」

ねづ【根津】東京都文京区東部の地名。根津権現社がある。もと遊郭があったが、明治21年(1888)洲崎(江東区)へ移転した。

ねつ-あい【熱愛】〔名〕スル 熱烈に愛すること。また、その愛情。「一人息子を一する」

ねつ-あんこくぶっしつ【熱暗黒物質】▶熱い暗黒物質

ねつ-い【熱意】物事に対する意気込み。熱心な気持ち。「一がこもる」「仕事に対する一を買う」

(類語)意気込み・意欲・やる気・積極性・情熱・熱

ねつ・い〔形〕《名詞「熱」の形容詞化》❶粘りづよい。熱心である。「一・い性格」❷しつこい。くどい。「いつまでも一・く小言をいう」

ねつ-いどう【熱移動】▶伝熱

ねつ-いんきょく【熱陰極】電子管で、加熱により電子を放出する陰極。

ねついんきょく-かん【熱陰極管】▶エッチ-シー-エフ-エル(HCFL)

ねついんきょく-けいこうかん【熱陰極蛍光管】▶エッチ-シー-エフ-エル(HCFL)

ねついんきょく-けいこうランプ【熱陰極蛍光ランプ】▶エッチ-シー-エフ-エル(HCFL)

漢字項目 **ねつ**

×**捏** (音)ネツ(呉) デツ(漢) (訓)こねる‖こねて作りあげる。でっちあげる。「捏造」

熱 (学)4 (音)ネツ(呉) (訓)あつい‖①温度が高い。あつい。「熱気・熱帯・熱湯・熱風」②温度を高める力。あつさ。「熱源・熱量/火熱・暑熱・焦熱・耐熱・地熱・電熱・放熱・余熱」③体温のあつさ。「熱病/解熱・発熱・微熱・平熱」④ある事に感情を高ぶらせる。「熱愛・熱意・熱演・熱狂・熱中・熱望・熱烈/過熱・狂熱・情熱」⑤熱病。「産褥熱・猩紅熱」(難読)稲熱病

ねついんきょく-ほうしゅつ【熱陰極放出】熱陰極からの電子の放出。陰極を加熱することで熱電子を放出させる。陰極自体が加熱する方式とヒーターで加熱する方式がある。➡冷陰極放出

ねつ-うん【熱雲】火砕流の一。火口から噴出した高温のガスと火山灰や火山岩塊のまじったものが山腹を急速に流下する噴火現象。

ねつ-うんどう【熱運動】熱平衡の状態にある物体内で原子や分子が個々に行う微視的で無秩序な運動。熱エネルギーの本質をなす。

ねつ-エネルギー【熱エネルギー】❶内部エネルギーのこと。また、そのうち、原子・分子の熱運動のエネルギー。❷燃料を燃やしたときに生じる熱がもつエネルギー。

ねつ-えん【熱延】《「熱間圧延」の略》金属を加熱してから圧延機にかけて、板状・棒状にすること。

ねつ-えん【熱演】〔名〕スル 熱意を込めて意欲的に演じること。「主役で一する」(類語)力演・好演・怪演

ねつえん-じゅんかん【熱塩循環】海水の密度の変化によって生じる、地球規模の海水の循環。高緯度海域で表層水の水温が下がり、また塩分濃度が高くなることにより、海水が深層へ沈み込むことによって起こる。深層流は毎秒1センチメートル程度の速度でゆっくりと移動する。熱や物質を地球規模で輸送するため、気候の安定や生態系の維持に重要な役割を果たしていると考えられている。海洋大循環の一部。深層大循環。➡風成循環 (補説)熱塩循環の起点となる表層水の沈降は、グリーンランド沖と南極付近のウェッデル海で発生している。グリーンランド沖で形成された深層水は大西洋を南下し、南極海で形成された深層水と合流し、インド洋・太平洋へ流れ込み、再び表層へ上昇する。温暖化により極地の氷床・氷河が融解し、高緯度海域の塩分濃度が低下すると、熱塩循環が弱まり、気候変動をもたらす可能性が懸念されている。

ねつ-おうりょく【熱応力】物体が温度変化による膨張や収縮を外部的な拘束によって妨げられたときに、物体内部に生じる応力。

ねつ-おせん【熱汚染】石炭・石油の消費の増大や原子力発電などに伴って発生する熱エネルギーが、大気中や海水中に放出され、気温や海水温を上昇させる現象。

ねっか【熱河】中国河北省の都市、承徳の旧称。また、熱河省のこと。

ネッカー-レイヤード〘necker layered〙重ね着スタイルの小道具。タートルネックなどの首の部分だけ独立したようなもので、カーディガンやジャケットを着れば下にセーターを着ているように見える。

ねっ-かい【熱塊】高温に熱したもののかたまり。

ねつ-かいしゅう【熱回収】▶サーマルリサイクル

ねづ-かいちろう【根津嘉一郎】[1860〜1940]実業家。山梨の生まれ。東武鉄道をはじめ多くの事業を発展させたほか、文化事業にも関心をいだき、武蔵高等学校(武蔵大学の前身)を創立。没後、収集品の寄付によって東京青山に根津美術館が設立された。

ねつ-かいらい【熱界雷】熱雷と界雷の要因が重なって起きる雷。熱的界雷。

ねつ-かいり【熱解離】温度の上昇によって起こる解

離。塩化アンモニウムを加熱するとアンモニアと塩化水素に可逆的に分解するなど。

ねつ-かがく【熱化学】化学反応に伴う熱現象、およびこれと関連する諸現象を研究対象とする化学の一部門。

ねつかがく-ほうていしき【熱化学方程式】化学反応による熱量の出入り(反応熱)を付加した化学反応式。反応物質と生成物質の両片を等号(=)で結び、着目する物質の係数を1として、その物質1モル当たりの熱量を記し、発熱反応を正、吸熱反応を負の符号で表す。たとえば、塩素と水素が化合して塩化水素が生じる場合は、$H_2+Cl_2=2HCl+$184キロジュールとなる。反応物の状態を明示する記号を添えて、H_2(気)または$H_2(g)$などのように記す。

ねつ-かく【熱核】《「熱原子核」の略》核融合反応によって激しい熱エネルギーを放出する原子核。重水素・三重水素(トリチウム)・重水素リチウムなど。

ねつ-がく【熱学】熱現象を研究対象とする物理学および化学の一部門。熱力学・統計力学・分子運動論を総称していう。

ねつ-かくさん【熱拡散】混合流体の内部に温度差があるとき、各成分流体それぞれが少しずつ一方の方向に移動して、全体の成分組成が拡散する現象。ふつう重い分子が低温側に移動する。気体の熱拡散は、同位体の分離などに利用。温度拡散。

ねつかく-はんのう【熱核反応】▶熱核融合

ねつかく-ゆうごう【熱核融合】熱原子核が核反応によって重い原子核に融合(核融合)し、大きなエネルギーを放出する現象。恒星のエネルギー源や水素爆弾はこれによる。

ねっか-しょう【熱河省】中国北部の旧省名。省都は承徳。1933年満州国に組み込まれたが、56年、南部は河北省、東部は遼寧省、北部は内モンゴル自治区に分割編入された。

ねつ-かそせい【熱可塑性】常温では変形しにくいが、加熱すると軟化して成形しやすくなり、冷やすと再び固くなる性質。プラスチックの性質の一。

ねつかそせい-じゅし【熱可塑性樹脂】熱可塑性をもつ合成樹脂の総称。ポリエチレン・ポリプロピレン・ポリ塩化ビニル・弗素樹脂などがあり、加熱による加工が容易。熱可塑性プラスチック。

ネッカチーフ〖neckerchief〗首の回りに巻く薄く柔らかい四角形の布。スカーフより小形のものをさすことが多い。(類語)スカーフ・ストール・ショール

ねっ-から【根っから】〔副〕❶はじめから。もとから。ねから。「―の都会育ち」「―の商人」❷(打消しの語や否定的な表現を伴って)少しも。全然。まったく。ねから。「―当てにしていない」「計算が―駄目だ」

ねっから-はっから【根っから葉っから】〔副〕「根から葉から」を強めていう語。「―らちがあかない」

ね-づかれ【寝疲れ】〔名〕スル あまり長時間寝て、かえってだるく感じること。「夕方まで寝て―した」

ねっ-かん【熱汗】熱気によって吹き出す汗。

ねつ-かん【熱感】全身または炎症のある局所に感じられる、熱っぽい感じ。

ねつ-がん【熱願】〔名〕スル 熱烈に願うこと。また、その願い。「目標の達成を―する」
(類語)熱望・切願・切望・渇望・希求・垂涎

ねっかん-かこう【熱間加工】金属を再結晶温度以上に加熱し、板・棒・形鋼などにする加工法。レールなど長い物を連続的に生産できる。⇔冷間加工。

ねっかん-しあげ【熱間仕上げ】加熱した金属を、冷却しない間に成形する仕上げ加工法。

ねっ-き【根っ木】《「ねき(根木)」の音変化》子供の遊びの一。端をとがらせた木の棒や釘などを地面に交互に打ち込み、相手のものを打ち倒したほうの勝ちとする。ねっきうち。ねっくい。(季冬)

ねっ-き【熱気】❶温度の高い空気・気体。「―がこもる」❷興奮して高まった意気込みや気配。「話が―を帯びる」❸病気などで高くなった体温。
(類語)(❶)温気・熱れ・熱り・ほとぼり・暑熱・余熱/(❷)熱・活気・血気・気炎

ね-つき【根付き】❶草木に根がついていること。また、根がついている草木。❷「根付き魚」の略。

ね-つき【寝付き】眠りに入ること。「―が早い」

ね-つぎ【根継ぎ|根接ぎ】❶(根接ぎ)接ぎ木の一。根を台木として接ぎ木すること。また、弱っている木に強い木の根を添え接ぎし、樹勢を取り戻させること。❷(根継ぎ)木造建築で、柱や土台などの腐った部分を取り除き、新しい材料で継ぎ足すこと。❸跡を継ぐこと。また、その人。跡継ぎ。「父が討死するならば…忠臣の―となれ」〈浄・国性爺〉

ね-づき【子月】陰暦11月の異称。子の月。

ねつき-うお【根付き魚】「根魚」に同じ。

ねっき-うち【根っ木打ち】「根っ木」に同じ。(季冬)「―大地あばたとなしにけり/青畝」

ねつ-きかん【熱機関】熱エネルギーを機械エネルギーに変換して動力を発生させる機関の総称。蒸気機関・蒸気タービンなどの外燃機関と、ガスタービン・ジェット機関などの内燃機関がある。

ねつ-ききゅう【熱気球】気密性の袋の中に、下方からバーナーなどで熱した空気を送り、その浮力で空中に浮揚して飛行する気球。ホットバルーン。ホットエアバルーン。

ねつ-きぐ【熱器具】電気・ガス・灯油などを熱源とするストーブ・こんろなどの器具。

ねつ-きでんりょく【熱起電力】2種の金属をつないだ回路で、接点間の温度差によって生じる起電力。ゼーベック効果によって生じる起電力。

ねつぎ-ばしら【根継ぎ柱】❶根継ぎをした柱。❷一家を継ぐべき人。跡取り。後継者。「年久しく―の男子もなければ」〈浮・三代男・二〉

ねつ-きほう【熱気泡】下層大気が不規則に熱せられて上昇する、比較的小規模な空気の塊。

ねっ-きゅう【熱球】野球などで、勢いの激しいボール。「グラウンドに―が飛びかう」

ねっ-きょう【熱狂】〔名〕スル 非常に興奮し熱中すること。「ファンがライブに―する」
(類語)熱中・興奮・高揚・エキサイト・フィーバー

ねつ-ぎょうこ【熱凝固】熱を加えられた蛋白質などが不可逆的に変性し、凝固する現象。ゆで卵などの調理で身近に見られる。また医学の分野ではレーザー治療装置による熱凝固や癌細胞をラジオ波(マイクロ波)で死滅させるといった応用例がある。

ねっきょう-てき【熱狂的】〔形動〕熱狂しているさま。「―な声援」

ねっき-よく【熱気浴】電熱装置で内部の空気を熱した箱の中に、患部あるいは全身を入れて治療する方法。リウマチなどに適応。熱気療法。

ねっきり-はっきり【根っ切り葉っ切り】〔副〕「根きり葉きり」に同じ。「実にこんやで―、ほんとうにこれぎりこれぎり」〈魯文・安愚楽鍋〉

ネッキング〖necking〗互いに首に抱きつき、キスしたり愛撫したりすること。

ネック〖neck〗❶首。衣服の首の部分や襟。「ハイ―」❷物の、首に似た部分。「ギターの―」❸《bottleneckの略》物事の進行を阻むもの。隘路。障害。「用地問題が―になって工事が遅れる」❹「ネックライン」の略。

ね-つ・く【寝付く】〔動カ五(四)〕❶眠りにつく。寝入る。「床に入るとすぐ―・く」❷病気になって床につく。「過労がもとで―・く」(類語)寝入る・寝込む

ね-づ・く【根付く】〔動カ五(四)〕❶植えつけた草木が根を張って発育する。「挿し木が―・く」❷新しい物事が定着する。「民主主義が―・く」(類語)根差す・定着

ネック-ウオーマー〖neck warmer〗首を覆う防寒具。スポーツや登山などで用いるものから装飾用まで、さまざまな素材で作られる。

ねつくうき-だんぼう【熱空気暖房】空気を暖めて各室に送るようにした暖房方式。

ねつくさ・い【熱臭い】〔形〕(文)ねつくさ・し〔ク〕熱気がこもっている。高熱の病人の体熱が感じられる。「―・い寝具」

ネック-チェーン〖neck chain〗男性用の、チェーンの形をしたネックレスのこと。

ネックライン〖neckline〗洋服の襟ぐりの線。

ネックレス〖necklace〗首飾り。

ね-つけ【値付け】〔名〕スル《「ねづけ」とも》商品の値段を付けること。「安めに―する」

ね-つけ【根付】❶印籠・巾着・タバコ入れなどを腰に下げるとき、帯にはさむひもの先端につけてすべりどめとした小形の細工物。材は木・象牙・角・金属などで、人物・動物・器物などが彫刻してある。おびばさみ。❷いつもその人に付き従って離れない人。腰巾着。「例もの通り父の―の積りで、居間へ入って行くと」〈上司・父の婚礼〉

ねつ-け【熱気】熱がある感じ。体温が平常より高い感じ。「―がある」

ねっ-けい【熱型】病気のときにみられる体温の上がり下がりの型。稽留熱・弛張熱・間欠熱などがあり、これによってある程度病気を推定できる。

ねつけいこう-せんりょうけい【熱蛍光線量計】▶熱ルミネセンス線量計

ねつけ-しゅう【根付衆】いつもその人にくっついて、側を離れずにいる人たち。腰巾着たち。「お―にとがめられ」〈浄・女楠〉

ねっ-けつ【熱血】熱い血潮。また、血がわきたつような激しい情熱。熱烈な意気込み。「―を注ぐ」
(類語)熱気・血気・気炎・熱情・熱意

ねっけつ-かん【熱血漢】感動しやすく熱烈な意気と情熱をもって事に当たる男子。熱血男児。

ねつ-げっしん【熱月震】昼夜の温度差により岩石が破壊されることで生じる月震。⇒月震

ねっけつ-だんじ【熱血男児】「熱血漢」に同じ。

ネッケル〖Jacques Necker〗[1732～1804]フランスの財政家・政治家。ジュネーブ生まれ。文学者スタール夫人の父。フランス革命前後、財務総監として財政改革にあたった。著「財政論」。ネケール。

ねつ-けん【熱圏】大気圏の区分の一。中間圏の上の領域で、高さ90～500キロ程度の範囲の大気層。高度とともに温度が急激に上昇し、太陽からの紫外線によって窒素や酸素は解離して原子状になる。さらに電離してイオンになっているため、電離圏ともいう。オーロラもここに出現。

ねつ-げん【熱源】熱を供給するみなもと。「―を電力に求める」

ねっ-こ【根っ子】❶草や木の根。また、木の切り株。❷物事が成り立っている基礎になるもの。根本。おおもと。「いじめ問題の―にあるもの」
(類語)根・株・根もと・根本・根源

ねつ-こ・い〔形〕「ねつい」に同じ。「―・く勧誘する」

ねつこうか-せい【熱硬化性】常温では変形しにくいが、加熱により軟化して成形しやすくなり、同時に重合が進んで硬化し、もとの状態に戻らなくなる性質。プラスチックの性質の一。

ねつこうかせい-じゅし【熱硬化性樹脂】熱硬化性をもつ合成樹脂の総称。尿素樹脂・メラミン樹脂・フェノール樹脂など。加工後は溶媒に溶けず、再加熱しても軟化しない。熱硬化性プラスチック。

ねつ-こうかんき【熱交換器】高温の流体がもつ熱エネルギーを低温の流体に伝える装置。直接接触方式、隔板や蓄熱器を用いる方式があり、加熱器・冷却器・蒸発器・凝縮器などに使用。

ねつ-こうりつ【熱効率】熱機関に供給されたエネルギーのうち、仕事に変えられた熱量の割合。

ねっ-こく【熱国】気温の高い国。熱帯地方の国。「此地とりわけ―なれば」〈魯文・西洋道中膝栗毛〉

ねつ-ごへん【熱互変】温度変化による互変。サーモトロピー。

ねっ-さ【熱砂】日に焼けた熱い砂。ねっしゃ。(季夏)「―ゆく老婆の声もせずなれり/誓子」

ねつ-ざつおん【熱雑音】抵抗内の電子またはイオンの不規則な熱運動によって生じる電気的な雑音。電子回路には必ず存在する。この現象を発見した米国ベル研究所のジョン＝ジョンソン、ハリー＝ナイキストの名前から、ジョンソン雑音、ジョンソンナイキスト

雑音ともいう。

ねつ-さまし【熱冷まし】《「ねつざまし」とも》熱をさますこと。また、そのための薬。解熱剤。

ねつ-ざんりゅうじき【熱残留磁気】岩石のように多数の強磁性微粒子を含む物を、磁界の中でキュリー点以上の高温から常温に冷却すると、磁界と同じ方向に磁化し、安定な永久磁石として残る磁気。

ねっ-し【×涅歯】▶でっし(涅歯)

ねっ-し【熱死】〔名〕スル 高気温状態の中で生じた体温の異常な上昇、脱水などの症状が重くなって死ぬこと。熱中症による死。➡熱中症

ネッシー〖Nessie〗英国のスコットランド北西部のネス湖にすむといわれる怪獣。〔補説〕ネッシーを写したといわれる写真は、撮影者がトリック写真だったことを認めた。

ねっ-しゃ【熱砂】▶ねっさ(熱砂)

ねっしゃ-びょう【熱射病】高温多湿な環境下に長時間いたときなどに、身体の熱の放散が困難となり、体温が上がりすぎて起こる病気。不快・頻脈・頭痛・意識障害などが現れる。

ねつ-じゅうごう【熱重合】加熱のみによって起こる重合反応。スチレンの重合にみられる。

ねっ-しょ【熱暑】日ざしが強くあついこと。暑熱。炎暑。「―にあえぐ」

ねっ-しょう【熱唱】〔名〕スル 歌曲を、情熱を込めて歌うこと。「アリアを―する」

ねっ-しょう【熱傷】熱湯などによるやけど。

ねつ-じょう【熱情】燃え上がるような激しい感情。また、熱心な気持ち。情熱。「研究に―を注ぐ」〔類語〕情熱・熱・激情・狂熱・パッション

ねつ-しょうじ【熱消磁】熱により磁性体の磁化を消し去ること。キュリー点以上の温度に加熱することで消磁できる。

ねつじょう-てき【熱情的】〔形動〕熱情のこもっているさま。「―な踊り」

ねつ-しょり【熱処理】〔名〕スル 材料に加熱・冷却の操作をして、目的とする特性に改善すること。金属の焼き入れ・焼きなまし・焼き戻しなど。

ねつしょり-ろ【熱処理炉】金属の熱処理を行う炉。ガス炉・電気炉などがある。

ねっ-しん【熱心】〔名・形動〕スル ある物事に深く心を打ち込むこと。また、そのさま。「―な仕事ぶり」「―に講義を聞く」「会社の帰掛け稽古に―している由を」〈荷風・雨瀟瀟〉〔派生〕ねっしんさ〔名〕〔類語〕一生懸命・一心・専心・一途・真剣・真摯・熱中・一心不乱

ねつしんくう-しけん【熱真空試験】宇宙空間で使用する各種機器に対し、高温、低温、および真空状態において性能通り正しく動作することを確認する試験。

ねっ-すい【熱水】❶高温の水。熱湯。❷「熱水溶液」の略。

ねっすい-こうしょう【熱水鉱床】火成鉱床の一。高温の熱水溶液が岩石の割れ目に入り、沈殿または交代作用によって生じた鉱床。金・銀・銅・鉛や、ガリウム・ゲルマニウムなどのレアメタル(希少金属)を豊富に含むことから、調査・開発が行われている。➡海底熱水鉱床

ねっすい-へんしつ【熱水変質】熱水溶液の作用で岩石が変質し、新しい鉱物が生じること。

ねっすい-ようえき【熱水溶液】マグマが冷えて固まる際に生じた水の臨界温度(セ氏374度)以下の高温の水溶液。揮発性成分を多量に含んでいる。➡交代作用

ねっ-する【熱する】〔動サ変〕文ねっ・す〔サ変〕❶熱が生じる。熱くなる。「―・した砂浜」❷熱を加える。熱くする。「フラスコを―・する」❸物事に熱中してのぼせあがる。「議論が―・する」「―・しやすく冷めやすい性格」
〔類語〕あたためる・あたたまる・ほてる・のぼせる

ねっ-せい【熱性】❶高熱を伴うこと。「―痙攣」❷興奮しやすい性質。

ねっ-せい【熱誠】〔名・形動〕熱情のこもった誠意。あつい真心がこもっていること。また、そのさま。「―なる支持応援を得て」〈徳永・太陽のない街〉

ねつ-せきどう【熱赤道】地球上の各経線上の最も気温の高い地点を結んだ線。年平均気温では北緯6.5度付近を通る。

ねつせっけい-でんりょく【熱設計電力】《thermal design power》▶ティー-ディー-ピー(TDP)

ねっ-せん【熱泉】温泉のこと。「側らの巌石より―を噴出し」〈鉄腸・雪中梅〉

ねっ-せん【熱戦】熱のこもった、激しい試合・勝負。「―を繰り広げる」〔類語〕熱闘・激戦・激闘・死闘・血戦

ねっ-せん【熱線】❶熱せられた金属線。❷「赤外線」に同じ。

ねっせん-ふうそくけい【熱線風速計】風速計の一。電流を通して熱した金属線を気流中にさらし、温度変化や電気抵抗の変化を測定して、風速を求める計器。弱い風の測定に用いる。

ねつ-ぞう【×捏造】〔名〕スル《「でつぞう(捏造)」の慣用読み》事実でないことを事実のようにこしらえること。でっちあげること。「記事を―する」

ねつぞう-こ【熱蔵庫】食品を65〜80度ぐらいで保温する装置。熱源はガスの熱焼による。

ねっ-たい【熱帯】赤道を中心として南北両回帰線に挟まれた地帯。気候的には年平均気温がセ氏20度以上、または最寒月の平均気温がセ氏18度以上の地域をいい、回帰線よりやや広い。

ねった・い【▽妬い・▽嫉い】〔形〕文ねった・し〔ク〕《中世・近世語》形容詞「ねたし」の音変化。「―・い、さらば景季も盗むべかりけるものを」〈平家・九〉

ねったい-うりん【熱帯雨林】▶熱帯降雨林

ねったいうりん-きこう【熱帯雨林気候】熱帯気候の一。一年じゅう雨が多い高温多湿の気候。年平均気温はセ氏26度ぐらいで年降水量は2000ミリを超え、雨は午後に激しいにわか雨として降ることが多い。

ねったい-かじつ【熱帯果実】熱帯地方に産する果実。バナナ・マンゴー・ドリアンなど。

ねったい-きこう【熱帯気候】熱帯に固有の気候。一年じゅう高温で、気温は年変化が少ないが昼夜の差が大きい。雨量は多く、一年を通じて多雨の熱帯雨林気候、乾季の著しいモンスーン気候、短い雨季の訪れるサバンナ気候に分けられる。

ねったい-きだん【熱帯気団】熱帯・亜熱帯で形成される暖気団。多湿の海洋性と乾燥した大陸性のものとがあり、前者には小笠原気団、後者には揚子江気団がある。

ねったい-ぎょ【熱帯魚】熱帯・亜熱帯地方に産する魚類。主に淡水魚をいい、色彩のはでなものが多く、観賞用に飼育される。グッピー・エンゼルフィッシュ・ディスカスなど。〔季 夏〕「―みなしづかなり値たかく/波郷」

ねったい-こ【熱帯湖】表面水温が一年じゅうセ氏4度以上の湖。熱帯のほか温帯にも分布する。

ねったい-こううりん【熱帯降雨林】熱帯雨林気候の地域にある森林。常緑広葉樹を主とし、特定の優占種をもたない。蔓植物や着生植物も多く、林内は暗く湿度が高い。全生物種の半分が生息するといわれ、また、植物遺体の分解が速いため肥沃な土壌層の発達が悪く、伐採されると回復が難しい。熱帯多雨林。熱帯雨林。

ねったい-しゅうそくたい【熱帯収束帯】南北両半球の貿易風が合流する帯状の境界。一般に北半球の夏のときには北半球に、冬には南半球に移動する。上昇気流が生じて積乱雲が発達し、降水量が多い。赤道前線。熱帯前線。

ねったい-しょくぶつ【熱帯植物】熱帯地方に自生する植物。一般に大形で、独特の形態をもつものが多い。サボテン・ヤシ・マングローブなど。

ねったい-ちょう【熱帯鳥】ペリカン目ネッタイチョウ科の鳥の総称。全体に白色の海鳥で、尾羽の中央2枚が著しく長く、全長80〜100センチのうち半分近くを占める。熱帯海域に3種が分布。アカオネッタイチョウは尾とくちばしが赤く、硫黄島などで繁殖。

ねったい-ていきあつ【熱帯低気圧】熱帯の海洋上で発生する低気圧。等圧線は円形を示し、前線を伴わない。発達したものは激しい暴風雨を伴い、日本では最大平均風速が秒速17.2メートル以上のものを台風という。➡台風

ねったい-とうふう【熱帯東風】▶貿易風

ねったい-びょう【熱帯病】熱帯地方に多くみられる病気。マラリア・アメーバ赤痢・フランベジア(いちご腫)などがある。

ねったい-や【熱帯夜】最低気温がセ氏25度以上の夜。20度以上の夜を真夏夜という。

ねつ-たいりゅう【熱対流】▶対流

ねったい-りん【熱帯林】熱帯地方の森林。多雨地域には熱帯降雨林が、乾季のある地域には雨緑林が発達する。

ねっ-ち【熱地】❶暑さの激しい土地。また、熱帯地方。「哈氏、印度の―に在り」〈中村訳・西国立志編〉❷繁華な所。「京店船宿も亦た其の間に興って更に一―を為す」〈服部誠一・東京新繁昌記〉

ねっ-ちゅう【熱中】〔名〕スル 一つの物事に深く心を傾けること。夢中になること。「勝負事に―する」
〔類語〕没頭・耽溺・夢中・集中・専心・専念(―する)入れ込む・打ち込む・耽ける・のぼせる・明け暮れる・血道を上げる

ねっちゅう-しょう【熱中症】高温度下で労働や運動をしたために起こる障害。脱水・けいれん・虚脱などが現れる。熱射病もこの一種。高温障害。

ねつ-ちゅうせいし【熱中性子】媒質中で媒質の原子核と衝突を繰り返して運動エネルギーを失い、周りの分子の熱運動と平衡状態になった中性子。また、一般に、エネルギーの小さい中性子。核に吸収されて核反応を起こしやすい。

ねつちゅうせいし-ろ【熱中性子炉】核分裂で生じた高速中性子を減速材で熱中性子に変え、これで次の核分裂を起こし、連鎖反応が続くように設計された原子炉。軽水炉が代表的。

ねっ-ちょう【熱腸】❶怒りや悲しみでにえくりかえっている心中。「人も聞かぬ大言はきて、纔かに―を冷やす物の」〈一葉・うもれ木〉❷熱心に思い詰めること。また、その心。「邦の為世の為に満腔の―を灑ぎ」〈東海散士・佳人之奇遇〉

ねっちり〔副〕スル「ねちねち」に同じ。「―(と)小言を言う」「―(と)した話しぶり」

ねつっ-こ・い〔形〕「ねつこい」の音変化。「話の―・い昌造のお談義が」〈里見弴・安城家の兄弟〉

ねつっ-ぽ・い【熱っぽい】〔形〕❶熱があるようである。「風邪でからだが―・い」❷情熱的である。「―・い議論」〔派生〕ねつっぽさ〔名〕

ね-づつみ【根包み】《「ねつつみ」とも》柱や鳥居などの地に接する部分に、腐らないように巻き付ける石や銅板。

ネッティング〖netting〗差額決済。外為取引に伴う債権・債務を相殺し、その差額だけを決済する仕組み。

ねっ-てつ【熱鉄】熱した、また、高温で溶けた鉄。
熱鉄を飲・む 非常につらい、または、くやしい思いをするたとえ。「―・む思いで親からの家を手放す」

ねつでん-おんどけい【熱電温度計】▶熱電対温度計

ねつでんき-こうか【熱電気効果】▶熱電効果

ねつでんきょうきゅう-システム【熱電供給システム】▶コジェネレーションシステム

ねつでん-こうか【熱電効果】導体の熱の流れと電流とが相互に関係して現れる効果。熱によって起電力が発生するゼーベック効果、電流による熱の吸収か放出が生じるペルティエ効果・トムソン効果などの総称。

ねつ-でんし【熱電子】高温度の金属や半導体などから放出される電子。

ねつでんし-かん【熱電子管】熱陰極からの熱

ね

電子放出を利用した電子管。真空管・ブラウン管など。
ねつでんし-こうか【熱電子効果】高温の金属や半導体などから、内部で運動エネルギーを得た熱電子が放出される現象。発見者や理論研究者の名をとり、エジソン効果・リチャードソン効果ともいう。
ねつでんし-ほうしゅつ【熱電子放出】▶熱電子効果
ねつてんしゃ-プリンター【熱転写プリンター】加熱した印字ヘッドでインクリボンを紙に押しつけて転写する方式のプリンター。音が静かで鮮明な印字が得られる。
ねつでん-たい【熱電堆】熱電対を多数直列につなげたもの。放射計などに使用。
ねつ-でんたつ【熱伝達】▶伝熱
ねつでん-つい【熱電対】2種の金属線の両端を接続して、ゼーベック効果による熱起電力が生じるようにした回路。白金対白金ロジウム、銅対コンスタンタンなどの組み合わせが用いられる。
ねつでんつい-おんどけい【熱電対温度計】熱電対に生じる熱起電力を利用した温度計。
ねつでん-ついれつ【熱電対列】▶熱電堆
ねつ-でんどう【熱伝導】熱が物体中を伝わって高温部から低温部に移動する現象。伝導伝熱。
ねつでんどう-ど【熱伝導度】▶熱伝導率
ねつでんどう-りつ【熱伝導率】熱伝導の程度を表す量。熱の流れに垂直な単位面積に毎秒流れる熱量を単位長さの温度差で割った値。熱伝導度。
ねつでん-のう【熱電能】熱電効果がみられる金属または半導体の組み合わせにおいて、一方の接合部の温度を一定に保ち、他方の温度を1ケルビン変えて温度勾配が生じたときの熱起電力の変化。単位はV/K。熱電率。ゼーベック係数。
ねつ-てんびん【熱天×秤】温度を上昇させながら物質の質量の変化を測定する天秤。結晶水の定量、結晶水の放出温度の測定、揮発性物質の揮発条件の測定などに用いる。
ねつでん-へいきゅう【熱電併給】▶コジェネレーション
ねつでん-りつ【熱電率】▶熱電能
ねつ-でんりゅう【熱電流】異なる2種の導体をつないだ回路で、熱起電力によって流れる電流。
ねつでん-れいきゃく【熱電冷却】▶電子冷凍
ねつでん-れつ【熱電列】熱電能の大きさの順に物質を並べたときの序列。熱電能は温度に依存し、常温付近では、ナトリウム、カリウム、ビスマス、ニッケル、洋銀、白金、金、銅、スズ、アルミニウム、鉛、亜鉛、銀、カドミウム、鉄、アンチモンの順に並ぶ。この序列から任意の二つの金属を選んで熱電対をつくると、序列の左側の金属から右側の金属に向かって電流が流れる。
ネット〘net〙㊀〘名〙❶網。網状のもの。「ヘアー」「バックー」❷卓球・テニス・バレーボールなどのコートの仕切り網。❸「ネットワーク」の略。「全国ー」❹「インターネット」の略。❺正味。包み・容器などを除いた純量。「一三〇〇グラム」❻定価。正価。ネットプライス。❼ゴルフで、総打数から自分のハンディキャップを引いた数。ネットスコア。➡グロス ㊁〘名〙スル ❶編み目のようにつなぐこと。特に、テレビやラジオの放送局同士が番組編成で手を結ぶこと。放送網を組むこと。「全国をーするニュース番組」❷インターネットなどのネットワークにつなぐこと。「海外でーするために必要な環境を調べる」
ねつ-ど【熱度】❶熱の度合い。「もっと委しくーや食欲の加減を知らし給えな」〈有島・宣言〉❷熱心さや情熱の度合い。「平和運動へのーが高まる」
ネット-いじめ【ネット▽苛め｜ネット▽虐め】携帯電話やパソコンからウェブサイトの掲示板などに個人を誹謗・中傷する書き込みをしたり、嫌がらせのメールを送りつけたりする、インターネット上で行われるいじめ。➡学校裏サイト
ネット-いそんしょう【ネット依存症】「インターネット依存症」の略。
ネット-イン《和 net＋in》テニス・卓球・バレーボールなどで、打球がネットの上端に触れて相手側のコートに入ること。テニスではコードボールともいう。
ねっ-とう【熱湯】沸騰している湯。煮え立っている湯。煮え湯。「一消毒」
ねっ-とう【熱×鬧】人が込みあって騒がしいこと。「市中の喧囂も一も此処までは襲い来ず」〈木下尚江・良人の自白〉
ねっ-とう【熱闘】熱の入った激しい戦い。
ネットウォーカー〘NetWalker〙平成21年（2009)にシャープが発売したモバイル端末のシリーズ名。タッチパネル式液晶ディスプレー、QWERTY配列のキーボードを搭載し、Linux系オペレーティングシステムUbuntuを採用する。通信機能として無線LANを内蔵し、インターネットの接続や電子メールの利用、電子書籍の閲覧も可能。また、各種電子辞書データも収録する。
ねつ-とうけいりきがく【熱統計力学】▶統計熱力学
ネット-うよく【ネット右翼】インターネットの掲示板❷やブログ上で、保守的、国粋主義的な意見を発表する人たち。〖補説〗このように呼ばれる人々が増えてきたのは、平成14年（2002)のサッカーW杯日韓大会のころからとされる。
ネット-うら【ネット裏】野球場の、バックネットの裏の観客席。転じて、プロ野球で球団関係者以外の周辺の人々。「一のうわさ」
ネット-エージャー〘net ager〙小さいころからパソコンやインターネットになじみ、自在に使いこなしている世代。
ネット-エムディー〘Net MD〙ソニーが開発した、コンピューターとMD機器を接続するインターフェース規格。デジタル著作権管理技術に対応する。
ネット-オークション〘net auction〙インターネット上で行われるオークション。一般ユーザーや企業などがウェブサイトに商品を出品、それに対し、希望購入価格の最高値を提示した参加者が落札する。インターネットオークション。オンラインオークション。
ネット-かでん【ネット家電】《Internet appliance》▶インターネット家電
ネット-カフェ　▶インターネットカフェ
ネット-かぶとりひき【ネット株取引】《net trade》▶オンライントレード
ネット-きょく【ネット局】テレビやラジオで、同一のネットワークに属する放送局。
ネット-ぎんこう【ネット銀行】《net bank》▶インターネット銀行
ネット-ゲーム〘net game〙▶オンラインゲーム
ネット-けんさく【ネット検索】▶インターネット検索
ネット-こうこく【ネット広告】▶インターネット広告
ネット-サーフィン〘Net-surfing〙インターネット上のウェブサイトを検索したり、リンクを辿ったりして、次々と閲覧して回ること。仕事で情報を検索することのほか、趣味であてもなく世界中のウェブサイトを見て回ることにもいう。
ネット-しちょうりつ【ネット視聴率】《Internet audience ratings》ウェブサイトの訪問者数などをモニター調査から推計したもの。インターネットにおけるテレビ番組の視聴率に当たる。ウェブ視聴率。インターネット視聴率。
ネット-しみん【ネット市民】《network citizen》▶ネチズン
ネット-じゅうたい【ネット渋滞】《Internet traffic jam》インターネット上で送受信されるデータ量（トラフィック）が増加し、ネットワーク全体の通信速度が低下してしまうこと。主な原因は、動画や音楽などの大容量ファイルをやり取りするファイル交換ソフトの利用者であるため、平成20年（2008）に過度な大容量利用者に対し、通信量制限や契約解除を行うガイドラインがISP関連団体により策定された。
ネット-しょうけん【ネット証券】《net broker》▶インターネット証券
ネット-ショッピング〘net shopping〙➡オンラインショッピング
ネット-ショップ〘net shop〙「オンラインショップ」に同じ。インターネットショップ。
ネット-しょめい【ネット署名】インターネットを通じて、ある特定の問題に関する主張・意見について、多数の者から集める署名。ウェブサイトなどで氏名、住所、メールアドレスなどを入力し、それらの情報を送信することで署名ができる。インターネット署名。オンライン署名。ウェブ署名。
ネットスケープ-ナビゲーター〘Netscape Navigator〙米国旧ネットスケープコミュニケーションズ（現AOL)社が開発したブラウザーソフト。2008年2月で、開発およびサポートを終了した。
ネット-スコア〘net score〙▶ネット❼
ネット-ストーカー〘net stalker〙ストーカーの一種。電子メールやBBS(電子掲示板)など、主にインターネットを利用して一方的に関心を抱いた相手にしつこくつきまとう人物。サイバーストーカー。
ネット-スラング〘net slang〙▶インターネットスラング
ネット-せいほ【ネット生保】インターネット上で生命保険を販売する会社。営業職員や代理店を持たないため、経費を抑えることができ、保険料は割安になっている。
ネット-タッチ《和 net＋touch》▶タッチネット
ネット-ディーピーイーサービス【ネットDPEサービス】▶オンラインプリントサービス
ネット-テレビ　▶インターネット放送
ネットトップ〘nettop〙デスクトップコンピューターのうち、インターネットや電子メールの利用に必要な最低限の性能と機能にとどめ、小型・低価格としたものの総称。ネットトップPC。➡ネットブック
ネット-トレーディング〘net trading〙▶オンライントレード
ネット-トレード〘net trade〙▶オンライントレード
ネットニュース〘netnews〙インターネット上の電子掲示板。テーマごとにニュースグループというネット上のグループができていて、ユーザーは興味のあるニュースグループにアクセスして情報の交換を行う。➡ニュースグループ
ネットバイオス〘NetBIOS〙《network basic input-output system》LANを利用するアプリケーションソフトのための通信用インターフェース。
ネット-バンキング〘net banking〙▶インターネットバンキング
ネット-バンク〘net bank〙▶インターネット銀行
ネット-ビーエスディー〘NetBSD〙UNIXと互換性をもつ、パソコン向けのオペレーティングシステムの一。無償公開されている。
ネット-ピーシー【ネットPC】インターネットや電子メールを利用するのに必要最低限の性能・機能を有するパソコンの総称。ネットブック、ネットトップなど。
ネット-ピーシー〘NetPC〙米国マイクロソフト社とインテル社が提唱したネットワークコンピューターのコンセプト。
ネット-ビジネス〘net business〙▶サイバービジネス
ネットブック〘netbook〙ノートパソコンのうち、インターネットや電子メールの利用に必要な最低限の性能と機能にとどめ、超小型・軽量・低価格としたものの総称。携帯性や価格帯、性能の面でウルトラモバイルPCと重なり合う機種もある。➡ネットトップ
ネット-プライス〘net price〙「ネット❻」に同じ。
ネット-プリント　▶オンラインプリントサービス
ネット-プリントサービス　▶オンラインプリントサービス
ネット-プレー〘net play〙テニスなどの球技で、ネット際で行うプレー。
ネット-プレーヤー〘net player〙テニスで、ネット際

のプレーを得意とする選手。また、ダブルスでネット際を守る選手。
ネット-ブローカー〖net broker〗►インターネット証券
ネット-ほうそう【ネット放送】《net broadcasting》►インターネット放送
ネット-ボール〖net ball〗❶バスケットボールから派生した球技。プレーヤーは女子に限られていることと、選手の行動範囲が一定区域だけに制限されていることの二つが、バスケットボールと大きく異なる。1チーム7人で行う。❷テニス・バレーボールで、サーブがネットに触れて相手コートに入ること。補説テニスではレット(サーブのやり直し)となる。バレーボールでは、以前はサーブ無効となったが、現在では有効とされており、試合が続行される。
ネット-マーケティング〖net marketing〗►インターネットマーケティング
ネット-ラジオ〖net radio〗►インターネットラジオ
ねっとり〔副〕スル とろりとしてねばりけのあるさま。また、ねばねばするさま。「―(と)した舌ざわり」
ネットワーカー〖networker〗放送網・回路網を利用する人。また、特に、コンピューターネットワークを利用する人。
ネットワーキング〖networking〗生活や企業の場で見られる、人と人との輪のようなつながり。
ネットワーク〖network〗《網状組織の意》❶テレビ・ラジオで、キー局を中心にして多数の放送局が協定を結び、同一番組を放送すること。また、その組織。放送網。❷複数のコンピューターを結び、データなどを共有し、情報処理の効率化を図るシステム。具体的にはインターネットやLANなどを指す。❸個々の人のつながり。特に、情報の交換を行うグループ。
ネットワーク-アーキテクチャー〖network architecture〗コンピューターのネットワークを構築するための、論理的モデルや結合方法・機能分担、通信規約も含めての統一的な技術基準。
ネットワーク-アダプター〖network adapter〗►ネットワークカード
ネットワーク-インターフェースカード〖network interface card〗►ネットワークカード
ネットワーク-オーエス【ネットワークOS】《network OS》コンピューターネットワークの管理をする基本ソフト。
ネットワーク-カード〖network card〗コンピューターをLANなどのコンピューターネットワークに接続するための機器。LANカード、LANボード、NIC(network interface card)とも呼ばれる。
ネットワーク-がいぶせい【ネットワーク外部性】ある財・サービスの利用者が増加すると、その財・サービスの利便性や効用が増加すること。例えば、電子メールや携帯電話などネットワーク型のサービスを利用する人が増えると、より多くの相手と連絡をとれるようになり、便利になる。また、パソコンのOSや映像記録方式の規格などで、ユーザーが多いほど多様なソフトウエアが供給され便益が増加することなど。ネットワーク効果。
ネットワーク-かでん【ネットワーク家電】►インターネット家電
ネットワーク-カメラ〖network camera〗撮影した映像を、コンピューターネットワークを通じて配信するビデオカメラ。ウェブカメラの一種だが、サーバー機能を備えており、パソコンを介さずに単独使用ができる。また、遠隔地からカメラの向きやズーム、フォーカスを調整できるものが多く、防犯目的の監視カメラとしても用いられる。
ネットワーク-こうか【ネットワーク効果】►ネットワーク外部性
ネットワーク-コンピューター〖network computer〗イントラネット・インターネットで利用することを前提に開発されたネットワーク専用コンピューター。ソフトやデータはサーバーに蓄積されたものを利用するので、非常にシンプルな機能で価格もパソコンに比べ低くなっている。NC。
ネットワークサービス-プロバイダー〖network service provider〗►プロバイダー
ネットワーク-システム〖network system〗コンピューターネットワークで、コンピューターを有機的に運用できるようにしたシステム。
ネットワーク-スイッチ〖network switch〗►スイッチ
ネットワーク-ストレージ〖network storage〗►ナス(NAS)
ネットワーク-セキュリティー〖network security〗コンピューターネットワークの安全性や信頼性を高め、外部からの不正アクセスや情報の漏洩などを防ぐこと。
ネットワーク-せつぞく-ストレージ【ネットワーク接続ストレージ】►ナス(NAS)
ネットワーク-トポロジー〖network topology〗コンピューターやサーバー、各種制御機器などで構成されるコンピューターネットワークの接続形態。代表的な接続形態として、スター型ネットワーク、リング型ネットワーク、バス型ネットワークがある。
ネットワーク-ドライブ〖network drive〗►リモートドライブ
ネットワーク-トラフィック〖network traffic〗インターネットなどのネットワークを通じて送受信される情報。また、その情報量。➡トラフィック❸
ネットワーク-はいしん【ネットワーク配信】インターネットを利用して広告を配信する方式の一。複数のウェブサイトに同じ広告をまとめて配信する。アクセス数が少ない小規模のウェブサイトでも、多く集めることで全体としてある程度の規模を確保することができる。また、大手サイトよりも広告掲載料が低い小規模のサイトを使用することにより、掲載料が安くなるというメリットがある。
ネットワーク-バイトオーダー〖network byte order〗インターネットなどのコンピューターネットワークにおいて、多バイトのデータを転送する際のバイトの順序づけのこと。ビッグエンディアンが標準的に用いられている。
ネットワーク-はんざい【ネットワーク犯罪】コンピューター犯罪の一種。インターネットを利用した有害情報の提供や不正なアクセス行為など、コンピューターネットワークに関する犯罪行為の全般を指す。
ネットワーク-ビジネス《和 network＋business》►マルチ商法
ネットワーク-プリンター〖network printer〗LANなどのコンピューターネットワークに接続されたプリンター。ネットワークに接続した複数の利用者が、共有して使用する。リモートプリンター。共有プリンター。➡ローカルプリンター
ネットワーク-プロテクト〖network protect〗ソフトウエアの違法コピーを防止する技術の一。ネットワーク上で特定のソフトが起動している数を監視し、許可されているライセンス数を超えると警告を与えたり、起動できないようにする。
ネットワーク-プロトコル〖network protocol〗►プロトコル
ねつ-の-かべ【熱の壁】超音速で飛ぶ飛行機の、空気との摩擦熱に耐えうる速度の限界。
ねつ-の-しごととうりょう【熱の仕事当量】1カロリーの熱量が、何ジュールの仕事に相当するかを示す値。熱量を仕事に換算する定数で、記号Jを用い、J=4.1855J/cal(ジュール毎カロリー)である。
ねつ-の-はな【熱の花】高い熱が出たとき、口もとにできる、ぶつぶつとした疱疹。
ねっ-ぱ【熱波】セ氏40度前後にも及ぶ高温の空気が地上を覆う現象。温帯地方の暖候期や熱帯地方にみられる。➡暖波
ねっ-ぱつ【熱発】〔名〕スル 病気などのため体温が平常より高くなること。発熱。「先刻より―してはや苦しき息なり」〈子規・墨汁一滴〉
ねつ-びょう【熱病】高熱が出ることを特徴の一つとする病気。マラリア・チフス・肺炎など。
ネップ〖NEP〗《ロシ novaya ekonomicheskaya politika》ソ連が1921年に採用した経済復興政策。戦時共産主義の結果低下した生産力を回復するため、小規模な私企業や農商業の経営を認めるなど、資本主義的要素を一部復活させたもの。新経済政策。
ねっ-ぷう【熱風】熱気をもった風。あつい風。(季 夏)
ねっぷう-ろ【熱風炉】溶鉱炉に送風するとき、前もって空気を熱するための炉。
ねつ-ふくしゃ【熱×輻射】►熱放射
ネップ-ヤーン〖nep yarn〗2種以上の糸を縒ったときにできる糸の節・かたまり(ネップ)が途中に入った糸のこと。意匠糸の代表的なものの一つ。
ねつ-ぶんかい【熱分解】物質に熱を加えたときに起こる分解反応。石油のクラッキングなど。
ねつ-へいこう【熱平衡】物体間あるいは物体中の熱の移動が止まった状態。温度平衡。
ねつ-べん【熱弁|熱×辯】熱のこもった弁論。熱烈な弁舌。「―を振るう」
ねつ-へんせいがん【熱変成岩】►接触変成岩
ねつ-ぼう【熱望】〔名〕スル 熱心に望むこと。切望。「世界の平和を―する」
類語 切望・渇望・待望・希求・切願・熱願・念願
ねつ-ほうしゃ【熱放射】高温の物体が、赤外線などの電磁波を放出する現象。そのスペクトル分布やエネルギーは物質の種類・温度で決まり、温度が高いほど波長の短い電磁波を多く出す。熱輻射。温度放射。放射伝熱。
ねつ-ぼうちょう【熱膨張】温度上昇に伴って物体の長さ・体積などが増加する現象。
ねつぼうちょう-りつ【熱膨張率】►膨張率
ねつ-ポンプ【熱ポンプ】►ヒートポンプ
ね-づみ【根積み】煉瓦積みなどで、下部になるに従って広げ、上部の重みを分散させる構造。また、そのようにした部分。
ね-づもり【値積(も)り】その品物にふさわしい値段をつけること。値踏み。評価。
ね-づよ・い【根強い】〔形〕文ねづよ・し〔ク〕❶深く根を張っていて揺るがない。基本がしっかりしていて強い。「―・い人気」「―・く残る迷信」❷根気よい。ねばり強い。しつこい。「―・い努力を重ねる」❸財政がしっかりしている。金持ちである。「―・く見ゆる大臣あらば、是を取り放さぬやうに」〈浮・禁短気・五〉
ねつ-ようりょう【熱容量】ある物体の温度を1度上げるのに要する熱量。
ねつ-らい【熱雷】夏の強い日射を受けて局地的に激しい上昇気流が起こり、積乱雲が発達して生じる雷。山岳地帯でよく発生し、強い雷雨となる。気団雷。類語 界雷・熱界雷
ね-づり【根釣(り)】海底の岩につく魚を釣ること。(季 秋)「一翁海金剛をまのあたり/青畝」
ねつ-りきがく【熱力学】熱と力学的仕事との関係から出発して、熱現象の根本法則を扱う古典物理学の一部門。
ねつりきがく-おんど【熱力学温度】個々の物質の特性によらず、熱力学の法則から理論的に定められた温度。絶対温度のこと。
ねつりきがく-の-ほうそく【熱力学の法則】熱力学の基礎をなす法則。❶第一法則。物体に外部から加わった仕事と熱量との和は、内部エネルギーの増加に等しいという法則。熱と仕事は等価で、熱を含めてエネルギーは保存される。❷第二法則。熱は高温から低温に移動し、その逆は起こらないという法則。あるいは、孤立系のエントロピーは不可逆変化によって増大するという法則。❸第三法則。絶対零度ではどんな物質のエントロピーも零になるという法則。
ねつ-りょう【熱量】熱エネルギーの大きさを表す量。単位はジュール、カロリー、ワット秒など。

ね

ねつりょう-けい【熱量計】ネツリョウ 熱量を測定する装置。熱容量のわかっている物質に、測定する物質の熱を吸収させて測定する水熱量計・金属熱量計など。比熱・潜熱・反応熱などの測定に使用。カロリーメーター。

ねつ-るい【熱涙】感動のあまり思わずこぼす、あつい涙。「—にむせぶ」

ねつ-ルミネセンス【熱ルミネセンス】ルミネセンスの一種。蛍光体などの物質が、外部から光や放射線などの刺激を受けた後、加熱してはじめて発光する現象。また、その光。放射線の吸収量が発光量に比例する。その性質を利用したものに、放射線を計測する熱ルミネセンス線量計がある。また、年代測定にも用いられ、熱ルミネセンス法と呼ばれる。

ねつルミネセンス-せんりょうけい【熱ルミネセンス線量計】放射線を計測する線量計の一種。放射線の刺激を受けた蛍光体を加熱すると、光を放射する熱ルミネセンスという現象を利用する。放射線の吸収量が発光量にほぼ比例するため、線量を測定することができる。蛍光体にはフッ化リチウム、フッ化カルシウムなどが用いられる。TLD(thermoluminescent dosimeter)。熱蛍光線量計。

ねつ-れつ【熱烈】〔名・形動〕物事に熱中したり、感情が高ぶったりして、激しい言動をとること。また、そのさま。「—なファン」「—な歓迎を受ける」(派生)ねつれつさ〔名〕

ねつ-ろうと【熱漏斗】▶保温漏斗

ねつ-ろん【熱論】熱のこもった議論。熱心な議論。「—を交わす」

ね-ていとう【根抵当】継続的な取引関係から生じる債権を担保するため、あらかじめ一定の限度額を定めておき、将来確定する債権をその範囲内で担保する抵当権。当座貸越契約の際などに設定。

ね-ど【寝▽所】寝床。寝所。「安太多良の嶺に伏す鹿猪のありつつも我れは至らむ—な去りそね」〈万・三四二八〉

ネド〖NEDO〗《New Energy and Industrial Technology Development Organization》▶新エネルギー・産業技術総合開発機構

ね-どい【根問い】〔名〕スル 根本まで問いただすこと。どこまでも問いただすこと。「—して困らせる」

ねどい-はどい【根問い葉問い】〔名〕スル 根掘り葉掘り問いたずねること。「大将の—には可なり閉口させられたが」〈里見弴・安城家の兄弟〉

ね-どうぐ【寝道具】寝るときに用いる諸道具。布団・枕など。寝具。夜具。

ね-とうしん【▽子灯心】江戸時代、大黒天の縁日である甲子の日に売った灯心。これを買うと、その家が富み栄えるといわれた。

ネト-ゲ「ネットゲーム」「インターネットゲーム」の略。➡オンラインゲーム

ね-どこ【寝床】寝るための床。寝るために敷かれた敷物・布団など。「—に入る」(類語)床・寝台・ベッド

ね-どこ【寝▽所】寝るための場所。寝所。

ね-どころ【根所】根のところ。根元。根もと。「くだら野のちがやが下の姫百合の一人に知られぬぞ憂き」〈永久百首〉

ね-どころ【寝所】❶寝る場所。「今夜の—を定める」❷ねぐら。巣。「鳥の—へ行くとて」〈枕・一〉

ねと-つ・く〔動カ五(四)〕ねばねばしてくっつく状態になる。「脂汗で手のひらが—・く」

ねと-ねと〔副〕スル 粘りけがあるさま。また、粘りつくさま。ねっとり。「ハムが悪くなって—する」

ね-とぼ・ける【寝×惚ける】〔動カ下一〕図ねとぼ・く〔カ下二〕「ねぼける」に同じ。「何を—・けたことを言ってるんだ」

ね-とまり【寝泊(ま)り】〔名〕スル そこに宿泊すること。「忙しくて仕事場に—する」
(類語)宿泊・仮寝・寝起き・居続け

ネト-ラジ「インターネットラジオ」の略。

ね-とり【音取】❶音楽を演奏する前に、楽器の音調を試みるための、短い一種の序奏。神楽・雅楽・能楽などで、多くは笛を主に行われる。❷雅楽で、管弦合奏の始めに作法として行う一種の序奏。楽器の音調を整え、雰囲気を醸成する。

ね-とり【根取り】江戸時代、石盛りに免(年貢率)を乗じて算出した1反当たりの年貢高。根取り米。

ね-とり【寝鳥】❶ねぐらで寝ている鳥。ねぐら鳥。❷《「音取」から》歌舞伎下座音楽の一。幽霊・妖怪・人魂などの出現の際に大太鼓のどろどろにかぶせて寂しく、不気味に吹く能管。寝鳥の笛。

寝鳥を刺・す　寝ている鳥をとりもちで捕る。無抵抗のものを捕らえる。たやすいこと、無慈悲なことなどのたとえ。寝鳥を射る。「義貞が首ねぢ切らんは—・すよりいと安し」〈浄・女楠〉

ね-と・る【音取る】〔動ラ四〕奏楽の前に、あらかじめ楽器の調子を試す。音程を調える。「腰より横笛取り出だし、平調に—・り」〈曽我・七〉

ね-と・る【寝取る】〔動ラ五(四)〕他人の配偶者・愛人と情を通じて、自分のものとする。「妻を—・られる」

ね-な・く【音泣く｜音鳴く】〔動カ四〕声を立てて泣く。また、禽獣などが声をあげて鳴く。「はるかなる声ばかりしてきりぎりす—・くに秋の夜を明かしつる」〈続後撰・秋中〉

ね-なし【根無し】❶根がついていないこと。❷よりどころがないこと。❸鏃のついていない矢。根なし矢。

ねなし-かずら【根無▽葛】ヒルガオ科の一年生の寄生植物。山野にみられる。茎は黄褐色、針金状の蔓で、他の植物にからみつき寄生根の吸盤から養分を吸収する。葉は鱗片状。夏、白い小花を穂状につける。種子は黒褐色の卵形で、漢方で菟糸子といい強壮薬に用いる。うしのそうめん。

ねなし-ぐさ【根無し草】❶地中に根を張らず、水に浮いている草。浮き草。❷浮き草のように漂って定まらない物事や、確かなよりどころのない生活のたとえ。「行方も知らぬ—の旅」

ねなしぐさ【根無草｜根南志具佐】談義本。5巻。風来山人(平賀源内)作。宝暦13年(1763)刊。女形の荻野八重桐の溺死事件を題材に、当時の世相を風刺したもの。「根無草後編」(5巻)は明和6年(1769)刊。

ねなし-ごと【根無し言】根拠のない言葉や話。つくりごと。

ねなし-ばな【根無し花】俳諧で、草木ではないものに「花」の字をつけていう語。花鰹・花嫁など。

ね-ぬき【根抜き】❶草木を根のついたまま引き抜くこと。「雑草を—にする」❷以前からずっとそういう状態であること。はえぬき。「いやいや—の法華でなければ信心うすし」〈浮・懐硯・四〉

ね-ぬけ【根抜け】❶同系統の窯で作った陶磁器のうち、最も古い製品。特に、古瀬戸の茶入れや古唐津などにいう。ねぬき。❷物事の徹底していること。「学文知らぬ者は曽我とまでは気がついても、—がいたしませぬゆゑ」〈浮・世間猿〉

ね-ぬなわ【根蓴=菜】ジュンサイの古名。「根ぜり—」〈梁塵秘抄・二〉

ねぬなわ-の【根蓴=菜の】〔枕〕ジュンサイの根が長いところから、「長き」「くる」「ね」などに掛かる。「—苦しきほどの絶え間かと」〈後拾遺・雑二〉

ね-ね　❶「ねんね❶」に同じ。「ばば様はさっきに早やお部屋へ帰って—してぢゃ」〈浄・賀古教信〉❷「ねんね❷」に同じ。〈和訓栞〉

ね-の-かたすくに【根の堅×洲国】「根の国」に同じ。「僕は妣の国—に罷らむと欲ふ」〈記・上〉

ね-の-くに【根の国】死者の霊が行くとされた地下の世界。黄泉。根の堅洲国。「今、詔を奉りて—に就りなむとす」〈神代紀・上〉

ね-の-ひ【▽子の日】《「ねのび」とも》❶十二支の子にあたる日。特に、正月の最初の子の日。(季 新年)❷「子の日の遊び」の略。❸「子の日の松」の略。

ね-のび【寝伸び】寝ながら手足を伸ばすこと。「—をするやうに、うちうむめて(=ウメイテ)足をはさみければ」〈今昔・二三・一九〉

ねのひ-づき【▽子の日月】陰暦正月の異称。

ねのひ-の-あそび【▽子の日の遊び】平安時代、正月初子の日に、野に出て小松を引き抜き、若菜を摘んで遊び、宴を設けた行事。小松引き。子忌み。

ねのひ-の-まつ【▽子の日の松】子の日の遊びに引く小松。「ひきて見る—は程なきをいかで籠れる千代にかあるらむ」〈拾遺・雑春〉

ね-の-ほし【▽子の星】北極星の異称。

ね-は【根葉】❶根と葉。また、根も葉も、すべて。「その家来の浪人まで引っ捕へて、—を絶やさうと」〈伎・四谷怪談〉❷心にわだかまっていて、あとまで残る恨み。「他の噂の草履打、それを—にも思はずに」〈人・辰巳園・四〉

根葉にな・る　恨みの種となる。「その時の事が—・って」〈浄・千両幟〉

根葉に持・つ　恨む。根に持つ。「平次、千鳥が事を—・ち」〈浄・盛衰記〉

ねば【粘】❶粘りけがあること。また、そのもの。❷▶御粘 ❸「粘土」の略。

ね-ば〔連語〕㊀《打消しの助動詞「ぬ」の仮定形＋接続助詞「ば」》❶打消しの仮定条件を表す。もし…ないなら。「熱が上がら—風呂に入ってよろしい」❷打消しの恒常的条件を表す。…ないと絶対に。…ない場合はきまって。「冬が終わら—春にならない」➡にゃ ➡ねばならない ㊁《打消しの助動詞「ず」の已然形＋接続助詞「ば」》❶打消しの順接確定条件を表す。…ないので。「天の河浅瀬白波たどりつつ渡り果て—明けぞしにける」〈古今・秋上〉❷㊀❶に同じ。「筑紫道の可太の大島しましくも見—恋しき妹を置きて来きぬ」〈万・三六三四〉❸打消しの逆接確定条件を表す。…ないのに。「秋立ちて幾日もあら—この寝ぬる朝明の風は手本寒しも」〈万・一五五五〉

ネバー〖never〗多く複合語として用い、少しも…しない、絶対に…ない、の意を表す。「—ギブアップ」

ネバー-マインド〖Never mind.〗〔感〕スポーツなどで、ミスした人を励ます語。気にするな。ドンマイ。

ネパール〖Nepal〗ヒマラヤ山脈中部南麓を占める連邦民主共和国。首都カトマンズ。北は中国チベット自治区に、南はインドに接する。エベレスト・マナスルなどの高峰があり、登山で知られる。農耕・牧畜を主産業とし、人口の約80パーセントがヒンズー教の教徒。13世紀末以来マッラ朝が栄え、1769年グルカ朝が成立。1951年に立憲君主制を宣言。内政が安定せず、2008年5月に制憲議会が開催され、共和制宣言がなされ、王政を廃止。人口2895万(2010)。

ネパール-ご【ネパール語】インド-ヨーロッパ語族のインド語派に属する言語。ネパール連邦民主共和国の公用語。梵字系のナーガリー文字を使用。

ねば・い【粘い】〔形〕図ねば・し〔ク〕❶粘りけが多い。粘り強い。「近所から—・い土を見出して」〈菊池寛・俊寛〉❷動作がのろい。重く鈍い。「—・イ人」〈日葡〉❸手にあまる。手ごわい。「なんの—・い事はない」〈浮・曲三味線・四〉

ね-ば・う【根▽延ふ】〔動ハ四〕《「ねはう」とも》根が長くのびる。根が張る。「磯の上に—・ふむろの木見し人をいづらと問はば語り告げむか」〈万・四四八〉

ネバ-がわ【ネバ川】《Neva》ロシア連邦北西部の川。ラドガ湖を源とし、サンクトペテルブルグを貫流して、バルト海に注ぐ。長さ74キロ。

ネバダ〖Nevada〗アメリカ合衆国西部の州。州都カーソンシティー。西の州境をシエラネバダ山脈が走る。大規模な放牧や銅などの採掘が盛ん。賭博が公認され、南部にラスベガスがある。➡表「アメリカ合衆国」

ねば-つ・く【粘つく】〔動カ五(四)〕粘って物にくっつく。ねばねばする。「口の中が—・く」
(類語)ねとつく・べとつく・べたつく

ねばっ-こ・い【粘っこい】〔形〕❶ねばねばしている。粘りけがある。「—・い樹液」❷粘り強い。しつこい。「—・く食い下がる」(派生)ねばっこさ〔名〕

ねば-つち【粘土】粘りけのある土。ねんど。

ね-ばな【寝▽端】寝ついたばかりのころ。寝入りば

な。「—を電話で起こされる」

ねば-なら◦ない〔連語〕二重否定で意を強める。…する義務・責任がある。…するのが当然である。ねばならぬ。「今日中に帰ら—◦ない」

ねば-なら◦ぬ〔連語〕「ねばならない」に同じ。「夜明け前に出発せ—◦ぬ」

ねば-ねば【粘粘】㊀〔名〕粘って物につきやすいもの。「雌しべの頭の—は何ですか」㊁〔副〕スル よく粘って物につきやすいさま。「とろろ汁で口の周りが—する」アク㊀はネバネバ、㊁はネバネバ。

ね-はば【値幅】取引で、売り手と買い手の出した値段の差額。また、高値と安値との差額。「—が開く」

ねはば-せいげん【値幅制限】株式市場で、株価の極端な上下を避けるために設定した、1日の値上がり額の上限と、値下がり額の下限。適正な価格の維持と投資家の保護を目的とする。前日の終値を基準とし、株価の価格帯により設定価格が異なる。例えば、株価1000円以上1500円未満の場合は上下とも300円、1500円以上2000円未満の場合は上下とも400円などとなる。制限値幅。補説ストップ高、ストップ安はその制限幅に達したこと。

ね-はり【根張り】《「ねばり」とも》根が土中に張り広がること。根がはびこること。

ねばり【粘り】❶粘ること。ねばねばすること。また、その程度や性質。「—のない米」❷がまん強くもちこたえる力。「—のあるチーム」類語粘り気・粘性

ねはり-あずさ【根張り×梓】ヅサ 根を張った梓。また、それで作った弓。「冬の朝(あした)は刺し柳—を大御手(おほみて)に取らし給ひて」〈万・三三二四〉

ねばり-がち【粘り勝ち】粘り抜いて最終的に相手に勝つこと。「説得しつづけて—をおさめる」

ねばり-け【粘り気】粘りつく性質。粘る力。「—のある土」類語粘り・粘性・粘度・粘力・粘着力

ねばり-ごし【粘り腰】相撲で、ねばり強く、容易にくずれない腰。転じて、ねばり強い態度。「—で交渉に臨む」

ねばり-つ・く【粘り着く】〔動カ五(四)〕粘って物にくっつく。粘着する。「飯粒が手に—・く」

ねばり-づよ・い【粘り強い】〔形〕文ねばりづよ・し〔ク〕❶粘着力が強い。非常に粘りがある。「—・い餅」❷根気強く最後までやりとおそうとするさま。「—・い性格」「—・く交渉する」類語しつこい・しぶとい・辛抱強い・忍耐強い・我慢強い

ねばり-ぬ・く【粘り抜く】〔動カ五(四)〕根気強くどこまでもやりとおす。「要求貫徹まで—・く」
類語やり抜く・やり通す・頑張る・食い下がる

ねばり-のぎらん【粘×芒×蘭】ユリ科の多年草。高山に生え、葉は披針形で、根元から放射状に出る。8月ごろ、花茎が伸び、緑がかった黄色のやや粘りつく花を穂状につける。ながばのぎらん。

ねば・る【粘る】〔動ラ五(四)〕❶柔らかで、よく物にくっつき、また、よく伸びてちぎれにくい状態にある。「小麦粉を—・るまでこねる」❷長時間根気よくがんばる。「—・って勝利をものにする」「喫茶店で半日—・る」
可能ねばれる　類語頑張る・踏ん張る・踏み止まる

ね-ばれ【寝腫れ】寝はれること。「—のした顔」

ね-は・れる【寝腫れる】〔動ラ下一〕文ねは・る〔ラ下二〕寝たために顔などがはれぼったくなる。「指先でその—・れた眼を擦って」〈近松秋江・疑惑〉

ねはん【×涅×槃】《梵 nirvāṇaの音写。吹き消すことの意》仏語。❶煩悩(ぼんのう)の火を消して、知慧(ちえ)の完成した悟りの境地。一切の悩みや束縛から脱した、円満・安楽の境地。仏教で理想とする、仏の悟りを得た境地。❷釈迦(しゃか)の死。❸「涅槃会(ねはんえ)」の略。
類語寂滅・円寂・入寂・解脱・彼岸・ニルバーナ

ねはん-え【×涅×槃会】ヱ 陰暦2月15日の釈迦(しゃか)入滅の日に行う法会。涅槃像をかかげ、遺教経(ゆいきょうぎょう)を読誦(どくじゅ)する。涅槃講。常楽会。(季 春)「—や心よい日の兆典司(てんす)/太祇」

ねはん-ぎょう【涅槃経】ーギヤウ ▶大般涅槃経(だいはつねはんぎょう)

ねはん-こう【×涅×槃講】「涅槃会(ねはんえ)」に同じ。

ねはん-しゅう【×涅×槃宗】大般涅槃経(だいはつねはんぎょう)を所依とする宗派。中国、南北朝の梁代に盛んに行われた。中国十三宗の一。

ねはん-ず【×涅×槃図】ヅ 釈迦が沙羅双樹(さらそうじゅ)の下で入滅する情景を描いた図。一般に、釈迦が頭を北、顔を西、右脇を下にして臥(ふ)し、周囲に諸菩薩(ぼさつ)や仏弟子・鬼畜類などが集まって悲嘆にくれるさまを描いたもの。涅槃絵。

ねはん-ぞう【×涅×槃像】ーザウ 釈迦入滅の姿を描いた絵や彫像。寝釈迦。(季 春)

ねはん-にし【×涅×槃西=風】陰暦2月15日の涅槃会の前後に吹く風。(季 春)「舟べりに鱗の乾く—/信子」

ねはん-もん【×涅×槃門】仏語。❶煩悩を去って悟りの境界へ入る門戸。❷四門の一。北方の門をいう。

ネバンリンナ-しょう【ネバンリンナ賞】ーシヤウ《Nevanlinna prize》情報科学の分野ですぐれた業績をあげた人に与えられる賞。1982年からフィールズ賞の授賞式と同時に授与が行われている。フィンランドの数学者ネバンリンナの遺志により設けられた。

ね-びえ【寝冷え】〔名〕スル 眠っている間にからだが冷えたために起こる障害。その結果起こる感冒や腹痛などをいう。(季 夏)「蹠(あしうら)の白きまで子の—して/誓子」

ねびえ-しらず【寝冷え知らず】子供が寝冷えしないように仕立てられた衣類。ひし形の布で胸や腹部をおおうものなど。(季 夏)

ね-びき【値引き】〔名〕スル 定価よりも安くすること。値をまけること。「冬物の衣料を—して売る」
類語値下げ・割引・ディスカウント・おまけ・勉強・奉仕・サービス・泣く・色を付ける

ね-びき【根引き┊根×曳き】〔名〕スル ❶草木などを根のついたまま引き抜くこと。ねこぎ。❷遊女や芸者などの身代金を代わりに払って請け出すこと。身請け。落籍。「—されしは嬉(うれ)しいようなものの」〈露伴・寝耳鉄砲〉

ねびきのかどまつ【寿の門松】浄瑠璃「山崎与次兵衛寿の門松」の通称。

ねびき-の-まつ【根×曳きの松】正月初めの子(ね)の日に、根ごと引き抜いた松。正月の門松に用いた。

ねびきのまつ【根曳の松】地歌・箏曲。手事物(てごともの)。松本一翁作詞、三橋勾当作曲。文化・文政(1804〜1830)ごろ成立。上方の初春の情景をうたったもの。

ね-ひじき【根肘木】ーひぢき 虹梁(こうりょう)や持ち送りを支えるために柱に差し込んだ肘木。

ネピドー〘Naypyidaw〙▶ネーピードー

ね-ひとつ【▽子一つ】子の刻を四等分した最初の時刻。現在の午後11時から11時半ごろ。また、現在の午前零時から零時半ごろとも。子の一刻。

ねび-ととの・う【ねび調ふ】ーととのふ〔動ハ四〕成長して姿形がととのう。ねびととのおる。「この君—・ひ給ふままに、母君よりも勝りて清らに」〈源・玉鬘〉

ねび-ととのお・る【ねび調ほる】ーととのほる〔動ラ四〕「ねびととのう」に同じ。「いと美しげに—・りて」〈源・明石〉

ねび-びと【ねび人】年をとった人。また、年をとり、経験豊かな人。「—どもは、いとあやしく心得がたく思ひ惑はれけれど」〈源・総角〉

ねび-まさ・る【ねび勝る】〔動ラ五(四)〕❶年齢よりも大人びている。「黙ってお澄の真心に触れ温まっている、と云うような—・った心にもなれず」〈里見弴・多情仏心〉❷成人するに従ってりっぱになる。「院もいと清らに—・らせ給ひて」〈源・少女〉

ねび-もの【ねび者】大人びた人。老成した人。「兄十郎は—にて粗忽せぬ生まれ付き」〈浄・会稽山〉

ねび-ゆ・く【ねび行く】〔動カ四〕次第に成長していく。大人になっていく。「—・かむさま、ゆかしき人かな」〈源・若紫〉

ネビュラ〘nebula〙「星雲」に同じ。

ね-びらき【値開き】売値と買値とに差があること。品物によって高い安いの差があること。また、その額。「産地により—がある」

ね-びる【▽沢×蒜┊根×蒜】野蒜(のびる)の別名。

ねび・る〔動ラ下二〕若さがなく年寄りじみている。ふけてみえる。「鼻などもあざやかなる所なう—・れて、にほはしき所も見えず」〈源・空蝉〉

ねぶ【合=歓】ネムノキの別名。「昼は咲き夜は恋ひ寝(ぬ)る—の花君のみ見めや戯奴(わけ)さへに見よ」〈万・一四六一〉

ね・ぶ〔動バ上二〕❶年をとる。盛りを過ぎる。「帝の御年—・びさせ給ひぬれど」〈源・紅葉賀〉❷大人びる。また、年齢よりも大人っぽくなる。「御年の程よりはるかに—・びさせ給ひて」〈平家・一一〉

ネフェロメトリー〘nephelometry〙微細粒子が浮遊する懸濁液などの濁りの度合い(濁度)を測定する比濁分析のための手法の一。懸濁液に光を投射し、入射光とその直角方向への散乱光を測定し、その強度比を利用する。濃度が希薄な場合の測定に向く。散乱比濁法。

ね-ぶか【根深】ネギの別名。(季 冬)「今朝の雪—を園の枝折(しをり)哉/芭蕉」

ね-ぶか・い【根深い】〔形〕文ねぶか・し〔ク〕❶根が深く入っている。「—・くて抜きにくい草」❷原因や根拠などが深いところにある。「—・い不信感」❸しつこい。執念深い。「—・く問うに包みおおせず」〈鏡花・化銀杏〉類語深い・根強い・抜き難い

ねぶか-いし【根府▽川石】▶ねぶかわいし

ねぶか-じる【根深汁】ネギを実にした味噌汁、または、すまし汁。ねぎ汁。(季 冬)「うとましく冷えてしまひぬ—/草城」

ネブカドネザル-にせい【ネブカドネザル二世】《Nebuchadnezzar Ⅱ》[?〜前562]カルデア王国(新バビロニア王国)第2代の王。在位前605〜前562。アッシリアに次いでユダ王国を滅ぼし、前587年にはエルサレムを破壊し、多数のユダヤ人を強制移住させた。➡バビロン捕囚

ねぶか-ねぎ【根深×葱】根もとの白い部分の多いネギ。白ネギ。

ねぶかわ-いし【根府川石】ねぶかはー 神奈川県小田原市根府川に産する輝石安山岩の石材名。板状節理が発達し、敷石・石碑などに利用。へげ石。ねぶかいし。

ね-ぶくろ【寝袋】羽毛などの保温材を詰めて袋状につくった携帯用の寝具。登山やキャンプなどに用いる。シュラーフザック。シュラフ。

ネブシェヒル〘Nevşehir〙トルコ中央部、カッパドキア地方の都市。同地方最大の都市であり、行政、商業の中心地。市街を見下ろす丘の上にセルジュークトルコ時代に築かれた城塞がある。世界遺産に登録されたギョレメ国立公園の観光拠点の一つ。

ネフスキー〘Nikolay Aleksandrovich Nevskiy〙[1892〜1945]ソ連の東洋学者。日本へ留学し、柳田国男や折口信夫などと親交を結ぶかたわら、東北・沖縄の民族、アイヌ語、宮古島方言、西夏語などの研究に成果をあげた。帰国後の1937年、粛清によって逮捕され、服役中に死亡した。

ネフスキー-どおり【ネフスキー通り】ーどほり《Nevskiy prospekt》ロシア連邦北西部、レニングラード州の都市サンクトペテルブルグにある大通り。旧海軍省とアレクサンドルネフスキー大修道院を結ぶ。全長約4.5キロ。百貨店、レストラン、ホテルなどが並ぶ同国有数の繁華街として知られるほか、ストロガノフ宮殿、カザン聖堂をはじめとする歴史的建造物が建ち並ぶ。旧ソ連時代の1918年から44年まで十月革命を記念して十月二十五日通りと呼ばれた。ネフスキー大通り。

ね-ぶそく【寝不足】〔名・形動〕寝足りないこと。また、そのさま。睡眠不足。「—な(の)頭で試験に臨む」

ね-ふだ【値札】商品につける、値段を書いたふだ。

ねぶた　東北地方の年中行事の一。竹などで扇・人形などの形に編んで紙を張り、武者や歌舞伎狂言の場面を描いて中に灯をともし、屋台にのせて笛や太鼓の囃子(はやし)で町内を練り歩く。特に、8月2日から7日にかけて行われる弘前市・青森市のものが有名。弘前では「ねぷた」とよぶ。(季 秋) 補説「佞武多」とも書く。

ねぶた・い【▽眠たい┊▽睡たい】〔形〕文ねぶた・し

〔ク〕「ねむたい」に同じ。「徹夜明けで―・くてしかたない」[派生]ねぶたがる〔動ラ五〕ねぶたげ〔形動〕ねぶたさ〔名〕

ネプチューン〘Neptune〙[一]▶ネプトゥーヌス [二]海王星。

ネプチューン-の-どうくつ【ネプチューンの洞窟】《Grotte di Nettuno》イタリア半島の西方、サルデーニャ島、サルデーニャ自治州の港町アルゲーロの西約15キロメートル、カッチャ岬の断崖にある鍾乳洞。内部は高さ110メートル、全長2.5キロメートルに及ぶ。15世紀に発見され、19世紀にサルデーニャ王カルロ＝アルベルトが音楽会を開いたという。

ね-ぶつ【▽念仏】「ねんぶつ」の撥音の無表記。「僧ども―のひまに物語するを聞けば」〈かげろふ・上〉

ネプツニウム〘neptunium〙アクチノイドに属する超ウラン元素の一。人工放射性元素であるが、天然にもウラン鉱石中に微量存在する。質量数237のものが最も半減期が長く、2140万年。銀白色の金属。名は海王星(Neptune)にちなむ。元素記号Np 原子番号93。

ネプツニウム-けいれつ【ネプツニウム系列】放射性元素の崩壊系列の一。ネプツニウム237に始まり、ビスマス209に至る。すべて$4n+1$の質量数をもつので、$4n+1$系列ともいう。天然には存在しない。

ね-ぶと【根太】もも・尻など、脂肪の多い部分に多くできるはれもの。化膿(かのう)して痛む。かたね。

根太は敵(かたき)に押させよ　根太は、思いきって強く押してうみを出さなければ治らないということ。

ネプトゥーヌス〘Neptunus〙ローマ神話の海神。ギリシャ神話のポセイドンにあたる。英語名ネプチューン。

ネプトゥン〘Neptun〙ルーマニア南東部、黒海に面する海岸保養地。マンガリアの北約6キロメートルに位置し、近隣のオリンプ、ジュピテル、アウロラ、ベヌス、サトゥルヌとともに、同国有数の保養地群を形成する。大統領の夏の別荘があることで有名。

ネフド-さばく【ネフド砂漠】《Nefud》サウジアラビア北部にある砂漠。ベドウィンの遊牧地。

ねぶ-の-き【合＝歓木】ネムノキの別名。

ね-ぶみ【値踏み】〔名〕(スル) 値段を見積もってつけること。評価。値積もり。「宝石を―してもらう」

ネブライザー〘nebulizer〙のどや気管の病気の際に、薬液を霧状にして口や鼻から吸収させる装置。

ネブラスカ〘Nebraska〙アメリカ合衆国中部の州。州都リンカン。プラット川が貫流し、トウモロコシ栽培など大規模農業が発達。牧畜も盛ん。➡表「アメリカ合衆国」

ねぶり【▽眠り｜▽睡り】ねむること。ねむり。「汽車の留った為に、―が調子を失って」〈漱石・坑夫〉

ねぶり-こ【×舐り子】(関西地方で)おしゃぶり。

ねぶり-ごえ【▽眠り声】(ごえ) ねむそうな声。ねぼけ声。「居るままにすなはち―なる、いとにくし」〈枕・二八〉

ねぶり-ばし【×舐り箸】嫌い箸の一。食事中に箸の先をなめること。

ねぶり-め【▽眠り目】「ねむりめ❶」に同じ。「目をも人に見あはせず、―にて、時々阿弥陀仏を申す」〈宇治拾遺・一一〉

ねぶ・る【▽眠る｜▽睡る】〔動ラ五(四)〕「ねむる」に同じ。「怒りの疲労(ひろう)に漸(やうや)く夜も―・るを得にき」〈蘆花・不如帰〉「眼を―・って運を天に任せて居た」〈漱石・吾輩は猫である〉

ねぶ・る【×舐る】〔動ラ五(四)〕舌先で物をなめる。しゃぶる。「子供に飴玉(あめだま)を―・らせる」

ネフローゼ〘ドイツ Nephrose〙▶ネフローゼ症候群

ネフローゼ-しょうこうぐん【ネフローゼ症候群】(シヨウコウグン) 腎臓の糸球体の障害により、たんぱく尿として大量のたんぱく質を喪失するため、低たんぱく血症・脂質異常症・浮腫を呈する状態。腎炎などのほか、糖尿病などで二次的に起こるものもある。

ネフロン〘nephron〙腎小体とそれに連なる細尿管とを合わせたもの。腎臓の機能および構造上の単位とみなされ、腎小体で血液から濾過(ろか)された原尿が、細尿管で再吸収され、尿が生成される。腎単位。

ネベト-テペ〘Nebet Tepe〙ブルガリア中南部の都市プロブディフの旧市街にある丘の一。トラキア人の集落があった場所で、紀元前4世紀にマケドニア王フィリッポス2世が要塞化した。古代ローマ時代の遺跡がある。

ね-べや【寝部屋】寝室。寝間。ねや。

ネベリスク〘Nevel'sk〙ロシア連邦、サハリン州(樺太)南部、間宮海峡に面する港湾都市。名称は19世紀ロシアの探検家ネベリスコイに由来する。1945年(昭和20)以前の日本領時代には本斗(ほんと)とよばれ、北海道の稚内(わっかない)との間に定期航路があった。

ね-ぼう【寝坊】(バウ)〔名・形動〕(スル) 朝おそくまで寝ていること。また、そのさまや、その癖のある人。朝寝坊。「―な(の)人」「―して学校に遅れる」[類語]朝寝坊・朝寝

ね-ぼけ【寝×惚け】寝ぼけること。また、その人。

ねぼけ-がお【寝×惚け顔】(がほ) 寝ぼけた顔つき。また、ぼんやりとした顔つき。ねぼけづら。

ねぼけ-ごえ【寝×惚け声】(ごゑ) ねぼけていう声。ねぼけたようなぼんやりした声。「―で電話に出る」

ねぼけ-せんせい【寝惚先生】大田南畝(おおたなんぽ)の狂号。

ねぼけ-づら【寝×惚け面】「寝ぼけ顔」に同じ。

ねぼけ-まなこ【寝×惚け眼】寝ぼけた目つき。「―をこすりながら起き出す」

ね-ぼ・ける【寝×惚ける】〔動カ下一〕[文]ねぼ・く〔カ下二〕❶目が覚めたばかりでまだ頭がよくはたらかず、ぼんやりしている。「起き抜けの―・けた顔」❷眠ったままの状態で起き上がって、無意識におかしな言動をする。「―・けて夜中に起き上がる」❸わけのわからない言動をする。分別のないことを言う。「今ごろ何を―・けたことを言うんだ」❹色がぼけてはっきりしなくなる。「―・けた色の壁紙」[類語]寝とぼける

ね-ほしょう【根保証】債務者が現在保有する債務、また将来保有する債務のすべてについて保証する約束。包括根保証(限度額と期間を定めない保証)と限定根保証(限度額と期間を定めた保証)とがあるが、平成16年(2004)の民法改正により、包括根保証は禁止された。

ねぼ-すけ【寝▽坊助】ねぼうの人をからかったりあざけったりしていう語。「―め、早く起きろ」

ね-ほぞ【根×枘】束(つか)の下端に作った突起。

ネポティズム〘nepotism〙縁故者をひいきにして公職などに採用すること。

ね-ぼとけ【寝仏】釈迦の入滅の姿を彫刻や絵画にしたもの。涅槃像(ねはんぞう)。寝釈迦。

ね-ほり【根掘り】[一]〔名〕根を掘ること。また、その道具。[二]〔副〕「根掘り葉掘り」の略。「其の因縁は知りませぬが、又それを―するにも及びませぬが」〈木下尚江・火の柱〉「―知っての上なれば」〈浄・重井筒〉

ねほり-はほり【根掘り葉掘り】〔副〕《「葉掘り」は「根掘り」に語調を合わせたもの》徹底的に。しつこくこまごまと。「わけを―尋ねる」

ね-ほ・れる【寝×惚れる】〔動ラ下一〕[文]ねほ・る〔ラ下二〕《「ねぼれる」とも》「ねぼける」に同じ。「義理も弁(わきま)えず云いたいことをいう大白痴(おおたわけ)、特(こと)さら―・れた耳にも」〈露伴・椀久物語〉

ね-ほん【根本】❶京坂で、歌舞伎の正本(しょうほん)(脚本)のこと。❷「絵入り根本」の略。

ね-ま【寝間】寝室。また、寝床。「―を取る」[類語]寝室・寝所・寝屋・閨房(けいぼう)・臥(ふ)し所・ベッドルーム

ネマ〘NEMA〙《National Electrical Manufacturers Association》全米電気機器製造業者協会。電気製品・部品の規格を定めている。1926年設立。本部はバージニア州のロスリン。

ねまがり-だけ【根曲(が)り竹】イネ科の植物。山地に群生し、高さ2～3メートル。茎は地表を横に走り、それから曲がって斜め上に伸びる。葉は革質で無毛。竹の子は食用にする。くまいざさ。ちしまざさ。

ね-まき【根巻(き)】移植する木の根をむしろや縄で包むこと。植え傷みを防ぐために行う。

ね-まき【寝巻｜寝間着】寝るときの衣服。寝衣(しんい)。[類語]パジャマ・ネグリジェ

ね-まち【値待ち】〔名〕(スル) 取引で、売りや買いに適した値段を待つこと。「株を―して売りに出す」

ね-まち【寝待ち】❶寝て待つこと。❷「寝待ちの月」の略。[季 秋]

ねまち-づき【寝待ち月】「ねまちのつき❶」に同じ。[季 秋]「蘭の影二つより添ふ―/秋桜子」➡居待ち月 ➡立ち待ち月

ネマチック〘nematic〙《元はギリシャ語で、糸状・線状の意》「ネマチック状態」の略。「―液晶」

ネマチック-じょうたい【ネマチック状態】(ジヤウタイ)《nematic state》液晶の状態の一種。棒状分子の配列が長軸方向にそろっているが、隣どうしは不規則である状態。電圧を加えると分子の配列が乱れて透明度が変わる計器の表示装置や小型テレビ画面などに利用。➡コレステリック状態 ➡スメクチック状態

ねまち-の-つき【寝待ちの月】《月の出るのが遅いので寝て待つ意から》❶陰暦19日の夜の月。特に、陰暦8月19日の月。臥(ふ)し待ちの月。ねまちづき。[季 秋]❷陰暦20日以後の月。

ね-まつり【▽子祭(り)】陰暦10月または11月の甲子(きのえね)の日に行う大黒天の祭り。酒饌(しゅせん)・玄米・黒豆・二股大根(ふたまただいこん)などを供える。[季 冬]「―や寝て待てばぼたもちが来る/一茶」

ね-まど・う【寝惑ふ】(まどふ)〔動ハ四〕ねぼけてまごつく。「老いたる男の―・ひたる」〈枕・四五〉

ネマトーダ〘ラテン Nematoda〙線虫(せんちゅう)。

ねま・る〔動ラ四〕❶とじこもる。また、黙座する。「―・りて物を思案することが大人の志のやうなぞ」〈史記抄・周本紀〉❷すわる。また、ひれ伏す。「これ軍右衛門が―・り申して手をつかへる」〈浄・宵庚申〉❸くつろいで休む。「お草臥(くたびれ)なら―・るべい」〈松の葉・二〉❹寝る。臥す。「もう―・らまいか」〈滑・膝栗毛・五〉❺食べ物が腐る。〈日葡〉

ね-まわし【根回し】(まはし)〔名〕(スル)❶樹木などの移植の1、2年前に、広がった根を根もとを中心に残して切り、細根の発生を促すこと。❷交渉や会議などで、事をうまく運ぶために、あらかじめ手を打っておくこと。下工作。「しかるべき部署に―する」

ね-まわり【根回り】(まはり)❶樹木の株元。また、そこに植える草や木。❷釣りで、海底の岩の周囲、またはその付近のこと。

ネミ〘Nemi〙イタリアの首都ローマ南東部、カステリロマーニ地方の町の一。ネミ湖という火山起源のカルデラ湖に面する。ローマ皇帝カリグラがディアナ祭りのために造った全長60メートルの巨大な船が、1920年代に湖中から引き上げられた。

ねみず-ぐさ【根水草】(ねみづ) ヤナギの別名。

ねみだれ-がみ【寝乱れ髪】寝たことによって乱れた髪。ねくたれがみ。

[類語]乱れ髪・ざんばら髪・寝癖

ね-みだ・れる【寝乱れる】〔動ラ下一〕[文]ねみだ・る〔ラ下二〕衣服や髪が寝たために乱れる。「―・れた髪を整える」

ね-みみ【寝耳】眠っているときの耳。夢うつつで聞くこと。「―に聞く」

寝耳に入(い)・る　寝ているときに、声が耳に聞こえてくる。転じて、思いがけず手に入る。

寝耳に水　《「寝耳に水の入るごとし」の略》不意の出来事や知らせに驚くことのたとえ。「―の話」

ねむ【合＝歓】ネムノキの別名。[季 花＝夏｜実＝秋]「雨の日やまだきにくれて―の花/蕪村」

ね・む【×眠む】〔動マ下二〕「ねめる」の文語形。

ねむ・い【眠い｜▽睡い】〔形〕[文]ねむ・し〔ク〕眠気を催している。眠り入るような気持ちである。ねむたい。「―・い目をこする」「―・くなる講義」[派生]ねむがる〔動ラ五〕ねむげ〔形動〕ねむさ〔名〕[類語]眠たい

ねむ-け【眠気｜▽睡気】眠りたいという気分。ねむたい感じ。「―を催す」[類語]睡魔・催眠

ねむけ-ざまし【眠気覚まし】眠気を覚ますこと。また、その方法。「―にコーヒーを飲む」

ね-むしろ【寝×筵】寝るときに用いるむしろ。ねござ。**(季 夏)**

ねむた・い【眠たい│▽睡たい】〘形〙図ねむた・し〘ク〙「眠い」に同じ。「―・くてあくびが出る」(派生)**ねむたがる**〘動ラ五〙**ねむたげ**〘形動〙**ねむたさ**〘名〙

ねむ-ちゃ【合=歓茶】カワラケツメイの別名。

ね-むつかり【寝▽憤り】《「ねむづかり」とも》幼児などが寝覚めたばかりのときや眠いときに機嫌が悪くなること。

ねむ-の-き【合=歓木】マメ科の落葉高木。東北地方以南の山野に自生。葉は羽状複葉で、互生し、小葉が数十枚並んでつく。夜になると、小葉が手を合わせたように閉じて垂れ下がる。夏、淡紅色の約20個からなる頭状の花をつけ、夕方開花し、紅色の長い雄しべが傘状に広がる。豆果は平たい。ねぶのき。ねぶ。ねむ。ごうかん。ごうかんぼく。ごうかのき。

ねむら・す【眠らす│▽睡らす】㊀〘動サ五(四)〙「眠らせる」に同じ。「好きなだけ―・してやろう」㊁〘動サ下二〙「ねむらせる」の文語形。

ねむら・せる【眠らせる│▽睡らせる】〘動サ下一〙図ねむら・す〘サ下二〙❶眠りにつかせる。眠るようにする。「子守り歌をうたって―・せる」❷殺すことを俗にいう語。「邪魔者は―・せよう」

ねむり【眠り│▽睡り】❶眠ること。睡眠。「一から覚める」「―が深い」❷死ぬことを婉曲にいう。「永久の―につく」❸蚕が脱皮する前に活動を静止して桑を食べなくなること。また、その蚕。(類語)寝・睡眠・就眠・快眠・安眠・熟睡・昏睡・居眠り・ねんね

ねむり-ぐさ【眠り草】オジギソウの別名。**(季 夏)**

ねむり-ぐすり【眠り薬】❶催眠剤。睡眠薬。❷麻酔剤。

ねむり-こ・ける【眠りこける】〘動カ下一〙ぐっすりと眠り続ける。「正体もなく―・ける」
(類語)眠り込む・熟睡・爆睡・高枕

ねむり-こ・む【眠り込む】〘動マ五(四)〙よく寝入る。ぐっすり眠る。「疲れていつのまにか―・む」
(類語)寝入る・寝付く・まどろむ・眠りこける

ねむり-ざまし【眠り覚まし】「眠気覚まし」に同じ。

ねむり-ながし【眠り流し】睡魔を払う行事。主として七夕行事として、水浴をしたり、形代などを模型船や灯籠・笹竹などにのせて川・海に送り流したりする。東北地方に盛んであるが、北陸・九州などにもみられる。ねぶとながし。

ねむり-の-き【眠りの木】ネムノキの別名。

ねむり-びょう【眠り病】嗜眠性脳炎や睡眠病の俗称。

ねむり-め【眠り目】❶眠そうな目。また、つぶった目。「―をまぼしそうに細めて」〈二葉亭訳・めぐりあひ〉❷くすんだ色合い。また、そのもの。「親の喪中とて、衣裳の物ずきも、一きは―にて」〈浮・世間猿〉

ねむ・る【眠る│▽睡る】〘動ラ五(四)〙《古くは「ねぶる」》❶心身の動きが一時的に低下し、目を閉じて無意識の状態になる。「すやすやと―・る」❷一時的に活動をやめた状態になる。利用されない状態のままである。「草木も―・る丑三つ時」「地下に―・る資源」❸死ぬ。永眠する。「草葉の陰で―・っている」❹まぶたを閉じる。目をつぶる。「目を―・って、何度もこの歌をうたう」〈芥川・偸盗〉(可能)**ねむれる**

(用法)**ねむる・ねる**――「毎晩、よく眠る(寝る)」「ぐっすり眠った(寝た)」のように心身の働きが低下して意識的な活動がない状態をいうときには、相通じて用いられる。◆「眠る」は、体が眠った状態にあることに重点があり、必ずしも横になることを意味しない。「居眠り」のようにすわった状態でも立ったままでもよい。◆「寝る」は、「さあ、寝るか」「もう寝る時間ですよ」のように横になって眠る意がある。また、今眠っていなくても眠る習慣がある場合にも使う。「寝る子は育つ」「どこででもよく寝るなあ」◆「深い眠りから覚める」のように、「眠る」に対しては「覚める」が、また「治ってきたが、まだ寝たり起きたりだ」のように「寝る」に対しては「起きる」が対応する。

(類語)(❶)寝る・まどろむ・寝入る・寝付く・就寝・睡眠/(❸)死ぬ・瞑する・永眠・瞑目

眠れる獅子　大きな力をもちながら、それをまだ十分発揮しないままでいる人や国などのたとえ。

ネムルト-こ【ネムルト湖】《Nemrut Gölü》トルコ東部、ネムルトダウ(ネムルト山)にあるカルデラ湖。バン湖の西岸の都市タトバンの北郊に位置する。世界有数の規模のカルデラ湖であり、風光明媚な観光地として知られる。

ネムルト-さん【ネムルト山】《Nemrut Dağ》►ネムルトダウ

ネムルト-ダウ〘Nemrut Dağ〙トルコ南東部の山。標高2150メートル。首都アンカラの東約600キロメートルに位置する。紀元前1世紀頃、同地方を支配したコンマゲネ王国のアンティオコス1世の墳墓があり、王の像とともに、ゼウス、アポロン、ヘラクレス、テュケなどの神々の像が並んでいた跡が残る。ギリシャ神話とペルシア神話の神々が混交したヘレニズム時代の文化の象徴として知られ、1987年に世界遺産(文化遺産)に登録された。ネムルト山。

ねむろ【根室】㊀北海道の旧国名。現在の根室振興局。㊁北海道東部の振興局。局所在地は根室市。㊂北海道、根室半島を占める市。根室振興局所在地。北洋漁業の基地で、サケ・マス・カニなどの水揚げが多い。人口2.9万(2010)。

ねむろ-かいきょう【根室海峡】北海道東岸と国後島との間の海峡。野付崎の辺りは野付水道ともよばれる。

ねむろ-し【根室市】►根室㊂

ねむろ-しちょう【根室支庁】根室振興局の旧称。

ねむろ-しんこうきょく【根室振興局】►根室㊁

ねむろ-はんとう【根室半島】北海道東端の半島。先端に納沙布岬がある。花咲半島。納沙布半島。

ねむろはんとうおき-じしん【根室半島沖地震】昭和48年(1973)6月17日、根室半島南東沖で発生したマグニチュード7.4の地震。根室・釧路地方に被害を及ぼした。小津波が起こり、浸水や船舶の流失・沈没などの被害が出た。

ねむろ-ほんせん【根室本線】北海道、滝川から帯広・釧路を経て根室に至るJR線。大正10年(1921)全通。全長443.8キロ。

ねむろ-わん【根室湾】北海道東部、根室半島から北方の野付崎までの海域。

ねめ-か・く【×睨め掛く】〘動カ下二〙にらみつける。「おの(=キサマ)、後にあはざらんやは、とて―・けて帰りにければ」〈宇治拾遺・九〉

ネメシス〘Nemesis〙ギリシャ神話で、人間に幸・不幸を配分する女神。度をこえた繁栄、高慢などに天罰を下したという。

ねめ-つ・ける【×睨め付ける】〘動カ下一〙図ねめつ・く〘カ下二〙にらみつける。「じーっと鋭く私の眉間を―・けました」〈谷崎・痴人の愛〉
(類語)にらむ・にらみつける・見詰める・見据える

ねめ-まわ・す【×睨め回す】〘動サ五(四)〙にらみ回す。「其処等をじろじろと―・して」〈鏡花・歌行灯〉

ね・める【×睨める】〘動マ下一〙図ね・む〘マ下二〙❶にらむ。「眼を剝き出し、瞬きもせでぐいと―・めしが」〈露伴・五重塔〉❷警戒して目を付ける。また、憎しみでいきどおる。「そんな了簡だから課長さんにも―・められたんだ」〈二葉亭・浮雲〉「―・めつつ、見かへり見かへりにらみけり」〈著聞集・一六〉

ねもころ【▽懇ろ】㊀〘形動ナリ〙《「ねんごろ」の古形。「ねもごろ」とも》「ねんごろ㊀」に同じ。「我妹子が里にしあれば―に見まく欲しけど」〈万・二〇七〉㊁〘副〙㊀に同じ。「足引きの山に生ひたる菅の根の―見まく欲しき君かも」〈万・五八〇〉

ねもころごろ-に【▽懇ろごろに】〘副〙「ねもころ㊁」に同じ。「菅の根の―我が思へる妹によりては」〈万・三二八四〉

ね-もじ【ね文字】《「ね」で始まる語の後半を略して「文字」を添えたもの》❶「練貫」の女房詞。❷「練り絹」の女房詞。❸「葱」の女房詞。

ね-もと【根元│根本】❶根のもと。根のある部分。根のあたり。「杉を―から切り倒す」「髷の―」❷物事の基本。こんぽん。「悪を―から断つ」
(類語)根・根っこ・根本・大根・大本・本・根底・基底・根基・根幹・根源

ねもと-しゃくなげ【根元石南▽花】ツツジ科の常緑低木。ハクサンシャクナゲの八重咲き品種。北海道・本州北部の高山帯に自生。7月ごろ、白色から淡紅色の花を開く。

ねもと-すすむ【根本進】[1916～2002]漫画家。東京の生まれ。北沢楽天、川端竜子に師事したのち、漫画を執筆する。台詞を用いないサイレント漫画と、ほのぼのとした作風で知られ、「朝日新聞」に連載された「クリちゃん」は大きな人気を集めた。

ねもと-つうめい【根本通明】[1822～1906]幕末・明治の漢学者。出羽の人。号、羽嶽・健斎。秋田藩校で教え、維新後は東大教授。考証学・易学に精通した。著「周易復古筮法」「論語講義」「老子講義」など。

ねもと-りくお【根本陸夫】[1926～1999]プロ野球選手・監督。茨城の生まれ。近鉄バファローズの選手を経て昭和43年(1968)広島の監督に就任。のち西武で監督、管理部長などを務め、同球団の黄金時代の基盤を築く。平成5年(1993)ダイエー(現福岡ソフトバンク)の監督に就任。同7年フロントに転じチーム強化に尽力した。

ね-ものがたり【寝物語】男女が同じ床に寝て話をすること。また、その話。「―に聞いた話」

ネモフィラ〘ラテ Nemophila〙ハゼリソウ科の一年草。北アメリカ原産。高さ15～20センチ。春に淡青色の5弁の花を咲かせる。

ね-や【根矢】鏃。また、的矢に対して征矢・鏑矢・雁股などの実戦用の矢。

ね-や【×閨│寝屋】❶夜寝るための部屋。特に、夫婦の寝室。「―のむつ言」❷奥深い所にある部屋。深窓。「思ひやり異なることなき―のうちに、いといたく思ひあがり」〈源・帚木〉
(類語)寝室・寝所・寝間・閨房・臥し所・ベッドルーム

ねや-がわ【寝屋川】㊀生駒山地に源を発し、寝屋川市を流れ、大阪市内で淀川に合流する川。㊁大阪府北東部の市。東部の枚方丘陵、西部の淀川・寝屋川の低地からなる。住宅地。人口23.8万(2010)。

ねやがわ-し【寝屋川市】►寝屋川㊁

ね-やき【根焼(き)】❶杭などの地中に埋める部分を焼いて炭化させ、腐食を防ぐこと。❷生け花で、草花の切り口を焼いて、水あげをよくすること。

ねや-ごと【×閨事】閨で行う男女の交合。房事。

ね-やす【値安】〘名・形動〙値段の安いこと。また、そのさま。安価。廉価。「―な(の)品」「―株」

ねや・す【×黏す│▽粘す】〘動サ四〙練って粘りけがあるようにする。また、練って柔らかくする。こねる。「塗りにし壁の土を―・せり」〈鷹筑波〉

ねや-ど【×閨▽所│寝屋▽処】寝所。ねや。「しもと取る里長が声は―まで来立ち呼ばひぬ」〈万・八九二〉

ね-ゆき【根雪】解けないうちに雪がさらに降り積もって、雪解けの時期まで残る下積みの雪。**(季 冬)**
(類語)積雪・深雪・残雪・名残の雪・万年雪

ねらい【狙い】❶弓や鉄砲などで、目標に当てようとねらうこと。「―をつけて撃つ」❷ねらう目標。めざす意図。目当て。「作者の―を読み取る」(類語)目的・目当て・狙い所・つけめ・意図・真意・趣意・主意

ねらい-うち【狙い撃ち│狙い打ち】〘名〙スル❶ねらいを定めて撃つこと。そげき。「敵兵を―する」❷目標を定めて集中的に行うこと。「カーブを―する」「質問で彼を―にする」
(類語)狙撃・射撃・銃撃・集中砲火

ねらい-がり【狙ひ狩り】夏の夜、照射をたき、鹿狩りをすること。「照射する火串の影の―」〈浄・会稽山〉

ねらい-ごし【狙い越し】►リード(lead)❻

ねらい‐すま・す【狙い澄ます】〘動サ五(四)〙しっかりとねらいを定める。「―・した一撃」

ねらい‐どころ【狙い所】ねらいとする所。目標とする点。「―のいい新製品」

類語 狙い・目的・目当て・つけめ・あてど

ねらい‐め【狙い目】ばくちで、その目が出るとねらいをつけた、さいころの目。また、これを選べば勝てると見当をつけた対象や時期。「今度のレースの―はこれだ」

ねら・う【狙う】〘動ワ五(ハ四)〙❶目標に命中させようとして、弓・鉄砲などを構える。照準を定める。また、矢・弾などを目標物に命中させようとする。「銃で鴨を―・う」「外角低めを―・って投げる」❷あるものを手に入れようとしたり遂行しようとしたりして、その機会をうかがう。「すきを―・う」「命を―・う」❸ある事柄を目標に置く。それを目標としてめざす。「始めから優勝を―・う」「若い女性を―・った企画」可能 **ねらえる** 類語 目掛ける・目指す・つけねらう・うかがう

ねり【練り┊×煉り】❶練ること。こねること。「小麦粉の―が足りない」「固―」❷(練り)生絹の不純物を除いてしなやかにすること。また、その糸や織物。❸(「邌り」とも書く) ㋐祭礼の行列などが練り歩くこと。➡御練り ㋑公家が行事に庭上を練り歩くこと。練り方に序・破・急があり、早練り・遅練りなどという。練歩。❹「練り餌」の略。❺「練り鉄」の略。〈和名抄〉❻「練り酒」の略。〈日葡〉

ねり‐あげ【練(り)上げ】製陶で、違う色、違う種類の粘土を組み合わせて器を作る技法。

ねり‐あ・げる【練(り)上げる┊×煉り上げる】〘動ガ下一〙❶十分こねて仕上げる。「よく―・げたようかん」❷計画・文章などを何度も直して立派なものに仕上げる。「演説原稿を―・げる」類語 練る・捏ねる

ねり‐あし【練(り)足┊×邌り足】社寺の祭祀、宮廷の儀式などで、行列をつくって練って行く足つき。ゆっくりした歩き方。

ねり‐あみ【練(り)網】海藻の繁茂している岩礁などで用いる手繰り網。メバル・ボラ・クロダイなどを捕るのに用いる。

ねり‐ある・く【練(り)歩く┊×邌り歩く】〘動カ五(四)〙行列してゆっくりと歩く。調子をそろえて静かに歩く。「山車が町を―・く」

ねり‐あわ・せる【練(り)合(わ)せる┊×煉り合(わ)せる】〘動サ下一〙図ねりあは・す〘サ下二〙2種以上のものをこねてまぜ、一つのものにする。「―・せて膏薬を作る」

ねり‐あん【練り×餡┊×煉り×餡】小豆などを煮てつぶし、漉して砂糖を加え、火にかけて練った餡。

ねり‐い・ず【練り▽出づ┊×邌り▽出づ】〘動ダ下二〙ゆっくりと歩み出る。静かに歩み出る。「横座の鬼の前に―・でて、くどくめり」〈宇治拾遺・一〉

ねり‐いと【練(り)糸】生糸を灰汁・石鹸やソーダ溶液で処理して膠質のセリシンを除去した、柔らかく光沢のある絹糸。

ねり‐いろ【練り色】白みを帯びた薄い黄色。「―の衣どもなど着たれど」〈枕・二八三〉

ねり‐うし【練(り)牛┊×邌り牛】練るようにゆっくりと歩む牛。遅牛。

練り牛も淀まで「遅牛も淀、早牛も淀」に同じ。

ねり‐うに【練り雲＝丹┊×煉り雲＝丹】塩漬けにしたウニの卵巣だけ、または、これにエチルアルコールやでんぷん・砂糖などを加えて、練りつぶした食品。

ねり‐え【練(り)餌┊×煉り餌】❶糠・魚粉・菜っ葉などを水で練った小鳥の餌。❷マッシュポテト・ふかし芋・麩・さなぎ粉などを水で練り固めた釣り餌。

ねり‐えさ【練(り)餌┊×煉り餌】「ねりえ」に同じ。

ねり‐おしろい【練り白＝粉┊×煉り白＝粉】練って泥状にした白粉。水溶きして肌に塗る。歌舞伎や日本舞踊などの厚化粧・襟化粧に用いる。

ねり‐おどり【練(り)踊(り)┊×邌り踊(り)】人々が踊りながら列になって進むこと。また、その踊り。

ねり‐おりもの【練織物】練り糸を用いて織った織物。甲斐絹・銘仙など。➡生織物

ねり‐がし【練(り)菓子┊×煉り菓子】練り上げて作った菓子。外郎・求肥・ようかんなどの類。

ねり‐かた・める【練(り)固める┊×煉り固める】〘動マ下一〙図ねりかた・む〘マ下二〙練って固める。「髪を油で―・めた女が坐っている」〈漱石・満韓ところどころ〉

ねり‐がね【▽錬り▽鉄】《「ねりかね」とも》精錬した鉄。ねり。「ならびて―四十枚を以て」〈神功紀〉

ネリカ‐まい【ネリカ米】《NERICA(ネリカ)は、new rice for Africa(アフリカのための新しい米)の略》西アフリカ稲開発協会(現アフリカ稲センター WARDA)が1994年に開発した陸稲の一種。害虫・乾燥に強いアフリカ米と、収量の多いアジア米とを交配して作出。干ばつや病気に強くて収穫量が多いうえ、生育期間が3か月程度と通常品種より短いため、年2回の収穫が可能。補説 日本が多くの開発資金を拠出、技術者の派遣も行った。水稲の普及も始まっており、ネリカ米は「アフリカの希望」とも呼ばれる。

ねり‐がらし【練(り)芥＝子┊×煉り芥＝子】芥子の粉を湯または水で練ったもの。

ねり‐かわ【練(り)革┊×煉り革】「撓め革」に同じ。

ねりかわ‐つば【練革×鐔】練り革を数枚重ね合わせ膠などで固めて作った、刀の鐔。ねりつば。

ねり‐ぎ【練(り)木】トロロアオイの根の粉末などから製した男色用の閨房秘薬。江戸時代に市販され、通和散ともいった。

ねり‐ぎぬ【練(り)絹】《古くは「ねりきぬ」》生糸のまま織りあげ、あとから精練した絹織物。また、練り糸で織った絹織物。練り。➡生絹

ねり‐きり【練(り)切り┊×煉り切り】《「練り切り餡」の略》和菓子の一。白餡に砂糖を加えて練り、ヤマノイモあるいは求肥・みじん粉などをまぜてもんだものを、花などの形に作った生菓子。

ねり‐くこん【×煉り九献】白酒をいう女房詞。

ねり‐ぐすり【練(り)薬┊×煉り薬】❶薬剤を蜂蜜や水飴などで練り合わせてつくった薬。ねりやく。❷練ってつくった外用薬。膏薬。

ねり‐くよう【練(り)供養┊×邌り供養】❶寺院の法会で、来迎する諸菩薩に仮装して練り歩く仏事。5月14日の中将姫の忌日に行われる奈良の当麻寺のものが有名。季 夏「―まつりがほなる小家かな／蕪村」❷寺の行事の際、稚児などをまじえて、音楽を演奏しながら行列して歩くこと。お練り。

ねり‐ぐら【練り×鞍┊×煉り×鞍】木地全体を、水にひたして柔らかくした牛の革で包み、乾燥して固めてから漆塗りをした鞍。

ねり‐けしゴム【練(り)消しゴム】粘土のように変形する、やわらかい消しゴム。消しかすが出ない。練り消し。

ねり‐こ【練(り)粉┊×煉り粉】粉を練ったもの。

ねり‐こう【練(り)香┊×煉り香】麝香・沈香などの粉末に甲香をまぜ、蜜や糖などで練り合わせた香。合わせ香。合わせ薫物。

ねり‐こうじ【練り×麹┊×煉り×麹】麹に、塩と煮つめた酒を加えて練りまぜたもの。貯蔵用の麹。

ねり‐ざけ【練(り)酒┊×煉り酒】白酒に似て濃く粘りけのある酒。普通の清酒にまぜて飲む。蒸したもち米を酒とまぜ、石臼でひいて漉して製した博多産のものが有名であった。練貫酒。練貫。練り。

ねり‐ざんしょう【練(り)山×椒┊×煉り山×椒】求肥に山椒の粉またはしぼり汁を加えて練った和菓子。

ねり‐じま【練り×縞】熨斗目の純白で光沢のある絹織物。「―の裏形に、いかなる絵師か筆をうごかせし」〈浮・一代女・四〉

ねり‐しゅ【練り衆┊×邌り衆】祭礼で、行列をつくって、ねり歩く人々。「こなたほど鑓は振らねどもお祓の―」〈浄・阿波鳴渡〉

ねり‐せいひん【練(り)製品┊×煉り製品】魚肉に食塩を加えてすりつぶし、練って加工した食品。かまぼこ・ちくわ・はんぺんの類。練り物。

ねり‐そ【練り▽麻】木の枝、または、つる草などをねじって縄の代わりとしたもの。薪などを束ねるときに用いる。「かの丘に萩刈るをのこ縄をなみねるや―の砕けてぞ思ふ」〈拾遺・恋三〉

ねり‐ぞめ【練(り)染(め)】生糸を、精練してから、または精練と同時に染色すること。また、そのもの。

ねり‐つち【練(り)土┊×煉り土】粘土に石灰や小砂利、苦汁などをまぜあわせたもの。

ねり‐つば【練×鐔┊煉×鐔】「練革鐔」に同じ。

ねり‐づり【練(り)釣(り)】船を練るようにゆっくりこぎまわしながら魚を釣ること。

ねり‐なお・す【練(り)直す】〘動サ五(四)〙❶一度練ったものを、もう一度練る。「餡を―・す」❷計画・構想などを再検討する。「案を―・す」

ねり‐にんぎょう【練(り)人形┊×煉り人形】▶捏ね人形

ねり‐ぬき【練▽貫┊練▽緯】❶縦糸に生糸、横糸に練り糸を用いた平織りの絹織物。練り。❷「練貫酒」の略。

ねりぬき‐ざけ【練▽貫酒】「練り酒」に同じ。「―のしわざかや、あちよろり、こちよろよろ」〈閑吟集〉

ねりぬき‐みず【練▽貫水】滋賀県大津市の大練寺にわく泉。古来名水として知られる。

ねり‐ぬの【練(り)布】精練してしなやかにした布。

ネリネ〘ラテ Nerine〙ヒガンバナ科の球根植物。南アフリカ原産。秋に赤・桃・白などの色のヒガンバナに似た花をつける。

ねり‐ばかま【練り×袴】練り絹で作った袴。

ねり‐はみがき【練(り)歯磨き┊×煉り歯磨き】歯磨き粉にグリセリン・発泡剤などを加えて練り合わせ、半固体としたもの。

ねり‐べい【練(り)塀┊×煉り塀】練った泥土と瓦を交互に積み重ねて築き、上に瓦を葺いた塀。

ねり‐べに【練(り)紅┊×煉り紅】油などで練った泥状の紅。

ねりま【練馬】東京都の区名。昭和22年(1947)板橋区から分区成立。近郊野菜を産し、また住宅地。豊島園・石神井公園がある。人口71.6万(2010)。

ねりま‐く【練馬区】▶練馬

ねりま‐だいこん【練馬大根】ダイコンの一品種。全体に太く、長さ60センチにもなり、たくあん漬けなどにする。東京都練馬区東南部で産した。

ねり‐みそ【練(り)味×噌┊×煉り味×噌】味噌に砂糖・酒・みりんなどを加え、弱火にかけて練りまぜたもの。田楽などに用いる。

ねり‐むち【練り×鞭】枝葉を払い、皮をむき、加工して作ったむち。「熊葛の―二十段」〈霊異記・中〉

ねり‐もの【練(り)物┊×煉り物】❶練り固めて作った装身具。珊瑚や宝石に似せた飾り玉やプラスチック製装身具など。❷「練り製品」に同じ。

ねり‐もの【練(り)物┊×邌り物】祭礼などのときに、町なかを練り歩く行列や山車など。おねり。

ねり‐やく【練(り)薬┊×煉り薬】「ねりぐすり」に同じ。

ねり‐ゆ【練(り)湯】懐石料理の最後に出す飲み物。少量の香煎・いり米・すり胡麻などに湯を注ぎ、焼き塩を加えたもの。

ねり‐ゆ・く【練(り)行く┊×邌り行く】〘動カ五(四)〙静かに歩いて行く。また、行列を整えて行く。「祭りの行列が―・く」

ねり‐ようかん【練(り)羊×羹┊×煉り羊×羹】寒天に水・砂糖を加えて煮立て、こし餡を練りまぜながら煮詰めて、型に流し込んで作った羊羹。

ネリンガ〘Neringa〙リトアニア、クルシュー砂州の異称。

ネル「フランネル」の略。季 夏

ねる【寝る┊×寐る】〘動ナ下一〙図ぬ〘ナ下二〙❶眠りにつく。寝床に入る。睡眠をとる。眠る。「ぐっすり**ね**た」「**ねる**間も惜しんで働く」❷病気で床につく。寝込む。「風邪で二、三日**ね**ていた」❸からだを横たえる。また、そのような状態で休む。「**ね**ながら本を読む」「大の字に**ねる**」❹本来立っているもの、縦のものが横になる。「髪の毛が**ねる**」「活字が**ね**ている」❺共

寝をする。同衾(どうきん)する。「女と**ねる**」❻商品が売れずに残っている。また、資金が動かない状態にある。「暖冬で冬物が**ね**ている」❼味噌や酒などが仕込まれた状態である。また、麹(こうじ)が熟成する。「醤油(しょうゆ)**ね**させてしばし月見る/猿雖」〈猿蓑〉➡眠る[用法]
[類語](❶)眠る・寝付く・寝入る・寝込む・眠り込む・眠りこける・熟睡する・熟眠する・安眠する・就眠する・まどろむ・転寝(うたたね)する・仮寝(かりね)する・仮睡する・仮眠する・一眠りする・一寝入りする・就寝する・就床する・就褥(しゅうじょく)する・床に就く・寝(しん)に就く（尊敬）お休みになる・御寝(ぎょしん)なる/(❸)臥(ふ)す・臥(ふ)せる・横たわる・枕(まくら)する・寝転ぶ・寝転がる・寝そべる・横臥(おうが)する・安臥(あんが)する・仰臥(ぎょうが)する・伏臥(ふくが)する・側臥(そくが)する・横になる

寝た牛に芥(あくた)掛くる　悪事をした罪を無関係の人に着せることのたとえ。

寝た子を起こす　静かに収まっている物事によけいな手出しをして、問題を起こすことのたとえ。

寝ても覚めても　寝ていても起きていても。いつも。「仕事のことが―頭から離れない」

寝る子は育つ　よく眠る子は元気に育つ。

ね・る【練る┊×煉る】[一]〔動ラ五(四)〕❶熱を加えて、むらのないようにこね固める。また、こねまぜて、粘りけが出るようにする。「あんを―・る」「のりを―・る」「粘土を―・る」❷(練る)生絹(きぎぬ)を灰汁(あく)などで煮てしなやかにする。「―・った絹」❸皮類をなめす。なめし革にする。「皮を―・る」❹(「錬る」とも書く)金属に焼きを入れて硬質なものに鍛える。「鉄を―・る」「刀を―・る」❺さらによいものにするために内容を検討したり、手を加えたりする。「計画を―・る」「文章を―・る」❻学問や技芸などを鍛えみがく。修養・経験などを積む。練磨する。「技を―・る」「腕を―・る」❼(「邌る」とも書く)㋐そろそろと行く。また、行列を整えてゆっくり進む。「楽隊が町を―・っていく」㋑行きつ戻りつしながら進む。「みこしが―・る」❽木の枝などをたわめて作る。「かの丘に萩刈るをのこ縄をなみ―・るやねり麻(そ)の砕けてぞ思ふ」〈拾遺・恋三〉❾海水を煮て塩をつくる。精製する。「潮(うしお)―・るかまどの煙気(け)をぬるみ雪もたまらぬ海人(あま)のあばら屋」〈夫木・三五〉[可能]**ねれる** [二]〔動ラ下二〕「ね(練)れる」の文語形。
[類語]([一]❶)捏(こ)ねる・捏(こ)ねくる・捏ね回す・捏ね返す・捏ね上げる/(❺)練り上げる・まとめる・煮詰める・詰める・推敲(すいこう)する・彫琢(ちょうたく)する/(❻)磨く・磨き上げる・鍛える・練磨する・洗練する

ネルー〘Jawāharlāl Nehrū〙[1889～1964]インドの政治家。I＝ガンジーの父。M＝K＝ガンジーとともに反英独立運動に参加。1947年インド独立後は初代首相となる。在任1947～64年。中国の周恩来と「平和五原則」の共同声明を掲げ、また、アジアアフリカ会議を開催するなど、非同盟主義外交政策を展開。著「自叙伝」「インドの発見」など。ネール。

ネルーダ〘Pablo Neruda〙[1904～1973]チリの詩人。シュールレアリスム的作風を経て、社会的テーマを追求。1971年ノーベル文学賞受賞。作「二十の愛の詩と一つの絶望の歌」「大いなる歌」など。

ネル-シャツ《「フランネルシャツ」の略》フランネルで作られたシャツ。

ネルソン〘nelson〙レスリングで、相手の背後または側面からわきの下に手を入れて、首を攻める技。フルネルソン・ハーフネルソンがある。首攻め。

ネルソン〘Horatio Nelson〙[1758～1805]英国の海軍軍人。ナポレオン戦争中の1798年、ナイル河口アブキール湾にフランス艦隊を撃破。1805年、トラファルガー沖の海戦でフランス・スペイン連合艦隊を破ったが、その際に戦死。

ネルチンスク〘Nerchinsk〙ロシア連邦、東シベリアにある工業都市。アムール川支流シルカ川に注ぐネルチャ川の東岸に位置し、シベリア鉄道とも連絡。1689年にロシアと清国の間でネルチンスク条約が締結された地。

ネルチンスク-じょうやく【ネルチンスク条約】(ーデウヤク) 1689年、ネルチンスクで、ロシアと清国との間で結ばれた条約。アルグン川と外興安嶺を境とする両国国境の画定をはじめ、通商規定や逃亡者の引き渡しなどを内容とする。清国がヨーロッパ諸国と結んだ最初の対等の条約。

ネルトリンゲン〘Nördlingen〙ドイツ南部、バイエルン州の町。約1500万年前の隕石の衝突跡であるリース盆地に位置する。城壁に囲まれた旧市街には、高さ約90メートルの塔をもつ聖ゲオルク教会や木組み造りの民家など、歴史的建造物が数多く残っている。ロマンチック街道沿いの町の一。

ネルハ〘Nerja〙スペイン南部、アンダルシア州の町。地中海に面し、コスタ-デル-ソルの海岸保養地の一。海に張り出した展望広場は、かつてイスラム教徒の要塞があった場所で、19世紀にスペイン王アルフォンソ12世が訪れ「ヨーロッパのバルコニー」と称したことで知られる。郊外の町マロには先史時代の壁画や住居跡が見つかったネルハ洞窟がある。

ネルバル〘Gérard de Nerval〙[1808～1855]フランスの詩人・小説家。ロマン主義の運動に参加。のち狂気の発作に苦しみつつ、夢と幻想の世界を作品化したが自殺。詩集「幻想詩集」、短編集「火の娘たち」、翻訳「ファウスト」など。

ネルワ〘Marcus Cocceius Nerva〙[30～98]ローマ皇帝。在位96～98。二度執政官(コンスル)をつとめ、元老院の推薦により即位。元老院との協調の下に善政をしいた。ローマ五賢帝の一人。ネルバ。

ネルンスト〘Walther Hermann Nernst〙[1864～1941]ドイツの物理化学者。化学熱力学を研究。可逆電池の考察から、温度が絶対零度に近づくとエントロピーが有限値になることを発見し、ネルンストの熱定理(熱力学の第三法則)として発表。1920年ノーベル化学賞受賞。

ネレイド〘Nereid〙海王星の第2衛星。1949年に発見。名の由来はギリシャ神話の海のニンフ。きわめて扁平な楕円軌道を公転する。直径は約340キロ。

ネレウス〘Nēreus〙ギリシャ神話の海神。ポントスとガイアの子。賢明・温和で、また、予言の力をもつ。船乗りの守護神とされた。ネーレウス。

ねれけ-もの【練れ気者】世なれた人。世間ずれして、ずるい人。「天道のお引合せを看板に、べったり附けた―」〈伎・戻橋脊御摂〉

ねれ-もの【練れ者】「練れ気者」に同じ。

ね・れる【寝れる】〔動ラ下一〕寝ることができる。下一段活用の「ね(寝)る」を可能動詞化したもの。「ねられる」(「ねる」の未然形「ね」＋可能の助動詞「られる」)が本来の言い方。

ね・れる【練れる】〔動ラ下一〕[文]ね・る〔ラ下二〕❶練られてちょうどよいぐあいになる。「小麦粉がよく―・れる」❷内容の検討や、字句の修正などが十分になされている。「―・れた文章」❸経験や修養を積んで人格が円満になる。人柄が円熟する。「長年の苦労で人間が―・れている」

ね-ろ【×嶺ろ】《「ろ」は接尾語。上代東国方言》峰(みね)。ね。「馬来田(うまくた)の―に隠り居かくだにも国の遠かば汝(な)が目欲(ほ)りせむ」〈万・三三八三〉

ネロ〘Nero Claudius Caesar〙[37～68]ローマ皇帝。在位54～68。初め哲学者セネカからの補佐によって善政を行ったが、のちに残忍な性格をあらわし、義弟・母・皇后を次々に殺害。ローマ市大火の罪をキリスト教徒に負わせて大虐殺を行い、反乱を招いて自殺。暴君の典型とされる。

ネロてい-の-おうごんきゅうでん【ネロ帝の黄金宮殿】(ーワウゴンキュウデン) ▶ドムスアウレア

ネロリ-ゆ【ネロリ油】《neroli oil》橙花油(とうかゆ)。

ね-わけ【根分け】〔名〕スル　草木の根を分けて植え、繁殖させること。株分け。分根(ぶんこん)。[季 春]「―せるもの何々ぞ百花園/虚子」

ね-わざ【寝技┊寝業】❶柔道やレスリングで、からだを倒した姿勢で掛ける技。「―にもち込む」⇔立ち技。❷表面に表れないかけひき。政治その他の交渉事で行う裏工作。「―にたけた政治家」

ねわざ-し【寝業師┊寝技師】裏面での工作がたくみな人。

[漢字項目] **ねん**

【然】▶ぜん

年　[学]1　[音]**ネン**[呉]　[訓]**とし**、とせ ‖ [一]〈ネン〉①一二か月を単位とする時間。とし。「年間・年月・年始・年度・年表・年俸/永年・越年・学年・去年(きょねん)・光年・新年・先年・平年・本年・毎年・来年・例年」②人が生まれてから一年ごとに経過する時間。よわい。「年長・年配・年齢/享年・少年・成年・青年・壮年・中年・定年・晩年・幼年・老年」③穀物が成熟すること。実り。「豊年・祈年祭」[二]〈とし(どし)〉「年月・年端/閏年(うるうどし)・今年(ことし)・毎年・厄年」[名付]かず・すすむ・ちか・みのる [難読]年魚(あゆ)・一昨年(おととし)・去年(こぞ)・年増(としま)・一年(ひととせ)

念　[学]4　[音]**ネン**[呉]　[訓]おもう ‖ ①いちずに思いをこめる。「念願・念力/一念・観念・祈念・思念・専念・想念」②いつまでも心にとどめる。「念書/記念」③思い詰めた考えや気持ち。思い。「怨念(おんねん)・疑念・雑念・残念・執念・情念・信念・断念・無念・妄念・理念」④注意。「丹念・入念」⑤含み声で唱える。「念経・念仏」⑥きわめて短い時間。「念念/一念」⑦「廿(二十)」の代用字。「念日・念六日」[名付]むね

捻　[音]**ネン**[慣]　[訓]ひねる、ねじる ‖ ひねる。ねじる。「捻挫(ねんざ)・捻出/腸捻転」[難読]紙捻(こより)・捻子(ねじ)

粘　[音]**ネン**[呉]　[訓]**ねばる** ‖ ねちねちとくっつく。ねばりけがある。「粘液・粘着・粘稠(ねんちゅう)・粘土・粘膜」[補説]「黏」は本字。[難読]粘葉装(でっちょうそう)

人**稔**　[音]ネン[慣]　ジン[漢]　[訓]みのる ‖ 穀物が実る。「稔性/一稔植物・不稔性」[名付]とし・なり・なる

×**撚**　[音]ネン[呉]　[訓]ひねる、よる、より ‖ ひねる。よりをかける。「撚糸」[難読]紙撚(こより)

燃　[学]5　[音]**ネン**[呉]　ゼン[漢]　[訓]**もえる、もやす、もす** ‖ もえる。もやす。「燃焼・燃料/再燃・不燃・内燃機関」

ね-わす・れる【寝忘れる】〔動ラ下一〕[文]ねわす・る〔ラ下二〕❶眠りこんで物事をし忘れる。「必ず灯を消して寝るのである…。―・れたのであろう」〈紅葉・多情多恨〉❷「寝過ごす」に同じ。「―・れた野寺の門や雉(きじ)の声/嘯山」〈俳諧新選〉

ね-わら【寝×藁】家畜などの寝床に敷くわら。

ねん【年】[一]〔名〕❶1年。とし。「―に一度の祭り」❷「年季」の略。「―が明ける」[二]〔接尾〕助数詞。❶年号・年数を表すのに用いる。「平成七―」「西暦一九九五―」❷年齢・学年を表すのに用いる。「人生五〇―」「五―に進級」➡[漢]「ねん(年)」
[類語]年(とし)・歳・周年・春秋(しゅんじゅう)・イヤー

ねん【念】❶思い。気持ち。「感謝の―」❷心くばり。注意。「―には及びません」❸かねての望み。念願。「―がかなう」❹仏語。㋐心の働き。記憶する働き。㋑非常に短い時間。一念。刹那。㋒対象に向かって心を集中し、冥想(めいそう)すること。➡[漢]「ねん(念)」
[類語]意・思い・気持ち・考え・想念・思念・一念・願い・念願・祈念

念が入(い)・る　細部まで注意が行き届いている。ていねいである。「―・った仕上げ」

念が残・る　きっぱりと思い切ることができない。「金を溜めて大事にすると―・るという事もあり」〈円朝・真景累ヶ淵〉

念が晴・れる　全く思い残すところがなくなる。「残念と存じたが、これでやうやう―・れた」〈伎・扇音々大岡政談〉

念には念を入・れる　注意したうえにも注意する。「安全の確認には―・れる」

念の為(ため)　いっそう注意するため。確認のため。「―もう一度調べる」

念もな・い　❶考えがあさはかである。もの足りない。「二度ともなればー・きことぐせどもをぞ僅かにま

ねぶめる」〈無名抄〉❷残念である。無念である。「敵に焼き殺されてありと言はれんずるは、―・き事なり」〈義経記・五〉❸たやすい。容易である。「この様な恥をかいた事は無い。―・う出づる事では無い」〈仮・浮世物語・三〉❹思いがけない。意外である。「―・い事、やる事はならぬ」〈虎明狂・樽聟〉❺おもしろくない。つまらない。「柳の朶の夕の気色、―・い絵などは見劣りて」〈浮・男色大鑑・六〉

念を入・れる　まちがいがないよう気を配って物事をする。「―・れて資料を作成する」

念を押・す　重ねて注意する。また、注意して確かめる。「必ず出席してくれるように―・す」

ねん-あき【年明き】「年季明け」に同じ。「―といふものは借金が多くて」〈滑・浮世風呂・二〉

ねん-あけ【年明け】「年季明け」に同じ。

ねん-あし【年足】蝋燭足の一。1年ごとの相場の動きを長期的に表した図表。

ねん-いちねん【年一年】〔副〕1年たつごと。1年1年。「―(と)商売が大きくなっていく」

ねん-いり【念入り】〔名・形動〕細かい点にまでよく気をつけて物事をすること。また、そのさま。「―な仕上げ」「―に掃除する」

(類語)丁寧・入念・丹念・細心

ねん-えき【粘液】❶ねばりけのある液体。❷生物体内の粘液腺から分泌される液体。糖たんぱく質・無機塩類などを含み、体表の保護などの役をする。

ねんえき-しつ【粘液質】ヒポクラテスの体液説に基づく気質の分類の一。感情の起伏が少なく、粘り強い気質。

ねんえき-すいしゅ【粘液水腫】甲状腺機能低下症の重いもの。押してもへこまないむくみができ、特有の顔つきや、動作が緩慢になるなどの症状を呈する。

ねんえき-せん【粘液腺】主に体表に粘液を分泌する腺。動物では消化管などに多数分布する。昆虫では雌の膣に開口するものをいい、産卵時に卵を粘着させる物質を分泌する。植物では食虫植物などにみられる。

ねん-おう【年央】1か年の半ば。「―以降の展望」

ねん-が【年賀】❶新年を祝うこと。また、その祝い。「―の客」(季 新年)❷喜寿(77歳)・米寿(88歳)などの長寿の祝い。賀の祝い。

ねん-かい【年会】1年に一度開く会合。「同期入社の社員の―を開く」

ねん-かい【年回】「年忌」に同じ。

ねん-かい【年戒】受戒して僧となってからの年数。戒臘。年臘。

ねんが-きふきん【年賀寄付金】寄付金付き年賀葉書や切手で得た収入。社会福祉法人などに寄付される。

ねん-がく【年額】1年分の額。「―千円の会費」

ねん-かくさ【年較差】気温などの、1年のうちの最大の月平均値と最小の月平均値の差。ねんこうさ。

ねん-がけ【年掛(け)】掛け金の方法の一。毎年一定の金額を掛けるもの。➡日掛け ➡月掛け

ねんが-けつれい【年賀欠礼】喪中で年賀状が出せないことを知らせる葉書。通常、相手が年賀状を準備する前、12月上旬ころに発送する。また、喪中のため年賀の挨拶に行けないことを知らせること。

ねんが-じょう【年賀状】年賀の言葉を書いて送る葉書・手紙。年始状。(季 新年)

ねん-がっ-ぴ【年月日】ある事が行われる年と月と日。

ねんが-とくべつゆうびん【年賀特別郵便】郵便物の特殊取扱の一。12月中～下旬の一定期間に差し出された年賀状を翌年1月1日から配達する。明治32年(1899)12月に始まる。年賀郵便。➡特殊取扱郵便

ねんが-ねんじゅう【年が年中】〔副〕「年がら年中」に同じ。「一朝早くから家毎に聞え出す稽古三味線の音」〈荷風・腕くらべ〉

ねんが-ねんびゃく【年が年百】〔副〕「年がら年中」に同じ。「―くさくさして居るだ」〈滑・浮世風呂・二〉

ねんが-はがき【年賀葉書】新年のあいさつを記した葉書。また、そのために特別に作った郵便事業株式会社発行のお年玉(くじ)付きの葉書、および私製の葉書。所定の期間内に差し出すと年賀特別郵便として取り扱われる。(補説)お年玉(くじ)付き年賀葉書は、昭和25年(1950)用に発売されたのが最初(当時は郵政省発行)。

ねんが-ゆうびん【年賀郵便】「年賀特別郵便」に同じ。

ねんがら-ねんじゅう【年がら年中】〔副〕一年じゅう。いつも。年が年中。年が年百。「―旅行している」(類語)年中・いつも・しょっちゅう・始終

ねん-かん【年刊】年に1回刊行すること。また、その刊行物。

ねん-かん【年官】年給の一。平安時代以降、天皇・上皇・三宮・東宮・親王・公卿などの所得とするために、毎年の除目の際、一定数の任官希望者を募って推薦させ、名目だけの地方官や京官を任命して、任命された者にその任料を納めさせた制度。

ねん-かん【年間】❶1年のあいだ。「―計画」「―所得」❷ある年代の間。「元禄―」

ねん-かん【年鑑】ある事柄について、その1年間の展望・調査・統計・解説などを収録して、年1回発行する定期刊行物。イヤーブック。「統計―」

ねん-がん【念願】〔名〕(スル)常に心にかけて強く望むこと。また、その望み。「―のタイトルを手に入れる」「―がかなう」「世界の平和を―する」

(類語)宿願・悲願・待望・切望・切願・熱望・熱願

ねん-き【年忌】死後、毎年巡りくる祥月命日。また、その日に行う法要。その数をかぞえるのにも用いる。回忌。年回。「―を営む」「亡父の七―」

(類語)回忌・周忌

ねん-き【年季】❶奉公する約束の年限。「―が明ける」❷「年季奉公」の略。「あれは久しく―に置きましたが」〈滑・浮世風呂・三〉(類語)年期・年限・任期

年季が明・ける　年季奉公の期限が終わる。年が明く。

年季が入・る　長い間修練を積んで確かな腕をしている。「―・った技を見せる」(補説)「年期が入る」と書くのは誤り。

年季を入・れる　長い間努力してその仕事を修練する。「本場で―・れる」

ねん-き【年紀】❶年。年数。年代。❷年齢。「凡そ教師たる者、大抵一二十前後より三十左右を以てす」〈川井景一・横浜新誌〉❸平安末期から中世にかけて、他人の土地を一定期間継続して占有した場合にその占有権が認められる特定の経過年数。鎌倉幕府はこの期間を20年と定めた。年序。

ねん-き【年期】1年を単位として定めた期間。また、ある事をするように約束させられている期間。年季。「―と云うものがあって、二ヶ年居れば国に帰ると云う約束で」〈福沢・福翁自伝〉(類語)年季・年限・任期

ねんき-あけ【年季明け】年季❶が終わること。ねんあき。ねんあけ。

ねんき-こさく【年期小作】年期を定め、耕作地を他に貸して小作料を取ること。

ねんき-しょうもん【年季証文】年季として定められた年限は働くということを記した証文。年季手形。年季状。

ねんき-づとめ【年季勤め】「年季奉公」に同じ。

ねんき-ぼうこう【年季奉公】年限を定めてする奉公。年切り奉公。年季勤め。

ねんき-むこ【年季婿】一定の年限を約束して妻の家へ住み込んで働き、その務めを終えると妻を連れて自分の家に帰る婚姻形態。東北地方に近年まで存続していた習俗。その年限によって三年婿・五年婿などとよばれた。帰り婿。

ねんき-もの【年季者】年季奉公をする者。

ねん-きゅう【年休】「年次有給休暇」の略。

ねん-きゅう【年給】❶1年を単位として定めた給料。年俸。❷《「年料給分」の略》年官・年爵を給すること。売官・売位の一。この給与を受けた者(給主)は任意の者をその地位につけ、任料・叙料を得ることができた。給主の地位により内給(天皇)・院宮給・親王給・公卿給・典侍給などの別があった。

ねん-ぎょ【年魚】❶《生まれて1年以内に死ぬ魚の意》アユの別名。❷釣りで、その年に生まれた魚。できうお。❸《産卵後すぐに死ぬので、1年で死ぬと思われていたところから》サケの古名。〈和名抄〉

ねん-ぎょう【年行】山伏などが毎年行う修行。「われ―の劫を積める」〈謡・野守〉

ねん-ぎょうじ【年行事｜年行司】1年交代で務める世話人・代表者。

ねん-ぎょく【年玉】新年を祝って人に贈る金品。としだま。「―の遣ひ物、火箸、間鍋、または餅あぶり網など」〈浮・織留・二〉

ねん-きり【年切り】年季奉公のこと。また、その契約を結んだ人。「―の女に、名をひさと呼びて」〈浮・諸国ばなし・二〉

ねん-ぎれ【年切れ】樹木が年によっては実を結ばないこと。としぎれ。

ねん-きん【年金】終身または一定期間にわたり、毎年定期的に一定の金額を給付する制度のもとで、支給される金銭。また、老齢・障害・死亡などを保険事故とし、被保険者や遺族の生活保障を目的とする年金保険制度のこと。国民年金・厚生年金・共済年金などの公的年金と、企業年金・団体年金、個人年金などの私的年金とがある。➡基礎年金番号

▷**年金に関連する重要語**
国民年金基金、確定拠出年金、厚生年金基金、適格退職年金、確定給付型企業年金、企業年金連合会、代行返上

ねん-きん【粘菌】枯れ木・枯れ葉などの表面にアメーバ状の栄養体(変形体)を広げ、アメーバ運動をして栄養分をとり、これから球形・円柱形などの胞子嚢を出す生物の一群。ムラサキホコリカビ・ツノホコリカビなど。分類上、植物界の一門とし、また原生動物の根足虫類ともされる。変形菌。粘菌類。

ねんきん-ききん【年金基金】国民年金や厚生年金などの公的年金に上乗せして給付を行うための年金制度、または、その運営法人、あるいは給付される年金のこと。国民年金基金・厚生年金基金・企業年金基金(基金型企業年金)などがある。

ねんきんきろくかいふく-いいんかい【年金記録回復委員会】年金記録問題の解決に向けて、厚生労働省に設置された有識者委員会。平成21年(2009)発足。年金記録の回復や、正しい記録に基づく年金の支給を可能にするための方策等について、国民の視点から検討し、厚生労働大臣や日本年金機構に助言する。

ねんきんきろく-もんだい【年金記録問題】旧社会保険庁によって、公的年金の加入・納付記録が長年にわたってずさんに管理されていた問題。基礎年金番号の導入に伴い、紙台帳などで管理されていた過去の国民年金・厚生年金・共済年金の年金加入記録をオンライン化する作業が行われた際、平成19年(2007)に、基礎年金番号に統合されていない年金記録が約5100万件あることが判明。その後、他にもオンライン化されていない年金記録が約1430万件あることが報告された。これらの年金記録は加入者が特定できないことから「宙に浮いた年金」と呼ばれる。一方、加入者の手元には保険料を納付した領収書等が残っているにもかかわらず、社会保険庁には記録がない事例があることも発覚(「消えた年金」)。さらに、厚生年金保険料の徴収率を高く見せかけたい社会保険事務所と保険料負担を減らしたい事業主の思惑が一致し、社会保険事務所の職員が、標準報酬月額を実際よりも大幅に引き下げたり、会社が倒産したことにして厚生年金から偽装脱退させるなどの手口で年金記録を改竄していたことも判明した(「消された年金」)。

ねんきんけんこうほけんふくししせつせいりきこう【年金・健康保険福祉施設整理機構】

ネンキンシセツセイリキコウ／フクシシセツセイリー 年金福祉施設の整理・合理化を行う独立行政法人。時限的な組織として平成17年(2005)に設立。厚生年金会館・国民年金健康保養センター・社会保険センターなどの譲渡・売却を短期間に進め、剰余金は国庫に納付する。同24年10月に解散の予定。RFO(Readjustment of Facilities for insured persons and beneficiaries Organization)。

ねんきんじこう-とくれいほう【年金時効特例法】ネンキンジコウトクレイホウ《「厚生年金保険の保険給付及び国民年金の給付に係る時効の特例等に関する法律」の通称》社会保険庁による年金記録の不備が原因で支払われなかった年金について、消滅時効の適用外とする法律。平成19年(2007)7月施行。年金記録問題の発覚当初は、記録訂正により支給額が増えることが判明した場合でも、5年以上前の支給分については時効を理由に支払いが行われなかったが、同法により、本人または遺族に支払われることになった。

ねんきんたんぽ-かしつけせいど【年金担保貸付制度】公的年金受給者を対象とする公的融資制度。厚生年金保険・国民年金(老齢福祉年金を除く)・労災補償保険の受給者に対して、独立行政法人福祉医療機構が、医療・住居・冠婚葬祭などに必要な小口資金を貸し付ける。年金担保融資は原則として法律で禁止されているが、同機構の年金担保貸付事業・労災年金担保貸付事業は例外として認められている。年担。(補説)融資額は250万円以内および受け取っている年金額以内。平成23年(2011)から、年金支給額の全額を返済に充てる返済方法(満額返済)を廃止。年金が手元に残るように一定額を返済にあてる定額返済のみとなった。行政刷新会議による同22年4月の事業仕分けでは廃止と判定されている。

ねんきんたんぽ-ゆうし【年金担保融資】厚生年金や国民年金など受給者が受け取る年金を担保として資金を融通すること。高齢者の生活に必要な年金収入が返済に充当され、生活が困窮するおそれがあるため、法律で原則として禁止されている。貸金業者による違法な年金担保融資が横行したことから、平成16年(2004)に貸金業規制法(現貸金業法)が改正され、公的給付を担保とする違法な融資に対する規制・罰則が強化された。独立行政法人福祉医療機構が行う年金担保貸付制度は、唯一の例外として法律で認められている。

ねんきんつみたてきんかんりうんよう-どくりつぎょうせいほうじん【年金積立金管理運用独立行政法人】ネンキンツミタテキンカンリウンヨウドクリツギョウセイホウジン 厚生年金・国民年金の管理運用業務を行う独立行政法人。厚生労働省の所管。前身の年金資金運用基金を改組し、平成18年(2006)に設立。同法人は運用方針の策定などを行い、実際の運用業務は信託銀行や投資顧問会社に委託。資金を国内外の債券・株式に配分し、ポートフォリオ運用を行う。GPIF(Government Pension Investment Fund)。(補説)平成20年度に過去最大となる9兆6670億円の運用損を計上。前身の年金資金運用基金が運営していた保養施設グリーンピアは、経営不振により多額の損失を出し、同17年までに全国13施設がすべて廃止・譲渡されている。

ねんきん-ていきびん【ねんきん定期便┊年金定期便】公的年金の加入記録を本人が確認するために、現役世代(保険料を負担する世代)の加入者全員に送付される通知書。加入者の誕生月に毎年送付される。平成21年(2009)4月に社会保険庁が送付を開始。現在は日本年金機構が送付。➡ねんきん特別便 (補説)初回および35歳・45歳・58歳時の送付分には詳細な加入履歴と年金見込額が記載され、それ以外の送付分は直近1年分の加入履歴や年金見込額など概略的な記載となる。記録に漏れや誤りがある可能性がある場合はオレンジ色の封筒、それ以外は空色の封筒で送付される。

ねんきん-とくべつびん【ねんきん特別便┊年金特別便】公的年金加入記録の確認を本人に求めるために、社会保険庁がすべての加入者と受給者に送付した通知書。社会保険庁のずさんな管理により、約5000万件にのぼる年金記録の該当者が特定できない事態(宙に浮いた年金記録)が発生したため、平成19年(2007)12月から同20年10月にかけて約1億800万人に発送された。漏れや誤記があった場合は同封の年金加入記録回答票に訂正内容を記入して返送する。年金記録の漏れや誤記の可能性が高い場合は青色の封筒で、低い場合には緑色の封筒で送付された。➡ねんきん定期便 (補説)年金の種類や加入期間の記載はあるが、年金額の基礎となる標準報酬月額の記載がなく、年金情報の重要な部分をすべて確認できるわけではない。

ねんきん-ふくししせつ【年金福祉施設】厚生年金・国民年金・政府管掌健康保険の保険料によって建設された、宿泊・保養施設や病院・老人ホームなどの施設。公的年金・健康保険事業の財政運営を適正化するため、年金・健康保険福祉施設整理機構によって廃止・売却が進められている。

ねんきん-ほけん【年金保険】❶保険金を年金として、終身または一定期間、毎年一定額の支払いを約する個人年金の一種。被保険者の生死にかかわらず一定期間支払われる確定年金、ある時期から死亡するまで支払われる終身年金、事前に定めた期間で生存している限り支払われる有期年金などがある。また、保険料を運用することで受け取り額が変わる変額年金保険と、契約時に受け取り額を決めておく定額年金保険とがある。個人年金保険。➡資金保険 ❷《「年金保険制度」の略》国民年金・厚生年金・共済年金などの公的年金制度のこと。

ねん-ぐ【年貢】❶荘園領主・封建領主が農民に課した租税。平安末期に始まり、江戸時代には物成(ものなり)といって、原則として田の年貢は米、畑の年貢は現物と金納であったが、しだいに金納化した。明治以後、地租改正で廃止。❷明治以後、小作料のこと。

年貢の納め時《租税の滞納を清算する時の意から》悪事をしつづけた者が、捕まって罪に服する時。転じて、物事をあきらめなくてはならない時。「独身生活を謳歌したが、そろそろ—だ」

ねんぐ-かいさいもくろく【年貢皆済目録】江戸時代、年貢を完納したときに、領主側から地方(じかた)に交付した請取書。地方三帳の一。皆済目録。

ねんぐ-まい【年貢米】年貢として納める米。ねんぐごめ。

ねんぐ-わっぷ【年貢割符】江戸時代、納入すべき年貢額を記入して地方(じかた)に通達した帳簿。地方三帳の一。年貢免状。年貢割付状。下げ札。

ねん-ぐん【捻軍】中国、清末の華北におこった農民反乱軍。安徽(あんき)省北部を中心に活動していた遊侠の集団(捻子(ニェンツ))に窮乏した農民が加わり、太平天国軍の北伐を機に連合して1855年に蜂起。淮河(わいが)流域各地で清軍と戦ったが、68年までには李鴻章の淮軍などに鎮圧された。捻匪(ねんぴ)。

ねん-げ【×拈華】花をひねること。

ねん-けい【年契】2国以上の歴史上の出来事を年代順に対照して記した年表。

ねん-げつ【年月】年と月。歳月。「長い—がたつ」
(類語)月日・歳月・年月(としつき)・光陰・日月・星霜・風霜

ねんけつ-たん【粘結炭】加熱すると一部が溶融し、ガス・タールなどを発生したのち多孔質の硬いコークスとなる石炭。製鉄に用いる。

ねんげ-みしょう【×拈華▽微笑】ニコウ／セウ 仏語。釈迦が霊鷲山(りょうじゅせん)で説法した際、花をひねり大衆に示したところ、だれにもその意味がわからなかったが、ただ摩訶迦葉(まかかしょう)だけが真意を知って微笑したという故事。そこで釈迦は彼にだけ仏教の真理を授けたといい、禅宗で、以心伝心で法を体得する妙を示すときの語。(補説)この語の場合、「微笑」を「びしょう」とは読まない。

ねん-げん【年限】年を単位として定めた期限。また、取り決めた年の期限。「—が切れる」「修業—」
(類語)期限・期間・年季・年期

ねん-こ【×拈古】禅宗で、古人の公案を取り上げて、批評すること。拈則。

ねん-こう【年功】❶長年にわたる功労・功績。「—に報いる」❷長年その事に携わって積んだ経験。長年の訓練で得た技術。「—を積む」

ねん-こう【念校】ネウカウ 印刷で、校了の直前に、もう一度念のため行う校正。また、その校正刷り。

ねん-こう【×拈香】ネウ／カウ ❶香をつまんでたくこと。❷「拈香文」の略。

ねん-ごう【年号】ネウ／ガウ 年につける称号。中国の漢の武帝の時の建元を初めとし、日本では645年の大化に始まる。即位・瑞祥(ずいしょう)・災変、また、干支の辛酉(しんゆう)・甲子(かっし)の年に改号した。明治以後は一世一元の制となり、現在は元号法により皇位継承のあったときに限り年号を改めると規定。元号。➡私年号

ねんこう-かほう【年功加俸】年功によって、本俸以外に給与する俸給。「—の話などが出る」〈花袋・田舎教師〉

ねんこう-じょれつ【年功序列】勤続年数や年齢が増すに従い地位・賃金が上がること。「—型賃金」

ねんこう-ぶん【×拈香文】ネンカウ／ブン 禅僧が、拈香の後、死者に哀悼の意を表して朗読する文。

ねんごろ【懇ろ】《「ねもころ」の音変化》㊀〘形動〙図〘ナリ〙❶心がこもっているさま。親身であるさま。「—にとむらう」「—なもてなし」❷親しいさま。特に、男女の仲が親密であるさま。「—な間柄」㊁〘名〙❶親密になること。「おまへは貧乏神と—してござるかして」〈浮・禁短気・一〉❷男女が情を通じること。「此のお夏は手代と—して」〈浄・歌祭文〉❸男色関係を持つこと。「主の子を—して」〈浮・男色大鑑・一〉(類語)親密・懇意・昵懇(じっこん)・懇親・別懇・親愛・親しい・近しい・心安い・気安い・睦(むつ)まじい・わりない・仲が良い・気が置けない

懇ろにな・る 親しい仲になる。特に、男女が情を通じる間柄になる。

ねんごろ-あい【懇ろ合ひ】ヒあ 親しい間柄であること。また、男女が情を交わした仲であること。「小かんがいとしがる人と言うて互ひの—」〈浄・氷の朔日〉

ねんごろ-が・る【懇ろがる】〘動ラ四〙親しいようすをする。「—・らむ人のねぎごとに」〈源・常夏〉

ねんごろ-き・る【懇ろ切る】〘動ラ四〙縁を切る。男女の関係を断つ。「傾城なれば飽いた時は—・る」〈浄・用明天王〉

ねんごろ-ぶん【懇ろ分】親しい間柄の人。特に、男色の関係を結んでいる人。「役者仲間に—を求めて」〈浮・男色大鑑・七〉

ねん-こん【念根】仏語。五根の一。正法を記憶し忘れないこと。

ねん-さ【年差】月の黄経に現れる周期的な摂動の一。振幅0.19度、周期は1近点年(365.2596日)。地球軌道が楕円形であるため、月と太陽との距離も変化し、太陽の月に及ぼす引力にも変化が起こることによる。

ねん-ざ【捻挫】〘名〙スル 手や足などの関節に無理な力がかかり、外れかかって靭帯(じんたい)や腱(けん)が損傷された状態。痛み・腫(は)れなどを伴う。「足首を—する」

ねん-さい【年歳】《中国の周では「年」、夏(か)では「歳」の字を用いたというところから》とし。年。

ねん-さい【燃×犀】物事をよく見抜くこと。中国、東晋(とうしん)の温嶠(おんきょう)が、犀の角を燃やして深淵を照らし、水中の怪物の姿を見たという「晋書」温嶠伝の故事による。

ねん-さん【年三】▶年星(ねんせい)

ねん-さん【年産】1年間の生産高。「一百万トン」

ねん-ざん【年算】《「ねんさん」とも》とし。よわい。年齢。「—の賀(=長寿ノ祝イ)」

ねん-し【年始】❶年のはじめ。年頭。年初。「年末—」❷新年を祝うこと。また、新年のあいさつ。年賀。「—の客」(季 新年)(類語)年頭・年初・年賀・年礼

ねん-し【年歯】とし。よわい。年齢。としは。「主人(あるじ)は一五十有余」〈魯庵・社会百面相〉

ねん-し【念紙】日本画で、下絵を本紙または壁や板に写しとるときに用いる紙。木炭の粉末やベンガラなどを和紙の裏に塗ったもので、下絵と画面との間に入れ、下絵の輪郭をたどって転写する。

ねん-し【×撚糸】糸を1本または2本以上そろえて撚りをかけること。また、その糸。

ねん-じ【年次】❶1年ごと。毎年。「—予算」「—計画」❷年の順序。「卒業—」(類語)年度

ねん-じ【念持】〔名〕スル 仏語。心に深く思って忘れないこと。

ねんじ-あま・る【念じ余る】〔動ラ四〕こらえきれなくなる。「しづ心なく、この御局のあたり思ひやられ給へば、—・りて聞こえ給へり」〈源・真木柱〉

ねんじ-い・る【念じ入る】〔動ラ四〕深く心の中で祈る。「所々に誦経などし、—・りてぞおはしける」〈大鏡・師尹〉

ねんじ-かえ・す【念じ返す】〔動サ四〕気を取りなおして我慢する。「少将、そらごとといらへまほしけれど、—・して臥し給へり」〈落窪・一〉

ねん-しき【年式】自動車などの、製造年による型。「古い—の車」(類語)型式

ねんし-じょう【年始状】「年賀状」に同じ。(季 新年)

ねんじ-すぐ・す【念じ過ぐす】〔動サ四〕我慢して時を過ごす。「人の言ひ伝ふべきころほひをだに思ひのどめてこそはと—・し給ひつつ」〈源・幻〉

ねんじ-は・つ【念じ果つ】〔動タ下二〕我慢しとおす。「いかでか立ちとまりたまはむ。我らもえこそ—・つまじけれ」〈源・蓬生〉

ねんじ-ぶつ【念持仏】日常身につけたり身辺に置いたりして拝む仏像。また、本尊として信仰する仏。持仏。

ねんじべつ-しすうほう【年次別指数法】火災保険で、対象となる建物を再調達価額で評価する方法の一つ。新築時の価額に保険会社が定める建築費倍率を乗じて算出する。

ねんし-まわり【年始回り】新年のあいさつのために、長上・知人などの家々を回ること。

ねん-しゃ【念写】心霊現象の一。心の中で念じることによって、写真乾板やフィルムに感光させたり、映像を出現させたりすること。

ねん-しゃ【念者】《「ねんじゃ」とも》いろいろ気をくばって物事をする人。念入りな人。

念者の不念　念を入れて物事をする人でも不注意なことをする場合があるということ。

ねん-じゃ【念者】男色関係で、兄分の者。念人。「われも江戸に置いたらば—のある時分ぢゃが」〈浮・五人女・四〉

ねん-しゃく【年爵】年給の一。平安時代以降、上皇・三宮・東宮・親王などの所得とするために、毎年一定数の叙爵希望者を募って推薦させ、名目だけの従五位下に叙して、叙任された者にその叙料を納めさせた制度。

ねん-しゅ【年首】1年のはじめ。年始。年頭。(季 新年)

ねん-しゅ【年酒】新年を祝う酒。また、年賀の客にすすめる酒。(季 新年)「一酌むふるさと遠き二人かな/素十」

ねん-じゅ【年寿】人の寿命。人のいのち。

ねん-じゅ【念珠】《珠を一つ繰るごとに念仏を唱えるところから》数珠。ねんず。

ねん-じゅ【念×誦】〔名〕スル 仏語。心の中で仏に祈り、口に仏の名号や経文などを唱えること。念仏誦経。ねんず。

ねん-しゅう【年収】1年間の収入。
(類語)収入・所得・入金・収益・実入り・入り・稼ぎ・実収・現収・月収・歳入・定収・インカム

ねん-じゅう【年中】❶《「ねんちゅう」とも》1年の間。年間。「—無休」❷ある年代の間。年間。「宝暦—」❸(副詞的に用いて)いつも。始終。「—働いてばかりいる」(類語)年がら年中・いつも・始終

ねんじ-ゆうきゅうきゅうか【年次有給休暇】1年ごとに労働者に与えられる有給休暇。労働基準法は、6か月間継続勤務し、全労働日の8割以上出勤した労働者に対して、使用者は1年間に10〜20日間の有給休暇を与えるように定めている。年休。

ねんじゅう-ぎょうじ【年中行事】▶ねんちゅうぎょうじ(年中行事)

ねんしゅう-しさ【年周視差】ある恒星を、地球と太陽から見たときの方向の差。地球の公転運動に伴い1年周期で変化するが、その最大値で表す。地球の公転の証拠となり、また、これから恒星の距離が決定できる。日心視差。三角視差。

ねん-しゅつ【捻出|×拈出】〔名〕スル ❶知恵をしぼって考え出すこと。「新しいアイデアを—する」❷やりくりして、金銭・時間などをつくること。「旅費を—する」「時間を—して後輩に会う」
(類語)やりくり・工面・都合・算段・融通

ねんじゅ-も【念珠藻】ネンジュモ科の藍藻の総称。約1ミリの細胞が糸状につながって寒天質に包まれ、数珠を思わせる。淡水中に生育するものが多く、カワゴロモなど食用とされるものもある。じゅずも。

ねん-しょ【年初】年のはじめ。年始。年頭。
(類語)年頭・年始・正月・新年・松の内

ねん-しょ【年所】《「所」は数の意》年数。年月。歳月。「—を経る」

ねん-しょ【念書】後日の証拠として、念のために作成して相手に渡しておく文書。「—を取り交わす」
(類語)一札・証文・証書・証明書

ねん-じょ【年序】年数。年月。「それより以来一四百余歳」〈盛衰記・二四〉

ねん-しょう【年少】〔名・形動〕❶年が若いこと。また、そのさまや、その人。「—な(の)人」「—者」⇔年長。❷幼稚園・保育園で、最年少の3歳児。「—組」
(類語)若年・若少・若齢・年若・年弱・年下

ねん-しょう【年商】企業・商店などの1年間の総売上高。

ねん-しょう【燃焼】〔名〕スル ❶燃えること。物質が酸素と化合して光や熱を出す現象。広義には、熱や光を伴わない酸化反応や、酸素でなく塩素・弗素などと反応して光や熱を出す場合にもいう。「ガスが—する」「不完全—」❷力のかぎりを尽くして事に当たること。「全生命を芸術に—させる」
(類語)燃える・焼ける・発火・炎上・爆発

ねんしょう-き【燃焼器】ガスタービンなどで、圧縮された空気中に燃料を噴霧して連続燃焼させ、高温ガスを得る装置。

ねんしょう-しつ【燃焼室】ボイラー・炉や内燃機関などで、燃料を燃焼させる所。

ねんしょう-ねつ【燃焼熱】物質が完全燃焼するときに発生する熱量。ふつう、物質1モルまたは1グラム当たりの熱量をカロリーで表す。

ねんしょうふよう-こうじょ【年少扶養控除】納税者に16歳未満の扶養親族がいる場合に適用される所得控除。子ども手当の導入に伴い、平成22年度(2010)の税制改正により廃止された。(補説)所得税については同23年度分から、個人住民税は同24年度徴収分から廃止。

ねんしょう-りつ【燃焼率】ボイラーの炉の火格子上で石炭など固体燃料が燃焼するときの、火格子1平方メートルで1時間に燃焼する量。

ねんしょう-ろうどう【年少労働】年少者の労働。日本では児童福祉法・労働基準法により、原則として15歳未満の者の使用を禁止している。

ねんしょらい-たかね【年初来高値】株式や通貨・商品などの価格のうち、その年に取引された最高値。1月から3月の間は、前年1月からの価格も含めた最高値が昨年来高値として示される。⇔年初来安値。

ねんしょらい-やすね【年初来安値】株式や通貨・商品などの価格のうち、その年に取引された最安値。1月から3月の間は、前年1月からの価格も含めた最安値が昨年来安値として示される。⇔年初来高値。

ねん・じる【念じる】〔動ザ上一〕「ねん(念)ずる」(サ変)の上一段化。「合格を—・じる」

ねん-じん【念人】❶「念者」に同じ。「今十五歳まで—のなき事は」〈浮・男色大鑑・一〉❷▶ねんにん(念人)

ねん-ず【念▽珠】▶ねんじゅ(念珠)

ねん-ず【念×誦】〔名〕スル ▶ねんじゅ(念誦)

ねん・ず【×拈ず】〔動サ変〕つまむ。ひねる。「一枝の花を—・じ給ひしに」〈太平記・二四〉

ねん-すう【年数】年のかず。また、多くの年。としかず。「—を数える」「—をかける」「—が経つ」

ねんすう-もの【年数物】多くの年数を経た品物。「大分—らしい…フロックコートと」〈魯庵・社会百面相〉

ねん・ずる【念ずる】〔動サ変〕因ねん・ず(サ変)❶物事の成就などを強く願う。「成功を—・ずる」❷心の中で神仏に祈る。また、経文・名号などを心の中で唱える。「如来の済世を—・ずる」「弥陀の名号を—・ずる」❸耐え忍ぶ。こらえる。「をりをりごとにえ—・じえず、悔しきこと多かめるに」〈源・帚木〉(類語)思う・願う・希う・望む・求める・欲する・念願・願望・希求・希望・庶幾・切望・切願・熱望・熱願・祈念

ねん-せい【粘性】❶ねばる性質。ねばりけ。❷流体の内部に働く抵抗。流体の速度が流れの中の各点で異なるとき、速度をならして一様にしようとする性質。

ねん-せい【×稔性】植物が受粉し、果実をつくることが可能であること。結実性をもつこと。

ねん-ぜい【年税】毎年納める租税。

ねんせい-けいすう【粘性係数】▶粘性率

ねんせい-ていこう【粘性抵抗】▶摩擦抵抗

ねんせい-りつ【粘性率】流体の粘性の度合い。流体の速度が、流れに垂直なある面で異なるとき、その速度の勾配に比例して働く摩擦力の大きさ。気体では温度とともに増加するが、液体では減少する。内部摩擦係数。粘性係数。粘度。

ねんせい-りゅうたい【粘性流体】流体や流体中の物体の運動を考える際に、粘性を考慮しなければならない流体。粘性流体の振舞いはナビエストークスの方程式に従う。⇔完全流体。

ねん-そ【燃素】燃焼を説明するために仮定された元素フロギストンの訳語。⇒フロギストン説

ねん-そう【年▽星|年▽三】▶ねそう(年星)

ねんそ-せつ【燃素説】▶フロギストン説

ねん-たい【粘体】粘性があり、固体と液体の中間の性質をもつ物体。飴・糊など。粘性体。粘性流体。

ねん-だい【年代】❶経過してきた年月。「—を経た樹木」❷時の流れをあるまとまりで区切った期間。「一九五〇—」❸紀元から順に数えた年数。「—順に整理する」❹年齢層。世代。「同じ—の人」「—の差を感じる」(類語)(❷)時代・時期・時・エポック・世紀/(❹)世代・ジェネレーション

ねんだい-がく【年代学】天文学・物理学・暦学・文献学などを利用し、歴史上の事実の絶対年代や相互間の時間的関係を定める学問。

ねんだい-き【年代記】歴史上の出来事を年代順に記したもの。(類語)編年史・クロニクル

ねんだいき-もの【年代記物】年代記に載せる価値があるほどの事件。転じて、珍事件。

ねんだい-もの【年代物】長い年月を経て、それによって価値の出た物。また、非常に古い物。「—のワイン」

ねん-たん【年担】「年金担保貸付」の略。

ねんだん-せい【粘弾性】粘性と弾性をあわせもつ性質。固体としての弾性変形と流体としての粘性を同時に示す。コロイド溶液、高分子物質などに広く見られる。

ねん-ちゃく【粘着】〔名〕スル ねばりつくこと。「しっかりと—する」「—テープ」

ねんちゃく-ご【粘着語】▶膠着語

ねんちゃく-ざい【粘着剤】接着剤の一種。物と物をはり合わせるのに用いるが、あとではがすことがで

きる。
ねんちゃく-しつ【粘着質】クレッチマーによる気質類型の一。ねばり強く、感情的な動きが少なく、保守的で、時に爆発的な感情放出を行う気質。
ねんちゃく-せい【粘着性】ねばりつく性質。
ねんちゃく-りょく【粘着力】ねばりつく力。
ねん-ちゅう【年中】❶ ►ねんじゅう(年中) ❷幼稚園・保育園で、4歳児。「一組」
ねん-ちゅう【粘×稠｜×黏×稠】〘名・形動〙ねばりけがあって濃いこと。また、そのさま。「一な液体」「一剤」
ねんちゅう-ぎょうじ【年中行事】一定の時期に毎年慣例として行われる儀式や催し物。初め宮中の公事についていったが、のち民間の行事や祭礼にもいうようになった。ねんじゅうぎょうじ。
ねんちゅうぎょうじ-えまき【年中行事絵巻】平安後期の絵巻。もと六十余巻。後白河法皇の勅命で、常盤光長らが宮中および民間の年中行事を描いたもの。現在は、江戸前期の住吉如慶らによる模本16巻ほか3巻の模本が伝わる。
ねんちゅうぎょうじ-の-そうじ【年中行事の障子】宮中の年中行事の名目を両面に書いた衝立障子。清涼殿の弘廂にあった。ねんちゅうぎょうじのしょうじ。
ねん-ちょう【年長】〘名・形動〙❶年齢が上であること。また、そのさまや、その人。としうえ。「仲間うちでいちばん一な(の)人」「一者」⇔年少。❷幼稚園・保育園で、最年長の5歳児。「一組」
(類語)年上・年かさ・年輩・目上・長上
ねん-てん【捻転】〘名〙スル ねじれること。ねじれて向きが変わること。また、ねじって向きを変えること。「からだを一する」「腸一」
ねん-ど【年度】暦年とは別に、事務などの便宜のために区分した1年の期間。「一初め」「一末」「会計一」
(類語)年次
ねん-ど【粘土】岩石が風化や熱水作用によって分解してできた微細な粒子の集まり。地質学では粒径256分の1ミリ以下、土壌学では0.002ミリ以下をいう。水分を加えると粘着性と可塑性を示し、乾くと硬くなる。陶磁器・耐火物などの原料にする。ねばつち。
ねん-ど【粘度】❶流体の粘性。❷粘性率。単位はパスカル秒・ニュートン秒毎平方メートルのほか、ポアズを用いる。
ねん-とう【年頭】年のはじめ。年始。「一のあいさつ」(季 新年) (類語)年初・年始
ねん-とう【念頭】心の中の思い。胸のうち。「一に浮かぶ」「一にない」
(類語)胸中・胸裏・脳裏・心中・意中・方寸
念頭に置・く　常に心にかける。いつも忘れないでいる。「相手の立場を一・いて助言する」(補説)「考えに入れる」などとの混同で、「念頭に入れる」とするのは誤り。
ねん-とう【燃灯｜然灯】❶法会のとき、供養のため灯をともすこと。また、その灯。❷「燃灯仏」の略。
ねん-どう【念動】一心に念じることによって、手を触れないでも物体が動くというもの。「一力」
ねんとう-きょうしょ【年頭教書】►一般教書
ねんとう-ぶつ【燃灯仏】過去の世に出現し、釈迦に将来成仏するという予言を授けた仏。
ねんど-かく【粘土×槨】古墳の埋葬施設の一。木棺の周りを粘土の層で覆ったもの。古墳時代前期に成立した。
ねんど-がわり【年度替(わ)り】年度が改まること。また、その時期。
ねんど-がん【粘土岩】堆積岩の一。粘土が圧縮・脱水して固結したもの。
ねんど-けい【粘度計】粘性率を測定する計器。細管内を流れる量を測定して求める細管粘度計、流体中での小球の落下速度から求める落球粘度計、液体中で円板を振動させて粘性抵抗を測定する振動粘度計などがある。
ねんど-こうぶつ【粘土鉱物】粘土の主体をなす鉱物。カオリナイト・モンモリロナイトなどの含水珪酸塩が大部分で、風化作用や熱水変質でできる。
ねんど-ざいく【粘土細工】粘土でいろいろな物の形をこしらえること。また、こしらえたもの。
ねんど-しつ【粘土質】粘土を多く含んでいる、土壌の性質。
ねん-ない【年内】その年のうち。「一無休」
ねんない-りっしゅん【年内立春】陰暦で、新年を迎えないうちに立春になること。(季 冬)
ねん-なし【年無し】釣りで、年数のはっきりしないほど大物の魚。
ねん-な・し【念無し】〘形ク〙❶無念である。残念である。「覚範一の矢を射損じて、一・く思ひなして」〈義経記・五〉❷容易である。たやすい。「夜昼三日が間に、一・く掘り崩してけり」〈太平記・七〉❸予想外である。思いがけない。「これは一・う覚えて候」〈謡・丹後物狂〉
ネンニ〘Pietro Nenni〙[1891～1980]イタリアの政治家。反ファシズム運動に参加して亡命。第二次大戦後、社会党書記長になり、副首相・外相を歴任。
ねん-にょ【年預】「ねんよ」の連声。
ねん-にん【念人】平安時代以降、弓場始・賭弓・歌合わせ・詩合わせ・小弓合わせ・闘鶏などの勝負事のさいに、応援や世話をした役。
ねん-ね〘名〙スル《「ね(寝)る」の「ね」を重ねた「ねね」の音変化》❶寝ること、眠ることをいう幼児語。「坊やはよい子だ一しな」❷赤ん坊。転じて、年齢のわりに幼稚で、世間を知らないこと。また、その人。「からだは大きいが、まだ一で困る」(類語)おぼこ・うぶ・ひよこ
ねん-ねえ「ねんね」の音変化。「そういつまでも一じゃ居ませんからねえ」〈藤村・老嬢〉
ねん-ねこ❶眠ることをいう幼児語。「一歌(＝子守歌)」❷「ねんねこ半纏」の略。(季 冬)「一に埋めたる頬に柳落つる／虚子」
ねんねこ-ばんてん【ねんねこ半×纏】幼児を背負った上から羽織る広袖の綿入れ半纏。子守半纏。
ねん-ねん《「ね(寝)る」の「ね」を重ねた「ねね」の音変化》「寝なさい」の意で、幼児を寝かしつけるときに言う語。
ねんねんころり　子守歌の文句。ころりと横になって寝なさい、の意。「一、おころりよ」
ねん-ねん【年年】年ごと。毎年。「一忘れっぽくなる」(類語)年ごと・毎年・歳歳・年年歳歳
ねん-ねん【念念】❶仏語。一瞬間。刹那刹那。時々刻々。❷一つ一つの思い。種々の考え。「われらが心に一の欲しきままに来たり浮かぶも」〈徒然・二三五〉
ねんねん-さいさい【年年歳歳】毎年毎年。歳々年々。「一繰り返される恒例の行事」
年年歳歳花相似たり　《劉希夷「代悲白頭翁」の「年年歳歳花相似たり、歳歳年年人同じからず」から》毎年毎年、花は変わることなく咲く。人の世の変わりやすいのに比べ、自然は変わらないことのたとえ。⇒歳歳年年人同じからず
ねんねん-しょうみょう【念念称名】仏語。瞬時も休まず阿弥陀仏の名号を唱えること。
ねんねん-しょうめつ【念念生滅】仏語。一切の事象が時々刻々に、生じたり滅したりしていること。
ねんねん-そうぞく【念念相続】仏語。絶え間なく一心に念仏を唱えつづけること。
ねん-ぱい【年輩｜年配】❶年齢のほど。としのころ。「同じ一の人」❷世間なれした年ごろ。中年以上の年ごろ。「一の女性」❸年齢が上であること。年上。「彼は私よりいくつか一だ」
(類語)中年・高年・中高年・熟年・実年・初老・高齢
ねん-ばつ【年伐】年々の伐採。
ねん-ばらい【年払い】「年賦」に同じ。
ねん-ばらし【念晴(ら)し】疑念やわだかまりなどを晴らすこと。あきらめをつけること。「それじゃ一に行ってごらんなさいまし」〈秋声・足迹〉
ねん-ばん【年番】1年交代で勤番すること。
ねんばん-がん【粘板岩】泥岩や頁岩が弱い変成作用を受けて、板状にはがれやすくなった岩石。黒色緻密で、スレート・石盤・硯石などに利用。
ねん-び【年尾】年の暮れ。年末。「一の内に河竹さんに…一幕かかせて」〈魯文・安愚楽鍋〉
ねん-び【燃眉】眉が燃えること。危険が迫っていることのたとえ。ぜんび。「一の急」
ねん-ぴ【燃費】❶機械がある仕事量をこなすのに必要な燃料の量。自動車では燃料1リットルでの走行キロ数で示す。燃料消費率。「一のよい車」❷あることに使用する燃料の費用。燃料費。「一がかさむ」
ねんぴかんのんりき-とうじんだんだんえ【念彼観音力刀尋段段×壊】「法華経」普門品にある偈。観音菩薩の力を祈念するときは、法敵の切りかかった刀は突然ばらばらに砕けて、身は安全であるという意。
ねん-ぴょう【年表】歴史上の事件などを年代の順を追って記載した表。「日本史一」(類語)年譜
ねん-ぷ【年賦】負債額・納税額などを分割して、毎年一定額ずつ支払っていくこと。また、その方法。年払い。「五か年一の返済」「一償還」
(類語)年払い・割賦・分割払い・ローン
ねん-ぷ【年譜】個人の1代の履歴などを年代順にまとめた記録。「作家の一」(類語)年表
ねんぷ-きん【年賦金】年賦で払う金銭。
ねん-ぶつ【念仏】〘名〙スル 仏の姿や徳を心中に思い浮かべること。また、仏の名を口に唱えること。観仏と称名。浄土教では、阿弥陀仏を思い浮かべ、また、「南無阿弥陀仏」と口に唱えること。特に後者をいう。
ねんぶつ-おうじょう【念仏往生】仏語。一心に阿弥陀仏を念じ、または名号を唱えて、極楽に往生すること。⇒諸行往生
ねんぶつ-おどり【念仏踊(り)】太鼓・鉦などを打ち鳴らし、節をつけて念仏や和讃を唱えながら踊ること。また、その踊り。空也上人が始め、鎌倉時代に一遍上人によって広められたものという。のち芸能化して、近世初期には女歌舞伎にも取り入れられた。空也念仏。踊り念仏。
ねんぶつ-こう【念仏講】❶仏教で、念仏を修行する信者の集まり。念仏を行う講中。のち、頼母子講と同様なものに変わった。❷輪姦すること。「無住のあき寺、お娘を正坐に取りまいて、一をはじめるつもり」〈人・梅児誉美・初〉
ねんぶつ-ざんまい【念仏三昧】心をもっぱらにして仏を念じること。また、一心に念仏を唱えること。
ねんぶつ-じ【念仏寺】京都市右京区にある浄土宗の寺。山号は華西山。空海開創の五智山如来寺を法然が中興し、現寺号に改めたと伝える。8月24日の地蔵盆の千灯供養は有名。化野の念仏寺。
ねんぶつ-じゃく【念仏尺】近世以前用いられた竹尺の一。曲尺より4厘長い。近江国の伊吹山から発掘された念仏塔婆に刻まれた尺度に拠るところからの称といわれる。
ねんぶつ-しゅう【念仏宗】念仏によって極楽浄土に往生することを求める宗派。浄土宗・浄土真宗・時宗など。
ねんぶつ-せん【念仏銭】絵銭の一。南無阿弥陀仏の六字の名号を鋳出したもの。
ねんぶつ-だい【念仏×鯛】テンジクダイ科の海水魚。全長12センチ。体は長楕円形で側扁し、桃色で、上あごから背のほうと目を通るものと2本の黒いすじが走る。雄は卵を口に入れて守る習性がある。本州中部以南に分布。
ねんぶつ-どう【念仏堂】寺院内に設けた、念仏修行のための堂。
ねんぶつ-もん【念仏門】念仏によって浄土に往生することを願う法門。浄土教をいう。
ねん-ぶん【年分】❶天皇に奏上して年分度者を許されること。❷「年賦」に同じ。「一に其家を立てんといへば」〈浮・永代蔵・三〉

ねんぶん-どしゃ【年分度者】平安時代、毎年、一定数を限って出家を許された者。初期には、試験に及第した者を各宗に割り当て、教義を学ばせた。年分学生。年分者。

ねん-べつ【年別】年によって区別すること。「資料を―に整理する」

ねん-ぼ【年暮】年のくれ。年末。歳暮。「―のお浚いの納会」〈秋声・仮装人物〉

ねん-ぽ【年×甫】年のはじめ。年始。正月。「―ノ御慶メデタクソロ」〈日葡〉

ねん-ぽう【年俸】1年を単位として定めた俸給。また、1年分の俸給。年給。「―制で契約する」補説「ねんぼう」とは読まない。類語年給・年収・歳費・サラリー

ねん-ぽう【年報】ある事柄や事業などについて、1年ごとに出す報告書。

ねん-ぽう【念法】仏語。仏法のすぐれた徳を念ずること。

ねん-まえ【年前】年季が終わる前。「名残り惜しきは今すこしの―」〈浮・一代男・六〉

ねん-まく【粘膜】消化管・呼吸器・排出器・生殖器などの内壁の、常に粘液で湿っている組織。類語膜

ねんまくない-がん【粘膜内×癌】癌細胞が粘膜内に発生し、その内部でのみ増殖している状態。胃癌などの早期にみられる。

ねん-まつ【年末】年の暮れ。歳末。歳暮。「―大売り出し」「―年始」
類語年の暮れ・暮れ・年の瀬・歳末・歳暮・節季

ねんまつ-しょうせん【年末商戦】▶歳末商戦

ねんまつ-しょうよ【年末賞与】官公庁・会社などで12月頃支給される賞与。

ねんまつ-ちょうせい【年末調整】給与所得の源泉徴収義務者が、年末に1年間の給与総額から所得税額を算出し、源泉徴収分との過不足を精算すること。

ねん-もう【粘毛】粘液を分泌する植物の毛。食虫植物の捕虫葉や、モチツツジの萼などにみられる。

ねん-やく【念約】男色関係を契ること。「肩をぬげば…若道の―の印」〈浮・男色大鑑・一〉

ねん-ゆ【燃油】燃料とする油。

ねん-ゆう【念友】男色関係を結ぶこと。また、その相手。「―に身をまかせながら」〈浮・禁短気・二〉

ねんゆ-サーチャージ【燃油サーチャージ】《サーチャージ(surcharge)は追加料金の意》定期航路で、特別の事態発生により生じた追加費用を補塡するために、航路・海運各社が普通運賃に加えて課する割り増し料。燃料価格の上昇や為替相場変動に伴うことが多く、事態が収束すれば廃止される。燃油特別付加運賃。サーチャージ。

ねんゆ-とくべつふかうんちん【燃油特別付加運賃】▶燃油サーチャージ

ねん-よ【年余】1年あまり。「―にわたる準備」

ねん-よ【年預】《連声で「ねんにょ」とも》❶院宮家・摂関家・大社寺などで、雑務を扱った職。多く、1年交替の輪番とした。❷宮中の御厩の預かり役。

ねん-よう【年窯】中国清代の雍正年間(1723～1735)景徳鎮の官窯で陶官、年希尭の指導のもとに焼かれた磁器。特に、灰鼠色の青磁が名高い。

ねん-らい【年来】数年前から続いていること。ここ数年。長年。「―の望み」「―続けてきた研究」

ねん-り【年利】1年を単位として定められた利率。「―五パーセント」

ねん-りき【念力】❶一心に思うことによって得られる力。精神の集中による力。「思う―岩をも通す」❷精神の力で対象に物理的作用を及ぼすことができるという、超自然的な能力。サイコキネシス。

ねん-りつ【年率】1年を単位にして計算する比率。

ねん-りゅう【念流】❶剣道の流派の一。上坂半左衛門安久の創始。のち正法念流・奥山念流などに分派。❷剣道の流派の一。相馬四郎義元の創始。

ねん-りょ【念慮】❶あれこれと思いめぐらすこと。また、その思い。思慮。「名利をむさぼらんとするの―は全く消え」〈藤村・春〉❷仏語。凡夫の浅い智慧であれこれと思いめぐらすこと。また、その思い。

ねん-りょう【燃料】燃焼させて熱・光や動力などを得る材料。石炭・薪・ガソリン・アルコール・ガス・ウランなど。
類語薪炭・焚き物

ねんりょう-しゅうごうたい【燃料集合体】原子炉に燃料として装荷される燃料棒の束。数十本から数百本の燃料棒が正方形や六角形に束ねられている。核燃料集合体。

ねんりょう-でんち【燃料電池】燃料(水素など)と酸化剤(酸素など)の化学反応によって電気エネルギーを取り出す装置。家庭用燃料電池の場合、ガスなどから水素を取り出し、空気中の酸素と反応させる。この化学反応で排出されるのは水だけで、二酸化炭素などの温室効果ガスは排出されないため、クリーンエネルギーの一つとされる。化学反応の際に発生する熱も給湯などに活用する。水素は、ガス以外にも灯油・バイオエタノールなどから取り出すこともできる。➡エネファーム

ねんりょうでんち-じどうしゃ【燃料電池自動車】▶燃料電池車

ねんりょうでんち-しゃ【燃料電池車】燃料電池を搭載した自動車。ガソリンが不要であり、大気汚染対策として注目される。燃料電池自動車。➡ハイブリッドカー

ねんりょうひちょうせい-せいど【燃料費調整制度】電気・ガス料金のうち原燃料(原油・石炭・天然ガス)の調達にかかった費用を明確にし、その変動分を料金にそのまま反映させる制度。電気・ガス会社の経営努力と、外部要因である原燃料価格や為替レートの影響を区別する効果があり、市場環境に即した料金調整が可能になる。平成8年(1996)から導入され、同21年の見直しで原燃料価格の変動を料金に反映するまでの期間が短縮された。

ねんりょう-ふんしゃべん【燃料噴射弁】ディーゼル機関で、高圧の燃料を燃焼室内に噴射する弁。ばねを利用し、燃料の圧力がある値になると自動的に開閉する。燃料弁。

ねんりょう-ぼう【燃料棒】原子炉用の棒状燃料。ふつう、酸化ウランを筒状の被覆管に密封したもの。実際には、これを数十から数百本束ねた集合体を単位として使う。

ねんりょう-ポンプ【燃料ポンプ】燃料をタンクから、ガソリン機関の気化器、またはディーゼル機関の噴射弁へ供給するポンプ。

ねん-りょく【粘力】ねばる力。また、粘着力。

ねん-りん【年輪】❶樹木の横断面にみられるほぼ同心円状の輪。温帯林では形成層の肥大生長が気温で異なり、春から夏にかけて活発に生長し、冬に休止するので、1年の間に粗と密の輪ができる。熱帯降雨林では1年じゅう生長を続けるので、年輪はふつう認められない。❷多年にわたり積み重ねられてきた経験。「人生の―を感じる」
類語歴史・年功・年の功・足跡・歩み

ねん-れい【年礼】年始のあいさつに訪問すること。年始。賀礼。季新年

ねん-れい【年齢】生まれてから経過した年数。とし。よわい。年歯。「満―」「精神―」補説「年令」とも当てて書く。
類語とし・よわい・馬齢・春秋

ねんれいかいてい-せいせい【年齢階×梯制】村落や部族などで、全成員を年齢によっていくつかの階級に分け、それぞれに特定の役割・機能を分担させ、全体としてその集団の統合を図る社会制度。年齢階級制。

ねんれい-きゅう【年齢給】賃金のうち、生活給を構成する一部で、年齢に応じて算定される部分。

ねんれい-そう【年齢層】集団を年齢の高低によって区分けした層。

ねん-れき【年歴|年暦】経歴。来歴。「―の詳にすべからざる神秘の古事記が」〈雪嶺・真善美日本人〉

ねん-ろう【年×臘】▶年戒

の　❶五十音図ナ行の第5音。歯茎鼻音の有声子音[n]と母音[o]とから成る音節。[no]❷平仮名「の」は「乃」の草体から。片仮名「ノ」は「乃」の初画から。

の【野】❶自然のままの広い平らな地。のはら。「―に咲く花」「―にも山にも若葉が茂る」❷広々とした田畑。のら。「朝早くから―に出て働く」❸動植物を表す名詞の上に付いて、そのものが野生のものであることを表す。「―うさぎ」「―ばら」❹人を表す名詞の上に付いて、粗野であるという意で卑しめる気持ちを表す。「―幇間」「―育ち」
下接荒野・荒れ野・枯れ野・裾野・夏野・花野・原野・春野・広野・冬野・焼け野
類語原・野原・原っぱ・原野・平原・広野・広野・広原・高原・荒野

野暮れ山暮れ　野で日を暮らし、山で日を暮らす意で、長い旅路をいう。野暮れ里暮れ。

野となれ山となれ　▶あとは野となれ山となれ

野に伏し山に伏す　旅先で苦労を重ねることのたとえ。

の【▽幅|▽布】❶布の幅を数える単位。一幅は鯨尺で1尺(約37.9センチ)。❷一幅分の布。はぎ合わせた衣や幕などの一部をさすのに用いる。

の【×篦】❶矢の竹の部分。矢柄。❷ヤダケの古名。〈和名抄〉

の　□〔格助〕名詞、形容詞、形容動詞の語幹、副詞、副助詞、接続助詞「て」「ながら」などに付く。❶連体修飾格として種々の関係を表す。㋐所有。…の持つ。…のものである。「会社―寮」「後徳大寺大臣―寝殿」〈徒然・一〇〉㋑所属。…に属する。…のうちの。「財務省―事務次官」「夏の夜はまだ宵ながら明けぬるを雲―いづこに月やどるらむ」〈古今・夏〉㋒所在。…にある。…にいる。「大阪―友人」「家―人々いと多かりけるに合はせて」〈竹取〉㋓行為の場所。…における。…での。「異国―生活にも慣れた」「八島―戦にうち勝ちぬ」〈平家・一一〉㋔時。…における。「一〇月―中旬」「夏―蟬」〈徒然・七〉㋕作者・行為者。…の作った。…のした。「校長―話」「行成大納言―額」〈徒然・二五〉㋖関係・資格。…にあたる。…としての。「友達―田中君」「妻―女」〈竹取〉㋗性質・状態。…のようすの。…の状態である。「瀕死―重傷」「縦じま―シャツ」「等閑―心」〈徒然・九二〉㋘材料。…で作った。…を使っての。「木造―家」「葦―御簾」〈徒然・二八〉㋙名称・人名。…という名の。…という。「富士―山」「三河―国」㋚数量・順序。…番目の。「多く―船」「一―皇子」〈源・桐壺〉㋛対象。…に対する。「反乱軍―鎮圧に成功する」「まろ、この歌―返しせむ」〈土佐〉㋜目標。…のための。「お祝い―プレゼント」「春―急ぎ(=準備)」〈徒然・一九〉㋝比喩。…のような。「花―都」「ありさりて後も逢はむと思へこそ露―命も継ぎつつ渡れ」〈万・三九三三〉❷動作・作用・状態の主格を表す。「交通―発達した地方」「花―咲くころ」「まゆ毛―濃い人」「月―出でたらむ夜は」〈竹取〉❸(「ようだ」「からに」「ごとし」「まにまに」などの上に付き)その内容を表す。「綿―ような雲」「六日、きのふ―ごとし」〈土佐〉❹同格を表す。…であって。「ジュース―冷えたのが欲しい」「大きなる柑子の木―、枝もたわわになりたるが」〈徒然・一一〉❺連用修飾格を表す。㋐比喩を表す。…のように。「春日野の雪間をわけて生ひいでくる草―はつかに見えし君はも」〈古今・恋一〉㋑(多くは「さまの」の形でサ

変動詞に連なり)動作の対象を表す。…を。「おしなべたるやうに人々のあへしらひきこえむは、かたじけなきさまーし給へれば」〈源・柏木〉㋒(下に「ともに」「むた」などを伴って)その内容を表す。…と。「白雪ーともに我が身はふりぬれど心は消えぬものにぞありける」〈古今・雑体〉(補説)古語で❶❷が人を表す語に付く場合、その人に対する敬意を含んでいることが多い。また、❷は❶の用法から転じたといわれ、現代語では、「枝の折れた木」「老朽化の激しい校舎」のように、「何のどうする(どんな)何」という形で用いられる。㊁〔終助〕活用語の連体形に付く。❶(下降調のイントネーションを伴って)断定の言い方を和らげる意を表す。多く、女性が使用する。「伺いたいことがあるー」「あいにく母は留守ですー」❷(上昇調のイントネーションを伴って)質問または疑問の意を表す。「君は行かないー」「そんなに悲しいー」「なぜなー」❸強く決めつけて命令する意を表す。「余計なことを言わないー」「遊んでばかりいないで勉強するー」❹念を押すような気持ちで、詠嘆・感動の意を表す。「仲がよいことだー」「はて面倒な承り事でござるー」〈伎・幼稚子敵討〉(補説)終助詞の「の」は、近世後期以降用いられ、現代語ではうちとけた対話に用いられることが多い。ただし、感動の意の❹だけは中世後期にはすでに用いられ、現代語では古風な表現に用いられる。㊂〔間助〕文節の切れ目に付く。語勢を添える意を表す。ね。「おれはー、去年まで五十九だっけが、取って六十だよ」〈滑・浮世風呂・二〉㊃〔並助〕❶並列・列挙を表す。…だの…だの。「やかましいーうるさいーと文句ばかり言う」「行くー行かないーとごねる」「唐からー、大和ー、めづらしく、えならぬ調度ども並べ置き」〈徒然・一〇〉❷(「の…ないの」の形で用い、「の」「ないの」のそれぞれ前に同じ形容詞をともなって)程度がはなはだしい意を表す。「寒いー寒くないーってふるえあがったよ」「痛いー痛くないーって涙が出てきたよ」㊄〔準体助〕❶(体言に付いて)下の名詞を表現せず、「のもの」「のこと」の意を表す。「この本、君ーだろう」「自分ーには記名しておく」「せめて、この樽も人ーを借ってきた」〈虎明狂・樽聟〉❷(活用語に付いて)その語を名詞と同じ資格にすることを表す。「読むーが速い」「彼を行かせるーはまずい」「こんなーが欲しい」「あんまり夫婦仲のいいーもこまったものだ」〈滑・浮世床・初〉➡のだ ➡のだろう ➡のです

の〔格助〕格助詞「を」が撥音「ん」の直後に付いて音変化したもの。能・狂言・平曲などに多くみられる。「こなたのいよいよ大名にならせられて、御普請ーなされう御瑞相ずいさうに、番匠ばんじやうの音がいたす」〈虎明狂・宝の槌〉

ノア〖NOAA〗《National Oceanic and Atmospheric Administration》米国海洋大気圏局。本部はメリーランド州シルバースプリングにある。また、それに所属する気象衛星の愛称。1970年の第1号以来、常時2個の衛星が観測をつづけている。

ノア〖Noah〗旧約聖書の創世記にある洪水物語の主人公。最初の人アダムから10代目にあたり、正義の人と神に認められていた。

ノア〖NOR〗《notとorから》論理演算の一で否定論理和。または、コンピューターでNOR回路。

ノアール〖フラ ンス noir〗《「ノワール」とも》❶黒。暗黒。❷多く複合語の形で用い、暗黒の、正体不明の、不正の、などの意を表す。「フィルムー」

ノアール-しょうせつ【ノアール小説】セウセツ《フラ ンス roman noirから》犯罪の暗部や心理を描く、犯罪小説の一ジャンル。暗黒小説。ノワール小説。

ノア-えんざんかいろ【NOR演算回路】ヱンザン クワイロ《NOR circuit》►NOR回路

ノア-かいろ【NOR回路】クワイロ《NOR circuit；NORは、notとorから》コンピューターの論理回路の一で、論理和を否定する演算を行う回路。OR回路の出力にNOT回路を接続し、すべての入力端子のどれにも入力されないときにだけ出力信号が現れる。否定論理和回路。NOR演算回路。NORゲート。

ノアがた-フラッシュメモリー【NOR型フラッシュメモリー】《NOR-type flash memory》電気的にデータの消去と書き換えができるフラッシュメモリーの一。米国インテル社が開発。信頼性が高く、ランダムアクセスも速いため、携帯電話やPDAなどのプログラムの保存に向く。➡NANDナンド型フラッシュメモリー

ノア-ゲート【NORゲート】《NOR gate》►NOR回路

の-あざみ【野×薊】キク科の多年草。山野に生え、高さ60センチ〜1メートル。葉は羽状に裂けて、とげが多い。5〜8月、紅紫色の頭状花が咲き、総苞そうほうには粘りがある。本州以南に分布。園芸品種はドイツアザミとよばれ、切り花にする。(季 春)

の-あずき【野小-豆】ーあづき マメ科の蔓性つるせいの多年草。山野に生え、葉はクズに似て小さい。夏から秋、黄色の蝶形の花をつける。ひめくず。

の-あそび【野遊び】❶野に出て、草を摘んだり会食をしたりして遊ぶこと。(季 春) ❷貴族や武士が野に出て狩猟をすること。「いって狡猟かりせむとちぎりてーせむと勧めて」〈雄略紀〉

ノア-の-はこぶね【ノアの▽方舟】旧約聖書の創世記に出てくる舟。神が人類の堕落を怒って起こした大洪水に際し、神の指示に従ってノアは箱形の大舟をつくり、家族と雌雄一対のすべての動物を引き連れて乗り込み、そのため人類や生物は絶滅しなかったという。

の-あらし【野荒(ら)し】❶田畑の作物を荒らしたり、盗んだりすること。また、その人や鳥獣など。❷イノシシの別名。

ノイエ-ザッハリヒカイト〖ドイ ツ Neue Sachlichkeit〗新即物主義しんそくぶつしゆぎ。

ノイザッツ〖Neusatz〗ノビサドのドイツ語名。

ノイジー〖noisy〗〔形動〕やかましいさま。騒々しいさま。「ーなエンジン」

ノイジードラー-こ【ノイジードラー湖】《Neusiedlersee》ハンガリーとオーストリアの国境にまたがるヨーロッパ最大の塩湖。オーストリアではノイジードラー湖、ハンガリーではフェルテー湖と呼ばれる。中世にハンガリーの貴族エスターハージ家の所領となりベルサイユ風の宮殿が建てられたが、湖畔には田舎風の建物が並び、対照的な景観をつくりだしている。2001年に「フェルテー湖・ノイジードラー湖の文化的景観」として世界遺産(文化遺産)に登録。ノイジードル湖。

ノイジードル-こ【ノイジードル湖】《Neusiedlersee》►ノイジードラー湖

ノイジー-マイノリティー〖noisy minority〗口うるさい少数派。➡ボーカルマイノリティー

ノイシュバンシュタイン-じょう【ノイシュバンシュタイン城】ージヤウ《Schloß Neuschwanstein》ドイツ南部、バイエルン州の都市、フュッセンの近郊にある中世風の擬古城。バイエルン王ルートウィヒ2世により、1869年から86年にかけて建造。城内は豪華な装飾が施され、リヒャルト=ワグナーのオペラの場面を描いた壁画をはじめ、白鳥をモチーフにした調度品や絵画がある。

ノイズ〖noise〗❶耳障りな音。騒音。雑音。特に、電話・ステレオ・テレビ・ラジオなどの電気的雑音。❷コンピューターで、電気信号の乱れ。また、それによるデータの混乱など。❸デジタルカメラやビデオカメラなどで生じる画像の乱れ。搭載するイメージセンサーの回路実装に起因する場合、暗部に本来ない色(偽色)が発生したり画像にざらつきが生じたりする。長時間露出や高感度撮影をすると目立つことが多い。ほかに、画像処理の過程で生じるモスキートノイズ、ブロックノイズがある。❹アナログテレビで、電気信号の乱れによる画像の乱れ。画面全体に生じる白く小さな多数の点。➡スノーノイズ (類語)雑音・騒音・物音

ノイズ-リダクション〖noise reduction〗❶磁気録音の再生やFM放送の受信などで、雑音成分を減少させること。ドルビーシステムなどの方法がある。NR。❷デジタルカメラやデジタルビデオカメラなどで撮影した画像に発生するノイズを軽減させること。またはその機能を指す。

ノイズリダクション-システム〖noise reduction system〗録音テープに発生する雑音成分を低減させる方式の総称。

ノイズ-リミッタ〖noise limiter〗電源などから入ってくる雑音信号を減殺するために設ける回路。ノイズキラー。雑音低減回路。

ノイズレス〖noiseless〗雑音がないこと。

ノイゾール〖Neusohl〗バンスカービストリツァのドイツ語名。

の-いた【野板】ひき割ったままで、まだかんなをかけてない板。粗板あらいた。

の-いちご【野×苺】バラ科の草本のうち、山野に生え、イチゴ状の果実をつけるものの総称。ヘビイチゴ・モリイチゴなど。

の-いぬ【野犬】飼い主のない犬。のら犬。やけん。「悪いーが出て吠えて困る」〈鴎外・ながし〉

の-いばら【野薔=薇｜野茨】バラ科の落葉小低木。原野や河岸に自生し、やや蔓つる状で、茎に鋭いとげがある。葉は楕円形の小葉からなる羽状複葉。初夏、香りのある白色や淡紅色の5弁花が咲く。実は赤く熟し、漢方で営実えいじつといい瀉下しゃげ・利尿薬に用いられる。のばら。うばら。いばら。(季 花＝夏)

のい-ふ-す【×偃す】〔動サ四〕《「のきふす」の音変化》あおむけに寝る。倒れ伏す。「門をだにささで、やすらかにー・したれば」〈大鏡・道長上〉

ノイマン〖Franz Ernst Neumann〗[1798〜1895]ドイツの物理学者。固体のモル比熱に関するノイマン-コップの法則、電磁誘導に関するノイマンの法則を立てた。結晶光学なども研究。

ノイマン〖Johann Ludwig von Neumann〗[1903〜1957]米国の数学者。ハンガリー生まれ。ヒルベルト空間論を展開して量子力学を数学的に基礎づけ、第二次大戦後は電子計算機論・数理経済学・ゲームの理論を研究。ジョン=フォン=ノイマン。➡ノイマン型コンピューター

ノイマンがた-コンピューター【ノイマン型コンピューター】米国の数学者ノイマンが考案した方法を用いるコンピューター。記憶装置に内蔵したプログラムに従って順次演算を行うもの。現在ほとんどのコンピューターがこれに属する。

ノイラート〖Otto Neurath〗[1882〜1945]オーストリアの哲学者。論理実証主義の立場に立ち、ウィーン学団の創立メンバーとして運動を展開した。のち、英国に亡命し、客死した。著「統一科学と心理学」「経験的社会学」など。

ノイラミニダーゼ〖neuraminidase〗糖鎖の末端に結合したシアル酸を切り離す作用を持つ酵素。微生物・植物・動物の細胞膜の表面に存在する。インフルエンザウイルスでは、ヒトなどの宿主の細胞内で増殖したウイルス粒子が、細胞膜から離脱して別の細胞に感染するのに重要な役割を果たす。タミフルなどのインフルエンザ治療薬は、ノイラミニダーゼを阻害することでウイルスの増殖を抑える。NA。

ノイローゼ〖ドイ ツ Neurose〗神経症。

ノイロン〖ドイ ツ Neuron〗►ニューロン

のう【×衲】ナフ「衲衣のうえ❶」に同じ。「ーの袈裟けさ」〈枕・一二三〉

のう【能】❶ある物事をなしとげる力。はたらき。能力。「人を動かすーにたける」❷ききめ。効能。「薬のー書き」❸技能。また、誇ったり取り立てていったりするのにふさわしい事柄。「机に向かうだけがーではない」❹日本の古典芸能の一。中世に猿楽から発展した歌舞劇。能は歌舞劇の一般名称で、田楽・延年などの能もあったが、猿楽の能がもっぱら盛行したため、それを単に能と称した。室町時代に観阿弥・世阿弥父子が大成、江戸中期にほぼ現在の様式となった。役に扮する立方たちかたと声楽をうたう地謡方じうたいかた、器楽を奏する囃子方はやしかたがあり、立方はシテ方・ワキ方・狂言方、地謡方はシテ方、囃子方は笛方・小鼓方・大鼓方・太鼓方がつとめる。現在、その流派はシテ方に五流、ワキ方に三流、狂言方に二流、囃子方に一四流がある。能の詞章を謡曲といい、ふつう脇

能物・修羅物・鬘物・雑物・切能物の五つに分類し、現在約240曲が上演可能である。→漢「のう(能)」〔類語〕能力・才能・性能・機能・技能・効能

能ある鷹は爪を隠す　実力のある者ほど、それを表面に現さないということのたとえ。〔補説〕「脳ある鷹」と書くのは誤り。

能がな・い　能力がない。また、機転がきかない。考えがたりない。「あてがわれた仕事をするしか―・い人」「いつも同じ店というのも―・い話だ」

のう【脳】❶動物の神経系で、神経細胞が集合し、神経活動の中枢をなす部分。無脊椎動物では一般に頭部にある神経節をさす。脊椎動物では頭蓋内にあって脳膜に包まれ、脊髄の前方に連なり、前脳・中脳・菱脳に区分され、終脳(大脳)・間脳・中脳・小脳・橋・延髄に分化している。脳髄。❷頭脳のはたらき。「―が弱い」→漢「のう(脳)」

〔類語〕脳髄・頭脳・脳味噌・ブレーン

のう【農】❶農業。農作。❷農業に従事する人。農民。「士―工商」→漢「のう(農)」

のう【×膿】うみ。→漢「のう(膿)」

のう【×喃】〔感〕人に呼びかけるとき、また同意を求めるときに発する語。もし。「―、御覧ぜよ」〈謡・鉢木〉

のう　㊀〔終助〕文末の種々の語に付く。話し手の感動を表す。「ちょっと見ないうちに大きくなった―」「よくやった―」「又ささに酔はしられたものぢゃー」〈虎明狂・乞聟〉㊁〔間助〕念を押す意を表す。「だが―、まだ死ぬわけにはいかんのじゃ」「それを誰が問へば―、よしなのとはずがたりや」〈閑吟集〉→な →なあ →ね

〔補説〕「のう」は、もとは「なう」の形で中世後期以降用いられたが、近代以降は「ね」「ねえ」「なあ」が一般化し、現在では主に、方言として西日本で用いられる。

のう-あい【能▽間】▶間狂言

のう-あつ【脳圧】頭蓋内の髄液の圧。脳腫瘍・髄膜炎・尿毒症などの場合に上昇または低下する。脳内圧。

のうあみ【能阿弥】[1397～1471]室町中期の画家・連歌師。阿弥派の祖で、三阿弥の一人。真能とも称した。号、秀峰。将軍足利義教・義政に仕えた同朋衆で、水墨画・連歌・花道・香道のほか、唐物の鑑定や屋敷飾りなどで活躍。「君台観左右帳記」の著者と伝える。作「白衣観音図」など。

のう-いしょう【能衣装】▶能装束

のう-いっけつ【脳×溢血】▶脳出血

のういん【能因】[988～?]平安中期の歌人。俗名、橘永愷。藤原長能に和歌を学ぶ。初め文章生となったが、のち出家。高貴の人の邸に出入りし、専門歌人として敬慕された。著「能因歌枕」、私撰集「玄々集」、家集「能因法師集」がある。

のう-え【×衲▽衣｜納▽衣】❶人が捨てたぼろを縫って作った袈裟のこと。古くは、これを着ることを十二頭陀行の一つとしたが、中国に至って華美となり、日本では綾・錦・金襴などを用いた七条袈裟をいう。衲袈裟。衲。❷僧のこと。特に、禅僧をいう。

のうえ-ぶし【のうえ節】江戸末期の流行歌。「野毛の山からノーエ」に始まる。横浜の異人館の情景を歌ったもの。野毛山節。さいさい節。→農兵節

〔補説〕ふつう「ノーエ節」と書く。

のう-えん【能縁】仏語。客観を認識する主観。⇔所縁。

のう-えん【脳炎】脳そのものに起こる炎症。ウイルスの感染による日本脳炎や、ヘルペス・風疹などのあとにおこる続発性脳炎などがある。

のう-えん【農園】野菜・草花・果樹などを栽培する農場。「市民―」

〔類語〕農場・農地・耕地・田畑・田畑・ファーム

のう-えん【濃艶】〔名・形動〕あでやかで美しいこと。非常につやっぽく美しいこと。また、そのさま。「―な舞姫」「『何が―なの』『君江さんの肉体美のことさ』」〈荷風・つゆのあとさき〉

のう-か【農科】農業に関する学科。また、大学の農学部の俗称。

のう-か【農家】❶農業により生計を立てている世帯。また、その家屋。「専業―」❷中国、戦国時代における諸子百家の一。農耕につとめ、衣食を充足することを主張した。

のう-か【濃化】〔名〕スル　濃くなること。また、濃くすること。「煮つめて―する」

のう-かい【納会】❶その年や年度の最後に締めくくりとして催す会。おさめかい。「野球部の―」❷取引所で、各月の最後の立ち会い。⇔発会。

のう-かい【脳回】脳の溝と溝との間の凸面部。脳回転。回。

のう-かい【農会】明治32年(1899)公布の農会法により、農事の改良・発達を図ることを目的として設立された地主・農民の団体。昭和18年(1943)農業会に統合された。

のうかい-きこう【能開機構】「雇用・能力開発機構」の略称。→高齢・障害・求職者雇用支援機構

のうがい-こつ【脳蓋骨】脳頭蓋(神経頭蓋)のこと。

のうかい-ほう【能開法】「職業能力開発促進法」の略称。

のう-かがく【脳科学】知覚・運動制御・記憶・学習・感情などの脳の働きを研究する学問。医学・生物学・遺伝学・電子工学・心理学など広い分野で研究が進んでいる。神経科学。

のう-がかり【能掛(か)り】能を模倣して演じる歌舞伎・浄瑠璃など。また、その型や脚本・節回し。

のう-がき【能書(き)】❶薬などの効能を書きしるしたもの。また、その言葉。効能書き。「―を読む」❷自分のすぐれた点などを述べたてること。また、その言葉。自己宣伝の文句。「―を並べたてる」

のう-がく【能楽】能❹のこと。明治以後に猿楽の字面を嫌って使われた言い方。広義には狂言も含む。

のう-がく【農学】農業に関する学問。農作物の栽培・育種、農業生産技術、農政・農業経営などの改良や発展に寄与するための研究を行う。

のうがく-し【能楽師】職業として能楽を演じる人。能役者。

のうがく-どう【能楽堂】能楽を上演するための劇場。能舞台・楽屋・見所(観客席)などを備える。

のうがく-ろん【能楽論】能楽に関する論。特に世阿弥が「風姿花伝」などで説いた論をいう。「花」の理論がその核心をなす。→花⑪

のう-かしん【×膿×痂×疹】細菌の感染により表皮内で化膿を起こし、水疱とかさぶたができた状態。虫刺されのあとにできるものや、とびひなど。

のう-かすいたい【脳下垂体】間脳の視床下部から下方に突出している内分泌腺。人間では小指大で、トルコ鞍とよばれる脳底のくぼみに収まる。腺性の前葉・中葉と神経性の後葉の3部に分けられ、主に他の内分泌腺を刺激するホルモンを分泌する。下垂体。

のうかすいたいこうよう-ホルモン【脳下垂体後葉ホルモン】視床下部で生成され、脳下垂体の後葉で貯蔵・内分泌されるホルモン。抗利尿ホルモン(バゾプレシン)とオキシトシンとがある。神経下垂体ホルモン。後葉ホルモン。

のうかすいたいぜんよう-ホルモン【脳下垂体前葉ホルモン】脳下垂体の前葉から内分泌されるホルモン。成長ホルモン・生殖腺刺激ホルモン・甲状腺刺激ホルモン・副腎皮質刺激ホルモンなどがある。前葉ホルモン。

のうかすいたいちゅうよう-ホルモン【脳下垂体中葉ホルモン】脳下垂体の中葉から内分泌されるホルモン。メラニン色素細胞の拡大・増殖に関与する。中葉ホルモン。

のうがた【直方】▶のおがた

のう-がっこう【農学校】▶農業学校

のう-がみ【農神】稲作の守護神。田の神。作神。

のう-かん【納×竿】釣り竿をしまうなどして、その日の釣りをやめること。竿仕舞い。

のう-かん【納棺】〔名〕スル　遺体を棺の中に納めること。入棺。「遺族の手で―する」

のう-かん【能管】能に用いる、7指孔で長さ約39センチの横笛。4～6本の短い管をつなぎ、また、吹き口と指孔の間には別の管(喉)をはめ込む。歌舞伎囃子や民俗芸能にも用いられる。能笛。

のう-かん【脳幹】脳のうち、間脳・中脳・橋・延髄の総称。大脳半球の幹の意でいい、生命維持に重要な機能の中枢部があるほか、感覚神経・運動神経の通路になっている。

のう-かん【農間】農作業のあいま。「―稼ぎ」

のう-かん【農閑】農作業のひまなこと。

のうかん-き【農閑期】農作業のひまな時期。⇔農繁期。

のうかん-し【納棺師】遺体を納棺するまでの作業を行う人。遺体の湯灌や身支度をするほか、エンバーミングを施すこともある。

のうかん-もうようたい【脳幹網様体】脳幹にある、神経細胞体と神経線維が入り交じって網目状をなす構造。大脳皮質への刺激の通路となり、意識の水準を保つ働きをし、睡眠に関係している。

のう-き【納期】税金や商品などを納める時期。また、その期限。「―が迫る」

のう-き【能記】《フランス signifiant》ソシュールの用語。言語記号の音声面。所記とともに言語記号を構成する要素。シニフィアン。

のう-き【農期】農作業の忙しい時期。農繁期。

のう-きぐ【農機具】農業に使用する機械や器具。

〔類語〕農具・耕具

のう-きょう【納経】❶現世の安穏、来世の幸せを祈願し、あるいは追善供養のために、経文を写して諸国の霊場に納めること。❷経文の代わりに、金銭を寺社に奉納し、供養を願うこと。

のう-きょう【脳橋】▶橋

のう-きょう【農協】「農業協同組合」の略称。

のう-きょう【×膿胸】胸膜腔に膿がたまった状態。結核性のものと肺炎・肺化膿症・自然気胸などに併発するものとがあり、胸痛・呼吸困難・発熱・痰の増加などの症状がみられる。

のう-ぎょう【農業】土地を利用して作物を栽培し、また家畜を飼育して衣食住に必要な資材を生産する産業。広義には農産加工・林業も含む。

〔類語〕農事・農芸・農林・酪農・アグリカルチャー

のうぎょう-いいんかい【農業委員会】農業生産力の向上と農業経営の合理化を図り、農民の地位向上に寄与することを目的として、市町村に設置されている行政委員会。従来の農地委員会・農業調整委員会・農業改良委員会を統合したもので、昭和26年(1951)の農業委員会法に基づく機関。農地の利用関係の調整、技術の改良・普及の指導、行政庁への建議あるいは答申などを行う。

のうぎょう-かい【農業会】昭和18年(1943)農業団体法に基づき、それまでの農会や農村の産業組合などを統合して設立した統制機関。同22年農業協同組合法の制定により廃止。

のうぎょう-がっこう【農業学校】旧制の実業学校の一。農業に関する中等程度の教育を施した。農学校。

のうぎょう-きかい【農業機械】農作業に用いられる機械。耕耘機・農薬散布機・脱穀機・コンバインなど。

のうぎょう-きほんほう【農業基本法】国の農業政策の基本方針を定めた法律。昭和36年(1961)施行。農業構造の改善、他産業との経済的・社会的地位の均衡化などを目的とした。平成11年(1999)、食料・農業・農村基本法(通称、新農業基本法)に移行。

のうぎょう-きょうこう【農業恐慌】農産物の過剰生産によって価格が暴落し、農業の再生産過程を攪乱させ、また攪乱を通じて調整する現象。

のうぎょう-きょうさいくみあい【農業共済組合】農業災害補償法に基づく共済事業を行う機関。地区内の農家を組合員として市町村を単位に設立され、都道府県単位では連合会を組織する。

のうぎょう-きょうどうくみあい【農業協同組合】ノウゲフケフドウクみあひ 農業者が相互扶助を目的として設立する協同組合。農業協同組合法に基づいて設立され、法人格を有する。地域ごとに組織される総合農協(JA)と、畜産・園芸・果樹など業種別に組織される専門農協がある。農協。

のうぎょうきょうどうくみあい-ほう【農業協同組合法】ノウゲフケフドウクみあひハフ 農業協同組合や農業協同組合連合会・農事組合法人・農業協同組合中央会の組織・事業・運営等について規定した法律。昭和22年(1947)施行。農協法。

のうぎょう-けいざいがく【農業経済学】ノウゲフ 農業に関する経済現象を研究する経済学の一分野。

のう-きょうげん【能狂言】ーキャウゲン ❶能と狂言。❷狂言のこと。歌舞伎狂言・俄(にわか)狂言などと区別するため、江戸時代になって使われだした語。

のうぎょう-けんしゅう【農業研修】ノウゲフケンシウ 新規の就農者を対象とした研修。農業の知識や技術の習得などを目的とする。農業試験場や農業大学などが実施するほか、農家が独自に研修者を受け入れて行われるものもある。

のうぎょうこうぞう-かいぜんじぎょう【農業構造改善事業】ノウゲフコウザウカイゼンジゲフ 農林省(現在の農林水産省)が、農業基本法に基づき昭和37年(1962)度から着手した事業。生産性の向上、自立経営農家の育成などを目的とした。現在は、食料・農業・農村基本法に基づき、効率的・安定的な経営体の育成を目的とした経営構造対策事業として行われている。

のうぎょう-こうとうがっこう【農業高等学校】ノウゲフカウトウガクカウ 農業課程を中心に据えている高等学校。農高。

のうぎょうさいがいほしょう-ほう【農業災害補償法】ノウゲフサイガイホシャウハフ 農業者が不慮の事故によって受けることのある損失を補塡(ほてん)するために行われる共済事業・保険事業・再保険事業について定めた法律。昭和22年(1947)施行。

のうぎょう-しけんじょう【農業試験場】ノウゲフシケンヂャウ 農業技術上の試験・調査・研究や普及指導などを行う機関。国立の地域農業試験場のほか、各都道府県にも各種の公立農業試験場がある。

のうぎょうしゃこべつしょとくほしょう-せいど【農業者戸別所得補償制度】ノウゲフシャコベツショトクホシャウー ▶戸別所得補償制度

のうぎょうしゃ-せいじれんめい【農業者政治連盟】ノウゲフシャセイヂレンメイ 各都道府県に設置されている、農協(JAグループ)の政治団体。上部組織は全国農業者農政運動組織連盟(全国農政連)。農政連。

のうぎょうしょくひんさんぎょうぎじゅつ-そうごうけんきゅうきこう【農業・食品産業技術総合研究機構】ノウゲフショクヒンサンゲフギジュツソウガフケンキウキコウ 食料・農業・農村に関する研究開発などを総合的に行う、農林水産省所管の独立行政法人。平成18年(2006)に関係組織を統合して発足。本部と、13の各種研究所・研究センター、農業者大学校、生物系特定産業技術研究支援センターから成る。農研機構。

のうぎょうせいさん-ほうじん【農業生産法人】ノウゲフセイサンハフジン 農地の所有権や賃借権が認められる農業法人。農地法に定める一定の要件を満たす農事組合法人・株式譲渡制度のある株式会社・合名会社・合資会社・合同会社の5種がある。

のうぎょう-センサス【農業センサス】ノウゲフ 農業に関する全般的な全数調査。日本では、FAO(国連食糧農業機関)加盟国として10年ごとに世界農林業センサスが行われているほか、その中間の5年ごとに独自の農業センサスも実施されている。➡センサス

のうぎょうぜんしょ【農業全書】ノウゲフ 江戸中期の農書。10巻、付録1巻。宮崎安貞著。元禄10年(1697)刊。中国の「農政全書」を参考に、著者の体験・見聞により農事・農法を体系的に記述したもの。

のうぎょう-ちょうせいいいんかい【農業調整委員会】ノウゲフテウセイヰヰンクワイ 第二次大戦後の食糧危機にあたって、昭和23年(1948)に設置された、食糧の供出、食糧増産計画のための行政委員会。同26年農業委員会に統合。

のうきょう-ほう【農協法】ノウケフハフ ▶農業協同組合法

のうぎょう-ほうじん【農業法人】ノウゲフハフジン 法人組織によって行う農業経営体。租税対策または共同経営の一形態として、昭和37年(1962)法制化。

のうぎょう-ほけん【農業保険】ノウゲフ 農業生産に関して生じる災害による損害を塡補(てんぽ)する保険。農業災害補償法に基づく。

のう-きん【納金】ナフ〔名〕スル 金銭を納めること。また、その金銭。「集金した会費を事務局に—する」 類語 納入・納付・入金・払い込み・振り込み

のう-ぐ【農具】農作業に使用する器具。鍬(くわ)・鋤(すき)・犂(すき)・鎌(かま)など。類語 耕具・農機具

のう-け【能化】《「のうげ」とも》仏語。❶師として教え導く者。衆生を教化する仏・菩薩(ぼさつ)をいう。⇔所化(しょけ)。❷一宗派の長老・学頭などのこと。

のう-げい【能芸】❶田楽・猿楽・狂言などの芸能。❷才能と技芸。芸能。また、身につけた芸。「和漢の才に皆ひでて、その外の—とりどりに人に勝れたり」〈愚管抄・四〉

のう-げい【農芸】❶農業に関する技術。❷農業と園芸。類語 農学・農法・農作・農事

のうげい-かがく【農芸化学】ークワガク 農業生産の化学的側面に関する研究を行う農学の一部門。土壌・肥料・農薬・醸造・植物栄養・農産加工化学・畜産化学など多方面にわたる。

のう-げか【脳外科】ナウグヮ 主に脳を対象とする外科の診療科目の一。頭部外傷や脳の血管障害・腫瘍(しゅよう)などの手術による治療を行う。脳神経外科。

のう-げき【農隙】農作業の合間。農事のひま。「一の時には、家人を率いて布を織り」〈中村訳・西国立志編〉

のう-げさ【×衲×袈×裟】ナフ「衲衣(のうえ)❶」に同じ。

のう-けつ【×膿血】うみと血。血の混じったうみ。

のうけっかん-しょうがい【脳血管障害】ナウケックヮンシャウガイ 脳梗塞・脳出血・蜘蛛(くも)膜下出血など頭蓋(ずがい)内外の血管病変により生じる脳神経系障害・脳機能障害の総称。血管の詰まり・破れなどにより脳細胞への酸素や養分の供給が滞り、機能障害が生じる。血管障害の発生場所や程度によって半身麻痺(純運動性不全片麻痺(へんまひ))・半身の痺れ(感覚障害)・言語障害・視覚障害・構音障害(呂律緩慢)・痛みなどの後遺症が残ることがある。日本人の死亡原因の上位に位置し、高血圧・糖尿病などの生活習慣病や喫煙などを原因とする場合が多い。脳血管障害のうち突然発症するものを脳卒中という。

のうけっかんせい-にんちしょう【脳血管性認知症】ナウケックヮンセイニンチシャウ 認知症のうち、脳梗塞・脳出血などで脳の一部に障害が起こり、認知能力が低下するもの。障害が起こった部位によって失語症となったり運動障害が生じたりするなど、出現する症状が異なる。

のう-けっせん【脳血栓】ナウ 脳動脈に動脈硬化などによって生じた血液の塊が詰まるために起こる疾患。片麻痺(へんまひ)・失語などの症状がみられ、時間がたつにつれて強くなる。脳血栓症。➡脳梗塞

のうけん-きこう【農研機構】「農業・食品産業技術総合研究機構」の略称。

のう-こう【農工】農業と工業。また、農民と工員。

のう-こう【農耕】ーカウ 田畑を耕して農作物を作ること。「一生活」類語 農作・耕作・畑作・農業

のう-こう【農高】ーカウ「農業高等学校」の略。

のう-こう【濃厚】〔形動〕図〔ナリ〕❶味・色・におい・成分などが濃いさま。こってりとしたさま。「一な香り」「一な牛乳」⇔淡泊。❷ある可能性が強く予想されるさま。「嫌疑が—になる」「敗色—」❸男女の仲がきわめて熱情的なさま。「一なキスシーン」派生 のうこうさ〔名〕類語 濃い・濃密・芳醇(ほうじゅん)・リッチ

のうこう-かんせん【濃厚感染】結核菌などを一時に多量に受けて起こる感染。

のうこう-ぎれい【農耕儀礼】ノウカウ 豊作を祈って行われる儀礼・祭事。予祝儀礼から収穫感謝祭に至るまで、農作物の生長段階に応じて営まれる一連の儀礼をいう。

のうこう-ぎんこう【農工銀行】ーギンカウ 明治29年(1896)制定の農工銀行法に基づき、各府県に設立された特殊銀行。農工業の改良発達のための貸付を目的としたが、大正10年(1921)に勧農合併法が制定され、漸次日本勧業銀行に合併された。

のうこう-しりょう【濃厚飼料】ーシレウ 繊維や水の含量が少なく、たんぱく質・脂肪・炭水化物などに富む飼料。米ぬか・ダイズ・トウモロコシなど。➡粗飼料

のうこうせっしょく-しゃ【濃厚接触者】《close contact》感染症などの疑いがある有症者と行動をともにした人、接触した人、航空機などで2メートル以内の座席にいた人。感染している可能性があるため、航空機内で有症者の前後左右3席以内にいた人は、濃厚接触者として検疫法により10日間の停留措置がとられる。高危険接触者。

▷**事業者・職場における新型インフルエンザ対策ガイドラインによる濃厚接触者**(厚生労働省)

ア.同居者:患者と同居する者。

イ.医療関係者:患者の診察、処置、搬送等に個人防護具(マスク等)の装着なしに直接携わった医療関係者や搬送担当者。

ウ.汚染物質への接触者:患者由来の体液、排泄物などに、個人防護具の装着なしで接触した者。具体的には個人防護具なしで患者由来検体を取り扱った

漢字項目 のう

悩〔惱〕 音ノウ(ナウ)呉 訓なやむ、なやます ‖ ①思いわずらう。なやむ。なやみ。なやます。「悩殺・悩乱/懊悩(おうのう)・苦悩・煩悩(ぼんのう)」②病気。「御悩」

納 学6 音ノウ(ナフ)呉 ナッ慣 ナ慣 ナン慣 トウ(タフ)慣 訓おさめる、おさまる、いれる ‖ ㊀〈ノウ〉①役所などにおさめ入れる。献上する。「納税・納入・納付/献納・上納・滞納・物納・返納・奉納・未納」②しまいこむ。「納棺・納骨/格納・収納」③受け入れる。「納受・納涼/嘉納・受納・笑納」④終わりにする。「納会」㊁〈ナッ・ナ・ナン〉①しまいこむ。「納所(なっしょ)・納豆(なっとう)・納屋(なや)・納戸(なんど)」②受け入れる。「納言(なごん)・納得(なっとく)」㊂〈トウ〉入れる。「出納(すいとう)」名付 おさむ・のり

能 学5 音ノウ呉 訓あたう、よく、よくする ‖ ①物事をなしうるだけの力がある。できる。「能力/可能・全能・万能・不能」②物事を成し遂げる力。はたらき。「官能・機能・技能・効能・才能・知能・本能・無能・有能」③特定の技術に達者なこと。「能筆・能弁/芸能・一芸一能」④能楽のこと。「能面/演能」⑤能登(のと)国。「能州/加越能」名付 たか・ちから・のり・ひさ・みち・むね・やす・よし

脳〔腦〕 学6 音ノウ(ナウ)呉 ‖ ①頭蓋骨に包まれている柔らかい組織。「脳死・脳漿(のうしょう)・脳髄・脳膜・脳溢血(のういっけつ)/間脳・小脳・大脳」②頭。頭の働き。「脳天・脳裏/頭脳・洗脳」③主要なもの。「首脳・髄脳」

農 学3 音ノウ呉 ‖ ①土地を耕して作物を作ること。「農園・農家・農学・農業・農具・農耕・農作・農村・農民/営農・帰農・酪農・半農半漁」②農民。「篤農・貧農・富農・自作農」名付 あつ・たか・たみ・とき・とよ・なる

濃 音ノウ慣 訓こい ‖ ㊀〈ノウ〉①こってりとしている。色や味がこい。「濃艶(のうえん)・濃厚・濃縮・濃淡・濃密・濃霧」②美濃(みの)国。「濃州・濃尾」㊁〈こ〉「濃緑(こみどり)・濃紫(こむらさき)」名付 あつ・あつし 難読 信濃(しなの)・裾濃(すそご)

×**膿** 音ノウ呉 訓うみ、うむ ‖ うみ。うむ。「膿血・膿汁/化膿」

×**嚢** 音ノウ(ナウ)呉 訓ふくろ ‖ ふくろ。「嚢中・嚢底/陰嚢・雑嚢・詩嚢・胆嚢・知嚢・土嚢・背嚢・氷嚢」

×**曩** 音ノウ(ナウ)呉 訓さき、さきに ‖ 以前。さき。さきに。「曩時・曩日」

検査従事者、患者の使用した化粧室、洗面所、寝具等の清掃を行った者等。

エ.直接対面接触者:手で触れること、会話することが可能な距離で、患者と対面で会話や挨拶等の接触のあった者。接触時間は問わない。勤務先、学校、医療機関の待合室、会食等での近距離接触者等が該当する。

のう-こうそく【脳梗塞】脳の血管が詰まり、そこから先の血行が阻害されるために脳の機能が障害された状態。脳血栓と脳塞栓とがある。

のうこうぼくちく-ぶんか【農耕牧畜文化】穀物などを作り、家畜を飼育するなど、動植物食料の生産を生活基盤とする文化。

のう-こつ【納骨】〔名〕スル 死体を火葬にしたのち、遺骨を骨壺におさめること。また、遺骨を墓や納骨堂などにおさめること。(類語)骨揚げ・埋骨

のうこつ-どう【納骨堂】遺骨をおさめる堂。

のう-こん【濃紺】濃い紺色。「一のスーツ」

のう-さい【納采】結納をとりかわすこと。現在では皇族の場合にだけいう。「一の儀」

のう-さい【能才】物事をなしとげるのに十分な才能。また、その才能をもつ人。

のう-さい【濃彩】濃くいろどること。濃厚な彩色。⇔淡彩。

の-うさぎ【野×兎】❶ウサギ科の哺乳類。体長約50センチで尾は短い。森林や草地にすみ、体は茶色で、耳は長くて先が黒い。本州・四国・九州に分布し、北方のものは冬に毛が白く変わる。(季 冬)❷野生のウサギ。飼いウサギに対していう。

のう-さぎょう【農作業】農業生産のための作業。

のう-さく【農作】田畑を耕し、作物を作ること。耕作。(類語)農耕・耕作・畑作・農業

のうさくしょ【能作書】能楽書。世阿弥著。応永30年(1423)成立。種(素材)・作(構成)・書(作詞・作曲)の三道に分けて、能の作り方を詳説したもの。別名「三道」。

のうさく-ぶつ【農作物】田畑で作られる穀類・野菜など。のうさくもつ。(類語)作物・農産物

のう-ざしょう【脳挫傷】頭部に外傷を受け、脳の実質まで損傷された状態。意識障害・運動麻痺・痙攣発作などの症状が現れる。

のう-さつ【悩殺】〔名〕スル ひどくなやますこと。特に、女性がその美しさや性的魅力で男性の心をかき乱し、夢中にさせること。「男を一する目付き」

のう-さつ【納札】〔名〕スル 社寺に参詣して、記念や祈願のため札を納めること。また、その札。納め札。

のうさ-のうさ〔形動ナリ〕分相応であるさま。また、時に応じて気の向くままにするさま。「哀れなる一の思ひかな」〈千五百番歌合・二〇〉

のう-ざる【能猿】能のある猿。芸をする猿。「中々の一でござる」〈虎明狂・靭猿〉

のう-さん【農産】農業上の生産。また、その生産物。

のうさん-そん【農山村】農村と山村。

のうさん-ぶつ【農産物】農業によって生産される物。穀類・野菜・果物・茶・畜産物など。

(類語)農作物・作物

のうさんぶつ-けんさ【農産物検査】米穀や麦などの農産物を商品として規格化することにより、公正円滑な取引、生産者による品質改善、消費の合理化などを促進する目的で行われる検査。農産物検査法に基づいて民間の検査機関が実施する。対象となる農産物は米穀(もみ・玄米・精米)、麦(小麦・大麦・はだか麦)、大豆、小豆、いんげん、かんしょ生切干、そば、でん粉の全10品目。

のうさんぶつけんさ-ほう【農産物検査法】農産物の検査について定めた法律。米穀・麦などの農産物に一定の規格を定め、品質改善や公正円滑な取引を促進することが目的。昭和26年(1951)制定。➡農産物検査

のうし【直=衣】《直の衣、平服の意》平安時代以後、天皇・摂家・大臣など、公卿の平常服。衣冠の袍と同じ形で、烏帽子・指貫とともに着用した。衣冠と違い、位階による色の規定がないので、雑袍といわれる。

のう-し【能士】才能のある人。能力のある人。

のう-し【脳死】大脳および脳幹の全機能が完全に停止している状態。脳死をもって個体の死の判定基準にできるとする考え方もある。

のう-し【×嚢子】▶シスト

のう-じ【能事】なすべき事柄。「天下の一を尽くしたのちに」〈鴎外・魚玄機〉

能事畢れり 自分のなすべきことは全部終わった。能事足れり。

のう-じ【農事】農業に関する事柄。また、農業の仕事。

のう-じ【農時】農作業の忙しい時期。農繁期。

のう-じ【×曩時】さきの時。昔。曩日。

のうし-かんいしょく【脳死肝移植】肝移植の方法の一つ。脳死と判定された患者から摘出した健康な肝臓を、末期の肝不全患者に移植する。欧米では一般的な方法であるが、日本では提供者が極めて少ないため、生体肝移植が広く行われている。

のうじ-くみあいほうじん【農事組合法人】農産物の生産・加工・販売などを共同で行うために、農業協同組合法に基づき設立される法人。設立するには3人以上の農民が発起人となることが必要。

のうじ-しけんじょう【農事試験場】農業に関する、技術上の試験研究・調査・分析・鑑定などを行った公設の機関。明治26年(1893)発足。第二次大戦後、多くは農業試験場などに改組されたが、中央試験場としての農事試験場は昭和56年(1981)農業研究センターに改称。

のうじじっこう-くみあい【農事実行組合】昭和7年(1932)の産業組合法の改正で、法人化して加入を認められた中小農家の組合。同22年農業協同組合法の制定により解散。

のうじ-ず【脳磁図】脳磁気図記録法。脳の電気的活動を磁界として測定し、脳の病変の部位や脳死の確定診断に用いる。MEG(magnetoencephalography)。

のうし-すがた【直=衣姿】直衣をつけた姿。「なまめかしきもの。細やかに清げなる君たちの一」〈枕・八九〉

のう-しつ【脳室】脳の内部にある空間。中は脳脊髄液で満たされる。左右端脳の側脳室、間脳の第三脳室、菱脳の第四脳室があり、最下部は脊髄の中心部に連なる。

のう-じつ【×曩日】さきの日。昔。曩時。

のうし-の-くらい【直=衣の位】直衣を着て参内することができた位階のことで、三位以上をいう。

のうし-はじめ【直=衣始め】三位以上の公卿が、勅許を受けて初めて直衣を着用すること。また、その儀式。

のう-しゃ【能者】❶《「のうじゃ」とも》才能のすぐれた人。物事に堪能な人。❷能役者。「まことに得たらん一ならば」〈花伝・一〉

のう-しゃ【農舎】❶収穫した農作物を処理するための小屋。❷農家の家屋。いなかや。

のう-しゅ【×膿腫】うみをもったはれたもの。

のう-しゅ【×嚢腫】良性腫瘍の一種。腺組織の腫瘍のため、腺管の出口がふさがれて袋のようになり、中に多量の液体がたまったもの。

のう-じゅ【納受】〔名〕スル ❶金銭・物品などを受け取りおさめること。受納。「寄付を一する」❷神仏が願いなどを聞き入れること。「天神も御一ない事はあるまい」〈虎明狂・連歌盗人〉

のう-しゅう【能州】能登の異称。

のう-しゅう【濃州】美濃の異称。

のう-じゅう【×膿汁】うみしる。うみ。

のう-じゅうけつ【脳充血】脳が充血した状態。

のう-しゅく【濃縮】〔名〕スル 液体などの濃度を高くすること。「一したオレンジジュース」

(類語)濃化・凝縮・コンデンス

のうしゅく-ウラン【濃縮ウラン】天然ウラン中に0.72パーセントしか含まれていないウラン235の濃度を人工的に高めたウラン。軽水炉では2～4パーセントに濃縮したものが使用される。濃縮の方法には、ガス拡散法・遠心分離法・イオン交換法などがある。EU(enriched uranium)。➡高濃縮ウラン ➡低濃縮ウラン

のう-しゅっけつ【脳出血】脳内の血管が破れて出血が起こった状態。それが血腫となって脳実質を圧迫・破壊し、種々の障害をきたす。高血圧・動脈硬化や動脈瘤の破裂などで生じ、嘔吐・痙攣・片麻痺・意識障害などの症状がみられ、昏睡に陥ることもある。脳溢血。脳内出血。

のう-しゅよう【脳腫瘍】頭蓋骨・脳実質・脳脊髄膜・脳血管などに生じた腫瘍の総称。原発性のもののほか、肺癌・乳癌などの転移によるものも多い。頭痛・嘔吐・視力障害・めまい・痙攣・意識障害などの症状がみられる。

のう-しょ【納所】▶なっしょ(納所)

のう-しょ【能書】《「のうじょ」とも》字を巧みに書くこと。また、その人。能筆。「一家」(類語)能筆・達筆・健筆

能書筆を択ばず 字の上手な人は筆のよしあしを問題にしない。弘法筆を択ばず。

のう-しょ【農書】農業に関する書物。

のう-しょう【脳症】高熱または重病のために脳に障害を起こした状態。

のう-しょう【脳×漿】❶脳などを満たしている液。脳脊髄液。❷頭の働き。頭脳。脳みそ。「其作家の非凡の智力と非凡の一より成りたる者ゆえ」〈逍遥・美とは何ぞや〉

脳漿を絞る ある限りの知恵を働かせる。脳みそを絞る。

のう-しょう【▽陵×苕】ノウゼンカズラの古名。〈和名抄〉

のう-しょう【農相】農林水産大臣・農林大臣(農林省の長)・農商務大臣(農商務省の長)のこと。

のう-じょう【農場】農業を経営するのに必要な設備と広さをもつ一定の場所。「集団一」

(類語)農園・ファーム・農地・耕地・田畑・田畑

のう-じょう【濃情】〔名・形動〕情が深いこと。感情がこまやかなこと。また、そのさま。「一な土地の女の血を分けた一人である」〈藤村・家〉

のう-じょう【×嚢状】ふくろのような形。

のう-しょうぞく【能装束】能を演じるときに演者が身につける装束。能面を除いたすべてのもので、かぶり物・鬘から足袋まで含まれる。特に、唐織・厚板・摺箔・縫箔など染織技法の粋を尽くした豪華で気品の高いものが多い。能衣装。

のうしょうむ-しょう【農商務省】明治14年(1881)設置された農林・商工業行政のための中央官庁。大正14年(1925)農林省と商工省に分離。

のうし-りんちょう【脳死臨調】《「臨時脳死及び臓器移植調査会」の通称》平成2年(1990)、首相の諮問機関として設置された。脳死を人の死とすることは社会的・法的に妥当との見解を示した。

のう-じん【農人】農民。のうにん。

のう-しんけい【脳神経】脳から出入りする末梢神経。12対あり、嗅神経・視神経・動眼神経・滑車神経・三叉神経・外転神経・顔面神経・内耳神経・舌咽神経・迷走神経・副神経・舌下神経で、順に第1～第12脳神経ともよぶ。

のうしんけいげか-しゅうちゅうちりょうしつ【脳神経外科集中治療室】▶エヌ-シー-ユー(NCU)

のうしんけい-せつ【脳神経節】無脊椎動物の頭部、あるいは消化管の背方にある神経節。頭神経節。

のうしんぞうしっかん-の-にんていきじゅん【脳・心臓疾患の認定基準】《「脳血管疾患及び虚血性心疾患等(負傷に起因するものを除く)の認定基準」の通称》厚生労働省が定めた過労死の認定基準。(補説)平成12年(2000)に最高裁判

所が、過労死した自動車運転手に関する行政事件訴訟で、労災と認定しなかった労基署の判断を否定する判決を下したことを受けて、労働省(当時)は同13年に認定基準を改正。長期間(おおむね6か月間)の過重業務による疲労の蓄積を負荷要因として考慮することとし、過重負荷の有無の判断基準として具体的な目安を示した。

のう-しんとう【脳震×盪|脳振×盪】ナウシンタウ 頭部を打撲した直後に起こる一時的な意識障害。数分で回復し、あとに異常を残すことはない。

のうしんぶしげき-りょうほう【脳深部刺激療法】ナウシンブシゲキレウハフ ▶ディー-ビー-エス(DBS)

のう-す【×衲子】ナフ 衲衣(のうえ)を着けた者の意で、特に禅僧のこと。衲僧。のっす。

ノウス〘Knowth〙アイルランドの首都ダブリンの北40キロメートル、ボイン渓谷にある紀元前3000年頃に築かれた石室墓の一。東西から中央の墓室に向けて通路が伸び、外壁の石には渦巻き模様が刻まれている。ニューグレンジ、ドウスの石室墓とともに、1993年に「ボイン渓谷の遺跡群」として世界遺産(文化遺産)に登録された。ナウス。➡ブルーナボーニャ

のう-ずい【脳髄】ナウ 「脳❶」に同じ。

のう-すいしゅ【脳水腫】ナウ ▶水頭症(すいとうしょう)

のうすい-しょう【農水省】ノウスイシャウ 「農林水産省」の略。

のう-せい【農政】農業に関する行政や政策。

のう-ぜい【納税】ナフ〘名〙スル 税金を納めること。また、その税金。「期限内に—する」「—義務」

(類語)納付・納入・納金

のうせい-がく【農政学】農業に関する政策や法令などを研究する学問。

のうぜい-かんりにん【納税管理人】ナフゼイクワンリニン 個人および法人の納税者が国内に住所や事業所をもたない場合、その代理人として納税に関する事務を処理する者。

のうぜい-こくち【納税告知】ナフゼイ 国税について、納付すべき税額、納期限および納付場所を指定して納付を請求する行為。

のうぜい-しゃ【納税者】ナフゼイ 法人税・所得税などの税金を納めている人。納税義務者。タックスペイヤー。

のうぜいしゃばんごう-せいど【納税者番号制度】ナフゼイシャバンガウ 納税者に固有の番号を付与し、所得や資産を把握する仕組み。課税の公正化・効率化を図れる一方、個人情報の漏出やプライバシーの侵害が懸念される。米国やカナダなどは社会保障番号、北欧・韓国・シンガポールなどは住民登録番号を納税者番号として利用。ドイツ・イタリア・オーストラリアなどは税務専用の番号制度を設けている。(補説)日本では、昭和54年(1979)の政府税調答申に盛り込まれて以来、導入の必要が論じられながら、実現に向けた進展は見られなかった。平成23年(2011)、政府は社会保障と税の一体改革の一環として、公募により個人識別番号の通称を「マイナンバー」と決定。2015年からの利用開始を目指し、平成24年2月にマイナンバー法案(正式名称「行政手続における特定の個人を識別するための番号の利用等に関する法律案」)を国会に提出した。

のうぜいじゅんび-よきん【納税準備預金】ナフゼイ 徴税の促進と円滑化を目的として、昭和24年(1949)に創設された預金。払い戻しは原則として租税納付の場合に限られ、その場合は普通預金より金利が高い上に利息は非課税となる。

のうせい-しょうにまひ【脳性小児麻×痺】ナウセイセウニマヒ ▶脳性麻痺(のうせいまひ)

のうせいぜんしょ【農政全書】中国、明代の農書。60巻。徐光啓著。1639年刊。「斉民要術」「農書」とともに中国三大農書。それまでの農書を集大成し、農本・田制など12部門に分ける。

のうぜい-つうちしょ【納税通知書】ナフゼイ 地方税について、課税標準・税率・税額・納期その他必要事項を記載して課税者から納税者に交付する文書。

のうせい-ナトリウムりにょうペプチド【脳性ナトリウム利尿ペプチド】ナウセイ—リネウ— 主に心室から分泌されるホルモン。利尿・血管拡張作用を持ち、体液量や血圧の調節に重要な役割を果たす。心室に負担がかかると分泌量が増加し、心臓の負荷を軽減させる働きがあることから、心不全の診断・治療薬として利用される。B型ナトリウム利尿ペプチドともいう。BNP(brain natriuretic peptide)。➡ナトリウム利尿ペプチド (補説)最初に豚の脳から発見されたため「脳性」と名づけられたが、その後の研究で心房性ナトリウム利尿ペプチド(ANP)と同様に主に心臓から分泌されていることがわかった。

のうせい-まひ【脳性麻×痺】ナウセイ 胎生期から新生児期にかけて、脳が外傷・酸素欠乏などにより損傷されたことが原因で、四肢が麻痺し、運動障害の起こる病気。手足が勝手に動いてしまう、細かい動作がうまくできないなどの症状がある。機能訓練により運動能力の獲得をめざす。脳性小児麻痺。➡小児麻痺

のう-せい-れん【農政連】農協(JAグループ)の政治団体の略称。各都道府県に農業者政治連盟(都道府県農政連)、上部組織として全国農業者農政運動組織連盟(全国農政連)がある。

のう-せきずい【脳脊髄】ナウ 脳と脊髄の総称。中枢神経系を構成する。

のうせきずい-えき【脳脊髄液】ナウセキズイ 脳脊髄の蜘蛛(くも)膜・軟膜間や脳室内を満たしている無色透明の液体。脳室で生成されて循環し、脳脊髄の保護・栄養補給などの働きをしている。髄液。

のうせきずいえき-げんしょうしょう【脳脊髄液減少症】ナウセキズイエキゲンセウシャウ 脳脊髄液が漏出・産生低下などによって減少することにより、頭痛・頸部痛・めまい・耳鳴りなどの症状が起こる病気。髄液が漏れている部分の硬膜外腔に患者自身の血液を注入し凝固させて塞ぐブラッドパッチと呼ばれる治療が行われている。

のうせきずい-しんけい【脳脊髄神経】ナウセキズイ 脳神経と脊髄神経の総称。末梢神経系の主要部分を構成し、運動や感覚に関与する随意的な興奮伝達を行う。動物性神経。体性神経。

のうせきずい-まく【脳脊髄膜】ナウセキズイ 脳と脊髄を覆う膜。外側から硬膜・蜘蛛(くも)膜・軟膜の3層よりなる。髄膜。

のうせきずいまく-えん【脳脊髄膜炎】ナウセキズイマク— ▶髄膜炎

のう-せん【能詮】《「詮」は表す意》仏語。経典に説かれる意義を表す言語。文句。表される意義内容を所詮(しょせん)というのに対する。

のうぜん-かずら【凌=霄=花|紫=葳】かづら ノウゼンカズラ科の蔓性(つるせい)の落葉樹。気根を出して他をよじのぼり、葉は卵形の小葉からなる羽状複葉。夏、黄赤色の漏斗状で先の5裂する花を開く。中国の原産。陵苕(りょうしょう)。のうぜん。(季 夏)「すすぎ場に—花をたれ/素逝」

のうせん-かた【納銭方】ナフセン 室町幕府の職名。洛中洛外の酒屋・土倉(どそう)の有力者が任じられ、酒屋役・土倉役の収納に当たった。納銭方一衆。

のうぜん-はれん【凌=霄葉×蓮】ノウゼンハレン科の蔓性(つるせい)の多年草。葉は円形でハスに似る。夏、葉のわきから出た長い柄の先に、黄色または赤色の5弁花を開く。ペルーの原産で、日本には江戸時代に渡来。ナスターチウム。金蓮花(きんれんか)。

のう-そ【納租】ナフ 租税を納めること。また、その租税。納税。

のう-そ【×曩祖】ナウ 先祖。祖先。

のう-そう【×衲僧】ナフ 「衲子(のうす)」に同じ。

のう-そう【能相】ノウサウ 「能動態(のうどうたい)」に同じ。⇔所相。

のう-そう【農桑】ノウサウ 農耕と養蚕(ようさん)。

のう-そくせん【脳塞栓】ナウ 心臓にできた血栓や、まれには脂肪・腫瘍(しゅよう)細胞などの塊が流れてきて、脳の動脈に詰まる疾患。症状は脳血栓と同様で、突発的に起こることが多い。脳塞栓症。➡脳梗塞

のう-そっちゅう【脳卒中】ナウ 脳動脈の障害により急激に意識を失って倒れ、運動・言語などの障害が現れる疾患の総称。脳出血・蜘蛛膜下(くもまくか)出血・脳梗塞など。卒中。➡脳血管障害

のう-そん【農村】住民の大部分が農業を生業としている村落。「—地帯」

のうそん-しゃかいがく【農村社会学】ノウソンシャクワイガク 農村社会や農民生活における特質や諸問題を研究対象とする社会学の一分野。

のう-だゆう【能▽太▽夫】ノウダイフ 能役者のうち、公の席でシテを務める立場の者。江戸時代では四座一流の家元や各藩所属役者で格の高い者などをさした。のち、能役者一般をいう。

のう-たりん【脳足りん】ナウ《脳味噌が足りない意》人をののしっていう語。ばか。阿呆(あほう)。

のう-たん【濃淡】色や味などの濃いことと、うすいこと。「絵の具で—をつける」

のう-ち【農地】農業に使用する土地。

(類語)耕地・田地(でんち)・田畑(でんぱた)・農場・農園

のうち-いいんかい【農地委員会】ノウチヰヰンクワイ 昭和13年(1938)の農地調整法によって、自作農の創設や地主・小作関係の調整を目的に設置された組織。第二次大戦後、委員は公選制となり農地改革の中心的機関として強化された。同26年農業委員会に統合。

のうち-かいかく【農地改革】農地制度を改革すること。特に第二次大戦後、GHQの指令で行われた農地制度改革をさす。不在地主の小作地全部と、在村地主の小作地のうち都府県で平均1町歩(約1ヘクタール)、北海道で4町歩を超える分を国が買い上げ、小作農民に売り渡した。この改革によって、小作地の80パーセント(190万町歩余)が解放された。

のうちちょうせい-ほう【農地調整法】ノウチテウセイハフ 地主と耕作者間の農地関係の調整を図るために昭和13年(1938)に制定された法律。第二次大戦後改正され、自作農創設特別措置法とともに農地改革の基本法となった。同27年農地法に統合。

のうち-ほう【農地法】ハフ 農地は耕作者自ら所有することが最も適当であるとの考えにより、耕作者の農地取得の促進、その権利の保護、農地の利用関係の調整などを図ることを目的とする法律。昭和27年(1952)施行。

のう-ちゅう【脳中】ナウ あたまの中。脳裏。「不安が—をよぎる」

のう-ちゅう【×嚢中】ナウ ❶袋の中。❷財布の中。また、所持金。「—があたたかになる」

嚢中の錐(きり)《「史記」平原君伝から。袋の中の錐はその先が袋の外につき出るところから》すぐれた人は多くの人の中にいてもその才能が自然に外に現れて目立つことのたとえ。錐の嚢中に処(お)るが若(ごと)し。

のう-ちゅう【×嚢虫】ナウ 条虫類の幼生の一型。卵から生じた6個の鉤(かぎ)をもつオンコスフェラ幼生が、中間宿主の体内で袋状に変態したもの。終宿主に摂取されると頭節が腸壁に固着し、成体となる。

のう-てい【×嚢底】ナウ ❶袋の底。「—に秘する」❷財布の底。「—無一文」

のうていおんりょうほう【脳低温療法】ナウテイヲンレウハフ 脳に傷害を受けた患者の体を冷やすことによって脳の保護・蘇生を図る治療法。脳の温度を低下させることで代謝を抑制し、脳細胞の壊死を防ぐ。蘇生後脳症・脳血管障害・頭部外傷・新生児仮死などに適用される。

のうていぶいじょうけっかんもう-しょう【脳底部異常血管網症】ナウテイブイジャウケックワンマウシャウ ▶ウィリス動脈輪閉塞症

のう-てき【能笛】▶能管(のうかん)

のう-てん【脳天|脳×巓】ナウ 頭のてっぺん。脳頂。

脳天から声を出・す かん高い声を出す。

のう-てんき【能天気|能転気】〘名・形動〙軽薄でむこうみずであること。のんきでばかげていること。また、そのさまや、そのような人。「—な人物」(補説)「脳天気」とも書く。

のう-ど【農奴】ヨーロッパ封建社会で、領主に従属して賦役・貢納その他の義務を負い、生産労働の大半をになった農民。農耕具などの私有は許されたが、転住や転業は厳禁された。

のう-ど【濃度】❶溶液や混合気体・固溶体などに含まれる組成成分の量の割合。表し方には、質量百分率(重量パーセント)・体積百分率(容量パーセント)・モル濃度・規定度などがある。❷ ▶基数❸

のう-どう【能動】他からのはたらきかけを待たずにみずから活動すること。受け身でない活動。⇔受動。

のう-どう【農道】農作業のために農家と耕作地の間などに設けた道。〔類語〕あぜ道・田圃道

のうどう-えいせい【能動衛星】宇宙中継放送に使用する人工衛星の一。増幅器や中継器を搭載し、地上から送られる電波を増強して送信するもの。

のう-とうがい【脳頭蓋】▶神経頭蓋

のうどう-たい【能動態】文法で、ある動作・作用について述べるとき、その動作・作用の主体を主語に立てた場合に、その述語の動詞がとる形式。能相。⇔受動態。

のうどう-てき【能動的】〔形動〕自分から他へはたらきかけるさま。「一な人」「一に振る舞う」⇔受動的。
〔類語〕積極的・自発的・意欲的・アクティブ

のうどうみゃくこうか-しょう【脳動脈硬化症】脳動脈に動脈硬化が起こり、血行障害が生じて、めまい・物忘れ・手足のしびれ・頭痛・耳鳴りなどの症状を呈する病気。

のうどう-めんえき【能動免疫】自分自身で抗体を産生して免疫の状態になること。受動免疫に比べ、時間はかかるが免疫状態は長く続く。自動免疫。

のうどう-ゆそう【能動輸送】生体膜を通して物質が移動するとき、細胞膜内外の濃度勾配に逆らい、エネルギーを消費して透過すること。ATP(アデノシン三燐酸)の分解で生じるエネルギーを用いて、細胞内からナトリウムイオンを運び出し、カリウムイオンを取り込む機構などにみられる。

のうど-かいほう【農奴解放】農民を農奴の地位から解放し、自由民とすること。封建社会から近代社会への転換期に、各国で行われた。

のうどく-しょう【膿毒症】ぶどう球菌などの化膿菌が病巣から血液中に入って広がり、他の部位に化膿巣を多発する疾患。膿血症。

のう-ドック【脳ドック】磁気共鳴断層撮影装置(MRI)を使って、蜘蛛膜下出血・脳梗塞の兆候、脳動脈瘤、脳腫瘍などの有無を調べる検査。

のう-とり【農鳥】《「のうどり」とも》春、鳥の形に見える、山肌の残雪。富士山や南アルプスの農鳥岳などに現れ、農作業開始の印とされる。〔補説〕白馬岳(代馬岳)、駒ヶ岳などの馬形の残雪も同様の印とされる。

のうとり-だけ【農鳥岳】山梨と静岡の県境にある山。赤石山脈北部、白根山の一峰。標高3026メートル。北に間ノ岳(3189メートル)・北岳(3193メートル)が位置する。山名は、山腹に現れる鳥形の残雪が、農民の農耕の目安になったことから。南アルプス国立公園に属する。

のうない-あつ【脳内圧】▶脳圧

のう-なし【能無し】何のとりえもなく、役に立たないこと。また、そのような人。

のうなんか-しょう【脳軟化症】脳梗塞の結果、そこから先の組織が酸素欠乏になり、壊死に陥った状態。

のう-にゅう【納入】〔名〕スル 品物や金銭を納めること。「授業料を一する」「一期限」
〔類語〕納付・納金・入金・払い込み・振り込み

のうにゅう-こくち【納入告知】歳入を徴収する際、債務者に対して納付すべき金額・期限・場所を通告すること。

のう-にょう【膿尿】白血球のまじった尿。尿路に炎症のある場合にみられる。

のうにん【能仁】「能忍」「能仁寂黙」の略。

のう-にん【農人】農業を営む人。農民。のうじん。

のう-にんぎょう【農人形】茨城県水戸市で作られる素焼きの人形。江戸末期、水戸藩主の徳川斉昭が農民と五穀に感謝し、農民の像を作って食膳に置いたことに由来する。

のうにん-じゃくもく【能仁寂黙】《梵 Śākya-muniの訳》釈迦牟尼のこと。

のう-のう〔副〕スル 心配などがなくなって、ゆったりとした気分でいるさま。「一と暮らす」「十九の厄を免れて一した」〈魯庵・社会百面相〉〔類語〕ぬくぬく・のほほん

のう-のう【喃喃】〔感〕❶人に呼びかけるときにいう語。もしもし。「一我をも舟に乗せて給はり候へ」〈謡・隅田川〉❷軽い感動を表すときにいう語。ああ。「一恐ろしい面や」〈虎清狂・鏡男〉

のう-のうよう【脳膿瘍】脳の実質内に細菌が感染して化膿巣を形成し、膿がたまる病気。中耳炎・心内膜炎などの病巣から運ばれた細菌によることが多く、症状は脳腫瘍に似る。

のう-の-けさ【衲の袈裟】「衲衣」に同じ。「暑げなる物、随身の長の狩衣、一」〈枕・一二三〉

のう-は【脳波】脳細胞の活動によって発生する電位変化を体外に誘導し、増幅・記録したもの。てんかん・脳腫瘍などの診断や心理活動の研究に用いられる。EEG。脳電図。

のう-はい【納杯｜納盃】酒宴の終わりに飲む杯。おさめのさかずき。転じて、酒宴の終わり。「もはや一にして下されい」〈伎・青砥稿〉

のう-はい【嚢胚】後生動物の発生で、胞胚に次ぐ段階の胚。内外2層の胚葉ができ、原腸が形成される。原腸胚。

のう-ばいどく【脳梅毒】脳脊髄膜や脳の血管に、梅毒の病原菌が侵入して起こる精神神経疾患の総称。神経梅毒。

ノウ-ハウ〖know-how〗《「ノーハウ」とも》❶ある専門的な技術やその蓄積のこと。「仕事の一をおぼえる」❷技術競争の有力な手段となり得る情報・経験。また、それらを秘密にしておくこと。
〔類語〕ハウツー・やり方・こつ・ポイント・秘訣

のう-はやし【能囃子】能における器楽の演奏。能管・小鼓・大鼓・太鼓の4種の楽器(四拍子)により、謡や舞の伴奏、登場・退場の音楽として奏される。

のう-はん【農繁】農作業が忙しいこと。「一休暇」

のうはん-き【農繁期】田植えや収穫などで、特に農作業の忙しい時期。農時。農期。⇔農閑期。

のうはん-きゅうぎょう【農繁休業】農村の小・中学校などで、農繁期に授業を一定期間休んだこと。

のう-ひ【能否】能力のあることとないこと。また、できることとできないこと。可否。「一を試す」

のう-び【濃尾】美濃と尾張。

のうび-じしん【濃尾地震】明治24年(1891)10月28日、岐阜・愛知両県を中心に起きた大地震。マグニチュード8.0で、死者7273名、全半壊家屋22万2501に達し、根尾谷断層が出現した。

のう-ひつ【能筆】文字を書くのが上手なこと。また、その人。能書。〔類語〕能書・達筆・健筆

のうび-へいや【濃尾平野】岐阜県と愛知県にまたがる平野。木曽川・長良川・揖斐川の流域。中心都市は名古屋。

のう-びょう【脳病】脳に関する病気の総称。

のう-びょう【膿病】蚕など昆虫のウイルス病の一。皮膚が乳白色または黄色になり、膿を出して死ぬ。核多核体病。

のう-びょういん【脳病院】精神科病院の俗称。

のう-ひん【納品】〔名〕スル 品物を納入すること。また、その品物。「注文主に一する」「一書」

のう-ひん【能品】三品の一。書画で、妙品に次ぐ品位。技術は巧みであるが気韻に乏しいもの。

のう-ひんけつ【脳貧血】脳の血液循環量が一時的に減少した状態。起立性低血圧・ショック・失血などによって起こり、顔面蒼白・冷や汗・めまいなどの症状が現れ、意識を失うこともある。

のう-ふ【納付】〔名〕スル 官公庁などの公的機関に金品を納めること。「相続税を一する」
〔類語〕納税・納金・納入・入金・払い込み・振り込み

のう-ふ【農夫】農業に従事する男性。
〔類語〕農民・百姓・農家

のう-ふ【農婦】農業に従事する女性。

のうふきん-せいど【納付金制度】日本銀行・日本中央競馬会などが剰余金の一部などを国庫に納付する制度。

のう-ふしゅ【脳浮腫】頭部外傷・脳腫瘍・脳内出血や脳の感染症などにより、脳の組織内に水分が異常にたまった状態。

のう-ぶたい【能舞台】能・狂言を演じるための舞台。板張りで、三方を開け放した三間四方の本舞台、後座・橋懸かり・鏡の間などからなり、屋根がある。

のう-ぶん【能文】文章に巧みなこと。また、その文章。「一家」

のう-へい【農兵】❶平時は農業に従事し、事あるときには武装して兵となる者。屯田兵。❷江戸末期、幕府・諸藩が農民で組織した軍隊。また、その兵士。

のうへい-ぶし【農兵節】静岡県三島市の民謡。幕末に流行した「のうえ節」が元歌で、明治になって花柳界にはいり、歌詞を置きかえて歌われたもの。また、伊豆韮山の代官が青年を集めて洋式で農兵の調練をしたときの行進曲ともいう。

のう-べん【能弁｜能辯】〔名・形動〕弁舌に巧みなこと。また、そのさま。「一な(の)人」「一家」
〔類語〕達弁・雄弁・快弁・流暢・口達者・口八丁

のう-ほう【脳胞】脊椎動物の発生初期に、神経管の前端にできるふくらみ。浅いくびれによって前脳・中脳・後脳(菱脳)に分かれる。

のう-ほう【農法】農作についての方法。

のう-ほう【膿疱】皮膚にできた水疱で、中に膿がたまったもの。

のうほう-しん【膿疱疹】膿疱の状態の発疹。

のう-ぼく【農牧】農業と牧畜。「一地」

のう-ほん【納本】〔名〕スル ❶でき上がった書物を注文者へ納入すること。「受注部数どおり一する」❷旧出版法・旧新聞紙法のもとで、検閲のため、書籍・雑誌・新聞などを発行前に内務省などに納付したこと。❸国立国会図書館法により、官公庁・民間出版物の一定部数を国立国会図書館に納入すること。

のう-ほん【農本】農業を立国の基本に据えること。

のうほん-しゅぎ【農本主義】農業を立国の基本とする考え方。

の-うま【野馬】野飼いの馬。放牧の馬。のま。

のう-まい【納米】年貢米を納入すること。また、その米。

のう-まい【能米】玄米。くろごめ。「一三十石、白米二石」〈吾妻鏡・四二〉

のう-まく【脳膜】脳を覆い包んでいる膜。脳脊髄膜の脳の部分。

のうまく【嚢莫】・【納莫】《梵 namasの音写》「南無」に同じ。

のうまく-えん【脳膜炎】▶髄膜炎

のうまく-しゅっけつ【脳膜出血】脳膜の血管が破裂して起こる出血。その場所により、蜘蛛膜下出血・硬膜下出血・硬膜上出血がある。

のう-まつ【濃抹】色を濃く塗ること。濃く化粧すること。「淡粧一相宜しからざるなく」〈永峰秀樹訳・暴夜物語〉

のう-みそ【脳味噌】脳髄の俗称。転じて、頭の働き。知能。〔類語〕脳・脳髄・頭脳

脳味噌が足りない　頭の働きが鈍い。

脳味噌を絞る　ありったけの知恵を働かせる。脳漿を絞る。知恵を絞る。

のう-みつ【濃密】〔形動〕〔文〕〔ナリ〕密度が濃くてこまやかなさま。「一な色彩」「一な描写」〔派生〕のうみつさ〔名〕〔類語〕濃い・濃まやか・濃厚

のう-みん【農民】農業生産に従事する人。
〔類語〕百姓・農夫・農婦・豪農・富農・貧農・精農・篤農

のうみん-いっき【農民一揆】封建社会において、農民が領主に対して起こした反抗運動。日本では中世に土一揆・徳政一揆、近世に百姓一揆としてあらわれた。

のうみん-うんどう【農民運動】農民がみずからの

経済的、社会的地位改善をめざして行う社会運動。主として大正時代以後の小作料の減免や耕作権の維持を求める闘争をいう。

のうみん-くみあい【農民組合】農民の社会的、経済的地位の向上・改善のために組織された組合。明治初期の小作人組合から始まり、大正11年(1922)日本で最初の全国組織である日本農民組合が結成された。➡全日農

のうみん-せんそう【農民戦争】▶ドイツ農民戦争

のうみん-ぶんがく【農民文学】❶農村や農民の生活・習俗を素材にした文学。明治30年代以後、自然主義文学から派生。真山青果「南小泉村」、長塚節「土」など。❷農民の立場に立って自覚的に展開された文学。大正末期から昭和初年にかけて文学運動として発展。小林多喜二「不在地主」など。

のう-む【農務】❶農業の仕事。農事。❷農業に関する事務、または政務。

のう-む【濃霧】濃くたちこめた霧。気象観測では見通しのきく範囲が200メートル以下をいう。(季 秋)

のう-めん【能面】能に用いる仮面。種類も多く、それぞれに名称がある。彫り方や彩色にも工夫がなされ、一つの面で喜怒哀楽を表現できるように作られている。おもて。

能面のよう　無表情、また、顔だちの端麗なさま。

のうめん-うち【能面打ち】能面を製作する人。めんうち。

のう-やく【農薬】農業用の薬剤。殺菌剤・殺虫剤・殺鼠剤・除草剤や、植物の生長促進剤・発芽抑制剤など。

のうやく-おせん【農薬汚染】農薬が散布後に作物や土壌・水などに残留・蓄積し、有害な生活環境をもたらすこと。

のう-やくしゃ【能役者】能楽を演じることを職業とする者。シテ方・ワキ方・狂言方・囃子方の専門に分かれている。能楽師。

のう-ゆ【脳油】「鯨蠟」に同じ。

のう-よう【×膿瘍】化膿性の炎症において、組織が局部的に融解し、膿がたまった状態。皮膚・肺・腎臓・肝臓・脳によく発生する。

の-うらいた【野裏板】屋根裏などの見えない所に用いる、鉋をかけてない板。

のう-らく【能楽】のらりくらりと怠けて遊び暮らすこと。また、その人。のらくら。「同じはたけの—連中」〈滑・続々膝栗毛・三〉

のうらく-じん【能楽人】「能楽者」に同じ。「遊ぶを日々の商売にて、他に事なき—」〈滑・七偏人・初〉

のうらく-もの【能楽者】のらくらもの。なまけもの。のうらくじん。「弥次郎兵衛といふ—」〈滑・膝栗毛・初〉

のう-らん【悩乱】〔名〕スル　悩み苦しんで心が乱れること。「頭が—して筆がしどろに走るのではないように思います」〈漱石・こゝろ〉

のう-り【能吏】能力のすぐれた役人。また、事務処理にすぐれている役人。有能な官吏。(類語)良吏

のう-り【脳裏｜脳×裡】頭の中。心の中。「アイデアが—にひらめく」「情景が—に焼きつく」

のう-り【×嚢裏】「嚢中」に同じ。

のう-りき【能力】寺で力仕事をする下級の僧。また、寺男。「いかに—、はや鐘をば鐘楼へ上げてあるか」〈謡・道成寺〉

のうりき-ずきん【能力頭巾】能・狂言で用いる頭巾の一。頭頂を折って後ろに垂らしたもの。能では能力などの役に、狂言ではすっぱ・新発意などの役に用いる。強師頭巾。

のう-りつ【能率】❶一定時間内にできる仕事の割合。仕事のはかどり方。「—が上がる」「—が悪い」❷物理学で、モーメントのこと。(類語)効率

のうりつ-きゅう【能率給】労働能率・作業成果に応じて支払われる賃金形態。業績給。

のうりつ-てき【能率的】〔形動〕能率がよいさま。むだなくはかどるさま。「—な方法を採用する」

のう-りゅうさん【濃硫酸】濃度の高い硫酸。ふつう濃度90パーセント以上をいう。

のう-りょう【納涼】暑さを避けるため、工夫をこらして涼しさを味わうこと。すずみ。「—船」

のう-りょう【脳×梁】左右の大脳半球の皮質を連絡する神経線維の集まり。白色の厚い板状をなす。胼胝体。

のうりょう-せん【納涼船】暑い時期、涼しさを味わうために川や海辺などに出す船。

のうりょう-ゆか【納涼床】《「のうりょうどこ」とも》「川床」に同じ。(季 夏)

のう-りょく【能力】❶物事を成し遂げることのできる力。「—を備える」「—を発揮する」「予知—」❷法律上、一定の事柄について要求される人の資格。権利能力・行為能力・責任能力など。

(類語)才能・力量・能・才・力・アビリティ

のうりょく-きゅう【能力給】労働者の労働に対する能力に応じて算定される賃金。

のう-りん【農林】農業と林業。

のうりんぎょぎょう-きんゆうこうこ【農林漁業金融公庫】長期かつ低利の資金を通じて農林水産業の発展を支援することを目的とする政府金融機関。昭和28年(1953)設立。平成20年(2008)10月、国民生活金融公庫・中小企業金融公庫などを統合して設立された株式会社日本政策金融公庫へ移行。AFFFC(Agriculture, Forestry and Fisheries Finance Corporation)。

のうりん-しょう【農林省】農林水産省の旧称。大正14年(1925)農商務省を商工・農林の二省に分割して設置。昭和53年(1978)農林水産省と改称。

のうりんすいさん-しょう【農林水産省】国の行政機関の一。農業・林業・畜産業・水産業に関する事務を担当する。外局に食糧庁・林野庁・水産庁がある。農林省を昭和53年(1978)に改称。農水省。

のうりんすいさん-しょうひあんぜんぎじゅつセンター【農林水産消費安全技術センター】農林水産省が所管する独立行政法人の一つ。農林水産消費技術センター、肥飼料検査所、農薬検査所を統合して平成19年(2007)に発足。生産現場から食卓までフードチェーン全体を通じた食の安全を確保するため、農業・肥料・飼料などの生産資材や食品を検査・分析し、リスクや安全性に関する情報を提供する。また、DNA分析により食品偽装を明らかにするなど、食品表示の適正化にも貢献している。FAMIC(Food and Agricultural Materials Inspection Center)。

のうりんすいさん-だいじん【農林水産大臣】国務大臣の一。農林水産省の長。農水相。

のうりん-ちゅうおうきんこ【農林中央金庫】農林水産業者の組合の中央金融機関。農業協同組合・森林組合・漁業協同組合などを出資者として、農林債券の発行や出資者への貸し出しなどを行う。大正12年(1923)産業組合中央金庫として設立され、昭和18年(1943)現在の名称となる。農林中金。➡JAバンク

のうりん-ちゅうきん【農林中金】「農林中央金庫」の略称。

の-うるし【野漆】トウダイグサ科の多年草。河原などの湿地に群生し、高さ約40センチ。葉は互生し、茎の頂には5枚が輪生。4月ごろ、淡黄色の苞をもつ小花をつける。茎や葉を切ると白い乳液が出て、皮膚につくとかぶれる。さわうるし。(季 春)

のう-れん【×暖×簾】《「のう(暖)」は唐音》「のれん(暖簾)」に同じ。「—はづし大戸を閉めて」〈浄・博多小女郎〉

のう-ろう【×膿漏】膿が絶えず流れ出す状態。「歯槽—」

のうろう-がん【×膿漏眼】膿性の目やにが多量に出る急性結膜炎。多く、淋菌による。風眼。

ノエシス〖ドイ Noesis〗フッサールの現象学の用語。意識の作用的側面。⇔ノエマ。

のえ-ふ-す【×偃す】〔動サ四〕《「のいふす」の音変化》❶風になびく。「草に風を加ふる時は—・さずといふ事なし」〈太平記・八〉❷ひれ伏す。平伏する。付き従う。のいふす。「我が神国の天子の村雲百王護国の御守り、—・す民こそめでたけれ」〈浄・嫗山姥〉

ノエマ〖ドイ Noema〗フッサールの現象学の用語。意識の対象的側面。⇔ノエシス。

ノエル〖フラ Noël〗クリスマス。降誕祭。

ノエル-ベーカー〖Philip John Noel-Baker〗[1889～1982]英国の政治家・平和運動家。軍縮・反核を唱えて、平和運動を推進した。1959年ノーベル平和賞受賞。著「軍備競争」など。

ノー〖no〗㊀〔名〕❶否定。拒否。不賛成。「イエスか—か」❷外来語の上に付いて、ないこと、しないこと、また、禁止することの意を表す。「—コメント」「—スモーキング」㊁〔感〕拒否や不承知の意を表す語。いいえ。いや。だめ。

ノー-アイロン〖no-iron〗衣類などで、洗ったあとのアイロンかけを必要としないこと。また、そうした衣類。(補説)英語ではwash-and-wearともいう。

ノーアイロン-シャツ〖no-iron shirt〗アイロンかけの必要のないシャツのこと。形状記憶型の布地や樹脂加工を施すことにより、アイロンをかけなくても着用できるシャツ。ノンアイロンシャツ。

ノー-アウト〖no out〗「ノーダウン」に同じ。

ノーアクション-レター〖no action letter〗米国証券取引委員会(SEC)が具体的行為について連邦証券諸法に違反するかどうか照会を受けたとき、スタッフの見解として回答する文書。

ノーウィッチ〖Norwich〗▶ノーリッジ

ノーカー-デー〖no-car day〗都心の交通渋滞や大気汚染を緩和するために、自動車の使用を自粛するよう呼びかける日。

ノー-ガード《和 no＋guard》❶ボクシングで、防御をまったくしないこと。「—での打ち合い」❷一般に、無防備な状態。「外部からのハッキングに—のシステム」

ノーカーボン-し【ノーカーボン紙】《no carbon required paper》カーボン紙を使わないで複写できる紙。➡感圧紙

ノー-カウント《和 no＋count》スポーツ競技などで、得失点に数えないこと。

ノーカウント-じこ【ノーカウント事故】事故を起こして保険金が支払われても、保険事故扱いにならない事故のこと。翌年のノンフリート等級は、事故を起こさなかった場合と同じく1等級上がる。無保険車傷害保険・搭乗者傷害保険・人身傷害保険などの保険金が支払われる事故が該当する。➡等級据え置き事故　➡カウント事故

のおがた【直方】福岡県北部の市。遠賀川中流にあり、もと黒田氏の城下町。筑豊炭田の中心都市として発展したが閉山により、現在は金属・機械工業が盛ん。住宅地化が進む。人口5.8万(2010)。

のおがた-し【直方市】▶直方

ノー-カット《和 no＋cut》映画や著作物などで、削除や省略のされていないこと。また、その作品。「長編を—で上映する」

ノー-ギャラ《和 no＋guaranteeから》労働などに対する報酬がないこと。「—で講演する」

ノー-クラ「ノークラッチ」の略。

ノー-クラッチ《和 no＋clutch》自動車で、変速装置が自動化されていて、クラッチペダルのないもの。

の-おくり【野送り】「野辺送り」に同じ。「いよいよ—の段となりしに」〈露伴・新浦島〉

ノーケイ-さん【ノーケイ山】《Mount Norquay》カナダ、アルバータ州南西部、バンフ国立公園にある山。バンフの北に位置し、スキー場がある。

ノー-ゲーム《和 no＋game》野球で、試合成立以前に続行不可能となった試合。プロ野球では、5回終了で試合成立となる。無効試合。

ノー-コメント〖no comment〗会見や取材などに際して、ある事柄に関する説明や論評などを行わないこと。「その質問には—だ」(類語)黙秘・だんまり

ノー-コン《no controlから》野球で、投手の制球力がないこと。

の

ノー-コンテスト〘no contest〙ボクシングで、予測できない事態で試合が続けられなかったり、判定ができなくなったりして、試合が無効になること。

ノー-サイド〘no side〙《敵・味方の区別がない意》ラグビーで、試合終了のこと。

ノー-サンキュー〘No, thank you.〙勧誘や申し出に対して、感謝の意を込めて断る言葉。「いいえ、結構です」の意。

ノー-シード《和 no＋seed》スポーツのトーナメントなどで、シードされていない選手やチーム。(補説)英語では unseeded

ノー-ショー〘no-show〙航空便やホテルで予約客が連絡もなく現れないこと。➡ゴーショー

ノース〘north〙北。北方。⇔サウス。

ノーズ〘nose〙❶鼻。「―シャドー」❷鼻に似た形状のもの。乗り物や道具類の先端部分。「―の長いスポーツカー」

ノースアジア-だいがく【ノースアジア大学】秋田市にある私立大学。昭和28年(1953)に開学した秋田短期大学を母体に、同39年秋田経済大学として開設。同58年に改称して秋田経済法科大学となり、平成19年(2007)、現校名に改称した。

ノース-アダムス〘North Adams〙米国マサチューセッツ州北西端の町。19世紀に紡績業、鉄鋼業などで発展。戦後の主要産業だった電子工業の工場は1985年に閉鎖。工場跡地を利用したマサチューセッツ現代美術館が創設され、現在は芸術の町として知られる。

ノーズ-アップ《和 nose＋up》自動車が急加速したときに、車体の慣性で前部が浮き気味になる現象。⇔ノーズダイブ。

ノース-ウイスト-とう【ノースウイスト島】《Isle of North Uist》英国スコットランド北西岸、アウターヘブリディーズ諸島の島。ベンベキュラ島を挟み、ノースウイスト島、サウスウイスト島の3島が橋でつながる。行政の中心はロクマディ。スカイ島と定期航路で結ばれる。先史時代の墳墓や環状列石が残るほか、バードウオッチングの名所として知られる。北ウイスト島。

ノース-カロライナ〘North Carolina〙米国東部の州。州都ローリー。東は大西洋に面して砂州列があり潟湖が発達。西は山脈が走る。タバコ栽培や工業、家具製造が盛ん。独立13州の一。➡表「アメリカ合衆国」

ノースクリフ〘Viscount Northcliffe〙[1865～1922]英国の新聞経営者。本名アルフレッド=チャールズ=ウィリアム=ハームズワース(Alfred Charles William Harmsworth)。大衆的商業紙「デーリーメール」「デーリーミラー」を創刊、新聞の大衆化を推進した。また、「タイムズ」を買収、第一次大戦にかけての反ドイツ世論形成の一翼を担った。

ノー-スコア《和 no＋score》無得点であること。「両チーム―で引き分けた」(補説)英語では scoreless

ノーズ-ダイブ《和 nose＋dive》自動車が急減速したときに、車体の慣性のために前部が沈み込む現象。(補説)nose diveの英語の本来の意味は、飛行機の急降下のこと。⇔ノーズアップ。

ノース-ダコタ〘North Dakota〙米国中北部の州。州都ビスマーク。大農業地帯で、小麦などを産出。鉱物資源も豊富。➡表「アメリカ合衆国」

ノー-ストッキング《和 no＋stocking》ストッキングをはいていないこと。(補説)英語では stockingless

ノース-ブリッジ〘north bridge〙チップセットの構成要素のうち、CPUやメモリーなどを制御するチップのこと。これに対し、ハードディスクやUSBなどの周辺装置を制御するチップをサウスブリッジと呼ぶ。

ノース-ベリック〘North Berwick〙英国スコットランド南東部の港町。海岸保養地。沖合に世界最大規模のカツオドリの繁殖地バスロックがあり、研究・保護のためにスコットランド海鳥センターが設立された。東約5キロメートルのところに、14世紀にダグラス伯爵が建造したタンタロン城の廃墟がある。

ノー-スモーキング〘no smoking〙禁煙。標語などに用いられる。

ノースヨークムーアズ-こくりつこうえん【ノースヨークムーアズ国立公園】《North York Moors National Park》英国イングランド北東部、ノースヨークシャー州にある国立公園。ムーアと呼ばれる荒野が広がり、夏にはヒースの花で覆われ、野性的で広大な自然景観で知られる。北海沿岸のウィットビー、スカーバラ、内陸のヘルムズリーなどの町がある。公園内の南北をノースヨークシャームーアズ鉄道が、東西をエスクバレー鉄道が結ぶ。

ノー-スリーブ《和 no＋sleeve》袖のない洋服。袖なし。スリーブレス。

ノースロップ〘John Howard Northrop〙[1891～1987]米国の生化学者。ペプシンなどの結晶化に成功し、酵素の実体がたんぱく質であることを確定。1946年ノーベル化学賞受賞。

ノー-タイ《和 no＋tie》「ノーネクタイ」に同じ。

ノー-タイム《和 no＋time》❶運動競技で、タイムをかけ中断していた試合を再開するとき、審判員が宣告する語。試合再開。❷持ち時間のある碁・将棋で、着手に時間をかけないこと。

ノー-ダウン《和 no＋down「ノーダン」とも》野球で、無死のこと。ノーアウト。

ノー-タック〘no tuck〙ズボンの腰回りに作る縫い襞(ひだ)がないこと。「―パンツ」

ノー-タッチ《和 no＋touch》❶触れないこと。❷その物事にかかわりをもたずにいること。「この件には―だ」❸野球で、ボールを持った野手が走者や塁に触れられないこと。

ノータム〘NOTAM〙《notice to airmen》航空機の安全運航のために関係機関が出す飛行場・運航業務・軍事演習などの情報。航空情報。

ノー-ダン▶ノーダウン

ノーチェ〘スペイン noche〙夜。

ノー-チェック《和 no＋check》照合・検査・点検などを受けていないこと。「彼に関しては容疑の対象者から外れて―だった」

ノーチラス〘Nautilus〙米国の民間軍事問題研究機関。極東・太平洋地域の米軍の核戦略の調査で知られる。本部マサチューセッツ州レベレット。

ノーチラス-ごう【ノーチラス号】《Nautilusはオウムガイの意》米国海軍の世界初の原子力潜水艦。1954年就航。平常時排水量3764トン。

ノーテス〘NOTES〙《Natural Orifice Translumenal Endoscopic Surgery》▶経管腔的内視鏡手術

ノート〘note〙〔名〕スル ❶書き留めること。また、書き留めたもの。記録。手記。覚え書き。「―をとる」❷注解。注釈。「フット―」❸「ノートブック」の略。❹音楽で、音。楽音。音調。「ブルー―」

(類語)覚え書き・控え・メモ・手記・手帳・帳面

ノート〘Noto〙イタリア南部、シチリア島、シチリア自治州の町。同島南部、イブレイ山地の麓に位置する。17世紀の大地震により大きな被害を受けたが、サンニコロ大聖堂、サンドメニコ聖堂、モンテベルジネ聖堂をはじめ、その後の復興により再建されたシチリア-バロック様式の建物が多く、同島南東部の八つの町が2002年に「バル-ディ-ノートの後期バロック様式の町々」の名称で世界遺産(文化遺産)に登録された。

ノード〘node〙《植物の節の意》❶活動・組織などの中心点。集合点。❷コンピューターネットワークを構成する個々の要素、または中継点のこと。コンピューター、ハブ、ルーター、さらにはネットワークに接続されたプリンターなどがノードに相当する。

ノートがた-パソコン【ノート型パソコン】《notebook PC》▶ノートパソコン

ノート-けいこく【ノート渓谷】《Val di Noto》▶バル-ディ-ノート

ノートテーキング〘notetaking〙ノートをとること。特に、聴覚障害者のためにノートをとる奉仕活動。

ノート-パソコン《notebook personal computerから》パソコン本体にキーボード、液晶ディスプレーが一体となったノートの形状をしたパソコン。大きさはA4サイズ以下程度、重量は3キロ程度のものが一般的。B5サイズ以下の大きさのノートパソコンはサブノートパソコンと位置づけられている。ノートPC。ノートブックPC。

ノート-ピーシー【ノートPC】《notebook personal computerから》▶ノートパソコン

ノートブック〘notebook〙帳面。ノート。

ノートブック-ピーシー【ノートブックPC】《notebook PC》▶ノートパソコン

ノートル-ダム〘フランス Notre-Dame〙《われらの貴婦人の意》❶聖母マリアのこと。❷フランスをはじめフランス語圏各地にある聖母マリアにささげられた聖堂。12世紀頃から聖母崇拝の高まりとともに多く献堂された。特にパリにあるノートルダム大聖堂が有名。

ノートルダム-じいん【ノートルダム寺院】《Cathédrale Notre-Dame de Paris》▶ノートルダム大聖堂

ノートルダムせいしん-じょしだいがく【ノートルダム清心女子大学】岡山市にある私立大学。昭和19年(1944)設立の岡山清心女子専門学校を母体として、同24年に新制大学として発足。ナミュール-ノートルダム修道女会が開設。

ノートルダム-だいせいどう【ノートルダム大聖堂】《ノートルダムは「われらの貴婦人」の意》㊀《Cathédrale Notre-Dame de Paris》フランス、パリ中心部、セーヌ川のシテ島にある、聖母マリアに捧げられた大聖堂。1163年に司教モーリス=ド=シュリにより建造開始、1182年に内陣が完成。身廊、翼廊の拡張工事が続けられ、14世紀に現在の五廊式聖堂となった。ゴシック様式を代表する建造物として知られ、1991年、「パリのセーヌ河岸」の名称で周辺の文化遺産とともに世界遺産(文化遺産)に登録された。ノートルダム寺院。㊁《Cathédrale Notre-Dame》ベルギー西部の都市、トゥルネーにある12世紀に建造されたロマネスク様式の教会。内陣のみ13世紀に初期ゴシック様式のものに建て替えられた。初代司教の聖エルテールを描いたタペストリーや、ニコラ=ドゥ=ベルダン作の聖母マリアの聖遺物箱などがある。同国を代表する建築物として、2000年、「トゥルネーのノートルダム大聖堂」の名称で世界遺産(文化遺産)に登録された。㊂《Onze-Lieve-Vrouwekathedraal》ベルギー北部、アントウェルペンの旧市街にあるゴシック様式の大聖堂。1352年に建設が始まり、1520年に完成。世界遺産(文化遺産)の「ベルギーとフランスの鐘楼群」の一として登録されている。児童小説「フランダースの犬」に登場するルーベンスの祭壇画があることで知られる。㊃《Cathédrale Notre-Dame》ルクセンブルク大公国の首都、ルクセンブルクの旧市街にある教会。イエズス会修道士のジャン=ドゥ=ブロークの設計により17世紀に建造。同国のジャン前大公とベルギー皇女ジョセフィーヌ=シャルロットとの婚礼が行われた。なお、城塞都市としての旧市街全体は、1994年に「ルクセンブルク市街、その古い町並みと要塞都市の遺構」の名称で、世界遺産(文化遺産)に登録された。㊄《Cathédrale Notre-Dame》スイス西部、ボー州の州都、ローザンヌの旧市街にある大聖堂。12世紀から13世紀にかけて建造。初期ゴシック様式の傑作として知られる。

ノートルダム-デュ-オー-れいはいどう【ノートルダムデュオー礼拝堂】《Chapelle Notre-Dame du Haut》フランス東部、フランシュ-コンテ地方、オート-ソーヌ県の町ロンシャンにある礼拝堂。フランスの建築家、ル=コルビジェが設計。1955年竣工。ル=コルビジェ後期の代表作として知られる。ロンシャン教会。ロンシャンの礼拝堂。

ノートルダム-デュ-サブロン-きょうかい【ノートルダムデュサブロン教会】《Église Notre-Dame du Sablon》ベルギーの首都、ブリュッセルの中心部にある教会。1304年に射手組合により建てられた礼拝堂に由来する。15世紀に改築され、フランボワイヤンゴシック様式の教会になった。美しいステンドグラスで有名。

[ノーベル賞] 日本人のノーベル賞受賞者

受賞年	受賞者	部門	理由
昭和24年(1949)	湯川秀樹	物理学	中間子の存在を予言
昭和40年(1965)	朝永振一郎	物理学	量子電磁力学の発展に寄与
昭和43年(1968)	川端康成	文学	小説「雪国」など
昭和48年(1973)	江崎玲於奈	物理学	半導体の研究
昭和49年(1974)	佐藤栄作	平和	非核三原則の表明
昭和56年(1981)	福井謙一	化学	フロンティア電子理論の提唱
昭和62年(1987)	利根川進	生理学および医学	免疫T細胞受容体遺伝子の研究
平成 6年(1994)	大江健三郎	文学	小説「万延元年のフットボール」など
平成12年(2000)	白川英樹	化学	導電性プラスチックの開発
平成13年(2001)	野依良治	化学	不斉合成の研究
平成14年(2002)	小柴昌俊	物理学	ニュートリノの観測に成功
平成14年(2002)	田中耕一	化学	生体高分子の質量分析法を開発
平成20年(2008)	南部陽一郎(米国籍)	物理学	自発的対称性の破れのしくみを発見
平成20年(2008)	小林誠	物理学	CP対称性の破れ現象を理論的に説明
平成20年(2008)	益川敏英	物理学	CP対称性の破れ現象を理論的に説明
平成20年(2008)	下村脩	化学	GFP(緑色蛍光蛋白質)の発見とその構造の解明
平成22年(2010)	根岸英一	化学	有機合成におけるパラジウム触媒クロスカップリング
平成22年(2010)	鈴木章	化学	有機合成におけるパラジウム触媒クロスカップリング

ノートルダム-デュ-ピュイ-だいせいどう【ノートルダムデュピュイ大聖堂】ダイセイドウ《Cathédrale Notre-Dame du Puy》フランス中南部、オート-ロアール県の都市ルピュイにある、10世紀に建造されたロマネスク様式の大聖堂。聖堂内に「黒い聖母像」、聖堂背後に高さ16メートルの聖母像を頂くコルネイユ岩山がある。創建以来、サンティアゴ-デ-コンポステラへの巡礼路の出発地の一として知られ、世界遺産(文化遺産)に登録されている。

ノートルダム-デュ-ポール-だいせいどう【ノートルダムデュポール大聖堂】ダイセイドウ《Basilique Notre-Dame du Port》フランス中南部、オーベルニュ地方、ピュイ-ド-ドーム県の都市クレルモンフェランの旧市街にある、12世紀に建造されたロマネスク様式の大聖堂。保存状態のよい内陣の柱頭彫刻や地下祭室の「黒い聖母像」がある。サンティアゴ-デ-コンポステラの巡礼路の一部として世界遺産(文化遺産)に登録。

ノートルダム-ド-ディジョン-きょうかい【ノートルダムドディジョン教会】キョウカイ《Église Notre-Dame de Dijon》フランス中東部、ブルゴーニュ地方の中心都市ディジョンにある、13世紀後半に建造されたゴシック様式の教会。「黒い聖母像」で知られる。

ノートルダム-ド-パリ〘フランス Notre-Dame de Paris〙ユゴーの長編小説。1831年刊。15世紀末のパリのノートルダム大聖堂を舞台に、ジプシー娘をめぐる副司教・青年警備隊長・鐘つき男の愛の確執と悲恋を描く。ノートルダムのせむし男。

ノートルダム-ド-フルビエール-だいせいどう【ノートルダムドフルビエール大聖堂】ダイセイドウ《Basilique Notre-Dame de Fourvière》►フルビエール大聖堂

ノートルダム-ド-ラ-ガルド-だいせいどう【ノートルダムドラガルド大聖堂】ダイセイドウ《Basilique Notre-Dame de la Garde》フランス南部、地中海に面する港湾都市マルセイユの、旧港を見下ろす丘の上にある大聖堂。13世紀に建立された小聖堂に始まり、19世紀にニーム出身の建築家アンリ=エスペランデューの設計により現在見られるロマネスク、ビザンチンの両様式が混在する大聖堂が建造された。

ノートルダム-ド-ラ-シャペル-きょうかい【ノートルダムドラシャペル教会】キョウカイ《Église Notre-Dame de la Chapelle》ベルギーの首都、ブリュッセルの中心部、マロル地区にある教会。何度か増改築がなされ、翼廊は13世紀、内陣は15世紀、塔は16世紀に建てられたものが残っている。画家、大ブリューゲルの墓があることで知られる。

ノートルダム-ド-ラソンプシオン-だいせいどう【ノートルダムドラソンプシオン大聖堂】ダイセイドウ《Cathédrale Notre-Dame de l'Assomption》フランス中南部、オーベルニュ地方、ピュイ-ド-ドーム県の都市クレルモンフェランの旧市街にあるゴシック様式の大聖堂。13世紀から14世紀にかけて建造された。近郊の火山の溶岩を石材として用いたため、外観が黒ずんで見える。パリのサントシャペルを模したというステンドグラスがある。

ノートルダム-ラ-グランド-きょうかい【ノートルダムラグランド教会】キョウカイ《Église Notre-Dame la Grande》フランス中西部、ポアツー-シャラント地方、ビエンヌ県の都市ポアチエにある、12世紀建造の教会。十二使徒や初代司祭サンティレールと弟子たちを描いた正面入口の彫刻、内部の柱の幾何学模様は、ポアツーロマネスク様式の傑作として知られる。

ノートン-アンチウイルス〘Norton Anti Virus〙コンピューターウイルスを発見し除去するソフトウエア。ウイルス対策ソフトの一。米国シマンテック社が開発・販売。商標名。

ノー-ネクタイ《和 no＋necktie》ネクタイを着けないこと。ノータイ。

ノーノ〘Luigi Nono〙[1924〜1990]イタリアの作曲家。十二音音楽から出発し、さまざまな前衛技法を採用する実験的傾向を強めていった。また「ゲルニカの勝利」「生命と愛の歌-広島の橋の上で」「アウシュビッツの事件」など多くの社会的作品を発表した。

ノー-パーキング〘no parking〙自動車の駐車禁止。標語などに用いられる。「一ゾーン」

ノー-ハウ〘know-how〙►ノウハウ

ノー-バウンド《和 no＋bound》野球などの球技で、ボールがバウンドしないこと。ダイレクト。「外野からホームへ一で返球する」

ノーパニック-しょうこうぐん【ノーパニック症候群】ショウコウグン《no-panic syndrome》潜水(素潜り)時の事故の原因の一つ。血液が高度の酸素不足なのに、息苦しさを感じることなく意識を失ってしまう状態。潜水前に深呼吸を必要以上に繰り返すことにより、血液中の二酸化炭素が減少し過ぎて起こる。

ノー-パン《和 no＋pantiesから》パンティーを着けていないこと。

ノービス〘novice〙競技などにおける新参者。

ノー-ヒット〘no-hit〙野球で、無安打。

ノーヒット-ノーラン〘no-hit, no-run〙野球で、投手が1試合を通して相手チームを無安打・無得点に抑えること。

ノーファースト-ユーズ〘no-first-use〙核の先制不使用宣言。相手が先に使用しない限り自らは核兵器を使用しないという核保有国による保証。

ノー-ファインダー《和 no＋finder》カメラの撮影技法の一。ファインダーを覗かないで撮影すること。被写体となる相手にカメラを意識させない自然な撮影ができたり、極端なローアングルの撮影ができるなどの利点がある。人混みなどにおいて、カメラを頭上に掲げて撮影することも含む。

ノーブイアルバート-どおり【ノーブイアルバート通り】ドオリ《Ulitsa Noviy Arbat》ロシア連邦の首都モスクワの大通りの一つ。1930年代の都市開発に伴って建設が計画されたが、第二次大戦により中断。戦後に完成し、この通りを含む市街中心部のクレムリンからモスクワ川まではカリーニン大通りと呼ばれた。60年代に建てられた高層ビルが並ぶ。

ノーフォーク〘Norfolk〙㊀英国イングランド東部、北海に面する州。州都ノリッジ。農業が盛んで、輪栽式を取り入れたノーフォーク農法の発祥地として知られる。㊁米国バージニア州南東部の港湾都市。チェサピーク湾口に面し、海軍の重要基地。タバコ輸出で発展。人口、行政区23万(2008)。

ノーフォーク-ジャケット〘Norfolk jacket〙背と胸に箱ひだを入れ、肩にヨークをつけ、共布のベルトのついたスポーツ用上着。19世紀末に狩猟用として登場した。英国の州名にちなむ称。

ノーフォーク-とう【ノーフォーク島】トウ《Norfolk》南太平洋、ニュージーランドとニューカレドニアの間にある島。オーストラリア領だがどの州にも属さず立法評議会を有する。18世紀以来、英国の流刑地だった。ノーフォーク松を産する。人口2155人(2010)。

ノー-ブラ《和 no＋brassière(フランス)から》ブラジャーを着けていないこと。

ノー-ブランド〘no-brand〙商標をつけない商品。衣類・雑貨など、実質を重視した低価格の商品。

ノープリウス〘nauplius〙甲殻類の孵化ふかしたての幼生。十脚類では卵内で過ごす。体はまだ頭胸部と腹部に分化せず、触角と大あごができる。浮遊生活し、やがてゾエア幼生になる。ナウプリウス。

ノーブル〘noble〙〘形動〙気品のあるさま。高貴なさま。「一な風貌ふうぼう」

ノー-プレー《和 no＋play》野球で、試合停止時に行われたプレー。正規のプレーとは認められない。

ノーブレス-オブリージュ〘フランス noblesse oblige〙《「ノブレスオブリージュ」とも》身分の高い者はそれに応じて果たさねばならぬ社会的責任と義務があるという、欧米社会における基本的な道徳観。もとはフランスのことわざで「貴族たるもの、身分にふさわしい振る舞いをしなければならぬ」の意。

ノー-プロブレム〘no problem〙《問題なしの意》感謝に対して、「どういたしまして」、依頼・確認に対して、「大丈夫です」「OKです」などを表す言葉。

ノーペーパー-ソサエティー《和 no＋paper＋society》情報の保存をコンピューターの記憶装置に行わせ、記録保存のための紙が不要になった社会。〘補説〙英語ではpaperless society

ノーベリウム〘nobelium〙アクチノイドに属する超ウラン元素の一。キュリウム244に炭素13のイオンを衝撃させて得られた人工放射性元素。元素記号No 原子番号102。

ノー-ヘル「ノーヘルメット」の略。

ノーベル〘Alfred Bernhard Nobel〙[1833〜1896]スウェーデンの化学者・企業家。ニトログリセリンを研究し、ダイナマイト、次いで無煙火薬を発明。世界各地に爆薬工場を経営して財をなした。遺言により遺産がノーベル賞の基金となっている。➡ノーベル賞

ノーベル-しょう【ノーベル賞】ショウ ノーベルがスウェーデンアカデミーに寄付した遺産を基金とする世界的な賞。1901年以降行われ、毎年、物理学・化学・生理学および医学・文学・平和・経済学の6部門において、顕著な功績のあった人に授与される。経済学賞は69年にスウェーデン銀行がノーベルを記念して設立したもので、ノーベル基金から賞金が出ているものではないが、一般にノーベル賞として扱われている。➡表

ノー-ヘルメット《和 no＋helmet》オートバイなどに乗るとき、ヘルメットをかぶらないこと。ノーヘル。

ノーホー〘NoHo〙《North of Houston Street》米国ニューヨーク市マンハッタン南部の地域。前衛芸術・ファッションの生み出される所として有名。

ノーボスチ-つうしんしゃ【ノーボスチ通信社】《ロシア Agentstvo Pechati Novosti》旧ソビエト連邦の通信社。1961年モスクワで設立。91年にロシア通信と合併されてロシア政府の管轄となり、その後独立して「ロシア・ノーボスチ」となった。

ノー-マーク《和 no＋mark》❶特定の相手について特別な注意や警戒をしないこと。「テロの犯人に対し当局は一だった」❷スポーツで、守備側の選手が攻

撃側の選手を警戒していないこと。❸無印。

ノーマライゼーション〖normalization〗《正常化の意》高齢者や障害者などを施設に隔離せず、健常者と一緒に助け合いながら暮らしていくのが正常な社会のあり方であるとする考え方。また、それに基づく社会福祉政策。ノーマリゼーション。

ノーマリゼーション〖normalization〗▶ノーマライゼーション

ノーマル〖normal〗〘形動〙普通であるさま。標準的であるさま。正常なさま。「一な考え方」「一な性向」⇔アブノーマル。(類語)普通・一般・一般的・標準・標準的・平均的・平凡・並み・当たり前・在り来たり・尋常・通常・正常・正規・レギュラー・スタンダード

ノーマル-ヒル〖normal hill〗スキーのジャンプ競技の種目の一。ジャンプ台の大きさで分類され、着地の限界点(L点)までの距離(ヒルサイズ：HS)が85～109メートルの台を使用する。従来「70メートル級」と呼ばれていたものが改称された。➡ラージヒル

ノーマン〖Edgerton Herbert Norman〗［1909～1957］カナダの日本史研究家・外交官。宣教師の子として日本で生まれた。第二次大戦後、駐日カナダ代表部主席。エジプト大使在任中、マッカーシズムに抗議して自殺。著「日本における近代国家の成立」「忘れられた思想家―安藤昌益のこと―」など。

ノー-ミス《和 no＋miss》失敗がないこと。「一で演技を終える」

ノーム〖Nome〗米国アラスカ州西部の都市。20世紀初頭のゴールドラッシュ時にはアラスカ最大の人口を擁した。アンカレジをスタート地点とする世界最長の犬ぞりレース、アイディタロッドのゴール地点。

ノー-メーク《no makeupから》化粧をしないこと。「近所なので一で出かける」➡すっぴん

ノーメンクラトゥーラ〖ロシア nomenklatura〗《「ノーメンクラツーラ」とも》旧ソ連・東欧諸国における共産党・政府の特権的幹部。元来は「リスト、名簿」の意で、党などの上級機関によって承認される任命職のリストをいう。

ノー-モア〖no more〗他の語の前に付けて、…はもうたくさんだ、…は二度と繰り返さない、などの意を表す。標語などに用いる。「一ヒロシマ」

ノー-ラン〖no-run〗❶野球で、生還したランナーがいないこと。「ノーヒット一」❷伝線しにくいような編み方をしたストッキング。ノンラン。

ノーリッジ〖Norwich〗英国イングランド東部、ノーフォーク州の都市。同州の州都。ウェンサム川に沿う。中世から産業革命期まで毛織物業で栄えた。11世紀のノーリッジ大聖堂やノーリッジ城のほか、チューダー朝時代の建物が多く残る。ノーウィッチ。ノリッチ。

ノーリッジ-じょう【ノーリッジ城】《Norwich Castle》英国イングランド東部の都市ノーリッジにある城。11世紀にウィリアム征服王が建てた木造の城を、12世紀に石造の城に改築。現在は地域の歴史や自然に関する博物館と、19世紀初期のノーリッジ出身の画家たちの風景画などを所蔵する美術館になっている。ノーウィッチ城。ノリッチ城。

ノーリッジ-だいせいどう【ノーリッジ大聖堂】《Norwich Cathedral》英国イングランド東部の都市ノーリッジにある大聖堂。11世紀末から12世紀半ばにかけて建造、15世紀には高さ96メートルの尖塔(せんとう)が造られた。身廊の大きさは同国最大級のものとして知られる。ノーウィッチ大聖堂。ノリッチ大聖堂。

ノール〖Knol〗《「ノル」とも》インターネット上で利用できる百科事典。同様のサービスであるウィキペディアのように無料で閲覧できるが、記事の執筆者の実名が公開され、編集責任は執筆者が負うという点が大きく異なる。米国グーグル社が2007年より運営開始したが、2012年にサービス終了。

ノールカップ〖Nordkapp〗ノルウェー北部、マゲロイ島北端の岬。北緯71度10分21秒に位置する。バレンツ海を臨む高さ307メートルもの断崖になっている。ヨーロッパ最北部の地として、多くの観光客が訪れる。正確には同島の最北端は、約1.5キロ北に位置するクニブシェロデン岬。

ノールフィヨルド〖Nordfjord〗ノルウェー南西部にあるフィヨルド。全長113キロ、最大水深564メートル。ヨーロッパ最大級の氷河、ヨステダール氷河の支流、ブリクスダール氷河が流入する。湾奥には、オルデン、ストリーン、ブリクスダーレンなどの町がある。

ノーロードがた-ファンド【ノーロード型ファンド】《No-load Fund》証券会社などで購入する際に、販売手数料がかからない投資信託。ノーロード型投資信託。ノーロードファンド。

ノーロード-ファンド〖no-load fund〗▶ノーロード型ファンド

ノー-ワーク-ノー-ペイ〖no work, no pay〗働かなければ賃金は支払われない、とする原則。

の-がい【野飼い】牛馬などの放し飼い。放牧。(類語)放牧・放し飼い・遊牧

の-が・う【野飼ふ】〘動ハ四〙牛馬などを放し飼いにする。「みちのくの小淵の駒の一・ふにはあれこそまされなつくものかは」〈後撰・雑四〉

の-がく【野角】丸みのついた7寸(約21センチ)角以上の角材。

の-がけ【野掛(け)│野駆け】❶春秋ののどかな日に、野山に遊ぶこと。野遊び。野掛け遊び。❷野天で行う茶の湯。野点(のだて)。

のがけ-ぶるまい【野掛け振る舞ひ】野掛けで、用意した飲食物を皆に振る舞うこと。また、その飲食物。「一に木具こしらへ」〈浮・諸艶大鑑・五〉

の-かじ【野鍛冶】野外で行う鍛冶。

のが・す【逃す│×遁す】〘動サ五(四)〙❶にげさせる。にがす。「捕虜を一・す」❷つかみそこなう。失する。逸する。「機会を一・す」❸(動詞の連用形に付いて)…すればできたのに、…しないでしまう意、また、…しそこなう意を表す。「肝心な点を聞き一・す」「見一・してやる」(可能)のがせる
(類語)逃(に)がす・取り逃がす・逸する・失う・失する

の-かずき【×箆▽被】矢の鏃(やじり)と箆(の)との接する部分。「押し付けにちゃうど当たって、一砕けてをどり返れり」〈古活字本平治・中〉

の-かぜ【野風】野原を吹く風。

の-かた【野方】《「のがた」とも》❶野の仕事に関すること。❷高台の、作物に適さない土地。

のがみ【野上】岐阜県不破郡関ヶ原町の地名。もと中山道の宿駅。

の-がみ【野髪】手入れをしていない自然のままのたてがみ。「乗り入れもせぬ一の馬」〈浄・会稽山〉

のがみ-とよいちろう【野上豊一郎】［1883～1950］英文学者・能楽研究家。大分の生まれ。号、臼川(きゅうせん)。弥生子の夫。夏目漱石の門下。能の研究に新分野を開き、また、その海外紹介に努めた。著「能・研究と発見」「能の再生」など。

のがみ-やえこ【野上弥生子】［1885～1985］小説家。大分の生まれ。本名、ヤエ。豊一郎の妻。夏目漱石の門下。「海神丸」で文壇的地位を確立、広い社会的視野と文化的教養主義を統一した作風を築いた。文化勲章受章。作「真知子」「迷路」「秀吉と利休」など。

の-がも【野×鴨】野生のカモ。

のがも【野鴨】《原題、ノルウェー Vildanden》イプセンの戯曲。5幕。1884年作。写真師ヤルマル一家の平和な生活が、妻の過去が露見したことから崩壊していく過程を象徴的に描いた悲劇。

のがら-か・す【逃らかす】〘動サ四〙のがれさせる。逃げさせる。「なほ思ひの罪一・し給へ」〈宇津保・蔵開上〉

の-がりやす【野刈安】イネ科の多年草。山野に生え、高さ約1メートル。葉は線形で、基部でねじれて裏返しになる。秋、茎の頂に穂を円錐状につける。

のが・る【逃る│×遁る】〘動ラ下二〙「のがれる」の文語形。

のがれ【逃れ│×遁れ】逃れること。回避すること。「言い一」「税金一」

のがれ-ことば【逃れ言葉】言いのがれの言葉。逃げ口上。遁辞(とんじ)。「この御一こそ思ひ出づればゆゆしく」〈源・東屋〉

のが・れる【逃れる│×遁れる】〘動ラ下一〙図のが・る〘ラ下二〙❶危険や不快を避けて遠くに身を置く。「俗世を一・れる」「難を一・れる」❷自分にとって好ましくない状態になるのを回避する。「責任を一・れる」「罪を一・れる」➡逃げる(用法)
(類語)逃げる・免れる・避ける・よける・離れる

の-がわ【野川】野原を流れる小川。

のがわ-りゅう【野川流】地歌の流派の一。大坂の野川検校(けんぎょう)が、京都の柳川流から独立して元禄(1688～1704)ごろに創始。

の-がん【野×雁│×鴇】ツル目ノガン科の鳥。全長約1メートル。首は灰色、背は黒斑のある黄褐色、腹は白い。繁殖期の雄は、のどの両側にひげのような飾り羽がある。ユーラシア大陸に分布。

の-かんぞう【野×萱草】ユリ科の多年草。山野や川岸に生え、高さ約60センチ。葉は地下茎から2列に並んで出る。夏、黄赤色の6弁花を数個つける。花は下方から順に開き、1日でしおれる。(季 夏)

のき【軒│▽宇│×簷│×檐】❶屋根の下端で、建物の壁面より外に突出している部分。❷庇(ひさし)。

軒の玉水(たまみず)　軒先から落ちる雨垂れ。「たえだえに一おとづれてなぐさめがたき春のふる里」〈式子内親王集〉

軒を争・う　「軒を並べる」に同じ。「一・ひし人のすまひ」〈方丈記〉

軒を貸して母屋(おもや)を取られる　「庇(ひさし)を貸して母屋を取られる」に同じ。

軒を軋(きし)・る　「軒を並べる」に同じ。「東の丸、西の丸、一・り棟を並べ」〈仮・東海道名所記・一〉

軒を連・ねる　「軒を並べる」に同じ。

軒を並・べる　軒を接して多くの家がぎっしりと立ち並んでいる。軒を連ねる。「参道には土産物屋が一・べている」

のぎ【×芒】❶稲や麦などイネ科植物で、花の外側の穎(えい)の先端にある針状の突起。分類上重要。❷(「禾」とも書く)切り箔(はく)の一。金箔・銀箔を細く切ったもの。装飾経や絵巻の詞書(ことばがき)の下絵、装丁の装飾に用いる。

のぎ【×鯁】《「芒(のぎ)」と同語源》のどに刺さる小さい魚の骨。「喉(のみど)に一ありて、物え食はず」〈記・上〉

ノキア〖Nokia〗フィンランドの通信機器会社。1865年、製紙会社として設立。1970年代より電気通信分野を主要事業とし、80年代に携帯電話事業に進出。89年に日本法人ノキアジャパンを設立。携帯電話端末・通信設備の分野で世界有数のシェアをもつ。

のき-いた【軒板】軒の裏に張る板。

のき-からはふ【軒唐破風】軒先の一部に装飾用につけられた唐破風。主に玄関部分につける。

のき-がわら【軒瓦】❶軒先に用いる瓦。軒平瓦と軒丸瓦とがある。❷「軒平瓦(のきひらがわら)」に同じ。

の-ぎく【野菊】野生の菊。アブラギク・ノコンギク・ノジギク・ヨメナなど。(季 秋)「子狐の隠れ顔なる一かな／蕪村」

のき-ぐち【軒口】軒の先端。軒端(のきば)。

のき-げた【軒桁】軒の垂木(たるき)を支える水平材。

のき-さき【軒先】❶軒の突き出た先の部分。「一に洗濯物をつるす」❷家の前の軒に近い場所。「一を借りる」

のき-ざり【▽退き去り】人をその場に残して去ること。特に、夫婦の一方が相手を残して家を出ること。「一するも外聞が悪さに」〈伎・四谷怪談〉

のき-しお【▽退き潮】しりぞくのにぐあいのよい時期。

のき-した【軒下】軒の下のところ。屋根の下。「一の雨宿り」

のき-しのぶ【軒忍】ウラボシ科の常緑多年生のシダ。樹皮や岩の上、屋根などに生え、根茎は横にはう。葉は細長く、長さ10～30センチ、裏面に円形の胞子嚢(ほうしのう)が2列に並んでつく。八目蘭(やつめらん)。いつまでぐさ。まつふうらん。しのぶぐさ。(季 秋)

のき-じょう【▽退き状】離縁状。ふつう女の側から書くものをいう。「厭になってしまうたと言ふ、ひと通りの―を」〈伎・五大力〉

ノギス《ドイツ Noniusから》主尺のほかに、移動できる副尺をもつ精密測定具。ふつうは金属製。二つの爪の間に物を挟んだり物の内側にあてたりして厚さや直径などを測定する。最小0.05ミリまで測定可能。

のき-たけ【軒丈】軒の高さ。

のき-ぢょうちん【軒▽提▽灯】祭礼のときなどに軒につるす提灯。

の-ぎつね【野×狐】野にすむ狐。野生の狐。やこ。

のき-どい【軒×樋】軒先に取り付けた横樋。

のき-なみ【軒並(み)】❶家が軒を連ねて並び建っていること。家並み。「宿場町の古い―」❷並んでいる家の一軒一軒。家ごと。「刑事が―に聞いてまわる」❸(副詞的に用いて)どこもかしこも。どれもこれも。「不況で企業は―経営不振だ」
〔類語〕家並み・家並み・どこもかしこも

のき-ならび【軒並び】「のきなみ」に同じ。「―の羨み種になりぬ」〈一葉・にごりえ〉

のき-ば【軒端】軒のはし。軒口。

のき-ひらがわら【軒平瓦】軒先に用いる平瓦。唐草模様をつけたものは唐草瓦ともいう。

のき-べん【軒弁】《「軒先を借りる弁護士」の意。「ノキ弁」とも書く》既存の法律事務所の一部を借りて机と電話を置き、営業を始める新米弁護士。給料は出ないところが「いそ弁」と違う。➡宅弁 ➡携帯弁 〔補説〕札幌のある法律事務所が平成9年(1997)ころに始めたという。

のぎ-へん【ノ木偏｜×禾偏】漢字の偏の一。「稲」「秋」などの「禾」の称。

のき-まるがわら【軒丸瓦】軒先に用いる丸瓦。蓮花紋や巴紋をつけることが多い。瓦全体が鐙の形をしているので鐙瓦ともいい、巴紋のあるものを巴瓦という。

のぎ-まれすけ【乃木希典】[1849～1912]軍人。陸軍大将。長州藩出身。西南戦争・日清戦争に出征。日露戦争では第三軍司令官として旅順を攻略。のち、学習院院長。明治天皇の死に際し、妻とともに殉死。

のき-みせ【軒店】通りに面した家の軒下などに設けた店。

のぎ-め【×芒目｜×禾目】陶器などの表面に現れる、芒のような細長い斑文。「―天目」

のぎ-らん【×芒×蘭】ユリ科の多年草。草原に生え、高さ30～45センチ。葉は放射状に出て、広線形。夏、葉の間から花茎を伸ばし、頂に淡黄赤色の花を総状につける。きつねのお。

のき-わり【軒割(り)】金銭の寄付などを、戸数に応じて割り当てること。

の・く【▽退く】㊀〔動カ五(四)〕❶今までいた場所から離れる。今までの場所をあけて他へ移る。どく。「ちょっとそこを―・いてください」「借家を―・く」❷ある場所から離れている。へだたっている。「現場から少し―・いた所」❸地位・職務から離れる。引退する。「大学教授を―・く」❹組織や仲間から抜ける。脱退する。「組合から―・く」❺今までの関係を離れる。縁が切れる。「夫婦も―・けば他人」〔可能〕のける ㊁〔動カ下二〕「のける」の文語形。
〔類語〕退く・退く・ひく・下がる・去る

の-ぐそ【野×糞】〔名〕スル 野外で糞をすること。また、その糞。

ノクターン〘nocturne〙主としてピアノのための、夜の情緒を表す叙情的な楽曲。ショパンの作品がよく知られる。夜想曲。

のぐち-うじょう【野口雨情】[1882～1945]詩人。茨城の生まれ。本名、英吉。大正中期、全国に歌謡行脚し、民謡・童謡の普及に尽力。詩集「都会と田園」「沙上の夢」、童謡集「十五夜お月さん」、民謡集「波浮の港」など。

のぐち-かねすけ【野口兼資】[1879～1953]能楽師。シテ方宝生流。名古屋の生まれ。16世宝生九郎(知栄)の高弟。幽玄な芸風で、松本長と並ぶ名人といわれた。

のぐち-げら【野口啄=木=鳥】キツツキ科の鳥。全長約30センチ。全体に赤っぽい褐色で、雄は頭上が赤色。沖縄本島北部の森林にのみ生息し、数も少なく絶滅に瀕している。特別天然記念物。

のぐちごろう-だけ【野口五郎岳】富山県南東部、長野県大町市との県境にある山。標高2924メートル。飛騨山脈中央部の高峰の一。山頂南西部に氷食地形のカール(圏谷)がある。烏帽子岳(標高2628メートル)から槍ヶ岳に至る裏銀座縦走路中にあり、登山者が多い。中部山岳国立公園に属する。「五郎」は岩場を指す「ゴーロ」のなまったことば。

のぐち-したがう【野口遵】[1873～1944]実業家。石川の生まれ。東大卒。日窒コンツェルンの創立者。日本窒素肥料を設立し、カーバイド・合成アンモニアなどの製造で成功を収める。のち朝鮮にも進出し、一大コンツェルンを形成。

のぐち-じろう【野口二郎】[1920～2007]プロ野球選手。愛知の生まれ。昭和14年(1939)東京セネタースに入団。1年目から33勝をあげ、4年目には40勝を記録。延長28回を一人で投げ抜くなど「鉄腕」の異名をとった。

のぐち-ひでよ【野口英世】[1876～1928]細菌学者。福島の生まれ。幼名、清作。伝染病研究所に入り、北里柴三郎に師事。明治33年(1900)渡米し、蛇毒や梅毒スピロヘータを研究。ガーナのアクラで黄熱病研究中に感染して病没。

のぐち-ふじお【野口冨士男】[1911～1993]小説家。東京の生まれ。本姓、平井。昭和15年(1940)小説「風の系譜」を発表。その後、徳田秋声に傾倒し評伝「徳田秋声伝」で毎日芸術賞受賞。他に小説「なぎの葉考」「かくてありけり」など。芸術院会員。

のぐち-やたろう【野口弥太郎】[1899～1976]洋画家。東京の生まれ。二科会を経て独立美術協会会員。芸術院会員。川端画学校に学んだのち、渡仏してサロン-ドートンヌに出品。「那智の滝」で芸術選奨。他の作品に「セビラの行列」など。

のぐち-よねじろう【野口米次郎】[1875～1947]詩人。愛知の生まれ。米英に滞在中、英文詩集を刊行し、ヨネ=ノグチの名で知られる。帰国後、伝統芸術に心酔し、多くの評論を書いた。詩集「二重国籍者の詩」「林檎一つ落つ」など。

ノクトビジョン〘noctovision〙▶暗視装置

ノグリキ〘Nogliki〙ロシア連邦、サハリン(樺太)北部の町。オホーツク海に注ぐトゥイミ川河口部に位置する。サハリン鉄道の北の終着駅。少数民族ニブヒが居住し、彼らの生活や文化を紹介する郷土博物館がある。近年、石油・天然ガス開発計画サハリン2の拠点として発展している。

の-ぐるみ【野胡=桃】クルミ科の落葉高木。日当たりのよい山地に生え、高さ約10メートル。葉は長楕円形で羽状複葉。6、7月ごろ、黄色の花穂が集まって直立してつく。実は染料に用いる。のぶのき。

のげ【×芒｜野毛】「のぎ」の音変化。

の-げいとう【野鶏頭】ヒユ科の一年草。暖地の畑や道端にみられ、高さ約80センチ。葉は細く、先がとがる。夏、多数の淡紅色の小花を密に穂状につけ、下のほうから咲く。熱帯に広く分布。ふでげいとう。

のけ-えもん【▽仰け×衣紋】「抜き衣紋」に同じ。「羽織は…―にぞ着なしける」〈仮・竹斎・下〉

のけ-がね【▽除け▽銀】倒産などに備えて、財産の中から取りのけて隠しておく金銭。「―にて、年にも似合はぬ、扇屋の太夫を請け出して」〈浮・新永代蔵〉

のけ-かぶと【▽仰け×兜】かぶっている兜の緒が緩んで、後ろの方に傾くこと。「武士ども五、六騎―に戦ひなって」〈平家・九〉

のけ-くび【▽仰け▽領】「抜き衣紋」に同じ。「衣の背縫ひ、肩によせて着たる。また、―したる」〈枕・一〇九〉

のけ-ざま【▽仰け様】《「のけさま」とも》あおむけになる状態。多く「に」を伴って副詞的に用いる。「―に倒れる」

の-げし【野×芥子｜野罌=粟｜苦=菜】キク科の越年草。道端や荒地に生え、高さ約1メートル。茎は中空。葉はアザミのように裂けているが、とげはなく、基部は茎を抱く。茎や葉を切ると乳液が出る。春から夏、黄色い頭状花を開く。若葉は食用。けしあざみ。けしなぐさ。はるののげし。

のけ-ぞ・る【▽仰け反る】〔動ラ五(四)〕あおむけにそる。「胸元の速球に思わず―・る」
〔類語〕反り返る・反っくり返る・ふん反り返る

の-げた【野桁】天井その他の部材によって隠されていて、下からは見えない桁。

のけ-に【▽仰けに】〔副〕あおむけに。あおのけに。「後ろの水田へ―つき倒す」〈平家・九〉

のけ-もの【▽除け物】取りのけておく物。「其一枚は―数には入れまい」〈緑雨・門三味線〉

のけ-もの【▽除け者】仲間から遠ざけられた者。仲間はずれ。「みんなから―にされる」
〔類語〕仲間外れ・爪弾き・村八分

の・ける【▽退ける｜▽除ける】〔動カ下一〕図の・く〔カ下二〕❶そこから他の場所へ移したり、行かせたりする。しりぞける。「道に積もった雪を―・ける」「人を―・けて密談する」❷取りのぞく。除外する。「不良品を―・ける」❸取り分けて残す。別にする。「売約済の品を―・けておく」❹仲間からはずす。のけものにする。「グループから―・けられる」❺間に隔たりを置く。離す。「(横笛ノ)この穴を吹くときは、かならず(吹キロカラロヲ)―・く」〈徒然・二一九〉❻(補助動詞)動詞の連用形に接続助詞「て」を添えた形に付いて、やりにくいことをみごとに、また、思いきってやってしまう意を表す。「短期間で作業をやって―・ける」「言いたいことを相手構わず言って―・ける」➡除く〔用法〕
〔類語〕除く・どける・払う・排する・外す・除外・排除

のこ【×鋸】「のこぎり」の略。「糸―」

のご・う【▽拭ふ】〔動ハ四〕「ぬぐう」に同じ。「手巾は、半分はおもてを―・ひ」〈正法眼蔵・洗面〉

のこ-ぎり【×鋸】木材のほか金属・石などを切るのに用いる、薄い鋼板の縁に歯形を刻み柄をつけた工具。木材の繊維に沿って切るものを縦挽き鋸、横断して切るものを横挽き鋸といい、用途により畔挽き鋸・竹挽き鋸・糸鋸や、動力を用いる機械鋸などがある。

のこぎり-あきない【×鋸商ひ】《鋸が、押すと引くとの両方で切るところから》どっちに転んでも利益を得るような商売すること。駆け引きをたくみにして利益を得ること。また、その商人。「さす手引く手に油断なく、―にして」〈浮・永代蔵・四〉

のこぎり-がま【×鋸鎌】刃に鋸のような歯のついた鎌。麦刈りなどに用いる。

のこぎり-かみきり【×鋸天=牛】カミキリムシ科の昆虫。体は赤褐色または黒褐色で鈍い光沢があり、雄の触角は鋸状。夜行性で灯火に集まる。幼虫は杉・ヒノキなどの倒木に食い入る。

のこぎり-くず【×鋸×屑】鋸で材木などを切るときに出る屑。おがくず。のこくず。

のこぎり-ざめ【×鋸×鮫】ツノザメ目ノコギリザメ科の海水魚。全長約1.5メートル。吻は長く伸び、その両側に鋭いとげが並んで鋸状をし、中央部付近に一対のひげがある。体色は黄褐色で腹面は淡い。吻で魚を殺し、また海底を掘り起こして小動物を食べる。卵胎生。南日本に多く産し、高級かまぼこの原料。

のこぎり-そう【×鋸草】キク科の多年草。中部以北の山地の草原に生え、高さ60～90センチ。葉は鋸の歯のように切れ込んでいる。夏から秋、淡紅色か白色の小さな頭状花を多数密につける。はごろもそう。〔季 夏〕「国境に―などあはれなり/青邨」

のこぎり-ば【×鋸歯】鋸の歯。また、鋸の歯のようにぎざぎざになっているもの。きょし。

のこぎり-ばん【×鋸盤】鋸を動力で動かし、木材・石材・金属を切断する機械。

のこぎり-びき【×鋸引き｜×鋸×挽き】❶鋸で木などをひき切ること。❷罪人の首を鋸で切る極刑。戦国時代には実際に首を引き切ったが、江戸時代には形式化し、2日間晒しのうえ磔とした。主殺しなどの大罪人に科した。

のこぎり-やね【×鋸屋根】片流れの屋根が連続し、鋸の歯のような形をした屋根。工場など広い面積に均等に採光したい場合に用いる。

のこぎり-やま【鋸山】千葉県、房総半島南部の山。浦賀水道を望み、山頂が鋸の歯のような形を呈している。標高329メートル。

のこ-くず【×鋸×屑】ーくづ「のこぎりくず」の略。

のこ・す【残す|▽遺す】〔動サ五(四)〕❶あとにとどめておく。残るようにする。「放課後まで生徒を―・す」「メモを―・して帰る」❷もとのままにしておく。「昔の面影を―・す」「武蔵野の自然を―・す地区」❸全体のうちの一部などに手をつけないでおく。「食べきれずに―・す」「電車賃だけは―・す」❹消さないでそのままにしておく。「証拠を―・す」「誤解を―・す」❺後世に伝える。死後にとどめる。「偉大な足跡を―・す」「名を―・す」❻ためこむ。「小金こがねを―・す」❼相撲で、相手の攻めに対して踏みこらえる。「土俵際で―・す」(可能)のこせる (類語)(❶)留とどめる・残置する/(❷)保存する・温存する・存置する/(❸)余す・余る・浮かす

のこっ-た【残った】〔感〕《土俵ぎわまでまだ余地が残っている意》相撲で、行司が取り組んでいる力士に発する掛け声。「はっけよい、―、―」

のこった-のこった【残った残った】〔感〕▶残った

のこ-のこ〔副〕周囲の状況に頓着とんちゃくしないで姿を現したり出歩いたりするさま。「今さら―(と)出ていくわけにはいかない」(類語)のめのめ・おめおめ

のこのこ-さいさい〔副〕「のこのこ」を強めていう語。「若い女の許もとへ臆面もなく―やって来るは」〈魯庵・社会百面相〉

のこ-の-しま【能古島】福岡県西部、博多湾内中央にある台地状の島。福岡市西区に属する。面積約4平方キロメートル、周囲12キロメートル、最高点195メートル。夏、キャンプ場・海水浴場としてにぎわう。奈良時代、防人さきもりが置かれた。作家の檀だん一雄がこの島で晩年を過ごした。残島。

のこ-びき【×鋸×挽(き)】▶のこぎりびき

の-ごま【野駒】ヒタキ科ツグミ亜科の鳥。全長16センチぐらいで、全体に緑褐色。雄はのどが赤いので、日の丸・のど赤ともよばれる。北海道に夏鳥として渡来し、繁殖する。

のごみ-きょう【能古見峡】ーケフ 佐賀県南部、鹿島市山浦にある峡谷。経ヶ岳(標高1076メートル)付近に源を発する中川の支流、本条川の上流に位置する。長さ12キロ。多くの奇岩が突出する景勝地で、肥前ひぜん耶馬渓やばけいあるいは能古見耶馬渓と呼ばれる。

のごめ-へん【ノ米偏|×釆偏】漢字の偏の一。「釈」「釉ゆう」などの「釆」の称。

のこらず【残らず】〔副〕余すところなく。すべて。「知っていることを―話す」
(類語)すべて・何もかも・ことごとく・なべて・皆・悉皆しっかい・余す所なく・漏れなく・洗いざらい・くまなく・逐一ちくいち・すっかり・そっくり・一から十まで

のこり【残り】残ること。また、残ったもの。「―の仕事をかたづける」「金の―を数える」「生き―」「売れ―」(類語)余り・残余・残部・残物・剰余・余剰・余分・余裕・余計・端数・おこぼれ

残り物に福がある 人が取り残したものや最後に残ったものの中には、意外によいものがある。

のこり-おお・い【残り多い】ーおほい〔形〕図のこりおほ・し〔ク〕心残りが多い。残念である。なごり惜しい。「―・い別れ」(類語)残念・心残り・名残惜しい

のこり-おし・い【残り惜しい】ーをしい〔形〕図のこりを・し〔シク〕心残りがする。なごり惜しい。「このまま去るのも―・い気がする」

のこり-が【残り香】《「のこりか」とも》人が立ち去ったあとに残る、その人のにおい。「―が漂う」

のこり-がく【残り楽】雅楽の管弦の特殊な演奏様式の一。楽曲を反復演奏するうち、順次に諸楽器の演奏をやめ、最後に箏そうだけを残してその技巧を披露するもの。

のこり-かす【残り×滓】必要なものを取ったあとに残る価値のないもの。

のこり-ぎく【残り菊】襲かさねの色目の名。表は黄、裏は薄青または白。冬に用いる。

のこり-すくな【残り少な】〔形動〕図〔ナリ〕《「のこりずくな」とも》あとに残っているものが少ないさま。「時間が―になる」

のこり-すくな・い【残り少ない】〔形〕あとに残っているものが少ない。「―・い夏休み」

のこり-なく【残り無く】〔副〕あとに残っているものがないさま。残らず。すべて。「木の葉が―落ちる」

のこり-の-きく【残りの菊】陰暦9月9日の菊の節句を過ぎたあとまで咲き残っている菊。残り菊。残菊ざんぎく。「今宵しも隈くまなく照らす月影は―を見よとなるべし」〈栄花・殿上の花見〉

のこり-の-つき【残りの月】明け方、空に残っている月。残月ざんげつ。のこんの月。

のこり-の-とし【残りの年】老い先の短い年齢。余命。

のこり-び【残り火】燃えきらないで残っている火。消したつもりで、消えずに残った火。「再出火は―が原因との疑いがもたれる」

のこり-もの【残り物】あとに残っている物。

のこ・る【残る|▽遺る】〔動ラ五(四)〕❶あとにとどまる。「会社に―・って仕事をかたづける」❷取り去ったり使ったりしたあとに、なくならないである。「弁当が数人分―・る」「まだ時間は―・っている」❸消えないであり続ける。「傷が―・る」「最後の言葉が耳に―・る」❹死に後れる。生き残る。「夫に先立たれ、妻子があとに―・る」❺後世に伝わる。死後消えないである。「歴史に―・る快挙」❻相撲で、相手の攻めを踏みこらえる。「土俵際で―・る」➡余あまる(用法) (可能)のこれる (類語)居残る・とどまる・余る・残留・残存

残る隈くま無く すみからすみまで余す所なく。全部。「館内―点検する」

の-こんぎく【野紺菊】キク科の多年草。山野に生え、高さ30センチ～1メートル。葉は長楕円形で、両面に毛がある。秋に、中央は黄色で周辺は紫色の頭状花を多数つける。実には長毛がある。(季 秋)

のこん-の【残んの】〔連体〕《「のこりの」の音変化》まだ残っている。「―月」「遠山の花は―雪かと見えて」〈平家・一〇〉

のさ〔形動ナリ〕のんびりしているさま。また、間が抜けているさま。「おほやうにせんと心がくれば、見所少なくて、―になる相あり」〈花鏡〉

のさか-あきゆき【野坂昭如】[1930～]小説家。神奈川の生まれ。コント作家、CMソング作詞家を経て本格的執筆活動に入る。自らを「焼け跡闇市派」と呼び、戯作風の饒舌体じょうぜつたいで戦争の悲惨さや人間の内面を描く。「アメリカひじき」「火垂ほたるの墓」で直木賞受賞。他に「エロ事師たち」「同心円」など。

のさか-さんぞう【野坂参三】ーサンザウ[1892～1993]社会運動家・政治家。山口の生まれ。慶大卒。衆議院議員、参議院議員、共産党中央委員会議長。大正11年(1922)日本共産党創立時に入党。昭和6年(1931)第三インターナショナルへ派遣され、ソ連・中国などで活動。第二次大戦後に帰国し、党中央委員会議長を経て名誉議長となるが、平成4年(1992)党を除名された。

のさか-さんち【野坂山地】福井県南部・滋賀県北部にまたがる山地。山地の地溝部分は、かつて京都から若狭わかさに抜けて日本海側に出る重要な交通路だった。名の由来は、敦賀つるが市にある山地最高峰の野坂岳(標高914メートル)による。愛発あらち山地。湖北こほく山地。

の-さき【▽荷▽前|▽荷▽向】平安時代、諸国から貢ぎ物として奉られた初物。これを伊勢神宮をはじめ諸陵墓に奉った。にさき。

の-ざき【野咲き】花が野原で咲くこと。また、その花。

のざき【野崎】大阪府大東市の地名。

のざき-かんのん【野崎観音】ークワンオン 野崎にある曹洞宗慈眼寺の通称。また、その本尊である十一面観音の通称。

のさき-の-つかい【▽荷▽前の使】ーつかひ 荷前を奉る行事のために朝廷から派遣された勅使。

のざき-まいり【野崎参り】ーまゐり 野崎観音に参拝すること。浄瑠璃「新版歌祭文」で有名になり、春秋2回行われた無縁経の法会に、屋形船で参拝に来る人と陸路を来る人とがののしり合う奇習があった。

ノサック〖Hans Erich Nossack〗[1901～1977]ドイツの小説家。シュールレアリスム的な幻想世界を描く。作「おそくとも11月には」「弟」「死神とのインタビュー」「幸福な人間」など。

のさっぷ-みさき【納沙布岬】北海道東部、根室半島先端の岬。北海道の最東端にある。のしゃっぷみさき。野寒布のしゃっぷ岬とは別。(補説)アイヌ語「ノッ・サム」(岬のほとり)という集落の名から。

のさ-のさ〔副〕❶ゆっくりと歩くさま。のそのそ。「傍らの叢くさむらから、―と出たのは蟇ひきがえる」〈鏡花・高野聖〉❷のんびりしているさま。「いとしづかに馬を飼うて―としてぞ居たりける」〈太平記・三六〉❸横柄に振る舞うさま。遠慮のないさま。「あいつめが初心ななりで、―と乗り上がって」〈虎明狂・禰宜山伏〉

のさばり-かえ・る【のさばり返る】ーかへる〔動ラ五(四)〕「のさばる」を強めていう語。「権勢を笠に着て―・る」

のさ・ばる〔動ラ五(四)〕❶ほしいままに伸び広がる。「雑草が―・る」❷わがもの顔で振る舞う。勢力を振るう。「新参者が―・る」(可能)のさばれる
(類語)はびこる・蔓延まんえん・横行・跳梁ちょうりょう・跋扈ばっこ

のさ-もの【のさ者】のんき者。また、横着者。怠け者。「源三といふ―を遣つかはしたれば」〈義経記・四〉

の-ざらし【野×晒し】❶野外で風雨にさらされること。また、そのもの。❷風雨にさらされて白骨化した人間の骨。特に、その頭骨。されこうべ。

のざらしきこう【野ざらし紀行】のざらしキカウ 俳諧紀行。1巻。松尾芭蕉作。貞享2～4年(1685～87)成立。貞享元年8月、江戸を出立して郷里伊賀から大和・美濃などを訪れ、翌年京都・尾張・甲斐などを経て4月江戸に帰るまでの紀行。甲子吟行かっしぎんこう。

のざわ-おんせん【野沢温泉】のざはヲンセン 長野県北東部、野沢温泉村にある温泉。泉質は硫黄泉。

のざわ-な【野沢菜】のざは カブの一品種。葉はへら形で長さ50～80センチ。葉・根とも漬物にする。野沢温泉を中心に信越地方で栽培される。(季 冬)

のざわ-ぼんちょう【野沢凡兆】のざはボンテウ[?～1714]江戸中期の俳人。金沢の人。姓は宮城・宮部などの諸説がある。名は允昌か。京都で医師を業とした。芭蕉晩年の門人で、「猿蓑」編者の一人。

のし《「のじ」とも》シオン(紫苑)の別名。

のし【▽伸し】❶布地などのしわをのばすこと。「―をかける」❷「伸し泳ぎ」の略。

のし【熨=斗|×熨】❶方形の色紙を細長く六角形にひだをつけて折りたたみ、中に熨斗鮑のしあわびの細片を包んだもの。祝儀などの進物に添える。熨斗鮑の代わりに昆布こんぶや紙を用いたりする。近年はふつう熨斗紙が用いられる。❷「火熨斗」の略。❸「熨斗鮑」の略。❹紋所の名。熨斗鮑の形を図案化したもの。
(類語)熨斗紙・熨斗鮑・水引

熨斗を付・ける 人に物を差し上げるときなどに、喜んでする。転じて、厄介払いなどを喜んでする。「―・けてお返しする」

の-じ【野地】ーヂ ❶屋根を葺ふく材をのせる下地の板や貫ぬき。❷「野地板」に同じ。

の-じ【野路】ーぢ 野中の道。のみち。「―に沿える小川」〈木下尚江・良人の自白〉

のし-あが・る【▽伸し上(が)る】〔動ラ五(四)〕❶他をおさえて地位などが急に上がる。「一躍スターダムに―・る」❷横柄な態度で上へあがる。「布団に―・り、やあ誰ぞ寝たやら暖かな」〈浄・万年草〉❸つけあがる。「―・った面つら見れば」〈浄・淀鯉〉

のし-あ・げる【▽伸し上げる】〔動ガ下一〕図のしあ・ぐ〔ガ下二〕❶高い地位などにのぼらせる。「身代を―・げる」❷のびあがらせる。「恵比寿様の冠みたいな頭を―・げて」〈中勘助・銀の匙〉

のし-ある・く【▽伸し歩く】〔動カ五(四)〕威張ったようすで歩く。「親分風を吹かせて―・く」

のし-あわび【熨=斗×鮑】のしあわび 鮑の肉を薄くはぎ、長く伸ばして干したもの。古くは儀式用の肴さかなに用い、のち祝儀の贈り物に添える風習になった。のし。

のし-いか【▽伸し烏=賊｜熨=斗烏=賊】するめを薄く押し伸ばしたもの。味付けしたものもある。もとは、みりんに浸してから木槌で打ち伸ばした。

のし-いた【熨=斗板】全面が一様に平坦へいたんな板張り。床・羽目など。羽重ね・下見などに対していう。

のじ-いた【野地板】のぢ 垂木たるきの上に野地として張る板。野地。

のし-いと【熨=斗糸】製糸の際、繭の糸口を見つけ出すためにとった糸を引き伸ばしたもの。紬糸つむぎいとなどの材料にする。

のし-うめ【熨=斗梅｜×熨梅】菓子の一。熟した梅の実をすりつぶし、寒天・砂糖を加えてゼリー状に固め、竹の皮に挟んだもの。山形・水戸などの名産。

のし-およぎ【▽伸し泳ぎ】日本泳法の一。水府流の基本泳法で、横泳ぎのこと。伸し。

のし-かか・る【▽伸し掛(か)る】〔動ラ五(四)〕❶からだを伸ばして相手の上におおいかぶさる。「―・って押さえこむ」❷頭ごなしに押さえつけようとする。かさにかかる。「―・るような疳癪声を出して」〈秋声・あらくれ〉❸責任・負担などが身の上におおいかぶさる。「借金の重圧が肩に―・る」

のし-がみ【熨=斗紙】熨斗・水引みずひきを印刷した紙。贈答品の上にかけたり包んだりするのに用いる。

のし-がわら【熨=斗瓦】のしがわら 屋根の棟で、雁振がんぶり瓦の下に積まれる平瓦。

のじ-ぎく【野路菊】のぢ キク科の多年草。近畿地方以西の海岸付近に自生。高さ60～90センチ。葉は三～五つに裂けていて、裏面に灰白色の毛がある。秋、周辺が白色で中央が黄色の頭状花を開く。園芸品種の小菊の原種といわれる。

のし-き・る【▽伸し切る】〔動ラ四〕存分に振る舞う。また、威張る。「町内に―・って、何処へも掴む二枚糸強がってなりませぬ」〈緑雨・門三味線〉

の-じこ【野路子｜野×鵐】のぢこ ホオジロ科の鳥。全長14センチくらい。背は褐色、腹は緑黄色。日本特産で、草原や低木林でみられ、冬は暖地へ移動する。(季 夏)

のし-こんぶ【熨=斗昆布】祝儀に用いる、熨斗鮑のしあわびの代用にする昆布。

のし-ざかな【熨=斗×肴】祝儀に用いる熨斗鮑のしあわび。

のし-じ【熨=斗地】ぢ 平らで縮みのない絹布。

の-じし【野×猪】イノシシの別名。

の-じしゃ【野萵=苣】▶のぢしゃ

のし-ちぢみ【熨=斗縮】地の薄い縮織り。

のし-つけ【熨=斗付け】金銀を薄く延ばした板を刀剣の鞘さやにはりつけること。また、その形のもの。

のし-つつみ【熨=斗包み】熨斗鮑のしあわびを包む折り紙。

のし-のし〔副〕からだの重いものがゆっくりと歩くさま。のっしのっし。「―(と)巨体を運ぶ」

のじ-の-たまがわ【野路の玉川】のぢのたまがは 六むつの玉川の一。滋賀県草津市野路町にあった小川。萩の名所。〔歌枕〕「明日もこむ―萩こえて色なる波に月やどりけり」〈千載・秋上〉

のし-ひとえ【▽伸し▽単▽衣】のしひとへ 糊のりをつけ、火熨斗ひのしをかけて張った練り絹の薄い単衣。「―も同じく透きたれど」〈能因本枕・三二〇〉

のし-ぶき【▽伸し×葺き】❶檜皮ひわだ葺きの一。檜ひのの生皮を、葺き足を小さくして葺いたもの。❷薄板を釘くぎで打ちつけて葺くこと。また、その屋根。

のし-ぶくろ【熨=斗袋】熨斗と水引みずひきをつけるか、またはそれを印刷した紙袋。祝儀などに用いる。

のじま-が-さき【野島が崎】兵庫県淡路市北部にある岬。〔歌枕〕「近江路の―の浜風に妹いもが結びし紐ひもふきかへす」〈玉葉集・旅〉

のじま-ざき【野島崎】千葉県、房総半島南端の岬。明治2年(1869)設置の洋式灯台がある。

のじま-やすぞう【野島康三】のじまやすざう［1889～1964］写真家。埼玉の生まれ。昭和7年(1932)木村伊兵衛らと写真雑誌「光画」を創刊。新興写真運動を展開し、優れたヌード・肖像作品を残した。

のし-め【熨=斗目】❶練貫ねりぬきの平織り地。また、これで仕立てた腰替わりの小袖。腰のあたりに多くは筋や格子を織り出したもので、江戸時代、武士が礼装の大紋や麻裃あさがみしもの下に着用した。現在は宮参り・七五三の男児の祝い着に用いられている。❷能および狂言の装束の一。水衣みずごろもや素襖すおうの下に着付けとして用い、身分の高くない男役が着る。藍・白・茶などの横段のある段熨斗目、紺無地の無地熨斗目、全体が格子縞の縞熨斗目の3種がある。

の-じめ【野締め】❶野外で、捕らえた鳥などをその場で殺すこと。❷川や海で捕った魚を、鮮度を保つためにその場ですぐ殺すこと。➡活いけ締め

のし-もち【▽伸し餅】ついた餅を、厚さ1.5センチほどに平たく伸ばしたもの。切り餅にする。(季 冬)

のしゃっぷ-みさき【野寒布岬】北海道北端部にある岬。東にある宗谷岬とともに宗谷海峡に面する。海岸段丘が発達し、先端に灯台がある。のさっぷみさき。納沙布のさっぷ岬とは別。〔補説〕地名の由来はアイヌ語「ノシャップ」(下あご)、「ノッサム」(岬のほとり)からなどの説がある。

の-じゅく【野宿】〔名〕スル 野外で寝泊まりすること。露宿。「山中で―する」〔類語〕露宿・野営・キャンプ

の-しゅっとう【野出頭】《主君が野に出かけるときにまでつき従うところから》いつも主君のそば近くにいる出頭人をあざけっていう語。「お側去らずの―、今日も鷹野のお供にて」〈浄・宵庚申〉

の-しゅんぎく【野春菊】ミヤコワスレの別名。

のじり-こ【野尻湖】長野県北部、信濃町にある湖。斑尾まだらおやま山による堰せき止め湖。面積4.4平方キロ。湖畔に外国人別荘村がある。昭和37年(1962)以来の発掘でナウマンゾウなどの化石が多数出土した。

のしろ【能代】秋田県北西部、米代川よねしろがわ河口にある市。秋田杉の集散地として発展した。製材・木工業が盛ん。平成18年(2006)3月、二ツ井町と合併。人口5.9万(2010)。

の-しろ【×篦代】矢竹の中に差し込まれる鏃やじりの中子なかごの部分。

の-じろ【野白】密集していた人が、地面が見えるほどにまばらになること。「―になったる敵兵共追っ詰め」〈浄・先代萩〉

のしろ-し【能代市】▶能代

のしろ-しゅんけい【▽能代春慶】能代市から産する淡黄色の春慶塗。江戸前期に始まる。能代塗。秋田春慶。

のしろ-ぬり【▽能代塗】「能代春慶」に同じ。

のしろ-へいや【能代平野】秋田県北部、米代よねしろ川下流に広がる平野。東部は台地、中央部は沖積低地、西部は能代砂丘が広がる。日本海に注ぐ河口には能代市がある。

の-じん【野陣】ぢん 野に設けた陣営。野営。露営。

の・す【▽伸す】〔動サ五(四)〕❶㋐伸びる。伸びひろがる。「枝葉が四方へ―・す」㋑他をおさえて地位などがあがる。勢力などが発展する。「急速に―・してきた企業」㋒さらに遠くまで行く。足を伸ばす。「新潟へ行ったついでに佐渡まで―・す」㋓釣りで、掛かった魚が釣り糸を強く引き込む。「大物に―・される」❷㋐曲がったところを伸ばしてまっすぐにする。「腰を―・す」㋑たたんであるものを広げる。「小ぶりな蠅が…日向へおりて羽を―・したり」〈里見弴・今年竹〉㋒均等に力を加えて、物を伸ばし広げる。「餅を―・す」「麺棒めんぼうで―・す」㋓(「熨す」とも書く)アイロン・こてなどで熱を加えてしわなどを伸ばし、平らにする。「しわを―・す」㋔勢い・力を伸ばす。発展させる。「勢力を―・す」㋕なぐり倒す。うちのめす。のばす。「生意気だから―・してしまえ」〔可能〕のせる

の・す【乗す｜載す】〔動サ下二〕「のせる」の文語形。

のす〔接尾〕接尾語「なす」の上代東国方言。…ように。「利根川の川瀬も知らず直ただ渡り波に逢ふ―逢へる君かも」〈万・三四一三〉〔補説〕「なす」に比べると、動詞に付く例が多く、連用修飾語として用いられる。

の-ずえ【野末】のずゑ 野のはずれ。野のはて。

の-すじ【野筋】のすぢ ❶野の道筋を模して庭に設けた道。❷几帳きちょうや壁代かべしろの幅のごとに中央に垂らす、装飾を兼ねたひも。

ノスタルジア〖nostalgia〗異郷にいて、故郷を懐かしむ気持ち。また、過ぎ去った時代を懐かしむ気持ち。郷愁。ノスタルジー。「―をおぼえる」
〔類語〕郷愁・望郷・ホームシック・懐旧・懐古

ノスタルジー〖フランス nostalgie〗▶ノスタルジア

ノスタルジック〖nostalgic〗〔形動〕郷愁を感じるさま。また、感じさせるさま。「―な町並み」

ノストラダムス〖Nostradamus〗［1503～1566］フランスの医師・占星術師。1555年に著した占星術に基づく長大な予言詩「諸世紀」により名声を博した。

の-ずもう【野相=撲】のずまふ 「草相撲」に同じ。

の-すり【×鵟】タカ科の鳥。全長52センチくらい。上面は褐色でトビに似るが、尾羽は広げると扇形で切れ込みがない。ネズミ・カエル・小鳥などを捕食。日本では留鳥。山地で繁殖し、秋・冬には低地でみられる。くそとび。

ノズル〖nozzle〗流体を高速で噴出させるため、先端を細くした筒状の装置。蒸気タービン・燃料噴射器・ペルトン水車やホースの口などに使用。

のせ-か・ける【乗せ掛ける｜載せ掛ける】〔動カ下一〕図のせか・く〔カ下二〕❶のせはじめる。のせようとする。「体重を―・けて途中でやめる」❷計略にのせるようにする。また、おだてる。「軽薄ぬらくら、口に鰻の油とろりと―・くれば」〈浄・宵庚申〉

のせ-ごと【乗せ事｜載せ事】人をだまして計略にかけること。「かれは―よ、これはそだてなるよ」〈色道大鏡・五〉

のせ-みょうけん【能勢妙見】のせめうけん 大阪府豊能とよの郡能勢町妙見山山頂にある仏堂。長元年間(1028～1037)能勢頼国の開創と伝え、慶長10年(1605)能勢頼次が久遠寺21世日乾を請じて日蓮宗に改宗。能勢妙見堂。

のせ-もの【載せ物】寄席で、通例の番組のほかに、臨時に出し物を加えること。また、その出し物。

の-ぜり【野×芹】❶野生のセリ。❷ノダケの別名。

の・せる【乗せる｜載せる】〔動サ下一〕図の・す〔サ下二〕❶物の上に置く。「荷物を網棚に―・せる」「子供をひざに―・せてあやす」❷乗り物の上、または中に人や物を置く。「客を―・せたタクシー」「トラックに引っ越し荷物を―・せる」❸音や調子に合わせる。「ピアノの調べに―・せて歌う」❹物事が順調にいくようにする。勢いにまかせて進める。「計画を軌道に―・せる」❺仲間として加える。参画する。「その仕事に一口―・せて下さい」❻思惑どおりに相手を動かす。計略にかける。だます。「口車に―・せる」「まんまと―・せられる」❼物事を、ある手段や経路によって運ぶ。「ニュースを電波に―・せる」「午後の便に―・せる」「販売ルートに―・せる」❽(載せる)新聞・雑誌などの刊行物に掲載する。また、帳簿などに記載する。「広告を―・せる」「名簿に―・せる」
〔…句〕口に乗せる・口車に乗せる・俎上そじょうに載せる・手車に乗せる・俎そに載せる

のぞか・す【×覗かす｜×覘かす】㊀〔動サ五(四)〕「のぞかせる」に同じ。「白い歯を―・して笑う」㊁〔動サ下二〕「のぞかせる」の文語形。

のぞか・せる【×覗かせる｜×覘かせる】〔動サ下一〕図のぞか・す〔サ下二〕❶物の一部分が外から見えるようにする。ちょっと現し出す。「袖口からシャツを―・せる」「月が顔を―・せる」❷相撲で、相手の脇に浅く差す。「右を―・せる」

のぞき【×覗き｜×覘き】❶のぞくこと。また、のぞく人。❷「覗き絡繰り」の略。

のぞき-あな【×覗き穴】のぞいて見るための穴。

のぞき-いろ【×覗き色】《藍瓶あいがめにちょっと浸けた意》染物の用語で、きわめて淡い藍色。瓶覗かめのぞき。

のぞき-がき【×覗き垣】葭よしまたは萩はぎを用いて編

み、中央の部分にすかしを設けた垣。

のぞき-からくり【×覗き絡繰り┊×覗き機＝関】大きな箱の中に数枚の絵を入れておき、この絵を順次にひもによって転換させ、箱の前方の眼鏡からのぞかせる装置。覗き眼鏡。からくりのぞき。

のぞき-こ・む【×覗き込む】〔動マ五(四)〕顔を近づけたり首をつき出したりして、中をのぞく。「滝壺たきつぼを—・む」(類語)のぞく・垣間見る・のぞき見・透き見

のぞき-しゅみ【×覗き趣味】他人の私生活や秘密などをひそかにのぞくのを楽しみとすること。

のぞき-だか【除き高】江戸時代、村高のうちで年貢・諸役の一部または全部の負担を免除された高。寺社境内などが対象となった。

のぞき-づり【×覗き釣(り)】箱眼鏡はこめがねで水中をのぞきながら、釣り竿で魚を引っ掛けて釣る漁法。

のぞき-まど【×覗き窓】外部あるいは内部の様子をのぞいて見るために設けた小窓。物見窓。

のぞき-み【×覗き見】〔名〕スル こっそりとのぞいて見ること。「戸のすき間から—する」

のぞき-めがね【×覗き眼-鏡】❶「覗き絡繰からくり」に同じ。❷「箱眼鏡はこめがね」に同じ。

のぞ・く【除く】〔動カ五(四)〕❶取ってなくする。取りのける。除去する。「障害を—・く」「不良品を—・く」「花壇の雑草を—・く」❷その範囲に加えないようにする。除外する。「未経験者は—・く」「母を—・いてみんな賛成した」❸邪魔者などを殺す。「奸臣かんしんを—・く」(可能)のぞける

(用法)のぞく・のける——「障害物を除く(のける)」のように、じゃまな物を取りのける意では相通じて用いられる。◆「除く」はその場からなくすという意に重点がある。「不安を除く」「障害を除く」など、抽象的な事柄については「のける」は使わない。◆「のける」はその場所から他の位置に移すこと。「ちょっと、そこにある椅子いすをのけてください」を「除いて」とは言わない。◆類似の語に「どける」がある。「どける」は「のける」とほぼ同じだが、「のける」のほうが古くからの言い方で、話し言葉としては「どける」が一般化している。ただし「ずばりと言ってのける」「見事にやってのける」のような補助動詞としては「どける」は使わない。

(類語)のける・どける・払う・省く・外す・除去・除外

のぞ・く【×覗く┊×覘く┊×窺く┊▽臨く】〔動カ五(四)〕❶物陰やすきま、小さな穴などから見る。「鍵穴から—・く」「部屋を—・く」❷装置を用いて物体を見る。「望遠鏡を—・く」❸高い所から低い所を見る。「谷底を—・く」❹ひそかにようすをうかがう。また、隠しごとや秘密にしている物などをこっそりと見る。「私生活を—・く」「娘の日記を—・く」❺ちょっと見る。また、本格的でなくほんの一部分だけを知る。「大人の世界を—・く」「経済学を—・いたことがある」❻ちょっと立ち寄る。ついでに訪れる。「古本屋を—・く」❼一部分が現れ出る。一部が外から見える。「葉の間から青空が—・く」「襟元からスカーフが—・いている」❽臨む。目の前にする。「水に—・きたる廊に造りおろしたる橋の」〈源・椎本〉(可能)のぞける

(類語)うかがう・のぞき込む・垣間見る・盗み見る

のぞ・ける【×覗ける】〔動カ下一〕❶一部分が他から見られる。一部分が現れる。「太い首から—・けるあたりが真白に脂ぎっている」〈康成・雪国〉❷一部分を外に出す。「横着にも—・けた顔を引っ込めもしずにいた」〈里見弴・多情仏心〉

のぞこ・る【除こる】〔動ラ四〕除かれて消え失せる。のぞかれる。「障さはり—・り罪消えて、人天浄土にんてんじょうどに生まれ」〈沙石集・二〉

の-そだち【野育ち】行儀や作法などのしつけをされずに、放任されて育つこと。また、そのような人。

(類語)野生・粗野・土くさい・泥くさい・野暮

のそ-のそ〔副〕スル ゆっくりと歩くさま。また、動作が鈍くてきびきびしていないさま。「—(と)現れる」「—(と)してないで早く仕事にかかれ」

のぞまし・い【望ましい】〔形〕文のぞま・し〔シク〕《動詞「のぞ(望)む」の形容詞化》そうあってほしい。願わしい。「全員参加が—・い」(派生)のぞましさ〔名〕

(類語)好ましい・願わしい・申し分ない・絶好・最適

のぞみ ㊀東海道・山陽新幹線で運行されている列車の愛称。平成4年(1992)に東海道新幹線で、翌年に山陽新幹線でも運行を開始。多くは東京・博多間を結び、「ひかり」「こだま」などより停車駅を減らして所要時間を短縮している。㊁平成10年(1998)7月に打ち上げられた日本初の火星探査機PLANET-Bプラネットの愛称。宇宙科学研究所(現JAXAジャクサ、宇宙航空研究開発機構)が開発。火星上層の大気や磁気圏の調査を目的として、計14種類の観測機器を搭載。電源系統の不具合が生じ、同15年7月に通信が途絶。同年12月、火星周回軌道の投入を断念した。

のぞみ【望み】❶そうなればよい、そうしたいと思うこと。願い。希望。「—が大きい」「長年の—がかなう」❷望ましい結果を得る可能性。よいほうに進みそうな見込み。「助かる—はない」「一縷いちるの—がある」❸人望。名望。「江湖の—を一身に集める」❹ながめ。眺望。「青波に—は絶えぬ」〈万・一五二〇〉(類語)(❶)願い・希望・夢・期待・ホープ/(❷)見込み・脈・当て

望みを託たくす 希望をかける。「彼の度胸のよさに—・す」

のぞみ-うす【望み薄】〔名・形動〕そうなる見込みのほとんどないこと。また、そのさま。「本会期中の成立は—だ」「—な目標額」(類語)難しい・絶望的

のぞみ-しだい【望み次第】望みにまかせること。望みのまま。「何でも君の—だ」

のぞみ-どおり【望み通り】どほり そうしたい、そうありたいと願うとおり。「—に就職できた」

のぞ・む【望む】〔動マ五(四)〕《「臨む」と同語源》❶はるかに隔てて見る。遠くを眺めやる。「富士を—・む展望台」❷㋐物事がこうであればいい、自分としてはこうしたい、こうなりたい、また、なんとか得られないものかなどと、心に思う。「栄達を—・む」「名声など—・まない」「誰でも幸福を—・んでいる」㋑特定の相手に対して、こうあってほしい、こうしてもらいたいと思う。注文する。「自重を—・む」「一層の努力が—・まれる」❸自分の所に来てくれるように働きかける。欲しがる。「後妻にと—・まれる」❹したう。仰ぐ。「徳を—・む」(可能)のぞめる

(類語)(❶)見やる・眺める・眺めやる/(❷)求める・願う・こいねがう・欲する・念ずる・思う・請う・頼む・希望する・希求する・庶幾する・切望する

のぞ・む【臨む】〔動マ五(四)〕《「望む」と同語源》❶風景・場所などを目の前にする。向かい対する。面する。「海に—・んだ部屋」❷ある事態が起こるようなところに身を置く。そういう時に当たる。出あう。直面する。「危機に—・む」「死に—・む」「終わりに—・んで礼を述べる」❸その場所へ出かけていく。特に、公の、または晴れの場所などに、出席または参加する。「開会式に—・む」「試合に—・む」❹支配者が被支配者に対する。また、予想できる事態に対応した態度で人に対する。「強権の発動をもって—・む」「厳正な態度で—・む」(可能)のぞめる

(類語)向かう・迎える・際する・直面する・当面する

のぞむらく-は【望むらくは】〔連語〕《「恐らくは」などの類推から、動詞「望む」に接尾語「らく」と係助詞「は」の付いたもの》望むことは。願わくは。どうか…であってほしい。「—子らのすこやかに育たんことを」

のそり〔副〕動作が鈍くて遅いさま。のっそり。のそっと。「物陰から大きな犬が—と出てくる」

のぞり-こ【野反湖】群馬県西北部、三国山脈中にある人造湖。古くからあった自然湖の野反池を利用し、昭和31年(1956)発電用の野反ダムが完成しその貯水池となった。面積1.8平方キロメートル、湖面標高1514メートル。湖畔にはニッコウキスゲ・レンゲツツジの大群落がある。湖水は信濃川の支流中津川の水源。上信越高原国立公園に含まれる。

の-だ【野田】野の中にある田。

のだ【野田】千葉県北西部の市。利根川と江戸川に挟まれる台地にあり、江戸時代以来の醤油の産地。人口15.5万(2010)。

のだ【野田】ロシア連邦の町チェーホフの、日本領時代の名称。

の・だ〔連語〕《準体助詞「の」+断定の助動詞「だ」》❶理由や根拠を強調した断定の意を表す。「赤信号を無視して走るから事故を起こす—。だ」❷話し手の決意、または相手に対する要求・詰問の意を表す。「なんとしてもその夢を実現させる—。だ」❸事柄のようすやあり方を強調して説明する意を表す。「この谷は一年じゅう、雪が消えずに残っている—。だった」(補説)話し言葉では「んだ」の形をとることが多い。➡のです

の-だいこ【野太鼓┊野幇＝間】素人しろうとの太鼓持ち。転じて、芸がなく、座をとりもつだけの太鼓持ち。

の-だいこん【野大根】野生化している大根。のだいこ。

のたうち-まわ・る〔動ラ五(四)〕まはる 苦しみもがいてころげまわる。「激痛に—・る」

(類語)もがく・のたうつ・悶もだえる・身悶え・七転八倒

のた-う・つ〔動タ五(四)〕《「ぬたうつ」の音変化》苦しみもがく。苦痛でころげまわる。「不意の胃痛に—・つ」(類語)もがく・悶もだえる・のた打ち回る・身悶え

の-だか【野高】江戸時代、秣場まぐさば・葦あし・萱かやなどの生育する原野を検地し、村高に編入したもの。

のた-く・る〔動ラ五(四)〕❶からだをくねらせてはう。うねって動く。「みみずが—・る」❷文字などを乱暴に書く。「ノートの端にメモを—・る」

の-だけ【野竹┊土＝当＝帰】セリ科の多年草。山野に生え、高さ約1.5メートル。葉は羽状複葉で、基部は茎を抱く。秋、紫黒色の多数の小花を密につける。根を漢方で解熱・鎮痛・去痰きょたん薬に用いる。のぜり。

のだ-し【野田市】➤野田

のだ-せいぞう【野田誠三】のだ せいざう[1895～1978]実業家。兵庫の生まれ。京都帝大卒業後、阪神電鉄に入社。大正12年(1923)から甲子園球場の設計工事責任者となる。昭和26年(1951)には同社の社長となり、阪神タイガースのオーナーとしてプロ野球の発展に貢献した。

の-だち【野太-刀┊野▽剣】❶公家の兵仗ひょうじょうの太刀の総称。❷室町時代、武士が肩に背負い、または、郎従に持たせた長大な刀。

の-だち【野立ち】「野立て」に同じ。

の-だて【野立て】❶貴人が野外で駕籠かごなどを立ててしばらく休むこと。のだち。❷大演習などで野外に設けた天皇の休息所。御野立所。のだち。

の-だて【野▽点】野外で、茶をたてること。また、野外で催す茶会。野掛のがけ。

のだ-の-たまがわ【野田の玉川】のだのたまがは 六むつ玉川の一。宮城県多賀城市の川。千鳥の名所。千鳥の玉川。(歌枕)「夕されば潮風こして陸奥みちのくの—千鳥鳴くなり」〈新古今・冬〉

のたば-く【▽宣ばく】《「のたぶ」のク語法》「のたまわく」に同じ。「白ひげの上ゆ涙垂り嘆き—」〈万・四四〇八〉

のた・ぶ【▽宣ぶ】〔動バ四〕《動詞「の(宣)る」に「た(賜)ぶ」の付いた「のりたぶ」の音変化》「言う」の尊敬語。おっしゃる。「雨は降る去ねとは—・ぶ笠は無し」〈梁塵秘抄・二〉

のたま・う【▽宣ふ┊×曰ふ】のたまふ〔動ハ四〕《動詞「の(宣)る」に「たま(給)う」の付いた「のりたまう」の音変化で、本来は、上位が下位に告げ知らせるの意》❶「言う」の尊敬語。おっしゃる。「何くれと、いとあはれに多く—・ひて」〈かげろふ・中〉❷(尊者に対し、かしこまりあらたまった会話で自己側の動作として用いる)自分の部下や身内に言って聞かせる。申し聞かせます。「立ちぬる月にも、おもとの御こと(娘ニ)—・ひ語らはむとて」〈宇津保・俊蔭〉(補説)現代語では、尊敬語としてではなく、からかい半分のふざけた言い方として、「いかにも、もっともらしく言う」「大きな態度で言う」などの意に用いることがある。「そんなわかりきったことはのたまうな」「おそく帰宅して、食事はないかなどとのたまう」

(類語)言う・話す・しゃべる・語る・述べる・発言する・口を利く・口に出す・口にする・吐く・漏らす・口走る・抜かす・ほざく・うそぶく (尊敬)おっしゃる・仰せられる (謙譲)申し上げる・申す・言上ごんじょうする

のたまく【▽宣く】《「のたまわく」の音変化。論語の訓読「子、のたまわく」から。近世江戸語》❶言われること。おっしゃること。「すでに孔子一に」〈洒・新吾左出放題〉❷勝手なことを言うこと。ごたく。「貸した奴が一言ひや、横ぞっぽうはりのめすに」〈根無草・後〉❸酔っぱらい。「朝から御神酒で一騒ぐだ」〈伎・当秋八幡祭〉

のたまわ-く【▽宣はく┊×曰はく】のたま はく《動詞「のたまう」のク語法》おっしゃること。おっしゃるには。のたばく。「子(し)一」「高祖一」〈平家・三〉

のたまわ・す【▽宣はす┊×曰はす】のたま はす〔動サ下二〕《動詞「のたま(宣)う」＋尊敬の助動詞「す」から》「言う」の尊敬語。「のたまう」より敬意が強い。おおせられる。「(帝ハ)よろづの事を泣く泣く契り一・すれど」〈源・桐壺〉

の-ため【×篦×撓め】《「のだめ」とも》矢竹のそりをためなおすこと。また、そのための道具。「金磁頭(かなじとう)二つ一に取り添へて」〈太平記・一七〉

のため-がた【×篦×撓め形】《「のため」が斜めに溝を彫ったものであるところから》❶ななめ。すじかい。「河中より一におしなされて」〈平家・九〉❷こじれていること。ひねくれていること。「官にありて何事も一に有うかと思へば」〈山谷詩抄・四〉

のたも・う【▽宣ふ┊×曰ふ】のた まふ〔動ハ四〕►のたまう

のたり〔副〕ゆったりとしているさま。ゆっくりと動くさま。「刀豆(なたまめ)や一と下がる花まじり」〈太祇句選〉

のたり-のたり〔副〕ゆるやかにのんびり動くさま。「一と怠けた浪の音が」〈風葉・恋ざめ〉

のた・る ㊀〔動ラ五(四)〕這(は)う。這っていく。「堂社の縁の下、石材(いし)や材木と一所に一・っている宿なし同然な身の上だで」〈鏡花・日本橋〉㊁〔動ラ下二〕這う。また、倒れる。「そこらは構はず踏ん反って、一・れてござれ」〈浄・鑓の権三〉

の-だるき【野垂木】化粧垂木(けしょうだるき)の上にあって屋根を支えている垂木。下からは見えない。

のたれ-じに【野垂れ死に】〔名〕スル《「のたれ」は「のたる」の連用形から。「野垂れ」は当て字》道ばたなどに倒れて看護もされずそのまま死ぬこと。行き倒れ。また、それに似たみじめな死に方。「たとえ一しようと援助は受けない」(類語)行き倒れ・斃死(へいし)

のたれ-ば【▽湾刃】日本刀の刃文の一。波のうねるような曲線のもの。のたれ。

の-だろ◦う ーだ らう〔連語〕《準体助詞「の」＋断定の助動詞「だ」の未然形＋推量の助動詞「う」。話し言葉では「んだろう」とも》❶念を押したり、確かめたりする意を表す。「われわれも参加できる一◦う」「格別変わったことはない一◦う」❷(「から(ので)…のだろう」の形で)原因・理由となる事柄を推量する意を表す。「みんなに無視されたから怒っている一◦う」「人が大勢いるので恥ずかしい一◦う」

のち【後】❶その時のあと。その事のあと。「晴れ一曇り」「協議の一結論を出す」❷これから先。未来。将来。「一の時代を担う人」❸死後。なきあと。「一の世」❹子孫。後胤(こういん)。「元輔(もとすけ)が一といはるる君しもや今宵の歌に外れてはをる」〈枕・九九〉

(類語)後(あと)・後後(あとあと)・後後(のちのち)・後(ご)・事後・その後(ご)・以後・爾後(じご)・以降・今後・先・先先

後悔(くや)・し　あとになって悔まれるさま。「深き心も知らであだ心つきなば、一・しき事もあるべきを」〈竹取〉

のち-いり【後入り】►ごいり(後入り)

のちかがみ【後鑑】江戸後期の歴史書。本編347巻、付録20巻。成島良譲ら編。嘉永6年(1853)成立。江戸幕府の命により編集した室町幕府13代の編年体史書。将軍1代ごとに事績を記述し、その典拠を明示している。

のち-かた【後方】のちほど。後刻。「一に鮨(すし)でも誂えようか」〈一葉・たけくらべ〉

のち-がま【後窯】4代藤四郎以後の瀬戸焼の茶入れ。特に、桃山時代から江戸前期のものをさす。

のち-ぐすり【後薬】将来に薬となること。あとで身のためになること。また、そのようなもの。「女郎の一とて折ふしの送り小袖」〈浮・敗毒散・二〉

のち-ごと【後言】死に際の言葉。この世に言いのこす言葉。遺言。「余り強く投げられて、一もせず死ににけり」〈盛衰記・四二〉

のち-ざま【後様┊後▽方】のちの時。後年。後日。「大鼻の蔵人(くらうど)得業(とくごふ)といひけるを、一には、こと長しとて、鼻蔵人とぞいひける」〈宇治拾遺・一一〉

のち-ざん【後産】「あとざん」に同じ。

のち-じて【後仕手】《「のちして」とも。ふつう「後ジテ」と書く》能または狂言で、前後二場ある曲の中入り後に出るシテ。⇔前仕手。

の-ぢしゃ【野萵=苣】オミナエシ科の一年草または二年草。道端や土手などに群生し、高さ10〜35センチ。茎は二また状に枝分かれし、長楕円形の葉が対生し、初夏、淡青色の小花を密生する。ヨーロッパ原産の帰化植物。葉をサラダに用い、栽培もされる。

のち-ずみ【後炭】►ごずみ(後炭)

のち-せ【後世】のちの世。こうせい。「我が心、書いて一に留めたや」〈浄・今宮の心中〉

のち-せ【後瀬】❶次の瀬。下流の瀬。「鴨川の一静けく後も逢はむ妹には我は今ならずとも」〈万・二四三一〉❷後日の逢瀬。後会。「一を契りて出で給ふ」〈源・総角〉

のちせ-やま【後瀬山】福井県小浜市の小山。[歌枕]「一後も逢はむと思へこそ死ぬべきものを今日までも生けれ」〈万・七三九〉

のち-ぞい【後添い】ーぞ ひ 妻と死別または離別した男が、後につれそった妻。後妻(ごさい)。うわなり。のちづれ。のちぞえ。(類語)後妻・継妻

のち-ぞえ【後添え】ーぞ へ「のちぞい」に同じ。

のち-ぞなえ【後備え】ーぞ なへ「あとぞなえ」に同じ。

のち-づれ【後連れ】「後添(のちぞ)い」に同じ。

のち-の-あおい【後の×葵】ーあ ふひ 賀茂の祭の日に簾(すだれ)などにかけた葵を、祭りが過ぎた後日までそのまま残しておいたもの。「祭過ぎぬれば、一不用なりとて」〈徒然・一三八〉

のち-の-あした【後の▽朝】男女が会って一夜をともにした翌朝。きぬぎぬ。後朝(ごちょう)。のちのあさ。「一は残りおほかる心地なむする」〈能因本枕・一三九〉

のち-の-あやめ【後の菖=蒲】「六日の菖蒲(あやめ)」に同じ。

のち-の-おや【後の親】実の親の死後、親と頼む人。ままおや。「あはれのことや。この姉君や、真人(まうと)の一」〈源・帚木〉

のち-の-きく【後の菊】「十日の菊」に同じ。

のち-の-こと【後の事】❶行く末のこと。また、死後のこと。❷葬式や法要などの、死者をとむらう作法。のちのわざ。「命尽きぬと聞こし召すとも、一思し営むな」〈源・松風〉❸後産(あとざん)。のちのもの。「程なく生まれ給ひぬ。…一またいと心もとなし」〈源・葵〉

のち-のち【後後】❶それよりずっとあと。また、これから先。将来。「一まで語り継がれる」「一役立つだろう」❷死者の法事をする7日目ごとの日。「一の御業(わざ)など孝じ仕うまつり給ふさまも」〈源・賢木〉

(類語)あと・のち・後後(あとあと)・後(ご)・事後・その後(ご)・以後・爾後(じご)・以降・今後・先(さき)・先先

のち-の-ちゅうしょおう【後中書王】ーチユウ シヨワウ ►具平(ともひら)親王

のち-の-つき【後の月】❶次の月。翌月。来月。❷陰暦八月十五夜の月を初名月というのに対して、九月十三夜の名月。十三夜。(季 秋)「一入りて顔よし星の空/鬼貫」❸閏月(うるうづき)のこと。

(類語)豆名月・栗名月・名残の月・十三夜

のち-の-つきみ【後の月見】陰暦九月十三夜の月見。八月十五夜の月見に対していう。(季 秋)

のち-の-ひがん【後の彼岸】春の彼岸に対して、秋の彼岸のこと。(季 秋)

のち-の-ひな【後の×雛】陰暦9月9日の菊の節句に飾る雛。また、8月朔日に飾る雛。春の雛祭りに対していう。秋の雛。(季 秋)「一芒(すすき)も活けてありにけり/鳴雪」

のち-の-ほとけ【後の仏】釈迦(しゃか)仏のあとを受けて出現する仏。弥勒仏(みろくぶつ)のこと。「あきらけく一の御代までも光伝へよ法のともし火」〈新拾遺・釈教〉

のち-の-やぶいり【後の×藪入り】正月の藪入りに対して、盆の藪入りのこと。(季 秋) ➡藪入り

のち-の-よ【後の世】❶あとにくる時代。将来。後世。「偉業を一まで伝える」❷死後の世。来世。あの世。後世(ごせ)。「一まで変わらぬ契り」

(類語)あの世・後世(ごせ)・後生・来世・冥土・黄泉(よみ)

のち-の-よつ【後の四つ】近世、吉原で引け時に拍子木を打って知らせる時刻。遊郭の終業時刻が一応正刻四つ(午後10時ごろ)とされていたのに対し、実際に終業するのは九つ(午後12時ごろ)で、その時に四つとして打った。引け四つ。

のち-の-わざ【後の業┊後の▽事】「のちのこと❷」に同じ。「はかなく日ごろ過ぎて、一などにもこまかにとぶらはせ給ふ」〈源・桐壺〉

のち-ほど【後程】少し時間がたったころ。少しあと。後刻(ごこく)。多く副詞的に用いる。「一おうかがいします」⇔先程(さきほど)。(類語)後刻・後日・追って

のち-むかし【後昔】茶摘みの2日目に摘んだ茶葉で製した抹茶の銘。本来、小堀遠州が織部好みの青みを帯びた色の茶を名付けたもの。製茶家では昔から「あとむかし」という。➡初昔(はつむかし)

のち-やく【後厄】「あとやく」に同じ。

の-ちょう【野帳】ーチ ヤウ ❶江戸時代、検地の際に野外で記入した仮の帳簿。これを清書したものを清野帳(せいのちょう)といい、検地帳作成の際の基礎帳簿とした。❷会葬者の名を記す帳面。

のち-わたり【後渡り】織物や陶磁器などで、中渡(なかわた)りと今渡(いまわた)りとの中間、永禄〜天正(1558〜92)のころに渡来したこと。また、そのもの。

ノッカー〖knocker〗❶ドアなどにつけて、訪問者が来訪を知らせるのにたたく金具。❷野球で、ノック❸をする人。

のっ-かか・る【乗っ掛(か)る】〔動ラ五(四)〕「のりかかる」の音変化。「上に一・って押さえ込む」

の-づかさ【野▽阜┊野▽司】野原の中で小高くなっている所。野にある丘。「あしひきの山谷越えて一に今は鳴くらむ鶯(うぐひす)の声」〈万・三九一五〉

のっか・る【乗っかる┊載っかる】〔動ラ五〕「のる」をくだけていう語。「台に一・って見る」(可能)**のっかれる**

のっ-き・る【乗っ切る】〔動ラ五〕❶「のりきる」の音変化。「難局を一・る」❷乗ったままでつっきる。「うしやの雁木(がんぎ)から一・ってすぐに帰んねえよ」〈人・恵の花・初〉❸思い切る。心を決める。「まだ年若ゆゑ、一・ってさばけず」〈洒・遊僊窟烟之花〉

ノッキング〖knocking〗〔名〕スル 内燃機関で、燃料が異常燃焼を起こし、金槌(かなづち)でたたくような音を発すること。また、その異常燃焼。デトネーション。爆燃。

ノック〖knock〗〔名〕スル ❶打つこと。たたくこと。❷訪問や入室を知らせる合図に、戸を軽くたたくこと。「扉を軽く一する」❸野球で、守備練習のため、野手に向けてボールを打つこと。「シート一」

ノック〖Knock〗アイルランド西部、メイヨー州の村。1879年、村の教会に聖母マリアと夫ヨセフ、使徒ヨハネが降臨したという「ノックの奇跡」の地。毎年100万人ものカトリック教徒が訪れるヨーロッパ屈指の巡礼地として知られる。

ノックアウト〖knockout〗〔名〕スル ❶ボクシングで、競技者がダウンし、規定の10秒間が過ぎても試合の再開ができないこと。相手の勝ちとなる。KO。「チャンピオンを一する」「一勝ち」❷再起できないほどの打撃を相手に与える。「論敵の弱点を突いて、あっさり一する」❸野球で、相手投手を打ち崩し、投手の交替を余儀なくさせること。「先発投手が四回で一された」❹ある遺伝子を欠損(あるいは変異)させて、機能しないようにすること。「一マウス」

(類語)ケーオー・倒す・破る・くだす・打ち破る・打ち負かす・やっつける・打倒する

ノックアウト-マウス〖knockout mouse〗ある遺伝子を欠損(あるいは変異)させて、機能しないようにしたマウス。疾病と遺伝子の関係や、ある酵素の欠損が生体にどのような影響を及ぼすか、またその酵素の欠損を生体がどのように補完するかなど、さまざ

まなメカニズムの研究に用いられている。遺伝子欠損マウス。➡トランスジェニック動物

ノック-オン〘knock on〙❶ラグビーで、手や腕などの上半身(首から上を除く)にボールが当たってから前方へ落とすこと。反則とされ、相手ボールのスクラムになる。❷原子核に高エネルギーの核子が衝突したとき、核内の核子の一部が核外へたたき出される現象。❸高エネルギーの荷電粒子が原子や分子をイオン化することで、高速の二次電子がたたき出される現象。またこの二次電子をδ(デルタ)線という。

ノックス〘John Knox〙[1515ころ〜1572]スコットランドの宗教改革者。カルバンの影響を受け、スコットランドに改革派教会を設立。カトリックの女王メアリ=スチュアートを批判し、激しく対立した。

ノックス〘NOx〙大気汚染物質の一つである窒素酸化物のこと。

ノックダウン〘knockdown〙〔名〕(スル) ボクシングで、パンチを受けた競技者が、足の裏以外をマットにつけたり、ロープによりかかったり、体がリング外へ出たりした状態。10秒以内に競技に入らなければノックアウトになる。

ノックダウン-くみたて【ノックダウン組(み)立(て)】►ノックダウン輸出

ノックダウン-ほうしき【ノックダウン方式】(ハウシキ) ►ケー-ディー(KD)

ノックダウン-ゆしゅつ【ノックダウン輸出】部品のままで輸出し、現地で完成品に組み立てて販売する方式。KD輸出。

ノック-バット《和 knock＋bat》野球で、ノック用の細くて軽いバット。

のっけ　いちばんはじめ。最初。多く「のっけから」「のっけに」の形で副詞的に用いる。「—からしくじる」「—につまずく」(類語)真っ先・いの一番・はじめ

のつけ-さき【野付崎】北海道東部、根室海峡に突き出た野付半島にある、日本で最大の鉤状(かぎじょう)分岐砂嘴(さし)。

のっけ-に【▽仰けに】〔副〕《「のけに」の音変化》あおのけに。あおむけに。「竹斎—打ち倒され」〈仮・竹斎・下〉

のつけ-はんとう【野付半島】(ハンタウ) 北海道東北部、根室半島と知床半島の中間、根室海峡に突き出た半島。長さ28キロ。先端のわん曲部は野付崎。平成17年(2005)野付湾とともにラムサール条約に登録。

のっ-ける【乗っける｜載っける】〔動カ下一〕「のせる」をくだけていう語。「車に—・けてもらう」「鍵(かぎ)はテーブルに—・けておくよ」

のつけ-わん【野付湾】北海道東部の野付半島にある、野付崎に囲まれた湾。ホッカイシマエビの漁場。また、アマモの群生地で、ガン・カモなどの渡り鳥が多く飛来する。平成17年(2005)野付半島とともにラムサール条約に登録された。

のっ-こし【乗っ越し】尾根の鞍部(あんぶ)。また、峠。

のっ-こみ【乗っ込み】《「のりこみ」の音変化》魚が産卵のために浅い所に群れをなして移動してくること。「—鮒(ぶな)」

ノッサセニョーラ-ダ-オリベイラ-きょうかい【ノッサセニョーラダオリベイラ教会】(ケウクワイ)《Igreja Nossa Senhora da Oliveira》ポルトガル北部の都市ギマランイスにある教会。イスラム軍を破ったサラード川の戦いの勝利を記念して15世紀に建造。ロマネスク様式とゴシック様式が混在する。名称はポルトガル語でオリーブの木の聖母教会を意味し、教会前のアーチが完成したと同時にオリーブの木が突然芽吹いたという伝説に由来する。教会がある旧市街にはギマランイス城、ブラガンサ公爵館をはじめ中世の歴史的建造物が多く、2001年に「ギマランイス歴史地区」として世界遺産(文化遺産)に登録された。

ノッサセニョーラ-ダ-ナザレ-きょうかい【ノッサセニョーラダナザレ教会】(ケウクワイ)《Igreja Nossa Senhora da Nazaré》ポルトガル西部、大西洋に面する港町ナザレの旧市街シティオ地区にある教会。ナザレの守護聖人を祭り、14世紀に創建。現在見られるバロック様式の建物は17世紀に建造された。オランダのファン=デル=クロートの工房が手掛けた、祭壇脇の回廊を飾るアズレージョ(タイルの一種)が有名。

のっし-のっし〔副〕からだの大きくて重いものが、ゆっくりと歩くさま。「力士が—(と)入場する」

のっしり〔副〕どっしりとしてこせつかないさま。「立ち振る舞い端手(はで)めかず、—とゆたかなる風俗」〈浮・禁短気・三〉

のっ-す【×衲子】「のうす(衲子)」に同じ。

のつ-そつ〔副〕(スル) 「のっつそっつ」に同じ。「夫(そ)れとも寝られないで、—して居るかしらん」〈漱石・坑夫〉

のっそり〔副〕動作がのろいさま。また、行動が緩慢で、とらえどころがないさま。「熊が—(と)穴から出てくる」「—(と)立ち上がる」
(類語)のろのろ・のそのそ・ぐずぐず・もたもた

のったり〔副〕「のたり」を強めていう語。「三日坊主の一時精進、後はゆったり—にて」〈露伴・対髑髏〉

ノッチ〘notch〙❶VあるいはU字形の切り込みやくぼみ。❷►切り欠(か)き❶　❸抵抗器などの抵抗値を切り換える接点。

の-つ-ち【野×槌】《「のづち」とも》❶《野の霊(ち)の意》野の神。「次に草の祖(おや)草野姫(かやのひめ)を生む。亦は—と名づく」〈神代紀・上〉❷野にすむマムシ・サソリの類。〈名義抄〉❸化け物の一種。「—といふは、常にもなき獣なり」〈沙石集・五〉

の-づち【野土】腐敗した植物質を含む肥沃な黒土。

ノッチド-カラー〘notched collar〙《notchedは、刻んだの意》上着などの、刻みの入った襟。

ノッチバック〘notchback〙乗用車の車体の形式の一。座席屋根部分と後部トランク部分とに段差のある型。

ノッチ-フィルター〘notch filter〙電気回路で、特定の周波数の信号だけを通さず、それ以外の周波数を通すフィルター回路。バンドエリミネーションフィルターと同じ役割をもつが、阻止する周波数の範囲が特に狭いものを指す。

ノッチンガム〘Nottingham〙英国イングランド中部の工業都市。トレント川左岸にあり、レース・メリヤスや機械の製造が盛ん。北部にあるシャーウッドの森はロビン=フッドの活躍地として知られる。ノッティンガム。

ノッチンガム-じょう【ノッチンガム城】(ジャウ)《Nottingham Castle》英国中部の都市ノッチンガムにある城。11世紀、ウィリアム征服王により建造。ロビン=フッドの伝説に登場することで知られる。現在は地域の歴史を紹介する博物館、および絵画や陶磁器を所蔵する美術館になっている。ノッティンガム城。

ノッチング-ヒル〘Notting Hill〙英国の首都ロンドン西部の一地区。ケンジントンアンドチェルシー王立区に属す。高級住宅街と庶民的な住宅街があり、レストラン、ブティックも多い。毎週末の骨董品蚤の市と毎年8月末に行われるカリブ系住民のカーニバルで知られる。ノッティングヒル。

のっつ-そっつ〔副〕《「のりつそりつ」の音変化》からだを伸ばしたり反らしたりするさま。退屈するようすにいう。のつそつ。「もはや八つにもならんと思へどもいまだ来たらず。…ただ—しているをりから」〈洒・まはし枕〉

ノッティンガム〘Nottingham〙►ノッチンガム

ノッティング-ヒル〘Notting Hill〙►ノッチングヒル

のっ-と【祝=詞】《「のりと」の音変化》❶能で、神仏に祝詞(のりと)として捧げる謡。また、その初めに奏する囃子(はやし)。❷歌舞伎下座音楽の一。神仏に祈祷(きとう)するとき、大鼓・小鼓・能管で奏する。❸「のりと」に同じ。「宮人にてましまさば—を参られ候へ」〈謡・蟻通〉

ノット〘knot〙❶ひもや綱、ネクタイなどの結び目。❷船舶の速度の単位。1ノットは1時間に1海里、約1852メートルを進む速度。記号kt, kn (補説)「節」「浬」などとも書く。

ノット〘not〙❶多く複合語の形で用い、…でない、…しない、の意を表す。「—イーブン」❷(NOT)論理演算の一で否定。論理否定。または、コンピューターで、NOT回路。

のっ-と〔副〕「ぬっと」に同じ。「背の高い影が—現われた」〈漱石・虞美人草〉

ノット-えんざんかいろ【NOT演算回路】(エンザンクワイロ)《NOT circuit》►NOT回路

ノット-かいろ【NOT回路】(クワイロ)《NOT circuit》コンピューターで用いる論理回路の一で、否定の演算を行う回路。1個の入力端子に対して1個の出力端子があり、入力が加えられないときだけ出力信号が現れる。否定回路。論理否定回路。NOT演算回路。NOTゲート。

ノット-ゲート【NOTゲート】《NOT gate》►NOT回路

ノット-ストレート〘not straight〙ラグビーで、スクラムおよびラインアウトでのボールの投げ入れが真っ直ぐに行われないこと。

のっ-とり【乗っ取り】乗っ取ること。「ジェット機の—」「株を買い占めて、企業の—をはかる」

の-つ-とり【野つ鳥】〔枕〕《「つ」は「の」の意の格助詞》野にいる鳥の意から、「きぎし」にかかる。「—雉(きぎし)はとよむ家つ鳥かけも鳴く」〈万・三三一〇〉

ノットリリース-ザ-ボール〘not release the ball〙ラグビーで、タックルされてもボールを離さないこと。反則となり、ペナルティーキックが相手側に与えられる。

のっ-と・る【乗っ取る】〔動ラ五(四)〕《「のりとる」の音変化》❶奪い取って自分の支配下におさめる。攻め入って自分のものとする。「敵の本拠を—・る」「会社を—・られる」❷航空機・船などに乗り込んだ者が、乗員を脅して、その乗り物を自分の支配下に置く。「旅客機が—・られる」

のっ-と・る【▽則る｜▽法る】〔動ラ五(四)〕《「のりと(則)る」の音変化》規準・規範として従う。「伝統に—・った儀式」「法に—・って裁く」
(類語)従う・因(よ)る・準ずる・則する・準拠・立脚・依拠

のっ-ぴき【▽退っ引き】《「のきひき」の音変化》避けてしりぞくこと。のがれること。よけること。打消しの語を伴って用いる。「三千円とか五千円とかで—させず擒(とりこ)にしたのであると」〈魯庵・社会百面相〉

退っ引きならない　避けることもしりぞくこともできず、動きがとれない。ぬきさしならない。「—ない用事で外出する」「—ない事態に陥る」

のっぺい-じる【▽濃餅汁｜▽能平汁】油揚げ・シイタケ・ニンジン・サトイモ・ダイコンなどを煮込み、塩・醤油などで調味し、片栗粉やくず粉でとろみをつけた実の多い汁。のっぺい。ぬっぺい。(季冬)

のっぺら-ぼう〔名・形動〕《「のっぺらぼう」とも》❶一面に平らで凹凸がないこと。なんの変化もないこと。また、そのさま。「—な(の)顔」「—でだだっぴろい土地」❷顔に目・鼻・口のない化け物。

のっぺり〔副〕(スル) ❶平らで変化のないさま。「起伏の少ない—(と)した丘」❷顔が整ってはいるが、平板で締まりがないさま。「生白い—(と)した顔」

の-つぼ【野×壺】野良にある肥だめ。

のっぽ〔名・形動〕背が非常に高いこと。また、そのさまや、そのような人。「—な(の)少年」(類語)長身・長躯(ちょうく)

の-づみ【野積み】物を屋外に積むこと。「材木を—にする」

の-づら【野面】❶野のおもて。野原。「—を渡る風」❷山から切り出したままで加工してない石の表面。また、その石。❸恥を知らない、あつかましい顔。鉄面皮(てつめんぴ)。「此処等から一番—で遣(や)っつけよう」〈鏡花・高野聖〉

の-づり【野釣(り)】川や沼などの自然の釣り場でする釣り。

の-て【野手】江戸時代の雑税の一。原野からの秣(まぐさ)などの収益に対して課した。

ので〔接助〕《準体助詞「の」＋格助詞「で」から》活用語の連体形に付く。あとの叙述の原因・理由・根拠・動機などを表す。「辛い物を食べた—、のどが渇いた」「朝が早かった—、ついうとうとする」「盆地な—、夏は暑い」(補説)近世中ごろから用いられ、明治に入って一般化した。前件が理由となって後件のような結果の生じることが、だれの目から見ても当然と思われる

ような場合に用いられるとされる。「から」に比べるとあらたまった感じを伴うが、くだけた表現の場合、「あまり暑いんで閉口した」のように「んで」となることもある。

の-で〔連語〕《準体助詞「の」＋断定の助動詞「だ」の連用形》…のもので、…のことで、の意を表す。「これは私—、君のはあれだ」

の-であ・る〔連語〕《準体助詞「の」＋連語「である」。話し言葉では「んである」とも》連語「である❷」に同じ。「大臣がそう断言した—・る」「彼自身のしたことなんである」

ノ-テウ【盧泰愚】[1932～]韓国の軍人、政治家。第13代大統領。慶尚北道出身。1955年陸軍士官学校を卒業。80年全斗煥の後を受け軍保安司令官に就任し、翌年には政界入りした。88年から第13代大統領を務める。ソウルオリンピックを成功させ、当時のソ連・中国と国交を樹立。退任後、全前大統領と実行したクーデターの罪を問われた。➡キムヨンサム

の-でしょ・う〔連語〕《準体助詞「の」＋連語「でしょう」。話し言葉では「んでしょう」とも》「のだろう」の丁寧な言い方。「あれはいつごろだった—◦う」「あなたが行ったんでしょう」

の◦です〔連語〕《準体助詞「の」＋断定の助動詞「です」》「のだ」の意の丁寧な表現。❶理由や根拠を強調した断定の意を表す。「注意をしないからけがをする—◦です」❷(「のですか」の形で)相手に対する要求・詰問の意を表す。「事故の損害賠償はどうしてくれる—◦ですか」❸(多く「のでした」の形で)事柄のようすやあり方を強調して説明する意を表す。「彼は彼なりに努力をしている—◦でした」[補説]話し言葉では「んです」の形をとることが多い。

の-でっぽう【野鉄砲】〔名・形動ナリ〕❶目当てもなくむやみに鉄砲を撃つこと。「—打ちしも当たらねばこそあれ」〈浮・諸艶大鑑・五〉❷でまかせを言うこと。また、そのようなさまや、その言葉。「土器坂(かわらけざか)の喜作とて、—な親仁(おやじ)ありけり」〈教訓雑長持・一〉

の-でら【野寺】山寺に対して、野の中にある寺。

の-てん【野天】屋根のない所。家の外。露天。
[類語]露天・野外・屋外・戸外・外

の-てんじょう【野天井】二重にした天井のうち、上層にあって下からは見えない天井。

のてん-ぶろ【野天風呂】屋外の風呂。露天風呂。

の-と【祝=詞】《「のっと(祝詞)」の促音の無表記》「のりと」に同じ。「御舟ごとに—申して、一たびに御はらへする程に」〈宇津保・菊の宴〉

のと【能登】旧国名の一。今の石川県の北部にあたる。能州。

のど【喉・▽咽・×吭】《「のんど」の音変化》❶口腔の奥の、食道と気管に通じる部分。咽喉(いんこう)。「御飯が—につかえる」「—まで出かかった言葉をのみこむ」❷頸部(けいぶ)の前面。のどくび。「剣で—を突く」❸歌う声。「自慢の—を聞かせる」❹急所。大切な箇所。のどくび。「補給路の—を抑える」❺書物の紙をとじてある背の方の部分。[類語]咽頭・喉頭・咽喉・喉元・喉頸(のどくび)

喉が渇(かわ)・く　❶飲み物が欲しくなる。「炎天下を歩いて—・く」❷人の持ち物をうらやみ、欲しがる。「あの刀、ええ欲しいこと欲しいこと、—・く」〈浄・百合若大臣〉

喉が鳴・る　ごちそうを目の前にして、ひどく食べたくなる。「うまそうな匂いに—・る」

喉から手が◦出る　欲しくてたまらないことをたとえていう。「—◦出るほど欲しい珍本」

のど【▽閑・▽和】〔形動ナリ〕❶「のどか」に同じ。「明日香川しがらみ渡し塞かませば流るる水も—にかあらまし」〈万・一九七〉❷平穏無事であるさま。「大君の辺(へ)にこそ死なめ—には死なじ」〈続紀・聖武・歌謡〉

のど-うた【喉歌】喉(のど)と口腔(こうこう)の共鳴を利用した、低い声と高い声を同時に出す倍音唱法。中央アジアに分布し、モンゴル国のホーミー、トゥバ共和国のフーメイなどに代表される。

のとう・ぶ【▽宣ぶ・×曰ぶ】〔動バ四〕《動詞「の(宣)る」に「とう(賜)ぶ」の付いた「のりとうぶ」の音変化。一説に、「のたまう」「のたぶ」の音変化とも》❶「言う」の尊敬語。「のたまう」に比べ、敬意は低い。おっしゃる。「去年(こぞ)より、いとせちに—・ぶことのあるを」〈かげろふ・下〉❷(勅撰集詞書など、尊者に対するあらたまった場面で自己側の動作として用いる)言ってやります。「思ふ人侍りける女に、物—・びけれど」〈後撰・恋一・詞書〉

の-どおみ【野遠見】歌舞伎の大道具で、舞台の背景に使われる書き割りのうち、野原の景色を描いたもの。➡遠見

のど-か【長=閑】〔形動〕[文]〔ナリ〕❶静かでのんびりとして落ち着いているさま。「—な正月気分」「—な口調」❷空が晴れて、天候が穏やかなさま。うららかなさま。「—な小春日和」[季 春]「几巾(いか)白し—過ぎての夕ぐもり/太祇」❸ゆったりとくつろぐさま。急がないで気長に構えるさま。「その日—に暮らして、またの日帰る」〈かげろふ・中〉❹気にかけないさま。のんき。「人数なる世もやと待つ方は、いと—に思ひなされて」〈源・帚木〉[派生]のどかさ〔名〕
[類語]うららか・うらうら・穏やか・平穏・安穏・安らか

のど-くさり【喉腐】ネズミゴチの別名。

のど-くび【喉×頸】❶首の前面の部分。のどのあたり。「—を絞める」❷大事な所。急所。「ライバル会社の—を押さえる」[類語]喉・喉元・首・首根っ子

のど-ぐろ【喉黒】《「のどくろ」とも》スズキ科の海水魚アカムツの別名。

のど-け・し【長=閑けし】〔形ク〕❶落ち着いてのんびりしている。のんきでゆったりしている。「世の中にたえて桜のなかりせば春の心は—・からまし」〈古今・春上〉❷天候が穏やかである。のどかで、うららかである。「かきたれて—・き頃の春雨にふるさと人をいかにしのぶや」〈源・真木柱〉[季 春]❸たいくつなほど暇である。「つくづくと一年を暮らすほどだにも、こよなう—・しや」〈徒然・七〉

のど-ごし【喉越し】飲食物がのどを通っていくこと。また、そのときの感じ。「—のよいビール」

のと-こんごう【能登金剛】石川県能登半島西部の海岸。羽咋(はくい)郡志賀(しか)町福浦(ふくら)から北方の関野鼻(せきのはな)まで、約30キロ続く景勝地をいう。日本海の荒波に浸食された奇岩がならぶ男性的な海岸。能登半島国定公園に属する。名の由来は、景観が朝鮮半島の金剛山に匹敵することから。

のと-じま【能登島】石川県能登半島東部にある島。七尾湾中央にあり、周囲72キロ、面積47平方キロ。最高峰は四村塚(しそんづか)山(標高197メートル)。海岸段丘が発達し、農漁業が中心。能登牛・マツタケの産地として知られる。能登半島国定公園に属する。

のど-じまん【喉自慢】❶声のよさや歌のうまさを自慢にすること。また、その人。❷放送局などが催す歌唱コンクール。「町内—大会」

のと-じょうふ【▽能登上布】➡能登縮(のとちぢみ)

のと-ちぢみ【▽能登縮】石川県能登地方一帯で織られる麻織物。能登上布。阿部屋(あべや)縮。

のど-ちんこ【喉ちんこ】口蓋垂(こうがいすい)の俗称。

のど-つづみ【喉鼓】食欲が盛んに起こるとき、のどがごくりと鳴ること。「思わず—を鳴らす」

のど-のど〔副〕きわめてのどかなさま。ゆったり。「—と霞みわたるに」〈更級〉

のと-はんとう【能登半島】本州中央部の日本海に突出する半島。大部分は石川県。東の富山湾側を内浦、西側の日本海岸を外浦とよぶ。

のとはんとう-こくていこうえん【能登半島国定公園】能登半島の沿岸地域を占める国定公園。石川・富山両県にまたがる。海食崖が発達する外浦海岸、沈水海岸の内浦海岸、能登島や舳倉島(へぐらじま)などを含む。

のとはんとう-じしん【能登半島地震】平成19年(2007)3月25日、石川県輪島市沖の日本海で発生した逆断層型地殻内地震。マグニチュード6.9。石川県内の3市町で震度6強を観測。住宅全壊が600戸、半壊が1500戸をこえる被害をもたらした。

のど-びこ【喉×彦】《「のどひこ」とも》口蓋垂(こうがいすい)の俗称。のどちんこ。

のど-ぶえ【喉笛】のどの気管が通る部分。また、のどぼとけのあたり。ふえ。「—をかき切る」

のど-ぼとけ【喉仏】のどの中間の、甲状軟骨が突出し高くなっている部分。成年男子に顕著で、西洋では俗にアダムのりんごという。のどぼね。喉頭結節(こうとうけっせつ)。

のど-ぼね【喉骨】「喉仏(のどぼとけ)」に同じ。

のどま・る【▽和まる】〔動ラ四〕のどかになる。落ち着く。静まる。ゆったりとなる。「何となく心—・る世なくこそありけれ」〈源・須磨〉

のど・む【▽和む】〔動マ下二〕❶気持ちなどを落ち着かせる。やわらげる。静める。「心—・めて、人遣(や)りならぬ闇に惑はむ道の光にもし侍らむ」〈源・柏木〉❷物事や動作を控えめにする。ゆるめる。「このものの給ふ声を、少し—・めて聞かせ給へ」〈源・常夏〉❸時間をのばす。猶予する。「限りある御命にて、この世尽き給ひぬとも、ただ、いましばし—・め給へ」〈源・若菜下〉

のど-もと【喉元】のどのあたり。また、首の付け根のあたり。[類語]喉・喉頸(のどくび)・首・首根っ子

喉元過ぎれば熱さを忘れる　熱いものも、飲みこんでしまえばその熱さを忘れてしまう。転じて、苦しい経験も、過ぎ去ってしまえばその苦しさを忘れてしまう。また、苦しいときに助けてもらっても、楽になってしまえばその恩義を忘れてしまう。

のどもと-じあん【喉元思案】胸のうちで深く考えたのではない、あさはかな考え。

のど-やか【長=閑やか】〔形動〕[文]〔ナリ〕「のどか」に同じ。「—な春の日」「雨よいほどに—に降りて」〈かげろふ・下〉「春の暮れつ方、—に艶なる空に」〈徒然・四三〉[派生]のどやかさ〔名〕

のどよ・う〔動ハ四〕細々として力のない声を出す。悲しげな声で泣く。「飯炊(いひかし)くことも忘れてぬえ鳥の—・ひ居(を)るに」〈万・八九二〉

のとろ-こ【能取湖】北海道北東部にある潟(せき)湖。オホーツク海とは砂州で区切られている。湖畔にアッケシソウの群落がある。富栄養湖でアサリ・ホタテガイなどの養殖漁業が行われている。周囲33キロ、面積約59平方キロ。

のとろ-みさき【能取岬】北海道北東部にある岬。能取湖の突端部東部にあり、オホーツク海に面している。海食崖(かいしょくがい)に囲まれ、崖下は岩礁が連なっている。冬季には流氷が見られる。

のど-わ【喉輪】❶鎧(よろい)の小具足の一。首にかけて、のどから胸板の上のすきまを覆うもの。月形の鉄に小札(こざね)の板二段の垂(たれ)を革製の蝙蝠付(こうもりづけ)で取り付ける。❷「喉輪攻(ぜ)め」の略。

のどわ-ぜめ【喉輪攻め】相撲で、手を矢筈(やはず)の形にして相手ののどにあて、押して攻める方法。

ノドン-いちごう【ノドン一号】《Nodung 1》朝鮮民主主義人民共和国の射程1000キロ級の弾道ミサイル。核弾頭搭載可能で、日本の大部分を射程内に入れる。最初に存在が確認された地名、蘆洞(ノドン)からの名。

ノナ《(ラテン) nona》数の9。

の-なか【野中】野原の中。「—の一軒家」

の-なか【×箆中】矢柄(やがら)の中ほど。「—過ぎてぞ立ったりける」〈保元・中〉

のなか-けんざん【野中兼山】[1615～1664]江戸初期の政治家・儒学者。名は良継。谷時中に朱子学を学び、土佐藩家老として藩政の確立に尽力。新田開発・殖産興業・土木工事などに功績が大きかったが、中傷により隠退。著「兼山遺草」「室戸港記」など。

のなか-でら【野中寺】➡やちゅうじ(野中寺)

のなか-の-しみず【野中の清水】❶野中にわき出る清水。特に、播磨(はりま)国印南野(いなみの)にあったという清水。冷たくてよい水であったが、のちにぬるくなってしまったという。[歌枕]「いにしへの—ぬるけれどもとの心をしる人ぞくむ」〈古今・雑上〉❷《❶の古今集の歌から》昔親しい仲であったが今は疎遠になってしまった人、またはその仲をたとえていう語。「いにしへの—見るからにさしぐむものは涙なりけり」〈後撰・恋四〉

のなみ-あさ【乃南アサ】[1960～]小説家。東京の生まれ。本名、矢沢朝子。女性刑事を主人公にし

た推理小説で若い読者層を得る。「凍える牙」で直木賞受賞。他に「幸福な朝食」「花盗人」「団欒」など。

のに ㊀〔接助〕《準体助詞「の」＋接続助詞「に」から》活用語の連体形に付く。内容的に対立する二つの事柄を、意外・不服の気持ちを込めてつなげる意を表す。「東京は晴れな—大阪は雨だ」「十分言い聞かせた—理解していない」「九月だという—真夏の暑さだ」「それはまあ、よく忙しい—、気をつけておくれだ」〈人・娘節用・後〉㊁〔終助〕《㊀の文末用法から》活用語の連体形に付く。不平・不満・恨み・非難などの気持ちを表す。「これで幸せになれると思った—」「いいかげんにすればいい—」「あれほど待って居てくんなといふ—」〈滑・浮世風呂・二〉[補説]近世以降用いられ、近代になって多用されはじめた。他の逆接の助詞「けれども」「が」などに比べると逆接の意が強い。

の-に〔連語〕《準体助詞「の」＋格助詞「に」》❶…時に。…場合に。「地震が来る—備えておこう」❷…のものとして。「儀式用—は不適当だ」

のね-いた【野根板】高知県東部の野根山産の木材を薄くはいだ長い板。茶室などの天井板とする。

の-ねこ【野猫】飼い主のない猫。のら猫。「沙金の目が、—のように鋭く」〈芥川・偸盗〉➡野良犬[補説]

の-ねずみ【野×鼠】家屋にすみつかず、山野にすむネズミ。アカネズミ・ハタネズミ・ヤチネズミなど。

ノネナール〖nonenal〗加齢臭のもとになる物質。皮脂に含まれる脂肪酸が酸化したり分解されたりしてできる。

の-ねんぐ【野年貢】▶草年貢

のの 神仏・日月など、尊ぶべきものをさしていう幼児語。ののさま。「弁才へ知らぬ稚子が、鉦が鳴る、—参ろ、と仏頼むも」〈浄・小野道風青柳硯〉

ののいち【野々市】石川県中部にある市。金沢市のベッドタウンとして人口が増加し、平成23年(2011)11月に市制施行。人口5.3万(2011)。

ののぐち-たかまさ【野之口隆正】▶大国隆正

ののぐち-りゅうほ【野々口立圃】［1595～1669］江戸前期の俳人。京都の人。名は親重。雛人形屋を営み、雛屋と称した。連歌・和歌に長じ、俳諧を松永貞徳に学んだが、のち貞徳に対抗して一派を開いた。著「はなひ草」、句集「そらつぶて」など。

のの-さま「のの」を敬っていう幼児語。のんのん。ののさん。

ののじ-てん【ノノ字点】前の行と同じという意味を表す符号「〃」のこと。ノノ点。

ののしり【罵り】❶ののしること。口汚く悪口を言うこと。「相手の—にかっとなる」❷騒ぎたてること。「いかなる—出で来むとすらむ」〈落窪・一〉

ののし・る【罵る】〔動ラ五(四)〕❶ひどい言葉で悪口を言う。声高に非難する。罵倒する。「口汚く—・る」❷わめき立てる。大声で言い騒ぐ。「長い廊下に人が押し合って、がやがやと—・る」〈鴎外・心中〉❸声高く鳴く。やかましく音を立てる。「犬どもの出で来て—・るもいと恐ろしく」〈源・浮舟〉❹盛んにうわさされる。評判になる。「六条院の春の殿とて世に—・りし玉の台も」〈源・匂宮〉❺権勢が盛んである。はぶりがよい。「左の大臣の北の方にて—・り給ひける時」〈大和・一二四〉[類語]毒突く・こき下ろす・なじる・罵倒・痛罵・悪罵・面罵・面詰

のの-てん【ノノ点】「ノノ字点」に同じ。

の-の-みや【野宮】皇女や女王が斎宮・斎院になるとき、潔斎のため1年間こもった仮の宮殿。斎宮のものは嵯峨、斎院のものは紫野に設けた。

ののみや【野宮】謡曲。三番目物。源氏物語に取材。六条御息所の霊が現れ、葵の上に光源氏の愛を奪われた悲しい思い出を語り、舞をまう。

ののむら-にんせい【野々村仁清】江戸初期の陶工。丹波の人。通称、清右衛門。京都御室の仁和寺門前に窯を築いた。優雅な作風で、蒔絵の趣を応用した色絵陶器を得意とした。京焼の大成者ともされる。生没年未詳。

ののめ・く〔動カ四〕声高に騒ぐ。わめき立てる。「あれ見よと—・きて」〈太平記・一〇〉

ノバ〖nova〗天文学で、新星。

ノバーリス〖Novalis〗［1772～1801］ドイツの詩人・小説家。本名、フリードリヒ＝フォン＝ハルデンベルク(Friedrich von Hardenberg)。前期ロマン派の代表者。宇宙万有を統一的なものとして認識し、その思想は魔術的観念論とよばれた。小説「青い花」、詩「夜の讃歌」など。

ノバ-イスパニア〖ラテ Nova Hispania〗《新しいイスパニアの意》スペイン植民地時代のメキシコのこと。徳川幕府が交易関係をもとうとしたが失敗した。ヌエバ-エスパニャ。➡ノビスパン

のば・う【延ばふ｜伸ばふ】〔動ハ下二〕長くする。のばす。「数知らず君が齢を—・へつつなだたる宿の露とならなむ」〈後撰・秋下〉

のば・う【述ばふ】〔動ハ下二〕述べる。語る。「いかにして思ふ心を—・へまし」〈古今・雑体〉

の-ばおり【野羽織】▶打裂羽織

の-ばか【野墓】❶野中に設ける墓。野辺の墓。❷火葬場。「西風のたびたびに—のけぶりかよひ」〈浮・織留・四〉

の-ばかま【野×袴】江戸時代、武士の旅行や火事装束などに着用した袴。緞子や錦・縞織物を用い、裾に黒ビロードの太い縁をつけた。

ノバ-ゴリツァ〖Nova Gorica〗スロベニア西部の都市。イタリアとの国境に位置する。第二次大戦後、イタリア領ゴリツィアから分断されて成立。スロベニア語で「新しいゴリツァ」を意味する。2004年、スロベニアのEU加盟後は国境の壁や検問所が撤廃され、自由な往来が可能になった。コスタニエビツァ修道院、クロムベルク城などの歴史的建造物がある。

のば・す【伸ばす｜延ばす】〔動サ五(四)〕❶空間的に長さを増したり、広さを大きくしたりする。㋐ある物に続けたり、時間がたったりして長くなる。「路線を—・す」「ひげを—・す」㋑(伸ばす)ゴム・スプリングなどを、ひっぱって長くする。「ゴムひもを—・す」㋒(伸ばす)まがったり、ちぢんだりしているものを、まっすぐにする。「曲がった釘を—・す」㋓(伸ばす)厚みのある物を、押し広げて薄く平たくする。「餅を—・す」㋔(伸ばす)しわなどをなくして、平らにする。「しわを—・す」㋕(伸ばす)他のものを加えて、濃度をうすめる。「糊を水で—・す」❷(延ばす)時間や日時をおくらせる。長びくようにする。「会期を—・す」「返事を—・す」❸(伸ばす)勢力や能力などを大きくしたり、豊かにしたりする。「輸出を—・す」「個性を—・す」❹(伸ばす)相手をなぐり倒す。のす。「一発で—・されてしまった」❺遠くへ逃がす。落ちのびさせる。「いくばくも—・さずして、捕へたる所に」〈宇治拾遺・一〉[可能]のばせる
[一句]足を延ばす・猿臂を伸ばす・驥足を伸ばす・腰を伸ばす・触手を伸ばす・手を延ばす・手足を伸ばす・鼻毛を伸ばす・羽を伸ばす
[類語]広げる・伸長・延長・拡張・拡大

ノバ-スコシア〖Nova Scotia〗《新しいスコットランドの意》カナダ南東部の半島。北のケープブレトン島とともにノバスコシア州をなし、州都ハリファクスがある。漁業や石油・ガス産業が盛ん。

の-ばと【野×鳩】野生のハト。

の-ばな【野花】❶野に咲く花。野生の花。❷紙花。特に、葬儀に用いるものをいう。

の-ばなし【野放し】❶鳥や獣を野などに放して飼うこと。放し飼い。「—の犬」❷手をつけないで、そのままにほうっておくこと。「—の違法駐車」「悪徳業者を—にする」[類語]放し飼い・放置・放任

の-はなしょうぶ【野花×菖×蒲】アヤメ科の多年草。山地や野原に生える。高さ約1メートル。葉は剣状。6月ごろ開花し、花は基部に黄色い斑をもつ外花被3枚と、小さくて直立する内花被3枚とからなり、ともに赤紫色。ハナショウブの原種。

の-はら【野原】《「のばら」とも》あたり一面に草などが生えている、広い平地。原。のっぱら。[類語]原・野・原っぱ・平原・広野・広野・広原・原野・荒野

の-ばら【野薔＝薇】ノイバラの別名。また一般に、野生のバラ。(季 花＝夏｜実＝秋)

のはら-あざみ【野原×薊】キク科の多年草。代表的なアザミの一種で、乾いた草地に生え、高さ約1メートル。葉は羽状に裂けていて、鋭いとげがある。晩夏から秋、紫紅色の頭状花をつける。

のばわ・る【延ばはる｜伸ばはる】〔動ラ四〕のびる。のびのびする。「今日も心—・る心地あらむ」〈かげろふ・下〉

のび【伸び】❶長く伸びたり広がったりすること。また、その程度。「身長の—が早い」「絵の具の—がよい」❷勢いや力が増すこと。また、その程度。「成績の—」「輸出の—が著しい」「—のある球を投げる」❸退屈したり、疲れたりしたときに手足を伸ばすこと。「大きく—をする」[類語]伸長・急伸

の-び【野火】❶春の初めに野原などの枯れ草を焼く火。野焼きの火。(季 春)❷野山の不審火。また、野の火事。「—焔の盛りにして」〈太平記・二五〉

のび-あが・る【伸(び)上(が)る】〔動ラ五(四)〕つま先だちになるなどしてからだを高くする。「—・って遠くを見る」

のび-く【伸(び)句】連句で、曲節のない音調の伸びやかな軽い叙景の句。➡逃げ句

ノビコフ〖Nikolay Ivanovich Novikov〗［1744～1818］ロシアの批評家・ジャーナリスト。風刺雑誌を刊行し、農奴制の批判など広く啓蒙活動を行った。

のび-ざかり【伸(び)盛り】成長・進展がいちばん盛んな時期。「—の子供」「—の若手選手」

ノビ-サド〖Novi Sad〗セルビア北部にある同国第2の都市。ボイボディナ自治州の州都。ドナウ川左岸沿いに位置する。17世紀末、オーストリア軍が対岸のペトロバラディン要塞と連携して築いた陣地に起源し、オスマン帝国からのセルビア人難民が住み着いた。19世紀後半、ハンガリーで設立されたセルビア人のための文化啓蒙団体マティツァスルプスカが移設され、セルビア文化の中心地となったことから「セルビアのアテネ」と称された。ドイツ語名ノイザッツ。

のび-しろ【伸び代】能力を出し切ってはいず、まだ成長する余地があること。「芸の—が大きい」[補説]平成17年(2005)前後からスポーツ界で使われ、多方面に広がった。[類語]余地・期待値・ポテンシャル

のびすけ【伸び助】鼻毛ののびた人。女にだらしなく甘い男。「さがりたる物…—が女郎を見る時のあご」〈吉原呼子鳥〉

ノビスパン メキシコをいう江戸初期の日本での呼称。➡ノバ-イスパニア

の-びたき【野×鶲】ヒタキ科ツグミ亜科の鳥。全長13センチくらい。雄は頭・首と背中が黒く、胸が栗色で、腹は白。雌は褐色。ともに翼に白斑がある。日本では夏鳥として渡来し、草原で繁殖する。(季 夏)「—のすこし仰向く風情かな／蛇笏」

のび-た・つ【伸(び)立つ】〔動タ五(四)〕伸びて高くなる。「まっすぐに—・った若木」

のびだんせい-りつ【伸び弾性率】▶ヤング率

のび-ちぢみ【伸び縮み】〔名〕スル ❶伸びることと縮むこと。伸びたり縮んだりすること。しんしゅく。「よく—する服地」❷発展することと衰退すること。また、増えることと減ること。「まして身代軽き家々は、そろばん枕に、寝た間も—の大節季を忘るる事もなく」〈浮・胸算用・三〉[類語]伸縮・屈伸・ストレッチ

のび-と【延(び)斗】和風建築で、隅肘木を支えるために用いる長方形の斗。

のびどめ-ようすい【野火止用水】玉川上水から東京都小平市小川で取水し、埼玉県新座市野火止を流れて、志木市で新河岸川に注ぐ用水路。明暦元年(1655)開削され、長さ24キロ。

のび-なやみ【伸(び)悩み】伸び悩むこと。「得票数の—で苦戦する」

のび-なや・む【伸(び)悩む】〔動マ五(四)〕伸びそうでいて思ったほど伸びず、期待されたところより低い水準で停滞する。「若手が—・む」「小豆の相場が—・む」

のび-のび【伸び伸び｜延び延び】㊀〔名・形動〕(延び延び)物事が何度も先に延ばされること。また、

そのさま。「雨で試合が—になる」「返事が—になる」
㊁〔副〕スル ❶(伸び伸び)すくすく伸びるさま。「輝く春の日の下に青草が—と萌えていた」〈近松秋江・青草〉❷(伸び伸び)押さえられることもなく、ゆったりと落ち着きのあるさま。「—(と)仕事をする」「いなかに来て—(と)した気分にひたる」❸物事がてきぱきと進まないさま。ぐずぐずするさま。「—としたる評定のみあって」〈太平記・一九〉[類語]のんびり・ゆったり・ゆっくり・のほほん・伸びやか・気まま

のび‐やか【伸びやか】〔形動〕〔文〕〔ナリ〕心が穏やかで生き生きしているさま。「—な声」「—な性質」[派生]のびやかさ〔名〕[類語]伸び伸び・生き生き

のび‐らか【伸びらか】〔形動ナリ〕❶長く伸びているさま。「あさましう高う—に、先の方少し垂りて」〈源・末摘花〉❷ゆったりとくつろぐさま。「口つき美しう匂ひ、まみ—に」〈源・横笛〉

のび‐りつ【伸(び)率】伸びの割合。「昇給の—」

の‐びる【野×蒜】ユリ科の多年草。山野に生え、高さ約60センチ。全体にニラのようなにおいがする。球形の鱗茎(りんけい)から管状の葉を出し、夏、花茎の先に白紫色の花やその変化したむかごがつく。鱗茎や若葉を食用にする。ぬびる。ねびる。ひる。[季 春 花=夏]「引抜けば土塊(つちくれ)躍る—かな/みどり女」

の・びる【伸びる|延びる】〔動バ上一〕〔文〕の・ぶ〔バ上二〕❶ものの長さ・高さ・広がりが増す。㋐(伸びる)生長して、長くなったり、高くなったりする。「背が—・びる」「すらりと—・びた脚」「枝が—・びる」㋑(延びる)もとからある物につなげられて長くなる。「バス路線が郊外まで—・びる」㋒(伸びる)ある段階・範囲にまでおよぶ。達する。「司直の手が—・びる」「つい菓子に手が—・びてしまう」㋓(伸びる)まがったり、ちぢんだりしていたものがまっすぐになったり、ひろがったりする。「腰が—・びる」「しわが—・びる」㋔(伸びる)全体にうすく、均質にひろがる。「よく—・びる塗料」㋕(伸びる)時間がたって、長い状態になったり、しまりなくやわらかくなったりして弾力がなくなる。「そばが—・びる」㋖(伸びる)さんざんなぐられて動けなくなってしまう。ひどく疲れてぐったりする。グロッキーになる。「過労で—・びる」❷(伸びる)勢いや力が増す。㋐大きく盛んになる。発展する。「輸出が—・びる」「会社は順調に—・びている」㋑能力などがつき、向上する。「記録が—・びる」「学力が—・びる」❸(延びる)㋐時間的に、長くひろがる。「日脚(ひあし)が—・びる」㋑命などが長く保つ。長生きする。「平均寿命が—・びる」㋒期日・時刻が、決められたその時よりおくれる。「事故で出発が—・びる」❹危機をのがれて、かろうじて命を長らえる。「今まで御命の—・びさせ給ひて候ふこそ不思議に覚え候へ」〈平家・三〉❺緊張がとける。のんびりとする。くつろぐ。「空もうららかにて人の心も—・び」〈源・絵合〉❻女に夢中になって本心を失う。「ひったり抱き寄せしみじみ囁く…(与兵衛ハ)忝いと—・びた顔付き」〈浄・油地獄〉
[類語](❶㋐)伸長する・生長する・成長する/(❷)伸張する・伸展する・発展する・躍進する・拡大する・増大する・向上する/(❸㋒)延引する・遅延する・遷延する・順延する・繰り下がる

のびる‐うんが【野蒜運河】宮城県東松島市にある運河。松島湾岸の東名(とうな)と鳴瀬川河口の野蒜とを結ぶ。明治11年(1878)開削。東名運河。

ノビレ〖Umberto Nobile〗[1885〜1978]イタリアの軍人・探検家。飛行船ノルゲ号を設計し、1926年アムンゼンらとともに北極横断飛行に成功した。

ノブ〖knob〗《ノッブとも》ドア・引き出し・ステッキなどの、握り。取っ手。[類語]取っ手・握り・ハンドル

の・ぶ【伸ぶ|延ぶ】㊀〔動バ上二〕「のびる」の文語形。㊁〔動バ下二〕「の(伸)べる」の文語形。

の・ぶ【述ぶ|▽宣ぶ|▽陳ぶ】〔動バ下二〕「の(述)べる」の文語形。

のぶいえ【信家】桃山時代の鐔工(つばこう)。鉄の鐔(つば)に毛彫りの文様やその題目、兵法の歌などを刻し、金家(かねいえ)と並ぶ名工といわれた。甲冑師(かっちゅうし)明珍派の名工信家とは別人とされる。生没年未詳。

の‐ふうぞく【野風俗】風俗のいやしいこと。また、無作法であること。〈諺草〉

の‐ぶか【×箆深】〔形動ナリ〕矢が深く突き刺さるさま。「引き合はせを—に射られて」〈保元・中〉

のぶか‐い【×箆深い】〔形〕〔文〕のぶか・し〔ク〕矢が深くささっている。「太腿(ふともも)を—・く射られて」〈芥川・偸盗〉

の‐ぶき【野×蕗】キク科の多年草。山地の木陰などの湿地に自生。高さ約50センチ。葉はフキに似るが、小さい。夏から秋、白い小花を円錐状につける。果実には粘りけがあり、他に付着する。

の‐ふく【野服】遠出・旅行などのとき着用した衣服。野袴(のばかま)・打裂羽織(ぶっさきばおり)などの類。

ノブゴロド〖Novgorod〗ロシア連邦北西部、ノブゴロド州の都市。同州の州都。正式名称ベリーキーノブゴロド。ボルホフ川沿いに位置する。交通・商業の中心地として発展し、化学などの工業も盛ん。9世紀中頃、リューリクに率いられたノルマン人が建設。当初は公国であったが、12世紀以降に共和制の都市国家となり、1478年モスクワ大公国に併合されるまでハンザ同盟に加盟していた。同国有数の古都として知られ、13の塔をもつクレムリン、11世紀の聖ソフィア大聖堂をはじめ、中世の歴史的建造物が数多く残っている。1992年、「ノブゴロドと周辺の歴史的建造物」の名称で世界遺産(文化遺産)に登録された。

の‐ぶし【野伏|野×臥】❶山野に寝起きして修行する僧。山伏。❷(「野武士」とも書く)中世、山野に隠れて、追いはぎや強盗などを働いた武装農民集団。のぶせり。❸合戦に先だち小人数で攻撃をしかけること。「—ヲカクル」〈日葡〉❹定まった住居もなく野宿すること。また、その者。のぶせり。「足腰の立たざる—の非人を語らひ」〈浮・二十不孝・四〉

の‐ふず【野風▽俗】〔名・形動ナリ〕《「のふうぞく(野風俗)」の音変化》無作法であること。図太くいばっていること。また、そのさま。のふうぞう。「世をはばからぬ—の友を集め」〈浮・万金丹・五〉

の‐ぶすま【野×衾|野×臥間】❶たたいた小鳥の肉と鯛(たい)の身を湯に通し、薄くそいだアワビとともにたまりで煮て、袋状になるアワビに肉が包まれるようにした料理。❷ムササビの別名。

の‐ぶせり【野伏せり|野×臥せり】❶「のぶし(野伏)❷」に同じ。❷「のぶし(野伏)❹」に同じ。「—の乞食まで片端に責め問へども」〈浄・蘆屋道満〉

の‐ぶち【野縁】天井裏などの隠れている部分に用いる細長い材。

の‐ぶと‐い【野太い|×箆太い】〔形〕〔文〕のぶと・し〔ク〕❶神経が太いさま。大胆不敵であるさま。ずぶとい。「—・いやつ」❷声が太いさま。「—・い声」[派生]のぶとさ〔名〕[類語]図太い・太い・ずうずうしい

の‐ぶどう【野×葡×萄】ブドウ科の落葉性の蔓植物(つるしょくぶつ)。山地に自生。葉は広卵形で三つから五つに裂けていて、葉と対生して巻きひげが出る。夏、緑色の小花を多数つける。実は球形で、白・紫・青色などに変わり、大部分は虫こぶとなる。食べられない。ざとうえび。へびぶどう。[季 秋]「—や樹海を抉(えぐ)る道一すぢ/風生」

のぶとき‐きよし【信時潔】[1887〜1965]作曲家。大阪の生まれ。ドイツに留学し、ゲオルク=シューマンに師事。作品に「海行かば」など。

のぶながき【信長記】▶しんちょうき(信長記)

のぶながこうき【信長公記】▶しんちょうこうき(信長公記)

のぶ‐の‐き【化=香=樹】ノグルミの別名。

ノブ‐ヒル〖Nob Hill〗米国カリフォルニア州、サンフランシスコ中心部の一地区。西側に高級ホテルや高級住宅街、東側にチャイナタウンが広がる。ゴシック式の教会、グレース大聖堂がある。

のぶふさ【信房】鎌倉前期の刀工。備前の人。後鳥羽院番鍛冶をつとめて延房とも銘した。同名の刀工が数名いる。生没年未詳。

ノブレス‐オブリージュ〖フランス noblesse oblige〗▶ノーブレスオブリージュ

のぶれ‐ば【▽陳▽者】〔連語〕《動詞「の(述)ぶ」の已然形＋接続助詞「ば」》申し上げますが。さて。候文(そうろうぶん)などの手紙で、時候のあいさつの次、本文の書き出しに用いる。「—この度新社屋完成に当たり」

の‐ぶろ【野風呂】「野天風呂(のてんぶろ)」に同じ。

の‐ぶろ【野風炉】茶道で、野点(のだて)に用いる風炉。

のべ【延べ】❶ひらたく延ばされたもの。特に、延べ金・延べ銀をいう。「—の指環」❷同一のものがいくつ重複しても、それぞれ一つとして数え合計すること。「—にすると週に一〇〇人の動員になる」「—二〇〇平方メートルの床面積」「—千時間に及ぶフライト」❸期日・期間を延ばすこと。「日—」❹「延べ取引」の略。❺「延べ紙」の略。「—の鼻紙ひざ近く置きて」〈浮・一代女・一〉[類語]計・合計・総計・集計・都合・トータル

の‐べ【野辺】《古くは「のへ」》❶野のあたり。野原。「—に咲く草花」❷火葬場。また、埋葬地。

のべ‐いた【延(べ)板】❶金属を打ち延ばして板状にしたもの。「金の—」❷物を延ばすのに用いる、平たく広い板。

のべ‐うち【延(べ)打ち】金属をきたえて、平たく延ばすこと。また、そのもの。「銀の—のキセル」

のべ‐うり【延(べ)売り】延べ払いで商品を売ること。

ノベール〖Jean Georges Noverre〗[1727〜1810]フランスの舞踊家・振付師。仮面を排し、パントマイムの技法をバレエに導入するなど改革に努めた。

のべおか【延岡】宮崎県北部の市。日向灘(ひゅうがなだ)に面する。もと内藤氏の城下町。化学工業が盛ん。平成18年(2006)に北方町・北浦町を、翌年に北川町を編入。人口13.1万(2010)。

のべおか‐し【延岡市】▶延岡

のべ‐おくり【野辺送り】死者を火葬場または埋葬地まで見送ること。また、その行列や葬式。野辺の送り。野送り。

のべ‐がい【延(べ)買い】延べ払いで商品を買うこと。

のべ‐かがみ【延(べ)鏡】❶物を直接見ないで、鏡にうつして見ること。「思ひついたる—、出してうつして読み取る文章」〈浄・忠臣蔵〉❷懐中に入れておく鏡。「着替へては媚(こび)を争ひ、—は化粧を補ふ」〈根無草・後〉

のべ‐がく【延(べ)楽】雅楽で、延べ拍子を用いる曲。延べ物。⇔早楽(はやがく)

のべ‐がね【延(べ)金】❶きたえて平らに延ばした金属。❷切り金(きりがね)の一。金銀を薄く打ち延ばしたもので、切って貨幣の代用とした。❸刀剣のこと。

のべ‐がみ【延(べ)紙】縦7寸(約21センチ)、横9寸(約27センチ)ほどの小形の杉原紙(すぎはらがみ)。江戸時代、高級な鼻紙として用いた。延べ。

のべ‐かんじょう【延(べ)勘定】▶延べ払い

のべ‐ギセル【延(べ)ギセル】全体を金属で作ったキセル。打ち延べ。

のべ‐きん【延(べ)金】金をたたいて延ばすこと。また、その金。

のべ‐ぎん【延(べ)銀】銀をたたいて延ばすこと。また、その銀。

のべ‐ごめ【延べ米】❶代金は後日支払う約束で買い込んでおく米。利息を見込むため割高になるが、転売して急場の入用にあてたりした。「広庭には—を借りて積み重ね」〈浮・椀久一世〉❷▶出目米(でめごめ)

のべ‐ざお【延べ×竿|延べ×棹】❶(延べ竿)1本の竹で作った釣り竿。⇔継ぎ竿 ❷(延べ棹)三味線の棹で、継ぎ目のないもの。⇔継ぎ棹

のへじ【野辺地】青森県東部、上北郡の地名。下北半島の基部にあり、野辺地湾に面する。江戸時代には商港として栄えた。馬門(まかど)温泉がある。

のへじ‐まち【野辺地町】▶野辺地

のへじ‐わん【野辺地湾】青森県東部、夏泊(なつどまり)半島と下北半島にはさまれた湾。陸奥湾東部の支湾。ホタテガイの養殖が盛ん。

のべ‐じんいん【延(べ)人員】一つの仕事を仕上げるのに要した人員を、仮に1日で仕上げるものとして換算した総人員数。例えば、3人で5日かかった仕事の延べ人員は15人。延べ人数。

のべ‐ずり【延べ▽磨り】蒔絵ﾏｷｴで、文様を描いて金銀粉・色粉などをまき終わったあと、その上に漆を塗ること。

のべ‐だか【延高】江戸時代、年貢率の低い知行所から高い知行所に移った場合の、年貢高の増加分に対応した知行高のこと。➡込高ｺﾐﾀﾞｶ

のべ‐た・てる【述べ立てる】〔動タ下一〕図のべた・つ〔タ下二〕あれこれと盛んに述べる。しきりに述べる。「よどみなくプランを―・てる」

のべ‐たら〔副〕切れ目なくだらだらと続くさま。のべったら。「説教が―に続く」

のべつ〔副〕絶え間なく続くさま。ひっきりなしに。「―話している」「―に働いている」(類語)始終・絶えず

ノペック〖NOPEC〗《non-OPEC petroleum exporting countries》非OPEC石油輸出国。米国、英国、ロシア、メキシコ、アンゴラ、中国、エジプト、マレーシアなど。(補説)オペック(OPEC)になぞらえた言葉。

のべ‐つぼ【延(べ)坪】建物の各階の床面積を合計した坪数。➡建坪

のべつ‐まくなし【のべつ幕無し】〔副〕《芝居で幕を引かずに演技を続ける意から》ひっきりなしに続くさま。「―に口を動かす」「―愚痴ｸﾞﾁを言う」

のべ‐とりひき【延(べ)取引】代金をすぐに支払わず、一定期間をおいて決済する取引。延べ。

のべ‐にっすう【延(べ)日数】ある一つの仕事に要した日数を、仮に1人で仕上げるものとして換算した日数。例えば、3人で5日かかった仕事の延べ日数は15日。

のべ‐にんずう【延(べ)人数】「延べ人員」に同じ。

のべ‐の‐おくり【野辺の送り】「野辺送り」に同じ。

のべ‐の‐けぶり【野辺の▽煙】火葬の煙。「立ちのぼる―やなき人の行きて帰らぬ限りなるらん」〈新拾遺・哀傷〉

のべ‐ばらい【延(べ)払い】ﾊﾞﾗｲ代金をすぐに支払わず、一定期間繰り延べること。延べ勘定。

のべばらい‐ゆしゅつ【延(べ)払い輸出】ﾉﾍﾞﾊﾞﾗｲﾕｼｭﾂ　輸出業者が輸入業者に信用を供与し、代金の支払いを一定期間猶予することを認めた輸出方式。船舶・重機械・生産設備などの輸出で行われている。

のべ‐びょうし【延(べ)拍子】ﾋﾞｬｳｼ雅楽のリズムのとり方の一。8拍を一単位とするもので、早拍子よりもテンポがゆったりしている。➡早拍子

のべ‐ぼう【延(べ)棒】❶金属を延ばして棒状にしたもの。「金の―」❷餅・麺ﾒﾝなどを平たく延ばすのに用いる木製の棒。麺棒。

のべ‐まい【延米】►出目米ﾃﾞﾒﾏｲ

のべ‐めんせき【延(べ)面積】建物の各階の床面積を合計した面積。

のべやま‐はら【野辺山原】長野県東部、八ヶ岳東麓の高原。高原野菜を栽培。小海線の野辺山駅は標高1346メートルでJR線の最高所駅。国立天文台の宇宙電波観測所がある。野辺山高原。

ノベライズ〖novelize〗〔名〕ｽﾙ　ヒットした映画やテレビドラマのシナリオを小説化すること。

ノベライゼーション〖novelization〗ヒットした映画やテレビの脚本を小説として仕立てること。

ノベル〖novel〗小説。特に、写実的な長編小説。(類語)小説・長編小説・ロマン

の・べる【伸べる｜延べる】〔動バ下一〕図の・ぶ〔バ下二〕❶空間的に長くする。また、広くする。㋐たたんであるものなどをひろげる。敷く。「布団を―・べる」㋑(「手をのべる」の形で)対象に向かって届かせるように手をのばす。積極的にさし出す。さしのべる。「手を―・べて助けおこす」「救いの手を―・べる」㋒かたまり状の物を、打って均質に薄く広げる。「飴ｱﾒを―・べる」「金ｶﾈを―・べる」❷時間的に長くする。㋐(延べる)期日・時刻を遅らせる。延期する。また、延長する。「出発の期日を―・べる」㋑命などを長くする。「二十日が命を―・べてたべ」〈平家・一二〉❸気持ちをゆったりとさせる。のびのびとさせる。「春の野に心―・べむと思ふどち来し今日の日は暮れずもあらぬか」〈万・一八八二〉

の・べる【述べる｜▽宣べる｜▽陳べる】〔動バ下一〕図の・ぶ〔バ下二〕《「伸べる」と同語源》❶考え・意見などを口に出して言う。「所信を―・べる」「礼を―・べる」❷文章で表す。「前章に―・べたごとく」
(類語)言う・しゃべる・語る・話す・言い出す・発言する・口を利く・口に出す・口にする・吐く・漏らす・口走る・抜かす・ほざく・うそぶく (尊敬)おっしゃる・仰せられる・宣ﾉﾀﾏう (謙譲)申し上げる・申す・言上ｺﾞﾝｼﾞｮｳする

述べて作らず　《「論語」述而から》古人の言動を伝え、述べるだけで、作り話はしない。天下の道理は、古人の論説中にすべて包含されているという意。孔子が学問に対する自分の態度を語った言葉。

ノベルティー〖novelty〗❶目新しい趣向をこらした商品。主に若者向きの小物。❷宣伝のために会社名などを入れて配付する贈呈用の品物。カレンダーやライター、携帯電話ストラップなど。「―グッズ」

ノベルティー‐グッズ〖novelty goods〗►ノベルティー❷

ノベレット〖novelette〗❶短編・中編小説。❷物語風のピアノ小品。

のべ‐わたし【延(べ)渡し】売買契約成立の際に現品の受け渡しをせず、一定期間をおいて渡すこと。

ノベンバー〖November｜Nov.〗11月。

の‐ほうず【野放図｜野方図】ﾊｳﾂﾞ〔名・形動〕《「の」は接頭語。「野」は当て字》❶人を人とも思わないずうずうしい態度。横柄なこと。また、そのさま。傍若無人。「―な性格」「―にふるまう」❷際限のないこと。しまりがないこと。また、そのさま。「―な暮らし」「―に金を使う」(派生)のほうずさ〔名〕(類語)傍若無人・勝手

ノボカイン〖novocaine〗塩酸プロカインの商標名。局所麻酔薬の一。

ノボクズネツク〖Novokuznetsk〗ロシア連邦中部、ケメロボ州の都市。トミ川上流部、アバ川、コンドマ川との合流点に位置する。1930年代よりコンビナート建設で発展。クズバス炭田の主要な工業都市の一つになった。31年以前の名称クズネツクシビルスキー、31年から32年はノボクズネツク、32年から61年までスターリンスク、以降、ノボクズネツクに戻された。

ノボシビルスク〖Novosibirsk〗ロシア連邦、ノボシビルスク州の都市。同州の州都。旧称ノボニコラエフスク。オビ川上流に位置する。19世紀末にシベリア鉄道のオビ川鉄橋建設の拠点として建設。交通の要所として発展し、シベリア最大の都市になった。機械・冶金・化学などの工業が発達。また国立オペラバレエ劇場、ノボシビルスク国立美術館などがある。南方には研究学園都市アカデムゴロドクをかかえ、西シベリア開発の中心地。人口、行政区139万(2008)。

ノボシャフチンスク〖Novoshakhtinsk〗ロシア連邦南西部、ロストフ州の工業都市。ドネツ丘陵南東部に位置し、ドネツ炭田の採炭地の一として知られる。

のぼ・す【上す】㊀〔動サ五(四)〕「上ﾉﾎﾞせる」に同じ。「議題に―・す」「食卓に―・す」㊁〔動サ下二〕「のぼ(上)せる」の文語形。

のぼ・す【逆=上す】〔動サ下二〕「のぼ(逆上)せる」の文語形。

のぼせ【逆=上せ】のぼせること。上気したり、熱中したりすること。「一度痛い目にあえば―もさめるだろう」「―性の人」

のぼせ‐あが・る【逆=上せ上(が)る】〔動ラ五(四)〕すっかりのぼせる。ひどくのぼせる。「ほめられたからって―・るな」

のぼ・せる【上せる】〔動サ下一〕図のぼ・す〔サ下二〕❶㋐取り上げて公の場に出す。「話題に―・せる」㋑正式に書き記して残す。記載する。「議事録に―・せる」㋒料理として出す。「山海の珍味を食膳に―・せる」㋓上演されるようにする。「舞台に―・せる」㋔頭にうかべる。「意識に―・せる」❷高い所へあがらせる。上の位に進ませる。「演壇に―・せる」「地位を―・せる」❸㋐上流へ向かわせる。さかのぼらせる。「真木のつまでを百足らず筏に作り―・すらむ」〈万・五〇〉㋑地方から都へ送る。のぼらせる。「田舎よりも国の物など―・せ」〈沙石集・二〉㋒貴人の所へ呼び寄せる。「下なるをも呼び―・せ」〈枕・四九〉㋓おだてる。「今少し―・せなば、五十両は出しさうな大臣と思ひ」〈浮・禁短気・三〉

のぼ・せる【逆=上せる】〔動サ下一〕図のぼ・す〔サ下二〕❶血が頭へのぼって、ぼうっとなる。上気する。「長湯で―・せる」「暑さで―・せる」❷興奮して理性を失う。血迷う。逆上する。「―・せて前後の見境がなくなる」❸すっかり夢中になる。熱中する。「アイドル歌手に―・せる」❹思い上がる。うぬぼれる。「成功したからといって―・せるな」
(類語)(❷)興奮・高揚・逆上・上気・熱中・熱狂・エキサイト・フィーバー・逸ﾊﾔり立つ・浮かれる・ほうける・のめり込む・いかれる・血迷う

の‐ぼたん【野▽牡丹】ノボタン科の常緑低木。暖地に自生し、高さ約2メートル。全体に毛があり、葉は卵形で、縦に走る葉脈が目立ち、対生する。夏、淡紫色の5弁花を開く。実はザクロのように裂開し、食べられる。沖縄・中国南部などに分布。温室栽培もされる。(季 夏)「―の一と日の命けさあえか/風生」

ノボチェルカスク〖Novocherkassk〗ロシア連邦南西部、ロストフ州の工業都市。ドン川と支流アクサイ川の合流点に位置する。19世紀初頭、ドンコサックの根拠地として建設。ナポレオン戦争の戦勝を記念した凱旋門ｶﾞｲｾﾝﾓﾝ、20世紀初頭建造のボズネセンスキー聖堂、コサック博物館などがある。

ノボデビチ‐しゅうどういん【ノボデビチ修道院】ｼｭｳﾀﾞｳｲﾝ《Novodevichiy monastïr'》ロシア連邦の首都モスクワにあるロシア正教会の女子修道院。16世紀初めにスモレンスクがモスクワ大公国に併合されたことを記念し、ワシリー3世により創設。モスクワ川の屈曲部に位置し、周囲を城壁に囲まれ、要塞の役割も担った。16世紀建造のスモレンスキー大聖堂、17世紀のウスペンスカヤ教会、鐘楼などがあり、ノボデビチ墓地に隣接する。2004年、世界遺産(文化遺産)に登録された。ノボデビチ女子修道院。

ノボデビチ‐じょししゅうどういん【ノボデビチ女子修道院】ﾁﾖｼｼｭｳﾀﾞｳｲﾝ《Novodevichiy monastïr'》►ノボデビチ修道院

ノボデビチ‐ぼち【ノボデビチ墓地】《Novodevich'e kladbishche》ロシア連邦の首都モスクワにある墓地。城壁に囲まれたノボデビチ修道院の南側に隣接する。19世紀末に造られ、1930年代以降、都市開発に伴い多くの墓が同地に移された。作家のチェーホフ、ゴーゴリ、ツルゲーネフ、作曲家のショスタコビチ、プロコフィエフのほか、政治家のフルシチョフ、エリツィンらの墓があることで知られる。

の‐ぼとけ【野仏】野中に置かれている仏像。

ノボニコラエフスク〖Novonikolaevsk〗ロシア連邦の都市ノボシビルスクの旧称。

のぼの【能褒野】三重県鈴鹿市の西方から亀山市にかけての台地の古称。日本武尊ﾔﾏﾄﾀｹﾙﾉﾐｺﾄが東征の帰途死去したといわれる地。

のほほん〔副〕何もしないで、または気を使わないでのんきにしているさま。「お坊ちゃん育ちの―とした男」「毎日―と暮らしている」

ノボ‐メスト〖Novo mesto〗スロベニア南部の町。クロアチアとの国境に近く、クルカ川沿いに位置する。自動車産業、製薬業が盛ん。14世紀、ハプスブルク家のオーストリア大公ルドルフ4世により開かれ、ルドルフスベルトの名で呼ばれた。オスマン帝国の侵入に対する防御拠点になり、ドレンスカ地方の中心地として栄えた。クルカ川の屈曲部に囲まれた旧市街には、聖ニコラ聖堂、フランチェスコ派修道院などの歴史的建造物が残る。周辺にはいくつかの温泉地があり、ワインの産地としても知られる。

ノボモスコフスク〖Novomoskovsk〗ロシア連邦西部、ツーラ州の都市。首都モスクワの南約200キロ、ドン川源流域に位置する。1934年から61年までの旧称スタリノゴルスク。炭鉱があり、旧ソ連時代に重化学コンビナートが建設され、工業都市として発展。

のぼり【上り｜登り｜昇り】❶下から上へ、低い所から高い所へ移動すること。また、その道や流れ。「山の

—はきつい」「角を曲がると急な—になっている」⇔下り。❷鉄道の路線や道路で、各線区ごとの終点から起点への方向。また、その方向に走る列車・バス。「—の電車」「—線ホーム」⇔下り。❸地方から都へ来ること。上京。「お—さん」⇔下り。❹《北に内裏があったところから》京都内で南から北に行くこと。⇔下り。❺電気通信網における、末端から中心に向かう方向。無線・有線通信の端末から基地局、インターネットの利用者のパソコンからプロバイダー、通信機から通信衛星など、各通信網の中心方向を上りと見なす。上り方向の回線または通信経路をアップリンクという。⇔下り。(類語)上・あがり・上昇・アップ
(⋯語)岩登り・鰻登り・御登り・川上り・木登り・京上り・早上り・沢登り・滝登り・初上り・山登り・葦登り
上り大名下り乞食　旅の始めに派手にやりすぎて、帰りには文無しでみすぼらしくなること。

のぼり【×幟】《「上り」と同語源》❶細長い布の端につけた輪にさおを通し、立てて標識とするもの。軍陣・祭礼・儀式などに用いる。のぼりばた。❷端午の節句に飾られる五月幟。また、鯉のぼり。(季 夏)「門の木にくくし付たる—哉/一茶」

のぼり-あきない【上り商ひ】都へ上る途中で商いをすること。また、その商人。「江戸に下り本町の呉服棚に売りては、—に奥筋の絹綿ととのへ」〈浮・永代蔵・四〉

のぼり-あゆ【上り×鮎】成長して春に川を上る若アユ。(季 春)

のぼり-おり【昇り降り|上り下り】〔名〕スル　のぼることとおりること。「階段を—するのは骨だ」
(類語)上り下り・昇降・上下・アップダウン

のぼり-がく【昇り楽|登り楽】法会で、導師が高座にのぼるときに奏する楽。しょうがく。

のぼり-がつお【上り×鰹】春、黒潮に沿って日本の太平洋岸を北上するカツオ。初鰹。➡下り鰹

のぼり-がま【登り窯】陶磁器を焼く窯の一。丘などの傾斜面に階段状に数室から十数室の房を連続して築いたもの。第一室の燃焼の余熱を各室に利用する。中国・朝鮮で開発され、日本では朝鮮系の唐津焼が初めて築いた。

のぼり-ぐい【×幟×杭】幟竿を立てるための杭。

のぼり-くだり【上り下り】〔名〕スル　のぼることと、くだること。のぼったり、くだったりすること。「川を—する船」(類語)昇降・昇り降り・上下・アップダウン

のぼり-くち【上り口|登り口】《「のぼりぐち」とも》階段・坂道・山などの、登りはじめる所。

のぼり-げた【上り桁】階段の段板を支えるため、斜めにかけた梁。

のぼり-こうらん【登り高欄】階段の両脇につけた、勾配のある高欄。

のぼり-ざお【×幟×竿】幟をつけて立てる竿。幟竹。

のぼり-ざか【上り坂|登り坂】《「のぼりさか」とも》❶登りの坂道。⇔下り坂。❷物事が少しずつ盛んになっていく状態にあること。「人気は—だ」⇔下り坂。

のぼり-ざる【×幟猿】端午の幟の下につけたくくり猿。風で上下する。また、それをかたどった玩具。

のぼり-しお【上り潮】満ちてくる潮。あげしお。「薩摩潟へや落とさんと申しし折節、—にさへられ」〈謡・大原御幸〉

のぼり-ちょうし【上り調子】からだや技術などの状態が、しだいによいほうに向かうこと。「投手陣が—なのは心強い」(類語)好調・好転・上り坂・あげ潮

のぼり-づき【上り月】秋、新月から満月へ、しだいに満ちていく月。(季 秋)⇔降り月。

のぼり-つ・める【上り詰める|登り詰める】〔動マ下一〕図のぼりつ・む〔マ下二〕❶のぼれるだけのぼる。登っていっていちばん上まで達する。「長い坂を—・める」「出世の階段を—・める」❷ひどく夢中になる。のぼせあがる。「—・めたる客共には、望みに任せ誓紙も書いてやる由」〈浮・禁短気・一〉

のぼり-のき【登り軒】破風に沿って勾配のついた軒。傍軒。

のぼり-ばた【×幟旗】「幟❶」に同じ。

のぼり-ふじ【昇藤】ルピナスの別名。

のぼり-ぶね【上り船】❶川上へさかのぼる船。❷地方から上方へ向かう船。

のぼりべつ【登別】北海道南西部の太平洋に面する市。登別温泉・カルルス温泉などがあり、保養地。化学・食品工業や窯業が盛ん。人口5.2万(2010)。(補説)アイヌ語「ヌプル-ペッ」(色の濃い川)から。

のぼりべつ-おんせん【登別温泉】登別市にある温泉。泉質は炭酸水素塩泉・含鉄泉・硫黄泉など。爆裂火口の地獄谷がある。

のぼりべつ-し【登別市】▶登別

のぼり-ぼう【登り棒】登り降りして遊ぶ固定遊具の一。丸鋼材・竹などの上部を固定して立てたもの。

のぼり-やな【上り×梁】アユなど川をさかのぼる魚を捕るために、川下に向けて仕掛けた梁。(季 春)「淀川や舟みちよけて—/王城」

のぼり-りゅう【昇り竜|登り竜】❶空にのぼっていく竜。また、その姿を描いた絵。のぼりりょう。❷ノボリリュウ科のキノコ。夏から秋、林内に生え、高さ4～7センチ。頭部は不規則に曲がりくねり、茎には畝状の隆起がある。食用。

のぼり-れっしゃ【上り列車】その線区で上りの方向に走る列車。のぼり。⇔下り列車。

のぼ・る【上る|登る|昇る】〔動ラ五(四)〕❶下から上へ、低い所から高い所へ移る。⇔下る。㋐他より一段と高い所へ移り進む。「山に—・る」「演壇に—・る」㋑そこを通って高い所に行く。「坂道を—・る」㋒川の上流へ向かって進む。さかのぼる。「川を—・る」❷地方から中央へ行く。都へ向かう。「京へ—・る」「江戸へ—・る」⇔下る。❸高い地位につく。昇進する。「大臣の位に—・る」❹貴人の御座所近くへ参上する。「御前に人々所もなく居たるに、今—・りたるは少し遠き柱もとなどに居たるを」〈枕・二七六〉❺太陽・月などが空高く現れる。また、上方へすすんで高い所に達する。「日が—・る」「気球が—・る」❻(「頭に血がのぼる」などの形で)のぼせる。夢中になる。「頭に血が—・って見境がなくなる」❼数量が、無視できない相当の程度に達する。「死傷者が数百人に—・る」❽あるところで、取りたてて問題とされる。「世上の口に—・る」「話題に—・る」➡上がる(用法)(補説)❶㋐は「登る」、❸❺は「昇る」、その他は「上る」と書くことが多い。(可能)のぼれる
(⋯句)蟻の思いも天に登る・口の端に上る・痺れ京へ上れ・船頭多くして船山に上る・血が上る
(類語)(❶)上がる・上昇する・遡る/(❼)及ぶ・達する
上りての世　過去にさかのぼっての世。昔。「—を聞き合はせ侍らねばにや」〈源・若菜下〉

の-ぼろぎく【野襤=褸菊】キク科の一年草または二年草。道端などにみられ、高さ約30センチ。茎は赤みを帯び、葉は不ぞろいな羽状の切れ込みがある。主に春から夏、黄色い管状花からなる頭状花をつける。ヨーロッパ原産の帰化植物。

ノボロシースク〖Novorossiysk〗ロシア連邦南西部、クラスノダール地方の都市。黒海北東岸のツェメス湾に面し、不凍港を有す。19世紀に建設されたロシア海軍の要塞に起源し、セメント工業と小麦などの積み出しにより発展。第二次大戦中、ドイツ軍に対して善戦し、のちに英雄都市の称号を与えられた。同国有数のワインの産地として知られる。

の-ま【々】《「ノマ」と書くことが多い。「々」が片仮名の「ノ」と「マ」を組み合わせたようにみえるところから》踊り字の一種「々」のこと。

の-ま【野馬】野飼いの馬。放牧の馬。のうま。

の-まお【野真▽麻】カラムシの別名。

のま-おい【野馬追】福島県相馬地方の祭礼の行事。毎年7月23日から3日間行われる、南相馬市の太田神社・小高神社、相馬市の中村神社の合同祭事で、武士に扮した人が馬に乗って神旗を奪い合うもの。昔の武士が、放牧した馬を囲いの中に追い込んだ行事からできたとされる。(季 夏)「駒とめて—の武者水を乞ふ/楸邨」

の-まき【×箆巻】「沓巻❶」に同じ。

のま-く【▽祈まく】《動詞「の(祈)む」のク語法》祈ること。「手向けの神に幣まつり我が乞ひ—」〈万・四〇〇八〉

のま-さわこ【野間佐和子】[1943～2011]出版人。東京の生まれ。講談社第6代社長のほか、日本雑誌広告協会理事長、日本出版クラブ会長などを務める。

のま・す【飲ます】㊀〔動サ五(四)〕❶飲むようにさせる。飲ませる。「病人に薬を—・す」「嘘ついたら針千本—・す」❷酒肴を供する。「一杯—・して慰労する」㊁〔動サ下二〕「のませる」の文語形。

のま-せいじ【野間清治】[1878～1938]出版人。群馬の生まれ。教員を経て、明治42年(1909)大日本雄弁会を設立し、次いで講談社を設立。「キング」「講談倶楽部」「少年倶楽部」「婦人倶楽部」などの大衆雑誌や書籍を発行した。著作に「私の半生」など。

のま・せる【飲ませる】〔動サ下一〕図のま・す〔サ下二〕「飲ます」に同じ。「赤ん坊にミルクを—・せる」

ノマド〖フランス nomade〗遊牧民。放浪者。

ノマドロジー〖フランス nomadologie〗遊牧民的生活の復権を目指す思想。権力を嫌い、境界を越えて流動し、多様な生活を同時に生きることなどを唱える。フランスの思想家ジル=ドゥルーズとフェリックス=ガタリが共著「千のプラトー」の中で提唱した。

のま-ひろし【野間宏】[1915～1991]小説家。兵庫の生まれ。戦時下の青春と一青年の自己完成への模索を描いた「暗い絵」で戦後派として認められ、以後、旺盛な筆力で問題作を発表。また、文学の国際交流にも尽力。作「真空地帯」「青年の環」など。

のま-ぶんげいしょう【野間文芸賞】講談社の初代社長、野間清治を記念して昭和16年(1941)に創立された文学賞。毎年1回、優れた小説・評論作品に贈られる。

の-まめ【野豆】ツルマメの別名。

のま◦れる【飲まれる|×呑まれる】〔連語〕❶引き込まれる。取り込まれる。「渦に—◦れる」「酒に—◦れる」❷相手や雰囲気に圧倒される。威圧される。「相手の気迫に—◦れる」
(類語)気圧される・臆する・ひるむ・たじろぐ・おじ気づく

のみ【衣=袽|船=筎|×絮|×袽】ヒノキやマキの内皮を砕いて柔らかくしたもの。舟や樋などの材の継ぎ目につめこんで水漏れを防ぐのに用いる。のめ。まいはだ。「矢口の渡りの船の底を二所えり貫いて、—を差し」〈太平記・三三〉

のみ【能美】石川県南部にある市。手取川南岸に田園地帯が広がる。平成17年(2005)2月に根上町、寺井町、辰口町が合併して成立。人口4.9万(2010)。

のみ【×蚤】ノミ目の昆虫の総称。微小で、雌は雄より大きい。体は左右に扁平。翅をもたず、後ろ脚は発達し、よく跳躍する。口は管状で、哺乳類のほか鳥類に寄生して吸血し、伝染病を媒介するものもある。ヒトノミ・ネコノミ・イヌノミなど。隠翅類。(季 夏)「—虱馬の尿するまくらもと/芭蕉」
蚤の息も天に上がる　蚤のような取るに足りないものでも、一心に努力すれば何事もなしとげることができるというたとえ。蟻の思いも天に届く。
蚤の四月蚊の五月　ノミやカの発生する時候をいったもの。蚤の五月に蚊の六月。
蚤の夫婦　《ノミは、雌が雄より大きいところから》夫より、妻のほうがからだの大きい夫婦。

のみ【飲み|×呑み】《動詞「のむ」の連用形「のみ」の名詞化》❶飲むこと。特に、酒やタバコをのむこと。「—の席」❷「飲み口」の略。❸(呑み)「呑み行為」の略。

のみ【×鑿】木材・石材・金属などに穴をあけたり、溝を刻んだりするのに用いる工具。柄の先に刃がつき、柄頭を槌でたたくか、手で突くかして削る。刃先の形により、平のみ・丸のみ・壺のみなどがある。
鑿と言えば槌　鑿を持ってこいと言われれば、それを使うのに必要な槌も一緒に持ってくる。万事に

気が利くことのたとえ。

のみ〔副助〕種々の語に付く。❶ある一つの事柄・状態に限定していう意を表す。…だけ。…ばかり。「あとは結果を待つ―である」「日本―ならず全世界の問題だ」「ももづたふ磐余いはれの池に鳴く鴨かもを今日―見てや雲隠りなむ」〈万・四一六〉❷ある一つの事柄・状態を取り出して強調する意を表す。ただもう。「色合いが美しい―で、何のとりえもない絵だ」「み心を―惑はして去りなむことの、悲しく耐へ難く侍るなり」〈竹取〉❸(文末にあって)感動を込めて強く言い切る意を表す。「あとは開会式を待つ―」「争いか反逆ぎゃくの凶乱をしずめん―」〈平家・七〉〔補説〕「の身」から出て、「それ自身」というように上の語を強く指示するのが原義という。現代語では、主に文語的表現に用いられる。➡のみか ➡のみならず

のみ-あか・す【飲(み)明かす】〔動サ五(四)〕夜が明けるまで酒を飲みつづける。夜どおし酒を飲む。「旧友と―・す」

のみ-ある・く【飲(み)歩く】〔動カ五(四)〕あちこちの店を歩き回り、酒を飲む。「なじみの店を―・く」

のみ-あわせ【飲(み)合(わ)せ】はせ《「食い合わせ」から》一緒に取らない方がよい、薬と食品の組み合わせ。一部の高血圧治療薬とグレープフルーツジュース、一部の抗生物質と牛乳など。薬と薬の組み合わせもある。

のみ-か〔連語〕《副助詞「のみ」＋副助詞「か」》…だけでなく。…ばかりか。「感謝しない―逆に恨んでいる」

のみ-かい【飲(み)会】クワイ 仲間が集まり酒を飲む会。

のみ-かけ【飲(み)掛け】飲んでいる途中であること。また、その飲み残しているもの。飲みさし。「コーヒーを―で電話に出る」「―の茶」

のみ-か・ける【飲(み)掛ける】〔動カ下一〕図のみか・く〔カ下二〕飲もうとする。また、途中まで飲む。「酒を―・けた時に来客があった」

のみ-きり【飲(み)切り】残さずに飲み切ること。特に、居酒屋やバーで、瓶で注文したアルコール飲料をその日のうちに飲み尽くすこと。「―サイズのミニボトル」➡ボトルキープ

のみ-き・る【飲(み)切る】〔動ラ五(四)〕すっかり飲んでしまう。「ウイスキー一瓶を―・る」

のみ-くい【飲み食い】くひ〔名〕スル 飲むことと食うこと。飲んだり食ったりすること。飲食。「―の代金」「人の金で―する」〔類語〕飲食・酒食

のみ-ぐすり【飲(み)薬】飲む薬。内服薬。

のみ-くだ・す【飲(み)下す】〔動サ五(四)〕飲んで胃へ流しこむ。「薬を一息に―・す」〔類語〕飲み込む

のみ-くち【飲(み)口¦×呑み口】《「のみぐち」とも》❶飲んだときの風味・口あたり。「―のいい酒」❷酒好きの人。のみて。「かなりの―と見える」❸杯などのくちびるに触れる部分。「―の欠けたちょこ」❹酒などを飲む口つき。のみっぷり。「豪快な―」❺(呑み口)樽などの中の液体をつぎ出すための口。また、それに使う木の栓。❻キセルの吸い口。

のみ-こうい【×呑み行為】カウヰ ❶証券取引所(金融商品取引所)の会員または商品取引所の商品取引員が、顧客から市場における売買取引の委託を受けたとき、その注文を取引所に出さずに自己がその相手方となって売買を成立させ、顧客には注文どおり取引所で売買したようにみせかける行為。呑み。❷競馬・競輪などで、法律によって指定されている団体または地方公共団体以外の者が、馬券・車券などを発売するなどの行為を行うこと。呑み。〔補説〕❶❷ともに法律で禁止され、罰則規定がある。

のみ-こみ【飲(み)込み¦×呑み込み】❶飲み込むこと。❷物事を理解すること。納得すること。「―が早い」「早―」〔類語〕理解・納得・分かり・物分かり・察し

のみこみ-がお【×呑み込み顔】がほ 事情をすべて理解しているような顔つき。納得した顔色。「―でうなずく」

のみこみ-しごと【×呑み込み仕事】手軽に引き受けてする仕事。「―に懲りたものぢゃ」〈伎・韓人漢文〉

のみこみ-すがた【×呑み込み姿】なんでも心得ているように振る舞うこと。知ったかぶりをすること。通人ぶること。「―にて、ここの内へは上られねえの、あそこの内は悪いのと」〈洒・三躰誌〉

のみこみ-やま【×呑み込み山】《意味のない「山」を添えていう通人語》承知すること。合点すること。「『宿はどうでもいいから、たぼのありさうな内にしやれ』『―、―』」〈滑・膝栗毛・四〉

のみ-こ・む【飲(み)込む¦×呑み込む】〔動マ五(四)〕❶飲んでのどを通す。また、かまずにまる飲みにする。「生つばを―・む」「錠剤を―・む」❷出そうになった言葉・あくびなどを出さずにおさえる。「口に出そうとした返事をあわてて―・む」❸自然現象や大きな建造物などが、すっかり取り囲んでしまう。中に引き込んで、外に出さないようにする。「大観衆を―・んだスタジアム」「山津波が一瞬のうちに家々を―・む」❹理解する。納得する。「すっかりこつを―・む」「状況を万事―・んでいる」〔類語〕(❶)飲み下す・丸呑まるみ・嚥下えんか/(❹)つかむ・マスターする・覚える・会得する・体得する・身に付ける

のみ-さし【飲み▽止し】飲みさすこと。また、そのもの。「―の茶碗」「―のタバコ」

のみ-さ・す【飲み▽止す】〔動サ五(四)〕飲みはじめて中途でやめる。「茶を―・したまま席を立つ」

のみ-し【能美市】➤能美

のみ-しろ【飲(み)代】酒を飲む代金。酒代さかだい。〔類語〕酒代・酒手

のみ-すぎ【飲(み)過ぎ】酒などを度を過ごして飲むこと。

のみ-すけ【飲(み)助¦×呑み助】酒好きの人や大酒飲みの人を人名めかしていった語。のんべえ。〔類語〕酒飲み・飲み手・のんべえ・飲んだくれ・酒好き・酒豪・大酒家・大酒飲み・酒客・酒家・酒仙

のみ-すて【飲(み)捨て】飲んで、その余りを捨てること。また、飲んだまま放置すること。「缶ジュースを―にする」

のみ-たお・す【飲(み)倒す】たふす〔動サ五(四)〕❶酒を飲んで代金を支払わないままにする。「客に―・される」❷「飲み潰つぶす」に同じ。「身代を―・す」

の-みち【野道】野中の道。野路のじ。

のみ-つ・ける【飲(み)付ける】〔動カ下一〕❶日常よく飲んでいる。飲み慣れている。「―・けた銘柄の酒」❷したたかに飲む。うんと飲む。「おけでも盥たらいでも、―・けてやりませう」〈浄・生玉心中〉

のみ-つぶ・す【飲(み)潰す】〔動サ五(四)〕飲酒にふけり財産をなくしてしまう。「身上を―・す」

のみ-つぶ・れる【飲(み)潰れる】〔動ラ下一〕図のみつぶ・る〔ラ下二〕酒を飲みすぎて正体を失う。酔いつぶれる。「忘年会で―・れる」

のみ-て【飲(み)手】酒をよく飲む人。上戸じょうご。飲み口。「かなりの―だ」〔類語〕酒飲み・のんべえ・飲み助・酒豪・酒好き・大酒家・酒客・酒家・酒仙

のみ-で【飲(み)出】飲んで余りあるほどの分量。飲みごたえのある量。「小瓶だが意外に―がある」

のみ-と【▽喉¦▽咽】《「飲み門と」の意。「のみど」とも》のど。「赤海鯽魚たひの―を探れば、鉤有りき」〈記・上〉

のみ-ともだち【飲(み)友達】いつも一緒に酒を飲む友人。飲み仲間。

のみ-とり【×蚤取り】ノミを取ること。また、その薬。

のみとり-ぎく【×蚤取菊】ジョチュウギクの別名。

のみとり-ぐさ【×蚤取草】アリノトウグサの別名。

のみとり-こ【×蚤取り粉】ノミを駆除するための粉末状の薬剤。ジョチュウギクの粉末など。〔季 夏〕

のみとり-まなこ【×蚤取り眼】ノミをとるときのような、どんなものも見落とすまいとする真剣な目つき。「―で捜す」

のみ-なお・す【飲(み)直す】なほす〔動サ五(四)〕気分や場所を変えてさらに酒を飲む。「河岸かしを変えて―・す」

のみ-なかま【飲(み)仲間】いつも一緒に酒を飲む仲間。飲み友達。

のみ-なら-ず〔連語〕《副助詞「のみ」＋断定の助動詞「なり」の未然形＋打消しの助動詞「ず」》❶…ばかりでなく。…だけでなく。「筆者―世人も認めるところ」❷(いったん文を切ったあと、接続詞的に用いて)それればかりでなく。その上に。「彼は私にとって無二の親友だ。―恩人でもある」〔類語〕更に・然も・また・その上・おまけに・剰あまつさえ・加うるに・糅かてて加えて

ノミナリズム〖nominalism〗➤唯名論ゆいめいろん

ノミナル〖nominal〗〔形動〕名目だけであるさま。「―な売買」

ノミナル-レート〖nominal rate〗2国の貨幣の市価から生じる為替相場。

のみ-にげ【飲(み)逃げ】〔名〕スル 飲食店で酒を飲んで、代金を払わずに立ち去ること。また、その人。宴席などをひそかに中座することにもいう。

のみ-ニケーション【飲みニケーション】《飲み＋communicationからの造語》俗に、酒を飲みながら語り合い、親交を深めること。ノミュニケーション。

のみ-ぬけ【飲(み)抜け】多量に酒を飲むこと。また、その人をののしっていう語。

ノミネート〖nominate〗〔名〕スル 候補に指名すること。推薦すること。「アカデミー賞に―される」

のみ-の-いち【×蚤の市】《フランス marché aux puces》パリの北隅、クリニャンクール門から北へサントゥアン門までの路上に、毎週土・日・月曜日に立つ古物の露店市。転じて、一般に古物市をいう。

のみ-の-くち【×蚤の口】ハタ科の海水魚。岩礁域にすみ、全長約50センチ。体は側扁そくへんし、赤褐色で、朱色の小点が多数ある。食用。あこう。あこ。

のみ-の-すくね【野見宿禰】日本の伝説上の人物。天穂日命あめのほひのみことの子孫。垂仁天皇の命により、当麻蹴速たいまのけはやと力を争って勝ち、相撲取りの祖とされる。また、皇后の死に際し、殉死の代わりに陵墓に埴輪はにわを立てることを進言し、土師臣はじのおみと称して、子孫は天皇家の葬儀をつかさどった。

のみ-の-ふすま【×蚤の×衾】ナデシコ科の越年草。道端や田畑に群生し、高さ10～20センチ。葉は楕円形で対生する。春から秋にかけ、白色の小さい5弁花を開く。

のみ-ばえ【×蚤×蠅】ばへ 双翅そうし目ノミバエ科の昆虫の総称。体長1～5ミリで、後脚が太くよく飛び回る。腐敗物・食品などに発生し、動きはすばやい。

のみ-ばった【×蚤×蝗】直翅ちょくし目ノミバッタ科の昆虫。体長約5ミリ、黒色でつやがある。頭は大きく、触角はバッタに似る。後脚が非常に太くてよく跳ねる。砂地に穴を掘ってすみ、時に野菜を食害する。

のみ-ぶり【飲(み)振り】酒などを飲むようす。飲みっぷり。「みごとな―」

のみ-ほうだい【飲(み)放題】ハウダイ 飲むことを制限しないこと。「料理は食い放題、酒は―」

のみ-ほ・す【飲(み)干す¦飲み▽乾す】〔動サ五(四)〕器に入った飲み物を、一滴も残さずに飲む。「大杯を一気に―・す」〔類語〕あおる・空ける

のみ-まわ・す【飲(み)回す】はす〔動サ五(四)〕一つの器に入った飲み物を、何人かで回して飲む。「濃茶こいちゃを―・す」

のみ-みず【飲(み)水】みづ 飲むための水。飲料水。

のみ-むし【×蚤虫】トビムシの別名。

のみ-もの【飲(み)物】飲むための液体。水・茶・ジュース・酒など。飲料。「冷たい―」〔類語〕飲料・ドリンク

のみ-や【×呑み屋】❶証券取引または商品取引で、呑み行為をする者。❷競馬・競輪などで、呑み行為をする者。

のみ-や【飲(み)屋】酒を飲ませる店。小料理屋・居酒屋など。〔類語〕酒場・居酒屋・縄暖簾なわのれん・バー・ビヤホール・ビヤガーデン・パブ・スナック・クラブ

のみ-りょう【飲(み)料】レウ ❶飲み物とするもの。いんりょう。❷酒・タバコなどの、自分の飲み分。❸酒を飲む金。飲み代しろ。

の・む【▽祈む】〔動マ四〕頭を下げて祈る。「かくなやまし苦しめ給ひし時に、―・み白まをししく」〈記・上〉

の・む【飲む¦×呑む】〔動マ五(四)〕❶飲食物を口から体内に送りこむ。㋐液体などをのどへ送りこむ。「水を―・む」「薬を―・む」「―・まず食わずの生活」㋑

酒をからだに入れる。「同僚と—・む」❷吸い込む。吸う。「タバコをうまそうに—・む」❸見くびる。また、圧倒する。「相手を—・んでかかる」「会場の雰囲気に—・まれる」❹受け入れる。妥協する。「条件を—・む」「清濁併せ—・む」❺外に出さないで抑える。こらえる。「息を—・む」「涙を—・む」❻隠し持つ。「懐にどすを—・む」❼呑み行為をする。(可能)のめる

(用法)のむ・すう——「水を飲む」「薬を飲む」「卵を呑んだ蛇」などのように、「飲む」は液体や小さな固体など、口に入れたものを噛まずに体内に送りこむことを言う。「要求を呑む」「相手を呑んでかかる」のような比喩的な言い方もある。◆「吸う」は「汁を吸う」「空気を吸う」「タバコを吸う」のように液体や気体を口や鼻から呼吸作用とともに体内に引き入れること。◆「息を吸う」は呼吸することで、「息をのむ」となると驚いた時の形容になる。◆「吸う」は「湿気を吸う」のように物が何かを吸収して含んでいる状態も示す。◆タバコについては「のむ」「すう」どちらも使う。

(一句)息を呑む・恨みを飲む・蛙は口ゆえ蛇に呑まるる・風を吸い露を飲む・固唾を呑む・渇しても盗泉の水を飲まず・気を呑む・声を呑む・言葉を呑む・酒が酒を飲む・蛇が蚊を呑んだよう・蛇は寸にして人を呑む・酢でさいて飲む・清濁併せ呑む・爪の垢を煎じて飲む・どすを呑む・涙を呑む・熱鉄を飲む

(類語)吸う・あおる・干す・喫する・服する

飲む打つ買う　大酒を飲み、ばくちを打ち、女を買う。男が道楽の限りをつくすことをいう。

飲めや歌え　にぎやかに酒盛りをするさまにいう。「—のどんちゃん騒ぎ」

のむぎ-とうげ【野麦峠】長野・岐阜県境、乗鞍岳の南にある峠。標高1672メートル。明治から大正初めにかけて、飛騨地方から諏訪地方の製糸工場へ働きに出た女工たちの越えた峠として知られる。

の-むし【野虫】【×蠹】❶衣魚の別名。「—が本を食う」〈漱石・坑夫〉❷キクイムシの古名。〈和名抄〉

ノ-ムヒョン【盧武鉉】[1946〜2009]韓国の第16代大統領。在任2003〜2008。慶尚南道出身。弁護士。1988年国会議員に初当選。2000年海洋水産部長(大臣)。02年インターネットを通じた市民運動に支持され大統領選挙に勝利し、翌年2月に就任。北朝鮮に融和的な政策を進めた。➡イミョンバク

のむら-かつや【野村克也】[1935〜　]プロ野球選手・監督。京都の生まれ。昭和29年(1954)南海(現福岡ソフトバンク)に入団。同40年戦後初の三冠王を獲得。同45〜52年は選手兼任監督として活躍。本塁打王9回、打点王7回、通算657本塁打など、数々の記録を樹立。引退後はヤクルト・阪神・楽天などの監督を歴任した。

のむら-きちさぶろう【野村吉三郎】[1877〜1964]海軍軍人・外交官。和歌山の生まれ。軍令部次長・鎮守府司令長官・外相などを経て駐米大使。太平洋戦争開戦まで日米交渉にあたった。

のむら-こどう【野村胡堂】[1882〜1963]小説家・音楽評論家。岩手の生まれ。本名、長一。「銭形平次捕物控」などで大衆文学の新生面を開く一方、「あらえびす」の筆名で「ロマン派の音楽」なども執筆。

のむら-ほうてい【野村芳亭】[1880〜1934]映画監督。京都の生まれ。本名、粂蔵。長男は映画監督野村芳太郎。日本映画のパイオニア的存在。代表作「清水次郎長」「女殺油地獄」「父帰る」「金色夜叉」など。

のむら-ぼうとうに【野村望東尼】[1806〜1867]江戸末期の歌人。名はもと。号、招月・向陵。福岡藩士野村貞貫の後妻。夫の死後、剃髪して望東尼と称した。和歌を大隈言道に師事。勤王の志厚く、高杉晋作らと親交があったため、姫島に流された。歌集「向陵集」、著「上京日記」など。

のむら-まんぞう【野村万蔵】[1898〜1978]和泉流狂言方。6世。東京の生まれ。前名、万作・万造。洒脱な芸風で狂言の地位を高めた。

のむら-よしたろう【野村芳太郎】[1919〜2005]映画監督・製作者。京都の生まれ。映画監督野村芳亭の長男。「張込み」「影の車」「砂の器」など、松本清張の小説を映画化し、評価を得る。製作者としては、山田洋次監督「キネマの天地」などを手がけた。

のめし-まるまげ【のめし丸×髷】「蔵前風❷」に同じ。

のめ・す〔動サ五(四)〕❶前へ倒す。のめらせる。「突いて—・す」❷動詞の連用形のあとに付いて、その行為を徹底的にする意を表す。「打ち—・す」「しゃれ—・す」

のめずり-こ・む【のめずり込む】〔動マ五(四)〕❶のめってすべり入る。「足を辷らしゃあがって湯の中へ—・み」〈滑・七偏人・初〉❷ふらふらと入り込む。「うぬが今—・んだ所はお戸前口牢屋門といふ所だ」〈伎・四千両〉

のめ-のめ〔副〕恥ずかしげもなく平然としているさま。おめおめ。「—と生き恥をさらす」

(類語)平然・冷然・恬然・けろりと・しれっと・しゃあしゃあ・ぬけぬけ・おめおめ

のめり-げた【のめり下×駄】前部の裏面を斜めに切り落とした男子用の駒下駄。ぬめり下駄。

のめり-こ・む【のめり込む】〔動マ五(四)〕❶前へ倒れるように入り込む。「ぬかるみに—・む」❷ある環境や状況の中に深く入り込む。「研究に—・む」「ばくちに—・む」

のめ・る〔動ラ五(四)〕からだが前に倒れる。前に倒れそうになる。「つまずいて—・る」

(類語)つんのめる・つまずく・よろめく

の・める【飲める】〔動マ下一〕《「飲む」の可能動詞から》飲む価値がある。「なかなか—・める酒」

ノモグラフ〘nomograph〙計算図表。ノモグラム。

ノモグラム〘nomogram〙▶ノモグラフ

のも-ざき【野母崎】㊀長崎県南部、長崎半島南端にある岬。閃緑岩からなる50〜80メートルの海食崖でできている。近くに標高198メートルの権現山展望公園があり、展望台からは東シナ海を一望できる。㊁長崎県南部、長崎半島南端の旧町名。現在は長崎市に属する。温暖な気候でバナナ・ミカンなどの栽培が盛ん。「野母の盆踊り」は国選択無形民俗文化財、観音寺の「木造千手観音立像」は国指定重要文化財。樺島大橋で対岸の樺島と結ばれる。

ノモス〘ギリシャ nomos〙掟・慣習・法律など、人為的なものをいう語。古代ギリシャのソフィストはこれをピュシスに対立させ、その権威の相対性を説いた。

の-もせ【野▽面】《野も狭いほどにの意を表す「野も狭に」の「野も狭」を一語とみなしたところから》野原一面。また、野のおもて。のづら。「よられつる—の草のかげろひて涼しくくもる夕立の空」〈新古今・夏〉

の-もの【野物】天井裏・床下などの見えない部分に用いられる、かんな仕上げをしていない部材。

のも-はんとう【野母半島】▶長崎半島

の-もり【野守】野の番人。特に、立ち入りを禁じられている野の見張り人。「あかねさす紫野行き標野行き—は見ずや君が袖振る」〈万・二〇〉

のもり【野守】謡曲。五番目物。世阿弥作。春日野を行く旅僧が、老人から野守の鏡の故事を聞き、鬼神の奇瑞を見る。

のもり-ぐさ【野守草】ハギの別名。

のもり-の-かがみ【野守の鏡】《鷹狩りの途中で逃げた鷹を、野守がたまり水に映る影を見て発見したという故事から》野中の水を鏡にたとえていう語。「花のころを影にうつせば秋の夜の月も—なりけり」〈山家集・上〉

ノモンハン〘Nomonkhan〙モンゴル東部、中国との国境近くにある町。ブイル湖の東方、ハルハ河畔にある。

ノモンハン-じけん【ノモンハン事件】昭和14年(1939)5〜9月にノモンハンで起こった軍事衝突事件。満洲国とモンゴル人民共和国の国境で勃発した両国警備隊の交戦をきっかけに、満洲国を支配していた日本と、モンゴルと相互援助協定を結んでいたソ連がそれぞれ軍を投入。大規模な戦闘に発展した。日本の関東軍は大本営の方針に反し独断でソ連領内へ戦線を拡大したが、ソ連の充実した機甲部隊によって壊滅的な打撃を受けた。さらに、日本と同盟関係にあったドイツがソ連との間で独ソ不可侵条約を締結し、ソ連の兵力増強が可能となったため、大本営は作戦中止を決め、9月16日にモスクワで停戦協定が結ばれた。ロシアではハルハ河事件、モンゴルではハルハ河戦争と呼ばれる。

の-や【野矢】狩りに用いる、粗略な作りの矢。「重籐の弓、—そへて賜ぶ」〈平家・八〉

の-や【野屋】「霊屋❸」のこと。

の-やき【野焼(き)】新しい草がよく生えるように、春のはじめに枯れ草に火をつけて野を焼くこと。(季 春)「古き世の火の色うごく—かな/蛇笏」

の-やま【野山】野と山。野や山。

ノヤン〘モンゴル noyan〙モンゴルの遊牧社会で、氏族長をさす称号。チンギス=ハンの統一後は、領主・貴族・高級役人などをもさすようになった。

の-ゆさん【野遊山】野山に出て遊ぶこと。「今日はどれへぞ—に出うと存ずる」〈虎寛狂・靫猿〉

の-よ〔連語〕《終助詞「の」＋間投助詞「よ」。多く女性が使う》❶断定をやわらげた言い方。「そうな—」「それは優しい方です—」❷疑問表現の中で、相手を非難する気持ちを表す。「それがどうだっていう—」「だからどうした—」

のより-りょうじ【野依良治】[1938〜　]化学者。兵庫の生まれ。不斉合成の研究が評価され、平成12年(2000)文化勲章受章。同13年、米国のノールズ、シャープレスとともにノーベル化学賞受賞。

のら　仕事もしないで遊び暮らすこと。また、その人。怠け者。放蕩者。どら。「些異って居た偏屈者、それが此頃のような—になって仕舞うたは」〈露伴・椀久物語〉

のらをかわ・く　仕事を怠ける。遊びにふける。「茂兵衛めが戻ったら代はらうと存ずれど、どこに—・くやら」〈浄・大経師〉

の-ら【野良】《「ら」は接尾語。「良」は当て字》❶野。野原。「最寄の灌木の間や—などを猟き尽して」〈二葉亭訳・めぐりあひ〉❷田や畑。「—仕事」

ノラ〘Nora〙イプセンの戯曲「人形の家」の女主人公。夫にとってかわいい人形にすぎない妻の地位を捨て、夫や子供とも別れて家出する。近代的自我に目覚めて自立を望む新しい女性の典型とされる。

のら-いぬ【野良犬】飼い主のいない犬。宿なし犬。やけん。のいぬ。(補説)「野良犬」は飼い主がなく、人家の周りをうろついて残飯などを食って生きる犬。一方「野犬」は人から離れて山野に住み着き、鳥獣を捕食する野生化した犬をいうのが一般的だが、この違いは曖昧である。「野良猫」と「野猫」の違いも犬と同じである。

のら-かせぎ【野良稼ぎ】田畑に出て農作業をすること。野良仕事。

のら-がらす【野良×烏】❶ねぐらのない烏。「—、うかれがらすの浮き名も消えて」〈鶉衣・鴉箴〉❷たえずそこに出入りして事情に通じている者。「くけん阿波座の—、月夜はなほか闇の夜も」〈浄・淀鯉〉

のら-ぎ【野良着】野良仕事で着る衣服。

のら-くら　㊀〔名・形動〕怠けて遊んでいること。また、そのさまや、その人。「—者」「彼のような—な息子を生んだことを」〈佐藤春夫・都会の憂鬱〉㊁〔副〕スル❶「ぬらりくらり❷」に同じ。「—(と)した返事」❷「ぬらりくらり❸」に同じ。「毎日—(と)過ごす」

のらくろ　田河水泡作の連載漫画。また、その主人公の名。のら犬の黒吉が軍隊に入り、失敗を重ねながらも昇進していく物語漫画で、雑誌「少年倶楽部」の昭和6年(1931)新年号に初登場した。

のら-しごと【野良仕事】田畑に出てする仕事。農事。

のら∘す【▽宣らす・▽告らす】〔連語〕《動詞「の(宣)る」の未然形＋上代の尊敬の助動詞「す」》おおせになる。おっしゃる。「あらたまの年の経ぬれば今しはとゆめよ我が背子我が名—・すな」〈万・五九〇〉

ノラド〘NORAD〙《North American Aerospace

Defense Command》北米航空宇宙防衛司令部。米国とカナダの統合軍司令部。両国の防空・空域監視を担い、ミサイルによる核攻撃や航空機による攻撃から北米大陸を防衛する。1958年発足。司令部はコロラド州ピーターソン空軍基地にある。

のら-ねこ【野良猫】飼い主のない猫。のねこ。➡野良犬〔補説〕

のら-ねずみ【野良×鼠】❶ヒミズの別名。❷ジネズミの別名。❸ヤマネの別名。

のら-まいり【のら参り】のらくら者が、信心からではなく遊び半分に神仏に参拝すること。「喧嘩師の一」〈浄・油地獄〉

のら-まつ【のら松】のらくらと遊び暮らす者を人名めかしていう語。「是一、…なぜにきりきり働きやらぬ」〈浄・嫗山姥〉

のら-まめ【野良豆】❶ソラマメの別名。❷ツルマメの別名。❸エンドウの古名。〈和名抄〉

のら-むすこ【のら息-子】怠け者で遊び好きの息子。道楽息子。どら息子。

のら-もの【のら者】のらくらと遊び暮らす者。怠け者。どら者。

のら-やぶ【野良×藪】野にある藪。「なき人を一などに置きて侍るを見て」〈拾遺・哀傷・詞書〉

のらり-くらり〔副〕スル ❶「ぬらりくらり❷」に同じ。「一(と)質問をかわす」❷「ぬらりくらり❸」に同じ。「日がな一日一(と)している」

のり【生=血|▽血】まだ乾かない粘りけのある血。血糊。「疵口を確かと抑えてはいるものの、一は溢れて」〈円朝・怪談牡丹灯籠〉

のり【▽法|▽則|▽典|▽範|×矩】《動詞「の(宣)る」の連用形が名詞化したもので、神仏・天皇の宣告の意からという。一説に、動詞「の(乗)る」の連用形からとも》❶守るべき規範。法律。おきて。「一を守る」❷手本。模範。「後進に一を示す」❸人としての道理。人道。「心の欲するところに従えども一を踰えず」❹仏の教え。仏法。また、戒律。「一の道」❺基準とする長さ。尺度。㋐差し渡し。寸法。「内一」㋑土木工事で、切り土・盛り土などの斜面の傾斜。また、その斜面。㋒距離。道のり。「道ノ一五里ナリ」〈日葡〉

〔類語〕法・法律・掟・定め・決まり・規範・範・鑑

のり【乗り】㊀〔名〕❶乗り物などに乗ること。また、その人。「船一」❷つりこまれること。調子づくこと。また、音楽のリズムなどにうまく合うこと。「一のよい曲」「悪一」❸絵の具・白粉などの付きぐあい。「化粧の一が悪い」❹邦楽で、三味線または鳴り物のテンポ。特に、1曲中の緩急の変化をいう。❺(ふつう「ノリ」と書く)謡曲で、拍子に合った謡のリズムの型のこと。大ノリ・中ノリ・平ノリの3種がある。❻歌舞伎で、せりふやしぐさを、三味線や囃子のリズムに合わせて演技すること。義太夫狂言に多い。㊁〔接尾〕人数を表す語に付いて、乗り物がその人数だけ乗れることを表す。「二人一のボート」「五人一の自動車」

〔類語〕調子・拍子・拍・律動・リズム・テンポ

乗りが来る 乗り気になる。調子に乗る。「艶二郎いよいよ一きて、かれこれとするうち」〈黄・艶気樺焼〉

のり【海=苔】❶ウシケノリ科アマノリ属の紅藻の総称。主に海岸のしぶきのかかる岩上に生え、冬から春に生育。アサクサノリ・スサビノリなどは養殖もされる。また、アオノリなどの緑藻や、スイゼンジノリなどのカワノリも含めていう。食用。❷アサクサノリを、紙と同じようにして漉いて干した食品。〔季 春〕「衰ひや歯に喰ひあてし一の砂/芭蕉」

のり【×糊】❶米・麦などの澱粉質の物を煮て、粘りけを出させたもの。紙をはりつけたり、布地に張りをもたせたりするのに用いる。「一のきいたシーツ」❷一般に、接着剤のこと。「合成一」

糊と鋏 糊と鋏とで作る意で、先人の文章などをつなぎ合わせて自分の著作をこしらえることにいう。「一の論文」

のり-あい【乗(り)合い】❶他人どうしが、同じ乗り物に一緒に乗ること。また、その人。「一の釣り船」❷「乗合自動車」「乗合馬車」「乗合船」などの略。❸乗り物に乗ったまま出会うこと。特に、貴人の行列に出会ったとき、乗り物を降りないでいること。「小松資盛が一の事に、入道憤りて」〈盛衰記・一一〉

〔類語〕同乗・相乗り・便乗

のりあい-じどうしゃ【乗合自動車】一定の運賃で不特定の旅客を乗せ、定まった路線を運行する大型の自動車。バス。

のりあい-だいりてん【乗合代理店】2社以上の複数の保険会社と代理店契約を結んでいる保険代理店。➡専属代理店

のりあい-ばしゃ【乗合馬車】多人数がいっしょに乗る馬車。ふつう、一定の路線を一定の運賃をとって走った。➡円太郎馬車

のりあい-ぶね【乗合船】規定の運賃をとり、定まった航路を多くの客を乗せて運航する客船。

のりあいぶね【乗合船】歌舞伎舞踊。常磐津。本名題「乗合船恵方万歳」。3世桜田治助作詞、5世岸沢式佐作曲。天保14年(1843)江戸市村座で初演のときの名題「魁香樹いせ物語」。初春の隅田川の渡し船に乗り合わせた人々の芸尽くし。

のり-あ・う【乗(り)合う】〔動ワ五(ハ四)〕一つの乗り物に一緒に乗る。「方向が同じ者どうしでタクシーに一・う」

のり-あ・う【▽罵り合ふ】〔動ハ四〕互いに悪口を言う。ののしりあう。「下ざまの人は一・ひ、いさかひて」〈徒然・一七五〉

のり-あが・る【乗(り)上(がる)】〔動ラ五(四)〕自分のからだを上に持ち上げる。「乱りがわしく一・って、私に抱き付こうとした」〈近松秋江・疑惑〉

のり-あ・げる【乗(り)上げる】〔動ガ下一〕〔文〕のりあ・ぐ〔ガ下二〕船や車などが、進行中に障害物などの上にのってしまう。「船が暗礁に一・げる」

のり-あわ・す【乗(り)合(わ)す】㊀〔動サ五(四)〕「乗り合わせる」に同じ。「同じ飛行機に一・す」㊁〔動サ下二〕「のりあわせる」の文語形。

のり-あわ・せる【乗(り)合(わ)せる】〔動サ下一〕〔文〕のりあは・す〔サ下二〕偶然、同じ乗り物に一緒に乗る。たまたま、その乗り物に乗っている。「旧友と同じ電車に一・せる」

のり-いち【乗り一】乗り心地がいちばんよいこと。「これは一の馬で候」〈平家・四〉

のり-い・る【乗(り)入る】㊀〔動ラ五(四)〕❶乗り物に乗ったまま中に入る。「ジブラルタルの瀬戸を目的にて一・りつつ」〈魯文・西洋道中膝栗毛〉❷騎馬で敵陣に攻め入る。「来島が兵は蛤御門に一・りて」〈染崎延房・近世紀聞〉㊁〔動ラ下二〕「のりいれる」の文語形。

のり-いれ【乗(り)入れ】乗り入れること。「一般車両の構内一を禁じる」「私鉄と地下鉄の相互一」

のり-いれ【×糊入れ】❶糊を入れておく容器。❷「糊入れ紙」の略。❸香箱の小形のもの。

のりいれ-がみ【×糊入れ紙】色を白く見せるため、米糊を加えて漉いた杉原紙。

のり-い・れる【乗(り)入れる】〔動ラ下一〕〔文〕のりい・る〔ラ下二〕❶乗り物を中へ進め入れる。乗り物に乗ったまま中へはいる。「正面玄関まで車を一・れる」❷バス・鉄道などの路線を延長して、ある地域まで通じるようにする。また、他の会社・系統の路線まで延長して運行する。「空港まで直通列車が一・れる」❸馬などをよく乗りならす。調教する。「馬上の達者に一・れさせて候へば」〈浄・十二段〉

のり-うち【乗り打ち】馬・駕籠などに乗ったまま、貴人・神仏などの前を通り過ぎること。下乗の礼を欠くこと。「門前まで一にして」〈太平記・一一〉

のり-うつぎ【×糊▽空木】ユキノシタ科の落葉低木。山地に自生。葉は楕円形で先がとがり、縁にぎざぎざがある。7、8月ごろ、白い装飾花のある小花を多数円錐状につける。樹皮から製紙用ののりを作る。さびた。のりのき。

のり-うつ・る【乗(り)移る】〔動ラ五(四)〕❶別の乗り物に移る。乗り換える。「船からはしけに一・る」❷神霊・もののけなどが人の身にとりつく。「悪霊が一・る」

のり-うま【乗(り)馬】❶乗用の馬。❷馬に乗ること。騎乗。じょうば。

のりうま-はじめ【乗(り)馬初め】▶じょうばはじめ

のり-おき【×糊置き】捺染などで、防染のために布帛の一部に還元剤をまぜ合わせた糊を塗ること。

のり-おく・れる【乗(り)遅れる】〔動ラ下一〕〔文〕のりおく・る〔ラ下二〕❶乗り物の出発時刻に遅れ、それに乗りそこなう。「約束の列車に一・れる」❷時代の流れなどに対応できず、取り残される。「流行に一・れる」

のり-おり【乗り降り】〔名〕スル 乗ることと降りること。乗降。「旅客が一する」

のりかい-もの【×糊かひ物】糊をつけてこわばらせた布や衣類。「一が干上がろがな」〈浄・宵庚申〉

のり-かえ【乗(り)換え|乗(り)替え】❶乗り物を乗り換えること。「電車の一」❷自分に有利な、または好きなものへ移り変わること。「派閥の一をはかる」❸手持ちの株式を売って他の銘柄を買うこと。「有利な株への一」❹信用取引で、決済期限の来た建玉を反対売買によっていったん決済し、それと同時に再び同じ銘柄を売買すること。❺「交差❷」に同じ。❻予備の乗り物。主に馬にいう。「畠山一にのってうちあがる」〈平家・九〉❼乗り換え用の馬を預かる侍。「一一騎うち具し」〈平家・四〉

のりかえ-コスト【乗(り)換(え)コスト】▶スイッチングコスト

のり-か・える【乗(り)換える|乗(り)替える】〔動ア下一〕〔文〕のりか・ふ〔ハ下二〕❶乗っていた乗り物を降りて、別の乗り物に乗る。乗り物をかえる。「各駅停車から急行に一・える」❷今までの立場・考え方・かかわりなどを捨てて、他のものにかえる。「条件のいい仕事に一・える」「新車に一・える」

〔類語〕乗り移る・鞍替え・宗旨変え

のり-かか・る【乗(り)掛(か)る】〔動ラ五(四)〕❶上に乗って、からだを寄りかからせる。「一・って押さえつける」❷乗り物に乗ろうとする。乗りかける。「タクシーに一・ったところをつかまえる」❸物事をしはじめる。「一・った以上あとにひけない」

乗り掛かった船 《乗って岸を離れた船からは下船できないところから》物事を始めてしまった以上、中途でやめるわけにはいかないことのたとえ。

のり-かけ【乗(り)掛け|乗(り)懸け】❶近世の宿駅で、道中馬の両側に明荷という葛籠を2個わたし、さらに旅客を乗せて運ぶこと。「通し駕籠か一で参らすに」〈浮・五人女・二〉❷「乗り掛け馬」の略。

のりかけ-うま【乗り掛け馬】乗り掛けに使う駄馬。「向うより来る一の鈴の音」〈滑・膝栗毛・四〉

のり-か・ける【乗(り)掛ける】〔動カ下一〕〔文〕のりか・く〔カ下二〕❶乗ろうとする。また、中途まで乗る。「車に一・けたところで用事を思い出す」❷乗り物などが他の物に衝突して、勢いあまってその上に乗る。「船ヲー・クル」〈日葡〉

のり-き【乗(り)気】〔名・形動〕進んでやってみようという気になること。また、そのさま。気乗り。「縁談に一になる」「先方から一な返事がある」

のり-きり【乗(り)切り】❶乗りきること。「一日中ずっと車に一だった」「一の策を立てる」❷兵法の一。敗走する敵の中に馬を乗り入れ、敵を分散させて追い討つ戦術。❸大河などを騎馬などで押し渡ること。

のり-き・る【乗(り)切る】〔動ラ五(四)〕❶乗ったままで向こうまで行ききる。「ヨットで大西洋を一・る」❷困難・危機などを切り抜ける。「難局を一・る」❸残らず乗る。また、十分に乗る。「全員バスに一・るのを待つ」「役者として油の一・った演技」

のり-ぐ・す【乗り具す】〔動サ変〕一緒に乗る。連れだって乗る。「船に一・して、歌つかまつりけるとかや」〈今鏡・四〉

のり-くち【乗り口】馬の引き方で、鐙の所に下がって差縄を取って引くこと。「あるは一にひかせ、あるは諸口にひかせ」〈平家・九〉

のり-くみ【乗(り)組み】乗り組むこと。また、その人々。「仏蘭西の汽船にして、一の客人も趣から ず」〈逍遥・内地雑居未来之夢〉

のりくみ-いん【乗組員】船舶・航空機などに乗

り込み、運航・操業などの仕事にたずさわる人。
(類語)海員・船員・船乗り・水夫・クルー・セーラー

のり-く・む【乗(り)組む】〔動マ五(四)〕共に一つの乗り物に乗る。乗り合う。また、業務上の一員として、船舶・航空機などに乗る。「捕鯨船に―・む」

のり-くら【乗り×鞍】乗馬用の鞍。

のりくら【乗鞍】「乗鞍岳」の略。

のりくら-かざんたい【乗鞍火山帯】飛騨山脈に沿い、立山・焼岳・乗鞍岳・御岳などの連なる火山帯。御岳火山帯。

のりくら-こうげん【乗鞍高原】長野県松本市西部にある高原。乗鞍岳東麓に広がる火山泥流による溶岩台地。標高1200～1500メートル。キャンプ場・スキー場などのほか、カラマツ・シラカバに囲まれた休暇村がある。

のりくら-だけ【乗鞍岳】岐阜・長野両県にまたがる飛騨山脈南部の火山。標高3026メートルの剣ヶ峰を最高峰に、摩利支天岳・富士見岳・恵比須岳などからなる。コロナ観測所・宇宙線研究所などがある。

のり-け【×糊気】糊を含んでいる感じ。「―のないよれよれの浴衣」

のり-こ・える【乗(り)越える】〔動ア下一〕図のりこ・ゆ〔ヤ下二〕❶物の上を越えて、向こう側へ行く。「塀を―・えて侵入する」❷先人の成しとげた仕事の水準などを追い越す。「師を―・える」❸困難などを切り抜けて進む。「人生の荒波を―・える」
(類語)乗り越す・越える・突き抜ける・突破する・乗り切る・切り抜ける・くぐり抜ける・やりすごす

のり-ごこち【乗(り)心地】乗ったときの気分。乗った感じ。「―のいい車」

のり-こし【乗(り)越し】〔名〕スル 列車などで、乗り越すこと。「会話に夢中になって―する」「―料金」

のり-こ・す【乗(り)越す】〔動サ五(四)〕❶列車などに乗車したまま下車する予定の場所より先へ行ってしまう。「居眠りして―・す」❷物の上を越して進む。のりこえる。「垣根を―・す」❸乗り物に乗って追い越す。「前夜自分を―・したあの男が」〈二葉亭訳・めぐりあひ〉(類語)乗り過ごす・通り過ぎる・行き過ぎる

のり-ご・つ【▽詔つ|▽令つ】〔動タ四〕《名詞「の(宣)りごと(言)」の動詞化》仰せられる。のたまう。「諸国に―・ちて、船舶を造ら俾む」〈崇神紀〉

のり-ごと【▽宣り言|▽告り言|▽詔|▽令】天皇のおおせ。みことのり。のりごち。「祠官に―して」〈熱田本垂仁紀〉

のり-こな・す【乗り▽熟す】〔動サ五(四)〕乗って自分の思うままに動かす。「馬を自由に―・す」「大型バイクを―・す」

のり-こぼ・る【乗り×溢る】〔動ラ下二〕牛車に女房たちが大勢で乗って、その着物の一部が外へはみ出る。また、あふれるくらい大勢で乗る。「よろしき女車のいたう―・れたるより」〈源・葵〉

のり-こみ【乗(り)込み】❶乗り物に乗り込むこと。「乗船切符を買い、さあ―と云うときに」〈福沢・福翁自伝〉❷能の演技の型の一。右手の扇を上げて前にゆっくりと下ろし、前進する足を止めるとともに拍子を踏むこと。❸江戸時代の劇場行事で、京坂の役者の下り、江戸の役者の上りなどに際して、出勤する劇場へ到着し、あいさつを交わす儀式。

のり-こ・む【乗(り)込む】〔動マ五(四)〕❶乗り物に乗ってその中へはいる。「車で現地に―・む」❷乗客や乗員が乗り物の中へはいる。「通勤の客がいっせいに電車に―・む」❸敵の領分などに、勇んで入り込む。「大挙して談判に―・む」
(類語)踏み込む・立ち入る・押し入る・押しかける

のり-じ【乗(り)地】❶調子に乗ること。調子に乗ってしゃべること。「少し―に声をはずますれば」〈一葉・われから〉❷「乗り気」に同じ。「父が…余り―になったもんだから」〈木下尚江・良人の自白〉❸謡曲で、大ノリの拍子に合わせてうたう部分。❹浄瑠璃や歌舞伎で、三味線の旋律にのせて調子よくせりふや詞章を語ること。また、その語る部分。

のり-じ【×糊地】漆器で、木地に糊と胡粉または砥の粉を混ぜて塗り、下地とするもの。糊下地。

のり-しず・める【乗(り)静める】〔動マ下一〕図のりしづ・む〔マ下二〕あばれ馬などを、乗っておとなしくさせる。「いれこんだ馬を騎手が―・める」

のり-じり【乗尻|▽騎尻】❶競馬の騎手。「春日の祭の―にたちけるに」〈宇治拾遺・五〉❷馬に乗って行列の尻に立ち供奉するもの。「―の雑色」〈宇津保・春日詣〉❸乗馬のたくみな人。「主も究竟の―なり」〈盛衰記・四二〉

のり-しろ【×糊代】❶紙などをはりあわせるとき、のりをつける部分。❷人や組織が柔軟に融通を利かせることのできる範囲のたとえ。遊び。ゆとり。「―が広い」「住宅ローン返済に―のある資金計画を立てる」

ノリス〖Frank Norris〗[1870～1902]米国の小説家。ゾラや社会進化論の影響を受け、米国における自然主義文学の先駆者となった。小説「マクティーグ」、評論「作家の責任」など。

のり-すき【海=苔×漉き】板ノリを作ること。生ノリを細かく刻み、簀の上に並べた木枠に流し込んで水気を切り、天日で乾燥させる工程をいう。

のり-すご・す【乗(り)過ごす】〔動サ五(四)〕下車予定の場所より先まで行ってしまう。乗り越す。「うっかりして一駅―・す」(類語)乗り越す・通り過ぎる

のり-すて【乗(り)捨て】乗り捨てること。また、そのもの。「自転車の―」

のり-す・てる【乗(り)捨てる】〔動タ下一〕図のりす・つ〔タ下二〕乗り物から降りたあと、その乗り物を放置する。また、乗り物から降りて、あとはかまわずに行く。「レンタカーを所定の場所に―・てる」

のり・する【×糊する】〔動サ変〕図のり・す〔サ変〕❶糊ではる。糊づけする。❷(多く「口を糊する」の形で)かゆをすする。かろうじて生計を立てる。「わずかの給料で、ようやく家族の口を―・する」

のり-そ・う【乗り添ふ|乗り▽副ふ】〔動ハ四〕いっしょに乗って付き添う。また、同乗する。「などて―・ひて行かざりつらむ」〈源・夕顔〉

のり-そこな・う【乗(り)損なう】〔動ワ五(ハ四)〕乗ることに失敗する。乗ることができなくなる。「最終電車に―・う」

のり-そだ【海=苔粗×朶】養殖する海苔を付着させるため、浅い海中に立てる木や竹の枝。海苔篊。

のり-ぞめ【乗(り)初め】新調の乗り物にはじめて乗ること。また、新年になって、はじめて乗り物に乗ること。はつのり。(季 新年)

のり-だ・す【乗(り)出す】〔動サ五(四)〕❶船などに乗って出発する。「大海に―・す」❷進んでその物事に関係する。「資源開発に―・す」「調停に―・す」❸乗ることをしはじめる。「自動車をやめてバイクに―・す」❹からだを前にぐっと出す。「身を―・して演奏を聴く」

のり-た・つ【乗り立つ】〔動タ四〕船や馬に乗って出発する。「近江道にい行き―・ち」〈万・三九七八〉

のり-ちゃ【海=苔茶】焼き海苔をふりかけた茶漬け。海苔茶漬け。

のり-つ・ぐ【乗(り)継ぐ】〔動ガ五(四)〕乗り物を降りて、引き続き次の乗り物に乗る。次々と乗り換えて先へ進む。「列車を―・ぐ」

のり-づけ【×糊付け】〔名〕スル《「のりつけ」とも》❶糊ではりつけること。また、そのもの。「ラベルを―する」❷洗濯した布などの形を整え張りをもたせるために、糊をつけること。「シーツに―する」

のり-つ・ける【乗(り)付ける】〔動カ下一〕図のりつ・く〔カ下二〕❶乗りなれる。「―・けない飛行機での長旅に疲れる」❷乗り物に乗ってその場所に到着する。「急を聞いてタクシーで―・ける」❸乗り物に乗ったまま入り口などに横づけする。「ホテルに車を―・ける」

ノリッチ〖Norwich〗►ノーリッジ

のり-つづ・く【乗り続く】〔動カ四〕乗ってあとに続く。また、次々と乗る。「次々の車ども、―・きて出で給ふ儀式」〈宇津保・楼上上〉

のり-つぶ・す【乗(り)潰す】〔動サ五(四)〕乗り物を、使えなくなるまで乗る。「新車を三年で―・す」

のり-づめ【乗(り)詰め】乗り物に乗りつづけていること。「列車に―の長旅」

のり-て【乗(り)手】❶乗る人。乗客。「タクシーが―を待つ」❷馬などに巧みに乗る人。「村いちばんの―」

のり-てつ【乗(り)鉄】鉄道各路線を乗るのに熱中する鉄道ファン。➡撮り鉄

のり-と【祝-詞】儀式など改まった場面で、神を祭り、また、神に祈るときに神前で唱える古体の言葉。現存する最古のものは「延喜式」所収の27編と、藤原頼長の日記「台記」所収の中臣寿詞1編。のっと。のと。のりとごと。「―を上げる」

のりとこう【祝詞考】祝詞の注釈書。3巻。賀茂真淵著。明和5年(1768)成立。寛政12年(1800)刊。「延喜式」所収の祝詞の学問的研究として最初のもの。

のりと-ごと【祝-詞言】「のりと」に同じ。「中臣の太―言ひ祓へ贖ふ命も誰がために汝」〈万・四〇三一〉

のり-と・る【乗り取る】〔動ラ四〕「乗っ取る」に同じ。「主君あの城を落とせと仰せられ候わば、鉄壁なりとも―・り申すべく」〈鴎外・興津弥五右衛門の遺書〉

のり-と・る【▽則る|▽法る】〔動ラ四〕《則をとる意》手本とする。模範にする。のっとる。「これを宗とぞともに―・る」〈日本紀竟宴和歌〉

のり-なら・す【乗(り)慣らす|乗り×馴らす】〔動サ五(四)〕馬などの動物や車に乗ってならす。乗りやすくする。「悍馬を―・す」

のり-な・れる【乗(り)慣れる|乗り×馴れる】〔動ラ下一〕図のりな・る〔ラ下二〕馬や乗り物などに乗るのになれる。乗りつける。「―・れたバイク」

のり-にげ【乗(り)逃げ】〔名〕スル ❶乗った乗り物の代金を払わないで逃げること。「タクシーを―する」❷他人の乗り物を盗んで、それに乗って逃げること。「自転車を―された」

のり-ぬき【×糊抜き】〔名〕スル 新しい反物の糊を洗い去って柔らかくすること。「―した裏地」

のり-の-あめ【▽法の雨】仏法が衆生をあまねく慈しみうるおすことを、雨にたとえていう語。法雨。「よそに聞く袂のみこそそぼちけれあまねく―はそそげど」〈伊勢集〉

のり-の-うみ【▽法の海】仏の教えの深く広大なことを、海にたとえていう語。法海。「悲しみの涙を寄する―のひとつ岸をば住みも離れじ」〈成尋母集〉

のり-の-かど【▽法の門】《真実の悟りに至る門の意》仏の教え。法門。「―に心を入れて思ふかなただうき世をば出づべかりけり」〈続後拾遺・釈教〉

のり-の-こえ【▽法の声】読経・説法・念仏などの声。法の音。「―にききぞわかれぬ長き夜のねぶりをさます暁の鐘」〈玉葉集・釈教〉

のり-の-ころも【▽法の衣】出家した人の着る衣服。法衣。「同じ年契りしあれば君が着る―をたちおくれめや」〈千載・雑中〉

のり-の-し【▽法の師】僧。法師。「―の、世のことわり説き聞かせむ所の心地するも」〈源・帚木〉

のり-の-すべらぎ【▽法の▽皇】仏門に入った上皇。法皇。「わが―に仕へ奉りては」〈千載・序〉

のり-の-ちから【▽法の力】仏法の力。仏法の功徳。法力。「うれしや、さては誓ひの船、―と覚えたり」〈謡・竹生島〉

のり-の-つえ【▽法の×杖】❶頼りとすがる仏法を、杖にたとえた語。「花紫は先に立ち、若紫は―、つくづくものを案ずるに」〈浄・吉野忠信〉❷寺参りや墓参りなどのときに用いる杖。「麦刈りぬ近道来ませ―」〈蕪村句集〉

のり-の-つかさ【式=部=省】►しきぶしょう

のり-の-とも【▽法の友】ともに仏道を志している友。「かへりては心恥づかしげなる―にこそはものし給ふなれ」〈源・橋姫〉

のり-の-ともしび【▽法の▽灯】❶仏法を、闇を明るく照らす灯火にたとえていう語。法灯。「願はくは暫し闇路にやすらひてかかげやせまし―」〈新古今・釈

教〉❷師から弟子へと伝えられる法脈を、灯火にたとえた語。法灯。「かかる程に一をかかげ、仏法の命を継がせ給ふになりぬれば」〈栄花・疑ひ〉

のり-の-にわ【▽法の▽場】ニハ 法会ほうえや説教など、仏事を行う場所。法場ほうじょう。「春ごとに嘆きしものを一散るがうれしき花もありけり」〈千載・釈教〉

のり-の-ふね【▽法の舟】仏法が極楽浄土の彼岸に衆生しゅじょうを運ぶことを、舟にたとえていう語。法船ほうせん。「一さして行く身ぞもろもろの神も仏もわれをみそなへ」〈新古今・釈教〉

のり-の-みず【▽法の水】ミヅ 仏の教えが衆生しゅじょうの煩悩ぼんのうを洗い清めることを、水にたとえていう語。法水ほうすい。「一にすます心の清ければけがるる袖とたれか見るべき」〈続後撰・雑中〉

のり-の-みち【▽法の道】仏の説いた道。仏道。「思はずよかしこき代々の一おろかなる身に伝ふべしとは」〈続千載・釈教〉

のり-の-むしろ【▽法の×筵】仏法を説く所。法筵ほうえん。「さらにまた花ぞ降りしく鷲の山一の暮れ方の空」〈千載・釈教〉

のり-のり【乗り乗り】〔名・形動〕《動詞「乗る」の連用形を重ねた語。「ノリノリ」と書くことも多い》調子がよくて気分が高揚していること。乗りがよくて、リズミカルであること。また、そのさま。いけいけ。「一な曲で踊る」「一ムードで一気に勝ち進む」

のり-ば【乗(り)場】乗り物に乗るために設けられた場所。「バスの一」「タクシー一」

のり-ばけ【×糊刷=毛】糊を塗るのに用いるはけ。

のり-はな・す【乗り放す】〔動サ四〕馬などから降り、それをそのまま放っておく。乗り捨てる。「馬を一・して、歩立かちだちになり」〈太平記・一〉

のり-ばり【×糊張り|×糊貼り】〔名〕スル ❶布につやをつけたり伸ばしたりするために、糊をつけて板にはること。❷糊で物と物とをはりつけること。また、そのもの。

のり-ひび【海=苔×篊】▶海苔粗朶のりそだ

のり-べに【▽血紅|×糊紅】歌舞伎の小道具の一。紅色の染料にうどん粉などを入れて煮たもの。血が流れ出たように見せるときなどに用いる。

のり-まき【海=苔巻(き)】❶干し海苔で食べ物を巻くこと。また、巻いたもの。❷具を芯にして鮨すし飯を干し海苔で巻いたもの。巻き鮨。

のり-まわ・す【乗(り)回す】ハス〔動サ五(四)〕乗り物に乗ってあちこち走りまわる。「外車を一・す」

のりむね【則宗】鎌倉初期の刀工。備前の人。福岡一文字いちもんじ派の祖。後鳥羽院の番鍛冶の一人とされる。「一」の銘を中心なかごに切ったので福岡一文字という。現存する作品は御物・国宝・重要文化財に指定されている。生没年未詳。

のり-めん【▽法面】▶のり(法)❺④

のり-もの【乗(り)物】❶人を乗せて移動するもの。汽車・電車・自動車・船・飛行機や、馬・輿こし・駕籠かご・人力車などの総称。❷乗って遊ぶためのもの。ジェットコースターやゴーカートなど。「遊園地の一」❸特に江戸時代、公卿・門跡・大名・医師などが用いた引き戸のある特製の駕籠。乗り物駕籠。
〖類語〗ビークル・交通機関・車馬

のり-もの【▽賭物】勝負事にかける金品。かけもの。「仲忠と碁あそばす。何を一に賭けむ」〈宇津保・内侍督〉

のりもの-よい【乗(り)物酔い】ヨヒ 自動車・船・航空機などに乗って気分が悪くなった状態。急停止・発進、旋回、動揺などの加速度の変化で内耳の平衡器が繰り返し刺激されて、自律神経が失調を起こし、顔面蒼白・吐き気・嘔吐おうとなどの症状があらわれる。動揺病。加速度病。

のり-ゆみ【▽賭弓|▽賭▽射】❶賞品をかけて弓を射ること。「一にも宮上らせ給ふ。…賭け物は中宮せさせ給ふ」〈栄花・歌合〉❷平安時代の宮廷年中行事の一。射礼じゃらいの翌日、一般に正月18日、左右の近衛府このえふ・兵衛府の舎人とねりが行う射技を、天皇が弓場殿ゆばどのに出御して観覧する儀式。勝者には賭物のりものを賜い、敗者には罰杯を課した。賭弓の節せち。

のりゆみ-の-かえりあるじ【▽賭弓の▽還×饗】カヘリアルジ 賭弓のあと、勝者の大将が配下の射手を招いて催した宴。賭弓の還立かえりだち。

のりゆみ-の-かえりだち【▽賭弓の▽還立】カヘリダチ「賭弓の還饗かえりあるじ」に同じ。

ノリリスク〖Noril'sk〗ロシア連邦中部、クラスノヤルスク地方の都市。タイミル半島南部、北極圏内に位置する。ニッケル、銅、コバルト、白金などを生産する世界有数のコンビナートがある。2001年より、旅行や居住が制限される閉鎖都市に指定。

の・る【▽似る】〔動ラ四〕「に(似)る」に同じ。「其の貌かたち全ら養蚕かひこに一・れり」〈岩崎本皇極紀〉

の・る【▽伸る|▽反る】〔動ラ四〕❶後ろに曲がる。そりかえる。「太刀の少し一・ったるを」〈太平記・八〉❷からだがのけぞる。「急所をひとつ真の当て、うんと一・るを引っかづき」〈浄・布引滝〉

伸るか反そるか 成否は天にまかせ、思い切って物事を行うこと。いちかばちか。「一の大ばくち」「一、このプランでやってみよう」〖補説〗「乗るか反るか」と書くのは誤り。

の・る【乗る|載る】〔動ラ五(四)〕❶物の上にあがる。「踏み台の上に一・る」「子が父のひざに一・る」❷乗り物の上、または中に身を置く。乗り物で移動する。「馬に一・る」「汽車に一・る」「船に一・る」⇔おりる。❸調子や動きによく合う。「リズムに一・って踊る」「マイクによく一・る声」❹勢いがついて物事がぐあいよく運ぶ。勢いにまかせてすすむ。「興が一・る」「図に一・る」「ブームに一・る」「仕事が軌道に一・る」❺誘いや持ち掛けに応じて仲間や相手になる。仲間として加わる。参画する。「その話に一口一・る」「相談に一・る」❻相手の思惑どおりに動かされる。引っかかる。だまされる。「おだてに一・る」「口車に一・る」「その手には一・らない」❼うまくつく。十分につく。「おしろいが肌に一・る」「脂が一・った魚」❽風や潮流などによって運ばれる。「電波に一・る」「風に一・って盆唄が聞こえてくる」❾(載る)書かれる。記録される。「新聞に一・る」「台帳に一・る」❿邦楽・能楽で、リズミカルに演奏する。また、テンポを速めて演奏する。符号として、片仮名で「ノル」と記す。⓫歌舞伎・舞踊・能楽などで、しぐさや踊りが音楽に合う。双方のリズムがうまく調和する。「三味線に一・ったせりふ」⓬道に沿って行く。「海原の路に一・りてや我あが恋ひをらむ大舟のゆたにあるらむ人の児故に」〈万・二三六七〉⓭心にぴったりとついて離れない。心を占めてしまう。のりうつる。「ももしきの大宮人は多かれど心に一・りて思ほゆる妹」〈万・六九一〉〖可能〗のれる
〖一句〗油が乗る・石車に乗る・大船に乗ったよう・駕籠舁かごかき駕籠に乗らず・気が乗る・軌道に乗る・興に乗る・口に乗る・口車に乗る・尻馬しりうまに乗る・図に乗る・玉の輿こしに乗る・調子に乗る・手に乗る・波に乗る・一口乗る・飛竜雲に乗る・利が乗る
〖類語〗あがる・のぼる・またがる・のっかる・乗ずる

の・る【▽宣る|▽告る】〔動ラ四〕告げ知らせる。述べる。口に出して言う。「若わし海中わたなかを渡る時、な惶畏かしこませまつりそと一・りて」〈記・上〉〖補説〗本来は、神や天皇が重大な事実を宣言する、また、みだりに言うべきでないことを表明する意で、後世は「名のる」に残存する。

の・る【▽罵る】〔動ラ四〕悪口を言う。ののしる。「大長谷王、其の兄を一・りて言ひけらく」〈記・下〉

の・る【▽賭る】〔動ラ四〕品物を賭かけて勝負を競う。賭ける。「春駒の一・るをくるしと思ふにや」〈続詞花・戯咲・詞書〉

ノルアドレナリン〖noradrenaline〗副腎髄質ふくじんずいしつや交感神経末端から放出される物質。アドレナリンの前駆体で、神経伝達物質として働き、末梢血管を収縮させ、血圧を上昇させる。ノルエピネフリン。

ノルウェー〖Norway〗ヨーロッパ北部、スカンジナビア半島西部を占める立憲君主国。首都オスロ。森林が多く、海岸はフィヨルドが発達し、パルプ・機械工業や水産業・海運業が盛ん。9世紀末にノルマン人により国家を形成。1397年にデンマークと、1815年にはスウェーデンと連合王国を形成、1905年分離・独立。バイキングの故地。ノルウェー語ではノルゲ(Norge)という。人口468万(2010)。〖補説〗「諾威」とも書く。

ノルウェー-ご【ノルウェー語】インド-ヨーロッパ語族のゲルマン語派に属する言語。デンマーク語に近いボークモールと古来のノルウェー語に基づく新ノルウェー語の二つの公用語をもつ。

ノルデ〖Emil Nolde〗[1867～1956]ドイツの画家・版画家。強烈な色彩と大胆なデフォルマシオンで、独自の表現主義を推進。宗教的題材を多く描いた。

ノルディック〖Nordic〗❶北欧の。北欧風の。「一ファッション」❷「ノルディックスキー」また「ノルディック種目」の略。

ノルディック-ウオーキング〖Nordic walking〗ウオーキングの一。2本のストック(つえ)を両手に持って地面を突きながら、やや大またに歩く。クロスカントリースキーの選手が夏季のトレーニングとして行うほか、健康維持やリハビリなどにも利用される。ノルディックウオーク。

ノルディック-ウオーク〖Nordic walk〗▶ノルディックウオーキング

ノルディック-しゅもく【ノルディック種目】《Nordic events》スキー競技のうち、ノルディックスキーを用いて行うものの総称。距離競技・ジャンプ競技・複合競技の3種。➡アルペン種目

ノルディック-スキー〖Nordic ski〗ノルディック種目で使うスキー用具。また、それを用いたスポーツ・競技。ビンディングが爪先にしかなく、かかとは板に固定されない。ジャンプ競技用の幅広のものやクロスカントリー用の細長いものなどがある。➡アルペンスキー

ノルディック-ファッション〖Nordic fashion〗北欧風のファッション。ノルウェー・フィンランド・スウェーデンの民族衣装にモチーフをとってデザインされたファッションのこと。

ノルデンシェルド〖Nils Adolf Erik Nordenskjöld〗[1832～1901]スウェーデンの鉱物学者・探検家。フィンランド生まれ。スピッツベルゲン・グリーンランドやエニセイ河口を探検し、地質を調査。1878～80年、欧亜大陸北方を回航する北東航路を開き、途次に横浜に寄航。

ノルトオストゼー-うんが【ノルトオストゼー運河】《Nord-Ostsee-Kanal》ドイツ北部の運河。ユトランド半島基部を横断して、キールからエルベ河口に至る。北海・バルト海運河。キール運河。長さ98キロ。

ノルトビジョン〖Nordvision〗北欧5か国(スウェーデン・ノルウェー・デンマーク・フィンランド・アイスランド)の放送機関が、番組やニュース素材を交換するために設けているネットワーク。

ノルトライン-ウェストファーレン〖Nordrhein-Westfalen〗ドイツ北西部の州。州都はデュッセルドルフ。人口は国内で最も多い。旧西ドイツの首都ボンのほか、ケルン、ドルトムント、エッセンを擁する、同国の商工業の実質的な中心地域。歴史的にはドイツ帝国のラインラント州北部とウェストファーレン州、およびリッペ侯国が第二次大戦後に順次合併して、旧西ドイツの連邦州の一となった。

ノルネン〖Nornen〗ゲルマンおよび北欧神話で、運命の女神。ウルド・ウェルダンディ・スクルドの三姉妹。単数形ノルネ。シェークスピアの「マクベス」にも魔女として登場する。

ノルマ〖ロシア norma〗《規範・規準の意》❶一定時間内に果たすよう個人や集団に割り当てられる標準作業量。第二次大戦後のシベリア抑留者が伝えた語。❷各人に課せられる仕事などの量。「一を果たす」

ノルマル〖ドイツ Normal〗分子構造が直鎖をなす化合物。記号nを用い、n-ペンタンのように表す。

ノルマン-おうきゅう【ノルマン王宮】ワウキュウ《Palazzo dei Normanni》イタリア南部、シチリア島、シチリア自治州の都市パレルモの旧市街にある宮殿。現在は州議会場として使われている。もとは9世紀に建てられたアラブ人の要塞だったが、12世紀にノルマン朝シチリア王ルッジェーロ2世により王宮として改築

された。アラブ-ノルマン様式の代表的な建築物の一。また、王宮の2階にあるパラティーナ礼拝堂はビザンチン様式のモザイクの傑作があることで知られる。ノルマン二宮殿。

ノルマン-おうちょう【ノルマン王朝】►ノルマン朝

ノルマン-コンクエスト〘Norman Conquest〙►ノルマン征服

ノルマンジー〘Normandie〙►ノルマンディー

ノルマン-じん【ノルマン人】《Norman》スカンジナビア半島・デンマーク地方を原住地としたゲルマン人の一派。航海術に長じ、8世紀ごろからバイキングとして欧州各地に侵入。10世紀、一部がノルマンディー地方に移住、11世紀にイングランドを征服してノルマン朝を建て、また、両シチリア王国・ノブゴロド公国を建国した。

ノルマン-せいふく【ノルマン征服】1066年にノルマンディー公ギヨーム2世がイングランドを征服したこと。ノルマン-コンクエスト。➡ノルマン人 (補説)イングランド王エドワード(懺悔王)の従兄にあたるギヨーム2世は、王位継承権を主張してイングランドに侵攻。ヘースティングズの戦いでエドワードの義兄ハロルド2世を破り、ウィリアム1世として即位。ノルマン朝を開き、現在の英国王室の開祖となり、一方、破れたハロルド2世はアングロサクソン系最後のイングランド王となった。

ノルマン-ちょう【ノルマン朝】イングランドの王朝。1066年、ノルマンディー公ウィリアム1世がイングランドを征服して成立。1154年、4代で断絶し、プランタジネット朝に代わった。

ノルマンディー〘Normandie〙フランス北西部、イギリス海峡に臨む地方。中心都市ルーアン。911年ノルマン人の族長ロロがノルマンディー公国を建国し、1066年、ウィリアム1世の時にイングランド領となったが、のちフランスが奪回。第二次大戦末期の1944年6月、連合軍の大規模な敵前上陸作戦が行われた。

ノルマントンごう-じけん【ノルマントン号事件】明治19年(1886)英国船ノルマントン(Normanton)号が和歌山県沖で難破した際、船長以下の英国人船員は避難し、日本人乗客25名が全員死亡した事件。治外法権下の英国領事裁判が船長を無罪としたため、不平等条約に対する日本国民の憤懣は高まった。

ノルマンニ-きゅうでん【ノルマンニ宮殿】《Palazzo dei Normanni》►ノルマン王宮

ノルマンノスベボ-じょう【ノルマンノスベボ城】《Castello Normanno Svevo》►スベボ城

ノルマン-ようしき【ノルマン様式】建築様式の一。11世紀にフランス、ノルマンディー地方で確立された。イングランド・シチリア島などにも伝播。ロマネスク式の一様式で、代表的な建築はダラム大聖堂・グロスター大聖堂など。

ノルム〘フランス norme〙規範。規準。法則。

ノルレボ〘Norlevo〙レボノルゲストレルを有効成分とする緊急避妊薬。日本では平成22年(2010)に製造販売が承認された。ノルレボ錠。

ノルレボ-じょう【ノルレボ錠】►ノルレボ

の-れい【野礼】葬儀の際、喪主や親戚代表が会葬者にあいさつをすること。礼受け。門礼。

のれそれ《「伸り反り」の変化した語か》マアナゴの稚魚。全長6センチ前後。体は透明で細長い。食用。

ノレッジ-エンジニア〘knowledge engineer〙►ナレッジエンジニア

の-れん【▽暖×簾】《「のんれん」「のうれん」の音変化。もと、禅家で簾のすきまをおおい風よけとする布の帳をいった》❶商家で屋号・店名などをしるし、軒先や店の出入り口にかけておく布。また、それに似た、室内の仕切り・装飾などに用いる布。のんれん。のうれん。❷店の信用・格式。「―に傷がつく」❸多年にわたる営業から生じる無形の経済的利益。得意先・仕入れ先関係、営業上の秘訣、信用、名声など。法律で権利とみなされることがある。❹「暖簾名」の略。(類語)(❷)信用・格式・格・名・定評・評判・覚え・面目・体面・面子・沽券

暖簾に腕押し　少しも手ごたえや張り合いがないことのたとえ。

暖簾を下ろ・す　その日の営業を終える。また、商売をやめる。「時流にのれず、老舗が―・す」

暖簾を分・ける　商家で、長年よく勤めた店員などに新たに店を出させ、同じ屋号を名のらせる。そのとき、資金援助をしたり、得意先を分けたりする。

のれん-ぐち【▽暖×簾口】歌舞伎の大道具で、民家などの室内の正面奥に設けられた、暖簾をかけてある出入り口。

のれん-し【▽暖×簾師】悪い品をごまかして売りつける商人。のうれんし。「―めいたるあきない、せさせぬが定なり」〈鷗外・うたかたの記〉

のれん-だい【▽暖×簾代】❶商家で、長年勤めた奉公人が独立するときに出してやる資本金。❷企業のもつブランド力、製造販売などの知識技術、顧客との関係、従業員の能力など、無形の資産。企業買収の場合、買収価格から買収される企業の純資産を引いた差額が暖簾代となる。プレミアム。➡営業権

のれん-な【▽暖×簾名】❶暖簾に示す商家の屋号。❷娼家で売れっ子の娼妓につける、店の名をとった呼び名。辰巳屋のお辰の類。

のれん-わけ【▽暖×簾分け】〔名〕スル　商家で、暖簾を分けること。「番頭格の店員に―する」➡暖簾を分ける

のろ►スラグ

のろ【祝=女】南西諸島の各地の集落で、公的祭祀をつかさどる世襲終身の女性神職者。宮古列島・八重山列島では「つかさ」という。

の-ろ【野ろ】野。野ら。「面形の忘れむしだは大野ろにたなびく雲を見つつ偲はむ」〈万・三五二〇〉

のろ【▽鈍】〔名・形動〕《形容詞「のろい」の語幹から》のろいこと。にぶいこと。また、そのさまや、そのような人。のろま。「目にあまる―な事をやってますぜ」〈白鳥・泥人形〉

のろ【×獐・×麞・×麕・×麐】シカ科の哺乳類。体高約60〜90センチ。雄の角は約20センチあり先が三つに分かれる。夏毛は赤茶色で、冬毛は灰褐色。中国や朝鮮半島の草原に生息。のる。のろじか。(季 冬)

のろい【呪い・×詛い】のろうこと。呪詛。「―をかける」「―をとく」(類語)呪詛・呪文・まじない

のろ・い【▽鈍い】〔形〕図のろ・し〔ク〕❶進み方がゆっくりしている。遅い。「足が―・い」「車が―・い」❷動作や頭の働きなどが悪い。にぶい。「反応が―・い」❸女性に対してあまい。色事に溺れやすい。「矢っ張り男と云うものは―・いものと」〈木下尚江・良人の自白〉
(派生)のろさ〔名〕
(類語)遅い・にぶい・とろい・のろくさい・まだるい・まだるっこい・スロー・遅遅・のろのろ・ゆっくり

のろい-ごと【呪ひ言】のろいをこめた言葉。「人の―は負ふものにやあらむ」〈伊勢・九六〉

のろ・う【呪う・×詛う】〔動ワ五(ハ四)〕❶恨みや憎しみを抱いている人に災いが起こるように神仏に祈る。また、災難がふりかかったり、失敗したりするように願う。「恋仇を―・う」「―・われた運命」❷強く恨む。「世を―・う」
(類語)呪詛する・恨む・忌み嫌う・憎悪する・唾棄する

ノロウイルス〘Norovirus〙感染性胃腸炎や食中毒の原因となるウイルスの一種。生ガキやハマグリなどの二枚貝を介して感染することが多く、感染者の糞便や嘔吐物から経口感染することもある。冬季に流行がみられる。

のろ-えいたろう【野呂栄太郎】[1900〜1934]経済学者。北海道の生まれ。慶大在学中から労働・社会運動に参加し、日本共産党に入党。「日本資本主義発達史講座」を企画・編集して講座派を主導。党中央委員として地下活動中逮捕され、獄死した。著「日本資本主義発達史」など。

のろ-かいせき【野呂介石】[1747〜1828]江戸後期の南画家。紀伊の人。名は隆。池大雅の門下。山水竹石にすぐれ、紀州藩御用絵師となった。

のろ-くさ【▽鈍臭】〔副〕スル　動作がいらいらするほど遅いさま。「―して仕事が少しもはかどらない」

のろ-くさ・い【▽鈍臭い】〔形〕図のろくさ・し〔ク〕動作がいかにものろい。じれったいほど遅い。「―・い説明のしかた」(類語)遅い・のろい・まだるい・まだるっこい・とろい・どんくさい・スロー・スローモー

のろ-くにのぶ【野呂邦暢】[1937〜1980]小説家。長崎の生まれ。本姓、納所。各種の職業を転々としたのち、陸上自衛隊の体験を描いた「草のつるぎ」で芥川賞受賞。他に「鳥たちの河口」「諫早菖蒲日記」「落城記」など。

のろ-け【×惚気】のろけること。また、その話。「お―にあてられる」

のろけ-ばなし【×惚気話】のろけてする話。のろけ。「―を聞かされる」

のろ・ける【×惚気る】〔動カ下一〕❶自分の配偶者や恋人などとの仲を人前で得意になって話す。「手放しで―・ける」❷色情におぼれる。女性にひかれて甘くなる。「豊後の師匠にひどく―・けて、おれに取り持ってくれろと」〈滑・八笑人・二〉

のろ-げんじょう【野呂元丈】[1693〜1761]江戸中期の本草学者。伊勢の人。本姓は高橋、名は実夫。儒学・医学・本草学を学び、幕府採薬御用で各地を旅行。参府のオランダ人に質問し、「阿蘭陀本草和解」を著した。

のろ-さく【▽鈍作】のろい人を人名のようにいった語。のろすけ。のろま。「この―め、直にかかあの手をひいて」〈魯文・西洋道中膝栗毛〉

のろし【狼=煙・烽=火】❶合図や警報のために、薪・火薬などを用いて高くあげる煙。とぶひ。ろうえん。❷一つの大きな動きのきっかけとなるような、目立った行動。「改革の―が上がる」

狼煙を上・げる　❶合図のため、のろしの煙をあげる。「―・げて味方に知らせる」❷大きな動きのきっかけとなる行動を起こす。「叛逆の―・げる」

のろ-のろ〔副〕スル　動きがにぶく、ゆっくりしているさま。「作業が―(と)してはかどらない」「―運転」
(類語)ぐずぐず・もたもた・遅遅・のっそり・ゆっくり・とろとろ・だらだら

のろのろ・し【呪呪し】〔形シク〕のろいたいほど憎い。いまわしい。恨めしい。「聞きにくく―・しき事ども多かり」〈栄花・花山尋ぬる中納言〉

のろ-ま【▽鈍間｜野呂間｜野呂▽松】〔名・形動〕❶動作や頭の働きがにぶいこと。また、そのさま。「―なやつ」❷「野呂間人形」の略。(類語)ぐず・うすのろ・愚鈍

のろま-ざる【▽鈍間猿】ロリスのこと。

のろま-づかい【野呂間遣い｜野呂▽松遣い】野呂間人形をあやつる人。

のろま-にんぎょう【野呂間人形｜野呂▽松人形｜▽鈍間人形】操り人形の一種。頭が平たく、顔の青黒い奇怪な風貌の道化人形で、人形浄瑠璃の間に狂言を演じた。寛文・延宝(1661〜1681)のころ、江戸の野呂松勘兵衛という人形遣いが始めたという。現在、佐渡島などに残存。のろま。➡曽呂間人形

のろり〔副〕❶こせこせしないでのんびりしているさま。「―と育って世間の塩風の辛いのも寒いのも知らぬ男」〈露伴・露団々〉❷漫然と振る舞うさま。ふらりと。「露地の中から、蜥蜴のように、―と出て」〈鏡花・日本橋〉

のろわし・い【呪わしい】〔形〕図のろは・し〔シク〕《「のろ(呪)う」の形容詞化》呪いたい気持ちである。「―・い運命」「―・い事件」

のろん-じ【▽呪師】►じゅし(呪師)❸

ノワール〘フランス noir〙►ノアール

の-わき【野分き】㊀《野の草を風が強く吹き分ける意》秋から冬にかけて吹く暴風。特に、二百十日・二百二十日前後に吹く台風。のわきのかぜ。のわけ。(季 秋)「吹きとばす石は浅間の―かな／芭蕉」㊁源氏物語第28巻の巻名。光源氏36歳。野分きの吹き荒れたあと、夕霧の見た紫の上や明石の姫君(明石の中宮)のようすなどを述べる。(類語)暴風・台風・嵐

の

のわき-だ-つ【野分き立つ】〘動タ四〙野分きらしい風が吹く。「―・ちて、にはかに肌寒き夕暮れのほど」〈源・桐壺〉

のわき-の-かぜ【野分きの風】「野分き❶」に同じ。「夜すがらの―の跡見ればすゑふす萩に花ぞまれなる」〈玉葉集・秋上〉

の-わけ【野分け】「野分き❶」に同じ。「さらぬだに下葉折れゆくかるかやの―にあへる景色やいかに」〈丹後守為忠百首〉

ノワゼット〘フランス noisette〙▶ヘーゼルナッツ

ノン〘フランス non〙〘感〙いいえ。いや。ノー。㊥ウイ。

ノン〘non〙〘語素〙外来語の上に付いて、ないこと、また、打消しの意を表す。「―ストップ」「―フィクション」

ノンアイロン-シャツ〘non-iron shirt〙▶ノーアイロンシャツ

ノン-アクティビスト〘non-activist〙財政再建論者のこと。㊥アクティビスト。

ノンアラインメント〘nonalignment〙非同盟。➡非同盟主義

ノンアルコール〘nonalcoholic〙普通は酒類とみなされる飲料などで、アルコール分を含まないこと。「―ビール」

ノン-インターレース〘non-interlace〙▶プログレッシブ❸

ノンインターレース-スキャン〘non-interlace scan〙▶プログレッシブ❸

ノンインパクト-プリンター〘non-impact printer〙ハンマーや針を打ってリボン上のインクを紙に移す方法ではなく、熱やインクジェット、レーザーなどにより衝撃を与えないで印字をするプリンター。➡インパクトプリンター

ノンエイジ〘nonage〙《年齢差のない、の意》年齢・ライフスタイル・テイストなどを超えたファッションのことをさす言葉。「―ファッション」〔補説〕日本語での用法。英語では、未成年の意。

ノン-オイル〘non-oil〙食品で、油分を含んでいないこと。「―ドレッシング」〔補説〕日本語での用法。英語では、石油ではない、石油資源のない、などの意。

ノン-カロリー《noncaloricから》食品で、カロリーのないこと。また、低カロリーなこと。「―食品」

のん-き【×呑気|×暢気|▽暖気】〘名・形動〙《「のん（暖）」は唐音。「呑気」「暢気」は当て字》❶性格や気分がのんびりしていること。こせこせしないこと。また、そのさま。「―な人」「―に暮らす」❷気晴らしをすること。気散じをすること。「ちっとの間―させましょかと」〈浄・浪花鑑〉〔派生〕のんきさ〘名〙〔類語〕気楽・安楽・太平楽・能天気・楽天的・極楽とんぼ・ノンシャラン

のんき-ぶし【のんき節】《歌の終わりに「はは、のんきだね」という囃子詞が入るところから》大正7年(1918)ごろから流行した俗謡。添田唖蝉坊が社会を風刺して歌ったもの。また、昭和に入って演歌師の石田一松が歌い、人気を博した。

ノン-キャリア《和 non＋career》日本の中央官庁で、国家公務員Ⅰ種試験合格者でない公務員の俗称。

ノン-グレア〘non-glare〙コンピューターのディスプレーなどの表面に施される反射防止加工のこと。アンチグレア。

のん-こ　❶のらくらすること。また、その人。道楽者。のらもの。のら。「煙草一服いたさうかと、腰打ちかくるも―らし」〈浄・油地獄〉❷「のんこ髷」の略。

　のんこのしゃあ　のんきで、しゃあしゃあしていること。平気で、ずうずうしいこと。また、その人。「今頃私の宅へ―で遣って来るのも」〈漱石・道草〉

のんこう▶道入

のん-こう【嫩江】中国北東部、黒竜江省を流れる川。大興安嶺北部に源を発し、南流して吉林省との境をなして松花江に注ぐ。ネンチアン。

のんこ-まげ【のんこ×髷】江戸時代、元禄～享保(1688～1736)ごろに流行した髪形。両鬢を細く狭くとり、髷を高く結ったもの。男女の伊達者が好んだ。のんこわげ。

のんこ-わげ【のんこ×髷】「のんこまげ」に同じ。

ノン-コンプライアンス〘non-compliance〙《服従しない、従わない、の意》医療の分野で、医師の指示に患者が従わないという意味で用いる。➡コンプライアンス

ノンシャラン〘フランス nonchalant〙〘形動〙無頓着でのんきなさま。なげやりなさま。「―な性格」

ノン-シュガー〘non-sugar〙食品で、砂糖を含まないこと。「―缶コーヒー」

ノン-スクランブル《和 non＋scramble》有料放送の番組の中で、傍受防止措置（スクランブル）をかけていない放送のこと。通常は、盗視聴防止のために波長を変えて電波を流し、受信契約を結んだ有料受信者のみに受信できるようにしている有料放送が、自社放送の宣伝・普及のために、一定時間スクランブルをかけないで番組を流すこと。

ノンステップ-バス《和 non＋step＋bus》低床バスの一。床面を歩道の高さまで低くし、段差なしで乗降できるようにしたバス。

ノンストップ〘nonstop〙自動車・列車・飛行機などが、途中、無停車・無着陸で目的地まで行くこと。「ニューヨークまで―で飛ぶ」

ノン-セクション《和 non＋section》枠が限定されていないこと。特に、クイズ番組などで出題範囲が限定されていない部門。

ノン-セクト《和 non＋sect》どの政党・党派にも属さないで行動する立場のこと。

ノンセクト-ラジカル《和 non＋sect＋radical》既成の党派・集団に属さずに行動する過激な政治活動家。特に、1960年代後半以後の日本の学生運動家の中に見られた。

ノンセンス〘nonsense〙▶ナンセンス

ノンセンス-バース〘nonsense verse〙韻律は整えられているが、統一的な意味をもたない詩。語呂合わせや造語などで構成される。ルイス=キャロルの作品が有名。

ノン-タイトル〘non-title〙ボクシングなどの試合で、選手権保持者が、その選手権をかけないこと。

のん-だくれ【飲んだくれ】大酒を飲んでひどく酔っぱらうこと。また、そのような人。よいどれ。〔類語〕のんべえ・飲み助・大酒飲み・酔いどれ・酔っ払い・酒浸り

のん-だく・れる【飲んだくれる】〘動ラ下一〙大酒を飲んでだらしなく酔う。「失恋して毎晩―・れている」

のん-ど【▽喉|▽咽】《「飲み門」の音変化》のど。「短剣にて自から―を刺串き」〈染崎延房・近世紀聞〉

のんどり〘副〙のどかなさま。のんびりとしたさま。「―した暗碧なその水の面には」〈秋声・あらくれ〉

ノン-トロッポ〘イタリア non troppo〙音楽で、速度標語の一。度を過ごさずに、の意。

のんのん「ののさま」に同じ。

ノンバーバル-コミュニケーション〘non-verbal communication〙言葉を用いないコミュニケーションの総称。写真・イラストレーションからジェスチャーや音楽まで、さまざまな伝達方法がある。

ノンバンク〘nonbank〙融資を専門に行う金融機関の総称。銀行と異なり、預金の受け入れは行わない。消費者金融会社・事業者金融会社・信販会社・リース会社・クレジットカード会社・住宅金融専門会社など。貸金業。

ノンバンク-バンキング〘nonbank banking〙ノンバンクによる銀行に類似した業務。融資または預金受け入れのいずれかのみで、両方を同時に扱うことはできない。➡ノンバンク

ノンバンク-バンク〘nonbank bank〙「ノンバンク」に同じ。

のんびり〘副〙ゆったりとしてくつろいださま。のびのび。「―（と）湯につかる」「―した性格」➡ゆっくり〔用法〕
〔類語〕のびのび・ゆったり・ゆっくり・のほほん

ノン-フィギュラティフ〘フランス non-figuratif〙非象形的、非具象的な絵画。㊥フィギュラティフ。

ノンフィクション〘nonfiction〙虚構を用いず事実に即して作られた作品。紀行・ドキュメンタリーなど。NF。➡フィクション〔類語〕ドキュメント・ドキュメンタリー・ルポルタージュ・紀行

ノン-フライ《和 non＋fry》油で揚げていないこと。特に、スナック菓子やインスタントラーメンなどの製造の際に、油で揚げず、熱風などによって乾燥させたものをいう。

ノンフリート-けいやく【ノンフリート契約】一つの自動車保険の契約につき、加入自動車の合計台数が9台以下の場合の契約のこと。個人の契約は一般にこの契約。㊥フリート契約。

ノンフリート-とうきゅう【ノンフリート等級】ノンフリート契約の自動車保険で、保険料の割引率および割増率を算出するための階級。通常1～20等級に分かれ、新規契約は6等級。事故を起こさず保険を使わなければ翌年の等級が上がって保険料は安くなり、事故を起こして保険を使えば等級が下がって保険料は高くなる。

ノンプリエンプティブ-マルチタスク《non-preemptive multitaskingから》コンピューターのマルチタスク処理の一方式。オペレーティングシステムがCPUの管理をせず、各アプリケーションソフトがCPUの未使用時間を開放することにより、同時実行を可能とする。擬似マルチタスク。協調的マルチタスク。➡プリエンプティブマルチタスク

ノンブル〘フランス nombre〙印刷用語で、雑誌・書籍などのページの順序を示す数字。ページ番号。

ノンプロ《nonprofessionalの略》❶職業的、専門的でないこと。特に、職業選手でないこと。❷実業団チームなどの社会人野球。ノンプロ野球。
〔類語〕アマ・アマチュア・素人・とうしろう

ノンプロジェクト-ゆうし【ノンプロジェクト融資】《non-project finance》融資対象事業を特定しない融資。開発途上国向け援助に力がある。通常、石油、石炭など資源開発には数億ドル規模を超える大型のものが多く、銀行が開発計画の調査立案段階から参画し、産物を担保とするが、これでは援助の円滑を欠くところから生まれたもの。

のん-べえ【飲▽兵▽衛|×呑×兵▽衛】酒が好きでよく飲む人を人名のようにいった語。飲み助。
〔類語〕酒飲み・飲み助・飲んだくれ・酒好き・飲み手

のんべん-ぐらり〘副〙《「のんべんくらり」とも》「のんべんだらり」に同じ。「何時までも、―と、ずるずるにしていては」〈近松秋江・別れたる妻に送る手紙〉

のんべん-だらり〘副〙何をするのでもなく、だらだらしているさま。また、物事のやり方・進め方に締まりがないさま。のんべんぐらり。「―と過ごす」

ノンポリ《nonpoliticalの略。非政治的な、の意》政治や学生運動に無関心であること。また、その人。

のんやほ-ぶし【のんやほ節】江戸時代、元禄(1688～1704)ごろの上方の流行歌。「のんやほ」という囃子詞が入る。

ノンリニア-へんしゅう【ノンリニア編集】《non-linear editing》ハードディスクなどの記憶装置に取り込んだデジタル化した画像データをもとに、コンピューターで編集作業を行うこと。➡リニア編集

のん-りょう【▽暖▽寮】《「のん（暖）」は唐音》禅寺で、新しく入寮する僧が、古参の人々に茶菓などを振る舞うこと。暖寺。暖席。

ノンルフールマン-げんそく【ノンルフールマン原則】《non-refoulement principle》難民を、迫害が予想される地域に追いやってはならないという国際法上の原則。

ノン-レイオフ〘non layoff〙一時解雇をしないこと。

ノン-レムすいみん【ノンレム睡眠】《non-REM》レム睡眠以外の、深い睡眠の時期。非レム睡眠。徐波睡眠。

のん-れん【▽暖×簾】《「のん（暖）」は唐音》「のれん（暖簾）❶」に同じ。〈文明本節用集〉

は　❶五十音図ハ行の第1音。咽頭の無声摩擦子音[h]と母音[a]とから成る音節。[ha] ❷平仮名「は」は「波」の草体から。片仮名「ハ」は「八」の全画から。
補説(1)「は」は、古くは両唇の無声摩擦子音[ɸ]と母音[a]とから成る音節[ɸa]であり、さらに奈良時代以前には[pa]であったかともいわれる。室町時代末までは[ɸa]であったが、江戸時代に入り、[ha]となった。(2)「は」は、平安時代半ば以後、語中・語尾では、一般に[wa]と発音されるようになった。これらは、歴史的仮名遣いでは「は」と書くが、現代仮名遣いでは、助詞「は」以外はすべて「わ」と書く。

は【八】洋楽の音名の一で、日本音名の第1音。

は【刃】刃物のふちの薄くて鋭い、物を切ったり削ったりする部分。「刀の―がこぼれる」類語やいば・切っ先

刃を拾・う　内曇砥うちぐもりどの砥汁をつけながら、刀の刃文はもんに従って刃をこする。

は【羽】❶鳥・虫などのはね。「尾―打ち枯らす」「―うちわ」「空蝉の―にをく露の木隠れて忍び忍びに濡るる袖かな」〈源・空蝉〉❷矢につける鳥のはね。方向を固定する役割をする。矢羽根。「鷹たかの―の矢」❸茶の湯の釜で、胴回りに鍔つばのように薄く張り出した部分。

羽が利・く　はぶりがよい。幅が利く。威勢がある。「世間忍びの契約なれば恨み言うても―・かぬ」〈浄・艶狩剣本地〉

は【派】❶一つのもとから分かれ出た、流儀や傾向・態度を同じくするそれぞれの仲間・系統。「党内に新しく―を立てる」❷接尾語的に用いて、仲間・系統を表す語の下に付き、そのような性格・傾向をもったものの意を表す。「主流―」「印象―」「鷹たか―と鳩―」➡漢「は(派)」
類語党・党派・閥・派閥・会派・グループ・セクト

は【破】舞楽や能などで、1曲全体または1曲中の舞などを序・破・急の三つに分けた場合、その中間の部分。➡序破急 ➡漢「は(破)」

は【葉】植物の茎や枝につき、光合成と蒸散を主な役割とする器官。秋に落葉するものと越冬するものがある。ふつう緑色で、葉身・葉柄・托葉の3部分からなり、葉身の形から単葉と複葉とに分けられる。「青々と―が茂る」「街路樹が―を落とす」
…語 麻の葉・斑いさ葉・浮き葉・枝葉・枯れ葉・桐きり一葉・木この葉・粗そ葉・照り葉・一葉・本もと葉・譲ゆずり葉 (ば)青葉・明日あした葉・末うら葉・上うわ葉・押し葉・落ち葉・飼い葉・貝割り葉・硬かた葉・草葉・朽ち葉・言葉・榊さかき葉・獅子しし葉・慕い葉・下葉・新葉・酸すい葉・末すえ葉・一つ葉・干ひ葉・檜ひ葉・二ふた葉・古ふる葉・本ほん葉・松葉・丸葉・三つ葉・紅葉もみじば・湯葉・四つ葉・若葉・病わくら葉 (ぱ)菜っ葉

葉を欠いて根を断たつ　枝葉を除こうとして、大切な根をだめにしてしまう。小さな欠点を除こうとして、肝心な根本をだめにしてしまうことのたとえ。

葉を截たちて根を枯らす　葉を切って大切な根まで枯らしてしまう。元も子も無くしてしまうことのたとえ。

は【歯】❶鳥類以外の脊椎動物の口の中にあって、食物の保持・咀嚼そしゃくや攻撃・防御に関与する硬い器官。人間では言語の発声にも関与し、乳歯が生え換わると永久歯が出る。顎骨がっこつに上下2列に並んで生え、歯髄を象牙質が覆い、さらに歯冠はエナメル質に、歯根はセメント質に覆われる。歯牙しが。「―が抜ける」「白い―を見せて笑う」❷器具・機械の縁に並ぶ細かい刻み目。「のこぎりの―」「櫛くしの―が欠ける」❸下駄や足駄の台につけて土を踏む板。「下駄の―を入れる」❹写真植字で、文字間または行間の単位。一歯は一級と同じで、4分の1ミリ。➡級㊀❸
…語(ば)後あと歯・銀杏いちょう歯・一本歯・糸切り歯・入れ歯・臼うす歯・上うわ歯・恵比須えびす歯・奥歯・鬼歯・金歯・銀歯・差し歯・下歯・透すき歯・添い歯・染め歯・大黒だいこく歯・高歯・知恵歯・継ぎ歯・出歯・茄子なすび歯・抜け歯・鋸のこぎり歯・朴ほお歯・前歯・虫歯・無駄歯・八重歯・乱杙らんぐい歯 (ぱ)反そっ歯・出っ歯・味噌みそっ歯
類語歯牙・牙

歯が浮・く　❶歯の根が緩む。また、歯が浮き上がるように感じる。「―・いて固い物が食べられない」❷軽薄な言動に接して、不快な気持ちになる。「―・くようなきざなせりふ」

歯が立た・ない　❶固くてかむことができない。❷相手が自分の技量をはるかに超えていて、とても取り組めない。「―・ない強敵」「―・ない難問」

歯に合・う　かむことができる。転じて、その人に適する。「御―・ひそな相撲取りが」〈浄・国性爺〉

歯に衣きぬ着せ・ぬ　思ったとおりをずけずけと言う。「―・ぬ批評」補説「衣きぬ」は衣服のこと。「歯に絹着せぬ」と書くのは誤り。

歯の抜けたよう　まばらで、ふぞろいなさま。また、あるべきものが欠けて、寂しいさま。「欠席者が多くて、―な会場」

歯の根が合わ・ない　寒さや恐ろしさのためにひどくふるえる。「事故のショックで―・ない」

歯の根も食い合・う　非常に親しい間柄のたとえ。「両方心底見届け、―・ふねんごろ」〈浄・生玉心中〉

歯亡ほろびて舌存そんす　《説苑》敬慎から》剛強なものは滅びやすく、柔軟なものは残ることのたとえ。

歯を噛か・む　歯を噛みしめて残念がる。また、悔しさをこらえる。「―・む思いであきらめる」

歯を食い縛・る　悔しさ・苦痛などを歯をかみ合わせて必死にこらえる。「―・って苦難に耐える」

歯を切せっ・する　歯を食いしばる。切歯する。「―・して無念がる」

は【端】❶物のはし。へりの部分。はた。「口の―」「山の―に昇る月」❷はんぱなこと。また、そのもの。はした。「―数」

は【覇】❶武力や権力によって国を統一し、治めること。「天下に―を唱える」❷競技などで優勝すること。「強豪チームが―を競う」➡漢「は(覇)」

は〔感〕❶かしこまって応答するときに用いる語。はっ。「―、承知いたしました」❷ややかしこまって聞き返すときに用いる語。はあ。「―、なんとおっしゃいましたか」❸大声で笑う声。あはは。「人皆―と笑ひけり」〈宇治拾遺・五〉❹不審を感じたり、当惑したりしたときに発する語。はて。「―、これはいかなこと、ちごにおなりやったは」〈虎清狂・薬水〉

は〔係助〕名詞、名詞に準じる語、活用語の連用形、助詞などに付く。❶判断の主題を提示する意を表す。「犬―動物だ」「教育―国民の義務である」「黒牛潟潮干の浦を紅の玉裳裾引すそびき行く―誰たが妻」〈万・一六七二〉❷ある事物を他と区別して、または対比的に取り立てて示す意を表す。「風―強いが、日―照っている」「夕されば小倉の山に鳴く鹿―今夜こよひ―鳴かず寝いねにけらしも」〈万・一五一一〉❸叙述の内容、またはその一部分を強調して明示する意を表す。「喜ばずに―いられない」「やがてわかって―くれるだろう」「死を恐れざるに―あらず、死の近きことを忘るるなり」〈徒然・九三〉❹(文末にあって)感動・詠嘆を表す。…ことよ。…だなあ。…よ。「されど、門の限りを高う作る人もありける―」〈枕・八〉❺(形容詞・打消しの助動詞「ず」の連用形に付いて)順接の仮定条件を表す。…のときは。…の場合は。…ならば。「験しるしなきものを思はず―一坏ひとつきの濁れる酒を飲むべくあるらし」〈万・三三八〉補説係助詞「は」は現在では「わ」と発音するが、「は」で表記するのが普通。格助詞「を」、また「ときに」に付くときは、音変化して「をば」「ときんば」の形をとることもある。❹については終助詞とする説もある。また、❺については近世初期以降には「は」が音変化して、「くば」「ずば」の形をとることもあり、「ば」を接続助詞と解して仮定条件を表すこともあった。➡をば ➡ときんば ➡ずば ➡ては

は…で　（「は」「で」は同一語に付く）他との対比をふまえて、その事柄に固有の性質や状態などであることを表す。「夏は夏で暑いし、冬は冬で寒い」

は…として　（「は」「として」は同一語に付く）とりあげた事柄が捨てがたいと認めつつも、他に話を移す意を表す。「結果は結果として、いかに練習に取り組んだかが重要だ」

ば　「は」の濁音。両唇破裂音の有声子音[b]と母音[a]とから成る音節。[ba]

ば【場】㊀〔名〕❶物や身を置く所。場所。「足の踏み―がない」❷ある事が行われる所。「仕事の―」「―を外す」「その―に居合わせる」❸ある事が行われている所の状況。また、その雰囲気。「その―でとっさに答える」「―が白ける」「―をもたせる」❹機会。折り。「話し合いの―をもつ」「―を踏んでなれている」❺芝居や映画などの場面。特に舞台で、一幕のうち、舞台情景を変化させず、同じ場面で終始する一区切りの部分。「源氏店げんじだなの―」❻花札やトランプなどのゲームで、札を積んだり並べたりしてゲームを進めていく所。また、マージャンで、東西南北の局面。❼取引所内の売買をする所。立会場。「―が立つ」❽ゲシュタルト心理学で、行動や反応のしかたに直接影響し関係する環境や条件。「―の心理学」❾物理学で、そのものの力が周囲に及んでいると考えられる空間。電磁場・重力場など。㊁〔接尾〕助数詞。演劇で、一幕のうちで一区切りのつく場面を数えるのに用いる。「二幕三―」
類語場所・所・地点・時点・場面・局面・場合

ば　㊀〔接助〕❶口語では活用語の仮定形、文語では活用語の未然形に付く。未成立の事柄を成立したものと仮定する条件を表す。もし…ならば。「暇ができれ―行く」「雨天なら―中止する」「名にし負は―いざこと問はむ都鳥わが思ふ人はありやなしやと」〈伊勢・九〉❷口語では活用語の仮定形、文語では活用語の已然形に付く。㋐ある事態・ある条件のもとでは、いつもある事柄の起こる場合の条件を表す。…すると必ず。…するときはいつも。「当地も、四月中旬になれ―桜が咲きます」「このボタンを押せ―戸が開きます」「家にあれ―笥けに盛る飯いひを草枕旅にしあれば椎しひの葉に盛る」〈万・一四二〉㋑ある事態・結果に気づくきっかけとなった動作・作用を表す。…したところが。「ふと見れ―西空は夕焼けだった」「思え―悲しい出来事だった」「それを見れ―、三寸ばかりなる人、いとうつくしうてゐたり」〈竹取〉❸㋐(口語で仮定形に付いて)共存する事柄を並列・列挙する意を表す。「野球もすれ―テニスもする」「きれいな空もあれ―澄んだ空気もある」㋑話題となっている事柄の前提を表す。「ニュースによれ―、またドルが下がったようだ」「簡単にいえ―、世代の違いということだ」㋒(「…ば…ほど」の形で用いる)…するといっそうの意を表す。「見れ―見るほど美しい」「読め―読むほどおもしろい」❹文語で已然形に付く。㋐原因・理由となる条件を示す。…ので。…だから。「大人になりにけれ―、をとこも女も恥ぢかはしてありけれど」〈伊勢・二三〉㋑二つの事態を対照的に表す。「鏑かぶらは海へ入りけれ―、扇は空へぞあがりける」〈平家・一一〉❺(多くは打消しの助動詞「ず」の已然形「ね」に付いて)逆接の確定条件を表す。…のに。「我がやどの萩の下葉は秋風もいまだ吹かね―かくぞもみてる(＝コウモ色ヅイテイル)」〈万・一六二八〉補説❶は係助詞「は」に由来するといわれる。口語でも「御意見あらばうけたまわりましょう」のように文語的表現には未然形に付いて用いられる。なお、近世、形容詞の連用形や打消しの助動詞「ず」に付く係助詞「は」を接続助詞「ば」と解して仮定条件を表すこともあった。❹㋑は中世の用法。
㊁〔係助〕▶は〔係助詞〕

ば【羽】〔接尾〕「わ(羽)」に同じ。「すずめ三―」

ば【把】〔接尾〕「わ(把)」に同じ。「ねぎ三―」

ぱ 「は」の半濁音。両唇破裂音の無声子音[p]と母音[a]とから成る音節。[pa]

パ〘ﾌﾗﾝｽ pas〙《歩みの意》バレエで、からだの重心が一方の足から他方の足に移動する動き。また、踊りそのものをいう。ステップ。「―・ド・ドゥー」

ぱ【羽】〔接尾〕「わ(羽)」に同じ。「にわとり十―」

ぱ【把】〔接尾〕「わ(把)」に同じ。「薪十―」

ハー〘ﾄﾞｲﾂ H¦h〙音楽で音名の一。ロ音。ビー。

はあ〔感〕❶ややかしこまって応答するとき、また、相手の言葉に同調するときに用いる語。「―、わかりました」「―、それは大変でしたね」❷返答に困ったとき、また、相手の言葉に同調できかねるときに用いる語。「―、それはそうですが」「―、そうおっしゃられても」❸ややかしこまって、聞き返すときに用いる語。は。「―、なんでしょうか」❹大声で笑う声。あはは。「あまた声して―と笑ひて」〈著聞集・一七〉❺失敗などをして困っているときに発する声。しまった。「―、ひきさいた」〈虎清狂・文荷〉

バー〘bar〙❶横棒。また、棒状のもの。特に、高跳びや棒高跳びの横木や、バレエの練習のとき、つかまってからだを支える横木。❷カウンター形式の洋酒の酒場。転じて、洋酒を飲ませる酒場。❸レストランなどに設けた小コーナー。「サラダ―」❹五線譜の小節を区切るための縦線。また、小節。
(類語)酒場・飲み屋・パブ・スナック・クラブ・アルサロ・キャバレー・居酒屋

バー〘VAR〙《value-added reseller》付加価値再販業者。データベースなどの既存のソフトやシステムをカスタマイズして、ユーザーの使用目的に合わせた専用システムを構築して再販をする業者のこと。

ばあ〔感〕幼児をあやすとき、幼児に顔を向けて言う語。また、突然顔を出したとき、おどけて言う語。「いないいない―」

ぱあ〔名・形動〕❶じゃんけんで、5本の指をすべて開いた形。かみ。「ぐう、ちょき、―」❷持っていた金品がすっかりなくなること。それまで苦労したことが全くむだになること。また、そのさま。「台風で旅行の計画が―になる」❸間抜けなこと。また、そのさま。ばか。「あいつ―なんじゃないか」

パー【八】《中国語》八。八つ。

パー〘par〙❶同じ値うちであること。等価。❷有価証券の発行価額または市価が額面金額と等しいこと。平価。❸ゴルフで、ボールを入れるまでに要する各ホールの基準打数。

パー〘PER〙《price earnings ratio》株価収益率。一株当たりの純利益(EPS)で株式を割ったもの。利益に対して株価がどの程度買われているか見るもので、企業の株価水準を判断する指標となる。この率が高いと会社の利益に比べて株価が高く(割高)、この率が低いと株価が利益に比べて低い(割安)ということになる。この会社の過去の動向や業界平均値と比較して判断する場合が多い。

ば-あい【場合】ﾊﾞｱｲ❶物事が行われているときの状態・事情。局面。「―が―だけに慎重な判断が必要だ」「時と―による」「遊んでいる―ではない」❷もし、ある事が起こったとき。そうなった折。「万一の―に備える」❸…に関して。…について言えば。「君の―は合格が難しい」(類語)(1)状況・局面・場面・ケース/(2)時(とき)・際(さい)・折(おり)・節(ふし)・段(だん)

ばあい-の-かず【場合の数】ﾊﾞｱｲ さいころの目の出方など、ある事柄の起こりうる場合の総数。

パーカ〘parka〙❶アノラック・ヤッケなど、フードつきの防寒・防風用上着の総称。パーカー。❷エスキモーが用いる毛皮製の防寒服。

バーガー〘burger〙「ハンバーガー」の略。

パーカー〘parka〙▶パーカ❶

パーカー〘Charlie Parker〙[1920〜1955]米国のアルトサックス奏者。ビーバップスタイルを創始し、モダンジャズの発展に大きな影響を与えた。

パーカー〘Robert Brown Parker〙[1932〜2010]米国のハードボイルド作家。マサチューセッツ州生まれ。作品に、ボストンの私立探偵を主人公にしたスペンサーシリーズなどがある。

パーカッション〘percussion〙ドラム・シンバルなど打楽器の総称。また、楽団でそれらを受け持つセクション。

パーカライジング〘parkerizing〙鉄鋼のさび止め法の一。マンガン・鉄を含む燐酸(りんさん)塩の中に浸し、表面に被膜を作ることによってさびを防ぐ。

バーガル-とう【バーガル島】ﾀｳ《Vágar》▶ボーアル島

ハーキュリーズ〘Hercules〙ギリシャ神話の英雄ヘラクレスの英語名。

パーキン〘William Henry Perkin〙[1838〜1907]英国の有機化学者。アニリンから赤紫色の染料モーブの合成に成功。合成染料の工業化を推進し、天然香料の合成にも先鞭をつけた。

パーキング〘parking〙駐車すること。また、駐車場。パーク。「ノー―」

パーキング-エリア〘parking area〙道路上や広場内などで、駐車を公認されている区域。駐車場。

パーキング-きどう【パーキング軌道】ｷﾀﾞｳ 人工衛星を静止軌道にのせる最初の段階で投入される円軌道。高度約200キロメートル。通常、一周する前の適切なタイミングで打ち上げロケットエンジンの最上段を点火し、遠地点高度が静止軌道と同じ静止トランスファー軌道に移動する。

パーキング-ドライバー《和 parking＋driver》込み合った有料駐車場や飲食店などの付属駐車場で、客に代わって車を運転してうまく空いた所に車をとめる人。

パーキング-メーター〘parking meter〙有料駐車場や路上の駐車区域に置かれる駐車料金の自動徴収器。

パーキング-ランプ〘parking lamp〙駐車時に自車の存在を示すための灯火。駐車灯。(補説)英語ではparking lightともいう。

パーキンソン〘Cyril Northcote Parkinson〙[1909〜1993]英国の歴史・政治学者。現代社会の組織の諸現象を分析し、パーキンソンの法則を提唱、官僚組織の弊害に警鐘を鳴らした。

パーキンソン〘James Parkinson〙[1755〜1824]英国の医師。1817年、パーキンソン病を初めて報告した。アマチュアの古生物学者でもあった。

パーキンソン-の-ほうそく【パーキンソンの法則】ﾊﾌｿｸ《Parkinson's law》イギリスの歴史・政治学者パーキンソンの同名の著書に含まれた警句のいくつかをさしていう。例えば「役人の数は仕事に無関係に一定の率で増加する」など。実証的法則ではない。

パーキンソン-びょう【パーキンソン病】ﾋﾞﾔｳ 脳底部にある線条体などが変性し、ドーパミンが不足するために起こる疾患。手指の震え、筋肉のこわばりなどから始まり、徐々に進行して高度の運動障害がみられるようになる。中年以降に多い。英国の医師パーキンソン(J.Parkinson)が1817年に報告。厚生労働省の特定疾患の一。振顫麻痺(しんせんまひ)。

は-あく【把握】〔名〕(スル)❶しっかりとつかむこと。手中におさめること。「政権を―する」「その堅い―の手を緩めて」〈菊池寛・名君〉❷しっかりと理解すること。「その場の状況を―する」
(類語)把捉・理解・認識・のみ込み・つかむ・とらえる

ハーグ〘Den Haag〙オランダ南西部の都市。王室・議会・政府機関の所在地で、事実上のオランダの首都。国際司法裁判所がある。デンハーグ。デンハーフ。(補説)「海牙」とも書く。正式名称はスフラーフェンハーヘといい、オランダ語で「伯爵の生け垣」の意。

バーク〘bark〙洋式帆船で、3本以上のマストを備え、最後尾のマストに縦帆を張り、それ以外のマストには横帆を張る形式のもの。

バーク〘Edmund Burke〙[1729〜1797]英国の政治家・思想家。ホイッグ党員。米国独立問題・アイルランド問題などで、英国の政治的良心を代弁。フランス革命の際は伝統と秩序の維持を主張し、近代保守主義の先駆となった。著「フランス革命の省察」など。

パーク〘PARC〙《Palo Alto Research Center》パロアルト研究所。シリコンバレー北部、スタンフォード大学近くにある民間研究機関。1970年にゼロックス社の研究所として設立。2002年に別法人となった。自由な社風で知られコンピューター関連の多くの発明が生み出された。

パーク〘park〙❶公園。遊園地。❷駐車すること。また、駐車場。パーキング。

パーク-アンド-バスライド《和 park＋and＋bus＋ride》パークアンドライドの一方式で、自家用車とバスを組み合わせたもの。自家用車で出発し、途中でバスに乗り換えて目的地まで移動する方式。高速道路のインターチェンジ周辺に駐車しそこから高速バスを利用するやり方や、地方都市の都心部渋滞緩和策としてマイカーによる通勤者や観光客を途中でシャトルバスに乗り換えさせる試みなどがある。➡パークアンドライド (補説)英語では、bus-based park-and-ride

パーク-アンド-ライド〘park-and-ride〙最寄りの駅や停留所、目的地の手前まで自家用車で行って駐車し、そこから鉄道やバスに乗り継ぐ移動方式。交通渋滞対策および環境汚染対策の一環として推進されている。

パーク-ウエー〘parkway〙《公園道路の意》修景道路の一種。道路敷地を幅広くとり、そこを植栽などにより修景し、快適な運転ができるように工夫されている。アメリカ合衆国に多い。

ハーグ-こうどうきはん【ハーグ行動規範】ｶｳﾄﾞｳｷﾊﾝ《「弾道ミサイルの拡散に立ち向かうためのハーグ行動規範(HCOC)」の略称》弾道ミサイル不拡散のための国際的政治合意。弾道ミサイルの拡散防止、開発・実験・配備の自制、大量破壊兵器開発が疑われる国家の弾道ミサイル計画への支援の禁止、宇宙ロケット開発計画の名目で弾道ミサイル開発の隠蔽を認めない原則、信頼醸成措置(発射・実験の事前通報など)を主な内容とする。法的拘束力はない。1987年にG7が設立した「ミサイル技術管理レジーム」を補完するもので、2002年11月、93か国の賛同を得てオランダのハーグで採択された。参加国は134か国(2012年7月現在)。HCOC(Hague Code of Conduct against Ballistic Missile Proliferation).

ハーグ-こくさいしほうかいぎ【ハーグ国際私法会議】ｺｸサイｼハフクワイギ 国際私法の統一を目的として設立された国際機関。オランダの提唱で1893年に創設。EUを含む72の国と地域が加盟(2012年7月現在)。日本は明治37年(1904)にヨーロッパ以外の国として初めて参加。昭和32年(1957)に民事訴訟手続に関する条約に批准した。HCCH(Hague Conference on Private International Law)。➡ハーグ条約

パーク-シティー〘Park City〙米国ユタ州、ソルトレークシティ東部の都市。スキーリゾートとして知られ、2002年第19回冬季オリンピックの会場になった。サンダンス映画祭の開催地。

バークシャー〘Berkshire〙豚の一品種。体は黒く、四肢・尾・鼻の先は白い。英国南部のバークシャー地方の原産で、日本には明治の終わりに輸入。

パーク-じょう【パーク城】ｼﾞﾔｳ《Parke's Castle》アイルランド北西部の都市スライゴーの東郊、ギル湖畔にある城館。17世紀に英国の貴族ロジャー＝パークにより建造。20世紀末、建造当時の設計や技術に基づいて修復され、一般公開されている。

ハーグ-じょうやく【ハーグ条約】ﾃﾞｳﾔｸ ㊀《ユネスコによる「武力紛争の際の文化財の保護に関する条約」の通称》戦争による文化財の破壊、国外への不正な流出を防ぐための条約。1954年締結。締約国126か国(2012年7月現在)。日本は平成19年(2007)批准。㊁ハーグ国際私法会議で締結された国際私法条約の総称。「民事訴訟手続に関する条約」「外国公文書の認証を不要とする条約」「国際的な子の奪取の民事面に関する条約」など30以上の条約が締結されている。㊂《「国際的な子の奪取の民事面に関する条約」の通称》一方の親が子を居住国から不法に連れ去る事件を防止する目的で締結され

た多国間条約。ハーグ国際私法会議で締結された国際私法条約の一つ。国籍の異なる夫婦の一方が子を無断で国外に連れ去った場合、連れ去られた側の申し立てを受けて、子は連れ去られる前に居住していた国に戻される。親権は、子が元の居住国に戻された後、その国の裁判所で争われる。1980年にオランダのハーグ国際私法会議で採択され、83年に発効。締約国は87か国、日本は締結に向けて準備中(平成24年7月現在)。(補説)オランダのハーグで締結された条約の略称。上記以外にも「ハーグ条約」と通称される条約が複数ある。

パークス〖Harry Smith Parkes〗[1828〜1885]英国の外交官。慶応元年(1865)駐日公使として赴任。フランス公使ロッシュと対立して薩長を支援。明治新政府の外交政策を援助したが、条約改正には反対した。

バーグマン〖Ingrid Bergman〗[1915〜1982]スウェーデン生まれの女優。「カサブランカ」でハリウッドにおけるトップスターの地位を確立。晩年に至るまで、映画・演劇で第一線にあった。出演作はほかに「ガス灯」「秋のソナタ」など。

ハーグ-みっしじけん【ハーグ密使事件】1907年、韓国の李太王が、ハーグで開かれた第2回万国平和会議に日本の侵略の真相を訴えようとして密使を送った事件。会議への参加を拒否されたうえ、かえって日本による植民地化推進の口実となった。

バーグラー〖burglar〗夜盗。強盗。

バークリー〖Berkeley〗米国カリフォルニア州、サンフランシスコ湾東岸の学術都市。カリフォルニア大学の本部がある。バークレー。

バークリー〖George Berkeley〗[1685〜1753]英国の哲学者。主観的観念論の代表者。「存在するとは知覚されることである」と主張。ロックの経験論を観念論の方向へ転回させた。著「人知原理論」など。

ハーグリーブス〖James Hargreaves〗[1720〜1778]英国の発明家。1764年ころ梳整(そせい)機を改良し、妻の名をつけたジェニー紡績機を発明。

バークリウム〖berkelium〗アクチノイドに属する超ウラン元素の一。アメリシウム241にヘリウムイオンを衝撃させてつくった人工放射性元素。実験はカリフォルニア大学バークリー校で行われ、名はこれにちなむ。元素記号Bk 原子番号97。

バークレー〖Berkeley〗▶バークリー

パーク-レンジャー〖park ranger〗環境省管理下の自然保護事務所の職員の通称。特に、国立公園を管轄する自然保護官の呼称として用いられる。

バーゲニング〖bargaining〗取引。交渉。

バーゲニング-チップ〖bargaining chip〗交渉などの取引材料。

バーゲニング-パワー〖bargaining power〗国際間の交渉・折衝などにおける対抗力。交渉能力。

ハーケン〖ドイツ Haken〗❶鉤(かぎ)状のもの。鉤形の道具。❷登山用具の一。岩壁や氷壁を登攀する際、岩の割れ目や氷に打ち込む金属製のくさび。手がかりや足場とし、また頭部の穴にカラビナをかけ、ザイルを通して確保の支点とする。ピトン。

バーゲン〖bargain〗❶掘り出し品。見切り品。❷「バーゲンセール」の略。

ハーケンクロイツ〖ドイツ Hakenkreuz〗鉤(かぎ)十字。卍(まんじ)と同起源であるが、右鉤で、右まんじとも呼ばれる。ドイツ、ナチスの党章に用いられ、1935〜45年には、ドイツの国旗としても使われた。

バーゲン-セール〖bargain sale〗商品の価格を下げて行う売り出し。特売。
(類語)売り出し・安売り・特売・廉売・乱売・投げ売り・捨て売り・叩(たた)き売り・見切り売り・蔵浚(ざら)え・セール・ダンピング

ハーゲンベック〖Karl Hagenbeck〗[1844〜1913]ドイツの動物調教師。1907年ハンブルク市に、自然を模した環境の中で放し飼いにする方式の動物園を開設。サーカス団長としても知られる。

ハーゲンポアズイユ-の-ほうそく【ハーゲンポアズイユの法則】(ハウソク)▶ポアズイユの法則

バー-コード〖bar code〗太さの異なる多数の黒い線(バー)の組み合わせによって数字などのコードを表示したもの。商品の包装紙などに印刷または貼付(ちょうふ)し、バーコードリーダーで読み取り、商品の情報を収集する。➡ポス(POS)

バーコード-ゲーム《和 bar code＋game》商品に印刷されているバーコードをゲーム機に入力して戦わせ、どちらが強いかを競うゲーム。

バーコード-リーダー〖bar code reader〗バーコード読み取り装置。バーコードに光を当て、反射した光を取り込み、それをもとの英数字に変換してコンピューターに送る。バーコードスキャナー。

パーコール〖PARCOR〗《partial auto-correlation》▶パーコール方式

パーコール-ほうしき【パーコール方式】(ハウシキ)《パーコールは、PARCOR(partial auto-correlation)》音声合成の方式。音声の特徴を解析し、デジタル情報(音素)に変換してデータベースとし、その音素を合成して音声にする。自動販売機や電気製品の声による操作説明などに使われている。

パーゴラ〖pergola〗軒先・庭などに作る格子状の日陰棚。フジ・バラなどを絡ませる。緑廊(りょくろう)。

パーコレーター〖percolator〗濾(こ)し器のついたコーヒー沸かし器。

パーサー〖purser〗旅客機・客船などの首席の旅客係。

バーサス〖versus┊vs.〗競技や訴訟など二者が対抗する場合、両者を対置するのに用いる語。…対…。「早稲田 vs. 慶応」

ばあ-さん【祖=母さん┊▽婆さん】❶(祖母さん)祖母(そぼ)を親しんでいう語。❷(婆さん)老年の女性を親しんでいう語。(類語)おばあさん・ばばあ・ばば・おばば

バージ〖barge〗港や川で貨物を運ぶ平底のはしけ。

パージ〖purge〗〔名〕(スル)追放。特に、公職から追放すること。「旧政権の閣僚が一される」「レッドー」
(類語)追放・放逐・一掃・除名・粛清・掃討・レッドパージ

バージェス-けつがん【バージェス×頁岩】《Burgess shale》カナダのロッキー山脈にあるカンブリア紀中期の地層。1910年代から30年代にかけて無脊椎(せきつい)動物の化石が多数発見された。70〜80年代の再研究によって、新種の節足動物や既存のどの動物門にも入らない動物が数十種も判明し注目された。

パーシェ-ほうしき【パーシェ方式】(ハウシキ)《Paasche formula》物価指数を算出する方法。5年前に現在と同じ消費をしたときの金額を現在の金額と比べるといった計算を行うが、計算が複雑であまり用いられない。

ハーシェル〖Herschel〗㊀(Frederick William 〜)[1738〜1822]英国の天文学者。ドイツ生まれ。大型の反射望遠鏡を製作し、1781年に天王星を発見したのをはじめ、2500の星雲・星団、800の二重星を発見し、太陽系の運動を確認した。㊁(John Frederick William 〜)[1792〜1871]英国の天文学者。㊀の子。天体の系統的観測を行い、500の星雲・星団、4000の二重星を発見。また天体写真術や恒星の光度測定にも貢献した。

バージナル〖virginal〗チェンバロの一種。長方形の胴をもち、弦は鍵盤と平行に張られる。15世紀末から18世紀にかけてヨーロッパで愛好された。

バージニア〖Virginia〗米国東部の州。大西洋に面する。州都リッチモンド。独立13州の一。タバコ栽培や製紙工業のほかソフトウエア産業が発達。➡表「アメリカ合衆国」

バージニア-シティー〖Virginia City〗米国ネバダ州西部の町。19世紀後半から20世紀初めにかけて金鉱石の産出でにぎわったが、鉱脈の枯渇により衰退。現在は当時の街並みや坑道、鉱山鉄道を保存し、観光業による復興が進められている。

パーシモン〖persimmon〗柿の木。また、その実。特に、北アメリカ産のアメリカガキをいい、材はゴルフのウッドクラブのヘッドなどに用いられる。

漢字項目　は

人**巴**　音ハ(呉)(漢)　訓ともえ‖㊀〈ハ〉中国四川省東部の異称。「巴蜀(はしょく)」㊁〈ともえ(どもえ)〉水が渦巻いた模様。「卍巴(まんじともえ)・葵巴(あおいどもえ)」(名付)とも (難読)巴布(パップ)・巴奈馬(パナマ)・巴比倫(バビロン)・巴里(パリ)・巴爾幹(バルカン)

把　音ハ(漢)　訓とる、たば‖①しっかりと手中に握る。とる。「把握・把持・把捉(はそく)」②握る所。とって。「把手(はしゅ)/銃把・刀把」(難読)大雑把(おおざっぱ)・把手(とって)

波　学3　音ハ(呉)(漢)　訓なみ‖㊀〈ハ〉①水面に起こるなみ。「波及・波状・波紋・波瀾(はらん)・波浪/煙波・風波・余波・防波堤」②なみのような形に動き伝わるもの。「波長/音波・寒波・周波・秋波・短波・電波・脳波・電磁波」③ポーランド。「日波」㊁〈なみ〉「波風・波路/荒波・白波・高波・津波・年波・人波・穂波」(難読)弖爾乎波(てにをは)・鯨波(とき)・余波(なごり)・波止場(はとば)・波斯(ペルシア)・波蘭(ポーランド)

×**爬**　音ハ(漢)‖①ひっかく。「爬具・爬羅剔抉(はらてっけつ)/掻爬(そうは)」②地面をひっかくようにはって進む。「爬行・爬虫類」

派　学6　音ハ(慣)‖①本から分かれる。「派生」②分かれ出たもの。枝分かれした仲間・集団。「派閥/一派・学派・硬派・左派・宗派・諸派・党派・分派・別派・流派」③一部を分けて行かせる。「派遣・派出・派兵/急派・増派・特派」(名付)また

破　学5　音ハ(呉)(漢)　訓やぶる、やぶれる、われる‖①物をこわす。こわれる。「破壊・破棄・破砕・破損・破片・破裂/大破・突破・難破・爆破」②物事をだめにする。だめになる。「破局・破産・破綻(はたん)・破談・破滅」③相手を打ち負かす。「撃破・説破・打破・連破・論破」④枠から外す。外れる。「破戒・破格・破調・破門・破廉恥」⑤終わりまでやり抜く。「看破・走破・踏破・読破」(難読)破落戸(ごろつき)・破(わ)り籠(ご)・破(わ)れ鐘(がね)

×**跛**　音ハ(呉)(漢)‖①足が不自由なこと。「跛行」②片足で立つ。偏る。傾く。「偏跛(へんぱ)」

人**頗**　音ハ(呉)(漢)　訓すこぶる‖一方に偏って正しくない。「偏頗(へんぱ)」

人**播**　音ハ(呉)(漢)　バン(慣)　訓まく‖㊀〈ハ〉①種をまく。「播種・播植/撒播(さっぱ)・条播」②及ぼし広める。「伝播(でんぱ)」㊁〈バン〉播磨(はりま)国。「播州・播但(ばんたん)」

覇〔霸〕　音ハ(呉)(漢)‖①武力で天下を取る者。「覇王・覇者/五覇」②力によって支配すること。また、競技で優勝すること。「覇権・覇道/制覇・争覇・連覇」◆「霸」は本字。(名付)はる (難読)覇王樹(サボテン)

漢字項目　ば

馬　学2　音バ(漢)　メ(呉)　マ(唐)　訓うま、ま‖㊀〈バ〉①うま。「馬車・馬術・馬力/愛馬・悍馬(かんば)・騎馬・牛馬・曲馬・軍馬・競馬・車馬・乗馬・駄馬・調馬・天馬・白馬(はくば)・牝馬(ひんば)・兵馬・名馬・木馬・落馬・驢馬(ろば)・老馬」②卑しいもの。「馬齢/犬馬」㊁〈メ〉うま。「駿馬(しゅんめ)・神馬・牛頭馬頭(ごずめず)」㊂〈うま〉「馬市・馬方/荒馬・竹馬・種馬・早馬」㊃〈ま〉「馬子(まご)/絵馬(えま)」(名付)たけし (難読)白馬(あおうま)・馬酔木(あしび)・(あせび)・海馬(セイウチ)・但馬(たじま)・馬喰(ばくろう)・馬穴(バケツ)・馬謖(ばしょく)・馬銜(はみ)・馬刀貝(まてがい)・馬手(めて)・馬陸(やすで)・流鏑馬(やぶさめ)・羅馬(ローマ)

婆　音バ(呉)　ホ(唐)　訓ばば‖①年老いた女。ばば。「産婆・老婆」②袖を翻して舞うさま。「婆娑(ばさ)」③梵語の音訳字。「婆羅門(バラモン)/娑婆(しゃば)・卒塔婆(そとば)」(難読)湯湯婆(ゆたんぽ)

罵　音バ(漢)　訓ののしる‖大声で相手を非難する。ののしる。「罵言・罵倒・罵詈(ばり)/悪罵・嘲罵(ちょうば)・痛罵・怒罵・漫罵・面罵・冷罵」

バージャー-びょう【バージャー病】ビョウ 四肢の血管内に血栓などができて血流が途絶え、その先の組織が壊死えししてしまう病気。原因不明。厚生労働省の特定疾患の一。米国の外科医バージャー(L.Burger)が報告。閉塞性血栓性血管炎。特発性脱疽。ビュルガー病。
パーシャル〖partial〗〔名・形動〕❶部分的。「一な合意」❷「パーシャルフリージング」の略。
パーシャル-シーエーブイ【パーシャルCAV】《partial CAV》▶PCAV
パーシャル-しつ【パーシャル室】《パーシャルはパーシャルフリージングの略》食品などを、セ氏零下3〜零下8度程度の冷凍状態で保存できる室。パーシャルルーム。➡チルド室
パーシャル-フリージング〖partial freezing〗セ氏零下3〜零下8度程度の冷凍状態で食品などを貯蔵する方法。部分凍結。微凍結。
パーシャル-ルーム《和 partial＋room》▶パーシャル室
パーシャル-れんごう【パーシャル連合】レンゴウ ▶部分連合
バージョン〖version〗❶文学作品などの版。改訂版・翻訳版など。「フランス映画の英語一」「ロングーの曲」❷商品などの特定の型。特に、機能を向上させていくものの、一つの版。「ワープロソフトの新しい一」➡リビジョン
バージョン-アップ〖version up〗〔名〕スル コンピューターで、ハードウエア・ソフトウエアの性能や機能を改良・向上させること。
バージン〖virgin〗❶処女。❷多く複合語の形で用い、初めての、未使用の、また、純粋の、などの意を表す。「一スノー」「一シルバー」(類語)処女・生娘・乙女
バージン-ウール〖virgin wool〗脱脂されていないウール。防水性・耐久性にすぐれている。
バージン-オイル《virgin olive oil から》オリーブの果実から絞ったままの油をいう。
バージン-しょとう【バージン諸島】ショトウ《Virgin》西インド諸島東部、小アンティル諸島北部にある島々。西半部は米国領(人口11万)、東半部は英国領(人口2.3万)。観光地。(人口はともに2006年)
バージン-ソイル〖virgin soil〗❶処女地。未開拓の地。❷学問・研究などの未開発分野。
バージン-トライ《和 virgin＋try》初めての試み。
バージン-パルプ〖virgin pulp〗古紙などを再生したものではなく、はじめから木材を材料にして製造したパルプ。
バージン-ロード《和 virgin＋road》キリスト教の教会の入り口から祭壇につながる中央通路。結婚式のとき、花嫁とその父親がここを通って入場する。(補説)英語ではaisle
ハース〖Walter Norman Haworth〗[1883〜1950]英国の有機化学者。炭水化物・テルペン類を研究。P=カーラーとビタミンCの化学構造を決定し、合成に成功。1937年ノーベル化学賞受賞。ハワース。
バース〖Bath〗ロンドンの西約150キロメートルにある温泉地。その地名が浴場(bath)の語源になったことで知られる。紀元前から先住のケルト人がこの地の温泉を信仰の対象としたほか、紀元1世紀にはローマ軍も大浴場と神殿を造っている。その後一時衰退するが、18世紀に飲泉が流行すると、上流階級の保養地として活気を取り戻した。1987年に「バース市街」として世界遺産(文化遺産)に登録された。
バース〖berth〗❶船舶・列車・旅客機などの棚のようになった寝台。❷船の停泊場所。錨地びょうち。また、飛行機の停留場所。❸バス・タクシーの発着所。
バース〖verse〗❶韻文。詩。❷詩の一行。また、詩の節・連。(類語)韻文・詩・詩歌・ポエトリー
パース〖Charles Sanders Peirce〗[1839〜1914]米国の哲学者・論理学者。ダーウィンの進化論の影響を受けたプラグマティズムの先駆者。記号論理学などで新生面を開いた。1930年代の初めに刊行された論文集により、正当に評価されるようになった。
パース〖Perth〗㊀英国スコットランド中東部の都市。テー川沿いに位置する。13世紀から15世紀までスコットランド王国の首都だった。スクーン宮殿やセントジョン教会などの歴史的建造物のほか、テー川に架かる18世紀建造の石造橋パース橋がある。㊁オーストラリア南西部の鉱工業都市。ウエスタンオーストラリア州の州都。商工業・文化・交通の中心。人口、行政区160万(2008)。
パース〖purse〗財布。がま口。
バーズ-アイ〖bird's-eye〗鳥の目格子。中に点が入っている円い模様を全面に織りこんだ柄。
バース-アビー〖Bath Abbey〗▶バース修道院
バース-コントロール〖birth control〗産児制限。受胎調節。バスコン。
バース-しゅうどういん【バース修道院】シュウダウヰン《Bath Abbey》英国イングランド南西部の都市バースにある教会。8世紀にベネディクト派修道院として創建。15世紀末、現在見られるチューダー朝様式の建物の建造が始まり、17世紀に完成。1987年、ローマ浴場、ロイヤルクレセントとともに「バース市街」の名称で世界遺産(文化遺産)に登録された。バース寺院。バースアビー。
バースストーン〖birthstone〗「誕生石」に同じ。
バースター〖burster〗X線やガンマ線を短時間に大量に発生させる天体。近接連星系中の中性子星表面に降り積もった物質が核燃焼を起こし、1秒ほどの間に燃え上がる。
バーズタウン〖Bardstown〗米国ケンタッキー州北部の町。作曲家スティーブン=フォスターが同州の州歌「懐かしきケンタッキーの我が家」を作曲した場所として知られる。バーボンウイスキーの醸造所が多い。
バースデー〖birthday〗誕生日。「一プレゼント」
バースデー-カード〖birthday card〗誕生祝いに贈るあいさつを印刷したり、書いたりしたカード。
バースデー-ケーキ〖birthday cake〗誕生日祝いの洋菓子。多くデコレーションケーキを用い、年齢の数だけろうそくを立てるなどする。
ハースト〖William Randolph Hearst〗[1863〜1951]米国の新聞経営者。ニューヨークでピュリッツァーの「ワールド」と販売合戦を行い、イエロージャーナリズムの全盛期をもたらした。全米各地の新聞および雑誌、放送局・通信社などを経営。
バースト〖burst〗〔名〕スル ❶爆発すること。破裂すること。❷自動車のタイヤが走行中に急激に破損すること。❸電磁波が急激に強度を増すこと。天体の爆発的現象によって発生し、太陽のフレアのときに起こる電波バースト、中性子星などと関係するX線・γガンマ線バーストなどがある。❹宇宙線の観測で、電離箱に突発的に多量のイオンが発生する現象。
パースト〖past〗《「パスト」とも》❶過去。❷文法で、過去の時制。過去形。
バースト-あやまり【バースト誤り】《burst error》コンピューターで扱うデータ列(ビット列)において、連続した複数ビットに誤りが生じること。補助記憶装置の記憶媒体の物理的損傷や、データ通信の際の雑音などによって引き起こされる。バーストエラー。㊥ランダム誤り。
バアス-とう【バアス党】タウ《アラ al-Bàth(復興の意)》第二次大戦後、アラブ諸国に誕生したアラブ民族主義を標榜する政党。シリア・イラクの党は互いに対立しながらもそれぞれ政権を握った。レバノン・ヨルダンなどでも活動している。アラブ復興社会主義党。バース党。
バースト-エラー〖burst error〗▶バースト誤り
バースト-てんそう【バースト転送】《burst transfer》コンピューターのメモリーや周辺機器との間で行われるデータ転送の手法の一。データを連続して転送することにより高速化を図る。バーストモード。
バースト-モード〖burst mode〗▶バースト転送
パース-ばし【パース橋】《Perth Bridge》英国スコットランド中東部の都市パースの市街を流れるテー川に架かるアーチ橋。18世紀、土木技術者ジョン=スミートンにより建造。交通量の増加に伴い、19世紀に橋幅が拡張された。
パースピレーション〖perspiration〗汗をかくこと。発汗。また、汗をかくほどの奮闘・努力。
パースペクティブ〖perspective〗❶遠近法。透視図法。❷見取図。❸将来の見通し。展望。
パースペクティブ-コレクション〖perspective correction〗▶パースペクティブ補正
パースペクティブ-フレーム〖perspective frame〗《パースペクティブは遠近法の意》絵画を描く際などに、正しい構図を得るために用いる枠。ゴッホなどが用いたことで知られる。カンバスと同じ比率の木枠に、碁盤状または放射状に糸を張ったもので、これを通して対象物を見る。
パースペクティブ-ほせい【パースペクティブ補正】《perspective correction》コンピューターグラフィックスの三次元画像で、物体表面の模様などを遠近感も含めて補正すること。遠近補正。透視補正。
パーセク〖parsec〗天体の距離を示す単位の一。年周視差が1秒に相当する距離を1パーセクとし、30兆8600億キロ、3.259光年に等しい。記号pc
パーセプション〖perception〗認識。理解。また、知覚。
パーセプション-ギャップ〖perception gap〗認識のずれ。日本と外国との間の問題認識の差などをいう。
バーゼル〖Basel〗スイス北西部、ライン川上流沿いにある河港都市。ドイツ・フランスと国境を接する。化学・繊維などの工業が発達。
パーセル〖Henry Purcell〗[1659〜1695]英国の作曲家。イタリア・フランスの様式とエリザベス朝時代の多声音楽とを融合し、イギリス-バロック音楽を創出。オペラ・教会音楽など作品多数。
バーゼル-ごうい【バーゼル合意】ガフイ ▶BISビス規制
バーゼル-じょうやく【バーゼル条約】デウヤク《Basel Convention》1989年3月、ユネップ(国連環境計画)がスイスのバーゼルで採択した、有害廃棄物の国際移動を規制する条約。92年5月発効。日本は平成4年(1992)に批准。対象物質は、PCBや水銀をはじめとする47品目。国際移動は、輸出国に処理する技術がない場合か、相手国で再生利用される場合に限って認められ、両国政府の許可が必要となる。正式名称は「有害廃棄物の越境移動及びその処分の管理に関するバーゼル条約」。
パーセンテージ〖percentage〗❶パーセントで表される割合。百分率。百分比。「住居費が、支出の高い一を占める」❷歩合ぶあい。
(類語)割合・割・率・比率・比・歩合・レート
パーセント〖percent〗100分の幾つであるかを表す語。1パーセントは100分の1。記号%。百分率。プロセント。
パーソナリティー〖personality〗❶その人の持ち味。個性。人柄。「一を重視した教育」❷一人の人間を包括的に意味する心理学の概念。個人の素質と環境との相互作用から形成され、人間の行動を規定するもの。人格。❸放送で、ディスクジョッキーなどの番組担当者。
(類語)個性・人格・性格・人柄・キャラクター・ペルソナ
パーソナリティー-しょうがい【パーソナリティー障害】シヤウガイ 人格(独自の行動傾向や心的傾向をあらわす統一的全体)に偏りや異常があって、周囲に迷惑をかけたり、危害を加えたり、自分自身を苦しめたりして、社会生活に支障をきたす障害。人格障害。
パーソナル〖personal〗〔形動〕❶一個人に関するさま。個人的。私的。「一な問題」❷他の語の上に付いて、個人用の、小型で手軽な、などの意を表す。「一テレビ」「一版」
パーソナル-インフルエンス〖personal influence〗個人的影響力。マスコミュニケーションの情報の流れにおいて、個人の影響力をも重視する考え方。オピニオンリーダーなど個人の態度や意見が一般大衆の意思決定におよぼす影響。また、口コミなど

の、コミュニケーション作用。➡マーケットリーダー

パーソナル-エフェクツ〖personal effects〗身の回りの品。旅行中に自分が使用する衣類・化粧品などで、各国とも課税対象としないもの。

パーソナル-コミュニケーション〖personal communication〗人同士の間で言葉や動作によって行われる直接的なコミュニケーション。対人的コミュニケーション。

パーソナル-コンピューター〖personal computer〗家庭や仕事場での個人使用を目的とする小型コンピューター。パソコン。

パーソナル-サイレン〖personal siren〗護身用に個々人が持ち歩く防犯ベルの一種。戸外で強盗や痴漢などに襲われた際、ボタンを押すと大きな音が出て周囲に助けを求める役割を果たす。

パーソナル-チェック〖personal check〗個人小切手。個人の日常生活に利用する目的で金融機関に開設した個人当座預金によって振り出すもの。

パーソナルナビゲーション-デバイス〖personal navigation device〗▶ピー-エヌ-ディー(PND)

パーソナルハンディホン-システム〖personal handyphone system〗▶ピーエッチエス(PHS)

パーソナル-ビデオレコーダー〖personal video recorder〗▶HDDレコーダー

パーソナル-ファイアウォール〖personal firewall〗個人向けのファイアウォール。コンピューターネットワークを通じて、部外者が無断で個人用のパソコンに侵入できないように防御するシステム。

パーソナル-ファウル〖personal foul〗バスケットボールで、相手選手との接触による反則。ホールディング・プッシング・ブロッキング・チャージングなど。➡テクニカルファウル

パーソナル-むせん【パーソナル無線】特別の資格がなくても登録するだけで使える無線。日本では、出力5ワット以下、周波数900メガヘルツ帯が割り当てられ、交信範囲は10キロ程度。

パーソナル-ユース〖personal use〗個人で使用すること。

パーソナル-レコーディング《和 personal＋recording》個人で録音すること。パソレコ。

パーソン〖person〗(年齢や性別を問わずに用いる)人。人間。「キー―」

パーソンズ〖Talcott Parsons〗[1902～1979]米国の社会学者。ハーバード大学教授。マックス=ウェーバーの研究に業績を残したほか、構造機能分析を確立し、行為の一般理論、社会システム論などを展開した。著「社会的行為の構造」「社会体系論」など。

バーター〖barter〗物々交換。

バーター-とりひき【バーター取引】現金を使わずに、商品やサービスを交換することで取引を行うこと。

バーター-ぼうえき【バーター貿易】輸出と輸入を一つの為替決済方法で互いに結びつけ、物々交換の形で行う貿易方式。求償貿易。

ば-あたり【場当(た)り】〔名・形動〕❶演劇や集会などで、その場に合わせた機転で人気を得ること。「―をねらった芸」❷物事に計画性がなく、目先の効果だけを考えたその場の思いつきで行うこと。また、そのさま。「―な(の)言動」「―的な政策」〘類語〙行き当たりばったり・その場しのぎ・お座なり・小手先

パータリプトラ〖Pāṭaliputra〗インド、ガンジス川河畔の古代都市。前5世紀、マガダ国のアジャータシャトル(阿闍世)王が築き、北インドの政治・経済の中心となった。アショカ(阿育)王の治世に、第三結集が行われた地としても知られる。現在のパトナ市近郊に遺構が残る。華氏城。華子城。

パーチ〖perch〗北米の河川にすむ淡水魚。全長約50センチになる。釣り魚として人気がある。

パーチェス-ほう【パーチェス法】《purchase method》企業買収における会計処理方法の一つ。合併に際して、被合併会社の資産・負債が時価で再評価され、引き継がれる。

パーチメント〖parchment〗❶羊皮紙。❷「パーチメント紙」の略。

パーチメント-し【パーチメント紙】羊皮紙を模して作られた紙。硫酸紙。

バーチャライゼーション〖virtualization〗《「バーチャリゼーション」とも》「仮想化」に同じ。

バーチャル〖virtual〗〘形動〙実体を伴わないさま。仮想的。疑似的。「―な空間」「―な体験」

バーチャルアース-スリーディー〖Virtual Earth 3D〗米国マイクロソフト社が提供する三次元地図サービス。同社提供の検索サービスと連動し、主要都市の地図上の建物を上空から見下ろすかのような三次元の画像で表示することができる。

バーチャル-ウオーター〖virtual water〗輸入される農作物や食料品の生産に必要な水の量を推定した数値。生産物の輸入によって水をも輸入していることになるという考え方。食料自給率の低い日本などではこの数値が大きくなる。全世界的な水資源の均衡を考えるための概念としてロンドン大学アンソニー=アラン教授が提唱。仮想水。間接水。

バーチャル-オフィス〖virtual office〗❶事務所を所有・賃借することなく事業を行えるように、住所・電話・郵便などに関して事務所に必要な機能を提供する業態。また、そのサービスを利用することで実現される仮想的な事務環境のこと。住所や電話番号の貸し出し、郵便物の受け取りや電話応対の代行などのサービスが提供される。❷情報通信技術(ICT)を利用してネットワーク上に構築される仮想的な事務環境。自宅や外出先などから情報通信ネットワークを介して接続し、業務を行うことができる。

バーチャル-コーポレーション〖virtual corporation〗仮想企業。提携を結んだ企業がネットワークなどを利用し、共同してビジネスを行うこと。

バーチャル-コンソール〖Virtual Console〗任天堂の家庭用ゲーム機Wiiを対象とする、旧機種のゲームソフトをダウンロードして利用できるサービス。同社のファミリーコンピューター、スーパーファミコン、NINTENDO 64のほか、ゲームセンター用のゲームや他社製品であるメガドライブ、PCエンジンなどのゲームソフトを配信している。

バーチャル-コンピューター〖virtual computer〗▶仮想マシン

バーチャル-シンセ〖virtual synth〗▶ソフトウエアシンセサイザー

バーチャル-スペース〖virtual space〗コンピューターネットワーク上の仮想的な空間やコンピューターが作り出した人工的な環境。仮想空間。➡サイバースペース

バーチャル-プライベートネットワーク〖virtual private network〗▶ブイ-ピー-エヌ(VPN)

バーチャル-ペット〖virtual pet〗パソコン上で飼育する仮想のペット。ディスプレー上に現れたペットにえさを与えたり、しつけをしたりしながら育てていく。専用のゲーム機として販売されているものもある。

バーチャル-マシン〖virtual machine〗▶仮想マシン

バーチャル-メモリー〖virtual memory〗▶仮想記憶

バーチャル-モール〖virtual mall〗▶サイバーモール

バーチャル-ラン【バーチャルLAN】《virtual LAN》▶仮想LAN

バーチャル-リアリティー〖virtual reality〗コンピューターを用いて人工的な環境を作り出し、あたかもそこにいるかのように感じさせること。仮想現実。人工現実感。VR。

バーツ〖タイ baht〗タイの通貨単位。1バーツは100サタング。

バーツ〖Vác〗ハンガリー北部の町。首都ブダペストの北約35キロメートル、ドナウ川東岸に位置する。古代ローマ時代に交易の要地になり、初代ハンガリー王イシュトバーン1世の時代より司教座が置かれた。18世紀建造のバーツ大聖堂や、女帝マリア=テレジアの訪問を記念して造られた凱旋門がある。19世紀半ば、ブダペストとの間に同国初の鉄道が敷設されたことでも知られる。

パーツ〖parts〗機械などの、部分品。部品。
〘類語〙部品・部分品・部分・パート

バーツィ-どおり【バーツィ通り】《Váci utca》ハンガリーの首都ブダペストの中央部にある目抜き通り。歩行者天国になっており、レストラン、高級ブティック、土産物屋などが並ぶブダペスト随一の繁華街として知られる。

バーツ-だいせいどう【バーツ大聖堂】《Váci székesegyház》ハンガリー北部の町バーツにあるカテドラル(司教座聖堂)。18世紀、ミガシ司教の時代にフランス人建築家の設計により新古典様式で建造。

パーツ-モデル〖parts model〗ファッション・理美容業界などで、全身ではなく身体の一部分のみのモデルのこと。ハンドモデル・ネイルモデル・フェースモデルなど。

バーツラフ-ひろば【バーツラフ広場】《Václavské náměstí》チェコ共和国の首都プラハの中心部、新市街にある広場で、長さ約700、幅約60メートルの縦長の造り。ホテル、デパート、高級レストランが並ぶプラハ随一の繁華街。14世紀半ば、ボヘミア王カレル1世(神聖ローマ皇帝カール4世)の新市街建設の際に造られ、19世紀半ばにボヘミアの守護聖人、聖バーツラフの名が付けられた。1960年代末の自由化運動プラハの春において集会や演説が行われ、ソ連軍が戦車を乗り入れて占拠したほか、89年のビロード革命の際にも、多数の市民が集まったことで知られる。

ハーディ〖Thomas Hardy〗[1840～1928]英国の小説家・詩人。故郷ウェセックス地方を背景に、運命に押し流される人間の姿を写実的に描いた。小説「テス」、叙事詩劇「覇王」など。

バーディー〖birdie〗ゴルフで、そのホールの基準打数より1打少ない打数でホールアウトすること。

パーティー〖party〗❶社交のための集まり。「カクテル―」「―ドレス」❷政党。党派。政治集団。❸仲間。一行。特に、登山・探検などで行動をともにする集団。「五人の―を組んで冬山に登る」
〘類語〙(❶)宴会・宴・うたげ/(❸)組み・団体・仲間・集団・一行・一群・一団・隊・班・チーム・グループ

パーティー-ハウス《和 party＋house》特に若い人たちのパーティーのための貸会場。パーティー用の各種の品物も用意されている。

バーディーン〖John Bardeen〗[1908～1991]米国の物理学者。トランジスターを発明して、1956年にショックレー・ブラッテンらとともにノーベル物理学賞受賞。超伝導の理論にも業績をあげ、72年、再び同賞をクーパー・シュリファーらとともに受賞。

ハーディ-ガーディ〖hurdy-gurdy〗ハンドル付きの木製の円盤を回転させて弦をこする擦弦楽器。共鳴胴に付けられた鍵盤を押さえて旋律を奏する。10世紀ごろヨーロッパに現れ、13世紀までは教会などでも用いられたが、それ以後は、おおむね民俗楽器として用いられた。

バーティカル-しじょう【バーティカル市場】《バーティカル(vertical)は「垂直の」の意》金融・保険・運輸・医療など、一定の業種に特化した市場。

パーティキュレート〖particulate〗微粒子。粉塵。

パーティクル〖particle〗微小なもの。小片。細片。粒子。

パーティクル-ボード〖particle board〗細かな木片や削りかすを合成樹脂で固めて熱圧成型した板。建築材のほか、テーブル板・音響用キャビネットなどにも使用。チップボード。

パーティシペーション〖participation〗❶関与すること。参加。加入。❷放送で、番組内コマーシャルに、その番組提供企業以外の他社のコマーシャルを入れること。PT。

パーティション〖partition〗❶《「パーテーション」とも》間仕切り。特に、オフィスの間仕切りや、飾りつけをしてインテリアとしての要素をもたせたものをいう。

❷コンピューターで、ハードディスクの記憶領域の区分。区切られた領域は、それぞれ別のハードディスクとして利用できる。記憶領域を区切ることを「パーティションを切る」という。

ハーディング〖Warren Gamaliel Harding〗［1865〜1923］米国の政治家。第29代大統領。在任1921〜1923。共和党。ワシントン会議を成功させたが、在職中汚職事件が頻発した。在任中に肺炎により死亡。➡クーリッジ

バーディング〖birding〗►バードウオッチング

パーテーション〖partition〗►パーティション

パーテール-ポジション〖parterre position〗レスリングで、一方の選手がマットの中央で両手・両ひざをついて、四つんばいになり、もう一方の選手がその背後から攻める構え。一方の選手がマットの外に出たり、攻撃が消極的なときなどに審判が警告したあと、罰則としてこの構えを命じる。

ハーテビースト〖hartebeest〗ウシ科の哺乳類。角は雌雄にあり、S字状に曲がって竪琴形をなす。アフリカの草原にすむ。しかれいよう。

バーテン《「バーテンダー」の略》バーで、酒類の調合や軽食の用意をする人。

バーデン〖Baden〗スイス北部、アールガウ州、リマト川沿いにある都市。ローマ時代から続く温泉保養地。旧市街には中世の面影を残す歴史的建造物が多い。

バーデン〖Baden bei Wien〗オーストリアの首都ウィーン南部郊外、ウィーンの森東麓にある都市。ローマ時代より温泉保養地として知られる。19世紀前半にハプスブルク家の夏の離宮が置かれた。中心市街にはビーダーマイアー様式の歴史的建造物が多く見られる。

バーデン-ウュルテンベルク〖Baden-Württemberg〗►バーデンビュルテンベルク

バーデン-がくは【バーデン学派】►西南ドイツ学派

バーテンダー〖bartender〗「バーテン」に同じ。

バーデン-バーデン〖Baden-Baden〗ドイツ南西部の温泉保養都市。シュバルツバルト(黒い森)の北西に位置し、ローマ時代の浴場跡が残る。

バーデン-ビュルテンベルク〖Baden-Württemberg〗ドイツ南西部の州。州都シュトゥットガルト。1952年に旧バーデン州と旧ビュルテンベルク州が合併。歴史的には旧ドイツ帝国のバーデン大公国、ビュルテンベルク王国、およびプロイセン王国のホーエンツォレルン州で構成される。主な都市として、マンハイム、カールスルーエ、フライブルク、ハイデルベルク、チュービンゲンなどがある。自動車、エレクトロニクス、機械などの諸工業が盛ん。州南西部にシュバルツバルト山地が広がる。バーデンウュルテンベルク。

ハート〖heart〗❶心臓。「一が高鳴る」❷心。感情。「一のこもったもてなし」「暖かい一の持ち主」❸愛情。恋心。「一を射止める」❹トランプの♥の模様。また、その模様のついた札。(類語)心臓・心・気持ち・愛情

ハード〖hard〗〘名・形動〙❶堅いさま。堅牢であるさま。また、そのようなもの。「一な建材」「一コンタクトレンズ」❷厳しいさま。激しいさま。「一な日程をこなす」「一ワーク」❸「ハードウエア」の略。⇔ソフト。
(類語)堅い・強い・手強い・きつい・厳しい・つらい・タフ・ヘビー

バード〖bird〗鳥。小鳥。

バード〖Richard Evelyn Byrd〗［1888〜1957］米国の探検家・海軍軍人。1926年飛行機で北極点上空に達し、翌年ニューヨークからフランスまでの大西洋横断飛行に成功。29年には南極点上空を飛行し、数次にわたり南極探検を行った。

バード〖William Byrd〗［1543〜1623］英国の作曲家。エリザベス朝時代を代表する音楽家で、その作曲活動は宗教音楽、室内楽、鍵盤楽器のための音楽など広い分野にわたる。

パート〖part〗❶部分。区分。また、章・編。❷役割。分担。職分。「チームで重要な一を受け持つ」❸音楽で、一つの声部。また、楽器別の受け持ち部分。「一譜」❹「パートタイム」「パートタイマー」の略。「一で働く」
(類語)部分・箇所・ところ・部位・一部・一部分・断片・一端・一斑・一節・件・セクション

パート〖PERT〗《program, evaluation and review technique》プロジェクトを合理的、効率的に遂行するための科学的工程管理法。

ハード-アセット〖hard asset〗金や絵画などの資産。⇔ペーパーアセット。

バート-イシュル〖Bad Ischl〗オーストリア中部、ザルツカンマーグート地方の町。同地方最大の町で古くから温泉保養地として知られる。皇帝フランツ＝ヨーゼフの別荘カイザービラや、オペレッタの作曲家フランツ＝レハールの邸宅がある。

バード-ウイーク《和 bird＋week》「愛鳥週間」に同じ。(季 夏)

バート-ウィンプフェン〖Bad Wimpfen〗ドイツ南西部、バーデン-ビュルテンベルク州、ネッカー川沿いにある町。12世紀にホーエンシュタウフェン王朝の宮廷が置かれ、後に自由都市として発展。19世紀半ばに鉄道が敷設されてからは温泉保養地として知られる。宮廷の遺構である「青の塔」と「赤の塔」、および福音派市教会をはじめ、12世紀から13世紀に建造された歴史的建造物が数多く残っている。

ハードウエア〖hardware〗《金物の意》❶機械設備。機器。情報・理論などに対し、有形のものをいう。⇔ソフトウエア。❷コンピューターの機器本体。入出力装置・記憶装置などの総称。⇔ソフトウエア。

ハートウオーミング〖heartwarming〗〘形動〙心暖まるさま。「一な青春ドラマ」

バード-ウオッチャー〖bird watcher〗バードウオッチングをする人。

バード-ウオッチング〖bird watching〗自然の中で野鳥を観察し楽しむこと。野鳥観察。探鳥。バーディング。

バート-エムス〖Bad Ems〗ドイツ中西部、ラインラント-プファルツ州の温泉保養地。コブレンツの南東約10キロメートルに位置する。古くから温泉地として知られ、19世紀後半にはヨーロッパ各国の君主や貴族が訪れた。1870年、普仏戦争勃発の契機となったエムス電報事件の舞台の地である。

バード-カービング〖bird carving〗木彫りの鳥の模型を作ること。また、その模型。

バート-ガスタイン〖Bad Gastein〗オーストリア、ザルツブルク州南部の町。ガスタイナータール渓谷に位置する。古くから温泉保養地として知られ皇帝や資産家が訪れた。

ハート-がた【ハート形】心臓をかたどった♥の形。

ハードカバー〖hardcover〗堅表紙の本。表紙にボール紙の芯を用いたもの。

ハート-カム〖heart cam〗ハート形をした板状のカム。等速回転運動をし、等速往復運動に変換するのに用いる。

ハード-カレンシー〖hard currency〗交換可能通貨。米ドル・ユーロ・円などをさす。

ハード-コア〖hard core〗❶中核。中心となる部分。❷集団や組織の中の強硬派。❸音楽で、従来よりも過激で荒々しい表現法のもの。❹「ハードコアポルノ」の略。

ハードコア-ポルノ《hard-core pornographyから》極端に露骨なポルノ映画やポルノ小説。

ハード-コート〖hard court〗コンクリートなどを土台にして、表面をゴムなどでコーティングしたテニスコート。四大大会では全豪オープンと全米オープンで用いられる。➡グラスコート ➡クレーコート

バード-コール〖bird call〗鳥笛。数十種類の鳥の声を吹き分けることができるもので、この音を聞くと鳥が集まってくる。

ハード-コピー〖hard copy〗コンピューターから出力して紙に印字すること。また、その紙。➡ソフトコピー

ハード-コンタクトレンズ〖hard contact lens〗アクリル樹脂やシリコーンなどで作られた、角膜よりも直径が小さいコンタクトレンズ。ソフトコンタクトレンズに比べると違和感を感じやすく、激しい運動によって外れやすいなどの欠点があるが、耐久性があり、乱視の矯正にも効果がある。

バード-サンクチュアリ〖bird sanctuary〗鳥を主とする野生生物の保護区。

ハード-スケジュール《和 hard＋schedule》きびしい日程。ぎっしりつまって、消化が困難な予定。

バード-ストライク〖bird strike〗飛行中の航空機が鳥と衝突する現象。特に、離着陸時に多発する。

バード-セーバー〖bird saver〗野鳥がビルなどの窓ガラスにぶつかるのを防ぐためにガラスに張る、タカの飛ぶ姿などの形をしたシール。

ハード-セル〖hard sell〗商品の効用を直接訴求する広告・販売法。⇔ソフトセル。

バートゾーデン-アレンドルフ〖Bad Sooden Allendorf〗ドイツ中部、ヘッセン州の町。1929年、ウェラ川を挟むバートゾーデンとアレンドルフの二つの町が合併して設立。古くから製塩業が盛んだったが、19世紀末より温泉保養地として知られる。メルヘン街道沿いの町の一。

バード-ソン《bird watching marathonから》24時間探鳥募金。3人一組で、24時間以内に何種類の鳥を確認できるかを競い、その種類数に応じて寄付をし、野鳥保護に役立てる。

パート-タイマー〖part-timer〗パートタイムで働く人。短時間勤務の人。パートタイム労働法に定める短時間労働者に含まれる。パート。

パート-タイム〖part time〗その企業の所定の労働時間と異なる短時間の勤務制度。短時間労働。パート。⇔フルタイム。(類語)非正規雇用・非常勤・派遣・アルバイト・内職・賃仕事

パートタイム-マザー〖part-time mother〗外で仕事をもっているために、母親の役目のほうが、パートタイムの仕事のようになった主婦。

パートタイム-ろうどうほう【パートタイム労働法】《「短時間労働者の雇用管理の改善等に関する法律」の通称》パートタイム労働者などの適正な労働条件の確保、教育訓練の実施、福利厚生の充実、雇用管理改善などを促進するための法律。平成5年(1993)制定。パート労働法。➡短時間労働者

ハード-ディスク〖hard disk〗コンピューターの代表的な補助記憶装置の一。磁性体を塗布または蒸着したアルミニウム合金やガラス製の円板を高速で回転させ、磁気ヘッドを使ってデータの記録と読み取りを行う。記憶密度が高く、大容量であり、パソコンのほかに、HDDレコーダー、デジタルオーディオプレーヤー、家庭用ゲーム機、カーナビゲーションシステムなどのデータ記録にも用いられる。固定ディスク。ハードディスクドライブ。

ハードディスク-オーディオプレーヤー〖hard disk audio player〗►HDDオーディオプレーヤー

ハードディスク-くどうそうち【ハードディスク駆動装置】「ハードディスクドライブ」に同じ。

ハードディスク-ドライブ〖hard disk drive〗ハードディスクのこと。データを記憶する磁気ディスクとモーターなどの駆動装置をまとめていう。HDD。

ハードディスク-ビデオレコーダー〖hard disk video recorder〗►HDDレコーダー

ハードディスク-プレーヤー〖hard disk player〗►HDDオーディオプレーヤー

ハードディスク-レコーダー〖hard disk recorder〗「ハードディスクビデオレコーダー」の略。

ハードディスク-レコーディング〖hard disk recording〗ハードディスクを記録メディアとして、音声のデジタルデータを録音すること。HDR。HDDレコーディング。

ハードトップ〖hardtop〗乗用車の車体形式の一。金属などの硬い固定した屋根をもち、窓に中柱のないもの。

パート-ド-ベール〖フランス pâte de verre〗19世紀末にフランスで発達したガラス成形法。ガラスを粉末状

［ハードル競走］ハードル競走の世界記録・日本記録　（2012年8月現在）

		記録	更新日	選手名(国籍)
男子110メートル	世界記録	12秒87	2008年6月12日	ダイロン＝ロブレス(キューバ)
	日本記録	13秒39	2004年8月24日	谷川聡
男子400メートル	世界記録	46秒78	1992年8月6日	ケビン＝ヤング(米国)
	日本記録	47秒89	2001年8月10日	為末大
女子100メートル	世界記録	12秒21	1988年8月20日	ヨルダンカ＝ドンコワ(ブルガリア)
	日本記録	13秒00	2000年7月16日	金沢イボンヌ
女子400メートル	世界記録	52秒34	2003年8月8日	ユリア＝ペチョンキナ(ロシア)
	日本記録	55秒34	2011年6月26日	久保倉里美

に破砕し、型に入れ、炉で焼成し、型どりする。

ハード-ドラッグ〘hard drug〙ヘロイン・コカインなどの習慣性のある薬物。⇔ソフトドラッグ。

ハード-トレーニング〘hard training〙きびしい練習。猛訓練。

パートナー〘partner〙❶共同で仕事をする相手。相棒。❷ダンス・スポーツなどで二人一組になるときの相手。❸つれあい。配偶者。(類語)相棒・つれ・バディ

パートナーシップ〘partnership〙❶協力関係。共同。提携。❷英国や米国で、複数の個人または法人が共同で出資し、共同で事業を営む組織。日本の組合❸に類似する事業体。出資者はパートナーと呼ばれ、組織を所有する。

パートナー-ドッグ《和 partner＋dog》障害者や介護の必要な高齢者の自立を助けるために特別に訓練された犬。ドアの開け閉め、電気の点灯・消灯から、車いすを引く、落ちた物を拾う、人を呼びに行く、電話の受話器をくわえて渡す、エレベーターのボタンを押すなど、さまざまなことができる。介助犬。➡身体障害者補助犬法

ハードニング《frost hardeningから》生物に耐寒・耐凍性を高めさせること。また、そのための処理。高温下に生育する生物を、中間温度下をへて低温下に移すと耐寒性は高まる。

ハード-バップ〘hard bop〙ビーバップの影響を受け、主に1950年代に演奏された、ビーバップをよりリラックスさせた雰囲気をもつジャズの傾向。マイルス＝デービスやソニー＝ロリンズに代表される。

ハード-パワー〘hard power〙他国の内政・外交に影響をおよぼすことのできる軍事力・経済力のこと。軍隊を動員しての示威行動や侵攻、経済制裁や経済援助など。⇔ソフトパワー。➡スマートパワー

ハード-パンチャー〘hard puncher〙ボクシングの強打者。パンチの威力が人並みはずれて強い選手。

ハートビート〘heartbeat〙《心拍、鼓動の意》コンピューターネットワークにおいて、接続されたコンピューターやネットワーク機器が正常に稼動中であることを知らせる信号。

ハード-ヒッター〘hard hitter〙テニス・ゴルフなどで、ボールを強く打つ人。

ハートビル-ほう【ハートビル法】《ハートビルは、和 heartful＋building から》公共性の高い建築物に対して、高齢者や身体障害者らに利用しやすい施設整備を求めた法律。平成12年(2000)施行。正式名称は、「高齢者、身体障害者等が円滑に利用できる特定建築物の建築の促進に関する法律」。同18年、同法と交通バリアフリー法を統合したバリアフリー新法が施行された。

パート-ふ【パート譜】楽譜のうち、独唱(奏)曲用以外のもので、各声部または各楽器ごとに別々に記されたもの。

バード-フィーダー〘bird feeder〙鳥のえさ入れ。

ハートフォード〘Hartford〙米国コネティカット州中部の都市。同州の州都。同国における金融、特に保険産業の本拠地として知られる。マーク＝トウェーンや「アンクル＝トムの小屋」の著者ストーゆかりの地でもある。

ハートフル〘heartful〙〔形動〕《心からの、心のこもった、の意》優しさがあふれているさま。愛に満ちているさま。「―なメッセージ」

ハートブレーク〘heartbreak〙《「ハートブレイク」とも》❶悲嘆。悲痛。❷失恋。

ハード-ボイルド〘hard-boiled〙㊀〔名〕《卵の固ゆでの意から》❶第一次大戦後に、アメリカ文学に登場した新しい写実主義の手法。簡潔な文体で現実をスピーディーに描くのが特徴。ヘミングウェイらに始まる。❷推理小説の一ジャンル。行動的な私立探偵を主人公に、謎解きよりも登場人物の人間的側面を描く。ハメット・チャンドラーなどが代表。㊁〔名・形動〕《㊀から転じて》非情なこと。人情や感傷に動かされないで、さめていること。また、そのさま。「―な文体」

ハードボード〘hardboard〙パルプに接着剤をまぜ、高温で圧縮成型した硬質繊維板。

ハード-マネー〘hard money〙❶「ハードカレンシー」に同じ。❷米国で、選挙の立候補者への直接的な寄付金。連邦法で厳しく規制されている。

バート-メルゲントハイム〘Bad Mergentheim〙ドイツ中南部、バーデン-ビュルテンベルク州の町。13世紀にドイツ騎士修道会の居留地が置かれ、16世紀から19世紀にかけて本拠地となった。現在残っている城館は博物館になっている。1826年に温泉が発見されて以降、保養地としても知られる。ロマンチック街道沿いの町の一。

パート-ユニオン《和 part＋union》パートタイマーが組織する組合。➡パートタイマー

バート-ラガッツ〘Bad Ragaz〙スイス東部、グラウビュンデン州の温泉保養地。13世紀中頃、タミナ峡谷で源泉が発見され、19世紀になりパイプラインを設置し、サナトリウムの地として発展。ヨハンナ＝スピリの児童文学「ハイジ」の舞台になったマイエンフェルトの隣に位置し、同作品にも登場する。

ハード-ラック〘hard luck〙不運。不幸。

ハード-ランディング〘hard landing〙❶航空機や宇宙船などが、逆噴射をしないで、地面に叩きつけられるような着陸をすること。硬着陸。⇔ソフトランディング。❷経済が急激な変化で状態を悪化させながら次の局面に移行すること。また、金融市場における為替レートや金利の激変、景気の急な失速などのこと。⇔ソフトランディング。

ハートランド〘heartland〙中心地域。大陸・国・州などの中心地部。特に、アメリカ合衆国の中西部地域のこと。

ハード-リカー〘hard liquor〙蒸留酒。ウイスキーなど。

ハードリング〘hurdling〙陸上競技で、ハードルをとび越すこと。

ハードル〘hurdle〙❶陸上競技のハードル競走で、コースに置く障害器具。台のついた木製のわく。❷「ハードル競走」の略。❸乗り越えなくてはならない、困難な物事。「入試という最初の―を越える」

ハードルが高(たか)・い　乗り越えなくてはならない困難が大きいさま。「初心者に高性能カメラは―・い」

ハードル-きょうそう【ハードル競走】陸上競技の種目の一。一定の距離に一定の間隔で10個のハードルを置き、それを飛び越えて速さを競う競走。ハードルの高さと疾走距離によって、オリンピックでは男女4種目がある。障害競走。ハードルレース。➡表

パードレ〘ポルトガル padre〙▶バテレン❶

ハートレー-すいせい【ハートレー×彗星】▶ハートレー第二彗星

ハートレー-だいにすいせい【ハートレー第二×彗星】1986年、オーストラリアのマルコム＝ハートレーが発見した短周期彗星。公転周期は約6.5年。2010年の大接近時にかすかに肉眼で観測できるほどの明るさになった。また、米国の彗星探査機エポキシ(旧称ディープインパクト)が約700キロメートルにまで接近し、中心核を観測した。ハートレー彗星。

パート-ろうどうほう【パート労働法】「パートタイム労働法」の略。

ハート-ロッカー〘hurt locker〙《hurt は、損傷、苦痛、の意。米国の軍隊における俗語》極限まで追い詰められた状態。また、棺桶のこと。

ハード-ロック〘hard rock〙1960年代後半に現れたロックの演奏スタイル。絶叫するようなボーカルと強烈なビート、増幅した大音響を特色とする。

ハード-ワーカー〘hard worker〙熱心な働き手。また、勉強家。

ハード-ワーク〘hard work〙きつい仕事。重労働。

パートワーク〘partwork〙▶分冊百科

ハードワイヤード-エヌ-シー〘hard-wired NC〙NC工作機械において、基本的機能をハードウエアで組み上げているもの。NCとしては初期の方式。➡エヌ-シー(NC)

バートン〘Richard Francis Burton〙[1821～1890]英国の探検家・文筆家。インド・アフリカ・アラビアなどの探検記録を著した。また、「アラビアンナイト」の英訳はバートン版として有名。

パードン〘pardon〙許すこと。容赦すること。また、あいさつの語として「ごめんなさい」「失礼ですが」などの意で用いられる。

バードン-シェアリング〘burden sharing〙荷重分配。責任を分担して負うこと。

バーナ〘Bāṇa〙インドの小説家・詩人。7世紀に活躍。作品はサンスクリット美文体の典型とされる。歴史小説「ハルシャチャリタ」など。生没年未詳。

バーナー〘burner〙ガス・液体燃料・微粉炭などを空気と混合して燃焼させる装置。

ハーナウ〘Hanau am Main〙ドイツ中部、ヘッセン州の都市。マイン川と支流キンツィヒ川の合流地点に位置し、中世より交通の要衝として発展。グリム兄弟の生誕地。カッセルを経てブレーメンに至るメルヘン街道の南の起点。

バーナム〘Birnam〙英国スコットランド中部の町。テー川を挟んでダンケルドと向かい合う。19世紀末、鉄道開通に伴い建設されたビクトリア朝時代の町。「ピーターラビット」の作者ビアトリクス＝ポターが少女時代に訪れたことで知られ、ポターに関する資料館がある。シェークスピアの悲劇「マクベス」にも登場する。

バーナリゼーション〘vernalization〙▶春化処理(しゅんかしょり)

バーニア〘vernier〙▶バーニヤ

パーニニ〘Pāṇini〙前5～4世紀ごろのインドの文法学者。古典サンスクリット語の文法を研究。その集大成である全8巻の「パーニニ文典」(アシュターディヤーイー)によりインド文法学の基礎を確立。

バーニャ〘ロシア banya〙ロシアの伝統的なサウナ(蒸し風呂)。多く、飲食できる小部屋や水風呂などが併設され、交流の場として利用される。

バーニヤ〘vernier〙長さ・角度などの測定器で、主尺の一目盛り以下の端数を読み取るための補助をする尺。主尺の10分の1あるいは20分の1の目盛りを刻んである。フランスの数学者ベルニエ(Pierre Vernier)が発明。副尺(ふくしゃく)。遊標。

バーニャ-カウダ〘イタリア bagna càuda〙《「バーニャ」はソース、「カウダ」は熱いの意》イタリア北部、ピエモンテ州の料理。オリーブ油にニンニクやアンチョビーなどを加えて温めたソースに、野菜やパンなどをつけ、フォンデュスタイルで食べるもの。

バーニャ-バシ-ジャーミヤ〘Banya Bashi Dzhamiya〙ブルガリアの首都ソフィアの中心部にあるイスラム寺院。オスマン帝国支配下の16世紀後半、宮廷建築家ミマール＝スィナンの設計で建造。名称は共同浴場(バーニャ)が隣接していたことにちなむ。バーニャバシモスク。

バーニャ-バシ-モスク〘Banya Bashi Mosque〙▶バーニャバシジャーミヤ

ハーネス〘harness〙❶ロッククライミングで、クライマーがロープ(ザイル)を体に結びつけるために装着す

る安全ベルトの一種。墜落時のショックをやわらげたり、懸垂下降のときに安定した姿勢を保ったりするのに役立つ。❷犬につける胴輪。盲導犬や犬ぞり、ペットの散歩などに使用される。

バーネット〘Frances Eliza Hodgson Burnett〙[1849〜1924]米国の女流小説家。英国生まれ。「小公子」「小公女」「秘密の花園」などで人気を博す。

ばあば《「ばば(祖母)」の音変化》祖母をいう幼児語。⇔じいじ。

ハーバー〘Fritz Haber〙[1868〜1934]ドイツの化学者。空中の窒素と水素とからアンモニアを合成する方法を開発し、ボッシュとともに工業化に成功。1918年ノーベル化学賞受賞。

ハーバー〘harbor〙港。船着き場。「ヨット―」
(類語)港・港湾・波止場・船着き場・船泊まり・桟橋・埠頭・岸壁・築港・海港・河港・津・ポート

バーバー〘barber〙理髪師。理髪店。

ハーバード〘John Harvard〙[1607〜1638]英国生まれの米国の宣教師。死後その財産と蔵書を寄付して、ハーバード大学の基礎を作った。

ハーバード-だいがく【ハーバード大学】《Harvard University》米国マサチューセッツ州ケンブリッジ市に本部がある私立大学。1636年に設立された米国最古の大学。

ハーバーボッシュ-ほう【ハーバーボッシュ法】ドイツ工業的なアンモニア合成法の一。酸化鉄を主体とする触媒を用い、高温高圧下で窒素と水素とを反応させるもの。ハーバーとボッシュの協力で1908年に完成。空中窒素固定法。ハーバー法。

ハーバーマス〘Jürgen Habermas〙[1929〜]ドイツの哲学者・社会学者。フランクフルト学派第二世代の代表的存在。公共性論やコミュニケーション論で知られる。著「公共性の構造転換」「コミュニケーション的行為の理論」など。

バーバリアン〘barbarian〙❶野蛮人。未開人。❷無教養で野蛮な人。

バーバリー〘Burberry〙防水加工した綿ギャバジン。また、それで作ったレーンコート。英国のバーバリー社の商標名。

バーバリ-シープ〘Barbary sheep〙ウシ科の哺乳類。北アフリカの岩石地にすむ野生のヒツジ。肩高約1メートル。大きな角をもち、雄はあごから胸にかけて長毛がある。たてがみひつじ。

ハーバリスト〘herbalist〙ハーブに親しむ人。ハーブの採集者。また、ハーブを用いる人。

バーバリズム〘barbarism〙❶野蛮。未開性。❷野蛮な行為。無作法。また、反文化的な行為。

ハーバル-ティー〘herbal tea〙▶ハーブティー

バービー〘Barbie〙スマートな肢体の着せ替え人形。高さ約30センチ。安価なものから、有名デザイナーの衣装を着た高価なものまでさまざまなタイプがある。1959年3月に米国の玩具会社マテル社が発売、ブームとなった。日本では昭和37年(1962)から販売。(補説)「バービー」はマテル社創業者の娘の愛称という。

ハービッグハロー-てんたい【ハービッグハロー天体】星形成領域に見られる星雲状の天体。原始星周辺にはガスや塵が集まって円盤状になり、双極分子流と呼ばれる激しいジェットが形成される。ジェットは周囲の星間物質を吹き払い、中心星からの高速プラズマ流が両極方向に放出され、星間物質と衝突して衝撃波を生じる。この衝撃波の部分がハービッグハロー天体であると考えられ、しばしば強い輝線スペクトルが観測される。HH天体。

パーヒューマー〘perfumer〙《「パヒューマー」とも》香水の製造などで、香料の調合を担当する職人。調香師。

パーヒューム〘perfume〙《「パヒューム」とも》香料。香水。

パーヒューム-コロン〘perfume cologne〙芳香剤の一種。アルコールに対する香料の割合(賦香率)が5〜10パーセントで、香水の15〜25パーセントと、オーデコロンの2〜7パーセントのほぼ中間にあたる強さの香りをもつ。

ハーフ〘half〙❶半分。2分の1。一対のうちの、片方の側。「―ボトル」「ベター―」❷混血児。(補説)日本語での用法で、英語ではmixed。❸サッカーやラグビーなどで、試合の前半、または後半。❹「ハーフバック」の略。❺ゴルフで、1ラウンドのうち半分の9ホールをいう。(類語)混血児・間の子

ハーブ〘herb〙香辛料として用いたり、民間療法に利用したりする香草・薬草。煎じて飲んだり、化粧品などに配合したりする。セージ・タイム・ローズマリー・カミルレなど。「―ティー」「―キャンデー」

ハープ〘harp〙❶撥弦楽器の一。湾曲した枠に通常47本の弦を張り、音高を調節するペダルを備え、両手指で奏する。起源は、前3000年ごろのメソポタミアやエジプトにさかのぼる。竪琴。❷ハーモニカのこと。➡ブルースハープ

ハーフ-アンド-ハーフ〘half-and-half〙二つの材料を同量ずつ混ぜて作る飲み物。ビールと黒ビール、ビールとジンジャーエール、牛乳とクリームなどで作る。

ハーフィズ〘Hāfiẓ〙[1326ころ〜1390ころ]イランの神秘主義叙情詩人。死後に編集された詩集が、ゲーテの「西東詩集」に大きな影響を与えた。

ハーフ-インター《和 half＋interchangeから》高速道路の出入り口のうち、一つの方向にだけ出入りすることのできる場所。

ハーフウエー〘halfway〙道の途中。中ほど。特に野球で、走者が塁と塁との中間まで進出すること。

ハーフウエー-テクノロジー〘halfway technology〙途上的技術。疾病のメカニズムに基づかず、当面の対症療法として実施される治療技術。米国の医学者L＝トマスは臓器移植や人工臓器などの技術を挙げている。

ハーフウエー-ライン〘halfway line〙ラグビーやサッカーで、競技場の中央を横に半分に区切る線。両チームのサイドを分ける。

パーフェクト〘perfect〙〔名・形動〕❶完全であること。完璧であること。また、そのさま。「常に―を心掛ける」「―な出来」❷「パーフェクトゲーム」の略。(類語)完全・完璧・万全・満点・金甌無欠・完全無欠・百パーセント・文句なし・間然する所がない

パーフェクト-ゲーム〘perfect game〙野球で、投手が1試合を完投し、相手チームを無安打・無四死球におさえ、味方も無失策で、一人の走者も出さずに勝った試合。完全試合。

パーフェクト-ストーム〘perfect storm〙複数の厄災が同時に起こり、破滅的な事態に至ること。2008年、世界中に広がった経済危機の震源地となった米国の金融恐慌をたとえる言葉。究極の嵐。(補説)1991年に北大西洋上で三つの嵐が重なり、その巨大な高波に襲われた漁船の運命を描いたノンフィクション小説、および同名の映画作品のタイトルとして用いられ、広く使われるようになった。

パーフェクトリバティー-きょうだん【パーフェクトリバティー教団】《Perfect Libertyは完全な自由の意》御木徳近が昭和21年(1946)に佐賀県下で「ひとのみち教団」を再編して開教した、神道系の新宗教。人生は芸術であるという教理に立つ。初めPL教団と称したが、同49年現在名に改称。大阪府富田林市に本部がある。

ハーフェレカー〘Hafelekar〙オーストリア西部、チロル州の州都、インスブルック北郊にあるノルトケッテ連峰の山。標高2334メートル。山麓から頂上の展望台まで、ケーブルカーとロープウエーで結ばれている。

パーフォレーション〘perforation〙抜き穴。用紙のミシン目や切り取り点線、切手の目打ち穴、フィルムの縁にある穴など。

ハーフ-コート《和 half＋coat》腰くらいまでの丈の短いコート。半コート。

ハーフサイズ-カメラ〘half size camera〙35ミリ判のフィルムを使用し、長辺がその半分となった18×24ミリの画面に撮影するカメラ。

ハープサル〘Haapsalu〙エストニア西部の町。13世紀初頭にドイツ人が入植し、サーレラーネ司教領の中心地となった。以降、スウェーデン人が移住し、19世紀半ばまで多くのスウェーデン人が居住した。19世紀頃から風光明媚な海岸保養地として知られ、ロシアの上流階級が多く訪れたほか、作曲家チャイコフスキーもピアノ曲「ハープサルの思い出」を残している。司教の居城として建てられたハープサル城がある。

ハープサル-じょう【ハープサル城】《Haapsalu piiskopilinnus》エストニア西部の町ハープサルにある城。13世紀半ば、サーレラーネ司教の居城として建造。毎年8月の満月の夜に、洗礼堂の壁に白衣の乙女の姿が映し出されるという言い伝えがあり、同じく8月に、この話にちなむ音楽祭が催される。

ハープシコード〘harpsichord〙▶チェンバロ

ハーフ-ショット〘half shot〙ゴルフで、バックスイングの振幅を半分にして打つ打ち方。

ハーフ-スイング〘half swing〙野球で、打者がバットを振りかけて、途中で止めること。空振りにはならない。

ハーフタイム〘halftime〙《規定時間の半分の意》❶ラグビーやサッカー・バスケットボールなどで、試合の前半と後半を区切る休み時間。❷勤務時間が規定の半分である労働。半日労働。

ハーブ-ティー〘herb tea〙香草茶。香草の花や葉を煎じた飲み物。カモミール・ペパーミント・ハイビスカス・ローズヒップなどがポピュラー。ハーバルティー。

ハーフ-ティンバー〘half-timber〙柱・梁・筋違などの骨組みを外にむき出しにし、その間に煉瓦・土・石を充填して壁とする西洋木造建築の様式。イギリス・フランス・ドイツなどにみられる。

ハーフ-デュープレックス〘half duplex〙▶半二重

ハーフトーン〘halftone〙❶絵画・写真などで、明と暗の中間の調子。❷印刷で、網版のこと。濃淡が表せる。❸音楽で、半音。

ハーフ-ネルソン〘half nelson〙レスリングの首攻めの一つ。相手の右(左)後方から左(右)腕だけをはがいじめの形にして、首の後ろで組んだ両手で後頭部を押し曲げて攻める。

ハーフパイプ〘halfpipe〙スノーボードの種目の一つ。雪面を半円筒状に掘ったコースを滑って、壁を使ってのジャンプやスピン、宙返りなどの技を競う。

ハーフバック〘halfback〙サッカー・ラグビー・ホッケーなどで、フォワードとバックスとの間の位置。また、そこで攻守の中継的役割をする競技者。ハーフ。中衛。HB。(補説)サッカーでは「ミッドフィールダー」ともいう。

ハーフ-ビター〔形動〕《和 half＋bitter》ほろ苦いさま。いくぶん痛ましい状況のあるさま。「―なアニメ作品」(補説)英語では bittersweet

ハーブ-ピロー〘herb pillow〙カミルレやラベンダーのような芳香のあるハーブを収めた枕。

ハーフ-ペンション〘half pension〙欧州のホテルの料金制度で、1泊2食付きのもの。

ハーフ-ポーション〘half portion〙食べ物で、一人前の半分程度の量。➡ポーション

ハーフ-ボレー〘half volley〙テニスやサッカーで、ショートバウンドで打ったり蹴ったりすること。

ハーフ-マラソン〘half marathon〙陸上競技の長距離競走。正式のマラソンの半分にあたる21.0975キロを走る。

ハーフ-ミラー《和 half＋mirror》入射する光の一部を反射し、一部を透過する鏡のうち、入射光と透過光の強さがほぼ同じものを指す。(補説)英語では semitransparent mirror

ハーフ-メード《和 half＋made》仮縫いして7分どおり仕立ててあり、注文者の寸法に合わせて仕上げるもの。また、それで作った洋服。

パーフューマー〘perfumer〙▶パーヒューマー

パーフューム〘perfume〙▶パーヒューム

バーブル〘Ẓahīr al-Dīn Muḥammad Bābur〙[1483〜1530]インドのムガル帝国初代皇帝。在位1526〜1530。チムール5世の孫。中央アジアの小王

国の王であったが、1526年パーニーパットの戦いでロディー朝の大軍を破り首都デリーを占領、続いて北インド主要部を征服。トルコ語による回想録は傑作とされる。

パープル〘purple〙紫色。赤味のつよい紫色。

バーブルマンデブ-かいきょう【バーブルマンデブ海峡】ーカイケフ ▶バベルマンデブ海峡

ハーフ-レート〘half rate〙PDC方式のデジタル携帯電話で採用されていた周波数帯域の利用に関する方式の一。1台当たり5.6kbpsの転送速度を有する。一方、フルレートは倍にあたる11.2kbpsとなり、回線品質が良い。

ハーベイロード-の-ぜんてい【ハーベイロードの前提】《Harvey Road presumption》フィスカルポリシーなどのケインズ理論による経済政策には、公正無私な知的エリートが、私情にとらわれずに政策を実行することが前提として必要であるということ。実際の運営にあたっては、そのような公共の利益より、圧力団体の利益などが優先して理論どおりにはいかないという批判をこめた言葉。英国の経済学者R=ハロッドが「ケインズ伝」の中で命名した言葉。Harvey Roadは、ケインズの生地ケンブリッジの地名で、知的エリートの象徴。

ハーベー〘William Harvey〙[1578～1657]英国の医師。動物の解剖や実験を行い、血液循環の理論を解明して、近代生理学の基盤を築いた。晩年は胎生学を研究し、動物は卵から発生すると主張。

バーベキュー〘barbecue┆B.B.Q.〙肉・野菜などを直火(じかび)で焼きながら食べる料理。ふつう戸外で行う。

ハーベスター〘harvester〙農業機械の一種で、刈り取りなどを行うもの。収穫機。

ハーベスト-プレッシャー〘harvest pressure〙穀物商品取引市場における収穫期の売り圧力をいう。アメリカ穀倉地帯の収穫が始まる9月ごろの現象。

パー-ヘッド〘per head〙一人あたま。一人につき。「一売上」

バーベナ〘ラテン Verbena〙ビジョザクラの別名。

バーベリ〘Isaak Emmanuilovich Babel'〙[1894～1940]ロシアの小説家。ユダヤ系で、1920年代のソ連文学を代表する小説家の一人。装飾的な文体で故郷オデッサや革命期の苛烈な戦争を描いた。スターリン時代に、粛清により銃殺された。短編集「オデッサ物語」「騎兵隊」など。

バーベル〘barbell〙鉄の棒の両端に円盤状または球状のおもりをはめ込んだ運動用具。重量挙げや筋力トレーニングに使用する。

バーボン〘bourbon〙トウモロコシを主原料とするアメリカ産の蒸留酒。ケンタッキー州バーボン郡が発祥地。バーボンウイスキー。

バーボン-ウイスキー〘bourbon whiskey〙▶バーボン

パーマ「パーマネントウエーブ」の略。「一をかける」

パーマー〘Harold Edward Palmer〙[1877～1949]英国の文法学者・音声学者。大正11年(1922)来日、文部省外国語教育顧問・英語教授研究所所長を務め、日本の口語英語教育に尽力。著「口語英語の文法」など。

パーマストン〘Henry John Temple Palmerston〙[1784～1865]英国の政治家。1830年から35年間、英国外交の指導的人物として活躍。ベルギーの独立援助など、欧州の自由主義運動を援助し、ロシアの南下阻止、中国への進出、インドのセポイの反乱弾圧など、英国の利益、特に貿易販路拡大に尽力した。

パーマネント〘permanent〙〘名・形動〙❶長持ちすること。半永久的なこと。また、そのさま。「一な(の)耐久性」❷「パーマネントウエーブ」の略。

パーマネント-ウエーブ〘permanent wave〙毛髪に熱や化学薬品を用いて、長期間崩れない波形をつけること。また、その髪形。電髪。パーマ。

パーマネント-プリーツ〘permanent pleats〙布地に特殊加工を施し、洗ったりしても折り目が消えないようにしたひだ。

パーマネント-プレス〘permanent press〙布地に樹脂加工して、スカートのひだやズボンの折り目が洗っても消えないように処理したもの。

パーマネントプレス-かこう【パーマネントプレス加工】《permanent press finish》綿やレーヨンなどの防縮や、防しわを目的とする樹脂加工法の一種。

パーマネント-リンク〘permanent link〙▶固定リンク

パーマリンク〘permalink〙▶固定リンク

パーマロイ〘permalloy〙ニッケルと鉄を主成分とする強磁性の合金。磁心材料とする。もと商標名。

ハーマン〘Johann Georg Hamann〙[1730～1788]ドイツのプロテスタント思想家。合理論・啓蒙思想に反対し、信仰と感情を重視する哲学を説いた。著「ソクラテス追憶」など。

バーミキュライト〘vermiculite〙❶蛭石(ひるいし)のこと。❷蛭石を高温で焼成した雲母状のもの。多孔質で保水性がよく、園芸で土壌改良材や栽培用土とする。

バーミセリ〘vermicelli〙《元来はイタリア語》▶ベルミチェッリ

パーミッション〘permission〙許可。免許。

パーミット-フィー〘permit fee〙外国の経済水域で操業する漁船に課せられる操業許可料。

バーミヤン〘Bāmiyān〙アフガニスタン、カブールの北西にある渓谷。周辺にある多数の石窟は、かつての僧坊。岩壁には2体の巨大な仏像が刻まれていたが、2001年3月、当時アフガニスタンを支配していたイスラム原理主義のタリバーンが異教の偶像とみなして破壊した。2003年「バーミヤン渓谷の文化的景観と古代遺跡群」として世界遺産(文化遺産)に登録されたが、タリバーンの破壊行為のため同時に危機遺産リストにも登録された。バーミヤーン。

バーミューダ-ショーツ〘Bermuda shorts〙「バーミューダパンツ」に同じ。バミューダショーツ。

バーミューダ-しょとう【バーミューダ諸島】ーショタウ《Bermuda》大西洋北西部にある諸島。英国領。政庁所在地ハミルトン。17世紀に北米入植の英国船が難破してたどり着き、植民が始まった。観光・保養地。人口7万(2010)。バミューダ諸島。

バーミューダ-トライアングル〘Bermuda Triangle〙《トライアングルは三角形の意》バーミューダ諸島・米国フロリダ半島・プエルトリコ島を結ぶ三角形の水域。航空機・船舶の遭難が多発するため、魔の三角水域と呼ばれる。バミューダトライアングル。

バーミューダ-パンツ《和 Bermuda＋pants》ひざ下までの長さのズボンのこと。夏のリゾートにおける代表的アイテムの一つ。昔、大西洋の英国領バーミューダ諸島で軍人が暑さをしのぐために作ったところからこの名がある。バミューダパンツ。〔補説〕英語では、Bermuda shorts.

バーミリオン〘vermilion〙硫化水銀を主成分とする朱色の顔料。また、その色。

〔類語〕レッド・スカーレット・マゼンタ・ローズ・ワインレッド

パー-ミル〘per mill〙1000分の幾つであるかを表す語。1パーミルは1000分の1。記号‰。千分率。プロミル。

バーミンガム〘Birmingham〙㊀英国イングランド中西部の工業都市。中世から金物工業が行われ、産業革命とともに金属・機械などの工業が発達。㊁米国アラバマ州中北部の工業都市。1871年に製鉄の町として建設され、鉄鋼業や商業が盛ん。人口、行政区23万(2008)。バーミングハム。

バーミンガム-かいぎ【バーミンガム会議】ークワイギ 1998年に英国のバーミンガムで開催された主要国首脳会議(サミット)のこと。この年からロシアが参加し、「G7」「先進国首脳会議」から「G8」「主要国首脳会議」に呼称が変更された。この会議では世界経済の持続可能な成長の促進、経済成長と雇用創出による一体的な社会の構築、薬物・国際犯罪への取り組みなどについて討議された。バーミンガムサミット。

バーミンガム-サミット〘Birmingham summit〙▶バーミンガム会議

バーミンガム-だいせいどう【バーミンガム大聖堂】ーダイセイダウ《Birmingham Cathedral》英国イングランドの都市バーミンガムにあるバロック様式の大聖堂。建築家トーマス=アーサーの設計で、18世紀初めに建造された。ラファエル前派の画家エドワード=バーン=ジョーンズが手がけたステンドグラスがあることで知られる。セントフィリップ大聖堂。聖フィリップ大聖堂。

バーミングハム〘Birmingham〙▶バーミンガム

パーム〘palm〙❶手のひら。また、そのようなもの。❷《葉の形が手のひら状であるところから》「椰子(やし)」に同じ。

パーム-オイル〘palm oil〙アブラヤシの果肉を圧搾して得られる油。暗黄赤色で甘味がある。種子から採るパーム核油とともに、マーガリン・ショートニングや石鹸(せっけん)・グリセリンの原料。パーム油。

バームクーヘン〘ドイツ Baumkuchen〙▶バウムクーヘン

パームトップ〘palmtop〙手のひらにのるほど小型であること。また、そのもの。特に、小型軽量タイプのパソコンや、PDAなどの携帯型情報端末にいう。デスクトップやラップトップに対する呼称。➡パームトップパソコン

パームトップ-コンピューター〘palmtop computer〙▶パームトップパソコン

パームトップ-パソコン《palmtop personal computer から》手のひらにのるほど小型のコンピューター。一般的に、大きさがB6サイズ以下、重さが1キログラム以下のパソコンをいう。1990年代に流行したが、その後、携帯電話が高機能化したスマートホンやタッチパネルを備えたタブレット型端末の登場により、あまり利用されなくなった。パームトップコンピューター。➡パームトップ

パーム-ビーチ〘Palm Beach〙米国フロリダ州南東部の観光・保養地。高級リゾートとして知られ、避寒のための別荘が多い。19世紀末、鉄道王ヘンリー=フラッグラーが開発したことに始まる。

パーム-プレ〘Palm Pre〙2009年に米国パーム社が発表したスマートホン。マルチタッチ機能をもつディスプレーとスライド式のキーボードを搭載する。プラットホームであるwebOSはリナックスをベースとしている。

パーム-ボール〘palm ball〙野球で、投手の投球の一。手のひらで押し出すようにして投げる球で、あまり回転せず、打者の近くで不規則に変化する。

パーム-ゆ【パーム油】▶パームオイル

バームラ〘Bormla〙コスピークワの旧称。ボルムラ。

ハームレス〘harmless〙〘形動〙害がないさま。無害の。「一な男」「一糊(のり)」

パーム-レスト〘palm rest〙コンピューターのキーボードを打つ際、キーボードの手前に置いて手首や手のひらを乗せるためのパッドやクッション。疲労軽減や腱鞘炎の予防などの効果があるとされる。

ハーメルン〘Hameln〙ドイツ中北部の工業都市。ウェーザー川中流の東岸にある。中世にはハンザ同盟に加盟。童話「ハーメルンの笛吹き男」の舞台。

バー-モー〘Ba Maw〙[1893～1977]ビルマの政治家。1937年、インドから分離後の初代首相となる。43年、対日協力政権の主席となり、第二次大戦後、日本に亡命。帰国後、野党マハーバマ党を結成し、政界に復帰。著「ビルマの夜明け」。

ハーモナイズ〘harmonize〙〘名〙スル 調和させること。「自然と人工物が一された風景」

ハーモナイゼーション〘harmonization〙関税引き下げ方式の一つ。高関税のものほど引き下げ率を大きくするというもの。

ハーモニー〘harmony〙❶調和。諧調。「色彩の見事な一」❷音楽で、和声。「すばらしい一を奏でる」

〔類語〕バランス・調和・諧調・和声

ハーモニウム〘harmonium〙リードオルガンと同属の鍵盤楽器。リードを発音源にし、空気を吹き出させて音を発するもの。ハルモニウム。

は

ハーモニカ〖harmonica〗リード楽器の一。平らな小箱型で、穴の並んだ側面に口を当て、息を吸ったり吐いたりして内部の金属製リードを振動させて音を出す。ハモニカ。〔補説〕米口語でmouth harpということから、ハープということもある。➡ブルースハープ

ハーモニックス〖harmonics〗❶倍音ばいおん。❷バイオリン・ギターなどの弦楽器で、弦の長さを正確に分割した一点を軽く指で押さえ、倍音の原理を利用して得られる高音。フラジオレット。

バーモント〖Vermont〗米国北東部の州。州都モントピーリアー。酪農や果樹栽培が盛ん。➡表「アメリカ合衆国」

ばあ-や【▽婆や】子守や家事などを行う年とった女性。また、その人を親しんで呼ぶ語。⇔じいや。

パーラー〖parlor〗❶洋菓子や飲み物を主とした軽飲食店。「フルーツー」❷ホテルなどの休憩室・談話室。〔補説〕語源は古フランス語で、話をする所の意。

ハーラー-ダービー〖hurler derby〗野球のリーグ戦で、1シーズン中の投手の勝利数の争い。勝率・防御率には無関係。

パーライト〖pearlite〗❶炭素鋼の組織の一。フェライトとセメンタイトとの共析晶きょうせきしょうで、交互に重なった層状をなし、真珠のような光沢がある。❷真珠石。❸真珠石・黒曜石などを粉砕して焼成したもの。軽量で断熱性・吸音性に富み、建築骨材に使用。❹真珠石を砕いて高温で焼成したもの。白色、多孔質で、園芸の土壌改良材や栽培用土に使用。保水・通気性がよいが、軽いので流出しやすい。

バーラタナーティヤム〖梵 Bhāratanṛtyam〗インドの古典舞踊の一。古代インドの演劇論書「ナーティヤシャーストラ」の著者とされるバーラタが伝えた舞踊で、女性が一人で踊るもの。

バーラト〖Bhārat〗インド人による自国の呼称。古代インドの伝説の王バラタ(Bharata)に由来し、1949年正式国号として採択。

パーラメンタリズム〖parliamentarism〗議会主義。国民の間から公選された議員によって構成される議会を、国政の最高機関とする政治制度。

パーラメント〖Parliament〗議会。特に、英国の国会。〔補説〕英語では、日本などの国会はダイエット(Diet)、米国の連邦議会はコングレス(Congress)という。

は-あり【羽×蟻】アリ・シロアリ類で、初夏から盛夏にかけての交尾期に、羽化して巣から飛び立った女王アリと雄アリ。はねあり。〔季 夏〕「一とぶや富士の裾野の小家より/蕪村」

パーリアク〖Paaliaq〗土星の第20衛星。2000年に発見。名の由来はイヌイット神話の巨人。非球形で平均直径は約19キロ。パーリアック。

パーリアック〖Paaliaq〗►パーリアク

パーリ-ご【パーリ語】《梵 Pāli》小乗仏教聖典をつづったインド-アーリア語。プラークリット語の一。

バーリン〖Irving Berlin〗[1888〜1987]米国の作詞・作曲家。ロシアの生まれ。「ホワイト-クリスマス」など多くのヒット曲を作った。他に、ミュージカル「アニーよ銃をとれ」がある。

バーリントン〖Burlington〗米国バーモント州北西部、同州最大の都市。シャンプレーン湖岸に臨む通関港を有し、工業が盛ん。バーモント大学をはじめとする大学がある文教都市でもある。避暑やウインタースポーツに適した観光・保養地としても知られる。

バール《crowbarから》L字形をした鋼鉄製の釘抜き。鉄梃かなてこ。

バール〖セム Baal〗《主人の意》古代のシリア・フェニキア地方などで、広くセム族に崇拝されていた農耕の守護神。カナン定着後のイスラエル人はこの影響を受けたが、預言者エリヤらによって、邪神として厳しく非難された。

バール〖bar〗圧力の単位。1バールは10万ニュートンの力が1平方メートルに作用するときの圧力。記号bar ➡パスカル

バール〖イタリア bar〗喫茶店。エスプレッソやカプチーノ、清涼飲料水、サンドイッチなどを出す店。

パール〖pearl〗真珠。また、真珠色。「一ホワイト」

パール〖Perl〗《practical extraction and report language》テキストの検索や抽出、ファイルの処理に向いたスクリプト言語。

ハールーン-アッラシード〖Hārūn al-Rashīd〗[766?〜809]アッバース朝第5代のカリフ。在位786〜809年。王朝の全盛期を代表する君主。領土を拡大し、学芸を奨励。「千夜一夜物語」に登場。

ハールザイレンス〖Haarzuilens〗オランダ中部の都市、ユトレヒトの郊外にある村。以前はデハール城の近くにあったが、城と庭園を建造する際に移転。城と同じく、家の窓枠を赤と白で塗り分けして再建された。

パール-ハーバー〖Pearl Harbor〗米国ハワイ州のオアフ島南部、ホノルル近郊にある湾。複雑に入り組んだ形の溺おぼれ谷で、米国海軍太平洋艦隊の基地がある。真珠湾。➡真珠湾攻撃

パール-バック〖Pearl Buck〗►バック

バールベリ-ラジオほうそうきょく【バールベリラジオ放送局】《Varberg Radio Station》スウェーデン南部のバールベリにある無線局。1920年代につくられたもので、大西洋横断無線通信に使用された。現存する唯一のラジオ草創期の放送局。1996年に業務を終了。2004年、世界遺産(文化遺産)に登録された。バールベリ無線通信所。バルベルイラジオ放送局。

ば-あれ【場荒れ】〔名〕スル 釣りすぎて、その場所で魚が釣れなくなること。「一して魚影が薄い」

ハーレー-がい【ハーレー街】《Harley Street》►ハーレーストリート

ハーレー-ストリート〖Harley Street〗英国の首都ロンドン中心部、ウエストミンスターを東西に貫く街路。オックスフォードストリートの北側に位置し、開業医、歯科医が多い高級住宅街として知られる。ハーレー街。

バーレーン〖Bahrain〗西アジア、ペルシア湾西部にある国。バーレーン諸島からなり、首都マナーマ。英国保護領から1971年に独立。石油を産出。正式名称バーレーン王国。人口74万(2010)。バハライン。

ハーレクイン-ロマンス〖harlequin romance〗カナダのハーレクイン-エンタプライズ社が刊行している、若い女性向きの恋愛物語のシリーズ。

バーレスク〖burlesque〗17、8世紀、英国を中心に流行した風刺的喜歌劇。19世紀以後は、大衆向きのこっけい寸劇・物真似ものまね芸などとなり、多くはショーの間に挿入して上演される。米国では、寸劇などをまじえたストリップショーをいう。

ハーレックス〖Harlech〗►ハーレフ

パーレビ-ちょう【パーレビ朝】►パフラビー朝

ハーレフ〖Harlech〗英国ウェールズ北西部の町。トレマドック湾に面し、海岸保養地としても知られる。13世紀末にエドワード1世がウェールズ征服の拠点として築いたハーレフ城がある。ハーレックス。

ハーレフ-じょう【ハーレフ城】《Harlech Castle》英国の町ハーレフにある城。13世紀末にエドワード1世がウェールズ征服の拠点として建造。15世紀にはウェールズ軍の反乱の拠点になり、イングランド軍と7年間戦った末、1468年に引き渡された。カナーボン城、ビューマリス城、コンウィ城とともに、1986年に「グウィネズのエドワード1世の城郭と市壁群」として世界遺産(文化遺産)に登録された。ハーレックス城。

ハーレム〖Haarlem〗オランダ西部の商業都市。チューリップ栽培の中心地。

ハーレム〖harem〗►ハレム

ハーレム〖Harlem〗ニューヨーク市マンハッタン区北部の地名。住宅街。黒人や移民が多い。入植したオランダ人が本国のハーレムにちなんでつけた。

ハーレム-パンツ〖harem pants〗全体に下にいくにしたがって膨らみ、裾口すそぐちをひも絞りにした、ゆったりしたパンツ。

バーレル〖barrel〗❶胴がふくらんだ形の樽たる。❷ヤード-ポンド法の液体の体積の単位。1バーレルは、英国では36英ガロンで約163.7リットル、米国では31.5米ガロンで約119.2リットル、一般に用いられる石油については42米ガロンで約159.0リットル。バレル。

パーレン《parenthesisから》丸括弧まるがっこ。( )の記号。➡括弧

バーロッホ-じょう【バーロッホ城】《Balloch Castle》英国スコットランド西部、ローモンド湖の南端にある城。バーロッホ城カントリーパークの敷地内にある。13世紀建造の城に起源し、19世紀初頭に再建され現在の姿になった。

ハーン〖Otto Hahn〗[1879〜1968]ドイツの化学者。放射性トリウム・アクチニウムなどを発見し、1938年、F=シュトラスマンと中性子によるウランの核分裂を発見。44年ノーベル化学賞受賞。

ハーン〖Lafcadio Hearn〗►小泉八雲こいずみやくも

バーン〖ドイツ Bahn〗道。道路。「アイスー」

バーン〖barn〗原子核や素粒子の衝突実験で、衝突の確率を表すのに用いる標的の面積の単位。1バーンは10^{-28}平方メートル。記号b

バーンアウト〖burnout〗燃え尽きること。心身のエネルギーが尽き果てること。➡バーンアウトシンドローム

バーンアウト-シンドローム〖burnout syndrome〗燃えつき症候群。つらい仕事に起因するストレスのために心身のエネルギーが尽き果ててしまった状態。心的疲労感・空虚感・自己嫌悪・作業能力の低下などが主症状。米国の精神分析医H=フロイデンバーガーによる造語。

バーン-ジョーンズ〖Edward Coley Burne-Jones〗[1833〜1898]英国の画家。ラファエル前派に属し、整然とした構図と華やかな色彩による夢幻的な画風を示した。作「黄金の階段」など。

バーンズ〖Robert Burns〗[1759〜1796]英国の詩人。生地スコットランドの方言で純粋素朴な作品を書き、国民詩人と称された。「蛍の光」の原詩「オールド-ラング-サイン」は有名。作「シャンタのタム」など。

バーンスタイン〖Leonard Bernstein〗[1918〜1990]米国の指揮者・作曲家。1958〜69年ニューヨーク-フィルの音楽監督。その後、世界各地のオーケストラに客演。代表作はミュージカル「ウエストサイド物語」。

バーンフィ-きゅうでん【バーンフィ宮殿】《Palatul Bánffy》ルーマニア北西部の都市クルージュナポカにあるバロック様式の宮殿。旧市街中央部、統一広場に面する。18世紀後半、トランシルバニアの総督だったバーンフィ=ジョルジィにより建造。1965年より、クルージ国立美術館として公開され、トランシルバニア地方の近現代美術の作品を所蔵する。

はい【灰】はひ 物が燃え尽きたあとに残る粉末状のもの。「かまどの一」「死の一」〔類語〕灰燼かいじん・燃え殻

灰後かえ・る 紫の染色がさめる。紫色を染めるのに入れたツバキの灰の力が不足して、色がさめる。灰返る。「紫の紙の、年経にければ一・れ古めいたるに」〈源・末摘花〉

灰にな・る ❶燃えてすっかりなくなる。灰燼かいじんに帰する。「マイホームが一・る」❷死んで火葬にされ、骨になる。

はい【拝】❶頭を垂れて敬礼すること。おがむこと。「古風に低く一をして」〈二葉亭訳・片恋〉❷手紙で、署名の下に書いて相手への敬意を表す語。「鈴木一郎一」❸「拝舞はいぶ」の略。「其の後上達部かんだちめの一あり」〈増鏡・草枕〉➡漢「はい(拝)」

はい【杯・×盃】㊀〔名〕酒を入れて飲む器。さかずき。「一を重ねる」「一を挙げて健康を祝す」㊁〔接尾〕助数詞。撥音のあとでは「ばい」、促音のあとでは「ぱい」となる。❶器に入れた液体、茶碗に盛った飯などを数えるのに用いる。「一ぱいの水」「御飯を三ばい食べる」❷たこ・いか・あわびなどを数えるのに用いる。❸船を数えるのに用いる。隻せき。➡漢「はい(杯)」〔類語〕杯洗はいせん・酒杯・玉杯・酒器・猪口ちょく・ぐい飲み

はい【肺】空気呼吸を行うための器官。両生類以上にみられ、胸腔に左右一対ある。内部は、無数の肺胞となっている。肺胞を取り囲む毛細血管との間で

炭酸ガスと吸気からの酸素との交換が行われる。肺臓。➔漢「はい(肺)」

はい【×胚】多細胞生物の発生初期の個体。植物では受精卵がある程度発達した胞子体をいう。種子植物では種子中にある発芽前の植物体で、胚芽ともいい、胚乳から養分を吸収する。動物では卵黄から養分を吸収している状態のもので、発生段階により桑実胚・胞胚・嚢胚(のうはい)・神経胚などに分けられる。➔漢「はい(胚)」

はい【敗】㊀〔名〕戦いや試合に負けること。「一を転じて功と為すべし」〈中村訳・西国立志編〉㊁〔接尾〕助数詞。試合・勝負事などで、負けた回数を数えるのに用いる。上に来る語によって「ぱい」ともなる。「三勝二一」⇔勝。➔漢「はい(敗)」

はい【×牌】❶功績をたたえたり記念したりするための金属製または木製の小板。メダル・盾の類。❷㋐陀羅尼などを書き記す札。㋑禅院で用いる、一種の告知板。❸▶パイ(牌)　➔漢「はい(牌)」

はい【×蕸】(はひ)蓮根(れんこん)の古名。「蓮には一といふものあり。人の食ふものなり」〈奥義抄・中〉

はい【輩】なかま。ともがら。やから。「かの一は皆遠くこの少女に及ばぬのである」〈鴎外・魚玄機〉➔漢「はい(輩)」

はい【×蝿】(はひ)「はえ(蝿)」の音変化。

ハイ〖high〗〔名・形動〕❶感情・気分が高揚していること。興奮していること。また、そのさま。「一な気分になる」❷多く、複合語の形で用い、位置・程度が高いこと、数量が多いことなどを表す。「一ネック」「一グレード」「一スピード」

はい〔感〕❶丁寧に応答するとき、また、相手の言葉に肯定の意を示すときに発する語。「一、よく分かりました」❷名を呼ばれて答えるときに発する語。「『鈴木さん』『一、ここにいます』」❸注意を促すときに発する語。「一、口を開けて」❹自分の言葉の末尾に添えて、ややへりくだったり、述べた言葉を確かめる気持ちを表す語。「必ず伝えます。一」❺牛馬を追うときのかけ声。「一しい、どうどう」

ばい【▽貝 ┆ ×蛽 ┆ 海=蠃】❶エゾバイ科の巻き貝。浅海の砂泥底にすむ。貝殻は紡錘形で、殻高6センチくらい。殻表は火炎状および点状の褐色斑紋があり、厚い黄褐色の殻皮をかぶる。北海道南部から南に分布。肉は食用、殻はばいごま・貝細工の材料。つぶ。つぼ。❷「貝独楽(ばいごま)」の略。べえ。「一を打つ」「一を回す」➔漢「ばい(貝)」

ばい【▽枚】昔、夜討ちのときなどに声を出さないように、兵士や馬の口にくわえさせた、箸のような形をした道具。ひもで首に結びつけた。口木。

枚を銜(ふく)・む　声を立てず、息を凝らす。「轡(くつわ)のならざるやうに一・ませ」〈太閤記・四〉

ばい【倍】㊀〔名〕ある数量を二つ合わせた数量。2倍。「一の分量」「一にして返す」㊁〔接尾〕助数詞。同じ数を重ねて加え合わせる回数を表すのに用いる。「三一」「一〇一」➔漢「ばい(倍)」類語 ダブル

ばい【▽唄】❶声明(しょうみょう)の一種。漢語または梵語(ぼんご)で偈頌(げじゅ)を唱えるもの。短い詞章を一音一音長く引いて、揺りなどの節を多くつける。如来唄・云何唄(うんがばい)など。❷「唄器(ばいき)」の略。➔漢「ばい(唄)」

ば-い【馬医】❶馬を診察・治療する獣医。うま医者。❷律令制で、左右馬寮(めりょう)の官馬の世話などをした役。めい。うまくすし。

ばい【×霾】中国北部で吹き上げられた黄土が、季節風に吹き流されて浮遊し、空を黄褐色に覆いつつ徐々に落下する現象。春、日本まで飛来することがある。黄砂。(季 春)

ぱい　投げ捨てる意の幼児語。ぽい。

パイ【牌】《中国語》マージャン用の駒。竹で裏打ちした象牙や骨材などの表面に、文字・図柄が彫ってある。字牌(ツーパイ)、数牌(シューパイ)27種類136個で一組。

パイ〖Π ┆ π ┆ pi〗❶〈Π・π〉ギリシャ語のアルファベットの第16字。ピー。❷〈π〉円周率を表す記号。❸〈Π〉数列の第1項から第 *n* 項までの積を表す記号。総乗記号。❹〈π〉π中間子の記号。

漢字項目 はい

×佩　音ハイ漢　訓おびる、はく‖①身に帯びる。「佩剣・佩刀・佩用/帯佩」②腰につける飾り。「玉佩」③心にとどめて忘れない。「感佩(かんぱい)」難読 佩刀(はかし・はかせ)

拝〔拜〕　学6　音**ハイ**漢　訓**おがむ**‖①頭を下げて礼をする。「拝礼/跪拝(きはい)・参拝・巡拝・朝拝・答拝・伏拝・奉拝・遥拝(ようはい)・礼拝(らいはい・れいはい)」②貴人に会う。「拝謁・拝顔」③あがめる。ありがたがる。「拝外/崇拝」④お上からいただく。ありがたく受ける。「拝官・拝命・拝領」⑤自分の行為に冠して相手に敬意を示す語。「拝賀・拝啓・拝見・拝借・拝呈・拝読・拝復」

杯　音**ハイ**漢　訓**さかずき**‖㊀〈ハイ〉①酒を入れて飲む器。さかずき。「杯洗・杯盤/乾杯・玉杯・苦杯・献杯・酒杯・祝杯・別杯・返杯」②記念にするカップ。「賜杯・賞杯・優勝杯」㊁〈さかずき〉「水杯」補説「盃」「桮」は異体字。「盃」は人名用漢字。

背　学6　音**ハイ**漢　訓**せ、せい、そむく、そむける**‖㊀〈ハイ〉①胸や腹の反対側。せなか。「背泳・背筋・背嚢(はいのう)/腹背」②物の後ろ側。「背景・背面/光背・後背(こうはい)・紙背・刀背」③背中を向ける。背にする。「背水・背走・背日性(はいじつせい)」④そむく。「背信・背任・背反/違背・向背・離背・面従腹背」⑤(「悖(はい)」の代用字)道理に外れる。もとる。「背徳」㊁〈せ(ぜ)〉「背筋・背丈(せたけ)・背中/猫背」㊂〈せい(ぜい)〉「背高(せいたか)/上背(うわぜい)・中肉中背」名付 しろ・のり　難読 背負(しょ)い子

肺　学6　音**ハイ**漢‖①五臓の一。呼吸をつかさどる器官。「肺炎・肺臓/心肺・塵肺(じんぱい)」②心。「肺肝・肺腑(はいふ)」

×胚　音ハイ漢‖①身ごもる。はらむ。「胚胎」②卵や種子の中の発生初期の生物体。「胚芽・胚乳・胚葉/胞胚」補説「肧」は異体字。

俳　学6　音**ハイ**漢‖①芸人。役者。わざおぎ。「俳優」②こっけいなこと。おどけ。「俳諧(はいかい)」③俳諧。俳句。「俳号・俳人・俳壇・俳味/雑俳・連俳」難読 俳優(わざおぎ)

×悖　音ハイ漢　訓もとる‖道理に外れる。もとる。「悖徳・悖反・悖理・悖戻(はいれい)/狂悖」補説「背」を代用字とすることがある。

配　学3　音**ハイ**漢　訓**くばる**‖①つりあいよく並べる。組み合わせる。「配合・配剤・配色・配列/按配(あんばい)」②連れ添う相手。連れ合い。夫婦。「配偶/好配」③割り当てる。くばる。「配給・配属・配達・配置・配当・配布・配分・配役/欠配・集配・遅配・分配」④配当。「減配・増配・無配」⑤指図が行き渡る。「配下/支配」⑥注意を行き届かせる。「配意・配慮/心配」⑦罰として遠方に送る。「配所・配流(はいる)」名付 あつ

×徘　音ハイ漢　訓さまよう‖さまよう。「徘徊(はいかい)」

排　音**ハイ**漢‖①左右に押し開く。「排闥(はいたつ)」②押しのける。のけものにする。「排外・排撃・排除・排斥・排他・排日」③外に押し出す。「排気・排出・排水・排泄(はいせつ)・排尿・排卵」④順に並べる。「排列/按排(あんばい)」

敗　学4　音**ハイ**漢　訓**やぶれる**‖①争い事にまける。やぶれる。「敗因・敗者・敗色・敗勢・敗戦・敗訴・敗走・敗退・敗北/完敗・惨敗・勝敗・惜敗・大敗・不敗・優勝劣敗」②やりそこなう。「失敗・成敗(せいばい)」③くずれてだめになる。「壊敗・酸敗・腐敗」

廃〔廢〕　音**ハイ**漢　訓**すたれる、すたる**‖①くずれて使えなくなる。すたれてだめになる。「廃屋・廃墟(はいきょ)・廃物/朽廃・荒廃・興廃・頽廃(たいはい)・老廃物」②不用のものとしてやめにする。「廃案・廃位・廃刊・廃棄・廃業・廃校・廃止・廃車/改廃・全廃・存廃・撤廃」③(「癈(はい)」と通用)からだがだめになる。「廃疾・廃人」

×牌　音ハイ漢‖①書き付けのある札。「位牌・紙牌・詩牌・木牌」②勝負事の札やこま。「骨牌(こっぱい)」③記念の盾やメダル。「金牌(きんぱい)・賞牌」難読 骨牌(カルタ)・聴牌(テンパイ)

×稗　音ハイ漢　訓ひえ‖小さい。こまごました。「稗官・稗史」

輩　音**ハイ**漢　訓ともがら、やから、ばら‖①同列の仲間。ともがら。「軽輩・後輩・弱輩・先輩・徒輩・奴輩・同輩・年輩・朋輩(ほうばい)・末輩・老輩」②列をなして続々と起こる。「輩出」補説「輩」は俗字。名付 とも

×憊　音ハイ漢‖疲れきる。力を使い果たす。「困憊(こんぱい)・疲憊」

×癈　音ハイ漢‖からだがだめになる。不治の病。「癈疾・癈人・癈兵」

漢字項目 ばい

売〔賣〕　学2　音**バイ**漢　マイ唐　訓**うる、うれる**‖①品物を渡して代価を得る。「売却・売店・売買・売品/競売・公売・商売・専売・転売・特売・発売・販売・密売・廉売」②名誉や利益を得ようとする。「売名」難読 焼売(シューマイ)・売女(ばいた)・売僧(まいす)

▽貝　学1　音バイ慣　訓**かい**‖㊀〈バイ〉①かい。「貝貨」②巻き貝の一種。バイ。「貝独楽(ばいごま・べいごま)」③貝多羅葉(ばいたらよう)のこと。「貝葉」㊁〈かい(がい)〉「貝殻/赤貝」

倍　学3　音**バイ**呉‖①同じ数量を重ねること。「倍加・倍数・倍増・倍率/数倍・層倍」②ます。ふやす。「倍旧」名付 ます・やす　難読 安倍川(あべかわ)・五倍子(ふし)・倍良(べら)

▽唄　音バイ呉　訓**うた**、うたう‖㊀〈バイ〉仏徳をたたえる歌。また、その歌をとなえる。「梵唄(ぼんばい)」㊁〈うた〉「小唄・長唄・端唄(はうた)」

梅〔梅〕　学4　音**バイ**漢　訓**うめ**‖㊀〈バイ〉①木の名。ウメ。「梅園・梅花/寒梅・観梅・紅梅・探梅・落梅・老梅・松竹梅」②ウメの実の熟する時期。また、そのころの雨。つゆ。「梅雨・梅霖(ばいりん)/入梅」③性病の一。楊梅瘡(ようばいそう)の略。「梅毒/駆梅・検梅」㊁〈うめ〉「梅酒(うめしゅ)・梅見/青梅・小梅・白梅・庭梅」補説「楳」は異体字。難読 塩梅(あんばい)・梅雨(つゆ)・楊梅(やまもも)・梅桃(ゆすらうめ)

培　音**バイ**呉　訓**つちかう**‖根元に土をかけて草木を育てる。つちかう。「培養/栽培」名付 ます

陪　音**バイ**呉‖①そばに付き添う。伴をする。「陪従・陪乗・陪食・陪席」②補佐する。「陪審」③家来の家来。「陪臣」名付 すけ・のぶ・ます・やす　難読 陪堂(ほいとう)

媒　音**バイ**漢　訓なこうど‖①結婚をとりもつ。なこうど。「媒酌/良媒」②仲立ちをする。「媒介・媒体/鳥媒花」③仲立ちとなるもの。「触媒・溶媒・霊媒」

×焙　音バイ呉　ホウ(ハウ)慣　ホイ唐　訓あぶる‖火であぶる。「焙焼(ばいしょう)・焙煎(ばいせん)・焙炉(ほいろ)・焙烙(ほうろく・ほうらく)」

買　学2　音**バイ**漢　訓**かう**‖代価を払って品物を求める。かう。「買収/故買・購買・売買・不買」

人煤　音バイ漢　訓すす‖①すす。「煤煙/煙煤」②石炭。「煤炭」

賠　音**バイ**呉　訓つぐなう‖損害と見合う分を支払う。つぐなう。「賠償」

×黴　音バイ慣　訓かび、かびる‖①かび。「黴菌」②性病の一。梅毒。「黴毒/駆黴・検黴」③黒ずむ。暗くかすか。「黴雨」補説「霉」は異体字。

パイ〖pie〗❶小麦粉とバターを材料とし冷水を加え、小麦粉とバターとの薄い層が交互に重なり合うような生地を作り、ジャムや肉などを包んで天火で焼き上げる菓子や料理。「アップルー」「ミートー」❷(比喩的に)分割できる利益・費用の総体。限定的な商品市場の全体。総額。「若年層の需要をめぐって激しいーの奪い合いが行われる」

ハイアール-グループ〖Haier Group〗中国の家電メーカー。1984年設立。冷蔵庫、洗濯機などの家電製品の製造・販売で世界有数のシェアをもつ。日本では、2002年以降、ハイアールジャパンセールスを設立して輸入販売を行う一方、三洋電機の家電事業を買収するなどしている。ハイアール。海爾集団。

ハイ-アイポイント〖high eye point〗カメラ、双眼鏡、望遠鏡において、アイレリーフを長くしたもの。眼鏡などを装着したまま、視野全体を見渡すことができる。ロングアイレリーフ。

ばい-あ・う【▽奪ひ合ふ】〔動ハ四〕「うばいあう」の音変化。「真を取らう取らうと存じてー・ふ内に」〈虎寛狂・真奪〉

バイアウト〖buyout〗株を買い占めること。

バイア-かいていいせき【バイア海底遺跡】▶バイア海底考古学公園

バイア-かいていこうこがくこうえん【バイア海底考古学公園】《Parco Archeologico di Baia Sommersa》イタリア南部、カンパニア州の町バイアにある海底遺跡。ナポリの西方約15キロメートルに位置する。古代ローマ時代の都市遺跡が海底に没したものであり、面積は約200平方キロメートル。貴族の邸宅、浴場、モザイクやフレスコ画などが残っている。スキューバダイビングや、ガラス製の船底をもつボートなどで見学する。バイア海底遺跡。

はい-あが・る【×這い上(が)る】〔動ラ五(四)〕❶はって上がる。はうようにして上にあがる。「がけをー・る」❷苦労して悪い状態を切り抜ける。ある地位に達する。「最下位からー・る」

バイアス〖bias〗❶織物の布目に対して斜めであること。また、それに沿って裁った布地。バイヤス。「生地をーに使う」❷「バイアステープ」の略。❸真空管やトランジスターを適切に作動させるため、その端子間に加える直流電圧。バイヤス。❹㋐社会調査で、回答に偏りを生じさせる要因となるもの。質問文の用語や質問の態度などについていう。㋑先入観。偏見。

バイアス-かいろ【バイアス回路】トランジスターなどに直流を流す電源をバイアスといい、その直流電源を与える回路。➡バイアス❸

バイアス-カット〖bias cut〗布地を斜めに裁断して衣服に仕立てていく方法のこと。動きと柔らかさが表現できる。1920年代にフランス人デザイナー、マドレーヌ=ヴィオネによって開発された。

バイアス-タイヤ〖bias tire〗自動車タイヤで、トレッド部分のゴムに鋳込まれたコード(織布)の織り目が、回転方向に対してバイアス(斜め)になった従来からの形式のもの。➡ラジアルタイヤ

バイアス-テープ〖bias tape〗布目に対して斜めに裁った布テープ。襟ぐり・袖ぐりなどの縫い代の始末や縁どりなどに用いる。

バイアスロン〖biathlon〗スキーの距離競技とライフル射撃を組み合わせた複合競技。冬季近代二種競技。

はい-あつ【背圧】蒸気機関・内燃機関で排出される蒸気やガスの圧力。

はいあつ-タービン【背圧タービン】蒸気を大気圧以上の圧力で排出するタービン。動力とともに作業用の低圧蒸気も得られる。

ハイアニス〖Hyannis〗米国マサチューセッツ州南東部の半島、コッド岬の中心地。沖合のナンタケット島やマーサスビニヤード島を結ぶフェリーの港がある。

バイア-ブランカ〖Bahia Blanca〗アルゼンチン中部、大西洋に面する港湾都市。パンパス南部の農牧畜産品の積み出し港。石油化学工業も盛ん。

バイア-フリー〖barrier free〗▶バリアフリー

バイア-マーレ〖Baia Mare〗《「バヤマレ」とも》ルーマニア北部の都市。東カルパチア山脈の西麓、サザール川沿いに位置する。12世紀にトランシルバニア地方のドイツ人が入植し、14世紀から15世紀にかけて金銀などの採掘で栄えた。17世紀にトランシルバニア公国に併合され、第一次大戦後にルーマニア王国に帰属。15世紀の精錬所跡や鉱物博物館のほか、マラムレシュ地方の村落を再現した野外博物館がある。

バイ-アメリカン《Buy American Policyから》米国企業の競争力回復と雇用拡大のため、米国製品の購入を呼びかける運動。

バイアメリカン-ほう【バイアメリカン法】《Buy American Act》米国で国内産業の保護・生産奨励を目的として自国製品の優先購入などを義務付けた法律。大恐慌下の1933年に成立し政府調達で国内製品を優先採用するよう義務付けたのが最初。➡保護主義 補説 2009年2月に成立した景気対策法では公共事業などに米国製の鉄鋼製品の購入を義務付ける条項が盛り込まれた。世界貿易機関(WTO)の協定に違反しないよう「国際的な合意に沿って適用する」との文言が加えられたが、保護主義化を促すおそれがあるとして国内外で懸念が高まっている。

ハイ-アライ〖ス jai alai〗スペインの球技。敵味方の選手が、手にはめたラケットで硬球を壁に交互に打ちつけて得点を争うもの。17世紀にバスク地方で始まり、フランス・イタリア・メキシコなどでも行われている。回力球。

バイアル〖vial〗ガラス製の小瓶。特に、薬剤を入れゴム栓と金属キャップで密封したガラス瓶。ゴム部に注射針を刺して中身を吸い出す。

はい-あん【廃案】議決・採用されずに廃止となった議案・提案など。「審議未了のためにーとなる」

はい-い【配位】〔名〕スル 錯体の中で、中心原子の周りの空間に配位子が配列して結合すること。また、結晶中の一つの原子を近接の電子が取り巻くこと。

はい-い【配意】〔名〕スル 心をくばること。心くばり。配慮。「他人の気持ちに十分ーする」類語 配慮・気配り

はい-い【廃位】〔名〕スル 強要して君主をその位から去らせること。「奸臣にーさせられる」

ばい-い【売位】財物を納めた者に位階を授けること。平安時代、国家財政の不足を補うため、盛んに行われた。➡売官

バイイ〖Charles Bally〗[1865〜1947]スイスの言語学者。ソシュールの弟子で、師の講義の記録をまとめ、「一般言語学講義」として刊行。また、表現形式と感情との関係を体系的に検討して言語学的文体論を創始した。著「一般言語学とフランス言語学」など。

バイーア〖Bahia〗㊀ブラジル東部にある州。アフリカ系住民が多く、宗教や音楽などで黒人文化の影響が深い。州都はサルバドール。㊁サルバドールの旧称。

はいい-かごうぶつ【配位化合物】一つの原子あるいはイオンに、他のイオンあるいは分子が配位結合によって結合している化合物。錯化合物とほぼ同義。

はいい-けつごう【配位結合】錯体中の中心原子に対し、配位子がそれを取り巻いている形式の結合。中心原子との間に、配位子のもつ電子対が提供されることによって生ずる。供与結合。提供結合。半極性結合。

はい-いし【灰石】火砕流の堆積物に由来する、一部が再び溶けたような組織をもつ火山砕屑岩。暗灰色をし、阿蘇山や鹿児島湾付近にみられる。

はいい-し【配位子】錯体あるいは錯化合物の中で、中心原子に結合しているイオンあるいは分子など。リガンド。

はいい-すう【配位数】錯体などで、中心原子に配位結合をすることのできる配位子の数。6、4、2などになるものが多い。

はい-いり【×這ひ入り】❶這って中にはいること。「ともし火の消えて、ーに暗ければ」〈かげろふ・下〉❷門の入り口。はいり口。「妹が家のーに立てる青柳に今やなくらむ鶯の声」〈後撰・春上〉

はい-い・る【×這ひ入る】〔動ラ四〕這って中へはいる。「村雨のまぎれにて、え知り給はぬに、かろらかにふとー・り給ひて」〈源・賢木〉

はい-いろ【灰色】❶灰のような、白と黒との中間の色。ねずみ色。グレー。❷希望がなく暗い気持ちで活気のないこと。「ーの日々を送る」❸《白とも黒ともはっきりしないところから》疑惑のあること。「容疑がーのまま釈放される」類語 鼠色・色・グレー・薄墨色

はいいろかび-びょう【灰色×黴病】イチゴなどの花や果実に、不完全菌のボトリチス・シネレアが寄生し、灰色のカビができて腐敗する病害。湿度が高いと発生が多い。

はいいろ-がん【灰色×雁】カモ科の鳥。全長82センチくらい。全体に灰褐色でくちばし・足が桃色。ユーラシアの温帯以北に分布し、ヨーロッパ系ガチョウの原種。日本では迷鳥。

はいいろ-ぎつね【灰色×狐】イヌ科の哺乳類。分類上はキツネよりもタヌキに近い。体長約60センチ、尾長約30センチ。背面は灰色、腹と四肢は赤褐色。カナダ南部から南米北部までの森林などにすみ、木登りがうまい。

はいいろ-ぐま【灰色熊】ヒグマの亜種。体長約2.5メートル、体重360キロ。肉食性が強く、気も荒い。北アメリカの森林にすむ。グリズリー。

はいいろ-ペリカン【灰色ペリカン】ペリカン科の鳥。全長約1.2メートル。全体に白みがかった灰色で、くちばしは桃色に灰色の斑点がある。南アジア南部に分布。日本では迷鳥。

はい-いん【排印】活字を排列して印刷すること。

はい-いん【敗因】敗れた原因。対 勝因。

ばい-いん【売淫】〔名〕スル「売春」に同じ。「一婦」

バイイング-パワー〖buying power〗企業が商品の買い手として支配的な地位にある場合に有する、供給者から有利な条件を引き出す交渉力。

はいいん-ぼん【排印本】「活字本」に同じ。

はい-う【×沛雨】沛然と降る雨。激しく降る雨。

ばい-う【梅雨】【×黴雨】6月上旬から7月上・中旬にかけて、本州以南から朝鮮半島、揚子江流域に顕著に現れる季節的な雨。梅雨前線上を小低気圧が次々に東進して雨を降らせるもの。入梅の前に走り梅雨の見られることが多く、中休みには五月晴れとなることもあり、梅雨明けは雷を伴うことが多い。つゆ。さみだれ。季 夏「草の戸の開きしままなるーかな/虚子」補説 梅の実が熟するころに降る雨の意、または、物に黴が生じるころに降る雨の意か。類語 梅雨・五月雨・麦雨・菜種梅雨

ハイウエー〖highway〗高速で走る自動車専用道路。HW。補説 英語では、都市間の幹線道路の意。類語 高速道路・フリーウエー・ドライブウエー

ハイ-ウエスト〖high waist〗ファッション用語で、ドレスやスカートのウエストの位置が比較的高い位置にあること。対 ローウエスト。

ばいう-ぜんせん【梅雨前線】梅雨のころ、日本の南岸付近にほぼ東西に延びて停滞する前線。オホーツク海高気圧と小笠原高気圧との間にできる。

ばい-うち【▽貝打ち】【海=嬴打ち】《「ばい」は「ばいごま」の略》子供の遊びの一。空き箱などにござを敷いてくぼみをつけ、互いにばいごまを回して入れ、相手のこまをはじき出して勝負を争う。ばいまわし。季 秋「ーや灯ともり給ふ観世音/秋桜子」

はい-うら【灰▽占】埋み火や火桶などの灰をかいて吉凶を占うこと。

はい-えい【背泳】泳法の一。水面にあおむけになり、両手を交互に車輪のようにまわして水をかき、ばた足を用いて、頭の方に進む泳ぎ方。せおよぎ。バック。バックストローク。➡表

はい-えき【廃液】不用になって捨てられる液体。

はい-えき【廃駅】廃止されて使われていない駅。

ハイエク〖Friedrich August von Hayek〗[1899〜1992]オーストリアの経済学者。独自の貨幣的

景気理論を提示。また、自由主義思想の究明と発展に努力。1974年ノーベル経済学賞受賞。著「景気と貨幣」「資本の純粋理論」など。

ハイエスト-ライト〘highest light〙写真撮影における、被写体の最も明るい部分。最高輝度部。

はい-えそ【肺壊疽】ｴｿ 肺に腐敗菌が感染し、組織が壊死・融解する病気。肺化膿症の一。

はい-えつ【拝謁】〔名〕ｽﾙ 身分の高い人に面会することをへりくだっていう語。「国王に一する」
(類語)拝顔・拝眉・朝見・謁見・面謁・お目見え・目通り

ハイエナ〘hyaena〙食肉目ハイエナ科ハイエナ亜科の哺乳類の総称。体長80～160センチ。体形はオオカミに似るが、吻が太く、腰部が低い。分類上はジャコウネコに近く、肛門付近に臭腺をもつ。歯やあごが丈夫で、死肉を骨ごとむさぼり食う。夜行性。灰色に黒い縞模様のあるシマハイエナ、黒い斑点のあるブチハイエナなど。主にアフリカに分布。たてがみいぬ。

ハイエフディー〘HiFD〙《High Capacity Floppy Disk》ソニーと富士写真フイルム(現富士フイルム)が共同開発した大容量フロッピーディスクの規格の一。200MBの記憶容量をもち、3.5インチのフロッピーディスクと上位互換となっている。

バイエル〘Ferdinand Beyer〙㊀[1803～1863]ドイツの作曲家。ピアノ小曲を多く作った。㊁(Beyer)㊀が作った初心者向けのピアノ教則本。日本での普及は、明治13年(1880)にお雇い外国人である米国のメーソンがピアノ教育に導入したのが始まり。

バイエルン〘Bayern〙ドイツ南部の州。州都ミュンヘン。穀倉地帯をなし、ブドウ・ホップの栽培も行われ、ビール醸造業が盛ん。英語名ババリア。

ハイエログリフ〘hieroglyph〙►ヒエログリフ

はい-えん【肺炎】肺に起こる炎症の総称。炎症の範囲から大葉性肺炎・気管支肺炎・間質性肺炎に分けられる。細菌・ウイルス・マイコプラズマ・クラミジアなどの感染によるものや、放射線・薬剤などに原因するものがあり、発熱・咳・痰・呼吸困難などの症状を呈する。

はい-えん【排煙】〔名〕ｽﾙ ❶煙突などから吐き出す煙。❷中の煙を外に出すこと。

はい-えん【廃園｜廃×苑】ｴﾝ〔名〕ｽﾙ ❶手入れがされずに荒れはてている庭園。❷(廃園)幼稚園・動物園などの経営をやめること。

ばい-えん【梅園｜梅×苑】ｴﾝ 梅の木を多く植えてある庭園。(季 春)

ばい-えん【×煤煙】石油・石炭などの不完全燃焼で生じるすすや煙。大気汚染防止法では、硫黄酸化物・窒素酸化物・一酸化炭素や自動車の排気中の鉛化合物なども含める。(類語)黒煙・煤塵・スモッグ

ばいえん【煤煙】森田草平の小説。明治42年(1909)発表。作者と平塚らいてうとの心中未遂事件を題材に、近代青年の苦悩に満ちた恋愛を描く。

はいえん-きゅうきん【肺炎球菌】ｷｭｳｷﾝ 肺炎などの感染症の原因となるグラム陽性菌。人の鼻や喉に常在し、免疫機能が低下すると発症する。肺炎のほか、中耳炎・副鼻腔炎・気管支炎・髄膜炎・敗血症などの原因にもなる。乳幼児の場合、菌血症を起こすことがある。肺炎レンサ(連鎖)球菌。肺炎双球菌。

はいえんきゅうきん-ワクチン【肺炎球菌ワクチン】ﾊｲｴﾝｷｭｳｷﾝ 肺炎球菌による感染症を予防するワクチン。成人(特に高齢者)を主な対象とするPPV23(商品名ニューモバックス)と小児用のPCV7(商品名プレベナー)などがある。

はいえん-そうきゅうきん【肺炎双球菌】ｿｳｷｭｳｷﾝ ►肺炎球菌

ばいえんそうしょ【梅園叢書】ﾊﾞｲｴﾝｿｳｼｮ 江戸中期の随筆。3巻。三浦梅園著。寛延3年(1750)成立。安政2年(1855)刊。儒教的な立場から古今の話題をとりあげ、著者の所感・論評を平易に述べたもの。

はいえんだつりゅう-そうち【排煙脱硫装置】ﾊｲｴﾝﾀﾞﾂﾘｭｳｿｳﾁ 化石燃料の燃焼により発生する排気ガスに含まれる硫黄酸化物を除去する装置。吸着剤としてアルカリ水溶液や石膏スラリーを用いる湿式法、活性炭を用いる乾式法などがある。

[背泳] **背泳の種目別世界記録・日本記録**　(長水路記録　2012年8月現在)

		記録	更新日	選手名(国籍)
50メートル				
世界記録	男子	24秒04	2009年8月2日	リアム＝タンコック(英国)
	女子	27秒06	2009年7月30日	趙菁(中国)
日本記録	男子	24秒24	2009年8月2日	古賀淳也
	女子	27秒71	2012年5月27日	寺川綾
100メートル				
世界記録	男子	51秒94	2009年7月8日	アーロン＝ピアソル(米国)
	女子	58秒12	2009年7月28日	ジェマ＝スポフォース(英国)
日本記録	男子	52秒24	2009年9月5日	入江陵介
	女子	58秒83	2012年7月30日	寺川綾
200メートル				
世界記録	男子	1分51秒92	2009年7月31日	アーロン＝ピアソル(米国)
	女子	2分4秒06	2012年8月3日	メリッサ＝フランクリン(米国)
日本記録	男子	1分52秒51	2009年7月31日	入江陵介
	女子	2分7秒13	2008年8月16日	中村礼子

ハイ-エンド〘high-end〙〔形動〕高性能、あるいは最高級であるさま。パソコンや家電製品などの一連のシリーズの中で最も性能の高い、高価格な製品。「一機種」㊀ローエンド。

はいえん-れんさきゅうきん【肺炎連鎖球菌】ﾚﾝｻｷｭｳｷﾝ《普通「肺炎レンサ球菌」と書く》►肺炎球菌

バイオ〘bio〙❶「バイオテクノロジー」の略。❷他の語の上に付いて、生命の、生物に関する、の意を表す。

バイオ〘VAIO〙《Visual Audio Intelligent Organizer》ソニーが販売するパーソナルコンピューターのシリーズ名。商標名。初代は平成9年(1997)に登場。(補説)平成20年、シリーズ名が従来の「Video Audio Integrated Operation」から再定義された。

バイオ-アート《和 bio＋art》バイオテクノロジー(生物工学)から得られた情報(生物の顕微鏡写真・接写写真など)を用いて、生物の形態の面白さを絵画やデザイン作品に表現するもの。

バイオアッセイ〘bioassay〙►生物検定

バイオインダストリー〘bioindustry〙バイオテクノロジーを利用して行われる産業。医薬品や食品工業、農林・水産・畜産業や、そのための装置製造業まで含められる。

バイオ-ウオッシュ〘bio-wash〙ジーンズの洗濯法の一つで、セルロース分解酵素を用いて洗浄する方法のこと。➡ストーンウオッシュ

バイオエシックス〘bioethics〙人間の生命、人類の生存について倫理的な観点も加えて総合的に考えていこうとする学問。生命科学・医療技術の安全性や規制、倫理問題を対象とする。生命倫理。

バイオエタノール〘bioethanol〙サトウキビやトウモロコシ、木材や古紙などのバイオマスを発酵・蒸留させて作ったエタノール(エチルアルコール)。燃料として、自動車用に多く使用される。バイオマスエタノール。➡アルコール発酵 ➡バイオマス燃料 ➡バガス ➡カーボンニュートラル (補説)トウモロコシの果実から得たデンプンを利用して生産されるところから、食用・飼料用のトウモロコシの供給が圧迫され、価格の高騰が見られるようになった。さらに、小麦など他の穀物の生産者がトウモロコシの生産に切り替えることにより、穀物全体の価格が上昇、食肉・牛乳など食品全般の価格にも影響が出ている。

バイオーム〘biome〙熱帯雨林・夏緑樹林・ツンドラなど、主として気候によって分けられた生態系に含まれる生物の集団。

バイオガス〘biogas〙家畜の糞尿や生ごみなどのバイオマスを、酸素のない密閉槽の中で発酵させると発生するガス。燃料として利用される。主成分はメタン。➡バイオマス燃料

バイオ-ガソリン〘bio gasoline〙サトウキビ・トウモロコシなどから作ったバイオエタノールを3パーセントまぜたガソリン。性能はレギュラーガソリンと同じ。➡バイオエタノール (補説)日本では平成19年(2007)4月から販売。植物を燃して発生する二酸化炭素は植物の取り入れた二酸化炭素と同量であり、環境汚染にならないという考え方から世界に普及。

はい-おく【廃屋】ｵｸ 住む人がないままに、荒れはてた家屋。廃家。

ハイ-オク「ハイオクタン」の略。

ハイ-オクタン〘high-octane〙ガソリンのオクタン価が高いこと。また、そのガソリン。ハイオク。

バイオグラフィー〘biography〙伝記。伝記文学。

バイオコンピューター〘biocomputer〙人間の脳の機能と同様の、瞬間的な理解やあいまいな状況の判断など、高度な情報処理をめざすコンピューター。一般には、バイオチップを用いて脳の生体構造をまねたものをさす。

はい-おさえ【灰押(さ)え】ﾊﾋｵｻﾍ 香炉・火鉢などの灰をならしたり、押さえたりするための道具。灰かき。灰ならし。灰押し。

バイオ-さんぎょう【バイオ産業】ｻﾝｹﾞﾌ《bioindustry》遺伝子工学・細胞融合・組織培養・発酵などの技術を応用した産業。生物産業。バイオインダストリー。

はい-おし【灰押し】ﾊﾋ「灰押さえ」に同じ。

バイオス〘BIOS〙《Basic Input/Output System》コンピューターで、周辺機器との間の入出力を制御する基本的なプログラム。コンピューターの起動時に実行され、キーボード、ハードディスク、ビデオカードなどの周辺機器を初期化し、プログラム通り自動的に設定を行う。一般的に、書き換え可能なフラッシュメモリーなどの不揮発性メモリーに収められており、機能の追加や不具合の修正をするための更新(アップデート)ができる。基本入出力システム。

バイオスフィア〘biosphere〙《「バイオスフェア」とも》生物圏。生命圏。水中・地殻中・大気中の生物が生息し得る範囲。

バイオセーフティー-レベル〘biosafety level〙►ビー-エス-エル(BSL)

バイオセラミックス〘bioceramics〙人工骨・人工歯根などに用いるセラミックス。異物反応がなく、丈夫で加工しやすいことが必要である。

バイオセンサー〘biosensor〙酵素などの生化学物質が特定の物質とだけ反応する性質を利用して、物質の検出と定量を行うこと。また、その装置。

バイオチップ〘biochip〙たんぱく質などの生体物質を使って構成された、高度な演算や判断が可能な電子素子。バイオ素子。

バイオディーゼル〘biodiesel〙植物性の食用廃油を燃料とするディーゼルエンジン。廃油12にメタノール約1を加えるとできるメチルエステルで動く。エンジンの改良は不要で、排ガスもクリーン。

バイオディーゼル-ねんりょう【バイオディーゼル燃料】ﾈﾝﾚｳ 生物由来油から作られたディーゼルエンジン用の燃料。軽油の代替燃料として注目されている。菜種油などの植物油や使用済みのてんぷら油などにメタノールを加えてグリセリンを除去するなどの方法で粘度を低下させ、燃料として使用できるようにしたもの。カーボンニュートラルの特性をもつバイオマス燃料であり、地球温暖化対策の一つとして導入が推進されている。普及のための法整備も行われており、ゴミ収集車や公営バスなど公共交通機関へ

の導入が進められている。BDF(bio diesel fuel)。BDFは商標名。

バイオテクノロジー〖biotechnology〗生物の行う化学反応、あるいはその機能を工業的に利用・応用する技術。遺伝子の組み換え、細胞融合や酵素を扱う技術が含まれ、発酵・新品種育成・環境浄化などに利用。生命工学。生物工学。

バイオデザイン〖biodesign〗ドイツの工業デザイナー、ルイジ=コラーニが自然界の生態にはたらいている力の原理に基づく自らの形態表現を呼んだ言葉。なめらかな曲面をもつボールペン・カメラなどが製品化された。

バイオテレメトリー〖biotelemetry〗生物に小型の発信器などを取り付け、行動・生理・環境についてのデータを遠隔測定し、行動や生態を調査する研究手法。個体の位置を得るラジオテレメトリー、追跡を主とするラジオトラッキングと同じ意味で使われることが多い。また、ビデオカメラやセンサーで画像やデータを記録して調査することをバイオロギングと呼んで区別する場合もある。

バイオ-テロ《bioterrorismから》細菌・ウイルスなどを使って多数の人を無差別に殺そうとする行為。2001年(平成13)米国での炭疽菌郵送事件など。

バイオ-でんち【バイオ電池】►生物電池

はい-おとし【灰落(と)し】タバコの灰などを落としたりする器具。灰皿・灰吹きなど。

バイオトロン〖biotron〗環境と生体との関係を研究するための、温度・湿度・光などの環境条件を人工的にコントロールできる生物の飼育・培養装置。ファイトトロン(植物用)・ファンジトロン(菌類用)・インセクトロン(昆虫用)などがある。

バイオナ〖Baiona〗スペイン北西部、ガリシア州の港町。ビーゴ近郊、ビーゴ湾の湾口南部に位置する。1493年、アメリカ大陸に到達したコロンブスの船団の帆船ピンタ号が上陸した地。16世紀にカトリック両王が築いた城がある。

パイオニア〖pioneer〗他に先駆けて物事を始める人。先駆者。開拓者。「日本における半導体の—」

バイオニクス〖bionics〗生物のもつ感覚や神経、制御などの機能を応用する工学。そのような機能を工学的に作り、活用することをめざす。生体工学。

バイオ-にんしょう【バイオ認証】►バイオメトリックス認証

パイオ-ネット〖PIO-NET〗《Practical Living Information Online Network System》国民生活センターが運営する情報ネットワークの英語名の略称。同センターと全国の消費生活センターをオンラインネットワークで結び、消費生活に関する情報を蓄積・活用する。集められた相談情報や危害情報は一元的に調査・分析され、マスメディアやウェブサイトを通じて消費者に公開される。消費生活相談データベースで商品別に情報を検索することもできる。関係省庁への基準改正や関係機関への改善要求も行われ、消費者被害の拡大防止に役立てられている。全国消費生活情報ネットワークシステム。

バイオ-ねんりょう【バイオ燃料】►バイオマス燃料

バイオハザード〖biohazard〗生物災害。病原体やそれに感染した動物を扱う研究のため、人間や自然の生態系に生じてくる危険。

バイオ-ビジネス《和 bio＋business》バイオテクノロジー技術を応用して商品開発を行う産業。

バイオフィードバック〖biofeedback〗条件反射を応用した行動療法の一。不随意活動を工学的方法で測定して知らせ、意識的に制御する訓練を行う。脳波のα波の出現を光や音で知らせ、出現を高めるように心身の状態を調整するなど。心身症の治療に用いられる。

バイオフィルム〖biofilm〗肺炎菌が周辺の肺組織の間に多糖類・フィブロネクチン・ビトロネクチンなどから作る粘着性膜。抗生物質やリンパ球の菌への接近を妨げ、難治性肺炎をもたらす。

バイオプシー〖biopsy〗►生検

バイオプラスチック〖bioplastic〗植物や動物など生物に由来する再生可能な有機性資源(バイオマス)を原材料とするプラスチック。トウモロコシなどに含まれるでんぷん、微生物が作り出すポリアミノ酸、間伐材に含まれるセルロース、エビやカニなどの甲殻類の外骨格に含まれるキチンやキトサンなど、さまざまな物質が用いられる。自然界に放置されると微生物などの働きで分解する、生分解性をもつものが多い。カーボンニュートラルな素材としても注目されている。バイオマスプラスチック。➡生分解性プラスチック

バイオプロスペクティング〖bioprospecting〗生物資源の中から医薬品・食料などに利用できる有用な遺伝資源を発見すること。生物資源探査。生物探査。

バイオ-ベンチャー《和 bio＋venture》バイオテクノロジーによる新しく高度な知識・技術を応用して、新薬や新しい治療技術の研究開発を行う中小企業。

バイオ-ホロニクス《和 bio＋holonics》生物の機能単位と全体との調和関係を研究し、医学・工学に応用しようとするプロジェクト。旧科学技術庁の創造科学推進制度により昭和56〜61年(1981〜86)に行われた。

バイオマス〖biomass〗❶ある空間内をある時点で占める生物体の量。重量またはエネルギー量で表す。生物体量。❷生物を利用して有用物質やエネルギーを得ること。また、その生物体。生物資源。

バイオマス-エネルギー〖biomass energy〗生物群をエネルギー源として利用する方法。メタン抽出など。また、そのエネルギー。➡バイオマス

バイオマス-タウン〖biomass town〗生物資源(バイオマス)を総合的に有効利用するシステムを構想し、実現に向けて取り組む市町村のこと。農林水産省が認定・公表し、全国で318地区が指定された。

バイオマス-ねんりょう【バイオマス燃料】植物資源などのバイオマスを加工して作る燃料。木くずや廃材、トウモロコシ、サトウキビ・ビートの絞りかす(バガス)などを発酵させて作るエタノール(エチルアルコール)、家畜の糞尿などを発酵させてできるメタンなど。バイオ燃料。

バイオマス-プラスチック〖biomass plastics〗►バイオプラスチック

バイオ-ミュージック〖bio-music〗人間の身体・精神に作用することを目的にした音楽。音楽によって脳の情緒活動に影響を与え、治療やリハビリテーションに役立てようというもの。

バイオメカニクス〖biomechanics〗《「バイオメカニックス」とも》生物の運動機能を研究し、工学などに応用しようとする分野。生体力学。

バイオメトリックス〖biometrics〗生物統計学。特に、生物の変異に関する問題を統計的に研究する分野。バイオメトリー。バイオメトリクス。

バイオメトリックス-にんしょう【バイオメトリックス認証】《biometrics authentication》生体認証。指紋、声紋、網膜や手のひらの静脈パターンなど、身体的特徴により本人確認をする技術。バイオ認証。

バイオリアクター〖bioreactor〗微生物や酵素などの生体触媒を用い、物質の合成・分解などを行う装置。血液検査や醸造に利用。

バイオリズム〖biorhythm〗生物の活動にみられる一定の周期的な変動。睡眠と覚醒とが1日を単位として現れるなど。人間の感情や知性についてもいうことがある。

バイオリニスト〖violinist〗バイオリン奏者。

バイオリン〖violin〗擦弦楽器の一。全長約60センチで、4本の弦を張り、5度間隔に調弦して、馬の尾毛を張った弓でこすって奏する。提琴。ビオロン。

バイオレーション〖violation〗バスケットボールで、ファウル以外のすべての違反。トラベリング・ダブルドリブルなど。またハンドボールで、身体の接触によるものを除くすべての反則。

バイオレット〖violet〗❶スミレ。特に、ニオイスミレのこと。❷すみれ色。濃紫色。❸リキュールの一。紫色の甘口の酒。カクテルに用いる。

バイオレンス〖violence〗❶激しさ。強烈さ。❷暴力。暴行。

バイオ-ロギング〖bio logging〗生物に小型のビデオカメラやセンサーを取り付けて画像やデータを記録し、行動や生態を調査する研究手法。鳥類、海中生物の調査に威力を発揮。行動・生理・環境についてのデータを遠隔測定するバイオテレメトリーと同じ意味で使われることがある。また、小型の発信器などを取り付け、その位置を得ることをラジオテレメトリー、個体の追跡を目的とすることをラジオトラッキングと呼んで区別する場合もある。

バイオロジー〖biology〗生物学。

ばい-おん【倍音】上音の一。振動体の発する音のうち、基音の振動数の整数倍の振動数をもつ部分音。ハーモニックス。

パイオン〖pion〗π中間子。

はい-か【俳家】俳句・俳諧をよくする人。俳人。

はい-か【配下】ある人の支配下にあること。また、その者。手下。「—の者を引き連れる」
(類語)手下・子分・手先・部下

はい-か【配架｜排架】〔名〕スル 図書館・資料室などで、新たに受け入れた、また、返却された資料・図書を一定の分類方式に従って書架に並べること。(補説)文部省「学術用語集・図書館情報学編」では「排架」と表記。

はい-か【廃家】❶住む人がなく荒れはてた家。廃屋。❷民法旧規定で、戸主が他家に入るために自分の家を廃すること。また、その廃した家。

はい-か【廃貨】廃止された貨幣。

はい-が【拝賀】〔名〕スル ❶目上の人にお祝いの言葉を述べること。(季 新年)❷任官・叙位などのとき、朝廷・神仏などに礼を申し述べること。

はい-が【×胚芽】植物の種子の中にあり、芽となって成長する部分。胚。

はい-が【俳画】日本画の一。俳諧味のある略筆の淡彩画または墨画。蕪村の作品など。俳諧画。

ばい-か【売価】物を売るときの値段。売り値。

ばい-か【▽貝貨】貝殻製の貨幣。古代中国では、刀銭・布銭の流通前にコヤスガイが貨幣として用いられたと推定されている。また、西アフリカやオセアニアなどでは社会的関係や地位を象徴する宝物・贈答品として用いられている。

ばい-か【倍加】〔名〕スル ❶倍にふえること。また、倍にふやすこと。「収穫が—する」❷増し加わること。また、増し加えること。「不満が日ごとに—する」
(類語)倍増・倍増し

ばい-か【梅花】❶梅の花。梅。❷「梅花の油」の略。❸「梅花方」の略。「—はなやかに…めづらしき薫り加はれり」〈源・梅枝〉

ばい-か【買価】物を買うときの値段。買い値。

パイカ〖pica〗欧文活字の大きさの一。12ポイントに相当。英米の組み版はこれを基準に、この倍数で指定する。

ハイカー〖hiker〗ハイキングをする人。

バイカー〖biker〗バイクに乗る人。

バイカースハイム〖Weikersheim〗►ワイカースハイム

ばいか-あまちゃ【梅花甘茶】ユキノシタ科の落葉低木。本州中部以西の山地に自生。葉は長楕円形で先が長くとがる。夏、白い4弁花を開き、外側のものは萼の癒合した楯状の装飾花となる。

はい-かい【俳諧｜誹諧】❶こっけい。おかしみ。たわむれ。❷俳句(発句)・連句および俳文などの総称。❸「俳諧の連歌」の略。❹「俳諧歌」の略。
(類語)俳句・発句・句・十七文字

はい-かい【×徘×徊】〔名〕スル あてもなく、うろうろと歩きまわること。「街中を—する」
(類語)彷徨・放浪・うろつく・出歩く・ほっつく・ほっつき歩く・ほっつき回る・ぶらつく・さすらう・さまよう

はい-かい【敗壊】〔名〕スル 負けて総くずれになる

こと。「内部の有様は一し了したれども」〈福沢・文明論之概略〉

はい-かい【廃壊】〔名〕スル すたれ、くずれること。荒廃すること。「政治一の此際に当て」〈福沢・文明論之概略〉

はい-がい【灰貝】フネガイ科の二枚貝。浅海の泥底にすむ。殻長4センチくらい。貝殻はやや方形で厚く、殻表に放射状の肋が18本ほどあり、灰黄色の殻皮で覆われる。三河湾以西に分布。肉は食用。

はい-がい【×沛×艾】馬の性質が荒く、はねてあばれること。また、その馬。「きはめて桃尻にして、一の馬を好みしかば」〈徒然・一四五〉

はい-がい【拝外】外国の思想・文物・生活様式などを崇拝すること。「一思想」

はい-がい【背×臥位】「仰臥位」に同じ。

はい-がい【排外】外国人や外国の思想・文物・生活様式などを嫌ってしりぞけること。「一思想」

ばい-かい【売買】証券取引所(金融商品取引所)の会員が、銘柄・株数・値段・受渡期間の同じ売り注文と買い注文とを組み合わせ、売買が成立したものとして取引所に届け出ること。昭和42年(1967)以降禁止されている。［補説］普通「バイカイ」と書く。

ばい-かい【媒介】〔名〕スル ❶両方の間に立って、なかだちをすること。とりもつこと。「虫が伝染病を一する」❷ヘーゲル哲学で、存在や認識が他のものによって条件づけられて成り立っていること。［類語］仲立ち・仲介・橋渡し・取り次ぐ・取り持つ・介する

はいかい-うた【俳諧歌】▶はいかいか(俳諧歌)

はいかい-か【俳諧歌】和歌の一体。用語または内容にこっけい味のある歌。古今集巻19に多くみえる。ざれごとうた。はいかいうた。➡狂歌

はいかいさいじき【俳諧歳時記】俳書。2冊。曲亭馬琴著。享和3年(1803)刊。俳諧の季語2600余を四季別・月順に配列して解説を加えた季語分類事典。増補改訂版に嘉永4年(1851)刊の藍亭青藍の「俳諧歳時記栞草」がある。

はいかい-さんじん【俳諧三神】山崎宗鑑・荒木田守武・松永貞徳の三俳人。和歌三神に擬していう。

はいかい-し【俳諧師】❶俳諧の連歌を職業とし、その点料を取って生活する人。俳諧の宗匠。❷俳諧・俳句に巧みな人。俳人。

はいかい-しきもく【俳諧式目】俳諧の連歌の方式・規則。江戸初期、松永貞徳が連歌式目に準拠して定めたものに始まるという。俳諧式。俳式。

はいかいしちぶしゅう【俳諧七部集】俳諧撰集。7部12冊。佐久間柳居編。享保17年(1732)ころの成立。蕉門の代表的撰集「冬の日」「春の日」「曠野」「ひさご」「猿蓑」「炭俵」「続猿蓑」を成立年代順にまとめたもの。芭蕉七部集。

ばいかい-しゃ【媒介者】なかだちをする人。とりもち役。

はいかいしょがくしょう【誹諧初学抄】俳諧論書。1冊。斎藤徳元著。寛永18年(1641)刊。俳諧の式目を定め、連歌と俳諧の違いを解説。

はいかいたいよう【俳諧大要】俳論。1冊。正岡子規著。明治28年(1895)発表。俳句の学び方と作法を三段階に分けて論じたもの。

ばい-がいねん【媒概念】▶中概念

はいかい-の-れんが【俳諧の連歌】連歌の一体。もと、余興として作られた、卑近なこっけい味を主とする連歌。室町末期、山崎宗鑑・荒木田守武らによって独自の文芸となり、江戸時代、松永貞徳・西山宗因らを経て、松尾芭蕉に至り蕉風俳諧として芸術的完成をみた。芭蕉以後は発句が中心となり衰えた。連句。俳諧連歌。

はいかいぶんこ【俳諧文庫】俳書。24冊。大野洒竹ら編。明治30～34年(1897～1901)刊。山崎宗鑑・荒木田守武の時代から文化・文政期(1804～1830)までの古俳書中の重要作品を採録し、作者別・種類別などに編集したもの。付録に俳諧略史などを収録。

ばいかい-へんすう【媒介変数】変数の間の関数関係を、間接に表すために用いる変数。関数$x=f(t)$と$y=g(t)$とからxとyとの関数関係が定まるときのtのこと。パラメーター。径数。母数。助変数。

はいかい-み【俳諧味】俳諧がもっている風趣・味わい。脱俗・風流・飄逸・洒脱などの傾向を特色とする。俳趣味。俳味。

はいかい-れんが【俳諧連歌】▶俳諧の連歌

ばいか-うつぎ【梅花▽空木】ユキノシタ科の落葉低木。本州・四国・九州の山地に自生。葉は楕円形で先がとがる。6、7月ごろ、白い4弁花を開く。

ばい-がえし【倍返し】贈られたものや受領したものに対して、倍額に相当する金品を相手に返すこと。

ばいか-おうれん【梅花黄×蓮｜梅花黄連】キンポウゲ科の多年草。日陰の山地に生え、高さ8センチくらい。葉は地下茎から束になって出て、長い柄をもち、5枚の小葉からなる。春、白い花を開く。五加葉黄蓮。

はい-かき【灰×掻き】❶「灰押さえ」に同じ。❷焼け跡の灰や燃え残りを掻き出すなどして跡かたづけをすること。また、その人。「一棒」

はいか-きょう【拝火教】❶火を神格化して崇拝する宗教。❷ゾロアスター教の異称。

はい-がく【廃学】〔名〕スル 学問・学業を中途でやめること。「一して帰郷する」〈島木健作・生活の探求〉

ばい-かく【倍角】❶二倍にした角。「一の公式」➡角❶❶ ❷全角文字の縦幅または横幅を2倍にしたもの。また、その機能。かつてワードプロセッサーや初期のワープロソフトに備わっていた。

ばい-がく【倍額】2倍の金額。2倍の価格。

はい-かぐら【灰神-楽】火の気のある灰の中に湯水をこぼしたとき、灰が吹き上がること。また、その灰けむり。「一が立つ」

はい-かく・る【×這ひ隠る】〔動ラ下二〕這うようにしてこそこそと隠れる。ひそみ隠れる。「世離れたる海づらなどに一・れぬるをりかし」〈源・帚木〉

ばいか-こう【梅花香】❶練り香の一種。梅の花の香りに似せてつくったもの。❷「ばいかのあぶら」に同じ。「一の光鏡にかがやき前髪のなだれ両の耳にふりわけ」〈浮・御前義経記・一〉

ばいか-じょしだいがく【梅花女子大学】大阪府茨木市にある私立大学。明治11年(1878)創立の梅花女学校を源流として、昭和39年(1964)に開学した。

はい-ガス【排ガス】主にガソリンエンジン・ディーゼルエンジンなどの内燃機関から排出される気体。二酸化炭素・水蒸気のほかに、有害な一酸化炭素などを含むため、大気汚染の原因となる。排気ガス。

はい-ガス【廃ガス】金属の製錬に際して溶鉱炉などから発生する、二酸化硫黄などを含むガス。

はい-かずき【灰▽被き】▶はいかつぎ

はいガス-じょうかそうち【排ガス浄化装置】自動車(とくにディーゼル車)の排ガスに含まれる微小粒子状物質をフィルターや触媒を使って除去する装置。排気ガス浄化装置。

はい-かつぎ【灰▽被ぎ】❶《「はいかづき」とも》炭火などが燃えるにつれて、白い灰に覆われること。❷天目茶碗の一。釉に灰をかぶったような独特の模様を呈したもの。はいかむり。

はい-かっしょく【灰褐色】灰色がかった褐色。

ばいか-つつじ【梅花躑=躅】ツツジ科の落葉低木。本州以西の山地に自生。葉は楕円形。初夏、葉の下に紫色の斑点のある白い花を開く。

はい-かつりょう【肺活量】肺に空気を深く吸い込んだのちに、吐き出すことのできる空気の全量。日本人の成年男子の平均は3000～4000立方センチ、女子は2500～3500立方センチ。

ばいか-の-あぶら【梅花の油】梅の花の香りに似せた水油。梅花香。「解櫛に、色香もみこむ一」〈浄・油地獄〉

はいかのう-しょう【肺化×膿症】肺が細菌の感染によって化膿したり壊死したりする病気。肺癌に合併して起こることが多く、高熱・悪寒・咳・痰などの症状がみられる。

ばいか-ほう【梅花方】梅の花の香りのする薫物。沈香・甲香・白檀香・丁子香・麝香などを練り合わせて製する。

はいが-まい【×胚芽米】胚芽が残るように精米した米。ビタミンBなどを含む。

ばいか-も【梅花藻】キンポウゲ科の多年草。沼などに生え、長さ約50センチ。葉は水中にあり、糸状に細く裂けている。夏、長い柄を伸ばし、水面上に梅に似た白い花を開く。岡山県では食用にし、宇多芹とよぶ。うめばちも。

ハイ-カラ〘high collar〙〔名・形動〕❶「ハイカラー」に同じ。「一で頤を突上げる苦しさを辛抱がまして」〈魯庵・社会百面相〉❷《明治31、2年ごろの議会で、❶を着用していた洋行帰りの議員たちを、「万朝報」がハイカラー党とからかって書き立てたところから》西洋風を気どること。流行を追ったり、目新しいものを好んだりすること。また、そういう人や、そのさま。「一な着物の柄」「一趣味」「一さん」❸西洋風に結った髪。ハイカラ髪。日本髪に対していう。「たっぷりある髪を、無造作らしくひっつめの一に結んでいたが」〈里見弴・大道無門〉

ハイ-カラー〘high collar〙丈の高い襟。

ハイ-カラー〘high color〙コンピューターのディスプレーで表示する色に関するモードの一。1画素当たり15または16ビットの色情報をもつ。15ビットカラーで最大3万2768色、16ビットカラーで最大6万5536色を同時に表示できる。

パイカル【白乾児】《中国語》中国北東部を中心にして造られる、コーリャンを主原料とした蒸留酒。

バイカル-あざらし【バイカル海=豹】《Baikal seal》アザラシ科の哺乳類。バイカル湖特産。頭胴長1.1～1.3メートル。

バイカル-こ【バイカル湖】《Ozero Baykal》ロシア連邦、シベリア南部にある三日月形の淡水湖。世界一深い湖で、最大水深は約1620メートル。透明度も高い。面積3万1500平方キロメートル。冬は氷結する。約2500万年前に海溝が陸封されて淡水化したと考えられている。チョウザメ、オームリ(サケ科の一種)などが生息するほか、バイカルアザラシという世界で唯一の淡水性アザラシをはじめ固有種が多い。1996年に世界遺産(自然遺産)に登録された。

バイカルチュラル〘bicultural〙〔形動〕2か国の言語・習慣・道徳などを、その国の人と同レベルに身につけているさま。また、理解できるさま。

はい-かん【拝官】官に任ぜられること。また、官に任じること。

はい-かん【拝観】〔名〕スル 神社・仏閣やその宝物などを謹んで観覧すること。「本殿を一する」
［類語］拝覧・拝見・観覧・拝む・拝する

はい-かん【肺肝】❶肺臓と肝臓。❷心の奥底。「その教訓を一に印しとめて」〈露伴・いさなとり〉

肺肝を出だ・す《韓愈「柳子厚墓誌銘」から》本当の気持ちを打ち明ける。肺肝を披く。胸襟を開く。

肺肝を砕・く《杜甫「垂老別」から》非常に苦心する。心を砕く。「事態の収拾に一・く」

肺肝を披・く 胸の内を打ち明ける。肺肝を出だす。「一・いて苦衷を訴える」

はい-かん【肺患】肺の病気。肺病。

はい-かん【配管】〔名〕スル ガスや水道などの管を敷設すること。また、敷設された管。「一工事」

はい-かん【廃刊】〔名〕スル 新聞・雑誌などの定期刊行物の刊行を廃止すること。「同人誌を一する」

はい-かん【廃官】〔名〕スル 官職を廃止すること。また、廃止された官職。官職を解くことにもいう。

はい-かん【廃館】〔名〕スル 映画館・旅館などの営業を廃止すること。また、その廃止した館。

はい-かん【廃艦】〔名〕スル 耐用年数の過ぎた軍艦を艦籍から除くこと。また、その軍艦。

はい-かん【×稗官】❶古代中国の官名。民間の風聞を集めて王に奏上した下級役人。転じて、身分の低い小役人。❷❶が集めた民間伝承。伝説。ま

た、小説。➡稗史

はい-がん【拝顔】〔名〕スル 人に会うことをへりくだっていう語。お目にかかること。拝眉。「一の栄に浴する」(類語)拝眉・拝芝・拝謁・お目にかかる・まみえる

はい-がん【肺×癌】肺に発生する癌。初め気管支の粘膜に発生し、咳・痰・血痰・胸痛などの症状がみられる。喫煙や大気汚染などが原因となる。

ばい-かん【売官】金銭・財物を納めさせ、その代償に官職を授けること。特に平安時代、国費の不足を補うために盛んに行われた。➡売位

ばい-かん【陪観】〔名〕スル 貴人や目上の人に付き従って一緒に見物すること。「芝居を催し、藩士ばかりに一させる例があって」〈福沢・福翁自伝〉

はいかん-げんにく【配管減肉】高温・高圧の蒸気や水が高速で管内を流れると、配管の肉厚が薄くなる現象。原因として管の形、成分、流体の速度、温度、pH値などが挙げられる。

はい-き【拝×跪】〔名〕スル ひざまずいておがむこと。「神前に一する」

はい-き【排気】〔名〕スル ❶容器や建物内の空気を外へ除き去ること。「パイプを通して屋外へ一する」❷熱機関で不用となった燃焼ガスなどの気体を排出すること。また、その気体。⇔吸気。

はい-き【排棄】〔名〕スル しりぞけすてること。「白井翁の首唱で直ちに一された」〈蘆花・思出の記〉

はい-き【廃棄】〔名〕スル ❶不用なものとして捨てること。「古い資料を一する」❷条約を当事国の一方の意思によって効力を失わせること。(類語)破棄・放棄

ばい-き【▽貝器】貝殻を加工して作った器具。日本では縄文時代の魚の鱗をはがす貝刃、弥生時代の穂摘み具など。

ばい-き【▽唄器】法会で、諷誦に用いる楽器。錫杖・磬・鈴など。唄器。

ハイ-キー【high-key】写真・映画・テレビで、画面全体の調子が明るいこと。⇔ローキー。

はいき-ガス【排気ガス】►排ガス

はいき-かん【排気管】内燃機関で、排気するガスを外部へ導くための管。エキゾーストパイプ。

はいき-き【排気機】空気を吸い出して内部を真空にするポンプ。真空ポンプ。排気ポンプ。

はいき-こう【排気坑】炭鉱などで、坑内の汚れた空気を外部に排出する坑道。⇔入気坑。

はい-きしゅ【肺気腫】肺胞が過度に拡張した状態。肺胞壁の破壊を伴う。慢性気管支炎・気管支喘息などで細気管支が狭くなり、吸い込んだ空気が出にくくなったり、老人性変化で肺胞が弾力性を失ったりして起こる。息切れ・咳・痰などを伴う。

はいき-しょう【排気鐘】排気機をつけた鐘状の器。ガラス製で、中の空気を外に吸い出して真空状態にし、種々の実験を行う。

はいき-の-かみ【波比岐神】屋敷の内外を守護するという神。一説に、旅人の守護神。

はいき-ぶつ【廃棄物】日常生活や産業活動などによって排出され、廃棄される不用物。「生活一」「放射性一」(類語)廃品・廃物・廃材・屑物・屑鉄・スクラップ

はいきぶつしょり-ほう【廃棄物処理法】《「廃棄物の処理及び清掃に関する法律」の通称》廃棄物の排出を抑制し、排出した廃棄物は適正に分別し、保管・収集・運搬・再生・処分等の処理を行い、生活環境の保全、公衆衛生の向上を図ることを目的として定めた法律。昭和45年(1970)成立。廃棄物(大きくは一般廃棄物・産業廃棄物に分類)を定義し、国・地方自治体、個人や事業者の責務を規定している。➡循環型社会形成推進基本法

はいき-べん【排気弁】内燃機関で、シリンダーから不用になったガスや蒸気を排出するための弁。吸入・圧縮などの仕事をなす間は閉じている。排出弁。

はい-ぎゃく【×悖逆】正しい道などにそむくこと。「人を已れの慾情の為に殺害するの一なるを知る」〈透谷・心機妙変を論ず〉

ばい-きゃく【売却】〔名〕スル 売りはらうこと。「土地を一する」

ばいきゃく-るい【倍脚類】倍脚綱の節足動物の総称。体は頭部と胴部とに分かれ、胴部のほとんどの体節に二対ずつ脚をもつ。ヤスデ類。

はい-きゅう【配球】野球で、投手の打者に対する投球の組み立て。球質やコースの変化などの取り合わせのしかたをいう。コンビネーション。

はい-きゅう【配給】〔名〕スル ❶品物などを一定の割合でめいめいに配ること。「食糧を一する」❷統制経済のもとで、特定商品の一定量を特別の機関や方法によって消費者に公平に売り渡すこと。「一制度」❸一定の商品を一定の地域に配布・販売すること。「洋画の一会社」(類語)分配・配分・配当・支給・供給

はい-きゅう【排球】►バレーボール

ばい-きゅう【倍旧】以前よりも程度が増すこと。「一の御愛顧を願い上げます」

はいきゅう-しゅうにゅう【配給収入】►配収

はい-きゅうちゅう【肺吸虫】吸虫類の一種。人間や家畜の肺に寄生する。体は卵円形で、体長約15ミリ。第1中間宿主はカワニナ、第2中間宿主はサワガニ・ザリガニなどで、終結宿主はこれを食べて感染する。人間では、咳・血痰などの症状がみられる。肺ジストマ。肺臓ジストマ。肺二口虫。

はい-きょ【廃×墟】建物・市街などの、荒れはてた跡。「一と化した街」

はい-ぎょ【肺魚】硬骨魚綱肺魚亜綱または肺魚目に分類される淡水魚の総称。体はウナギ形で、体長50センチ〜1.5メートル。えらのほかに、浮き袋の発達した肺のような組織をもち、空気呼吸もできる。胸びれ・腹びれは鞭状またはオール状。肉食性。古生代末から中生代に栄えたが、現生種はオーストラリアのネオセラトダス、南アメリカのレピドシレン、アフリカのプロトプテルスなど6種が知られる。

はい-きょう【背教】信じていた宗教を、背き捨て去ること。信仰を捨てること。棄教。「一者」(類語)棄教・改宗・転び・宗旨変え

はい-ぎょう【廃業】〔名〕スル ❶それまでの商売や職業をやめること。「力士を一する」❷芸者や遊女が勤めをやめること。「一二年稼いだ後、静に一して此の身を任せ様と」〈荷風・夢の女〉

ばい-ぎょうしん【梅尭臣】［1002〜1060］中国、北宋の詩人。宛陵(安徽省)の人。字は聖俞。技巧をこらした西崑派の詩風に反対し、感情の率直な表出を主張した。「宛陵集」60巻がある。

はい-きょく【廃曲】演奏・上演されなくなった曲。

はい-ぎょく【×佩玉】古代中国で、天子・貴人が腰に帯びた軟玉製の装身具。

はいき-りょう【排気量】内燃機関で、ピストンが最も上の位置から最も下の位置まで動くときに押し出す気体の体積。

はい-きん【拝金】金銭を最高のものとして、極度に尊重すること。「一家」「一主義」

はい-きん【背筋】背部の筋の総称。浅層には僧帽筋・広背筋などがあり、深層のものは肋骨や脊柱の運動に関係。

ばい-きん【×黴菌】人体に有害な細菌などの微生物の俗称。転じて、汚いものや厄介もののたとえ。

ハイキング【hiking】自然を楽しみながら野山などを歩くこと。ハイク。「一コース」(類語)遠足・遠出・ピクニック・山歩き・ワンダーフォーゲル

バイキング【Viking】❶8世紀から11世紀にかけて、スカンジナビア半島やデンマークを根拠地として、海上からヨーロッパ各地を侵攻した北方ゲルマン族の通称。ビーキング。➡ノルマン人 ➡デーン人 ❷「バイキング料理」の略。

バイキング-りょうり【バイキング料理】多種の料理を1か所に置き、各自が取り分けて食べる形式の料理。一定料金で客に食べ放題にさせるものとして、スウェーデンのスモーガスボードの様式を取り入れ、日本のレストランが命名。

はいきん-しゅぎ【拝金主義】金銭を最上のものとしてあがめること。より多く儲けることを考え、金をため込もうとすること。

はいきん-りょく【背筋力】背中の筋肉の総筋力。背筋を伸ばして身体を前方に曲げた状態から、一気に直立に戻るときに出すことができる力量。背筋力計で測定し、キログラムを単位として表す。

はい-く【俳句】❶《「俳諧の句」の略》発句および連句の句。❷五・七・五の3句17音を定型とする短詩。季語を入れることを原則とする。俳諧の連歌の発句が独立したもので、一般化したのは、明治20年代以降、正岡子規が用い始めたことによる。無季の主張や定型を破った自由律俳句もみられる。(類語)俳諧・句・十七文字

ハイク【hike】「ハイキング」に同じ。「ヒッチ一」

はい-ぐ【拝具】《つつしんで申し上げました、の意》手紙の終わりに書くあいさつの語。敬具。(類語)敬具・敬白・謹言・頓首・草草・早早・怱怱・かしこ・不一・不二

バイク【bike】❶原動機付き自転車。モーターバイク。❷自転車。「マウンテン一」

パイク【pike】サケ目カワカマス科の淡水魚。北半球の亜寒帯・温帯の湖沼・河川にすむ。全長約2メートルにもなり、大物釣りの対象として有名。体は丸太状で吻が伸び、スパイクのような鋭い歯をもつ。

はい-ぐう【配偶】〔名〕スル ❶添い合わせること。添わせること。❷めあわせること。また、その人。つれあい。配偶者。「亡くなったのは、そこの家の長女の一で」〈原民喜・廃墟から〉

はいぐう-し【配偶子】有性生殖で、接合・合体・受精にあずかり新個体をつくる生殖細胞。同形配偶子と異形配偶子とに分けられる。時には単独で単為生殖を行うものもある。

はいぐう-しゃ【配偶者】夫婦の一方からみた他方。配偶者としての身分は、婚姻によって取得し、婚姻の解消によって失う。親族ではあるが、親等はない。(類語)夫婦・夫婦・夫婦・夫妻・妹背・連れ合い・配偶・匹偶・伴侶・カップル

はいぐうしゃかん-じんこうじゅせい【配偶者間人工授精】配偶者の精子を使用して行う人工授精。男性側に不妊等の原因がある場合に、配偶者の精子を注入器を用いて子宮に注入し、妊娠を図る。AIH(artificial insemination by husband)。➡非配偶者間人工授精

はいぐうしゃかん-ぼうりょく【配偶者間暴力】►ディー-ブイ(DV)

はいぐうしゃ-こうじょ【配偶者控除】納税者に年間の合計所得金額が一定金額以下の配偶者がいる場合に適用される所得控除。

はいぐうしゃぼうりょく-ぼうしほう【配偶者暴力防止法】►DV防止法

はいぐう-たい【配偶体】配偶子をつくり、有性生殖を行う世代の生物体。シダ植物の前葉体など。➡胞子体

はい-くうどう【肺空洞】肺結核などで肺の組織が破壊され、壊死物質が排出されてできる空洞。

ハイ-クオリティー【high quality】〔名・形動〕質が高いこと。中身を吟味してあること。また、そのさま。「商品の一を保つ」「一な(の)医療」

ハイクオリティー-シーディー【ハイクオリティーCD】《Hi Quality CD》高品質な音声記録を目的として開発された音楽用CDの一。メモリーテック社が開発。従来の音楽用CDと規格は同一だが、熱に強く透明度が高いポリカーボネート樹脂、および反射膜素材として特殊合金を使用。レーザーによるデジタル信号の読み取り精度を高めている。HQCD。➡スーパーハイマテリアルCD ➡ブルースペックCD

パイク-スタート【pike start】水泳のスタートの一つ。スタート台の前を握って構え、そのまま高く飛び上がって体を「へ」の字にしてから腕を前に振り、その指先の入水点に体全体を通過させるように飛び込む。入水時の水の抵抗が少ない。

はい-ぐすり【灰×釉】草木の灰を主成分とした釉。柞・欅・松などの木質灰や、竹灰・藁灰などを用いる。かいゆう。

はいくたいかん【俳句大観】ハイクタイクワン 俳句の索引。1冊。佐々醒雪編。大正5年(1916)刊。明治以前の有名な俳句約1万2000句を、初句・第2句・第3句に分け、それぞれ五十音順に配列したもの。正式書名は「三句索引俳句大観」。

バイク-びん【バイク便】バイクで書類などを配達する事業。料金は宅配便より高めだが、当日の数時間以内に配達するのを原則とする。

ハイ-クラス〖high-class〗〘名・形動〙高級であること。第一級であること。また、そのさま。「―な店」
類語 高級・一流・極上・上等・洗練・ハイソ

ハイ-グレード〖high-grade〗〘形動〙高級なさま。良質なさま。「―な乗用車」

はい-ぐん【敗軍】戦いに負けること。また、負けた軍隊。

敗軍の将は兵を語らず 《「史記」淮陰侯伝から》戦争で負けた将軍は、兵法について語る資格がない。失敗した者は、その事について言う資格がない。

はい-け【廃家】▶はいか(廃家)

はい-けい【拝啓】《つつしんで申し上げます、の意》手紙の初めに書くあいさつの語。文末はふつう「敬具」で結ぶ。謹啓。類語 謹啓・拝呈・前略・冠省・拝復

はい-けい【背景】❶絵画や写真などで、主要題材を引き立たせる背後の光景。後景。バック。❷舞台の後方を仕切る絵。書き割り。❸物事の背後にある事情。また、裏から支える勢力。「事件の政治的―」
類語 後景・バック・バックグラウンド

ばいけい-そう【梅×蕙草】ーサウ ユリ科の多年草。深山の湿地に自生し、高さ1～1.5メートル。広楕円形の葉を互生。7月ごろ、白い6弁花を円錐状につける。根茎にアルカロイドを含み、農業用殺虫剤に使用。

ハイ-ゲージ《和 high＋gauge》ニット製品の編み目の細かいもの。ゲージはニット製品の編み目の疎密を表す単位。

はい-げき【排撃】〘名〙スル 相手をしりぞけようと、非難・攻撃すること。「反対意見を―する」

ばい-げつ【梅月】陰暦4月、または5月の異称。

はい-けっかく【肺結核】肺に起こる結核。結核菌の感染によって起こり、病勢は目立たずに進み、長い経過をたどる。微熱・疲労感・寝汗・咳(せき)や、進行すると血痰(けったん)・喀血(かっけつ)などの症状がみられる。肺病。

パイ-けつごう【パイ結合┊π結合】ーケツガフ 共有結合のうち、電子対が原子間の両側に存在する形式の結合。➡シグマ結合

はいけつ-しょう【敗血症】ーシヤウ 化膿性(かのうせい)の病巣があって、そこから菌が血流中に繰り返し入り、その毒素により悪寒戦慄・高熱などの中毒症状を示し、二次的に身体各所に転移性の膿瘍(のうよう)をつくる感染症。

はいけつしょうせい-ショック【敗血症性ショック】ハイケツシヤウセイー 敗血症の原因菌が血液中に放出するエンドトキシンにより誘発される細菌性ショック。サイトカインの分泌が促進され、血管が拡張し、血圧が低下。血流量が不足し、多臓器不全に陥る。敗血症ショック。

はい-けん【×佩剣】〘名〙スル 刀剣を腰につけること。また、その刀剣。帯剣。

はい-けん【拝見】〘名〙スル 見ることをへりくだっていう語。謹んで見ること。「お手紙―しました」
類語 拝覧・拝観・拝顔・拝む・拝する

はい-けん【拝絹】燕尾服(えんびふく)・タキシードなど、男子礼服の襟の身返しを覆い飾る絹織物。拝絹地。

はい-げん【俳言】▶はいごん(俳言)

ばい-けん【売券】平安中期から江戸時代、土地・家屋・諸権利などの売買の際、売り手から買い手に渡す売り渡し証文。売り券。沽券(こけん)。

はい-こ【廃戸】「廃家(はいか)」に同じ。

はい-ご【背後】❶後ろ。背中の方。後方。「敵を―から襲う」❷物事の表面に出ない陰の部分。「―に大物が控える」
類語 あと・後ろ・後方・裏・裏手・裏側・バック

はい-ご【廃語】古くは使われていたが、現在は全く用いられなくなった語。一般に、その事物そのものが使われなくなったためにそれを表す言葉が使われなくなる場合のほかに、その事物に対する感じ方や考え方が変わったために新しい語、別の言い方に言い換えられる場合もある。死語。

はい-こう【背甲】ーカフ カメ類の背面を覆う甲。

はい-こう【背向】ーカウ そむくことと、従うこと。向背。

はい-こう【廃坑】ーカウ〘名〙スル ❶鉱山や炭鉱の坑道を廃棄すること。また、その坑道。❷ ▶廃鉱

はい-こう【廃校】ーカウ〘名〙スル 学校を廃止すること。また、廃止された学校。「児童数減少のため―する」

はい-こう【廃港】ーカウ〘名〙スル 港としての機能や営業を停止すること。港湾や空港の利用をやめること。また、そうなった港や空港。「かつては大陸との貿易でにぎわった―を訪れる」

はい-こう【廃鉱】ークワウ〘名〙スル 鉱山や炭鉱の採掘をやめて廃棄すること。また、その鉱山や炭鉱。廃坑。

はい-こう【廃興】すたれることと、盛んになること。興廃。

はい-ごう【俳号】ーガウ 俳句の作者としての雅号。

はい-ごう【配合】ーガフ〘名〙スル ❶2種以上のものを組み合わせること。混ぜ合わせること。「色素を―する」❷結婚させること。また、夫婦。つれあい。「夫婦ヲ―スル」〈和英語林集成〉
類語 調合・混合・取り合わせ・組み合わせ・ブレンド

はい-ごう【廃合】ーガフ〘名〙スル 廃止することと合併すること。「営業所を―する」

ばい-ごう【媒合】ーガフ 男女の仲を取り持つこと。また、売春婦などを斡旋(あっせん)すること。「密(ひそ)かに売淫をなし、お浪は其の―をなしたるものに付き」〈木下尚江・良人の自白〉

ばいこうがくいん-だいがく【梅光学院大学】バイクワウガクヰンー 山口県下関市にある私立大学。昭和42年(1967)の開学。

はいごう-きんき【配合禁忌】ハイガフー 2種以上の医薬品を配合するとき、物理的、化学的変化で、薬理上の効力が変わったり減少したりする状態を避けること。

はいごう-しりょう【配合飼料】ハイガフシレウ 2種類以上の原料を混合・調製して、十分な栄養を供給できるようにした飼料。

はいこう-せい【背光性】ハイクワウー「背日性(はいじつせい)」に同じ。⇔向光性。

はいごう-ひりょう【配合肥料】ハイガフヒレウ 2種類以上の肥料、特に窒素・燐酸(りんさん)・カリウムの2成分以上を混ぜ合わせた肥料。

はいこう-ぶんきょく【配向分極】ハイカウー 極性分子からなる物質が、電界の作用を受けて双極子の方向を変えることで生じる誘電分極。

ハイ-コースト〖High Coast〗スウェーデン中部、ボスニア湾にのぞむ海岸。氷河期にできた巨大な氷床が溶けて圧力が軽減した反動で、地面が隆起し続けている。2000年に世界遺産(自然遺産)に登録。06年には、同じ現象が見られるフィンランドのクバルケン群島が拡大登録された。高地海岸。ヘーガクステン。

はいご-かんけい【背後関係】ークワンケイ 物事の、表面に出ない裏でのかかわりあい。「事件の―を探る」

はい-こきゅう【肺呼吸】ーコキフ 外呼吸の一。肺で行われる炭酸ガスと酸素との交換。

ばい-こく【売国】私利などのために、敵国に通じて、自国の不利になることをすること。

ばいこく-ど【売国奴】売国の行為をする者をののしっていう語。

バイコヌール〖Baykonur〗中央アジア、カザフスタン中部にある宇宙基地。ソ連が1955年に建設し、ボストークの打ち上げなどを行った。ソ連解体後はロシアが使用している。名称は近隣の地名にちなみ、所在地はチュラタム。バイコニュール。

ばい-ごま【▽貝独=楽┊海=蠃独=楽】巻き貝バイの殻の先に蝋(ろう)や鉛を溶かして詰め、重みをつけて作ったこま。また、これをまねて作った鉄や鉛製のこま。べいごま。ばい。べい。➡貝打(ばいう)ち

はい-こ・む【×這い込む】はひー〘動マ五(四)〙❶這って中に入り込む。這い入る。「縁側へ上って座舗(ざしき)へ―・み」〈二葉亭・浮雲〉❷夜ばいをする。「奴は下女癖があると見えて今でも下女に―・む」〈魯庵・社会百面相〉

はい-こも・る【×這ひ籠もる】はひー〘動ラ四〙這い込んで中にこもる。「人げなう、たださる方に―・りて過ぐしつべし」〈源・東屋〉

はいご-れい【背後霊】心霊主義的な考えに基づき、人についてまわり、その人の行動を監視したり運気に影響を与えたりするとされる霊。➡守護霊 補説

バイコロジー〖bicology〗《bicycle(自転車)とecology(生態学)の合成語》自動車をやめ、自転車に乗ることで大気汚染を防止して自然を守り、人間性を回復しようとする運動。

バイコロビクス《和 bicycle(自転車)＋aerobics(エアロビクス)から》サイクリングによって、個々人に合ったレベルで心肺機能を高めたり、肥満防止をはかるトレーニング法。

はい-こん【敗根】仏語。声聞(しょうもん)・縁覚(えんがく)が成仏できないことを、植物の根が腐敗している状態にたとえていう語。

はい-ごん【俳言】俳諧に用いて、和歌・連歌には用いない俗語・漢語などの総称。俗言(ぞくごん)。はいげん。

バイザー〖visor┊vizor〗帽子などのつば。

はい-ざい【配剤】〘名〙スル ❶薬剤を調合すること。「症状に合わせて―する」❷ほどよく配合すること。「天の―」類語 調合・調薬・調剤・処方

はい-ざい【廃材】不用のものとして廃棄された材木・材料。

ばい-ざい【媒材】❶媒介となる材料。❷絵の具をとく溶剤。

はいさいぼうばいよう-し【×胚細胞培養士】ハイサイバウバイヤウー ▶胚培養士

ばいさ-おう【売茶翁】ーヲウ [1675～1763]江戸中期の黄檗(おうばく)宗の僧。肥前の人。俗名、柴山元昭。万福寺で修行。京都東山で売茶業を営みながら生涯を送った。煎茶道を広めたとされる。晩年は僧をやめ、高遊外(こうゆうがい)と称した。まいさおう。

はい-さじ【灰×匙】はひー 茶の湯の炭手前で、灰をすくって炉の中にまいたり、風炉(ふろ)の灰をならしたりするのに用いる匙。多く金属製。灰杓子(はいじゃくし)。

はい-さつ【拝察】〘名〙スル 推察することをへりくだっていう語。「御健勝のことと―いたします」

はい-ざら【灰皿】はひー タバコの灰や吸い殻を入れる皿状の容器。

ハイサルファ-げんゆ【ハイサルファ原油】《high sulphur crude oil》硫黄分が重量比で2パーセント以上含まれている原油。➡ローサルファ原油

はい-ざん【敗残】〘名〙スル ❶戦いに敗れて生き残ること。「―兵」❷傷つき、落ちぶれること。「―者」「幾星霜を閲してなかば―した山門の」〈花袋・春潮〉

はい-ざん【廃山】〘名〙スル 鉱山の操業を廃止すること。また、その鉱山。

はい-ざん【廃残】人生に失敗して、おちぶれること。敗残。「―の生涯とは言いながら」〈藤村・家〉

はい-し【拝▽芝】《芝眉(しび)を拝する意》面会することを、その相手を敬っていう謙譲語。拝顔。拝眉。「―の栄を得る」

はい-し【背子】❶奈良時代、女子が礼装の際に着用した袖のない短い上衣。のちには、短い袖をつけた。唐衣(からぎぬ)の前身。❷唐衣の異称。

はい-し【×胚子】▶胚(はい)

はい-し【俳誌】俳句の雑誌。

はい-し【配×祀】〘名〙スル 主祭神のほかに、同じ神社の中に他の神を祭ること。

はい-し【敗死】〘名〙スル 戦いに負けて死ぬこと。「武運つたなく―する」

はい-し【廃止】〘名〙スル やめて行わないこと。「赤字路線を―する」「虚礼―」類語 撤廃・解消・撤回

はい-し【廃市】すたれたまち。さびれたまち。

はい-し【廃×弛】〘名〙スル すたれゆるむこと。弛廃(しはい)。「法令も、今は次第に―し」〈竜渓・経国美談〉

はい-し【廃×址】建物や城などのすたれたあと。

はい-し【×稗史】昔、中国で稗官が民間から集めて

記録した小説風の歴史書。また、正史に対して、民間の歴史書。転じて、作り物語。小説。

はい-じ【拝辞】〔名〕スル ❶いとまごいすることをへりくだっていう語。「御前を―する」❷辞退することをへりくだっていう語。「せっかくの御指名ですが―いたします」類語 辞退・固辞・遠慮・辞する

はい-じ【廃寺】〔名〕スル ❶住僧もなく荒れはてた寺。❷寺を廃すること。また、その寺。「自己が破戒の不如法より―されしは」〈染崎延房・近世紀聞〉

ハイジ〖Heidi〗スイスの作家スピリの児童文学。また、その主人公。第一部は1880年、第二部は81年に刊行。素朴な明るさをもつ少女ハイジと、人嫌いの祖父や体の弱い少女クララとの交流が、アルプスの大自然を背景に描かれる。

ばい-し【▽貝子】❶タカラガイの別名。❷《「固山貝子」の略》中国、清朝皇族などに与えられた第四等の爵位。

ばい-し【倍×蓰】〔名〕スル 《「倍」は2倍、「蓰」は5倍の意》数倍に増すこと。「その画の値、病中受くるところの金より―せるもの」〈中村訳・西国立志編〉

ばい-し【▽唄師】法会(ほうえ)で、唄(ばい)を唱える役の僧。

ばい-し【梅子】梅の果実。

ばい-じ【陪侍】君主・貴人のそばに仕えること。また、その人。

はい-しい〔感〕牛馬を進めたり追ったりする時の掛け声。はいどう。「―、―、あゆめよ小馬」〈文部省唱歌・こうま〉

ハイ-シーズン〖high season〗一年中で最も仕事が集中する時期。最も客が殺到する時期。行楽の最盛期。「―料金」

バイシェーシカ-がくは【バイシェーシカ学派】《梵 Vaiśeṣikaの訳》インド六派哲学の一。実体・性質・運動・普遍・特殊・内属の六句義(原理)を立て、無数の微塵(みじん)(原子)の結合から世界の現象を説明する。前1世紀ごろカナーダによって創始。勝論(かつろん)。

ハイシエラ-フォーマット〖High Sierra format〗CD-ROMの記録フォーマットの一。1988年に国際標準化機構(ISO)が定めた記録フォーマット、ISO9660のベースになったもの。

はい-しき【俳式】「俳諧式目」の略。

はい-じく【×胚軸】デ 種子植物の胚で、子葉に続く軸の部分。茎になる部分で、下端は幼根になる。

はい-じく【敗×衄】デ 戦いに負けること。敗北。「一旦は―の不幸ありとも」〈竜渓・経国美談〉

バイシクル〖bicycle〗自転車。二輪車。

バイシクル-トライアル〖bicycle trial〗専用の自転車で決められた時間内に、自然の、また、人工的につくられたさまざまな条件のある箇所を走り抜く自転車競技。減点方式で、操縦技術を競う。

バイシクル-モトクロス〖bicycle motocross〗自転車競技の一つ。専用の自転車でジャンプ台・ヘアピンカーブ・バンクなど約400〜600メートルの起伏に富んだコースを走り抜く競走。BMX。

はい-ジストマ【肺ジストマ】肺吸虫の別名。

はい-しつ【肺疾】肺の病気。肺病。

はい-しつ【廃疾】【×癈疾】❶身体障害を伴う回復不能の病。❷律令制で規定された身体障害・疾病者。残疾より重く、篤疾より軽いもの。癡(ち)・瘂(あ)など。租のほかは免除された。

ばい-しつ【媒質】力や波動などの物理的作用を他へ伝える仲介物となるもの。音を伝える空気、光を伝える空間など。

はいじつ-せい【背日性】日光の刺激で起こる負の屈光性。日光とは反対方向に、植物の器官の屈曲あるいは運動が起こる性質。背光性。⇔向日性。

ハイジ-ぶらんこ【ハイジ鞦×韆】俗に、横板をぶら下げるロープが極端に長いぶらんこのこと。補説 児童文学「ハイジ」の日本版アニメ作品にあらわれたぶらんこからの名称。

はい-しゃ【拝謝】〔名〕スル 礼を言うことをへりくだっていう語。心から感謝すること。「御厚恩に―する」類語 感謝・深謝・多謝・万謝

はい-しゃ【背斜】褶曲(しゅうきょく)した地層の、高まって山になった部分。⇔向斜。

はい-しゃ【配車】〔名〕スル 必要に応じて、車を割り当てて差し向けること。「―係」

はい-しゃ【敗者】勝負に負けた人。または、負けた側。「―復活戦」⇔勝者。

はい-しゃ【廃車】古くなったり、用をなさなくなったりして廃棄した車両。また、登録を抹消した車両。

は-いしゃ【歯医者】歯の治療をする医者。歯科医師。

バイシャ〖梵 vaiśya〗インドのバルナ(四種姓)で、クシャトリヤに次ぐ第三位の身分。平民で、農業や商業に従事。ベーシャ。補説「吠舎」とも書く。

はい-しゃく【拝借】〔名〕スル 借りることをへりくだっていう語。「お知恵を―したい」類語 恩借・借用・寸借

はい-しゃく【杯×杓】さかずきと、酒をくむひしゃく。転じて、酒盛り。

杯杓に勝(た)えず 《「史記」項羽本紀から》酒を飲みすぎて、それ以上は飲めないということ。

はい-しゃく【杯酌】【×盃酌】さかずき。また、さかずきを交わすこと。酒盛り。「再び―を廻らして世間話となり」〈鉄腸・花間鶯〉

ばい-しゃく【倍尺】製図で、小形・複雑な物体を縮尺を拡大して描くこと。また、その倍率。拡大尺。

ばい-しゃく【媒酌】【媒×妁】〔名〕スル 結婚の仲立ちをすること。また、その人。仲人(なこうど)。「―の労をとる」類語 仲立ち・口添え・取り持ち・口きき・仲人

はい-じゃくし【灰×杓子】ハヒ ▶灰匙(はいさじ)

ばいしゃく-にん【媒酌人】媒酌をする人。仲人(なこうど)。

ばいしゃく-れい【売爵令】中国、前漢の武帝の財政救済策の一。爵位を11級に分け、それを希望する吏民に売却した法令。

はいしゃ-こく【背斜谷】地層の背斜の部分が浸食され、周囲より低くなって形成された谷。

バイシャ-ちく【バイシャ地区】《Baixa》▶バイシャポンバリーナ

ハイジャック〖hijack〗〔名〕スル 運行中の乗り物、特に航空機を実力で乗っ取り、その運航を支配すること。スカイジャック。

バイシャ-ポンバリーナ〖Baixa Pombalina〗ポルトガルの首都リスボン中央部の一地区。「低い土地」を意味し、単にバイシャともいう。1775年の大地震で壊滅的な被害を受けた後、国王ジョゼ1世の宰相ポンバル侯爵の指揮で再開発された。名称は侯爵の名にちなむ。現在はリスボンきっての繁華街として知られる。

ハイ-ジャンプ〖high jump〗走り高跳び。

はい-しゅ【杯酒】【×盃酒】さかずきについだ酒。また、酒宴。

はい-しゅ【×胚珠】種子植物の、発達して種子になる部分。被子植物では子房内にあり、裸子植物では心皮についたまま裸出する。内外2枚の珠皮に包まれ、中に胚嚢(はいのう)があり、卵細胞を含む。

はい-しゅ【敗種】声聞(しょうもん)・縁覚(えんがく)のこと。敗根(はいこん)。

はい-じゅ【拝受】〔名〕スル 受けること、受け取ることをへりくだっていう語。「お手紙―いたしました」類語 拝領・拝載・頂戴・頂く・賜る

はい-しゅう【配収】ハイシウ《「配給収入」の略》興行収入のうち、映画配給会社の純粋な取り分。特に映画界で使う。➡興収

ばい-しゅう【買収】ハイシウ〔名〕スル ❶買い取ること。買いおさえること。「会社を―する」「用地―」❷ひそかに利益を与えて、自分の有利になるように人を動かすこと。「選挙民を―する」類語 購入・購買・買い取り・買い上げ

ばい-じゅう【陪従】〔名〕スル ▶べいじゅう(陪従)

はい-しゅつ【排出】〔名〕スル ❶内部にある不要の物を外へ押し出すこと。「戸外へガスを―する」❷生物体が物質代謝の結果生じた不要または有害な物質を体外に排除すること。排泄(はいせつ)。「老廃物を―する」類語 放出・排水・排気・排泄

はい-しゅつ【輩出】〔名〕スル すぐれた人物が続いて世に出ること。また、人材を多く送り出すこと。「逸材が―した時代」「各界に人材を―する名門校」「幾多の女流を―して近代的特色のある写生句をうむに到った」〈杉田久女・大正女流俳句の近代的特色〉類語 続出

はいしゅつ-きかん【排出器官】ハイシュツキクワン 体内の老廃物を排出するとともに、体液の浸透圧を一定に保つ役割をする器官。脊椎動物の腎臓、昆虫のマルピーギ管、扁形動物の原腎管など。人間では泌尿(ひにょう)器ともいう。

はい-しゅっけつ【肺出血】肺から出血している状態。胸部の外傷や肺結核・肺癌などでみられる。通常、喀血(かっけつ)や血痰(けったん)として認められる。

はいしゅつ-けん【排出権】▶温室効果ガス排出権

はいしゅつけん-とりひき【排出権取引】▶排出量取引

はいしゅつ-ぶつ【排出物】❶排出された物。「工業―」❷体外に排出される物質。アンモニア・尿酸・尿素や、塩分・水分など。排泄物(はいせつぶつ)。

はいしゅつりょう-とりひき【排出量取引】ハイシュツリャウ― 京都議定書による京都メカニズムの一。温室効果ガス排出権を売買する仕組み。国・自治体・企業などの温室効果ガス排出者間で、割り当て排出量を下回った者が、割り当て排出量を上回った者に残量分を売ること。排出権取引。排出枠取引。ET(emissions trading)。補説 京都メカニズムにおける排出量取引は、国家間の取引を指す。

はい-しゅみ【俳趣味】「俳諧味」に同じ。

ばい-しゅん【売春】〔名〕スル 女性が報酬を得ることを目的として不特定の相手と性交すること。売淫。売色。売笑。

ばい-しゅん【買春】男性が金品を代償として女性と性交すること。売春を、買う側からいう語だが、同音で紛らわしいことから「かいしゅん」ともいう。

はい-じゅんかん【肺循環】ハイジュンクワン 血液が心臓から肺を経て心臓へ戻る循環。両生類以上にみられ、人間では心臓の右心室から静脈血が肺動脈を通って肺に至り、ここでガス交換が行われて動脈血となり、肺静脈を経て左心房に戻る。小循環。➡体循環

ばいしゅん-ふ【売春婦】売春をする女。売笑婦。淫売婦。

ばいしゅんぼうし-ほう【売春防止法】バイシュンバウシハフ 売春の防止を目的として制定された法律。売春の勧誘・周旋など、売春を助長する行為の処罰、売春を行うおそれのある女子の保護更生の措置などを規定する。昭和32年(1957)施行。

はい-しょ【俳書】俳諧・俳句に関する書物。

はい-しょ【配所】罪を得た人が流された土地。配流(はいる)の地。謫所(たくしょ)。

はい-じょ【排除】ヂョ〔名〕スル おしのけてそこからなくすこと。「バリケードを―する」類語 除去・撤去・削除

はい-じょ【廃除】ヂョ〔名〕スル ❶やめて取り除くこと。「是等無用の挙、断じて之を―するを可とす」〈雪嶺・偽悪醜日本人〉❷法律で、被相続人の意思に基づき、家庭裁判所の審判によって、推定相続人の相続権を失わせること。➡廃嫡(はいちゃく)

ばい-じょ【売女】ヂョ 売春婦。

ばい-じょ【媒助】両者の間に立って物事をなしとげる仲立ちをすること。媒介。「禾花―の法を以て…稲田に於て実地に施し」〈津田仙・明六雑誌四一〉

はい-しょう【拝承】〔名〕スル 聞くこと、承知することをへりくだっていう語。謹んで承ること。「お申し越しの御趣旨―いたしました」

はい-しょう【拝×誦】〔名〕スル 読むことを、へりくだっていう語。謹んで読むこと。拝読。「お便り―いたしました」

はい-しょう【排×簫】セウ 中国古代の管楽器。下端を蜜蝋(みつろう)でふさいだ長さの異なる竹管16〜23本を1列に並べて、上端を吹き鳴らすもの。長さは40センチ前後。日本へは奈良時代に伝来、平安時代まで雅楽器として用いられた。簫。

はい-しょう【敗将】シャウ 戦いに負けた将軍。転じて、試合・競争などに敗れた指導者。敗軍の将。

はい‐しょう【敗×醤】ーシヤウ オトコエシ、またはオミナエシの根。漢方で排膿はいのう・利尿薬などに用いる。
はい‐しょう【廃×娼】ーシヤウ 公娼制度を廃止すること。
はい‐じょう【廃城】ージヤウ 住む人もなく荒れた城。
ばい‐しょう【売笑】ーセウ 売春。売色。
ばい‐しょう【×焙焼】ーセウ〘名〙スル ❶あぶり焼くこと。❷金属の硫化物・砒化物ひかぶつ・アンチモン化物の形の鉱物を、融解しない程度の温度で焼き、硫黄・砒素などを酸化させたり気化させたりすること。金属精錬の予備処理として行われる。
ばい‐しょう【賠償】ーシヤウ〘名〙スル ❶他の人に与えた損害をつぐなうこと。「契約不履行による損害を―させる」❷国際法規違反により他国に与えた損害、また敗戦国が戦勝国に与えた損害の補償として金品その他を提供すること。類語補償・弁償・代償・報償
ばい‐じょう【陪乗】〘名〙スル 身分の高い人の供をして同じ車に乗ること。「白髪の老侍従を―せしめ」〈木下尚江・良人の自白〉
はいしょう‐うんどう【廃×娼運動】ハイシヤウー 女性の人権擁護の立場から、公娼制度を廃止しようとする社会運動。日本では明治以後、矯風会・救世軍などが積極的に展開、昭和31年(1956)売春防止法が制定された。
はいじょう‐かじょ【杯状花序】ハイジヤウクワジヨ 有限花序の一。花軸と包葉が変形して杯状になったものの中に、退化した雄花と雌花がつくもの。トウダイグサの仲間にみられる。壺状花序。
ばいしょう‐ぎむ【賠償義務】バイシヤウー ❶損害賠償をなすべき義務。❷講和条約によって、敗戦国が戦勝国に賠償金を支払う義務。
ばいしょうせきにん‐ほけん【賠償責任保険】バイシヤウセキニンー 偶然の事故により、他人を死傷させたり他人の物に損害を与えたりして、法律上の賠償責任を負担することになった場合、それにより被る損害を填補する目的の保険。
ばいしょう‐ふ【売笑婦】バイセウー 娼婦。売春婦。
はい‐じょうみゃく【肺静脈】ージヤウミヤク 肺でガス交換を終えた動脈血を心臓へ運ぶ静脈。左右2本ずつあり、左心房へ入る。
ばいしょう‐ろ【×焙焼炉】バイセウー 精錬に際して、硫化鉱石を焙焼して酸化鉱物とするために用いる炉。回転式・多段床式など。
ばいしょうろん【梅松論】南北朝時代の史書。2巻。著者未詳。正平4＝貞和5年(1349)ごろの成立。北条氏の執権時代から南北朝の動乱を経て足利氏が天下を制するまでを、足利側の立場から述べる。
はい‐しょく【配色】〘名〙スル 2種以上の色を取り合わせること。また、取り合わせた色合い。類語彩色
はい‐しょく【配食】〘名〙スル (在宅の高齢者に)食事を配達すること。
はい‐しょく【敗色】負けそうな様相。負けそうな気配。「―が濃くなる」類語負け色・敗勢
はい‐しょく【廃職】〘名〙スル 官職を廃止すること。また、廃止された官職。「制度の改正に伴い―する」
ばい‐しょく【売色】売春。売淫。
ばい‐しょく【培植┆培殖】〘名〙スル 草木を植えて育てること。育てて繁殖させること。
ばい‐しょく【陪食】〘名〙スル 身分の高い人と一緒に食事をすること。
はいしょざんぴつ【配所残筆】江戸前期の随筆。1巻。山鹿素行著。延宝3年(1675)成立。播州赤穂藩に預けられた著者が、自己の略歴を書簡体で記したもの。配所残筆。
はいじょそち‐めいれい【排除措置命令】ハイヂヨ 独占禁止法における措置の一。私的独占・談合・カルテルなど同法の規定に違反する行為を行った事業者に対して公正取引委員会が違反行為を排除するために必要な措置を命じること。事業者は取締役会で再発防止を決議し、従業員に周知徹底するなど、コンプライアンスの徹底が求められる。➡排除命令
はいじょ‐めいれい【排除命令】ハイヂヨー 公正取引委員会が、景品表示法に違反して、商品の品質や値段について実際よりも優れている、または安価であると消費者が誤解するような不当表示などをした業者に、その行為の撤回、再発の防止を命じる行政処分。平成21年(2009)9月の消費者庁創設に伴い、景品表示法の所管が公正取引委員会から消費者庁に移管され、「排除命令」は「措置命令」と名称が変更された。➡排除措置命令
ばい‐しらが・う【▽奪ひしらがふ】ばひしらがふ〘動ハ四〙互いに争ってうばいあう。われがちにうばいあう。「―・ひてこれを破り食ひけり」〈宇治拾遺・六〉
ばい‐じり【▽貝尻┆×螺尻】魚釣りなどの際にかぶる竹の皮で作った笠かさ。貝ばいの殻を逆さにしたように上部がすぼまっている。ばいじりがさ。
はい‐しん【拝進】〘名〙スル 進み出ることをへりくだっていう語。貴人の前に謹んで進むこと。
はい‐しん【拝診】〘名〙スル 診察することを、その相手を敬っていう謙譲語。謹んで診察すること。
はい‐しん【背信】信頼や約束を裏切ること。信義にそむくこと。類語裏切り・寝返り・逆心・変心・不義
はい‐しん【背進】〘名〙スル 後ろの方へ進むこと。退くこと。後退。「次の汽車にて茅崎まで―仕候」〈魯庵・社会百面相〉
はい‐しん【配信】〘名〙スル ❶通信社・新聞社・放送局などが、入手した情報やニュースを支社や他のマスコミ機関・官庁・企業などに配送すること。❷インターネットを利用して企業や個人が動画や音楽、情報などを送信すること。
はい‐じん【拝×塵】ーヂン《石崇は主君が外出するたびに車から降りて主君の車が走り去った後の塵ちりを拝んだという「晋書」石崇伝の故事から》権力者におもねり、へつらうこと。➡塵を望んで拝す
はい‐じん【俳人】俳句を作る人。俳諧師。俳士。
はい‐じん【配陣】ーヂン〘名〙スル 戦場で陣を配置すること。陣立て。「夜襲に備えて―する」
はい‐じん【廃人┆×癈人】傷害・疾病などのため、通常の生活を営むことができない人。
ばい‐しん【陪臣】《「陪」は重なる意》❶臣下の臣。またげらい。⇔直参じきさん。❷江戸時代、大名の家臣の称。旗本・御家人を直参と称したのに対する語。
ばい‐しん【陪審】法律の専門家でない人が、裁判の審理に参加し、有罪・無罪の判断を行うこと。
ばい‐じん【×煤×塵】ーヂン 工場の煙突の煙や、鉱山・石切り場などの塵ちりの中に含まれている微粒子。
ばいしん‐いん【陪審員】ーヰン 陪審制度を採用している裁判手続きにおいて、一定の基準と手続きにより一般市民から選ばれ、その審判に立ち会う人。
はいしん‐こうい【背信行為】ーカウヰ ❶信義にそむくような行為。❷戦争において、真実を告げる義務のある場合に、味方の利益のため、休戦旗・赤十字旗などを不当に使用するなどして敵の行動を誤らせる行為。戦時国際法では違法とされる。
はい‐しんじゅん【肺浸潤】肺のX線検査を行ったとき、わずかに陰影が認められる状態。かつては肺結核の初期の意で用いられた。
はいじん‐しょう【肺×塵症】ハイヂンシヤウ 塵肺じんぱいの別名。
ばいしん‐せいど【陪審制度】法律の専門家でない一般市民から選ばれた一定数の陪審員が審判に立ち会う制度。米国などで採用されている。日本では、刑事裁判について大正12年(1923)に陪審法が制定されたが、十分な成果をあげられないままに昭和18年(1943)以来停止されている。➡裁判員制度
はい・す【拝す】㊀〘動サ五〙「はい(拝)する」(サ変)の五段化。「仏を―・さない日はなかった」㊁〘動サ変〙「はい(拝)する」の文語形。
はい・す【配す】㊀〘動サ五〙「はい(配)する」(サ変)の五段化。「罪を得て越後に―・された」㊁〘動サ変〙「はい(配)する」の文語形。
はい・す【排す】㊀〘動サ五〙「はい(排)する」(サ変)の五段化。「困難を―・さなくてはならない」㊁〘動サ変〙「はい(排)する」の文語形。
はい・す【廃す】㊀〘動サ五〙「はい(廃)する」(サ変)の五段化。「制度を―・さない」㊁〘動サ変〙「はい(廃)する」の文語形。
バイス〖vice〗職名・官名などに付けて、「副」「次」「代理」などの意を表す。「―キャプテン(＝副キャプテン)」
バイス〖vise〗万力まんりき。
はい‐すい【背水】水を背に位置すること。
背水の陣　《「史記」淮陰侯伝の、漢の名将韓信が趙ちょうの軍と戦ったときに、わざと川を背にして陣をとり、味方に退却できないという決死の覚悟をさせ、敵を破ったという故事から》一歩もひけないような絶体絶命の状況の中で、全力を尽くすことのたとえ。
はい‐すい【配水】〘名〙スル 上水道などの水を給水区域内に配給すること。類語給水
はい‐すい【排水】〘名〙スル ❶不用な水を排出すること。「―孔」❷物体が水に浮かんだとき、水中につかった部分と同体積の水を押しのけること。➡排水量
はい‐すい【廃水】使用後、不純物・有害物質等で汚れたために捨てる水。「工場―」
ばい‐ずい【陪随】〘名〙スル つきしたがうこと。お供をすること。
はいすい‐かん【配水管】ークワン 上水道の配水のために使う管。
はいすい‐こう【排水坑】ーカウ 鉱山や炭鉱で、坑内に湧出ゆうしゅつする水などを外部に排出するための坑道。
はいすい‐こう【排水溝】耕地や道路などの水を排除するためのみぞ。
はい‐すいしゅ【肺水腫】肺の組織に体液がたまった状態。心不全に伴う肺鬱血うっけつなどで生じ、呼吸困難や泡沫状の痰たんなどの症状がみられる。
はいすい‐ち【配水池】上水道の配水量を調整するために、一時蓄えておく池。
はいすい‐トンすう【排水トン数】船舶の重量を排水量で示すもの。英トンまたはメートルトンで表す。艦艇に用いる。➡トン❷
はいすい‐ポンプ【排水ポンプ】水を排出するためのポンプ。
はいすい‐りょう【排水量】ーリヤウ 水上に浮かぶ船が押しのける水の量。船体の重量に等しく、船舶の大きさを示すのに用いられ、トン数で表す。
はい‐すう【拝×趨】〘名〙スル 出向くことをへりくだっていう語。急ぎおうかがいすること。参上。「綺羅をかざりて宮廷に―するなどということの」〈露伴・連環記〉
ばい‐すう【倍数】ある整数の何倍かの数。整数aが整数bで割りきれるとき、aはbの倍数であるという。⇔約数。
ばいすう‐せい【倍数性】ある生物の染色体の基本数に対して、近縁種などが整数倍の染色体数をもつ現象。一組の染色体を体細胞はふつう2倍もつので二倍体を基準とし、これ以上のものにいう。➡異数性
ばいすう‐たい【倍数体】染色体数において倍数性を示す個体。体細胞はふつう二倍体($2n$)で、三組もつものを三倍体($3n$)などのようによぶ。
ばいすうひれい‐の‐ほうそく【倍数比例の法則】ーハフソク 2種の元素からなる化合物がいくつかあるとき、一方の元素の一定量と化合する他方の元素の量は、簡単な整数比をなすという法則。1803年にドルトンが原子論とともに提唱。
ハイ‐スクール〖high school〗❶高等学校。❷米国の中等学校。小学校と大学との間の教育機関で、8年制の初等教育に続く4年制のものと、6年制の初等教育に続くそれぞれ3年のジュニアハイスクールとシニアハイスクールとがある。
バイスケ《「バスケット」から》土や砂などを運ぶのに用いる縄で編んだかご。もっこ。パイスケ。
バイス‐チェアマン〖vice-chairman〗副議長。副会長。副委員長。また、議長代理。
ハイ‐スティック〖high stick〗アイスホッケーで、スティックを肩より上にあげること。反則となる。
パイストス‐いせき【パイストス遺跡】ーヰセキ《Phaistos》フェストス遺跡の旧称。
ハイ‐スピード〖high-speed〗速度がはやいこと。高速度。「―で工事を進める」
ハイスピード‐スチール〖high-speed steel〗高

は

速度鋼。

ハイスピード-ユーエスビー【ハイスピードUSB】《high speed USB》▶USB 2.0

バイス-プレジデント〖vice president〗副大統領。また、副総裁、副会長、副社長、副頭取、副総長。

はい-ずみ【掃墨】《「はきずみ」の音変化。後世、「灰墨」とも当てて書く》ごま油・菜種油などの油煙。また、それににかわをまぜてつくった墨。塗料・まゆ墨・薬用などにも用いた。油煙墨。

はいずり-まわ・る【×這いずり回る】はひずりまはる〔動ラ五(四)〕這って動きまわる。はいまわる。「部屋中を―・って捜す」

はい・する【×佩する】〔動サ変〕図はい・す〔サ変〕腰にさげる。腰におびる。「刀剣を―・する」

はい・する【拝する】〔動サ変〕図はい・す〔サ変〕❶頭を垂れて礼をする。おがむ。「初日を―・する」❷「見る」の謙譲語。お見受けする。「御健康と―・せられる」❸「受ける」の謙譲語。ありがたくお受けする。拝受する。「大命を―・する」❹拝舞をする。「下おり走りて、やがて―・するを見れば」〈かげろふ・下〉

はい・する【配する】〔動サ変〕図はい・す〔サ変〕❶割り当てる。配置する。くばる。「要所に人を―・する」❷取り合わせる。あしらう。「庭に置き石を―・する」❸夫婦にする。めあわせる。「猪之吉の娘を楠吉に―・することになった」〈鴎外・堺事件〉❹流刑にする。流す。「遠島に―・せられる」類語配る・配置

はい・する【排する】〔動サ変〕図はい・す〔サ変〕❶押しのける。しりぞける。排斥する。「万難を―・して進む」「反対勢力を―・する」❷並べる。排列する。「漢字を画数順に―・する」❸押し開く。「やがて闥たを―・して入って来た」〈蘆花・思出の記〉

はい・する【廃する】〔動サ変〕図はい・す〔サ変〕❶続けてきたことをやめる。廃止する。「制服を―・する」❷その地位から退かせる。「王を―・する」

はい-ず・る【×這いずる】はひ〔動ラ五(四)〕床や地面の上を這って動く。「穴から―・って出る」

ばい・する【倍する】〔動サ変〕図ばい・す〔サ変〕❶2倍になる。また2倍にする。「定員に―・する志望者」❷さらに加える。いちだんと増える。「旧に―・する御厚情をお願いします」

ばい・する【陪する】〔動サ変〕図ばい・す〔サ変〕付き従う。供をする。「其の席に―・することも折り折りなりし」〈竜渓・経国美談〉

ハイゼ〖Paul von Heyse〗[1830〜1914]ドイツの小説家。短編小説で知られ、詩・戯曲でも活躍。1910年ノーベル文学賞受賞。作「ララビアータ」など。

はい-せい【俳聖】古今に並ぶ者のないすぐれた俳諧の作者。特に、松尾芭蕉をいう。

はい-せい【排×擠】〔名〕スル 他を押しのけたりおとしいれたりすること。「互に巧名を嫉んで朋友相あい―する」〈魯庵・社会百面相〉

はい-せい【敗勢】負けそうな形勢。「―を立て直す」⇔勝勢。類語負け色・敗色

ばい-せい【媒精】卵子の存在する媒質中に精子が置かれることを必要条件とする受精。また、そのために人為的に精子を導入すること。授精。

はいせい-かんさいぼう【×胚性幹細胞】ハイセイカンサイバウ《embryonic stem cells》▶ES細胞

はいせい-しん【肺性心】肺疾患が原因となって肺の血流や換気が低下するため、心臓の負担が増し、特に右心が肥大して弱った状態。チアノーゼ・呼吸困難などの症状が認められる。

はい-せいせい【裴世清】中国、隋の官人。推古天皇16年(608)帰国する遣隋使小野妹子おののいもことともに来日して煬帝ようだいの親書を天皇に伝え、送使となった小野妹子とともに、同年帰国。生没年未詳。

はい-せき【俳席】俳諧を行う席。句会の席。

はい-せき【排斥】〔名〕スル 受け入れられないとして、押しのけ、しりぞけること。「外国製品を―する」類語擯斥ひんせき・排除・排他・つまはじき・シャットアウト・ボイコット

はい-せき【敗績】〔名〕スル 大敗して今までの功績を失うこと。「徒らに―して死んで了しまうであろうか」〈花袋・重右衛門の最後〉

はい-せき【廃石】鉱山で、鉱石・石炭とともに採掘され、無価値なため廃棄する岩石片。ずり。ぼた。

ばい-せき【陪席】〔名〕スル ❶身分の高い人と同席すること。「祝賀の宴に―する」❷「陪席裁判官」の略。

ばいせき-さいばんかん【陪席裁判官】バイセキサイバンクワン 合議制裁判所を構成する裁判官のうち、裁判長以外の者。陪席判事。

ばいせき-はんじ【陪席判事】▶陪席裁判官

バイセクシャル〖bisexual〗〔名・形動〕▶バイセクシュアル

バイセクシュアル〖bisexual〗〔名・形動〕異性にも同性にも性的な欲求をもつ人。両性愛者。また、その傾向をもつさま。バイセクシャル。

はい-せせり【灰×拵り】はひ 火箸などで灰をもてあそぶこと。灰いじり。「火箸を取り、―して」〈浮・諸艶大鑑・三〉

はい-せつ【排×泄】〔名〕スル 不要な物質を体外に出すこと。排出。「尿を―する」

はい-せつ【排雪】〔名〕スル 積もった雪を取り除くこと。除雪。「幹線道路を―する」

はい-ぜつ【廃絶】〔名〕スル すたれてなくなること。また、廃止してなくすこと。「家系が―する」

はいせつ-き【排×泄器】排泄を行う器官。排出器官。

はいせつ-ぶつ【排×泄物】排泄された物。一般に大小便をいう。排出物はいしゅつぶつ。

はい-せん【杯洗｜×盃洗】酒席で、やり取りする杯を洗いすすぐための器。

はい-せん【肺×尖】肺の上部の部分。円錐状の頂をつくり、鎖骨を越えて突出している。

はい-せん【配船】〔名〕スル 必要に応じて船舶を港に配置し、就航させること。

はい-せん【配線】〔名〕スル ❶電気機器・通信装置などを導線で接続して回路を構成すること。また、その導線。「プリント―」❷電気や電話の需要者側に電線や回線を敷設すること。また、その電線や回線。「―工事」「たこ足―」

はい-せん【敗戦】〔名〕スル 戦争・試合などに負けること。まけいくさ。「一点差で―する」「―国」類語負け戦・戦敗・敗北・敗退

はい-せん【廃船】使用に堪えない船舶を廃棄すること。船籍から除いて処分すること。また、その船。

はい-せん【廃線】鉄道・バスなどの営業路線を廃止すること。また、その路線。

はい-せん【×擺線】サイクロイドのこと。

はい-ぜん【配膳】〔名〕スル 食膳を客の前に配ること。料理や箸・茶碗などを食卓に出すこと。「客室ごとに―する」「―係」

はい-ぜん【×沛然｜×霈然】〔ト・タル〕図〔形動タリ〕雨が勢いよく降るさま。「―として驟雨が来る」

ばい-せん【媒染】染料が直接に繊維に染着しないとき、繊維を媒染剤の溶液に浸して染料を固着させる染色法。

ばい-せん【×焙煎】〔名〕スル コーヒー豆などを焙ほうじて煎いること。「生豆きまめを浅く―する」「炭火―」

ばい-ぜん【陪膳】《「はいぜん」とも》宮中で天皇に御膳を奉る時、また武家で儀式の時など、食膳に侍して給仕すること。また、その人。「―仕うまつる人の」〈枕・二三〉

はい-せんいしょう【肺線維症】ハイセンヰシヤウ 肺に線維組織が過剰に形成される病気。肺胞壁の肥厚により、ガス交換が十分に行われなくなり、呼吸機能が低下する。塵肺・膠原病・間質性肺炎・サルコイドーシスなどから進行する。息切れ・痰たんを伴わない咳・ばち指などの症状が見られる。

はいせん-カタル【肺×尖カタル】肺尖部の結核性病変。肺結核の初期症状。また、肺結核が治りにくかった時代には、ぼかしていうのにも使われた。

ばいせん-ざい【媒染剤】媒染の際、繊維に染料を固着させる役をする物質。アルミニウム・クロム・鉄などの金属塩やタンニン酸などが用いられ、染料と結合して水に溶けない化合物を形成する。

はいぜん-しつ【配膳室】食器の用意や料理の盛りつけなど、食膳の準備をする部屋。

ハイ-センス〔名・形動〕《和 high＋sense》センスが洗練されていること。好みや趣味が高尚であること。また、そのさま。「―なドレス」

はいせん-ず【配線図】ヅ 電気機器の内部の配線を示す図。また、建物の屋内の配線を示す図。

ばいせん-せんりょう【媒染染料】ーセンレウ 繊維に対する染着性がなく、媒染剤を仲立ちとして染色を行う染料。天然染料に多く、茜あかね・アリザリンなどがある。

はいせん-とうしゅ【敗戦投手】▶負け投手

はいせん-ばん【配線盤】❶NTTの営業所などで、加入者とつながる線を引き込んで、配列してある装置。❷機械で、配線を集中的に集めてある盤。

ハイゼンベルク〖Werner Karl Heisenberg〗[1901〜1976]ドイツの物理学者。行列力学の創始、不確定性原理の提唱によって量子力学の基礎を築き、強磁性体の理論・場の量子論・原子核構造論などを発表。1932年ノーベル物理学賞受賞。

はい-そ【俳祖】俳諧の開祖。特に、芭蕉をいう。

はい-そ【敗訴】〔名〕スル 訴訟に負けること。自己に不利益な判決を受けること。⇔勝訴。

ハイ-ソ〔形動〕《high societyから》高級であるさま。上流の。「―な気分」

はい-そう【拝送】〔名〕スル ❶見送ることの意の謙譲語。つつしんで見送ること。「賓客を―する」❷送付することの意の謙譲語。お送りすること。「御礼の品を―いたしました」

はい-そう【背走】〔名〕スル 野球などで、前を向いたままで後ろへ走ること。「―して大飛球を捕る」

はい-そう【配送】〔名〕スル 配達して届けること。また、配達と発送。「お中元を―する」「―係」類語郵送・配達・宅配・発送

はい-そう【敗走】〔名〕スル 戦いに敗れて逃げ走ること。「―して国境外へ逃れる」類語潰走・退却・撤退

はい-ぞう【拝贈】〔名〕スル 物を贈ることをへりくだっていう語。謹んで贈ること。

はい-ぞう【肺臓】ザウ「肺」に同じ。

ばい-そう【陪葬】ザウ〔名〕スル 主君を埋葬した墳墓の近くに近臣たちを埋葬すること。

ばい-ぞう【倍増】〔名〕スル 2倍にふえること。2倍にふやすこと。倍まし。「売り上げが―する」類語倍増し・倍加

ばいそうし【馬医草紙】バイサウシ 鎌倉時代の絵巻。前半に和漢の名医10人の肖像と名馬の姿を描き、後半に馬の良薬とされる17種の薬草を図示する。

はいぞう-ジストマ【肺臓ジストマ】ハイザウー 肺吸虫はいきゅうちゅうの別名。肺臓二口虫にこうちゅう。

ハイソ-カー《和 high society＋car》上流階級的なイメージの車の意で、高価な高級車をさす俗語。

はい-ぞく【配属】〔名〕スル 割り当ててそれぞれの部署に定めること。「新入社員を各部に―する」

はいぞく-しょうこう【配属将校】ーシヤウカウ 軍事知識の付与、軍事教練実施のため、大正14年(1925)公布の陸軍現役将校学校配属令により、全国の中等学校以上の学校に配置された旧日本陸軍の現役将校。

はい-そくせん【肺塞栓】下肢などの静脈に生じた血栓などが肺動脈に入り、閉塞するために起こる疾患。胸痛・呼吸困難やショック状態を呈する。

ハイ-ソサエティー〖high society〗上流社会。上流社交界。類語上流社会・社交界

ハイ-ソックス《和 high＋socks》ひざ下までの長さの靴下。補説英語では、knee-high socks, knee-socksというが、日本では太ももまで届くものを「ニーハイソックス」「ニーソックス」ということもある。➡サイハイソックス

はい-そん【廃村】❶過疎地帯などで、住む人のいなくなった村。❷市町村合併などにより、存在しなくなった村。

バイソン〖bison〗ウシ科バイソン属の哺乳類の総

称。大形の野牛で、肩高1.5〜1.8メートル。体は暗褐色で、肩が盛り上がり頭は巨大。角は雌雄にあり、さほど大きくない。ヨーロッパバイソンと、これよりやや大形でバッファローともよばれるアメリカバイソンとの2種があるが、いずれも乱獲で減少したため保護されている。

パイソン〖python〗ニシキヘビの別名。

パイソン〖Python〗インタープリター型のスクリプト言語の一。テキスト処理やCGIの記述などに向く。欧米ではPerlに次いで広く使われる。

は-いた【羽板】❶船の舵(かじ)の板状部分。❷窓などに、幅の狭い横板を一定の傾斜をもたせて何枚も取り付けたもの。直射日光や雨を防ぎ、空気を通す。ルーバー。がらり板。鎧板(よろいいた)。錣板(しころいた)。

はい-た【排他】自分の仲間以外の者すべてをしりぞけて受け入れないこと。「一主義」(類語)排外・排斥・擯斥(ひんせき)・排除・疎外・つまはじき・村八分

は-いた【歯痛】歯が痛むこと。歯の痛み。しつう。

ばいた　木の枝や木切れ。たきぎ。棒切れ。

ばいた【売=女】❶売春婦。また、それをののしっていう語。❷身持ちの悪い女をののしっていう語。

はい-たい【×佩帯】〔名〕スル　身におびること。腰につけること。「サーベルを一する」

はい-たい【拝戴】〔名〕スル　物をいただくことをへりくだっていう語。謹んで頂戴すること。

はい-たい【×胚胎】〔名〕スル　❶みごもること。はらむこと。❷物事の起こる原因やきざしが生じること。「繁栄の中に一する退廃」

はい-たい【敗退】〔名〕スル　戦い・試合に負けてしりぞくこと。「第一次予選で一する」
(類語)負ける・敗れる・敗北する・完敗する・惨敗する・大敗する・惜敗する・やられる・参る・土がつく・一敗地にまみれる・屈する・伏(ふく)する・屈服する・くじける・膝(ひざ)を屈する

はい-たい【敗×頽】やぶれくずれること。

はい-たい【廃退｜廃×頽】〔名〕スル　❶行われなくなったり、使われなくなったりしてすたれること。「此の一したる古城を眺めて」〈木下尚江・良人の自白〉❷道義・気風などが、すたれて衰えること。「徳義の一人情の腐敗」〈一葉・うもれ木〉(類語)退廃・頽唐(たいとう)・衰退・衰微

ばい-たい【媒体】❶一方から他方へ伝えるための なかだちとなるもの。㋐伝達などの手段。「宣伝広告の一」㋑伝染病などを媒介するもの。「風土病の一となる生物」❷媒質(ばいしつ)となる物体。

ばい-だい【倍大】2倍の大きさ。

はい-たか【×鷂】《「はしたか」の音変化》タカ科の鳥。雌は全長39センチくらいで、上面が灰褐色、下面は黒褐色の横斑がある。雄は全長32センチくらいで、このりとよばれ、上面が青灰色、下面は橙褐色の横斑がある。ユーラシアに分布。日本では低山の林にすむ。

はい-たく【配×謫】〔名〕スル「配流(はいる)」に同じ。

はいた-げんり【排他原理】▶パウリの原理

はいだし-げんしょう【×這い出し現象】ハイダシゲンショウ ▶クリープ❷

はい-だ・す【×這い出す】ハヒ〔動サ五(四)〕❶這って出る。這い出る。「穴から一・す」❷這いはじめる。「赤ん坊が一・す」

はいた-せいぎょ【排他制御】《exclusive control》同時に複数のユーザーがアクセスできるファイルやデータベースにおいて、一方が処理中の場合、他方のアクセスを制限すること。それによりデータの整合性を保つ。ロック。

はい-たつ【配達】〔名〕スル　郵便物や商品などを指定された宛先へ届けること。「市内は無料で一する」「新聞一」(類語)配送・郵送・宅配・出前・デリバリー

はいたつきろく-ゆうびん【配達記録郵便】イウビン かつて行われていた郵便物の特殊取扱の一。郵便物の引き受けと配達を記録するサービス。平成21年(2009)に廃止され、代替として、引き受けのみ記録する特定記録郵便が設けられた。

はいたつ-しょうめい【配達証明】郵便物の特殊取扱の一。書留郵便物を配達したことを証明するので、配達完了後、郵便局から差出人に配達証明書が送付される。⇨特殊取扱郵便

はいたつしょうめい-ゆうびん【配達証明郵便】イウビン 配達証明の取り扱いをする郵便。また、その郵便物

ハイ-タッチ〖high-touch〗❶現代の技術社会で必要とされる人間同士の心の触れ合い。❷スポーツで、うまくいったときなどに、チームメート・相棒と手をあげて行うタッチ。(補説)❷は日本語での用法で、英語ではhigh-five

ハイタッチ-マネージメント《和 high-touch＋management》企業において人間性・人間関係など心理的な面まで配慮する経営。

はいたつびしてい-ゆうびん【配達日指定郵便】イウビン 郵便物の特殊取扱の一。差出人が指定した日に郵便物を配達するもので、日曜・休日を指定することもできる。⇨特殊取扱郵便

はい-だて【×佩楯｜×脛×楯｜膝=甲】鎧(よろい)の付属具の一。腰の前から左右に垂らして股(もも)と膝(ひざ)を覆うもの。下部を小札(こざね)で威(おど)したものや、革などで綴じたものがある。膝鎧(ひざよろい)。

はいた-てき【排他的】〔形動〕排他の傾向があるさま。「一な土地柄」

はいたてき-けいざいすいいき【排他的経済水域】ケイザイスイイキ 沿岸国が海洋および海底下の生物・鉱物資源の探査・開発・保存・管理などに関して主権的権利をもつ水域。1982年の国連海洋法条約で、その幅は沿岸から200海里(約370キロメートル)を超えてはならないとされている。経済水域。EEZ(exclusive economic zone)。

はいたてき-ろんりわ【排他的論理和】《exclusive OR》論理演算の一。二つの命題のどちらか一方が「真」であるときだけ「真」であるとするもの。エクスクルーシブオア。XOR(エックスオア)。コンピューターでこのような演算を行う論理回路においては、電流が流れる場合を「真」、流れない場合を「偽」と対応させ、XOR回路などと呼ぶ。

はいたてきろんりわ-かいろ【排他的論理和回路】クワイロ《exclusive OR circuit》▶エックスオア(XOR)回路

はいたに-けんじろう【灰谷健次郎】ハイタニケンジラウ［1934〜2006］小説家・児童文学作家。兵庫の生まれ。小学校教諭を経て昭和49年(1974)に「兎の眼」を発表。人権や社会問題などについての発言も積極的に行った。他に「太陽の子」「ひとりぼっちの動物園」など。

バイタミン〖vitamin〗▶ビタミン

はい-たもとお・る【×這ひ徘=徊る】はひたもとほる〔動ラ四〕「はいもとおる」に同じ。「若子(わくご)の一・り朝夕(あさよひ)に音(ね)のみそ泣(な)が泣く君なしにして」〈万・四五八〉

ばいたら-よう【▽貝多羅葉】エフ《梵 pattraの音写。木の葉の意》上古のインドで、針で彫りつけて経文を書き、紙の代わりに用いたタラジュの葉。

はいた-りつ【排他律】▶パウリの原理

バイタリティー〖vitality〗いきいきとした生命力。活力。活気。「一に富む」「一のある人」

バイタル〖vital〗㊀〔形動〕生気にあふれているさま。活力に満ちたさま。「一に躍動する」「一な演奏」㊁〔名〕「バイタルサイン」の略。「一、正常です」

バイタル-サイン〖vital signs〗生きている状態を示す指標。体温・呼吸・脈拍・血圧など。生命徴候。

バイタルズ〖vitals〗脳・心臓・肝臓・胃など生命維持に不可欠な諸器官。急所。

はい-だん【俳談】俳句・俳諧に関する談話。俳話。

はい-だん【俳壇】俳人の社会。俳人仲間の世界。
(類語)歌壇・詩壇・文壇・論壇・画壇・楽壇・劇壇

ばい-たん【×煤炭】石炭の旧称。

ばいたんおう【売炭翁】バイタンヲウ 唐の白居易の詩の題名。炭焼きの老人が苦労して焼いた炭を、宮中の役人に勅命だといってただ同然で買い取られてしまうことを詠じた風刺詩。新楽府(しんがふ)の一。

はい-ち【背×馳】〔名〕スル《背を向けて走り去る意から》行き違うこと。反対になること。背き離れること。「基本方針に一する」

はい-ち【配置】〔名〕スル　人や物をそれぞれの位置・持ち場に割り当てて置くこと。また、その位置・持ち場。「全員一に就く」「席の一を決める」「要員を一する」
(類語)配備・ポジショニング・セッティング

はい-ち【排置】〔名〕スル　秩序立てて並べておくこと。「最も重利を得べきが如く、其機関を一せざる可らざるなり」〈永峰秀樹訳・代議政体〉

はい-ち【廃置】〔名〕スル　廃することと置くこと。廃止と設置。「新制度のもとに部局を一する」

ハイチ〖Haiti〗西インド諸島、イスパニョーラ島の西部を占める共和国。首都ポルトープランス。コーヒー・砂糖などを産する。コロンブスの到達によってスペイン領となったが、1697年からフランス領。1804年独立。人口972万(2011)。(補説)「海地」とも書く。

ばい-ち【培地】▶培養基(ばいようき)

はいち-がえ【配置換え】ガヘ〔名〕スル　❶置き場所を換えること。「机を一する」❷「配置転換」に同じ。「担当者を一する」

はいち-せい【背地性】植物の地上茎で、重力と逆の方向に屈曲する性質。負の屈地性。⇔向地性。

はいち-てんかん【配置転換】テンクワン〔名〕スル　組織内において構成員の仕事の場所や内容などを換えること。配置換え。配転。(類語)配置換え・転属・配置

はい-ちゃい〔感〕《「はい、さようなら」のなまった「はい、ちゃいなら」の略》さようならの意の幼児語。はいちゃ。

はい-ちゃく【敗着】囲碁で、負けの決め手となった石の置き方。⇔勝着。

はい-ちゃく【廃嫡】〔名〕スル　民法旧規定で、推定家督相続人の家督相続権を失わせること。⇨廃除(はいじょ)

はいち-やく【配置薬】▶置き薬

はい-ちゅう【杯中｜×盃中】さかずきの中。
杯中の蛇影(だえい)《杯中に蛇の影があるのを見て、蛇を飲んだと思って病気になったが、後にそれは弓の影であったと知り、病気がたちまち治ったという「風俗通」怪神の故事から》疑い惑う心が生じれば、つまらないことで神経を悩まし苦しむことのたとえ。

パイチュー【白酒】《中国語》中国の無色透明な蒸留酒。米・麦・コーリャン・トウモロコシなどから作る。アルコール度数が高く、独特の香りがある。

パイ-ちゅうかんし【パイ中間子｜π中間子】核力を仲介する素粒子。質量は電子の約273倍で、電荷は正・負・中性の3種あり、スピンは零。崩壊してμ(ミュー)粒子とニュートリノ、または光子になる。昭和10年(1935)湯川秀樹が予言し、その後確認された。湯川粒子。パイオン。

はいちゅう-げんり【排中原理】論理学で、思考の原理の一。相互に矛盾する二命題のうちのいずれかに真理があり、第3のものはありえないことをいう。「AはAでも非Aでもないものではない」または「AはBでも非Bでもないものではない」という形式で表される。排中律。排中法。⇨思考の原理

はいちゅう-りつ【排中律】▶排中原理

はい-ちゅつ【廃×黜】〔名〕スル《「黜」はしりぞける意》官職を取り上げ、退けること。

はい-ちょう【拝聴】チャウ〔名〕スル　聴くことの意の謙譲語。つつしんで聞くこと。「御高説を一する」
(類語)拝聞・拝承・謹聴・伺(うかが)う・承る・静聴・清聴

はい-ちょう【敗徴】チョウ・【敗兆】テウ　戦いにやぶれるきざし。敗戦の徴候。また、失敗の前徴。

はい-ちょう【廃朝】テウ　天皇が、服喪や天変地異などのために、朝務に臨まないこと。諸官司の政務は平常通り行われる。輟朝(てっちょう)。

はい-ちょう【×蠅帳】ハヘチャウ　台所用具の一。ハエなどが入るのを防ぎ、通風をよくするために、網を張った小型の食品戸棚。また、傘状につくって食卓を覆うもの。はえちょう。《季 夏》

ばい-ちょう【陪▽塚｜陪×冢】《主人の墓に伴う従者の墓の意》大きな墓のそばにある小さな墓。副葬品を納めるだけのものがある。ばいづか。

ばい-ちょう【陪聴】チャウ〔名〕スル　身分の高い人と同席して話などを聞くこと。

は

ばい-ちょう【媒鳥】ーテウ 他の鳥を誘い寄せて捕らえるために使う鳥。囮(おとり)。

はいちょう-きん【×腓腸筋】ハイチャウキン「ひちょうきん(腓腸筋)」の誤読。

ハイツ〖heights〗高台にある集団住宅。また、集合住宅・住宅団地などにつける呼び名。
(類語)アパート・コーポラス・マンション・レジデンス

バイツェンビール〖ドイツ Weizenbier〗《Weizen(小麦)＋Bier(ビール)から》南ドイツの小麦を原料にした淡色ビール。ガス量が多く、苦味の少ないのが特徴。

ばい-づか【陪塚】►ばいちょう(陪塚)

はい-つくば・う【×這い×蹲う】はひつくばふ〔動ワ五(ハ四)〕よつんばいに伏す。這うようにしてかしこまる。平伏する。はいつくばる。「地面に―・う」

はい-つくば・る【×這い×蹲る】はひ―〔動ラ五(四)〕「はいつくばう」に同じ。「―・って許しを乞う」

はいつけ-だるき【配付け垂木】隅木(すみき)の側面に取り付けた垂木。装飾的なもの。

はい-で【×這ひ出】はひ― ❶這い出ること。また、そのもの。「跡を濁さぬ水の面、―の蛙」〈浄・薩摩歌〉❷田舎から都会に奉公に出てきたばかりであること。また、その者。山だし。「播磨の三木より―の丁稚(でっち)を召し連れ」〈浮・万金丹・四〉

はい-てい【拝呈】〔名〕スル ❶贈ることを、その相手を敬っていう謙譲語。謹んでお贈りすること。「自著を―する」❷手紙の書き始めに書いて、相手への敬意を表す語。拝啓。

はい-てい【廃帝】強制されて退位した天皇・皇帝。

ハイ-ティー〖high tea〗イギリスで、午後5～6時ごろの肉料理など食事つきのお茶。

ハイ-ティーン《和 high＋teen》10代後半(16～19歳)の年齢層。また、その年ごろの少年少女。➡ティーンエージャー (補説)英語では late teens。

ばいてい-きんが【梅亭金鵞】[1821～1893]江戸末期・明治初期の戯作者。江戸の人。本名、瓜生政和。滑稽本「七偏人」、人情本「柳之横櫛」などを執筆。維新後は風刺雑誌「団団珍聞(まるまるちんぶん)」の主筆として活躍。

ハイ-テク〖high-tech〗「ハイテクノロジー」の略。「―機器」「―産業」

バイ-テク「バイオテクノロジー」の略。

ハイテク-おせん【ハイテク汚染】―ヲセン マイクロエレクトロニクス・バイオテクノロジーなど時代の先端技術産業が生み出す環境汚染。集積回路を作る過程で洗浄に使う有機塩素系溶剤による地下水汚染など。

ハイ-テクノロジー〖high technology〗先端的な科学技術。特に、マイクロエレクトロニクス・バイオテクノロジーなど、民間産業に応用されているものをさす。先端技術。

ハイテク-はんざい【ハイテク犯罪】《high-tech crime》►コンピューター犯罪

ハイテク-ベンチャー〖high-tech venture〗高度な技術を利用・応用した事業を行う小規模の会社。

ハイデス〖Haidēs〗►ハデス

ハイ-デッカー〖high-decker〗床面を普通の場合よりも高くしたバスや鉄道車両。視線が高くなるので展望がよい。

ハイデッガー〖Martin Heidegger〗[1889～1976]ドイツの哲学者。キルケゴール、ディルタイの解釈学の影響のもとに、フッサールの現象学を発展させた。哲学の対象である存在は、実存を通してのみ理解可能であるとする、基礎的存在論としての実存哲学を形成した。その後、1930年代以後の思索は、存在そのものの解明に向かった。著「存在と時間」「形而上学とは何か」など。

ハイデッカー-バス〖high-decker bus〗通常より床面の高いバス。見晴らしがよいうえに、床下に多量の荷物を積めるので、観光用に用いられる。また、長距離バス路線への採用も多い。

ハイ-デフ「ハイデフィニション」の略。

ハイ-デフィニション〖high-definition〗〔名・形動〕高精細であるさま。高品位であるさま。高解像度。HD。ハイデフ。「―な画像」「―動画」➡HDTV

ハイデラバード〖Hyderabad〗㊀インド、デカン高原中央部の工業都市。アンドラプラデシュ州の州都。イスラム建築が多く、1918年創立のオスマニア大学がある。人口、行政区364万、都市圏574万(2001)。ハイダラバード。㊁㊀を首都とした、旧インド最大のイスラム藩王国。1724年ムガル朝から独立、1948年インド連邦に加入。支配層はイスラム教徒だったが、住民の大多数はヒンズー教徒。ハイダラバード。㊂パキスタン南部の商業都市。インダス川東岸にあり、シンド王国の首都として発展。綿紡・セメントなどの工業や宝石加工業が盛ん。

はい-でる【×這い出る】はひ―〔動ダ下一〕文はひ・づ〔ダ下二〕這って外に出る。「蟻(あり)の―・でる隙(すき)もない」

ハイデルベルク〖Heidelberg〗ドイツ南西部、ライン川の支流ネッカー川に沿う学術都市。13世紀以来南西ドイツの政治・文化の中心をなした。ドイツ最古の大学や古城がある。

ハイデルベルク-じょう【ハイデルベルク城】―ジャウ《Schloß Heidelberg》ドイツ南西部都市、ハイデルベルクにある城。13世紀、旧市街を見下ろすケーニヒシュツール山にプファルツ選帝侯の要塞として建造。その後、さまざまな建築様式を取り入れて増改築された。三十年戦争とプファルツ継承戦争で破壊され、15世紀から17世紀の遺構が現存する。

ハイデルベルク-じん【ハイデルベルク人】1907年、ハイデルベルク近郊で下顎(かがく)骨が発見された化石人類。現在は原人と考えられている。

はい-てん【配点】〔名〕スル 試験で、各問題または各科目に点数を配分すること。また、その点数。

はい-てん【配転】〔名〕スル「配置転換」の略。「管理部門に―する」

はい-てん【廃典】すたれた儀式。

ハイ-テン《high tensile strength steelから》高張力鋼のこと。

はい-でん【拝殿】神社で、本殿の前に設けられた礼拝を行うための建物。

はい-でん【配電】〔名〕スル 電力を需要場所に供給すること。(類語)送電

ばい-てん【売店】物を売る店。特に、病院・劇場・遊園地などの施設内の小さな店。
(類語)露店・屋台・夜店・スタンド

ばい-てん【梅天】梅雨時の空。つゆぞら。(季 夏)

ばい-でん【売電】自家発電設備を持つ企業や太陽光発電設備を持つ一般家庭などが、余った電力を電力会社などに売ること。また、電力会社が他の電力会社に電力を売ること。

ばい-でん【買電】電力会社が、自家発電設備を持つ企業や太陽光発電設備を持つ家庭などから余った電力を買うこと。また、電力会社が、他の電力会社から電力を買うこと。

パイ-でんし【パイ電子｜π電子】π結合を形成する電子。結合軸と異なる方向に分布し、二重結合・三重結合をつくることに関与する。

はいでん-しょ【配電所】発電所・変電所から送られてきた電力を区域内に供給する施設。配電変電所。

はいでん-せん【配電線】変電所から需要場所に電力を送る電線路。架空線と地中線とがある。

はいでん-ばこ【配電箱】配電線の端子や開閉器などを収めた金属製の箱。

はいでん-ばん【配電盤】電力を分配するための計器・スイッチなどを取り付けた盤。

ハイ-テンポ〔名・形動〕《和 high＋tempo(イタリア)》テンポが速いこと。また、そのさま。「―な展開」

は-いと【羽糸】❶縒(よ)りをかけない生糸。❷►単糸

はい-ど【×坏土】陶磁器の素地(きじ)を作る土。

はい-ど【排土】〔名〕スル 不要な土砂を取り除くこと。また、取り除かれた土砂。「―板」

ハイド〖hide〗隠れること。隠れる所。特に狩猟の際や野生動物の観察のときの、隠れ場。

ばい-と【陪都】中国で、国都に準じる扱いを受けた都。明の金陵、清の奉天(瀋陽)など。

バイト〖bite〗❶かむこと。また、かみ合わせること。❷歯車・ファスナーなどがかみ合う接触面。

バイト〖byte〗コンピューターで扱う情報量の単位。1バイトは8ビット。➡ビット❶④

バイト〔名〕スル「アルバイト」の略。「夏休みに―する」

バイト《bit(刃の意)またはbite(切り込む意)から》旋盤・平削り盤などの工作機械で金属の切削に使用される刃物。シャンクとよぶ台の先端に切れ刃をつけたもの。形や用途により先丸・片刃・面取り・端面・剣・中ぐり・突っ切り・ねじ切りなどの各バイトがある。

はい-とう【×佩刀】―タウ〔名〕スル 刀を腰におびること。また、その刀。帯刀。「―した武士」

はい-とう【配当】―タウ〔名〕スル ❶割り当てて配ること。配分すること。「役割を―する」「学年別―漢字」❷会社などが株主・出資者に利益または剰余金の分配をしたり建設利息を支払ったりすること。「株式―」❸強制執行や破産手続きで、差し押さえ財産または破産財団を多数の債権者の債権に対して割り当て弁済すること。

はい-とう【廃刀】―タウ 刀を腰に差すしきたりをやめること。

ハイドゥ〖Khaidu〗[1235ころ～1301]オゴタイ-ハン国の君主。オゴタイの孫。1260年にフビライがモンゴル帝国のハン位を継承すると、これを不服として反乱を起こし、30年余りにわたって抗争、帝国の分裂を招いた。カイドゥ。海都。

はい-どう【拝堂】―ダウ 住持・座主などが交替した時、寺院本堂の本尊仏を、新任の僧が拝礼する儀式。

はい-どう【廃道】―ダウ ❶荒れはてた道。❷廃止された道路。

はい-どう〔感〕「はいしい」に同じ。

バイドゥ【百度】《中国語》中国の代表的なサーチエンジンの一。また、同サービスを運営する企業。2001年にサービスを開始し、08年より日本語版の検索サービスが始まった。MP3をはじめとする音声・動画ファイルを検索する機能がある。

はいとう-おち【配当落ち】ハイタウ― 決算期が過ぎたために、株式にその期の配当金を受け取る権利がなくなった状態。ふつう、株価は配当金に見合う分だけ安くなる。

はいとう-きん【配当金】ハイタウ― 配当する金。特に、利益や剰余金の分配金、株式配当金、保険配当金など。

はいとう-せいこう【配当性向】ハイタウセイカウ 税引き利益のうち、配当金の支払いに向けられる比率。

はいとう-たい【配糖体】ハイタウ― 糖類と、アルコールやフェノールなどの水酸基をもつ有機化合物とが結合した化合物。生物、特に植物体に広く存在し、サポニン・ジキタリスなどがあり、糖がグルコースのときはグリコシドといい、最も多く存在。

はい-とうみつ【廃糖蜜】―タウミツ「糖蜜❶」に同じ。

はい-どうみゃく【肺動脈】心臓から肺に静脈血を送る動脈。左右1本ずつあり、心臓から出るので動脈とよばれる。

はいどうみゃく-べん【肺動脈弁】心臓の右心室と肺動脈を隔てる半月弁。右心室が収縮するときに開いて血液を肺動脈へ送り出し、拡張するときに閉じて逆流を防ぐ。

はいとう-りつ【配当率】ハイタウ― 出資額に対する配当金の割合。特に、株式の一株当たりの年間配当金の割合。➡配当利回り

はいとう-りまわり【配当利回り】ハイタウリマハリ 出資額に対する配当金の割合。特に、株価に対する配当金の割合。一株当たりの年間配当金を株価で割ったもの。➡配当率

はいとう-れい【廃刀令】ハイタウ― 大礼服着用者・軍人・警察官にのみ帯刀を認め、士族などの帯刀を禁止した法令。明治9年(1876)公布。

バイト-オーダー〖byte order〗►エンディアン

ハイ-トーン〖high-tone〗〔名・形動〕❶音楽で、高

音。あるいは高い調子。❷高い格調。高尚な品格。また、それをそなえているさま。「―なインテリア」
はい-とく【背徳|×悖徳】道徳にそむくこと。「―行為」「―者」(類語)不道徳・不徳義・悪徳・不徳・不義・不倫・破戒・堕落・インモラル
はい-どく【拝読】〔名〕スル 読むことを、その筆者を敬っていう謙譲語。拝誦。「御著書―しました」
ばい-とく【売得】物を売ってその代金を得ること。
ばい-とく【買得】物を買い取ること。〈日葡〉
ばい-どく【梅毒|×黴毒】代表的な性病。病原体はトレポネーマ-パリズムで、主に性行為により感染し、母親から胎児に感染することもある。約3週間の潜伏期を経て発病し、陰部にしこり・潰瘍かいようができる(第1期)。3か月ほどたつと全身の皮膚に紅斑や膿疱のうほうが出たり消えたりし(第2期)、3年目ごろになると臓器・筋肉・骨などに結節やゴム腫を生じ、崩れて瘢痕はんこんとなる(第3期)。10年目ごろには脳などの神経系や心臓・血管系も冒され、進行麻痺や脊髄癆せきずいろうがみられる(第4期)。シフィリス。瘡毒そうどく。
ばいとく-きん【売得金】物を売って得た金銭。特に、動産の強制執行などにおいて、目的物を競売して得た金銭。売り上げ金。
はいどく-さん【敗毒散|排毒散】近世、広く使用された漢方の風邪薬。
はいとくしゃ【背徳者】《原題、フランス L'Immoraliste》ジードの長編小説。1902年刊。考古学者ミシェルが、アフリカで死の淵からよみがえり、既成の道徳・秩序を超えた生の享楽に目覚めるが、そのことがやがて妻に死をもたらす。
バイト-コード〖byte code〗特定のコンピューターやオペレーティングシステムに依存しない、実行形式のプログラム。全ての命令が1バイトで表現される。Java言語のJavaバイトコードなどがある。
ハイド-パーク〖Hyde Park〗ロンドンの中央部にある公園。もとウエストミンスター寺院の所領、王室の狩猟園であった。戸外演説場がある。
はいど-ばん【排土板】ブルドーザーやトラクターなどの前面に取り付ける、土砂を押して排除したり均ならしたりするための板。
バイト-ホルダー《和 bite＋holder》バイトの支持具。バイト持たせ。ツールホルダー。
バイト-まいびょう【バイト毎秒】ニゴマイ ►ビー-ピー-エス(Bps)
ハイドランジア〖hydrangea〗アジサイの一種、ガクアジサイを改良した園芸品種。従来のアジサイより色が鮮やか。
はい-とり【×蠅取り】はひ「はえとり」に同じ。
ばい-と・る【▽奪ひ取る】ばひ〔動ラ四〕「うばいとる」に同じ。「かくしつる気色けしきを見て、―・りて返ししたり」〈かげろふ・上〉
ハイドロ〖hydro〗複合語の形で用い、水・水素に関することを表す語。
ハイドロ《hydraulicsから》油圧(ハイドロリクス)の俗称。
ハイドロカーボン〖hydrocarbon〗►炭化水素
ハイドロ-カルチャー《和 hydro＋culture》水栽培の一種。発泡煉土とよぶ人工土を入れた容器で植物を栽培し、水が少なくなってから水やりを行う。
ハイドロキシアパタイト〖hydroxyapatite〗骨を構成する基本物質である水酸化燐灰石りんかいせきのこと。たんぱく質の分離・精製のためのクロマトグラフィーに用いられるほか、人体の骨や歯と同じ化学組成をもつことを利用して人工骨・人工歯への実用化が進められている。ヒドロキシアパタイト。
ハイドロキノン〖hydroquinone〗►ヒドロキノン
ハイドログラフィー〖hydrography〗水路学。河川工学。
ハイドロクロロフルオロカーボン〖hydrochlorofluorocarbon〗►エッチ-シー-エフ-シー(HCFC)
ハイドロサルファイト〖hydrosulfite〗❶亜ジチオン酸ナトリウムの二水和物の俗称。無色の結晶。動物性繊維や油脂など食品の還元剤、酸素吸収剤などに使用。化学式$Na_2S_2O_4・2H_2O$ ❷亜ジチオン酸塩、またはそのホルマリン誘導体の総称。
ハイドロスタティックス〖hydrostatics〗►流体静力学
ハイドロセラピスト〖hydrotherapist〗►ハイドロテラプート
ハイドロダイナミックス〖hydrodynamics〗►流体動力学
ハイドロテラプート〖フランス hydrothérapeute〗水療法士。水を外用して病気を治療する療法士。(補説)フランス語の読みは「イドロテラプート」。英語では「ハイドロセラピスト(hydrotherapist)」。
ハイドロフォイル〖hydrofoil〗水中翼。また、水中翼船。
ハイドロフルオロカーボン〖hydrofluorocarbon〗►エッチ-エフ-シー(HFC)
ハイドロプレーニング-げんしょう【ハイドロプレーニング現象】ゲンシャウ《hydroplaning》自動車が、水のたまった道路を高速で走行すると、タイヤに水膜ができて、路面から浮いたような状態となり、ブレーキなどが効かなくなる現象。
ハイドロメーター〖hydrometer〗比重計。
ハイドロメカニクス〖hydromechanics〗►流体力学
ハイドロリック-ブレーキ〖hydraulic brake〗自動車・航空機などのブレーキで、操作ペダルと車輪のブレーキの間を油圧で結んだもの。
ハイドン〖Franz Joseph Haydn〗[1732～1809]オーストリアの作曲家。モーツァルトと並ぶ18世紀後期古典派音楽の代表者で、ソナタ・弦楽四重奏曲・交響曲などの形式を確立した。作品に、104曲の交響曲のほか弦楽四重奏曲「皇帝」、オラトリオ「四季」「天地創造」など。
ハイドン-きょうかい【ハイドン教会】ケウクワイ《Haydnkirche》►ベルク教会
パイナップル〖pineapple〗パイナップル科の常緑多年草。高さ50センチ～1.2メートル、葉は剣状で厚く、長さ60センチ～1.5メートル。夏、茎の頂に肉穂花序をつけ、花は螺旋らせん状に配列する。果実は六角形の実の集まった松かさ状の楕円体になり、黄色に熟す。芳香があり甘く、食用。熱帯アメリカの原産で、日本には弘化2年(1845)にオランダ人により伝えられ、小笠原や沖縄で栽培。アナナス。パインアップル。(季 夏)「一驟雨は香り去るものに/節子」
パイナップル-ばくだん【パイナップル爆弾】手榴弾しゅりゅうだんのこと。
はい-ならし【灰▽均し】はひ 火鉢などの灰をかきならすのに用いる金属製の道具。灰おさえ。灰かき。
バイナリー〖binary〗《「バイナリ」とも》多く複合語の形で用い、二つの、二つから成る、また二進法である、の意を表す。
バイナリー-がぞう【バイナリー画像】グワザウ《binary format image》白と黒のみの2色で表現される画像。中間色である灰色を含まない。二値画像。モノクロ二値画像。白黒二値画像。(補説)単にモノクロ画像という場合は、中間色表現を含むこともある。
バイナリー-コード〖binary code〗コンピューターが直接解釈して実行可能なプログラムや実行ファイルの形式。C言語やFORTRANなどのプログラミング言語で書かれたプログラムは、コンパイラーを使ってバイナリーコードに変換される。
バイナリー-ごかん【バイナリー互換】ゴクワン《binary compatible》CPUやオペレーティングシステムが異なる動作環境において、同じバイナリーコードのプログラムが実行できること。バイナリーレベル互換。
バイナリー-サーチ〖binary search〗►二分探索
バイナリー-デジット〖binary digit〗コンピューターで、0または1の二進法の数字。
バイナリー-ファイル〖binary file〗コンピューターで、二進法の数字で構成されたファイル。画面に表示できる文字だけから成るテキストファイルに対して、画像・動画・音声を記録したファイル、アプリケーションソフトに固有の制御文字を含むファイルなど、文字以外のコードを含んでいるファイルをいう。
バイナリー-へいき【バイナリー兵器】化学兵器の一種で、無害の状態の二つの化学物質を投射時に混合して、猛毒物質を作り出すもの。
バイナリーレベル-ごかん【バイナリーレベル互換】ゴクワン《binary level compatible》►バイナリー互換
ばい-にく【梅肉】梅干しの種子を取り除いた果肉。すりつぶし、あえ物などに用いる。
はい-にち【排日】❶外国人が、日本人や日本製品などを排斥すること。「―運動」❷►抗日こうにち運動
はい-にゅう【×胚乳】種子の中にあって胚を包み、胚の生長に必要な養分を蓄えて供給する組織。被子植物では重複受精の結果つくられる内乳をさすが、珠心の発達した外乳も含めていうことがある。豆類など無胚乳種子では早くに退化して、養分は子葉に移される。
はい-にょう【排尿】ネウ〔名〕スル 尿を体外に排出すること。(類語)放尿・排泄はいせつ
はい-にん【拝任】〔名〕スル 任命を受けることをへりくだっていう語。官職に任ぜられること。「国務大臣を―する」
はい-にん【背任】〔名〕スル 任務にそむくこと。特に、公務員や会社員などが、自分の利益のために、地位・役職を利用して、役所や会社に損害を与えること。「―行為」(類語)背信・汚職・涜職とくしょく・不正・横領
ばい-にん【売人】❶品物を売る人。特に、密売組織などの末端で麻薬や銃器などを売りさばく人。❷売春婦。遊女。「色は―の事以来袂にも手は触れまいとの俄の懺悔」〈緑雨・おぼろ夜〉❸商売人。商人。「ここに酒つくれる―に和泉清左衛門といふあり」〈浮・五人女・一〉
はいにん-ざい【背任罪】他人のために事務をする者が、自己もしくは第三者の利益や被害者の損害を目的として、任務にそむいて損害を与える罪。刑法第247条が禁じ、5年以下の懲役または50万円以下の罰金に処せられる。➡特別背任罪
ハイネ〖Heinrich Heine〗[1797～1856]ドイツの詩人・批評家。ドイツの反動的政策を痛烈に批判し、フランスの七月革命を契機に、1831年パリに亡命。愛と革命の詩人とよばれる。詩集「歌の本」「ロマンツェーロ」、長詩「ドイツ冬物語」、評論「ロマン派」「ドイツの宗教と哲学の歴史」、紀行「旅の絵」など。
はい-ねこ【灰猫】はひ ❶灰色の毛の猫。❷火を落としたかまどに入り、灰まみれになった猫。(季 冬)
パイネ-こくりつこうえん【パイネ国立公園】コクリツコウヱン《Parque Nacional Torres del Paine》チリ南部、マガジャネス州、パタゴニア地方にある国立公園。パイネグランデ、トーレス-デル-パイネなど、氷河に形づくられた岩峰や氷河湖がある。
はい-ねず【×這杜=松】はひ ヒノキ科の常緑低木。海岸に自生し、幹は枝分かれして砂上を這い、四方に広がる。雌雄異株。4、5月ごろ花をつけ、雌花は緑色、雄花は黄褐色。実は球形で、紫黒色に熟す。
はい-ねつ【廃熱】本来の目的には不要となって廃棄される熱。「―利用」
ハイ-ネック〖high-necked〗身頃みごろから続き、首にそって高くなった襟で、折り返しのないもの。
はいねつ-ボイラー【廃熱ボイラー】セメント工場の原料焼成窯、金属製錬炉、化学工場などの廃熱で加熱されるボイラー。廃熱罐はいねつかん。
ハイネ-メディン-びょう【ハイネメディン病】ビャウ ポリオウイルスによる感染症で、急性灰白髄炎の異称。ドイツの外科医ハイネ(J.Heine)とスウェーデンの小児科医メディン(O.Medin)にちなむ。
はい-のう【拝納】ナフ〔名〕スル ❶差し出すことをへりくだっていう語。奉納。❷受け納めることをへりくだっていう語。「お祝いの品、ありがたく―いたしました」
はい-のう【背×嚢】ナウ 皮や布で作った、背中に負う方形のかばん。軍人などが用いる。
(類語)雑嚢・リュックサック・バックパック・ランドセル
はい-のう【×胚×嚢】ナウ 種子植物の胚珠の中にある

雌性配偶体。被子植物では卵細胞・助細胞・反足細胞・極核から、裸子植物では胚乳・造卵器からなる。

はい-のう【排×膿】〘名〙スル 化膿した部分を切開して膿を出すこと。

はい-のうよう【肺×膿瘍】肺化膿症の一。肺に化膿菌が感染して膿瘍ができるもの。

バイノーラル〖binaural〗両方の耳で聞く広がりのある音場で、特にヘッドホンのように発音体を直接耳に当てて聞くこと。モノラルに対する言葉。

はい-の-き【灰の木】ハイノキ科の常緑高木。山地に自生。葉は細長い楕円形。5月ごろ、白い花を総状につけ、花びらは五つに裂けている。実は熟すと黒紫色になり、狭卵形。葉から良質の灰汁ができ、媒染染料の染色に使用。とちしば。そめしば。

はい-のぼ・る【×這い上る】〘動ラ五(四)〙這うようにのぼる。はいあがる。「がけを―・る」

ハイパー〖hyper〗過度の、超越した、の意を表す。多く複合語の形で用い、「スーパー」よりも強意。「―インフレーション」「―ソニック(=極超音速)」

ハイパーインフレ《hyperinflation から》生産能力が限界に達しているため、有効需要の増加が生産量の増加をもたらさず、物価だけが短期間に数倍、数十倍に騰貴し、その結果、貨幣に対する社会的信頼が崩れてしまう状態。超インフレーション。

ハイパー-かく【ハイパー核】ハイペロン、すなわちストレンジネスが零でないバリオンを含む原子核の総称。通常、原子核は陽子と中性子で構成されるが、そのうち1個以上がストレンジネスをもつΛ粒子やΣ粒子などのバリオンに置き換えられたものを指す。原子核中の中性子を標的として、π中間子やK中間子を反応させることで人工的に生成される。崩壊時に放出されるγ線の測定から核構造に関する知見が得られるため、研究が進められている。ハイパー原子核。

ハイパー-げんしかく【ハイパー原子核】▶ハイパー核

ハイパーサーミア〖hyperthermia〗❶高体温。❷温熱療法。癌治療法の一つ。

ハイパースレッディング-テクノロジー〖hyper-threading technology〗マイクロプロセッサーの高速化技術の名称。同時マルチスレッディングの一。米国インテル社が開発。

ハイパーソニック〖hypersonic〗極超音速。きわめて速い速度(音速の5倍以上)をさす。

ハイパーチャージ〖hypercharge〗超電荷。はじめは、強い相互作用をする素粒子(ハドロン)の持つ新しい電荷として導入されたが、現在ではむしろワインバーグサラム理論により導入される電荷の一つと考えられている。記号は通常Yを使う。

ハイパーテキスト〖hypertext〗文書や画像を有機的に関連づけして、参照できるように作られた、コンピューターを利用した文書システム。インターネット上のウェブページや、MacOS用のソフトHyperCardが代表例。

ハイ-ハードル〖high hurdles〗高障害。

ハイパーノバ〖hypernova〗▶極超新星

ハイパーマーケット〖hypermarket〗大規模なスーパーマーケット。多く郊外に店舗を構える。

ハイパー-マルチドライブ〖hyper multi-drive〗▶DVDハイパーマルチドライブ

ハイパーメディア〖hypermedia〗コンピューターを中心に、文字・画像・音声などを総合的に提示する情報手段。

ハイパーリンク〖hyperlink〗インターネットのウェブページをはじめ、コンピューターを利用した文書システム(ハイパーテキスト)において、関連付けられた他の文章や画像を参照できるように、その所在を示した情報または文字列。リンク。

ハイパー-レスキューたい【ハイパーレスキュー隊】東京消防庁の「消防救助機動部隊」や政令指定都市に設置される「特別高度救助隊」などの通称。

はい-はい【×這い×這い】〘名〙スル ❶這うことの幼児語。「赤ん坊が―する」❷もと、幼児の這う姿に作った御所人形。八朔の贈り物とされ、身辺に置いて災厄を祓うものとした。[類語]這う・匍匐・四つ這い

はい-はい〘感〙《感動詞「はい」を重ねて強めていう語》❶「はい❶」に同じ。「―、さっそく持ってまいります」❷「はい❸」に同じ。「―、どいて、どいて」❸「はい❺」に同じ。❹民謡などの囃子詞。

ばい-ばい【売買】〘名〙スル ❶売ることと、買うこと。売ったり買ったりすること。うりかい。「株を―する」❷民法で、当事者の一方が財産権を相手方に移転することを約束し、相手方がこれに対して代金を支払うことを約束する契約。売買契約。
[類語]売り買い・商い・商売・取引・商業・ビジネス

バイ-バイ〖bye-bye〗㊀〘感〙親しい者どうしや子供などが、別れのあいさつに用いる語。さようなら。「―、またね」㊁〘名〙スル 別れること。「こんな生活とは早く―したい」[類語]さようなら・ごきげんよう・グッドバイ

ぱい-ぱい 乳または乳房をいう幼児語。おっぱい。

ばいばい-かいてんりつ【売買回転率】株式市場全体の売買状況や、個別銘柄の売買状況を示す指標。その市場における一定期間の売買高を平均上場株式数(個別銘柄の場合は発行済み株式数)で割った数値。百分率で示す。株がどれぐらい頻繁に売買されているかを表す。

ばいばい-かかく【売買価格】実際に売買する価格。➡額面価格

ばいばい-けいやく【売買契約】▶売買❷

ばいばい-だいきん【売買代金】❶商取引で、財や商品・サービスなどの対価として支払われる金。❷株式市場で、ある期間に売買されたすべての株式、もしくは銘柄ごとの株式の合計金額。これが大きい銘柄は、市場の注目を集めて活発に売買されていることになる。

ばいばい-だか【売買高】❶商取引で、財や商品・サービスなどが売買される総量。取引高。❷株式市場で、ある期間に売買されたすべての株式、もしくは銘柄ごとの合計株数。各銘柄の市場での注目度を知る目安になるが、値嵩株と低位株とでは単純な比較ができないため、売買代金のほうがより正確に実態を表していると考えられる。出来高。

ばいばいだか-かじゅうへいきんかかく【売買高加重平均価格】▶ブイワップ(VWAP)

ばいばいたちあい-じ【売買立会時】▶立ち会い時間

ばいばい-たんか【売買単価】❶商取引で、財や商品・サービスなど売買されるもの1個または1単位あたりの価格。❷市場における株式などの1株あたりの単価。また、指標の一つとして、市場で取引される全株式の1株あたりの平均価格。売買代金の合計を売買高で割って得られる。値嵩株に人気が集まると上昇し、低位株の取引が増えると下降する。各銘柄は業種によって価格帯が似る傾向があるため、活発に売買されている業種を知る目安となる。

はいばいよう-し【×胚培養士】医療機関において人工授精や顕微授精などの体外受精の操作を行う医療技術者。培養液の管理、精子や卵子の培養、顕微鏡下での受精操作、胚の凍結保存などを行い、生物学、細胞学、倫理学の知識が必要とされる。もとは医師が兼務することが多かったが、診療との両立が難しくなったことなどから、現在では、臨床検査技師、農学系大学・大学院などの出身者、薬剤師などが大半を占める。認定資格としては、日本哺乳動物卵子学会が講習と面接試験を行う「胚培養士」と、臨床エンブリオロジスト研究会が実地研修を行い認定する「臨床エンブリオロジスト」がある。培養士。胚細胞培養士。エンブリオロジスト。

はい-はく【拝白】謹んで申し上げること。拝啓。

バイパス〖bypass〗❶交通量の多い市街地の道路の混雑を避け、車を迂回させるために設ける道路。❷血管に閉塞部が生じたとき、手術によって人工血管や本人の静脈を用いて作る側副路。「―手術」[類語]脇道・抜け道・裏道・間道・回り道

バイパス-いしょく【バイパス移植】▶バイパス手術

バイパス-かいじょう【バイパス解錠】▶カム送り

バイパス-ぎょうしゃ【バイパス業者】電話の大口利用者に専用線を引き、長距離電話会社と接続したり、全て専用線を使うなどして、市内電話会社の回線網を使わずに安い通話サービスを提供する業者のこと。

バイパス-コース《和 bypass＋course》迂回コース。わき道コース。

バイパス-しゅじゅつ【バイパス手術】狭窄・閉塞した動脈の血行を改善する方法の一つ。虚血性心疾患に対して行われる冠動脈バイパス移植術(CABG)など。バイパス移植。

ハイパス-フィルター〖high pass filter〗電気回路で、ある周波数より低い帯域の信号を通さず、高周波をよく通すフィルター回路。高域通過フィルター。HPF。➡ローパスフィルター❶ ➡バンドパスフィルター

バイパック〖bipack〗カラーフィルムで、色分解のため、二つの感色性の異なるフィルムを互いに重ね合わせたもの。直接分解撮影法の一つ。

ハイバック-シート〖high-backed seat〗主として乗用車のシートで、バック(背もたれ)がヘッドレストと一体化して高くなったもの。

ハイバネーション〖hibernation〗コンピューターの電源を切る、あるいは省電力状態にする直前のメモリー内容をハードディスクなどに記録する機能。再開時にメモリー内容を読み出し、電源を切る直前の状態に戻すことができる。休止状態。

バイバルス〖Baybars〗[1228ころ～1277]マムルーク朝第5代のスルターン。在位1260～1277。モンゴル軍・十字軍と戦い、王朝の基礎を固めた。アラブの英雄譚「バイバルス物語」の主人公。

ハイバル-とうげ【ハイバル峠】▶カイバー峠

ハイパワード-マネー〖high-powered money〗現金通貨と預金銀行の日銀預け金との合計。民間金融機関の信用創造の基礎となり、その何倍かのマネーサプライを生み出す。マネタリーベース。

はい-はん【背反|×悖反】〘名〙スル ❶相いれないこと。食い違うこと。「二律―」❷従うべきものにそむくこと。違背。「命令に―する」[類語]矛盾・撞着・自家撞着・齟齬・牴牾・二律背反・背理・不整合・不一致・扞格・対立・相克・相反する・食い違う

はい-はん【背×叛】〘名〙スル そむき、はむかうこと。反逆。「スパルタ国に―するに至れり」〈竜渓・経国美談〉

はい-はん【廃藩】藩を廃すること。藩制を廃止すること。

はい-ばん【杯盤|×盃盤】杯と皿鉢。酒席の道具。「勝手からかねて用意してあった―を」〈鷗外・阿部一族〉

はい-ばん【×胚盤】❶魚類・爬虫類・鳥類などの端黄卵の、動物極側にある細胞質。卵黄が少なく、原形質の多い部分で、卵割して胚を形成する。また、その卵割の後に多数の細胞が円盤状に並んだ胚盤葉も混用していう。❷イネなどにみられる、胚乳に接して発達し、発芽時に養分の吸収に関与する器官。子葉と相同の器官と考えられる。

はい-ばん【廃番】《台帳から製品番号をなくすことから》製造を止めること、また、製造を止めた品物や番号。

はい-ばん【廃盤】製造を中止したレコード盤。

パイパン【白板】《中国語》マージャン牌のうち、表面に何も彫っていない白い牌。三元牌の一。シロ。

はいはん-ざい【背×叛罪】外患罪の旧称。

はいはん-じしょう【排反事象】ある試行において、一方が起これば他方は決して起こらないときの、それぞれの事象。

はいはん-ちけん【廃藩置県】明治4年(1871)明治政府が中央集権化を図るため、全国261の藩を廃して府県を置いたこと。全国3府302県がまず置かれ、同年末までに3府72県となった。

ハイバンド-ビデオ《和 high band video cassette recorderから》輝度信号周波数帯を高い周波数に

上げ、高画質化したベータ方式VTR。

はいばん-ろうぜき【杯盤×狼×藉】〔ト・タル〕図〔形動タリ〕酒宴が終わったあと、杯や皿鉢などが席上に散乱しているさま。「電気灯が―たる紫檀の食台ちゃぶの上に輝いている」〈荷風・腕くらべ〉

はい-ひ【拝披】〔名〕スル 相手を敬って、その書状などをひらくことの謙譲語。

はい-ひ【廃罷】捨ててやめてしまうこと。

はい-び【拝眉】〔名〕スル 人に会うことを、その人を敬っていう謙譲語。拝顔。「―して裁可を仰ぐ」

(類語)拝顔・拝芝はいし・拝謁・お目にかかる・まみえる

はい-び【配備】〔名〕スル 手配して準備を整えること。「軍勢を―する」

ハイヒール〖high heels〗一般に、7センチ以上の婦人靴のかかと。また、かかとの高い靴。

(類語)ローヒール・パンプス

ハイヒール-びょう【ハイヒール病】ビャウ 足に合わない靴を履き続けることで生ずる足の痛みや変形。ハイヒールを履く女性に多く、親指が変形する外反母趾ぼしなどがある。

ハイ-ビジョン〖Hi-Vision〗日本放送協会が中心となって開発したHDTV(高品位テレビ)の方式の一。従来のテレビの、走査線525本、縦横比3対4に対して、走査線を1125本、縦横比を9対16にし、また、パルス符号変調による音声などの新技術を用いる。日本ではHDTVの一般的な呼称として用いられることが多い。

ハイビジョン-テレビ ►ハイビジョン

ハイビスカス〖hibiscus〗アオイ科ハイビスカス属(フヨウ属)の植物の総称。ムクゲ・フヨウなどがあり、特にブッソウゲおよびその園芸品種をさす。ヒビスカス。(季 夏)

はいひ-そけん【廃罷訴権】►詐害行為取消権

ハイ-ピッチ〖high pitched〗〔名・形動〕❶音声の調子が高いこと。❷ボートを漕ぐ調子や水泳の手足の動作の間隔などが短いこと。❸物事の進行の程度が速いこと。また、そのさま。「復興が―に進む」

(類語)ハイテンポ・急テンポ・急調子・急激・急速

はい-びゃくしん【×這×柏×槙】はひ イブキの変種。枝が地上を横にはって広がり、葉は針状。庭木として栽培。壱岐・対馬には自生する。そなれ。

はい-びょう【肺病】ビャウ 肺の病気。特に、肺結核。

はい-ひん【廃品】役に立たなくなった品物。不要になった品物。廃物。「一回収」

(類語)廃物・廃棄物・屑物くずもの・ごみ・がらくた

ばい-ひん【売品】売る品物。売り物。

(類語)商品・売り物・商い物・品・代物・品物・製品

ばい-ひん【陪賓】正客に相伴しょうばんをする客。陪客。

パイピング〖piping〗洋裁で、バイアステープで布端がほつれないようにくるみ、始末すること。また、二つ折りにした皮や布を、切り替えの縫い目に挟んでとめ、装飾とすること。

はい-ふ【肺×腑】❶肺。肺臓。❷心の奥底。心底。転じて、急所。「―をえぐる言葉」(類語)五臓六腑ごぞうろっぷ・腸はらわた・心底しんそこ・心底しんてい・胸奥・心奥・腹心

肺腑を衝つ・く 心の奥底までひびく。深い感銘を与える。「聴衆の―・く演説」

はい-ふ【配付】〔名〕スル 配って各人の手に渡すこと。「出席者に資料を―する」(類語)配る・配布

はい-ふ【配布】〔名〕スル 配って広く行き渡らせること。「駅前でちらしを―する」(類語)配る・配付

はい-ふ【配符】❶ふだをくばること。また、そのふだ。❷荘園・公領などで、領民が負担しなければならない課役の額・分量などを記した文書。❸江戸時代、役所から通達・回覧させた、犯罪人の捕縛あるいは密告を命じる手配書。

はい-ふ【配賦】〔名〕スル 割り当てること。「各人に負担金を―する」

はい-ぶ【拝舞】叙位・任官・賜禄の際、謝意を表して左右左ささを行う礼。拝。はいむ。

はい-ぶ【背部】背の部分。また、後ろの方。

(類語)背・背中・後背こうはい・背後せご・背面・後ろ・後さき・後方・後面・後部・しりえ・バック

パイプ〖pipe〗❶液体・気体などを通すための管。❷《❶から転じて》二者の間をとりもつ人や組織。「交渉の―役」❸西洋風の喫煙具。キセル状の刻みタバコ用と、巻きタバコの吸い口用とがある。❹管楽器。また、その管。❺コンピューターのあるプログラムやコマンドが出力する結果を、別のプログラムやコマンドに受け渡す機能。IPC(プロセス間通信)の一。

(類語)管くだ・管かん・筒・導管・ダクト・チューブ・ホース

ハイファ〖Haifa〗イスラエル北西部、地中海に臨む港湾都市。イラクのキルクーク油田とパイプラインで結ばれて石油積み出し港として発展した。精油・自動車などの工業や商業が盛ん。

ハイ-ファイ〖hi-fi〗《高忠実度の意のhigh fidelityの略》音響機器で、再生音が原音に近いこと。また、原音に忠実に再生する装置。

ハイファイ-ビデオ《和 hi-fi+video cassette recorderから》音声の質がすぐれているVTR。音声信号をFM変調して録音するもの。

ハイ-ファッション〖high fashion〗一般に広がる前に一部の人だけが取り入れる、最先端の流行。

ハイ-ファンタジー〖high fantasy〗文学のジャンルで、ファンタジーの一種。架空の神話的世界を舞台に、英雄が活躍する大作で、イギリスのJ=R=R=トールキンの「指輪物語」がその代表。

はい-ふう【俳風・×誹風】俳諧の流儀・風体ふうてい。俳句の作風。「蕉門しょうもんの―」

はいふうすえつむはな【誹風末摘花】ハイフウすゑつむはな 川柳集。4編4冊。似実軒酔茶にじつけんすいちゃほか編。安永5～享和元年(1776～1801)刊。川柳評の万句合まんくあわせなどから好色的な句を集めたもの。

パイプ-うに【パイプ海=胆】ナガウニ科のウニ。楕円形で、長径約8センチ、暗赤色。殻表のとげは太く長く、先のほうに1～3本の白い横縞がある。熱帯のサンゴ礁にすむ。

はいふうやなぎだる【誹風柳多留】川柳集。167編。呉陵軒可有ごりょうけんあるべしほか編。明和2～天保11年(1765～1840)刊。初世柄井川柳以下5世までの撰。万句合まんくあわせから、前句なしでも独立した秀句を集めたもの。柳樽。

はいふうやなぎだるしゅうい【誹風柳多留拾遺】ハイフウやなぎだるシフヰ 川柳集。10編10冊。編者未詳。寛政8～9年(1796～97)刊の「古今前句集」を改題したもの。万句合から句を20の部類に分けて編集。

ハイフェッツ〖Jascha Heifetz〗[1901～1987]リトアニア生まれの米国のバイオリン奏者。高度の技巧と確かな構成力により、新しい演奏様式を確立した。

ハイフォネーション〖hyphenation〗《「ハイフネーション」とも》英欧文の文書作成における、行末処理の方法の一。行末に収まらない長い単語を前後に分割し、ハイフンを挿入すること。単語分割せずに次の行に送ることをワードラップという。

パイプ-オルガン〖pipe organ〗鍵盤けんばん楽器の一。多数配列した大小の音管に送風して音を出す機構のオルガン。手鍵盤・足鍵盤・音栓を操作しながら演奏する。

ハイフォン〖Haiphong〗ベトナム北東部の港湾都市。首都ハノイの外港。セメント・機械・造船などの工業が盛ん。(補説)「海防」とも書く。

パイプ-カット《和 pipe+cut》男性の不妊を目的として行う、精管の結紮けっさつもしくは切除手術のこと。➡不妊手術 (補説)両方の睾丸から精嚢へつながる管を閉塞するため精液に精子は含まれなくなるが、射精自体は可能。

はい-ふき【灰吹き】はひ ❶タバコ盆についている、タバコの吸い殻を吹き落とすための竹筒。吐月峰とげっぽう。❷「灰吹き銀」「灰吹き法」の略。

灰吹きから蛇じゃが出る 意外な所から意外なものが出るたとえ。また、ちょっとしたことから途方もないことが生じるたとえ。

はいふき-ぎん【灰吹き銀】はひふき― 灰吹き法によって精錬された銀。銀地金として取引されたが、元禄年間(1688～1704)以降は銀貨幣の素材として利用された。

はいふき-ほう【灰吹き法】はひふきハフ 金・銀を含む鉛鉱を通気しながら熱し、鉛を酸化鉛にして骨灰などに吸収させ、あとに金・銀の粒を残す精錬法。

はい-ふく【拝伏】〔名〕スル ひれふすこと。ふしおがむこと。「閣下の像の下に―することが出来る恩沢」〈荷風・ふらんす物語〉

はい-ふく【拝復】《つつしんで返事をする意》返信の冒頭に用いる語。敬復。

(類語)敬復・復啓・拝啓・謹啓・前略・冠省

はい-ふ・す【×這ひ伏す】はひ〔動サ四〕腹ばいになって伏す。「大きなる木ども…女郎花おみなえしなどの上によろぼひ―・せる」〈能因本枕・一八六〉

はいふ-ぜい【配付税】国が国税として徴収した所得税・法人税などの一定割合を、徴収地には関係なく、財政調整的に各地方公共団体に配付する税。昭和15年(1940)に定められたが、同25年廃止。地方配付税。➡地方交付税

はいふ-ぜい【配賦税】あらかじめ徴税する金額を決定し、これを納税者および課税物件に割り当てて課する租税。➡定率税

はい-ぶつ【廃仏】仏教を排斥すること。特に、3世紀以降、中国王朝がしばしば行った仏教弾圧。➡三武一宗さんぶいっそう

はい-ぶつ【廃物】役に立たなくなったもの。不要になったもの。廃品。「一利用」

(類語)廃品・廃棄物・屑物くずもの・ごみ・がらくた

はいぶつ-きしゃく【廃仏毀釈】《仏教を廃し釈迦しゃかの教えを棄却する意》明治政府の神道国教化政策に基づいて起こった仏教の排斥運動。明治元年(1868)神仏分離令発布とともに、仏堂・仏像・仏具・経巻などに対する破壊が各地で行われた。➡神仏分離

はいぶつ-きょう【拝物教】ケウ 呪物じゅぶつの働きを信じて、これを信仰する宗教。

ハイフネーション〖hyphenation〗►ハイフォネーション

パイプライン〖pipeline〗❶石油・天然ガスなどの流体を長距離にわたって輸送するための管路。❷形状や機能が❶に類似するもの。「情報の―を通す」❸►パイプライン処理

パイプライン-しょり【パイプライン処理】《pipeline processing》マイクロプロセッサーの高速化技術の一。複数の段階で処理されるひとまとまりの命令に対し、連続した複数の命令を流れ作業的にそれぞれの処理段階において独立して処理を行うこと。パイプライン制御。パイプライン方式。

ハイブラウ〖highbrow〗►ハイブロー

はいプラスチック-るい【廃プラスチック類】プラスチック製品と、その製造過程で生じたプラスチックかす、合成ゴムからなるタイヤなどの廃棄物のこと。年々量が増え、再利用が重要な課題となっている。廃プラ類。

バイブラフォン〖vibraphone〗►ビブラフォン

はいプラ-るい【廃プラ類】「廃プラスチック類」の略。

バイブリー〖Bibury〗英国イングランド南西部、グロスターシャー州の小村。コッツウォルズ地方の代表的な観光地の一で、工芸家・社会思想家ウィリアム=モリスが「英国で最も美しい村」と称賛したことで知られる。14世紀に羊小屋として建てられ、後に羊毛加工場になったアーリントンローやセントメアリー教会をはじめ、伝統的な建造物が数多く残っている。

ハイブリッド〖hybrid〗❶動植物の雑種。❷異質のものの混成物。❸電気信号を、相互の干渉なく、結合または分離する装置。

ハイブリッド-アイシー〖hybrid IC〗金属などの膜を使って作った回路や抵抗、コンデンサーなどの部品と集積回路、あるいは2個以上の集積回路とを組み合わせて回路を構成したもの。

ハイブリッド-カー〖hybrid car〗ハイブリッドシステムで走る自動車。大気汚染対策として注目される。ハイブリッド車。HV(hybrid vehicle)。

ハイブリッドがた-ファンド【ハイブリッド型ファンド】《hybridは、混成物の意》集めた資金を、株式・債券・不動産など各種の資産に分散して運用する投資信託。異なる種類の資産に投資することで、安定的な資産運用を目指す。バランス型ファンド。

ハイブリッド-コンピューター〘hybrid computer〙アナログコンピューターの計算速度、デジタルコンピューターの大記憶容量など両者の長所を利用する目的で、両者を接続して1台としたコンピューター。

ハイブリッド-システム〘hybrid system〙自動車などの複合原動機システム。例えばガソリンエンジンと電気モーターを組み合わせて、燃料消費と大気汚染を低減する。減速時に熱エネルギーとして捨てられていた車輪の運動エネルギーを発電機で電気に変換して電池に蓄え、加速時やエンジンが低回転のときにその電気でモーターを動かしてガソリンの消費を減らすシステムなどがある。

ハイブリッド-しゃ【ハイブリッド車】「ハイブリッドカー」に同じ。

ハイブリッド-しゅし【ハイブリッド種子】▶F1種子

ハイブリッド-しょうけん【ハイブリッド証券】債券(負債)と株式(資本)の両方の性格を持つ証券。劣後債・永久債・優先株・優先出資証券など。会計上は負債とされるが、格付け会社は一定の基準により資本に組み入れて格付けする。

ハイブリッド-シルク〘hybrid silk〙生糸と合成繊維の両方の長所を取り入れた絹のこと。

ハイブリッド-ディスク〘hybrid disk〙複数の異なるオペレーティングシステムで読み取り可能な記憶媒体。Windows、Mac OS、UNIXなどで相互に利用できるCD-ROMやDVD-ROMを指す。

ハイブリッド-ビークル〘hybrid vehicle〙▶ハイブリッドカー

ハイブリッド-ビデオレコーダー〘hybrid video recorder〙▶ハイブリッドレコーダー

ハイブリッド-ほうしき【ハイブリッド方式】❶二つの異なる仕組みや技術を組み合わせた方式。❷キャプテンシステムが採用していた画像の符号化伝送方式。文字符号系のコード方式と、画素に分解するパターン方式とを混成して行うもの。

ハイブリッド-まい【ハイブリッド米】雑種第一代に現れる雑種強勢を利用して育種した、収穫量の多い米。二代目以降にはその形質が保持されないので、種籾(たねもみ)はとらない。

ハイブリッド-ライブラリー〘hybrid library〙書籍・雑誌を中心とする従来型の図書館と、電子情報を提供する電子図書館の機能とを兼ね備えた図書館。ハイブリッド図書館。

ハイブリッド-レコーダー〘hybrid recorder〙ハードディスクとDVDなど、2種類以上の記憶媒体に対応したビデオレコーダー。➡3in1レコーダー

ハイブリドーマ〘hybridoma〙2種類の細胞を融合させ、それぞれの機能を保ったまま増殖する雑種細胞。抗体を作るB細胞と増殖能力をもつ骨髄腫(こつずいしゅ)(ミエローマ)の細胞とを融合させたものが代表的で、モノクローナル抗体の産生に利用。

バイブル〘Bible〙❶キリスト教の聖典。旧約聖書と新約聖書との総称。聖書。❷その分野で最も重要かつ権威ある書物。「受験生の—」

はい-ふるい【灰×篩】灰にまじっているものを、ふるって除くための金網を張った道具。

バイブル-ベルト〘Bible Belt〙キリスト教篤信地帯。特にアメリカ南部および中部の、聖書を字義どおりに信じる正統派キリスト教徒の優勢な地域をさす。

バイブレーション〘vibration〙❶ふるえること。振動。❷声楽・器楽で、声や音を震わせること。

バイブレーター〘vibrator〙振動器。振動装置。「マッサージ用—」

バイ-プレーヤー《和 by＋player》演劇・映画などで、助演者。脇役。〔補説〕英語ではsupporting actor(actress)という。
〔類語〕わき役・ワキ・端役・ちょい役・エキストラ

ハイブロー〘highbrow〙〔名・形動〕《「ハイブラウ」とも》教養や学識のある人。知識人。また、知的で趣味がよく高級であるさま。「—な雑誌」⇔ローブロー。〔類語〕高級・知的・高度・ハイレベル

ハイフン〘hyphen〙欧文で、2語を結びつけたり、1語を行末で区切って2行に分けて書いたりするときに間に記す短い横線の符号「-」。

はい-ぶん【拝聞】〔名〕スル 聞くことをへりくだっていう語。拝聴。「御意見を—する」

はい-ぶん【俳文】俳諧的な感覚で書かれた詩的散文。俗語・雅語・故事の使用など修辞上に特色があり、簡潔・機知的な表現で含蓄に富む。文に句を配したものも多い。松尾芭蕉の「奥の細道」、横井也有の「鶉衣」、小林一茶の「おらが春」など。

はい-ぶん【配分】〔名〕スル 割り当てて配ること。分配。「利益を—する」「比例—」〔類語〕配給・分配・分与・案分・均分・頭割り・割当て・配当・折半・山分け

はい-ぶん【敗聞】「敗報」に同じ。「又国人が—の為に、実に落胆哀傷せば」〈竜渓・経国美談〉

ばい-ぶん【売文】文章を書き、それを売った報酬で生計を立てること。「—業」

ばい-ぶん【倍分】〔名〕スル 分数・分数式の分母と分子に同じ数を掛けること。例えば、1/3の分母と分子にそれぞれ2を掛けて2/6としたり、3を掛けて3/9としたりするなど。➡約分 ➡通分

はいぶんいんぷ【佩文韻府】中国の韻書。106巻。清の康熙帝の勅命により、張玉書らが撰。1711年成立。拾遺は1716年張廷玉らが撰。古典の詩文の2字の語彙を中心に、脚韻(106韻)によって配列し、出典と用例とを示したもの。

ばいぶん-しゃ【売文社】明治43年(1910)大逆事件後の社会主義者たちの生活を守り、運動を持続するために、堺利彦が創立した代筆業の会社。大正8年(1919)解散。

はいぶん-ほうそく【配分法則】▶分配法則

はい-へい【敗兵】戦いに負けた兵士。

はい-へい【廃兵|×癈兵】戦争で負傷して身体障害者となり、再び戦闘に従事できなくなった兵。

ハイ-ペース〔名・形動〕《和 high＋pace》❶歩行・走行の調子が速いこと。また、そのさま。「—なレース展開」❷物事の進行の程度が速いこと。また、そのさま。「人口が—で増加する」

はい-ペスト【肺ペスト】ペストの病型の一。ペスト菌を吸い込んで感染し、気管支炎・肺炎を起こすもの。

ハイペリオン〘Hyperion〙▶ヒペリオン

ハイペロン〘hyperon〙素粒子のうちのバリオンに属し、ストレンジネスが零でないものの総称。Λ粒子・Σ粒子など。重核子。超核子。

はい-べん【排便】〔名〕スル 糞便を肛門から体外に排出すること。〔類語〕脱糞・通じ・便通・快便

ばい-べん【買弁|買×辦】❶中国で、清朝末期から人民共和国の成立まで、外国の商社・銀行などが、中国人と取引するときの仲介者とした中国人商人。❷外国資本に従属して利益を得、自国および自国民の利益を抑圧する資本家。「—資本」

ばいべん-てき【買弁的】〔形動〕植民地や被占領地などで、自国の利益を忘れて外国資本に奉仕するさま。「—な活動」

ハイポ〘hypo〙チオ硫酸ナトリウムの俗称。かつて誤って次亜硫酸ナトリウム(sodium hyposulfite)と称し、それを略したもの。

ハイポイド-はぐるま【ハイポイド歯車】《hypoid gear》中心がずれている二軸間の伝動に用いる円錐形の歯車。

はい-ほう【肺胞】肺の中で気管支が枝分かれを繰り返し、その末端がブドウの房のようになった、袋状の部分。この内部の酸素と、壁に分布する毛細血管との間でガス交換が行われる。気胞。

はい-ほう【敗報】戦いに負けたという知らせ。敗聞。「—が届く」⇔勝報。

はい-ぼう【敗亡】〔名〕スル ❶戦いに負けて滅びること。また、負けて逃げること。「国が—する」❷戦いに負けて死ぬこと。「敵の—滅尽其の数を知らず」〈独歩・愛弟通信〉

バイポーラ-トランジスター〘bipolar transistor〙電荷を運ぶのにホールと電子の二つの粒子を用いるトランジスター。双極性トランジスター。

ハイボール〘highball〙ウイスキーなどを炭酸水で割り、氷を浮かべた飲み物。

はい-ぼく【敗北】〔名〕スル ❶戦いに負けること。「ライバルとの決戦に—する」⇔勝利。❷戦いに負けて逃げること。敗走。「みなもって—せずといふ事なし」〈平家・五〉〔類語〕負け・敗退・敗戦・降服・屈服・完敗・惨敗・大敗・敗れる・屈する・一敗地にまみれる

ばい-ぼく【売×卜】報酬を得て、占いをすること。

はいぼく-しゅぎ【敗北主義】勝利・成功の手だてを念頭におかず、初めから敗北・失敗するだろうと考えて事にあたる考え方や態度。

ハイポシシス〘hypothesis〙「仮言」に同じ。

ハイ-ポリティックス〘high politics〙軍事や政治問題に限られた外交。➡ローポリティックス

ハイ-ポリマー〘high polymer〙▶高重合体

はい-ほん【配本】〔名〕スル 発行した本を小売店・購読者に配ること。また、その本。「月末に—する」

はいま【▽駅|▽駅馬】「はゆま」の音変化。「筑紫の国より—に乗りて来(ま)うで言(まう)さく」〈皇極紀〉

ハイマート〘ドイツ Heimat〙生まれ故郷。ふるさと。

ハイマートクンスト〘ドイツ Heimatkunst〙▶郷土芸術❷

はい-まぎ・る【×這ひ紛る】〔動ラ下二〕身を低くして隠れる。こっそり隠れる。「いづくに—・れて、かたくなしと思ひゐたらむ」〈源・空蝉〉

はい-まく【×胚膜】哺乳類・鳥類・爬虫類などで、胚を包む膜。羊膜・漿膜・尿膜などの総称。胚の保護・栄養・呼吸・排出などの役割をする。

はい-まくら【俳枕】俳句に詠まれた名所・旧跡。

ばい-まし【倍増し】〔名〕スル 増して2倍にすること。「賃金を—する」〔類語〕倍増・倍加

はい-まじ・る【×這ひ交じる】〔動ラ四〕這いのびて入り交じる。「朝顔の—・れる籬(まがき)もみな散り乱れたるを」〈源・野分〉

はい-まつ【×這松】マツ科の常緑低木。本州中部以北の高山に自生。幹は地を這って四方に広がるが、直立することもある。樹皮は黒褐色。葉は針状で5枚ずつ束生。6月ごろ、雄花と雌花とをつけ、小さな球果を結ぶ。

はい-まつわ・る【×這い×纏わる】〔動ラ五(四)〕這うようにのびて巻きつく。這ってからみつく。「つたが塀に—・る」

はい-まみれ【灰▽塗れ】〔名・形動〕灰にまみれること。灰だらけになること。また、そのさま。灰まぶれ。「やかんのふたを火鉢に落として—にする」

はい-まゆみ【杜=仲】トチュウの古名。〈新撰字鏡〉

ばい-まわし【▽貝回し|海=嬴×廻し】貝独楽を回して勝負を争う遊び。ばいうち。〔季 秋〕「奉公にゆく誰彼や—/万太郎」

はい-まわ・る【×這い回る】〔動ラ五(四)〕あちこち這ってまわる。「赤ん坊が部屋中を—・る」

ハイマンス〘Corneille Jean Heymans〙[1892～1968]ベルギーの生理・薬理学者。頸動脈洞と大動脈が酸素や炭酸ガス分圧に反応して呼吸を調節していることを発見。1938年ノーベル生理学医学賞受賞。

はい-み【俳味】俳諧的な味わい。俳諧味。

ハイ-ミス《和 high＋miss》婚期を過ぎた未婚の女性。

はい-みょう【俳名】俳号。はいめい。

はい-む【廃務】日食や先帝の国忌などのとき、朝廷が一切の政務を停止し、官吏全員が出仕しないこと。日数は1日を原則とした。

ハイム〘ドイツ Heim〙家。住まい。また、家庭。

はい-めい【拝命】〔名〕スル 任命されることをへりくだっていう語。命令を謹んで受けること。「全権大使を—する」

はい-めい【俳名】❶▶はいみょう(俳名) ❷俳人としての名声。「—が高い」
ばい-めい【売名】自分の名前を広く世間に知らせるようにすること。「—行為」
バイメタル〖bimetal〗熱膨張率の異なる2種の金属板をはり合わせたもの。温度が上がると低膨張側へ曲がる。サーモスタット・温度計などに利用。
バイメタル-おんどけい【バイメタル温度計】▶金属温度計
はい-めつ【敗滅】〔名〕スル 負けて滅びること。
はい-めつ【廃滅】〔名〕スル すたれてほろびること。また、ほろぼすこと。「古い慣習を—する」
はい-めん【背面】❶後ろの方。後ろの側。「敵の—を突く」❷物事の裏に隠されている別の面。「事件の—を暴く」類語 後ろ・背・背後・後ろ・後方・しりえ・背中・後背・後面・背部・後部・バック・裏面・裏・裏手・裏側・搦め手
はいめんとうしゃがた-テレビ【背面投射型テレビ】▶リアプロジェクションテレビ
はいめん-とび【背面跳び】走り高跳びの跳び方の一。バーに背を向けながら跳び、背面でアーチをつくるようにしてバーを越える。フォスベリーフロップ。フロップジャンプ。
ばい-も【▽貝▽母】アミガサユリの別名。また、その鱗茎を乾燥させたもの。漢方で鎮咳・去痰・排膿薬などに用いる。(季 花=春)
はい-もう【廃▽忘¦敗亡】〔名〕スル ❶うろたえること。驚きあわてること。「有繋の秀才も頗る—して」〈魯庵・社会百面相〉❷忘れ去ること。忘却。「御尋ねありけるに、折節—して演べ得ざりければ」〈盛衰記・四〉
はいもう-けでん【廃▽忘▽怪×顛】うろたえること。狼狽すること。「尋ぬる声にはっと二人が—」〈浄・手習鑑〉
バイモス〖Bi-MOS〗バイポーラトランジスターとモストランジスターが同一基板上に形成されている集積回路素子。
はい-もとお・る【這ひ徘=徊る】〔動ラ四〕這いまわる。「鶉なすい—・り」〈万・一九九〉
ハイ-モビリティー〖high mobility〗高度の社会的移動性。職業・住所などの高い変動性。
はい-もん【肺門】左右両肺の内側面の、気管支・肺動脈・肺静脈などが出入りする部位。多数のリンパ節がある。
はい-もん【俳門】俳諧・俳句の門流。
はい-もん【排×悶】心のもだえを晴らすこと。憂さ晴らし。「号泣、涕涙、その他凡て自然の許す限りの—的手段を尽したる後」〈漱石・倫敦塔〉
はいもんリンパせつ-けっかく【肺門リンパ節結核】肺結核の初期にみられる病変のうち、肺門のリンパ節に初感染の病巣をつくるもの。
ハイヤー〖hire〗《臨時に雇う意》営業所や特定の場所に待機し、客の申し込みに応じて営業する、貸し切り乗用車。
バイヤー〖buyer〗買い手。特に外国から買い付けに来た貿易業者。類語 買い手・買い主・買い方
バイヤー〖Johann Friedrich Wilhelm Adolf von Baeyer〗[1835〜1917]ドイツの化学者。有機化合物の構造を研究、合成法を開拓し、インジゴをはじめ多くの合成染料を作り出した。1905年ノーベル化学賞受賞。
バイヤーズ-クレジット〖buyer's credit〗輸出国の金融機関が直接、輸入業者に信用を供与するもの。プラントなどの輸出金融の一つ。
はい-やき【灰焼】大嘗祭に用いる白酒と黒酒に入れる灰をつくること。また、その役目。
はい-やく【背約】〔名〕スル 約束にそむくこと。違約。
はい-やく【配役】演劇・映画などで、出演者に役を割り当てること。また、その役。キャスト。類語 役を振る
ばい-やく【売約】〔名〕スル 売る約束をすること。「展示会場で—する」「—済みの商品」
ばい-やく【売薬】❶あらかじめ製造・調合されて、市販されている薬。❷薬を売ること。
はいや-しょうえき【灰屋紹益】[1607〜1691]江戸前期の京都の富商。本名、佐野重孝。本阿弥光悦の門下で、歌道その他各芸に通じた。随筆に「にぎはひ草」がある。
バイヤス〖bias〗▶バイアス
はいや-ぶし【ハイヤ節】民謡の一。元来は長崎県平戸市田助港周辺の酒盛り歌といわれ、海路で各地の港に流布、座敷歌・盆踊り歌などになった。
はい-ゆ【廃油】使用済みの、役に立たなくなった油。
はい-ゆう【俳友】俳句の仲間。俳句をつくる上での友人。
はい-ゆう【俳優】舞台に立って、また演劇・映画・テレビなどで、演技することを職業としている人。役者。「歌舞伎—」「性格—」類語 役者・タレント・芸人
バイユー〖Bayeux〗フランス北西部、ノルマンディー地方、カルバドス県の都市。大部分が13世紀に建造されたノルマンゴシック様式を代表するノートルダム大聖堂や、ノルマンディー公ウィリアム1世(征服王)によるイングランド征服を描いた「バイユーのタペストリー」を展示するバイユー美術館がある。
はいゆう-ざ【俳優座】昭和19年(1944)千田是也・青山杉作らによって結成された劇団。第二次大戦後、内外の古典劇・現代劇を上演し、新劇の発展に貢献。
はいゆ-せっけん【廃油石×鹸】使用済み食用油を原料とした石鹸。多く、水酸化ナトリウム(苛性ソーダ)を加えて鹸化させる。
はいゆ-ボール【廃油ボール】▶オイルボール
はい-よ【敗余】戦いに負けたあと。「—の将兵」
はい-よう【×佩用】〔名〕スル からだにつけて用いること。「勲章を—する」
はい-よう【肺葉】肺の表面にある深い切れ込みによって区分される部分。人間では、右が上・中・下の3肺葉に、左が上・下の2肺葉に分かれている。
はい-よう【×胚葉】多細胞動物の発生過程で、嚢胚期以降に形成される細胞層。外胚葉・内胚葉・中胚葉に分かれ、それぞれ特定の器官へと分化する。
ばい-よう【▽貝葉】「貝多羅葉」の略。
ばい-よう【培養】〔名〕スル ❶草木を養い育てること。「花卉を—する」「—土」❷動植物の胚や組織または微生物を人工的に生活・発育・増殖させること。「癌細胞を—する」❸物事の根本を養い育てること。「観察力を—する」類語 栽培・栽植・水耕・園芸
ばいよう-えき【培養液】液体状の培養基。
ばいよう-き【培養基】培養のために用いる、養分などを含む液状や固形の物質。培地。
ばいよう-し【培養士】▶胚培養士
はいよう-しょうこうぐん【廃用症候群】特定の器官を長期間、動かさないでいることによって生じる障害。他の疾病の治療のための安静状態や、高齢で動けなくなるなどが原因。筋萎縮・筋力低下などの運動機能障害や臓器の障害、床擦れなど。生活不活発病。
はい-よせ【灰寄せ】火葬ののち、灰をかき寄せて遺骨を拾うこと。骨あげ。骨拾い。「—の曙も別れと思へば」〈浮・一代女・二〉
はい-よ・る【×這い寄る】〔動ラ五(四)〕這って近寄る。そっと近寄る。「枕元に—・る」
バイヨン〖ポルトガル baião〗ブラジルのダンス音楽。二拍子で軽快なリズムが特色。
バイヨンヌ〖Bayonne〗フランス南西部、ピレネーザトランチック県の都市。大西洋岸ビスケー湾に注ぐアドゥール川の河口から上流へ約7キロメートル、ニーブ川との合流地点に位置する。スペイン国境にも近く、バスク地方の主要都市。ハムの名産地として有名。海浜保養地ビアリッツに近い。13世紀から14世紀にかけて建造されたゴシック様式のサントマリー大聖堂が1998年、サンティアゴ-デ-コンポステラの巡礼路として世界遺産(文化遺産)に登録された。
はい-らい【拝礼】〔名〕スル ❶「はいれい(拝礼)」に同じ。❷朝廷・院などでの元旦の朝拝。「正月の一日の—に参りて申し給ふなり」〈栄花・月の宴〉
ハイライター〖highlighter〗まゆの下や鼻筋など高く見せたい部分に使う、明るい色彩の化粧品。
ハイライト〖highlight〗❶絵画・写真などで、最も明るく見える部分。❷最も興味を引く部分・場面。映画・演劇の見せ場や、行事・催し物などの呼び物。「今年のニュースの—」「オリンピックの—シーン」類語 見せ場・さわり・正念場・見せ所
ハイライト-ばん【ハイライト版】凸版印刷で、原画の白色部分を強調するために、その部分の網点を取り除いた網凸版。
バイ-ライン〖by-line〗新聞や雑誌などの署名入り記事。
バイラス〖virus〗▶ウイルス
バイラス-びょう【バイラス病】《virus disease》ウイルス感染によって引き起こされる病気。
ハイラック〖HILAC〗《heavy ion linear accelerator》重イオン線形加速器。超ウラン元素などの生成・研究用に、高エネルギーで重粒子ビームを生成する線形加速器。
ハイラックス〖hyrax〗イワダヌキ目ハイラックス科の哺乳類の総称。体長30〜60センチ、尾はないか非常に短い。前肢に4指、後肢に3指あり、ひづめをもつ。岩地を好み、草食性。体形・体色などがタヌキに似るのでイワダヌキの名もあるが、分類上はゾウに近い。アフリカに分布し、キノボリハイラックス・イワハイラックスなどがある。
バイラテラリズム〖bilateralism〗2国間主義。通商問題などを多国間交渉によってではなく、相手国との2国間交渉で処理すること。
バイラテラル〖bilateral〗〔形動〕双方に関連するさま。2派の。2国間の。「—な問題として解決を図る」➡マルチラテラル
ハイラル【海拉爾】中国、内モンゴル自治区北東部の地名。遊牧地域で産する皮革・羊毛・毛織物などが交易される商業地区。旧称、呼倫。
はい-らん【拝覧】〔名〕スル 見ることをへりくだっていう語。謹んで見ること。拝見。「秘仏を—する」
はい-らん【×悖乱】道理に逆らい、正道を乱すこと。道に外れた行いをすること。
はい-らん【排卵】〔名〕スル 卵巣から、成熟した卵子が排出されること。卵胞が発育してグラーフ卵胞となり、卵巣表面に盛り上がると破裂して卵子を出す。人間では、約4週間間隔で起こる。「—日」
はいらん-き【排卵期】成熟した卵胞から卵子が放出される時期。卵胞期に卵巣で卵胞が成熟すると、エストロゲンの分泌が急増し、下垂体から黄体形成ホルモンが放出されことにより、卵胞の壁が破れ、卵子が排出される。
ハイランド〖highlands〗㊀高地。高原。山岳地方。㊁(Highlands)英国スコットランド北部の、グランピアン山脈より北方の地域。スコッチウイスキーの産地で、中心都市はインバネス。スコットランド高地。
ばい-らんほう【梅蘭芳】▶メイ=ランファン(梅蘭芳)
はいらん-ゆうはつ【排卵誘発】排卵障害が不妊の原因である場合に、主にクロミフェン・卵胞刺激ホルモンなどの排卵誘発剤を用いて、排卵を起こさせること。
はいり【入り¦×這入り】《動詞「はい(入)る」の連用形から》❶門から家までの所。はいいり。「見にと来る人だにもなしわがやどの—の柳下払へども」〈和泉式部集・上〉❷やっとはいれるくらい、きわめて狭いこと。「さらでだにいぶせき—の小屋」〈咄・醒睡笑・六〉
はい-り【背理¦×悖理】道理にそむくこと。論理に反していること。「—の論法」類語 不条理・不合理・二律背反・矛盾・撞着・自家撞着・齟齬
はい-り【背離】〔名〕スル そむきはなれること。「民衆の感情が—する」類語 乖離・離反・離れる
はいり-ぐち【入り口】《「はいりくち」とも》はいるための所。いりぐち。
ハイリゲンクロイツ〖Heiligenkreuz〗オーストリアの首都ウィーン南西部郊外にある町。バーベンベ

は

ルク家レオポルド3世が12世紀に創設した同国最古のシトー派修道院、ハイリゲンクロイツ修道院がある。

ハイリゲンシュタット〘Heiligenstadt〙オーストリアの首都、ウィーン北部の町。作曲家ベートーベンが難聴を苦に自殺を決意して弟に宛てて書いた「ハイリゲンシュタットの遺書」で広く知られる地名。ベートーベンが住んだ家や交響曲第6番「田園」の構想を練った散策路をはじめ、ゆかりの場所が多い。

ハイリゲンブルート〘Heiligenblut〙オーストリア、ケルンテン州北西部の町。名はドイツ語で「聖血(キリストの血)」の意で、10世紀、聖血を持った旅の騎士がこの地で客死した伝承に由来。この事跡に基づき、15世紀に町の中心部のビンツェンツ教会が建造された。登山やスキーの観光拠点。

はいり-こ・む【入り込む｜×這入り込む】(はひり)〔動マ五(四)〕中へ入る。奥深く入る。「不純物が―・む」「迷路に―・む」(類語)潜り込む・忍び込む・分け入る・割り込む・進入する

ハイ-リスク〘high risk〙危険性が高いこと。「―の患者」

ハイリスク-グループ〘high-risk group〙ある病気になりやすい特定の集団。

ハイリスク-ストラテジー〘high risk strategy〙心疾患・脳血管疾患・糖尿病などの重大疾患にかかる危険の高い人の発見や病気の進行を予防するための対策。

ハイリスク-ハイリターン〘high risk high return〙損失の危険が大きいほど、投資家は高い収益を期待するという投資の一般原則。

ハイ-リターン〘high return〙投資に対して高い収益が期待できること。

はい-りつ【排律】漢詩の近体詩の一体。律詩を引き伸ばした、五言または七言の10句以上の偶数句からなる詩体。最初と最後とを除く他の聯(れん)がみな対句をなす。長律。

はい-りつ【廃立】〔名〕(スル)臣下が君主を廃して他の人を君主に立てること。はいりゅう。「王を―する」

ばい-りつ【倍率】❶ある数が他の数の何倍であるかを示す比率。また特に、競争率。「―の高い名門校」❷光学器械を通して目に見える大きさと、実物の大きさとの比。「―の大きい顕微鏡」

ばいりつ-いろしゅうさ【倍率色収差】(―いろシウサ)レンズなどの光学系の収差の一。色によってレンズを通るときの屈折率が異なり、結ばれる像の大きさに差が出るために生じる色収差。

バイリニア-フィルタリング〘bi-linear filtering〙コンピューターグラフィックスの三次元画像で物体表面の質感を表現する技法の一。木目や金属など、物体の素材を模した画像を表面に貼り付けるテクスチャーマッピングをする際、拡大したテクスチャーの画像が粗くならないよう、周囲の色と加重平均をとること。

はいり-ほう【背理法】(―ハフ)ある判断を否定し、それと矛盾をなす判断を真とすれば、それから不条理な結論が導き出されることを明らかにすることによって、原判断が真であることを示す証明法。帰謬(きびゅう)法。間接還元法。間接証明。⇒直接証明

はい-りゅう【配流】(―リウ)▶はいる(配流)

はい-りゅう【廃立】(―リフ)〔名〕(スル)❶「はいりつ(廃立)」に同じ。「天子の―を謀らんと和学者に命じ」〈染崎延房・近世紀聞〉❷仏語。二つのものを比べ、一方を廃し、他方を立てること。

はい-りょ【配慮】〔名〕(スル)心をくばること。心づかい。「―に欠ける処置」「当事者の気持ちを―する」
(類語)心配り・気配り・心遣い・気遣い・思いやり・顧慮・留意・注意・用心

はい-りょう【拝領】(―リヤウ)〔名〕(スル)目上の人から物をいただくこと。「主君から名刀を―する」
(類語)頂戴(ちょうだい)・拝受・下賜・恩賜・恵贈・恵与・頂く・賜(たま)る・授かる

ばい-りょう【倍量】(―リヤウ)ある量の、2倍の量。

はい-りん【背臨】書道で、手本を伏せて手本と同じように書くこと。⇒臨書(りんしょ)

ばい-りん【梅林】梅の木の林。うめばやし。(季 春)

ばい-りん【梅×霖】梅雨。さみだれ。つゆ。

バイリンガリスト《和 bilingual ＋ -istから》2か国語を母国語のように話せる人。バイリンガルの人。(補説)英語では、bilinguist, bilingual(person)

バイリンガリズム〘bilingualism〙場面に応じて、コミュニケーションの目的で二つの言語を交互に使用すること。

バイリンガル〘bilingual〙❶2か国語を母語として話すこと。また、その人。❷2か国語で書かれている、また話されていること。「―放送」

バイリンギャル《和 bilingual＋galから》外国語にきわめて堪能な女の子をいう。

ばいりん-じ【梅林寺】福岡県久留米市にある臨済宗妙心寺派の寺。山号は、江南山。元和7年(1621)領主有馬豊氏が建立、以来有馬家の菩提所となった。開山は禹門玄級(うもんげんきゅう)。

はい-る【配流】〔名〕(スル)流罪に処すること。島ながし。配謫(はいたく)。流刑(るけい)。「―の身」「離島へ―される」

はい・る【入る｜×這入る】(はひる)〔動ラ五(四)〕❶ある区切られた空間の外から中へ移り進む。「映画館に―・る」⇔出る。❷中に加えられる。「不純物が―・る」「模様の―・った布」❸あるものの中にあるものが生じる。「窓にひびが―・る」❹ある制度に自分から加わる。「保険に―・る」❺特定の社会・集団・学校などの一員となる。「大学に―・る」「同好会に―・る」❻一定の範囲の中に収容される。「客席いっぱいに―・る」「一リットル―・る瓶」❼自分のものになる。「大金が―・る」❽気持ちや力などがこもる。「力が―・る」「練習に身が―・る」❾利用できるよう設備される。「複写機が―・った」❿目・耳などで感じとられる。「うわさが耳に―・る」⓫ある時期・地点に至る。「雨期に―・る」「月が山陰に―・る」(可能)はいれる
(一句)穴があったら入りたい・木が入る・邪魔が入る・手が入る・手が入れば足も入る・手に入る・年季が入る・話に実が入る・罅(ひび)が入る・身が入る・水が入る・耳に入る・目に入る・割って入る

ハイル〘(ドイツ) Heil〙〔感〕祝福の語。ばんざい。「―ヒトラー」「シー―」

パイル〘pile〙❶織物の表面をおおっている輪奈(わな)や毛羽(けば)。❷土木・建築の基礎工事で打ち込む杭(くい)。❸原子炉。

パイル-おり【パイル織(り)】布の片面または両面にパイルを織り出した織物の総称。ビロード・別珍・コール天・タオル地など。添毛織り。

バイルシュタイン〘Friedrich Konrad Beilstein〙[1838〜1906]ロシアの化学者。有機化合物の叢書をなす「有機化学便覧」を最初に編集。ニトロトルエンの合成、ハロゲン検出法のバイルシュタイン法の発明などの業績もある。

パイル-ドライバー〘pile driver〙コンクリート杭(くい)・形鋼・鋼管などを打ち込む機械。杭打ち機。

ハイルブロン〘Heilbronn〙ドイツ南西部、バーデン-ビュルテンベルク州の都市。ネッカー川沿いにあり、ワイン産地としても知られる。13世紀のキリアン教会や16世紀の天文時計がある市庁舎など、歴史的建造物の多くは第二次大戦で被災し、戦後に修復された。

は-いれ【歯入れ】下駄の歯を入れ換えること。また、その職業。

はい-れい【拝礼】〔名〕(スル)頭を下げて礼をすること。拝むこと。はいらい。「神前に―する」
(類語)礼拝・奉拝・跪拝(きはい)・遥拝・礼・一揖(いちゆう)・一礼・黙礼・叩頭(こうとう)・叩首・低頭

はい-れい【背礼｜×悖礼】礼儀にそむくこと。また、習俗に反する礼儀。

はい-れい【背戻｜×悖戻】〔名〕(スル)そむくこと。さからうこと。「国家の本旨本体に―せる変性多頭の国あり」〈津田真道訳・泰西国法論〉

パイレーツ〘pirate〙海賊。「―ファッション」

パイレーツ-ファッション〘pirates fashion〙海賊のスタイルにヒントを得たファッション。骸骨(がいこつ)マークをポイントにしたウエアや、ヘアバンド、パイレーツパンツとよばれる幅広のパンツなど。

パイレート-エディション〘pirated edition〙海賊版。著作権を侵害して刊行される本。

ばい-れき【梅暦】梅の花の咲くのを見て春を知ること。また、その梅の花。うめごよみ。「山中の―、うかうかと精進の正月をやめて」〈浮・五人女・五〉

ハイ-レグ《high leg cutから》女性の水着やレオタードなどで、脚の付け根部分のカットを深くしたもの。

ハイレ-セラシエ〘Haile Selassie〙[1892〜1975]エチオピア皇帝。1930年即位。36年、イタリアの侵略により英国に亡命。41年に帰国、復位したが74年のクーデターで廃位された。

ハイ-レゾリューション〘high-resolution〙ディスプレーやプリンターの解像が標準よりも精密であるもの。高解像度。ハイレゾ。

はい-れつ【配列｜排列】❶〔名〕(スル)順序を決めて並べること。また、その並び。「五十音順に―する」❷(「配列」と書く)コンピューターのプログラミング言語における、データ形式の一。同じ型のデータの集合を意味し、個々のデータは変数の添え字で区別する。
(類語)順序・順・順番・順位・序列・オーダー

ハイレッグ-カット〘high leg cut〙女性用水着の三角部分をできるだけ最小のカットにし、脚を長く見せようとするデザインのこと。⇒ハイレグ

パイレックス-ガラス〘Pyrex glass〙耐熱性硬質ガラスの一種。硼酸(ほうさん)と二酸化珪素を主成分とし、アルカリ分が少ない。商標名。

バイレ-フェリックス〘Băile Felix〙ルーマニア西部にある同国有数の温泉保養地。オラデアの南約8キロメートルに位置する。

ハイ-レベル〘high-level〙〔名・形動〕❶水準が高いこと。また、そのさま。「―な(の)技術」❷段階が高いこと。また、そのさま。「―での折衝」

はい-れん【▽海×菴】カライワシ科の海水魚。全長50センチ以上になる。体は細長く、側扁し、背びれの後端が糸状に伸びている。稚魚は葉形をしたレプトセファルス期を経て成長。西太平洋からインド洋の沿岸に多く、淡水域にも入る。いせごい。

は-いろ【羽色】鳥などの羽の色。

はい-ろ【廃炉】❶溶鉱炉・焼却炉などを廃止すること。また、廃止された炉。❷原子炉の機能を永久に停止させること。炉心から燃料を取り出し、施設を解体し、放射性廃棄物を搬出する。廃止措置と同義。「2号機を―にする」

は-いろ【葉色】草木の葉の色。

ばいろ【陪臚｜倍臚】《「はいろ」とも》雅楽。唐楽。平調(ひょうじょう)で古楽の中曲。林邑(りんゆう)楽の一。舞は四人の武(ぶ)の舞で、唐楽であるが、右方に属する。番舞(つがいまい)は太平楽。陪臚破陣楽(はじんらく)。

バイロ-アルト〘Bairro Alto〙ポルトガルの首都リスボン中央部の一地区。「高い地区」を意味し、単にバイロともいう。飲食街と住宅街があり、ポルトガルの代表的な民謡ファドが聞ける店が多く集まる。

バイロイト〘Bayreuth〙ドイツ中南部、バイエルン州の都市。17世紀に宮廷都市として発展。ワグナーが自作楽劇の上演のために設立した祝祭劇場があり、現在も毎夏に音楽祭が開催される。

はい-ろう【肺労｜肺×癆】(―ラウ)肺結核の旧称。労咳(ろうがい)。

ばい-ろく【▽貝×勒】❶貝殻で飾った馬のくつわ。❷《多羅貝勒の略》中国、清朝皇族に与えられた第三等の爵位。

パイロセラム〘Pyroceram〙加熱などの特殊処理によって結晶化させたガラスのセラミックス。化学上はデビトロセラム(devitro-ceram)といい、外観は磁器に似て、膨張率が小さく、温度の急変に耐え、強度が高い。なべなどの家庭用品からジェット機などの材料にまで用いられる。商標名。

パイロット〘pilot〙❶水先人(みずさきにん)。水先案内人。❷航空機の操縦士。❸ガスの種火。❹「パイロットランプ」の略。❺試験的に行うもの。先行するもの。「―フィルム」「―版」

パイロット-じちたい【パイロット自治体】地方分

権特例制度の通称。単独または共同で独自の地域づくりに取り組む、原則人口20万人以上の市町村を指定し、法律の改正を要しない範囲で、許認可や補助金交付などについて特例を認める制度。平成4年(1992)の第三次行革審答申を受けて実施されることになり、同5年に14市と1地域(6市町村)がパイロット自治体として初指定された。同11年終了。

パイロット-シャツ〘pilot shirt〙エポーレット(肩章)と雨蓋(あまぶた)付き胸ポケットを左右につけたシャツ。パイロットの制服に似ているところからの名。

パイロット-ショップ〘pilot shop〙商品の売れ筋動向を探るため、メーカーや問屋が直営する小売り店舗。アンテナショップ。

パイロット-スタディ〘pilot study〙あとから見て判断の指標となるような、試験的な調査・研究など。先導的な例。

パイロット-ファーム〘pilot farm〙機械を導入し近代経営の形態をとる先駆的な実験農場。北海道の根釧(こんせん)台地で昭和31年(1956)に開始のものなど。

パイロット-フィルム〘pilot film〙スポンサーの獲得のため、企画書とともに制作される新しいテレビ番組の見本用映画。

パイロット-プラント〘pilot plant〙本格的な工場を建設するのに先立って、製造規模が大きくなるときの影響を調べるためにつくる、中規模な実験工場。

パイロット-ボート〘pilot boat〙港内などで船舶を誘導する小型船。水先船(みずさきぶね)。水先案内船。

パイロット-ランプ〘pilot lamp〙機械・器具などの作動状態を表示する電灯。表示灯。

パイロット-ルック〘pilot look〙パイロットのユニホームをイメージしたファッションのこと。特に、リンドバーグ時代のクラシックなイメージが中心。

パイロ-でんき【パイロ電気】《pyroはギリシャ語で火の意》電気石・酒石酸などの誘電体結晶に熱を加えたとき、その表面の両端に正・負に分かれて発生する電荷。焦(しょう)電気。ピロ電気。

パイロメーター〘pyrometer〙高温計。

はい-ろん【俳論】俳諧・俳句に関する理論や批評。

バイロン〘George Gordon Byron〙[1788〜1824]英国の詩人。社会の偽善を痛罵(つうば)・風刺し、生の倦怠(けんたい)と憧憬(しょうけい)をうたいあげ、ロマン派の代表者となる。欧州各国を放浪、ギリシャ独立戦争に参加して病死。物語詩「チャイルド=ハロルドの遍歴」「ドン=ジュアン」、劇詩「マンフレッド」など。

パイロン〘pylon〙❶古代エジプト神殿の入り口にある双塔状の門。ピロン。❷吊橋(つりばし)のケーブルを支える塔状の構造物。❸高圧電線を支える鉄塔。❹航空機で、エンジンなどを支持するための柱。❺▶カラーコーン

はい-わ【俳話】俳諧・俳句についての話。俳談。

はい-わた・る【×這ひ渡る】〔はひ〕〔動ラ四〕❶這って渡る。また、這うようにして行く。「物のそばよりただ―・り給ふほどぞ、ふとうち見えたる」〈源・野分〉❷近い距離で、車など用いずに歩いて行く。「乗り物なきほどに―・るほどなれば」〈かげろふ・上〉❸蔓(つる)などが、這って伸び広がる。「下にのみ―・りつる葦の根のうれしき雨にあらはるるかな」〈後撰・雑三〉

パイン〘pine〙「パイナップル」の略。「―ジュース」

ハインズ〘Jim Hines〙[1946〜]米国の短距離走者。1968年のメキシコオリンピックで男子100メートル競走に9秒9で優勝。10秒の壁を破る。

バインダー〘binder〙❶書類・雑誌・新聞などをとじ込む文具。厚い表紙に留め金やひもの付いたもの。❷稲などを自動的に刈り取って束ねる農業機械。

バインディング〘binding〙❶ラグビーで、スクラムやラック、モールなどで味方選手どうしがっちりと組み合うこと。スクラムの場合は、敵味方が互いに組み合うこともいう。❷スキーやスノーボードを靴に取り付けるための締め具。ビンディング。❸コンピューターや情報工学の分野で、複数の事柄どうしを結び付けたり対応づけたりすること。特定のコンピューターへのIPアドレスの割り当てや、プログラミング言語における、API・ライブラリー・関数との対応づけのほか、アプリケーションソフトでキー操作と機能を結び付けること(キーバインディング)など。

バインド〘BIND〙《Berkeley Internet Name Domain》米国カリフォルニア大学バークリー校で開発されたDNSサーバーのプログラム。

パイント〘pint〙ヤード-ポンド法の体積の単位。液体または穀物に用いる。1パイントは8分の1ガロンで、英国では約0.57リットル、米国では約0.47リットルにあたる。記号pt

ハインリヒ〘Heinrich〙㊀(1世)[876〜936]中世ドイツ、ザクセン朝初代の国王。在位919〜936。オットー1世の父。マジャール人の侵入を退け、東方のドイツ化、キリスト教化に努めた。㊁(4世)[1050〜1106]中世ドイツ、ザリエル朝第3代の国王・神聖ローマ皇帝。在位1056〜1106。聖職叙任権問題で教皇グレゴリウス7世と争って破門され一時は屈服したが、のち反撃して同教皇を追放、帝位を確立した。➡カノッサの屈辱

ハウ〘Elias Howe〙[1819〜1867]米国の発明家。1845年に裁縫ミシンを完成。

は・う【×這う・▽延う】〔はふ〕㊀〔動ワ五(ハ四)〕❶手足を地面・床などにつけて進む。腹這いになって進む。また、腹這いになる。「赤ん坊が―・う」「はたいて土俵に―・わせる」❷虫や蛇などが、からだで地をするようにして進む。「ナメクジの―・った跡」❸植物の根やつる草などが地や物にまつわりついて伸びる。また、そのように物の表面を伝って進む。「壁に蔦(つた)を―・わせる」「地を―・う煙」❹さまよい歩く。漂泊する。「いかにも覚さん儘に―・ふ方へ―・ひ給へ」〈盛衰記・四六〉〔可能〕はえる ㊁〔動ハ下二〕❶長く引きのばす。張り渡す。「墨縄を―・へたる如く」〈万・八九四〉❷ことばや思いを相手にとどかせる。心を寄せる。言葉をかける。「水久君野(みくくの)に鴨の這(は)ほのす見ろが上に言をろ―・へていまだ寝なふも」〈万・三五二五〉〔類語〕這いずる・いざる・腹這い・はいはい・匍匐(ほふく)・四つん這い

這えば立て立てば歩めの親心　子供の1日でも早い成長を待ち望む親の心をいう言葉。

這っても黒豆　黒いものが這い出しても、虫であると認めず、黒豆であると言い張ること。間違っていても、強情に自説を曲げないことのたとえ。

バウ〘bow〙❶船首。舳先(へさき)。❷ボート競技で、艇首にいちばん近い位置にいるこぎ手。舳手(じくしゅ)。

ば・う【▽奪ふ】〔ばふ〕〔動ハ四〕「うばう」の音変化。「ありしやうにも(手紙ヲ)―・ひ給はず」〈源・夕霧〉

パウ〘pau〙《ハワイ語でスカートの意》フラダンスを踊る際に身につける、ギャザーをたっぷり入れた形のスカート。パウスカート。

バウアー〘Bruno Bauer〙[1809〜1882]ドイツの哲学者・神学者。弟エドガーとともにヘーゲル左派の指導者として聖書を批判、キリストの神性と実在性を否定した。著「ヨハネ福音書批判」など。

バウアー〘Ina Bauer〙[1941〜]旧西ドイツのフィギュアスケート選手。3度ドイツチャンピオンとなり、世界選手権でも活躍。滑走法イナバウアーの開発者として知られる。

パウエル〘Cecil Frank Powell〙[1903〜1969]英国の物理学者。写真乾板を用いる高速粒子の検出法を発明、宇宙線研究の新局面を開き、π(パイ)中間子・μ(ミュー)粒子を発見した。科学者の社会的責任を説く運動にも尽力。1950年ノーベル物理学賞受賞。

パウエル-こ【パウエル湖】《Lake Powell》米国ユタ州とアリゾナ州にまたがる湖。グレンキャニオンダムによって造られた人造湖。ウオータースポーツを楽しめるリゾート地として整備されている。レークパウエル。

ハウエルズ〘William Dean Howells〙[1837〜1920]米国の小説家。米国におけるリアリズム文学の基礎を築いた。作「サイラス=ラパムの向上」など。

はうくず-の【×這ふ葛の】〔はふくずの〕〔枕〕葛のつるが長く伸び分かれ、末にあうところから、「いや遠長く」「絶えず」「後もあふ」にかかる。「―いや遠長く万代(よろづよ)に」〈万・四二三〉「―絶えず偲(しの)はむ大君の」〈万・四五〇九〉

はう-こ【×這子】〔はふこ〕▶ほうこ(這子)

ハウサ-ご【ハウサ語】《Hausa》ハム諸語のうちのチャド諸語に属する重要な言語。ナイジェリアを中心に、ニジェール・ベナン・トーゴなど西アフリカの広い地域で話されている。使用文字は、アラビア文字が一般的であったが、現在ではラテン文字を用いる。

バウシンガー-こうか【バウシンガー効果】〔コウクヮ〕物体に弾性限界以上の応力を加えて永久ひずみが生じた後、反対向きの力をかけると、その弾性限界が非常に小さくなる現象。

ハウジング〘housing〙❶土地・家屋・家具・インテリアなどすべてを扱う住宅産業の総称。❷機械装置などを包み、保護する箱形の部分。

ハウジング-アドバイザー《和 housing＋adviser》モデルルームなどで顧客に物件・契約などの助言を行う職業。また、その人。

ハウジング-プアー〘housing poor〙不安定な雇用形態や経済的貧困などが原因で、安定した住環境の確保が困難な状態に陥り、居住権を脅かされやすい生活を余儀なくされている人々のこと。非正規雇用の拡大に伴って、ワーキングプアーと呼ばれる低所得勤労者層とともに増加傾向にあり、平成20年(2008)頃から社会問題として注目されるようになった。住まいの貧困。

ハウス〘house〙❶家。家屋。住宅。「セカンド―」❷建物。小屋。「レスト―」「オペラ―」❸「ビニールハウス」の略。「―もののトマト」❹カーリングで、ストーンを投げ入れる目標区域。青色と赤色の同心円で描かれ、外径は3.36メートル。ストーンの位置が中心部に近いほど得点が高くなる。

ハウス-エージェンシー〘house agency〙一広告主専属の広告代理業。大企業が広告コスト削減や企業秘密の保持のために設けることが多い。

ハウス-オーガン〘house organ〙企業などが自社の活動のPRのために、社内・社外を対象として発行する定期的な刊行物。PR誌。➡カンパニーマガジン

バウスカ〘Bauska〙ラトビア南部、ゼムガレ地方の町。メーメレ川とムーサ川が合流し、リエルペ川となる地点に位置する。15世紀にリボニア騎士団がバウスカ城を建造。リトアニアとの交易の拠点として発展。17世紀から18世紀にかけてスウェーデンや帝政ロシアの攻撃を受けた。旧市街には16世紀建造の聖霊教会、西郊に18世紀に建てられたバロック様式のルンダーレ宮殿がある。

ハウス-カード《和 house＋card》自社、または提携の系列店で使えるようにしたクレジットカード。

ハウス-カジュアル《和 house＋casual》おしゃれでありながら、くつろぐことのできる服。くつろぎ着。

バウスカ-じょう【バウスカ城】〔ジャウ〕《Bauskas Pils》ラトビア南部、ゼムガレ地方の町バウスカにある城址。15世紀にリボニア騎士団により建造。16世紀後半にクールラント大公が宮殿を増築したが、18世紀初頭に帝政ロシアの攻撃を受けて破壊された。

ハウスキーパー〘housekeeper〙❶家事を行う人。家政婦。❷住宅・別荘・事務所などの管理人。〔類語〕お手伝いさん・メード・家政婦・派出婦

ハウスキーピング〘housekeeping〙家政。家事全体。

ハウスクリーニング〘housecleaning〙業者による家屋の清掃。日本でも近年、多忙な女性や単身者に重宝がられている。

ハウス-さいばい【ハウス栽培】ビニールハウスで作物を栽培すること。

ハウス-シェア〘house share〙ルームシェアの一。一つの家屋で他人と共同生活をすること。

ハウス-シェアリング〘house sharing〙同じ家で他人と共同生活をすること。

ハウス-ダスト〘house dust〙室内のほこり。イエダニの排泄(はいせつ)物などが含まれ、気管支喘息(ぜんそく)などアレルギー疾患のアレルゲンの一つ。

ハウスドレス〘housedress〙「ホームドレス」に同じ。

ハウスハズバンド〘househusband〙職業を持つ

妻の代わりに家事・育児を受け持つ夫。主夫。
ハウス-ビル〘house bill〙同一会社などの本支店間、特に貿易商社の国内店と海外店との間で振り出される為替手形。多くは輸出代金の決済に用いる。
ハウスボーイ〘houseboy〙家庭に雇われて雑役をする男性。
ハウスホールド〘household〙所帯。家族。また、家政。
ハウスホン〘housephone〙ホテルの館内電話。
ハウス-マヌカン《和 house＋mannequin(フランス)》ブティックで、その店の商品である服を着て客に応対する販売員。
ハウス-ミュージック〘house music〙1980年代後半、米国シカゴのクラブ Warehouse を発火点に世界的に流行したダンス音楽。既成の複数の音源をDJ(ディスクジョッキー)が電子的にサンプリング・編集して聞かせるところに特徴がある。
ハウスワーミング〘housewarming〙新築や新居移転を祝ったパーティー。「—ギフト(=転居祝いの贈り物)」
ハウス-ワイン〘house wine〙レストランが独自に注文して作り、客に提供するワイン。グラスで注文できる割安のワインをいう場合が多い。
は-うた【端唄┊端歌】❶(端唄)三味線音楽の一種。江戸後期から幕末にかけて江戸で流行した、三味線伴奏の小編歌曲。うた沢と小唄の母体。「春雨」「梅にも春」など。江戸端唄。❷(端歌)地歌の一種。歌物のうち組歌・長歌以外のもの。自由で変化のある曲風が特徴で、比較的短いものが多い。「雪」「黒髪」など。端歌物。
パウダー〘powder〙❶粉状のもの。粉末。「ベーキングー」❷粉おしろい。「フェースー」
パウダー-ケーキ〘powder cake〙水なしでも、水を含ませたスポンジを使ってでも、二通りに使うことができるファンデーション。
パウダー-スノー〘powder snow〙さらさらした粉状の雪。水分が少なく、スキーに好適。粉雪。
パウダー-ルーム〘powder room〙女性用化粧室。
ハウ-ダニット〘howdunit〙《How done it? の略。「どのようになされたか」の意》犯行方法の解明を重視した推理小説。➡フーダニット ➡ホワイダニット
はうた-もの【端歌物】❶「端歌❷」に同じ。❷薩摩琵琶(さつまびわ)の曲のうち、詞章が教訓的、宗教的色彩の強いもの。「武蔵野」など。
パウチ〘pouch〙►ポーチ
バウチズモ〘ポルトガル bautismo〙キリシタン用語で、洗礼。
バウチャー〘voucher〙引換券。割引券。金券。クーポン券。
バウチャー-せいど【バウチャー制度】《「バウチャー」は引換券・割引券の意》国や自治体などが目的を限定して個人を対象に補助金を支給する制度。所定の手続きにより引換券として支給する方式が多い。教育・保育・福祉などの公共サービスが対象で、利用者はその中から必要なものを選択し、引換券を提出してサービスを受ける。➡教育バウチャー制度
は-うちわ【羽団┊扇】はうちは 鳥の羽で作ったうちわ。「天狗の—」
はうちわ-かえで【羽団┊扇×楓】はうちはかへで カエデ科の落葉高木。本州中部以北の山地に自生。葉は円形で9～11に浅く裂けていて、縁にぎざぎざがある。春、新葉とともに暗紅色の花をつける。名月楓(めいげつかえで)。
はうちわ-まめ【羽団┊扇豆】はうちは ルピナスの別名。
は-う・つ【羽撃つ】〘動タ五(四)〙鳥が羽ばたきをする。「朝焼(あさやけ)の大気に—・って」〈蘆花・自然と人生〉
ハウ-ツー〘how-to〙《どのように…するか、の意》やり方。方法。特に、実用的な方面での方法や技術。
ハウツー-もの【ハウツー物】実用的な方法や技術を教える案内書。手引き書。(類語)ガイドブック・ハンドブック・実用書・案内書・栞(しおり)・早分かり
バウツェン〘Bautzen〙ドイツ東部、ザクセン州、ラウジッツ地方の工業都市。シュプレー川沿いに位置し、チェコとポーランドの国境に近い。1949年から90年まで旧東ドイツに属した。少数民族のソルブ人が多く居住することで知られる。ソルブ語ではブディシン。
はうつた-の【×這ふ×蔦の】はふつたの〘枕〙蔦の先があちこちに分かれて伸びるところから、「おのがむきむき」「別る」にかかる。「一別れし来れば肝向かふ心を痛み」〈万・一三五〉
ば-うて【場打て】その場の空気に圧倒されて気後れのすること。「少しも—のした容子もなく、すらりと立って」〈里見弴・多情仏心〉
バウト〘bout〙キックボクシング・レスリング・フェンシングなど格闘技の試合。勝負。一番。「大会ベスト—」
バウハウス〘ドイツ Bauhaus〙1919年、グロピウスによってワイマールに創立された総合造形学校。33年ナチスの弾圧により閉鎖された。近代建築・デザインの確立に大きな足跡を残した。
ハウフ〘Wilhelm Hauff〙[1802～1827]ドイツの童話作家・小説家。東方世界に取材した童話集「隊商」や、歴史小説「リヒテンシュタイン」などで知られる。
ハウプト-ひろば【ハウプト広場】《Hauptplatz》オーストリア北部、オーバーエスターライヒ州の都市、リンツの中心部にある広場。広場の中心には、18世紀にリンツが見舞われた三つの災難(ペスト、大火、トルコ軍の侵攻)の終息を記念して建てられた、大理石製の三位一体記念碑がある。
ハウプトマン〘Gerhart Hauptmann〙[1862～1946]ドイツの劇作家・小説家。自然主義作家として出発し、ドイツ近代劇の確立に貢献。のち、ロマン主義的、象徴主義的立場に移行。1912年ノーベル文学賞受賞。戯曲「日の出前」「織工」「沈鐘」、小説「ゾアーナの異教徒」など。
バウムガルテン〘Alexander Gottlieb Baumgarten〙[1714～1762]ドイツの哲学者。ライプニッツ-ウォルフ学派に属する。感性的認識の学を哲学の一部門として樹立し、美学の創始者とされる。著「形而上学」「美学」など。
バウムクーヘン〘ドイツ Baumkuchen〙《木の菓子の意》バター・小麦粉・砂糖などで作った生地(きじ)を回しながら焼き、焼き色がついたら生地を薄く重ねて繰り返し、層状に作った洋菓子。切り口が木の年輪のような模様となる。バームクーヘン。
ハウメア〘Haumea〙準惑星の一つ。太陽系外縁天体の冥王星型天体に属す。2003年、スペインの研究チームが発見し、08年に準惑星に分類された。名の由来はハワイ神話の豊穣の女神。冥王星より外側の楕円軌道を公転し、軌道長半径は冥王星のものとほぼ同等と思われる。二つの衛星(ヒイアカ、ナマカ)をもつ。
は-うら【羽裏】❶鳥の翼の裏側。❷袷羽織(あわせばおり)の裏用布。
パウリ〘Wolfgang Pauli〙[1900～1958]スイスの物理学者。オーストリア生まれ。1924年にパウリの原理を提唱し、原子構造の説明に寄与。ハイゼンベルクとともに場の量子論を展開するなど、量子力学の体系化に貢献した。45年ノーベル物理学賞受賞。著「相対性理論」など。
パウリ-の-げんり【パウリの原理】一つの原子内では、2個以上の電子が同時にエネルギー・スピンなどの同じ状態をとることはないという原理。パウリが発見。禁制原理。排他原理。排他律。
パウリ-の-はいたげんり【パウリの排他原理】►パウリの原理
パウリ-の-はいたりつ【パウリの排他律】►パウリの原理
ハウリング〘howling〙《遠吠(とおぼ)えする意》音響再生の際、スピーカーから出た音をマイクが拾い、それをまたスピーカーが再生するということを繰り返し、大きな騒音が連続して発生する現象。鳴音。
バウル〘ベンガル baul〙インド北東部ベンガル地方の宗教集団の修行者。また、同時に大道音楽家でもある。
パウル〘Hermann Paul〙[1846～1921]ドイツの言語学者。青年文法学派の中心的指導者の一人で、歴史言語学の原理と方法に関して大きな業績をあげた。著「言語史原理」など。
パウルス-きょうかい【パウルス教会】《Paulskirche》ドイツ中西部、ヘッセン州の商工業都市、フランクフルト中心部の旧市街にある教会。1789年から1833年にかけて建造。48年、ドイツ初の国民会議が開かれ、憲法が起草された。
パウルス-ろくせい【パウルス六世】《Paulus Ⅵ》[1897～1978]第262代ローマ教皇。在位1963～1978。教皇として初めて、国連総会に出席。世界平和維持を呼びかけるなど平和運動に活躍。
パウロ〘Paulos〙[前10ころ～65ころ]1世紀のキリスト教の使徒・聖人。小アジアのタルソス生まれの、ローマ市民権をもったユダヤ人。ユダヤ教徒としてキリスト教を迫害したが、のち、半生をキリスト教の伝道にささげた。新約聖書に収められた書簡にはイエスの贖罪の死と復活を中心とした神学が展開されている。
バウンス-ライト《和 bounce＋light》照明を直接被写体に向けず、天井や壁などに照射して、その反射光で軟らかな照明効果を得る間接照明法。
バウンド〘bound〙〘名〙スル ボールなどがはずむこと。はねかえること。「悪路で車が大きく—する」
パウンド〘pound〙►ポンド
パウンド〘Ezra Pound〙[1885～1972]米国の詩人。欧州各地を遍歴、自由詩運動を推進し、現代文学に大きな影響を与えた。連作長編詩「キャントーズ」など。
パウンド〘Roscoe Pound〙[1870～1964]米国の法学者。プラグマティズムの立場から、法を相対立する諸利益の調整によって社会を統制する技術体系であると主張した。著「コモン-ローの精神」「法哲学入門」など。
パウンド-ケーキ〘pound cake〙小麦粉・バター・卵・砂糖をまぜ合わせ、乾燥果実を加えるなどして焼いた洋菓子。もと、材料を1ポンドずつ用いて作ったところからの名。
ハウンド-ツース〘hound's tooth〙《猟犬の歯の意》千鳥格子のこと。柄(がら)が犬の歯が並んでいるように見えるところからの名。
はえ　水中に張り出した岩礁。根。
はえ【南風】(西日本一帯で)南または南寄りの風のこと。(季 夏)
はえ【映え┊栄え】❶照り輝くこと。また、見た目にりっぱであること。他の語と複合するときは、一般に「ばえ」となる。「夕—」「着—」「月もひときは—あるやうにて」〈笈日記〉❷(栄え)輝かしい名誉。ほまれ。光栄。「—ある優勝を手にする」
(類語)栄光・栄誉・光栄・光輝・名誉・誉れ・栄冠・栄名・声誉・名声・名聞・美名・盛名・令名
は-え【破ᵛ壊】ヱ やぶれこわれること。やぶりこわすこと。はかい。「御所の—したるを修理(しゅ)して」〈平家・六〉
はえ【×擌】はへ 木材や米俵などを積み重ねたもの。「俵の—に寝腹ばひ」〈浄・仏御前〉
はえ【×鮠】オイカワの別名。また、ウグイの別名。(季 春)「—つるやゆらぐ筏を踏みわたり/素十」
はえ【×蠅】はへ 双翅(そうし)目イエバエ科および近縁の科の昆虫の総称。体長約1センチ。翅(はね)は、後ろ翅が退化して棒状となっているため、一対。体は黒色・褐色で、頭部に大きな複眼と3個の単眼があり、触角は短い。幼虫は蛆(うじ)。イエバエ・クロバエ・ショウジョウバエなどがあり、消化器伝染病を媒介する。はい。(季 夏)「やれ打つな—が手をすり足をする/一茶」
はえ-あが・る【生え上(が)る】〘動ラ五(四)〙前髪が抜けて、額の生えぎわが上の方に上がる。生えぎわが後退する。「年とともに—・って額が広くなる」
ば-えいきゅう【馬英九】マーイン［1950～］台湾の政治家。香港に生まれ、直後に台湾に移住。米国で弁護士として活動し、1981年に帰国。蔣経国・李登輝のもと中国国民党で累進。台北市長などを経て2008年の総統選挙に勝利して就任した。
はえ-うち【×蠅打ち】はへ 「蠅叩(はえたた)き」に同じ。(季 夏)「—を持って出て来る主かな/虚子」
バエーサ〘Baeza〙スペイン南部、アンダルシア地方

の都市。8世紀にイスラム教の支配下に入ったが、13世紀のレコンキスタで再びキリスト教の支配となった。16世紀には、建築家アンドレス＝デ＝バンデルビラによってイタリアのルネサンスを取り入れた町づくりが行われた。2003年、隣接する都市ウベダとともに「ウベダとバエーサのルネサンス様式の記念碑的建造物群」として世界遺産(文化遺産)に登録。バエサ。

パエーリャ〖スペイン paella〗スペイン料理の一。米・肉・魚介・野菜などをオリーブ油で炒め、サフランで色と香りをつけて炊いたもの。浅い鍋を使う。

はえ-がしら【×蠅頭】❶矢羽の名。黒みを残して羽どったもの。❷「疣結(いぼゆい)」に同じ。❸擬餌鉤(ぎじばり)の一種。ハエの形を模したもの。

はえ-かび【×蠅×黴】接合菌類ハエカビ科のカビ。ニクバエなどハエ類に寄生して殺し、白い菌糸の塊をつくり、分生子と接合胞子を形成する。

はえ-かわ・る【生え変(わ)る】〔動ラ五(四)〕前に生えていたものが抜けた後に、それに代わるものが新しく生える。「歯が—・る」「毛が—・る」

ば-えき【馬疫】馬の病気。馬の伝染病。

はえ-ぎわ【生え際】額(ひたい)や襟首などの、髪の生えている部分と生えていない部分との境目。

はえ-ざ【×蠅座】南天の小星座。南十字星のすぐ南にあり、日本からは見えない。学名 Musca

バエサ〖Baeza〗➤バエーサ

はえ-さがり【生え下(が)り】こめかみの下の部分に生え下がった毛。また、もみあげ。

はえ-じごく【×蠅地獄】モウセンゴケ科の多年草。高さ20〜25センチの食虫植物。葉柄は平たく、葉は円形で縁にとげ状の長い毛があり、虫が触れると左右から閉じて捕らえ、消化する。6月ごろ、花茎の頂に白い5弁花を数個開く。米国の南北カロライナ・フロリダ州の湿地に自生。はえとりぐさ。

はえ・す【生えす】〔動サ変〕「生える」に同じ。「柳こそ伐(き)れば—・すれ世の人の恋に死なむをいかにせよとぞ」〈万・三四九一〉

パエストゥム〖Paestum〗イタリア南部、カンパニア州の町カパッチョにある古代ギリシャ、ローマ時代の都市遺跡。紀元前7世紀にギリシャの植民都市として建設され、ヘラ神殿、ポセイドン神殿、ケレス神殿のほか、城壁や城門、円形闘技場の遺跡がある。国立考古学博物館には故人をしのぶ絵が描かれた石棺、アッティカ様式の黒い壺をはじめ、出土品が展示されている。1998年、「パエストゥムとベリアの古代遺跡群を含むチレントとディアノ渓谷国立公園とパドゥーラのカルトジオ修道院」として、世界遺産(文化遺産)に登録された。ペストゥム。

はえ-たたき【×蠅×叩き】ハエをたたいて殺す道具。はえ打ち。はいたたき。(季 夏)「—はなさぬ老となりにけり/万太郎」

はえ-ちょう【×蠅帳】「はいちょう」に同じ。

はえ-つ・ける〔動カ下一〕ごまかして取る。かすめる。「とっくに上菓子をここに—・けておいたを知らぬやつさ」〈滑・膝栗毛・八〉

はえ・でる【生え出る】〔動ダ下一〕植物が生えて出る。「若草が—・でる」

はえ-どくそう【×蠅毒草】ハエドクソウ科の多年草。山野の林中に生え、高さ30〜70センチ。葉は卵形で対生する。夏、淡紅色の唇形の花を穂状につける。根の絞り汁をはえ取り紙に使った。日本・ヒマラヤ・東アジアなどに分布。

はえ-とり【×蠅取り】❶ハエを取ること。また、ハエを取る道具。蠅取り器・蠅取り紙・蠅たたきなど。はいとり。❷「蠅取蜘蛛(はえとりぐも)」の略。

はえとり-がみ【×蠅取り紙】ハエを捕らえるために粘着性の物質を塗った紙。多く、天井から下げて用いる。(季 夏)

はえとり-き【×蠅取り器】ハエを中へ誘い込んで出られないようにした器具。(季 夏)「営々と蠅を捕りをり—/虚子」

はえとり-ぐさ【×蠅取草】ハエジゴクの別名。はえとりそう。

はえとり-ぐも【×蠅取蜘＝蛛】ハエトリグモ科のクモの総称。体長約1センチ。体は平たく、中央の二眼が大きく、歩脚は太くて短い。体表は銀白色や黒褐色の毛で覆われる。人家の壁やガラス窓などを歩き回り、ハエなどを捕らえる。(季 夏)

はえとり-たけ【×蠅取×茸】ハエがなめると中毒するキノコの、ハエトリシメジ・テングタケ・ベニテングタケなどの俗称。

はえとり-なでしこ【×蠅取×撫子】ムシトリナデシコの別名。

はえとり-むし【×蠅取虫】カマキリの別名。

はえ-なわ【▽延縄】1本の幹縄(みきなわ)に、釣り針を先端に付けた枝縄、浮子(うき)を付けた浮け縄を間隔を置いて結び付けた漁具。走る船から繰り出し、一時に広範囲の魚を捕る。マグロ・タラなどの漁に用い、浮き延縄と底延縄がある。「—漁業」

はえなわ-ぎょせん【▽延縄漁船】延縄漁を専門に行う漁船。近海延縄漁船と、大型の遠洋延縄漁船とがある。

はえなわ-りょう【▽延縄漁】延縄を用いた漁。マグロやタラを漁獲する海洋での漁以外に、ウナギやコイをねらった河川での漁もある。

はえぬき　稲の一品種。平成4年(1992)、山形県で「あきたこまち」と「庄内29号」をかけあわせて作られた。冷害に強い。山形45号。

はえ-ぬき【生え抜き】❶その土地に生まれ、そこでずっと育つこと。また、その人。生っ粋。「—の神田っ子」❷初めからそこに所属して今日に至っていること。また、その人。「—の所員」

はえ-の-こ【×蠅の子】ハエの幼虫。うじ。

はえばえ・し【映え映えし】〔形シク〕❶見ばえがして輝くようである。「打ち笑ひたるは、いと—・し」〈枕・三〉❷光栄である。晴れがましい。「いつかは—・しきついでのあらむ」〈源・宿木〉

はえ-まいり【×蠅参り】ハエが馬の尾にたかってついていくように、道者の後について伊勢参りをすること。また、その人。

はえよけ-だま【×蠅▽除け玉】ハエを寄せつけないために天井からつるす金銀色のガラス玉。理髪店や蕎麦(そば)屋などで用いた。

は・える【生える】〔動ア下一〕図は・ゆ〔ヤ下二〕❶草木の芽が出る。また、草木が生育する。「土手につくしが—・える」「苔の—・えた庭」❷歯やひげなどが出てくる。「毛が—・える」「角が—・える」(類語)生じる・萌(きざ)す・芽生える・芽ぐむ・生(む)す・自生する・生やす

は・える【映える｜栄える】〔動ア下一〕図は・ゆ〔ヤ下二〕❶光を受けて照り輝く。「夕日に—・える連山」❷引き立ってあざやかに見える。また、よく調和する。「紺のスーツにネクタイが—・える」❸(栄える)りっぱに見える。目立つ。「—・えない役割」

(類語)(❶)輝く・照り輝く・照り映える・光る・きらめく・映ずる・反映する/(❷)映る・引き立つ・目立つ

は-えん【×巴猿】《中国湖北省巴東県の巴峡に猿が多く、その鳴き声が旅愁をさそったところから》峡谷に鳴く猿。「人里遠く分け入れば、嶺の—一たび呼び」〈古活字本保元・下〉

ば-えん【馬遠】中国、南宋の画院画家。河中(山西省)の人。字(あざな)は欽山。夏珪(かけい)とともに南宋の院体山水画を代表し、「馬夏」と並称される。日本の室町期の山水画に大きな影響を与えた。生没年未詳。➡残山剰水(ざんざんじょうすい)

パオ【包】《中国語》モンゴルなどの遊牧民が用いる饅頭(まんじゅう)型をした組み立て式の家屋。骨組みを木で作り、その上をフェルトで覆う。ゲル。

は-おう【覇王】❶覇者と王者。覇道と王道。❷武力で諸侯を統御して天下を治める者。

はおう-じゅ【覇王樹】サボテンの別名。

は-おく【破屋】こわれた家。あばらや。

は-おこぜ【葉×鰧】カサゴ目ハオコゼ科の海水魚。磯のアマモなどの海草の間にすむ。全長7センチくらいで、うろこはほとんどない。背びれに毒のとげがある。本州中部以南に分布。

パオズ【包子】《中国語》中に肉や野菜、あんなどを入れたまんじゅう。

バオ-ダイ〖Bao Dai〗[1914〜1997]ベトナム、阮朝第13代皇帝。在位1925〜1945。第二次大戦後退位。のち、ベトナム民主共和国に対抗し、1949年フランスの支援のもとにベトナム国元首となったが、55年の国民投票に敗れてパリに亡命。

は-おち【羽落ち】茶釜で、胴と底との間の羽を欠いたもの。また、その部分の名。

はおち-づき【葉落ち月】陰暦8月の異称。

は-おと【刃音】刀剣の刃がものに当たって鳴る音。また、切り合いで、刀剣の刃が当たり合って鳴る音。

は-おと【羽音】❶鳥がはばたく音。また、虫の飛ぶ音。はねおと。❷風を切って飛ぶ矢羽の音。

は-おと【葉音】葉が触れ合って生じる音。

は-おと【歯音】❶歯で物をかむ音。❷下駄(げた)の歯の地面に当たる音。

パオトウ【包頭】➤ほうとう(包頭)

バオバブ〖baobab〗パンヤ科の高木。アフリカのサバンナにみられ、高さ約20メートル。幹は直径5メートルを超え、とっくり状になる。葉は3〜7枚の小葉からなる。乾季には落葉。白色の5弁花が垂れ下がって咲き、楕円状の実ができる。果肉・種子を食用。

ハオユー【蠔油】《中国語》オイスターソース。

は-おり【羽織】❶和装で、長着の上に着る丈の短い衣服。襟を外側に折り、胸元で羽織ひもを結ぶ。❷「羽織芸者」の略。「それは…辰巳の—から寄こされた使いの者であった」〈谷崎・刺青〉(類語)丹前・褞袍(どてら)・半纏(はんてん)・法被(はっぴ)・ちゃんちゃんこ・上着

はおり-おとし【羽織落(と)し】歌舞伎で、色男役がぼうっと魂が抜けたようになり、着ている羽織がいつのまにか脱げ落ちてしまう所作。

はおり-げいしゃ【羽織芸者】《羽織を着て客席に出たところから》江戸、深川の芸者。辰巳(たつみ)芸者。

はおり-ごろ【羽織ごろ】《羽織を着たごろつきの意。「羽織破落戸」とも書く》りっぱな身なりをして、ごろつきのような所業をする者。「実業家というと聞えが好いが近頃の奴は—の方に近い」〈魯庵・社会百面相〉

はおり-はかま【羽織×袴】羽織と袴。また、それらを身につけた改まった服装。「—で威儀を正す」

はおり-ひも【羽織×紐】羽織の胸元が開かないように結んで留める紐。

は-お・る【羽織る】〔動ラ五(四)〕《名詞「はおり(羽織)」の動詞化》着物の上から軽く掛けるようにして着る。「ガウンを—・る」(類語)引っ掛ける・まとう・着る・着ける・召す・召される・お召しになる

はおん-きごう【ハ音記号】譜表で、中央ハ音の位置を定める記号。Cの字を装飾化したもので、置かれる位置により、ソプラノ記号・メゾソプラノ記号・アルト記号・テノール記号・バリトン記号に分かれる。中音部記号。

はか【▽計｜▽量｜▽果｜▽捗】❶仕事などの進みぐあい。やりおえた量。❷田植え・稲刈りなどのとき、当てられた分担の区画。「秋の田の穂田の刈り—か寄り合はばそこもか人の我(わ)を言(こと)なさむ」〈万・五一二〉❸目当て。あてど。「からをだにうき世の中にとどめずはいづこを—と君もうらみむ」〈源・浮舟〉

はかが行(ゆ)・く　仕事の能率が上がる。はかどる。「作業の—・く」

は-か【破×瓜】《「瓜」の字を縦に2分すると二つの八の字になるところから》❶8の2倍で、女性の16歳のこと。❷8の8倍で、男性の64歳のこと。❸性交によって処女膜が破れること。

(類語)志学・弱冠・而立(じりつ)・不惑・知命・耳順・華甲・還暦・古希・致仕・喜寿・傘寿・米寿・卒寿・白寿・厄年

はか【墓】遺体・遺骨を埋葬した場所。また、そこに記念のために建てられた建造物。塚。「—に詣でる」

(類語)墳墓・奥津城(おくつき)・墓地・墓所・塚・土饅頭(どまんじゅう)

はか〔係助〕《「ほか(外)」の音変化。近世上方語》名詞、種々の助詞に付く。下に打消しの語を伴って、ある事柄・状態に限定する意を表す。…だけ。…きり。…しか。「張り合はして見ると二十五年に—ならんわ

い」〈滑・浮世風呂・四〉

はか〔接尾〕状態を表す名詞や形容詞語幹などに付いて、形容動詞の語幹をつくる。そのようなさまという意を表す。「あて―」「あさ―」

はが【×挟｜黐＝挟】《「はか」とも》竹や木の枝に黐もちをつけ囮おとりをおいて小鳥を捕らえるわな。はご。「わらはべ―立てて鳥とる」〈恵慶集・詞書〉

ばか【馬鹿｜×莫×迦】〔名・形動〕《梵 mohaの音写。無知の意》❶知能が劣り愚かなこと。また、その人や、そのさま。人をののしっていうときにも用いる。あほう。「―なやつ」⇔利口。❷社会的な常識にひどく欠けていること。また、その人。「役者―」「親―」❸つまらないこと。無益なこと。また、そのさま。「―を言う」「―なまねはよせ」❹度が過ぎること。程度が並はずれていること。また、そのさま。「―に風が強い」「―騒ぎ」「―正直」❺用をなさないこと。機能が失われること。また、そのさま。「蛇口が―で水が漏れる」➡馬鹿になる❷ 補説「馬鹿」は当て字。派生ばかさ〔名〕

用法 馬鹿・阿呆あほう――「馬鹿」のほうが広い地域で使われ、意味の範囲も広い。「馬鹿に暑い」「馬鹿正直」「このネジは馬鹿になっている」のような意は「阿呆」にはない。◆「馬鹿」は関東で、「阿呆」は関西で多く使われる。

類語(❶)阿呆あほう・魯鈍ろどん・愚鈍・無知・蒙昧もうまい・愚昧ぐまい・愚蒙ぐもう・暗愚・頑愚・愚か・薄のろ・盆暗ぼんくら・まぬけ・とんま・たわけ・馬鹿者・馬鹿野郎・馬鹿たれ・与太郎・抜け作・おたんこなす・おたんちん・あんぽんたん・べらぼう/(❸)愚か・愚かしい・馬鹿らしい・馬鹿馬鹿しい・阿呆らしい・下らない・愚劣・無思慮むしりょ・無考え・浅はか・浅薄せんぱく・軽はずみ・軽率/(❹)いやに・やけに・ひどく・えらく・むやみに・やたらに・随分

馬鹿と鋏はさみは使いよう 切れない鋏にも使いようがあるように、ばかも使い方しだいでは役に立つ。

馬鹿に◦する 相手を軽く見てあなどる。「人を―◦するのもたいがいにしろ」

馬鹿に付ける薬はない ばかを治療して頭をよくする方法はない。

馬鹿になら◦ない 軽視することができない。ばかにできない。「―◦ない通勤費」

馬鹿にな・る ❶自分を抑えて、ばかのふりをする。「ここは一つ、―・ってこらえよう」❷正常に働かなくなる。「ねじが―・る」「嗅覚が―・る」

馬鹿の大足おおあし 大きな足は、ばかのしるしであるということ。大きな足をけなしていう言葉。

馬鹿の一つ覚え ある一つの事だけを覚え込んで、どんな場合にも得意になって言いたてること。

馬鹿も休み休み言え そんな馬鹿らしいことを言うのは、いいかげんにやめろ。常軌を逸しているようなことを言うのをたしなめる言葉。

馬鹿を◦見る つまらない目にあう。ばかばかしい思いをする。ばかな目にあう。「助けてやって文句を言われるなんて、―◦見た」

パカ〖paca〗パカ科の哺乳類。メキシコから南アメリカに分布。頭胴長60～80センチ。水辺の森林にすみ、泳ぎがうまい。夜行性で、草食。

ばか-あたり【馬鹿当(た)り】〔名〕スル ❶非常によく当たること。特に、野球で信じられないほど打撃が振るうことなど。❷興行や商売などが予想以上の成績を上げること。「アイデア商品が―する」

はか-あな【墓穴】死体や遺骨を葬るための穴。つかあな。ぼけつ。類語墓穴ぼけつ

ばか-あな【馬鹿穴】ボルトなどを通すために、ボルトなどの径よりやや大きくした穴。

ハガールイム-しんでん【ハガールイム神殿】《Ħagar Qim》➤ハジャーイム神殿

は-かい【破戒】戒律を破ること。受戒者が戒法にそむく行為をすること。⇔持戒。

はかい【破戒】島崎藤村の小説。明治39年(1906)刊。被差別部落出身の小学校教師、瀬川丑松が周囲の因習と戦い、父の戒めを破って自己の素性を告白するまでの苦悩を描く。日本自然主義文学の先駆。

は-かい【破潰】クワイ〔名〕スル やぶれくずれること。また、やぶりくずすこと。「封建制度を―するものなり」〈田口・日本開化小史〉

は-かい【破壊】クワイ〔名〕スル 建造物・器物・秩序・組織などをこわすこと。また、それらがこわれること。「堤防を―する」「環境―」類語損壊・破損・破砕・砕破・毀損・損壊・全壊・壊滅(―する)壊こわす・叩たたき壊す・打ち壊す・ぶち壊す・取り壊す・打ち砕く・打ち崩す

は-がい【羽交い】がひ ❶鳥の左右の翼が重なる所。❷鳥のはね。つばさ。「せめて―の今少し丈夫になるまでは」〈蘆花・思出の記〉

はかい-おうりょく【破壊応力】ハクワイ 物体が外力により破壊されずにもちこたえる限界の最大応力。極限強さ。

はかいかつどう-ぼうしほう【破壊活動防止法】ハクワイクワツドウバウシハフ 暴力主義的破壊活動を行う団体に対する規制措置を定めるほか、暴力主義的破壊活動に関する刑罰規定を補い、公共の安全を確保することを目的とする法律。昭和27年(1952)施行。破防法。

はか-いし【墓石】墓のしるしに建てた石。死者の戒名・姓名・没年を刻むことが多い。ぼせき。

はかい-しけん【破壊試験】ハクワイ 工業材料に外力を加えて、破断や亀裂きれつの発生・成長を観察・計測し、その強度を調べる試験。

はがい-じめ【羽交い締め】はがひ 背後から相手の腋わきの下に通した両手を、首の後ろで組み合わせて動けないようにすること。

はかいそち-めいれい【破壊措置命令】ハクワイソチ 弾道ミサイルなどが日本に飛来・落下する恐れのある場合に、それを破壊するよう防衛大臣が自衛隊に命じること。弾道ミサイル破壊措置命令。補説原則として内閣総理大臣の承認を得た上で行われるが、事態の急変などにより緊急度が高まった場合は、防衛大臣の判断において、かつ、非公表で命じることができる。平成21年(2009)3月、政府は北朝鮮が4月に打ち上げるとした飛翔体について初めて発令した。

はかい-てき【破壊的】ハクワイ〔形動〕物事を打ちこわそうとするさま。「―な思想」

はかい-てん【破壊点】ハクワイ 物体に外力を加えたとき、それに抗する応力がもちこたえられなくなって、物体が破壊される極限点。

はかい-ぶんし【破壊分子】ハクワイ 秩序・制度などを破壊しようとする傾向を持った人、また集団。

はかい-むざん【破戒無×慙】戒律を破りながら良心に恥じないこと。

はかい-りょく【破壊力】ハクワイ 物事をうちこわす力。「―のある爆薬」「パンチに―を秘める」

は-がえ【葉替へ】がへ 草木の葉が生え替わること。「はし鷹のと帰る山の椎柴の―はすとも君はかへせじ」〈拾遺・雑恋〉

ばか-おどり【馬鹿踊(り)】をどり 型にとらわれず、むやみにはね回って踊ること。また、馬鹿ばやしに合わせて踊るこっけいな踊り。馬鹿舞。

ばか-がい【馬鹿貝｜馬×珂貝】がひ バカガイ科の二枚貝。浅海の砂底にすむ。貝殻は丸みのある三角形で、殻長8センチくらい。殻表は光沢のある淡黄褐色。食用。むき身はアオヤギとよばれる。かむりがい。くつわがい。ばか。(季 春)「―の逃げも得せずに掘られけり/鬼城」

は-がかり【羽掛(か)り】建築で、下見板・葺ふき板などの重なり合う部分。

はか-き【破×瓜期】ハクワ 月経の始まる年ごろ。女性の思春期。

は-がき【羽×掻き】鳥がくちばしで自分の羽をしごくこと。はねがき。「暁の鴫しぎのはねがきもも―君が来ぬ夜は我ぞかずかく」〈古今・恋五〉

は-がき【葉書｜端書】❶紙片にしるす覚え書き。❷「郵便葉書」の略。

類語ポストカード・絵はがき・手紙・書簡・書信・書状・書面・状・一書・雁書がんしょ・消息・便り・文ふみ

は-かく【破格】〔名・形動〕❶しきたりや通例を破って、並はずれていること。また、そのさま。「―な(の)安値」❷詩や文章などで、普通のきまりからはずれていること。また、そのさま。「―な(の)文体」

ば-かく【馬革】馬のなめしがわ。

馬革に屍しかばねを裹つつむ 《「後漢書」馬援伝から》戦死した者を馬の皮に包んで送り返す。転じて、戦場で死ぬこと。また、従軍した以上は生還を期さないという勇士の覚悟をいう。

ばか-くさ・い【馬鹿臭い】〔形〕文ばかくさ・し〔ク〕いかにもばかげている。ばからしい。「そんなことに大金を出すのも―・い」

は-がく・る【葉隠る】〔動ラ下二〕草木の葉のかげに隠れる。「なみたてる木々の梢に―・れて耳のまもなし蝉の声々」〈丹後守為忠百首〉

はがくれ【葉隠】江戸中期の武士の修養書。11巻。正しくは「葉隠聞書ききがき」。鍋島藩士山本常朝やまもとつねともの談話を田代陣基たしろつらもとが筆録。享保元年(1716)成立。尚武思想で貫かれる。葉隠論語。鍋島論語。

は-がくれ【葉隠れ】草木の葉のかげになること。

は-かけ【歯欠け】抜けた歯があってそろっていないこと。また、その人。はっかけ。

は-かげ【葉陰】草木の葉のかげ。「―に憩う」

類語木陰・樹陰・緑陰

ばか-・げる【馬鹿げる】〔動ガ下一〕ばからしくみえる。くだらないように思われる。「―・げた話」

ばか-ごえ【馬鹿声】ごゑ 並はずれた大声。また、間の抜けた声。「―を張り上げる」

は-がさね【羽重ね】❶鳥が一つの羽の上に他の羽を重ねること。❷壁板・天井板などを張るときに、一端を他の板の端に重ね合わせて並べること。

ばか-さわぎ【馬鹿騒ぎ】〔名〕スル むやみに騒ぐこと。また、その騒ぎ。大騒ぎ。「酒を飲んで―する」

類語どんちゃん騒ぎ・らんちき騒ぎ・お祭り騒ぎ

はかし【佩＝刀】《「は(佩)かす」の連用形から》貴人の帯びている太刀をいう語。みはかし。

はがし【剝がし】❶はがすこと。はがすもの。「一暦ごよみ」❷もんじゃ焼きを食べるときに使う、金属製の小さなへら。

はが-じ【羽賀寺】福井県小浜市にある高野山真言宗の寺。山号は、本浄山。開創は霊亀2年(716)、開山は行基。千手観音立像・羽賀寺縁起などがある。

ば-がし【場貸し】《「ばがし」とも。「売り場を貸す」の意》百貨店業界で、卸売業者やメーカーの派遣店員に商品の選択・陳列・接客まですべてを任せること。

ばかし【▽許し】〔副助〕《「ばかり」の音変化。話し言葉に用いられる》❶おおよその程度を表す。ばっかし。「少し―塩気が足りない」❷限定の意を表す。ばっかし。「食卓には食事が並んで、あとは食べる―だ」❸(「…たばかし」の形で)動作が完了して間もない意を表す。ばっかし。「さっき来た―だ」

ハカシア〖Khakasiya〗ロシア連邦の21の共和国の一。エニセイ川上流部に位置。首都はアバカン。トルコ系のハカス人が住むが、多数派ではない。かつてモンゴル帝国の支配を受け、17世紀にロシア帝国が征服、多くをロシア正教に改宗させた。ハカス。

はがし-ごよみ【剝がし暦】毎日1枚ずつはがしていく暦。日めくり。

はがし-ぞめ【剝がし染(め)】布に豆汁ごを引き、その上に顔料を豆汁にまぜたものを刷毛はけで引いて乾かしたのち、竹のブラシで布の表面をこすり、顔料をすり落として模様を表す染色法。

はか-しょ【墓所】墓のある所。墓場。墓地。はかどころ。ぼしょ。類語墓場・墓地・霊園

ばか-しょうじき【馬鹿正直】シヤウヂキ〔名・形動〕正直すぎて融通がきかないこと。また、その人や、そのさま。「―な人」類語真っ正直・馬鹿律儀・お人好よし

はか-じるし【墓▽標】「ぼひょう(墓標)」に同じ。

は-かす【歯×滓】歯にたまったかす。はくそ。

はか・す【×捌かす】〔動サ五(四)〕❶水などを、滞らないでよく流れるようにする。「流しの水を―・す」❷残りが出ないように次々に売りさばく。「商品を値引きして―・す」

はか◦す【×佩かす】〔連語〕《動詞「は(佩)く」の未然形＋上代の尊敬の助動詞「す」》腰におつけになる。

「大雀命おほさざきの—・せる御太刀たち」〈記・中〉

はが・す【剝がす】〔動サ五(四)〕付着しているものを剝ぎ取る。めくり取る。「シールを—・す」「生爪を—・す」(可能)はがせる (類語)剝ぐ・剝むく・引き剝がす・剝ぎ取る・こそげる・へぐ・へがす

(用法)はがす・むく——「木の皮をはがす(むく)」のように、外側の部分を取り去る意では、相通じて用いられる。◆「はがす」は、表面に付着しているものを取りはずす意。「ポスター(切手・シール・傷口のガーゼ)をはがす」◆「むく」は表面をおおっているものを取り去って中身をあらわにする意。「りんご(みかん)の皮をむく」「ゆで卵のからをむく」「目をむく」「歯をむく」◆「はがす」と同類の語に「はぐ」がある。「はぐ」は「木の皮をはぐ」「けものの皮をはぐ」のように、「はがす」「むく」と同じように用いられるが、また、身につけているものを取り除く意もある。「掛けている毛布をはぐ」「官位をはぐ」

ばか・す【化かす】〔動サ五(四)〕《古くは「はかす」とも》人の心を迷わして正常な判断を狂わせる。たぶらかす。「狐に—・される」(可能)ばかせる (類語)騙だます・たばかる・誑たぶらかす・惑わす・まやかす・一杯食わす

ば-かず【場数】経験した数。多くの経験。

場数を踏・む　経験を積む。多くの経験を積んで馴れる。「さすが—・んでいるだけのことはある」

バガス〖bagasse〗サトウキビやモロコシなどの茎から汁を搾り取ったあとのかす。主な成分はセルロース。パルプの原料、飼料などにする。また、アルコール発酵によって作ったエチルアルコール(エタノール)を代替燃料として用いる研究が進んでいる。➡バイオエタノール (補説)そのまま焼やして燃料として用いることもあるが、かなり効率のいい熱源である。

はかせ【佩=刀】「はかし」の音変化。〈文明本節用集〉➡みはかし

はか-せ【博士】❶学問やその道の知識にくわしい人。「お天気—」「物知り—」❷学位の「博士はくし」の俗称。「—号」「文学—」❸律令制の官名。大学寮に明経みょうぎょう・紀伝(のちに文章もんじょう)・明法みょうぼう・算・音・書、陰陽おんよう寮に陰陽・暦・天文・漏刻、典薬寮に医・呪禁じゅごんなどの各博士が置かれ、それぞれ専門の学業を教授した。❹(「墨譜」とも書く)声明しょうみょうの経文の傍らに記して、音の高低・長短を示す記号。上がり下がりなど音の動きを線で視覚的に表した目安めやす博士と、音階(宮・商・角・徴ち・羽)を文字または記号で表した五音ごいん博士とに大別される。節博士ふしはかせ。

(類語)(②)博士はくし・ドクター

は-かぜ【羽風】❶鳥や虫が羽を動かすときに起きる風。❷舞う人の袖の動きが起こす風。「求子もとめご舞ひてかよる袖どものうち返す—に」〈源・匂宮〉

は-かぜ【葉風】草木の葉を動かす風。「—が立つ」

はかた【博多】福岡市の区名。那珂川なかがわ以東の地域で、商業が盛ん。古く那津なのつとよばれ、大陸との交通の要地として発展。博多港・博多駅・福岡空港がある。どんたく・祇園山笠などの祭りが行われる。

は-がた【歯形｜歯型】❶歯でかんだあとにつく形。「かまれて—がつく」❷(歯型)歯並びの形を石膏せっこうなどでうつしとったもの。「—を取る」

はかた-おび【▽博多帯】博多織の帯。

はかた-おり【▽博多織】博多地方から産する絹織物。横糸を太くした平織りで、堅くてつやのあるもの。独鈷とっこ花菱の浮き文に縞を組み合わせた柄が多い。帯地や袴はかま地・袋物地などに用いる。

ばか-たか・い【馬鹿高い】〔形〕(文)ばかたか・し〔ク〕値段などが、並はずれて高い。「こんな—・い物は買えない」

は-がたき【端敵】歌舞伎の役柄の一。立敵たてがたきに対して、安っぽい端役の敵役。

はかた-ぎおんやまがさ【博多祇園山笠】ーギヲンやまがさ　福岡市櫛田くしだ神社で7月1日から15日に行われる祭礼。飾り山笠または山笠とよぶ、飾り物をつけた山車だしを据えたり、担いだりする。最終日にはそれを担いで速さを競う「追い山笠」がある。

はかた-く【博多区】▶博多

はかたこじょろうなみまくら【博多小女郎波枕】はかたこぢよらうなみまくら　浄瑠璃。世話物。3巻。近松門左衛門作。享保3年(1718)大坂竹本座初演。海賊毛剃九右衛門けぞりくえもんの手下になった京の商人小町屋惣七と、博多の遊女小女郎の情話。通称「毛剃」。

はかた-じし【▽博多×獅子】博多の郷土玩具。松材を切り割り、獅子頭ししがしらの形に作ったもの。

はかた-しぼり【▽博多絞】博多で産する木綿の絞り染め。紺地の真岡もおか木綿に花柄などを絞り出したもの。浴衣地に用いる。

はかた-じま【伯方島】愛媛県北部、瀬戸内海中央部の芸予げいよ諸島中の島。今治いまばり市に属する。面積19.5平方キロメートル、周囲32.5キロメートル。標高ほぼ300メートル以下の丘陵からなり、ミカン・タバコ・野菜などの栽培が盛ん。瀬戸内海交通の要衝で、瀬戸内しまなみ海道の一部。

はかた-ドンタク【博多どんたく】福岡市の年中行事。正月の松囃子まつばやしに始まるが、現在は港祭りを統合して5月3〜4日に行われる。福神・大黒などの練り物が出て古風な唱え言をするほか、さまざまな芸能が行われる。➡ドンタク

はかた-にわか【▽博多×俄】にはか　博多地方で行われる即興の寸劇。目かずらをつけるのが特徴。盆踊りから発生し、幕末から明治にかけて流行。➡俄狂言

はかた-にんぎょう【▽博多人形】ーニンギャウ　博多地方に産する人形。粘土を素焼きにして彩色を施したもの。能・歌舞伎・浮世絵などから取材したものが多い。

はかた-の-つ【博多津】福岡市の博多港の古称。坊津ぼうのつ・安濃津あのつとともに三津さんしんの一。

はかた-ひら【▽博多平】袴はかま地に織った博多織。

はかた-ぶし【博多節】福岡県の民謡で、博多の座敷歌。「ドッコイショ」の囃子詞はやしことばが入る古い博多節と新しい正調博多節とがある。前者は明治中期に島根県石見いわみ地方から門付け芸人がもたらし、後者は大正時代に下関付近で歌われていた端唄はうたの節を取り入れたもの。

は-がため【歯固め】❶歯茎を丈夫にさせるために、まだ歯の生えない幼児にしゃぶらせる玩具。❷《「歯」は年齢の意》長寿を願って、正月あるいは6月1日に鏡餅かがみもち・大根・押し鮎あゆ・勝栗かちぐりなど固いものを食べる行事。また、その食べ物。(季 新年)

ばか-たれ【馬鹿たれ】「ばか」を強めた語。人をののしっていうときに用いる。

はかた-わん【博多湾】福岡県北西部、糸島半島と海の中道、志賀島しかのしまに囲まれる湾。湾口に玄界島、湾内に能古島のこのしまがあり、南岸は福岡市。元寇げんこうの古戦場。

はか-ち【墓地】墓場。ぼち。

ばか-ぢから【馬鹿力】あきれるほどの強い力。「—を出す」「火事場の—」

はがち-ざき【波勝崎】静岡県、伊豆半島南西端の岬。海食崖をなす。餌づけされた野生ザルがすむ。

は-がつお【歯×鰹】ーがつを　サバ科の海水魚。全長約70センチ。カツオに似るが、やや側扁し、歯が大きい。背側は藍青色で数本の黒色縦帯があり、腹側は銀白色。本州中部以南に分布。食用。

ばか-づら【馬鹿面】間抜けた顔つき。あほうづら。

ばか-ていねい【馬鹿丁寧】〔名・形動〕並みはずれて丁寧なこと。また、そのさま。「—なあいさつ」

(類語)慇懃いんぎん・丁重・丁寧

ばか-でか・い【馬鹿でかい】〔形〕並はずれて大きい。やたらと大きい。「—・い靴」

バガテル〖フランス bagatelle〗《とるにたりないことの意》音楽で、主に鍵盤けんばん楽器用の小品曲。

はか-どころ【墓所】墓のある所。墓地。ぼしょ。「この乳母めのと、—見て、泣く泣く帰りたりし」〈更級〉

ばか-どり【馬鹿鳥】アホウドリの別名。

はか-ど・る【▽捗る｜▽果取る】〔動ラ五(四)〕仕事が順調にどんどん進む。はかがゆく。進捗しんちょくする。「勉強が—・る」「作業が—・る」

(類語)進む・運ぶ・進捗しんちょくする・はかが行く

はか-な・い【▽果無い｜果=敢無い｜×儚い】〔形〕(文)はかな・し〔ク〕❶束の間であっけないさま。むなしく消えていくさま。「—・い命」「—・い恋」❷不確実であったり見込みがなかったりして、頼りにならないさま。「—・い望み」❸めどがつかない。見通しがはっきりしない。「大空も雲のかけはしなくばこそ通ふ—・き嘆きをもせめ」〈かげろふ・下〉❹甲斐がない。無駄である。「行く水に数書くよりも—・きは思はぬ人を思ふなりけり」〈古今・恋一〉❺取り立てていうほどではない。取るに足りない。「—・くうち使ふ調度なども」〈宇津保・俊蔭〉❻思慮分別が足りない。未熟である。また、愚かである。「人々の花蝶やとめづるこそ—・くあやしけれ」〈堤・虫めづる姫君〉❼粗末である。みすぼらしい。「—・き単衣の萎えたるを着たるに」〈宇津保・俊蔭〉

(派生)はかなげ〔形動〕はかなさ〔名〕(類語)空しい

はかなくな・る　死ぬ。亡くなる。「いといたく思ひ嘆きて—・り侍りにしかば」〈源・帚木〉

ばかなえ-びょう【馬鹿苗病】ばかなへビャウ　稲の苗に子嚢菌しのうきんの一種が寄生することによって起こる病害。この菌が産生するジベレリンのため、葉が極端に伸長して黄色くなり、実を結ばなくなる。

はか-なぎ【墓×薙ぎ】盂蘭盆うらぼんに墓を掃除すること。

はかな-ごと【▽果無事】「はかなしごと」に同じ。「かかる身を持ちて、なぞこの—は」〈宇津保・菊の宴〉

はかなし-ごと【▽果無し事】とるに足りないようなこと。また、当てにならないこと。はかなごと。「—と知りながら、いたづらに心動き」〈源・蛍〉

はかな-だ・つ【▽果無立つ】〔動タ四〕頼りなさそうに見える。心細そうに見える。「屋のさまも—・ち、廊めきて」〈枕・九九〉

はかな・ぶ【▽果無ぶ】〔動バ上二〕はかないようなようすをする。頼りなさそうに見える。「—・びたるこそはらうたけれ」〈源・夕顔〉

はかな・む【▽果無む｜×儚む】〔動マ五(四)〕はかないと思う。「世を—・む」

はかな-もの【▽果無物】弱々しいもの。つまらないもの。役に立たないもの。「悪霊は、執念しふねきやうなれど、業障ごふしやうにまとはれたる—なり」〈源・夕霧〉

パガニーニ〖Niccolò Paganini〗［1782〜1840］イタリアのバイオリン奏者・作曲家。ロマン主義音楽の名人芸的演奏の先駆者で、その技巧は秘術的とさえいわれた。作品にバイオリン曲「二四の奇想曲」など。

は-がね【鋼】《刃金の意》鋼鉄こうてつ。こう。

鋼を鳴ら・す　武威を示す。また、勢威をふるう。「此世では—・いた侍が」〈虎寛狂・武悪〉

ばか-ね【馬鹿値】極端に高かったり安かったりする値段。「—で入札する」

はがね-いもの【鋼鋳物】▶鋳鋼ちゅうこう

はか-ば【墓場】墓のある所。墓地。墓所。「ゆりかごから—まで」(類語)墓所・墓地・霊園

ぱか-ぱか〔副〕馬が軽やかに歩むときの、ひづめが鳴る音。「馬が—(と)歩く」

はかばかし・い【▽捗▽捗しい｜▽果▽果しい】〔形〕(文)はかばか・し〔シク〕❶物事が望ましい方向へ進むさま。順調に進むさま。多く打消しの語を伴って用いる。「工事の進みぐあいが—・くない」「回復が—・くない」❷際立っている。はっきりしている。「空の気色、—・しくも見えず」〈更級〉❸頼りがいがある。しっかりしている。「取り立てて—・しき後見しなければ」〈源・桐壺〉❹身分や行動がきちんとしている。ちゃんとしている。「都の内といへど、—・しき人の住みたるわたりにもあらず」〈源・玉鬘〉❺表向きで堂々としているさま。れっきとしている。「この魚、おのれら若かりし世までは、—・しき人の前へ出づること侍らざりき」〈徒然・一一九〉❻ふてぶてしくて、したたかである。「あら、—・しや、盗人よ」〈謡・烏帽子折〉(派生)はかばかしげ〔形動〕はかばかしさ〔名〕

ばかばかし・い【馬鹿馬鹿しい】〔形〕(文)ばかばか・し〔シク〕❶無意味でくだらなく見えるさま。ばからしい。「手間ばかりかかる—・い仕事」❷事物の性質、状態が度をこえてはなはだしいさま。「—・く大きい船」「—・い値段」(派生)ばかばかしげ〔形動〕ばかば

かしさ〔名〕 類語 馬鹿らしい・馬鹿臭い・下らない・詰まらない・阿呆らしい・愚かしい・馬鹿・愚か・愚劣・愚にもつかない・ナンセンス・荒唐無稽・噴飯物

バガバッド-ギーター〖梵 Bhagavad-gītā〗《主の歌の意》ヒンズー教の聖典の一。クリシュナに化身したビシュヌ神への信愛バクティを説く宗教哲学詩。大叙事詩「マハーバーラタ」の一部をなす。

ばか-ばなし【馬鹿話】とりたてて内容のない、つまらない話。むだばなし。「―で時間をつぶす」

ばか-ばやし【馬鹿×囃子】東京やその周辺の祭礼で、山車だしなどの上で奏する祭り囃子。大太鼓・締め太鼓・笛・鉦かねを用いるにぎやかな囃子で、多くおかめ・ひょっとこなどの面をつけて踊る。屋台囃子。

はか-びょう【破×瓜病】ハクワビヤウ 統合失調症の病型の一。破瓜期に発病することが多い。

は-かぶ【端株】商法で、株式配当・株式分割・株式併合などによって生じる、1株に満たない株式のことであったが、平成18年(2006)5月施行の会社法により廃止され、それまで端株制度と並存していた単元株制度に一本化された。

ばがぼん【▽薄×伽×梵】《梵 bhagavatの音写。世尊・有徳と訳す》❶仏の称号。❷インドで、仙人や貴人に対して用いる呼称。

バガボンド〖vagabond〗放浪者。さすらいびと。
類語 放浪者・流浪者・浮浪者・さすらいびと

はかま【×袴】《「穿はく裳も」の意かという》❶和服で、着物を着た上からつけて、腰から下を覆う緩やかな衣服。ひもで腰に結び留める。行灯あんどん袴、馬乗り袴、近世に礼服として用いられた長袴など種類が多い。「―をつける」❷つくしの節を包む苞葉ほうよう。また、笹や草の茎を包む葉鞘ようしょうや、どんぐりのお椀のこと。❸酒徳利を据えておくための、筒型またはます型の器。

は-がま【羽釜｜歯釜】かまどにかけるために、まわりにつばをつけた飯炊き釜。

ばか-まい【馬鹿舞】まひ ►馬鹿踊り

はか-まいり【墓参り】まゐり〔名〕スル 墓に参って拝むこと。特に、盂蘭盆うらぼんに先祖の墓にお参りすること。墓詣で。ぼさん。季 秋 類語 墓参

はかま-かずら【×袴▽葛】かづら マメ科の常緑の蔓植物つるしょくぶつ。紀伊半島以西の海岸の森林内に自生。葉は心臓形で先が二つに裂けており、袴の形に似る。初夏、淡黄緑色の花を総状につける。

はかま-ぎ【×袴着】幼児が初めて袴をつける儀式。古くは3歳、後世では5歳または7歳に行い、しだいに11月15日の七五三の祝いとして定着。着袴ちゃっこ。

はかま-ごし【×袴腰】❶袴の腰にあたる部分。男子用には台形の腰板を入れる。❷鐘楼・鼓楼の下層の末広がりになった部分。❸台形をしたもの。土手の断面や、行灯あんどんの下半分などにいう。

はかま-じ【×袴地】ヂ 袴に用いる布地。

はかまだれ【袴垂】平安時代の伝説上の盗賊。今昔物語・宇治拾遺物語にみえ、和泉式部の夫藤原保昌の弟保輔やすすけともいわれるが未詳。

はかま-のう【×袴能】登場者が面・装束をつけず、紋服に袴のままで演じる能。季 夏「伯父といふこはき人あり―/時彦」➡装束能

は-がみ【歯×噛み】〔名〕スル「歯ぎしり」に同じ。

はか-もうで【墓詣で】まうで〔名〕スル「墓参り」に同じ。季 秋

ばか-もの【馬鹿者】愚かな人。また、愚かな言動をする人をののしっていう語。
類語 馬鹿・阿呆あほう・薄のろ・盆暗ぼんくら・まぬけ・とんま・たわけ・馬鹿野郎・馬鹿たれ・与太郎・抜け作・おたんこなす・おたんちん・あんぽんたん・べらぼう

はか-もり【墓守】墓所の世話をする人。墓の番人。

はが-やいち【芳賀矢一】[1867～1927]国文学者。福井の生まれ。ドイツに留学し、文献学的国文学を提唱。国文学研究の開拓者といわれる。著「国文学史十講」「国民性十論」「攷証今昔物語集」など。

ばか-やろう【馬鹿野郎】ヤラウ ばかな男。また、人をののしっていう語。

は-がゆ・い【歯×痒い】〔形〕文はがゆ・し〔ク〕思いどおりにならなくて、いらだたしい。もどかしい。「―・くて見ていられない」➡焦じれったい 用法 派生 はがゆがる〔動ラ五〕はがゆげ〔形動〕はがゆさ〔名〕 類語 もどかしい・じれったい・苛立たしい・まだるっこい

バカラ〖フランス baccara〗トランプを使用する賭博とばくの一。日本のおいちょかぶに似たもの。手札の合計点の末尾の数を争うゲーム。9または9に近い数が勝ちとなる。

はからい【計らい】はからひ 判断。取り扱い。処置。「粋な―」「特別な―」

はから・う【計らう】はからふ〔動ワ五(ハ四)〕❶考え合わせて、適切に処置する。とりはからう。「便宜を―・う」「よきに―・え」❷何かを決めるために話し合う。相談する。「友人と―・って決める」❸計画を立てる。企てる。「為朝、合戦の次第―・ひ申せ」〈保元・上〉❹適当に選び定める。見はからう。「日を―・ひて、いつしか、と思ほすほどに」〈源・東屋〉❺相手の事情を考えて、柔軟な処置をとる。手加減をする。「飯を―・ひ盛り、人にすすむる役者」〈咄・醒睡笑・一〉 可能 はからえる 類語 (❶)取り計らう・処理する・処置する・取りさばく・さばく・取り扱う・扱う/(❷)諮る・相談する

ばから・し・い【馬鹿らしい】〔形〕文ばから・し〔シク〕「ばかばかしい」に同じ。「―・くて話にならない」 派生 ばからしげ〔形動〕ばからしさ〔名〕

はから-ず【図らず｜計らず】〔副〕予想しないのに。思いがけず。「―甚内にめぐり合った事」〈芥川・報恩記〉

はからず-も【図らずも】〔副〕思いもかけず。意外にも。「―同じ列車に乗り合わせた」
類語 はしなくも・ゆくりなく・期せずして

はがら-もの【端柄物｜羽柄物】原木から大きな用材を取ったあとの残りから取る小さな角材や板材。小割こわり・貫ぬきの類。はがら材。やまひきもの。

はかり【計り｜量り】❶道具を用いて、物の長さ・量・重さなどをはかること。また、その結果。「―をごまかす」❷目当て。めど。「いづこを―とも覚えざりければ、かへり入りて」〈伊勢・二一〉❸限度。あるかぎり。…のあらんかぎり。「声を―にぞおめきさけび給ひける」〈平家・七〉

計り無・し ❶手立てがない。どうしようもない。「―・く便りなき学生」〈宇津保・祭の使〉❷無量である。数えきれない。計りきれない。「一日の出家の功徳は―・きものなれば」〈源・夢浮橋〉❸(「言うはかりなし」「申すはかりなし」の形で)なんとも言いようがない。言い尽くせない。「たのしみさかえ、申すはかりもなかりつるに」〈平家・三〉❹思慮がない。分別がない。「隆方は―・き心ばへにて」〈今鏡・一〉

はかり【×秤】《「計り」と同語源》物の重さをはかる道具。天秤てんびん・ぜんまい秤など。
下接語 (ばかり)圧力秤・浮き秤・看貫かんかん秤・金き秤・銀秤・竿さお秤・皿秤・自動秤・台秤・手秤・捩ねじり秤・発条ばね秤・水秤

秤に掛・ける ❶秤で重さをはかる。❷物事を比べてその利害・得失を考える。天秤てんびんに掛ける。「どちらにつくほうが得か―・けて行動する」

ばかり【▽許り】〔副助〕名詞、副詞、活用語の連体形、一部の助詞に付く。❶範囲を限定する意を表す。…だけ。…のみ。「あとは清書する―だ」「大きい―が能じゃない」「いそのかみ古き都のほととぎす声―こそ昔なりけれ」〈古今・夏〉❷おおよその程度・分量を表す。…ほど。…くらい。「まだ半分―残っている」「一〇歳―の男の子」「三寸―なる人」〈竹取〉❸(「…たばかりに」の形で接続助詞的に用いて)それだけの原因での意を語調を強めて表す。…ために。「動揺した―に制球が乱れた」「強行採決をした―に議場が荒れた」❹(動詞の連体形または助動詞「ぬ(ん)」を受けて)ある動作が今にも行われようとする状態を表す。「いつでも出発できる―になっている」「泣き出さん―の顔」❺(「…たばかり」の形で)動作が完了してまもない状態にある意を表す。「銀行から引き出した―のお金」「今出かけた―だ」❻(「…とばかり」「…とばかりに」の形で)強調の意を表す。「ここぞと―声援する」「待っていたと―に飛び出す」 補説 動詞「はか(計)る」の連用形が名詞化した「はかり」から転じたもので、❷が本来の用法とされる。中古では❶❷とも、用言の終止形にも付いた。❶は中古以降の用法で、中世以降は❷は衰え、「ほど」がそれに代わり、❶は「のみ」よりも優勢になった。近世以降は、限定に「だけ」「きり」が加わるようになる。なお、「ばかり」はくだけた話し言葉では、「ばっかり」「ばっかし」「ばかし」という形も使われ、また、「っぱかり」の形になることもある。

はかり-い・ず【謀り▽出づ】づ〔動ダ下二〕だまして連れだす。「東山に湯わかしたりとて、人を―・でて」〈今昔・二六・一七〉

はかり-うり【量り売り】〔名〕スル 客の求めるだけの分量をはかって売ること。「佃煮つくだにを―する」
類語 切り売り・分売

ばかり-か【▽許りか】〔連語〕《「か」は副助詞》物事がただそれだけに限らず、他にまで及んでいる意を表す。…だけでなく、そのうえ。「勉強―スポーツの面でもすぐれている」「強い―情にも厚い」

はかり-きり【量り切り】分量を正確にはかって、それ以上の余分をつけないこと。

はかり-ご・つ【▽謀つ】〔動タ四〕《名詞「はかりごと」の動詞化。古くは「はかりこつ」》❶はかりごとをめぐらす。「舎利弗に会ひて秘術を相競くらべん事を―・つ」〈今昔・一・九〉❷だます。あざむく。「人に追はれ、人に―・たれても」〈源・手習〉

はかり-ごと【▽謀】《「計り事」の意。古くは「はかりこと」》物事がうまくゆくように、前もって考えた手段・方法・計画。また、計略。もくろみ。「―をめぐらす」「―を練る」「―は密なるをもってよしとす」
類語 策略・計略・作戦・謀略・陰謀・企たくらみ・画策・策動・術策・権謀・謀計・奸策かんさく・詭計きけい・深謀・遠謀・深慮・悪だくみ・わな・機略・計画・もくろみ・企くわだて・一計・企図・プラン・青写真・筋書

はかり-こ・む【計り込む｜量り込む】〔動マ五(四)〕升・秤はかりなどではかって容器に入れる。「一斗の米を…其拙なる者は九升七合に―・むことあり」〈福沢・学問のすゝめ〉

はかり-ざ【×秤座】江戸時代、幕府の特許によって、全国の秤の製造・検定・頒布を独占した座。江戸と京都におかれ、江戸秤座は守随氏、京都秤座は神ぜん氏が管掌。

はかり-ざお【×秤×竿】ざを 竿秤さおばかりの竿。木製や金属製の細長い棒に、目盛りが刻んである。

はかり-ざら【×秤皿】秤の付属具で、はかろうとする物をのせる平たい皿。

はかり-し・る【計り知る】〔動ラ五(四)〕おしはかる。推測する。多く、下に打消しの表現を伴って用いる。「―・ることのできない苦労」

はかり-しれ◦ない【計り知れない】〔連語〕おしはかることができない。想像できないほどである。「―◦ない恩」「その影響は―◦ないものがある」
類語 大いなる・大だいなる・大きい・多大・絶大・甚大・大変・非常・桁けた外れ・桁違い・並み外れ・甚だしい・すごい・ものすごい・恐ろしい・ひどい・えらい・途方もない・途轍とてつもない・筆舌ひつぜつに尽くしがたい・言語に絶する・並並なみなみならぬ・端倪たんげいすべからざる

ばか-りちぎ【馬鹿律義】〔名・形動ナリ〕並はずれて律義なこと。また、そのさま。ばか正直。「―に覚えこむにはあらねども」〈風流志道軒伝〉

ばかり-に【▽許りに】〔連語〕《「に」は格助詞。接続助詞のように用いる》ある原因・理由では考えもしなかった悪い結果になることを表す。「わずかな金を惜しんだ―、とりかえしのつかないことになった」「ちょっと無理をした―、入院するはめになった」

はかり-べり【量り減り】〔名〕スル ある分量のものを升・秤はかりで何度かに分けてはかっていくうちに、総量がはじめの全体の量目より少なくなること。

はかり-め【×秤目】❶秤竿はかりざおに刻んである目盛り。❷はかった重さ・分量。量目りょうめ。

はか・る【計る｜量る｜測る｜図る｜謀る｜諮る】〔動ラ五(四)〕《「はか」に活用語尾の付いたもの》❶(計

る・測る・量る) ㋐ある基準をもとにして物の度合いを調べる。特に、はかり・ゲージなどの計測機器で測定する。「体温を—・る」「距離を—・る」㋑推しはかって見当をつける。おもんぱかる。忖度する。「己をもって人を—・る」「真意を—・りかねる」❷(図る・謀る) ㋐物事を考え合わせて判断する。見はからう。「時期を—・る」「敵情を—・る」㋑企てる。もくろむ。「自殺を—・る」❸(謀る) ㋐はかりごとをする。たくらむ。「悪事を—・る」㋑あざむく。たばかる。「さては—・られたか」❹(図る) ㋐くふうして努力する。「再起を—・る」「利益を—・る」㋑うまく処理する。とりはからう。「便宜を—・る」❺(諮る) 相談する。「会議に—・って決める」[可能]はかれる

[類語]（❶㋐）測定する・計測する・計量する・秤量する・秤量する・実測する・計時する・目測する／（❸㋐）もくろむ・企てる・策する・企図する／（❺）計らう・聞く・問う・尋ねる・質す・問い合わせる・相談する・諮問する・質問する・借問する・下問する

計らざるに　予想していなかったのに。思いがけなくも。「一牛は死し、一ぬしは存ぜり」〈徒然・九三〉

はが・る【剥がる】〔動ラ下二〕「はがれる」の文語形。

はがれ-びょう【葉枯れ病】葉に多数の斑点が生じて広がり、枯れる病害。主に菌類の寄生により、エンバク・コムギ・セロリなど多くの植物で生じる。

はが・れる【剥がれる】〔動ラ下一〕[文]はが・る〔ラ下二〕表面についていたものが離れてとれる。はげて落ちる。「化けの皮が—・れる」

[類語]剝げる・剝ける・へげる・剝離する

バカロレア〘(フランス) baccalauréat〙フランスの後期中等教育の終了を証明する国家試験。これに合格すると大学入学資格が与えられる。

ばか-わらい【馬鹿笑い】〔名〕(スル) ばかのように、むやみに大声で笑うこと。「大口開けて—する」

は-かん【波間】波のあいだ。なみま。

は-がん【破顔】〔名〕(スル) 顔をほころばせて笑うこと。「室に入って来た彼は、晴れやかにこう言って—した」〈徳永・太陽のない街〉

ハガン〘Khaghan〙▶ハン

ばかん【馬関】山口県の下関のこと。下関の古称、赤間関を赤馬関とも書いたところからいう。

ばかん【馬韓】三韓の一。朝鮮半島南西部にあった50余国からなる部族国家の総称。また、その種族・居住地域名。現在の全羅・忠清2道および京畿道の一部にあたる。4世紀中ごろ百済に統合。

はがん-いっしょう【破顔一笑】〔名〕(スル) 顔をほころばせて、にっこり笑うこと。「合格の知らせに—する」[類語]朗笑・にっこりする・笑む・笑う・相好を崩す

バカンス〘(フランス) vacances〙「バケーション」に同じ。

パガン-ちょう【パガン朝】《Pagan》ビルマ人による最初の統一王朝。1044年、アノーラータが創始。都はパガン。ほぼ現在のミャンマー全域を支配し、仏教を普及させ、ビルマ文字を作り、独自の文化を開花させた。1287年、元に滅ぼされた。

は-き【破棄｜破毀】〔名〕(スル) ❶破り捨てること。「不要な資料を—する」❷契約・取り決めなどを一方的に取り消すこと。❸事後審査を行う上級裁判所が、上訴に理由があるとして原判決を取り消すこと。

[類語]廃棄・破却・破約・解消・御破算

は-き【覇気】❶物事に積極的に取り組もうとする意気込み。「若いのに—がなくてどうする」❷人の上に立とうとする強い意志。野心。野望。

[類語]闘志・ファイト・元気・活気・生気・精気・神気・鋭気・壮気・威勢・景気・活力・精力・気力・血気

はぎ【×接ぎ】はぎ合わせること。布や紙などをつぎ合わせること。また、その部分。「継ぎ—」

はぎ【×脛】足の、膝から踝までの部分。すね。

[類語]脛・膨らはぎ・向こうずね・弁慶の泣き所・下腿

脛に挙・ぐ　衣の裾を脛の上までまくり上げる。「心にもあらぬ—・げてみせける」〈土佐〉

はぎ【×萩｜芽＝子】❶マメ科ハギ属の落葉低木の総称。山野に生え、葉は3枚の小葉からなる複葉。秋、蝶形の花を総状につけ、ふつう紅紫色。ミヤギノハギ・マルバハギなどがあり、特にヤマハギをさす。古くから庭園に植えられ、秋の七草の一。歌に鹿や雁と取り合わせて詠まれ、異称も多く、鹿鳴草・鹿の花妻・風聞草・月見草・庭見草などがある。胡枝花。からはぎ。[季 秋]「一つ家に遊女も寝たり—と月／芭蕉」❷襲の色目の名。表は蘇芳、裏は萌葱または青。秋に用いる。萩襲。❸紋所の名。萩の花・葉・枝を図案化したもの。

はぎ【萩】山口県北部の市。日本海に面し、水産加工業やナツミカン栽培が盛ん。もと毛利氏の城下町で、明治維新には多くの志士が輩出。萩焼の産地。平成17年(2005)3月に阿武郡6町村と合併。人口5.4万(2010)。

ハギアソフィア-だいせいどう【ハギアソフィア大聖堂】《Hagia Sophia》▶アヤソフィア

はぎ-あわ・す【▽接ぎ合(わ)す】■〔動サ五(四)〕「はぎあわせる」に同じ。「板を—・して箱をつくる」■〔動サ下二〕「はぎあわせる」の文語形。

はぎ-あわ・せる【▽接ぎ合(わ)せる】〔動サ下一〕[文]はぎあは・す〔サ下二〕布や板などをつなぎ合わせる。はぎ合わす。「布切れを—・せる」

バギー〘buggy〙❶乳母車。ベビーバギー。❷荒地を走行するための簡単な車体の自動車。「サンド—」

バギー-パンツ〘baggy pants〙袋のように膨らんだ、極端にゆとりのあるズボンの総称。

バギー-ルック〘baggy look〙ゆったりとしたシルエットを特徴とするファッションのこと。バギーパンツ・バギーシャツなどが代表的アイテム。

はき-お【×佩き緒】太刀を佩くときに用いる緒。帯取りに結び、腰にまとう。太刀の緒。帯取りの緒。

バギオ〘Baguio〙フィリピンのルソン島中部にある観光都市。標高1510メートルの高地にある。

はき-おと・す【掃(き)落(と)す】〔動サ五(四)〕❶掃いて下に落とす。「座敷から土間へちりを—・す」❷掃いて一部を残す。「うっかり隅を—・す」

はぎお-もと【萩尾望都】[1949〜]漫画家。福岡の生まれ。少女漫画の地位を高め、後進にも多大な影響を与えた第一人者。繊細なタッチと詩的なストーリー展開、巧みな心理描写で、SF・サスペンスなど幅広い作品を手がける。代表作「ポーの一族」「トーマの心臓」「バルバラ異界」など。

はき-かえ【履(き)替え】履物やズボンなどを替えること。また、そのために用意する物。

はき-か・える【履(き)替える】〔動ア下一〕[文]はきか・ふ〔ハ下二〕❶履物やズボンなどを別のものに替える。「濡れた靴下を—・える」❷まちがって人の履物を履く。はきまちがえる。「おれが草履は長刀だらうが鑓だらうが、—・へられては済まぬぞ」〈滑・浮世風呂・前〉

はき-かけ【▽刷き掛け】刷毛ではいて中途でやめたように、一方または縁だけを彩色すること。また、その染め。「—の置手拭」〈浮・五人女・三〉

は-きき【羽利き】❶タカの羽の強いこと。❷はぶりがよいこと。また、その人。はば利き。「村で—というて二のない—」〈上司・太政官〉

はき-きよ・める【掃(き)清める】〔動マ下一〕[文]はききよ・む〔マ下二〕❶掃いてきれいにする。「墓を—・める」❷平定する。討ち従える。「まつろはぬ人をも和し—・め仕へ奉りて」〈万・四四六五〉

は-ぎく【葉菊】襲の色目の名。表は白、裏は青。秋に用いる。

はき-ぐすり【吐(き)薬】胃の中のものを吐き出させる薬。吐剤。

はき-くだし【吐(き)下し】吐いたり下痢したりすること。吐瀉。

はき-ぐち【吐(き)口】水などを流し出す口。はけぐち。

はき-け【吐(き)気】胃の中の物を吐きそうになる感じ。非常に不快な気持ちについてもいう。むかつき。「—を催す」「声を聞いただけで—がする」

はぎ-こ【▽接ぎ子】はぎ合わせた衣服。また、はぎ合わせた部分。

はき-こみ【掃(き)込み】茶席で、客の前で炭をついだのち、羽箒で道具や畳を掃くこと。

はき-さしもどし【破棄差(し)戻し】事後審としての裁判所が原判決を破棄して、事件をさらに審判させるために原裁判所へ差し戻すこと。

はぎ-し【萩市】▶萩

は-ぎしみ【歯×軋み】〔名〕(スル)「はぎしり」に同じ。「隣りの—に魂を驚かす」〈露伴・風流仏〉

は-ぎしり【歯×軋り】〔名〕(スル) ❶眠りながら、歯と歯をすり合わせて、きりきり音を立てること。また、その音。歯がみ。切歯。❷怒りや悔しさから歯をかみしめて音を立てること。また、非常に残念がること。歯がみ。切歯。「—して悔しがる」[類語]歯がみ・切歯

パキスタン〘Pakistan〙《ウルドゥー語で清浄の地の意》インド亜大陸の北西部、インダス川流域を占めるイスラム共和国。首都イスラマバード。乾燥地帯にあり、米・綿布・絨緞などを産する。1947年にイスラム教国として英領インドから分離・独立し、インドを挟んで東西に分かれていたが、71年、東パキスタンがバングラデシュ人民共和国として独立。人口1億8440万(2010)。

はき-すて【履(き)捨て】履物・靴下などを、履き古してそのまま捨てること。また、一度履いただけで捨ててしまうこと。「歯の減った下駄を—にする」

はき-す・てる【履(き)捨てる】〔動タ下一〕[文]はきす・つ〔タ下二〕❶履き捨てにする。「わら草履を—・てる」❷履物を捨てるように乱暴に脱ぐ。「靴を—・てて子供が家に駆け込む」

はき-そうじ【掃(き)掃除】ほうきで掃いて掃除すること。

はき-そえ【×佩き添へ｜▽帯き▽副へ】太刀に添えて腰に着ける小刀。脇差し。「いつも—にし給ひける御所作り兵庫鎖の御太刀」〈太平記・一七〉

はき-ぞめ【掃(き)初め】正月2日、新年になって初めて屋内の掃除をすること。[季 新年]「—の門辺の雪のうすうすと／素十」

はき-ぞめ【履(き)初め｜×穿き初め】❶新しい履物を履くこと。❷小児が初めて履物を履くこと。

はぎだいみょう【萩大名】狂言。和歌好きの亭主の茶屋へ萩見物に行く大名が、太郎冠者に1首の和歌を教えられるが、いざとなると下の句を忘れてしまう。

はぎ-だか【×脛高】■〔名〕茶入れなどで、釉が上部でとまり、素地が広く露出しているもの。■〔形動ナリ〕衣服の丈が短く、すねの上まで現れているさま。「高野檜笠に—なる黒衣着て」〈沙石集・一〉

はき-だし【掃(き)出し】❶ごみなどを掃き出すこと。❷「掃き出し窓」の略。

はきだし-まど【掃(き)出し窓】室内のちり・ごみを掃き出すために、床と同じ高さに設けた小窓。

はき-だ・す【吐(き)出す】〔動サ五(四)〕❶口の中や胃の中のものを吐いて外へ出す。「つばを—・す」❷内にたまったものを外へ出す。「煙突から煙を—・す」❸蓄えておいた金品を支出する。「有り金を残らず—・す」❹思っていることや隠していることを全部しゃべる。「うらみつらみを—・す」

はき-だ・す【掃(き)出す】〔動サ五(四)〕ごみなどを掃いて外へ出す。「ごみを—・す」

はき-たて【掃(き)立て】❶掃除してからまだ時がたたないこと。❷養蚕で、種紙についた卵から孵化したばかりの毛蚕を、羽箒で掃いて集め、蚕座へ移すこと。[季 春]

はき-だめ【掃き×溜め】❶ごみを掃き集めて捨てておく場所。ごみ捨て場。ごみため。「—をあさる」❷雑多な人や物が集まっている所。[類語]ごみ溜め

掃き溜めに鶴　つまらない所に、そこに似合わぬすぐれたものや美しいものがあることのたとえ。

はき-ちがえ【履(き)違え】❶履物をまちがえて履くこと。❷物事の意味を取り違えること。「自由と放任の—」

はき-ちが・える【履(き)違える】〔動ア下一〕[文]はきちが・ふ〔ハ下二〕❶他人の履物をまちがえて履いたり、左右をまちがえて履いたりする。「うっかり人

の靴を一・える」❷意味を取り違える。考え違いをする。「目的を一・える」

はき-ちら・す【吐(き)散らす】〔動サ五(四)〕❶つばなどを所かまわず吐いて、よごす。「へどを道ばたに一・す」❷さまざまなことを盛んに言う。わめき散らす。「悪口を大声で一・す」

はきつけ-かべ【掃(き)付け壁】小箒でモルタルを掃き付け、荒い表面を作り出した壁。

はぎ-つば【×萩×鍔】室町時代以降、長門国、萩で製した刀の鍔。はぎのつば。

はき-つぶ・す【履(き)潰す】〔動サ五(四)〕履き物を長期間履いたり、悪い道などで履いたりして、役に立たなくする。

はき-て【掃(き)手】相撲で、取組中に体勢が崩れて手の指先が軽く土俵に触れること。負けとなる。

はぎ-でら【×萩寺】萩の名所となっている寺。東京都江東区の竜眼寺、広島県福山市の明王院、埼玉県長瀞の洞昌院、神奈川県鎌倉の宝戒寺など。

はき-と〔副〕明らかに。はっきりと。「草も木も一映らぬ古き世界には」〈漱石・虞美人草〉

はぎ-とり【剝ぎ取り】❶はがして取ること。「一暦」❷満員の電車に乗ろうとして乗りきれないでいる客を、ホームに引きおろすことをいう俗語。

はぎ-と・る【剝ぎ取る】〔動ラ五(四)〕❶付着しているものをはがして取る。「船底のフジツボを一・る」❷着ている衣服や持っている金品を奪い取る。「強盗に身ぐるみ一・られる」

バギナ〖ラテン vagina〗膣。ワギナ。

はぎのつゆ【萩の露】地歌・箏曲。川瀬霞紅園作詞、幾山検校作曲。秋の情趣によせて、男に裏切られた女のわびしさをうたったもの。明治初期の成立で、京風手事物の最終期の名曲。

はぎ-の-と【×萩の戸】《障子に萩が描いてあったところから、または前庭に萩の植え込みがあったところからという》清涼殿の一室の名。夜の御殿の北で、弘徽殿の上御局と藤壺の上御局との間にあった。

はぎ-の-はな【×萩の花┊芽=子の花】❶萩に咲く花。❷「萩の餅」に同じ。❸飯をやわらかく炊いて椀に盛り、小豆粉などを添えて食べるもの。

はぎのはな-ずり【×萩の花×摺り】萩の花を布地に摺りつけて染めること。また、その布。また、萩の咲いている野原を行って、衣服が萩の花の色に染まることともいう。「わが衣は野原篠原一や」〈催馬楽・更衣〉

はぎ-の-もち【×萩の餅】おはぎのこと。

はぎの-よしゆき【萩野由之】[1860～1924]国史・国文学者。佐渡の生まれ。東大教授。和歌文学の近代化を目ざし、和歌改良論を唱えた。著「日本史講話」「日本制度通」「国学和歌改良論」(共著)など。

はぎ-の-らん【萩の乱】明治9年(1876)山口県萩で不平士族が起こした反乱。前原一誠らが神風連の乱・秋月の乱に呼応して挙兵。政府軍に平定された。

はき-はき〔副〕スル ❶話し方・態度・性格・行動などがはっきりしているさま。「質問に一(と)答える」「一した振る舞い」「ぱっちりとさめている母は一万端の事務をさばいて」〈蘆花・思出の記〉❷考え方がはっきりしているさま。歴然としているさま。「矢っ張り頭が一しません」〈三重吉・千鳥〉

(類語)てきぱき・きびきび・しゃきしゃき

はぎ-はぎ【▽接ぎ▽接ぎ】つぎはぎだらけであること。「一の布衣」〈逍遥・当世書生気質〉

ぱき-ぱき〔副〕スル 機敏で手ぎわよいさま。「一(と)部下に指示する」「一(と)した話しぶり」

はぎ-はら【×萩原】萩の生い茂っている野原。はぎわら。(季 秋)

はぎ-め【▽接ぎ目】布・板などのつぎ合わせた部分。

はき-もの【履物】靴・サンダル・下駄・草履など足に履く物の総称。

はぎ-やき【×萩焼】山口県萩市・長門市で産する陶器。文禄・慶長の役後に朝鮮から渡来した陶工により始められ、松本萩と深川萩の二系統に分かれて今日に至る。

は-きゃく【破却】〔名〕スル 原形をとどめないように、すっかりこわすこと。

ば-きゃく【馬脚】❶馬のあし。❷芝居で、馬のあしを演じる役者。

馬脚を露わ・す 《馬脚❷が姿を見せてしまう意から》隠していたことがあらわれる。化けの皮がはがれる。しっぽを出す。(補説)「尻尾を出す」との混同で、「馬脚を出す」とするのは誤り。

は-きゅう【波及】〔名〕スル 物事の影響が波のように徐々に広がること。「暴動が全国に一する」

(類語)伝播・伝染・広がる

バキューム〖vacuum〗真空。「一パック」

バキューム-カー《和 vacuum＋car》真空ポンプで液状の物をタンクに吸入して運ぶ車。特に、屎尿を汲み取る自動車。

バキューム-クリーナー〖vacuum cleaner〗電気掃除機。

は-きょう【破鏡】❶割れた鏡。❷夫婦が離縁すること。離れて暮らすことになった夫婦が、鏡を二つに割ってそれぞれの一片を持ち、愛情のあかしとしたが、妻が不義を働いたためにその一片がカササギとなって夫の所へ舞い戻り、不義が知れて離縁になったという「神異経」の故事による。

破鏡の嘆き 夫婦が離別しなければならない嘆き。破鏡の嘆。

破鏡再び照らさず 《「伝灯録」から》夫婦の離別など、いったんこわれた関係はもとにはもどらないというたとえ。覆水盆に返らず。

は-ぎょう【は行┊ハ行】五十音図の第6行。は・ひ・ふ・へ・ほ。

は-ぎょう【覇業】力をもって天下を支配すること。覇者の事業。(類語)大業・偉業・難業

ば-ぎょう【ば行┊バ行】五十音図で、「は行」に対する濁音の行。ば・び・ぶ・べ・ぼ。

ぱ-ぎょう【ぱ行┊パ行】五十音図で、「は行」に対する半濁音の行。ぱ・ぴ・ぷ・ぺ・ぽ。

は-きょく【破局】事態が行き詰まって、関係・まとまりなどがこわれてしまうこと。また、その局面。悲劇的な終局。「結婚生活が一を迎える」

パキラ〖ラテン Pachira〗パンヤ科の小高木。観葉植物として鉢植えなどにされる。熱帯アメリカ原産。

は-ぎり【歯切り】〔名〕スル ❶歯がみ。歯ぎしり。❷歯車の歯形を削り出すこと。

はきり-あり【葉切×蟻】木の葉を切り取って地中の巣に運び、それでアリタケなどのキノコを栽培して食べる習性のアリ。中南米に分布する。

はきり-ばち【葉切蜂】膜翅目ハキリバチ科の昆虫の総称。ミツバチに似るが、腹面の毛が長く、ここに花粉をつけて運ぶ。発達した大あごをはさみのように使って葉を丸く切り、巣の材料に使う。バラハキリバチなど。

はぎり-ばん【歯切り盤】歯車の歯形を削り出す工作機械。ホブを用いるホブ盤、ピニオン-カッターを用いるフェロース盤、ラック-カッターを用いるマーグ盤などがある。

は-ぎれ【歯切れ】❶歯でものをかみ切るときの感じ。「一のよい漬け物」❷言葉の発音や調子がはっきりしている度合い。「一の悪い弁解」

(類語)語り口・口調・語調・語気・論調・呂律

は-ぎれ【端切れ┊端▽布】裁断したあとの残り布。半端な布切れ。

はぎ-わら【×萩原】▶はぎはら

はぎわら-さくたろう【萩原朔太郎】[1886～1942]詩人。群馬の生まれ。「月に吠える」「青猫」の2詩集を出して口語自由詩による近代象徴詩を完成、以後の詩壇に大きな影響を与えた。他に詩集「純情小曲集」「氷島」、詩論「詩の原理」、アフォリズム集「新しき欲情」「虚妄の正義」など。

はぎわら-ひろみち【萩原広道】[1815～1863]江戸後期の国学者。備前の人。本居宣長に私淑し、大国隆正に師事。著「源氏物語評釈」「本学提綱」など。

はぎわら-ゆうすけ【萩原雄祐】[1897～1979]天文学者。大阪の生まれ。東大卒。東大教授・東京天文台長。天体力学・理論天体物理学を専攻し、衛星や惑星等の運動を研究した。乗鞍コロナ観測所・岡山天体物理観測所の設立に尽力したことでも知られる。著書に「天体力学の基礎」など。昭和29年(1954)文化勲章受章。

ぱきん【巴金】[1904～2005]中国の小説家。四川省成都の人。本名は李尭棠。字は芾甘。巴金は筆名で、バクーニンとクロポトキンからとったもの。フランス留学後、上海で文学活動に従事。作品「滅亡」「激流三部曲」(「家」「春」「秋」)ほか。パーチン。

はく【白】❶白いこと。白いもの。しろ。「やみの中にぽっと一のひなげしが浮き出たような」〈長与・竹沢先生と云ふ人〉❷ボラの幼魚。❸「白人❷」の略。「光り輝く一や芸子に」〈浄・忠臣蔵〉➡漢「はく(白)」

はく【伯】❶旧華族制度で、五等爵の第三位。伯爵。❷律令制で、神祇官の長官。➡漢「はく(伯)」

はく【×帛】きぬ。絹布。「一の衣」➡漢「はく(帛)」

はく【拍】❶音楽のリズムを構成する単位。一定の時間的な間隔をもった脈拍で、その長短によりテンポが決まる。ふつう、強拍と弱拍の部分がある。ビート。❷▶モーラ(mora) ➡漢「はく(拍)」

(類語)調子・拍子・ビート・律動・乗り・リズム・テンポ・音調・音律・調性・音階・音程・音高・トーン・調べ

はく【泊】とまること。宿泊。また、その数をかぞえる語。「三一四日」➡漢「はく(泊)」

はく【×箔】❶金属をごく薄く打ち延ばしたもの。金箔・銀箔・錫箔など。「一を押す」❷人が重んじるように外面的に付加されたもの。値打ち。貫禄。「一が落ちる」➡漢「はく(箔)」

箔が付・く 値打ちが高くなる。貫禄がつく。「経歴に一・く」

箔を付・ける 重みを加える。貫禄をつける。

はく【×魄】たましい。精神をつかさどる陽の気を魂というのに対し、肉体をつかさどるという陰の霊気。「楽はわが魂と共に、わが耳によりてわが一を動かせり」〈鷗外訳・即興詩人〉➡漢「はく(魄)」

は・く【吐く】〔動カ五(四)〕❶口の中のものを外に出す。「つばを一・く」❷胃や肺の中のものを口・鼻から外へ出す。「血を一・く」「息を一・く」❸中にたまったものを外部へ出す。「煙突から煙を一・く」❹心の中のことを言葉に出す。「本音を一・く」「弱音を一・く」❺人に知られたくないことをありのままに打ち明ける。白状する。「容疑者が泥を一・く」(可能)はける

(類語)(❹)言う・話す・しゃべる・語る・述べる・発言する・口を利く・口に出す・口にする・漏らす・口走る・抜かす・ほざく・うそぶく

は・く【×捌く】〔動カ下二〕「はける」の文語形。

は・く【×穿く┊履く┊×佩く┊▽帯く】㊀〔動カ五(四)〕❶(穿く)衣服などを、足先から通して下半身につける。「ズボンを一・く」「袴を一・く」❷(履く)履物を足につける。「靴を一・く」「たびを一・く」❸(佩く・帯く)刀・矢などを腰につける。身に帯びる。「太刀を一・く」(可能)はける ㊁〔動カ下二〕(佩く・帯く)腰につけさせる。「一つ松人にありせば太刀一・けましを」〈記・中・歌謡〉(類語)着る・かぶる・羽織る・まとう・着込む・着こなす・突っかける・着ける・着衣する・着用する・引っ掛ける・身ごしらえする・身仕舞いする・装う・召す・召される・お召しになる

は・く【掃く┊▽刷く】〔動カ五(四)〕❶箒でごみを払い除く。そうじをする。「部屋を一・く」❷(刷く)はけや筆などでさっと塗る。「紅を一・く」❸蚕の掃き立てをする。❹遊里で、相手を決めず多数の遊女と関係を持つ。「お客に一度でも一・かれたことはないわいな」〈伎・伊勢音頭〉(可能)はける (類語)(❷)塗る・擦る

掃いて捨てるほど 非常に多くてあり余るほどであることのたとえ。「希望者は一いる」

は・く【▽著く┊▽着く】㊀〔動カ四〕弓に弦を張る。「陸奥の安太多良真弓はじき置きてせらしめ来なば弦一・かめかも」〈万・三四三七〉㊁〔動カ下二〕㊀に同じ。「陸奥の安達太良真弓弦一・けて引かば

か人の我(わ)を言(こと)なさむ」〈万・一三二九〉

は-ぐ【×爬具】水底の砂泥をかき起こして貝類などをとる漁具。シジミかき・貝巻きなど。

ハグ〖hug〗〔名〕(スル) 抱きしめること。抱擁(ほうよう)。

は・ぐ【×禿ぐ】〔動ガ下二〕「は(禿)げる」の文語形。

は・ぐ【×矧ぐ】㊀〔動ガ五(四)〕矢竹に羽をつけて矢を作る。「矢を―・ぐ」㊁〔動ガ下二〕弓に矢をつがえる。「太刀抜き、矢―・げなどしけるを」〈徒然・八七〉

は・ぐ【剝ぐ】㊀〔動ガ五(四)〕❶表面の部分をむきとる。「木の皮を―・ぐ」❷身につけているものを無理に脱がして取る。「布団を―・ぐ」❸奪い取る。剝奪する。没収する。「官位を―・ぐ」(可能)はげる ㊁〔動ガ下二〕「は(剝)げる」の文語形。(類語)剝がす・剝(む)く・引き剝がす・剝ぎ取る・こそげる・へぐ・へがす

は・ぐ【▽接ぐ¦×綴ぐ】〔動ガ五(四)〕布・板などをつぎ合わせる。二つのものをつぎ合わせる。「布を―・ぐ」(可能)はげる

ばく【×貘¦×貊】❶奇蹄(きてい)目バク科の哺乳類の総称。ずんぐりした体形で尾は短い。鼻と上唇が合わさって伸び、象の原型を思わせる。前肢に4指、後肢に3指あり、ひづめをもつ。森林や水辺のやぶにすみ、草食性で、水に入って敵から逃がれる。マレーバク・アメリカバクなど4種がある。❷中国の想像上の動物。形はクマに、鼻は象に、目はサイに、脚はトラに、尾は牛に似て、人の悪夢を食うといわれ、その皮を敷いて寝ると邪気を避けるという。

ばく【縛】❶しばること。また、しばられること。「―を解く」❷仏語。人間を束縛するもの。煩悩のこと。➔漢「ばく(縛)」(類語)繋縛(けばく)・繋縛(けいばく)・緊縛・束縛

縛に就(つ)・く　罪人として縛られる。「二人の悪徒を探偵すれども未だ―・かず」〈織田訳・花柳春話〉

ば・く【化く】〔動カ下二〕「ば(化)ける」の文語形。

ばく【漠】〔ト・タル〕文〔形動タリ〕❶はてしなく広々としているさま。「―たる荒野」❷とりとめがなくはっきりしないさま。「―とした不安」➔漢「ばく(漠)」(類語)ぼんやり

ば-ぐ【馬具】馬につける装具の総称。鞍・轡(くつわ)・手綱・鐙(あぶみ)など。

バグ〖bug〗《虫の意》コンピューターのプログラム上の不具合や誤り。また一般に、機器類などの欠陥をいう。バグを探して取り除き、修正する作業をデバッグ、そのために用いる専門のソフトウエアをデバッガーという。

パグ〖pug〗犬の一品種。中国の原産で、体高約25センチ。毛は短く、淡黄褐色。顔は黒色。鼻は低くてしわ深く、目は大きい。垂れ耳で巻き尾。愛玩用。

はく-あ【白亜¦白×堊】❶石灰岩の一種。貝殻や有孔虫などの化石を含むこともあり、灰白色で軟らか。主成分は炭酸カルシウム。西ヨーロッパに分布し、ドーバー海峡の両側に露出する地層は有名。白墨の原料とする。チョーク。❷白色の壁。しらかべ。「―の殿堂」

はく-あい【博愛】すべての人を平等に愛すること。「―の精神」(類語)汎愛・人類愛

はくあい-しゃ【博愛社】明治10年(1877)の西南戦争時に、佐野常民(さのつねたみ)・大給恒(おぎゅうゆずる)らが中心となり、傷病者救護を目的として組織した団体。同20年日本赤十字社と改称。

はくあい-しゅぎ【博愛主義】人種・国家・階級・宗教などの違いを越えて、人類は広く愛し合うべきであるとする主義。

はくあ-かん【白亜館】(クワン) ❶白壁の大きい建物。❷ホワイトハウスの訳語。

はくあ-き【白亜紀】地質時代の区分の一で、中生代の最後の時代。1億4300万年前から6500万年前までの間。アンモナイト・恐竜などが大繁栄したが、末期に絶滅。被子植物が出現し、また世界的な大海進が起こった。

はくあ-けい【白亜系】白亜紀に形成された地層。日本では北海道に広く分布。

はくあ-しつ【白亜質】歯のセメント質のこと。

ばく-あつ【爆圧】爆風により起こる圧力。

はくあん【伯×庵】陶器の一種。桃山末期から江戸初期にかけての短期間、瀬戸系の窯で焼かれたとされ、茶碗が多い。江戸初期の幕府の医官曽谷伯庵が愛蔵していた茶碗からの名称。

漢字項目　はく

白　学1　音ハク(漢)　ビャク(呉)　訓しろ、しら、しろい、もうす ‖ ㊀〈ハク〉①しろ。しろい。「白亜・白衣・白煙・白髪/紅白・純白・精白・蒼白(そうはく)・漂白・卵白」②色・印・汚れなどがついていない。「白紙・白票・白文/空白・潔白・余白」③明るくはっきりしている。「白日・白昼/明白」④ありのままに言う。申し上げる。「白状/科白(かはく)・関白・敬白・建白・告白・自白・独白」⑤さかずき。「挙白・大白」⑥白居易。「白詩/元白」⑦(文字分析から)九十九歳。「白寿」㊁〈ビャク〉しろ。しろい。「白衣(びゃくえ)・白檀(びゃくだん)・白虎(びゃっこ)/黒白」㊂〈しろ(じろ)〉「白黒・白目/色白」㊃〈しら〉「白壁・白波」(名付)あき・あきら・きよ・きよし・し・しろし (難読)白馬(あおうま)・白朮祭(おけらまつり)・白粉(おしろい)・飛白(かすり)・白湯(さゆ)・白鑞(しろめ)・科白(せりふ)・白膠木(ぬるで)・白乾児(パイカル)・白板(パイパン)・白熊(はぐま)・白耳義(ベルギー)

伯　音ハク(漢)　訓かみ ‖ ①頭に立つ者。諸侯の長。「侯伯・方伯」②神。「河伯・風伯」③兄弟の序列で、最年長者。「伯兄・伯仲」④父・母の年上のきょうだい。「伯父(はくふ)・伯母(はくぼ)」⑤一芸に秀でた者の敬称。「画伯・詩伯」⑥伯耆(ほうき)国。「伯州・伯備」⑦ブラジル。「日伯」(名付)お・おさ・たか・たけ・とも・のり・はか・みち (難読)伯父(おじ)・伯母(おば)・伯楽(ばくろう)・伯剌西爾(ブラジル)・伯林(ベルリン)

×帛　音ハク(漢) ‖ ①白絹。絹布。「帛書/玉帛・布帛・幣帛・裂帛」②書物。「竹帛」(難読)帛紗(ふくさ)

拍　音ハク(漢)　ヒョウ(ヒャウ)(慣)　訓うつ ‖ ㊀〈ハク〉①手のひらでたたく。うつ。「拍車・拍手」②(「搏」の代用字)鼓動する。「拍動/脈拍」③音楽のリズム。「拍節/一拍」㊁〈ヒョウ〉音楽のリズム。「拍子」(名付)ひら (難読)拍手(かしわで)・拍板(びんざさら)

泊　音ハク(漢)　訓とまる、とめる ‖ ①船が浅い所や港に停止する。「泊地/仮泊・停泊」②よそで宿る。「一泊・外泊・宿泊・漂泊・旅泊」③あっさりしている。「淡泊」④沼。湖。「梁山泊」

迫　音ハク(漢)　訓せまる、さこ、せこ ‖ ①ひたひたと対象に近づく。事態が差しせまる。「迫撃・迫真・迫力/急迫・緊迫・切迫・逼迫(ひっぱく)」②圧力を及ぼして苦しめる。押しつめる。「迫害/圧迫・脅迫」(名付)せり・とお (難読)迫(せ)り出す・迫持(せりもち)・筥迫(はこせこ)・迫間(はざま)

人柏　音ハク(漢)　ヒャク(呉)　訓かしわ ‖ ㊀〈ハク〉木の名。コノテガシワ。「松柏・側柏・扁柏(へんぱく)」㊁〈かしわ(がしわ)〉木の名。「柏木・柏餅(かしわもち)/赤芽柏」(補説)「栢」は異体字。(難読)柏手(かしわで)・柏槙(びゃくしん)

剝　音ハク(漢)　訓はがす、はぐ、はがれる、はげる、むく、むける ‖ 外皮などをはぎ取る。はげる。「剝製・剝奪・剝落・剝離/削剝・落剝」(補説)「剥」は俗字。(難読)塩剝(えんぽう)・追い剝(は)ぎ・臭剝(しゅうぼつ)・剝(む)き身

×粕　音ハク(呉)(漢)　訓かす ‖ 酒のしぼりかす。残りかす。「糟粕(そうはく)」

舶　音ハク(漢) ‖ 海を渡る大きな船。「舶載・舶来/巨舶・商舶・船舶」

博　学4　音ハク(呉)(漢)　バク(慣)　訓ひろい ‖ ㊀〈ハク〉①広く行き渡る。広く諸事に通ずる。「博愛・博士(はくし)・博識・博覧/該博・広博」②「博士」の略。「医博・文博」③「博覧会」の略。「万博」㊁〈バク〉かけ事。「博奕(ばくえき)・博才・博徒/賭博(とばく)」(名付)とおる・はか・ひろ・ひろし・ひろむ (難読)博士(はかせ)・博多(はかた)・博打(ばくち)・博奕(ばくち)

×搏　音ハク(呉)(漢)　訓うつ ‖ ①手でたたく。うつ。「搏撃・搏戦・搏闘/竜攘虎搏(りゅうじょうこはく)」②規則正しく打つ。鼓動する。「搏動/脈搏」(補説)「拍」を代用字とすることがある。(難読)搏風(はふ)

人箔　音ハク(漢) ‖ ①すだれ。「珠箔」②すだれ状のすのこ。「蚕箔」③のべがね。「金箔・銀箔」

×膊　音ハク(呉)(漢) ‖ 肩から手首までの部分。うで。かいな。「下膊・上膊・前膊」

×魄　音ハク(漢)　訓たましい、たま ‖ ①人の肉体に宿り、活力を生み出すもの。たましい。「気魄・魂魄」②月のかげの部分。「生魄」③落ちぶれる。「落魄」

薄　音ハク(漢)　訓うすい、うすめる、うすまる、うすらぐ、うすれる、すすき ‖ ㊀〈ハク〉①厚みが少ない。「薄氷・薄片/希薄・厚薄」②数量などが少ない。乏しい。「薄給・薄幸・薄謝・薄弱・薄利」③真心に欠ける。心がこもっていない。「薄情・薄志弱行/軽薄・酷薄・浮薄」④迫る。近づく。「薄暮/肉薄」㊁〈うす〉「薄味・薄着/品薄・手薄」(名付)いたる

漢字項目　ばく

【博】➤はく
【幕】➤まく
【暴】➤ぼう

麦〔麥〕　学2　音バク(漢)　訓むぎ ‖ ㊀〈バク〉五穀の一。ムギ。「麦芽・麦秋・麦稈(ばっかん)/燕麦(えんばく)・菽麦(しゅくばく)・精麦・米麦」㊁〈むぎ〉「麦茶・麦畑/大麦・小麦・裸麦・丸麦」(難読)蕎麦(そば)・瞿麦(なでしこ)・麦酒(ビール)・麦稈(むぎわら)

人莫　音バク(漢)　マク(呉)　訓ない、なかれ ‖ ①否定を表す語。ない。「莫逆・莫大」②むなしい。「索莫・寂莫(せきばく・じゃくまく)・落莫」(名付)さた・さだむ・とお・とし・なか (難読)遮莫(さもあらばあれ・さばれ)・莫迦(ばか)・莫大小(メリヤス)・莫臥児(モール)・莫斯科(モスクワ)

漠　音バク(漢) ‖ ①広い砂原。「砂漠」②何もなくて、どこまでも広い。「漠漠/空漠・広漠・渺漠(びょうばく)・茫漠(ぼうばく)」③とりとめがない。「漠然」(名付)とお・ひろ

×寞　音バク(漢)　マク(呉) ‖ ひっそりしている。さびしい。「寞寞/索寞・寂寞(せきばく・じゃくまく)」

×駁　音バク(慣)　ハク(漢)　訓ぶち ‖ ㊀〈バク〉①不純なものが入り交じる。「駁雑」②他人の説に反対する。反論する。「駁撃・駁論/反駁・弁駁・論駁」㊁〈ハク〉入り交じる。「雑駁(ざっぱく)」(補説)原義は、いろいろな毛色の交じったまだら馬。

縛　音バク(呉)　訓しばる、いましめる ‖ なわでしばる。自由を奪う。「緊縛・繋縛(けばく・けいばく)・就縛・呪縛(じゅばく)・束縛・捕縛・自縄自縛」

×瀑　音バク(慣) ‖ 川の水が高い所から落ちて飛び散る所。滝。「瀑声・瀑布/飛瀑」

人曝　音バク(慣)　訓さらす ‖ ①日光に当てて水分を発散させる。「曝書・曝涼」②むき出しにする。むき出しになる。さらされる。「曝露/被曝」

爆　音バク(慣)　訓はじける、はぜる ‖ ①大きな音を出して四方に飛び散る。はじける。はぜる。「爆撃・爆弾・爆竹・爆破・爆発・爆裂/起爆・自爆・誘爆」②はじけるように激しいさま。「爆笑」③「爆弾」「爆撃」の略。「空爆・原爆・水爆・被爆・猛爆」

×驀　音バク(漢) ‖ まっしぐらに突き進む。「驀進・驀地(ばくち)」(難読)驀地(まっしぐら)

はく-い【白衣】❶白い衣服。特に、医師・化学者・美容師などが着る白色の外衣。びゃくえ。❷➤びゃくえ(白衣)

はくい【羽咋】(はくい) 石川県、能登半島基部の西岸にある市。干拓された邑知潟(おうちがた)や、気多(けた)神社がある。合繊織物・金属機械工業が盛ん。人口2.3万(2010)。

はく-い【伯夷】中国古代、殷(いん)末周初の伝説上の人物。孤竹君の子。国君の後継者としての地位を弟の叔斉(しゅくせい)と譲りあってともに国を去り、周に行った。のち、周の武王が暴虐な天子紂王(ちゅうおう)を征伐したとき、臣が君を弑(しい)するのは人の道に反するといさめた

が聞かれず、首陽山に隠れ、やがて餓死したと伝えられる。清廉な人間の代表とされる。

はく-い【白い】〔形〕《もと、てき屋仲間の隠語》美しい。よい。上等である。「―・い女」「面の―・いのを一人呼んで」〈滑・七偏人・二〉

はくい-こうけつあつ【白衣高血圧】医師・看護師の白衣姿を見ると血圧が上がる現象。自宅などでは正常値なのに病院で測ると血圧が高くなる場合にいう。白衣症候群。〘補説〙自宅では高血圧なのに病院で計測すると正常値となる逆の現象を、仮面高血圧、逆白衣高血圧などという。

はくい-し【羽咋市】▶羽咋

はくい-の-てんし【白衣の天使】白衣の女性看護師を天使のように気高いものとしていう語。
〘類語〙看護婦・看護師・ナース

はくいん【白隠】▶白隠慧鶴

はく-いん【博引】〔名〕スル ひろく引用すること。

はくいん-えかく【白隠慧鶴】［1686～1769］江戸中期の僧。臨済宗中興の祖。駿河の人。号、鵠林。勅諡号、神機独妙禅師・正宗国師。信濃飯山正受庵の道鏡慧端の法を嗣ぎ、故郷の松陰寺に住持した。京都妙心寺の第一座ともなったが、のち、諸国を遊歴し、禅の民衆化・革新を遂行。詩文・禅画もよくした。著「夜船閑話」「遠羅天釜」など。

はくいん-ぼうしょう【博引×旁証】〔名〕スル 実例や証拠を広い範囲から多く挙げて説明すること。「―して自説の正当性を主張する」

はく-う【白雨】明るい空から降る雨。にわか雨。

ばく-う【麦雨】麦が熟するころ降る雨。五月雨。

バクー〖Baku〗アゼルバイジャン共和国の首都。カスピ海西岸にある港湾都市。バクー油田の中心。人口、行政区193万(2008)。

パグウォッシュ-かいぎ【パグウォッシュ会議】核戦争による人類の危機にあたって、各国の科学者が軍縮・平和問題を討議する国際会議。1955年の「ラッセル-アインシュタイン宣言」に基づき、第1回が57年、カナダのパグウォッシュ(Pugwash)で開催された。正式名称は「科学と国際問題に関する会議」。

はく-うち【×箔打ち】金・銀などを打ち延ばして箔を作ること。また、それを業とする人。

バクーニン〖Mikhail Aleksandrovich Bakunin〗［1814～1876］ロシアの革命家。無政府主義者。1840年代、ヨーロッパ各地の革命に参加したが捕らえられ、シベリアに流刑。61年、脱走して日本・アメリカを経て、ロンドンに亡命。第一インターナショナルに参加したが、マルクスと対立して除名された。著「国家制度とアナーキー」「神と国家」など。

バクー-ゆでん【バクー油田】アゼルバイジャン東部の油田群。バクー市付近およびカスピ海海底で採掘。

はく-うん【白雲】白色の雲。しらくも。

はく-うん【薄運】運に恵まれないこと。薄幸。

はくうん-えぎょう【白雲慧暁】［1223～1297］鎌倉中期の臨済宗の僧。讃岐の人。勅諡号、仏照禅師。初め比叡山に学び、のち泉涌寺で戒律を学ぶ。文永3年(1266)渡宋、帰国後、東福寺4世を継いだ。

はくうん-がん【白雲岩】▶苦灰岩

はくうん-せき【白雲石】▶苦灰石

はくうん-ぼく【白雲木】エゴノキ科の落葉高木。山地に生え、葉は大きく円形で裏面が白い。5、6月ごろ、多数の白い花が総状につき、垂れて咲く。花びらは深く五つに裂けている。庭木にする。おおばぢしゃ。

はく-うんも【白雲▽母】▶しろうんも

はく-え【白▽衣】❶▶はくい(白衣) ❷▶びゃくえ(白衣)

はく-え【×箔絵】漆工芸の技法の一。漆で模様を描いた上に金銀箔を置き、乾いたあとにぬぐって模様の部分だけに箔を残すもの。あらかじめ菱形・短冊形などに切った金銀箔を貼るものをもいう。

ばく-えい【幕営】〔名〕スル ❶幕を張りめぐらした陣営。❷テントを張って野営すること。

はくえい-ぐん【白衛軍】1917年のロシア革命とその後の内戦時代に、ソビエト政権の打倒をめざして赤衛軍と戦った帝政派などによって組織された反革命軍。白軍。➡赤衛軍

ばく-えき【博×奕】〔名〕スル 双六・囲碁など、勝負を争う遊戯の総称。また、金品をかけて行う勝負事。ばくち。「―して金を失い」〈織田訳・花柳春話〉

はく-えん【白煙｜白×烟】しろいけむり。また、そのように見えるもの。しろけむり。〘類語〙黒煙・紫煙

はくえん-こう【白鉛鉱】炭酸鉛からなる鉱物。無色・白・灰色などで金剛光沢があり、板状・錐状の結晶。斜方晶系。鉛の鉱石。

はく-おう【白×鴎】白いかもめ。

はくおう-だいがく【白鴎大学】栃木県小山市にある私立大学。昭和61年(1986)に開学。平成11年(1999)には大学院を設置した。

はく-おき【×箔置き】金・銀の箔をかぶせること。

はく-おく【白屋】白い茅で屋根をふいた貧しい家。また、そこに住む人。「世の民なほ―の種を軽んず」〈平家・四〉

はく-おし【×箔押し】〔名〕スル 布・器物・紙などに、金・銀・色箔をはりつけたり押印したりして、文様や文字を表すこと。「表紙の背文字を―する」

ばく-おん【爆音】❶火薬などの爆発する際の音響。爆発音。❷内燃機関で、混合気の爆発・排気の際に発する音。特に、飛行機・オートバイのエンジンの音。〘類語〙轟音

はく-か【白化】〔名〕スル「はっか(白化)」に同じ。

はく-が【白画】墨の描線のみで描いた絵画。中国で古くから行われ、元代以降は白描画という。

はく-が【×帛画】平織りの絹に描いた絵。

はく-が【博雅】学問・技芸に広く通じ、道理をわきまえていること。「―の士」

ばく-か【幕下】❶張りめぐらした幕の中。陣営。❷近衛大将の唐名。❸将軍の異称。❹将軍の配下の者。また、家来。手下。

ばく-が【麦芽】麦を発芽させたもの。特に、大麦のものをいう。ビール・水飴の製造に用いる。麦もやし。

ばく-が【麦×蛾】キバガ科の昆虫。小形で灰褐色。幼虫は黄白色で、稲・麦の穂や貯蔵穀物を食害する。

はく-がい【迫害】〔名〕スル 弱い立場の者などを追い詰めて、苦しめること。「少数民族を―する」〘類語〙虐待

はく-がく【博学】〔名・形動〕ひろく種々の学問に通じていること。また、そのさまや、その人。「―な(の)人」「―多才」〘類語〙博識・碩学・篤学・物知り・生き字引・該博・博覧・博覧強記・有識・学識・造詣・学問・教養・知識・学殖・素養

ばくが-とう【麦芽糖】二糖類の一。でんぷんを麦芽中に含まれる酵素アミラーゼで糖化すると得られる。白色の結晶で、水によく溶け、甘味は蔗糖より弱い。水飴の主成分。マルトース。

はくが-の-さんみ【博雅三位】源博雅の異称。従三位であったところからいう。

はく-がん【白眼】❶目の白い部分。しろめ。❷《晋の阮籍が、気にいらない人には白眼で対したという「晋書」阮籍伝の故事から》冷たい目つき。⇔青眼。

はく-がん【白×雁】カモ科の鳥。全長約70センチ。くちばしと脚が桃色、風切り羽が黒色のほかは全身白色。北アメリカ北部・シベリア北東端で繁殖する。日本にも冬鳥としてまれに渡来。

はくがん-し【白眼視】〔名〕スル 冷たい目つきで見ること。冷たく扱うこと。「世間から―される」➡白眼❷
〘類語〙冷視・冷遇・薄遇

はく-き【白起】［?～前257］中国、戦国時代の秦の武将。郿(陝西省)の人。昭襄王のとき、武功により武安君に封じられたが、のち、宰相の范雎と不和となり、王の信を失って自殺させられた。

はく-ぎ【博戯】《「ばくぎ」とも》賭けを伴う勝負事。ばくち。

はく-ぎ【薄儀】少しばかりの謝礼。自分の出す謝礼をへりくだっていう語。薄謝。

は-ぐき【歯茎】歯の根の部分を包む粘膜層。歯齦。

ばく-ぎ【幕議】幕府の評議。

ばく-ぎ【×駁議】〔名〕スル 他人の説に反論すること。また、その議論。駁論。

はぐき-おん【歯茎音】▶しけいおん(歯茎音)

ばく-ぎゃく【×莫逆】▶ばくげき(莫逆)

はく-ぎょ【白魚】❶白色の魚。❷衣魚のこと。❸ニゴイの別名。

はく-きょい【白居易】［772～846］中国、中唐期の詩人。太原(山西省)の人。字は楽天。号、香山居士。「新楽府」など、平易流暢な詩で、もてはやされた。日本の平安文学に影響を与えた「長恨歌」「琵琶行」の詩は特に有名。李白・杜甫・韓愈とともに「李杜韓白」と並称された。選集に「白氏文集」。

はく-ぎょく【白玉】白色の玉。しらたま。

はくぎょく-ろう【白玉楼】《中国、唐の詩人李賀の臨終の時、天帝の使いが、「白玉楼を完成したので召してその記を書かせよ」との命を告げたという故事から》文人・墨客が死後に行くといわれる天上の宮殿。
白玉楼中の人となる　文人・墨客が死ぬこと。

はく-ぎん【白銀】❶銀。しろがね。また、その色。❷降り積もった雪をたとえていう語。「―の世界」❸江戸時代、銀を長径約10センチの平たい長円形につくって紙に包んだもの。多く贈答用にした。通用銀の三分に相当する。〘類語〙銀色・しろがね色・いぶし銀

はく-ぐう【薄遇】〔名〕スル 人を冷淡にもてなすこと。冷遇。〘類語〙冷遇・白眼視・仕打ち

は-ぐくみ【育み】はぐくむこと。「母鳥の―を思わせる和やかな海べ」〈中勘助・鳥の物語〉

は-ぐく・む【育む】〔動マ五(四)〕《「羽(は)含(くく)む」の意》❶親鳥がひなを羽で包んで育てる。「ひなを―・む」❷養い育てる。「大自然に―・まれる」❸大事に守って発展させる。「二人の愛を―・む」〘類語〙養う・培う

は-ぐくも・る【羽ぐくもる】〔動ラ四〕ひなが親鳥に羽で包まれる。たいせつに育てられる。「武庫の浦の入江の渚鳥―・る君を離れて恋に死ぬべし」〈万・三五七八〉

はく-ぐん【白軍】▶白衛軍

はくげい【白鯨】《原題、Moby Dick》メルビルの長編小説。1851年刊。巨大な白鯨に片足を食い切られて復讐を誓った捕鯨船船長エイハブが、白鯨との死闘の末に船もろとも海底に没するまでを描く。

はく-げき【迫撃】〔名〕スル 目標に接近して撃つこと。
〘類語〙攻撃・襲撃・急襲・強襲・突撃・進撃・進攻・侵攻・攻勢・狙い撃ち・征伐・総攻撃・攻略・直撃・挟み撃ち・挟撃・出撃・追い撃ち・追撃・アタック・襲う・襲いかかる・攻める・攻めかかる・攻め立てる

はく-げき【×搏撃】〔名〕スル 打ちたたくこと。また、責めつけること。「王―して身完膚なく」〈東海散士・佳人之奇遇〉

ばく-げき【×莫▽逆】《「荘子」大宗師から。心に逆らうこと莫しの意》非常に親しい間柄。ばくぎゃく。「―の交わり」

ばく-げき【×駁撃】〔名〕スル 他人の言論・所説を非難・攻撃すること。「怒髪天を衝いてこれを―するか」〈賢治・ビジテリアン大祭〉〘類語〙攻撃

ばく-げき【爆撃】〔名〕スル 飛行機から爆弾などを投下して攻撃すること。「軍事施設を―する」
〘類語〙空爆・空襲・猛爆・盲爆

ばくげき-き【爆撃機】爆弾を搭載し、爆撃を行うための軍用機。

ばくげき-の-とも【×莫▽逆の友】気心がよく通じ合っている友。親友。

はくげき-ほう【迫撃砲】曲射砲の一。砲口装填式で、構造も簡単かつ軽量な火砲。比較的近距離の敵に対して用いる。

はくけ-しんとう【伯家神道】▶はっけしんとう(伯家神道)

はく-げつ【白月】❶明るく輝く月。明月。❷▶びゃくげつ(白月)

はくげん-がく【博言学】《philology》言語学の旧称。加藤弘之による訳語。

ばく-ごう【爆×轟】爆発的に燃焼するとき、火炎の伝播速度が音速を超える現象。ダイナマイトを雷管で点火したときや、雷汞などの鋭敏な爆薬に点火

したときに起こる。デトネーション。
はくごう-しゅぎ【白豪主義】《White Australianism》かつてオーストラリアで、有色人種、特にアジア人の移民を排斥した白人優先主義や政策。
はく-さ【白砂｜白沙】►はくしゃ(白砂)
はく-さ【薄×紗】薄くて軽い織物。
はく-さい【白菜】アブラナ科の越年草。晩秋から冬の代表的な野菜。葉柄は扁平で幅広く、葉にしわがあり、密に重なり合う。春に淡黄色の花をつける。中国の原産とされ、日本には明治初期に渡来。漬け物に多用され、煮物などにも用いる。(季冬)
はく-さい【舶載】〔名〕スル 船に載せて運ぶこと。船に載せて外国から運んでくること。「救援物資を―する」
はく-さい【薄才】才知の乏しいこと。また、自分の才能をへりくだっていう語。非才。
はく-ざい【白材】木材の樹皮に近い白みがかった部分。しらた。辺材。
ばく-さい【博才】博打に勝つ才能。
ばく-さい【爆砕】〔名〕スル 爆発物を用いて物を打ち砕くこと。「巨岩を―する」(類語)爆破
はくさい-きょう【舶載鏡】弥生・古墳時代に中国・朝鮮半島から到来した銅鏡。⇒仿製鏡
ばく-さつ【爆殺】〔名〕スル 爆弾・爆薬を用いて人を殺すこと。
ばく-ざつ【×駁雑】〔名・形動〕入りまじって純一でないこと。また、そのさま。雑駁。「書生社会に行わるる―なる転訛方語」〈逍遥・当世書生気質〉
はく-さん【白山】㊀岐阜・石川両県にまたがる火山。最高峰は御前峰の標高2702メートル。古くから信仰の対象とされ、富士山・立山とともに日本三名山の一。しらやま。㊁石川県南東部にある市。白山国立公園の山岳部から日本海まで、多様な地形が広がる。平成17年(2005)2月に松任市、美川町、鶴来町、河内村、吉野谷村、鳥越村、尾口村、白峰村が合併して成立。人口11.0万(2010)。
はくさん-いちげ【白山一華｜白山一▽花】キンポウゲ科の多年草。本州中部以北の高山に自生し、高さ約20センチ。全体に粗い毛がある。葉は手のひら状の複葉。夏、茎の先に白い花びら状の萼をもつ花を数個開く。白山で最初に発見された。(季夏)「霧疾はし―ひた靡き／秋桜子」
はくさん-かざんたい【白山火山帯】白山から、山陰地方の大山を経て、九州の九重山・雲仙岳に至る火山帯。大山火山帯。
はくさん-こくりつこうえん【白山国立公園】白山を中心とし、富山・石川・岐阜・福井の4県にまたがる国立公園。高山植物が豊富。白川温泉郷などがある。
はくさん-こざくら【白山小桜】サクラソウ科の多年草。本州中部以北の高山の湿地に自生。高さ約10センチ。葉は根元から出て、さじ形で質が厚い。夏、花茎の先に、紅紫色の花を数個開く。白山で最初に発見された。南京小桜。
はくさん-し【白山市】►白山㊁
はくさん-しちしゃ【白山七社】白山比咩神社の本社とその摂社・末社など七社の古称。
はくさん-しゃくなげ【白山石南▽花】ツツジ科の常緑低木。本州中部以北の針葉樹林内に自生。葉は楕円形で革質。6、7月ごろ、赤みがかった白色の漏斗状の花をつける。
はくさん-じんじゃ【白山神社】白山比咩神を祭る神社。総本社は石川県の白山比咩神社。
はくさん-ちどり【白山千鳥】ラン科の多年草。本州中部以北の高山の草地に自生。高さ約35センチ。葉は数枚が互生。6、7月ごろ紅紫色の花を総状につける。白山で最初に発見された。しらねちどり。いわきちどり。
はくさん-ふうろ【白山風露】フウロソウ科の多年草。本州北部および中部の高山に自生。高さ約40センチ。葉は手のひら状に細かく裂けている。夏、紅色の5弁花を開く。実は細く、熟すと種子を弾き出す。ふうろそう。あかぬまふうろ。
はくさん-ぼく【白山木】スイカズラ科の常緑低木。暖地に自生。葉は楕円形で厚く、つやがある。春、白い小花が群生して咲く。
はくさん-ろ【博山炉】中国、漢代に始まる香炉の一。多く青銅製または陶製の高坏状で、山岳をかたどったふたがつき、軸部の下に海を表す承盤(皿)がある。日本でも奈良時代に用いられた。
はく-し【白紙】❶白色の紙。しらかみ。❷書くべきところに、何も書いてない紙。「答案を―で出す」❸意見などを何ももたないこと。「―で会議に臨む」❹何もなかったもとの状態。「話を―に戻す」「―撤回」❺中国渡来の、白くて薄い紙。書画用。
白紙に返・す　それまでの経緯をなかったものとして、もとの状態に返す。白紙に戻す。
白紙に返・る　何もなかったもとの状態に返る。白紙に戻る。「法案が―・る」
はく-し【白詩】唐の白居易の詩。
はく-し【博士】❶学位の一。大学院の博士課程を修了し、博士論文の審査および試験に合格した者に授与されるもの(課程博士)と、博士論文の審査に合格して博士課程修了と同等以上の学力があると認められた者に授与されるもの(論文博士)がある。ドクター。❷►はかせ(博士)(類語)博士・ドクター
はく-し【薄志】❶弱い意志。❷わずかの謝礼。また、人に対する謝礼をへりくだっていう語。寸志。薄謝。「―を包む」(類語)礼・志・寸志・薄謝
はく-じ【白字】❶白色の顔料で書いた文字。白文。❷印章で、凹状に彫った文字。押印すると文字が白抜きで現れる。⇔朱字。
はく-じ【白磁｜白▽瓷】白色の素地に透明な釉を施した磁器。中国六朝時代に起こり、日本では江戸初期の有田焼に始まる。また、その色。
はく-じ【薄地】仏語。無知・凡庸な人間の境界。凡夫の境界。また、修行により煩悩が薄くなった位。
ばく-し【爆死】〔名〕スル 爆弾・火薬・ガスなどの爆発によって死ぬこと。
はくし-いにん【白紙委任】〔名〕スル 人に物事を依頼するとき、条件をつけないですべてを任せること。
はくし-いにんじょう【白紙委任状】委任者名・委任事項などを記載しないままにしておき、その決定を相手方やその他の者に任せた委任状。
はくし-かてい【博士課程】大学院の課程。通常、修業年限5年以上であるが、修士課程2年を経て、3年で修了する場合もある。ドクターコース。
はく-しき【博識】〔名・形動〕ひろく知識があること。また、そのさま。博学多識。「―な(の)人」(類語)博学・碩学・篤学・博覧強記・物知り・生き字引・該博・博覧・有識・造詣・学識・学問・教養・知識・学殖・素養
はくし-けんきゅういん【博士研究員】►ポストドクター
はくし-じゃっこう【薄志弱行】意志が弱く、実行力に乏しいこと。
はくしちょうけいしゅう【白氏長慶集】►白氏文集
はく-しつ【白質】脳・脊髄の、神経線維の集合からなる白色部分。主に有髄神経線維からなる。脳では灰白質の内側に、脊髄ではその外側に位置する。
はく-じつ【白日】❶照り輝く太陽。❷真昼。白昼。「―の夢」❸身が潔白であることのたとえ。「青天―の身」(類語)太陽・昼・日・天日・日輪・火輪・金烏・日天子・赤日・烈日・お日様・お天道様・今日様・サン・ソレイユ・陽光・日光・日色・日差し・日影・天日
白日の下に晒・す　隠されていた物事を世間に公開する。「不正の実態を―・す」
はくじつ-む【白日夢】「白昼夢」に同じ。
パクシ-とう【パクシ島】《Paxoi》ギリシャ西部、イオニア海にある島。イオニア諸島の北部、ケルキラ島の南東に位置する。中心地は南東部のガイオス。天然の良港があり、本土の港町イグメニッツァとフェリーで結ばれる。また、英国に統治された19世紀の街並みが残っている。北部のラッカは海岸保養地として有名。パクソス島。
はくしもんじゅう【白氏文集】唐の白居易の詩文集。元稹編の「白氏長慶集」50巻(824年成立)に自選の後集20巻、続後集5巻を加えたもの。現本は71巻と目録1巻。日本には平安時代に伝来し、「文集」と称され、愛読された。
はく-しゃ【白砂｜白▽沙】白い砂。はくさ。
はく-しゃ【拍車】乗馬靴のかかとに取り付ける金具。馬の腹に刺激を与えて速度を加減する。ふつう歯車付きで馬体を傷めないようになっている。
拍車が掛か・る　進行が一段と速くなる。「インフレに―・る」
拍車を掛・ける　《馬の腹に拍車を当てて速く走らせる意から》物事の進行を一段とはやめる。拍車を加える。「政治の混乱が不況に―・ける」
はく-しゃ【薄謝】わずかばかりの謝礼。また、人に対する謝礼をへりくだっていう語。寸志。薄志。
はく-じゃ【白蛇】白色のへび。しろへび。
ばく-しゃ【幕舎】テント張りの営舎。
はく-しゃく【伯爵】もと五等爵の第三位。子爵の上。侯爵の下。⇒爵
はく-じゃく【薄弱】〔名・形動〕❶意志や体力などが弱いこと。また、そのさま。「意志が―だ」❷あいまいではっきりしないこと。また、そのさま。「―な論拠」(派生)はくじゃくさ〔名〕(類語)弱い
はくしゃ-せいしょう【白砂青松】白い砂浜と青々とした松原。美しい海岸の景色をいう。はくさせいしょう。(類語)景色・山色・水色・野色・野景・柳暗花明・春景・煙景・秋景・雪景・夕景・暮景・晩景・夜景
はく-しゅ【白首】白髪の頭。白頭。また、老人。
はく-しゅ【拍手】〔名〕スル 手を打ち合わせて音を出すこと。神を拝んだり賞賛・賛成などの気持ちを表して、手をたたくこと。「―して賛意を表す」(類語)手拍子・合いの手
はく-じゅ【白寿】《「百」の字の一をとると「白」になるところから》数え年99歳。また、その祝い。(類語)志学・破瓜・弱冠・而立・不惑・知命・耳順・華甲・還暦・古希・致仕・喜寿・傘寿・米寿・卒寿・厄年
ばく-しゅ【麦酒】麦を原料に醸造した酒。特に、ビール。
はく-しゅう【白秋】秋の異称。素秋。
はく-しゅう【伯州】伯耆国の異称。
はく-しゅう【泊舟】舟を岸べにとめること。
ばく-しゅう【麦秀】《「秀」は穂、また穂を出す意》麦の穂がのびること。
麦秀の嘆　《「史記」宋微子世家から》亡国の嘆き。殷王朝滅亡後、殷の一族の箕子が破壊された宮殿跡に麦が生い茂っているのを見て、悲しんで作った詩による。麦秀の嘆き。
ばく-しゅう【麦秋】麦の取り入れをする季節。初夏のころ。むぎあき。むぎのあき。(季夏)「鳴門見て讃岐―渦をなす／澄雄」
はくしゅう-もの【伯州物】伯耆国の刀工が鍛造した刀剣。平安中期、安綱に始まるという。
はくしゅ-かっさい【拍手喝采】〔名〕スル 手をたたき、大声をあげてほめること。「逆転ホームランに―する」
はく-しゅく【伯叔】❶兄と弟。❷父母の兄と弟。伯父と叔父。
はく-しょ【白書】《white paper》政府の各省庁が、その所管とする行政活動の現状や対策・展望などを国民に知らせるための報告書。日本では、昭和22年(1947)片山哲内閣が発表したのが最初。もと、英国政府の報告書が白表紙を用いたところからいう。
はく-しょ【×帛書】絹布に書いた手紙。また、文字の書いてある絹布。
はく-しょ【薄暑】初夏のころの、わずかに感じる暑さ。(季夏)「はんけちのたしなみきよき―かな／万太郎」
ばく-しょ【×曝書】〔名〕スル 書物を虫干しすること。蔵書を取り出し、広げて風に当てること。(季夏)
はく-じょう【白×杖】視覚障害者が歩行するとき

に使う白い杖。

はく‐じょう【白状】〔名〕スル《「白」は申す、告げる意》❶隠していた事実や自分の犯した罪を申し述べること。「相手の名を―する」「神妙に―せよ」❷罪人が申し立てたことをしるした文書。くちがき。口供。「―かかせて判せさせて」〈愚管抄・五〉
(類語)自白・自供・告白・打ち明ける・懺悔

はく‐じょう【×陌上】《「陌」は道の意》路上。道のあたり。

はく‐じょう【薄情】〔名・形動〕人情に薄いこと。思いやりの気持ちがないこと。また、そのさま。「―なしうち」「―者」(派生)はくじょうさ〔名〕(類語)冷たい・冷ややか・冷淡・不人情・非人情・無情・無慈悲・非情・冷酷・冷血・酷薄・クール・心無い・血も涙も無い

ばく‐しょう【爆笑】〔名〕スル 大勢の人がどっと笑うこと。また、その笑い。「ギャグに―する」
(類語)笑い・大笑い・高笑い・哄笑・呵呵大笑・抱腹絶倒・噴飯・吹き出す・笑い崩れる・笑い転ける・笑い転げる・腹の皮を捩る・腹の皮を縒る・腹を抱える・御中を抱える・頤を解く

ばく‐しょう【爆傷】爆弾やガスなどの爆発によって受けた傷。爆創。

はく‐しょく【白色】白い色。しろいろ。
(類語)白・真っ白・白妙・純白・雪白・雪色・乳色・乳白色・ミルク色・灰白色・象牙色・ホワイト・オフホワイト・アイボリー

ばく‐しょく【爆食】〔名〕スル 並外れた量を食べること。けた外れの大食い。

はくしょく‐エックスせん【白色X線】▶連続X線

はくしょく‐かくめいか【白色革命家】▶白い革命家

はくしょく‐きん【白色筋】▶速筋線維

はくしょく‐こう【白色光】色相の感覚を与えない光。太陽光のように各波長の光線が混合している。

はくしょく‐ざつおん【白色雑音】▶ホワイトノイズ

はくしょく‐しぼうさいぼう【白色脂肪細胞】▶白色脂肪組織

はくしょく‐しぼうそしき【白色脂肪組織】脂肪細胞の種類の一つ。中性脂肪を貯蔵する働きを持つ。体内の脂肪細胞のほとんどは白色脂肪組織で、皮下や内臓の周囲に大量に存在する。単胞性脂肪細胞。白色脂肪細胞。➡褐色脂肪組織

はくしょく‐じんしゅ【白色人種】皮膚の色で分類した人類区分の一で、明色の皮膚をもつ人の総称。➡コーカソイド

はくしょく‐テロ【白色テロ】為政者が反政府運動や革命運動に対して行う激しい弾圧。白色はフランス王権の象徴だった白百合に由来するという。白色テロル。

はくしょく‐レグホン【白色レグホン】鶏のレグホンの一。羽色が白く、早熟で多産の卵用種。世界で最も広く飼育される。

はくしょく‐わいせい【白色×矮星】恒星が核融合反応を停止し、収縮した天体の一種。太陽と同程度の質量を持つ恒星が、赤色巨星の状態から外層部を失った末期の姿。きわめて高温・高密度だが、余熱で輝いているだけなので、長い時間をかけて冷え、黒色矮星となる。シリウスの伴星など。

はくしょん〔感〕くしゃみをするときの声。転じて、くしゃみのこと。はくしょい。はっくしょん。

は‐くじら【歯鯨】クジラ目ハクジラ亜目の哺乳類の総称。歯があり、鯨ひげをもたない。聴覚が発達し、声帯はないがのどか鼻道で高周波音を発し、反射音で水中の物体を探知する。イルカ・マッコウクジラ・アカボウクジラ・イッカクなど。➡鬚鯨

はく‐しん【迫真】真に迫っていること。表現されたものが現実の姿や場面にそっくり同じようであること。「―の演技」「―力」

はく‐じん【白人】❶白色人種に属する人。❷㋐物事に未熟な人。不慣れな人。しろうと。「京の色里にて手弱き客を―と言へり」〈浮・常々草〉㋑江戸時代、京都の祇園や大坂の曽根崎などにいた私娼。しろうと。はく。「曽根崎の茶屋、紀伊国屋の小春とい ふ―に」〈浄・天の網島〉

はく‐じん【白刃】鞘から抜いた刀。しらは。
(類語)抜き身・刃・抜刀

白刃踏むべし《「礼記」中庸から》白刃を踏むことも辞さないほど勇気のあることのたとえ。

白刃前に交われば流矢を顧みず《「宋書」袁顗伝より》白刃が目の前で交差するような切迫した状況下では、飛んで来る流れ矢をかえりみている余裕などない。大難を前にしては、小難を顧みる余裕のないことのたとえ。

ばく‐しん【幕臣】幕府の臣下。旗本・御家人など、将軍直属の家臣。

ばく‐しん【爆心】爆撃・爆発の中心部。「―地」

ばく‐しん【×驀進】〔名〕スル まっしぐらに進むこと。「戦車が―する」「連勝街道を―する」(類語)突進・邁進

はく‐じんしゅ【白人種】「白色人種」の略。

はくしん‐せん【白新線】新潟と新発田を結ぶJR線。新潟を通って日本海側を縦貫する短絡線として昭和27～33年(1952～58)開業。最初は白山と新発田を結ぶ計画であった。全長27.3キロ。

はく‐す【博す】㊀〔動サ五〕「はく(博)す」(サ変)の五段化。「好評を―・す」㊁〔動サ変〕「はく(博)する」の文語形。

はく‐ず【白図】▶白地図

パクス〘ラテ pax〙《「パックス」とも》平安。平和。

パクス‐アメリカーナ〘ラテ Pax Americana〙《Paxは、ローマ神話の平和の女神》アメリカによる平和。超大国アメリカの存在により世界平和が維持されていることをさす語。➡パクスローマーナ

ばく‐すい【麦穂】むぎのほ。

ばく‐すい【爆睡】〔名〕スル《若者言葉》起こそうとしても目が覚めないくらい深く眠ること。

はくすい‐ろう【白水郎】《「白水」は中国の地名。水にもぐることのじょうずな者がいたというところから》漁師。海人。

はく‐すうき【白崇禧】[1893～1966]中国の軍人。広西省桂林の人。字は健生。広西派の領袖で、蒋介石と対立し、のちに和解。中華人民共和国成立後は台湾に渡り、蒋介石政権に参与。パイ＝チョンシー。

はくすき‐の‐え【白村江】▶はくそんこう(白村江)

パクス‐コンソルティス〘ラテ Pax Consortis〙主要国の協調による平和秩序維持。圧倒的な国力を持つ一国が世界の秩序を維持するのではなく、いくつかの主要国の共同管理によって平和を形成・維持していこうという考え方。

パクス‐ジャポニカ〘ラテ Pax Japonica〙日本がリードする平和。日本の経済力を背景にした平和。➡パクスローマーナ

バクストン〘Buxton〙英国イングランド中部、ダービーシャー州の町。古代より温泉地として知られる。18世紀から20世紀初頭にかけて温泉保養地として発展し、庭園やコンサートホールを備えた複合施設パビリオンガーデンズやバクストンオペラハウスが造られた。ピークディストリクト国立公園の玄関口。

はく‐ずな【×箔砂】箔の粉末。

パクス‐ブリタニカ〘ラテ Pax Britannica〙20世紀初頭まで英国が強大な海軍力と国際金融支配とによって世界の秩序を維持していた時期をいう。

ハクスブルグ‐け【ハクスブルグ家】▶ハプスブルク家

ハクスリー〘Huxley〙㊀(Thomas Henry ～)[1825～1895]英国の動物学者。クダクラゲや動物の内・外胚葉について研究。ダーウィンの進化論を支持、普及に努め、人間も進化の過程を経たものと明言した。著「自然における人間の位置に関する証跡」など。㊁(Julian Sorell ～)[1887～1975]英国の動物学者。㊀の孫。鳥類の行動・遺伝学・相対成長を研究。多くの科学啓蒙書を著し、ロンドン動物園長・初代ユネスコ事務局長など歴任。著「進化とは何か」など。㊂(Aldous Leonard ～)[1894～1963]英国の小説家・批評家。㊀の孫。実験的な手法を用い、冷徹な視点で現代を批判した。作「恋愛対位法」「見事な新世界」など。㊃(Andrew Fielding ～)[1917～2012]英国の生理学者。㊁㊂の異母弟。細胞膜のイオン機構を発見、神経の興奮伝導の原理を解明。1963年、A＝L＝ホジキン、J＝C＝エクルズとともにノーベル生理学医学賞を受賞。また、筋収縮を研究し、H＝E＝ハクスリーとは独立に滑り説を提唱。

ハクスリー〘Hugh Esmor Huxley〙[1924～]英国の生物物理学者。1954年、J＝ハンソンとともに筋収縮の滑り説を提唱。筋の微細構造の解明に寄与。

はく・する【泊する】〔動サ変〕文はく・す〔サ変〕❶とまる。宿泊する。「宜しく旅舎を撰んで―・すべし」〈織田訳・花柳春話〉❷船が停泊する。「その内に船は岸に―・した」〈芥川・侏儒の言葉〉

はく・する【博する】〔動サ変〕文はく・す〔サ変〕❶自分のものとする。獲得する。「喝采を―・する」「利を―・する」❷ひろめる。「武名を―・する」

ばく・する【×駁する】〔動サ変〕文ばく・す〔サ変〕他人の意見や考えなどを攻撃して反論を述べる。反駁する。論駁する。「―・する余地のない正論」

ばく・する【縛する】〔動サ変〕文ばく・す〔サ変〕❶しばる。捕縛する。「手足を―・する」❷自由を制約する。束縛する。「かの陋習に―・せられて」〈漱石・吾輩は猫である〉

パクス‐ローマーナ〘ラテ Pax Romana〙《ローマの平和の意》前27年のアウグストゥスによる帝政確立から五賢帝時代まで、約200年間続いたローマ世界の平和。広大な版図内の政治・治安は安定し、経済・文化も発展した。パクスロマーナ。

パクス‐ロマーナ〘ラテ Pax Romana〙▶パクスローマーナ

はく‐せい【剝製】鳥獣の肉や内臓を取り除き綿・麻などを詰めて、防虫・防腐処理をし、生きているときの外形を保つように作ること。また、そのもの。(補説)骨・内臓などを取って表皮だけにしたものに人造の骨・眼球などを入れて生きているときの姿にした展示・鑑賞用のものを「本剝製」という。また、骨・内臓などを取って表皮だけにし、死んだときの形を保つようにして研究用に保存したものを「仮剝製」という。(類語)標本

ばく‐せい【幕政】幕府の政治。

ばく‐せい【×瀑声】滝の音。

はく‐せき【白×皙】皮膚の色の白いこと。「―の美男」「―人」(類語)色白・白面

ばくせきざん‐せっくつ【麦積山石窟】中国、甘粛省天水県の南東にある麦積山に残る石窟寺院。194の石窟や磨崖仏が現存。造営は宋代に及び、各時代の塑像・壁画・磨崖仏など多数を残す。

はく‐せきれい【白×鶺×鴒】セキレイ科の鳥。全長約20センチ。尾が長く黒色で、背面と胸は灰黒色。腹面は白く、顔も白いが、過眼線がある。水辺などでみられ、尾を上下に振り、飛ぶときは波形を描いて飛ぶ。本州中部以北で繁殖し、冬季には暖地に移動。

はく‐せつ【白雪】白い雪。しらゆき。

はく‐せつ【拍節】音楽で、いくつかの拍をひとつのまとまりとし、アクセントの規則的反復によって一定の周期に区切られる時間的単位。

ばく‐せつ【×駁説】他人の説を攻撃すること。また、その論説。駁論。

はくせつ‐き【拍節器】メトロノームのこと。

はくせつ‐こう【白雪×糕】粳米ともち米の粉に白砂糖やハスの実の粉をまぜて作った落雁状の干菓子。砕いて湯に溶かし、母乳の代用にもした。

はく‐せん【白扇】模様などのない、白地のままの扇。(季 夏)

白扇倒しまに懸かる《石川丈山の詩「富士山」から》富士山が雪に覆われてそびえている姿の形容。

はく‐せん【白戦】❶武器を持たず素手で戦うこと。❷漢詩を競作するとき、題に縁のある一定の語の使用を禁じて、才を争うこと。

はく‐せん【白×銑】銑鉄で、炭素がセメンタイトの形

になって含まれ、破面が白いもの。

はく-せん【白線】白い線。白いすじ。

はく-せん【白×癬】白癬菌などの一群の糸状菌の感染によって起こる皮膚病。頭部白癬(しらくも)・体部白癬(たむし)・頑癬がんせん(いんきんたむし)・足白癬(みずむし)などがある。

はく-せん【×搏戦】〔名〕スル「搏闘はくとう」に同じ。「敵は馬を駆って遠く退き、―を避ける」〈中島敦・李陵〉

はく-ぜん【白×髯】白いほおひげ。

ばく-ぜん【漠然】〔ト・タル〕図〔形動タリ〕ぼんやりとして、はっきりしないさま。広くてはてしのないさま。「―とした不安を抱く」「―たる平原」

(類語)不確か・曖昧あいまい・うやむや・あやふや・おぼろげ・煮え切らない・どっちつかず・要領を得ない・ぼんやり

ばく-ぜん【×驀然】〔ト・タル〕図〔形動タリ〕まっしぐらに進むさま。急に起こるさま。「黒風一陣雨を巻て―として天てんより下し来き」〈露伴・日蓮上人〉

は-くそ【歯×屎｜歯×糞】歯にたまる、食べ物のかす。歯垢しこう。歯かす。(類語)歯垢・歯石

はく-そう【博捜】ハクサウ〔名〕スル 資料・文献などを広範囲にわたってさがし求めること。

はく-そう【薄葬】ハクサウ 簡略にした葬儀。日本では、大化の改新に際し薄葬令を発して、墳墓の規模・副葬品などを縮小・簡略化させ、従来の厚葬を改めた。

ばく-そう【×曝葬】バクサウ 死体を山地・原野などに、空気中にさらしておく葬法。風葬・樹上葬・鳥葬など。

はく-ぞうす【白蔵主｜伯蔵主】ハクザウス ㊀狂言「釣狐つりぎつね」の登場人物。猟師の殺生をやめさせるため、古狐が猟師の伯父の僧に化けたもの。㊁狂言面の一。主として㊀に使うもの。

ば-ぐそく【馬具足】►馬鎧うまよろい

パクソス-とう【パクソス島】タウ《Paxos》►パクシ島

はくそん-こう【白村江】ハクソンカウ 朝鮮半島南西部を流れる錦江の河口にあった地名。現在の群山付近とされる。白江。はくすきのえ。

はくそんこう-の-たたかい【白村江の戦い】ハクソンカウ―たたかひ 天智天皇2年(663)白村江での、日本・百済くだら連合軍と唐・新羅しらぎ連合軍との戦い。日本は、唐・新羅軍に攻略された百済の救援のために軍を進めたが大敗し、百済は滅亡。日本は朝鮮半島進出を断念した。はくすきのえのたたかい。

バグダード〔Baghdād〕►バグダッド

バグダード-じょうやく【バグダード条約】―デウヤク 1955年、トルコ・イラク・イラン・パキスタン・イギリスの5か国がバグダードで調印した集団防衛条約。これによって中東条約機構(METO)が結成されたが、59年にイラクが脱退し、中央条約機構(CENTO)に改組。

はく-たい【白帯】❶白い帯。また、白い帯状のすじ。❷「白帯下はくたいげ」の略。

はく-たい【▽百代】長い年月。ひゃくだい。「月日は―の過客くわかくにして」〈奥の細道〉

はく-だい【博大】〔名・形動〕広く大きいこと。また、そのさま。「―な知識」

ばく-たい【縛帯】傷口などを縛る細い布。包帯。

ばく-だい【×莫大】〔形動〕図〔ナリ〕《これより大なるは莫なしの意。古くは「ばくたい」》程度や数量がきわめて大きいさま。「被害は―だ」「―な財産」(派生)ばくだいさ〔名〕

(用法)**莫大・多大**――「莫大な(多大な)損害をこうむった」のように相通じて用いられる。◆「莫大」は「額」「量」「財産」など数量としてとらえられるものについて言うことが多い。「莫大な遺産を残す」◆「多大」は「多大な金額」のように用いるほか、「成果」「努力」「困難」などはっきり数量化できないことにも使われる。「多大な(の)恩恵を受けた」「多大な(の)影響を与える」◆「莫大」は連体形が「莫大な」となるが、「多大」は「多大の」の形でも使う。◆類似の語に「甚大」がある。「甚大」はふつう好ましくないことに用いる。「被害甚大」◆三語とも「莫大(多大・甚大)な死者が出た」のような、人数についての使い方はない。

(類語)多大・甚大・膨大・絶大

はく-たいげ【白帯下】►帯下たいげ

はくた-おう【白沢王｜縛多王】―ワウ 清涼殿鬼の間の壁に描かれていた人物。古代インド波羅奈国はらなこくの王で、鬼を捕らえた剛勇の武将と伝えられる。

はく-たく【×餺×飥】►ほうとう(餺飥)

はく-だく【白濁】〔名〕スル 白くにごること。「水晶体が―する」(類語)濁る・汚濁・混濁

はく-だつ【剝脱】〔名〕スル 表面をおおっている物がはげて落ちること。また、はぎ落とすこと。「金箔が―する」「外壁のタイルを―する」

はく-だつ【剝奪】〔名〕スル はぎ取ってうばうこと。力ずくで取り上げること。「公民権を―する」

(類語)奪う・取る・取り上げる・分捕ぶんどる・掠かすめ取る・もぎ取る・引ったくる・ぶったくる・ふんだくる・攫さらう・掻かっ攫う・横取りする・強奪する・奪取する・略取する・略奪する・収奪する・簒奪さんだつする

バクダット〔Baghdād〕►バグダッド

バグダッド〔Baghdād〕イラク共和国の首都。チグリス川に臨む工業都市。皮革や絹・綿織物業、石油工業や商業が盛ん。762年にアッバース朝の首都となり、イスラム帝国の発展とともに繁栄。1258年にモンゴル軍に占領されるまで続いた。人口、行政区562万(2003)。バグダード。バクダット。

はく-たん【白炭】表面が灰白色を帯びた堅い木炭。石がまの中で高温度で焼いたもの。しろずみ。

ばく-だん【爆弾】❶爆薬を充塡じゅうてんし、投下または投擲とうてきして爆発させ、人や施設を殺傷・破壊するための兵器。❷突然に周囲を大きく混乱させるもの、また重大な危険のたとえ。「―をかかえる」「―発言」❸おでんの種にする、ゆで卵を芯にしたさつま揚げ。❹第二次大戦後の混乱期に出まわった、粗悪な密造焼酎しょうちゅう。❺トウモロコシ・米などの穀粒を加熱・加圧してはじけさせた食品。爆弾あられ。(類語)爆裂弾

ばくだん-あられ【爆弾×霰】「爆弾」❺に同じ。

ばくだん-ていきあつ【爆弾低気圧】中心気圧が24時間で、(sinφ/sin60°)×24ヘクトパスカル(hPa)以上低下する温帯低気圧のこと。暴風や高波、大雪をもたらし、急速に発達するため、対応の遅れなどから各地に甚大な被害をもたらすことがある。(補説)φは緯度で、(sinφ/sin60°)×24hPaは緯度によって基準値が変化する。例えば北緯40度(秋田付近)なら17.8hPa/24hが基準となる。気象庁では使用を控える用語の扱いで、「急速に発達する低気圧」などと言い換える、としている。

ばくだん-はつげん【爆弾発言】驚くような内容で、大混乱が引き起こされる原因となる突発的な発言。爆弾が炸裂したような被害を周囲に与える発言。

はく-ち【白地】❶白い生地きじ。しろじ。❷建造物・立木の立ってない土地。また、法律上の調査・規制などのなされていない土地。さらち。「―地域」❸芸娼妓などに対して、素人しろうと。「―の女のいと初心なるりんきだて」〈色道大鏡・一四〉

はく-ち【白痴】精神遅滞の重度のもの。➡精神遅滞

はくち【白痴】《原題、ロシア Idiot》ドストエフスキーの長編小説。1868年刊。白痴とよばれるほど純真無垢な魂をもつムイシュキン公爵が、現実の社会の中でその美しい魂を破滅させていくさまを描く。

はく-ち【白×雉】白色のキジ。

はくち【白雉】飛鳥あすか時代、孝徳天皇の時の年号。650年2月15日～655年1月?。びゃくち。

はく-ち【泊地】船が停泊できる水域。停泊地。

は-ぐち【刃口】刀の刃の先の部分。

は-ぐち【羽口】❶堤防の斜面。❷溶鉱炉やキューポラなどの下部に設けられる送風口。

ばく-ち【博▽打｜博=奕】《「ばくうち」の音変化》❶賽さい・花札・トランプなどを用い、金品をかけて勝負を争うこと。賭博とばく。ばくえき。「―を打つ」❷偶然の成功をねらってする危険な試み。「いちかばちかの大―」

(類語)賭博・賭け・賭け事・ギャンブル

ばく-ち【×驀地】〔形動〕図〔ナリ〕急に起こるさま。まっしぐらに進むさま。「事実を事実と証する程の出来事が―に現前せぬうちは」〈漱石・幻影の盾〉

パクチー〔タイ phakchi〕►コエンドロ

ばくち-うち【博▽打打ち】博打を職業のようにしている人。博徒ばくと。

ばく-ちく【爆竹】❶竹または紙の筒に火薬を詰めたものを並べてつなぎ、次々に爆発させる音響花火。古くから中国で行われているもので、慶事・祝日に用いる。❷左義長さぎちょうにたく火。

はぐち-しば【羽口芝】堤防の斜面に保護のために植える芝。

ばくち-じる【博▽打汁】豆腐などを賽さいの目に切って入れた汁。博打に賽を使うところからの名。

はく-ちず【白地図】―ヅ 陸地・島などの輪郭だけを線で表して、あとは白いままにしてある地図。学習や分布図作成などに用いる。白図。しろちず。

ばくち-の-き【博▽打の木】バラ科の常緑高木。関東以西の暖地に自生。樹皮は灰褐色で、うろこ状にはげ、あとが紅黄色になる。葉は大形の楕円形。9月ごろ、白い小花が群生して咲き、翌年初夏に楕円形の黒紫色の実が熟す。葉からとれる液をばくち水とよび、鎮咳ちんがいに用いる。名は、樹皮がはげて丸裸になることを、博打に負けて裸になるのにたとえたもの。毘蘭樹びらんじゅ。

はくち-び【白痴美】表情に乏しく、知性の感じられない美貌。

はく-ちゅう【白昼】―チウ まひる。ひるひなか。日中。白日。「―堂々と行われた犯罪」(類語)真昼・真っ昼間

はく-ちゅう【伯仲】〔名〕スル ❶兄と弟。長兄と次兄。❷力がつりあっていて優劣のつけがたいこと。「実力が―する」「保革―」

(類語)互角・五分五分・おっつかっつ・拮抗きっこう・どっこいどっこい・とんとん・並ぶ・伍ごする・敵てきする・敵する・比肩する・匹敵する・並立する・肩を並べる

はくちゅう-しゅく-き【伯仲叔季】兄弟姉妹の順序をいう語。伯は長男(長女)、仲は次男(次女)、叔は三男(三女)、季は末子。

はくちゅう-の-かん【伯仲の間】《魏文帝「典論」から》両者の能力にあまり差のないこと。互いに似たりよったりであること。

はくちゅう-む【白昼夢】ハクチウ― 日中、目を覚ましたままで空想や想像を夢のように映像として見ていること。また、そのような非現実的な幻想にふけること。白日夢。

パクチョイ【白菜】《中国語》アブラナ科の中国野菜。葉は円形で、葉柄は幅広く白い。日本には昭和50年代に導入。葉柄が緑色のものは青梗菜チンゲンサイともいう。

はくちょう ハクテウ 昭和54年(1979)2月に打ち上げられた日本初のX線天文衛星CORSAコルサ-bの愛称。東京大学宇宙航空研究所(後の宇宙科学研究所、現JAXA、宇宙航空研究開発機構)が開発。名称は強力なX線天体白鳥座X-1に由来する。超軟X線から硬X線までを観測し、すだれコリメーターによって新たに八つのX線バースターを発見。ほかの主な成果として、X線パルサーの異常な周期変化や白鳥座X-1のX線強度の時間変動が挙げられる。同60年4月に運用完了。

はく-ちょう【白張｜白丁】―チャウ《「しらはり」を音読みにした語》❶「しらはり」に同じ。❷傘持ち・沓くつ持ち・車副くるまぞいなどの役をする、❶を着た仕丁じちょう。❸神事・神葬の際、白い衣を着て物を運ぶなど雑用に従事する者。❹►はくてい(白丁)

はく-ちょう【白鳥】―テウ カモ科ハクチョウ属の鳥の総称。大形の水鳥で、くびが長く、水底などの水草を食べる。日本に冬鳥として渡来するオオハクチョウとコハクチョウは全身白色で、夏には北アメリカ・ユーラシア北部に渡り繁殖。スワン。しらとり。(季 冬)「―といふ一巨花を水に置く/草田男」

はくちょう-えぼし【白張×烏▽帽子】ハクチャウ― 白張❷のかぶる烏帽子。

はくちょう-げ【白丁▽花】ハクチャウ― アカネ科の常緑小低木。高さ約1メートル。よく枝分かれし、葉は狭楕円形で、対生。初夏、白色または淡紅紫色の花が咲き、漏斗状で先が五つに裂ける。中国・インドシナの原産。満天星。(季 夏)

はくちょう-ざ【白鳥座】北天の大星座。9月下旬の午後8時ごろ南中し、天頂付近に見える。天の川の中に、α星のデネブ・β星のアルビレオなど明るい5個の星が十字形をつくり、また北アメリカ星雲・網状星雲・ブラックホールなどを含む。北十字星。学名 Cygnus

はくちょうしょじょ-せつわ【白鳥処女説話】白鳥が処女に化して地上に降り、人間の男に衣を取られて結婚するという筋の説話。特に女性の処女性を白鳥で象徴する。類型は世界的に分布し、日本の羽衣伝説や昔話「鶴女房」もその例。羽衣説話。

はくちょう-どくり【白鳥徳利】《白鳥に似ているところから》白くて細長い陶製の徳利。

はくちょう-の-うた【白鳥の歌】㊀死ぬまぎわに白鳥がうたうという歌。その時の声が最も美しいという言い伝えから、ある人が最後に作った詩歌や曲、また、生前最後の演奏など。㊁《原題、Schwanengesang》シューベルトの遺作の歌曲集。1828年作曲。ハイネらの歌詞による14曲からなる。

はくちょうのみずうみ【白鳥の湖】《原題、Lebedinoe ozero》チャイコフスキー作曲のバレエ音楽。1877年モスクワで初演。悪魔によって白鳥に変えられた王女オデットと、王子ジークフリートとの悲恋を描く。

はくちょう-ハンこく【白帳ハン国】キプチャク-ハン国を構成した王国の一。バトゥの兄オルダの所領で、東方領のカザフスタンを支配した。16世紀初めに滅亡。

パク-チョンヒ【朴正熙】[1917～1979]韓国の軍人・政治家。1961年の軍事革命を主導し、63年に第5代大統領となる。第9代まで務め日韓基本条約の締結、経済の高度成長を促進。独裁に傾き、79年暗殺された。ぼくせいき。➡チェ＝ギュハ

ばく-ちん【爆沈】〔名〕スル 艦船が爆発して沈没すること。また、敵艦船を爆弾などで沈没させること。

はく-つき【箔付き】❶箔のついていること。また、そのもの。❷定評のあること。また、そのものや人。

ぱくつ・く〔動カ五(四)〕口を大きく開けて盛んに食べる。ぱくぱく食べる。ぱくる。「御飯を―・く」
〔類語〕かきこむ・食らう・平らげる

はく-てい【白丁】律令制で、無位無官の良民。口分田を支給されて租を納め課役を負担する者。

はく-てい【白帝】《五行説で、白を西・秋にあてるところから》西方の神。秋をつかさどる神。また、秋の異称。

はく-でい【白泥】酸化鉄の含有量が少ない、灰白色の粘土を焼いて作った無釉の陶器。

はくてい-じょう【白帝城】㊀中国、四川省の東端、揚子江の北岸、白帝山上にあった城。前漢末に築かれ、蜀漢の昭烈帝(劉備)が崩じた所。㊁犬山城の異称。

はく-てっこう【白鉄鉱】鉄の硫化鉱物。淡い真鍮色で金属光沢がある。板状・錐状結晶や塊状をなすことが多い。斜方晶系。黄鉄鉱と同じ化学組成であるが、結晶系が異なる。

バクテリア〖bacteria〗「原核生物」に同じ。また特に、細菌のこと。

バクテリオファージ〖bacteriophage〗《細菌を食べる意》細菌に寄生して増殖し、菌体を溶かす一群のウイルス。細菌ウイルス。ファージ。

はく-てん【白点】❶白色の点。❷胡粉または白墨を用いて加点した白色の訓点。➡訓点

はく-でん【白田】《「白」は乾いているの意》はたけ。
〔補説〕国字の「畠」は「白田」を一字化したもの。

はくてん-びょう【白点病】熱帯魚の体表が白い点に覆われる病気。ある種の原生動物の寄生によって起こる。

はく-ど【白土】❶白い土。しろつち。❷陶土・酸性白土・ベントナイトなど、白色の粘土のこと。

ばく-と【博徒】ばくち打ち。

はく-とう【白桃】モモの一品種。多汁で果肉が白く、甘い。〔季 秋〕

はく-とう【白陶】中国、殷代の白色土器。カオリン土を用い、同時代の青銅器に類似する雷文などの文様がある。祭祀に用いられたとされる。

はく-とう【白湯】❶何もまぜてない湯。さゆ。しらゆ。❷薬湯に対して、普通の浴用の湯。

はく-とう【白糖】精製した白色の砂糖。白砂糖。

はく-とう【白頭】年老いて白髪になった頭。しらがあたま。

はく-とう【搏闘】〔名〕スル 殴り合ってたたかうこと。組み打ちすること。格闘。搏戦。

はく-どう【白道】天球上での月の軌道。黄道に対して約5度9分傾いている。

はく-どう【白銅】❶銅にニッケルを15～25パーセント加えた合金。銀白色で硬く、展延性・耐食性に富むので、硬貨・装飾品に用いる。❷「白銅貨」の略。

はく-どう【搏動｜拍動】〔名〕スル 内臓器官の周期的な収縮運動。特に、心臓が律動的に収縮・弛緩し、脈を打つこと。

はくとう-おう【白頭翁】❶しらが頭の老人。白髪の老人。❷ムクドリの別名。❸オキナグサの根。漢方で、乾燥させたものを下痢止めに用いる。

はくどう-か【白銅貨】白銅で鋳造した貨幣。

はくとう-さん【白頭山】►ペクトサン

はく-とうゆ【白灯油】家庭用の暖房・燃料に使う、精製された無色透明の灯油。完全燃焼し、排ガス中の有毒成分や刺激臭が少ない。

はくとう-わし【白頭鷲】タカ科の鳥。全長約90センチ。体は褐色で、頭部と尾が白い。北アメリカに分布し、海岸・湖沼・広い川の付近にすみ、魚を主食とする。米国の国鳥。

はくと-かいがん【白兎海岸】鳥取県北東部、鳥取市西部にある海岸。ハマナスの自生南限地帯として国指定天然記念物になっている。「古事記」にある因幡の白兎の神話伝承地で、砂丘上に白兎神をまつる白兎神社がある。

はく-とく【薄徳】徳の少ないこと。寡徳。自分の徳行をへりくだっていう語。

はく-どく【白読】文章の意味の解釈はせず、ただ声に出して読むこと。素読。

ばく-とり【爆取】「爆発物取締罰則」の略称。

バクトリア〖Bactria〗㊀中央アジアのヒンズークシ山脈とアムダリア上流の中間地帯の古名。㊁㊀に建てられた王国。前255年ごろ、ギリシャ人の大守ディオドトスが、シリア王国から独立して建国。都はバルフ。その支配はインダス河畔にまで及んだが、前139年、スキタイの一部族トハラの進出によって滅ぼされた。ギリシャ-バクトリア王国。

はく-ないしょう【白内障】水晶体が混濁して視力が低下する病気。瞳孔が白く見えるので、白そこひともいう。糖尿病や外傷によるもの、先天性のものなどがあるが、老人性のものが多く、手術により視力の回復を図る。

ばく-にょう【麦繞｜麦繞】漢字の繞の一。「麸」「麺」などの「麦」「麦」の称。

はく-ねつ【白熱】〔名〕スル ❶高温に熱せられた物体が白色光に近い光を出すこと。また、その状態。セ氏1300度以上に熱した場合などにみられる。❷雰囲気・感情などが極度に熱を帯びた状態になること。「球場が―する」

はくねつ-ガスとう【白熱ガス灯】点火口にガスマントルをかぶせて白熱させ、その白色光を利用するガス灯。

はくねつ-てき【白熱的】〔形動〕物事が極度に熱を帯びた状態にあるさま。「―な議論が続く」

はくねつ-でんきゅう【白熱電球】ガラス球内のフィラメントに電流を通じて白熱させ、その光を利用する電球。

ばく-ねん【爆燃】►ノッキング

はく-の-きぬ【帛の衣】白の練り絹の縫腋の袍。古くは天皇の正装であったが、嵯峨天皇以後、神事に用いる。帛の御装束。帛の御袍。

ばく-の-なわ【縛の縄】不動明王などが左手に持つ羂索。右手の利剣とともに煩悩を断つ姿を表すもの。

ばく-の-ふだ【貘の札】貘の絵をかいた札。悪夢を避けるとして節分や大晦日の夜などに枕の下に敷いて寝た。〔季 新年〕

はく-は【白波】❶白く泡だっている波。しらなみ。❷《中国後漢のころ、白波谷にこもった黄巾の賊を白波賊と呼んだところから》盗賊。しらなみ。

はく-ば【白馬】まっ白な毛色の馬。白駒。

白馬は馬に非ず　中国戦国時代に、公孫竜の説いた詭弁的命題。「白馬」を認識するとき、人は「白」と「馬」とを別々に知覚しうるから、「白馬」は「馬」ではないとする。のち、白馬という存在と馬という存在をことさらに区別する詭弁として喧伝された。詭弁の代表例。白馬非馬論。

ばく-は【爆破】〔名〕スル 爆発物を用いて破壊すること。「岩盤を―する」〔類語〕爆砕

はく-ばい【白梅】白い花を咲かせる梅。また、白い梅の花。しらうめ。〔季 春〕

バグパイプ〖bagpipe〗管楽器の一。皮袋にリードの付いた数本の管をつけたもの。袋に送られた空気を管に押し出して発音する。特に、スコットランド地方のものが有名。バッグパイプ。

はくば-かい【白馬会】美術団体。明治29年(1896)明治美術会を脱退した黒田清輝・久米桂一郎らを中心に創立。外光派の画風を伝えて新派・紫派とよばれ、明治後期の洋画壇の主流となった。同44年に解散。

はく-はく【白白】〔ト・タル〕図〔形動タリ〕❶白いさま。「―たる雪山」❷明らかなさま。疑う余地のないさま。「―たる証拠」「明々―」

ばく-ばく【漠漠】〔ト・タル〕図〔形動タリ〕❶広々として果てしないさま。「―たる荒野」❷ぼんやりとしているさま。とりとめのないさま。「空々―」「―たる挨拶をした〈漱石・虞美人草〉」〔類語〕空漠・だだっ広い・蒼茫

ばく-ばく【寞寞】〔ト・タル〕図〔形動タリ〕もの静かなさま。さびしいさま。「―たる風景」

ぱく-ぱく〔副〕スル ❶口を大きく何度も開け閉めするさま。「魚が口を―(と)させる」❷物の合わせ目などがこわれて開閉するさま。「靴の底が―する」❸盛んに物を食べるさま。「御飯を―(と)食べる」

はくば-じ【白馬寺】中国、河南省洛陽市の東にある寺。中国における最初の仏寺と伝えられ、インドから来た僧の迦葉摩騰・竺法蘭のために後漢の明帝が建立したという。

はく-はつ【白髪】白くなった毛髪。しらが。〔類語〕銀髪

白髪三千丈　《李白「秋浦歌」から》長年の憂いが重なって白髪が非常に長くのびることを誇張していった言葉。心に憂いや心配事が積もることのたとえ。

ばく-はつ【爆発】〔名〕スル ❶物質が急激な化学変化または物理変化を起こし、体積が一瞬に著しく増大して、音や破壊作用を伴う現象。ガス・粉塵・火薬などの化学的爆発は発熱反応が激しく行われたことにより、ボイラー・火山などの物理的爆発は圧力の激しい発生・解放により起こる。また核分裂による核爆発がある。❷抑圧されていた感情が急激に外に現れること。「不満が―する」
〔類語〕(❶)爆裂・炸裂・破裂・起爆・誘爆/(❷)激発・暴発・噴出

ばくはつ-ガス【爆発ガス】空気や酸素と混合し一定の割合に達すると、点火によって爆発する性質の気体。メタン・プロパンなど。

ばくはつ-てき【爆発的】〔形動〕物事が突然はげしい勢いで起こるさま。急激に広まるさま。「―な売れ行き」

ばくはつ-ぶつ【爆発物】刺激や衝撃によって爆発を起こす物質。火薬・爆薬など。

ばくはつぶつとりしまり-ばっそく【爆発物取締罰則】爆発物の使用・製造・輸入・所持などの行為に対する処罰を規定した法令。明治17年(1884)に太政官布告として公布され、現在も効力を有する。治安を妨げ、人の身体・財産を害する目的で爆発物

を使用した場合には死刑または無期または7年以上の懲役または禁錮刑に処せられる。爆取。

ばくはつ-やく【爆発薬】「爆薬」に同じ。

はくば-の-せちえ【白馬の節会】(ーセチヱ) ▶あおうまのせちえ(白馬の節会)

はく-はん【白斑】❶白色のまだら。白い斑点。しろまだら。❷皮膚のメラニン色素の減少や消失によって生じる白色の斑点。しろなまず。❸太陽の表面の、周囲よりも光輝いて見える斑点のような部分。

はく-はん【白飯】白米を炊いた飯。しろめし。

はく-はん【拍板】中国の清楽(しんがく)の打楽器。3枚の細長い小さな板を、端に紐(ひも)を通してゆるく結び合わせ、板の間に指を入れて振って鳴らす。明楽(みんがく)では檀板(だんばん)という。板(はん)。

ばく-はん【麦飯】麦だけ、または米に麦をまぜて炊いためし。むぎめし。

ばくはん-たいせい【幕藩体制】江戸時代、幕府とその配下にある藩とを統治機構とした封建的支配体制。将軍を頂点とする中央集権体制で、領主が農民から年貢を徴収する制度から成り立っている。

はくはん-びょう【白斑病】(ービャウ) 植物の葉に白や灰白色の斑点を生じる病害。カビの一種の寄生によって生じ、白斑部がしだいに大きくなって枯れる。

はく-ひ【白皮】❶白い皮。❷白い肌。「紅粉の翠黛は、只一彩りて」〈浮・男色大鑑・六〉

はく-ひ【薄皮】薄い皮。うすかわ。

はく-び【白眉】❶白いまゆ毛。❷《蜀(しょく)の馬氏の五人兄弟はみな秀才であったが、まゆに白毛のある長兄の馬良が最もすぐれていたという、「蜀志」馬良伝の故事から》多数あるもののうち、最もすぐれているものや人のたとえ。「印象派絵画の―」(類語)一番

はく-び【伯備】伯耆(ほうき)国と備前・備中・備後の諸国。

はくひ-しょう【白皮症】(ーシャウ) 先天的にメラニン色素が欠乏しているため、皮膚・毛髪・眼球などが白く見える状態。白子(しろこ)。

はく-びしん【白鼻心】ジャコウネコ科の哺乳類。猫大で、尾が長く、四肢は短い。体は褐色で、額から鼻すじを通る白帯がある。夜行性で、ネズミ・昆虫・木の実などを食べる。東南アジアに分布。日本でも本州中部以北と四国でみられるが、在来種か帰化動物か不明。

はくび-せん【伯備線】岡山県倉敷から新見を経て、鳥取県伯耆大山(ほうきだいせん)に至るJR線。さらに米子に乗り入れる。山陽・山陰地方を結ぶ要路。昭和3年(1928)全通。全長138.4キロ。

はく-ひょう【白票】(ーヘウ) ❶用紙に何も記入せず、白紙でした投票。❷国会で、記名投票によって表決を行うとき、議員が賛成の意思を表すのに用いる白色の票。しろひょう。⇔青票(せいひょう)。

はく-ひょう【薄氷】薄く張った氷。うすごおり。
(類語)氷・氷塊・氷片・氷柱(ひょうちゅう)・氷柱(つらら)・氷層・堅氷(けんぴょう)・薄ら氷(ひ)・流氷・氷雪・氷霜(ひょうそう)・アイス・薄氷(うすごおり)・初氷

薄氷を履(ふ)む 《「詩経」小雅・小旻から》非常に危険な状態に臨むことのたとえ。「―思い」

はく-びょう【白描】(ーベウ) 東洋画で、墨1色を用い、筆線を主体として描く技法。また、その絵。中国では唐代に発達。日本では平安時代以降に盛行し、鎌倉時代には繊細な美しさを持つ白描大和絵様式の絵巻類がつくられた。

はくびょう-が【白描画】(ハクベウグワ) 白描の技法で描いた絵。覚猷(かくゆう)作といわれる鳥獣戯画など。中国では古く白画といわれた。

はく-ふ【白布】白いぬの。しろぬの。

はく-ふ【伯父】父または母の兄。おじ。

ばく-ふ【幕府】《古く陣中にいる将軍が幕を張った中で軍務を処理したところから》❶陣中で将軍がいる所。柳営。❷近衛府の唐名。また、近衛大将の居館。❸武家政権の政庁。また、その権力組織。源頼朝が建久元年(1190)に右近衛大将に任ぜられたことからその居館を幕府と称するようになった。

ばく-ふ【×瀑布】高い所から白い布を垂らしたように、直下する水の流れ。滝。飛泉。「ナイアガラ―」(季 夏)(類語)滝・白滝

バグ-フィックス〖bug fix〗コンピュータープログラムのバグ(不具合や誤り)を修正すること。

ばく-ふう【爆風】爆弾などが爆発するときに起こる強い風。

ばくふ-せん【×瀑布線】同方向に流れるいくつかの河川の滝や早瀬が、山地と平野の境に生じてほぼ一線上に並ぶ地形。北アメリカのアパラチア山脈東麓と海岸平野との間などにみられる。滝線。

はく-ぶつ【博物】❶広範囲に物を知っていること。ものしり。❷「博物学」の略。

はくぶつ-がく【博物学】動物・植物・鉱物・地質など、天然物全体にわたり種類・性質・分布や生態を研究し、記載する学問。現代では各分野が高度に分化している。自然誌。

はくぶつ-かん【博物館】(ークワン) 歴史・芸術・民俗・産業・自然科学などに関する資料を収集・展示して一般公衆の利用に供し、教養に資する事業を行うとともに資料に関する調査・研究を行う施設。

はくぶつかん-とう【博物館島】(ハクブツクワンタウ)《Museumsinsel》ドイツの首都、ベルリン中心部の地区。シュプレー川の中州にあり、旧博物館、新博物館、国立絵画館、ボーデ博物館、ペルガモン博物館が集まっている。1999年、「ベルリンの博物館島」の名称で世界遺産(文化遺産)に登録された。ムゼウムスインゼル。

はくぶつ-し【博物誌】自然界の事物・現象を総合的に記述した書。◆書名別項。

はくぶつし【博物誌】《(ラテン) Historia Naturalis》古代ローマの理科全書。大プリニウス著。77年、完成。全37巻。当時の博物学の集大成で、総項目数は2万。

はくぶつ-ひょうほん【博物標本】(ーヘウホン) 動物・植物・鉱物などの標本。

はく-ふん【白粉】❶白色の粉。❷おしろい。

はく-ぶん【白文】❶本文だけで注釈のついていない漢文。❷句読点・返り点・送り仮名などのついていない漢文。❸「白字❶」に同じ。

はく-ぶん【博文】広く学問を修めて、深くそれに通じること。

はく-ぶん【博聞】広く物事を聞いて、よく知っていること。

はくぶん-きょうき【博聞強記】(ーキャウキ) 広く物事を聞き知って、それらをよく記憶していること。

はくぶん-くんてん【白文訓点】白文に句読点・返り点・送り仮名などを加えること。

はくぶん-やくれい【博文約礼】《「論語」雍也から》広く学問を修めて道理を知り、それを礼によってまとめ、実行すること。

はく-へい【白兵】抜き身の刀。白刃。また、刀・剣・槍などの武器。

はくへい-せん【白兵戦】刀・剣・槍などの白兵を手にして行う戦い。至近距離での戦闘。
(類語)交戦・対戦

はく-へき【白壁】白色の壁。しらかべ。

はく-へき【白璧】白色の美しい玉。しらたま。

白璧の微瑕(びか) 《昭明太子「陶淵明集序」から》白色の宝玉にわずかなきずがあること。ほとんど完全な物事に、少し欠点があることのたとえ。玉にきず。

はく-へん【剝片】はがれて落ちたかけら。

はく-へん【薄片】薄いかけら。平たい切れはし。

はくへん-せっき【剝片石器】(ーセキキ) 打製石器の一種。石塊からはぎとった剝片を加工した石器。⇒石核(せっかく)石器

はく-ぼ【伯母】父または母の姉。おば。

はく-ぼ【薄暮】日が暮れようとするころ。夕暮れ。たそがれ。「―の迫る街」「―ゲーム」

はく-ほう【白×鳳】白色の羽毛の鳳凰(ほうおう)。

はくほう【白鳳】年号「白雉(はくち)」の異称。

はくほう-けいこく【白鳳渓谷】山梨県北西部にある渓谷。南巨摩(こま)郡早川町奈良田から、赤石山脈北岳の登山口広河原までの野呂川流域をいう。河床には石灰岩・輝緑凝灰岩などが見られる。

はくほう-じだい【白×鳳時代】日本の文化史、特に美術史上の時代区分の一。飛鳥時代と天平時代の間の、7世紀後半から8世紀初めまでをさす。

はくほう-しょう【白鵬翔】(ーシャウ)[1985〜]力士。第69代横綱。モンゴル出身。本名、ムンフバト=ダバジャルガル。平成19年(2007)22歳2か月という、北の湖、大鵬に次ぐ史上3番目の若さで横綱に昇進した。平成22年(2010)には、双葉山の69連勝に迫り、歴代2位となる63連勝を記録した。⇒朝青龍明徳(あさしょうりゅうあきのり)(第68代横綱)

はくほう-ぶんか【白×鳳文化】(ーブンクワ) 白鳳時代の文化。唐との交通により、その影響を受けた仏教美術にすぐれた作品が多い。薬師寺の東塔や薬師三尊像、法隆寺金堂壁画などがその代表。また、国史の編纂が開始され、漢詩・和歌なども盛んとなった。

はく-ぼく【白墨】白亜や焼き石膏(せっこう)の粉末を水で練って棒状に固めたもの。白色であるが、顔料を加えた赤・黄色などもある。黒板などに書くのに使用。チョーク。

ばく-ほく【漠北】ゴビ砂漠の北の地域。モンゴル国にあたる。外蒙古。

パク-ホニョン【朴憲永】[1900〜1955]朝鮮の政治家。忠清南道に生まれる。1925年朝鮮共産党創立に参加。1945年ソウルで共産党(後の南朝鮮労働党)を再建、副委員長となり反米闘争を指導。その後北朝鮮に移り、朝鮮民主主義人民共和国の副首相兼外相となったが、朝鮮戦争中にスパイ容疑で逮捕、処刑された。ぼくけんえい。

はく-ま【白麻】❶白い麻の布。❷《中国、唐代に詔勅に白い麻の紙を用いたところから》天子の勅書。❸紙の異称。〈日葡〉

はく-ま【白魔】恐ろしい被害をもたらす大雪を魔物にたとえた語。「北日本一円が―に襲われる」

は-ぐま【▽白熊】中国産のヤクの尾の白い毛。払子(ほっす)や、槍・旗などの飾りに用いる。⇒黒熊(こぐま) ⇒赤熊(しゃぐま)

はく-まい【白米】玄米をついて糠(ぬか)や胚芽(はいが)を取り除いた米。精米。精白米。(類語)米・玄米・新米・古米

はくまい-じょう【白米城】(ージャウ) 落城伝説で、山上の城が敵に囲まれて水を断たれるが、白米を水に見せかけ、馬に浴びせたり馬の脚を洗ったりして、水に困っていないことをよそおう話。伊達政宗が攻めた仙台の高森山の城をはじめ、全国各地に分布している。

はくまい-びょう【白米病】(ービャウ) 白米を常食とするために起こるビタミンB_1欠乏症。脚気(かっけ)の類。

はく-まく【薄膜】うすい膜。うすまく。「―トランジスター」⇔厚膜。(補説)多く、生物の器官などを覆うものは「うすまく」、蒸着などにより作られる化学的なものは「はくまく」と読む。

はくまく-トランジスター【薄膜トランジスター】ガラスや石英の基板に半導体を薄膜状に真空蒸着させたトランジスター。液晶テレビや液晶ディスプレーに利用される。TFT(thin film transistor)。

ばく-まつ【幕末】江戸幕府の末期。安政元年(1854)の日米和親条約締結による開国から、慶応3年(1867)の大政奉還による政権移譲まで、またはそれに至る30〜40年間をいう。

は-ぐみ【葉組(み)】生け花で、葉のみを組み合わせて花型を作ること。オモト・ハランが最適。

はく-めい【薄命】❶早死にすること。短命。「佳人―」❷運に恵まれないこと。ふしあわせ。薄幸。「―の身を嘆く」(類語)短命

はく-めい【薄明】日の出前と日没後のうすあかりの状態。地平線下の太陽からの光が上空大気で散乱して生じる。

ばく-めい【幕命】幕府の命令。「―を奉じる」

ばく-めい【爆鳴】爆発のとき大きな音を発すること。また、その音。

ばくめい-き【爆鳴気】水素2容積と酸素1容積との混合気体。点火すると爆音を発して反応し、大量の熱を発する。酸水素爆鳴気ともいい、同様に塩素と水素各1容積の混合気体でも起こり、塩素爆鳴気という。

はく-めん【白面】❶素顔(すがお)。❷色白の顔。「―の貴公子」❸年が若く、経験の浅いこと。青二才。「―の

書生」〔類語〕色白・白皙はくせき

はくめん‐ろう【白面郎】ハクメンラウ 年が若く、経験に乏しい男。「温まだが、二人の―に侮られるのを見て」〈鷗外・魚玄機〉

は‐ぐも【葉蜘=蛛】ハグモ科のクモ。体長3ミリほどで、腹部に灰褐色の斑点がある。葉の上に白い天幕状の巣を作る。本州以南に分布。

はくもうじょ【白毛女】パイマオニュイ 中国の現代歌劇。延安の魯迅ろじん芸術学院の集団創作。1945年初演。地主に迫害された貧農の娘が、山奥の洞穴に隠れ住む間に白髪となったが、解放軍に救い出される。

はく‐もくれん【白木×蓮】モクレン科の落葉高木。3月ごろ、香りのある白い大きな6弁花を開く。萼がくは3枚あり、花びら状。葉は倒卵形。中国原産で、庭木とする。玉蘭。白蓮はくれん・びゃくれん。〔季 春〕

はくもん‐かい【白門会】クワイ 卒業年や地域・職域・出身サークルなどごとに活動する中央大学卒業生の同窓会。➡学員会

ばくもんどう【麦門冬】ジャノヒゲまたはヤブランの塊根。漢方で、強壮・鎮咳ちんがい・去痰きょたんに用いる。

はく‐や【白夜】高緯度地方で、夏、太陽が地平線近くに沈んでいるために薄明が長時間続く現象。びゃくや。〔季 夏〕「街灯のひとり灯ともれる―かな/万太郎」➡極夜

はく‐や【×箔屋】金・銀などの箔を製造し、販売する人。また、その店。箔打ち。

ばくや【×莫×耶|×莫×邪】中国春秋時代の名剣の名。➡干将莫耶かんしょうばくや

莫耶を鈍どんと為なし鉛刀えんとうを銛せんと為す 《賈誼「弔屈原文」から》名剣である莫耶を切れ味が悪いと言い、鉛で作った刀をよく切れると言って褒める。でたらめな評価をすることのたとえ。

ばく‐やく【爆薬】火薬類のうち、物を破壊するための爆破薬、および爆弾・砲弾を炸裂さくれつさせるための炸薬のこと。ダイナマイト・トリニトロトルエンなど。〔類語〕火薬・硝薬・弾薬

はく‐よう【白×楊】ヤウ ❶ヤマナラシの別名。❷ドロノキの別名。

はく‐よう【舶用】船舶に使用すること。また、そのもの。「―炭」

ばく‐よう【博×奕】ヤウ 《「よう」は呉音「やく」の音変化》「ばくえき(博奕)」に同じ。「―をして、親にもはらからにも憎まれければ」〈大和・五四〉

はくよう‐きかん【舶用機関】ハクヨウキクワン 船舶を進行させる原動機として用いられる機関。

はくよう‐きゅう【白羊宮】ハクヤウキウ 黄道十二宮の第一宮。牡羊おひつじ座に相当したが、歳差のため春分点が移動し、現在では西隣の魚座にある。

はくようきゅう【白羊宮】ハクヤウキウ 薄田泣菫すすきだきゅうきんの詩集。明治39年(1906)刊。詩64編を収録。高踏的、浪漫的な詩風を示した。

はく‐らい【舶来】〔名〕スル 外国から船によって運ばれてくること。外国から渡来すること。また、そのもの。「―のブランデー」「西洋から―した文物」

ばく‐らい【爆雷】潜水艦攻撃用の爆弾。水中に投下または発射され、一定深度に達すると爆発する。

はくらい‐ひん【舶来品】舶来の品物。外国製品。

はぐら‐がく【羽倉学】江戸中期、国学者荷田春満かだのあずままろの古学復古説を継承した学派。荷田の本姓が羽倉であるところからいわれる。

はぐら‐か・す〔動サ五(四)〕❶相手の追及を逃れようとして、話の焦点をぼかしたり、ずらしたりして言いまぎらす。「年を聞いても―・して答えない」「話を―・す」❷はぐれるようにする。相手に気づかれないように、うまく離れる。「つきまとう弟を―・す」〔可能〕はぐらかせる〔類語〕騙だます・ごまかす・偽る・たばかる・騙かたる・誑たぶらかす・欺く・化かす・一杯食わす

はくらく【伯楽】《中国の天馬を守る星の名から》㊀中国周代の、馬を見分ける名人。姓は孫、名は陽。㊁❶馬の素質の良否をよく見分ける人。また、牛馬の病気を治す人。❷人物を見抜き、その能力を引き出し育てるのがじょうずな人。「球界の名―」

伯楽一たび冀北きほくの野を過ぎて馬群ばぐん遂ついに空むなし 《韓愈「送温処士赴河陽軍序」から》伯楽がひとたび良馬の産地である冀州の北部を通ると、良馬は1頭も残らなくなる。名君賢相が上にいると民間の賢人はみな朝廷に用いられることのたとえ。

はく‐らく【剝落】〔名〕スル はがれて落ちること。「壁面のタイルが―する」

はく‐らくてん【白楽天】㊀▶白居易はくきょい ㊁謡曲。脇能物。宝生を除く各流。唐の白楽天が日本の知恵を探りに来ると、住吉明神が和歌をもって対抗し、船もろとも追い返す。

バグラティ‐だいせいどう【バグラティ大聖堂】ダイセイダウ《Bagrati》グルジア西部の古都クタイシにあった大聖堂。11世紀の初頭にグルジアを統一したバグラト3世が創建。17世紀末にオスマン帝国軍によって破壊されたが、動植物の浮き彫りを施された外壁や柱頭が残っている。1994年、ゲラティ修道院とともに「バグラティ大聖堂とゲラティ修道院」として世界遺産(文化遺産)に登録された。バグラチ大聖堂。

はく‐らん【白藍】ハクサイ(白菜)とキャベツ(甘藍かんらん)との種間雑種として作り出された野菜。

はく‐らん【白×蘭】白い花の咲く蘭。びゃくらん。

はく‐らん【博覧】❶広く書物を読んだり見聞したりして、物事をよく知っていること。❷広く一般の人々が見ること。「―に供する」〔類語〕博学・博識・物知り・該博・生き字引・有識・蘊蓄うんちく・学識・造詣・学問・教養・知識・学殖・素養・碩学せきがく・篤学・博覧強記

はくらん‐かい【博覧会】クワイ 産業・貿易・学術・技芸などの振興・促進のために、各種の産物・文化財などを集めて展示し、広く一般に公開する催し。「万国ばんこく―」〔類語〕展覧会・展示会

はくらんかい‐こくさいじむきょく【博覧会国際事務局】ハクランクワイ ▶ビー‐アイ‐イー(BIE)

はくらん‐きょうき【博覧強記】キャウキ 広く書物を読み、いろいろな事をよく記憶していること。「―の人」〔類語〕蘊蓄うんちく・学識・造詣・学問・教養・知識・該博・学殖・素養・碩学せきがく・篤学・博学・博識・有識・物知り・生き字引・博覧

はく‐り【白痢】子牛に発生する、激しい下痢を特徴とする急性伝染病。大腸菌が感染して起こり、致死率が高い。子牛白痢。

はく‐り【剝離】〔名〕スル はがれること。また、はがすこと。「網膜が―する」「塗装を―する」

はく‐り【薄利】〔名・形動〕利益の薄いこと。少しの利益。また、そのさま。「―な(の)商売」

ばく‐り【幕吏】幕府の役人。

ぱくり ㊀〔副〕❶口を大きくあけるさま。大きな口をあけて物を食べるさま。「鯉がえさを―と飲み込む」❷割れ目や傷口などが大きくあくさま。ぱっくり。「傷口が―とあく」㊁〔名〕かすめとること。アイデアなどを盗用すること。「アメリカのテレビ番組の―」

はくりき‐こ【薄力粉】軟質の粉の得られる小麦を原料とした小麦粉。たんぱく質が少なく、水を加えてこねたときに粘りけが少ない。ケーキやてんぷらの衣に用いる。➡強力粉きょうりきこ

はく‐りく【博陸】《漢の武帝によって河北省にあった博陸の城に封ぜられた霍光かくこうが権勢をほしいままにした故事から》朝廷の重鎮。また、関白のこと。はくろく。

はくり‐たばい【薄利多売】品物一つ当たりの利益を少なくし、たくさん売ることで、全体の利益を多くすること。

ぱくり‐や【ぱくり屋】手形割引や資金の融通を材料として詐欺・横領・脅迫行為などを行う者。

ばくりゅう‐しゅ【麦粒腫】バクリフ まぶたにあるマイボーム腺やまつ毛の根もとの皮脂腺に、黄色ぶどう球菌が感染し、赤くはれて痛む病気。ものもらい。〔補説〕地域により、めもらい・めばちこ・めいぼ・めっぱ・おひめさんなどとも呼ばれる。

はくりゅう‐せき【白×榴石】ハクリウ カリウム・アルミニウムの珪酸塩けいさんえん鉱物。ガラス光沢のある白・灰色の24面体の結晶。正方晶系。カリウムに富む塩基性火山岩中に含まれる。

はく‐りょう【白▽竜】❶天帝の使者とされる白い竜。はくりゅう。❷白く泡だつ渓流や滝の形容。はくりゅう。「幾百千の―の、おどるよおどるよ、碧みどりの淵に」〈文部省唱歌・滝〉

ばく‐りょう【幕僚】レウ ❶帷幕いばくの属僚。君主・将軍などを補佐して、重要な計画に参加する幹部。❷軍隊で、指揮官に直属して参謀事務に従事する者。

ばく‐りょう【×曝涼】リヤウ〔名〕スル 夏、または秋の天気のよい乾燥した日を選んで衣類・書籍などを日にさらし風を通して、かびや虫のわくのを防ぐこと。虫干し。〔季 夏〕「―やうすべり敷きし長廊下/蓼雨」

ばくりょう‐かんぶ【幕僚監部】バクレウ 防衛大臣に直属し、最高の専門的助言者として長官を補佐する幕僚機関。統合・陸上・海上・航空の4幕僚監部があり、各幕僚長の統率のもとに防衛・教育訓練・装備・人事などに関する計画の立案、部隊の管理・運営などを行う。

はくりょう‐ぎょふく【白▽竜魚服】《白竜が普通の魚の姿に化けて泳いでいたところを漁師に射られたという伝説を引いて、呉王が忍び歩きしようとしたのを伍子胥ごししょが諫めたとした、「説苑」正諫の故事から》貴人がお忍びで外出して災難にあうことのたとえ。

はくりょう‐たい【×柏×梁体】ハクリヤウ 漢詩の一体。1句七言の連句で、毎句脚韻をふむのを特徴とする古詩。漢の武帝が柏梁台を築いた時、群臣に作らせた詩体に由来するといわれる。

はくりょう‐だい【×柏×梁台】ハクリヤウ 前116年、漢の武帝が長安の西北に築いた、高さ数十丈の楼台。梁はりに香柏を用いたのでこの名がある。

ばくりょう‐ちょう【幕僚長】バクレウチヤウ ❶統合幕僚監部および陸上・海上・航空各自衛隊の長。統合幕僚長は自衛隊の運用に関して一元的に防衛大臣を補佐する。❷軍隊で、指揮官に直属して参謀事務に従事する者(幕僚)の長。

はく‐りょく【迫力】見る人や聞く人の心に強く迫る力。「―のある演技」「―に欠ける」

はく‐りん【白×燐】「黄燐おうりん」に同じ。

はくりん‐だん【白×燐弾】白燐を詰めた砲弾・手榴弾。発煙弾・照明弾・信号弾・曳光弾などとして、主に煙や光を発生させる目的で用いられる。対人使用した場合、熱などにより人体に深刻な被害を与えるとする見方もあり、非人道兵器の一つと指摘されているが、化学兵器禁止条約の対象外となっており、国際条約上、白燐弾の対人使用を明確に禁止する規定はない。〔補説〕2004年に米国がイラク戦争で、09年にイスラエルがガザ攻撃の際に、それぞれ対人使用したとされ、人権団体から非難を受けた。

は・ぐ・る〔動ラ五(四)〕はいでめくる。めくりかえす。「布団を―・る」「ページを―・る」〔可能〕はぐれる

はぐ・る【▽逸る】㊀〔動ラ五(四)〕「逸はぐれる❷」に同じ。「取り―・っては一生にまた出逢うことは覚束おぼつかないなれば」〈露伴・五重塔〉㊁〔動ラ下二〕「はぐれる」の文語形。

ぱく・る〔動ラ五(四)〕❶大きく口をあけて食べる。ぱくつく。「おむすびを―・る」❷人のものをかすめ取る。かっぱらう。「手形を―・る」❸犯人などをつかまえる。検挙する。逮捕する。「現行犯で―・られる」〔可能〕ぱくれる〔類語〕(❸)捕つかまえる・捕る・捕らえる・引っ捕らえる・取り押さえる・生け捕る・召し捕る・搦からめ取る・引っ括くくる・捕とっ捕まえる・捕獲する・拿捕だほする・捕縛する・逮捕する・検束する・検挙する・挙げる・しょっぴく

は‐ぐるま【羽車】神体・経典などを移すときに使う輿こし。天の羽車。御羽車おはぐるま。

は‐ぐるま【歯車】❶円柱・円錐台などの周縁に歯を刻んだもので、対にして歯をかみ合わせることにより、回転運動を確実に伝える装置。機械に広く用いられ、平ひら歯車・斜歯はすば歯車・傘かさ歯車・ねじ歯車・ウオーム歯車などがある。「―がかみ合う」❷ある組織を動かしている仕組み。また、その要員。「管理社会の―に組み込まれる」

歯車が嚙かみ合あ・わない 人や組織の動きが互い

にくいちがって、うまく連動しない。ぎくしゃくする。「ベテランと中堅の━・わない」

歯車が狂くる・う どこかにくい違いが生じて、順調に進んでいたことがうまくいかなくなる。「一つ━・うと、あとは目もあてられない結果となる」

はぐるま【歯車】 芥川竜之介の短編小説。昭和2年(1927)遺稿として発表。激しい強迫観念にとらわれた知識人の絶望と狂気を描く。

はぐるま-げんそくそうち【歯車減速装置】ゲンソクサウチ 歯車の歯数の異なるものなどの組み合わせにより、原動軸の回転速度を減速して他の軸に伝える装置。

はぐるま-ひ【歯車比】 ▶ギア比

はく-れい【×魄霊】 ❶たましい。魄。❷亡霊。幽霊。「そもそもこれは…基経が━なり」〈謡・雲林院〉

ばく-れつ【爆裂】〔名〕スル 爆発して破裂すること。「砲弾が━する」(類語)爆発・炸裂さくれつ・破裂・起爆・誘爆

ばくれつ-かこう【爆裂火口】クワコウ 爆発的な火山活動により、山体の一部が吹き飛ばされてできた火口。

ばくれつ-だん【爆裂弾】 爆弾の古い言い方。「家のなかに━でもあるように」〈宇野浩二・苦の世界〉

ばくれつ-やく【爆裂薬】 爆薬の古い言い方。

パクレニ-しょとう【パクレニ諸島】シヨタウ《Paklinski otoci》クロアチア南部、アドリア海に浮かぶフバル島の南西沖の諸島。聖クレメント島、イェロリム島、ブラカ島をはじめ、十数の島々が点在する。聖クレメント島が最も大きく、パルミジャーナの町にはヨットハーバーがある。美しい海岸をもつ島が多く、観光地として名高い。

はぐ・れる【▽逸れる】〔動ラ下一〕文はぐ・る〔ラ下二〕❶連れの人を見失って離ればなれになる。「人込みで一行に━・れる」「群れに━・れた子羊」❷その機会をのがす。「仕事に━・れる」❸動詞の連用形に付いて、…する機会を失う意を表す。…しそこなう。…しそびれる。「飯を食い━・れる」

はく-れん【白×蓮】 ❶白色のハスの花。びゃくれん。❷ハクモクレンの別名。(季 春)

はく-れん【白×鰱】 コイ科の淡水魚。体は紡錘形で側扁し、目は下方にある。体色は銀白色。黒鰱こくれんとともに鰱魚れんぎょと称される。➡鰱魚

ばく-れん【×莫連】 すれていてずるがしこいこと。また、そのような女性。あばずれ。すれっからし。「ああ見えても…中々の━で」〈魯庵・社会百面相〉

はく-ろ【白露】 ❶白く光って見える露。しらつゆ。「時に残月、光冷ややかに、━は地に滋く」〈中島敦・山月記〉❷二十四節気の一。9月8日ごろ。このころから秋の気配が感じられはじめる。(季 秋)

はく-ろ【白×鷺】 しらさぎ。

白鷺は塵土じんどの穢けがれを禁ぜず 白鷺は汚れた土の上に立っても汚れることがないので汚れを気に掛けない。潔白なものはどんな境遇に置かれても、その本質は変わらないことのたとえ。

は-ぐろ【歯黒|鉄=漿】「御歯黒おはぐろ」に同じ。

ばく-ろ【暴露|×曝露】〔名〕スル ❶むき出しにすること。特に、悪事・秘密などをあばいて明るみに出すこと。また、それらが明るみに出ること。「真相を━する」「収賄が━する」「━記事」❷風雨にさらすこと。また、さらされること。❸細菌・ウイルスや薬品などにさらすこと。また、さらされること。「高病原性鳥インフルエンザウイルスに━する可能性の高い地域」「天然痘に━する危険がある」「水銀━」(類語)暴く・ばらす・すっぱ抜く・さらけ出す・現れる・露見・露呈

はく-ろう【白浪】ラウ 白く見える波。しらなみ。

はく-ろう【白×狼】ラウ 白いオオカミ。古く、王者に仁徳ある時に現れるとされた。

はく-ろう【白×蝋】ラフ 日光にさらした木蝋。びゃくろう。

はく-ろう【白×鑞】ラフ ▶びゃくろう(白鑞)

はく-ろう【伯労】ラウ モズの別名。

ばく-ろう【麦浪】ラウ 麦の穂が風になびき揺れるさまを波にたとえた語。麦の穂波。「━菜花のまん中に二階立ての瓦屋の」〈蘆花・思出の記〉

ばく-ろう【麦×隴】《「隴」は、畑、また、畑のうねの意》麦畑。

ばく-ろう【博労|馬×喰|▽伯▽楽】ラウ《「はくらく(伯楽)」の音変化》❶牛馬の良否を見分けることに巧みな人。また、牛馬の病気を治す人。はくらく。❷牛馬の売買・仲介を業とする人。

ばく-ろう【幕老】ラウ 幕府の老臣。

ばくろ-ウイルス【暴露ウイルス】《exposure virus》コンピューターウイルスの一。感染すると、ファイル共有ソフトなどを通じて、コンピューター内のデータを持ち主が気づかないうちに外部に流出させてしまう。

はくろう-びょう【白×蝋病】ハクラフビヤウ チェーンソー・鋲びょう打ち機などを長期間使用する場合にみられる職業病。工具の振動が手に血行障害をもたらして指が白くなり、しびれ・痛みや知覚異常がみられる。

はく-ろく【白▽鹿】 白い毛のシカ。

はく-ろく【博▽陸】 ▶はくりく(博陸)

はく-ろく【薄×禄】 俸給の少ないこと。微禄。少禄。

はぐろ-さん【羽黒山】 山形県中西部の山。標高414メートル。月山がっさん・湯殿山とともに出羽三山の一。山頂付近に出羽神社がある。古くから修験道の霊場。

はく-ロシア【白ロシア】 ▶ベラルーシ

はくろ-じょう【白鷺城】ジヤウ 姫路城の異称。

ばくろ-せんじゅつ【暴露戦術】 反対派の秘密や不正を暴露して、相手を陥れようとする闘争戦術。

はぐろ-そう【葉黒草】サウ キツネノマゴ科の多年草。山地の樹陰に生え、高さ20～40センチ。葉は暗緑色で長楕円形。夏、紅紫色の唇形の花を開く。

ばくろ-ちょう【馬喰町】チヤウ 東京都中央区北部の地名。繊維製品の問屋街。江戸時代は奥州街道の出発点にあたり、博労ばくろうが多く住んでいた。

はぐろ-とんぼ【羽黒蜻=蛉|鉄=漿蜻=蛉】 カワトンボ科の昆虫。体長6センチくらい。雄は体が金緑色で、翅はねは黒色。雌は体も翅も焦げ茶色。夏季、本州以南の平地の流水にみられる。くろやんま。かねつけとんぼ。おはぐろとんぼ。

はぐろ-は【羽黒派】 修験道の一派。羽黒山の羽黒権現に奉仕した山伏。

は-ぐろめ【歯黒め】「御歯黒おはぐろ」に同じ。「━もまだしかりけるを」〈源・末摘花〉

はぐろやま-まさじ【羽黒山政司】[1914～1969]力士。第36代横綱。新潟県出身。本名、小林正治。序の口から幕下まで全段で優勝。各段を一場所で昇進した。優勝7回。引退後、年寄立浪たつなみ。➡双葉山定次さだじ(第35代横綱) ➡安芸ノ海あきのうみ節男(第37代横綱)

ばく-ろん【×駁論】〔名〕スル 相手の論を非難し、反対意見を述べること。また、その議論。「口角泡を飛ばして━する」(類語)批判・反論・反駁はんばく

はく-わ【白話】 中国語の口語・日常語。また、口語体の文章。⇔文言ぶんげん。

はくわ-こう【▽百和香】カウ《「はくわごう」とも》練り香の一種。陰暦5月5日に百草を合わせて作ったという。ひゃくわこう。

はくわ-しょうせつ【白話小説】セウセツ 口語で書かれた中国の小説。宋代の講釈にその萌芽ほうががみられ、明・清代には四大奇書や「紅楼夢」などの傑作が生まれた。

はくわ-ぶんがく【白話文学】 中国文学で、口語(白話)を使用して書かれたもの。元代の戯曲や明・清代の白話小説以前は大衆文学の領域に属していたが、口語に積極的な価値をみる胡適の提唱や魯迅の作品などにより、1920年代以降国民文学として定着した。➡文学革命

ば-ぐん【馬群】 馬の群れ。馬の一団。

はぐん-せい【破軍星】 北斗七星の第七星、柄の先端にあたる星。陰陽道おんようどうでは、その星の指し示す方角を万事に不吉として忌んだ。破軍。

はけ【刷=毛|刷=子】 ❶柄の台に獣毛などを束ねそろえて植え込んだ道具。塗料や液体を塗ったり、粉・ほこりなどを払ったりするのに用いる。❷「刷毛先はけさき❷」に同じ。「とかくに━が横っちょへ曲がってならぬ」〈滑・七偏人・二〉

はけ【×捌け】 ❶水がとどこおらずに流れること。「下水の━が悪い」❷商品などがよく売れていくこと。「新商品の━がいい」

はげ【×禿】 ❶毛髪が抜け落ちている部分。また、抜け落ちている状態。❷山などに樹木のなくなっている状態。「━山」(類語)禿頭はげあたま・禿頭とくとう

はげ【剝げ】 塗ったものなどがはがれ落ちること。また、そのあと。「塗料の━」

ばけ【化け】 ❶化けること。化けたようす。「━の皮」❷化け物。お化け。「むじな、猫又など、月に一度ずつ会合して━の云ひ合はせあり」〈黄・親敵討腹鞁〉❸だますこと。あざむくこと。「またすぐ━を言ふわいの」〈難波鉦・一〉

ばけ【▽術】《「化け」と同語源》てだて。すべ。みち。方法。「百姓おおみたからを寛ゆるする━あらば」〈天武紀〉

はげ-あが・る【×禿げ上(が)る】〔動ラ五(四)〕額の生え際から頭の上のほうまでずっとはげる。「━・った広い額」

はげ-あたま【×禿げ頭】 頭髪が抜け落ちた頭。とくとう。(類語)禿・禿頭とくとう

は-けい【波形】 ❶波のように上下にうねる形。なみがた。❷波が伝わるときの、一定の位置での物理量の時間的変化、または一定の時刻での物理量の空間的変化をグラフで示したもの。

は-げいとう【葉鶏頭】 ヒユ科の一年草。高さ約1.5メートル。茎は直立し、葉は細長い披針形で、頂部のものは秋に紅・黄色などに色づく。夏から秋、葉の付け根に淡緑色の小さい花をつける。熱帯アジアの原産で、古く渡来し、観賞用。雁来紅がんらいこう。アマランス。アマランサス。(季 秋)「━に東京湾の曇りかな/楸邨」

はけ-え【刷=毛絵】ヱ 刷毛で描いた絵。

バゲージ〖baggage〗 手荷物。小荷物。ラゲージ。

バケーション〖vacation〗 保養・旅行などのための、比較的長い休暇。バカンス。「クリスマス━」
(類語)休暇・休日・休み・ホリデー・バカンス

ばけ-がく【化学】「化学かがく」を同音の「科学」と区別するためにいう語。

はけ-ぐち【×捌け口】《「はけくち」とも》❶水などの流れ出ていく口。「汚水の━」❷商品などの売れていく先。売れ口。「━のない品」❸内からあふれる感情などを発散させる対象や、そのための手段・方法。「若さの━を求める」「怒りの━がない」
(類語)(❷)売れ口・捌はけ口・販路・売れ先・市場

はげ-こう【×禿×鸛】コウ コウノトリ科ハゲコウ属の鳥の総称。全長1メートル以上あり、くちばしが大きく、脚が長い。頭・首は皮膚が裸出している。屍肉しにくや生きた魚・ネズミなどを食べる。3種が南アジア・アフリカに分布。

はけ-さき【刷=毛先】 ❶刷毛の先端。❷江戸時代、男子が結った髷まげの先端。はけ。

はげし・い【激しい|▽烈しい|▽劇しい】〔形〕文はげ・し〔シク〕❶勢いがたいへん強い。「━・い風雨」「気性の━・い人」「━・い反対に遭う」❷程度が度を過ぎてはなはだしい。ひどい。「━・い痛みに悩まされる」「暑さが━・い」❸行われる回数が驚くほど多い。非常に頻繁である。「変化の━・い社会」「人の出入りが━・い」❹けわしい。「━・しき道に打ち越えて」〈宇津保・俊蔭〉(派生)はげしさ〔名〕
(類語)(❶❷)凄すさまじい・すごい・ものすごい・荒荒しい・ひどい・きつい・厳しい・鋭い・強烈・猛烈・激烈・熾烈しれつ・苛烈かれつ・激甚・急激・峻烈しゅんれつ・激越・矯激きょうげき・ドラスティック・ファナティック

はげ-しばり【×禿縛】 ヒメヤシャブシの別名。山の土砂崩れを防ぐために植えるのでいう。

はげ-たか【×禿×鷹】 コンドルやハゲワシの俗称。(補説)動物の死体の肉を食うので、残り物をきれいに掃除する鳥というイメージと、貪欲な鳥というイメージがある。

はげ-ちゃびん【×禿げ茶瓶】 はげた頭を茶瓶にたとえていう語。

はげ-ちょろ【剝げちょろ|×禿げちょろ】〔名・形動〕彩色や塗料、敷物の毛などがところどころはげていること。また、そのさま。はげちょろけ。「━な(の)看板」

はげ-ちょろけ【剝げちょろけ｜×禿げちょろけ】「はげちょろ」に同じ。

はげ-ちょろ・ける【剝げちょろける｜×禿げちょろける】〔動カ下一〕彩色や塗料、敷物の毛などがところどころはげて見苦しくなる。「—・けた壁」

バケツ 《バケットから》ブリキ・ポリエチレンなどで作った、桶形の容器。持ち運ぶための鉉が付いている。「—リレー」㊟「馬穴」「馬尻」とも書く。
(類語)桶・たらい・缶

バケツをひっくり返したような 激しく雨が降るさま。どしゃ降りになるさま。㊟気象庁では1時間に30ミリ以上50ミリ未満の激しい雨について、「バケツをひっくり返したように降る」と解説している。

はけ-ついで【刷=毛▽序で】はけで塗ったついでに他の物も塗ること。転じて、何かをしたついでに別のこともしてしまうこと。ことのついで。

バケット〘bucket〙❶バケツ。❷鉱石や土砂などを入れて運搬する容器。クレーンなど運搬機械に取り付ける。❸ペルトン水車の椀状をした羽根。噴流を受ける部分。

バゲット〘フランス baguette〙棒状の堅焼きフランスパン。

パケット〘packet〙❶小包み。小さな束。小荷物。❷データ通信で、細かく分割されて通信に必要な制御情報を付与されたデジタル情報のひとまとまりの単位。それでデータ通信を行うことをパケット通信という。回線の有効利用や大量通信ができる。

パケット-くみたてぶんかいそうち【パケット組(み)立(て)分解装置】➤ピー-エー-ディー(PAD)

パケット-こうかん【パケット交換】➤パケットスイッチング

パケット-こうかんサービス【パケット交換サービス】パケット通信を利用するデータ通信サービス。

パケット-こうかんもう【パケット交換網】パケットスイッチングを利用したデータ通信網。➡パケット

バケット-シート〘bucket seat〙航空機やスポーツカーの一人用座席。安定性をよくするため、体形に合うようなくぼみがつけられている。

パケット-スイッチング〘packet switching〙データ通信で、通信すべきデータをパケットに分割し、ヘッダーで指定された送信先の情報や回線の混雑状態に応じて、パケットを送出したり一時的に蓄積したりする通信方式。パケット交換。➡パケット

パケット-つうしん【パケット通信】《packet communication》データ通信で、データをパケットとよばれるデジタル情報のひとまとまりの単位に分割し、送受信すること。パケットには送信先の情報や誤り訂正のための符号、データ全体において個々のパケットを位置づける情報などが含まれている。データ転送の間、ひとつの回線を占有することがなく、たとえ回線に障害が生じても柔軟に経路を変更できるため、回線の有効利用や大量通信ができる。パケット転送。

パケット-フィルタリング〘packet filtering〙コンピューターネットワークのセキュリティー機能の一。ルーターやファイアウォールがパケットに含まれる情報を調べ、通過や破棄の判断をする。

パケット-ライティング〘packet writing〙➤パケットライト

パケット-ライト〘packet write〙CD-RやCD-RWなどへデータを書き込む時、データをパケットという小さな単位に分割し、書き込む方式のこと。

バケツリレー-こうげき【バケツリレー攻撃】《bucket brigade attack》➤中間者攻撃

ばけ-ねこ【化け猫】魔力をもっていて、人などにばける猫。猫の妖怪。

ばけ-の-かわ【化けの皮】真相や正体などを包み隠している、いつわりの外見。「—がはがれる」

化けの皮を現・す 本性をあらわす。正体を暴露する。「上品ぶってもすぐに—・す」

はけ-ば【×捌け場】はけていく場所。はけ口となる場所。「—のない不満」

はげまし【励まし】はげますこと。激励。「—の声を掛ける」

はげま・す【励ます】〔動サ五(四)〕❶気持ちが奮いたつようにしてやる。元気づける。力づける。激励する。「病床の友を—・す」❷声などを激しくする。強くする。「言葉を—・して説得する」
(類語)力付ける・引き立てる・激励・声援

はげみ【励み】❶励むこと。精を出すこと。❷気力を奮い立たせるもの。精を出す支えとなるもの。はげまし。「仕事に—が出る」「仲間の声援を—に戦う」

はけ-みち【×捌け道】❶水などが自然に流れ出ていく通路。「雨水の—」❷商品などの売れていく先。販路。はけぐち。「—を開拓する」

はげ・む【励む】〔動マ五(四)〕❶気持ちを奮い起こして物事をする。心を打ち込んで努める。精を出す。「学業に—・む」「日夜研究に—・む」❷力をふるいおこす。「こはき力を—・みて」〈宇津保・俊蔭〉
(類語)頑張る・努める・努力する

はけ-め【刷=毛目】❶刷毛で塗ったり、汚れを払ったりした跡。❷陶器の加飾法の一。白土を刷毛で塗って刷毛目を表し、その上から透明な釉をかけるもの。また、その陶器。❸縦糸・横糸ともに濃淡2色の糸を使い、各1本ずつ互い違いに織った細かい縞柄。表は縦縞、裏は横縞となる。刷毛目縞。

ばけ-もの【化け物】動植物や無生物が人の姿をとって現れるもの。キツネ・タヌキなどの化けたものや、柳の精・桜の精・雪女郎など。また、一つ目小僧・大入道・ろくろ首など怪しい姿をしたもの。お化け。妖怪。(類語)お化け・妖怪・怪物・鬼・魔・悪魔・通り魔

ばけもの-え【化け物絵】化け物の姿を描いた絵。

ばけもの-やしき【化け物屋敷】化け物が出るといわれている屋敷。おばけ屋敷。

はげ-やま【×禿げ山】木も草も生えていない山。

バゲリーア〘Bagheria〙イタリア南部、シチリア島の町。パレルモの東約15キロメートルに位置する。ビラパラゴニアというさまざまな怪獣の彫刻がある、17世紀建造のバロック様式の邸宅があることで知られる。

は・ける【×捌ける】〔動カ下一〕文は・く〔カ下二〕❶水などがとどこおらずに流れる。「風呂場の水が—・けない」❷品物などがよく売れる。さばける。「広告の商品が一時間で—・けてしまった」(類語)流れる・流動する・貫流する・流通する・流出する

は・げる【×禿げる】〔動ガ下一〕文は・ぐ〔ガ下二〕《「剝げる」と同語源》❶頭髪が抜け落ちてなくなる。「頭が—・げる」❷樹木がなくなって、山などの地肌が露出する。「乱伐のため山が—・げる」(類語)(❶)脱毛

は・げる【剝げる】〔動ガ下一〕文は・ぐ〔ガ下二〕❶付着していたものや覆っていたものが離れてとれる。「塗りの—・げた漆器」「めっきが—・げる」❷色が薄くなる。あせる。「壁紙の色が—・げる」
(類語)剝がれる・剝ける・へげる・剝離する

ば・ける【化ける】〔動カ下一〕文ば・く〔カ下二〕❶本来の姿・形を変えて別のものになる。「狐が人間に—・ける」「—・けて出る」❷素性を隠して別人のように見せる。「従業員に—・けてもぐり込む」❸全く異なったものに変わる。「本代が酒に—・ける」❹あるものが思いがけない変化を遂げる。俳優や相撲取りが突然うまくなったり、価格などが大きく変動したりする。「襲名して—・けたようだ」「株価が—・ける」
(類語)変わる・化する・変ずる・動く・移る・変える・移ろう・転ずる

はげ-わし【×禿×鷲】タカ科の一群の鳥。全長60～110センチ。多くは頭部に羽毛がなく裸出している。ユーラシア・アフリカ大陸の温・熱帯地方に14種が分布。屍肉を好み、草原の掃除屋として知られる。エジプトハゲワシは石をくわえ、ダチョウの卵に当てて割る習性をもつ。日本にはクロハゲワシが迷鳥としてごくまれに渡来。はげたか。

は-けん【派遣】〔名〕スル❶ある使命をもっておもむかせること。「援軍を—する」「人材—業」❷「派遣社員」「派遣労働者」の略。
(類語)差し向ける・差し遣わす・遣わす・遣る・送る・送り出す・出す・発する・派する・差し立てる・回す・差し回す・差遣する

は-けん【覇権】❶覇者としての権力。力をもってする支配力。❷競技などで優勝して得る栄誉。
(類語)主権・国権・政権・主導権

覇権を握・る ❶他を征服して支配者となる。「党内の—・る」❷競技などで優勝する。「ペナントレースの—・る」

ば-けん【馬券】「勝馬投票券」の通称。

ば-げん【罵言】ののしる言葉。手ひどい悪口。「—を吐く」

は-げんか【端×喧×嘩】取るに足りない、つまらないけんか。「九州者は—せず」〈浄・用明天王〉

はけん-ぎり【派遣切り】企業が経営悪化などを理由に派遣契約を一方的に打ち切り、派遣社員が職を失うこと。派遣先の企業が、派遣元の人材派遣会社と結んだ労働者派遣契約を期間満了前に解除することにより、派遣労働者が人材派遣会社から解雇あるいは契約更新を拒否される。㊟平成20年(2008)秋の世界金融危機後、日本でも雇用情勢が急激に悪化し、派遣労働者の中途解雇や雇い止めが多発し、「派遣切り」として大きな社会問題となった。

はけん-じぎょう【派遣事業】派遣事業主(派遣元)が、自ら雇用する労働者を会社等(派遣先)に派遣して、労働に従事させる事業のこと。派遣先から派遣元へ派遣費用が支払われ、労働者は派遣元を通じて賃金を受け取る。労働が派遣先の指揮命令下で行われる点が、請負契約の場合と異なる。一般労働者派遣事業(登録型派遣)と特定労働者派遣事業(常用型派遣)に分類される。

はけん-しゃいん【派遣社員】雇用関係のある派遣元会社から、他の企業に派遣されて勤務する労働者。派遣労働者。派遣。

ば-けんじょ【馬見所】馬術の練習や競馬などを見るために設けられた見物場所。

ば-けんちゅう【馬建忠】[1844～1900]中国、清末の学者・官僚。丹徒(江蘇省)の人。字は眉叔。フランスに遊学し、ヨーロッパの学問方法を取り入れた多くの研究を残した。李鴻章の幕僚として外交面で活躍。著「馬氏文通」ほか。

はけん-むら【派遣村】派遣切りや雇い止めなどで職と住居を失った失業者のために一時的に設置された宿泊所。NPOが主導し、平成20年(2008)12月31日から翌年1月5日までの間、東京の日比谷公園に開設された。同21年末から翌年始は国の緊急雇用対策の一環として全国で実施された。年越し派遣村。

はけん-ろうどうしゃ【派遣労働者】➤派遣社員

はこ【箱｜×函｜×匣｜×筐｜×筥】❶木・紙・竹などで作った、物を入れるための器。多くは方形。「—に詰める」「段ボール—」❷列車などの車両。「前の—に移る」❸三味線を入れる箱。また、三味線。転じて、芸者。「—が入る」❹芸者の三味線を持って出先に供をしていく男。箱屋。「芸者に口がかかり、—が動きだしたので」〈秋声・縮図〉❺大便を受ける容器。清器。また、大便。「—にし入れらん物は、我等と同じ様にこそあらめ」〈今昔・三〇・一〉(類語)ボックス
(下接語)御箱(ばこ)空き箱・当たり箱・後箱・泡箱・暗箱・受け箱・押し箱・御払い箱・折り箱・重ね箱・金箱・通い箱・空箱・木箱・救急箱・経箱・共鳴箱・霧箱・櫛箱・薬箱・化粧箱・下駄箱・慳貪箱・香箱・骨箱・小箱・芥箱・賽銭箱・先箱・仕事箱・私書箱・品箱・重箱・状箱・硯箱・砂箱・巣箱・千両箱・台箱・玉手箱・茶箱・手箱・電離箱・道具箱・飛び箱・ドル箱・流し箱・配電箱・挟み箱・箸箱・被せ箱・針箱・びっくり箱・火箱・百葉箱・札箱・豚箱・筆箱・文箱・弁当箱・ボール箱・本箱・乱れ箱・目安箱・郵便箱・用捨箱

は-ご【羽子】ムクロジの種に穴をあけ、色をつけた鳥の羽を4、5枚さしこんだもの。羽子板でついて遊ぶ。はね。つくばね。「—をつく」(季 新年)

はご【×擌｜黐=擌】❶「はが」に同じ。「手足もかなはず、—にかかりし野末の鳥」〈浄・五枚羽子板〉❷(❶に

かかった鳥のように)借金や災難で身動きできない状態。また、その借金など。「手前に―は、しょはせやあしねえ」〈伎・宇都谷峠〉

はご-いた【羽子板】羽根突きに使う長方形の板。桐(きり)・杉などを用い、絵を描いたり、押し絵をつけたりする。遊戯用のほか飾り用ともする。《季 新年》「一の重きが嬉し突かで立つ/かな女」

はごいた-いち【羽子板市】年末に羽子板を売る市。東京の浅草寺(せんそうじ)のものが有名。《季 冬》

はごいた-かなもの【羽子板金物】「羽子板ボルト」に同じ。

はごいた-ボルト【羽子板ボルト】一方が板状で他方が棒状になっている鉄製の接続器具。棒状部には螺旋(らせん)が、板状部には穴があって、他のボルトを固定する。柱と横材との締結などに使用。羽子板金物。

はこ-いり【箱入り】❶箱に入れてあること。また、箱に入っているもの。「―のチョコレート」❷大切にしまっておくこと。また、大切にしているもの。「―のひとり息子」「この練れた―の思案を聞いて手本にせよ」〈浮・曲三味線・四〉❸「箱入り娘」の略。❹とっておきで得意とすること。また、そのような芸や技。十八番。おはこ。「―の芸に山崎与次兵衛の奴を浅尾為十郎が身ぶり物真似で」〈浮・銀持気質〉

〔類語〕(❶)詰め合わせ/(❷)秘蔵・珍蔵・私蔵・取って置き・愛蔵・虎の子

はこいり-むすめ【箱入り娘】めったに外へも出さないようにして、家庭の中で大事に育てられた娘。

〔類語〕お嬢様・娘・息女・令嬢・いとはん・子供

は-こう【▽八講】「はっこう」の促音の無表記。「院の御ために、一行はるべきこと、まづいそがせ給ふ」〈源・明石〉

は-こう【波高】(ハカウ) 波の高さ。波の谷から山までの垂直距離。

は-こう【×爬行】(ハカウ)〔名〕(スル) はって行くこと。「蜘蛛の紙上に―せる痕跡」〈中村訳・西国立志編〉

は-こう【×跛行】(ハカウ)〔名〕(スル) ❶片足をひきずるようにして歩くこと。❷つりあいのとれていない状態のまま、物事が進行していくこと。「景気の―状態」

ば-こう【馬耕】(バカウ)〔名〕(スル) 馬を使って田畑を耕すこと。《季 春》

ば-こうせん【場口銭】市場での売買取引高に応じて、取引所が取引員から徴収する手数料。

はこう-だん【破甲弾】(ハカウ) 軍艦・戦車などの装甲を貫き、内部に入ってから爆発する砲弾。

はこう-ほんいせいど【×跛行本位制度】(ハカウホンヰ) 法制上は金銀複本位制度を採用しているが、銀貨の自由鋳造が禁止され、事実上は金本位となった制度。

はこえ《動詞「はこゆ」または「はこう」の連用形の名詞化とされ、歴史的かなづかいは「はこえ」か「はこへ」か未詳》縫腋(ほうえき)の袍(ほう)の後ろ腰のあたりをたくし上げて袋状にした部分。格袋(かくぶくろ)。

はこ-えび【箱海=老】イセエビ科のエビ。水深30～200メートルの砂泥底にすむ。体長36センチくらい。イセエビに似るが、頭胸甲は箱形で、朱赤色。本州中部以南に分布。食用になる。

バゴー〖Bago〗ミャンマー南部、ヤンゴンの北東にある都市。旧名ペグー。ペグー川に臨む交通の要地。9世紀にモン人が建設したペグー朝、トゥングー朝の首都。巨大な寝釈迦像や仏塔がある。

はこ-おとし【箱落(と)し】小形の獣類を捕獲するのに用いる猟具。箱の中の餌を引くと、支点がはずれて上のおもしが落下する。

はこ-かいだん【箱階段】「箱梯子(はこばしご)」に同じ。

はこ-がき【箱書(き)】〔名〕(スル) ❶書画・陶磁器などを入れた箱に、作者が題名などを記し、署名・押印すること。また、そのもの。鑑定家が価値を保証した署名などにもいう。❷シナリオを作成する際、あらかじめ各シーンごとに要点を書きとめておくこと。

はこ-かなもの【箱金物】コの字形の建築用金物。柱と梁(はり)、小屋束(こやづか)と小屋梁(こやばり)などの結合に用いる。

はこ-がまえ【×匚構え】(ガマヘ) 漢字の構えの一。「匠」「匡」などの「匚」の称。➡匚構(かくしがま)え

はこ-がめ【箱亀】ヌマガメ科の一群のカメ。腹甲が蝶番(ちょうつがい)状に連結しており、甲内に体を引っ込めたあと、ふたをしてしまうことができる。日本では八重山諸島の森林周辺の湿地にセマルハコガメが生息。

は-ごく【破獄】〔名〕(スル) 囚人が牢獄(ろうごく)を破って脱走すること。牢破り。脱獄。

〔類語〕脱獄・脱牢・破牢・牢破り・牢抜け

はごく・む【▽育む】〔動マ四〕「はぐくむ」に同じ。「万人(ばんにん)を―・み助けんためなり」〈沙石集・一〉

はこ-ぐるま【箱車】❶屋形のある牛車(ぎっしゃ)。❷箱形の物入れを取り付けた荷車。

はこざき-ぐう【筥崎宮】福岡市東区にある神社。旧官幣大社。祭神は応神天皇・神功(じんぐう)皇后・玉依姫命。敵国降伏の神として信仰された。筑前国一の宮。本殿・拝殿・鳥居は重要文化財。筥崎八幡宮。

はこ-し【箱師】列車・バスの中を専門とする、すり。

は-ごし【葉越し】葉と葉の間を通して物が見えたり風が吹いたりすること。

はこしき-せっかん【箱式石棺】(ハコシキセキクワン) 板石を箱状に組み合わせた石棺。日本では弥生時代から古墳時代に用いられた。

はこ-じゃく【箱尺】水準測量で用いる、水平視線の高さを測定する標尺。全長2～5メートルあるが、箱状の尺が二段または三段に入れ子状になっていて、必要に応じて引き出す。標尺。

はこ-じょう【箱錠】(ヂヤウ) 錠の一。金属製の箱の中に開閉機構などの装置を納めたもの。

はこ-ずし【箱×鮨】➤押し鮨

はこ-スパナ【箱スパナ】くぼんだ穴の中などのボルトやナットにはめ込んで回す箱状のスパナ。ボックススパナ。

はこ-せこ【×筥▽迫・×函▽迫・×筥▽狭子】和装の女子が懐に入れて持つ箱形の紙入れ。江戸時代、奥女中や武家婦人が正装の際に用いた。現在では花嫁衣装や七五三の祝い着のときに用いられる。

はこ-ぜん【箱膳】ふだんは食器を入れ、食事の際にふたを膳として用いた箱。切り溜(だ)め。

はこ-そ【箱訴】江戸時代、8代将軍徳川吉宗が、庶民からの直訴(じきそ)を受けるために設けた制度。評定所門前に置いた目安箱に訴状を投げ入れさせた。

ば-こそ〔連語〕《接続助詞「ば」＋係助詞「こそ」》❶活用語の仮定形(文語では已然形)に付く。あとの説明を成立させるのに十分な理由を、前に提示する意を表す。「親子なれ―情愛も深いのだ」「これをいみじと思へ―記しとどめて世にも伝へけめ」〈徒然・一八〉❷動詞の未然形に付く。㋐仮定条件を強調する意を表す。…ならば、きっと。「げにそこよりと言は―、かたくなはしく見苦しからめ」〈かげろふ・中〉➡こそ ㋑(中世以降終助詞的に用いて)強い否定の意を表す。…などするものか。…絶対ない。「押しても引いても動か―」「情け容赦もあら―」「新宮(しんぐう)熊野の地へ敵に足を踏ませ―」〈義経記・三〉

はこ-ぞり【箱×橇】台木の上に箱をつけたそり。

パゴダ〖pagoda〗卒塔婆(そとば)の変形として建てられた仏塔。特にミャンマーの仏塔をいう。また、仏塔のような各種の多層塔。

は-ごたえ【歯応え】(ゴタヘ) ❶物をかんだとき歯に返ってくる感じ。「こりこりと―がある」❷確かな反応があること。手ごたえ。「―のありそうな男」〔類語〕手応え

はこだて【函館】北海道南西部の市。津軽海峡に面する。渡島(おしま)総合振興局所在地。もと江戸幕府直轄領。安政元年(1854)開港。かつて青函連絡船が通じる北海道の表玄関であり、また北洋漁業の基地として発展した。ハリストス正教会・トラピスチヌ修道院・五稜郭(ごりょうかく)・啄木公園などがある。もと箱館と書いたが明治になり改められた。人口27.9万(2010)。

はこだて-くうこう【函館空港】(クウカウ) 北海道函館市にある空港。国管理空港の一。昭和36年(1961)開港。海上保安庁の基地を併設する。➡拠点空港

はこだて-し【函館市】➤函館

はこだて-せんそう【箱館戦争】(センサウ) 明治元年(1868)から翌年にかけて、箱館五稜郭(ごりょうかく)を中心に、榎本武揚(えのもとたけあき)ら旧幕臣が臨時政府をつくって官軍に抵抗した戦い。榎本らの降伏によって終結し、鳥羽伏見の戦いから続いた幕府側の抵抗はすべて終わった。五稜郭の戦い。

はこだて-だいがく【函館大学】北海道函館市にある私立大学。昭和40年(1965)の開学。同13年創立の函館経理学校以来の実学教育の伝統をもつ、商学部の単科大学。

はこだて-はちまんぐう【函館八幡宮】北海道函館市にある神社。祭神は品陀和気命(ほんだわけのみこと)・住吉大神・金刀比羅(ことひら)大神。文安2年(1445)城の守護神として領主河野政通が創建したという。

はこだて-ぶぎょう【箱▽館奉行】(ブギヤウ) 江戸幕府の職名。遠国奉行の一。老中に属し、蝦夷(えぞ)地の行政を管掌し辺境防備に当たった。享和2年(1802)創設。のち、改廃を経て慶応4年(1868)まで存続。

はこだて-へいや【函館平野】北海道南西部、渡島(おしま)半島にある平野。中心地は北斗市で、中心に大野川が流れ、その沖積平野が主で、一部に段丘地形・活断層が見られる。北海道で初めて米作の水田耕作が行われた所。大野平野。

はこだて-ほんせん【函館本線】北海道函館から小樽・札幌を経て旭川に至るJR線。明治42年(1909)全線開通。全長423.1キロ。

はこだて-やま【函館山】北海道函館市南西部にある山。標高334メートル。亀田半島との陸繋(りくけい)島。南端に大鼻岬、東端に立待(たちまち)岬がある。臥牛山(がぎゅうざん)。

はこだて-わん【函館湾】北海道南西部、津軽海峡に面した湾。函館山が噴火したのち、亀田半島との間に陸繋島(りくけいとう)ができて形成された。ガン・カモなどの生息地。

はこ-だん【箱段】「箱梯子(はこばしご)」に同じ。

はこ-ぢょうちん【箱▽提▽灯】(ヂヤウチン) 提灯の一。上下に丸く平たいふたがあり、畳むと全体が丸箱に入ったようになるもの。

はこつ-さいぼう【破骨細胞】(ハコツサイバウ) 骨の内側の骨梁の表面にあり、古くなった骨を吸収する働きをもつ細胞。新しい骨をつくる骨芽細胞とともに、骨組織の発達や代謝に重要な役割を果たしている。破骨細胞の機能亢進や、骨芽細胞とのバランスの崩れが骨粗しょう症などの骨疾患の原因とされ、治療・緩和薬開発に向けてメカニズムや機能の解明が進められている。

はこ-づめ【箱詰(め)】〔名〕(スル) 箱に詰めること。また、箱に詰めたもの。「―して出荷する」

はこ-づり【箱釣(り)】祭りや縁日などの露店で、浅い水槽の中の鯉(こい)・鮒(ふな)・金魚などを紙の杓子(しゃくし)や切れやすい鉤(はり)などで捕らせること。《季 夏》「―や頭の上の電気灯/虚子」

はこ-でんじゅ【箱伝授】上冷泉(かみれいぜい)家で、古今伝授の秘伝を箱に密封して相伝したこと。

はこ-どい【箱×樋】(ドヒ) 断面がコの字形の樋。水車の導水路に用いる。はこひ。

はこ-どり【箱鳥】語義未詳。「かおどり」の別名という。「深山(みやま)木にねぐらさだむる―もいかでか花の色に飽くべき」〈源・若菜上〉

はこ-にわ【箱庭】(ニハ) 浅い箱に土や砂を入れ、小さい橋・家・人形などを置き、木や草を植え、庭園・山水などに模したもの。《季 夏》「一の人に古りゆく月日かな/虚子」

はこにわ-りょうほう【箱庭療法】(ハコニハレウハフ) 心理療法の技法の一つ。セラピストが砂を入れた箱と玩具(がんぐ)を用意して、患者に箱庭作品を作らせる。作品を作る過程や完成した作品から患者の深層心理を読み取り、治療に役立てる。

はこね【箱根】神奈川県南西部、足柄下郡の地名。北部を早川が流れ、西部に芦ノ湖がある。江戸時代は東海道五十三次の宿駅の一つで、関所が置かれていた。多くの温泉があり、観光地。また、広くは箱根山一帯をさしていう。

はこね-うつぎ【箱根▽空木】スイカズラ科の落葉低木。海岸近くに自生。葉は対生し、広楕円形でつやがある。5、6月ごろ、漏斗状で先が五つに裂けている花を多数つけ、色は白から紅色に変わる。《季 夏》

はこね-おんせん【箱根温泉】ヲンセン 箱根山中にある温泉の総称。古くから湯治場であった箱根七湯ななゆに加え、小涌谷こわきだに・強羅ごうら・仙石原せんごくはら・湯ノ花沢・大平台などの温泉があり、泉質は多種。

はこね-こめつつじ【箱根米躑=躅】ツツジ科の常緑小低木。岩壁などに生え、高さ約20〜60センチ。毛のある楕円形の小さい葉が密生。7月ごろ、白い筒状の花をつける。箱根で発見されたが、秩父・富士山などにも分布。

はこね-ごんげん【箱根権現】箱根神社の旧称。

はこね-ざいく【箱根細工】小田原・箱根から産する木工細工。特に寄せ木細工で有名。

はこね-さんしょううお【箱根山×椒魚】サンセウウヲ サンショウウオ科の両生類。山地の渓流にすみ、全長12〜19センチ。尾が長く、目は突出している。背面は暗褐色で、中央に幅広い朱色の縦帯が走るが、変異が多い。肺を欠き、皮膚呼吸をする。5、6月ごろ産卵。四国と本州に分布。

はこね-じ【箱根路】ヂ 小田原から箱根峠を越えて三島に至る道。約31キロ。北方の足柄峠を通る足柄路に対していう。箱根八里。

はこね-しだ【箱根羊=歯】ウラボシ科の常緑多年生のシダ。山林下に生え、葉は長さ約15センチ、黒いつやのある柄をもち、羽状複葉。羽片はイチョウに似た形をしている。はこねそう。

はこね-しちとう【箱根七湯】シチタウ 箱根温泉のうち、湯本・塔ノ沢・宮ノ下・堂ヶ島・芦ノ湯・底倉・姥子うばこまたは木賀きがの七つの温泉。

はこね-じんじゃ【箱根神社】神奈川県足柄下郡箱根町にある神社。祭神は瓊瓊杵尊ににぎのみこと・木花開耶姫命このはなのさくやびめのみこと・彦火火出見尊ひこほほでみのみこと。源頼朝ら武士の信仰が厚かった。箱根権現縁起絵巻(重要文化財)など、多数の文化財を所蔵。箱根権現。

はこね-そう【箱根草】サウ ハコネシダの別名。

はこね-だけ【箱根竹】アズマネザサの一品種。高さ2〜4メートル。節間は長く、節ごとに枝を密生。春、緑紫色の穂をつける。地下茎がパイプなど細工物に利用され、箱根周辺に特に多い。

はこね-とうげ【箱根峠】タウゲ 神奈川県箱根町と静岡県三島市・函南かんなみ町の境にある峠。標高849メートル。旧東海道の要地。

はこね-の-せき【箱根の関】江戸時代、箱根山中の芦ノ湖畔に置かれた東海道の関所。入り鉄砲・出女でおんなを厳重に取り締まった。➡入り鉄砲に出女

はこね-はちり【箱根八里】《東海道小田原宿から三島宿まで約8里あるところから》箱根路のこと。

はこね-まち【箱根町】▶箱根

はこね-やま【箱根山】伊豆半島の基部にあり、神奈川・静岡両県にまたがる三重式火山。標高1438メートルの最高峰をなす神山や駒ヶ岳などの中央火口丘、火口原にある仙石原せんごくはら・芦ノ湖、硫気孔の大涌谷おおわくだになどがあり、温泉が多い。

はこね-ゆもと【箱根湯本】神奈川県箱根町東部にある温泉。箱根温泉中最古で、泉質は単純温泉・塩化物泉。強羅ごうらに至る登山鉄道の始点。

はこね-ようすい【箱根用水】箱根山の芦ノ湖の水を駿河国深良ふから村(静岡県裾野市深良)など数か村に引いた灌漑かんがい用水路。湖尻峠の下に掘ったトンネルを西流し黄瀬川に注ぐもの。寛文3年(1663)ごろ着手、同10年完成。

はこねれいげんいざりのあだうち【箱根霊験躄仇討】はこねれいげんいざりのあだうち 浄瑠璃。時代物。12段。司馬芝叟しばしそう作。享和元年(1801)初演。足が不自由になった勝五郎が、兄の敵討ちをする物語。11段目の「阿弥陀寺」が有名。通称「躄勝五郎」「躄の仇討」。

はご-の-き【羽子の木】ツクバネの別名。

はこ-のり【箱乗り】〔名〕スル 乗用車の窓から上半身を出して乗ること。また、トラックの荷台に乗ること。「選挙カーに—して支持者に手を振る」

はこ-ばしご【箱×梯子】側面に戸棚・引き出しなどを設けた階段。箱階段。箱段。

はこ-ばしゃ【箱馬車】座席の屋根が作り付けになっている箱形の馬車。

はこ-ひ【箱×樋】「はこどい」に同じ。

はこび【運び】❶物をある場所から他の場所に移すこと。「荷物—」❷足などの進め方や動かし方。「足の—がもたつく」❸物事の進んでいくぐあい。運びぐあい。また、段取り。「仕事の—をつける」「出版の—となる」

はこび-こ・む【運び込む】〔動マ五(四)〕運んで内へ入れる。運び入れる。「荷物を倉庫へ—・む」

はこび-だ・す【運び出す】〔動サ五(四)〕運んで外へ出す。「引っ越しで荷物を—・す」

はこ-ひばち【箱火鉢】箱形の木製の火鉢。

はこび-や【運び屋】麻薬や盗品・密輸品などをひそかに運搬する役目の者。

はこ・ぶ【運ぶ】〔動バ五(四)〕❶物や人をある場所から他の場所へ移す。移動させる。「荷物を—・ぶ」「けが人を救急車で—・ぶ」❷(「足をはこぶ」などの形で)ある場所まで出向く。目的地に行く。「せっせと足を—・ぶ」「歩ほを—・ぶ」❸(「おはこびになる」「おはこびくださる」などの形で)「来る」「行く」の尊敬語。「ようこそお—・びくださいました」❹物事を予定した段取りにしたがって進める。「事をうまく—・ぶ」「会議を—・ぶ」❺その物を用いてする動作を進める。「筆を—・ぶ」「箸を—・ぶ」❻物事がとどこおらずに進む。進捗しんちょくする。はかどる。「交渉が円滑に—・ぶ」「仕事がうまく—・ぶ」(可能)はこべる

(類語)(❶)運搬する・運送する・輸送する・搬送する・移送する・配送する・郵送する/(❹)取り運ぶ・進める・持っていく/(❻)進む・捗はかどる・進捗しんちょくする・進行する・進展する・はかが行く

はこ-ふぐ【箱河=豚】❶ハコフグ科の海水魚。沿岸にすみ、全長約30センチ。体は断面が四角形、体色は黄色か黄褐色で、各鱗板りんばんに青色点がある。本州中部以南に分布。(季冬)❷フグ目ハコフグ科の海水魚の総称。体は多数の鱗板からなる堅い甲に包まれ、横断面が四角形ないし五角形の箱形。腹びれはない。肉・内臓は無毒。ハコフグ・ウミスズメなど。

はこ-ぶね【箱船｜▽方舟】❶四角い形の船。❷▶ノアの方舟

はこべ【繁=縷｜蘩=蔞】ナデシコ科の越年草。道端などに生え、高さ10〜30センチ。茎は斜め上に伸び、緑色で柔らかく、卵形の葉が対生する。春から夏にかけ、多数の白い花をつける。花びらは5枚で、深く二つに裂ける。春の七草の一。粥かゆや汁に入れて食用とするほか、小鳥の餌にする。はこべら。(季春)「カナリヤの餌に束ねたる—かな/子規」

はこべ-じお【繁=縷塩】ジホ ハコベを炒いって塩を入れ、粉末にしたもの。歯を磨くのに用いた。

はこべら【繁=縷｜蘩=蔞】ハコベの別名。(季春)

はこ-べん【箱弁】箱形の器に詰めた弁当。

は-こぼれ【刃▽毀れ】〔名〕スル 刀・包丁などの刃が欠けること。また、その部分。「包丁が—する」

はこ-まくら【箱枕】箱形の台の上に、小さなくくり枕をつけたもの。

はこ-まわし【箱回し】ハコマハシ ❶「箱屋❷」に同じ。「大阪の—や遊女ゆうじょの男衆は」〈近松秋江・別れたる妻に送る手紙〉❷操り人形の一種で、首に箱をつるし、その上で小さな人形を操るもの。また、その人。傀儡師くぐつし。

パコミウス〔Pachomius〕[290ころ〜346]エジプトの修道士。砂漠や荒野での孤独な禁欲生活の慣習を改革し、組織的な修道院を創立した。パコミオス。

パコミオス〔Pachomios〕▶パコミウス

はこ-みや【箱宮】神棚に飾る、社殿の模型。

はこ-むね【箱棟】大棟を箱状に板で覆ったもの。

はこ-めがね【箱眼-鏡】箱の底にガラスまたは凸レンズをはめ込んだもの。水面から水中を透視し、魚介などをとるのに用いる。(季夏)

はこ-もの【箱物】❶《入れ物の意》国や自治体などが建てる、図書館・美術館・体育館・多目的ホールなどの建物。❷箪笥たんす・本箱・食器棚など箱形の家具。➡脚物

はこもの-ぎょうせい【箱物行政】ギヤウセイ 競技場やプール、美術館や博物館、劇場などの建設に重点を置く、国や自治体の施策。作りはしたが展示する作品のない美術館などが税金の無駄遣いとして批判の対象となる。

はこ-や【箱屋】❶箱を作り、売る店。また、その人。❷客席に出る芸者の供をして、箱に入れた三味線などを持っていく男。箱回し。「検番付きの—が」〈宇野浩二・苦の世界〉

はこ-やなぎ【箱柳】ヤマナラシの別名。

はこや-の-やま【×藐×姑▽射の山】《本来は、「はるかなる姑射こやの山」の意。「荘子」逍遥遊の例により、一つの山名のように用いられるようになった》❶中国で、仙人が住んでいるという想像上の山。姑射山こやさん。❷日本で、上皇の御所を祝っていう語。仙洞せんとう御所。仙洞。

はこ・ゆ〔動ヤ下二〕衣の裾を折りからげる。「ひき—・えたる男児をのこ」〈枕・一四四〉(補説)活用はハ行とする説もある。➡引きはこゆ

はごろも　平成2年(1990)1月に打ち上げられた工学実験衛星ひてんに搭載された孫衛星。ひてんとともに月周回軌道に投入。同5年4月に運用を終了し、月面に落下。

は-ごろも【羽衣】❶天女が着て、自由に空中を飛行するといわれる衣。天あまの羽衣。❷鳥や虫の羽。❸半翅はんし目ハゴロモ科とその近縁の科の昆虫の総称。ウンカ類に似るが、前翅ぜんしが幅広く三角形をなす。植物の汁を吸う害虫。

はごろも【羽衣】㊀謡曲。三番目物。羽衣伝説に取材。漁師白竜はくりょうが三保の松原で天人の羽衣を見つけ、これと引き替えに天人の舞を所望する。㊁箏曲そうきょく。組歌。作曲者は北島検校とも牧野検校ともいう。拾遺集の羽衣の歌を第一に六つの和歌を組み合わせたもの。羽衣の曲。㊂羽衣伝説に取材した、長唄・一中節・常磐津ときわずなどによる舞踊曲や演奏曲。

はごろも-ぐさ【羽衣草】バラ科の多年草。まれに中部地方の高山に生え、高さ約30センチ。全体に毛があり、葉は心臓形で五〜七つに浅く裂けている。夏、黄緑色の小花が密につく。ヨーロッパ名のレディーズマントルの意訳という。

はごろも-こくさいだいがく【羽衣国際大学】大阪府堺市にある私立大学。平成14年(2002)開学。

はごろも-そう【羽衣草】サウ ノコギリソウの別名。

はごろも-でんせつ【羽衣伝説】日本の伝説の一。天下った天女が水浴中に羽衣を男に奪われて天に帰れず、しばらくその妻となって暮らすうちに羽衣を取り返して天に戻るという話。➡白鳥処女説話

はごろも-の-まつ【羽衣松】静岡県静岡市、三保の松原の御穂神社のほとりにある松。謡曲「羽衣」の松と伝える。

は-こん【破婚】〔名〕スル 婚約・結婚関係を解消すること。(類語)破談・破約・離婚・離別

はさ【稲=架】《挟はさむ、の意。「はざ」とも》竹や木を組んだ、刈った稲を掛けて乾かす設備。稲掛け。(季秋)「—の道朝夕きよくなりにけり/林火」

ばさ【婆×娑】〔ト・タル〕〔文〕〔形動タリ〕❶舞う人の衣の袖がひるがえるさま。「得意の事得意の人に遇えば—として起舞し」〈岡倉天心・狩野芳崖〉❷物の影などが揺れ動くさま。「破芭蕉やればしょうの大きな影が、—として斜に映っている」〈芥川・戯作三昧〉(補説)「婆娑」は当て字。

バザー〔bazaar〕❶慈善事業などの資金を得るために催す即売会。慈善市。❷▶バザール

ハザード〔hazard〕❶危険。特に、予測できない危険。➡リスク ❷ゴルフで、コース内の障害物。バンカー・池など。「ウオーター—」(類語)危険・リスク

ハザード-マップ〔hazard map〕災害予測図。一定の時間内に、ある地域に災害をもたらす自然現象が発生する確率を図にしたもの。

ハザード-ランプ《和 hazard＋lamp》非常点滅表示灯。高速道路での緊急停車などの際、後続車両の注意を促し危険を回避するなどの目的で、左右の方向指示灯を同時に点滅するもの。

バザーリ〔Giorgio Vasari〕[1511〜1574]イタリア

の画家・建築家・文筆家。13世紀以降のイタリアの美術家とその作品を扱った「美術家列伝」を著した。

バザール〘ペルシア bāzār・フランス bazar〙❶南アジアや中近東、バルカン半島などに見られる都市の市場。ふつう屋根をもつ歩廊式の建物内に商店や工房が並ぶ。❷デパート・大商店などの特売会。また、特設売り場。(類語)市場・市・河岸・マーケット・取引所・朝市・競り市・年の市・草市・蚤の市・バザー

は-さい【破砕｜破×摧】〔名〕スル 粉々に砕けること。また、粉々に砕くこと。「鉱石を一する」
(類語)破壊・毀損・損壊・破損・砕破・全壊・壊滅・割る・打ち壊す・ぶち壊す・取り壊す・打ち砕く・壊す・叩き壊す

はさい-き【破砕機】▶クラッシャー

は-ざお【歯×竿】▶ラック(rack)

は-ざかい【刃境】刀の刃と地との境。

は-ざかい【端境】新米と古米とが市場で入れ替わる9、10月ころ。季節性のある野菜・果物・生糸の取引などにもいう。

はざかい-き【端境期】端境の時期。また一般に、物事の入れ替わりの時期。「一で在庫が品薄になる」

はさか-う【▽挟かふ】〔動ハ四〕はさまる。「塩魚の歯に一・ふや秋の暮/荷兮」〈猿蓑〉

は-さき【刃先】刃の先端。刀などのきっさき。⇔刃元。(類語)切っ先

はさき【波崎】茨城県神栖市の地名。旧町名。利根川河口地帯で、千葉県銚子市と銚子大橋などでつながる。いわし漁や化学・機械工業、野菜作りが盛ん。

はさ-ぎ【稲＝架木】▶はさ(稲架)

は-ざくら【葉桜】花が散って、若葉の出はじめた桜。(季 夏)

は-ざし【ハ刺(し)】片仮名の「ハ」の字形に細かく刺し縫いする方法。テーラードカラーの表地と芯とをなじませるためなどに行う。

は-ざし【刃刺(し)｜羽差(し)】江戸時代の捕鯨漁で、勢子船に乗って捕鯨作業を指揮した者。銛を投げたり、弱った鯨にとび乗ったりするなどした。

は-ざし【葉挿(し)】挿し木の一。葉を土に挿し、不定芽・不定根を出させ、新しい個体をつくる方法。ベゴニアなどに行う。

ば-さし【馬刺(し)】馬の肉の刺し身。

ば-さつ【罵殺】〔名〕スル「罵倒」に同じ。「乱臣賊子を一しにかかった」〈芥川・或日の大石内蔵助〉

はさつ-おん【破擦音】閉鎖音にすぐ続いて摩擦音が発音され、一つの単音とみなされるもの。[ts][tʃ][dʒ][dz]など。

ばさ-つ・く〔動カ五(四)〕❶ばさばさと音をたてる。「強風に旗が一・く」❷ばさばさに乱れる。「伸びすぎて髪が一・く」

ぱさ-つ・く〔動カ五(四)〕水分が乏しく、ぱさぱさした感じになる。「パンが乾いて一・く」

ハサップ〘HACCP〙《hazard analysis critical control point》危害分析重要管理点。NASA(アメリカ航空宇宙局)が宇宙食の衛生管理のために考案した手法で、食品工業やレストランの衛生管理に応用されている。ハセップ。

パサディナ〘Pasadena〙米国カリフォルニア州ロサンゼルス北東部の地区。カリフォルニア工科大学、ウィルソン山天文台、ノートン＝サイモン美術館があり、アメリカンフットボールの大学リーグのローズボウルが行われる。電子機器などの工業が盛ん。パサデナ。

パサデナ〘Pasadena〙▶パサディナ

ばさ-ばさ　㊀〔副〕スル❶薄くて乾いた物などが、触れ合ったりはためいたりするときの音や、そのさまを表す語。「鯉のぼりが一(と)翻る」「羽を一(と)させて飛び立つ」❷水分がなくなり乾ききっているさま。頭髪などのつやがなくなり乱れているさま。「一(と)した髪の毛」㊁〔形動〕㊀❷に同じ。「一に乾く」 アクセント ㊀はバサバサ、㊁はバサバサ。

ぱさ-ぱさ　㊀〔副〕スル 水分がなくなり乾いているさま。うるおいのないさま。「一(と)した髪の毛」㊁〔形動〕㊀に同じ。「一な夏ミカン」 アクセント ㊀はパサパサ、㊁はパサパサ。

はざ-ま【▽狭間｜▽迫間｜▽間】《古くは「はさま」》❶物と物との間の狭い所。すきま。「雲の一から光が射す」❷谷。谷間。「山の一に開けた温泉町」❸ある事柄と次の事柄との間の時間。「生死の一」❹城壁に設けた、矢や鉄砲を発射するための小穴。矢狭間。鉄砲狭間。(類語)間・あわい・合間・すきま・隙・間隙

はざま-しげとみ【間重富】[1756〜1816]江戸中期の天文・暦学者。大坂の人。号、長涯・耕雲。富裕な商人の出身。麻田剛立の門人で、幕府の寛政改暦や観測器械の改良に尽力。長崎の沿海測量も行った。

はさま・る【挟まる】〔動ラ五(四)〕❶物と物との間にはいる。両側から押さえられて、動けない状態になる。「ドアに手が一・る」❷対立するものの間にはいる。「労使の間に一・って苦慮する」

はさみ【挟み｜▽挿み】物をはさむこと。また、はさむもの。「紙一」「洗濯一」「ひと一のみてぐらに」〈かげろふ・上〉

はさみ【×鋏｜剪＝刀】《「挟み」と同語源》❶物を2枚の刃で挟んで切る道具。「裁ち一」「花一」❷(鋏)切符などに穴をあけたり切り込みを入れたりする道具。パンチ。❸(「螯」「鉗」とも書く)カニ・エビなどの節足動物の脚の、物をはさむような形に発達した部分。これをもつ脚を鉗脚という。❹じゃんけんで、ちょき。
(下接語)(ばさみ)金鋏・紙鋏・空鋏・刈り込み鋏・木鋏・裁ち鋏・爪切り鋏・握り鋏・花鋏

鋏を入・れる　❶鋏で切る。「開通式のテープに一・れる」❷乗車券や入場券に、使用の証として切り込みを入れたり穴をあけたりする。「切符に一・れる」❸映画などを検閲して、その一部を削除する。

はざみ〔接尾〕《「はさみ」とも》日数や数量を示す語に付いて、間隔を一定しておくことを表す。置き。はざめ。「一日一にあひぬ」〈浮・一代男・六〉

はさみ-いた【挟み板】❶物を挟む板。❷門の袖に取り付けた板。

はさみ-い・れる【挟み入れる】〔動ラ下一〕〔文〕はさみい・る〔ラ下二〕❶物と物との間に入れる。挟み込む。「広告のちらしを新聞に一・れる」❷挟んで他に移し入れる。「火箸で炭を一・れる」(類語)挟む・挟み込む・差し入れる・差し込む・挿す・挿入する

はさみ-うち【挟み撃ち】〔名〕スル 両側から挟むようにして攻撃すること。挟撃。「敵を谷で一する」
(類語)攻撃・襲撃・急襲・強襲・突撃・進撃・進攻・侵攻・攻勢・狙い撃ち・征伐・総攻撃・攻略・直撃・迫撃・挟撃・出撃・追い撃ち・追撃・アタック・襲う・襲いかかる・攻める・攻めかかる・攻め立てる

はさみ-う・つ【挟み撃つ】〔動タ五(四)〕敵を二つの側から間に挟んで攻め撃つ。挟撃する。「敵勢を東西から一・つ」

はさみ-おび【挟み帯】「挟み結び」に同じ。

はさみ-かせ【挟み×械】掘っ立て柱が傾いたり沈んだりするのを防ぐため、根もとに渡す横材。根械。

はさみ-がみ【挟み紙】❶書物などの必要な箇所に、注意のために挟む紙片。しおり。❷重ねた品物を保護する目的で間に挟み込む紙。

はさみ-ゲージ【挟みゲージ】限界ゲージの一。棒材を挟むように当てて外径を測定する工具。スナップゲージ。

はさみ-ことば【挟み▽詞｜▽挿み▽語】❶文章の間に挟み込む言葉。挿入句。❷江戸時代、多く遊里で行われた隠語の一種。言葉の各音節の間に、他の音節を挟んでいうもの。ふつう前の音と同じ段のカ行の音節を挟む。「あきれたひと」を「あカきキれケたカひキとコ」というなど。のちに、子供の言葉遊びとなり、現代ではバ行音を挟むものなどがある。唐言。

はさみ-こ・む【挟み込む】〔動マ五(四)〕物の間に挟み入れる。「書類をファイルに一・む」
(類語)挟む・挟み入れる・差し入れる・差し込む・挿す・挿入する

はさみ-じょう【挟み状】直訴するとき、竹の先や木の枝などに挟んで、高くささげて差し出す書状。

はさみじょう-かかくさ【×鋏状価格差】独占的な産業部門と非独占的な産業部門との製品価格の差が、物価指数のグラフ上で鋏を開いたような形にしだいに拡大すること。特に、工業製品価格と農産物価格との間でみられる。シェーレ。きょうじょうかかくさ。

はさみ-しょうぎ【挟み将棋】将棋の駒を用いる遊びの一。双方、将棋盤面の最下段に九つの駒を並べ、これを交互に縦または横に動かし、敵の駒を前後左右から挟んで取る。早く敵の駒を取り尽くしたほうを勝ちとする。

はさみ-だけ【挟み竹】❶一端を割って物を挟むようにした竹。❷衣類を2枚の板で上下から覆い、それをさらに竹で挟んで従者に担い持たせたもの。のちの挟み箱。❸書物などの間に挟んで、目印とした竹。夾算の類。

はさみ-ばこ【挟み箱】武家が公用で外出する際、供の者にかつがせる物品箱。長方形の箱の両側に環がついていて、それにかつぎ棒を通したもの。

はさみ-ばし【挟み箸】「箸渡し❷」に同じ。

はさみ-むし【×鋏虫｜蠼＝螋】❶ハサミムシ目オオハサミムシ科の昆虫。ごみの下などにみられ、体長約2センチで黒褐色。翅はない。尾端にはさみをもち、雄では左右不相称。❷ハサミムシ目の昆虫の総称。ハサミムシ・オオハサミムシ・クギヌキハサミムシなどが含まれ、体は細長く、扁平。尾端に突起の変化したはさみがある。革翅類。(季 夏)

はさみ-むすび【挟み結び】女帯の結び方の一。締めた帯の端を結ばずに折り込んでおくもの。挟み帯。差し込み帯。突っ込み帯。

はさみ-もの【挟み物】板・扇・紙などを竹の串に挟んで騎射の的としたもの。

はさ・む【挟む｜▽挿む】㊀〔動マ五(四)〕❶物と物との間に差し入れる。「しおりを本に一・む」「パンにハムを一・む」❷物と物との間に入れて落ちないようにする。両側から物をしっかり押さえる。「箸で菓子を一・む」「ドアに指を一・む」❸何かをしている途中に、別のものを入れる。さしはさむ。「休憩を一・む」❹何かを間に置いて相対する。「テーブルを一・んで座る」❺心にいだく。「疑いを一・む」「異心を一・む」❻(「小耳にはさむ」の形で)聞くとはなしに聞く。聞き込む。「噂を小耳に一・む」(可能)はさめる ➡撮む(用法) ㊁〔動マ下二〕《「はざむ」とも》㊀に同じ。「左右の殿上人、階を一・めて欄干に候ひて」〈著聞集・一九〉
(類語)㊀(❶)挟み込む・挟み入れる・差し入れる・差し込む・挿す・挿入する/(❷)摘む・押さえる・手挟む・脇挟む/(❹)隔てる・置く

はさ・む【×剪む｜×鋏む】〔動マ五(四)〕《「挟む」と同語源》鋏で切る。「髪を一・む」(可能)はさめる
(類語)切る・裁つ・ちょん切る

は-ざむらい【端侍｜葉侍】取るに足りない下級の武士。「汝等ごときの一」〈浄・柏崎〉

はざめ〔接尾〕「はざみ」に同じ。「イチニチ一」〈日葡〉

ばさら【▽伐▽折羅｜×跋×折羅｜▽縛▽日羅】《梵 vajraの音写。「ばざら」とも》仏語。金剛の意。金剛石、または金剛杵。

ばさら【婆×娑羅】〔名・形動ナリ〕❶遠慮なく、勝手に振る舞うこと。また、そのさま。放逸。放恣。「大酒遊宴に長じ、分に過ぎたる一を好み」〈北条九代記・八〉❷はでに見えを張ること。また、そのさま。「一族若党共、例の一に風流を尽くして」〈太平記・二一〉

ばさら-え【婆×娑羅絵】扇・うちわ・絵馬などに描いた自由奔放な風流画。

ばさら-おうぎ【婆×娑羅扇】室町時代に京都で流行した、はでな絵柄の扇。また、ばさら絵を描いた扇。

ばさら-がみ【婆×娑羅髪】ばさばさに乱れた髪。

ばさら-だいしょう【伐折羅大将】薬師如来の十二神将の一。忿怒の姿をとり、多くは剣を持つ。

ばさり〔副〕❶広がりのあるものが落ちたりかぶさったりして立てる音を表す語。「風でテントが一と鳴る」「開

いた本が―と落ちる」❷思い切りよく切る音や、そのさまを表す語。「大枝を―と切り落とす」

バザルジク〖Bazargic〗ブルガリア北東部の都市ドブリチの旧称。

バサロ〖Vassallo〗「バサロキック」の略。

バサロ-キック〖Vassallo kick〗アメリカの競泳選手ジェシー=バサロの開発した背泳ぎのスタートのときの泳法。潜水したまま両手は上方に伸ばし、足はドルフィンキックを裏返したキックをする。記録の短縮がはかれるが、現在は、スタートとターン時の15メートル以内に制限されている。

は-ざわり【歯触り】歯で物をかんでみたときの感じ。「さくっとした―」

は-さん【破産】〔名〕スル ❶財産をすべて失うこと。「投機に失敗して―する」❷債務者が債務を完済することができなくなった状態。また、そうなった場合に、債務者の総財産をすべての債権者に公平に弁済するために、破産法で定められている制度。一般に、そのための裁判上の手続きをいうこともある。➡破産手続き 類語倒産・潰れる

は-さん【破算】▶御破算

ばさん【馬山】▶マサン

はさん-かんざいにん【破産管財人】裁判所によって選任され、その監督下に破産財団の管理・換価・配当など一切の行為をする者。

ハサンケイフ〖Hasankeyf〗トルコ南東部、チグリス川上流部にある古代都市の遺跡。紀元前からの歴史があり、古代ローマ時代には要塞が築かれ、7世紀にアラブ人に支配された。12世紀にチュルク族のアルトゥク朝の首都が置かれた。その頃チグリス川に架けられた橋は、現在も橋脚が残る。また、15世紀にアクコユンル朝(白羊朝)のスルターンであったウズン=ハサンの息子、ゼイネル=ベイの霊廟がある。

はさん-さいけん【破産債権】破産手続きにおいて、破産財団から公平な配当を要求できる債権。破産手続き開始の決定以前の原因に基づいて生じた破産者に対する財産上の請求権がこれにあたる。

はさん-ざいだん【破産財団】破産手続きの開始が決定したときに破産者の所有に属し、かつ差し押さえの対象となりうる一切の財産。破産手続きにおいて、破産債権者に配当される。

はさん-せんこく【破産宣告】旧破産法における、裁判所による破産手続き開始の宣言。平成16年(2004)の破産法改正で「破産手続開始」または「破産手続開始の決定」に改められた。

はさん-てつづき【破産手続(き)】債務者が債務を完済することができなくなった場合に、債務者の総財産をすべての債権者に公平に弁済することを目的とする裁判上の手続き。破産法に定められた破産手続き開始の申し立て権者(債権者・債務者・法人の理事・株式会社の取締役など)が裁判所に破産手続き開始の申し立てを行い、破産原因があると裁判所が認めた場合、破産手続きが開始される。破産手続きの開始が決定すると、裁判所が選任した破産管財人が、債権者の届け出た破産債権を整理・確定し、債務者の財産を破産財団として管理する。破産管財人は破産財団を換価し、配当原資があれば債権者に公平に分配する。配当が完了すると、債権者集会を経て、裁判所が破産手続きの終結を決定する。破産の申し立てを債務者が行う場合は自己破産、会社の取締役などが行う場合は準自己破産、債権者が申し立てる場合は第三者破産(債権者破産)という。債務者の財産が破産手続きの費用に満たないと裁判所が認める場合、裁判所は破産手続き開始と同時に破産手続きを終了させる(同時廃止)。

ハサン-バスリー〖al-Ḥasan al-Baṣrī〗[642〜728]初期イスラム教の代表的な思想家・説教者。バスラで活躍。人間の自由意志を認め、終末論の立場から、人々の不正を糾弾し、ウマイヤ朝を批判した。

はさん-ほう【破産法】裁判上の破産手続きを規定している法律。平成16年(2004)に現行の破産法が制定されたのにともない、大正11年(1922)に公布された旧破産法は廃止された。現行法では、破産手続きと免責手続きが一体化されるなど手続きが簡素化され、財産の配分をより迅速・公正に行うため破産債権査定決定や役員責任査定などの制度が導入された。また、破産した個人の再起が容易になり、会社が破産した場合に労働者の債権の保護もより一層図られている。

はし【波斯】中国におけるササン朝ペルシアの呼称。

はし【▽階・×梯】❶(階)庭から建物に上がる階段。きざはし。「―を三段登る」〈鴎外・山椒大夫〉❷(梯)はしご。かけはし。

はし【端】《「はじ」とも》❶中央や中心からいちばん離れた部分。㋐細長いものの先端や末端。「棒の―」「行列の―」㋑ある場所や空間内の、周辺に近い部分。「手紙の―に書き添える」「机を部屋の―に寄せる」❷物を切り離したうちの、小さい方。切れはし。「革の―」❸物事の、核心から遠い部分。重要でない部分。また、全体の中の一部分。「言葉の―をとらえる」❹物事の初めの部分。順序の1番目。「問題を―から解く」「聞いた―から忘れる」❺建築物で、外に面した所。表に面した部屋・出入り口や廂・縁側・簀子など。「―に出でゐて、…頭かい梳りなどしてをり」〈大和・一四九〉❻書物などの冒頭。また、序文。「―に書くべきことを奥に書き」〈賀茂女集〉❼物事のおこりはじめ。端緒。また、とっかかり。「逢ひ見むと言ひ渡りしは行く末の物思ふことの―にぞありける」〈千載・恋四〉❽中途半端の意で、自分の地位・身分などを謙遜していう語。はしくれ。「木にもあらず草にもあらぬ竹のよの―に我が身はなりぬべらなり」〈古今・雑下〉❾「端女郎」の略。「あの太夫の―へ下りるは間のないこと」〈浮・万金丹・一〉❿(「端に」の形で接続助詞的に用いて)…する間に、一方では。…するかたわらで。「うち嘆き萎えうらぶれ偲ひつつ争ふ―に木の暗の四月し立てば」〈万・四一六六〉
類語(❶㋐)端・端っこ・末・先・先っぽ・突先・突端・先端・突端・末端・一端・両端・尻尾/(❶㋑)縁・縁・耳・外れ・隅・際・端・角・隅っこ/(❸)末節・枝葉・細部・一部・一端

はし【箸】食物などを挟むのに用いる2本で一対の細い棒。木・竹・象牙などで作る。
下接語(ばし)一本箸・祝い箸・移り箸・苧殻箸・金箸・香箸・菜箸・拵箸・雑煮箸・竹箸・床箸・取り箸・握り箸・塗り箸・火箸・太箸・惑い箸・柳箸・利休箸・渡り箸・割り箸
類語おてもと・割り箸・菜箸・太箸

箸が転んでもおかしい年頃　ちょっとしたことでもよく笑う年頃。思春期の娘にいう。

箸が進む　おいしくてどんどん食べられる。

箸にも棒にも掛からない　ひどすぎてどうにも手がつけられない。

箸の上げ下ろし　一挙一動の細かい動作。

箸より重い物を持たない　裕福な家に生まれ育つなどして、自分で働いたことのないことのたとえ。

箸を付・ける　箸で取って食う。また、食いはじめる。箸を下ろす。「遠慮して料理に―・けない」

箸を取る　食事を始める。食事をする。

箸を持って食うばかり　それ以上はしようがないほど十分に世話をすることのたとえ。

はし【×嘴・×觜】《「端」と同語源》くちばし。「鶍の―」「まがりたる―を開きて」〈鴎外・文づかひ〉

はし【橋】道路・鉄道・水路などを、川や谷、また他の交通路の上などに通す際、その通路としてかける構築物。橋梁。
下接語浮き橋・大橋・掛け橋・鵲の橋・唐橋・反り橋・八つ橋 (ばし)石橋・板橋・一本橋・仮橋・木橋・桁橋・桟橋・思案橋・太鼓橋・綱橋・釣り橋・土橋・どんどん橋・縄橋・跳ね橋・船橋・丸木橋・眼鏡橋・廊下橋
類語ブリッジ・橋梁

橋が無ければ渡られぬ　仲立ちがなければ物事が進まないことや、手段・方法がなければ目的が達せられないことのたとえ。

橋に逢いては須らく馬を下るべし渡しを過ぎては船を争う莫かれ　《『侯鯖録』から》橋に差し掛かったなら馬を下りて引いて渡れ、渡し場では先を争って船に乗ってはならない。旅行中は危険なことをしないで注意せよというたとえ。

橋を掛・ける　❶橋を取り付ける。橋を渡す。「湾を横切って―・ける」❷関係をつける。渡りをつける。「人頼みして―・け」〈浮・二十不孝・二〉

橋を渡・す　❶「橋を掛ける❶」に同じ。❷仲立ちをする。橋渡しをする。「対立する二国間に―・す」

は-し【▽愛し】〔形シク〕いとしい。愛すべきである。かわいらしい。「み吉野の玉松が枝は―・しきかも君がみ言を持ちて通はく」〈万・一一三〉

はじ【▽土師】《「はにし」の音変化》㊀上代、陵墓管理、土器や埴輪の製作などをした人。㊁古代の氏族。土師部を統轄した伴造で、のち、菅原・秋篠・大枝などの諸氏に分かれた。

は-じ【把持】〔名〕スル ❶しっかりと持つこと。かたく握り持つこと。「権力を―する」❷▶保持❷

はじ【恥・▽辱・▽羞】❶恥じること。自分の欠点・失敗などを恥ずかしく思うこと。「―を忍んでお願いする」❷それによって名誉や面目が損なわれる行為・事柄。「家の―」「生き―」類語(❶)恥辱・屈辱・汚辱・侮辱・凌辱・辱め・赤恥・羞恥/(❷)不名誉・不面目・名折れ・面汚し・生き恥・死に恥

恥隠・る　恥をかかないで済む。「知るとだにのたまはば―・れぬべし」〈宇津保・蔵開下〉

恥無・し　❶人に劣らない。見劣りしない。「―・きほどの女房十人」〈栄花・見果てぬ夢〉❷人前で恥ずかしがらない。厚顔である。あつかましい。「うち合はずかたくなしき姿などをも―・く」〈源・少女〉

恥の上塗り　恥をかいたうえに、また恥をかくこと。恥の恥。

恥の恥　「恥の上塗り」に同じ。

恥も外聞も無・い　恥ずかしいという感情もなければ、世間の取り沙汰も気にしない。なりふりをかまわない。「―・く金もうけに精を出す」

恥を搔・く　人前で恥ずかしい思いをする。面目を失う。「人の名前を読み違えて―・く」

恥を曝・す　公衆の面前で恥をかく。自分の恥を大勢の人に知られる。「家庭内の―・す」

恥を知・る　恥ずべきことを知る。恥であることを自覚する。「―・るは勇に近し」

恥を雪・ぐ　受けた恥をぬぐい消す。名誉を取り戻す。「みずから疑惑を解明し―・ぐ」

恥を捨・つ　恥を恥とも思わないで行動する。「面なきことをば―・つとは言ひける」〈竹取〉

恥を見・す　恥をかかせる。恥ずかしい目にあわせる。「ここらの公人に見せて―・せむ」〈竹取〉

はじ【黄=櫨・×櫨】❶ハゼノキの別名。❷襲の色目の名。表は赤、裏は黄。一説に、表は黄、裏は萌葱。❸「黄櫨色」の略。

はじ【▽端】▶はし(端)

ハジ〖ḥajj〗▶ハッジ

ば-し【馬歯】自分の年齢をへりくだっていう語。馬齢。「―四〇歳」

ばし〔形動ナリ〕軽薄で落ち着きのないさま。「―なることを好みもてあそび」〈仮・可笑記・一〉

ばし〔副助〕《係助詞「は」に副助詞「し」の付いた「はし」の音変化とも》名詞・格助詞・接続助詞「て」などに付く。疑問・推量・仮定条件・禁止・命令などの表現を伴い、上の事柄を取り立てて強調する意を表す。…なんか。…でも。「これ―出だし参らすな」〈平家・六〉「必ず草葉の陰でも、それがしを恨みと―思ふてくれな」〈虎寛狂・靫猿〉補説中世から近世へかけ多く会話文に使われた。

パジ【袴】《朝鮮語》朝鮮の民族服で、ズボン形式の下衣。チョゴリなどの下にはく。パチ。

はし-あらい【箸洗い】会席献立で、料理の間に口改めのため小さな器で出される、あっさりした吸い物。懐石では八寸の前に出る。

はし-い【端居】〔名〕スル 家の端近くに出ていること。

特に、夏、風通しのよい縁側などに出ていること。「椽(えん)に—して」〈漱石・一夜〉(季 夏)

パシー〖Frédéric Passy〗[1822〜1912]フランスの経済学者・政治家。1867年に国際平和同盟、1870年に国際調停機関の設立など、国際平和に貢献した。1901年第1回ノーベル平和賞受賞。

バシー-かいきょう【バシー海峡】(カイキョウ)《Bashi》台湾とフィリピンとの間にある海峡。太平洋と南シナ海を結び、航路として重要。

はし-いた【橋板】橋桁(はしげた)の上に敷き渡した板。

はじ-い・る【恥(じ)入る】(はぢ)〔動ラ五(四)〕ひどく恥ずかしいと思う。深く恥じる。「失態を—・る」

はじ-いろ【黄=櫨色｜×櫨色】ハゼノキの樹皮の煎じ汁で染めた色。くすんだ黄茶色。はじ。

はし-うら【橋▽占】占いの一。橋のほとりや橋上に立って往来の人の言葉を聞き、それによって吉凶を占ったもの。

はじ-うるし【黄=櫨漆】ハゼノキの別名。

パジェオス〖PAGEOS〗《passive geodetic satellite》NASAの測地用風船衛星。PAGEOS-1は1966年打ち上げ。

ハシェク〖Jaroslav Hašek〗[1883〜1923]チェコの小説家。プラハの生まれ。未完の代表作「兵士シュベイクの冒険」では、一兵卒の軍隊生活を描いて、ユーモアのなかにオーストリア帝国の軍国主義を徹底的に批判した。

パジェス〖Léon Pagès〗[1814〜1886]フランスの外交官・日本研究家。公使館付として中国に滞在。著「日本関係図書目録」「日本切支丹宗門史」「日仏辞書」。

バジェスタス-とう【バジェスタス島】(タウ)《Isla Ballestas》ペルー南西部、パラカス半島の沖合、太平洋上にある島。オタリアやフンボルトペンギンなどが生息する。リトルガラパゴスとも呼ばれ、観光地として知られる。➡ガラパゴス諸島

バジェット〖budget〗政府などの予算。予算案。また、特定の用途のための経費。

バジェット-うんちん【バジェット運賃】航空運賃割引の一種で、3週間前までに予約して航空券を購入し、1週間前に搭乗便が指定されるもの。

は-じお【歯塩】(ほ)《「はしお」とも》歯石(しせき)。〈和英語林集成〉

はしおか-きゅうたろう【橋岡久太郎】(はしをかきうたらう)[1884〜1963]能楽師。シテ方観世流。香川の生まれ。深い芸境に達し、名人とうたわれた。

はし-おき【箸置き】食卓に箸を置くとき、箸先をのせるもの。箸台。箸枕。

はじ-おどし【黄=櫨▽威】(をどし)鎧(よろい)の威の一。黄櫨色の組糸または染め革などで威したもの。

はし-お・る【端折る】(をる)〔動ラ五(四)〕「はしょる」に同じ。「そんなに先を急ぐなら、道中は—・って」〈紅葉・二人女房〉

はしか【×芒】稲・麦などの芒(のぎ)。

はしか【麻=疹｜痲=疹】小児に多い発疹性(ほっしんせい)の急性感染症。学校感染症の一。感染症予防法の五類感染症の一。病原体は麻疹ウイルスで、飛沫(ひまつ)感染する。約10日の潜伏期間を経て、発熱・咳(せき)・目の充血など風邪のような症状で始まり、口の中に白斑が現れ、特有の赤い発疹が出て顔から全身に広がる。肺炎を併発して死亡することもある。ワクチン接種によって予防できる。ましん。

はじ-かかや・く【恥ぢ×赫く】(はぢ)〔動カ四〕恥ずかしがって赤面する。はにかむ。「なかなか—・かむよりは罪許されてぞ見えける」〈源・夕顔〉

はし-がかり【橋懸(か)り｜橋掛(か)り】❶能舞台で、舞台と鏡の間とをつなぐ能役者の通路。舞台に向かって左手後方に欄干のある橋のように掛け渡されている。❷初期の歌舞伎舞台で❶にあたるもの。下手奥の役者の出入り口をさした。

はし-がき【端書(き)】❶書物や文章の序文。まえがき。㊀後(あと)書き。❷手紙文の終わりに書き添える文章。追伸。おってがき。❸和歌などの前にその由来などを書き添える言葉。詞書(ことばがき)。端作り。

(類語)序・序文・前書き・序言・緒言・序章・前付け・前置き・前文・プロローグ

はじ-かき【恥×掻き】(はぢ)恥をかくこと。また、その人。はじさらし。

はし-かくし【▽階隠し】社殿や寝殿造りの殿舎で、正面の階段上に、柱を2本立てて突出させた庇(ひさし)。社殿の場合は向拝(ごはい・こうはい)ともいう。日隠し。

はしかくし-の-ま【▽階隠しの間】階隠しのある柱と柱との間(あいだ)。階を上った上段、簀子(すのこ)に面する庇(ひさし)の間(ま)。日隠しの間。階(はし)の間。

はし-かけ【橋掛(け)｜橋架(け)】❶「橋渡し」に同じ。「—作業」「両国間の—となる」❷➤架橋❷

はしか・し〔形ク〕《名詞「はしか(芒)」の形容詞化》❶ちくちくと痛い。〈名義抄〉❷はがゆい。じれったい。「我々にはちと—・からう」〈浄・孕常盤〉

はしか・し【×捷し｜敏=捷し】〔形ク〕機敏である。はしこい。「木戸の—・き男ども」〈浮・嵐無常物語〉

はしがた-クレーン【橋形クレーン】➤ガントリークレーン

はし-がね【端金】物の端につける金属・金具。

はしか-ぼり【×芒彫(り)】彫漆(ちょうしつ)の一。彫りの線が細く、先端がとがったもの。

はじ-がまし・い【恥じがましい】(はぢ)〔形〕(文)はぢがま・し〔シク〕恥ずかしい。外聞が悪い。また、恥ずかしそうだ。「婦人の独り—・う控えたる」〈紅葉・金色夜叉〉「御婿取の—・しき事」〈落窪・二〉

はし-がみ【箸紙】箸を差し入れるために、紙を袋状に折り畳んだもの。また、新年を祝うための白木の箸を包む袋。(季 新年)

はじかみ【×薑｜×椒】❶(薑)ショウガの別名。(季 秋)❷(椒)サンショウの古名。「久米の子等が垣下に植ゑし—口ひびく」〈記・中・歌謡〉

はじ-がわ・し【恥ぢがはし】(はぢがはし)〔形シク〕恥ずかしそうである。気恥ずかしい。「たちまち野干(やかん)の姿をあらはしけるこそ—・しけれ」〈ひとりね・上〉

はじ-かわ・す【恥ぢ交はす】(はぢかはす)〔動サ四〕互いに恥ずかしく思う。互いに恥じる。「男も女も—・してありけれど」〈伊勢・二三〉

はじ-き【▽土師器】古墳時代から平安時代にかけて用いられた素焼きの土器。赤褐色か黄褐色で、文様がない。多くは轆轤(ろくろ)・窯(かま)を用いずに焼成。煮炊き用・食器として用いられ、5世紀以降は須恵器と併用。土師部(はじべ)が焼いたところからの名。

はじき【▽弾き】❶はじくこと。また、はじくための装置。❷おはじき。石はじき。❸拳銃のこと。ちゃか。蓮根。

はじき-おん【▽弾き音】《flap》素早く一度だけ弾く調音器官の運動によって発せられる音。例えば、日本語ではラ行子音のうち、「アレ」「ウラ」など母音間のもの。

はじき-がね【▽弾き金】ばねのこと。

はじき-ざる【▽弾き猿】棒に括(くく)り猿を抱きつかせ、下から竹のばねをはじいて猿を昇り降りさせる玩具。東京柴又・宮城気仙沼などの土産として有名。江戸時代の幟猿(のぼりざる)の着想から生まれたもの。猿はじき。

はじき-しょうぎ【▽弾き将棋】(シャウギ)盤の上に将棋の駒を並べ、交互に指で駒をはじいて早く相手の駒を盤から落とした者を勝ちとする遊び。

はじき-だ・す【▽弾き出す】〔動サ五(四)〕❶はじいて外へ出す。「指先で—・す」❷のけ者にして追い出す。仲間はずれにする。「グループから—・される」❸そろばんをはじいて計算する。「総額を—・す」❹費用を工面する。「遊ぶ金を—・す」(類語)追い出す・追い立てる・追い払う・追っ払う・たたき出す・つまみ出す・打ち払う・追い落とす・追い散らす・蹴散らす

はじき-まめ【▽弾き豆】「はじけまめ」に同じ。

はしき-やし【▽愛しきやし】〔連語〕《形容詞「は(愛)し」の連体形＋間投助詞「やし」》いとおしい。なつかしい。「石走(いはばし)る垂水(たるみ)の水の—君に恋ふらく我が心から」〈万・三〇二五〉

はしき-よし【▽愛しきよし】〔連語〕《「よ」「し」は間投助詞》「はしきやし」に同じ。「山川のそきへを遠み—妹(いも)を相見ずかくや嘆かむ」〈万・三九六四〉

はじ・く【▽弾く】㊀〔動カ五(四)〕❶曲げた物が元に戻る力で打つ。また、はね飛ばす。「おはじきを—・く」「爪先で弦を—・く」❷寄せつけない。受けつけない。はねのける。「このレーンコートはよく水を—・く」「鋼鉄の板が銃弾を—・く」❸そろばん玉を指で動かす。転じて、計算する。「そろばんを—・く」「損得を—・いてみる」(可能)はじける ㊁〔動カ下二〕「はじける」の文語形。(類語)はね返す・弾(はじ)き返す・はねのける

はし-ぐい【橋×杭｜橋×杙】(ぐひ)橋桁(はしげた)を支える杭。橋脚。

はしくい-いわ【橋杭岩】(はしくひいは)和歌山県南東部、東牟婁(ひがしむろ)郡串本町にある岩石群。海岸から大島(紀伊大島)に向かって長さ約850メートル、大小40余の柱状の岩が一列に並ぶ。西側の海岸は遠浅で海水浴場として有名。国指定名勝・天然記念物。吉野熊野国立公園に属する。名の由来は、昔、空海が大島に渡る橋を一夜で架けようとして橋の杭をほとんど造り終えたとき、天(あま)の邪鬼(じゃく)にだまされて夜が明けたと思い中断したという伝説から。

はしぐち-ごよう【橋口五葉】(ゴエフ)[1880〜1921]版画家。鹿児島の生まれ。本名、清。橋本雅邦に師事。独自の近代浮世絵版画を完成。夏目漱石・泉鏡花・永井荷風らの本も装丁した。

はし-くよう【橋供養】(クヤウ)橋ができ上がって、渡り初めの前に橋上で行う供養。

はし-くれ【端くれ】❶木などの端を切り落としたもの。切れ端。「木の—」❷取るに足らない存在ではあるが、一応その類に属している者。多く、謙遜しながら自分を表すときに用いる。「芸術家の—」

(類語)切片・切れ・切れ端・断片

はしけ【×艀】河川・港湾などで大形船と陸との間を往復して貨物や乗客を運ぶ小舟。船幅が広く、平底。はしけぶね。

はし-けいせい【端傾▽城】格の低い、下っぱの女郎。端女郎。「二匁どりの—なるが」〈浮・永代蔵・一〉

はし-げた【橋桁】橋脚の上に架け渡して橋板を支える材。

はじけ-まめ【▽弾け豆】ソラマメなどを煎(い)ってはじけさせたもの。転じて、ソラマメ。はじきまめ。

はしけ-やし【▽愛しけやし】〔連語〕「はしきやし」に同じ。「—妻も子どもも高々に待つらむ君や山隠(やまがく)れぬる」〈万・三六九二〉

はし・ける【×艀ける】〔動カ下一〕《「はしけ(艀)」の動詞化》❶艀で乗客や貨物を運ぶ。「飛脚船を—・けて」〈魯文・西洋道中膝栗毛〉❷こっそり他へ移す。隠す。「くぐり戸がなると、そりゃを合図に戸棚へ—・け、かんざしで前髪いぢりながら」〈滑・阿多福仮面〉❸くすねる。ちょろまかす。「ちっとばかり—・けたとって知れるものか」〈滑・続膝栗毛・八〉

はじ・ける【▽弾ける】〔動カ下一〕(文)はじ・く〔カ下二〕❶中身がいっぱいになって、裂けて割れる。割れて口を開く。はぜる。「クリの実が—・ける」「ポケットが—・けそうだ」❷勢いよく飛び散る。比喩的にも用いる。「笑い声が—・ける」「バブル経済が—・ける」❸緊張などから解放され、爽快(そうかい)な気分になって元気よく行動する。「試験が終わったのでカラオケで—・けた」❹《報道業界用語》捜査機関が内偵を進めていた事件が、強制捜査や逮捕者を出すなどで表面化する。「汚職事件が秘書の逮捕で—・けた」

(類語)飛び散る・跳ねる・はぜる・ほとばしる・弾む・飛ぶ

はし-ご【×梯子｜×梯｜▽階子】❶高い所へ登るための道具で、長い2本の材の間に足がかりの横棒を何本もつけたもの。立てかけたり、つるしたりして用いる。「—をかける」「縄—」❷階段。段梯子。❸「梯子酒」の略。転じて、いくつかの場所を続けてわたり歩くこと。「映画の—をする」

(下接語)(ばしご)裏梯子・雁木(がんぎ)梯子・救助梯子・管(くだ)梯子・竹梯子・畳み梯子・段梯子・継ぎ梯子・釣り梯子・縄梯子・箱梯子・火の見梯子・船(ふな)梯子・回り梯子・檜(ひのき)梯子

(類語)縄梯子・段梯子・梯子段

梯子が外される　はしごをはずされて高い所に置きざりにされる。転じて、先に立って事に当たっていたのに、仲間が手を引いたために孤立する。

梯子を外される　「梯子が外される」に同じ。

はしこ・い【×捷い｜敏＝捷い】〔形〕図はしこ・し〔ク〕機転がきき、動作が敏捷である。すばしこい。はしっこい。「私の叔母でも、母親でも、強健な一・い気象です」〈藤村・旧主人〉派生はしこさ〔名〕

はしご-がた【×梯子形】台形のこと。梯形。

はし-こく【波斯国】▶波斯

はし-ごく【▽走ごく】《「はしりごくら」の音変化》急いで駆けること。また、駆けくらべをすること。かけっこ。競走。「祖父様何ぢゃと、一で出て来る子供」〈浄・手習鑑〉

はしご-ざけ【×梯子酒】次から次へと場所を変えて酒を飲み歩くこと。はしごのみ。

はしご-しゃ【×梯子車】折り畳み式のはしごを備えた消防自動車。高層建築物の消火・避難者救助に出動する。

はしご-だん【×梯子段】段ばしごの階段。また、階段のこと。類語梯子・縄梯子・段梯子

はしご-のり【×梯子乗り】まっすぐに立てたはしごの上で曲芸をすること。また、その人。消防の出初め式などに行われている。(季新年)

バシコルトスタン〖Bashkortostan〗ロシア連邦にある21の共和国の一つ。ウラル山脈南部西麓に位置する。基幹民族はイスラム教徒のバシキール人だが多数派ではない。石油・石炭・天然ガスなどの資源が豊富。首都はウファ。

はじ-さらし【恥×曝し】〔名・形動〕恥を世間にさらけ出すこと。また、その人や、そのさま。「わが校の一」「一なまねをしでかす」類語恥知らず・破廉恥・無恥

ハシシ〖hashish〗▶ハシッシュ

はじし【歯▽肉｜×齗｜×齦】歯茎。〈和名抄〉

はじ-し・む【恥ぢしむ】〔動マ下二〕❶はずかしめる。侮辱する。「みづからをほけたり、ひがひがしとのたまひ一・むるは」〈源・真木柱〉❷たしなめる。戒める。「引くなと互ひに一・めて」〈太平記・一五〉

ば-じしゃく【場磁石】発電機・電動機などの、強大な磁場をつくるための電磁石。

はし-じょろう【端女郎】江戸初期、階級が最下級の遊女。見世女郎。局女郎。「一は鹿恋より下、見世女郎と言ふなり」〈浮・御前義経記・一〉

はじ-しら・う【恥ぢしらふ】〔動ハ四〕恥ずかしがる。はじらう。はにかむ。「うち一・ひて例のやうにものも言はで」〈堤・はいずみ〉

はじ-しらず【恥知らず】〔名・形動〕恥ずべきことをして平気でいること。厚顔であること。また、その人や、そのさま。「一な行為」類語破廉恥・無恥・恥さらし

はし-すずみ【橋涼み】橋の上に出て涼むこと。(季夏)「千人が手を欄干や一/其角」

はし-せん【橋銭】橋を渡る通行料金。橋賃。

はし-ぞめ【箸初め】▶食い初め

はし-そろえ【箸×揃え】▶食い初め

はした【▽端】〔名・形動〕❶計算の結果、ちょうどきりのよい数量を基準にしたときに現れる過不足の数量。「一が出る」「一を切り捨てる」❷「端金」の略。「手切れの一にはあらざりけんを」〈一葉・暁月夜〉❸どちらともつかないこと。中途半端なこと。また、そのさま。「一に延びた命の断片を、運動で埋める積りで歩くのだから」〈漱石・彼岸過迄〉「御子は立つも一、居るも一にてゐ給へり」〈竹取〉❹「端女」の略。「叱りとばさるる一の身」〈一葉・大つごもり〉

はし-だい【箸台】「箸置き」に同じ。

はした-いろ【▽端色】❶織り色の名。縦糸・横糸ともに薄紫色のもの。❷襲の色目の名。表・裏ともに薄紫色のもの。

はし-たか【×鷂】ハイタカの別名。(季冬)

はした-がね【▽端金】ある額に達しない半端な金銭。ごくわずかな金銭。はしたぜに。「こんな一では役立たない」類語目腐れ金

はしたか-の【×鷂の】〔枕〕ハシタカの羽や尾、また、鈴をつけ鳥屋に飼う意から、「端山」「尾上」「すず」「外山」などにかかる。「一外山の庵の夕暮れを」〈新勅撰・恋五〉「一端山がくれの露なれや」〈新続古今・恋一〉

はしだ-くにひこ【橋田邦彦】[1882〜1945]生理学者・教育行政家。鳥取の生まれ。東大教授。生物電気を研究。近衛・東条両内閣の文相を歴任し、第二次大戦後、戦犯の指名を受け自殺した。

はした-ぜに【▽端銭】「はしたがね」に同じ。「それ買へとて、腰に付けたる一を投ぐれば」〈浮・一代男・五〉

はし-たて【箸立て】❶箸を立てておく器。❷▶食い初め

はし-だて【×梯立て】《古くは「はしたて」とも》はしごを立てること。また、その形をしていること。「神の神庫も一のままに」〈垂仁紀〉

はしたて-でんせつ【箸立て伝説】高僧や貴人が弁当に使った箸を地に立てると、それが根づいて大木になり、神木となったという伝説。弘法大師のほか、西行や太田道灌などが主人公とされる。

はしだて-の【×梯立ての】〔枕〕床の高い倉にはしごをかける意から、「くら」「嶮し」、また「くら」の音変化「くま」にかかる。「一倉梯山を嶮しみと」〈記・下・歌謡〉「一嶮しき山も」〈仁徳紀・歌謡〉「一熊来酒屋に」〈万・三八七九〉

はした-な・い〔形〕図はしたな・し〔ク〕❶慎みがなく、礼儀にはずれたり品格に欠けたりして見苦しい。みっともない。「一・い言葉遣い」「些細なことで一・く言い争う」❷どっちつかずで落ち着かないさま。中途半端である。「人の、心とどめ給ふべくもあらず一・うてこそ漂はめ」〈源・真木柱〉❸間が悪く、恥ずかしい。ばつが悪い。「一・きもの、異人を呼ぶに、我ぞとてさし出でたる」〈枕・一二七〉❹自分に向けられる他人の言動を、不快に感じたり迷惑に思ったりするさま。「度々強ひ給へば、一・くてもて煩ふ」〈源・若菜下〉❺人に対する配慮が欠けるさま。つれない。むごい。「宮の思ほしたるさまなどを見奉るに、え一・うもさし放ち聞こえず」〈源・紅葉賀〉❻程度がはなはだしい。ひどい。激しい。「雨風一・くて、帰るに及ばで」〈宇治拾遺・一〉「布施一・く多くとりて」〈著聞集・一二〉
類語見苦しい・みっともない

はした-な・む〔動マ下二〕❶きまりの悪い思いをさせる。「心を合はせて、一・め煩はせ給ふ時も多かり」〈源・桐壺〉❷きびしくたしなめる。「あなものぐるほしと一・めさし放たむにも」〈源・宿木〉

はした-め【▽端女】召使いの女。はした者。

はした-もの【▽端物】数のそろっていないもの。また、中途半端なもの。はんぱもの。

はした-もの【▽端者】❶「端女」に同じ。「一、女房の局の人など、をかしく仕立てつつ」〈栄花・根合〉❷「端女郎」に同じ。「一を、借してくださりませい」〈浮・諸艶大鑑・六〉

はした-わらわ【▽端▽童】子供の召し使い。「このあこ君といふ一しておこせたり」〈落窪・一〉

はし-ぢか【端近】〔名・形動〕❶家の中で出入り口に近いこと。また、そのさまや、そのような場所。あがりばな。「一な席」「一に座る」❷あさはかなこと。軽々しいこと。上品でないこと。また、そのさま。「さりとて一にやはおはします」〈栄花・浅緑〉

はし-ぢか・い【端近い】〔形〕図はしぢか・し〔ク〕家の中で出入り口に近い場所である。「部屋の一・くにかしこまる」

バシチャルシヤ〖Baščaršija〗ボスニア-ヘルツェゴビナの首都サラエボの旧市街にある職人街。16世紀、オスマン帝国の支配下においてアラブ人のスークを模して造られた。宝飾品、金属加工品を扱う店のほか、レストラン、喫茶店などが集まる。中心広場にはセビリと呼ばれる水汲み場がある。

はし-づくり【端作り】「端書き❸」に同じ。

はしっこ【端っこ】《「はじっこ」とも》はし。すみ。はしっぽ。類語端・端・末・先・先っぽ・突先・突端・突端・先端・末端・一端・一角・一隅・片隅・かど・隅・隅っこ・コーナー

はしっこ・い【×捷い｜敏＝捷い】〔形〕「はしこい」の音変化。「一・く動きまわる」派生はしっこさ〔名〕

ハシッシュ〖hashish〗マリファナのこと。ハシシュ。ハッシッシ。ハシシ。

はし-づつ【箸筒】箸を入れておく筒。

ばしっ-と〔副〕❶勢いよく音をたてて物が割れたり強く当たったりするさま。「太い枝を一折る」「一張り手をくらわす」❷相手にこたえるように強く言うさま。「一度一言わなければだめだ」

はしっ-ぽ【端っぽ】「はしっこ」に同じ。

はし-づま【▽愛妻】かわいい妻。愛する妻。あいさい。「吾が一にい及き会はむかも」〈記・下・歌謡〉

はし-づめ【橋詰(め)｜橋爪】橋が終わっている所。橋のきわ。

ハシディズム〖Hasidism〗18世紀中ごろに起こったユダヤ教の神秘主義的運動。イスラエル＝ベン＝エリエゼルがウクライナ地方で創始。

パシテー〖Pasithee〗木星の第38衛星。2001年に発見。名の由来はギリシャ神話のゼウスの娘。非球形で平均直径は約2キロ。

はし-てんま【端伝馬】「端舟」に同じ。

はしどい　モクセイ科の落葉小高木。山地に生え、樹皮は灰白色、葉は広卵形。5、6月ごろ、白色の小花が円錐状に密生して咲く。きんつくばね。

ばじ-とうふう【馬耳東風】《李白の詩「答王十二寒夜独有懐」の「世人之を聞けば皆頭を掉り、東風の馬耳を射るが如き有り」から》かぐわしい春風が馬の耳を吹きぬけても、馬になんの感動もないこと。他人の忠言や批評などを聞いてもまったく心に留めず、少しも反省しないことのたとえ。

はしど-しん【橋戸信】[1879〜1936]野球選手・新聞記者。東京の生まれ。早大の遊撃手として活躍し、明治38年(1905)日本初の米国遠征に参加。帰国後は橋戸頑鉄の筆名で各紙に野球批評を執筆する。昭和2年(1927)都市対抗野球を創設。この大会での最優秀選手賞「橋戸賞」にその名を残す。

はし-どの【橋殿】谷や道などの上に、橋のように、架け渡してつくってある屋形。「一に局をしてゐて、よろづの事を言ひかはしけり」〈大和・一二二〉

は-じとみ【▽半×蔀】上半分を外側へ吊り上げるようにし、下半分をはめ込みとした蔀戸。

はじとみ【半蔀】《「はしとみ」とも》謡曲。三番目物。内藤藤左衛門作。紫野雲林院の僧が五条辺りを訪ねると、夕顔のからまる半蔀を押し上げて女が現れ、光源氏と夕顔の上のことなどを語る。

はじとみ-ぐるま【▽半×蔀車】網代車の一。物見窓を半蔀としてあるもの。摂政・関白・大臣・大将の乗用とし、時には上皇や高僧・上臈女房も使用。

はし-なく【端無く】〔副〕何のきっかけもなく事が起こるさま。思いがけなく。偶然に。「越し方、行末の事、一胸に浮び」〈樗牛・滝口入道〉

はしなく-も【端無くも】〔副〕「端無く」の詠嘆をこめた言い方。「一出版物が好評をもって迎えられる」類語図らずも・ゆくりなく

はじ-におい【黄＝櫨匂｜櫨匂】鎧の威の一。黄櫨色を下にいくにつれて薄くぼかしたもの。

はし-ぬい【端縫い】布の端を細く折り返して縫うこと。はぬい。

はじ-の-き【黄＝櫨】▶はぜのき

はしのく-おう【波斯匿王】《梵 Prasenajit》釈迦と同時代の中インド、コーサラ国の王。舎衛城に住み、釈迦教団の保護者であった。波斯匿。

はし-の-こ【×梯の子｜▽階の子】はしご・階段の一つ一つの上り段。

はし-の-ま【▽階の間】▶階隠しの間

はし-のり【端乗り】❶物の端に乗ること。❷ちょっと乗ること。一説に、先駆けすること。「この馬、一に給はり候はん」〈宇治拾遺・九〉

はしば【羽柴】姓氏の一。織田信長の重臣である丹羽長秀と柴田勝家の姓の一字ずつを取って作られ、秀吉が豊臣姓を用いるまで使用。

はしはか-こふん【箸墓古墳】奈良県桜井市にある前方後円墳。長さ278メートル。3世紀後半の築造とされ、最古の古墳の代表例。

はし-ばこ【箸箱】箸を入れておく細長い箱。

はしは-こうぶり【ˣ圭ᵛ冠】はこう上代のかぶり物の一。漆塗りの布帛ふはく製で、上は円くとがり、下が方形をしたもの。後世の烏帽子えぼしに似る。けいかん。

はしばさみ-いし【橋挟み石】庭園の池に架けてある橋の、両たもとに置く石。橋引き石。

はし-ばし【端端】❶あちこちの部分。また、ちょっとした部分。「言葉の一に悪意を感じる」❷あちらこちらの場所。末端の方の場所。「いまだ京大坂にも一は知らずして」〈浮・胸算用・五〉

はし-ばしら【橋柱】橋桁はしげたを支える柱。橋脚。

はしば-ひでなが【羽柴秀長】[1541〜1591]安土桃山時代の武将。豊臣秀吉の異父弟。秀吉をよく補佐し、各地で戦功をあげた。のち、大和郡山を領して大和大納言といわれた。

はしば-ひでよし【羽柴秀吉】豊臣秀吉とよとみひでよしの前名。織田信長のもとで戦功をたて大名となった折に、木下姓を羽柴姓に改めたもの。

はしばみ【ˣ榛】カバノキ科の落葉低木。日当たりのよい地に生え、高さ約5メートルに達する。葉は円形で先がとがり、縁に不規則なぎざぎざがある。3月ごろ葉より先に、黄褐色の尾状の雄花穂と紅色の雌花とがつく。実はどんぐり状で、葉状の総苞そうほうに包まれ、食用。(季 実=秋 花=春)

はし-ばみ【端ᵛ食み】板の木口に取り付ける幅の狭い木。木口を隠し、反りや合わせ目のはがれを防ぐためのもの。はしばめ。

はしばみ-いろ【ˣ榛色】ヘーゼルナッツ(セイヨウハシバミ)の実のような色。柔らかい黄土色。

はし-ばん【橋番】橋の通行の取り締まり、警備・清掃などの任に当たること。また、その人。橋番人。

はしびき-いし【橋引き石】▶橋挟み石

はし-ひめ【橋姫】㊀橋を守るという女神。特に山城の宇治の橋姫が有名。㊁源氏物語第45巻の巻名。薫大将、20歳から22歳。出家を志す薫が宇治の八の宮を訪ね、二人の姫君に心を動かされること、自分の出生の秘密を知ることなどを描く。

はしびろ-がも【ˣ嘴広ˣ鴨】カモ科の鳥。全長約50センチ。くちばしが幅広く、水面で小動物を濾こし取って食べる。雄は頭が緑、胸が白、わきから腹が栗色。雌は全体に褐色。日本では冬鳥であるが、少数が北海道で繁殖。くちがも。

パシファエ〖Pasiphae〗木星の第8衛星で、木星から離れた軌道を、他の多くの惑星とは逆向きに回る。1908年に発見。名の由来はギリシャ神話のミノスの妻。非球形で平均直径は約60キロ。

パシフィック-ハイツ〖Pacific Heights〗米国カリフォルニア州サンフランシスコ中心部の一地区。ビクトリアンハウスと呼ばれる19世紀の木造建築家屋が多く見られるほか、高級住宅街として知られる。

パシフィック-リーグ〖Pacific League〗日本のプロ野球リーグの一。昭和24年(1949)結成。現在、6球団が加盟。正称はパシフィック野球連盟。パ・リーグ。➡セントラルリーグ (補説)オリックスバファローズ、埼玉西武ライオンズ、千葉ロッテマリーンズ、東北楽天ゴールデンイーグルス、福岡ソフトバンクホークス、北海道日本ハムファイターズの6球団。

パシフィック-リム〖Pacific Rim〗太平洋を囲む、極東・東南アジア・オセアニア・アメリカ大陸西岸の諸国。

パシフィックリム-こくりつこうえん【パシフィックリム国立公園】コクリツコウエン《Pacific Rim National Park》カナダ南西部、バンクーバー島南西部の太平洋に面する、同島唯一の国立公園。カナダ初の海洋国立公園であり、原生林に覆われた100キロメートルにおよぶ海岸線が続く。ロングビーチ、ブロークン諸島、ウエストコーストトレイルの三つの地域に分かれる。

はしぶと-がらす【ˣ嘴太ˣ鴉】カラス科の鳥。全長57センチくらい。全身黒色でくちばしが太い。ハシボソガラスとともに日本の一般的なカラス。山林や都市に多い。アジアに分布。やまがらす。

はし-ぶね【端舟┊橋船】《「はしふね」とも》❶小舟。「天の日槍ひぼこ一に乗りて播磨国に泊とまりて」〈垂仁紀〉❷本船に付属して人や荷物の陸揚げに使う小舟。「かねて用意の一に召し給へば」〈浄・千本桜〉

ばしぶんつう【馬氏文通】中国、清代の文法書。馬建忠著。光緒24年(1898)成立。西洋の文法にならって中国語の文法を体系的に説いたもの。近代の中国語文法学の先駆となった。

はじ-べ【ᵛ土師ᵛ部】古代の部曲かきべの一。土器や埴輪はにわを作り、葬儀の仕事にも従事した。はにしべ。

はしべんけい【橋弁慶】㊀謡曲。四番目物。弁慶が京の五条橋で牛若丸と戦って降参し、主従の契りを結ぶ。㊁㊀に取材した歌舞伎舞踊。義太夫節・長唄などがある。

はしぼそ-がらす【ˣ嘴細ˣ鴉】カラス科の鳥。全長約50センチ。ハシブトガラスに比べてくちばしが細く、濁った声で頭を下げながら鳴く。農耕地や海岸に多い。ユーラシアに広く分布。

はしま【羽島】岐阜県南西部の市。東海道新幹線の岐阜羽島駅がある。人口6.7万(2010)。

は-しま【端島】長崎県南部、長崎半島の西にある島。海底炭田の採掘のために埋め立てを繰り返してつくられた人工の島で、面積0.06平方キロメートル。明治初期から良質の石炭が採れることで栄えたが昭和49年(1974)閉山。コンクリート壁に囲まれた島の上に施設や集合住宅が建ち並ぶさまが軍艦に似ていることから、軍艦島とも呼ばれる。

はし-まくら【箸枕】箸置き。箸台。

はしま-し【羽島市】▶羽島

はじまら-ない【始まらない】〔連語〕《動詞「はじ(始)まる」の未然形＋打消しの助動詞「ない」》▶始まる❺

はじまり【始まり┊初まり】❶はじまること。また、はじまった時期。「授業の一を知らせるベル」「事件の一は一年前だ」❷物事の起こり。起源。「近代医学の一」(類語)始め・起こり・元・発端・端緒・起源・根源・源・源流・源泉・本元・物種・温床・濫觴らんしょう・嚆矢こうし

はじま-る【始まる】〔動ラ五(四)〕❶物事が行っていない状態から行う状態になる。行われだす。「勤めは朝九時に一・る」「工事が一・る」㊥終わる。❷新しく起こる。新たに発生する。「戦争が一・る」❸起因する。起源をもつ。「けんかは何げない一言から一・った」「この風習は平安時代に一・る」❹いつものくせが出る。「そら一・った。例の自慢話だよ」❺(「…ても始まらない」の形で)むだだ。手遅れだ。しようがない。「怒っても一・らない」「今さら薬を飲んでも一・らない」(類語)(❶)開始する・開幕する・スタートする・幕が開あく・蓋ふたが開あく・蓋を開ける・緒しょに就つく・緒ちょに就く/(❷❸)起こる・生ずる・発する・発生する・生起する・起因する・由来する・端たんを発する・起きる・持ち上がる・出来しゅったいする・勃発ぼっぱつする・突発する・偶発する

はじ-む【始む】〔動マ下二〕「はじめる」の文語形。

はし-むかう【箸向かふ】むかふ〔枕〕2本の箸のように兄弟が相対するところから、「弟おと」にかかる。「一弟おとの命みことは」〈万・一八〇四〉

はし-むこう【橋向こう】むかう 橋を隔てた向こう側。また、その土地。橋向かい。

はじめ【始め┊初め】❶はじめること。また、はじめた時期。「勤め一」「タバコの吸い一」㊥終わり。❷物事の起こり。起源。「国の一」❸物事を行う最も早い時期。最初のころ。副詞的にも用いる。「五月の一」「何をするにも一が肝心だ」「一から終わりまで読み通す」「一君だとは気づかなかった」❹順序のいちばん先。序列の第一。「一の話のほうがおもしろい」❺(「…をはじめ」「…をはじめとして」の形で用いる)多くの中で、主となるもの。また、先に立つもの。「校長を一、教師全員」「米を一として食品の多くが」❻一部始終。事の次第。「御無心ながら乳を少し貰ひましょ、と一を語れば」〈浮・一代男・一〉(補説)ふつう❸❹❻は「初め」と書く。(類語)(❶❸)最初・当初・初期・初頭・劈頭へきとう・冒頭・出出だし・滑り出し・初手しょて・出端でばな・端はな・初っ端しょっぱな・口開あけ・取っ付き・手始め・事始め・頭あたま・のっけ・スタート/(❷)始まり・起こり・元もと・発端ほったん・端緒・濫觴らんしょう・嚆矢こうし・権輿けんよ・起源・根源・源・源流・本元・物種・温床・源泉

初め有らざるなし克よく終わり有る鮮すくなし　《「詩経」大雅・蕩から》物事をするのに、初めはだれでも計画を立てて一生懸命にやるが、それを最後までやりとげる者は少ない。

始めありて終わりなし　《「晋書」劉聡載記から》最初は踏むべき道を踏んでいるが、最後まで全うしないこと。すなわち、事を始めたが成就しないこと。小人の志の堅固でないことをいう。

始め有るものは必ず終わり有り　《「揚子法言」君子から》物事には必ず始めと終わりとがある。生あるものは必ず死に、栄えるものはいつか滅びる。

始めちょろちょろ中ぱっぱ赤子あかご泣くとも蓋ふた取るな　はじめのうちは火を弱くし、中ごろは火を強め、途中で蓋を取ってはいけない。飯のじょうずな炊き方をいったもの。

始めに言葉ありき　《新約聖書「ヨハネによる福音書」第1章から》創世は神の言葉(ロゴス)からはじまった。言葉はすなわち神であり、この世界の根源として神が存在するという意。

初めの囁ささやき後のちのどよめき　初めはひそかにささやかれるうわさ話も、のちには世間の評判になること。

始めは処女の如ごとく後のちは脱兎だっとの如し　《「孫子」九地から》初めはおとなしく弱々しく見せて敵を油断させ、のちには見違えるほどすばやく動いて敵に防御する暇を与えないという兵法のたとえ。

はじめ-おわり【始め終はり】をはり ❶はじめと終わり。「宇治山の僧喜撰は、詞かすかにして、一たしかならず」〈古今・仮名序〉❷はじめから終わりまで。一部始終。「尼君の一よくうかがひ知りて」〈胆大小心録〉

はじめ-たる【始めたる】〔連語〕《「たる」は完了の助動詞「たり」の連体形》はじめての。最初の。「一御幸なれば、御覧じなれたるかたもなし」〈平家・灌頂〉

はじめ-て【初めて┊始めて】〔副〕❶今までに経験していない事が起こるさま。最初に。「一人間が月に着陸した」❷ある経験をした上で、漸くその状態になるさま。やっと。「親が死んで、一そのありがたさがわかった」❸(下に打消しの語を伴って)事のついでではなく、わざわざ。あらためて。「言ことあたらしう一申し上ぐるに及び候はず」〈平家・一二〉

はじめ-ね【始(め)値】▶寄り付き値段

はじめ-まし-て【初めまして┊始めまして】〔連語〕初対面の人にいうあいさつの語。はじめてお目にかかります、の意。「一、田村と申します」

はじ-める【始める】〔動マ下一〕図はじ・む〔マ下二〕❶物事を行っていない状態から行う状態にする。行いだす。「早朝から作業を一・める」「戦争を一・める」㊥終える/終わる。❷新しく起こす。新たにつくる。「洋装店を一・める」❸いつものくせを出す。「また泣き言を一・めた」❹(動詞の連用形などに付いて)その動作が行われだすことを表す。「歩き一・める」「咲き一・める」「使われ一・める」(類語)(❶)しだす・やりだす・掛かる・取り掛かる・しかかる・しかける・開始する・着手する/(❷)起こす・開ひらく・創始する・開業する

はし-もと【橋本】橋のたもと。橋詰め。「植ゑしより一さらぬ遅桜春の暮れをや待ちわたるらむ」〈木工権頭為忠百首〉

はしもと【橋本】和歌山県北東部の市。古来、紀ノ川の舟運や高野こうや街道・伊勢街道などの交通の要地。竹製品、特に釣りざおが有名。平成18年(2006)3月、高野口こうやぐち町と合併。人口6.6万(2010)。

はしもと-おさむ【橋本治】をさむ[1948〜]小説家・イラストレーター。東京の生まれ。学園闘争中の東大の駒場祭ポスター「とめてくれるなおっかさん…」で話題を呼び、イラストレーターとしての活動を始める。のち小説・随筆・評論と活動は多岐にわたり、作品は150冊以上に及ぶ。作品に小説「桃尻娘」「蝶のゆくえ」「桃尻語訳　枕草子」「宗教なんかこわくない!」など。

はしもと-がざん【橋本峨山】[1852〜1900]臨済宗の僧。京都の生まれ。名は昌禎。号、息耕軒。峨山は字あざな。鹿王ろくおう院の義堂などに師事。天竜寺管

長。天竜寺再興の功労者。

はしもと-がほう【橋本雅邦】［1835～1908］日本画家。江戸の生まれ。本名、長郷。狩野派に学び、狩野芳崖とは同門。フェノロサ・岡倉天心に認められ、新日本画の確立に尽くす。東京美術学校教授として横山大観・下村観山・菱田春草らを指導。日本美術院創立会員。作「白雲紅樹図」など。

はしもと-かんせつ【橋本関雪】［1883～1945］日本画家。兵庫の生まれ。本名、貫一。竹内栖鳳せいほうに師事。四条派の画風に南画などの技法を加味した画風で、関西日本画壇に重きをなした。作「玄猿」など。

はしもと-くにひこ【橋本国彦】［1904～1949］作曲家。東京の生まれ。欧州へ留学し、シェーンベルクらに師事。日本の現代歌曲の道を開いた。作品に「お菓子と娘」など。

はしもと-さない【橋本左内】［1834～1859］幕末の志士。福井藩士。名は弘道。号、景岳。緒方洪庵・杉田成卿らに蘭学・医学を学び、藩主松平慶永に認められ、藩政改革に尽力。将軍継嗣問題では一橋慶喜擁立に尽力。安政の大獄で斬罪に処された。

はしもと-し【橋本市】▶橋本

はしもと-しんきち【橋本進吉】［1882～1945］国語学者。福井の生まれ。日本語の歴史的研究に力をそそぎ、音韻史の分野では上代特殊仮名遣いを解明。また、室町時代末の音韻体系をキリシタン資料によって再構した。文法研究の分野では「文節」の概念を理論化し、その文法論は学校文法に採用され、影響力はきわめて大きい。著「国語学概論」「古代国語の音韻について」「吉利支丹教義の研究」「新文典別記」など。

はしもと-そうきち【橋本宗吉】［1763～1836］江戸後期の蘭学者。大坂の人。名は鄭。字は伯敏。号、曇斎。大槻玄沢に医学・蘭学を学び、蘭書の翻訳と語学教授に当たった。エレキテル（電気）の実験を行い、「阿蘭陀始制エレキテル究理原」などを著した。

はしもと-は【橋本派】自由民主党の派閥の一。平成研究会の平成12年（2000）から同16年における通称。田中派・竹下派の流れをくむ。同12年に小渕恵三の死により橋本龍太郎が継承。➡津島派

はしもと-びょう【橋本病】自己免疫が原因で甲状腺が腫れる病気。30～50歳代の女性に多く、慢性に進行し、甲状腺の機能は正常であることが多い。大正元年（1912）外科医の橋本策［1881～1934］が報告。慢性甲状腺炎。

はしもと-へいはち【橋本平八】［1897～1935］彫刻家。三重の生まれ。日本美術院同人。佐藤朝山に師事。木彫を得意とし、独創的な作品を制作。代表作に「裸形少年像」「牛」「花園に遊ぶ天女」など。

はしもと-めいじ【橋本明治】［1904～1991］日本画家。島根の生まれ。美人画で活躍。また、法隆寺金堂壁画の模写主任となり、金堂焼失後にも再現模写に参加。文化勲章受章。

はしもと-りゅうたろう【橋本龍太郎】［1937～2006］政治家。東京都の生まれ。選挙区は岡山。昭和38年（1963）父・龍伍の急死に伴い衆院選に出馬、当選。厚相・運輸相・蔵相などを経て、平成7年（1995）自民党総裁となり、翌年1月、社会党（のちに社民党）などとの連立政権首相に就任。解散総選挙に勝利し11月、3年3か月ぶりの自民党単独政権を発足させた。同10年退陣。➡小渕恵三

はし-もの【▽愛者】いとしく思う者。愛する者。「我が―に逢はずは止まじ」〈琴歌譜・継根振〉

はじ-もみじ【黄＝櫨紅‐葉｜×櫨紅‐葉】❶紅葉したハゼノキの葉。はぜもみじ。《季 秋》❷襲かさねの色目の名。表は蘇芳すおう、裏は黄。秋に用いる。

はし-もり【橋守】橋を守る人。橋の番人。

は-しゃ【×跛者】足が悪い人。足の不自由な人。

は-しゃ【覇者】❶徳によらず、覇道によって天下を治める者。特に中国の春秋時代、周王室を守って夷狄いてきを退け（尊王攘夷）、諸国の同盟の中心となった者。斉の桓公、晋の文公など。➡覇道 ❷競技などで優勝した者。「マラソン大会の―」類語 勝者

は-じゃ【破邪】仏語。邪義・邪道を破ること。

ば-しゃ【馬車】馬にひかせて、人や荷物を運ぶ車。「荷―」「鉄道―」

パシャ〖pasha〗オスマントルコで大臣や軍政官に与えられた称号。次いで1934年までは共和国の高級軍人の称号。「ケマル―」補説 元来は皇族・貴族に対する敬称。

ハジャーイム-しんでん【ハジャーイム神殿】《Hagar Qim》地中海中央部の島国、マルタ共和国にある先史時代の巨石神殿。マルタ島南岸の丘の上にあり、約500メートル離れた場所にイムナイドラ神殿がある。紀元前3600年から3200年頃の建造と考えられている。1980年と92年に、マルタ島のイムナイドラ・スコルバ・タハジュラット・タルシーン、ゴゾ島のジュガンティーヤとともに「マルタの巨石神殿」として世界遺産（文化遺産）に登録された。ハガールイム神殿。

パジャイスリス-しゅうどういん【パジャイスリス修道院】《Pažaislio vienuolynas》リトアニア中央部の都市カウナス東郊にある修道院。17世紀から18世紀にかけて建造され、同国におけるイタリアバロック建築の傑作とされる。毎年夏に催される国際音楽祭の会場の一つとして知られる。

ばしゃ-うま【馬車馬】❶馬車をひく馬。❷《馬車馬が目の両側におおいをつけて前方以外は見えないようにしてあるところから》わき目もふらずに、いちずに物事をすることのたとえ。「―のように働く」

はしゃ-ぐ【▽燥ぐ】〔動ガ五（四）〕❶調子にのってふざけ騒ぐ。「―・いだ調子で話す」❷乾燥する。かわく。「それはめずらしく―・いだ、風の無い日で」〈藤村・破戒〉可能 はしゃげる 類語 じゃれる・ふざける・戯れる・たわける・騒ぐ・喜ぶ・浮かれる・小躍りする

は-じゃく【羽尺】大人の羽織1着が仕立てられる長さの反物。ふつう、幅約36センチ、長さ約8.5～9.4メートル。⇔着尺きじゃく

は-じゃく【端尺】大人おとな物の長着が仕立てられる規定の長さに足りない和服地。余り布。

ば-しゃく【馬借】❶中世、馬上に荷を乗せて運んだ運送業者。主に畿内とその周辺に発達。近江おうみの大津・坂本、山城の木津などが有名。しばしば土一揆の主体となった。❷「馬借一揆」の略。「京都は一の沙汰之ニ在り」〈大乗院寺社雑事記〉

ばしゃく-いっき【馬借一×揆】室町時代、馬借が中心になって、徳政令の発布や新関の撤廃を要求して起こした土一揆。

はじゃ-けんしょう【破邪顕正】仏語。邪説・邪道を打ち破って、正しい道理を明らかにすること。

はし-やすめ【箸休め】食事の途中で、気分を変えたり口をさっぱりさせたりするために食べる、ちょっとした料理。

ばしゃ-てつどう【馬車鉄道】▶鉄道馬車

パシャバー〖Paşabağ〗トルコ中央部、カッパドキア地方の町ギョレメ近郊の一地区。凝灰岩が浸食されてできた「きのこ岩」と呼ばれる奇岩が立ち並んでいることで知られる。5世紀頃、塔に登って苦行を行う修道士、聖シメオンが隠遁したと伝えられる岩もある。

ばしゃ-ばしゃ〔副〕連続して激しく水を打つ音を表す語。「水たまりを長靴を履いて―（と）歩く」

ぱしゃ-ぱしゃ〔副〕❶立て続けに水をたたく、軽い音を表す語。また、何かの表面を軽くたたく音を表す語。「―（と）いう水音に混じり、子供の歓声が上がる」「化粧水を手に取り、―顔に塗る」❷カメラのシャッターを連続して切る音を表す語。「子供の動きに合わせて―（と）連写する」

パジャマ〖pajamas〗ゆったりした上衣とズボンとからなる寝巻。

パジャマ-パーティー〖pajama party〗女の子たちが友だちの家に泊まり込み、パジャマ姿でうわさ話や遊びに興じるパーティー。

パジャマ-ルック〖pajama look〗パジャマのゆったりとしてくつろいだ要素を、外出着に取り入れたスタイルのこと。

ばしゃ-まわし【馬車回し】邸宅で馬車をつけるところ。玄関前の車寄せ。

ばしゃら【婆×娑羅】〔名・形動ナリ〕「ばさら（婆娑羅）」の音変化。「今やうの女と見ゆ」〈去来抄・修行〉

ばしゃれ-もの【婆×娑れ者】派手で締まりのない者。軽薄でだらしのない者。「あの傾城けいせいの―、それを言はずにゐませうか」〈浄・阿波鳴渡〉

ばしゃ・れる【婆×娑れる】〔動ラ下一〕《「ばしゃら」の動詞化》派手でしまりがなくなる。だらしなくなる。「―・れたなりで会はれもせず」〈浄・氷の朔日〉

バジャン〖bhajan〗ヒンズー教の献身歌。また、それを歌い行う宗教儀式そのものをもさす。「捧げる」という意味のサンスクリット語に由来する。

は-しゅ【把手】手に握る部分。取っ手。類語 取っ手・柄え・柄つか・握り・つまみ・ハンドル・ノブ・グリップ

は-しゅ【×播種】〔名〕スル 作物の種をまくこと。種まき。「秋野菜を―する」

ば-しゅ【馬主】馬の持ち主。特に、競走馬の持ち主。うまぬし。ばぬし。

ば-しゅ【馬首】馬の首。また、馬の向かう方向。「―を左にめぐらす」

は-じゅう【把住】〔名〕スル ❶とらえとどめおくこと。「窈然えうぜんとして同所に―する趣で嬉しいのである」〈漱石・草枕〉❷禅宗で、師が弟子を指導するとき、向上させるために、弟子のもつ誤った考えを打破・否定して、困惑・絶望に追いこむこと。

ハジュオズベク-ジャーミー〖Hacı Özbek Camii〗▶ハジュオズベクモスク

ハジュオズベク-モスク〖Hacı Özbek Mosque〗トルコ北西部の町イズニクの旧市街にあるイスラム寺院。14世紀前半、イズニクで最初に造られたモスクであり、オスマン帝国時代の中でも現存する最古の一つとされる。チャルシュモスク。

バシュカ〖Baška〗クロアチア西部、アドリア海に浮かぶクルク島の町。同島南東岸に位置する。アドリア海きっての美しい海岸があり、観光客が多く訪れる。近郊の聖ルチア教会では、1100年頃につくられたと考えられる、スラブ系言語最古のグラゴル文字を使った石碑が発見された。

は-しゅつ【派出】〔名〕スル 仕事をさせるために人をさしむけること。「家政婦として―する」

ば-じゅつ【馬術】馬を乗りこなす術。

はしゅつ-かんごし【派出看護師】病院あるいは病人のいる家庭などの求めに応じ、臨時に出張する看護師。

ばじゅつ-し【馬術師】馬術にすぐれている人。

はしゅつ-じょ【派出所】❶派出された人が詰めて業務をする所。❷交番の旧称。類語 警察署・駐在所

はしゅつ-ふ【派出婦】一般家庭からの求めに応じ、出向いて家事などをする女性。類語 女中・お手伝いさん・メード・家政婦・ねえや・ハウスキーパー

はじ-ゆみ【×櫨弓｜黄＝櫨弓】ハゼノキで作った弓。「―を手握たにぎり持たし」〈万・四四六五〉

バシュラール〖Gaston Bachelard〗［1884～1962］フランスの科学哲学者・文学批評家。構造主義の先駆者の一人。科学的認識の獲得のために、前科学的な思考との断絶を求めた「認識論的切断」で知られる。のちには詩的想像力の領域に論を広げ、イメージや夢想の世界を考察した。著「否定の哲学」「水と夢」「空間の詩学」など。

はじゅん【波旬】《梵 Pāpīyāsの音写。悪者の意》仏語。人の命や善根を断つ悪魔。

ば-しょ【場所】❶何かが存在したり行われたりする所。ある広がりをもった土地。「魚の釣れる―」「約束の―」❷人がいる所。また、物が占めるために要する広さ。「立っている―もない」❸相撲の興行をする所。また、その期間。「初―」

下接 秋場所・在り場所・居場所・岡おか場所・死に場所・出場所・夏場所・初場所・春場所・本場所

類語 所・場・土地・地点・点・箇所・部分

場所を踏・む　経験を重ねる。場数を踏む。

ばしょ-いり【場所入り】〔名〕スル 力士が相撲の興行場に入ること。「横綱が―する」
は-じょう【波上】ハジャウ《古くは「はしょう」》波の上。
は-じょう【波状】ハジャウ ❶波の起伏するような形状。❷波が打ち寄せるように、一定の間隔をおいて繰り返すこと。「―スト」
は-じょう【端城】ハジャウ 本城から離れて要害の地にある城。枝城。出城。はじろ。
ば-しょう【×芭×蕉】バセウ バショウ科の多年草。高さ約5メートルの葉鞘ようしょうの密に重なった偽茎が直立し、先に葉をつける。葉は長さ約2メートルの楕円形で、葉脈に沿って裂けやすい。夏、黄色の雄花と雌花との穂ができ、まれに結実。中国の原産で、古くに渡来し、庭に植えられる。にわみぐさ。(季 花=夏｜葉=秋)
ばしょう【芭蕉】バセウ ▶松尾芭蕉まつおばしょう
ばしょう【芭蕉】バセウ 謡曲。三番目物。金春禅竹こんぱるぜんちく作。芭蕉の精が中国の楚の僧の前に現れ、世の無常と芭蕉にまつわる故事を語り、舞をまう。
ば-じょう【馬上】バジャウ《古くは「ばしょう」》❶馬の上。また、馬に乗っていること。「―の人となる」❷馬に乗ること。乗馬。「―を聞き給へば、それもえ乗りませぬと言ふ」〈咄・御前男〉❸騎馬武者。「一二十八万五千余騎とぞ記しける」〈長門本平家・一一〉❹馬に乗って戦場を駆けること。また、戦場。「―に出で立ちて、戦死せられしとぞ」〈胆大小心録〉
ばしょう-あん【芭蕉庵】バセウ― 芭蕉が住んだ草庵。特に、江戸深川六間堀の門人杉山杉風さんぷうの屋敷にあった草庵をいう。
はじょう-うん【波状雲】ハジャウ― 雲の帯が間隔をとって並び、波のような形をした雲。高積雲・層積雲・巻積雲などに生じる。
ばしょうおうぎょうじょうき【芭蕉翁行状記】バセウヲウギヤウジヤウキ 伝記。1冊。八十村路通やそむらろつう編。元禄8年(1695)刊。松尾芭蕉の略歴、最後の旅の模様、終焉しゅうえん、追憶などを記し、追善の連句や追悼の発句などを添えたもの。
ばしょうおうにじゅうごかじょう【芭蕉翁廿五箇条】バセウヲウニジフゴカデウ 江戸中期の俳諧作法書。1冊。享保11年(1726)刊。芭蕉の作といわれるが、各務支考かがみしこうの偽作かとされる。蕉風俳諧の付合つけあいの作法25か条を説いたもの。貞享式じょうきょうしき。
は-しょうが【葉生×姜】―シャウガ 葉のついたままのショウガ。味噌をつけたり酢漬けにしたりして食べる。新しょうが。
ばしょう-かじき【×芭×蕉×梶木｜×芭×蕉旗=魚】バセウ― マカジキ科の海水魚。全長約2メートル。体はやや側扁し、第1背びれが著しく大きい。体色は濃黒青色で、17本の青色斑点の横列がある。東北地方から南に分布し、他のカジキ類よりも沿岸に近づく。美味。
ばしょう-き【×芭×蕉忌】バセウ― 松尾芭蕉の忌日。陰暦10月12日。時雨忌しぐれき。翁忌おきなき。桃青忌とうせいき。(季 冬)「―や遥かな顔が吾を目守る/草田男」
ばじょう-ぐつ【馬上×沓】バジャウ― 乗馬用のくつ。
はじょう-こうげき【波状攻撃】ハジャウ― 何回にもわたって繰り返し攻撃を加えること。
ばしょうしちぶしゅう【芭蕉七部集】バセウシチブシフ 「俳諧七部集」の異称。
ばしょう-せん【×芭×蕉扇】バセウ― 唐扇の一。バショウの葉鞘ようしょうで作った円形のもの。
ばじょう-ぢょうちん【馬上▽提▽灯】バジャウヂャウチン 乗馬の際に用いる提灯。丸形で、腰に差すように長い柄がある。うまのりぢょうちん。
はじょう-ねつ【波状熱】ハジャウ― ▶ブルセラ病
ばじょう-はい【馬上杯｜馬上×盃】バジャウ― 杯さかずきの一種。高台こうだいが高く、そこを握って飲むもの。
ばしょう-ふ【×芭×蕉布】バセウ― バショウの繊維で織った布。沖縄・奄美大島に産し、夏の着尺地きじゃくじ・蚊帳・座布団地などに用いる。(季 夏)
はしょう-ふう【破傷風】ハシャウ― 破傷風菌によって起こる重い感染症。感染症予防法の五類感染症の一。菌が傷口から侵入し、その神経毒のため、口がこわばって開きにくく、全身の筋肉に硬直・痙攣けいれんが現れ、呼吸困難に陥って死亡する危険がある。治療に困難を伴うので、予防接種が重要。
はしょうふう-きん【破傷風菌】ハシャウフウ― 破傷風の病原菌。グラム陽性の桿菌かんきん。嫌気性で、土壌中に存在する。明治22年(1889)北里柴三郎が培養に成功し、抗毒素血清を作った。
はしょうふう-けっせい【破傷風血清】ハシャウフウ― 破傷風の治療に用いる抗毒素血清。かつては免疫をつけた馬から得ていたが、現在は破傷風免疫グロブリンが用いられる。
はしょうふう-トキソイド【破傷風トキソイド】ハシャウフウ― 破傷風菌のつくる毒素を無毒化したトキソイド。予防接種として注射し、免疫をつくる。
ばしょ-がら【場所柄】場所の性質やようす、また雰囲気。ところがら。「―をわきまえる」(類語)所柄・土地柄
は-しょく【巴蜀】中国、四川省の異称。巴は現在の四川省重慶地方、蜀は成都地方の古称。
は-しょく【波食｜波×蝕】海岸に打ち寄せる波による浸食作用。
は-しょく【破色】原色に白色または灰色を少し加えた色。
は-しょく【×播植｜×播殖】〔名〕スル 種をまいたり、苗を植えつけたりすること。「レタスを―する」
ば-しょく【馬食】〔名〕スル 馬のように大食いをすること。「牛飲―」「鯨飲―」
ば-しょく【馬謖】[190～228]中国、三国時代の蜀漢しょっかんの武将。字あざなは幼常。諸葛亮しょかつりょうに重用され、先鋒の総大将に任ぜられたが、軍令に背いて戦い敗北したので、軍律に従い、亮が涙をふるい処刑したという「泣いて馬謖を斬る」の故事で知られる。
はしょく-だい【波食台】波食によって生じた海面近くの平坦な海底。波食棚。
はしょく-だな【波食棚】▶波食台
ばしょ-ふさぎ【場所塞ぎ】場所をふさいでじゃまになること。また、そのもの。場所ふさげ。「―の大荷物」
はしょり【▽端▽折り】着物の裾すそをはしょること。「―を高くする」「尻しり―」
はしょ・る【▽端▽折る】〔動ラ五(四)〕《「はしおる」の音変化》❶着物の裾すそを折り上げて帯に挟む。「裾を―・る」❷ある部分を省いて短く縮める。省略する。「細部の説明を―・る」(可能)はしょれる
ばしょ-わり【場所割(り)】場所を割り当てて決めること。「応援席の―」
はしら【柱】㊀〔名〕❶地面・礎石・土台の上に垂直に立て、屋根・梁はり・床など上部の荷重を支える材。❷縦に長く❶の形状をしたもの。「火の―が立つ」「水―」❸グループの中心となる人。頼りとなる者。「一家の―」「チームの―」❹物事全体の中心となるもの。「賃上げを―に要求を決定する」❺書物の欄外にある見出し。❻「貝柱」の略。㊁〔接尾〕助数詞。神仏、高貴な人、または遺骨などを数えるのに用いる。「二―の神」「五―の英霊」
(下接語)国の柱・心しんの柱・杖つえ柱(ばしら)埋いけ込み柱・恵比須えびす柱・縁柱・押さえ柱・男柱・主おも柱・親柱・貝柱・角かど柱・片蓋かたぶた柱・門かど柱・蚊柱・粥かゆ柱・側がわ柱・狂言柱・管くだ柱・後見柱・逆木さかぎ柱・逆さか柱・支え柱・仕手して柱・四天柱・四本柱・霜柱・心しん柱・真柱・助すけ柱・須す柱・添え柱・袖そで柱・大黒柱・大臣柱・茶柱・束つか柱・電信柱・通し柱・床柱・中柱・橋柱・鼻柱・控え柱・人柱・火柱・笛柱・帆柱・間ま柱・丸木柱・丸柱・水柱・宮柱・目付めつけ柱・面皮めんかわ柱・門もん柱・脇わき柱(ばしら)鼻っ柱
(類語)㊀(❶)支柱・大黒柱・床柱/(❸❹)中心・主しゅ・軸じく・要かなめ・中軸・枢軸・主軸・主力・基幹・根幹・中枢・中核
はじらい【恥じらい｜▽羞じらい】はぢらひ 恥ずかしがること。「―の色を見せる」(類語)含羞がんしゅう
はしら-いし【柱石】木柱の腐食を防ぐために柱の下に置く石。
はじら・う【恥じらう｜▽羞じらう】はぢらふ〔動ワ五(ハ四)〕恥ずかしがる。はにかむ。「花も―・う風情ふぜい」(類語)照れる・はにかむ
はしら-え【柱絵】―ヱ ❶寺院などの柱に描かれた絵。❷浮世絵版画、特に錦絵で、横12～13センチ、縦約70センチの判型のもの。柱に掛けて装飾とする。鳥居清長などが多く描いた。柱隠し。
はしら-かくし【柱隠し】《「はしらがくし」とも》❶柱に掛けて装飾とするもの。竹・板・陶器・金属などで作り、多くは書画を描く。柱掛け。❷▶柱絵はしらえ
はしら-がくれ【柱隠れ】柱の陰に隠れること。「―にゐ隠れて」〈源・須磨〉
はしら-かけ【柱掛(け)】▶柱隠し
はしら-かし【走らかし】「走らかし汁」の略。「黒米に―に朝夕ささおくれば」〈浮・一代女・四〉
はしらかし-じる【走らかし汁】実をちょっと浮かし、ざっと煮立てただけの手軽な汁。また、味噌だけで実のない汁。「一つ釜の加賀米に―」〈浮・織留・一〉
はしら-か・す【走らかす】〔動サ四〕❶走るようにする。走らせる。「男をのこどもあまた―・したれば」〈徒然・八七〉❷耳目が働くようにする。「いいかげんに空耳を―・せえ」〈人・梅児誉美・後〉❸屏風びょうぶ・幕などを引きめぐらす。立てめぐらす。「隔子かうしの内には金屏風―・し」〈仮・東海道名所記〉❹汁などに調味料をちょっと加える。また、手軽な食事をとる。「薄鍋に醤油を―・し、日本一の御吸物ありと」〈浮・諸艶大鑑・一〉❺割ることを、船乗り仲間が忌んでいう語。「素頭すこうべ微塵に―・し」〈浄・千本桜〉
はしら-ごよみ【柱暦】柱や壁などに張ったり掛けたりしておく暦。
はしら-サボテン【柱サボテン】サボテン科植物のうち、茎が柱状や楕円状をしているもの。
はしら・す【走らす】㊀〔動サ五(四)〕「走らせる」に同じ。「ヨットを縦横に―・す」「筆を―・す」㊁〔動サ下二〕「はしらせる」の文語形。
はしら・せる【走らせる】〔動サ下一〕文はしら・す〔サ下二〕❶走るようにして急いで行かせる。「車を―・せる」「使いを―・せる」❷すらすらとよどみなく動かす。「原稿用紙にペンを―・せる」「書類に目を―・せる」❸敗走させる。「敵を―・せる」
はしら-たいまつ【柱松=明｜柱炬=火】❶「柱松はしらまつ❶」に同じ。❷3月15日、京都市嵯峨の清涼寺釈迦堂で、大きなたいまつを燃して行う涅槃会ねはんえの行事。御松明おたいまつ。
はしら-だて【柱立て｜柱建て】家屋の建築で、初めて柱を立てること。また、その祝いの儀式。「新しく建増した―のまま、筵むしろがこいにしたのもあり」〈鏡花・眉かくしの霊〉「今日吉日の―」〈浄・出世景清〉
はしら-どけい【柱時-計】柱や壁に掛けておく時計。掛け時計。
はしら-ぬき【柱▽貫】柱の頭部を横に貫く材。頭貫かしらぬき。
はしら-びき【柱引き】船の帆柱を起こしたり倒したりするために用いる綱。引き手。先手さきて。
はしら-ま【柱間】柱と柱との間隔。また、その空間。
はしら-まつ【柱松】❶一端を地中に埋めて庭上に立てて用いるたいまつ。はしらたいまつ。たちあかし。たてあかし。❷盆の火焚き行事の一。柱の上に柴などをとりつけておき、下から小さいたいまつを投げて点火させる。投げたいまつ。
は-じらみ【羽×虱】ハジラミ目の昆虫の総称。体長数ミリ、シラミに似るが、口器はかむ型で、鳥類や哺乳類に外部寄生して羽や毛などを食べる。ニワトリハジラミ・ネコハジラミなど。食毛類。はむし。
はしら-もち【柱餅】長崎地方で、暮れの餅つきのときに、最後の一臼うすの餅を家の柱に打ちつけておき、正月15日、左義長さぎちょうの火にあぶって食べる風習。
はしら-よせ【柱寄せ】柱に寄せ添えた長い材。柱と格子や妻戸とのすきまをふさいだり、蔀戸しとみど・遣戸やりどなどの戸当たりとしたもの。
はしら-わり【柱割(り)】建物を建てるとき、柱の間隔・配置・寸法などを決めること。
はしり【走り】❶走ること。また、走り方。「安定した―のランナー」「球の―がよい」❷滑らかに動くこと。また、そのぐあい。「戸の―をよくする」「筆の―がよい」

［走り高跳び］ 走り高跳びの世界記録・日本記録 （2012年8月現在）

		記録	更新日	選手名(国籍)
世界記録	男子	2.45メートル	1993年7月27日	ハビエル＝ソトマヨル(キューバ)
	女子	2.09メートル	1987年8月30日	ステフカ＝コスタディノバ(ブルガリア)
日本記録	男子	2.33メートル	2006年7月2日	醍醐直幸
	女子	1.96メートル	2001年9月15日	今井美希

［走り幅跳び］ 走り幅跳びの世界記録・日本記録 （2012年8月現在）

		記録	更新日	選手名(国籍)
世界記録	男子	8.95メートル	1991年8月30日	マイク＝パウエル(米国)
	女子	7.52メートル	1988年6月11日	ガリナ＝チスチャコワ(ソビエト連邦)
日本記録	男子	8.25メートル	1992年5月5日	森長正樹
	女子	6.86メートル	2006年5月6日	池田久美子

❸野菜・果物・魚などの、出回り期の最初に出るもの。走り物。初物。「カツオの—」「—のタケノコ」❹ある物事のはじめとなったもの。先がけ。「梅雨の—」「流行の—」❺「走り木」の略。「橋げたを渡る者あらば—を以て推し落とすやうにぞ構へたる」〈太平記・一四〉❻台所の流し。「—の出刃庖丁、よう磨(と)がしておいたぞや」〈浄・宵庚申〉❼逃亡すること。出奔(しゅっぽん)。駆け落ち。「失物か—か心中がかった者なら」〈浄・歌祭文〉

ぱしり 《「使いっ走(ぱし)り」の略。俗語》用事を命じられてあちこち使いに行くこと。買い物などに行かされること。また、そうやってあごで使われる人のこと。

はしり-い【走り井】ーゐ 清水が勢いよくわき出て流れる泉。「落ち激(たぎ)つ—水の清くあればおきては我は行きかてぬかも」〈万・一一二七〉

バシリウス〖Basilius〗[330ころ〜379]ギリシャの教父。アリウス派と論争し、正当教義の確立に尽くした。東方正教会の修道生活の父とよばれる。大バシリウス。バシレイオス。

はしり-うま【走り馬】❶競馬(けいば)。また、競馬用の馬。くらべうま。「舞人は十人、—十匹」〈宇津保・春日詣〉❷急使の乗る馬。早馬(はやうま)。「京よりの—と言へば、何ごとならんと驚きながら」〈増鏡・三神山〉

バシリエフスキー-とう【バシリエフスキー島】ータウ《Vasil'yevskiy ostrov》▶ワシリエフスキー島

バシリカ〖basilica〗《「バジリカ」とも》❶古代ローマ時代に裁判所や商業取引所とされた長方形の建物。中央の広間が周囲の回廊より高くつくられ、高窓から採光する。❷西洋中世の❶に基づいた教会堂形式。身廊・側廊があり、通例東端部に祭壇を置く。❸教皇から特権を受けたカトリック教の聖堂。

バジリカータ〖Basilicata〗イタリア南部の州。南東でイオニア海と、南西でティレニア海と接する。ポテンツァ県・マテーラ県がある。州都はポテンツァ。

はしり-かか・る【走り掛かる】〔動ラ四〕❶勢いよく走りよってかかる。飛びかかる。「しれ者は—・りたれば」〈枕・九〉❷勢いよく流れてかかる。「その石の上に—・る水は」〈伊勢・八七〉

はしり-がき【走り書(き)】〔名〕スル 筆を走らせて急いで書くこと。また、その書いたもの。「—のメモを残す」
(類語)崩し書き・なぐり書き

はしり-か・く【走り書く】〔動カ四〕すらすらと書きながす。「真字(まんな)を—・きて」〈源・帚木〉

バシリカ-パラディアーナ〖Basilica Palladiana〗イタリア北東部、ベネト州の都市ビチェンツァにあるルネサンス様式の建物。シニョーリ広場に面し、商人や貴族の集会場として使われた。ドリス式とイオニア式の円柱が並ぶ回廊で囲まれ、アンドレア＝パラディオの代表作として知られる。市街とベネト地方のパラディオが設計した邸宅は、1994年、世界遺産(文化遺産)として登録された。

はしり-ぎ【走り木】押し寄せてくる敵をなぎ倒すため、高い所から木を転がすこと。また、その木。

はしり-くさ【走り×瘡】丹毒のこと。〈日葡〉

はしり-くら【走り▽競】「走り競(くら)べ」に同じ。

はしり-くらべ【走り▽競べ】一緒に走って速さを競うこと。かけっこ。かけくらべ。はしりくら。

バジリコ〖イタリア basilico〗メボウキの別名。また、その葉。香辛料としてイタリア料理に使用。バジル。

バジリ-こう【バジリ×膏】ーカウ《ラテン basilicum または、ポルトガル basilicãoから》オリーブ油などから製した吸い出し膏薬。

はしり-こぎり【走り▽競】「走り競(くら)べ」に同じ。「かくれんぼ、—」〈浄・用明天王〉

はしり-こくら【走り▽競】《「はしりごくら」「はしりこぐら」とも》「走り競(くら)べ」に同じ。「今一勝負と申してござれば、—を致さうと申しまするが」〈虎寛狂・伯養〉

はしり-こ・む【走り込む】〔動マ五(四)〕❶走って中に入る。駆け込む。「発車間際に—・む」❷練習で十分に走っておく。「—・んでスタミナをつける」

はしり-しゅう【走衆】❶鎌倉・室町時代、将軍外出のとき、徒歩で前駆を勤め、警固に当たった者。徒(かち)の者。❷江戸時代、徒組(かちぐみ)の組衆。

はしり-す・ぎる【走り過ぎる】〔動ガ上一〕(文)はしりす・ぐ〔ガ上二〕❶走って通過する。「走者が目の前を—・ぎる」❷気を早くまわしすぎる。先走る。「某が思案があるといふに、—・ぎた」〈伎・仏の原〉

バシリスク〖basilisk〗イグアナ科に属するトカゲ。メキシコから中央アメリカの熱帯に数種がいる。全長60〜80センチほどで、外敵に襲われたときなどには、よく発達した後肢(あとあし)で水面上を走る。

はしり-ずみ【走り炭】「跳ね炭」に同じ。(季 冬)「うき人の顔にもかかれ—/召波」

はしり-たかとび【走り高跳び】陸上競技の種目の一。助走して片足で踏み切り、バーを落とさずに跳びこえ、その高さを競う跳躍競技。ハイジャンプ。➔表

はしり-だ・す【走り出す】〔動サ五(四)〕❶走り始める。「汽笛を鳴らしながら夜行列車が—・す」❷物事が動き始める。始動する。「夢に向かってプロジェクトが—・す」

はしり-ぢえ【走り知恵】ーヂヱ〔名・形動ナリ〕物事を早のみこみして思慮の浅いこと。また、そのさま。「ましてや—なる兄嫁なんどが何として知るべし」〈浮・五人女・一〉

はしり-づかい【走り使い】ーづかひ《「はしりつかい」とも》言いつかってこまごました用事に走りまわること。また、その人。

はしり-づゆ【走り梅‐雨】梅雨に先立って、ぐずつく天候。梅雨の前触れ。(季 夏)

はしり-で【走り出】門口。また、門口に近い所。一説に山などの地勢が横に低く続いているさまともいう。はしりいで。「我が二人見し—の堤に立てる槻(つき)の木の」〈万・二一〇〉

はしり-どころ【走野＝老】ナス科の多年草。谷間の木陰に生え、高さ約60センチ。葉は楕円形で先がとがり、柔らかい。春、暗紅紫色の釣鐘状の花が咲く。全草にアルカロイドを含み、有毒。地下茎はトコロに似て太く、漢方で莨菪根(ろうとこん)といい鎮痙(ちんけい)・鎮痛薬に用いる。

はしり-ぬ・く【走り抜く】㊀〔動カ五(四)〕最後まで走る。走りとおす。走破する。「全行程を—・く」㊁〔動カ下二〕「はしりぬける」の文語形。

はしり-ぬ・ける【走り抜ける】〔動カ下一〕(文)はしりぬ・く〔カ下二〕走って通り抜ける。駆け抜ける。「路地を—・ける」

はしり-ば【走羽】矢羽のうち、矢をつがえたときに垂直に上方へ向く羽。

はしり-はばとび【走り幅跳び】陸上競技の種目の一。助走して片足で踏み切って跳び、その跳んだ距離を競う跳躍競技。ブロードジャンプ。➔表

はしり-び【走り火】「跳ね火」に同じ。「人に逢はむつきのなきには思ひおきて胸—に心焼けをり」〈古今・雑体〉

はしり-まい【走り舞】ーまひ 舞楽の舞姿のうえからの分類で、活発に走りかけるふりのあるもの。「蘭陵王(らんりょうおう)」「納曽利(なそり)」「散手(さんじゅ)」「還城楽(げんじょうらく)」「抜頭(ばとう)」「貴徳(きとく)」などの曲がある。走り物。

はしり-ま・う【走り舞ふ】ーまふ〔動ハ四〕せわしく走りまわる。また、奔走する。「—・ひて、中御門の門より入りて」〈宇治拾遺・一一〉

はしり-まど・う【走り惑ふ】ーまどふ〔動ハ四〕あわてて走る。右往左往する。「汐満ち来なばここをも過ぎじと、あるかぎり—・ひ過ぎぬ」〈更級〉

はしり-まわ・る【走り回る】ーまはる〔動ラ五(四)〕❶あちらこちらを走る。かけまわる。「子供が廊下を—・る」❷用事をもってあちこちと忙しく歩き回る。奔走する。「資金繰りに—・る」

はしり-みょうと【走り夫＝婦】ーめうと 故郷を駆け落ちして夫婦となった者。「大方—はめいめい過ぎいたせば」〈浮・文反古・二〉

はしり-もと【走り元】台所の流しのあるところ。また、台所。「—で味噌すらせ」〈浄・栬狩剣本地〉

はしり-もの【走り物】❶「走り❸」に同じ。「年の始めに—を用ひし習ひ故」〈嬉遊笑覧・一〇〉❷「走り舞」に同じ。「—は、体を責めて木を折り置くがごとくに舞ふなり」〈教訓抄・七〉

はしり-もの【走り者】故郷を捨てて出奔(しゅっぽん)した者。「ほかの駆け落ち、—と違うて」〈浄・重井筒〉

はしり-や【走り屋】オートバイ・自動車で、高速道路や峠道などを暴走したり、無許可で競走したりする者。

はしり-ゆ【走り湯】温泉。いでゆ。「—の神とはむべぞ言ひけらし早きしるしのあればなりけり」〈夫木・二六〉

はしり-よみ【走り読み】〔名〕スル 急いで、ひととおり読むこと。「手紙を—する」
(類語)拾い読み・抜き読み・斜め読み

はし・る【走る｜▽奔る｜×趨る】〔動ラ五(四)〕❶足をすばやく動かして移動する。駆ける。「ゴールめざして—・る」「通りを—・って渡る」「—・るのが速い動物」❷乗り物などが進む。運行する。また、物が速く動く。「駅から遊園地までモノレールが—・っている」「風を受けてヨットが—・る」「雲が—・る」❸水などが勢いよく流れる。「石の上を水が—・る」❹すらすらと事が運ぶ。滑るように動く。「ペンが—・る」「刀が鞘(さや)から—・る」❺逃げ去る。逃亡する。また、出奔する。「犯人が外国に—・る」「敵方に—・る」「家を出て恋人のもとへ—・る」❻急いで行く。かけつける。また、あちこちとびまわる。「使いに—・る」「金策に—・る」❼ある方向・状況へ急激に傾く。「悪に—・る」「私利私欲に—・る」「立場を忘れて感情に—・る」「行動が極端に—・る」❽散り広がる。飛び散る。ほとばしる。「血が—・る」「炭は—・らぬように必ず一昼夜水に浸してかわかしたのを用い」〈蘆花・思出の記〉❾ある方向に通じている。細長くずっと延びる。「山脈が南北に—・る」「壺にひびが—・る」❿瞬間的に現れて速く動く。「稲妻が—・る」⓫感覚・感情などが一瞬現れて消える。「背中に痛みが—・る」「顔に皮肉なかげが—・る」⓬(「胸がはしる」の形で)動悸がする。胸騒ぎがする。「例のごとぞあらむと思ふに、胸つぶつぶと—・るに」〈かげろふ・中〉⓭(忌み詞で)割れる。「舟では割れたといふは忌ま忌ましい。頭の皿が—・った—・った」〈浄・博多小女郎〉(可能)はしれる

(用法)はしる・かける——「グラウンドを走る(駆ける)選手たち」のように、人や動物が速く移動する意では相通じて用いられる。◆「走る」は用法が広い。乗り物が速く進む意では、「船(オートバイ)が走る」のように用い、「ビルの間を高速道路が走っている」のように道・線が長く延びていることをも表す。◆「稲妻が走る」「痛みが走る」などは事物のすばやい動きをとらえたものであり、「非行(感情)に走る」のように、人の行動がある方向に性急に傾く意にも用いる。◆「駆ける」はもともとは馬が速く進む意で、人や動物にのみ使われる。「大平原を駆ける騎馬隊」

(類語)(❶❷)駆ける・馳(は)せる・疾走する・力走する・快走する・疾駆する・馳駆(ちく)する・驀進(ばくしん)する・走行す

る・運行する・駆け足・早足・ダッシュ
は-じる【恥じる|▽羞じる|×慙じる|×愧じる】〔動ザ上一〕図は・づ〔ダ上二〕❶恥ずかしいと思う。面目なく思う。「世間に—・じる」「軽率な発言を—・じる」❷（多く打消しの形で用いる）名誉などを傷つける。ひけをとる。「学校の名に—・じない行動」❸恥ずかしく思って遠慮する。はばかる。「白髪も—・ぢず出で仕へけるをこそ」〈源・澪標〉 類語 恥じ入る
バジル〖basil〗▶バジリコ
バジル-キリセ〖Basil Kilisesi〗▶聖バジル教会
は-じろ【端城】「はじょう（端城）」に同じ。
はし-ろう【橋廊】池や通路の上に渡した廊下。
はじ-ろう【黄櫨×蝋】ハゼノキの実からとった蝋。はぜろう。
はじろ-がも【羽白×鴨】カモ科ハジロガモ属の鳥の総称。足が体の後方につき、潜水して餌をとる。キンクロハジロ・ホシハジロ・スズガモなど。
はし-わたし【箸渡し】❶遺骨を骨壺におさめる際に、骨片を箸から箸へと渡してゆくこと。また、一つの骨片を二人が同時に箸でつまむこと。❷《❶の所作を連想させることから》嫌い箸の一。一つの食べ物を二人が同時に箸でつまむこと。合わせ箸。挟み箸。拾い箸。
はし-わたし【橋渡し】❶橋を架けること。❷両者の間に入って、とりもつこと。また、その人。仲介。仲立ち。「取引の—をする」
類語 取り持つ・仲立ち・仲介・媒介・取り次ぐ・介する
は-しん【把針】針仕事。裁縫。
ば-しん【馬身】馬の鼻先から尻までの長さ。競馬では、馬と馬との間隔を表す。「一—の差で勝つ」
ば-しん【婆心】「老婆心」に同じ。「其—は真に貴ぶ可しと雖も」〈福沢・文明論之概略〉
はす【▽斜】ななめ。はすかい。「道を—に横切る」
類語 斜め・はすかい・筋交い・筋向かい
斜に構・える　「斜に構える」に同じ。
はす【×蓮】《「はちす」の音変化》スイレン科の水生の多年草。根茎は節が多く、晩秋に末端部が肥厚し、蓮根といい、食用。葉は円形で長い柄をもち水上に出る。夏、水上に花茎を伸ばし、紅・淡紅・白色などの大きな花を開く。花のあと、花托が肥大して逆円錐状になり、ハチの巣のような穴の中に種子ができ、食用。インドの原産で、古く中国から渡来し、池・沼などに栽培される。蓮華。(季 花=夏 実=秋)「夜の—に婚礼の部屋を開けはなつ/誓子」
はす【×鰣】❶コイ科の淡水魚。全長約30センチ。オイカワに似るが、口が「へ」の字形で大きく、小魚や昆虫を捕食。琵琶湖の淀川水系、福井県の三方湖、木曽川・利根川水系などに生息。食用。けたばす。はそ。(季 夏)❷大阪地方で、オイカワの別名。
は・す【破す】〔動サ変〕❶破る。こわす。「不吉祥を—・して吉祥と成しぬ」〈今昔・一・六〉❷他の説を言い破る。論破する。「邪見を—・すべし」〈三帖和讃〉
は・す【×馳す】〔動サ下二〕「はせる」の文語形。
は-ず【×巴豆】トウダイグサ科の常緑小高木。暖地に自生。3〜5月、淡黄白色の小さい雄花と雌花とを総状につける。実は楕円形で、3個の種子をもつ。熱帯アジアの原産。はとう。
はず【×筈|×弭|×彇】❶弓の両端。弓弭。❷矢の端の、弓の弦につがえる切り込みのある部分。矢筈。❸相撲で、親指と他の指を広げ、矢筈の形にした手。これで相手のわきを押しつけて攻める。「—にかかる」「—押し」❹《矢筈と弦とがよく合うところから》㋐当然そうなるべき道理であることを示す。また、その確信をもっていることを示す。「君はそれを知っている—だ」「来ない—はない」㋑その予定であることを示す。「今日届く—になっている」
筈が合わ・ぬ　《弦に矢筈が合わない意から》調子が合わない。「請け出され、人の妻となって—・ず」〈浮・禁短気・二〉
ハズ　「ハズバンド」の略。
は・ず【恥づ】〔動ダ上二〕「はじる」の文語形。
は・ず【▽爆ず】〔動ザ下二〕「はぜる」の文語形。
ば-す【馬素|馬=尾=毛】馬の尾の毛。釣り糸・織物などに用いる。
バス〖bass〗▶ブラックバス
バス〖ドイツ Bass〗❶音楽で、最低音部。ベース。㋐男声の最低音域。また、その声域の歌手。㋑楽曲の最下声部。㋒同一種の楽器の中で、最も低い音域のもの。「—ドラム」❷「コントラバス」の略。
バス〖bath〗洋式の浴槽。また、浴室。類語 風呂・風呂場・バスルーム・湯殿・蒸し風呂・サウナ
バス〖bus〗❶大型の乗り合い自動車。多数の人を一定の路線・運賃で運ぶ。「路線—」「観光—」「終—」❷コンピューターで、各内部装置を結ぶ信号路。
バスに乗り遅・れる　《miss the busから》時流に後れて取り残される。好機を逸する。
ば-ず【馬▽爪】鼈甲の代用にする馬の爪。
バズ〖buzz〗蜂・機械などが発する、低音でぶうんと連続する音。また、たくさんの人のざわめき。
パス〖Octavio Paz〗[1914〜1998]メキシコの詩人・批評家。シュールレアリスムの影響を受ける。1990年ノーベル文学賞受賞。詩集「世界の岸辺で」「言葉のかげの自由」、詩論「弓と竪琴」など。
パス〖PAS〗《para-aminosalicylic acid》結核治療用の内服薬。パラアミノサリチル酸の略称。
パス〖pass〗〔名〕スル ❶通過すること。特に、試験や審査などに合格すること。「試験に—する」❷通行許可証。出入国許可証や無料入場券・乗車券など。「顔—」❸サッカー・バスケットボールなどの球技で、ボールを味方に渡すこと。送球。「前衛に—する」「チェスト—」❹トランプ遊びで、自分の番を飛ばして次へ回すこと。転じて、一般に、自分の順番を回避すること。❺フェンシングで、突きのこと。類語（❶）及第・受かる
パス〖path〗コンピューターの記憶装置における、ファイルやフォルダの所在を表す文字列。
パス　「カリパス」の略。
バス-アメニティー〖bath amenity〗▶アメニティーグッズ
は-すい【破水】〔名〕スル 胎児や羊水の入っている卵膜が破れ、羊水が排出されること。ふつう分娩に際して起こる。
はす-いけ【×蓮池】ハスの生えている池。(季 夏)
はす-いと【×蓮糸】ハスの繊維で作った糸。俗に、極楽往生の縁を結ぶという。はすのいと。
ばすい-ぼく【馬酔木】アセビの別名。
はす-いも【×蓮芋】サトイモ科の多年草。全体はサトイモに似て、塊根は小さくて食用にならないが、長い葉柄は食用。暖地で栽培される。しろいも。
は-すう【羽数】鳥の数。特に、飼育している鳥の数。「養鶏—」
は-すう【波数】波動における単位長さ当たりの波の数。波長の逆数。単位は毎メートル。
は-すう【端数】ある位に着目したとき、その下の位の数。切りのよい位で切った場合の、余った分。「—を切り上げる」類語 余分・余計・余り・余剰・剰余・おこぼれ・残り・残余
バズーカ-ほう【バズーカ砲】《bazooka》軽量で構造の簡単な対戦車用ロケット砲。米国で開発。
はすう-ベクトル【波数ベクトル】波の伝播方向（波面の法線方向）を向く、大きさを波数とするベクトル。波動ベクトル。伝播ベクトル。
バスーン〖bassoon〗▶ファゴット
は-ずえ【葉末】❶葉の先。葉の先端。❷子孫。末裔。「桓武天皇の御—」〈浄・傾城酒呑童子〉
ば-すえ【場末】繁華街の中心部から離れた場所。また、都心からはずれた所。「—の飲み屋」
はず-お【×筈緒】船の帆柱の先端から船首にかけて張る太い綱。
ばす-おり【馬巣織(り)】縦糸に綿糸・麻糸または毛糸を、横糸に馬の尾の毛を用いて織った織物。洋服の襟芯などに用いる。
バスカー〖VASCAR〗《Visual Average Speed Computer and Recorder》自動車にとりつける、距離・平均速度・所要時間などのコンピューター記録装置。商標名。
バス-ガール《和 bus＋girl》バスの女性乗務員。
はす-かい【▽斜交い】ななめ。はす。また、ななめに交わること。「—に横切る」「支柱を—に立てる」
類語 斜め・斜・斜・斜掛け
バス-ガイド《和 bus＋guide》主に観光バスで、乗客に案内をする乗務員。
バズ-がくしゅう【バズ学習】《buzzはざわめきの意》児童・生徒を小グループに分けて討議させ、その結論・意見を、さらに全員で討論する学習方式。
はす-かけ【▽斜掛(け)】《「はすがけ」とも》ななめ。はす。「—に、長い一筋の町を照らす太陽を眺めた時」〈漱石・坑夫〉
はずかし・い【恥ずかしい|▽羞ずかしい】〔形〕図はづか・し〔シク〕❶自分の欠点・過失などを自覚して体裁悪く感じるさま。面目ない。「成績が悪くて—・い」「字が下手で—・い」❷人目につきたくない思いである。気詰まりである。てれくさい。「人前に出るのが—・い」「そんなにほめられると—・い」❸相手がすぐれていて気おくれするさま。立派である。「御息所は、心ばせのいと—・しく」〈源・葵〉 派生 はずかしがる〔ラ五〕はずかしげ〔形動〕はずかしさ〔名〕
類語（❶）面目ない・極まり悪い・疚しい・不名誉・不面目・肩身が狭い・合わせる顔がない／（❷）気恥ずかしい・極まり悪い・面映ゆい・照れ臭い・晴れがましい・尻こそばゆい・こそばゆい・うら恥ずかしい・小恥ずかしい・ばつが悪い
はずかしがり-や【恥ずかしがり屋】恥ずかしがる人。てれや。「この子は—で困ります」
はずかし・む【辱む】〔動マ下二〕「はずかしめる」の文語形。
はずかしめ【辱め】はずかしめること。恥辱。「人前で—を受ける」
類語 恥辱・屈辱・汚辱・侮辱・凌辱・恥
はずかし・める【辱める】〔動マ下一〕図はづかし・む〔マ下二〕❶恥をかかせる。恥辱を与える。「満座の中で—・められた」❷地位や名誉などを傷つける。けがす。また、自分の力量以上の地位や役職につく。「母校の名を—・める」❸女性を犯す。凌辱する。「暴漢に—・められる」類語 踏みにじる・凌辱
バスがた-ネットワーク【バス型ネットワーク】《bus formed LAN》コンピューターネットワークの接続形態の一。バスと呼ばれる1本のケーブルに複数の端末や周辺機器を接続する。ケーブルの端には終端抵抗を設置して信号の反射を防ぐ。バス型接続。バス型。
パスカル〖pascal〗国際単位系(SI)の圧力の単位。1パスカルは1平方メートル当たり1ニュートンの力が作用するときの圧力。気圧についてはヘクトパスカルが用いられる。B＝パスカルの名にちなむ。記号Pa
パスカル〖PASCAL〗コンピューターのプログラミング言語の一。ALGOL(アルゴル)系で、構造化プログラミングに即した制御構造をもつ。スイスのビルトが教育用に開発し、B＝パスカルにちなみ命名。
パスカル〖Blaise Pascal〗[1623〜1662]フランスの数学者・物理学者・思想家。円錐曲線における定理の発見、計算器の考案、トリチェリの真空実験の追試の成功に基づくパスカルの原理の発見や、確率論の創始など、多くの科学的業績を残した。ジャンセニスムの信仰に入り、イエズス会を「田舎の友への手紙（プロバンシアル）」で攻撃。キリスト教弁証論を書くための覚え書きが死後「パンセ」としてまとめられた。
パスカル-げんり【パスカル原理】▶パスカルの原理
パスカル-の-げんり【パスカルの原理】密閉した容器内で静止している流体の一部に圧力を加えると、その圧力は同じ強さで流体のどの部分にも伝わるという原理。1653年にB＝パスカルが発見。
ハスキー〖husky〗〔形動〕声がかすれ、しゃがれているさま。「—な声」
ハスキー-ボイス〖husky voice〗しゃがれ声。かすれ気味で魅力的な声。
バス-きかく【バス規格】コンピューターの各内部装

置を結ぶ信号路であるバスの規格。ISA(アイサ)バスやPCIバスなどがある。

はすきり-ばな【×蓮切り鼻】低くて、穴が蓮根(れんこん)の切り口のように上を向いた鼻。「たらい口に—」〈浄・振袖始〉

はす-ぎれ【▽斜切れ】布を織り目に対して斜めに切ったもの。バイアス。

バスキン〖buskin〗靴の甲にゴムのまちがはいった婦人用の短ブーツのこと。

パスキン〖Jules Pascin〗[1885〜1930]ブルガリア生まれの画家。エコール-ド-パリの一人。世界各地を放浪し米国に帰化したが、パリで自殺。

バスキング〖busking〗《「busk」は大道芸の意》イギリス、ロンドンの地下鉄構内での音楽演奏。(補説)2003年5月より構内での演奏にはライセンスの取得が必要となった。それ以前は違法行為。

バスク〖(フランス) Basque┊(スペイン) Vasco〗㊀ピレネー山脈西半、ビスケー湾奥のフランス南西部からスペイン北部にまたがる地域。両国とは言語・文化などが異なり、中世にはガスコーニュ公国・ナバラ王国などの統一的な国が栄えたが、16世紀ごろにはフランスとスペインに分割・編入された。その後も特にスペイン側で独立志向が強い。㊁スペイン北部、ピレネー山脈西端南麓にある自治州。州都はビトリア。住民の多くはバスク人で、人類学・言語学上独自な固有の文化をもつ。

パスクア-とう【パスクア島】(タウ)《Isla de Pascua》►イースター島

バスク-ご【バスク語】バスク地方で話される言語。周囲ではインド-ヨーロッパ語族に属する言語が話されているが、これらとは異なり、系統不明。数十万の話し手をもつ。

バスク-ジャケット〖Basque jacket〗ウエストラインから下にフレアを入れ、上半身をぴったりフィットさせた女性用の上着。バスク地方のジャケットをもとにしている。

バス-クラリネット〖bass clarinet〗普通のものより1オクターブ低い音域のクラリネット。形はサキソホンのように管の手前と先の部分が湾曲する。

バスクレセンスキー-もん【バスクレセンスキー門】《Voskresenskiye vorota》ロシア連邦の首都モスクワの中心部、赤の広場の北側の門。国立歴史博物館とカザンの聖母聖堂の間に位置する。17世紀に建造。旧ソ連時代の1931年、パレードの邪魔になるという理由でスターリンにより破壊されたが、93年に元の姿に再建。

バス-クロック〖bus clock〗コンピューター内部における、マイクロプロセッサーやメモリー、各種装置を結ぶデータ伝送路の動作周波数(クロック)のこと。ベースクロック。外部クロック。

バスケ「バスケットボール」の略。「ストリート—」

バスケット〖basket〗❶洋風のかご。「チキン—」❷バスケットボールのゴールとして用いる、金属性の輪に下げた底のない網。❸「バスケットボール」の略。

バスケット-とりひき【バスケット取引】《basket trading》株式売買で、複数銘柄の売買注文をまとめて行うこと。

バスケットボール〖basketball〗球技の一。1チーム5人ずつの二組が、規定時間内に1個のボールを奪い合い、相手チームのバスケットの中へ投げ入れて得点を競うゲーム。また、この競技に用いるボールのこと。籠球(ろうきゅう)。籃球(らんきゅう)。バスケット。

バスケットボール-シューズ〖basketball shoes〗バスケットボール用の靴。ダッシュやストップに適するように中央部がくぼんだ吸盤状のゴム底が特徴。

バスコ-ダ-ガマ〖Vasco da Gama〗[1469?〜1524]ポルトガルの航海者。1497年にリスボンを出航、翌年アフリカ南端の喜望峰を回ってインドのカリカット(現コージコード)に達し、東洋航路を発見。1524年にはインド総督となるが、病死。

パスコリ〖Giovanni Pascoli〗[1855〜1912]イタリアの詩人。自然の美などを描いた幻想的な叙情詩は、多くのイタリア現代詩人に影響を与えた。また、古代の神話や原始キリスト教の伝統にも深い関心を示した。作「御柳(ぎょりゅう)」「饗宴(きょうえん)詩集」、論考「暗きミネルバ」など。

バス-コン「バースコントロール」の略。

はず-さし【×筈刺(し)】矢筈の弦をはめる部分を彫るのに用いる小刀。はんざし。

はず・す【外す】(はづす)〔動サ五(四)〕❶取り付けたり、掛けたりしていたものを取って離す。「錠を—・す」「受話器を—・す」❷身につけていたものをとる。「ネクタイを—・す」「胸当てを—・す」❸取り逃がす。機会などを失う。逸する。「絶好のチャンスを—・す」❹一時的に、また途中である場所から退いたり離れたりする。「席を—・す」「バッターボックスを—・す」❺ある集団・任務や予定などから除く。「メンバーから—・す」「担当を—・される」❻相手のものをそらして避ける。かわす。「攻撃を—・す」「質問を巧みに—・す」「タイミングを—・したスローボール」❼ねらいをそらす。「コースを—・す」「的を—・す」(可能)はずせる

(類語)取る・離す・取り外す・取り離す・取り去る・取り除く・取り払う・取っ払う・引きのける・除外する・除去する・除く・どかす・のける・ずらす・そらす・かわす

バス-ストップ〖bus stop〗バスの停留所。バス停。

はす-だ【×蓮田】ハスを栽培する田。れんこん畑。

はすだ【蓮田】埼玉県中東部の市。宅地化が著しい。ナシの産地。大宮台地にあり、縄文時代の遺跡が多い。人口6.3万(2010)。

パスタ〖(イタリア) pasta〗イタリア料理に用いる、小麦粉を水や卵で練っためん類。スパゲッティ・マカロニ・ラザーニャ・ラビオリなど種類が多い。

パスタ〖(ドイツ) Pasta〗《ペースト状の意》「パスタ剤」に同じ。

バスター〖burster〗野球で、バントの構えから、一転して強打に出る奇襲戦法。

バス-ターミナル〖bus terminal〗バスの総合発着施設。

バス-タオル〖bath towel〗入浴後にからだをふく広幅のタオル。湯上がりタオル。

はず-だか【×筈高】〔名・形動ナリ〕箙(えびら)に入れて背負った矢の矢筈が高く現れて見えること。また、そのように背負うさま。「たかうすべ尾の矢三十六指いたるを、—に負ひなし」〈太平記・九〉

パスタ-ざい【パスタ剤】粉末医薬品を多量に含む軟膏(なんこう)剤。泥膏(でいこう)。

はすだ-し【蓮田市】►蓮田

バスタブ〖bathtub〗浴槽。湯船。(類語)風呂桶(ふろおけ)

バスチア〖Bastia〗地中海西部にあるフランス領の島、コルシカ島の北東部にある港湾都市。オート-コルス県の県都。コルス岬の基部に位置し、アジャクシオと並ぶ同島の経済と流通の拠点。14世紀から18世紀までジェノバ共和国領。旧市街には当時の要塞や教会などの歴史的建造物が残る。バスティア。

バスチーユ〖Bastille〗《城塞の意》中世フランスの城塞。特に、14世紀後半、百年戦争の際パリ防衛のためサンタントワーヌ郊外に築かれたものをさす。17世紀以来国事犯の牢獄に転用。1789年7月14日、圧制の象徴としてパリ市民に襲撃・破壊され、フランス革命の発端となった。バスティーユ。

バスチーユ-じょうさい【バスチーユ城塞】(ジャウサイ)《Fort de la Bastille》フランス南東部、ローヌ-アルプ地方の都市グルノーブルにある、16世紀に建造された城塞。イゼール川右岸の小高い丘の上に位置し、アルプス山脈と市街を望む展望地として人気がある。

バス-ツアー〖bus tour〗バスで移動する旅。「日帰り—」

パスツール〖Louis Pasteur〗[1822〜1895]フランスの化学者・細菌学者。酒石酸塩の結晶の旋光性や、乳酸およびアルコール発酵を証明。生物の自然発生説を否定した。ぶどう酒の低温殺菌法、蚕の微粒子病の予防法も考案。さらに感染症を研究し、ワクチンによる狂犬病などの予防に成功。

パスツール-けんきゅうじょ【パスツール研究所】(ケンキウジョ)パスツールによる狂犬病予防法の確立を記念して、1888年フランスのパリに設立された研究所。初代所長はパスツール。微生物・血清療法などの研究施設のほか医学校や病院も併設。

はすっ-ぱ【×蓮っ葉】〔名・形動〕「はすは」の音変化。「—な娘」(類語)おてんば・おきゃん・尻軽

バス-てい【バス停】バスの停留所。バスストップ。

バスティア〖Bastia〗►バスチア

パスティーシュ〖(フランス) pastiche〗文学・美術・音楽などの模倣作品。寄せ集め。ごたまぜ。

バスティーユ〖Bastille〗►バスチーユ

バスティーユ-じょうさい【バスティーユ城塞】(ジャウサイ)《Fort de la Bastille》►バスチーユ城塞

パスティス〖(フランス) pastis〗アニスなどで香りをつけたリキュール。甘口だがアルコール度数は高い。(補説)もともとはアブサンに似せてつくられたもの。

バステール〖Basseterre〗►バセテール

パステル〖pastel〗❶固形絵の具の一。粉末顔料に白粘土をまぜ、アラビアゴムなどの粘着剤で棒状に固めたもの。❷「パステル画」の略。

パステル-が【パステル画】(グヮ)パステルで描いた絵。18世紀以後、フランスの画家が優れた作品を残した。

パステル-カラー〖pastel color〗パステルの色調に似た中間色。(類語)間色・中間色

パステルナーク〖Boris Leonidovich Pasternak〗[1890〜1960]ソ連の詩人・小説家。象徴主義的な詩集「雲の中の双生児」で文名を確立。唯一の長編小説「ドクトル-ジバゴ」により、1958年ノーベル文学賞の授与が決定されたが、政治的圧力により辞退。

バスト〖bust〗❶半身像。胸像。❷胸。胸部。❸洋裁で、女性の胸回り。また、その寸法。

(類語)胸囲・胸回り・胸・胸部・胸間(きょうかん)・胸元(むなもと)・胸先(むなさき)・胸倉(むなぐら)・懐(ふところ)・チェスト

パスト〖past〗►パースト

バストアップ-ショット〖bust-up shot〗►バストショット

バスト-コンシャス《和 bust＋conscious》胸の豊かさを強調する女性のファッション。バスコン。

バスト-ショット〖bust shot〗ポートレートや証明写真において、人物の胸から上を撮影すること。バストアップショット。➡ミディアムショット ➡フルショット❷

バスト-パッド〖bust pad〗胸の形を整えるための詰めもの。主に女性の下着に用いられる。

バス-ドラム〖bass drum〗打楽器の一。洋楽で用いられる最も大きな太鼓。頭にフェルトなどのついたばちで打つ。大太鼓。

パストラル〖pastoral〗〔名・形動〕❶牧歌的であるさま。田舎風。「のどかで—な気分」❷田園生活や牧歌的な気分を描いた音楽・絵画など。❸►牧歌❷

バス-トロンボーン〖bass trombone〗普通のものより低い音域まで出せるトロンボーン。

はす-ね【×蓮根】❶ハスの地下茎。れんこん。はす。❷小児にできる瘡(かさ)の一種。「少しの—の跡、人の目に掛かる程にはなきに」〈浮・諸艶大鑑・六〉

パスネット《和 pass＋net》首都圏22社の私鉄・地下鉄・モノレールで使用できた磁気カード。また、その運用システム。平成12年(2000)に導入されたが、PASMO(パスモ)などの普及に伴い、同20年1月に販売を終了、3月には自動改札機での利用を終了。以降は自動券売機・精算機のみで使うことができる。

はす-の-いと【×蓮の糸】「はすいと」に同じ。「—にて織れる袈裟(けさ)なり」〈発心集〉

はす-の-うてな【×蓮の▽台】仏・菩薩(ぼさつ)の座る蓮の花の台座。また、極楽浄土に往生した者が座るという蓮の花の座。蓮台(れんだい)。はちすのうてな。

はす-の-は【×蓮の葉】❶ハスの、ほぼ円形をした葉。はすは。❷「蓮の葉物」に同じ。「麁相(そさう)な道具を—といふごとく」〈浮・好色貝合〉

はすのは-あきない【×蓮の葉商ひ】(あきなひ)短期間だけ売れる季節季節の品物を商うこと。際物(きわもの)商売。はすはあきない。「桃や柿や梨(なし)の子(こ)、これぞ—」〈浮・二十不孝・五〉

はすのは-がい【×蓮の葉貝】(がひ)タコノマクラの別名。

はすのは-かずら【×蓮の葉▽葛】(かづら)ツヅラフジ科

の常緑多年生の蔓植物つるしょく。海岸付近に自生。葉はハスに似て広卵形。雌雄異株。夏から秋、淡緑色の小花をつけ、実は熟すと朱紅色。いぬつづら。やきもちかずら。

はすのは-ぎり【×蓮の葉×桐】ハスノハギリ科の常緑高木。小笠原や沖縄の海岸にみられ、樹皮は灰白色。葉は卵形で革質。淡黄緑色の花が咲き、苞ほうに包まれた黒い実を結ぶ。防風林などとする。

はすのは-もの【×蓮の葉物】《盂蘭盆うらぼんに食物をハスの葉に盛って供えたところから》❶盆の供物。「一、五月の甲かぶと、正月の祝ひ道具」〈浮・胸算用・一〉❷一時の用にする品質の粗悪なもの。はすのは。「物のよろしからぬを—といふ心なり」〈浮・一代女・五〉

はす-の-み【×蓮の実】ハスの種子。未熟なものは甘いので生食し、完熟したものは乾燥して菓子や料理の材料に用いる。(季 秋)

はす-の-めし【×蓮の飯】「蓮飯はすめし」に同じ。

はす-は【×蓮葉】〔名・形動〕《「はすば」とも》❶ハスの葉。❷女性の態度や言葉が下品で軽はずみなこと。また、そのさま。はすっぱ。「—な声をたてて笑う」❸「蓮葉女はすはおんな」の略。「此家の小間使にてお種という—なり」〈紅葉・二人女房〉❹浮薄なこと。軽率なこと。また、そのさま。「これは旦那、日ごろと違い—なる御仕方」〈浮・禁短気・一〉

パスパ〖'Phags pa〗[1235?～1280]チベット仏教のサキャ派の法主。元の世祖フビライの国師となった。パスパ文字(蒙古新字・方形文字とも称される)の創造者。(補説)「八思巴」とも書く。

はすは-おんな【×蓮葉女】をんな ❶軽はずみで浮気な女性。品行のよくない女性。はすっぱ。はすは。❷江戸時代、問屋や旅人宿に雇われて客の接待や寝所の相手をした女性。「客馳走のために—といふ者をこしらへ置きぬ」〈浮・一代女・五〉

はすば-はぐるま【▽斜歯歯車】円筒に歯を斜めにねじ状に切った歯車。平行な二軸間での回転運動を伝えるのに用いる。ヘリカルギヤ。

はすは-もの【×蓮葉者】浮気で軽はずみな人。「女子をなごのくせに—」〈伎・名歌徳〉

ハズバンド〖husband〗夫。ハズ。
(類語)夫・主人・亭主・旦那・夫君・宅・内の人・宿六

パス-ピエ〖フランス passe-pied〗17～18世紀に愛好された8分の3拍子または8分の6拍子の快活な舞曲。

パスポート〖passport〗❶旅券。❷(比喩的に)その状況に至るための道具・手段。「大学合格への—」

パスポート-コントロール〖passport control〗出入国審査。

パス-ボール〖passed ball〗野球で、捕手が投球を捕りそこない、走者の進塁を許すこと。捕逸。

バス-マウス〖bus mouse〗コンピューターのマウス専用インターフェースに接続して用いるマウス。

はず-まき【×筈巻|×弭巻】❶弓の本筈もとはず・末筈うらはずに巻いてある籐とう。❷矢の部分の名。矢筈やはずの下の、樺かばまたは糸を巻いて固めたところ。

はずま・す【弾ます|▽勢ます】はずます〔動サ五(四)〕❶はずむようにする。はねかえらせる。「まりを—・す」❷息づかいを荒くさせる。「息を—・す」❸調子づかせる。うきうきさせる。「声を—・す」

バス-マスター〖bus master〗コンピューター内部のデータ伝送路における使用権、優先権をもつことができる装置のこと。

はずま・せる【弾ませる|▽勢ませる】はずませる〔動サ下一〕「弾ます」に同じ。「会話を—・せる」

バス-マット〖bath mat〗ぬれた足をふくために浴室の出入り口や床に置く、厚手の敷物。

はずみ【弾み|▽勢み】はずみ ❶はずむこと。勢いよくはね返ること。「ボールの—が悪い」❷勢いがつくこと。調子づいて活気を帯びること。また、その勢い・活気。「仕事に—がつく」❸そのときの思いがけない勢い。その場のなりゆき。「言葉の—で言いすぎる」「ものの—」❹何かをしたその拍子。その途端。「滑った—に足首をひねる」❺金品を奮発すること。「遣らいでも能えい所さへ遣るのぢゃさかい、—ぢゃ」〈滑・浮世風呂・四〉(類語)(❹)拍子・とたん・勢い

弾みを食・う　他のものの動きの余勢を受ける。「急ブレーキの—・って荷が崩れる」

はずみ-ぐるま【弾み車】はずみ 動力を伝える回転軸に取り付ける重い車。その慣性を利用して回転速度を平均化し、また回転エネルギーを保有する。フライホイール。勢車せいしゃ。

はず・む【弾む|▽勢む】はずむ〔動マ五(四)〕❶㋐弾力のある物が何かに当たって、反動の力で逆方向に勢いよくはねかえる。はねあがる。「このボールはよく—・む」㋑勢いに乗って調子づく。活気を帯びる。「—・んだ声で話をする」「希望に心が—・む」㋒呼吸が激しくなる。荒くなる。「息を—・ませて駆ける」❷気前よく金品を余計に出す。奮発する。「チップを—・む」(補説)歴史的仮名遣いは「はずむ」ともされたが、文明本節用集・日葡辞書など、室町期文献に「はづむ」とあるのに従う。

はす-むかい【▽斜向(か)い】はすむかひ ななめ前。はすむこう。「通りを隔てた—の家」

はす-むこう【▽斜向こう】はすむかう「斜向はすむかい」に同じ。

はす-めし【×蓮飯】❶ハスの種子を炊き込んだ塩味の飯。また、ハスの若葉を蒸して細かく刻み、塩を加えてまぜた飯。はすのはめし。❷もち米をハスの葉に包んで蒸し、葉の香りを移した強飯こわめし。盂蘭盆うらぼんに仏前に供えたり、親戚などに贈る。(季 秋)

パスモ〖PASMO〗非接触型ICカードを用いた電車・バスの運賃精算システム。関東の私鉄・地下鉄・バスのほか、JR東日本のスイカと共通する区域内で利用ができる。従来のパスネットに代わり平成19年(2007)3月からサービスを開始。商標名。(補説)「パスネット」のPASと、「MORE」(もっと)のMOを組み合わせた語。

はず-ゆ【×巴豆油】はづ ハズの種子からとった油。黄褐色で異臭がある。毒性があるが、軟膏なんこうや峻下剤しゅんげざいとして使用。

バス-ユニット《和 bath＋unit》浴槽と洗い場、ときに洗面台や便器も組み合わせて、一つのユニットにして量産したもの。

バスラ〖Basra〗イラク南東部、ペルシア湾に注ぐシャトルアラブ川右岸にある河港都市。原油やナツメヤシなどの積み出し港として発展。638年に軍事都市として建設され、イスラム世界の文化・経済の中心地の一つとして栄えた。アル-バスラ。

ハスラー〖hustler〗❶精力的な実業家。やり手。❷詐欺師。ぺてん師。❸勝負師。賭博師。特に、プロの玉突き。

バス-ラピッドトランジット〖bus rapid transit〗道路上に専用軌道を設け、複数の車両を連結したバスを走らせる交通システム。BRT。

ハズリット〖William Hazlitt〗[1778～1830]英国の批評家・随筆家。英国ロマン主義批評を代表する評論家の一人。シェークスピア劇や英国の詩人を論じた評論で知られる。著「時代の精神」「シェークスピア劇人物論」「英国詩人講義」など。

は・する【派する】〔動サ変〕文は・す〔サ変〕出張させる。派遣する。「特使を—・する」(類語)送る・遣る・送り出す・出す・発する・差し向ける・差し遣わす・差し立てる・遣わす・回す・差し回す・差遣する

はず・る【外る】はづる〔動ラ下二〕「はずれる」の文語形。

パズル〖puzzle〗なぞ解き。判じ物。「ジグソー—」
(類語)クイズ・なぞなぞ・クロスワードパズル

バスルーム〖bathroom〗洋式の浴室。風呂場。
(類語)風呂・バス・湯殿・蒸し風呂・サウナ・シャワー

はずれ【外れ】はづれ ❶ねらったものに当たらないこと。「このくじは—だ」(対)当たり。❷期待どおりにならないこと。また、一定の基準に達しないこと。「今年の米は—だ」「期待—」(対)当たり。❸中心地から離れた所。ある一定の地域から外に少し出たところ。「町の—」「月が山の—から出る」❹一定の範囲から外に出ていること。「仲間—」❺身のこなし。態度。「年の程、—麗はしく」〈浮・一代女・四〉

は-ずれ【葉擦れ】風で草木の葉がすれ合うこと。また、その音。

バス-レーン〖bus lane〗区間や時間を限ってバスの専用または優先走行が指定された車線。

バス-レフ《bass reflexから》キャビネットに音道となる穴を設け、低音を増強するスピーカーの方式。

バスレフ-ダクト《bass reflex ductから》▶バスレフポート

バスレフ-ポート《bass reflex portから》バスレフ型のスピーカーに設けられた穴。ボックス内の反響により増強された低音を出すためのもの。バスレフダクト。

はず・れる【外れる】はづれる〔動ラ下一〕文はづ・る〔ラ下二〕❶掛けたりはめたりした位置から抜け出る。「ボタンが—・れている」「障子が—・れる」❷目標からそれる。「狙ねらいが—・れる」「くじに—・れる」❸予測や期待していたこととは違う結果になる。くいちがう。「当てが—・れる」「予報が—・れる」❹一定のわくや基準を超える。ずれる。「音程が—・れる」「人並み—・れた腕力」❺集団から除かれる。「メンバーから—・れる」❻一定の範囲から外へ出る。中心の場所からそれる。「コースから—・れる」「繁華街から—・れた閑静な地」❼当然あるべきことがらに反する。そむく。「道に—・れた行為」
(類語)それる・ずれる・食い違う

バスローブ〖bathrobe〗入浴後に着る、ゆったりしたタオル地などの部屋着。

パス-ワーク《和 pass＋work》サッカー・ラグビーなどの試合で、ボールを、チーム内で渡し合うこと。

バズワード〖buzzword〗いかにも専門的に聞こえるが、実は意味が不明確なまま世間で通用している言葉。➡プラスチックワード

パスワード〖password〗❶合い言葉。❷コンピューターに記憶されている情報の利用の際に入力する符号。機密保護などのため、正式の登録者であることを確認するもの。暗証番号の類。

はせ【初瀬】《古くは「はつせ」》奈良県桜井市の地名。初瀬山はせやま山腹の長谷寺はせでらの門前町。

は-ぜ【羽瀬】簗やなの一種。竹の簀すなどを陸のほうをあけて半円形に立て並べ、満潮のときに入って干潮のとき逃げられなくなった魚を捕る。

はぜ【沙=魚|×鯊|蝦=虎=魚】スズキ目ハゼ亜目の魚の総称。淡水・河口から潮間帯・沿岸まで分布し、水底にすむ。多くは全長約20センチ。体は細長く、目が頭上部に並び、左右の腹びれが癒合して杯状をなすものが多い。ハゼ科の魚にはムツゴロウ・ヨシノボリ・チチブ・ウキゴリ・シロウオなどがあるが、特にマハゼをさす。(季 秋)

はぜ【黄=櫨|×櫨】ハゼノキの別名。(季 実=秋|花=夏)「—の実のしづかに枯れてをりにけり/草城」

はぜ【×糀|爆=米|×葩▽煎】もち米を煎いってはぜさせたもの。江戸時代、年賀の客に出したり蓬莱台ほうらいだいの下に敷いたりした。また、雛の節句の菓子ともした。(季 新年)

ばせ〔語素〕名詞、特に身体の部分を表す名詞に付いて、そのようすを表す。「顔—」「心—」

は-せい【派生】〔名〕スル もとのものから分かれて生じること。「別の問題が—する」(類語)枝分かれ

ば-せい【罵声】口ぎたなくののしる声。「—を浴びせる」

はせい-おん【派生音】音楽で、幹音かんおんを半音ずつ1回または2回高めたり低めたりした音。五線記譜法では変化記号によって示す。

はせい-ご【派生語】本来独立した一つの単語であったものに、接辞などが付いたり語形が変化したりして、別の一語となったもの。接頭語が付いた「お宮」「ご親切」「真っ暗」、接尾語が付いた「ぼくたち」「みなさん」「寒がる」などの類。(補説)「おび(帯)」「すもう」「遠く」などのように、用言の連用形から名詞に転成したり、「つゆ」などのように名詞から副詞に転成したりする場合も派生語に含めることがある。

はせい-しゃかい【派生社会】シャカイ 血縁や地縁などの自然的紐帯ちゅうたいに基づく基礎社会から派生した、類似あるいは共通の利益に基づく人為的、目的的な社会や集団。

はせいしょうひん-とりひき【派生商品取引】▶デリバティブ取引

はせい-てき【派生的】〘形動〙分かれ出たさま。本源的でないさま。「—な意味」

はぜ-うるし【黄=櫨漆】ハゼノキの別名。

は-せお【×芭×蕉】《「せを」は「しょう(蕉)」の古い表記》▶ばしょう(芭蕉)

はせがわ-かずお【長谷川一夫】［1908～1984］映画俳優。京都の生まれ。林長丸・林長二郎の芸名を経て本名を名のる。初世中村鴈治郎の門人となり、関西歌舞伎で活躍。のち、映画界に入り、主に時代劇に出演。没後、国民栄誉賞受賞。主演作「雪之丞変化」「お夏清十郎」「源氏物語」など。

はせがわ-かずひこ【長谷川和彦】［1946～ ］映画監督。広島の生まれ。中上健次の小説「蛇淫」を映画化した「青春の殺人者」で監督デビュー、多くの映画賞を受賞し注目を集める。2作目「太陽を盗んだ男」発表以降は監督業から遠ざかるが、後続の映画人に大きな影響を与え続けている。

はせがわ-きよし【長谷川潔】［1891～1980］版画家。神奈川の生まれ。パリで活躍。古い銅版技法を復活させて独自の様式を築き、国際的に高い評価を得た。

はせがわ-さぶろう【長谷川三郎】［1906～1957］洋画家。山口の生まれ。日本における抽象絵画の先駆者の一人で、自由美術家協会の設立に参加。また、海外への日本の前衛美術の紹介にも努めた。

はせがわ-しぐれ【長谷川時雨】［1879～1941］劇作家・小説家。東京の生まれ。本名、ヤス。三上於菟吉の妻。雑誌「女人芸術」を創刊し、女流作家の団結と地位向上に努めた。戯曲「覇王丸」「操」(のち「さくら吹雪」と改題)など。

はせがわ-しん【長谷川伸】［1884～1963］小説家・劇作家。横浜の生まれ。本名、伸二郎。新聞記者を経て、大衆小説や時代物の戯曲を多数発表、股旅物の創始者といわれる。小説「夜もすがら検校」、戯曲「一本刀土俵入」「瞼の母」「沓掛時次郎」など。

はせがわ-せんし【長谷川千四】［1689～1733］江戸中期の浄瑠璃作者。大和の人。長谷寺の僧侶の出。竹本座の座付きで、文耕堂・竹田出雲との合作が多い。作「鬼一法眼三略巻」「壇浦兜軍記」など。

はせがわ-てんけい【長谷川天渓】［1876～1940］評論家・英文学者。新潟の生まれ。本名、誠也。雑誌「太陽」の編集に従事。自然主義の論客として脚光を浴びた。評論集「自然主義」など。

はせがわ-とうはく【長谷川等伯】［1539～1610］桃山時代の画家。能登の人。名は又四郎、のち帯刀。初め信春と号して仏画を描いたが、のち京都に出て諸派の画法を学び、名も等伯と改め、日本独自の水墨画様式を確立。また、華麗な金碧障壁画も手がけ、狩野派に並ぶ長谷川派を形成した。作「松林図屏風」など。

はせがわ-としゆき【長谷川利行】［1891～1940］洋画家。京都の生まれ。フォービスム風の筆致と色調による独自の詩情で知られる。

はせがわ-にょぜかん【長谷川如是閑】［1875～1969］ジャーナリスト・思想家。東京の生まれ。本名、万次郎。新聞記者を経て、大山郁夫らと雑誌「我等」を創刊し、自由主義批評家としてデモクラシー思想を鼓吹。文化勲章受章。著「現代国家批判」「日本的性格」「ある心の自叙伝」など。

はせがわ-は【長=谷川派】桃山時代から江戸初期にかけての画派。長谷川等伯を祖とする。

はせがわ-へいぞう【長谷川平蔵】［1745～1795］江戸後期の幕臣。名は宣以。先手弓頭となり、火付盗賊改を加役としてつとめた。老中松平定信の命により、人足寄場の設置を献策。

はせがわ-まちこ【長谷川町子】［1920～1992］漫画家。佐賀の生まれ。新聞連載された四コマ漫画「サザエさん」で人気を博し、家庭漫画の一典型を確立。ほかに「意地悪ばあさん」など。没後、国民栄誉賞受賞。

はせがわ-りゅう【長=谷川流】❶剣術の流派の一。天正(1573～1592)ごろ長谷川宗喜が創始。❷砲術の流派の一。近世初期、長谷川八郎兵衛一家が創始。❸流鏑馬の流派の一。奈良春日神社の祭日に、御祭奉仕の長谷川氏が行ったもの。

はせがわ-りょうへい【長谷川良平】［1930～2006］プロ野球選手・監督。愛知の生まれ。昭和25年(1950)広島創設とともに投手として入団。小柄な体格ながら鋭いシュートで活躍し、同30年には30勝をあげ最多勝利。引退後は同球団の監督を務めた。

はせ-かんのん【長谷観音】長谷寺の通称。

ば-せき【場席】❶人の座る場所。座席。「一の平土間にあたる所は」〈谷崎・蓼喰ふ虫〉❷物を置く場所。事をする場所。「衣装方、男衆の忙しく立ち働く—をあけるために」〈里見弴・多情仏心〉
(類語)席・座・座席・客席・座所・居所・シート

はせ-くだ・る【×馳せ下る】〘動ラ五(四)〙❶高地から低地へ馬などをかけさせる。走り下る。「ふもとの村まで—・る」❷大急ぎで都から地方へ向かう。「都を立って播磨国に—・り」〈太平記・二七〉

はせくら-つねなが【支倉常長】［1571～1622］江戸初期の仙台藩士。幼名、与市。通称、六右衛門。伊達政宗の命を受け、慶長18年(1613)日本を出発して渡欧、ローマで教皇パウロ5世に謁見して通商交渉に当たったが、成功せずに帰国。

はぜ-ぐり【▽爆ぜ×栗】クリの変種。果皮が縦に裂けて内部が見えるもの。

はせ-けん【長谷健】［1904～1957］小説家・児童文学者。福岡の生まれ。本名、藤田正俊。旧姓、堤。「あさくさの子供」で芥川賞受賞。他に児童文学「春の童謡」や、北原白秋をモデルにした「からたちの花」などがある。

はせ-さん・じる【×馳せ参じる】〘動ザ上一〙「馳せ参ずる」(サ変)の上一段化。「急を聞き—・じる」

はせ-さん・ずる【×馳せ参ずる】〘動サ変〙(文)はせさん・ず〘サ変〙大急ぎで参上する。「教え子が師の元へ—・ずる」
(類語)参る・参上する・参ずる・伺う・行く

はせ-せいしゅう【馳星周】［1965～ ］小説家。北海道の生まれ。本名、坂東齢人。「不夜城」で小説家デビュー。続編の「鎮魂歌」で日本推理作家協会賞受賞。他に「漂流街」「夜光虫」「ダーク・ムーン」など。

は-ぜせり【羽×挵り】鳥がくちばしで羽を整えること。羽づくろい。〈日葡〉

はぜ-だま【▽爆ぜ弾】爆裂弾。ばくだん。

はせ-ちが・う【×馳せ違う】〘動ワ五(ハ四)〙あちらこちらへと入り乱れて走って行く。「人の—・うプラットフォオムを見ていた」〈鷗外・青年〉

はせ-ちら・す【×馳せ散らす】〘動サ四〙全速力で馬を駆けさせる。「用経は、馬に乗りて、—・して殿に参りて」〈宇治拾遺・二〉

はせ-つ・く【×馳せ着く】㊀〘動カ四〙走って着く。馬を走らせて到着する。「狐を捕へたる所に—・きたれば」〈今昔・二六・一七〉㊁〘動カ下二〙「はせつける」の文語形。

はせ-つ・ける【×馳せ着ける】〘動カ下一〙(文)はせつ・く〘カ下二〙走って到着する。大急ぎでかけつける。「女子達が—・けた」〈鷗外・渋江抽斎〉
(類語)飛ぶ・駆け着ける・馳せる・急行する

ハセップ〖HACCP〗《hazard analysis critical control point》▶ハサップ(HACCP)

パセティック〖pathetic〗〘形動〙哀れをさそうさま。また、感動的なさま。「—なドラマ」

バセテール〖Basseterre〗中央アメリカ、カリブ海の国、セントクリストファー・ネイビスの首都。小アンティル諸島のセントキッツ島南部に位置する港湾都市。英国植民地時代に建てられたジョージアン様式やビクトリア様式の教会などが数多く残る。バステール。

はせ-でら【長谷寺】㊀奈良県桜井市初瀬にある真言宗豊山派の総本山。山号は豊山。西国三十三所第8番札所。天武天皇の時代に道明が開創と伝える。東大寺、ついで興福寺の末寺であったが、度々の火災ののち、安土桃山時代に羽柴秀長による復興を機として、新義真言宗となった。本尊は十一面観音。牡丹の名所として知られる。初瀬寺。泊瀬寺。豊山寺。長谷観音。ちょうこくじ。㊁神奈川県鎌倉市長谷にある浄土系単立の寺。山号は海光山。坂東三十三所第4番札所。開創は天平8年(736)、開山は徳道、開基は聖武天皇あるいは藤原房前と伝える。本尊十一面観音は、奈良の長谷寺の観音と一木二体の像という。長谷観音。新長谷寺。

バセドー〖Karl von Basedow〗［1799～1854］ドイツの医者。1840年、眼球突出を伴う甲状腺腫を報告。

バセドー-びょう【バセドー病】甲状腺の機能の亢進による、甲状腺の腫れ、頻脈、眼球突出を主症状とする病気。自己免疫疾患と考えられている。20～30歳代の女性に多い。報告者の医師バセドーにちなむ命名。バセドーより早くアイルランドの医師グレーブスが報告したので、グレーブス病ともいう。

はぜ-の-き【黄=櫨｜×櫨】ウルシ科の落葉高木。関東以西の暖地に自生。葉は4～6対の小葉からなる羽状複葉で、秋に紅葉する。雌雄異株。5、6月ごろ、黄緑色の小花が円錐状に集まって咲く。果実は楕円形で白く、果皮から蝋をとる。琉球はぜ。はぜうるし。はぜ。はじ。はじのき。

はせ-の-だいぶつ【長谷の大仏】鎌倉の大仏の異称。

はせべ-ことんど【長谷部言人】［1882～1969］人類学者・解剖学者。東京の生まれ。東大卒。新潟大・東北大・東大教授。日本人類学会会長。日本人の起源を研究し、東京帝大理学部に人類学科を創設した。著作に「自然人類学概論」「日本人の祖先」など。

はせ-まわ・る【×馳せ回る】〘動ラ五(四)〙走りまわる。駆けまわる。また、馬で走りまわる。「芝生の上に散開して—・っているのが」〈大仏・帰郷〉

はせ-むか・う【×馳せ向(か)う】〘動ワ五(ハ四)〙走っておもむく。急いで行く。「救助隊が現場に—・う」

はせ-もど・る【×馳せ戻る】〘動ラ五(四)〙走って戻る。大急ぎで戻る。「出先から—・る」

パセリ〖parsley〗セリ科の多年草。ふつう二年草として栽培され、特有の香りがある。葉は複葉で、細かく裂けている。2年目に淡黄緑色の小花が咲く。地中海沿岸の原産で、日本には江戸時代に渡来。肉料理のつまなどに用いる。オランダぜり。(季 夏)

は・せる【×馳せる】〘動サ下一〙(文)は・す〘サ下二〙❶速く走る。駆ける。また、馬・車などを速く走らせる。「車を—・せて急ぐ」❷気持ちや考えを遠くに至らせる。「故郷に思いを—・せる」❸名前などを広く行きわたらせる。「名を世界に—・せる」(類語)飛ぶ・走る・駆ける・駆け着ける・馳せ着ける・急行する

は・ぜる【▽爆ぜる｜×罅ぜる】〘動ザ下一〙(文)は・ず〘ザ下二〙草木の実などが熟しきって裂ける。また、割れて飛び散る。はじける。「栗の実がいがから—・ぜる」「たき火が—・ぜる」(類語)飛び散る・跳ねる・はじける・ほとばしる・弾む・飛ぶ

は-せん【波線】波形にうねった線。なみせん。

は-せん【破船】難破した船。難破船。

は-せん【破線】一定の間隔で切れ目を入れた線。目のあらい点線。

は-せん【端銭】わずかな金。はしたがね。はぜに。

ば-せん【馬×氈】馬の鞍の上に敷くもの。布や毛皮などで作る。鞍敷。

ば-せん【場銭】露店などを出すための場所代。また、劇場などでの席料。

ば-ぜん【馬前】馬の前。騎馬の前。

ばせん-きょう【馬仙峡】岩手県北部、二戸市の南東にある峡谷。馬淵川中流にある景勝地。渓谷とともに左岸の男神岩・女神岩、右岸の大崩崖一帯が折爪馬仙峡県立自然公園に指定されている。

ば-せんざん【馬占山】［1885～1950］中国の軍

人。吉林省の人。字あざは秀芳。馬賊出身。満州事変後、日本と妥協し満州国初代軍政部総長となったが、脱出し反満抗日戦を指導、敗れてソ連領に脱出。1933年上海に帰り国民政府軍事委員会委員。包頭パオトウ方面で日本軍と対戦し、抗日戦の英雄となった。49年、解放軍に参加。マー＝チャンシャン。

は-そう【破窓】ハサウ やぶれ壊れた窓。

は-ぞう【▽半挿｜×𤭯｜×匜】ハザウ《「はそう」とも》❶「はんぞう(半挿)❶」に同じ。❷(𤭯)須恵器すえきの一。口が広くて、胴部に小さい孔のある小形の壺。孔に竹管を差し込み、中の液体を注ぐのに用いたと考えられている。土師器はじきにもある。

ば-そう【馬装】バサウ 乗馬に際して馬に装着される馬具・装具。特に、軍人が乗馬のとき、その服装に準じて用いることを定められたもの。

は-そく【把捉】〔名〕スル しっかりとつかまえること。また、理解すること。「真意を―する」類語 捕まえる・把握

は-そく【波束】波形が、ある時刻に空間の限られた部分にだけ存在する波。量子力学では、存在確率が有限の空間内に限られた粒子の状態に対する波動関数をいう。

ば-そく【馬足】❶馬の足。馬脚。❷尖足せんそくのこと。

ば-ぞく【馬賊】清末ごろから中国東北地区に勢力を張って、略奪などを行った騎馬の武装集団。

パソ-コン 「パーソナルコンピューター」の略。

パソコン-サーバー ►ピーシー(PC)サーバー

パソコン-つうしん【パソコン通信】パーソナルコンピューター間で、電話などの通信回線を介して情報の送受信を行うこと。補説 通信会社のホストコンピューターに接続している会員同士でのみ通信が可能。インターネットの普及により現在は衰退。➡インターネット

パソコンリサイクル-ほう【パソコンリサイクル法】ハフ 自社製品のパソコンやディスプレーなどの回収と再資源化をメーカーに義務付けた法律の通称。具体的には「資源の有効な利用の促進に関する法律」に基づき、平成15年(2003)に改正されたパソコンに関する省令を指す。PCリサイクル法。

は-そで【羽袖】羽衣の袖。また、袖を羽に見立てていった語。「日かげにもしるかりけめやをとめごがあまの―にかけし心は」〈源・少女〉

ばそ-どういつ【馬祖道一】バソダウイツ [709～788]中国、唐代の禅僧。漢州・什邡じゅうほう(四川省)の人。勅号、大寂禅師。慧能門下の南岳懐譲なんがくえじょうの法を嗣つぎ、江西省で禅宗を広めた。弟子に百丈懐海らがいる。

パソ-ドブレ〘スペ paso doble〙スペインの舞曲の一。行進曲ふうで8分の6拍子のリズムをもつ。また、それで踊るダンス。パソドブル。

バソプレシン〘vasopressin〙《「バゾプレシン」とも》►抗利尿ホルモン

バソプレッシン〘vasopressin〙《「バゾプレッシン」とも》►抗利尿ホルモン

は-ぞり【端反り】「はたぞり」に同じ。

ば-そり【馬×橇】馬に引かせるそり。(季 冬)

パゾリーニ〘Pier Paolo Pasolini〙[1922～1975] イタリアの映画監督・詩人・小説家。斬新なイメージで古典の世界に現代的息吹を吹き込んだ異能派。映画「奇跡の丘」「アポロンの地獄」「ソドムの市」など。

バソリス〘batholith〙►底盤ていばん

は-そん【破損】〔名〕スル 壊れたり、傷ついたりすること。また、壊したり、傷つけたりすること。「塀が―する」「器物を―する」類語 破壊・損壊・損傷・潰ついえる・傷む・壊す・壊れる・打ち壊す・ぶち壊す・取り壊す・打ち砕く・叩たたき壊す・毀損・破砕・砕破・全壊・壊滅

はた【二＝十】にじゅう。現代では、ふつう「ち」を伴って「はたち」の形で用いられるほか、「はたとせ」「はたえ」のように用いられる。「指およびを屈かがめて、十とを、―、三十みそ、四十よそなど数ふるさま」〈源・空蝉〉

はた【羽太】スズキ目ハタ科の海水魚の総称。マハタ・クエ・キジハタ・アカハタなど。体は長楕円形でやや側扁し、口が大きく、えらぶたにとげが三つある。温・熱帯海域の岩礁にすむものが多く、日本近海産のものは美味。あら。

はた【畑｜×畠】はたけ。「―に出る」「―作農業」
類語 畑はた・畑地

はた【秦】㊀姓氏の一。㊁古代の渡来系氏族。伝承では、応神天皇の時に来朝した弓月君ゆづきのきみの子孫と称する。織物の生産に従事する秦部はたべを統率した。

はた【旗｜×幡｜×旌】❶布や紙などで作り、高く掲げて標識や装飾にするもの。大きさ・形・色・図案は種々で、ふつう一端をさおの端や綱などに結びつける。古くは、朝廷の儀式や祭礼の飾り、また、軍陣の標識として用いた。近世は、布帛ふはくの側面に乳ちをつけてさおに通した幟のぼりがある。❷(幡)►ばん(幡)
下一語 赤旗・白旗・錦にしきの御み旗・一ひと旗(ばた)小旗・指し小旗・背旗・大漁旗・手旗・幟のぼり旗・筵むしろ旗
類語 錦旗きんき・弔旗・半旗・反旗・ペナント・Z旗

旗を揚・げる ❶兵を挙げる。軍を起こす。「討伐の―・げる」❷新しく事を起こす。新たに事業を始める。「新党の―・げる」

旗を振・る 運動などを推し進めようとして、率先して人々に働きかける。「市民運動の―・る」

旗を巻・く 旗を下ろして巻き収める。降参する。また、事を中止したり、手を引いたりする。

はた【端｜▽傍｜▽側】❶(端)物のふち・へり。ある場所のほとり。「道の―に車をとめる」「池の―」❷(傍・側)そば。かたわら。また、そばにいる人。第三者。「―で見て覚える」「―の目を気にする」類語 ほとり・そば・はし・傍ら・近く・近辺・付近・わき・許もと・足元・手元

はた【機】織物を織る道具。ふつう、動力化される以前の手機てばたをいう。織機しょっき。また、それで織った織物。「―を織る」

はた【×鰭】魚のひれ。「鵜川うかは立ち取らさむ鮎あゆのしが―は我にかき向け思ひし思はば」〈万・四一九一〉

はた〔副〕❶唐突に物を打ったりぶつけたりするさま。「―とひざを打つ」❷動作や状況が急に変わるさま。「―と思い当たる」「―と答弁に詰まる」❸一点を見すえるさま。「―とにらみつける」❹完全に。まったく。すっかり。「―と当惑する」

はた【▽将｜▽当】〔副〕❶あるいは。それとも。はたまた。「夢か、―幻か」❷さらにまた。そのうえまた。「野越え、山越え、―海を越え」「かくては生けるかいもなし。―如何にして病の牀のつれづれを慰めてんや」〈子規・墨汁一滴〉❸ひょっとすると。「さ雄鹿をしかの鳴くなる山を越え行かむ日だにや君が―逢はざらむ」〈万・九三五〉❹それはそれとして。こちらはこちらで。「男破やれて、逢はむ、と言ふ。女も―、いと逢はじ、とも思へらず」〈伊勢・六九〉❺そうはいっても。とはいえ。「しばし休らふべきに、―侍らねば」〈源・帚木〉❻いうまでもなく。まして。「女房共、いまいましきまで泣きあひたり。若君の乳母、―言ふべきやうなし」〈今昔・一九・九〉❼思ったとおり。やはり。「ひとへに魔王となるべく大願を誓ひしが、―平治の乱ぞ出で来ぬる」〈読・雨月・白峯〉❽否定・疑問・感動などの表現を強める語。まったく。いったい。「家のうちに足らぬことなど―無かめるままに」〈源・帚木〉「いで、あな悲し。かく―おぼしなりにけるよ」〈源・帚木〉

将や 「はた❸」を強めていう語。「み吉野の山のあらしの寒けくに―今夜も我あがひとり寝む」〈万・七四〉

将やはた 「はたや」を強めていう語。「痩す痩すも生けらばあらむを―鰻を捕ると川に流るな」〈万・三八五四〉

はた【▽杯】〔接尾〕「はい(杯)㊁❶」に同じ。「湯槽ゆぶねに薬やくを細々と切りて、一―入れて」〈宇治拾遺・三〉

はだ【肌｜▽膚】❶人のからだを覆う表皮。皮膚。はだえ。「―を刺す寒気」❷物の表皮。「木の―」「山―」❸気質。気性。「研究者―」
下一語 青肌・赤肌・荒れ肌・勇み肌・岩肌・絵肌・鏡肌・片肌・競きおい肌・木肌・黄き肌・鮫さめ肌・地肌・白しら肌・素肌・玉の肌・鉄火肌・伝法肌・鳥肌・新にい肌・如来にょらい肌・羽二重肌・一ひと肌・人肌・美び肌・槙まき肌・饅頭まんじゅう肌・餅もち肌・諸もろ肌・山肌・柔やわ肌・雪肌
類語 (❶)皮膚・皮・はだえ・肌膚きふ・地肌・上皮うわかわ・外皮がいひ・表皮ひょうひ・スキン/(❸)気風・気質・肌合い

肌が合・う 気質が合う。気が合う。

肌で感・じる 実際に見聞きしたり体験したりして感じとる。「被災者の苦しみを―・じる」

肌に粟あわを生・じる 恐ろしさや寒さのために皮膚に粟粒のようなぼつぼつができる。鳥肌が立つ。

肌を合わ・せる ❶男女が肉体関係を結ぶ。❷しめしあわせる。ぐるになる。「時に親方と―・せ、手形の日付をとっと跡の月にして」〈浄・反魂香〉

肌を入・れる 肌脱ぎしていた着物をもとのように着る。

肌を汚けが・す 女が貞操を破る。また、男が女の貞操を汚す。

肌を脱・ぐ ❶上半身を脱いで、肌を現す。❷本気になって力を貸す。一肌脱ぐ。「一つ―・いで世話をして遣ろうと思って」〈花袋・重右衛門の最後〉

肌を許・す ❶女が男に身をまかせる。「気安く―・す」❷信用する。気を許す。「さうとは知らいで今まで―・して」〈伎・幼稚子敵討〉

バタ 「バタフライ❷」の略。

バター〘butter〙牛乳から分離したクリームを練り固めた、脂肪を主成分とする食品。パンにつけるほか、料理に用い、菓子の材料にもする。

パター〘putter〙ゴルフで、パットのときに使うクラブ。

はだ-あい【肌合(い)｜▽膚合(い)】ハダアヒ ㊀〔名〕❶皮膚や物の表面の感触。肌ざわり。「すべすべした―」❷人の物腰などから受ける感じ。また、人の気性・性質。「―が違う」㊁〔形動〕図〔ナリ〕特別の心意気を持つさま。気っ風のよいさま。「あの人も、―なしょうばいをしているから」〈魯文・安愚楽鍋〉
類語 感触・手触り・肌触り・手応え・風合い

はた-あきない【旗商ひ】ハタアキナヒ 米相場などで、現物なしに相場の上がり下がりだけを見て空売買をし、利益を稼ぐこと。また、その人。「今ひとりは北浜の―する人」〈浮・一代女・三〉

バタークリーム〘buttercream〙泡立てた卵白とバターで作ったクリーム。ケーキに用いられる。

はた-あげ【旗揚(げ)】〔名〕スル ❶いくさを起こすこと。❷芸能・演劇関係の人々が新たに一座を組むこと。「市民劇団が―する」「―公演」❸新しく事を始めること。新しい組織・集団として名のりをあげること。「プロのサッカーリーグが―する」
類語 立ち上げ・設立・発足・創設・結成・決起

はた-あし【旗脚｜×旒】長い旗の、風に翻る末端の部分。はたて。「綴まつはれる―のごとし」〈雄略紀〉

ばた-あし【ばた足】水泳で、左右の足を上下に交互に動かし、足の甲で水を打つ動作。クロール・背泳ぎに用いられる。

バター-ナイフ〘butter knife〙パンにバターを塗るのに使うナイフ。

パターナリズム〘paternalism〙父親的干渉。温情主義。父権主義。

バターボール〘butterball〙❶食卓で各人が取りやすいように、小さな球状にしたバター。❷バターを加えて作った丸い飴あめ。

バターミルク〘buttermilk〙牛乳を分離機にかけて得たクリームからバター粒子を取り去った残りの液体。製菓材料などにする。

バター-ライス〘butter rice〙米をスープ炊きし、バターを加えて味を整えた西洋料理。肉・魚料理に添えたりする。

バターリャ〘Batalha〙ポルトガル中西部の町。ポルトガル語で「戦い」を意味し、エストレマドゥーラ地方、リース川沿いに位置する。世界遺産(文化遺産)バターリャ修道院がある。

バターリャ-しゅうどういん【バターリャ修道院】シウダウヰン《Mosteiro da Batalha》ポルトガル中西部の町バターリャにある修道院。正式名称は、勝利の聖母マリア修道院。1385年、カスティーリャ軍との戦いでジョアン1世(ポルトガル王)が奇跡的な勝利を収め、3年後に聖母マリアを称えた修道院の建設を開始した。同国最古のゴシック様式の建築物として知られ、1983年に世界遺産(文化遺産)に登録された。

バタール〘フラ bâtard〙《中間の、の意》棒状のフランスパンで、太さが中くらいのもの。

はだ-あれ【肌荒れ|▽膚荒れ】肌が荒れること。皮膚がかさかさになること。

バター-レタス《和 butter＋lettuce》キク科の野菜。ヨーロッパ原産。レタスとは、ゆるく結球する点で異なる。サラダによく用いられる。サラダナ。

バター-ロール〘buttered roll〙生地にバターをたっぷり入れて焼いた小形のロールパン。

パターン〘pattern〙❶型。類型。「問題をいくつかの一に分けて検討する」❷図案。模様。「テスト一」❸洋裁などで用いる型紙。
(類語)(❶)タイプ・形式けいしき・型式かたしき・様式・モデル/(❷)柄・文様・絵柄・図案・地紋・プリント・紋もん・文あや・文目あやめ・紋柄もんがら・図様・意匠・デザイン

パターン-オーダー《和 pattern＋order》紳士既製服の新しい製造および販売方法の一種。既製服でありながら数多くのパターンを用意し、顧客の体型・サイズ・嗜好しこう・デザインに合わせた注文服的な衣服を生産し、販売する方法。

パターン-オン-パターン〘pattern on pattern〙柄に柄を重ねる、という意味で、同柄、または異なった柄の服種を組み合わせて着こなすこと。また、プリント柄などの場合では、チェック柄や水玉柄に花柄などを飛ばしたものをいう。

パターン-にんしき【パターン認識】文字・図形および音声などの空間的および時間的なパターンを識別・認定すること。

バターン-はんとう【バターン半島】《Bataan》フィリピンのルソン島南西部、マニラ湾西岸をなす半島。太平洋戦争の激戦地。

パターン-ファイル〘pattern file〙▶ウイルス定義ファイル

は-だい【破題】漢詩文などで、初めからすぐにその題意を述べること。また、その部分。

は-だい【歯代】《「歯」は車輪のふち》人力車などの借り賃。車代。「心細げなる一輌の車あり、一の安さ顕われて」〈一葉・別れ霜〉

ば-たい【馬体】馬のからだ。馬のからだつき。

ば-だい【馬代】❶馬の借り賃。❷室町・江戸時代、武家の間で、馬を贈る代わりに贈った金銀。馬代銀。

ば-だい【場代】場所を借りる代金。席料。場所代。

はた-いた【×鰭板|端板】❶庇ひさしの両側、縁側の先端などに用いる板。❷壁・脇障子・板塀の羽目板。

はた-いと【機糸】機を織るのに使う糸。

バタイユ〘Georges Bataille〙[1897～1962]フランスの思想家・小説家。無神論の立場から人間の至高の在り方を追求、第二次大戦前後から神秘的傾向を深め現代文明への根元的批判を展開した。著「無神学大全」「眼球譚」など。

はた-いろ【旗色】❶《戦場で旗のひるがえるようすによって戦況を知ったところから》戦いの形勢。また広く、事の成り行き。「味方の一が悪い」❷所属を示す旗の色・形。転じて、自分の所属・立場。「一を鮮明にする」(類語)戦局・戦況・形勢

はだ-いろ【肌色|▽膚色】❶肌の色。肌の色つや。❷黄色人種の肌に似た色。やや赤みを帯びた淡黄色。❸器物・刀剣などの地肌の色。(補説)以前はクレヨンなど画材の色名として使われたが、人種問題への配慮から現在はほとんど使われず、同色を薄橙うすだいだい・ペールオレンジなどと言い換えることが多い。

はた-うち【畑打ち】〔名〕スル くわ・すきなどで畑を耕すこと。また、その人。(季 春)

はた-うり【旗売り】空から売りのこと。

はた-え【二=十重】はたへ 物がいくえにも重なること。「十重とえ一」

はだ-え【▽肌|▽膚】はだへ 皮膚。はだ。「肉ししつきの豊な、ふっくりとした一」〈鏡花・高野聖〉(類語)皮膚・肌・肌膚きふ・地肌じはだ・上皮じょうひ・外皮がいひ・表皮ひょうひ・皮・スキン

はだ-おび【肌帯|▽膚帯】肌に直接つける帯。すなわち、ふんどし。したおび。

はた-おり【機織(り)】❶機で布を織ること。また、その人。❷キリギリスの別名。ショウリョウバッタをいうこともある。(季 秋)(類語)(❶)織る・手織り

はたおり-どり【機織鳥】スズメ目ハタオリドリ科の鳥の一群。スズメ大で、植物の葉や小枝を精巧に編んで巣を作る。巣は球状や下方に長い出入り口を伸ばした漏斗状などがあり、木にぶら下がる。シャカイハタオリドリでは樹上に巨大なわら屋根状の巣を共同で作り、個々の部屋にすむ。アフリカ・南アジアに分布。

はたおり-ひめ【機織(り)姫】織女星しょくじょせいの異称。

はたおり-むし【機織虫】キリギリスの別名。

はたおり-め【機織(り)女】❶機を織る女。❷キリギリスの古名。「一の(模様ノ)小袿こうちぎひとかさね」〈堤・虫めづる姫君〉

はだか【裸】❶身に衣類を着けていないこと。また、そのからだ。「上半身一になる」(季 夏)❷覆いや飾りがなく、むき出しであること。「心付けを一で渡す」❸包み隠しのないこと。「一のつきあい」❹財産・所持品などが全くないこと。無一物。無一文。「事業に失敗して一になる」
(類語)(❶)裸体らたい・裸身らしん・裸形らぎょう・全裸ぜんら・赤裸せきら・真っ裸・素っ裸・ヌード・丸裸・半裸/(❷)剝むき出し・丸出し・露出・裸出らしゅつ/(❸)赤裸/(❹)無一文むいちもん・無一物むいちもつ・身み一つ・すってんてん・文無し・裸一貫・丸裸・身すがら・おけら・素寒貧

裸で物を落とす例ためしなし　もともと何も持っていない者は、損害を受けることもない。

はだか-いっかん【裸一貫】ハダカイッカン 自分のからだ以外、資本となるものを何も持たないこと。「一から財を築く」(類語)裸・無一文むいちもん・無一物むいちもつ・身み一つ・すってんてん・文無し・丸裸・身すがら・おけら・素寒貧

はだか-いわし【裸×鰯】❶ハダカイワシ科の海水魚。全長約15センチ。全体に黒褐色。本州中部から南の太平洋沿岸に産し、練り製品の原料。❷ハダカイワシ目ハダカイワシ科の海水魚の総称。全長約10センチのものが多い。カタクチイワシに似て、目が大きく、うろこがはがれやすく、発光器を備える。深海にすむが、夜間に餌を求めて表層近くまで浮上する。一部を除き食用とはされない。

はだか-うま【裸馬】鞍くらを置いてない馬。「一に乗る」

はだか-おどり【裸踊(り)】裸でおどる踊り。

はだか-がね【裸金】紙などに包んでいないむき出しの金銭。はだかきん。

はだか-ぐら【裸×鞍】四緒手しおでや下鞍したぐらなど、乗用の付属具をつけていない鞍。

はた-かく・る【▽半隠る】〔動ラ下二〕なかば隠れる。少し隠れる。「几帳ばかりを引き寄せて一・るれど、何のかひなし」〈かげろふ・中〉

はだか-しょうばい【裸商売】❶力士など、常に裸でする職業。❷資本金なしでからだ一つでする商売。

はた-がしら【旗頭】❶旗の上部。❷その集団を率いる者。「反対派の一」❸中世、一族または一地方の武士団の長。

はだか-じろ【裸城】櫓やぐらや塀など、防備するもののない城。〈日葡〉

はだか-せん【裸線】絶縁体で覆ってあるものに対して、むき出しになっている導線。

はだか-そうば【裸相場】権利を含まない相場。株式では配当や増資新株割当の権利を除いたもの、公社債では経過利子を含まないもの。裸値段。

はた-がた【旗形|旗型】❶(旗形)旗のような形。❷細長い突出部がある土地。土地主要部を旗に、突出部を竿にたとえていう。旗竿地。旗地。「一地」

はだ-がたな【肌刀|▽膚刀】懐中に持つ小さな刀。懐剣ふところがたな。「懐を探しけるに、案のごとく一をさしてあり」〈浮・武家義理・二〉

はだか-でんきゅう【裸電球】かさなどの覆いがなく、コードの先に電球がついているだけのもの。裸電灯。

はだか-び【裸火】覆いのない、むき出しの火。「ランプの一」「タバコの一」

はだか-ひゃっかん【裸百貫】無一文でも、百貫文の値打ちがあるということ。多く、男をほめていう語。「男は一と申す。気落ちなされな」〈浮・色三味線・一〉

はだか-ぶみ【裸文】上包うわづつみのない書状。封筒などに入れていない、むき出しの手紙。

はだか-ほおずき【裸酸=漿】ナス科の多年草。暖地の山野に自生し、高さ60～90センチ。葉は卵状楕円形で先がとがる。秋、淡黄色の5弁花が下向きに咲く。実は赤く熟し、ホオズキのように萼がくに包まれない。

はだか-まいり【裸参り】寒中、裸体になって社寺に参詣すること。(季 冬)

はだか-まつり【裸祭(り)】若者が裸体になってもみ合う行事を中心にした祭り。岡山市西大寺の会陽えよう、福岡市筥崎宮はこざきぐうの玉取祭などがある。

はだか-み【裸身】❶裸のからだ。裸体。らしん。❷むき出しの刀身。抜き身。

はだか-むぎ【裸麦】オオムギの変種。実と籾殻もみがらが離れやすい。実は食用、馬の飼料となる。主に関西地方から西で栽培。ぼうずむぎ。

はだか-むし【裸虫】❶羽や毛のない虫。また、特に、人間のこと。❷衣服を持たない貧しい人。

はだか-やま【裸山】樹木などがなく、山肌の露出している山。はげ山。

はだか・る【▽開かる】〔動ラ五(四)〕❶手や足を大きく広げて立つ。また、進路などをふさぐようにして立つ。立ちはだかる。「戸口に一・る」「困難な問題が目前に一・る」❷衣服の前などが乱れて開く。「裾が一・る」❸目・口・指などが大きく開く。「奇異に目、口一・りて」〈今昔・一九・一八〉

はだか-ろうそく【裸×蝋×燭】覆いがなく、炎がむき出しの蝋燭。

はだかん-ぼう【裸ん坊】裸の子供。また、裸の人。はだかんぼ。

はたき【×叩き】❶はたくこと。❷室内や器物のほこりを払う道具。細長い布切れ・羽毛などを束ねて柄につけたもの。「一をかける」❸「叩はたき込み」の略。❹失敗。しくじり。「今までの一を取り返し、此度はしっかり極まりであらう」〈黄・本の能見世物〉

はだ-ぎ【肌着|▽膚着|肌▽衣】肌に直接つける衣類。下着。肌衣はだぎぬ。(類語)下着・汗取り・下ばき

はたき-こみ【×叩き込み】相撲のきまり手の一。攻めてくる相手をとっさにかわし、手のひらで相手の首・背・肩などをたたいて土俵にはわせる技。

はたき-もの【×叩き物】身代を使い果たすこと。「大切な小野の家を一にするとは」〈伎・毛抜〉

はた-ぎょうれつ【旗行列】大勢の人が、小旗を振りながら行列をつくって練り歩くこと。祝賀のときなどに行う。

はた・く【×叩く】〔動カ五(四)〕❶打ち払う。ほこりなどをたたいて払う。「障子を一・く」❷平たいもので打つ。たたく。「ほおを一・く」「布団を一・く」❸持っている金を使い尽くす。「財布の底を一・く」❹はたきこみのわざをかける。「一・かれて土俵にはう」❺(興行などで)金銭上の欠損を出す。失敗する。「一・きさうな芝居なり」〈黄・艶気樺焼〉❻つき砕く。砕いて細かくする。「枯れたる樒しきみを抹香に一・かせて」〈浮・新永代蔵〉
(可能)はたける (類語)払う・払いのける

はた-ぐ【機具】機を織るための道具。機織り道具。

はだ・く【▽刷く】〔動カ下二〕なでつける。かきなでる。「あけくれになで一・け奉りて」〈古活字本保元・下〉

はだ・く【▽開く】〔動カ下二〕「はだける」の文語形。

ば-たく【馬×鐸】馬具の一。中につるした棒と触れ合って鳴る青銅製の小さな鈴。日本では古墳時代の飾り馬の胸につるした。中国では馬鈴とよぶ。

ばた-くさ〔副〕あわただしく事を行うさま。「近在生れの下女が一飛んで来て」〈風葉・恋ざめ〉

バタ-くさ・い【バタ臭い】〔形〕《バターのにおいがする意から》西洋風である。また、西洋かぶれしている。「一・い顔立ち」(派生)バタくささ〔名〕

はた-ぐも【旗雲】旗のようにたなびく雲。

はたけ【畑|×畠】❶野菜や穀類などを作る農耕地。水田に対して、水を入れない耕地をいう。はた。❷専門とする領域・分野。「法律一」❸母親の腹。また、

出生地。「―の違う兄弟」[補説]「畑」「畠」は国字。
[下接語](ばたけ)梅畑・お花畑・桑畑・段段畑・茶畑・花畑・麦畑
[類語]畑(はた)・畑地・農地・耕地
畑に蛤(はまぐり) 畑を掘って蛤を求めるように、見当違いのことをすることのたとえ。
はたけ【×疥|乾=瘡】主に小児の顔に、硬貨大の円形の白い粉をふいたような発疹(ほっしん)ができる皮膚病。数個以上できることが多い。顔面単純性粃糠疹(ひこうしん)。
はたけ-いね【畑稲】陸稲(おかぼ)のこと。
はたけ-いも【畑芋】サトイモの別名。
はたけ-がさ【×疥×瘡】「疥(はたけ)」に同じ。
はたけ-すいれん【畑水練】「畳水練」に同じ。「人事の実物に当らざる限りは、俗に云う―」〈福沢・福翁百話〉
はたけだ-もの【×畠田物】備前国邑久(おく)郡畠田の刀工畠田一門が鍛えた刀。元暦年間(1184～1185)から応永年間(1394～1428)に産出した。
はたけ-ちがい【畑違い】(ちがひ) ❶専門とする分野・領域が異なること。「―の仕事」❷兄弟の中で、母親が異なること。
はたけ-な【畑菜】アブラナの一品種。秋にまき、若菜と花茎を食用とする。古くから京都を中心に栽培。
はたけ-の-キャビア【畑のキャビア】とんぶりのこと。形状や食感から。
はたけ-の-にく【畑の肉】ダイズのこと。たんぱく質が豊富に含まれることから。
はたけやま【畠山】姓氏の一。㊀武蔵国秩父の豪族。桓武平氏。村岡良文の子孫で、秩父重弘の子重能の時畠山氏を称したのに始まる。㊁清和源氏。足利氏の支族。足利義純が重忠の旧領を与えられて畠山氏を称した。その子孫は足利幕府の管領(かんれい)家となった。
はたけやま-しげただ【畠山重忠】[1164～1205]鎌倉初期の武将。武蔵の人。幼名、荘司次郎。源頼朝に仕えて源義仲追討、奥州征伐などに戦功が多い。のち北条義時と戦って戦死。
はたけやま-まさなが【畠山政長】[1442～1493]室町中期の武将。幕府の管領(かんれい)。畠山持国の養子となったが、持国に実子義就(よしなり)が生まれたので追放された。のち、家督をめぐって義就と抗争を続け、応仁の乱の一因をつくった。
はたけやま-よしなり【畠山義就】[?～1490]室町中期の武将。畠山持国の子。持国の養子政長と家督相続をめぐって対立し、応仁の乱の発端をつくった。
はだ・ける【▽開ける】〔動カ下一〕[文]はだ・く〔カ下二〕❶手や足を大きく広げる。また、目・口などを大きくあける。「指の股を思い存分―・けた両手で」〈有島・星座〉❷衣服の前などを広げる。「胸を―・ける」「火鉢の炭を―・けて」〈風葉・青春〉❸衣服の前などが乱れてひらく。はだかる。「裾が―・ける」
はた-こ【畑子】語義未詳。畑に働く人の意か。「―らが夜昼といはず行く道を」〈万・一九三〉
はた-ご【旅=籠】❶「旅籠屋(はたごや)」に同じ。❷昔、旅行のとき、馬の飼料を入れて運んだ竹籠。〈和名抄〉❸旅行用の食物や日用品を入れた籠。また、それに入れた食物。「食物は郡(ぐうじ)に知られずして―を具したり」〈今昔・二〇・四六〉❹旅館の食事。「―ヲ食ウ」〈日葡〉❺「旅籠銭(はたごせん)」の略。「―さあ安かあ泊まりますべい」〈滑・膝栗毛・初〉
はたご-うま【旅=籠馬】旅籠❸を背負って運ぶ馬。「―や皮籠(かわご)馬など来着きたり」〈古本説話集・下〉
はだ-ごえ【肌肥】農作物の種をまくときに一緒に施す肥料。
はたご-せん【旅=籠銭】宿屋の宿泊料と食事代。はたごちん。
はたご-ちん【旅=籠賃】「旅籠銭(はたごせん)」に同じ。
はたご-どころ【旅=籠所】旅行の途中で、休息・食事をした所。「―とおぼしき方より、切り大根、物の汁して」〈かげろふ・上〉
パタゴニア〖Patagonia〗南アメリカ大陸南部の地域。主にアルゼンチン領のコロラド川から南をいう。氷河期にできた盆地・湖が点在。石油を産する。
はたご-ぶるい【旅=籠振るひ】(ぶるひ) 旅の出立または到着のときに催す祝宴。旅籠振る舞い。「―のあるじする日」〈宇津保・祭の使〉
はたご-や【旅=籠屋】近世、旅行者を宿泊させる食事付きの宿屋。
[類語]宿・旅館・宿屋・木賃宿・ホテル・民宿・ペンション・モーテル・ラブホテル・連れ込み・連れ込み宿
はた-ざお【旗×竿】(ざを) ❶旗をつけて掲げるためのさお。❷アブラナ科の越年草。海辺の砂地や山野に生え、高さ約70センチ。旗竿のように直立し、茎に互生する葉は長楕円形で、基部は矢じり形となり茎を抱く。春から夏に、白い4弁花を総状につける。果実は細長く、果皮が二つに裂ける。
はたざお-ち【旗×竿地】(はたざを) 「旗形❷」に同じ。
はた-さく【畑作】畑で作物を作ること。また、その作物。
はた-さし【旗指|旗差】❶戦場で、主人の旗を持って供奉(ぐぶ)する武士。旗手。旗持ち。「―はきぢんの直垂(ひたたれ)に、小桜を黄にかへいたる鎧(よろひ)着て」〈平家・九〉❷「旗指物」の略。
はた-さしもの【旗指物】▶指物(さしもの)❶
はた-さはちろう【秦佐八郎】(はちらう)[1873～1938]細菌学者。島根の生まれ。慶大教授。本姓、山根。伝染病研究所に入り北里柴三郎に師事。エールリッヒとともに明治43年(1910)梅毒の化学療法剤サルバルサンを発見。
はだ-さむ【肌寒|▽膚寒】秋が深くなって、肌に寒さを感じること。(季 秋)
はだ-さむ・い【肌寒い|▽膚寒い】〔形〕[文]はださむ・し〔ク〕《「はだざむい」とも》❶肌に寒さを感じるさま。「―・い一日」(季 秋)❷恐ろしさなどにぞっとするさま。「残虐さに―・いものを感じる」
[類語]寒い・薄ら寒い・寒寒・深深・凜凜(りんりん)・冷え込む
はだ-ざわり【肌触り|▽膚触り】(ざはり) 肌に触れたときに受ける感じ。「柔らかい―」
[類語]感触・手触り・肌合い・風合い
はた-し【旗師】❶旗を作るのを職とする人。❷米穀の投機取引をする人。旗商い。
はだし【×跣|裸=足|跣=足】《「肌足(はだあし)」の音変化》❶足に何も履かないこと。また、その足。「―で歩く」(季 夏)❷《はだしで逃げる意から》その道の専門家もかなわないほどであること。「玄人(くろうと)―の演技」「華族の奥様も―って服装でしょう」〈小杉天外・初すがた〉
[類語]素足
跣で逃・げる とてもかなわないと見てはだしのまま逃げ出す。その道の専門家も及ばないほどすぐれていることをいう。
はたし-あい【果(た)し合い】(あひ) 争いの決着をつけるため、命をかけて戦うこと。決闘。「―に臨む」
[類語]決闘・一騎討ち・真剣勝負
はたし-あ・う【果(た)し合う】(あふ)〔動ワ五(ハ四)〕果たし合いをする。「武名をかけて―・う」
はたし-じょう【果(た)し状】(じやう) 果たし合いを申し込む書状。決闘状。
はた-した【旗下】旗頭(はたがしら)の下に直属すること。また、その人。麾下(きか)。はたもと。「まさしく我れ等―に極まり候ふ間」〈甲陽軍鑑・三〉
はだし-たび【×跣足-袋】❶直接戸外で履けるように、底を厚く作った足袋。❷「地下足袋(じかたび)」に同じ。
はたし-て【果(た)して】〔副〕❶結末が予期したとおりであるさま。思ったとおり。案の定。「―みごとにやってのけた」❷(下に仮定の表現を伴って)本当に。「―然らば真実は君の言うとおりだろう」❸(下に疑問を表す語を伴って)いったい。「―誰が栄冠を手にするか」[類語]果たせるかな・案の定・果然・やはり・案の如(ごと)く・案に違(たが)わず・思ったとおり
はだし-まいり【×跣参り】(まゐり) 強い祈願の気持ちを表すため、はだしで神仏に参拝すること。
はたし-まなこ【果たし眼】相手を打ち果たそうとする必死の目つき。「下人あまた召しつれ、―にて来たる」〈浮・伝来記・三〉
はだ-ジュバン【肌ジュバン|▽膚ジュバン】肌に直接つけるジュバン。はだジバン。
はた-じるし【旗印|旗▽標|×幟】❶戦場で目印として旗につける紋所や文字。❷行動の目標として掲げる主義・主張。「政界の浄化を―にする」
[類語]旗幟・旗標・錦の御旗(みはた)
はた-しん【秦】《「秦」を「はた」と訓読するところから》中国古代の国名「秦」を、同音の「晋(すすむしん)」と区別していう語。
はた-しんごう【旗信号】(がう) 旗を用いて送る信号。旗の種類や旗の振り方で通信する。
はた・す【果(た)す】〔動サ五(四)〕❶物事を成し遂げる。「約束を―・す」「望みを―・す」❷その立場としての仕事をみごとにやってのける。「指導的役割を―・す」❸命を終わらせる。殺す。「―・さずにおくものか」❹(動詞の連用形に付いて)すっかり…する。…してしまう。「金を使い―・す」[可能]はたせる
[類語]遂げる・全うする・成し遂げる
はた-すすき【旗▽薄】㊀〔名〕旗のように穂が風になびいている薄。「み雪降る安騎(あき)の大野に―小竹(しの)を押しなべ」〈万・四五〉㊁〔枕〕薄の穂の意で、「穂」と同音をもつ「屠(ほふ)る」などにかかる。「大魚のきだ(=エラ)衝き別けて、―ほふり別けて」〈出雲国風土記〉
はだ-すすき【はだ▽薄】《「はたすすき」の音変化という》㊀〔名〕「はたすすき㊀」に同じ。「―尾花逆葺(ふ)き黒木もち造れる室(むろ)は万代までに」〈万・一六三七〉㊁〔枕〕薄の穂の意から「穂に出づ」、また、薄の末(うれ)の意から同音を含む地名「浦野の山」にかかる。「―穂には咲き出ぬ恋を吾がする」〈万・二三一一〉「―浦野の山に月(つく)片寄るも」〈万・三五六五〉
はだ-ずな【肌砂|▽膚砂】鋳造のとき、製品の表面を滑らかにするために鋳型の表面に用いる砂。
はだ-せ【肌背|▽膚背】❶肌。はだえ。「なみなみのことにもあらず天の川さて―をもかくぞ打たまし」〈赤染衛門集〉❷「肌背馬」の略。「馬の腹帯(はるび)を締めかねて、―に乗って駆くるもあり」〈浄・碁盤太平記〉
はだせ-うま【肌背馬】鞍を置かない馬。はだか馬。「鞍おくべき暇なければ、―にうち乗りて」〈曽我・六〉
はたせる-かな【果(た)せる×哉】〔副〕思っていたとおり。案の定。果たして。「―合格した」
[類語]案の定・果然・果たして・やはり・案の如(ごと)く・案に違(たが)わず・思ったとおり
はた-そで【端袖|×鰭袖】袍(ほう)・狩衣(かりぎぬ)・直垂(ひたたれ)などで、袖幅を広くするため、袖口にもう一幅(ひとの)または半幅つけ加えた袖。
はた-ぞり【端反り】茶碗・鉢などの口縁が外側に反っているもの。はぞり。
はたた-がみ【霹=靂神】《はたたく神の意》激しい雷。(季 夏)「―下りきて屋根の草さわぐ/青邨」
は-たたき【羽▽撃き】《「はだたき」とも》はたたくこと。はばたき。「雁が鳴きつつ―をして」〈鴎外・雁〉
はたた・く〔動カ五(四)〕❶旗などが風に吹かれてはたはたと鳴る。はためく。「頭上に―・く旗のそよぎを耳にして」〈蘆花・思出の記〉❷雷が鳴りとどろく。はためく。「水無月の照り、―・くにも障らず来たり」〈竹取〉
は-たた・く【羽▽撃く】〔動カ五(四)〕鳥が翼を広げて打ち合わす。はばたく。「鳥は憩うが如く見えしが、俄に―・く勢に」〈鴎外訳・即興詩人〉
はた-だし【旗出し】〔名〕(スル) 裁判所の前などで、おおまかな判決内容を書いた布や紙をかかげて傍聴しなかった関係者に伝えること。
はたたて-だい【旗立×鯛】(だひ) チョウチョウウオ科の海水魚。全長約20センチ。体はほぼ菱形で、白地に幅広い2本の黒色横帯がある。背びれの第4棘(きょく)が長く白い。本州中部以南に分布。
はた-ち【二-十|二-十-歳|×廿】❶20歳。「―を迎える」❷20。「比叡の山を―ばかり重ねあげたらむほどして」〈伊勢・九〉
はた-ち【畑地】畑として利用されている土地。
はた-ち【旗地】「旗形❷」に同じ。
ば-たち【場立ち】《「ばだち」とも》証券取引所(金融商品取引所)・商品取引所の立会場で、会員証券会社などから派遣されて売買処理をする取引担当者。

〔バタフライ②〕バタフライ水泳の種目別世界記録・日本記録　（長水路記録　2012年8月現在）

		記録	更新日	選手名(国籍)
50メートル				
世界記録	男子	22秒43	2009年4月5日	ラファエル＝ムニョス(スペイン)
	女子	25秒07	2009年7月31日	テレース＝アルシャマー(スウェーデン)
日本記録	男子	23秒45	2009年4月16日	高安亮
	女子	25秒95	2012年5月26日	加藤ゆか
100メートル				
世界記録	男子	49秒82	2009年8月1日	マイケル＝フェルプス(米国)
	女子	55秒98	2012年7月29日	ダナ＝ボルマー(米国)
日本記録	男子	51秒00	2009年9月11日	河本耕平
	女子	57秒77	2012年4月3日	加藤ゆか
200メートル				
世界記録	男子	1分51秒51	2009年7月29日	マイケル＝フェルプス(米国)
	女子	2分1秒81	2009年10月21日	劉子歌(中国)
日本記録	男子	1分52秒97	2008年8月13日	松田丈志
	女子	2分4秒69	2012年4月5日	星奈津美

立会場代表者。手振り。(補説)日本ではコンピューターシステム化にともない立会場が閉場されたため、今は存在しない。

バダチョニ〖Badacsony〗ハンガリー西部の町。バラトン湖北西岸に位置する。ヨーロッパでは珍しい玄武岩質のバダチョニ山(437メートル)がある。同国有数のワイン産地として有名。

はだ-つき【肌付き｜▽膚付き】❶肌のようす。肌の色つやの感じ。「白くなめらかな―」❷肌に直接つけること。「―の金」❸肌着。肌付け。「―を二枚着て」〈人・恵の花・二〉

ばた-つ・く〔動カ五(四)〕ばたばた音をたてる。せわしく音をたてて動く。「旗が風に―・く」

はだ-つけ【肌付け｜▽膚付け】❶「肌付き❸」に同じ。❷馬具の一。2枚重ねの下鞍(したくら)のうち、下のもの。➡切付(きつつけ)

ばたっ-と〔副〕❶重い物が急に落ちたり倒れたりする音や、そのさまを表す語。「ぶつかって―倒れる」「辞書を―閉じる」❷続いていたものが急に途絶えるさま。「客が―来なくなる」

ぱたっ-と〔副〕❶あまり重くない物が落ちたり倒れたりする音や、そのさまを表す語。「障子が外れて―倒れる」❷続いていたものが急に途絶えるさま。「うわさを―聞かなくなる」

はた-つとむ【羽田孜】[1935～　]政治家。東京の生まれ。選挙区は長野。父・武嗣郎(ぶしろう)の地盤を継いで昭和44年(1969)自民党から衆議院議員に当選。農水相などを歴任。平成5年(1993)小沢一郎らとともに自民党を分裂させ新生党を結成、細川護熙(もりひろ)連立政権の外相となる。翌年、細川退陣後、社会党が連立を離脱。後継首相に就任するも少数与党のため在任64日で退陣。新進党・太陽党・民政党などを経て民主党最高顧問。➡村山富市

はた-つ-もり【畑つ守】リョウブの古名。「わが恋はみ山に生ふる―積もりにけらし逢ふよしもなし」〈古今六帖・六〉

はた-て【果たて｜▽極｜▽尽】はて。きわまり。「国の―に咲きにける桜の花の」〈万・一四二九〉

はた-で【端手】建物の端の張り出している部分。軒、または腕木か。「大宮の彼(をち)つ―隅傾けり」〈記・下・歌謡〉

はた-で【×鰭手】魚のひれ、または衣の袖。「潮瀬の波折(なを)りを見れば遊び来る鮪(しび)が―に妻立てり見ゆ」〈武烈紀・歌謡〉

はた-とせ【二＝十▽歳｜二＝十▽年】20年。

はた-なか【畑中】畑の中。また、まわりが畑である場所。「―の一本道」

パダナ-へいげん【パダナ平原】《Pianura Padana》▶パダノベネタ平原

は-だに【葉×蜱】ハダニ科のダニの総称。体長約0.5ミリ、赤色や橙黄色。農作物や果樹の葉裏に寄生して汁を吸う害虫。ミカンハダニ・リンゴハダニなど。あかだに。

はだ-ぬぎ【肌脱ぎ｜▽膚脱ぎ】和服の袖(そで)から腕を抜いて上半身の肌をあらわにすること。また、その姿。「―になる」(季 夏)「這(は)ひよれる子に―の乳房あり／虚子」

はた-ねずみ【畑×鼠】ネズミ科の哺乳類。体長11センチ、尾長4センチくらい。目や耳が小さい。山野・田畑に穴を掘ってすむ。草食性。日本特産で、本州・九州に分布。はたけねずみ。のらねずみ。

はだ-ねんれい【肌年齢】肌、特に顔の肌の色つや、張りなどから推定した年齢。

はだの【秦野】神奈川県南西部の市。秦野盆地にあり、葉タバコの集散地として発展。ラッカセイの産地。内陸工業地帯の一部。丹沢登山の基地。人口17.0万(2010)。

はだ-の-おび【肌の帯｜▽膚の帯】「肌帯(はだおび)」に同じ。

はた-の-かわかつ【秦河勝】(かはかつ)古代の官人。山城の人。聖徳太子の舎人(とねり)で、蜂岡寺(のちの広隆寺)を創建したと伝える。生没年未詳。

はたのきみ-でら【秦公寺】《秦河勝(はたのかはかつ)が建立したところから》広隆寺の古称。はたきみでら。

はた-の-さもの【×鰭の▽狭物】ひれの狭い魚。小さい魚。➡鰭の広物(ひろもの)

はだの-し【秦野市】▶秦野

はたの-せいいち【波多野精一】[1877～1950]哲学者。長野の生まれ。早大・京大教授。ギリシャ哲学・キリスト教思想の原典研究と宗教哲学の体系化に尽くした。著「西洋哲学史要」「宗教哲学」「時と永遠」など。

はた-の-ひろもの【×鰭の広物】ひれの広い魚。大きな魚。「一、鰭の狭物(さもの)を追ひ集めて」〈記・上〉

パダノベネタ-へいげん【パダノベネタ平原】《Pianura Padano-Veneta》イタリア北部、ポー川、アディジェ川流域の広大な平原。ピエモンテ州・ロンバルディア州・ベネト州・エミリアロマーニャ州にまたがる。北をアルプス山脈、南をアペニン山脈に囲まれ、アドリア海沿岸部に三角州を形成する。日本ではロンバルディア平原の名で呼ばれることがある。肥沃な平地で小麦などの栽培が盛ん。ポー平原。パダナ平原。

はだの-ぼんち【秦野盆地】神奈川県南西部に広がる内陸盆地。県内唯一の盆地で、断層によって陥没した。東西6キロメートル、南北4キロメートル。中心都市は秦野市。地下水が豊富で、「秦野盆地湧水群」として知られる。

はたの-りゅう【波多野流】(リウ)平曲の流派の一。寛永(1624～1644)のころ、波多野検校(けんぎやう)が創始。江戸の前田流に対して、主に京都で行われたが、現在は廃滅。

はた-ば【機場】❶機を織る場所。❷機業の盛んな土地。機業地。

はだ-ばかま【肌×袴｜▽膚×袴】肌に直接つける、丈がひざまでの袴。今の、さるまた・ももひきの類。

は-タバコ【葉タバコ】収穫して乾かしたタバコの葉。

はた-はた【蟀＝蚸】バッタの別名。(季 秋)「―はわぎもが肩を越え行けり／誓子」

はたはた【×鱩｜×鰰｜雷＝魚｜鱪＝魚】スズキ目ハタハタ科の海水魚。全長約20センチ。体はやや細長く側扁(そくへん)し、口が大きく、うろこはない。北太平洋と日本海の深海に分布し、11月下旬から12月にかけて産卵のため沿岸の藻場に押し寄せる。秋田・山形沿岸でこの時期に漁獲。淡泊な味で、ぶりことよぶ卵塊とともに食用。おきあじ。かみなりうお。(季 冬)(補説)「鱩」「鰰」は国字。

はた-はた〔副〕❶物を続けざまにたたいたり何かにぶつけたりする音や、そのさまを表す語。「下駄の雪を落とす音が、―と聞こえる」〈藤村・千曲川のスケッチ〉❷旗などが風にあおられたり、鳥が羽ばたいたりして立てる音や、そのさまを表す語。「洗濯物が―(と)ひるがえる」「―(と)うちわであおぐ」❸動作が迅速であるさま。「太夫―と来て」〈浮・禁短気・一〉

ばた-ばた　㊀〔副〕(スル)❶物が続けざまに激しくぶつかる音や、そのさまを表す語。㋐物が風に激しくあおられる音、鳥の大きい羽音などにいう。「強風でテントが―(と)鳴る」「鳥が羽を―させる」㋑人が手足を激しく動かして立てる音にいう。「廊下を―(と)走る」「駄々をこねて手足を―させる」❷続けざまに落ちたり倒れたりするさま。「棚の上に積み上げていた本が―(と)落ちる」「熱病で人が―(と)死ぬ」❸あわただしく物事をするさま。また、あわただしいさま。「残りの仕事を―(と)片づける」「引っ越しで家中―(と)している」㊁〔名〕❶オート三輪、また、オートバイのこと。❷歌舞伎で、早足・駆け足を強調するツケの打ち方。

ぱた-ぱた〔副〕(スル)物を続けざまに軽くたたいたり、物と物とを軽く打ち合わせたりする音や、そのさまを表す語。「―(と)ほこりを払う」「スリッパを―させて歩く」

はた-ばり【端張り】❶幅。「湖に秋の山辺を映しては―広き錦とぞ見る」〈拾遺・秋〉❷勢い。張り。「細布の―もなき身にて」〈謡・錦木〉

はた-ば・る【端張る】〔動ラ四〕❶幅が広くなる。広がる。「青鈍(あをにび)の指貫の―・りたる、白き衣ども」〈春曙抄本枕・一〇六〉❷大きく構える。威張る。「執権の威を―・り」〈浄・源頼家源実朝鎌倉三代記〉

はた-び【旗日】《国旗を掲げて祝うところから》国民の祝日のこと。(類語)祭日・祝祭日・佳節・物日・縁日

バタビア〖Batavia〗㊀インドネシアの首都ジャカルタのオランダ領時代の呼称。㊁フランス革命の影響で、1795年、ネーデルランド連邦共和国の崩壊後に成立した共和国。1806年、オランダ王国成立により消滅。

はた-ぶぎょう【旗奉行】(ブギヤウ)❶中世・近世、一軍の旗をあずかる武家の職名。旗大将。幟奉行(のぼりぶぎやう)。❷江戸幕府の職名。老中に属し、将軍の軍旗・馬標(うまじるし)などを管掌。御旗奉行。

バタフライ〖butterfly〗❶蝶(ちよう)。「―ネット(＝捕虫網)」❷平泳ぎから変化した泳法の一。ドルフィンキックを用いて水を蹴(け)り、両手で同時に水をかいて、蝶が飛ぶような形で前進するもの。➡表 ❸ストリップショーの踊り子が恥部を覆う三角形の布類。

バタフライ-ナイフ〖butterfly knife〗折り畳みナイフの一種。鞘(さや)を左右に開いて刃を出す。開き合わせた鞘がナイフの柄となる。

バタフライ-バルブ〖butterfly valve〗▶蝶形弁(ちょうけいべん)

はた-ふり【旗振り】❶合図などのために旗を振ること。また、その人。❷ある物事を、その先頭に立って人々に働きかけながら推し進めること。また、その人。「組織改革の―役」

はた-ほこ【×幢】《「はたぼこ」とも》上部に小旗をつけた鉾(ほこ)。朝儀や法会で儀仗(ぎじやう)として用いる。

はた-また【▽将又】〔副〕「はた(将)」を強めていう語。それともまた。あるいはまた。「夢か―幻か」

はだ-まもり【肌守り｜▽膚守り】肌につけて持っている守り札。はだもり。

はだ-み【肌身｜▽膚身】はだ。からだ。「海水帽と海水服とを―に着けて」〈谷崎・痴人の愛〉

肌身離さず　常に身につけて離さずに。「お守りを―持ち歩く」

肌身を汚(けが)・す　「肌を汚す」に同じ。「沙金が―・すことは、同時に沙金が心を汚す事だ」〈芥川・偸盗〉

はた-みち【畑道】畑の間を通っている道。また、畑に沿う道。はたけみち。

はた-め【▽傍目】はたの見る目。当事者以外の人から見た感じ。よそめ。「―を気にする」(類語)よそ目・岡目

はた-めいわく【▽傍迷惑】〔名・形動〕まわりの人が迷惑すること。また、そのさま。近所迷惑。「不始末に他人を巻き込むとは一なことだ」

はた-め・く〔動カ五(四)〕《「はた」は擬声語。「ばためく」とも》❶布や紙などが風に吹かれてはたはたと動く。また、音を立ててひるがえる。「幟のぼりが一・く」❷揺れるように鳴り響く。響きわたる。とどろく。「雷ィカヅチガ一・キワタル」〈和英語林集成〉❸鳥などが羽ばたきをする。「烏これを見て…一・く所を」〈仮・伊曽保・下〉
(類語)(❶)翻る・ひらめく・靡なびく・棚引く

はた-もち【旗持(ち)】旗を持つ役目。旗手きし。

はた-もと【旗本】❶戦場で大将のいる本陣。本営。❷大将に直属し、本陣を守る役目の武士。幕下ばっか。麾下きか。旗下きか。❸江戸時代、将軍家直参じきさんで、1万石未満、御目見おめみえ以上の武士。

はたもと-やっこ【旗本▽奴】江戸前期、徒党を組んで江戸市中をのし歩いた旗本の青年武士。大小神祇じんぎ組・白柄しらつか組・六法ろっぽう組が有名。➡町奴まちやっこ

はた-もの【畑物】畑でとれる作物。はたけもの。

はた-もの【機物】❶布を織る道具。はた。「一の踏み木ぎ持ち行きて天の川打橋渡す君が来むため」〈万・二〇六二〉❷機で織った物。織物。「かにかくに人は言ふとも織り継がむ我が一の白き麻衣」〈万・一二九八〉❸《もと❶を用いたところから》磔はりつけ用の刑具。「四つの肢えだを一に張り付けて」〈今昔・一六・二六〉

はた-や【機屋】❶機を織る建物。はたどの。❷機を織るのを職業とする家。また、その人。織り屋。

ばた-や【ばた屋】ごみ箱や道路上で紙くず・ぼろ・金物などの廃品を回収して生活する人。

はだ-やき【肌焼(き)|▽膚焼(き)】鋼の表面を硬化させるために、炭素をしみこませ表皮部の炭素濃度を上げてから行う焼き入れ。

はたやま-ひろし【畑山博】［1935～2001］小説家・放送作家。東京の生まれ。放送作家をしながら創作を続け、「いつか汽笛を鳴らして」で芥川賞受賞。社会的弱者や被差別者の感情を描いた作品で注目される。他に「母を拭く夜」「神さまの親類」「海に降る雪」など。

はだら〔名・形動〕❶(「斑」とも書く)雪などが不規則に濃淡になっているさま。まだら。「川岸の一に消えかかった道を行った」〈犀星・幼年時代〉❷「はだれ」に同じ。「夜を寒み朝戸を開き出で見れば庭も一にみ雪降りたり」〈万・二三一八〉

パタラ〖Patara〗小アジアにあった古代都市。現在のトルコ南西部の都市アンタリヤの南西約110キロに位置する。クサントス、レトーンに並び、古代リキア王国の中心都市の一つとして海上交易により栄えた。リキア人の岩窟墓のほか、古代ギリシャの神殿、古代ローマの凱旋門、公衆浴場、劇場などの遺跡がある。

ば-だらい【馬×盥】ばだらい❶馬を洗うのに使う大形のたらい。うまだらい。❷生け花をさすのに使う、❶の形をした水盤。

はたらか・す【働かす】〔動サ五(四)〕働くようにする。労働させる。また、機能を発揮させる。働かせる。「頭を一・す」「想像力を一・す」

はたらき【働き】❶仕事をすること。労働すること。「一に出る」❷活躍すること。また、その実績。仕事の成果。「一に応じた給料を支払う」「メンバーの一が功を奏する」「一が認められて昇進する」❸稼ぎ。収入。また、それを得る才覚。「一が悪い」「今月は一が少ない」「一のある人」❹物事に備わっている機能。また、その及ぼす作用。「頭の一が鈍る」「遠心力の一を応用する」「ビタミンの一」❺能・狂言の用語。㋐「働き事」の略。㋑「舞働まいばたらき」に同じ。❻日本語文法での活用。
(…語)(ばたらき)荒あら働き・一時働き・気働き・下働き・節句働き・只ただ働き・共働き・仲働き・糠ぬか働き・舞働き
(類語)労働・仕事・勤労・作業・労作・労務・労役・実働・稼働

はたらき-あり【働き×蟻】社会性昆虫のアリ・シロアリ類で、主に営巣・育児・食物採集などをするアリ。アリではふつう小形で翅はねをもたず、産卵能力のない雌。シロアリでは雌雄ある。職蟻しょくぎ。

はたらき-かけ【働き掛け】働きかけること。「日本の一で国際会議が開かれる」

はたらき-か・ける【働き掛ける】〔動カ下一〕文はたらきか・く〔カ下二〕あるものから他のものに積極的に動作・作用をしかける。行動を促す。「関係者に一・けて協力を要請する」
(類語)仕掛ける・持ちかける・仕向ける・促す

はたらき-ぐち【働き口】賃金を得るために働くところ。「不景気で一がない」

はたらき-ごと【働き事】能・狂言の囃子事はやしごとのうち、非舞踊的な動きで舞台を回るもの。多くは、特定の意味をもつ動作。カケリ・イロエ・切り組み・舞働まいばたらき・立ち回りなど。

はたらき-ことば【働き▽詞】活用のある自立語。用言。特に、動詞。

はたらき-ざかり【働き盛り】一生のうちで最も盛んに仕事ができる年ごろ。壮年期。(類語)壮年・壮齢・盛年

はたらき-て【働き手】❶よく働く人。人手。また、仕事のよくできる人。「店を支える一」❷一家の生計を支えて働く人。「一家の一を失う」(類語)労働力・戦力

はたらき-ばち【働き蜂】❶社会性昆虫のミツバチ・スズメバチなどで、生殖能力がなく、営巣・育児、花粉や蜜の採集などをする雌のハチ。職蜂しょくほう。❷ひたすら働き続けるサラリーマンなどのたとえ。「一が支える日本経済」

はたらき-もの【働き者】よく働く人。

はたら・く【働く】〔動カ五(四)〕❶仕事をする。労働する。特に、職業として、あるいは生計を維持するために、一定の職に就く。「朝から晩までよく一・く」「工場で一・く」「一・きながら資格を取る」❷機能する。また、作用して結果が現れる。「薬が一・いて熱が下がる」「引力が一・く」「機械がうまく一・かない」❸精神などが活動する。「知恵が一・く」「勘が一・く」❹悪事をする。「盗みを一・く」「不正を一・く」❺文法で、用言や助動詞の語尾が変化する。活用する。「五段に一・く動詞」❻動く。体を動かす。「死にて六日といふ日の未ひつじの時ばかりに、にはかにこの棺一・く」〈宇治拾遺・三〉❼出撃して戦う。「オノレワ戦場ニ出テ楯矛たてほこヲ取ッテワー・カネドモ」〈天草本伊曽保・陣頭の貝吹き〉
(補説)「働」は国字。(可能)はたらける
(類語)(❶)稼かせぐ・勤める・労する・労働する・活動する・作業する・勤労する・従事する・就労する・実働する・勤務する・執務する・服務する・汗水を流す・額ひたいに汗する/(❷)作用する・機能する・作動する

働かざる者もの食くうべからず　怠けて働こうとしない人は、食べてはならない。徒食をいましめる言葉。

はたらく-ひんこんそう【働く貧困層】▶ワーキングプアー

はだら-ゆき【はだら雪】「はだれ雪」に同じ。「一再びばかりぞ降りつる」〈かげろふ・下〉

はたり〔副〕❶物が軽く当たる音や、そのさまを表す語。「窓を一と卸す」〈漱石・虞美人草〉❷続いていた動きが急にとだえるさま。また、予想外の場面にぶつかるさま。ぱたり。「風が一とやんだ」

ばたり〔副〕❶物が勢いよく当たったり倒れたりする音や、そのさまを表す語。ばたん。ばったり。「ドアが一と締まる」「床に一と倒れ込む」❷続いていたものが突然途絶えるさま。「便りが一と途切れる」

ぱたり〔副〕❶物が軽く当たったり倒れたりする音や、そのさまを表す語。「書物を一と閉じる」❷続いていた動作が急に途切れるさま。ぱったり。はたり。ぱったり。「一と姿を見せなくなる」

バタリー〖battery〗鳥かごを積み重ねたり並べたりしてまとめた鳥の飼育舎。産卵を目的とする養鶏などに用いる。「一式飼育」➡ケージ飼育 ➡平飼い

はた-りす【畑×栗×鼠】リス科の哺乳類。体長約20センチ、耳と尾は短い。草原や牧草地にすみ、地中に巣穴を掘る。穀物・種子・草の根などを食べる。ヨーロッパ中部から中国にかけて分布。

バタリャ〖Batalha〗▶バターリャ

バタリャ-しゅうどういん【バタリャ修道院】シュウダウヰン〖Mosteiro da Batalha〗▶バターリャ修道院

はた・る【▽徴る|▽債る】〔動ラ五(四)〕請求する。強く求める。また、取り立てる。徴収する。「恨みがましく答を一・れば」〈露伴・椀久物語〉

ハダル〖Hadar〗ケンタウルス座のβベータ星。明るさは0.6等で、距離530光年。光度変化が小さい脈動変光星。6月上旬の午後8時頃に南中し、日本では沖縄以南から南の地平線近くに見られる。ベータケンタウリ。アゲナ。

はだれ〔名・形動ナリ〕雪がはらはらと降るさま。雪が薄く積もるさま。また、その雪。はだら。「沫雪あわゆきか一に降ると見るまでに流らへ散るは何の花そも」〈万・一四二〇〉

はだれ-しも【はだれ霜】薄くまばらにおいた霜。「天雲のよそに雁かりが音聞きしより一降り寒しこの夜は」〈万・二一三二〉

はだれ-ゆき【はだれ雪】❶まだらに降り積もっている雪。はだらゆき。はだれ。(季春)❷はらはらと降る雪。はだらゆき。はだれ。「一あだにもあらで消えぬめり世にふるごとやもの憂かるらん」〈夫木・一八〉

は-たん【破綻】〔名〕スル❶破れほころびること。「処々一して、垢染あかじみたる朝衣を」〈竜渓・経国美談〉❷物事が、修復しようがないほどうまく行かなくなること。行きづまること。「経営に一を来す」(類語)失敗・破れる・かき乱す・乱す・崩す・乱れる・崩れる・狂う

は-だん【破談】一度取り決めた約束や相談、特に縁談を取り消すこと。破約。「一にする」
(類語)破約・解約・取り消し・キャンセル・反故ほご

ばたん〔副〕「ばたり❶」に同じ。「ふすまが一と倒れる」「一とドアを閉める」

ぱたん〔副〕「ばたん」よりやや軽い感じの音を表す語。「一と本を置く」

パタン-おうちょう【パタン王朝】ワウテウ《Pathanはアフガン族の称》デリー・スルターン朝の異称。ただし、5王朝のうち四つはトルコ系であるから、この呼称は正確ではない。

ばたん-きゅう　ある場所にたどりついたとたんにすぐ眠り込んでしまうこと。「友だちの下宿にころがり込んで一だったよ」

はたん-きょう【×巴旦×杏】キャウ❶スモモの一品種。実は大形で先がとがる。とがりすもも。牡丹杏ぼたんきょう。(季花=春 実=夏)「ひと籃かごの暑さ照りけり一/竜之介」❷アーモンドの別名。

ハダンゲルフィヨルド〖Hardangerfjord〗ノルウェー南西部にあるフィヨルド。全長は179キロメートルでソグネフィヨルドに次ぎ同国第2位の長さを誇る。湾奥にウトネ、ロフトフースなどのリゾート地がある。

パタンナー〖patterner〗デザイナーの描いた画をもとに型紙を起こす専門家。

はち【八】❶数の名。7の次、9の前の数。やっつ。やつ。❷8番目。第8。❸「八の字」の略。「額ひたいに一を寄せる」(補説)金銭証書などでまちがいを防ぐため「捌」を用いることがある。➡漢「はち(八)」
(類語)一・二・三・四・五・六・七・九・十じゅう・百・千・万・億・兆・ゼロ・零・一つ・二つ・三つ・四つ・五つ・六つ・七つ・八つ・九つ・十とお

はち【蜂】❶膜翅まくし目のうち、アリを除く昆虫の総称。二対の膜質の翅はねをもち、後ろ翅は小さく、前翅の後縁にかぎで連結される。産卵管の変化した毒針をもつものもある。完全変態をする。木の枝や軒先・地中などに巣を作り、花から蜜を集めたり他の昆虫を狩ったりする。社会生活を営むものでは、女王蜂・雄蜂・働き蜂などの階級があり、分業がみられる。ハナバチ・アシナガバチ・アナバチなど種類が非常に多い。(季春)「一畠はたけまんまと一に住まれけり/一茶」❷フサカサゴ科の海水魚。全長約10センチ。口が大きく、下あごに2本のひげをもつ。長い胸びれを外側に突き出して静かに泳ぐ。

はち【鉢】《梵 pātraの音写「鉢多羅」の略》❶仏道修行者の食器。また、僧尼が托鉢たくはつのときに所持する器。応量器おうりょうき。鉢の子。❷皿より深く碗わんより浅い、上部の開いた食器。「一に盛りつける」❸御飯を入れておく木製の容器。めしびつ。おひつ。おはち。❹

草木を植える容器。植木鉢。「植木の―に水をやる」❺頭蓋骨。頭の横まわり。「頭の―を割られる」❻兜かぶとの頭頂をおおう部分。革または鉄で作る。➡漢「はち(鉢)」(類語)茶碗ちゃわん・椀わん・皿・丼

鉢を托たくす 《「托鉢たくはつ」を訓読みにしたもの》托鉢をする。

はち【×鈸】寺院で用いる楽器。シンバルのようなもので、大きさは多種ある。ばち。ばつ。

ハチ〖Hati〗土星の第43衛星。2004年に発見。名の由来は北欧神話に登場する狼フェンリルの子狼。非球形で平均直径は約6キロ。ハティ。

ばち イトメが成熟したもの。生殖のため、10、11月ごろ泥底から抜け出て海面に浮上し、群泳する。

ばち【罰】人間が犯した悪事に対して神仏が与えるこらしめ。天罰てんばつ。「―が当たる」(類語)天誅てんちゅう・神罰・仏罰

罰は目の前 悪い事をすれば、たちまち罰が当たるということ。

ばち【×撥¦×桴¦×枹】❶(撥)琵琶・三味線などの弦をはじいて鳴らす、へら状の道具。琵琶の撥は多く黄楊つげ製、三味線の撥は象牙、水牛の角などで作り、形は流派や使用目的により異なる。❷(桴・枹)太鼓・銅鑼どらなどの打楽器類を打ち鳴らす棒状の道具。舞楽の舞具として用いることもある。

バチ【袴】《朝鮮語》➡パジ

ばち-あし【×撥脚】撥の形をした机などの脚。

ばち-あたり【罰当(た)り】〔名・形動〕罰が当たって当然なこと。また、そのさまや、そのような言動をした人。「―な(の)ことをする」「この―め」

はち-あわせ【鉢合(わ)せ】〔名〕スル ❶頭と頭とがぶつかり合うこと。「出会いがしらに―する」❷思いがけなく出会うこと。「借金取りと―する」

(類語)会う・邂逅かいこう・出会い・巡り合い・奇遇

ばち-あわせ【×撥合(わ)せ】雅楽で、調子を奏するときに用いられる琵琶の旋律。➡調子

はちいち-せんげん【八・一宣言】1935年8月1日、中華ソビエト共和国政府と中国共産党とが連名で、国民党政府に対して抗日統一戦線の結成を呼びかけた宣言。正式には「抗日救国のために全国同胞に告げる書」という。

はち-いつ【八×佾】中国唐代の雅楽に用いられた舞。日本に伝わったかどうかは不明。やつらのまい。

はち-いん【八音】《連声れんじょうで「はっちん」とも》❶中国で、発音体の材料によって分類した8種の楽器。金きん(鐘しょう)・石せき(磬けい)・糸し(弦楽器)・竹ちく(管楽器)・匏ほう(笙しょう)・土ど(壎けん)・革かく(鼓)・木もく(敔ぎょ)。はちおん。また、広く楽器や音楽のこと。❷雅楽で、平調ひょうじょう・黄鐘調おうしきちょう・盤渉調ばんしきちょう・壱越調いちこつちょう・双調そうじょう・太食調たいしきちょう・上無調かみむちょう・下無調しもむちょうの8種の音階。はちおん。❸➡はちおん(八音)❸

はち-うえ【鉢植え】植木鉢に植えてあること。また、その植物。「―の観葉植物」

バチェラー〖bachelor〗❶米国・英国で、大学卒業者の称号。学士。❷独身の男性。独身者。

バチェラー〖John Batchelor〗[1854～1944]英国の宣教師・アイヌ研究家。明治10年(1877)来日。64年間、アイヌへの伝道と教育・医療に尽くし、言語学・民俗学の研究に業績を残した。著「蝦英和三対辞書」。

バチェラー-オブ-アーツ〖Bachelor of Arts〗文学士。略号B.A.

バチェラー-オブ-サイエンス〖Bachelor of Science〗理学士。略号B.S.

ばち-えり【×撥襟】女物長着の襟の一。襟幅が襟先にいくにしたがって広くなるもの。浴衣やふだん着などに用いられる。

ば-ちえん【馬致遠】中国、元初の劇作家。大都(北京)の人。号、東籬とうり。元曲四大家の一人。王昭君を主題とした雑劇「漢宮秋」で有名。ほかに散曲を集めた「東籬楽府がふ」がある。生没年未詳。

はち-おうじ【八王子】㊀記紀神話で、天照大神あまてらすおおみかみが素戔嗚尊すさのおのみことと誓約をしたときに出現した五男三女神。また、それを合わせ祭る神社。㊁比叡山の山王七社の第四社。㊂過去世に現れた日月灯明仏が出家以前にもうけた八人の王子。

はちおうじ【八王子】東京都南西部の市。もと甲州街道の宿場町。絹織物の機業・集散地として発達し、桑都そうとと呼ばれた。現在は精密機器などの工業も盛ん。大学が多く、住宅地。高尾山や滝山城跡がある。人口58.0万(2010)。

はちおうじ-おり【八王子織】東京都八王子市付近で産する織物の総称。糸織り・節糸織り・銘仙・紬つむぎ・御召し・黒八丈・袴地はかまじなどがある。

はちおうじ-し【八王子市】➡八王子

はちおうじ-せんにんぐみ【八王子千人組】江戸幕府の職名。槍奉行の支配に属し、八王子に在住して甲州口を警衛。また、交替で日光・江戸の火の番を務めた。同心100人を1組として、その数が10組あったところからいう。八王子千人同心。八王子千本槍の衆。

はちおう-の-らん【八王の乱】中国、西晋末の291年から306年まで続いた内乱。武帝(司馬炎)の死後、外戚間の抗争から一族の有力な八人の王が政権を争い、西晋の滅亡を早めた。

はちおか-でら【蜂岡寺】広隆寺こうりゅうじの古称。

ばち-おと【×撥音¦×桴音】撥で弾き鳴らす音。また、桴で打ち鳴らす音。

はち-おん【八音】❶「はちいん(八音)❶」に同じ。❷「はちいん(八音)❷」に同じ。❸《連声れんじょうで「はっとん」とも》仏語。如来の説法の音声に備わる8種のすぐれた特徴。極好音・柔軟にゅうなん音・和適わてき音・尊慧そんえ音・不女音・不誤音・深遠じんおん音・不竭ふかつ音。八種梵音声はっしゅぼんおんじょう。

はち-かい【八戒】「八斎戒はっさいかい」に同じ。

はち-がい【八愷】《「愷」は和の意》中国古代の伝説上の帝、顓頊せんぎょく高陽氏の八人の才子。蒼舒・隤敳たいがい・檮戭とういん・大臨・尨降ぼうこう・庭堅・仲容・叔達の八人。

ば-ちがい【場違い】〔名・形動〕❶その場にふさわしくないこと。また、そのさま。「―な(の)格好」❷本場の産でないこと。また、そのさまや、そのもの。「―な(の)海産物」(類語)筋違い・お門違い

はちがえし【鉢返し】尺八曲の一。虚無僧が托鉢たくはつして布施を受けたとき、返礼として吹く曲。

はち-がしら【八頭】漢字の部首の一。「公」「六」などの「八」の称。

はちかずき【鉢かづき】御伽おとぎ草子23編の一。2巻。作者未詳。室町時代の成立とされる。母の臨終に鉢を頭にかぶせられた娘が継母のために家を追われるが、その鉢によって幸せになる話。継母説話に長谷観音の霊験譚れいげんたんを絡ませたもの。

はち-がつ【八月】1年の8番目の月。葉月はづき。(季 秋)「一の太白低し海の上/子規」

はちがつ-おどり【八月踊(り)】奄美群島・沖縄本島などで、陰暦8月に行われる民俗舞踊。老若男女が広場で輪になって歌をかけ合いながら踊る。

はちかつぎ【鉢かつぎ】➡はちかずき

はち-がね【鉢金】兜かぶとの鉢。また、その形のもの。

ばち-かわ【×撥皮¦×撥革】三味線や琵琶の、撥の当たる部分に重ねて貼はった小さい半円形の皮。

バチカン〖Vatican〗㊀イタリアのローマ市内に位置する、ローマ教皇を元首とする世界最小の独立国。正称、バチカン市国。1929年、イタリアとのラテラン協定によって成立。全カトリック教会の総本山である教皇庁が所在。バチカン宮殿・システィナ礼拝堂・サンピエトロ大聖堂・バチカン美術館などがあり、84年、世界遺産(文化遺産)に登録された。面積0.44平方キロメートル。人口829人(2010)。㊁ローマ教皇庁の異称。

バチカン-きゅうでん【バチカン宮殿】《Palazzi Vaticani》バチカン市国のサンピエトロ大聖堂に隣接する宮殿。5世紀末にローマ教皇シンマクスが建てた居館に起源する。14世紀に教皇グレゴリウス11世が教皇庁を置き、宮殿としての整備を行った。教皇の居館のほか、歴代教皇の収集品を展示するバチカン美術館、ミケランジェロの天井画で知られるシスティナ礼拝堂、バチカン図書館などがある。1984年、「バチカン市国」の名称で世界遺産(文化遺産)に登録された。

バチカン-ぎんこう【バチカン銀行】➡アイ-オー-アール(IOR)

はち-かんじごく【八寒地獄】➡はっかんじごく(八寒地獄)

バチカン-しこく【バチカン市国】「バチカン㊀」の正称。

はち-ぎ【八議】中国、唐代の裁判で、罪を減免した八つの条件。議親・議故・議賢・議能・議功・議貴・議勤・議賓。➡六議りくぎ

はち-ぎゃく【八虐¦八逆】古代の律に定められた八つの重罪。謀反むへん・謀大逆ぼうたいぎゃく・謀叛むほん・悪逆・不道・大不敬・不孝ふきょう・不義の八。大赦にも除外された。

はち-き・れる【はち切れる】〔動ラ下一〕中身がいっぱいになって裂けて切れる。「おなかが―・れるほど食べる」「喜びで―・れんばかりの笑顔」

は-ちく【破竹】❶竹を割ること。❷「破竹の勢い」の略。「―の快進撃」

破竹の勢い 《「晋書」杜預伝から》竹が最初の一節を割るとあとは一気に割れるように、勢いが激しくてとどめがたいこと。「―で連戦連勝する」

は-ちく【▽淡竹】イネ科の植物。高さ約10メートル。質は堅く、表面に白粉がつき、節に二環がある。茶筅ちゃせん・提灯・傘の骨などに使われ、竹の皮は草履や包装用、竹の子は食用とする。中国の原産。呉竹くれたけ。唐竹からたけ。

はちく-ぞうり【▽淡竹草履】ハチクの皮で作った草履。

はちくどく-すい【八功徳水】➡はっくどくすい(八功徳水)

はち-くま【蜂角=鷹¦蜂熊】タカ科の鳥。全長約60センチ。外見がクマタカに似る。ハチの幼虫・さなぎを好むが、カエル・ヘビなども食べる。ユーラシア中部に分布。日本には夏鳥として渡来。

はち-くらげ【鉢水=母】ハチクラゲ綱の腔腸こうちょう動物の総称。ミズクラゲ・アカクラゲ・ビゼンクラゲなどがあり、すべて海産。無性生殖をする小形で目立たないポリプの世代と、有性生殖をする大形に発達したクラゲの世代とが交互に現れる。

ぱちくり〔副〕スル 驚いたりあきれたりしたときなどに、まばたきするさま。「目を―(と)させる」

はち-けん【八間】平たい大形の釣り行灯あんどん。湯屋・寄席・居酒屋など人の集まる所で、天井などにつるして用いた。八方はっぽう。八間行灯。

はち-げん【八元】《「元」は善の意》中国古代の伝説上の帝、嚳こく高辛氏の八人の才子。伯奮・仲堪・叔献・季仲・伯虎・仲熊・叔豹・季貍の八人。

はち-げん【▽発言】「はつげん」の音変化。「此の町へ足をも踏み込むまいと―を放し」〈浮・禁短気・四〉

はちげん-はちがい【八元八愷】八元と八愷。古代中国の16人の才子。

はちけんや【八軒屋】大坂天満橋から天神橋までの淀川南岸の地域。もと、伏見通いの淀舟の発着場。

はち-こう【ハチ公】➡忠犬ハチ公

はち-こく【八穀】稲・黍きび・大麦・小麦・大豆・小豆・粟あわ・麻の、8種類の穀物。

バチコボ-しゅうどういん【バチコボ修道院】《Bachkovski manastir》ブルガリア中南部、ロドピ山脈北麓にあるブルガリア正教会の修道院。プロブディフの南東約30キロメートルに位置する。11世紀末、東ローマ帝国の軍司令官を務めたグルジア出身のパクリアニ家の兄弟により建造。同国のリラ修道院に次ぐ規模を誇り、ビザンチン様式の華麗なフレスコ画などが残っている。バチコボ僧院。

バチコボ-そういん【バチコボ僧院】《Bachkovski manastir》➡バチコボ修道院

はち-ざ【八座】《定員が8名だったところから》参議の異称。やくらのつかさ。

はち-ざかな【鉢×肴】鉢に盛って出す酒の肴さかな。また、懐石料理で、焼き魚のこと。

ばち-さばき【×撥×捌き¦×桴×捌き】❶(撥捌き)琵琶・三味線などの撥の扱い方。❷(桴捌き)太鼓の桴の扱い方。

はち-じ【八字】❶「八」の字の形。また、その形をしたもの。八の字。❷8個の文字。
はちじかんろうどう-せい【八時間労働制】ハチジカン ロウドウセー 1日の労働時間を8時間とする制度。日本では、労働基準法で制度化されている。
はち-しき【八識】▶はっしき(八識)
はち-じく【八軸】ヂク 巻子かん仕立てのもの八つ。特に、8巻から成る法華経。「一の妙文」〈平家・灌頂〉
はちじっしゅ-こう【八十種好】ゴウ「八十随形好はちじゅうずいぎょうこう」に同じ。
はちじ-ひげ【八字×髭】八の字の形をした口ひげ。八の字ひげ。
はちじ-まゆ【八字眉】八の字の形に下がった眉。また、顔をしかめて八の字の形になった眉。八の字眉。
はち-じゅう【八十】ジフ ❶10の8倍の数。やそ。❷80歳。80年。やそじ。
はちじゅう-ずいぎょうこう【八十随形好】ハチジフズイ ギヤウカウ 仏の身体に備わる80の付随的な特徴。三十二相が顕著であるのに対し、微細で見分けにくい特徴。八十種好はちじっしゅごう。
はちじゅうにちかんせかいいっしゅう【八十日間世界一周】ハチジフニチカン セカイイッシウ《原題、フラ ンスLe Tour du monde en quatre-vingts jours》ベルヌの長編空想科学小説。1873年刊。80日間で世界一周をするという賭かけに挑戦してロンドンを出発したフォッグ氏のさまざまな冒険を描く。
はちじゅう-の-みつご【八十の三つ▽児】ハチジフ ー 人間は老齢になるとおさな子のようになること。
はちじゅうはち-の-いわい【八十八の祝(い)】ハチジフ ハチ―いはひ 88歳になったお祝い。米寿。米よねの祝い。
はちじゅうはち-の-ますかき【八十八の×枡×掻き】ハチジフ ハチ― 商売繁盛の縁起を祝うために、88歳の人に米の枡掻きを切ってもらうこと。
はちじゅうはち-や【八十八夜】ハチジフ ハチ― 雑節の一。立春から88日目で、5月2日ごろにあたる。このころから農家は種まき・茶摘み・養蚕などに忙しい時期となる。(季 春)「霜なくて曇る一かな/子規」
八十八夜の別わかれ霜じも 八十八夜の頃に降りる霜。この季節の最後の霜で、以後は降りないとされる。
はちじゅうはっ-かしょ【八十八箇所】ハチジフ ハッー「四国八十八箇所」の略。
はちじゅう-まっしゃ【八十末社】ハチジフ ー ❶伊勢内宮に属する80の末社。❷《❶の意から、大神だいじんを大尽に掛けて》大尽の取り巻き。また、多くの眷属けんぞく。「大酒、食悦しょくえつ、おかげをかうぶる―」〈浄・淀鯉〉
はちじょう【八丈】ハチヂャウ ❶「八丈島」の略。❷「八丈絹」「八丈縞」の略。「黄―」
はちじょう-がみ【八×帖紙】ハチデフ ー《紙8帖を要するところからという》正月の門松などに掛ける白紙の大きな幣ぬさ。新潟・長野・山梨・愛知の各県に分布。
はちじょう-ぎぬ【八丈絹】ハチヂャウ ー ❶八丈島で織られる、多く平織りの絹織物。島内産の植物染料で、黄・鳶とび・黒などに絹糸を染めたもの。また、各地に産する類似の織物。黄八丈・鳶八丈・黒八丈など。❷1匹の長さが8丈(約24メートル)の絹織物。
はちじょう-ぐわ【八丈桑】ハチヂャウ グハ クワ科の落葉小高木。枝分かれが多く、葉は厚くつやがあり、先が尾状にとがる。伊豆諸島に分布。
はちじょう-しだ【八丈羊×歯】ハチヂャウ ー イノモトソウ科の常緑多年生のシダ。暖地に自生。葉は長さ約1メートルで、長く堅い柄があり、羽状に細かく深く裂けている。
はちじょう-じま【八丈島】ハチヂャウ ー 伊豆七島の一。東京都八丈支庁に属し、火山島。八丈絹を特産し、園芸用の熱帯植物の栽培も盛ん。明治初年まで流刑地とされていた。面積68.3平方キロメートル。
はちじょう-じま【八丈×縞】ハチヂャウ ー 八丈絹❶の縞物。
はちじょうじまとうほうおき-じしん【八丈島東方沖地震】ハチヂャウジマトウハウおき ヂシン 昭和47年(1972)12月4日、八丈島の東方沖で発生したマグニチュード7.2の地震。八丈島で震度6を観測。八丈島と青ヶ島では、落石や土砂崩れなどの被害を受けた。
はちじょう-だからがい【八丈宝貝】ハチヂャウ だからがひ タカラガイ科の巻き貝。暖海の岩礁にすむ。殻高8センチくらい。殻は厚く、背面が卵形にふくれ、殻表は栗色の地に青褐色の斑紋が散在。本州中部から南に分布。こやすがい。
はちじょう-な【八丈菜】ハチヂャウ ー キク科の多年草。中部地方以北の海岸の近くに自生。高さ約60センチ。葉は長楕円形。8～10月ごろ、黄色い頭状花をつける。
はち-じん【八陣】ヂン 中国の兵法で、古くから唱えられた8種類の陣立て。日本では、ふつう、平安時代に大江維時おおえのこれときが唐から学んだという、魚鱗・鶴翼・長蛇・偃月えんげつ(または彎月わんげつ)・鋒矢ほうし・方円・衡軛こうやく・雁行がんこうの8種をいう。孫子・呉子のもの、諸葛亮の考案したものなどがある。
はち-す【蜂巣】ハチの巣。
はち-す【×蓮】❶《果実が蜂巣状をなすところから》ハスの別名。(季 夏)「利根川のふるきみなとの―かな/秋桜子」❷ムクゲの別名。
はちす-おり【蜂巣織(り)】織物の表面に細かいひし形または方形の凹凸を作る織り方。また、その織物。枡ます織り。
バチスカーフ〖フラ ンス bathyscaphe〗《ギリシャ語の深い小舟の意から》深海の観測・調査用の有人潜水艇。スイスのA=ピカールが考案。自重と浮力とを釣り合わせ、下降は海水の取り込みにより、浮上は鉄弾を捨てることにより行う。バシスカーフ。
はちすか-いえまさ【蜂須賀家政】いへ まさ[1558～1638]安土桃山時代・江戸初期の武将。尾張の人。父正勝とともに織田信長・豊臣秀吉に仕え、阿波国を与えられて徳島城主となった。関ヶ原の戦いには西軍に加えられたが応ぜず、子の至鎮よししげが徳川方に属した。
はちすか-ころく【蜂須賀小六】蜂須賀正勝の幼名。
はちすか-まさかつ【蜂須賀正勝】[1526～1586]安土桃山時代の武将。尾張の人。幼名、小六。豊臣秀吉に従って数々の戦功を挙げた。徳島城主蜂須賀家の祖。
はち-すけ【八▽介】武家で介すけの通称を名のることを許された八家。秋田城介(出羽)・三浦介(相模)・千葉介(下総しもうさ)・上総かずさ介(上総)・狩野介(伊豆)・井伊介(遠江とおとうみ)・富樫とがし介(加賀)・大内介(周防すおう)。
はち-すずめ【蜂×雀】ハチドリの別名。
バチスタ-しゅじゅつ【バチスタ手術】心臓の筋肉細胞が変化して膨張し、収縮力が落ちる拡張型心筋症に対する手術。左心室の変質した心筋を切除して縫い縮め、収縮力を回復させる。心臓移植に代わる治療法として、1980年代にブラジルの医師ランダス=J=V=バチスタ(Batista)によって考案された。左室縮小形成術。左室形成手術。ドール手術。
バチスト〖フラ ンス batiste〗《最初の製造者の名から》細い糸で平織りにした薄手で上等の白麻や木綿地。ハンカチ・肌着・ブラウス・ワンピースなどに使われる。
はちす-の-いと【×蓮の糸】ハスの茎や葉からとれるという糸。極楽往生の縁を結ぶとされる。「この世より―に結ぼほれ西に心のひく我が身かな」〈新続古今・八〉
はちす-の-うてな【×蓮の▽台】「はすのうてな」に同じ。「暁の―いろいろにしみまさるなり糸竹の声」〈夫木・三四〉
はちす-の-ざ【×蓮の座】「蓮はちすの台うてな」に同じ。「後の世には同じ―をも分けむ」〈源・御法〉
はちす-ば【×蓮葉】ハスの葉。「一の濁りにしまぬ心もて何かは露を玉とあざむく」〈古今・夏〉
パチ-スロ パチンコ型スロットマシンの略称。横に並んだ三つの回胴(ドラム)を入れて回転させ、押しボタンで停止させて絵や文字をそろえるゲーム機械。
ハチソン〖Francis Hutcheson〗[1694～1746]英国の哲学者。人間の心性には善悪の別を判断する自然で普遍的な道徳感覚があると主張し、また善の基準は最大多数の最大幸福にあると説いた。
はちだ-あみ【八田網】敷き網の一。浅い袋状の網を2艘そうの船で海底近くに敷き広げ、魚が網の上に来たときに引き上げる。イワシ漁などに使われた。

漢字項目 はち

八 学1 音ハチ(呉) ハツ(漢) 訓や、やつ、やっつ、よう ‖ ㊀〈ハチ〉①数の名。やっつ。「八卦はっけ・八州・八方/尺八・四苦八苦・四通八達」②八番目。「八階・八月」③八回。「七転八倒しちてんばっとう」㊁〈や〉「八重・八千代」名付 かず・わ・わかつ 難読 八仙花あじさい・八幡船ばはんせん・八百長やおちょう・八百屋やおや・八寸やき・八尺瓊やさかに・八洲やしま・八十やそ・八十やそじ・八咫やた・八岐大蛇やまたのおろち

鉢 音ハチ(呉) ハツ(漢) ‖ ㊀〈ハチ〉上部の開いた容器。「金鉢かなばち・乳鉢・火鉢ひばち・手水鉢ちょうずばち」㊁〈ハツ〉僧の用いる食器。「衣鉢・托鉢たくはつ」補説 もと、梵語の音訳字。

漢字項目 ばち

【罰】▶ばつ
【×撥】▶はつ

はち-だい【八代】❶八つの王朝・時代。❷㊀中国の八つの王朝をいう。㋐漢・魏・呉・晋・宋・斉・梁・陳の称。「一詩選」㋑晋・宋・斉・梁・陳・周・隋・唐の称。「一史」㋒後漢・魏・晋・宋・斉・梁・陳・隋の称。㊁中国の伝説上の三皇さんこうと五帝ごていの世。
はち-だいか【八大家】唐宋とうそう八家のこと。
はちだい-さんじん【八大山人】[1626～1705]中国、清初の画家。南昌(江西省)の人。明の王族出身。字あざなは雪个せっこ。別号、伝綮でんけい。朱耷しゅとうとも。
はち-だいじごく【八大地獄】ーダイ ヂゴク 熱気で責め苦しめられる8種の地獄。等活・黒縄こくじょう・衆合しゅごう・叫喚・大叫喚・焦熱・大焦熱・阿鼻(無間むけん)の八地獄。八熱地獄。八大奈落。⇒地獄❶
はちだい-しゅう【八代集】ーシフ 古今和歌集以下、平安時代から鎌倉初期までの八つの勅撰和歌集の総称。古今和歌集・後撰和歌集・拾遺和歌集・後拾遺和歌集・金葉和歌集・詞花和歌集・千載和歌集・新古今和歌集。
はちだいしゅうしょう【八代集抄】ハチダイ シフセウ 江戸前期の注釈書。108巻50冊。北村季吟著。天和2年(1682)刊。八代集の本文を校定し、歌集の解題、各歌の略解、作者の略伝を記述したもの。
はち-だいどうじ【八大童子】密教で、不動明王の使者である八人の童子。慧光えこう・慧喜・阿耨達あのくた・指徳・烏倶婆迦うぐばか・清浄・矜羯羅こんがら・制吒迦せいたかの八童子。八大金剛童子。
はち-だいならく【八大奈落】▶八大地獄
はちだい-の-すい【八代の衰】中国で、八代❷㊀㋒の時代には、駢文べんぶんが盛んで、散文が衰えたこと。
はち-だいぼさつ【八大菩薩】正法を護持し、衆生しゅじょうを救済する8体の菩薩。薬師経では、文殊師利・観世音・得大勢至・無尽意・宝檀華・薬王・薬上・弥勒みろくの八菩薩。
はち-だいみょうおう【八大明王】ーダイミ ヤウワウ ㊀八方守護をつかさどる8体の明王。八大菩薩ぼさつの変現。五大明王の不動・降三世ごうざんぜ・軍荼利ぐんだり・大威徳・金剛夜叉こんごうやしゃに、穢迹えしゃくまたは烏蒭沙摩うすさま・無能勝・馬頭の三明王を加えたもの。㊁八大菩薩から現出した、降三世・大威徳・大笑・大輪・馬頭・無能勝・不動・歩擲ぶちゃくの8体の明王。
はち-だいやしゃ【八大夜叉】毘沙門天びしゃもんてんの眷属けんぞくまたは兄弟で、仏法を守護する8体の夜叉。宝賢・満賢・散支・衆徳・憶念・大満・無比力・密厳。
はち-だいりゅうおう【八大竜王】ーダイリ ユウワウ 法華経賛嘆さんだんの法会に列した8体の護法の竜王。難陀なんだ・跋難陀ばつなんだ・沙伽羅しゃから・和修吉わしゅきつ・徳叉迦とくしゃか・阿那婆達多あなばだった・摩那斯まなし・優鉢羅うはつらの八竜王。雨をつかさどるという。八大竜神。八竜王。
ばち-だこ【×撥胼=胝】三味線・琵琶びわなどをよく弾くために、撥を持つ手指にできるたこ。
はち-たたき【鉢×叩き】❶空也くうや念仏のこと。❷空也念仏を行いながら勧進すること。また、その人々。江戸時代には門付け芸にもなった。特に、京都の空也堂の行者が陰暦11月13日の空也忌から大晦日までの48日間、鉦かねやひょうたんをたたきながら行うも

のが有名。〔季 冬〕「長嘯ちょうしょう(=歌人)の墓もめぐるか―/芭蕉」

はちだん【八段】箏曲そうきょく。八橋検校作曲。8段からなる段物で、各段は104拍(初段のみ108拍)、テンポはしだいに速くなり、曲尾では遅くなる。八段の調しらべ。⇒段物

ぱち-つか・せる〔動サ下一〕❶ぱちぱちと音をたてる。「扇子を―・せて」〈漱石・坊っちゃん〉❷しきりにまばたきする。「びっくりして目を―・せる」

はち-つけ【鉢付】「鉢付の板」の略。

はちつけ-の-いた【鉢付の板】兜かぶとの鉢に取り付ける錏しころの1枚目の板。

ぱちっ-と〔副〕❶物を勢いよく打ち合わせる音や、そのさまを表す語。ぱちんと。「財布の口金を―閉める」❷物が勢いよくはねたりはじけたりするさま。ぱちんと。「ゴマが―はぜる」❸目を大きく見開くさま。ぱっちりと。「起こされて―目を開く」

はち-ど【八度】▶オクターブ

はち-どう【八道】ダウ ❶「八正道はっしょうどう」の略。❷㊀律令制で、東海・東山・北陸・山陰・山陽・南海・西海の七道に畿内を加えたもの。また、明治時代、七道に北海道を加えた称。㊁朝鮮の行政区画としての八つの道。京畿・江原・咸鏡・平安・黄海・忠清・慶尚・全羅。

はち-どり【蜂鳥】アマツバメ目ハチドリ科の鳥の総称。南北アメリカに300種以上が知られ、主に熱帯・亜熱帯林にすむ。全長7センチ以下のものが多く、最小種は約5センチで、鳥類中でいちばん小さい。雄の羽色は多彩で金属光沢があり、雌はそれより地味。非常に速く羽ばたきながら空中に静止し、細いくちばしで花の蜜を吸い小昆虫を捕食する。ハミングバード。はちすずめ。

はち-なん【八難】❶仏語。仏を見ず、法を聞くのに妨げとなる八つの境界。地獄・餓鬼・畜生・長寿天・辺地・盲聾瘖瘂もうろういんあ・世智弁聡せちべんそう・仏前仏後。❷八つの災難。すなわち、飢・渇・寒・暑・水・火・刀・兵の難。❸八つの欠点。転じて、多くの欠点。七難。

はちナンバー-しゃ【八ナンバー車】特種用途自動車の通称。ナンバープレートの分類番号が8で始まることから。

はち-にん【八人】❶8名の人。❷《「火」の字を分解すると「八人」となるところから》火のこと。八人童子。

はちにん-がた【八人肩】八人が交代で駕籠かごを担ぐこと。また、その駕籠。八枚肩。「―の大乗物」〈浮・一代男・七〉

はちにん-げい【八人芸】一人で八人分の楽器や声色こわいろなどを聞かせる芸。万治・寛文(1658～1673)のころから流行。

はち-ねつじごく【八熱地獄】ハチネツヂゴク ▶八大地獄

はち-の-き【鉢の木】鉢植えの木。

はちのき【鉢木】謡曲。四番目物。零落の身の佐野源左衛門常世は、大雪の夜、旅僧に身をやつした北条時頼を泊め、秘蔵の鉢の木を焚たいてもてなし、いざ鎌倉のときの決意を語る。後日、それが報いられ、旧領の回復と鉢の木にちなむ三領地を与えられる。

はち-の-こ【蜂の子】❶ハチの幼虫。特に、クロスズメバチの幼虫。信州地方で甘露煮や蜂の子飯などにして賞味。〔季 秋〕❷カヤ(榧)の実のこと。

はち-の-こ【鉢の子】「鉢❶」に同じ。

はち-の-こし【蜂の腰】砂時計で、中央部のくびれた部分のこと。

はち-の-じ【八の字】「八」の字の形。「―眉まゆ」

八の字を寄・せる 眉まゆを八の字にして眉間みけんにしわを寄せる。顔をしかめる。「―・せて考え込む」

はちのじ-きどう【八の字軌道】キダウ ▶準天頂軌道

はち-の-す【蜂の巣】❶ハチが幼虫を育てたり花の蜜などを蓄えたりするために作る巣。一般には、六角形の多数の巣部屋のある、アシナガバチ・スズメバチ・ミツバチなどの巣をいう。〔季 春〕「―をもやす夜のあり谷向ひ/石鼎」❷小さい穴がたくさんあいた状態のたとえ。「機関銃で車が―になる」❸工具の一。鋳鋼製の角形の台で、側面に三角、丸、四角などの穴があけてある。金敷の補助に用いる。❹牛の第二胃。網目状の胃壁が蜂の巣と似ることから。煮込み料理などに向く。⇒ミノ ⇒センマイ ⇒ギアラ

蜂の巣をつついたよう 大騒ぎとなって収拾がつかないさま。「―な騒ぎ」

はちのへ【八戸】青森県南東部、太平洋に面する市。漁業・重化学工業が盛ん。もと南部氏の城下町。鎌倉時代に、当時の糠部ぬかのぶ郡を一戸いちのへから九戸くのへまでに分けて統括したことからの名。人口23.7万(2010)。

はちのへ-こうぎょうだいがく【八戸工業大学】コウゲフダイガク 青森県八戸市にある私立大学。昭和47年(1972)に開学。平成7年(1995)には大学院を設置した。

はちのへ-し【八戸市】▶八戸

はちのへ-だいがく【八戸大学】青森県八戸市にある私立大学。昭和34年(1959)に設立された光星学院を母体として、昭和56年(1981)に開学した。

はちはい-どうふ【八杯豆腐】薄く細長く切った豆腐を、水4杯・醤油2杯・酒2杯の割合の汁で煮て、葛くずを加えた料理。うどん豆腐。

はち-はち【八八】❶8と8。また、8の8倍。❷花札の遊び方の一。88点以上を勝ちとして、12回で勝負を争うもの。はち。はちじゅうはち。

はち-はち【鉢鉢】〔感〕托鉢たくはつ僧が、門前に立って物乞ものごいをするときに発する語。はっちはっち。「御存じの坊主―」〈浮・椀久一世〉

ぱち-ぱち〔副〕スル ❶物を続けざまに打ち合わせる音を表す語。「―(と)拍手する」❷物が続けざまにはねたりはじけたりする音を表す語。「たき火が―(と)燃える」❸続けざまにカメラのシャッターを切るさま。「会見の模様を―(と)カメラに収める」❹しきりにまばたきするさま。「目を―させる」

はちはち-かんたい【八八艦隊】旧日本海軍の建艦案。各8隻の戦艦と巡洋戦艦とを基幹とする大艦隊計画であったが、大正10年(1921)のワシントン軍縮条約の締結で中止。

は-ちびき【葉血引】スズキ目ハチビキ科の海水魚。全長約50センチ。背は赤褐色、腹は淡色。本州中部以南や南アフリカのやや深海に分布。

はち-びたい【鉢額】ビタヒ はげ上がって、広く突き出た額をあざけっていう語。「『額こそは高けれ』『―で候ふもの』」〈虎寛狂・今参〉

はちビット-パソコン【8ビットパソコン】《8bit personal computer》CPUに8ビットのマイクロプロセッサーを搭載したパーソナルコンピューター。1970年代後半から80年代前半に登場した。

はち-びょう【八病】ビャウ ▶詩八病しはちへい

はち-ひらき【鉢開き】《「はちびらき」とも》❶鉢の使い初め。「今日の振舞ひは、ただ亭主の―にて候」〈咄・醒睡笑・七〉❷「鉢坊主」に同じ。「その隣は―、その次は放下師」〈浮・一代男・二〉

はちひらき-ぼうず【鉢開き坊主】バウズ「鉢坊主」に同じ。「米の乏しき―となりて」〈浮・胸算用・一〉

ばち-びん【×撥×鬢】江戸中期に流行した男子の髪形の一。両鬢を三味線の撥の形にそり込んだもの。

はち-ひんし【八品詞】英文法などで行われている伝統的な八つの品詞分類。名詞・代名詞・形容詞・動詞・副詞・前置詞・接続詞・間投詞の称。

ばちびん-しょうせつ【×撥×鬢小説】セウセツ 撥鬢奴を主人公にして、その任侠を描いた小説。村上浪六ろうろくが好んで書き、明治30年代に人気を呼んだ。

ばちびん-やっこ【×撥×鬢▽奴】髪形を撥鬢にしていること。また、その町奴まちやっこ。

はち-ぶ【八分】〔名〕スル ❶一分いちぶの8倍。㋐10分の8。8割。8分目。「書類に―どおり目を通す」㋑100分の8。❷仲間はずれにすること。「今日は―したゆえ」〈二葉亭・浮雲〉

はち-ぶ【八部】「八部衆」の略。

はちぶ-おんぷ【八分音符】▶はちぶんおんぷ(八分音符)

はち-ぶ・く【蜂吹く】〔動カ四〕口をとがらせて文句を言う。不平を言う。「鼻などうち赤めつつ―・き言へば」〈源・松風〉

はち-ふくでん【八福田】仏語。敬い仕えると福徳を生じるものを、田にたとえて8種にしたもの。仏・聖人・和尚わじょう・阿闍梨あじゃり・僧・父・母・病人。または、仏・法・僧・知法人・遠行来人・遠去人・飢餓人・病人。

はちぶ-しゅう【八部衆】仏法を守護する八体一組の仏の眷属けんぞく。天・竜・夜叉やしゃ・乾闥婆けんだつば・阿修羅・迦楼羅かるら・緊那羅きんなら・摩睺羅伽まごらが。天竜八部衆。

はちぶせ-こうげん【鉢伏高原】カウゲン 兵庫県北西部、養父やぶ市関宮せきのみやに広がる高原。標高800メートル前後で、主峰は鉢伏山(標高1221メートル)。冬季はスキー場、夏季はキャンプ場としてにぎわう。ヤマドリゼンマイの群落が見られる。氷ノ山ひょうのせん後山うしろやま那岐山なぎさん国定公園に属する。

パチ-プロ《プロはprofessionalから》パチンコを職業にしている人。

はちぶん-おんぷ【八分音符】全音符の8分の1の長さを表す音符。はちぶおんぷ。

はちぶん-ぎ【八分儀】船の位置を決めるときに、天体の高度を測る器械。六分儀の前身で、目盛り環は円周の8分の1の45度が用いられている。オクタント。

はちぶんぎ-ざ【八分儀座】天の南極の含まれる小星座。日本からは見えない。学名 ラテ Octans

はちぶん-め【八分目】❶10分の8の分量。8割程度。「コップに水を―ほど入れる」❷物事を控えめにすること。ほどほどの程度。「腹―」

はち-へい【八病】▶詩八病しはちへい

はち-へいじ【八平氏】《「はちへいし」とも》桓武平氏の末流で関東に勢力を張った、千葉・上総かずさ・三浦・土肥・秩父・大庭おおば・梶原・長尾の八氏。坂東八平氏。

はち-ぼ【八墓】平安時代、朝廷で管理した皇親・外戚八人の墓。以後、歴代の親疎によって加除があり、一定ではない。荷前のさきの使いをつかわされた。

はち-ぼうず【鉢坊主】バウズ 托鉢たくはつして金品を乞い歩く僧。鉢開き。鉢開き坊主。「―も見かへらねば」〈鶉衣・糸瓜辞〉

はち-ぼく【八木】❶8種の木。松・柏かしわ・桑・棗なつめ・橘たちばな・柘つげ・楡にれ・竹の称。❷《米の字を分解すると八と木になるところから》米のこと。「難波の入り湊に―の商売をして」〈浮・永代蔵・一〉

はち-まい【八枚】紙・板・貨幣など薄いもの八つ。

はちまい-がた【八枚肩】「八人肩はちにんがた」に同じ。「乗り物やれ、参れと伝へて―」〈浄・会稽山〉

はちまい-かんばん【八枚看板】江戸時代、上方の歌舞伎劇場の看板の一。一座の主要な男役の俳優8人の名を、8枚の看板に記して木戸前に掲げるもの。表八枚。

はちまい-きしょう【八枚起▽請】キシャウ 牛王ごおうの印のある用紙を8枚継いで書いた、特に丁寧な起請文。

はち-まえ【鉢前】マヘ 座敷・方丈・客殿などの縁先に設けられる手水ちょうずの設備。台石の上に手水鉢を置き、手洗い用と茶会の手水用とがある。

はち-まき【鉢巻(き)】❶額や後頭部のあたりを布・手拭いなどで巻くこと。また、その布。❷昔、武士が武装の際、兜かぶとの下の烏帽子えぼしがぬげ落ちるのを防ぐため、ふちを布で巻いたこと。また、その布。❸帽子のふちを細布で巻いたもの。❹土蔵造りで、防火用に粘土と漆喰しっくいを厚く塗り込めた軒下部分。

類語 ねじり鉢巻き

はちまるいちはちろく〖80186〗米国インテル社が開発した16ビットマイクロプロセッサー。同社8086の改良版として登場。

はちまるにてんいちろく-エー〖802.16a〗▶ワイマックス

はちまるにはちろく〖80286〗米国インテル社が開発した16ビットマイクロプロセッサー。同社8086、8088の後継として登場。単に286とも略される。

はちまるはちはち〖8088〗米国インテル社が開発した16ビットマイクロプロセッサー。同社の8086の廉価版に位置づけられる。

はちまるはちろく〖8086〗米国インテル社が開発した同社初の16ビットマイクロプロセッサーの製品名。

はち-まん【八万】「八万四千はちまんしせん」の略。

はちまん【八×幡】㊀〔名〕「八幡宮」「八幡神」の略。㊁〔副〕❶《八幡神に誓って、の意から》断じて。確かに。誓って。「一忘れは致さぬ」〈紅葉・色懺悔〉「一我らも心底変はらぬ」〈浄・鑓の権三〉❷（八幡神に願うの意で、感動詞のように用いて）ぜひとも。どうぞ。必ず。「一一夜のお情あれ」〈浄・嫗山姥〉類語 神社・社やしろ・宮みや・神殿・神廟しんびょう・社殿・廟宇びょうう・神宮・鎮守ちんじゅ・祠ほこら・大社・稲荷いなり・本社・摂社・末社・祠堂しどう

八幡掛けて　八幡神に誓っての意で、うそいつわりのない気持ちを表すときにいう。誓って。断じて。「一忠誠を尽くす」

はちまん-ぐう【八×幡宮】八幡神を祭神とする神社の総称。

はちまん-ざ【八×幡座】《八幡神の宿る所の意から》兜かぶとの鉢の頂上。中央に孔があり、その縁に台座・菊座・上玉あげだまの金物がある。神宿かんやどり。

はちまん-じごく【八万地獄】ヂゴク 仏語。煩悩ぼんのうのために受ける数多くの苦しみを、地獄にたとえていう語。八万奈落。

はちまん-しせん【八万四千】仏教で、数の多いことを表す語。「一の煩悩」

はちまん-じん【八幡神】八幡宮の祭神。応神天皇を主座とし、左右に比売ひめ神、神功じんぐう皇后を配して三座で一体とするが、左右二座には仲哀天皇、玉依姫命を置くなどの例もある。古くは皇室の祖神、源氏の氏神として信仰され、のち、武家の守護神となった。日本全国で、広く祀られている。八幡大神。やわたのかみ。

はちまん-せん【八×幡船】▶ばはんせん（八幡船）

はちまんたい【八幡平】㊀岩手県北西部にある市。安比あっぴ高原・八幡平などのスキー場、藤七・松川・御在所などの温泉がある観光保養地。ホウレンソウの栽培が盛ん。平成17年（2005）9月に西根町・松尾村・安代あしろ町が合併して成立。人口2.9万（2010）。㊁岩手・秋田両県にまたがる火山。高原状をなし、標高1614メートル。十和田八幡平国立公園の主要地。温泉・スキー場が多い。

はちまんたい-し【八幡平市】▶八幡平㊀

はちまん-だいぼさつ【八幡大菩薩】㊀八幡神に対する称号。神仏習合によって起こり、八幡神の本地を菩薩としたもの。㊁〔副〕《八幡大菩薩に誓って、の意から》必ず。断じて。決して。「一、是非に貰はねばきかぬ」〈難波鉦・六〉

はちまん-たろう【八幡太郎】ハチマンタラウ 源義家の通称。石清水いわしみず八幡宮で元服したことによる。

はちまん-づくり【八×幡造（り）】神社本殿形式の一。切妻造り・平入りの社殿二つを前後につなぎ、両方の屋根が接する部分に樋といを設けたもの。宇佐神宮・石清水いわしみず八幡宮の本殿などにみられる。

はちまん-どりい【八×幡鳥居】ーヰ ▶宇佐鳥居うさとりい

はちまん-ならく【八万奈落】「八万地獄」に同じ。

はちまん-ぬま【八幡沼】岩手県北西部、秋田県との県境にある沼。八幡平はちまんたいの火口湖。湖面の標高1560メートル、長さ570メートル、幅190メートル。深度は22.4メートル。周辺には湿原が広がり、ミズバショウ・ニッコウキスゲなどの高山植物の宝庫。

はちまんまつりよみやのにぎわい【八幡祭小望月賑】ハチマンマツリヨミヤノニギハヒ 歌舞伎狂言。世話物。4幕。河竹黙阿弥作。万延元年（1860）江戸市村座初演。文化4年（1807）深川八幡祭で永代橋が落ちた事件と、文政元年（1818）本郷の呉服屋が深川芸者を刺殺した事件を脚色。通称「縮屋新助」「美代吉殺し」。

はちみ-がん【八味丸】グワン《「八味地黄じおう丸」の略》漢方薬、地黄丸の一種。▶地黄丸

はち-みつ【蜂蜜】ミツバチが花から集めてきて巣に蓄えた蜜。淡黄色から褐色の粘りけの強い液体。大部分が果糖とぶどう糖で、甘く、栄養価が高い。食用・薬用。

はちみつ-いろ【蜂蜜色】蜂蜜のような色。淡い赤黄色。

はちみつ-が【蜂蜜×蛾】メイガ科の昆虫。翅はねの開張2〜3センチ、灰色または淡褐色。幼虫はミツバチの巣を食害。

はち-ミリ【八ミリ】8ミリ幅のフィルム。また、それを用いるカメラ・映写機・映画など。

はち-めん【八面】❶八つの平面。▶八面体 ❷八つの顔。❸八つの方向・方面。八方。また、すべての方面。

ばち-めん【×撥面】琵琶の胴の中ほど、撥の当たるところに横長に張られた革。撥皮。

はちめん-たい【八面体】八つの平面で囲まれる立体。

はちめん-れいろう【八面×玲×瓏】㊀〔名・形動〕心が清らかで、何のわだかまりもないこと。また、そのさま。「一な（の）人柄」㊁〔形動タリ〕どの方面から見ても曇りなく明るいさま。「一と明らかに」〈謡・野守〉

はちめん-ろっぴ【八面六×臂】ーロクピ ❶仏像などが八つの顔と六つの腕をもつこと。❷あらゆる方面にめざましい働きを示すこと。「一の働き」

はち-もの【鉢物】❶鉢に植えた草木。また、鉢で栽培する草木。❷鉢に盛って出す料理。

はち-もんじ【八文字】❶「八」という字。また、その字の形。❷遊女が揚屋入りする際などの歩き方。内八文字と外八文字がある。❸江戸初期の男伊達などの風俗で、大股に足を外側に開いて歩く歩き方。「胸をつき出し、足を一に踏み」〈戴恩記・上〉

はちもんじ-や【八文字屋】江戸時代の京都の書店。元禄（1688〜1704）から明和年間（1764〜1772）にかけて、浄瑠璃本・歌舞伎狂言本・浮世草子などを出版。

はちもんじや-じしょう【八文字屋自笑】ージセウ ［?〜1745］江戸中期の浮世草子作者・書肆しょし・版元。京都の人。本姓、安藤。通称、八左衛門。作者江島其磧えじまきせき、絵師西川祐信と結んで八文字屋本を創始。

はちもんじや-ぼん【八文字屋本】八文字屋から出版された浮世草子・役者評判記の類の総称。特に文学的には浮世草子をさす。広義には、同時代の他の八文字屋風の浮世草子をもいう。

は-ちゃ【葉茶】《「はぢゃ」とも》茶の若芽を蒸し、よりをかけ、干して製した茶。煎茶など。抹茶に対していう。

はち-や【蜂屋】岐阜県美濃加茂市の地名。また、そこで産する蜂屋柿のこと。

はちや-がき【蜂屋柿】柿の一品種。岐阜県美濃加茂市蜂屋町原産の渋柿。果実は長楕円形で頂部がとがる。干し柿にする。

パチャカマ〖Pachacámac〗ペルー中西部、首都リマの南方約30キロメートルにある都市遺跡。インカ帝国時代の神殿のほか、3世紀頃のリマ文化、8〜9世紀頃のワリ文化の遺跡も残されている。

はちゃ-つぼ【葉茶×壺】葉茶を入れる壺。茶壺。

ハチャトリアン〖Aram Il'ich Khachaturyan〗［1903〜1978］アルメニアの作曲家。故郷の民族音楽を素材としたリズム感のある作品で有名。作品に、バレー音楽「ガイーヌ」など。

ばちゃ-ばちゃ〔副〕スル 激しく水面をたたいたり、水しぶきをあげたりする音や、そのさまを表す語。「一（と）水のかけっこをする」「波打ち際で一（と）する」

はちゃ-みせ【葉茶店】「葉茶屋」に同じ。「元手出来でかして一を手広く」〈浮・永代蔵・四〉

はちゃ-や【葉茶屋】葉茶を売る店。はちゃみせ。

は-ちゅう【×爬虫】はい歩く動物。▶爬虫類

はちゅう-るい【×爬虫類】爬虫綱に分類される脊椎動物の総称。カメ・トカゲ・ヘビ・ワニなど。変温動物で、体は表皮の角質化したうろこで覆われ、四肢は短小または退化して消失。大部分が陸生で、肺呼吸を行う。卵生、一部は卵胎生。古生代二畳紀に両生類から進化し、中生代に繁栄して恐竜など大形種も生じていた。

ばち-ゆび【×撥指】手足のすべての指の先端が膨らみ、太鼓のばちのような形になる症状。爪の下の柔らかい組織が隆起し、爪が丸みを帯び大きくなる。肺癌はいがん・肺線維症・気管支拡張症などの肺疾患や、チアノーゼを伴う心疾患、肝硬変などに伴って見られる。

は-ちょう【×巴調】ーテウ《巴人のうたう歌の卑しい調子の意。巴州は今日の中国四川しせん》俗歌。俗曲。また、自作の詩文を謙遜けんそんしていう語。

は-ちょう【波長】ーチャウ ❶電磁波や音波などの波動で、波の山から次の山、または谷から次の谷までの水平距離。❷互いの気持ちや意思などの通じぐあい。「彼とは一が合わない」

は-ちょう【破調】ーテウ 短歌・俳句などの定型詩で、音数に多少が生じること。字余り・字足らずなど。

はち-よう【八葉】ーエフ ❶8枚の葉、または紙。❷8枚の花弁。特に、ハスの花の8枚の花弁を放射状に並べた形。また、その文様。❸紋所の名。❷を図案化したもの。

はちよう-の-くるま【八葉の車】ハチエフー 網代車あじろぐるまの一。車の箱の表面に八葉の紋をつけた牛車ぎっしゃ。大臣・公卿から地下人じげにんまで広く用いられた。紋の大小によって、大八葉車・小八葉車の別がある。

はちよう-の-はちす【八葉の×蓮】ハチエフー 極楽浄土にある、花弁が8枚のハスの花。八葉の蓮華れんげ。

はちよう-の-れんげ【八葉の×蓮華】ハチエフー「八葉の蓮はちす」に同じ。「色鼻緒の雪駄には一を踏まへ」〈浄・虎が磨〉

はちょう-ぶんかつたじゅう【波長分割多重】ハチャウブンカツタヂュウ《wavelength division multiplexing》▶ダブリュー・ディー・エム（WDM）

ぱちり〔副〕❶固い物が強く当たってたてる音を表す語。ぱちん。「一と留め金をかける」「一と碁石を置く」❷カメラのシャッターを切る音を表す語。また、写真を撮るさま。「事故の現場を一とカメラに収める」❸「ぱっちり」に同じ。「目を一と開く」

はちり-はん【八里半】《味が栗くり（九里）に近いというしゃれから》焼き芋。

はちりょう-きょう【八×稜鏡】ーリャウキャウ 唐鏡の一。円鏡の周囲を中央のとがった8枚の花弁状に縁どったもの。▶八花鏡はっかきょう

ばち-る【×撥×鏤】象牙彫りの一。表面を染色した象牙に毛彫りで文様を施したもの。彫った部分が白く表される。中国、唐代に盛行し、日本には奈良時代に伝えられた。撥ばちね彫り。

バチルス〖ドイツ Bazillus〗❶細菌。特に、桿菌かんきんをいう。❷バチルス科の細菌の総称。グラム陽性の桿菌。枯草菌など。バシラス。❸社会などに害をなすもののたとえ。「日毎に醜行汚俗を産出する一の化身」〈魯庵・社会百面相〉

はち-ろう【蜂×蝋】ーラフ ▶蜜蝋みつろう

はちろう-がた【八郎潟】ハチラウー 秋田県北西部、男鹿おが半島の基部にある海跡湖。かつては日本第2の大湖であったが、昭和32年（1957）からの干拓により耕地化し、同39年大潟おおがた村がつくられ、面積の約2割が調節池として残る。

はちろ-ぐん【八路軍】《「国民革命軍第八路軍」の略》中国の抗日戦争期に華北で活動した中国共産党軍。1937年8月の第二次国共合作による抗日統一戦線によって編制され、抗日戦の主力となった。日中戦争後、新四軍と合体し人民解放軍と改称。

はち-われ【鉢割れ】❶犬・猫の額の斑が、鼻筋を境に左右に分かれているもの。飼うのを忌むことが多い。❷オナガザメ科の海水魚。全長4メートル以上になり、後頭部から胸びれの方へ走る溝がある。南日本から熱帯に分布。練り製品の原料。

ぱちん　㊀〔副〕❶固い物が強く当たって立てる音を表す語。「ぱちり」よりも鋭い感じを表す。「一とスナップを留める」「指を一と鳴らす」❷物が勢いよくはじけたりする音を表す語。「栗が一とはぜる」㊁〔名〕「ぱちん留め」の略。

ぱちんこ　❶子供のおもちゃの一。Y字形の木の枝や金具にゴムひもを張り、小石などを挟んで飛ばすもの。❷遊技の一。鋼鉄の小玉を下方からはじき上げ、障害の釘を抜けて所定の穴に落ちると多くの玉が出るもの。獲得した玉の数に応じ景品と交換できる。第二次大戦後流行。❸ピストルの俗称。

ぱちん-どめ【ぱちん留（め）】しまるときにぱちんと音がする小さな留め金具。また、それを用いた女性用の帯留めなど。

はっ〔感〕❶急に思いついたり、驚いたりしたときに発する語。あっ。「—、大変だ」❷かしこまって応答するときに発する語。はい。「—、さようでございます」❸相手の言葉が聞き取れず聞き返すときに発する語。「—、何とおっしゃいましたか」

はつ【初】❶初めてであること。初め。最初。「日本人—の宇宙飛行士」「—の試み」❷名詞の上に付けて接頭語的に用い、初めての、新しい、などの意を表す。「—公判」「—霜」「—春」

はつ【発】㊀〔名〕❶出発すること。「九時—の特急」㊀着。❷発信すること。「ロンドン—二日—の外電」㊁〔接尾〕助数詞。弾丸などの発射を数えるのに用いる。上に来る語によって「ぱつ」ともなる。「二—の銃声」「号砲一—」➡漢「はつ(発)」

はつ【髪】かみの毛。頭髪。「間、—を入れず」➡漢「はつ(髪)」

髪を簡して櫛る　《「荘子」庚桑楚から》髪の毛を1本1本数えながらとかす。つまらないこと、不必要なことにこだわって念を入れるたとえ。

ハツ《heartから》塩焼き・串焼きなどにする、牛・豚・鶏などの心臓。

は・つ【果つ】〔動タ下二〕「はてる」の文語形。

は・つ【泊つ】〔動タ下二〕船が停泊する。「磯ごとに海人の釣舟—・てにけり」〈万・三八九二〉

ばつ《罰点からか》不可や伏せ字などを示す「×」の印。ペケ。「—をつける」

類語 罰点・ペケ

ばつ《「場都合」の略、または「跋」と同語源という》❶その場のぐあい・調子。「見方によって、好い都合にもなり、又悪い—にもなる此機会は」〈漱石・明暗〉❷つじつま。➡ばつを合わせる

ばつが悪・い　きまりが悪い。ぐあいが悪い。補説「ばつ」は「場都合」の略という。「罰が悪い」と書くのは誤り。

ばつを合わ・せる　つじつまを合わせる。うまく調子を合わせる。「何とか—・せてその場をしのぐ」

ばつ【跋】書物や書画の巻物の末尾に記す文。後書き。跋文。㊀序。➡漢「ばつ(跋)」

類語 後書き・後記・跋文・末筆・後付け・奥書・奥付

ばつ【罰】罪や過ちに対するこらしめ。仕置き。「一週間外出禁止の—を受ける」「—として廊下に立たされる」㊀賞。➡漢「ばつ(罰)」

類語 刑・刑罰・実刑・執行猶予・私刑・リンチ

ばつ【閥】出身や利害などを同じくする者が結成する排他的な集まり。閨閥・学閥・財閥など。「社内に—をつくる」➡漢「ばつ(閥)」

バツ〘Batu〙▶バトゥ

はつ-あかり【初明(か)り】元日の明け方の光。《季 新年》「書の面の灯色に代はり—/草田男」

はつ-あき【初秋】秋の初め。孟秋。新秋。しょしゅう。《季 秋》「—や障子さす夜とささぬ夜と/太祇」

はつあき-かぜ【初秋風】初秋のころに吹く風。秋初風。

はつあき-ぎり【初秋霧】初秋のころに立つ霧。

はつ-あきない【初商い】新年になって初めての商売。初売り。《季 新年》

はつ-あさ【初朝】元日の朝。元朝。「丹波ロの—、小六が罷り出て御慶と申し納め」〈浮・一代男・六〉

はつ-あらし【初嵐】秋の初めに吹く強い風。《季 秋》「一鷹を入江に吹き落す/秋桜子」

はつ-あわせ【初袷】その年はじめて冬衣を袷に着がえること。《季 夏》

はつ-あん【発案】〔名〕スル ❶案を考え出すこと。ある案を最初に言い出すこと。「旅行しようと—する」❷議案を提出すること。類語 (❶)案出・考案・創案・工夫・発明/(❷)提案・動議・提言・提起・発議・提議

はつあん-けん【発案権】議案を提出する権限。国会の両議院の議員は法律案、内閣は法律案と予算案について権限を有する。

はつ-い【初亥】正月最初の亥の日。摩利支天の縁日で、講中の参詣者でにぎわう。《季 新年》

はつ-い【発意】〔名〕スル 思いつくこと。考え出すこと。ほつい。「壮大な計画を—する」

はつ-いく【発育】〔名〕スル 育って大きくなること。成育。「よく—した身体」「—盛り」類語 成長・生長・成育・生育・発達・成熟・育つ・生い立つ・長ずる

はつ-いち【初市】新年初めて開く市。また、その年最初の市。《季 新年》「—や北の都の熊の皮/挿雲」

はつい-ぼし【はつい星】二十八宿の一、室宿の和名。➡室

はつ-いろ【初色】❶若々しく美しい女。年ごろの娘。「その但馬屋の—に、立つや浮き世の濡れ草鞋」〈浄・歌念仏〉❷初恋。「九条の町の仮臥しと、いつ—や染めなして」〈浄・吉野忠信〉

はつ-いん【発引】《「引」は柩車の引き綱》葬儀のとき棺を墓地へ送り出すこと。

はつ-う【初卯】正月の最初の卯の日。また、その日に神社に詣でること。初卯詣で。《季 新年》

はつ-うぐいす【初鶯】その年の春に初めて鳴くウグイス。また、その声。《季 新年》

はつ-うし【初丑】夏の土用の最初の丑の日。鰻を食べたり、丑湯といって入浴したりする。

はつ-うま【初午】2月の最初の午の日。また、その日に行われる各地の稲荷神社の祭礼。《季 春》「—や煮しめてうまき焼豆腐/万太郎」

バツーミ〘Batumi〙グルジア内、アジャリア自治共和国の首都。黒海東岸にある港湾都市。アゼルバイジャンのバクー油田からの石油の積み出し港で、工業も盛ん。保養地。

はつう-もうで【初卯詣で】正月初卯の日に神社に詣でること。大阪の住吉大社、東京の亀戸天神社境内の妙義社、京都の賀茂神社などが有名。卯の札という神符を受ける。はつうまいり。《季 新年》

はつ-うら【初裏】▶しょうら(初裏)

はつ-うり【初売り】新年初の売り出し。はつあきない。売りぞめ。《季 新年》㊀初買い。

ばつ-えい【末裔】▶まつえい(末裔)

はつ-えき【発駅】列車・電車などの出発する駅。また、荷物などを送り出す駅。㊀着駅。

はつ-えん【発煙】〔名〕スル 煙を出すこと。「—してダニを殺す薬品」

はつえん-ざい【発煙剤】大気中で化学反応を起こし、大量の煙を発生する薬剤。信号用には塩素酸カリウム・乳糖・色素の化合物が、煙幕用には四塩化チタンなどが用いられる。

はつえん-しょうさん【発煙硝酸】二酸化窒素を多量に含む濃硝酸。常温で二酸化窒素の赤褐色の煙を出す。酸化力がきわめて強く、酸化剤・ニトロ化剤などとして利用。

はつえん-とう【発煙筒】発煙剤を筒に詰めたもの。煙を発生させて信号・煙幕などに使用する。「—をたく」

はつえん-りゅうさん【発煙硫酸】濃硫酸に多量の三酸化硫黄を吸収させたもの。粘度の高い油状の液体。常温で三酸化硫黄の白煙を出す。接触法による硫酸製造の際に得られ、染料・火薬・薬品などの原料とする。

はつ-お【初麻】その年に初めて収穫したアサ。

はつ-お【初緒】竿秤の第一のひも。軽いものをはかるのに用いる。

はつ-お【初穂】▶はつほ

はつ-おい【初老い】40歳のこと。また、老年になりかけた年ごろ。しょろう。「年たてば我れも—の四十の坂」〈一葉・われから〉

はつ-おもて【初表】▶しょおもて(初表)

はつ-おり【初折】▶しょおり(初折)

はつ-おん【発音】〔名〕スル 音声を出すこと。言語音を出すこと。また、その音声の出し方。動物では発音器官によるもののほか、魚が浮き袋を用いたりキツツキが木をたたいたりして音をたてることにもいう。「正しく—する」

はつ-おん【撥音】国語の音節の一。語中または語尾で1音節をなす鼻音。「ん」「ン」と表記される。国語の撥音は、音韻論的には一つの音とされるが、音声学的にみると、語中の位置によって、[n] [m] [ŋ] [N]などの諸音が含まれる。はねる音。➡直音

類語 清音・濁音・半濁音・清濁・鼻濁音・促音・長音

はつおん-きかん【発音器官】発音に関与する器官。哺乳類では声帯を主とする音声器官、鳥では鳴管、昆虫では翅の摩擦器など。

はつおん-きごう【発音記号】言語の発音を表記した記号。外国語学習などで用いられる。音声記号。発音符号。

はつおんてき-かなづかい【発音的仮名遣い】「かな」の表音性を重視し、ある時代の音韻・発音と表音文字であるかなとの対応をめざす仮名遣い。歴史的仮名遣いに対していう。表音仮名遣い。

はつ-おんびん【撥音便】音便の一。主に活用語の連用形の語尾の「に」「み」「び」が「て」「た」「たり」などの語に連なるとき、撥音「ん」となること。「死んで(←死にて)」「読んだ(←読みた)」「学んだり(←学びたり)」の類。広義には、名詞の語中に見られる現象についてもいう。「簪(かみさし→かんざし)」「残んの雪(のこりのゆき→のこんのゆき)」の類。➡イ音便 ➡ウ音便 ➡促音便

はつおん-ふごう【発音符号】発音記号。

はっ-か【八卦】▶はっけ(八卦)

はっ-か【白化】〔名〕スル ❶白くなること。❷生物に本来の色彩が発現しない現象。色素、またはその発現に関連する遺伝子の欠如が原因で、植物ではクロロフィルの欠如のため、動物ではメラニンの形成が行われないために起こる。はっか。➡白子❷ ➡白皮症

はっ-か【白禍】白色人種が世界にはびこり、有色人種に及ぼす災い。はくか。➡黄禍

はっ-か【発火】〔名〕スル ❶火を発すること。燃えだすこと。「自然に—する」❷銃砲に実弾を入れず、火薬だけこめて撃つこと。「—信号」❸火うち石で出した火を移し取るもの。火口。

類語 点火・着火・引火・出火

はっ-か【舶貨】外国からきた貨物。舶来品。

はっ-か【薄荷】❶㋐シソ科の多年草。湿気のある所に生え、高さ20〜60センチ。全体に芳香がある。茎は四角柱で、長楕円形の葉が対生する。8〜10月、葉の付け根に淡紫色の唇形の小花が群がってつく。葉にはメントールが多く含まれ、薄荷油を採る。㋑シソ科ハッカ属植物の一群。ヨーロッパ種のペパーミント(西洋薄荷)・スペアミント(オランダ薄荷)など。東洋種のものより小形で、花穂が細長い。《季 花=秋》❷「薄荷脳」の略。

ハッカ【客家】《中国語方言、客家語》中国で、広東・広西・江西・福建などに住む、かつて華北から移住してきた漢民族の一派。独自の習俗・言語(客家語)を保持している。

はつ-か【二-十-日】❶日の数の20。20日間。「のべ—」❷月の第20の日。

はつ-か【僅か】〔形動ナリ〕物事の一端がちらりと現れるさま。視覚や聴覚に感じられる度合いの少ないさま。かすか。ほのか。「初雁の—に声を聞きしより中空にのみ物を思ふかな」〈古今・恋一〉

はつ-が【発芽】〔名〕スル 芽を出すこと。植物の種子・胞子・花粉や樹枝の芽などが発育を始めること。

類語 萌芽・芽生え・芽吹き

はつ-が【発駕】〔名〕スル 駕籠に乗って出発すること。また、貴人が出発すること。

ばっ-か【幕下】▶ばくか(幕下)

ハッカー〘hacker〙コンピューターやコンピューターネットワークに精通した人。高い技術力や豊富な知識をもち、プログラムを解析して巧妙に改良したり、ネットワークの安全性を検証したりする者を指す。➡ハッキング 補説 コンピューターに侵入し、悪意の強い不正行為を行う者はクラッカーと呼んで区別することが多い。

バッカー〘backer〙支援者。後援する人。また、保証人。

パッカー〘packer〙缶詰業者。梱包業者。

パッカー〘pucker〙アノラックの別名で、フード付きのゆったりとした防寒衣のこと。原義は、「口がすぼまる」

といった意味で、フードを付けたときの状態がちょうど口をすぼめたような感じがするところからの名。

はっ-かい【八戒】「八斎戒はっさいかい」に同じ。

はっ-かい【白海】ハク《Beloe More》ロシア連邦北西部にある、バレンツ海の属海。ニシン・サケ・タラなどの漁場。冬季は氷結。運河によってオネガ湖・ラドガ湖を経てバルト海につながる。

はっ-かい【発会】ハツクワイ〔名〕スル ❶会を発足させること。会の組織ができて初めて会合を開くこと。また、その会合。「委員会が―する」❷取引所で、各月の最初の立ち会い。⇔納会。(類語)発足

はつ-かい【初会】ショクワイ 新年になって初めての会合。(季 新年)

はつ-がい【初買い】ガヒ 正月2日に、その年初めての買い物をすること。買いぞめ。(季 新年)「―や博多のものの帯人形/白水郎」⇔初売り。

はっかい-さん【八海山】新潟県南東部の山。標高1778メートル。駒ヶ岳・中ノ岳とともに越後三山とよばれ、修験道場として知られる。

はつ-かいし【初懐紙】クワイシ 年頭に初めて懐紙に記した連句。(季 新年)

はつかいち【廿日市】広島県南西部の市。広島湾に面し、カキの養殖や土木・酒造業が盛ん。もと山陽道の宿場町、市場町。住宅地。平成15年(2003)佐伯町・吉和村を、同17年に大野町・宮島町を編入。人口11.4万(2010)。

はつかいち-し【廿日市市】►廿日市

はつか-うさぎ【二-十-日×兎】ナキウサギの別名。

はつか-えびす【二-十-日×戎|二-十-日恵比須】江戸をはじめ関東・東北などで、陰暦10月20日に行う恵比須講。1月20日にするところもある。関西では十日戎とおかえびすが多い。

はつ-がお【初顔】ガホ ❶初めて参加したり登場したりした人。新顔しんがお。「―の会員を紹介する」❷「初顔合わせ❸」の略。「―の一番」

はつ-かおあわせ【初顔合(わ)せ】ガホアハセ ❶関係者が初めて集まること。「新役員の―」❷映画・演劇などで、初めて共演すること。「二大女優の―」❸相撲、競技などで、初めて対戦すること。

はつ-かがみ【初鏡】新年に初めて鏡に向かって化粧すること。初化粧。(季 新年)「まだ何も映らでありぬ―/虚子」

はっか-きょう【八花鏡】ハククワキヤウ 唐鏡の一。円鏡の周囲に八つの弧状の、8弁花をかたどったもの。日本でも、奈良・平安時代に用いられた。➡八稜鏡はちりょうきょう

はっ-かく【八角】❶八つの角。また、八つの角のある形。「―火鉢」❷ダイウイキョウの果実。中国料理の代表的な香辛料の一。星形をし、アニスや甘草かんぞうに似た香味がある。スターアニス。八角茴香はっかくういきょう。❸魚トクビレの別名。断面がほぼ八角形なのでいう。

はっ-かく【発覚】〔名〕スル 隠していた悪事・陰謀などが明るみに出ること。「不正が―する」(類語)露見・露呈・ばれる・表立つ・現れる

ばっ-かく【麦角】バク 麦角菌が麦類の穂に寄生してつくる菌核。長さ約1〜3センチの角つの状で表面は紫黒色。アルカロイドを含み有毒。陣痛促進・子宮止血剤に使用。

ばつ-がく【末学】►まつがく(末学)

ばっかく-きん【麦角菌】バクカク 子嚢菌しのうきんの一種。オオムギ・コムギ・ライムギやアシ・笹などの子房に寄生して菌核をつくる。のち地上に落ちて越冬し、麦の開花期に子実体ができ、胞子を放出する。

はっかく-けい【八角形】八つの直線で囲まれた多角形。

はつか-ぐさ【二-十-日草】ボタンの別名。

はっかく-すい【八角×錐】底面が八角形の角錐。

はっかく-ちゅう【八角柱】底面が八角形の角柱。

はっかく-どう【八角堂】ダウ 八角形に造られた仏堂。法隆寺の夢殿や興福寺の北円堂など。多くは阿弥陀仏・観音菩薩かんのんぼさつなどを安置する。

はっ-かけ【八掛】袷あわせ長着の裏裾に用いる布。前後身頃みごろの裾に4布、衽おくみに2布、襟先に2布、合わせて8枚あるのでいう。裾取り。裾回し。

漢字項目 はっ

【法】►ほう

漢字項目 はつ

【▽八|鉢】►はち

発〔發〕 学3 音ハツ漢 ホツ呉 訓たつ、ひらく、あばく ‖ ㊀〈ハツ〉①矢や弾を放つ。「発射・発砲/不発・暴発・連発銃・百発百中」②出かける。たつ。「発車・発着/始発・出発・進発・先発・遅発」③外部や世間に向けて出す。「発券・発行・発信・発送・発注・発売・発布・発令/増発・乱発」④外に現れ出る。生ずる。生じさせる。「発火・発芽・発癌はつがん・発現・発光・発散・発情・発生・発電・発熱/揮発・蒸発」⑤物事を始める。行動を起こす。事が起こる。「発案・発議・発語・発想・発奮/偶発・続発・突発・奮発・自発的」⑥隠れていたものなどを明るみに出す。ひらく。あばく。「発掘・発見・発明/開発・啓発・告発・徴発・摘発」⑦外に向かって伸び広がる。「発育・発達・発展」⑧(「撥」の代用字)はねかえす。はね上げる。「挑発・反発」⑨(「潑」の代用字)とびはねる。「活発」⑩(「醱」の代用字)かもす。「発酵」㊁〈ホツ〉始める。起こす。起こる。「発願・発起・発作・発心・発足・発端」(名付)あき・あきら・おき・しげ・ちか・とき・なり・のぶ・のり・よし (難読)新発意しんぼち・発条ばね・発条ぜんまい

×潑 音ハツ漢 ‖ ①水をふりかける。「潑墨」②勢いよくはねる。「潑剌はつらつ/活潑」(補説)「発」を代用字とすることがある。

髪〔髮〕 音ハツ漢 訓かみ、くし ‖ ㊀〈ハツ〉①頭の毛。かみ。「遺髪・有髪うはつ・金髪・結髪・散髪・束髪・断髪・長髪・剃髪ていはつ・頭髪・怒髪・白髪はくはつ・弁髪べんぱつ・毛髪・理髪」②わずかな間隔のたとえ。「間一髪・危機一髪」㊁〈かみ(がみ)〉「髪形/黒髪・前髪・日本髪」(難読)髻髪うない・海髪おご・白髪しら・角髪みずら

×撥 音ハツ漢 バチ慣 訓はねる ‖ ㊀〈ハツ〉①はねる。はねかえす。「撥音・撥弦楽器/挑撥・反撥」②治める。「撥乱」㊁〈バチ〉楽器の弦をはねて鳴らす具。「撥音ばちおと」(補説)㊀①は「発」を代用字とすることがある。(難読)撥条ばね・撥条ぜんまい

×醱 音ハツ漢 ‖ かもす。酒を発酵させる。「醱酵」

漢字項目 ばつ

【末】►まつ

伐 音バツ慣 訓きる、うつ ‖ ①刃物で木などをきる。「伐採/間伐・剪伐せんばつ・盗伐・乱伐・輪伐」②敵を切り殺す。うつ。「攻伐・殺伐・征伐・誅伐ちゅうばつ・討伐・放伐」③手柄。ほこる。「功伐」(名付)のり

抜〔拔〕 音バツ呉 訓ぬく、ぬける、ぬかす、ぬかる ‖ ①引きぬく。「抜歯・抜刀/不抜」②多くのものの中からそのものだけを選び取る。「抜粋・抜擢ばってき/簡抜」③他のものより特にぬけ出ている。「抜群/奇抜・秀抜・卓抜」

×跋 音バツ呉 ‖ ①草を踏んで野山を歩き回る。「跋渉」②荒々しく踏みにじる。「跋扈ばっこ」③書物の末尾に記す文章。あとがき。「跋文/序跋・題跋」

罰 音バツ慣 バチ慣 ‖ ㊀〈バツ〉①法や規則の違犯に対する懲らしめ。仕置き。「罰金・罰則/刑罰・厳罰・重罰・賞罰・体罰」②罰を与える。「処罰・懲罰・信賞必罰」③悪行に対する神仏の報い。「神罰・天罰・冥罰みょうばつ」㊁〈バチ〉神仏の報い。「仏罰」(補説)「罸」は俗字。

閥 音バツ慣 ‖ ①家柄。「閥族/門閥」②出身・利害などを共にする者の排他的な集まり。「学閥・軍閥・閨閥けいばつ・財閥・党閥・派閥・藩閥」(名付)いさお

×魃 音バツ呉 ハツ漢 ‖ ひでり。または、ひでりをおこす神。「旱魃かんばつ」

はっ-かけ【歯っ欠け】《「はかけ」の促音添加》歯が欠け落ちていること。また、その人。

はっか-げんしょう【白化現象】ハククワゲンシヤウ サンゴ礁のサンゴが白くなってしまう現象。サンゴの中に共生している直径0.01ミリほどの褐虫藻が、海水温があがるとサンゴから抜け出してしまい、戻らないとサンゴは死んでしまう。カリブ海・インド洋・沖縄など世界中の海で発生。➡ホワイトシンドローム

はっか-ごうきん【発火合金】ハツクワガフキン 摩擦や衝撃で火花を飛ばす性質の合金。セリウムを主体として鉄・ニッケルなどを含むものがある。ライター石・花火などに使用。

はつか-しょうがつ【二-十-日正月】シヤウグワツ 正月20日のこと。正月の祝い納めの日として、餅や正月料理を食べ尽くしたり飾り物を納めたりする。骨正月。(季 新年)

はつ-がしら【発頭】漢字の頭かしら(冠)の一。「発」「登」などの「癶」の称。

バッカス〔Bacchus〕ギリシャ神話の酒神ディオニュソスの英語名。バッコス。

はっか-すい【薄荷水】ハクカ ❶あらく刻んだ薄荷の葉を蒸留してとった液。❷薄荷油を砂糖水に溶かした清涼飲料。

バッカス-きほう【バッカス記法】ハフ《Backus normal form》►ビーエヌ(BN)記法

バッカスナウア-きほう【バッカスナウア記法】ハフ《Backus-Naur Form》►ビーエヌ(BN)記法

はつ-がすみ【初×霞】新春の野山にたなびく霞。(季 新年)「一川は南へ流れけり/月斗」

はつ-かぜ【初風】季節の初めに吹く風。特に、秋の風にいう。(季 秋)

はっか-せい【薄荷精】ハクカ 薄荷油にアルコールを加えた無色透明の液体。健胃薬に用いる。

はっか-せき【発火石】ハツクワ「フリント❷」に同じ。はっかいし。

はつか-せんだい【二-十-日先代】►中先代なかせんだい

はつか-だいこん【二-十-日大根】ダイコンの一品種。生長が早く、種をまいてから20〜30日で収穫できる。根は小さく球形・紡錘形などで、色も紅・黄・紫・白などがある。ヨーロッパの原産で、日本には明治時代に渡来。ラディッシュ。

はつか-だんご【二-十-日団子】二十日正月の祝儀に食べるアズキの団子。

はっか-ちょう【八×哥鳥】テウ ムクドリ科の鳥。全長27センチくらい。全体に黒色で、翼に白斑があり、額に冠羽をもつ。飼い鳥とされ、よく人になれる。中国・東南アジアに分布し、台湾の亜種を加令かれいともよぶ。小九官鳥。ははちょう。

はつ-がつお【初×鰹】ガツヲ 初夏のころとれる走りのカツオ。江戸時代には黒潮に乗ってきたものが鎌倉・小田原あたりでとれ、珍重された。(季 夏)「目には青葉山ほととぎす―/素堂」

はつか-づき【二-十-日月】陰暦20日の月。特に、陰暦8月20日の月。更待月ふけまちづき。(季 秋)

はっか-てん【発火点】ハツクワ 物質が空気中で自然に燃え始める最低温度。固体燃料の場合には着火点ということが多い。

はっか-とう【薄荷糖】ハクカタウ 砂糖に薄荷の香りをつけて煮固めた菓子。

ハッカ-どろう【客家土楼】►土楼

はつか-ねずみ【二-十-日×鼠】ネズミ科の哺乳類。体長6〜10センチ、尾も同じくらい長い。人家や農耕地にすみ、穀物を主食とする。飼養品種にマウス・ナンキンネズミ・マイネズミなどがあり、実験動物や愛玩用にする。あまくちねずみ。

はっか-のう【薄荷脳】ハクカナウ 薄荷油の固形成分。無色針状の結晶で、香気が強い。薬用や嗜好用とす

る。メントール。

はっか-パイプ【薄荷パイプ】巻きタバコ用のパイプに似たものに薄荷、または、薄荷糖を詰めたもの。

はつか-ぼん【二-十-日盆】東北地方で、陰暦7月20日のこと。門火をたき、その火で握り飯や餅を焼いたり、男女の藁人形を焼いたりする。

はつ-がま【初釜】茶道で、新年に初めて炉に釜をかけ、茶事を行うこと。また、その釜。初茶の湯。(季 新年)「一のはやくも立つる音なりけり/敦」

はつ-かまど【初×竈】新年に初めてかまどに火をたくこと。(季 新年)

はつ-かみ【初髪】新年に初めて結い上げた女性の髪。(季 新年)「一にかかるも神の埃かな/風生」

はつ-がみなり【初雷】立春後、初めて鳴るかみなり。はつらい。

はっか-やく【発火薬】「起爆薬」に同じ。

はっか-ゆ【薄荷油】乾燥した薄荷の葉を蒸留して得られる精油。強い香りをもち、主成分はメントール(薄荷脳)。清涼剤や香料として用いる。

はつ-がらす【初×烏】元旦に鳴くカラス。(季 新年)「ばらばらに飛んで向うへ一/素十」

はつ-かり【初×雁】秋になって最初に北方から渡ってきた雁。はつかりがね。(季 秋)

ばっかり〔副助〕「ばかり」の音変化。「それ一はお断りだ」「そこにいた一に災難に巻き込まれた」

はつ-かりがね【初×雁が音|初×雁金】初雁。また、その鳴く声。「秋風に一ぞ聞こゆなる誰がたまづさをかけて来つらむ」〈古今・秋上〉

バッカル〖buccal〗口の中にふくみ、粘膜から徐々に吸収させる錠剤。ふつう頰と歯茎の間に入れておく。性ホルモン剤などに用いる。

はっ-かん【白×鷴】キジ科の鳥。雄は尾が長くて全長約1メートル。雌は約50センチ。雄は背面が白、腹面が黒で顔が赤い。雌は褐色。中国南西部の森林に分布。

はっ-かん【発刊】〔名〕スル 新聞・雑誌などの定期刊行物を出しはじめること。また、図書などを出版すること。「中高年向けの雑誌を一する」「一予定」「一記念」(類語)出版・発行・発兌・刊行・公刊・上梓・印行・刊・上木・版行

はっ-かん【発汗】〔名〕スル 汗が出ること。汗を出すこと。「一作用」(類語)流汗・汗ばむ・汗する

はっ-かん【発艦】〔名〕スル 航空機が航空母艦などから飛び立つこと。「戦闘機が空母から一する」

はつ-がん【発×癌】癌が発生すること、また、発生させること。「一性」

ばっ-かん【麦×稈】むぎわら。

ばっ-かん【爆管】薬莢内の火薬に点火する装置。衝撃によるものと電気によるものとがある。

はっかん-ざい【発汗剤】発汗を促す薬剤。アスピリン・ピロカルピンや麻黄・葛根など。

ばっかん-さなだ【麦×稈▽真田】麦わらを平たくつぶし真田紐のように編んだもの。夏帽子や袋物などを作るのに用いる。むぎわらさなだ。

はっ-かんじごく【八寒地獄】仏語。寒冷に責め苦しめられる8種の地獄。頞部陀・尼剌部陀・頞哳吒・臛臛婆・虎虎婆・嗢鉢羅・鉢特摩・摩訶鉢特摩。八熱地獄のそばにあるという。氷の地獄。はちかんじごく。➡地獄❶

はつがん-せい【発×癌性】癌を発生させる性質をもつこと。「一物質」

はつがんせい-ぶっしつ【発×癌性物質】►発癌物質

はつ-かんのん【初観音】1月18日、その年初めての観世音菩薩の縁日。(季 新年)

はつがん-ぶっしつ【発×癌物質】癌を発生させる物質。動物実験で比較的短期に高率に発生させることのわかった化学物質。ベンツピレンなどの芳香族炭化水素やアゾ化合物・クロム化合物など。発癌性物質。

はっかん-りょうほう【発汗療法】発汗を促進して病気を治療する方法。

はっ-き【八旗】中国、後金国および清朝の満州人を中心とした軍事・社会組織。清の太祖が制定した。全軍を旗の色によって黄・藍・紅・白・鑲黄・鑲藍・鑲紅・鑲白の八軍に分け、各軍に兵7500人を配属。のち、太宗の時代に蒙古八旗・漢軍八旗が設けられ、北京遷都後には北京を本拠とする禁旅八旗と地方に常駐する駐防八旗となった。

はっ-き【白旗】白い旗。戦場で降伏の意思表示などに用いる。しらはた。

はっ-き【発起】「ほっき(発起)」に同じ。「強鹵と容易ならぬ葛藤の萌芽を、将に一せんず風聞あり」〈逍遥・内地雑居未来之夢〉

はっ-き【発揮】〔名〕スル もっている能力や特性などを十分に働かせること。「職人としての腕を一する」(類語)振るう

はっき〔副〕明らかなさま。確かなさま。はっきり。「一と口を切らぬ瞬間に」〈漱石・虞美人草〉

はつ-き【▽泊木】枝のある2本の木を柱とし、これに竿や縄などを掛け渡し、物を干すようにしたもの。はて。はさ。「麻手ほす一の枝にゐる百舌の静かならばや賤が庵まで」〈拾玉集・二〉

はつ-ぎ【発議】〔名〕スル ❶会議の席で意見などを言い出すこと。ほつぎ。「改革案を一する」❷議員が議案を議院に提出して審議を求めること。ほつぎ。

は-づき【葉月】《古くは「はつき」とも》陰暦8月の異称。(季 秋)「朝山や一の月のきえのこり/青嵐」

ばっ-き【伐期】林木を伐採する時期。

ばっ-き【×曝気】下水処理で、微生物が有機物を分解するのに必要な酸素を供給するために、空気を吹き込んだり攪拌したりすること。

はつ-ぎく【初菊】初咲きの菊。(季 秋)

はつき-とうば【葉付き塔婆】►梢付き塔婆

はっ-きゅう【白球】白いボール。野球・ゴルフなどのボールをいう。「青空のもと一を追う」

はっ-きゅう【発給】〔名〕スル 役所が書類などを発行して与えること。「旅券を一する」(類語)発行・発券

はっ-きゅう【薄給】給料の少ないこと。安い給料。「一に甘んじる」「一の身」⇔高給。

はつ-ぎょ【発御】天皇・太皇太后・皇太后・皇后が出発すること。

ばっ-きょ【抜去】〔名〕スル 抜き去ること。「歯を一する」

はっ-きょう【八教】天台宗で説く、化儀の四教と化法の四教の総称。➡五時八教

はっ-きょう【発狂】〔名〕スル 精神に異常をきたすこと。(類語)狂う・ふれる

はつ-きょうげん【初狂言】新年に初めて演じる歌舞伎狂言。初芝居。

はっきょう-びょう【白×殭病】昆虫、特に蚕に、白色の胞子をつくる糸状菌が寄生して起こる硬化病。

はっ-きょく【八極】四方と四隅。東・西・南・北、乾・坤・艮・巽の八方。また、八方の遠い土地。

はっきり〔副〕スル ❶物事の輪郭などが、きわめて明瞭であるさま。「富士山の姿が一(と)見える」「汽笛が一(と)聞こえる」❷事の成り行き、人の言動などが確かなさま。「嫌なら嫌だと一(と)言ってくれ」「仕事が何時に終わるか一(と)しない」❸気持ちが晴れ晴れして、さわやかなさま。「水をかぶったら頭が一(と)してきた」

(類語)(❶)くっきり・ありあり・まざまざ・確と・明らか・際やか・定か・さやか・鮮やか・明瞭・鮮明・分明・顕著・顕然・歴然・歴歴・瞭然・亮然・判然・画然・截然/(❷)明らか・確か・定か・明確・明白・明瞭・分明・判然・確然・確実

はっ-きん【白金】白金族元素の一。単体は銀白色の金属。展延性に富み、高温で熱しても変化せず、王水以外の酸には溶けない。水酸化アルカリと熱すると侵される。酸化・還元の触媒やるつぼ・電極・理化学用器械・装飾品などに用いる。比重21.5。元素記号Pt　原子番号78。原子量195.1。プラチナ。

はっ-きん【白筋】►速筋線維

はっ-きん【発禁】「発売禁止」の略。「一本」

ばっ-きん【罰金】❶罰として出させる金銭。❷刑法の規定する主刑の一。犯罪の処罰として科せられる金銭。科料よりも重い財産刑。

はっきん-イリジウム【白金イリジウム】白金とイリジウムとの合金。硬く、膨張率が低く、化学薬品にもおかされない。度量衡原器や万年筆のペン先などに使用。

はっきん-かいめん【白金海綿】黒色の海綿状の白金。ヘキサクロロ白金酸アンモニウムを強く熱して得られる、強力な酸化・還元の触媒。

バッキンガム-きゅうでん【バッキンガム宮殿】《Buckingham Palace》ロンドンのウエストミンスターにある英国王室の宮殿。1703年、バッキンガム公シェフィールドが建造。61年、ジョージ3世が購入して王妃の宮殿とし、ビクトリア女王の時代から歴代王室の住居となった。

ハッキング〖hacking〗〔名〕スル ❶ハンドボールなどの反則の一。相手のボールを取ろうとして、手で相手の手・腕などをはたいてしまうこと。❷コンピューターに関する高い技術力や豊富な知識をもつ者が、プログラムを解析して巧妙に改良したり、コンピューターネットワークの安全性を検証したりすること。➡ハッカー(補説)悪意ある不正行為はクラッキングと呼んで区別することが多い。

パッキング〖packing〗❶荷造りすること。包装。❷荷造りの際、荷物が動かないようにすきまに詰める物。詰め物。パッキン。❸管・容器の接合部などからの液体や気体の漏れを防ぐために詰める物。ゴム・ポリウレタンなどを用いる。パッキン。

(類語)荷造り・荷拵え・梱包・包装・包み

パッキング-ケース〖packing case〗包装用の紙箱。荷造り箱。

パッキング-ペーパー〖packing paper〗包装紙。包み紙。

はっきん-こく【白金黒】黒色の粉末状の白金。塩化白金などの水溶液をホルマリンなどで還元して得られる、強力な酸化・還元の触媒。

はっきんコバルト-おんどけい【白金コバルト温度計】白金に微量のコバルトを加えた抵抗線を用いた温度計。温度が上がると、抵抗線の電気抵抗が一定の割合で増加する性質を利用した抵抗温度計の一。測定範囲は1ケルビンから300ケルビン程度。超伝導をはじめとする極低温域の測定に使われることが多い。

はっきん-せきめん【白金石綿】白金海綿を沈着させた石綿。水素と酸素とを反応させる触媒に使用。

はっきんぞく-げんそ【白金族元素】周期表第Ⅷ族の元素のうち、ルテニウム・ロジウム・パラジウム・オスミウム・イリジウム・白金の六つの元素の総称。

はっきんていこう-おんどけい【白金抵抗温度計】温度が上がると電気抵抗が一定の割合で増加する、高純度白金線を用いた温度計。抵抗温度計の一。国際温度目盛りのセ氏零下260度〜セ氏960度の標準温度計として採用されている。

はっ-く【八供】金剛界曼荼羅の中央部の羯磨会で、大日如来が四仏に供養するため現出した嬉・鬘・歌・舞の四菩薩(内の四供)と、その外側に配されて四仏が大日如来を供養する香・華・灯・塗の四菩薩(外の四供)の総称。八供養菩薩。はちく。

はっ-く【八苦】仏語。人間の八つの苦しみ。生・老・病・死の四苦に、愛別離苦・怨憎会苦・求不得苦・五陰盛苦を加えたもの。

はっ-く【白▽駒】❶毛色の白い馬。白馬。❷月日。光陰。

白駒の隙を過ぐるが如し　《「荘子」知北遊から》白い馬が走り過ぎるのを壁のすきまからちらっと見るように、月日の経過するのはまことに早いことをいう。

はっ-く【発句】❶漢詩で、絶句の第1句、律詩の第1・2句。起句。❷和歌の第1句、または第1・2句。❸►ほっく(発句)

ハック〖hack〗〔名〕スル コンピューターのプログラムを書くこと。プログラムと取り組むこと。また、俗に、コン

ピューターシステムに不正に侵入すること。ハッキングすること。➡ハッカー

バック〔back〕〔名〕スル ❶背。背中。また、背部。裏面。後部。「―にポイントのあるドレス」「車の―シート」❷背景。背後。また、背後に隠れているもの。「湖水を―に写真を撮る」「―に音楽を流す」「―に利権問題がからむ」❸後援すること。また、その人。後ろ盾。「地元が―につく」「有力な―がある」❹後進すること。うしろへ戻ること。また、戻すこと。「車が―する」「―してフライを捕る」「利益の一部を―する」❺ラグビー・サッカー・バレーボールなどで、後衛。➡バックス ❻「バックストローク」の略。「―で泳ぐ」❼「バックハンド」の略。「―で打つ」❽「バックギア」の略。「ギアを―に入れる」（類語）後ろ・背・後ろ・後方・しりえ・背中・後背・背後・背面・後面・背部・後部

バック〔Pearl Buck〕［1892～1973］米国の女流小説家。宣教師の両親のもとに中国で育ち、同国の民衆の生活を深い理解と共感をもって描いた。1938年ノーベル文学賞受賞。代表作「大地」。

バッグ〔bag〕物を入れて持ち歩く袋やかばんの総称。「ハンド―」「ショルダー―」「ショッピング―」（類語）鞄・手提げ・袋

パック〔PAC〕《political action committee》米国の政治活動委員会。企業、団体などが、政治献金をするために設立する組織。

パック〔pack〕〔名〕スル ❶包装すること。また、その紙包みや小形紙箱。「真空―」❷いくつかのものをひとまとめにすること。また、一つにまとめたもの。「一旅行」「―ツアー」「一料金」❸美顔法の一。顔にパック剤を塗って一時的に皮膜を作り、肌の新陳代謝を促し、張りと潤いを与えるもの。マスク美容。

パック〔puck〕アイスホッケーで使用する硬化ゴム製の平円盤のたま。厚さ2.54センチ、直径7.62センチ、重さ156～170グラム。

パック〔Puck〕㊀いたずら好きな妖精。シェークスピアの「真夏の夜の夢」に登場する。㊁天王星の第15衛星。1985年にボイジャー2号の接近によって発見された。名は㊀に由来。非球形で平均直径は約160キロ。平均表面温度はセ氏マイナス209度以下。

バック-アタック〔back attack〕バレーボールで、後衛選手がアタックラインの後方からジャンプして相手コートにボールを打ち込むこと。アタックライン上やその前方から踏み切ると、反則となる。

バックアップ〔backup〕〔名〕スル ❶野球などで、ある選手の失策に備えて、他の選手がその後方を守ること。❷後ろだてとなること。援助してもりたてること。「立候補者を―する」❸コンピューターで扱うデータやプログラムの破壊・紛失・盗難に備え、あらかじめ複製をとっておくこと。複製そのものをバックアップと呼ぶこともある。（類語）カバー・フォロー・援助・支援・後援・応援・助成・賛助・助ける・助ける・手伝う・手助け・助力・幇助・助勢・加勢・助太刀・力添え・協力・後押し・守り立てる・力を貸す・手を貸す・肩を貸す・補助・補佐

バックアップ-コピー〔backup copy〕▶バックアップ

バックアップ-ライン〔backup line〕予備的融資枠。企業が短期資金を機動的に調達する手段として、コマーシャルペーパー(CP)を発行する際に、銀行が募残分の資金を供給する契約。

バックアップ-ランプ〔backup lamp〕自動車の後退灯。

パツクアロ〔Pátzcuaro〕メキシコ、ミチョアカン州の町。町の北部のパツクアロ湖に、先住民タラスコ族が住む島々がある。そのひとつハニッツィオ島は、「死者の日」という伝統行事が催されることで知られる。

バック-オーダー〔back order〕入荷待ちになっている注文。繰り越し注文。

バック-カントリー〔back country〕田舎。農村地帯。また、僻地。

バック-ギア〔back gear〕駆動される軸を逆回転させる歯車装置。後退ギア。

バックキャスティング〔backcasting〕将来を予測する際に、持続可能な目標となる社会の姿を想定し、その姿から現在を振り返って今何をすればいいかを考えるやり方。目標を設定して将来を予測すること。地球温暖化のように現状の継続では食糧不足などの破局的な将来が予測されるときに用いられる。➡フォアキャスティング

バックギャモン〔backgammon〕西洋すごろく。二人で行うゲームで、各自15の駒を盤上に並べ、2個のサイコロの目数で駒を進め、早く目的地に集めた方が勝ちとなるゲーム。

バックグラウンド〔background〕❶風景・舞台などの、背景。遠景。❷「バックグラウンドミュージック」の略。❸物事を取り巻く事情。事件などが起こった原因。背景。❹性格や、その人が今いる地位などを作り出した環境。生い立ち。育ち。また、経歴。❺マルチタスク環境のコンピューターで複数のソフトウエアを起動している時、ユーザーになっていないソフトウエアの状態を指す。操作対象となっているソフトウエアの状態はフォアグラウンドという。

バックグラウンド-いんさつ【バックグラウンド印刷】《background printing》コンピューターで印刷処理を行いながら、同時に別の作業をすること。

バックグラウンド-ほうしゃせん【バックグラウンド放射線】《background radiation》放射線測定の際の、測定対象以外からの放射線。宇宙線や天然の放射性物質などに起因する。

バックグラウンド-ミュージック〔background music〕映画やテレビなどで画面の背景として用いたり、喫茶店・職場などで穏やかな雰囲気をつくったりするために流す音楽。背景音楽。バックミュージック。BGM。

バック-コーラス《和 back＋chorus》ショーやレビューなどで、主役をもり立てるためにバックで合唱すること。また、合唱する人たち。➡コーラスガール（補説）英語では単にchorus

はつ-ぐさ【初草】❶春の初めにもえ出る草。若草。「―のなどめづらしき言の葉ぞ」〈伊勢・四九〉❷幼い子などのたとえにいう。「―のおひゆく末も知らぬ間にいかでか露の消えむとすらむ」〈源・若紫〉

パック-ジャーナリズム〔pack journalism〕《packは群れの意》群れをなして事件を追いかけ、好奇心をあおりたてるようなジャーナリズムの報道ぶりを批判的にいう言葉。

バック-シャン《和 back＋schön(ドイ)》女性のうしろ姿が均整がとれて美しいこと。また、その女性。多く、前から見ると失望するような場合にいう。

バックス〔backs〕❶サッカー・ラグビー・ホッケーなどで、後方に位置し、主に防御にあたるプレーヤー。後衛。BK。⇔フォワード。❷野球で、バッテリーを除く守備側選手。

パックス〔PACS〕《フランス pacte civil de solidarité》成年に達した二人の個人が、安定した共同生活を営むために交わす契約。異性間でも同性間でも結ぶことができる。契約の解消が容易にできるなど結婚よりも制約が少ない一方、所得の共同申告が認められるなど結婚と同等の優遇措置が受けられる。1999年にフランスで導入され、欧州各国に広まる。連帯市民協約。英語では、civil solidarity pactという。

パックス〔pax〕《passengerの俗語》航空業界で、乗客。

パックス-アメリカーナ〔ラテン Pax Americana〕▶パクスアメリカーナ

バックスイング〔backswing〕野球・ゴルフなどで、ボールを打つ前にバット・クラブを後ろへ引いて振り上げること。

バックスキン〔buckskin〕❶シカ皮。シカのもみ皮。また、それに似せた羊や子牛の皮。❷シカ皮の感じに似せて仕上げた織物。

バック-スクリーン《和 back＋screen》野球場で、投球が打者に見えやすいように中堅後方に設けた主に黒色の壁。

バックスクロール〔backscroll〕ワープロソフトの文章やウェブサイトなどで、ウインドウ内に表示されていない先頭のほうをスクロールバーでさかのぼって見ること。➡スクロール

パックス-コンソルティス〔ラテン Pax Consortis〕▶パクスコンソルティス

パックス-ジャポニカ〔ラテン Pax Japonica〕▶パクスジャポニカ

バックステージ〔backstage〕劇場などの舞台裏。袖や楽屋。また、舞台俳優などの私生活についての事柄。

バック-ストレート〔back straight〕▶バックストレッチ

バックストレッチ〔backstretch〕陸上競技場・競馬場などで、決勝点のある正面スタンドの反対側の直線走路。陸上競技のルール用語ではバックストレート。⇔ホームストレッチ。

バックストローク〔backstroke〕背泳。背泳ぎ。

バックスピン〔backspin〕ボールが打球の飛ぶ方向と逆の方向に回転すること。

パックス-ブリタニカ〔ラテン Pax Britannica〕▶パクスブリタニカ

ハックスリー〔Huxley〕▶ハクスリー

パック-スリー〔PAC3〕《Patriot advanced capability-3》米国製のパトリオットを改良し、弾道ミサイルの迎撃に特化させた地対空ミサイルシステム。および、そのミサイルの通称。パトリオットスリー。

パックス-ロマーナ〔ラテン Pax Romana〕▶パクスロマーナ

バックソー〔backsaw〕のこぎりの一つ。薄のこぎりの背部を溝金で補強したもの。

バック-ソナー〔back sonar〕後方探知機。自動車が後退するとき、車体から超音波を出して、物体に接近するとブザーとランプで警告する保安装置。

バック-チャンネル〔back channel〕政治的な裏工作に使われる秘密の外交ルート。

はっ-くつ【発掘】〔名〕スル ❶地中に埋もれているものを掘り出すこと。「埋蔵金が―される」❷考古学で、埋もれた遺跡を掘り出す作業。「ピラミッドの―調査」❸世間に知られていないすぐれた人やものを見つけ出すこと。「隠れた人材を―する」（類語）発見・スカウト

パック-ツアー《和 pack＋tour》旅行社が企画して行う運賃・宿泊費等一切込みの団体観光旅行。パッケージツアー。

バック-データ《和 back＋data》過去の資料。情報作成のもとになる過去の事実。

バックドア〔backdoor〕《裏口の意》コンピューターネットワークやサーバーに設けられた不正アクセスのための出入り口。クラッカーの侵入やコンピューターウイルスにより、ネットワーク管理者に気付かれないよう作られる。これを不正に設けるコンピューターウイルスをバックドア型ウイルスという。

バックドアがた-ウイルス【バックドア型ウイルス】《backdoor virus》コンピューターウイルスの一。コンピューターを外部ネットワークから不正に操作するための出入り口(バックドア)を、ネットワーク管理者に気付かれないよう設ける。

バックドアがた-コンピューターウイルス【バックドア型コンピューターウイルス】《backdoor computer virus》▶バックドア型ウイルス

はっくどく-すい【八功徳水】仏語。極楽浄土などにあって、八つの功徳を備えている水。倶舎論などでは、甘・冷・軟・軽・清浄・不臭・飲時不損喉・飲已不傷腸の八徳。はちくどくすい。八徳水。

バック-トス〔back toss〕バレーボールで、体の向きを変えずに自分の後方に上げるトス。

バック-ドラフト〔back draft〕逆気流現象。火災により室内の酸素が欠乏した状態で、ドアを開けたり、窓を割ったりすると、大量の酸素が一気に流れ込み、爆発的な炎を生じる現象。➡フラッシュオーバー

バック-ナイン〔back nine〕18ホールのゴルフコースで、後半の9ホール。インの9ホール。

バック-ナンバー〔back number〕❶雑誌など定期刊行物の旧号。❷運動選手の背番号。❸自動車の後部に掲示する登録番号。

はつ‐くに【初国|×肇国】国を肇(はじ)めること。初めて国を建てること。また、その国。「出雲の国は、…―小さく作らせり」〈出雲国風土記〉

はつくにしらす‐すめらみこと【始馭天下之天皇|御肇国天皇】《最初に国土を統治した天皇の意》第1代の神武天皇(始馭天下之天皇)、または第10代の崇神天皇(御肇国天皇)のこと。

バック‐ネット《和 back＋net》野球場で、本塁の後方に張ってある、打球などを止めるための網。補説 英語ではbackstop

バックハウス〖Wilhelm Backhaus〗[1884～1969]ドイツ生まれの、スイスのピアノ奏者。鍵盤の獅子王とよばれ、特にベートーベンの演奏で知られる。

バックパッカー〖backpacker〗バックパッキングをする人。

バックパッキング〖backpacking〗バックパックを背負い、大自然や世界中を旅行すること。

バックパック〖backpack〗アルミ枠にコットン製の袋のついたリュックサック。バックパッキングに用いる。

バックハンド〖backhand〗❶テニス・卓球などで、ラケットを持つ手の反対の側へきたボールを打つこと。バックハンドストローク。⇔フォアハンド。❷野球で、グラブを持つ手と逆の側で捕球すること。逆シングル。⇔フォアハンド。

バック‐バンド《和 back＋band》歌手・演奏家の後ろで伴奏をするバンド。

バックファイア〖backfire〗内燃機関で、シリンダー内の火炎が吸気管内に逆流する現象。逆火。

バック‐プレッシャー〖back pressure〗背圧(はいあつ)。

バック‐ベイ〖Back Bay〗米国マサチューセッツ州の都市、ボストンの一地区。ボストン美術館のほか、ボストン交響楽団の本拠地となるシンフォニーホールや、1877年に建てられたロマネスク復古様式のトリニティ教会がある。

バックベンチャー〖backbencher〗英国・オーストラリアなどで、平議員。席が後方にあるところから。

バックホー〖backhoe〗パワーショベルやブルドーザーなどの作業車に鍬(くわ)状の排土板を取り付けて掘削する土木機械。

バックポーティング〖backporting〗▶バックポート

バックポート〖backport〗バージョンアップにより新規実装された機能を、旧バージョンのソフトウエアに移植すること。バックポーティング。

バック‐ホーム〔名〕スル《和 back＋home》野球で、本塁をねらう走者を刺すために、野手が本塁へ送球すること。「強肩のセンターが―する」

バック‐ホーン〖back horn〗自動車の後退用警音器。

バックボーン〖backbone〗❶背骨。❷思想・信条などの背景にあり、それを成り立たせている考え方。精神的支柱。❸インターネットなどの通信ネットワークにおける、事業者間を結ぶ高速・大容量の回線。コアネットワーク。基幹回線網。基幹通信網。

バックボーン‐ラン【バックボーンLAN】《backbone LAN》複数のLANを接続する幹線の役割を担うLAN。オフィスビルの各階の支線LANをひとまとめに接続するLANなどを指す。データ転送量が大きくなるため、高速高品質の通信機器を必要とする。幹線LAN。

バック‐マージン《和 back＋margin》メーカー・問屋などが販売した商品の価格を一定期間後に下げ、その差額を販売先に返却すること。販売促進の手段や相場変動の激変により問屋が大損したときなどに行う。リベートの一種。補説 英語ではkickback, rebate

バック‐ミュージック《和 back＋music》「バックグラウンド‐ミュージック」に同じ。

バック‐ミラー《和 back＋mirror》自動車などの運転席などに取り付けて、後方を見るための鏡。補説 英語ではrearview mirrorまたはrear-vision mirror

バックヤード〖backyard〗❶裏庭。❷背景。バックグラウンド。補説 ❷は日本語的用法。

ばっく‐よらく【抜苦与楽】仏語。仏・菩薩(ぼさつ)が人々の苦を取り除いて楽を与える慈悲の働き。

バックライト〖backlight〗❶舞台あるいは被写体を、後方から照らす照明や光。❷液晶ディスプレーの背面につける照明。

バック‐ライン〖back line〗サッカー・ラグビーなどで、バックスの攻防のための並び方、布陣。

バックラッシュ〖backlash〗はね返り。後戻り。揺り戻し。反動。

バックラム〖buckram〗のり・にかわ・ゴムなどで固めた綿布や麻布。本の装丁や洋服の襟芯(えりしん)などに用いる。バクラム。

ぱっくり〔副〕「ぱくり」の促音添加。「傷口が―(と)開く」「熟したザクロの実が―(と)裂ける」

パック‐りょうきん【パック料金】(―レウキン) 複数のサービスをひとまとめにした料金。通常、ばらばらに購入するよりも安く設定される。

パック‐りょこう【パック旅行】(―リヨカウ) ▶パックツアー

バックリング〖buckling〗軸の長手方向に荷重をかけたとき、荷重と直角方向に生じる変形。

バックル〖buckle〗ベルト・靴などの留め金具。

ハックルベリーフィンのぼうけん【ハックルベリーフィンの冒険】《原題、The Adventures of Huckleberry Finn》マーク＝トウェーンの長編小説。1884年刊。「トム＝ソーヤーの冒険」の続編。浮浪少年ハックルベリーが逃亡中の奴隷ジムといかだでミシシッピ川を下る話を中心に据え、鋭い文明・社会批判をこめる。

バックレス〖backless〗背中を大きく露出させた婦人服や水着。

ばっく・れる〔動ラ下一〕《「しらばくれる」の変化》❶素知らぬ顔をする。とぼける。❷《若者言葉》逃げる。さぼる。「午後の授業、―・れるか」

は‐づくろい【羽繕い】(―ヅクロヒ)〔名〕スル 鳥がくちばしで羽を整えること。はねづくろい。「アヒルが―する」

ばつ‐ぐん【抜群】《古くは「ばっくん」》■〔名・形動〕❶多くの中で、特にすぐれていること。ぬきんでていること。また、そのさま。「―な(の)成績をおさめる」❷程度が大きいこと。また、そのさま。「先の関をば、はや―に程隔たりて候ふほどに」〈謡・安宅〉■〔副〕程度がはなはだしいさま。「目の数も―違ふ」〈虎明狂・賽の目〉
類語 傑出・卓抜・秀逸・出色・屈指

はっ‐け【八×卦】❶易で、陰(--)と陽(—)の爻(かう)の組み合わせで得られる8種の形。この中の2種を組み合わせてできたものが六十四卦で、自然界・人間界のあらゆる事物・性情が象徴される。はっか。❷占い。易。「当たるも―当たらぬも―」
類語 占い・易・占(うら)・卜占(ぼくせん)・占卜・易断

はっ‐け【八家】❶「八宗(はっしゅう)」に同じ。❷「入唐(にっとう)八家」の略。

ばっ‐け【末家】本家から分かれた家。分家。また、本家から血縁の最も遠い家。まっけ。「矢の倉の―の茝庭(さいてい)が六十三歳で歿し」〈鴎外・渋江抽斎〉

はっ‐けい【八景】一国、一地方などで特にすぐれた8か所の景色。中国の瀟湘(しょうしょう)八景に始まる。日本では近江八景・金沢八景・南都八景など。

はっ‐けい【伯兄】(ハク―) いちばん上の兄。長兄。

はつ‐げいこ【初稽古】❶芸能や技芸などの、初めての稽古。❷武芸や遊芸などの稽古事を、新年初めてすること。稽古始め。(季 新年)

はっけい‐ロシアじん【白系ロシア人】(ハクケイ―) 1917年十月革命後、ソビエト政権に反対して国外に亡命したロシア人。

パッケージ〖package〗〔名〕スル ❶包むこと。荷造り。包装。特に商品の包装やそのための容器。「―を簡素化する」「コンパクトに―する」❷ひとまとめにすること。一括して処理すること。また、そのもの。「生産と流通を―して考える」「―保険」

パッケージ‐ソフト《packaged softwareから》▶パッケージソフトウエア

パッケージ‐ソフトウエア〖packaged software〗市販されている、既成のソフトウエア。ソフトウエア一式とマニュアルなどを合わせて提供される。オーダーメードのソフトに対していう。

パッケージ‐ツアー〖package tour〗「パックツアー」に同じ。

パッケージ‐プログラム〖package program〗そのままでいつでも放送できるように作られている、出来合いのラジオ・テレビ番組。プロダクションが独自に製作し、放送局・スポンサーに売り込む形をとる。

パッケージング〖packaging〗包装。荷造り。また、そのやり方。特に車の基本骨格をいう。

はっけ‐おき【八×卦置き】「八卦見(はっけみ)」に同じ。

はっけ‐しんとう【伯家神道】(ハクケシンタウ) 平安末期から神祇(じんぎ)伯を世襲した白川家に伝えられた神道の流派。白川神道。

はっ‐けっきゅう【白血球】(ハクケツキウ) 血液を構成する成分の一。骨髄・リンパ節などでつくられ、形は不定で核があり、生体の防御に関与。顆粒性(かりゅうせい)の好酸球・好中球・好塩球などと、無顆粒性のリンパ球・単球などに分けられる。顆粒白血球と単球は遊走性があり、食作用によって侵入した細菌・異物などを消化分解する。リンパ球はその細菌などの抗原に対して抗体をつくり、免疫作用をもつ。WBC(white blood cell)。

はっけっきゅうじょきょ‐りょうほう【白血球除去療法】(ハクケッキウヂヨキヨレウハフ) 潰瘍性大腸炎や関節リウマチなどで炎症の原因となる白血球を取り除くことで、症状を改善する治療法。血液を体外に取り出し、フィルターを通して活性化した白血球を除去した後、体内に戻す。

はっけつ‐びょう【白血病】(ハクケツビヤウ) 血液中の白血球が異常に増加する病気。多いのは急性白血病で、未熟な白血球が増殖して造血・免疫機能が低下し、発熱・貧血・出血傾向や脾臓(ひぞう)・リンパ節の腫(は)れなどの症状がみられる。慢性白血病は成熟した白血球が増殖するもので、症状は急性に比べると軽度。

▷**白血病の略号と病名**
AML(acute myelogenous leukemia)=急性骨髄性白血病、ALL(acute lymphoid leukemia)=急性リンパ性白血病、CML(chronic myelogenous leukemia)=慢性骨髄性白血病、CLL(chronic lymphoid leukemia)=慢性リンパ性白血病

はっけ‐み【八×卦見】占いを職業とする人。占い師。易者。八卦置き。
類語 占い師・易者・手相見・陰陽師(おんようじ)・巫女(みこ)・巫女(ふじょ)・市子・いたこ・ゆた・口寄せ・かんなぎ・シャーマン

はっけ‐よい〔感〕《「八卦(はっけ)よい」の意か》相撲の行司が、土俵の上で力士に向かって動きを求めて発する掛け声。「―、のこった」

はっ‐けん【白圏】(ハク―) 圏点の一種。中を白く残した丸じるし。

はっ‐けん【白鍵】(ハク―) ピアノ・オルガンなど、鍵盤楽器の白い鍵。⇔黒鍵。

はっ‐けん【法×眷】法を同じくする仲間。同じ師に学ぶ同じ法統の仲間。ほうけん。ほっけん。

はっ‐けん【発見】〔名〕スル まだ知られていなかったものを見つけ出すこと。また、わからなかった存在を見いだすこと。「新大陸の―」「犯人のアジトを―する」
類語 見つける・探し出す・探し当てる・探り当てる・つきとめる・見いだす

はっ‐けん【発券】〔名〕スル 銀行券などを発行すること。類語 発行

はっ‐けん【発遣】〔名〕スル 差し向けて行かせること。使者などを派遣すること。「崇神天皇の御世に四道将軍を―し給へり」〈吉岡徳明・開化本論〉

はつ‐げん【発言】〔名〕スル 言葉を出すこと。口頭で意見を述べること。また、その言葉。はつごん。「―を求める」「会議で―する」類語 陳述・言う・話す・しゃべる・語る・述べる・口を利く・口に出す・口にする・吐く・漏らす・口走る・抜かす・ほざく・うそぶく・言い出す (尊敬)おっしゃる・仰せられる・宣(のたま)う (謙譲)申し上げる・申す・言上(ごんじょう)する

はつ‐げん【発現】〔名〕スル 現れ出ること。また、現し出すこと。「個性が―した絵画」「薬効を―する」
類語 表現・表出・表白・現出・出現・顕現・現れ

はつ‐げん【発源】〔名〕スル ❶みなもとから川などが

流れ出ること。また、そのみなもと。❷物事の起こるもとをなすこと。また、そのもと。起源。「西洋文明の各国にては此権の一唯一所に非ず」〈福沢・文明論之概略〉

ばっ-けん【抜剣】〔名〕スル　刀を鞘さやから抜くこと。また、その刀。抜刀。

バッケン〖ドイツ Backen〗スキー靴の前部をスキーに固定させるための金具。耳金。

はつげん-がっき【×撥弦楽器】ハツゲン　弦を指・つめ・ばちなどではじいて鳴らす楽器の総称。ハープ・ギター・三味線など。

はっけん-ぎんこう【発券銀行】ハッケン　銀行券発行の権能を有する銀行。日本では、日本銀行。

はつげん-けん【発言権】会議などで発言することのできる権利。

はっけん-ざん【八剣山】奈良県南部、吉野郡天川てんかわ村と上北山かみきたやま村の境にある山。標高1915メートル。頂上東の急斜面は原生林におおわれオオヤマレンゲの自生地で、東山腹のトウヒとシラビソの樹林帯とともに国の天然記念物に指定されている。役えんの行者ぎょうじゃが法華経全8巻を奉納したと伝えられることから、修験道しゅげんどう関係の石碑が多く見られる。吉野熊野国立公園に属する。仏教ヶ岳。八経ヶ岳。

はっけん-じだい【発見時代】▶大航海時代だいこうかいじだい

はっけんてき-げんり【発見的原理】真理や事実の発見を目的として暫定的に設けられる方法・仮説。カント哲学では、経験の限界を超えて認識を拡張するのではなく、経験的認識の体系的統一をどう求めたらよいかを指示する理念をさす。規制的原理。

はっけんでん【八犬伝】「南総里見八犬伝なんそうさとみはっけんでん」の略称。

はつげん-りょく【発言力】発言によって、人を動かしたり従わせたりするなどの影響力。「党内で―がある」

バッケン-レコード《和 Bakken(ドイツ)＋record》スキーのジャンプ競技で、そのジャンプ台における最長不倒距離。

はっ-こ【八股】「八股文」の略。

はつ-ご【初子】初めて生まれた子。ういご。
(類語)初子ういご・長子・総領・長男・長女・長兄・長姉

はつ-ご【発語】〔名〕スル ❶言い始めること。言語を発すること。ほつご。❷言い出しや書き出しに用いる語。「いざ」「さて」「それ」など。❸ある意味を添え、また語調をよくするための接頭語。「い行く」の「い」、「さ夜中」の「さ」など。

ばっ-こ【×跋×扈】〔名〕スル《「後漢書」崔駰伝から。「跋」は越える意、「扈」は竹やな》魚がかごを越えて跳ねること。転じて、ほしいままに振る舞うこと。また、のさばり、はびこること。「軍閥の―」「悪辣な商売が―する」(類語)横行・跳梁ちょうりょう・猖獗しょうけつ

ばつ-ご【×跋語】書物のあとがきとしてしるす言葉。跋文。跋。

はつ-こい【初恋】ハツコヒ　生まれて初めての恋。

はっ-こう【八荒】ハックワウ　国の八方の果て。国の隅々。八極。「恩沢一にあふれ」〈奥の細道〉

はっ-こう【八×紘】ハックワウ「八荒はっこう」に同じ。(類語)世界・万国・万邦・国際社会・内外・中外・四海しかい・宇内うだい

はっ-こう【八講】「法華ほっけ八講」の略。

はっ-こう【白光】ハククワウ　白い光。昼間の日の光。

はっ-こう【白▽虹】ハク　白色に見えるにじ。霧やぬか雨などのときみられる。「更に一道の白火中天を突て電光の如く、一の如く」〈独歩・愛弟通信〉

白虹日ひを貫つらぬく　《「戦国策」魏策から》白い虹が太陽を貫いてかかる。白い虹を兵の、太陽を君主の象徴と解釈することによって、兵乱が起こり、君主に危害を加える予兆とされた。

はっ-こう【発光】ハックワウ〔名〕スル　光を発すること。「―する昆虫」「―塗料」(類語)光る・輝く・煌きらめく・閃ひらめく・瞬またたく・照る・照り輝く・照り映はえる・照り付ける・きらつく・ぎらつく・一閃いっせんする・反照する

はっ-こう【発向】ハッカウ〔名〕スル ❶出発して目的地に向かうこと。「援軍が―する」❷▶発行はっこう❸

はっ-こう【発行】ハッカウ〔名〕スル ❶図書・新聞・雑誌などを印刷して、世に出すこと。「週刊誌を―する」❷紙幣・債券・証明書・定期券・入場券などを作って、通用させること。「旅券を―する」❸(「発向」とも書く)流行すること。「その時分は、塩浜が―しやした」〈洒・古契三娼〉(類語)(❶)刊行・発刊・公刊・刊かん・出版・版行はんこう・上梓じょうし・印行・発兌はつだ/(❷)発券・発給・交付

はっ-こう【発効】ハッカウ〔名〕スル　法律や規則などの効力が発生すること。「条約が―する」⇔失効。

はっ-こう【発航】ハッカウ〔名〕スル　船舶が港を出発して航海に出ること。出航。「『マルセイユ』を一して以来」〈逍遥・内地雑居未来之夢〉

はっ-こう【発港】ハッカウ〔名〕スル　船舶が港を出発すること。出港。「一同横浜―する由」〈新聞雑誌二八〉

はっ-こう【発酵|×醱酵】ハッカウ〔名〕スル　微生物の働きで有機物が分解され、特定の物質を生成する現象。狭義には無酸素状態で糖質が分解されること。生物体はこれにより必要なエネルギーを獲得する。生成される物質によってアルコール発酵・乳酸発酵・メタン発酵などとよぶ。酒・醤油・味噌・ビール・チーズなどの製造に利用。(類語)腐る・傷いたむ・饐すえる・鯘あざれる・腐敗・酸敗・腐乱

はっ-こう【薄幸|薄×倖】ハクカウ〔名・形動〕幸せに恵まれないこと。また、そのさま。「―な(の)人生」
(類語)不幸・不幸せ・薄命・因果・数奇

はっこう-いちう【八×紘一宇】ハックワウ《神武紀の「八紘をおほひて宇いえとせむ」から》全世界を一つの家にすること。第二次大戦期、日本が海外侵略を正当化する標語として用いた。

はっこう-え【八講会】ヱ「法華ほっけ八講」に同じ。

はっこう-かかく【発行価格】ハッカウ　株式・公社債を発行するときの価格。

はっこう-き【発光器】ハックワウ　生物発光を行う器官。蛍では発光細胞層・反射層からなり、腹部にある。

はっこう-きん【発光菌】ハックワウ　発光する担子菌。傘のひだが光るツキヨタケ、菌糸が光るナラタケなどのキノコ。熱帯地方に多い。発光菌類。

はっこう-きん【発酵菌】ハッカウ　発酵作用を営む微生物。酵母・乳酸菌・メタン細菌・酢酸菌など。

ばっこう-くつ【莫高窟】バクカウ▶敦煌石窟

はっこう-こう【白降×汞】ハッカウ　昇汞しょうこうの水溶液にアンモニア水を加え、その沈殿物を濾過、乾燥して得られる白色粉末。軟膏として疥癬かいせんなどに用いた。

はっこう-さいきん【発光細菌】ハックワウ　発光する細菌。主に海産で、マツカサウオに寄生して発光するものなどがある。発光バクテリア。

はっこう-しじょう【発行市場】ハッカウシヂャウ　資金を調達するために、企業・国などが株式や公社債などの有価証券を発行し、投資家に取得させる市場。➡流通市場

はっこう-しゃ【発行者】ハッカウ　出版物発行の責任者。発行人。

はっこう-しょくぶつ【発光植物】ハックワウ　生物発光をする植物。細菌や一部の担子菌類にみられ、エネルギー代謝の一つの形として光が生じる。ヒカリゴケのように光を反射するものは含めない。

はつ-こうしん【初×庚申】カウシン　その年最初の庚申かのえさるの日。帝釈天たいしゃくてんの最初の縁日で、各地の帝釈天を祭る寺や庚申堂に参詣する。初帝釈。(季 新年)「梅が香や―の背戸の風呂/蓼太」

はっこう-スペクトル【発光スペクトル】ハックワウ　原子や分子が、エネルギーの高い励起状態から低い状態へ遷移するときに放射する、電磁波のスペクトルの総称。スペクトルの見え方から、輝線スペクトル、帯スペクトル、連続スペクトルの三つに分類される。放射スペクトル。放出スペクトル。

はっこう-たい【発光体】ハックワウ　太陽や炎などのように、それ自体が光を発する物体。

はっこう-ダイオード【発光ダイオード】ハックワウ《light emitting diode》半導体のpn接合部に電圧を加えると、緑や赤、青などに発光する素子。燐化りんかガリウム・ガリウム砒素ひそなどの化合物半導体が用いられ、家電製品・自動車の計器の表示などに使用される。LED。➡青色発光ダイオード

はっこうだ-さん【八甲田山】ハッカフダ　青森県中部の火山群。十和田湖の北にあり、最高峰の標高1585メートルの大岳をはじめ、小岳・横岳・櫛ヶ峰くしがみね・駒ヶ峰・乗鞍岳などが連なる。温泉も多い。

はっこう-どうぶつ【発光動物】ハックワウ　生物発光をする動物。みずから発光物質を産生して光るヤコウチュウ・ウミホタル・チョウチンアンコウ・ホタルや、発光細菌の寄生・共生によるマツカサウオなどがある。

はっこう-とりょう【発光塗料】ハックワウトレウ　蛍光体または燐光りんこう体を主要顔料とし、微量の放射性元素を刺激源として加えて、暗所で発光するようにした塗料。計器の指針や道路標示などに使用。夜光塗料。

はっこう-にゅう【発酵乳】ハッカウ　牛などの乳を、乳酸菌や酵母で発酵させた乳製品。ヨーグルトなど。

はっこう-バクテリア【発光バクテリア】ハックワウ▶発光細菌

はっこう-ふ【八講布】昔、宮中の法華八講のとき、布施ふせとして僧侶に与えた麻布。越中(富山県)・加賀(石川県)などで産出。

はつ-こえ【初声】ゴヱ《「はつごえ」とも》❶新年の朝初めて聞く鳥の声。(季 新年)❷各季節に初めて聞く鳥や虫の鳴き声。「ほととぎす汝なが―は我われにもが五月さつきの玉に交へて貫ぬかむ」〈万・一九三九〉

はつ-ごおり【初氷】ゴホリ　冬になって初めて張った氷。(季 冬)「一何こぼしけん石の間あひ/蕪村」(類語)氷・氷塊・氷片・氷柱ひょうちゅう・氷柱つらら・氷層・堅氷・薄氷はくひょう・薄氷うすごおり・薄ら氷ひ・流氷・氷雪・氷霜・アイス

はっ-こつ【白骨】ハク　風雨にさらされて白くなった骨。「一死体」「一化する」(類語)野ざらし・されこうべ

はっこつ-の-おふみ【白骨の▽御文】ハクコツ　本願寺の蓮如の手紙ふうの法語。朝に紅顔を誇る人も夕べには白骨となると、人間の無常を説き、念仏を勧めるもの。

はっこ-ぶん【八股文】《股は対偶の意》中国、明・清代、科挙の答案に用いられた文体。四書五経から出題された章句の意について、対句法を用いて独特な八段構成で論説するもの。時文。制義文。

ばっこ-やなぎ【×跋×扈柳】ヤナギ科の落葉高木。山野に生え、葉は長楕円形で裏面に白い綿毛が密生。雌雄異株。4、5月ごろ葉に先だち、黄色の楕円形の雄花穂、ねじれた長楕円形の雌花穂をつける。やまねこやなぎ。

はつ-ごよみ【初暦】新年、初めてその年の暦を使うこと。また、その暦。(季 新年)「人の手にはや古りそめぬ―/子規」

はっ-こん【発根】〔名〕スル　根が出ること。根を出すこと。「大豆が―する」

はつ-ごん【発言】〔名〕スル「はつげん(発言)」に同じ。「一自由」〈蘆花・思出の記〉

ばつ-ざ【末座】「まつざ(末座)」に同じ。「一に主人廉蔵と母の斧枝とが…控えて」〈魯庵・社会百面相〉

バッサーノ-デル-グラッパ〖Bassano del Grappa〗イタリア北東部、ベネト州の町。グラッパ山の麓に位置し、ブレンタ川が流れる。ワイン用のブドウの搾りかすから作られるブランデー、グラッパの産地として知られるほか、グラッパ焼という彩色陶器も有名。

はっ-さい【八災】仏語。修行の妨げとなる8種の障り。憂・喜・苦・楽・尋・伺・出息・入息。八災患はっさいげん。

はっ-さい【髪菜】中国野菜の一つ。髪の毛状の藍藻の一種で、乾燥地に群生する。蓄財の意の中国語「発財」と同音であることから縁起物として食される。ファーツァイ。

はっ-さい【髪際】仏像の、額の髪の生え際。仏像の高さはここを起点として測る。「一高」

ばっ-さい【伐採】〔名〕スル　山林などの樹木を切り出すこと。「杉の大木を―する」(類語)間伐・濫伐・盗伐

バッサイ〖Bassai〗ギリシャ、ペロポネソス半島中央部のバッサイ山中にある遺跡。紀元前420年頃に建てられたアポロエピクリオス神殿があることで知られ、1986年に世界遺産(文化遺産)に登録された。バッセ。

はっさい-かい【八斎戒】仏語。在家の信者が六斎日に守る8種の禁戒。不殺生・不偸盗ちゅうとう・不淫・不

妄語・不飲酒(ふおんじゅ)の五戒に、高くゆったりした寝台に寝ない、歌舞を見聞きしたり化粧をしない、非時(ひじ)の食を取らないの三つを加えたもの。八戒斎。八戒。

パッサウ〖Passau〗ドイツ南東部、バイエルン州の都市。ドナウ川、イン川、イルツ川の合流地点に位置し、古代ローマ時代から交通の要衝として発展。後期ゴシック様式の市庁舎、世界最大級のパイプオルガンを有する大聖堂などの歴史的建造物が残っている。ボヘミア地方の影響を受けたガラス工芸が盛ん。

パッサカリア〖(イタリア) passacaglia〗バロック音楽の器楽形式の一。低声部で同一音形が繰り返され、上声部で変奏が行われる、荘重な三拍子の曲。

はつ-ざき【初咲き】その花の咲く季節の最初に咲くこと。また、その花。「一の水仙」

はっ-さく【八ˣ朔】❶陰暦の八月朔日(ついたち)のこと。また、その日に行われる行事。農家ではその年の新穀を日ごろ世話になっている人に贈って祝った。町家でもこの風を受けて互いに贈り物をし、祝賀の意を表した。また、徳川家康がこの日江戸城入りをしたところから、武家の祝日となり、大名・旗本などが白帷子(しろかたびら)で登城し、将軍家に祝辞を述べた。また、江戸吉原では、遊女たちが白無垢(しろむく)の小袖を着て祝った。〔季 秋〕「一や町人ながら京留守居/太祇」❷ミカンの一品種。果実は表皮が滑らかでやや小形、甘味も多い。江戸末期に広島県因島で発見された。八朔柑(はっさくかん)。〔季 春〕「指こぞり一を剝けり専念に/波郷」

はっさく-の-すずめ【八ˣ朔のˣ雀】八朔の祝いの贈り物に添える絹布で作った雀。「一は数珠玉につなぎ捨てられ」〈浮・胸算用・一〉

パッサメーター〖passameter〗工作物の外径を精密に測る計器。

ばっさり〔副〕❶刃物で勢いよく、または思い切りよく切るさま。「庭木の枝を一(と)切り落とす」「長い髪を一(と)切ってしまう」❷思い切って取り除くさま。「予算から交際費を一(と)削る」〔類語〕ざくり・ざっくり・ちょん・じょきじょき・ざくざく・すっぱり

はつ-ざる【初▽申】陰暦2月のはじめの申(さる)の日。奈良春日大社の祭礼が行われる。

はっ-さん【八算】珠算で、2から9までの8個の基数で割る一桁の割り算。九帰法(きゅうきほう)という独特の九九を用いる。八算割り。

はっ-さん【発散】〔名〕(スル) ❶内部にたまったものが外部へ散らばって出ること。また、外部へ散らばり出ること。「ストレスを一させる」❷一点から出た光が広がって進むこと。❸数学で、無限数列・無限級数や関数の値が、極限で有限値に近づかず、正あるいは負の無限大となるか、振動するかになること。⇔収束。〔類語〕放散・散布

はつ-ざん【初産】初めての出産。ういざん。しょざん。〔類語〕初産(ういざん)・初産(しょざん)・産む・生み落とす・出産・分娩(ぶんべん)・お産・安産・難産・生(な)す・産する・身二つになる・腹を痛める

ばつざん-がいせい【抜山蓋世】《「史記」項羽本紀から》山を抜き取るほどの力と、世をおおいつくすほどの気力があること。英雄豪傑の力と意気の形容。力(ちから)山を抜き気は山を蓋(おお)う。

はっさん-レンズ【発散レンズ】凹レンズのこと。平行光線を受けて屈折させ、発散させる。

はっ-し【八史】律令制で、太政官の主典(さかん)の総称。左右の大史・少史各二人で、合わせて八人。

はっし〔副〕❶堅い物どうしがぶつかるさま。また、その音を表す語。「刀を一と受けとめる」「丁丁(ちょうちょう)一」❷勢いよく飛んで物に当たるさま。「好球を一と打ち返す」❸物を強く打ち付ける音を表す語。「高札を打たう。一、一」〈続狂言記・牛馬〉❹物の言い方が的確なさま。はきはき。「物を一、一と申して」〈虎寛狂・粟田口〉〔補説〕「発止」とも当てて書く。

ハッジ〖(アラビア) ḥajj〗イスラム教のメッカ巡礼のこと。イスラム法に定められ、イスラム暦のズールヒッジャ月(第12月)に行われる。この時期以外の私的な巡礼をウムラという。ハジ。ハッジュ。➡イード-アル-アドハー

ばっ-し【末子】►まっし(末子)

ばっ-し【抜糸】〔名〕(スル) 手術した切り口が癒着したあと、そこを縫い合わせていた糸を抜き取ること。

ばっ-し【抜歯】〔名〕(スル) ❶治療のため、歯を抜くこと。❷成人として認められるため、あるいは服喪などの目的で、口をあけると見える範囲の歯を抜く風習。日本では縄文時代後半から弥生時代前半に盛行。

バッジ〖badge〗職務・地位・所属などを示すために、帽子や衣服につける小さい記章。バッチ。

バッジ〖BADGE〗《Base Air Defense Ground Environment》航空自衛隊が採用していた自動防空警戒管制組織。コンピューターとレーダーを組み合わせた防空システム。バッジシステム。

ハッシウム〖hassium〗8族に属する人工放射性元素の一。1984年、ドイツ、ダルムシュタットの重イオン研究所(GSI)のグループが鉛208に鉄58を衝突させて生成した。研究所の所在するヘッセン州のラテン語名ハッシアにちなむ。元素記号Hs　原子番号108。

はつ-しお【初▽入】❶染め物を初めて染め液に浸すこと。ひとしお。❷草木の葉が春や秋に色づき始めること。「浅みどり一染むる春雨に野なる草木ぞ色まさりける」〈風雅・春中〉❸涙で袖の色が変わること。嘆き悲しむさまをいう。「いかにして袖の涙の一に染むる心の深さ見えまし」〈新千載・恋四〉

はつ-しお【初潮｜初ˣ汐】❶製塩のためにその年初めてくむ潮水(しおみず)。❷潮の満ちるときに最初にさしてくる潮。❸陰暦8月15日の大潮。葉月潮。〔季 秋〕「一や鳴門(なると)の浪の飛脚舟/凡兆」

はっ-しき【八識】唯識宗で、八つの対象を認識する作用。眼識・耳識・鼻識・舌識・身識・意識・末那(まな)識・阿頼耶(あらや)識。はちしき。

はっしき-の-かばね【八色の▽姓】►やくさのかばね

はつ-しぐれ【初時-雨】その年初めて降る時雨。〔季 冬〕「一猿も小蓑(こみの)をほしげなり/芭蕉」

バッジ-システム〖BADGE system〗►バッジ(BADGE)

ばっし-そうぞく【末子相続】►まっしそうぞく(末子相続)

ハッシッシ〖hashish〗►ハシッシュ

はつ-しばい【初芝居】正月の芝居興行。初春狂言。春芝居。〔季 新年〕

パッシブ〖passive〗㊀〔名〕受動態。㊁〔形動〕自分からは積極的に働きかけないさま。受動的。消極的。「一な行動」⇔アクティブ。

パッシブ-うんよう【パッシブ運用】投資信託などの運用方法の一つ。株価指数や平均株価の騰落に連動した値動きを目指す。投資銘柄の選択や組み入れ比率の判断は、株価指数の採用銘柄や時価総額の比などから機械的に行われる。インデックス運用。➡アクティブ運用

パッシブがた-アールエフアイディータグ【パッシブ型RFIDタグ】《passive RFID tag》►パッシブタグ

パッシブがた-アイシータグ【パッシブ型ICタグ】《passive IC tag》►パッシブタグ

パッシブ-シートベルト〖passive seat belt〗乗用車の座席に座り、ドアを閉めるだけで自動的に掛かるシートベルト。

パッシブ-スピーカー〖passive speaker〗アンプ(増幅器)を内蔵しないスピーカー。外部にセパレートアンプなどを接続し、オーディオシステムの一部として使用する。

パッシブ-スモーキング〖passive smoking〗他人のタバコの煙を自然に吸い込むこと。受動喫煙。間接喫煙。

パッシブ-セーフティー〖passive safety〗自動車の安全技術のうち、シートベルトやエアバッグなど、事故が起きた際に乗員を保護する受動的安全技術。事故を未然に防ごうとする諸設計をアクティブセーフティー(active safety)という。

パッシブ-ソーラー〖passive solar〗太陽熱の集熱にポンプなどの機械装置を用いず、自然の対流・伝導・放射などの伝熱を利用して暖冷房・給湯を行う方式。

パッシブ-タグ〖passive tag〗ICタグの一種。電池を内蔵せず、受信する電波を電力に変換して駆動する。通信距離は1メートル程度。小型軽量で永続的に利用できるため、商品の識別や管理など、産業面での応用が期待されている。パッシブ型ICタグ。パッシブ型RFIDタグ。➡アクティブタグ　➡セミアクティブタグ

パッシブ-ファンド〖passive fund〗パッシブ運用で運用される投資信託。インデックスファンド。

パッシブ-ベルト「パッシブシートベルト」の略。

パッシブ-ホーミング〖passive homing〗ミサイル誘導方式の一つ。目標から放出されるエネルギー(赤外線・電波・音波・光など)をミサイルまたは魚雷が感知して、その目標に向かって自動追尾する。

はつ-しま【初島】静岡県熱海市に属する島。網代港の東の沖合にある。近世以降、戸数を41戸に保ち、共同体として運営。観光地。〔補説〕もと「はしま」と読み、「端島」とも書いた。

パッシメーター〖passimeter〗工作物の内径を精密に測る計器。

はつ-しも【初霜】その年の秋から冬にかけて最初に降りる霜。〔季 冬〕「一やわづらふ鶴(つる)を遠く見る/蕪村」

はつしも-づき【初霜月】陰暦10月の異称。

はっ-しゃ【発車】〔名〕(スル) 汽車・電車・バスなどが出発すること。「定時に一する」

はっ-しゃ【発射】〔名〕(スル) 弾丸やロケットなどを打ち出すこと。「魚雷を一する」
〔類語〕射撃・銃撃・発砲・実射・乱射・速射・掃射

バッシャー〖basher〗たたく人。攻撃する人。「日本一」

はっしゃ-かん【発射管】艦艇に装備され、魚雷・ミサイルなどを発射するための鋼製円筒。

はっしゃ-やく【発射薬】弾丸やロケットなどの発射に用いる火薬。黒色火薬の類。

ハッシュ〖hash〗❶薄切り、または細かく切ること。❷薄切りの牛肉とタマネギをドミグラスソースで煮込んだもの。➡ハヤシライス　❸►ハッシュマーク

ばっ-しゅ【罰酒】「罰杯(ばっぱい)」に同じ。

はっ-しゅう【八州】❶日本の古称。おおやしま。❷►関八州(かんはっしゅう)　❸「八州回り」の略。

はっ-しゅう【八宗】日本に伝来した仏教の八つの宗派。南都六宗の倶舎(くしゃ)宗・成実(じょうじつ)宗・律宗・法相(ほっそう)宗・三論宗・華厳宗および平安二宗の天台宗・真言宗の称。八家。

はっしゅう-けんがく【八宗兼学】❶八宗の教義をすべて兼ね修めること。❷物事に広く通じていること。

はっしゅうこうよう【八宗綱要】鎌倉時代の仏教書。2巻。凝然(ぎょうねん)著。文永5年(1268)成立。仏法が伝播した歴史を述べ、八宗の歴史や教理を解説したもの。古来、初学者の入門書とされる。

はっしゅう-まわり【八州回り】►関東取締出役(かんとうとりしまりしゅつやく)

ハッシュ-かんすう【ハッシュ関数】《hash function》元の数値や文字列から固定長の擬似乱数を生成する関数。不可逆な一方向関数という性質を応用して、デジタル署名などに用いられる。メッセージダイジェスト関数。要約関数。

ハッシュ-きごう【ハッシュ記号】《hash sign》►ハッシュマーク

ハッシュ-タグ〖hash tag〗マイクロブログの一、ツイッターにおいて、特定のテーマについての投稿(ツイート)を検索して一覧表示するための機能。「#wadai」のように#(ハッシュマーク)の後にアルファベットでキーワードを付与し、前後に半角を空けることでタグとして利用する。

ハッシュ-ち【ハッシュ値】《hashed value》元の数値や文字列から固定長の擬似乱数を作るハッシュ関数で算出される値。メッセージダイジェスト。

はっ-しゅつ【発出】〔名〕(スル) ❶ある物事や状態が現れ出ること。また、現し出すこと。「一大事変を一せん

と」〈竜渓・経国美談〉❷出発すること。「早々―して、地府に滞らしむる事なかれ」〈読・英草紙・三〉

ハッシュ-マーク〖hash mark〗記号「#」のこと。番号の先頭に置かれ、続く数字が電話番号など何らかの番号であることを明示する場合に用いる。番号記号。ナンバーサイン。井桁いげた。[補説]音楽で使われる嬰えい記号「♯」とは異なるが、便宜的にシャープと呼ばれることもある。

ばつ-じょ【末女】ヂヨ すえの娘。まつじょ。

ばつ-じょ【×祓除】ヂヨ〔名〕スル 災いを除き、けがれを祓うこと。また、その儀式。ふつじょ。

はっ-しょう【八省】ハツシヤウ ❶律令制で、太政官だいじょうかんに属する八つの中央行政官庁。中務なかつかさ省・式部省・治部省・民部省・兵部ひょうぶ省・刑部ぎょうぶ省・大蔵省・宮内省の総称。やつのすぶるつかさ。❷「八省院」の略。

はっ-しょう【八将】ハツシヤウ 関東に勢力を張った八家の豪族。下総しもうさの千葉・結城、安房あわの里見、常陸ひたちの小田・佐竹、下野しもつけの小山・宇都宮・那須。

はっ-しょう【八象】ハツシヤウ 易の八卦はっけの象徴するもの。乾けんは天、坤こんは地、坎かんは水、離は火、艮ごんは山、兌だは沢、巽そんは風、震は雷をあらわす。

はっ-しょう【発症】ハツシヤウ〔名〕スル 病気の症状が現れること。「脚部に―する」

はっ-しょう【発祥】ハツシヤウ〔名〕スル ❶天命を受けて天子となるめでたいしるしが現れること。帝王やその祖先が生まれ出ること。❷物事が起こり現れること。「オリンピックの―した地」

[類語]出現・発生・起こり・始まり・起源

はつ-じょう【発条】ハツデウ ばね。ぜんまい。

はつ-じょう【発情】ハツジヤウ〔名〕スル 成熟した動物、主に哺乳類が交尾可能な状態にあること。人間以外では繁殖期に限られ、性ホルモンにより誘発されるが、人間では大脳皮質に大きく左右される。「―した犬」「―期」

ばっ-しょう【×跋渉】バツセフ〔名〕スル 山野を越え、川をわたり、各地を歩き回ること。「山野を―するにはおもしろい道連れだ」〈藤村・千曲川のスケッチ〉

[類語]歩く・ぶらつく・ほっつく・散歩・散策・逍遥しょうよう・漫歩・漫遊・巡歴・行脚あんぎゃ

はっしょう-いん【八省院】ハツシヤウヰン《八省の政務が執り行われたところから》朝堂院の異称。

はつじょう-しゅうき【発情周期】ハツジヤウシウキ 哺乳類の雌にみられる発情状態の周期。また、発情における生理状態の周期的な変化。卵胞の成熟・排卵・黄体化の時期を繰り返す。人間では月経周期にあたる。

はっしょう-じん【八将神】ハツシヤウ― 陰陽道おんようどうで、方位の吉凶をつかさどるという八神。太歳たいさい・大将軍・大陰だいおん・歳刑さいぎょう・歳破さいは・歳殺さいせつ・黄幡おうばん・豹尾ひょうび。暦の最初にその年に位置する方角をしるした。

はっしょうじん【八笑人】ハツセウジン ▶花暦はなごよみ八笑人

はっしょう-ち【発祥地】ハツシヤウ― ある物事が初めて起こった土地。「四大文明の―」

はっしょうどう【八正道|八▽聖道】ハツシヤウダウ 仏語。修行の基本となる8種の実践徳目。正見・正思惟しょうしゆい・正語・正業・正命・正精進・正念・正定しょうじょう。

はつじょう-ホルモン【発情ホルモン】ハツジヤウ― 主に卵巣から分泌される雌性ホルモン。発情を誘発し、生殖腺・乳腺などの発育や第二次性徴の発現を促進する作用がある。エストラジオール・エストロン・エストリオールなど。エストロゲン。濾胞ろほうホルモン。卵胞らんぽうホルモン。

はっしょう-まめ【八升豆】マメ科の蔓性つるせいの一年草。葉は複葉。花は黒紫色。さやは短毛に覆われ、豆が5、6粒入っている。原産地の熱帯アジアでは広く栽培され、豆を食用に、茎葉を飼料や肥料にする。おしゃらくまめ。

はっ-しょく【発色】〔名〕スル ❶色を出すこと。「―剤」❷染め物やカラー写真・フィルムなどの色の仕上がり。「―がいい」

はっしょく-だん【発色団】化合物、特に有機化合物が色をもつために必要とされる原子団。アゾ基・ニトロ基・カルボニル基など。これに助色団が加わって発色すると考えられている。

はっしょく-はんのう【発色反応】―ハンオウ ▶呈色反応

パッショネート〖passionate〗〔形動〕熱烈なさま。熱情的。「―な音楽」

パッション〖passion〗❶熱情。激情。❷キリストの受難。また、キリスト受難劇。受難曲。

パッションフルーツ〖passionfruit〗トケイソウ科の蔓性つるせいの多年草。葉は三つに深く裂けている。花はトケイソウに似て、白色。果実は球状で、紫色に熟し、多汁で芳香があり、生食のほかジュースにする。ブラジルの原産。くだものとけいそう。

はっ-しん【八神】天皇の守護神として宮中の神殿に祭る八柱の神。神産日かみむすび・高御産日たかみむすび・玉積産日たまつめむすび・生産日いくむすび・足産日たるむすび・大宮売おおみやのめ・御食津みけつ・事代主ことしろぬしの神々。

はっ-しん【発信】〔名〕スル ❶電信や電波を発すること。「SOSを―する」⇔受信。❷電報・郵便物などを送ること。「祝電を―する」⇔受信。[類語]送信

はっ-しん【発振】〔名〕スル 振動を発生すること。電気振動についていうことが多い。「―器」「―回路」

はっ-しん【発×疹】▶ほっしん(発疹)

はっ-しん【発進】〔名〕スル ❶飛行機や軍艦・部隊などが、基地から出発すること。「全機―せよ」「緊急―」❷自動車を発車させること。「坂道を―する」❸行動を起こすこと。また、動き始めること。「リーグ戦開始に向けて自主トレ―」

はつ-じん【発×軔】❶歯止めを取り除いて車を動かすこと。旅立つこと。「あるじに明朝の―を告げたり」〈鴎外訳・即興詩人〉❷物事を始めること。

はっしん-き【発信機】通信信号を発する装置の総称。

バッシング〖bashing〗〔名〕スル 打ちのめすこと。手厳しく非難すること。「ジャパン―」

パッシング〖passing〗〔名〕スル ❶狭い道などで自動車同士が出合ったときや、右折しようとする対向車に対して、先に行くように、ヘッドライトを点滅させて合図をすること。❷自動車が、同車線上の前車に追い越しの意志を伝えるためなどの目的で、ヘッドライトを点滅すること。パッシングライト。❸「パッシングショット」に同じ。

パッシング-ザ-センターライン〖passing the center line〗バレーボールで、ペネトレーションフォールトの一。プレー中に、プレーヤーのくるぶしより下の部分が、センターラインを越えて相手コートに触れること。反則となる。

パッシング-ショット〖passing shot〗テニスで、ネット際に進んできている相手のわきを抜く打球。パス。パッシング。

パッシング-ライト〖passing light〗▶パッシング❷

はっしんしゃばんごうつうち-サービス【発信者番号通知サービス】ハツシンシヤバンガウツウチ―《caller ID display service》発信者の電話番号を着信者側の電話機などのディスプレーに表示するサービス。NTT東日本・西日本が提供するナンバー・ディスプレイなどのサービスがある。日本では、平成10年(1998)から導入。

はっしん-しゅぎ【発信主義】意思表示の効力が発生する時期を、それが発信されたときとする主義。例えば、手紙を郵便ポストに投函したときなど。⇒到達主義

はっしん-すう【八進数】《octal number》八進法で表された数。⇒八進法

はっしん-チフス【発×疹チフス】▶ほっしん(発疹)チフス

はっしん-にん【発信人】郵便・電報の差出人。⇔受信人。

はっしん-ほう【八進法】―ハフ《octal number system》8を基数とする位取り記数法。0から7までの8種類の数字で表され、桁が一つ増えると値の重みが8倍になる。コンピューター内部で扱われる二進法の数値を3桁ずつにまとめて、八進数で表現することがある。

はっ-すい【×撥水】布・紙などが、表面で水をはじくこと。「―加工」

ばっ-すい【抜粋|抜×萃】〔名〕スル 書物や作品からすぐれた部分や必要な部分を抜き出すこと。また、そのもの。「要点を―する」[類語]抜き書き・抄録・抄出

はつ-すがた【初姿】❶新年の装いをした姿。❷初めての装いをした初々しい姿。「六つや難波にこの身沈めて…十や十五の―」〈浄・阿波鳴渡〉

はつ-すずめ【初×雀】元旦のスズメ。また、その鳴き声。(季 新年)「廂ひさしより垂れたる松の―／風生」

はつ-すずり【初×硯】書きぞめ。(季 新年)

はつ-ずり【初刷(り)】❶▶しょずり(初刷り) ❷新年になって初めての印刷。また、その印刷物。特に、1月1日付の新聞をいう。(季 新年)

ハッスル〖hustle〗〔名〕スル 張り切ること。気力・闘志をみなぎらせること。「声援を受けて―する」

[類語]意気込む・気張る・勢い込む

はっ-する【発する】〔動サ変〕[文]はっ・す〔サ変〕❶㋐物事が起こる。生じる。また、始まる。「効力が―・する」「町の東端から山越えの街道が―・する」㋑外に現れる。「酔いが―・する」㋒出発する。「成田を―・してパリへ向かう」❷㋐物事を起こす。生じさせる。「ささいな口論に端を―・した事件」「川がその源を―・する」㋑気持ちや考えを外に現す。「怒りを―・する」「声明を―・する」㋒出発させる。つかわす。「使いを―・して口上を述べさせる」㋓打ち出す。勢いよく放つ。「矢を―・する」㋔ひらく。あばく。「凶年饑歳に倉庫を―・して流民を救うことは」〈田口・日本開化小史〉[類語](❶㋒)発つ・飛び立つ／(❷㋐)起こる・生ずる・発する・発生する・生起する・起因する・由来する・端たんを発する／(❷㋒)送る・遣る・送り出す・出す・派する・差し向ける・差し遣わす・差し立てる・遣わす・回す・差し回す・派遣する・差遣する

ばっ-する【罰する】〔動サ変〕[文]ばっ・す〔サ変〕罰を与える。処罰する。「違反者を―・する」

[類語]とっちめる・懲らしめる・懲らす

バッスル-スタイル〖bustle style〗スカートの後ろの部分にバッスル(腰当て)を入れ、ふくらませたもの。

はっ-すん【八寸】❶1寸の8倍の長さ。約24.2センチ。❷懐石料理で、主客が杯の献酬をする際の取り肴ざかな。また、それを数種類盛り合わせる約24センチ四方の器。白木しらき製であるが、会席料理では塗りの木皿を使い、形も四角に限らない。八寸膳。❸近世、上野こうずけ国・信濃国などから産した厚手の和紙。

はっすん-くぎ【八寸×釘】長さ8寸の長い釘。

はっすん-ぜん【八寸膳】「八寸❷」に同じ。

はつせ【初瀬|泊瀬】奈良県桜井市初瀬はせの古称。

[歌枕]「うかりける人を―の山おろしよ激しかれとは祈らぬものを」〈千載・恋二〉

バッセ〖Bassae〗▶バッサイ

はっ-せい【八姓】▶八色やくさの姓かばね

はっ-せい【発生】〔名〕スル ❶物事が起こること。生じること。「熱が―する」「事件が―する」❷受精卵や胞子から、多細胞の高次な状態へ不可逆的に変化・発展すること。個体発生をさす。

[類語]生成・生起・発する・起こる・起きる・生ずる・兆きざす

はっ-せい【発声】〔名〕スル ❶声を出すこと。声の出し方。また、その声。「大きく口を開けてはっきり―する」「―練習」❷多数の人が唱和するとき、最初に声を出して音頭をとること。「町長の―で万歳を三唱する」❸宮中の歌会で、講師こうじが歌を節をつけずに読み上げたあとで、初句を節をつけて歌い上げること。また、その役。[類語]声・音声・美声・悪声・金切り声・だみ声・どら声・胴間声・鼻声・裏声・小声・猫撫なで声

はっせい-えいが【発声映画】―エイグワ「トーキー」に同じ。⇔無声映画。

はっせい-がく【発生学】生物の個体発生を研究対象とする生物学の一分野。医学では胎生学ともいう。エンブリオロジー。

はっせい-き【発生期】「発生期状態」に同じ。

はっせい-き【発声器】声を出す器官の総称。ヒトでは声帯・口腔・鼻腔など。

はっせいき-じょうたい【発生期状態】―ジヤウタイ ある元素が化合物から遊離した瞬間に、化学的に大きな活

性を示すこと。水素や酸素でみられる。
はつ-せいたいはいりょう【初聖体拝領】―セイタイハイリャウ カトリック教会で、洗礼後、はじめて聖体をいただくこと。初聖体。「―を受ける」
はっせいてき-ていぎ【発生的定義】定義の方法の一。定義されるものの発生・形成・成立の過程や条件を示して定義するもの。例えば、「種子とは、高等植物において受精後、胚珠はいしゅが発達して形成されるもの」と定義する類。➡分析的定義
はっせい-ほう【発声法】―ハフ ❶声の出し方。❷声楽の基礎的訓練としての声の出し方。
はっせいろ-ガス【発生炉ガス】石炭やコークスを不完全燃焼させて得るガス。一酸化炭素・窒素などからなり、低発熱量の燃料用とする。
パッセージ〖passage〗❶通路。また、通行。「―ウエー」❷文章の一節。❸器楽曲で、旋律音の間を急速に上行・下行する経過的な音符群。経過句。
はつせ-がわ【初瀬川】―がは 奈良県桜井市を流れる初瀬はせ川の古称。〔歌枕〕「―古川の辺に二本ふたもとある杉年を経てまたも逢ひ見む二本ある杉」〈古今・雑体〉
はっ-せき【発赤】〔名〕スル ▶ほっせき(発赤)
はつ-せき【初席】寄席で、正月興行の元日から10日までのこと。〔季 新年〕
ばっ-せき【末席】▶まっせき(末席)
ばっ-せき【罰責】罪や過ちを罰すること。「王法の―を免かるるも」〈中村正直・明六雑誌三七〉
はっ-せつ【八節】1年のうちの、八つの季節の変わり目。二十四節気の中の、立春・春分・立夏・夏至・立秋・秋分・立冬・冬至をいう。
ばっ-せつ【末節】▶まっせつ(末節)
はつ-ぜっく【初節句】生まれた子が初めて迎える節句。女児は3月3日、男児は5月5日。はつのせっく。
はつせ-でら【初瀬寺】長谷寺はせでら㊀の古称。
はつ-ぜみ【初×蟬】その年に初めて聞く蟬の声。〔季 夏〕「―に朝の静けさなほのこる／楸邨」
はつせ-やま【初瀬山】奈良県桜井市初瀬はせにある山。〔歌枕〕「―今日もかぎりとながめつつ入相の鐘に秋ぞ暮れぬる」〈金槐集・上〉
ハッセルト〖Hasselt〗ベルギー北東部の都市。商業、特にファッション産業が盛ん。古くからジンの産地としても知られる。市街の中心部に聖クインティヌス聖堂、国立ジン博物館などがある。
はっ-せん【八仙】㊀中国漢代の八人の仙人。鍾離しょうり・張果老・韓湘子かんしょうし・李鉄拐りてっかい・曹国舅そうこっきゅう・呂洞賓りょどうひん・藍采和らんさいか・何仙姑かせんこ。民間伝承で親しまれ、画題とされる。➡飲中八仙 ㊁《崑崙こんろん山の八仙人の意》雅楽。高麗楽こまがく。高麗壱越こまいちこつ調の小曲。舞は四人舞で、鶴が舞い遊ぶ姿を表す。崑崙八仙。ころはせ。くろはせ。鶴舞。
はっ-せん【八専】陰暦で、壬子みずのえねの日から癸亥みずのとゐの日までの12日間のうち、丑うし・辰たつ・午うま・戌いぬの4日を間日まびと呼んで除いた残りの8日。1年に6回あり、雨の日が多いという。仏事などを忌む。
はっ-せん【発船】〔名〕スル 船が出発すること。また、船を出すこと。「定刻に―する」
ばっ-せん【抜染】〔名〕スル 捺染なっせん法の一。無地染めの布帛ふはくに抜染剤をまぜた糊のりをつけ、蒸気や薬品でその部分の地色を抜いて模様を表すこと。脱色とともに他の色で染めることもある。ぬきぞめ。
はっせん-か【八仙花】―クワ アジサイの別名。〔季 夏〕
ばっせん-がすり【抜染×絣】抜染によって絣模様を表した織物。
ばっせん-ざい【抜染剤】抜染に使用する色抜き用の薬剤。酸化抜染剤・還元抜染剤などがある。
パッセンジャー〖passenger〗乗客。旅客。
はっせん-たろう【八専太郎】―ラウ 八専の第1日。この日が晴天なら八専中は雨がち、雨天なら晴天が多いという。
はっ-そう【八双】―サウ ❶刀・薙刀なぎなたの構えの一。左足を前に出し、手元を右脇に上げ、刀身を立てて構えるもの。「―の構え」❷「八双金物」の略。❸▶発装はっそう
はっ-そう【八相】―サウ 釈迦しゃか八相のこと。その第六相の成道じょうどうを重んじて、八相成道ともいう。
はっ-そう【八草】―サウ 8種の薬草。ショウブ・ヨモギ・オオバコ・ハス・オナモミ・スイカズラ・クマツヅラ・ハコベ。ほかにゴマ・ケシ・シャクヤクなどを入れる説もある。
はっ-そう【発走】〔名〕スル 陸上競技・競馬・競輪などで、競走が始まること。スタート。「―時刻」
はっ-そう【発送】〔名〕スル 荷物や郵便物などを送り出すこと。「小包を―する」
〔類語〕送る・運ぶ・運送・輸送・運搬・搬送・郵送・移送・配送・配達・宅配・逓送ていそう
はっ-そう【発喪】―サウ 喪を発表すること。はつも。
はっ-そう【発装】―サウ 掛け物の上端や巻き物の右端につけられる、断面が半円形で棒状の木・竹。ひもをつけて掛けたり、巻いてとめたりする。八双。
はっ-そう【発想】―サウ〔名〕スル ❶物事を考え出すこと。新しい考えや思いつきを得ること。また、その方法や、内容。「―を切り換える」「先入観を捨てて―する」❷芸術作品など、表現のもとになる考えを得ること。「現実の事件から―した小説」❸音楽で、楽曲のもつ気分や情緒を緩急・強弱などによって表現すること。
〔類語〕着想・思いつき
ばつ-ぞう【末造】―ザウ 末の世。末世。また、末期。「幕府―の江戸の町に生れて」〈鷗外・半日〉
はっそう-かなもの【八双金物】ハッサウ― 門扉・板戸などに打ち付ける装飾用の金具。形により、入り八双・出八双・散らし八双などがある。
はっそう-きごう【発想記号】ハッサウキガウ 楽曲演奏上の表現方法を指示する、譜面上の記号。速度記号・強弱記号のほか、スラー・スタッカートなどの奏法を指示する記号などを含む。
はっそうでん-ぶんり【発送電分離】発電事業と送電事業を別の会社が行うようにすること。〔補説〕多くの先進国がこの仕組みを採用しているが、日本では、電気事業法に基づいて、各地域の電力会社(一般電気事業者)に発電所と送電網の一体的運用を認めている。電力会社が独占している送電網を開放することによって、再生可能エネルギー発電を含めた発電事業への新規参入が促進され、競争による電気料金の低下などが期待できるとされる。
はっそう-ひょうご【発想標語】ハッサウヘウゴ 楽曲演奏上の表現方法を示す標語。カンタービレ・マエストーソなど。
はっ-そく【八足】足が8本あるもの。
はっ-そく【発足】〔名〕スル ▶ほっそく(発足)
ばっ-そく【罰則】❶ある法令のなかで、違反行為に対する刑罰または過料を科する旨を定めている規定。❷一般に、規則に違反した際に適用されるルール。ペナルティー。「悪質な反則行為には1か月出場停止という厳しい―を科す」〔類語〕ペナルティー・処罰
ばつ-ぞく【閥族】❶身分の高い家柄。また、その一族。❷閥をつくっている一族や集団。「―政治」
はっそく-の-つくえ【八足の机】▶やつあしのつくえ
バッソ-コンティヌオ〖イタリア basso continuo〗▶通奏低音つうそうていおん
はつ-ぞら【初空】《「はつそら」とも》❶元日の空。〔季 新年〕「―のたまたま月をのこしけり／万太郎」❷初めてその季節らしく感じられる空。「ほととぎす―、卯月一日は衣がへとて」〈浮・永代蔵・一〉
はつぞら-づき【初空月】陰暦正月の異称。
ばっ-そん【末孫】▶まっそん(末孫)
ハッタ〖Mohammad Hatta〗[1902～1980]インドネシアの政治家。オランダ留学中から独立運動に加わり、1945年共和国成立とともに副大統領に就任。56年スカルノ大統領と衝突して辞任。
はった〔副〕「はた」を強めていう語。「敵を―とにらむ」「飛びかかって―と蹴倒し」〈浄・国性爺〉
ハッダ〖Hadda〗アフガニスタン東部にある古代仏教寺院の遺跡。クシャン朝時代の仏塔・塑像そぞうが数多くあり、ガンダーラの美術様式として知られる。
はつ-だ【発×兌】〔名〕スル 書籍・新聞などを発行すること。「同地にて―する新聞紙などには」〈鉄腸・南洋の大波瀾〉〔類語〕出版・発行・上梓じょうし・上木じょうぼく・版行・刊行・発刊・公刊・印行・刊
ばった《もと古道具商の用語》極端に安値で売ること。投げ売り。「―に売る」
ばった【飛=蝗｜蝗=虫｜×蝗】直翅ちょくし目バッタ科と近縁の科の昆虫の総称。頭部は大きく、触角は短い。前翅ぜんしはやや厚めで、その下に膜質の後ろ翅が扇子状に折り畳まれる。後脚は太く長く、よく跳躍する。卵は塊にして土中に産む。不完全変態。昼行性。ショウリョウバッタ・トノサマバッタ・クルマバッタ・オンブバッタなど。〔季 秋〕「寂しさの極みに青き―とぶ／多佳子」
バッター〖batter〗野球で、打者。
バッターニー〖al-Battānī〗[858?～929]古代イスラムの天文学者。メソポタミア出身。天文観測を行い、太陽の遠地点運動を発見した。アル＝バッターニー。
バッター-ボックス〖batter's box〗野球で、打者が投球を打つときに立つ場所。本塁の左右両側に白線で示された長方形の区域。打席。
はっ-たい【八体】❶漢字の8種の書体。諸説あり、漢代の「説文解字」では、秦の八体として大篆だいてん・小篆しょうてん・刻符・虫書・摹印ぼいん・署書・殳書しゅしょ・隷書れいしょを挙げる。❷発句ほっくを風姿のうえから分類した8種の体。幽玄・有心・無心・悠遠・風艶・風情ふぜい・寓言・風曲。❸連句の付け方の8種。➡七名しちみょう八体
はったい【×糗｜×麨】大麦をいって焦がし、ひいて粉にしたもの。砂糖を加えたり、湯で練ったりして食べ、また干菓子の材料とする。麦こがし。香煎こうせん。はったい粉。〔季 夏〕「―にわすれてゐたる詑なき哉かな／楸邨」
はったい-いし【×糗石】▶子持ち石❷
はつ-だいし【初大師】その年の最初の弘法大師の縁日。1月21日。初弘法。〔季 新年〕
ばっ-たく【抜×擢】▶ばってき(抜擢)
はつ-たけ【初×茸】ベニタケ科のキノコ。日本特産。初秋、松林に生える。傘は中央のくぼんだ山形から漏斗状になり、淡赤褐色で表面に色の濃い同心円状の紋がある。傷ついた部分が緑青色に変わるので藍茸あいたけともいう。食用。〔季 秋〕「―を山浅く狩りて戻りけり／虚子」
はっ-たつ【八達】〔名〕スル 道路が八方に通じていること。「街路が四通―する」
はっ-たつ【発達】〔名〕スル ❶からだ・精神などが成長して、より完全な形態や機能をもつようになること。「心身が―する」❷そのものの機能がより高度に発揮されるようになること。「文明が―する」「交通機関が―する」❸そのものの規模がしだいに大きくなること。「―した低気圧」
〔用法〕**発達・発展**――「最近急速に発達(発展)した都市」「文化の発達(発展)」など、規模が大きくなったり、高い程度に進んだりする意では相通じて用いられる。◆「発達」は成長してより完成した状態に近づく意。「心身の発達」「嗅覚きゅうかくの発達した犬」「発達した低気圧」など、生物の身体や器官の機能、自然現象については「発達」を使う。◆「発展」は物事の勢いや力などが増し広がっていく意。「会社の発展に尽力する」「御発展を祈ります」「事件は意外な方向に発展した」などでは「発展」を使う。◆類似の語「進歩」は、すぐれた段階、状態になること。「学業に進歩の跡がある」「めざましい科学の進歩」のように質に重点があり、「進歩発展する」と重ねて使うこともある。
〔類語〕(❶)成長・生長・成育・生育・発育・成熟・育つ・長ずる／(❷)発展・進歩・進展・進化・進む
はったつ-しょうがい【発達障害】―シャウガイ 子供の発達途上において、生体の機能の一部が成熟しないでとどまっている状態。広汎性発達障害・学習障害・注意欠陥多動性障害(ADHD)・知的障害・発達性言語障害・発達性協調運動障害などがある。
はったつしょうがいしゃ-しえんほう【発達障害者支援法】ハッタツシャウガイシャシヱンハフ 自閉症・アスペルガー症候群などの広汎性発達障害や、学習障害、注意欠陥多動性障害(ADHD)などの発達障害の早期発見・発達支援について定めた法律。発達障害者支援センターの設置についても規定する。平成17年(2005)4月施行。
はったつ-しんりがく【発達心理学】精神の発達を対象として、その傾向・法則を研究する心理学の

一分野。
はった-とものり【八田知紀】[1799〜1873]幕末・明治の歌人。薩摩藩士。通称、喜左衛門。号、桃岡。香川景樹の門人。維新後、宮内省歌道御用掛となり、門下に高崎正風らが出た。家集「しのぶ草」など。
はつ-たび【初旅】❶はじめて旅をすること。「海外への—」❷新年になってはじめて旅をすること。また、その旅。(季 新年)
ばった-もの【ばった物】極端な安値で売られている物。正規のルートで仕入れていない品物。また、まがい物。偽物。ばったもん。
ばった-や【ばった屋】正規のルートを通さずに仕入れた品物を安値で売る商人。また、その店。(補説)ふつう「バッタ屋」と書く。
はった-よいち【八田与一】[1886〜1942]土木技術者。石川の生まれ。東京帝大を卒業後、台湾総督府の技術者として水利事業に従事。大正9年(1920)から10年を費やして烏山頭ダムを中心とする大規模な灌漑施設を完成させ、当地の農業発展に寄与した。
はつ-だより【初便り】❶初めての便り。また、季節の到来などを最初に告げる音信。「桜の—」❷新年に初めて交わす便り。また、年賀状。(季 新年)「—皆生きてゐてくれしかな/友二」
はったり ❶相手を威圧するために、大げさな言動をしたり強気な態度をとったりすること。また、その言動。「—をかける」「—をきかせる」❷なぐること。また、おどすこと。「わごりょ達が喧嘩仕掛けて物取るを、—というて今はやるげな」〈浄・双蝶蝶〉(類語)偽り・嘘・法螺・そら・嘘っぱち・嘘八百・虚偽・偽善・まことしやか・二枚舌・虚・虚言・虚辞・そら言・そら音
はったり〔副〕❶まったく。すっかり。「—とうち忘れ、今日ふっと思ひ出し」〈浄・油地獄〉❷十分に。しっかり。「酒の燗—と致しまして」〈胆大小心録〉
はつ-たり【初垂り】製塩のとき最初に垂れた塩の汁。一説に、塩を焼く直前の濃い塩水。「おしてるや難波の小江の—を辛く垂れ来て」〈万・三八八六〉
ばったり〔副〕❶勢いよく倒れたり落ちたりするさま。ばたり。「疲れきって—(と)倒れる」❷思いがけなく人に出会うさま。「旧友と—(と)顔を合わせる」❸続いていた物事が急に途絶えるさま。「人通りが—(と)とぎれる」
ぱったり〔副〕「ばったり」にほぼ同じ。やや軽い感じを表す。「—(と)倒れる」「風が—(と)やむ」
はっ-たん【八端┆八反】❶「八端織り」の略。❷「八端掛」の略。
はっ-たん【発端】▶ほったん(発端)
はったん-おり【八端織(り)┆八反織(り)】《1反が普通の絹の8反の重さに相当するところからいう》練り糸を用いて、縦・横に褐色と黄色の縞模様を表した厚地の絹織物。丹前や布団地などに用いる。綾糸織り。
はったん-がけ【八端掛┆八反掛】《1反の値が紬の8反分に相当するところからの名という》❶八丈島産の絹織物。絹の合わせ糸をよって織った上質の綾織り。❷仙台産の上質の絹織物。
はっ-ち【発地】出発地。発進地。
ハッチ〘hatch〙❶船舶で、甲板から船室へ通じる、上げぶたのついた昇降口。また、その上げぶた。❷航空機などの出入り口、特に非常口。❸料理などを出し入れするため、台所と食堂との間に設けた小さな窓口。
バッチ〘badge〙▶バッジ
パッチ《朝鮮語から》股引の一。江戸では絹製をいい、関西では布地に関係なく丈の長いものをいった。(類語)股引・猿股・すててこ
パッチ〘patch〙❶継ぎ当て用の小さい布。❷オペレーティングシステムやアプリケーションソフトの不具合などを修正するためのファイル。修正する必要がある部分のプログラムのみを更新する。パッチファイル。差分ファイル。修正プログラム。修正パッチ。
ばっち-い〔形〕「きたない」の意の幼児語。ばばっちい。「—・いお手々」
バッチ-しょり【バッチ処理】《batch processing》コンピューターで、データを、あるまとまった単位で一括して処理する方式。一括処理。➡リアルタイム処理
バッチしょり-ほうしき【バッチ処理方式】《batch processing system》▶バッチ処理
パッチ-テスト〘patch test〙接触性皮膚炎や薬疹の原因物質を確かめるため、疑いのある物質を背中や腕に貼布して反応を調べる方法。貼布試験。
ハッチバック〘hatchback〙ファーストバック型の乗用車で、後部に船のハッチのような跳ね上がるドアをもつもの。リフトバック。
はっち-はっち【鉢鉢】〔感〕「はちはち(鉢鉢)」の音変化。「托鉢の道心者、—と門に立つ」〈浄・堀川波鼓〉
バッチ-ファイル〘batch file〙エムエスドス(MS-DOS)やウインドウズにおいて、複数の処理を一括して行うためのファイル。➡バッチ処理
パッチ-ファイル〘patch file〙▶パッチ(patch)
はっち-ぼうず【鉢坊主】「はちぼうず」の音変化。「地蔵盆に筵を敷いて鉦をカンカンと敲く、—其のままだね」〈鏡花・縷紅新草〉
パッチ-ポケット〘patch pocket〙別布で作り、衣服の上にはりつけたポケット。子供の遊び着、スポーティーなジャケットなどにみられる。
はっちゃ〔感〕驚いたときや恐ろしいときに発する声。「—、怖しと会釈もせず」〈浄・傾城酒呑童子〉
はっちゃ〔副助〕《副助詞「ほか」の音変化か》あとに否定の表現を伴って、その語に「しか」「ほか」の意を添える語。「あん中に知った顔なやつは、たった二人—ない」〈洒・遊子方言〉
バッチャー-プラント〘batcher plant〙コンクリートの材料を所定の割合に混ぜ合わせて必要な性質のものをつくる設備。コンクリートプラント。
はっ-ちゃく【発着】〔名〕スル 出発と到着。「長距離列車が—するホーム」
はっ-ちゃ・ける〔動カ下一〕はね上がったり、おどけたりする。また、ふざけ騒ぐ。「酒の席で—・ける」
はっ-ちゅう【発注┆発註】〔名〕スル 注文を出すこと。「必要な備品を—する」⇔受注。
(類語)頼む・注文・申し込み・オーダー
はっ-ちょう【八丁】❶1丁の8倍の長さ。また、1町歩の8倍の広さ。❷《八つの道具を使いこなす意。「八挺」とも書く》物事に達者であること。「口も—、手も—」
はつ-ちょう【初蝶】その春にはじめて見る蝶。(季 春)
はっちょう-あらし【八丁荒(ら)し】寄席で、その芸人が出演すると、周囲8丁の寄席が不入りになるほど人気のある芸人。
ばっちょう-がさ【ばっちょう笠】《「ばんじょうがさ(番匠笠)」の音変化か》真竹の皮で作った浅くて大きい笠。
はっちょう-がね【八丁鉦┆八挺鉦】▶八柄鉦
はっちょう-ぐるま【八丁車】日本古来の撚糸機で、多数並べた錘を同時に回して糸に撚りをかけ、枠に巻き取るもの。撚糸八丁車。撚り車。
はつ-ちょうず【初手水】元日の朝、若水で顔や手を洗い清めること。(季 新年)「葱畑の霜雪のごとし—/風生」
はっちょう-とんぼ【八丁蜻蛉】トンボ科の昆虫。体長約1.5センチで、世界的に最小の種。成熟すると雌の体は黄色、雄では紅色になる。湿地にすみ、飛翔力は弱い。名は愛知県名古屋の八丁畷に多産したことによる。
はっちょうぼり【八丁堀】㊀東京都中央区の地名。江戸時代、隅田川に通じる堀があり、のち町奉行所の与力・同心が居住した。現在は商業地。㊁広島市中区の地名。商店街。
はっちょう-みそ【八丁味噌】愛知県岡崎市名産の豆味噌。三州味噌。岡崎味噌。
ばっちり〔副〕すきがなく、完璧であるさま。準備などが十分であるさま。「スーツで—(と)きめる」
ぱっちり〔副〕スル ❶物を閉じたり割ったりする音や、そのさまを表す語。「扇子—」〈紅葉・二人女房〉❷目を大きく見開くさま。また、目もとのはっきりしているさま。「目の—(と)した女の子」
パッチワーク〘patchwork〙❶種々の色・柄・形の小布をはぎ合わせて一つの面を作る手芸の技法。ベッドカバー・クッションなどに用いる。つぎはぎ細工。❷「つぎはぎ❷」に同じ。「政策の—」
はっ-ちん【八珍】8種の珍味。また、豪華な料理。
はっ-ちん【八音】「はちいん」の連声。
はつ-ついたち【初朔=日】▶太郎の朔日
はつ-づき【初月】新月。特に、陰暦8月初めの月。「まだ—の宵々に」〈謡・融〉
はっ-つけ【磔】《「はりつけ」の音変化》❶「はりつけ」に同じ。「堀頸にせらるるか、—になるか」〈平治・下〉❷「磔野郎」に同じ。「何のこんだ、—め」〈浄・矢口渡〉
はっつけ-ばしら【磔柱】❶「はりつけばしら」に同じ。❷人をののしっていう語。磔野郎。「馬方仲間の恥さらし。ええ—め」〈浄・丹波与作〉
はっつけ-やろう【磔野郎】はりつけにされるべき者。人をののしっていう語。「いまいましい、—なんど」〈根無草〉
はっ-てい【発程】〔名〕スル 出発すること。「羅馬に遊ばんとて—せしが」〈中村訳・西国立志編〉
ばっ-てい【末弟】▶まってい(末弟)
バッティング〘batting〙野球で、打撃。
バッティング〘butting〙ボクシングで、頭・額・肩・ひじなどを相手にぶつけること。反則となる。
パッティング〘putting〙〔名〕スル「パット」に同じ。
バッティング-アベレージ〘batting average〙野球で、打率。
パッディング-ウエア〘padding wear〙一部分に詰め物(パッド)を入れた服のこと。人間の自然な形を流行などによって強調したり、欠点を補ったりするために使われる。代表的なものに、肩を強調するために入れる大げさな肩パッドがある。
バッティング-オーダー〘batting order〙野球で、打順。
バッティング-センター《和 batting＋center》野球の打撃練習のために、ボールを発射する機械を設備した施設。
ばってき【抜擢】〔名〕スル 多くの人の中から特に選び出してある役目につけること。「主役に—する」
(類語)起用・登用・挙用・選ぶ
バッテラ〘ポルトガル bateira〙《小舟の意》鮨飯の上に締め鯖をのせ、箱型で押し固めた鮨。もと、形が小舟に似ていたところからいう。バッテーラ。(季 夏)
バッテリー〘battery〙❶蓄電池。❷野球で、投手と捕手。「—を組む」
バッテリー-カー〘battery car〙電気自動車。蓄電池でモーターを回して走る自動車。
はっ-てん【発展】〔名〕スル ❶物事の勢いなどが伸び広がって盛んになること。物事が、より進んだ段階に移っていくこと。「経済が—する」「大事件に—する」❷異性関係や遊蕩について、活動の範囲を広めること。「だいぶご—のようですね」➡発達(用法)
(類語)(❶)発達・伸展・伸張・成長・興隆・隆盛・躍進・飛躍・展開・進展・拡大
はつ-でん【発電】〔名〕スル 電気を起こすこと。火力・水力・原子力などによって電力を発生させること。「風力—」「自家—」
ばっ-てん【罰点】❶不良・誤り・消去などの意味を表す「×」の印。ばつ。❷試合などで、反則・失敗などの回数を表す点数。
ばってん〔接助〕(九州地方で)活用語の終止形および体言をうけて逆接の条件を表す。けれども。「行くこた行く—、今は行かん」
はってん-か【発展家】手広く盛んに活動する人。多く、酒色の方面についていう。
はつでん-き【発電機】電気を発生させる装置。一般に、磁界の中でコイルを回転させ、電磁誘導を応

用して電流を生じさせる。交流発電機と直流発電機とがある。ダイナモ。

はっ-てんぐ【八天×狗】愛宕あたご・比良ひら・大山だいせん・大峰・鞍馬・飯綱・彦山・白峰の八山に住むという天狗。

はつでん-し【発電子】▶電機子でんきし

はつでん-しょ【発電所】水力、熱機関または原子力などを動力として発電機を回転させ、電力を発生させる施設。

はつ-てんじん【初天神】正月25日の、その年初めての天満宮の縁日。(季新年)

はつでん-しんごう【発電信号】ハツシンガウ 電信・電話の始まる合図。

はってん-せい【発展性】将来発展していく可能性。発展の見込み。「—のある会社」

はってん-てき【発展的】〔形動〕発展する傾向・状態にあるさま。「—に考える」「—な地域」

はってんてき-かいしょう【発展的解消】ーカイセウ 次の段階に進むために、それまでのものをなくすこと。

はってんとじょう-こく【発展途上国】ハッテントジャウー《developing country》▶開発途上国

はつでん-ゆか【発電床】人が床上を歩行する際の振動を利用する振動発電機構を組み込んだ床。床下に圧電素子が並べられ、振動を電気エネルギーに変換する。人通りの多い駅などで実用化されている。株式会社音力発電が開発。登録商標。

はっ-と【法度】❶禁じられていること。してはならない事柄。「酒の席で仕事の話は御—だよ」❷おきて。法。特に、中世・近世における法令。江戸幕府が制定した武家諸法度・禁中並公家諸法度など。

(類語)(❶)禁止・禁・禁制・禁断・禁令・禁遏きんあつ・禁圧・厳禁・無用・差し止め・駄目だめ・禁忌・禁ずる・取り締まる・制する/(❷)法律・法典・法網・法のり・法ほう

はっ-と【発途】〔名〕スル 出発すること。出立。「予わが始めて人世に—せし時」〈中村訳・西国立志編〉

ハット〖hat〗帽子。特に、縁のある帽子をさす。「シルク—」

ハット〖hut〗小屋。バンガロー。ヒュッテ。

はっ-と〔副〕スル ❶思いがけない出来事にびっくりするさま。「大きい音に—目が覚める」「—するような美人」❷急に気づいたり思いあたったりするさま。「—我に返る」「—ひらめく」❸動作や変化が急であるさま。「—坐作ざさを正して」〈小杉天外・魔風恋風〉

バット〖bat〗❶野球などで、球を打つ木製または金属製の棒。❷卓球で、ラケットのこと。

バット〖bat〗蝙蝠こうもり。

バット〖vat〗浅い箱形の容器。ステンレス製・プラスチック製・琺瑯ほうろう引きなどがあり、料理や写真現像などで用いる。

ぱっ-と〔副〕❶勢いよく広げるさま。また、一気に広がるさま。「水を—ぶちまける」「うわさが—広まる」❷勢いよく、また、すばやく動くさま。「—集まる」「—駆け出す」❸はでで人目につくさま。「万事上嵩うわかさに—したる遊び手」〈浮・色三味線・二〉

バッド〖bad〗多く複合語の形で用い、悪い、不良の、不快な、などの意を表す。「—ニュース」「—マーク(=罰点)」⇔グッド。

パット〖putt〗〔名〕スル ゴルフで、グリーン上のボールをホールに向けて打つこと。パッティング。

ぱっ-と〔副〕スル ❶またたく間に広がるさま。また、広げるさま。「破片が—飛び散る」「デマが—広まる」❷すばやく動作をするさま。また、瞬時に物事が起こるさま。「—からだをかわす」「—電灯がつく」❸はでで目立つさま。「あまり—しない話」

パッド〖pad〗❶洋服の形を整えたり、体形を補ったりするために用いる詰め物。「肩—」❷医療などに用いる吸収性のある当て物。「生理用—」

はっ-とう【法▽堂】ーダウ 禅寺で、説法を行う堂。他宗の講堂にあたる。

はつ-どう【発動】〔名〕スル ❶動き始めること。活動を始めること。「情意の—」「悪人にもなお純善なる良心ありて、時に—する事あり」〈逍遥・小説神髄〉❷事件などを処理するために、法的権限を行使すること。「強権を—する」❸動力を起こすこと。

ばっ-とう【抜刀】ータウ〔名〕スル 刀を鞘さやから抜くこと。また、その刀。

バットウイング-スリーブ〖batwing sleeve〗ドルマンスリーブの袖穴の大きなもの。両手を開いた形がちょうどコウモリの翼の形に似ているところからの名。⇨ドルマンスリーブ

はつどう-き【発動機】動力を発生する機関。エンジン。

ハットゥシャ〖Hattuşa〗トルコの首都アンカラの東約150キロメートルに位置する村ボアズカレの近郊にある遺跡。紀元前17世紀から前13世紀頃にかけて繁栄し、人類史上初めて鉄器を使用したことで知られるヒッタイト帝国の首都とされる。20世紀初頭、ドイツの考古学者ウィンクラーにより発見。大神殿、獅子門、スフィンクス門、王の門、大城塞の遺跡がある。1986年、世界遺産(文化遺産)に登録された。ハットゥサ。ハットゥシャシュ。

はっとう-しん【八頭身|八等身】身長が頭部の長さのおよそ8倍であること。均整のとれた、女性の理想のスタイルとされる。昭和28年(1953)のミスユニバースコンテストのころから流行した語。

ばっとう-たい【抜刀隊】バツタウー 刀を抜いて敵陣に切り込む部隊。切り込み隊。

はつ-とうはん【初登×攀】未踏の高峰や岩壁などをはじめて登りきること。

はっと-がき【法度書】禁制の箇条を書いた文書。

はつ-とがり【初▽鳥狩|初×鷹狩】秋になって初めて行う鷹狩り。「石瀬野いはせのに秋萩しのぎ馬並なめて—だにせずや別れむ」〈万・四二四九〉(季秋)

バッドキアリー-しょうこうぐん【バッドキアリー症候群】ーシヤウコウグン《Budd-Chiari syndrome》肝静脈や肝部下大静脈が閉塞へいそく・狭窄きょうさくし、門脈圧亢進症に至る疾患。異所性静脈瘤・腹水・肝機能障害・下肢のむくみ・下肢静脈瘤・腹壁静脈の怒張などの症状を示す。原因が不明なものと、肝癌かんがん・転移性肝腫瘍・鬱血性うっけつせい心疾患・白血病・静脈血栓症などが原因となるものとがある。多くの場合は慢性の経過をとるが、急性の閉塞・狭窄をきたす場合もある。

はっ-とく【八徳】❶八つの徳目。仁・義・礼・智・忠・信・孝・悌てい。❷俳諧の宗匠や画工などが着た胴服どうぶく。❸《「八徳の水」の略》「八功徳水はっくどくすい」に同じ。

バット-ジョイント〖butt joint〗▶突き合わせ継ぎ手

バット-せんりょう【バット染料】ーセンレウ ▶建て染め染料

ハット-トリック〖hat trick〗サッカー・アイスホッケーで、1試合で一人の選手が3得点を挙げること。(補説)元来はクリケット用語。

はっと-の-さい【八斗の才】《「南史」謝霊運伝から》詩文にすぐれた才能。宋の詩人謝霊運が魏ぎの曹植の才をほめて、天下の詩の才の全体を1石とすると、8斗は曹植、1斗は自分、残りの1斗を他の詩人が受け持っていると言ったという故事による。

バッド-バンク〖bad bank〗金融機関が抱える不良資産を買い取り、管理・処分する機関。金融機関から不良資産を切り離すことで損失拡大を食い止め、財務状況を改善し、金融システムを健全化することが目的。巨額な公的資金が投入されるため、国の財政赤字は増大する。日本でバブル崩壊後の平成11年(1999)に設立された整理回収機構もそのひとつ。不良銀行。

バットフィッシュ〖batfish〗アンコウの仲間の海水魚。海底にすむ。全長約25センチ。

ぱっと-み【ぱっと見】ちらっと見ること。ほんの一瞬見ること。「—にはいい出来だが、よく見るとあらが目立つ」

はつ-とら【初×寅】その年最初の寅の日。また、この日、福徳を願って毘沙門天びしゃもんてんに参拝すること。(季新年)「—や欲づらあかき山おろし/太祇」

バッドランド〖Badland〗カナダ、アルバータ州中南部、カルガリーの北東約120キロメートルにある、河川や氷河に浸食された渓谷が広がる地域。恐竜や古生物の化石の産地として知られ、同地域から発掘された化石を所蔵、展示するロイヤルティレル古生物博物館がある。中心地はドラムヘラー。

はつ-とり【初×酉】「一の酉とり」に同じ。

はつ-とり【初▽鶏】❶元旦の暁に鳴く鶏にわとり。(季新年)「—や夜の名残り吠ほゆ愚か犬/草田男」❷夜明けの最初に鳴く鶏。一番鶏いちばんどり。

はっとり-うのきち【服部宇之吉】[1867～1939]中国哲学者。福島の生まれ。東大教授。西洋哲学の立場から中国思想の解明に努めた。著「東洋倫理綱要」「清国通考」など。

はっとり-しそう【服部之総】[1901～1956]歴史学者。島根の生まれ。講座派の一員として明治維新史研究を推進。第二次大戦後は日本近代史研究会を創立。著「黒船前後」「親鸞ノート」など。

はっとり-しろう【服部四郎】ーシラウ[1908～1995]言語学者。三重の生まれ。東大卒。東大教授。日本語・モンゴル語を中心としたアルタイ諸語を研究。著作に「音声学」「言語学の方法」など。昭和58年(1983)文化勲章受章。

はっとり-タバコ【▽服▽部タバコ】摂津国島上郡服部村付近で産した、香りのよい上質のタバコ。

はっとり-とほう【服部土芳】ートハウ[1657～1730]江戸前・中期の俳人。伊賀上野の人。名は保英。通称、半左衛門。別号、蓑虫庵みのむしあんなど。もと藤堂藩士。松尾芭蕉の弟子で、伊賀蕉門の中心人物。俳論書「三冊子さんぞうし」を編んだほか、編著「蓑虫庵集」「横日記」など。

はっとり-なんかく【服部南郭】ーナンクワク[1683～1759]江戸中期の儒学者・漢詩人。京都の人。名は元喬もとたか。古文辞派の代表詩人。荻生徂徠おぎゅうそらい門下で、太宰春台だざいしゅんだいと並び称される。著「南郭文集」など。

はっとり-らんせつ【服部嵐雪】[1654～1707]江戸前・中期の俳人。蕉門十哲の一人。江戸の人。名は治助はるすけ。通称、彦兵衛。別号、雪中庵など。武士から俳諧の宗匠となり、穏健な俳風で、江戸俳壇を其角きかくと二分した。編著「其袋そのふくろ」「或時集あるときしゅう」など。

はっとり-りょういち【服部良一】ーリヤウイチ[1907～1993]作曲家。大阪の生まれ。アメリカ音楽の要素を取り入れた独自のスタイルにより、ブルース・青春歌謡など、生涯に3000曲以上を作曲。没後、国民栄誉賞受賞。代表作「別れのブルース」「東京ブギウギ」「青い山脈」など。

ハットルグリムスキャルキャ〖Hallgrímskirkja〗▶ハットルグリムス教会

ハットルグリムス-きょうかい【ハットルグリムス教会】ーケウクワイ《Hallgrímskirkja》アイスランドの首都レイキャビクの中心部にあるルーテル派の教会。1986年に完成。コンクリート製で高さ70メートル以上の尖塔をもち、同国で最も高い建物の一つとして知られる。尖塔には市内を一望できる展望台がある。ハットルグリムスキャルキャ。

バットレス〖buttress〗❶▶控ひかえ壁かべ ❷登山で、山頂や稜線に向かってそれを支えるように切り立っている岩壁。胸壁。「北岳—」

はっ-とん【八音】ハチー「はちおん」の連声れんじょう。

ハットン〖James Hutton〗[1726～1797]英国の地質学者。過去の大規模な地質現象も現在の自然現象の長時間の累積として説明できるとする斉一せいいつ説を主張。また、岩石の成因については火成論を唱えた。著「地球の理論」。

は-づな【端綱】馬の口につけて引く綱。

はつ-なぎ【初×凪】元日の海がないでいること。(季新年)「—の浜に来玉を拾はんと/虚子」

はつな-ぐさ【初名草】寒梅の異称。

はつ-なつ【初夏】夏のはじめ。しょか。(季夏)

はつ-なり【初▽生り】その年、初めてなった果実や野菜。

ばつ-なん【末男】▶まつなん(末男)

ばつなんだ【跋難陀】《梵 Upananda》八大竜王の一。摩竭陀国まがだこくを守護し、慈雨を降らせ、飢饉ききんがないようにした。跋難陀竜王。

はつ-に【初▽土】初めに掘る上層の土。「—は膚赤らけみ」〈記・中・歌謡〉⇨底土しはに

はつ-に【初荷】❶正月の商い初めの商品を、問屋

や商店などが、美しく飾った車や馬で取引先に送り出すこと。また、その荷。もと、2日に行われた。(季 新年)「痩馬やせうまを飾り立てたる—かな/子規」❷季節ものの商品の、最初の出荷。また、その荷。

ばつ-にち【伐日】陰陽道おんようどうで、下のものが上のものをおかすという悪日。

はつ-ね【初▽子】❶その月の最初の子ねの日。特に、正月の最初の子の日。古く、野外に出て小松を引いたり、若菜を摘んだりして遊び、子の日の遊びと呼んだ。初子の日。(季 新年)❷11月の最初の子ねの日。商家では大黒天を祭った。

はつ-ね【初音】㊀鳥や虫の、その年、その季節の最初の鳴き声。特に、鶯うぐいすの鳴き声にいう。(季 春)「うぐひすの身を逆さかさまに—かな/其角」㊁源氏物語第23巻の巻名。光源氏、36歳。源氏の年賀回り、新年の六条院の華やぐさまなどを描く。

はつ-ね【初値】取引所で、新年の大発会の最初にできた相場。

はつ-ねつ【発熱】〔名〕スル ❶熱を発生すること。❷病気などで体温が異常に高くなること。ほつねつ。「扁桃腺がはれて—する」

はつねつ-がいらい【発熱外来】グワイライ 発熱を訴える患者を他の患者から隔離した場所で診察するシステム。新型インフルエンザの感染拡大を防ぐ目的で基幹的医療機関に設置された。平成21年(2009)6月、患者数の増加に対応するため、厚生労働省は、原則として全ての一般医療機関で診療を行う指針を発表。これを受けて発熱外来は廃止された。保健所等に設置された新型インフルエンザ相談センター(「発熱相談センター」から改称)で、適切な医療機関の紹介などの情報提供を行っている。

はつねつ-はんのう【発熱反応】ハンオウ 熱の放出を伴う化学反応。炭素や有機化合物の燃焼、石灰の消和などの反応。➡吸熱反応

はつねつ-ぶっしつ【発熱物質】細菌感染などの際に、脳の視床下部にある体温中枢を刺激して、発熱を起こす物質。グラム陰性菌の内毒素など。パイロジェン。

はつねつ-りょう【発熱量】リヤウ 一定単位の燃料が完全燃焼したときに発生する熱量。石炭・灯油などの1キログラムまたは1立方メートル当たりの熱量で表す。

はつね-みく【初音ミク】クリプトンフューチャーメディア社が販売するDTMソフトウエア、およびそのキャラクター。ヤマハの開発した音声合成技術ボーカロイド2を採用しており、音階と歌詞を入力することで女声の歌唱パートが作成できる。

ばつ-ねん【末年】▶まつねん(末年)

はつ-のぼり【初上り|初登り】❶(初上り)初めて都へ行くこと。また、その人。「お江戸日本橋七つ立ち—」〈民謡・お江戸日本橋〉❷初めてその山に登ること。また、その年初めての登山。

はつ-のぼり【初×幟】男児の初節句を祝って立てる幟。また、その祝い。(季 夏)「五女ありて後の男や—/子規」

はつ-のり【初乗り】〔名〕スル ❶新年に初めて乗り物に乗ること。「乗馬クラブで—を楽しむ」❷新しくできた乗り物などに初めて乗ること。「開通したばかりの路線に—する」❸電車やタクシーなどの、運賃の最低単位として設定された、最初の乗車区間。また、その運賃。「—運賃」

はつ-ば【発馬】〔名〕スル 競馬などで、馬が走り出すこと。「いっせいに—する」

はっ-ぱ【発破】爆薬を仕掛けて岩石などを爆破すること。また、その爆薬。

発破を掛・ける 強い言葉で激励したり、気合いを掛けたりする。「選手に—・ける」

はっ-ぱ【葉っぱ】「葉は」に同じ。

バッハ〖Johann Sebastian Bach〗[1685～1750]ドイツの作曲家・オルガン奏者。200年続いた音楽家の家系の中でもひときわすぐれ、大バッハと称される。ヘンデルと並ぶバロック時代最大の音楽家の一人で、バロック音楽のすべての様式を総合し、多声音楽の極致を完成。なかでもフーガの作曲にすぐれた。多数のオルガン曲やカンタータのほか「マタイ受難曲」「ブランデンブルク協奏曲」「平均律クラビア曲集」「フーガの技法」などがある。➡シュミーダー番号

パッパ〖ポルトガル papa〗キリシタン用語で、ローマ教皇のこと。パーパ。

ぱっぱ〔副〕❶他をはばかったり、よく考えたりしないで、その場その場で物事をするさま。「言いたいことを—と言う」「入った金を—と使う」❷手際がよいさま。動作が軽く、手早いさま。「仕事を—と片づける」「スパイスを—と振る」❸瞬間的に繰り返し光ったり散ったりするさま。「—と火花が散る」

はつ-ばい【発売】〔名〕スル 商品を売り出すこと。「新製品を—する」「本日—」(類語)売る・販売・ひさぐ・売り払う・売り捌さばく・売り付ける・売り込む・売り急ぐ・売り切れる・売り渡す・押し売り・売れる・払い下げる・卸す

ばっ-ぱい【罰杯|罰×盃】宴席などで、罰として酒を飲ませること。また、その酒。

はつばい-きんし【発売禁止】違法な出版物や禁制品などの発売を法的に差し止めること。発禁。

バッハウ-けいこく【バッハウ渓谷】《Wachau》オーストリア北部、ドナウ川流域のメルクからクレムスに至る、約35キロにわたる渓谷。岩壁にバロック様式の修道院、城郭が点在し、広がるブドウ畑に映える景観が有名。2000年に「バッハウ渓谷の文化的景観」として世界遺産(文化遺産)に登録された。ワッハウ渓谷。

はっ-ぱく【八白】九星の一。五行では土に属し、東北とする。

はつ-ばしょ【初場所】正月に行われる大相撲の本場所。東京で行われる。一月場所。(季 新年)「—の土俵はやくも荒るるかな/万太郎」

はつ-はつ【▽端▽端】〔副〕ちらっと。かすか。「—に人を相見ていかにあらむいづれの日にかまた外よそに見む」〈万・七〇一〉

はつ-はな【初花】❶その季節に初めて咲く花。❷その草木に初めて咲く花。❸その春に初めて咲く花。多く桜にいう。(季 春)「—や大仏みちの人通り/万太郎」❹17、8歳ごろの若い女性。❺初潮しょちょうのこと。

はつはな-いわい【初花祝(い)】イハヒ 女子が初潮を迎えた祝い。初他火はつたび。

はつはな-ぞめ【初花染め】ベニバナの初花で染めること。また、その染めたもの。「くれなゐの—の色深く思ひし心我忘れめや」〈古今・恋四〉

バッハマン〖Ingeborg Bachmann〗[1926～1973]オーストリアの女性詩人・小説家。第二次大戦後の世界を鋭く描写した。詩集「大熊座の呼びかけ」、短編集「三十歳」「同時通訳」、長編「マリーナ」など。

バッハラッハ〖Bacharach〗ドイツ西部、ラインラント-プファルツ州、ライン川に面する町。シュターレック城、ペーター教会、14世紀に建てられた木組み造りの民家をはじめ、歴史的建造物が数多く残っている。2002年、「ライン渓谷中流上部」として世界遺産(文化遺産)に登録された。

はつ-はる【初春】春の初め。新春。新年。(季 新年)「—や思ふ事なき懐手/紅葉」

はつはる-きょうげん【初春狂言】キヤウゲン 歌舞伎で、正月に上演する狂言。また、その興行。古くは正月2日を初日としたが、のち15日などになり、江戸では曽我そが狂言を演じる慣習があった。京坂では二の替わりといった。春狂言。春芝居。初春興行。(季 新年)

はつはる-づき【初春月】陰暦1月の異称。

パッパルデッレ〖イタリア pappardelle〗パスタの一種。幅広いひも革状のめん。

はつ-ひ【初日】元旦の朝日。初日の出。(季 新年)「空近くあまりまばゆき—かな/子規」

はっ-ぴ【法被|▽半被】《「はふひ(法被)」または「はんぴ(半臂)」の音変化》❶和服の上着の一種。広袖か筒袖で、膝丈または腰丈。襟は折り返さないで着る。職人などが用いる。江戸時代は、武家の中間ちゅうげん・大店の下僕などが家紋のついたものを、襟を羽織のように折り返して着用した。印半纏しるしばんてん。❷禅寺で、椅子の背に掛ける布。❸能装束の一。胸ひものない広袖の上着。甲冑かっちゅう武者や鬼畜などの役に用いる。

ハッピー〖happy〗〔形動〕幸福であるさま。うれしいさま。しあわせ。「—なニュース」
(類語)幸福・幸せ・幸いさいわい・幸さち・福・果報・冥利みょうり・多幸・多祥たしょう・万福まんぷく・至福・浄福・清福

ハッピー-アワー〖happy hour〗(特に欧米で)レストラン・パブ・ビアホールなどの飲食店が、ビール・ワインなどアルコール飲料の割引販売を行うサービスタイム。夕方から店が混雑するまでの時間帯に行われることが多い。

ハッピー-エンディング〖happy ending〗「ハッピーエンド」に同じ。

ハッピー-エンド《happy endingから》小説・演劇・映画などで、物語の最後が都合よくめでたく終わること。幸福な結末。

ハッピー-コール《和 happy＋call》礼状。(補説)英語ではthank-you letter

ハッピー-ホリデー〖happy holidays〗〔感〕クリスマスから新年にかけて使われるあいさつの語。よい休暇を。

ハッピー-マンデー《和 happy＋monday》国民の祝日を、本来の日付から特定の月曜日に移動させ、土・日曜日と合わせて三連休にする制度。(補説)「成人の日」を1月15日から1月の第2月曜日に、「海の日」を7月20日から7月の第3月曜日に、「敬老の日」を9月15日から9月の第3月曜日に、「体育の日」を10月10日から10月の第2月曜日にそれぞれ移動している。

ハッピー-リタイアメント〖happy retirement〗定年以前に豊かな老後資金を確保して悠々自適の引退生活に入ること。

はつ-ひかげ【初日影】元日の朝日の光。(季 新年)「夕方になれば汚るる—/虚子」

はつ-びな【初×雛】女児の初節句に飾る雛人形。また、その祝い。(季 春)

ハッピネス〖happiness〗幸福。幸運。喜び。満足。

はつ-ひので【初日の出】元日の日の出。はつひ。(季 新年)「馳け上る松の小山や—/漱石」
(類語)御来光・日の出

はっ-ぴゃく【八百】《八の百倍の数から》物事の数の多いことをいう語。「うそ—」

はっぴゃくや-ちょう【八百八町】チヤウ 江戸市中に町が多数あることをいう語。江戸中の町々。(補説)開府当初は三百余町であったものが、江戸中期には千町を超えていた。

はっぴゃくや-でら【八百八寺】京都に寺院が多数あることをいう語。

はっぴゃくや-ばし【八百八橋】大阪の河川・運河に囲まれた地形と橋が多数あることをいう語。

はつ-びょう【発病】ビヤウ〔名〕スル 病気が起こること。病気になること。「過労がもとで—する」「—率」
(類語)罹病りびょう・罹患・発症

はっ-ぴょう【発表】ヘウ〔名〕スル 世間一般に知らせること。表向きに知らせること。また、その知らせ。「新製品を—する」「小説を—する」「研究—」
(類語)公表・公開・披露・暴露

ばつ-びょう【抜×錨】ベウ〔名〕スル 船の錨いかりを巻き上げること。錨を上げて出帆すること。「何時—すべきやも知れざれば」〈独歩・愛弟通信〉⇔投錨。

はっぴょう-ほうどう【発表報道】ハウダウ 新聞社・放送局などが、官庁・警察・企業などの発表した内容をそのままに報道すること。➡調査報道

はっ-ぷ【発布】〔名〕スル 法律などを世間に広く告げ知らせること。公布。「憲法を—する」(類語)告示・公示・公告・宣告・公布・布告・告知・宣布・触れ

はっ-ぷ【髪膚】髪の毛と皮膚。転じて、からだ。「身体—」

バップ〖bop〗▶ビーバップ

パップ〖オランダ pap〗《粥かゆの意》粥状にした薬剤を塗った布をはりつけて湿布をすること。(補説)「巴布」とも書く。

パップ〖pap〗《パン粥かゆの意》コアラが育児中に体内でつくる物質。ユーカリの葉を盲腸で半分消化したもので、母乳期間を終えた子どもに食べさせる。これにより、ユーカリの葉を消化するためのバクテリアなどを

親から子へ受け継ぐ。
バッファー〘buffer〙❶緩衝器。緩和物。❷「バッファー記憶装置」の略。
バッファー-アンダーラン〘buffer underrun〙CD-Rなどの記録メディアにデータを書き込む時、データの転送速度が書き込み速度に追いつかず、書き込み処理に失敗すること。
バッファー-オーバーフロー〘buffer overflow〙コンピューターのアプリケーションソフトにおける代表的なセキュリティーホールの一。アプリケーションが確保したメモリー領域を大きく上回るデータが入力された際に生じる不具合。また、この不具合を悪用してコンピューターに不正にアクセスすること。バッファーオーバーラン。
バッファー-オーバーラン〘buffer overrun〙►バッファーオーバーフロー
バッファー-きおくそうち【バッファー記憶装置】コンピューターで、動作の異なる二つの処理システム間で、データ処理速度や処理を行う時間の違いを調整するため、一時的に記憶を蓄える装置。緩衝記憶装置。バッファーメモリー。
バッファー-ステート〘buffer state〙緩衝独立国。対立する勢力の間で、独立、中立を維持する国。19世紀末、イギリス領インドとフランス領インドシナの間で独立を維持したタイのような国をいう。
バッファー-ゾーン〘buffer zone〙緩衝地帯。中立地帯。
バッファー-メモリー〘buffer memory〙►バッファー記憶装置
バッファロー〘buffalo〙❶スイギュウの別名。❷アメリカバイソンのこと。➡バイソン
バッファロー〘Buffalo〙米国ニューヨーク州西部の工業都市。エリー湖東岸にあり、五大湖水運の要港。ナイアガラ観光の拠点。人口、行政区27万(2008)。
バッフィー〘baffy〙ゴルフのウッドクラブの一種。4番ウッドの異称。
パップ-ざい【パップ剤】医薬品の粉末と精油成分を含み、湿布に用いる泥状の外用剤。ふつうカオリンパップが用いられる。以前は亜麻仁・芥子泥(からしでい)・麦などを煮て粥状にしたものが用いられた。
はつ-ふじ【初富士】元旦に富士山を眺めること。また、その富士山。(季 新年)「一にかくすべき身もなかりけり/汀女」
はつ-ぶたい【初舞台】❶俳優として初めて舞台に出て演技すること。また、その舞台。「一を踏む」❷初めて公式の場で物事を行うこと。また、その場。
はっぷ-ちゅうどう【八不中道】仏語。竜樹の「中論」に説く道理。不生・不滅、不常・不断、不一・不異、不来・不出の八つの否定を通して、とらわれのない正しい見方が得られるということ。
はつ-ふどう【初不動】その年最初の不動尊の縁日。1月28日。(季 新年)「正月の末の寒さや一/万太郎」
はつ-ふゆ【初冬】冬の初め。しょとう。また、陰暦10月の異称。(季 冬)「一や日和になりし京はづれ/蕪村」
は-つぶり【▽半▽首｜▽半▽頭】顔面を防御する武具の一。前額部から両ほおにかけて覆う鉄製の面具。平安末期から鎌倉時代に用いられた。はつむり。
ハッブル〘Edwin Powell Hubble〙[1889～1953]米国の天文学者。ウィルソン山天文台で口径100インチ(2.54メートル)望遠鏡を用いて銀河を研究、その距離・速度を測定し、ハッブルの法則を発見。
バッフル〘baffle〙スピーカーのユニットを取り付けている板をいう。音波の干渉を防ぐ。
ハッブル-うちゅうぼうえんきょう【ハッブル宇宙望遠鏡】宇宙を観測するために、1990年に米国がスペースシャトルを使って高度610キロの地球周回軌道に打ち上げた、口径2.4メートルの反射望遠鏡。HST(Hubble Space Telescope)。
ハッブル-きょり【ハッブル距離】ハッブルの法則から導かれる現在の宇宙の大きさの目安。ハッブル定数の逆数と光速度の積。ハッブル半径。
ハッブル-じかん【ハッブル時間】ハッブルの法則から導かれる現在の宇宙の年齢の目安。ハッブル定数の逆数。
ハッブル-ていすう【ハッブル定数】ハッブルの法則における、宇宙の現在の膨張率を表す定数。銀河までの距離をr(Mpc(メガパーセク))、後退速度をv(km/s)とすると、ハッブルの法則は$v=H_0r$で表され、その比例係数H_0がハッブル定数となる。単位はkm/s/Mpc。また、H_0の逆数をハッブル時間、ハッブル時間に光速度を乗じた値をハッブル半径と呼び、それぞれ現在の宇宙の年齢と大きさの目安となる。
ハッブル-の-ほうそく【ハッブルの法則】遠くの銀河はすべてわれわれから後退しつつあり、その速度は各銀河までの距離に比例するという法則。1929年にハッブルが発表し、膨張宇宙論の根拠となった。比例定数はハッブル定数とよばれ、その逆数は宇宙の年齢を表す。
ハッブル-はんけい【ハッブル半径】►ハッブル距離
はっ-ぷん【八分】漢字の書体の一。隷書(れいしょ)の一種で、横画の終筆を右にはね上げるのが特徴。八分書。漢隷。➡隷書
はっ-ぷん【発憤｜発奮】〔名〕(スル) 何かに刺激されて精神を奮い起こすこと。「ライバルの成功に一して猛勉強する」「一興起(こうき)」(類語)奮発・奮起
ばつ-ぶん【×跋文】本文とは別に、書物の終わりにしるす文章。あとがき。跋。
(類語)後書き・後記・跋・末筆・後付け・奥書・奥付
はつ-ほ【初穂】❶その年最初に実った稲の穂。❷その年最初に収穫した穀物・野菜・果実など。❸その年最初に収穫し、神仏・朝廷に差し出す穀物などの農作物。また、その代わりとする金銭。「お一料」❹初めて食べる物。また、他人に先んじて最初に味わう食べ物。「行きゃあ隠居と立てられて見舞ひの一を喰ふ株だが」〈伎・小袖曽我〉(補説)室町時代から「はつお」と発音し、「初尾」の字も当てた。
(類語)瑞穂(みずほ)・稲穂・垂り穂・落ち穂
はっ-ぽう【八方】❶四方と四隅。東・西・南・北と北東・北西・南東・南西の八つの方角。❷あらゆる方面。ほうぼう。「一に目を配る」「一丸くおさまる」❸「八方行灯(あんどん)」の略。(類語)四方・四方八方
はっ-ぽう【発泡】〔名〕(スル)《「はつぼう」とも》❶あわを生じること。あわが出ること。❷(「発疱」とも書く)皮膚に水泡状のものができること。❸「発泡膏(こう)」の略。「一ヲヌル」〈和英語林集成〉
はっ-ぽう【発砲】〔名〕(スル) 小銃や大砲などを撃つこと。「敵に向かって一する」
(類語)射撃・銃撃・発射・実射・乱射・速射・掃射
ばっ-ぽう【罰俸】〔名〕(スル) 官公吏などの懲戒処分として、一定期間俸給の全部または一部を役所に納付させたこと。減俸。
はっぽう-あんどん【八方行▽灯】►八間(はちけん)
はっ-ぽうい【八方位】八つの方位。東・西・南・北と、北東・北西・南東・南西。
はっぽう-が-はら【八方ヶ原】栃木県北部、那須塩原市・矢板市・塩谷郡塩谷町・日光市にまたがる高原。高原山(たかはらやま)東側のゆるやかな山腹をいい、標高は1000～1200メートル。20万株のレンゲツツジの大群落で知られる。
はっぽう-こう【発泡×膏】「発泡薬(やく)」に同じ。
はっぽう-さい【八宝菜】中国料理の一。豚肉・エビ・イカ・白菜・シイタケなど多くの材料を取り合わせて炒(いた)め、かたくり粉でとろみをつけたもの。
はっぽう-ざい【発泡剤】❶製品中に泡を作るのに用いる物質。二酸化炭素を出す炭酸水素ナトリウム、窒素を出すジアゾアミノベンゼンなど。❷「発泡薬(やく)」に同じ。
はっぽう-さんご【八放×珊×瑚】花虫(かちゅう)綱八放サンゴ亜綱の腔腸動物の総称。すべて海産。ポリプの胃腔に8枚の隔壁があり、8本の触手をもつ。アカサンゴ・ウミエラなど。
はっぽう-しゅ【発泡酒】❶炭酸ガスを含んだ酒。シャンパンなどのスパークリングワインをさすことが多い。❷酒税法で、麦芽を原料の一部とした酒類で発泡性を有するもの。➡ビール系飲料
はっぽう-じゅし【発泡樹脂】内部に細かな泡を無数に含む合成樹脂。軽くて断熱性がよい。発泡スチロール・フォームラバーなど。
はっぽう-スチロール【発泡スチロール】ポリスチレン樹脂に溶剤を含ませ、成形時に揮発によって発泡させたもの。断熱材・包装材などに使用。
はっぽう-だし【八方出し】出し汁を煮立てて酒・味醂・醤油などを加えたもの。湯豆腐・そば・てんぷらのつゆなどに用いる。八方汁。八方下地。
はっぽう-にらみ【八方×睨み】❶四方八方へ目を配ってにらみをきかせること。❷画像などの目がどの方向から見てもにらんでいるように見えること。また、そのような画像。
はっぽう-びじん【八方美人】《どこから見ても難点のない美人の意から》だれに対しても如才なく振る舞うこと。また、その人。非難の気持ちを込めて用いることが多い。
はっぽう-ふさがり【八方塞がり】❶陰陽道(おんようどう)で、どの方角に向かって事を行っても、不吉な結果が予想されること。❷どの方面にも差し障りがあって、手の打ちようがないこと。
はっぽう-やく【発泡薬】皮膚に刺激を与えて水疱を生じさせる膏薬(こうやく)。カンタリジン・テレビン油・芥子(からし)油など。
はっぽう-やぶれ【八方破れ】備えがなく、いたるところすきだらけであること。
はっぽう-よし【八方▽好し】どこから見ても欠点のないこと。また、その人。「難波女に姿の足らはぬ所なしとて、一といふ者あり」〈浮・諸艶大鑑・六〉
はつ-ぼく【発墨】硯(すずり)ですったときの、墨汁の濃淡や光沢のぐあい。墨のすれぐあい。
はつ-ぼく【×溌墨】水墨画の技法の一。画面に墨をそそいで一気に着衣の人物像や山・石・樹木などの形を描くと同時に、その濃淡で立体感を表すもの。中国盛唐後期に始まる。➡破墨(はぼく)
ばっ-ぼく【伐木】〔名〕(スル) 樹木を切り倒すこと。
はつ-ぼし【初星】相撲で、初めての白星。初白星。
はつ-ぼん【初盆】「新盆(にいぼん)」に同じ。
ばっ-ぽん【抜本】根本的な原因を除き去ること。「一策」
ばっぽん-そくげん【抜本塞源】《「春秋左伝」昭公九年から》木を根本から引き抜き、水の流れを水源を塞(ふさ)いで止めること。根本の原因を取り除いて弊害が再び起こらないようにすること。「一の大改革を必要とする」
ばっぽん-てき【抜本的】〔形動〕根本に立ち戻って是正するさま。「一な処置をとる」
はつ-まいり【初参り】〔名〕(スル)「初詣(はつもうで)」に同じ。(季 新年)「大雪に賽銭(さいせん)減りぬ一/三允」
はつ-まくら【初枕】「新枕(にいまくら)」に同じ。
はつ-まご【初孫】初めての孫。ういまご。
(類語)初孫(ういまご)・孫・内孫・外孫
はつ-まゆ【初繭】その年に初めてとれた繭。
はつ-み【初×巳】正月の最初の巳の日。この日弁財天に参詣する習慣がある。(季 新年)
はつみ-ぐさ【初見草】春の松、夏の卯(う)の花、秋の萩(はぎ)、寒菊または雪のこと。
はつ-みせ【初店｜初見世】遊女が初めて店に出て客をとること。
はつみ-づき【初見月】陰暦正月の異称。
はつ-みみ【初耳】初めて耳にすること。初めて聞くこと。また、その話。「君が同郷だったとは一だ」
はつ-みやまいり【初宮参り】「宮参り❷」に同じ。
はつ-む【×撥無】〔名〕(スル) 払いのけて信じないこと。否定して排除すること。「憎愛の二極を一して」〈有島・惜みなく愛は奪ふ〉
はつ-むかし【初昔】❶茶摘みの最初の日に摘んだ葉茶で製した抹茶の銘。本来、小堀遠州が従来の白みを帯びた色の茶を名付けたもの。「昔」を「廿一日」の合字とし、八十八夜前後の21日間の前半・後

半に葉を摘んだものを初昔・後昔とする俗説もある。❷新年に前年を振り返っていう語。（季 新年）

はつ-むこいり【初婿入り】婿が初めて嫁方に行き、正式に嫁方の両親と親子の杯を交わすこと。

は-つむり【▽半▽首┊▽半▽頭】「はつぶり」に同じ。

はつ-めい【発明】㊀〔名〕スル ❶今までなかったものを新たに考え出すこと。特に、新しい器具・機械・装置、また技術・方法などを考案すること。「必要は—の母」「蒸気機関を—する」❷物事の道理や意味を明らかにすること。明らかに悟ること。「文明の進歩は…其働の趣を詮索して真実を—するに在り」〈福沢・学問のすゝめ〉㊁〔名・形動〕賢いこと。また、そのさま。利発。「息子たちのなかで際立って—なのと」〈中勘助・鳥の物語〉（類語）（㊀❶）考案・案出・創案・発案・新案・創造・独創／（㊁）利口・利発・聡明

はつ-めいげつ【初名月】陰暦8月15日の月。9月13日の後の月に対していう。

はつめい-けん【発明権】発明者が、その発明を独占することができる権利。➡特許権

はつ-も【発喪】喪を発すること。その人の死を人々に知らせること。はっそう。

はつ-もう【発毛】〔名〕スル 毛が生えること。「—剤」

ばつ-もう【抜毛】毛を抜くこと。特に、頭髪を引っ張って抜くこと。

ばつもう-しょう【抜毛症】►トリコチロマニア

はつ-もうで【初詣で】〔名〕スル 正月、その年初めて社寺に参詣すること。初参り。「晴れ着で—する」（季 新年）「一鳥居の影を人出づる／虚子」

はつ-もとゆい【初元結】❶元服のときに、髪の髻を結ぶのに用いる紐。公卿は紫の組紐を使った。転じて、元服すること。「いときなき—に長き世をちぎる心は結びこめつや」〈源・桐壺〉❷元服のときに髪を結ぶこと。また、その役。「院にて、基隆の三位の播磨守なりし、—し奉りて」〈今鏡・八〉

はつ-もの【初物】❶その季節に初めて収穫した野菜・果実・穀物など。魚介などにもいう。はしり。❷まだだれも手をつけていないもの。処女や童貞などにもいう。

初物七十五日 俗説で、初物を食べると寿命が75日延びるということ。

はつもの-ぐい【初物食い】初物を好んで食べること。好んで新しい物事に手を出すこと。また、その人。

はつ-もみじ【初紅葉】❶その秋、初めて色づいた紅葉。（季 秋）「一はだへきよらに人病めり／草城」❷襲の色目の名。表は萌葱、裏は薄萌葱。

はつ-もみじば【初紅葉】《上代は「はつもみちば」》「はつもみじ❶」に同じ。「めづらしと我が思ふ君は秋山の—に似てこそありけれ」〈万・一五八四〉

はつ-もん【発問】〔名〕スル 問いを発すること。質問を出すこと。「受講者が—する」
（類語）問う・尋ねる・聞く・諮る・質す・問い質す・聞き質す・問い合わせる・聞き合わせる・質問・借問・試問・下問・諮問

はつ-やく【初役】初めてついた役。また、初めて演じる役。

はつ-やくし【初薬師】その年最初の薬師如来の縁日。1月8日。（季 新年）

はつ-やま【初山】❶「初山入り」の略。❷霊山・名山にその年初めて登ること。

はつ-やまいり【初山入り】正月の仕事始めの行事。新年に山に行き、木を切ったり薪を取ってきたりする。山始め。（季 新年）

はつやま-しげる【初山滋】[1897～1973]童画家・版画家。東京の生まれ。繊細な描線と幻想的なデフォルメによる、詩情あふれる作品を描いた。

はつ-やり【初×槍】最初に敵陣に槍を振るって突っ込むこと。一番槍。

はつ-ゆ【初湯】❶「産湯」に同じ。❷新年になって初めて湯に入ること。また、その湯。正月2日が多い。初風呂。（季 新年）「去年よりの雪小止みなき—かな／万太郎」

はつ-ゆき【初雪】❶その冬初めて降る雪。（季 冬）「—や水仙の葉のたわむまで／芭蕉」❷襲の色目の名。表は白、裏は少し曇った白または紅梅。（類語）新雪

はつゆき-の-げんざん【初雪の▽見参】平安時代、初雪の降った日に群臣が参内したこと。また、その儀式。

はつ-ゆめ【初夢】新年最初に見る夢。ふつう元日または2日の夜に見る夢をいう。古くは、節分の夜に見る夢をいった。（季 新年）「一に古郷を見て涙かな／一茶」

はつゆめ-あわせ【初夢合(わ)せ】初夢により吉凶を占うこと。

はつゆめ-づけ【初夢漬(け)】薄塩に漬けた小ナスを、芥子と麹で漬けたもの。また、小ナスを砂糖漬けにした菓子。

はつ-ゆるし【初許し】師匠から、最初の段階の免許を与えられること。また、その免許。初伝。

はつ-よう【発揚】〔名〕スル ❶精神や気分が高まること。意気を奮い立たせること。「民族意識が—する」「士気を—する」❷威光・勢威などを盛んにすること。「新文明国の名声を—し」〈福沢・福翁百話〉

ばつ-よう【末葉】「まつよう(末葉)❸」に同じ。「兼輔の中納言より八代の—」〈平家・六〉

ハッラージュ〖al-Ḥallāj〗[857～922]イスラム教の神秘家。イラン生まれ。神人合一の神秘体験を大胆に説いたために異端として処刑された。彼の「われは真理(神)なり」の言葉は有名。

はつ-らい【初雷】「はつがみなり」に同じ。（季 春）

はつ-らつ【×溌×剌┊×溌×溂┊×潑×剌】〔ト・タル〕〔文〕〔形動タリ〕❶生き生きとして元気のよいさま。「—とした声」「生気—たる若者」❷魚が飛び跳ねるさま。「御贄の錦鱗徒らに湖水の浪に—たり」〈太平記・九〉（類語）元気・活発・生き生き

はつ-らん【×撥乱】《「撥」は治める意》乱れた世の中を治めること。「—安民」

パッランツァ〖Pallanza〗イタリア北西部の町。マッジョーレ湖の西岸に面する観光保養地として知られる。中世に建てられたロマネスク様式のサンレミジオ教会、1952年に開園したタラント邸庭園がある。

はつらん-はんせい【×撥乱反正】《「春秋公羊伝」哀公一四年から》世の乱れを治め、正しい世の中に戻すこと。

はつり【▽解り】絹布の類をほぐし、縫い糸にしたもの。「信濃の—を、いとよきほどにすげて」〈宇津保・俊蔭〉

ばつ-りゅう【末流】「まつりゅう(末流)」に同じ。「橋谷は…尼子の—である」〈鴎外・阿部一族〉

はつ・る【▽削る】〔動ラ五(四)〕❶少しずつけずる。「材木を—る斧の音」〈露伴・五重塔〉❷皮をはぐ。「兎を捕へ皮を—りて野に放つ」〈霊異記・上〉

はつ・る【▽解る】〔動ラ下二〕織った物や編んだ物などが端からとける。ほつれる。「藤衣—るる糸はわび人の涙の玉の緒とぞなりける」〈古今・哀傷〉

はつ-れい【発令】〔名〕スル 法令・辞令・警報などを出すこと。「異動を—する」「強風注意報が—される」
（類語）命令・言い付け・命・令・指令・下命・指示・指図・号令・沙汰・主命・君命・上意・達し・威令・厳令・厳命

バッレ-ダオスタ〖Valle d'Aosta〗イタリア北西部の自治州。アルプス山脈の自然が豊かでスキーなどのスポーツが盛ん。アオスタ県のみで構成され、州都も同名の都市アオスタ。アオスタ渓谷州。

バッレ-デイ-テンプリ〖Valle dei Templi〗►神殿の谷

はつれ-はつれ〔副〕《動詞「はつ(解)る」の連用形を重ねたもの》部分部分。ところどころ。はしばし。「けはひなど、一聞こえたるもゆかし」〈徒然・一〇五〉

はつ-れん【発×輦】〔名〕スル 天皇の車が出発すること。

はつ-ろ【発露】〔名〕スル 心の中にあるものや隠していたことがおもてに現れ出ること。また、現し出すこと。「真情を—する」「悪事忽ち—し遂に獄に繋がる」〈織田訳・花柳春話〉（類語）発揮

ばつ-ろ【末路】「まつろ(末路)」に同じ。「山師の—はあれと指されて」〈一葉・やみ夜〉

はつ-わ【発話】《utterance》話す行為とその音声。その分析によって、音素・形態素・文などの言語学的単位を抽出することができる。

はつ-わらい【初笑い】その年初めての笑い。（季 新年）

ぱつん-ぱつん ㊀〔副〕はさみなどで、ゆっくり連続して物を切る音を表す語。㊁〔形動〕物がはち切れそうにふくらんでいるさま。「小銭やカードで財布が—だ」アク㊀はパツンパツン、㊁はパツンパツン。

はて【果て】❶果てること。終わること。また、物事の終わり。しまい。限り。すえ。「—もない議論」「旅路の—」❷年月を経過したあとの状態。「なれの—」「栄華の—」❸広い地域の極まるところ。いちばん端の所。「地の—」「海の—」❹喪の終わり。四十九日の終わる日。また、一周忌。「御—も、やうやう近うなり侍りにけり」〈源・幻〉（類語）果てし・限り・きり・際限

はて〔感〕不審や異常を感じて、考え惑うときに発する語。「—不思議」「—どうしたものか」

は-で【派手】〔名・形動〕《「破手」から転じた語とも、また、「映え手」の変化した語ともいう》❶姿・形・色彩などが華やかで人目をひくこと。また、そのさま。「—な顔だち」「—な着物」⇔地味。❷態度・行動などが大げさなこと。また、そのさま。「—な殴り合い」「—に泣く」⇔地味。（派生）はでさ〔名〕（類語）豪勢・豪華・豪奢・華美・デラックス・ゴージャス・きらびやか・はでやか・絢爛・華麗・華華しい・美美しい・綺麗

は-で【破手┊端手┊葉手】《破格の手(楽曲)の意》三味線組歌で、破手組のこと。⇔本手。

パテ〖フランス pâté〗❶肉入りのパイ。❷肉をすりつぶして調味し、蒸し焼きにした料理。

パテ〖putty〗材料を乾性油で練った粘土状のもの。石膏を用いたものは白パテともいい、ガラス板の取り付けやすきまを埋めるのに使用。鉛丹を用いたものは赤パテともいい、鉄管の継ぎ目などに塗る。

ハティ〖Hati〗►ハチ

ば-てい【馬丁】馬の世話や口取りをする人。

ば-てい【馬×蹄】馬のひづめ。

馬蹄に掛・ける 自分の乗っている馬のひづめで踏みつける。敵を破る。「—・けて蹴散らす」

バディ〖body〗►ボディー

バディ〖buddy〗❶仲間。相棒。❷特に、スキューバダイビングなどで、二人(以上)が組んでいるときの相棒。

ハディース〖アラビア Ḥadīth〗イスラム教の預言者ムハンマドの言行(スンナ)を伝える伝承のこと。

パティオ〖スペイン patio〗スペイン風の屋敷の中庭。

パティキュラー〖particular〗〔形動〕他と区別したさま。独特の。個別の。「一般的ではない、—な状況」

ばてい-ぎん【馬×蹄銀】中国で、巨額の取引の際に使用された馬蹄形の銀塊。清代から用いられ、1個の重さは普通50両(約1800グラム)。元宝銀。

ばてい-けい【馬×蹄形】馬のひづめに似た形。∩の形。

ばていけい-じしゃく【馬×蹄形磁石】馬蹄形をした磁石。両極が接近しているので、磁力を長く保つ。

パティシエ〖フランス pâtissier〗ケーキなどの、菓子職人。パテシエ。

パティスリー〖フランス pâtisserie〗小麦粉を生地に使った焼き菓子・ケーキ類の総称。また、それを売る店。

ばてい-せき【馬×蹄石】表面に馬蹄のような形のある蒼黒色の石。庭石などに用いる。

バティック〖マレー batik〗インドネシアのジャワ島付近で作られる伝統的な文様染め。蝋で防染して文様を表した綿布。ジャワ更紗。

バティック-シャツ〖batik shirt〗バティック(ジャワ更紗)で作ったシャツ。

ばてい-ら【馬×蹄×螺】ニシキウズガイ科の巻き貝。潮間帯の岩礁にすむ。貝殻は円錐形で、殻高約5センチ、殻底は平ら。殻表は黒紫褐色で、縦肋が斜めに走る。房総半島以南に分布。食用。したかか。かじめだま。

はて-くち【果て口】命の果てるきっかけ。破滅のもと。転じて、物事の終わりぎわ。「芝居の—ほど騒がしきを」〈浮・曲三味線・二〉

はで-ぐみ【破手組┊端手組】三味線組歌の一種。本手ほん組に対して、新しい曲風で作られた楽曲群。慶安(1648〜1652)のころに柳川検校やながわけんぎょうあるいは虎沢検校が作曲したものという。柳川流・野川流ともに「待つにござれ」など7曲からなるが、曲目が少し異なる。⇔本手組。

はで-ごのみ【派手好み】〘名・形動〙「派手好き」に同じ。「一な(の)人」

はで-こん【派手婚】俗に、結婚式や披露宴に多くの費用をかけること。⇔地味婚。

はて-さて〘感〙驚いたり当惑したりしたときに発する語。「一、りっぱなものだ」「一困った」

はて-し【果てし】《「し」は強意の副助詞。打ち消しの語を伴って用いる》果て。際限。きり。終わり。「一のない大空」㊇果て・限り・きり・際限・終わり・おしまい・終了・終結・終焉しゅうえん・終末・幕切れ・閉幕・幕・打ち止め・ちょん・完か・了りょう・ジエンド

パテシエ〘フランス pâtissier〙▶パティシエ

はてし-な・い【果てし無い】〘形〙図はてしな・し〘ク〙限りがない。終わりがない。「一・い論争」「一・く広がる海」㊇広大・無辺・無辺際・無限

はで-しゃ【派手者】はでな物事を好む人。はで好きな人。はでもの。「金づかいの乱暴な一であったところから」〈長与・竹沢先生と云ふ人〉

ハデス〘Haidēs〙ギリシャ神話で、冥府の王。クロノスとレアの子。ゼウスの兄。デメテルの娘ペルセフォネをさらって妃とした。ローマ神話のプルートーにあたる。ハイデス。

はで-すがた【派手姿】華やかに装った姿。はでな身なり。

はですがたおんなまいぎぬ【艶容女舞衣】はですがたおんなまいぎぬ 浄瑠璃。世話物。3巻。竹本三郎兵衛・豊竹応律らの合作。安永元年(1772)大坂豊竹座初演。三勝・半七の情話を描いたもので、「酒屋」の段が有名。

はで-ずき【派手好き】〘名・形動〙はでな物事を好むこと。また、そのさま。派手好み。「一な性分」

はて-だいこ【果て太鼓】芝居・相撲などの興行の終わりに打つ太鼓。仕舞い太鼓。打ち出し太鼓。

はて-な〘感〙《感動詞「はて」+間投助詞「な」から》怪しんだり、考え惑ったりするときなどに発する語。「一、これでよかったろうか」

はてな-マーク　疑問符のこと。

はて-の-お【果ての緒】を 琴の13弦のうち、いちばん端の最高音の巾きんの弦。

はて-の-こと【果ての事】四十九日または一周忌の仏事。果ての業。「今は一すとて」〈かげろふ・上〉

はて-の-つき【果ての月】❶一周忌の供養のある月。「太政大臣の北の方うせ給ひて、御一になりて」〈大和・九七〉❷12月。極月ごくげつ。師走しわす。「一の十六日ばかりなり」〈かげろふ・中〉

はて-の-とし【果ての年】忌みや喪が明けた年。「円融院の御一、みな人御服ぬぎなどして」〈枕・一三八〉

はて-の-わざ【果ての業】「果ての事」に同じ。「皇太后宮うせ給ひて、一にさはることありて参らざりければ」〈後拾遺・哀傷・詞書〉

はて-は【果ては】〘副〙しまいには。ついには。「口論して、一なぐり合いになる」

はて-はて【果て果て】果ての果て。最後。とどのつまり。あげくの果て。「あまたさるまじき人の恨みを負ひし一は、かう打ち捨てられて」〈源・桐壺〉

はで-やか【派手やか】〘形動〙図〘ナリ〙はでな感じがするさま。華やかなさま。「一な装い」㊅はでやかさ〘名〙㊇華美・華やか・きらびやか・絢爛けんらん・華麗・はで・華華しい・美美しい・綺麗きれい

は・てる【果てる】〘動タ下一〙図は・つ〘タ下二〙❶続いていた物事が終わりになる。最後の所まで行き着く。終わる。「いつ一・てるともない戦い」「人通りが一・てる」❷死ぬ。「異国で一・てる」「切腹して一・てる」❸(動詞の連用形に付いて)すっかり…する。…し終わる。「あきれ一・てる」「困り一・てる」
㊇死ぬ・亡くなる・没する・逝く・くたばる・みまかる・瞑めいする・終わる・尽きる・極まる・止やむ

ば・てる〘動タ下一〙《「疲れ果てる」の「果てる」から出て、もとスポーツ選手などの間で用いられていた語》すっかり疲れてしまう。くたびれて動けなくなる。へたばる。「暑さつづきで一・てる」㊇くたばる・へばる

はてるまじま【波照間島】沖縄県、八重山諸島の島。西表島いりおもてじまの南に位置し、有人島では日本最南端。竹富町に属する。サトウキビを栽培。

パデレフスキー〘Ignacy Jan Paderewski〙[1860〜1941]ポーランドのピアノ奏者・作曲家・政治家。ショパン演奏家として有名。ポーランド独立運動に尽くし、1919年、共和国初代首相。第二次大戦中、アメリカに亡命中に客死。

バテレン【▽伴▽天連┊▽破▽天連】《父・神父の意の、ポルトガル padreから》❶キリスト教が日本に伝来した当時の、カトリックの宣教師の称。パードレ。➡イルマン ❷キリスト教およびキリスト教徒の称。

バテレン-しゅう【▽伴▽天連宗】キリスト教の俗称。

バテレン-ついほうれい【▽伴▽天連追放令】ツイハウレイ 天正15年(1587)豊臣秀吉が九州平定後、博多で発した禁令。キリシタンを邪法として禁止し、バテレンを20日以内に国外追放することを命じた。

は-てんこう【破天荒】ハテンクワウ〘名・形動〙前人のなしえなかったことを初めてすること。また、そのさま。前代未聞。未曽有みぞう。「一の試み」「一な大事業」㊋「天荒」は未開の荒れ地の意。唐の時代、官吏登用試験の合格者が1名も出なかった荊州は人々から「天荒」といわれていたが、劉蛻りゅうぜいが初めて合格して「天荒を破った」といわれたという、「唐摭言」「北夢瑣言」の故事から。文化庁が発表した平成20年度「国語に関する世論調査」では、「彼の人生は破天荒だった」を、本来の意味である「**だれも成し得なかったことをすること**」で使う人が16.9パーセント、間違った意味「**豪快で大胆な様子**」で使う人が64.2パーセントという逆転した結果が出ている。

パテント〘patent〙特許。特許権。「一を取る」

パテント-プール〘patent pool〙類似の業種の企業が各社それぞれに持つ特許権(パテント)を、共同して設立した会社に集め、管理を任せる仕組み。エレクトロニクス技術やネットワーク技術の分野で多く、特許権使用料の引き下げ、技術の標準化に役立つとされる。

はと【波戸┊波止】陸から海へ細長く突き出して構築した堤。波よけや、船舶の積み荷の上げ下ろしなどに用いる。

はと【×鳩┊×鴿】ハト目ハト科の鳥の総称。スズメ大から鶏大で、色彩もさまざま。比較的頭が小さく、翼が発達してよく飛ぶ。くちばしを水につけたまま飲むことができ、主に果実・種子を食べる。ひなにはピジョンミルクとよぶ嗉嚢そのうの分泌物を与える。日本にはキジバト・アオバトなどがすむが、家禽かきんのドバトをいうことが多い。オリーブの枝とともに平和の象徴とされる。

鳩が豆鉄砲を食ったよう　突然の事にびっくりして、きょとんとしているさま。鳩に豆鉄砲。鳩豆。

鳩に三枝さんしの礼有り　《「学友抄」から》子鳩は育ててくれた親鳩に敬意を表して、親鳥より3本下の枝に留まる。礼儀を重んずるべきであるということのたとえ。親孝行すべきことのたとえ。

鳩に豆鉄砲　「鳩が豆鉄砲を食ったよう」に同じ。

鳩を憎にくみ豆まめを作つくらぬ　鳩が豆をついばむのを嫌って、豆を作らないの意。わずかなことにこだわって大切なことをしないために、自分や世間の損害を招くことのたとえ。鳩を憎み豆まかぬ。

パト　❶「パトロール」の略。❷「パトロールカー」の略。「ミニー」

は-とう【波頭】❶なみがしら。「白い一」❷波の上。海上。

は-とう【波×濤】ハタウ 大きな波。大波。「万里の一を越えて行く」㊇大波・高波・荒波・激浪・怒濤どとう

は-どう【波動】❶波のうねるような動き。❷空間の一部に生じた状態の変化が、次々に周囲に伝わっていく現象。水の波・音波などの弾性波や、光・X線などの電磁波などにみられる。

は-どう【覇道】ハダウ 儒教の政治理念で、武力や権謀をもって支配・統治すること。⇔王道。

バトゥ〘Bat〙[1207〜1255]キプチャク-ハン国の祖。チンギス=ハンの孫。父ジュチの死後、所領を継承。1236年から42年まで西征軍を率いてヨーロッパを脅かし、ロシア全土を平定、ボルガ川下流のサライを都としてハン国を建てた。㊋「抜都」とも書く。

ばとう【抜頭┊撥頭┊髪頭】雅楽。唐楽。太食たいしき調で古楽の小曲。林邑りんゆう楽の一。舞は一人の走舞はしりまいで、同じ舞の手が続く、舞いにくいもの。番舞つがいまいは還城楽げんじょうらく。宗妃楽。

ば-とう【罵倒】バタウ〘名〙スル 激しい言葉でののしること。「人前で一される」㊇痛罵・面罵・嘲罵・冷罵・漫罵・悪罵・面詰・ののしる・毒突く

パドゥーラ〘Padula〙イタリア南部、カンパニア州の町。14世紀初めに創設されたカルトジオ会の修道院(パドゥーラ修道院)があることで知られる。1998年に「パエストゥムとベリアの古代遺跡群を含むチレントディアノ渓谷国立公園とパドゥーラのカルトジオ修道院」の名称で世界遺産(文化遺産)に登録された。

パドゥーラ-しゅうどういん【パドゥーラ修道院】シウダウヰン《Certosa di Padula》イタリア南部、カンパニア州の町パドゥーラにあるカルトジオ会の修道院。正式名称はサンロレンツォ修道院。14世紀初頭、トンマーゾ=サン=セベリーノにより創設され、同国第2の規模を誇る。大部分はバロック様式で、世界最大級の回廊がある。現在、西ルカニア考古学博物館になっており、先史時代から古代ギリシャ時代までの遺跡からの出土品を展示している。1998年に「パエストゥムとベリアの古代遺跡群を含むチレントディアノ渓谷国立公園とパドゥーラのカルトジオ修道院」の名称で世界遺産(文化遺産)に登録された。

はどう-かんすう【波動関数】クワンスウ 波動方程式を満足させる関数。量子力学では粒子の状態を表す関数をいい、この絶対値の2乗はその点に粒子の存在する確率密度を表す。

ばとう-かんのん【馬頭観音】クワンオン《梵 Hayagrīva》六観音・七観音の一。宝冠に馬頭をいただき、忿怒ふんぬの相をした観音菩薩ぼさつ。魔を馬のような勢いで打ち伏せ、慈悲の最も強いことを表すという。江戸時代には馬の供養と結び付いて信仰されるようになった。馬頭明王。

ばとう-きん【馬頭琴】モンゴルの民族楽器。2弦の擦弦楽器で、弦・弓とも馬の毛を用い、胴は台形、棹さおの先端に馬の頭部の彫刻がある。

はどう-こうがく【波動光学】クワウガク 光を波動として扱い、干渉・回折・分散などを研究する物理学の一分野。

ばとう-せいうん【馬頭星雲】オリオン座の三つ星の南東にある暗黒星雲。背後にある散光星雲の光を遮る宇宙塵の雲の形が馬頭状であるところからの名。距離約1200光年。

はどう-せつ【波動説】❶光は波動であるという説。17世紀にホイヘンスが提起し、マクスウェルの電磁波説に道を開いた。❷粒子の運動は波動であるという説。1924年ド=ブロイが提唱し、シュレーディンガーの波動力学に発展。

はどう-ベクトル【波動ベクトル】▶波数ベクトル

はどう-ほうていしき【波動方程式】ハウテイシキ 電磁波・弾性波などの波動に関する運動方程式。空間座標と時間とを独立変数とする偏微分方程式。量子力学では粒子の運動状態を記述する方程式をいう。1926年にシュレーディンガーが確立した。

ば-とうゆ【馬×桐油】大きな桐油ガッパ。旅人が馬上でからだと荷物を覆うのに用いる。

はどう-りきがく【波動力学】量子力学の一形式。ド=ブロイの物質波の理論を発展させたシュレーディンガー方程式を基礎とする。ハイゼンベルクの行列力学と同等であることが証明され、量子力学として統一された。

はと-お【×鳩尾】ヲ ▶きゅうび(鳩尾)

パト-カー　「パトロールカー」の略。

はとがや【鳩ヶ谷】埼玉県南東部の旧市名。植木・

苗木を産する。住宅地・工業地化が進む。平成23年(2011)川口市に合併。➡川口

パトグラフィー〖pathography〗病跡学。主として芸術家について、その精神状態と作品との関係を精神医学的立場から研究する学問。

はと-ぐるま【×鳩車】郷土玩具の一。粘土・木・蔓つるなどで鳩の形を作り、車をつけてひもで引くようにしたもの。

はとこ【再=従=兄=弟|再=従=姉=妹】「またいとこ」に同じ。

はと-ざ【×鳩座】南天の小星座。大犬座の南西にあり、2月上旬の午後8時ごろ南中し、南天に低く見える。明るい星はない。学名、ラテ Columba

はと-ざけ【×鳩酒】鳩の肉・骨をたたき、酒に入れて煮たもの。腰痛や下冷えに効能があるという。

パトス〖ギリシャ pathos〗アリストテレス倫理学で、欲情・怒り・恐怖・喜び・憎しみ・哀かなしみなどの快楽や苦痛を伴う一時的な感情状態。情念。⇔エートス。

はと-ぞめ【×鳩染(め)】山鳩色に染めること。また、その染め色。麹塵きくじん。

ハドソン〖Henry Hudson〗[1550ころ～1611]英国の航海家。新航路を求め、北アメリカ東岸を探検した。ハドソン川・ハドソン湾はその名にちなむ。

ハドソン〖William Henry Hudson〗[1841～1922]英国の博物学者・小説家。米国人を両親にアルゼンチンで生まれ、のち英国に帰化。自然、特に鳥類の観察をもとにした随筆・小説で有名。随筆「ラ-プラタの博物学者」、小説「緑の館」、自伝「はるかな国、遠い昔」など。

ハドソン-かきん【ハドソン課金】ニュースクワ キン《Hudson charging》電話料金などの課金方式の一。単位時間あたりの通話料金を設定する。ハドソン料金。➡カールソン課金

ハドソン-がわ【ハドソン川】がは 米国ニューヨーク州東部を流れる川。アディロンダック山に源を発し、南流して大西洋に注ぐ。長さ490キロ。五大湖とは運河によって連絡。

ハドソン-りょうきん【ハドソン料金】ーレウキン ►ハドソン課金

ハドソン-わん【ハドソン湾】カナダ北東部にある湾。支湾にジェームズ湾・フォックス湾・アンガバ湾などをもち、ハドソン海峡で大西洋とつながる。

はと-づえ【×鳩×杖】づゑ「鳩の杖え」に同じ。

パドック〖paddock〗❶厩うまやの近くに設けた小さな放牧場。❷競馬場で、レース前に出走馬を引いて、観客に見せる場所。下見所。❸自動車レース場で、ピットの背後にあって、車の整備・点検をする所。

パ-ド-ドゥー〖フランス pas de deux〗バレエで、二人でする踊り。特に主役の男女二人の場合をいう。

はと-どけい【×鳩時-計】おもりを動力とした掛け時計の一。時刻がくると、鳩の模型が時計の箱の小窓から現れて時の数だけ鳴く仕掛けのもの。

バトナ-ひょうが【バトナ氷河】《Vatnajökull》►バトナヨークトル氷河

パトナム〖Hilary Putnam〗[1926～]米国の哲学者。ネオプラグマティズムのリーダーの一人。心の哲学・科学哲学・言語哲学など幅広い分野で活躍した。著「理性・真理・歴史」「実在論と理性」など。パットナム。

バトナヨークトル-こくりつこうえん【バトナヨークトル国立公園】ーコクリツ コウヱン《Vatnajökuls þjóðgarður》アイスランド東部にある国立公園。ヨーロッパ最大級のバトナヨークトル氷河と同国最高峰クバンナダルスフニュークル山(2119メートル)を中心とする。2008年に旧スカフタフェットル国立公園と旧ヨークルスアウルグリュフル国立公園などが統合されて制定。面積約1万2000平方キロメートルで同国の11パーセントを占める。

バトナヨークトル-ひょうが【バトナヨークトル氷河】《Vatnajökull》アイスランド南東部にある氷河。面積約8100平方キロメートルで同国の約8パーセントを占め、ヨーロッパ最大級の規模をもつ。グリームスボトン山をはじめとする火山を覆い、1996年の噴火の際に氷河が融解し大洪水を起こした。バトナヨークトル国立公園の一部。バトナ氷河。

はと-の-かい【×鳩の戒】《もと、門ごとに巡って熊野の本宮・新宮の事を語っては、鳩の飼料と称して人々から金銭をだまし取ったところから》口先で人をだまし、金銭などを詐取する者。鳩の飼い。「何をか申すことぞ。うさんなる—め」〈浮・一代男・四〉

はと-の-つえ【×鳩の×杖】づゑ《ハトは食物をとるときにむせないということにあやかって》握りにハトの飾りのある老人用の杖。昔、中国で宮中から老臣に与えられたもので、日本でも80歳以上の功臣に宮中から与えられた。はとづえ。きゅうじょう。「—にすがって宮の御前に参り」〈平家・四〉

はと-の-め【×鳩の目】《「鳩の目銭」の略。円形で、銭の穴が鳩の目に似ているところから》近世初期、伊勢参宮の人が賽銭さいせん代わりにまいた私鋳の鉛銭。表裏とも文字がなく、銭1文につき10文ないし12文で交換した。勢州宮銭。伊勢宮銭。通宮銭。鳩目。「宮廻りの蒔銭まきせんに—といふをかしげなる鉛銭なまりぜに」〈浮・永代蔵・四〉

はと-は【×鳩派】強硬手段を用いず、穏健に問題を解決しようとする立場の人たち。⇔鷹派たかは。

(類語)穏健派・事なかれ主義

はと-ば【波止場】港で、波止はとを築いた所。埠頭ふとう。船着き場。また、港のこと。(類語)埠頭ふとう・船着き場・港・港湾・船泊まり・桟橋・岸壁がんぺき・築港・海港・河港かこう・津つ・商港・漁港・軍港・ハーバー・ポート

パドバ〖Padova〗イタリア北東部、ベネト州の都市。バッキリオーネ川沿いに位置し、運河が多い。交通の要地であるほか、機械、金属、化学などの工業が盛ん。古代ローマ時代より栄え、13世紀に自治都市となり、以降、ベネチア、オーストリアの支配を受けてイタリアに統合された。ボローニャ大学に次ぐ歴史をもつ、13世紀創設のパドバ大学には、世界遺産に登録された世界最古の植物園オルトボタニコがある。また、聖アントニオを祭る13世紀創建のサンタントニオ聖堂、ジョットの壁画で知られるスクロベーニ礼拝堂をはじめ、中世からルネサンス期にかけての歴史的建造物が数多く残っている。

はとば-いろ【×鳩羽色】鳩の羽のような、黒みがかった薄い紫色。

はとば-ねずみ【×鳩羽×鼠】紫色をおびた鼠色。

はと-びん【×鳩便】伝書鳩による通信。

はと-ぶえ【×鳩笛】郷土玩具の一。鳩の鳴き声に似た音を出す、鳩の形をした土焼きの笛。(季 秋)

はと-ふ・く【×鳩吹く】〔動カ四〕両手を合わせて吹き、ハトの鳴き声を出す。猟師がシカを呼んだり、仲間の合図に用いたりする。「まぶしさし—・く秋の山人は己おのがありかを知らせやはする」〈曽丹集〉(季 秋)「藪陰や—・く人のあらはるる/子規」

バトペディ-しゅうどういん【バトペディ修道院】ーシウダウ ヰン《Moni Vatopediou》ギリシャ北部、ハルキディキ半島にある東方正教会の聖地アトス山の修道院。10世紀に創設。主聖堂のドームには聖三位一体のフレスコ画が描かれるほか、病を治癒するという生神女マリアのイコンがあることで知られる。

はと-ぽっぽ【×鳩ぽっぽ】鳩をいう幼児語。

ハトホル〖Hathor〗エジプト神話で、天空と愛の女神。牝牛の姿で表される。ギリシャ人によりアフロディテと同一視された。

はと-まめ【×鳩豆】❶鳩のえさとして与える豆。❷「鳩が豆鉄砲を食ったよう」の略。

はど-みさき【波戸岬】《「はどのみさき」とも》佐賀県西北部、東松浦半島最北端にある岬。唐津市に属する。馬渡まだら島・加唐かから島などの離島や壱岐いきが望まれ、天気のよい日には対馬も望遠できる。背後の南東方に豊臣秀吉の築いた名護屋城跡がある。周囲は玄海げんかい国定公園に属する。

バドミントン〖badminton〗球技の一。コート中央の高いネットを挟み、小型のラケットでシャトルコック(羽球)を打ち合って得点を競う競技。インドのプーナ(現プネー)地方のゲームが英国に伝わり、世界中に普及。

はと-むぎ【×鳩麦】イネ科の一年草。高さ約1.5メートル。ジュズダマに似て、細長い葉が互生し、夏から秋、雌花と雄花との穂がつく。実は暗褐色の堅い鞘さやをもつが、指で割ることができる。種子は漢方で薏苡仁よくいにんといい利尿・健胃薬とする。アジア熱帯地方の原産。川穀せんこく。四国麦。(季 秋)「—や昔通ひし叔父が家/子規」

はと-むね【×鳩胸】❶胸部が、鳩の胸のように大きくふくらんでいること。❷近世の具足で、胸を大きくふくらませた鉄製の胴。❸鐙あぶみの前方の丸くそり返った部分。❹三味線の棹さおが胴に接する部分のふくらんだところ。

はと-め【×鳩目】靴や書類とじなどの、ひもを通す小穴。また、そのための環状の金具。アイレット。

は-どめ【歯止め】❶車輪が動かないように、車輪と車輪接触面との間に挟んでおくもの。「—を噛かませる」❷車輪の回転を止める装置。ブレーキ。❸事態の進行を抑えとどめる働きをするもの。「インフレに—をかける」「欲望の—がきかなくなる」(類語)ブレーキ

はどめ-こうか【歯止め効果】ーカウクワ ►ラチェット効果

パトモス-とう【パトモス島】タウ《Pátmos》エーゲ海南東部のドデカネス諸島にある島。紀元95年に聖ヨハネがこの島に流刑され、神の啓示を受けて「黙示録」を書いたとされている。11世紀に聖ヨハネ修道院が造られ、その後修道院は要塞化されてヨハネの聖地を守っている。東方正教会の巡礼地の一つ。1999年に「パトモス島の神学者聖ヨハネ修道院と黙示録の洞窟の歴史地区(コーラ)」として世界遺産(文化遺産)に登録された。

はとやま-いちろう【鳩山一郎】ーイチラウ[1883～1959]政治家。東京の生まれ。立憲政友会に属し、昭和8年(1933)文相のときに滝川事件を起こした。第二次大戦後、自由党を創立して総裁となったが、公職追放。解除後、日本民主党総裁となり、同29年首相に就任、ソ連との国交回復を実現した。➡石橋湛山

はとやま-イニシアチブ【鳩山イニシアチブ】地球温暖化防止を目的として途上国を支援するための枠組み。平成21年(2009)に日本の首相鳩山由紀夫が国連気候変動サミットで提言した。日本などの先進国が官民レベルで追加的に資金を拠出し、途上国における温室効果ガス排出削減のルールや実効性のある資金提供システムを構築する一方、途上国への低炭素技術の移転に伴う知的財産権の保護を図る。➡クールアースパートナーシップ

はとやま-ゆきお【鳩山由紀夫】ゆきを[1947～]政治家。東京都の生まれ。祖父は鳩山一郎。父の威一郎は元外相。東大工学部を卒業後、専修大助教授などを経て、昭和61年(1986)に自民党で衆議院議員に当選。平成5年(1993)に離党し新党さきがけに参加、細川護熙もりひろ内閣で官房副長官となる。同8年に民主党㊂を、同10年に民主党㊃を結成し、たびたび代表を務める。同21年の総選挙で自民党に圧勝し首相となる。同22年6月、米軍普天間飛行場移設問題をめぐる混乱、および社民党の連立政権離脱を招いた責任を取って辞任。➡菅直人

パトラ〖Patra〗ギリシャ、ペロポネソス半島北西部の港湾都市。イオニア海のパトラ湾に面する。古くからイタリアやイオニア海方面への海上交通の要衝として発展。現在も同国有数の貿易港であり、オリーブ油、ワインを輸出するほか、タイヤ製造などの工業も盛ん。ギリシャ独立戦争時には同国で最初に蜂起したことで知られる。戦時中、オスマン帝国軍の攻撃で市街地が被害を受けたが、1830年代に再建された。アクロポリス跡に建てられた要塞、古代ローマ時代のオデオン遺跡などがある。パトラス。パトレー。

バトラー〖butler〗召し使い頭がしら。執事。

バトラー〖Samuel Butler〗[1612～1680]英国の詩人。王党派として清教徒を攻撃した風刺詩「ヒューディブラス」で知られる。同姓同名の小説家と区別して、ヒューディブラスのバトラーとよばれる。

バトラー〖Samuel Butler〗[1835～1902]英国の小説家。風刺的ユートピア小説「エレホン」、ビクトリア朝の因習・偽善を批判した自伝的小説「万人の道」

など。同姓同名の詩人と区別して、エレホンのパトラーとよばれる。

パトラウツィ-しゅうどういん【パトラウツィ修道院】《Mănăstirea Pătrăuţi》ルーマニア北東部の村パトラウツィにある修道院。15世紀末にモルドバ公国のシュテファン大公により創設。内部には大公とその家族、オスマン帝国との戦いなどを描いたフレスコ画が残っている。1993年に「モルドバ地方の教会群」の一つとして世界遺産(文化遺産)に登録された。

パトラス〘Patras〙▶パトラ

はとり【服部・服織】《「はたお(機織)り」の音変化》機を織ること。また、それを職業とした人。「人の国に織るてふ一伝へても怪しやいかにここにしも着る」〈夫木・三三〉

は-とり【執翳】即位・朝賀などの大礼の際、天皇が高御座にあるとき、左右八人ずつ並び、翳をさしかざして天皇の顔を覆う役の女官。

ハドリアヌス〘Publius Aelius Hadrianus〙[76〜138]ローマ皇帝。在位117〜138。五賢帝の一人。スペインの生まれ。行政改革を行って内政を整備し、また、パルティアと和し、ブリタニアに長城を築くなど辺境の防衛を強化した。

ハドリアヌスてい-べっそう【ハドリアヌス帝別荘】《Villa Adriana》▶ビラアドリアーナ

ハドリアヌス-の-もん【ハドリアヌスの門】(一)《Pilitou Adrianou》ギリシャの首都アテネの中心部にある古代ローマ時代の門。アマリアス大通りの南端に位置する。2世紀にローマ皇帝ハドリアヌスが市域を拡大した際に建造。ローマ風のアーチの上にコリント式の円柱と破風が載る。付近には同時期に建てられたオリンピアゼウス神殿がある。(二)《Hadrian Kapısı》トルコ南西部の都市アンタリヤの旧市街カレイチの入口にある門。2世紀、ローマ皇帝ハドリアヌスがこの地を統治したことを記念して建造。三連のアーチをもつ。

ハドリアノポリス〘Hadrianopolis〙トルコ北西部の都市エディルネの旧称。

パトリアルク〘patriarch〙1 イスラエル民族の父祖。特にアブラハム・イサク・ヤコブ、およびイスラエル12部族の族長。2 初期キリスト教会の大主教。3 カトリック教会のローマ教皇。4 東方教会の総主教。

バドリオ〘Pietro Badoglio〙[1871〜1956]イタリアの軍人。1925年から1940年にかけて陸軍参謀総長を務めたが、ムッソリーニと対立して辞任した。ムッソリーニ失脚後の43年に首相となり、連合国と休戦、対独宣戦。ローマ解放後、首相を辞任した。

パトリオチズム〘patriotism〙▶パトリオティズム

パトリオット〘patriot〙1 愛国者。2 (Patriot)米国製の地対空ミサイルシステム。および、そのミサイルの通称。米軍や日本の自衛隊などが使用している。パトリオットミサイル。ペトリオット。

パトリオット-スリー〘Patriot 3〙▶パックスリー(PAC3)

パトリオット-ミサイル〘Patriot missile〙《「ペトリオットミサイル」とも》▶パトリオット2

パトリオティズム〘patriotism〙《「パトリオチズム」とも》愛国心。愛国主義。転じて、愛郷心、愛社精神。

パトリキ〘ラテ patricii〙古代ローマの世襲貴族。パトリシアン。➡プレブス

パトリシアン〘patrician〙「パトリキ」に同じ。

パトリック〘Patrick〙[387ころ〜461ころ]ブリタニア生まれのキリスト教宣教師・聖人。宣教師としてアイルランドに渡り、キリスト教化の基礎をつくった。アイルランドの使徒と呼ばれる。著「告白録」。

はとり-べ【服部】大化前代、機織りを職とした品部。はたおりべ。

パドリング〘paddling〙1 ボートで、フォームに注意しながらこいだり、あまり力を入れないでこぐこと。2 サーフィンで、沖へ向かうとき、サーフボードに腹ばいになり両手で水をかいて前進すること。

ハドル〘huddle〙アメリカンフットボールで、次のプレーを決めるフィールド内での作戦会議。

バトル〘battle〙戦い。戦闘。「一ジャケット(=戦闘服)」

パドル〘paddle〙カヌーをこぐ櫂。カヤック用では柄の両端に水かき(ブレード)があり、カナディアン用は片側だけにある。

パドル-テニス〘paddle tennis〙アメリカで考案された球技。テニスコートの約半分のコートでスポンジボールを打ち合う。ラケットがカヌーのパドルに似ていることから。

バトル-ロイヤル〘battle royal〙プロレスリングで、多数のレスラーがリング上で戦う試合方法。

パトレー〘Patrai〙▶パトラ

パトローネ〘ドイ Patrone〙円筒形のフィルム容器で、カメラにそのまま装塡できるようにしたもの。

パトロール〘patrol〙〔名〕スル 巡回すること。特に、警官が事故の早期発見や防犯のため、一定の区域を見回ること。「繁華街を一する」

(類語)見回り・巡回・巡邏・巡見

パトロール-カー〘patrol car〙警官が乗って犯罪の予防・検挙、交通の指導・取り締まりのために巡回する自動車。日本では、昭和25年(1950)に警視庁が採用。パトカー。(補説)赤色灯を備え、車体の上部を白、下部を黒に塗り分けたものが多いが、一般車両と同じ外装の覆面パトカーもある。

パトロジー〘フラ pathologie〙病理。病理学。

パトロネージ〘フラ patronage〙援助すること。特に、芸術的な活動・事業などに経済的・精神的な援助をすること。

ハドロン〘hadron〙素粒子のうち、強い相互作用をもつものの総称。バリオンと中間子があり、基本粒子クオークからなる。強粒子。

パトロン〘フラ patron〙1 主人。経営者。雇い主。2 芸術家・芸能人・団体などを経済的に支援し、後ろ盾となる人。3 異性への経済的な援助を行い、生活の面倒をみる人。(類語)スポンサー・メセナ

ハトロン-し【ハトロン紙】《オラ patroonpapier(薬莢用の丈夫な紙)から》薄茶色の丈夫な西洋紙。包装紙や封筒用紙に使う。クラフト紙。

ハドロンじっけん-しせつ【ハドロン実験施設】陽子ビームや量子ビーム(中性子・中間子など)などを利用した研究実験施設の一つ。原子核反応により生成された二次粒子(量子ビーム)を用いて素粒子物理学・原子核物理学・生命科学など基礎科学の研究・技術開発が行われる。原子核・素粒子実験施設。(補説)日本原子力研究開発機構(JAEA)と高エネルギー加速器研究機構(KEK)が共同運営する大強度陽子加速器施設J-PARC内に設置されたハドロン実験施設では、平成21年(2009)1月に目標値の300億電子ボルトまで加速した陽子ビームの入射に成功。同施設での実験を開始した。

バトン〘baton〙1 陸上競技のリレー競走で、走者が手に持って走り、次走者に手渡す軽い棒管。2 音楽で、指揮棒。タクト。また、パレードなどで、手に持って音楽に合わせて動かす、飾りのついた棒。

バトンを渡・す 仕事などを後任に引き継ぐ。地位を譲り渡す。「若い世代に一・して現役から退く」

バトン-ガール《和 baton+girl》音楽に合わせてバトンを振り、行進の先導や応援団の指揮をする少女。

バトン-タッチ〔名〕スル《和 baton+touch》1 リレー競走で、走者が次の走者にバトンを手渡すこと。バトンパス。2 仕事や責任などを後任者に引き継ぐこと。「次の担当者に一する」

バトン-トワラー〘baton twirler〙パレードや音楽隊の先頭に立ち、バトンを操りながら指揮をとる人。

バトン-トワリング〘baton twirling〙バトンをくるくる回したり、空中に投げ上げたりと、いろいろなバトンさばきを披露する競技。

バトン-パス〘baton pass〙「バトンタッチ1」に同じ。

はな【花・華】1 種子植物の有性生殖を行う器官。葉から変形した萼・花びら・雄しべ・雌しべおよび花軸からなる。この要素の有無により完全花と不完全花に、雄しべ・雌しべの有無により両性花と単性花に分けられる。受精して実を結び、種子を生じる。「一がほころぶ」「一がしぼむ」2 花をもつ植物。また、美の代表としてこれをいう語。「一を植える」「蝶よ一よと育てる」3 桜の花。全ての花を代表する意で、平安時代後期に定着した言い方。「一の宵」「一散らす風の宿りは誰か知る我に教へよ行きて恨みむ」〈古今・春下〉4 2のうち、神仏に供えるもの。枝葉だけの場合もある。「手向けの一」5 造花。また、散華に用いる紙製の蓮の花びら。6 生け花。また、華道。「お一の師匠」7 花が咲くこと。また、その時期。多く、桜についていう。「一の便り」「一曇り」8 見かけを1にたとえていう語。「氷の一」「波の一」9 1の特徴になぞらえていう語。㋐華やかできらびやかなもの。「社交界の一」「一の都」㋑中でも特に代表的で華やかなもの。「火事と喧嘩は江戸の一」「大会の一ともいうべき種目」㋒《華やかで目立つところから》功名。誉れ。「後輩に一を譲る」㋓最もよい時期。また、盛んな事柄や、その時節。「独身時代が一だった」「今が一の俳優」㋔実質を伴わず、体裁ばかりよいこと。また、そのもの。「一多ければ実少なし」10 1に関わるもの。㋐花札。「一を引く」㋑心付け。祝儀。「一をはずむ」11 世阿弥の能楽論で、演技・演奏が観客の感動を呼び起こす状態。また、その魅力。12 連歌で、花の定座。また、花の句。13 和歌・連歌・俳諧で、表現技巧や詞の華麗さ。内容の意の実に対していう。14《他に先がけて咲くところから》梅の花。「今のごと心を常に思へらば先づ咲く一の地に落ちめやも」〈万・一六五三〉15 花見。特に、桜の花にいう。「尋ね来て一に暮らせる木の間より待つとしもなき山の端の月」〈新古今・春上〉16 誠実さのない、あだな人の心のたとえ。「色見えで移ろふものは世の中の人の心の一にぞありける」〈古今・恋五〉17 露草の花のしぼり汁。また、藍染めで、淡い藍色。はなだいろ。はないろ。「御直衣の裏の一なりければ」〈大鏡・伊尹〉18 華やかなさかりの若い男女。また、美女。転じて、遊女。「一に遊ばば、祇園あたりの色揃へ」〈浄・忠臣蔵〉19「花籤」に同じ。

(類語)(9㋓)盛り・旬・盛期・盛時・黄金時代・最盛期

花が咲・く 1 時節がきて栄える。「いつか一・く日もくるだろう」2 それからそれへと、にぎやかに続く。「昔話に一・く」

花と散・る 満開の桜の花が一度に散るように、潔く死ぬ。特に、戦死することをいう。「特攻機は洋上に一・った」

花に嵐 物事にはとかく支障が起こりやすいことのたとえ。月に叢雲花に風。

花の命は短くて苦しきことのみ多かりき 林芙美子が色紙などに好んで書いた短詩。女性を花にたとえ、楽しい若い時代は短く、苦しいときが多かったみずからの半生をうたったもの。

花は折りたし梢は高し 欲しくても手に入れる方法がない。思いどおりにならないたとえ。

花は桜木人は武士 花では桜が第一であるように、人では潔い武士が第一であるということ。

花は根に鳥は古巣に 花は木の根元に散り落ちて肥やしとなり、鳥は自分のねぐらに帰る。物事はみな、その本に帰ることのたとえ。

花も恥じらう うら若く美しい女性を形容する言葉。「一乙女」

花も実もあ・る 外観も内容もりっぱである。また、道理にもかなって、人情がこもっている。「一・る粋な計らい」

花より団子 風流より実利のほうをとること。外観よりも実質を尊ぶことのたとえ。

花を折・る 《花を折ってかざす意から》美しく着飾る。「一・りてさうぞきて」〈落窪・三〉

花を咲か・せる 1 成功する。活躍して名をあげる。「永年の努力が、ついに大輪の一・せた」2 盛んにする。にぎやかにする。「思い出話に一・せる」

花を賞するに慎みて離披に至る勿かれ 《邵雍「安楽窩中吟」から。「離披」は、花びらの各片がはなれひらくことで、すなわち満開の意》花は満開にならないうちに鑑賞するのがよい。物はいまだ絶頂に

達しない段階をもってよしとすべきである。
花を持た・せる　人に名誉を譲る。その人を立てて功を譲る。「若い人に―・せる」
花をや・る　❶華やかに装う。「細眉に振袖着て、―・ってゐらるる」〈浮・禁短気・三〉❷風流を尽くす。華美を極める。「ここの都に―・って春を豊かに暮らされ」〈浮・永代蔵・一〉❸人気を博する。「評判にのって、たんと―・りぬれば」〈ひとりね・下〉

はな【×洟】《「鼻」と同語源》鼻腔の粘膜から分泌する液。はなじる。はなみず。「―をかむ」
(類語)鼻汁・鼻水・青っぱな・水っぱな・鼻糞はなくそ
洟も引っ掛け・ない　眼中に置かず相手にしない。見向きもしない。「あいさつしても―・ない」

はな【▽端】《「鼻」と同語源》❶物の突き出た先の所。先端。はし。「岬の―」❷物事の初め。最初。「話の―を押さえる」「―から相手にされない」❸動詞の連用形の下に付き、その動作・状態に入ったすぐ後の、の意を表す。「寝入り―ばな」「出―でばな」
(類語)端・端はしっこ・末すえ・先さき・先っぽ・突先とっさき・突端とったん・突端とっぱな・先端せんたん・末端まったん・一端いったん

はな【鼻】❶脊椎動物の嗅覚きゅうかくの受容器。哺乳類では顔の前面中央に突き出て、左右二つの鼻孔があり、内部の鼻腔に嗅覚器が分布する。また、呼吸器官の始部をなし、発声を助ける働きもする。「―がつまる」❷《鼻をさして示すところから》男性が自分自身をさしていう語。おれ。「千少の口明け、この―にさせてくれ」〈浮・禁短気・三〉
(下接語)赤鼻・目鼻（ばな）胡坐あぐら鼻・怒り鼻・鉤かぎ鼻・木鼻・小鼻・石榴ざくろ鼻・獅子しし鼻・段鼻・団子鼻・付け鼻・手鼻・引目鉤かぎ鼻・鷲わし鼻
(類語)鼻先・鼻筋・鼻柱・小鼻・鼻翼・ノーズ
鼻が胡坐あぐらをか・く　鼻の低くて横に広いさまをいう。「―・いた顔」
鼻が利・く　❶嗅覚きゅうかくが敏感である。❷敏感で物を見つけ出すことなどに巧みである。「もうけ話には―・く」
鼻が高・い　誇らしい気持ちである。得意である。「りっぱな息子を持って私も―・い」
鼻が曲が・る　悪臭のあまりにひどいさまにいう言葉。「―・るような腐臭」
鼻であしら・う　相手の言葉にとりあおうとせず、冷淡に扱う。鼻先であしらう。「忠告したが―・われる」
鼻で笑わら・う　相手を見下してあざけり笑う。鼻先でふんと笑う。
鼻に当・てる　自慢する。鼻にかける。「よき知音ちいんつきたる事を―・て」〈色道大鏡・四〉
鼻に掛・ける　自慢する。得意がる。「成績がいいのを―・ける」
鼻に付・く　❶においが鼻につきまとう。「香料が―・いて食べられない」❷飽きて嫌になる。また、人の振る舞いなどがうっとうしく感じられる。「きざな話し方が―・く」
鼻も動かさ・ず　顔色も変えないでぬけぬけとしらを切るさま。「―・ずうそいへば」〈浮・織留・六〉
鼻を明か・す　出し抜いてあっと言わせる。「仲間の―・してやりたい」
鼻を打・つ　強いにおいが鼻を刺激する。鼻を突く。「消毒臭が―・つ」
鼻を折・る　おごる心をくじく。得意がっている者をへこませて、恥をかかせる。「高慢ちきの―・る」
鼻を欠・く　ひどく損をする。多くのものを失う。「信頼は一日の軍に―・きけれ」〈古活字本平治・中〉
鼻を高く・する　得意になる。面目を施す。「この点数なら―・していられる」
鼻を突き合わ・せる　非常に近く寄り合う。また、狭い場所に一緒にいる。「毎日―・せている同僚」
鼻を突・く　❶においが強く鼻を刺激する。「つんと―・く異臭」❷主人から勘当される。「御供に仕うまつりたりし人々は、皆鼻突き放たれぬ」〈宇津保・俊蔭〉
鼻を摘つままれても分から・ない　真っ暗で何も見えないさまにいう言葉。
鼻を鳴ら・す　鼻にかかった声を出す。甘えた声を出す。「―・してねだる」

はな【鼻】芥川竜之介の小説。大正5年(1916)発表。「今昔物語」に取材。巨大な鼻をもつ禅智内供ぜんちないぐの心理と、傍観者の利己主義を描いた、作者の出世作。

はな〔接尾〕数を表す語について、組・群れの意を表す。「長歌が幾―出よふも知れまいぞ」〈浄・歌軍法〉

は-な〔連語〕《係助詞「は」＋間投助詞「な」》❶主題を明示して軽く念を押す意を表す。…はね。「勤めの身―、全盛する程世間が張ってつらいものでごんす」〈浄・大経師〉❷(文末にあって)軽く念を押す気持ちを表す。…のだよ。…よ。「弱虫ぢゃあねえ―」〈滑・浮世風呂・二〉(補説)❶❷とも近世以降の用法。

バナー〖banner〗《旗、幟のぼりの意》インターネットのウェブページに貼られている細長い帯状の見出し画像。広告などに利用する。

はな-あかり【花明(か)り】桜の花が満開で、夜でもあたりがほの明るく感じられること。(季 春)

バナー-こうこく【バナー広告】―クワウコク《banner advertising》▶バナー

はな-あさぎ【花浅×葱】ツユクサで染めた浅葱色。わずかに緑を帯びた青色。

はな-あしらい【鼻あしらい】はなあしらひ　鼻の先であしらうこと。冷淡な態度をとること。

はな-あせ【鼻汗】鼻の頭にかく汗。

バナーヌ〖フランス banane〗「バナナ」に同じ。

はな-あぶ【花×虻】❶花に集まるアブの総称。ハナアブ科の昆虫が多い。❷双翅そうし目ハナアブ科の昆虫。頭が大きく複眼も発達し、ミツバチに似るが、翅はねは2枚しかない。体は太く、黄色の地に黒色や橙色の縞模様がある。蜜や花粉を求めてよく花に集まる。幼虫は水中にすみ、長い呼吸管をもち、おながうじとよばれる。ひらたあぶ。

はな-あぶら【鼻脂】鼻の頭や小鼻のあたりに分泌するあぶら。
鼻脂引・く　滑らかにするために鼻脂を鏃やじりに塗る。また、入念に準備をする。「中差に―・いて待ち懸けたり」〈太平記・三〉

はな-あやめ【花菖＝蒲】❶アヤメの別名。❷襲かさねの色目の名。表は白、裏は萌葱もえぎ。夏に用いる。

はな-あらし【花嵐】桜の花の盛りのころに吹く強い風。また、その風で桜の花が散り乱れること。

はな-あらし【鼻嵐】嵐のように激しい鼻息。「並ぶ轡の間から―が立って」〈漱石・幻影の盾〉

はな-あられ【花×霰】雪・月・花の形にして炒いり上げ、味をつけたあられ。

はな-あわせ【花合(わ)せ】はなあはせ　❶花札で、同じ月の札を合わせて取り、点数や出来役などで勝負を争う遊び。八八はちはち・おいちょかぶなど。❷平安時代、人々が二手に分かれ、それぞれ花(主に桜)を出し合って比べ、また、その花について和歌なども詠んで優劣を競った遊戯。花競はなくらべ。花軍はないくさ。(季 春)

はな-あわび【花×鮑】はなあはび　アワビの肉に裏から縦に切り目を入れ、小口切りにして熱湯にさっと通したもの。包丁目が開いて花のようになる。

はな-いかだ【花×筏】❶ミズキ科の落葉低木。山地の木陰に生え、高さ約1.5メートル。葉は卵円形で先がとがり、縁に細かいぎざぎざがある。雌雄異株。初夏、葉面の中央部に淡緑色の花をつけ、黒色の丸い実を結ぶ。ままっこ。(季 春)❷水面に散った花びらが連なって流れているのを筏に見立てた語。また、筏に花の枝をそえてあるもの。筏に花の散りかかっているもの。(季 春)❸花の折り枝を筏にそえた文様。また、紋所の名。

はな-いかり【花×碇】リンドウ科の二年草。山地の草原に生え、高さ10～30センチ。長楕円形の葉が対生する。8、9月ごろ、淡黄色の花を開く。花びらは四つに裂けていて、基部に距きょをもち、碇に似る。

はな-いき【鼻息】❶鼻でする息。❷意気込み。「すごい―で試合に臨む」❸人の機嫌。人の意向。
鼻息が荒・い　意気込みが激しい。強気で威勢がよい。「目指すはチャンピオンの座と―・い」
鼻息を窺うかが・う　相手の機嫌や意向をうかがう。「上役の―・う」

はな-いくさ【花▽軍】❶「花合せ❷」に同じ。❷桜の花の枝などで打ち合う遊び。〈日葡〉

はな-いけ【花生け｜花▽活け】花を生ける器。花器。花入れ。

はない-たくぞう【花井卓蔵】はなゐタクザウ［1868～1931］弁護士・政治家。広島の生まれ。星亨ほしとおる暗殺事件・日比谷焼き打ち事件・大逆事件の弁護を担当。衆議院議員、のち貴族院議員。普通選挙の実現に尽くした。

はな-いちもんめ【花一×匁】子供の遊び。二組に分かれ、「勝ってうれしい花一匁」「負けてくやしい花一匁」などと歌いながら、両方から一人ずつ出てじゃんけんをし、勝った組が負けた組の子を取る遊び。

はない-ばな　ムラサキ科の一、二年草。道端に生え、高さ約15センチ。よく分枝し、葉は楕円形で、互生する。春から秋にかけ、淡青色の小さい5弁花をつける。枝上部の葉と葉の間に咲くところから「はないばな(葉内花)」の名がついたといわれる。

はな-いばら【花茨】花の咲いている茨。また、その花。はなうばら。(季 夏)

はな-いれ【花入れ】「花生け」に同じ。

はな-いろ【花色】❶花の色。花の色合い。❷薄い藍色。はなだ色。
(類語)青・真っ青・青色せいしょく・藍あい・青藍せいらん・紺青こんじょう・紺碧こんぺき・群青ぐんじょう・紺・瑠璃るり色・縹はなだ・露草色・納戸色・浅葱あさぎ・水色・空色・ブルー・インジゴ・コバルト・シアン・ウルトラマリン・マリンブルー・スカイブルー

はないろ-ごろも【花色衣】❶咲いている花を衣に見立てた語。また、その花の色の衣。「山吹の―ぬしや誰問へど答へずくちなしにして」〈古今・雑体〉❷はなだ色の衣。露草で染めた色の衣。移りやすい気持ちをこめて使うこともある。「移りやすさの―」〈松の葉・三〉

はないろ-もめん【花色木綿】はなだ色に染めた木綿。多く裏地に使う。

はな-うた【鼻歌｜鼻唄】気分のよいときなどに、鼻にかかった低い声で歌をうたうこと。また、その歌。

はなうた-まじり【鼻歌交じり】鼻歌をうたいながら気軽に事をすること。「―で仕事をする」

はな-うつぎ【花▽空木】花の咲いたうつぎ。(季 夏)

はな-うど【花独＝活】セリ科の多年草。山野に生え、高さ約1メートル。葉は幅広い小葉からなる羽状複葉。夏、白い小花を多数散形につける。茎や若葉は食用。増上寺白芷びゃくし。

はな-うばら【花▽茨】「はないばら」に同じ。

はな-うり【花売り】花を売ること。また、その人。「―娘」

はな-うるし【花漆】油分をまぜた上塗り用の漆。器物面に光沢を出すために用いる。花塗り漆。塗り立て漆。

はな-えみ【花笑み｜花▽咲み】―ゑみ　花が咲くこと。また、咲いた花のような華やかな笑顔。「道の辺への草深百合の―に笑みしがからに妻と言ふべしや」〈万・一二五七〉

はな-お【鼻緒｜花緒】―を　下駄・草履などの履物の緒の、足の指ではさむ部分。また、履物の緒の全体。「―をすげる」

はな-おうぎ【花扇】―あふぎ　7種の草花を束ねて扇の形に作り、檀紙だんしで包み、水引をかけた花束。近世、七夕に近衛家から宮中に献上された。けせん。

はなおか-じけん【花岡事件】はなをか―　昭和20年(1945)6月、秋田県花岡鉱山鹿島組出張所で、強制連行されていた数百名の中国人が集団脱走した事件。捕らえられ、拷問により100名以上が虐殺された。

はなおか-せいしゅう【華岡青洲】はなをかセイシウ［1760～1835］江戸後期の外科医。紀伊の人。名は震。字あざなは伯行。古医方・オランダ外科を学び、開業。チョウセンアサガオを主剤とする麻酔剤を開発し、日本初の乳癌にゅうがん摘出手術に成功した。

はな-おけ【花×桶】―をけ　花を入れる桶。また、墓参りに花や水を入れて持っていく桶。

はな-おこぜ【花×鰧】―をこぜ　カエルアンコウ科の海水魚。全長約15センチ。体高が高く、側扁し、体表に小突起が散在。黄色に黒褐色の斑紋がある。流れ藻について生活する。本州中部以南に分布。

はなお-ずれ【鼻緒擦れ】はなを 鼻緒ですれて足の皮膚がすりむけたりすること。また、その傷。

はな-おち【花落ち】花が落ちて間もなくとったキュウリやナスなどの、まだ若い実。

はな-が【花香】❶におい。いろつや。人を引きつける美しさをいう。転じて、心ばえ。「頭がしらを頭と敬ひし礼義ぞ仲間の一なる」〈浄・博多小女郎〉❷花の香気。また、茶の芳しい香気。「これ茶を一つ参らぬか、一一つとさし出だす」〈浄・浪花鑑〉

ば-なか【場中】❶大勢の人が集まっているところ。「一デ恥ヲカカセタレバ」〈天草本伊曽保・孔雀と烏〉❷敵味方が対陣している間の地。「鉄炮の勝負が始まって、弓になり、一の勝負」〈雑兵物語・下〉

はな-かい【花会】クヮイ《「はながい」とも》❶職人・博徒などが知人から金を得るために回状をまわして催す会。❷小唄・浄瑠璃・踊りなどの名広めの会。

はな-がい【花貝】びが ❶マルスダレガイ科の二枚貝。浅海の砂底にすむ。貝殻は円形で、殻長約2センチ。殻表に板状の成長脈がある。房総半島以南に分布。❷サクラガイの別名。

はな-がい【鼻×繋】「鼻木はなぎ」に同じ。

はな-かいらぎ【花×鰄｜花梅=花=皮】刀剣の装飾に用いる鮫皮の地粒の中に、白色で大粒の梅花形の突起がまじっているもの。➡鰄かいらぎ

はな-かえで【花×楓】かへで ❶カエデの花。(季 春)❷ハナノキの別名。

はな-がえり【花帰り】がへり 新婦が初めて里帰りすること。

はな-かがり【花×篝】夜桜を観賞するために焚く篝火。京都祇園ぎおんのものが有名。(季 春)「二つある我影見えて一／青嵐」

はな-がき【花垣】花の咲く木でつくった生け垣。

はな-かくし【鼻隠し】軒先に出る垂木たるきの木口を隠すための横板。

はな-かけ【鼻欠け】鼻が欠け落ちていること。

はな-かげ【花陰】花の咲いている木の陰。花下陰。

はな-かご【花籠】❶草花を摘み入れたり、切り花などを盛ったりする籠。はなこ。花筐はながたみ。❷散華さんげを入れる籠。けこ。

はな-がさ【花×笠】❶造花などで美しく飾りたてた笠。祭礼や舞踊などに用いる。❷花をつけた笠。花が降りかかった笠。「一をさしてきつれど桜人春の山べのたよりとぞ見る」〈公任集〉❸花を笠に見立てていう語。「うぐひすの縫ふといふ笠はおけや梅の一や」〈催馬楽・青柳〉

はながさ-おんど【花笠音頭】山形県の民謡。昭和13年(1938)ごろ、有海桃洲が櫓地搗ろうぢつき歌に手を加えて作ったもの。8月5～7日の山形市の花笠祭で歌い踊られる。

はな-ガス【花ガス】種々の形に飾りたてた装飾・広告用のガス灯。

はな-がすみ【花×霞】満開の桜の花が、遠目には霞がかかったように白く見えること。

はな-かずら【花×鬘】かづら ❶時節の花を糸で連ねて作った挿頭かざし。「漢人からひとも筏いかだ浮かべて遊ぶといふ今日そ我が背子一せな」〈万・四一五三〉❷山上に咲きそろった花を❶に見立てた語。「雲のゐる遠山姫の一霞をかけて吹く嵐かな」〈夫木・四〉

はな-かぜ【鼻風-邪】くしゃみや鼻水が出る程度の軽い風邪。「一を引く」(季 冬)

はな-がた【花形】❶花の形。また、花の模様。❷《「花形役者」の略》人気があって、一座の代表的な俳優。転じて、ある分野で人気があり、注目を集めている人や事柄。「業界の一」「一選手」(類語)名優・千両役者・スター・立て役者・大立者・座頭

はな-がた【花型】生け花の基本的条件を満たす型。かけい。

はながた-かぶ【花形株】株式市場で、市場人気を代表する株式。

はな-がたみ【花×筐】㊀〔名〕花や若菜などを摘んで入れるかご。花かご。はなこ。㊁〔枕〕編み目が細かいところから、「めならぶ」に掛かる。「一めならぶ人のあまたあれば」〈古今・恋五〉

はながたみ【花筐】謡曲。四番目物。世阿弥作。日本書紀などに取材。越前国にいた大迹辺おおとべの皇子(のちの継体天皇)は即位のため、照日の前に形見の花筐を贈って上京する。照日の前は物狂いとなって都へ行き、行幸の行列の前に出て天皇と再会する。

はな-がつお【花×鰹】がつを 鰹節かつおぶしを花びらのように薄く削ったもの。

はな-がつみ【花勝見】《「はなかつみ」とも》草花の名。アヤメのことといわれるが、ほかにアシの花、カタバミ、デンジソウなどの諸説がある。「かつて」「かつ」を引き出す序詞として用いられることが多い。「をみなへし佐紀沢さきさはに生ふる一かつても知らぬ恋もするかも」〈万・六七五〉

はな-がみ【鼻紙｜花紙】鼻汁をかんだりするときなどに用いる薄い紙。ちり紙。ふところ紙。(類語)塵紙・ティッシュペーパー・懐紙・トイレットペーパー

はながみ-いれ【鼻紙入れ】「紙入れ❷」に同じ。「一取りのこして深く惜しむを聞けば」〈浮・一代男・三〉

はな-かみきり【花天=牛】カミキリムシ科ハナカミキリ亜科の昆虫の総称。体は黄・赤色や黒色などで、模様をもつものも多い。春から夏にかけて花に集まって蜜を吸う。

はながみ-ぶくろ【鼻紙袋】「紙入れ❷」に同じ。「一も内懐に入れしは手の届く事にあらず」〈浮・永代蔵・四〉

はな-がめ【花▽瓶】「かびん(花瓶)」に同じ。

はな-かめむし【花椿=象｜花亀虫】半翅はんし目ハナカメムシ科の昆虫の総称。体は細長く、複眼が前方に突出し、翅はねはよく発達。草の上や樹皮下などにすみ、ハダニなどを捕るので有益なものも多い。

はな-がら【花柄】花の模様を施してあること。また、その模様。「一のブラウス」

はな-がら【花殻｜花柄】仏に供えた花で、不用になって捨てるもの。また、枯れて不用になった花。

はな-ガルタ【花ガルタ】「花札はなふだ」に同じ。

はな-がわ【鼻革】がは 馬の鼻につける革のひも。おもがい。はなわ。

はな-かんざし【花×簪】❶造花で飾ったかんざし。❷キク科の一年草。高さ約50センチ。葉は線形。基部から枝分かれし、その先に頭状花をつける。花は中心が黄色で周囲が淡紅・白色など。オーストラリアの原産。ドライフラワーにもする。

はな-かんらん【花甘藍】カリフラワーの別名。

はな-ぎ【▽端木】材木の切れはし。

はな-ぎ【鼻木】牛の鼻の両穴を貫いてかける木または金属の環。鼻繋はながい。鼻輪。

パナギアハルケオン-きょうかい【パナギアハルケオン教会】ケウクワイ《Panagia ton Chalkeon》ギリシャ北部の港湾都市テッサロニキにある教会。11世紀に内接十字式の平面構成で建造。煉瓦を積み上げた外壁をもち、内部には11世紀から14世紀にかけて描かれたフレスコ画が残っている。中期ビザンチン建築の代表例として知られ、1988年に「テッサロニキの初期キリスト教とビザンチン様式の建造物群」の名称で世界遺産(文化遺産)に登録された。

はな-キャベツ【花キャベツ】カリフラワーの別名。

はな-きり【×劓】中国古代の五刑の一。罪人の鼻の頭を切り落とすこと。劓刑ぎけい。

はな-きりん【花×麒×麟】トウダイグサ科の常緑低木。高さ50～90センチ。枝は太く、屈曲し、鋭いとげがあってサボテンに似る。葉は倒卵形でつやがある。夏、紅色の苞ほうをもつ雄花と雌花とが集まって咲く。マダガスカル島の原産で、観賞用。

はな-ぎれ【花▽布】製本で、中身の背の天と地との両端にはりつける布地。本来は補強を目的としたが、現在は装飾用。頂帯。ヘッドバン。

はな-きん【花金】花の金曜日。週休二日制の導入で、翌日の出勤を気にせずに夜遅くまで楽しめるようになったところからいう。

はな-ぎんちゃく【花巾着】花虫綱ハナギンチャク目の腔腸動物の総称。海底の砂泥中に半ば埋もれて生活する。イソギンチャクに似るが大きく、触手が内外二段に並ぶ。体色は紫色・紅色など。

はなくい-どり【花×喰鳥】はなくひ 装飾文様の一。鳳凰ほうおうなどの瑞鳥ずいちょうが花枝などをくわえたもの。ササン朝ペルシアに起源があり、日本では正倉院御物や種々の工芸品にみられ、松喰鶴などの和様化した文様をも生んだ。

はな-くぎ【花×釘】隠し釘の一。釘の頭に花形などの飾りをつけたもの。

はな-くじ【花×籤｜花×鬮】頼母子講たのもしこうで、本くじのほかに、いくらかの金銭を分配するためにまぜてあるくじ。

はな-ぐし【花×櫛】造花で飾ったさしぐし。

はな-ぐすり【鼻薬】❶鼻の病気の治療に用いる薬。❷子供をなだめすかすために与える菓子など。❸ちょっとした賄賂わいろ。袖の下。「一をきかせる」(類語)(❸)裏金・賄賂・まいない・袖の下・リベート・コミッション・贈賄・収賄

鼻薬を嗅かがせる　賄賂を使う。鼻薬をきかせる。「一せて巧みに操る」

はな-くそ【鼻×糞｜鼻×屎】鼻孔の中で鼻汁がほこりとまざって黒く固まったもの。「一をほじる」

はな-くた【鼻▽腐】鼻の欠け落ちること。また、鼻を損じて声のはっきりしないこと。「上り口には一の中年増」〈滑・浮世風呂・二〉

はな-くばり【花配り】生花いけばなで、花の根元を花器に安定させるための留め木。花留め。

はな-くび【花首】茎の先の、花を支えている部分。

はな-ぐま【鼻熊】アライグマ科の哺乳類。猫大で、尾が細長い。長く突出した鼻先で餌を探し、果実や小動物を食べる。中南米の森林に分布。

はな-ぐもり【花曇(り)】桜の花の咲くころの、薄くぼんやりと曇った空模様。(季 春)「一朧につづく夕べかな／蕪村」(類語)曇り・薄曇り・曇天・雨曇り

はな-くよう【花供養】クヤウ 4月8日の灌仏会かんぶつえに、花御堂を作り、仏を供養すること。(季 春)(類語)回向・供養・施餓鬼

はな-くらべ【花▽競べ】「花合わせ❷」に同じ。

はな-ぐるま【花車】❶花で飾った車。❷花を積んだ車。また、花見の車とも。「柳桜をこきまぜて、錦を飾る一」〈謡・右近〉

はな-ぐわい【花慈=姑】ぐわゐ オモダカの別名。

はな-ぐわし【花▽細し】ぐはし〔枕〕花が美しい意から、「桜」や「葦」に掛かる。「一葦垣越しに」〈万・二五六五〉

はな-げ【鼻毛】鼻の穴の中に生えている毛。

鼻毛が長・い　女の色香に迷い、だらしなくなっている。「一・い酔客」

鼻毛を数・える　「鼻毛を読む」に同じ。「一・えられしおはるが色香に溺るるより」〈魯文・高橋阿伝夜叉譚〉

鼻毛を抜・く　相手をだます。出し抜く。「一・かれて家産を蕩尽しても」〈魯庵・社会百面相〉

鼻毛を伸ば・す　女の色香に心を奪われ、だらしなくなる。「若い女性とみると一・す」

鼻毛を読・む　女が、自分にほれている男を思うように操る。鼻毛を数える。

はなご【花子】狂言。座禅をすると言って妻を遠ざけた男が、太郎冠者に座禅衾ざぜんぶすまをかぶせて身代わりにし、愛人の花子のもとへ出かけていく。男が帰宅すると、衾の中に妻がいて、さんざんにしかられる。狂言最高秘曲の一。

はな-ごえ【鼻声】ごゑ ❶涙にむせんだり、風邪をひいたりしたときの、鼻の詰まった声。❷甘えるときに出す、鼻にかかった声。「一で小遣いをねだる」(類語)声・音声・発声・美声・悪声・金切り声・だみ声・どら声・胴間声・裏声・小声・猫撫なで声

はな-ごおり【花氷】ごほり 花を入れて凍らせた氷柱。室内、料理の皿などに立てて涼感を呼ぶ。(季 夏)

はな-こきゅう【鼻呼吸】コキフ 鼻から息を吸ったり吐いたりすること。口を使わず鼻で呼吸すること。➡口呼吸

はな-ごけ【花×苔】ハナゴケ科の地衣類。高山や寒冷地に群生。全体が樹状に分枝し、高さ3～10センチ、灰白色。枝の先に子器しきがつき、暗褐色。北極圏

ではトナカイの飼料に利用。となかいごけ。

はな-ごころ【花心】 ❶《すぐに散ってしまうところから》移りやすい心。あだ心。浮気心。「一におはする宮なれば」〈源・宿木〉 ❷華やかな心。「ひらく連中(れんぢゅう)の一、若やぐ春の一趣向」〈人・恵の花・自序〉

はな-ござ【花×茣×蓙】 いろいろな色に染めた藺(い)で花模様などを織り出したござ。無地に捺染(なっせん)を施したものもある。はなむしろ。《季 夏》「一にやまひおもりてゐると知らず/万太郎」

はな-ことば【花言葉｜花▽詞】 一つ一つの花に、それぞれふさわしい象徴的な意味をもたせたもの。バラは愛情、白ユリは純潔など。

はな-ごま【花独=楽】 厚紙で菊・桜・梅などの花の形を作って彩色し、心棒を通した独楽。花形独楽。

はな-ごよみ【花暦】 花の名をその季節の順に配列し、それぞれその名所を書き入れた暦。《季 新年》

はなごよみはっしょうじん【花暦八笑人】 滑稽本。5編15冊。滝亭鯉丈(りゅうていりじょう)ほかの作。文政3～嘉永2年（1820～49）刊。江戸の閑人仲間八人が演じる滑稽を描いたもの。

はな-ごろも【花衣】 ❶桜襲(さくらがさね)の衣。表は白、裏は紫または二藍(ふたあい)のもの。❷花見に着る晴れ着。花見の衣装。《季 春》 ❸華やかな衣。「いろめく一、げにおもしろき有様なり」〈仮・恨の介・上〉

はな-さ【鼻差】 「鼻の差」に同じ。「一で勝つ」

はなさかか-じじい【花咲×爺】 昔話の一。室町末期から江戸初期にかけての成立。正直者の爺(じい)が、飼い犬に教えられて、宝物を掘り出したり枯れ木に花を咲かせたりして、殿様から褒美をもらうという筋に、隣の欲深な爺の物まね失敗談がからむ。

はな-ざかり【花盛り】 ❶㋐花が咲きそろっていること。また、その季節。㋑特に、桜の花の盛り。《季 春》「観音で雨に逢ひけり一/子規」 ❷女性の最も美しい年ごろ。「二十歳の一だから」〈魯庵・社会百面相〉 ❸物事が非常に盛んであること。また、その時期。「今やサッカーが一だ」「クイズ番組が一だ」

はな-さき【鼻先】 ❶鼻の先端。鼻の頭。「一でせせら笑う」 ❷目の前。「一に証拠品を突きつける」「一に札束をちらつかせる」 ❸（「端先」とも書く）物の先端。「岬の一」 (類語)鼻面

鼻先であしら・う 冷淡に扱う。すげない態度をとる。「くだらない考えだと一・われる」

はなさき-がに【花咲×蟹】 タラバガニ科のヤドカリ。甲幅約12センチで暗赤紫色。体表のとげは大きく、歩脚は太く短い。北海道以北に分布し、花咲半島（根室半島）近海に多い。食用。《季 秋》

はなさき-ふんべつ【鼻先分別】 目先のことにとらわれた浅薄な考え。鼻先思案。

はな-ざくら【花桜】 ❶襲(かさね)の色目の名。表は白、裏は青または紅。❷桜の花。桜花。「うつせみの世にも似たるか一咲くと見し間にかつ散りにけり」〈古今・春下〉

はな-サフラン【花サフラン】 クロッカスの別名。

はな-ざま【花▽狭間】 障子・欄間などの組子(くみこ)に花模様の透かし彫りを施したもの。

はな-ざら【花皿】 「花籠(けこ)」に同じ。

はなし【放し】 ❶放すこと。多く、複合語の形で用いる。「手一」「野一」 ❷動詞の連用形に付いて、その動作をしたままで放置する意を表す。前に促音が挿入されて「ぱなし」の形をとることが多い。「開け一」「置きっ一」「やりっ一」

はなし【話】 ❶言葉を交わすこと。会話。談話。また、声を出して言うこと。「一が尽きない」「こそこそ一」 ❷筋をたてて述べること。また、その内容。「一のうまい人」「ためになる一」 ❸話題。「一は変わりますが」「一をそらす」「難しい一はやめよう」 ❹うわさ。評判。「人の一によれば」「国中が選挙の一で持ち切りだ」「一だけで実現しない」 ❺話し合うこと。相談すること。「ちょっと一がある」「一がこじれる」「一がまとまる」「結婚一」 ❻いきさつ。わけ。事情。「詳しい一は知らない」「お一はうかがっています」 ❼物事の道理。「一の通じない人だ」「それでは一が逆だ」 ❽（「咄」「噺」とも書く。「噺」は国字）人に聞かせるための作り話。説話・昔話・落語など。「浦島太郎の一」「お一の世界」「人情一」 ❾こと。ことがら。前述の内容をさしていう。「こんなになるまでほうっておいたとは、まったくひどい一だ」「いやはやあきれた一だね」

(…話)（ばなし）浮世話・打ち明け話・内輪話・裏話・噂(うわさ)話・大話・御伽(おとぎ)話・戯(ざ)れ話・落とし話・思い出話・音曲咄(おんぎょくばなし)・怪談咄(かいだんばなし)・楽屋話・掛け合い話・軽口話・愚痴話・小話・こそこそ話・零(こぼ)れ話・三題咄(さんだいばなし)・仕方話・下(しも)話・芝居咄(しばいばなし)・地咄(じばなし)・自慢話・素(す)話・世間話・高話・立ち話・譬(たと)え話・茶話・茶飲み話・作り話・辻噺(つじばなし)・伝え話・艶(つや)話・内証(ないしょう)話・長話・人情話・惚気(のろけ)話・馬鹿話・ひそひそ話・一口話・一つ話・身の上話・土産(みやげ)話・昔話・無駄話・与太話・夜(よ)話・四方山(よもやま)話・別れ話・笑い話

(類語)(❶)語らい・話し合い・会話・談話・対話・対談・談・懇話・懇談・面談・歓談・雑談・談笑・閑談・カンバセーション/(❽)物語・叙事・ストーリー・お話・作り話・虚構・フィクション・説話・小説・口碑(こうひ)・伝え話・昔話・民話・伝説・言い伝え

話が合(あ)・う 趣味や好みなどが一致して、楽しい話ができる。「彼女と一・って、つい長居をしてしまった」

話が違(ちが)・う ❶以前に聞いていたことと、内容が異なる。「まるで一・う」 ❷条件が異なるために、結論が変わる。話が別だ。

話が付・く 話の片がつく。相談・交渉がまとまる。「労使間で一・く」

話が遠・い 話がはっきり聞こえない。転じて、話の内容がよく通じない。「レベルが高くて一・い」

話が弾(はず)・む 楽しかったり興味深かったりして、会話が活発に続く。「学生時代の思い出に一・む」

話が早・い 結論や決着をつけるのが早い。「経験があるのなら一・い、すぐ始めてくれ」

話が見え◦ない 話の内容や導き出そうとしている結論がつかめない。「言い訳ばかりで一◦ない」

話が分か・る 世間の事情や人情に通じていて、物事に理解がある。「一・る上司」

話にならない 話すだけの値うちもない。問題にならない。「条件が違いすぎて一◦ない」

話に花が咲・く 次から次へと興味ある話が出て会話が弾む。「昔の仲間が集まって一・く」

話に実(み)が入(は)・る 話に熱中する。興に乗って盛んに話す。「気が散って一・らない」

話の腰(こし)を折(お)・る 口をはさんで、相手の話を途中でさえぎる。「一・るようで済みません」

話を合(あ)わ・せる 相手に逆らわないで、同意するようにふるまう。「すぐに嘘だとわかったが、一・せておいた」

話を付・ける 話の片をつける。相談・交渉をまとめる。「仲介人を立てて一・ける」

はなし-あい【話し合い】 話し合うこと。談合。相談。「一を持つ」「一で解決する」「一がつく」

(類語)会話・談話・語らい・話・会議・相談・打ち合わせ・下相談・談合・示談・合議・協議・商議・評議・評定(ひょうじょう)・鳩首(きゅうしゅ)・凝議(ぎょうぎ)・内談

はなし-あいて【話し相手】 話をする相手。また、親しく話し合える相手。「祖父の一になる」

はなし-あ・う【話し合う】 〔動ワ五（ハ四）〕❶互いに話す。打ち解けて話す。語り合う。「楽しく一・う」 ❷問題を解決するために、立場・考えなどを述べ合う。「とことんまで一・って決める」 (類語)語らう・対話・会話

はなし-うま【放し馬】 放し飼いにしてある馬。また、つないでいない馬。はなちうま。

バナジウム〖vanadium〗 バナジウム族元素の一。単体は銀灰色の金属。空気中では安定。鋼に少量加えると強度が増すので、添加剤として重要。また空気中で熱して得られる五酸化バナジウムV_2O_5は触媒として用いられる。天然には堆積岩中に分布。元素記号V　原子番号23。原子量50.94。バナジン。

バナジウム-こう【バナジウム鋼】 バナジウムを添加した鋼。機械的強度が高く、タービン回転部・切削工具などに用いる。

はな-じお【花塩】 型に入れて花の形に作った焼き塩。もと、兵庫県赤穂の名産。

はなし-しか【花鹿】 シカ科の哺乳類。夏毛は淡褐色、冬毛は橙褐色で、年間を通して白い斑点が明瞭。台湾の山地にすむ。台湾鹿。かろく。

はなし-か【×咄家｜×噺家】 落とし噺・人情噺・芝居噺などをすることを職業とする人。落語家。

はなし-がい【放し飼い】 ❶家畜を、つないだり囲ったりしないで、広い所に放って飼うこと。はなちがい。「高原で牛を一にする」 ❷子供などを放任しておくこと。「叔母さん叔母さん、お勢さんを一はいけないよ」〈二葉亭・浮雲〉 (類語)(❶)放牧・野飼い・遊牧

はなし-か・ける【話し掛ける】 〔動カ下一〕文はなしか・く〔カ下二〕❶相手に話をしかける。「英語で一・けられる」 ❷話し始める。「一・けてやめる」

はなし-かた【話し方】 ❶話のしかた。話す態度。「おだやかな一」 ❷話をする方法・技術。「目上に対する一」 ❸旧制小学校の国語科の一分科。

はなし-くち【話し口】 《「はなしぐち」とも》❶話すときの態度や、その内容。「兄は佐介の元気を愛して大いに一が合う」〈左千夫・春の潮〉 ❷話のいとぐち。話のきっかけ。

はなし-ごえ【話し声】 話をしている声。「一が耳につく」

はなし-ことば【話し言葉】 話したり聞いたり、音声によって伝えられる言語。音声言語。口頭語。⇔書き言葉。 (類語)口語・俗語

はなしことば-けんさく【話し言葉検索】 ▶自然文検索

はなし-こ・む【話し込む】 〔動マ五（四）〕腰を落ちつけて、じっくりと話をする。「時を忘れて一・む」

はなし-しゅう【×咄衆】 戦国時代以来の武家の職名。主君に近侍して話し相手を務めた者。咄の衆。御伽(おとぎ)。御伽衆(おとぎしゅう)。

はなし-じょうず【話し上手】 〔名・形動〕話のうまいこと。また、そのさまや、そのような人。「一な（の）人」

話し上手の聞(き)き下手(べた) 話がうまい人は、えてして他人の話を聞くのは下手なものだ。

話し上手は聞き上手 話の上手な人というのは、他人の話を聞くのも上手である。

はなし-ずき【話し好き】 〔名・形動〕人と話をするのが好きなこと。また、そのさまや、そのような人。「根っからの一」「一な（の）店のマスター」

はなし-ずく【話▽尽く】 話し合いを十分にすること。「一で決めたことだ」

はなしずめ-の-まつり【花鎮めの祭（り）】 ▶鎮花祭(ちんかさい)

はな-したかげ【花下陰】 「花陰」に同じ。

はなし-ちゅう【話し中】 ❶話をしている最中。❷電話の通話中。「一でつながらない」

はなし-て【話し手】 ❶話をするほうの人。話者。❷話のうまい人。話し上手。「なかなかの一だ」

はなし-とぎ【話×伽】 話し相手になって人の退屈を慰めること。また、その人。「伊勢参宮の道中、一にと、たって誘はれしを」〈浮・新永代蔵・四〉

はなし-どり【放し鳥】 「はなちどり❷」に同じ。「三拾文一三羽」〈浮・諸艶大鑑・八〉

はなし-しね【花▽稲】 神に供えるため米を紙に包み、木の枝などに結びつけたもの。「山桜吉野詣での一を尋ねん人の袖に包まん」〈夫木・四〉

はなし-の-たね【話の種】 談話や評判の材料。「一が尽きない」「一に見ておく」

はな-しのぶ【花忍｜花×葱】 ハナシノブ科の多年草。九州の山地に自生し、高さ約90センチ。葉は羽状複葉で、小葉は披針形(ひしんけい)。夏、青紫色の花を円錐状につけ、浅い鐘形で先が五つに裂けている。

はなし-はんぶん【話半分】 話の半分程度はうそや誇張であること。半分ぐらい割り引いて聞いてちょうどよいこと。「一に聞いておく」

はなし-ぶり【話し振り】 話をするときのようす。話のしかた。「あの一では確かだ」

はなし-べた【話し下-手】 〔名・形動〕話のしかたが下手なこと。また、そのさまや、そのような人。「一で損

をする」

はなし-ぼん【×咄本｜×噺本｜話本】江戸時代に、当時の笑い話・小咄などを集めて出版した本。「醒睡笑」「鹿かの子餅」など。小咄本。笑話本。

バナジューム〖vanadium〗▶バナジウム

はな-じゅんさい【花×蓴菜】アサザの別名。

はな-しょうぶ【花×菖×蒲】ハナシャウブ アヤメ科のノハナショウブから改良した園芸種。葉は剣状で中脈が隆起する。5、6月ごろ、紫色・白色・絞りなどの大きな花を開く。江戸時代から改良が始まり、品種が多い。栽培地は4〜9月に水があり、他は乾く所が適する。しょうぶ。〔季 夏〕「紫のさまで濃からずー/万太郎」

はな-じる【鼻汁】鼻孔から出る粘液。鼻水。洟はな。
類語 洟・鼻水・青っぱな・水っぱな・鼻糞はなくそ

はな-じろ【鼻白】㊀〔名〕❶魚・鳥・獣などで、鼻の先が白いこと。また、そのもの。❷ブリの幼魚。㊁〔形動ナリ〕鼻白むさま。気後れするさま。「滝口が小股をかいて、—に押しするゑたり」〈曽我・一〉

はな-じろ・む【鼻白む】〔動マ五(四)〕❶気後れした顔つきをする。「相手の気勢に一瞬—・む」❷興ざめがする。「無粋な話に一同—・む」

バナジン〖ドイ Vanadin〗▶バナジウム

はな・す【放す】〔動サ五(四)〕《「離す」と同語源》❶捕らえられたりつながれたりしている動物などを自由にしてやる。「魚を川に—・す」「猟犬を—・す」❷握ったりつかんだりしていたのをやめる。「母の手を—・す」「ハンドルから手を—・す」❸手元から遠くにやる。手放す。「刀を—・したことがない」❹矢や弾丸を発射する。はなつ。「近くで—・しただけに狙いも狂わず」〈円朝・真景累ヶ淵〉❺料理で、水や汁などに入れて散らす。「ナスを水に—・してあくを抜く」❻(他の動詞の連用形に付いて)㋐あることをしたままほうっておく。「見—・す」㋑ある状態を続ける。前に促音が挿入されて「ぱなす」の形をとることが多い。「勝ちっ—・す」可能 はなせる 類語 放つ・解き放す・解放・放れる

はな・す【話す｜×咄す】〔動サ五(四)〕❶言葉で相手に伝える。告げる。語る。「事件を人に—・す」「電話で—・す」❷相談する。話し合う。「父に—・してから返事する」❸外国語を使う。「ドイツ語を—・す」❹交際する。つきあう。「一條あたりに有徳なる人ありしが、年久しく—・したる人なりしが」〈仮・竹斎・下〉❺(遊里語で)遊女を買う。「鹿恋かこい女郎を—・すくらゐの男は」〈浮・禁短気・六〉➡言う 用法 可能 はなせる
類語 (❶)語る・しゃべる・物言う・口を利く・伝える・告げる・言う・述べる・物語る・打ち明ける・明かす・説明する・述懐する・告白する・口外こうがいする・他言たごんする・言い出す・発言する・口に出す・口にする・吐く・漏らす・口走る・抜かす・ほざく・うそぶく・おっしゃる・仰せられる・宣のたまう・申し上げる・申す・言上ごんじょうする/(❷)語らう・語り合う・談ずる・懇談する・面談する・諮はかる・持ち掛ける・掛け合う

はな・す【離す】〔動サ五(四)〕❶くっついているものを解き分ける。「付箋ふせんを—・す」「魚の身を骨から—・す」❷他のものとの間を隔てる。その位置から遠ざける。「席を—・す」「少し—・して植える」「二人の仲を—・す」❸二つのものの間に隔たりをつくる。間に距離を置く。「二位以下を大きく—・す」「業績で同期生に—・される」❹(「目をはなす」の形で)視線を別の所に移す。「いたずらっ子なので目が—・せない」❺除く。はずす。「コレヲ—・シテワホカニナイ」〈和英語林集成〉可能 はなせる 類語 (❶)外す・分ける・分かつ・切り離す・分離する・断ち切る/(❷)隔てる・遠ざける・隔離する・離隔する

はな-ずおう【花×蘇▽芳】ハナズハウ マメ科の落葉低木。葉は心臓形。春、葉より先に、赤紫色の蝶形の花が密生して咲く。中国の原産。〔季 春〕

はな-すげ【花×菅】ユリ科の多年草。短い根茎の先に、長さ約50センチの線形の葉が2列に集まってつく。7月ごろ、白色の小花が穂状に咲く。中国の原産で、古く薬用として移入された。

はな-すじ【鼻筋】ハナスヂ 眉間みけんから鼻先までの線。鼻梁びりょう。「—の通った顔」類語 鼻梁・鼻柱

はな-すすき【花▽薄】㊀〔名〕❶穂の出た薄。尾花。〔季 秋〕「一風のもつれは風が解く/蓼汀」❷襲かさねの色目の名。表は白、裏は薄縹うすはなだ。㊁〔枕〕薄の穂の意から、「穂に出づ」「ほのか」にかかる。「—ほにいだすべき事にもあらずなりにたり」〈古今・仮名序〉

はな-すすり【×洟×啜り】❶鼻汁をすすること。❷鼻汁をすすりながら泣くこと。すすり泣き。「女達は、もう—をしながら」〈左千夫・野菊の墓〉

はな-ずもう【花相-撲】ハナズマフ《もと、木戸銭を取らず花(祝儀)だけを受けたところから》本場所以外に興行する相撲。現在では、本場所終了後に行われる慈善・奉納・力士引退相撲などをいう。

はな-ずり【花×摺り】ハギやツユクサの花を衣に摺りつけて色を染め出すこと。「我が衣は野原篠原萩の—や」〈催馬楽〉

はなずり-ごろも【花×摺り衣】花摺りにした衣。すりごろも。「萩の上の露もとまらで行く人を—かへれとぞ思ふ」〈待賢門院堀川集〉

はな・せる【話せる】〔動サ下一〕《「話すことができる意から》話し相手とするに足りる。物わかりがよい。話がわかる。「うちの校長は—・せる」

はな-せん【花×氈】「花毛氈はなもうせん」の略。「車三輌の上に—をしかせ」〈浮・一代男・八〉

はな-せん【鼻栓】❶鼻にする栓。競泳・シンクロナイズドスイミングの選手などが用いる。ノーズクリップの類。❷木造建築で、材の枘穴ほぞあなに他材の枘を貫いたあと、その突出部分に打って固定する木栓。

はな-ぜんせん【花前線】▶開花かいか前線

はな-ぞの【花園】花の咲く草木の多くある園。
類語 花壇

はなぞの【花園】㊀京都市右京区の双ヶ岡ならびがおかの東側一帯。平安初期に清原夏野が別荘を造り、花園と称した。花園上皇の離宮であった妙心寺や、仁和寺・竜安寺がある。㊁大阪府東大阪市東部の地名。付近に花園ラグビー場がある。

はなぞの-おどり【花園踊(り)】ハナゾノヲドリ 京都花園で、盂蘭盆うらぼんに少女らが灯籠を頭に載せ、笛・太鼓に合わせて踊った念仏踊り。江戸時代に盛んであった。

はなぞの-だいがく【花園大学】京都市中京区にある私立大学。明治5年(1872)設立の般若林に始まり、臨済宗大学、臨済学院専門学校を経て、昭和24年(1949)新制大学として発足。

はなぞの-てんのう【花園天皇】ハナゾノテンワウ[1297〜1348]第95代天皇。在位1308〜1318。伏見天皇の第3皇子。名は富仁。両統迭立てつりつ時代に持明院統にあり、大覚寺統の後醍醐天皇に譲位。和漢の学に通じ、「風雅和歌集」の撰者でもある。日記「花園天皇宸記」。

はなぞの-ぶし【花園節】新内節の一派。万延元年(1860)吾妻路富士太夫が花園宇治太夫を名のって創始したもの。

はな-ぞめ【花染(め)】❶花、特に露草つゆくさの花の汁で染めること。また、その色や染めたもの。❷❶が変色しやすいところから、人の心などが移ろいやすいことのたとえにいう。「世の中の人の心は—の移ろひやすき色にぞありける」〈古今・恋五〉

はなぞめ-ごろも【花染め衣】花染めにした衣服。「おのづから古きに返る色しあらば—露やわけまし」〈続古今・雑中〉

はなだ【×縹｜花田】❶「縹色」の略。❷襲かさねの色目の名。表・裏ともに縹色。
類語 青・真っ青・青色せいしょく・藍あい・青藍せいらん・紺青こんじょう・紺碧こんぺき・群青ぐんじょう・紺・瑠璃るり色・花色・露草色・納戸色・浅葱あさぎ・水色・空色・ブルー・インジゴ・コバルト・シアン・ウルトラマリン・マリンブルー・スカイブルー

はな-だい【花代】芸者や娼妓を揚げて遊ぶ代金。揚げ代。玉代ぎょくだい。

はな-だいこん【花大根】❶アブラナ科の多年草。高さ40〜90センチ。長楕円形の葉が互生する。5、6月ごろ、淡紫色の4弁花を総状につけ、香りを放つ。アジア北西部・ヨーロッパの原産で、明治初年に渡来。❷ショカツサイの別名。

はなだ-いろ【×縹色】薄い藍あい色。浅葱あさぎと藍の中間くらいの色。花色。

はな-たうえ【花田植(え)】ハナタウヱ 中国地方の山間部で、太鼓・笛・鉦かねなどを鳴らしながらする大田植え。牛供養や祝宴を催すこともある。囃子田はやしだ。

はなだ-おどし【×縹▽威】ハナダヲドシ 鎧よろいの威の一。縹色の緒などで威したもの。縹色威。

はな-だか【鼻高】〔名・形動〕《「はなたか」とも》❶鼻の高いこと。また、そのさま。「—な(の)人」❷得意そうであること。また、そのさま。鼻高々。「—に、きらきらしきかたちにやあらむ」〈狭衣・一〉❸天狗てんぐの異称。「『神がくしに疑ひなし』『—さまだの』」〈滑・浮世床・二〉

はな-たかだか【鼻高高】㊀〔形動〕〔文〕〔ナリ〕いかにも得意そうであるさま。「合格して—だ」㊁〔副〕得意そうに。自慢げに。「出世話を—とする」類語 誇らか・誇らしい・鼻が高い・肩身が広い・得得とくとく・揚揚・時を得顔・したり顔・自慢顔・自慢たらしい・会心

はなだか-ばち【鼻高蜂】ジガバチ科の昆虫。黒色で腹に黄白色の横縞があり、上唇が長く前に突き出ている。砂地に穴を掘って巣を作り、アブ・ハエなどを狩って幼虫に与える。

はなだか-めん【鼻高面】鼻の高い仮面。天狗てんぐの面。

はなだ-きよてる【花田清輝】[1909〜1974]評論家・小説家。福岡の生まれ。現代の変革をモチーフにした評論および芸術運動の組織者として活躍。評論「復興期の精神」、小説「鳥獣戯話」など。

はなだ-ぐさ【×縹草】ツユクサの別名。

はな-たけ【鼻×茸】鼻炎などの際に、鼻腔にできるキノコ状の腫瘤しゅりゅう。数や大きさはさまざま。鼻ポリープ。

はな-たちばな【花×橘】❶花の咲いている橘。橘の花。〔季 夏〕「駿河路や—も茶の匂ひ/芭蕉」❷襲かさねの色目の名。表は朽葉くちば色、裏は青。❸香の名。軽くやわらかで涼しい香をもつ。❹紋所の名。柄のついた6個の小さな橘の花を向かい合わせ、その下に大きな橘の花を配したもの。

はな-たて【花立て】❶仏前や墓前に花を立てて供える器。❷花入れ。花生け。

はな-たで【花×蓼】タデ科の一年草。山野に生え、高さ約50センチ。細長い葉が互生する。9、10月ごろ、イヌタデに似た淡紅色の花をつける。やぶたで。〔季 秋〕「—の鴨の足跡よりも濃し/波郷」

はな-たば【花束】花を何本か束ねたもの。
類語 花輪・ブーケ・レイ

はなだ-ぼうし【×縹帽子】天台・真言両宗で、高僧が用いた、縹色の絹で仕立てた帽子。花の帽子。はなだもうす。

はな-だより【花便り】花の咲きぐあいを知らせる便り。特に、桜の花についていう。花信かしん。〔季 春〕

はな-たらし【×洟垂らし】❶いつも鼻水を垂らしていること。また、そのような子供。はなたれ。❷年若く経験の乏しい者などをあざけっていう語。はなたれ。「—のくせに利いた風なことを言うな」類語 子供・青二才・豎子じゅし・小僧っ子・世間知らず・ひよこ・ねんね

はな-たれ【×洟垂れ】「洟垂らし」に同じ。

はなたれ-こぞう【×洟垂れ小僧】❶鼻水を垂らしている男の子。❷若く経験の浅い者をあざけっていう語。「—に何がわかる」

はなち【放ち】放つこと。また、放たれたもの。「蒼生とは、民のもとどり—にしている髪のあをいを云ふぞ」〈中華若木詩抄・中〉

はな-ぢ【鼻血】❶鼻からの出血。鼻出血びしゅっけつ。❷(「鼻血も出ない」「鼻血しか出ない」などの形で)出すものはすべて出した意で、有り金を使いはたしたたとえにいう。「競馬ですってもう—も出ない」
類語 溢血いっけつ・出血・内出血

はなち-いで【放ち▽出で】寝殿造りで、母屋から張り出した室。また、庇の間を几帳きちょう類で区切った部屋。はなちで。

はなち-がき【放ち書(き)】❶文字を連綿体で書かないで、一字一字はなして書くこと。多く、幼稚な筆跡にいう。❷「分かち書き❶」に同じ。

はなち-じょう【放ち状】ハナチジャウ 中世、所領などを人に譲

り渡すとき、その旨を書いて相手に渡す証書。
はなち‐で【放ち出】▶はなちいで
はなち‐どり【放ち鳥】❶翼を切って池に放して飼う鳥。「島の宮勾(まがり)の池の一人目に恋ひて池に潜(かづ)かず」〈万・一七〇〉❷飼っている鳥を逃がすこと。特に、放生会(ほうじょうえ)のとき、死者の追善のため鳥を放すこと。また、放たれた鳥。はなしどり。「籠(こ)の内の名残り忘るな一心のままにあくがれぬとも」〈新撰六帖・六〉
はなちるさと【花散里】源氏物語第11巻の巻名。また、その主人公の名。光源氏25歳。夏のある日、麗景殿の女御とその妹花散里を訪れる源氏を描く。
はな‐つ【放つ】〔動タ五(四)〕❶閉じ込められたり束縛されたりしていたものを自由に動けるようにしてやる。「リスを公園に—・つ」「小鳥を籠から—・つ」❷矢・弾丸などをうち出す。勢いをつけてある方向に飛ばす。発射する。「ホームランを—・つ」「質問の矢を—・つ」❸外に向かって、光・匂い・声などを出す。また、世の中に発表する。発する。「悪臭を—・つ」「街頭で第一声を—・つ」「巨匠が—・つ話題作」「光彩を—・つ」❹ある任務を引き受けた者を送り込む。使いとして行かせる。遣わす。「密偵を—・つ」❺(「火をはなつ」の形で)火をつける。放火する。「家に火を—・つ」❻(「目をはなつ」の形で)㋐視線を遠くの方へ向ける。遠くを見る。「目を—・って見渡すと」〈二葉亭・平凡〉㋑視線を別の方へ向ける。「目も—・たず燃えさかる家を眺めて居る」〈芥川・奉教人の死〉❼切って壊す。くずす。「(田ノ)畔(あ)を—・つ」〈神代紀〉❽手元から遠ざける。はなす。「御衣(おんぞ)はまことに身を—・たず、傍らに置き給へり」〈源・須磨〉❾手ばなす。人手に渡す。「この宮の木立を心につけて、—・ち給はせてむや」〈源・蓬生〉❿追放する。㋐遠方の地へ追いやる。流刑にする。「遠く—・ちつかはすべき定めなども侍るなるは」〈源・須磨〉㋑役をやめさせる。解任する。「北面を—・たれにけり」〈徒然・九四〉⓫とり除く。とり払う。「うるさき心をいかで言ひ—・つわざもがなと思ひ給へる」〈源・宿木〉⓬除外する。差しおく。「明石の君を—・ちては、いづれもみな棄てがたき御弟子どもなれば」〈源・若菜下〉⓭戸・障子などを大きく開ける。開けはなつ。「皆人も起きて、格子—・ちなどすれば」〈かげろふ・下〉⓮刀などを勢いよく一気に抜く。抜きはなつ。「降魔の利剣を—・ち」〈伎・幼稚子敵討〉(可能)はなてる
(一句)異彩を放つ・市(いち)に虎(とら)を放つ・精彩を放つ・千里の野に虎を放つ・火を放つ・光を放つ
(類語)放す・解き放す・解放・放れる
はな‐つき【鼻突き・鼻▽衝き】ばったり出会うこと。出会いがしら。「殿下(てんが)の御出に—に参りあふ」〈平家・一〉
はな‐づくえ【花机】仏前に据えて経文・仏具などを載せる机。脚に花形の彫刻がなされる。一説に、仏前に香花を供える机。「仏の御飾り、—のおほひなどまで、まことの極楽思ひやらる」〈源・賢木〉
はな‐づくし【花尽(く)し】❶いろいろの花の名をあげていうこと。❷いろいろの花を表した模様。
はな‐づくり【花作り】花の咲く草木を栽培すること。また、それを業とする人。
はな‐づつ【花筒】花をさす筒。筒形の花器。
はな‐つ‐づき【花つ月】陰暦3月の異称。(季 春)
はなっ‐つら【鼻っ面】「はなづら」の音変化。
はな‐づな【鼻綱】牛の鼻輪につなぐ綱。はななわ。
バナッハ〖Stefan Banach〗[1892〜1945]ポーランドの数学者。関数解析学の創始者の一人で、バナッハ空間とよばれる抽象的な線形空間を定義した。著「線形作用素論」など。バーナハ。
はなっ‐ぱし【鼻っぱし】「鼻っ柱(ぱしら)」に同じ。「—が強い」
はなっ‐ぱしら【鼻っ柱】《「はなばしら」の音変化》人と張り合って負けまいとする意気。向こう意気。負けん気。鼻っぱし。鼻っぱり。(類語)勝ち気・きかん気・負けん気・強気・向こう意気・鼻っぱし・負けず嫌い・気丈
鼻っ柱が強・い　勝ち気で人の言いなりにならない。自信家で気が強い。鼻っぱしが強い。「—・く上役にも平然と文句を言う」
鼻っ柱を圧(へ)し折・る　相手の向こう意気や自信をくじく。「つけ上がった若僧の—・る」
はなっ‐ぱり【鼻っ張り】「鼻っ柱(ぱしら)」に同じ。「一旦は…へこたれながらも、すぐまた盛り返して来た—の強さは」〈里見弴・今年竹〉
はな‐づま【花妻】❶花のように美しい妻。一説に、間もなく結婚する男女が、一定期間まったく会わずに過ごすときの、その触れることのできない妻。「なでしこがその—にさ百合花ゆりも逢はむと」〈万・四一一三〉❷鹿がいつも萩に寄り添うところから、萩の花を鹿の妻に見立てていう語。「我が岡にさ雄鹿来鳴く初萩の—問ひに来鳴くさ雄鹿」〈万・一五四一〉❸花を親しんでいう語。「色深く思ひそめてし撫子(なでしこ)のその—は今もあかれず」〈夫木・九〉
はな‐つまみ【鼻▽摘み】《臭いものは鼻をつまんで避けるところから》ひどく人に嫌がられること。また、その人。「近所の—」「—者」(類語)総すかん
はな‐づまり【鼻詰(ま)り】鼻のあなが詰まって空気がよく通らないこと。
はな‐つみ【花摘み】❶野原などで草花を摘み取ること。また、その人。❷昔、比叡山戒壇堂で仏生会が行われる4月8日に、この日を限って登山を許された女人が坂本の花摘堂に詣でた行事。
はな‐づら【鼻面】鼻の先端。鼻先。はなっつら。
鼻面を取(と)って引(ひ)き回(まわ)す　自分の好きなように他人を動かす。
はな‐づら【鼻×縻・牛×縻】「鼻綱(はなづな)」に同じ。「—取って引き出す車」〈浄・手習鑑〉
はな‐でんしゃ【花電車】❶祝賀などの際に、造花や電球・旗などで美しく飾って運転する電車。❷ハナサキウミウシ科の軟体動物。浅海にすむ。体は小判形をし、体長約10センチ。貝殻はない。背面に樹枝状の突起があり、体色は赤・黄・白色の斑状。刺激を受けると発光する。本州中部以南に分布。
はな‐どき【花時】❶その花の咲くころ。その花の盛りのころ。「牡丹(ぼたん)の—」❷桜の花の盛りのころ。(季 春)「—の人迷ひくる裏戸かな/泊月」
はな‐どけい【花時‐計】文字盤の部分に季節の草花を植え込んだ時計。公園・広場などに作りつける。
はなと‐こばこ【花登筺】[1928〜1983]放送作家・小説家。滋賀の生まれ。本名、善之助。同志社大卒。劇団「笑いの王国」を主宰し、大村崑・芦屋雁之助(あしやがんのすけ)ら上方の喜劇俳優を育てた。テレビドラマに「番頭はんと丁稚(でっち)どん」「細うで繁盛記」「どてらい男(やつ)」など。小説に「銭牝」など。
はな‐どめ【花留(め)】花材を花器に固定する道具。生花(せいか)では花配りを使い、自由花では剣山・七宝などを用いる。
はな‐とり【花鳥】花と鳥。花や鳥。かちょう。「—の色にも音にもよそふべきかたぞなき」〈源・桐壺〉➡花鳥(はなとり)の使い
はな‐とり【鼻取り】牛馬を使って田畑を耕すとき、牛馬の鼻を取って誘導すること。
はな‐どり【花鳥】スズメ目ハナドリ科の鳥の総称。多くはスズメより小形で、雄は赤・黄・青・黒色などのはでな羽毛をもつ。雌は緑色や緑褐色。花の蜜を好む。中国南部からオーストラリアにかけて分布。
バナナ〖banana〗バショウ科の常緑多年草。高さはふつう2、3メートル。葉はバショウに似る。夏、苞(ほう)をもつ大きな穂を垂れ、下部に雌花、上部に雄花がつく。実は房状になり、黄色などに熟し、食用部は子房の発達したもので、ふつう種子はない。熱帯アジアの原産。実芭蕉。(季 夏)
はなな‐づけ【花菜漬(け)】開ききらない菜の花を塩漬けにしたもの。京都の名産。菜の花漬け。(季 春)
はな‐なでしこ【花×撫子】❶襲(かさね)の色目の名。表は紫、裏は紅。夏に用いる。❷シラヒゲソウの別名。
はな‐なわ【鼻縄】(なは)「鼻綱(はなづな)」に同じ。
はな‐におい【花匂ひ】(にほひ)花のように美しく映えるようす。「秋野には今こそ行かめもののふの男女(をとこをみな)の—見に」〈万・四三一七〉
はな‐にら【花×韮】❶ユリ科の多年草。細長い葉が束になって出る。春、花茎の先に、紫色を帯びた白い6弁花を上向きに開く。傷つけるとニラの匂いがする。アルゼンチンの原産で、観賞用。ブローディア。❷ニラのつぼみのついた花茎。中国料理などで用い、油炒(いた)めにする。
はな‐ぬすびと【花盗人】花、特に桜の花の枝を手折って持っていく人。花どろぼう。(季 春)
はなぬすびと【花盗人】狂言。桜の枝を盗み折ろうとして捕らえられ、桜の幹に縛りつけられた男が、歌を詠んで、その風雅のゆえに許される。
はな‐ぬり【花塗(り)】漆器の上塗り技法の一。花漆を塗り、研磨を加えずに仕上げるもの。塗り立て。立て。
はなぬり‐うるし【花塗(り)漆】▶花漆(はなうるし)
はな‐ねがけ【花根掛(け)】日本髪の島田・桃割れなどを結うときに用いる根掛けで、摘まみ細工やモール細工などで飾ったもの。
はな‐ねじ【鼻▽捻】(ねぢ)暴れ馬を制するための道具。先端にひもを輪にしてつけた50センチほどの棒で、その輪を馬の鼻にかけてねじって制する。はなひねり。はなねじり。
はな‐の【花野】花の咲いている野。特に、秋草の咲く野。(季 秋)「極楽に行く人送る—かな/荷風」
はな‐の‐あに【花の兄】《他の花に先立って咲くところから》梅のこと。「花の中にも始めなれば、梅花を—ともいへり」〈謡・難波〉
はな‐の‐あめ【花の雨】桜の花に降りそそぐ雨。また、桜の咲くころの雨。(季 春)「風に汲む筧(かけひ)も濁り—/久女」
はな‐の‐あるじ【花の▽主】花の咲いている木の持ち主。「植ゑて見し—もなき宿に知らず顔にて来ゐるうぐひす」〈源・幻〉
はな‐の‐いろ【花の色】❶花の色合い。「—はうつりにけりないたづらにわが身世にふるながめせしまに」〈古今・春下〉❷花染めの色。また、その色の衣。「—に染めし袂の惜しければ衣替へうき今日にもあるかな」〈拾遺・夏〉
はなのうえのほまれのいしぶみ【花上野誉石碑】(はなのうえのほまれのいしぶみ)浄瑠璃。時代物。10段。司馬芝叟(しばしそう)・筒井半平らの合作。天明8年(1788)江戸肥前座初演。幼児の敵討ちが主題で、4段目「志度寺(しどじ)」が有名。
はな‐の‐えん【花の宴】㊀花を観賞しながら催す酒宴。特に、観桜の宴。「嵯峨の院、—きこしめさむとて」〈宇津保・国譲下〉(季 春)㊁源氏物語第8巻の巻名。光源氏20歳。桜花の宴と、源氏の朧月夜(おぼろづきよ)との恋愛を描く。
はな‐の‐おう【花の王】(わう)《花のなかで最もすぐれている意から》❶牡丹(ぼたん)のこと。❷桜のこと。
はな‐の‐おとと【花の▽弟】《多くの花に遅れて咲くところから》菊のこと。「百草(ももくさ)の—となりぬれば八重八重にのみ見ゆる白菊」〈夫木・一四〉
はな‐の‐が【花の賀】春、花の咲くころに催す賀の祝い。「春宮の女御(にょうご)の御方の—に」〈伊勢・二九〉
はな‐の‐かお【花の顔】(かほ)❶咲いている花の姿。「昨日見し—とて今朝見れば寝てこそ更に色まさりけれ」〈後撰・春下〉❷「はなのかんばせ」に同じ。「奥山の松のとぼそをまれにあけてまだ見ぬ—を見るかな」〈源・若紫〉
はな‐の‐かがみ【花の鏡】花の映っている池水などを、鏡に見立てていう語。「年を経て—となる水は散りかかるをや曇るといふらむ」〈古今・春上〉
はな‐の‐かんばせ【花の▽顔】花のように美しい顔。「—月の眉女子にして見まほしき優男(やさをとこ)」〈円朝・怪談牡丹灯籠〉
はな‐の‐き【花の木】カエデ科の落葉高木。本州中部にまれに自生。葉は浅く3裂し、秋に紅葉する。雌雄異株。春、葉に先だって濃紅色の花が咲き、5月ごろ実を結ぶ。はなかえで。
はな‐の‐くも【花の雲】桜の花が一面に満開になるさまを、雲に見立てていう語。(季 春)「—鐘は上野か浅草か/芭蕉」
はな‐の‐くんし【花の君子】《周敦頤「愛蓮説」から》ハスの花を賞していう語。
はな‐の‐こころ【花の心】❶花に心があるものとしていう、その心。「うちはへて春はさばかりのどけきを

一や何急ぐらむ」〈後撰・春下〉❷花に寄せる思い。「春の歌、一など、さ言ふ言ふも」〈枕・二三〉
はなのこし‐づき【花残(し)月】▶はなのこりづき(花残り月)
はな‐の‐ごしょ【花の御所】《庭園に多くの名花を植えたところから》足利将軍家の邸宅。花亭。花営。➡室町殿むろまちどの
はなのこり‐づき【花残(り)月】陰暦4月の異称。花残し月。(季 夏)
はな‐の‐ころも【花の衣】❶はなやかな衣服。「みな人は一になりぬなり苔の袂よかわきだにせよ」〈古今・哀傷〉❷花染めの衣服。「降る雪にさてもとまらぬ御狩野みかりのを一のまづかへるらむ」〈拾遺愚草・上〉❸花を着物に見立てていう語。「春風の今朝速ければ鶯の一もほころびにけり」〈拾遺・物名〉
はな‐の‐さ【鼻の差】競馬で、ごくわずかな着差。また、勝負事の、わずかの差。鼻差。「一で逃げきる」
はな‐の‐ざ【花の座】▶花の定座じょうざ
はな‐の‐さいしょう【花の宰相】ーサイシャウ 芍薬しゃくやくのこと。牡丹ぼたんを花の王というのに対する。
はな‐の‐さかり【花の盛り】❶花の盛んに咲いていること。また、そのころ。花盛り。❷女性の、若く容姿の美しい年ごろ。花盛り。
はな‐の‐さき【鼻の先】❶鼻の先端。鼻の頭。はなさき。「一で笑う」❷すぐ目の前。目前。「目的地はすぐ一にある」❸あさはかな知恵。目先の考え。「一の智恵をもって」〈色道大鏡・五〉
はなのさき‐ぢえ【鼻の先知恵】ーヂヱ「鼻の先❸」に同じ。「一にて、大方に生まれつきし娘自慢」〈浮・一代女・四〉
はな‐の‐した【鼻の下】鼻と口との間の部分。また、口のこと。
鼻の下が長・い 女性に甘い。色香に迷いやすい。好色である。「女性に言い寄られて一・くなる」
鼻の下が干上ひあが・る 収入がなく、生活ができなくなる。口が干上がる。「不景気で一・る」
鼻の下の建立こんりゅう 寺社などで寄進を集めるのは、僧侶や神官の生活のためであるということ。「人道の道徳のと云うが頭巾を取れば皆鼻の下喰う殿でんの建立だ」〈魯庵・社会百面相〉
鼻の下を伸ば・す 好色そうな顔つきをする。女性に甘いようすについていう。鼻の下を長くする。「女性に優しくされてつい一・す」
はな‐の‐したひも【花の下×紐】花のつぼみが開くことを、下紐の解けることにたとえていう語。はなのひも。「ふして思ひ起きてながむる春雨に一いかにとくらむ」〈新古今・春上〉
はな‐の‐じょうざ【花の定座】ーヂャウザ 連歌・連句で、一巻ひとまきのうち、花の句を詠みこむ箇所。歌仙では、初裏しょうらの11句目と名残なごりの裏の5句目の2か所。百韻では、初裏・二の裏・三の裏のそれぞれ13句目と名残の裏の7句目の4か所。花の座。➡月つきの定座
はな‐の‐すがた【花の姿】❶花の咲くありさま。「秋霧の晴れて曇ればをみなへし一ぞ見え隠れする」〈古今・雑体〉❷花のように美しい姿。「空しき野辺に送りすてて、一も煙となる」〈伽・鉢かづき〉
はな‐の‐たもと【花の×袂】❶はなやかな衣服。また、その袂。「いつしかもかへつる一かな時にうつるはならひなれども」〈長秋詠藻・中〉❷花を袂に見立てていう語。「かりにのみ人の見ゆれば女郎花おみなえし一ぞ露けかりける」〈拾遺・秋〉
はな‐の‐たより【花の便り】❶花が咲いたという音信。花便り。❷花が咲いたついで。「とふ人もあらじと思ひし山里に一に人め見るかな」〈拾遺・春〉
はな‐の‐てら【花の寺】《境内に桜の多いところから》京都市西京区にある勝持寺しょうじじの異称。
はな‐の‐とぼそ【花の×枢】花が一面に咲いて家をふさいでいるようすを戸や扉にたとえていう語。「これやこの憂き世の外の春ならむ一のあけぼのの空」〈新古今・釈教〉
はな‐の‐はる【花の春】❶花の咲く春。❷新年。新春。(季 新年)「薦こもを着て誰人たれびといます一/芭蕉」
はな‐の‐ひ【花の日】19世紀中ごろ、米国で始まったプロテスタント教会の行事。多く、6月第2日曜日に、子供たちが教会に花を持ち寄って礼拝し、病人などを慰問する。(季 夏)
はな‐の‐ひも【花の×紐】「花の下紐」に同じ。「百草ももくさの一解く秋の野を思ひたはれむ人なとがめそ」〈古今・秋上〉
はな‐の‐ふぼ【花の父母】《草木を潤し養うところから》雨や露のこと。「草木は雨露の恵み、養ひえては一たり」〈謡・熊野〉
はな‐の‐ぼうし【花の帽子】「縹帽子はなだぼうし」に同じ。
はな‐の‐まく【花の幕】花見の宴のときに張りめぐらす幕。花見幕。(季 春)
はな‐のみ【花×蚤】甲虫目ハナノミ科の昆虫の総称。体長2〜15ミリ。体は細く、背が盛り上がり、尾端はとがる。花に集まるものが多く、太い後脚で跳ねる。
はな‐の‐みやこ【花の都】都の美称。はなやかな都。また、花の盛りの都。「一パリ」(季 春)
はな‐の‐もと【花の本|花の下】❶花の咲いている木の下。花の陰。(季 春)❷《鎌倉・南北朝時代に、寺社の桜の木の下で連歌を興行したところから》地下じげの連歌愛好者。また、その名手への尊称。❸《❷から転じて》連歌・俳諧の最高権威者である宗匠の称号。連歌では里村昌琢以来、里村家がこれを称した。俳諧では加藤暁台が二条家から許しを得たのが初めといわれる。
はな‐の‐やど【花の宿】花の咲いている家。花のある宿。(季 春)
はな‐の‐ゆき【花の雪】白く咲く花、また、散る花を雪に見立てていう語。(季 春)「大仏膝うづむらむ一/其角」
はな‐のれん【花▽暖×簾】鮮やかな色を取り合わせて花模様をおぼろ染めにしたのれん。
はな‐ばさみ【花×鋏】花や小枝などを切るのに用いる鋏。
はな‐ばしら【鼻柱】❶鼻の左右の穴を隔てている部分。鼻中隔。❷鼻を隆起させている軟骨。また、鼻の隆起。鼻梁びりょう。鼻筋。❸「はなっぱしら」に同じ。「一を折る」
はな‐はずかし・い【花恥ずかしい】ーはづかしい〔形〕花もはじらうほど、ういういしく美しい。娘の恥じらうさまにもいう。「一・い年ごろ」
はなはだ【甚だ】〔副〕普通の程度をはるかに超えているさま。たいへん。非常に。「一多い」「一恐縮です」(類語)とても・大いに・きわめて・すこぶる・ごく・大層・至って・至極しごく・いとも・実に・まことに・いたく・ひどく・恐ろしく・すごく・ものすごく・滅法めっぽう
はな‐ばたけ【花畑|花×畠】草花を栽培している畑。また、草花のたくさん咲いている場所。(季 秋)➡御花畑
はなばたけ‐きょうじょう【花畠教場】ーケウヂャウ 江戸時代の岡山藩の藩校。寛永18年(1641)藩主池田光政が熊沢蕃山を招いて、岡山城下花畠に開設。
はなはだ‐し・い【甚だしい】〔形〕図はなはだ・し〔シク〕普通の度合いをはるかに超えている。「一・い被害」「非常識も一・い」(派生)はなはだしさ〔名〕(類語)夥おびただしい・非常・大変・大層・異常・極度・桁けた外れ・桁違い・並み外れ・格段・著しい・すごい・ものすごい・計り知れない・恐ろしい・ひどい・えらい・途方もない・途轍とてつもない・この上ない・筆舌ひつぜつに尽くしがたい・言語に絶する・並並なみなみならぬ
はなはだ‐もって【甚だ▽以て】〔連語〕「はなはだ」を強めた言い方。非常に。「一残念である」
はな‐ばち【花蜂】花から花へ飛び回って花粉や蜜を集め、幼虫の餌にするハチ。ミツバチ・ハキリバチ・マルハナバチ・クマバチなど。体は一般に毛で覆われて花粉が付きやすく、花粉媒介に適する。
はな‐ばちす【花×蓮】花の咲いている蓮はす。蓮の花。「日下江くさかえの入江のはちす一」〈記・下・歌謡〉
パナハッチェル【Panajachel】グアテマラ南西部、首都グアテマラシティーより西方約150キロにある町。対岸にサンペドロ火山、アティトラン火山を仰ぐ風光明媚めいびなアティトラン湖に面し、観光拠点になっている。
はな‐ばな【花花|華華】〔副〕美しくはなやかであるさま。はでやかに。「眉いと黒く、一とあざやかに、涼しげに見えたり」〈堤・虫めづる姫君〉
はなはな‐あそび【鼻鼻遊び】子供の遊びの一。二人が向かい合い、互いに鼻の頭に指を置き、一人が「鼻、鼻、耳」と言って耳をさすと、他の一人は口や目をさし、相手と同じ場所をさすと負けになる。
はなばなし・い【花花しい|華華しい】〔形〕図はなばな・し〔シク〕はでで人目をひくさま。はなやかで、みごとである。「一・くデビューする」「一・い一生」(派生)はなばなしげ〔形動〕はなばなしさ〔名〕(類語)華美・きらびやか・絢爛けんらん・華麗・はでやか・美美しい・綺麗きれい
はな‐ばん【▽端番】❶最初の当番。❷歌舞伎劇場の出方で、木戸の前に出て客を場内に案内した者。
はな‐び【花火|煙▽火】黒色火薬・発色剤などをまぜ合わせて筒や玉などに詰め、点火して破裂・燃焼させ、その色彩の美しさや爆音などを楽しむもの。打ち上げ花火・仕掛け花火・線香花火など、種類は多い。(季 夏)
はな‐びえ【花冷え】桜が咲くころの、一時的な冷え込み。(季 春)「一や剝落しるき襖ふすまの絵/秋桜子」(類語)余寒・春寒・梅雨寒
はなび‐し【花火師】花火の製造や、その打ち上げを業とする人。
はな‐びし【花×菱】文様や紋所の名。菱形の周囲を花弁の形に図案化したもの。
はなびし‐アチャコ【花菱アチャコ】[1897〜1974]漫才師・俳優。福井の生まれ。本名、藤木徳郎。横山エンタツとのコンビで、東京六大学野球に材を取った「早慶戦」などの漫才で人気を博した。コンビ解消後は、ラジオドラマ・映画・舞台でも活躍。
はな‐ひじき【花肘木】ーひぢき 輪郭線が複雑な刳くり形になっている肘木。
はなびし‐そう【花×菱草】ーサウ ケシ科の多年草。高さ約50センチ。葉は羽状複葉で、裂片は糸状。夏、黄色い4弁花を開く。米国カリフォルニアの原産で、明治初期に渡来。カリフォルニアポピー。(季 夏)
はな‐ひしゃげ【鼻▽拉げ】鼻がつぶれたように低いこと。はなひしげ。
パナビジョン【Panavision】ワイドスクリーン映画の一。35ミリまたは65ミリフィルムで撮影して70ミリプリントを作る。1957年、米国で初めて公開された。商標名。
はなび‐ぜきしょう【花火石×菖】ーゼキシャウ イグサ科の多年草。山野の湿地に生え、高さ30〜50センチ。茎は平たく、葉は細長い。夏、不規則に広げた柄の先に多数の花をつけ、線香花火を思わせる。広葉ひろはの笄石菖こうがいぜきしょう。
はなび‐せんこう【花火線香】ーセンカウ ▶線香花火
はな‐びら【花▽弁|花▽片|×瓣】花の、萼がくの内側にあって雄しべ・雌しべを保護する小片。ふつう萼より大きくて薄く、葉緑素を含まず、さまざまな色彩をもつものが多い。かべん。
はなびら‐だからがい【花▽弁宝貝】ーだからがひ タカラガイ科の巻き貝。暖海の岩礁・サンゴ礁でみられ、殻高3センチくらい。殻表は灰白色で、背面に橙色の細い輪状紋がある。
はなびら‐もち【花▽弁餅】❶餅を、梅の花びらに見立てて薄く丸い形にしたもの。皇室の鏡餅の一部に用いられる。❷牛蒡ごぼうと味噌あんを求肥ぎゅうひで巻いた和菓子。
はなびら‐ゆき【花▽弁雪】花びらのように大片の雪。
はなひり‐の‐き【×嚔の木】ツツジ科の落葉低木。山地に生え、葉は長楕円形で柄がない。夏、淡緑色の壺状の花が多数下向きに咲く。葉の粉末を殺虫剤に用いた。鼻に入るとくしゃみが出る。うじころし。
はな‐ひる【×嚔る】〔動ハ上一〕《上代の上二段動詞「はなふ」の上一段化》くしゃみをする。(季 冬)「やや、一・ひたる時、かくまじなはねば死ぬるなり、と申せば」〈徒然・四七〉
はな‐ふ【×嚔ふ】〔動ハ上二〕「嚔はなひる」に同じ。「眉

根掻き—・ひ紐解け待てりやもいつかも見むと恋ひ来し我を〈万・二八〇八〉

ハナフィー‐は【ハナフィー派】《Ḥanafī》アブー＝ハニーファを祖とするイスラム四法学派の一。オスマン朝の保護を受けて、最も有力な学派であった。法解釈に、類推(キヤース)を多用するのが特徴。

はな‐ぶえ【鼻笛】❶鼻で息を吹き込んで鳴らす笛。フィリピンのトガリなど。❷口を閉じて鼻から声を出すこと。➡鼻笛を吹く ❸呼ぶ子の笛。「腰より—取り出だし、吹かんとするを」〈浄・艶狩剣本地〉

鼻笛を吹・く ❶口を閉じ、声を鼻に抜いて歌う。「—・いて吟ずることか」〈中華若木詩抄・上〉❷得意になる。「諸人勇みて—・きけるに」〈浮・胸算用・三〉

はな‐ふき【鼻拭き】鼻をかむのに使う小さい布。

はな‐ぶさ【花房・▽英】❶房のようになって咲く花。「藤の—」❷「萼」に同じ。〈和名抄〉

はなぶさ‐いっちょう【英一蝶】[1652～1724]江戸前・中期の画家。京都の人。英派の祖。初名は多賀朝湖。幕府の怒りに触れて三宅島に流され、赦免後、英一蝶と改名。初め狩野派の門に入ったが、のち風俗画に転じ、軽妙洒脱な画風を確立。また、松尾芭蕉に師事し、俳諧にも長じた。

はなぶさぞうし【英草紙】読本。5巻。近路行者(都賀庭鐘)作。寛延2年(1749)刊。中国の白話小説を翻案した9編からなり、読本の祖といわれる。

はなぶさ‐は【▽英派】英一蝶を祖とし、その画風を継承した画派。特に、高嵩谷が名高い。

はな‐ふだ【花札】花合わせ❶に用いるカルタ。1～12月にそれぞれ松・梅・桜・藤・菖蒲・牡丹・萩・薄・菊・紅葉・柳(雨)・桐の12の草木を当てて描き、おのおの4枚ずつに点数・価値を決めて計48枚の札にしたもの。また、これを用いてする遊びをいう。花ガルタ。花。

はな‐ふぶき【花吹‐雪】桜の花が吹雪のように乱れ散ること。(季 春)「一傘を斜に通りけり/犀星」

はなふり‐ぎん【花降り銀】❶江戸時代、灰吹き銀をさらに精錬して得た純度の高い銀。表面に花が開いたような紋様がある。花降り。❷江戸時代、加賀藩で鋳造された銀貨。「花降」と刻印されていた。

はな‐ぶるい【花振るい】花が多数開花しても、着果が極めて少ない現象。ブドウによくみられる。

はな‐ぺちゃ【鼻ぺちゃ】〔名・形動〕鼻のひどく低いこと。また、そのさま。「—な(の)顔」

はな‐へん【鼻偏】漢字の偏の一。「鼾」「齁」などの「鼻(鼻)」の称。

はな‐ぼう【▽端棒】❶駕籠などの先を担ぐ人。先棒。❷先に立って事をすること。また、その人。「おれが—で付いて見せねえぢゃあいかねえはさ」〈滑・浮世床・初〉

はな‐ぼうし【花帽子】能のかぶり物の一。僧形の女が頭からかぶって、ほおをかくし、胸のあたりまでおおう布。白・水浅葱などの広幅の平絹を用いる。

パナマ〖Panama〗㊀北アメリカ最南端の共和国。首都パナマ。南北アメリカ大陸を結ぶ地峡部を占めて東西に延び、中央部をパナマ運河が横断。運輸・商業を主とし、サトウキビ・エビなども産する。1821年に大コロンビア連邦の一州としてスペインの支配から離れ、1903年独立。人口341万(2010)。補説「巴奈馬」とも書く。㊁パナマ共和国の首都。パナマ運河の太平洋側の出入り口近くにあり、交通の要地。㊂❶「パナマ草」の略。❷「パナマ帽」の略。

パナマ‐うんが【パナマ運河】パナマ地峡を貫き、太平洋と大西洋とをつなぐ閘門式の運河。長さ82キロ。1881年フランス人レセップスにより起工。1914年米国が完成し、運営権および両岸地帯の永久租借権を得たが、77年両国が新条約を締結。99年末にパナマに返還された。

はな‐まがり【鼻曲(が)り】❶鼻筋が曲がっていること。❷つむじまがり。へそまがり。❸生殖期になり、吻の部分が突き出て曲がった雄のサケ。

はなまき【花巻】岩手県中部の市。もと南部氏の城下町。奥州街道の宿場町、北上川舟運の河港として発達。稲作・花卉栽培などの農業が基盤。鹿踊りの行われる花巻温泉郷があり、宮沢賢治の生家、高村光太郎の山荘が残る。平成18年(2006)1月、大迫町・石鳥谷町・東和町と合併。人口10.1万(2010)。

はなまき‐おんせん【花巻温泉】岩手県花巻市にある温泉。北上川支流の台川上流にあり、付近の温泉とともに花巻温泉郷をなす。泉質は単純温泉。

はなまき‐し【花巻市】▶花巻

はなまき‐そば【花巻(き)蕎＝麦】焼いた海苔を細かにもんで振りかけたかけそば。はなまき。

パナマシティー‐ビーチ〖Panama City Beach〗米国フロリダ州北西部にある海岸保養地。長さ40キロにおよぶ白い砂浜が広がる。学生に人気がある。海岸の東端にはセントアンドリュース州立公園がある。

はな‐まじろき【鼻まじろき】鼻をぴくっと動かすこと。表面では従ったふりをしながら心では承服していないようす。「時に従ふ世人の、下には—をしつつ、追従し」〈源・少女〉

パナマ‐そう【パナマ草】パナマソウ科の多年草。葉はヤシに似て、円形で手のひら状に四つに裂け、各裂片がさらに細かく裂けており、2～3メートルの長い柄をもつ。雄花と雌花とが集まった太い穂をつける。葉をパナマ帽などの編み物細工の材料とする。ペルーなどの原産。

はな‐まち【花街・花町】芸者屋・遊女屋などの集まっている町。色里。色町。かがい。

パナマ‐ちきょう【パナマ地峡】南北アメリカ大陸の結び目にある地峡。最狭部をパナマ運河が横断する。

はな‐まつり【花祭(り)】❶4月8日の釈迦の誕生日に修する灌仏会の通称。(季 春)❷愛知県北設楽郡を中心に、年末から正月にかけて行われる祭事。祭場の中央にかまどを築いて湯釜を据え、その周囲でさまざまの舞が行われる。花神楽。(季 冬)「山やまは霧に眠りて—/鴻村」

パナマ‐ぼう【パナマ帽】中南米に産するパナマソウの若葉を細く裂いて白くさらし、それを編んだ夏の日よけ帽。(季 夏)

はな‐まる【花丸】❶小学校などで、よくできた答案や作品につける印。丸や二重丸の外側に、花びらのような形を書くもの。❷「花丸胡瓜」の略。

はなまる‐きゅうり【花丸胡＝瓜】花をつけた未熟で小さなキュウリ。刺身のつまなどにする。はなきゅうり。はなまる。

は‐なみ【羽並(み)】鳥の羽の並びぐあい。

はな‐み【花見】花、特に桜の花を眺めて楽しむこと。(季 春)「たらちねの—の留守や時計見る/子規」類語 観桜・観梅・観菊

はな‐み【花実】❶花と実。❷名と実。

花実が咲・く 事がうまく運んでよい結果が出る。栄誉・栄華を得る。「死んで—・くものか」

は‐なみ【歯並(み)】歯の並びぐあい。はならび。

はなみがわ【花見川】千葉市西部の区名。花見川の両岸地域。

はなみがわ‐く【花見川区】▶花見川

はなみ‐こそで【花見小袖】花見に女性が着るはでな小袖。花見の席で、木にわたした紐にかけ並べ、幕の代わりとした。

はなみ‐ざけ【花見酒】花見をしながら飲む酒。(季 春)

はなみ‐じらみ【花見×虱】花見の時分、暖かさに誘われて活発に動きはじめるシラミ。はなじらみ。「肌着の縫合の—」〈風流志道軒伝〉

はな‐みず【花水】❶仏前に花を手向けるときに用いる水。また、仏前に手向ける花と水。❷稲の開花時に、特に深くする灌漑の水。

はな‐みず【鼻水】水っぽい鼻汁。みずばな。類語 洟・鼻汁・青っぱな・水っぱな・鼻糞

はな‐みずき【花水木】アメリカハナミズキの別名。(季 春)「一つづつ花の夜明けの—/楸邨」

はな‐みぞ【鼻溝】鼻の下から上くちびる中央へかけて溝のようにくぼんでいる部分。人中。

はな‐みち【花道】❶歌舞伎劇場の舞台設備の一。観客席を縦に貫いて舞台に至る、俳優の出入りする道。寛文(1661～1673)ごろ発生し、元文(1736～1741)ごろ完成した。下手にある常設のものを本花道、上手に仮設されるものを仮花道とよぶ。もとは役者に花(祝儀)を贈るための通路であったという。❷《平安時代、相撲の節で力士が花をつけて入場したところから》相撲場で、力士が支度部屋から土俵に出入りする通路。「東西の—」❸世の注目や称賛が一身に集まる華やかな場面。特に、人に惜しまれて引退する時。「引退の—を飾る」

はなみ‐づき【花見月】陰暦3月の異称。

はな‐みどう【花▽御堂】4月8日の灌仏会に、誕生時の釈迦の立像を安置する、花で飾った小さい堂。(季 春)

はなみ‐どき【花見時】花見をする時節。桜の花盛りの時節。また、その花の見ごろの時。

はなみ‐どり【花見鳥】ウグイスの別名。

はな‐みね【鼻×梁】はなすじ。眉間から鼻の先までの部分。多く、牛や馬などについていう。〈和名抄〉

はなみ‐ぶね【花見船】岸や堤の桜を眺めるために川などに浮かべる船。(季 春)「一つ杭に繋ぎあひけり—/零余子」

はな‐みょうが【花×茗荷】ショウガ科の常緑多年草。山地に生え、高さ40～60センチ。葉は長楕円形で、互生する。5、6月ごろ、赤い斑のある白花が集まって咲き、広楕円形の実が赤く熟す。種子を漢方で伊豆縮砂とよび、健胃薬にする。(季 夏)「病人に一と間を貸しぬ—/立子」

はな‐むぐり【花▽潜】❶ハナムグリ科の昆虫。体長16ミリくらい。背面は緑色で光沢はなく、白点が散在し、腹面は光沢のある銅色。バラの花などに集まる。幼虫は土中にすみ、腐植土を食べる。❷甲虫目ハナムグリ科および近縁の昆虫の総称。体に微細な毛を密生。花粉や蜜を餌とする。

はな‐むけ【×餞・×贐】《「馬の鼻向け」の略》旅立ちや門出を祝って、別れて行く人に金品・詩歌などを贈ること。また、その贈り物。餞別。「—の言葉」

はな‐むこ【花婿・花×聟・花×壻】結婚したばかりの男性。また、結婚式でこれから婿になる男性。新郎。⇔花嫁。類語 新郎・お婿さん

はな‐むしろ【花×筵・花×蓆】❶「花茣蓙」に同じ。❷草花などが一面に咲きそろったさま、また、花の散り敷いたさまを筵にたとえていう語。(季 春)「片尻は岩にかけけり—/丈草」

はな‐むすび【花結び】糸やひもをいろいろな花の形に結ぶこと。また、結んだもの。衣服・調度の飾りにする。新橋結び・梅結び・あやめ結び・菊結びなど。

はな‐むすめ【花娘】花のように美しい娘。また、年ごろの娘。「紋切形の口説も了得ず恍惚子の—」〈人・閑情末摘花・三〉

はなむら‐まんげつ【花村万月】[1955～]小説家。東京の生まれ。本名、吉川一郎。高校中退後、全国を放浪する生活を続ける。旅行中につけていた日記を友人が雑誌に投稿、入選したのをきっかけに創作活動に入り、「ゲルマニウムの夜」で芥川賞受賞。他に「真夜中の犬」「皆月」「ぢん・ぢん・ぢん」など。

はな‐め【花芽】▶かが(花芽)

はな‐めがね【鼻眼‐鏡】❶鼻の根本を挟んでかける、両耳に渡すつるのない眼鏡。❷眼鏡がずれて鼻先にかかっていること。

はな‐め・く【花めく】〔動カ五(四)〕❶はなやかに見える。「里子は—・く振袖の稚児に目を据えた」〈康成・山の音〉❷時を得て栄える。時めく。「時にあひ、—・かせ給ふ后おはしましけり」〈唐物語〉

はな‐もうせん【花毛×氈】花模様の美しい毛氈。

はな‐もじ【花文字】❶草花の模様などで飾った大文字のローマ字。❷草花を文字の形に並べて植えたもの。また、花を並べて文字の形にしたもの。

はな‐もち【花持(ち)】生け花などにした花が、しおれずに長持ちする度合い。「この菊は—がよい」

はな‐もち【花餅】「笹餅❶」に同じ。

はな-もち【鼻持ち】臭気をがまんすること。
鼻持ちならない 言語や行動ががまんできないほど不愉快である。「—ないきざな男」
はなもち-の-き【花餅の木】小正月に、豊年を予祝して餅花をつけて飾るミズキやエノキなどの木。生業木(なりわいぎ)。
はな-もつやく【花▽没薬】東南アジアに産するコックスラッカというカイガラムシの一種が分泌する樹脂状のもの。赤紫系の染料や臙脂(えんじ)の原料。
はな-もと【鼻元｜鼻▽許】❶鼻のつけね。鼻のあたり。❷手近な所。目前のこと。「少し口の利いたる者が—ばかりに思案あれば」〈甲陽軍鑑・一四〉
はなもと-じあん【鼻元思案】〔名・形動〕きわめてあさはかな考え。また、そのさま。喉元(のどもと)思案。鼻元料簡。「いかにも—な話だが」〈志賀・暗夜行路〉
はな-もの【花物】園芸や生け花の花材で、主に花を観賞する草木。➡葉物(はもの) ➡実物(みもの)
はな-もみじ【花紅-葉】(モミヂ) 春の桜と秋の紅葉。春秋の美しい自然の眺め。「はかなき—につけても心ざしを見え奉る」〈源・桐壺〉
はな-もも【花桃】花を楽しむ目的で栽培される桃の園芸品種の総称。実は小さい。
はな-もよい【花▽催い】(モヨヒ) 桜が咲きそうな気配。
はな-もよう【花模様】(モヤウ) 花形の模様。花をあしらった美しい模様。「—のワンピース」
はな-もり【花守】花を守る人。桜の花の番人。(季 春)「—や白きかしらをつきあはせ/去来」
はなもり-やすじ【花森安治】(ヤスヂ)〔1911～1978〕ジャーナリスト。兵庫の生まれ。東大卒。第二次大戦中は大政翼賛会の宣伝部員。戦後、生活雑誌「暮しの手帖」を創刊・編集。消費者の立場からの雑誌づくりで菊池寛賞を受賞。「一銭五厘の旗」で読売文学賞。
はな-やか【花やか｜華やか】〔形動〕図〔ナリ〕❶花が開いたように、明るく人目を引きつけるさま。「—な都会での生活」「—に着飾る」「—に笑う」❷勢いなどが盛んなさま。「武士道—なりし時」❸きわだってはっきりしているさま。「蜩(ひぐらし)の—に鳴くに驚き給ひて」〈源・若菜下〉(派生)はなやかさ〔名〕(類語)きらびやか・絢爛(けんらん)・華麗・華美・はで・はでやか・華華しい・美美しい
はなやぎ【花柳】㊀姓氏の一。㊁日本舞踊の流派の名、およびそれに属する舞踊家の芸名。
はなやぎ-じゅすけ【花柳寿輔】〔1821～1903〕日本舞踊花柳流の創始者・家元。初世。江戸の人。4世西川扇蔵の門下。江戸歌舞伎の振り付けに活躍し、劇界・舞踊界の第一人者として、多くの作品を残した。代表作品「勢獅子(きおいじし)」「船弁慶」など。
はなやぎ-しょうたろう【花柳章太郎】(シヤウタラウ)〔1894～1965〕新派俳優。東京の生まれ。本姓、青山。喜多村緑郎の門下。昭和14年(1939)新生新派を結成。第二次大戦後は劇団新派の統率者となり、新派の女方芸を完成させた。代表的な舞台に「滝の白糸」「残菊物語」など。
はなやぎ-りゅう【花▽柳流】(リウ) 日本舞踊の流派の一。嘉永2年(1849)4世西川扇蔵門下の西川芳次郎が花柳芳次郎(のちに寿輔(じゅすけ))を名のって創始。
はな-や・ぐ【花やぐ｜華やぐ】〔動ガ五(四)〕❶はなやかになる。明るくはでになる。「パーティーの—・いだ雰囲気」❷時めく。栄える。「后宮思ひ聞こえ給ひつれば、…こよなく—・ぎ給ふ」〈落窪・四〉
はな-やさい【花×椰菜｜花野菜】カリフラワーの別名。(季 冬)
はな-やしき【花屋敷】㊀多くの花を栽培して人々に観賞させる庭園。㊁㊀東京都台東区の浅草公園にある遊園地。江戸後期に植木屋森田六三郎が開いた草花の陳列場に始まり、明治中期から遊園地となる。㊁東京都墨田区にある向島百花園の通称。
はな-やすり【花×鑢】ハナヤスリ科の多年生のシダ。山野に生え、高さ7～20センチ。1枚の広卵形の栄養葉と1本の胞子葉が出る。胞子葉は長い柄があり、穂状に胞子嚢(ほうしのう)をつけ、形がやすりに似る。
はなやにっき【花屋日記】江戸後期の俳諧書。2巻。藁井文暁編。文化8年(1811)刊。最初「芭蕉翁反古文(ほごぶみ)」の書名であったが、天保年間(1830～1844)の再版で現書名となった。芭蕉の門人の手記や手紙を集めた形をよそおった偽書。
はな-やまぶき【花山吹】襲(かさね)の色目の名。表は薄朽葉(うすくちば)、裏は黄色。山吹襲。
はな-ゆ【花×柚】ユズの一種。香りがよく、花や皮を酒や吸い物に入れて用いる。はなゆず。(季 夏)「吸物にいささか匂ふ—かな/子規」
はな-よてん【花四天】歌舞伎で、はなやかな所作事や時代物に出る軍兵や捕り手。また、その衣装。白地に染め模様のある木綿の四天を着、赤い鉢巻きに襷(たすき)をして、多く花枝や花槍を持って出るところからの名。
はな-よめ【花嫁】結婚したばかりの女性。また、結婚式でこれから嫁となる女性。新婦。↔花婿(はなむこ)。
(類語)新婦・新妻・お嫁さん
はなよめ-ご【花嫁御】花嫁を敬ったり親しんだりしていう語。花嫁御寮。
はなよめ-ごりょう【花嫁御寮】(ゴレウ)「花嫁御」に同じ。
ば-ならし【場慣らし｜場×馴らし】その場のようすに慣れさせること。
は-ならび【歯並び】歯の並びぐあい。はなみ。「—がよい」(類語)歯列・歯並み
はなり【▽放り】少女の、振り分けに垂らしたまま束ねない髪。また、その髪形の少女。うないはなり。はなりのかみ。ふりわけがみ。「橘の古婆(こば)の—が思ふなむ心愛(うつく)しいで我(あれ)は行かな」〈万・三四九六〉
はな・る【放る】〔動ラ下二〕「はな(放)れる」の文語形。
はな・る【離る】㊀〔動ラ四〕「離れる」に同じ。「大君の命恐(かしこ)み愛(うつく)しけ真子が手—・り島伝ひ行く」〈万・四四一四〉㊁〔動ラ下二〕「はな(離)れる」の文語形。
バナル〘banal〙〔形動〕平凡であるさま。変わりばえのしないさま。特に、ファッション分野で多く用いる。「パジャマにもなる—なシャツ」
はなれ【離れ】❶「離れ座敷」「離れ家(や)❷」などの略。「—を借りて住む」❷(「…ばなれ」の形で名詞の下に付いて)㋐それからかけ離れている意を表す。「素人—」「現実—」㋑関係や関心のなくなる意を表す。「親—」「活字—」(類語)(❶)お座敷・座敷・母屋
ば-なれ【場慣れ｜場×馴れ】〔名〕(スル) 場数(ばかず)を踏んで、その場所や物事に慣れていること。
(類語)慣れっこ・免疫
パナレア-とう【パナレア島】(タウ)《Panarea》イタリア南部、シチリア島の北、ティレニア海に浮かぶエオリア諸島の島。同諸島中最も小さく、八つの小島が点在する。別荘が多く、高級リゾート地として知られる。ミラッツェーゼ岬には青銅器時代の集落跡が見つかっているほか、小島バジルッツォには古代ローマ時代の住居跡が残っている。エオリア諸島は2000年に世界遺産(自然遺産)に登録された。
はなれ-うま【放れ馬】つないである綱から放れて走りまわる馬。
はなれ-きょうげん【離れ狂言】(キヤウゲン) 初期の歌舞伎で、一幕または一番ずつ独立して演じられた歌舞伎狂言。野郎歌舞伎以降、寛文期(1661～1673)の続き狂言(多幕物)に発展するまでの間に行われた。
はなれ-こじま【離れ小島】陸地から遠く離れた所にある小島。
はなれ-ごま【放れ駒】「放れ馬」に同じ。「妹が髪上げ竹葉野(たかはの)の—荒びにけらし逢はなく思へば」〈万・二六五二〉
はなれ-ざしき【離れ座敷】母屋から離れてある座敷。また、その建物。はなれや。
はなれ-じま【離れ島】陸地から遠く離れた島。孤島。りとう。(類語)離島・孤島
はなれ-す【離れ州｜離れ×洲】陸から離れた所にある州。
はなれ-そ【離れ×磯】陸地から離れた海中に突き出ている磯。「—に立てるむろの木うたがたも久しき時を過ぎにけるかも」〈万・三六〇〇〉
はなれ-ばなれ【離れ離れ】〔名・形動〕互いに離れた状態になること。また、そのさま。「人ごみの中で—になる」(類語)別れ別れ・ばらばら・散り散り・てんでんばらばら・思い思い
はなれ-もの【離れ物】❶仲間から離れているもの。「その中に美児ひとり、—にて艫櫓(ともろ)に上がり」〈浮・男色大鑑・四〉❷普通とは異なる特殊な事情にあるもの。「慈悲善根なんどで子が生まるる程ならば、世に難産はあるまいが、産の道は—」〈浄・女護島〉❸離れるはずのもの。「合はせ物は—」〈毛吹草・二〉
はなれ-や【離れ家】❶人里から離れた一軒家。ひとつや。❷(「離れ屋」とも書く)母屋と同じ敷地内に、別棟に建てられている家。
はな・れる【放れる】〔動ラ下一〕図はな・る〔ラ下二〕《「離れる」と同語源》❶つながれていた動物などが逃れて自由になる。「犬が鎖から—・れる」❷固定されているものがはずれて動きだす。「矢が弦を—・れる」「糸から—・れた凧(たこ)」❸束縛から解かれて自由になる。「やっと子供から手が—・れた」
(類語)解放・放す・放つ・解き放す
はな・れる【離れる】〔動ラ下一〕図はな・る〔ラ下二〕❶くっついているものの一方が動いて別々になる。「足が地を—・れる」「雀が電線から—・れる」❷あるものとの間に隔たりができる。その位置から遠ざかる。「一メートル—・れて立つ」「少し—・れて絵を鑑賞する」「持ち場を—・れる」「故郷を—・れる」❸㋐二つのものが隔たって存在する。間にかなりの距離がある。「家と学校とはだいぶ—・れている」「人里—・れた一軒家」㋑二つの数値・地位などに隔たりがある。「年の—・れた弟」「トップと大きく—・れる」㋒夫婦・親子など、一つであるものが別々になる。別れる。「家族が—・れて暮らす」❹㋐関係がなくなる。縁が切れる。「俗世を—・れる」「損得を—・れて面倒をみる」「話が本筋から—・れる」「—・れられない仲」㋑信頼や情愛を失う。「人心が—・れる」「恋人から気持ちが—・れる」㋒ある事柄に対する思いがなくなる。「仕事のことが頭から—・れない」❺職務や仕事をやめる。「戦列を—・れる」「会長職を—・れる」❻戸などが開いた状態になる。あく。「格子を探り給へば、—・れたる所もありけり」〈狭衣・二〉❼除かれる。除外する。「琴の音を—・れては、何事をか物をととのへ知るしるべとはせむ」〈源・若菜下〉(類語)(❶)外(はず)れる・分かれる・分離する・離脱する/(❷)隔たる・遠のく・離隔する・隔絶する・遊離する・乖離(かいり)する・去る・出る・空(あ)ける・外す・後(あと)にする・立ち去る・引き払う・引き上げる・辞去する・退去する・退散する・失(う)せる・退(の)く・下がる・退(ど)く・立ち退く・引き下がる・引き取る・引っ込む/(❸㋒)離別する/(❹)離反する・離背する・絶縁する・決別する・おさらばする・袂(たもと)を分かつ/(❺)退(しりぞ)く・退(の)く・抜ける・離脱する・脱退する・引退する・辞任する・離任する・手を引く
ば-な・れる【場慣れる｜場×馴れる】〔動ラ下一〕図ばな・る〔ラ下二〕経験をかさねてその場所や物事になれる。「新人とは思えない—・れた態度」
はなれ-わざ【離れ業｜離れ技】普通の人にはできない難しい芸当や振る舞い。「—をやってのける」
(類語)曲芸・芸当・アクロバット・軽業・曲技・サーカス
はな-ろうそく【花×蝋×燭】(ラフソク) 花模様を描いて彩色したろうそく。絵ろうそく。
はな-ろくしょう【花緑青】(ロクシヤウ) 緑色の顔料。酢酸銅と亜砒酸銅の複塩で、有毒。船底塗料などに使用。また、その色。
はな-わ【花輪｜花▽環】生花や造花を輪に作ったもの。慶弔などの意を表すのに用いる。
(類語)花束・ブーケ・レイ
はなわ【×塙】(はなは) 山の突き出た所。また、土地の小高くなっている所。「武隈(たけくま)の—の松は親も子もならべて秋の風は吹かなむ」〈宇津保・内侍督〉
はな-わ【鼻輪】牛の鼻に通す輪。はながい。
はなわ-ほきいち【塙保己一】(はなは)〔1746～1821〕江戸後期の国学者。武蔵の人。幼名、寅之助。号、温故堂。7歳で失明。のち、江戸に出て賀茂真淵(かものまぶち)らに学び、抜群の記憶力により和漢の学に通暁。幕府の保護下に和学講談所を建て、晩年、総検校(そうけんぎょう)となる。「群書類従」を編纂。著「武家名目抄」「花咲

松(まつなぎさ)」など。

はな-わらび【花×蕨】ハナヤスリ科のシダの、ナツノハナワラビ・フユノハナワラビ・オオハナワラビなどの総称。栄養葉は羽状に細かく裂けていて、胞子葉は穂状に胞子嚢(ほうしのう)をつける。

はに【×埴】きめの細かい黄赤色の粘土。瓦・陶器の原料。また、上代には衣にすりつけて模様を表すのにも用いた。赤土。粘土(ねばつち)。へな。はにつち。

ハニア〖Chania〗ギリシャ南部、クレタ島の港湾都市。古代名キドニア。同島第二の規模で、北西岸に位置する。クレタ文明時代の都市に起源し、続いて、古代ギリシャ、東ローマ帝国、ベネチア共和国の支配下に置かれて、17世紀にオスマン帝国領となった。1840年から1971年まで、同島の行政の中心地だった。旧市街にはベネチア時代の港や街並みが残っている。同島出身で初の首相になったE=ベニゼロスの生地。カニア。

ハニー〖honey〗❶蜂蜜(はちみつ)。❷いとしい人。恋人やわが子など愛する人への呼びかけにも用いる。

バニー〖bunny〗❶ウサギ、特に子ウサギの愛称。❷「バニーガール」に同じ。

バニー-ガール〖bunny girl〗キャバレーやクラブなどで、ウサギの耳と尾を模した衣装をつけて働くホステス。

ハニー-トラップ〖honey trap〗《甘い罠の意》機密情報などを得る目的で、スパイが色仕掛けで対象(外交官や政治家・軍関係者など)を誘惑したり、弱みを握って脅迫したりする、諜報活動のこと。主に、女性の諜報員が男性に仕掛けるものをいう。

パニーノ〖イタリア panino〗小さな丸形パン。また、その間にハムなどを挟んだサンドイッチ。(補説)複数形は、panini(パニーニ)

ハニー-バンタム〖honey bantam〗トウモロコシの一品種。一代雑種の品種。味は甘い。

ハニーポット〖honeypot〗《蜂蜜(はちみつ)の壺(つぼ)の意》コンピューターネットワーク上で、意図的に、悪意ある攻撃を受けやすいよう設定したコンピューターや機器のこと。クラッカーをおびき寄せたり、コンピューターウイルスのふるまいを調査したりするおとりとして用いられる。

パニエ〖フランス panier〗ヨーロッパで18世紀に流行した、スカートをふくらませるための腰枠入りのペチコート。

はにかみ　はにかむこと。はにかんだようす。「一の表情を見せる」

はにかみ-や【はにかみ屋】すぐにはにかむ人。恥ずかしがり屋。

ハニカム〖honeycomb〗❶蜂の巣。❷《honeycomb structureから》航空機・自動車などの構造部材として用いられる軽く強度の高い板状の素材。ごく薄い2枚の表皮の間に、蜂(はち)の巣を薄切りにしたような多孔材を挟んだもの。

はにか・む〔動マ五(四)〕恥ずかしがる。恥ずかしそうな表情をする。「一・んで頬を赤らめる」
(類語)照れる・恥じらう

ハニカム-ウィーブ〖honeycomb weave〗蜂の巣のような升目形にくぼんだ織物。蜂の巣織り。

ハニカム-ボード〖honeycomb board〗2枚の板の間に蜂の巣(ハニカム)のような6角形の空間のつながった心材を挟んだ板。軽量で丈夫。素材は板紙・金属・セラミックなど。

は-にく【歯肉】歯の根もとの肉。はぐき。

ば-にく【馬肉】食用の馬の肉。桜肉(さくらにく)。

パニク・る〔動ラ五〕《「パニック」の動詞化》慌てふためく。恐慌状態に陥る。「一・って返事ができなかった」

はに-ごろう【羽仁五郎】(ゴラウ)[1901～1983]歴史学者。群馬の生まれ。旧姓、森。羽仁もと子の娘婿。唯物史観の立場から明治維新を研究。野呂栄太郎らと「日本資本主義発達史講座」の刊行に参加・執筆。第二次大戦後は広く文明批評家として活躍。参議院議員。著「ミケルアンヂェロ」「都市の論理」など。

はに-し【▽土師】▶はじ(土師)

はにし【黄=櫨】ハゼノキの古名。〈和名抄〉

バニシング-クリーム〖vanishing cream〗肌荒れの防止、化粧下、ひげそり後の手入れなどに用いる無脂肪性クリーム。

はに-すすむ【羽仁進】[1928～　]映画監督。東京の生まれ。父は歴史学者羽仁五郎。祖母は教育家羽仁もと子。岩波映画製作所の創設に参加、記録映画に新風を吹き込み、話題を集める。ドキュメンタリー的手法を一般の劇映画にも生かし高く評価される。記録映画「教室の子供たち」「法隆寺」、劇映画「不良少年」「初恋・地獄篇」など。

バニツァ〖Bănița〗ルーマニア中西部、トランシルバニアアルプスのオラシュチエ山脈にある村。紀元前1世紀頃にダキア人が古代ローマの侵入に備えて建造した要塞の遺跡が残っている。1999年に「オラシュチエ山脈のダキア人の要塞群」の一つとして世界遺産(文化遺産)に登録された。

パニック〖panic〗❶▶恐慌(きょうこう)❷　❷災害など、思いがけない事態に直面した際に群衆が引き起こす混乱状態。「事故直後、乗客が一におちいる」(類語)騒乱

パニック-しょうがい【パニック障害】(シャウガイ)不安神経症の一。突発的な強い不安感、めまい、体のしびれなどの発作がくり返し起こり、次いで、それが再発するのではないかという恐怖感におそわれる。

パニッシュメント〖punishment〗処罰。刑罰。

はに-つち【×埴土】「埴(はに)」に同じ。

バニティー〖vanity〗❶虚栄。虚栄心。虚飾。❷装身具。小間物。

バニティー-ケース〖vanity case〗化粧道具を入れて携帯する小型の箱状手提げかばん。また、化粧用のコンパクト。

バニティー-バッグ〖vanity bag〗「バニティーケース」に同じ。

はに-べ【×埴×瓮】埴で作った瓶(かめ)。「其の置ける一を名づけて厳瓮(いつへ)と」〈神武紀〉

ハニムーナー〖honeymooner〗▶ハネムーナー

ハニムーン〖honeymoon〗▶ハネムーン

はに-もとこ【羽仁もと子】[1873～1957]教育家。青森の生まれ。教員を経て報知新聞社に入社し、日本最初の女性記者となる。雑誌「家庭之友」(のちの「婦人之友」)を創刊。大正10年(1921)自由学園を創設し、生活即教育をモットーに文部省令によらない女子教育を創始。

はにやす-の-いけ【埴安の池】奈良県橿原(かしはら)市、香具山の西麓にあった池。

はにやす-の-かみ【埴安神】日本神話で、伊弉諾尊(いざなぎのみこと)の子。土をつかさどる神。

はにや-ゆたか【埴谷雄高】[1909～1997]小説家・文芸評論家。台湾の生まれ。本名、般若(はんにゃ)豊。昭和6年(1931)日本共産党に入党するが、翌年検挙される。転向出獄ののち、雑誌「近代文学」の創刊に参加し、長編小説「死霊(しれい)」を連載。他に「闇のなかの黒い馬」など。

バニヤン〖John Bunyan〗[1628～1688]英国の宗教家・物語作家。熱心な清教徒として活動し、二度の投獄を体験。代表作「天路歴程」は、英国の小説の発展に大きな影響を与えた。バンヤン。

はにゅう【羽生】(はにふ)埼玉県北東部の市。青縞の産地として発達し、被服工業が盛ん。田山花袋「田舎教師」の舞台。人口5.6万(2010)。

はにゅう【×埴▽生】(はにふ)❶埴のある土地。また、埴土。「草枕旅行く君と知らませば岸の一ににほはさましを」〈万・六九〉❷「埴生の小屋」の略。「旅の空なれぬ一の夜の床(とこ)もわびしきまでにもる時雨かな」〈金槐集〉

ばにゅう-がわ【馬入川】(バニフがは)相模(さがみ)川下流の称。神奈川県平塚市で相模湾に注ぐ。

はにゅう-し【羽生市】(はにふ)▶羽生

はにゅう-の-おや【×埴▽生の小屋】(はにふのをや)「はにゅうのこや」に同じ。「彼方(をちかた)の一に小雨降り床さへ濡れぬ身に添へ我妹(わぎも)」〈万・二六八三〉

はにゅう-の-こや【×埴▽生の小屋】(はにふ)土の上にむしろを敷いて寝るような粗末な小屋。また、赤土を塗ってつくった小屋ともいう。みすぼらしい家。賤(しづ)が伏屋(ふせや)。はにゅうのやど。はにゅうのおや。「旅の空一のいぶせさに故郷(ふるさと)いかに恋しかるらん」〈平家・一〇〉

はにゅう-の-やど【×埴▽生の宿】(はにふ)みすぼらしい家。埴生の小屋。◆曲名別項。

はにゅうのやど【埴生の宿】(はにふのやど)《原題 Home, Sweet Home》英国の作曲家ビショップの曲。日本では明治時代から唱歌として歌われてきた。訳詞は里見義(ただし)。

ばにょう-さん【馬尿酸】(バネウ)肝臓で安息香酸の解毒が行われる際に、グリシンとの反応によって生成し、尿中に排出される物質。草食動物に多く、馬の尿から発見された。人間の尿にも少量みられ、肝機能の検査に利用。ベンゾイルグリシン。

バニラ〖vanilla〗❶ラン科の多年生の蔓植物(つるしょくぶつ)。葉の付け根から気根を出して他に絡み、長楕円形の多肉の葉が互生する。花は総状につき、黄緑色。果実は細長く、完熟しないうちに発酵させると特有の甘い香気を発し、食品の香料に利用する。熱帯アメリカの原産。❷バニラエッセンス。またそれで香りをつけたアイスクリームのこと。

バニラ-エッセンス〖vanilla essence〗バニラの果実から芳香成分を抽出した液をアルコールで薄めた香料。アイスクリームをはじめ製菓・飲料などに用いる。

バニリン〖ドイツ Vanillin〗バニラの果実中に含まれる、芳香をもつ無色の針状結晶。工業的にはリグニンを分解して作る。菓子などの香料用。ワニリン。

はに-わ【×埴輪】《土で作った輪の意》4～7世紀ごろ、古墳の上または周囲に立て並べた素焼きの土製品。弥生時代の壺(つぼ)をのせる器台を起源にもつ円筒埴輪と、人物・馬・猪(いのしし)・犬・鶏・水鳥・盾(たて)・靫(ゆぎ)・蓋(きぬがさ)・家などの形をした形象埴輪に大別される。

バニング〖vanning〗▶バンニング

は-にんじん【葉人▽参】若葉を食用とする秋季のニンジン。

は・ぬ【×刎ぬ】〔動ナ下二〕「は(刎)ねる」の文語形。

は・ぬ【跳ぬ】〔動ナ下二〕「は(跳)ねる」の文語形。

は・ぬ【×撥ぬ】〔動ナ下二〕「は(撥)ねる」の文語形。

バヌアツ〖Vanuatu〗南太平洋西部、ニューヘブリディーズ諸島を占める共和国。首都ポートビラはエファテ島にある。イギリス・フランスの共同統治領から1980年に独立。ココナツ油・コプラなどを産する。人口22万(2010)。

は-ぬい【端縫い】(ぬひ)❶「はしぬい」に同じ。❷和服を洗濯して伸子張(しんしば)りで仕上げるために、解いて反物状に縫い合わせること。

は-ぬけ【羽抜け】鳥の羽毛が抜けたり、抜け替わったりすること。

は-ぬけ【歯抜け｜歯▽脱け】❶歯が抜けおちていること。❷そろいのものが、ところどころ抜けてないこと。「全集の一部が一になっている」

はぬけ-どり【羽抜け鳥｜羽▽脱け鳥】羽替え時の、羽が抜けて鳥肌をあらわにした鳥。しばしばみじめで滑稽なさまにたとえられる。(季 夏)「一身を細うしてかけりけり／虚子」

は-ね【羽｜羽根】❶鳥の全身を覆う羽毛。❷㋐鳥が空を飛ぶための器官。翼。「一を畳む」㋑(「翅」とも書く)昆虫の飛ぶための器官。㋒翼状のもの。特に、器具・機械に取り付けた翼状のもの。「飛行機の一」「外套の一を後ろに反(そ)ねて」〈木下尚江・良人の自白〉❸矢につけた羽毛。やばね。❹(羽根)ムクロジの実に穴をあけ、数本の羽をさしたもの。羽子板でこれをついて遊ぶ。はご。「正月に一をつく」(季 新年)「大空に一の白妙とどまれり／虚子」❺バドミントンで用いるシャトルコック。❻水車・タービンなどで回転体の周囲に取り付けた金属片。「プロペラの一」「扇風機の一」❼紋所の名。❶の形を組み合わせて図案化したもの。
(…羽)赤い羽根・緑の羽根(ばね)案内羽根・追い羽根・大羽・尾羽・風(かざ)切り羽・切り羽子(はご)・固定羽根・小羽根・衝(つく)羽根・撚翅(ねじればね)・矢羽根・遣(や)り羽根・綿羽
(類語)(❶)羽毛・毛・ダウン・フェザー／(❷)翼

羽が生えたよう　品物がどんどん売れるようすのたとえ。また、物や金などがどんどん減るようすのたとえ。「一に売れていく」「一に金が出ていく」

羽を交わ・す 「羽を並ぶ❶」に同じ。「一・し枝を連ぬる契りの末も」〈奥の細道〉

羽を交わせる鳥 「比翼の鳥❶」に同じ。「生きての世死にての後の後の世も一となりなむ」〈大鏡・師尹〉

羽を垂・れる 平伏して頭を下げる。降伏したさまにいう。「長田の四郎忠宗は…父子十騎ばかり一・れて」〈古活字本平治・下〉

羽を並・ぶ ❶《中国の、比翼の鳥の伝説から》男女・夫婦がこまやかな愛情で結ばれる。羽を交わす。「木にもおひず羽も並べで何しかも浪路隔てて君を聞くらむ」〈拾遺・雑上〉❷臣下が協力して主君を助ける。「公に仕うまつりし際は一・べたる数にも思ひ侍らで」〈源・行幸〉

羽を伸ば・す 束縛するものがなくなって、のびのびと自由に振る舞う。「休暇をとって一・す」

はね【跳ね】 ❶跳ねること。「ウサギがひと一する」❷水や泥が飛び散ること。また、その水や泥。「一が上がる」❸その日の興行が終わること。打ち出し。「芝居の一時」❹おてんばなこと。また、その人。おはね。「香山家三人の女子の中、上は気むずかしく末は一にて」〈一葉・暁月夜〉❺(「綽」とも書く)囲碁で、互いの石が接するとき、相手の進行を止めるために斜めに打つこと。❻物事や話などの結末。「是を一にもう往なうぢゃあるまいか」〈浄・女舞衣〉(類語)(❸)終演・閉幕

はね【×撥ね】 《「跳ね」と同語源》❶文字を書くとき、運筆の終わりを上にはねること。また、文字のその部分。❷「ピン撥ね」に同じ。「一割づつの一を取る」〈浮・当世銀持気質・四〉

はね【×刎】 〔接尾〕《「跳ね」と同語源》助数詞。兜などを数えるのに用いる。頭。「鎧二領に兜二一」〈謡・碇潜〉

ばね【発=条|撥=条|弾=機】 ❶鋼などの金属材料を螺旋状に巻いたり折り曲げたりし、その弾力性を利用してエネルギーを吸収・蓄積するために用いるものの総称。スプリング。「一が弾む」❷足腰などの弾力性。跳ねる力。「腰の一を利かせて投げる」(類語)(❶)スプリング・ぜんまい

はね-あがり【跳ね上(が)り】 ❶跳ね上がること。特に、値段や相場などが急に上がること。「土地価格の一」❷先走った行動をとること。また、その人。「若手党員の一が混乱を招く」「一者」

はね-あが・る【跳ね上(が)る】 〔動ラ五(四)〕❶はねて上方へ上がる。「泥水が一・る」❷値段や相場などが急に上がる。「株価が一・る」❸先走ってかってなことをする。「一・った行為」

(類語)躍る・躍り上がる・飛び上がる・小躍り・飛び跳ねる・舞い上がる・跳ね上げる・飛ぶ

はね-あ・げる【×撥ね上げる】 〔動ガ下一〕(文)はねあ・ぐ〔ガ下二〕❶はねて上方へ上げる。「泥を一・げる」「のれんを一・げて店に入ってくる」❷値段や相場などを急に上げる。「好決算が株価を一・げる」(類語)躍り上がる・躍る・飛び上がる・跳ね上がる・小躍り・飛び跳ねる・舞い上がる・飛ぶ

はね-あり【羽×蟻】 ►はあり

はね-うま【跳ね馬】 はね上がるくせのある馬。とびはねる馬。駻馬。

はね-お・きる【跳ね起きる】 〔動カ上一〕(文)はねお・く〔カ上二〕はねるようにして勢いよく起きる。とび起きる。「目覚まし時計の音に一・きる」

はね-おと【羽音】 「はおと」に同じ。「鶏の一」

はね-かえ・す【跳ね返す】 〔動サ五(四)〕❶水・泥などを、勢いよくはねさせる。「油膜が水滴を一・す」❷向かってくるものなどに対抗して反撃する。「大関のつっぱりを一・す」❸よくない状況を克服する。「重圧を一・す」「劣勢を一・す」❹受け付けないで返す。はねつける。「要求を一・す」

(類語)弾く・弾き返す・はねのける・裏返す・ひっくり返す・覆す・翻す・倒す・転覆・逆転・逆様

はね-かえり【跳ね返り】 ❶はねてもとの方へ戻ること。また、そのもの。❷ある事をした結果、影響が他の事柄に及ぶこと。「増税の景気への一が心配だ」❸軽はずみなこと。また、その人。はねっかえり。「一の弥次馬が面白半分に飛出し」〈魯庵・社会百面相〉❹おてんば。はねっかえり。

はねかえり-けいすう【跳ね返り係数】 ►反発係数

はね-かえ・る【跳ね返る】 〔動ラ五(四)〕❶ぶつかって、もとの方へ戻る。「ボールがフェンスに当たって一・る」❷勢いよくはねる。「油が一・る」❸物事の影響が波及してもとへ戻ってくる。「賃金の上昇が物価高となって一・る」(類語)(❸)響く・影響・刺激・煽り・作用・差し響く・祟る・災いする・反響・反映・反応・反動・反作用・波紋・余波・累・皺寄せ・とばっちり・巻き添え・そばづえ

はね-かか・る【×撥ね掛(か)る】 〔動ラ五(四)〕水・泥などがとび散ってかかる。「水しぶきが一・る」

はね-がき【羽×掻き】 鳥がくちばしで羽をかきつくろうこと。一説に鳥がはばたくこと。「暁の鴫の一百羽がき君が来ぬ夜は我ぞ数かく」〈古今・恋五〉

はね-か・く【羽×掻く】 〔動カ四〕鳥がはねがきをする。「百羽がき一・く鴫もわがごとくあしたわびしき数はまさらじ」〈拾遺・恋二〉

はね-かくし【隠=翅=虫|羽=隠=虫】 甲虫目ハネカクシ科の昆虫の総称。体長5〜30ミリ。体は扁平で細長い。前翅は非常に短く、後ろ翅はその下に小さく畳み込まれ、腹部の後方が露出している。幼虫・成虫とも昆虫や腐肉を食べ、アリと共生するものもある。アオバアリガタハネカクシなど。

はね-か・ける【×撥ね掛ける】 〔動カ下一〕(文)はねか・く〔カ下二〕❶水・泥などをはねとばしてかける。「あやまってソースを上着に一・ける」❷責任や罪を他の人になすりつける。「アレコソ其ノ熟柿ヲバ食ベタレトー・キョウズルニ」〈天草本伊曽保・イソポが生涯〉

はねか・す【×撥ねかす】 〔動サ五(四)〕水・泥などをとばし散らす。「ビシャリと水を一・した」〈竜胆寺雄・黒猫〉

はね-かずら【はね×鬘】 年ごろになった少女がつける髪飾り。材料・形などは不明。「一今する妹をうら若みいざ率川の音のさやけさ」〈万・一一一二〉

は-ねぎ【葉×葱】 緑の部分が多く、根元から葉の先まで食べられるネギ。京都の九条ネギなど。青ネギ。万能ネギ。関西で多く栽培される。➡白葱

はね-ぎ【跳ね木|×刎木|×桔木】 ❶(桔木)屋根裏に取り付ける材で、梃子の原理を利用して軒先をはね上げるようにして支えるもの。屋根の勾配を急にしたり厚みを増したりできるようになる。❷物を抜き取るのに用いる、梃子のような木製の道具。

はね-き・る【羽▽霧る】 〔動ラ四〕はばたきをして水しぶきをあげる。「埼玉の小埼の沼に鴨そ一・る己が尾に降り置ける霜を払ふとにあらし」〈万・一七四四〉

はね-ぎ・る【跳ねぎる】 〔動ラ四〕忙しくとびまわる。はしゃぎまわる。「三の君に見せ奉らむ、蔵人の少将の渡り給ふを、と北の方一・りをるを」〈落窪・二〉

はね-ぐるま【羽根車】 水車・タービンなどで、回転軸の周囲に羽根を取り付けたもの。羽根に水や風の力を受けて軸を回転させる。

はね-ごし【跳ね腰】 柔道で、相手を前方へ浮かし崩して自分の体を回り込ませ、相手の下腹に密着させ、腰のあおりと足の跳ね上げとで倒す技。

ばね-じかけ【発=条仕掛(け)】 ばねを応用した機械装置。「一のおもちゃ」

はね-しょうぎ【跳ね将棋】 ►飛び将棋

はねず【唐=棣=花|棠=棣|朱=華】 ❶初夏に赤い花をつける植物の名。ニワウメ・ニワザクラなど諸説がある。「夏まけて咲きたる一ひさかたの雨うち降らば移ろひなむか」〈万・一四八五〉❷「唐棣花色」の略。「浄位より已上は、ならびに一を着る」〈天武紀〉

はねず-いろ【唐=棣=花色】 ハネズの花のような、白みを帯びた赤い色。色があせやすいという。「山吹のにほへる妹が一の赤裳の姿夢に見えつつ」〈万・二七八六〉

はねずいろ-の【唐=棣=花色の】 〔枕〕ハネズで染めた色があせやすい意から、「うつろひやすし」に掛かる。「思はじと言ひてしものを一移ろひやすき吾が心かも」〈万・六五七〉

はね-ずみ【跳ね炭】 火がおこるときに、はぜてとび散る炭。はしり炭。(季冬)

はねだ【羽田】 東京都大田区の地名。多摩川河口の北岸に位置し、東京湾岸の埋立地に東京国際空港がある。

はね-だいもく【跳ね題目】 「髭題目」に同じ。

はねだ-くうこう【羽田空港】 東京国際空港の通称。

はね-だすき【×撥ね×襷】 歌舞伎で、荒事の扮装に用いる紅白・紫白の太い襷。芯に針金を入れ、結び目の輪や先端がぴんと張るようになっている。

はねだ-とおる【羽田亨】 [1882〜1955]東洋史学者。京都の生まれ。京大教授・総長を歴任。西域、中央アジア史を専攻。文化勲章受章。著「西域文明史概論」「西域文化史」など。

はねっ-かえり【跳ねっ返り】 「跳ね返り」に同じ。「一娘」

はね-つき【羽根突き|羽▽子突き】 〔名〕(スル)羽子板で羽根をついて遊ぶこと。また、その遊び。一つのはねを二人以上でつく追い羽根、数をかぞえながら一人でつく揚げ羽根などがある。(季新年)「島の路狭し一通せんぼ/蓼汀」

はね-づくろい【羽繕い】 〔名〕(スル)「はづくろい」に同じ。

はね-つ・ける【×撥ね付ける】 〔動カ下一〕(文)はねつ・く〔カ下二〕要求や申し出などをにべもなく断る。冷たく拒絶する。「提案を一・ける」(類語)拒む・退ける・突っぱねる・否む・蹴る・辞する・謝する・謝絶する・拒否する・辞退する・固辞する・遠慮する・一蹴する・不承知・難色・拝辞する・峻拒する

パネットーネ〔イタリア panettóne〕►パネトーネ

はね-つるべ【×撥ね釣▽瓶】 柱の上に横木を渡し、その一端に石を、他端に釣瓶を取り付けて、石の重みで釣瓶をはね上げ、水をくむもの。

ばね-ていすう【発=条定数】 ばねが受けた荷重と伸びとの比。ばねの弾性定数。

ハネデュー-メロン《和 honeydew(蜜)＋melon》メロンの一品種。果皮は緑白色で、果実は球形。果肉は淡黄緑色。

はね-と【跳▽人】 ねぶたの屋台とともに練り歩く踊り手。花笠をかぶり、たくさんの鈴を身につける。

はね-どうりょくけい【羽根動力計】 ►空気動力計

パネトーネ〔イタリア panettóne〕果物の砂糖漬けや干しぶどうを入れた、クリスマス用の円筒形のパン菓子。パネットーネ。

はね-とば・す【×撥ね飛ばす】 〔動サ五(四)〕ぶつかって、勢いよく飛ばす。はじき飛ばす。「車に一・される」「重圧を一・す」

はね-に【×撥ね荷】 ❶荷の中からより分けて別にした荷物。❷「打ち荷」に同じ。

はねのかむろ【羽根の禿】 歌舞伎舞踊。長唄。初世瀬川如皐作詞、初世杵屋正次郎作曲。天明5年(1785)江戸桐座で、五変化舞踊「春昔由縁英」の一つとして初演。初春の江戸吉原の門口で羽根つきに興じる禿の姿を描く。

はね-の・く【跳ね▽退く】 〔動カ五(四)〕身をおどらせてどく。とびのく。「一・いて落石を避けた」

はね-の・ける【×撥ね▽除ける】 〔動カ下一〕(文)はねの・く〔カ下二〕❶はじくようにしてわきへのける。勢いよく押しやる。「掛け布団を一・ける」「誘惑を一・ける」❷選び出して除く。「傷物を一・ける」

はね-ばかま【×撥ね×袴】 糊が強く、着ると端がはね上がるように折り目のついた袴。転じて、それを着けて威張っているさまをいう。「主の威光の一かさにかかって」〈浄・女夫池〉

ばね-ばかり【発=条×秤】 螺旋状のばねに物をつるし、ばねの伸びた長さを目盛りで読んで重量をはかる秤。

はね-ばし【跳ね橋|×撥ね橋】 ❶城塞などの入り口に設け、不必要なときは綱・鎖などでつり上げておけるようにした橋。❷船を通行させるときだけ、つり上げられるようにした橋。開閉橋。跳開橋。(類語)

橋・ブリッジ・丸木橋・八つ橋・釣り橋・反り橋・太鼓橋・橋梁・桟橋

はね-ばし【×撥ね箸】嫌い箸の一。食事の際に、食べたくないものを箸でのけること。

はね-び【跳ね火】火がはじけて飛ぶこと。また、その火。はしり火。

はね-ぶとん【羽根布団┊羽布団】鳥の羽毛を中に入れた布団。軽くて暖かい。《季 冬》

はね-ぼうき【羽×箒】―ばうき「はぼうき(羽箒)」に同じ。

はね-ぼり【×撥ね彫(り)】▶撥鏤ばちる

はね-ポンプ【羽根ポンプ】▶ウイングポンプ

はね-まわ・る【跳ね回る】―まはる〔動ラ五(四)〕跳ねて動きまわる。「砂場をはだしで―・る」

ハネムーナー〖honeymooner〗新婚のカップル。

ハネムーン〖honeymoon〗❶新婚後の約1か月間。蜜月。❷新婚旅行。蜜月旅行。❸(❶から転じて)政権発足からしばらくの間、国民・メディアなどが批判を控え、新政権の施策を見守る期間。補説❸は、米国で、新政権発足後3か月くらいを「ハネムーン」と称して議会・メディアが批判を控える慣例から。類語(❷)旅行

ハネムーン-ベビー《和 honeymoon＋baby》新婚旅行でみごもった赤ん坊。

はね-もとゆい【跳ね元結】―もとゆひ 結んだとき、端がはね返るようにした元結。金紙・銀紙などで作り、中に針金が入れてある。江戸中期に流行し、主に若い女性が用いた。はんがけ。はねもとい。

はね-もの【跳ね者】軽はずみな人。とっぴな言動をする人。おっちょこちょい。とびあがりもの。はねあがり。「そりゃ、はねがかかります。―、―。おれと同じ事だす」〈滑・浮世風呂・三〉

はね-もの【×撥ね物】規格に合わないとして取り除かれた品物。

はね-やすめ【羽休め】鳥が枝などにとまり、羽を休めること。はねやすみ。

はね-ようじ【羽根×楊枝┊羽×楊枝】―ヤウジ 細長い柄えの頭に鳥の羽をつけた小さい楊枝。おはぐろや薬などをつけるのに用いる。

パネラー《和 panel＋er》❶クイズ番組の解答者。❷「パネリスト」に同じ。

パネリスト〖panelist〗パネルディスカッションの討論者。パネラー。

は・ねる【×刎ねる】〔動ナ下一〕図は・ぬ〔ナ下二〕《「跳ねる」と同語源》刀で首を切り落とす。「首を―・ねる」類語刻む・切る・裁つ・ちょん切る・ぶった切る・かき切る・切り刻む・ちぎる・切り抜く・切り込む・切り出す

は・ねる【跳ねる】〔動ナ下一〕図は・ぬ〔ナ下二〕❶勢いよくとび上がる。躍り上がる。「川面に魚が―・ねる」「驚いた馬が―・ねる」❷液体などがはじけてとび散る。「揚げ物の油が―・ねる」「炭がぱちぱちと―・ねる」❸活気があって動き回る。また、おてんばである。「お駒とて少し―・ねたる三五の少女は」〈蘆花・不如帰〉❹芝居などで、その日の興行が終わる。芝居小屋の外囲いの薦こもを上の方へはね上げたところからいう。「芝居が一〇時に―・ねる」❺芝居などで、観客の入りがよくなる。当たりをとる。「今日の催しはきっと―・ねるだらう」〈滑・八笑人・二〉類語(❶)跳ぶ・ジャンプ/(❷)飛び散る・はじける・はぜる・ほとばしる・弾む/(❹)終わる・済む・片付く・上がる・引ける・終了する・完了する・完結する・結了する・終結する・終決する・終止する・終息する・閉幕する・幕になる・幕を閉じる・ちょんになる・けりが付く・方かたが付く

は・ねる【×撥ねる】〔動ナ下一〕図は・ぬ〔ナ下二〕《「跳ねる」と同語源》❶とばし散らす。液体などをはじきとばす。「泥を―・ねる」「ワックスが水を―・ねる」❷物や人をはじきとばす。「歩行者を車で―・ねる」❸一定の基準に満たないものを選んで取り除く。検査などで不合格にする。「腐ったものを―・ねる」「面接試験で―・ねられる」❹人の取り分の一部をかすめ取る。「もうけの上前を―・ねる」❺拒絶する。断る。はねつける。「要求を―・ねる」❻物の端を勢いよく上に向ける。文字の線などの先端を払い上げるようにする。「ぴんと―・ねた口ひげ」「筆順の最後に縦の棒を下ろして―・ねる」❼撥音はつおんで言う。撥音になる。「『摘みて』は『つんで』と―・ねる」

パネル〖panel〗❶鏡板。羽目板。また、一定の寸法や仕様で作られた板。「部屋を―で仕切る」❷カンバス代用の画板。また、それに描いた絵。パネル画。❸展示するために写真などを貼る板。また、その写真。❹「パネルディスプレー」の略。❺婦人服の身頃みごろやスカートなどに縦にはめ込んだり、重ねて垂らしたりする別布や飾り布。❻配電盤の一区画。❼委員会。審議会。討論会。調査団。また、特にWTO(世界貿易機関)の紛争解決小委員会。

パネル-カット〖panel cut〗婦人服にパネル❺をはめ込んだデザインのこと。

パネル-サーベイ〖panel survey〗▶パネル調査

パネル-ちょうさ【パネル調査】―テウサ 調査対象者を固定して、一定期間に複数回の測定を行う調査法。

パネル-ディスカッション〖panel discussion〗討議法の一。ある問題について対立する意見をもつ数人の代表者が聴衆の前で討論を進め、のち聴衆の参加を求めるもの。

パネル-ディスプレー〖panel display〗コンピューターの、液晶やプラズマなどを用いた薄型のディスプレー。

パネル-テクニック〖panel technique〗「パネル調査」に同じ。

パネル-バン〖panel van〗運転室と荷物室が一体となっているトラック。ルートバン。

パネル-ヒーター《和 panel＋heater》鉄板製のついたての内部に油を封入し、電気で油の温度を上げて周囲に放熱する暖房器具。

パネル-ヒーティング〖panel heating〗床・壁・天井に温水管や電熱線を埋め込み、その放射熱を利用する室内暖房。

パネル-ランプ《和 panel＋lamp》自動車の計器板を照明する灯火。

ハノイ〖Hanoi〗ベトナム社会主義共和国の首都。同国北部にあり、ホン川に臨む水陸交通の要地で、古来、政治・経済・文化の中心として発展。化学工業や機器製造が盛ん。歴史的遺跡が多い。人口、行政区263万、都市圏645万(2009)。補説「河内」とも書く。

ハノイ-の-とう【ハノイの塔】―タフ 中央に穴の空いた複数の円盤が、3本の杭に積み重ねられたパズル。円盤は3枚から10枚ほどで、それぞれ直径が異なり、最初は杭のうち1本に大きい円盤を下にして積み重ねられている。これを他の2本に1枚ずつ移し替え、最終的に、決められた1本にすべて移すことを目指す。小さい円盤の上に大きいものを重ねることはできない。補説フランスの数学者リュカによって1883年に考案された。発売時に、アジアに伝わるパズルという架空の設定で宣伝されたため名付けられた。

ハノーバー〖Hannover〗ドイツ中北部の商工業都市。ニーダーザクセン州の州都。石灰・カリウムなどを産出し、機械工業が盛ん。1947年以来大規模な見本市の開催地。中世にはハンザ同盟に属し、のち王国となったが、1866年にプロイセンに併合された。ハノーファー。

ハノーバーシュ-ミュンデン〖Hannoversch Münden〗▶ミュンデン

ハノーバー-ちょう【ハノーバー朝】―テウ《Hanover》イギリスの王朝。1714年、スチュアート朝の断絶後、ドイツのハノーバー選帝侯がジョージ1世として即位したのに始まり、ビクトリア女王まで6代続いた。

ハノーファー〖Hannover〗▶ハノーバー

は-の-じ【×巴の字】❶《「巴」の篆書てんしょ体の形から》巴ともえ模様。また、そのように渦巻き状にまわること。「十文字に懸け破り、―に追ひ廻らす」〈太平記・四〉❷《水が巴の字の形にめぐり流れるところから》曲水。また、曲水の宴のこと。はのじのみず。「年月次なみを重ねても、―を書いたる流れの末」〈宴曲集・二〉

バノックバーン〖Bannockburn〗英国スコットランド中部の都市スターリング南郊の村。ロバート1世率いるスコットランド軍が、エドワード2世のイングランド軍を破り独立を勝ち取った、14世紀の「バノックバーンの戦い」の舞台として知られる。スコットランド独立の経緯を紹介する資料館がある。

パノフスキー〖Erwin Panofsky〗[1892～1968]ドイツ生まれの美術史家。ナチス政権成立後は米国で活躍。イコノロジー(図像解釈学)の方法を確立した。著「イコノロジー研究」など。

は-の-まい【破の舞】―マヒ 能の舞事まいごとの一。序の舞や中の舞のあとに、謡一段を経て、同じシテが再び舞う短い舞。また、その囃子はやし。

パノラマ〖panorama〗❶見渡す限りの広々とした風景。全景。「眼下に広大な―が展開する」❷半円形に湾曲した背景画などの前に立体的な模型を配し、照明によって広い実景を見ているような感じを与える装置。日本では、明治23年(1890)上野公園で初めて公開された。類語景色・風景・風光・風色ふうしょく・景けい・景観・景色けいしょく・景趣・眺望・眺め・見晴らし

パノラマ-カメラ〖panorama camera〗パノラマ写真を撮影するためのカメラ。

パノラマ-しゃしん【パノラマ写真】広大な光景を一目で見られるようにした写真。分割撮影してプリント時に境界線を接合して作るもの、フィルムのこまの上下をカットして撮影するもの、専用カメラでブローニーフィルムを横長に使って撮影するもの、デジタル写真データをパソコンなどで加工して作るものなどがある。

パノラマ-だい【パノラマ台】周囲の景色が遠くまで見渡せる高い所。展望台。

ば-の-りろん【場の理論】空間的に離れた二つの粒子間に作用する力は、電磁場・重力場などの物理的場と相互作用し、場を変動させることにより伝わるとする理論。場を量子化し、量子論的に扱う場合は場の量子論という。

はは《「はば」とも》大蛇。「古語に大蛇、之を―といふ」〈古語拾遺〉

はは【母】❶親のうち、女性のほう。実母・義母・継母の総称。母親。おんなおや。⇔父。❷物事を生み出す根源。「―なる大地」「必要は発明の―」補説平安時代中期以降近世のころまで「はわ」と発音・表記したが、のち、「はは」に戻った。類語(❶)お母かあさん・おっかあ・お袋・母じゃ人・母じゃ・阿母あぼ・慈母じぼ・ママ・生母せいぼ・まま母・嫡母ちゃくぼ・養母・姑しゅうと・姑しゅうとめ・家母かぼ・愚母ぐぼ・お母かあ様・母上ははうえ・母君ははぎみ・母御ははご・母堂ぼどう・尊母そんぼ・北堂・令堂・令慈/(❷)親・母胎

はは【母】《原題、ロシア Mat'》ゴーリキーの長編小説。1907年刊。労働運動を繰り広げる息子とその友人の影響を受けた母親が、階級意識に目覚めて革命運動に加わっていく過程を描く。

はば【幅┊×巾】❶物の横の端から端までの距離。また、長方形の短いほうの辺の長さ。差し渡し。「―の広い肩」「机の―」「道路の―」❷声・価格などの高低の隔たり。「―のある声」「値上げの―」❸制約の中で自由にできる、ゆとり。「規則に―をもたせる」❹心の広さ。ゆとり。「―のある人間」❺その領域で実力があり、発言力が大きいこと。はぶり。威勢。「主が時の―に任せて、佐々木殿の御意を聞かず」〈甲陽軍鑑・一七〉…語後ろ幅・大幅・肩幅・川幅・小幅・シングル幅・背幅・袖そで幅・ダブル幅・中ちゅう幅・並幅・値幅・半幅・広幅・歩幅・前幅・丸幅・道幅・身幅・木綿幅・ヤール幅・横幅・利幅
類語距離・間隔・隔たり・間・間合い・インターバル

幅が利・く　勢力や発言力がある。はぶりがよい。「町内で―・く人」

幅を利か・せる　威勢を張る。いばる。幅をきかす。「サークル内で―・せる」補説「幅を効かせる」と書くのは誤り。

幅を◦する　「幅を利かせる」に同じ。「この嫁が―◦する様に見えて。おのれはいわば厄介物」〈紅葉・二人女房〉

幅を取と・る　❶広い場所を占める。❷「羽振りを利かせる」に同じ。

は-ば【端場】義太夫節で、一場の筋の発端となる部分。一段を口くち・中なか・切きりに分けたとき、口と中の部

分。➡切場きり

ばば【祖＝母¦▽婆】❶(祖母)父母の母親。おおば。そぼ。⇔祖父じじ。❷(婆)年老いた女性。老女。老婆。⇔爺じじ。❸(婆)トランプゲームのばば抜きでジョーカーのこと。(類語)(❷)おばあさん・ばあさん・ばばあ・老女・老婦・老婆・おばば・媼おうな・媼おみな・老媼ろうおう

婆を引・く 《トランプのばば抜きから》(最後に)損をする。不利な目に遭う。「最後には個人投資家が一・くことになる」

ば-ば【馬場】乗馬の練習や馬術競技、また競馬をする場所。

ばば【×糞¦×屎】大便、また、汚いものをいう幼児語。(類語)うんこ・うんち・便・大便・糞ふん・糞くそ・糞便・人糞

パバ〔PABA〕《para-aminobenzoic acid》►パラアミノ安息香酸

パパ〔papa〕父親。お父さん。また、子供などが父親を呼ぶ語。⇔ママ。(類語)父上・おやじ・父・男親・てて・てて親・お父さま・ちゃん・父じゃ人・乃父だいふ・阿父あふ・慈父

は-はあ〔感〕❶思い当たったとき、納得したときなどに発する語。なるほど。はは ん。「一、そうだったのか」❷目上の人に対するかしこまった応答に用いる語。「一、承知つかまつりました」

ははあの十三年 「ははあ」と感嘆するときに「母の一三年忌」をかけて言う言葉遊び。

ばばあ【▽婆】老女。また、老女をののしっていう語。⇔爺じじい。(類語)おばあさん・ばあさん・老女・老婦・老婆・ばば・おばば・媼おうな・媼おみな・老媼ろうおう

バハーイー-きょう【バハーイー教】ケウ〔アラ Bahā'ī〕19世紀後半、バーブ教の分裂後、神の啓示を受けたイラン人バハーウッラー(本名ミールザ＝ホセイン＝アリー)の創始した一神教。世界平和、男女平等、偏見の打破、貧富の格差の除去、教育の重視などを唱える。聖職者を置かず共同体を結成して活動する。日本には明治42年(1909)伝来。本部はイスラエルのハイファ。イスラム教から派生したが、イスラム教は異端と見なす。バハイ教。

パバーヌ〔フラ pavane〕16～17世紀にヨーロッパで流行した、おごそかでゆるやかな二拍子の舞踊。また、そのための舞曲。

パパイア〔papaya〕《「パパイヤ」とも》パパイア科の常緑高木。幹はふつう直立し、木質部が少ない。葉は幹の先に束になってつき、手のひら状に裂けている。切ると乳汁を出す。雌雄異株。果実は長さ約20センチの長円形で、黄色く熟し、多汁で甘い。果実を生食のほかジャムなどにする。熱帯アメリカの原産で、熱帯地方で栽培。パパヤ。(季 夏)「怒濤裂さけ一玻璃はりの中に熟る/鶏二」

パパイア-インジェクション〔papaya injection〕パパイア乳液から得られるたんぱく質分解酵素を注射する、腰痛の特殊な治療法。

パパイア-メロン《和 papaya＋melon》メロンの一品種。果皮には黄色と緑色の縞しまが入る。形はラグビーボール形。果肉は淡橙黄色。

バハイ-きょう【バハイ教】ケウ ►バハーイー教

パパイヤ〔papaya〕►パパイア

パパイン〔papain〕パパイアの果実に含まれる、たんぱく質を加水分解する酵素。ビール醸造の濁り除去などに用いられる。

はは-うえ【母上】ウヘ 母を敬っていう語。⇔父上。(類語)お母さん・ママ・おふくろ・母

はは-おや【母親】母である親。女親。はは。⇔父親。(類語)母・女親・お母かあさん・お母さま・おっかあ・お袋・母じゃ人・母じゃ・阿母あぼ・慈母じぼ・ママ

ははおや-がっきゅう【母親学級】ガクキフ 保育や教育に関する知識を母親に与えるために開設される社会教育の組織。母親教室。母親学校。

ははか【波波×迦】ウワミズザクラの古名。「天の香山の天の一を取りて」〈記・上〉

ばば-がせ【▽婆背】ヒザラガイ科の一種。潮間帯の岩礁にすみ、体長約5センチ。殻を取り巻く肉帯は前域が広く、毛がある。岩からはがすと背を丸める。

はは-かた【母方】母親の血統に属していること。また、その人。「一の伯父」⇔父方。(類語)母系・外戚

はばかり【×憚り】■〔名〕❶はばかること。遠慮すべきこと。「大先輩に対して何の一もない」❷差し支えること。差し障り。「実名を出すのは一がある」❸《人目をはばかる所の意から》便所。■〔形動〕(文)〔ナリ〕「憚り様」に同じ。「お酌は一だが先生に願うで」〈二葉亭・其面影〉(類語)(❶)遠慮・気兼ね・心置き・控え目・斟酌しんしゃく・忌憚きたん・謹慎・内輪・憚る・控える・差し控える・慎む・断る/(❸)化粧室・便所・手洗い・洗面所・トイレット・WC・不浄・雪隠せっちん・手水場ちょうずば・厠かわや

はばかり-さま【×憚り様】〔形動〕(文)〔ナリ〕❶人の世話になったときや少々のことを頼むときなどに言うあいさつの語。ご苦労様。「わざわざお越しいただき、一でございます」❷軽い皮肉や反発の気持ちを込めて答える語。おあいにく様。「一、その手には乗らないよ」

はばかり-ながら【×憚り×乍ら】〔副〕❶遠慮すべきことかもしれないが。恐れながら。「一ご注意申し上げます」❷自分を誇示・主張するようであるが。不肖ながら。「一私はこれでも専門家です」

バハ-カリフォルニア〔Baja California〕►カリフォルニア半島

はばか・る【×憚る】〔動ラ五(四)〕❶差し障りをおぼえてためらう。気がねする。遠慮する。「世間体を一・る」「他聞を一・る」「だれにも一・らず自由に生きる」❷幅をきかす。増長する。いばる。「憎まれっ子世に一・る」❸いっぱいに広がる。はびこる。「一間ひとまに一・るほどの物の面おも出で来てのぞき奉る」〈平家・五〉(類語)(❶)恐れる・控える・心置き・憚はばかり・控え目・斟酌しんしゃく・忌憚きたん・謹慎・内輪・差し控える・慎む・断る

は-はき【×箒¦×帚】《「羽掃き」の意で、古く鳥の羽毛を用いたところからという》ほうき。「庭はくとて、一を持ちて」〈かげろふ・下〉

はばき【脛＝巾¦行＝纏】旅行や作業などの際、すねに巻きつけてひもで結び、動きやすくしたもの。古くは藁わらや布で作った。後世の脚絆きゃはんにあたる。脛巾裳はばきも。

はば-き【幅木¦×脛木】壁の下部の、床と接する部分に張る横木。損傷を防ぐためのもの。

はばき【×鎺】「鎺金はばきがね」に同じ。(補説)「鎺」は国字。

はばき-がね【×鎺金】《人が脛巾はばきをはいた形に似るところから》刀剣などの刀身が鍔つばに接する部分にはめる鞘口さやぐち形の金具。刀身が鞘から抜け落ちないようにするためのもの。はばき。

ははき-ぎ【×箒木¦×帚木】■❶ホウキギの別名。(季 夏)❷信濃(長野県)の薗原そのはらにあって、遠くからはあるように見え、近づくと消えてしまうという、ほうきに似た伝説上の木。転じて、情があるように見えて実のないこと、また、姿は見えるのに会えないことなどのたとえ。「園原や伏せ屋に生ふる一のありとは見えて逢はぬ君かな」〈新古今・恋一〉❸《語頭の2音が同音であるところから》母の意にかけて用いる。「大后の宮…日の本には一と立ち栄えおはしまして」〈栄花・駒競べの行幸〉■(帚木)源氏物語第2巻の巻名。光源氏17歳。源氏の、友人たちとの雨夜の品定めや、空蝉うつせみとの恋の前半部を描く。

はば-きき【幅利き】顔が売れていて、その方面で勢力のあること。はぶりのよいこと。また、その人。「某省で一の参事官である」〈魯庵・社会百面相〉

ははき-ぐさ【×箒草】ホウキギの別名。(季 夏)「いつの間に壁にかかりし一/虚子」

はは-きさき【母▽后】母である皇后。ぼこう。ははきさい。「一世になくかしづき聞こえ給ふ」〈源・桐壺〉

ははき-ぼし【×箒星】「ほうきぼし」に同じ。「長き星南の方に見ゆ。時の人一といふ」〈舒明紀〉

はは-ぎみ【母君】母を敬っていう語。⇔父君。(類語)母御・母堂・母

はばき-も【脛＝巾×裳】「脛巾はばき」に同じ。

ははき-もち【×箒持ち】古代、葬送のとき、墓所を掃き清めるためのほうきを持つ者。

はばき-もと【×鎺本¦×鎺元】刀剣の、はばきがねのあるところ。

ばば-きんらち【馬場金埒】[1751～1807]江戸後期の狂歌師。銭屋ぜにや金埒とも。通称、大坂屋甚兵衛。江戸数寄屋橋の両替屋。天明狂歌四天王の一人。著「金埒狂歌集」「仙台百首」など。

はば-くい【幅×杭】クヒ 道路・鉄道などの建設用地の幅を示すため、路線に沿って両側に打つ杭。

はは-くそ【黒＝子】ほくろ。ははくろ。〈和名抄〉

はは-くり【貝＝母】アミガサユリの別名。ばいも。

はは-くろ【黒＝子】「ははくそ」に同じ。「七つ星の一のかく候ひて」〈愚管抄・四〉

はは-こ【母子】❶母親とその子。❷「母子草」の略。

はは-ご【母御】他人の母を敬っていう語。⇔父御。(類語)母君・母堂・母

ババコ〔スペイン babaco〕南米アンデス地方原産のパパイアの仲間の果実。オクラを大きくしたような形で、切り口は五角形。成熟した果皮は黄色。かすかな酸味とあっさりした甘味がある。

はは-こい【母恋い】コヒ 母を恋しく思うこと。母を恋い慕う気持ち。

ははこ-ぐさ【母子草】キク科の越年草。道端などに生え、高さ20～30センチ。全体に白い毛がある。葉は先が丸みを帯びたへら状で、互生。4～6月、黄色い小花を多数つける。若い苗は食用。春の七草の一で、御形ごぎょうとよばれる。こうじばな。ほうこぐさ。(季 春)「百歩にて返す散歩や一/秋桜子」

はは-ごぜ【母御▽前】「ははごぜん」の略。「一はお死にやって」〈浄・冥途の飛脚〉

はは-ごぜん【母御前】「母御ははご」に同じ。「一のみづから御ぐしの下を切りて」〈発心集〉

ばば-こちょう【馬場孤蝶】コテフ [1869～1940]英文学者・翻訳家・随筆家。高知の生まれ。本名、勝弥。辰猪たつの弟。島崎藤村・戸川秋骨らと親交を結び、「文学界」同人となった。慶大教授。著「明治文壇回顧」など。

ばば-さき【馬場先】「馬場末ばばすえ」に同じ。「一の人を払はせられい」〈虎寛狂・千鳥〉

ばばさき-もん【馬場先門】江戸城内郭門の一。日比谷門と和田倉門との間にあって、古くは不開門あかずのもんとよばれた。日露戦争後、堀を埋め、門を撤去。

ばば-さじゅうろう【馬場佐十郎】サジフラウ [1787～1822]江戸後期の洋学者。長崎の人。号、轂里こくり。名は貞由。志筑忠雄に師事。幕府天文方の蕃書和解御用ばんしょわげごようりに出仕し、翻訳などに活躍。著「俄羅斯語おろしや小成」など。

はば-し【×憚し】〔形シク〕気がおける。遠慮がちである。はばかられる。「下臈はいかでかと一・しく言ひけるを」〈今物語〉

はは-じま【母島】東京都、小笠原諸島中の母島列島の主島。父島列島の南に位置する。標高463メートルの乳房山がある。

はは-じゃ【母者¦母じゃ】ヂャ 「母者人」の略。(補説)「者」は当て字。

ははじゃ-ひと【母者人】ははぢゃ《母である人の意》母親を親しんでいう語。お母さん。(類語)母・女親おんなおや・お母さま・おっかあ・お袋・母じゃ・阿母あぼ・慈母じぼ・ママ

はは-しろ【母代】母に代わって世話をする人。「一がならはし聞こえたる祝ひ言なめり」〈狭衣・三〉

ばば-すえ【馬場末】スヱ《「ばばずえ」とも》馬場で馬を乗りとめる所。馬場先。「敦景追ひて取り組みて、一まで通りにけり」〈著聞集・一〇〉➡馬場本ばばもと

ははそ【×柞】❶コナラの別名。古くは近似種のクヌギ・ミズナラなどを含めて呼んだらしい。また、誤ってカシワをいうこともある。(季 秋)❷《語頭の2音が同音であるところから》母の意にかけて用いる。「いかにせん結ぶ木の実を待たずして秋の一に落つる山風」〈海道記〉

ははそば-の【×柞葉の】〔枕〕同音の反復で、「はは(母)」にかかる。「ちちの実の父の命みこと一母の命」〈万・四一六四〉

ははそ-はら【×柞原】柞の多く生えている原。和歌では母の意を含むことが多い。「母みまかりて…一散りし別れを思ひ出てけふこのもとはいかがしぐるる」〈新続古今・哀傷〉

は-ばたき【羽▽撃き¦羽×搏き】はばたくこと。「鳥

の―」「未来への―」
は-ばた・く【羽▽撃く|羽×搏く】〔動カ五(四)〕❶鳥などが両翼を広げて上下に動かす。「鷲が大きく―・く」❷実力をつけて、広い社会に出て行く。「国際人となって世界に―・く」(可能)はばたける
ばば-たつい【馬場辰猪】[1850～1888]思想家・政治家。高知の生まれ。孤蝶の兄。慶応義塾に学び、英国に留学。帰国後、自由民権思想の紹介・普及に尽力。米国フィラデルフィアで客死。著「天賦人権論」など。
ばばだに-おんせん【祖母谷温泉】富山県黒部市の欅平(けやきだいら)東方にある温泉。黒部川支流の祖母谷川に沿う。泉質は硫黄泉。白馬岳などへの登山基地。
は-ばち【葉蜂】膜翅(まくし)目ハバチ科および近縁の科の昆虫の総称。体は多くが黒色で胸部と腹部との間がくびれず、毒針はない。産卵管はのこぎり状をし、植物の茎や葉に傷をつけて卵を産む。カブラバチなど。のこぎりばち。
はは-ちょう【×叭×叭鳥|×哥×哥鳥】ハッカチョウの別名。
は-ばつ【派閥】出身・縁故・利害・政治的意見などで結びついた人々が形成する排他的な小集団。特に、自民党などで特定の政治家のもとに結集している議員の集団。「―の領袖(りょうしゅう)」「―争い」
▷**自民党の派閥**(2012年7月現在)
清和政策研究会、宏池会(こうちかい)、平成研究会、近未来政治研究会、志帥会(しすいかい)、為公会(いこうかい)、番町政策研究所
はばった・い【幅ったい】〔形〕幅が広い。張った感じである。転じて、しかつめらしい。「ロー・い」「傾城も家名がつけば―・い」〈川柳評万句合〉
ばばっち・い〔形〕きたない意の幼児語。ばっちい。「どろんこで―・いお手々だね」
ばば-つねご【馬場恒吾】[1875～1956]ジャーナリスト。岡山の生まれ。「ジャパンタイムズ」「国民新聞」の編集長を歴任。自由主義擁護の論陣を張り、無産政党の結成にも尽力。第二次大戦後、読売新聞社社長。
はは-とじ【母▽刀自】母を敬っていう語。母刀自(おもとじ)。「真木柱(まけばしら)ほめて造れる殿のごといませ―面(おめ)変はりせず」〈万・四三四二〉➡刀自
ばば-どの【馬場殿】「うまばどの」に同じ。「これを捕り奉り、則ち―に押し籠め奉る」〈太平記・一二〉
はば-とび【幅跳び】陸上競技の跳躍競技のうち、立ち幅跳び・走り幅跳びのこと。
ハバナ〖Havana〗キューバ共和国の首都。キューバ島北西岸にあり、メキシコ湾に面する港湾都市。葉巻きタバコ・サトウキビを輸出し、観光地としても有名。人口、行政区215万(2008)。アバナ。
ははなるそこく-ぞう【母なる祖国像】《Rodina-mat'》ロシア連邦南西部の都市ボルゴグラードのママエフの丘にある、右手に剣を高々と掲げた巨大な女性像。第二次大戦中のスターリングラード攻防戦を記念して建造。台座から剣の先端までの高さは85メートル(女性像は52メートル)。1967年の建造当初は世界一の高さを誇った。
ばば-ぬき【▽婆抜き】❶トランプゲームの一。全部の札を配り、順番に隣の人の手札を1枚ずつ抜き、同じ数字が2枚そろえば場に捨てる。最後までジョーカー(婆)を持っていた者を負けとする。❷(❶のゲームから)誰もが受け入れたくないと思っている面倒な物事や責任などを、互いに押しつけあうさま。
ハバネラ〖(スペイン) habanera〗19世紀前半、キューバに起こった、ゆるやかな二拍子のリズムをもつ舞曲。
ハバネロ《(スペイン) chile habanero》トウガラシの一品種。メキシコ原産で、実はやや丸みを帯びる。非常に辛味が強い。
はは-の-ひ【母の日】母の愛をたたえ、母に感謝する日。5月の第2日曜日。米国に始まる。(季 夏)「―や大きな星がやや下位に/草田男」
ばば-のぼる【馬場のぼる】[1927～2001]漫画家・絵本作家。青森の生まれ。本名、登。少年漫画でキャリアをスタートさせるが、のちに大人向けの漫画や絵本を執筆。動物を主人公とした作品をほのぼのとしたタッチで描き、人気を集めた。漫画「ブウタン」「バクさん」、絵本「11ぴきのねこ」シリーズなど。
はば-のり【幅海=苔】カヤモノリ科の褐藻。岩上に生え、長さ10～20センチの葉状で、枝分かれしない。冬から初春にかけて繁茂。汁の実にし、また干したものを火であぶって食べる。はんば。かしかめ。
ハバ-ハバ〖hubba hubba〗〔感〕早く早く。第二次大戦後、日本に駐留した米国軍が持ち込んだ語。
ババビダ-ようさい【ババビダ要塞】《Baba Vida》ブルガリア北西部の都市ビディンのドナウ川沿いにある中世の要塞。10世紀、古代ローマ時代の砦があった場所に建造。第一次、第二次ブルガリア帝国時代、帝国北西部の防衛拠点として重要な役割を担い、14世紀まで増改築が繰り返された。
はは-びと【母人】母を親しんで呼ぶ語。ははじゃひと。「九日は―の十三年にあたり」〈浮・一代男・七〉
はば-びろ【幅広|▽巾広】〔名・形動〕《「はばひろ」とも》❶普通のものより幅の広いこと。また、そのさま。「―な(の)リボン」❷「幅広帯」の略。(類語)太い・ワイド
はば-ひろ・い【幅広い】〔形〕(文)はばひろ・し〔ク〕❶横の広がりが大きい。幅が広い。「―・い道」❷範囲が広い。「―・い支持を得る」
はばびろ-おび【幅広帯】普通よりも幅を広く仕立てた帯。
ばば-ぶんこう【馬場文耕】[1718～1758]江戸中期の講釈師・戯作者。伊予の人。本名、中井文右衛門。通称、左馬次(さまじ)。時事を論じて幕府の忌諱(きき)に触れ、獄死。著「近世江都著聞集」など。
はば-へん【▽巾偏】漢字の偏の一。「帆」「幅」などの「巾」の称。きんべん。
バハマ〖Bahamas〗西インド諸島北部のバハマ諸島からなる国。首都ナッソーはニュープロビデンス島にある。1492年にコロンブスが到達し、スペインの支配を経て1783年から英国の植民地となり、1973年独立。熱帯性の果物を産し、石油中継貿易が行われる。観光・保養地。人口31万(2010)。
パパママ-ストア《和 papa＋mama＋store》一家族で構成されている小規模な商店。(補説)英語ではmom-and-pop store(stand)
はは-みや【母宮】母である皇女・女王。また、皇子・皇女・王・女王などの母。「―、内のひとつ后腹(きさいばら)になむおはしければ」〈源・桐壺〉
はは-みやすどころ【母▽御▽息所】母である御息所。「―もいといみじく嘆き給ひて」〈源・若菜下〉
はば・む【阻む|×沮む】■〔動マ五(四)〕❶進もうとするのをさまたげる。防ぎとめる。また、こばむ。「前進を―・む」「連勝を―・む」❷気持ちがくじける。ひるむ。「勇毅にして―・まず、労苦して倦まず」〈中村訳・西国立志編〉(可能)はばめる ■〔動マ下二〕責める。なじる。〈新撰字鏡〉(類語)(■)阻止・塞ぐ
はば-め・く【幅めく】〔動カ四〕はばがきく。はぶりがよい。「当座機に入りたる者を、遠類まで―・くやうにするは」〈甲陽軍鑑・二四〉
ばば-もと【馬場本】馬場で、馬を乗り出す所。馬出し。「鞭を打ちたりけるに、―へ走り帰りたりけるに」〈著聞集・一〇〉➡馬場末(ばばすえ)
はは-もの【母物】劇・映画などで、母性愛を主題としたもの。
はば-よせ【幅寄せ】〔名〕(スル)駐車するとき、自動車を道路の端に寄せること。また、走行中に横にずらして、隣を走る車に接近すること。
パパラッチ〖(イタリア) paparazzi〗《ぶんぶんうるさく飛び回る虫の意。「パパラッツィ」とも》有名人を追い回しゴシップ写真を撮ろうとするフリーランスのカメラマン。(補説)パパラッツォ(paparazzo)は、単数形。
パパラッツォ〖(イタリア) paparazzo〗►パパラッチ
は-ばり【刃針|×鈹×鍼】❶►ランセット ❷鍼術(しんじゅつ)で用いる、双刃で先がとがっている鍼(はり)。鈹針(ひしん)。
ババリア〖Bavaria〗バイエルンの英語名。
ババロア〖(フランス) bavarois〗牛乳・砂糖・卵黄を混ぜて加熱し、ゼラチンを入れ、生クリームなどを加えて冷やし固めた菓子。
ハバロフスク〖Khabarovsk〗ロシア連邦南東部、ハバロフスク地方の中心都市。アムール川とウスリー川との合流点に位置し、河港を有す。17世紀にハバロフが探検、のちハバロフカ市となり1893年改称。極東の交通・経済・文化の中心。機械製造業などが盛ん。人口、行政区58万(2008)。
ハバロフスク-ばし【ハバロフスク橋】《Khabarovskiy most》ロシア連邦南東部、ハバロフスク地方を流れるアムール川に架かる橋。全長約2600メートル。1916年に架けられた当時は世界最長の鉄橋だった。1998年に新しい橋が建造された。シベリア鉄道と自動車用道路で併用される。アムール川鉄橋。アムール橋。
ばはん【▽八×幡】《倭寇(わこう)が船旗に書いた八幡あるいは八幡大菩薩の神号を、「ばはん」と読んだところから生じた称ともいう》❶倭寇の異称。❷戦国時代、外国に対する海賊行為のこと。❸江戸時代、国禁を犯して外国へ渡ったり通商貿易をしたりしたこと。抜け荷買い。❹「八幡船(ばはんせん)」の略。
ばはん-せん【▽八×幡船】❶室町時代末から安土桃山時代にかけ、朝鮮・中国沿岸に出没した日本の海賊船。はちまんぶね。ばはんぶね。❷江戸時代、密貿易船のこと。
パパントラ〖Papantla〗メキシコ、ベラクルス州の都市。世界遺産(文化遺産)に登録されたエル-タヒン遺跡の観光拠点として知られる。現在もトトナカ族の文化や習慣が残されている。
ばはん-ぶね【▽八×幡船】「ばはんせん」に同じ。
ハビ〖HAVi〗《home audio/video interoperability》家庭内のネットワークにAV機器を接続するためのインターフェース規格。IEEE1394をベースにしている。
ハピ〖HAPI〗《Japan Home-health Apparatus Industrial Association》日本ホームヘルス機器協会。家庭用医療・健康管理機器業界の団体。安全基準を設け、合格した商品にHAPIマークを認定する。1973年設立。
ば-び【馬尾】❶馬の尾。❷馬の尾の毛。馬素(ばす)。
パビア〖Pavia〗イタリア北部の都市。ロンバルディア平原を流れるティチーノ川に沿い、稲作と酪農が盛んで、ワインの産地としても有名。6世紀から8世紀にかけてランゴバルド王国の首都となった。14世紀創立のパビア大学、カルトジオ会派のパビア修道院、巨大なドームをもつパビア大聖堂などがある。
パビア-しゅうどういん【パビア修道院】《Certosa di Pavia》イタリア北部、ロンバルディア州の都市パビアの北郊にある、カルトジオ会の修道院。14世紀末、ミラノ公ジャン＝ガレアッツォ＝ビスコンティにより建てられた。ロンバルディア-ルネサンス様式の傑作として知られる。チェルトーザ-ディ-パビア。
パビア-だいせいどう【パビア大聖堂】《Duomo di Pavia》イタリア北部の都市パビアにある大聖堂。15世紀末に着工、19世紀末にファサードとドームが完成した。レオナルド＝ダ＝ビンチやブラマンテなどが一部設計を手がけた。ドームは同国第3の規模を誇る。
バビアナ〖(ラテン) Babiana〗アヤメ科の球根草。南アフリカ原産。高さ約30センチ。春に、赤・紫・白色などの花をつける。
ハビアン〖Fabian〗[1565～1620?]安土桃山・江戸初期の日本人イエズス会士で、「天草本平家物語」の編者。山城の人とも、加賀の人ともいう。初め禅寺に入り、恵俊と称した。改宗後、キリシタン教義書「妙貞問答」を著したが、のち棄教してキリシタンを批判した「破提宇子(はだいうす)」を著す。不干斎巴鼻庵。
パピーニ〖Giovanni Papini〗[1881～1956]イタリアの小説家・批評家。未来派運動に参加。初め無神論者であったが、のちカトリックに回心した。小説「行きづまった男」、評伝「キリスト伝」など。
パピエ-コレ〖(フランス) papier collé〗《貼られた紙の意》現代美術の技法。キャンバスに新聞紙や壁紙を貼りつけて表現するもの。ピカソやダリに始まる。
ハビエル〖Javier〗スペイン北東部、ナバラ州の都市

パンプローナ近郊の村。日本で布教を行った宣教師フランシスコ=ザビエルの生地。彼が生まれ育ったザビエル城がある。

は-びき【刃引き】❶鉄で短刀のように作って刃を引きつぶしたもの。❷刃を引きつぶして切れないようにした刃物。

はびきの【羽曳野】大阪府中南部の市。ブドウ・イチジクなどの果樹や近郊野菜の栽培が盛ん。住宅地。古市に古墳群がある。人口11.8万(2010)。

はびきの-し【羽曳野市】▶羽曳野

はびこ・る【蔓=延る】〔動ラ五(四)〕❶草木などが繁茂する。「雑草が―・る」❷よくないものの勢いが盛んになって広まる。広まって勢力を張る。「害虫が―・る」「悪が―・る」〔可能〕はびこれる
〔類語〕(❶)茂る・生い茂る・繁茂/(❷)のさばる・蔓延まんえん

ばび-そ【馬鼻×疽】鼻疽菌の感染によって起こる馬の伝染病。人間にも感染する。鼻の粘膜が冒されて潰瘍かいようなどの病変を生じ、全身のリンパ系に広がる。死亡率が高い。鼻疽。

ハビタット〖habitat〗生物個体あるいは個体群のすんでいる場所。生息場所。

ハビタット〖HABITAT〗❶《United Nations Conference on Human Settlements》国連人間居住会議。各国の都市・地域開発、上下水道普及などへの技術援助、情報提供などについて討議した。第1回会議(ハビタットⅠ)は1976年カナダのバンクーバーで、第2回会議(ハビタットⅡ)は1996年トルコのイスタンブールで開催。❷《United Nations Human Settlements Programme》国連人間居住計画。国際連合の機関の一。第1回国連人間居住会議(ハビタットⅠ)の人間居住宣言に基づいて設立された人間居住委員会と、国連人間居住センターを改組し、1978年に設立。本部はケニアのナイロビ。UNHABITAT。

ハビタット-ツー〖HABITAT Ⅱ〗▶ハビタット❶

ば-ひつ【馬匹】《1匹、2匹と数えるところから》馬のこと。「一改良の議ありしとき」〈福沢・福翁百話〉

バビット〖Irving Babbitt〗[1865～1933]米国の批評家。ルソー流の自然主義・ロマン主義に反対し、古典的精神の復活を主張。著「新ラオコーン」「ルソーとロマン主義」など。

バビット-メタル〖Babbitt metal〗錫すずを主体とし、少量のアンチモン・銅・鉛などを含む合金。軸受け合金としてすぐれる。米国の技術者バビット(I.Babbitt)が発明。

ばひ-ふう【馬×脾風】ジフテリアの漢方名。

ばび-ほう【馬尾蜂】▶うまのおばち

ハピ-マーク〖HAPI mark〗日本ホームヘルス機器協会(HAPI)の安全基準、検査規程に合格したホームヘルス機器に付与されるマーク。

パヒューマー〖perfumer〗▶パーヒューマー

パヒューム〖perfume〗▶パーヒューム

パピヨット〖フランス papillote〗❶骨付き肉料理で骨の先につける紙飾り。❷油をひいた紙で材料を包み、オーブンで焼いた料理。

パピヨン〖フランス papillon〗❶蝶ちょう。❷犬の一品種。フランスの原産で、長毛の小形の愛玩犬。耳が大きくて蝶を思わせる。

パビリオン〖pavilion〗❶博覧会などの、仮設の展示館。❷庭園などのあずまや。❸建物の別棟。

バビルサ〖babirusa〗イノシシ科の哺乳類。体高65～80センチ。成長すると脱毛し、皮膚は灰褐色。雄は上あごの犬歯が顔面をつき破って伸び、後方に弓なりに曲がる。下あごの犬歯も大きい。インドネシアのセレベス島などに分布。しかいのしし。

パピルス〖ラテン papyrus〗❶カミガヤツリの別名。❷古代エジプトで、❶の茎の繊維でつくった一種の紙。書写材料に用いられ、その使用は紀元前2000年ころから紀元後数世紀に及んだ。文書は、ヒエログリフ・コプト文字などの古代文字を残した。紙を意味する、英語paperやフランス語papierはこの語に由来する。

は-びろ【葉広】❶葉の幅が広いこと。また、そのもの。❷萵苣ちしゃをいう女房詞。

パピローマウイルス〖papillomavirus〗《「パピロマウイルス」とも》乳頭腫しゅウイルス。いぼ(疣贅)などの良性腫瘍しゅようを発生させるウイルス。子宮頸癌けいがんや皮膚癌を発生させるともいわれる。➡HPV

バビロニア〖Babylonia〗《バビロンの地の意》西アジア、メソポタミア南東部、チグリス・ユーフラテス川の中・下流域地方の称。世界最古の文明の発祥地。シュメール人の文化のもとに、シュメール・アッカド2民族の共生が進み、アッカド王朝・ウル第3王朝を経て、前19世紀バビロン第1王朝が成立。以後、カッシート人・アッシリアの支配を経て、前625年から前539年にかけて新バビロニア王国が栄えた。

バビロン〖Babylon〗バグダッドの南、ユーフラテス河畔にあった古代都市。前25世紀ごろ建設され、アッカド・ウル・バビロニアなどの首都となり、古代メソポタミア文明の中心として栄えた。前3世紀ごろ衰退して消滅。

バビロン-だいいちおうちょう【バビロン第一王朝】▶バビロニア

バビロン-ほしゅう【バビロン捕囚】新バビロニア王国のネブカドネザル2世がユダ王国を滅ぼした際、イスラエル人をバビロンに連行・移住させた事件。第1回は前597年、第2回は前586年に行われた。前538年、新バビロニアを滅ぼしたアケメネス朝ペルシアの王キロスによって帰還を許された。

は-ふ【羽布】軽飛行機の翼や胴体に張る、軽くて丈夫な布。亜麻・苧麻ちょま・木綿を用いる。

は-ふ【破風｜×搏風】切妻きりづま造りや入母屋いりもや造りの妻側にある三角形の部分。また、その斜め部分に打ち付けた板。形や位置によって、入母屋破風・唐破風・千鳥破風・切妻破風などがある。

は-ふ【覇府】❶覇者が政治を行う所。❷幕府。

はぶ【波布｜飯=匙=倩】クサリヘビ科の毒蛇。毒性が激しく量も多い。全長1.2～2.3メートル。頭部は大きく三角形をし、淡灰褐色で黒褐色の斑紋がある。夜間や雨天に行動しネズミ・鳥などを捕食するが、人畜の被害も多い。奄美・沖縄諸島に分布し、近縁種にヒメハブや八重山列島のサキシマハブ、吐噶喇とから列島のトカラハブなどがある。〔季 夏〕

ハブ〖hub〗❶車輪の中心部。また、自動車の車輪を取り付ける部分の円板や、航空機用エンジンのプロペラを取り付ける金具。❷中心。中核。❸コンピューターシステムで、複数の端末を集めて連結する中継器。LANなどを組むのに使われ、減衰した電気信号を復元する機能などをもつ。集線装置。

パフ〖puff〗❶粉おしろいを軽くたたいて肌につけるための化粧用具。おしろいたたき。「パウダー―」❷ショウジョウバエの幼虫の唾液腺染色体などにみられる、ふくらんだ部分。発生の過程で一定の位置に順に出現し、遺伝子の活動の盛んなことを示す。

パブ〖pub〗《public houseの略》英国の伝統的な大衆酒場。また、一般に洋風の居酒屋。〔類語〕酒場・飲み屋・割烹かっぽう・縄暖簾なわのれん・ビヤホール・ビヤガーデン・居酒屋・スナック・クラブ・キャバレー・バー

パプア〖Papua〗ニューギニア島の異称。

パプア-あく【パプア亜区】動物地理区の一。オーストラリア区に属し、パプア島(ニューギニア島)の地域。ゴクラクチョウ・ツカツクリが特徴。

パプア-ニューギニア〖Papua New Guinea〗南太平洋西部の国。首都ポートモレスビー。ニューギニア島の東半部とビスマーク諸島などの島々からなり、森林に富む。ブーゲンビル島から銅を産出。コーヒー・コプラ・木材なども産する。ドイツ領およびイギリス領からオーストラリアの信託統治領を経て、1975年独立。英連邦の一員。人口606万(2010)。

バファローズ〖Buffaloes〗▶オリックスバファローズ

パフィオペジラム〖ラテン Paphiopedilum〗《「パフィオペジルム」「パフィオペディラム」「パフィオペディルム」とも》ラン科パフィオペジラム属の多年草の総称。葉を数枚地上に広げ、その中心から花茎を伸ばして1個または数個のクマガイソウに似た花をつける。亜熱帯地方の湿地に分布し、園芸種も多い。

バフィン-とう【バフィン島】《Baffin》カナダ北部、北極圏にある島。バフィン湾を隔ててグリーンランドと対する。1616年英国のW=バフィンが探検。

バブーフ〖François Noël Babeuf〗[1760～1797]フランスの革命家・思想家。私有財産制の廃止を主張し、共産主義的独裁政権の樹立を目ざして総裁政府転覆を企てるが、逮捕・処刑された。その武装蜂起による権力奪取や革命的独裁の理論は、のちにマルクス・ブランキらに影響を与えた。

パフェ〖フランス parfait〗アイスクリームに、生クリーム・チョコレート・シロップや果物・ジャムなどを添えてグラスに彩りよく入れた冷菓。

パフォーマー〖performer〗パフォーマンスをする人。演技・演奏などの表現活動をする人。

パフォーマンス〖performance〗❶演劇・音楽・舞踊などを上演すること。また、その芸・演技。❷身体を媒介とした芸術表現。演劇などのほか、特に現代美術での表現をさしていう。「前衛書道家による―」❸人目を引くためにする行為。「街頭宣伝の―」❹性能。機能。また、効率。「旧型でも―はいい」「コスト―」

パフォーマンス-マネー《和 performance＋money》出場料。マラソンなどの競技大会で、特別招待選手として有名な選手に出場してもらうために支払われる参加料。〔補説〕英語では、performance fee

パフォーミング-アーツ〖performing arts〗《「パフォーミングアート」とも》演劇・舞踊など、肉体の行為によって表現する芸術。公演芸術。舞台芸術。

パフォーム〖perform〗❶演奏すること。上演すること。❷仕事・任務を遂行する。

パフォス〖Pafos〗キプロス島南西部にある古代遺跡群。美と愛の女神アフロディテの生誕の地とされ、紀元前1200年頃にギリシャ人が建てたアフロディテ神殿を中心とした旧パフォスが栄えた。その後一時衰退したが、ローマ人によって城砦や闘技場、ディオニュソスの館などが築かれ、新パフォスとして繁栄をとりもどした。新パフォスのモザイク画は有名。1980年に、世界遺産(文化遺産)に登録された。

パフォス-じょう【パフォス城】《Kastro tis Pafou》キプロス南西部の都市パフォスにある城塞。東ローマ帝国時代の13世紀に港の防備のために建造。16世紀にベネチア共和国により破壊され、オスマン帝国時代に再建。毎年9月に演劇祭が催される。

は-ぶ・く【羽▽振く】〔動カ四〕羽を振る。羽ばたく。「―・きつつ今や都へほととぎす過ぎがてに鳴くすぎむらのもり」〈実方集〉

はぶ・く【省く】〔動カ五(四)〕❶不要のものとして取り除く。「説明を―・く」❷全体から一部を取り除く。減らす。また、節約する。「手間を―・く」「時間を―・く」❸分け与える。「貧しき民に財を―・き」〈太平記・三四〉〔可能〕はぶける〔類語〕略す・省略・間引く・略・はしょる

ば-ふく【馬腹】馬の腹。

ハブ-くうこう【ハブ空港】《hubは車輪の中心部の意》各地からの航空路が集中し、乗客や貨物を目的地に中継する機能をもった、その地域の拠点となる空港。

は-ぶくら【羽ぶくら】矢につけた羽根。矢ばね。羽房はぶさ。「この矢、眉間のただ中を徹とおりて喉のんどの下まで、一責めてぞ立ちたりける」〈太平記・一五〉

はぶ-げんせき【土生玄碩】[1762～1848]江戸後期の眼科医。安芸あきの人。名は義寿。シーボルトに散瞳薬を学び、代償として将軍家斉より拝領の葵の紋服を贈り、禁錮に処された。

パブ-コメ「パブリックコメント」の略。

は-ぶさ【羽房】「羽ぶくら」に同じ。「―までこそ射込うだれ」〈長門本平家・一八〉

は-ぶし【羽節】羽の茎。「(鴫ハ)―を張ってばっと立ち」〈浄・国性爺〉

は-ぶし【歯節】歯茎。また、歯。「怒りの―に噛みしめ食ひ裂き」〈浄・彦山権現〉

歯節へ出・す 口に出して言う。口外する。「友達の義理を思ひ、歯ぶしへも出さなんだ」〈浄・浪花鑑〉

ハプスブルク-け【ハプスブルク家】《Habsburg》

神聖ローマ帝国およびオーストリアの王家。10世紀なかば南ドイツに興り、13世紀以降しばしばドイツ国王に選ばれ、1438年から1806年まで神聖ローマ皇帝、また1918年までオーストリア皇帝を占め、その間1516年から1700年までスペイン王、1867年以降はハンガリー国王を兼ねた。ハプスブルグ家。

パフ-スリーブ〘puff sleeve〙肩先や袖口をギャザーなどで絞ってふくらませた袖。

はぶ-そう【波布草】マメ科の一年草。高さ約1メートルに達し、葉は羽状複葉。夏、黄色の5弁花を開き、円柱状の豆果ができる。種子は緑色で円盤状をなす。熱帯に産し、日本には江戸時代に渡来。種子を緩下薬や黄色染料に用い、また炒ってはぶ茶にする。

ば-ふだ【場札】トランプや花札で、場に置かれている札。ふつう表の数字や図柄が見えるよう置く。

は-ぶたえ【羽二重】縦糸・横糸に良質の撚りのない生糸を用いて、多く平織りとした後練りの絹織物。肌触りがよく、つやがある。礼服や羽織・羽織裏・胴裏地などに用いる。

はぶたえ-カナキン【羽二重カナキン】綿の細糸を用い、地合いを密に織ったカナキン。裏地に用いる。ガスカナキン。

はぶたえ-じま【羽二重×縞】ガス糸に絹糸をまぜて織った縞織物。

はぶたえ-はだ【羽二重肌】羽二重のように、きめが細かく、色白で滑らかな肌。餅肌。

はぶたえ-もち【羽二重餅】❶羽二重のようにきめ細かく滑らかな餅。❷羽二重のように柔らかく作った短冊形の求肥菓子。福井市の名物。

はぶ-ちゃ【波布茶】ハブソウやエビスグサの種子を炒って煎じ、茶のように飲むもの。健胃・解毒の効があるという。

バフチン〘Mikhail Mikhaylovich Bakhtin〙［1895〜1975］ソ連の文芸学者。幅広い知識のもとに近代の文学論の狭隘さを指摘、言語学・民俗学・歴史学などにも大きな影響を与えた。作「フランソワ＝ラブレーの作品と中世・ルネサンスの民衆文化」など。

バプティズム〘baptism〙「バプテスマ」に同じ。

バプテスト〘baptist〙❶洗礼を行う者。❷バプテスト教会のこと。また、その信者。

バプテスト-きょうかい【バプテスト教会】キリスト教プロテスタントの一派。幼児洗礼を認めず、自覚的な信仰告白に基づき、浸礼による洗礼を行う。17世紀初めイギリス国教会の聖職者であったジョン＝スミスによって始められ、米国に渡って発展。日本には1860年、米国の宣教師ゴーブルによって伝えられた。浸礼教会。バプテスト派。

バプテスマ〘ギリシャ baptisma〙►洗礼

バプテスマ-の-ヨハネ イエスの先駆者。イエスの公生涯開始直前の28年ごろ現れ、人々に説教し、罪の悔い改めを説き洗礼を授けた。イエスもヨルダン川で彼から洗礼を受けた。のち、ユダヤ王ヘロデを非難して処刑された。洗礼者ヨハネ。

ハプテン〘hapten〙単独で抗体と結合するが、それ自体は免疫応答を起こす能力のない低分子の物質。たんぱく質と結合して抗原となることができる。

パフト-ショルダー〘puffed shoulder〙《puffedは、ふくらんだの意。「パフドショルダー」とも》肩や袖山にパッドを入れたり、袖山にギャザーを入れたりして高くふくらませた肩線のこと。

ハプナルフィヨルズル〘Hafnarfjörður〙アイスランド南西部の都市。首都レイキャビクの南方約10キロメートルに位置する。フィヨルドを利用した天然の良港を擁し、中世以来18世紀頃まで交易の拠点として栄えた。現在は漁業、貿易業が盛ん。近隣にアルミ精錬工場がある。ハフナルフィヨルズル。

はふに【▽白▽粉】《「はくふん」の音変化。後世「はうに」とも》米の粉でつくったおしろい。「一といふもの、むらはけ化粧じて」〈栄花・御裳着〉

ハフニウム〘hafnium〙チタン族元素の一。単体は灰白色の金属。ジルコニウム鉱物中から発見。コペンハーゲンのラテン語名ハフニアにちなみ命名。元素記号Hf 原子番号72。原子量178.5。

ハプニング〘happening〙❶思いがけない出来事。突発的な事件。❷偶然的な出来事を呈示し、その効果を追求する音楽家・美術家の前衛的芸術運動。1950年代末期から60年代、米国を中心に展開。
(類語)珍事・異変・変事・奇跡・非常・緊急・急難・事変

ハフパト-しゅうどういん【ハフパト修道院】《Haghpat》アルメニア北部のハフパトにある修道院。ハフパトの聖十字架とも呼ばれる。991年に創建された。伝統的な木造建築と火山岩の石造建築が融合したもので、ビザンチン建築様式の発展形式として貴重。1996年に世界遺産(文化遺産)に登録されたが、2000年には近くに建つサナヒンの修道院も追加登録され、登録名は「ハフパトとサナヒンの修道院群」となった。

パフフィッシュ〘pupfish〙メダカの仲間で、北米の淡水にすむ小形の魚。全長5センチ未満。

パブメド〘PubMed〙米国の国立医学図書館(NLM；National Library of Medicine)内の国立生物工学情報センター(NCBI；National Center for Biotechnology Information)が作成する、医学・生物学文献のデータベース。インターネットを通じて、論文の題名・著者・要約・掲載誌・出版年月日・ISSN(国際標準逐次刊行物番号)などが調べられる。また、キーワードからその言葉に関連する論文を検索することもできる。

パフューマー〘perfumer〙►パーヒューマー

パフューム〘perfume〙►パーヒューム

はふら-か・す【▽放らかす】〔動サ四〕ほうっておく。ほうり出す。「かくながら身を一・しつるにやと、心細うおぼせど」〈源・明石〉

は-ブラシ【歯ブラシ】歯磨き用の小さなブラシ。

はふら・す【▽放らす】〔動サ四〕「放らかす」に同じ。「身は捨てつ心をだにも一・さじつひにはいかがなると知るべく」〈古今・雑体〉

パフラビー-ちょう【パフラビー朝】《Pahlavī》イランの王朝。1925年、カージャール朝に代わってレザー＝シャーが創始。1935年に国号をイランと定めた。1941年に王子モハンマドが即位、米国の援助のもとで強力な改革を行ったが、1979年にホメイニ師らによるイスラム革命で打倒された。パーレビ朝。パフレビー朝。

は-ふり【羽触り】►羽触れ

はふり【▽祝】《罪やけがれを放り清める意》神社に属して神に仕える職の一。ふつう神主・禰宜より下級の神職をいう。

は-ぶり【羽振り】❶鳥などが羽を振ること。はばたき。❷世間における地位・勢力・人望などの程度。「一が利く」「一がよい」

羽振りを利か・せる 地位や勢力などを利用して、思うように振る舞う。幅を利かせる。

はぶり【▽葬り】《「はふり」とも》遺体をほうむること。葬送。ほうむり。「親いみじく騒ぎて取り上げて、泣きののしりて一す」〈大和・一四七〉

バブリー〘bubbly〙〔形動〕泡のようであるさま。泡立つさま。また、活気のあるさま。浮き浮きした。特に日本語での用法として、バブル経済期の浮かれた気分や奢侈な生活の様子をさす。「一なマンション」

パプリカ〘paprika〙トウガラシの一品種。実は大型で熟すと赤色・黄色などになり、辛みはない。実を乾燥させて粉末にしたものは、香辛料として料理の彩りなどに用いられる。あまとうがらし。

はふり-こ【▽祝子】「祝」に同じ。「一が木綿うちまがひ置く霜はげにいちじるき神のしるしか」〈源・若菜下〉

パブリシティー〘publicity〙政府や団体・企業などが、事業や製品に関する情報を報道機関に提供し、マスメディアで報道されるように働きかける広報活動。

パブリシティー-リリース〘publicity release〙企業や団体が広報活動の一環として、自己の活動を周知させ好意的態度を作らせるよう積極的に報道関係者に情報提供し、メディアに話題として取り上げさせようとする活動。また、そのための資料。➡ニュースリリース

パブリスティー〘publicity〙►パブリシティー

パブリック〘public〙〔名・形動〕公衆。大衆。また、公であるさま。公的。「企業の一な側面」

パブリック-アート〘public art〙ホールの壁画や公園の彫刻など、公共的空間を飾る芸術作品。

パブリックアクセス-ばんぐみ【パブリックアクセス番組】《public access program》視聴者制作番組。一定の条件のもとに視聴者自身に企画制作させ、それを放送する番組。➡アクセス番組

パブリック-アクセプタンス〘public acceptance〙原子力発電所・空港の建設など、周辺に社会的な影響を与える事柄について、住民の合意を得ること。

パブリック-アフェアーズ〘public affairs〙公共的側面から見た企業広報。企業の社会的・公的責任を認識し、社会に対して積極的に貢献するために行う広報活動をいう。PA。

パブリック-オピニオン〘public opinion〙世論。輿論。

パブリック-ガバナンス〘public governance〙政府・地方公共団体などの公的機関が適正に運営されるよう、受益者である国民が受託者である公的機関の意思決定を規律付けること。また、その仕組み。特に、財務の適正化、効率性・透明性の向上、説明責任の徹底などが求められている。公共統治。➡コーポレートガバナンス

パブリック-カンパニー〘public company〙株式を公開している会社。

パブリック-コース〘public course〙一般に公開されている、会員制ではないゴルフ場。

パブリック-コーポレーション〘public corporation〙公共企業体。公団。公社。

パブリック-コメント〘public comment〙公衆の意見。また、公的機関等が命令・規制・基準などを制定・改廃する際に、事前に広く一般から意見を募ること。意見公募手続き。パブコメ。PC(public comment)。(補説)国の行政機関が命令や規制等を定める場合には、行政手続法により、その案および関連資料を事前に公表し、一定の期間を設けて広く一般の意見を求めることが義務づけられている。多様な意見・情報・専門知識を集め、公正な意思決定に役立てることが目的。地方公共団体でも条例を制定して同様の手続きを導入している。

パブリック-スクール〘public school〙❶英国で、主として中・上流子弟のための私立中等学校の通称。寄宿制で、中世以来の古い伝統を有する。❷米国の公立学校。

パブリック-スペース〘public space〙公共の空間。誰もが自由に出入りできる開放的な場所のこと。

パブリック-ディプロマシー〘public diplomacy〙交渉経過を公開しながら進める外交。

パブリック-ドメイン〘public domain〙❶公有地。❷特許権・著作権などが消滅した状態。

パブリックドメイン-ソフトウエア〘public domain software〙著作権を放棄し、無料で使えるように公開されたソフトウエア。PDS。

パブリック-ニューサンス〘public nuisance〙《公的不法妨害の意》公衆の健康や公衆道徳を害する行為、あるいは共同社会の利益を害する迷惑行為のすべてを含む英米法の概念。

パブリック-ネットワーク〘public network〙►公衆回線

パブリック-バス〘public bath〙「公衆浴場」に同じ。

パブリック-ビューイング〘public viewing〙広場などに設置された大型スクリーンで、スポーツの試合を観戦すること。また、それを目的としたイベントのこともいう。PV。

パブリック-ユーディーディーアイ【パブリックUDDI】《public UDDI》UDDI(ウェブサービスの検索システム)の一。インターネット上で一般公開されるもの。➡プライベートUDDI

パブリック-リレーションズ〘public relations〙►ピー-アール(PR)

パブリッシャー〖publisher〗発行者。出版社。

パブリッシング〖publishing〗発行すること。出版すること。「―サービス」

はふり-べ【▽祝▽部】「祝部(はふりべ)」に同じ。

は-ふ・る【羽振る｜×翥る】〔動ラ四〕鳥が羽を振る。はばたく。「空にあがりて、東を指して―・りいぬ」〈霊異記・上〉

はふ・る【▽放る】《「はぶる」とも》㊀〔動ラ四〕はなちやる。捨て去る。「大君を島に―・らば」〈記・下・歌謡〉㊁〔動ラ下二〕さすらう。また、落ちぶれる。「親なくなりてのち、とかくー・れて」〈大和・五七〉

はふ・る【×屠る】〔動ラ四〕からだなどを切り裂く。ほふる。「控(ひ)き出して斬りー・りき」〈記・中〉

はふ・る【×溢る】〔動ラ四〕あふれる。「射水(いみづ)川雪消(ゆきげ)ー・りて行く水の」〈万・四一一六〉

はぶ・る【▽葬る】〔動ラ四〕《「はふる」とも》❶死者を埋葬する。ほうむる。「神(かむ)ー・りー・りいませて」〈万・一九九〉❷火葬にする。「薪を積みてー・りて、上に石の卒塔婆を立てけり」〈著聞集・二〉

バブル〖bubble〗❶泡。あぶく。また、泡のように消えやすく不確実なもの。❷「バブル経済」の略。「―時代」「―崩壊」

バブル-けいざい【バブル経済】資産価格が、投機によって実体経済から大幅にかけ離れて上昇する経済状況。多くの場合、信用膨張を伴う。価格の高騰が投機の誘因となる間、バブル経済は持続するが、ファンダメンタルズから想定される適正水準を大幅に上回るため、金融引き締めなどをきっかけに市場価格が下落しはじめると、投機熱は急速に冷め、需給のバランスが崩れ、資産価格は急落する(バブルの崩壊)。名称は、泡(バブル)のように膨張し、あるきっかけで破裂するところから。(補説)日本では特に、1980年代後半から始まり1990年代初頭に崩壊した、資産価額の高騰による好況期を指す。

バブル-げんしょう【バブル現象】投機によって生じる実体経済と乖離(かいり)した相場・景気。

バブル-じだい【バブル時代】日本で、1980年代後半から1990年代初頭にかけて起こった好況期のこと。➡バブル経済

バブル-ソート〖bubble sort〗コンピューターでデータをある基準によって並べかえるソートのうち、最も基本的なアルゴリズムの一。データの要素を最初から順番に比較し、大小が逆であれば入れ替える。これを順次行うことにより、データ最後列より順序が確定していく。基本交換法。隣接交換法。

バブル-バス〖bubble bath〗❶風呂の湯を泡立たせる入浴剤。また、それを入れて湯を泡立たせた風呂。泡風呂。❷浴槽の壁面や床にある小さな穴から気泡を出す仕掛けの風呂。ジャクージなど。泡風呂。気泡風呂。

バブル-マネー〖bubble money〗株式や土地への過度の投機により得られた、実体経済から遊離した莫大な金・資本。

バブル-メモリー〖bubble memory〗ある種の磁性膜の一部に磁界を加えていくことによってできる、磁気バブルと呼ばれる円筒状の領域を制御して、コンピューターのメモリーとしたもの。航空宇宙関係などで用いられる。

バブル-ラップ〖bubble wrap〗気泡緩衝材の商標名。気泡緩衝材の発明者が創業した米国シールドエアー社の登録商標。

は-ぶれ【羽触れ】はばたいた羽が触れること。「ほととぎす鳴くーにも散りにけり盛り過ぐらし藤波の花」〈万・四一九三〉(補説)例文の原表記「羽触」を「はふり」と読む説もある。

パフレビー-ちょう【パフレビー朝】《Pahlevī》▶パフラビー朝

パブロフ〖Ivan Petrovich Pavlov〗[1849～1936]ロシアの生理学者。犬を手術して消化腺に通じる瘻管(ろうかん)を作り、消化生理を研究。さらに条件反射の実験・研究を続け、大脳の生理機能の究明に貢献した。1904年ノーベル生理学医学賞受賞。著「条件反射研究の二〇年」など。

パブロフスク〖Pavlovsk〗ロシア連邦北西部の都市サンクトペテルブルグの南約30キロにある町。皇族の避暑地ツァールスコエセローの南東約4キロに位置し、元は狩場として利用された。18世紀末にエカチェリーナ2世が息子パーベル皇太子(後のパーベル1世)のために建造したパブロフスク宮殿があり、1990年に「サンクトペテルブルグ歴史地区と関連建造物群」の名称で世界遺産(文化遺産)に登録された。

パブロフスク-きゅうでん【パブロフスク宮殿】《Pavlovskiy dvorets》ロシア連邦北西、サンクトペテルブルグの南郊の町パブロフスクにある新古典主義様式の宮殿。18世紀末、エカチェリーナ2世が息子パーベル皇太子(後のパーベル1世)のために建造。エカチェリーナ2世に仕えたスコットランドの建築家チャールズ=キャメロンが建設に加わり、英国式庭園も造られた。1990年に「サンクトペテルブルグ歴史地区と関連建造物群」の名称で世界遺産(文化遺産)に登録。

パブロワ〖Anna Pavlovna Pavlova〗[1882～1931]ロシアのバレリーナ。ディアギレフのロシアバレエ団に参加したが、のち一座を組織して世界各地で公演。「瀕死の白鳥」で名声を得た。

ば-ふん【馬×糞】馬の糞。まぐそ。

ばふん-うに【馬×糞海胆】オオバフンウニ科のウニ。沿岸の岩礁にすみ、殻径約5センチ、暗緑色でやや扁平な球状をし、とげは短い。東北地方以南に多産し、練り雲丹(うに)などの材料にする。東北地方以北には別種のエゾバフンウニが分布。

ばふん-し【馬×糞紙】わらなどを原料とした黄色い粗悪なボール紙。

は-へい【派兵】〔名〕(スル)軍隊を派遣すること。「海外に―する」(類語)出兵

は-べつ【派別】❶わかれて別々になること。分派。❷党派・流派などによって区別すること。

パペット〖puppet〗あやつり人形。また、指人形。

はべ・り【▽侍り】〔動ラ変〕《「は(這)いあり」の音変化で、神や天皇など、絶対者の前に恐れ入った態度でいるのが原義か》❶「いる」の意の謙譲語で、慎み深い態度でいる意を表す。(貴人の御前に)かしこまって控える。「御前の方に向かひて後ろざまに『誰々かー・る』と問ふこそをかしけれ」〈枕・五六〉❷尊者に対する、あらたまった気持ちの会話・消息(勅撰集などの詞書も含む)に用い、「ある」「いる」の意を慎み深く丁重に表す丁寧語。あります。おります。ございます。㋐話し手側のものについて用い、謙譲の気持ちを込めてその存在を丁重にいう。謙譲語ともされる。「いともかしこきは置き所もー・らず」〈源・桐壺〉㋑広く一般的に存在の意を丁重にいう。その事実を自己の知っていることとして、慎み深く表す傾向が強い。「なにがし寺といふ所に、かしこき行ひ人ー・る」〈源・若紫〉❸地の文に用いて、「ある」「いる」の意を、自己の経験・感想として慎み深く表す。読者を予想した表現ともいわれ、特に中世以降の文語文に多く、雅語的用法として定着した。「守も…あいなのさかしらや、などぞー・るめる」〈源・関屋〉「ある山里にたづね入ることー・りしに」〈徒然・一一〉❹(補助動詞)動詞の連用形に付く。㋐❷の場面で用い、聞き手に対し、その動作を丁重に表し、かしこまった表現にする。また、その動作に「…ている」の意を付け加えて丁重にいう場合もある。話し手側の動作に用いたものには、謙譲の気持ちも込められる。…ます。…ております。「雨の降りー・りつれば」〈枕・八〉「松の思はむことだに恥づかしう思ひ給へー・れば、百敷に行きかひー・らむことは、ましていとはばかり多くなむ」〈源・桐壺〉㋑地の文に用いる。❸の意の補助動詞用法。「物語にほめたる男の心地しー・りしか」〈紫式部日記〉「かかる心憂きわざをなん見ー・りし」〈方丈記〉(補説)平安時代には、「さぶらう」が尊者のおそばに控える意を主とするのに対し、「はべり」は、ひたすら恐れ入っているという姿勢を示し、存在またはそれの付いた語を謙譲し丁重に表現する、かしこまった気持ちの会話に多用された。平安後期から、丁寧語としての「さぶらう」さらに「そうろう」がこれに代わるようになり、中世になると「はべり」は古風な語として形式化した。

バヘリーニャス〖Barreirinhas〗ブラジル北東部、マラニョン州、プレグィシャス川沿いの町。大西洋に面した白砂の砂丘が広がるレンソイスマラニャンセス国立公園への観光拠点になっている。

はべり-たま・う【▽侍り▽給ふ】〔連語〕《かしこまった気持ちでいるの意の動詞「はべり」＋尊敬の意の補助動詞「たまふ」》尊者に対する会話で、話し手が敬意を払う必要のある人の動作に用い、動作主を敬うとともに、その動作主の「いる」「…している」状態を、より上位の聞き手に対し「はべり」を用いて丁重慇懃(いんぎん)に表す。おりなさる。…しておりなさる。「今となりては、心苦しき女子どもの御上をえ思ひ捨てぬとなむ、嘆きー・ふ」〈源・橋姫〉(補説)平安前期・中期ごろ用いられた特殊表現で、主として男性の堅苦しい慣用語かと思われる。他に「はべりたうぶ」「はべりたぶ」の形のものもあるが、全部合わせても用例はいたって少ない。「おほし垣本(かきもと)なるあるじ、甚だ非常(ひざう)にはべりたうぶ」〈源・少女〉「かのきみ…孔雀(くざ)あうむ鳴かぬばかりにてなむ住みはべりたぶ」〈宇津保・吹上上〉

はべ・る【▽侍る】〔動ラ五(四)〕《「はべ(侍)り」が「侍(じ)す」の意に意識されて意味の変化したもの》身分の高い人のそばに付き従っている。かしこまってその席などにいる。「芸妓をー・らせる」(可能)はべれる
(類語)控える・侍(じ)する・侍坐(じざ)する

バベル-じょう【バベル城】《Zamek Królewski na Wawelu》ポーランド南部の都市クラクフの旧市街南端部、ビスワ川のほとりにある城。11世紀から16世紀までポーランド王の居城だった。旧王宮やバベル大聖堂があり、1978年、「クラクフ歴史地区」として世界遺産(文化遺産)に登録された。

バベル-だいせいどう【バベル大聖堂】《Katedra Wawelska》ポーランド南部の都市クラクフの旧市街南端部、バベル城にある大聖堂。11世紀の創建以降、増改築が繰り返され、ゴシック、ルネサンス、バロックなどさまざまな建築様式が混在する。16世紀にポーランド王により建造されたジグムント礼拝堂は、同国屈指のルネサンス建築として知られる。歴代のポーランド王の戴冠式が行われたほか、国王や歴史的英雄の多くが地下墓所に埋葬されている。1978年、「クラクフ歴史地区」として世界遺産(文化遺産)に登録された。

バベル-の-とう【バベルの塔】《Babelは聖書の地名シナルの古都》旧約聖書の創世記にある伝説上の塔。ノアの大洪水ののち、人類がバビロンに天に達するほどの高塔を建てようとしたのを神が怒り、それまで一つであった人間の言葉を混乱させて互いに通じないようにした。そのため人々は工事を中止し、各地に散ったという。転じて、傲慢に対する戒めや、実現不可能な計画の意にも用いられる。

バベルマンデブ-かいきょう【バベルマンデブ海峡】《Bab el Mandeb》アラビア半島南西端とアフリカとの間にある海峡。紅海とアデン湾とを結ぶ。マンデブ海峡。

は-へん【破片】壊れた物のかけら。「ガラスの―」
(類語)かけら・小片・一片

は-へん【歯偏】漢字の偏の一。「齢」「齦」などの「歯」「齒」の称。➡歯(し)

ばべん-そう【馬×鞭草】クマツヅラの別名。

は-ぼう【破帽】破れた帽子。「弊衣(へいい)―」

は-ぼうき【羽×箒】鳥の羽で作った小形のほうき。茶道具・香道具などとして用いる。はねぼうき。

は-ぼうき【葉×箒】棕櫚(しゅろ)の葉などで作ったほうき。

はぼう-ほう【破防法】「破壊活動防止法」の略。

は-ぼく【破墨】水墨画の技法の一。淡墨で描いた上に、さらに濃墨で手を入れて立体感や全体の趣などを表すこと。中国、盛唐前期に始まる。➡溌墨(はつぼく)

は-ぼたん【葉×牡丹】アブラナ科の越年草。キャベツを観賞用に改良したもので、葉は結球せず、冬に白・黄・紫・紫紅・淡紅色などになる。(季 冬)「―に雪のあがりし日ざしかな/万太郎」

はぼまい【歯舞】北海道根室市東部の地区。コン

ブ・ウニ・サケ漁が盛ん。第二次大戦時までは歯舞群島を含めて歯舞村をなした。

はぼまい-ぐんとう【歯舞群島】(ーグンタウ) 北海道東部、根室半島の北東方にある群島。水晶・秋勇留(あきゆり)・勇留・志発(しぼつ)・多楽(たらく)の各島からなり、近海は好漁場。第二次大戦後はソ連、のちにロシア連邦の統治下。ロシアでは色丹(しこたん)島も含めて小クリル列島とよばれる。歯舞諸島。

はぼまい-しょとう【歯舞諸島】(ーシヨタウ) ►歯舞群島

ハボローネ〖Gaborone〗アフリカ南部、ボツワナ共和国の首都。同国南東部のリンポポ川上流にある。人口、行政区19万(2001)。ガボローネ。

は-ほん【端本】全集などひとそろいの書物で、欠けている部分があるもの。また、ひとそろいの書物の一部。零本(れいほん)。➡完本

はま【浜】❶海や湖の水際に沿う平地。浜辺。❷(大阪地方で)河岸(かし)。❸「横浜」の略。「一っ子」❹《「揚げ浜」の略》「上げ石」に同じ。(類語)(❶)浜辺・海浜・砂浜・海辺・海岸・沿海・沿岸・海沿い

は-ま【破魔】❶仏語。悪魔を打ち破ること。煩悩(ぼんのう)を打ち払うこと。❷破魔弓の的。藁(わら)やカズラを円座の形に編んだもの。

はま【ˣ蛤】「はまぐり」の略。「焼き一」

はま-あざみ【浜ˣ薊】キク科の多年草。暖地の海岸の砂地に自生。高さ約40センチ。葉は肉厚で深裂し、縁にとげがある。7〜9月、紅紫色の頭状花をつける。ごぼう状の根と、葉は食用。ごぼうあざみ。

ハマーショルド〖Dag Hjalmar Agne Carl Hammarskjöld〗[1905〜1961]スウェーデンの政治家・経済学者。1953年に第2代国連事務総長になり、スエズ戦争など国際紛争の解決のために活躍。コンゴ紛争の解決に赴く途中、飛行機事故で死亡。死後、ノーベル平和賞受賞。

ハマース〖Hamas〗《「ハマス」とも》パレスチナ占領地で、1987年12月の反イスラエル蜂起(インティファーダ)直後に創設された、イスラム原理主義組織。➡インティファーダ

はまいで【浜出】幸若舞曲。作者未詳。室町時代の成立。梶原景季が左衛門司に任ぜられた祝い事を題材としためでたいもの。別名「蓬莱山(ほうらいさん)」。

はま-うた【浜歌┊浜唄】❶民謡の一種で、漁師が浜辺でうたう歌。❷(浜唄)歌舞伎下座音楽の一。浜辺の情景を表す下座唄で、多くは波の音の大太鼓をかぶせる。また、合方(あいかた)としても用いる。

はま-うち【破魔打ち┊浜打ち】正月に行う年占(としうら)の一。破魔❷を空中に投げて弓矢で打ち落とすもの。これが行われた所を破魔射場(はまいば)といい、各地に地名として残る。

はま-うつぼ【浜ˣ靫】ハマウツボ科の一年生の寄生植物。海岸の砂地でカワラヨモギの根に寄生し、高さ10〜20センチ。太い黄褐色の茎にうろこ状の葉がまばらにつく。5、6月ごろ、茎の上部に、淡紫色の唇形の花を密につける。ハマウツボ科の双子葉植物は寄生で葉緑素をもたず、多くは北半球の温帯に分布。オニク・ナンバンギセルなども含まれる。

はま-え【浜江】浜で入り江になっている所。浜にある入り江。

はま-えん【浜縁】神社などの向拝の階段下にある縁または床。浜床(はまゆか)。

はま-えんどう【浜ˣ豌豆】(ーエンドウ) マメ科の多年草。海岸の砂地に生え、高さ30〜60センチ。葉は羽状複葉で白色を帯び、先は巻きひげになる。5月ごろ、赤紫色の蝶形の花が咲き、豆果ができる。(季 夏)「はらはらと一に雨来る/虚子」

はまお-あらた【浜尾新】(はまをー)[1849〜1925]教育行政家。兵庫の生まれ。東大総長・貴族院議員・文相・枢密院議長などを歴任。

はま-おぎ【浜ˣ荻】(ーをぎ) ❶浜辺に生える荻。(季 秋) ❷アシの古名。「草の名も所によりてかはるなり難波(なには)の蘆(あし)は伊勢の一」〈菟玖波・雑三〉

はま-おもと【浜万=年=青】ハマユウの別名。

はま-おり【浜降り】❶祭りに参加する者が海や川などで禊(みそぎ)をすること。❷祭りの際、神輿(みこし)を海や川に担ぎ入れること。

はま-かいどう【浜街道】(ーカイダウ) ㊀浜に沿っている街道。㊁旧街道の一。江戸から水戸・平を経て陸前の岩沼に至る海岸沿いの街道。陸前浜街道。

はま-かぜ【浜風】浜に吹く風。浦風。

はま-かた【浜方】❶浜の方面。❷浜に住む人々。特に、漁業など海に関する仕事に携わる人々。

はま-がわ【浜側】(ーがは) ❶浜のある側。浜に沿った側。❷江戸時代、大坂で、川に沿った道の、川岸の側。特に、道頓堀の川沿いの、芝居茶屋などのある側。「一でししなさるも」〈滑・膝栗毛・八〉

は-まき【葉巻】タバコの葉を、刻まずに棒状に巻いて作ったタバコ。葉巻きタバコ。シガー。

はまき-が【葉巻ˣ蛾】鱗翅(りんし)目ハマキガ科の昆虫の総称。小形で、前翅は角ばって長方形か台形をなす。幼虫は葉を巻いたりして中にすむ。チャ・ツバキにつくチャハマキ、カシなどにつくビロードハマキ、クリの実に潜るクリミガなどがある。

はま-ぎく【浜菊】キク科の多年草。太平洋岸の崖や砂丘に生え、高さ60〜90センチ。茎の下部は木質化し、葉は多肉のさじ形で密につく。秋、周囲が白く中央が黄色い頭状花を開く。栽培もされる。(季 秋)「一に海嘯(つなみ)は古き語り草/風生」

はまきた【浜北】静岡県浜松市の区。旧市名。メロンなどの栽培や織物業・機械工業が盛ん。北部の根堅(ねがた)遺跡から人骨片が出土。➡浜松

はまきた-く【浜北区】►浜北

はまきた-し【浜北市】►浜北

はまき-むし【葉巻虫】植物の葉を巻いてその中にすむ虫。ハマキガの幼虫など。(季 夏)「一葉に糸吐きて身をとざす/節子」

はま-くさぎ【浜臭木】クマツヅラ科の落葉小高木。近畿以西の海岸に自生。葉は卵形で縁に粗いぎざぎざがあり、臭気がある。夏、淡黄色の花が咲き、黒紫色の実を結ぶ。

はまぐち-おさち【浜口雄幸】(ーをさち)[1870〜1931]政治家。高知の生まれ。蔵相・内相を歴任後、立憲民政党総裁として昭和4年(1929)首相に就任。財政緊縮・金解禁を断行、協調外交を推進し、ロンドン軍縮会議で条約に調印。東京駅で右翼青年に狙撃され、翌年死亡。

はま-ぐり【ˣ蛤┊文=蛤┊ˣ蚌】《「浜栗」の意という》マルスダレガイ科の二枚貝。内湾の砂泥地にすみ、殻は丸みのある三角形で、殻長8センチくらい。殻表は滑らかで、黄褐色に褐色や紫色の模様のあるものが多い。北海道南部より南に分布。養殖もされる。殻は貝細工・胡粉(ごふん)の材料。(季 春)「からからと一量る音すなり/松浜」

はまぐり-ごもん【蛤御門】京都御所外郭西側にある門。中立売(なかだちうり)御門の南、下立売(しもだちうり)御門の北に位置。

はまぐりごもん-の-へん【蛤御門の変】元治元年(1864)長州藩が京都に出兵し、会津・薩摩(さつま)などの藩兵と蛤御門付近で戦って敗れた事件。前年8月の政変で失った長州藩の勢力回復を図ったもの。これを機に、江戸幕府の第一次長州征伐が行われた。禁門の変。

はまぐり-なべ【ˣ蛤鍋】►はまなべ

はまぐり-ば【ˣ蛤刃】鎬(しのぎ)と刃との間にハマグリの貝殻のようなふくらみをもたせた刃物。

はま-ぐるま【浜車】ネコノシタの別名。

バマコ〖Bamako〗マリ共和国の首都。同国南西部、ニジェール川沿いにある。西アフリカの交通の要地で、セネガルのダカールと鉄道が通じる。人口、行政区149万(2007)。

はま-ごう【蔓=荊】クマツヅラ科の落葉低木。海岸の砂地に生え、茎や枝は地をはい、高さ約50センチ。葉は楕円形で裏面が白い。夏、茎の先に紫色の唇形の花を円錐状につける。果実は漢方で蔓荊子(まんけいし)といい、薬用。はまつばき。

はま-ごてん【浜御殿】江戸時代から明治時代にかけての、浜離宮の別称。御浜御殿。

はま-ことば【浜言葉】❶日本の海岸沿いの地方で話される独特の言葉。地方によって異なる。❷《「横浜言葉」の略》明治初期、横浜に在留の外国人と日本人の使った言葉。おもに、日本語化した英語と英語化した日本語とを混ぜて使った。洋犬を「カメ」、昼を「メーシ」というなど。➡カメ

はまざき-しんじ【浜崎真二】[1901〜1981]プロ野球選手・監督。広島の生まれ。慶大卒業後、都市対抗野球で投手として活躍。昭和22年(1947)45歳で阪急(現オリックス)に入団、選手兼任監督となる。同25年に48歳で登板、プロ野球最高齢出場記録を作った。

はま-さじ【浜ˣ匙】イソマツ科の越年草。海岸の砂地に自生し、高さ30〜60センチ。葉はさじ形で厚い。秋、白い小花が穂状に咲く。

はま-じ【浜路】(ーぢ) 浜辺の道。浜に沿った道。

はま-しおん【浜紫ˣ苑】(ーシヲン) ウラギクの別名。

はま-しぎ【浜ˣ鷸】シギ科の鳥。全長21センチくらい。夏羽は上面が赤褐色で腹に黒斑があるが、冬羽は灰褐色。首が短く、くちばしは長くて下方に曲がる。ユーラシア・北アメリカ北部で繁殖。日本では主に冬、海浜や干潟でみられ、群れをなして飛ぶ。

はま-しばい【浜芝居】(ーしばゐ) 江戸時代、大坂の道頓堀の浜側(北側)にかかった小芝居。転じて、大阪で一般に小芝居をいう。

はま-じょうゆ【浜ˣ醤油】(ージヤウユ) 春、小イワシを塩・麹(こうじ)・水に漬け、秋にその上澄みに醤油を加えて調味料としたもの。

はま-じんちょう【浜沈丁】(ーヂンチヤウ) ハマジンチョウ科の常緑低木。紀伊半島以南の海岸に自生し、高さ約1.5メートル。葉は披針形。7月ごろ、紫色の鐘形の花をつけ、果実は海流により散布。同科の双子葉植物は約90種がオーストラリア・太平洋諸島に分布。

ハマス〖Hamas〗►ハマース

はま-すげ【浜ˣ菅】カヤツリグサ科の多年草。海辺や河原に生え、高さ20〜30センチ。葉は堅く、線形。夏から秋、茎の頂に細い苞(ほう)を数枚つけ、その中心から穂を出す。塊根を漢方で香附子(こうぶし)といい、薬用。(季 夏)

はます-どり【浜州鳥】〘枕〙浜辺の水鳥がよちよち歩く意から、「足悩(あなゆ)む」にかかる。「一足悩(あなゆ)む駒の惜しけくもなし」〈万・三五三三〉

はま-ぜせり【浜ˣ挵り】江戸時代、大坂で、河岸をうろついて下級の娼婦をあさること。「日が暮れると一」〈浄・阿波鳴渡〉

はま-ぜり【浜ˣ芹】セリ科の越年草。海浜に生え、高さ10〜30センチ。根は太く、茎は基部で分枝し、斜めに立つ。葉は羽状複葉。8〜10月、白い小花を密につける。はまにんじん。

はまだ【浜田】島根県西部の日本海に面する市。もと古田・松平氏の城下町。明治中期から輸出港、昭和初期から漁港も整備されて発展し、沖合漁業の基地。平成17年(2005)10月、金城(かなぎ)町・旭町・弥栄(やさか)村・三隅町と合併。人口6.2万(2010)。

ハマダーン〖Hamadan〗イラン北西部にある商業都市。皮革加工・絨緞(じゅうたん)製造で知られる。古代メディア王国の都エクバターナがあった地。ハマダン。

はま-だい【浜ˣ鯛】(ーだひ) フエダイ科の海水魚。全長約1メートル。体は紡錘形で、目は大きく、尾びれの上端・下端とも長い。体色は淡紅色で上面と各ひれは鮮紅色。本州中部以南に分布。

はま-だいこん【浜大根】アブラナ科のダイコンが野生化したもの。海岸の砂地に生え、全体にやせている。4月ごろ、淡紅紫色の花が咲く。

はまだ-くにまつ【浜田国松】[1868〜1939]政治家。三重の生まれ。護憲運動に参加。のち、政友会に入党。昭和9年(1934)衆議院議長に就任。同12年、施政方針質問の際に軍部を批判、寺内寿一陸相と「腹切り問答」を行った。

はまだ-こうさく【浜田耕作】(ーカウサク)[1881〜1938]考古学者。大阪の生まれ。号、青陵。京大教授・総長。英国などに留学し、日本の考古学に科学的研究方法を導入。日本および満州・朝鮮各地を踏査。著「通論考古学」など。

はまだ-し【浜田市】►浜田
はまだ-しょうじ【浜田庄司】[1894〜1978]陶芸家。神奈川の生まれ。本名、象二。バーナード＝リーチに師事し、英国で研究。帰国後は益子(ましこ)焼の向上発展に尽力し、質朴で力強い作風を展開。また、柳宗悦(やなぎむねよし)らと民芸運動を推進した。文化勲章受章。
はまだ-ひこぞう【浜田彦蔵】[1837〜1897]幕末・明治の通訳・貿易商。播磨(はりま)の人。江戸への航海中に漂流し、米国船に救われて渡米、帰化し、ジョセフ＝ヒコと称した。安政6年(1859)帰国、日米外交交渉に活躍し、また、日本最初の新聞「海外新聞」を横浜で発行。アメリカ彦蔵。
はまだ-ひろすけ【浜田広介】[1893〜1973]児童文学者。山形の生まれ。本名、広助。人間の善意をテーマに多くの童話を発表。小川未明とともに童話を文学の一ジャンルとして確立。作「むく鳥の夢」「泣いた赤鬼」など。
はまだ-やひょうえ【浜田弥兵衛】江戸初期の貿易商。長崎の人。末次平蔵の朱印船の船長。貿易上の争いから、武装日本人多数を伴って台湾のオランダ人根拠地に渡り、このため日蘭貿易は数年間中断した。生没年未詳。
はまだら-か【翅斑蚊｜羽斑蚊】カ科ハマダラカ亜科の昆虫の総称。翅(はね)に斑紋をもつものが多い。腹部に鱗片(りんぺん)がなく、止まるとき尾端を上げる。卵はばらばらに水面に産卵される。マラリアを媒介するシナハマダラカ・コガタハマダラカが含まれる。
は-まち【刃区】刀の、刀身と茎(なかご)との境をなす区(まち)のうち、刃のほうの部分。
はまち【魬】(関西地方で)ブリの若魚。全長20〜40センチのものをいう。関東では大きさに関係なくブリの養殖ものをいう。(季 夏) ➡出世魚
はま-ぢしゃ【浜萵＝苣】ツルナの別名。
はま-ちどり【浜千鳥】浜辺にいる千鳥。(季 冬)
はま-ちゃ【浜茶】カワラケツメイの別名。茎・葉などを乾燥して茶の代用とする。
はま-ちりめん【浜縮緬】「長浜(ながはま)縮緬」の略。
はま-つづら【浜葛】浜辺に生えるつる草。「駿河の海磯辺(おしへ)に生ふる一汝(いまし)を頼み母に違(たが)ひぬ」〈万・三三五九〉
はま-づと【浜苞】海辺から持ち帰ったみやげ。「潮干なば玉藻(たまも)刈りつめ家の妹が一乞はば何を示さむ」〈万・三六〇〉
はま-つばき【浜椿】ハマゴウの別名。
はま-づら【浜面】浜辺。「人々もろともに一をまかる道に」〈後撰・秋下・詞書〉
はま-て【浜手】浜の方。浜辺の側。
はまでら【浜寺】大阪府堺市南部の地名。かつての高師の浜の一部で現在は住宅地・工業地。
はまでら-こうえん【浜寺公園】大阪府の堺市・高石市にまたがる府立の公園。かつての高師の浜の一部で、白砂青松の景勝地として知られ、海水浴場であった。水路を挟んで埋立地の臨海工業地区と対する。
はま-どおり【浜通り】福島県阿武隈高地東部の太平洋沿岸一帯をいう。相馬市・南相馬市・いわき市の各都市がある。➡中通り ➡会津
はま-トラ《横浜＋traditionalから。ふつう「ハマトラ」と書く》1970年代に横浜地区から生まれたアイビールックのくずしスタイル。フェリス女学院の制服、横浜元町の若者ファッションから生まれたなどの説がある。
はま-な【浜菜】浜辺に生える、食用の草。「阿胡(あご)の海の荒磯の上に一摘む海人娘子(あまをとめ)らが」〈万・三二四三〉
はまな-こ【浜名湖】静岡県南西部にある汽水湖。もとは淡水湖で、琵琶湖を近淡海(ちかつあはうみ)とよぶのに対して遠淡海(とほつあはうみ)とよばれた。明応7年(1498)の地震の際の津波により、南部の今切(いまぎれ)で遠州灘(えんしゅうなだ)とつながった。ウナギの養殖が盛ん。
はま-なし【浜梨】ハマナスの別名。
はま-なす【浜梨｜浜茄＝子】バラ科の落葉低木。本州中部以北の海岸の砂地に自生。高さ1〜1.5メートル。枝にとげがあり、葉は楕円形の小葉からなる羽状複葉。春から夏、香りの強い紅色の5弁花を開く。実は扁球形で赤く熟し、食べられる。根皮から黄色の染料がとれる。玫瑰(まいかい)。はまなし。(季 夏)「一や今も沖には未来あり/草田男」
はま-なたまめ【浜鉈豆】マメ科の蔓性(つるせい)の多年草。暖地の海辺に自生。茎は横にはい、葉は3枚の小葉からなる複葉。夏から秋、淡紅紫色の花を穂状につける。豆のさやは大きく、種子は褐色。
はま-なっとう【浜納豆】納豆の一種。煮た大豆に麹(こうじ)・小麦粉をまぶして発酵させ、塩汁に漬けたのち乾燥してサンショウ・ショウガなどの香料を加える。浜名湖北岸にある大福寺で作り始めた。浜名納豆。
はま-なつめ【浜棗】クロウメモドキ科の落葉低木。暖地の海岸に自生。葉は広卵形。夏、黄緑色の小花が咲き、半球形で広い翼のある実を結ぶ。
はま-なでしこ【浜撫子】フジナデシコの別名。
はまな-なっとう【浜名納豆】►浜納豆(はまなっとう)
はま-なべ【蛤鍋】ハマグリのむき身と、焼き豆腐・ネギ・ミツバなどを入れ、味噌または塩で味をつけた鍋物。はまぐりなべ。
はま-なや【浜納屋】大坂で、河岸に設けた物置小屋。「大和橋の一借っての出店も」〈浄・生玉心中〉
はまなりしき【浜成式】「歌経標式(かきょうひょうしき)」の通称。
はま-にがな【浜苦菜】キク科の多年草。海岸の砂地に生える。地下茎は地中をはい、長い柄をもつ厚い葉を地上に出す。葉はふつう三〜五つに裂けている。夏、黄色い頭状花を開く。はまいちょう。
はま-にんじん【浜人参】ハマゼリの別名。
はま-ね【浜値】海産物などの、水揚げ地で取り引きされる値段。
はま-の-まさご【浜の真砂】浜辺の砂。数のきわめて多いことのたとえにいう。「山下水の絶えず、一の数多くつもりぬれば」〈古今・仮名序〉
浜の真砂は尽きるとも世に盗人の種(たね)は尽きまじ
海辺に無数にある砂がなくなっても、世の中に泥棒がいなくなることはないであろう。石川五右衛門の辞世と伝えられる歌で、初句は「石川や」。
はま-ばた【浜端】浜の水際。浜辺。
はま-び【浜び】浜の湾曲した所。「丈夫(ますらを)はみ狩に立たし娘子(をとめ)らは赤裳裾引く清き一を」〈万・一〇〇一〉
はま-ひさぎ【浜楸】浜辺に生えている楸。「波の間ゆ見ゆる小島の一久しくなりぬ君に逢はずして」〈万・二七五三〉
はま-びさし【浜庇】《万葉集・二七五三の「浜久木(はまひさぎ)」の表記を伊勢物語で読み誤ってできた語という》浜辺の家のひさし。また、浜辺の家。多く「久し」の序詞として用いられる。「浪間より見ゆる小島の一久しくなりぬ君に逢ひ見で」〈伊勢・一一六〉
はま-びし【浜菱】ハマビシ科の一年草。関東以西の海岸に自生。茎は地上をはい、長さ約1メートル。葉は羽状複葉。夏、葉の付け根に黄色い5弁花が1個ずつ咲く。実は堅く、とげがある。種子は薬用。ハマビシ科の双子葉植物は亜熱帯から熱帯にかけて分布し、主に木本で乾燥地に生える。
はま-びと【浜人】浜辺に住む人。漁師。
はま-びらき【浜開き】「海開(うみびら)き」に同じ。
はま-ひるがお【浜昼顔】ヒルガオ科の蔓性(つるせい)の多年草。海岸の砂地に生え、白い地下茎が砂中をはう。葉は腎臓状円形で厚く、つやがある。5月ごろ、淡紅色で、直径4、5センチくらいのらっぱ状の花を開く。(季 夏)「きらきらと一が先んじぬ/汀女」
はま-べ【浜辺】浜の水際。また、浜。海辺。
(類語)浜・海浜・砂浜・海岸・沿海・沿岸・海沿い・海辺
はまべ-の-くろひと【浜辺黒人】[1717〜1790]江戸中期の狂歌師。江戸の人。本名、斯波孟雅(しばたけまさ)。通称、三河屋半兵衛。書籍商で、狂歌集「初笑不琢玉(はつわらいみがかぬたま)」を発刊。入れ花の制度を創始したといわれる。
はま-べんけいそう【浜弁慶草】ムラサキ科の多年草。本州北部から北の海岸の砂地に自生。よく分枝して地に広がり、葉は楕円形で厚い。夏、青紫色の釣鐘形の花を多数つける。
はま-ぼう【黄＝槿】アオイ科の落葉低木。関東以西の海岸に自生し、高さ約2メートル。葉は円形で、裏面に白い毛が密生。夏、黄色の漏斗状の5弁花を開く。
はま-ぼうふう【浜防風】セリ科の多年草。海岸の砂浜に自生し、高さ5〜10センチ。葉は羽状複葉で厚く、放射状に広がる。夏、白い小花が密生して咲く。香気のある若葉を刺身のつまにし、長い根を漢方で解熱・鎮痛などに使用。八百屋防風。伊勢防風。
はま-ぼっす【浜払子】サクラソウ科の越年草。海岸に生え、高さ10〜40センチ。茎の基部から枝分かれし、多肉質でへら状の葉を密に互生する。5、6月ごろ、茎の頂に、花びらが五つに裂けている白い花を多数開き、丸い実を結ぶ。
はま-まつ【浜松】浜辺の松。「昨日こそ君はありしか思はぬに一の上に雲にたなびく」〈万・四四四〉
はままつ【浜松】静岡県西部の市。徳川家康の居城となり、井上氏らの城下町、東海道の宿場町として発展。織物・楽器・自動車工業が盛ん。平成17年(2005)7月、周辺11市町村を編入。同19年4月、指定都市となった。人口80.1万(2010)。
はままつ-いかだいがく【浜松医科大学】静岡県浜松市にある国立大学法人。昭和49年(1974)設置。平成16年(2004)国立大学法人となる。
はままつがくいん-だいがく【浜松学院大学】静岡県浜松市にある私立大学。平成16年(2004)の開設。現代コミュニケーション学部の単科大学。
はままつ-し【浜松市】►浜松
はままつ-じょう【浜松城】浜松市にあった城。元亀元年(1570)徳川家康が飯尾氏の居城の曳馬(ひくま)城に入り、浜松城と改称。天正6年(1578)新城完成。明治維新で廃城となったが、第二次大戦後、天守閣を復興。
はままつ-だいがく【浜松大学】静岡県浜松市にある私立大学。昭和63年(1988)に常葉学園浜松大学として開学。平成10年(1998)に現校名に改称した。
はままつちゅうなごんものがたり【浜松中納言物語】平安後期の物語。現存5巻で首部を欠く。菅原孝標女(すがわらのたかすえのむすめ)の作と伝える。成立年未詳。浜松中納言の日本と唐土にまたがる恋や転生を中心とする浪漫的な物語。御津(みつ)の浜松。
はま-も【浜藻】❶浜にある藻。浜辺に打ち寄せられた藻。❷ホンダワラの別名。
はま-や【破魔矢】❶破魔弓につがえて放つ矢。現在は神社で厄よけのお守りとして売り出す正月の縁起物。(季 新年)「をりからの雪にうけたる一かな/万太郎」❷新築の家の上棟式の際、鬼門の方角に向け、破魔弓とともに立てる2本の矢の形をしたもの。
はま-やき【浜焼(き)】❶とった魚・貝をすぐ浜で焼くこと。❷とりたての鯛(たい)などを、製塩用のかまで蒸し焼きにするか、塩焼きにするかしたもの。
はま-ゆう【浜木＝綿】ヒガンバナ科の常緑多年草。暖地の海岸に自生し、高さ約50センチ。葉は長く幅広で、質は厚い。夏、葉の間から花茎を伸ばし、十数個の香りのある白い花を傘状につける。花びらは細長く、反り返る。はまおもと。(季 花＝夏｜実＝秋)
はま-ゆか【浜床】❶寝殿の母屋(もや)に設けた貴人の座臥(ざが)のための方形の台。上に畳を敷き、四隅に柱を立てて帳(とばり)をかけて帳台とする。❷「浜縁(はまえん)」に同じ。
はま-ゆみ【破魔弓｜浜弓】❶破魔を射止めるための年占または遊戯用の弓。のち、男児への正月の贈り物ともなり、現在は神社で正月の縁起物として売る。(季 新年)「一や山びこつくる子のたむろ/蛇笏」❷新築の家の上棟式に、鬼門の方角に向けて破魔矢とともに棟の上に二つ立てる弓形のもの。
はま-よもぎ【浜艾】キク科の多年草。河口付近に群生し、満潮時には海水につかる。高さ30〜90センチ。葉は羽状に深く切れ込む。秋、小花を多数円錐状につける。近畿地方以西に分布。ふくど。
はまり【塡まり｜嵌まり】❶はまること。ぴったりおさまること。また、あてはまること。「ほぞの一がよくない」「一ぐあい」❷分別をなくして失敗すること。特に、女

性の色香に迷って失敗すること。また、そのための失費。「女郎に手管のこしらへ男させて、追うてから大一をさすことぞかし」〈浮・禁短気・六〉❸計略にひっかかること。「人をけして(＝ケナシテ)一のはやき事」〈咄・露がはなし・一〉
はま-りきゅう【浜離宮】東京都中央区にある旧離宮。甲州松平綱重の下屋敷から徳川幕府の御浜御殿となり、明治に宮内省所管の離宮となる。昭和20年(1945)東京都へ移管、現在は浜離宮恩賜庭園とよばれ、一般公開されている。約25万平方メートル。
はまり-やく【▽塡まり役】その人に最も適した役。また、その役にうってつけの人。適役。「一の主人公を好演する」「その仕事には彼が一だ」[類語]適任・適役
ハマル〖Hamar〗ノルウェー南東部の都市。首都オスロの北方約100キロに位置し、ミョーサ湖に面する。農業、林業が盛ん。950年に建造されたハマル大聖堂の遺跡を展示するヘドマルク博物館や、1994年のリレハンメルオリンピックで使われたスケート競技場がある。
はま・る【▽塡まる｜×嵌まる】〔動ラ五(四)〕❶穴の部分にぴったりとはいる。うまくはいっておさまる。「栓が一・る」「ボタンが一・る」「型に一・る」❷うまくあてはまる。「条件に一・る」「役に一・る」❸くぼんだ場所などに落ち込む。「堀に一・る」❹計略にのせられる。だまされる。「敵の術に一・る」❺かかわりあって抜け出せなくなる。また特に、女性の色香におぼれる。「悪の道に一・る」「女に一・って訳もなく家蔵を潰したり」〈紅葉・多情多恨〉[可能]はまれる[補説]❺は、近年、「すっかり旅行にはまっている」のように、のめり込んでいるようすを、肯定的にとらえた意味でも用いる。
はま-わ【浜▽曲】浜辺の湾曲して入り込んだ所。「さてありし一に至りたれば」〈かげろふ・中〉
はみ【▽食み】《動詞「は(食)む」の連用形から》❶食うこと。また、くらし。❷「食(は)み跡(あと)」の略。❸「食(は)み物」に同じ。「或ル片目ナ鹿、海端ヲ廻ッテ一ヲ尋ヌルガ」〈天草本伊曽保・片目な鹿〉
はみ【馬＝銜】❶《「食(は)み」と同語源》轡(くつわ)の、馬の口にくわえさせる部分。❷荒馬を制するために口にかませて頭部に縛りつけておく縄。
はみ【×蝮】マムシの別名。
ハミ【哈密】中国、新疆(しんきょう)ウイグル自治区東部にあるオアシス都市。天山南路・北路の分岐点として栄えた。メロンなどを栽培。クルム。ハミル。
はみ-あと【▽食み跡】アユが石に付いた珪藻(けいそう)類を食べた跡。はみ。
パミール〖Pamir〗中央アジア南東部の高原。タジキスタンを主に中国・アフガニスタンなどにまたがる。天山・ヒンズークシ・カラコルム・崑崙(こんろん)山脈などが接し、平均標高は約5000メートルで、世界の屋根と呼ばれる。葱嶺(そうれい)。
ハミ-うり【ハミ×瓜】中国新疆(しんきょう)ウイグル自治区ハミ(哈密)一帯で栽培されるメロンの一種。
はみ-かえ・る【▽食み返る】〔動ラ四〕❶魚などが水面で呼吸して水中に戻る。「この海豚(いるか)一・り候はば、源氏滅び候ふべし」〈平家・一一〉❷(「瘧る」とも書く)病気がぶり返す。「聞けばあとから一・る、そもいかなる病ぞや」〈浄・天の網島〉
は-みがき【歯磨き】〔名〕(スル) 歯を磨いて、清潔にすること。また、歯ブラシにつけるなどして歯を磨くときに用いるもの。「毎食後に一する」「一粉(こ)」「液体一」
はみがき-ようじ【歯磨き×楊枝】(ヤウジ) 歯を磨くときに用いる楊枝。古く、楊(やなぎ)の小枝の先端を裂いたもので歯の汚れを取った。
は-みず【葉水】(ミヅ) 盆栽・鉢植えなどの植物の葉に水をかけること。また、その水。
はみ-だし【▽食み出し】❶はみだすこと。はみだしたもの。「社会の一者」❷「食み出し鍔(つば)」の略。
はみだし-つば【▽食み出し×鍔】鞘(さや)の周縁からわずかにはみ出す程度の小さな鍔。主に短刀に用いる。
はみ-だ・す【▽食み出す】〔動サ五(四)〕一定の範囲・枠から外に出る。中に入りきれないで外へあふれ出る。はみでる。「毛布から足が一・す」「見物人が車道まで一・す」「既成の枠から一・した大型新人」[類語]越える・超す・上回る・過ぎる・追い越す・追い抜く・凌(しの)ぐ・行き過ぎる・超過する・突破・超越・凌駕(りょうが)・過剰・オーバー
はみ-でる【▽食み出る】〔動ダ下一〕「食(は)み出す」に同じ。「袋が破れて中身が一・でる」
はみ-もの【▽食み物】食い物。特に、家畜・鳥などのえさ。はみ。「馬牛強しといへども、一なければ道ゆかず」〈盛衰記・三四〉
ハミルトン〖William Rowan Hamilton〗[1805～1865]アイルランドの数学者・理論物理学者。ダブリン大トリニティーカレッジ在学中に天文学教授となる。光の波動論を支持し、光学系に特性関数を導入して幾何光学の基礎を作り、さらに力学の全分野に拡張して解析力学の基礎を確立。著「光線系の理論」。
ハミング〖humming〗〔名〕(スル) 口を閉じ、声を鼻に抜いて旋律を歌うこと。「ラジオに合わせて一する」
ハミング-コード〖Hamming code〗▶ハミング符号
ハミング-バード〖hummingbird〗アマツバメ目ハチドリ科の鳥の総称。南北アメリカの主として熱帯地方にすむ。鳥類中最も小形で、体重2～9グラム程度のものが多い。ハチのように高速で羽ばたき、空中に停止して花の蜜を吸う。
ハミング-ふごう【ハミング符号】(フガウ)《Hamming code》コンピューター内部やコンピューターネットワークのデータ通信で利用される誤り訂正符号の一。米国ベル研究所のR＝ハミングが1950年に考案。
はむ【×鱧】ハモの古名。〈新撰字鏡〉
ハム〖ham〗❶豚肉を塩水に漬けてから燻製にした加工食品。もも肉の骨付きが本来であるが、ボンレスハム・ロースハム・生ハムや、他の畜肉・魚肉などを使ったプレスハムもある。❷メタ構文変数で用いられる、意味をもたない文字列の一。
ハム〖ham〗アマチュア無線家。
ハム〖HAM〗《HTLV-1 associated myelopathy》HTLV-1(ヒトT細胞白血病ウイルス1型)の感染が原因で起こる慢性進行性神経疾患。HTLV-1に感染したTリンパ球が脊髄に浸潤することで生じる免疫応答により脊髄組織が傷害を受け発症すると考えられる。発症率はHTLV-1抗体陽性者の0.25パーセントと低い。歩行障害がゆっくりと進行し、排尿障害や軽度の感覚障害を伴う。HTLV-1関連脊髄症。HTLV-1関連ミエロパチー。
ハム〖hum〗ラジオ・テレビなどの受信機で、電源に交流を用いた場合に出る、ブーンという雑音。
は・む【▽食む】〔動マ五(四)〕❶食物をかんで食う。また、飲み込む。「草を一・む牛の群れ」❷そこなう。害する。「吾心を一・み尽し」〈紅葉・金色夜叉〉❸俸給などを受ける。「高禄を一・む」[類語](❶)食べる・噛(か)む
は・む【▽塡む】〔動マ下二〕「はめる」の文語形。
ば・む〔接尾〕《動詞五(四)段型活用》❶名詞に付いて動詞をつくり、…のようすが現れる、…のようすを帯びる、などの意を表す。「気色(けしき)一・む」「黄一・む」❷古くは、名詞のほかに、動詞の連用形、形容詞の語幹の下にも付いて動詞を作り、そのような性質を少し帯びる、そのような状態に近づいてくる、という意を表す。「鼻の先は赤みて、穴のめぐりいたく濡れ一・みたるは」〈今昔・二六・一七〉
パム〖PAM〗《pulse amplitude modulation》パルス振幅変調。パルスの振幅を信号に応じて変化させる通信方式。
ハム-エッグ〖ham and eggs〗薄切りのハムの上に卵を落とし、目玉焼きにしたもの。ハムエッグス。
は-むかい【歯向(か)い｜刃向(か)い】(ムカヒ)〔名〕(スル) はむかうこと。敵対。抵抗。
は-むか・う【歯向(か)う｜刃向(か)う】(ムカフ)〔動ワ五(ハ四)〕❶歯をむき出して向かっていく。また、刃物を持って向かっていく。「野犬が一・ってくる」❷反抗する。抵抗する。「権力に真っ向から一・う」[類語](❷)逆らう・盾突く・反抗・抵抗・手向かう・抗する・立ち向かう・蟷螂(とうろう)の斧(おの)・窮鼠(きゅうそ)猫を噛(か)む
はむき お世辞。おべっか。機嫌取り。➡おはむき
ハムギョン-ナムド【咸鏡南道】朝鮮民主主義人民共和国東部、日本海に臨む道(ど)。道庁所在地は咸興(ハムフン)。地下資源に富み、漁業や稲作、果樹栽培が盛ん。かんきょうなんどう。
ハムギョン-プクド【咸鏡北道】朝鮮民主主義人民共和国北東部、日本海に臨む道(ど)。北は豆満江(とまんこう)を隔てて中国・ロシア連邦と接する。道庁所在地は清津(チョンジン)。鉄などの地下資源に富み、スケトウ漁が盛ん。かんきょうほくどう。
は-む・く〔動カ四〕へつらう。機嫌をとる。「今日はでえぶ、てめえに一・いていったぜ」〈洒・四十八手〉
は-む・く【歯向く｜刃向く】〔動カ四〕「歯向かう」に同じ。「切ってかかればこらへずして、一・いたる兵は四方へばっとぞ逃げにける」〈浄・出世景清〉
は-むけ【葉向け】風が草木の葉をその吹く方向になびかせること。「いつしかと荻の一の片よりに空や秋とぞ風もきこゆる」〈新古今・秋上〉
ハム-サラダ《和 ham＋salad》ハム入りのサラダ。また、ハムに野菜サラダを添えた料理。
ハム-サンド《和 ham＋sandwich》ハムを挟んだサンドイッチ。
は-むし【羽虫】❶ハジラミの別名。❷ハアリの別名。
は-むし【葉虫｜金＝花＝虫】甲虫目ハムシ科の昆虫の総称。体長数ミリが多いが、2センチくらいのものもある。体は楕円形で背面が膨らみ、体色は、金属光沢のある黒・黄・赤色など。主に植物の茎・葉を食害する。ウリハムシ・サルハムシ・カメノコハムシなど。
は-むしゃ【端武者｜葉武者】身分の低い、取るに足りない武者。雑兵(ぞうひょう)。木端武者(こっぱむしゃ)。
ハム-しょご【ハム諸語】《Hamitic》アフリカの北部から中部、エチオピアにかけて用いられている、または用いられていた同系諸言語の総称。ベルベル諸語・クシュ諸語・チャド諸語・古代エジプト語を含む。
ハムスター〖hamster〗ネズミ科キヌゲネズミ亜科の哺乳類。体長約15センチ、尾はごく短い。毛は柔らかく、上面は橙色で腹は白色。ほお袋をもつ。動物実験用・愛玩用。ゴールデンハムスター。
ハムステッド〖Hampstead〗英国の首都ロンドン北西部にある一地区。カムデン特別区に属する。高級住宅街として知られ、北部にハムステッドヒースという公園が広がる。詩人ジョン＝キーツが暮らした家やジョージ朝時代の邸宅がある。
ハムストリング〖hamstring〗大腿(だいたい)後面にある、大腿二頭筋、半膜様筋、半腱様筋などの総称。スポーツトレーニングで重要な筋肉。
ハムスン〖Knut Hamsun〗[1859～1952]ノルウェーの小説家。放浪者の孤高の精神を書いた「飢え」で注目を浴び、のち、開拓農民の生活を叙事詩的に描いた。1920年ノーベル文学賞受賞。ほかに「土の恵み」など。
ハム-ぞく【ハム族】《Hamitic》ノアの子ハムの子孫と伝えられる民族群。アフリカの東部・北部に居住し、ハム語系の言語を用いる。
パムッカレ〖Pamukkale〗《トルコ語で「綿の城」の意》トルコ南西部の温泉保養地。地上に湧き出した鉱泉に含まれる炭酸カルシウムによって、石灰華の段丘が形作られ、真っ白な棚田に似た奇観をなす。古代ローマ時代の遺跡が底に沈んでいる温泉プールがある。石灰華段丘を望む丘の上にある古代都市ヒエラポリスとともに、1988年に世界遺産(複合遺産)に登録された。
バム-てつどう【BAM鉄道】(テツダウ)《Baykalo-Amurskaya Magistral'》ロシアのバイカルアムール鉄道。東シベリアのタイシェト駅から日本海沿岸のソビエツカヤ・ガバニ駅を結ぶ。第二シベリア鉄道。
ハムフン【咸興】朝鮮民主主義人民共和国東部、咸鏡南道の工業都市。化学・繊維・金属・肥料などの工業が盛ん。李(り)朝の発祥地。かんこう。
はむら【羽村】東京都西部の市。西端を多摩川が流れ、玉川上水の取水口である羽村堰(ぜき)が設けられた。平成3年(1991)市制。人口5.7万(2010)。
は-むら【葉×叢】生い茂った一群の葉。
はむら-し【羽村市】▶羽村
ハムラビ〖Hammurabi〗バビロン第一王朝第6代

の王。在位前1728ころ〜前1686ころ。バビロンを首都とする大帝国を建設し、全メソポタミアを統一、バビロニアの黄金時代を築いた。また、ハムラビ法典を制定、発布した。ハンムラビ。

ハムラビほうてん【ハムラビ法典】ハンムラビが制定、発布した法典。シュメール以来の諸法を集大成したもの。1901年、楔形くさびがた文字のアッカド語で刻まれた石碑が、イランのスーサで発見された。

ハムレット〘Hamlet〙シェークスピアの四大悲劇の一。5幕。1602年ごろ初演。デンマークの王子ハムレットが、父王を毒殺して王位に就き、母を妃とした叔父に復讐する物語。ハムレットはその思索的な性格のために悩み、恋人オフィーリアをも捨てて狂死させ、苦悩のすえに復讐を遂げるが、自分も命を落とす。

ハムレット-がた【ハムレット型】決断を下して行動に移るよりは、むしろ懐疑や苦悩にこもってしまう思索的な性格。ツルゲーネフにより立てられた概念。⇔ドンキホーテ型。

はむろ-ときなが【葉室時長】平安末・鎌倉初期の文学者。貴族の出身で、平家物語・保元物語・平治物語の作者と伝えられるが確証はない。生没年未詳。

はめ【羽目】《動詞「は(塡)める」の連用形からという》❶建築で、板を平らに張ったもの。布羽目・太鼓羽目などがある。❷(「破目」とも書く)成り行きから生じた困った状況。「結局手伝わされる―になる」

羽目を外・す　興に乗って度を過ごす。「―・して騒ぐ」補説馬銜はみを外された馬が走り回る意からとも。

はめ【馬=銜】「はみ(馬銜)」に同じ。

は-め【葉芽】「ようが(葉芽)」に同じ。

はめ-あい【×嵌め合い】機械部品の軸と穴とが互いにはまり合うときの寸法差から生じる関係。すきま嵌め・締まり嵌めなど。かんごう。

はめ-いた【羽目板】羽目に張った板。

はめ-え【×嵌め絵】►ジグソーパズル

ハメーンリンナ〘Hämeenlinna〙フィンランド南部、湖水地方の都市。13世紀に建てられたハメ城やアウランコ自然公園がある。タンペレまで続く湖沼地帯の観光航路の拠点として知られる。

はめき-ざいく【×嵌め木細工】1枚の板に、色や木目の違う他の木材をはめ込んで、模様や絵などを表す細工。木象嵌もくぞうがん。はめき。

はめ-く【▽陥め句｜▽入め句｜▽塡め句】古歌・古詩の一部をはめ込んで詩歌を作ること。また、その詩歌。

はめ-こみ【▽塡め込み｜×嵌め込み】はめこむこと。また、はめこむ構造・仕組み。「―の蓋ふた」

はめ-こ・む【▽塡め込む｜×嵌め込む】〔動マ五(四)〕❶はめて入れ込む。はめ入れる。「ダイヤを―・んだブローチ」「型に―・む」❷計略にかけて、おとし入れる。だます。「うまく―・んで売りつける」
類語はめる・はまる

はめ-ころし【×嵌め殺し】《「はめごろし」とも》障子やガラス窓などを作り付けにして、開閉できないようにすること。また、そのもの。「―の窓」

は-めつ【破滅】〔名〕スル　ほろびること。人格・家・国家などが成り立たなくなること。滅亡。「身の―を招く」「環境汚染が進めば人類は―する」類語滅亡・衰亡

ハメット〘Samuel Dashiell Hammett〙[1894〜1961]米国の推理小説家。私立探偵から文筆生活に入り、ハードボイルド派の第一人者となった。作「マルタの鷹」など。

はめ-て【▽塡め手】自分の術中に誘いいれるための手だて。主に囲碁・将棋などでいう。「―にかける」

はめ-はずし【▽塡め外し｜×嵌め外し】はめこむことと、取りはずすこと。「―自在の金具」

は・める【▽塡める｜×嵌める】〔動マ下一〕文は・む〔マ下二〕❶ある形に合うように中に入れておさめる。ぴったりと入れ込む。「障子を桟に―・める」「コートのボタンを―・める」❷ある形に合うように外側にかぶせる。環状のものなどを通す。「桶おけにたがを―・める」「指輪を―・める」「手袋を―・める」❸中に落とし入れる。投げ込む。「けんかして池に―・められる」❹ある制限・範囲内におさめ入れる。「予算に枠を―・める」「子供たちを型に―・めてしまう画一的教育」❺計略にかける。いっぱいくわせる。「罠わなに―・める」「策略に―・められる」類語はめ込む・はまる

は-めん【波面】❶波の表面。波立っている水面。❷進行波の、ある時刻に同一位相にある連続面。

は-めん【破面】金属材が折れたときに現れる面。

ば-めん【馬面】❶馬の顔。また、馬のように長い顔。馬づら。❷馬具の一。馬の額から鼻のあたりをおおうもの。装飾用と武装用とがある。

ば-めん【場面】❶変化する状況の、ある部分。物事が行われているその場のようす。「苦しい―に直面する」❷演劇・映画などの一情景。シーン。「―が変わる」「出会いの―」❸市場の状況。場況。
類語幕・場・シーン・カット・一齣ひとこま・ショット・場合

はも【×鱧】❶ウナギ目ハモ科の海水魚。岩場や砂底にすみ、全長約2メートル。体はウナギ形でやや側扁し、吻ふんがとがり、鋭い歯をもつ。背面は紫褐色、腹面は白色。本州中部以南に産し、夏に美味。季夏　❷(東北地方などで)アナゴの別名。

鱧も一期いちご海老えびも一期　境遇の別はあっても、人の一生は大体同じであるというたとえ。

は-も〔連語〕《係助詞「は」＋係助詞「も」》感動・詠嘆を表す。…はまあ。…だなあ。「高光る我が日の皇子みこの万代よろづよに国知らさまし島の宮―」〈万・一七一〉補説主に奈良・平安時代の和歌にみられる。文末にあっては、「は」「も」を終助詞とする説もある。

はもぐり-むし【葉潜虫】葉に潜入して葉肉を食べ、線状の食い跡を残す昆虫。ハモグリガ・ハモグリバエなどの幼虫。字書き虫。絵書き虫。はむぐり。

は-もじ【は文字】「おはもじ」に同じ。「―なれども…返歌を致さねば」〈虎明狂・岩橋〉

はもじ・い【は文字い】〔形〕《名詞「は文字」の形容詞化。近世語》恥ずかしい。「―・い事のありたけを言はしておいて」〈浄・苅萱桑門〉

は-もと【刃元】刃物の刃の柄に近い方。⇔刃先。

は-もと【歯元】❶歯の根もと。はぐき。❷歯車の歯のピッチ円から内側の部分。

ハモニカ〘harmonica〙►ハーモニカ

は-もの【刃物】刃がついていて物を切断したり削ったりする道具の総称。包丁・小刀・はさみなど。切れ物。「―を振り回す」

は-もの【葉物】❶園芸や生け花の花材で、主に葉を観賞する草木。➡花物　➡実物みもの　❷主に葉を食用とする野菜。ホウレンソウ・キャベツなど。葉菜類。
類語(❶)花物・実物

は-もの【端物】❶一部が欠けていて、ひとそろいにならないもの。はんぱもの。はしたもの。「コーヒー茶碗の―」❷まとまった量にならないもの。また、単発的なもの。「―の印刷を引き受ける」❸新内節で、義太夫節から移入した段物に対し、新内節独自に作られた曲。⇔段物。❹常磐津ときわず・清元・長唄などで、歌い物的な、叙情的な短編の曲。また、それを地とする舞踊。⇔段物。❺講談で、短い読み物。

は-もの【端者｜葉者】とるに足りない者。身分の低い者。

はもの-ざんまい【刃物三昧】刃物を振り回して暴れること。「―に及ぶ」

はもの-だて【刃物立て】刃物を持ち出して言い分を通そうとすること。

はもり-の-かみ【葉守の神】樹木を守護する神。カシワやナラなどに宿るという。「ことならばならしの枝にならさなむ―の許しありきと」〈源・柏木〉

は-もん【刃文】日本刀で、焼き入れによって刀身に表れる刃紋の形状。直刃すぐは・乱れ刃など。じんもん。

は-もん【波紋｜波文】❶水面に物の落ちたときなどに、いく重にも輪を描いて広がる波の模様。❷次々と周囲に動揺を伝えていくような影響。「政界に―を起こす」「若者の間に―を呼んだ番組」類語(❷)影響・刺激・煽あおり・作用・響く・差し響く・跳ね返る・祟たたる・災いする・反響・反映・反応・反動・反作用・余波・累るを・皺寄せ・とばっちり・巻き添え・そばづえ

波紋を投・じる　事を起こす。反響を呼ぶ問題を提起する。波紋を投げる。「暴露記事が―・じる」補説「一石を投じる」との混同から生まれた言い方か。

は-もん【破門】〔名〕スル　❶師弟の関係を絶って門下から除くこと。「弟子を―する」❷信徒としての資格を剝奪はくだつし、教会・宗門から除名・追放すること。

ハモン-セラーノ〘スペイン jamón serrano〙スペインの生ハム。塩漬けにした白豚の肉を乾燥・熟成させたもの。燻煙くんえんはしない。

ハモンド-オルガン〘Hammond organ〙米国の発明家L＝ハモンドが1929年に考案した電子オルガン。電磁的振動を利用し、音を出す。商標名。

は-や【甲=矢｜兄=矢｜早=矢】2本持って射る矢のうち、初めに射る矢。矢をつがえたとき、3枚羽根の羽表が外側になり裏が手前になる矢。➡乙矢おとや

はや【早】《形容詞「はやい」の語幹から》㊀〔名〕❶早いこと。多く、複合語として用いられる。「矢継ぎ―」「足―」❷「早打ち」「早追い」の略。「赤穂への―あいにくと降り通し」〈柳多留・九〉㊁〔副〕❶時日の経過、ある事柄の実現・完了が、意外に早いという気持ちを表す語。はやくも。もはや。「一五年が過ぎた」「あたりは―暮れかかる」❷すぐに。さっさと。はやく。「―かの御使ひに対面し給へ」〈竹取〉❸実は。ほかならぬ。もともと。「変化へんげの者にてはなかりけり。一人にてぞありける」〈平家・六〉類語(㊁❶)もう

はや【×鮠】❶(関東地方で)ウグイの別名。❷(関西地方で)オイカワの別名。

はや〔感〕あきれたり、とまどったり、驚いたりしたときに発する語。「なんとも―、あきれた人だ」「いや―、まったく困った」

は-や〔連語〕《係助詞「は」＋係助詞「や」》❶疑問の意に感動を添えた意を表す。…かなあ。「島伝ふ足速あばやの小舟風守り年―経なむ逢ふとはなしに」〈万・一四〇〇〉❷(文末にあって)感動・詠嘆を表す。…よ。「御真木入日子みまきいりびこ―己が命をを盗み死せむと」〈記・中・歌謡〉「けしうはあらじ―」〈源・葵〉補説「や」を間投助詞とする説もある。❷は上代では名詞だけに付き、中古では連体形に付く。

バヤ〘ヒンディー bāyāṃ〙インドの打楽器の一。主に金属製の筒形の胴に皮を張った太鼓。タブラと対にして用いられる。➡タブラバヤ

ばや〔終助〕動詞・動詞型活用の助動詞の未然形に付く。❶話し手自身の願望を表す。…たらなあ。…たい。「これをかの北の方かたに見せ奉ら―」〈かげろふ・中〉❷話し手自身の意志を表す。…う。…よう。「舟が出で候。急ぎ乗ら―と存じ候」〈謡・隅田川〉❸(多くは「あらばや」の形で、反語的に用いて)強い打消しを表す。…だろうか、いや、まったくそうではない。「百や千の愁ひにてあら―」〈中華若木詩抄・中〉補説未然形に付く接続助詞「ば」に係助詞(間投助詞とも)「や」の付いて一語化したもので、平安時代になって成立した語。あつらえの「なむ」が他に対する願望を表すのに対し、「ばや」は自己の願望を表す。❷は中世以降の用法で、「む」に近い。❸は「ばこそ❷㋐」に代わる室町時代の用法。

ば-や〔連語〕《接続助詞「ば」＋係助詞「や」》❶未然形に付いて、「ば」が仮定条件、「や」が疑問の意を表す。もし…なら…だろうか。「心あてに折ら―折らむ初霜の置き惑はせる白菊の花」〈古今・秋下〉❷已然形に付いて、「ば」が確定条件、「や」が疑問の意を表す。…だから…のだろうか。…ので…か。「わが宿の花踏みしだく鳥うたむ野はなけれ―(＝野ハ花ガナイカラ)ここにしも来る」〈古今・物名〉補説和歌に多くみられる。❶は、疑問の意を表すか否かによって終助詞「ばや」と区別される。

はや-あし【早足｜速▽歩】❶歩き方の速いこと。速い足どりで歩くこと。「駅まで―で急ぐ」❷馬術で、1分間210メートルの速度を基準とする駆け方。トロット。
類語快走・駆け足・疾走・力走・疾駆・ダッシュ・走る

はや・い【早い｜速い】〔形〕文はや・し〔ク〕❶(速い)物事の進む度合いが大きい。動作・進行などがすみやかである。「足が―・い」「返事が―・い」「流れの―・い川」「のみこみの―・い人」⇔遅い。❷(早い)ある基準より時間があまり過ぎていない。また、ある基

準より時期が前である。「朝—・い電車に乗る」「—・いうちに手を打つ」「卒業が一年—・い」「梅雨入りが—・い」㊀遅い。❸(早い)まだその時期ではない。その時がまだきていない。「結婚するにはまだ—・い」「あきらめるのは—・い」❹(早い)簡単である。てっとり早い。「調べるより聞くほうが—・い」「自分でするのがいちばん—・い」❺(「…するがはやいか」「…するよりはやく」の形で)時間をおかないで次の動作や物事が行われるさまを表す。「家に帰るが—・いかテレビの前に座り込む」➡早く (補説)❶の「流れのはやい川」などでは「疾い」「捷い」とも書く。(派生)はやさ〔名〕

(…句)足が早い・気が早い・勾配ﾞが早い・此ﾞの時遅く彼ﾞの時早く・手が早い・耳が早い

(類語)素早い・すばしこい・速やか・迅速

早い所ﾄｺﾛ　急いで。手早く。「一知らせよう」

早い話が　てっとり早く言えば。簡単に言うと。要するに。「一だめだということだ」

早い者勝ちｶﾞﾁ　人より先にした者が利益を得るということ。「一の観覧席」

早かろう悪かろう　仕事が速いと、手落ちがあって出来上がりが悪くなりがちであるということ。

はや-いと【早糸】糸車と紡錘ﾂﾑとに掛け渡す糸。調べ糸。早緒ﾊﾔｵ。

はや-うし【早牛】歩みの早い牛。

早牛も淀遅牛も淀ﾊﾔｳｼﾓﾖﾄﾞｵｿｳｼﾓﾖﾄﾞ　▶遅牛も淀、早牛も淀

はや-うた【早歌】❶神楽歌ｶｸﾞﾗｳﾀの一。小前張ｺｻﾞｷﾊﾘの部の最後にうたわれる歌。ユーモアに富んだ歌詞で、テンポも速い。❷「宴曲ｴﾝｷｮｸ」に同じ。

はや-うち【早打ち】〔名〕ｽﾙ ❶続けざまに早く打ったり打ち上げたりすること。「一の花火」「太鼓を一する」❷(「早撃ち」とも書く)ピストルなどをすばやく撃つこと。また、続けて撃つこと。「一の名手」❸野球で、打者が早いボールカウントから打つこと。「一して悪球に手を出す」❹馬や駕籠ｶｺﾞを走らせて急を知らせること。また、その使者。「一の駅路ﾑﾏﾔﾂﾞたひの東路は遠きも近きさかひなりけり」〈新撰六帖・二〉

はやうち-かた【早打ち肩】急に肩が充血して激痛を感じ、動悸ﾄﾞｳｷが高まり人事不省になる病気。うちかた。はやかた。「病人のくせに長湯をするからだ。…それこそ一だあ」〈滑・浮世風呂・前〉

はや-うま【早馬】❶早打ち❹の使者が走らせる馬。また、その使者。❷速く走る馬。

はや-うまれ【早生(ま)れ】1月1日から4月1日までの間に生まれたこと。また、その人。4月2日から12月31日までに生まれた人が数え年8歳で就学するのに対して、数え年7歳で就学するところからいう。㊀遅生まれ。

はや-お【早緒】ｦ ❶舟をこぐとき、櫓ﾛにつける綱。ろづな。❷「早糸」に同じ。❸橇ｿﾘや車につけて引く綱。「たゆみつつ橇の一をつけなくに積もりにけりな越の白雪」〈山家集・上〉

はや-おい【早追い】ｵﾋ 江戸時代、急用の際に、昼夜兼行で駕籠ｶｺﾞをとばした使者。はや。

はや-おき【早起き】〔名〕ｽﾙ　朝早く起きること。「一してジョギングする」(類語)朝起き

早起きは三文の徳ｻﾝﾓﾝﾉﾄｸ　《「徳」は「得」とも書く》早起きをすると健康にもよく、また、そのほか何かとよいことがあるものであるということ。朝起きは三文の徳。

はや-おくり【早送り】〔名〕ｽﾙ　録音機やビデオなどのテープを、通常より早く回して先へ進めること。

はや-おけ【早×桶】ｵｹ　粗末な棺桶。死者のあったとき、間に合わせに作るところからいう。

はや-がえり【早帰り】ｶﾞﾍﾘ〔名〕ｽﾙ　きまりの時刻より早く帰ること。「急用ができて一する」

はや-がき【早×掻】雅楽の箏ｿｳの主要な奏法の一。閑掻ｼｽﾞｶﾞｷよりテンポの速いリズムで奏する。㊀閑掻。

はや-がく【早楽】雅楽で、早拍子ﾊﾔﾋﾞｮｳｼを用いる曲。➡延べ楽ｶﾞｸ

はや-かご【早×駕▽籠】急いで走らせる駕籠。特に、早打ちの使者を乗せた駕籠。はやうちかご。

はや-がてん【早合点】〔名〕ｽﾙ　よく聞いたり確かめたりしないうちにわかったつもりになること。早のみこみ。はやがってん。「一して失敗する」

(類語)早のみ込み・早とちり・独り合点

はや-がね【早鐘】❶火事や水害などの緊急な事態を知らせるために、激しく乱打する鐘。❷激しい動悸のたとえ。「心臓が一を打つ」

はや-かわ【早川】ｶﾊ　流れのはやい川。

はや-かわ【早川】ｶﾊ ㊀神奈川県南西部の川。箱根の芦ノ湖北端の湖尻から流れ出て、仙石原・湯本を経て小田原市で相模湾に注ぐ。㊁山梨県西部、早川町を流れる川。白根山系の間ﾉ岳に源を発し、南流して身延ﾐﾉﾌﾞ町で富士川に注ぐ。

はやかわ-こうたろう【早川孝太郎】ﾊﾔｶﾜｶｳﾀﾗｳ〔1889〜1956〕民俗学者。愛知の生まれ。郷里奥三河の神楽「花祭」のほか、全国各地の山村の民俗調査を行った。著作に「花祭」など。

はやかわ-の【早川の】ﾊﾔｶﾊﾉ〔枕〕はやく流れ行く意から、「行く」にかかる。「一行きも知らず」〈万・三二七六〉

はや-がわり【早変(わ)り|早替(わ)り】ｶﾞﾊﾘ〔名〕ｽﾙ ❶姿・ようすなどをすばやく変えること。「体育館がパーティー会場に一する」❷歌舞伎などで、一人の役者が同一場面ですばやく姿をかえ、二役以上を演じること。また、その演出。「お染の七役一」

はやく【早く】《形容詞「はやい」の連用形から》㊀〔名〕早い時期。早い時刻。「一に開けた地」「朝一から並んで待つ」㊁〔副〕❶早い時期に。かなり前に。「一親をなくした」「一世に認められた」❷(多くあとに詠嘆の助動詞「けり」を伴って)驚いたことには。わかってみれば何と。「いかなる船なると云ふ事を知らざるに、一、賊船なりけり」〈今昔・六・六〉❸もともと。やっぱり。「一跡なき事にはあらざめり」〈徒然・五〇〉

は-やく【破約】〔名〕ｽﾙ　約束を破ること。また、契約を取り消すこと。「融資の件を一する」(類語)違背・違約・解約・取り消す・キャンセル・破談・反故

は-やく【端役】映画・演劇などで、主要でない役柄。転じて、つまらない役目。また、その役の人。

(類語)ちょい役・エキストラ・脇役・バイプレーヤー

はや-ぐい【早食い】ｸﾞﾋ　食物を早く食うこと。食べ方が早いこと。

はや-くち【早口】❶しゃべり方が早いこと。早言葉。早言ﾊﾔｺﾄ。「一でまくしたてる」❷「早口言葉」の略。

はやくち-ことば【早口言葉】同音が重なったりして発音しにくい文句を早口にいうこと。また、その文句。「なげしの上の長なぎなたは誰ﾀが長なぎなたぞ」の類。早口そそり。早言葉。早言。

はやくち-そそり【早口そそり】「早口言葉」に同じ。

はやく-も【早くも】〔副〕❶物事の進行や実現が予想外に早いさま。もう。「一三年の歳月が流れた」「一反響が現れる」❷仮に早い場合を想定しても。早くても。「仕上がりは一来週になる」

はや-ご【早▽具】「早合ﾊﾔｺﾞｳ」に同じ。

はや-ごう【早合】ｺﾞｳ　火薬を詰めた紙製の小さい筒。昔、小銃の弾丸を発射させるのに用いた。現在でいう薬莢ﾔｯｷｮｳのこと。早具ﾊﾔｺﾞ。

はや-こと【早言】❶「早口❶」に同じ。「恐ろしく一で、詞は聞き取れない」〈鴎外・蛇〉❷「早口言葉」に同じ。

はや-ことば【早言葉】❶「早口❶」に同じ。❷「早口言葉」に同じ。

はや-さ【早さ|速さ】❶はやいこと。また、その度合い。「一を競う」「すごい一で食べる」❷速度の大きさ。➡速度(用法)

(類語)速度・スピード・ペース・ピッチ・テンポ・速力

は-やさい【葉野菜】「葉菜類」に同じ。

はやさか-こうげん【早坂高原】ｶｳｹﾞﾝ 岩手県北東部にある起伏のゆるやかな高原。早坂峠(標高約900メートル)を中心とした一帯。シラカバ・シナノキが点在する。レンゲツツジの群落も見られる。

はや-ざき【早咲き】❶ふつうの開花期よりも早く咲くこと。また、その花。「一の桜」㊀遅咲き。❷若くして世に出た人をたとえていう。㊀遅咲き。

はや-さめ【▽暴雨|速雨】にわか雨。夕だち。群雨ﾑﾗｻﾒ。驟雨ｼｭｳｳ。「沙本ｻﾎの方より一零ﾌりて来て」〈記・中〉

はやし【林】❶樹木がたくさん集まって生えている所。「武蔵野の面影を残す一」「雑木一」❷同類のものが立ち並んでいる状態。「アンテナの一」

(類語)木立・森・森林・密林・ジャングル・山林・雑木林

はやし【▽栄し】そばにあって引き立てるもの。装飾。「我ｱが角は御笠ﾐｶｻの一」〈万・三八八五〉

はやし【×囃子|×囃】《動詞「はや(囃)す」の連用形から》❶能・狂言・歌舞伎・長唄・寄席演芸など各種の芸能で、拍子をとり、または気分を出すために奏する音楽。主に打楽器と管楽器とを用いるが、芸能によって唄や三味線が加わることもある。❷能の略式演奏形式の一。1曲の主要部分(または全曲)を特に囃子を入れて演奏するもの。番囃子・舞囃子・居囃子・素囃子がある。

はや-しお【早潮】ｼﾎ　さしひきのはやい潮。また、流れのはやい潮流。「一や春の霞のながれ江になほ影とまる夜半月かな」〈為尹千首〉

はやし-かいぞう【林海象】ｶｲｻﾞｳ〔1957〜　〕映画監督。京都の生まれ。モノクロの字幕映画「夢みるように眠りたい」で監督デビュー。音楽ビデオの制作などでも活躍。代表作「二十世紀少年読本」「我が人生最悪の時」「海ほおずき」など。

はやし-かた【×囃子方】能・狂言・歌舞伎・民俗芸能などで、囃子を奏する役。能・狂言では笛方・小鼓方・大鼓方・太鼓方の四役、歌舞伎では三味線以外の各種楽器の奏者。

はやし-がほう【林鵞峰】〔1618〜1680〕江戸前期の儒学者。京都の人。羅山の三男。名は、春勝・恕ｼﾞｮ。別号、春斎。将軍徳川家光に仕えて経書を講じ、「本朝通鑑」などを編纂。幕府外交の機密にも参与した。著「鵞峰文集」など。

はやし-きょうこ【林京子】ｷｬｳｺ〔1930〜　〕小説家。長崎の生まれ。本姓、宮崎。長崎での被爆体験に基づく「祭りの場」で芥川賞受賞。他に「上海」「三界の家」「やすらかに今はねむり給え」「長い時間をかけた人間の経験」など。

はやし-ごと【×囃子事】能・狂言で、謡なしに器楽だけで演奏する部分。立ち方の登場・退場に用いる出入り事(次第・一声ｲｯｾｲなど)と、舞台における動きに伴う舞事・働き事などがある。

はやし-ことば【×囃子▽詞】歌謡などで、歌詞の本文とはなれて、歌い出しの部分や中間・終わりに調子をとるためにさし入れる言葉。

はやし-ざ【×囃子座】能舞台で、後座ｱﾄｻﾞの手前の、本舞台にいちばん近い部分。囃子方が位置して演奏する所。

はやし-しずえ【林倭衛】ｼｽﾞｴ〔1895〜1945〕洋画家。長野の生まれ。大正8年(1919)社会運動家の大杉栄を描いた「出獄の日のO氏」を二科展に出品し、警視庁から撤回を命じられる。同10年渡欧、帰国後は春陽会などで活躍。セザンヌの影響を受け、詩情を感じさせる作風で知られる。

はやし-しへい【林子平】〔1738〜1793〕江戸中期の経世家。江戸の人。名は友直。大槻玄沢・宇田川玄随らと交遊。海外事情に通じ、蝦夷ｴｿﾞ地開拓の必要性を説いたが、「三国通覧図説」「海国兵談」などが幕府の忌諱ｷｷに触れ、蟄居ﾁｯｷｮを命ぜられた。寛政の三奇人の一人。

はやし-じゅっさい【林述斎】〔1768〜1841〕江戸後期の儒学者。名は衡ﾀｲﾗ。字ｱｻﾞﾅは徳詮。号、蕉軒。美濃岩村藩主松平乗蘊の子。幕府の命により、血統の絶えた林家を相続し、林家中興の祖と称される。幕府教学行政に尽力した。「徳川実紀」を編纂。著「蕉軒雑録」など。

はやし-しゅんさい【林春斎】▶林鵞峰ﾊﾔｼｶﾞﾎｳ

はやし-せいいち【林静一】〔1945〜　〕漫画家・イラストレーター。満州の生まれ。日本的な叙情をたたえた繊細な画風で人気を集める。イラスト・アニメーション・テレビコマーシャル制作でも活躍。代表作は、漫画「赤色エレジー」、絵本「ねこのしゃしんかん」など。

はやし-せんじゅうろう【林銑十郎】ｾﾝｼﾞﾌﾗｳ〔1876〜1943〕軍人。陸軍大将。石川の生まれ。朝鮮軍司令官・教育総監・陸相などを経て昭和12年(1937)首相となり、内閣を組織したが選挙で大敗、4か月で総辞職。

はやし-だ【×囃子田】▶花田植え

はやし-たかし【林髞】▶木々高太郎
はやし-たけし【林武】[1896〜1975]洋画家。東京の生まれ。本名、武臣。独立美術協会の設立に参加。フォービスムを基調として、重厚なマチエール、明確な構図の具象画を描いた。文化勲章受章。
はやし-ただひこ【林忠彦】[1918〜1990]写真家。山口の生まれ。戦前から報道写真家として活動し、戦後「小説新潮」誌に掲載した作家のポートレートで注目を集めた。写真集に「日本の作家」「カストリ時代」など。
はやし-たつお【林達夫】[1896〜1984]評論家。東京の生まれ。自由主義的な思想家として、政治・思想・文化の動向に鋭い批判を加えた。平凡社の「世界大百科事典」編集長。著「思想の運命」「歴史の暮方」「共産主義的人間」など。
はやし-た・てる【×囃し立てる】〔動タ下一〕図はやした・つ〔タ下二〕盛んにはやす。「やんやと—・てる」「失敗を—・てる」
はやし-ちゅうしろう【林忠四郎】[1920〜2010]宇宙物理学者。京都の生まれ。東京帝大卒業後、京大で研究に従事。ビッグバン後の元素の起源、太陽系の起源、星の進化の研究などで功績がある。昭和61年(1986)文化勲章受章。
はやし-つるいち【林鶴一】[1873〜1935]数学者。徳島の生まれ。東北大教授。日本最初の数学専門誌「東北数学雑誌」を創刊し、和算の研究家としても活躍。教科書・啓蒙書の著作も多い。
はやし-どうしゅん【林道春】▶林羅山
はや-じに【早死に】〔名〕スル 若くして死ぬこと。若死に。夭折。「病気で—する」類語 夭逝・早世
はやし-のぶあつ【林信篤】▶林鳳岡
はやし-ひろもり【林広守】[1831〜1896]雅楽家。大坂の生まれ。笙の名手で、製作もよくした。宮内省雅楽局伶人長として奥好義・林広季の合作「君が代」を完成。
はやし-ぶぎょう【林奉行】▶御林奉行
はやし-ふさお【林房雄】[1903〜1975]小説家。大分の生まれ。本名、後藤寿夫。プロレタリア作家として出発。のち転向し、戦後の民主主義否定の論陣の一翼を担った。小説「青年」「西郷隆盛」、評論「大東亜戦争肯定論」など。
はやし-ふぼう【林不忘】[1900〜1935]小説家。新潟の生まれ。本名、長谷川海太郎。谷譲次・牧逸馬の筆名でも作品を発表。時代小説「丹下左膳」のほか、谷譲次名義の「テキサス無宿」、牧逸馬名義の家庭小説「地上の星座」などがある。
はやし-ふみこ【林芙美子】[1903〜1951]小説家。山口の生まれ。多くの職を転々としながら、自伝的小説「放浪記」で文壇に出た。一貫して庶民の生活を共感をこめて描いた。他に小説「清貧の書」「晩菊」「浮雲」「めし」、詩集「蒼馬を見たり」など。
はやし-ほうこう【林鳳岡】[1644〜1732]江戸中期の儒学者。江戸の人。鵞峰の次男。名は信篤。徳川家綱から吉宗までの5代の将軍に仕えた。林家学問所が湯島に移され、官学の学問所となったとき、大学頭に任ぜられ、以後世襲。
はや-じまい【早仕舞(い)】〔名〕スル いつもより早く仕事を終えること。「店を—して出かける」
はやし-またしち【林又七】[1613?〜1699?]江戸前期の装剣金工家。尾張の人。本名、清三郎、または重治。肥後の加藤家・細川家に仕える。巧みな透かしと布目象眼により肥後鐔の完成者とされ、林派(春日派)の祖となった。
はやし-まりこ【林真理子】[1954〜]小説家・エッセイスト。山梨の生まれ。コピーライターを経て、現代女性の心理に焦点を当てたエッセーで人気を得る。小説では官能的な恋愛ものを多く手がける。「最終便に間に合えば」「京都まで」で直木賞受賞。他に「星影のステラ」「不機嫌な果実」、エッセー集「ルンルンを買っておうちに帰ろう」など。
はや-じも【早霜】秋早くおりる霜。⇔遅霜
はやし-もの【×囃子物】❶中世の芸能で、笛・鼓・太鼓などではやしながら歌舞・物真似などを行うもの。多くは、作り物や風流を伴う。祭礼などに行われた。❷狂言謡の一。❶が狂言に取り入れられたもの。多くは舞踊的な所作を伴う。❸囃子に用いる楽器。
はやしや-しょうぞう【林屋正蔵】[1780〜1842]落語家。初世。林屋(5代目から林家)派の祖。江戸の人。初世三笑亭可楽の門下。道具を使用した怪談噺を創始。戯作もよくした。
はやし-ゆうぞう【林有造】[1842〜1921]政治家。高知の生まれ。板垣退助らと立志社を創立。西南戦争では武器購入に奔走したが、発覚して投獄。国会開設後、衆議院議員、逓相・農商務相を歴任。自由党・政友会に所属。
ハヤシ-ライス《和 hashed＋riceとも、考案者の名前からともいう》油でいためた牛肉・タマネギ・ジャガイモなどに、ブラウンソースまたはトマトピューレや小麦粉を加えて煮込み、飯にかけた日本独特の洋風料理。
はやし-らざん【林羅山】[1583〜1657]江戸初期の儒学者。幕府儒官林家の祖。京都の人。名は忠・信勝。法号、道春。朱子学を藤原惺窩に学び、徳川家康から家綱まで4代の将軍に侍講として仕えた。上野忍岡の家塾は、のちの昌平坂学問所の起源となった。著「羅山文集」など。
はや・す【生やす】〔動サ五(四)〕《「栄やす」と同語源》❶生えるようにする。生えて伸びた状態にする。「ひげを—・す」「根を—・す」❷「切る」の忌み詞。「御髪をもめされず、御爪も—・させ給はず」〈保元・下〉 可能 はやせる
はや・す【▽栄やす┊▽映やす】〔動サ四〕❶映えるようにする。引き立てる。「必ずかやうの事を仰せられて、ことを—・させ給ふなり」〈大鏡・道長上〉❷ほめたたえる。称賛する。「庭に生ふるあさてが花を—・しけむ昔の人ぞ見ねど恋しき」〈曽丹集〉
はや・す【×囃す】〔動サ五(四)〕《「栄やす」と同語源》❶手を打ったり、声を出したりして歌舞の調子をとる。「手拍子を打って—・す」❷囃子を奏する。「笛太鼓で—・す」❸声をそろえてあざけったり、ほめそやしたりする。「弱虫やあいと—・す」「やんやと—・されて得意になる」❹取引市場で、値を上げる材料として言いたてる。「不況に強い食品株が—・される」可能 はやせる 類語 (❷)奏でる・奏する・弾く・爪弾く・かき鳴らす・弾ずる(❸)やじる
はや-ずし【早×鮨┊早×鮓】塩あるいは酢で締めた魚と、酢を加えて調味した飯とを重ね、強く押しをして一夜または数時間で味をならして食べる鮨。一夜鮨。(季 夏) ⇨熟れ鮨
はや-せ【早瀬】川で水の流れの速い所。
はや-だいこ【早太鼓】太鼓を急いで激しく打ち鳴らすこと。また、その音。
はや-だし【早出し】〔名〕スル 農作物を時期より早く出荷すること。「ハウス物のメロンを—する」
はや-だすき【早×襷】紐の一端を口にくわえて手早く襷をかけること。
はや-だち【早立ち】〔名〕スル 朝早く旅立つこと。「—して次の宿に急ぐ」類語 朝立ち
はやたに-じんじゃ【速谷神社】広島県廿日市市にある神社。祭神は安芸の国開拓の神の速谷神(飽速玉男命)。
はやた-ぶんぞう【早田文蔵】[1874〜1934]植物分類学者。新潟の生まれ。東大教授。富士山の植物分布や台湾・インドシナの植物を調査・研究し、独自の動的分類体系を提唱した。
はや-だより【早便り】❶至急の知らせ。❷江戸時代、飛脚屋が、江戸・京坂間を7日間で届けた書状。
はや-だんご【早団子】死者の枕もとに供える粳米の粉のだんご。一杯団子。枕団子。
はや-ち【疾＝風】《「ち」は風の意》「はやて❶」に同じ。「名恐ろしきもの、…—、ふさう雲、鉾星」〈枕・一五三〉
はやち-かぜ【▽疾風】「はやて❶」に同じ。「花を吹きまく—」〈浄・井筒業平〉
はやちね-こくていこうえん【早池峰国定公園】岩手県中部、早池峰山を中心に中岳・鶏頭山や薬師岳などからなる山岳国定公園。植物が豊富。
はやちね-さん【早池峰山】岩手県中央部、北上高地の最高峰。標高1917メートル。蛇紋岩からなり、高山植物帯は特別天然記念物。山頂に早池峰神社奥宮があり、神楽が行われる。
はや-づかい【早使い】急ぎの使い。きゅうし。
はや-つぎ【早接ぎ】瀬戸物などの壊れたのをその場で簡単につぎ合わせること。また、その薬剤。
はや-つけぎ【早付(け)木】マッチのこと。幕末から明治初期に用いた語。すりつけぎ。
はや-つづみ【早鼓】能・狂言の囃子事の一。大鼓・小鼓による急テンポの演奏で、この間に前ジテなどが退場し、すぐに間狂言が登場するもの。「橋弁慶」「鉢木」などに用いる。また、歌舞伎下座音楽・長唄囃子でも流用される。
はやて　東北新幹線で運行されている特別急行列車の愛称。平成14年(2002)に盛岡・八戸間延伸にあわせて運行を開始。同22年に新青森まで延伸。多くは東京・新青森間を結び、大宮・仙台間の各駅には停車しない。また、ほとんどが東京・盛岡間で秋田新幹線「こまち」を下り方向に連結して走行する。
はや-て【疾＝風┊早手】《「て」は風の意》❶急に激しく吹く風。寒冷前線に伴うことが多い。陣風。しっぷう。「—のごとく通り過ぎる」❷《かかるとすぐ死ぬところから》疫痢。❸(疾風)旧日本陸軍の単座戦闘機。制式名称は四式戦闘機。昭和18年(1943)初飛行。最大時速687キロ。類語 (❶)突風・疾風
はや-で【早出】〔名〕スル ❶ふだんより早く家を出たり、出勤したりすること。「会議の準備のために—する」⇔遅出。❷「早番」に同じ。⇔遅出。
はや-てまわし【早手回し】〔名・形動〕《「はやでまわし」とも》先を予測して、事前に準備をしておくこと。また、そのさま。「—に会場を押さえる」
はや-と【早×砥】「粗砥」に同じ。
はや-と【×隼▽人】❶「はやひと」に同じ。❷鹿児島県の男性をいう語。「薩摩—」
はやと-うり【×隼▽人×瓜】ウリ科の蔓性の多年草。葉は五角状卵形。白色の雄花と雌花とが咲き、実は洋ナシ形で黄白色または緑色。未熟な果実を食用、塊根を飼料とする。熱帯アメリカの原産で、日本には大正時代に鹿児島に導入された。
はや-とちり【早とちり】〔名〕スル 早合点をして、まちがえること。「—して資料を捨ててしまった」類語 早のみ込み・早合点・独り合点
はやと-まい【×隼▽人舞】上代に薩摩・大隅地方にいた隼人の風俗歌舞。その祖先、火照命の水におぼれるさまを写すという。平安時代には大嘗会などに舞われた。
はやとも-の-せと【早鞆瀬戸】関門海峡の最狭部の水道。下関市壇之浦と北九州市門司区との間で、潮流が激しい。海底トンネルが通り、関門橋が架かる。壇ノ浦合戦の古戦場。
はや-どり【早取り┊早撮り】〔名〕スル《「はやとり」とも》❶(早取り)手早くとること、また、早めに採取すること。❷(早撮り)㋐すばやく写真を撮ること。㋑映画を短期間で仕上げること。
はやどり-しゃしん【早撮り写真】❶瞬間をとらえて撮影した写真。スナップショット。❷すばやく撮って仕上げた写真。スピード写真。「受験用の—」
はや-なべ【早鍋】物を早く煮るための、薄手の鍋。
はや-なみ【早波┊早×浪】激しく打ち寄せる波。激浪。荒波。
はや-なわ【早縄】人を捕らえて手早く縛るのに用いる縄。とりなわ。捕縄。
はや-にえ【速×贄】❶▶百舌の速贄 ❷初物の供え物。一説に、急ぎの供え物の意とも。「御代をば、島の—献ずる時に」〈記・上〉
はや-ね【早寝】〔名〕スル 夜、早い時刻に寝床に就くこと。「風邪気味なので—する」「—早起き」類語 宵寝
はやの-かんぺい【早野勘平】浄瑠璃「仮名手本忠臣蔵」に登場する人物。赤穂義士の萱野三平をモデルとする。お軽の夫で、誤って舅を殺したと思い、切腹する。

はやの-はじん【早野巴人】[1676～1742]江戸中期の俳人。下野の人。通称、甚助。別号、夜半亭など。江戸へ出て宝井其角・服部嵐雪に師事。門下に与謝蕪村がいる。

はや-のみこみ【早×呑み込み】〔名〕スル ❶「早合点」に同じ。「そう―されては困る」❷理解が早いこと。「何でも―で、器用でよく用の足りる人だ」〈滑・浮世床・初〉(類語)早合点・早とちり・独り合点

はや-ば【早場】米・繭などの早作りをする地方。早場所。⇔遅場。

はやば-ちたい【早場地帯】農林水産省が米(水稲)の作柄を調査する際の区分の一つ。8月15日時点の出穂済み面積の割合が、平年ベースで約8割以上を占める19道県のこと。東北・北陸の米どころが含まれ、生産量が多い。➡遅場地帯 (補説)早場地帯は、北海道・青森県・岩手県・宮城県・秋田県・山形県・福島県・茨城県・栃木県・千葉県・新潟県・富山県・石川県・福井県・長野県・三重県・滋賀県・鳥取県・島根県。

はやば-まい【早場米】早場から、秋早くに出荷される新米。⇔遅場米。

はや-はや【早早】〔副〕人を促して急がせる語。早く早く。「遅し。―」〈宇津保・楼上上〉

はや-ばや【早早】〔副〕❶普通よりずっと早い時期に行うさま。「―(と)店仕舞いする」「―(と)返事をありがとう」❷急いで行うさま。「それこそ易い事、明日は―遣はし申すべき」〈浮・五人女・四〉

はや-ばん【早版】新聞で、早い刷りの版。

はや-ばん【早番】交替制の勤務で、早く出勤する番。早出。⇔遅番。

はや-びき【早引き｜早▽退き】〔名〕スル ❶「早引け」に同じ。「風邪で―する」❷(早引き)言葉や文字などを早く引き出すこと。また、早く引けるように作られた辞書や索引など。「―難字難読辞典」

はや-びきゃく【早飛脚】特に急いで差し立てる飛脚。早便。

はや-びけ【早引け｜早▽退け】〔名〕スル 定刻より早く勤務先や学校などを退出すること。早退。はやびき。「急用で―する」(類語)早退・忌引

はや-ひと【×隼人】《「はやびと」とも》古代、九州南部、現在の鹿児島地方に居住した人々。しばしば朝廷に反抗したが、服従後は京に上って宮門の守護、行幸の先駆や、即位・大嘗祭などに奉仕した。はやと。はいと。

はやひと-の-つかさ【×隼人▽司】律令制で、衛門府(のち兵部省)に属し、隼人の管理、歌舞の教授、竹器の製作などをつかさどった役所。

はや-びょうし【早拍子】 ❶音楽で、早い拍子。❷雅楽のリズムのとり方の一。4拍を一単位とするもので、延べ拍子よりテンポが速い。➡延べ拍子

はや-ひる【早昼】いつもより昼食を早めに食べること。「―をとって出かける」

はや-びん【早便】❶郵便や乗り物などで、その日の早い時間に出発したり到着したりするもの。⇔遅便。❷「早飛脚」に同じ。

はや-ふえ【早笛】❶能の囃子事の一。笛を主に大鼓・小鼓および太鼓ではやす急調子のもの。竜神・鬼畜・猛将の亡霊などが走り出るときに用いる。❷歌舞伎下座音楽の一。太鼓を主に大鼓・小鼓・能管を伴う囃子。超人・鬼神・猛獣などの出や立ち回りに用いる。てんてれつく。

はやぶさ ㊀東北新幹線で運行されている特別急行列車の愛称。平成23年(2011)に運行を開始。東京・仙台間、東京・新青森間を結ぶ。他には大宮・盛岡・八戸に停車するのみで所要時間を短縮している。㊁平成15年(2003)にJAXA(宇宙航空研究開発機構、打ち上げ時は宇宙科学研究所)が打ち上げた小惑星探査機MUSES-Cの愛称。同17年に小惑星イトカワに到達し、表面の観測を行った後、サンプル採取を試みた。燃料漏れや姿勢制御装置の故障、通信途絶など、たび重なるアクシデントに見舞われたが、同22年6月に地球帰還。サンプル収納容器の中から、イトカワのものとされる約1500個の岩石質の微粒子が採集された。➡はやぶさ2

はや-ぶさ【×隼】❶ハヤブサ科の鳥。全長42センチくらい。背面が青灰色、腹面は白に黒色の黄斑があり、目の下に暗色斑が伸びている。くちばしは鋭く曲がり、翼は長くて先がとがる。直線的に速く飛び、獲物を見つけると翼をすぼめて急降下し、足でけり落として捕らえる。断崖に営巣。世界中に分布し、鷹狩りに用いられた。(季 冬)❷タカ目ハヤブサ科の鳥の総称。日本にはチゴハヤブサ・チョウゲンボウなど7種が分布。❸旧日本陸軍の単座戦闘機。制式名称は一式戦闘機。昭和13年(1938)初飛行。最高時速555キロ。◆特別急行列車・小惑星探査機は別項。

はやぶさ-ツー【はやぶさ2】JAXA(宇宙航空研究開発機構)による小惑星探査機、および探査計画の名称。平成17年(2005)に小惑星イトカワに到達しサンプル採取に成功したはやぶさの同型機により、地球近傍小惑星のアポロ群の一つである1999JU3への着陸とサンプル採取を計画している。2014年に打ち上げ予定。

はや-ぶね【早舟｜早船】《「はやふね」とも》❶船足の速い舟。急いでこいで行く小舟。❷昔の軍船。2梃から80梃立てで、軽快で船脚が速い。

はや-ぼり【早掘り】〔名〕スル 芋などの農作物を、普通より早く収穫すること。

はやま【葉山】神奈川県三浦郡の地名。三浦半島西岸にあり、保養地・住宅地。御用邸がある。

は-やま【端山】奥山に対して、人里近くの低い山。また、連山のはしの方にある山。

はや-まい【早舞】❶能の舞事の一。シテの舞う爽快・典雅な舞。中の舞よりテンポが速く、笛・大鼓・小鼓・太鼓ではやす。「海人」「融」などに用いる。❷歌舞伎下座音楽の一。能管・大鼓・小鼓・太鼓による囃子。幕開き・幕切れや人物の急な出入りなどに用いる。

はや-まき【早×蒔き】一般的な時期よりも早く種子を蒔くこと。また、その品種。

はやま-こうた【早間小唄】▶小唄❷

はやま-まち【葉山町】▶葉山

はやま-よしき【葉山嘉樹】[1894～1945]小説家。福岡の生まれ。本名、嘉重。雑誌「文芸戦線」に参加し、プロレタリア文学初期の代表的作家となった。小説「淫売婦」「海に生くる人々」など。

はや-ま・る【早まる｜速まる】〔動ラ五(四)〕❶時期・時刻が早くなる。「予定が―・る」「出発時間が―・る」❷速度がはやくなる。「回転が―・る」❸(早まる)判断をあやまって、まだその事をする時期でもないのにしてしまう。軽はずみなことをする。「会社をやめるなんて、―・ったことをしてくれた」
(類語)繰り上げる・早める

バヤ-マレ〖Baia Mare〗▶バイアマーレ

はや-み【早見】必要な知識や情報が一目でわかるように工夫した表や図。「郵便料金の―表」

はやみ-ぎょしゅう【速水御舟】[1894～1935]日本画家。東京の生まれ。旧姓、蒔田。本名、栄一。日本美術院同人。細密な描写による象徴的世界を創出、琳派の装飾性と写実との合体を図るなど、日本画の近代化を推進。代表作「炎舞」「名樹散椿」など。

はや-みち【早道】❶目的の場所へ早く行ける道。近道。「駅への―」❷あまり手数をかけずに目的に達することができる簡便な方法。「語学上達の―」❸早足で歩くこと。また、馬をはやく歩かせること。「諸卒先へ行くゆゑに―に乗らざる時は乗りぬけ難し」〈常山紀談〉➡地道 ❹飛脚。「一里一里に一二人づつ置き候ひて」〈太閤記・一三〉❺銭入れ。巾着。「―より一文放り出す」〈滑・膝栗毛・初〉(類語)近道・近回り

はや-みみ【早耳】うわさ話や事件などを人より早く聞きつけること。また、その人。

はや・む【早む｜速む】〔動マ下二〕「はやめる」の文語形。

はや-め【早め】〔名・形動〕❶きまった時刻・時期よりもいくらか早いこと。また、そのさま。「―の夕食」「―に家を出る」❷速度がふつうよりいくらか速いさま。「少し―に歩く」

はやめ-ぐすり【早め薬】お産を早めるための薬。はやめ。「不断医者は次の間に鍋を仕かけ、―の用意」〈浮・胸算用・二〉

はや-めし【早飯】❶飯の食い方が早いこと。「―の大食い」❷定刻より早めに食事をとること。

早飯も芸の内 飯を早く食うことも、人によっては特技の一つに数えてもよい。

はや・める【早める｜速める】〔動マ下一〕図はや・む〔マ下二〕❶(早める)時期・時刻をはやくする。「出荷を―・める」「死期を―・める」❷(速める)速度をはやくする。「足を―・める」(類語)繰り上げる・早まる

はや-ものがたり【早物語】座頭が、早口に物語や口上を述べたてる芸。また、その物語。

はや-らか【早らか】〔形動ナリ〕はやいさま。すみやかなさま。「小さき男の見るとも覚えぬが―に歩みて来れば」〈発心集・七〉

はやら-か・す【流=行らかす】〔動サ四〕「流行らせる」に同じ。「世にこれを―・し」〈浮・男色大鑑・五〉

はやら・す【流=行らす】㊀〔動サ五(四)〕「流行らせる」に同じ。「社内でゴルフを―・す」㊁〔動サ下二〕「はやらせる」の文語形。

はやら・せる【流=行らせる】〔動サ下一〕図はやら・す〔サ下二〕はやるようにする。流行させる。はやらす。「団地内にパッチワークを―・せる」

はやり【流=行り】はやること。はやるもの。特に、その時代の好みに合って一時的に世の中に広く行われるもの。流行。「―の職業」「今―の髪形」
(類語)流行・はやる・ファッション・時好・好尚・時流・風潮・トレンド・モード・ブーム

流行り物は廃り物 流行している物事は一時的なもので、いずれは飽きられて廃れていくものである。流行は長続きしないということ。

はやり【▽逸り｜早り】心がせくこと。勇みたつこと。「案内も知らぬ立河を、―のままに渡しかけて、水に溺れて亡びなば」〈太平記・二八〉

はやり-うた【流=行り歌｜流=行り唄】❶ある時期、多くの人に好まれ広くうたわれた歌。流行歌。❷(流行り唄)歌舞伎下座音楽で、その時々にはやった唄を取り入れたもの。世話狂言で幕の開閉や人物の出入りなどに用いる。

はやり-お【▽逸り雄】血気にはやる者。「平家の方より―の若者ども、小舟にのってこぎいだせ」〈平家・一〇〉

はやり-か【▽逸りか】〔形動ナリ〕❶調子が早く軽快なさま。「―にかき鳴らしたるを、中納言、堪へずをかしうや思さるらむ」〈堤・逢坂越えぬ権中納言〉❷軽はずみで落ち着きのないさま。おっちょこちょい。「品々しからず、―ならましかばしも」〈源・東屋〉❸はしゃいでいるさま。「―にうちささめきたるも、又はづかしげにのどかなるも」〈堤・縹の女御〉❹せかせかしているさま。「―に走り書きて」〈源・若菜上〉❺勇ましいさま。「弓引く道にも猛く、おほかた御本柱―に」〈増鏡・むら時雨〉

はやり-かぜ【流=行り風-邪】インフルエンザのこと。流行性感冒。(季 冬)

はやり-ぎ【▽逸り気】血気にかられる気持ち。「きさまはいっくゎの―故、あんなものに添はせるより」〈黄・御存商売物〉

はやり-ごころ【▽逸り心】はやるこころ。勇みたつ心。「あだめきたる―は、うち思ひて」〈源・末摘花〉

はやり-ことば【流=行り言葉】ある時期、世間の人々が好んで用いる言葉。流行語。

はやり-すたり【流=行り廃り】はやることと、すたれること。「子供の遊びにも―がある」(類語)興亡・興廃

はやり-た・つ【▽逸り立つ】〔動タ五(四)〕心が勇みたつ。勢い込む。「―・つ心を抑える」
(類語)興奮・熱狂・熱中・高揚・感奮・激発・激昂・逆上・上気・エキサイト・フィーバー(―する)高ぶる・のぼせる・激する・かっとなる・いきり立つ・わくわくする・ぞくぞくする・どきどきする

はやりっ-こ【流=行りっ子】❶ある方面で、人気があり大変もてはやされている人。売れっ子。❷(「流行

りっ妓」とも書く）人気のある芸者など。売れっ子。

はやり‐ぶし【流＝行り節】ある時期流行した歌。また、その節。

はやり‐め【流＝行り目｜流＝行り▽眼】流行性結膜炎のこと。

はやり‐もの【流＝行り物】一時的に世間で広くもてはやされる物事。流行している物事。

はやり‐やまい【流＝行り病】ヤマヒ 感染症。伝染病。流行病りゅうこうびょう。〔類語〕感染症・伝染病・疫病

はや・る【流＝行る】〔動ラ五（四）〕❶その時代の人々の好みに合って、盛んに世の中に行われる。世間で広くもてはやされる。流行りゅうこうする。「中高年の間で登山が―・る」「ガレージセールが―・る」❷商売などがうまくいって繁盛する。「いつも―・っている店」❸病気などが人々の間に広がる。広く伝わっていく。はびこる。「風邪が―・る」❹好機にめぐりあって栄える。時めく。「この平家の殿原の世に―・らせ給ひし有り様と」〈盛衰記・四四〉

はや・る【▽逸る｜早る】〔動ラ五（四）〕❶あせる。「心が―・る」❷勇みたつ。「血気に―・る」〔類語〕勇む・奮う・気負う・急き込む・勇み立つ・奮い立つ・猛る

はや‐わかり【早分（か）り】❶すばやく理解すること。のみこみのはやいこと。❷要点を簡単に理解できるように工夫した解説書。「道路交通法―」〔類語〕（❷）ガイドブック・栞しおり・案内書・ハウツー物

はや‐わざ【早技｜早業】すばやく巧みなわざ。また、すばやい動作や行為。「電光石火の―」

バヤン〘ロシア bayan〙ロシア独特のボタン式鍵盤けんばんによる大型アコーディオン。バラライカとともに大衆的合唱や舞踊には欠かすことのできない楽器。

は・ゆ【生ゆ】〔動ヤ下二〕「は（生）える」の文語形。

は・ゆ【映ゆ】〔動ヤ下二〕「は（映）える」の文語形。

は・ゆ【×蝕ゆ】〔動ヤ下二〕日食または月食になる。「十一月の壬申の朔に、日―・えたり」〈天武紀〉

はゆ・し【▽映ゆし】〔形ク〕照り輝くようである。まばゆい。また、きまり悪い。おもはゆい。「むげに知らせ給はざらむ御仲よりも―・く恥づかしうおぼしめさるべし」〈栄花・浅緑〉

はゆま【▽駅馬｜▽駅】《「はやうま（早馬）」の音変化》古代、官吏などの公用の旅行のために、諸道の各駅に備えた馬。はいま。「さぶる児こが斎いつきし殿に鈴掛けぬ―下れり里もとどろに」〈万・四一一〇〉

はゆま‐うまや【▽駅馬▽駅】駅馬の継ぎ立てをする宿駅。「鈴が音の―の提井つつみいの水を飲たまへな妹が直手ただてよ」〈万・三四三九〉

はゆま‐じ【▽駅馬路】ヂ 駅馬の通路。宿駅を設けた街道。うまやじ。えきろ。はいまじ。「―に引き舟渡し直ただ乗りに妹は心に乗りにけるかも」〈万・二七四九〉

はゆま‐づかい【▽駅馬使】ヅカヒ 駅馬を利用する公用の使い。「是を以ちて―を四方に班あかちて」〈記・中〉

はよ【早】《「はよう」の音変化》㊀〔名〕「早う㊀」に同じ。「朝は―から畑に出る」㊁〔副〕「早う㊁」に同じ。「―起きて遅う寝ればよ」〈滑・浮世風呂・四〉

はよう【早う】ハヤウ《「はやく」のウ音便》㊀〔名〕早い時期。また、早い時刻。はよ。「―から精が出ますね」㊁〔副〕すぐに。早く。「―寝なさい」

はよう‐こ【鄱陽湖】ハヤウ‐ 中国、江西省北部にある大湖。贛江かんこうなどの河川が流入し、北部の湖口ここうで揚子江とつながる。面積3976平方キロメートル。波陽湖。ポーヤン湖。

バヨネット〘ドイツ Bajonett〙3～4本の爪つめとストッパーによってロックされるレンズマウント。自動絞りや開放測光、オートフォーカスの駆動などの連動に都合がよく、一眼レフカメラの大半がこの方式を採用。

バヨネット‐マウント ▶バヨネット

はら【大＝角】「はらのふえ」に同じ。「―、小角くだ、鼓吹」〈天武紀〉

はら【原】草などが生えた、平らで広い土地。野原。原っぱ。〔類語〕野・平原・広野ひろの・広野こうや・広原・高原

はら【原】静岡県沼津市の地名。駿河湾に臨み、東海道五十三次の宿駅として発展。

はら【腹｜×肚】㊀〔名〕❶動物の、胸部と尾部との間の部分。胴の後半部。また、背に対して、地に面する側。人間では、胸から腰の間で中央にへそがある前面の部分。横隔膜と骨盤の間で、胃腸のある部分。腹部。「魚の―を割く」「中年になって―が出てきた」「―の底から声を出す」❷胃腸。「食べ過ぎて―にもたれる」❸（「胎」とも書く）母親が子を宿すところ。母の胎内。また、そこから生まれること。「子が―にある」「同じ―から生まれる」❹（「胆」とも書く）㋐考えていること。心中。本心。また、心づもり。「口は悪いが、―はそれほどでもない」「自分一人の―に納めておく」「折をみて逃げ出す―らしい」㋑胆力。気力。また、度量。「―の大きい、なかなかの人物」「少しくらいのミスを許す―がなくては勤まらない」❺感情。気持ち。「これでは―が収まらない」❻物の中ほどの広い部分。また、ふくらんだ部分。「徳利とくりの―」「転覆した船が―を見せる」❼背に対して、物の内側の部分。「親指の―でつぼを押す」❽定常波で振幅が最大となるところ。⇔節。㊁〔接尾〕助数詞。魚の卵巣、特に食用のはららごを数えるのに用いる。「たらこ二た―」

〔下接〕赤腹・朝腹・裏腹・片腹・業ごう腹・下腹・白腹・空き腹（ばら）後ご腹・追い腹・扇腹・男腹・女腹・陰腹・亀かめ腹・粥かゆ腹・下り腹・小腹・先腹・里腹・地腹・自腹・渋り腹・蛇じゃ腹・皺しわ腹・太鼓腹・茶腹・詰め腹・冷え腹・脾ひ腹・太ふと腹・船ふな腹・布袋ほてい腹・負け腹・水腹・虫腹・むしゃくしゃ腹・無駄腹・餅もち腹・自棄やけ腹・雪腹・湯腹・横腹・脇わき腹（ばら）朝っ腹・金きん腹・銀腹・空きっ腹・中ちゅうっ腹・土手っ腹・太っ腹・向かっ腹・自棄やけっ腹

〔類語〕（❶）腹部・おなか／（❹❺）心中・胸・内・考え

腹悪あ・し ❶おこりっぽい。短気である。「大臣極めて―・しき人にて、目を嗔いからかして」〈今昔・一九・九〉❷意地悪い。腹黒い。「幼少の時よりして―・しき者の名を得候ひて」〈義経記・五〉

腹が癒い・える 怒りや恨みなどが解け、気が晴れる。「腹の癒えるだけの復讐ふくしゅうを」〈天外・魔風恋風〉

腹が痛・む 自分で金銭を負担する。「費用は先方持ちだから―・まない」

腹が居い・る 怒りがおさまる。気が済む。胸が静まる。「梶原この詞ことばに―・ゐて」〈平家・九〉

腹が大おおき・い ❶腹がふくれる。「猫の―・くなった」❷度量が大きい。腹が太い。太っ腹である。「さすがに親分ともなると―・い」

腹が来た 腹がへってきた。「腹が北山」「腹が北野天神」などと地名に掛けて用いることもある。「ときに―山だ。今飯をたく様子だ」〈滑・膝栗毛・初〉

腹が北山きたやま ▶腹が来た

腹が決ま・る 覚悟ができる。決心する。「候補に立つ―・る」

腹が下くだ・る 下痢をする。「食べすぎで―・る」

腹が黒・い 心がねじけていて悪事をたくらむ性質である。腹黒い。「口はうまいが―・い」

腹が御座・る ▶御座る❺㋒

腹が空す・く 空腹になる。腹が減る。「―・くと怒りっぽくなる」

腹が据わ・る 物事に動揺しなくなる。度胸が据わる。「ベテランだけに―・っている」〔補説〕「腹が座る」と書くのは誤り。

腹が立・つ 怒らずにはいられない。しゃくに障る。「上役のやり方に―・つ」

腹がで・きる ❶腹ごしらえができる。また、満腹する。「―・きたら仕事にかかろう」❷考えがまとまって、動じなくなる。覚悟ができる。また、度量がそなわる。「いつでも辞表を出す―・きている」

腹が張・る 十分に食べて腹がいっぱいである。また、ガスがたまるなどして腹がつっぱる感じがする。「―・れば目の皮たるむ」

腹が膨・れる ❶飽きるほど飲み食いして満腹する。「―・れて眠くなる」❷言いたいことを言わないので気が晴れないでいる。「おぼしき事言はぬは腹ふくるるわざなれば」〈徒然・一九〉

腹が太・い 度量が大きい。胆力がある。太っ腹である。「―・くてめったなことでは動じない」

腹が減っては軍いくさは出来ぬ 空腹では十分に活動できない。よい働きをするには、腹ごしらえが第一である。

腹が減・る 空腹になる。「朝食抜きで―・る」

腹高・し 腹がふくらんでいる。妊娠している。「老いたる女の、―・くてありく」〈枕・四五〉

腹に一物いちもつ 心の中にたくらみがあること。「―あるといった態度」

腹に納おさ・める 他人に言わず心の中にしまっておく。胸に納める。

腹に落・ちる なるほどそうだと思う。納得する。得心する。「手紙を上げますよ、口で言って、貴方の―・ちないと困るから」〈風葉・青春〉

腹に据すえか・ねる 怒りを心中におさめておくことができなくなる。がまんができない。「あの発言はどうにも―・ねる」〔補説〕文化庁が発表した平成17年度「国語に関する世論調査」では、本来の言い方である「腹に据えかねる」を使う人が74.4パーセント、間違った言い方「肝きもに据えかねる」を使う人が18.2パーセントという結果が出ている。

腹の皮かわが突つっ張ぱれば目めの皮が弛たるむ 満腹になると自然に眠くなるものだ。

腹は借り物 母親の腹は一時の借り物で、生まれた子の貴賤は父親の身分によるという意。男尊女卑の封建社会で使われた言葉。

腹も身の内 腹もからだの一部であるから、大切にして、暴飲暴食は慎むべきであるということ。

腹を合わ・す 示し合わせて悪事をたくらむ。ぐるになる。共謀する。「―・して乗っ取りを謀る」

腹を痛・める ❶自分が子を産むことの比喩的な表現。「私が―・めた子」❷自分で金銭を負担する。自腹を切る。「―・めてまで面倒をみる気はない」

腹を癒いや・す 怒りを晴らす。恨みなどを晴らす。「復讐をして―・す」〈荷風・地獄の花〉

腹を抱かか・える おかしくてたまらず大笑いする。「―・えて笑い転げる」

腹を固・める 覚悟を決める。「会社を後輩にまかせる―・める」

腹を決・める 決心する。覚悟をする。「転職することに―・めた」

腹を切・る ❶切腹する。❷責任を取って辞職する。「失敗したら―・る覚悟だ」❸おかしさに堪えきれず、腹のよじれるほど大笑いする。「離れ給ひしもとの上は、―・りて笑ひ給ふ」〈竹取〉

腹を括くく・る 覚悟を決める。「―・って審理を待つ」

腹を下くだ・す 下痢をする。「食いすぎて―・す」

腹を拵こしら・える 食事を済ませる。腹ごしらえする。「残業に備えて早めに―・えておく」

腹を肥や・す 地位・職務を利用して利益をはかる。私腹を肥やす。「天下の富を集めて剛造輩の―・すと思えばこそ癪に障るが」〈木下尚江・火の柱〉

腹を壊こわ・す 腹のぐあいを悪くする。下痢をする。「食い合わせが悪くて―・す」

腹を剖さき珠たまを蔵おさむ 《「唐書」太宗本紀から》命よりも財物を大切にする。自己の利益や欲望のためには、生命をも粗末にする。本末転倒であること。

腹を探・る それとなく人の意中を探り出そうとする。「痛くもない―・られる」

腹を据・える ❶覚悟を決める。「―・えて難事にあたる」❷がまんしてこらえる。心を落ち着ける。「あまりのことに―・えかねる」

腹を立・てる 怒る。立腹する。「いやがらせに―・てる」

腹を召・す 切腹することを敬っていう言葉。「かなはぬ所にて御腹めされん事」〈古活字本平治・中〉

腹を読・む 相手の心中を推測する。相手の考えを理解する。「相手の―・みながら交渉を進める」

腹を縒よ・る 大笑いする。腹筋ふっきんを縒る。「―・って笑いころげる」

腹を割・る 本心を打ち明ける。隠さずに心の中をさらけ出す。「―・って話す」

ばら【×肋】「肋肉ばらにく」の略。

ばら【荊＝棘】《「うばら（茨）」の音変化》とげのある木の総称。いばら。

ばら【▽散】❶もともと、ひとまとまりとして扱われてい

た物が、一つ一つ別になった状態。また、そのもの。「一で売る」「一にする」❷「散銭ばらせん」の略。

ばら【薔=薇】バラ科バラ属の低木の総称。特に、観賞用に改良された園芸品種。枝にとげがあり、蔓つる状となるものもある。葉は羽状複葉。萼がく・花びらとも5枚が基本で、重弁もある。花は香りが強く、咲く形から抱え咲き・剣弁咲き・高芯咲き・平咲きなどとよぶ。色は紅・赤・黄色などさまざまあるが、青色はない。主に北半球の温帯・亜寒帯に分布。バラ科の双子葉植物にはバラ属のほかサクラ属・シモツケ属・ナシ属など約100属が含まれ、約2000種が世界各地に分布。ローズ。いばら。しょうび。そうび。《季 夏》「手の一に蜂来れば我王の如し/草田男」

ばら【▽輩・▽原・▽儕】〔接尾〕人を表す語に付いて、複数の意を表す。「殿一」「奴一」「法師一の二、三人物語しつつ」〈源・夕顔〉〔補説〕「殿ばら」などを除けば、多く同輩以下に対して、敬意を欠いた場合の表現として用いられる。

パラ〖para〗《反対側に、越えて、の意のギリシャ語から》ベンゼン環で、二つの置換基の位置が一位とその反対側の四位とにあること。➡オルト ➡メタ

パラー〖Pará〗ブラジル北部、アマゾン川下流域を占める州。州都はベレン。

はら-あか【腹赤】❶マスの別名。❷ウグイの別名。

はら-あて【腹当て】❶腹掛け。腹巻き。《季 夏》❷鎧よろいの一。胸・腹部と両脇だけを防護する簡略なもの。多く雑兵ぞうひょうが用いたが、上級武士も軽武装のときに衣服の下に着るなどした。

バラード〖フランス ballade〗❶中世の欧州で盛んに作られた定型詩。3詩節と1反歌により構成され、それぞれ同一行の繰り返しで終わる。譚詩たんし。❷素朴な言葉でうたった短い物語詩。譚歌たんか。❸物語詩的な内容をもつ声楽曲や器楽曲。譚詩曲たんしきょく。譚歌。〔類語〕詩・うた・詩歌・韻文・詩賦しふ・賦ふ・吟詠・ポエム・バース・詩編・叙情詩・叙事詩・自由詩・ソネット・新体詩

パラアミノ-あんそくこうさん【パラアミノ安息香酸】《para-aminobenzoic acid》ビタミンB複合体の一。葉酸の構成成分。ネズミでは欠乏すると白毛化が起こる。PABA。

パラ-アミノフェノール〖para-aminophenol〗迅速・軟調の写真用現像主薬。

ハラーム〖アラビア Ḥarām〗《アラビア語で「禁忌」の意》イスラム教の教義で禁止されるもの。例えば、豚肉を食べる行為など。➡ハラール

ハラール〖アラビア Ḥalāl〗《アラビア語で「許された」の意》イスラム教の教義に従っていると判断されるもの。特に、必要な作法どおりに調製された食品をいう。「一ミート」「一食品」➡ハラーム

ハラール〖Harar〗エチオピア東部、エチオピア高原の東に位置するハラリ州の州都。旧市街はジャゴルと呼ばれる城壁に囲まれており、多数のモスクがある。2006年「ハラール・ジャゴル要塞歴史都市」の名で世界遺産(文化遺産)に登録された。ハラル。

パラアルデヒド〖ドイツ Paraaldehyd〗アセトアルデヒドを濃硫酸で重合させて得られる芳香のある液体。睡眠剤などに用いられる。

ハラーレ〖Harare〗アフリカ南部、ジンバブエ共和国の首都。同国中北部の高原にあり、製造工業が発達。モザンビークのベイラ港と鉄道が通じる。旧称ソールズベリ。人口、行政区144万(2002)。

はら-あわせ【腹合(わ)せ】❶互いの心を合わせること。考えを事前に調整しておくこと。「裁決前に一をする」❷「腹合わせ帯」の略。

はらあわせ-おび【腹合(わ)せ帯】「昼夜帯ちゅうやおび」に同じ。

はらい【払い】❶代金・料金などを払うこと。「一がたまる」❷品物を売り払うこと。「蔵一大売り出し」❸取り除くこと。「露一」「厄介一」「暑気一」
〔類語〕(❶)支払い・払い込み・支弁・勘定

はらい【波羅×夷】《梵 pārājikaの音写。極悪・重禁・断頭と訳す》仏語。戒律のうちで最も罪の重いもの。ふつう婬戒・盗戒・殺人戒・大妄語戒の四つをさす。犯した比丘・比丘尼は教団から追放される。

はらい【×祓】「はらえ」に同じ。➡御祓おはらい

パライーバ〖Paraíba〗ブラジル北東部にある州。サトウキビ栽培が盛ん。州都はジョアン-ペソア。パライバ。

はらい-きよ・める【×祓い清める】〔動マ下一〕〔文〕はらひきよ・む〔マ下二〕神事の前などにおはらいをして身を清める。罪・けがれ・災いなどをとり去る。「身を一・める」「神棚を一・める」

はらい-ごし【払(い)腰】柔道で、相手を前隅に崩して腰を密着させ、外側から足を払い上げて投げる技。

はらい-こみ【払(い)込み】金を払い込むこと。〔類語〕支払い・払い・支弁

はらいこみ-しほん【払込資本】株主などが会社に払い込んだ資本。株式会社では資本金に資本準備金を加えたもの。醵出きょしゅつ資本。

はらい-こ・む【払(い)込む】〔動マ五(四)〕金銭を支払い納める。「税金を一・む」〔類語〕収める・納入する・納付する・上納する・納金する・入金する・予納する・前納する・全納する・分納する

はらい-さげ【払(い)下げ】払い下げること。「軍用品の一」

はらい-さ・げる【払(い)下げる】〔動ガ下一〕〔文〕はらひさ・ぐ〔ガ下二〕官公庁などが、不要になったものを民間に売り渡す。「国有地を一・げる」⇔買い上げる。〔類語〕販売・発売・押し売り・売る・ひさぐ・売り払う・売り捌さばく・売り付ける・売り込む・売り急ぐ・売り切れる・売り渡す・売れる・卸す

はらい-ずみ【払(い)済み】支払いが済んだこと。「一証」

はらいせ【腹×癒せ】《「腹を居させる」の意か。その際の歴史的仮名遣いは「はらゐせ」》怒りや恨みを他の方に向けてまぎらせ、気を晴らすこと。〔類語〕念晴らし

パライソ〖ポルトガル paraiso〗キリシタン用語で、天国。楽園。パラダイス。ハライソ。

はら-いた【腹痛】腹が痛むこと。ふくつう。「急に一を起こす」

バライタ〖baryta〗バリウムの酸化物。白色粉末。脱水剤、ガラス工業などに用いられる。バリタ。

はらい-だし【払(い)出し】支払いのために、金銭を支出すること。

バライタ-し【バライタ紙】《barytaは、酸化バリウムのこと》ゼラチンに硫酸バリウムを分散させた液を、塗った紙。写真用印画紙の原紙とする。バリタ紙。

はらい-だ・す【払(い)出す】〔動サ五(四)〕❶払って除く。また、追い出す。「ほこりを一・す」❷金銭を支払う。「交通費を一・す」

ばら-いちご【薔=薇×苺】バラ科の落葉小低木。山地に生え、高さ約40センチ。茎にはとげがあり、二、三対の小葉からなる羽状複葉がつく。7月ごろ、白い5弁花を開き、赤い実をつける。みやまいちご。

はらい-ちょう【払(い)超】➤散超さんちょう

はら-いっぱい【腹一杯】(副詞的にも用いる)❶たくさん食べて、もうこれ以上腹に入らないこと。「一になる」「一詰め込む」❷思う存分。「お国が一の我儘を働く間」〈円朝・怪談牡丹灯籠〉〔類語〕満腹・くちい・たらふく

はらい-の-かみ【払(い)の紙】髪をとかすときに櫛くしについた毛を入れる、たとう紙。

はらい-の・ける【払い▽除ける】〔動カ下一〕〔文〕はらひの・く〔カ下二〕手で払ってどける。また、払うようにして除き去る。「ふりかかる火の粉こを一・ける」「不安を一・ける」〔類語〕払う・はたく

はらい-もどし【払(い)戻し】払い戻すこと。「当たり馬券の一を受ける」

はらい-もど・す【払(い)戻す】〔動サ五(四)〕❶精算して余分の金を返す。「特急料金を一・す」❷預金者に預金を払い渡す。「定期預金を一・す」❸競馬・競輪などで、配当金を的中投票券と引き換えに支払う。「的中した車券を一・す」

はらい-もの【払(い)物】不用になって売り払う品物。お払い物。

はらい-もの【払(い)者】追い払いたい者。関係を絶って追い払うべき者。

ばら-いろ【薔=薇色】❶うすくれないの色。淡紅色。「頬を一に染める」❷希望・幸福などに満ちていることのたとえ。「一の人生」「一の前途」〔類語〕桃色・ピンク・桜色・赤・真っ赤・赤色せきしょく・紅色こうしょく・紅くれない・紅べに・真紅しんく・鮮紅せんこう・緋ひ・緋色・朱しゅ・朱あけ・丹に・茜あかね色・小豆あずき色・臙脂えんじ・暗紅あんこう・唐紅からくれない・レッド・スカーレット・バーミリオン・マゼンタ・ローズ・ワインレッド

はらい-わざ【払(い)技】剣道で、相手の竹刀を払い上げ、または、払い落とし、相手の構えを崩してから仕掛ける技。払い小手・払い胴など。

はらい-わたし【払(い)渡し】金銭を支払って渡すこと。

はらい-わた・す【払(い)渡す】〔動サ五(四)〕金銭などを支払って渡す。「小切手を一・す」

ハライン〖Hallein〗オーストリア中部の都市、ザルツブルクの南郊にある町。岩塩採掘の中心地として知られる。デュルンベルク山の山腹にバートデュルンベルク岩塩坑があり、観光客向けに公開されている。

はら・う【払う】〔動ワ五(ハ四)〕❶本体にとって邪魔・不要・無益なものなどを、手や道具を用いて取り除く。除去する。「杉の下枝を一・う」「すすを一・う」「クモの巣を一・う」❷わきへ追いのける。「手でハエを一・う」❸横に勢いよく動かす。勢いよく横ざまに振る。「足を一・って倒す」「刀を一・う」❹貴人の通行や密談などのために、人をその場から去らせる。「人を一・って内密の話をする」❺力で相手を恐れさせて押さえつける。威圧する。「あたりを一・う風貌」❻金銭を渡す。支払う。また、納入する。「給料を一・う」「罰金を一・う」「現金で一・う」❼不要品などを売り渡す。「古道具屋に一・う」❽自分の物を取り去って、それまでいた所をあける。引き払う。「下宿を一・う」「部屋を一・う」❾ある目的のために大切なものを使う。費やす。「犠牲を一・う」❿心を向けたり注いだりする。心を傾注する。「注意を一・う」「敬意を一・う」⓫(「地をはらう」の形で)何もない状態になる。すっかりなくなってしまう。「道義地を一・う」⓬うちほろぼす。討伐する。「国見しせして天降あまりまし一・ひ平たひらげ」〈万・四二五四〉〔可能〕はらえる
〔一句〕辺りを払う・熱火あつひ子に払う・御髭おひげの塵ちりを払う・先を払う・重箱の隅は杓子しゃくしで払え・底を払う・地を掃はらう・髭ひげの塵を払う
〔類語〕(❶)除く・のける・どける・排する/(❷)払いのける・はたく/(❻)支払う・勘定

はら・う【×祓う】《「払う」と同語源》㊀〔動ワ五(ハ四)〕神に祈って、罪やけがれ・災いなどを除き去る。「心身を清めてけがれを一・う」〔可能〕はらえる ㊁〔動ハ下二〕㊀に同じ。「御厨子所みずしどころのおもだなといふ物に沓くつ置きて、一・へのしるを、いとほしがりて」〈能因本枕・五八〉

ばら-うり【▽散売り】〔名〕スル 通常はまとめて売るものを分けて売ること。「組み皿を一にする」

はらえ【×祓】❶神に祈ってけがれを清め、災厄を取り除くこと。また、そのための神事。はらい。❷罪をあがなうために出す物。

はらえ-がわ【×祓川】神仏を拝む前に身を清めるための川。みそぎをする川。

はらえ-ぐさ【×祓▽種】陰暦6月・12月の大祓おおはらえのときなどに、けがれを移して川に流す形代かたしろ。

はらえ-ぐし【×祓串】伊勢神宮で祓に用いる玉串。細い木に細かく切った紙片をつけたもの。

パラエコリサイクリング-システム〖para-eco-recycling system〗ごみを焼却したあとの灰から重金属を取り除き、無害な岩石状のスラグにする処理過程。重金属は資源として再利用され、スラグは建築資材などに使われる。

はらえ-つ-もの【×祓つ物】祓のとき、けがれや罪をはらうために供えるもの。罪過のつぐないに出すもの。「国造等くにのみやつこら、各一奴婢一口ひとりを出して解除はらえす」〈天武紀・下〉

バラエティー〖variety〗❶変化があること。多様性。「一に富んだ食事をする」❷植物分類上の、変種。❸「バラエティーショー」の略。〔類語〕(❷)変わり種

バラエティー-カット《和 variety＋cut》こまぎれ肉。さまざまな形に切ってある、という意味からの造語。

バラエティー-シーキング〖variety seeking〗さまざまな銘柄を買い求める消費者行動のタイプ。特定商品に忠実なロイヤル層と対照的に、次々に別の銘柄を選択する。

バラエティー-ショー〖variety show〗歌・踊り・曲芸・寸劇など種々の演芸をとりまぜて、次々に演じるショー。

バラエティー-ショップ〖variety shop〗▶バラエティーストア

バラエティー-ストア〖variety store〗多品目の商品を安く売る雑貨店。生鮮食品は扱わない。バラエティーショップ。

バラエティー-ミート《和 variety＋meat》いろいろな肉の寄せ集め。いろいろな肉の取り合わせ。(補説)英語ではmeat variety, assorted meats.

はらえ-ど【×祓戸】祓を行う場所。

はらえ-どの【×祓殿】神社で祓をする殿舎。

はらえど-の-かみ【×祓戸の神】祓戸を守る神。瀬織津比咩神・速開都比咩神・気吹戸主神・速佐須良比咩神の四神。

はらえ-の-たち【×祓の▽刀】祓に用いる太刀。特に、平安時代の大祓の際に史部が奉った太刀。

ばら-お【▽散緒】細い緒を何本もより合わせて作った鼻緒。「一の雪踏音高く」〈浮・一代男・三〉

パラオ〖Palau〗西太平洋、パラオ諸島を占める共和国。二百余りの小さな島々からなるが、人が住んでいるのは十数島のみ。首都マルキョク。住民はカナカ族。コプラ・ボーキサイトを産し、かつお節も製造。もと日本の委任統治領で、1947年から米国の信託統治領、81年自治政府が発足、94年独立。人口2万(2010)。ベラウ。

パラオ-しょとう【パラオ諸島】西太平洋、カロリン諸島西部の島々。パラオ共和国に属し、主島はバベルツアプ(パラオ島)・コロール島など。ペリュー諸島。パラウ諸島。

はら-おび【腹帯】❶腹に巻く帯。腹巻き。❷「岩田帯」に同じ。❸馬の背に鞍をつけるために、馬の腹に締める帯。はるび。

バラ-オブ-バーゼイ〖Brough of Birsay〗英国スコットランド北岸、オークニー諸島、メーンランド島北西岸の島。本島から約260メートルの距離で、干潮時にのみ徒歩で渡ることができる。5世紀にはキリスト教伝道師が居住したと考えられ、7世紀にピクト人が要塞を築き、9世紀にノルマン人の支配下となった。9世紀から13世紀にかけて建造された住居や修道院の廃墟が残っている。

はらか【腹▽赤】《「はらあか」の音変化》マスの別名。一説に、ニベの別名。「その里にいと生臭き魚、一といふ有りけり」〈仮・仁勢物語・上〉

ばら-がき【▽茨×掻き】〔名・形動〕❶所きらわずひっかくこと。また、そのさまや、そのあと。「顔や手足を一にして逃出した器量人もあった」〈魯庵・社会百面相〉❷みだらなこと。みだりがわしいこと。また、そのさま。「実にろんどんじゃあ、女がそんなに一かネ」〈魯文・西洋道中膝栗毛〉❸あとさきを考えないで行うこと。乱暴なこと。また、そのさま。向こう見ず。無鉄砲。「そんな一な事を言ってくれえ込んだらどうするのだ」〈伎・櫓太鼓鳴音吉原〉

はら-がけ【腹掛(け)｜腹懸(け)】❶職人などがつける、多く紺木綿の作業衣。胸から腹に当て、細い布紐を背中で十文字に交差させてとめるもの。前面にどんぶりと称する物入れをつける。❷寝冷えを防ぐため、子供の胸から腹にかけて布で覆い、背中と首とで紐を結ぶもの。腹当て。(季 夏)

はら-かずお【原一男】[1945～]映画監督。山口の生まれ。本姓、小林。異色のドキュメンタリー映画で国内外から評価を受ける。代表作「さようならCP」「極私的エロス・恋歌1974」「ゆきゆきて、神軍」、晩年の井上光晴を記録した「全身小説家」など。

はら-かつろう【原勝郎】[1871～1924]歴史学者。岩手の生まれ。東大卒。京大教授。日本中世史研究の開拓者で、鎌倉時代から戦国時代を中世として区分したことで知られる。西洋近現代史研究にも力を注いだ。著作に「日本中世史」「東山時代に於ける一縉紳の生活」など。

はらか-の-そう【腹▽赤の奏】古代、正月元日、大宰府から朝廷へ献上する腹赤を内膳司が受けて奏した儀式。

はら-がまえ【腹構え】物事に対する心の準備。「万全の一で交渉に臨む」

はら-から【同=胞】《古くは「はらがら」》❶同じ母から生まれた兄弟姉妹。また、一般に兄弟姉妹。❷同じ国民。どうほう。(類語)兄弟・兄弟・姉妹・兄妹・姉弟・弟妹・兄姉・同胞・連枝

はら-がわり【腹変(わ)り】「腹違い」に同じ。「一の兄」

パラ-キシレン〖para-xylene〗キシレンの異性体。ポリエステル繊維やPET樹脂などの原料となるテレフタル酸の原料として用いられる。1,4-ジメチルベンゼン。p-キシレン。PX。

ばら-きせき【薔=薇輝石】マンガンの珪酸塩鉱物。淡紅・濃紅色で、ガラス光沢があり、透明ないし半透明。三斜晶系。ロードナイト。

はら-ぎたな・い【腹汚い｜腹×穢い】〔形〕図はらぎたな・し〔ク〕心の中がきたない。根性がよくない。腹黒い。「一・い悪党」

はら-きり【腹切り】切腹。割腹。(類語)追い腹・詰め腹

はらきり-がたな【腹切り刀】切腹するときに用いる短刀。9寸5分(約30センチ)が定法。

バラキレフ〖Miliy Alekseevich Balakirev〗[1837～1910]ロシアの作曲家。グリンカのあとを継ぎ、ロシア国民楽派五人組の指導者として活躍。作品にピアノ曲「イスラメイ」など。

はら-ぐあい【腹具合｜腹▽工合】胃や腸の調子。「一が悪い」

パラグアイ〖Paraguay〗南アメリカ中部の共和国。首都アスンシオン。内陸国で、中央をパラグアイ川が南流。マテ茶・コーヒー・木材・タンニンを産し、牧牛も行われる。16世紀以来スペイン領となり、1811年独立。住民の大半はスペイン人とグァラニー族との混血。日本からの移民も多い。人口638万(2010)。

パラグアイ-がわ【パラグアイ川】パラグアイを南北に貫流する川。ブラジルのマトグロッソ高原に源を発し、パラナ川に合流する。全長2550キロ。

バラクーダ〖barracuda〗魳。特に、オニカマス。

はら-くだし【腹下し】〔名〕スル ❶腹を壊して下痢をすること。腹下り。「食中りで一する」❷下剤。

はら-くだり【腹下り】〔名〕スル「腹下し❶」に同じ。

パラグライダー〖paraglider〗パラシュートの傘を横長の袋状とし、ハンググライダーの要領で山の斜面をかけおりて滑空するスポーツ。

パラグラフ〖paragraph〗❶文章の節または段落。❷新聞・雑誌などの短い記事。(類語)(1)章段・段・章

パラグリフ-プリンティング〖paraglyph printing〗放射線写真のポジ・ネガ像を少しずらした焼き付け。立体的効果が出る。

はら-ぐろ【腹黒】〔名・形動〕腹黒いこと。また、そのさまやその人。「一な本性をあらわす」

はら-ぐろ・い【腹黒い】〔形〕図はらぐろ・し〔ク〕心に何か悪だくみをもっている。陰険で意地が悪い。「一・いやり方」(類語)悪賢い・ずる賢い・こざかしい・狡猾

ばら-げ【▽散毛】❶「散け髪❶」に同じ。❷加工していない綿毛。

はら-げい【腹芸】❶芝居で、役者がせりふや動作に出さず、感情を内面的におさえてその人物の心理を表現する演技。❷はかりごとを言葉や行為に出さず、腹の中で企むこと。また、直接言葉で指示するのではなく度胸や迫力で物事を処理すること。また、そういうやり方。「一のできる政治家」❸あおむけに寝た人の腹の上で芸を演じて見せる軽業。また、腹に顔などを書き、これを動かして見せる芸。

ばらけ-がみ【▽散け髪】❶ふり乱した髪。ざんばら髪。ばらげ。❷江戸時代、歌舞伎役者が楽屋にいるときに結った簡単な髪形。

ばら・ける【▽散ける】〔動カ下一〕図ばら・く〔カ下二〕まとまっていたものがばらばらになる。「髪が一・ける」「練り餌が水中で一・ける」(類語)崩れる

パラケルスス〖Philippus Aureolus Paracelsus〗[1493～1541]スイスの医学者・化学者。錬金術・医学を学び、欧州各国を遍歴。ラテン語に代えてドイツ語で講義するなど、古典医学を批判して追放された。また医薬に水銀などの金属化合物を用い、医化学の祖とよばれる。「パラミルム」など膨大な著作を残す。

はら-こ【腹子】「鮞」に同じ。「タラの一」

パラコート〖paraquat〗除草剤の一。成分はジメチルビピリジニウム二塩化物。接触すると茎・葉は1、2日で枯れる。きわめて毒性が強く、人間では致死性が高いうえ解毒剤はない。もと商標名。

パラコート-ざい【パラコート剤】▶パラコート

はら-ごしらえ【腹×拵え】〔名〕スル 何か事をする前に食事をしておくこと。「一してから出かける」(類語)食事・飯・食・御飯

はら-ごなし【腹▽熟し】食後に、軽く運動などをして消化を助けること。「一に散歩をする」

パラ-ゴム《和 Para＋gom(オランダ)》パラゴムノキから採取される生ゴム。アマゾン河口のパラ(現ベレン)港から積み出された。

パラゴム-の-き【パラゴムの木】トウダイグサ科の常緑高木。高さ30メートルに達する。葉は長い柄をもち、長楕円形の3枚の小葉からなる複葉。雄花と雌花とが円錐状につき、花びらはない。樹皮から乳液をとり、天然ゴムの原料にする。アマゾン地方の原産で、現在は主に東南アジアで栽培。

はら-ごもり【腹籠もり】❶胎内に子が宿ること。妊娠。懐妊。❷父親が死んだとき、母親の胎内にいた子供。忘れがたみ。遺腹。❸仏像などの腹中に観音像や経典などを入れこめてあること。また、そのもの。

パラサイト〖parasite〗寄生生物。寄生虫。寄生植物。居候。厄介者。

パラサイト-シングル〖parasite single〗《1990年代末、東京学芸大助教授だった山田昌弘の造語》経済的に余裕のある親と同居する未婚の若者。特に未婚女性。

パラサイト-ダイエット《和 parasite＋diet》寄生虫を体内に飼い、栄養を吸わせることによってやせようとすること。寄生虫ダイエット。

はら-さんざん【腹散散】〔副〕思う存分。したたか。さんざっぱら。「一慰んで」〈滑・膝栗毛・三〉

パラジウム〖palladium〗白金族元素の一。単体は銀白色の金属。王水に溶け、水素を吸着する性質が強い。合金材料・触媒・歯科材料などに使用。名は同じころ発見された小惑星パラス(Pallas)にちなむ。元素記号Pd　原子番号46。原子量106.4。

パラシュート〖parachute〗飛行中の航空機から人や物資を降下するときに、空中で開いて傘状になり、空気をはらんで落下速度を下げる用具。落下傘。

はらじゅく【原宿】東京都渋谷区の山手線原宿駅周辺の通称。もとは神宮前・千駄ヶ谷に隣接した地名。近年、若者の集まる商業地区として発展。

バラジュディン〖Varaždin〗クロアチア北西部の都市。首都ザグレブの北方約80キロに位置する。13世紀初頭、ハンガリー王アンドラーシュ2世により自由都市として認められ、ウィーンやブダペストとザグレブを結ぶ交通の要衝として栄えた。また、18世紀に一時的に首都になった。13世紀から16世紀にかけて建造されたゴシック・ルネサンス様式の城塞、市庁舎やセルマゲ宮殿をはじめ、歴史的建造物が数多く残っている。毎年9月に開かれるバロック音楽祭が有名。

はら-じょう【原城】長崎県南島原市にあった城。領主有馬貴純が明応5年(1496)に築城。元和2年(1616)松倉重政が入城するが、島原城の築城にともない廃城とされた。寛永14年(1637)に起こった島原天草一揆では一揆勢の拠点となった。現在は

石垣と空堀が残る。はらのじょう。はらんじょう。

ばらじょう-か【薔薇状果】バラジヤウクワ 仮果の一。花托が発達して肉厚の壺形となり、中にいくつかの乾果ができるもの。バラ・ビワなど。薔薇果(しょうびか)。

ハラショー〘ロシア khorosho〙〘感〙感動の意を表す語。すばらしい。よい。結構。

はら-す【晴らす・霽らす】〘動サ五(四)〙❶心のわだかまりを取り除いてはればれとした気持ちにさせる。「疑念を―・す」「鬱憤(うっぷん)を―・す」❷目的をとげる。「思いを―・す」❸空が晴れるようにする。「是なるやどりにたちより、雨を―・さばやと思ひ候」〈虎明狂・祐善〉(可能)はらせる

はら-す【腫らす】〘動サ五(四)〙腫れた状態になる。はれさせる。「足を―・す」「泣き―・す」

バラス「バラスト❸」の略。

ばら-す〘動サ五(四)〙❶解体してばらばらにする。「機械を―・して修理する」「肉を―・す」❷殺す。「裏切り者を―・す」(補説)「殺す」と書いて「ばらす」と読ませることもある。❸秘密などを人に知らせる。暴露する。あばく。「内紛を―・す」❹不法に売り払う。また、売りとばす。「盗品を―・す」❺針にかかった魚を釣り上げる途中で取り逃がす。「大物を―・してくやしがる」(可能)ばらせる (類語)(❸)すっぱ抜く・さらけ出す・現れる

パラス〘Pallas〙小惑星の一。1802年にドイツのオルバースにより発見。名称はギリシャ神話の女神アテナの別名に由来。直径608キロメートル。軌道長半径は2.8天文単位。公転周期は約4.6年。表面はケイ酸塩が主成分と考えられる。2006年にケレスが準惑星に分類されたため、小惑星帯で最大の小惑星になった。

パラ-すいみん【パラ睡眠】《paradoxical sleep》レム睡眠の異称。深い睡眠でありながら、覚醒時と同様の脳波が現れるのでいう。逆説睡眠。

はら-すじ【腹筋】ハラスヂ〘名・形動〙❶腹の筋肉。❷《「腹筋を縒(よ)る」から》おかしくてたまらないこと。また、そのさま。「アハハハ弥々(いよいよ)―だ」〈二葉亭・浮雲〉「甚平からからと笑ひ、ああ―な」〈浄・鑓の権三〉

腹筋を縒(よ)・る おかしくてたまらず、腹の筋が痛くなるほど笑う。腹筋を切る。「珍芸に―・る」

ばら-ずし【散鮨】〘関西で〙五目鮨(ごもくずし)。ちらしずし。

バラスト〘ballast〙❶船体の安定を保つために船底やタンクに積む、砂・砂利・水・油などの重量物。底荷。脚荷(あしに)。❷潜水艇・気球の浮沈や昇降を調節するために使用する水・砂・鉛などのおもり。❸鉄道線路・道路などに敷く砂利。バラス。

バラスト-すい【バラスト水】積み荷の重量と合わせて船体を安定させるために、船底のタンクなどに注入する海水。荷物が多くなると排出され、荷物が少なくなると停泊中の港の海水が積み込まれる。環境の異なる地域から海水や生物が持ち込まれるため、生態系に影響を与える。また、病原菌が持ち込まれるなどの危険もある。

バラスト-タンク〘ballast tank〙船舶の喫水、傾斜などを調節するための船内の水槽、または油槽。

ばら-ずみ【散炭】❶小枝を焼いてつくった細かい炭。❷俵(たわら)に詰めないで、ばらで売る木炭。

ハラスメント〘harassment〙嫌がらせ。いじめ。➡セクシュアルハラスメント ➡パワーハラスメント (補説)英語では、苦しめること、悩ませること、迷惑の意。

ハラ-スルターン-テッケ〘Hala Sultan Tekke〙キプロスの都市ラルナカにあるイスラム教寺院。市街南西郊のラルナカ塩湖に面する。預言者ムハンマドの乳母ウム＝ハラムがこの地で亡くなり、7世紀に霊廟が建てられたことに起源する。モスク、尖塔、墓所などが造られ、18世紀前半に現在の姿になった。同国随一の、またイスラム社会でも重要な聖地の一つとして知られる。ウムハラムモスク。

ばら-せいうん【薔薇星雲】一角獣座にある散光星雲。距離は約5000光年。名称は、写真に撮ると散開星団を中心として赤っぽい輝線(Hα)を放つHⅡ領域がバラの花のように広がっていることに由来する。ところどころ暗黒星雲や原始星の前段階に相当する密度の濃い分子雲がある。

パラセール〘parasail〙パラシュートを着けた人間が、ロープでモーターボートや自動車に引かれて空中に舞い上がるスポーツ。

パラセル-しょとう【パラセル諸島】ショタウ《Paracel》➡西沙(せいさ)諸島

ばら-せん【荊・棘線・茨線】「有刺鉄線」の俗称。

ばら-せん【散銭】硬貨などの、こまかいぜに。小銭(こぜに)。ばら。(類語)小金・小銭

ばら-せんそう【薔薇戦争】バラセンサウ 1455～85年、ランカスター家とヨーク家との王位争奪を中心とする英国の封建貴族間の内乱。それぞれ紅と白のバラを記章としたのでこの名がある。結局ランカスター派が勝ちチューダー王朝が成立したが、長期にわたる戦いで貴族の勢力は衰え、中央集権化が急速に進んで、絶対主義への道を開いた。

パラソル〘parasol〙❶洋風の女性用日傘。(季 夏) ❷「ビーチパラソル」の略。(類語)傘・洋傘・唐傘・番傘・蝙蝠傘(こうもりがさ)・蛇の目傘・雨傘・日傘

パラダイス〘paradise〙❶アダムとイブが住んだというエデンの園。❷キリスト教で、救われた人の行く所。天国。楽園。❸悩みや苦しみのない、楽しい世界。「若者たちの―」(類語)極楽・楽天地・楽土・浄土

パラダイス-フィッシュ〘paradise fish〙キノボリウオ科に属するチョウセンブナとタイワンキンギョの総称。美しい小形の淡水魚で観賞用。

パラダイム〘paradigm〙❶ある時代に支配的な物の考え方・認識の枠組み。規範。「企業は新しい―を必要としている」❷語学で、語形変化の一覧表。

パラダイム-シフト〘paradigm shift〙ある時代・集団を支配する考え方が、非連続的・劇的に変化すること。社会の規範や価値観が変わること。例えば、経済成長の継続を前提とする経営政策を、不景気を考慮したものに変えるなど。パラダイムチェンジ。パラダイム変換。発想の転換。

パラダイム-チェンジ〘paradigm change〙➡パラダイムシフト

パラダイム-へんかん【パラダイム変換】ヘンクワン ➡パラダイムシフト

はらだ-かい【原田甲斐】ハラダカヒ［1619～1671］江戸前期の仙台藩士。名は宗輔(むねすけ)。伊達安芸宗重との争いから、大老酒井忠清邸で宗重を斬(き)り、みずからも斬られた。伊達騒動の中心人物として、歌舞伎・浄瑠璃に登場する。

はら-たかし【原敬】［1856～1921］政治家。岩手の生まれ。外務省退官後、大阪毎日新聞社社長に就任。立憲政友会創立に参画し、逓相・内相を歴任後、総裁に就任。大正7年(1918)平民宰相として初の政党内閣を組織し、交通の整備、教育の拡張など積極政策を行った。東京駅頭で刺殺された。

はら-たけ【原茸】ハラタケ科のキノコ。夏から秋に草原などに群生する。高さ5～10センチ。傘は初め球形、のち平らに開く。肉は厚く、白色から淡紅色に変わる。食用。マッシュルームはこの改良品種。

はらだ-けいきち【原田慶吉】［1903～1950］法学者。兵庫の生まれ。東大教授。ユスティニアヌス法典やハムラビ法典の研究で知られる。著作に「楔形(くさび)文字法の研究」「ローマ法」など。

はらだたし・い【腹立たしい】〘形〙(文)はらだた・し〘シク〙しゃくにさわる。腹が立ってくる。「―・い思いをする」「顔を見ただけでも―・い」(派生)はらだたしげ〘形動〙はらだたしさ〘名〙(類語)いまいましい・苦苦しい・悔しい・口惜(くちお)しい・恨(うら)めしい・心外(しんがい)・癪(しゃく)

はら-だち【腹立ち】腹が立つこと。立腹。「―を抑える」「―を覚える」(類語)怒り・憤り・立腹・怒気・瞋恚(しんい)・憤怒(ふんぬ)・憤怒(ふんど)・憤懣(ふんまん)・鬱憤(うっぷん)・義憤・痛憤・悲憤・憤激・憤慨(ふんがい)・激怒・癇癪(かんしゃく)・逆鱗(げきりん)

はらだち-まぎれ【腹立ち紛れ】〘名・形動〙腹が立つのにまかせて見境なく事をすること。また、そのさま。「―に空き缶を蹴とばす」

はら-だ・つ【腹立つ】㊀〘動タ五(四)〙❶怒る。怒りの気持ちがおこる。腹が立つ。「―・つことの多い昨今の世相」❷言い争う。けんかする。「何事ぞや。童べと―・ち給へるか」〈源・若紫〉㊁〘動タ下二〙「はらだてる」の文語形。

はらたてず【腹不立】狂言。和泉(いずみ)流は「不腹立」。信心深い某(なにがし)がお堂を建立し、「腹立てずの正直坊」と名のる僧を住持に頼むが、試しに僧をからかうと腹を立てる。

はら-だ・てる【腹立てる】〘動タ下一〙(文)はらだ・つ〘タ下二〙怒る。立腹する。腹を立てる。「―・ててこぶしを振りあげる」

はらだ-なおじろう【原田直次郎】ハラダナホジラウ［1863～1899］洋画家。江戸の生まれ。高橋由一に師事。ドイツ留学後、私塾鍾美館を設立する一方、明治美術会の創設に参加。代表作「靴屋のおやじ」など。

ばら-たなご【薔薇鱮】❶コイ科の淡水魚。全長約5センチ。体高が高く、側扁が著しい。背部が暗褐色のほかは黄色っぽい銀白色。雄は繁殖期に緑・青・紅色などの婚姻色に変化する。近畿・北九州に分布。にっぽんばらたなご。❷タイリクバラタナゴの別名。

はらだ-びょう【原田病】ハラダビヤウ 眼球のぶどう膜・皮膚・内耳など色素細胞がある組織に炎症を起こす全身性疾患。両眼の視力低下・耳鳴りなどが起こり、白髪や皮膚に白斑がみられる。メラノサイトを攻撃する自己免疫疾患と考えられている。大正15年(1926)に眼科医の原田永之助が発見した。フォークト・小柳・原田症候群。

ハラタマ〘Koenraad Wouter Gratama〙［1831～1888］オランダの化学者・医学者。1866年(慶応2)招かれて来日し、長崎養生所付属の分析窮理所、江戸開成所、大阪舎密(せいみ)局で組織的に近代化学を教えた。1871年(明治4)帰国。

ばら-だま【散弾】❶「さんだん(散弾)」に同じ。❷1発ずつ撃つ弾丸。

はらだ-まごしちろう【原田孫七郎】ハラダマゴシチラウ 安土桃山時代の貿易商。長崎の貿易商、原田喜右衛門の手代としてルソンに往来し、豊臣秀吉にルソン攻略を勧めた。生没年未詳。

はら-たみき【原民喜】［1905～1951］詩人・小説家。広島の生まれ。詩・短編小説を「三田文学」に発表。原爆体験を基にした小説「夏の花」が代表作。

はらだ-やすこ【原田康子】［1928～2009］小説家。東京の生まれ。本姓、佐々木。昭和31年(1956)刊行の「挽歌」がベストセラーとなる。平成15年(2003)「海霧」で吉川英治文学賞受賞。他に「蝋涙(ろうるい)」「満月」など。

はら-たんざん【原坦山】［1819～1892］幕末・明治期の禅僧・仏教学者。陸奥(むつ)の人。幼名、良作。諱(いみな)は覚仙。号、鶴巣。昌平黌(しょうへいこう)に学び、また医学も修めた。東大印度哲学科の最初の講師。のち曹洞宗大学林総監。

パラチー〘Paraty〙ブラジル南東部、リオデジャネイロ州、大西洋に面する港湾都市。18世紀に金の積出港として発展。ドーレス教会やヘメジオス教会をはじめ、18～19世紀に建てられたコロニアルスタイルの建造物が数多く残る。

パラチオン〘parathion〙有機燐(ゆうきりん)系の農業用殺虫剤。褐色でニンニク臭のある液体。稲の二化螟虫(にかめいちゅう)などの駆除に用いられたが、毒性が強く、現在は日本では使用禁止。

はら-ちがい【腹違い】ハラチガヒ 兄弟姉妹で、父が同じで母が異なること。腹変わり。異腹。「―の兄」(類語)異腹・異母

パラチノース〘palatinose〙甘味料の一種。砂糖を原料に酵素を作用させて作る。砂糖の42パーセントの甘味で、菓子製造原料に用いる。この甘味料が発明されたドイツの地名プファルツ(Pfalz)の英語名Palatinateにちなむ。

パラチフス〘ドイツ Paratyphus〙パラチフスA菌によって起こる消化器系の感染症。感染症予防法の三類感染症の一。学校感染症の一。症状は腸チフスに似るが比較的軽い。

パラチフス-きん【パラチフス菌】サルモネラ菌の一群。鞭毛(べんもう)をもち活発に運動する。A・B・C・Kの

4種があり、A菌はパラチフスの、B・C菌はサルモネラ食中毒の原因になる。

はら-つぎ【腹接ぎ】接ぎ木の一。台木となる幹の側面に斜めに切り込みを作り、接ぎ穂をさし入れて接合させるもの。

ばら-つき　❶一様でないこと。ふぞろいであること。「品質の—をなくす」❷測定した数値などが不規則に分布すること。「数値に—が見られる」

バラック〖barrack〗❶兵舎。営舎。特に、駐屯兵のための細長い宿舎。❷急造の粗末な建物。仮小屋。(類語)小屋・あばら屋・廃屋・廃家

ばら-つ・く〔動カ五(四)〕❶雨やあられなどが少し降ってくる。「にわか雨が—・く」❷ふぞろいである。「クラスによって成績が—・いている」

ぱら-つ・く〔動カ五(四)〕雨などが、ぱらぱらと少し降ってくる。「小雨が—・く」(類語)ちらつく・しぐれる・そぼ降る

パラッツォーロ-アクレイデ〖Palazzolo Acreide〗イタリア南部、シチリア島、シチリア自治州の町。同島南部のイブレイ山地、標高670メートルに位置する。紀元前7世紀に古代ギリシャの植民都市アクライが建設され同島南部の町を結ぶ要地になった。9世紀にアラブ人の侵入を受けて衰退し、12世紀に現在の場所に新たな町が築かれた。17世紀の大地震により大きな被害を受けたが、サンセバスティアーノ教会、サンパオロ教会、アヌンツィアータ教会などが再建された。シチリア-バロック様式の建物が多く、同島南東部の八つの町が2002年に「バル-ディ-ノートの後期バロック様式の町々」の名称で世界遺産(文化遺産)に登録された。

パラッツォ-テ〖Palazzo Te〗▶テ宮殿

パラッツォ-デル-テ〖Palazzo del Te〗▶テ宮殿

パラッツォ-ドゥカーレ〖Palazzo Ducale〗▶ドゥカーレ宮殿

パラッツォ-レアーレ-ディ-トリノ〖Palazzo Reale di Torino〗▶トリノ王宮

パラッツォ-レアーレ-ディ-ナポリ〖Palazzo Reale di Napoli〗▶ナポリ王宮

はら-つづみ【腹鼓】《「はらづつみ」とも》❶腹を鼓がわりにして打ち鳴らすこと。「狸の—」❷腹一杯食べて満足し、腹をたたくこと。❸《「十八史略」五帝の「鼓腹撃壌」の故事から》天下太平で衣食が足り万民が生活を楽しむことをいう。鼓腹。

バラッド〖ballad〗▶バラード

ぱらっ-と〔副〕❶物がまばらにあるさま。「村には家が—点在している」❷少量のものをふりかけるさま。「ごま塩を—かける」

はらっ-ぱ【原っぱ】原。また、雑草などの生えた広い空き地。「—で野球をする」

(類語)原・野・野原・平原・広野・広野・高原・広原

ハラッパー〖Harappa〗パキスタン東部、パンジャブ地方にあるインダス文明の都市遺跡。インダス川の支流ラービ川の左岸にあり、城壁・住居・作業場・穀物倉庫の跡のほか、青銅器・土器・印章なども出土している。ハラッパ。

ばら-づみ【散積み】〔名〕スル 石炭・鉱石・穀物などの粒状の貨物を包装しないで、そのまま船や車に積み込むこと。「—貨物」

はら-づもり【腹積(も)り】あらかじめ考えておく大体の予定や計画。また、心の用意。心づもり。「息子に後をまかせる—だ」

(類語)心積もり・算段・考え・気構え・心構え

パラティーナ-れいはいどう【パラティーナ礼拝堂】《Cappella Palatina》イタリア南部、シチリア島、シチリア自治州の都市パレルモ、ノルマン王宮の2階にある礼拝堂。12世紀にノルマン朝シチリア王ルッジェーロ2世によって造られた。祭壇や壁はすべて金色を主体とする荘厳なビザンチン様式のモザイクで飾られている。

パラティーノ-の-おか【パラティーノの丘】《Monte Palatino》イタリアの首都ローマにある丘。ローマの七丘の一で、古代ローマの政治・経済・商業の中心地フォロロマーノの南に位置する。初代ローマ皇帝オクタビアヌスの宮殿など、帝政期に皇帝や貴族の宮殿が数多く建造された。パラティヌスの丘。

パラディオ〖Andrea Palladio〗[1508〜1580]イタリアの建築家。古代ローマの建築を研究し、その復古様式を作り上げた。また、主著「建築四書」は、のちの建築界に大きな影響を及ぼした。

パラディオ-どおり【パラディオ通り】《Corso Palladio》イタリア北東部、ベネト州の都市ビチェンツァにある通り。シニョーリ広場の北側、カステッロ広場とマッテオッティ広場を東西に結ぶ。バルマラーナ宮、ティエーネ宮、バルバラン宮をはじめ、建築家アンドレア=パラディオとその弟子が設計した建物が集まる。パラディオが設計した市街とベネト地方の邸宅は、1994年、世界遺産(文化遺産)として登録された。アンドレアパラディオ通り。

はら-てっけつ【爬羅剔抉】❶人の秘密や欠点などをあばき出すこと。❷隠れた人材を探し出し、採用すること。

バラ-デル-コロラド-やせいほごく【バラデルコロラド野生保護区】《Refugio Nacional Barra del Colorado》コスタリカ北東部、リモン県、カリブ海沿岸にある国立野生保護区。ニカラグアとの国境を流れるサンフアン川の支流、コロラド川の河口にある。同国一のスポーツフィッシングの拠点として知られる。

バラデロ〖Varadero〗キューバ北西部、マタンサス州、ヒカコス半島にある同国最大の観光・保養地。1930年代から、アメリカ人の別荘が次々と建てられたが、1959年のキューバ革命で政府が没収。後に、ヨーロッパ資本による観光開発が進んだ。

バラ-とう【バラ島】《Isle of Barra》英国スコットランド北西岸、アウターヘブリディーズ諸島の島。同諸島で最南部に位置する。中心となる町は港があるキャッスルベイ。中世以来の領主マクニール家が建てたキシムル城がある。

パラトゥンカ〖Paratunka〗ロシア連邦、カムチャツカ州の村。カムチャツカ半島東岸の都市ペトロパブロフスクカムチャツキーの西約30キロメートルに位置する。温泉保養地として知られる。

パラドキシカル〖paradoxical〗〔形動〕逆説的であるさま。「—な表現」

はら-どけい【腹時計】腹のすきぐあいから見当をつけた大体の時刻。「—ではもう12時だ」

パラドックス〖paradox〗《「パラドクス」とも》「逆説」に同じ。

バラ-ドル《和 variety＋idolから》歌だけでなく物まねやお笑いもこなし、バラエティー番組で人気を集める女性アイドルタレント。

パラトルモン〖parathormone〗▶副甲状腺ホルモン

バラトン-こ【バラトン湖】《Balaton》ハンガリー西部の湖。バコーニュ山地の南東に位置する。中央ヨーロッパで最も大きく、面積は601平方キロメートル。多くの河川が流入し、南岸からシオ川を経てドナウ川へ流れる。湖に面する町シオーフォク、バラトンフレド、ティハニ、バダチョニ、ケストヘイなどが観光保養地として知られる。

バラトンフレド〖Balatonfüred〗ハンガリー西部、バラトン湖畔の町。1820年代より観光保養地として知られる。コッシュートの泉と呼ばれる鉱泉のまわりには、療養施設や水浴場があり、現在も数多くの療養客が訪れる。同国を代表するロマン主義文学の作家ヨーカイ=モールの博物館がある。

パラナ〖Paraná〗ブラジル南部にある州。19世紀にサン-パウロ州から分離して成立。ポルトガル系のみならず、ドイツやイタリアなどからの移民の子孫が多い。マテ茶栽培が盛ん。州都はクリチバ。

はら-なか【原中】野原の中。野原のまん中。

パラナ-がわ【パラナ川】《Paraná》南アメリカのブラジル高原に源を発し、パラグアイ川を合わせてアルゼンチンの平野を流れ、ラプラタ川となって大西洋に注ぐ川。全長4500キロ。

パラナグア〖Paranaguá〗ブラジル南部、パラナ州、大西洋パラナグア湾に面する港湾都市。同州最古の町として知られ、植民地時代の建造物が残る。

はらな-こく【波羅奈国】《梵 Bārāṇasīの音写》古代インドの国。首都は現在のバラナシにあたる。釈迦が成道ののち最初に説法を行った鹿野苑があった。

バラナシ〖Varanasi〗インド北部の宗教都市。ガンジス川中流にあるヒンズー教徒の聖地。河岸に教徒のガート(沐浴場)がある。手織りのサリーを産する。人口、行政区109万、都市圏120万(2001)。ワーラーナシ。旧称、ベナレス。

はら-なり【腹鳴り】「腹鳴」に同じ。

ばら-に【散荷】荷造りや梱包のしてない荷物。

ばら-にく【肋肉】牛・豚の、肋骨のある腹側の肉。三枚肉。ばら。

はら-の【原野】野原。げんや。

パラノイア〖paranoia〗内因性の精神病の一型。偏執的になり妄想がみられるが、その論理は一貫しており、行動・思考などの秩序が保たれているもの。妄想の内容には、血統・発明・宗教・嫉妬・恋愛・心気などが含まれ、持続・発展する。偏執病。妄想症。

はら-の-うち【腹の内】❶腹の内部。腹の中。❷心の中。胸の内。腹の中。「相手の—を探る」

はら-の-かわ【腹の皮】❶腹部の皮。❷《「腹の皮を縒る」から》おかしくてたまらないこと。「行儀作法は、狗を屋根へ上げたやうで、さりとはさりとは—」〈浄・忠臣蔵〉

腹の皮が捩れる　おかしくてたまらない。笑いが止まらない。「—れるほど大笑いする」⇒腹の皮を捩る

腹の皮を捩る　「腹の皮を縒る」に同じ。「掛け合い漫才に—る」

腹の皮を縒る　おかしくて、腹の皮が捩れるほど笑う。腹の皮を捩る。「落語家の熱演に—る」

ばら-の-たに【薔薇の谷】《Rozova dolina》ブルガリア中部、バルカン山脈とスレドナゴラ山脈の間の一帯。ストリャマ川とトゥンジャ川の渓谷があり、バラの生産が盛ん。主な町はカザンラクとカルロボ。バラ渓谷。

はら-の-なか【腹の中】「腹の内」に同じ。

はら-の-ふえ【大角】上代、戦場で吹き鳴らした角笛。獣の角に似た形のもの。はら。〈名義抄〉

はら-の-むし【腹の虫】❶腹の中にいる寄生虫。回虫の類。❷空腹時の腹鳴りを腹の中に虫がいて鳴くものとした、その虫。❸腹立ちなどの感情を腹の中にいる虫によるものとした、その虫。

腹の虫が治まらない　腹が立ってがまんできない。「ここで引き下がっては—ない」

腹の虫の居所が悪い　機嫌が悪い。虫の居所が悪い。「—く人に当たり散らす」

バラバーン〖balabān〗イラン、ロシアのコーカサス地方などに見られる長大なリードをもつ木管楽器。円筒形の管と蘆や水草の一端をつぶして2枚にしたリードからなる。篳篥と同種の楽器。

はら-ばい【腹這い】腹を地面につけてはうこと。また、腹を下にして横になること。「—になる」

(類語)俯伏せ・俯き・うつむけ・うつぶし

はら-ば・う【腹這う】〔動ワ五(ハ四)〕❶腹を地面や床につけてはって進む。「—って敵陣に近づく」❷腹を下にして横になる。「布団の上に—う」

はら-はちぶ【腹八分】満腹するまで食べないで、少し控えめにしておくこと。腹八分目。

腹八分に医者いらず　大食いをせずにいつも腹八分でやめておけば健康でいられるということ。

はら-はちぶんめ【腹八分目】▶腹八分

はら-はら〔副〕スル ❶小さいものや軽いものが、静かに続けて落ちかかるさま。「涙を—(と)落とす」「花びらが—(と)散る」❷髪が垂れかかるさま。「後れ毛が—と肩にかかる」❸成り行きを危ぶんで気をもむさま。「わが子の初舞台を—しながら見守る」❹多くのものがいっせいに動くさま。「河に—とうち入りて渡りけるに」〈今昔・三一・一一〉❺物が触れ合ってたてる音を表

す語。「衣(きぬ)の音なひ—として」〈源・帚木〉❻物がはじけて発する音を表す語。「焚(た)かるる豆がらの—と鳴る音は」〈徒然・六九〉

はら-ばら【腹腹】多くの腹。同じ夫の子をそれぞれ産んだ妻妾たち。「御子どもあまた、—にものし給ふ」〈源・桐壺〉

ばら-ばら ㊀〔副〕❶大勢の人がまとまりなく動くさま。「事故現場に近所から—(と)人が集まる」❷粒状のものが散らばりながら落ちる音や、そのさまを表す語。「大粒の雨が—(と)屋根を打つ」㊁〔形動〕一つにまとまらないで、分散しているさま。また、それぞれに違っているさま。「機械を—にしてしまう」「—な意見」 アク㊀はバラバラ、㊁はバラバラ。

〔類語〕㊀(❶)別れ別れ・離れ離れ・散り散り・てんでんばらばら・思い思い/(❷)しょぼしょぼ・しとしと・ぽつぽつ・ぱらぱら・ざあざあ

ぱら-ぱら ㊀〔副〕❶粒状のものがまばらに降ったり散ったりする音や、そのさまを表す語。「雨が—(と)降る」「ごま塩を—(と)ふりかける」❷まばらに散らばっているさま。「人家が—(と)ある」❸本をめくる音や、そのさまを表す語。「—(と)ページを繰る」㊁〔形動〕㊀❷に同じ。「客の入りが—だ」 アク㊀はパラパラ、㊁はパラパラ。〔類語〕㊀(❶)しょぼしょぼ・しとしと・ぽつぽつ・ばらばら・ざあざあ/(❷)ちらほら・ぽつぽつ

ぱらぱら-まんが【ぱらぱら漫画】少しずつ異なる複数の絵を重ねて冊子などの形にしたもの。素早くめくることで、絵が動いているように見える。フリップブック。

はら-はれ【腹×脹れ┊腹腫れ】❶腹がふくれていること。また、その人。〈日葡〉❷金持ち。多く、ののしっていう。「中京(なかぎょう)の分限者(ぶげんしゃ)の—どもが」〈浮・胸算用・二〉

バラビョービ-の-おか【バラビョービの丘】《Vorob'yovy gory》▶雀が丘

はら-びれ【腹×鰭】魚類の腹部にある左右一対のひれ。

パラピン「パラフィン」の音変化。

ばら-ふ【▽散▽斑】まばらな斑点(はんてん)。また特に、鼈甲(べっこう)に黒い斑点のあるもの。

パラフィン〖paraffin〗❶石油から分離された白色半透明の固体。炭素数16～40のメタン系炭化水素の混合物。融点はセ氏50～75度くらいで、水をはじく性質がある。ろうそく・マッチ・クレヨンなどの原料とする。石蝋(せきろう)。パラフィン蝋。❷「パラフィン系炭化水素」の略。❸「パラフィン紙」の略。

パラフィンけい-たんかすいそ【パラフィン系炭化水素】▶メタン系炭化水素

パラフィン-し【パラフィン紙】パラフィンや蝋をグラシン紙・クラフト紙・模造紙などにしみ込ませ、耐水性・耐湿性をもたせた紙。食品・タバコなどの包装に用いる。

パラフィン-ゆ【パラフィン油】重油の留分から蝋分を除去した絞り油を真空蒸留して得る油。精製し、軽質潤滑油や流動パラフィンの原料とする。

パラフィン-ろう【パラフィン×蝋】《paraffin wax》▶パラフィン❶

バラフォン〖balafon〗主にアフリカで用いられる木琴の総称。地域によって、名称や形状はさまざま。

はら-ふくれ【腹×脹れ┊腹膨れ】《「はらぶくれ」とも》「はらはれ❷」に同じ。「百万両分限とよばれたる大の—あり」〈黄・見徳一炊夢〉

はら-ぶし【腹節】▶雌節(めぶし)

パラフレーズ〖paraphrase〗〔名〕(スル)❶ある表現を他の語句に置き換えて、わかりやすく述べること。❷音楽で、ある楽曲を、他の楽器のために変形・編曲すること。また、その曲。敷衍(ふえん)曲。

ハラペーニョ〖(スペイン) jalapeño〗メキシコの極辛のトウガラシ。酢漬けなどにして香辛料・薬味に用いる。

はら-ぺこ【腹ぺこ】〔名・形動〕腹が非常にすいていること。また、そのさま。「—な(の)子供」

〔類語〕空腹・空き腹

パラペット〖parapet〗❶建物の屋上、テラスのへり、橋梁の両側などに設け、人の落下を防ぐ手すり・勾欄(こうらん)。❷城郭などに設けた防御用胸壁(きょうへき)。

ハラボジ《朝鮮語》祖父。おじいさん。⇔ハルモニ。

はら-ぼて【腹ぼて】腹がふくらむこと。特に、みごもって腹がふくらむこと。

ハラ-ホト〖Khara-Khoto〗《モンゴル語で、黒い都城の意》中国甘粛省北部、居延の額済納(エチナ)(黒水)河畔にある西夏・元時代の都城址。黒水城。カラホト。

はら-ぼね【腹骨】魚のはらわた部分を包んでいる細い骨。「アジを三枚に下ろして—をかく」

パラボラ〖parabola〗放物線。また、放物線型のもの。「—アンテナ」

パラボラ-アンテナ《parabolic antennaから》電波の反射器に回転放物面を利用した椀形のアンテナ。指向性が強く、マイクロ波の通信や衛星放送の受信などに使用。回転放物鏡アンテナ。

パラボリック〖parabolic〗《放物線状の、の意》株式や為替の相場をテクニカル分析するためのチャートの一つ。移動平均などから計算した値の点の集合が、蝋燭足の上下で放物線を描く。値が蝋燭足の下に現れれば買い、逆の場合は売りのサインとなる。

パラポルティアニ-きょうかい【パラポルティアニ教会】《Panagia Paraportiani》ギリシャ南東部、エーゲ海に浮かぶミコノス島にある教会。同島の中心地ミコノスのカストロ地区にある。15世紀から17世紀頃に建造された五つの礼拝堂からなる。美しい白壁で知られ、観光客に人気がある。

パラホルモン〖parahormone〗二酸化炭素のように、すべての組織によって普遍的に生産され、調節作用をもつ物質。

はら-まき【腹巻(き)】❶腹の冷えるのを防ぐため、腹に巻く布、または毛糸などで筒形に編んだもの。はらおび。腹当て。❷鎧(よろい)の一。胴を囲み、背中で引き合わせるようにした簡便なもの。鎌倉後期ごろから歩卒が用い、室町時代には上級武士にも用いられた。

ばら-まき【▽散×蒔き】❶ばらまくこと。広い範囲に、また、ねらいを付けた多数に配ること。「ちらしの—」「票田対象の—予算」❷種まきの方法の一。種子をばらばらに散らしてまくこと。

ばらまき-げんぜい【▽散×蒔き減税】代替財源や減税効果などを十分に検討せずに減税すること。多く、景気対策などの名目で行われる。政権与党の人気取りだとして批判していう言葉。

ばら-ま・く【▽散×蒔く┊▽散×撒く】〔動カ五(四)〕❶ばらばらに散らしてまく。方々にまき散らす。「怪文書を—・く」「うわさを—・く」❷金銭や物品を多くの人に配る。「金を—・く」「名刺を—・く」

〔類語〕撒き散らす・ぶちまける・散らばす・ふりまく

はらまち【原町】福島県北東部にあった市。平成18年(2006)1月、鹿島町・小高町と合併して南相馬市となった。⇒南相馬

はらまち-し【原町市】▶原町

ばら-まど【薔=薇窓】ゴシック教会建築などのファサードに、バラの花のような形に作られた円窓。

パラマリボ〖Paramaribo〗南アメリカ北部のスリナム共和国の首都。同国北東部、スリナム川下流にある。多くの人種・宗教が混在する。人口、都市圏24万(2004)。

はら-マルチノ【原マルチノ】[1568?～1629]安土桃山時代の天正遣欧使節の副使。肥前の人。マルチノは洗礼名で、本名は未詳。帰国後、通訳・出版に活躍。

はらみ【×孕み┊▽妊み】❶はらむこと。〈和英語林集成〉❷ふくらんでいること。ふくらみ。「—が何寸凹(へこ)みが何分と」〈露伴・五重塔〉

はら-み【腹身】❶牛・豚などの横隔膜。焼き肉・もつ焼きに使う。さがり。❷サケなどの腹の肉。ハラス。

はらみ-いし【×孕み石】石の中に別の小さい石が入っているもの。

はらみ-おんな【×孕み女】腹に子を宿している女。妊婦。

はらみ-く【×孕み句】連歌・俳諧で、会席に出る前にあらかじめ用意しておいた句。

はらみ-ご【×孕み子】母親の胎内に宿っている子。胎児。

はらみつ【波羅蜜】❶《梵 pāramitāの音写。到彼岸・度と訳す》仏語。迷いの世界である此岸(しがん)から、悟りの彼岸(ひがん)に到達すること。また、そのための修行。六波羅蜜・十波羅蜜がある。波羅蜜多(はらみった)。❷《「ぱらみつ」とも》クワ科の常緑高木。葉は楕円形で革質。雄花と雌花とが咲き、円筒状の淡黄色の実を結ぶ。果実は食用、材は建築・器具用。インドの原産。ながみパンのき。ジャックフルーツ。

はらみった【波羅蜜多】「波羅蜜(はらみつ)❶」に同じ。

パラミディ-ようさい【パラミディ要塞】《Palamidi》ギリシャ、ペロポネソス半島北東部の都市ナフプリオンにある要塞跡。ベネチア共和国時代の17世紀末から18世紀初頭にかけて、市街南東部の標高216メートルの丘の上に築かれた。ギリシャ独立戦争時に、テオドロス=コトコロニス将軍率いるギリシャ軍が、トルコ軍に包囲されて1年以上籠城を続けたことで知られる。

はらみときわ【孕常盤】浄瑠璃。時代物。五段。近松門左衛門作。宝永7年(1710)大坂竹本座初演。謡曲「橋弁慶」、古浄瑠璃「十二段草子」などをもとに脚色。

はらみ-ばし【×孕み箸】❶中央が太く、両端が細くなっている箸。正月の祝いの食膳に用いる。腹太箸(はらぶとばし)。❷楊枝(ようじ)をはさんだ割り箸。

はら・む【×孕む┊×妊む】〔動マ五(四)〕❶胎内に子を宿す。妊娠する。みごもる。「子を—・む」❷その中に含み持つ。「矛盾を—・む」「帆が風を—・む」❸穂が出ようとしてふくらむ。「麦が—・む」

〔類語〕宿す・身籠る

バラムンディ〖barramundi〗オーストラリア産の海水魚。全長約1.5メートルに達し、釣りの対象。

パラメーター〖parameter〗❶媒介変数(ばいかいへんすう)。❷コンピューターで、プログラムを実行する際に設定する指示事項。

パラメーター-とっきょ【パラメーター特許】具体的な構造や製造方法に対してではなく、発明物の性質や機能を示す数値・数式に与えられる特許。

はら-め・く〔動カ四〕❶はらはらと音を立てる。「雨の脚、当たる所とほりぬべく—・き落つ」〈源・須磨〉❷ばらばらになる。ぼろぼろになる。「紙衣(かみぎぬ)なんどの、…ゆゆしげに破れ—・きたるを」〈発心集〉

パラメディカル〖paramedical〗医師を補助する医療従事者。⇒コメディカル

パラメディック〖paramedic〗特別救急医療士。高度の救急処置技術をもつ救急隊員。医師と連絡をとりつつ投薬・注射・輸液などの処置を行う。

パラメトロン〖parametron〗2個のフェライト磁心にコイルを巻き、コンデンサーと組み合わせて、入力周波数の半分の出力周波数を得る共振回路。二通りの位相が得られるので、二進法に対応させコンピューターの論理回路素子として用いた。昭和29年(1954)後藤英一が発明。

はら-もち【腹持(ち)】食物の消化が遅く、なかなか腹が減らないこと。「米の飯は—がよい」

ばらものがたり【薔薇物語】《原題、(フランス) Roman de la Rose》中世フランスの教訓寓意詩。ギョーム=ド=ロリスによって1225～1240年に書かれた第一部は宮廷趣味の恋愛作法を幻想的に描き、ジャン=ド=マンによって1275～1280年に書かれた第二部は、愛欲的恋愛観を社会批評を交えて展開。

バラモン〖梵 brāhmaṇa〗❶インドのバルナ(四種姓)で、最高位の身分。僧侶で、学問・祭祀(さいし)をつかさどり、インド社会の指導的地位にあった。ブラフマン。ブラーマン。❷バラモン教。また、バラモン僧。

〔補説〕「婆羅門」とも書く。

バラモン-きょう【バラモン教】古代インドで、バラモン階級を中心として行われた民族宗教。ベーダ聖典を根本として複雑な祭式規定を発達させた。インドの哲学観念や社会制度の強固な基盤となった。

バラモン-じん【バラモン▽参】キク科の二年草。根はゴボウに似て白く、白い乳液を含む。夏、紫色の花をつける。根は食用。南ヨーロッパの原産。西洋ごぼう。むぎなでしこ。

バラモン-そうじょう【婆羅門僧正】(ソウジヤウ) ▶菩提僊那(ぼだいせんな)

バラモン-てん【婆羅門天】「梵天(ぼんてん)❶㊀」に同じ。

はらや【水=銀=粉|軽=粉】おしろいの一。水銀に明礬(みょうばん)を加えて製したもの。伊勢国飯南郡射和村から産した。伊勢おしろい。「毎年太夫殿から御祓箱に鰹節一連、—一箱」〈浮・胸算用・一〉

ばら-ゆ【薔=薇油】バラの花を水蒸気蒸留して製した精油。主成分はシトロネロール・ゲラニオールなどのアルコール類。ローズオイル。しょうびゆ。

はらら〔形動ナリ〕散り散りになるさま。ばらばら。「海人小舟(あまをぶね)—に浮きて」〈万・四三六〇〉

バラライカ〔ロシア balalaika〕撥弦楽器の一。ロシアの民俗楽器で、木製の三角形の共鳴胴と長い棹(さお)、3本の弦からなり、指先で弾奏する。

はららが・す【▽散がす】〔動サ四〕《古くは「はららかす」》ばらばらに散らす。「敵ヲ—・ス」〈和英語林集成〉「沫雪のごとくし、以て蹴(くゑ)—・し」〈神代紀・上〉

はらら・ぐ【▽散ぐ】〔動ガ四〕《古くは「はららく」》ばらばらになる。〈和英語林集成〉「其の土は白くして—・けり」〈史記夏本紀鎌倉期点〉

はらら-ご【×鮞】魚類の産卵前の卵。たらこの類。特に、サケの卵巣およびその塩蔵品。すじこ。はらこ。(季 秋)「ほのぼのと—飯に炊きこまれ/林火」

パララックス〔parallax〕視差(しさ)。

パララックスバリア-ほうしき【パララックスバリア方式】(ハウシキ)《parallax barrier》▶視差バリア方式

はらり〔副〕❶軽いものが落ちたり垂れ下がったりするさま。「—と写真が落ちる」「涙が—とこぼれる」「髪が—と顔にかかる」❷動作が軽く、すばやいさま。「—と気早に立って」〈鏡花・婦系図〉❸まったく。また、すっかり。「主人たる人の心と、下男の心と、ものごと—と違ひて」〈咄・醒睡笑・一〉

ばらり〔副〕❶まとまっていたものが、ばらばらになって落ちるさま。綴(と)じ糸などが切れて、ばらばらになるさま。「器の豆が—と床にこぼれる」「結っていた髪が—とほどける」❷紙が綴じ目などから破れるさま。「一尺ほど開くと—と紙の継ぎ目が切れる」〈三重吉・山彦〉❸「はらり❸」に同じ。「心当てなる料理も—と違ひ」〈浮・一代女・三〉

ぱらり〔副〕❶小さいものや軽いものが、まばらに、またわずかに落ちるさま。「雨が—と降る」「髪が—と抜ける」❷まばらに散らばるさま。また、散らすさま。「—と塩こしょうをする」❸紙・布などをめくる音や、そのさまを表す語。「本のページを—とめくる」「帯を—と解く」❹「はらり❸」に同じ。「—トウチクズス」〈日葡〉

はら-りょう【原寮】(ハラレウ)〔1946〜 〕小説家。佐賀の生まれ。本名、孝。フリーのジャズピアニストを経て、ハードボイルド作家となる。チャンドラーに影響を受けた作風で巧みにストーリーを展開し、人気を集める。「私が殺した少女」で直木賞受賞。他に「天使たちの探偵」「さらば長き眠り」「そして夜は甦(よみがえ)る」など。

パラリンピック〔Paralympics〕国際身体障害者スポーツ大会。4年に1回、オリンピック開催地で行われ、運動機能障害や視覚障害などをもつ選手が参加する。IPCが主催。第一回は1960年にローマで開催された。陸上競技や水泳、サッカーなどのほか、アイススレッジホッケーやボッチャなどの種目がある。
(補説)当初は脊椎(せきつい)損傷により車椅子を利用する選手のための大会だったので、paraplegia(脊椎損傷者)とOlympicsとの合成語として名づけられた。現在は「もう一つのオリンピック」の意味をもたせ、parallel(平行の)+Olympicsと解釈されている。

ぱら-ルビ《「パラルビ」と書くことが多い》印刷で、文中の一部の漢字にだけ振り仮名をつけること。総ルビに対していう。

パラレル〔parallel〕〔名・形動〕❶平行であること。また、そのさま。「—な直線」「二つのストーリーが—に展開する」❷電気で、並列。❸スキーを平行にそろえて滑る技術。

パラレル-インターフェース〔parallel interface〕コンピューターと周辺機器の接続において、複数の信号を同時に並列して送るデータ転送を用いたインターフェース、またはコネクターのこと。➡パラレル伝送

パラレル-クリスチャニア〔parallel christiania〕スキーを平行にそろえたまま速度を落とさずに回転する滑降技術。パラレルターン。

パラレル-スラローム〔parallel slalom〕▶デュアルタイムレース

パラレル-ターン〔parallel turn〕スキーで、回転するとき、スピードを極力落とさずにスキーを平行にしたまま、スキーの後尾部を振るようにして行うターン。

パラレル-てんそう【パラレル転送】▶パラレル伝送

パラレル-でんそう【パラレル伝送】《parallel transmission》データ通信で、複数の回線を用いて複数のビットの情報を同時に送る方法。伝送速度は速いが、コストがかかる。コンピューターと周辺機器の接続に使われるパラレルインターフェースの規格として、パラレルポートなどがある。パラレル転送。並列伝送。⇔シリアル伝送。

パラレル-ポート〔parallel port〕コンピューター本体と周辺機器を接続するためのコネクター規格の一。複数の回線で複数のビットを同時に送るパラレル伝送を用いる。

パラレル-ワールド〔parallel world〕観察者がいる世界から、過去のある時点で分岐して併存するとされる世界。並行世界。並行宇宙。➡多世界解釈

はら-わた【▽腸】❶腹腔内の臓腑(ぞうふ)。大腸・小腸などの総称。「酒が—にしみる」「—がよじれるほどおかしい」❷動物の内臓。臓物(ぞうもつ)。「魚の—を抜く」❸ウリなどの内部で種を包んでいる、やわらかい綿のような部分。❹こころ。性根。(類語)(❶❷)内臓・臓器・五臓六腑・臓腑・五臓・臓物/(❹)肝・腑・心胆

腸が腐・る 精神が堕落する。性根が腐る。「—・ったやつ」

腸がちぎ・れる 耐えがたいほどの悲しみをおぼえる。「—・れる思い」

腸が煮え返・る 言いようのないほど腹が立つ。はらわたが煮えくり返る。「親友の裏切りに—・る」

腸が見え透・く 心の中がよく見える。言動とは裏腹の本心がよくわかる。「—・いたお世辞」

腸を断・つ ❶悲しみに激しく心が痛む。断腸の思いをする。「—・つ気持ちで別れを告げる」❷おかしくて大笑いする。「さしもあさましき最中に人々の皆—・つ」〈盛衰記・三四〉

は-らん【波×瀾|波乱】❶大小の波。波濤(はとう)。「砂の浜に下りて海の—を見る」〈鴎外・妄想〉❷激しい変化や曲折のあること。また、そうした事態。騒ぎ・もめごとなど。「—に満ちた生涯」「政局は—含みだ」
(類語)(❷)騒ぎ・もめ事・トラブル・ごたごた・悶着(もんちゃく)・どさくさ・大荒れ・荒れ模様・風雲急を告げる

は-らん【葉×蘭】ユリ科の常緑多年草。地中をはう根茎の節から葉を出し、葉は長さ30〜50センチの長楕円形。4月ごろ、地面近くに紫褐色の花を開く。中国の原産で、庭園などに植え、斑入りの品種もある。根茎を利尿・強心薬とする。馬蘭(ばらん)。

ハラン〔Harran〕トルコ南東部の都市シャンルウルファの南約40キロに位置する村。古くはメソポタミア北部の中心都市があった場所で、アッシリアの粘土板や旧約聖書にその名が記された。古代ローマ時代にはカルラエと呼ばれ、当時の遺跡が残る。また、先端部が丸い円錐状の、日干し煉瓦を用いた伝統的な形式の住居があることで知られる。ハッラーン。

パランガ〔Palanga〕リトアニア西部の都市。バルト海に面し、同国屈指の海岸保養地として知られる。古くから琥珀(こはく)の交易が行われ、港町として発展。19世紀末建造のティシュケビチュス宮殿を利用した琥珀博物館がある。

バランキヤ〔Barranquilla〕コロンビア北部の商工業都市。マグダレナ川河口近くの貿易港。繊維・香水などの工業も盛ん。人口、都市圏117万(2008)。

バランサー〔balancer〕釣り合い装置。均衡をとる人。平衡を保つ人やもの。

バランス〔balance〕❶釣り合い。均衡。また、調和。「左右の—が悪い」「—のとれた食事」❷収支・貸借(たいしゃく)の釣り合い。
(類語)釣り合い・均衡・平衡・平均・均整・兼ね合い

バランス-オブ-パワー〔balance of power〕勢力均衡。国家間などの力の均衡。パワーバランス。

バランス-コントロール〔balance control〕ステレオアンプなどで、左右の音量差を調節する機能。

バランス-シート〔balance sheet〕❶貸借対照表のこと。B/S。❷損か得かのつりあい。「労働とその報酬の—」

バランスシート-ふきょう【バランスシート不況】(フキヤウ) 資産価値が暴落するなどして債務超過(バランスシートがつぶれた状態)となると、企業は財務内容を修復するために収益を借金の返済にあてるようになるため、日銀が金融緩和を行っても企業による資金調達が行われなくなり、設備投資や消費が抑圧されて景気が悪化すること。

バランス-チェック〔balance check〕コンピューターで、論理的に一致するはずである二つの項目の合計が、実際に一致するかどうかを調べることにより、入力データに間違いがあるかどうかを調べること。

バランス-ファンド〔balanced fund〕オープンエンド型投資信託の一種。国内外の優良株式や公社債などを組み入れ、均衡の取れた資産運用を図るもの。不動産投資信託・新興国株式などを組み入れる場合もある。投資対象を分散させてリスクの低減を図る。バランス投信。

パランドケン-さん【パランドケン山】《Palandöken Dağı》トルコ北東部の都市エルズルムの南郊にある山。標高3271メートル。ウインタースポーツが盛んで、同国有数のスキー場があることで知られる。

はらん-ばんじょう【波×瀾万丈】(バンヂヤウ) 劇的な変化に富んでいること。「—の人生」

はり【×玻璃|×玻×瓈|×頗▽梨】《梵 sphaṭikā の音写》❶仏教で、七宝の一。水晶のこと。❷ガラスの異称。❸火山岩中に含まれる非結晶質の物質。

はり【針】❶布などを縫う、細くて先のとがった金属製の道具。一方のはしに糸を通す穴(めど)がある。縫い針。また、布を刺して留めるための穴のない留め針・待ち針もある。❷形や用途が❶に似ているもの。㋐サソリ・ハチなどのもつ、他の動物に刺して毒を注入する器官。㋑注射器の先端につけ、皮膚などに刺して薬剤を注入する器具。注射針。㋒レコードの盤面の溝をなぞり、振動をひろい伝えるもの。レコード針。㋓編み物に用いる棒針の類。㋔書類などをとじるための金具。「ホチキスの—」㋕植物のとげ。「枳殻(からたち)の生垣のすき間もなく—を立てて」〈蘆花・思出の記〉❸時計・計器の目盛りを指し示すもの。「磁石の—」❹裁縫。おはり。「—を習う」❺感情を刺激すること。害意。「言葉に—を含む」❻助数詞的に用いて、針で縫った目数を数えるのに用いる。「傷口を五—縫う」
(下接語)御(お)針・縫い針 (ばり)網針・編み針・置き針・返し針・鉤(かぎ)針・掛け針・蚊針・革針・擬餌(ぎじ)針・絹針・絎(くけ)針・毛針・小町針・仕付け針・千人針・空(そら)針・畳針・釣り針・綴(と)じ針・留め針・縫い針・刃針・平針・棒針・待ち針・メリケン針・木綿針

針刺すばかり ごくわずかなことのたとえ。「その子孫、世に—の所を知らず」〈宇治拾遺・一五〉

針の先(さき)で突(つ)いたほど ほんのわずかな程度であることのたとえ。「—にも恩義を感じない」

針ほどの事を棒ほどに言う 小さいことを大げさに言うたとえ。針小棒大。

針を蔵に積みても溜(た)まらぬ いくら努力して小銭をためても、一方で使ってしまえばまとまった蓄えにはならないことのたとえ。「その上に世間の義理をも勤めては、—といふは」〈浮・万金丹・四〉

針を以もって地ちを刺さす　《「説苑」弁物から》「小さな針で大きな地面を刺す」意から、貧しい見識で大きな物事に勝手な判断を下す。また、とてもできそうもないことを企てることのたとえ。

はり【張り】 ㊀〔名〕❶引っ張ること。また、その力の程度。「糸の━を強くする」❷引き締まっていること。みずみずしく、力強いこと。「━のある声」「━のある肌」❸気持ちなどの充実。物事を行おうとする意欲。張り合い。「生活に━をもたせる」「生きる━をなくす」❹自分の意志を押し通す、強い気持ち。意地。「京の女郎に江戸の━を持たせ」〈浮・一代男・六〉❺女を手に入れようとつけねらうこと。「色男これにて縁切。…もうよもや━には歩けめえ」〈滑・浮世床・二〉❻《tense》音声学の用語。母音の発音における舌の緊張度。例えば日本語の「ウ」は英語の「u」などに比して舌の位置も低く、唇の突き出しも少なく、従ってはりが弱い。㊁〔接尾〕助数詞。❶蚊帳・提灯ちょうちん・テント・幕などを数えるのに用いる。「行灯あんどん一━」❷弓・琴など、弦を張った類のものを数えるのに用いる。

はり【×梁】 構造物の上部からの荷重を支えるため、または柱をつなぐために架け渡す水平材。特に、桁けたに対して直角に渡されたものをさす。

はり【×鉤】 《「針」と同語源》釣り針のこと。

はり【×榛】 ハンノキの古名。「明けされば━のさ枝に夕されば藤の繁みに」〈万・四二〇七〉

はり【×鍼】 《「針」と同語源》漢方で、体表のつぼに接触させ、あるいは刺し入れて刺激し、疾病を治療するための金・銀・ステンレス製などの細長い器具。また、その療法。「━を打つ」

ばり　金属やプラスチックの加工過程で、製品の縁ふちなどにはみ出したりしてできる余分な部分。「プラモデルの━」「鋳い━」

ばり【▽尿】 《「ゆばり」「いばり」の音変化》小便。「蚤のみ虱しらみ馬の━する枕もと」〈奥の細道〉

ば-り【罵×詈】〔名〕スル 口汚くののしること。また、その言葉。ののしり。「口を極めて人を━する」
(類語)悪口わるくち・陰口・誹謗ひぼう・謗そしり・中傷・悪口あっこう・雑言・悪態・罵詈雑言

バリ〘Bari〙イタリア南東部、アドリア海に臨む港湾都市。果樹栽培や金属・機械などの工業が盛ん。かつて十字軍の船出港で、東方貿易により発展。聖ニコラス教会など古い建築物がある。

ばり【張り】〔接尾〕❶人数を表す語の下に付いて、その人数によって弓の弦が張られるという意を表す。多い人数で張る弓ほど強い弓ということになる。「十人━の弓」❷名詞や人名を表す語の下に付いて、それに似ている、または、それに似せているという意を表す。「西鶴━の文」「左翼━の主張」

パリ〘Paris〙フランス共和国の首都。パリ盆地の中心にあり、セーヌ川が貫流。川中島のシテ島を中心に同心円状に発展し、行政上は20区からなる。中世以来、西ヨーロッパにおける文化・経済・政治の中心をなす。パリコミューンの起こった地。高級家具・装身具・化粧品などの製造で知られ、世界の流行・芸術の発信地でもある。人口、行政区219万、都市圏1014万(2006)。(補説)「巴里」「巴黎」などとも書く。

バリア〘barrier〙《「バリアー」「バリヤ」「バリヤー」とも》❶障壁。防壁。❷障害物。

パリア〘pariah〙▶不可触民ふかしょくみん

ハリアー〘Harrier〙英国が開発した世界初の垂直・短距離離着陸戦闘攻撃機。改良を経て、米国海兵隊なども採用している。

はり-あい【張(り)合い】 ❶張り合うこと。「意地の━」❷努力するかいがあると感じられること。「━のある仕事」(類語)張り

張り合いが抜・ける　張り合う相手や目標を失って意欲がなくなる。「強敵がいなくなって━・ける」

はりあい-ぬけ【張(り)合い抜け】〔名〕スル 張り合いがなくなること。気持ちがくじけ、意欲を失うこと。「研究の先を越されて━する」

はり-あ・う【張(り)合う】〔動ワ五(ハ四)〕❶互いに張る。「意地を━・う」❷互いに負けまいとする。同じものを目指して競争する。「主役を━・う」(類語)競り合う・揉み合う・競争・競合・角逐かくちく・勝負・競せり合い・競技・プレー・競きそう・争う・対抗する・比べる

はり-あ・げる【張(り)上げる】〔動ガ下一〕図はりあ・ぐ〔ガ下二〕声を強く高く出す。「声を━・げて歌う」
(類語)叫ぶ・怒鳴る・騒ぐ・喚わめく

パリア-けん【パリア犬】《pariah dog》バルカン半島・北アフリカ・小アジア・イラン・インド・東南アジアなどに分布する野良犬。一定の品種ではない。

はりあな-しゃしんき【針穴写真機|針▽孔写真機】 ▶ピンホールカメラ

バリア-フリー〘barrier-free〙障害者や高齢者の生活に不便な障害を取り除こうという考え方。道や床の段差をなくしたり、階段のかわりにゆるやかな坂道を作ったり、電卓や電話のボタンなどに触れればわかる印をつけたりするのがその例。

バリアフリー-じゅうたく【バリアフリー住宅】 台所と風呂場の段差、洋間と日本間の仕切りなどの、障害者や高齢者にとっての障害物を取り除いた高齢者用住宅をいう。

バリアフリー-しんぽう【バリアフリー新法】 《「高齢者、障害者等の移動等の円滑化の促進に関する法律」の通称》高齢者・障害者・妊婦・傷病者などが移動したり公共施設などを利用する際の利便性・安全性を向上させるため、公共交通機関・施設や広場・通路などのバリアフリー化を一体的に推進することを定めた法律。ハートビル法と交通バリアフリー法を統合・拡充して制定。平成18年(2006)施行。

バリアブル-コンデンサー〘variable condenser〙▶可変かへんコンデンサー

はり-あみ【張(り)網】 ❶柱の間に網を張り、鳥やウサギを捕るもの。❷川などに支柱や碇いかりで袋網を固定して張り、魚を捕る網。また、定置網のこと。

バリア-リーフ〘barrier reef〙▶堡礁ほしょう

バリアント〘variant〙❶変型。変種。❷本文の異同。また、異同のある本文。異文。「写本の━」

はり-い【針×藺】 カヤツリグサ科の一年草。田や湿地に群生し、高さ8〜18センチ。茎は細く、葉はない。夏から秋、卵形から楕円形の淡紫褐色の小さい穂をつける。

はり-い【×鍼医】 鍼で治療を行う医者。鍼医者。

ハリー〘Edmund Halley〙[1656〜1742]英国の天文学者。ハリー彗星すいせいをはじめ多くの彗星の軌道を確定。また、月の長年加速や恒星の固有運動を発見。海洋学・気象学にも貢献した。ハレー。

バリー〘James Matthew Barrie〙[1860〜1937]英国の劇作家・小説家。幻想と現実とを織り交ぜた、風刺・ユーモアに富む喜劇で知られる。戯曲「あっぱれクライトン」「ピーター＝パン」など。

はり-いか【針烏=賊】 ❶コウイカの別名。❷コウイカ科のイカ。外套長8センチくらいでコウイカに似るが、石灰質の甲は薄い。東京湾以西に産し、食用。

バリーキャッスル〘Ballycastle〙英国、北アイルランド北部、アントリム州の町。約6キロメートル沖合にあるラスリン島とフェリーで結ばれる。ラスリン島やコーズウエー海岸への観光拠点になっている。

パ-リーグ「パシフィックリーグ」の略。

ハリー-すいせい【ハリー×彗星】 周期彗星の一。周期76年で楕円軌道を公転し、巨大な尾を引く。1682年に観測したハリーが軌道を計算した。前回は1986年に出現。古くから災いの兆しとされた。ハレー彗星。

はり-いた【張(り)板】 洗って糊のりづけした布や漉すいた紙などを張って乾かす板。

パリーニ〘Giuseppe Parini〙[1729〜1799]イタリアの詩人。「朝」「昼」「夕」「晩」からなる四部作の風刺詩「一日」で貴族の怠惰と腐敗を鋭く風刺し、啓蒙主義者の模範とされた。

はり-うお【針魚】 ▶はりよ

はり-うち【針打ち】 ❶針をさすこと。❷江戸時代、正月の子供の遊びの一。糸をつけた針を口にくわえ、重ねてある紙に針を吹き立てて、糸を引いて針先についてくる紙を自分のものとする。紙打ち。❸《「針打ち島田」の略》文金ぶんきん高島田の異称。元結を針で留めたところからいう。❹歌舞伎の鬘かつらの一。髷まげが針刺しに似た形で、主に時代物の二枚目役に用いる。

ハリウッド〘Hollywood〙米国カリフォルニア州ロサンゼルス北西部の地区。多くの映画撮影所が集中し、隣接のビバリーヒルズには俳優が多く住む。(補説)「聖林」とも書くのは、holly(ヒイラギモチの木の意)をholy(聖)と誤り解したもの。

ハリウッド-だいがくいんだいがく【ハリウッド大学院大学】 東京都港区にある大学院大学。平成20年(2008)の設立。

はり-うなぎ【針×鰻】 春に、大洋から河口に群れ集まってくる半透明なウナギの稚魚。捕らえて養殖する。しらすうなぎ。

バリウム〘barium〙❶アルカリ土類金属元素の一。単体は銀白色の軟らかい金属。空気中では酸化され、水とは激しく反応して水素を発生する。炎色反応は緑色。バリウムイオンは有毒。重晶石・毒重石などとして産する。合金材料に使用。元素記号Ba　原子番号56。原子量137.3。❷X線造影剤に用いる硫酸バリウムの俗称。

バリエ「バリエーション」の略。「豊富なカラー━」

バリェ-インクラン〘Ramón María del Valle-Inclán〙[1866〜1936]スペインの小説家・詩人・劇作家。モデルニスモの詩人として出発し、のちに民衆的・叙事詩的文学を目指した。戯曲「野蛮喜劇」、四部作の長編散文詩「ソナタ」など。

バリエーション〘variation〙❶物事の変化。また、物の変型・変種など。❷変奏曲。

バリエーション-ルート〘variation route〙登山で、一般のルートとは違う、より困難な登路。「積雪期━」

バリエテ〘フランス variété〙▶バラエティー

はり-えんじゅ【針×槐】 マメ科の落葉高木。葉は羽状複葉で、枝にとげがある。5、6月ごろ、白い香りのある蝶形の花が多数房状に垂れて咲く。北アメリカの原産。街路樹として植え、俗にアカシアとよばれる。にせアカシア。いぬアカシア。(季 花=夏)

はり-お【針▽魚】 ❶トミヨ・ハリゴチの別名。❷サヨリの古名。〈和名抄〉

はり-おうぎ【張(り)扇|貼(り)扇】 たたんだまま外側を紙や皮などで張り包んだ扇。講談師が調子をとるために釈台をたたいたり、能楽の稽古けいこで拍子をとったりするときなどに用いる。

はり-おこな・う【張り行ふ】〔動ハ四〕強引に行う。権勢を振るう。「九国の総追捕使と号して鎮西を━・ひ」〈保元・上〉

バリオン〘baryon〙素粒子のうち、クオーク3個からなりスピン半整数で強い相互作用をもつものの総称。核子・Λラムダ粒子・Σシグマ粒子など。重粒子。

バリオン-すう【バリオン数】《baryon number》重粒子数。素粒子を分解する際に使う一つの電荷。すべてのバリオンに対して1が負荷され、中間子(メソン)、軽粒子(レプトン)では0と考える。

はり-かえ【張(り)替え|貼(り)替え】 ❶張り替えること。「障子の━」❷着物を解いて洗い張りをすること。また、そうして仕立て直した着物。

はり-か・える【張(り)替える|貼(り)替える】〔動ア下一〕図はりか・ふ〔ハ下二〕古いものを取り除いて、新しいものを張る。「壁紙を━・える」

はり-がき【針書(き)|針描(き)】 針または錐きり状のもので銘文・模様などを線刻すること。

はり-かた【張(り)形】《「はりがた」とも》陰茎の形に作った性具。

はり-がね【針金】 ❶金属を細長く伸ばして、線状にしたもの。❷電線。「伝信記テレグラフの━に」〈魯文・西洋道中膝栗毛〉(類語)ワイヤ・鉄条・鉄線・銅線・鉄条網

はりがね-かずら【針金▽葛|針金×蔓】 ツツジ科の常緑小低木。本州中部以北の針葉樹林内に自生。針金状の茎が地をはい、卵形の小さい葉が互生する。7、8月ごろ、白い壺状の小花が下向きに開き、白い実を結ぶ。

はりがね-ゲージ【針金ゲージ】 針金の直径を測

定するのに用いるゲージ。鋼製の円板の周辺に直径0.1〜12ミリの穴溝が刻まれたもの。

はりがね-むし【針金虫】❶線形虫綱ハリガネムシ目の袋形動物の総称。体長10〜40センチ、時に1メートルを超え、体幅約1ミリで、黒褐色。幼虫は水生昆虫やカマキリの体内に寄生し、成熟すると脱出して淡水中で自由生活をする。❷コメツキムシ類の幼虫。体は細長い円筒形で、光沢のある褐色。土中にすみ、麦・サツマイモなどの根を食害する。あしまき。

はり-がみ【張(り)紙|貼(り)紙】❶物にはりつけてある紙。また、紙をはりつけること。「一細工」❷多くの人に知らせるために人目につきやすい場所にはって掲げる紙。「人員募集の一」❸注意・メモなどを書いて、書類などにはりつけておく紙。付箋(ふせん)。

ハリカルナッソス〖Halikarnassos〗小アジアにあった古代都市。現在のトルコ南西部の港町ボドルムに位置する。紀元前11世紀に古代ギリシャ人が築いた植民都市に起源し、前4世紀にカリア国の首都が置かれ、マウソロス王とその妻の墓所としてマウソロス霊廟が建造された。現在は、当時の劇場の遺跡などが残る。歴史家ヘロドトスの生地。

はり-かわご【張り皮▽籠】(―かはご) 外側を皮または紙で張った葛籠(つづら)。「これは一、こちらは衣類の藤行李」〈浄・千本桜〉

バリカン《フランスの製造会社の名バリカン-エ-マール(Barriquand et Marre)から》散髪用の器具。2枚の櫛(くし)状の刃を重ね、一方を固定し他を左右に移動させて毛髪を切る。補説英語ではhair clipper

はり-き【×玻璃器】ガラスのうつわ。

はり-ぎ【張(り)木】構造物を建てるために掘った穴の土砂が崩れ落ちるのを防ぐため、水平に取り付ける丸太や角材。勾張(こうばり)。

ば-りき【馬力】❶《horsepower》仕事率の単位。1馬力は、75キログラムの物を毎秒1メートル動かす力。仏馬力では735.5ワットで、日本では内燃機関などに限り使用が法的に認められ、記号PSを用いる。英馬力では746ワットで、記号HPを用いる。馬1頭当たりの工率に由来。❷物事を精力的にこなす力。「一がある」❸荷物を積んで運ぶ馬車。荷馬車。「そこへ一の往来が烈しいと来ているから」〈里見弴・今年竹〉類語(❷)エネルギー・原動力・活力・体力・精力・パワー・精・動力

馬力を掛・ける　仕事などに一段と力を出す。精力を注ぐ。「一・けて短時間で仕上げる」

パリキア〖Paroikia〗ギリシャ南東部、エーゲ海に浮かぶパロス島の北西部に位置する港町。同島の中心地。ミコノス島、サントリーニ島とフェリーで結ばれる。4世紀に古代ローマ皇帝コンスタンティヌス1世が建てた教会に起源するといわれるエカトンタピリアニ教会がある。

はり-ぎぬ【張り×帛】板張りにした布帛(ふはく)。

バリ-キャップ《variable capacitorから》▶可変容量(かへんようりょう)ダイオード

はり-きょう【×玻璃鏡】(―キャウ) ガラスの鏡。金属の鏡に対していう。

はり-ぎり【針×桐】ウコギ科の落葉高木。山地に自生。枝にとげがあり、葉は手のひら状に裂けていてキリに似る。7月ごろ、黄緑色の小花が球状に集まったものが傘状につき、藍色の丸い実を結ぶ。材をげた・家具などに使用。栓(せん)の木。やまぎり。

はり-き・る【張(り)切る】㊀〘動ラ五(四)〙❶ゆるみなく十分に張る。ぴんと張る。「一・った糸を指ではじく」「一・った筋肉」❷元気や気力が満ちあふれる。意気込む。「一・って仕事をする」㊁〘動ラ下二〙「はりきれる」の文語形。類語頑張る

はり-き・れる【張(り)切れる】〘動ラ下一〙文はりき・る〘ラ下二〙❶「はち切れる」に同じ。「一・れそうに詰った絨毯の鞄」〈風葉・青春〉❷引っ張りすぎて切れる。「からだの筋が一・れはせまいかと」〈蘆花・思出の記〉

はり-くじ・く【張りくじく】(―くぢく)〘動カ四〙折れるほど強く殴る。「さもなけりゃあ、とっくに一・くんだあ」〈滑・浮世風呂・前〉

はり-ぐち【針口】天秤(てんびん)の中央、支柱の上部にあって、平均を示す針のある部分。また、その針のついている天秤。針口の盤を小さな槌(つち)でたたいて、針の動きを調節する。「天秤一の響き」〈浮・一代男・四〉

バリクパパン〖Balikpapan〗インドネシア、カリマンタン(ボルネオ)島南東岸の港湾都市。石油の採掘・精製が盛ん。

はり-くよう【針供養】(―クヤウ) 2月8日あるいは12月8日に、日常の針仕事で折れた針を供養する行事。この日は針仕事を休み、針をコンニャクや豆腐に刺したり、神社に納めたり、川に流したりする。(季 春)「糸竹のいとまのお針一／風生」

はり-ぐら【張り×鞍】革で張った鞍。張り革鞍。

パリ-クラブ〖The Paris Club〗公的債務(政府債務および政府保証付債務)の繰り延べ交渉を行う債権国会議。

はり-ぐわ【針桑|×柘】(―ぐは) クワ科の落葉小高木。枝にとげがあり、葉は長楕円形。雌雄異株で、6月ごろ開花。雄花は淡黄色で球状につく。実は赤く熟す。朝鮮・中国の原産で、葉を蚕が食べるので桑の代用にする。

バリケード〖barricade〗市街戦などの際に、敵の侵入や攻撃を防ぐために、道路や建物をふさいでつくる応急の防壁。

ハリケーン〖hurricane〗大西洋西部のカリブ海・メキシコ湾で発生する、暴風雨を伴う強い熱帯低気圧。最大風速が毎秒33メートル以上のものをいう。

バリケン《(オランダ) bergeendeから》カモ科の鳥。アヒルに似た家禽(かきん)。羽色は黒のほか白や黒白斑があり、目の周囲は裸出して赤い。原種は南アメリカに分布するノバリケン。台湾あひる。蕃鴨(ばんおう)。

パリ-けんしょう【パリ憲章】(―ケンシャウ) 1990年、パリで開かれたCSCE(全欧安保協力会議)の首脳会議で調印された合意文書の通称。ヨーロッパにおける冷戦体制の終結宣言、民主主義の促進と人権問題解決の確認などを内容とする。

はり-こ【針子】呉服店などで、裁縫の仕事をする娘。お針子。

はり-こ【張(り)子|張り▽籠】❶型に紙を何枚も張り重ね、乾いてから中の型を抜き取って作った細工物。張り抜き。❷木や竹組みの上に紙を何枚も張り重ねて作ったもの。張りぼて。

パリ-こうわかいぎ【パリ講和会議】(―カウワクワイギ) 1919年、パリで開かれた第一次大戦終結のための講和会議。敗戦国の出席を許さず、戦勝国による取り決めで、対ドイツ講和条約などを決定。また、国際連盟の設立を定めた。パリ会議。➡ベルサイユ条約

はり-ごし【張り×輿】屋形と左右の両側を畳表で張り、押縁(おしぶち)を打った略式の輿(こし)。

はり-ごち【針×鯒】カサゴ目ハリゴチ科の海水魚。全長約15センチ。体は細長く、縦扁する。うろこはないが、体側にとげのある骨板が並び、黄褐色。中部地方以南に分布。はりお。

はりこ-の-とら【張(り)子の虎】虎の形をした首の動く張り子のおもちゃ。転じて、首を振る癖のある人、また、虚勢を張る人、見かけだおしの人などをあざけっていう語。

ハリコフ〖Khar'kov〗ウクライナ北東部の工業都市。17世紀に要塞(ようさい)から発展し、1917〜1934年には首都となった。機械工業が盛ん。人口、行政区143万(2008)。

はり-こみ【張(り)込み】❶(「貼り込み」とも書く)台紙などにはりつけること。また、そのもの。❷ある場所に待機して見張ること。「一の刑事」❸一つの事に力を入れること。また、思い切って金を使うこと。❹高圧的な言い方で人をやりこめること。また、その文句。「たまたま親達が異見すると、大声をあげて一をくはせ」〈鳩翁道話・一〉

パリ-コミューン〖Paris Commune〗1871年3月18日から5月28日までの72日間、普仏戦争敗北後のパリで、労働者階級を主とする民衆によって樹立された世界最初の社会主義政権。パリ各区から選出された代議員によってコミューン(自治政府)を組織したが、プロイセン軍の支援を受けた政府軍と「血の一週間」といわれる大激戦ののち崩壊。

はり-こ・む【張(り)込む】〘動マ五(四)〙❶(「貼り込む」とも書く)台紙などにはりつける。「アルバムに写真を一・む」❷ある場所に待機して見張る。特に、警官が犯人の立ち回り先などにいて見張る。「駅に刑事が一・む」❸一つの事に力を入れる。また、思い切って大金を使う。奮発する。「祝儀を一・む」❹高圧的な言い方で相手を屈伏させる。やりこめる。「縫ひ物がひとつ出来ねえ癖に、といっぱいに一・まれて」〈滑・浮世床・二〉

パリ-コレ「パリコレクション」の略。

パリ-コレクション〖Paris Collection〗毎年2回、フランスのパリで開催される、オートクチュール(高級注文服)、プレタポルテ(高級既製服)などの新作デザイン発表会。翌年のファッション傾向を決定するといわれる世界的なファッションショー。パリコレ。

はり-ころ・す【張(り)殺す】〘動サ五(四)〙殴り殺す。「じたばたすれば一・すぞ」〈露伴・五重塔〉

バリ-コン《variable condenserの略》▶可変(かへん)コンデンサー

パリ-さい【パリ祭】7月14日のフランス革命記念日の日本での呼び名。ルネ=クレール監督の映画Quatorze Juillet(7月14日)が「巴里祭」と訳されてから広まった名。

パリサイ-は【パリサイ派】《Pharisees》❶キリスト時代のユダヤ教の一派。律法を厳格に守り、細部に至るまで忠実に実行することによって神の正義の実現を追求した。その結果形式主義となり偽善に陥ったが、ユダヤ教を後世に伝承することになった。ファリザイ派。❷宗教や道徳で、形式に従うだけで、内容をかえりみない人。偽善者。形式主義者。

はり-さ・ける【張(り)裂ける】〘動カ下一〙文はりさ・く〘カ下二〙❶中がいっぱいになって裂ける。ふくらみ過ぎて破れる。「のども一・けんばかりの大声」❷悲しみや怒りで胸がいっぱいになり、たえられなくなる。「友の死に心が一・ける」類語破れる・破(やぶ)ける・裂ける・千切れる・破裂する・パンクする

はり-さし【針刺(し)】裁縫用の針を使いやすいように刺しておく道具。さびないように、綿・毛髪などを布で包んで作る。針山。針立て。針坊主。

はり-さし【張(り)差し】相撲の立ち合いに、相手の顔を張ってひるませ、有利に組むこと。

ば-りざんぼう【罵×詈×讒×謗】(―バウ)〘名〙(スル) 悪口の限りを言い、手ひどくののしること。また、その言葉。「裏切った友人を一する」

はり-し【×鍼師】鍼治療を行うことを業とする人。現在は免許制で、「あん摩マッサージ指圧師、はり師、きゅう師等に関する法律」に定める国家試験に合格し、厚生労働省の資格者名簿に登録された人。➡按摩マッサージ指圧師

パリジェンヌ〖(フランス) Parisienne〗パリに生まれ育った女性。パリ娘。⇔パリジャン。

はり-しごと【針仕事】裁縫。縫い物。

はり-しつ【×玻璃質】▶ガラス質(しつ)

ハリシテス〖(ラテン) Halysites〗クサリサンゴの別名。

ハリジャン〖(ヒンディー) Harijan〗不可触民(ふかしょくみん)のこと。神の子の意で、カースト差別撤廃を唱えたガンジーによる呼称。

パリジャン〖(フランス) Parisien〗パリに生まれ育った男性。パリっ子。⇔パリジェンヌ。

パリ-じょうやく【パリ条約】(―デウヤク) パリで締結された国際条約。㊀1763年、七年戦争の結果、イギリスとフランス・スペインとの間に結ばれた条約。㊁1783年、アメリカ独立革命の結果、イギリスがアメリカの独立を承認した条約。㊂1814年、ナポレオンがワーテルローで敗れたのち、フランスと対仏大同盟諸国との間で結ばれた条約。第一次パリ条約。㊃1815年、ナポレオンの百日天下ののち、フランスと対仏大同盟諸国との間で結ばれた条約。第二次パリ条約。㊄1856年、クリミア戦争の結果、ロシアとイギリス・フランス・オ

ーストリア・トルコとの間に結ばれた条約。トルコの領土保全を内容とし、ロシアの南下政策が阻止された。㈥1898年、アメリカ-スペイン戦争の結果、米国とスペインとの間で結ばれた条約。キューバの独立、フィリピンの米国への譲渡を決めた。㈦1947年、第二次大戦の結果、連合国とイタリア・ルーマニア・ハンガリー・ブルガリア・フィンランドとの間で結ばれた条約。㈧1960年、OECD-NEAで採択された原子力損害賠償に関する国際条約。1968年発効。フランス・ドイツ・イタリア・英国などが加盟。賠償責任限度額は7億ユーロ。➡CSC

はり-す【×鉤素】釣り糸のうち、釣り針を直接結ぶ糸。ふつう道糸より細いものを用いる。

ハリス〖Townsend Harris〗[1804～1878]米国の外交官。日米和親条約の結果、1856年(安政3)初代駐日総領事として下田に赴任。下田条約・日米修好通商条約締結に成功後、公使。62年(文久2)帰国。著「日本滞在記」。

パリス〖Paris〗ギリシャ神話で、トロイアの王子。プリアモスとヘカベとの子。ヘラ・アテナ・アフロディテ三女神の美の争いの審判をし、アフロディテを選んだ見返りとしてスパルタ王妃ヘレネを奪ったため、トロイア戦争を引き起こした。アレクサンドロス。

バリスカン-ぞうざんうんどう【バリスカン造山運動】《ドイツのザクセンに住んでいた民族名 Varisciに由来》古生代後期に中部ヨーロッパを中心にして起こった造山運動。これにより、イギリス南部からフランス・ドイツにわたる地域とイベリア半島に褶曲山脈ができた。ヘルシニア造山運動。

バリスタ〖イタリア barista〗イタリアで、バールのカウンターで給仕をする職業。また、その人。エスプレッソなどのコーヒーやノンアルコール飲料を専門に扱う人をいう。

バリスタ〖varistor〗電圧電流特性が非線形な抵抗素子。バイアス電圧・電流で抵抗値を可変することができる。例えば、ダイオード、整流器など。接触回路の防護、電子回路の安定化、メーターの保護などに用いられる。

バリスター〖barrister〗❶(英国で)法廷弁護士。❷(米国で)法律家。弁護士。

ハリス-ツイード〖Harris Tweed〗スコットランドのハリス島周辺を産地とするツイード。商標名。

ハリス-とう【ハリス島】《Isle of Harris》英国スコットランド北西岸、アウターヘブリディーズ諸島、ルイス島南部の島。島と呼ばれるがルイス島と地続きであり、あわせて一島とみなされる。ハリスツイードと呼ばれる手織りのツイードの産地として有名。

ハリストス〖ロシア Khristos〗ギリシャ正教で、キリストのこと。

ハリストス-せいきょうかい【ハリストス正教会】東方正教会の、ロシアおよび日本での呼称。➡日本ハリストス正教会

はり-すり【×榛×摺り】ハンノキの実または樹皮から製した染料で布を染めること。また、その布。榛の木染め。「一の御衣三具」〈天武紀〉

はり-せん【張(り)扇】➤はりおうぎ

はり-せんぼん【針千本】フグ目ハリセンボン科の海水魚。全長約35センチ。背側は褐色、腹側は白色。体表にうろこの変化した可動性の大きなとげを4、500本密生し、危険が迫ると体をふくらませてとげを立てる。温・熱帯海に広く分布し、日本では本州中部以南でみられる。はりふぐ。すずめふぐ。

ばり-ぞうごん【罵×詈雑言】口を極めた悪口。「一を浴びせる」類語 悪口・陰口・誹謗・謗り・中傷・悪口・雑言・罵詈・悪態

ハリソン〖George Harrison〗[1943～2001]英国のロックシンガー。もとビートルズのメンバーで、おもにギターとボーカルを担当。「サムシング」などのヒット曲を生み出した。1970年のビートルズ解散後もソロで活動を続け、「マイ-スイート-ロード」などをヒットさせた。ハリスン。➡ビートルズ

ハリソン〖Harrison〗㊀(William Henry ～)[1773～1841]米国の政治家。第9代大統領。米英戦争などで活躍。上院・下院議員を歴任した後、1841年3月に大統領に就任。ホイッグ党。同年4月、任命後31日で肺炎により急死した。➡タイラー ㊁(Benjamin ～)[1833～1901]米国の政治家。第23代大統領。在任1889～1893。㊀の孫。弁護士の後、南北戦争に従軍。上院議員を経て大統領に就任。共和党。国内工業の振興を重視して産業保護政策を実行。また南北戦争兵士の軍人年金を増額した。1892年の大統領選挙では落選。➡クリーブランド

はり-た【×墾田】新しく開墾した田。こんでん。「寺々に一の地許し奉り」〈続紀・宣命〉

パリ-だいがく【パリ大学】《Université de Paris》パリ市にあるフランス最古の国立大学。1150年、ノートルダム大聖堂付属神学校を母体として設立。1896年に各単科大学を合併してパリ大学となるが、1968年に解体され、13の独立した大学に再編された。特に、第1・第3・第4大学をソルボンヌ大学とも称する。

バリ-だいせいどう【バリ大聖堂】《Duomo di Bari》イタリア南部、プーリア州の都市バリにある大聖堂。カノーザ-ディ-プーリアの司祭だった聖サビーノを祭る。11世紀の建造当初はビザンチン様式だったが、12世紀に改修された。プーリア-ロマネスク様式の代表的な教会として知られる。ファサードには特徴的な大きなバラ窓がある。サンサビーノ大聖堂。

はり-たお・す【張(り)倒す】〔動サ五(四)〕平手で打って倒す。殴り倒す。「横っ面を一・す」

パリ-ダカ「パリ-ダカールラリー」の略。

パリダカール-ラリー〖Paris-Dakar Rally〗1979年に始まった自動車ラリー競技大会。当初、フランスのパリからセネガルのダカールまでを走ったためにこの名がつけられた。現在はダカールラリーと改称、コースなども変更された。パリダカ。➡ダカールラリー

はり-たけ【針×茸】ハリタケ科・イボタケ科のキノコの総称。地上や樹上に生え、形はサルノコシカケ状など。傘の裏に多数の針状突起が垂れ下がり、その表面に胞子をつける。

はり-だし【張(り)出し】❶建物などの外側へ出っ張らせてつくること。また、その部分。「一の桟敷」❷(「貼り出し」とも書く)広く知らせるために人目につく所へはること。また、そのもの。張り紙。❸相撲で、正位置に準じるものとして番付の欄外に記すこと。また、その力士。「一横綱」❹江戸時代、女性の結髪の際、両鬢にふくらみと張りをもたせるために中に入れるもの。鯨のひげなどを弓形にした。

バリタ-し【バリタ紙】➤バライタ紙

はりだし-まど【張(り)出し窓】「出窓」に同じ。

はり-だ・す【張(り)出す】〔動サ五(四)〕❶外側へ広がって出っ張る。また、外側へ出っ張らせる。「大陸の高気圧が一・す」「庇を一・す」❷(「貼り出す」とも書く)紙・札などに書いたものを人目につく所に掲示する。「求人広告を一・す」
類語 掲示・掲出・掲げる・示す・見せる・呈示する・提示する・開示する・明示する・表示する

バリタ-すい【バリタ水】《barytaは酸化バリウムのこと》水酸化バリウムの水溶液。重土水。

はり-たて【針立て】はりさし。はりやま。

はり-たて【×鍼立て】鍼を打って治療をする人。鍼医。「腹をさいさい痛がりければ、つねづね、一を呼びて」〈咄・きのふはけふ・上〉

はり-ちょうせき【×玻璃長石】カリ長石の一。白色または無色透明で、ガラス光沢がある。単斜晶系。火山岩の斑晶として産する。サニディン。

ハリチ-わん【ハリチ湾】《Haliç》➤金角湾

は-りつ【破×笠】やぶれがさ。はりゅう。

はり-つ・く【張(り)付く｜貼(り)付く】㊀〔動カ五(四)〕❶紙や布などがぴったりとくっついて、離れなくなる。「汗でシャツが背中に一・く」❷特定の人や場所などから離れずにいる。「取材陣が人気歌手に一・く」㊁〔動カ下二〕「はりつける」の文語形。

ばり-つ・く〔動カ四〕すぐれた才能をもつ。また、はぶりよく振る舞う。「当時日の出の一・く役者を」〈滑・客者評判記〉

はり-つけ【張(り)付け｜貼(り)付け】❶紙や布などをはりつけること。また、はりつけたもの。❷ふすまを嵌め殺しにした壁面。また、板に紙や布をはった壁。張り付け壁。❸➤ペースト❸

はり-つけ【×磔】《張り付けの意》昔の刑罰の一。板や柱にからだを縛りつけ、釘・槍で突き殺すもの。はっつけ。

はりつけ-ばしら【×磔柱】磔の刑に用いる柱。多く十字架。

はりつけ-もざえもん【磔茂左衛門】[?～1686?]江戸前期の義民。上野の人。本姓は杉木。沼田城主真田氏の悪政を幕府に直訴。真田氏は所領を没収され、茂左衛門は帰郷後、磔になったという。

はり-つ・ける【張(り)付ける｜貼(り)付ける】〔動カ下一〕文はりつ・く〔カ下二〕❶紙や布などを広げてのりなどでくっつける。「絆創膏を一・ける」「壁にメニューを一・ける」❷人をある場所に長時間とどめておく。「首相官邸に記者を一・けておく」❸平手で力いっぱいなぐりつける。「思いきり頬を一・ける」❹磔にする。「其の所に一・けて射殺してけり」〈今昔・二九・九〉

はりつ-ざいく【破×笠細工】江戸中期の漆芸家小川破笠が創始した漆芸品。蒔絵に鉛・錫・貝・陶片・象牙・堆朱などを嵌入するもの。

パリッシュ〖Maxfield Parrish〗[1870～1966]米国のイラストレーター・挿絵画家。大衆誌の表紙などを多く手がける。独特な青色の使い方は「パリッシュブルー」と呼ばれ人気を集めた。

パリッシュ-ブルー〖Parrish blue〗米国の挿絵画家パリッシュが好んで使った青色。独特な明暗の表現として高く評価された。

はり-づつ【×鍼筒】鍼を入れておく筒。また、鍼医が治療に用いる筒。

ばりっ-と〔副〕スル ❶物が勢いよく破れたり、はがれたりするさま。「包み紙を一破く」「ポスターを一はがす」❷「ぱりっと❷」に同じ。「一した身なり」

ぱりっ-と〔副〕スル ❶薄いものが勢いよく破れたりはがれたりするさま。「ガラスが一割れる」❷体裁が整っていて立派なさま。また、真新しくしわなどのないさま。「一した一万円札」「一着こなす」

はり-つ・める【張(り)詰める】〔動マ下一〕文はりつ・む〔マ下二〕❶十分に張る。一面にびっしり張る。「池に氷が一・める」「部屋に防音材を一・める」❷気持ちを引き締める。緊張する。「神経を一・める」「会場の一・めた空気がなごむ」類語 緊張・気が張る

はり-て【張(り)手】相撲の技の一。相手のほおから首の側面を平手で打つこと。

パリティー〖parity〗❶等しいこと。同等。同格。❷価格の平衡。平価。❸素粒子の内部状態の特徴を、波動関数の符号が空間反転によって変わるかどうかで示す物理量。符号が変わらないときを＋1(正・偶)、変わるときを－1(負・奇)であるという。陽子では＋1、π中間子では－1となる。偶奇性。❹二進法における1の数が奇数個または偶数個ある状態。コンピューターではデータの単位に余分の1ビットを追加してこの状態を作り、誤りの検出・訂正を行う。

パリティー-かかく【パリティー価格】《parity price》❶転換社債・ワラント債などが割高か割安かを判断する基準となる理論価格。❷その生産に必要な資材の価格変動に比例して計算された、ある商品の販売価格。農産物の価格統制の基準としてしばしば用いられる。

パリティー-けいさん【パリティー計算】物価の上昇にスライドさせて農産物の価格を算定する方法。基準年次の価格に、それ以後の物価上昇による倍率を乗じて計算する。

パリティー-しすう【パリティー指数】《parity index number》ある基準年度の価格を100として、その後の物価上昇率を指数で表したもの。

パリティー-チェック〖parity check〗コンピューターで、データの単位に余分の1ビットを追加して、1の

数が偶数個または奇数個となる状態を作って行う誤りの検出法。奇偶検査。

バリ-とう【バリ島】《Bali》インドネシア南部、ジャワ島とロンボク島との間に位置する火山島。イスラム化された同国の中で唯一ヒンズー文化が保持された地で、独特の音楽・舞踊が伝わる。稲作が盛ん。中心都市デンパサル。

はり-とがめ【針×咎め】針で指先を傷つけること。針で突いたところが化膿して痛むこと。

はり-とば・す【張(り)飛ばす】〔動サ五(四)〕平手で激しく殴る。殴り飛ばす。「彼女に―・される」

バリトン〖baritone〗❶テノールとバスとの間の男声音域。また、その声域の歌手。❷同一種の楽器で、❶に相当する音域をもつもの。「―サックス」

バリトン-サキソホン〖baritone saxophone〗《「バリトンサクソフォン」とも》▶バリトンサックス

バリトン-サックス〖baritone sax〗テナーサックスとバスサックスとの間の音域のサックス。バリトンサキソホン。バリトンサキソフォン。

バリニャーノ〖Alexandro Valignano〗[1539～1606]イタリアの宣教師。イエズス会の東洋巡察使として1579年(天正7)から1598年(慶長3)にかけて3回にわたって来日。大友宗麟ほか九州諸大名を教化。また、活字印刷機をもたらし、キリシタン版を出版した。マカオで病没。

はり-ぬき【張(り)抜き｜張り▽貫き】「張り子❶」に同じ。

はりぬき-づつ【張(り)抜き筒】張り抜きでまるく長く作った筒。

はり-ねずみ【針×鼠】食虫目ハリネズミ科の哺乳類。体長20～30センチ、尾はごく短い。体はずんぐりし、背面に鋭い針状の毛が密生。雑食性で夜に活動する。ヨーロッパ・アフリカ・アジア大陸に分布。

はり-の-あな【針の穴｜針の▽孔】針の上端にある、糸を通すあな。針の耳。めど。

針の穴から天を覗く　自分の狭い見識をもとに、大きな事柄について勝手な推測をするたとえ。

はり-の-かがみ【×玻璃の鏡】「浄玻璃の鏡」の略。

はり-の-き【×榛の木】ハンノキの別名。

はりのき-とうげ【針ノ木峠】長野・富山の県境、飛騨山脈北部の針ノ木岳と蓮華岳との鞍部にある峠。海抜2541メートル。信濃に越中から塩・魚を運んだ要所。

はり-の-みみ【針の耳】「針の穴」に同じ。

はり-の-むしろ【針の×筵】《針を植えた敷物の意から》一時も心の休まらない、つらい場所や境遇のたとえ。「―に座る気持ち」

はり-の-やま【針の山】地獄にあるという、針の植えてある山。罪人を追い込んで苦しめる所。転じて、苦痛に責めさいなまれる場所のたとえ。

はり-ばかま【張×袴】固く織って張りをもたせた生地で仕立てた袴。女房装束に用いる。後世になると、糊を使って板引きにし、張りと光沢とをもつ生地で作った。

はり-ばこ【針箱】裁縫用具を入れる箱。裁縫箱。

ハリバット〖halibut〗北太平洋にすむ海水魚オヒョウの別名。カレイの仲間で全長約2.5メートル。

はり-はら【×榛原】ハンノキの生えている原。「引馬野ににほふ―」〈万・五七〉

はり-はり「はりはり漬け」の略。

ばり-ばり　㊀〔副〕❶固くこわばっているさま。「のりがきいて―(と)した浴衣」「―(と)した強飯」❷勢いよく裂いたりはがしたりする音や、そのさまを表す語。「ふすま紙を―(と)裂く」「ベニヤを―(と)はがす」「猫が―(と)爪を研ぐ」❸固いものを勢いよくかむ音や、そのさまを表す語。「たくあんを―(と)かむ」❹物事を勢いよく行うさま。精力的に取り組むさま。「―(と)仕事をこなす」❺弾丸を発射するときなどの大きな連続音を表す語。「―と機銃で掃射する」「バイクが―と排気音を響かせる」㊁〔名・形動〕❶こわばっているさま。また、そのもの。「のりづけした―な(の)シャツ」「―に凍る」❷物事をするのに勢いがあるさま。また、そのような人。「第一線で―な(の)社員」㊀はバリバリ、㊁はバリバリ。

ぱり-ぱり　㊀〔副〕❶張りがあったり、こわばっていたりするさま。「―(と)したおこげ」❷裂いたりはがしたり、はじけたりする音や、そのさまを表す語。「セロハン包みを―(と)破る」「薄いタイルが―(と)砕ける」❸固く薄い物などをかむ音や、そのさまを表す語。「せんべいを―(と)食べる」㊁〔名・形動〕❶薄いものがこわばっているさま。「―な(の)海苔」❷生きがよく、張りのあるさま。また、そのような人。「―な(の)新人」「―の江戸っ子」❸衣服が新しく見栄えがするさま。また、そのもの。「新調の―な(の)スーツ」㊀はパリパリ、㊁はパリパリ。

はりはり-づけ【はりはり漬(け)】切り干し大根を合わせ酢に漬けたもの。かむと音がすることからの名。

ばりばり-の-き【ばりばりの木】〔副〕クスノキ科の常緑高木。暖地にみられ、山地に自生。葉は細長く、先が尾状にとがり、革質。雌雄異株で、8月ごろ淡黄緑色の雄花と雌花とをつけ、実は冬を越してから黒く熟す。あおかごのき。

はり-ばん【×玻璃版】コロタイプの旧称。ガラス板を用いるところからいう。

はり-ばん【張(り)番】〔名〕スル 見張って番をすること。また、その人。見張り番。「交替で―する」

はり-ひじ【張り×臂｜張(り)肘】手をふところに入れて、ひじを左右に張ること。威張った態度やくつろいだようすなどにいう。「―をして烟草を吃ましながら」〈紅葉・二人女房〉

ハリファ〖khalīfa〗▶カリフ

ハリファクス〖Halifax〗カナダのノバスコシア半島東岸にある港湾都市。水産加工・木材加工などが盛ん。1749年に英軍の要塞として建設された。

バリフォーカル-レンズ〖varifocal lens〗ズームレンズに似た可変焦点距離のレンズで、焦点距離を変えるたびにピントを合わせ直す必要のあるもの。

はり-ぶき【針×蕗】ウコギ科の落葉小低木。深山に生え、高さ約70センチ。葉は手のひら状に裂けて、さらにぎざぎざがある。茎・葉にとげをもつ。夏、緑がかった白い小花を円錐状につけ、実は赤く熟す。

はり-ふぐ【針河=豚】ハリセンボンの別名。

はり-ぶくろ【針袋】針を入れて持ち歩くための袋。「一帯び続けながら里ごとに」〈万・四一三〇〉

はり-ふだ【張(り)札｜貼(り)札】〔名〕スル 知らせるべき事柄を紙や木の札に書いてはりだすこと。また、その札。「火気厳禁と―する」

はり-ぶみ【張り文｜貼り文】「張り紙❷」に同じ。「あるひは道場に―をして」〈歎異抄〉

はり-ぼうじょう【張りぼうじょう】《「ぼうじょう」の語源・歴史的仮名遣いは未詳》古着を仕立てなおすこと。はりぼうじょ。「所まだらに色さめし、一の肌着には」〈浄・今川本領〉

はり-ぼて【張りぼて】❶張り子で、ある形に作ったもの。張り子作りの芝居の小道具など。ぼて。❷(比喩的に)見かけは立派だが、実質の伴わないことやもの。張り子の虎。「二世議員ばかりで実務経験のない―内閣」

はり-ま【×梁間】▶梁行

はりま【播磨】旧国名の一。山陽道に属し、現在の兵庫県の西南部。播州。

はりま-がた【播磨潟】兵庫県明石市から西の、同県の海岸。〔歌枕〕「我が宿は―にもあらなくに明かしも果てで人の行くらむ」〈拾遺・恋四〉

はり-ますい【×鍼麻酔】鍼をつぼに刺し、低周波の電流を通したり細かな振動を与えたりして鎮静・鎮痛効果を得る麻酔法。手術中の患者の意識ははっきりしている。中国で開発され、1958年に成功。

はり-まぜ【張(り)交ぜ｜貼り▽雑ぜ】いろいろな書画などをとりまぜてはること。また、そのようにした屏風・襖など。

はりま-なだ【播磨灘】瀬戸内海東部、淡路島と小豆島との間の海域。

はりま-なべ【×播磨鍋】❶播磨産の銅製の鍋。熱を伝えるのがはやいという。「一貫はしませ、釜も候ふぞ」〈七十一番職人歌合・上〉❷尻の軽い浮気な女。早く煮えることを「尻が早い」にかけていう。「助平めが、―めが」〈伎・初買曽我〉

はりま-ぶし【×播磨節】古浄瑠璃の流派の一。万治・寛文(1658～1673)ごろ、大坂の井上播磨掾が創始。現在、義太夫節にその語り口が残る。

はりまふどき【播磨風土記】奈良時代の播磨国の地誌。1巻。和銅6年(713)の詔により撰進された風土記の一。播磨国風土記。

はりま-へいや【播磨平野】兵庫県、播磨灘に面する平野。加古川・揖保川などが流れ、米作地帯。東部は段丘が発達し灌漑用の溜め池が多い。臨海部は工業地帯。中心は姫路市。姫路平野。播州平野。

はりま-や【播磨屋】歌舞伎俳優の屋号。初世中村歌六が用いて以来その系統の屋号であったが、現在は分家筋の中村吉右衛門およびその一門が用いる。

はり-まわ・す【張(り)回す】〔動サ五(四)〕❶まわり一面に張る。はりめぐらす。「敷地に綱を―・す」❷所かまわずなぐりつける。「目鼻の分かちなく握拳にて―・し」〈浮・世間猿〉

はり-みせ【張(り)見世｜張(り)店】遊郭で、遊女が往来に面した店先に居並び、格子の内側から自分の姿を見せて客を待つこと。また、その店。

はり-みち【針道】縫い物の針の運び方。運針法。

はり-みち【▽墾道】新たに切り開かれた道。新道。「信濃道は今の―刈りばねに足踏ましむな沓はけ我が背」〈万・三三九九〉

パリミューチュエル-ほうしき【パリミューチュエル方式】《パリミューチュエルは、pari mutuel》競馬で、勝ち馬に賭けた人に手数料・税金を差し引いた全賭け金を分配する方式。

はり-むしろ【張り▽筵】雨などを防ぐために張りめぐらす筵。「雨降らぬ日、―したる車」〈枕・一二二〉

はり-め【針目】針で縫った糸目。縫い目。「―がそろう」

はり-めぐら・す【張(り)巡らす】〔動サ五(四)〕まわり一面に張る。もれなく張る。はりまわす。「紅白の幕を―・す」「捜査網を―・す」

ハリメデ〖Halimede〗海王星の第9衛星。2002年に発見された。名の由来はギリシャ神話の海のニンフ。海王星の赤道面に対して大きく傾いた軌道を公転している。非球形で平均直径は40～60キロ。

はり-もぐら【針土=竜】単孔目ハリモグラ科の哺乳類。体長35～50センチ、尾はごく短い。全身、特に頭から背中にかけて太い針状の毛で覆われる。長い吻と舌をもち、シロアリ・アリを主食とする。卵生。オーストラリア・タスマニア・ニューギニアに分布。

はりもと-いさお【張本勲】[1940～　]プロ野球選手。広島の生まれ。昭和34年(1959)東映(現北海道日本ハム)に入団し、新人王となる。その後は広角打法で安打を量産、日本プロ野球記録となる7度の首位打者獲得を達成。巨人やロッテへの移籍後も活躍し、同55年、球界初の3000本安打を記録した。

はり-もの【張(り)物】❶洗ってのりをつけた布を、張り板や伸子に張って乾かすこと。また、その布。❷芝居の大道具で、木材を骨にして紙・布などを張ったもの。彩色して背景や屋体の壁などに用いる。

はり-もみ【針×樅】マツ科の常緑高木。中部地方以南の山地に自生。針状の葉を螺旋状に密生する。6月ごろ、雄花と雌花とをつけ、褐色の球果ができる。材は建築・器具用。

はり-もん【貼(り)紋】衣服・羽織などに貼り付けた紋。切り付け紋。

バリモント〖Konstantin Dmitrievich Bal'mont〗[1867～1942]ロシアの詩人。ロシア象徴主義の初期の代表者。また、西欧詩の翻訳でも活躍。作「太陽のごとくあれ」など。

バリヤ〖barrier〗▶バリア

バリヤー〖barrier〗▶バリア

バリヤー-フリー〖barrier-free〗▶バリアフリー

バリャドリード〘Valladolid〙スペイン中北部、カスティーリャ-イ-レオン州の都市。同州の州都。ドゥエロ川と支流ピスエルガ川との合流点近くに位置する。古くから交通の要衝であり、農産物の集散地および工業都市として発展。一時期、カスティーリャ王国、スペイン王国の宮廷が置かれ、15世紀にはカスティーリャ王女イサベルとアラゴン皇太子フェルナンドの結婚式が行われた。旧市街には14世紀創設のバリャドリード大学、15世紀のサンパブロ教会をはじめ、歴史的建造物が数多く残っている。バリャドリッド。

バリャドリード-だいせいどう【バリャドリード大聖堂】〘Catedral de Nuestra Señora de la Asunción de Valladolid〙スペイン中北部、カスティーリャ-イ-レオン州の都市バリャドリードにある大聖堂。16世紀スペインの建築家フアン=デ=エラーレの設計で着工するも工事は中断し、18世紀にアルベルト=チュリゲラにより現在見られるファサード部分が完成した。彫刻家フアン=デ=フニの傑作とされる木彫の主祭壇がある。バリャドリッド大聖堂。

はり-やま【針山】「針刺し」に同じ。

は-りゅう【破×笠】ヷ やぶれがさ。はりつ。

バリュー〘value〙❶価値・値打ち。対価。また、評価。「ニュース―」「ネーム―」❷絵画で、色彩の明暗。また、その度合い。色価。〔類語〕価値・値打ち・価あた・意義・真価しん・有用性・メリット

バリュー-アット-リスク〘Value at Risk〙金融資産の過去の価格推移から、その資産を一定期間保有した際に、将来のある日に一定の頻度で発生する損失額の最大値を推計したもの。金融機関などが保有する資産のリスクを評価する指標の一。VaR。

バリュー-エンジニアリング〘value engineering〙価値工学。コストや機能に関する諸要因を分析し、消費者の要求する機能を備えた製品を最小のコストで提供する組織的技法。VE。

バリュー-ファンド〘value fund〙企業の利益・配当・資産などと株価を比較して割安と判断される銘柄を中心に投資をする投資信託。比較判断には株価収益率(PER)・株価純資産倍率(PBR)・株価キャッシュフロー倍率(PCFR)などの指標を用いる。

バリュエーション〘valuation〙企業の利益・資産などの企業価値と比較して、株価が割安か割高かを判断すること。判断には株価純資産倍率(PBR)や株価収益率(PER)、配当利回りなどを用いる。評価額。査定額。

はり-ゆき【×梁行】❶建物の梁の長さ。梁間はり。❷日本建築で、梁と同じ方向。⇒桁行けた

はり-ゆみ【張り弓】❶弦を張った弓。また、その形のもの。「天に―と言ひたり」〈枕・一四三〉❷弓のように竹を張って獣を捕るわな。「鳴子、―とり出だし」〈浮・一代男・四〉

はり-よ【針▽魚】トゲウオ科の淡水魚。全長約5センチ。イトヨに似て、体側の鱗板帯りんばんが体の前部のみにある。湧水ゆう池や細流にすみ、雄が水底に巣を作る。岐阜・三重・滋賀各県に分布。

ば-りょう【馬糧】ヷリャウ・【馬料】ヷレウ 馬の飼料。馬のえさ。

は-りょく【波力】波の圧力。

バリローチェ〘Bariloche〙アルゼンチン中西部、リオネグロ州の観光都市。正式名称はサン-カルロス-デ-バリローチェ。スイス移民の開発したスイス的な景勝地。ナウエルワピ湖に面し、カテドラル山をはじめ2000メートル級の山々を望む。同国最大のナウエルワピ国立公園の観光拠点。

はり-わた・す【張(り)渡す】〘動サ五(四)〙一方から他方に渡して張る。「対岸にワイヤを―・す」

は-りん【破倫】人として守るべき道に背くこと。人倫にはずれること。「一不貞の曲者の消え失せたを」〈魯庵・社会百面相〉〔類語〕罪・咎とが・過ち・罪悪・罪科・罪過・犯罪・罪障・罪業・悪徳・背徳・不徳・不仁・不義・不倫・悪さ・悪行あく・悪事・違犯

バリン〘valine〙必須アミノ酸の一。多くのたんぱく質中に存在する。

はる【春】❶四季の第一。冬と夏の間で、3・4・5月をいう。暦の上では立春から立夏の前日まで(陰暦の正月から3月まで)をいい、天文学では春分から夏至まで。しだいに昼が長く、夜が短くなり、草木の芽がもえ出る。「暖かい―の日ざし」〔季 春〕「窓あけて窓いっぱいの―/山頭火」❷《陰暦では立春のころにあたるところから》新年。正月。「新しい―を迎える」❸思春期。青年期。青春。また、思春期の欲情。「―のめざめ」❹人生の中で勢いの盛んな時期。また、最盛期。「人生の―」「わが世の―をうたう」❺苦しくつらい時期のあとにくる楽しい時期。「わが家にめぐりくる―」❻性行為。「―をひさぐ」〔類語〕(❶)春季・春期/(❷)正月・一月・新年・新春・初春はつ・初春はつ・孟春もう・年始・年初・松の内・睦月むつ・陽春

春さ・る《「さる」は季節などが近づく意》春になる。春が来る。「―・らば逢はむと思ひし梅の花今日の遊びに相見つるかも」〈万・八三五〉

春立・つ　春の季節に入る。立春になる。〔季 春〕「―・つや愚の上に又愚にかへる/一茶」

春設ま・く　春を待つ。また、春を迎える。「―・けてもの悲しきにさ夜ふけて羽振き鳴く鴫しぎ誰たが田にか住む」〈万・四一四一〉

春を売・る　売春をする。春をひさぐ。

ハル〘Cordell Hull〙[1871～1955]米国の政治家。F=ルーズベルト大統領のもとで国務長官。太平洋戦争直前の対日交渉では、「ハル-ノート」を最終提案として提出。参戦後は国際連合の設立準備に貢献し、1945年ノーベル平和賞受賞。

ハル〘Hall in Tirol〙オーストリア、チロル州の都市。州都インスブルックの東方約10キロメートルに位置する。中世より岩塩の産出と貨幣の鋳造で発展。13世紀に建造された教区教会のほか、現在も記念コインの鋳造を行っているハーゼック城がある。

ハル〘Hull〙㊀英国イングランド中東部の河港都市。北海に注ぐハンバー川北岸にあり、遠洋漁業の根拠地。キングストン-アポン-ハル。㊁▶ガティノー

は・る【張る】〘動ラ五(四)〙❶広がりのびる。「根が―・る」❷のばし広げる。「テントを―・る」❸はちきれそうにふくらむ。ふとる。「腹が―・る」「木の芽が―・る」❹大きく見せようとしてふくらせる。「胸を―・る」❺一面におおう。「池に氷が―・る」❻いっぱいにする。「浴槽に水を―・る」❼強く盛んになる。「欲が―・る」❽強く盛んにする。「声を―・る」「欲を―・る」❾糸や綱などを引き渡す。「綱を―・る」❿気持ちが引き締まる。「気が―・る」⓫気を引き締める。「気を―・る」⓬筋肉やからだがこわばったようになる。「肩が―・る」⓭度を越す。値段などが高くなる。「金額の―・る品物」「つきあいが―・る」⓮はりあう。対抗する。「大型店の向こうを―・って安売りする」⓯空間に突き出す。「ひじを―・る」「あごが―・る」⓰開く。設ける。「歓迎の宴を―・る」⓱(「貼る」とも書く)のりなどでくっつける。「びらを―・る」⓲(「貼る」とも書く)板などを平らに並べて打ちつける。「羽目を―・る」⓳自分の気持ちや考えなどを押し通す。「強情を―・る」「自説を言い―・る」⓴外見を飾る。「見えを―・る」㉑構える。整える。「陣を―・る」㉒見張りを置く。見張る。「国道を―・る」㉓平手で打つ。はたく。「ほおを―・る」㉔賭かけ事などに金銭をかける。「相場を―・る」㉕女を手に入れようとつけねらう。「男二人で―・る」㉖遊女が店先に並んで客をひく。㉗はりぬきに作る。〔可能〕はれる〔類語〕(㉓)打つ・叩く・殴る・ぶつ・ひっぱたく・打ち据える・食らわす

〔一句〕網を張る・意地を張る・煙幕を張る・男の目には糸を引け、女の目には鈴を張れ・我を張る・肩が張る・肩を張る・肩肘かたひじ張る・体を張る・気を張る・虚勢を張る・切った張った・玄関を張る・腰に梓あずさの弓を張る・世間を張る・綱を張る・逃げを張る・値が張る・根を張る・腹が張る・見えを張る・店を張る・向こうを張る・門戸を張る・門前雀羅じゃくらを張る・山を張る・欲の皮が張る・横綱を張る・レッテルを貼はる

張って悪いは親爺おやの頭　駒を「はる」に、たたく意の「はる」を掛けて続けたもの。将棋で駒を打つときなどに言う言葉遊び。

は・る【晴る】【×霽る】〘動ラ下二〙「は(晴)れる」の文語形。

は・る【腫る】〘動ラ下二〙「は(腫)れる」の文語形。

は・る【▽墾る】〘動ラ四〙土地を新しく切り開いて、田畑・道などをつくる。「住吉すみのえの岸を田に―・り蒔まきし稲かくて刈るまで逢はぬ君かも」〈万・二二四四〉

はる【×遥】〘形動ナリ〙遠くまで眺望が開けているさま。はるか。多く「目もはるに」の形で「芽も張る」の意にかけて用いている。「紫の色濃き時は目も―に野なる草木ぞわかれざりける」〈伊勢・四一〉

バル〘ドイ Ball〙舞踏会。ダンスパーティー。〔補説〕欧州では毎年11月から翌年3月ごろにかけて多く開かれ、特にウィーンのオーパンバル(オペラ座舞踏会)が有名。

バル〘Bar〙モンテネグロ南部の都市。同国の主要な港湾都市の一。アドリア海を挟んでイタリアのバリに相対する。旧ユーゴスラビアの時代に建設された幹線鉄道は、セルビアの首都ベオグラードと結ばれ、経済、観光の分野で重要な役割を果たしている。オリーブ、柑橘類の生産が盛ん。

ば・る【張る】〘接尾〙《動詞五(四)段型活用。動詞「は(張)る」の接尾語化》名詞の下に付いて、そのことが一段と顕著である、そのことを強く押し通す意を表す。「四角―・る」「格式―・る」「欲―・る」

パル〘PAL〙《phase alternation line》地上波アナログカラーテレビ放送の標準方式の一つ。1967年旧西ドイツで開発され、欧州を中心に中国をはじめとするアジア諸国で広く採用されている。日本では米国で開発されたNTSC方式が採用された。PAL方式。⇒セカム(SECAM)

はる-あき【春秋】❶春と秋。しゅんじゅう。❷年月。歳月。しゅんじゅう。「平穏に―が過ぎる」

はる-あらし【春嵐】春先に吹く強い風。春荒れ。〔季 春〕「―鉄路に墓を吹き寄せぬ/波郷」

はる-あれ【春荒れ】「春嵐はるあらし」に同じ。〔季 春〕

はる-いちばん【春一番】立春のころ、その年、初めて吹く強い南風。発達した低気圧が日本海を通るときに吹き、気温が急に上がる。はるいち。〔季 春〕

はる-いのこ【春×亥の子】ゐのこ 兵庫・鳥取などで、陰暦2月の初亥の日に田の神を祭る行事。⇒亥の子

はる-いろ【春色】春らしい色。桜色や若草色など、春を連想させる色。「―のスカーフ」

バルーニスト〘balloonist〙気球に乗る人。

バルーミニ〘Barumini〙イタリア半島の西方、サルデーニャ島、サルデーニャ自治州の町。州都カリアリの北方約50キロに位置。同島最大のヌラーゲと呼ばれる巨石建造物、スーヌラクシがあることで知られる。

バルール〘フラ valeur〙▶色価しき

バルーン〘balloon〙❶風船。気球。「アド―」❷漫画などで登場人物の言葉を示す囲み。吹き出し。❸血管・気管・尿管・消化管などに留置し、狭窄・狭小した部分を拡張するために使用される医療器具。

バルーンかくちょう-じゅつ【バルーン拡張術】ニチャウ バルーンやバルーンを装着したカテーテルや内視鏡を使用して、尿道・血管・消化管などの狭窄・閉塞した部分を拡張する治療技術。〔補説〕バルーンカテーテルを用いる経皮的血管形成術(PTCA)の他に、尿道にバルーンを挿入して排尿障害を改善する治療法や、バルーンを装着した内視鏡を使用して消化管・胆管・気管支などの狭窄・閉塞を拡張する治療法など(経皮的バルーン拡張術)があり、前立腺肥大や、食道アカラシア・総胆管結石・クローン病に伴う狭窄、気管支狭窄などの治療に用いられる。

バルーン-カテーテル〘balloon catheter〙冠動脈疾患の治療に用いられるバルーンのついた特殊なカテーテル。大腿だい部などからカテーテルを冠状動脈に挿入して膨らませ、狭窄きょう部分を拡張する。この治療法を経皮的冠動脈形成術(PTCA)という。

バルーン-スカート〘balloon skirt〙《balloonは風船の意》腰回りや裾部分に、丸くやわらかいふくらみをもたせたスカート。

バルーン-パンツ《和 balloon＋pants》腰回りから

ひざ下にかけて風船のように膨らんだパンツ。(補説)英語ではbloomers

はる-おみなえし【春女＝郎＝花】カノコソウの別名。

はるか〘HALCA〙《Highly Advanced Laboratory for Communications and Astronomy》平成9年(1997)2月に打ち上げられた電波天文衛星MUSES-Bの愛称。最大径10メートル(有効径8メートル)の大型展開アンテナを搭載し、地上の電波望遠鏡との連携による世界初のスペースVLBI(VSOP計画)を実施。クエーサーやM87銀河のジェットを高い解像度で観測した。

はる-か【×遥か】㊀〘形動〙文〘ナリ〙❶距離が遠く隔たっているさま。「富士山を―に望む」❷年月が長く隔たっているさま。「―な昔」❸違いのはなはだしいさま。「こちらのほうが―によい」❹うとましく思うさま。気や心の進まないさま。「いと―にもてなし給ふ愁はしさを」〈源・蛍〉㊁〘副〙❶㊀❶に同じ。「―北の国」❷㊀❷に同じ。「―以前」(類語)間違い・遥遥・ずっと・更に・ますます・もっと・一層・段違いに・余程・大分・大分・うんと・ぐっと・ぐんと

バルカ〘Valka〙ラトビア北部の都市。エストニアとの国境に位置し、もともとエストニア側のバルガと一つの都市だった。13世紀にリボニア帯剣騎士団とタルトゥ司教領の間で境界が定められ、17世紀から18世紀にかけて、スウェーデン、ロシア統治の下で統合。第一次大戦後のバルト三国独立時に領有問題が発生したが、英国の仲裁のもと分割された。2004年のEU(欧州連合)加盟後は再び人々の自由な往来が可能になっている。15世紀以前の創設のルガジ教会、20世紀初頭に建てられたバルカ唯一のアールヌーボー様式の建造物(現在は警察署)などがある。

バルガ〘Valga〙エストニア南部の都市。ラトビアとの国境に位置し、もともとラトビア側のバルカと一つの都市だった。13世紀にリボニア帯剣騎士団とタルトゥ司教領との間で境界が定められ、17世紀から18世紀にかけて、スウェーデン、ロシア統治の下で統合。第一次大戦後のバルト三国独立時に領有問題が発生したが、英国の仲裁のもと分割された。2004年のEU(欧州連合)加盟後は再び人々の自由な往来が可能になっている。19世紀初頭に建てられたバロック様式の聖ヨハネ教会、アールヌーボー様式のバルガ博物館などがある。

バルガー〘vulgar〙〘形動〙下品で俗悪であるさま。

ハルカーニ〘Harkány〙ハンガリー南西部の町。ペーチの南約25キロメートル、クロアチアとの国境近くに位置する。19世紀より温泉保養地として知られ、国外からも多くの湯治客が訪れる。

はるか-す【晴るかす｜×霽るかす】〘動サ四〙晴らす。はればれとさせる。「愛執の罪を―・し聞こえ給ひて」〈源・夢浮橋〉

はる-がすみ【春×霞】《室町時代ごろまでは「はるかすみ」》㊀〘名〙春の霞。(季 春)「洛陽の朝餉過ぎたり―／蓼太」㊁〘枕〙同音の繰り返し、また、霞のかかっている状態から、「春日」「立つ」「井上」などにかかる。「―春日の里の植ゑ小水葱」〈万・四〇七〉「―井の上ゆ直に道はあれど」〈万・一二五六〉

バルガス-リョサ〘Mario Vargas Llosa〙[1936〜]ペルーの小説家。ブルジョア世界の悪を鋭くあばく多くの作品を発表し、ラテンアメリカ文学の人気を高めた。1990年にはペルーの大統領選に出馬したが、フジモリに敗れた。2010年、ノーベル文学賞受賞。作「都会と犬ども」「緑の家」「世界終末戦争」など。バルガス＝ジョサ。

はる-かぜ【春風】春の日に吹く穏やかな風。春の風。しゅんぷう。(季 春)「―や闘志いだきて丘に立つ／虚子」

バルカモニカ-の-いわえぐん【バルカモニカの岩絵群】《Incisioni rupestri della Val Camonica》イタリア北部のアルプス山麓にあるカモニカ渓谷に残された岩絵。70キロメートルにおよぶ渓谷の岩壁には、旧石器時代から古代ローマ時代にわたる先住民族の線刻画が、約14万点残されている。農耕・狩猟・戦争など古代人の生活ぶりを知ることができる貴重なものとして、1979年に世界遺産(文化遺産)に登録された。

バルカローラ〘イタリア barcarola〙ベネチアのゴンドラの舟歌。また、それを模した、ふつう8分の6拍子で緩やかな速度の楽曲。

バルカロール〘フランス barcarolle〙►バルカローラ

バルカン〘Balkan〙《トルコ語で山の意》バルカン半島一帯の称。(補説)「巴爾幹」とも書く。

バルカン〘Vulcan〙ローマ神話の火と鍛冶の神ウルカヌスの英語名。

バルカン-さんみゃく【バルカン山脈】ブルガリア中央部を東西に走る山脈。最高峰は中部にあるボーテフ山で標高2763メートル。ブルガリア語名スタラ-プラニナ。

バルカン-せんそう【バルカン戦争】㊀1912年、イタリア-トルコ戦争で敗北したトルコに対し、ブルガリア・セルビア・ギリシャ・モンテネグロがバルカン同盟を結んで起こした戦争。トルコが敗れ、ロンドン条約でバルカン半島の大部分の領土を割譲した。㊁1913年、トルコの割譲した領土の分配をめぐる対立から、ブルガリアがセルビア・ギリシャ・モンテネグロ・ルーマニア・トルコと行った戦争。ブルガリアが敗れてブカレスト平和条約が締結された。

バルカン-はんとう【バルカン半島】ヨーロッパ大陸南東部、地中海に突出する大半島。東に黒海がある。セルビア・モンテネグロ・マケドニア・ブルガリア・アルバニア・ギリシャなどの国があり、バルカン諸国とよばれる。

バルカン-ファイバー《vulcanized fiberから》化学パルプや木綿繊維を塩化亜鉛の濃い水溶液に浸して膨潤させてから、水洗・圧縮・乾燥させた皮革状のもの。運搬用具・スポーツ用具・絶縁材料などに使用。

バルカン-ほう【バルカン砲】米国で開発された多銃身機関砲の通称。航空機用のほか、対空防御用に地上や艦艇にも配備される。

はる-ぎ【春着】❶正月用の晴れ着。(季 新年)「かりそめの襷かけたる―かな／万太郎」❷春に着る衣服。春服。

バルキー〘bulky〙布の分厚いもの。糸などの太いもの。また、それらで作った衣類。「―セーター」

バルキー-セーター〘bulky sweater〙太い糸を用い、粗い目で編んだセーターのこと。

バルキザ〘Varkiza〙ギリシャ、アッティカ半島南西岸、サロニコス湾に面する港町。首都アテネの約22キロメートルに位置する。アテネ近郊の海岸保養地の中で、最も規模の大きい海岸があることで知られる。アリアントス。

ハルキス〘Chalcis〙ギリシャの都市ハルキダの古代名。

ハルキダ〘Chalkida〙ギリシャ、エーゲ海西部のエビア島の都市。古代名ハルキスまたはカルキス。同島中西部に位置し、行政・経済・産業の中心地。本土との間は最狭部が約40メートルの海峡で隔てられ、2本の橋が架かる。古代ギリシャ時代にはイオニア人による同島最大の都市国家が置かれた。旧市街にはベネチア共和国時代の城塞や教会などが残る。

ハルキディキ-はんとう【ハルキディキ半島】《Chalkidiki》ギリシャ北部、マケドニア地方南部の半島。エーゲ海に向かって南東方向に約40キロメートル延び、先端部には、西からカッサンドラ半島、シトニア半島、アトス半島という三つの半島がある。鉄道路線はないが、海岸保養地が多く、世界遺産に登録されたギリシャ正教の聖地アトス山があり、観光客に人気がある。カルキディキ半島。

ハルキ-とう【ハルキ島】《Chalki》ギリシャ東部、エーゲ海に浮かぶ島。イタリア語名カルキ島。ドデカネス諸島に属し、コス島とロードス島の間に位置する。同諸島中の有人島の中で最も小さい。中心地はエンボリオ。聖ヨハネ騎士団が築いた城塞や礼拝堂の廃墟が残っている。かつて海綿業で栄えた。

はる-キャベツ【春キャベツ】春先に出荷するキャベツ。葉の巻き方がゆるく、水分を多く含み、柔らかい。

バルキューレ〘Valkyria〙►ワルキューレ

はる-きょうげん【春狂言】►初春狂言

ハルク〘hulk〙㊀老朽船。廃船。㊁《Hulk》米国の漫画の主人公。緑色の巨人。超人ハルク(The Incredible Hulk)。

はる-く【晴るく｜×霽るく】〘動カ下二〙❶晴れるようにする。迷いなどを晴らす。気分をすっきりさせる。「いとせめて思ふ心を年の内に―・くる事も知らせてしがな」〈かげろふ・下〉❷払いのける。「紅葉の朽ち葉、少し―・け」〈源・総角〉

バルク〘bulk〙❶大きさ。容量。容積。かさ。❷積み荷。特に、ばら積み貨物。

パルクール〘フランス parkour〙特別な道具を用いずに、障害物を乗り越えたり素早く移動したりするスポーツ。多く、街中にある建物や壁などを使って行う。

はる-くさ【春草】春になってもえ出る草。若草。しゅんそう。(季 春)

はるくさ-の【春草の】〘枕〙❶芽生えた春の草の愛らしい意から、「めづらし」にかかる。「―いやめづらしき我が大君かも」〈万・二三九〉❷春の草が生い繁る意から、「しげし」にかかる。「―繁き我が恋大き海の」〈万・一九二〇〉

バルク-セール〘bulk sale〙金融機関などが保有する不良債権や不動産を、第三者にまとめ売りをすること。

バルク-てんそう【バルク転送】《bulk transfer》複数の通信回線を用いて、データを一括転送すること。ISDNのBチャンネルを2回線用いる場合などを指す。

バルク-ひん【バルク品】《bulk》コンピューターの部品などが、メーカーによる正規の製品保証なしで簡易包装のまま流通した低価格製品のこと。BLK。

バルクヘッド〘bulkhead〙❶船舶などの防災隔壁。❷車のエンジン室と客室との隔壁。

バルク-メール〘bulk mail〙►迷惑メール

はる-ぐもり【春曇(り)】春に多い薄曇り。

バルク-ゆそう【バルク輸送】品物を、ばら荷のまま輸送すること。多く、タンクローリーやパイプなどを使い、液状・粉末状のものを梱包しない状態で運搬することにいう。

バルクライン-ほうしき【バルクライン方式】《バルクラインはbulk line》❶医薬品の薬価基準の設定方法の一。医薬品の個別銘柄を取引値の安い順に並べ、90パーセントに相当する量に対応する価格を薬価基準と定める方式。「90パーセントバルクライン方式」ともいう。昭和57年(1982)までにはこれを一律適用していた。❷生産者米価の設定方法の一。米の生産費などから米価を算定する。

はる-け-し【×遥けし】〘形ク〙空間的、時間的、心理的に遠くはなれている。「ほととぎす鳴く音―・し里遠みかも」〈万・三九八八〉「もろこしも夢に見しかば近かりき思はぬなかぞ―・かりける」〈古今・恋五〉

はる-げしき【春景色】春らしい風景。春ののどかな景色。春望。春色。

はるけ-どころ【晴るけ所】気持ちの晴れるところ。心を晴らすところ。「すこし、物思ひの―ある心地し給ふ」〈源・賢木〉

はる-こ【春子】《「はるご」とも》❶春に生まれた、動物の子。〈日葡〉❷ショウロ・シイタケなどの、春に発生したもの。「松露の―を取るなど」〈浮・五人女・一〉(季 春)

はる-ご【春▽蚕】《「はるこ」とも》4月中旬に孵化した蚕。飼育環境がよいので、夏蚕・秋蚕よりも繭の量・質ともにまさる。しゅんさん。(季 春)

パルコ〘イタリア parco〙公園。遊園地。

はる-ごえ【春肥】早春から夏にかけて施す肥料。しゅんぴ。

バルコニー〘balcony〙❶洋風建築で、階上の室外に張り出した手すり付きの所。露台。バルコン。❷劇

場の2階席。桟敷。(類語)ベランダ・テラス

はる-ごま【春駒】《「はるこま」とも》❶張り子や練り物で馬の頭の形に作ったものに竹をさして胴とし、その端に車をつけた玩具。子供がこれにまたがって遊ぶ。❷門付け芸の一。正月に各戸を回り、馬の首の形をしたものを持ったり、また、これにまたがったりして歌い踊るもの。また、その芸人。民俗芸能として新潟県佐渡地方・山梨県甲州市一之瀬などに伝承されている。(季 新年) ❸春、野辺に放ち飼いにした馬。「立ち放れ沢辺になるる―はおのが影をや友と見るらむ」〈後拾遺・春上〉

バルコン〔フランス balcon〕▶バルコニー

バルサ〔スペイン balsa〕パンヤ科の常緑高木。葉は5～七角形に角張る。花は大きく、花びらの長さは約15センチ、白色。生長が速く、材は比重が0.2と軽いので、筏(いかだ)や救命具に利用。熱帯アメリカの原産。

パルサー〔pulsar〕秒またはミリ秒の短い周期で電波を放射する電波天体。強い磁場をもち、自転する中性子星。蟹(かに)星雲内のものが有名。1967年に英国のA＝ヒューイッシュらが最初に発見。

はる-さき【春先】春の初め。早春。(季 春) (類語)早春・初春・孟春

はる-さく【春作】春に栽培すること。また、春にとれる作物。

バルザック〔Honoré de Balzac〕[1799～1850] フランスの小説家。近代リアリズム小説の代表者。フランス社会のあらゆる階層の人物が登場する約90編の小説に自ら「人間喜劇」の総題をつけた。作「ゴリオ爺さん」「谷間の百合」「従妹ベット」。➡人間喜劇

バルサナ〔Bârsana〕▶ブルサナ

ハルサフリエニ-ちかふんぼ【ハルサフリエニ地下墳墓】《L-Ipoġew ta' Ħalsaflieni》地中海中央部の島国、マルタ共和国にある先史時代の遺跡。マルタ島北東部、首都バレッタの南郊の町パオラにある。紀元前3600年から2500年頃にかけて、岩盤をくり抜いて地下3層が造られた。20世紀初頭に発見され、約7000体もの人骨が見つかったことから墳墓であると考えられている。他に豊穣の女神とされるビーナス像、首飾り、陶器などが出土し、国立考古学博物館に展示されている。1980年に世界遺産(文化遺産)に登録された。

バルサミコ-す【バルサミコ酢】《イタリア aceto balsamico バルサミコは、芳香をもつの意》白ブドウの液を発酵させ、樽(たる)に入れて4～6年熟成させたイタリアの酢。色は暗褐色で芳醇(ほうじゅん)な香りをもつ。

バルサム〔balsam〕植物から分泌される粘りけのある液体。樹脂と精油との混合物。松やにの類。香料・塗料などに利用。

バルサム-の-き【バルサムの木】マツ科の常緑高木。葉は線形で密生し、強い香りをもつ。北アメリカに産し、樹脂からバルサムを作り、米国ではクリスマスツリーに利用。バルサムもみ。

バルサム-もみ【バルサム×樅】《balsam fir》マツ科の常緑高木。北アメリカ、カナダなどに自生する。この木の樹脂からカナダバルサムがとれる。➡カナダバルサム

はる-さめ【春雨】❶春、しとしとと静かに降る雨。しゅんう。(季 春)「―やものがたりゆく簑(みの)と傘/蕪村」❷緑豆(りょくとう)のでんぷんから作った透明な麺(めん)状の食品。吸い物・酢の物・鍋物などに用いる。ジャガイモなどを原料としたものもある。

春雨じゃ濡(ぬ)れて行こう　行友李風(ゆきともりふう)作の新国劇「月形半平太(つきがたはんぺいた)」で、主人公が傘を差し掛ける舞妓に言う有名なせりふ。一般にも、小雨の中を傘なしで歩く時に気どった言葉として使うなどする。

はるさめ【春雨】端唄・うた沢節。柴田花守作詞。長崎丸山の遊女の作曲と伝える。嘉永年間(1848～1854)江戸で流行した。

はるさめものがたり【春雨物語】読本(よみほん)。上田秋成作。文化5年(1808)ごろの成立。古典から題材をとった短編歴史小説10編からなる。

バルジ〔bulge〕船の舷側の喫水線付近に設けられたふくらみ。商船では復原力の向上に、軍艦では魚雷防御に効果がある。

パルシー〔ペルシア Pārsī　英 Parsee〕インドのゾロアスター教徒。ペルシア系で、ムンバイを中心に居住。

ハルジー-ちょう【ハルジー朝】《Khalji》インドのデリー-スルターン朝第2代のトルコ系イスラム王朝。1290年、ジャラールッディーン＝フィーローズが奴隷王朝を倒して創始。1320年、ツグルク朝に滅ぼされた。ヒルジー朝。

バルジェヨフ〔Bardejov〕▶バルデヨフ

ハルシオン〔Halcion〕睡眠導入剤として用いられるトリアゾラムの商品名。➡トリアゾラム (補説)「睡眠導入剤」などと言い換える。

パルシステム-せいかつきょうどうくみあいれんごうかい【パルシステム生活協同組合連合会】関東および福島・静岡の10都県の生協で構成される生活協同組合連合会。昭和52年(1977)に首都圏生活協同組合事業連絡会議として発足。平成17年(2005)から現名称。本部は東京都新宿区。パルシステム連合会。

パルシステム-れんごうかい【パルシステム連合会】▶パルシステム生活協同組合連合会

ハルシャ《ペルシア Persiaから》江戸時代、日本でペルシアを呼んだ名。(補説)「波斯」とも書いた。

ハルシャ-がわ【ハルシャ革】江戸時代にペルシアからオランダ人によってもたらされた染め革。色は黒・黄・紅・緑・赭(しゃ)など。巾着(きんちゃく)などに作られた。ペルシア革。五色革(ごしきがわ)。

ハルシャ-ぎく【ハルシャ菊】キク科の一年草。高さ約70センチ。葉は羽状に細かく裂ける。6～10月、中心が濃赤褐色で周辺が鮮黄色の蛇の目模様をした頭状花を開く。北アメリカの原産で、観賞用。蛇の目草。孔雀草。

ハルシャバルダーナ〔Harṣavardhana〕[?～647] インド、バルダナ朝の王。在位606～647年。即位以来、四方に征戦して北インドを統一。仏教を保護し、多数の寺院を建立。唐僧玄奘(げんじょう)もその治世にインドを旅行。戯曲「ラトナーバリー姫」などが伝えられている。戒日王。ハルシャ。

ハルシュタット〔Hallstatt〕オーストリア中部、ザルツカンマーグート地方の町。ダッハシュタイン山塊の麓、ハルシュタット湖の西岸に面する観光保養地。湖岸には、中央ヨーロッパ最古の鉄器文化を生んだハルシュタット文化の遺跡や、先史時代から続く岩塩坑がある。1997年、「ザルツカンマーグート地方のハルシュタットとダッハシュタインの文化的景観」の名称で世界遺産(文化遺産)に登録された。

はる-じょおん【春女×菀】キク科の二年草。高さ30～60センチ。全体がヒメジョオンに似るが、茎は中空で、葉の基部は茎を抱き、5月ごろ開花。花は紅がかった白色で、つぼみのときはうなだれている。北アメリカの原産で、日本には大正年間に帰化し、主に関東地方にみられる。春紫菀(はるしおん)。

はるしらせ-どり【春知らせ鳥】ウグイスの別名。

ハルス〔Frans Hals〕[1580ころ～1666] オランダの画家。肖像画やユーモアに富む風俗画を得意とした。作「聖ゲオルギウス射手組合の士官たちの会食」など。

パルス〔pulse〕❶脈拍。プルス。❷ごく短時間だけ流れる電流や電波。衝撃電流。

パルス-かいせん【パルス回線】《pulse line》▶ダイヤル回線

はる-すすき【春▽薄】柳のこと。

パルス-つうしん【パルス通信】パルスを用いた通信。情報をデジタル信号に変換し、このデジタル信号を時間軸上でのパルスの有無で行う。アナログ通信に比べて雑音に強く、音声・画像・計算機出力といった異なった情報を一括統合した通信・交換方式が可能である。

パルス-ふごうへんちょう【パルス符号変調】▶ピー-シー-エム(PCM)

パルス-へんちょう【パルス変調】パルスの振幅・幅・時間的位置・繰り返し周波数などのどれかを変化させる変調方式。

パルス-モーター〔pulse motor〕▶ステッピングモーター

パルス-りょうほう【パルス療法】薬を服用する期間と服用しない期間を周期的に繰り返す治療法。薬の効果が体内で一定期間持続する場合などに適用される。服用期間が短くなり、副作用を抑えることができる。また、間質性肺炎・関節リウマチ・膠原病(こうげんびょう)などの症状が急激に悪化した場合に、ステロイド剤を短期間に集中的に大量に投与するステロイドパルス療法もある。

パルセーター〔pulsator〕電気洗濯機の回転羽根。

はる-ぜみ【春×蟬】セミ科の昆虫。体長は翅(はね)の先まで3センチくらい。体は黒色で、雌では褐色紋があり、翅は透明。5、6月ごろに出現し、松林でムゼームゼーと鳴く。本州・四国・九州に分布。まつぜみ。(季 春)「―や学僧ひとり逍遥す/秋桜子」

バルセロス〔Barcelos〕ポルトガル北部の都市。ミーニョ地方のカバド川沿いに位置する。旧市街には15世紀に建てられたブラガンサ公爵邸(現在は考古学博物館)がある。無実の罪に問われた巡礼者の命を救った雄鶏にまつわる伝説で知られる。

バルセロナ〔Barcelona〕スペイン北東部、地中海に臨む港湾都市。カタルーニャ地方の商工業・文化の中心地。紀元前3世紀にカルタゴが建設した植民市に始まる。人口、都市圏162万(2008)。

バルセロナ-だいせいどう【バルセロナ大聖堂】《Catedral de Barcelona》スペイン北東部の都市バルセロナの旧市街、ゴシック地区にある大聖堂。正式名称はサンタエウラリア大聖堂。13世紀から15世紀にかけて建造。20世紀初頭にファサード部分が完成し、現在見られる姿になった。カタルーニャゴシック様式の傑作として知られる。バルセロナの守護聖女エウラリアの遺骨が納められている。

バルセロネータ〔Barceloneta〕スペイン北東部の都市バルセロナの市街南部に位置する海に突き出た地区。魚介を扱うレストランが多く、海水浴場がある。

はる-た【▽墾田】《「はる」は開墾の意》乾田(かんでん)。沼田・湿田などをいう地方もある。

パルタイ〔ドイツ Partei〕党派。政党。特に日本では共産党のこと。

はる-たうち【春田打ち】正月に1年の稲作の過程をまねて実演し、豊作を祈る行事。また、子供たちが村の家々を回り、餅(もち)などをもらい歩く行事。

はる-たで【春×蓼】タデ科の一年草。畑や湿地に生え、高さ30～60センチ。茎は紅紫色、葉は長楕円形で表面に黒斑がある。春、紅紫色の萼(がく)をもつ白い小花を穂状につける。はちのじたで。

バル-ダニビエ〔Val d'Anniviers〕▶アニビエ谷

はるたゆう-ぶし【春▽太▽夫節】浄瑠璃の宮薗(みやぞの)節の一派。初世宮薗鸞鳳軒(らんぽうけん)の弟子の宮薗春太夫が、寛政4年(1792)江戸へ下って創始した。

パルチア〔Parthia〕▶パルティア

パルチザン〔フランス partisan〕一般民衆によって組織された非正規軍。別働隊。遊撃隊。

パルチザンスク〔Partizansk〕ロシア連邦東部、沿海地方の都市。シベリア鉄道の支線が通る。19世紀末より採炭地として知られる。1972年までの旧称スチャーン。

バルチスタン〔Baluchistan〕パキスタン南西部からイラン南東部にまたがる乾燥地帯。イラン系バルチ族が遊牧生活を営む。

バルチック-かい【バルチック海】《Baltic Sea》▶バルト海

バルチック-かんたい【バルチック艦隊】バルト海に根拠地を置いた、ロシア帝国の主力艦隊。日露戦争のときに東洋に回航され、1905年(明治38)5月の日本海海戦で日本連合艦隊に撃滅された。

バルチック-さんごく【バルチック三国】▶バルト三国

ハルツーム〔Khartoum〕スーダン共和国の首都。白ナイルと青ナイルとの合流点にあり、交通の要地。

綿花などの集散地。1820年ごろエジプトが建設して奴隷取引の基地となった。人口、行政区232万(2009)。

はるつげ-うお【春告魚】ニシンの別名。

はるつげ-どり【春告鳥】ウグイスの別名。

ハルツ-さんみゃく【ハルツ山脈】《Harz》ドイツ中央部を東西に連なる低い山地。岩塩・鉄・銅・カリウムなど鉱物資源が多い。

パルティア〘Parthia〙古代イランの王国。前247年ごろ、シリアのセレウコス朝の衰退に乗じ、イラン系遊牧民パルニ族のアルケサスが、イラン高原北東部(古称パルティア)に拠って独立して建国。226年、ササン朝ペルシアによって滅ぼされた。パルチア。中国名は安息。

バルディーズ〘Valdez〙米国アラスカ南部、プリンスウィリアム湾のバルディーズ入江最奥部にある港町。不凍港のため、石油などの輸送基地として発展。コロンビア大氷河をはじめとする氷河観光の遊覧船の拠点になっている。

パルティータ〘イタリア partita〙17、8世紀に作られた器楽用の組曲、または一連の変奏曲。

バルディス-の-げんそく【バルディスの原則】《Valdez Principles》企業活動の環境責任に関する原則。地球環境と企業経営の両立を図るために出された10項目の企業倫理綱領。アラスカ南岸で原油流出事故を起こしたタンカー「バルディス号」から。

バル-ディゼール〘Val d'Isère〙フランス南東部、アルプス山脈西部に広がる同国屈指のスキーエリア。標高1850メートル。1992年アルベールビル冬季オリンピック大会の会場にもなった。アルペンスキー選手ジャン=クロード=キリーにちなみ、隣のチーニュと合わせてエスパスキリー(キリーの世界)と呼ばれる。

バルティツェ〘Valtice〙チェコ東部、モラバ地方にある町。13世紀、近隣のレドニツェとともにリヒテンシュタイン公爵家の領地となり、17世紀からは、バルティツェ城がリヒテンシュタイン家の居城として利用された。その周辺の庭園や建築物とレドニツェ城に至る風景は、1996年に「レドニツェとバルティツェの文化的景観」として世界遺産(文化遺産)に登録された。バルチツェ。

パルティニシュ〘Păltiniş〙ルーマニア中央部の山岳保養地。シビウの南西約35キロメートル、トランシルバニアアルプス山脈のチンドレル山地に位置し、スキーや登山を楽しむ観光客が多く訪れる。

バル-ディ-ノート〘Val di Noto〙イタリア南部、シチリア島の南東部の地域名。イブレイ山地の麓の石灰岩台地を刻むノート渓谷の名にちなむ。同地域の町は17世紀末の地震で大きな被害を受けたが、その後再建されたシチリア-バロック様式の建物が数多く残り、同島南東部の8つの町ラグーザ、カターニア、ノート、シクリ、カルタジローネ、ミリテッロ-イン-バル-ディ-カターニア、パラッツォーロアクレイデ、モディカが2002年に「バル-ディ-ノートの後期バロック様式の町々」の名称で世界遺産(文化遺産)に登録された。

バルデス-はんとう【バルデス半島】《Península Valdés》アルゼンチン南東部、チュブト州、大西洋に突き出す半島。ミナミゾウアザラシやミナミセミクジラの繁殖地として知られ、1999年、「バルデス半島」の名で世界遺産(自然遺産)に登録された。

パルテノン〘Parthenōn〙ギリシャ、アテネのアクロポリスに建つ守護神アテナ-パルテノスの神殿。前5世紀後半に造られ、古典期ギリシャ建築の極致を実現している。➡ドリス式

バルデモサ〘Valldemossa〙スペイン東部、マリョルカ島北西岸にある小村。1838年から翌年にかけて、フレデリック=ショパンとジョルジュ=サンドが転地療養のために滞在した。二人が住んだカルトゥハ修道院には直筆の楽譜などが展示されている。

バルテュス〘Balthus〙[1908〜2001]フランスの画家。本名バルタザール=クロソウスキー=ド=ローラ(Balthazar Klossowski de Rola)。シュールレアリスムの傾向の強い作風で、少女像や街路・室内の光景などを描く。「コメルス-サンタンドレの横丁」「アリス」「通り」「山」など。バルチュス。

バルデヨフ〘Bardejov〙スロバキア北東部、ポーランド国境に近いカルパチア山脈中腹にある都市。13世紀半ば頃からハンガリーとポーランドを結ぶ交易地として発展。14世紀には市壁がつくられ、要塞都市となった。当時の市壁やゴシック、ルネサンス様式で建てられた建築物が現在も残されており、2000年、「バルデヨフ市街保護区」の名で世界遺産(文化遺産)に登録された。バルジェヨフ。

ハルデンベルク〘Karl August Hardenberg〙[1750〜1822]プロイセンの政治家。1810年、シュタインの後を継いで宰相となり、ウィーン会議に全権として出席し、領土拡大に成功。ギルドの廃止、商業の自由の確立、各種税制の改革などに努力した。

バルト〘Karl Barth〙[1886〜1968]スイスの神学者。弁証法神学の創唱者の一人。神の啓示を神学の中心問題とし、聖書的福音主義を唱え現代神学に大きな影響を与えた。著「ロマ書」「教会教義学」など。

バルト〘Roland Barthes〙[1915〜1980]フランスの批評家。構造主義の立場から、文学・言語・芸術など広範な分野で先鋭的な批評活動を展開。著「零度のエクリチュール」「モードの体系」「文学の記号学」。

バルトーク〘Bartók Béla〙[1881〜1945]ハンガリーの作曲家。マジャール古民謡を収集し、独自の音楽技法を開拓。作品に6曲の「弦楽四重奏曲」「弦楽器・打楽器・チェレスタのための音楽」など。

バルト-かい【バルト海】《Baltic Sea》ヨーロッパ大陸とスカンジナビア半島に囲まれる内海。ボスニア湾・フィンランド湾・リガ湾などをもち、北海と細いカテガット海峡でつながる。バルチック海。

バルト-ごは【バルト語派】インド-ヨーロッパ語族の一語派。スラブ語派に近い。リトアニア語・ラトビア語のほかに、古プロイセン語などの死語を含む。

バルト-さんごく【バルト三国】《Baltic States》バルト海沿岸のエストニア・ラトビア・リトアニア3国の総称。中世以来、ドイツ騎士団・ポーランド・スウェーデン・ロシアなどの支配を経て、第一次大戦後独立。1940年ソ連に編入、91年再び3国とも独立。

はるとしゅら【春と修羅】宮沢賢治の詩集。大正13年(1924)刊。宗教性と宇宙的感覚とが交響する世界を、独創的な語法でうたう。

バルトブルク-じょう【バルトブルク城】《Wartburg》➡ワルトブルク城

ハルトマン〘Karl Robert Eduard von Hartmann〙[1842〜1906]ドイツの哲学者。シェリングの影響のもとで、ショーペンハウアーの「意志」とヘーゲルの「理性」とを包括する「無意識者」をたて、これを万有の根源とした。著「無意識者の哲学」。

ハルトマン〘Nicolai Hartmann〙[1882〜1950]ドイツの哲学者。初め新カント学派に属して認識論を研究したが、フッサールの現象学の影響を受けて存在論を哲学の中心と考えるようになり、独自の批判的存在論を提唱した。著「認識の形而上学綱要」「存在論の基礎づけ」など。

ハルトマン-フォン-アウエ〘Hartmann von Aue〙[1165ころ〜1215ころ]中世ドイツの宮廷詩人。アーサー王伝説に取材した長編叙事詩「エーレク」「イーベイン」、宗教的題材を扱った短編「グレゴリウス」「哀れなハインリヒ」など。

はる-とらのお【春虎の尾】タデ科の多年草。高さ約10センチ。早春に白色の花が穂状に咲く。ちちのはぐさ。いろはそう。

バルトリド〘Vasiliy Vladimirovich Bartol'd〙[1869〜1930]ソ連の東洋学者。中央アジアおよび西アジア・イスラム世界の歴史・地理・考古・民俗・言語の諸分野ですぐれた業績を残した。著「モンゴル侵入期のトルキスタン」など。

はるとり-の【春鳥の】〔枕〕春の鳥のようにの意から、「音のみ泣く」「さまよふ」にかかる。「一音のみ泣きつつあぢさはふ夜昼知らず」〈万・一八〇四〉

バルトリン-せん【バルトリン腺】女性性器の膣入り口の左右にある分泌腺。性交の際に潤滑液の役をする粘液を分泌する。デンマークの解剖医バルトリン(C.T.Bartholin)が発見。大前庭腺。

バル-ドルチア〘Val d'Orcia〙➡オルチア渓谷

バルトロメウス-だいせいどう【バルトロメウス大聖堂】《Dom Sankt Bartholomäus》➡聖バルトロメウス大聖堂

パルドン〘フランス pardon〙〔感〕「パードン」に同じ。

バルナ〘梵varṇa〙《色の意》古代インド社会で形成された4種の階層。バラモン(祭司)・クシャトリヤ(王侯・武士)・バイシャ(平民)・シュードラ(隷属民)から成り、のちのカーストの母体。四種姓。四姓。➡カースト

バルナ〘Varna〙ブルガリア北東部、黒海に面する港湾都市。首都ソフィア、プロブディフに次ぐ同国第3の都市。紀元前6世紀に古代ギリシャが植民都市オデッソスを建設。古代ローマ時代にユークセイソスと改称され、浴場や要塞が造られた。7世紀頃からスラブ語名でバルナと呼ばれ、8世紀末に第一次ブルガリア帝国領となった。オスマン帝国支配下において、黒海貿易の拠点として栄えた。1949年から1956年まで旧ソ連の最高指導者スターリンの名を冠した。同国有数の観光保養地として知られ、「夏の首都」や「海の首都」という通称をもつ。ワインの生産が盛ん。

バルナ〘梵Varuṇa〙インド神話で、司法神。天則(リタ)の守護者で、人々を監視し背く者を罰する。のち、仏教にとり入れられて水神となった。

バルナウル〘Barnaul〙ロシア連邦、西シベリア南部の工業都市。オビ川上流にある。人口、行政区60万、都市圏65万(2008)。

はる-なが【春永】❶㋐日が長く感じられる春の季節。「そこにはいつものどかな一の空気があった」〈寅彦・亮の追憶〉㋑特に年始に、末永いことを祝う語。《季 新年》「一といふやことばのかざり縄/立圃」❷《いずれ春の日の長い季節になったらの意から》いつかひまな時。多く「はるながに」の形で副詞的に用いる。「(返済ハ)いずれ一にと云う事になって」〈百閒・特別阿房列車〉

はる-なぐさみ【春慰み】春の楽しみごと。正月の遊び。また、春の野遊び。「正月二十二日の夜、恋は引く手の宝引き縄、女子の一」〈浮・五人女・二〉

はるな-こ【榛名湖】榛名山の火口原湖。面積1.19平方キロメートル。最大深度12.5メートル。湖面標高1084メートル。

はるな-さん【榛名山】群馬県中部にある二重式火山。妙義山・赤城山とともに上毛三山をなす。最高峰は外輪部にある掃部ヶ岳で標高1449メートル。中央火口には榛名富士と榛名湖とがあり、北東麓に伊香保温泉がある。

パルナシアン〘フランス Parnassiens〙《パルナソスの人の意》高踏派。

パルナソス〘Parnassos〙ギリシャ中部の山。ピンドス山脈南部にあり、標高2457メートル。古代ギリシャの聖地。南麓にデルフォイの遺跡がある。パルナッソス。

バルナ-だいせいどう【バルナ大聖堂】《Katedralen hram Uspenie Presvyatiya Bogoroditsi》ブルガリア北東部の都市バルナにあるブルガリア正教会の大聖堂。正式名称は生神女就寝大聖堂。19世紀末、ロシア-トルコ戦争におけるロシアの勝利によってブルガリアが独立したことを記念し、ロシア風の建築様式で建てられた。内部の天井と壁全面にフレスコ画が描かれ、マケドニア出身の職人による聖壁がある。

はるなつ-もの【春夏物】(衣料品業界で)春・夏用の衣服。「一の新作入荷」

はる-にれ【春×楡】ニレ科の落葉高木。山地に生え、高さ約30メートル。樹皮は灰褐色。葉は倒卵形でざらつく。春、葉より先に、黄緑色の小花が群がりつく。エルム。やにれ。にれ。

パルヌ〘Pärnu〙エストニア西部の都市。バルト海のパルヌ湾に面し、街中をパルヌ川が流れる。13世紀にリボニア帯剣騎士団の拠点が置かれ、14世紀半ばにハンザ同盟に加わり、バルト海と内陸を結ぶ交

易の要衝として発展した。北方戦争後ロシア領となり、19世紀に保養地として開発された。現在も同国屈指の国際的な観光地として知られる。
バルネオセラピー〖balneotherapy〗鉱泉療法。温泉療法。
バルネミュンデ〖Warnemünde〗▶ワルネミュンデ
バルネラビリティー〖vulnerability〗❶脆弱性。もろさ。❷特に、高度にコンピューター化した社会がもつ脆弱性。
はる-の【春野】春の野原。春の野。(季 春)
はるのうみ【春の海】新日本音楽の一。箏・尺八二重奏曲。昭和4年(1929)宮城道雄が歌会始の勅題「海辺の巌」にちなんで作曲。
ハル-ノート〖Hull-Note〗1941年11月、太平洋戦争直前の日米交渉の際に米国国務長官ハルが提示した覚書。日本軍の中国および仏領インドシナからの全面撤兵要求、蒋介石政権以外の政権の承諾拒否などを内容とするもので、事実上の最後通牒とみなされ、日本に開戦を決意させた。
はる-の-こころ【春の心】❶春のころの気持ち。「世の中にたえて桜のなかりせば—はのどけからまし」〈伊勢・八二〉❷恋心。春情。「今年より—し変はらずはまさぐられつつ君が手につむ」〈平中・九〉
はるのさいてん【春の祭典】《原題、フランス Le Sacre du Printemps》ストラビンスキー作曲のバレエ音楽。1913年パリで初演。ロシアの異教時代の祭りを描く。
はる-の-じもく【春の▽除目】《春に行われたところから》県召の除目。➡秋の除目
はる-の-せんばつ【春の選抜】▶選抜高等学校野球大会
はる-の-たむらそう【春の田村草】シソ科の多年草。山地に生え、高さ10〜20センチ。葉は羽状複葉。4〜6月、白い唇形の花が数段輪生して咲く。紀伊半島から西に分布。
はる-の-ななくさ【春の七草】正月7日の七草粥に入れる7種の若菜。芹・薺・御形(ハハコグサ)・繁縷・仏の座(タビラコ)・菘(カブ)・蘿蔔(ダイコン)。➡秋の七草
はるのひ【春の日】江戸前期の俳諧集。1冊。山本荷兮編。貞享3年(1686)刊。蕉門の連句・発句を集めたもの。俳諧七部集の一。
はるのひ-の【春の日の】〔枕〕春の日の長い意から、「長し」にかかる。「一長くや人をつらしと思はむ」〈古今・恋三〉
はる-の-みなと【春の×湊】春の行きつくところ。春の果て。はるのとまり。「暮れて行く—は知らねども霞に落つる宇治の柴舟」〈新古今・春下〉
はる-の-みや【春の宮】《「春宮」を訓読みした語》皇太子の宮殿。また、皇太子の称。東宮。
はるのめざめ【春のめざめ】《原題、ドイツ Frühlings Erwachen》ウェデキントの戯曲。3幕。1891年作。1906年初演。思春期の少年少女の性についての無知から起きた悲劇を描き、保守的な社会道徳を告発した。
はる-の-めざめ【春の目覚め】思春期になって、性的欲望を起こしはじめること。色気づくこと。
はるのや-おぼろ【春廼舎朧】坪内逍遥の別号。
はる-の-よ【春の夜】春の、夜気が肌にやわらかくて、気持ちがはなやいでくるような夜。(季 春)「一や籠人ゆかし堂の隅/芭蕉」
　春の夜の夢　春の夜に見る夢。はかなく短いことのたとえ。「おごれる人も久しからず、ただ—のごとし」〈平家・一〉
ハルハ〖Khalkha〗モンゴルの一部族。中国の明代、ダヤン=ハンの二子がハルハ河流域に牧地を分与され、内ハルハ・外ハルハと称したのに始まる。のち、康熙帝の時、清に服属。現在のモンゴル国の住民の大多数を占める。(補説)「喀爾喀」とも書く。
ハルバースタム〖David Halberstam〗[1934〜2007]米国のジャーナリスト。ニューヨークタイムズの記者としてベトナム戦争を取材し、1964年ピュリッツァー賞を受賞。その後も綿密な取材とダイナミックな筆致で政府の失策や大企業の内幕などに迫り、ニュージャーナリズムの旗手と称された。
ハルハがわ-じけん【ハルハ河事件】▶ノモンハン事件
ハルハがわ-せんそう【ハルハ河戦争】▶ノモンハン事件
バルバカン〖Barbakan〗❶ポーランド共和国の首都ワルシャワの旧市街にある赤レンガ造りの円形状の砦。15世紀から16世紀にかけて造られ、火薬庫や牢獄として使われたことがある。第二次大戦で破壊され、戦後に復元。1980年、「ワルシャワ歴史地区」として世界遺産(文化遺産)に登録された。❷ポーランド南部の都市クラクフの旧市街北端部にある赤レンガ造りの円形状の砦。隣接するフロリアンスカ門の防備のため、15世紀末にゴシック様式で建造。
バルハシ-こ【バルハシ湖】《Balkhash》カザフスタン南東部にある湖。東西に細長く、イリ川などが流入し、西部は淡水、東部は塩水。北岸にバルハシ市がある。
はる-ばしょ【春場所】春に行われる大相撲の本場所。もと、正月に興行されるものをさしたが、現在では3月に行われる大阪場所をいう。(季 春)
バルバドス〖Barbados〗カリブ海東部、小アンティル諸島東部にあるバルバドス島を占める共和国。首都ブリッジタウン。サトウキビ栽培が盛んで、砂糖・ラム酒を産する。もと英国領から、英連邦の一員として1966年独立。人口29万(2010)。
はる-はな【春花】春咲く花。春の花。しゅんか。
はるはな-の【春花の】〔枕〕❶春の花が美しく咲きほこるところから、「にほえ栄ゆ」「めづらし」などにかかる。「—にほえ栄えて」〈万・四二一一〉❷貴重な春の花は散りやすいところから、「貴し」「うつろふ」などにかかる。「—貴からむと」〈万・一六七〉
はる-はやて【春疾=風|春早手】春に激しく吹き起こる風。(季 春)
バルパライソ〖Valparaíso〗チリ中部、太平洋岸の港湾都市。サンチアゴの外港をなす。商業のほか、繊維・皮革・食品加工業が盛ん。
バルバラ-キリセ〖Barbara Kilisesi〗▶聖バルバラ教会㊂
バルハラ-しんでん【バルハラ神殿】《Walhalla》▶ワルハラ神殿
ハルパリュケ〖Harpalyke〗木星の第22衛星。2000年に発見。名の由来はギリシャ神話の王女。非球形で平均直径は約4キロ。ハルパリケ。
はる-ばる【×遥×遥】㊀〔副〕❶遠く離れているさま。遠くから、または遠くへ物事の及ぶさま。はるかに。「—(と)展望が開ける」「—(と)海を渡ってくる」❷程度がかけ離れているさま。はるかに。「その顔色は世上の若き女どもよりは、—ましたとぞ」〈三体詩素隠抄・二〉❸時間が隔たっているさま。「泣き候ひし時、—ありてそれがし申すやう」〈伽・三人法師〉㊁〔形動ナリ〕㊀に同じ。「—で小春様と主の花車が勇む声」〈浄・天の網島〉
バルバロイ〖ギリシャ barbaroi〗《訳のわからない言葉を話す者の意》古代ギリシャ人が東方の民族に対して用いた蔑称。古代ローマではギリシャ・ローマ文化に浴さないもの、特にゲルマン人をさす。➡ヘレネス
はる-ひ【春日】《「はるび」とも》㊀〔名〕春の日射し。また、春の一日。(季 春)「竹の風ひねもすさわぐ—かな/犀星」㊁〔枕〕春の日が霞む意から、同音の「かす」を含む地名の「春日」にかかる。「—春日を過ぎ」〈武烈紀・歌謡〉
はるび【▽腹▽帯】《「はらおび」の音変化》❶鞍橋を置くときに馬の腹にめぐらす帯。❷長持の鐶につける革紐を補強する白布の紐。
はる-ひかげ【春日影】春の日の光。春の陽光。春陽。(季 春)
バルビゾン〖Barbizon〗フランス中北部の都市、フォンテンブローの近郊にある村。19世紀中頃、テオドール=ルソー、ミレー、コローなど、後にバルビゾン派と呼ばれる画家たちが滞在し、風景や農民の生活を描いたことで知られる。
バルビゾン-は【バルビゾン派】19世紀中ごろ、パリ近郊フォンテンブローの森の一隅にある小村バルビゾンに滞在して風景などを描いた画家たちの総称。テオドール=ルソーやミレー・コローなど。フォンテンブロー派。
バルビタール〖barbital〗マロン酸と尿素との縮合によって得られるバルビツール酸系の代表的な催眠薬。白色の結晶。ジエチルバルビツール酸。
バルビツール-さん【バルビツール酸】《barbituric acid》マロン酸と尿素の結合した化合物。睡眠剤・鎮静剤として使用される。マロニル尿素。
パルピット〖pulpit〗❶教会堂の説教壇。❷牧師。
はるひ-の【春日の】〔枕〕「はるひ㊁」に同じ。「—春日の国に」〈継体紀・歌謡〉
バルビュス〖Henri Barbusse〗[1873〜1935]フランスの小説家。人間の情念を赤裸々に描いた「地獄」、次いで反戦小説「砲火」で注目を浴びる。のち「クラルテ」を発表し、平和運動にも尽力。➡クラルテ
はるひ-を【春日を】〔枕〕「はるひ㊁」に同じ。「—春日の山の高座の三笠の山に」〈万・三七二〉
ハルビン【哈爾賓】中国黒竜江省の省都。松花江中流の南岸にある工業都市。1900年ごろロシアが東清鉄道の基地として建設。水陸交通の要地で、商業も盛ん。人口、行政区348万(2000)。ハルピン。
バルブ〖bulb〗❶球根。鱗茎。❷電球。特に、写真撮影で用いる閃光電球。フラッシュランプ。❸カメラのシャッターボタンを押している間じゅうシャッターが開く機能。
バルブ〖valve〗「弁❷」に同じ。
パルプ〖pulp〗木材などの植物原料を機械的または化学的に処理してセルロースを取り出した状態のもの。製法により、砕木パルプ・亜硫酸パルプ・クラフトパルプ・ソーダパルプなどがある。主に製紙原料。
パルファン〖フランス parfum〗香料。香水。
バルフォア〖Arthur James Balfour〗[1848〜1930]英国の政治家。1902〜1905年の首相在任中に英仏協商を締結。第一次大戦中、外相としてユダヤ民族のパレスチナ復帰を支持する「バルフォア宣言」を発表。
はる-ぶくろ【春袋】女児が新年に縫い初めに作る袋。「春」を「張る」にかけて縁起を祝うもの。(季 新年)「かくしたるうちぞ床しき—/蝶夢」
バルブ-トー〖bulb toe〗靴のつま先のスタイルの一つ。ラウンドトーの先端が丸くふくらんでいるもの。おでこ靴。
パルプ-マガジン〖pulp magazine〗安手なざら紙を用いた大衆向け雑誌の総称。
はる-へ【春▽方】《後世は「はるべ」》春のころ。春。「—には花折りかざし」〈万・一九六〉
バルベニー-じょう【バルベニー城】《Balvenie Castle》英国スコットランド北東部の町ダフタウン北郊にある城。12世紀にコミンズ家一族の居城として建造され、15世紀から16世紀にかけて増改築された。ジャコバイトの反乱の際は要塞になり、18世紀以降は廃墟になった。
バルベリーニ-きゅうでん【バルベリーニ宮殿】《Palazzo Barberini》イタリアの首都ローマにあるバロック様式の宮殿。ローマ教皇を輩出したフィレンツェの貴族バルベリーニ家の館として17世紀に建造。設計はカルロ=マデルノ、ボロミーニ、ベルニーニらが手がけた。現在は国立古典絵画館として公開されており、ラファエロ、フィリッポ=リッピ、シモーネ=マルティーニなど、ルネサンス期の絵画を所蔵。
バルベリーニ-ひろば【バルベリーニ広場】《Piazza Barberini》イタリアの首都ローマにある広場。ベネト通り、バルベリーニ通り、トリトーネ通りなど主要な通りが交差する市内交通の要所に位置する。広場中央にはバロック彫刻の傑作として知られるベルニーニの噴水「トリトーネの泉」がある。
バルベルイ-ラジオほうそうきょく【バルベルイラジオ放送局】▶バールベリラジオ放送局
バルボア〖Vasco Núñez Balboa〗[1475ころ〜

1517]スペインの探検家。パナマ地峡を横断し、1513年にヨーロッパ人として初めて太平洋を発見、南の海と命名。のちパナマ総督と不和になり処刑された。

ハルマ【波留麻┊波児馬】《オランダ人フランソワ=ハルマFrançois Halmaの蘭仏辞典を基礎にしたところから》蘭和辞典「波留麻和解」「道富波留麻」の通称。

パルマ〖Palma〗スペイン東部、地中海のマリョルカ島西岸にある港湾都市。バレアレス諸島の行政の中心で、オレンジ・ぶどう酒などを輸出。観光地。

パルマ〖Parma〗イタリア北部の都市。農業のほか食品工業が盛んで、パルメザンチーズの本場。スタンダール著「パルムの僧院」の舞台。

はる-まき【春巻(き)】中国料理の点心の一。刻んだ豚肉と竹の子などの春の野菜を、小麦粉で作った薄い皮で包み、油で揚げたもの。

はる-まき【春×蒔き】植物の種子を春にまくこと。また、そのような植物。

ハルマゲドン〖ギリシャ Harmagedōn〗《新約聖書「ヨハネ黙示録」16章から》世界の最後の日に起こる善悪諸勢力の終局の決戦場。転じて、世界の終わり。

パルマ-だいせいどう【パルマ大聖堂】イタリア ㊀《Cattedrale di Parma》イタリア北東部、エミリアロマーニャ州の都市パルマにあるロマネスク様式の大聖堂。11世紀から12世紀にかけて建造され、ロンバルディア-ロマネスク建築の傑作とされる。内部のキューポラ(円蓋)にはコレッジョによるフレスコ画「聖母被昇天」が描かれている。隣接する八角形の洗礼堂は大聖堂と同時期にアンテラーミの設計で建てられ、アンテラーミ自身による浮き彫りが施されている。㊁《Catedral de Palma》▶パルマ-デ-マリョルカ大聖堂

はるまち-づき【春待(ち)月】陰暦12月の異称。

はる-まつり【春祭(り)】春行われる祭り。その年の豊作を祈願するものが多い。(季 春)「老桑の瑞の芽立や一/秋桜子」

パルマ-デ-マリョルカ〖Palma de Mallorca〗▶パルマ

パルマ-デ-マリョルカ-だいせいどう【パルマデマリョルカ大聖堂】《Catedral de Santa María de Palma de Mallorca》スペイン東部、マリョルカ島西岸にある港湾都市パルマにある大聖堂。マリョルカ島をイスラム教徒から奪回したアラゴン王ハイメ1世(ジャウメ1世)により1230年に建設がはじめられ、16世紀に完成。カタルーニャゴシック様式の傑作として知られるほか、主祭壇天蓋部はアントニオ=ガウディによる装飾が施されている。

パルマ-とう【パルマ島】《La Palma》▶ラ-パルマ島

パルマリア-とう【パルマリア島】《Palmaria》イタリア北西部、リグリア州の町ポルトベネーレの沖合に浮かぶ三つの小島の一。スペツィア湾の西の外れに位置する。1997年に「ポルトベネーレ、チンクエテッレ及び小島群(パルマリア、ティーノ及びティネット島)」として世界遺産(文化遺産)に登録された。

ハルマわげ【波留麻和解】日本最初の蘭和辞典。ハルマの蘭仏辞典を和訳。稲村三伯が石井庄助・宇田川玄随らの協力を得て完成。寛政8年(1796)刊。江戸ハルマ。➡道富波留麻

はるみ【晴海】東京都中央区南部の地名。昭和6年(1931)完成の埋立地。晴海埠頭がある。

パルミジャーノ〖イタリア parmigiano〗▶パルメザンチーズ

パルミチン〖palmitin〗パルミチン酸とグリセリンとのエステル。白色の結晶で、油脂の主成分。トリパルミチン。

パルミチン-さん【パルミチン酸】炭素数16個の飽和脂肪酸。白色の蝋状の固体。動植物中に広く分布し、木蝋・パーム油に多く含まれる。化学式 $CH_3(CH_2)_{14}COOH$　ヘキサデカン酸。セチル酸。軟脂酸。

パルミトオレイン-さん【パルミトオレイン酸】《palmitoleic acid》シス-9-ヘキサデセノン酸。不飽和脂肪酸の一種。海藻中に多く含まれ、血圧降下作用がある。

パルミラ〖Palmyra〗シリア砂漠の中央にあるオアシス都市の遺跡。アラム語でタドモルといい、ソロモン王が建設したと伝える。2、3世紀にペルシア湾から地中海へ至る中継交易都市として栄えたが、273年にローマ軍に破壊された。1980年、世界遺産(文化遺産)に登録。パルミュラ。

パルミラ-やし【パルミラ×椰子】タラジュの別名。

ハルムス〖Daniil Ivanovich Kharms〗[1905～1942]ロシアの詩人・小説家・劇作家。ソ連時代の前衛文学団体「オベリウ」の代表者の一人。不条理に満ちた作風で知られる。逮捕され、獄中で餓死した。

パルム-ドール〖フランス Palme d'Or〗カンヌ国際映画祭で、最優秀作品に与えられる賞。(補説)多く「金のシュロ」と訳されるが、日本原産のシュロ(ワジュロ)ではなく、ヤシ科のナツメヤシがモチーフとなっている。ナツメヤシは、西洋では勝利・栄誉の象徴とされ、カンヌ市章にも使われている。

パルムのそういん【パルムの僧院】《原題、フランス La Chartreuse de Parme》スタンダールの長編小説。1839年刊。イタリアのパルム公国を舞台に、幸福を追求する青年貴族ファブリスの波乱に富む半生を描く。

はる-め・く【春めく】〔動カ五(四)〕春らしくなる。「一雨ごとに一・く」(季 春)「一・きてものの果てなる空の色/蛇笏」

パルメザン-チーズ〖Parmesan cheese〗イタリアのパルマ地方原産のナチュラルチーズ。超硬質で、主に粉チーズにしてスパゲッティ・グラタン・スープなどに用いる。パルミジャーノ。

パルメット〖palmette〗シュロの葉を扇形に開いたような植物文様。古代エジプト・アッシリアを起源とする。➡忍冬文

パルメニデス〖Parmenidēs〗[前515ころ～前445ころ]古代ギリシャの哲学者。エレア学派の祖。真に「有るもの」は、唯一・不生不滅・不変不動の充実した完全なものとして球体とされ、一切の変化を仮象と見なした。

パルメラ〖Palmela〗ポルトガル南西部の町。アラビダ山脈の東端、リスボンの南方約25キロに位置する。戦略上の要地だったパルメラ城をめぐり、イスラム教徒とキリスト教徒の間で激戦が繰り返された。サンペドロ教会、サンティアゴ修道院などの歴史的建造物が残る。モシュカテルというワインの産地。

パルメラ-じょう【パルメラ城】《Castelo de Palmela》ポルトガル南西部の町パルメラにある城。テジョ川とサード川の間に位置する戦略上の要地だったため、イスラム教徒とキリスト教徒の間で激戦が繰り返された。12世紀にアフォンソ=エンリケス(後のポルトガル王アフォンソ1世)が奪還。15世紀に騎士団の本拠が置かれ、18世紀頃まで増改築された。

ハルモニ《朝鮮語》祖母。おばあさん。⇔ハラボジ。

ハルモニウム〖harmonium〗▶ハーモニウム

バルモラル-じょう【バルモラル城】《Balmoral Castle》英国スコットランド北東部、アバディーンシャー州にある英国王室の城。ロイヤルディーサイドとして知られるディー川沿いに位置する。14世紀建造の城をビクトリア女王とアルバート公が購入し、増改築をした。現在も夏の休暇に利用される。

はる-やすみ【春休み】学校の春季の休暇。旧学年が終わって新学年が始まるまでの休暇をいう。(季 春)「一はじめてかけし眼鏡かな/万太郎」

はる-やなぎ【春柳】㊀〔名〕春、芽を出し始めたころの柳。㊁〔枕〕芽を出し始めた柳の枝をかずらに挿す意から、「かづら」「葛城山」にかかる。「一縵に折りし梅の花」〈万・八四〇〉

はる-やま【春山】春のころの山。春の趣を呈した山。春の山。(季 春)

はるやま-の【春山の】〔枕〕春、野山の草木が萌え出すようにの意から、「おぼつかなくも」「しなひさかえて」にかかる。「一しなひ栄えて秋山の色なつかしき」〈万・三二三四〉

はるやまのかすみ-おとこ【春山之霞壮夫】古事記に見える神。神々の求婚に応じない伊豆志袁登売の神との結婚に、母の計らいで藤の花の弓矢と衣をまとって行き成功。兄、秋山の下氷壮夫との賭けに勝つ。

はるやま-ゆきお【春山行夫】[1902～1994]詩人・評論家。愛知の生まれ。本名、市橋渉。上京して雑誌「詩と詩論」を創刊。詩集「月の出る町」「植物の断面」、評論「詩の研究」「文学評論」など。

バルラーム-しゅうどういん【バルラーム修道院】《Moni Varlaam》ギリシャ中部、テッサリア地方のメテオラにある修道院。14世紀の隠遁者バルラームが修行した場所に、イオアニナ出身の裕福な修道士の兄弟テオファニスとネクタリオスにより、16世紀に高さ595メートルの岩山の頂に建造された。内部にはフランゴス=カテラノスが描いたフレスコ画が残る。

ハルラ-サン【漢拏山】大韓民国、済州島中央部のアスピーテ型火山。標高1950メートル。かんらさん。

バルラフリヒャルツ-びじゅつかん【バルラフリヒャルツ美術館】《ドイツ Wallraf-Richartz Museum》ドイツ西部の都市ケルンにある美術館。1861年開館。F=F=バルラフより市に寄贈された絵画作品を収蔵するため、実業家J=H=リヒャルツが資金を提供して美術館を建築したことに始まる。中世絵画のコレクションで名高い。

パルランド〖イタリア parlando〗音楽で、発想標語の一。話すように、の意。

はる-りんどう【春▽竜▽胆】リンドウ科の二年草。日当たりのよい原野に生え、高さ約10センチ。根元の葉は卵形で、対生する。5月ごろ、青紫色の釣鐘形の花を上向きに開く。さわぎきょう。(季 春)「一入日はなやぎてもさみし/敦」

はれ【晴(れ)┊×霽れ】❶空の晴れること。天気がよいこと。気象庁では、雲量が2～8、視程が1キロ以上の状態の天気をいう。「雨のち一」❷表立って晴れやかなこと。おおやけのこと。また、そのような場所。「一の席に臨む」「一の舞台」⇔褻。❸疑いが消えること。「一の身となる」❹晴れ着。また、それを着た姿。「たった三度しきゃあお一をしねえときて居るから」〈滑・浮世床・初〉

(下接語)(ばれ)秋晴れ・五月晴れ・入梅晴れ・梅雨晴れ・日本晴れ・晴れ晴れ・冬晴れ・夕晴れ・雪晴れ

(類語)日本晴れ・快晴・晴天・好天・上天気・炎天

はれ【腫れ】❶炎症・化膿などで皮膚の一部がふくれること。「一が引く」❷体組織中に水分がたまってむくむこと。浮腫。むくみ。

ハレ〖Halle〗ドイツ東部の工業都市。ライプチヒの北西、ザーレ川東岸に位置する。古くから岩塩を採掘し、製塩業が行われる。化学・金属などの工業も発達。中世にはハンザ同盟に加盟し、古い町並みが残る。作曲家ヘンデルの生地。

はれ〔感〕❶謡物の囃子詞。「新しき年の始めにや斯くしこそ一斯くしこそ」〈催馬楽・新しき年〉❷驚いたとき、また感嘆したときに発する語。あれ。まあ。「一、こりゃまた仕合はせでござりまする」〈狂言記・吟じ聟〉

ばれ《動詞「ばれる」の連用形から》❶事がうまくまとまらないこと。ごたごた。「源太が喧嘩を買って一の始末をつければ可いさ」〈露伴・五重塔〉❷しくじること。失敗。また、露顕すること。「肚胸の悪い奴とうっかり組むと一の元」〈伎・島衛月白浪〉❸(「破礼」とも当てて書く)卑猥なこと。下品なこと。「お白洲で一を言ひ出すばか亭主」〈柳多留・一八〉

パレア-カメニ-とう【パレアカメニ島】《Palaia Kameni》ギリシャ南東部、エーゲ海にある小島。キクラデス諸島の最南部、大小五つの島からなるサントリーニ島の中央部に位置する火山島。紀元前1500年の大噴火でカルデラができ、紀元前197年の地震で中央火口丘群が海上に現れて、同島が形成された。現在も火山活動が続き、海中温泉がある。

はれ-あが・る【晴(れ)上(が)る┊×霽れ上(が)る】〔動ラ五(四)〕すっかり晴れる。「雲一つなく一・った秋

空」

はれ-あが・る【腫れ上(が)る】〔動ラ五(四)〕腫れてふくれ上がる。「傷が化膿して―・る」

バレア-ビイロル〘Valea Viilor〙ルーマニア中央部の村。ビエルタンの西約15キロメートルに位置する。13世紀創建のロマネスク様式の教会は、15世紀から16世紀にかけて、オスマン帝国の襲撃に備えて高さ8メートルの防壁や見張り塔が造られ要塞化された。同じような教会をもつ南トランシルバニア地方の他の村々とともに、1999年に「トランシルバニア地方の要塞教会群のある集落」の名称で世界遺産(文化遺産)に登録された。

バレアレス〘Baleares〙スペインの西、地中海にある諸島。またそれらで構成される自治州。マリョルカ島・メノルカ島・イビサ島などからなり、観光客を多く集める。州都はパルマ。

ば-れい【馬齢】❶馬の年齢。❷自分の年齢を謙遜(けんそん)していう語。犬馬の齢(よわい)。「―を加える」(補説)❶で、日本の競走馬の馬齢は数え年によっていたが、平成13年(2001)から満年齢に変更。ただし、加齢は一律に1月1日にされる。

馬齢を重・ねる　これといったこともせずに、いたずらに年を重ねる。年を取ることを謙遜(けんそん)していう語。「むなしく―・ねる」

ばれい-しょ【馬鈴×薯】ジャガイモの別名。(季 秋 花=夏)「―を夕蟬とほく掘りいそぐ/秋桜子」

ハレー〘Halley〙▶ハリー

バレエ〘フランス ballet〙西洋の舞踊形式の一。通常、歌詞のない音楽を伴奏に、踊りや身振りによって感情や意思を表現し、劇を進行させる舞踊劇。ルネサンス期のイタリアに起こり、16、17世紀のフランス宮廷で発達。ロマンチックバレエ、古典バレエ、モダンバレエなどに大別される。

バレー〘valley〙谷。谷間。「シリコン―」

バレー「バレーボール」の略。

バレエ-シューズ〘ballet shoes〙❶バレエを踊るときに履く靴。やわらかい革や布などで作り、靴底は平ら。トーシューズを含めていうこともある。❷❶に形の似た、かかとの低い婦人靴。

ハレーション〘halation〙❶写真の像で、特に強い光の当たった部分の周りが白くぼやける現象。感光乳剤の層を通った光が反射し、再び感光層に作用するために生じる。光暈(こううん)。❷(❶から転じて)派生して他に影響を及ぼすこと。主に、悪い影響についていう。副作用。「所管大臣の発言が地元で―を起こす」

ハレー-すいせい【ハレー×彗星】▶ハリー彗星

バレエ-スキー〘ballet ski〙フリースタイルスキーの一種目。短めのスキーを用い、音楽に合わせてジャンプ・スピン・回転などを組み合わせて滑走し、演技の技術・芸術性を競うもの。

パレート〘Vilfredo Federico Damaso Pareto〙[1848〜1923]イタリアの経済学者・社会学者。ワルラスの後継者として、一般均衡理論を無差別曲線による消費者選択の理論の上に発展させた。また、のちのパレート派厚生経済学でいう「パレート最適」の考え方を導入するなど多くの業績をあげた。

パレード〘parade〙〔名〕(スル)❶祭礼や祝賀の際に、行列を組んで市街を練り歩くこと。また、その行列。「優勝チームが街を―する」❷観兵式。閲兵式。

パレート-さいてき【パレート最適】《Paretian optimum》厚生経済学における古典的な概念で、いかなる状況が社会の経済的厚生を最大にするものであるかに関するもの。現存の分配状態を与件としたときの最適資源配分の優れた規準といえる。ローザンヌ学派のイタリアの経済学者パレートによって説かれたもの。

バレーボール〘volleyball〙コート中央のネットを挟んで2チームが相対し、ボールを地に落とさないように、手や腕で打ち合って得点を競う球技。バレー。排球。➡ビーチバレー (補説)6人制と9人制があり、オリンピックをはじめ国際試合では6人制が主流となっている。

パレオ〘フランス paréo〙タヒチの民族衣装の一つ。体に巻いて着用する巻きスカート。

パレオカストリッツァ〘Palaiokastritsa〙ギリシャ西部、ケルキラ島西部の海岸保養地。東ローマ帝国時代の要塞跡や海食洞などがある。海の透明度が高く、同島有数の観光地として知られる。

はれ-おとこ【晴(れ)男】(をとこ)その人が出かけたり来たりすると、天気がよくなると言われている男性。➡雨男

パレオ-フルリオ〘Palaio Frourio〙ギリシャ西部、ケルキラ島の中心都市ケルキラ(コルフ)にある要塞。ギリシャ語で「古い要塞」を意味する。ベネチア共和国時代に、元は小島だった場所を要塞化したもの。旧市街東部のスピアナダ公園とは堀で隔てられている。英国統治時代に建てられた、6本のドリス式の柱をもつ古典主義様式のアギオスゲオルギウス教会(セントジョージ教会)がある。

はれ-おんな【晴(れ)女】(をんな)その人が出かけたり来たりすると、天気がよくなると言われている女性。➡雨女

はれ-がまし・い【晴れがましい】〔形〕文はれがま・し〔シク〕❶表立って華やかである。晴れやかで誇らしげである。「―・い席に着く」「授賞式に臨む―・い姿」❷表立ちすぎていて気恥ずかしい。「こんな大層な集まりは―・い」(派生)はれがましげ〔形動〕はれがましさ〔名〕(類語)恥ずかしい

はれ-ぎ【晴(れ)着】表立った場面で着る晴れやかな衣服。晴れ衣装。よそゆき。「―姿」
(類語)よそゆき・一張羅・街着

ば-れき【馬×櫪】うまやの根太(ねだ)。また飼い葉桶。転じて、馬小屋。

ばれき-じん【馬×櫪神】馬の守護神。両手に剣を持ち、両足で猿とセキレイを踏まえている像として描かれる。うまやの神。

はれ-ぎぬ【晴れ▽衣】「晴れ着」に同じ。「今織るはまた、父の殿御の―」〈浄・百合若大臣〉

ばれ-く【ばれ句】卑猥(ひわい)な内容の川柳。(補説)「破礼句」とも当てて書く。

はれ-ごと【晴(れ)事】晴れがましいこと。

バレス〘Auguste Maurice Barrès〙[1862〜1923]フランスの小説家・政治家。個人主義から出発し、熱烈な国家主義に転じた。作「自我礼拝」「国民的精力の物語」の各三部作など。

パレス〘palace〙❶宮殿。王宮。御殿。❷娯楽・競技などのための大きな建物のこと。

はれ-すがた【晴(れ)姿】❶晴れ着を着た姿。「振袖の―」❷儀式などの、おおやけの場所に出たときの姿。「息子の―を見て感激する」

パレスチナ〘ラテン Palestina〙西アジアの地中海沿岸地方。一般にヨルダン川以西をさす。古くはカナーンとよばれたが、前12世紀ごろペリシテ人が定着し、名はこれに由来する。オスマン帝国の支配を経て、第一次大戦後は英国の委任統治領。シオニズム運動により移住したユダヤ人は1948年にイスラエル共和国を建国したが、アラブ人との間で紛争が続いていた。93年にPLO(パレスチナ解放機構)とイスラエルとの間で暫定自治協定が調印され、96年、ヨルダン川西岸とガザ地区から成る暫定自治政府が発足した。2011年9月、暫定自治政府が国連に国家としての正式加盟を申請。同年10月、ユネスコの加盟国として承認された。人口389万(2006)。(補説)パレスチナの国連加盟については常任理事国で拒否権を持つ米国が反対の姿勢を示している。

パレスチナ-かいほうきこう【パレスチナ解放機構】(カイハウキコウ)▶ピー-エル-オー(PLO)

パレスチナ-ざんていじちごうい【パレスチナ暫定自治合意】(ザンテイジチガフイ)▶オスロ合意

パレストリーナ〘Giovanni Pierluigi da Palestrina〙[1525ころ〜1594]イタリアの作曲家。教会音楽にすぐれ、16世紀の対位法様式を完成。作品にミサ・モテットなど多数。

ハレ-だいがく【ハレ大学】《Universität Halle》ドイツ東部、ハレ市にある大学。1694年プロイセン王フリードリヒ3世により創設。学問・思想の自由を大学の本質として重んじた。1817年、ウィッテンベルク大学と合併してマルティン＝ルター大学ハレ-ウィッテンベルクとなった。ハルレ大学。

パレチゼーション〘palletization〙荷役作業の合理化・効率化の手段の一。貨物をパレット(荷台)に載せて、フォークリフトなどで集中的に移動させる方法。

は-れつ【破裂】〔名〕(スル)❶内部からの圧力などによって、勢いよく割れさけること。「水道管が―する」❷意見がまとまらず、交渉などが物別れになること。決裂。「談判が―する」
(類語)爆裂・炸裂(さくれつ)・爆発・パンク・バースト・はじける・爆(は)ぜる・張り裂ける

はれつ-おん【破裂音】調音器官を閉鎖して呼気を止めたのち、急に開放して発する音。日本語では、無声音の[p][t][k]、有声音の[b][d][g]がある。閉鎖音。

バレッタ〘フランス barrette〙髪を留めるピンの一種。髪をはさむ金具に、金属やプラスチックなどで装飾をつけたもの。

バレッタ〘Valetta〙地中海にあるマルタ共和国の首都。港湾都市。1814〜1979年に英国艦隊の基地があった。1980年に「バレッタ市街」の名称で世界遺産(文化遺産)に登録された。人口、行政区6315人(2008)。

パレット〘palette〙❶油絵や水彩画を描く際、絵の具を溶いたり調合したりするために用いる板。調色板。❷ある画家が常用した色彩の種類。また、ある作品に採用された色彩の種類。

パレット〘pallet〙運搬用の荷台や枠組み。フォークリフトで荷物を載せたまま運ぶ。

パレット-カラー〘palette color〙▶インデックスカラー

パレット-けしょうひん【パレット化粧品】(ケシヤウヒン)《palette cosmetics》化粧品、化粧用小道具が、パレット状の容器に収納されて大きなコンパクトになっているもの。

パレット-ナイフ〘palette knife〙パレットの上で絵の具をこねたり削り取ったりするためのナイフ。

はれ-て【晴れて】〔副〕世間に正式に認められて、もうだれにも遠慮する必要のないさま。公然と。「―夫婦になる」「―無罪となる」

パレ-デ-ナシオン〘フランス Palais des Nations〙スイスのレマン湖畔に建てられた、旧国際連盟の本部。現在、国際連合欧州本部がある。

パレネ〘Pallene〙土星の第33衛星。2004年に発見。名の由来はギリシャ神話の巨人の娘。直径は4キロに満たない。メトネやアンテと同じく、より小さな岩石とともに弧状の不完全な環を形成して土星を公転している。

はれ-の-うた【晴れの歌】歌合(うたあわせ)や歌会などの晴れの場所に出す、よく詠み整えた、すぐれた歌。

はれ-の-ごぜん【晴れの御膳】正月三が日、天皇に奉る食事。威儀の御膳(おもの)。

はれ-ばれ【晴れ晴れ】〔副〕(スル)❶空がすっかり晴れ渡っているさま。「―(と)した秋の空」❷少しもわだかまりなどがなく、気持ちがさっぱりとしたさま。「今一つ気分が―(と)しない」「―(と)した顔」
(類語)晴れやか・うららか

はればれ-し・い【晴れ晴れしい】〔形〕文はればれ・し〔シク〕❶晴れ渡っているさま。すっきりと明るいさま。「―・い空気を嵌硝子(はめガラス)の外に眺めた」〈漱石・明暗〉❷心にわずらいなどがなく晴れやかなさま。「―・い笑顔」❸表立っているさま。改まったさま。「堀川院をば、さるべき事の折、―・しき料(れう)にせさせ給ひ」〈大鏡・基経〉(派生)はればれしげ〔形動〕はればれしさ〔名〕

はれ-ぼった・い【腫れぼったい】〔形〕文はれぼった・し〔ク〕はれていて、いかにもうっとうしそうである。「―・いまぶた」(派生)はれぼったさ〔名〕

はれ-ま【晴(れ)間】【×霽れ間】❶降っていた雨や雪などが一時的にやんでいる間。「雨の―をみて出か

ける」❷雲の切れ間などからのぞく晴れた空。「―がのぞく」❸心が晴れている間。物思いがやんでいる時。「心の闇―なく嘆きわたり」〈源・松風〉類語雲間

ハレム〘harem〙《「ハーレム」とも》❶イスラム教国の王室や上流家庭の婦人部屋。近親者以外の男子は出入り禁制であった。❷イスラム教王室の後宮。❸一人の男性がたくさんの女性を侍らせる所。動物の世界などにもいう。「アザラシが―を作る」補説語源はアラビア語ḥarīm(禁じられたもの)から。

はれ‐めん【腫面】舞楽の「二の舞」で使われる、老婆のふくれっ面をかたどった面。➡咲面えみめん

はれ‐もの【腫れ物】炎症などで皮膚がはれてうみなどをもったもの。できもの。「首に―ができる」

腫れ物に触さわるよう　機嫌を損じないように気遣い、恐る恐る接するさま。「まるで―な扱い」

はれ‐やか【晴れやか】〘形動〙〘文〙〘ナリ〙❶空が晴れ渡っているさま。「―に澄んだ秋の気」❷心にわだかまりなどがなく、すっきりとして明るいさま。「―な顔つき」❸はなやかなさま。「―に装う」「―なパーティー」派生はれやかさ〘名〙類語晴れ晴れ・うららか・明るい

はれ‐やれ〘感〙❶ためいきをついたり、ほっとしたりしたときに発する語。あれまあ。やれやれ。「―、姫御前と申す者はお気が細い」〈浄・大経師〉❷相手に呼びかけるときに発する語。さあさあ。「―、―、―、きりきり乗らっしゃれ」〈浄・丹波与作〉

はれ‐らか【晴れらか】〘形動ナリ〙「晴れやか」に同じ。「家の子郎等まで―に出でたち」〈承久軍物語・二〉

バレリー〘Paul Valéry〙［1871～1945］フランスの詩人・批評家。マラルメに師事し、純粋詩の理論を確立。詩「若きパルク」、評論「レオナルド=ダ=ビンチの方法序説」「バリエテ」など。

バレリーナ〘伊 ballerina〙バレエの女性舞踊手。本来は主役を踊る女性舞踊手をさす。

は・れる【晴れる｜×霽れる】〘動ラ下一〙〘文〙は・る〘ラ下二〙❶㋐雲や霧などが消えてなくなる。「青く―・れた秋空」「靄もやが―・れる」㋑雨や雪が降りやむ。「午後には雨が―・れる」❷心のわだかまり・悩みなどがなくなってさっぱりする。「すかっと気分が―・れる」「心が―・れない」❸罪や疑いなどが消える。「容疑が―・れる」❹展望が開ける。見晴らしがきく。「前一町ばかりのほどは明らかに―・れて」〈宇津保・俊蔭〉類語晴れ渡る・照る

は・れる【腫れる】〘動ラ下一〙〘文〙は・る〘ラ下二〙炎症などで、皮膚や粘膜がふくれる。「扁桃腺へんとうせんが―・れる」類語浮腫ふむ・腫らす

バレル〘barrel〙➡バーレル

ば・れる〘動ラ下一〙❶秘密や隠し事などが露見する。発覚する。「うそが―・れる」「正体が―・れる」❷釣り針にかかった魚が途中で逃げる。「水面近くで―・れる」❸相談などが、まとまらずに破れる。「相談ガー・レル」〈和英語林集成〉「身請けの―・れたる女郎を賦すと見えたり」〈洒・蕩子筌枉解〉❹卑猥ひわいな話をする。下品なことを言う。「わざと―・れたる詞付き」〈浄・鎌田兵衛〉類語露見・発覚・露呈・表立つ・現れる

バレル‐コート〘barrel coat〙樽たる(バレル)のように上下より真ん中がふくらんでいるコート。

パレルモ〘Palermo〙イタリア南部、シチリア島北西岸の港湾都市。シチリア自治州の州都。前8世紀ごろフェニキア人が建設し、中世にはシチリア王国の首都となった。人口、行政区66万(2008)。

パレルモ‐だいせいどう【パレルモ大聖堂】ーダイセイダウ《Cattedrale di Palermo》イタリア南部、シチリア島、シチリア自治州の都市パレルモの旧市街にある大聖堂。12世紀末、大司教グァルティエロ=オッファミリオによりイスラム教徒のモスクをシチリア-ノルマン様式の教会に改築。14世紀から15世紀にかけて鐘楼が建てられ、18世紀末から19世紀初頭にかけて、フェルディナンド=フーガによるバロック様式の装飾が施された。シチリア王国を治めたルッジェーロ2世、神聖ローマ皇帝エンリコ(ハインリヒ)6世と妃コンスタンツァ1世、フェデリコ(フリードリヒ)2世らの石棺が安置される。

ハレルヤ〘hallelujah〙《主をほめ讃えよ、の意》旧約聖書の詩篇で、神を賛美し、喜びを表す語。キリスト教会の聖歌・賛美歌に用いられる。アレルヤ。

はれ‐わた・る【晴(れ)渡る】〘動ラ五(四)〙❶一面に晴れる。残すところなく、すっかり晴れる。「雲一つなく―・った空」❷はなやかに飾りたてて通る。「雑色ぞうしきのこはき装束して―・るを」〈続古事談・二〉

ば‐れん【馬×楝｜馬連】木版刷りの用具で、版木に当てた紙の上をこすって絵の具を紙に付着させるもの。撚よりひもなどを渦巻きにした芯しんを皮で押さえ、さらに竹の皮で包み、滑りをよくしたもの。

ば‐れん【馬×簾】❶纏まといの周囲に房のように垂れ下げた、細長いラシャや厚紙、革などで作った飾り。❷印刷で、点線の連続する罫線けいせん。目次を組むときなどに使用。

パレンケ〘Palenque〙メキシコ南東部、チアパス州西部にあるマヤ古典期を代表する遺跡。マヤ文明の研究に重要な碑文が多数発見された神殿や、天体観測が行われたと思われる宮殿がある。1987年、「古代都市パレンケと国立公園」の名称で世界遺産(文化遺産)に登録された。

バレン‐こうげん【バレン高原】ーカウゲン《The Burren》アイルランド西部、クレア州の北西部に広がるカルスト台地。石炭紀の石灰岩からなり、アーウィーの洞窟をはじめとするカルスト地形があるほか、数多くの野生の動植物が見られる。また、70以上もの巨石墳墓があり、紀元前3800年から3200年頃に造られた「巨人のテーブル」と呼ばれる墳墓が有名。

バレンシア〘Valencia〙スペイン中東部、地中海に面する商業都市。同名の自治州の州都。米・ブドウ・オレンジなどの集散地。絹織物や陶磁器工業も盛ん。歴史的建造物や遺跡が多い。人口、行政区81万(2008)。

バレンシア‐オレンジ〘Valencia orange〙オレンジの代表品種。スペインのバレンシア地方の原産。果汁が豊富で、ジュースの原材料に用いられる。

バレンシア‐だいせいどう【バレンシア大聖堂】ーダイセイダウ《Catedral de Santa María de Valencia》スペイン、バレンシアの旧市街にある大聖堂。13世紀から14世紀にかけて建造され、17～18世紀に増改築されたため、ロマネスク様式のほかゴシック、新古典様式などが混在する。高さ65メートルの八角形の鐘楼「ミゲレテの塔」がある。

バレンシュタイン〘Wallenstein〙➡ワレンシュタイン

バレンス‐すいどうきょう【バレンス水道橋】ースイダウケウ《Valens Kemeri》トルコ北西部の都市イスタンブールにある東ローマ帝国時代の水道橋の遺構。コンスタンティヌス1世の治世下に建設が始まり、バレンス帝の時代に完成した。建造当初は長さ約1キロメートル、現在は約800メートルが残っている。トルコ語ではボズドアンケメリ(チョウゲンボウのアーチ)と呼ばれる。

バレンタイン‐デー〘Valentine Day〙2月14日。270年ごろローマで殉教したテルニーの主教聖バレンティヌスの記念日。ローマの異教の祭りと結びついて女性が男性に愛を告白する日とされるようになり、日本ではチョコレートを贈る風習がある。セントバレンタインデー。

パレンタル‐コントロール〘parental control〙➡視聴年齢制限

パレンタル‐ロック〘parental lock〙➡視聴年齢制限

は‐れんち【破廉恥】〘名・形動〙恥を恥とも思わず平気でいること。また、そのさま。恥知らず。「―な人」「―な振る舞い」類語恥知らず・恥さらし・無恥

はれんち‐ざい【破廉恥罪】法律に違反するだけでなく、道徳的にも許されない内容の犯罪。窃盗・詐欺・贈収賄・放火・殺人など。

パレンツォ〘Parenzo〙クロアチアの都市ポレッチのイタリア語名。

バレンティーノ‐こうえん【バレンティーノ公園】ーコウヱン《Parco del Valentino》イタリア北西部、ピエモンテ州の都市トリノにある公園。ポー川左岸に位置する。16世紀にサボイア公エマヌエレ=フィリベルトが購入したバレンティーノ城がある。

バレンティーノ‐じょう【バレンティーノ城】ージャウ《Castello del Valentino》イタリア北西部、ピエモンテ州の都市トリノにある城。ポー川左岸、バレンティーノ公園内に位置する。16世紀にサボイア公エマヌエレ=フィリベルトが購入。現在はトリノ工科大学建築学部の建物として使用。1997年、「サボイア王家の王宮群」の名称で世界遺産(文化遺産)に登録された。

パレンバン〘Palembang〙インドネシアのスマトラ島南東部、ムシ川に沿う河港都市。石油・ゴムなどの集散地。7～11世紀にシュリービジャヤ王国の首都として繁栄。人口、行政区132万(2005)。

ハロ〘halo〙➡ハロー

は‐ろう【波浪】ーラウ 水面に起きる表面波。風浪・うねり・磯波の総称。なみ。
類語波・さざ波・白波・逆波・津波・土用波・うねり

は‐ろう【破×牢】ーラウ〘名〙スル　囚人が牢を破って逃げ出すこと。脱獄。破獄。牢やぶり。
類語脱獄・破獄・脱牢・牢破り・牢抜け

ハロウィーン〘Halloween〙諸聖人の祝日の前夜(10月31日)の祭り。秋の収穫を祝い悪霊を追い出す古代ケルト人の祭りが起源。米国では、ジャック-オ-ランタン(カボチャの提灯ちょうちん)などを飾り、仮装した子供たちが近所の家々からお菓子をもらう。

はろう‐じん【波浪神】ハラウー 航行中の船の守護神。人や鳥獣の形を彫刻して船首に飾るもの。西洋の帆船に多くみられる。

ハロー〘halo〙❶聖像などの光背。後光。光輪。❷太陽や月の周りに現れる光の輪。暈かさ。❸凸レンズ状の銀河を取り囲んで球状星団が分布する領域。❹ハレーションのこと。

ハロー〘harrow〙耕し起こしたのち、砕土・地ならしを行う農機具。砕土機。

ハロー〘hello〙〘感〙呼びかけ、または軽いあいさつに用いる語。もしもし。やあ。こんにちは。

バロー〘Barrow〙米国アラスカ州最北部の町。同国最北端のバロー岬がある。エスキモーが住民の大半を占める。

バロー〘Jean-Louis Barrault〙［1910～1994］フランスの俳優・演出家。古典から前衛劇まで幅広い演目を扱い、特に舞台芸術の総合をめざす全体演劇を主張。「天井桟敷の人々」など映画出演も多い。

ハロー‐こうか【ハロー効果】ーカウクワ《halo effectの訳語》人物や物事を評価するとき、目立ってすぐれた、あるいは劣った特徴があると、その人物や物事のすべてをすぐれている、あるいは劣っている、と見なす傾向。後光効果。光背効果。

ハロー‐スクール〘Harrow School〙英国のハローにある私立学校。エリザベス1世時代に創設されたパブリックスクールで、イートンカレッジ・ラグビースクールと並ぶ有名校。ハロー校。

パロール〘フランス parole〙言語学者ソシュールの用語。「言げん」と訳される。社会制度としてのラングに依拠しながら、個々人が個々の場面で行使する言葉。➡ランガージュ ➡ラング

ハロー‐ワーク《和 Hello-Work》公共職業安定所の愛称。旧労働省が平成元年(1989)に愛称を公募、選定し、平成2年(1990)から使用し始めた。

ハロゲート〘Harrogate〙英国イングランド北部、ノースヨークシャー州の町。16世紀に温泉が発見され、19世紀から20世紀にかけて上流階級が集う温泉保養地として発展した。現在もビクトリア様式の建物が数多く残っている。ハロゲイト。

ハロゲン〘halogen〙《塩の素もとの意》「ハロゲン族元素」の略。

ハロゲンか‐ぎん【ハロゲン化銀】ークワー 銀のハロゲン化物である弗化ふっか銀・塩化銀・臭化銀・沃化ようか銀の総称。弗化銀以外は感光性があり、写真材料に用いられる。

ハロゲンか‐ぶつ【ハロゲン化物】ークワー《ドイツ Halogenidの訳語》ハロゲン族元素と水素または金属と

の化合物。弗化(ふっ)物・塩化物・臭化物・沃化(よう)物の総称。

ハロゲン-げんそ【ハロゲン元素】▶ハロゲン族元素

ハロゲンぞく-げんそ【ハロゲン族元素】周期表第17(ⅦB)族の弗素(ふっ)・塩素・臭素・沃素(よう)・アスタチンの5元素の総称。非金属元素で、一価の陰イオンになりやすく、金属と典型的な塩(えん)を作り、化合力は原子番号が増すほど弱い。造塩元素。ハロゲン。

ハロゲン-ランプ〖halogen lamp〗白熱電球の一。沃素(よう)を封入したタングステン電球。電球の劣化が起こりにくく、輝度が高いので、映写用や自動車のヘッドライトなどに用いる。

バロシャ〖Varosha〗ブルガリア南西部の都市ブラゴエフグラートの一地区。市中を流れるビストリッツァ川東岸の旧市街を指す。民族復興期の19世紀半ばに建造された教会や歴史博物館があり、古い街並みが残っている。

パロス〖Palos〗スペイン南西部、大西洋岸沿いの港町。ウェルバの北東にある。コロンブスの出航地として知られる。パロス-デ-ラ-フロンテラ。

パロス-デ-ラ-フロンテラ〖Palos de la Frontera〗▶パロス

パロス-とう【パロス島】(ﾀﾞｳ)《Paros》ギリシャ南東部、エーゲ海に浮かぶ島。キクラデス諸島の中で3番目に大きく、中央部に位置する。中心地はパリキア。ミコノス島、サントリーニ島に並ぶエーゲ海の代表的な観光地。古代には良質な白大理石の産地として栄えた。西方約2キロメートルのところに浮かぶアンティパロス島のほかに、パロス島の周囲に12の小島がある。

ハロセン〖halothane〗全身麻酔薬の一種。揮発性で吸入麻酔薬として用いられる。笑気ガスと併用されることが多い。ハロタン。➡フローセン

パロチン〖Parotin〗唾液腺ホルモン。薬剤として、唾液腺機能の低下によるとされる諸症(筋無力症・胃下垂・歯槽膿漏(のうろう)・更年期障害)に適用される。

バロック〖(ﾌﾗﾝｽ) baroque〗《(ﾎﾟﾙﾄｶﾞﾙ) barroco(ゆがんだ真珠)から》16世紀末から18世紀に欧州で流行した芸術様式。均整と調和のとれたルネサンス様式に対し、自由な感動表現、動的で量感あふれる装飾形式が特色。同じ傾向の音楽・文学の様式をもいう。バロック式。(類語)ロマネスク・ゴシック・ロココ

バロック-おんがく【バロック音楽】《バロックは、(ﾌﾗﾝｽ) baroque》16世紀末から18世紀中ごろまでのヨーロッパ音楽。近代的な和声法や長・短調体系、通奏低音を支柱とした作曲技法が確立され、オペラ・オラトリオ・カンタータなどの劇的声楽曲とともに、種々の器楽曲が発達した。バッハ・ヘンデル・ビバルディ・パーセルらが代表的作曲家。

バロック-しき【バロック式】▶バロック

バロック-しんじゅ【バロック真珠】《バロックは、(ﾌﾗﾝｽ) baroque》ゆがんだ真珠。ふつう、真珠は正円を最良のものとするが、ゆがんだ真珠も玄人むきの雅趣のあるものとして好まれている。

ハロッド〖Roy Forbes Harrod〗[1900～1978]英国の経済学者。ケインズとは独立に有効需要論を発見。また、経済動学を発展させて経済成長理論の基礎を築いた。著「景気循環論」「経済動学」など。

バロット〖ballot〗無記名投票。また、投票用紙。特に、候補者の名前が印刷された投票用紙。

パロディー〖parody〗文学などで、広く知られている既成の作品を、その特徴を巧みにとらえて、滑稽(こっけい)化・風刺化の目的で作り変えたもの。日本の替え歌・狂歌などもこの一種。

パロディスト〖parodist〗パロディーを行う人。原作を模倣して、風刺的に表現する人。

バロネス〖baroness〗❶男爵夫人。❷女性の爵位の一。男性のバロン(男爵)に相当するもの。

はろ-ばろ【×遥×遥】〔副〕《古くは「はろはろ」》「はるばる」に同じ。「神々しいまでに美しい―とした稜線」〈井上靖・比良のシャクナゲ〉「難波潟漕ぎ出(づ)る舟の―に別れ来ぬれど忘れかねつも」〈万・三一七一〉

ハロペリドール〖haloperidol〗抗精神病薬の一種。主に統合失調症・非定型躁病などに用いる。幻覚・妄想などを軽くし、病的な興奮を鎮静させる。

パロマ〖(ｽﾍﾟｲﾝ) paloma〗鳩。

パロマーさん-てんもんだい【パロマー山天文台】《Palomar》米国カリフォルニア州サンディエゴ郊外のパロマー山にある天文台。口径508センチの反射望遠鏡がある。パロマー天文台。➡ウィルソン山天文台

バロメーター〖barometer〗❶気圧計。晴雨計。❷状態・程度を推し量る基準となるもの。指標。「食欲は健康の―となる」

バロリス〖Vallauris〗フランス南東部、アルプ-マリチーム県の村。古くから陶芸が盛ん。1946年、当時65歳だったピカソが陶芸を始めるきっかけとなった地。元は修道院だったバロリス城には、現在、国立ピカソ美術館をはじめ、三つの美術館がある。

パロ・る〔動ラ五〕《「パロディー」の略の「パロ」の動詞化》あるものを題材として、風刺的なもじりの文や歌・絵・文章などを作る。風刺的に模倣する。

ハロン〖furlong〗1マイルの8分の1。約200メートル。競馬などで用いる。ファーロング。

ハロン〖halon〗臭素を含むフロン。消火剤などに使われたが、オゾン層の破壊力がフロンよりも大きいため、現在は製造禁止。➡フロン

バロン〖baron〗男爵。

バロン-タガログ〖barong tagalog〗フィリピン男性の盛装用民族衣装。バロンという植物の繊維で織った絽状(ろじょう)の布で作るオーバーブラウス風のシャツ。ふつう白糸刺繍(ししゅう)が施されている。

バロン-デッセ〖(ﾌﾗﾝｽ) ballon d'essai〗❶観測気球。❷ある計画などに対する反応をうかがうために意図的に公表される意見など。「一的な観測記事」

はわ【▽母】(はは)▶はは

パワー〖power〗❶力。能力。体力。「パンチに―がない」「―のみなぎっている人」❷権力。支配力。軍事力。「バランス-オブ-―」❸政治や社会を動かす集団の力。勢力。「住民―」❹原動機などの馬力。動力。仕事率。「―のあるエンジン」(類語)エネルギー・原動力・活力・体力・精力・精・動力・馬力

パワー-アップ〔名〕(スル)《和 power＋up》力を増すこと。より力をつけること。「エンジンが―する」「販売部門が―する」

パワー-アンプ《power amplifierから》電力増幅用アンプ。プリアンプとともにセパレートアンプを構成する。

パワー-ウインドー〖power window〗自動車の横の窓で、ガラスがボタンひとつで上下するもの。電気モーターによるものが多い。

パワーウエート-レシオ〖power weight ratio〗エンジン・モーター・ポンプなどのエネルギー変換機における、単位重量あたりの出力動力。

パワー-エリート〖power elite〗一国の政治・経済・軍事などの頂点にたち、国家の政策に決定権を有する人々。米国の社会学者C＝W＝ミルズが用いた。権力エリート。

パワー-エレクトロニクス〖power electronics〗発電・送電系統・制御・電気材料といった電力分野を取り扱う電子工学。電力用半導体の進歩に伴って発展しつつある新分野。

パワー-オーバーステア〖power over steer〗強力な後輪駆動のスポーツカー・レーシングカーなどで、コーナーでアクセルを踏んで後輪を外側へすべらせ、オーバーステアの状態をつくること。

パワー-ゲーム〖power game〗大国がその政治的、経済的な力を背景にして主導権を握ろうとして行う、国際政治上のかけひき。

パワー-コンディショナー〖power conditioner〗太陽電池や燃料電池が発電した直流電力を、家庭で使える交流電力に変換する装置。変換効率が高いほど家庭で使える電力は多くなる。

パワー-コントロール〖power control〗力の強弱を制御すること。

パワー-サプライ〖power supply〗電源。電源装置。

パワー-シート〖power seat〗自動車の座席(主に運転席)を電気モーターまたは油圧で前後、上下、前後傾に調節する装置。

パワー-シェアリング《和 power＋sharing》権力の共有。

パワー-ショベル〖power shovel〗動力で動く大きなシャベルで土砂などを掘削する土木機械。高い所の切り崩しなどに使用。動力シャベル。パワーシャベル。

ハワース〖Haworth〗▶ハース

ハワース〖Haworth〗英国イングランド北部、ウエストヨークシャー州の小村。小説家ブロンテ姉妹の故郷。末娘アン以外のブロンテ一家が眠る教会やブロンテ博物館のほか、「嵐が丘」などの作品の舞台となった場所をめぐる遊歩道がある。➡スカーバラ

パワーズ-コート〖Powers Court〗アイルランド東部、ウィックロー州の村、エニスケリーにある邸宅。18世紀にドイツの建築家リヒャルト＝カッセルスが、13世紀建造の城をパラディオ様式の邸宅に改築。1974年に本館が焼失したが1996年に再建。同国屈指の庭園があることで知られる。

パワー-ステアリング〖power steering〗自動車の動力式かじ取り装置。ステアリングの操作時に、動力シリンダーのピストンに油圧が働いて力を補助する。パワステ。

パワー-スポット〖power spot〗霊的な力が満ちているとされる場所。(補説)1990年代ごろからのオカルトや超自然主義の流行に伴って使われだした。

パワー-センター〖power center〗安売り店が集まったショッピングセンター。アメリカで始まった新しい業態で、市街地から離れた土地の安い場所に立地し、車で訪れる消費者を対象にしたものが主。

パワー-ダウン《和 power＋down》力を失うこと。

パワー-トレーン〖power train〗動力を車輪に伝える装置の総称。エンジンやトランスミッションなど。

パワー-ハラスメント《和 power＋harassment》職場などで、職務上の地位や人間関係などの優位性を背景に、業務の適正範囲を超えて、相手に精神的・身体的苦痛を与えたり、職場環境を悪化させたりする行為。上司から部下に対してだけでなく、先輩・後輩、同僚間、部下から上司に対する行為や、顧客や取引先によるものも含まれる。パワハラ。(補説)身体的な攻撃(暴行・傷害)、精神的な攻撃(脅迫・名誉棄損・侮辱・暴言)のほかに、人間関係からの疎外(隔離・無視・仲間外れにすること)、業務上の過大または過小な要求、私的な事柄への過度な干渉なども該当する。

パワー-バランス《和 power＋balance》「バランスオブパワー」に同じ。

パワー-はんどうたい【パワー半導体】(ﾊﾝﾄﾞｳﾀｲ)《power semiconductor》交流を直流に変換する、電圧を下げるなど、電気エネルギーの制御や供給に用いる半導体の総称。電力・鉄道車両・家電製品などに広く使われる。家電ではインバーター製品に多く使用。

パワー-ピーシー〖Power PC〗米国IBM社・モトローラ社・アップルコンピューター社(現アップル)が共同開発したRISCチップ。Power Macなどに採用されている。

パワー-フォワード〖power forward〗バスケットボールのポジションの一。ゴール近くで、リバウンドの処理などを行う。PF。

パワー-プレー〖power play〗❶アイスホッケーで、相手側に退場選手が出たとき、ゴールキーパーを除いて一丸となって行う集中攻撃。❷サッカーなどで、フォワードの人数を増やすなどして攻撃に重点を置くこと。❸▶ヘビーローテーション

パワー-ブレーキ〖power brake〗自動車などのブレーキで、ドライバーが操作する力を増強する倍力装置を備えたもの。制動力が強化される一方、ペダルを踏む力も軽減される。

パワーポイント〖PowerPoint〗▶マイクロソフトオ

フィスパワーポイント

パワー-ポリティックス〖power politics〗軍事力を中心とした権力を行使、または背景にして、国家の利益を追求しようとする政策。主として国際政治でいわれる。権力政治。パワーポリテクス。

パワー-マッキントッシュ〖Power Macintosh〗米国アップルコンピューター社(現アップル)が開発したパソコンのシリーズ名。初代モデルを1994年に発売。99年に発売した第4世代モデルより、Power Macに名称を変更。

パワー-マック〖Power Mac〗米国アップルコンピューター社(現アップル)が開発したパソコンのシリーズ名。1994年に発売を開始したPower Macintoshシリーズの第4世代モデルより名称変更。99年にPower Mac G4、2003年にPower Mac G5を発売し、06年、後継にあたるMac Proシリーズの登場で同シリーズは終了。

パワー-マネージメント〖power management〗コンピューターの消費電力を低減させる機能。キー入力の有無を監視し、ハードディスクやCPUの動作状態を管理することにより省力化を図る。ノートパソコンなどに搭載されている。

パワー-ユーザー〖power user〗コンピューターのハードウエア・ソフトウエアに精通したユーザー。

パワー-ライン〖power line〗電力線。送電線。

パワー-ランチ〖power lunch〗❶有力者たちの昼食会。特に、経営者が投資家を招待して行う昼食会。❷転じて、仕事の打ち合わせをしながらとるランチ。ビジネスランチ。

パワー-リフティング〖powerlifting〗バーベルを使って、その重さを競う競技。挙げ方にスクワット・ベンチプレス・デッドリフトの3種類があり、各3回ずつ挙上する。頭上に差し上げない点が重量挙げと異なる。体重別の階級に分かれ競技を行う。

ハワイ〖Hawaii〗米国、太平洋にあるハワイ諸島からなる州。州都はオアフ島のホノルル。1778年英国の探検家クックが到達。18世紀末カメハメハ王朝が成立、のち共和国となったが、1898年米国に併合、1959年50番目の州となる。日本人移民が多い。観光地。(補説)「布哇」とも書く。➡表「アメリカ合衆国」

ハワイアリューシャン-ひょうじゅんじ【ハワイアリューシャン標準時】コンウタ コンダ ▶ハワイ標準時

ハワイアン〖Hawaiian〗❶「ハワイアン音楽」の略。❷他の語の上に付いて、ハワイの、ハワイ風の、という意を表す。「―ダンス」

ハワイアン-おんがく【ハワイアン音楽】ハワイ諸島の民族音楽が、アメリカのポピュラー音楽などの影響を受けて変容した音楽。スチールギター・ウクレレなどを用いる。

ハワイアン-ギター〖Hawaiian guitar〗スチールギターのこと。

ハワイしき-ふんか【ハワイ式噴火】コウン クウ 粘性の低い大量の玄武岩質溶岩の流出を主とする比較的穏やかな噴火。楯状火山の山腹や山頂部の割れ目噴火であることが多く、ハワイ島のキラウエア火山がこの例。

ハワイ-しょとう【ハワイ諸島】コシヨ クウ 太平洋中央部にある諸島。米国ハワイ州をなす。主島はハワイ島・マウイ島・オアフ島・カウアイ島など。マウナロア・キラウエアなどの火山が多い。旧称サンドウィッチ諸島。

ハワイ-ひょうじゅんじ【ハワイ標準時】コンウタ コンダ 標準時の一。ハワイのほかタヒチ島などで使われる。協定世界時より10時間遅く、日本標準時より19時間(夏時間の場合は18時間)遅い。ハワイ-アリューシャン標準時。HAST(Hawaii-Aleutian standard time)。

はわき-ぎ【×箒木｜×帚木】ははき ▶ははきぎ

は-わけ【派分け】流派や党派に分けること。また、その区別。

は-わけ【葉分け】風や月光、霜などが葉と葉を分けて、間に入り込むこと。また、1枚1枚の葉。「朝日さす光を見ても玉笹の―の霜を消(け)たずもあらなむ」〈源・藤袴〉

パワ-ステ「パワーステアリング」の略。

は-わたり【刃渡り】❶刃物の刃の長さ。「―18センチの短刀」❷刀の刃の上を素足で歩く軽業(かるわざ)。

パワ-ハラ「パワーハラスメント」の略。

パワフル〖powerful〗〔形動〕力強いさま。強力なさま。「―な攻撃」

はん【反】㊀〔名〕❶▶反定立(はんていりつ) ❷「反切(はんせつ)」の略。㊁〔接頭〕名詞に付く。❶それとは反対の、それに反対するの意を表す。「―体制」「―主流派」❷それに合致しない、それに背くなどの意を表す。「―道徳」「―社会的」➡漢「はん(反)」

はん【半】❶半分。半分の数量。2分の1。「―個―」「―メートル―」❷正時から30分過ぎた時。「六時―」❸2で割り切れない数。奇数。「丁(ちょう)か―か」⇔丁。❹田畑の面積の単位。太閤検地以前は180歩、以後は150歩。❺名詞の上に付いて、なかば、または、ほとんどその状態であることなどの意を表す。「―植民地」「―狂乱」➡漢「はん(半)」

はん【判】❶文書などに押して、しるしとするもの。印判。印形(いんぎょう)。はんこ。また、そのしるし。「書類に―をもらう」❷書き判。花押(かおう)。❸《「ばん」とも》紙や本などの大きさの規格を示す語。「A5―」「新書―」❹物事の優劣・可否などを見分け定めること。判定。「この―仕うまつり給ふ」〈源・絵合〉❺判決。さばき。「国の守の―にいはく」〈沙石集・九〉➡漢「はん(判)」
(類語)(❶)印・印章・印判・印鑑・判子・ゴム印・スタンプ

判で押したよう　同じことの繰り返しで、変化のないさま。きまりきっているさま。「―な生活」

はん【版】㊀〔名〕❶印刷で、インキを紙面に移す仲立ちとなるもの。印刷版や版木(はんぎ)。版式により、凸版・凹版・平版、また木版・活版などがある。❷印刷版や版木を用いて印刷すること。また、出版すること。「―を重ねる」㊁〔接尾〕助数詞。出版物の刊行回数を数えるのに用いる。上に来る語によって「ぱん」ともなる。「第三―」➡漢「はん(版)」

はん【班】㊀〔名〕❶一つの集団を数人ずつに組み分けして、行動・作業を共にする小単位としたもの。「三つの―に分かれて討議する」「救護―」❷仲間。「身は当世に蔑視せらるる三文文学者の―に列すれ共」〈魯庵・社会百面相〉㊁〔接尾〕助数詞。組の数や順序を数えるのに用いる。上に来る語によって「ぱん」ともなる。「全体を五―に分ける」「一―から三―までがこの車両に乗る」➡漢「はん(班)」(類語)組・仲間・集団・一群・一団・隊・チーム・パーティー

はん【斑】まだら。ぶち。「白に黒い―のある犬」➡漢「はん(斑)」(類語)斑(まだら)・斑点・ぶち

はん【煩】わずらわしいこと。面倒なこと。「―に堪えない」「―をいとわず」➡漢「はん(煩)」

はん【範】手本。模範。「―を後世に残す」「工業先進国に―をとる」➡漢「はん(範)」

範を垂・れる　みずから手本を示す。「生徒の前に―・れる」

はん【藩】❶江戸時代、大名が支配した領域およびその統治機構。「長州―」❷明治元年(1868)維新政府が旧幕府領に府・県を置いたのに対し、旧大名領をさす公称。➡漢「はん(藩)」

ハン〖khan〗モンゴル族・ウイグル族・トルコ族など遊牧民族の首長の称号。モンゴル帝国では、四汗国の君主の称。ハガン。可汗(かがん)。汗(かん)。

はん【汎】〔接頭〕《英語のpanに「汎」の字を当てたもの》名詞に付いて、広くそのすべてにわたるという意を表す。「―太平洋同盟」「―アジア主義」「―アメリカ」➡漢「はん(汎)」

はん〔接尾〕《「さん」の音変化》人名・役職名・団体名などに付いて、軽い尊敬の意を表す。多く、関西地方で話し言葉として使われる。「田中―」

はん【犯】〔接尾〕助数詞。刑を受けた回数を表すのに用いる。上に来る語によって「ぱん」ともなる。「前科三―」➡漢「はん(犯)」

ばん【晩】❶夕暮れ。夕方。「朝から―まで」❷夜。「あすの―は会議で遅くなる」❸晩飯。「―のおかずを買って帰る」➡漢「ばん(晩)」
(類語)夜(よる)・夜(よ)・夜間・夜分・小夜(さよ)・夜(よ)さり・宵(よい)・暮夜(ぼや)・夜中(よなか)・夜陰(やいん)・夜半(よわ)・夜中(やちゅう)・夜半(やはん)・ナイト

ばん【番】㊀〔名〕❶順送りに入れ替わって事に当たること。順番。「話す―が来る」「診察を受ける―を取る」❷注意して見張ること。また、その役。番人。「荷物の―をする」「寝ずの―」「店―」❸ある分野や特定の個人を取材などの対象として受け持つこと。「首相―の記者」「福田―」➡番記者 ❹物合わせなどで、勝負を争う組。「宮川歌合と名づけて、これも同じ―につがひて」〈著聞集・五〉❺《番号を付けて多数備えておくものの意から》名詞の上に付いて複合語をつくり、当番の人の用いるもの、また粗末なものの意を表す。「―傘」「―茶」「―槍(やり)」㊁〔接尾〕助数詞。❶多くあるものの順序・等級などを表すのに用いる。「成績は一―だ」「二―目」「三―手」❷取り組み・組み合わせ・勝負などを数えるのに用いる。「結びの一―」「六百―歌合」「三―勝負」❸能・狂言などの曲数を数えるのに用いる。「謡曲二百―集」➡漢「ばん(番)」
(類語)(㊀❶)順序・順・順番・順位・序列・席順・配列・オーダー・席次/(㊀❷)監視・見張り・立ち番・ピケ

ばん【×幡】《梵 patākāの訳》仏・菩薩(ぼさつ)の威徳を示すための仏具で、法要や説法のとき、寺院の境内や堂内に立てる飾り布。三角形の首部の下に方形の身をつけ、その下に数本の脚を垂らしたもの。はた。

ばん【盤】❶表面の平らな台。特に、碁盤や将棋盤などのこと。「―に駒を並べる」❷レコード盤。音盤。「古い―なので音がよくない」「シングル―」❸食物を盛る平たい円形の器。皿。鉢。「御台や―などまで、手づからのごはせ給ふ」〈大鏡・師尹〉❹食器などをのせる台。「一据ゑて、酒飲みなどす」〈宇津保・吹上上〉➡漢「ばん(盤)」

ばん【×鷭】クイナ科の鳥。水辺にすみ、全長約33センチ。全体に灰黒色で、額からくちばしにかけ鮮紅色。泳ぐときに首を前後に振る。温・熱帯に分布。北日本では夏鳥であるが、南日本では留鳥。(季 夏)

バン〖van〗後部に荷物を積めるようにした屋根付きの箱型の自動車。「ライト―」

バン〖VAN〗《value-added network》コンピューターによる情報の蓄積・処理機能などの付加価値をつけ、高度な通信サービスを提供する通信網。インターネットの普及により、現在はあまり用いられない。付加価値通信網。

バン〖Van〗《「ワン」とも》トルコ東部の都市。同国最大の湖、バン湖の東岸、イランとの国境近くに位置する。紀元前9世紀から前6世紀にかけてウラルトゥ王国の首都として栄え、トゥシパと呼ばれた。バン湖に浮かぶアクダマル島に10世紀建造のアルメニア教会が残るほか、ウラルトゥ王国時代の陶器や青銅器を所蔵するバン博物館、前9世紀にサルドゥール1世が築いたバン城跡などがある。

ばん【万】〔副〕(多く下に打消しの語を伴う)❶じゅうぶんに。完全に。「一遺憾なきよう期すべし」❷どうしても。なんとしても。万一。「―やむを得ない理由が生じた時は」

パン〖pan〗〔名〕(スル) 映画・テレビの撮影技法で、カメラを1か所に据えたまま、レンズの方向を水平に動かすこと。上下に動かすことにもいう。「―させて町の全景を撮る」➡チルト

パン〖pan〗底が平らで取っ手の付いている鍋。「フライ―」「シチュー―」

パン〖Pān〗㊀ギリシャ神話で、牧人と家畜の神。あご髭(ひげ)をたくわえ、山羊の角と脚を持った半獣神。山野を走り回り、好んで笛を吹いたという。ローマ神話のファウヌスにあたる。㊁(Pan)土星の第18衛星。1990年に発見。名は㊀に由来。公転軌道は衛星のなかで最も土星に近く、環の「エンケのすき間」にある。非球形で平均直径は約30キロ。

パン〖PAN〗《peroxyacetyl nitrate》硝酸(しょうさん)過酸化アセチル。光化学スモッグのとき発生するオキシダントの一種。

パン〖PAN〗《personal area network》パソコンの周辺機器を接続するネットワーク。ブルートゥースなど

漢字項目 はん

【凡】▶ぼん

反 (学)3 (音)**ハン**(漢) **ホン**(呉) **タン**(慣) (訓)**そる、そらす**、かえる、かえす、かえって ‖ ㊀〈ハン〉①はねかえる。はねかえす。「反映・反響・反射・反応(はんのう)・反発」②繰りかえす。「反芻(はんすう)・反復」③ひっくりかえる。ひっくりかえす。「反側・反転」④振りかえってみる。「反省」⑤逆の事をする。対立する。逆。「反感・反攻・反抗・反戦・反対・反面・反目・反問/違反」⑥(「叛」と通用)そむく。「反旗・反逆・反徒・反乱/離反」⑦漢字音の表記法の一。「反切」㊁〈ホン〉(「叛」と通用)そむく。「謀反(むほん)」㊂〈タン〉①布類の長さの単位。「反物(たんもの)」②土地の面積の単位。約一〇アール。「反収・反別/減反」[補説]㊂の①は「端」、②は「段(たん)」の音借字。[名付]そり [難読]反吐(へど)・反古(ほご)・反故(ほご)

半 (学)2 (音)**ハン**(呉)(漢) (訓)**なかば** ‖ ①二つに分けた片方。全体の二分の一。「半額・半径・半減・半身・半日・半半・半分/一半・過半・折半・前半・大半」②まだ全体に行き渡らない。中途。「半旗・半熟・半可通/夜半(やはん)」③奇数。「丁半」④(文字分析から)八十一歳。「半寿」[名付]なか [難読]半銭(きなか)・半蔀(はじとみ)・半被(はっぴ)・半靴(ほうか)・夜半(よわ)

氾 (音)**ハン**(漢) (訓)ひろがる ‖ ①水があふれ広がる。「氾濫」②あまねく広がる。ひろい。「氾愛・氾論」

犯 (学)5 (音)**ハン**(漢) ボン(呉) (訓)**おかす** ‖ ㊀〈ハン〉①おきてやルールを破る。おかす。「犯意・犯行・犯罪・犯人/違犯・共犯・再犯・事犯・初犯・侵犯・防犯」②罪をおかした人。犯人。「主犯・戦犯」㊁〈ボン〉僧が戒律(特に邪淫戒)をおかす。「女犯(にょぼん)・不犯」

帆 (音)**ハン**(漢) (訓)**ほ** ‖ ㊀〈ハン〉①船のほ。「帆影・帆船/順風満帆」②帆かけ船。船。「帰帆・孤帆」③ほをあげて走る。「帆走/出帆」㊁〈ほ〉「帆柱/白帆」

汎 (音)**ハン**(漢) ‖ ①水面に浮かぶさま。「汎汎(はんぱん)」②広く行き渡る。「汎愛・汎称・汎用・汎論/広汎」③水があふれる。「汎濫(はんらん)」④pan-の音訳字。全の意。「汎米主義」[補説]①②は「泛(はん)」と通用する。

伴 (音)**ハン**(漢) **バン**(呉) (訓)**ともなう**、とも ‖ ㊀〈ハン〉①連れ。とも。「伴侶(はんりょ)」②ともなう。連れて行く。おともをする。「随伴・同伴」㊁〈バン〉ともなう。「伴食・伴走・伴奏/相伴(しょうばん)」[名付]すけ [難読]伴天連(バテレン)

判 (学)5 (音)**ハン**(呉)(漢) **バン**(慣) (訓)わかる ‖ ㊀〈ハン〉①二つに分かれる。「剖判(ほうはん)」②はっきり見分ける。「判断・判定・判読・判別/批判・評判(ひょうばん)」③区別がはっきりする。「判然・判明」④疑わしいことに白黒をつける。「判決・判事・判例/公判・裁判(さいばん)・審判(しんぱん)」⑤はんこ。印形(いんぎょう)。「印判(いんばん)・血判(けっぱん)・贋判(にせはん)・連判(れんぱん)・三文判(さんもんばん)」⑥紙・書籍などの大きさ。「判型(はんがた・はんけい)」㊁〈バン〉①紙・書籍などの大きさ。「大判・菊判」②昔の金貨。「判金/大判・小判」[名付]さだ・ちか・なか・ゆき [難読]判官(ほうがん・じょう)

坂 (学)3 (音)**ハン**(漢) (訓)**さか** ‖ ㊀〈ハン〉さか。「急坂・登坂」㊁〈さか(ざか)〉「坂道/男坂・女坂」[難読]坂東(ばんどう)

阪 (音)**ハン**(漢) (訓)さか ‖ ①さか。「阪路」②大阪。「阪神/京阪(けいはん)」

板 (学)3 (音)**ハン**(漢) **バン**(慣) (訓)**いた** ‖ ㊀〈ハン〉①木を薄く平らに切ったもの。また、そうした形状のもの。いた。「甲板(かんぱん・こうはん)・乾板(かんぱん)・合板・鉄板(てっぱん)」②(「版」と通用)文字を彫る木のいた。版木。「板刻/開板・官板(かんぱん)・宋板(そうはん)」③拍子をとるいた。「拍板」㊁〈バン〉①いた。「板木(ばんぎ)・板書/看板・鋼板・黒板・回覧板・掲示板・血小板・椎間板(ついかんばん)」②いたのように平たくて変化がない。「平板」③野球で、投手板のこと。「降板・登板」④(「鈑(ばん)」の代用字)いたがね。「板金」㊂〈いた〉「板前/戸板・胸板(むないた)・床板・羽子板」[難読]三板(サンパン)・舢板(サンパン)・拍板(びんざさら)

版 (学)5 (音)**ハン**(漢) バン(慣) ‖ ㊀〈ハン〉①板。「版築」②文字を書く木の札。戸籍簿。「版籍・版図(はんと)」③印刷のために文字や絵を彫った板。「版画・版木(はんぎ)/凹版・解版・活版(かっぱん)・孔版・図版・製版・凸版(とっぱん)・平版・木版」④印刷して本を出すこと。「版権・版行/官版(かんぱん)・重版・出版(しゅっぱん)・初版・新版(しんぱん)」㊁〈バン〉㊀の③④に同じ。「芋版(いもばん)・瓦版(かわらばん)・石版(せきばん)・銅版・写真版・謄写版」

×**叛** (音)ハン(呉)(漢) ホン(慣) (訓)そむく ‖ ㊀〈ハン〉反逆する。そむく。「叛逆・叛臣・叛服/背叛・離叛」㊁〈ホン〉そむく。「謀叛(むほん)」[補説]「反」と通用する。

班 (学)6 (音)**ハン**(漢) ‖ ①分ける。分けて配る。「班田」②順序。席次。「首班」③いくつかに分けた、一つの組。グループ。「班長/救護班」[名付]つら・なか

畔 (音)**ハン**(漢) (訓)あぜ、くろ、ほとり ‖ ①田と田とを分ける境界。あぜ。「畦畔(けいはん)」②ある場所の周辺。ほとり。「河畔・湖畔・江畔・池畔・墓畔」

般 (音)**ハン**(漢) ‖ ①同類の物事。種類。「一般・各般・這般(しゃはん)・諸般・全般・万般・百般」②ある局面。回。「過般・今般・先般」[名付]かず・つら [難読]般若(はんにゃ)

人**絆** (音)ハン(呉)(漢) バン(慣) (訓)きずな、ほだし、ほだす ‖ ㊀〈ハン〉つなぎとめるひも。束縛するもの。きずな。「羈絆(きはん)・脚絆(きゃはん)」㊁〈バン〉つなぎとめる。「絆創膏(ばんそうこう)」

販 (音)**ハン**(漢) (訓)ひさぐ ‖ ①品物を売る。商売をする。「販売・販路/市販・直販」②「販売」の略。「信販・通販」[名付]ひさ

斑 (音)**ハン**(漢) (訓)まだら、ふ、ぶち ‖ 地と違う色の部分が入りまじった模様。また、その部分。まだら。「斑点・斑斑(はんぱん)・斑紋/一斑・虎斑(こはん)・死斑・紫斑・白斑・蒙古斑(もうこはん)」[難読]斑鳩(いかる・いかるが)・雀斑(そばかす)・虎斑(とらふ)・斑猫(はんみょう)

飯 (学)4 (音)**ハン**(漢) ボン(呉) (訓)**めし**、いい ‖ ㊀〈ハン〉①米など穀物を炊いた食べ物。めし。「飯盒(はんごう)/御飯・残飯・炊飯・赤飯・麦飯・噴飯・米飯」②食事。「飯台・飯店・飯場(はんば)/粗飯・夕飯(ゆうはん)・一宿一飯・日常茶飯(にちじょうさはん)」㊁〈めし〉「飯粒・飯時/朝飯・釜飯・早飯・冷飯・麦飯・夕飯・五目飯・無駄飯」[難読]椀飯(おうばん)・浄飯王(じょうぼんのう)・続飯(そくい)・炒飯(チャーハン)・飯匙倩(はぶ)

搬 (音)**ハン**(漢) ‖ 物を運んで移す。「搬出・搬送・搬入/運搬」

煩 (音)**ハン**(漢) **ボン**(呉) (訓)**わずらう、わずらわす** ‖ ㊀〈ハン〉①事が多くてうるさい。わずらわしい。「煩瑣(はんさ)・煩雑・煩多・煩忙・煩累・煩労」②思い悩む。「煩悶(はんもん)」㊁〈ボン〉俗念で心を惑わす。「煩悩」

頒 (音)**ハン**(漢) (訓)わける、わかつ ‖ ①広くわけ与える。「頒価・頒布」②まだら。「頒白」[補説]②は「斑」と通用。

人**幡** (音)ハン(漢) バン(慣) マン(慣) ‖ 旗。のぼり。「幡竿(はんかん)/幢幡(どうばん)」[難読]八幡(はちまん・ばはん・やわた・やはた)

範 (音)**ハン**(漢) (訓)のり ‖ ①基準となる一定の型。手本。「範式・範例/規範・師範・垂範・典範・文範・模範」②区切られた枠。「範囲・範疇(はんちゅう)」③(「汎」の代用字)広く行き渡る。「広範」[名付]すすむ

繁〔繁〕 (音)**ハン**(漢) (訓)しげる、しげし ‖ ①草木がしげる。物事が盛んになる。たくさん増える。「繁栄・繁華・繁盛(はんじょう)・繁殖・繁茂」②事が多くて煩わしい。「繁簡・繁雑・繁多・繁文・繁忙/頻繁・農繁期」[名付]えだ・しげ・とし [難読]繁縷(はこべ)

人**蕃** (音)ハン(漢) バン(慣) ‖ ㊀〈ハン〉茂り増える。「蕃殖・蕃息」㊁〈バン〉①未開の異民族。「蕃夷(ばんい)・蕃俗」②外国。「蕃茄(ばんか)・蕃書」[補説]㊀は「繁」と通用する。[難読]玄蕃(げんば)・蕃椒(とうがらし)・蕃茄(トマト)

×**繙** (音)ハン(漢) ホン(呉) (訓)ひもとく ‖ 書物を開いて読む。ひもとく。「繙閲(はんえつ)・繙読(はんどく)」

藩 (音)**ハン**(漢) ‖ ①まがき。垣根。「藩屏(はんぺい)・藩籬(はんり)」②垣根のように王室を守る諸侯。「藩翰(はんかん)」③江戸時代、大名の領地や統治機構。「藩士・藩主/小藩・親藩・脱藩・廃藩・雄藩・列藩」[名付]かき

×**攀** (音)ハン(呉)(漢) (訓)よじる ‖ ①よじ登る。「攀縁/登攀」②上の人にすがりつく。「攀竜(はんりょう)」

漢字項目 ばん

【万】▶まん

【伴¦判¦板¦×絆¦×蕃】▶はん

人**挽** (音)バン(漢) (訓)ひく ‖ ①引っぱる。力を入れて引く。「挽回/推挽」②ひつぎの車をひく。死者をとむらう。「挽歌・挽詩」[補説]「輓」と通用する。

晩〔晚〕 (学)6 (音)**バン**(漢) ‖ ①夕暮れ。夜。「晩方(ばんがた)・晩景・晩餐(ばんさん)・晩酌・晩鐘/今晩・昨晩・一晩(ひとばん)・毎晩・明晩(みょうばん)」②時刻や時節がおそい。「晩夏・晩学・晩婚・晩成・晩年/歳晩・早晩」[名付]かげ・くれ [難読]晩生(おくて)・晩稲(おくて)

番 (学)2 (音)**バン**(慣) (訓)つがい、つがう ‖ ①交代に事を行うこと。「勤番・週番・順番・上番・先番・当番・非番・輪番」②順序や回数を示す語。「番外・番号」③番号。「番地/局番・欠番・連番」④見張り。「番犬・番人・番兵/交番・門番・玄関番・不寝番・留守番」⑤日常の。実用の。粗末な。「番茶」[名付]つぎ・つぐ・つら・ふさ [難読]十八番(おはこ)・三番叟(さんばそう)・蝶番(ちょうつがい)

蛮〔蠻〕 (音)**バン**(漢) (訓)えびす ‖ ①中国南方の異民族。広く、未開民族。えびす。「蛮夷(ばんい)・蛮語・蛮人/南蛮」②下品で乱暴なこと。「蛮行・蛮声・蛮風(ばんぷう)・蛮勇・蛮力/野蛮」

×**輓** (音)バン(漢) (訓)ひく ‖ ①車や舟を引っぱる。「輓馬/推輓」②ひつぎの車をひく。死者をとむらう。「輓歌・輓詩」③時代がおそい。「輓近」[補説]①②は「挽」と通用する。

盤 (音)**バン**(呉) ‖ ①大きな平たい器。大きな皿。「盤台/水盤・銅盤・杯盤」②皿状のもの。「円盤・音盤・胎盤・羅針盤」③大きな平たい岩。「岩盤・落盤」④支えとなる堅い土台。「基盤・地盤」⑤物をのせる平らな台。「盤上・盤面/碁盤・鍵盤(けんばん)・旋盤・配電盤」⑥勝負の一局面。「終盤・序盤・中盤」⑦曲がりくねる。「盤根錯節」⑧わだかまる。「盤踞(ばんきょ)」[補説]③は「磐」、⑧は「蟠」と通用する。[名付]まる・やす [難読]算盤(そろばん)・珠盤(そろばん)・十露盤(そろばん)・盤陀(はんだ)

人**磐** (音)バン(呉) (訓)いわ ‖ ①たいらで大きな岩。「磐石(ばんじゃく)/岩磐・落磐」②磐城(いわき)国。「磐州/常磐(じょうばん)」[補説]①は「盤」と通用する。[難読]常磐(ときわ)

×**蟠** (音)バン(呉) ハン(漢) (訓)わだかまる ‖ とぐろを巻く。わだかまる。「蟠踞(ばんきょ)・蟠屈/竜蟠虎踞(りゅうばんこきょ)」

がある。(補説)ネットワークを通信距離で分類すると、距離が近いものから、PAN、LAN、MAN、WANとなる。

パン〘ポルトガル pão〙❶小麦粉・ライ麦粉などを主原料とし、少量の塩を入れて水でこね、酵母で発酵させてから天火などで焼いた食品。❷生活の糧。また、食べ物。「人は一のみにて生くるものにあらず」(補説)「麺麭」「麪包」とも書く。

パン【幇｜幫｜帮】《中国語》中華人民共和国成立以前の中国における同業者・同郷者などの相互扶助組合。また、これに類似した団体。厳格な規約があり、強い団結力で外部勢力に対抗した。

パン〘pan〙〔接頭〕他の外来語に付いて、広くそのすべてにわたる、の意を表す。汎。「一アラブ主義」

パン-アート《和 pain(フランス)＋art》小麦粉を主原料としたパン粘土で成形し、着色する工芸の技法。

はん-あい【汎愛】〔名〕スル 差別することなく、広く平等に愛すること。博愛。

ばん-あい【晩×靄】夕暮れに立つもや。夕もや。

バン-アイク〘van Eyck〙▶ファン＝アイク

はんあい-しゅぎ【汎愛主義】《ドイツ Philanthropinismus》18世紀の中ごろ、ルソーの影響を受けたドイツのJ＝B＝バセドーらが主唱した教育思想。実学主義に反対し、自然の自由や新鮮さを強調し、人類愛とともに国家・社会の幸福を重んじた。

はんアジア-しゅぎ【汎アジア主義】アジアの諸民族が団結して、植民地または半植民地的な状態を脱し、民族の独立を達成しようという思想および行動。孫文の大アジア主義など。

はんアフリカ-しゅぎ【汎アフリカ主義】アフリカ大陸をアフリカ人の手で統合しようとする思想と運動。19世紀末から起こった。

はんアメリカ-かいぎ【汎アメリカ会議】▶汎米会議

はんアメリカ-しゅぎ【汎アメリカ主義】南北アメリカ大陸の諸国が、政治・経済などの面で協力し、平和と繁栄を築こうという思想・運動。米国が提唱、指導してきた。汎米主義。パンアメリカニズム。

はんアラブ-しゅぎ【汎アラブ主義】アラブ世界を統一しようとする思想と運動。第一次大戦前、オスマン帝国からの解放を求める運動として起こった。

バンアレン-たい【バンアレン帯】地球の赤道上空を中心にドーナツ状に取り巻く放射能の強い領域。宇宙から飛来する高エネルギーの陽子や電子が地球磁場にとらえられてできる。1958年に米国の物理学者バン＝アレン(J.A.Van Allen)が人工衛星の観測によって発見した。放射線帯。

はん-い【犯意】その行為が犯罪となることを知りながら行おうとする意思。

はん-い【版位】▶へんい(版位)

はん-い【×叛意】背こうとする意思。謀反心。叛心。

はん-い【範囲】ある一定の限られた広がり。ある区域。「広い一に渡る」「できる一で協力する」
(類語)島・領域・領分・縄張り・テリトリー・枠

はん-い【藩医】江戸時代、藩に仕えた医者。

ばん-い【蛮×夷｜×蕃×夷】野蛮人。えびす。

はんい-ご【反意語】▶対義語

ばん-いし【番医師】江戸幕府の職名。若年寄の支配に属し、営中の表方にいて医療を受け持ち、また、桔梗の間に宿直して不時の治療をした。番医。

はんイスラム-しゅぎ【汎イスラム主義】イスラム世界の統合を目ざす思想、運動。19世紀後半、ヨーロッパ帝国主義の侵略に対して、全イスラム教徒の団結や自覚を求めて唱えられたのが最初。オスマン帝国のアラブ諸国支配に利用された。

ばん-いち【万一】㊀〔副〕❶もしも。ひょっとして。まんいち。「一に危ぶむ心から、暫く差控えていた」〈二葉亭・浮雲〉「一おめえがつまらねえこといひ出しては」〈滑・大山道中・初〉❷わざわざ。とりたてて。「珍しくもねえ喧嘩を、一に持ってくでもねえから」〈滑・浮世風呂・四〉㊁〔名〕❶めったにないこと。もしもの場合。まんいち。「一には大きな事ら」〈洒・船頭深話〉❷すべてのこと。万事。「一に飽きっぽくて」〈滑・浮世風呂・初〉

はん-いん【班員】班を構成している人。

はん-いんえい【半陰影】▶半影

はん-いんよう【半陰陽】染色体・性腺・性器などが男性型・女性型のどちらか一方に統一されていないか、またはあいまいな状態で、男女の判定が難しい状態。ふたなり。➡性分化疾患

はん-うきぼり【半浮(き)彫(り)】浮き彫りの一。絵・模様・文字などの盛り上がりが、高浮き彫りと薄浮き彫りの中間程度のもの。半肉彫り。

ばん-うたい【番謡】一番の謡曲全部を素謡でうたうこと。

ばん-え【蛮絵｜盤絵】❶鳥獣・草花などの形を丸く図案化した文様。近衛の随身の褐衣、舞楽の装束、調度などに用いた。❷(蛮絵)「南蛮絵」の略。

はん-えい【反映】〔名〕スル ❶光や色などが反射して光って見えること。「夕日が雪山に一する」❷対照的に色がうつり合って美しさを増すこと。「壁と床の色が面白く一し合っている」❸あるものの性質が、他に影響して現れること。反影。また、それを現すこと。「住民の意見を政治に一させる」
(類語)(❶)反照・返照・反射・照り輝く・照り映える・映える・映ずる・映る/(❸)影響・投影・作用・映す

はん-えい【反影】❶夕日の照り返し。反照。❷「反映❸」に同じ。「自己は客観世界の一である」〈西田・善の研究〉

はん-えい【半影】広がりをもつ光源の光を受けてできる物体の影のうち、本影の外側の薄明るい部分。半陰影。半暗部。

はん-えい【繁栄】〔名〕スル 豊かにさかえること。さかえて発展すること。「社会の一」「子孫が一する」
(類語)繁盛・賑わい・殷賑・隆昌・隆盛・興隆・発展・全盛・栄華・栄える

はん-えいきゅう【半永久】ほとんど永久に近い長い期間。また、それほど耐久性のあること。「一の寿命がある」

はんえいきゅう-てき【半永久的】〔形動〕ほとんど永久であるさま。「一な耐火建築」

ばんえい-けいば【×輓×曳競馬】ペルシュロンなど大型の馬に重い馬そりをひかせる競馬。日本では北海道の地方競馬で行われる。

はんえい-げっしょく【半影月食｜半影月×蝕】月食で、月が地球の半影に入って、月面の一部または全部がわずかに暗くなる現象。本影に隠される皆既月食または部分月食と異なり、その減光はわずかであり、肉眼では注意深く観察しないと気付かないことが多い。半影食。

はんえい-しょく【半影食｜半影×蝕】▶半影月食

はんえい-ろん【反映論】哲学で、認識は客観的実在の意識への反映であるとする唯物論的認識論。➡模写説

ばんえつ-さいせん【磐越西線】福島県郡山から会津若松を経て新潟県新津に至るJR線。大正3年(1914)全通。全長175.6キロ。

ばんえつ-とうせん【磐越東線】福島県いわきから北西方に走り郡山に至るJR線。大正6年(1917)全通。全長85.6キロ。

はん-えり【半襟】掛け襟の一。飾りとして襦袢の襟の上に重ねて掛ける襟。

はん-えん【半円】円または円周を直径で二等分した、その一方。「一を描く」

はん-えん【繁×衍｜×蕃×衍】しげりはびこること。ふえひろがること。「子孫は何に由て生ぜんや、況んや其一に於てをや」〈津田真道・明六雑誌三四〉

はん-えん【×攀縁】〔名〕スル ❶物にすがってよじのぼること。また、人を頼りにして立身出世をはかること。「権家の門に出入し、官府間に一するの徒与の為に」〈雪嶺・偽悪醜日本人〉❷心が対象によって働きを起こすこと。また、対象にとらわれること。「よろづに一しつつせむ念誦、読経は、かひはあらむとすらむやは」〈栄花・初花〉

はんえん-けい【×攀縁茎】巻きひげや不定根で他物に絡みついたり、茎自体が巻き付いたりしてよじのぼる茎。ブドウ・キヅタなど。

はん-えんしゅう【半円周】円周を直径で二等分した、その一方。円周の半分。

はん-おう【反応】▶はんのう(反応)

はん-おう【藩王】英国の統治以前から、インドの各地にあった小王国の君主。マハラジャ。

ばん-おう【晩×鶯】晩春から初夏のころに鳴くウグイス。老鶯。なつうぐいす。「新緑一の候」

はんおう-こく【藩王国】▶土侯国

はん-おし【半押し】《half push》カメラのシャッターボタンを完全に押し切らず、半分ほど押すこと。(補説)オートフォーカスやAE(自動露出調節)を搭載するカメラの場合、シャッターボタンが2段階になっており、半押しにすることで被写体に焦点が合ったり、適正なシャッタースピードとレンズの絞り値の組み合わせが自動的に算出されたりする。

はん-おち【半落ち】警察用語で、容疑者が犯行の一部を自供している状態のこと。➡落ちる❼㋒

はん-おん【反音】漢字の音を反切によって示すこと。また、反切した音。

はん-おん【半音】短2度音程、すなわち全音の2分の1の音程。十二平均律では1オクターブの中に12の半音を含む。

はん-おん【煩音】心理的に不快な音。騒音とは異なり、音量はそれほど大きくなくても、聞く人の心理状態や人間関係などの要因によって煩わしく感じられる音。隣人同士の争いの原因となることが多い。

はん-おんかい【半音階】各音の隔たりがすべて半音である音階。

はん-か【反歌】長歌のあとに詠み添える短歌。長歌の意を反復・補足または要約するもの。1首ないし数首からなる。万葉集に例が多い。かえしうた。

はん-か【半可】〔名・形動〕❶未熟なこと。中途半端なこと。また、そのさま。なまはんか。「一を言う」「汝までに我実情なき一と見られては」〈露伴・寝耳鉄砲〉❷「半可通」の略。「万事ゆきわたった気なれど、じつは大の一なり」〈洒・四十八手〉

はん-か【半価】定価の2分の1。半分の値段。半値。

はん-か【半×跏】「半跏趺坐」の略。「一を組む」

はん-か【半靴】▶ほうか(半靴)

はん-か【般化｜汎化】《generalization》心理学で、一定の条件反射が形成されると、最初の条件刺激と類似の刺激によっても同じ反応が生じる現象(刺激般化)。これに対して、同一の刺激がさまざまな反応を引き起こすときを反応般化という。

はん-か【頒価】頒布する物品の価格。

はん-か【繁華】〔名・形動〕人が多く集まり、にぎわっていること。また、そのさま。「一な通り」「一街」

はんか〔係助〕《係助「はか」の音変化。近世上方語》「はか」に同じ。「こなたの女房は日本には俺一ない」〈伎・夕霧七年忌〉

はん-が【版画】版を用いて刷った絵の総称。木版画・銅版画・石版画・シルクスクリーンなどがあり、版の形式により凸版・凹版・平版・孔版に分かれる。

ばん-か【万化】〔名〕スル いろいろに変化すること。「一する世相」「千変一」

ばん-か【万花｜万華】多くの花。いろいろの花。

ばん-か【×挽歌｜×輓歌】❶葬送のとき、柩を載せた車をひく人たちがうたう歌。また、人の死を悼んで作る詩歌。哀悼歌。❷万葉集で、雑歌・相聞とともに三大部立ての一。辞世や人の死に関するものなどを含む。古今集以後の哀傷歌にあたる。

ばん-か【晩夏】❶夏の終わり。夏の末。(季 夏)「紅くして黒き一の日が沈む/誓子」❷陰暦6月の異称。

ばん-か【晩×霞】❶夕方に立つかすみ。夕がすみ。(季 春)❷夕焼け。

ばん-か【×蕃×茄】トマトの別名。

ハンガー〘hanger〙❶洋服掛け。洋風のえもん掛け。❷鉄道などの架線で、吊架線からトロリー線を吊り下げるための金具。パンタグラフが接触するト

ロリー線がたわまないように、必要な間隔で設置する。
ハンガー〖hunger〗飢え。ひもじさ。空腹。
バンカー〖banker〗銀行家。
バンカー〖bunker〗❶ゴルフ場で、コース中に障害物の一つとして設けられた窪地。多くは砂地。❷船の燃料庫。
バンガー〖Bangor〗▶バンゴール
バンカー-オイル〖bunker oil〗船舶用の燃料油。
バンカー-ショット〖bunker shot〗ゴルフで、バンカーに入ったボールを打つこと。
ハンガー-ストライキ〖hunger strike〗抗議や要求貫徹のための闘争手段として断食する示威行為。ハンスト。
バンガー-だいせいどう【バンガー大聖堂】《Bangor Cathedral》▶バンゴール大聖堂
ハンガー-ドア《和 hanger＋door》天井に取り付けたレールに引っ掛け、間仕切りなどに使う吊り戸。
ハンガー-ノック〖hunger knock〗登山、サイクリングなど長時間の運動の途中で急に筋力が抜け、動けなくなる現象。肝臓、筋肉に蓄えられたグリコーゲンが消費し尽くされて起こるという。ぶどう糖など甘いものをとるとなおる。➡舎利ばて
バンカーヒル-きねんとう【バンカーヒル記念塔】《Bunker Hill Monument》米国マサチューセッツ州、ボストンのチャールズタウン地区にある記念塔。アメリカ独立革命におけるバンカーヒルの戦いを記念して建てられた。ボストン国立歴史公園の一部になっており、国立公園局が管理している。
ハンガー-ボード《和 hanger＋board》壁に取り付けて小物などをつりかけるための穴あき板。厚さ5〜6ミリの板に、縦横約3センチごとに穴をあけたもの。
はん-かい【半開】〔名〕スル ❶弁・栓・扉などを半分ほど開くこと。「ガス栓を―にしておく」❷花が開きかけていること。「桜はまだ―だ」❸文明が未開を過ぎて、少し開化していること。「其の社会が尚―の位置にありなば」〈逍遥・小説神髄〉
はん-かい【半解】物事の一部分だけを知っているが、全体を理解していないこと。なまのみこみ。なまかじり。「一知―」「半知―」
はん-かい【半壊】〔名〕スル 建物などが半分くらいこわれること。「地震で―した家屋」
はん-かい【樊噲】[?〜前189]中国、前漢の武将。沛(江蘇省)の人。鴻門の会で項羽に殺されかけた劉邦の危機を救い、天下統一後、舞陽侯に封ぜられた。
はん-がい【半×昇】衣類や米などを入れておく小形の行李。「夏の物は、―に襦袢が一枚なささうな」〈浄・丹波与作〉
はん-がい【斑蓋】《「はんかい」とも》山伏が頭にかぶるもの。白綾で包み、頂に八葉をあらわす八角の錦をつける。
ばん-かい【×挽回】〔名〕スル 失ったものを取り戻して、もとの状態にすること。回復。「勢力を―する」「遅れを―する」「名誉―」 (類語)回復・復旧・巻き返し
ばん-がい【番外】❶予定された番数・番組・順番などにないこと。「―の飛び入り客」「―編」❷正規の委員や議員などではなくて、その席に列する者。オブザーバー。「―委員」❸普通のものとかけ離れて違っていること。また、そのもの。「あいつは変わり者で―だよ」(類語)枠外・例外・別・別格・格外
ばんがい-ち【番外地】土地公簿で地番のついていない土地。
はん-がえし【半返し】祝儀不祝儀などで、受け取った金品の半額程度の金品を礼として返すこと。
はんか-がい【繁華街】商店などが建ち並び、多くの人でにぎわう地域。➡銀座㊁ (類語)盛り場
はん-かがみ【判×鑑】印鑑の真偽を照合するために、あらかじめ役所・番所・取引先などに提出しておく印影の見本。印鑑。
ばんか-きょう【万華鏡】▶まんげきょう(万華鏡)
はん-かく【反核】核兵器の製造・実験・所有・使用などに反対すること。「―運動」
はん-かく【半角】正方形の和文活字の一字を半分にした大きさ。縦組みなら縦の長さだけ半分に、横組みなら横幅だけ半分にしたもの。二分。➡全角
はん-がく【半額】ある金額の半分。「―を払う」(類語)半値
はんがく【板額】鎌倉時代の勇婦。城資盛のおば。建仁元年(1201)資盛が源頼家に抗し越後で挙兵した時、陣頭に立って奮戦したがついに捕らえられた。のちに浅利義遠の妻。生没年未詳。
はん-がく【潘岳】[247〜300]中国、西晋の詩人。滎陽(河南省)の人。字は安仁。美男として有名。人の死を悼む哀や誄の文、詩では妻の死を悼んだ「悼亡詩」3首に才を発揮した。
はん-がく【藩学】▶藩校
ばん-かく【万客】▶ばんきゃく(万客)
ばん-かく【×蕃客】来朝している外国人。
ばん-がく【万岳】多くの山々。「千山―」
ばん-がく【晩学】年をとってから学問に志すこと。
ばん-がく【番楽】秋田・山形両県に分布する山伏神楽。多くは盆から秋にかけて行われ、能の古態を残しているといわれる。
はんか-くさ・い【半可臭い】〔形〕〔文〕はんかくさ・し〔ク〕おろかである。ばからしい。「―・い理屈」
はん-かくめい【反革命】革命の過程または革命後に、これをくつがえして旧体制に戻そうとする運動。
はん-かこ【半過去】フランス語・ラテン語などの動詞の時制の一。動作の未完了、過去における継続・反復・進行などを表すもの。
はんか-ざ【半×跏×坐】「半跏趺坐」に同じ。
ばん-がさ【番傘】太い竹の骨に和紙を張り、その上に油を引いた実用的な雨傘。もと、商家などで番号をつけて客に貸したところからいう。
ばん-かじ【番鍛冶】鎌倉初期、後鳥羽上皇に召されて、1か月ずつ院の御所に上番した諸国の刀工。御番鍛冶。
はんかしゆい-ぞう【半×跏思×惟像】仏像彫刻で、台座に腰掛け、左足を垂らし、右足は左足のひざの上にのせ、右手をほおにつけて思考する姿のもの。日本では弥勒菩薩像に多くみられる。はんかしいぞう。
ばん-がしら【番頭】❶武家時代の番衆の長。❷江戸時代、大番組・小姓組・書院番などの長。
ばん-かず【番数】催し物や相撲などの番組・取組の数。「―が進む」「―がそろう」
はん-かせん【半歌仙】❶連句の形式の一。36句の歌仙の半分、18句で1巻とするもの。❷能の素謡・仕舞などの会で、曲数18番を演じること。
はんか-そう【半価層】《half-value layer》X線などの強さを半分にするために要する吸収物質の厚さ。吸収物質としてはアルミニウム・銅を用い、厚さをミリメートルで示す。
はん-かた【半肩】一方の肩。
半肩を担・ぐ 相棒となって荷を担ぐ。また、他人に力を添える。「維新の―・ぎたる人傑ありて」〈小林雄七郎・薩長土肥〉
はん-がた【判形｜判型】❶浮世絵版画の紙の大きさ。大判・間判・中判・細判・柱絵がある。❷(判型)本や新聞などの大きさ。A5判・B6判など。はんけい。➡表
ばん-かた【番方】▶番衆
ばん-がた【晩方】日の暮れるころ。暮れ方。夕方。(類語)夕方・日暮れ時・夕暮れ時・夕・夕べ・夕刻・黄昏時・薄暮・火ともし頃・宵・宵の口・暮れ方・イブニング・今夕・夕間暮れ
ハンカチ「ハンカチーフ」の略。(季 夏)
ハンカチーフ〖handkerchief〗手をふいたり、装飾に用いたりする小形の四角い布。木綿・麻・絹などを用い、レースや刺繍をしたものもある。ハンカチ。ハンケチ。(季 夏) (類語)手拭き・手拭い・手巾
ハンカチ-の-き【ハンカチの木】ハンカチノキ科の落葉高木。中国の固有種で、珙桐とよぶ。一属一種。葉は広卵形で、互生する。5〜6月に2枚の大きな白い苞をもつ球形の頭状花をつける。フランスの植物学者A＝ダビッドが発見。

[判型❷] 主な判型の寸法

規格(JIS)		規格外＊よく使われる寸法を示す。	
A3判	297×420	AB判	210×257
A4判	210×297	菊判	151×220
A5判	148×210	四六判	130×188
A6判	105×148	新書判	113×176
B4判	257×364	A20取	148×168
B5判	182×257	B20取	182×206
B6判	128×182		単位:ミリメートル

はんかちょう【犯科帳】江戸時代の長崎奉行所の判決記録。145冊。寛文6年(1666)から慶応3年(1867)の200年間にわたる記録。
ばん-かつ【盤割】卵割の一型。端黄卵の動物極側にある胚盤の部分だけで卵割が行われるもの。
はんか-つう【半可通】〔名・形動〕いいかげんな知識しかないのに通人ぶること。また、その人や、そのさま。「―な(の)知識をふりまわす」(類語)知ったかぶり
はん-ガッパ【半ガッパ】上半身を覆う、丈の短いカッパ。「上に鉄無地の―を着て」〈荷風・雪解〉
はんか-ふざ【半×跏×趺×坐】結跏趺坐の略式の坐法。片足を他の片足のもも上に組んで座ること。菩薩坐。半跏。半跏坐。
はん-がみしも【半上下｜半×裃】江戸時代、武家の出仕服。肩衣に同じ色の半袴をつけるもの。御目見以下の武士が着用し、庶民も礼服として用いた。
パン-がゆ【パン×粥】パンを小さくちぎり、牛乳やスープで煮たもの。離乳食などにする。
ばん-カラ【蛮カラ】〔名・形動〕身なり・言葉・行動が粗野で荒々しいこと。わざと粗野を装うこと。また、そのような人や、そのさま。「ハイカラ」に対する造語。「―な学生」「―を気取る」(類語)がらっぱち
ハンガリー〖Hungary〗ヨーロッパ東部の共和国。首都ブダペスト。ドナウ川中流の平原地帯にある内陸国で、農業が主産業。住民はアジア系マジャール人で、11世紀に王国を建設。1867年オーストリア-ハンガリー帝国を構成したが、1918年に王国として独立、49年には人民共和国として社会主義国家が成立、56年にはハンガリー事件が起こった。89年共和国に改称。人口999万(2010)。マジャール。(補説)「洪牙利」「匈牙利」とも書く。
ハンガリー-ご【ハンガリー語】ウラル語族のフィン-ウゴル語派に属する言語。ハンガリーのほか、その周辺諸国に使用者をもつ。
ハンガリー-じけん【ハンガリー事件】1956年、ハンガリーで非スターリン化を求めて発生した大規模な反政府・反ソ暴動。首都ブダペストを中心に各地に波及したが、ソ連軍の介入で鎮圧された。
バンガロー〖bungalow〗❶インドのベンガル地方の民家形式に基づく平家建て住宅。軒が深く、正面にベランダをもつ。❷キャンプ場などに設ける、木造の簡易な宿泊施設。(季 夏)
バンガロール〖Bangalore〗ベンガルールの旧称。
はん-かわき【半乾き】十分には乾いていないこと。生乾き。
ばん-がわり【番代(わ)り｜番替(わ)り】勤務・当番などを交代すること。かわりばん。
はん-かん【反汗】《汗を再び体内にかえす意から》一度出した命令を取り消すこと、また改めること。
はん-かん【反間】❶敵の内部に入り込んで、敵情を味方に知らせたり、敵を混乱させたりすること。また、その者。間者。間諜。「外に敵人の―を信じて謀士を疑い」〈東海散士・佳人之奇遇〉❷敵の間者を逆に利用して、敵の裏をかくこと。
反間苦肉の策 自分を犠牲にして相手を欺き、敵どうしの仲をさくような計略。
はん-かん【反感】相手の存在や言動に対して反抗する気持ち。反発の感情。「―を抱く」「―を買う」(類語)敵愾心・戦意・敵意・敵対

はん-かん【半官】なかば官営であること。
はん-かん【繁閑】忙しいことと暇なこと。「部署によって—の差がある」
はん-かん【繁簡】繁雑と簡略。事細かいことと大まかなこと。「—よろしきを得ない文章」
はん-かん【藩×翰】《「藩」は垣根、「翰」は柱の意。「詩経」大雅・板による》地方を鎮め、王室の守りとなる国家の重臣。転じて、諸侯。藩屏。藩籬。
はん-がん【半眼】目を半ば開くこと。また、その目。「目を—にしてようすをうかがう」
はん-がん【判官】❶ ▶ほうがん(判官) ❷裁判官。「朋友は、今は—になって地方に行て居るが」〈独歩・武蔵野〉
はん-がん【斑岩】多量の斑晶をもつ斑状組織の火成岩。一般に、アルカリ長石の斑晶をもつ花崗岩質の組成の半深成岩をさし、花崗斑岩とよぶ。石英の斑晶に富むものは石英斑岩とよぶ。
ハン-ガン【漢江】朝鮮半島中南部を流れる川。太白山脈に源を発し、ソウルを貫流して江華湾に注ぐ。長さ514キロ。かんこう。
ばん-かん【万巻】たくさんの書物。「—の書」
ばん-かん【万感】心にわき起こるさまざまの思い。「—胸に迫る」(類語)思い・感慨・感懐・悲喜・哀歓
万感交到・る　さまざまの思いが次々とわき起こる。「別離に際し、—・る」
ばん-かん【盤×桓】〔名〕スル うろうろと歩き回ること。また、ぐずぐずすること。「一日島内に—して湖上の風景を望み」〈服部誠一訳・春窓綺話〉
はん-かんせいゆ【半乾性油】乾性油と不乾性油との中間の乾燥性をもつ油脂。ごま油・菜種油など。
はんかん-はんみん【半官半民】政府と民間とが共同で出資し、事業を経営すること。「—の会社」
はんがん-びいき【判官×贔×屓】「ほうがんびいき(判官贔屓)」に同じ。
はんかんぷ【藩翰譜】江戸中期の歴史書。13巻。新井白石著。元禄15年(1702)成立。慶長5年(1600)から80年間の、諸大名337家の由来と事績を集録し、系図をつけたもの。
はん-き【反旗|×叛旗】謀反を起こして立てる旗。
反旗を翻・す　謀反を起こす。主君に背いて兵を起こす。反逆する。「体制に—・す」
はん-き【半季】❶1年の半分。半年。半期。また、一つの季節の半分。❷年季奉公で、6か月の契約期間。多く、3月初め、または9月初めの出替わり期から半年。
はん-き【半期】一定の期間の半分。特に、1年の半分。「—決算」「上—」(類語)半年・半季
はん-き【半旗】弔意を表すために、国旗などを旗ざおの先から3分の1ほど下げて掲げること。また、その旗。「—を掲げる」
はん-ぎ【版木|板木】木版印刷で、文字や絵などを彫りつけた木版。日本では主にヤマザクラ・ツゲなどの材を用いた。彫板。形木。摺り形木。
ばん-き【万機】政治上の多くの重要な事柄。また特に、帝王の政務。「天皇自ら—を聞かせ給わで、大臣之に当り」〈田口・日本開化小史〉
万機公論に決すべし　「五箇条の御誓文」第一条にある言葉。天下の政治は世論に従って決定すべきである。
ばん-き【晩期】❶晩年の時期。「画家の—の作品」❷ある時代・物事などの終わりの時期。末期。「縄文—の土器」(類語)終期・末期
ばん-ぎ【板木】合図のためにたたき鳴らす板。寺院の集会などの合図、また、江戸時代には火災の警報などに用いた。
ばん-ぎ【盤木】造船時、船台上で船体を支えるために用いる大きな角材。木のほかコンクリート・鋼製のものもあり、積み重ねて支えを作る。
バンギ〘Bangui〙中央アフリカ共和国の首都。コンゴ川支流のウバンギ川に臨む河港都市。木材・コーヒー・ダイヤモンドなどを輸出。
はんき-い【半季居】半季奉公をすること。また、その奉公人。「—は御作法しらず」〈浮・織留・一〉
はんき-かん【半規管】脊椎動物の内耳にある平衡感覚器の一部。半円(半規)をなし、円口類は1～2個もつが、そのほかでは3個あるので、三半規管という。
ばん-ぎく【晩菊】おそ咲きの菊。
はんぎ-ご【反義語】▶対義語
ばん-きしゃ【番記者】情報を得るために、有力な政治家、特定の有名人などに密着して取材する新聞社や放送局の記者。(補説)「福田番」「首相番」など名前や職名のあとに「番」が付くと、その人の担当者の意となる。
はん-きせい【半寄生】寄生植物で、葉緑素をもち光合成を行うが、宿主からも栄養を吸収する生活形態。ヤドリギ・ツクバネなど。⇒全寄生
ばん-ギセル【番ギセル】日常用の粗末な長キセル。タバコ入れに入れる携帯用のものと区別していう。
はんき-ぼうこう【半季奉公】半年契約で奉公すること。⇒年季奉公
パン-ギムン【潘基文】［1944～　］韓国の外交官、政治家。1970年外交部に入部、対米・対日外交のさまざまな局面において調整役を果たす。2007年より国連の第8代事務総長。
はん-ぎゃく【反逆|×叛逆】〔名〕スル 権威・権力などにさからうこと。「—の徒」「社会に—する」(類語)謀反・反乱・造反・背反
ばん-きゃく【万客】多くの客。千客。ばんかく。
はんぎゃく-じ【反逆児】自分の意見を強く信じて行動し、一般の風潮・習慣などに従おうとしない人。「時代の—」
はん-きゅう【半弓】通常の弓の半分ほどの長さの弓。座ったまま射ることができる。⇒大弓
はん-きゅう【半休】1日の勤務時間のうち半分を休むこと。半日休暇。
はん-きゅう【半球】❶球を、その中心を通る平面で二等分したものの一方。❷地球を東西・南北などに二等分した場合の、その一方。
はん-きゅう【班給】分け与えること。
はんきゅう-すいみん【半球睡眠】イルカなどの海獣やアホウドリなどの特殊な眠り方。大脳の左右半球を交互に休めて眠る。睡眠中でも眼や体は動いている。
はんきゅう-でんてつ【阪急電鉄】大阪府・京都府・兵庫県に路線をもつ電鉄会社。また、その鉄道。大阪市の梅田から神戸・京都・宝塚に至る三つの本線を中心として営業。明治40年(1907)箕面有馬電鉄として創立。大正7年(1918)阪神急行電鉄に、昭和18年(1943)京阪神急行電鉄に、同48年現名に改称。阪急。
はん-ぎょ【半漁】生計のなかばを漁業で立てていること。「半農—」
はん-ぎょ【板魚】ヒラメの別名。
ばん-きょ【盤×踞|×蟠×踞】〔名〕スル ❶根を張って動かないこと。わだかまること。「胸中に—する疑念」「両者の間に比叡山が—しているので」〈谷崎・少将滋幹の母〉❷その地方一帯に勢力を張っていること。「陸奥に—した一族」
はん-きょう【反共】共産主義に反対すること。⇔容共。
はん-きょう【反響】〔名〕スル ❶音波が障壁にぶつかって反射し、再び聞こえる現象。こだま。「声が壁に—する」❷発表された事柄・出来事などの影響によって起こるさまざまの反応。「海外で—を呼ぶ」「—を巻き起こす」(類語)(❶)残響・余韻・こだま・やまびこ・エコー/(❷)反応・反作用・波紋・リアクション
はん-ぎょう【判形】書き判。また、印形。「寄進状を書き、—を加へて」〈盛衰記・一九〉
はんきょう-じせい【反強磁性】磁性の一。結晶内で隣り合う原子の磁気モーメントが互いに逆向きに配列し、全体として磁化率が低い性質。温度上昇に伴い配列が乱れるため磁化率が上がり、一定温度以上では常磁性になる。
はんきょう-しょうじょう【反響症状】他の人の言葉・動作・表情をまねる病的な状態。統合失調症や老人性の認知症などでみられる。
はんきょう-ていい【反響定位】▶エコーロケーション
はん-きょうらん【半狂乱】平静さを失って取り乱したふるまいをすること。
はん-きょく【反曲】❶そりまがること。❷建具や家具で、凹状と凸状の両方を組み合わせた反転曲線をもつ波形の刳り形。
はん-ぎょく【半玉】玉代が芸者の半額である、まだ一人前でない芸者。
ばん-きょく【盤曲】道などが、まがりくねること。
はんきょくせい-けつごう【半極性結合】▶配位結合
ハンギョレ《朝鮮語。一つの民族の意》大韓民国の朝刊新聞の一。漢字を使わず、全ての記事がハングルのみで表記されている。1987年、ハンギョレ新聞として創刊し96年に現名称に改称。左派的な論調が特徴的。発行部数は約28万部(2009年下期平均)。
はん-きり【半切り】「はんきりがみ」の略。
はん-ぎり【半切り】❶(「半桶」「盤切」とも書く)たらいの形をした底の浅い桶。はんぎれ。❷能装束で、袴の一。形は大口袴に似て、金襴・緞子などに金や銀で大柄な模様を織り出したもの。神・鬼・武将など強い役に用いる。はんぎれ。❸歌舞伎衣装の一。広袖で丈が短い上衣。主に荒事役に用いる。はんぎれ。
はんきり-がみ【半切り紙】手紙用の、縦が短く横の長い和紙。もと、杉原紙を横に半分に切ったもの。はんきれ。
はん-きれ【半切れ】❶一きれの半分。「—のシャケ」❷「はんきり」に同じ。
はん-ぎれ【半切れ】▶はんぎり
はん-きん【半金】全体の金額の半分。半額。
ばん-きん【万金】▶まんきん(万金)
ばん-きん【万×鈞】きわめて重いこと。非常に重みのあること。「—の重み」
ばん-きん【判金|版金】《「はんきん」とも》近世の貨幣で、大判金と小判金。特に大判金。
ばん-きん【板金|×鈑金】❶切り金の一。金を板のように薄く打ち延ばしたもの。❷金属板や帯板を、常温のまま曲げたりしぼったりして加工すること。
ばん-きん【×輓近】ちかごろ。最近。近来。「—廃藩の一挙ありしかども」〈福沢・文明論之概略〉
ハンギング-バスケット〘hanging basket〙空中につるしたり、壁に掛けたりして用いる植木鉢や植木鉢を入れる籠。つりかご。また、その鉢に植物を植え込んだもの。
ハンギング-フック〘hanging hook〙園芸で、ハンギングバスケットをぶら下げるための器具。また、一般に、物をぶら下げるために、天井などから下げたり、壁に取り付けたりした器具。
はん-きんぞく【半金属】金属と非金属との中間の性質をもつ元素。硼素・珪素・砒素・テルルなど。類金属元素。メタロイド。
はんきん-るい【×攀×禽類】鳥の生態による分類で、木をよじ登る習性をもつもの。森林にすみ、あしゆびは前後に2本ずつ向く。キツツキ・オウム・カッコウなど。
はん-く【半句】ひとことにも足りないほどのわずかな言葉。「一言—もおろそかにしない」
ハング〘hang〙〔名〕スル ❶つるすこと。掛け下げること。また、垂れ下がること。❷「ハングアップ」に同じ。「—して画面のカーソルが動かない」❸「オーバーハング」の略。「岩壁中央の—帯」
ばん-く【万苦】多くの苦しみ。さまざまの労苦。「千辛—」
バンク〘bank〙❶銀行。「メーン—」❷貴重なものを蓄えておく所。「アイ—」「データ—」
(類語)金庫・銀行・公庫
バンク〘bank〙❶土手。堤防。❷競輪場などで、カ

ーブに沿って外側を高くした傾斜面。また、そのような走路。❸飛行機の横傾斜。旋回などの際の機体の傾き。❹海底にある平らな隆起部。堆たい。

バング〖bang〗額ひたいの部分の垂れ髪。主に前髪についていうことが多い。その型や状態が、ヘアスタイル作りの大切なポイントとなる。バングス。

パンク〖punk〗《くだらないもの、不良などの意》❶「パンクロック」に同じ。❷伝統を無視し、奇妙な服装や行動で体制に反抗する若者。

パンク〔名〕スル《punctureから》❶タイヤのチューブに穴があいて空気が抜けること。「後輪が—する」❷膨らみすぎてはちきれること。「腹が—しそうなほど食う」❸度が過ぎて、正常に機能しなくなること。「教育費がかさんで家計が—する」
(類語)バースト・破裂・破れる・張り裂ける

ハング-アップ〖hang up〗〔名〕スル コンピューターが、暴走などにより入力をいっさい受けつけず、作動も機能もしなくなること。またはその状態。「フリーズ(する)」、「凍る」、「固まる」も同義。

はん-くう【半空】天のなかほど。なかぞら。「—に仰ぎたる煙火の明滅を」〈芥川・開化の殺人〉

バンクーバー〖Vancouver〗カナダ南西部の港湾都市。大陸横断鉄道の終点。パルプ・鉄鋼・食品などの工業が発達。名は英国の探検家ジョージ=バンクーバーにちなむ。人口、都市圏227万(2008)。

バンクーバー-とう【バンクーバー島】タウ カナダのブリティッシュコロンビア州南西端、太平洋にある島。製材業が盛んで、漁業の根拠地。

はん-クオーク【反クオーク】クオークの反粒子。クオークと質量・スピンは同じで、電荷は−1/3eまたは+2/3e。色荷(カラー)とよばれる三つの自由度については、対となるクオークがもつ赤・青・緑の色に対し、それぞれの余色をもつ。

ハングオーバー〖hangover〗二日酔い。また、後遺症。

バンク-カード〖bank card〗銀行発行のクレジットカード。

ハング-グライダー〖hang glider〗ジュラルミン製などの三角形のパイプ枠に布を張り、人がぶら下がって滑空する小型のグライダー。また、それを使ってするスポーツ。

バンクス〖BANCS〗《Bank Cash Service》都銀キャッシュサービス。都市銀行の現金自動支払機、現金自動預入・支払機を結ぶシステム。一枚のキャッシュカードで加盟銀行のどれからでも預金を引き出すことができる。

バングス〖bangs〗►バング

バング-スタイル《和 bang+style》前髪を額にたらした髪形。➡バング

ばんぐ-せつ【万愚節】《April fool》「エープリルフール」に同じ。(季 春)

ばん-ぐそく【番具足】番兵用などの粗末な具足。

パンクチュアル〖punctual〗〔形動〕約束などの時間をきちんと守るさま。「会議は—に開催される」

パンクチュエーション〖punctuation〗句読法。句読点。

はん-ぐつ【半靴】❶足首から下を入れてはく浅い靴。短靴。「釦留ぼたんどめの—を脱いで」〈風葉・青春〉❷「ほうか(半靴)」に同じ。「一著はいて、二騎づつ左右に打ち並びたり」〈太平記・二四〉

ばん-くつ【盤屈・×蟠屈】〔名〕スル《「はんくつ」とも》まがりくねること。「古松の—したる盆栽あり」〈鉄腸・花間鶯〉

ハング-パーラメント〖Hung Parliament〗《hungは、hangの過去・過去分詞》宙ぶらりんの議会。議院内閣制をとり二大政党制が行われている国で、どの政党も単独で過半数の議席を獲得していない状態。第一党が少数与党として政権を運営するか、連立政権が組まれることになり、政権は不安定なものとなることが多い。

パンク-ファッション〖punk fashion〗パンクロックの舞台衣装から始まった、若者たちの奇抜で反体制的な髪形や服装。かみそりをアクセサリーにしたり、髪を原色に染めたりする。

ばん-ぐみ【番組】❶演芸・映画・相撲などの演目・組み合わせや、その順序。また、それを書いたもの。プログラム。「入り口で—をもらう」❷テレビ・ラジオなどの放送の、編成の単位となるもの。また、その部門。「スポーツ—」❸番衆の組。「一勤むる人なみに、何か替はる事なし」〈浮・新可笑記・四〉(類語)プログラム

パンクラチオン〖ギリシャ pancration〗古代ギリシャのオリンピックで行われた総合格闘技。選手は全裸で体に油を塗り、眼球への攻撃、噛みつき以外はすべて認められたという。勝敗は片方が倒れるか降参するかで決まる。形を変えたものを現代オリンピックで復活させようという動きがある。

バングラデシュ〖Bangladesh〗インド半島北東部の人民共和国。首都ダッカ。ガンジス川・ブラマプトラ川のデルタにあり、米作地帯。もと英領インドのベンガル州東部とアッサム州の一部。1947年東パキスタンとなり、71年独立。住民はベンガル族で、イスラム教徒が多い。人口1億5612万(2010)。

バングラ-ビート〖bhangra beat〗1980年代に英国のインド系移民が、故国のパンジャブ地方に伝わるバングラ音楽を基にして作り出した、主にディスコやクラブにおけるダンス音楽。

パングラム〖pangram〗アルファベットのすべての文字を、なるべく重複が少なくなるように作った短文。例えば、The quick brown fox jumps over the lazy dog.(機敏な茶色のキツネがのろまな犬を飛び越える)など。

ハングリー〖hungry〗〔名・形動〕空腹なこと。飢えているさま。精神的な場合についてもいう。「ボクシングは—なスポーツとされた」「—精神」

ハングル《朝鮮語。大いなる文字の意》朝鮮固有の文字。1443年、李朝第4代世宗の命でつくられ、46年「訓民正音」の名で公布。母音字11、子音字17を定め、これらの組み合わせで音節を表した。その後の音韻変化で、今は母音字10、子音字14からなる。かつては諺文おんもんと卑称されたが今は言わない。朝鮮民主主義人民共和国ではチョソンクルと呼び、この24字に濃音5、複合母音11を加える。朝鮮文字。

バングル〖bangle〗腕輪。飾り輪。

ばん-くるわせ【番狂わせ】くるはせ 予期しない出来事のために物事が順番どおりに進まなくなること。また、スポーツの試合などで、実力から予想される勝敗とは異なる結果になること。「横綱が敗れる—」

パンクレアチン〖pancreatin〗膵液すいえきに含まれる多種の酵素の混合物。主に豚の膵臓から製したものが消化薬として用いられる。

パンクレオザイミン〖pancreozymin〗►コレシストキニン-パンクレオザイミン

パンクロ「パンクロマチック」の略。

バンク-ローン〖bank loan〗銀行間借款。銀行が他国の銀行に対して資金を貸し出すもの。使途を指定しないものが多く、一度にかなりの金額を貸し出すので、開発途上国や共産圏などにむいている。

パンク-ロック〖punk rock〗1970年代にロンドンやニューヨークに出現した過激なロックミュージック。体制化・様式化した従来のロックに反発し、荒々しい表現法を強調する。パンク。

バンクロフト-しじょうちゅう【バンクロフト糸状虫】シジヤウチウ 糸状虫の一種。体は糸状で、体長は雄が2〜5センチ、雌が7〜10センチ。人間のリンパ管に寄生し、象皮病や陰嚢水腫いんのうすいしゅの原因となる。幼虫はミクロフィラリアとよばれ、夜間に末梢血液中に現れる習性をもち、中間宿主のアカイエカなどに刺されたときに感染する。名は英国の内科医バンクロフト(Joseph Bancroft)にちなむ。

パンクロマチック〖panchromatic〗フィルムや乾板が、紫外部から赤色部に至るまでの、ほぼ可視光線のすべてに感光する性質。また、そのような白黒写真フィルムや乾板。汎色はんしょく乾板。全整色。

パンクロマチック-フィルム〖panchromatic film〗全整色性フィルム。肉眼で見るのと同じような明暗に感光する写真フィルム。

はん-ぐん【反軍】❶軍部・軍国主義・戦争などに反対すること。「—思想」❷(「叛軍」とも書く)反乱軍。
(類語)反戦

はん-げ【半夏】❶「半夏生はんげしょう❶」の略。(季 夏)❷カラスビシャクの漢名。また、その根茎を、外皮を取り除いて乾燥したもの。漢方で去痰きょたん・鎮嘔ちんおう・鎮吐薬などに用いる。(季 夏)❸仏語。夏安居げあんごの中間にあたる45日目の称。

はん-げ【半×偈】偈文の半分。特に、諸行無常偈の後半の「生滅滅已しょうめつめつい、寂滅為楽」のこと。釈迦が雪山せっせんで修行中に、身を羅刹らせつに与えることを約して聞くことができたという。

ばん-げ【晩気】晩方。夕暮れ。

パンゲア〖Pangaea〗約3億年前、大陸移動が起こる前に、現在の大陸が巨大な一つの塊であったと想定される大陸の名称。やがて北アメリカ・ユーラシアとゴンドワナの各大陸に分かれたとされる。1915年にウェーゲナーが提唱。➡大陸移動説

パンゲア-たいりく【パンゲア大陸】►パンゲア

はん-けい【半径】❶円または球の中心点から、その円周上または球面上の一点に至る線分。また、その長さ。直径の半分。❷活動する範囲を円に見立て、その広さを示すときに用いる語。「行動—」

はん-けい【判型】►はんがた(判型)❷

ばん-けい【万▽頃】《「頃」は中国の地積の単位で、100畝》地面または水面が広々としていること。ばんきょう。「—の水を貯えて」〈竜渓・経国美談〉

ばん-けい【晩景】❶夕方の景色。夕景。❷夕方。夕刻。「又同日の—に」〈太平記・三三〉
(類語)夕景せっけい・夕景ゆうけい・夕景色ゆうげしき・暮景・夜景・夜色やしょく

ばんけい-ようたく【盤珪永琢】ヤウタク［1622〜1693］江戸前期の臨済宗の僧。播磨はりまの人。俗姓、菅原。各地を遍歴し、郷里に竜門寺を創建。だれもが不生ふしょうの仏心をもつという不生禅を唱えた。勅諡ちょくし号、仏智弘済禅師・大法正眼国師。

パンケーキ〖pancake〗❶小麦粉に卵・牛乳などを加えて平たく焼いたケーキ。❷親油性の乳液に粉おしろいをまぜてケーキ状に固めたファンデーション。商標名。(補説)❷は、「固形おしろい」などと言い換える。

はん-げき【反撃】〔名〕スル 敵の攻撃に対して、防御にとどまらずに攻めかえすこと。反攻。「—に転じる」「—されて浮き足立つ」(類語)逆襲・反攻

はん-げき【繁劇】〔名・形動〕きわめて忙しいこと。また、そのさま。繁忙。「最も近い—な表通りへ早く出ようとして」〈三重吉・小鳥の巣〉
(類語)多忙・繁忙・繁多・多事多端・多用・繁用・怱忙そうぼう・倥偬こうそう・忽忽そうそう・東奔西走・てんてこ舞い

はんげ-しょう【半夏生】シヤウ ❶雑節の一。太陽が黄経100度にある日で、夏至から11日目。7月2日ごろにあたる。このころから梅雨が明け、田にカラスビシャク(半夏)が生えるのを目安に田植えの終期とされてきた。半夏はんげ。(季 夏)「いつまでも明るき野山—／時彦」❷ドクダミ科の多年草。水辺に生え、高さ約80センチ。全体に臭気がある。葉は長卵形で互生。6、7月ごろ、上部の葉が数枚白くなり、これと向かい合って花穂を出し、白い小花が咲く。名は❶のころ咲くからとも、葉の下半分が白いので半化粧の意ともいわれる。かたしろぐさ。

ハンケチ「ハンカチ」に同じ。

はん-けつ【判決】〔名〕スル ❶是非善悪などを判断して決めること。「豈あに凡傭ぼんようの之これを—すべけん哉や」〈魯文・高橋阿伝夜叉譚〉❷訴訟事件に対して、裁判所が法規に基づいて下す最終的な判断。民事訴訟法では原則として口頭弁論を経て行われ、刑事訴訟法では公判手続きにおいて必ず口頭弁論を経て行われる裁判所の裁判。「—を言い渡す」
(類語)裁決・審判・審決・決定・論決・評決・断だん・裁定・アジュディケーション

はん-げつ【半月】❶半円形をした月。弓張り月。弦

月。❷❶の形をしたもの。半月形。「大根を一に切る」❸1か月の半分。はんつき。❹琵琶の胴にあいている左右一対の半月形の孔。❺紋所の名。弓張り月をかたどったもの。

はんけつ-しゅぶん【判決主文】判決の結論部分で、判決の言い渡しに際して必ず朗読されるもの。主文。

はんけつ-しょ【判決書】裁判所が判決を下した理由・事実・判決主文などを記載し、裁判官が署名・捺印した文書。判決文。

はんけつ-せいきゅうけん【判決請求権】▶訴権

バンケット〖banquet〗宴会。晩餐会。「一ルーム」

バンケット-ホール〖banquet hall〗宴会用広間。(補説)英語で、banquet roomとも。

はんげつ-ばん【半月板】膝の関節で、大腿骨と脛骨の間にある軟骨。衝撃を吸収し、関節の動きをなめらかにする。

はんげつ-べん【半月弁】心臓の心室から動脈への出口にある半月形をした3枚の弁膜。大動脈弁と肺動脈弁の総称。心室が収縮すると開いて血液を送り出し、弛緩すると閉じて逆流を防ぐ。三半月弁。

はんけつ-れい【判決例】▶判例

バンケティング-ハウス〖Banqueting House〗ロンドン、ウエストミンスターにある建物。英国王室が居住したホワイトホール宮殿の一角に、晩餐会や舞踏会のための建物として、建築家イニゴー＝ジョーンズの設計により17世紀に建造。17世紀末の火災でホワイトホール宮殿の大部分が焼失し、現在はこの建物のみが残る。1649年のピューリタン革命でチャールズ1世がこの建物の前で処刑されたほか、89年には名誉革命によりウィリアム3世の戴冠式が行われた。ルーベンスが描いた天井画があることで知られる。

パンゲネシス〖pangenesis〗微小粒子により遺伝形質が伝わるという遺伝学説。C＝ダーウィンによる仮説。パンゲン説。

はんゲルマン-しゅぎ【汎ゲルマン主義】ドイツが盟主となり、ゲルマン民族による世界制覇を実現しようとする思想・運動。19世紀末から、ドイツ帝国が政策化してバルカン・中近東などへの進出をはかったが、第一次大戦で挫折。その多くはナチスによって継承された。汎ドイツ主義。

はん-けん【反▽巻】葉や花びらなどが背面の方にそり返って巻いていること。

はん-けん【半券】物品を預かったり料金を受け取ったりした証拠として、半分切り取って渡される券。

はん-けん【版権】著作権法にいう出版権。著作物の複製・販売に関して専有する権利。

はん-げん【反言】言い返すこと。また、その言葉。

はん-げん【半舷】艦船の乗組員を、左舷と右舷とに分けたときの、その一方。

はん-げん【半減】〔名〕(スル) 半分に減ること。また、半分に減らすこと。「興味が一する」「人員を一する」(類語)削減・節減・低減・軽減

ばん-けん【番犬】家の番をする飼い犬。

ばん-げん【万言】▶まんげん(万言)

はんげん-き【半減期】放射性元素が崩壊して、その原子の個数が半分に減少するまでの時間。放射線の強さが半分に減るまでの時間。アクチニウム217では0.018秒、ウラン238では45億年。粒子の寿命を表すのに用いられる。

はんけん-こうりゅう【判検交流】裁判所と法務省・検察庁の間の人事交流。裁判官と検察官が出向しあって互いの職務に就く刑事分野の交流は平成24年(2012)に廃止。裁判官が訟務検事となる交流は残される。

はんげん-じょうりく【半舷上陸】艦船が停泊した際に、乗組員の半数を当直として残し、半数ずつ交代で上陸させること。

はん-げんぷく【半元服】江戸時代、本元服の1、2年前に行った略式の元服。

はん-こ【判子】《「はんこう(版行)」の音変化。「判子」は当て字》印判。印形。はん。「書類に一を押す」「伝票に一をもらう」
(類語)印・印章・印判・印鑑・判・ゴム印・スタンプ
判子で押したよう　「判で押したよう」に同じ。

はん-こ【班固】[32〜92]中国、後漢の学者。扶風安陵(陝西省)の人。班超・班昭の兄。字は孟堅。詔を奉じて、父班彪の志を継ぎ「漢書」を編述、獄死したため未完となったが、妹の班昭が完成させた。賦にも長じ、「両都賦」の作がある。

はん-ご【反語】❶断定を強調するために、言いたいことと反対の内容を疑問の形で述べる表現。「そんなことがあり得ようか(あるはずがない)」などの類。❷表面ではほめ、またはそしって、裏にその反対の意味を含ませる言い方。多くは皮肉な言い方となる。「ふん、よく出来た子だよ(まったくひどい)」などの類。
(類語)アイロニー

ばん-こ【万戸】❶多くの家。「千家一の安楽は」〈中村訳・西国立志編〉❷1万戸の領地。広大な領地。また、その領主。「禄一に過ぎたり」〈太平記・二六〉

ばん-こ【万古】❶遠い昔。また、遠い昔から現在まで。永遠。永久。千古。「星空の一の輝き」❷「万古焼」の略。

ばん-こ【番子】舞楽で、舞人の下役。貴徳と散手で登場し、舞人に鉾を渡すなどする。

ばん-こ【盤古│盤固】中国神話で、神人の名。天地開闢の時初めて出現し、その死後、からだの各部分が、日月をはじめ、天地の万象に化したとされる。

バンコ〖ポルトガル banco〗(九州地方で)腰掛け。ベンチ。

バン-こ【バン湖】《Van Gölü》トルコ東部にある同国最大の湖。イランとの国境近くに位置する。塩湖であり、流出河川はない。湖面標高1646メートル。湖に浮かぶアクダマル島には10世紀建造のアルメニア教会が残っている。ワン湖。

ばん-ご【蛮語│×蕃語】❶えびすの言葉。また、異国の言語。❷南蛮語。江戸時代、スペイン語・ポルトガル語・オランダ語などのこと。

パン-こ【パン粉】❶パンを細かく砕いて粉状にしたもの。フライの衣やひき肉料理のつなぎなどに用いる。❷パン製造の原料用の小麦粉。

はん-こう【反抗】〔名〕(スル) さからうこと。長上や権威・権力などに従わないこと。「親に一する」「体制に一する」➡抵抗(用法)
(類語)逆らう・盾突く・抵抗・歯向かう・手向かう・抗する・立ち向かう・蟷螂の斧・窮鼠猫を噛む

はん-こう【反攻】〔名〕(スル) 守勢であったものが逆に攻勢に転じて攻めること。反撃。「陣容を立て直して一する」(類語)逆襲・反撃

はん-こう【半▽髪│半▽頭】❶近世、頭髪を前半分だけそって後ろのほうを残しておくこと。また、その頭。はんこうぞり。❷近世、幼児の頭髪を両耳の上だけ残してそること。また、その髪形。

はん-こう【犯行】犯罪となる行為。犯罪行為。「一を認める」「過激派の一声明」
(類語)犯罪・事犯・凶行

はん-こう【版行│板行】〔名〕(スル) ❶書物や文書などを印刷して発行すること。刊行。「江戸末期に一された名所図絵」❷印判。はん。はんこ。「丸で一におした様な事をぺらぺらと一通り述べたが」〈漱石・野分〉
(补)❶はハンコー、❷はハンコー。
(類語)出版・発行・上梓・上木・刊行・発刊・公刊・印行・発兌・刊

はん-こう【頒行】〔名〕(スル) 広く配布すること。頒布。「天下に一すべし」〈中村訳・自由之理〉

はん-こう【藩侯】藩主。大名。

はん-こう【藩校】・【藩×黌】江戸時代、藩が藩士の子弟教育のために設立・経営した学校。儒学教育を主としたが、時には、洋学・医学の教育も行った。明治維新後、大半は廃止された。藩学。

はん-ごう【飯×盒】底が深くてふたのある、携帯用の炊飯具。主にアルミニウム製。軍隊用に作られたが、現在、登山・キャンプなどに使用。「一炊爨」

ばん-こう【万口】多くの人の口。多くの人の言葉。衆口。「一一致の方針」〈木下尚江・良人の自白〉

ばん-こう【万考】さまざまに考えをめぐらすこと。「千思一」

ばん-こう【蛮行】野蛮な行為。無教養で乱暴な行い。「酔余の一」(類語)乱暴・狼藉・無法・乱行・暴状・暴挙・暴行・暴力・腕力沙汰・荒くれ・粗暴・凶暴・狂暴・猛悪・野蛮

ばん-ごう【万×劫】非常に長い年月。永劫。「一度人身を失えば一還らずとかや」〈樗牛・滝口入道〉

ばん-ごう【番号】ものの順番を表す数字・符号。ナンバー。「一順に並ぶ」「一札」(類語)ナンバー

ばんごう-いんじき【番号印字器】同一または一連の番号を印字する機器。ナンバリング。

ばんこう-か【番紅花】サフランの漢名。

はんこう-き【反抗期】精神発達の過程で、著しく反抗的態度を示す時期。ふつう、自我意識の強まる3〜4歳の時期および青年前期の2期があり、前者を第一反抗期、後者を第二反抗期という。

ばんごう-きごう【番号記号】▶ハッシュマーク

ばん-こうけい【伴蒿蹊】[1733〜1806]江戸中・後期の国学者・歌人。京都の人。本名、資芳。別号、閑田子。荷田春満に私淑。著「国歌或問」「近世畸人伝」「閑田耕筆」など。

はんごうせい-せんい【半合成繊維】合成繊維と再生繊維の中間的なもの。セルロースなどの天然の高分子物質を化学的に処理してエステルなどの形に変え、繊維にしたもの。アセテート繊維など。

はんこう-せいめい【犯行声明】ある事件の実行者が自分(たち)であると公表すること。また、その公表された見解。「一を読み上げる」「一を出す」

はん-こうたくし【半光沢紙】光沢紙より光沢を抑えた印刷用紙。

はんこう-てき【反抗的】〔形動〕反抗する態度や言動を示すさま。反抗する傾向が強いさま。「一な生徒」

ばんごう-ポータビリティー【番号ポータビリティー】《mobile number portability》携帯電話の事業者を変更しても、利用者の電話番号がそのまま使える制度およびシステム。モバイルナンバーポータビリティー。携帯電話番号ポータビリティー。番号持ち運び制度。番号継続制度。MNP。

ばんごうもちはこび-せいど【番号持(ち)運び制度】▶番号ポータビリティー

はん-コート【半コート】❶和服のコートで、羽織丈より長めのもの。主に春・秋に塵除け・防寒を兼ねて着用する。❷「ハーフコート」に同じ。

バンゴール〖Bangor〗英国ウェールズ北西部の町。メナイ海峡に面し、対岸にアングルシー島を望む。英国最古とされる6世紀創建のバンゴール大聖堂を中心に発展。ウェールズ大学があり、学園都市としても知られる。バンガー。

バンゴール-だいせいどう【バンゴール大聖堂】《Bangor Cathedral》英国ウェールズ北西部の町バンゴールにある大聖堂。6世紀に聖デニオールが創建した修道院に起源し、英国最古とされる。11世紀にノルマン人により破壊され、12世紀に再建。その後もジョン王やエドワード1世の攻撃を受け、増改築が繰り返された。15世紀に作られた木彫のキリスト像や、聖書に記された植物を植栽した庭園がある。バンガー大聖堂。

はん-こく【板刻】〔名〕(スル) 版木に、文字・図画などを彫り刻むこと。「経書を一する」

ハン-こく【ハン国】ハンが統治した国。汗国。

はん-ごく【反獄】〔名〕(スル) ❶無実の罪で刑の定まった者を、調べ直して無罪とすること。❷脱獄すること。

ばん-こく【万国】あらゆる国。世界のすべての国。「一共通の記号」(類語)万邦・世界・国際社会・内外・中外・四海・八紘・宇内

ばん-こく【万×斛】《「斛」は石の意で、10斗》はかりきれないほど多い分量。「一の涙を注ぐ」

ばん-こく【晩刻】❶夕方。夕刻。❷夜。

ばん-こく【蛮国｜×蕃国】❶未開の国。❷外国。
バンコク〖Bangkok〗タイ王国の首都。同国中南部、チャオプラヤー川(メナム川)に臨む河港都市。王宮や多くのワット(寺院)がある。人口、都市圏685万(2008)。クルンテープ。バンコック。
ばんこく-おんぴょうもじ【万国音標文字】ニオンペウモジ ▶国際音声記号
ばんこく-き【万国旗】世界各国の国旗。ばんこっき。(類語)国旗・日の丸・日章旗
ばんこく-こうほう【万国公法】ニコウハウ 国際法の旧称。
はんごく-しゅご【半国守護】室町時代、一国の半分を領有した守護。半守護。
ばんこく-ちず【万国地図】ヅ 世界地図。
ばんこく-ちょさくけんじょうやく【万国著作権条約】ニチヨサクケンデウヤク 1952年、ユネスコが中心になってジュネーブで成立した著作権保護に関する国際条約。加盟国は相互に内国民待遇を与えることを骨子とし、著作権者名や著作物の発行年月日のほか、©記号を付すことを原則とする。日本は1956年に加盟。
ばんこく-ちょさくけんほごどうめいじょうやく【万国著作権保護同盟条約】ニチヨサクケンホゴドウメイデウヤク ▶ベルヌ条約
ばんこくはく-きねんこうえん【万国博記念公園】ニキネンコウヱン 大阪府北部、吹田(すいた)市北東部の千里丘陵にある公園。面積2.6平方キロメートル。昭和45年(1970)3月15日〜9月13日に開かれた万国博覧会を記念して、その跡地に建設された。日本庭園、自然文化園、大阪日本民芸館、国立民族学博物館、スポーツ施設などがある。通称、万博記念公園、正式名称は日本万国博覧会記念公園。
ばんこく-はくらんかい【万国博覧会】ニハクラングワイ 国際博覧会の通称。万国博。万博。
ばんこく-へいわかいぎ【万国平和会議】ニヘイワクワイギ ロシア皇帝ニコライ2世の提唱で開かれた国際平和のための国際会議。第1回は1899年26か国代表により、第2回は1907年44か国代表により、ともにオランダのハーグで開催された。軍縮については成果を得なかったが、国際紛争平和的処理条約、毒ガス使用禁止宣言などが採択された。ハーグ平和会議。
ばんこく-ゆうびんれんごう【万国郵便連合】ニイウビンレンガフ ▶ユー-ピー-ユー(UPU)
はん-こつ【反骨｜×叛骨】権威・権力・時代風潮などに逆らう気骨。「一精神」
(類語)意欲・気概・気骨・骨っ節
ばん-こつ【万骨】多くの人の骨。「一将功成りて一枯る」(類語)白骨・人骨・骸骨
ばん-こつ【蛮骨】粗野で荒々しい気質。蛮カラ。
バン-ゴッホ〖van Gogh〗▶ゴッホ
ばん-ごはん【晩御飯】ばんめしを丁寧にいう語。
ばんこ-ふえき【万古不易】〘名・形動〙いつまでも変わらないこと。また、そのさま。「一の摂理」(類語)永久・永遠・とわ・永世・常しえ・常しなえ・恒久・悠久・悠遠・長久・経常・不変・常磐(ときわ)・永劫・永代・久遠・無限・無窮・不朽・万代不易・万世不易・千古不易
はんご-ほう【反語法】ハフ 意味を強調するために反語を用いる修辞法。
ばん-ごや【番小屋】❶見張りの番人がいる小屋。❷江戸時代、江戸の町の自身番の詰め所。各町の町人が、交代で夜番をした。番屋。
ばんこ-やき【万古焼】陶器の一。元文年間(1736〜1741)伊勢国桑名の沼浪弄山(ぬなみろうざん)が小向(おぶけ)で創始。赤絵にすぐれ、万古の文字を印した。また、青磁も製し、万古青磁の名がある。明治以降四日市を中心に急須を主とした赤土・素焼きのものが多く作られ、四日市万古とよばれる。➡古万古(こばんこ)
はん-ごろし【半殺し】❶ほとんど死ぬくらいの状態になるほど痛めつけること。「一の目にあわせる」❷ぼた餅の餅を作るのに、炊いた飯の飯粒が半分くらい残る程度に潰すこと。(類語)生殺し
はん-こん【斑痕】まだらな、傷などのあと。
はん-こん【×瘢痕】切り傷・火傷(やけど)・潰瘍(かいよう)などが治ったあとに残る傷あと。
はん-ごん【反魂】死者の魂を呼びもどすこと。死者をよみがえらせること。「一の法を行ひ、壮年の形となさん」〈浄・当流小栗判官〉
ばん-こん【晩婚】普通より遅い年齢でする結婚。⇔早婚。
ばん-こん【盤根】❶曲がりくねった根。❷「盤根錯節(さくせつ)❷」に同じ。
はんごん-こう【反魂香】ヵゥ それをたくと死者の魂を呼びもどして、その姿を煙の中に現すという想像上の香。中国の漢の武帝が、夫人の死後、恋しさのあまり香をたいてその面影を見たという故事による。
ばんこん-さくせつ【盤根錯節】❶曲がりくねった根と、入り組んだ節(ふし)。❷複雑で、処理や解決の困難な事柄。「派閥間の一を処断する」
はんごん-そう【反魂草】サゥ キク科の多年草。中部地方以北の深山に自生。高さ1〜2メートル。茎はやや紫色を帯び、葉は羽状に深く裂けている。7〜9月、多数の黄色い頭状花を開く。若芽は食用。
はんごん-たん【反魂丹】❶古くからの伝承家庭薬。食傷・腹痛などに用いる丸薬。近世、富山の薬売りにより全国に広まった。❷中国で、死者をよみがえらせる能力をもつとされた霊薬。
はん-さ【煩×瑣】〘名・形動〙こまごまとしてわずらわしいこと。また、そのさま。「一な手続き」
(類語)煩雑・複雑・しち面倒・厄介・煩わしい・面倒臭い・ややこしい・細かい
はん-ざ【反×坐】もと、偽証・誣告(ぶこく)などをして他人を罪に陥れた者に、その罪と同一程度の刑を科したこと。
はん-ざ【半座】❶座席の半分。❷談話などの途中。中座。「夜談義を一で母は連れて逃げ」〈柳多留・三〉
半座を分・ける　座席を半分あけて人に譲る。極楽浄土で同じ蓮(はす)の台(うてな)に二人ですわることにいう。「極楽デー・ケテ待チオルゾ」〈和英語林集成〉
はん-ざ【判▽者】▶はんじゃ(判者)❷
パンサー〖panther〗豹(ひょう)。「ブラック一」
はん-さい【半済】〘名〙スル ❶借りたものの半分を返済すること。❷▶はんぜい(半済)
はん-さい【半斎】禅宗で、早朝の粥(しゅく)と正午の斎食(さいじき)との中間にとる簡単な食事。また、その時刻。
はん-さい【半裁】〘名〙スル 半分に裁断すること。また、その大きさのもの。「紙を一する」
はん-さい【半歳】1年の半分。はんとし。
はん-さい【半×截】〘名〙スル《「はんせつ(半截)」の慣用読み》「はんさい(半裁)」に同じ。
はん-さい【×燔祭】古代ユダヤ教における最も古く、かつ重要とされた儀式。いけにえの動物を祭壇上で焼き、神にささげた。
はん-ざい【犯罪】❶罪をおかすこと。また、おかした罪。「一を防ぐ」「完全一」❷刑法その他の刑罰法規に規定する犯罪構成要件に該当する有責かつ違法な行為。(類語)犯行・事犯・罪・罪悪・罪科・罪過・罪障・悪事・違犯・違法行為
ばん-さい【坂西】▶ばんせい(坂西)
ばん-さい【晩歳】年老いた時。晩年。
ばん-ざい【万歳】㊀〘名〙スル《古くは「ばんぜい」。「ばんざい」は近代以降の読み方》❶祝いや喜びの気持ちを込めて㊁を唱えること。多く、威勢よく両手を上げる動作を伴う。また、その動作のこともいう。「一を三唱する」「一の姿勢」❷めでたいこと。うれしいこと。「これが成功すればー だ」❸《❶の動作から》㋐降参すること。お手上げ。「もう食べられない。一するよ」㋑野球で、野手がフライを捕球しようとして両手を上げながら、打球に頭上を抜かれること。➡ばんぜい(万歳)㊁〘感〙めでたいときやうれしいときに、その気持ちを込めて発する語。「一、合格だ」
はんざい-がく【犯罪学】犯罪の原因や性質などを科学的に解明し、犯罪対策に資することを目的とする学問。刑事学。
はんざい-し【犯罪死】法医学において、他殺や過失致死などの犯罪による死亡。⇔非犯罪死。
ばんざい-じけん【万歳事件】三・一独立運動の俗称。
はんざい-じじつ【犯罪事実】現行法に規定された犯罪に該当する客観的な事実。起訴状の公訴事実欄に記載される。
はんざい-しゃ【犯罪者】犯罪行為をなした者。犯罪人。
はんざい-しゃかいがく【犯罪社会学】ニシヤクワイガク 犯罪を社会現象として研究する社会学の一分野。犯罪と社会の相関関係を研究する分野と予防や矯正に関する分野とがある。
はんざい-しゅうえき【犯罪収益】ニシウエキ 犯罪によって手に入れた収入。
はんざい-しょうねん【犯罪少年】ニセウ 罪を犯して警察に検挙された14歳以上20歳未満の少年。刑法犯で検挙された者を刑法犯少年、特別法犯で検挙された者を特別法犯少年という。➡非行少年
はんざい-しんりがく【犯罪心理学】犯罪および犯罪者について研究する心理学の一分野。犯行の心理、犯罪者の性格、証言の心理などを研究する裁判心理学や、犯罪者の矯正・更生・犯罪予防を目的とする矯正心理学を含む。
はん-さいそう【反彩層】太陽の光球を包み、光球から出る連続スペクトルに吸収線を生成するとかつて考えられていた層。実際は温度勾配によって吸収が起こる。
はんざいにんひきわたし-じょうやく【犯罪人引(き)渡(し)条約】ニデウヤク 国外へ逃亡した犯罪人の引き渡しについて定めた条約。二国間で締結される場合が多い。➡代理処罰 (補説)日本は米国・韓国の2か国とのみそれぞれ締結しており、死刑・無期または1年以上の拘禁刑にあたる犯罪について訴追・審判および刑罰を執行するため、他方の締約国から引き渡しを求められた者を引き渡すことなどを定めている。
はんざい-の-おび【斑×犀の帯】まだらの斑紋のある犀の角を飾りに用いた石帯(せきたい)。四位・五位の者が束帯のときに、また公卿が諒闇(りょうあん)の際に用いた。
ばんざい-ばん【万歳×旛】《「ばんぜいばん」とも》「万歳」の文字を表面にしるした旗。平安時代以来、朝賀の式や即位の儀に用いられた。万歳旗。
はんざいひがいじこきけんたんぽ-とくやく【犯罪被害事故危険担保特約】自動車保険の特約の一。人身傷害保険の補償を拡大するもので、日常生活における第三者の犯罪行為によって被保険者やその家族が死傷したときに保険金が支払われる。
はんざい-ひがいしゃ【犯罪被害者】犯罪によって害を被った者。➡犯罪被害者等基本法
はんざいひがいしゃ-きゅうふせいど【犯罪被害者給付制度】ニキフフセイド 人の生命や身体を害する故意の犯罪行為により死亡した被害者の遺族または重大な負傷・疾病を被った被害者本人に対して、国が犯罪被害者等給付金支給法に基づいて給付金を支給する制度。遺族給付金・重傷病給付金・障害給付金の3種類がある。(補説)「犯罪被害者保護制度」は刑事裁判において犯罪被害者に対して配慮と保護を図るもので、本制度とは別の制度である。
はんざいひがいしゃとう-きほんほう【犯罪被害者等基本法】ニキホンハフ 犯罪被害者とその家族・遺族に対する精神的・物質的な支援を、国・地方自治体の責務と定めた法律。平成16年(2004)12月成立。
はんざいひがいしゃとうきゅうふきんしきゅう-ほう【犯罪被害者等給付金支給法】ハンザイヒガイシヤトウキフフキンシキフハフ《「犯罪被害者等給付金の支給等による犯罪被害者等の支援に関する法律」の通称》犯罪行為により不慮の死を遂げた被害者の遺族や重大な傷病を負ったり障害が残った被害者に対して、国が一時金を支給するとともに、継続的に援助する措置を講じることを定めた法律。昭和55年(1980)に「犯罪被害者等給付金支給法」として制定。その後、数回の法改正により支援対象の拡大、給付額の引き上げ、支給要件の緩和などが行われ、平成20年(2008)から現在の法律名に改正された。➡犯罪被害者給付制度 ➡犯罪被害者等基本法

はんざいひがいしゃほご-せいど【犯罪被害者保護制度】刑事裁判の手続きにおいて、犯罪の被害にあった人やその家族に配慮し、保護を図ることを目的として定められた制度。刑事訴訟法・犯罪被害者保護法などによって、証人の負担を軽くする措置、被害者等による意見の陳述、検察審査会に対する審査の申し立て、裁判手続き傍聴のための配慮、訴訟記録の閲覧および謄写、民事上の争いについての開示訴訟手続きによる和解、被害者等が刑事裁判に参加する制度、被害者等に関する情報保護、損害賠償請求に関し刑事手続の成果を利用する制度などが定められている。[補説]「犯罪被害者補償制度」および「犯罪被害者給付制度」は殺人や傷害などの犯罪で死亡した被害者の遺族や重大な傷害を受けた被害者本人に国が給付金を支給するもので、本制度とは別の制度である。➡被害者参加制度

はんざいひがいしゃほご-ほう【犯罪被害者保護法】《「犯罪被害者等の権利利益の保護を図るための刑事手続に付随する措置に関する法律」の通称》刑事裁判の手続きにおいて、犯罪の被害を被った人やその家族の心情を尊重し、またその被害の回復に資する措置を定めることによって、被害者などの保護を図ることを目的として定められた法律。平成12年(2000)に成立し、刑事訴訟法・検察審査会法も併せて改正された。➡犯罪被害者保護制度

はんざいひがいしゃほしょう-せいど【犯罪被害者補償制度】殺人や傷害などの犯罪によって死亡した被害者の遺族や重大な傷害を受けた被害者本人に対して、国などが給付金を支給する制度。補償の対象となる被害など適格要件は国や地域によって異なる。日本では犯罪被害者給付制度が定められている。

ばんざいらく【万歳楽】▶まんざいらく(万歳楽)

ばんさい-るい【板×鰓類】軟骨魚綱板鰓亜綱の魚の総称。サメ類・エイ類の大部分が含まれる。えら・えらあなは5〜7対あり、体表には楯鱗(じゅんりん)とよぶざらざらしたうろこがある。海産で肉食性。

はん-ざき【半割|半裂】《二つに裂いても生きている意から》オオサンショウウオの別名。[季 夏]

はん-さく【半作】❶農作物の収穫量が平年の半分であること。「天頭様が一しか呉れさっしゃらねえのに」〈木下尚江・良人の自白〉❷《「はんざく」とも》建物などがまだ全部はでき上がっていないこと。また、そのもの。「一ナガラ作ル」〈日葡〉

ばん-さく【万策】できるかぎりのあらゆる手段・方法。「一尽きはてる」

はんさく-どうぶつ【半索動物】動物界の一門。すべて海産で、体は細長く、前体・中体・後体の3部に分かれ、中体の背側中央に陥入してできた器官がある。発生や幼生の形からは棘皮(きょくひ)動物に近く、形態から原索動物にも類縁がある。腸鰓(ちょうさい)類・翼鰓類などを含む。

はん-さつ【藩札】江戸時代、諸藩が財政窮乏を救うため発行した、その領内にかぎり通用した紙幣。

はん-ざつ【煩雑】〔名・形動〕こみいっていてわずらわしいこと。また、そのさま。「一を極める」「一な手続き」[派生]はんざつさ〔名〕
[類語]面倒・厄介・複雑・煩瑣(はんさ)・難しい・煩わしい・面倒臭い・ややこしい・しち面倒・しち面倒臭い

はん-ざつ【繁雑】〔名・形動〕なすべきことなどが多すぎて、ごたごたしていること。また、そのさま。「一な仕事」[派生]はんざつさ〔名〕

ハンザ-どうめい【ハンザ同盟】《(ドイ) Hansaは集団の意》13世紀から16世紀にかけて北欧の商業圏を支配した北ドイツの都市同盟。リューベック・ハンブルクなど北海・バルト海沿岸の諸都市が結成。商業上の共同利益の保全、海上交通の安全保障、共同防衛などを目的とし、最盛期の14世紀後半には70を超える都市が参加した。

ハンサム〖handsome〗〔形動〕男性の顔だちや風采(ふうさい)のよいさま。「一な少年」[類語]美男・美男子・二枚目・色男・美丈夫・美少年・美童

はん-さよう【反作用】物体に働くある作用に対して、同じ大きさで反対方向に働く作用。[類語]反動・跳ね返り・反応・副作用・リアクション・リバウンド

ばん-さん【晩産】産み月を越え妊娠第43週以後に出産すること。胎児は成熟児より大きく、出産に困難を伴う場合が多い。

ばん-さん【晩×餐】ごちそうの出る夕食。また、客を招いてもてなす夕食。ディナー。「一会」
[類語]夕食・夕御飯・夕飯(ゆうはん)・夕飯(ゆうめし)・夕餉(ゆうげ)・晩御飯・晩飯・ディナー

はん-し【半死】《古くは「はんじ」とも》❶死にそうになっていること。❷年をとっていて余命の短いこと。「かかる一の老僧の命を取ることが、何の復讐であるか」〈菊池寛・恩讐の彼方に〉

はん-し【半紙】古くは延べ紙を半分に切ったもの。のち、縦24〜26センチ、横32〜35センチの日本紙をさすようになった。

はん-し【判士】❶審判をする人。特に柔道・剣道などの審判者。❷旧陸海軍の軍法会議で、審理・裁判を行った武官の裁判官。

はん-し【判旨】判決の要旨。

はん-し【判詞】歌合わせ・句合わせなどで、判者が優劣・可否を判定して述べる言葉。はんのことば。

はん-し【範士】全日本剣道連盟が授与する称号のうち最高位のもの。八段以上の者を対象に、審査会の議決を得て授与される。➡教士 ➡錬士

はん-し【藩士】江戸時代、大名の家臣。藩臣。

はん-じ【半時】一時(いっとき)の半分。現在の1時間ほど。はんとき。「漢竹の横笛とり出だし、一ばかり吹きて」〈義経記・一〉

はん-じ【判じ】判じること。判断。「文吾の幼い頭にも少しずつ一がつきかかって来た」〈上司・石川五右衛門の生立〉

はん-じ【判事】❶裁判官の官名の一。10年以上、判事補・検察官・弁護士・大学教授などの職にあった者の中から任命され、高等裁判所・地方裁判所・家庭裁判所に配属される。任期は10年で再任できる。❷律令制で、刑部(ぎょうぶ)省・大宰府に置かれ、裁判を審理し、刑名を定めることを任とした職員。

ばん-し【万死】❶生命の助かる見込みがないこと。また、命を投げ出すこと。「一を恐れず」❷何度も死ぬこと。「罪、一に値する」
万死の中(うち)に一生を得(う)る 非常に危険な状態から、かろうじて命が助かる。九死に一生を得る。

ばん-し【×挽詩|×輓詩】死者を悼む詩。哀悼の詩。

ばん-し【番士】❶番に当たった兵士。当番の兵士。❷江戸時代、殿中の宿衛、諸所の警衛に勤番した士。

ばん-じ【万事】すべてのこと。あらゆること。「一を人に任せる」「一うまくいっている」「一事が一」[類語]一切・一切合切・万・有りたけ・有りったけ・すべて・皆
万事休(きゅう)す 《「宋史」荊南高氏世家から》もはや施す手段がなく、万策尽きる。もはやおしまいで、何をしてもだめだという場合に使う。[補説]「万事窮す」と書くのは誤り。

パンジー〖pansy〗サンシキスミレの別名。

バンジー-ジャンプ〖bungy jump〗命綱を足に結んで数十メートルの高さからさかさまに飛び降り、地面すれすれの所で止まるジャンプ。本来は北部ニューカレドニアの成人の儀式。

ばんし-いっしょう【万死一生】助かる望みのない危険な状態。また、その状態から、かろうじて助かること。「酷い熱病に罹って、一の幸を得た其とき」〈福沢・福翁自伝〉

はんじ-え【判じ絵】判じ物にした絵。

パンシオン〖(フランス) pension〗食事付きの宿泊・下宿。また、下宿屋。ペンション。

はん-じかい【反磁界】磁性体を磁化する時に、その両端に現れる磁極が磁性体内につくる逆向きの磁界。外から与えられた磁界を弱める作用がある。反磁場。

はん-しき【版式】印刷の版の様式。凸版・平版・凹版など。

はん-しき【範式】❶手本。規範。❷数学で、公式。

ばん-しき【盤▽渉】日本音楽の十二律の一。基音の壱越(いちこつ)より九律高い音で、中国の十二律の南呂(なんりょ)、洋楽のロ音にあたる。

ばんしき-ちょう【盤▽渉調】雅楽の六調子の一。盤渉の音を主音とする旋法。

はん-じせい【反磁性】磁場を与えると、磁場とは反対の向きに磁化が起こる性質。➡常磁性

はんじせい-たい【反磁性体】反磁性の性質をもつ物質。酸素以外の気体、有機物質・塩類・水・ガラスなど。

はん-した【版下】❶木版・印判などを彫るための下書き。薄い紙に絵や文字を書き、裏返しにして版木・印材にはりつける。❷製版用の絵・図・表など。

はん-じつ【半日】「はんにち(半日)」に同じ。

はん-じば【反磁場】▶反磁界

ばんじ-ばんざぶろう【磐次磐三郎】関東から東北にかけて分布する伝説の一。狩人の元祖といわれる兄弟が、山の神の難を助けたりする。大汝小汝(おおなじこなじ)。万次万三郎。

はんし-はんしょう【半死半生】死にかかっていること。もう少しで死にそうなようす。「一の目に遭う」

はんじ-ほ【判事補】裁判官の官名の一。司法修習生の修習を終えた者のうちから任命され、地方裁判所・家庭裁判所に配属される。任期は10年で再任できる。

はんし-ぼん【半紙本】半紙を二つ折りにした大きさの和本。

はんじ-もの【判じ物】文字や絵画に、ある意味を隠しておき、それを当てさせるようにしたもの。また、その遊び。

はん-しゃ【反射】〔名〕(スル)❶媒質中を進む光・音などの波動が、媒質の境界面に当たって向きを変え、もとの媒質に戻って進むこと。「声が山に一してこだまする」❷外からの刺激によって生じた生体内の興奮が、大脳まで伝わらず脊髄などで折り返し、意識とかかわりなくただちに特定の応答が起こること。
[類語]照り返し・反照・返照

はん-しゃ【販社】「販売会社」の略。

はん-じゃ【判者】❶物事の優劣・可否を判定する人。❷歌合わせ・句合わせなどで、作品の優劣・可否を判定する人。はんざ。

ばん-しゃ【万謝】〔名〕(スル)❶厚く感謝すること。「一の念」「好意一す」〈独歩・愛弟通信〉❷深くわびること。「過失を一する」[類語]感謝・拝謝・深謝・謝意・謝恩

ばん-しゃ【×挽車|×輓車】柩(ひつぎ)をのせてひく車。

ばん-しゃ【×蕃社】日本統治時代、台湾の先住民族(高砂族)の集落や集団に対する呼称。

はんしゃ-うんどう【反射運動】反射によって起こる無意識な筋の運動。膝蓋腱(しつがいけん)反射など。

はんしゃ-かく【反射角】反射波の進行方向と、反射面に立てた法線とがなす角。角度は入射角と等しい。

はんしゃがた-えきしょう【反射型液晶】《reflective liquid crystal》液晶の表示方式の一。背面に置かれた反射板に光が反射することによって表示する。透過型液晶に比べ、明るい外光のもとでも見やすく、消費電力が低いという特徴がある。➡半透過型液晶

はんしゃがた-えきしょうディスプレー【反射型液晶ディスプレー】《reflective liquid crystal display》▶反射型液晶

はんしゃがた-えきしょうパネル【反射型液晶パネル】《reflective liquid crystal panel》▶反射型液晶

はんしゃがた-けんびきょう【反射型顕微鏡】▶金属顕微鏡

はんしゃ-きゅう【反射弓】刺激を受けた感覚器から、興奮が求心神経を経て脊髄などの反射中枢に至り、折り返して遠心神経に伝えられ、実行器に達して反応を起こす一連の経路。反射弧。

はんしゃ-きょう【反射鏡】光学器械で光を反射させるために用いる鏡。平面鏡、凸または凹の球面鏡、放物面鏡などがある。
ばん-しゃく【晩酌】〔名〕スル 家庭で、夕食のとき酒を飲むこと。また、その酒。「ほとんど毎日一する」
ばん-じゃく【×磐石┊盤石】❶重く大きな石。いわお。❷堅固でしっかりしていてびくともしないこと。「一の基礎を築く」「一の地位」(類語)(❶)岩・岩石・巨岩・巌・岩根・奇岩・岩壁/(❷)堅い・確り・揺るぎない・強固・堅固・牢固・金城鉄壁
ばんじゃく-のり【×磐石×糊】小麦粉のグルテンを主成分としてつくる粘着力の強い糊。木細工・革細工に用いる。
はんしゃ-げんこう【反射原稿】《reflective manuscript》光を反射して見る原稿のこと。印刷された紙やプリント写真などがこれに相当する。スキャナーで画像を読み取る際、この反射原稿と透過原稿を区別することがある。
はんしゃ-こうがくけい【反射光学系】二つの鏡の間で光を反射させる構造をもつ光学系。
はんしゃこうしき-ろしゅつけい【反射光式露出計】写真撮影に用いる露出計のうち、被写体からの反射光を測定するタイプのもの。標準反射率を基準とするため、反射率が標準反射率と大きく異なる被写体に対しては、露出補正をしなければならない。➡入射光式露出計
はんしゃ-こうせん【反射光線】入射光線が反射して、もとの媒質中を進む光線。
はんしゃ-しじだいめいし【反射指示代名詞】▶反射代名詞
はんしゃ-せいうん【反射星雲】近傍の恒星の光を反射または散乱して輝く散光星雲。輝線星雲と異なって青っぽく見え、偏光しているものが多い。代表的な反射星雲として、プレアデス星団をとりまく星雲やオリオン星雲の青く見える部分などがある。
はんしゃ-そっかくき【反射測角器】結晶面に光を当て、その反射の角度を利用して結晶の面角を測定する器具。
はんしゃ-だいめいし【反射代名詞】一人称・二人称・三人称の別に関係なく実体そのものをさす。「おのれ」「みずから」「自分」「自己」など。再帰代名詞。反照代名詞。反射指示代名詞。
はんしゃ-ちゅうすう【反射中枢】感覚器からの興奮を折り返し実行器に伝える所。脊髄・延髄・中脳などにある。
はんしゃ-てき【反射的】〔形動〕刺激に対して瞬間的に反応するさま。「一に飛び起きる」
はんしゃ-のう【反射能】光などが物体表面に垂直に入射するときの、入射エネルギーに対する反射エネルギーの比。金属は一般に大きいが、黒い物体は放射を吸収するので反射能がごく小さい。➡アルベド
ばんしゃ-の-ごく【蛮社の獄】《「蛮社」は洋学仲間の意「蛮学社中」の略》天保10年(1839)江戸幕府が尚歯会の渡辺崋山・高野長英らに加えた言論弾圧事件。モリソン号事件などにおける幕府の政策を批判した罪などにより、崋山は国元での蟄居、長英は永牢に処された。
パンジャブ〖Punjab〗《五つの河の意》インド北部からパキスタン中北部にかけてのインダス川中流域の地方。古代インダス文明発祥の地。五河地方。
はんしゃ-ぼうえんきょう【反射望遠鏡】対物鏡に凹面鏡を用いて像を結ばせ、これを接眼レンズで拡大して見る望遠鏡。屈折望遠鏡よりも大型にできるので、主に天体望遠鏡に用いられる。
はんしゃ-ぼうえんレンズ【反射望遠レンズ】▶レフレックスレンズ
はんしゃ-りつ【反射律】集合の要素aに対して、ある関係〜が定められているとき、$a\sim a$であるという法則。
はんしゃ-りつ【反射率】波動が媒質の境界面で反射するとき、入射波のエネルギーに対する反射波のエネルギーの比。

はんしゃ-ろ【反射炉】冶金用の炉の一。燃焼室と加熱室とが別になっており、天井と側壁の放射熱で加熱して鉱石や金属を製錬・溶融する。
はん-しゅ【藩主】藩の領主。大名。藩侯。
はん-じゅ【半寿】《「半」の字を分解すれば「八十一」になるところから》81歳。また、81歳の祝い。
はん-じゅ【判授】律令制の叙位の方法の一。奏聞を経ないで太政官から直接に叙位を行うもの。外八位以下はこれによる。➡奏授 ➡勅授
はん-じゅ【藩儒】藩主に仕えた儒学者。
ばん-じゅ【番衆】❶「ばんしゅう(番衆)」に同じ。「折節一もなかりけり」〈伽・唐糸さうし〉❷番をする人。番人。「つくり庭をあまり人の見たがるいやさに、一置かれたれば」〈咄・醒睡笑・三〉
ばん-じゅ【万寿】寿命の限りなく長いこと。また、長生きを祝っていう語。まんじゅ。
はん-しゅう【半周】〔名〕スル 1周の半分。また、1周の半分を回ること。「湖を一する」
はん-じゅう【半獣】上半身または下半身が人間で、他の半身がけものの姿をしていること。
はん-じゅう【飯▽頭】禅寺で、粥飯を大衆に供する役僧。はんとう。
ばん-しゅう【晩秋】❶秋の終わり。秋の末。(季 秋)「一や杣のあめ牛薔薇甜ぶる/蛇笏」❷陰暦9月の異称。(類語)暮秋
ばん-しゅう【番衆】幕府・朝廷・大名家などで、殿中や館に交代で宿直・勤番して、警備や雑務に当たった者。番方。ばんしゅ。
ばん-しゅう【蛮習┊×蕃習】野蛮な風習。
ばん-しゅう【播州】播磨国の異称。
ばん-しゅう【磐州】磐城国の異称。
はん-しゅうきょうかいかく【反宗教改革】宗教改革に対するカトリック教会側の改革、およびプロテスタントに対する一連の宗教的、政治的反撃。16世紀後半から約1世紀間、トリエント宗教会議の開催やイエズス会の創設などを通して勢力を回復し、海外布教を進展させたが、その反面、宗教戦争の一因ともなった。反動宗教改革。
ばんしゅうさらやしき【播州皿屋敷】浄瑠璃。時代物。3巻。為永太郎兵衛・浅田一鳥作。寛保元年(1741)大坂豊竹座初演。皿屋敷の怪異巷説に細川家の御家騒動をからませて脚色したもの。
ばんしゅう-さん【晩秋蚕】8月下旬以降に孵化して掃き立てされる蚕。
はんじゅう-しん【半獣神】牧神の異称。
はん-じゅうりょうせい【半従量制】▶定額従量制
はん-じゅく【半熟】❶食べ物が十分煮えたりゆだったりしていないこと。なま煮え。❷「半熟卵」の略。❸果実などが十分熟していないこと。「一のブドウ」❹技芸などがまだ未熟であること。「一の演技」
ばん-じゅく【晩熟】普通より成熟するのが遅いこと。おくて。⇔早熟。
はんじゅく-たまご【半熟卵┊半熟玉子】白身も黄身も完全に固まらない程度に煮るかゆでるかした卵。
はんしゅけん-こく【半主権国】主権を完全に保持し行使することのできない国家。外交面で他国家の権力の下にある国家。一部主権国。半独立国。
はん-しゅご【半守護】▶半国守護
はんじゅざんまいきょう【般舟三昧経】大乗経典。後漢の支婁迦讖訳3巻のほか数種あるが梵本は散逸。現存する大乗経典で初期のもの。
ばんじゅ-せつ【万寿節】昔、中国で、天子の誕生日の祝日。
はん-しゅつ【搬出】〔名〕スル 物を運び出すこと。持ち出すこと。「美術館から展示品を一する」⇔搬入。
バンジュル〖Banjul〗アフリカ西部、ガンビア共和国の首都。ガンビア川河口のセントマリー島にある港湾都市。ラッカセイを輸出。旧称バサースト。
ばん-しゅん【晩春】❶春の終わり。春の末。(季 春)「一の瀬瀬のしろきをあはれとす/誓子」❷陰暦3月の異称。(類語)暮春

ばんしゅんらく【万春楽】▶ばんすらく(万春楽)
はん-しょ【范雎】中国、戦国時代の秦の宰相。初め魏に仕えたが、異心があると疑われて秦に逃れ、昭襄王に仕えて、遠交近攻の策を献じた。生没年未詳。
はん-しょ【×繙書】〔名〕スル 巻物である書物を、ひもといて読むこと。また、本を読むこと。
はん-じょ【班女】㊀班婕妤のこと。㊁謡曲。四番目物。世阿弥作。恋する吉田少将の残して行った扇を持った遊女の花子が、物狂いとなって都へ上り、少将に再会する。
　班女が閨《班婕妤が帝の愛を失ったとき、わが身をもはや不用となった秋の扇にたとえて詩を作ったという「怨歌行」の故事から》男に捨てられた女の寝室。➡秋の扇
ばん-しょ【万庶】多くの人民。万民。「法皇の政徳は…一を哀れんで其源を澄し」〈盛衰記・一一〉
ばん-しょ【板書】〔名〕スル 授業などで、黒板に字を書くこと。「要点を一する」
ばん-しょ【番所】❶番人が詰めている所。ばんどころ。❷江戸時代、交通の要所に設けて、通行人や船舶などを見張り、積み荷の検査や税の徴収などを行った所。御番所。ばんどころ。❸江戸時代の町奉行所。江戸の南北町奉行所、大坂町奉行所をいう。
ばん-しょ【×蕃書┊蛮書】江戸時代に、欧米、特にオランダの書籍・文書をさしていった語。
ばん-しょ【×蕃×藷】サツマイモの別名。
はん-しょう【反掌】たなごころを返すこと。物事がたやすくできること。「一の労を惜しむ」
はん-しょう【反証】〔名〕スル ❶相手の主張がうそであることを証拠によって示すこと。また、その証拠。反対の証拠。「一を挙げる」❷㋐訴訟法上、立証責任のない当事者が、相手方の申し立てた事実・証拠を否定する目的で提出する証拠。⇔本証。㋑ある推定をくつがえす事実を証明すること。
はん-しょう【反照】〔名〕スル ❶照り返すこと。また、その光。照り返し。「残雪の一」❷夕日に照り輝くこと。夕映え。❸ある物事の影響が具体的な形で他のものの上に現れること。「周囲の幽静な趣と一するためか、かえって町にいるときよりも動揺した」〈漱石・門〉(類語)(❶❷)返照・反射・照り返し
はん-しょう【半生】生死の境にあること。「半死一」
はん-しょう【半宵】夜中。半夜。
はん-しょう【半焼】〔名〕スル 火事で建物などの半分が焼けること。半焼け。「昨夜の火事で工場が一した」➡全焼
はん-しょう【半鐘】❶釣鐘の小さいもの。本来は寺院・陣中などの合図に用いたが、江戸時代から火の見櫓につるし、火災・洪水・盗賊などの非常時に鳴らすようになった。❷紋所の名。❶を図案化したもの。(類語)鐘・鈴
はん-しょう【帆×翔】〔名〕スル 鳥が翼をひろげたまま風に乗って飛ぶこと。「トビが大空を一する」
はん-しょう【帆×檣】帆柱。
はん-しょう【汎称┊×泛称】〔名〕スル 同類のものを広くひっくるめて呼ぶこと。また、その呼び名。総称。「赤色をしたトンボを赤トンボと一する」
はん-しょう【班昭】中国、後漢の文人。扶風安陵(陝西省)の人。班固・班超の妹。曹世叔に嫁したが、夫の死後、和帝の詔により、兄の「漢書」編纂を引き継いで八表と天文志を完成した。「女誡」7編、「東征賦」を著す。曹大家(姑)。生没年未詳。
はん-しょう【斑晶】斑状組織の火成岩において、細粒の結晶やガラス質からなる石基の中に散在する大きな結晶。
はん-しょう【範唱】歌唱指導の際、教師が模範として歌をうたうこと。
はん-じょう【半×帖】紙・干し海苔などの一帖の半分。
はん-じょう【半畳】❶畳一畳の半分。また、その畳。❷江戸時代、芝居小屋などで観客が用いた一人用の小さな敷物。また、その賃貸を業とした「半

畳売り」の略称。❸芝居で、見物人が役者に対して投げる非難やからかいの言葉。転じて、人の言動を茶化したりやじったりする言葉。「―を言う」

半畳を入れる　芝居で見物人が役者の芸に不満なとき、敷いている半畳を舞台に投げ入れる。転じて、他人の言動に非難やからかいの言葉をかける。半畳を打つ。「友人のスピーチに―・れる」

半畳を打つ　「半畳を入れる」に同じ。「見物おけやいおけやいと、声々いふより、半畳五、六枚打ち込むといなや」〈役者論語・佐渡島日記〉

はん-じょう【犯情】犯罪に至るまでの事情。

はん-じょう【斑条】まだらの筋。縞。

はん-じょう【煩冗｜繁冗】〔名・形動〕やたらに多くてわずらわしいこと。また、そのさま。「浩瀚の者は却って―に過ぎ」〈秋水・社会主義神髄〉

はん-じょう【煩×擾】わずらわしいほど乱れること。ごたごたと乱れること。「胸底の―をじっと押しこらえているにしては」〈里見弴・多情仏心〉

はん-じょう【繁盛｜繁×昌】〔名・形動〕スル　にぎわい大いに栄えること。また、そのさま。はんせい。「店が―する」「商売―」「どうか二三年の内に、世界中の―な港へおし渡って」〈魯文・安愚楽鍋〉

〔類語〕盛況・好況・繁栄・賑わい・隆昌・隆盛

ばん-しょう【万象】さまざまの形。形あるすべてのもの。「森羅―」「暮色は今しも―を包去ろうとする」〈柳浪・骨ぬすみ〉

ばん-しょう【万障】いろいろの不都合な事情。種々の故障や差し支え。「―繰り合わせて出席する」

〔類語〕支障・万難・故障

ばん-しょう【晩照】夕日の輝き。夕日。

ばん-しょう【晩×餉】夕食。ばんめし。

ばん-しょう【晩鐘】夕方に鳴らす寺院・教会などの鐘の音。入相の鐘。暮鐘。

ばん-しょう【×蕃×椒】トウガラシの別名。

ばん-じょう【万丈】《1丈の万倍の意》❶非常に高いこと。また、非常に深いこと。「黄塵―」「波瀾―の生涯」❷きわめて意気が盛んなことのたとえ。「―の気を吐く」

ばん-じょう【万状】いろいろのありさま。さまざまの形。「千態―」

ばん-じょう【万乗】《「乗」は車の意。中国の周代、天子は直轄地から戦時に兵車1万台を徴発することができたところから》天子。また、天子の位。「―の聖主は遠島に遷されさせ給ふべしと」〈太平記・四〉

ばん-じょう【板状】板のような形状。

ばん-じょう【番上】❶律令制で、当番の日に官庁に出勤すること。また、そのような位の低い官職。毎日出勤する長上に対する語。分番。❷順番に交代して勤務すること。「大坂―交替の頃にさきだちて」〈折たく柴の記・下〉

ばん-じょう【番匠】《「ばんしょう」とも》❶古代、大和や飛騨などの国から交代で朝廷に仕え、木工寮に属して宮廷の建築に従事した職人。❷木造の建物をつくる職人。大工。

ばん-じょう【盤上】❶盤の上。特に、碁盤や将棋盤などの上。❷盤の上でする、碁・将棋・双六などの遊び。「―、乱舞の遊び事」〈浄・碁盤太平記〉

バン-じょう【バン城】《Van Kalesi》トルコ東部の都市バンの郊外にある城跡。紀元前9世紀、ウラルトゥ王国のサドゥール1世により建造。セルジュークトルコ、オスマン帝国時代に城門などが増築されたが、現在は廃墟になっている。ワン城。

ばんじょう-がさ【番匠×笠】《大工が用いたところから》竹の皮で作った粗末な大ぶりの笠。ばっちょうがさ。ばっちがさ。

ばんじょう-がわ【番匠川】《「ばんしょうかわ」とも》大分県南部を流れる川。佩楯山(標高754メートル)南麓の三国峠(標高664メートル)付近に源を発し、九州山地東部を東流して佐伯湾に注ぐ。長さ38キロ。中流域に国の天然記念物指定「小半鍾乳洞」がある。下流域に小三角州を形成し、その沖積地に佐伯市街が発達。

はん-しょうじ【半障子】高さ1メートルくらいの、普通より低い障子。

ばんじょう-せつり【板状節理】岩石中に発達する平らな板のような規則正しい割れ目。火山岩などにみられる。

はんしょうぞく-の-じゅず【半装束の数珠】水晶の珠に琥珀の珠を少しまぜて作った数珠。「素絹の衣を着たりける老僧の、―持ちて立ちしが」〈義経記・五〉

はんじょう-そしき【斑状組織】急冷によってできた細粒の結晶やガラス質からなる石基の中に斑晶が散在する火成岩の組織。火山岩に多い。

はんしょう-だいめいし【反照代名詞】▶反射代名詞

はんしょう-づる【半鐘×蔓】キンポウゲ科の落葉性で木質の蔓る植物。山地に生える。葉は3枚の小葉からなる複葉で、対生。初夏、紅紫色の釣鐘形の花を下向きに開く。実に白い毛がある。つりがねかずら。

はん-しょうでん【半昇殿】主上が殿上の間へ出御のとき、侍医などが、許されて臨時に小板敷までのぼったこと。

はんしょう-どろぼう【半鐘泥棒】《火の見櫓の半鐘を盗む者の意》背の非常に高い者をあざけっていう語。半鐘盗人。

ばんじょう-の-きみ【万乗の君】天子。大国の君主。一天万乗。「―にてわたらせ給ふさへ」〈読・雨月・白峯〉

ばんじょう-ばこ【番匠箱】大工の道具箱。

はん-しょうよ【班婕妤】中国、前漢の女官。婕妤は官名。成帝に仕えたが、寵を趙飛燕姉妹に奪われた後は、退いて太后に仕えた。「怨歌行」はその時悲しんで作った歌といわれる。班女。

バンジョー〖banjo〗撥弦楽器の一。片面に皮を張った円形の共鳴胴と長い棹とで、5〜6本の弦からなり、指または義甲で弾奏する。アメリカのカントリー音楽などで用いる。

はん-しょく【繁殖｜×蕃殖】〔名〕スル　動物や植物が生まれてふえること。生殖により個体数がふえて再生産が行われること。「細菌が―する」

はん-じょく【繁×縟】❶種々様々のいろどり。❷「繁文縟礼」の略。

ばん-しょく【伴食】〔名〕スル ❶主客の伴をして、ごちそうになること。相伴。陪食。「―の栄を賜る」❷実力や実権がなく、その職にあっても何もせず他の人のなすに任せていること。「―大臣」

ばん-しょく【晩食】〔名〕スル ❶夕方にする食事。夕食。夕飯。「―に傾けた酒の勢が」〈漱石・門〉❷遅く食事をとること。また、その食事。「第一時第二鈴にて午飯六時に―す」〈柳北・航西日乗〉

晩食以て肉に当て安歩以て車に当つ　《「戦国策」斉策上から》遅い時間に腹をすかして食事をすれば粗末な食べ物も肉のようにうまく、ゆっくり歩けば車に乗らなくても疲れることはない。貧しくとも清く正しい生活をすれば、常に満ち足りた心でいることができる。

パン-しょく【パン食】パンを主食とすること。

はんしょく-かんぱん【汎色乾板】▶パンクロマチック

ばんしょく-さいしょう【伴食宰相】《「旧唐書」盧懐慎伝から》高い地位にありながら、無能で他の人のなすがままになっている大臣。要職にありながら、実力の伴わない者をあざけっていう語。伴食大臣。

ばんしょく-の-あらそい【蛮触の争い】了見が小さくつまらないことで争うこと。蝸牛角上の争い。

はん-しょくみんち【半植民地】名目上は独立国でありながら、実質的には他国の勢力に制圧されて植民地と同様の状態にある地域。

ばんしょこう【蕃藷考】江戸中期の農書。1巻。青木昆陽著。享保20年(1735)刊。救荒作物としての蕃藷(サツマイモ)の栽培法・貯蔵法などを記したもの。

ばんしょ-しらべしょ【蕃書調所】江戸末期、幕府が洋学教授および洋書・外交文書の翻訳などのために設けた機関。安政2年(1855)洋学所として設立。同4年開校。のち、洋書調所を経て開成所となる。

はん-じり【半尻】裾の後ろが前よりも短い狩衣。貴族の子供が着用した。小狩衣。

はん-じりき【半自力】南無阿弥陀仏と唱える念仏の「南無」は衆生の自力を表すとする考え方。また、他力本願に任せきれないで、自分の念仏の功徳により極楽往生を願い求めること。半他力。

はん・じる【判じる】〔動ザ上一〕「はん(判)ずる」(サ変)の上一段化。「昨夜の夢を―・じる」

はんし-るい【半×翅類】半翅目の昆虫の総称。口は管状の吻となり、動植物の汁を吸う。ふつう二対の翅をもち、前後翅とも膜質の同翅類と、前翅の基部半分が堅い革質の異翅類とに大別される。セミ・ヨコバイや、カメムシ・トコジラミなど。有吻類。

ばんじろう　グアバの別名。ばんざくろ。

はんしろう-かのこ【半四郎鹿の子】《江戸後期の歌舞伎俳優、5世岩井半四郎が用いて流行したところから》麻の葉文様の鹿の子絞り。

はん-しん【半身】❶からだの半分。からだの上下または左右の半分。「左―」❷上半身。「―を起こす」「―像」

はん-しん【阪神】㊀大阪と神戸。㊁「阪神地方」の略。㊂「阪神電気鉄道」の略称。㊃「阪神タイガース」の略称。

はん-しん【版心】和漢書で前小口のこと。各丁の折り目の部分。柱。

はん-しん【×叛心｜反心】謀反を起こそうとする心。背こうとする心。

はん-しん【×叛臣｜反臣】謀反を企てた臣。逆臣。

はん-しん【藩臣】❶帝室の守護をする臣。藩屏の臣。❷藩主の臣。諸藩の家来。藩士。

ばん-しん【番新】「番頭新造」の略。「この中年増がいわゆる―というのであろう」〈鷗外・ヰタ・セクスアリス〉

ばん-しん【×蕃神｜蛮神】外国人のまつる神。外国から伝わった神。

ばん-じん【万人】すべての人。ばんにん。

万人心を異にすれば則ち一人の用無し　《「淮南子」兵略訓から》大勢の人がいても、心が一致していなければ、一人分の働きもできない。

ばん-じん【万尋｜万×仞】1尋の1万倍。転じて、非常に高いこと。また、非常に深いこと。「―の谷」

ばん-じん【蛮人】野蛮な人。

ばん-じん【×蕃人】❶未開の地の人。未開人。❷日本統治時代、台湾の先住民である高山族の呼称。

はんしんあわじ-だいしんさい【阪神・淡路大震災】平成7年(1995)1月17日に発生した地震(兵庫県南部地震)により、神戸市を中心とした阪神地域に被害を及ぼした災害。死者約6400人、家屋全半壊約24万9000棟、家屋全半焼約7100棟で、鉄道・高速道路なども大きな被害を受けた。

はんしん-きょう【汎神教】世界のすべてのものは神の現れにほかならないとする宗教。

はんしん-こうぎょうちたい【阪神工業地帯】大阪市と神戸市を中心とする臨海工業地帯。大阪府・兵庫県の周辺都市を含めていうこともあり、京都南部を含めて京阪神工業地帯ともいう。鉄鋼・機械・造船などの重工業や化学工業が主力だが、繊維工業も多い。

はんしんこうそくどうろ-かぶしきがいしゃ【阪神高速道路株式会社】《Hanshin Expressway Company Limited》道路関係四公団の民営化に伴って成立した高速道路株式会社法及び日本道路公団等民営化関係法施行法に基づいて、平成17年(2005)10月に設立された特殊会社。大阪市・神戸市を中心に設けられた阪神高速道路の改築・維持・修繕といった管理運営事業や、新規道路建設事業を行う。➡日本道路公団

はんしんこうそく-どうろこうだん【阪神高速道路公団】阪神高速道路公団法に基づいて、阪神高速道路および関連施設の建設・管理を統括した特殊法人。昭和37年(1962)設立。平成17年

(2005)民営化され、施設の管理運営・建設については、阪神高速道路株式会社が引き継いだ。⇒道路関係四公団
はん-しんせいがん【半深成岩】マグマが火山岩と深成岩の中間の速さで固結したと考えられる火成岩。石基が火山岩ほど細粒でなく完晶質。もとは、地下の浅い所でできたものに用いた。脈岩。
はんしん-タイガース【阪神タイガース】プロ野球球団の一。セントラルリーグに所属し、フランチャイズは兵庫県。昭和11年(1936)、大阪タイガースとして発足。のち、阪神→大阪タイガースと改称、同36年から現在の名称となる。
はんしん-ちほう【阪神地方】大阪・神戸を中心とする地域。広くは、大阪府のほぼ全域と兵庫県伊丹・川西・宝塚・三田各市なども含む地域。
はんしん-でんきてつどう【阪神電気鉄道】大阪府・兵庫県に路線をもつ電鉄会社。また、その鉄道。大阪の梅田から神戸の元町に至る本線を中心として営業。明治32年(1899)創立。
はんしん-はんぎ【半信半疑】〔名〕スル 信じられそうでもあるが、疑わしく思う気持ちもあって、どちらとも心の決まらない状態。「—で話を聞く」「巨勢は—したりしが」〈鴎外・うたかたの記〉(類語)疑問・疑い・疑義・疑惑・疑念・疑心・不審・懐疑・猜疑・狐疑・疑団
はんしん-ふずい【半身不随】身体の左右いずれか半分が麻痺し、思うように動かなくなること。脳出血などでみられ、脳の障害部位の反対側の半身に麻痺が起こる。片麻痺。
はんしん-よく【半身浴】みぞおち辺りまでの下半身を、ぬるめの湯につける温浴法。水圧から上半身を解放して心臓の負担を軽減したり、血行をよくしたりする。⇒部分浴 ⇒全身浴
はんしん-ろん【汎心論】《panpsychism》生物・無生物に関係なく万物に心があるとする宗教・哲学観。
はんしん-ろん【汎神論】《pantheism》万物は神の現れであり、万物に神が宿っており、一切が神そのものであるとする宗教・哲学観。古くはウパニシャッドの思想、ストア派の哲学、近代ではスピノザの哲学など。万有神論。パンセイズム。⇒無神論❷
はん-す【半▽使｜判▽使｜判▽事｜判▽司】高麗茶碗の一。白土にやや黄みを帯びたねずみ色の釉がかかり、淡紅色の円い斑文が表れているもの。「半使」は李朝の通訳官のことで、半使が日本に伝えたところからの名称という。
バンス〖Vence〗フランス南東部、アルプ-マリチーム県の都市。4世紀から18世紀末まで司教座が置かれた。画家アンリ=マチスがステンドグラスや壁画などを手がけたロザリオ礼拝堂がある。
バンス《和 advanceから》前払い。前借り。前金。
ばん-ず【▽弁▽事｜×辨▽事】禅寺で、雑務に従う者。べんじ。
バンズ〖buns〗ヨーロッパ系の小型で甘味があるやわらかい菓子パン。フルーツやスパイスを入れたものもある。また、特に、ハンバーガーに使われるパン。バン。
ばん・ず【晩ず】〔動サ変〕晩になる。日が暮れる。「日も—・じてござるほどに」〈狂言記・宗論〉
はん-すい【半酔】〔名〕スル なかば酒に酔っていること。「—半醒」
はん-すい【半睡】〔名〕スル なかば眠っていること。「半醒—」「—状態」
はん-ずい【伴随】〔名〕スル 供として付き従うこと。随伴。「彼が飽くことなきの企望に—すること能わざるの不祥を呈す可し」〈利光鶴松・政党評判記〉
ばん-すい【万水】多くの水。また、多くの川・海。「千山—」
ばん-すい【晩×翠】冬枯れの季節になってもなお草木の葉が緑色であること。また、その緑。
ばんずい-いん【幡随院】東京都小金井市にある浄土宗系単立の寺。山号は、神田山。関東十八檀林の一。慶長年間(1596～1615)に幡随意白道が徳川家の祈願所として神田駿河台に創建。数度の火災にあい、浅草神吉町に移る。昭和7年(1932)現在地に移転。
ばんずいいん-ちょうべえ【幡随院長兵衛】[1622?～1657?]江戸初期の侠客。肥前の人。本名、塚本伊太郎。江戸の浅草花川戸に住み、町奴の頭領として、水野十郎左衛門を党首とする旗本奴と争い、水野邸で殺害された。歌舞伎狂言「浮世柄比翼稲妻」などのほか、講談・小説などに脚色される。
はん-すう【反×芻】〔名〕スル ❶一度飲み下した食物を口の中に戻し、かみなおして再び飲み込むこと。❷繰り返し考え、よく味わうこと。「先生の言葉を—する」(類語)噛む・噛み砕く・咀嚼
はん-すう【反数】❶ある数の符号を変えた数。aに対して$-a$を反数という。❷▶逆数
はん-すう【半数】全体の半分の数。「出席者は—を割った」
はんすう-い【反×芻胃】反芻類のもつ胃。ふつう四つの室に分かれ、飲み込んだ食物を第1胃(こぶ胃)・第2胃(蜂の巣胃)に一時蓄えて共生微生物によるセルロース分解がなされ、再び口に戻してからかみ下すと第3胃(重弁胃)・第4胃(皺胃)に入って消化がなされる。
はんすう-しょう【反×芻症】飲み込んだものが少量、口腔に逆流する病状。神経性の胃障害によることが多い。
はんすう-たい【半数体】❶体細胞の染色体数が半数になっている個体。ふつうゲノム一組だけをもつものが多い。❷核相交代の結果生じる単相の世代。一倍体。
はんすう-どうぶつ【反×芻動物】反芻する動物。反芻類のこと。
はんすう-るい【反×芻類】偶蹄目反芻亜目の哺乳類の総称。草食性で、反芻胃をもつ。上あごの門歯はなく、下あごの犬歯が門歯のようになっている。牛・シカ・キリンなど。
ハンズ-オン〖hands-on〗《実地の、の意》体験型の学習方法の一。実際に手で触れるなどの体験を通じて、より理解を深めることを目的とする。博物館の展示物を実際に操作したり、美術館で芸術作品に触れるなどの例がある。
バンスカー-シュティアブニツァ〖Banská Štiavnica〗スロバキア中部の町。ドイツ語名シェムニッツ。中世にはハンガリー王国の鉱山都市として繁栄した。ハプスブルク家が支配した17～18世紀には最盛期を迎え、鉱山技師の養成学校が設立され、鉱業の中心地となったが、19世紀後半から衰退。1993年に、「バンスカー-シュティアブニツァ歴史都市と近隣の工業建築物群」として世界遺産(文化遺産)に登録された。バンスカーシュチャブニツァ。
バンスカー-ビストリツァ〖Banská Bystrica〗スロバキア中部の都市。ズボレン盆地の北部、フロン川沿いに位置する。中世より鉱山都市として知られ、15世紀から16世紀にかけてフッガー家などの富豪の投資を受け、銅や銀の採掘で栄えた。1944年、ナチス-ドイツに対する大規模な抵抗運動、スロバキア国民蜂起の拠点になったことで知られる。
はん-すきびたい【半透(き)額】▶半額
パン-スキャン《pan and scanから》縦横比が9対16であるワイド画面の映像ソフトやテレビ放送の左右の画像をカットし、従来の縦横比3対4のテレビ画面に変換すること。
はん-すけ【半助】❶《1円を円助といったところから》50銭のこと。「—でも二枚ありゃあ結構だ」〈鴎外・雁〉❷(大阪で)ウナギの頭。
パン-すけ【パン助】「パンパン」を人名化した語。
バンスコ〖Bansko〗ブルガリア南西部の町。ピリン山脈の麓に位置し、世界遺産(自然遺産)に登録されたピリン国立公園の観光拠点として、また東ヨーロッパ有数のスキーリゾートとして知られる。民族復興運動の先駆者である修道士パイシイや、詩人ニコラ=バプツァロフの生地。
パン-スターズ〖Pan-STARRS〗《Panoramic Survey Telescope And Rapid Response System》4台の望遠鏡で継続的に全天観測を行い、地球に衝突する恐れがある天体を発見する国際プロジェクト。2008年、米国・英国・ドイツ・台湾の大学や研究機関による共同運用が始まった。ハワイ島のマウナケア山、ハレアカラ山に口径1.8メートルの望遠鏡を合計4台設置し、24等級までの明るさの天体を検出する。危険な天体を監視する以外に、小惑星、彗星、変光星、太陽系外惑星、星の固有運動など、天文学上のさまざまな知見が得られると期待されている。
ハン-スト「ハンガーストライキ」の略。
パン-スト「パンティーストッキング」の略。
ハンズフリー〖handsfree〗手が自由な、手がふさがっていない、などの意を表す語。特に、電話で、手で持たなくても通話できるもの。「—マイク」
はん-ズボン【半ズボン】丈が膝までの短いズボン。
ばんすらく【万春楽】平安時代、踏歌に用いた囃子詞の一。七言八句の漢詩の各句の末に唱えたもので、また、その歌曲全体をもいう。男踏歌用。ばんしゅんらく。ばんずんらく。
はんスラブ-しゅぎ【汎スラブ主義】スラブ系諸民族の連合・統一をめざした思想・運動。バルカン半島や東欧におけるスラブ民族の、トルコやオーストリアの支配からの解放運動として始まり、19世紀後半、ロシアの南下政策と結びつき、ドイツ-オーストリアの推進する汎ゲルマン主義と衝突した。
はん-すり【版×摺り｜板×摺り】版木で印刷すること。また、それを職業とする人。
はん-ずり【半×擂り】ごまをすり鉢などで擂る際に、粒が半分ほどつぶれた状態にすること。
バンスリ〖ヒンディー bansri〗北インドの民族楽器。6～8個の指孔をもつ、長さ50センチほどの竹製の横笛。
はん・する【反する】〔動サ変〕図はん・す〔サ変〕❶反対になる。裏腹になる。「期待に—・する」「去年に—・して今年は雨が多い」❷規則などに違反する。「約束に—・する」❸命令や教えなどにそむく。「主命に—・する」「人の道に—・する」
(類語)背反する・背馳する・違背する・背く・逆らう・悖る・違う・食い違う・矛盾する・齟齬する
はん・する【×叛する】〔動サ変〕図はん・す〔サ変〕反乱を起こす。謀叛を起こす。「国司の一族郎党を率いて—・するものあり」〈田口・日本開化小史〉
はん・ずる【判ずる】〔動サ変〕図はん・ず〔サ変〕❶物事の優劣・可否・善悪などを判断する。「勝敗を—・ずる」❷推し量って考える。考えてその意味を判断する。「発言の真意を—・ずる」(類語)判断
パンセ〖フランス Pensée〗《思考・思想の意》パスカルの遺稿集。「キリスト教弁証論」の断章を集成したもの。1670年刊。悲惨と偉大の矛盾に満ちた人間存在を指摘し、信仰による人間の幸福を情熱と論理とを兼ね備えた文体で説く。冥想録。
はん-せい【反正】正しい状態にかえすこと。また、正しい状態にかえること。「—の御一新たるべきか」〈公議所日誌・一八〉
はん-せい【反省】〔名〕スル ❶自分のしてきた言動をかえりみて、その可否を改めて考えること。「常に—を怠らない」「一日の行動を—してみる」❷自分のよくなかった点を認めて、改めようと考えること。「—の色が見られない」「誤ちを素直に—する」
(類語)自省・内省・猛省
はん-せい【半生】一生の半分。また、ある時まで送ってきた生涯。今までの人生。「—を振り返る」
はん-せい【半醒】〔名〕スル なかば醒めていること。なかば意識があること。「妙な感覚で彼女は—した」〈宮本・伸子〉
はん-せい【繁盛】〔名・形動〕スル「はんじょう(繁盛)」に同じ。「『ニウヨルク』なんど、一殊に勝れり」〈魯文・西洋道中膝栗毛〉
はん-せい【藩制】❶封建時代、地方に藩を置いて国を治める制度。❷藩内における諸制度。
はん-せい【藩政】藩主がその領地内で行う政治。
はん-ぜい【反税】納税に反対すること。「—闘争」

はん-ぜい【反×噬】〔名〕スル 動物が恩を忘れて、飼い主にかみつくこと。転じて、恩ある人に背きはむかうこと。恩をあだで返すこと。「人民の為に、一の患に陥らんことを慮り」〈竜渓・経国美談〉

はん-ぜい【半▽済】室町時代、幕府が南北朝内乱による軍費を調達するため、荘園年貢の半分を守護を通じて配下の武士に与えた制度。のちには下地そのものを荘園領主と半分ずつ領有するようになり、武士の荘園侵略を促すこととなった。

ばん-せい【万世】限りなく何代も続く永い世。万代。永遠。よろずよ。

ばん-せい【万姓】多くの民。万民。「政府は一の政府にして」〈森有礼・明六雑誌二〉

ばん-せい【伴星】連星をなす二つの恒星のうち、暗いほうの恒星。⇔主星。

ばん-せい【坂西】関西の異称。ばんさい。

ばん-せい【晩生】㊀〔名〕植物が、普通よりも遅れて生長すること。おくて。「一の稲」⇔早生。㊁〔代〕一人称の人代名詞。後輩が先輩に対して自分をへりくだっていう語。

ばん-せい【晩成】〔名〕スル 普通より遅れてでき上がること。また、年をとってから成功すること。「大器は一する」

ばん-せい【蛮声】下品な大声。荒々しい声。

ばん-ぜい【万歳】❶長い年月。万年。「千秋一」❷いつまでも生きること。また、永く栄えること。「君天下を保たせ給はん事、一是より始まる可し」〈太平記・二八〉❸めでたいこと、寿命などを祝福して唱える語。ばんざい。「一の喜びをぞ唱へける」〈曽我・五〉

ばんせい-いっけい【万世一系】永久に同一の系統の続くこと。特に皇室についていう。

ばんせい-いでん【伴性遺伝】ある形質を支配する遺伝子が、性染色体上にある場合に起こる遺伝現象。人間ではX染色体上にあるため、形質の発現は両性で異なる。色覚異常・血友病などはその例。

パンセイズム〖pantheism〗▶汎神論はんしんろん

ばんせい-せい【晩成性】動物が生まれたあと巣内にとどまり、親の保護・給餌を必要とする性質。ネズミ・イタチ・ツバメなどにみられる。留巣性。晩熟性。⇔早成性。

ばんせい-せつ【万聖節】▶諸聖人しょせいじんの祝日

はん-せいだい【范成大】[1126～1193]中国、南宋の詩人。呉郡(江蘇省)の人。字あざなは致能。号、石湖居士。晩年の「四時田園雑興」60首は、江戸時代によく読まれた。南宋四大家の一人。紀行文「呉船録」など。

はんぜい-てんのう【反正天皇】記紀で、第18代の天皇。仁徳天皇の第3皇子。名は多遅比瑞歯別たじひのみずはわけ。倭の五王の一人、珍に比定する説がある。

はんせい-はんすい【半醒半睡】なかばさめ、なかば眠っている状態。夢うつつ。

はん-せいひん【半製品】製造・加工工程の途中にある未完成の製品。最終製品として完成してはいないが、中間製品として販売・貯蔵が可能なもの。

はん-せいふ【反政府】現行政府に反抗する運動。「一組織」「一デモ」

ばんせい-ふえき【万世不易】永久に変わらないこと。万代不易。「一の真理」〈類語〉永久・永遠・とわ・永世・常しえ・常しなえ・恒久・悠久・悠遠・長久・経常・不変・常磐・永劫・永代・久遠・無限・無窮・不朽・万代不易・万古不易・千古不易

ばんせい-ふきゅう【万世不朽】永久に滅びないこと。「一の名作」

はん-せかい【反世界】物理学で、われわれの世界の物質構成の基本的粒子とは逆の、反粒子からなると考えられる世界。

はん-せき【犯跡】犯罪の行われた形跡。「一をくらます」

はん-せき【版籍】領地と戸籍。また、土地と人民。

はん-せき【藩籍】❶藩の領土と人民。❷藩の臣として名を連ねること。

ばん-せき【×磐石】「ばんじゃく(磐石)」に同じ。「宗社を鞏固にして、一の計を為したまえり」〈露伴・運命〉

はんせき-ほうかん【版籍奉還】明治2年(1869)全国の各藩主がその土地(版)と人民(籍)とを朝廷に返還したこと。明治政府による中央集権強化のための改革で、廃藩置県の前提となった。

はん-せつ【反切】ある漢字の字音を示すのに別の漢字2字の音をもってする方法。すなわち、上の字の頭子音(声母)と下の字の頭子音を除いた部分(韻母)とを合わせて1音を構成するもの。例えば、「東」の子音は「徳紅切」で「徳」の声母[t]と「紅」の韻母[oŋ]とによって[toŋ]とする類。かえし。

はん-せつ【半切｜半折｜半×截】〔名〕スル ❶半分に切ること。半分に分けること。せっぱん。「土地を一して分ける」❷(半折)唐紙・画仙紙などの全紙を縦半分に切ったもの。また、それにかかれた書画。❸写真用印画紙の全紙を半分に切った大きさ。四つ切りの2倍。

はん-せつ【汎説】〔名〕スル 広く全般にわたって説くこと。また、その説明。「日本史を一する」

ばん-せつ【晩節】❶人生の終わりのころ。晩年。❷晩年の節操。「一を全うする」❸末の世。末年。

はん-せん【反戦】戦争に反対すること。「一運動」〈類語〉反軍

はん-せん【半銭】❶1銭の半分。また、その貨幣。5厘。❷ごくわずかな金銭。「一紙一」

はん-せん【帆船】帆を張り、帆に受ける風の力を利用して走る船。帆掛け船。帆前船ほまえせん。

はん-せん【▽盤旋】〔名〕スル《「ばんせん」とも》まわること。めぐること。「右手肋を撫し黙して一し」〈栗本鋤雲・匏菴十種〉

はん-ぜん【判然】㊀〔名〕スル はっきりとわかること。「遠目には男だか女だか一しない」㊁〔ト・タル〕区〔形動タリ〕はっきりとわかるさま。「一たる証拠」「事件の概容が一としない」〈類語〉明瞭めいりょう・明確・分明・明らか・定か・はっきり・鮮明・瞭然・歴然・截然せつぜん・画然かくぜん

ばん-せん【番船】❶港口・関所などで、必要に応じて見張りや警護をする船。また、密漁を監視する船。ばんぶね。❷《新綿番船・新酒番船の略称》江戸時代、上方から新綿・新酒を送るため、江戸へ到着する順番を競った廻船の称。

ばん-せん【番線】❶針金を太さによって番号をつけていう語。❷駅のプラットホームに面した線路を番号で区別していう語。「八一の列車」❸物資の流通の系統や営業の担当の地域などをいう語。

ばん-ぜん【万全】〔名・形動〕少しも手落ちのないこと。きわめて完全なこと。また、そのさま。「一を期する」「一な(の)備え」「一な(の)注意を払う」〈類語〉完全・完璧・十全・完全無欠・満点・両全・金甌無欠きんおうむけつ・百パーセント・パーフェクト・全まったい・文句なし・間然かんぜんする所がない

ハンセン-しすう【ハンセン指数】《Hang Seng Index》香港株価の代表的指標。HSI。

ハンセン-びょう【ハンセン病】癩菌らいきんの感染によって起こる慢性細菌感染症。感染力は弱く、潜伏期は3年から20年にも及ぶため、かつては遺伝性と誤解されたこともあった。主に末梢神経が冒され、知覚麻痺・神経痛や皮膚症状のほか、脱毛、顔面や手指の変形などもみられる。近年は有効な化学療法剤がある。名は癩菌を発見したノルウェーの医師ハンセン(G.H.A.Hansen)にちなむ。癩病。レプラ。

ハンセンびょうほしょう-ほう【ハンセン病補償法】《「ハンセン病療養所入所者等に対する補償金の支給等に関する法律」の通称》らい予防法に基づく隔離政策により療養施設への入所を余儀なくされたハンセン病患者に対し、国が補償金を支払うことを定めた法律。ハンセン病患者に対する国の賠償責任を認めた平成13年(2001)5月の熊本地裁判決を受けて議員立法として成立、施行された。➡ハンセン病問題基本法

ハンセンびょうもんだい-きほんほう【ハンセン病問題基本法】《「ハンセン病問題の解決の促進に関する法律」の通称》ハンセン病患者が国の隔離政策によって経済的被害や人権上の制限・差別を受けたことを認め、患者や家族の名誉回復措置、療養・生活の保障、社会復帰の支援などについて定めた法律。平成21年(2009)4月施行。➡ハンセン病補償法

はん-そ【反訴】〔名〕スル 民事訴訟の係属中に、被告から原告に対して提起する訴え。本訴に併合して審理することを求めるもの。

はん-そ【藩祖】藩主の先祖。また、藩の初代領主。

はん-そう【半双】二つ一組のものの片方。一双の半分。「一の屏風びょうぶ」

はん-そう【帆走】〔名〕スル ❶船が帆を張って、風の力で航行すること。「ヨットが一する」「一船」❷大気中の気流に支えられて飛行すること。滑空。

はん-そう【搬送】〔名〕スル 荷物などを運んで送ること。「引っ越し荷物をトラックで一する」〈類語〉運ぶ・運送・輸送・運搬・配送・通運・運輸・郵送・移送・配達・宅配・発送・逓送・陸運・海運・水運・空輸

はん-そう【×瘢×瘡】きずあと。瘡痕そうこん。瘢痕。

はん-ぞう【半挿｜×𤭖｜×楾｜×匜】❶湯水を注ぐのに用いる器。柄のある片口の水瓶で、柄の中を湯水が通るようにしてある。その柄の半分が器の中に挿し込まれているところからこの名称がつけられた。はぞう。はにぞう。❷口や手を洗ったり、渡し金をしてお歯黒をつけるときに用いた小さな盥たらい。❸足のある手水盥ちょうずだらい。また各地の方言で種々の盥、桶おけをこの名でよぶ。〈補説〉「楾」は国字。

はん-ぞう【范増】[?～前204]中国、秦末の知将。楚の項羽に仕え、奇計をもって戦功を立て、亜父と称された。鴻門の会で劉邦を刺そうとして果たさず、のちに項羽と不和になり辞した。

ばん-そう【伴走】〔名〕スル マラソンや自転車のロードレースなどで、競技者のそばについて走ること。「自動車でランナーに一する」「一車」

ばん-そう【伴奏】〔名〕スル 楽曲の主旋律や主声部を支え引き立てるために、他の楽器で補助的に演奏すること。また、その演奏。「ギターで一する」

ばん-そう【伴僧】法会や葬式で、導師につき従う僧。

ばん-そう【晩霜】晩春、初夏のころに降りる霜。育ちはじめた草木の葉や芽を傷め、作物に被害を与える。おそじも。〈季 春〉

ばん-そう【番僧】仏堂を守る当番の僧。堂番。

ばんそう-こう【×絆創×膏】硬膏を布などに塗ったもの。消毒ガーゼ付きのものもある。傷口を覆ったり、包帯がずれないようにしたり、あるいは捻挫ねんざ部位を固定させたりするのに使う。

はん-ぞうさく【半造作】工事なかばで、建物内部の取付物が完成していないこと。また、そのもの。

はんそう-たい【搬送帯】▶コンベヤー

はんそう-つうしん【搬送通信】搬送波を用いて送信する通信方式。

はんそう-は【搬送波】《carrier》音声、映像、データなどの情報を伝送するための電波や光による信号波。携帯電話やテレビ放送などの無線通信、光ファイバーによるコンピューターネットワークなどの有線通信において、効率よく情報を伝送するためのさまざまな多重通信方式が開発され、用途や目的に応じて使い分けられている。キャリア。キャリア波。

はんそう-はんぞく【半僧半俗】僧でありながらなかば俗人のような風体、または生活をしていること。また、その人。

はんぞう-もん【半蔵門】江戸城内郭門の一。門外に服部半蔵の屋敷があったことにちなむ。甲州街道への入り口にあたる。麹町御門。

はん-そく【反則｜犯則】〔名〕スル 法律や規則に反すること。また、特に運動競技などで、ルールに違反すること。「一をとられる」「五回一すると失格となる」〈類語〉違反・ファウル

はん-そく【反側】〔名〕スル ❶寝返りを打つこと。➡輾転てんてん反側 ❷そむくこと。寝返ること。「今鎮守府将軍

を置き、其一を安んず如何」〈公議所日誌・一七〉

はん-そく【販促】「販売促進」の略。

はん-そく【×蕃息】盛んにふえること。繁殖すること。「万神一せしことを」〈記・序〉

はん-ぞく【反俗】俗を嫌い、世間一般の風潮・生き方などに従わないこと。「一の精神」

はん-ぞく【半俗】なかば俗人のような風体、または生活をしている僧。「半僧一」

はん-ぞく【×叛賊|反賊】謀反を起こした人。逆賊。

ばん-ぞく【蛮族|×蕃族】未開の種族。野蛮な民族。

ばん-ぞく【×蕃俗】野蛮人の習俗。蕃風。

はんそく-おう【斑足王】ワウ《梵 Kalmāṣapādaの訳》インドの伝説上の王。父王と牝獅子とが交わって生まれ、足に斑点があったところから名づけられた。千人の王の首を得ようとしたが、千人目の普明王によって悔悟し、出家したという。斑足太子。

はんそく-がち【反則勝ち】スポーツなどで、相手の反則行為による勝利。

はんそく-きん【反則金】駐車違反などの比較的軽い道路交通法違反について、刑としての罰金の代わりに行政上の処分として国に納付させられる金銭。

はんそく-まけ【反則負け】スポーツなどで、反則行為による敗戦。

ばん-そつ【万卒】多くの兵卒。多数の兵士。

ばん-そつ【番卒】見張りの番をする兵卒。番兵。

はん-そで【半袖】❶洋服で、ひじぐらいまでの長さの袖。また、その衣服。「一のブラウス」❷和服で、半幅(はんはば)の袖。肌ジュバン・野良着などに付ける。

パンソリ《朝鮮語。場の声(音楽)の意》朝鮮の民俗芸能。歌い手と太鼓の伴奏者の二人だけで演じる、身振りを伴った一種の語り物。

はん-た【煩多】〘名・形動〙用事が多くてわずらわしいこと。また、そのさま。煩雑。「一な窓口業務」

はん-た【繁多】〘名・形動〙❶物事が非常に多いこと。また、そのさま。「世界の土地は広く人間の交際は一にして」〈福沢・学問のすゝめ〉❷用事が多く忙しいこと。また、そのさま。「御用一な(の)みぎり」(類語)多忙・多用・多事・繁忙・繁用・繁劇・怱忙(そうぼう)・倥偬(こうそう)・怱怱(そうそう)・席の暖まる暇(いとま)もない・猫の手も借りたい

はんだ【半田|▽盤×陀】《語源未詳。地名からか》錫(すず)と鉛との合金。融点が低く、金属の接合に用いる。

はんだ【半田】愛知県南西部、知多半島東岸の市。清酒・酢などの醸造業が盛んで、晒(さらし)木綿を特産。人口11.9万(2010)。

ばん-た【番太】❶江戸時代、町や村に雇われ、夜警や火事・水門などの番に当たった者。非人身分の者が多かった。❷江戸で、自身番の番人。任につきながら駄菓子・玩具・雑貨なども売った。番太郎。

ばん-だ【万×朶】《「朶」は垂れ下がった枝の意》多くの花の枝。また、多くの花。「朝顔の大森林は一の花を競いて」〈魯庵・社会百面相〉

バンダ〘Julien Benda〙[1867〜1956]フランスの哲学者。徹底した合理主義者として、ベルクソン哲学・弁証法・実存主義などを批判した。著「聖職者の背任」。

パンダ〘panda〙《ネパール語で、竹を食べる者の意》食肉目の哺乳類。2種があり、ふつうジャイアントパンダをさすが、その発見まではレッサーパンダをさした。❶ジャイアントパンダ。近年の研究ではクマ科の哺乳類とする説が有力だが、中国ではジャイアントパンダ科としている。体長約1.5メートル、尾長約15センチ。体形はクマに似るが、毛色は白と黒の染め分けで、目の周囲と耳、肩から前肢にかけてと後肢が黒色。手の指は5本が同じ方向にあるが、付け根側に指状突起をもち、主食とする竹をつかむことができる。中国南西部に分布。中国名、大熊猫。大パンダ。❷レッサーパンダ。分類上、諸説あるが、日本動物園水族館協会ではアライグマ科としている。体長約60センチ、尾長約50センチ。全体に赤褐色で、尾に輪紋がある。竹のほか果物・昆虫なども食べる。ネパールからミャンマー・中国西部に分布。中国名、小熊猫。小パンダ。

ハンター〘hunter〙❶猟をする人。狩猟家。❷欲しいものをあさり回る人。「ラブ一」「ブック一」
(類語)猟師・狩人

バンダー〘bander〙渡り鳥の標識調査員。

ハンター-キラー〘hunter-killer〙専門化された能力をもつ航空機・艦船を組み合わせて行う対潜水艦掃討作戦。宇宙において敵性国の衛星を求めて破壊、無力化することをいう場合もある。

ハンターラッセル-しょうこうぐん【ハンターラッセル症候群】シヤウコウ《Hunter-Russel syndrome》慢性の有機水銀中毒。種々の神経症状が出現する。水俣病の基本症状。

はん-たい【反対】〘名・形動〙スル❶物事の位置・順序・方向・あり方などが逆の関係にあること。また、そのさま。あべこべ。「左右一に置く」「気持ちと一のことを言う」「風向きが一になる」❷対(つい)をなしているものの一方。「一の手を出す」「白の一は黒」❸ある意見などに対して逆らい、同意しないこと。否定的であること。「君の意見には一だ」「法案に一する」「党内の一派」⇔賛成。
(類語)(❶)逆(ぎゃく)・逆様(さかさま)・逆(さか)さ・あべこべ・裏腹(うらはら)・裏返し・裏表(うらおもて)・右左(みぎひだり)・上下(うえした)・後ろ前/(❷)逆(ぎゃく)・対(たい)・対極・対蹠(たいしょ)・対蹠(たいせき)/(❸)不賛成・不同意・不承知・異議・異論・異存・批判・抵抗・造反(一する)対立する・異(い)を唱える・異(い)を立てる

はん-だい【飯台】❶何人かが並んで食事をする台。また、ちゃぶ台。❷「箱膳(はこぜん)」に同じ。

ばん-たい【万態】いろいろの状態。さまざまの姿。「千姿一」

ばん-だい【万代】よろずよ。永遠。万世。まんだい。「名を一に残す」

ばん-だい【番台】銭湯などで、入り口に設けられた、入浴料を受け取ったり見張りをしたりするための高い台。また、そこに座っている人。

ばん-だい【盤台|板台】《「はんだい」とも》魚屋が魚を運ぶのに用いる、浅く作った楕円形または円形の大きなたらい。料理ですし飯をまぜたりするのにも用いる。

ばんだいあさひ-こくりつこうえん【磐梯朝日国立公園】コクリツコウヱン 福島・山形・新潟の3県にまたがる国立公園。磐梯山・猪苗代(いなわしろ)湖・檜原(ひばら)湖・朝日岳・月山(がっさん)・飯豊(いいで)山などがある。

はんたい-かいしゃく【反対解釈】ある事項について法律の規定があるとき、それ以外の事項については、その規定は適用されないと解釈すること。例えば車馬の通行を禁止するという規定で、人は通行してもよいと解釈する場合など。⇔類推解釈。

はんたい-がいねん【反対概念】論理学で、同一の類概念に属する概念のうち、その内包上最も対立度ないし差異の大きな概念。例えば、白と黒の関係。両者の間に灰色という中間の概念が介在する点が矛盾概念と異なる。

はんたい-きゅうふ【反対給付】キフ 売買などの双務契約で、一方の給付に対して対価の意味をもつ他方の給付。例えば、売り主の目的物の給付に対する買い主の代金支払いの給付など。

バン-ダイク〘van Dyck〙▶ファン=ダイク

はんたい-ご【反対語】互いに反対の意味を表す語。⇒対義語 (類語)反意語・対義語・アントニム

ばんだい-さん【磐梯山】福島県北部にある火山。標高1816メートル。明治21年(1888)の爆発で檜原(ひばら)湖などができた。会津富士。

はんたい-じ【繁体字】簡略化されていない漢字。簡体字に対していう。

はんたいしょう-りつ【反対称律】集合の要素aがbに対してある関係にあり、かつbもaに対して同じ関係にあるなら、a=bであるという法則。

はんたい-しょく【反対色】互いに補色(ほしょく)をなす色。赤に対する緑の類。対照色。(類語)補色・余色

はんたい-じんもん【反対尋問】交互尋問において、証人の尋問を請求した当事者による主尋問のあとに、相手方当事者が行う尋問。

はん-たいせい【反体制】既存の社会体制や政治体制に対して反対し、それを変革しようとすること。また、その立場。「一運動」

はんたい-たいとう【反対対当】タイタウ 論理学で、対当関係の一。主語と述語は同じであるが質(肯定・否定)を異にする二つの全称判断の真偽関係。⇒対当関係

ばんだい-づら【盤台面】平たくて大きい顔をあざけっていう語。

ばんだいなごんえことば【伴大納言絵詞】バンダイナゴンヱコトバ 平安末期の絵巻。3巻。貞観8年(866)に起きた応天門の火災をめぐる大納言伴善男(とものよしお)の陰謀、その露見と失脚を描く。卓抜な構成力と的確な描線や鮮やかな色彩で人物の描写にすぐれる。12世紀後半、常盤光長(ときわみつなが)作と推定される。伴大納言絵巻。

ばんだい-ふえき【万代不易】永遠に変わらないこと。永久不変。万世不易。「一の真理」(類語)永久・永遠・とわ・永世・常しえ・常しなえ・恒久・悠久・悠遠・長久・経常・不変・常磐(ときわ)・永劫・永代・久遠・無限・無窮・不朽・万世不易・万古不易・千古不易

はんたい-ぼうえきふう【反対貿易風】熱帯地方の上空で、貿易風と反対方向に吹く風。赤道付近で上昇した空気が南北両極に向かって流れ、地球の自転のために、北半球では南西風、南半球では北西風になる。

はん-タウオン【反タウオン】▶反タウ粒子

はんタウ-ニュートリノ【反タウニュートリノ|反τニュートリノ】反ニュートリノの一。τニュートリノに対して存在する。⇒反ニュートリノ

はんタウ-りゅうし【反タウ粒子|反τ粒子】リフシ 素粒子の一。τ粒子の反粒子。質量はτ粒子と同じく、電荷は正で、スピン半整数。反タウオン。記号τ^+

バンダ-かい【バンダ海】《Banda》モルッカ諸島・スラウェシ島・小スンダ列島東部に囲まれる海域。

パンタクール〘フランス pantacourt〙裾(すそ)幅が広く、丈の短いズボンのこと。パンタロンの変形の一種。

はんだく-おん【半濁音】五十音図のハ行の仮名に半濁音符「゜」を付けて表す「ぱ・ぴ・ぷ・ぺ・ぽ」の音節。音声学的には、両唇の無声破裂音pを頭子音にもつ音節。⇒清音 ⇒濁音 ⇒拗音
(類語)清音・濁音・清濁・鼻濁音・撥音(はつおん)・促音・長音

はんだくおん-ぷ【半濁音符】「半濁点」に同じ。

はんだく-てん【半濁点】半濁音「ぱ・ぴ・ぷ・ぺ・ぽ」の右肩につく「゜」の符号。半濁音符。

パンタグラフ〘pantograph〙❶電車などの屋根に取り付けた、架線から電気を取り入れるための装置。菱形で折り畳み式になっている。❷図形を一定の比率で拡大または縮小するのに用いる、伸縮式の製図器。写図器。

パンタグリュエル〘Pantagruel〙▶ガルガンチュワとパンタグリュエル

はんだ-こうげん【飯田高原】カウゲン 大分県西部、九重(くじゅう)火山群北部の山々に囲まれた高原。玖珠(くす)郡九重(ここのえ)町に位置する。東西8キロメートル、南北8キロメートル、標高800〜1200メートル。酪農と高冷地野菜の栽培が盛ん。阿蘇くじゅう国立公園に属する。

はんだ-し【半田市】▶半田

ばん-だち【番立】江戸時代の歌舞伎劇場で、毎朝、序幕の開く前に、下級の俳優が三番叟(さんばそう)を舞って舞台を清め、大入りを祈った儀式。また、その囃子(はやし)。

はんだ-づけ【半田付け】はんだで金属を接合すること。また、その接合したもの。

バンダナ〘bandanna〙絞り染めまたは更紗(サラサ)模様を染め抜いた木綿の布。ハンカチーフとして用いたり、首に巻いてスカーフのように用いたりする。

パンタナール〘Pantanal〙《ポルトガル語で大湿原の意》南アメリカ大陸中央部、ブラジル、ボリビア、パラグアイの3国にまたがる大湿原。大部分がブラジル領に属する。湿原地帯のほか、草原や森林が広がり、多様な動植物の生息地として知られる。2000年、「パンタナール保全地域」の名称で世界遺産(自然遺産)に

登録された。

パンタナサ-しゅうどういん【パンタナサ修道院】《Panagia Pantanassa》ギリシャ、ペロポネソス半島南部の廃墟の町ミストラにあるギリシャ正教の修道院。15世紀に建造され、ビザンチン様式とゴシック様式が混在する。15世紀から18世紀にかけて描かれたフレスコ画が残る。

パンダナス〖ラテン Pandanus〗タコノキ科パンダナス属(タコノキ属)の植物の総称。熱帯の海岸や樹林内に生える。葉は堅く、長さ3メートルに達する。雌雄異株。多数の実が松かさ状につく。小笠原にタコノキ、沖縄にアダンが自生。観葉植物としても栽培。

パン-だね【パン種】❶パンの製造に使用する酵母。イースト。❷パンに焼く前の、粉をこねた生地。

バンタム〖Bantam〗鶏の一品種。チャボに似て小形で、愛玩用。英国で改良。インドネシアのジャワ島西部のバンタム地方の原産という。

バンタム-きゅう【バンタム級】《bantamweight バンタムはチャボの意》ボクシングなどの体重別階級の一。アマチュアボクシングの男子ではライト級よりも軽くフライ級よりも重い階級で、52キロを超え56キロまで。女子はフェザー級とフライ級の間で51キロを超え54キロまで、ジュニアではフェザー級とライトバンタム級の間で52キロを超え54キロまで。プロボクシングではスーパーフェザー級とスーパーバンタム級の間で115ポンド(52.16キロ)を超え118ポンド(53.42キロ)まで。

はんだゆう-ぶし【半˅太˅夫節】浄瑠璃の一。貞享(1684～1688)ごろ、江戸の太夫、江戸半太夫が創始。江戸中期に流行したが、のち河東節に押されて衰えた。江戸節。

はんだ-よしゆき【半田義之】[1911～1970]小説家。神奈川の生まれ。国鉄に勤めたのち、日本映画の記者となる。戦後は、日本民主主義文学同盟の創立に参加。「鶏騒動」で芥川賞受賞。他に「風葬」「国鉄幹線」など。

パンタリカ〖Pantalica〗イタリア南部、シチリア島、シチリア自治州の都市シラクサの近郊の地名。アナポ川やカルチナラ川が刻む渓谷の間に位置する。紀元前13世紀から紀元前7世紀までに造られた5000以上の墓地遺跡がある。2005年、「シラクサとパンタリカの岩壁墓地遺跡」の名称で世界遺産(文化遺産)に登録された。

バンダリズム〖vandalism〗《破壊と略奪をほしいままにしたバンダル族の名から》芸術・文化の破壊行為。蛮行。

はんだ-りょうへい【半田良平】[1887～1945]歌人。栃木の生まれ。窪田空穂に師事、「国民文学」同人として活躍。歌集「野づかさ」「幸木」など。

バンダルギン-こくりつこうえん【バンダルギン国立公園】《Banc d'Arguin》モーリタニアの北西部、大西洋沿岸に広がる国立公園。面積は1万2000平方キロメートル。およそ半分が海域で、沖合は寒流と暖流が交わるため魚が豊富。それを目当てにした鳥類も多く集まる。冬は渡り鳥の越冬地。海岸線までサハラ砂漠が迫る。1989年、世界遺産(自然遺産)に登録された。バンダルガン国立公園。アルガン暗礁国立公園。

バンダル-ぞく【バンダル族】《Vandal》東ゲルマン系の混成部族。オーデル川上流域から、民族大移動期の5世紀にイベリア半島を経て北アフリカに移住。429年、カルタゴを都として王国を建て、一時は西地中海を制圧したが、534年に滅亡。

パンタ-レイ〖ギリシャ panta rhei〗万物は流転する、の意。古代ギリシャの哲学者ヘラクレイトスの思想を表現した語。

ばん-たろう【番太郎】▶番太

パンタロン〖フランス pantalon〗長ズボン。特に、裾の広いものをいう。[類語]ズボン・スラックス・パンツ

はん-だん【判断】[名](スル)❶物事の真偽・善悪などを見極め、それについて自分の考えを定めること。「適切な—を下す」「なかなか—がつかない」「君の—にまかせる」「状況を—する」❷吉凶を見分けること。占い。「姓名—」❸《judgment; ドイツ Urteil》論理学で、ある対象について何事かを断定する思考作用。また、その言語表現。普通は「sはpである」「sはpでない」という形式をとる。
[類語](❶❷)判定・判別・推断・論断・断定・明断・結論・考え・見立て・決断・決定・断・解釈(—する)判ずる・見極める・見定める・見る・認める

ばん-たん【万端】ある事についてのあらゆる事柄・方法。「準備—整う」[類語]凡て

ばん-だんえもん【塙団右衛門】[1567～1615]安土桃山時代の武将。遠江の人。本名、直之。加藤嘉明に従って文禄の役・慶長の役に功を立てたが、のち浪人となり、大坂の陣で豊臣方に参加、夏の陣に戦死。

はん-たんけい【半短径】▶短半径

はんだん-しすう【判断指数】▶業況判断指数

はんだん-ちゅうし【判断中止】▶エポケー

はんだん-りょく【判断力】❶物事を正しく認識し、評価する能力。❷《ドイツ Urteilskraft》カント哲学で、特殊を普遍のもとに関係づける能力。普遍が与えられていて、それに特殊を包摂する規定的判断力と、与えられている特殊に対して、それを包摂するための普遍を求める反省的判断力とに区別されている。

はん-ち【半知】❶知識が中途半端なこと。❷江戸時代、藩の財政救済のため、領主が借り上げの形式で家臣の知行・俸禄を半分に減じたこと。

ばん-ち【番地】❶居住地を明示するために、町村などの区域内を細分してつけた番号。「所—を記す」「四丁目一三—」❷「アドレス❸」に同じ。

ばん-ち【蛮地|˟蕃地】未開の土地。蛮土。「数十日の波と船と—ばかりの熱帯とを〈横光・旅愁〉」

バンチ〖Ralph Johnson Bunche〗[1904～1971]米国の政治学者。1948年、国連パレスチナ調停官代理となり、休戦協定成立に尽力。50年、ノーベル平和賞受賞。

パンチ〖punch〗[名](スル)❶紙や切符などに穴や型を打ち抜くこと。また、それに用いるはさみや器具。「乗車券を—する」❷穿孔機で、一定の方式に従ってテープやカードに情報を表す穴をあけること。❸ボクシングで、相手を打つこと。げんこつで、相手を強打すること。打撃。「—を食わす」❹人の心や感覚を刺激する力や勢い。「—のきいた音楽」[類語](❷)穿孔・鑽孔・ボーリング・掘削/(❸)殴打・打擲・打撃

パンチ〖punch〗▶ポンチ

パンチェン-ラマ〖Panchen Lama〗《パンチェンは大学僧の意》チベットで、ダライ=ラマに次ぐ第2の活仏で、副教主。阿弥陀仏の化身とされ、西部チベット、タシルンポ(托什倫布)寺の貫主。[補説]「班禅喇嘛」とも書く。

パンチ-カード〖punch card〗▶穿孔カード

はんちきゅう-そくいシステム【汎地球測位システム】▶ジー-ピー-エス(GPS)

はん-ちく【半ちく】[名・形動]はんぱなこと。また、そのさま。中途半端。「—なやり方」

はん-ちく【版築】中国式の土壇・土壁の築造法で、板枠の中に土を入れて突き固め、層を重ねてつくるもの。古代から現代まで行われている。

はん-ちく【斑竹】表面に斑紋のある竹の総称。雲紋竹など。

バンチ-しょうこうぐん【バンチ症候群】イタリアの医師バンチG.Bantiが1899年に報告した病気。脾臓の腫れ・貧血・白血球減少・消化管出血・腹水などの症状を呈し、原因は不明。特発性門脈圧亢進症とほぼ同義。40歳前後の女性に多い。

パンチ-ドランカー《punch-drunkから》頭部への打撃の蓄積のため脳に障害を起こしたボクサー。

パンチ-パーマ《和 punch＋permanentの略》主に男性の髪形で、短めの髪をヘアアイロンを使って渦巻きを並べたように縮らせたもの。

はんち-はんかい【半知半解】知識や理解が中途半端なこと。

パンチ-ボール〖punch ball〗ボクシングで、天井からつり下げたパンチ練習用の、詰め物を入れた革製のボール。

ばん-ちゃ【番茶】煎茶用の若葉を摘んだあとの、やや堅い葉から作る緑茶。煎茶よりも品質は劣る。

番茶も出花 番茶でも入れたては香りが高くておいしい。どんな女性でも娘盛りは美しいものであるというたとえ。「鬼も十八、—」

パンチャー〖puncher〗❶「キーパンチャー」の略。❷穿孔機。❸パンチ力のあるボクサー。

パンチャタントラ〖梵 Pañcatantra〗《5巻の書の意》古代インドのサンスクリット語の説話集。5編からなり、3世紀ごろ成立。バラモンのビシュヌシャルマンが寓話に託して、三人の王子に、王侯・大臣に必要な政治・処世・倫理について教えるもの。

ハンチャン【半荘】《中国語》マージャンで、東・南の二風戦で勝負を決めること。➡イーチャン

はん-ちゅう【範˟疇】❶《「書経」洪範の「天乃ち禹に洪範九疇を錫う」から》同じような性質のものが含まれる範囲。カテゴリー。「コメディーの—に属する映画」「趣味の—を出ていない」❷哲学で、あらゆる事象をそれ以上に分類できないところで包括する一般的な基本概念。㋐アリストテレスで、あらゆる存在者がその下に包摂される最高類概念。実体・量・質・関係・場所・時間・位置・状態・能動・受動の10項目。㋑カントで、純粋理性概念(理念)から区別された純粋悟性概念。思惟能力としての悟性の先天的形式で、これによって悟性は対象を認識へと構成する。量(単一性、数多性、総体性)、質(実在性、否定性、制限性)、関係(付属性-自存性、原因性-依存性、相互性)、様相(可能性-不可能性、現存在-非存在、必然性-偶然性)の4項12目。

はん-ちゅうえん【范仲淹】[989～1052]中国、北宋の政治家。蘇州(江蘇省)の人。字は希文。諡は文正公。辺境を守って西夏の侵入を防ぎ、その功により参知政事(副宰相)となった。「岳陽楼記」中の「先憂後楽」の語は有名。文集「范文正公集」。

はん-ちゅうせいし【反中性子】質量などは中性子と同じで、磁気モーメントの符号が逆の粒子。中性子と対になって生成・消滅する。

はん-ちゅうせいびし【反中性微子】▶反ニュートリノ

はんちゅう-ぶし【半中節】国太夫節❶の異称。

はん-ちょう【班長】一班のかしら。班の長。

はん-ちょう【班超】[32～102]中国、後漢の武将。扶風平陵(陝西省)の人。班固の弟。字は仲升。西域に派遣されて諸国を服属させ、西域都護となり、定遠侯に封ぜられた。のち、洛陽に帰って病死。

はん-ちょう【藩庁】明治初期、知藩事がその政務を執った役所。

ばん-ちょう【晩潮】夕方に満ちてくる潮。夕潮。暮潮。

ばん-ちょう【番町】東京都千代田区一番町から六番町までの総称、または通称。江戸時代は大番組が住んだ。

ばん-ちょう【番長】❶律令制で、諸衛府の下級幹部職員。上﨟の随身。❷中学・高校生などの非行少年グループのリーダー。「—を張る」

ばん-ちょう【番帳】中世、番衆の構成や出仕・宿直の期日などを記した帳簿。番文。

はん-ちょうけい【半長径】▶長半径

はん-ちょうげんし【反跳原子】核反応や放射壊変により放射線を放出した原子は、運動量保存の法則に従い放出された放射線と反対方向に反跳する。こうした反跳エネルギーを受けた高エネルギーの原子をいう。ホットアトム。

ばんちょう-せいさくけんきゅうじょ【番町政策研究所】自由民主党の派閥の一。三木派を継承した河本敏夫が平成7年(1995)に新政策研究会から改称。小派閥ながら結束力を誇り、ときに大派閥と対峙した。[補説]番町政策研究所の系譜：三木派→河本派→高村派

はん-ちょうりひん【半調理品】肉・魚・野菜な

どの、味付け、切断、皮むき、串刺し、粉付けなどの下ごしらえがすんでいて、あとは煮る、焼く、炒める、揚げるなどを行うだけで食べられる食品。また、その状態で販売されている商品。
はん-ちょくせん【半直線】直線をその上の一点によって二つに分けたときにできる、一方に端があって、他方が無限にのびている直線。
はん-ちん【藩鎮】❶中国、唐代の節度使の異称。❷王室の守りとなること。また、その諸侯。「義氏より…五代、なほ東野の一にあり」〈読・弓張月・後〉
ハンチング《hunting capから》鳥打ち帽。
パンチング〘punching〙サッカーで、ゴールキーパーがこぶしでボールをはじき返すこと。フィスティング。
パンチング-ボール《和 punching＋ball》▶パンチボール
ハンチントン-ビーチ〘Huntington Beach〙米国カリフォルニア州オレンジ郡の観光・海浜保養地。サーフィンの国際大会が行われる。
ハンチントン-びょう【ハンチントン病】ﾋﾞｮｳ 手・四肢・顔などの不随意運動と精神症状・行動異常・認知障害などを主な症状とする進行性の神経変性疾患。常染色体優性遺伝性の疾患で、30〜40歳代で発症することが多い。大脳の線条体で神経細胞が変性・消失することによって、自分の意思とは無関係に踊るような体の動きが生じ、意欲の低下や怒りっぽくなるといった性格・行動の変化があらわれる。米国の医師G=S=ハンチントンが記載したところからの名称。遺伝性舞踏病。ハンチントン舞踏病。HD(Huntington's disease)。
ハンチントン-ぶとうびょう【ハンチントン舞踏病】ﾌﾞﾀﾌﾋﾞｬｳ ▶ハンチントン病
パンツ〘pants〙❶ズボン。スラックス。「コットンー」「ールック」❷ズボン式の短い下ばき。ブリーフ・ズロースなど。(類語)(❶)ズボン・スラックス・パンタロン/(❷)トランクス・ブリーフ
バンツー-しょご【バンツー諸語】《Bantu》アフリカの南部一帯で話される同系言語・方言の総称。ニジェール-コンゴ語族に属し、スワヒリ語などを含む。
バンツースタン〘Bantustan〙南アフリカ共和国がアパルトヘイト政策に基づいて1950年代に設置した、バンツー族などの黒人居住地域。同国に10か所、実効支配していたナミビアに8か所置き、70年代に独立や自治を与えたが、名目的なものとして国連や諸外国は承認しなかった。90年のナミビア独立で同国内のものは消滅。アパルトヘイト撤廃後の94年に南アフリカのものも廃止された。ホームランド。
バンツー-ぞく【バンツー族】《Bantu》南部アフリカに居住する、バンツー語系の言語を話す種族の総称。人種的にはニグロイドに属し、主として農耕を行うが、東部および南部では牧畜も行う。
バンツー-ホームランド〘Bantu Homeland〙▶バンツースタン
はん-つき【半月】1か月の半分。はんげつ。
はん-つき【半×搗き】玄米を半分程度つくこと。なかば精白すること。また、その米。五分搗き。
はんつき-まい【半×搗き米】なかば精白した米。完全精白米より脂肪・ビタミンB_1などが多い。
ばん-づけ【番付】❶相撲の本場所で、力士の序列を表にしたもの。また、その体裁にならって、ある事柄について人名などを順序づけて並べた一覧表。「春場所の一」「長者一」❷芝居などで、興行の宣伝や案内のために出された刷り物。上演月日・演目・出演者・配役・座名などを記したもの。「正月興行の一」
ハンツビル〘Huntsville〙㊀米国アラバマ州北部の都市。同国における宇宙開発の拠点の一。アメリカ航空宇宙局(NASA)のマーシャル宇宙飛行センター(MSFC)、アラバマ宇宙ロケットセンターなどがある。㊁カナダ、オンタリオ州南東部の町。アルゴンキン州立公園への玄関口にあたる。
ばん-つま【阪妻】「阪東妻三郎」の愛称。
はん-づら【版面】▶はんめん(版面)
パンツ-ルック〘pants look〙スラックス・ジーンズを中心にした着こなしのこと。
ハンデ《「ハンディ」とも》「ハンディキャップ」の略。
ばん-て【番手】㊀〔名〕❶紡績糸の太さを表す単位。重さ1ポンド(約454グラム)で長さ840ヤード(約768メートル)のものを一番手とする。長さが2倍、3倍のものを二番手、三番手とし、数が大きくなるほど糸は細くなる。❷城にいて警護に当たる兵士。城番。❸順番を決めて交代ですること。「一に板の間を勤めける」〈浮・一代女・五〉㊁〔接尾〕助数詞。❶競技などに登場する順番をいうのに用いる。「一一の挑戦者」❷陣立てで、隊の順序をいうのに用いる。「三一の隊」
はん-てい【反帝】帝国主義に反対すること。反帝国主義。
はん-てい【判定】〔名〕ｽﾙ ❶物事を判別して決定すること。また、その決定。「合否を一する」「写真一」❷ボクシング・柔道・レスリングなどで、規定時間内に勝負がつかないとき、審判が優劣を判断して勝敗を決めること。また、その決定。「一勝ち」
(類語)認定・評定・査定・判断・認める
はん-てい【藩邸】江戸時代、諸大名が江戸に置いた屋敷。
ハンディ▶ハンデ
バンディアガラ-の-だんがい【バンディアガラの断崖】《Bandiagara》マリ中部、バンディアガラ山地にある断崖。ニジェール川に面し、標高差約500メートル、幅は約150キロメートルに及ぶ。断崖の周辺にはドゴン族の集落が点在し、独自の文化を保っている。1989年「バンディアガラの断崖(ドゴン人の地)」の名で世界遺産(複合遺産)に登録された。
ハンディー〘handy〙〔形動〕大きさが手ごろで、扱いやすいさま。「一なサイズ」「一タイプ」
パンティー〘panties〙女性用の短い下ばき。ショーツ。(類語)ブルーマー・ズロース・ショーツ
ハンディー-カメラ〘handy camera〙携帯用テレビカメラ。放送用としては、ニュース取材をはじめとする野外取材に広く用いられている。
ハンディー-コピー《和 handy＋copy》小型複写機。
ハンディー-スキャナー〘handy scanner〙片手で持てる程度の大きさのスキャナー。原稿や写真の上に乗せて読み取りを行う。
パンティー-ストッキング《和 panties＋stockings》タイツ型のストッキング。パンスト。(補説)英語ではpantyhose
ハンディー-タイプ《和 handy＋type》手ごろな型。扱いやすい型。「一のパソコン」
ハンディー-トーキー〘Handie Talkie〙手に持って相互に無線通信を行う、小型の送受信機の商標名。
ハンディー-ムック《和 handy＋mook》視覚的要素が多く、小型で携帯に便利で、ページ数が少なく定価も比較的安い若者向け出版物。➡ムック
はんてい-うんどう【反帝運動】「反帝国主義運動」に同じ。
ハンディキャップ〘handicap〙❶スポーツ競技などで、技量差のある者同士の均等をはかるために、強者につける不利な条件。また、弱者に与える有利な持ち点。ハンデ。❷弱者から見た強者との差。立場を不利にする条件。ハンデ。「一を克服する」
ハンディクラフト〘handicraft〙手仕事による工芸品。手細工。
はんていこくしゅぎ-うんどう【反帝国主義運動】帝国主義による侵略戦争や植民地化政策に反対して展開される運動。反帝運動。
ハンティ-マンシースク〘Khantï-Mansiysk〙《「ハンティマンシイスク」とも》ロシア連邦中部、チュメニ州、ハンティマンシ自治管区の都市。オビ川と支流イルティシ川の合流点付近に位置する。石油採掘により発展。1940年以前の旧称オスチャコボグルスク。
はん-ていりつ【反定立】特定の肯定的判断・命題に対して特定の否定的判断・命題を立てること。また、立てられた否定的判断・命題。ヘーゲル弁証法では、三段階発展の第二段階をさす。反措定。反立。反。アンチテーゼ。
ハンティング〘hunting〙狩り。狩猟。
バンティング〘Frederick Grant Banting〙[1891〜1941]カナダの生理学者。マクラウド教授のもと、医学生ベストの協力で、糖尿病を制御するインスリンを膵臓ｽｲｿﾞｳから抽出することに成功。1923年、マクラウドとともにノーベル生理学医学賞受賞。
バンディング〘banding〙渡り鳥に通し番号付きの脚輪を付けること。
パンティング〘panting〙動物が体温調節のために行うあえぐような呼吸。
ハンティントン-びょう【ハンティントン病】ﾋﾞｬｳ ▶ハンチントン病
バンテージ〘vantage〙▶アドバンテージ❶
バンデージ〘bandage〙❶包帯。❷㋐スポーツで、テーピングをする際に使用するテープ。㋑ボクシングで、ボクサーが手に直接巻く布。こぶしや指を保護するとともにパンチ力を増す効果がある。
パンテオン〘Pantheon〙❶《すべての神に捧げられた神殿の意》ローマ市内にある、古代ローマの円形神殿。古代ローマ最大の円蓋建築で、前27年アグリッパが建設。のち、焼失して、120年から125年にかけてハドリアヌス帝が再建。現在はキリスト教寺院で、ラファエロらの有名人、近代イタリア諸王の墓廟となっている。❷パリにある国家的功労者の墓廟。ユゴー・ゾラ・ルソーらが埋葬されている。
ばん-てき【蛮的】〔形動〕粗野で荒々しいさま。粗暴であるさま。「総てが疎大で一だ」〈宙外・独行〉
パンデミー〘ﾄﾞｲ Pandemie〙病気の大流行。汎流行。汎流行病。
パンデミック〘pandemic〙感染症が世界的規模で同時に流行すること。また、世界的に流行する感染症のこと。世界的流行。汎用性流行。感染爆発。パンデミー。「新型インフルエンザが一を引き起こす恐れがある」「スペイン-インフルエンザー」
はん-てん【反転】〔名〕ｽﾙ ❶ころぶこと。ひっくり返ること。また、ころがすこと。ひっくり返すこと。「マットの上でからだを一する」「明暗が一する」❷位置・方向・順序などが反対になること。また、反対にすること。「台風が進路を一する」❸写真で、陰画を陽画に、また陽画を陰画にすること。「ポジをネガに一する」❹数学で、平面上に中心O、半径rの円があるとき、O以外の任意の点Pをとり、半直線OP上にあってOP・OQ=r^2となるような点QをPに対応させること。➡鏡像❷ (類語)横転・転倒・転覆・逆転・転回
はん-てん【半天】❶天の半分。「一を染める落日」❷天のなかほど。中空。中天。「一にかかる月」
はん-てん【半×纏|半天|×袢×纏】❶羽織に似ているが、わきに襠ﾏﾁがない、丈の短い上着。胸ひもをつけず、襟を折り返さないで着るもの。仕事着・防寒着とする。印ｼﾙｼ半纏・蝙蝠ｺｳﾓﾘ半纏・ねんねこ半纏など。❷特に、印半纏のこと。(類語)丹前・褞袍ﾄﾞﾃﾗ・綿入れ・厚司ｱｯｼ・法被ﾊｯﾋﾟ・羽織・上着
はん-てん【斑点】表面にまばらに散らばった、点。(類語)斑ﾏﾀﾞﾗ・斑ﾌﾞﾁ・ぶち
はん-てん【飯店】《ホテル・旅館の意の中国語から》中国料理店。
はん-でん【班田】律令制で、人民に耕作させる田を分かち与えること。また、その分けられた田。あかちだ。
はんてん-おん【反転音】▶反り舌ｼﾞﾀ音
はんてん-ぎ【半×纏着】半纏を着ていること。また、半纏を着る職業の人。
はんてん-げんぞう【反転現像】ｹﾞﾝｻﾞｳ 露光したフィルムを現像してできたネガの像を光や薬品で処理し、二度目の現像でポジ像に変換する現像処理方法。スライド・映画用のものに行う。
はんでん-し【班田使】律令制で、班田のことをつかさどるために朝廷から臨時に派遣された役人。
はんでんし-ニュートリノ【反電子ニュートリノ】反ニュートリノの一。電子ニュートリノに対して存在する。➡反ニュートリノ

はんでんしゅうじゅ-の-ほう【班田収授の法】律令制で、人民に耕地を分割する法。中国、唐の均田法にならい、大化の改新の後に採用。6年ごとに班田を実施し、6歳以上の良民の男子に2段、良民の女子と官戸・官奴婢にはその3分の2、家人・私奴婢には良民男女のそれぞれ3分の1の口分田を与えた。終身の使用を許し、死亡の際に国家に収めた。平安初期以後は実行が困難になった。

はんてん-ずけい【反転図形】一つの図形でありながら、見ていると図柄と地、または遠近などが反転して異なった見え方になる図形。多義図形。あいまい図形。

はんでんち-はんのう【半電池反応】▶電極反応

はんてん-フィルム【反転フィルム】露光後、反転現像により直接ポジ画像を得るフィルム。16ミリ・8ミリ映画やスライドなどの製作用。リバーサルフィルム。カラーポジフィルム。

はんてん-ぼく【半×纏木】《葉の形が半纏に似るところから》「百合の木」の別名。

はん-と【半途】行く道の途中。行程のなかば。特に、学業・事業などのなかば。中途。「壮図むなしく—にして挫折する」

はん-と【版図】《「版」は戸籍、「図」は地図の意》一国の領域。領土。また一般に、勢力範囲。「—を広げる」

はん-と【×叛徒｜反徒】謀反を起こした者たち。逆徒。

ハント〘hunt〙〔名〕狩りをすること。あさること。特に、異性の遊び相手をさがすこと。「ガール—」

はん-ど【半戸】普通よりも高さの低い戸。関東地方では、しばしば窓をさす。

ハンド〘hand〙❶手。また、手と同じ機能をもつもの。「マジック—」❷「ハンドリング❷」の略。

バント〘bunt〙〔名〕野球で、打者がバットを軽くボールに当てて内野に転がすこと。また、その打球。「初球を—する」

ばん-ど【×礬土】アルミナの通称。

バンド〘band〙❶物を固定させるための、ひも状のもの。「時計の—」❷洋装に用いる、皮・布製などの腰帯。ベルト。❸登山で、岩壁の途中にある帯状に張り出した部分。❹周波数帯。❺軽音楽などの、楽団。楽隊。「ジャズ—」〔類語〕(❶❷)ベルト/(❺)楽団

バンド〘bund〙(アジア諸国で)埠頭・波止場。築堤・堤防。また、港町の海岸通り。

パント〘punt〙ラグビー・サッカーなどで、ボールを手から落とし、地面につく前に蹴ること。パントキック。

はん-ドア【半ドア】自動車などのドアが完全に閉まっていない状態。

ハンドアウト〘handout〙官庁や企業などが報道機関に対してあらかじめ用意し発表する広報活動。また、その配布用印刷物。➡ニュースリリース ➡パブリシティーリリース

ハンド-アックス〘hand ax〙握斧。

ハンド-イン-ハンド〘hand-in-hand〙手に手をとって。協力して事にあたろうという意味。

はん-とう【反騰】〔名〕下落していた相場が一転して大きく上昇に転じること。⇔反落。

はん-とう【半島】海に向かって長く突き出している陸地。小さいものは岬・崎・鼻などという。

はん-とう【飯頭｜半東】❶「飯頭」に同じ。❷茶の湯で、亭主を補助して茶事の手助けをする役。

はん-どう【反動】❶他に力や作用を及ぼしたときに、その反作用で押し返されること。❷ある傾向に対抗して生じるそれと全く反対の傾向・動き。「好景気の—が出はじめる」❸一切の改革や革新に反対して、守旧的立場に立つ極端な保守主義。また、その立場をとる人。「—主義」「—勢力」
〔類語〕反作用・跳ね返り・リアクション・リバウンド

はん-どう【半道】「半道敵」の略。

はん-どう【飯銅｜飯胴】唐物の茶入れの一。広口で、禅家で使う飯器の形に似ているもの。

ばん-とう【晩冬】❶冬の終わり。〔季 冬〕❷陰暦12月の異称。

ばん-とう【晩唐】中国唐代の文学を4期に区分したその第4期。開成より唐の滅亡まで(836～907年)の期間。衰亡する唐の混迷した社会情勢のもと、唯美的・退廃的な傾向が支配的であった。主な詩人に杜牧・李商隠らがいる。➡初唐 ➡盛唐 ➡中唐

ばん-とう【晩稲】遅く実る稲。おくて。

ばん-とう【番頭】❶商家などの使用人のかしら。営業・経理など、店のすべてを預かる者。❷警護すること。見張りをすること。また、その役。「方々、きっと—つかまつれ」〈伎・勧進帳〉❸風呂屋の番台に座る者。のち、風呂屋の下男や三助にもいった。「この流しの男は、来年ごろ—にぬけやうといふ人物」〈滑・浮世風呂・二〉❹「番頭新造」の略。「—さんをはじめ白川だ」〈洒・四十八手〉

ばん-どう【坂東】《足柄峠・碓氷峠の坂から東の地方の意》関東地方の古称。

ばんどう【坂東】茨城県南西部の市。利根川に沿う。江戸時代には猿島茶・葉タバコの産地。平将門の営所のあった地といわれる。平成17年(2005)3月に岩井市、猿島町が合併して成立。人口5.6万(2010)。

ばんどう-いるか【▽坂東海豚】《「はんどういるか」とも》マイルカ科の哺乳類。暖海の沿岸域にみられる。体長3.5メートルに達し、吻は短い。背面は黒く、腹面は白っぽい。

バントゥー-さん【バントゥー山】《Mont Ventoux》フランス南部、ボークリューズ県の都市アビニョンの北東にある山。プロバンス地方の最高峰で標高1909メートル。山麓にはワイン産地が多い。

はんとうかがた-えきしょう【半透過型液晶】《semi-transmissive liquid crystal》液晶の表示方式の一。液晶の背後にマジックミラーのような半透過の素材と光源を置き、外光の下でも暗い場所でも表示が見やすい。反射型液晶と透過型液晶の両方の利点をもつ。

はんとうかがた-えきしょうディスプレー【半透過型液晶ディスプレー】《semi-transmissive liquid crystal display》▶半透過型液晶

はんとうかがた-えきしょうパネル【半透過型液晶パネル】《semi-transmissive liquid crystal panel》▶半透過型液晶

はんどう-がた【半道方】「半道敵」に同じ。

はんどう-がたき【半道敵】歌舞伎の役柄の一。おかしみを帯びた敵役。「仮名手本忠臣蔵」の鷺坂伴内など。茶利敵。半道方。

ばんとう-かぶ【番頭株】商店の使用人のうち、やがて番頭になる資格をもつ者。番頭なみに扱われている人。

はんどう-けいせい【反動形成】心理学で、自我の防衛機制の一。抑圧された欲求と反対傾向の態度が強調して示されること。例えば、憎しみの感情に対抗して、反対の甘やかしが生じるなど。

はんどう-こう【斑銅鉱】銅と鉄の硫化物からなる鉱物。赤褐色で金属光沢があり、不透明。正方晶系、まれに等軸晶系。粒状・塊状が多く、空気中で変色して黄・紫色を交え、まだらになる。銅の鉱石。

ばんどう-ごえ【▽坂東声】坂東人に特有の音声。坂東なまり。「おおいおおい、と—で呼ばり立って」〈鏡花・草迷宮〉

ばんどう-さんじゅうさんしょ【坂東三十三所】関東地方にある、観音菩薩を安置する33か所の霊場。

ばんどう-し【坂東市】▶坂東

ばんとう-しんぞう【番頭新造】江戸吉原の遊郭で、太夫に付き添って、身のまわりの世話や外部との交渉をした新造。番頭女郎。番新。ばんとうしんぞ。

はんどう-すいしゃ【反動水車】高所にある水の位置エネルギーを速度と圧力のエネルギーに変換し、羽根車での圧力降下の際に生じる反動力によって回転する水車。フランシス水車・プロペラ水車など。

はんどう-タービン【反動タービン】蒸気速度と圧力エネルギーを利用し、固定羽根と回転羽根の両方で圧力降下を行わせ、回転羽根内での蒸気の膨張の反動力によって羽根を回すタービン。

はん-どうたい【半導体】電気伝導性が導体と絶縁体との中間である物質。絶対零度では伝導性を示さず、温度の上昇に伴って伝導性が高くなる。ゲルマニウム・セレンなどがあるが、不純物を微量加えたn型・p型半導体のほうが実用が多く、ダイオードやトランジスタに利用。〔補説〕商品としての半導体は、工業国にとって重要な産品であることから「産業の米」とも呼ばれる。

はんどうたい-しゅうせきかいろ【半導体集積回路】半導体物質を用いた集積回路。IC・LSI・超LSIなどの総称。

はんどうたい-そし【半導体素子】半導体を材料とする電気回路素子。トランジスター・ダイオードなど。

はんどうたい-ダイオード【半導体ダイオード】▶ダイオード

はんどうたい-ディスク【半導体ディスク】《semiconductor disk》コンピューターの記憶装置のうち、半導体メモリーを用いたものの総称。RAMディスクやフラッシュディスクなどがある。円盤状の構造があるわけではないが、ハードディスクと同様の機能を提供することから、その名が付けられた。近年は、シリコンディスク、SSD(solid state drive/disk)と呼ぶことが多い。

はんどうたい-レーザー【半導体レーザー】p型・n型半導体の接合部に電流を流して得るレーザー光線。小形で入力電力に対する出力光の効率がよく、CD・DVD・ブルーレイディスクなどの光ディスクのほか、光ファイバーを伝送路とする光通信などに利用。

ばんどう-たろう【坂東太郎】㊀《坂東にある第一の川、の意》利根川の異称。筑紫二郎(筑後川)・四国三郎(吉野川)と並称される。㊁《江戸で利根川の方向に生じるところから》夏の入道雲。

ばんどう-つまさぶろう【阪東妻三郎】[1901～1953]映画俳優。東京の生まれ。近代的な性格の英雄像を演じ、時代劇革新の一翼を担った。愛称、阪妻。代表作「雄呂血」「無法松の一生」など。

はんどう-てき【反動的】〔形動〕❶ある動きや傾向に対して、それと逆の動きや傾向が生じるさま。「好景気が終わり—に不況感が募る」❷改革・革新などの流れに逆らい、それを妨害しようとするさま。「—な政治」

ばんどう-はっかこく【坂東八箇国】▶関八州

はんとう-まく【半透膜】溶液や気体混合物などについて、成分の一部は通すが、他の成分は通さない膜。水は通すがほとんどのイオンは通さないフェロシアン化銅の沈殿膜、低分子のものは通すがコロイド粒子は通さないセロファン膜・膀胱膜など。透析などに利用。

ばんどう-まさこ【坂東真砂子】[1958～　]小説家。高知の生まれ。イタリアでインテリアデザインを学び、帰国後、児童文学を執筆するようになる。その後、民俗的な素材や方言を多用したホラー作品を執筆し、「山妣」で直木賞受賞。他に「死国」「曼荼羅道」「桃色浄土」など。

ばんどう-みつごろう【坂東三津五郎】歌舞伎俳優。屋号、大和屋。㈠(初世)[1745～1782]大坂の人。前名、竹田巳之助。坂東三八の養子となり、改名。江戸へ出て、和実の上手として名声を得た。㈢(3世)[1775～1831]江戸の人。初世の実子。通称、永木の親方。和事・実事・舞踊にすぐれ、3世中村歌右衛門と人気を争うとともに、坂東流の基礎を築いた。㈦(7世)[1882～1961]東京の生まれ。12世守田勘弥の長男。舞踊の名人。

ばんどう-むしゃ【▽坂東武者】関東生まれの武士。坂東武士。勇猛で知られた。

はん-とうめい【半透明】〔名・形動〕なかば透き通っていること。また、そのさま。「—な(の)ガラス」

バンドゥリア〘スペイン bandurria〙リュート型の撥弦

楽器。スペインのほか、パンドーラの名でラテンアメリカにも見られる。6複弦で、プレクトラムで奏する。

ばんどう-りゅう【▽坂東流】日本舞踊の流派の一。3世坂東三津五郎を流祖とする。

バンド-エイド〖Band-Aid〗絆創膏の商標名。➡絆創膏

バンドエリミネーション-フィルター〖band elimination filter〗電気回路で、ある範囲の周波数の信号だけを通さず、それ以外の周波数を通すフィルター回路。バンドパスフィルターと逆の役割をもつ。信号を阻止する周波数の範囲が狭いものはノッチフィルターと呼ばれる。バンドストップフィルター。バンドリミットフィルター。帯域除去フィルター。帯域阻止フィルター。BEF。

バント-エンド-ラン〖bunt and run〗野球で、塁上の走者が投球と同時に次の塁へ走り、打者がバントをして、進塁させる戦法。

バンドー〖フランス bandeaux〗中心の分け目から両わきにかけて、なめらかな毛の流れで耳を隠すように形づけたヘアスタイル。バレリーナの髪形としても知られる。

ハンド-オーバー〖hand over〗携帯電話やPHSの端末が接続する基地局を、利用者の移動にともなって切り替えること。ハンドオフ。ハンドオン。

はん-ドーピング【反ドーピング】ドーピングに反対すること。ドーピングを防止するための活動。薬物の不正使用は、選手自身の健康を害する、フェアプレーの精神に反する、青少年に悪い影響を与える、スポーツの文化的価値を損ねる、などの理由から禁止されている。1999年、国際レベルでの反ドーピング活動の促進と調整を目的として、WADA(世界アンチ・ドーピング機構)が創設され、平成13年(2001)には、国内の反ドーピング活動を統括する機関として、JADA(日本アンチ・ドーピング機構)が設立された。2004年に世界ドーピング防止規定が発効された後も、オリンピックやプロスポーツ界などでドーピング違反が相次いだため、09年に同規定が改定され、規制が強化された。アンチドーピング。➡ドーピング ➡ドーピングコントロール

ハンド-オフ〖hand-off〗❶アメリカンフットボールで、クオーターバックが他のバックにボールを直接手渡すこと。❷ラグビーで、ボールを持った選手が、タックルに来た選手を手でつきはなすこと。❸▶ハンドオーバー

バンドーム-ひろば【バンドーム広場】《Place Vendôme》フランス、パリ中央部、セーヌ川右岸にある広場。18世紀初めにルイ14世を称えるために造営。19世紀初頭にナポレオン1世がアウステルリッツの戦いの勝利を祝した円柱を建てた。柱上にはカエサルの姿をしたナポレオン像が置かれている。

ハンド-オン〖hand on〗▶ハンドオーバー

バンド-カラー〖band collar〗スタンドカラーの一種で、バンドを巻いたようなデザインの襟のこと。詰め襟。

はん-とき【半時】❶一時の半分。現在の約1時間。❷わずかの間。一刻。「一を争う事態」

パント-キック《和 punt＋kick》▶パント

ハンド-キャノン〖hand cannon〗鉄砲の元祖。1350年ごろから作られた黄銅または鉄の筒身の片側に導火孔をもった銃身だけのもの。中に火薬と弾丸とを入れて発射した。

はん-どく【判読】〔名〕スル わかりにくい文字や文章を判断・推察しながら読むこと。「古文書を一する」
(類語)解読

はんどく【槃特】㊀▶周利槃特 ㊁愚鈍な人。おろか者。

槃特が愚痴も文殊が知恵 愚者も修行に励めば、知者と同じように悟りを得るということ。槃特も文殊も釈迦の弟子で、前者は愚者の代表、後者は知者の代表とされる。

はん-どく【範読】〔名〕スル 教師が読み方の手本として生徒に読んで聞かせること。「詩を一する」

はん-どく【×繙読】〔名〕スル 書物をひもといて読むこと。「研究書を二、三一する」

パントクラトール-しゅうどういん【パントクラトール修道院】《Moni Pantokratoros》ギリシャ北部、ハルキディキ半島にある東方正教会の聖地アトス山の修道院。半島東岸に位置する。14世紀の創設とされる。付設の図書館はギリシャ語やトルコ語で書かれた写本をはじめ、多数の貴重な書物を所蔵する。パンドクラトロス修道院。

パンドクラトロス-しゅうどういん【パンドクラトロス修道院】《Moni Pantokratoros》▶パントクラトール修道院

ハンド-クリーム〖hand cream〗手の荒れを防ぐためのクリーム。

はん-どくりつ【半独立】部分的に他の助力に頼って独立していること。

ハントケ〖Peter Handke〗[1942〜]オーストリアの劇作家・小説家。観客に罵声を浴びせる挑発的で反劇場的な戯曲「観客罵倒」で注目を集め、詩・戯曲・映画脚本など多方面の作品を発表した。のち小説に転じ、「ペナルティキックを受けるゴールキーパーの不安」「ゆるやかな帰郷」などの著作がある。

はん-とし【半年】1年の半分。6か月。はんねん。
(類語)半期・半季

ハント-しょうこうぐん【ハント症候群】耳にできる帯状疱疹を主症状とする病気。米国の神経科医ラムゼー＝ハント(Ramsay Hunt)が報告。耳ヘルペス。

バンドストップ-フィルター〖band stop filter〗▶バンドエリミネーションフィルター

バンド-スペクトル〖band spectrum〗▶帯スペクトル

ハンド-ソープ〖hand soap〗手や指を洗うための石けん。使いやすく液状にしたもの、消毒効果を高めたものなどがある。

バンド-デシネ〖フランス bande dessinée〗❶《「描かれた帯」の意》フランス語圏で広く読まれる、芸術性の高いストーリー漫画。略称のBDから、ベデまたはベーデーともいう。❷ファッションで、漫画や劇画のコマをそのままはめ込んだような全面の柄をいう。コミックプリント。

パントテン-さん【パントテン酸】《pantothenは、あらゆる所の意》ビタミンB複合体の一。広く動植物に分布し、特に肝臓・卵・酵母などに多い。補酵素の構成成分。欠乏すると成長停止・皮膚炎などが起こる。

ハンド-トラクター《和 hand＋tractor》▶ガーデントラクター

ハンド-ドリル〖hand drill〗手でハンドルを回して錐をもみ、穴をあける道具。

バンドネオン〖スペイン bandoneón〗アコーディオンと同属のリード楽器。ボタン式の鍵盤をもち、主にアルゼンチンタンゴに用いられる。

バンドパス-フィルター〖band pass filter〗電気回路で、ある範囲の周波数の信号を通し、それ以外の周波数は通さないフィルター回路。逆の役割をもつものにバンドエリミネーションフィルターがある。帯域通過フィルター。BPF。➡ハイパスフィルター ➡ローパスフィルター❶

ハンドバッグ〖handbag〗手回り品などを入れて携帯する女性用の小型手提げかばん。

バンド-はば【バンド幅】▶帯域幅

ハンドブック〖handbook〗簡便な案内書。便覧。手引き。「コンピューター操作の一」
(類語)手引き書・入門書・マニュアル

ハンド-フリー《和 hand＋free》▶ハンズフリー

ハンド-ブレーキ〖hand brake〗自動車などの手動式ブレーキ。

ハンドベル〖handbell〗❶手で振り鳴らす、振り鈴。❷楽器として用いられる振り鈴。

ハンド-ヘルド〖hand-held〗❶手で持ち運びができる程度の大きさであること。「一コンピューター」❷写真撮影などで、三脚などに固定せず手で支えること。

ハンドボール〖handball〗球技の一。7人ずつの2チームに分かれ、パスやドリブルを用いながら、ボールを相手方のゴールに投げ込んで得点を競うもの。ドイツなどでは11人制で行われる。送球。

ハンド-マイク《handheld mikeから》携帯用マイクロホン。

パントマイム〖pantomime〗言葉を使わず、身ぶりや表情だけで表現する演劇。また、その演技。無言劇。黙劇。マイム。

バンドマスター〖bandmaster〗楽隊・楽団の、指揮者。楽長。バンマス。

ハンド-マネー〖hand money〗手付け金。保証金。

バンドマン〖bandsman〗楽隊・楽団の、演奏者。楽団員。

ハンド-ミキサー《handheld mixerから》電動または手動により泡立て器部分を回転させ、卵を泡立てたりバター・粉などをかき混ぜたりする調理器具。

ハンドメード〖handmade〗人の手で作ること。手製。手作り。「一のクッキー」

ハンド-モデル〖hand model〗パーツモデルの一。ファッション業界や広告などで、手指や腕の部分のみが用いられるモデル。手だけ出演するタレントということから、手タレともいう。

パンドラ〖Pandōrā〗㊀ギリシャ神話で、人類最初の女性。プロメテウスが天上の火を盗んで人間に与えたのを怒ったゼウスが復讐のためにつくらせ、地上に送り出したという。㊁(Pandora)土星の第17衛星。1980年に発見。名は㊀に由来。非球形で平均直径は約80キロ。

ハンドラー〖handler〗コンテストやショーに出場する犬や、警察犬の調教師。

はんトラスト-ほう【反トラスト法】トラストを禁止・制限する法律。特に、米国で1890年に制定された独占および取引制限行為を禁じたシャーマン法、その強化を図った1914年のクレイトン法、連邦取引委員会法などの総称。イギリス・ドイツ・日本の独占禁止法のモデルとなった。

パンドラ-の-はこ【パンドラの箱】ゼウスがパンドラに持たせた、あらゆる災いの詰まった箱(本来は壺)。彼女が地上に着いたとき好奇心から開けたところ、すべての災いが地上に飛び出したが、急いでふたをしたので希望だけが残ったという。

はん-とり【判取り】❶代金を授受した証として相手方の判をもらうこと。❷ある事に関する同意・承認の証印をもらうために、関係者の間を回ること。❸「判取り帳」の略。

バントリー〖Bantry〗アイルランド南部、コーク州の町。ウエストコークの代表的な観光保養地の一。バントリー湾に臨み、湾内にはウィディー島がある。18世紀に建てられたジョージ王朝様式のバントリーハウスがある。

パントリー〖pantry〗食料品や食器類を収納・貯蔵する小室。

バントリー-ハウス〖Bantry House〗アイルランド南部の町、バントリーにある邸宅。バントリー湾を望む高台に位置。18世紀初頭に建てられたジョージ王朝様式の建物で、広大な敷地と美しい庭園をもつ。

パント-リターン〖punt return〗アメリカンフットボールで、攻撃権を放棄した相手チームのパントキックを受けた選手が、陣地の回復を図るために前進すること。

はんとり-ちょう【判取り帳】金品の受け渡しの際にその授受の証として証印を受ける帳面。

パンドリナ〖ラテン Pandorina〗淡水産の動物性プランクトン。球状の寒天質の膜の中に8または16個の細胞が密集する。各細胞は2本の鞭毛を持つ。

バンドリミット-フィルター〖band limit filter〗▶バンドエリミネーションフィルター

バンド-りろん【バンド理論】結晶内の電子のエネルギーはいくつかのバンド(帯)を形成しているという理論。電気伝導など、電子がかかわる固体の性質を論じる基礎にされる。

ハンドリング〖handling〗〔名〕スル ❶ラグビー・ハンド

ボールなどで、ボールの手さばきのこと。❷サッカーで、反則の一。ゴールキーパー以外の選手が、手や腕でボールに触れること。ハンド。❸自動車などのハンドル操作。❹調整すること。また、運用。処理。対応。「提出議案を―する」「苦情への―が問題だ」

ハンドル〖handle〗❶機械・器具などの、手で操作するときに握る部分。❷ドアの取っ手。ノブ。❸自動車や自転車の、進行方向を調節するために握る部分。「―を切る」❹パソコン通信などで、本名の代わりに用いるニックネーム。ハンドルネーム。類語 柄・柄・取っ手・握り・つまみ・把手・ノブ・グリップ

バンドル〖bundle〗ある製品に別の製品を添付すること。パソコンにオペレーティングシステムやアプリケーションソフトをあらかじめ添付するなど、販売する製品に関連する製品で使い勝手を向上させる役割のものが多い。

パンドル〖フランス peindre〗絵画の色彩を塗ること。あるいは色彩中心に絵を描くこと。⇔デシネ。

ハンドル-キーパー《和 handle＋keeper》何人かで来店して飲酒する際に、あらかじめ決めておく帰宅時の運転役のこと。飲酒運転をなくすために、平成18年(2006)ころから「ハンドルキーパー運動」が提唱されている。

ハンドル-ネーム〖handle name〗チャットやネット掲示板などで、本名の代わりに用いるニックネーム。ハンドル名。ハンドル。補説 ハンドルネームが、登録不要で運営者もユーザーの身元を知り得ないサイトで使われるのに対し、登録が必要なSNSなどでのニックネームはアカウントネーム・ユーザーネームなどと呼ばれることが多い。

ハンドル-めい【ハンドル名】《handle name》▶ハンドル

バンドワゴン-こうか【バンドワゴン効果】《bandwagon effect バンドワゴンは、時流の意》消費者が他人に遅れないよう物を購入する現象。

はん-ドン【半ドン】《ドンは「ドンタク」の略》勤務が午前中だけであること。また、その日。「今日は―でございますから」〈紅葉・多情多恨〉

バンドン〖Bandung〗インドネシア、ジャワ島西部の都市。高原にあり、避暑地・保養地。ジャワ学術研究の中心。人口、行政区229万(2005)。

バンドン-かいぎ【バンドン会議】▶アジア-アフリカ会議

はん-なが【半長】「半長靴」の略。

はんなが-ぐつ【半長靴】すねの中ほどまでの長靴。半長。

はん-なき【半泣き】もう少しで泣きそうになっていること。

はん-なげし【半▽長▽押】普通の長押よりも幅が狭い長押。縁長押の上に重ねて用いる。

パンナ-コッタ〖イタリア panna cotta〗《pannaは生クリーム、cottaは煮つめる、の意》生クリーム・牛乳・砂糖を合わせて煮詰め、ゼラチンで固めたイタリアのデザート。

ばんな-じ【鑁阿寺】栃木県足利市にある真言宗大日派の本山。山号は、金剛山。開創は建久7年(1196)、開山は理真、開基は足利義兼(法名鑁阿)。通称、大日堂。

はん-なま【半生】〔名・形動〕❶なま煮えであること。また、そのさま。「―な(の)野菜」❷なま乾きであること。また、そのさま。「―な(の)イカ」❸知識などが十分でないこと。また、そのさま。半可通。「―な(の)学問」❹「半生菓子」の略。

はんなま-がし【半生菓子】生菓子と干菓子との中間のもの。最中・石衣など。

ハンナラ-とう【ハンナラ党】セヌリ党の旧称。補説 ハンナラは「大いなる国」などの意。

はんなり【埴破】雅楽。高麗楽。高麗壱越調の中曲。四人舞で、埴の玉を懐中に持ち、取り出して舞う。番舞は打毬楽。はにわり。はんわり。

はんなり〔副〕スル（関西地方で）上品で、明るくはなやかなさま。「―したおなごはん」「―(と)した味」

はんなん【阪南】大阪府南西部の市。繊維工業が盛ん。タマネギなどの野菜も産出。山中渓に温泉がある。平成3年(1991)市制。人口5.7万(2010)。

ばん-なん【万難】さまざまの困難。あらゆる障害。「―を排して遂行する」類語 支障・万障・故障

はんなん-し【阪南市】▶阪南

はんなん-だいがく【阪南大学】大阪府松原市に本部がある私立大学。昭和40年(1965)の開学。

はん-にえ【半煮え】〔名・形動〕十分に煮えていないこと。また、そのさまや、そのもの。なま煮え。

はん-にくぼり【半肉彫(り)】▶半浮き彫り

はん-にじゅう【半二重】双方向通信において、送受信を交互に行う通信方式。ハーフデュープレックス。半二重通信。⇨全二重

はんにじゅう-つうしん【半二重通信】▶半二重

はん-にち【反日】日本や日本人に反感をもつこと。「―運動」「―感情」⇔親日。

はん-にち【半日】1日の半分。はんじつ。

ハンニック〖Hannig〗スイス南西部、バレー州、ワリスアルプス山中の展望地。標高2350メートル。観光拠点となるサース谷の町、サースフェーの中心部から最も近い。山麓から展望地までゴンドラリフトが結ぶ。

ハンニバル〖Hannibal〗[前247～前183]カルタゴの将軍。第二次ポエニ戦争でローマ軍に大勝したが、のちにローマの武将スキピオに敗れた。内政改革も反対にあって成功せず、小アジアに亡命して自殺。

はんにゃ【般▽若】《梵 prajñā; パーリ Paññāの音写》❶仏語。悟りを得る智慧。真理を把握する智慧。❷能面の一。2本の角、大きく裂けた口をもつ鬼女の面。女性の憤怒と嫉妬とを表し、「葵上」「道成寺」などに用いる。面打ちの般若坊が始めたと伝える。般若面。❸沈香の一。伽羅を用い、六十一種名香の一つに数えられる。❹紋所の名。般若の面を図案化したもの。❺「般若面」の略。

はんにゃ-ぎょう【般若経】般若波羅蜜を説く経典の総称。個々に成立したものを集大成したのが大般若経。

はんにゃ-ごえ【般▽若声】❶知徳に満ちた仏の声。❷読経の声。「あらあら恐ろしの―や」〈謡・葵上〉

はんにゃ-じ【般若寺】奈良市般若寺町にある真言律宗の寺。山号は、法性山。舒明天皇元年(629)、高句麗の僧慧灌の開創と伝える。十三重石塔・笠塔婆がある。

はんにゃ-しんぎょう【般若心経】膨大な般若経の内容を簡潔に表した経典。1巻。漢訳は鳩摩羅什訳など7種あるが、日本では、「色即是空、空即是色」の句のある玄奘訳が読経用に広く用いられる。般若波羅蜜多心経。心経。

はんにゃ-づら【般▽若面】般若の面に似た恐ろしい顔。特に、嫉妬に狂う女性の顔をたとえていう。般若顔。はんにゃめん。

はんにゃ-とう【般▽若湯】僧家で、酒のこと。

はんにゃ-の-ふね【般▽若の船】智慧によって生死の海を渡って彼岸へ至ることを、船にたとえた語。

はんにゃ-はらみつ【般▽若波羅蜜】仏語。六波羅蜜・十波羅蜜の一。最高の智慧を完成させること。完全な智慧。智慧波羅蜜。

はんにゃ-めん【般▽若面】❶「般若❷」に同じ。❷「はんにゃづら(般若面)」に同じ。

はん-にゅう【搬入】〔名〕スル 品物を運び入れること。「展覧会場へ作品を―する」⇔搬出。

はん-ニュートリノ【反ニュートリノ】ニュートリノの反粒子。レプトンに属し、電荷が零、スピン半整数(1/2)。弱い相互作用に関与し、電子、μ粒子、τ粒子と対になって現れる3種類のニュートリノ(電子ニュートリノ、μニュートリノ、τニュートリノ)に対して、それぞれ反電子ニュートリノ、反μニュートリノ、反τニュートリノが存在する。電荷を持たないため、それ自身が反粒子と同一なマヨラナ粒子である可能性も指摘されており、岐阜県の神岡鉱山跡にある東北大学の実験装置KamLANDにおいて研究が進められている。反中性微子。

はん-にん【半人】一人前の半分。半人前。

はん-にん【犯人】罪を犯した人。犯罪人。類語 罪人・咎人・罪人

はん-にん【判人】❶判を押して証人となる人。❷江戸時代、遊女の身売りの証人となる者。女衒。

はん-にん【判任】❶律令制で、式部省が選抜し、太政官に申し出て官職に任じること。また、その官。郡司の主政・主帳などの下級職員を任じた。⇨勅任 ⇨奏任 ❷「判任官」の略。

ばん-にん【万人】すべての人。多くの人。ばんじん。「―が納得する理論」「―向きの製品」類語 衆人・諸人・大方・一般・世間・世人・世俗・公衆

万人の万人に対する戦い イギリスの哲学者トマス＝ホッブスの言葉。自然状態では人間は利己的で、自分の利益のため互いに闘争するということ。

ばん-にん【番人】番をする人。見張りをする人。類語 守衛・門衛・門番・看守

はんにんいんぴ-ざい【犯人隠避罪】▶犯人蔵匿等罪

はんにん-かん【判任官】明治2年(1869)以来の官吏の身分の一。天皇の委任を受けた各大臣・各地方長官など行政官庁の長によって任命された官。高等官(親任官・勅任官・奏任官)の下に位した。昭和21年(1946)廃止。

バンニング〖vanning〗《「バニング」とも》❶箱形トラックを居住できるように改造して、キャンプ旅行をすること。❷貨物コンテナなどに荷物を積み込むこと。

はんにん-し【犯人視】〔名〕スル その事件の犯人と見なすこと。犯人のように扱うこと。「警察や報道機関に―される」

はんにんぞうとくとう-ざい【犯人蔵匿等罪】罰金刑以上の罪の被疑者や拘禁中に逃走した者を、場所を提供してかくまったり(蔵匿)、逃げるのを助けたり(隠避)する罪。刑法第103条が禁じ、2年以下の懲役または20万円以下の罰金に処せられる。補説 後日、かくまうなどした被疑者が真犯人でないと分かった場合でも、本罪は成立する。

はんにん-そく【半人足】半人前であること。また、その者。

はんにん-まえ【半人前】❶一人前の半分。「―の量」❷一人前の半分の働きしかしないこと。未熟であること。「仕事は―でも口は一人前だ」

バンヌ〖Vannes〗フランス西部、ブルターニュ地方、モルビアン県の都市。同県の県都。ブルターニュ半島南部、キブロン湾の内湾、モルビアン湾に面し、カキの産地として知られる。ローマ支配以前はガリアの中心地であり、9世紀に当時のブルターニュ地方の旧名であるアルモリカの首都が置かれた。13世紀に建造された旧市街の城壁やサンピエール大聖堂をはじめ、歴史的建造物が数多く残っている。

はん-ね【半値】半分の値段。半価。「―で売る」類語 半額

はん-ねつ【煩熱】❶むしむしと暑苦しいこと。また、その暑気。「都城の―漸く薄らぎ」〈透谷・漫罵〉❷発熱して苦しむこと。また、その熱。「にはかに―して迷惑なさる」〈咄・きのふはけふ・下〉

はん-ねり【半練り】❶食品や薬品などが、やわらかく糊状であること。「―のワックス」❷生糸を精練するとき、セリシンを半分ほど取り除くこと。また、その生糸。本練りに対していう。

はん-ねん【半年】1年の半分。はんとし。

ばん-ねん【晩年】一生の終わりに近い時期。年老いてからの時期。「幸福な―を過ごす」類語 老い先・末路・老後・余生

はん-のう【反応】〔名〕スル《「はんおう」の連声》❶ある働きかけに応じて起こる物事の動き。「世間の―を見る」「政局の動きに―する」❷生体が刺激に応じて活動を起こすこと。❸物質の相互作用によって別の物質を生じること。化学反応や核反応。類語 反響・反作用・応え・手応え・跳ね返り・リアクション

はん-のう【半能】能の略式演奏形式の一。前後二

場ある能の後半だけを主に演じるもの。

はん-のう【半農】生計の半分を農業で立てていること。「—半漁」

はんのう【飯能】埼玉県中南部の市。電気・機械工業、林業が主要産業で、苗木生産も盛ん。平成17年(2005)1月に名栗村を編入。人口8.4万(2010)。

ばん-のう【万能】❶すべてに効力があること。「金は—ではない」「—薬」❷あらゆることにすぐれていること。なんでもできること。「—選手」
(類語)オールマイティー・オールラウンド
万能足りて一心足らず ►まんのうたりていっしんたらず(万能足りて一心足らず)

ばんのう-けんさくばん【万能研削盤】円筒形の工作物の外面を研削する工作機械で、砥石台と工作主軸台を自由に旋回できるようにし、さらに内面を研削する装置も取り付けられるもの。

ばんのう-さいぼう【万能細胞】さまざまな組織の細胞へと分化できる能力を持つ未分化の細胞。再生医療に役立つとして研究されている。ES細胞(胚性幹細胞)やiPS細胞(誘導多能性幹細胞)などがある。分化多能性細胞。➡幹細胞

はんのう-し【飯能市】►飯能

はんのう-しき【反応式】►化学反応式

ばんのう-しけんき【万能試験機】金属材料の引っ張り・圧縮・曲げのほか、付属装置やジグによって多様な試験ができるようにした試験装置。

はんのうせい-あいちゃくしょうがい【反応性愛着障害】愛着障害の一。長期にわたる虐待やネグレクトなど、不適切な環境で育った子供が、視線をそらしながら近づく、抱かれても視線を合わせない、近づいたり逃げたり逆らったりする、といった正常な場合にはみられない極度に不安定で複雑な行動を示す場合をいう。保護者との別離や再会時に特に顕著にあらわれる傾向にある。適切な環境で継続的に養育すれば大幅な改善が期待でき、その点で広汎性発達障害と明確に区別される。

はんのう-そくど【反応速度】化学反応の進行する速さ。単位時間当たりに反応物質が変化する量、あるいは生成物質の量で表す。

ばんのう-ねぎ【万能×葱】►葉葱

はんのう-ねつ【反応熱】化学反応に伴って発生し、または吸収される熱量。

はんのう-はんぎょ【半農半漁】農業と漁業の両方を生業とすること。

はんのう-ふとおり【飯能太織】飯能市付近で産する秩父銘仙。飯能秩父。

ばんのう-フライスばん【万能フライス盤】横フライス盤で、テーブルを傾けられるようにし、付属装置を取り付けてドリル・歯車の溝切りなどの多様な加工ができるようにしたもの。

ばんのう-ぼうちょう【万能包丁】►文化包丁

パン-の-かい【パンの会】《Pānはギリシャ神話の神の名》明治末期の青年文芸・美術家の懇談会。反自然主義を掲げ、耽美的傾向の新しい芸術運動を起こした。北原白秋・木下杢太郎・吉井勇・石井柏亭・高村光太郎らが参加。

はん-の-き【×榛の木】カバノキ科の落葉高木。山林中の湿地に自生し、高さ約17メートル。葉は楕円形で縁にぎざぎざがある。早春、葉より先に、黒紫褐色の尾状の雄花穂と紅紫色の楕円状の雌花穂とがつく。実は小さく、松かさ状。水田の縁に稲掛け用に植え、材を器具や細工物に、実を染料に用いる。はりのき。はり。(季 花=春)「—の花咲く窓や明日は発つ/素十」

パン-の-き【パンの木】《breadfruit tree》クワ科の常緑高木。葉は深く切れ込みがあり、革質。雄花は黄褐色、雌花は緑色で、楕円または球状の大きな果実が黄熟する。熱帯に産し、果実を食用、材を建材とする。

はん-の-ことば【判▽詞】►はんし(判詞)

はん-の-ひ【半の日】奇数日。はんび。

ばん-のぶとも【伴信友】[1773〜1846]江戸後期の国学者。若狭小浜藩士。通称、州五郎。号、事負。本居宣長没後の門人。歴史の研究、古典の考証にすぐれた。著「比古婆衣」「長等山風」「神社私考」など。

パンノンハルマ〖Pannonhalma〗ハンガリー北西部の町。バコーニュ山地の北麓、ジュールの南東約20キロメートルに位置する。1996年に世界遺産(文化遺産)に登録されたベネディクト修道会のパンノンハルマ修道院があることで知られる。

パンノンハルマ-しゅうどういん【パンノンハルマ修道院】《Pannonhalmi Főapátság》ハンガリー北西部の町パンノンハルマにある同国初のベネディクト修道会の修道院。10世紀末に創設され、13世紀に初期ゴシック様式のバシリカ式聖堂(壁の一部は12世紀のもの)が建造された。マジャール語最古の文書を所蔵する古文書館、約35万冊の蔵書を誇る図書館、18世紀建造のバロック様式の食堂などがある。1996年、「パンノンハルマのベネディクト会修道院とその自然環境」の名称で世界遺産(文化遺産)に登録された。

はん-ば【飯場】鉱山・土木・建築工事などの現場近くに設けられた、労働者の宿泊所。

はん-ぱ【半端】〔名・形動〕❶あるまとまった量・数がそろっていないこと。また、そのさまや、そのもの。「—が出る」「—な布」❷どっちつかずであること。また、そのさま。「—な気持ち」「中途—」❸気のきかないこと。また、そのさま。「—者」
(類語)中途半端・なまはんか・宙ぶらりん

ばんば【番場】滋賀県米原市の地名。もと中山道の鳥居本と醒井との間の宿場町。

ばん-ば【×輓馬】車・橇などをひかせる馬。

ばん-ぱ【万波】幾重にも寄せ来る波。「千波—」

パンパ〖pampa〗►パンパス

バンパー〖bumper〗自動車などの緩衝装置。車体の前後に付ける保護レールや、車台・車軸間に入れるゴムなど。

ハンバーガー〖hamburger〗丸いパンにハンバーグステーキを挟んだもの。

ハンバーグ〖hamburg〗❶「ハンバーグステーキ」の略。❷(Hamburg)鶏の一品種。卵用、また愛玩用。オランダの原産といわれ、ドイツのハンブルク港から英国に渡り改良された。

ハンバーグ-ステーキ〖hamburg steak〗牛のひき肉にいためたタマネギ、つなぎ用のパン粉・卵、調味料などをまぜ、楕円形にまとめてフライパンで焼いた料理。

はん-ばい【販売】〔名〕スル 商品を売ること。「輸入雑貨を—する」「通信—」(類語)売り・売り込み・売り渡し・直売・発売・直販・外販・営業・セール・セールス・売れ行き

バンパイア〖vampire〗❶吸血鬼。❷チスイコウモリの別名。バンパイアバット。

はんばい-がいしゃ【販売会社】製造業者が、自社ならびに系列会社の製品を販売するために設立した会社。販社。

はんばい-きょうてい【販売協定】カルテルの一。同一業種の各企業が、競争による価格の下落を防ぐために、最低販売価格・販売数量・販売地域などについて結ぶ協定。

はんばいじてん-じょうほうかんり-システム【販売時点情報管理システム】►ポス

はんばい-しょうれいきん【販売奨励金】►インセンティブ❸

はんばい-しんよう【販売信用】消費者の信用(支払い能力・支払い意思・担保などがあること)に基づいて、商品を後払いで販売すること。消費者信用の一。消費者と販売会社の間で直接契約する場合と、両者の間にクレジット会社などが入る場合がある。割賦販売法では、割賦販売・ローン提携販売・信用購入斡旋に分類される。クレジット。(補説)販売信用と消費者金融(ローン)を合わせてクレジットという場合もある。

はんぱ-いせき【半坡遺跡】中国陝西省西安市の東にある、仰韶文化期の集落遺跡。1950年代に発掘され、石器・骨角器・土器などが出土。

はんばい-そくしん【販売促進】《sales promotionの訳》売り手が、買い手の購買心を刺激し、商品を購入させるために行う組織的な活動。マスメディアを使った大規模な宣伝、ダイレクトメールなどの配布、景品・試供品の提供、陳列の仕方や説明の仕方などの店員教育などの方策がある。アフターサービスの充実もこの活動のうちに入る。販促。

パンパイプ〖panpipe〗管楽器の一。長さの異なる中空の管をいくつか並べて束ねた笛。ギリシャ神話の牧畜の神パンが用いたといわれるところからの名。シリンクス。パンの笛。パンフルート。

パンパイプス〖panpipes〗►パンパイプ

はん-ばかま【半×袴】くるぶしまでの丈で、裾に括り緒のない袴。肩衣・小素襖などと合わせて用いた。切り袴。平袴。小袴。⇔長袴。

はん-ばく【反×駁】〔名〕スル 他人の主張や批判に対して論じ返すこと。反論。「例をあげて—する」
(類語)反論・抗論・抗議・甲論乙駁

はん-ぱく【半白｜頒白｜斑白】白髪が半分まじっていること。また、その毛髪。「—の口髭を撫でながら」〈荷風・つゆのあとさき〉

はん-ぱく【半拍】1拍の半分の長さ。

ばん-ぱく【万博】「万国博覧会」の略。

ばんぱくきねん-こうえん【万博記念公園】►万国博記念公園

はん-はじめ【判始め】❶室町時代、将軍が就任して初めて御教書に花押を署した儀式。御判始め。❷江戸幕府年中行事の一。正月3日、営中で老中の首席から順次に花押を自署した政務始めの儀式。御判始め。

パンパス〖pampas〗アルゼンチンのラプラタ川流域に、ブエノスアイレスを中心に広がる大平原。草丈の高い草原が広がり、土壌が肥沃で、19世紀末から開発され、東部は小麦地帯、西部は牧畜地帯をなす。パンパ。

パンパス-グラス〖pampas grass〗イネ科の多年草。群生し、高さ約3メートル。雌雄異株で、秋、銀白色の大形の穂をつける。アルゼンチンのパンパスに分布。庭園などに植え、ドライフラワーにも利用。しろがねよし。

はんば-せいど【飯場制度】明治・大正期の鉱山や土木工事現場における労務管理制度。労働者を飯場とよばれる宿舎に住まわせ、飯場頭による厳しい生活管理、過酷な労働の強制などが行われた。納屋制度。

はん-ばつ【藩閥】明治維新後、有力な特定藩の出身者が政府の要職を独占して結成した政治的な派閥。

はん-ぱつ【反発｜反×撥】〔名〕スル ❶他人の言動などを受け入れないで、強く否定すること。また、その気持ち。「—を買う」「運命に—する」❷他からの力をはねかえすこと。はねかえること。「磁石の同じ極どうしは—する」❸値下がりしていた相場が一転して値上がりすること。⇔反落。

はん-ぱつ【半髪】明治維新前に一般に行われた男の月代のある髪の結い方。野郎頭。半髪頭。

ばん-ぱつ【晩発】平均よりもおそく病気の症状などが現れること。遅発。

はんぱつ-かたさ【反発硬さ】工業材料をはじめとする物質の硬さ(硬度)を測定する硬さ試験の一種。試験材料に鋼球などを落として跳ね上がる高さを測定し、硬さを数値化して算出する。代表的な硬さの示し方としてショア硬さがある。反発硬度。

はんぱつ-けいすう【反発係数】二つの物体が衝突するときの、衝突前と衝突後の相対速度の比。斜めに衝突する場合は、接触点の法線方向の速度成分をとる。例として、一方が静止した壁でもう一方が球であるとすると、衝突前後で球の速度が変わらない弾性衝突(完全弾性衝突)の場合は反発係数$e=1$

となり、速度が変わる非弾性衝突の場合はe≠1となる。壁にくっついて跳ね返らない完全非弾性衝突ではe=0となる。跳ね返り係数。

はんぱつ-こうど【反発硬度】ハンパツコウド ▶反発硬さ

はんばつ-せいじ【藩閥政治】セイジ 明治維新後の新政府で、薩摩(さつま)・長州・土佐・肥前の4藩、特に薩長2藩の出身者が中心となり閥をつくって行った政治形態。反政府側からの呼称。

はんばつ-せいふ【藩閥政府】藩閥によって組織された政府。明治維新後から大正期の政党内閣出現までの政府の称。

はんぱつ-りょく【反発力】はねかえす力。また、はねかえる力。

はん-はば【半幅｜半▽巾】並幅の半分の幅。約18センチ。

はんはば-おび【半幅帯】幅が普通の帯幅の半分の帯。ふだん着・浴衣・羽織下などに用いる。

ばん-ばやし【番×囃子】能の略式演奏形式の一。1曲の謡全部を、囃子をつけて紋服・袴(はかま)で舞台に着座したまま演奏すること。

ばんばやし-みつひら【伴林光平】▶ともばやしみつひら

はん-ばり【半張り】靴の底革の補修などのため前の方の半分だけを張ること。また、張ったもの。

はん-はん【半半】半分ずつ。半分半分。五分五分。「一に分ける」「一に混ぜる」

はん-ぱん【×泛×泛｜汎汎】〔ト・タル〕〔文〕〔形動タリ〕《「はんはん」とも》❶浮かび漂うさま。「足下一浮々の生涯」〈中村訳・西国立志編〉❷軽々しいさま。「一たる文壇の小星」〈透谷・一夕観〉

はん-ぱん【斑斑】〔ト・タル〕〔文〕〔形動タリ〕まだらであるさま。色・模様などが入りまじるさま。「身に一たる若葉の影を帯びつつ」〈蘆花・自然と人生〉

ばん-ばん【万万】■〔形動〕〔文〕〔ナリ〕❶そうしたい気持ちは十分にあるが、そうできない事情があるさま。やまやま。「お目にかかりたいのは一ですが」❷程度がはなはだしいさま。「君の友情は恋情の深きに勝る一なるを知れり」〈織田訳・花柳春話〉■〔副〕❶十分に。よくよく。「一承知している」❷(あとに打消しの語を伴って)万が一にも。決して。「失敗することは一あるまい」〔類語〕十分・存分に・思うさま・良く・みっちり・みっしり・篤(とく)と

ばん-ばん〔副〕❶手のひらなどで物を勢いよく打つ音を表す語。「机を一(と)たたいて熱弁する」❷物事が勢いよく進行するさま。「仕事を一片づける」

ばん-ぱん【万般】あらゆる方面。すべての事柄。百般。「人生の一にわたる問題」〔類語〕百般・諸般・すべて

パンパン《語源未詳》第二次大戦後の日本で、進駐軍兵士を相手にした街娼(がいしょう)。パンパンガール。

ぱん-ぱん　■〔副〕❶手を打ち合わせたり、物をたたいたりする音を表す語。「一(と)かしわ手を打つ」❷物が破裂する音を表す語。「ポップコーンが一(と)はじける」■〔形動〕はち切れそうにふくらんでいるさま。「かばんが一になる」「食べ過ぎて腹が一だ」〔アク〕■はパンパン、■はパンパン。

ばんばん-いつ【万万一】〔副〕「まんまんいち」に同じ。

ばん-ばんざい【万万歳】「ばんざい」を強めていう語。これ以上ないほど喜ばしいこと。「これで一だ」

バンバンジー【棒棒鶏】《中国語》ゆでた鶏肉を細く切ったものに、すったゴマにラー油・醤油・酢・ゴマ油・唐辛子などを混ぜた辛いソースをかけた料理。四川料理の代表的なもの。

はん-び【半日】奇数日。はんのひ。

はん-ぴ【反比】比の前項と後項とを入れ替えて逆にした比。正比に対していう。逆比。

はん-ぴ【半×臂】古代、袍(ほう)や位襖(いおう)の下に着用した朝服の内衣で、袖幅が狭く、丈の短い、裾に襴(らん)をつけたもの。平安時代以降、朝服が和様化した束帯では、袍と下襲(したがさね)との間につける袖のない形に変化した。着用して結ぶ帯を小紐(こひも)といい、左脇に垂らす飾りひもを忘れ緒(わすれお)という。

バンビ〖Bambi〗ディズニー製作の長編漫画映画の題名。また、その主人公の子鹿の名。1942年に製作。原作はオーストリアの作家ザルテンの小説。

はんびさし-の-くるま【半×庇の車】側面の物見の上に庇をつけた牛車(ぎっしゃ)。上皇・親王の乗用。半庇。

はん-びたい【半額】ハンビタイ 冠の額が厚額(あつびたい)と薄額(うすびたい)との中間である冠。近世では、透き額に対して額の前方だけ細く三日月に透かした半透き額をいう。

はん-びつ【半×櫃】長櫃の半分ほどの大きさの櫃。衣類や雑具を入れる。

バンビテッリ-の-すいどうきょう【バンビテッリの水道橋】スイドウキョウ《Acquedotto di Vanvitelli》イタリア南部、カンパニア州の都市カゼルタにある水道橋。18世紀にブルボン王朝㊂のカルロ3世とその息子フェルディナンドが建てたカゼルタ宮殿と、産業都市のサンレウチョに水を送るため、建築家ルイジ=バンビテッリにより建造。全長38キロメートルにおよび、その大半は地中に埋設されている。1997年、「カゼルタの18世紀の王宮と公園、バンビテッリの水道橋とサンレウチョ邸宅群」として世界遺産(文化遺産)に登録された。カロリーノの水道橋。

はんぴ-の-お【半×臂の緒】ヲ「忘れ緒(お)」に同じ。

はんぴ-の-く【半×臂の句】和歌で、第3句に枕詞や休め詞をおいたもの。

バン-ビューレン〖Martin Van Buren〗[1782～1862]米国の政治家。第8代大統領。在任1837～1841。民主党㊄。国務長官、副大統領を経て大統領に就任。在任時に大不況に見舞われ、再選を逃がした。➡ハリソン㊀

はん-ぴょう【班彪】ヒョウ [3～54]中国、後漢の歴史家。班固・班超・班昭兄妹の父。前漢の歴史書編纂を企てたが、数十編を作ったのみで没。班固・班昭が後を継いで「漢書」を完成した。

はん-びょうにん【半病人】ビャウニン 心配や疲れなどで心身が病人のように弱っている人。

はん-びらき【半開き】❶なかば開くこと。また、なかば開いていること。はんかい。「一の戸」❷花がなかば咲くこと。はんかい。「一の桜」

ばんぴ-るい【板皮類】シルル紀に出現し、石炭紀に絶滅した原始的な魚類。体の大部分が硬い骨板で覆われているので、甲冑魚(かっちゅうぎょ)ともよばれる。

はん-ぴれい【反比例】〔名〕スル 相伴って変わる2つの量があり、一方が2倍、3倍となっていくとき、他方が2分の1倍、3分の1倍となる関係。逆比例。⇔正比例。

はん-ぷ【繁×蕪】〔名〕スル ❶雑草などが生い茂ること。繁茂。「つたやかずらが一する」❷文章がくだくだしいこと。

はん-ぶ【藩部】中国、清代の行政区域。本土の外側にあるモンゴル・チベット・新疆(しんきょう)・青海の総称。統治のために理藩院を置き、それぞれの地方に自治を認めて間接的に統治した。

はん-ぷ【帆布】船の帆などに用いる布。綿糸または麻糸で織った厚地の平織物。

はん-ぷ【頒布】〔名〕スル 品物や資料などを、広く配ること。「希望者に無料で一する」「銘酒の一会」〔類語〕配付・分配・配る

はん-ぷ【藩府】藩の役所。

ハンプ〖hump〗《こぶの意》❶貨車を行き先別に仕分けするため、操作場内に設けられた小高い丘。貨車は自重によって傾斜面を下り、行き先のレールに導かれる。❷自動車の速度を落とさせるため、道路上に設ける高さ10センチほどの凸部。

バンフ〖Banff〗カナダ、アルバータ州南西部の町。バンフ国立公園内にあり、カナディアンロッキーの観光拠点として知られる。

ばん-ぷ【万夫】多くの男。多くの武士。「一夫関(かん)に当たれば一も開くなし」

バンプ〖vamp〗男を惑わす、あやしげな魅力をもった女。妖婦。

パンフ「パンフレット」の略。「旅行一」

はん-ぷう【半風】「半風子」の略。〈日葡〉

バンブー〖bamboo〗竹。「一ダンス」

ばん-ぷう【蛮風】野蛮な風習。粗野な風俗。

はんぷう-し【半風子】《「虱(しらみ)」を「風」の半分と見たところから》シラミの別名。

バンブー-バッグ《和 bamboo＋bag》手作りの手提げバッグの一種で、持ち手が竹材で作られたものの総称。

パン-フォーカス〖pan-focus〗映画・写真などで、画面の中の前景から後景まで全部に焦点を合わせること。また、その撮影技法。ディープフォーカス。

パンプキン〖pumpkin〗カボチャ。「一スープ」

はん-ぷく【反復】〔名〕スル ❶同じことを何度も繰り返すこと。反覆。「一して教える」❷文法で、❶の意を言い表す言い方。上代語で、動詞の未然形に助動詞「ふ」を付けて言い表す。〔類語〕繰り返し・重複・リピート

はん-ぷく【反覆】〔名〕スル《「はんぶく」とも》❶心変わりして約束などを破ること。裏切ること。「一旦責任問題が持ち上がって、自分の一を詰(なじ)られた時ですら」〈漱石・坑夫〉❷「反復❶」に同じ。「念仏は次の日も同一に一された」〈長塚・土〉❸くつがえすこと。ひっくりかえること。反転。「天地は一することありとも」〈読・近世説美少年録・二〉

はん-ぷく【半腹】山の頂上と麓(ふもと)の中ほど。中腹。「山々の一から上だけを」〈有島・生れ出づる悩み〉

はん-ぷく【×叛服】そむくことと従うこと。

叛服常(つね)無し　時にはそむいたり、時には服従したりして、その態度が決まらない。

ばん-ぷく【万福】多くの幸福。また、幸福の多いこと。まんぷく。「貴兄の一を祈る」

〔類語〕幸福・幸せ・幸(さいわ)い・幸(さち)・福・果報・冥利(みょうり)・多幸・多祥(たしょう)・至福・浄福・清福・ハッピー

はんぷく-きごう【反復記号】キガウ 楽譜で、楽曲のある部分を繰り返して演奏することを示す記号。

はんぷく-せつ【反復説】個体発生は系統発生を短縮した形で繰り返すという説。ドイツのヘッケルが1866年に提唱。ヘッケルの法則。生物発生原則。

はんぷく-ほう【反復法】ハフ 修辞法の一。同一または類似の語句を繰り返すもの。「あなうれし、よろこばし」など。

ばん-ぶくろ【番袋】武士が宿直(とのい)のときに衣類などを入れた袋。また、雑物を入れる大きな袋。

バンフ-こくりつこうえん【バンフ国立公園】コクリツコウヱン《Banff National Park》カナダ、アルバータ州南西部にある同国最古の国立公園。ビクトリア山を臨むルイーズ湖畔をはじめ、風光明媚(めいび)な場所が数多くある。1984年、周辺の国立公園、州立公園とともに「カナディアンロッキー山脈自然公園群」の名で世界遺産(自然遺産)に登録された。

ハンプシャー〖Hampshire〗■英国イングランド南部の地方。中心都市ウィンチェスター。加工貿易・酪農などが盛ん。■豚の一品種。英国ハンプシャーの原産で、米国で改良。体は黒く、肩から前肢にかけては白く、耳は立つ。

パンプス〖pumps〗ひもや留め金・ベルトなどを用いない、甲の部分が浅く、広くカットされた婦人靴の総称。本来は舞踏用。

ばん-ぶつ【万物】あらゆるもの。宇宙に存在するすべてのもの。「一は流転する」〔類語〕自然

はん-ぶっしつ【反物質】反粒子でできているとされる仮想上の物質。

ばんぶつ-の-れいちょう【万物の霊長】レイチヤウ《「書経」泰誓上から》万物の中で最もすぐれているもの、すなわち人間のこと。

〔類語〕人間・人(ひと)・人類・人倫・考える葦(あし)・米の虫・ホモサピエンス・人物・人士・仁(じん)・者(もの)

ハンプトンコート-きゅうでん【ハンプトンコート宮殿】《Hampton Court Palace》▶ハンプトンコートパレス

ハンプトンコート-パレス〖Hampton Court Palace〗ロンドン南西部、リッチモンドアポンテムズにある宮殿。16世紀にウルジー枢機卿の館として建造。その豪華さゆえヘンリー8世の不興を買い、同王に献上。17世紀末にクリストファー=レンにより増改

築がなされた。同国きっての美しさを誇る庭園で知られ、観光客が数多く訪れる。ハンプトンコート宮殿。

ばん-ぶね【番船】▶ばんせん(番船)

ばんぷ-ふとう【万夫不当】バンプフタウ 多くの男が一緒になって当たっても、かなわないほど強いこと。「—の剛の者」

バンプ-マッピング〘bump mapping〙コンピューターグラフィックスの三次元画像で物体の質感を表現する技法の一。物体表面に凹凸があるかのように見せること。

バン-ブラン〘フランス vin blanc〙白葡萄ぶどう酒のこと。

ハンブル〘fumble〙〔名〕スル 球技で、ボールを受けそこなうこと。野球で、打球や送球を野手が一度グラブに入れながら捕らえそこねること。お手玉。ファンブル。「送球を一塁手が—した」

ハンブル〘humble〙〔形動〕つつましいさま。謙遜けんそんするさま。「運命に—になって」〈実篤・愛慾〉

パン-フルート〘pan flute〙▶パンパイプ

ハンブルク〘Hamburg〙ドイツ北部、エルベ川下流に沿う港湾都市。国際的な貿易港として知られ、造船・機械・石油精製などの工業が発達。中世はハンザ同盟の中核として繁栄。人口、行政区177万(2008)。〔補説〕「漢堡」とも書く。行政区画上、単独で連邦州を構成するため、ハンブルク州ともいう。

パンフレット〘pamphlet〙案内・説明・広告などを記載した仮とじの小冊子。パンフ。
〔類語〕小冊子・リーフレット・カタログ・散らし・びら

パンプローナ〘Pamplona〙スペイン北東部、ナバラ州の都市。同州の州都。ピレネー山脈南西麓、アルガ川沿いに位置する。10世紀から16世紀までナバラ王国の首都として発展。旧市街にはパンプローナ大聖堂、星形城郭をはじめ、歴史的建造物が数多く残っている。毎年7月に催される牛追いの祭りサンフェルミン祭は、ヘミングウェイの「日はまた昇る」に描かれており、世界的に知られる。作曲家サラサーテの生地。

パンプローナ-だいせいどう【パンプローナ大聖堂】―ダイセイダウ《Catedral de Santa María de Pamplona》スペイン北東部、ナバラ州の都市パンプローナにあるゴシック様式の大聖堂。正式名称はサンタマリア-デ-パンプローナ大聖堂。14世紀から15世紀にかけて建造。正面入口は18世紀末に作られたもので、バロック様式と新古典主義様式が混在する。ナバラ王カルロス3世と妃の墓がある。

はん-ぶん【半分】❶2分の1の分量・数量。「—ずつ食べる」「—に減らす」❷(副詞的にも用いる)かなりの程度までその状態であること。なかばそのつもりであること。「—は本気だ」「—眠っている」❸名詞に付いて、なかばその気持ちが含まれていることを表す。「面白—」「遊び—」〔類語〕五分・ハーフ

はん-ぶん【繁文】❶ごてごてした飾り。また、ごてごてと飾りたてた文章。❷規則などが多くて煩わしいこと。「—を省き簡潔を旨とす」

はんぶん-じょくれい【繁文×縟礼】規則・手続き・礼儀作法などが、こまごまとして煩わしいこと。繁縟。

はん-ぶんすう【繁分数】分母または分子が分数からなる分数。複分数。

はん-べい【反米】米国の政策などに反対の立場をとること。米国に反感をもつこと。「—運動」

はん-べい【汎米】南北両アメリカ大陸の併称。

はんぺい【半平】《「はんべい」とも》はんぺん(半平)のこと。「こっちでは—を焼くと見えて、まっくろに焦げてゐらあ」〈滑・膝栗毛・六〉

はん-ぺい【藩×屏】❶垣根。垣。防備のための囲い。藩籬はんり。❷守護するもの。特に、王家を守護するもの。藩翰はんかん。藩籬はんり。「帝室に—たらしめ」〈露伴・運命〉❸直轄の領地。「—の中にして、使節を誅戮する条」〈太平記・一〇〉

ばん-ぺい【番兵】見張りの兵士。哨兵しょうへい。
〔類語〕哨兵・歩哨・衛兵・衛卒

はんべい-かいぎ【汎米会議】―クワイギ 米国の提唱により、南北アメリカ大陸諸国で構成する会議。汎アメリカ主義を原則として、1889年ワシントンで第1回会議を開催。1948年の第9回会議で米州機構に継承された。汎アメリカ会議。米州会議。PAC(Pan-American Congress)。

[ハンマー投げ] **ハンマー投げの世界記録・日本記録**　(2012年8月現在)

		記録	更新日	選手名(国籍)
世界記録	男子	86.74メートル	1986年8月30日	ユーリ＝セディフ(ソビエト連邦)
	女子	79.42メートル	2011年5月21日	ベティ＝ハイドラー(ドイツ)
日本記録	男子	84.86メートル	2003年6月29日	室伏広治
	女子	67.77メートル	2004年8月1日	室伏由佳

はんべい-しゅぎ【汎米主義】▶汎アメリカ主義

はんべえ【半▽兵▽衛】―ベヱ《「知らぬ顔の半兵衛」の略》わざと知らないふりをすること。また、その人。「—をきめ込む」

はん-べそ【半べそ】今にも泣き出しそうな顔になること。また、その顔。

はん-べつ【判別】〔名〕スル はっきり見分けること。区別すること。「品種を—する」「善悪を—する」
〔類語〕識別・鑑別・鑑識・鑑定・弁別・見分ける・判断

ばん-べつ【万別】さまざまであること。「千差—」

ばん-べつ【×蕃別】▶諸蕃しょばん

はんべつ-しき【判別式】二次方程式$ax^2+bx+c=0$について、その根の種類を判別するための$D=b^2-4ac$という式。Dが正ならば二つの実根、0ならば重根、負ならば二つの虚根をもつ。

はん-ぺら【半ぺら】1枚の紙の半分。

はんべ-り【▽侍り】〔動ラ変〕「はべり」の音変化。「ともかくも覚えたるかた—らず」〈苔の衣・一〉「これに過ぎたることは、よもあらじとぞ申し—りける」〈伽・一寸法師〉

バンベルク〘Bamberg〙ドイツ中南部、バイエルン州の都市。レグニッツ川沿いに位置する。1007年、神聖ローマ皇帝ハインリヒ2世により司教区となり、宗教、文化の中心地として発展。第二次大戦による被害を受けず、バンベルク大聖堂、新旧の宮殿、アルテンブルク城などの歴史的建造物が数多く残され、1993年に旧市街が世界遺産(文化遺産)に登録された。

バンベルク-だいせいどう【バンベルク大聖堂】―ダイセイダウ《Bamberger Dom》ドイツ中南部、バイエルン州の都市、バンベルクにある大聖堂。11世紀初頭、神聖ローマ皇帝ハインリヒ2世により建造。後期ロマネスクからゴシックにいたる過渡期の建築様式が見られる。ドイツの彫刻家、ティルマン＝リーメンシュナイダーによる皇帝夫妻の石棺、バンベルクの騎馬像などの宝物がある。

はんぺん【半▽平｜半片】《「はんぺい(半平)」の音変化。「半平」は創製者の名とも、その形からの称ともいう》魚肉をすりつぶし、ヤマノイモなどを加えて蒸した練り製品の一。方形・半月形などに作り、白くて柔らかい。おでん・澄まし汁などに使う。

はん-ぼ【半×簠】底の浅い飯びつ。

はん-ぽ【反哺】親に恩を返すこと。➡烏からすに反哺はんぽの孝あり

はん-ぽ【半歩】1歩の半分。また、わずかな状況の展開。「交渉が—前進する」

ばん-ぼ【晩暮】❶夕方。夕暮れ。「—より満遮士打マンチエスタまで、往返十八里の路を行き」〈中村訳・西国立志編〉❷老年。晩年。

はん-ぼいん【半母音】音声学の用語。調音のしかたは母音に近いが、単独では音節を作らず、子音的な性質をもつ音。現代東京語におけるヤ・ユ・ヨの頭音[j]、ワの頭音[w]などの類。

はん-ぼう【半紡】―バウ 縦糸に生糸、横糸に紡績絹糸を用いた絹織物。また、縦糸に紡績綿糸、横糸に手紡綿糸を用いた綿織物。

はん-ぼう【繁忙｜煩忙】―バウ〔名・形動〕仕事が多くて忙しいこと。また、そのさま。「—を極めた生活」「日々の—から逃れる」「—な時期」〔類語〕多忙・多用・多事・繁多・繁用・忙殺・忙しい・きりきり舞い・東奔西走・てんてこ舞い・せわしい・せわしない・気ぜわしい・あわただしい・目まぐるしい・繁劇・怱忙そうぼう・倥偬こうそう・怱怱そうそう・席の暖まる暇いともない・猫の手も借りたい

はん-ぽう【藩法】―パフ 江戸時代、大名が藩を支配するために定めた法令。

ばん-ぽう【万方】―パウ ❶あらゆる方面。すべての方面。「—都合よくなるではないか」〈左千夫・春の潮〉❷いろいろの方法。すべての手段。「果して自分は医師として、—を尽したろうか」〈芥川・枯野抄〉

ばん-ぽう【万邦】―パウ あらゆる国。すべての国。万国。「世界—」〔類語〕万国・世界・国際社会・内外・中外・四海しかい・八紘はっこう・宇内うだい

ばん-ぽう【万宝】たくさんのたから。まんぽう。「七珍—」

ばん-ぽう【万法】―パフ ❶あらゆる法則。すべての法律や規則。❷▶まんぽう(万法)

はん-ぼお【半頰】―ボホ《「はんぽお」とも》武具の一。鉄面かなめんの一種で、目から下の顔面を保護するもの。

ばん-ぼく【万木】多くの木々。すべての樹木。

パンボティス-こ【パンボティス湖】《Limni Pamvotis》イオアニナ湖の旧称。

はん-ぼり【版彫(り)】印形や版木を彫刻すること。また、その職業の人。

はんぼり-こがたな【版彫(り)小刀】版彫り用の小刀。

はん-ぽん【版本｜板本】❶版木に彫って印刷した本。木版本。刻本。❷「刊本❷」に同じ。
〔類語〕刊本・写本・稿本

はん-ぽん【▽翻本】翻刻ほんこくした書物。

はん-ま【半間】〔名・形動〕❶全部そろっていないこと。中途半端なこと。また、そのさま。はんぱ。「—な全集」❷気のきかないこと。まぬけなこと。また、その人や、そのさま。「握飯にぎりめしで騙だまされるような—な犬が此節がら有るものか」〈魯庵・社会百面相〉

ハンマー〘hammer〙❶槌つち。大型の金槌かなづち。❷形や機能が❶に似たもの。ピアノなどの鍵盤けんばん楽器の弦をたたく小槌や、銃の撃鉄など。❸ハンマー投げに用いる、金属球のついた投擲とうてき用具。通例、全重量は男子用7.26キロ、女子用4キロ。〔類語〕(❶)槌・金槌・鉄槌てっつい・とんかち・玄翁げんのう・木槌・掛け矢・才槌

ハンマークラビア〘ドイツ Hammerklavier〙19世紀初頭におけるピアノの呼称。

ハンマートー〘hammertoe〙ハンマー状のつま先。きつい靴をはいたために足指の関節が曲がったままの状態に変形したもの。

ハンマー-なげ【ハンマー投げ】陸上競技で、投擲とうてき種目の一。直径2.135メートルのサークル内から、ハンマー❸を、からだを回転させながら投げて到達距離の長さを競うもの。ハンマースロー。➡表

ハンマー-ミル〘hammer mill〙多数のハンマーを外周に取り付けた円筒を回転させて、衝撃や摩擦により原料を粉砕する機械。

ハンマー-ゆび【ハンマー指】▶槌指つちゆび

はん-まい【飯米】飯に炊く米。食用の米。

はんまい-のうか【飯米農家】自家用の米と種籾たねもみだけを作っている小規模な農家。

はん-まがき【半×籬】江戸時代の遊里で、大籬おおまがきに次ぐ遊女屋。

はん-まく【半幕】能で、揚げ幕の裾を巻き上げて、幕の内にいるシテの下半身あるいは床几しょうぎに腰掛けた全身を見せること。特殊な能の後ジテの出に用いる。➡片幕かたまく ➡本幕

バン-マス「バンドマスター」の略。

はん-み【半身】❶相手に対して、からだを斜めに向けること。また、その姿勢。「—の構え」❷魚を二枚あるいは三枚におろしたときの身の片方。

はん-みち【半道】❶1里の半分。約2キロ。半里。「碓氷の絶頂より—あまりは、紅葉已に散り」〈蘆花・自然と人生〉❷全行程の半分。

はん-ミューオン【反ミューオン】▶反μミュー粒子

はんミュー-ニュートリノ【反ミューニュートリノ｜反μニュートリノ】反ニュートリノの一。μニュートリノに対して存在する。➡反ニュートリノ

はんミュー-りゅうし【反ミュー粒子¦反μ粒子】素粒子の一。μ粒子の反粒子で質量はμ粒子と同じく、電荷は正で、スピン半整数。崩壊して電子ニュートリノと反μニュートリノを放出して陽電子に変化する。反ミューオン。記号μ^+

ハン-ミュンデン〖Hann. Münden〗▶ミュンデン

はん-みょう【斑猫¦斑蝥】❶ハンミョウ科の昆虫。体長2センチくらい。体は光沢があり、緑・紫・赤・青などの斑紋をもつ。日当たりのよい砂地や山間の小道に多く、人が歩くと先へと飛んでは止まることで知られる。みちおしえ。みちしるべ。《季 夏》「妻子にも後れ一にしたがへり/波郷」❷甲虫目ハンミョウ科の昆虫の総称。大あごは鋭く、複眼は突出し、足は細長い。幼虫は土中に穴を掘り、通りかかる昆虫を捕食。ニワハンミョウ・カワラハンミョウなど。毒をもつマメハンミョウは別のツチハンミョウ科に属す。

ばん-みん【万民】すべての人民。全国民。「一の幸福を願う」類語 国民・人民・公民・市民・四民・臣民・同胞・国人・国民・民衆・民草・億兆・蒼生・蒼氓・赤子

ばんみん-ほう【万民法】古代ローマで、ローマ市民以外にも適用された法規範。ローマ市民にのみ適用された市民法に対するもの。普遍的規範という性格から自然法と同一視され、また国際法の意味に用いられることもある。

はん-む【煩務¦繁務】わずらわしくて忙しい勤務。

ハンムラビ〖Hammurabi〗▶ハムラビ

ハンムラビほうてん【ハンムラビ法典】▶ハムラビ法典

はんむら-りょう【半村良】［1933～2002］小説家。東京の生まれ。本名、清野平太郎。SFの手法を取り入れた伝奇的な時代小説で人気を得る。特に、市井に生きる人々の目を通して歴史を仮構した人情ものが評価された。「雨やどり」で直木賞受賞。他に「妖星伝」「岬一郎の抵抗」「太陽の世界」など。

パンムンジョム【板門店】▶はんもんてん(板門店)

ばん-め【番目】㊀〔名〕歌舞伎で、上演にあたっての分類。初め通し狂言の中の幕の順序を示したが、のちには演目の順序を示すようになった。ふつう、1番目と2番目に分けられる。㊁〔接尾〕助数詞。ものの順序を表すのに用いる。番。「前から三一の人」

はん-めい【反命】〔名〕スル 使者が任務を終えて戻り、その結果を報告すること。復命。

はん-めい【判明】〔名〕スル ❶明らかになること。はっきりとわかること。「事実が一する」「身元が一する」❷論理学で、概念の内包が明確なこと。

はん-めい【藩命】藩主または藩の命令。

ばん-めし【晩飯】晩の食事。夕食。夕めし。類語 夕食・夕御飯・夕飯・夕飯・夕餉・晩御飯・晩餐・ディナー

ハンメル-ずほう【ハンメル図法】ランベルトの正積図法の半球図を、横方向に2倍に引き伸ばした楕円に全地球を表す図法。面積が正しく表現され、世界全図として優れる。1892年ドイツの地理学者ハンメル(E.Hammer)が考案。ハンマー図法。

ハンメルフェスト〖Hammerfest〗ノルウェー北部の港湾都市。クバレイ島西岸にある不凍港で、北極海漁業の基地。

はん-めん【反面】❶反対の面。反対の方面。❷(副詞的に用いて)他の面から見る場合。他面。「水に強い一、熱に弱い」類語 片側・片面・半面・一面・他面

はん-めん【半面】❶顔の半分。❷ある広さの表面の半分。「テニスコートの一を使う」❸物事の片方の面。一面。「問題の一しか見ない」「父親としてのやさしい一もある」類語 片側・片面・反面・一面・他面

はん-めん【版面】印刷版の表面。また、1ページの印刷面。はんづら。

ばん-めん【盤面】❶碁・将棋などの盤の表面。また、盤上の勝負の局面。❷レコードの盤の表面。

はんめん-きょうし【反面教師】《中国の毛沢東の言葉から》悪い見本として反省や戒めの材料となる物事。また、そのような人。

はんめん-しき【半面識】《後漢の応奉は、知人宅でちらりと顔の半分を見ただけの人のことを数十年後も覚えていて、路上でばったり出会ったときに、声をかけたという、「後漢書」応奉伝の注に見える故事から》❶ちょっと見ただけで、その人の顔を長く覚えていること。❷ほんの少し知っている程度の間柄。

はんめん-ぞう【半面像】一つの結晶系の中で、対称面が少なく、結晶面が完面像の半分であるもの。

はん-も【繁茂】〔名〕スル 草木が盛んに生い茂ること。「水草が一する」類語 おい茂る・茂る・はびこる

はん-もう【反毛】毛織物や毛糸のくずなどを機械で処理して原毛の状態に戻したもの。再生毛。

はん-もう【半盲】❶片方の目が見えないこと。❷脳の障害により、右目・左目それぞれの視野が右か左の半分しか見えない状態。半盲症。

はんもう-しょう【半盲症】▶半盲❷

はん-もく【反目】〔名〕スル 互いににらみ合いの状態にあること。仲が悪いこと。「隣家と一し合う」

はん-もつ【判物】室町時代以降、将軍・大名などが所領安堵などを行う際に花押を署して下達した文書。江戸時代には朱印状・黒印状より権威のあるものとされた。御判物。

ばん-もつ【万物】「ばんぶつ(万物)」に同じ。〈和英語林集成〉

ハンモック〖hammock〗丈夫なひもを網状に編み、木や柱に両端をつって用いる寝床。つり床。《季 夏》「一海山遠く釣りにけり/青邨」

はん-もと【版元¦板元】図書などを出版する所。出版元。発行所。類語 出版社・発行所

はん-ももひき【半股引】膝の上までの短い股引。

はん-もん【反問】〔名〕スル 質問をしてきた相手に、逆に問いただすこと。「面接官に一する」

はん-もん【半文】一文の半分。また、ほんのわずかな金銭。「一の値うちもない」

はん-もん【判文】判決を書いた文。判決文。

はん-もん【斑紋¦斑文】まだらの模様。

はん-もん【煩悶】〔名〕スル いろいろ悩み苦しむこと。苦しみもだえること。「独りで一する」類語 悩む・苦しむ・苦悩する・懊悩する・憂悶する・苦悶する

はんもんてん【板門店】朝鮮半島中西部、北緯38度線の南5キロにある地名。1953年に朝鮮戦争の休戦会談が行われた地。その後も軍事休戦委員会が常置され、南北の連絡会議が開かれている。パンムンジョム。

はん-や【半夜】❶まよなか。夜半。また、子の刻から丑の刻まで。「一行人稀なる築地居留地を歩して」〈芥川・開化の殺人〉❷1夜を2分したその半分。「一の宴」❸江戸時代、京都島原・大坂新町などで、昼夜に分けて客をとった遊女。半夜女。「遊女の有様、昼夜のわかちありて、一とせはしくかぎり定めるは」〈浮・一代男・一〉

はん-や【版屋¦板屋】版木を彫ることを職業とする人。また、その店。版木屋。

ばん-や【番屋】❶番人の詰めている小屋。❷江戸時代、自身番のいた小屋。❸知床半島で、漁師が夏の漁の間に泊まりこんだり、作業をしたりする小屋。

ばん-や【蛮野】〔名・形動〕「野蛮」に同じ。「或は一未開とて文武ともに不行届にして貧弱な国あり」〈福沢・学問のすゝめ〉

パンヤ〖ポルトガル panha〗❶パンヤ科の常緑高木。高さ約30メートル。葉は手のひら状の複葉。楕円形の実がなり、中の種子には長い毛がある。東南アジアに分布。同科の植物は約200種があり、熱帯に分布。きわた。カポック。❷パンヤ科植物の種子からとれる綿のような長毛。クッションなどの詰め物にする。

はん-やく【反訳】〔名〕スル ❶「翻訳」に同じ。「面白からんと思う新説抔を抜萃し、之を一して載せ」〈田中館愛橘・羅馬字意見〉❷一度翻訳された言葉をもとの言葉に戻すこと。また、速記で書きとった符号を普通の文字に書きなおすこと。

ばん-やく【番役】順番に当たる勤務。

はん-やけ【半焼け】〔名・形動〕❶火事で1軒の家が半分焼けること。また、そのさま。はんしょう。「もらい火で一になる」❷食べ物がよく焼けていないこと。また、そのさま。なまやけ。「一な(の)肉」

バンヤン〖Bunyan〗▶バニヤン

バンヤン-じゅ【バンヤン樹】《banyan》ベンガルボダイジュの別名。バンヤンのき。

はん-ゆう【煩憂】あれこれ思い悩んでうれえること。非常に心配すること。

ばん-ゆう【万有】宇宙に存在するすべての物。万物。万象。「英国の博物館は、世界の一を貯蓄して」〈総生寛・西洋道中膝栗毛〉

ばん-ゆう【蛮勇】事の理非や是非を考えずに発揮する勇気。向こう見ずの勇気。「一を振るう」

ばん-ゆう【盤遊】〔名〕スル 方々をめぐって遊ぶこと。

ばんゆう-いんりょく【万有引力】すべての物体間に普遍的に作用する引力。大きさは二つの物体の質量の積に比例し、距離の2乗に反比例する。ニュートンが発見。

ばんゆういんりょく-ていすう【万有引力定数】万有引力の法則に現れる普遍定数。重力定数。記号にGを用い、値は
$G=6.67259\times10^{-11}N\cdot m^2\cdot kg^{-2}$

ハン-ユニフィケーション〖Han unification〗コンピューター用の文字コード体系の一つであるUnicodeを策定する際に行われた、漢字の統合作業のこと。日本語・中国語・朝鮮語で使われている漢字のうち、由来や意味を同じくする文字を統合した。統合により作成された漢字はCJK統合漢字と呼ばれる。日本を中心とする東アジアの漢字文化圏の諸国から反発を招き、後にハングル文字の追加や異体字表現の見直しを図った。

はん-よう【汎用】〔名〕スル いろいろの方面に広く用いること。「同一規格の部品を一する」

はん-よう【繁用】用事が多くて忙しいこと。繁多。「御一のところ恐れ入ります」類語 多忙・多用・多事・繁忙・繁多・忙殺・忙しい・きりきり舞い・東奔西走・てんてこ舞い・せわしい・せわしない・慌ただしい

はん-よう【藩窯】江戸時代、諸藩で経営した窯。製品は幕府・諸侯への献上ともされ、精品が多い。鍋島藩の鍋島焼、黒田藩の高取焼など。

はんよう-きんぞく【汎用金属】▶ベースメタル

はんよう-コンピューター【汎用コンピューター】企業の基幹業務処理をはじめ、事務処理から科学技術上の計算まで、広範囲に利用できるコンピューター。安価で高性能なワークステーションやパソコンの普及に伴い、その需要は1990年代に一旦縮小したが、2000年以降、大量のデータを管理・処理するデータセンター(IDC)向けのサーバーとして再脚光を浴びている。メーンフレーム。汎用機。大型汎用機。大型汎用コンピューター。

はん-ようし【反陽子】陽子と質量などは同じであるが、磁気モーメントの符号が逆の粒子。

はんよう-ジェーピードメインめい【汎用jpドメイン名】《generic JP domain name》登録数に制限がなく、ドメイン名に漢字やひらがなを使用できるjpドメイン名。

はんよう-ひん【汎用品】異なるメーカーの、異なる機種に使える部品。また、異なる用途にも使える部品。

はんよう-レジスター【汎用レジスター】《general-purpose register》コンピューターのレジスターの一。用途を限らず、命令によりさまざまな機能をもつ。主に演算結果を一時的に記憶するアキュムレーターや、命令やデータを格納したアドレスを記憶するアドレスレジスターと同様の役割を果たす。

はん-ら【半裸】上半身が裸であること。また、全裸に近い状態であること。「一の写真」類語 裸

ばん-らい【万来】多くの人が来ること。「千客一」

ばん-らい【万雷】多くのかみなり。また、大きくとどろく音のたとえ。「一の拍手」

ばん-らい【万籟】種々のものが、風に吹かれて立

てる音。また、すべての物音。衆籟。「一死して落葉さえ動かねば」〈露伴・二日物語〉

はん-らく【反落】〔名〕スル 値上がりしていた相場が一転して値下がりすること。⇔反騰/反発。

バンラティ〖Bunratty〗アイルランド南西部、クレア州の村。10世紀にバイキングの交易所が設けられた。15世紀建造のバンラティ城と19世紀の生活を再現した民俗村がある。リムリック郊外の観光地の一。バンラッティ。ボンラッティ。

バンラティ-じょう【バンラティ城】《Bunratty Castle》アイルランド南西部、クレア州の村バンラティにある城。15世紀にマクナマラ家により建造され、後にマンスター地方のオブライエン家の手に渡った。中世の面影を色濃く残し、城内には15世紀から16世紀頃のタペストリーや家具、調度品が展示されている。バンラッティ城。ボンラッティ城。

はん-らん【反乱｜×叛乱】〔名〕スル 権力や支配者に背いて武力行動を起こすこと。「一を鎮める」
(類語)謀反・反逆・造反・背反・革命

はん-らん【氾濫】〔名〕スル ❶川の水などが増して勢いよくあふれ出ること。洪水になること。「豪雨で河川が一する」❷事物があたりいっぱいに出回ること。あまり好ましくない状態にいう。「情報の一」「悪書が一する」(類語)(❶)洪水・大水・出水・鉄砲水/(❷)横行・跋扈・跳梁

はんらん-げん【氾濫原】河川の氾濫や河道の移動によってできた平野。河川の堆積物によって構成され、洪水時には浸水する。

はん-り【半里】1里の半分。約2キロ。はんみち。

はん-り【藩吏】江戸時代、各藩の役人。

はん-り【藩×籬】❶「藩屏❶」に同じ。❷「藩屏❷」に同じ。「ラファエルは、始終宗教の一に頼りしが故に」〈抱月・囚はれたる文芸〉❸他と隔てるもの。「博愛を唱えてみだりに一を作り」〈蘆花・思出の記〉❹学問・芸術などの糸口。初歩的な段階。

ばん-り【万里】《1万里の意》非常に遠い距離。きわめて遠いこと。「一のかなた」

万里の一条鉄 《万里の間も一筋の鉄で貫通する意から》俗人が発心して仏道に入るときに求められる堅固な菩提心のたとえ。転じて、物事が絶えることなく続くことのたとえ。

ばんり-しゅうく【万里集九】［1428～?］室町中期の臨済宗の僧。近江の人。相国寺の大圭宗价に師事。後期五山文学の代表者。詩文集「梅花無尽蔵」など。

はん-りつ【反立】►反定立

ばんり-どうふう【万里同風】《「漢書」終軍伝から》天下がよく統一されていてはるか遠くの地まで風俗が同じであること。

ばんり-の-ちょうじょう【万里の長城】中国本土の北辺に築かれた長大な城壁。春秋時代に斉・燕・趙・魏などの諸国が国境に築いたもので、秦の始皇帝が匈奴の侵入を防ぐために燕・趙の長城を用いて万里の長城とした。南北朝時代から位置を南に移し、現存のものはモンゴルの侵入に備えて明代に築かれたもの。河北省の山海関から甘粛省の嘉峪関に至り、全長約2400キロ。高さ約6～9メートル、幅約4.5メートル。1987年、世界遺産（文化遺産）に登録された。長城。(補説)中国政府は2009年、重複して建てられたり分岐したりした部分、また天然の地形を利用した部分を含めると、総延長は8851.8キロであると発表した。

はん-りゅう【飯粒】飯粒。めしつぶ。

ハン-りゅう【▽韓流】《「カンりゅう」とも》東アジアに起こった韓国大衆文化の流行をいう。日本では、平成14年（2002）に制作された韓国のテレビドラマ「冬のソナタ」の放映がきっかけとなった。ドラマに限らず、映画・音楽・アイドル・料理など、さまざまな方面で流行が見られる。

ばん-りゅう【伴流】《「はんりゅう」とも》後流のこと。

はん-りゅうし【反粒子】ある素粒子と、質量などの物理量が同じで、電荷や磁気モーメントの符号が逆の素粒子。陽電子・反陽子・反中性子など。

はん-りょ【伴侶】一緒に連れ立って行く者。つれ。なかま。また、配偶者。「人生の一を得る」「よき一に恵まれる」(類語)夫婦・夫婦・夫婦・夫妻・妹背・連れ合い・配偶者・配偶・匹偶・カップル

はん-りょ【煩慮】いろいろ思いわずらうこと。また、その思い。「心頭には一の一なく」〈独歩・無窮〉

ばん-りょ【万慮】多くの考え。さまざまな思い。「千思一」

はん-りょう【半両】❶1両の半分。❷「半両銭」の略。

はん-りょう【飯料】めしだい。食費。

はん-りょう【×蟠▽竜】地上にうずくまっていて、まだ天に昇らない竜。

ばん-りょう【晩涼】夕方の涼しさ。また、涼しくなった夏の夕方。ゆうすずみ。(季 夏)

ばん-りょう【盤領】袍・襖などの襟を、下前から上前にかけてまるく仕立てる様式。あげくび。円領。まるえり。

はんりょう-せん【半両銭】秦の始皇帝が中国統一後に定めた円形の銅貨。方形の孔があり、「半両」の文字が刻まれている。漢代にも鋳造された。

ばん-りょく【万緑】草木が見渡すかぎり緑であること。(季 夏)「一の中や吾子の歯生え初むる/草田男」(類語)青葉・翠色・青翠・新緑・緑・若葉

万緑叢中紅一点 《王安石「詠柘榴詩」から。あたり一面の新緑の中に赤い花が一輪だけ咲いている意》❶多くの男性の中に、一人だけ女性がいることのたとえ。紅一点。❷多くのものの中に、ただ一つだけ目立つものがまじっていることのたとえ。

ばん-りょく【蛮力】❶蛮勇の力。粗暴な勇気。❷向こう見ずに振るう腕力。

はんり-ろん【汎理論】►汎論理主義

はん-りん【半輪】輪を半分にした形。半円形。「空に一の月はあれども」〈鉄腸・花間鶯〉

ばん-る【万×縷】いろいろな細かい事柄。

はん-るい【煩累】わずらわしくめんどうな物事。「世俗の一を避ける」「自分達の命令を奉じて働いた配下に一を及ぼしたくないと」〈鷗外・堺事件〉

ばん-るい【伴類】つき従う一味とその家来。「ここに良正ならびに因縁、一は、兵の恥を他堺におとし」〈将門記〉

バン-ルージュ〖フランス vin rouge〗赤葡萄酒のこと。

バン-ルーン〖Hendrik Willem Van Loon〗►ファンローン

はん-れい【凡例】書物の巻頭にあって、その編述の方針や使用法などを述べたもの。例言。

はん-れい【判例】裁判の先例のこと。裁判所が特定の訴訟事件に対して下した判断。同種の事件を裁判するさいの先例となるもの。判決例。

はん-れい【×叛戻｜反戻】そむきはなれること。道理にそむくこと。

はん-れい【范蠡】中国、春秋時代末の越の忠臣。楚国宛（河南省）の人。越王勾践に仕えて富国強兵を図り、呉を滅ぼして会稽の恥をそそいだ。のち野に下り、陶朱公と称して巨万の富を築いたという。

はん-れい【範例】模範とすべき例。手本。

はんれい-がん【斑×糲岩】深成岩の一。完晶質で粗粒の黒っぽい岩石。斜長石・輝石・橄欖石からなり、角閃石を含むものもある。

ばんれい-さい【万霊祭】《All Souls' Day》世を去ったすべての信徒を記念するキリスト教の行事。11月2日。主としてカトリック教会で行われる。諸死者の記念日。諸魂日。

ばん-れいし【×蕃×茘枝】バンレイシ科の落葉低木。高さ約5メートル。葉は楕円形、花は小さくて黄緑色。実は球形で黄緑色に熟し、いぼ状の突起に覆われ、釈迦の頭にたとえて仏頭果ともいう。果肉はクリーム状で香りと甘味があり、食用。熱帯アメリカの原産。

はんれい-しじょうしゅぎ【判例至上主義】判例を至上のものと考え、判例に忠実に判断すること。特に、制定法主義を採用しているにもかかわらず、法的判断を行う際に判例を過度に尊重すること。➡判例法主義 (補説)同種の訴訟に対して裁判官によって判決が異なるのは公平ではないため、制定法主義をとる日本でも判例が重視される。しかし、判例を重視するあまり、国民の一般的な感覚とは必ずしも一致しない判決が下される場合もある。

はんれい-ほう【判例法】法源として認められる判例の形で存在する法。日本では英米と異なり、体系的なものとしての判例法は存在しない。

はんれいほう-しゅぎ【判例法主義】判例を最も重要な法源とする考え方。裁判官は紛争の解決に際して過去の同種の裁判の先例に拘束される。英米法の基本的な概念の一。➡制定法主義 ➡コモンロー ➡判例法

ばんれき【万暦】中国、明の第14代皇帝神宗（万暦帝）の年号。1573～1620年。まんれき。

ばんれき-あかえ【万暦赤絵】万暦窯で焼かれた五彩（赤絵）磁器。「大明万暦年製」の銘がある。

ばんれき-てい【万暦帝】［1563～1620］中国、明朝の第14代皇帝。在位1572～1620年。廟号は神宗。張居正の輔政によって綱紀粛正・財政再建に成功したが、居正死後の親政は放漫となり、相次ぐ内乱、朝鮮・寧夏・貴州への出兵、清の興起などで政治は空白化し、明は衰退を深めた。

ばんれき-よう【万暦窯】万暦年間、江西省景徳鎮の官窯。また、そこで焼かれた磁器。

はんれつ-かんけい【範列関係】《paradigmatic relation》ある文脈中の要素Aと、その文脈には現れないがAの代わりに現れうる要素B・C・D……との間にある関係。例えば、「高い山」の「高い」と、「低い」「険しい」などの間にある関係。

はん-ろ【坂路｜阪路】さかみち。

はん-ろ【販路】商品を売りさばく方面。売れ口。はけ口。「一の拡張を図る」(類語)捌け口・販売・市場

はん-ろう【煩労】心をわずらわし、身を疲れさせること。また、その骨折り。「世俗的な一汚辱をいっさい己が身に引受ける」〈中島敦・弟子〉
(類語)苦労・骨折り・労き・労苦・苦心・腐心・辛苦・辛労・心労・艱苦・艱難・苦難・辛酸・ひと苦労

はん-ろう【×樊籠】《「ばんろう」とも》❶鳥かご。❷人の身を束縛するもの。「僕はここに一を出ずるの機会を得た」〈蘆花・思出の記〉❸仏語。煩悩に縛られていること。

はん-ろう【藩老】藩の家老。諸侯の老臣。

バン-ロゼ〖フランス vin rosé〗►ロゼ

はん-ろん【反論】〔名〕スル 相手の論や批判に反対の意見を述べること。また、その議論。「一の余地がない」「論評に一する」(類語)抗論・反駁・異論・論争

はん-ろん【汎論｜×泛論】広くその部門全般にわたって論じること。また、全体を概括した論。通論。総論。「統計学一」(類語)総論・概論・通論・総説・概説

はん-ろん【藩論】藩の人々の議論や意見。

ばん-ろんぎ【番論義】二人ずつ組になって輪番に問答すること。法会や講書などで行われた。

はんろんり-しゅぎ【汎論理主義】《ドイツ Panlogismus》哲学で、真に実在するものをロゴス（論理的、理性的なるもの）ととらえ、宇宙や自然などの一切のものをその自己展開したものとみなす立場。典型はヘーゲル哲学。汎理論。

はん-わかり【半分(か)り】少しはわかるが、十分にわかっていないこと。半解。「一の日本語で色々話をしましてね」〈蘆花・不如帰〉

はんわ-せん【阪和線】大阪市天王寺と和歌山を結ぶJR線。堺市鳳・高石市東羽衣間の支線を含む。昭和4年（1929）、阪和電鉄として開業。全長63キロ。

はん-わらい【半笑い】〔名・形動〕少しだけ笑うこと。多く、困惑したり呆れたりした際に、その場をとりつくろうために笑うこと。また、そのさま。

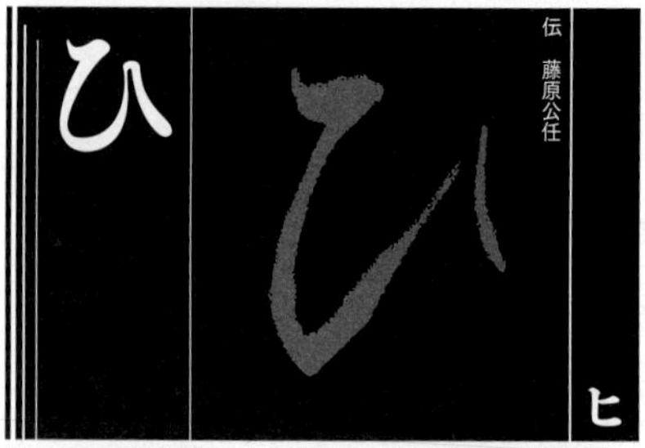

ひ　❶五十音図ハ行の第2音。硬口蓋の無声摩擦子音[ç]と母音[i]とから成る音節。[çi] ❷平仮名「ひ」は「比」の草体から。片仮名「ヒ」は「比」の旁(つくり)から。〔補説〕(1)「ひ」は古くは両唇の無声摩擦子音[ɸ]と母音[i]とから成る音節[ɸi]であり、さらに奈良時代以前には[pi]であったかともいわれる。室町時代末までは[ɸi]であったが、江戸時代に入り、[çi]と発音されるようになった。(2)「ひ」は、平安時代半ば以後、語中語尾では、一般に[wi]と発音され、のち、さらに[i]と発音されるようになった。これらは、歴史的仮名遣いでは「ひ」と書くが、現代仮名遣いでは、すべて「い」と書く。

ひ【▽一】いち。ひとつ。声に出して数をかぞえるときの語。ひい。「一、ふ、み、よ」

ひ【日】❶(「陽」とも書く) ㋐太陽。日輪。おひさま。「一が昇る」「一が沈む」「一が傾く」 ㋑太陽の光線。日ざし。日光。「一がさす」「一に干す」「一に焼ける」 ❷日の出から日没までの間。ひるま。「一が長くなる」「一が暮れる」 ❸地球が1回自転する間。二十四時間。一昼夜。「一に八時間働く」 ❹日数。ひにち。「転居してまだ一が浅い」「一がたつ」 ❺ある特定の1日。「雨の一」「休みの一」「母の一」 ❻日時。日限。「締め切りの一が迫る」「出発の一を決める」 ❼毎日。日々。「幸せな一を送る」「一掛け貯金」 ❽主として過去の、時・折・時代。「ありし一の姿」「若い一の思い出」 ❾暦の上での吉凶。日柄。「よい一を選ぶ」「一が悪い」 ❿空模様。天候。日和。「今日はおだやかな一だ」 ⓫(「…した日には」「…と来た日には」などの形で)場合。多く、下に否定的な表現を伴う。「雪でも降った一にはどうにもならない」「あいつと来た一には約束を守ったことがない」 ⓬紋所の名。太陽をかたどったもの。⓭《太陽を神格化した日の神、天照大神(あまてらすおおみかみ)の子孫の意から》皇室や皇族に関することにつけていう。「一の御門」「高光る一の御子」〈記・中・歌謡〉 〔類語〕(❶)太陽・天日(てんじつ)・日輪(にちりん)・火輪(かりん)・金烏(きんう)・日天子(にってんし)・白日(はくじつ)・赤日(せきじつ)・烈日(れつじつ)・お日様・お天道(てんと)様・今日(こんにち)様・サン・ソレイユ（太陽の光）陽光・日光・日色(にっしょく)・日差し・日影・天日(てんぴ)/(❷)昼 〔…語〕明くる日・朝日・入り日・丑(うし)の日・今日(きょう)が日・今日(きょう)の日・先(さき)の日・その日・月日・子(ね)の日・初日・一(ひと)日・又の日・夕日（び）市日・忌み日・祝い日・薄日・薄ら日・薄れ日・閏(うるう)日・恩恵日・数え日・釜(かま)日・起算日・記念日・今日(きょう)日・曇り日・決算日・公休日・小春日・木漏れ日・精進日・生理日・誕生日・定休日・特異日・中(なか)日・夏日・西日・旗日・日日・平(ひら)日・冬日・前日・真夏日・真冬日・物日・灸(やいと)日・厄日・役日・休み日・曜日・楽日（ぴ）月(がっ)日・天日・年月日

日出(い)ずる国　日本の美称。

日が浅(あさ)・い　まだ日数が多くたっていない。「夫をなくしてから一・い」

日が込・む　日数がかかる。「道中に一・み」〈浄・冥途の飛脚〉

日が高・い　日が高くあがっている。また、日暮れまでにはまだ時間がある。「一・いうちに宿に着く」

日暮れて道遠し　《「史記」伍子胥伝から》❶年を取ってしまったのに、まだ目的を達するまでには程遠いたとえ。❷期限は迫っているのに、物事がまだ容易には出来上がらないたとえ。

日西山(せいざん)に薄(せま)る　《李密「陳情表」から。太陽が西の山に沈もうとしている意》年老いて死期が迫っているたとえ。

日中(ちゅう)すれば昃(かたむ)き月盈(み)つれば食(か)く　《「易経」豊卦象伝から》日は最も高く昇ると傾きはじめ、月は満月になると欠けはじめる。栄枯盛衰は世の習いであるというたとえ。

日並・ぶ　日数を重ねる。「我が背子(せこ)がやどのなでしこ一・べて雨は降れども色も変はらず」〈万・四四四二〉

日に添えて　日がたつにつれて。日ましに。「一憂さのみまさる世の中に心づくしの身をいかにせむ」〈落窪・一〉

日に焼(や)・ける　日光にあたって、肌が黒くなったり物の色があせたりすること。「ポスターが一・けて黄色くなる」

日の当たる場所　表立って華やかな、恵まれた地位や境遇のたとえ。

日の入(い)る国　日の没する所の国。日本から中国を呼んだ称。「住吉の三津に舟乗り直渡(ただわた)り一に遣(つか)はさる我が背の君を」〈万・四二四五〉 ➡日(ひ)没する処(ところ)

日は夜(よ)・(よる)を知らず月は昼を知らず　《「淮南子」繆称訓から》太陽も月もともに明るく天空を照らすが、それぞれ昼と夜と別の世界のものなので、どちらかがもう一方を兼ねることは不可能である。両方を兼ねることはできないというたとえ。

日没する処(ところ)　日の沈む国。日本の西にある国の意で、中国をさす。推古天皇15年(607)遣隋使小野妹子の携えた国書にある「日出ずる処の天子、書を日没する処の天子に致す、恙無きや」による。

日を改・める　ほかの日にする。「また一・めて話し合おう」

日を追って　日がたつにつれて。日ましに。日に日に。「一回復に向かう」

日を同じくして論ぜず　《「史記」游侠伝から》両者の間に大きな差異があって、一緒には論じられない。比べものにならない。同日の論ではない。

ひ【比】❶同等に扱われること。同列におかれること。たぐい。「速球にかけては彼の一でない」「日本人の勤勉さは他に一を見ない」 ❷「詩経」の六義(りくぎ)の一。たとえを用いて気持ちを述べる詩の叙述法。❸二つの数a、bがあるとき、aがbの何倍であるかの関係をaのbに対する比という。$a:b$と表す。❹名詞に付いて、それと比較する意を表す。「前年一で三割の増収」 ➡漢「ひ(比)」 〔類語〕比率・率(りつ)・割(わり)・歩合・割合

ひ【火】❶物が燃えて光や熱を出す状態や現象。また、その炎。「一が燃える」「火山が一を噴く」「額が一のように熱い」 ❷炭火。おき。「火鉢に一をつぐ」 ❸物を煮炊きする火や熱。「やかんを一にかける」「オーブンに一を入れる」 ❹火打ちの火。「一を打つ」 ❺火の粉。火花。「目から一が出る」 ❻タバコの火。「一を貸して下さい」 ❼火の気。火のあたたかみ。「一のある部屋」 ❽火事。「一を出す」「一の元」 ❾(恋や怒りなどで)胸の中に起こる激しい感情。「嫉妬の一を燃やす」 ❿狼煙(のろし)。「天下に兵革おこる時、所々に一を上げ」〈平家・二〉 ⓫月経。「奥様の十九めかけの一が止まり」〈柳多留・五〉 〔類語〕炎(ほのお)・炎(ほむら)・火炎(かえん)・光炎(こうえん)

火危(あや)うし　昔、宮中などで、夜番の役人が見回りのときに発した言葉。「火の用心」の意。「あやしき男(をのこ)どもの声して、一など言ふも」〈源・浮舟〉

火が付・く　❶燃えはじめる。❷ある事がもととなって、騒ぎ・事件などがもちあがる。「怒りに一・く」「紛争に一・く」 ❸影響が身に及んでほうっておけない状態になる。「足もとに一・く」

火が降・る　非常に貧乏であるさまのたとえ。「内証は提灯程な一・って」〈浮・一代男・三〉

火に油を注・ぐ　勢いの盛んなものにさらに勢いを加えるようなことをするたとえ。薪(たきぎ)に油を添える。「あまり問題をつつくと一・ぐ結果になる」

火に入(い)る虫　「飛んで火に入る夏の虫」の略。「笛に寄る鹿一」〈浄・釈迦如来〉

火の消えたよう　活気を失って寂しくなるさま。「子供たちがいないので家の中は一だ」

火の付いたよう　❶あわただしいさま。性急なさま。「一な騒ぎ」 ❷大声で泣き叫ぶさま。「赤ん坊が一に泣き出す」

火の出るよう　❶怒りや恥ずかしさで顔をひどく赤らめるさま。火のよう。「顔から一な思いをした」 ❷激しい勢いで行われるさま。「一な論戦」

火の無い所に煙は立たぬ　まったく根拠がなければうわさは立たない。うわさが立つからには、なんらかの根拠があるはずだということ。

火の中(なか)水の底　ひどい苦しみや困難な境遇に身を置くたとえ。火の中水の中。

火を落と・す　かまどや炉などの火を消してしまう。「調理場の一・す」

火を掛・ける　火を放つ。放火する。火をつける。「敵城に一・ける」

火を乞(こ)うは燧(すい)を取るに若(し)かず　《「淮南子」覧冥訓から。人から火種をもらうより、自分で火打ち石を使って火を起こしたほうがよいという意から》人を当てにせず、自分で努力すべきことのたとえ。

火を失(しっ)・する　誤って火事を出す。失火する。

火を擦(す)・る　表向きはなごやかだが、実際は仲の悪いさまのたとえ。「法花・念仏は互ひに一・りたる間なり」〈伽・鴉鷺合戦〉

火を散ら・す　「火花を散らす」に同じ。「大手の合戦は一・して」〈太平記・九〉

火を付・ける　❶点火する。「コンロに一・ける」 ❷放火する。「空き家に一・ける」 ❸騒ぎや事件のきっかけをつくる。また、刺激して感情を高ぶらせる。「暴動に一・ける」「怒りに一・ける」

火を通・す　食べ物に熱を加える。焼いたり煮たりする。「煮物に一・す」

火を吐・く　❶火を吹き出す。「一・く銃口」 ❷激しい口調で論じたてる。「舌端一・く」

火を放・つ　火をつける。放火する。

火を吹・く　❶ほのおが吹き出る。激しく燃え出す。「燃料タンクが一・く」 ❷銃口から弾丸が激しい勢いで飛び出す。「機関銃が一・く」 ❸内にたまっていたものが表に激しい勢いで出る。「怒りが一・く」 ❹《かまどの下の火を吹いて炊事をする意から》暮らしを立てる。「今はさりとも一・くべき便りなく」〈浮・沖津白波〉

火を吹く力も無・い　かまどの下の火を吹きたてることもできない。ひどく貧乏なさまのたとえ。「塵(ちり)も灰もなく一・く」〈浮・永代蔵・一〉

火を見たら火事と思え　少しの火を見ても火事になるかも知れないと心がけよ。物事には用心の上にも用心をせよというたとえ。

火を見(み)るよりも明(あき)らか　《「書経」盤庚上から》きわめて明らかで、疑いを入れる余地がない。火を見るより明らか。明々白々。「泣きをみるのは一である」 〔補説〕ふつう、悪い結果になるのが予想される場合に使う。文化庁が発表した平成20年度「国語に関する世論調査」では、本来の言い方である「火を見るより明らかだ」を使う人が71.1パーセント、間違った言い方「火を見るように明らかだ」を使う人が13.6パーセントという結果が出ている。

火を以(も)って火を救う　《「荘子」人間世から。火で火事を消そうとするという意から》害悪を除こうとしてかえってそれを助長する。状況がますます悪くなるだけで何の益もないたとえ。

ひ【氷|×冰】❶水のこおったもの。こおり。「一を、物の蓋に置きて割るとて」〈源・蜻蛉〉 ❷雹(ひょう)。「いとかく地の底とほるばかりの一降り」〈源・明石〉

ひ【目=翳】眼球にくもりを生じて目が見えなくなる病気。そこひ・うわひなど。〈和名抄〉

ひ【妃】❶皇族の妻の称。「一殿下」 ❷律令制で、皇后の次に位する後宮の女官。 ➡漢「ひ(妃)」

ひ【灯】《「火」と同語源》周囲を明るく照らすもの。あかり。ともしび。「窓に一がともる」「町の一」 〔類語〕明かり・灯火・ライト・ともし火・光・光明(こうみょう)・火影(ほかげ)

ひ【否】賛成しないこと。承認しないこと。「一とする者多数」 ➡漢「ひ(否)」

ひ【×杼|×梭】織機の付属用具の一。横糸とする糸を巻いた管を、舟形の胴部の空所に収めたもの。端から糸を引き出しながら縦糸の間を左右にくぐらせ

【泌】▶ひつ

比 学5　音ヒ呉漢　訓くらべる、ころ、たぐい‖①二つを並べて見くらべる。「比較/対比・類比」②二つのものをくらべた割合。「比重・比熱・比率・比例/単比・等比」③同列に並べる。並ぶ。「比肩・比翼/櫛比(しっぴ)」④同列に並んだ仲間。たぐい。「比倫・比類/無比」⑤べたべたとくっつく。親しむ。「比周」⑥なぞらえる。たとえる。「比擬・比況・比興・比喩(ひゆ)」⑦ころ。時分。「比年・比来」⑧フィリピン。「比国・比島/日比・訪比」補説⑥は「譬」と通用する。名付これ・たか・たすく・ちか・つね・とも・なみ・ひさ 難読比丘(びく)・比丘尼(びくに)・比目魚(ひらめ)・比律賓(フィリピン)

皮 学3　音ヒ漢　訓かわ‖㊀〈ヒ〉①動植物の体表をおおう組織。かわ。「皮下・皮革・皮脂・皮癬(ひぜん)・皮肉・皮膚/果皮・外皮・牛皮・桂皮(けいひ)・原皮・樹皮・獣皮・植皮・真皮・脱皮・表皮・面皮・羊皮紙」②うわべ。「皮相」㊁〈かわ(がわ)〉「皮算用/甘皮・上皮・毛皮・渋皮・生皮・鰐皮(わにがわ)」難読秦皮(とねりこ)・皮蛋(ピータン)・檜皮(ひわだ)

妃 音ヒ呉漢　訓きさき、きさい‖天子や皇太子の妻。また、皇族の妻。「妃殿下/王妃・后妃・皇妃・正妃」名付き・ひめ

否 学6　音ヒ漢　訓いな、いや‖①そうではないと打ち消す。同意しない。「否決・否定・否認/拒否」②…か…でないか。「安否・可否・合否・採否・賛否・実否・真否・正否・成否・存否・諾否・適否・当否・認否・能否・良否」③物事が通じない。運が悪い。「否運」難読否応(いやおう)・運否天賦(うんぷてんぷ)

×**屁** 音ヒ呉漢　訓へ‖おなら。へ。「放屁」

人**庇** 音ヒ呉漢　訓かばう、ひさし‖①上からおおうようにして守る。かばう。「庇蔭(ひいん)・庇護/高庇」②ひさし。「雪庇(せっぴ)」

批 学6　音ヒ慣‖①つきあわせて良否をきめる。「批正・批判・批評/高批」②主権者が決裁する。「批准」

彼 音ヒ呉漢　訓かれ、かの、あれ、あの‖㊀〈ヒ〉向こうにある人や物をさす語。あの人。あれ。向こう。「彼我・彼岸・彼此(ひし)/海彼」㊁〈かれ〉「彼氏・彼等(かれら)」㊂〈かの〉「彼女(かのじょ)」難読彼奴(あいつ・きゃつ)・彼処(あそこ・かしこ)・彼所(あそこ)・彼方(あちら・あなた・かなた)・彼誰時(かわたれどき)

披 音ヒ呉漢　訓ひらく‖①閉じてあるものを開く。「披閲・披見・披講/親披・直披」②手の内をすっかり開いて見せる。「披瀝(ひれき)・披露(ひろう)」名付ひら・ひろ

肥 学5　音ヒ漢　訓こえる、こえ、こやす、こやし‖㊀〈ヒ〉①からだに脂肪がついて太る。「肥厚・肥大・肥満」②土地に作物を育てる養分が多い。「肥土・肥沃(ひよく)」③作物を育てるため土地に加える物質。こやし。「肥料/魚肥・金肥・施肥・堆肥(たいひ)・追肥・緑肥」④肥(ひ)国。「肥後・肥州・肥前」㊁〈こえ(ごえ)〉「寒肥(かんごえ)・下肥(しもごえ)・基肥(もとごえ)」名付うま・とみ・とも・みつ・ゆたか

非 学5　音ヒ呉漢　訓あらず、そしる‖①…でない。それと違う。…がない。「非常・非情・非凡・非力(ひりき)・非礼・非合理・非常識」②悪い。間違っている。悪いこと。「非運・非行・非道/是非・前非・理非」③間違いとする。非とする。「非戦論/是是非非」④悪く言う。そしる。「非議・非難」難読似非(えせ)・似而非(えせ)・非道(ひど)い

卑〔卑〕 音ヒ呉漢　訓いやしい、いやしむ、いやしめる‖①身分や地位が低い。価値が劣る。「卑賤(ひせん)・卑属・卑金属/尊卑」②品性が劣る。下品だ。「卑俗・卑劣・卑猥(ひわい)/野卑」③低い位に置く。いやしめる。また、へりくだる。「卑屈・卑下(ひげ)・卑称/自卑・男尊女卑」④自分のことをへりくだっていう語。「卑官・卑見」⑤土地が低い。「卑湿」

飛 学4　音ヒ呉漢　訓とぶ、とばす‖①空中をかける。空をとぶ。「飛雲・飛球・飛行・飛翔(ひしょう)・飛来/群飛・雄飛」②とびはねる。とびちる。「飛花・飛散・飛沫(ひまつ)・飛躍」③速く行かせる。とばす。「飛檄(ひげき)」④空中に上がるように高い。「飛宇・飛瀑(ひばく)」⑤とぶように速い。「飛脚・飛報」⑥架空の。根も葉もない。「流言飛語」⑦野球で、飛球。「右飛・外飛・犠飛」⑧飛騨(ひだ)国。「飛州」補説⑥は「蜚(ひ)」と通用する。名付たか 難読飛鳥(あすか)・飛白(かすり)・飛沫(しぶき)・飛礫(つぶて)・飛蝗(ばった)

×**匪** 音ヒ呉漢‖①悪者。「匪賊・匪徒/団匪」②(「非」と通用)…ではない。「蹇蹇匪躬(けんけんひきゅう)」

疲 音ヒ漢　訓つかれる、つからす‖体力や気力がなくなってぐったりとする。つかれる。「疲弊・疲労」

秘〔祕〕 学6　音ヒ呉漢　訓ひめる‖①人知では知りがたいほど奥深い。「秘奥・秘境/奥秘・神秘」②隠して内容が知られないようにする。ひめる。「秘訣(ひけつ)・秘策・秘事・秘術・秘書・秘蔵・秘匿・秘密・秘薬・秘録・秘話/厳秘・極秘・黙秘」③通じが悪い。「秘結/便秘」名付なし・なみ・み・やす 難読秘鑰(ひやく)・秘露(ペルー)

被 音ヒ漢　訓こうむる、おおう、かぶる、かずく、きせ‖①上からおおう。かぶせる。「被覆・被膜/光被」②着る。かぶる。かぶるもの。「被服/花被・外被・法被(はっぴ)」③よくないことを身に受ける。こうむる。「被害・被災・被弾・被爆」④…される。「被告・被曝(ひばく)・被写体・被乗数・被傭者(ひようしゃ)」難読被衣(かずき)

×**婢** 音ヒ漢‖①女の召使い。下女。はしため。「婢僕/下婢・官婢・侍婢・奴婢(どひ・ぬひ)・僕婢」②女性が自分をへりくだっていう語。「婢子」

悲 学3　音ヒ呉漢　訓かなしい、かなしむ‖①かなしい。かなしむ。「悲哀・悲運・悲歌・悲観・悲喜・悲劇・悲惨・悲壮・悲嘆・悲痛・悲憤・悲報・悲鳴・悲恋」②仏教で、情け深いこと。恵み。「悲田・悲母/慈悲・大悲」

扉 音ヒ呉漢　訓とびら‖㊀〈ヒ〉両側に開く戸。とびら。「開扉・柴扉(さいひ)・鉄扉・門扉」㊁〈とびら〉「回転扉」

人**斐** 音ヒ呉漢　訓あや‖あやがあって美しい。「斐紙・斐然」名付あきら・よし 難読甲斐(かい)

費 学4　音ヒ呉漢　訓ついやす、ついえる‖①金や物を使って減らす。ついやす。「費消・費用/空費・消費・徒費・乱費・浪費」②物の購入や仕事のために使う金銭。ついえ。「費目/会費・学費・給費・巨費・経費・工費・国費・歳費・雑費・自費・失費・実費・出費・食費・戦費・旅費・交際費」名付もち

×**痺** 音ヒ呉漢　訓しびれる、しびれ‖しびれる。しびれ。「麻痺」補説「痹」は本字。

×**裨** 音ヒ呉漢‖助け補う。「裨益・裨将・裨補」

碑〔碑〕 音ヒ呉漢　訓いしぶみ‖①記念にするため文字を刻んだ石。いしぶみ。「碑碣(ひけつ)・碑文・碑銘/歌碑・句碑・建碑・詩碑・石碑・墓碑・記念碑」②語り伝えるもの。「口碑」

人**緋** 音ヒ呉漢　訓あか、あけ‖鮮やかな赤色。緋色。「緋衣(ひい)・緋鯉(ひごい)・緋桜(ひざくら)・緋縮緬(ひぢりめん)/猩猩緋(しょうじょうひ)」

×**鄙** 音ヒ呉漢　訓ひな、ひなびる‖①都市部から離れた地。いなか。「都鄙・辺鄙」②いなかっぽい。ひなびている。つまらなく卑しい。「鄙語・鄙俗・鄙劣・鄙陋(ひろう)・鄙猥(ひわい)/野鄙」③自分のことをへりくだっていう語。「鄙見」補説③は「卑」と通用する。

罷 音ヒ漢　ハイ慣　訓やめる、まかる‖①仕事を中止する。「罷業・罷工」②役目をやめさせる。「罷免」③疲れてやる気がなくなる。「罷弊」

×**誹** 音ヒ呉漢　ハイ慣　訓そしる‖㊀〈ヒ〉悪口を言う。そしる。「誹毀(ひき)・誹謗(ひぼう)」㊁〈ハイ〉「俳」の音借字。「誹諧(はいかい)・誹風」

避 音ヒ漢　訓さける、よける‖災いや難儀をこうむらないように、わきによける。さける。「避暑・避難・避妊/回避・忌避・待避・退避・逃避・不可避」

×**臂** 音ヒ呉漢　訓ひじ‖肩から手首までの部分。腕。「猿臂・短臂・断臂・半臂・三面六臂」

×**譬** 音ヒ呉漢　訓たとえ、たとえる‖別の物事を借りて言い表す。たとえる。「譬喩(ひゆ)」補説「比」と通用。

【▽未】▶み

尾 音ビ漢　訓お‖㊀〈ビ〉①動物のしっぽ。「燕尾(えんび)・驥尾(きび)・牛尾・竜頭蛇尾」②物の末端。後ろ。終わり。「尾行・尾灯・尾翼/語尾・首尾・船尾・大尾・掉尾(ちょうび・とうび)・末尾・徹頭徹尾」③動物がつるむ。「交尾」④尾張(おわり)国。「尾州/濃尾」㊁〈お〉「尾頭(おかしら)・尾根」名付すえ 難読鳶尾(いちはつ)・尻尾(しっぽ)・交尾(つる)む・鳩尾(みずおち・みぞおち)

▽**弥**〔彌〕 音ビ漢　ミ呉　訓や、いや、いよいよ‖㊀〈ビ〉①端から端まで及ぶ。わたる。「弥久」②すみずみまで。ひとわたり。「弥縫」③(「瀰(び)」と通用)どこまでも広がる。「弥漫」㊁〈ミ〉梵語の音訳字。「弥勒(みろく)/沙弥(しゃみ)・阿弥陀(あみだ)・須弥山(しゅみせん)」㊂〈や〉「弥生(やよい)」名付いよ・ひさ・ひさし・ひろ・ます・まね・みつ・やす・よし・わたり・わたる 難読弥栄(いやさか)・弥撒(ミサ)・弥次(やじ)

眉 音ビ漢　ミ呉　訓まゆ‖㊀〈ビ〉まゆ。「眉宇・眉目/蛾眉(がび)・愁眉・焦眉・拝眉・白眉・柳眉」㊁〈ミ〉まゆ。「眉間(みけん)」㊂〈まゆ〉「眉毛・眉根」難読眉目(みめ)

美 学3　音ビ漢　ミ呉　訓うつくしい‖①見た目にすばらしい。形がよい。うつくしさ。「美観・美醜・美術・美人・美文・美貌(びぼう)・美麗/艶美(えんび)・華美・審美・耽美(たんび)・優美」②うつくしくする。「美容・美顔術」③味わってみて見事だ。うまい。「美酒・美食・美味/甘美」④りっぱである。ほめるに値する。「美技・美談・美点・美徳/済美(せいび)」⑤ほめたたえる。「美称/賛美・賞美・嘆美・褒美」⑥「美術」の略。「美校・美大」名付うま・うまし・きよし・とみ・はし・はる・ふみ・みつ・よ・よし 難読美味(うま)い・美味(おい)しい・美人局(つつもたせ)・美濃(みの)・美作(みまさか)

備 学5　音ビ呉　訓そなえる、そなわる、つぶさに‖①あらかじめそなえる。そなえ。「備荒・備蓄・備品・備忘/軍備・警備・守備・準備・常備・整備・設備・装備・予備」②必要なものがそろう。そなわる。「完備・具備・兼備・不備」③吉備(きび)国。「備州・備前/伯備」名付そなう・たる・とも・なが・なり・のぶ・まさ・みつ・みな・よ・よし・より 難読備中(びっちゅう)・備後(びんご)・備長(びんちょう)

×**媚** 音ビ漢　訓こびる‖①なまめかしくする。色っぽい。「媚態・媚薬」②こびへつらう。「佞媚(ねいび)」③あでやかで美しい。「風光明媚」

×**寐** 音ビ漢　訓ねる‖ねむる。ねる。「寤寐(ごび)・夢寐」

微 音ビ漢　ミ呉　訓かすか‖㊀〈ビ〉①細かくて、または奥深くて、はっきり見えない。かすか。「微細・微小・微妙・微生物・微粒子/隠

漢字項目 び－2

微・機微・極微・精微・顕微鏡」②ほんの少し。わずか。「微笑びしょう・微増・微動・微熱・微風びふう・微量/軽微」③目立たずに。ひそかに。「微行」④なくなる。衰える。「式微・衰微」⑤身分が卑しい。「微賤びせん」⑥自分に関することを謙遜していう語。「微意・微躯びく・微衷・微力」㊁〈ミ〉かすか。わずか。「微塵みじん/拈華微笑ねんげみしょう」名付 いや・なし・まれ・よし 難読 微風そよかぜ・微温湯ぬるゆ・ぬるまゆ・微笑ほほえむ・微睡まどろみ

鼻 ㊫3　音 ビ㊉　訓 はな‖㊀〈ビ〉①体の器官の一。はな。「鼻炎・鼻音・鼻孔・鼻息/酸鼻・耳鼻科」②物事の初め。「鼻祖」㊁〈はな(ばな)〉「鼻息・鼻水/小鼻・目鼻」

×靡 音 ビ㊥　訓 なびく‖①他の力に従う。なびく。「靡然/風靡」②衰える。「萎靡いび」③はでで美しい。「猗靡いび」④おごる。ぜいたく。「淫靡いんび・奢靡しゃび」

る。シャトル。

ひ【非】㊀〔名〕❶道理に反すること。正しくないこと。「―をあばく」⇔是ぜ。❷あやまり。欠点。「自分の―を認める」「横画は三本なり。二本に書くは―なり」〈子規・墨汁一滴〉❸物事がうまくいかないこと。「戦況は日ごとに―となる」㊁〔接頭〕名詞・形容動詞に付いて、それに当たらない、それ以外である、などの意を表す。「―民主的」「―科学的」「―常勤」「―ピリン系感冒薬」➡漢「ひ(非)」 類語 不正・不当・邪じゃ・横様

非の打ち所が無・い　少しの欠点もない。完全で、非難する所がない。「することなすこと―・い」

非を打・つ　悪いところを指摘する。非難する。「―・つ人もない名作」

非を鳴ら・す　盛んに非難する。「政府の無策に国民が―・す」

ひ【飛】将棋で、「飛車ひしゃ」の略。➡漢「ひ(飛)」

ひ【×剕】古代中国の五刑の一。ひざから下を切り取る刑。あしきり。

ひ【秘】❶人に見せたり知らせたりしてはならないこと。秘密。「秘中の―」「丸―の文書」❷内容をはかり知ることのできないこと。奥義。「此の―といふは、ただ難なき歌を出したる所をいふとなり」〈三冊子・黒双紙〉➡漢「ひ(秘)」

ひ【▽乾┆干】かわくこと。かわき。他の名詞の上に付いて複合語をつくることが多い。「―が足りない」「―潟がた」「―物もの」

ひ【悲】悲しみ。「情切に―迫り」〈織田訳・花柳春話〉➡漢「ひ(悲)」

ひ【×脾】五臓の一。脾臓。「―機能」

ひ【×樋】❶水を送り流すために、竹・木などで作った管。とい。❷せき止めた水の出口に設けた戸。開閉して水を出入りさせる。水門。❸物の表面につけた細長い溝。「物差しの―」❹日本刀の側面の峰近くにつけた細長い溝。重さを軽くしたり、血走りをよくしたりするためのもの。血流し。

ひ【碑】後世に伝えるために先人の事跡・氏名などを石に刻んで建てたもの。いしぶみ。「―を建てる」➡漢「ひ(碑)」 類語 石碑・墓碑・記念碑・モニュメント

ひ【×緋】濃く明るい赤色。緋色。あけ。➡漢「ひ(緋)」 類語 赤・真っ赤・赤色せきしょく・紅色こうしょく・紅くれない・紅べに・真紅しんく・緋色・朱しゅ・朱あけ・丹に・茜あかね色・レッド・スカーレット

ひ【×檜】ヒノキの古名。「真木栄さく―の御門みかど」〈記・下・歌謡〉

ひ【×羆】「ひぐま」に同じ。「今日の獲物は熊ゆうに非ず―に非ず」〈太平記・三〇〉

ひ〔接頭〕形容詞に付いて、いかにもそういう感じがするという意を表す。「―弱い」

ひ【被】〔接頭〕行為を表す漢語に付いて、他から…される、他からその行為をこうむる、などの意を表す。「―選挙権」「―保険者」➡漢「ひ(被)」

ひ【▽曽】〔接頭〕血縁関係を示す語に付いて、それよりさらに1代離れた関係にある意を表す。ひい。「―じじ」「―まご」

び　「ひ」の濁音。両唇破裂音の有声子音[b]と母音[i]とから成る音節。[bi]

び【尾】㊀〔名〕二十八宿の一。東方の第六宿。蠍さそり座の尾にあたる九つの星をさす。あしたれぼし。尾宿。➡表「二十八宿」㊁〔接尾〕助数詞。魚などを数えるのに用いる。匹。「アジ三―」➡漢「び(尾)」

び【美】〔名・形動〕❶姿・形・色彩などの美しいこと。また、そのさま。「―の極致」「自然の織り成す―」「―な感じのするものは大抵希臘ギリシャから源を発して居るから」〈漱石・吾輩は猫である〉❷非常にりっぱで人を感動させること。「有終の―を飾る」❸哲学で、調和・統一のある対象に対して、利害や関心を離れて純粋に感動するときに感じられる快。また、それを引き起こす対象のもつ性格。「真善―」「―意識」❹味のよいこと。うまいこと。また、そのさま。「―なる飲食をも悪しき飲食をも」〈今昔・三・二六〉➡漢「び(美)」

び【微】〔名・形動〕❶ごく小さいこと。非常に細かなこと。また、そのさま。「―にわたった説明」❷かすかなこと。わずかなこと。また、そのさま。「わり模様、―ならず細ならず」〈一葉・うもれ木〉❸数の単位。1の100万分の1。➡漢「び(微)」➡表「位くらい」

微に入いり細さいを穿うが・つ　非常に細かいところまでゆきとどく。微に入り細に入り。「―・った説明」

ビ〘bi〙ラテン語で、2。「―フェニル」

び〔接尾〕名詞に付いて、そのまわり、ほとりの意を表す。「川―」「浜―」

ぴ　「ひ」の半濁音。両唇破裂音の無声子音[p]と母音[i]とから成る音節。[pi]

ビア〘beer〙►ビヤ

ピアース〘Franklin Pierce〙[1804〜1869]米国の政治家。第14代大統領。在任1853〜1857。民主党㊣。上下両院の議員を歴任した後、大統領に就任。国内の南北融和に意欲的に取り組んだ。➡ブキャナン

ビアード〘Charles Austin Beard〙[1874〜1948]米国の歴史家。経済的利害を重視した史学を提唱。二度来日し、東京の市政調査や関東大震災後の復興計画に参与。著「アメリカ合衆国史」など。

ひ-あい【日▽間┆日合ひ】ひあひ ❶ひかず。日数。また、日どり。日限。「もはや―もござりませぬから」〈洒・福神粋語録〉❷1日に対する歩合の利子。日歩。「三日限りの―も取って戻ったか」〈伎・倭荘子〉

ひ-あい【火相】ひあひ 火の元。また、茶の湯で、火のおこりぐあい。「内蔵―よく念を入れ」〈浮・織留・五〉

ひ-あい【悲哀】悲しくあわれなこと。「人生の―を感じる」「サラリーマンの―が漂う」 類語 ペーソス・哀愁

ひ-あい【非愛】〔名・形動ナリ〕❶無愛想なこと。無遠慮なこと。また、そのさま。「これも公任卿の―なるにてぞありける」〈十訓抄・四〉❷あやういこと。あぶないこと。また、そのさま。「加賀房はわが馬の―なりとて主の馬に乗りかへたれども」〈平家・八〉

ピアウイ〘Piauí〙ブラジル北東部にある州。農牧業が経済の中心で、西隣のマラニャン州とともに同国内では経済が停滞する。州都はテレジナ。

ビア-ガーデン〘beer garden〙►ビヤガーデン

ピア-カウンセラー〘peer counselor〙《peerは、同僚・仲間の意》同じ悩みや障害をもつ仲間の相談に乗り、悩みや障害をその人自身で克服できるように援助する人。

ビア-カクテル《和 beer＋cocktail》►ビヤカクテル

ひ-あが・る【干上(が)る┆▽乾上(が)る】〔動ラ五(四)〕❶潮が引ききる。また、水がすっかりなくなってからからになる。かわききる。「空梅雨で田畑が―・る」❷収入がまったくなくなる。生計が立たなくなる。「あごが―・る」 類語 乾く・乾燥・枯渇・干からびる

ビアク〘BIAC〙《Business and Industry Advisory Committee》経済産業諮問委員会。OECD所属の民間機関。1962年発足。本部はパリ。

ひ-アクティブウインドー【非アクティブウインドー】《non active window》パソコンのディスプレー上で複数のウインドーを表示するマルチウインドー環境において、キーボードからの入力やマウスのクリックなど、ユーザーの操作の対象となっていないウインドーを指す。アクティブウインドーの背後に隠されたり、タスクバーに最小化されたアイコンで表示されたりする。インアクティブウインドー。

ひ-あし【日脚┆日足】❶太陽が東から西へ移っていく動き。「―が早い」❷日が出てから沈むまでの時間の長さ。昼間の時間。「―が延びる」❸雲の切れ目や物のすきまからさす太陽の光線。ひざし。❹蝋燭足ろうそくあしの一。日々の相場の動きをグラフに示したもの。

ひ-あし【火足┆火脚】火事などで、火の燃え広がっていく速さ。火の回り。「強風が―を速める」

ピアジェ〘Jean Piaget〙[1896〜1980]スイスの心理学者。自己中心性など子供の思考の特質を研究、次いで乳児期からの知能や思考の発達過程を分析。のち、発生的認識論を構築。新教育運動に寄与。著「児童の言語と思考」「発生的認識論序説」など。

ひ-あじろ【×檜▽網代】ヒノキの薄板を網代に編んだもの。また、それを用いた輿こしや女性用の駕籠かご。

ピアシング〘piercing〙《「ピアッシング」とも》イヤリングを装着するため、耳たぶに穴を開けること。

ヒアシンス〘hyacinth〙►ヒヤシンス

ビアス〘Ambrose Bierce〙[1842〜1914ころ]米国のジャーナリスト・小説家。辛辣しんらつな風刺で知られる。動乱中のメキシコで行方不明となった。短編集「いのちの半ばに」、警句集「悪魔の辞典」など。

ピアス《pierced earringsの略。pierceは穴をあける意》耳たぶに小さな穴をあけてつける型の耳飾り。

ピアスト-イヤリング〘pierced earrings〙►ピアス

ピアストル〘フランス piastre〙エジプト・スーダン・シリア・レバノンなどの補助通貨単位。1ピアストルは1ポンドの100分の1。

ビアズリー〘Aubrey Vincent Beardsley〙[1872〜1898]英国の画家。黒白の対比と流麗な描線で幻想と現実とが交錯した挿絵を描き、英国の世紀末耽美たんび主義を代表する人物とされる。挿絵「サロメ」など。

ひ-あそび【火遊び】❶火をおもちゃにして遊ぶこと。火いたずら。「子供の―」❷危険な遊び。特に、無分別な、その場限りの情事。 類語 (❷)色事・情事

ピアソン〘Lester Bowles Pearson〙[1897〜1972]カナダの政治家。外相・首相などを歴任。スエズ危機の解決に尽力し、1957年ノーベル平和賞を受賞。

ひ-あたり【日当(た)り┆▽陽当(た)り】日光が当たること。また、その当たる場所や、当たりぐあい。「―のよい部屋」

ピアチェンツァ〘Piacenza〙イタリア北東部、エミリアロマーニャ州の都市。紀元前3世紀に築かれた古代ローマの植民都市に起源する。ポー川右岸、エミリア街道の西端に位置し、古くから北イタリアにおける交通の要地として栄えた。12世紀に自治都市になり、16世紀半ばから約200年にわたりパルマのファルネーゼ家の支配下に置かれた。イルゴティコの名で呼ばれるゴシック様式の旧市庁舎、16世紀に建てられたファルネーゼ宮殿、ロマネスク様式のピアチェンツァ大聖堂など、歴史的建造物が数多く残っている。

ピアチェンツァ-だいせいどう【ピアチェンツァ大聖堂】《イタリア Duomo di Piacenza》イタリア北東部、エミリアロマーニャ州の都市ピアチェンツァにある大聖堂。12世紀から13世紀にかけて建造され、ロンバルディア地方におけるロマネスク建築の傑作として知られ、内部にはグエルチーノ、ロドビコ＝カラッチらによるフレスコ画がある。14世紀に増築された鐘楼には、罪人をさらしものにするガッビアという鉄の檻が残されている。

ピア-ツー-ピア〘peer to peer〙《peerは、同僚・仲間の意》特定のサーバーやクライアントをもたないコンピューターネットワークの環境。特に、不特定多数のコンピューターが、サーバーを介さずに直接データのやり取りをする方式やソフトウエアのこと。ピアツーピアネットワーク。P2P。

ピアツーピア-ソフト《peer to peer softwareから》

►ファイル交換ソフト

ピアツーピア-ネットワーク〖peer to peer network〗►ピアツーピア

びあつ-けい【微圧計】►微差圧計

ひあっしゅくせい-りゅうたい【非圧縮性流体】〔物理〕流体力学で流体の運動を扱う際、圧力や温度による密度の変化が無視できるほど小さな流体のこと。水などの液体や気体中の音速に比べて流速が小さい気体は、非圧縮性流体として扱うことができる。一方、流体中の音波や、音速と同程度の流速をもつ気体は、圧縮性流体として扱う必要がある。縮まない流体。

ピアッシング〖piercing〗►ピアシング

ひあつ-ちかすい【被圧地下水】不透水層によって上下を挟まれた透水層中の地下水。圧力がかかっており、井戸を掘ると地表まで自噴することがある。

ピアッツァ-アルメリーナ〖Piazza Armerina〗イタリア南部、シチリア島、シチリア自治州の町。同島中央部の丘陵地帯に位置する。古代ローマの植民都市が置かれ、1世紀から5世紀にかけてイタリアと北アフリカを結ぶ交通の要地として発展。現在の町は11世紀のノルマン人支配により建設された。郊外に世界遺産(文化遺産)に登録された古代ローマ時代の別荘ビラロマーナ-デル-カサーレがあることで知られる。

ピアット〖イタリア piatto〗❶皿。皿状のもの。❷皿に盛られた料理。

ピア-テイスター〖beer taster〗►ビヤテイスター

ヒアデス-せいだん【ヒアデス星団】《ラテン Hyades はギリシャ神話の妖精のことで、雨を降らす女たちの意》牡牛(おうし)座のα(アルファ)星アルデバランの周囲に広がる散開星団。約100個の星からなり、距離約149光年。

ピアトラ-ネアムツ〖Piatra Neamţ〗ルーマニア北東部の都市。ビストリツァ川が刻む谷に位置する。古代にダキア人が都市を築き、15世紀以降、モルドバ公シュテファン3世の治世下において、交易の要衝として栄えた。15世紀から16世紀にかけて建造された教会が残るほか、周囲を山に囲まれた景勝地としても知られる。

ピアトラ-ロシエ〖Piatra Roşie〗ルーマニア中西部、オラシュチェ山脈にある山。

ピアナ〖Piana〗地中海西部にあるフランス領の島、コルシカ島の西部にある湾に面する村。湾の南側に、カランケと呼ばれる岩だらけの断崖に囲まれた入り江がある。1983年、「ピアナのカランケ、ジロラッタ湾、スカンドラ自然保護区を含むポルト湾」の名称で世界遺産(自然遺産)に登録された。

ピアナ-きゅうでん【ピアナ宮殿】《Palacio de Viana》スペイン南部の都市コルドバの旧市街にある宮殿。14世紀にピアナ侯爵家の住居として建造。イスラム風やフランス風などさまざまな様式の12ものパティオがある。

ピアナ-ド-カステロ〖Viana do Castelo〗ポルトガル北部の都市。ミーニョ地方のリマ川河口に位置する。造船業、農業が盛ん。ワイン産地としても有名。大航海時代に建てられたミゼリコルディア教会、サンタクルス教会のほか、大聖堂、アゴニア教会などの歴史的建造物がある。毎年8月にミーニョ地方最大とされるロマリア祭(嘆きの聖母祭)が催される。

ピアニカ〖Pianica〗鍵盤(けんばん)ハーモニカの商標名。主に初等音楽教育の教材として用いられている。(補説)「鍵盤ハーモニカ」などと言い換える。

ピアニシモ〖イタリア pianissimo〗►ピアニッシモ

ピアニスト〖pianist〗ピアノの演奏家。

ピアニズム〖pianism〗ピアノ演奏。また、その演奏技術。

ピアニッシモ〖イタリア pianissimo〗音楽で、強弱標語の一。きわめて弱く、の意。記号pp ⇔フォルティッシモ。

ピアノ〖piano〗❶《「ピアノフォルテ」の略。弱音(ピアノ)と強音(フォルテ)とが自在に出せるところから》鍵盤(けんばん)楽器の一。鍵盤を指先でたたくと、その運動がハンマーに伝えられ、大きな共鳴箱内に張られた金属弦を打って発音する。18世紀初めイタリア人B=クリストフォリが考案。以後、独奏・合奏に広く用いられるようになった。平型(グランド)と竪型(アップライト)とがある。洋琴。❷音楽で、強弱標語の一。弱く、の意。記号p ⇔フォルテ。

ピアノ-ごじゅうそう【ピアノ五重奏】〔音楽〕ピアノと4個の楽器による合奏。普通はピアノと弦楽四重奏で編成。ピアノクインテット。

ピアノ-さんじゅうそう【ピアノ三重奏】〔音楽〕ピアノと2個の楽器による合奏。普通はピアノとバイオリン・チェロで編成。ピアノトリオ。

ピアノ-しじゅうそう【ピアノ四重奏】〔音楽〕ピアノと3個の楽器による合奏。普通はピアノとバイオリン・ビオラ・チェロで編成。ピアノカルテット。

ピアノ-せん【ピアノ線】炭素を0.60〜0.95パーセント含む炭素鋼の線。非常に強力で、ピアノなどの弦やコイルばね・コンクリート補強用鋼線・ワイヤロープなどに用いる。

ピアノフォルテ〖イタリア pianoforte〗楽器のピアノの本来の呼び名。弱い音(ピアノ)も強い音(フォルテ)も自在に出せるところから。フォルテピアノ。

ピア-バー《和 beer＋bar》►ビヤバー

ピア-パーティー〖beer party〗►ビヤパーティー

ピアフ〖Édith Piaf〗[1915〜1963]フランスの女性シャンソン歌手。みずからの作詞による「ばら色の人生」「愛の賛歌」などの名唱で知られる。

ピアフ〖PIAFS〗《personal handyphone system Internet access forum standard》PHSによる高速データ通信規格の一。

ビアフラ-せんそう【ビアフラ戦争】〔世界史〕1967年から70年にかけて行われたナイジェリアの内戦。東部州のイボ族がビアフラ(Biafra)共和国として分離・独立を宣言したが、多数の戦死者・餓死者を出した末に鎮圧された。ナイジェリア戦争。

ひ-あぶり【火×焙り|火×炙り】刑罰の一。罪人を火で焼き殺すもの。火刑。焚刑(ふんけい)。

ピア-プレッシャー〖peer pressure〗《peerは、同僚・仲間の意》職場などでの、同僚からの圧力。

ピア-ヘッド〖Pier Head〗英国イングランド北西部の港湾都市リバプールにある埠頭の一。「スリーグレース」(三美神)と称される、産業革命以降の繁栄を物語る三つの建物、ロイヤルリバービルディング、リバプール港ビルディング、キューナードビルディングがある。海港としての歴史を伝える他の地域とともに、2004年に「リバプール海商都市」の名称で世界遺産(文化遺産)に登録された。

ピア-ホール〖beer hall〗►ビヤホール

ピア-マグ《和 beer＋mug》►ビヤマグ

ひ-あみ【火網】焜炉(こんろ)の中に、燃料をのせるためにかけてある網。

ピアリー〖Robert Edwin Peary〗[1856〜1920]米国の探検家。1886年グリーンランドが島であることを確認。1909年世界初の北極点到達に成功。

ピアリッツ〖Biarritz〗フランス南西部、ピレネーザトランチック県の都市。バイヨンヌの近郊、ビスケー湾に面する。19世紀にナポレオン3世と皇后ウージェニーが好んで訪れて以降、海岸保養地として発展。

ヒアリング〖hearing〗❶外国語を耳で聞いて理解すること。また、その練習。ヒヤリング。❷公聴会。聴聞会。「公開一」

ヒアリング-ドッグ〖hearing dog〗聴導犬。聴覚障害者に電話や玄関ベルなどの音を知らせ生活を助ける。

ヒアルロニダーゼ〖hyaluronidase〗ヒアルロン酸を分解する酵素。動物の精子や毒蛇・ヒル・細菌などに存在し、細胞膜の透過性を促進する作用がある。

ヒアルロン-さん【ヒアルロン酸】《hyaluronic acid》ムコ多糖類の一。眼球の硝子体(しょうしたい)や関節液・臍帯(さいたい)・皮膚などに広く分布。多量の水と結合して粘りのあるゲル状となり、組織構造の維持や細菌・毒物の侵入防御などの役をする。

ピアレッジョ〖Viareggio〗イタリア中部、トスカーナ州の都市。リグリア海に面し、海岸保養地として知られる。また、趣向を凝らした山車(だし)が登場するカーニバルも有名。

ピア-レビュー〖peer review〗《peerは、同僚・仲間の意》専門家仲間が研究内容を吟味すること。科学者などの間で、研究の成果などを、情実なしに公正に評価するために行われる。

び-アレルギー【鼻アレルギー】►アレルギー性鼻炎

ひ-あわい【×廂▽間】(ひあはひ)建てこんだ家の廂(ひさし)と廂とが突き出ている狭い所。日のあたらない所。「一の風が窓から流れ入って」〈荷風・つゆのあとさき〉

ピアンカ〖Bianca〗天王星の第8衛星。1986年にボイジャー2号の接近によって発見された。名の由来はシェークスピアの「じゃじゃ馬ならし」の登場人物。天王星に3番目に近い軌道を公転する。非球形で平均直径は約50キロ。平均表面温度はセ氏マイナス209度以下。

ピアンコ〖イタリア bianco〗白い。白色。また、白ワイン。⇒ロッソ

ピアンコ-きゅうでん【ピアンコ宮殿】《Palazzo Bianco》►白の宮殿

ピアンデン-じょう【ピアンデン城】〔フランス〕《Château de Vianden》ルクセンブルク大公国、ドイツ国境沿いの町、ピアンデンにある城。11世紀にピアンデン伯爵が領主となり、後にルクセンブルク大公の祖であるナッサウ家に引き継がれた。1970年代に修復され、中世の面影を色濃く残す現在の姿になった。

ひい【▽一】「ひ(一)」の音変化。「一、ふう、みい」

ひ-い【非違】〔名〕❶法に背くこと。非法。違法。「一を糾弾する」❷「検非違使(けびいし)」の略。「左衛門の督にて、一の別当と聞こゆ」〈栄花・玉の村菊〉

ひい【▽曽】〔接頭〕「ひ(曽)」に同じ。「一ばば」「一まご」

び-い【微意】ささやかな志。寸志。自分の意志・気持ちを謙遜(けんそん)していう語。「一を表す」

ビー〖B|b〗❶英語のアルファベットの第2字。❷順序・段階・等級などの2番目。第2位。❸〈B〉物の表裏をABで表す場合の裏。「テープの一面」❹音楽で、音名の一。ロ音。❺〈B〉《basement》ビルなどの地階を表す略号。❻《black》鉛筆の芯の硬度(黒さ)を表す記号の一。「2一」⇒H ⇒F ❼〈B〉《boron》硼素(ほうそ)の元素記号。❽ABO式血液型のB型。❾〈B〉紙の規格寸法のB判。⇒A ❿〈B〉《bust》バストを表す記号。⓫〈B〉インフルエンザウイルスの型。

ビー〖bee〗蜂。蜜蜂(みつばち)。

ピー〖P|p〗❶英語のアルファベットの第16字。❷《page》本のページの略号。❸《pitcher》野球で、投手の略号。❹《parking》道路標識で、「駐車場」「駐車可」の記号。❺〈p〉《イタリア piano》音楽で、強弱標語の一つ、ピアノの記号。❻〈P〉《phosphorus》燐(りん)の元素記号。❼《parental》遺伝学で、親の世代を表す記号。❽〈p〉《pico》数の単位、ピコの記号。

ビー-アール〖BR〗《bills receivable》受取手形❶のこと。B/Rとも書く。⇔BP。

ピー-アール〖PR〗〔名〕(スル)《public relations》❶官庁・団体・企業などが、みずからの望ましいイメージおよびその施策や事業内容・主義主張などについて多くの人々に知らせて理解や協力を求める組織的活動。❷広告。宣伝。「新製品を一する」(類語)宣伝・広告・広報・プロパガンダ・アナウンス・コマーシャル

ピー-アール〖PR〗《press release》プレスリリース。新聞発表。⇒ニュースリリース

ピー-アール〖PR〗《ply rating》タイヤの、プライ数。タイヤの層の数を表す語。

ピー-アール-アイ-オー〖PRIO〗《Peace Research Institute Oslo》►オスロ国際平和研究所

ピー-アール-エー〖PRA〗《political-risk assessment》米国の多国籍企業などが行う、国際情勢あるいは特定の地域の政治情勢に基づく各国の政治的危険性の評価。

ピー-アール-シー〖PRC〗《programmed route control》自動進路制御装置。CTC(列車集中制御装

置)と組み合わせて列車の進路制御の自動化を積極的に進めたもの。

ビー-アール-シー-エス〔BRCS〕《British Red Cross Society》英国赤十字社。1870年設立、1905年改称。本部はロンドン。

ビー-アール-ティー〔BRT〕《bus rapid transit》►バスラピッドトランジット

ピー-アール-ティー〔PRT〕《personal rapid transit》個人用高速輸送システム。英国のATRA(Advanced Transit Association)が提唱した、交通麻痺の打開策として考えられている都市型輸送システム。自動運転で専用誘導路を走行し、オンデマンド方式で運行される少人数用小型輸送機関。英国のヒースロー空港の「ヒースローポッド」が2011年に実用化された。

ピー-アール-ティー〔PRT〕《provincial reconstruction team》国際紛争や内戦により荒廃した地域の復興支援のために活動する文民と軍隊の合同チーム。文民が復興計画や調整などを行い、軍隊が治安維持に従事する。2002年に米国がアフガニスタンに初めて設置、イラクにも派遣されている。2009年、日本もアフガニスタンのPRTに文民を初めて派遣することを決定した。地域復興チーム。

ビー-アイ〔BI〕《business intelligence》►ビジネスインテリジェンス

ビー-アイ〔BI〕《basic income》►ベーシックインカム

ピー-アイ〔PI〕《portfolio insurance》►ポートフォリオインシュアランス

ピー-アイ〔PI〕《public involvement》►PI方式

ピー-アイ〔PI〕《principal investment》►自己資金投資

ピー-アイ-アイ-イー〔PIIE〕《Peterson Institute for International Economics》►ピーターソン国際経済研究所

ビー-アイ-イー〔BIE〕《フランス Bureau International des Expositions》博覧会国際事務局。国際博覧会条約に基づき設立された国際博覧会(万国博覧会)の常設事務局。1928年創設、日本は62年に加盟。本部はパリ。

ピー-アイ-エー-アール-シー〔PIARC〕《World Road Association》世界道路協会。本部はパリ。(補説)略称は、旧称の常設国際道路会議協会(Permanent International Association of Road Congresses)を継承。

ビー-アイ-エス〔BIS〕《Bank for International Settlements》国際決済銀行。

ビー-アイエスディーエヌ〔B-ISDN〕《broadband ISDN》従来のISDNを高速化した、次世代高速デジタル通信網の規格。ブロードバンドISDN。広帯域ISDN。

ピー-アイ-エフ〔PIF〕《Pacific Islands Forum》太平洋諸島フォーラム。太平洋諸国の地域協力機構。2000年、南太平洋フォーラム(SPF; South Pacific Forum)から改称。事務局はフィジー。太平洋フォーラム。太平洋諸国会議。太平洋・島サミット。(補説)フィジー共和国は、2007年に発足した暫定軍事政権下で民主的選挙が行われていないことなどから、2009年以降、参加資格を停止されている。

ピー-アイ-エム〔PIM〕《personal information manager》►ピム(PIM)

ピー-アイ-ケー〔PIK〕《payment-in-kind》米国で減反面積に応じて政府所有の在庫穀物を減反報奨金の代わりに支給し、農家はそれを市場で販売できる制度。

ピーアイシー-シンボル【PICシンボル】《PICは、pictogram ideogram communication(絵文字、表意文字による伝達)の略》言語障害者や外国人のための意思伝達手段として開発された絵記号。非常口や、電車内の優先席を表す絵など。

ピー-アイ-シー-ユー〔PICU〕《Pediatric Intensive Care Unit》小児の大けがや、緊急を要する脳・内臓などの疾患に対応できる設備と医療スタッフを備えた集中治療室。小児集中治療室。小児集中治療管理室。

ビー-アイ-ピー-エム〔BIPM〕《フランス Bureau International des Poids et Mesures》国際度量衡局。国際度量衡委員会管轄の部局。国際原器の保管、各国原器の比較、度量衡に関する研究、国際原子時の管理・運用などを行う。1875年設立。本部はフランスのセーブル。IBWM。➡協定世界時

ピーアイ-ほうしき【PI方式】《PIは、public involvement(住民参画)の略》公共事業(特に道路事業)の計画策定の段階から情報を公開し、関係する住民・利用者の意見を求めて進める方式。

ピーアイ-ほけん【PI保険】《PIは、Protection & Indemnityの略》►船主責任保険

ピー-アンド-エル〔P&L〕《profits and loss》損益。

ビー-アンド-ビー〔B&B〕《bed and breakfast》英国に多い低料金の朝食付き民宿。最近では、ホテル朝食付き宿泊プランについてもいう。

ビーアンドビー-イニシアティブ【B&Bイニシアティブ】《Business and Biodiversity Initiative》►ビジネスと生物多様性イニシアティブ

ビー-イー〔B/E〕《bill of exchange》為替手形。

ビー-イー〔BE〕成人男子用衣料品のサイズで、胸囲と胴囲との寸法差が4センチの人の体型を表す。

ピー-イー〔PE〕《polyethylene》ポリエチレンのこと。「一容器」

ピー-イー〔PE〕《port of embarkation》乗船(積み込み)港。POEとも。

ピー-イー〔PE〕《printer's error》印刷で、誤植。

ピー-イー〔PE〕《price earning》株価収益率。➡パー(PER)

ピー-イー〔PE〕《Permanent Establishment》►恒久的施設

ピー-イー-アール〔PER〕《price earnings ratio》►パー(PER)

ビー-イー-アイ〔BEI〕《フランス Banque Européenne d'Investissement》►欧州投資銀行

ビー-イー-エフ〔BEF〕《band elimination filter》►バンドエリミネーションフィルター

ピー-イー-シー〔PEC〕《Pacific Economic Community》太平洋経済共同体。環太平洋諸国による経済共同体の構想。

ピー-イー-シー〔PEC〕《photoelectrochemical cell》光電気化学電池。光を当てると電流を生じる電池。太陽電池など。

ピー-イー-ティー-エー〔PETA〕《People for the Ethical Treatment of Animals》►ピタ(PETA)

ヒーウマー-とう【ヒーウマー島】《Hiiumaa》エストニア西部、バルト海にある島。スウェーデン語名ダゴ島またはダゲー島。主な町はカルドラ。16世紀から18世紀にかけてスウェーデン領となり、その後、第一次大戦までロシア領であった。全体的に平坦な地形で森林と湿原が多く、オオヤマネコ、テンなどが生息する。畜産と漁業が盛ん。西部のクプ半島にある灯台はバルト海沿岸で最も古いものの一つとして知られる。

ビー-エー〔BA〕《Bachelor of Arts》文学士。

ビー-エー〔BA〕《bank acceptance, banker's acceptance》銀行引受手形。輸出入業者が銀行に割り引いてもらう期限付き手形。その割引率をBAレートという。

ビー-エー〔BA〕《Bank of America》バンクオブアメリカ。全米をカバーする支店網を持つ米国有数の銀行。1998年ネーションズバンクと合併、正称はBank of America, N.A.。本社はノースカロライナ州シャーロット。BOAとも。

ビー-エー〔BA〕《British Academy》英国学士院。人文・社会科学系の学術組織。1902年設立。所在はロンドン。

ピー-エー〔PA〕《public address》拡声装置。広い場所に音を隅々まで行き渡らせるための設備で、マイク・アンプ・スピーカーなどのシステム全体をさす。

ピー-エー〔PA〕《performance analysis》作業分析。

ピー-エー〔PA〕《public acceptance》►パブリックアクセプタンス

ピー-エー〔PA〕《public affairs》►パブリックアフェアーズ

ピー-エー〔P.A.〕《power of attorney》委任権。委任状。

ピー-エー〔PA〕《Press Association》プレスアソシエーション。英国の地方新聞が構成員となっている協同組織の通信社。1868年設立。本部はロンドン。

ピー-エー〔PA〕《protection grade of UVAの略》日焼け止め化粧品の、UVA(紫外線A波)を防止する効果を示す値。+、++、+++の3段階。➡SPF値

ピー-エー〔PA〕《physician assistant》►フィジシャンアシスタント

ビー-エー-エー〔BAA〕《British Airports Authority》英国空港管理会社。1987年に民営化され、BAAが正式名称となった。

ピー-エー-エヌ〔PAN〕《Pesticide Action Network International》国際農薬行動ネットワーク。開発途上国へ多国籍企業が有害な農薬を輸出することに反対して、各国の消費者団体が集まり互いに危険な農薬について情報を交換するために作られた組織。1982年設立。

ピー-エー-エヌ〔PAN〕《polyacrylonitrile》合成繊維を作るのに用いられるアクリロニトリルの重合体。

ピー-エー-シー〔PAC〕《Pan-American Congress》►汎米会議

ピー-エー-ディー〔PAD〕《packet assembly and disassembly》パケット組み立て分解装置。データ通信において、パケット化されていないデータをパケットに変換したり、その逆を行ったりする。パッド。パド。

ビー-エー-ピー〔BAP〕《basic automobile policy》一般自動車保険。対人賠償保険・対物賠償保険・車両保険から必要なものを自由に組み合わせて契約する自動車保険。搭乗者傷害保険については、対人賠償保険・対物賠償保険・車両保険のいずれかを契約しているときのみセットで契約できる。➡PAP ➡SAP

ピー-エー-ピー〔PAP〕《positive adjustment policy》積極的調整政策。各国が積極的に産業調整を行い、自国産業の国際競争力の向上、保護貿易の回避に努め、世界経済の安定的な成長を実現するための政策。

ピー-エー-ピー〔PAP〕《People's Action Party》シンガポールの人民行動党。リー=クアンユーらによって1954年結成。65年の独立以来の政府与党。

ピー-エー-ピー〔PAP〕《package automobile policy》自動車総合保険。対人賠償保険・自損事故保険・無保険車傷害保険・対物賠償保険・搭乗者傷害保険の五つがセットになっている自動車保険。車両保険は任意。自家用車だけでなくすべての用途・車種の自動車が対象。➡SAP ➡BAP

ピー-エー-ピー-アイ〔PAPI〕《precision approach path indicator》着陸進入角指示灯。赤と白の光線で、着陸直前のパイロットに着陸時の姿勢が適正かどうかを知らせる光学誘導システム。

ピー-エー-ユー〔PAU〕《Pan American Union》汎アメリカ連合。米州連合。1970年まで使用された米州機構(OAS)事務局の名称。1890年、汎米会議(PAC)の事務局としてCommercial Bureau of American Republicsの名称で創設。1951年、米国国際共和国連合(IUAR; International Union of American Republics)とともにOASに統合。

ビーエー-レート【BAレート】《banker's acceptance rate》銀行引受手形割引率。

ビーエー-ロンドンアイ〔BA London Eye〕►ロンドンアイ

ビー-エス〔BS〕《broadcasting satellite》放送衛星。「一アンテナ」「一チューナー」

ビー-エス〔B/S〕《balance sheet》「貸借対照表」に

同じ。バランスシート。

ビー-エス〔BS〕《British Standards》英国規格。英国規格協会(BSI)によって制定された英国の国家規格。

ビー-エス〔BS〕《business school》▶ビジネススクール

ピー-エス〔PS｜P.S.〕《postscript》手紙の追って書きの冒頭に記す語。追伸。二伸。

ピー-エス〔PS〕《payload specialist》▶ペイロードスペシャリスト

ピー-エス〔PS〕《passenger ship》旅客船。

ピー-エス〔PS〕《public school》米国で、公立学校。英国で、全寮制私立高校。

ピー-エス〔PS〕《フランス Parti Socialiste》フランス社会党。1971年、旧社会党(SFIO)と共和制度協議会(CIR)などの社会主義諸組織が合同して成立。1981年に党首ミッテランが大統領に選出された。

ピー-エス〔PS〕《ドイツ Pferdestärke》仕事率の単位。馬力。

ビー-エス-アイ〔BSI〕《British Standards Institution》英国規格協会。日本のJISにあたる。

ピー-エス-アイ〔PSI〕《pollution standard index》米国環境保護局(EPA)による、大気汚染の度合いを示す指数。

ピー-エス-アイ〔PSI〕《Proliferation Security Initiative》拡散に対する安全保障構想。国際社会の平和と安定に対する脅威である大量破壊兵器・ミサイル及びそれらの関連物資の拡散を、国際法・各国国内法の範囲内で、参加国が共同して阻止しようという取り組み。2003年、米国ブッシュ大統領の呼びかけによって発足。90か国以上が支持を表明している。➡ブッシュ㊁

ビー-エス-イー〔BSE〕《Bovine Spongiform Encephalopathy》▶牛海綿状脳症

ピー-エス-イー〔PSE〕《producer subsidy equivalent》生産者補助金相当額。生産者に対する保護を表した指数で、数字が高いほど政策的保護が手厚いことを示す。

ピーエスイー-ほう【PSE法】デン《検査済みの製品に付けるマークの名称から》「電気用品安全法」の通称。➡PSEマーク

ピーエスイー-マーク【PSEマーク】《PSEは、Product Safety Electrical Appliance and Materialsの略》電気用品安全法による基準に適合する電気製品に付けるマーク。特定電気用品はひし形、その他は丸のなかにPSEの文字がある。

ビー-エス-エー〔BSA〕《Business Software Alliance》ビジネスソフトウエアアライアンス。米国のソフトウエアメーカーによる非営利団体。ソフトウエアの著作権保護に関する調査研究、啓発活動を進めている。

ピー-エス-エー〔PSA〕《prostate specific antigen》▶前立腺特異抗原

ピー-エス-エー-シー〔PSAC〕《President's Science Advisory Committee》大統領直属科学諮問委員会。1957年アイゼンハワー大統領により設置。2001年ブッシュ㊁大統領の下で、PCAST(大統領科学技術諮問委員会)が新設された。

ピー-エス-エム〔PSM〕《psychosomatic medicine》心身医学。精神身体医学。

ビー-エス-エル〔BSL〕《biosafety Level》生物危険度。細菌・ウイルスなどの病原体を生物学的な危険度で分類した指標。WHO(世界保健機関)が制定する指針に基づき各国が独自に定める。病原体を危険度に応じてレベル1(BSL-1)からレベル4(BSL-4)に分け、取り扱い手順、感染性微生物を扱う実験室の設備や施設の基準を定める。バイオセーフティーレベル。

ビー-エス-オー〔BSO〕《blue stellar object》準々星。ブルーギャラクシー。特殊天体の一つ。恒星状の点像を示す青色星。QSGとも。

ビー-エス-オー〔BSO〕《Boston Symphony Orchestra》ボストン交響楽団。米国ボストンを本拠とするオーケストラ。1881年設立。

ピーエス-コンクリート〔PS concrete〕《PSはprestressedの略》鉄筋コンクリートの一。鉄筋にあらかじめ圧縮応力を与え、引っ張り強度を高めたもの。亀裂を生じにくい。橋桁・梁などに用いる。

ビーエス-コンディショナルアクセスシステムズ〔BS Conditional Access Systems〕▶ビーキャス(B-CAS)

ピー-エス-シー〔PSC〕《port state control》▶船舶安全検査

ピー-エス-スリー〔PS3〕《PlayStation 3》「プレイステーション3」の略。

ピー-エス-ダブリュー〔PSW〕《psychiatric social worker》▶精神保健福祉士

ピー-エス-ツー〔PS2〕《PlayStation 2》「プレイステーション2」の略。

ビー-エス-ディー〔BSD〕《Berkeley Software Distribution》米国カリフォルニア大学バークレー校が開発したUNIX互換のオペレーティングシステム。

ピー-エス-ティー〔PST〕《Pacific standard time》▶太平洋標準時

ピー-エス-ディー〔PSD〕《psychosomatic disease》心身症。

ビーエスディー-ライセンス【BSDライセンス】《Berkeley Software Distribution license》ソフトウエアに関する使用許諾条件の一。オープンソースのソフトウエアにおいて、無保証と免責、ならびに再配布時の著作権表示のみを条件とする。BSD系のUNIXなどで採用されている。

ビーエス-デジタルほうそう【BSデジタル放送】ハウソウ《BS digital broadcasting》▶デジタル衛星放送

ピー-エス-ピー〔PSP〕《PlayStation Portable》▶プレイステーションポータブル

ピー-エス-ブイ-ティー〔PSVT〕《paroxysmal supraventricular tachycardia》▶発作性上室性頻拍

ピーエス-ほうしき【PS方式】ハウシキ《production sharing system》生産物分与方式。開発途上国における石油や天然ガスの探鉱開発契約で採用されている契約方式の一種。外国の石油会社が産油国に対して必要な資金や資材、技術を提供し、産出された石油や天然ガスを産出国と分け合うことで、投下資金を回収すると同時に利益を確保する方式。

ビーエス-ほうそう【BS放送】ハウソウ《broadcasting satellite》BS(放送衛星)を使った衛星放送。NHK、WOWOWをはじめ民放キー局などがサービスを行っている。

ピー-エックス〔PX〕《post exchange》米国軍隊内の売店。➡酒保

ピー-エックス〔PX〕《patrol X》(海上自衛隊の)次期対潜哨戒機。

ビー-エッチ〔BH〕《bill of health》健康証明書。

ピー-エッチ〔pH〕《pは、ドイツ Potenzから、Hは水素の元素記号》水素イオン濃度を表す指数。ペーハー。➡水素イオン指数

ピー-エッチ〔PH〕《pinch hitter》野球で、代打。➡ピンチヒッター❶

ビー-エッチ-エー〔BHA〕《butylated hydroxyanisole》ブチルヒドロキシアニソール。バター、マーガリン、魚の干物などに使われる酸化防止剤。

ピー-エッチ-エー〔PHA〕《potentially hazardous asteroids》潜在的に地球と衝突する恐れがある小惑星の総称。地球近傍小惑星のうち、地球に0.05天文単位(約750万キロメートル)以内に接近し、直径100メートル以上のものを指す。衝突の確率は極めて低いものの、たとえ小さい小惑星の衝突であっても広範囲にわたって甚大な被害が生じるため、NASA(米航空宇宙局)による追跡プロジェクト(NEAT)をはじめ、地球に接近する小惑星や彗星などの天体の探索が続けられている。

ピー-エッチ-エス〔PHS〕《personal handyphone system》携帯電話サービスの一。無線の基地局が低コストのため通話料が通常の携帯電話より安く、デジタル方式で高速のデータ通信が可能。平成7年(1995)にサービス開始。携帯電話の普及にともない利用者が減少したが、データ通信に特化した利用や音声通話の定額制サービスなどにより携帯電話との差別化が図られている。ピッチ。

ビー-エッチ-エヌ〔BHN〕《basic human needs》人間の基本的な欲求。人間として最低限必要な衣食住や教育などに対する欲求。(補説)このBHNが満たされていない開発途上諸国の貧困層に、1970年代半ばから米国、世界銀行、ILO(国際労働機関)が援助を開始している。

ビー-エッチ-シー〔BHC〕《benzene hexachloride》有機塩素系の殺虫剤。ベンゼン環に六つの塩素が付加した形の化合物。8種の異性体があり、そのうちγ異性体が殺虫性を示す。発癌性があり、現在は使用禁止。

ピーエッチ-しけんし【ピーエッチ試験紙】濾紙に酸塩基指示薬をしみこませた試験紙。溶液に浸し、変化した色からその水素イオン濃度を知ることができる。ペーハー試験紙。

ピーエッチ-しじやく【ピーエッチ指示薬】水素イオン濃度の変化に従って変色する酸塩基指示薬のこと。ペーハー指示薬。

ビー-エッチ-ティー〔BHT〕《butylated hydroxytoluene》ブチルヒドロキシトルエン。酸化防止剤の一種。

ピー-エッチ-ディー〔Ph.D.〕《ラテン Philosophiae Doctor》❶哲学博士。❷米国で、博士号のこと。また、博士号取得者。

ピー-エッチ-ピー〔PHP〕《PHPはHypertext Preprocessorから》動的にウェブページを生成するためのスクリプト言語、またはウェブサーバーの拡張機能の一。オープンソースとして無償公開されている。

ピー-エッチ-ブイ〔PHV〕《plug-in hybrid vehicleの略から》「プラグインハイブリッドカー」に同じ。

ピーエッチ-メーター【pHメーター】《pH-meter》▶ペーハー計

ビー-エヌ〔BN〕《Bulimia nervosa》▶過食症

ピー-エヌ-イー-ティー〔PNET〕《Peaceful Nuclear Explosions Treaty》平和目的核実験制限条約。地下核実験の規模を150キロトンに制限しようとする条約。1976年に米ソ間で調印された。

ビー-エヌ-エス-シー〔BNSC〕《British National Space Center》イギリス国立宇宙センター。イギリスの宇宙技術開発の中心となる機関で、宇宙政策を効果的に調整することを目的としている。1985年発足。本部はロンドン。2010年、イギリス宇宙局(UKSA; UK Space Agency)に発展解消。

ビー-エヌ-エフ〔BNF〕《Backus Naur form》▶ビーエヌ(BN)記法

ピー-エヌ-エル〔PNL〕《perceived noise level》航空機1機についての知覚騒音基準。

ビーエヌ-きほう【BN記法】キハフ《Backus Naur form》コンピューターのプログラミング言語などの構文を定義するために用いられる記述言語の一。考案者の名前の頭文字から、バッカス記法、バッカスナウア記法とも呼ばれる。

ピー-エヌ-シー〔PNC〕《Palestine National Council》パレスチナ民族評議会。パレスチナ解放機構の最高意思決定機関。

ピー-エヌ-シー〔PNC〕《Power Reactor and Nuclear Fuel Development Corporation》▶動力炉・核燃料開発事業団

ピー-エヌ-ジー〔PNG〕《portable network graphics》画像データを保存するファイル形式の一。ピング。

ビーエヌシー-コネクター【BNCコネクター】《bayonet neill concelman connector》同軸ケーブルで使われる高周波伝送用のコネクター形状の一。

ピーエヌ-せつごう【pn接合】セフガフ 半導体のp型とn型とを接合した半導体素子。また、その相接する部分。整流作用を示し、ダイオードとして利用。

ビー-エヌ-ディー〖BND〗《ドイツ Bundesnachrichtendienst》ドイツ連邦情報局。首相の直属機関。1956年開設。前身は終戦直後に組織された対ソ諜報機関のゲーレン機関。
ピー-エヌ-ディー〖PND〗《Portable/Personal Navigation Device》小型・軽量で携帯型のカーナビゲーションシステムの総称。液晶などの表示画面、地図情報を収めるメモリー、GPS機能を搭載しており、取り外してオートバイ・自転車・歩行者が利用することもできる。パーソナルナビゲーションデバイス。ポータブルナビゲーションデバイス。
ビー-エヌ-ピー〖BNP〗《brain natriuretic peptide》►脳性ナトリウム利尿ペプチド
ピー-エヌ-ピー〖PnP〗►プラグアンドプレー
ビー-エフ〖BF〗《boyfriend》ボーイフレンド。男友達。
ビー-エフ〖B/F〗《brought forward》前期よりの繰り越し。
ビー-エフ〖BF〗《boldface》ボールド活字。欧文の太い活字。
ピー-エフ〖PF〗《power forward》バスケットボールで、パワーフォワード。
ピー-エフ-アイ〖PFI〗《Private Finance Initiative》民間の資金や経営手法・技術力を活用して公共施設などの社会資本を整備すること。官民の役割分担を事前に取り決め、公共施設の建築や維持管理を民間企業に任せ、効率的に良質な公共サービスを提供しようとするもの。1990年代にイギリスで始まり、90年末から日本でも広がった。民間資金等活用事業。(補説)平成11年（1999）のPFI法施行以来、PFI事業の実施件数は累計360件を超え、公共施設整備事業の手法の一つとして定着しつつあるが、事業環境の変化に応じて契約条件が変更できないなどの問題や、事業契約の解釈をめぐる事業者間の対立などの事態も生じている。内閣府は同21年4月、PFI事業の公平性や透明性を確保するための基本的な考え方を示したガイドラインを策定・公開した。
ピー-エフ-エム〖PFM〗《pulse frequency modulation》パルス周波数変調。パルス搬送波の周波数を情報に従って変化させる変調方式。
ピー-エフ-エル-ピー〖PFLP〗《Popular Front for the Liberation of Palestine》パレスチナ解放人民戦線。PLO（パレスチナ解放機構）内の過激派組織。反帝国主義、反シオニズム運動を標榜する。
ピーエフエルピー-ジーシー〖PFLP-GC〗《PFLP-General Command》パレスチナ解放人民戦線総司令部派。PLO（パレスチナ解放機構）内の過激派組織。指導者の名をとってジブリル派ともいう。
ピーエフシー-ねつりょうひ【PFC熱量比】「PFCバランス」に同じ。
ピーエフシー-バランス【PFCバランス】《protein, fat, carbohydrate balance》P（たんぱく質）、F（脂肪）、C（炭水化物）の三大栄養素から取り入れる熱量の割合。PFC熱量比。
ビー-エフ-ピー〖BFP〗《biological false positive》生物学的偽陽性。梅毒にかかっていないのにワッセルマン反応が陽性に出てしまうこと。結核、敗血症などで起こる。
ピー-エフ-ピー〖PfP〗《Partnership for Peace》平和のためのパートナーシップ。NATOと非NATO欧州各国との間の安全保障協力に関するプログラム。1991年のワルシャワ条約機構解体後の欧州の安全保障体制を再構築するために、94年1月のNATO首脳会議で提唱された枠組み。NATO諸国と旧ワルシャワ条約機構諸国を中心に34か国が参加。
ビー-エム〖BM〗《bowel movement》便通。
ビー-エム〖BM〗《ballistic missile》弾道ミサイル。
ビー-エム〖BM〗《bench mark》►ベンチマーク
ビー-エム〖BM〗《basal metabolism》基礎代謝。
ピー-エム〖P.M.¦p.m.〗《ラテン post meridiem》午後。時刻を表す数字または数詞のあとに置く。⇔A.M.
ピー-エム〖PM〗《prime minister》►プライムミニスター
ピー-エム〖PM〗《product manager》►プロダクトマネージャー
ピー-エム〖PM〗《phase modulation》►位相変調
ピー-エム〖PM〗《project manager》►プロジェクトマネージャー
ピー-エム〖PM〗《pacemaker》「ペースメーカー」の略。➡心臓ペースメーカー
ビー-エム-アール〖BMR〗《basal metabolic rate》基礎代謝率。生命維持に必要な単位時間当たりのエネルギー量。成人で、1日1200〜1400Kcal。
ピー-エム-アール〖PMR〗《perpendicular magnetic recording》►垂直磁気記録
ビー-エム-アイ〖BMI〗《body mass index》►体格指数
ビー-エム-アイ〖BMI〗《Broadcast Music Incorporated》ブロードキャストミュージック社。米国の音楽著作権管理会社。1939年設立。本部はニューヨーク。
ビー-エム-アイ〖BMI〗《brain-machine interface》►ブレーンマシンインターフェース
ビー-エム-エー〖BMA〗《British Medical Association》英国医師会。1832年設立。本部はロンドン。
ピー-エム-エー〖PMA〗《personnel management analysis》人事管理の有効性分析。人事に関する情報をできるかぎり計数によってとらえ、それを分析・評価する手法。
ピー-エム-エス〖PMS〗《premenstrual syndrome》月経周期の後半に始まり、月経の開始とともに治まる病気。いらいら・怒り・憂鬱・不安・集中力の低下・無気力・眠気・不眠などの精神的症状や、頭痛・乳房の張りや痛み・下腹痛・肌あれ・むくみ・肩こり・便秘などの身体的症状のうち、複数が同時に現れる。排卵後の黄体期に始まることから、月経周期に伴うエストロゲンやプロゲステロンなどの分泌の変化が関与していると考えられるが、詳細な原因は不明。精神的症状が特に重い場合は、PMDDとして区別される。月経前症候群。月経前緊張症（PMT; premenstrual tension）。
ビー-エム-エックス〖BMX〗《bicycle motocross》バイシクルモトクロス。オフロードを走るための自転車。また、そのような自転車による競技。
ピー-エム-エム-エー〖PMMA〗《polymenthyl methacrylate》ポリメタクリル酸メチル。透明の合成樹脂で、風防ガラス・ドアなどに利用する。
ビー-エム-ダブリュー〖BMW〗《ドイツ Bayerische Motoren Werke》ドイツの自動車メーカー。また、同社製の自動車。ベーエムベー。
ビー-エム-ディー〖BMD〗《Ballistic Missile Defense》弾道ミサイル防衛。飛来する弾道ミサイルを早期警戒衛星等で探知し、さまざまな迎撃方法を組み合わせて撃破する防御システム。➡MD（ミサイル）
ビー-エム-ディー〖BMD〗《bone mineral density》►骨塩密度
ピー-エム-ティー〖PMT〗《photomultiplier tube》►光電子増倍管
ピー-エム-ティー〖PMT〗《premenstrual tension》►ピー-エム-エス（PMS）
ピー-エム-ディー-エー〖PMDA〗《Pharmaceuticals and Medical Devices Agency》►医薬品医療機器総合機構
ピー-エム-ディー-ディー〖PMDD〗《premenstrual dysphoric disorder》月経前症候群（PMS）の中で、精神的症状が特に著しい鬱病性障害。不安感・怒りなどの感情が激しく、日常生活に支障をきたすようになる。エストロゲン・プロゲステロンなどの性ホルモンの分泌の変化に加えて、セロトニンなどの神経伝達物質の変調が作用していると考えられるが、詳細な原因は不明。月経前不機嫌性障害。月経前不快気分障害。
ビー-エム-ピー〖BMP〗《bitmap》コンピューターの画像ファイル形式の一。ウインドウズが標準でサポートする。
ビーエムピー-けいしき【BMP形式】《bitmap format》米国マイクロソフト社のウインドウズで画像データを取り扱うために標準的に使われているフォーマット。点の集まりで画像を表現する。
ビー-エル〖BL〗《bill of lading》船荷証券。
ピー-エル〖PL〗《product liability》製造物責任。
ピー-エル〖P/L〗《profit and loss statement》「損益計算書」に同じ。
ビー-エル-アイ〖BLI〗《Birdlife International》バードライフインターナショナル。1994年に設立された国際環境NGO。野生の鳥類と生息地の保護を図ることを目的とし、世界の絶滅に瀕した野鳥をリストアップした「レッドデータブック」を作成している。本部は英国のケンブリッジ。前身はICBP（国際鳥類保護会議）。
ピー-エル-アイ〖PLI〗《people's life indicators》新国民生活指標。従来の国民生活指標（NSI）を平成4年（1992）に改定し、国民生活の「豊かさ」を指数化したもの。「住む」「働く」など八つの活動領域指標と、「安全・安心」「公正」など四つの生活評価軸指標について、それぞれ時系列指標と都道府県別指標とを作成し、経済企画庁（現内閣府）が11年まで発表。
ピー-エル-エー〖PLA〗《Palestine Liberation Army》パレスチナ解放軍。パレスチナ解放機構（PLO）の正規軍。1995年のパレスチナ自治政府成立後は、警察組織として引き継がれた。
ピー-エル-エス-エス〖PLSS〗《precision location strike system》精密照準攻撃装置。レーダーや赤外線センサーなどにより目標の位置をコンピューターが正確に算出し、航空機・ミサイルなどにより攻撃を加えるシステム。
ピー-エル-エス-エス〖PLSS〗《portable life support system》船外活動用生命維持装置。宇宙飛行士が背負い、月面活動歩行などで使う。
ピー-エル-エフ〖PLF〗《Palestine Liberation Front》パレスチナ解放戦線。パレスチナ解放機構（PLO）を構成するパレスチナゲリラ組織の一。
ピー-エル-オー〖PLO〗《Palestine Liberation Organization》パレスチナ解放機構。1964年、パレスチナ解放組織の統合機関として結成。1974年のアラブ首脳会議でパレスチナ人の唯一の正当な代表として承認され、国連オブザーバーの資格を得た。1993年、イスラエルとの間で相互承認を行い、パレスチナ暫定自治協定に調印、ヨルダン川西岸地域およびガザ地区に自治政府を組織することが認められた。2004年、最高指導者アラファト議長が死去、穏健派のアッバースが後任の議長に就いた。➡オスロ合意
ピーエル-きょうだん【PL教団】►パーフェクトリバティー教団
ビー-エル-ケー〖BLK〗►バルク品
ピー-エル-シー〖PLC〗《power line communication》►電力線通信
ピー-エル-ダブリュー-エー〖PLWA〗《person living with Aids》エイズ共生者。PWAとも。
ビーエルティー-サンドイッチ【BLTサンドイッチ】《BLTはbacon, lettuce, tomatoの頭文字》ベーコン、レタス、トマトをはさんだサンドイッチ。
ピーエル-フィルター【PLフィルター】《polarizing filter》►偏光フィルター
ピーエル-ほう【PL法】製造物責任法の通称。
ピーエル-ほけん【PL保険】►生産物賠償責任保険
ビーエル-マーク【BLマーク】《和 Better＋Living＋mark》優良住宅部品認定のマーク。昭和49年（1974）に創設された優良住宅部品認定制度に基づいて、財団法人ベターリビングが優良と認定した住宅部品に与えるマークのこと。
ピー-エル-ワン〖PL/1〗《programming language 1》コンピューターのプログラミング言語の一。科学技術計算に適するFORTRANと事務処理に適するCOBOLの両方の長所を取り入れて作られたもの。

ビー-オー〘B/O〙《brought over》繰り越し。
ピー-オー〘PO〙《post office》郵便局。
ピー-オー〘PO〙《postal order》郵便為替。
ピー-オー〘PO〙《private offering》私募。証券取引所(金融商品取引所)以外の所で行われる証券取引。
ピー-オー〘PO〙《purchase order》購入注文。商品名・出荷条件などの販売条件を明記した正式の注文書。
ピー-オー-アイ〘POI〙《point of interface》相互接続点。異なる通信事業者の回線を相互に接続するポイント。日本では、NTTと他の通信事業者との相互接続点をいう。
ビー-オー-イー〘BOE〙《Bank of England》▶イングランド銀行
ピー-オー-オー〘POO〙《post office order》郵便為替。
ビー-オー-ジェー〘BOJ〙《Bank of Japan》日本銀行。
ピー-オー-ダブリュー〘POW〙《prisoner of war》戦時捕虜。PWとも。
ビー-オー-ティー〘BOT〙《balance of trade》▶貿易収支
ビー-オー-ティー〘BOT〙《Board of Trade》英国商務省。現在は貿易産業省(Department of Trade and Industry)。
ビー-オー-ディー〘BOD〙《biochemical oxygen demand》生物化学的酸素要求量。
ビー-オー-ディー〘BOD〙《bandwidth on demand》ISDN回線において、通信量に応じて通信速度を変化させる機能のこと。
ピー-オー-ディー〘POD〙《pay on delivery》現物引き換え払い。
ピー-オー-ディー〘POD〙《The Pocket Oxford Dictionary》オックスフォードポケット英語辞典。
ピー-オー-ディー〘POD〙《print on-demand》▶オンデマンド出版
ビーオーティー-ほうしき【BOT方式】ﾊｳｼｷ《build, operate and transfer》外国企業が相手国から土地を提供してもらい、工場などの施設を建設して一定期間運営・管理し、投資を回収した後に、相手国に施設や設備を委譲する開発方式。新規に債務を生じさせない開発途上諸国への協力方式。また、民間資金を活用したPFI事業で、民間事業者が公共施設等を建設して管理・運営し、事業期間終了後に国や自治体に所有権を委譲する事業方式。
ビー-オー-ピー〘BOP〙《base of the (economic) pyramid, bottom of the (economic) pyramid》「経済ピラミッドの底辺層」「所得ピラミッドの最下層」の意。年間所得3000ドル未満で生活をしている開発途上国の低所得者層で、世界の人口の約72パーセント、約40億人に相当する。市場規模は5兆ドルとされ、事業と貧困対策の両立を目指す取り組み(BOPビジネス)が進んでいる。
ピー-オー-ビー〘POB〙《post office box》郵便局の、私書箱。
ピーオーピー-こうこく【POP広告】ｸﾜｳｺｸ《point-of-purchase》ポップ広告。
ピーオーピー-サーバー【POPサーバー】▶ポップ(POP)サーバー
ビーオーピー-ビジネス【BOPビジネス】《BOPは、base of the economic pyramid の略》低所得層を対象とする国際的な事業活動。民間企業と開発援助機関が連携し、収益を確保しながら、貧困層の生活向上など社会的課題の解決に向けて貢献する。
ビーオーピービジネス-しえんセンター【BOPビジネス支援センター】ｼｴﾝ 途上国でBOPビジネスに取り組む日本企業を総合的に支援する仕組み。平成22年(2010)に経済産業省が設立。BOPビジネスに関する情報を一元的に提供し、関係機関等との情報交換・連携促進を支援する。
ビーカー〘beaker〙化学実験器具の一。平底円筒形で開口部が広く、注ぎ口のある硬質ガラス製の容器。
ビーがた-かんえん【B型肝炎】ウイルス性肝炎の一。B型肝炎ウイルス(Hepatitis B Virus; HBV)が輸血、母子感染、性行為、針刺し事故などによって感染して起こる血清肝炎。A型肝炎に比べて経過は緩慢なことが多い。
ビーがたかんえん-ウイルス【B型肝炎ウイルス】B型肝炎の原因となる肝炎ウイルス。DNAをゲノムとするDNAウイルスで、血液・体液を介して感染する。思春期以降に感染した場合は一過性で終わることが多いが、免疫機能が未熟な乳幼児期に感染すると持続感染となることがある。HBV(hepatitis B virus)。
ビーがた-ナトリウムりにょうペプチド【B型ナトリウム利尿ペプチド】ﾘﾆﾖｳ▶脳性ナトリウム利尿ペプチド
ピーがた-はんどうたい【p型半導体】ﾊﾝﾀﾞｳﾀｲ 不純物を加えて、価電子帯に生じる正孔(せいこう)によって電気伝導を行う半導体。シリコンに硼素(ほうそ)やガリウムを添加したものなどがある。➡n型半導体
ひい-かわ【斐伊川】ｶﾊ 島根県東部を流れる川。中国山地に源を発し、北流してから東流して宍道(しんじ)湖に注ぐ。長さ153キロ。上流は古く簸川(ひのかわ)とよばれ、八岐大蛇(やまたのおろち)の伝説地。
ぴいかん《ふつう「ピーカン」と書く》快晴をいう俗語。〔補説〕語源は未詳だが、映画業界の隠語からとも言われる。
ピーカン〘pecan〙《「ペカン」とも》北アメリカ原産のクルミ科の高木。また、そのナッツ(木の実)のこと。おつまみやピーカンパイなどの製菓用。
ひい-き【×贔×屓¦×贔▽負】〘名〙ｽﾙ《「ひき(贔屓)」の音変化》気に入った人を特に引き立てること。後援すること。また、引き立てる人。「同郷の力士を―にする」「弟のほうを―してかわいがる」「―の客」「―筋」
贔屓の引き倒し　ひいきし過ぎて、かえってその人を不利にすること。
ピーキー〘peakey〙自動車のエンジンで、トルクは強いが、それを発生する回転域が狭いもの。レーシングカーや高性能スポーツカーにみられる。グラフにすると鋭い岩峰(peak)のような形状を示すところから付いた名。
ひいき-びいき【×贔×屓×贔×屓】めいめい自分の好みに従ってひいきすること。
ひいき-へんぱ【×贔×屓偏×頗】《「ひいきへんぱ」とも》えこひいき。「老(らう)たち、出頭、奉行になしては―の私ありて」〈仮・浮世物語・二〉
ひいき-め【×贔×屓目】ひいきをした見方。好意的な見方。「どう―に見ても相手のほうが強そうだ」
ビー-キャス〘B-CAS〙デジタル放送の関連業者の共同出資により設立された株式会社ビーエス・コンディショナルアクセスシステムズの略称。または同社が管理する限定受信方式や、それに利用する専用のカード(B-CASカード)を指すこともある。
ビーキャス-カード【B-CASカード】《BS Conditional Access Systems Card》デジタル放送の限定受信のためのICカード。デジタル著作権管理(DRM)の一。デジタル衛星放送、地上デジタルテレビ放送、110度CSデジタル放送などのデジタル放送を受信するテレビやチューナーに同梱され、不正コピーや不正受信を防ぐスクランブルを解除するID番号と暗号鍵が記録されている。デジタル放送関連業者の共同出資により設立された株式会社ビーエス・コンディショナルアクセスシステムズ(B-CAS)が発行。
ビー-きゅう【B級】ｷﾌ「Bクラス」に同じ。
ピー-キュー-エス〘PQS〙《percentage quota system》比例割当制。輸出業者やメーカーの過去の輸出実績に応じて、輸出の枠を決定する方式。
ビーきゅう-グルメ【B級グルメ】ｷﾌ《グルメはフランス語で美食家の意》ぜいたくな食事ではなく、安価で庶民的でありながら、おいしいと評判の料理のこと。また、そのような料理を好んで食べること。
ひい-きょ【×脾胃虚】ﾋｷﾖ 漢方で、消化機能が低下して、いくら食べても太れない病気。
ピーキング〘peaking〙運動選手などが、大切な大会へ向けてコンディションを最高の状態にもっていくように、調整すること。また、その調整法。
ひ-いく【肥育】〘名〙ｽﾙ 食肉用の家畜の肉量を増やし、肉質をよくするための飼育法。畜舎を暗くし運動をさせず、良質の飼料を与える。「肉牛を―する」
び-いく【美育】美術・音楽などを通じて情操を豊かにし、人間性の向上を図る教育。知育・徳育・体育と並んで用いられる語。美的教育。
ピーク〘peak〙❶山の頂。頂上。峰。「―をめざす」❷物事の最高潮。絶頂。頂点。「混雑が―に達する」〔類語〕最高潮・山場・山・峠・クライマックス
ピーク〘Wilhelm Pieck〙[1876～1960]ドイツの政治家。ドイツ共産党創立者の一人。ナチス政権成立後フランス・ソ連に亡命。第二次大戦後、帰国して共産党を再建。1946年、社会主義統一党を創立。49年、ドイツ民主共和国成立とともに初代大統領。
ピーク-アウト〘peak out〙〘名〙ｽﾙ 頂点に達すること。また、そこから減少に転じること。
ピーク-オイル〘peak oil〙世界の石油産出量の頂点。ピークに達したあと生産量は減少の一途をたどり、需要をまかなえなくなることから石油価格が高騰すると考えられている。石油ピーク。
ピーク-カット《和 peak＋cut》夏の冷房、冬の暖房などによってできる電力需要のピーク(頂点)を低く抑えること。複数の電源を組み合わせる、夜間の低需要時に蓄電する、ピークシフトに協力金を支払う、などさまざまな方法がある。ピークに合わせて作る発電施設への設備投資を控えることができる。
ピーク-シフト《和 peak＋shift》電力需要が最大になる時間を他の時間帯にずらすこと。➡計画調整契約
ピーク-タイム〘peak time〙最高潮である時間。交通機関や店などが最も混雑する時間帯。また、機械・工場などが最も忙しく稼働している時間帯。➡アイドルタイム
ピークディストリクト-こくりつこうえん【ピークディストリクト国立公園】ｺｸﾘﾂｺｳｴﾝ《Peak District National Park》英国イングランド中部にある国立公園。マンチェスターとシェフィールドの間に位置する。同国最古の国立公園として知られ、ムーア(荒地)と草原が広がり、石灰岩の岩山、鍾乳洞、谷、湖が点在する。起点となる町はバクストン、ベークウェル、グロサップ。
ピークド-ラペル〘peaked lapel〙《peakedは、先のとがったの意》背広襟などの下襟の先が鋭角になっているもの。フォーマルスーツに多い。
ピーク-メーター《peak level meterから》音または信号の大きさを監視するメーターの一種で、変化する信号の最大値を指示するもの。
ビー-クラス〘B class〙第2位の等級。B級。二流。「―のホテル」〔類語〕二流・三流・B級・亜流・三等
ビークル〘vehicle〙❶車両の総称。乗り物。また、輸送手段。レクリエーショナルビークルのように自動車にも使われるが、宇宙船などを呼ぶこともある。「雪上―(＝スノーモービル)」➡コミュニティービークル ➡ユーティリティービークル ➡ハイブリッドビークル ❷伝達手段。媒介物。媒体。❸▶ビヒクル
ビーグル〘beagle〙犬の一品種。英国原産のうさぎ狩り用猟犬。体高約35センチ。体つきはがっしりし、耳は垂れ、毛は短くて白・黒・褐色の斑がある。
ビーグルごうこうかいき【ビーグル号航海記】ｺﾞｳｶｳｶｲｷ《原題 Journal of Researches into the Natural History and Geology of the Countries Visited during the Voyage of H.M.S. Beagle round the World》博物誌。ダーウィン著。1839年刊。31～36年に博物学者として英海軍の測量艦ビーグル号に乗船し、南アメリカ・ガラパゴス諸島・南太平洋諸島・オーストラリアなどを周航したときの、各地の動植物・地質などの調査記録を日記の形で記述したもの。
ピーク-ロード〘peak load〙通信や交通で需要量が最大になること。また、最大需要量のこと。
ピークロード-プライシング〘peak load pricing〙

電力料金などで、需要量の時間的・季節的なピーク時に、特別な差別料金を取ること。電力供給設備は最大需要量に合わせて用意するので、ピーク時以外には遊休が出るのを補うためのもの。

ひ-いけ【氷池】昔、宮中で用いる氷を作った池。氷室(ひむろ)に貯蔵した。「くるす野の一の水の深きめぐみを」〈年中行事歌合〉

ビー-ケー〔BK〕《backs》バックス。ラグビーではスクラムハーフからフルバックまでの7人の選手をさし、サッカーでは主に守備を行う選手をいう。

ピー-ケー〔PK〕《penalty kick》サッカーで、ペナルティーキック。

ピー-ケー-アイ〔PKI〕《public key infrastructure》公開鍵暗号を用いた基盤技術の全般を指す。公開鍵基盤。

ピー-ケー-エフ〔PKF〕《peacekeeping force》国連平和維持軍。PKO(国連平和維持活動)において、紛争当事者間の兵力引き離しや非武装地帯確保、停戦監視などに当たる軍隊。国連加盟国が自発的に提供するもので、原則的に軽火器で武装する。国際連合平和維持軍。

ピー-ケー-オー〔PKO〕《peacekeeping operations》国連平和維持活動。国連が、受け入れ国の同意を得た上で、PKF(国連平和維持軍)や人員を現地に派遣して行う活動。紛争の拡大の防止、休戦・停戦の監視、治安維持、選挙監視などにあたる。国際連合平和維持活動。

ピー-ケー-オー〔PKO〕《price keeping operation》公的資金を利用して行われる株価維持政策。株買い支え。

ピーケーオー-きょうりょく-ほう【PKO協力法】ケフリョクハフ《「国際連合平和維持活動等に対する協力に関する法律」の通称》PKO(国連平和維持活動)や人道的な国際救援活動に協力するために制定された国内法。平成4年(1992)成立。自衛隊を紛争国に海外派遣する根拠法となる。国連平和維持活動協力法。国際平和協力法。⇒国際緊急援助隊

ピーケーオー-ごげんそく【PKO五原則】自衛隊がPKO(国連平和維持活動)に参加する際の条件。(1)紛争当事者間で停戦合意が成立していること、(2)当該地域の属する国を含む紛争当事者がPKOおよび日本の参加に同意していること、(3)中立的立場を厳守すること、(4)上記の基本方針のいずれかが満たされない場合には部隊を撤収できること、(5)武器の使用は要員の生命等の防護のために必要な最小限のものに限られること、の5項目で、それぞれPKO協力法に盛り込まれている。PKO参加五原則。〔補説〕民主党政権は、武器の使用など自衛隊が活動しやすい態勢の整備へ向けて、五原則の見直しを検討している。

ピーケーオーさんか-ごげんそく【PKO参加五原則】▶PKO五原則

ピーケーオー-ほけん【PKO保険】▶国連平和維持活動傷害保険

ピーケー-せん【PK戦】サッカーで、同点のまま試合が終わった場合、ペナルティーキック(PK)によって勝敗を決める方法。両チーム5選手が交互にボールを蹴り、得点の多いほうが勝者となる。五人で決着がつかないときは、六人目からサドンデス方式となる。

ピー-ケー-ユー〔PKU〕《phenylketonuria》フェニルケトン尿症。

ビー-けん【B犬】警察犬種の略称の一。ボクサーのこと。

ビーコ〔Giambattista Vico〕[1668〜1744]イタリアの哲学者。デカルトの合理主義を批判し、歴史こそ人間精神を反映する鏡であるとし、歴史主義への道を開いた。著「諸民族の共通性質についての新科学原理」など。ビコ。

ビーゴ〔Vigo〕スペイン北西部、ガリシア州の港湾都市。リアス式海岸の語源となった「リア」と呼ばれる細長い入り江ビーゴ湾の奥に位置する。同国有数の漁港を有し、工業も盛ん。スペイン王フェリペ4世が築いたカストロ城がある。国立公園に指定されたシエス諸島への玄関口にあたる。

ビー-こうげん【B光源】クワウゲン CIE(国際照明委員会)が規定した標準光源の規格の一。紫外域の再現性が悪く、現在は規定から外され、使われていない。⇒A光源 ⇒C光源 ⇒D65光源

ピー-コート〔pea coat〕ダブルブレステッド(両前あき)で丈の短いスポーティーな防寒用コート。前合わせが左右どちら合わせにもでき、また大きめのリーファー襟が付いているのが特徴。元は漁師や船乗りなどの作業着。

ピーコック〔peacock〕「孔雀(くじゃく)」に同じ。

ピーコック-レボリューション〔Peacock Revolution〕1967年にアメリカのディヒター博士が提唱した、男性ファッションの革命。従来のダークトーン中心から、もっと色彩を取り入れて美しく着飾ろうとする運動で、孔雀の雄が雌よりも華やかな色彩をもっていることからの命名。

ビーご-はん【B5判】紙の仕上げ寸法の一。182ミリ×257ミリの大きさ。週刊誌などに用いられる。B列5番。

ビーコン〔beacon〕❶航路・航空路などの標識。❷「ラジオビーコン」の略。

ビーコン-ヒル〔Beacon Hill〕米国マサチューセッツ州の都市、ボストンの一地区。州議事堂がある。高級住宅街の一部に残るジョージアン様式の家並みが、国定史跡建築物に指定されている。

ビーコン-ライト〔beacon light〕標識灯。緊急自動車に付いている赤色点滅灯。また、道路作業車の黄色点滅灯。

ビー-さいぼう【B細胞】サイハウ《Bはbone marrowの頭文字で、骨髄の意》骨髄で生成されたリンパ球が骨髄内で成熟・発達したもの。T細胞とともに免疫反応に関与。抗原の刺激に応答して増殖し、抗体を産生する形質細胞へと分化する。Bリンパ球。

ひい-さま【▽姫様】《「ひめさま」の音変化》貴人の娘を敬っていう語。お嬢さま。おひいさま。

ピーサレフ〔Dmitriy Ivanovich Pisarev〕[1840〜1868]ロシアの批評家。自然科学的唯物論の立場から芸術抹殺論を説いた。著「美学の破壊」など。

ビー-サン「ビーチサンダル」の略。

ビー-シー〔B.C.〕《Before Christ》西暦紀元前。⇔A.D.

ビー-シー〔BC〕《bills for collection》代金取り立て手形。代手。貿易取引の決済に用いられる。B/Cとも書く。

ビー-シー〔BC〕《birth control》産児制限。

ビー-シー〔BC〕《British Council》ブリティッシュカウンシル。英国の公的な国際文化交流機関。1934年設立。本部はロンドン。

ビー-シー〔BC〕《buyer's credit》▶バイヤーズクレジット

ビー-ジー〔BG〕《和 business＋girlから》女子事務員。⇒オフィスレディー

ピー-シー〔PC〕《personal computer》パーソナルコンピューター全般を指すが、主にPC/AT互換機の意味で用いられる。

ピー-シー〔PC〕《polycarbonate》▶ポリカーボネート

ピー-シー〔PC〕《precast concrete》プレキャストコンクリート。工場でコンクリート板を作り、現場で組み立てる建築工法。また、そのようなあらかじめ工場で成型されたコンクリート部材のこと。

ピー-シー〔PC〕《patrol car》パトロールカー。パトカー。

ピー-シー〔PC〕《political correctness》▶ポリティカルコレクトネス

ピー-シー〔PC〕《prestressed concrete》事前に圧縮力をかけておいて、引っ張る力に対する強度を大きくしたコンクリート。

ピー-シー〔PC〕《public comment》▶パブリックコメント

ピー-シー〔PC〕《probability of causation》▶原因確率

ピー-ジー〔PG〕《penalty goal》ラグビーで、ペナルティーゴール。

ピー-ジー〔PG〕《和 propane＋gas》▶プロパンガス

ピー-ジー〔PG〕《prostaglandin》▶プロスタグランジン

ピー-ジー〔PG〕《parental guidance suggested》英国・米国で映画格付けの一。保護者同伴が望ましい区分。米国では、さらにPG-13(13歳未満のこどもの鑑賞にはとくに注意が必要)がある。日本の映倫では、PG-12の区分がある。

ピー-ジー〔PG〕《point guard》バスケットボールで、ポイントガード。

ピー-ジー-アール〔PGR〕《psychogalvanic response》心理電気反応。うそ発見器に使用される。GSRとも。

ピーシーアール-ほう【PCR法】ハフ《polymerase chain reaction》微量のDNAを、その複製に関与する酵素ポリメラーゼを用いて、大量に増やす方法。合成酵素連鎖反応法。

ピー-シー-アイ〔PCI〕《peripheral component interconnect》▶PCIバス

ピー-シー-アイ〔PCI〕《Percutaneous Coronary Intervention》冠状動脈の狭窄部位を拡張する治療法。大腿部や腕の血管から冠状動脈までバルーンカテーテルを通し、詰まった部分を押し広げる。再狭窄を防ぐためにステントと呼ばれる網状の金属の管を留置する治療法や、アテローム血栓を削り取る治療法なども行われる。経皮的冠動脈インターベンション。⇒PTCA

ピーシーアイ-エクスプレス【PCIエクスプレス】《PCI Express》コンピューター内部の各装置を結ぶ信号路の規格の一。従来のPCIバスに代わる規格として策定。シリアル伝送方式を使用する。PCIe。⇒バス(bus)

ビー-シー-アイ-シー-ピー-エス〔BCICPS〕《board certified infection control pharmacy specialist》▶感染制御専門薬剤師

ピーシーアイ-バス【PCIバス】《peripheral component interconnect bus》米国インテル社が提唱したパソコンのバス規格。インテル系CPUを搭載したパソコンだけでなく、マッキントッシュ系のパソコンにも採用され、従来のISAバスに代わって標準的なバス規格となっている。

ビー-ジー-エー〔BGA〕《ball grid array》LSIのパッケージ方法の一。ピン数が多いタイプのものによく用いられ、素子の下面に半球状の端子が並んでいる。

ピー-ジー-エー〔PGA〕《pin grid array》LSIのパッケージ方法の一。素子の下面にピンが格子状に並んでいる。コンピューターもマイクロプロセッサーなどに用いられ、専用のソケットを使うと、容易に交換できる。

ピー-ジー-エー〔PGA〕《Professional Golfers' Association》プロゴルフ協会。各国のプロゴルファーの団体。トーナメントプレーヤーの認定や競技の主催、運営する。米国は1916年、日本は57年設立。

ピー-シー-エー-エス-ティー〔PCAST〕《President's Council of Advisors on Science and Technology》大統領科学技術諮問委員会。2001年ブッシュ(子)大統領により設置。

ピーシー-エーティー-ごかんき【PC/AT互換機】ゴクワン《PC/AT compatible machine》1984年に米国IBM社が発売したパソコン、「PC/AT」と互換性をもつパソコンの総称。米国インテル社のマイクロプロセッサーをベースとし、米国マイクロソフト社のオペレーティングシステムを組み合わせたシステムが業界標準として広く普及している。

ピー-シー-エー-ブイ〔PCAV〕《partial constant angular velocity》ハードディスクやDVDドライブなど、ディスク状の記憶装置において、ディスクの回転速度(角速度)を変化させる方式の一。ディスクの内周側は角速度を一定にするCAV、外周側は線速度を一定にするCLVを採用し、高速読み出しが可能となっている。パーシャルCAV。

ビー-シー-エス〔BCS〕《British Computer Society》英国コンピューター協会。1957年設立のIT関連の世界的組織。本部はイギリスのスウィンドン。

ピー-シー-エス〔PCS〕《program component score》フィギュアスケートの採点基準の一。スケート技術、演技力、要素のつなぎ、振り付け、曲の解釈を採点し、総計した点数。構成点。➡TES ➡TSS

ビーシーエス-りろん【BCS理論】超伝導の現象を解明した理論。1957年に米国のバーディーン(Bardeen)・クーパー(Cooper)・シュリーファー(Schrieffer)が提唱し、三人の頭文字を取った称。

ピー-シー-エックス〔PCX〕コンピューターの画像ファイル形式の一。BMPと同じくウインドウズの多くのグラフィックソフトがサポートする。

ピー-シー-エフ-アール〔PCFR〕《price cash flow ratio》株価を1株当たりのキャッシュフローで割ったもの。株価収益率(PER)や株価純資産倍率(PBR)と同様に企業の株価水準を測る指標の一つで、現金の動きから企業価値を評価するもの。株価キャッシュフロー倍率。

ビー-シー-エム〔BCM〕《black contemporary music》ブラックコンテンポラリーミュージック。都会的で洗練された黒人ポップミュージック。

ビー-シー-エム〔BCM〕《business continuity management》►事業継続管理

ビー-ジー-エム〔BGM〕《background music》バックグラウンドミュージック。

ピー-シー-エム〔PCM〕《pulse-code modulation》音声・映像などのアナログ信号を、パルスの有無に置き換えたデジタル信号として伝送する方式。ひずみ・雑音が少ないのでオーディオや放送に用いられる。パルス符号変調。

ピー-ジー-エム〔PGM〕《precision-guided munition》精密誘導兵器。レーザー、カメラ、ミリ波レーダーなどを用い、高い命中精度をもった兵器の総称。

ピーシーエム-おんげん【PCM音源】《PCM sound source》PCM方式でデジタル録音した音声を用いた合成音源の一。楽器の音のほか、人の声や自然音なども楽音として利用できる。

ピー-シー-エム-シー-アイ-エー〔PCMCIA〕《Personal Computer Memory Card International Association》PCカードの規格を策定した米国の標準化団体。1989年に米国で設立された。➡PCカード

ピー-シー-オー-エス〔PCOS〕《polycystic ovary syndrome》卵巣の表面に卵細胞を包む小さな卵胞(嚢胞)が多数連なった状態。卵胞はある程度の大きさに成長すると破裂して排卵が起こるが、この病気では、白膜が肥厚して卵巣表面が硬くなり破裂せずに多数の卵胞ができ、月経不順や無月経となる。原因は不明。多嚢胞性卵巣症候群。

ピーシー-カード【PCカード】《PC card》パソコン用カード型周辺機器の統一規格。米国PCMCIAと日本電子工業振興協会(JEIDA、現在の電子情報技術産業協会)が共同で策定。メモリー、モデム、ハードディスクなどをカードサイズにコンパクトにまとめたもの。厚さによりTYPE Ⅰ からⅢまである。

ピーシーカード-アダプター【PCカードアダプター】《PC card adapter》多様な大きさのメモリーカードをPCカードスロットに接続するための機器。コンパクトフラッシュやSDメモリーカードなどの接続に用いられる。PCカードスロットに直接差し込むカード型アダプターのほかに、USB経由で外部接続するタイプがある。

ピーシーカード-スロット【PCカードスロット】《PC card slot》ノートパソコンにあるPCカードの差込口。一部のデスクトップパソコンも備えている。

ピーシーカード-ドライブ【PCカードドライブ】《PC card drive》►PCカードアダプター

ピーシーカード-リーダー【PCカードリーダー】《PC card reader》►PCカードアダプター

ピーシーカード-リーダー-ライター【PCカードリーダー/ライター】《PC card reader/writer》►PCカードアダプター

ビーシーきゅう-せんぱん【BC級戦犯】第二次大戦後、連合国が訴追したB級戦犯とC級戦犯の総称。B級戦犯は、戦争法規または慣例に違反したとする「通例の戦争犯罪」に該当する者、C級戦犯は「人道に対する罪」に該当する者とされた。➡A級戦犯 ➡戦争犯罪 ➡極東国際軍事裁判

ピーシー-ごかんき【PC互換機】►ピー-シー-エー-ティー(PC/AT)互換機

ピーシー-サーバー【PCサーバー】《PC server》サーバーとしての利用を目的に設計されたパーソナルコンピューター。パソコンサーバー。

ひい-じいさん【曽祖=父さん】父または母の祖父を親しんでいう語。ひいじじ。曽祖父。ひいおじいさん。

ビー-シー-シー〔bcc〕《blind carbon copy》電子メールの機能の一。本来の送付先以外にも同内容のメールを送る際に用いる。ccと違って、受信者は自分以外にもそのメールを受け取った人がいるかどうかを知ることはできない。➡cc

ビー-シー-ジー〔BCG〕《フランス bacille de Calmette-Guérin》結核予防の生ワクチン。牛型結核菌を弱毒化したもので、パスツール研究所のカルメットとゲランが13年間の連続培養で得た。ツベルクリン反応の結果が陰性の者に、免疫を得させるために接種する。

ピー-シー-シー〔PCC〕《pure car carrier》自動車専用運搬船。

ビーシージー-ようてん【BCG陽転】BCGの接種によりツベルクリン反応が陽性になること。結核に対する免疫を得たことを示す。

ピージー-じゅうに〔PG12〕《PGはparental guidanceの略》映画鑑賞における年齢制限の区分の一。12歳未満の年少者には保護者の助言・指導が必要とする日本の映倫規定。ほかに、15歳以上が鑑賞できるR15＋、18歳以上が鑑賞できるR18＋などの規定がある。➡R指定 ➡映倫

ピー-シー-ティー〔PCT〕《Patent Cooperation Treaty》特許協力条約。国際的な特許出願に関する条約。1970年成立。日本は78年に加入。

ピー-シー-ティー〔PCT〕《polychlorinated triphenyl》ポリ塩化トリフェニール。殺虫剤の一種。毒性が強いため、現在は使用が禁止されている。

ピー-シー-ディー-エフ〔PCDF〕《polychlorinated dibenzofuran》ポリ塩化ジベンゾフラン。ダイオキシン類の一つで、PCB(ポリ塩化ビフェニル)より毒性の強い汚染物質。

ビーシーディー-コード【BCDコード】《binary-coded decimal system》二進化十進符号。

ビー-シー-ピー〔BCP〕《business continuity plan》►事業継続計画

ピー-シー-ビー〔PCB〕《polychlorinated biphenyl》二つのフェニル基が結合したビフェニルに塩素が多く付加している化合物の総称。化学的に安定で、絶縁油・熱媒体・可塑剤・潤滑油などに広く使われたが、生体に蓄積され有害なので、現在は使用禁止。ポリ塩化ビフェニル。

ピー-シー-ピー〔PCP〕《pentachlorophenol》ペンタクロロフェノール。防腐剤の一種。以前は、除草剤や殺菌剤などの農薬としても用いられていたが、現在は農薬としての使用は禁止されている。

ピー-シー-ピー〔PCP〕《Pneumocystis pneumonia》►ニューモシスチス肺炎

ピー-ジー-ピー〔PGP〕《pretty good privacy》暗号化ソフトウエアの一。共通鍵暗号方式と公開鍵暗号方式を組み合わせている。

ビー-ジー-ブイ〔BGV〕《background video》バックグラウンドビデオ。BGMと同じようにインテリアの一つとして楽しむため、美しい音楽や映像で構成されたビデオディスクやVTR作品。インテリアビデオともいう。

ピー-シー-ブイ〔PCV〕《positive crankcase ventilation》レシプロエンジンのシリンダーとピストンの間からクランクケースに漏れ出たブローバイガスを大気中に放出しないで燃焼させるために、吸気系統に戻す通気方式。

ピーシーブイ-セブン〔PCV7〕《7-valent pneumococcal conjugate vaccine》小児用肺炎球菌ワクチン。商品名プレベナー。日本では平成21年(2009)に認可された。7種類の肺炎球菌の莢膜に含まれる多糖類を精製し、キャリア蛋白としてジフテリアトキソイドを結合した不活化ワクチン。対象年齢は生後2か月～9歳。計4回接種する。7価肺炎球菌結合型ワクチン。(補説)成人(特に高齢者)を主な対象とする肺炎球菌ワクチンとしてPPV23(商品名ニューモバックス)がある。

ビーシー-へいき【BC兵器】《biological and chemical weapons》生物化学兵器。CB兵器とも。➡ABC兵器

ピーシー-ユニックス〔PC UNIX〕パソコンで動作するUNIXと互換性をもつオペレーティングシステムの総称。Linux、FreeBSDなどが知られている。

ピーシーリサイクル-ほう【PCリサイクル法】►パソコンリサイクル法

ピーシーリサイクル-マーク【PCリサイクルマーク】家庭用パソコンやディスプレーに表示された、廃棄時の回収・再資源化に伴う費用が購入時の価格に含まれた製品であることを示すマーク。廃棄時は、メーカー等が無償で回収・再資源化を行う。パソコンリサイクル法に伴い平成15年(2003)10月より導入。

ピーシー-レンズ【PCレンズ】《perspective control lens》カメラ用の特殊レンズの一。レンズをフィルム面(デジタルカメラではイメージセンサー)に平行に移動させ、遠近感を調整することができる。いわゆる煽りによる撮影が可能。

ビー-ジェー-ピー〔BJP〕《Bharatiya Janata Party》インド人民党。ヒンズー教義の実現、ヒンズー国家の樹立を標榜している。1951年インド大衆連盟(BJS)として設立、人民党を経て80年再結成。

ビージェー-リーグ【bjリーグ】日本プロバスケットボールリーグの通称。平成17年(2005)設立。東西のカンファレンスでそれぞれリーグ戦を行い、各カンファレンスの上位4チームがプレーオフに進出、優勝を争う。同24年現在、加盟チーム数は19。

び-いしき【美意識】美に関する意識。美しさを受容したり創造したりするときの心の働き。(類語)感覚・感性・感受性・美感・神経・センス・センシビリティー

ひい-じじ【曽祖=父】《「ひじじ」の音変化》祖父または祖母の父。そうそふ。

ヒース〔heath〕英国スコットランド地方で、ツツジ科のエリカ属やギョリュウモドキ属の低木の総称。また、それが群生した荒地。中部および北部ヨーロッパに多い。

ひ-い-ず【秀づ】〔動ダ下二〕「ひいでる」の文語形。

ビーズ〔beads〕糸通しの穴があいた、棒状・球状などの小さな飾り玉。ガラスやプラスチック製などで色数が多く、糸や針金に通して服飾・装身具・手芸材料にする。南京玉。

ピース〔peace〕平和。また、講和。和睦。

ピース〔piece〕部分。小片。また、一組み・一そろいのものの一品。助数詞としても用いる。「ツー—の水着」「六—の洋食器」

ビーズ-あみ【ビーズ編み】糸に通したビーズを編み地の表側に編み込む編み方。

ビース-きょうかい【ビース教会】《Wieskirche》ドイツ南部、バイエルン州、フュッセンの近郊の町、シュタインガーテンにある教会。1746年から54年にかけて、ドイツの建築家、ドミニクス=ツィンマーマンにより建造。特にその内部装飾と天井画はドイツロココ様式の最高傑作とされ、1983年に世界遺産(文化遺産)に登録された。

ビースク〔Biysk〕ロシア連邦西部、アルタイ地方の都市。アルタイ山脈の麓、カトゥニ川とビーヤ川の合流点近くに位置し、河港を有す。18世紀初頭、ピョートル1世が要塞を築いたことに起源し、交易の要地と

して栄えた。アルタイ鉄道、およびアルタイ共和国を経てモンゴル国境にいたる道路の基点として知られる。

ビーズゲルミル-どうくつ【ビーズゲルミル洞窟】《Víðgelmir》アイスランド西部にある溶岩洞窟。全長約1.6キロメートルあり、容積、面積ともに世界最大級とされる。石筍(せきじゅん)や鍾乳石が見られるほか、バイキング時代の宝石などが見つかっている。

ピース-サイン〖peace sign〗手の人差し指と中指とを開いて、V字形を作ること。勝利、または平和・反戦を示す。第二次大戦中は連合軍で勝利の印として、また、ベトナム戦争以後は平和の印として使われている。ピースマーク。Vサイン。

ピース-シンボル〖peace symbol〗円の中に鳥の足形のような形を描いた、平和・反戦を表す印。Nuclear Disarmament(核軍縮)の頭文字であるNとDの手旗信号を図案化したもの。ピースマーク。

ビースト〖beast〗けもの。動物。

ビースバーデン〖Wiesbaden〗▶ウィースバーデン

ピース-マーク《和 peace＋mark》❶▶ピースシンボル ❷▶ピースサイン

ピース-マッチング《和 piece＋matching》服装を構成するさまざまな単品としての服を自由に組み合わせ、コーディネートして個性を表現しようとすること。単品コーディネート。

ピースワーク〖piecework〗手間仕事。出来高払いの仕事。

ピー-ゼット〖PZ〗《pancreozymin》パンクレオザイミン。膵酵素分泌促進物質。

ピーセムスキー〖Aleksey Feofilaktovich Pisemskiy〗[1821～1881]ロシアの小説家・劇作家。地方貴族や官吏の腐敗堕落した生活を克明に描いた。小説「千人の農奴」など。

ヒーター〖heater〗❶暖房装置。暖房器具。(季 冬)❷電熱器。電気こんろ。「一で湯をわかす」

ビーター〖beater〗鉄道の道床を突き固めるのに用いる、つるはし状の鋼製の道具。

ピーター〖Peter〗ペテロの英語名。

ピーターズバーグ〖Petersburg〗米国アラスカ州南東部、ミトコフ島北端の港町。同国有数の水揚高を誇る。1890年代にノルウェー移民により建設された。現在も「リトルノルウェー」と呼ばれ、母国の記念日にちなむ祭りが催される。北米最南端の氷河、ルーコンテ氷河への観光拠点。

ピーターソン-こくさいけいざいけんきゅうじょ【ピーターソン国際経済研究所】国際経済問題について分析・政策提言を行う米国のシンクタンク。所在地はワシントン。無党派の非営利団体で、活動資金は団体・企業・個人からの寄付や、出版事業、基金の運用益などで調達する。1981年に国際経済研究所として設立。2006年に現名称に変更。創設者のピーター＝ピーターソンはニクソン政権の商務長官、リーマンブラザースCEO、ニューヨーク連邦準備銀行理事長などを歴任。PIIE(Peterson Institute for International Economics)。

ピーターバラ〖Peterborough〗英国イングランド東部の都市。ケンブリッジシャー州の北側と隣接する。ネン川が市内を流れ、フェンと呼ばれる低湿地があり、農業地帯でもある。7世紀にピーターバラ大聖堂の前身の修道院が置かれて以降、中世から近世にかけて宗教の中心地だった。ピーターボロ。

ピーターバラ-だいせいどう【ピーターバラ大聖堂】《Peterborough Cathedral》英国イングランド東部の都市ピーターバラにある大聖堂。7世紀のサクソン朝時代に建てられた修道院に起源し、中世から近世にかけて宗教の中心地だった。12世紀に現在見られる大聖堂の建設が始まり、以降、増改築が繰り返され、身廊(しんろう)と天井、およびファサード(正面)はノルマン様式とイングランドゴシック様式の傑作として知られる。ピーターボロ大聖堂。

ピーター-パン〖Peter Pan〗英国の劇作家バリーの童話劇。1904年初演。永遠に大人にならない少年ピーター＝パンと、人間の少女ウェンディらが、海賊フック船長と戦うなど、数々の不思議な冒険をする。

ピーターパン-カラー〖Peter Pan collar〗襟先を丸くカットした、幅広のフラットカラー。子供服に多い。

ピーターパン-シンドローム〖Peter Pan Syndrome〗大人になることを拒み、現実から逃避する傾向のある現代男性の症候群。米国の心理学者ダン＝カイリーが1983年刊の同名著書で定義した。

ピーターボロ〖Peterborough〗▶ピーターバラ

ピーターボロ-だいせいどう【ピーターボロ大聖堂】《Peterborough Cathedral》▶ピーターバラ大聖堂

ビー-ダブリュー〖BW〗《biological warfare》生物兵器による戦争。

ビー-ダブリュー〖BW〗《bacteriological warfare》細菌戦争。細菌兵器を用いた戦争。

ビー-ダブリュー〖B/W〗《black and white》写真・映画などの白黒。B&Wとも。

ピー-ダブリュー〖PW〗《prisoner of war》戦時捕虜。POWとも。

ピー-ダブリュー〖PW〗《policewoman》婦人警官。

ビー-ダブリュー-アール〖BWR〗《boiling water reactor》沸騰水型原子炉。炉心を通る冷却水を炉心で沸騰させ、勢いよく送り出されてくる蒸気を直接タービンに導いて発電する原子炉。➡軽水炉

ピー-ダブリュー-アール〖PWR〗《pressurized water reactor》加圧水型原子炉。日本で最も多く稼働している発電用原子炉。微濃縮ウランを燃料とし、ふつうの水(軽水)を冷却材として使っている。➡軽水炉

ピー-ダブリュー-エー〖PWA〗《person with AIDS》エイズ共生者。エイズ患者の人権に配慮して米国の公的機関やジャーナリズムなどで広く使われる呼称。AIDS patient、AIDS victimなどの語に代わって用いられる。

ビー-ダブリュー-エフ〖BWF〗《Badminton World Federation》世界バドミントン連盟。1934年に国際バドミントン連盟(IBF; International Badminton Federation)としてロンドンに設立された。現在はクアラルンプールに本部、ローザンヌに支部がある。

ピー-ダブリュー-エム〖PWM〗《pulse width modulation》コンピューターで、パルス幅変調。パルス搬送波の変調法の一。

ビー-ダブリュー-シー〖BWC〗《Biological Weapons Convention》生物兵器条約。正式名称は「細菌兵器(生物兵器)及び毒素兵器の開発、生産及び貯蔵の禁止並びに廃棄に関する条約」。生物兵器を包括的に禁止する唯一の多国間の法的枠組み。1971年、国連総会決議で採択され、75年発効。日本は82年批准。

ビー-ダブリュー-ブイ〖BWV〗《ドイツ Bach-Werke-Verzeichnis》W＝シュミーダーによる、J＝S＝バッハの作品の目録(番号)。バッハ作品主題目録番号。シュミーダー番号。

ビー-だま【ビー玉】《「ビー」は「ビードロ」の略》子供が遊びに使うガラス玉。

ビー-たん【B反】《「B」は二級品の意》織りむら、染めむら、色やけなどちょっとした難点のある和服用織物。

ピータン【皮蛋】《中国語》アヒルの卵に木灰・石灰・塩・泥などを茶の汁でこねたものを塗りつけ、発酵させた食品。卵白は褐色の寒天状、卵黄は暗黄緑色に固まる。中国料理の前菜に用いる。

ビーチ〖beach〗海浜。浜辺。なぎさ。

ピーチ〖peach〗桃。桃の実。

ビーチウエア〖beachwear〗海浜などで着る衣服。

ビーチコーミング〖beachcombing〗浜辺で貝殻などさまざまな漂着物を拾い集めて観察しながら散策すること。本来の意味は、浜辺で売り物になりそうな漂着物を拾い集めること。

ビーチ-サンダル〖beach sandal〗海水浴場の砂浜などで履く、ゴム・ビニールなどで作られたぞうり。ゴムぞうり。ビーサン。(補説)昭和27年(1952)に日本で考案されたという。

ひ-いちにち【日一日】(副詞的にも用いる)❶1日1日と日がたつごとに物事が変化していくこと。日ごと。「一と秋が深まる」❷まる1日。1日中。日がな1日。「一を仕事に費やす」「一寝て暮らす」

ビーチ-ハウス〖beach house〗❶海水浴場の脱衣・休憩所。❷海岸にある貸し別荘。

ビーチ-パラソル《和 beach＋parasol》海水浴場などで用いる、日よけ用の大形の洋傘。(季 夏)(補説)英語ではbeach umbrellaという。

ビーチ-バレー《beach volleyballから》バレーボールから派生した球技。二人ずつ二組みに分かれて、砂浜に設置したコートで行う。ルールは六人制バレーボールに似るが、ボールはやや柔らかいものを用いる。ビーチバレーボール。(補説)1996年のアトランタオリンピックから正式種目に採用された。

ビーチ-ボール〖beach ball〗海水浴場などで水遊びに使う、ビニールなどで作ったボール。

ビーチホルン〖Bietschhorn〗スイス南部の名峰。標高3934メートル。エーデルワイスなどの高山植物の宝庫。2001年に、「ユングフラウ、アレッチ、ビーチホルン」として世界遺産(自然遺産)に登録された。➡アレッチホルン ➡ユングフラウ

ビー-チャンネル【Bチャンネル】《B channel》ISDN回線の主伝送路の名称。データや音声の伝送に用いられる。➡Dチャンネル

ビー-ちゅうかんし【B中間子】核力を仲介する素粒子。中間子の一。電荷は正・負・中性の3種あり、スピンは零。ボトムクォークまたはその反粒子を含む。2000年代に高エネルギー加速器研究機構のBファクトリー、および米国スタンフォード線形加速器センター(SLAC)において、B中間子とその反粒子を量産し、その崩壊の過程を観測する実験が行われ、CP対称性の破れが精密に検証された。

ビーツ〖beet〗▶火焔菜(かえんさい)

ビー-ツー-イー〖BtoE｜B2E〗《business to employee》企業と企業の従業員とで行う電子商取引。➡BtoB ➡BtoC ➡BtoG ➡CtoC

ビー-ツー-シー〖BtoC｜B2C〗《business to consumer; business to customer》企業と消費者の間で行われる電子商取引。➡BtoB ➡BtoE ➡BtoG ➡CtoC

ビー-ツー-ジー〖BtoG｜B2G〗《business to government》企業と政府や自治体の間で行われる電子商取引。公共事業の電子入札などがある。➡BtoB ➡BtoC ➡BtoE ➡CtoC

ビー-ツー-ビー〖BtoB｜B2B〗《business to business》企業間で行われる電子商取引。➡BtoC ➡BtoG ➡BtoE ➡CtoC

ピー-ツー-ピー〖P2P〗《peer to peer》▶ピアツーピア

ひい-て【▽延いて】(副)《動詞「ひ(引)く」の連用形に接続助詞「て」の付いた「ひきて」の音変化》前文を受けて接続詞的に用いて、事柄の範囲がさらに広がることを表す。ある事だけにとどまらず、さらに進んで。それが原因となって、その結果。「旧制を捨てて此制を採用し、一今日の世界に到ったものである」〈啄木・葬列〉

ビー-ティー〖BT〗《British Telecommunications》英国電気通信株式会社。1981年郵政公社の事業体として発足。84年民営化。

ビー-ディー〖BD〗《bank draft》銀行手形。

ビー-ディー〖BD〗《bill discounted》割引手形。

ビー-ディー〖BD〗《button-down》▶ボタンダウン

ビー-ディー〖BD〗《Blu-ray Disc》▶ブルーレイディスク

ピー-ティー〖PT〗《physical therapist》理学療法士。

ピー-ティー〖PT〗《project team》「プロジェクトチーム」の略。「政府与党一が見直し案をまとめる」

ピー-ティー〖Pt〗《ラテン platina・英 platinum》❶プラチナ(白金)の元素記号。❷プラチナ(白金)の純度を示す単位、純度100パーセントをPt1000、純度90パー

セントをPt900と表す。

ピー-ディー〖PD〗《producer》▶プロデューサー

ピー-ディー〖PD〗《program director》▶プログラムディレクター

ピー-ディー〖PD〗《physical distribution》物的流通。物流。

ピー-ディー〖PD〗《public domain》公有財産。著作権が消滅した状態の著作物をいう。

ピー-ディー〖PD〗《protective device》コンピューターの回線保護装置。

ピー-ディー〖PD〗《Nippon Police Dog Association》▶日本警察犬協会

ピー-ディー〖PD〗《psychological debriefing》▶デブリーフィング

ビーディー-アール〖BD-R〗《Blu-ray Disc Recordable》ブルーレイディスクの規格の一。追記型で、データを一度だけ記録できる。

ビーディー-アール-イー〖BD-RE〗《Blu-ray Disc Rewritable》ブルーレイディスクの規格の一。データの書き換えが可能。書き換え回数は1万回程度とされる。

ビーディーアール-エルティーエッチ〖BD-R LTH〗《BD-R Low To High》ブルーレイディスクの規格の一。一度だけ記録できるBD-Rのうち、記録面に有機色素を用いたもの。名称は、レーザーで記録する際、記録面の反射率の高低を従来のBD-Rと反転させたことに由来する。無機色素の代わりに有機色素を使うことで低価格化が図られた。LTH。

ビー-ティー-エー〖BTA〗《Broadcasting Technology Association》放送技術開発協議会。昭和60年(1985)設立。平成7年(1995)、財団法人電波システム開発センター(RCR)と合併し社団法人電波産業会(ARIB)となる。

ビー-ティー-エー〖BTA〗《British Tourist Authority》英国政府観光庁。文化・メディア・スポーツ省により設立された政府機関。本部はロンドン。

ビー-ディー-エー〖BDA〗《Blu-ray Disc Association》▶ブルーレイディスクアソシエーション

ピー-ティー-エー〖PTA〗《Parent-Teacher Association》父母と教師の会。子供の福祉と教育効果の向上を目的とし、父母・教師が相互に協力して学校単位に組織された団体。日本では米国に範をとり、第二次大戦後に発足。一般に、PTAの会員になるかどうかは保護者が自由に決められる。

ピー-ティー-エー〖PTA〗《purified terephthalic acid》高純度テレフタル酸。ポリエステル系合成繊維・フィルムなどの原料。

ピー-ティー-エー〖PTA〗《prepaid ticket advice》航空旅客運賃先払い制度。

ピー-ディー-エー〖PDA〗《personal digital assistant》手のひらに収まるくらいのサイズの、携帯情報端末の総称。スケジュール管理や住所録機能、メモ機能などを備える。米国アップルコンピューター社(現アップル)の提唱した名称。アップルコンピューター社のNewton、パーム社のPalm、シャープ社のザウルスなどが登場。近年は携帯電話に同様の機能を備えたスマートホンや、やや大型のタブレット型端末が広く普及している。

ビー-ディー-エー-ブイ〖BDAV〗《Blu-ray Disc Audio/Visual》ブルーレイディスクの規格、BD-RやBD-REに映像コンテンツなどを記録するためのフォーマットの一。デジタル放送の記録に使われる。

ビー-ティー-エス〖BTS〗《broadcasting technical standard》放送技術規格。NHKが定めた放送設備の基準。

ピー-ティー-エス〖PTS〗《Proprietary Trading System》証券取引所を通さずに有価証券を売買することができる、コンピューターネットワークを利用した取引システム。証券会社などが独自に開設しているもので、夜間など取引所の立会時間外も取引を行うことができる。私設取引システム。私設電子取引所。

(補説)日本では、平成10年(1998)施行の金融システム改革法によって、証券取引所を通さずに上場証券を売買することができるようになり、証券会社は金融庁の認可を受けて私設取引システムを開設・運営できるようになった。

ピー-ディー-エス〖PDS〗《public domain software》▶パブリックドメインソフトウエア

ピー-ティー-エス-ディー〖PTSD〗《posttraumatic stress disorder》心的外傷後ストレス障害。忍耐の限界を超えたストレス、たとえば、戦争・災害(地震など)・テロ・事故・犯罪事件などを体験した後に生じる心身の障害のこと。不安・鬱状態・パニック・フラッシュバックなどが代表的な症状。日本では、平成7年(1995)の阪神・淡路大震災後に問題になった。

ビー-ティー-エックス〖BTX〗《benzene, toluene, xylene》ベンゼン、トルエン、キシレン。

ビー-ティー-エックス〖BTX〗《Balanced Technology eXtended》PC/AT互換機用のマザーボードの規格の一。米国インテル社が2003年に発表。1996年に同社が発表したATX仕様の後継として登場。発熱対策などが施されている。より小型化したmicroBTX、さらに小さいpicoBTXなどの派生規格がある。

ビー-ディー-エックス-エル〖BDXL〗ブルーレイディスクの拡張規格の一。従来の規格では1層25ギガバイト、2層50ギガバイトを記録できるが、同拡張規格では記録層を3層または4層にすることで大容量化を図り、追記型で100および128ギガバイト、書き換え型で100ギガバイトの記録が可能になる。

ビーティーエックス-しよう【BTX仕様】▶ビー-ティー-エックス(BTX)

ビー-ティー-エヌ〖BTN〗《Brussels Tariff Nomenclature》ブリュッセル関税品目分類表。関税協力理事会品目表(CCCN)の通称。1955年作成。

ビー-ディー-エフ〖BDF〗《bio diesel fuel》▶バイオディーゼル燃料

ピー-ディー-エフ〖PDF〗《portable document format》米国アドビシステムズ社が開発した、電子文書のファイル形式。テキストや画像のほかに、フォントやレイアウトの情報が収められており、パソコンの機種やOS環境に依存しない表示が可能。

ピーディーエフ-ファイル【PDFファイル】《portable document format file》▶ピー-ディー-エフ(PDF)

ピーディーエフ-よんいちなな〖PDF417〗《Portable Data File 417》二次元コードの一。従来のバーコードに比べ情報量が格段に大きく、バーコードを積み上げたような形をしている。米国を中心に普及している。

ビー-ディー-エム-ブイ〖BDMV〗《Blu-ray Disc Movie》ブルーレイディスクの規格、BD-ROMやBD-REに映像コンテンツなどを記録するためのフォーマットの一。映画などの市販の映像ソフトではBDビデオと呼ばれ、映像、音声、字幕、メニュー表示に関する情報などを記録する。

ピー-ディー-エル〖PDL〗《page description language》▶ページ記述言語

ビー-ティー-オー〖BTO〗《build to order》受注生産。顧客からの注文を受け付けてから、製品を生産し、販売すること。コンピューターの通信販売などでよく利用される。

ビーディー-かきん【BD課金】▶ブルーレイ課金

ビーティー-こうこく【BT広告】《behavior targeting advertising》▶行動ターゲティング広告

ピー-ディー-シー〖PDC〗《personal digital cellular》日本の第二世代携帯電話に使われているデジタル通信方式。第三世代携帯電話への移行に伴い、この規格の携帯電話は減少し、平成24年(2012)3月サービス終了。

ピー-ティー-シー-エー〖PTCA〗《percutaneous transluminal coronary angioplasty》慢性閉塞を起こした冠動脈疾患の治療法の一。大腿部や腕の血管からガイドワイヤーを冠状動脈に挿入し、それに沿ってバルーンカテーテルを患部に送ってバルーンを膨らませ、狭窄部分を拡張する。PCI療法の一。経皮的冠動脈形成術。(補説)開胸手術による治療法として、冠動脈大動脈バイパス移植術(CABG)がある。

ピーディーシーエー-サイクル【PDCAサイクル】《plan-do-check-act cycle》生産・品質などの管理を円滑に進めるための業務管理手法の一。(1)業務の計画(plan)を立て、(2)計画に基づいて業務を実行(do)し、(3)実行した業務を評価(check)し、(4)改善(act)が必要な部分はないか検討し、次の計画策定に役立てる。

ビーディー-ジェー〖BD-J〗《Blu-ray Disc Java》ブルーレイディスクの拡張規格BD-Liveを利用するためのJava言語による実行環境。ブルーレイディスク再生機器などで、チャットやゲームなどの双方向性をもつコンテンツを実行できる。

ピー-ディー-ティー〖PDT〗《photo-dynamic therapy》▶光線力学療法

ピー-ディー-ディー〖PDD〗《past due date》支払期日超過。満期日超過。

ピー-ディー-ディー〖PDD〗《pervasive developmental disorders》▶広汎性発達障害

ビーディー-ドライブ【BDドライブ】《BD drive》▶ブルーレイドライブ

ピーティー-ばんぐみ【PT番組】《participating program》スポンサーが複数のテレビ・ラジオ番組。

ビー-ティー-ビー〖BeeTV〗NTTドコモが提供する、携帯電話向けのオンデマンド型動画配信サービス。エイベックスエンタテインメントとNTTドコモの合弁会社であるエイベックス通信放送が運営し、ドラマ、音楽、バラエティー番組などの配信を行っている。ストリーミング技術を利用する携帯電話専門の放送局であり、ワンセグ放送とは異なる。➡ワンセグ

ビー-ティー-ビー〖BTB〗《bromothymol blue》ブロモチモールブルー。淡黄色の粉末で、溶液をピーエッチ指示薬として使う。分子式$C_{27}H_{28}Br_2O_5S$

ピー-ディー-ピー〖PDP〗《plasma display panel》放電による発光を利用して文字、画像を表示する薄型表示装置。一時、コンピューターの表示装置として利用されたが普及しなかった。現在、薄型大画面テレビ(プラズマテレビ)として広く普及している。プラズマディスプレーパネル。

ピー-ティー-ビー-ティー〖PTBT〗《Partial Test-Ban Treaty》大気圏内・宇宙空間・水中での核実験を禁止する条約。地下核実験は対象外となる。1963年モスクワで米国・英国・ソ連が調印。正式名称は「大気圏内、宇宙空間及び水中における核兵器実験を禁止する条約(Treaty banning nuclear weapon test in the atmosphere, in outer space and under water)」。部分的核実験禁止条約。➡CTBT

ピーディーピー-テレビ【PDPテレビ】《plasma display panel television》▶プラズマテレビ

ビーティービー-ようえき【BTB溶液】ピーエッチ指示薬の一。BTBの水溶液で、酸性で黄色、中性で緑色、アルカリ性で青色を示す。

ビーディー-ビデオ【BDビデオ】《BD-Video》ブルーレイディスクに映像コンテンツなどを収録するためのフォーマット。映画などの市販の映像ソフトで採用され、映像、音声、字幕、メニュー表示に関する情報などを記録する。規格の正式名称はBDMV。

ビー-ティー-ユー〖BTU¦Btu〗《British thermal unit》英熱量。英国熱量単位。ヤードポンド法の熱量の単位の一。

ビーディー-ライブ〖BD-Live〗《Blu-ray Disc Live》ブルーレイディスクの拡張規格の一。インターネットに接続したブルーレイディスク再生機器などで、特典映像や追加字幕などを取得したり、チャットやゲームなどの双方向サービスを利用したりする仕様。

ビーディー-レコーダー【BDレコーダー】《BD recorder BDはBlu-ray Discの略》▶ブルーレイディ

スクレコーダー

ビーディー-ロム〖BD-ROM〗《Blu-ray Disc read only memory》ブルーレイディスクの規格の一。読み出し専用で、ユーザーによる書き込みはできない。BDMV形式の映像コンテンツや、家庭用ゲーム機のゲームソフトなどの記憶媒体として使われる。

ヒーデス〖ﾗﾃ fides〗キリシタン用語で、信仰・信徳。

ひいて-は【▽延いては】〔副〕「ひいて」の強めた言い方。「個人の権利のため、一人間の尊厳のために闘う」

ひ-い・でる【秀でる】〔動ダ下一〕文ひい・づ〔ダ下二〕❶他よりも特にすぐれている。ぬきんでる。「一芸に―・でた人」❷くっきりと目立つ。りっぱである。「広く―・でた額」(類語)優れる・長(た)ける・光る

ヒート〖heat〗〔名〕ｽﾙ 熱。熱気。また、熱気がみなぎること。「ライバル意識が―する」「オーバー―」「デッド―」

ヒート〖HEAT〗《high explosive antitank》対戦車高性能榴弾。歩兵用の携行対戦車砲や対戦車ミサイル、戦車砲弾などに多く用いられる。

ビート〖beat〗❶水泳で、水を足で打つこと。クロールのばた足など。❷音波のうなり。❸音楽で、拍子の一打ち。拍。特にポピュラー音楽で、アクセントをつけたリズム。また、そのリズム感。(類語)リズム・テンポ

ビート〖ｵﾗﾝﾀﾞ biet｜英 beet〗❶サトウダイコンの別名。❷カエンサイの別名。

ビード〖Bede〗▶ベーダ(Baeda)

ピート〖peat〗泥炭(でいたん)。

ヒート-アイランド〖heat island〗都市部が周辺域より高い温度になっている現象。等温線を結ぶと、島状になるのでいう。放出される人工熱や地表がコンクリートで覆われたことなどによる。風の弱い晴れた夜に顕著になる。熱の島。

ヒート-アップ〖heat up〗〔名〕ｽﾙ 加熱すること。「値引き競争が―する」

ビート-ジェネレーション〖Beat Generation〗1950年代、アメリカを中心に現れた、物質文明を否定し、既成の社会生活から脱しようとする若者たち。また、その世代。

ヒート-ショック〖heat shock〗温度の急変で体がダメージを受けること。冷凍倉庫で作業した後、急に真夏の炎天下に出たときや、暖房の効いた部屋から寒い廊下に出たときなどに起こる。脈拍や血圧が上昇して、心筋梗塞や脳卒中を引き起こす要因となりうる。

ヒート-シンク〖heat sink〗コンピューターのCPUなどの発熱による誤動作を防止するために、放熱を促す役割をもつ部品。ふつう金属製の板を用い、冷却ファンと併せて利用される。放熱板。

ビート-ぞく【ビート族】現代の常識や道徳に反抗し、無軌道な行動をする若者たち。第二次大戦後、米国を中心に現れた。ビートニク。

ビート-たけし▶北野武

ヒート-テック〖HEAT TECH〗ユニクロと東レが共同開発した保温性に優れる下着。体から蒸発する水分を利用して発熱し、繊維間の空気の層に熱をためて保温性を高めるしくみ。商標名。

ビートニク〖beatnik〗▶ビート族

ヒート-パイプ〖heat pipe〗金属管の中に中空の筒を内装し、常温付近の温度で液化または気化する熱媒を封入したもの。小さな温度差でも多量の熱を移送できる。

ビート-ばん【ビート板】水泳で、脚の練習のために使う、浮力のある板。キックボード。

ヒートホールン〖Giethoorn〗《オランダ語でヤギの角の意》オランダ、オーフェルアイセル州北西部の村。かつての泥炭の採掘跡が湖となり、泥炭運搬のための水路や運河が残っている。「オランダのベネチア」と称され、観光地として知られる。

ビートボックス〖beatbox〗「リズムマシン」に同じ。➡ヒューマンビートボックス

ピート-ポット〖peat pot〗泥炭(でいたん)を材料として作った鉢。育苗用として用い、移植する際、そのまま植え込んでも、根は泥炭の鉢を突き抜けて伸びる。

ヒート-ポンプ〖heat pump〗水・空気などの低温の物体から熱を吸収し、高温の物体に与える装置。冷暖房や蒸発装置などに応用。熱ポンプ。(補説)ヒートポンプの内部では、アンモニアや二酸化炭素などの冷媒が、減圧されて低温になる状態と加圧されて高温になる状態を繰り返しながら循環している。ヒートポンプを暖房・給湯に利用する場合は、低温の冷媒を外気や水などと間接的に接触させて熱を取り込み、さらに冷媒をコンプレッサーで圧縮して高温にしてから、室内の空気や給湯用の水を温める。冷房・冷蔵に利用する場合は逆に、高温の冷媒を外気などと間接的に接触させて熱を放出し、さらに膨張弁で減圧して低温にしてから、室内や冷蔵庫内の空気を冷却する。電力などの動力は主にコンプレッサーを駆動するために消費されるが、その消費量に比べてより大きな熱量を得ることができる。このように冷媒を圧縮して循環させる圧縮式のヒートポンプの他に、水などの冷媒が臭化リチウムなどの吸収剤に蒸発吸収されるときの気化熱を利用する吸収式のヒートポンプもある。

ヒートポンプしき-でんききゅうとうき【ヒートポンプ式電気給湯器】ガス・灯油などの燃焼や電気ヒーターを熱源とする給湯器に対し、ヒートポンプ技術によって大気の熱を利用する給湯器。ヒートポンプの内部では、冷媒が減圧されて低温になる状態と加圧されて高温になる状態を繰り返しながら循環している。低温状態の冷媒に大気の熱を取り込み、さらにコンプレッサーで加圧して高温にして、水を温める。従来の電気ヒーター式の給湯器に比べてエネルギー消費効率が高く、省エネ効果が期待されている。➡エコキュート

ピート-モス〖peat moss〗ミズゴケなどが堆積してできた泥炭。酸性で、保水性が高く、園芸用土にする。

ビードル〖George Wells Beadle〗[1903〜1989]米国の生化学者。微生物の遺伝現象を研究。アカパンカビの変異体の研究から、一つの遺伝子が一つの酵素を支配していることを解明。1958年、E=L=テータムとともにノーベル生理学医学賞を受賞。

ビートルズ〖The Beatles〗英国リバプールで結成されたロックグループ。ポール=マッカートニー・ジョン=レノン・ジョージ=ハリソン・リンゴ=スターの4人。「抱きしめたい」「イエスタデイ」「ヘイ・ジュード」などのヒット曲を生み、1960年代以後の社会・文化に大きな影響を与えた。70年に解散。

ビードロ〖ﾎﾟﾙﾄｶﾞﾙ vidro〗❶ガラスのこと。また、ガラス製の器具。室町末期、長崎に来たオランダ人が酒杯・鉢などの製法を伝えた。のちに渡来した板状のものはガラスと呼び区別した。(季 夏)❷「ぽんぴん」に同じ。

ピー-とろ【Pとろ】《「ピー」は、pig(豚)の頭文字から》「豚(ぶた)とろ」に同じ。

ビードロ-かがみ【ビードロ鏡】ガラスの裏に水銀を塗った鏡。「一に影を映して」〈人・娘太平記操早引〉

ビードロ-がみ【ビードロ紙】寒天を板に流して乾燥させ紙状にしたもの。近世、タバコ入れなどに用いた。

ビードロ-よま【ビードロ▽糸】《「よま」は長崎方言で糸の意》ガラスの粉を飯粒で練って塗りつけた凧糸(たこいと)。長崎で凧揚げ競争のとき、相手の糸を切るために使う。

ビー-トロン〖BTRON〗《Business TRON》TRONサブプロジェクトの一。コンピューターや携帯情報端末のオペレーティングシステムとその関連仕様を指す。

ひいな【×雛】紙や布で作った小形の人形。古く女児の玩具としたもの。また、ひな祭りに飾る人形。ひな人形。ひな。(季 春)

ビーナ〖ﾋﾝﾃﾞｨｰ vīṇā〗南インドの撥弦(はつげん)楽器。直径約50センチの胴をもち、裏側に共鳴器をつけた約70センチの棹(さお)に7本の弦を張り、旋律用の4本を義甲で、持続低音用の3本を小指で弾奏する。シタールと並ぶインド音楽の中心的楽器。

ひいな-あそび【×雛遊び】❶ひな祭りのこと。ひなあそび。❷ひな人形を使ってする女児の遊び。「小さき御台、御皿ども、御箸の台、州浜なども一の具と見ゆ」〈紫式部日記〉

ひいな-ぎぬ【×雛▽衣】ひな人形の衣装。ひなぎぬ。「かとりの一三つ縫ひたり」〈かげろふ・下〉

ビーナス〖Venus〗㊀ローマ神話の菜園の女神ウェヌスの英語名。のち、ギリシャ神話の美と愛の神アフロディテと同一視された。㊁金星(きんせい)のこと。

ビーナス-ピー〖VENUS-P〗《valuable and efficient network utility service packet》KDDIが昭和57年(1982)4月から平成18年(2006)3月まで企業向けに提供していたパケット方式による国際公衆データ伝送サービス。

ピーナツ〖peanut〗《「ピーナッツ」とも》ラッカセイの実。南京(なんきん)豆。

ピーナツ-バター〖peanut butter〗《「ピーナッツバター」とも》ピーナツを炒(い)ってすりつぶし、ペースト状にした食品。バターに似るが、乳脂肪は含まない。

ピーナツ-みそ【ピーナツ味×噌】嘗(な)め味噌の一種。味噌を油でいため、砂糖で味をととのえ、炒った落花生を混ぜたもの。味噌ピーナツ。

ひいな-ぼん【×雛本】ままごと遊びやひな祭りに用いた小形の本。草双紙の赤本のこともいう。

ビー-にじゅうく〖B29〗《Bはbomber(爆撃機)の略》第二次大戦中に登場した米国の4発重爆撃機。ボーイング社製。日本本土への空襲に用いられた。

ビーニャ-デル-マル〖Viña del Mar〗チリ中部、バルパライソの北東にある海岸保養都市。ビーニャ-デル-マール。

ビーバ〖ｲﾀﾘｱ viva〗〔感〕▶ビバ

ピー-は【P波】《primary wave(最初の波)から》地震のとき、最初に到達する弾性波。体積の変化を伝える疎密波で、振動方向が波の進行方向と同じ縦波。➡S波

ビーバー〖beaver〗齧歯(げっし)目ビーバー科の哺乳類。体長74センチ、尾長30センチくらい。目・耳は小さく、尾は上下に平たくてうろこで覆われ、後ろ足に水かきをもつ。川や湖にすみ、かじった木や石でダムを築いて水をせき止め、できた池の中央に安全なすみかを作る。ヨーロッパ・北アメリカに分布するが、良質の毛皮のために乱獲され、生息数は少ない。海狸(うみだぬき・かいり)。

ビーバー-かいどう【ビーバー街道】《Beaver Route》カナダ、ブリティッシュコロンビア州南西部の都市バンクーバーから、アルバータ州西部の町ジャスパーを経て、同州中部のエドモントンを結ぶ約1200キロメートルの街道。名称は19世紀のカナダ西部開拓期におけるビーバーの毛皮の主要な交易路であることから。

ひい-ばあさん【▽曽祖=母さん】父または母の祖母を親しんでいう語。ひいばば。曽祖母(そうそぼ)。ひいおばあさん。

ピー-パート〖ﾀｲ pi phât〗タイ古典音楽の代表的な合奏形態。ラナートやコーンウォンなどの旋律打楽器を中心として、チンやタポーンなどの各種リズム打楽器と、ピーというダブルリードの縦笛から成る。➡ラナート ➡コーンウォン ➡タポーン

ビーバップ〖bebop〗1940年代におこったジャズの新しいスタイル。速いテンポ、複雑なメロディーとハーモニーが特徴。バップ。

ひい-ばば【▽曽祖=母】《「ひばば」の音変化》祖父または祖母の母。そうそぼ。

ビー-ばん【B判】JIS(日本工業規格)による紙の規格寸法の一系列。原紙寸法では765ミリ×1085ミリで、B列本判という。加工仕上げ寸法では1030ミリ×1456ミリをB列0番とし、この長辺を半截(はんせつ)したものをB列1番とよび、以下10番まである。

ひい-ひい〔副〕子供などが力なく泣き続ける声や、苦痛に堪えかねて上げる悲鳴のような声を表す語。「一(と)泣く」「あまりの辛さに一言う」

ビー-ビー〖BB〗《brokers' broker》仲介証券会社。業者間の取引を仲介する。

ビー-ピー〖BP〗《bills payable》支払手形。B/Pとも書く。㊟BR。

ビー‐ピー〖BP〗《British Petroleum》英国の石油会社。メジャーと呼ばれる国際石油資本の一。2001年British PetroleumからBPに社名を変更。1909年設立。本社はロンドン。
ピー‐ビー〖PB〗《private brand》▶プライベートブランド
ピー‐ビー〖PB〗《passed ball》▶パスボール
ピー‐ビー〖PB〗《和 police＋box》交番。
ピー‐ビー〖PB〗《particle beam》粒子ビーム。物質を構成する基本粒子の電子、陽子、中性子に巨大なエネルギーを加えて破壊用ビームとするもの。ミサイル迎撃のため研究されている兵器の一。
ピー‐ビー〖PB〗《prayer book》祈祷書。
ピー‐ビー〖PB〗《primary balance》▶プライマリーバランス
ピー‐ビー〖PB〗《private banking》▶プライベートバンキング
ピー‐ピー〖PP〗《producer's price》生産者価格。
ピー‐ピー〖PP〗《polypropylene》ポリプロピレンのこと。「―ボトル」
ピー‐ピー〖PP〗《pole position》▶ポールポジション
ピー‐ピー〖pp〗《pages》ページ。2ページ以降の複数ページを表す。
ぴい‐ぴい ㊀〘副〙スル ❶笛の音、鳥の鳴き声などを表す語。「ひよこが―(と)鳴く」❷金がなくて生活が苦しいさま。「年中―している」㊁〘名・形動〙金がなくて苦しいこと。また、そのさま。「給料日前で―だ」「こっちゃあ相変らずの―と来てる」〈小山内・大川端〉 ㊀はピーピー、㊁はピーピー。
ビー‐ピー‐アール〖BPR〗《business process reengineering》▶ビジネスプロセスリエンジニアリング
ピー‐ビー‐アール〖PBR〗《price book-value ratio》株価純資産倍率。ある会社の株価が、会社の純資産額を発行株式数で割った、1株当たりの純資産(BPS)の何倍になっているかを示す値。企業の株価水準を測る指標の一。
ビー‐ピー‐アイ〖bpi〗《bits per inch》コンピューターで、磁気テープ1インチ当たりの記録ビット数。記録密度を表す単位。➡ビット
ビー‐ピー‐アイ〖BPI〗《brainpower index》ブレーンパワー指標。国の発展能力をはかる基準となる国民の総合的な知能水準のこと。
ビー‐ピー‐アイ〖BPI〗《bytes per inch》コンピューターで、磁気テープ1インチ当たりの記録バイト数。➡バイト
ピー‐ピー‐アイ〖PPI〗《plan position indicator》平面位置表示器。レーダーの表示方式の一。自機や自船を中心に放射状に距離と方位を表す。
ピー‐ビー‐イー‐シー〖PBEC〗《Pacific Basin Economic Council》太平洋経済委員会。太平洋地域の実業人で構成される民間国際組織。域内各国の実業界相互の協力を促進することにより、各国間の経済関係強化および地域全体の経済的・社会的発展に貢献することを目的とする。オーストラリア、中国、日本、韓国、タイ、シンガポール、米国など20の国・地域が加盟。毎年春に総会を開催。1967年設立。国際事務局は香港。
ビー‐ビー‐エス〖BBS〗《bulletin board system》コンピューターネットワーク上で、参加者が自由にメッセージを書き込んだり読んだりできるシステム。また、そのシステムを提供するインターネットのウェブページ。画像や動画を投稿できるものもある。インターネット普及以前には、パソコン通信で提供されるサービスの一つだった。電子掲示板。板。➡チャット
ビー‐ピー‐エス〖bps〗《bits per second》データ通信における転送速度の単位。1秒間に転送できるビット数で表す。ビット毎秒。b/sとも書く。
ビー‐ピー‐エス〖Bps〗《bytes per second》コンピューターで、1秒間に伝送できるバイト数。バイト毎秒。B/sとも書く。
ビー‐ピー‐エス〖BPS〗《book value per share》1株当たり純資産。経営の総合力が優秀であるほどこの倍率が高くなる。基本的な経営指標の一。➡PBR
ピー‐ビー‐エス〖PBS〗《Public Broadcasting Service》公共放送網。公共テレビ放送の全米組織。1969年公共放送法(Public Broadcasting Act)に基づいて設立。本部はバージニア州アーリントン。
ピー‐ピー‐エス〖PPS〗《post polio syndrome》▶ポストポリオ症候群
ピー‐ピー‐エス〖PPS〗《power producer and supplier》▶特定規模電気事業者
ビー‐ビー‐エス‐スパム【BBSスパム】《bulletin board system spam》営利目的や嫌がらせを目的とする、BBS(電子掲示板)への迷惑な書き込みのこと。未成年者にふさわしくない内容の書き込みなどが問題になっている。掲示板スパム。
ビー‐ピー‐エス‐ディー〖BPSD〗《behavioral and psychological symptoms of dementia》▶周辺症状
ピー‐ビー‐エックス〖PBX〗《private branch exchange》構内交換機。企業の内線電話の相互接続や、公衆回線への接続を行う機器。デジタル方式のものをデジタルPBX(DPBX)という。
ビー‐ピー‐エフ〖BPF〗《band pass filter》▶バンドパスフィルター
ピー‐ピー‐エム〖ppm〗《parts per million》百万分のいくつであるかを表す語。濃度や成分比の単位として用いる。百万分率。
ピー‐ピー‐エム〖PPM〗《product portfolio management》▶プロダクトポートフォリオマネージメント
ピー‐ピー‐エム〖PPM〗《pulse position modulation》パルス位置変調。パルス搬送波の位相をデータに従って変化させる変調方式。
ピー‐ピー‐エム〖ppm〗《pages per minute》プリンターの印刷速度の単位。ページ毎分。1分間当たりに印刷できる枚数を表す。一般に印刷内容や品質により印刷速度が変わるため、製品カタログの値などはメーカーによる標準的な印刷モードの設定によるものが使われる。
ビー‐ピー‐オー〖BPO〗《British Post Office》英国郵便公社。郵政事業は2001年民営化され、現在は政府全額出資の株式会社ロイヤルメールグループ(郵便局業務はポストオフィス、配達業務はロイヤルメール)がおこなっている。
ビー‐ピー‐オー〖BPO〗《business process outsourcing》▶ビジネスプロセスアウトソーシング
ビー‐ピー‐オー〖BPO〗《Broadcasting Ethics and Program Improvement Organization》▶放送倫理・番組向上機構
ピー‐ピー‐オー〖PPO〗《polyphenylene oxide》ポリフェニレンオキサイド。高機能樹脂の一。電気・電子部品、OA機器の部品などに用いられる。
ビー‐ビー‐オー‐ピー〖BBOP〗《Business and Biodiversity Offsets Program》生物多様性オフセットの普及促進を図る、企業・政府・NGOによる国際的な取り組み。ビジネスと生物多様性オフセットプログラム。
ビー‐ビー‐キュー〖B.B.Q.〗《「barbecue」から》▶バーベキュー
ピー‐ピー‐ケー〖PPK〗《「ピンピンコロリ」をローマ字で表記した頭文字から》▶ぴんぴんころり
ビー‐ビー‐シー〖BBC〗《British Broadcasting Corporation》▶英国放送協会
ピー‐ピー‐シー〖PPC〗《plain paper copier》普通紙を使用する複写機。
ピー‐ピー‐ジー‐エー〖PPGA〗《plastic pin grid array》LSIのパッケージ方法の一。プラスチック製のパッケージを用い、下面にピンが格子状に並んでいる。
ピー‐ビー‐ダブリュー〖PBW〗《particle beam weapon》粒子ビーム兵器。DEW(エネルギー指向型兵器)のうち、素粒子を加速、集束する方式のもの。
ひいひい‐たもれ《「火い火いたもれ、火はない火はない」と唱える子供の遊びから》子供っぽさを残している女。小娘。「―の新造子もあらあな」〈滑・浮世床・初〉
ビー‐ビー‐ティー〖BBT〗《basal body temperature》基礎体温。
ビー‐ピー‐ディー〖BPD〗《borderline personality disorder》▶境界性パーソナリティー障害
ピー‐ビー‐ティー〖PBT〗《polybutylene terephthalate》ポリブチレンテレフタレート。金属の代用品として機械部品などに使われる特殊樹脂。
ピー‐ピー‐ディー〖PPD〗《purified protein derivative》精製ツベルクリン。ツベルクリン反応検査に用いられる精製たんぱく質誘導物。
ピー‐ビー‐ディー‐イー〖PBDE〗《polybrominated diphenyl ether》ポリ臭化ジフェニルエーテル。プラスチックを燃えにくくするために添加される。
ピー‐ピー‐ティー‐ピー〖PPTP〗《point to point tunneling protocol》米国マイクロソフト社が開発した暗号通信用プロトコル。企業のVPN構築などに用いられる。
ビー‐ビー‐ビー〖BBB〗《Better Business Bureau》米国の商事改善協会。米国とカナダの不正営業活動を規制する自主的団体。1912年設立。本部はバージニア州アーリントン。
ピー‐ビー‐ビー〖PBB〗《polybrominated biphenyl》ポリ臭化ビフェニル。ビフェニルの水素が臭素に置換した化合物の総称。プラスチックを燃えにくくするために添加される。
ピー‐ピー‐ビー〖ppb〗《parts per billion》10億分のいくつであるかを表す語。濃度や成分比の単位に用いる。
ピー‐ピー‐ピー〖PPP〗《polluter pays principle》汚染者負担の原則。公害防止に必要な費用は、汚染の原因者が負担すべきであるというもの。
ピー‐ピー‐ピー〖PPP〗《point to point protocol》電話回線を用いてコンピューターとネットワークを接続する際などに用いられるプロトコル。
ピー‐ピー‐ビー‐エス〖PPBS〗《planning programming budgeting system》企画計画予算制度。財政の管理を科学的にし、限られた予算で最も効率よく目的を達成するためのシステム。
ピー‐ピー‐ピー‐オー‐イー〖PPPoE〗《point to point protocol over Ethernet》PPP接続をイーサネットを経由して利用するための技術。
ピー‐ピー‐ブイ〖PPV〗《plum pox virus》▶プラムポックスウイルス
ピーピーブイ‐ツースリー〖PPV23〗《23-valent pneumococcal polysaccharide vaccine》肺炎球菌ワクチンの一つ。商品名ニューモバックス。日本では昭和63年(1988)に認可された。23種類の肺炎球菌の莢膜に含まれる多糖類を精製した不活化ワクチン。主に成人を対象とし、2歳未満の乳幼児では抗体が誘導されないため効果がない。23価肺炎球菌莢膜ポリサッカライドワクチン。
ピーピーブイ‐ほうしき【PPV方式】《pay-per-view system》▶ペイパービュー
ビービー‐ルーター【BBルーター】▶ブロードバンドルーター
ビービー‐レシオ【BBレシオ】《book-to-bill ratio》受注高と出荷高の比率。1より低いと受注不調、1以上だと好調を示す。半導体製造業界の需給状況を示す指標として使用されることが多い。
ピーピング‐トム〖Peeping Tom〗のぞき見をする男。のぞき魔。出歯亀。昔、英国で、領民のために、裸になった領主の妻をのぞき見したトムという男の名にちなむ。
ヒーブ〖HEIB〗《Home Economists In Business》企業内で働く家政学科出身の専門家。家政学の知識をもとに消費者の視点から製品開発や公告に関与したり、消費者対策を担当したりする。
ヒープ〖heap〗オペレーティングシステムやアプリケーションソフトが、用途を限定せずに利用するメモリー領域。
ビーフ〖beef〗牛肉。「ロースト―」

ビー‐ファクトリー【Bファクトリー】高エネルギー加速器研究機構(KEK)にある衝突型加速器の通称。素粒子物理学の実験を行う巨大な装置で、平成10年(1998)より運転開始。高いエネルギーを与えて加速させた電子と陽電子を周囲約3キロメートルの2本のリングにそれぞれ蓄積し、交差点で衝突させ、B中間子とその反粒子の反B中間子を大量に作り出す。それらの崩壊の過程を観測するベル実験が行われ、CP対称性の破れが精密に検証された。この実験により、小林益川理論が裏付けられ、同20年に小林誠と益川敏英はノーベル物理学賞を受賞した。KEKB。

ピー‐ブイ〖PV〗《public viewing》►パブリックビューイング

ピー‐ブイ〖PV〗《promotion video》►プロモーションビデオ

ピー‐ブイ‐アール〖PVR〗《personal video recorder》►HDDレコーダー

ピー‐ブイ‐エー〖PVA〗《polyvinyl alcohol》ポリビニルアルコール。合成繊維ビニロンの原料となる。

ピー‐ブイ‐シー〖PVC〗《polyvinyl chloride》ポリ塩化ビニル。塩化ビニルの重合体。シート・容器・パイプなど広い用途がある。

ピーブイ‐セル【PVセル】《photovoltaic cell》►光電池

ピー‐フォー〖P4〗組み換え遺伝子に求められる物理的封じ込めの、最も厳重なレベル。

ビープ‐おん【ビープ音】《beep》パソコンやポケットベルなどの電子機器が合図に鳴らす信号音。

ビーフ‐カツレツ《和 beef＋cutlet》牛肉にパン粉の衣をつけ油で揚げた料理。ビーフカツ。

ビーフ‐シチュー〖beef stew〗牛肉・タマネギ・ニンジンなどをブラウンソースで長時間煮込んだ料理。

ビーフ‐ジャーキー〖beef jerky〗牛肉の干し肉。アメリカ先住民の保存食品からカウボーイの食糧や戦地食とされ、近年は食肉加工品として市販されている。

ビーフステーキ〖beefsteak〗牛肉のロース・ヒレなどの厚切りを、鉄板などの上で焼いた料理。焼き加減によりレア・ミディアム・ウェルダンとよぶ。ビフテキ。

ビーフ‐ストロガノフ〖beef Stroganoff〗ロシア料理の一。牛肉の薄切りをタマネギと一緒にいため、サワークリーム入りのソースで煮込んだ料理。名は、ロシアの外交官ストロガノフにちなむ。

ひいふっ‐と〘副〙放った矢が風を切って飛び、勢いよく命中するときの音を表す語。「扇のかなめ際一寸ばかり置いて―ぞ射切ったる」〈平家・一一〉

ビープリ〖Viipuri〗ロシア連邦の都市ビボルグのフィンランド語名。

ビープリ‐じょう【ビープリ城】《Viipurin linna》►ビボルグ城

ピープル〖people〗人々。民衆。国民。「ボート―」

ビー‐フレッツ【Bフレッツ】NTT東日本・NTT西日本が提供する、光ファイバーを用いたFTTH型のデータ通信サービス。最大通信速度は下り方向が100Mbps、上り方向が100Mbps。平成12年(2000)より試験的に運用を始め、翌年正式にサービス開始。

ビーフン【米粉】《中国語》米の粉で作った白くて細い乾燥麺。

ピー‐マーク【Pマーク】►プライバシーマーク

ピー‐マウント【Pマウント】《P mount》►スクリューマウント

ひい‐まご【▽曽孫】「ひまご」の音変化。

ピーマン〖フランス piment〗トウガラシの変種。実は大きく、独特の香りのある若い果実を食用とする。辛味はない。ピメント。

ビーミューズ〖BMEWS〗《ballistic missile early warning system》弾道ミサイル早期警戒システム。米本土に対するミサイル攻撃を警戒するためのレーダー網。米ソ冷戦時代に旧ソ連からの北極圏経由のミサイル攻撃に対処する目的で米空軍によって構築され、アラスカ、グリーンランド、英国にレーダーが設置されている。

ビーム〖beam〗❶建築物の梁や桁。❷光・電子などの粒子の、一定方向にそろった細い流れ。光束。また、電波の束。

ビーム‐アンテナ〖beam antenna〗同一位相の電波を供給することによって、方向や受信感度をよくしたアンテナ。テレビ電波の受信などに用いる。

ビーム‐かん【ビーム管】電子流がビーム状に動作するように電極を配置した電子管。電力増幅用のビーム出力管など。

ビーム‐スプリッター〖beam splitter〗入射した光の一部を透過し、一部を反射する光学機器。二つのプリズムで金属薄膜を挟みこんだものなどがある。反射光と透過光の強さがほぼ同じものはハーフミラーと呼ばれる。分光鏡。

ビーム‐へいき【ビーム兵器】《beam weapon》指向性エネルギーを使用した兵器。

ビーム‐ライフル〖beam rifle〗日本ライフル協会が開発した光線銃。競技では、10メートル先の標的に対して2姿勢(肘射・立射)で各20発を撃つ。

ヒーメン〖ドイツ Hymen〗処女膜。ギリシャ神話の結婚の神ヒューメンに由来。

ピー‐めん【P免】《Pはpremium(保険料)の略》生命保険で、重度の要介護状態など一定の条件を満たした場合、保険料の払い込みが免除になること。

ひいやり〘副〙スル「ひんやり」に同じ。「―した湿り気のある涼しい空気と」〈犀星・性に眼覚める頃〉

ビー‐ユー‐アイ‐シー〖BUIC〗《Back-up Intercept Control》米国の予備迎撃管制システム。北米のSAGE(半自動防空警戒管制組織)を補強するために設置された。

ビー‐ユー‐エヌ〖BUN〗《blood urea nitrogen》血中尿素窒素。血液中の尿素に含まれる窒素量。腎機能の指標となる値。

ピー‐ユー‐ディー〖PUD〗《Planned Unit Development》計画的一体開発。大都市郊外での住宅開発の手法として、1960年代後半から全米に普及した。従来の画一的な市街地形成や開発の非効率性への反省が基にあり、ショッピングセンターや研究開発機関などの立地を認めて、利便性、開発価値の向上を図っている。

ヒーラー〖healer〗治療する人。医師。

ピーラー〖peeler〗調理器具の一。野菜や果物などの皮をむく器具。

ひいらぎ【×柊・×疼木】❶モクセイ科の常緑小高木。山地に自生。葉は卵形で厚く、縁にとげ状のぎざぎざをもち、対生する。雌雄異株。10、11月ごろ、香りのある白色の小花を密生し、楕円形で黒紫色の実を結ぶ。生け垣や庭木とされ、材は器具・楽器・彫刻などに用いられる。節分には悪鬼払いとして、枝葉にイワシの頭をつけて門口に挿す。ひらぎ。(季 冬)「一の花にかぶせて茶巾干す/みどり女」❷スズキ目ヒイラギ科の海水魚。全長約15センチ。体色は青みを帯びた銀白色。体は卵形で体高が高く、側扁が著しい。ひれに小さなとげをもつ。口は小さいが長く伸ばすことができ、食道を取り巻いて発光細菌が共生していて発光する。本州中部以南に産し、食用。(季 秋)

ひいらぎ‐そう【×柊草】シソ科の多年草。山林の日陰地に生え、高さ30〜50センチ。茎は四角柱で、毛がある。葉は広卵形で縁にとがった切れ込みがあり、5月ごろ、青紫色の唇形の花を輪生する。

ひいらぎ‐なんてん【×柊南天】メギ科の常緑低木。高さ約1.5メートル。葉は卵形で縁に鋭いぎざぎざをもつ小葉からなる羽状複葉で、枝先に集まってつく。3、4月ごろ、黄色の小花が総状につき、黒紫色の実を結ぶ。中国・台湾の原産。日本へは江戸時代に渡来し、庭木とする。とうなんてん。

ひいらぎ‐もち【×柊×黐】モチノキ科の常緑高木。葉はヒイラギに似て、互生する。初夏、淡黄白色の小花が密生して咲き、秋から冬に球形の赤い実を結ぶ。ヨーロッパ・西アジア・北アフリカに分布。実のついた枝をクリスマスの飾りに用いる。ホーリー。西洋ひいらぎ。

ひいら・ぐ【×疼ぐ】〘動ガ四〙《「ひひらく」の音変化。「ひいらく」とも》ひりひり痛む。〈日葡〉

ヒーラ‐さいぼう【ヒーラ細胞】《Hela cell》ヒトの子宮頸癌組織から1951年に分離され、培養・維持されている細胞株。ウイルス・癌・細胞融合などの研究に用いられる。名は原患者氏名の略称による。ヘラ細胞。

ピーリッサール‐とう【ピーリッサール島】《Piirissaar》エストニアとロシアの国境にあるペイプシ湖にある島。エストニア領。北方戦争の時代にロシア正教の分離派の人々が定住した。主な村はピーリとサーレ。1991年、EU(欧州連合)の自然保護区に指定された。ピリサール島。

ヒーリング〖healing〗いやすこと。いやし。治療。治癒。特に、ストレスなどで病んだ現代人の心身をいやすこと。

ピーリング〖peeling〗《皮むきの意》化学薬品などを使って古い皮膚の表面をはぎ取り、新しい皮膚を形成させる美容法。ケミカルピーリング。

ヒーリング‐アート〖healing art〗病院などで、患者の心をなごませ、治癒に助力するような絵画・音楽などの芸術。

ヒーリング‐ミュージック〖healing music〗心身の疲れをいやすような効果のある音楽。

ビー‐リンパきゅう【Bリンパ球】►B細胞

ひいる【×蛾】蛾の古称。特に、蚕の蛾をいう。「愚人の貪る所は、―の火に投ずるが如し」〈霊異記・下〉

ヒール〖heel〗❶かかと。特に、靴のかかと。「ハイ―」❷プロレスリングなどで、悪役のこと。⇔ベビーフェース

ひい・る【▽沖る・×冲る】〘動ラ五(四)〙❶ひらひらと飛び上がる。空高く舞い上がる。「東天に―・るが如く」〈透谷・エマルソン〉❷高くそびえる。「天を摩し雲に―・る山嶽の景色」〈露伴・天うつ浪〉

ビール〖Biel〗スイス西部、ベルン州の都市。ジュラ山脈南麓、ビール湖北端に位置する。時計産業をはじめ、機械工業が盛ん。13世紀にバーゼル領主司教により創建。旧市街には中世の面影を残す歴史的建造物が多い。周辺の村々は同国有数のワイン産地としても知られる。フランス語名、ビエンヌ。

ビール〖オランダ bier〗【麦酒】オオムギの麦芽を粉にして水とともに加熱した糖化液に、ホップを加えてアルコール発酵させた醸造酒。ホップによる苦味と、含んでいる炭酸ガスによる泡立ちが特徴。ビヤ。ビア。(季 夏)「なまなかの雨のあつしや―のむ/万太郎」

ピール〖peel〗《candied peel(砂糖漬けの皮)の略》柑橘類の皮を煮て砂糖漬けにしたもの。洋菓子などの製菓材料にする。

ピール〖Peel〗英国イングランドとアイルランドの間にあるマン島の西部の町。陸繋島のセントパトリック島にあるピール城は、カッスルタウンに首都が置かれるまで、マン島の王の居城だった。バイキングやマン島の海事史に関する博物館ハウスオブマンナンがある。

ヒール‐アウト〖heel out〗ラグビーで、スクラムやラックから、味方のバックスへつなぐため足でボールを後方へ出すこと。

ヒール‐アンド‐トー〖heel and toe〗自動車の高等な運転技術の一。コーナリング中にブレーキを踏みながらシフトダウンすると、アクセルから右足が離れてエンジン回転が落ち、再びクラッチをつないだときの加速力が鈍るので、右足のつま先(トー)でブレーキを踏みつつ、かかと(ヒール)でアクセルを踏む方法。

ビールーニー〖al-Bīrūnī〗[973〜1048ころ]中世イスラムの学者。イラン人。数学・地理学・天文学・史学などを究めた。著「インド誌」。アル＝ビールーニー。

ピール‐オフ〖peel off〗ラグビーのラインアウトで、味方の選手によってボールがパスされたりノックバックされたりしたとき、ラインアウト内の他の選手がこのボールを受けようとして自分の位置を動くこと。

ビールけい‐いんりょう【ビール系飲料】ビールと、麦芽を原料とした発泡酒、「第三のビール」の総称。

ビールス〖ドイツ Virus〗►ウイルス

ビールテイスト-いんりょう【ビールテイスト飲料】〘名〙味や香りをビールに似せてつくった炭酸飲料。1パーセント未満のアルコールを含むものが多い。ビールと同じように麦芽・ホップを原料とし、製造過程でアルコール分を抑えたり取り除いたりしたものや、清涼飲料水に香りと苦みをつけたものなどがある。ビールテイスト清涼飲料。ビール風味飲料。

ビールマン-スピン〖Biellmann spin〗フィギュアスケートで、アップライトスピンの一。体の後方にある脚が頭上まで伸び切るというアクロバット的なスピン。スイスの選手デニス＝ビールマンの名にちなむ。

ひ-いれ【火入れ】❶火力発電所・溶鉱炉などが完成し、初めて点火して操業を開始すること。❷清酒・醤油の醸造過程で、加熱殺菌すること。清酒では腐敗を防ぐため、醤油では風味や色合いをよくするために行う。❸土地を肥やすため、山野の枯れ草や雑木などを焼くこと。野焼き。❹煙草盆の中に組み込み、タバコにつける火種を入れておく器。

ひ-いれず【火入れず】火入れをしてない清酒。新酒。

ひ-いろ【火色】❶火の色。また、高温に熱した鉄などの光る色合い。❷火のような深紅の色。❸襲の色目の名。表・裏ともに薄紅。

ひ-いろ【×緋色】❶濃く明るい赤色。深紅色。緋。❷銅器につける赤く鮮やかな斎色。
(類語)赤・真っ赤・赤色・紅色・紅・紅・真紅・緋・朱・朱・丹・茜色・レッド・スカーレット

ヒーロー〖hero〗❶敬慕の的となる人物。英雄。「国民的―」❷劇・小説などの、男の主人公。⇔ヒロイン。❸スポーツの試合などで、特に活躍した人。「プロ野球の―インタビュー」(類語)英雄・奸雄・風雲児・雄・巨星・巨人・英傑・傑物・傑士・傑人

ビーろく-ばん【B6判】紙の仕上げ寸法の一。B5判を半截したもので、128ミリ×182ミリの大きさ。一般の書籍に多く用いられる。B列6番。

ピー-ロム〖PROM〗《programmable read-only memory》コンピューターで、一度だけ情報を書き込むことができるプログラム可能な読み取り専用メモリー。

ひ-いん【×庇陰｜×庇×蔭】〘名〙スル ❶ひさしのかげ。❷かばうこと。また、おかげをこうむること。「罪人を―することは」〈鉄腸・南洋の大波瀾〉

ひ-いん【碑陰】❶石碑の裏面。❷石碑の裏面に記した銘文。

ビーン-ボール〖bean ball〗《beanは頭の意の俗語》野球で、投手が故意に打者の頭をめがけて投げる球。

ひ-う【非有】❶仏語。有でないこと。存在しないこと。❷➤非存在

ひ-う【飛宇】《「宇」は軒の意》高い軒。また、軒の高い家。飛檐。飛軒。

ひ-う【飛雨】風に飛ばされながら降る激しい雨。

び-う【眉宇】《「宇」は軒。眉を目の軒と見立てていう》まゆのあたり。まゆ。「決意を―に漂わせる」

び-う【微雨】わずかに降る雨。細雨。小雨。

ひ-うお【干魚｜▽乾魚】〘名〙魚を、内臓を取り除いて乾燥したもの。魚の干物。ほしざかな。ほしうお。

ひ-うお【氷魚】〘名〙アユの稚魚。2、3センチ程度で体はほとんど半透明。秋から冬にかけて琵琶湖でとれるものが有名。ひお。

ピウスーツキ〖Józef Piłsudski〗[1867〜1935]ポーランドの軍人・政治家。独立運動を指導し、ロシアと戦った。1918年、独立を宣言して国家主席となり、対ソ戦争を指導。一時引退したが、26年のクーデターで政権を握り、独裁政治を行った。ピウスツキ。

ピウスにせい-ひろば【ピウス二世広場】《Piazza Pio Ⅱ》イタリア中部、トスカーナ州の都市ピエンツァの中央広場。15世紀にローマ教皇ピウス2世により、フィレンツェの建築家ベルナルド＝ロッセリーノの設計で造られた。周囲を市庁舎、ピッコローミニ宮殿、ピエンツァ大聖堂、司教館など、ルネサンス様式の建築物に囲まれる。1996年に「ピエンツァ市街の歴史地区」として世界遺産(文化遺産)に登録された。

ひ-うち【火打ち｜×燧】❶火打ち石と火打ち金とを打ち合わせて火を出すこと。また、その道具。❷建築で、ひずみを防ぐために、水平面上で直交する部材の隅に斜めにかける補強材。❸ぶっさき羽織の背の縫い目の裂けた所につける三角形の布。❹夜着などの袖下と脇の角に、ゆとりを出すためにつける三角形の襠。

ひうち-いし【火打ち石｜×燧石】玉髄に似た石英の一種。緻密で硬く、灰色や黒色のものが多い。火打ち金と打ち合わせて発火させ、火打ち道具として用いた。フリント。

ひうち-いた【火打ち板】ふすまの枠組みを固定させるため、四隅に打ち付ける三角形の板。

ひうち-かえ【火打ち替え】〘名〙❶不浄のことがあったとき、穢れをはらうために炉の火を新しくすること。❷新年を迎えるにあたり、炉の火種を新しくすること。

ひうち-が-だけ【燧ヶ岳】福島県南西部にある火山。標高2356メートル。南麓に尾瀬沼や湿原がある。

ひうち-がね【火打ち金｜×燧▽鉄】火打ち石と打ち合わせて発火させる鋼鉄片。火打ち鎌。火口金。

ひうち-がま【火打ち鎌】「火打ち金」に同じ。〈和英語林集成〉

ひうち-どうぐ【火打ち道具】〘名〙火打ちに用いる道具。火打ち石・火打ち金・火口など。

ひうち-なだ【燧灘】瀬戸内海中南部の海域。香川県の三崎半島と愛媛県の高縄半島との間で、魚島・四阪島などがあり、四国沿岸は臨海工業地帯。

ひうち-ば【火打ち羽】鷹の翼の最下部の羽。「藤の先は、―の長さにくらべて切りて」〈徒然・六六〉

ひうち-ばこ【火打ち箱】❶火打ち道具を入れておく箱。「―をさがし、やうやうに火をおこして」〈人・梅児誉美・初〉❷狭い家をあざけっていう語。「家貧しくて身代は、薄き紙子の―」〈浄・反魂香〉

ひうち-ぶくろ【火打ち袋】火打ち道具を入れて携帯する袋。旅行や軍陣などに携行した。

ひうち-やま【火打山】新潟県南西部、糸魚川市と妙高市の境にあるピラミッド形の山。妙高連峰の最高峰で、標高2462メートル。山頂付近にはハイマツが覆い、雷鳥も生息している。上信越高原国立公園に属する。

ひ-うつり【日映り】日の光が映って輝くこと。「籬の菊に―のおかしきを」〈一葉・やみ夜〉

ひ-うつり【火移り】火が燃え移ること。

ひう-ひくう【非有非空】仏語。いっさいのものは、有るのでもなく無いのでもない、いずれにも偏らないものであること。中道。

ビウレット〖biuret〗尿素をセ氏160度くらいに熱すると得られる結晶。アルカリに溶かして硫酸銅水溶液を加えると赤紫色を呈する。同様の処理によるたんぱく質の呈色反応をビウレット反応という。

ビウレット-はんのう【ビウレット反応】〘名〙たんぱく質やペプチドの呈色反応の一。たんぱく質を含む液を水酸化ナトリウムなどを加えてアルカリ性とし、これに数滴の硫酸銅溶液を加えると、青紫から赤紫色を呈する。

ひ-うん【非運｜否運】運命が開けないこと。運がないこと。ふしあわせ。不運。⇔幸運。(類語)不運・悲運

ひ-うん【飛雲】風に吹かれて飛んでいく雲。

ひ-うん【秘×蘊】物事の奥底。学問・技芸などの秘訣。奥義。「人情の―を発きて」〈逍遥・小説神髄〉

ひ-うん【悲運】悲しい運命。「―の最期」
(類語)不運・非運・アンラッキー

び-うん【微運】運命に恵まれないこと。薄命。薄運。「三種の神器いたづらに―の君にしたがひて」〈太平記・二七〉

ひうん-かく【飛雲閣】京都の西本願寺境内にある3層の楼閣建築。国宝。豊臣秀吉の造営した聚楽第の遺構と伝えられる。

ひえ【比叡】㊀「比叡山」の略。㊁延暦寺の異称。

ひえ【冷え】❶冷えること。気温が下がること。「朝方の―」❷からだ、特に腰から下が冷えること。また、その病気。「―性」

ひえ【×稗｜×䅎】イネ科の一年草。高さ1〜2メートルに達し、葉は細長くイネに似る。夏、円柱状の穂をつけ、小さい実を結ぶ。実を食用や鳥の飼料などにする。日本には縄文時代に中国から伝来したといわれ、救荒作物として栽培。(季 秋)

ひ-え【×緋▽衣】緋色の袈裟または法衣。緋の衣。

ひえ-あたり【冷え▽中り】冷えたのが原因で病気になること。〈和英語林集成〉

ひえい-ざん【比叡山】京都市と大津市とにまたがる山。二峰からなり、東の大比叡は標高848メートル、西の四明ヶ岳は839メートル。天台宗延暦寺がある。

ひえいざん-ばん【比×叡山版】➤叡山版

ひえいり-だんたい【非営利団体】営利を目的とせずに活動する団体。特にNPOをいう。

ひえいり-ほうじん【非営利法人】〘名〙営利を目的としない法人。一般社団法人・一般財団法人、公益法人、NPO法人、中間法人、社会福祉法人、学校法人などのこと。

ひえ-い・る【冷え入る】〘動ラ四〙❶寒さが身にしみとおる。冷えきる。「雪の降りたりし暁に立ちやすらひて、わが身も―・るやうにおぼえて」〈源・幻〉❷体温がなくなる。生気が失せる。「ただ冷えに―・りて、息はとく絶え果てにけり」〈源・夕顔〉

ピエール-カルダン〖Pierre Cardin〗➤カルダン

ひえ-おろし【比×叡×颪】比叡山から吹きおろす風。

ひ-えき【飛駅】❶律令制の駅制で、緊急の場合に用いられた施設とその使者。❷中世以後、早馬・飛脚などによって緊急の連絡をすること。

ひ-えき【×裨益｜×埤益】〘名〙スル 助けとなり、役立つこと。「今後の研究に―するところが大きい」
(類語)利益・益・得・為・便益・実利・メリット・得る所

ひえ-き・る【冷え切る】〘動ラ五(四)〙❶すっかり冷えてしまう。「からだが―・る」❷愛情・熱意などがすっかりなくなる。「二人の仲が―・る」
(類語)冷える・冷え込む・凍てる・しばれる

ひえ-こ・む【冷え込む】〘動マ五(四)〙❶気温がひどく下がる。寒さが厳しくなる。「朝方はかなり―・む」❷からだの中まで冷えてしまう。「―・んで風邪をひく」❸活気などがなくなる。「景気が―・む」(類語)冷える・冷え切る・凍てる・しばれる・寒寒・深深・凜凜

ひえ-しょう【冷え性】〘名〙冷えやすい体質。特に、腰から下が冷えること。女性に多い。

ひえ-じんじゃ【日吉神社】日吉大社の旧称。

ひえ-じんじゃ【日枝神社】東京都千代田区にある神社。旧官幣大社。祭神は大山咋神ほか三神。文明年間(1469〜1487)太田道灌が江戸城内に武蔵国川越の山王権現を勧請したのに始まる。例祭の山王祭は御用祭り・天下祭りとも称し、神田祭と並んで有名。江戸山王権現。山王社。

ひえ-しんとう【日▽吉神道】〘名〙神仏習合の理論を具体化した仏教的神道の一。延暦寺の地主神、日吉の神の本体を仏陀とし、諸神はその根本的仏性の示現とする。平安末期から鎌倉時代に起こり、江戸初期には徳川家康の信を得た天海が山王一実神道を説いて発展させ盛行した。天台神道。山王神道。

ピエズ〖フランス pièze〗圧力の単位。1ピエズは1平方メートル当たり1000ニュートン(1000N/m²)の力が加わっていることを表す。1ピエズは1000パスカル。記号pz

ピエゾ〖piezo〗〘語素〙圧する、の意を表す。➡ピエゾ電気

ピエゾ-こうか【ピエゾ効果】〘名〙➤圧電効果

ピエゾ-そし【ピエゾ素子】➤圧電素子

ピエゾ-でんき【ピエゾ電気】《piezoは圧する意》「圧電気」に同じ。

ピエゾでんき-そし【ピエゾ電気素子】➤圧電素子

ピエタ〖イタリア pietà〗《敬虔の心、慈悲心の意》キリストの遺体をひざに抱いて嘆き悲しむ聖母マリアを

ひ

表す絵画・彫刻の主題。嘆きの聖母像。

ひえ-たいしゃ【日吉大社】►ひよしたいしゃ

ひえだ-の-あれ【稗田阿礼】天武天皇の舎人とねり。天武天皇の命で帝紀と先代の旧辞きゅうじとを誦習し、和銅4年(711)元明天皇の命で太安万侶おおのやすまろがこれを撰録して古事記が編まれた。生没年未詳。

ひ-えつ【披閲】〔名〕スル 書状などを開いてよく見ること。「内外の典籍を—して」〈露伴・運命〉

ひ-えつ【飛越】ヒエツ〔名〕スル とびこえること。特に、馬術で障害物をとびこえること。

ひえつき-ぶし【稗搗節】宮崎県の民謡。東臼杵郡椎葉村地方で、稗をつくときにうたわれた仕事歌。源氏の武士那須大八と平家の娘鶴富姫の情話にまつわる歌詞が人気を博し、全国に広まった。

ひえ-づくり【日▽吉造(り)】神社本殿形式の一。切妻きりづま造りの正面と両側面とに1間ずつの庇ひさしをつけ、背面に縋破風すがるはふをつけたもの。滋賀県の日吉大社本殿が典型。聖帝しょうてい造り。ひよしづくり。

ひえ-どり【×鵯】ヒヨドリの別名。〈和名抄〉

ビエトリ-スル-マーレ〖Vietri sul Mare〗イタリア南部、カンパニア州の町。サレルノ湾の北部、サレルノの西約3キロメートルに位置する。世界遺産に登録されたアマルフィ海岸の観光地の一。マジョリカという色絵陶器の生産地として有名。

ビエニーベス-ひろば【ビエニーベス広場】《Vienybės aikštė》リトアニア中央部の都市カウナスの新市街にある広場。リトアニア独立の際に犠牲になった人物を称える記念碑があり、ビタウタス大公戦争博物館に隣接する。

ひえ-ばら【冷え腹】冷気のために腹痛・下痢などを起こすこと。また、そういう腹ぐあい。

ひえ-びえ【冷え冷え】〔副〕スル ❶冷えきっているさま。非常につめたく感じられるさま。「—(と)した寺の本堂」(季 秋) ❷むなしくさびしいさま。「—(と)した心境」❸関係などの、つめたくよそよそしいさま。「—(と)した夫婦の仲」(類語)冷たい・ひんやり・冷ややか

ひえ-まき【×稗×蒔き】鉢・水盤などに水を含んだ綿を置いて稗をまき、芽が出たのを青田に見立てて涼感を楽しむ盆栽。(季 夏)「—や疲れたる眼にみどりなり/風生」

ひえ-まつり【日▽吉祭】►山王祭さんのうまつり❶

ひえ-めし【×稗飯】稗を炊いた飯。また、米に稗をまぜて炊いた飯。

ひえ-もの【冷え物┊冷え者】冷えてつめたいもの。特に、からだの冷えたもの。「草臥くたびれものでーで」〈咄・露がはなし・二〉

冷え物御免 江戸時代、銭湯で湯船に入る際にいうあいさつの言葉。遊女の寝床にはいる際にふざけて言ったりもする。冷え物でござい。「—と、足をさしこめば」〈浮・諸艶大鑑・一〉

冷え物でござい 「冷え物御免」に同じ。

ピエモンテ〖Piemonte〗イタリア北西部にある州。ポー川の上流域でアルプス山脈に接する。自動車などの工業が盛ん。19世紀にはサルデーニャ王国の事実上の中心地としてイタリア王国統一の中核となった。アスティ県・アレッサンドリア県・ベルチェリ県・ベルバーノ-クジオ-オッソラ県・クーネオ県・トリノ県・ノバーラ県・ビエッラ県がある。州都はトリノ。

ビエラ〖VIERA〗《「vison(映像)」と「era(時代)」からの造語》パナソニックが販売するプラズマテレビと液晶テレビのブランド名。平成15年(2003)より使用。同グループ会社の製品であるワンセグ放送対応の携帯電話や、ポータブルテレビにも使われる。➲VIERAケータイ

ビエラ〖Viyella〗薄手のフランネル織物の一種で、綿45パーセント、毛55パーセントの混紡の糸を綾織りにし、軽く起毛したもののこと。独特の柔らかみが特徴。商標名で、正確にはビエラフランネルという。

ビエラ-けいたい【VIERAケータイ】パナソニックモバイルコミュニケーションズ製のワンセグ放送に対応した一部の携帯電話の通称。パナソニック製のテレビブランド、ビエラにも使われる高画質技術を搭載する機種に使用される。

ヒエラポリス〖Hierapolis〗トルコ南西部にあった古代都市。温泉保養地パムッカレの丘の上に位置する。紀元前2世紀、ペルガモン王国のエウメネス2世により建設。古代ローマ時代の後1世紀から2世紀にかけて建造された円形劇場、共同墓地、公衆浴場などの遺跡がある。1988年、パムッカレとともに世界遺産(複合遺産)に登録された。

ビエラ-リンク〖VIERA Link〗パナソニックが採用する、HDMI接続したデジタル対応のテレビやAV機器を相互に連携させる機能のこと。リモコン1台で複数のAV機器の統一的な操作が可能。同社の液晶テレビ・プラズマテレビのブランドビエラシリーズや、録画機器のディーガシリーズなどに搭載されている。

ヒエラルキー〖hierarchy〗►ヒエラルヒー

ヒエラルヒー〖ドイ Hierarchie〗上下関係によって、階層的に秩序づけられたピラミッド型の組織の体系。狭義では、カトリック教会の教皇を頂点とする聖職者の位階制。広義では、中世の封建社会の身分秩序をさすが、現代では指揮・命令系統によって整序された軍隊や官僚機構についていう。位階制。身分階層制。ヒエラルキー。ハイアラーキー。

ひ-えり【日▽選り】日を選ぶこと。吉日を選び定めること。「げに、愛敬のはじめは—して聞こし召すべきことにこそ」〈源・葵〉

ビエリチカ〖Wieliczka〗►ウェリチカ

ビエリチカ-がんえんこう【ビエリチカ岩塩坑】コガンエンコウ《Kopalnia soli Wieliczka》►ウェリチカ岩塩坑

ひ・える【冷える】〔動ア下一〕図ひ・ゆ〔ヤ下二〕❶温度が下がってあたたかさが失われる。つめたくなる。また、気温がひどく下がる。つめたく、または寒く感じる。「腰が—・える」「—・えたビール」「朝晩は—・える」(季 秋) ❷あるものに対する熱意・興味などがなくなってしまう。また、うまくいっていた関係がわるくなる。不況になることにも言う。「仲が—・える」「両国の関係が—・える」「消費が—・える」(類語)(❶)冷え冷えする・ひんやりする・冷さめる・冷え切る・冷え込む・凍いてる・しばれる/(❷)冷却する・悪化する

ビエルタン〖Biertan〗ルーマニア中央部の村。ドイツ語名ビルテルム。13世紀にドイツのザクセン地方からの移住者により建設。14世紀末にオスマン帝国の襲撃に備えて建造された、三重の防壁に守られたゴシック様式の要塞教会があることで知られ、1993年に「ビエルタンとその要塞教会」として世界遺産(文化遺産)に登録。同じような教会をもつ南トランシルバニア地方の他の村々とともに、99年に「トランシルバニア地方の要塞教会のある村落群」の名称で拡張登録された。

ピエルフォン〖Pierrefonds〗フランス北部、オアーズ県の都市、コンピエーニュの近郊にある村。ナポレオン3世が19世紀に再建したピエルフォン城があることで知られる。

ピエルフォン-じょう【ピエルフォン城】ジャウ《Château de Pierrefonds》フランス北部の都市コンピエーニュ近郊の村、ピエルフォンにあるネオゴシック風の城。廃墟となっていた城をナポレオン1世が買い取り、後にナポレオン3世が建築家ビオレ=ル=デュックに再建を依頼し、1857年から84年にかけて建造された。

ピエロ〖フランス pierrot〗❶サーカスなどの狂言回しをつとめる道化役者。紅を入れた白塗りの顔、長袖の寛衣、こっけいな動作などを特徴とする。元来、イタリアの即興喜劇中の道化役がフランスのパントマイムの役柄に取り入れられたもの。❷人前で、こっけいな振る舞いをする人。笑いものになるだけの人。

ヒエログリフ〖hieroglyph〗古代エジプトの象形文字。聖刻文字。神聖文字。ハイエログリフ。

ピエロ-デラ-フランチェスカ〖Piero della Francesca〗[1416ころ〜1492]イタリアの画家。理知的な空間構成と的確な人物把握、清澄な色彩を特色とし、アレッツォのサンフランチェスコ聖堂の壁画「聖十字架物語」は15世紀ルネサンス絵画の傑作。

ヒエロニムス〖Eusebius Sophronius Hieronymus〗[340ころ〜420]キリスト教の教父。古代西方教会の聖書学者。教皇秘書などを歴任後、ベツレヘムで修道院の指導にあたるかたわら、聖書のラテン語訳「ウルガタ」や聖書注解などを著した。

ひ-えん【飛×燕】❶飛んでいるつばめ。(季 春) ❷武道などで、つばめのようにすばやく身をひるがえすこと。「—の早業」❸旧日本陸軍の単座戦闘機。制式名称は三式戦闘機。液冷エンジンを装備。最大時速580キロ。

ひ-えん【飛×檐┊飛×簷】❶高く反り上がった軒のき。高い軒。飛宇ひう。❷「飛檐垂木ひえんだるき」の略。

び-えん【美艶】〔名・形動〕美しくあでやかなこと。美しくなまめかしいこと。また、そのさま。「フロレンスは—にして且つ富貴なれば」〈織田訳・花柳春話〉

び-えん【鼻炎】鼻腔粘膜の炎症。くしゃみ・鼻水・鼻詰まりなどがみられる。急性のものは風邪によることが多く、慢性では粘膜が肥厚する肥厚性鼻炎、萎縮いしゅくする萎縮性鼻炎、アレルギー性鼻炎などがある。鼻カタル。

ひ-えんざんし【被演算子】►オペランド

ひえん-そう【飛×燕草】サウ キンポウゲ科の越年草。高さ30〜90センチ。葉は分裂し、裂片は線形。初夏、青・紫色で距きょをもつ花が総状に咲く。南ヨーロッパの原産で観賞用。デルフィニウム。ちどりそう。

ひえん-だるき【飛×檐垂木】寺院建築などで、地垂木じだるきの先端にのり、軒先までのびている垂木。

ビエンチャン〖Vientiane〗ラオス人民民主共和国の首都。メコン川中流の北岸にある河港都市。米作が行われる。

ビエンチャン-こうどうけいかく【ビエンチャン行動計画】カウドウケイクワク クラスター爆弾禁止条約の実効性を確保するための行動計画。2010年11月にラオスのビエンチャンで開催された第1回締約国会議で採択。締約国に対して自国での条約発効後1年以内に保有弾廃棄計画の作成を求めるなど66項目からなる。➲ビエンチャン宣言

ビエンチャン-せんげん【ビエンチャン宣言】2010年11月、ラオスの首都ビエンチャンで開催されたクラスター爆弾禁止条約の第1回締約国会議で採択された宣言。クラスター爆弾全廃実現への努力、同爆弾の大量保有国で条約に署名していない米国・ロシア・中国を含む締約国の拡大、保有弾の廃棄、不発弾の除去などをうたっている。➲ビエンチャン行動計画

ピエンツァ〖Pienza〗イタリア中部、ローマの北西にある都市。15世紀にローマ教皇ピウス2世がフィレンツェの建築家ベルナルド=ロッセリーノに依頼して生誕地コルシニャーノを改造。大聖堂、ピウス2世広場、ピッコローミニ宮殿などが建てられ、都市名もピエンツァと改められた。1996年に「ピエンツァ市街の歴史地区」として世界遺産(文化遺産)に登録。

ピエンツァ-だいせいどう【ピエンツァ大聖堂】ダイセイダウ《Duomo di Pienza》イタリア中部の都市ピエンツァにある教会。15世紀にローマ教皇ピウス2世により、フィレンツェの建築家ベルナルド=ロッセリーノの設計で建造。ルネサンス様式のファサードはアーチを施した3層構造で、破風はふにはピエンツァの領主ピッコローミニ家の紋章を飾る。内部にはシエナ派の画家による祭壇画がある。1996年に「ピエンツァ市街の歴史地区」として世界遺産(文化遺産)に登録された。

ビエンナーレ〖イタリア biennale〗《2年目ごとの、の意》2年に一度開催される国際的な美術展覧会。最も歴史が古いのはベネチアビエンナーレで、そのほかサンパウロ・パリなどで開かれるものがある。➲トリエンナーレ

ビエンヌ〖Bienne〗►ビール

ビエンヌ〖Vienne〗フランス中東部、ローヌ-アルプ地方、イゼール県の都市。リヨン南郊、ローヌ川沿いに位置する。古代ローマ時代より交通の要衝として栄え、当時の劇場、神殿、門などの遺跡が残っている。14世紀にテンプル騎士修道会の解散を決定したビエンヌ公会議が行われた。

ひえんのきょく【飛燕の曲】箏曲そうきょく。組歌。宝暦(1751〜1764)ごろ、安村検校が作曲。李白の詩「清

平調」の邦訳を歌詞とする。

ひ-お【氷▽魚】「ひうお(氷魚)」に同じ。(季 冬)

ビオ〘Biot〙フランス南東部の村。中世、異教徒からの攻撃を防ぐために、急峻な岩山や丘の上に城壁をめぐらして築いた「鷲の巣村」の一。20世紀半ばよりガラス工芸が盛ん。キュビスムの画家、フェルナン=レジェの美術館がある。ビオット。

ひ-おい【日▽覆い】「ひおおい」の音変化。「葭簀の―をかけた家の前に」〈荷風・濹東綺譚〉

ひ-おう【秘奥】物事の奥底。特に、学問・技芸などの、たやすく到達することのできない奥深いところ。「芸の―をきわめる」

ひ-おうぎ【×檜扇】❶ヒノキの細長い薄板を重ね、上端を糸で下端を要で留めた扇。近世の板の数は、公卿は25枚、殿上人は23枚、女子は39枚。男子のものは白木のままとするが、女子のものは、大翳・衵扇ともいい、表裏ともに美しく彩色し、親骨に色糸を長く垂らして装飾とした。➡扇 ❷アヤメ科の多年草。本州中部以西の山野に自生。剣形の葉が2列に互生し、扇形に広がる。夏、黄赤色で内側に多数の暗紅色の斑点をもつ6弁花を開く。実は秋に熟すと裂け、光沢のある黒い種子を現し、うばたま・ぬばたまとよばれる。からすおうぎ。(季 夏)

ひおうぎ-あやめ【×檜扇菖=蒲】アヤメ科の多年草。中部地方以北の湿地に自生し、高さ約70センチ。葉は剣形で、基部が紫色になる。夏、アヤメに似た紫色の大きい花を開く。

ひおうぎ-がい【×檜扇貝】イタヤガイ科の二枚貝。海底の岩石に足糸で固着する。貝殻は円形で、殻長9センチくらい。殻表に太い放射状の肋があり、色彩は赤褐・紫・黄・橙色など個体により変化がある。房総半島以南に分布。肉は食用、殻は観賞用。

びおう-きゅう【未央宮】中国、漢代に造られた宮殿。高祖劉邦が長安の竜首山上に造営したもの。唐代には宮廷の内に入った。

ひ-おおい【日覆い】❶日光をさえぎるためのおおい。日よけ。ひおい。(季 夏) ❷夏、制帽などの上をおおう白布。(類語)日除け・ブラインド・簾

ビオーサバール-の-ほうそく【ビオーサバールの法則】定常電流が流れているとき、電流の微小部分がその位置から離れた任意の位置につくる磁場の強さを決める法則。通常は微分形式で表される。電流全体について積分すれば、アンペールの法則が得られる。フランスの物理学者ビオー(J.B.Biot)とサバール(F.Savart)が発見。

ビオール〘フランス viole〙中世から18世紀にかけてヨーロッパで用いられていた擦弦楽器の総称。現在では、ビオラダガンバの一族をさす。

ひおき【日置】鹿児島県西部、薩摩半島西岸にある市。東シナ海に面し海岸部には吹上浜の砂丘が広がる。平成17年(2005)5月、東市来町、伊集院町、日吉町、吹上町が合併して成立。人口5.1万(2010)。

ひおき-し【日置市】▶日置

ビオグラフィー〘フランス biographie〙伝記。一代記。➡バイオグラフィー

ひ-おくり【日送り】❶日を過ごすこと。❷予定の期日を先へ延ばすこと。日延べ。

ひ-おけ【火×桶】木製の丸形の火鉢。表面は木地のまま、または漆を塗り、蒔絵などを施し、内側に金属板を張ったもの。(季 冬)

ビオコボ-しぜんこうえん【ビオコボ自然公園】《Park Prirode Biokovo》クロアチア南部にある自然公園。アドリア海に面する町マカルスカの背後にそびえるビオコボ山を中心とする。ビオコボ山は同国第2の標高(1762メートル)を誇り、美しい山岳景観と豊かな自然植生で知られる。

ビオゴン〘Biogon〙ドイツ、カール-ツァイス社製の写真用超広角レンズの商標名。

ひおし-こうどう【×鏂押し坑道】鉱床に沿って、その走向方向に掘り進む坑道。

ビオス〘フランス bios〙酵母の増殖に必要な微量物質の総称。

ヒオス-とう【ヒオス島】《Hios》ギリシャ、エーゲ海東部の島。中心地はヒオス。東ローマ帝国最盛期に建てられたネアモニ修道院があり、1990年に「ダフニ修道院群、オシオスルカス修道院群及びヒオス島のネアモニ修道院群」として世界遺産(文化遺産)に登録された。キオス島。シオス島。

ビオチン〘ドイツ Biotin〙ビタミンB複合体の一。動物では腸内細菌によって合成され、補酵素として働く。ビタミンH。

ビオット〘Biot〙▶ビオ

ビオトープ〘biotope┊ドイツ Biotop〙生物群集が存在できる環境条件を備える地域。生物群の生息場所。ハビタットと同義にも用いられる。

ひ-おどし【×緋▽威┊火▽威】鎧の威の一。緋色に染めた革や組紐などで威したもの。また、その鎧。

ひおどし-ちょう【×緋▽威×蝶┊×緋×縅×蝶】タテハチョウ科のチョウ。翅は開張7センチくらいで、表面は朱褐色の地に黒斑があり、外縁に黒色帯がある。裏面は黒褐色。幼虫はエノキの葉を食う。

ピオネール〘ロシア pioner〙ソ連の共産主義少年団。10～15歳の少年で構成され、実践的な集団活動や奉仕活動を行った。1922年設立。91年解散。ピオニール。

ひお-の-つかい【氷▽魚の使】平安時代、9月から12月まで、山城国宇治・近江国田上の両地から奉る氷魚を受け取るために朝廷が派遣した使者。

ひお-むし【×蜉】朝に生まれ夕には死ぬという虫。カゲロウの類。また、はかないもののたとえ。「何か、その―に争ふ心にて」〈源・橋姫〉

ビオメハニカ〘ロシア biomekhanika〙ソ連の演出家メイエルホリドが提唱した俳優術理論。肉体的訓練を基礎とした舞台表現を目ざしたもの。

ひ-おもて【日面┊日表】日のあたる側。ひなた。「背を刺すような―は、蔭となると流石秋の冷たさが蹲っていた」〈梶井・ある心の風景〉

ビオラ〘イタリア viola〙擦弦楽器の一。バイオリンよりやや大形で、5度低く調弦される。主に、室内楽・管弦楽の内声部を受け持つ。

ビオラ-ダ-ガンバ〘イタリア viola da gamba〙16～18世紀にヨーロッパで愛好された擦弦楽器。弦は6、7本で、チェロのように脚の間に立てて奏する。

ビオラ-ダモーレ〘イタリア viola d'amore〙16、7世紀に好んで用いられた擦弦楽器。弦は6、7本で、多くの共鳴弦をもち、指板にはフレットがない。

ひ-おり【▽引折┊日折】平安時代、内裏の馬場で5月5日に左近衛の舎人、翌日には右近衛の舎人が競馬・騎射をしたこと。また、その日。

ピオレ〘フランス piolet〙「ピッケル」に同じ。

ビオローネ〘イタリア violone〙低音域を奏する擦弦古楽器の一種。ビオラダガンバ族に属し、コントラバスが一般化するまでは、オーケストラの最低音域を受け持っていた。➡ビオラダガンバ

ビオロン〘フランス violon〙バイオリン。「秋の日の―のためいきの」〈上田敏訳・海潮音・落葉〉

び-おん【美音】美しい音や声。「―が響きわたる」

び-おん【微音】かすかな音や声。

び-おん【微温】〔名・形動〕❶わずかに温かいこと。なまあたたかいこと。❷手ぬるいこと。中途半端であること。また、そのさま。「―な読書人の固定した信用を失わしめない」〈大仏・帰郷〉

び-おん【鼻音】❶鼻にかかった声。❷音声学で、呼気が鼻腔を通り、鼻腔の共鳴を伴う有声子音。例えば英語では、口腔を両唇で閉鎖する[m]、舌先を歯茎につけて閉鎖する[n]、後舌を軟口蓋につけて閉鎖する[ŋ]の3種がある。➡口音

びおん-てき【微温的】〔形動〕徹底しないさま。てぬるいさま。「―な態度」「―な改革」

びおん-とう【微温湯】温度の低い湯。ぬるまゆ。

ひ-か【比価】❶他の物と比較しての価値または価格。❷▶金銀比価

ひ-か【皮下】皮膚のすぐ下。皮下組織のある部分。

ひ-か【非家】その道の専門家でない人。また、その家柄。門外漢。しろうと。「堪能の―の人にならぶ時、必ずまさる事は」〈徒然・一八七〉

ひ-か【飛花】風に飛び散る花。「―落葉」

ひ-か【悲歌】〔名〕スル ❶悲しんでうたうこと。悲しみをうたった歌。エレジー。哀歌。「―して独り流涕す」〈紅葉・金色夜叉〉 ❷死者をいたむ歌。(類語)エレジー・哀歌

ひ-が【彼我】かれと、われ。相手と自分。あちらとこちら。「―の力量の差」

ひ-が【非我】哲学で、自我に対立して存在しているいっさいのもの。自我から区別された外界・環境・自然をさす。⇔自我。

ひ-が【秘画】男女の房事を描いた絵。春画。

ひが【×僻】❶正常でないこと。妥当でないこと。まともでないこと。多く、名詞の上に付いて、複合語の形で用いられる。「―心」「―事」「―目」「阿波の客が―起こして」〈浄・阿波の鳴門〉 ❷(「非我」とも書く)遊里などで、無粋なこと。また、その者。やぼ。「あの柳助といふ―は」〈洒・色深狭睡夢〉

び-か【美化】〔名〕スル ❶美しくすること。美しく変えること。「町を―する」「―運動」 ❷実際以上に美しいものとしてとらえること。「過去は―されやすい」

び-か【美果】❶味のよい果実。❷よい結果。「―をもたらす」

び-か【微×瑕】少しのきず。わずかの欠点。「儀礼を正しうして―だに犯さぬ」〈菊池寛・忠直卿行状記〉

ピカ〘PICA〙《Private Investment Company for Asia》アジア民間投資会社。日本・米国・カナダ・オーストラリア・欧州の有力民間企業が、アジアの経済開発促進のため共同出資して1968年に設立。

ピカール〘Charles Émile Picard〙[1856～1941]フランスの数学者。解析学に優れた研究があり、微分方程式の解法の逐次近似法、群論などでも業績をあげた。

ひ-かい【×鄙懐┊卑懐】いやしい思い。自分の思いをへりくだっていう語。

ひ-がい【日買い】その日その日に入用な分だけを買うこと。

ひ-がい【被害】損害や危害を受けること。また、受けた損害や危害。「台風の―をまぬがれる」「―にあう」⇔加害。(類語)損害・損亡・損失・実損・不利益・実害・害・禍害・惨害・惨禍・災禍・災害・難・災い・被災

ひ-がい【×梭貝】ウミウサギガイ科の巻き貝。貝殻は前後が管状に伸びて、織機の梭の形に似る。殻高約10センチ。殻表は淡肉色。本州中部以南の太平洋岸に分布。

ひがい【×鰉】コイ科の淡水魚。全長約15センチ。体は細長く、暗褐色で小黒斑が散在。短い口ひげが一対ある。湖沼・河川の砂礫底にすみ、二枚貝に産卵する。本州中部以西に分布したが、関東・東北地方にも広がる。美味。名の字は、明治天皇が賞味したことに由来。あかめ。さくらばえ。やなぎばえ。ほやる。(季 春)「酒少し淡海の―雛の夜/澄雄」

ひがい-しゃ【被害者】❶被害を受けた人。❷不法行為や犯罪によって権利その他の侵害や侵害の危険を受けた者。民事上、損害賠償の請求ができ、刑事訴訟法上、告訴ができる。⇔加害者。

ひがいしゃさんか-せいど【被害者参加制度】殺人や傷害、業務上過失致死傷など一定の犯罪の被害者やその家族、および委託を受けた弁護士が、刑事裁判に直接参加することができる制度。事件担当の検察官を通じて裁判所に参加を申し出、許可されると、被害者参加人として公判に出席し、証人尋問・被告人質問・論告などを行うことができる。平成19年(2007)6月成立の「犯罪被害者等の権利利益の保護を図るための刑事訴訟法等の一部を改正する法律」に基づいて、翌年12月1日から導入された。(補説)被害者参加制度は犯罪被害者支援策の一つとして導入されたが、一般の市民が刑事裁判に参加する裁判員制度の対象事件と重なることから、審理の混乱や重罰化を懸念する見方や、裁判に参加した被害者やその家族が法廷で二次被害を受けるこ

とを懸念する見方もある。

ひがいす〔名・形動ナリ〕やせて弱々しいこと。また、その人や、そのさま。ひがえす。ひがやす。ひがいそ。「世に一な娘をば」〈浄・八百屋お七〉

ひがい-ち【被害地】災害によって損害を受けた土地。被災地。

ぴか-いち【▽光一】❶花札の手役で、初めに配られた手札7枚のうち光り物(20点札)が1枚で、あとが全部かす札であるもの。❷《❶から》多くの中で際立ってすぐれていること。また、そのもの。「若手では一の腕前」(類語)(❷)一番・一等・随一

ひ-がいちょう【日開帳】寺院などで毎日秘仏などを開帳していること。

ひか-いっけつ【皮下×溢血】►皮下出血

ひがい-もうそう【被害妄想】他人から危害を加えられると信じる妄想。統合失調症に多くみられる。

ひか・う【控ふ｜×扣ふ】〔動ハ下二〕「ひかえる」の文語形。

ひが-うた【×僻歌】事実に反する内容をうたった歌。理屈に合わない歌。「花山院一よまむとおほせられて」〈実方集・詞書〉

ひかえ【控え｜×扣え】❶時間や順番などが来るのを待つこと。待機すること。「一の間」❷忘れないように書きとめておくこと。また、その書いたもの。メモ。「手帳に電話番号の一がある」❸必要時のために別に用意しておくこと。また、そのもの。「一の投手」❹正式の書類とは別に、写しとしてとっておくもの。「受領証の一」❺建造物の支えとして補う柱・壁・杭などなど。「塀に一をつける」❻生け花で、主な枝のほかに添えに出す枝。❼石垣の、積み石の奥行き。❽櫓を操って船首を左の方に向けること。⇔押さえ。❾引きとめること。制止すること。「何とぞおもしろき中程にて、神仏の御一あって」〈浮・織留・三〉❿そばにいて加護すること。「仏神の一にして、二度よみがへりのあるまじき事にもあらず」〈浮・新可笑記・二〉(類語)(❶)待機・待ち

ひかえ-がき【控(え)書(き)】「控え❷」に同じ。

ひかえ-かべ【控(え)壁】壁の安定性を高めるため、適当な間隔で壁面から突出させた柱状や袖壁状の部分。扶壁。バットレス。

ひかえ-ぐい【控え×杭｜控え×杙】建造物などの傾くのを防ぐために張る控え綱を地上につなぐ杭。

ひかえ-しつ【控(え)室】控えて待っているための部屋。

ひかえ-ち【控(え)地】将来の必要に備えて用意しておく土地。予備地。

ひかえ-ちょう【控(え)帳】後日の用のために書きとめておく帳面。

ひかえ-づな【控(え)綱】❶立てた物が倒れたり傾いたりしないように張りわたしておく綱。❷神仏の加護を綱にたとえていう語。「今日迄お命続きしは、まだしも神仏の一」〈浄・矢口渡〉

ひかえ-てい【控(え)邸】「控え屋敷」に同じ。

ひかえ-ばしら【控(え)柱】壁・塀や柱などが傾いたり倒れたりするのを防ぐために、添えて立てる支柱。助柱。

ひかえ-め【控(え)目】〔名・形動〕❶言動を遠慮がちにすること。また、そのさま。「一な態度」「一な人」❷量や程度を少なめにすること。また、そのさま。「予算を一に見積もる」「酒を一にする」

(類語)遠慮がち・大人しい・物静か・おとなしやか・内気・温順・柔順・従順・温柔・温良・順良・素直・穏和・おだやか・優しい

ひかえ-やぐら【控え×櫓】江戸時代の歌舞伎興行で、江戸三座が行き詰まったとき、その代わりに興行を許可された劇場。また、その制度。中村座に都座、市村座に桐座、森田座に河原崎座が代わった。代え櫓。

ひかえ-やしき【控(え)屋敷】本邸以外に用意しておく邸宅。控え邸。

ひ-がえり【日帰り】〔名〕スル 行った先で泊まらずに、その日のうちに帰ってくること。「一の旅行」

ひがえり-かいご【日帰り介護】►デイサービス

ひかえ-りきし【控(え)力士】相撲で、東西の土俵下で自分の出番を待ちながら、取り組み中の力士の介添えをつとめる力士。

ひか・える【控える｜×扣える】〔動ア下一〕図ひか・ふ〔ハ下二〕❶㋐用事や順番に備えて、すぐ近くの場所にいて待つ。待機する。「次の間に一・える」㋑目立たないようにしてそばにいる。「主人の後ろに一・えている」㋒空間的・時間的に迫っている。近くに位置する。また、近い将来に予定される。「後ろに山が一・えている別荘」「決戦の日が三日後に一・えている」「幾多の難問題が一・えている」❷㋐度を越さないように、分量・度数などを少なめにおさえる。節制する。「酒を一・える」「塩分を一・える」㋑自制や配慮をして、それをやめておく。見合わせる。「外出を一・える」「発言を一・える」㋒空間的・時間的にすぐ近くにある。近い所に持つ。あまり時を置かないで予定している。「近くにゴルフ場を一・えたホテル」「大事な試合を明日に一・えている」㊁忘れないように、また、念のため書きとめておく。「日程を一・える」「要点を一・える」㋭衣服などを、おさえつかんで、行かせないようにする。引きとめる。「袖を一・える」「馬を一・えて待つ」㋕引く。引っぱる。「後ろに背負ひたれば、いとど腰弱く力なき身の、あとざまに一・ふるやうにて、道なほ進まず」〈笈の小文〉(補説)中世以降はヤ行にも活用した。⇒控ゆ

(類語)(❶㋐)居る・居る・ある・待つ・待機する/(❶㋑)侍る・侍する・侍坐する/(❷㋐)慎む・抑える・節する・節制する・差し控える/(❷㋑)見合わせる・やめる・自粛する・自重する・遠慮する/(❷㊁)書き留める・書き記す・書き付ける・録する・記録する・メモする・ノートする

ひが-おぼえ【×僻覚え】まちがった記憶。記憶違い。「この世のほかなるやうなる一どもに取りまぜつつ」〈源・若菜上〉

ひかがくりょうろんてき-かごうぶつ【非化学量論的化合物】►不定比化合物

ひが-かぞえ【×僻数へ】まちがった数え方。計算違い。「かく御賀などいふことは、一にやと覚ゆるさまの」〈源・若菜上〉

ひ-かがみ【×膕】《「ひきかがみ」の音変化》ひざの後ろのくぼんでいる所。膝窩。よぼろ。

ひか-ガリウム【×砒化ガリウム】►ガリウム砒素

ひ-かかんしょうせい【非可干渉性】►インコヒーレンス

ひ-かかんしょうてき【非可干渉的】►インコヒーレント

ひ-かき【火×掻き】❶かまど・炉などの火をかき出したり、かき立てたりすること。また、その道具。「一棒」❷十能。

ひ-がき【×檜垣｜×菱垣】❶檜の薄板を網代に編んでつくった垣根。❷衣服の文様の一。❶の編み目のようになったもの。❸「菱垣船」の略。

ひがき【檜垣】謡曲。三番目物。世阿弥作。肥後の僧のもとに毎日仏に供える水を運んでくる老女が、白拍子であった過去を語り、回向を頼んで消える。僧が弔うと、檜垣の庵から老女の霊が現れ、華やかだった往事と死後の苦しみとを語り、成仏を願って思い出の舞をまう。「三老女」の一。

ひがき-あや【×檜垣×綾】檜垣❷に菊花文様を織り出した綾。

ひがき-かいせん【×菱垣×廻船】江戸時代、江戸・大坂間の定期貨物船。積み荷が落ちないよう、左右の船べりにさくのように立てた垣立をひし形に組んだのでこの名がある。江戸の十組問屋と大坂の二十四組問屋とに属し、江戸で用いる木綿・油・酒などの日用品や幕府・諸藩の荷物の運送に当たり、公の保護を受けていた。江戸末期には樽廻船に圧倒されて衰退した。菱垣船。

ひが-ぎき【×僻聞き】まちがって聞くこと。聞き違い。「もし一かと人を変へて聞かするに」〈著聞集・二〇〉

ひか-きしゅ【皮下気腫】主に外傷が原因で皮下組織内に空気が入り、柔らかく弾性のある腫瘤となった状態。

ひがき-とんや【×菱垣問屋】菱垣廻船を運用して江戸と大坂との間の荷物を廻漕した問屋。弘化3年(1846)からは、同年結成の九店仲間差配となった。菱垣廻船問屋。

ひがき-ぶね【×菱垣船】►菱垣廻船

ひかぎゃく-あっしゅく【非可逆圧縮】《lossy compression》コンピューターでファイルを圧縮する方式の一。圧縮後のファイルからは、圧縮前と同一のファイルを復元できない。データは一部欠損するが、圧縮の効率を高めることができるため、映像や音声のデータを圧縮する際に用いられる。不可逆圧縮。ロッシー圧縮。⇒可逆圧縮

ひかぎゃくせい-あっしゅく【非可逆性圧縮】►非可逆圧縮

ひかぎゃく-へんか【非可逆変化】►不可逆変化

ひ-かく【比較】〔名〕スル ❶二つ以上のものを互いにくらべ合わせること。「優等生の兄といつも一される」❷(「比較にならない」の形で)くらべるに価する対象。「まるで一にならない得票差」(類語)比べる・比する

ひ-かく【皮角】頭部・顔面などの皮膚にできる角質の突起物。いぼなど。

ひ-かく【皮革】なまの皮となめした革。また、動物の皮を加工したものの総称。レザー。(類語)革・皮・毛皮

ひ-かく【非核】核兵器の開発・製造、保有・配備、実験などをしないこと。

ひ-かく【秘閣】❶貴重な文書などを所蔵する宮中の書庫。❷墨柄の異称。

ひ-がく【非学】❶学問のないこと。無学。❷仏教で、大乗・小乗の学問を修めていないこと。

び-がく【美学】《aesthetics》❶美の本質、美的価値、美意識、美的現象などについて考察する学問。❷美しさに関する独特の考え方や趣味。「男の一」

ひ-がくおん【非楽音】►噪音❶

ひかく-か【非核化】〔名〕スル 核兵器の開発・保有・実験・使用などをしなくなること。「一宣言」

ひかく-かいぼうがく【比較解剖学】各種生物の器官の形態・構造を比較し、系統上の類縁関係について研究する形態学の一分野。

ひかく-きゅう【比較級】西欧語の形容詞・副詞がとる語形変化の一。事物の性質・状態・度合いなどが、他に比較してもっと程度の高い状態であることを表すもの。例えば、英語のsmall(小さい)に対するsmaller(もっと小さい)、good(よい)に対するbetter(もっとよい)など。⇒原級 ⇒最上級

ひかく-きょういくがく【比較教育学】教育学の一分野。各国または各民族の教育の行われ方を比較し、教育の本質や法則性を探究しようとする学問。

ひかく-けんきゅう【比較研究】〔名〕スル 二つ、またはそれ以上のものを比較して、その異同・関係・一般法則などを研究すること。

ひかく-げんごがく【比較言語学】言語学の研究分野の一。同系統の二つ以上の言語を比較し、それらの親族関係や言語史的関係などについて研究するもの。

ひかく-こうこく【比較広告】自社の商品やサービスと似た、他社の商品やサービスを資料をあげて比較し、自社の優位を誇示する広告。自社の旧製品と比べて優位を訴える広告も含む。都合のいい点だけを比較して商品・サービスを実際よりも優良にみせかけ、消費者を惑わす優良誤認表示は禁止されている。

ひかく-さんげんそく【非核三原則】核兵器を持たず、作らず、持ち込ませずとする日本政府の基本方針。昭和43年(1968)佐藤栄作首相が国会で言明。⇒武器輸出三原則

ひ-がくし【日隠し】❶「階隠し」に同じ。❷日おおい。日よけ。ひさし。「暮れにけり西の一とりのけよ月を厭ふと人もこそ見れ」〈木工権頭為忠百首〉

びかく-しだ【×麋角羊＝歯】ウラボシ科の常緑多年生のシダ。小さい塊状の根茎を腎臓形の栄養葉が

覆う。その中心から長さ30〜40センチの胞子葉を出し、二股状に繰り返し裂けて形が麋鹿の角に似る。熱帯に産し、日本には明治初期に渡来。温室で栽培され、ヘゴに着生させて吊り鉢にする。

ひがくし-の-ま【日隠しの間】「階隠しの間」に同じ。「わが御家の―にしりうちかけて」〈大鏡・道隆〉

ひ-がくしゃ【非学者】❶学者でない者。学識のない者。❷大乗・小乗の学の学習・実践をしない者。

非学者論議に負けず　無学な者は、平気で暴論を振りまわすことで議論に負けない。

ひかく-しゅうきょうがく【比較宗教学】諸宗教を比較・研究して、その宗教の本質・起源・目的を解明しようとする宗教学の一分野。

ひかく-しんりがく【比較心理学】❶人種間、男女間、正常者と異常者、社会的階級間、個人の発達段階における行動を比較研究する心理学の一部門。❷人間と種々の動物の行動を比較研究する心理学の一部門。狭義には、動物心理学と同じ。

ひかく-しんわがく【比較神話学】諸民族の神話を比較して、その発生・機能・伝播などを研究する学問。

ひかくせいさんひ-せつ【比較生産費説】リカードによって提唱された外国貿易および国際分業に関する基礎理論。一国における各商品の生産費の比を他国のそれと比較し、優位の商品を輸出して劣位の商品を輸入すれば双方が利益を得て国際分業が行われるという説。比較優位説。(補説)労働量1単位で、A国はパン4個か毛布2枚、B国はパン3個か毛布1枚が生産可能とした場合、どちらもA国の方が効率的だが、B国では毛布1枚を諦めればパン3個が生産できるため、パンの機会費用が少ない。A国が毛布、B国がパンに特化し、貿易を行う方が良い。

ひかく-せいりがく【比較生理学】各種の生物あるいは器官での生理機能を比較し、系統による分化・変異を研究する生理学の一分野。

ひかく-そくちょうき【比較測長器】►コンパレーター

ひかく-だいいっとう【比較第一党】その議会の過半数には達しないが、議席数をもっとも多くもつ政党。

ひかく-ちたい【非核地帯】特定地域内の諸国が核兵器の製造・実験・取得・保有を禁止する条約を結んだ地帯。地域外の核保有国も地域内諸国に対する核兵器の使用、核兵器による脅しをしないと誓約する。

ひかく-てき【比較的】〔副〕他の同種のものや一般的基準とくらべてみたときに判断されるさま。わりあい。「仲間のうちでは―勉強するほうだ」「今回は―によくできた」(類語)割と・割に・割りかし・割方・割合

ひかく-はっせいがく【比較発生学】異種生物の個体発生を比較研究する発生学の一分野。

ひかく-びょうりがく【比較病理学】各種動物の疾病について比較研究を行い、人間の疾病の解明に役立てることをめざす病理学の一分野。

ひかく-ぶんがく【比較文学】2国以上の文学を比較し研究する学問。文学相互の影響関係やそれぞれの特色などを実証的に調査・検討し、さらに国際的な文学の流れを明らかにしようとするもの。

ひかく-ぶんぽう【比較文法】言語学の研究分野の一。同系統の二つ以上の言語の文法を比較し、それらの言語間の系統的親縁関係を考究するもの。

ひかく-ほうがく【比較法学】二つ以上の国家・社会における法制度を比較研究する法学の一分野。

ひかくゆうい-せつ【比較優位説】►比較生産費説

ひ-かげ【日陰｜日×蔭】❶物の陰になって日光の当たらない所。「―で休む」⇔日向。❷表立って活動することのできない地位や境遇。また、世に埋もれていること。「―の身」❸「日陰の蔓❷」の略。

ひ-かげ【日影】❶太陽の光。日ざし。「初夏の―は真直に…照渡っているので」〈荷風・つゆのあとさき〉❷昼間の時間。日あし。「今日の―も程無くて」〈仮・竹斎・下〉(類語)(❶)天日・陽光・日光・日色・日差し・天日・サンシャイン

ひ-がけ【日掛(け)】毎日一定の額の金銭を積み立てること。また、その掛け金。

ひがけ-きんゆう【日掛(け)金融】金融業の一種。業者は少額の返済金の集金に自ら出向く代わりに、出資法の特例として上限金利を上回る54.75パーセントの金利を認められている。融資対象は主に小規模事業者。日賦貸し金。

ひかげ-ぐさ【日陰草】❶日陰に生える草。また、人目を忍んで生きている人のたとえ。❷ヒカゲノカズラの別名。❸サルオガセの別名。❹フタバアオイの別名。

ひかげ-ちょう【日陰×蝶】ジャノメチョウ科のチョウ。翅は開張5〜6センチで茶褐色、前翅に淡色の斜めのすじがあり、後ろ翅には5個の白紋がある。林間に多い。幼虫の食草は竹・笹類。

ひかげ-つつじ【日陰躑躅】ツツジ科の常緑小低木。関東以西の山地の崖などに生え、葉は長楕円形で、枝先に集まって互生する。4、5月ごろ、淡黄色の鐘状の花が咲く。さわてらし。

ひかげ-の-いと【日陰の糸】大嘗祭などの神事に、冠の笄の左右に結んで垂らした青色または白色の組糸。

ひかげ-の-かずら【日陰の×蔓｜日陰の×鬘】❶ヒカゲノカズラ科の常緑多年生の蔓性のシダ。山野に生え、茎は地をはい、針状の葉がうろこ状につく。茎から細い枝が直立し、長さ約5センチの黄色い胞子嚢の穂をつける。胞子を石松子といい、薬用などにする。きつねのたすき。かみだすき。てんぐのたすき。❷新嘗祭・大嘗祭などの神事に、冠の巾子の根もとに❶をつけたもの。のちには青糸や白糸を組んで作ったものも用いるようになった。かずらがけ。

ひかげ-もの【日陰者】❶表立っては世に出られない身の上の人。❷世の中に埋もれて、立身出世できない人。

ひ-がけ・る【日がける】〔動ラ四〕日が照り輝く。また、光がさす意ともいう。「纏向の日代の宮は朝日の日照る宮夕日の―・る宮」〈記・下・歌謡〉

ひ-かげん【火加減】火を使うときの火力の強さ。

びか-ご【美化語】敬語の一。上品に言い表そうとするときの言い方。多く「お」「ご」を付けて表す。「お魚」「お酒」「ご飯」「ご本」など。

ひか-こうがい【悲歌×慷慨】〔名〕スル《「史記」項羽本紀から》悲しい歌をうたい、いきどおり嘆くこと。「豪傑や君子や聖人が盛んに大言壮語―しておる」〈魯庵・社会百面相〉

ひが-ごころ【×僻心】❶ひねくれた考え方。ねじけた心。「―にて、わが身をさしもあるまじきさまにあくがらし給ふ」〈源・若菜上〉❷思いちがい。誤解。「又、いかなる御譲りあるべきにかなど、―を得つつ」〈源・行幸〉

ひが-ごと【×僻事】《古くは「ひがこと」とも》道理や事実に合わないこと。まちがっていること。

ひ-がさ【日傘】強い日ざしをさえぎるためにさす傘。パラソル。ひがらかさ。(季夏)「降りしきる松葉に―かざしけり／立子」(類語)洋傘・唐傘・番傘・蝙蝠傘

ひ-がさ【日×暈】太陽にできる暈。

ひ-がさ【×檜×笠】檜を薄くはいで作った網代笠。ひのきがさ。

ひがさ-こうか【日傘効果】地表に達する日射量を火山の噴火などで大気中に浮遊した微粒子が妨げて減らし、気温を低下させること。

ひが-さま【×僻様】〔形動ナリ〕事実と違っているさま。道理に背くさま。「―にこそ人は申すなれ」〈源・藤袴〉

ひかさ・る【引かさる】〔動ラ下二〕「ひかされる」の文語形。

ひかさ・れる【引かされる】〔動ラ下一〕(文)ひかさ・る〔ラ下二〕情などにひきつけられる。ほだされる。「子への愛に―・れる」「人情に―・れる」

ひ-がし【干菓子｜乾菓子】粉や砂糖を固めて作った、水分の少ない菓子。落雁・金平糖・せんべいなど。⇔生菓子。

ひ-がし【日貸し】毎日少しずつ返済する約束で金銭を貸すこと。また、日を限って金銭を貸すこと。

ひがし【東】《「ひんがし」の音変化》❶太陽の出る方角。東方。⇔西。❷東洋。「―に還る今の我は」〈鷗外・舞姫〉❸東風。❹相撲の番付で、向かって右側の称。「西」より上位。「―の大関」❺歌舞伎劇場内で、江戸では舞台に向かって右側、京坂では左側をいう。❻京都に対して鎌倉幕府をいう。「―ざまにも、その心づかひすべかんめり」〈増鏡・新島守〉

ひがし【東】江戸城の東の、深川遊里の俗称。⇒西 ⇒北 ⇒南

ひがし【東】東本願寺、また、東本願寺派のこと。お東。

ひがし【東】㊀札幌市の区名。丘珠空港がある。㊁新潟市の区名。新潟空港がある。㊂浜松市の区名。浜松医科大学がある。㊃名古屋市の区名。中心地区の東部を占め、徳川美術館、市政資料館などがある。㊄大阪市の旧区名。平成元年(1989)南区と合併し中央区となった。㊅堺市の区名。灌漑用の溜め池が点在する。㊆岡山市の区名。西大寺がある。㊇広島市の区名。市中央部の東寄りに位置する。㊈福岡市の区名。市東部から、博多港沿いに志賀島までを占める。香椎宮、筥崎宮などがある。㊉熊本市の区名。平成24年(2012)政令指定都市移行に伴い成立。

ひがし-アジア【東アジア】アジアの東部、太平洋に面する地域の通称。中国東北地方の大興安嶺からインドシナ半島のホン川までの地域を指し、中国、朝鮮半島、台湾、日本を含む。

ひがしアジア-アセアン-けいざいけんきゅうセンター【東アジア・ASEAN経済研究センター】東アジアにおける経済統合に関する研究・政策提言等を行う国際研究機関。日本の経済産業省やアジア経済研究所が主導して各国の研究機関と連携し、東アジアサミットでの承認を経て2008年に設立された。ASEAN諸国(10か国)と日本・中国・韓国・インド・ニュージーランド・オーストラリアの計16か国が参加する。ERIA(Economic Research Institute for ASEAN and East Asia)。

ひがしアジア-きょうどうたい【東アジア共同体】ASEAN加盟国に日本・中国・韓国を加えて新しい地域共同体を作り、貿易・投資・安全保障など各分野での連携を強化しようという構想。1990年、マレーシアのマハティール首相の提唱に始まる。EAC(East Asian Community)。

ひがしアジア-サミット【東アジアサミット】ASEAN(東南アジア諸国連合)の10か国に日本・中国・韓国・オーストラリア・ニュージーランド・インド・米国・ロシアを加えた18か国が参加する首脳会議。経済連携の強化、エネルギーやテロ問題など域内の共通課題について関係各国間で対話するための枠組み構築などを目的とする。東アジア共同体の創設も視野に入れている。第1回サミットは2005年12月にマレーシアのクアラルンプールで開催された。EAS(East Asia summit)。東アジア首脳会議。⇒表「エーペック」

ひがしアジア-しゅのうかいぎ【東アジア首脳会議】►東アジアサミット

ひがし-インド【東インド】かつて、インド・インドシナ半島・マレー諸島などの一帯をさした呼称。

ひがしインド-がいしゃ【東インド会社】17世紀初頭に、イギリス・オランダ・フランス・デンマーク・スウェーデンがそれぞれ東洋貿易のために設立した独占的特許会社。香料などの輸入が主目的であったが、植民地経営にも深く関与した。

ひがし-うけ【東受け】東に向いていること。東向き。

ひがしうら【東浦】愛知県知多郡の地名。知多半島の基部にあり、木綿工業・ブドウ栽培などが盛ん。

ひがしうら-ちょう【東浦町】►東浦

ひがし-エルサレム【東エルサレム】エルサレム東部、1947年の国連によるパレスチナ分割案によってパレスチナ人居住地とされた地区。嘆きの壁・聖墳墓

ひ

教会・岩のドームなどがある旧市街を含み、81年に「エルサレムの旧市街とその城壁群」の名称で世界遺産(文化遺産)に登録された。中東戦争以降イスラエルが実効支配しているが、パレスチナ暫定自治政府もパレスチナ人国家の首都としており対立している。➡西エルサレム

ひがしおうみ【東近江】滋賀県南東部にある市。鈴鹿山脈から琵琶湖に注ぐ愛知川の上中流域を占める。平成17年(2005)2月に八日市市、永源寺町、五個荘町、愛東町、湖東町が合併して成立。同18年1月に蒲生町・能登川町が編入。人口11.5万(2010)。

ひがしおうみ-し【東近江市】▶東近江

ひがしおおさか【東大阪】大阪府中東部の市。大阪市の東隣にある。昭和42年(1967)布施・河内・枚岡の3市が合併して成立。商工業が盛ん。人口51.0万(2010)。

ひがしおおさか-し【東大阪市】▶東大阪

ひがしおおさか-だいがく【東大阪大学】大阪府東大阪市にある私立大学。平成15年(2003)に開学した。こども学部の単科大学。

ひがしお-おさむ【東尾修】[1950～]プロ野球選手・監督。和歌山の生まれ。昭和43年(1968)、西鉄(現埼玉西武)に入団。打者の内角に食い込むシュートを武器に、エースとして活躍した。通算251勝。引退後は、同球団の監督としてチームを2度のリーグ優勝に導いた。

ひがし-おおたに【東大谷】東本願寺の大谷祖廟(大谷別院)の俗称。➡西大谷

ひがし-おもて【東面】❶東に向いている方。とうめん。❷東側の部屋。

ひがしかがわ【東かがわ】香川県東端の市。平成15年(2003)引田町、白鳥町、大内町の3町が合併して成立。人口3.4万(2010)。

ひがしかがわ-し【東かがわ市】▶東かがわ

ひがし-かぜ【東風】東から吹いてくる風。こち。

ひがし-かた【東方】❶東の方角。❷勝負・競技などで、東西に分けた場合、東に陣どった側。

ひがし-がわ【東側】❶東に面した側。また、ある地点より東の方。⇔西側。❷米国や西欧などの資本主義諸国に対して、ソ連および東欧の旧社会主義諸国をいった語。⇔西側。

ひがし-きた【東北】東と北との中間の方角。とうほく。

ひがし-く【東区】▶東

ひがしくぜ-みちとみ【東久世通禧】[1834～1912]幕末の公卿。七卿落ちの一人。京都の人。号、竹亭など。尊王攘夷派として活躍。明治新政府の外交にあたり、のち元老院議官・枢密院副議長などを歴任。

ひがしくに-なるひこ【東久邇稔彦】[1887～1990]軍人。旧皇族。京都の生まれ。第二次大戦終結直後、首相として皇族内閣を組織し終戦処理にあたった。➡幣原喜重郎

ひがしくに-の-みや【東久邇宮】旧宮家の一。明治39年(1906)久邇宮朝彦親王の第9王子稔彦王が創立。昭和22年(1947)宮家廃止。

ひがしくびき-きゅうりょう【東頸城丘陵】新潟県南部、高田平野の東側に広がる丘陵。標高は300メートル前後から1000メートル前後。西に西頸城丘陵が続く。豪雪地帯。東頸丘陵。東頸城山地。

ひがしくるめ【東久留米】東京都中北部の市。武蔵野台地にあり、黒目川(久留目川)が流れる。住宅地。人口11.7万(2010)。

ひがしくるめ-し【東久留米市】▶東久留米

ひがしゴート-ぞく【東ゴート族】ゲルマン系の一部族。3世紀ごろまでに黒海北西岸に定着。375年からフン族の支配下に入るが、5世紀末、フン族の崩壊を機に、テオドリックに率いられてイタリアに侵入し、493年、東ゴート王国を建設した。555年、ビザンチン軍の攻撃により滅亡。

ひがししな-かい【東支那海】中国の東方にあり、沖縄諸島・台湾に囲まれる海域。黄海とは揚子江河口と済州島とを結ぶ線で分けられる。多くを大陸棚が占め、好漁場。東海。

ひがしシベリアたいへいよう-パイプライン【東シベリア太平洋パイプライン】ロシアの東シベリアで産出される原油を太平洋岸まで輸送するパイプライン。イルクーツク州タイシェットからアムール州スコボロジノを経由し、ナホトカ近郊のコズミノ港まで全長4720キロ。ESPOパイプライン。(補説)スコボロジノとコズミノ港の間は建設中で、完成までは鉄道で輸送される。2010年9月、スコボロジノと中国の大慶を結ぶ支線(全長1056キロメートル)が完成し、2011年1月から中国への供給を開始した。

ひがしすみよし【東住吉】大阪市の区名。昭和18年(1943)住吉・東成区の一部を併せて成立。

ひがしすみよし-く【東住吉区】▶東住吉

ひがし-・する【東する】〔動サ変〕図ひがし・す〔サ変〕東に向かって行く。「風馳して—・す」〈東京日日新聞・明治九年一一月一三日〉

ひがしたいへいよう-かいぼう【東太平洋海膨】太平洋南東部をほぼ南北にのびる広大な海底の高まり。位置は東に偏っているが、太平洋の中央海嶺に当たる。他の中央海嶺に比べて海嶺部の幅が広く、比較的なだらかなので海膨とよばれる。東太平洋海嶺。

ひがしティモール【東ティモール】東南アジア、ティモール島東半分を占める共和国。正式名称は東ティモール民主共和国。首都ディリ。16世紀以降ポルトガル領。1949年にインドネシアがオランダから独立し同島西半がインドネシア領となっても、東半ではポルトガル支配が続いた。75年東ティモール独立革命戦線(フレティリン)が独立を宣言したが、インドネシアが軍事侵攻。独立闘争の末、2002年に正式に独立。自給的農業のほか目立った産業に乏しい。人口115万(2010)。東チモール。

ひがし-ドイツ【東ドイツ】旧ドイツ民主共和国の通称。

ひがしなだ【東灘】神戸市の区名。灘区の東に隣接。

ひがしなだ-く【東灘区】▶東灘

ひがしなり【東成】大阪市の区名。古くは灘波の入り江であった。

ひがしなり-く【東成区】▶東成

ひがしにっぽん-こくさいだいがく【東日本国際大学】福島県いわき市にある私立大学。昭和41年(1966)設立の昌平黌短期大学(同47年いわき短期大学と改称)を基に、平成7年(1995)に開学した。

ひがし-にほん【東日本】日本列島の東半部の地域。また、中部地方以東の関東・東北・北海道の各地方。ひがしにっぽん。(補説)気象庁の気象情報などでは、関東甲信、北陸、東海地方を指す。

ひがしにほん-かざんたい【東日本火山帯】東日本島弧系に沿う火山帯。千島・那須・鳥海・富士・乗鞍の各火山帯に属する火山および白山付近の火山が含まれる。太平洋プレートの沈み込みに伴って形成されたと考えられている。

ひがしにほんこうそくどうろ-かぶしきがいしゃ【東日本高速道路株式会社】《East Nippon Expressway Company Limited》道路関係四公団の民営化に伴って成立した高速道路株式会社法及び日本道路公団等民営化関係法施行法などに基づいて、平成17年(2005)10月に設立された特殊会社。東日本地域の高速道路、自動車専用道路などの改築・維持・修繕といった管理運営事業や、新規道路建設事業を行う。NEXCO東日本。➡日本道路公団 (補説)道路施設や債務は独立行政法人日本高速道路保有・債務返済機構が保有する。会社は機構と協定を結んで施設を借り受け運営し、賃貸料を支払う上下分離方式が取られる。新規に建設した高速道路なども、施設と債務を機構が保有する。

ひがしにほん-だいしんさい【東日本大震災】平成23年(2011)3月11日に発生した地震(東北地方太平洋沖地震)により、東日本の各地に甚大な被害を及ぼした災害。本震はマグニチュード9.0。東北地方の沿岸部では最高潮位9.3メートル、遡上高40.5メートルに達する巨大津波が発生した。本震後も、岩手県沖から茨城県沖の広い範囲で余震が多発。死者・行方不明者は約1万9000人とされる。東北・関東大震災。

ひがしにほんだいしんさい-ふっこうこうそうかいぎ【東日本大震災復興構想会議】東日本大震災で被災した地域の復興のあり方について、内閣総理大臣の諮問に応じて調査・審議し、提言を行う機関。学者・被災県の知事・建築家・作家・ジャーナリストなどの有識者で構成され、提言は政府の復興指針に反映される。平成23年(2011)4月に設置。

ひがしね【東根】山形県中東部の市。乱川の扇状地に立地し、果樹・ホップ栽培が盛ん。東根温泉があり、また山形空港がある。人口4.6万(2010)。

ひがしね-し【東根市】▶東根

ひがし-の-きょう【東の京】平城京・平安京などで、中央の大通り朱雀大路より東方の地。左京。

ひがしの-けいご【東野圭吾】[1958～]小説家。大阪の生まれ。エンジニアの経験を生かして、理科系の専門知識を駆使した異色のミステリーを次々に発表し、若年層を中心に多くの読者を得る。その後、社会派小説やスポーツものも執筆。「容疑者Xの献身」で直木賞受賞。他に「放課後」「秘密」「白夜行」など。映像化された作品も数多い。

ひがし-の-しゅう【東の衆】室町幕府で将軍に拝謁する際、東向きの縁から出仕した典薬頭・外記・官務など。ひがしのしゅ。➡西の衆

ひがし-の-じん【東の陣】《内裏の東にあったところから》宣陽門の異称。

ひがし-の-たい【東の対】寝殿造りで、主殿の東方にある対の屋。ひんがしのたい。一の対。

ひがし-パキスタン【東パキスタン】バングラデシュが1971年に独立する以前に、東西に分かれていたパキスタンイスラム共和国の東地域であったときの称。

ひがし-はんきゅう【東半球】地球を零度および180度の子午線で二つの半球に分けた場合の、東側の半分。ユーラシア・アフリカ・オーストラリア各大陸がある。⇔西半球。

ひがしひろしま【東広島】広島県中部の市。広島大学の移転などにより発展。中心の西条は酒造地。安芸国分寺跡がある。平成17年(2005)2月に黒瀬町・福富町・豊栄町・河内町・安芸津町を編入。人口19.0万(2010)。

ひがしひろしま-し【東広島市】▶東広島

ひがし-ふさがり【東塞がり】❶陰陽道で、東に向かって行動することが忌まれる状態にあること。❷《運の開ける東がふさがっている意から》不運になること。貧乏になること。「払ひさへらちあかず、—になった者」〈浄・女腹切〉

ひがしふしみ-の-みや【東伏見宮】旧宮家の一。明治3年(1870)伏見宮邦家親王の第八王子彰仁親王が創立。小松宮と改称後、同36年その弟依仁親王が復興。大正11年(1922)親王が死去し廃絶。

ひがしフランク-おうこく【東フランク王国】フランク王国の東部を領有した王国。843年のベルダン条約によって成立したが、諸侯勢力が強く、911年、王朝の断絶によって消滅。現在のドイツの地理的母体となった。➡西フランク王国

ひがし-ベルリン【東ベルリン】ベルリンの東半部。第二次大戦後ソ連の管理下に置かれ、1949～90年ドイツ民主共和国の首都であった。

ひか-しぼう【皮下脂肪】皮下組織の膠原線維に多量の脂肪細胞が集まっているもの。脂肪の貯蔵場所で、熱を遮断して体温の維持に役立つ。皮下脂肪組織。➡セルライト

ひがしほうべん-ざん【東鳳翩山】山口県中央部、山口市・萩市・美祢市の境にある山。標高734メートル。南西の地蔵峠(標高530メートル)を間には

さんで西鳳翩山(標高742メートル)があり、合わせて鳳翩山という。日本海と瀬戸内海の分水界をなし展望がよい。

ひがし-ほんがんじ【東本願寺】真宗大谷派の本山である本願寺の通称。⇒本願寺㊁

ひがしまつしま【東松島】宮城県中部にある市。仙台湾に接し、南端の宮戸島は奥松島として名勝松島の一部。平成17年(2005)4月、矢本町、鳴瀬町が合併して成立。人口4.3万(2010)。

ひがしまつしま-し【東松島市】▶東松島

ひがしまつやま【東松山】埼玉県中部の市。中世、松山城の城下町として発足。箭弓(やきゅう)神社・こども動物自然公園がある。人口9.0万(2010)。

ひがしまつやま-し【東松山市】▶東松山

ひがし-まわり【東回り｜東×廻り】ある地域の東側を回ること。また、地球を東に向かって回ること。「―でヨーロッパに行く」

ひがしまわり-こうろ【東×廻り航路】江戸時代、東北・北陸の港と江戸とを結んだ幹線航路。当初は津軽海峡を経て太平洋沿岸を南下し、銚子から川船で利根川・江戸川を経て江戸に達したが、寛文11年(1671)河村瑞軒が房総半島を迂回(うかい)して直接江戸に入る航路を開いた。東廻り海運。⇒西廻り航路

ひがし-みなみ【東南】東と南との中間の方角。とうなん。

ひがし-みねお【東峰夫】[1938～]小説家。フィリピンの生まれ。本名、東恩納(ひがしおんな)常夫。沖縄のコザ高校を中退し、米軍嘉手納(かでな)基地で働く。「オキナワの少年」で芥川賞受賞。他に「島でのさようなら」「大きな鳩(はと)の影」など。

ひがし-むき【東向き】東の方に向いていること。

ひがしむらやま【東村山】東京都中北部の市。武蔵野台地にあり、北西部は狭山丘陵につながる。東京への通勤住宅地として発展。人口15.3万(2010)。

ひがしむらやま-し【東村山市】▶東村山

ぴか-しゃか〔副〕《「びかしゃか」とも》言動が気どっていたり、すねたりして、嫌みのあるさま。「そばへ寄ればーと物言ふ間もない故に」〈浄・今宮の心中〉

ひがし-やま【東山】㊀❶東方の山。❷京都市の東を限る山々。丘陵性の山地で、如意ヶ岳・稲荷山などが連なり、東山三十六峰とよばれる。山麓に清水寺・知恩院などがある。⇒西山 ㊁京都市の区名。鴨川の東に位置する。昭和51年(1976)山科(やましな)区を分区。

ひがしやま-おんせん【東山温泉】福島県会津若松市東部にある温泉。泉質は塩化物泉・硫酸塩泉。

ひがしやま-かいい【東山魁夷】[1908～1999]日本画家。横浜の生まれ。本名、新吉。詩情あふれる装飾的風景画を制作。文化勲章受章。

ひがしやま-く【東山区】▶東山㊁

ひがしやま-こうえん【東山公園】名古屋市千種(ちくさ)区南東部の丘陵にある、動植物園をもつ市営総合公園。昭和10年(1935)開園。

ひがしやま-ごぶんこ【東山御文庫】京都御所にある文庫。歴代天皇の宸翰(しんかん)類や古記録など、平安時代以降皇室に伝わる典籍を所蔵。宮内庁の所管。東山文庫。

ひがしやまさくらそうし【東山桜荘子】歌舞伎狂言。時代世話物。7幕。3世瀬川如皐(じょこう)作。嘉永4年(1851)江戸中村座初演。義民佐倉宗吾(佐倉惣五郎)の話に「修紫田舎源氏」の一部を取り入れて脚色したもの。通称「佐倉義民伝」「佐倉宗吾」。

ひがしやま-じだい【東山時代】文化史・美術史上の時代区分の一。室町時代、足利義政が文明14年(1482)に東山殿の造営を始めてから没年までをさすが、広義には義政の将軍時代から没年までをいう。

ひがしやま-ちえこ【東山千栄子】[1890～1980]女優。千葉の生まれ。本名、河野せん。築地小劇場・俳優座で活躍。「桜の園」の女主人公役などで好評を得た。

ひがしやま-てんのう【東山天皇】[1675～1709]第113代天皇。在位1687～1709。霊元天皇の第4皇子。名は朝仁(あさひと)。久しく中絶していた立太子礼と大嘗祭(だいじょうさい)とを再興した。

ひがしやまと【東大和】東京都中北部の市。北部に多摩湖がある。住宅地として発展。人口8.3万(2010)。

ひがしやまと-し【東大和市】▶東大和

ひがしやま-どの【東山殿】㊀足利義政が東山に造営した山荘。現在の銀閣寺。㊁足利義政の通称。

ひがしやま-ぶんか【東山文化】東山時代の文化。公家文化・武家文化に禅宗文化の融合したもので、庭園・書院造り・華道・茶道・水墨画・能・連歌など各分野の発達が目覚ましく、近世文化の源流をなす。義満時代の北山文化に対していう。

ひか-しゅっけつ【皮下出血】打ち身などで皮下組織にある血管が切れて出血すること。血液は体外に出ず、暗色の斑状を示す。血管ないし血液の異常によって起こる場合もある。

ひがし-よういち【東陽一】[1934～]映画監督。和歌山の生まれ。女性を主人公にしたドキュメンタリータッチの作品を多く手がける。代表作「もう頬(ほお)づえはつかない」「四季・奈津子」「化身」「絵の中のぼくの村」など。

ひがし-ヨーロッパ【東ヨーロッパ】▶東欧(とうおう)

ひがしヨーロッパ-じかん【東ヨーロッパ時間】▶東部欧州標準時

ひがしヨーロッパ-ひょうじゅんじ【東ヨーロッパ標準時】▶東部欧州標準時

ひがしよどがわ【東淀川】大阪市の区名。淀川の北岸にある。

ひがしよどがわ-く【東淀川区】▶東淀川

ひがしローマ-ていこく【東ローマ帝国】395年、東西に分裂したローマ帝国の東半部、すなわちギリシャ・小アジア・シリア・エジプトを支配した帝国。都はコンスタンチノープル。ヘレニズム文化、キリスト教の融合した独特のビザンチン文化を生み出した。1453年、オスマン帝国に滅ぼされた。ビザンチン帝国。ビザンツ帝国。ギリシャ帝国。⇒西ローマ帝国

ひか・す【引かす｜落=籍す】〔動サ五(四)〕芸者・遊女などの借金を払って、自由な身にしてやる。身受けする。落籍(らくせき)する。「洲崎の女を―・して囲ってあるとか云う風評(うわさ)が」〈秋声・足迹〉

ひ-かず【日数】日の数。にっすう。「―を重ねる」

ひか-すいそ【×砒化水素】砒素化合物に発生期状態の水素が作用して生じる無色のきわめて有毒な気体。化学式AsH_3　アルシン。水素化砒素。

ひか-すう【被加数】加法で、加えられるほうの数。$a+b$のaをいう。

ひ-かぜい【非課税】税金が課されないこと。例えば、消費税では、学校教育や医療、福祉にかかる費用などは非課税となる。「―所得」

ひかぜい-しょとく【非課税所得】法律などの規定により、所得税や法人税を課されない所得。

ひかせきエネルギー-ほう【非化石エネルギー法】《「非化石エネルギーの開発及び導入の促進に関する法律」の略称》エネルギーの確保・安定供給、およびエネルギーの使用に伴う環境負荷の低減を図るために、非化石エネルギーの開発・導入の促進を目的として定められた法律。昭和55年(1980)に石油代替エネルギー法(代エネ法)として制定。平成21年(2009)に地球温暖化対策促進などの観点から同法の見直しが行われ、支援対象を石油代替エネルギーから原子力や再生可能エネルギーなどの非化石エネルギーに変更。法律名も改められた。

ピカソ〘Pablo Ruiz y Picasso〙[1881～1973]スペインの画家。主にフランスで活躍。表現主義的象徴性を特色とする青の時代、叙情性を加味したばら色の時代などを経て、ブラックとともにキュビスムを創始。その後も新境地を切り開き、20世紀の美術を先導した。陶芸・版画・彫刻・舞台美術なども制作。作「アビニョンの娘たち」「ゲルニカ」など。パブロ=ピカソ。

ひか-そしき【皮下組織】皮膚の真皮の下部にある結合組織。主に脂肪細胞からなり、血管・神経が走る。

ひ-かた【日方】日のある方から吹く風。夏の季節風。地方により、西南や東南の風をいう。〈季 夏〉

ひ-がた【干潟】海岸で潮がひいたときに現れる砂泥底。潮干潟。〈季 春〉

ピカタ〘イタリア piccata〙イタリア料理の一。肉や魚の薄切りに小麦粉ととき卵をつけて焼いたもの。

ひがた-せいうん【干潟星雲】射手座の南斗六星のやや西にある散光星雲。別名NGC6523またはM8。距離は約3900光年。名称は、南北に筋状の暗黒星雲があり、潮が引いたときの干潟または珊瑚礁に似ていることに由来する。若い高温の星の紫外線によって水素が電離し、赤っぽい輝線(Hα線)を放ち、ところどころ原始星の前段階に相当する密度の濃い分子雲がある。代表的なHⅡ領域の一つ。ラグーン星雲。

び-カタル【鼻カタル】▶鼻炎(びえん)

ひか-ちゅうしゃ【皮下注射】注射器で薬液を皮下組織内に注入すること。

びか-ちょう【鼻下長】《鼻の下が長い意》女性に甘くだらしないこと。また、そういう男性。

ぴかっ-と〔副〕一瞬鋭く光るさま。ぴかりと。「―光って雷鳴がとどろく」

ピカデリー〘Piccadilly〙ロンドン中心部、ピカデリーサーカスとよばれる広場を中心とする繁華街。

ピカデリー-サーカス〘Piccadilly Circus〙英国の首都ロンドン、ウエストミンスターにある広場。ロンドンきっての繁華街ピカデリーとリージェントストリートの結節点に位置する。劇場、高級ブランド店、レストランなどが集まり、常に多くの人で賑わう。

ピカドール〘スペイン picador〙馬に乗り、槍で牛を刺す役目の闘牛士。⇒マタドール ⇒トレアドール

ぴか-どん《「ぴか」は閃光を、「どん」は爆発音を表す》原子爆弾のこと。広島で被爆した当時にいわれ始めた語。

ひがな-いちにち【日がな一日】(多く副詞的に用いて)朝から晩までずっと。一日じゅう。終日。「―読書にふける」

ひ-がね【日金】❶毎日少しずつ返済する約束の貸借金。❷毎日収入として入ってくる金銭。日銭(ひぜに)。「町芸者は―がおち」〈洒・残座訓〉

ひ-かねつ【非加熱】加熱による殺菌処理を行わないこと。熱処理をしないこと。

ひかねつ-せいざい【非加熱製剤】血液などを由来とする医薬品のうち、加熱による滅菌操作を行っていないもの。〔補説〕日本では、昭和60年代前半まで、非加熱血液凝固因子製剤(フィブリノゲン製剤)が血友病などの治療に使われ、そこに混入していたエイズウイルス(HIV)、C型肝炎ウイルス、B型肝炎ウイルスなどに感染する被害(薬害)が続出した。現在は加熱製剤が用いられており、非加熱血液凝固因子製剤は流通していない。⇒薬害肝炎救済法

ひかねつ-のうしゅく-けつえきせいざい【非加熱濃縮血液製剤】血液を遠心分離して水分を取り除き、さらに化学的な処理を施すことで作られた、非加熱の製剤。エイズウイルス(HIV)、C型肝炎ウイルス、B型肝炎ウイルスなどに感染する薬害を引き起こした、非加熱のフィブリノゲン製剤などが知られるが、現在は加熱製剤が使われており、非加熱濃縮血液製剤は流通していない。

ひがね-やま【日金山】十国峠(じっこくとうげ)の異称。

ひ-がのこ【×緋鹿の子】緋色の鹿の子絞り。

ピカビア〘Francis Picabia〙[1879～1953]フランスの画家。印象派からフォービスムやキュビスムなど次々と画風を変え、1910年代にはデュシャンらとともにニューヨークにダダの運動をもたらした。その後、ダダを離れ具象絵画を描き、また後年、超非現実主義絵画と称する純抽象画も発表した。

ぴか-ぴか ㊀〔副〕断続的に強い光を放つさま。また、光り輝くさま。「星が―(と)またたいている」㊁〔形動〕❶つやがあって照り輝いているさま。「床を―に磨く」

❷真新しいさま。また、なりたてであるさま。「買ったばかりの━な家具」「━の一年生」 ⇔❶はピカピカ、❷はピカピカ。(類語)ぴかり・きらきら・ぎらぎら・てかてか

ひがひが・し【×僻×僻し】〔形シク〕正常な状態でない。まともでない。ひねくれている。「聞き入れざらむも、━・しかるべし」〈源・末摘花〉

ひ‐がみ【日髪】毎日髪を結いなおすこと。

ひがみ【×僻み】ひがむこと。ひねくれた考えや気持ち。(類語)ねたみ・そねみ

ひがみ‐こんじょう【×僻み根性】ひがみっぽい性質。素直でない性質。

ひがみっ‐ぽ・い【×僻みっぽい】〔形〕ひがむことが多い。すぐひがむ傾向がある。「━・い性格」

ひ‐がみなり【日雷】晴天のときに雨を伴わないで鳴る雷。また、ひでりの前兆を示す雷。(季 夏)

ひ‐がみなり【火雷｜火神鳴り】落雷して火災を起こす雷。「赤ふどしをかきたる、━の来て」〈浮・諸国ばなし・二〉⇔水雷。

ひがみ‐ひぶろ【日髪日風呂】毎日髪も結いなおすし、風呂にも入ること。ひまでぜいたくな暮らしをする囲い者などをあざけっていう語。

ひが‐みみ【×僻耳】聞きまちがえること。聞きそこない。転じて、思いすごし。「老いの━」

ひが・む【×僻む】㊀〔動マ五(四)〕❶物事を素直に受け取らないで、曲げて考える。自分が不利なようにゆがめて考える。「じゃま者扱いされたと━・む」❷ゆがんだ考え方をする。考え方がまちがっている。「取りはづして落窪といひたらむ、何か━・みたらむ」〈落窪・四〉❸物の見方がかたよっている。偏屈な考え方をする。「━・める心はさらにさも思はで」〈源・須磨〉❹正常な状態ではなくなる。もうろくする。「母君の、あやしくなほ━・める人にて、世の常のありさまにもあらず」〈源・若菜下〉㊁〔動マ下二〕事実に相違させる。ゆがめる。「聞こし召し━・めたることなどや侍らむ」〈源・若紫〉(類語)(㊀)いじける・ひねくれる・すねる・そねむ

ひが‐め【×僻目】❶両眼の瞳の方向が異なる目。やぶにらみ。❷見まちがうこと。見誤り。「雪と見たは━か」❸物事をかたよった考えで判断すること。偏見。「僕の━かも知れぬが」〈森田草平・煤煙〉

ひが‐もの【×僻者】心のひねくれた人。「世の━にて交らひもせず」〈源・若紫〉

ひか・ゆ【控ゆ｜×扣ゆ】〔動ヤ下二〕《「ひか(控)う」が中世以降ヤ行に転じて用いられた語。終止形は「控ゆる」となる》「控える」に同じ。「木影に━・ゆる程もなく」〈逍遥訳・自由太刀余波鋭鋒〉「是を思ふに━・ゆれば一分弱し」〈浮・禁短気・五〉

ひが‐よみ【×僻読み】まちがって読むこと。読み誤り。「━をおほくす」〈宇津保・蔵開中〉

ひ‐がら【日柄｜日▽次】❶暦の上での、その日の吉凶。「本日はお━もよく」❷ひかず。日数。「一果つるまでは、母屋へ帰ることをゆるさず」〈読・弓張月・後〉❸客が芸娼妓に、紋日に買い切ることを約束すること。日柄約束。「客は遊女或は芸子に━を約すれども」〈守貞漫稿・一九〉❹祥月命日。「明日は死にたる男の━なり」〈読・春雨・樊噲上〉

ひ‐がら【日×雀】シジュウカラ科の鳥。全長11センチくらい。背は青灰色で、頭頂・のどが黒く、顔が白色。頭に冠羽がある。ユーラシアに分布。日本では留鳥として山地の森林にすむ。(季 夏)

ひ‐がらかさ【日▽傘｜日唐傘】《「ひからかさ」とも》❶日がさ。❷貴人などが外出のときに、供の者が後ろからさしかける柄の長い日よけの大きな傘。

ひから‐か・す【光らかす】〔動サ五(四)〕❶やたらに光らせる。「ぴかぴかに靴を━・す」❷威光・才能・持ち物などを自慢げに示す。ひけらかす。「御旗本を━・し」〈甲陽軍鑑・二九〉

ひから・す【光らす】㊀〔動サ五(四)〕光るようにする。光らせる。「磨いて表面を━・す」「らんらんと目を━・す」㊁〔動サ下二〕「ひからせる」の文語形。

ひから・せる【光らせる】〔動サ下一〕図ひから・す〔サ下二〕光るようにする。「原石を磨いて━・せる」

ひ‐から・びる【干×涸びる｜▽乾×涸びる】〔動バ上一〕図ひから・ぶ〔バ上二〕❶水分がすっかりなくなる。かさかさに乾ききる。「━・びたミカンの皮」❷潤い・張り・生気がなくなる。「━・びた頭脳」(類語)乾く・乾燥する・干上がる・かれる・枯渇

ひかり ㊀東海道・山陽新幹線で運行されている特別急行列車の愛称。昭和39年(1964)の東海道新幹線の開業とともに運行を開始。山陽新幹線の延伸に伴い、博多まで運行されるようになった。当初は緩行列車の「こだま」より停車駅を減らして所要時間を短縮していたが、「のぞみ」の運行開始に伴い停車駅を増やした。東京・岡山間と新大阪・博多間を結ぶが、東京・博多直通はない。㊁第二次大戦前に、朝鮮半島の釜山駅と満州国のハルビン駅を結んだ急行列車。朝鮮半島区間を朝鮮総督府鉄道が、満州国区間を南満洲鉄道が運営した。

ひかり【光】❶目に明るさを感じさせるもの。太陽・星・電球などの発光体から出る光線。主に可視光線をさすが、普通は赤外線から紫外線までの電磁波をいい、真空中での進行速度は1秒間に約30万キロメートル。「電灯の━」「━を発する」❷心に希望や光明などを起こさせる物事。「前途に━を見いだす」「オリンピックの金メダルは国民に希望の━を与えた」❸威力・勢力のある者の、盛んな徳や勢い。威光。「親の━は七光」❹目の輝き。「目の━が違う」❺視力。「事故で両眼の━を失った」❻「光物❹」の略。❼色・つやなどの輝くほどの美しさ。「━もなく黒き掻練の」〈源・初音〉❽容貌・容姿のまばゆいばかりの美しさ。「昔の御かげ、さやかにうつしとどめたる御━を」〈有明の別・三〉❾はえあること。見ばえのすること。「かうやうの折にも、先づこの君を━にし給へれば」〈源・花宴〉(類語)(❶)明かり・灯火・輝き・煌めき・光線・光明・光輝・光耀・光彩・光芒・閃光・ライト/(❷)希望・望み・期待・光明・曙光・ホープ

光は東方から 古代ローマのことわざ。ローマの文化は、東にあるギリシャの文化を受け継いでいるの意。転じて、世界の文明は初めにエジプトやメソポタミアなどオリエント(東方)に興ったの意。

光を放・つ その存在がひときわすぐれて目立つ。「燦然と━・つ業績」

ひかり【光】山口県南東部、周防灘に面する市。製薬・鉄鋼などの工業が盛ん。もと海軍工廠があった。人口5.3万(2010)。

ひ‐がり【日借り】毎日少しずつ返す約束で金銭を借りること。また、日を限って金銭を借りること。

ぴかり〔副〕一瞬、強く光り輝くさま。「暗闇で猫の目が━と光る」(類語)ぴかぴか・きらり・きらきら・ぎらり

ひかり‐アイシー【光IC】▶光集積回路

ひかり‐アイピーでんわ【光IP電話】《optical IP telephony》大容量の光通信回線を使ったIP電話。データや画像の通信もできる。➡光通信 ➡IP電話

ひかり‐イオンか【光イオン化】▶光電離

ひかりいぞんせい‐ていこう【光依存性抵抗】▶フォトレジスター

ひかり‐エレクトロニクス【光エレクトロニクス】▶オプトエレクトロニクス

ひかり‐か【光りか】〔形動ナリ〕つややかに光り輝くさま。「御色の白くうるはしく、━におはします」〈栄花・峰の月〉

ひかり‐カード【光カード】《optical memory cardから》クレジットカードと同様の形状のカードに光メモリーを搭載したもの。

ひかり‐かいり【光解離】分子が光の照射を受け、原子、イオン、反応性が高い遊離基などに分かれること。成層圏において酸素分子からオゾンを生成したり、逆にオゾン層を破壊する過程の一部になったりする働きがあることが知られている。

ひかり‐かがや・く【光り輝く】〔動カ五(四)〕《中世まで「ひかりかかやく」》光を放って輝く。きらきらと光る。また、輝くばかりに美しく見える。「太陽が━・く」「めでたく━・く娘を」〈古本説話集・上〉

ひかり‐かぎゃくへんしょく【光可逆変色】▶フォトクロミズム

ひかりかくさん‐こうか【光拡散効果】▶デンバー効果

ひかり‐かくはんのう【光核反応】原子核にγ線などの高エネルギーの光を照射した際、中性子(γ－n反応)、陽子(γ－p反応)、重陽子、α粒子を放出して他の核種に変化する核反応。

ひかり‐かくぶんれつ【光核分裂】原子核が、X線やγ線などの高エネルギーの光を吸収し、同程度の質量の2個以上の核種に分かれる現象。光核反応の一。

ひかり‐きゅうちゃく【光吸着】光の照射を受け、固体表面が気体を吸着する能力が増大する現象。⇔光脱離。

ひかり‐きょうしんき【光共振器】光の領域の周波数をもつ電磁波を受け取って共振させる装置。レーザーを発生させる主要な構成要素の一つ。一般に、二つの反射鏡を対面させ、一方の鏡面がわずかに光を外部に透過するものが使われる。

ひかり‐ケーブル【光ケーブル】《optical fiber cableから》石英ガラスまたは透明度の高いプラスチックを使った光ファイバーの通信ケーブル。高速、長距離、大容量のデータ通信に向く。➡メタルケーブル

ひかり‐こうおんけい【光高温計】物体が高温度で出す特定波長の光と、標準ランプの光とを比較して、物体の温度を求める装置。

ひかり‐ごうせい【光合成】▶こうごうせい(光合成)

ひかり‐ごけ【光×蘚】ヒカリゴケ科のコケ。中部地方以北の山中の洞穴などに生え、高さ1センチほど。原糸体がレンズ状の細胞からなり、光線を反射する。長野県佐久市・埼玉県吉見町・皇居などのものは天然記念物。ヨーロッパ・北アメリカにも産する。

ひかり‐ごへん【光互変】▶フォトクロミズム

ひかり‐コンピューター【光コンピューター】電子の代わりに光を用いるコンピューター。光の高速性や並列性を利用して、伝送や演算を超高速化・超大容量化しようというもの。

ひかりさんぎょうそうせい‐だいがくいんだいがく【光産業創成大学院大学】静岡県浜松市にある私立大学院大学。平成16年(2004)に開設。

ひかり‐し【光市】▶光

ひかりじき‐ディスク【光磁気ディスク】レーザーと磁場を利用した、書き換え可能な記憶装置。高密度な情報書き込みができる。MO(magneto-optical disc)。

ひかりじきディスク‐ドライブ【光磁気ディスクドライブ】光磁気ディスクのデータを読み書きするための駆動装置。

ひかり‐じゅうごう【光重合】光の照射によって起こる付加重合。印刷用写真製版や集積回路の製作に利用される。

ひかり‐しゅうせきかいろ【光集積回路】半導体レーザー、光導波路、光フィルター、光スイッチ、光変調器、光アイソレーターなどの光学素子を単結晶の基板上に集積化した回路。光IC。OIC。

ひかり‐しゅうよう【光収容】通信事業者の基地局と利用者を結ぶ通信回線の一部に光ファイバーを使用していること。通信回線の全経路がメタルケーブルであることを条件とするADSLは利用できない。➡収容替え

ひかり‐しょくばい【光触媒】太陽や蛍光灯などの光が当たることで触媒として働く物質。酸化チタンなど。光が当たると水や酸素と反応して活性酸素や水酸ラジカルが生成される。これらの物質は酸化力が強く、有害物質を二酸化炭素や水に分解する。また、ガラスや壁などに塗布して光を当てると超親水作用(＝水が水滴にならず薄く広がる働き)が生じる。これらの作用を抗菌、脱臭、大気浄化、防塵、花粉症対策、曇り止めなどに利用する。

ひかりしょくばい‐ガラス【光触媒ガラス】酸化チタンなどの光触媒を表面に薄く均一に塗布したガラ

ス。紫外線が当たると超親水作用(＝水が水滴にならず薄く広がる働き)によってガラスに付着した汚れが浮き上がり、雨などによって流れ落ちやすくなる。また、水滴ができにくいことからドアミラーなどに利用される。

ひかり-ぞうかん【光増感】生体にエオシン・スルファニルアミドなどの光を吸収する物質が取り込まれると、通常では障害を現さない強さの光でも炎症などが起こること。

ひかりソリトン-つうしん【光ソリトン通信】《optical soliton communication》ソリトンと呼ばれる形が崩れることなく伝わる波動を作り、光ファイバーで超長距離のパルス伝送を行う通信。➡ソリトン

ひかり-だっちゃく【光脱着】▶光脱離

ひかり-だつり【光脱離】光の照射を受け、固体表面が気体を吸着する能力が減少し、気体を脱離する現象。光脱着。⇔光吸着。

ひかり-ちゅうせいし【光中性子】原子核にγ(ガンマ)線などの高エネルギーの光を照射し、光核反応が起こった際に放出される中性子。

ひかり-つうしん【光通信】レーザー光線を搬送波として用いる通信方式。光ファイバーケーブルで伝送し、超多重通信や双方向CATV(有線テレビ)、インターネット(国際間通信網)による広域な電子メール(電子郵便)、電子新聞などに必要で重要な技術。

ひかり-ディスク【光ディスク】《optical disc》レーザー光を使ってデータの読み出しや書き込みを行う円盤状の記憶媒体。音楽・画像・映像などのデータやコンピューターのプログラムやファイルの記録に利用される。コンパクトディスク、DVD、ブルーレイディスクなどの規格がある。光学ディスク。

ひかり-デバイス【光デバイス】《optical device》光を用いた素子の総称。半導体レーザー・光導波路・光フィルター・光スイッチ・光変調器・光アイソレーターなどの素子を含み、これらの機能を集積化した光集積回路(OIC)や装置を意味することもある。光学装置。光学デバイス。オプティカルデバイス。

ひかり-でんり【光電離】原子や分子に紫外線、X線、γ(ガンマ)線などの光(電磁波)を照射した際に、電子を放出してイオン化する現象。光電効果の一種。光のエネルギーがイオン化エネルギーを上回る際に起こる。地球大気上層の電離圏では、太陽光線による光電離が生じている。光イオン化。

ひかり-どう【光堂】(ダウ)金色に塗った堂。金色堂(こんじきどう)。平泉の中尊寺金色堂が有名。

ひかりトポグラフィー-けんさ【光トポグラフィー検査】近赤外線を利用して脳の働きを観察する検査。頭皮の上から近赤外光を照射して大脳皮質の活動をとらえるもので、ヘモグロビンが光を吸収する性質を利用して脳の血流量の変化を計測し、画像として表示する。てんかん・鬱病(うつびょう)の検査などに用いられる。「光トポグラフィ」は日立製作所の登録商標。

ひかり-の-かげ【光の陰】《「光陰(こういん)」を訓読みにした語》月日。また、時間。歳月。「物ごとに遮る眼の前、―をや送るらん」〈謡・石橋〉

ひかり-の-かみ【光の神】雷神。

ひかり-の-さんげんしょく【光の三原色】三原色の一。加法混色に用いられる赤(レッド)・緑(グリーン)・青(ブルー)の三つの色の光。割合を変えて混合することにより、さまざまな色を表すことができる。色を重ねるほど明るくなり、すべてを同じ割合で混合すると白色光になる。➡RGB

ひかり-の-みち【光の道】2015年までに日本国内の全世帯に光ファイバーによる超高速通信網を整備するという構想。平成21年(2009)より、総務省主導のもと、「グローバル時代におけるICT政策に関するタスクフォース」により、実現に向けた検討が進められている。光の道構想。

ひかり-ピックアップ【光ピックアップ】《optical pickup》CDやDVDなどの光ディスクにレーザー光を照射し、データを記録したり、読み取ったりする装置。光学ピックアップ。ピックアップレンズ。

ひかり-ファイバー【光ファイバー】《optical fiber》高純度のガラスやプラスチックでできた細い繊維。光通信用ケーブル・胃カメラなど、光による情報伝達路として用いる。従来の銅線による電気通信に比べ高速大容量の転送速度をもち、信号の減衰も少ない。長距離の高速データ通信に使われる高純度のガラスでできたシングルモード光ファイバーと、プラスチック製で取り扱いが容易なマルチモード光ファイバーがある。

ひかりファイバー-つうしん【光ファイバー通信】《optical fiber communication》テレビなどの電子信号を光の強弱などの光信号に変え、グラスファイバーのケーブルによって伝送する方式。無数といえるほどのチャンネル配分ができ、長距離伝送が可能。

ひかりファイバー-レンズ【光ファイバーレンズ】《optical fiber lens》光ファイバー中の屈折率分布を利用して光の収束をはかるレンズ。分布屈折率ロッドレンズ。

ひかり-ぼうちょう【光膨張】(ーバウチャウ)▶ブッデ効果

ひかり-ぼや【光海鞘】ヒカリボヤ科の原索動物。暖海を浮遊する。多くの個虫が並んで約20センチの中空円筒形の群体をなし、よく発光する。

ひかり-ポンピング【光ポンピング】原子や分子に光を吸収させてエネルギーが低い状態から高い状態に変化させること。誘導放出によって光を増幅・発振するレーザーに利用される。

ひかり-も【光藻】ヒカリモ科の黄色植物。淡水産の藻で、水槽や洞穴内の水たまりなどに生じる。単細胞からなり、1本の鞭毛(べんもう)で水中を泳ぐときと、鞭毛を失い球形になるときとがある。レンズ状の葉緑体が光を反射する。千葉県富津市の発生地は天然記念物。

ひかり-もの【光り物】❶光を放つ物。光って見えるもの。流星・いなずまなど。❷金貨・銀貨。❸金属類。特に、銅・真鍮(しんちゅう)など、値のはるもの。再生資源回収業者がいう。❹鮨(すし)種で、はだが青白く光る魚。コハダ・サバ・アジなど。❺花札で、松・桐(きり)・桜・坊主の各20点札。❻連歌・俳諧で、日・月・星など光るものをいう語。❼光を出して恐れられるもの。鬼火・人だまなど。「御堂の側(かたわら)に―出できたり」〈平家・六〉

ひかり-ルミネセンス【光ルミネセンス】ルミネセンスの一種。蛍光体などの物質が外部から光・紫外線・X線などのエネルギーを吸収して励起し、基底状態に戻るときに発光する現象。また、その光。吸収した光と放射する光はそれぞれの波長が異なり、一般に放射する光の波長の方が長い(ストークスの法則)。フォトルミネセンス。

ひか・る【光る】〔動ラ五(四)〕❶光を放つ。また、光を反射して輝く。「蛍が―・る」「星が―・る」❷美しく輝く。また、つやや光沢がある。「灯火に―・る黒髪」「ひじの―・ったジャケット」「磨いて―・っている靴」❸才能・容貌・人物・技術などが一段とすぐれて目だつ。「今年の新人の中で一番―・っている」「ひときわ―・った存在」❹(「目がひかる」の形で)油断なく見張る。厳しく監視される。「官憲の目が―・っている」❺明るく色あざやかに輝く。「野山に新緑が―・る」❻容姿などが、まばゆいほど美しく見える。「いみじう白う―・りうつくしきこと皇子たちよりも」〈源・横笛〉

(類語)(❶)輝く・煌(きら)めく・閃(ひら)めく・瞬(またた)く・照る・照り輝く・照り映(は)える・照り付ける・きらつく・ぎらつく・発光する・一閃(いっせん)する・反照する/(❷)てらてらする・てかてかする/(❸)映える・目立つ・際立(きわだ)つ・秀(ひい)でる・抜きん出る・卓出する

ひかる-かみ【光る神】雷。雷神。「鳴る神」に対して電光のほうを重くいう。「一鳴りはた少女携はり共にあらむと」〈万・四二三六〉(補説)一説に、雷がなりはためく意から、なりはた少女(おとめ)にかかる枕詞とする。

ひかる-きみ【光君】光源氏のこと。

ひかる-げんじ【光源氏】源氏物語の主人公。桐壺の帝の第2皇子。母は桐壺の更衣(こうい)。源氏の姓を賜って臣籍に下る。光君(ひかるきみ)。源氏の君。

ピカレスク-しょうせつ【ピカレスク小説】(ーセウセツ)《ピカレスクは、picaresque》▶悪漢小説(あっかんしょうせつ)

ピカレスク-ノベル〔picaresque novel〕▶悪漢小説(あっかんしょうせつ)

ひかれ-もの【引かれ者】刑場へ引かれて行く罪人。また、捕らえられて行く者。

引かれ者の小唄(こうた)《引かれ者が平気を装い小唄をうたう意から》負け惜しみで強がりを言うこと。

ひが-わざ【×僻業】まちがったこと。まちがったしわざ。「その折は、さる―ともあかし侍らずありしかば」〈源・行幸〉

ひかわ-じんじゃ【氷川神社】(ひかは)さいたま市大宮区にある神社。旧官幣大社。祭神は須佐之男命(すさのおのみこと)ほか二神。埼玉県・東京都に多い氷川神社の総本社。関東武家の崇敬を集めた。武蔵国一の宮。

ひ-がわり【日替(わ)り|日変(わ)り】(ーがはり)毎日かわること。「―のメニュー」「―大サービス」

ひ-がわり【火変(わ)り】(ーがはり)▶窯変(ようへん)

ひかん【比干】中国、殷(いん)王朝の人。紂(ちゅう)の叔父。淫乱な紂王を諫(いさ)めたため、紂王に胸を裂かれて殺された。箕子(きし)・微子とともに殷の三仁と称される。

ひ-かん【卑官】(ークワン)階級の低い官。また、官吏が自分をへりくだっていう語。

ひ-かん【秘巻】(ークワン)秘密の文書。大切に隠し持っている書物。

ひ-かん【被官|被管】(ークワン)❶律令制で、上級官庁に直属する下級官庁のこと。また、その官吏。❷中世、官吏の私的な使用人、武家の家臣・奉行人および寺社の奉公人など。被官衆。❸「被官百姓」の略。❹近世、町家の下男・下女のこと。「夜の物を売りては冬の夜すがら凍え果て、子供を人の―になし」〈仮・浮世物語・二〉

ひ-かん【悲観】(ークワン)〔名〕(スル)❶物事が思うようにならないため失望すること。「前途を―する」⇔楽観。❷世の中や人生を悪と苦に満ちていると考えること。「―論」⇔楽観。(類語)絶望・失望・失意・落胆・幻滅

ひ-かん【×脾×疳】漢方で、小児の慢性胃腸病。からだがやせて腹がふくれてくる。

ひ-かん【避寒】〔名〕(スル)冬の寒さを避けるために、一時暖かい土地へ移ること。(季冬)「あをうみの暁はやき―かな/草城」

ひ-がん【彼岸】《(梵)pāramitāの訳「到彼岸」から》❶仏語。生死の迷いを河・海にたとえた、その向こう岸。悟りの境地をいう。⇔此岸(しがん)。❷「彼岸会(ひがんえ)」の略。(季春)❸雑節の一。春分の日と秋分の日をそれぞれ中日とする各7日間。春の彼岸と秋の彼岸。❹向こうがわの岸。「蛍は…スウと遠く―の葦間に消えた」〈木下尚江・良人の自白〉

(類語)向こう・あちら・あっち・彼方(あなた)・彼方(かなた)

ひ-がん【飛×雁】空を飛んでいく雁。

ひ-がん【悲願】(ーグワン)❶ぜひとも成し遂げたいと思う悲壮な願い。「年来の―が実る」❷仏語。仏・菩薩(ぼさつ)が慈悲の心から人々を救おうとして立てた誓い。

(類語)念願・宿願・本願・本懐

び-かん【美感】美しさを感じる気持ち。美しさに対する感受性。「―に訴える」

(類語)感覚・感性・感受性・美意識・神経・センス・センシビリティー・フィーリング

び-かん【美観】(ークワン)美しい眺め。美しい景観。「古都の―を損ねる建築物」(類語)景観・景勝・絶景・壮観

び-かん【微官】(ークワン)階級の低い官職。また、官吏がみずからをへりくだっていう語。卑官。小官。

び-がん【美顔】❶美しい顔。❷顔を美しくすること。「―クリーム」(類語)美貌・美容

ひがん-え【彼岸会】(ーヱ)春秋の2回、彼岸の7日間に行われる法会。寺院に参詣し、墓参などの仏事を行う。俳句では特に春についていう。(季春)

びがん-き【美顔器】顔の染み、しわ、たるみなどを取り、滑らかで色白な肌にすることを目的に開発された器具。

ひ-かんざくら【×緋寒桜】バラ科の落葉低木。1〜3月ごろ、葉より先に、濃紅色の花が半開きに下を向いて咲く。関東地方以南で庭などに植える。元日桜。寒緋(かんひ)桜。緋桜。

ひがん-ざくら【彼岸桜】バラ科の落葉小高木。春

の彼岸のころ、葉より先に淡紅色の花を開く。中部地方以西で庭などに植える。こひがんざくら。(季 春)

ひかんしき-かごうぶつ【非環式化合物】►鎖式化合物

びがん-じゅつ【美顔術】顔の皮膚に刺激や栄養を与えて生理機能を高め、肌をなめらかにする美容法。フェイシャルトリートメント。

ひ-かんしょうせい【非干渉性】►インコヒーレンス

ひ-かんしょうてき【非干渉的】►インコヒーレント

ひかんぜい-しょうへき【非関税障壁】関税以外の方法で国産品と外国品を差別し、貿易制限的効果をもつ選別的手段や制度。輸入数量制限・輸入課徴金・差別的貿易金融制度など。NTB (non-tariff barrier)。

びかん-ちく【美観地区】町並みなどの建築物を主体とした市街地の美観を維持するために、都市計画法によって定められる地区。屋外広告物や建築などの規制が行われる。

ひかん-てき【悲観的】〘形動〙先行きに望みはないと考えるさま。望みのもてないさま。「―な状況」「物事を―に考える」⇔楽観的。

ひがん-ばな【彼岸花】ヒガンバナ科の多年草。土手や田の畦に生える。秋の彼岸のころ、高さ約30センチの花茎を伸ばし、長い雄しべ・雌しべをもつ赤い6弁花を数個輪状につける。花の後、線形の葉が出て越冬する。有毒植物だが、鱗茎を外用薬とする。曼珠沙華。死人花。捨て子花。石蒜。天蓋花。天涯花。幽霊花。かみそりばな。(季 秋)(補説)ヒガンバナ科の単子葉植物は約1100種が主に熱帯・亜熱帯に分布する。多年草で、鱗茎をもち、葉は根生し線形。花被は6枚あり、子房下位。ヒガンバナ・スイセン・アマリリスなどが含まれる。

ひかん-びゃくしょう【被官百姓】戦国時代から江戸時代にかけて、有力な農民に身分的、経済的に隷属していた農民。名子・門屋・家抱などと称した地方もある。

ひがん-まいり【彼岸参り】彼岸会の期間に、寺院や先祖の墓に参拝すること。(季 春)

ひき【匹｜×疋】㊀〘名〙❶2反続きの反物を単位として表す語。大人の着物と羽織とを対で作るときなどに用いる。❷銭を数える単位。古くは10文、のち25文を1匹とした。㊁〘接尾〙助数詞。動物・鳥・昆虫・魚などを数えるのに用いる。上に来る語によっては「びき」「ぴき」となる。「二―の猫」

ひき【引き】㊀〘名〙❶引っ張ること。また、その力。「魚の―が強い」❷特別に目をかけて便宜をはかること。引き立て。「上役の―で出世する」❸手づる。つて。縁故。「就職するにも―がない」❹引く力に対して耐える力。紙などの腰があること。「―のある紙」❺写真撮影で、カメラを後ろへ移す空間的なゆとり。「―のない場所」❻率いること。導き。「大君の―のまにまに」〈万・一〇四七〉❼江戸時代、田畑の租税を減免すること。❽「引き出物」の略。「これの内のやつらにも、何かなしに三百づつお―をやる合点ちゃ」〈浄・万年草〉❾(「びき」の形で)接尾語的に用いて、値引き・値下げの意を表す。「三割―」㊁〘接頭〙動詞に付いて、その動詞の示す動作・作用を強める意を表し、また、語調を強めるのに用いる。「―しめる」「―まわす」(補説)音便で、「ひっ」「ひん」ともなる。「ひっくくる」「ひんまげる」など。

ひ-き【非器】その事をする才能・力量などが不足であること。その器量でないこと。

ひ-き【秘記】秘密の記録。

ひ-き【悲喜】悲しみと喜び。(類語)哀楽・哀歓

悲喜交交 悲しいこととうれしいことを、代わる代わる味わうこと。「―いたる」(補説)一人の人間が喜びと悲しみを味わうことであり、「悲喜交々の当落発表」のように「喜ぶ人と悲しむ人が入り乱れる」の意で使うのは誤り。

ひ-き【×誹毀｜非毀】〘名〙スル 悪口を言うこと。他人の悪事や醜行をあばいて、その名誉を傷つけること。「アゼシラウス王の所置を、常に―する程なれば」〈竜渓・経国美談〉

ひ-き【避忌】〘名〙スル その物事を好ましくないとしてさけきらうこと。忌避。

ひき【×蟇】ヒキガエルの別名。(季 夏)

ひ-ぎ【比擬】〘名〙スル 他のものとくらべること。なぞらえること。「天下の物これに―すべきものなし」〈中村訳・西国立志編〉

ひ-ぎ【氷木】千木のうち、先端部分が横削ぎになっているもの。「高天の原に―たかしりて居れ」〈記・上〉

ひ-ぎ【非義】正義にそむくこと。道理にはずれること。非理。

ひ-ぎ【非議｜×誹議】〘名〙スル 論じて非難すること。そしること。「吾もし他人を―するときは、彼また吾を―すべし」〈中村訳・自由之理〉

ひ-ぎ【秘技】❶他の人にはまねのできない奥深いわざ。❷秘密の技術。特に閨房の技巧をいう。

ひ-ぎ【秘義】奥深く秘められた教え。極秘の奥義。

ひ-ぎ【秘儀】秘密に行われる儀式。密儀。

ひ-ぎ【秘戯】隠れて行う楽しみ。特に男女の性行為。

びき【引き】「ひ(引)き㊀❾」に同じ。「二割―」

び-き【美▽肌】美しいはだ。びはだ。

び-き【美▽姫】美しい姫。美しい女性。(類語)美人・別嬪・美女・麗人・佳人・美形・尤物・名花・小町

びき【匹｜×疋】〘接尾〙「ひき(匹)」に同じ。「三―の子猫」

び-ぎ【美×妓】美しい芸者。

び-ぎ【美技】見事な技。すばらしい演技。ファインプレー。(類語)妙技・巧技・好技・神技・絶技

ぴき【匹｜×疋】〘接尾〙「ひき(匹)」に同じ。「一―の犬」

ひき-あい【引(き)合い】❶互いに引っ張り合うこと。「綱の―をする」❷証拠・参考として例に引くこと。「もうけ話の―に出す」❸売買・貸借条件の照会。また、その注文・取引。「海外から新製品の―がくる」❹訴訟・事件などの証人・参考人になること。❺仲を取りもつこと。紹介。「先生からの御―で無ければ」〈鉄腸・花間鶯〉❻まきぞえ。かかわりあい。「然し―は喰ひはしませぬかな」〈伎・敵討噂古市〉
(類語)例・実例・一例・具体例・例証・たとえ

ひきあい-にん【引合人】訴訟事件の関係者として法廷に召喚される人。証人・参考人など。

ひき-あ・う【引(き)合う】〘動ワ五(ハ四)〙❶互いに引っ張る。引っ張り合う。「ロープを―・う」❷取引をしてもうけがある。収支がつりあう。「―・わない商売」❸苦労や努力をしただけのことがある。割に合う。「さんざん手助けをして恨まれたのでは―・わない」❹助け合う。手を取り合う。「当国の守護を給ひて、星野、行明等と―・ひ」〈太平記・三五〉❺取引をする。取り決めをする。「先刻内々―・うておいた」〈滑・膝栗毛・五〉

ひき-あけ【引(き)明け】夜明け。明け方。「春の―の薄紫の空に」〈菊池寛・蘭学事始〉

ひき-あげ【引(き)上げ｜引(き)揚げ】引き上げること。「沈没船の―」「税率の―」「外地からの―」

ひきあげ-しゃ【引(き)揚げ者】外国から引き揚げて本国に帰って来た人。特に、第二次大戦後、外地での生活を引き払って内地に帰って来た人。

ひきあげ-せん【引(き)揚げ船】外国から引き揚げて本国に帰る人を乗せる船。特に、第二次大戦後、外地での生活を引き払って日本に帰国する人を乗せた船。

ひき-あ・げる【引(き)上げる｜引(き)揚げる】〘動ガ下一〙図ひきあ・ぐ〘ガ下二〙❶引っ張って上方へ上げる。「錨を―・げる」❷値段・比率・水準などを高くする。「公共料金を―・げる」「利子を―・げる」❸選んでよい地位や役につける。登用する。「幹部に―・げられる」❹差し向けた人や、先方へ出した物などを、自分の所へ戻す。「派遣軍を―・げる」「資金を―・げる」❺その場所を去ってもとの所へ戻る。「外地から―・げる」「話もそこそこに―・げる」❻日時を早める。時間を繰り上げる。「暁の御ときを―・げて夕暮れに行はれし」〈弁内侍日記〉
(類語)(③)引き立てる・取り立てる/(⑤)立ち去る・立ち退く・引き払う・退去する・退散する

ひき-あし【引(き)足】❶後方へ引く足。後退する足取り。❷足をひきずって歩くこと。

び-きあつけい【微気圧計】気圧の微小な変化を測定する器械。感度の高い自記気圧計で、大気中の核爆発による変動も遠方でとらえることができる。

ひき-あて【引(き)当て】❶将来の支出のためにその金額を準備しておくこと。また、その金額。❷抵当。かた。「土地を―に金を借りる」(類語)形・質・抵当

ひきあて-きん【引当金】企業会計で、将来の特定の費用または損失の発生を合理的に見積もることができる場合に、当期の費用または損失として計上する貸方項目の金額。賞与引当金・退職給与引当金・修繕引当金など。

ひきあて-とくていしさん【引当特定資産】学校法人の会計で用いられる勘定科目。将来の出費や設備の買い換えなど特定の目的に備えて資金を積み立てる場合に設けるもので、退職給与引当特定資産・減価償却引当特定資産などがある。⇒学校法人会計基準

ひき-あ・てる【引(き)当てる】〘動タ下一〙図ひきあ・つ〘タ下二〙❶くじを引いて当てる。「一等を―・てる」❷運悪く当てる。気の進まない物事などを引き受けるはめになる。「お守り役を―・ててしまった」❸あてはめる。ひきくらべる。「わが身に―・てて考えてみる」❹充当する。ある目的のために振り向ける。「債務返済に住宅資金を―・てる」

ひき-あみ【引(き)網｜×曳き網】水中を引き回したり、浜や船に引き寄せたりして魚を捕る網。また、その漁法。地引き網・トロール網など。

ひき-あわ・す【引(き)合(わ)す】㊀〘動サ五(四)〙「引き合わせる」に同じ。「原簿と―・す」㊁〘動サ下二〙「ひきあわせる」の文語形。

ひき-あわせ【引(き)合(わ)せ】❶取りもって対面させること。紹介すること。「神様のお―で巡り合う」❷照合すること。「住民票との―」❸鎧や腹巻き・胴丸・具足の類で、着脱するための胴の合わせ目。大鎧では右脇の間隙部をいう。❹「引き合わせ紙」の略。

ひきあわせ-がみ【引(き)合(わ)せ紙】昔、陸奥で産した薄墨色の紙。また、後世では、普通の檀紙をいう。武士が鎧の引き合わせに入れておいたところからとも、男女を引き合わせる恋文の紙に用いたところからの名ともいう。みちのく紙。

ひき-あわ・せる【引(き)合(わ)せる】〘動サ下一〙図ひきあは・す〘サ下二〙❶引き寄せて合わせる。「襟元を―・せる」❷比べ合わせる。照らし合わせる。「原典と―・せる」❸取りもって両者を対面させる。紹介する。「恋人を親に―・せる」

ひき-い・ず【引き▽出づ】〘動ダ下二〙❶「ひきだす❶」に同じ。「御文とて―・でたれば」〈落窪・一〉❷事件などを引き起こす。「さるまじき過ちを―・でて」〈源・柏木〉❸引き出物として贈る。「又いみじき御車に牛添へて―・で奉らせ給ふ」〈栄花・初花〉❹例として出す。「さばかりらうたげなりつる御さまを―・で奉りつるほどのけしき」〈落窪・一〉

ひき-いた【引(き)板】「鳴子」に同じ。

ひき-いだ・す【引き▽出だす】〘動サ四〙❶「ひきだす❶」に同じ。「移し馬ども―・して」〈源・東屋〉❷しでかす。引き起こす。「こころにまかせたる事―・しつかうまつるな」〈源・澪標〉❸例として引く。「かの髪長姫から―・して」〈滑・浮世床・初〉

ひきいで-もの【引き▽出で物】「ひきでもの」に同じ。「―なども、乏しくは」〈宇津保・祭の使〉

ピギーバック〘piggyback〙〈piggyは、子豚の意〉❶おんぶ。また、相乗り。❷►ピギーバック輸送

ピギーバック-ゆそう【ピギーバック輸送】〈ピギーバック(piggyback)は、おんぶ、または、相乗りの意〉❶アメリカで開発された、自動車の機動性と、鉄道の大量輸送力を結合させた輸送方式。大型トレーラー

を平床貨車に積み込んで輸送するもの。➡カンガルー輸送 ❷人工衛星の打ち上げで、主となる衛星のほかに複数の小型副衛星を同時に打ち上げること。ロケットが打ち上げ可能な有効搭載量(ペイロード)に余裕があるときなどに行われる。ピギーバック。

ひき-い・る【引き入る】㊀〔動ラ四〕❶ひっこむ。ひきさがる。「見合はせ給へる御顔、いと赤うなりながら、わざと―・りなどせさせ給はず」〈狭衣・三〉❷人から隠れる。ひきこもる。「物しめやかに―・り給へるを」〈源・紅梅〉❸控えめに振る舞う。遠慮する。「ひとへに物づつみし、―・りたる方はしも」〈源・末摘花〉❹息が絶える。「まさしき最後にて―・らせ給ひにけりとぞ」〈愚管抄・四〉❺車を内に入れる。「御車あり…―・りて寄すると」〈落窪・二〉㊁〔動ラ下二〕「ひきいれる」の文語形。

ひき・いる【率いる】〔動ア上一〕図〔ワ上一〕❶従えて行く。ひきつれて行く。「学生を―・いて研究旅行に行く」❷多くの人々を指揮する。長として指図する。統率する。「劇団を―・いる」(類語)引き連れる・伴う・従える・連れる・連れ立つ・引っ張る

ひき-いれ【引(き)入れ】❶引き入れること。誘ったり導いたりして中に入れること。❷元服の儀式のとき、冠をかぶらせること。また、その役をする人。烏帽子親。「―には閑院内大臣ぞおはしましける」〈栄花・初花〉

ひき-いれ【×挽き入れ┆引(き)入れ】轆轤で木を挽いて、いくつもの入れ子に作った細工物。合子・皿などの類。ひきれ。

ひきいれ-えぼし【引入×烏▽帽子】頭に深く烏帽子をかぶること。また、その烏帽子。

ひきいれ-ごうし【×挽き入れ合子】轆轤で細工で作った入れ子の椀。ひきれごうし。

ひきいれ-ごえ【引き入れ声】息を吸い込むようにして、かすかにいう声。「ことなる事なき男の―して、艶だちたる」〈能因本枕・二七〉

ひき-い・れる【引(き)入れる】〔動ラ下一〕図ひきい・る〔ラ下二〕❶引いて中へ入れる。「ベビーカーを電車に―・れる」❷誘ったり導いたりして中に入れる。「男を部屋に―・れる」「あやしい魅力に心が―・れられる」❸誘って仲間に入れる。「味方に―・れる」❹烏帽子など、かぶり物をかぶる。「烏帽子を―・れたりければ」〈徒然・二二五〉(類語)引き込む・巻き込む

ひき-いろ【引き色】退却しようとする気配。敗色。「寄せ手已に―になって候」〈太平記・七〉

ひき-いわい【引(き)祝(い)】芸者や娼妓が廃業するのを披露する祝い。

ひき-うけ【引(き)受(け)】❶引き受けること。「難民の―先」❷為替手形の支払人が、手形に署名して手形金額の支払い義務を負うこと。❸有価証券の発行に際し、証券会社などがそれを売り出す目的で、発行者からその証券の全部または一部を取得する契約を結ぶこと。

ひきうけ-きょぜつ【引受拒絶】為替手形の所持人が引き受けを求めて適法に呈示したにもかかわらず、支払人が拒絶すること。

ひきうけじこく-しょうめい【引受時刻証明】郵便物の特殊取扱の一。書留郵便物を引き受けた時刻を郵便局が証明するもので、郵便物の表面に引き受け時刻が記載される。➡特殊取扱郵便

ひきうけ-シンジケートだん【引受シンジケート団】有価証券の引き受けのために、銀行・保険会社・証券会社などが結成する証券引受団。シ団。

ひきうけ-て【引(き)受(け)手】引き受ける人。引受人。「幹事の―がいない」

ひきうけ-てがた【引受手形】支払人が手形引受をした為替手形。

ひきうけ-にん【引受人】❶引き受けて責任を負う人。引き受け手。「身元―」❷為替手形の引き受けをした支払人。

ひき-う・ける【引(き)受ける】〔動カ下一〕図ひきう・く〔カ下二〕❶自分が責任をもってその物事を受け持つ。「販売を一手に―・ける」「役員を―・ける」❷あとを受け継ぐ。他に代わってする。「父から事業を―・ける」「あとは私が―・けた」❸保証する。保証人となる。「留学生の身元を―・ける」
(類語)請け負う・請け合う・受け持つ・受ける・受け入れる・受け継ぐ・肩代わりする

ひきうけ-わたし【引受渡し】《documents against acceptance》信用状なしの荷為替取引で、荷為替手形の送付を受けた輸入地の銀行が、輸入者に手形の引き受けをさせることによって船積み書類を引き渡す方法。DA。㊥支払渡し。

ひき-うす【×碾き臼┆×挽き臼】上下2個の、平たい円筒状の石臼。上臼の穴から穀物を落とし、回して粉にする。上下の石の接触面に多数の溝があって、そこで穀物が砕かれ、また、外に送り出される。

ひきうす-げい【×碾き臼芸】「石臼芸」に同じ。「一切万能せぬといふ事もなく、知らぬといふ事ないやうなれど―」〈浮・化物気質〉

ひき-うた【引(き)歌】古歌やその一部を、後人が自分の詩歌・文章に引用すること。また、その歌。

ひき-うたい【弾(き)歌い┆弾き▽唄い】長唄などで、本来は唄と三味線を別の人が受け持つのに、それを一人で兼ねて演奏すること。➡弾き語り

ひき-うつし【引(き)写し】他人の文章や書画などを、そっくりそのまま書き写すこと。また、そのもの。敷き写し。「―の多い論文」

ひき-うつ・す【引(き)写す】〔動サ五(四)〕他人の文章などをそのまま書き写す。引き写しをする。「日記に詩の一節を―・す」

ひき-うつ・る【引(き)移る】〔動ラ五(四)〕住所などがほかの場所に変わる。引っ越す。移転する。「郊外の一戸建てに―・る」

ひき-うま【引(き)馬】❶大名・貴人などの行列で、鞍覆をかけ、飾りたてて連れ歩く馬。❷遊郭などで、客が遊興費を払えず、取り立てにつけられた人を伴って行くこと。「付け馬」を客の側からいう語。

ヒギエア〖Hygiea〗小惑星の一つ。1849年に発見。名称はギリシャ神話の医神アスクレピオスの娘で健康の女神ヒュギエイアに由来する。直径407キロメートルで小惑星帯の天体の中で4番目に大きい。軌道長半径は3.1天文単位。公転周期は約5.6年。表面組成は炭素化合物を多く含み、黒っぽい。

ひき-お【引き尾】キジやヤマドリなどの長い尾羽。矢羽を作る。「山鳥の―の征矢」〈太平記・一七〉

ひき-おい【引(き)負い】❶人に代わって売買や取引をし、その損失が自分の負債となること。また、その負債。❷主家の金を奉公人が使い込むこと。また、その金銭。「―をさせてまで、勘定を合わしょうなんど」〈鏡花・草迷宮〉

ひき-お・う【引き負ふ】〔動ハ四〕奉公人が主家の金を使い込む。「手代に―・はれ」〈浮・新永代蔵・二〉

ひき-おこし【引起】シソ科の多年草。山地に生え、高さ約1メートル。茎は四角柱、葉は広卵形で対生する。秋、淡紫色の唇形の小花が多数咲く。全草を乾燥したものを延命草といい、健胃薬とする。

ひき-おこ・す【引(き)起(こ)す】〔動サ五(四)〕❶倒れたり、横になったりしたものを、引っ張って起こす。「腕をとって―・す」❷(「惹き起こす」とも書く)事件・騒ぎなどを新たに生じさせる。「論争を―・す」
(類語)(❷)起こす・招く・もたらす・持ち来す・来す・生む・将来する・招来する・誘発する・惹起する

ひき-おとし【引(き)落(と)し】❶引き落とすこと。❷相撲のきまり手の一。相手の手や前褌を取って引き、前方にはわせる技。

ひき-おと・す【引(き)落(と)す】〔動サ五(四)〕❶前や下に引いて落とす。また、相撲で、引き落としの技をかける。「相手の腕をつかんで―・す」❷公共料金などを、支払人の預金口座から受取人の口座へ所定期日に送金する。「ガス料金を―・す」

ひき-お・る【引き折る】〔動ラ四〕❶たわむほど強く引く。「夕潮に楫―・り」〈万・四三三一〉❷折って二重にする。裾などを折って上げる。はしょる。「衣一つばかりを―・りて」〈今昔・二九・二八〉

ひき-おろ・す【引(き)下ろす】〔動サ五(四)〕引いて下へおろす。また、引っ張って無理におろす。「よろい戸を―・す」「会長の座から―・す」

ひき-かえ【引(き)換え┆引(き)替え】取りかえること。交換。「代金と―に品物を渡す」(類語)交換・互換・取り換え・付け替え・入れ替え・チェンジ

ひきかえ-けん【引換券】あとで物品と引き換えることのできる券。「景品の―」

ひき-かえし【引(き)返し】❶もとへ戻ること。❷女性の和服の仕立てで、表と同じ布地を裾回しに用いること。また、その仕立て。ひっかえし。❸《「引き返し幕」の略》歌舞伎で、一連の場面なのに、道具などの都合で続けられないとき、一度幕を引き、用意のできしだいすぐに開けること。ひっかえし。

ひき-かえ・す【引(き)返す】〔動サ五(四)〕❶進んできた道をもとへ戻る。ひっかえす。「途中で―・す」❷もとの状態に戻る。昔のようになる。「まだ(琴ノ)調べも変はらず、―・し、その折、今の心地し給ふ」〈源・松風〉❸繰り返す。反復する。「御文を、うちも置かず―・し―・し見み給へり」〈源・宿木〉❹裏返す。ひっくりかえす。「畳、ところどころ―・したり」〈源・須磨〉❺すぐにもとへ戻す。折り返す。「―・し一筆書きて助光が手に渡し給へば」〈太平記・二〉❻(連用形を副詞的に用いて)うってかわって。「とけ難かりし御気色をおもむけ聞こえ給ひて後、―・しなのめならむは、いとほしかし」〈源・夕顔〉(類語)帰る・戻る・後戻り・ユーターン

ひきかえ-ばらい【引換払い】品物と引き換えに代金を支払うこと。

ひき-か・える【引(き)換える┆引(き)替える】〔動ア下一〕図ひきか・ふ〔ハ下二〕❶取りかえる。交換する。ある物を渡す代わりに別の物を手に入れる。「当たりくじを景品と―・える」❷まったく異なる。反対になる。多く、「…にひきかえ」の形で用いる。「弟に―・え、兄は読書家だ」「昨日に―・えて、今日は寒い」❸状態やようすを変える。「山里の気配―・へて」〈源・早蕨〉(類語)交換する・取り換える・チェンジする

ひき-がえる【×蟇×蛙┆蟾=蜍】無尾目ヒキガエル科の両生類。体長10～15センチ。ずんぐりし、四肢が比較的短いため跳ねない。背面は暗褐色または黄褐色で大小のいぼがあり、耳腺は大きく、敵にあうと白い毒液を出す。動作は緩慢で、夜に昆虫・ミミズなどを捕食。土中で冬眠し、春に水田や池沼に集まって長いひも状の卵塊を産み、再び土中に入って春眠する。ニホンヒキガエルとアズマヒキガエルの2亜種に分類される。毒液はがまの油や六神丸として薬用。がま。がまがえる。いぼがえる。ひき。(季 夏)「―長子家去る由もなし/草田男」

ひき-がき【引(き)柿┆×曳き柿】布などに柿渋を引くこと。また、その布。「あひあひ―したる摺り尽しの直垂に」〈義経記・一〉

ひき-か・ける【引(き)掛ける】〔動カ下一〕図ひきか・く〔カ下二〕❶掛けてさげる。ひっかける。「枝に着物を―・ける」❷引いて上にかぶせる。また、無造作に着たり履いたりする。ひっかける。「下駄を―・けて」〈漱石・吾輩は猫である〉❸関係づける。引き合いに出す。「千々の社を―・けて」〈源・総角〉

ひき-かさ・ぬ【引き重ぬ┆引き▽襲ぬ】〔動ナ下二〕その上に重ねる。重ねて着る。「袿ども五つ―・ねて」〈宇津保・楼上下〉

ひき-がし【引(き)菓子】祝儀・仏事などで引き出物として出す菓子。

ひき-かず・く【引き▽被く】〔動カ四〕頭からかぶる。引きかぶる。「ただ衣を―・きてふしたり」〈落窪・一〉

ひき-かぜ【引(き)風┆引(き)風邪】風邪をひくこと。かぜひき。

ひき-がた【×挽き型】鋳造で、円筒などの砂型を作るときに使用する木製の型。板状の鋳物の断面の半分の形をし、回転させて立体的な鋳型を作る。

ひき-がたり【弾(き)語り】❶浄瑠璃などで、本来は語りと三味線を別の人が受け持つのに、それを一人で兼ねて演奏すること。➡弾き歌い ❷一人でギター・ピアノなどを演奏しながら歌をうたうこと。

ひき-かなぐ・る【引きかなぐる】〔動ラ四〕手荒く引

ひ

きのける。荒々しく引きちぎる。「御殿どもの格子—・りて乱れ入るに」〈増鏡・さしぐし〉

ひき-がね【引(き)金】❶小銃・ピストルなどの、指で引く発射装置の金具。❷ある事態を引き起こす直接の原因。きっかけ。「授業料の値上げが—となって大学紛争が起こった」
類語 トリガー・起爆剤・きっかけ・原因・起因・誘因

ひき-ぎ【引(き)木|×挽き木】ひき臼(うす)を回すための肘(ひじ)形の柄。木肘(きひじ)。

ひき-ぎぬ【×疋絹】「ひけん(疋絹)」に同じ。

ひき-きり【引(き)切り】《「ひきぎり」とも》一〔名〕❶手元に引くようにして切ること。❷茶道で、茶釜の蓋をのせておく竹製の蓋置(ふたおき)。❸「引き切り鋸(のこぎり)」の略。二〔名・形動ナリ〕せっかちでゆとりのないこと。また、そのさま。性急。「女のかく—なるも、かへりては軽くおぼゆるわざなり」〈源・夕霧〉

ひききり-のこぎり【引(き)切り×鋸|×挽き切り×鋸】木工用の細身で歯のこまかいのこぎり。

ひき-き・る【引(き)切る】〔動ラ五(四)〕❶引っ張って切る。引いて切る。ひっきる。「縄を—・る」❷(「挽き切る」と書く)のこぎりでひいて切る。ひっきる。「角材を—・る」❸引けるところまで引く。十分に引く。「弓を—・る」❹中が絶える。中断する。「勧進といふ声も—・らず」〈浮・一代女・三〉

ひき-ぎわ【引(き)際|▽退き際】(ぎは) それまでの地位・立場などから退くときの時期や身の処し方。ひけぎわ。「—が悪い」「—が肝心だ」

ひき-く【引(き)句】❶他の文の一節や俳句などを引用すること。また、その文句や俳句。引用句。❷平曲で、節をつけて歌うように語る部分。⇔語り句。

ひき-くく・る【引き▽括る】〔動ラ五(四)〕「ひっくくる」に同じ。「一つにまとめて—・る」

ひき-くず【×挽き×屑】(くづ) 木材などをのこぎりでひいたときに出る屑。のこぎりくず。おがくず。

ひき-ぐすり【引(き)薬】皮膚にのばして塗る薬。ぬりぐすり。「腫物の先へ—を為よう」〈円朝・真景累ヶ淵〉

ひき-ぐ・する【引(き)具する】〔動サ変〕文ひきぐ・す〔サ変〕❶いっしょに連れて行く。引き連れる。伴う。「女衆たちを—・して駆けつけた」〈有吉・助左衛門四代記〉❷必要なものを備える。身につける。「いかで、かうのみ—・しけむ」〈源・薄雲〉

ひき-くら・べる【引(き)比べる|引き▽較べる】〔動バ下一〕文ひきくら・ぶ〔バ下二〕引き合わせて比べる。比較する。「自分の身に—・べて考えてみる」

ひき-くる・める【引き▽括める】〔動マ下一〕文ひきくる・む〔マ下二〕「ひっくるめる」に同じ。「彼此の別なく—・めて」〈鴎外・青年〉

ひ-きげき【悲喜劇】❶悲劇性と滑稽感(こっけいかん)とが混在する劇。悲劇的に進展しながら喜劇的な結末に至るもの、悲劇中に喜劇的場面が挿入され悲壮感を倍加するものなどがある。トラジコメディー。❷悲しみと喜びとが重なり合った、人生や社会の一場面。

ひき-こ【×挽き子|引(き)子】車屋で雇っておく、人力車夫。車引き。

び-きこう【微気候】地面近くの気層の気候。地表面の状態や植物群落などの影響を受けて、細かい気象の差が生じる。

ひき-こし【引(き)越し】「ひっこし」に同じ。「ここへ—の当時は」〈漱石・吾輩は猫である〉

ひき-ごし【引(き)腰】女房装束の裳(も)の大腰の左右に取り付け、後ろに長く引き垂らした2本の飾りひも。

ひき-こ・す【引(き)越す】〔動サ五(四)〕❶「ひっこす」に同じ。「東京へ—・す、—・すって毎日のように云って」〈漱石・虞美人草〉❷引いて越える。また、越える。「船をささ波の山に—・して」〈欽明紀〉❸他のものを越えてその先に出る。追い越す。「御おととのつぎの宮に—・されさせ給へるほどなど」〈大鏡・師輔〉❹順序を越えて上位に引き上げる。「—・して大納言に奉らせ給ひつ」〈栄花・見果てぬ夢〉

ひき-ごと【引(き)言】説明のために他の文言や事例などを引くこと。引用すること。また、その言葉。「それを—にして」〈魯文・安愚楽鍋〉

ひき-こな・す【弾き▽熟す】〔動サ五(四)〕楽器を思いのままに弾く。「難曲を—・す」

ひき-こみ【引(き)込み】❶引き込むこと。引いて中に入れること。❷誘ったり導いたりして中に入れること。❸引き出してこっそり使うこと。使いこみ。「皆藤内が—にいひたて」〈浮・曲三味線・二〉

ひきこみ-せん【引(き)込(み)線】❶鉄道の主要線路から分かれ、駅構内の特定の場所や工場などへ引き込まれた線路。❷屋外の変圧器から屋内に引き込んだ電線。また、電話配線ケーブルから分岐し、加入宅内に引き込んだ回線。

ひき-こ・む【引(き)込む】一〔動マ五(四)〕❶引っ張って中へ入れる。引いてきて入れる。「電線を—・む」「田に水を—・む」❷仲間に誘い入れる。「悪の道に—・む」❸人の心を引き寄せて夢中にさせる。「観客を—・む見事な演技」「思わず話に—・まれる」❹ひどい風邪にかかる。「風邪を—・む」❺「ひっこむ一」に同じ。「婆さんはだまって—・んだ」〈漱石・坊っちゃん〉二〔動マ下二〕「ひきこめる」の文語形。類語 引き入れる

ひき-ごめ【×碾き米】臼(うす)で米をひくこと。また、その米。

ひき-こ・める【引(き)込める】〔動マ下一〕文ひきこ・む〔マ下二〕「ひっこめる」に同じ。「津田は笑いながら手を—・めた」〈漱石・明暗〉

ひき-こもり【引(き)籠もり】長期間にわたり自宅や自室にこもり、社会的な活動に参加しない状態が続くこと。補説 周囲との摩擦によるストレスや精神疾患が原因で引きこもる場合、原因を特定できないまま引きこもる場合などがある。厚生労働省は、「さまざまな要因によって社会的な参加の場面がせばまり、就労や就学などの自宅以外での生活の場が長期にわたって失われている状態」と定義する。

ひき-こも・る【引(き)籠もる】〔動ラ五(四)〕❶家や部屋に閉じこもる。「書斎に—・る」❷世間から身を引いて静かに暮らす。「田舎に—・る」
類語 閉じこもる・たてこもる・蟄居(ちっきょ)・隠遁(いんとん)

ひき-ころ・す【×轢き殺す】〔動サ五(四)〕車などでひいて死なせる。「トラックに—・される」
類語 轢殺(れきさつ)・轢き逃げ・はねる・ひっかける

ひき-ざい【×挽き材】機械にかけて使用に便利なように挽き割った材木。

ひき-ざい【×誹毀罪】旧刑法上の罪名。現在の名誉毀損罪に相当する。

ひき-さかずき【引(き)杯|引き×盃】(さかづき) 懐石に用いる酒器の一。朱塗りの木製の杯。

ひき-ざかな【引き×肴】酒宴の膳に添えて引き出物として出す肴。

ひき-さが・る【引(き)下(が)る】〔動ラ五(四)〕❶その場から退く。「早々に—・る」❷手を引く。また、自分の主張を引っ込める。「そう簡単に—・るわけにはいかない」❸おくれる。あとにつく。「一日—・りてぞ向かひける」〈太平記・六〉
類語 退(しりぞ)く・退(の)く・退(ど)く・下がる・去る・立ち去る・辞去する・退去する・退散する・失(う)せる

ひき-さかれ【引き裂かれ】《からだを引き裂かれるべき者の意》女性をののしっていう語。ひっさかれ。ひっさき。「やい、ここな—」〈浄・丹波与作〉

ひきさき-もとゆい【引裂元結】(もとゆひ) 近世、奥女中が主に用いた元結。鳥の子紙・薄葉(うすよう)などを切って細かく畳んだもの。ひっさきもとゆい。ひきさき。

ひき-さ・く【引き避く】〔動カ下二〕遠くに引き離す。はばかって避ける。「馬ども—・けなどしつつ」〈源・宿木〉

ひき-さ・く【引(き)裂く】〔動カ五(四)〕❶強く引っ張って裂く。ひっさく。「メモを—・いて捨てる」❷親しい者どうしを無理に離れさせる。ひっさく。「二人の仲を—・く」類語 破る・破く・裂く・千切る

ひき-さげ【引(き)下げ】引き下げること。「公定歩合の—」

ひき-さ・げる【引(き)下げる】〔動ガ下一〕文ひきさ・ぐ〔ガ下二〕❶値段・比率などを低くする。「価格を—・げる」❷地位・身分を低くする。「一階級—・げる」❸取り下げる。「提案を—・げる」❹後方へ下がらせる。退かせる。「部隊を—・げる」❺手にさげて持つ。ひっさげる。「いとどく持たせつる物を—・げて」〈枕・八七〉❻引きつれる。「かかるところにこれ(=子供)をさへ—・げてあるを」〈かげろふ・下〉

ひき-さ・る【引(き)去る】〔動ラ五(四)〕❶もとの所へ退いて、その場所からなくなる。「出水は一夜で—・った」❷引いて持っていく。引っ張って連れ去る。「犯人が—・られる」❸差し引いてへらす。減じる。「前貸し分を給料から—・る」

ひき-ざん【引(き)算】〔名〕(スル) ある数から他の数を引いて残りを求める計算。減法。⇔足し算。

ひき・し【▽低し】〔形ク〕「ひくい」に同じ。「丈(たけ)—・く色黒くして、世の人には似ず」〈義経記・三〉

ひき-しお【引(き)潮|引き×汐】(—しほ) ❶満潮時から干潮時まで、海面がしだいに下降し、海岸線が沖に退くこと。また、その現象。落ち潮。下げ潮。⇔満ち潮。❷退く時機。ひきさがるころあい。引き潮時。「—を心得る」類語 潮(うしお)・潮(しお)・高潮・満潮・満ち潮・干潮

ひきしお-どき【引(き)潮時】(ひきしほ—) ❶潮のひく時。干潮の時。❷ひきさがる時機。退却の時機。

ひき-しじ・む【引き▽縮む】〔動マ下二〕弱くする。ひかえめにする。「声—・め」〈源・浮舟〉

ひき-しず・む【弾き鎮む】(—しづむ)〔動マ下二〕みごとに弾きこなす。「琵琶なむまことの音を—・むる人」〈源・明石〉

ひき-したた・む【引き▽認む】〔動マ下二〕かたづける。整理する。「われ賢げに物—・め」〈徒然・三〇〉

ひき-しの・ぶ【引き忍ぶ】一〔動バ四〕人目を避ける。「関のあなたに—・びたりしに、たづねゆきて」〈夜の寝覚・五〉二〔動バ上二〕一に同じ。「絶えず—・ぶる心いと深し」〈とりかへばや・二〉

ひき-しぼ・る【引(き)絞る】〔動ラ五(四)〕❶弓に矢をつがえて、弦を十分に引く。「弓を—・る」❷声などを無理に出す。ふりしぼる。「声を—・って叫ぶ」❸強く絞る。「袋の口を—・る」類語 引っ張る

ひき-しま・る【引(き)締(ま)る】〔動ラ五(四)〕❶たるみがなくなり、固く締まる。「—・った筋肉」❷緊張してしっかりする。「身の—・る一瞬」❸相場が上がり気味になる。「低迷していた相場が—・る」

ひき-しめ【引(き)締め】引き締めること。ゆるみやむだをなくすること。「財政の—」

ひき-し・める【引(き)締める】〔動マ下一〕文ひきし・む〔マ下二〕❶引っ張って締める。強く締める。「まわしを—・める」「口元を—・める」❷心や気持ちを緊張させる。「気を—・めて試合に臨む」❸むだな出費をやめる。支出を抑える。「家計を—・める」類語 (❶)締める・締め付ける/(❸)切り詰める・節約・倹約

ひぎ-しゃ【被疑者】犯罪の嫌疑を受けて捜査の対象となっているが、起訴されていない者。容疑者。

ひぎしゃ-こくせんべんご-せいど【被疑者国選弁護制度】逮捕された被疑者が経済的な理由で弁護人を依頼できない場合、公正な裁判を受ける権利を保障するため、国が弁護人を付ける制度。以前は起訴されて被告人となった段階で国選弁護制度が適用されていたが、平成16年(2004)の刑事訴訟法改正により、逮捕・勾留された被疑者の段階から国選弁護人が付く制度が導入された。対象となる事件も段階的に拡張され、同21年5月からは、傷害や恐喝など長期3年を超える懲役・禁錮にあたる事件に国選弁護人が付くようになった。国選弁護人は、日本司法支援センター(法テラス)が候補者を指名し、裁判所が選任する。

ひ-ぎしょう【火起▽請】(—ギシャウ) 起請の一種。神前などで真っ赤に熱した鉄片を握らせ、手のただれた者を不正と決めたもの。鉄火(てっか)。

び-きしょう【微気象】(—キシャウ) 地表面から2メートルくらいまで、あるいは100メートルくらいまでの大気現象。地面の状態によって著しい影響を受け、生物の生活や農業・建築などにかかわりが深い。

ひき-しょうじ【引(き)障子】(—シャウジ) 鴨居(かもい)と敷居にはめ込み、左右に引いて開閉する普通の障子。

ひき-しろ・う【引きしろふ】(—しろふ)〔動ハ四〕❶互いに引

き合う。引っ張り合う。また、強く引く。「乳母二人が中に此の児を置きて左右の手足を取りて━・ふ」〈今昔・二七・二九〉❷引きずる。「物も着あへずいだき持ち、━・ひて逃ぐる」〈徒然・一七五〉❸引き連れる。「つぎざまの人どもはさのみ━・ふに及ばねば」〈平家・七〉❹引きのばす。「禍が五世まで伝はりて━・うたぞ」〈史記抄・亀策伝〉

ひき-すう【引数】《argument》コンピューターのプログラムやアプリケーションソフトにおいて、関数やサブルーチンを利用する際に受け渡す値。関数やサブルーチンは、受け渡された値を元にして処理を行い、結果となる値を返す。

ひき-す・える【引(き)据える】〔動ア下一〕図ひきす・う〔ワ下二〕❶つかまえて、その場に座らせる。「━・えて白状させる」❷引いてきて、その場に置く。「舟をばあからさまに思ひて、少し━・ゑて、つながずしておきたりけるに」〈宇治拾遺・四〉

ひき-す・ぐ【引き過ぐ】〔動ガ上二〕❶引いて通り過ぎる。「やがて馬━・ぎておもむきぬべくおぼす」〈源・明石〉❷通り過ぎる。「人も騒ぐほどにふと━・ぎぬ」〈かげろふ・中〉

ひき-す・つ【引き捨つ】〔動タ下二〕❶引きずり出して捨てる。取り捨てる。「木を敷の上の郡の長谷川の辺りに━・てつ」〈今昔・一一・三一〉❷引き抜いて捨てる。「━・つる岩垣沼のあやめ草思ひ知らずも今日にあふかな」〈後拾遺・雑一〉

ひき-すま・す【弾き澄ます】〔動サ四〕音色がさえるように弾く。みごとに弾く。「これはあくまで━・し、心にくくねたき音ぞまされる」〈源・明石〉

ひき-ずみ【引(き)墨】❶書状の封じ目に墨を引くこと。「〆」を書くこと。また、その墨。❷まゆをそったあとに墨を引くこと。また、その墨。

ひき-ずら◦れる【引き×摺られる】〔連語〕《動詞「ひきずる」＋受身の助動詞「れる」》「引き摺る❻」に同じ。「周囲の意見に━◦れる」

ひき-ずり【引き×摺り】❶《着物の裾を長く引きずるように着るところから》しゃれて着飾ってばかりいて働かない女を、あざけっていう語。引き摺り女。おひきずり。❷「引き摺り下駄」の略。❸「引き摺り餅」の略。

ひきずり-おと・す【引き×摺り落(と)す】〔動サ五(四)〕❶引っ張って落とす。「発言者を壇上から━・す」❷その地位から転落させる。「チャンピオンの座から━・す」

ひきずり-おろ・す【引き×摺り下ろす】〔動サ五(四)〕❶引きずっておろす。「二階から布団を━・す」❷上位にいる者を、力ずくでその地位からおろす。「委員長の座から━・す」

ひきずり-げた【引き×摺り下▽駄】❶下駄を引きずるようにして歩くこと。❷台の中央を横に切って離し、表を革の鋲打ちでつなぎ、裏の中央をくりぬいて、前後が曲がるようにした下駄。引き下駄。

ひきずり-こ・む【引き×摺り込む】〔動マ五(四)〕❶引きずって内へ入れる。「家の中に━・む」❷無理に仲間に誘い入れる。しいて参加させる。「争いの渦中に━・まれる」❸不法に他人の物を横取りする。「地代店賃━・むと」〈滑・続膝栗毛・一二〉

ひきずり-だ・す【引き×摺り出す】〔動サ五(四)〕引きずって外へ出す。無理に外へ出す。「押し入れから古雑誌を━・す」

ひきずり-まわ・す【引き×摺り回す】〔動サ五(四)〕❶引きずって、あちらこちらへと動かす。「子供が傘を━・す」❷あちこち連れて歩きまわる。「デパート中を━・された」

ひきずり-もち【引き×摺り餅】賃餅の一。数人が一組みになり、餅つきの道具を持ち歩き、注文のある家に行って餅をつくこと。また、その餅。

ひき-ず・る【引き×摺る】〔動ラ五(四)〕❶地面などをすって引いて行く。「下駄を━・って歩く」❷長い物を垂らして地面などに触れさせる。「裾を━・る」❸無理に連れて行く。「交番に━・って行く」❹故意に長引かせる。「回答を月末まで━・る」❺捨てきれずに今なおもちつづける。いつまでも忘れないでいる。「失恋の痛手を━・る」❻(普通「ひきずられる」の形で用いる)他人の行動や考えを引っ張る。影響を与える。「雰囲気に━・られてつい承諾してしまった」

ひき-そ・う【引(き)添う┊引き▽副う】㊀〔動ワ五(ハ四)〕そばに寄り添う。「書生の━・っている大きな扉」〈里見弴・大道無門〉㊁〔動ハ下二〕❶添え加える。「大船に小船━・へ潜くとも志賀の荒雄に潜き逢はめやも」〈万・三八六九〉❷引き合いに出す。「この入道殿を必ず━・へ奉りて申す」〈大鏡・道長〉

ひき-そば・む【引き▽側む】㊀〔動マ四〕手元に引き寄せて、見られないように隠す。「御後見どもの、━・みつつ持て参る御文どもを」〈源・藤袴〉㊁〔動マ下二〕㊀に同じ。「几帳を簾のつまより少し押し出でて、裾を━・めつつゐたり」〈源・夕霧〉

ひき-ぞめ【引(き)染(め)】布地にはけで染め液を引いて染めること。また、その染め物。小紋・友禅などの地染めに用いられる。

ひき-ぞめ【弾(き)初め】❶新年、多くは正月2日に、その年はじめて楽器を弾くこと。〔季 新年〕「━にことし欠けたる一人かな／万太郎」❷新しい楽器をはじめて弾くこと。

ひき-た【引き▽板】「ひきいた」の音変化。「衣手に水渋付くまで植ゑし田を━我が延へ守れる苦し」〈万・一六三四〉

ひき-だい【引(き)台】歌舞伎の大道具の一。車のついた台で、俳優を乗せて舞台へ出入りさせる。

ひき-たおし【引(き)倒し】《「ひきだおし」とも》引き倒すこと。「ひいきの━」

ひき-たお・す【引(き)倒す】〔動サ五(四)〕❶引っ張って倒す。「いすを━・す」❷遊里で、客が女郎から金品をまき上げて損をかける。「無理にこっちから色事にこじ付けて━・すなど」〈洒・息子部屋〉

ひき-たが・う【引き▽違ふ】〔動ハ下二〕❶方向を変える。「あやめ草━・へたる袂には昔を恋ふる音ぞかかりける」〈新古今・哀傷〉❷今までとはすっかり変える。「うつし心をば━・へ、たとしへなくよろづ忘るるにも」〈紫式部日記〉❸世間一般とは違う。常道から外れる。「あまり━・へたる御事なり」〈源・少女〉❹思っていることと違う。期待に反する。「かく━・へかこち聞こえらるらむ」〈源・行幸〉

ひき-だし【引(き)出し┊▽抽き出し】❶引き出すこと。「預金の━」❷(「抽斗」とも書く)机・たんすなどに取り付けて、抜き差しができるようにした箱。❸臨機応変に活用できる、隠れ持った多様な知識や豊かな経験のたとえ。「━が多く、どんな役でもこなせる俳優」

ひき-だ・す【引(き)出す】〔動サ五(四)〕❶引っ張って外へ出す。「押し入れから布団を━・す」❷誘い出す。呼び出す。「公聴会に━・される」❸働きかけて、隠れているものを表に出す。「結論を━・す」「本音を━・す」「子供の能力を━・す」❹資金などを他人に出させる。「親から旅費を━・す」❺預金や貯金を預けた先からおろす。「預金口座から一〇万円━・す」

ひき-た・つ【引(き)立つ】㊀〔動タ五(四)〕❶勢いがよくなる。活気が出る。「気持ちが━・たない」「商況が━・つ」❷ひときわよく見える。一段とよく感じられる。「黒を着ると肌の白さが━・つ」「少量の塩で味が━・つ」❸しりぞく。浮き足立つ。「正尊かなはじと━・ちけるを」〈謡・正尊〉㊁〔動タ下二〕「ひきたてる」の文語形。〔類語〕(❷)目立つ・際立つ・水際立つ・顕著

ひき-たて【引(き)立て】引き立てること。特に、目をかけて用いること。ひいきにすること。愛顧。「社長の━で役職につく」「毎度お━を賜り」

ひきたて-えぼし【引立×烏▽帽子】てっぺんを引き立てて儀容を整えた揉烏帽子。出陣のときは兜の下に着用する。

ひきたて-やく【引(き)立て役】そばにいる人のよさが際立つようにする人。〔類語〕脇役・女房役

ひき-た・てる【引(き)立てる】〔動タ下一〕図ひきた・つ〔タ下二〕❶無理に連れて行く。ひったてる。「容疑者を━・てる」❷元気が出るようにする。はげます。「酒を飲んで気分を━・てる」❸ひいきにして力添えする。特に目をかける。「後輩を━・てる」❹一段とよく見えるようにする。よさが際立つようにする。「花が部屋を━・てる」❺戸などを、引いて閉じる。「雨戸を━・てる」❻引き起こす。引っ張って立てる。「やがてこの人を━・て推しはかりに入り給ふ」〈源・夕霧〉〔類語〕(❷)力付ける・励ます・守り立てる／(❸)取り立てる

ひきだ-りゅう【×疋田流】剣道・槍術の流派の一。新陰流の開祖上泉伊勢守の弟子疋田豊五郎が創始。疋田陰流。

ひき-ちがい【引(き)違い】❶2枚以上の戸・障子を、2本以上の溝・レールで横に滑らせて開閉するもの。❷紋所の名。2本の線を交差させたもの。

ひき-ちが・える【引(き)違える】〔動ア下一〕図ひきちが・ふ〔ハ下二〕❶入れ違いになる。「お吉嬉しく頼み置きて帰れば、其後へ━・えて来る源太」〈露伴・五重塔〉❷交差させる。「紙を二枚━・へて包みたれば」〈宇治拾遺・四〉❸間違える。取り違える。「わざと━・へて、京中の道々の物の上手ども、独りも残さず皆引具して」〈太平記・三九〉

ひき-ちぎ・る【引きちぎる】〔動ラ五(四)〕引っ張って無理に切る。「犬が鎖を━・って逃げる」

ひき-ちゃ【×碾き茶┊×挽き茶】上等の葉茶をひいて粉末にしたもの。抹茶。

ひき-づえ【引き×杖┊×曳き×杖】杖を引きずって行くこと。また、その杖。「侍ども皆━して」〈今昔・二三・一六〉

ひき-つぎ【引(き)継ぎ】引き継ぐこと。「事務の━が終わる」

ひき-つ・ぐ【引(き)継ぐ】〔動ガ五(四)〕あとを受け継ぐ。また、あとの人に渡す。仕事内容などの受け渡しをする。「家業を━・ぐ」「後任に事務を━・ぐ」〔類語〕継ぐ・受け継ぐ・継承する・受ける・襲う・踏襲する

ひき-つくろ・う【引(き)繕う】〔動ワ五(ハ四)〕体裁を整える。あらたまった態度をとる。気取る。「いつもよりか少し━・った字で」〈堀辰雄・かげろふの日記〉

ひき-つけ【引(き)付け】❶小児が起こす一時的、発作的な全身性の痙攣。高熱などの際にみられる。❷遊里で、初めての客に遊女を会わせること。「━のときごまかして、わきを向いていたから」〈魯文・安愚楽鍋〉❸後日の例証とするために書きとめておく訴訟に関する文書や記録。❹「引き付け座敷」の略。❺引付衆のこと。

ひきつけ-かた【引付方】鎌倉・室町幕府の裁判機関。当初は御家人間の訴訟、のちに所領関係の訴訟を専門に扱った。

ひきつけ-げた【引(き)付け下▽駄】駒下駄の一種。男物は白桐・焼き桐、女物は白木または漆塗りで、いずれも表をつけたもの。

ひきつけ-ざしき【引(き)付け座敷】遊里で、客をまず通しておき、遊女を連れて来て会わせる座敷。引き付け部屋。

ひきつけ-しゅう【引付衆】鎌倉幕府・室町幕府の職名。評定衆を補佐して訴訟・庶務を取り扱った。内談衆。

ひきつけ-とうにん【引付頭人】引付衆の首席。内談頭人。

ひきつけ-ぶぎょうにん【引付奉行人】鎌倉幕府・室町幕府の職名。引付衆とともに頭人を補佐し、書記の役を務めた。引付右筆。

ひき-つ・ける【引(き)付ける】〔動カ下一〕図ひきつ・く〔カ下二〕❶近くに引き寄せる。手元に近づかせる。「明かりで虫を━・ける」❷(「惹き付ける」とも書く)人の心を誘い寄せる。「人を━・ける魅力」「巧みな話術に━・けられる」❸無理やり他の場合にあてはめる。こじつける。「自分にいい方に━・けて考える」❹痙攣を起こす。特に、小児が発作性の全身痙攣を起こす。「赤ん坊が夜中に━・ける」〔類語〕引き寄せる・引っ張る・手繰り寄せる・吸い寄せる

ひき-つづき【引(き)続き】㊀〔名〕物事が途切れることなく続くこと。また、そのもの。「昨日からの━で審議が行われる」㊁〔副〕❶続けざまに。途切れることなく。「━三日も雨が降っている」❷すぐそれに続いて。「━慰労会に移る」〔類語〕続けざま・立て続け

ひき-つづ・く【引(き)続く】㊀〔動カ五(四)〕❶途切れずにそのまま続く。「不況が―・く」❷ある物事のすぐあとに他の物事が続く。「―・いて来賓が挨拶(あいさつ)に立つ」㊁〔動カ下二〕続ける。連ねる。「むな車―・けてあやしききこりおろして」〈かげろふ・中〉(類語)続く・うち続く・継続する・持続する・連続する・永続する

ひき-づな【引(き)綱】物につけて引く綱。特に、船を引く綱。

ひきつ-ぼし【ひきつ星】「ひつき星」に同じ。

ひき-つぼ・ぬ【引き▽局ぬ】〔動ナ下二〕屏風(びやうぶ)や几帳(きちやう)などを引きめぐらして囲う。「はかなく屏風、几帳ばかりを―・ね」〈栄花・わかばえ〉

ひき-つ・む【引き×抓む】〔動マ四〕つねる。「埋(うも)れたりと―・み給へば」〈源・蛍〉

ひきづめ-がみ【引(き)詰め髪】根もとを引き詰めて結う女性の髪形。ひっつめがみ。ひっつめ。

ひき-つ・める【引(き)詰める】〔動マ下一〕図ひきつ・む〔マ下二〕❶強く引っ張ってすきまのないようにする。「髪を―・めてゴムで縛る」❷手早く続けざまに弓を引く。「矢先をそろへて差し詰め、―・め、さんざんに射る」〈平家・四〉❸深く思い込んで、あくまでも押し通す。「心ヲ―・メタ人」〈日葡〉

ひき-つり【引き×攣り】❶痙攣(けいれん)。「―が起こる」❷皮膚のやけどなどの傷あとがひきつれたもの。

ひき-づり【引(き)釣(り)】海で船を走らせながら釣り糸を出して行う釣り。トローリングなど。

ひき-つ・る【引き×攣る】㊀〔動ラ五(四)〕❶痙攣(けいれん)する。「足が―・る」❷かたくこわばる。「緊張で顔が―・っている」「怒りに声が―・る」❸やけどなどで皮膚がつっぱる。㊁〔動ラ下二〕「ひ(引)きつ(攣)れる」の文語形。

ひき-づる【引(き)鶴】春に北方へ帰っていく鶴。帰る鶴。(季 春)「―の声はるかなる朝日哉/闌更」

ひき-つ・れる【引き×攣れる】〔動ラ下一〕図ひきつ・る〔ラ下二〕ひきつった状態になる。「怒りで顔が―・れる」

ひき-つ・れる【引(き)連れる】〔動ラ下一〕図ひきつ・る〔ラ下二〕連れて行く。従えて行く。「後輩を―・れて盛り場にくり出す」(類語)伴う・率いる・従える

ひき-て【引(き)手】❶障子・戸・引き出しなどの開閉の際、手をかけるために取り付けた金具や紐(ひも)。❷引っ張る人。物を引く人。❸手引きする人。案内する人。❹「引き手茶屋」の略。

ひき-て【弾(き)手】ピアノ・バイオリン・三味線などの楽器を演奏する人。また、その技術に巧みな人。

ひき-で【引き出】❶「引き出物」の略。❷引き出すこと。「吾が飼ふ駒(こま)は―せず」〈孝徳紀・歌謡〉

ひき-で【引(き)手】弓術で右手のこと。めて。⇔押し手。

ひきて-ぢゃや【引(き)手茶屋】遊郭で、客を遊女屋へ案内する茶屋。

ひきで-もの【引(き)出物】《もと、馬を庭に引き出して贈り物にしたところから》祝宴のときなどに、主人から招待客におくる贈り物。引き物。

ひき-ど【引(き)戸】鴨居(かもい)と敷居の溝にはめ込み、左右に開閉する戸。遣(や)り戸。

ひき-どうぐ【引(き)道具】(―ダウグ)歌舞伎で、屋台や張り物などの大道具の下に車をつけ、前後・左右または斜めに移動させて舞台の情景を変える装置。

ひきど-かご【引(き)戸×駕▽籠】乗り降り口に、簾(すだれ)の代わりに引き戸をつけた駕籠。身分の高い者が用いた。

ひき-どき【引(き)時】物事から手を引いたり、引退・退出したりするのに適当な時期。「―が大切だ」

ひき-と・く【引き解く】〔動カ四〕引いて結び目や閉じ目を解く。「算の袋を―・きて算をさらさらと出しければ」〈宇治拾遺・一四〉

ひき-とど・める【引き▽止める｜引き▽留める】〔動マ下一〕図ひきとど・む〔マ下二〕「ひきとめる」に同じ。「帰ろうとするのを―・める」

ひき-と・める【引(き)止める｜引(き)留める】〔動マ下一〕図ひきと・む〔マ下二〕❶引っ張ったり声をかけたりして止まらせる。「通りすがりの人を―・める」❷立ち去ろうとする人をとどまらせる。ひきとどめる。「深夜まで客を―・める」❸ある行動に出ようとするのをやめさせる。ひきとどめる。「短気を起こすなと―・められる」

ひき-とり【引(き)取り】❶立ち去ること。退くこと。「お―を願う」❷引き受けて手もとに置くこと。「不要の品物の―」❸受け取りの証文。また、奉公人を引き受けるという証文。「―を入れて、とうとう背負(しょ)って帰って来ました」〈円朝・真景累ヶ淵〉

ひきとり-て【引(き)取り手】引き取る人。ひきとりにん。「―のない遺失物」

ひきとり-にん【引(き)取り人】「引き取り手」に同じ。

ひき-と・る【引(き)取る】〔動ラ五(四)〕❶その場を立ち去る。退く。「奥の間へ―・る」「どうぞお―・りください」❷㋐手もとに受け取る。引き受けて手もとに置く。「売れ残りを―・る」㋑引き受けて世話をする。「遺児を―・る」❸話のあとを受けて、言葉を続ける。「発言者の言葉を―・って司会者が説明を加える」❹(「息を引き取る」の形で)息が絶える。死ぬ。「病院で息を―・る」❺引っ張って奪い取る。「君にかく―・られぬる帯なればかくて絶えぬる中とかこたむ」〈源・紅葉賀〉(類語)下がる・引き下がる・去る・立ち去る・引き払う・引き上げる・辞去する・退去する・退散する・失(う)せる・退(の)く・退(ど)く・立ち退く・引っ込む・後(あと)にする

ビギナー〖beginner〗初心者。

ビギナーズ-ラック〖beginner's luck〗初心者が往々にして得る幸運。賭け事などにいう。

ひき-なお・す【引(き)直す】(―なほす)〔動サ五(四)〕❶改めてもう一度引く。「図面を―・す」❷改める。作りかえる。直す。「百姓家を―・したのであろう」〈蘆花・思出の記〉❸組み入れる。入れ直す。「番頭の幸作も養子分に―・して」〈藤村・家〉❹引いてもとへ戻す。「御簾(みす)のそば、いとあらはに引き上げられたるを、とみに―・す人もなし」〈源・若菜上〉

ひき-なが・す【弾(き)流す】〔動サ五(四)〕❶客を求めて、楽器を弾きながら歩く。「門付(かどづ)けをして―・す」❷楽器を無造作に弾く。「譜面に合わせてざっと―・す」

ひき-なみ【引(き)波】❶打ち寄せたのち、沖に向かって引いていく波。⇔寄せ波。❷勢いよく走る船のあとに、引くように生じる波。❸津波のときに、海岸からはるか沖合に向かって急速に引いていく波。海岸線が沖側に急激に引き下がっていく現象。⇒押し波

ひき-なら・す【弾(き)鳴らす】〔動サ五(四)〕楽器を弾いて鳴らす。「琴を―・す」

ひき-なわ【引(き)縄｜×曳き縄】(―なは)❶物につけて引く縄。引き綱。❷えさをつけた長い釣り糸を船から垂らして引き回し、魚を捕る方法。ブリ・カツオ釣りなどで行われる。引き縄釣り。

ビキニ〖Bikini〗㊀太平洋中西部、マーシャル諸島北西部の環礁。もと米国信託統治領で、1946～58年に原水爆実験場とされた。54年3月の水爆実験で、付近にいた日本漁船第五福竜丸が被爆。㊁(bikini)胸と腰だけを狭く覆うツーピース型の女性用海水着。「―スタイル」(補説)1946年にパリで発表され、衝撃的なスタイルであったことから㊀の名をとって付けられた。

ひき-にく【×挽き肉】肉挽き機で細かく挽いた牛・豚などの肉。メンチ。ミンチ。

ひき-にげ【×轢き逃げ】〔名〕(スル) 自動車などで、人をひいてそのまま逃げること。

ビギニング〖beginning〗始まり。開始。また、物事の初期・起源。

ひき-ぬき【引(き)抜き】❶引っ張って抜き取ること。❷他に属している者を自分の方に所属させること。「有能な技術者の―」❸歌舞伎および舞踊の演出で、上の衣装にしつけた糸を抜き取り、すばやくはがして下の衣装に変わること。また、その衣装。❹鋼材・鋼管などを作るとき、型の穴を通して引っ張り、所定の形や太さにする加工法。

ひき-ぬ・く【引(き)抜く】〔動カ五(四)〕❶引っ張って抜き取る。引っこ抜く。「雑草を―・く」❷他に属している者を、より有利な条件を示すなどして自分の方に所属させる。「他社に―・かれる」

ひき-ぬの【×疋布】一疋(いっぴき)の布。「―を千むら、万むら織らせ」〈更級〉

ひき-のうし【引直=衣】(―なほし)▶御引直衣(おひきのうし)

ひき-の・く【引き▽退く】㊀〔動カ四〕引きさがる。退去する。「義朝清盛、色を失ひて―・き」〈保元・中〉㊁〔動カ下二〕「ひきのける」の文語形。

ひき-の・ける【引き▽退ける】〔動カ下一〕図ひきの・く〔カ下二〕❶引いて取り去る。「覆いを―・ける」❷引き離す。遠ざける。「けんかする二人を―・ける」

ひき-のばし【引(き)伸ばし｜引(き)延ばし】❶引っ張って長くしたり大きくしたりすること。拡大すること。「写真の―を頼む」❷期限を遅らせること。時間を長びかせること。「期日の―を図る」

ひきのばし-しゃしん【引(き)伸ばし写真】原板から拡大して焼き付けた写真。

ひき-のば・す【引(き)伸ばす｜引(き)延ばす】〔動サ五(四)〕❶引っ張って、長くしたり大きくしたりする。「皮を―・す」❷写真を拡大して焼き付ける。「キャビネ判に―・す」❸期日などを遅らせる。時間を長びかせる。「支払いを―・す」「審議を―・す」

ひき-は・う【引き▽延ふ】(―はふ)〔動ハ下二〕長くのばす。引きのばす。「さらし布所々に―・へて」〈笈日記〉

ひき-はが・す【引(き)剝がす】〔動サ五(四)〕くっついているものを引っ張ってはがす。勢いよくはがす。「電柱のポスターを―・す」

ひき-ばかま【引き×袴】丈が足より長く、裾を後ろに長く引いて着用する袴。

ひき-はぎ【引(き)剝ぎ】追いはぎ。「大路に女の声にて、―あるに人殺すや、と叫ぶなり」〈今昔・二三・一六〉

ひき-は・く【引き×佩く】〔動カ四〕下げて身につける。「太刀―・き」〈かげろふ・下〉

ひき-は・ぐ【引(き)剝ぐ】〔動ガ五(四)〕引っ張ってはぎ取る。無理にはぐ。「布団を―・ぐ」

ひき-はこ・ゆ【引きはこゆ】〔動ヤ下二〕衣服の裾をたくし上げ、腰揚げをゆったりさせる。「―・えたる男児(をのこご)」〈枕・一四四〉(補説)用例は能因本では「ひきはこへ」と、ハ行に活用している。

ひき-はだ【×蟇肌｜引き▽膚】❶「蟇肌革」の略。❷蟇肌革で作った刀の鞘袋(さやぶくろ)。「道中着る物を脱ぎかへ、―取り捨て」〈浮・永代蔵・二〉

ひきはだ-がわ【×蟇肌革】(―がは)ヒキガエルの背のようなしわをつけた革。

ひきはつせい-メモリー【非揮発性メモリー】▶不揮発性メモリー

ひきはつ-メモリー【非揮発メモリー】▶不揮発性メモリー

ひき-はな・す【引(き)離す】〔動サ五(四)〕❶引っ張って離す。無理に離れさせる。「二人の仲を―・す」❷後ろに続くものとの距離・間隔を大きくあける。「二位以下を大きく―・す」

ひき-はな・つ【引(き)放つ】〔動タ五(四)〕❶矢などを引いて手もとから飛ばす。「矢を―・つ」❷無理に遠ざける。引き離す。「今聞こえむ、思ひながらぞやとて、―・ちて出で給ふを」〈源・紅葉賀〉❸引いて開け放つ。強く開ける。「寺の破れ戸を―・ち」〈人・梅児誉美・初〉

ひき-はら・う【引(き)払う】(―はらふ)〔動ワ五(ハ四)〕❶すっかり取り去る。取り払う。「学校の補助を悉皆―・う」〈蘆花・思出の記〉❷あとを取り払ってよそへ移る。退去する。「下宿を―・う」「都心を―・い郊外に移り住む」
(類語)去る・畳む・離れる・立ち去る・引き上げる・辞去する・退去する・立ち退く・引き下がる・後(あと)にする

ひき-は・る【引き張る】〔動ラ四〕❶無理に連れて行く。ひっぱる。「そばへたる小舎人童などに―・られて泣くもをかし」〈枕・三九〉❷強く引いて張る。ひっぱる。「弓ヲヒサシク―・ッテ」〈日葡〉

ひき-ばん【引き番】当番があけて休みであること。また、その休み。非番。「出番と―がござりますから」〈滑・浮世風呂・三〉

ひき-び【引き日】遊女が揚げ代を自分で負担して勤めを休む日。「一の何のと、てっきり七両は要りませう」〈浄・氷の朔日〉

ひき-ひき【引き引き】〔形動ナリ〕《「ひきびき」とも》各自、自分の心のままにすること。思い思い。「人も一に方々別れつつ結縁しけり」〈発心集〉

ひき-ひと【▽低人｜侏＝儒｜×矬】背丈のきわめて低い人。ひきと。ひきうど。「おほきに一、俳優(わざをぎ)を進めて、みだりがはしきの楽をなし」〈武烈紀〉

ひきひと-まい【侏＝儒舞】(マヒ) 平安時代の猿楽(さるがく)の一種。小人の舞踊。ひきまい。

ひき-ひろ・ぐ【引き広ぐ】〔動ガ下二〕引っ張って広げる。「勧進帳を一・げ高らかにこそ読うだりけれ」〈平家・五〉

ひき-ふだ【引(き)札】❶商品の宣伝や開店の披露などを書いて配る札。「引越は容易に出来ますと云う移転会社の一であった」〈漱石・門〉❷くじ引きの札。

ひき-ぶと【引太｜▽低太】〔名・形動ナリ〕背丈が低く太っていること。また、そのさま。「大井光遠は、一にいかめしく」〈宇治拾遺・一三〉

ひき-ふね【引(き)船｜×曳き船｜引(き)舟】❶引き綱で他の船や筏(いかだ)などを引いていくこと。また、その船。曳船(えいせん)。❷江戸中期以後の芝居小屋で、2階正面桟敷の前方に張り出した観客席。❸「引き舟女郎」の略。

ひきふね-じょろう【引(き)舟女郎】(ヂヨラウ) 江戸時代、上方(かみがた)の遊郭で、太夫に付き添って客席をとりもった女郎。

ひき-へぎ【引▽倍木】袙(あこめ)の裏を引きはがして仕立てた夏用の単(ひとへ)の衣服。

ひき-ぼし【引き干し】引きのばして日に干したもの。特に、海草の類。「昼、あなたに一奉れたりつる返り事に」〈源・夢浮橋〉

ひき-ほ・す【引き干す】〔動サ四〕引きのばして日に干す。「小垣内(をかきつ)の麻を一・し」〈万・一八〇〇〉

ひき-まい【侏＝儒舞】(マヒ)「ひきひとまい」に同じ。

ひき-まく【引(き)幕】❶儀式の会場などの四方に引きめぐらした幕。❷芝居などで、舞台の前面に引き渡し、横に引いて開閉する幕。➡緞帳(どんちやう)
[類語]緞帳・黒幕・揚げ幕・定式幕

ひき-まど【引(き)窓】㊀屋根に設け、綱を引いて開閉する窓。㊁(引窓)浄瑠璃「双蝶々曲輪日記(ふたつちやうちやうくるわにつき)」八段目の通称。

ひき-まゆ【匹繭｜▽独繭】1匹の蚕が作った繭。和歌では多く「こもる」「いと」などの縁語として用いられる。「一のかく蓋ごもりせまほしみ桑こき垂れて泣くを見せばや」〈後撰・恋四〉

ひき-まゆ【引(き)眉】眉毛を剃(そ)ったあとや薄い眉毛の上に、墨などで描いた眉。引き眉毛。

ひき-まゆげ【引(き)眉毛】「引き眉(まゆ)」に同じ。

ひき-まわし【引(き)回し｜引き×廻し】(マハシ) ❶引き回すこと。❷あれこれ世話をやいたり指導したりして、面倒をみること。「お一を願う」❸江戸時代、見せしめのために斬罪(ざんざい)以上の重刑に付加した刑。処刑前に、罪人を縛って馬に乗せ、罪状を紙幟(かみのぼり)に書いて、犯罪地や罪人の住所付近を引き回した。❹「丸ガッパ」に同じ。

ひき-まわ・す【引(き)回す｜引き×廻す】(マハス)〔動サ五(四)〕❶引いてまわす。また、引っ張って連れまわす。ひっぱりまわす。「首筋をつかんで一・す」「書類を持たされ、役所中を一・される」❷引き回しの刑に処する。「罪人を一・す」❸人を指導したり世話をしたりする。「新人を一・す」❹引いて周囲にめぐらす。ぐるりと引く。「紅白の幕を一・す」

ひきみ-きょう【匹見峡】(ケフ) 島根県西部、益田市匹見町にある四つの峡谷の総称。高津(たかつ)川水系の匹見川上・中流、中国山地分水嶺北部に位置する。中流部の広瀬にある前匹見峡(全長約1キロメートル)を匹見峡の玄関口とし、上流部の表匹見峡(4キロメートル)・裏匹見峡(4キロメートル)、最上流部の奥匹見峡(2キロメートル)からなる。V字形の峡谷、断崖絶壁や変化に富んだ渓谷美とブナ・ナラなどの原生林で有名。奥匹見峡は秘境。西中国山地国定公園に属する。

ひきみつ-アイピールーターネットワーク【非機密IPルーターネットワーク】➤ニパーネット(NIPRNet)

ひき-むし・る【引き×毟る】〔動ラ五(四)〕引っ張ってむしり取る。勢いよくむしる。「雑草を一・る」

ひき-むす・ぶ【引き結ぶ】〔動バ四〕❶引き寄せて結び合わせる。「磐代(いはしろ)の浜松が枝(え)を一・びま幸(さき)くあらばまたかへりみむ」〈万・一四一〉❷庵(いほり)をつくって住む。「柴の庵を一・び」〈平家・一〉

ひき-め【×蟇目｜引目】《「響目(ひびきめ)」の略。射たときに音を響かせるところからいう。また、穴の形が蟇の目に似ているからともいう》朴(ほお)または桐(きり)製の大形の鏑(かぶら)。また、それをつけた矢。犬追物(いぬおうもの)・笠懸(かさがけ)など、射るものに傷をつけないために用いた。本体に数個の穴があり、射るとこの穴から風が入り音を発するところから妖魔を退散させるとも考えられた。

ひきめ-かぎばな【引目×鉤鼻】平安・鎌倉時代の作り絵や大和絵などで、特に貴族の男女の顔貌表現に用いられた技法。微妙な調子をつけた細い線で表した目、「く」の字形の鼻、ふっくらとした顔の輪郭などを特徴とする。源氏物語絵巻などが典型。

ひきめ-がら【×蟇目柄】蟇目をつけて用いる太い矢柄。

ひきめ-の-しんじ【×蟇目の神事】各所の神社で行われる、鏑矢(かぶらや)を射放つ行事。代表的なのは日光の二荒山(ふたらさん)神社のもので、2月4日(古くは正月4日)に行われる。

ひきめ-の-ばん【×蟇目の番】蟇目を射て妖魔を退散させる当番。また、その人。

ひきめ-の-ほう【×蟇目の法】(ハフ) 妖魔調伏のため弓弦を鳴らして蟇目を射る作法。

ひきめ-やく【×蟇目役】貴人の出産や病気のときに、邪気をはらうために蟇目を射る役。また、その人。

ひき-もう・く【引き設く】(マウク)〔動カ下二〕弓を引きしぼって射る準備をする。「弓を一・けて、声に付けて内甲(うちかぶと)をぞねらふらん」〈保元・中〉

ひき-も-きらず【引きも切らず】〔副〕絶え間なく。ひっきりなしに。「客が一詰めかける」

ひき-もど・す【引(き)戻す】〔動サ五(四)〕引っ張って元の所へ戻す。「襟をつかんで一・す」「夢の世界から現実に一・される」

ひき-もの【引(き)物】❶引き出物。また特に、膳(ぜん)に添えて出す菓子・料理などの土産物。❷布を引いて仕切りとするもの。壁代(かべしろ)・帳(とばり)など。

ひき-もの【×疋物｜匹物】1疋を単位として売買される織物。

ひき-もの【×挽き物】轆轤(ろくろ)や旋盤を用いて作った丸い器具・細工物。

ひき-もの【弾(き)物】雅楽で、吹き物・打ち物に対して、弦楽器のこと。琴・琵琶など。

ひき-や【×曳家｜引家】建造物を解体せず、全体をそのままジャッキなどで持ち上げて別の場所に移動させること。曳家工法。

ひき-や【×挽き家】主に茶入れを仕服(しふく)に入れて保存する器。木材を挽いて棗(なつめ)形の蓋物(ふたもの)に作る。

ひき-やか【▽低やか】〔形動ナリ〕背丈や音声などの低いさま。「その中に長(たけ)一にて」〈今昔・二三・二一〉

ひ-きゃく【飛脚】手紙・金銭・小荷物などの送達にあたった者。古代の駅馬に始まり、鎌倉時代には鎌倉・京都間に伝馬による飛脚があったが、江戸時代に特に発達。幕府公用のための継ぎ飛脚、諸藩専用の大名飛脚、民間営業の町飛脚などがあった。明治4年(1871)郵便制度の成立により廃止。

ひ-ぎゃく【被虐】残虐な取り扱いを受けること。いじめられること。「一趣味」[対]加虐。

ひきゃく-どんや【飛脚問屋】江戸時代、町飛脚の仕立てを業とした問屋。飛脚屋。ひきゃくどいや。

ひきゃく-ぶね【飛脚船】江戸時代、主要な港湾にあって官民を問わず急ぎの用に応じた小船。ひきゃくせん。

ひきゃく-や【飛脚屋】❶飛脚を職業とする人。❷「飛脚問屋」に同じ。

ひき-やぶ・る【引(き)破る】〔動ラ五(四)〕引っ張って破る。ひきさく。「ノートを一・る」

ひき-やま【引(き)山】山から材木を運び出すこと。出(だ)し山。

ひき-やま【×曳き山】祭礼行列に供奉(ぐぶ)する山車(だし)。1か所に据えておくものは置き山という。

ひき-や・る【引き▽破る】〔動ラ四〕「ひきやぶる」に同じ。「この障子も一・りつべうおぼゆれども」〈狭衣・三〉

ひき-や・る【引き▽遣る】〔動ラ四〕引いてのける。「御几帳のしどけなく一・られたるより」〈源・澪標〉

ひき-ゆ【率ゆ】〔動ヤ上二〕「ひき(率)いる」(上一)の上二段化。「武威をもて衆を一・ゆ」〈宮島春松訳・哲烈禍福譚〉

ひ-きゅう【飛球】(キウ) 飛んでいく打球。高く打ち上げたボール。フライ。

ひ-きゅう【×匪×躬】《易経」蹇卦の「王臣蹇々(けんけん)す。躬の故に匪(あら)ず」から》わが身を顧みず、主君または国家のために忠節を尽くすこと。匪躬の節。

ひ-きゅう【秘×笈】(キフ)《「笈」は竹製の書箱》書物を秘蔵する箱。また、大切に保存された書物。「之を一に蔵し」〈岡倉天心・狩野芳崖〉

ひ-きゅう【悲泣】(キフ)〔名〕(スル) 悲しみ泣くこと。

ひ-きゅう【×貔×貅｜×豼×貅】(キウ) ❶古代中国で、飼いならして戦いに用いたという猛獣。貔は雄で、貅は雌。❷古代中国で、❶の形を描き、兵車に立てた旗。❸勇猛な将兵。つわもの。「一を増し畜(やしな)い得べし」〈露伴・ひぐらし物語〉

ひ-きゅう【×髀臼】(キウ) ➤寛骨臼(かんこつきゅう)

び-きゅう【▽弥久】(キウ) 長い期間にわたること。長びくこと。「曠日(こうじつ)一」

ひきゅう-かんせつ【×髀臼関節】(ヒキウクワンセツ) ➤股関節

ビキューナ〖vicuña〗➤ビクーナ

ひき-ゆる・む【引(き)緩む】〔動マ五(四)〕相場が下がり気味になる。「値が一・む」

ひ-きょ【非拠】道理に基づかないこと。非道。非理。「たとひ入道一を申し行ふとも」〈平家・三〉

ひ-きょ【非挙】よくない行為。非行。「友は甚しく之を一とし」〈逍遥・内地雑居未来之夢〉

び-きょ【美挙】りっぱな挙動。ほめるに値する行いや企て。[類語]美行・義挙・善行・徳行

ひ-きょう【比況】(キャウ) ❶他とくらべて、それにたとえること。❷文法で、動作・状態などを他とくらべ、たとえていう言い方。文語では助動詞「ごとし」「やうなり」、口語では「ようだ」などをいう。「一助動詞」

ひ-きょう【比興】〔名・形動ナリ〕❶他の物にたとえて、おもしろく言うこと。転じて、おもしろく興あること。また、そのさま。「後ろは前に、前は後ろにかはらぬか、と言ひける。さる事やは侍るべき。一の事なり」〈著聞集・一六〉❷《「ひきょ(非拠)」の変化した語。一説に「ひきょう(非興)」の意とも》㋐不都合なこと。不合理なこと。また、そのさま。「心が本と心得て、強く下種(げす)しくするもまた一なり」〈十問最秘抄〉㋑いやしいこと。つまらないこと。また、そのさま。「一な花なりとも」〈中華若木詩抄・下〉㋒臆病なこと。卑怯なこと。また、そのさま。「やあ、一なり松右衛門」〈浄・盛衰記〉

ひ-きょう【卑×怯】(ケフ)〔名・形動〕《本来は「比興」で「卑怯」は当て字か》勇気がなく、物事に正面から取り組もうとしないこと。正々堂々としていないこと。また、そのさま。「一にも真っ先に逃げ出す」「一なやり方」「一者」[派生]ひきょうさ〔名〕[類語]卑劣・陋劣(ろうれつ)・低劣・腰抜け・臆病・腑(ふ)抜け・女女しい・卑しい

ひ-きょう【秘教】(ケウ) ❶秘密の儀式を重んじる宗教。❷仏教で、密教のこと。

ひ-きょう【秘経】(キャウ) 真言秘密の法を説いた経典。金剛頂経・大日経・蘇悉地(そしつじ)経など。

ひ-きょう【秘境】(キャウ) 外部の人が足を踏み入れたことがほとんどなく、まだ一般に知られていない地域。

ひ-きょう【悲況】(キャウ) 悲しい状態。悲観すべき状況。

ひ-きょう【悲境】(キャウ) 悲しい境遇。不幸な身の上。

「—を嘆く」

ひ-ぎょう【×丕業】大きな事業。大業。

ひ-ぎょう【非形】❶形に現れないこと。無形。「—非色の法身」〈神道集〉❷異様な形のもの。異形。「紅葉の御幸の道のほとりに、—を戒め、面々に御幸の御先を清めけり」〈謡・花筐〉

ひ-ぎょう【非業】平安時代、諸国の博士・医師のうち、式部省の試験に合格せず、博士の推挙なしに任用された者。

ひ-ぎょう【飛行】〔名〕スル 仏語。六神通の一である神足通。空中を自由自在にかけめぐること。

ひ-ぎょう【罷業】❶業務・作業をやめること。❷《「同盟罷業」の略》ストライキ。

び-きょう【鼻鏡】鼻腔内を検査するために用いる、鏡や金属板に柄のついた医療器具。

ひ-きょうい【比胸囲】人間の形態を表す指数の一。胸囲を身長で割って100倍した数値。少ないほど細長い体型になる。

ひぎょう-けん【罷業権】ストライキ権のこと。

ひぎょう-しゃ【飛香舎】平安京内裏五舎の一。清涼殿の西北方にあり、中宮や女御の住まい。庭に藤を植えてあったので藤壺ともいう。

ひぎょう-の-さんこ【飛行の三×鈷】空海が、唐から密教弘通の霊地を求めて投げたところ、高野山に落ちたと伝えられる、三鈷の金剛杵。

ひぎょう-やしゃ【飛行夜×叉】空中を飛行する夜叉神。

ひきょうゆう-でんしつい【非共有電子対】分子中の原子の最外殻電子の中で、共有結合に関与しない電子対のこと。配位結合において、電子を供与する働きをもつ。非結合電子対。孤立電子対。

ひ-きょく【秘曲】特定の家系の者や、免許を受けた者にだけ伝授する、秘伝の曲目。

ひ-きょく【悲曲】悲しい音調の曲。

ひきょくせい-ぶんし【非極性分子】▶無極性分子

ひき-よしかず【比企能員】[?～1203]鎌倉初期の武将。通称、藤四郎。武蔵国比企郡の豪族で、源頼朝の乳母比企禅尼の養子となる。娘若狭局が2代将軍頼家の子一幡を産み、外戚として権勢を振るった。頼家とともに北条氏の討伐を企てたが謀殺された。

ひき-よ・ず【引き×攀づ】〔動ダ上二〕つかんで引っ張る。「—・ぢて折らば散るべみ梅の花袖に扱入れつ染まば染むとも」〈万・一六四四〉

ひき-よ・せる【引(き)寄せる】〔動サ下一〕図ひきよ・す〔サ下二〕❶引っ張って近くに寄せる。「いすを—・せる」❷そのものの方へ寄るようにする。ひきつける。「人の心を—・せる」[類語]引っ張る・手繰り寄せる・引き付ける・吸い寄せる

ひき-よもぎ【引×艾】ゴマノハグサ科の半寄生性の一年草。草原に生え、高さ30～60センチ。葉は羽状に裂けていて、対生する。夏から秋、葉の付け根に黄色い唇形の花を開く。

ひ-きょり【飛距離】❶野球・ゴルフなどで、打ったボールの飛んだ距離。❷スキーのジャンプ競技で、ジャンプ台を踏み切ってから着地するまでの距離。

ひき-らか【▽低らか】〔形動ナリ〕「ひきやか」に同じ。「丈—なる衆の」〈宇治拾遺・二〉

ひ-きり【火×鑽り｜火切り｜×燧】乾燥したヒノキなどの木口に棒をあて、激しくもんで火を出すこと。また、その道具。

ひ-ぎり【日切り｜日▽限り】約束・契約などの日数を限ること。また、その限られた日数や、その最後の日。にちげん。「—で注文を出す」

ひ-ぎり【×緋×桐】クマツヅラ科の落葉低木。高さ約1メートル。葉はキリに似て心臓形。夏から秋、赤色の小花を円錐状につける。インドネシア原産。唐桐。

ひきり-うす【火×鑽り臼】火鑽り杵ともみ合わせて発火させる木製の台。多くヒノキ材。登呂遺跡などから出土。

ひきり-ぎね【火×鑽り×杵】火鑽り臼にもみ合わせて発火させる先のとがった棒。多くヤマビワの木。

ひき-りょう【引両】紋所の名。輪の中に横に1～3本の太い線を引いたもの。新田氏・足利氏などの紋所。変形も含め、多くの種類がある。

ひ-ぎれ【日切れ】日限が切れること。「—の手形」

ひき-わか・る【引き別る】〔動ラ下二〕はなればなれになる。離別する。「かたみにとどまり給へる姫君に、—・れむこともかなしく」〈とりかへばや・一〉

ひき-わけ【引(き)分け】❶勝負事で、決着がつかず、双方勝ち負けなしとして終えること。「試合を—に持ち込む」❷平安時代、陰暦8月の駒牽の際に、諸国から奉った馬を院・東宮などに分けて与えること。[類語]ドロー・イーブン・タイ・あいこ・預かり・持

ひきわけ-ど【引(き)分け戸】2枚の戸を1本の溝に並べてはめ、左右に引き分けて開ける戸。

ひき-わ・ける【引(き)分ける】〔動カ下一〕図ひきわ・く〔カ下二〕❶勝負事で、決着がつかず、双方勝ち負けなしとして終える。「一対一で—・ける」❷引き離して別々にする。両者の間を離す。「皆々出合ひ、両方へ—・け」〈浮・五人女・一〉

ひき-わた【引(き)綿】入れた綿が切れないように、綿と布との間に薄く引きのばしてかぶせる真綿。

ひき-わたし【引(き)渡し】❶拘束した人や占有した物を他に引き渡すこと。また、売買契約の成立した商品などを売り手から買い手に引き渡すこと。❷幕などを張り渡すこと。「かりそめの仮り屋などいへど、風すくまじく—などしたるに」〈更級〉❸遊女を客に引き合わせること。「かか衆が—の酒事すぎて」〈浮・一代男・七〉

ひきわたし-しょうけん【引渡証券】証券上の権利者への証券の引き渡しが、証券に記載された物品を引き渡したのと同じ効力をもつ有価証券。貨物引換証・倉庫証券・船荷証券など。

ひき-わた・す【引(き)渡す】〔動サ五(四)〕❶綱・幕などを、一方から他方へ長く張り渡す。「紅白の幕を—・す」❷手もとにある人や物を他人の手に移す。「身柄を—・す」

ひき-わり【引(き)割(り)】歌舞伎の舞台転換法の一。大道具を二つに分けて左右に引き入れ、次の場面の背景を出すこと。

ひき-わり【×挽き割(り)】木材をのこぎりで縦にひき切ること。

ひき-わり【×碾き割(り)】❶穀類を臼などで粗くひくこと。また、ひいたもの。「—納豆」❷「碾き割り麦」の略。

ひきわり-むぎ【×碾き割(り)麦】大麦を臼などで、粗くひいたもの。割り麦。

ひきわり-めし【×碾き割(り)飯】米にひき割り麦をまぜて炊いた飯。

ひき-わ・る【×挽き割る】〔動ラ五(四)〕木材をのこぎりでひいて割る。「原木を—・る」

ひき-わ・る【×碾き割る】〔動ラ五(四)〕穀類をひき臼などで粗く割りくだく。「大豆を—・る」

ひ-きん【卑近】〔名・形動〕身近でありふれていること。高尚でなくわかりやすいこと。また、そのさま。「—な例をあげる」

ひ-きん【飛×禽】飛びまわる鳥。飛鳥。「走獣—」

び-ぎん【微吟】〔名〕スル 小声で詩歌をうたうこと。「唐詩か何か—して」〈木下尚江・良人の自白〉

ひ-きんぞく【非金属】金属としての性質をもたない単体。水・空気・ガラス・プラスチック・塩など。

ひ-きんぞく【卑金属】空気中で容易に酸化される金属。鉄・アルミニウム・亜鉛など。⇔貴金属。

ひきんぞく-げんそ【非金属元素】単体が非金属である元素。周期表で硼素とアスタチンを結ぶ斜めの線の右側にある希ガス・ハロゲン・酸素・窒素・炭素などと水素をいう。一般に電気的には陰性、酸化物は酸性を示す。

ひきんぞく-こうたく【非金属光沢】金属光沢以外の光沢。透明ないし半透明鉱物にみられ、ガラス光沢・樹脂光沢・真珠光沢などをいう。

ひ・く【引く｜×曳く｜×牽く】㊀〔動カ五(四)〕❶物の端を持って手近の所に寄らせる。手前に引き寄せる。㋐たぐり寄せる。「網を—・く」㋑手前に動かす。「サイドブレーキを—・く」㋒矢を射放つ。「弓を—・く」㋓(根差したものを)抜き取る。「草を—・く」㋔(勝運などを託して)一つを選んで手もとに取る。「くじを—・く」「花を—・く」㋕除き去る。減ずる。「三から二を—・く」「一割—・いて安く売る」㋖こっそり盗み去る。「猫に魚を—・かれた」㋗(ふつう「弾く」と書く)弦楽器や鍵盤楽器を鳴らす。弾じる。「ピアノを—・く」❷引き寄せ操って目ざす所に伴う。㋐(引き綱を取って)連れ出す。「犬を—・いて散歩する」㋑連行する。引き立てる。「警察に—・かれる」㋒(手を取って)導き行く。「子供の手を—・く」㋓(長い物が)地面などに触れたまま従い動く。引きずる。「裾が—・いている」「たもとを—・く」㋔後ろに連結して運ぶ。「犬ぞりを—・く」「荷車を—・く」㋕誘い込む。「客を—・く」「—・く手あまた」㋖(「惹く」とも書く)人の注意や関心を向けさせる。「同情を—・く」「気を—・くしぐさ」「目を—・く広告」㋗書物を繰って求める語を探し出す。「辞書を—・いて調べる」「電話帳を—・く」㋘例としてあげる。引き合いに出す。「証拠を—・く」「故事を—・く」㋙肩をもつ。ひいきにする。「派閥で—・いて三役に据える」❸線状に伸ばし延べる。㋐線で描く。また線を描く。「設計図を—・く」「罫を—・く」㋑張り広げる。「カーテンを—・く」㋒塗り延べる。「油を—・く」「唇に紅を—・く」㋓延べ広げる。「砂利を—・く」「なだらかな山裾を—・く」㋔長く伸ばす。「声を—・いて歌う」㋕糸状のものを生じさせる。「納豆が糸を—・く」㋖特定の道筋を通じさせる。「バス路線を—・く」「ガスを—・く」「田に水を—・く」㋗受け継いで伝わり及ぶ。「血筋を—・く」「学統を—・く」㋘あとに余波が続く。「航跡を—・く」「わだかまりが尾を—・く」㋙贈り物をする。「布施に馬を—・き給へりける」〈今鏡・七〉❹出ているものを近づけ寄せる。㋐自分の側に動かす。「あごを—・く」「右手を先に—・く」㋑吸いつけようとする働きをもつ。「磁石は鉄を—・く」㋒体内に吸い込む。「風邪を—・く」「大きく息を—・く」㋓取りのけて後方にかたづける。「膳を—・く」㋔後方に退かせる。「敗れて兵を—・く」㋕(湯をくんで)浴びる。「御湯—・かせ奉る」〈平家・一〇〉❺(「退く」とも書く)出ているものが遠くへ去る。しりぞく。㋐向こうへ離れる。「潮が—・く」㋑元のような状態にもどる。「水が—・く」「熱が—・く」㋒うせる。なくなる。「痛みが—・く」「血の気が—・く」㋓縁を切る。関係を断つ。「事件から手を—・く」㋔引退する。「現役を—・く」「舞台を—・く」㋕(俗語)相手に関心や興味を持たなくなる。相手から気持ちが離れる。「これを口にすると女性が—・く」➡どん引き ❻強く押し当てたものでこする。㋐(ふつう「挽く」と書く)のこぎりや鉋で切ったり削ったりする。「のこを—・く」「ろくろで—・く」㋑(ふつう「碾く」と書く)ひき臼を回して穀類をすり砕く。「豆を—・く」㋒(ふつう「轢く」と書く)車輪が人や動物を押しつけて通る。「自動車に—・かれる」[可能]ひける ㊁〔動カ下二〕「ひける」の文語形。[類語]㊀(❶㋐)手繰る・引きずる・引っ張る/(❶㋕)マイナスする・減らす・減じる・除く・差し引く/(❶㋗)奏でる・奏する・爪弾く・かき鳴らす・弾ずる

[句]後に引けない・後を引く・一髪千鈞を引く・糸を引く・尾を引く・陰で糸を引く・気を引く・心を引く・潮が引く・袖を引く・体を引く・血を引く・血の気が引く・杖を曳く・手を引く・手薬煉引く・鼠が塩を引く・人目を引く・棒を引く・幕を引く・満を引く・身を退く・三度諫めて身を退く・目を引く・湯を引く・弓を引く・我が田へ水を引く

引くに引け◦ない 引き下がろうと思っても引き下がれない。「自分から言いだした以上は—◦ない」

引くの山の 《「山」は、祇園祭の山鉾》多忙、繁雑なさま。ごたごたしているさま。

びく 耳たぶ。耳朶。「耳の—が薄くおはしけり」〈太平記・九〉

びく【▽比▽丘】《梵 bhikṣuの音写》出家得度して具足戒を受けた男子。修行僧。乞士。

[類語]僧・僧侶・坊主・僧家・沙門・法師

び-く【尾句】❶終わりの句。特に律詩の最後の2句。❷短歌の第3句以下の句。特に第5句。

びく【魚籠¦魚籃】とった魚を入れておく器。籠びく・網びく・箱びくなどがある。

び-く【微×躯】いやしい身。また、自分をへりくだっていう語。

ひく-い【低い】〔形〕図ひく・し〔ク〕❶㋐物が地面などから空間的に近い位置にある。「鳥が—・く飛ぶ」「雲が—・く垂れ込める」「天井の—・い部屋」㊥高い。㋑垂直方向への伸びぐあいが小さい。基準となる面からの出っ張りが小さい。「背が—・い」「鼻が—・い」「—・いかかと」「—・い姿勢」㊥高い。❷音量が少ない。また、音声の振動数が少ない。音域が下である。「スピーカーの音を—・くする」「男性の—・い声」㊥高い。❸㋐物事の程度が、他よりも下である。また、水準以下である。「—・い地位に甘んじる」「不当に—・く評価される」「政治に対する関心が—・い」「人間の程度が—・い」㊥高い。㋑現実的で、理想を求めるなどの意欲に欠ける。また、俗っぽい。「志が—・い」「望みが—・い」「話の次元が—・い」㊥高い。❹㋐数値・数量が小さい。また、比率・割合が小さい。「水温が—・い」「犯罪年齢が—・くなる」「回答率が—・い」㊥高い。㋑金額が小さい。また、全体の金額に対する支払うべき費用などの割合が小さい。「賃金が—・い」「コストを—・くおさえる」㊥高い。(派生)ひくさ〔名〕(類語)(❶㋑)小さい・小さめ・矮小・寸足らず・ちんちくりん/(❸㋐)下等・下級・低級・低位・低次・低次元・低劣・取るに足りない/(❹)小さい・少ない・小さめ・少なめ・低度・低調

ひくい-どり【火食鳥】【▽食▽火▽鶏】ダチョウ目ヒクイドリ科の鳥の総称。体形はダチョウに似て、頭高約1.8メートル。羽は黒色で、頭は裸出し、首は青色、のどに赤い肉垂れがあり、頭頂に兜状の突起をもつ。翼は退化し、足指は3本ある。ニューギニア・オーストラリアに分布。カズワル。

ひ-くいな【×緋水=鶏】クイナ科の鳥。全長23センチくらい。上面は緑褐色、顔から胸は赤褐色で、脚は赤い。日本には夏鳥として渡来し、水田や沼で繁殖。夜キョッキョッと鳴き、この声が古来「門をたたく」といわれた。なつくいな。(季 夏)

び-くう【鼻×腔】▶びこう(鼻腔)

ピグー〘Arthur Cecil Pigou〙[1877〜1959] 英国の経済学者。国民所得の増大と分配の平等化および安定性を基準として厚生経済学を創始。著「厚生経済学」「失業の理論」など。

ビクーナ〘vicuña〙ラクダ科の哺乳類。南アメリカのアンデス山中の高原にすみ、肩高70〜110センチ。毛色は赤褐色で下面は白く、羊毛状で長く、毛織物に利用される。ビクニア。ビクーニャ。ビキューナ。

ビクーニャ〘ｽﾍﾟｲﾝ vicuña〙▶ビクーナ

びくさだ【比丘貞】狂言。一人息子の元服親になってほしいと頼まれた老尼は、自分の通称の「庵」をとって庵太郎とつけ、名のりも自分の比丘と相手の家の通り字の「貞」を合わせて比丘貞とつける。

ピクシー〘pixie¦pixy〙おとぎ話に登場する、いたずら好きの小さな妖精。

びく-しゃく〔副〕じたばた抵抗するさま。「たった今返すか。但し—するか」〈伎・四天王楓江戸粧〉

び-くしょう【微苦笑】微笑とも苦笑ともつかない笑い。久米正雄の造語。「一種皮肉な気持もあって、例の—を湛えながら」〈久米正雄・微苦笑芸術〉

ひ-くず【×簸×屑】穀類や茶などを箕でふるったときに出る屑。

ひくず【簸屑】狂言。和泉流。茶の簸屑をひきながら眠ってしまった太郎冠者に、次郎冠者が鬼の面をかぶせる。主人が帰って、鬼と思って追い出そうとするうちに面がとれる。

ピクセル〘pixel〙コンピューターのディスプレーなどの画面を構成する最小単位の点。単位面積当たりのピクセル数が多いほど精密な表示ができる。画素。

ヒクソス〘Hyksos〙小アジア、シリア地方にいたセム系種族を中心とする遊牧民族。前1730年ごろにエジプトに侵入し、王朝を開き支配したが、前1580年ごろ第18王朝に滅ぼされた。

ビクター〘victor〙征服者。勝利者。

ひ-ぐち【火口】❶火事の、火の燃えはじめ。また、その場所。火元。❷火をつけるための口。点火口。「かまどの—」❸ガスバーナーなどの、燃料をもやして炎を出す穴。ほぐち。❹火縄銃の火門。

ひ-ぐち【×樋口】下水や樋の水の出口。

ひぐち-いちよう【樋口一葉】[1872〜1896] 小説家・歌人。東京の生まれ。本名、なつ。中島歌子に和歌を学び、半井桃水を小説の師とした。「文学界」の同人と親交。民衆の哀歓を描き、独自の境地を示した。小説「たけくらべ」「にごりえ」「十三夜」など。

ピクチャー〘picture〙❶絵。また、画像。写真。❷映画。「プログラム—」

ピクチャー-ディスク〘picture disk〙レコード盤の表面に絵や写真を刷り込んだもの。

ピクチャー-レール〘picture rail〙額縁をつるすためのカーテンレールのような装置。

ピクチャレスク〘picturesque〙〔形動〕絵のようなさま。美しいさま。「—な都市景観が広がる」

ひ-くつ【卑屈】〔名・形動〕いじけて、必要以上に自分をいやしめること。また、そのさま。「—な笑い」「—になる」(派生)ひくつさ〔名〕(類語)卑下・おもねる・へつらう・こびる・取り入る・ごますり・阿諛・追従

ひく-つ-く〔動カ五(四)〕細かく震え動く。ひくひくと動く。「鼻が—・く」

びく-つ-く〔動カ五(四)〕こわがってびくびくする。「地震ぐらいで—・くな」(類語)恐れる・おびえる・怖がる・臆する・びくびくする・おどおどする・おじる・おじける

びくっ-と〔副〕瞬間的に身を震わせたりこわばらせたりするさま。びくりと。「銃声に—する」

ひく-て【引く手】❶自分の方に来させようと誘う人。❷舞で、手を手前に引き寄せること。㊥差す手。

ひくて-あまた【引く手数=多】来てくれと誘う人が多いこと。「技術者が少なくて—だ」

ビクティム〘victim〙犠牲者。また、いけにえ。

ピクト〘PICT〙コンピューターの画像ファイル形式の一。米国アップル社のオペレーティングシステムが標準でサポートする。

ピクトグラフ〘pictograph〙絵文字。また、絵を使った図表。

ピクトグラム〘pictogram〙▶ピクトグラフ

ピクトブリッジ〘PictBridge〙デジタルカメラとカラープリンターを直接接続して印刷するための規格。メーカーや機種によらず、パソコンも用いずに印刷することができる。

びくと-も〔副〕わずかに動いたり揺れたりするさま。多く、あとに打消しの語を伴って用いる。「押しても引いても—しない」「何を言われても—しない」

ビクトリア〘Victoria〙㊀カナダのブリティッシュコロンビア州の州都。バンクーバー島南東部にある港湾都市。木材・水産物などを輸出。保養地。ブッチャートガーデンをはじめ、イギリス風の庭園が多いことで知られる。人口、都市圏35万(2008)。㊁地中海中央部の島国、マルタ共和国の都市。ゴゾ島中央部に位置する。同島で最も人口が多い。旧称ラバト。英国統治時代、ビクトリア女王の在位50年を記念して現名称になった。17世紀にマルタ騎士団がオスマン帝国や海賊から町を守るために築いた大城塞のほか、ゴゾ大聖堂がある。

ビクトリア〘Victoria〙ローマ神話の勝利の女神。ギリシャ神話のニケと同一視されている。ウィクトリア。

ビクトリア〘Victoria〙[1819〜1901]英国女王。在位1837〜1901。1877年からインド女帝を兼任。64年に及ぶ治世の間は、資本主義の発達、全世界にまたがる植民地の獲得などを通して、ビクトリア時代とよばれる大英帝国の黄金時代となった。

ビクトリア-くんしょう【ビクトリア勲章】《Victoria Cross》英国の武功勲章の一。マルタ十字形で青銅製。1856年、ビクトリア女王により制定。

ビクトリア-こ【ビクトリア湖】アフリカ東部、ウガンダ・タンザニア・ケニアの3国にまたがる湖。アフリカ最大、淡水湖では世界第2位で、面積6万8800平方キロメートル。湖面標高1134メートル。

ビクトリア-たき【ビクトリア滝】アフリカ南部、ザンビアとジンバブエとの国境を流れるザンベジ川の上流に架かる滝。幅約1.7キロ、落差約120メートル。1855年にリビングストンが到達。1989年「モシ-オ-トゥニャ/ビクトリアの滝」の名で世界遺産(自然遺産)に登録された。「モシ-オ-トゥニャ」は、現地語で「雷鳴の轟く水煙」の意。

ビクトリー〘victory〙戦勝。勝利。

ビクトリー-ラン《和 victory＋run》スポーツ競技・カーレースなどの優勝者や成績上位者がゴールしたあと、観客の歓呼に応えて競技場内を走ること。

びくに【▽比▽丘尼】❶《梵 bhiksuniの音写》出家得度して具足戒を受けた女性。尼僧。❷中世、尼の姿をして諸国を巡り歩いた芸人。❸江戸時代、尼の姿をした下級の売春婦。❹「科負い比丘尼」の略。

ビクニア〘ｽﾍﾟｲﾝ vicuña〙▶ビクーナ

びくに-ごしょ【▽比▽丘尼御所】江戸時代、皇女・王女または公卿の娘などで出家した人が住職となった尼寺。中宮寺・法華寺など。尼御所。

びくに-せった【▽比▽丘尼雪▽駄】江戸時代、比丘尼❷が用いた雪駄。かかとが隠れるように後ろ端を反らし、ひねった鼻緒をすげたもの。

ピクニック〘picnic〙野山に出かけて遊んだり食事をしたりすること。野遊び。遠足。(類語)遠足・ハイキング・遠出・行楽・遊山

ピクノメーター〘pycnometer〙▶比重瓶

ひく-ひく〔副〕身体の一部などが時々細かく震え動くさま。「鼻を—(と)させる」

びく-びく〔副〕❶絶えず恐れや不安を感じて落ち着かないでいるさま。「いつも—(と)している」❷身体の一部が細かく震え動くさま。「手が—(と)震える」(類語)(❶)おずおず・おどおど・恐れる・こわがる・臆する・おびえる・びくつく・おじる・おじける・恐怖する

ぴく-ぴく〔副〕小刻みに震え動くさま。「水面でうきが—(と)動く」「まぶたが—(と)する」

びくびく-もの　恐れや不安などを感じておびえていること。「失敗しやしないかと—だった」

ひ-ぐま【×羆】クマ科の哺乳類。ヨーロッパからアジア北部、北アメリカにかけて分布。多くの亜種があり、ふつう体長約2メートル、体重約200キロ。体色も灰褐色・赤褐色・黒褐色と変化が多く、地方によりアカグマ・ハイイログマなどとよばれる。北海道にすむ亜種エゾヒグマはツキノワグマより大きく、性質も荒い。樹洞などで冬ごもりする。肉食を主とする雑食性。(季 冬)

ピグマリオン〘Pygmaliōn〙ギリシャ神話で、キプロスの王。象牙で作った女の像に恋し、アフロディテが像に生命を与え、結婚させた。

ひく-ま-る【低まる】〔動ラ五(四)〕物事の程度や状態が低くなる。「周囲から—・った土地」

ひく-み【低み】周りより低い場所。「—に潜む」

ピグミー〘Pygmy〙成人男子の平均身長が150センチに満たない民族の総称。熱帯森林地帯に分布し、狩猟採集に従事。特に、アフリカのコンゴ盆地北東部のムブティ族が有名。

ピグミー-チンパンジー〘pygmy chimpanzee〙▶ボノボ

ひく-め【低め】〔名・形動〕いくらか低いこと。また、そのさまや、そのような場所。「内角—の直球」「平年より—な(の)気温」㊥高め。

ひく-める【低める】〔動マ下一〕図ひく・む〔マ下二〕物事の程度や状態を低くする。「室温を—・める」「声を—・める」㊥高める。

ひ-ぐらし【日暮(ら)し】❶朝から晩まで。一日じゅう。ひねもす。副詞的にも用いる。「一読書にふける」❷(「蜩」「茅蜩」とも書く)半翅目セミ科の昆虫。体長4センチくらい。体は褐色で緑や黒の斑紋があり、翅は透明。7〜9月に出現し、林や森で早朝や夕方にカナカナと鳴く。かなかな。くつわぜみ。(季 秋)

「書に倦むや―鳴いて飯遅し/子規」
ひぐらしすずり【日暮硯】江戸時代、信州松代藩家老恩田杢(もく)による藩政改革の事績を筆録した書。1巻。著者・成立年未詳。恩田は宝暦4年(1754)家老に就任、改革に実績をあげた。
ひぐらし-の-もん【日暮の門】日の暮れるのも忘れて見とれてしまうほどりっぱな門。日光東照宮の陽明門など。
びくり〘副〙驚いて瞬間的に身を震わすさま。「突然、後ろから肩をたたかれて―とした」
ぴくり〘副〙身体の一部がひきつるように少し動くさま。「まゆが―と動く」
ピクリン-さん【ピクリン酸】《(ドイ) Pikrinsäure》黄色の結晶。劇薬。急熱や衝撃により爆発する。分析用試薬などに利用。かつては炸薬(さくやく)・黄色染料に使用。化学式$C_6H_3N_3O_7$　トリニトロフェノール。
ピクル〘picul〙中国や東南アジアで、主に海運で用いられた重量の単位。約60キログラム。担(たん)。ピコル。
ピクルス〘pickles〙《「ピックルス」とも》野菜を、香辛料などで調味した酢に漬けた西洋風の漬物。
ひ-ぐるま【日車】ヒマワリの別名。(季 夏)
ひ-ぐれ【日暮れ】❶日の暮れるころ。夕暮れ。たそがれ。❷日没後、太陽の中心が地平線下の7度21分40秒に来た時刻。➡夜明け (類語)夕方・夕暮れ・夕間暮れ・夕・夕べ・夕刻・黄昏(たそがれ)・薄暮・火ともしころ・晩方・宵・宵の口・暮れ方・イブニング
ひぐれ-がた【日暮れ方】日が暮れる時分。夕方。
ひ-くろうど【非▽蔵▽人】(ひくらうど) ❶平安時代、蔵人所(くろうどどころ)に所属する官職の一。良家の子で六位の者から選ばれ、蔵人に準じて昇殿を許されて、殿上の雑用を勤めた者。非職(ひしき)の者。❷江戸時代、賀茂・松尾・稲荷(いなり)などの神職の家や家筋のよい家から選ばれ、無位無官で宮中の雑用を勤めた者。
びく-ろくもつ【▽比▽丘六物】➡六物(ろくもつ)
び-くん【美君】容姿の美しい女性。美人。「初めに見増さる―を招き」〈浮・男色大鑑・四〉
び-くん【微×醺】ほんのりと酒に酔うこと。ほろよい。微酔。「―を帯びる」(類語)ほろ酔い・微酔・酒気を帯びる・酔う・酔っ払う・出来上がる・酩酊(めいてい)する・泥酔する・飲まれる・酔い潰れる
ひけ【引け】❶弱みを感じること。ひけめ。「彼は妙な―を感じた」〈佐藤春夫・都会の憂鬱〉❷(「退け」とも書く)その日の勤務が終わって退出すること。「―の時間になる」❸取引所で、立会時間の最後に行われる取引。また、その値段。立会時間内の売買が終了した状態をいう場合もある。(補説)前場の引けは前引け、後場の引けは大引け❶ともいう。❹「引け四つ」の略。❺物事におくれをとること。劣ること。「樊噲、張良なればとて煩ふまい物でなし、―にも恥にもなる事か」〈浄・文武五人男〉
　引けを取・る　負ける。劣る。「プロと競っても―・らない」
ひ-げ【卑下】〘名・形動〙(スル) ❶自分を劣ったものとしていやしめること。へりくだること。「そんなに―する必要はない」❷いやしめて見下すこと。また、そのさま。「自修の事を甚だ―なる田地に落ち沈ましむるなり」〈中村訳・西国立志編〉(類語)謙遜・謙譲・へりくだる
　卑下も自慢(じまん)の内　卑下を美徳と意識して、ことさら卑下すること。
ひげ【×髭┊×鬚┊×髯】❶人、特に男性の口の上やあご・ほおのあたりに生える毛。❷動物の口のまわりに生える長い毛状の突起物。また、昆虫の口器にみられる二対の細い突起物。❸❶や❷を思わせる形状のもの。「巻き―」「一根」(補説)「髭」は口ひげ、「鬚」はあごひげ、「髯」はほおひげをいう。(類語)鬚髯(しゅぜん)
(下接語)青髯・赤鬚・顎(あご)鬚・植え髭・上(うわ)髭・カイゼル髭・書き髭・鎌(かま)髭・鯨髭・口髭・黒髭・コールマン髭・小髭・下鬚・蛇(じゃ)の髭・鍾馗(しょうき)髯・白髪(しらが)髭・チャップリン髭・ちょび髭・作り髭・付け髭・天神髭・泥鰌(どじょう)髭・虎(とら)鬚・鯰(なまず)髭・八字髭・無精髭・頬(ほお)髯・巻き鬚・山羊鬚・奴(やっこ)髭・竜の髭
　髭食い反ら・す　髭を口にくわえたように生やし、その先の方を反らす。威張ったさまをいう。「―・して、あのおしゃんすことわいな」〈根無草・序〉
　髭の塵(ちり)を払・う　➡御髭(おひげ)の塵を払う
　髭の生えた　少しばかり程度が上であるたとえ。「草野球に―程度のチーム」
　髭を貯(たくわ)・える　ひげを生やす。「見事な―・える」
　髭を撫(な)・でる　得意そうな態度をとる。自慢顔をする。「―・でて傍観する」
びけ　一番あと。びり。
ピケ「ピケット」の略。「―を張る」
ピケ〘(フランス) piqué〙布面に縄を密に並べたような畝(うね)を出した織物。素材は木綿・ウールなどで、夏帽子・服地などに使われる。浮き出し織り。ピケ織り。
ひけあと-けはい【引け跡気配】取引所の立ち会いが終わったあとにあらわれる相場の人気や動向。
ひ-けい【×庇恵】おかげ。恩恵。庇護。「貴殿の御―にて勅勘を赦(ゆる)さるるも」〈浄・反魂香〉
ひ-けい【飛型】スキーのジャンプ競技で、飛んでいるときのフォーム。「―点」
ひ-けい【秘計】❶秘密のはかりごと。「―を案じる」❷間に入って取り持つこと。仲介。周旋。「―を廻らして、誤り無き旨を宥(なだ)められ」〈義経記・四〉
び-けい【美形】美しい容貌。美貌。また、美人。男性にもいう。「町内で評判の―」(類語)美人・別嬪(べっぴん)・美女・麗人・佳人(かじん)・美姫(びき)・尤物(ゆうぶつ)・名花・解語の花・シャン・小町・マドンナ・色女・大和撫子(やまとなでしこ)
び-けい【美景】❶美しい景色。よいながめ。❷よい景品。「即吟で―いただく源三位」〈柳多留・四七〉(類語)佳景・絶景・勝景・風光明媚(めいび)・景勝・山紫水明
ひけいこう-えいよう【非経口栄養】(ヒケイコウエイヤウ) 食事以外の方法による栄養補給のしかた。経管栄養・点滴・中心静脈栄養・直腸注入など。
ひ-ケインズこうか【非ケインズ効果】(ーカウクワ) 政府による財政支出の削減や増税が、国の景気やGDPにプラスの影響を与えるという現象。人は将来の予測に基づいて行動することから、国の財政赤字が深刻な場合には、財政支出や減税が将来の増税を意識させ、消費を手控えさせる結果を招くとされる。不況時は財政支出や減税により有効需要を補うべきと主張したケインズの理論と逆の効果。
ひげ-かご【×髭籠┊×鬚籠】「ひげこ」に同じ。
ひげ-がち【×髭勝ち┊×鬚勝ち】〘形動ナリ〙ひげの多いさま。ひげもじゃ。「さやうに―なる者の椎(しい)つみたる」〈枕・四五〉
ひげ-がに【×鬚×蟹】ヒゲガニ科の甲殻類。やや深い海の砂底に潜ってすむ。甲は縦長の楕円形で、甲長約3.5センチ。触角は長く、体表は柔らかい毛で覆われる。本州中部以南に分布。
ひげ-かび【×鬚×黴】ケカビ目の菌類の一種。でんぷん質の物に生えるカビで、胞子嚢(ほうしのう)の柄が長さ30センチにもなる。菌糸は銀白色で、老人のあごひげを思わせる。胞子嚢は熟すと黒色。
ひ-げき【飛×檄】檄を飛ばすこと。檄文を急いで回すこと。また、その檄文。
ひ-げき【悲劇】❶主人公が運命や社会の圧力、人間関係などによって困難な状況や立場に追い込まれ、不幸な結末に至る劇。トラジェディー。⇔喜劇。❷人生や社会の痛ましい出来事。「貧困がもたらした―」⇔喜劇。(類語)惨劇・惨事・トラジェディー
び-げき【尾撃】〘名〙(スル) 逃げるあとを追いかけて討つこと。追い討ち。追撃。
ひげき-てき【悲劇的】〘形動〙悲劇の様相を示すさま。悲惨なさま。「―な結末」
ひげきり【髭切】源氏重代の宝刀。罪人の首をはねたところ、髭もろともに切ったことから名づけられたという。➡膝丸(ひざまる)
ひけ-ぎわ【引け際┊▽退け際】(ーぎは) ❶1日の勤務などが終わって退出する直前。ひけどき。❷地位・職務などから身を引くまぎわ。ひきぎわ。❸取引所で、大引けに近い時分。また、そのころの相場。
ひげ-くじら【×鬚鯨】(ーくぢら) クジラ目ヒゲクジラ亜目の哺乳類の総称。ハクジラ類に比べて大形で、歯は胎児期に消失し、代わりに上あごに口蓋(こうがい)の一部が変化した鯨ひげをもつ。口を開けて泳ぎ、プランクトン・小魚などを漉(こ)して食べる。セミクジラ・コククジラ・ナガスクジラなど。
ひげ-くろ【×髭黒┊×鬚黒】〘名・形動ナリ〙《「ひげぐろ」とも》黒々とひげが生えていること。また、そのさま。「男の、―に血眼(ちまなこ)なるが」〈太平記・二九〉
ひげ-こ【×髭▽籠┊×鬚▽籠】竹や針金を編んで、編み残しの端を、ひげのように延ばしたかご。贈り物などを入れるのに用いた。泥鰌籠(どじょうかご)。ひげかご。
ひ-けし【火消し】❶火を消すこと。特に、火災を消しとめること。また、それをする人。❷もめごとや危機などの解決に乗り出すこと。また、その人。「発言の意図が誤解されていると―に走る」(補説)政界では、政党関係者の発言、問題提起が予想にない反発を受けたため、関係者が揉み消しにかかることをいう。❸江戸時代の消防組織。また、それに属する人。江戸には定火消(じょうびけ)し・大名火消し・町火消しがあった。
ひけし-ぐみ【火消し組】江戸時代、火消し役1人の下に、与力6名、同心30名をもって組織された組。
ひけし-つぼ【火消し×壺】おき火を入れ、ふたで密閉して火を消すのに使う壺。けしつぼ。
ひけし-どうしん【火消し同心】火消し組に属した同心。
ひけし-やく【火消し役】❶「定火消(じょうびけ)し」に同じ。❷定火消しの主任にあたるもの。❸もめごとや危機などの事態を拾収する役目。「内紛の―を務める」❹野球で、ピンチのときにリリーフする投手のこと。
ひけ-すぎ【引け過ぎ】江戸新吉原の遊郭で引け四つの拍子木を打ったあとの時刻。午後12時すぎ。
ひげ-ぜんまい【×髯発=条】金属の細長い薄板を巻いた、ごく小さなぜんまい。
ひけ-そうば【引け相場】(ーサウバ)➡大引け値段
ひげ-そり【×髭×剃り】ひげをそること。また、そのための道具。
ひげ-だいもく【×髭題目】日蓮宗で、題目「南無妙法蓮華経」の7字を、「法」以外の6字の筆端をひげのように伸ばして書いたもの。法の光を受けて万物が真理の活動に入る姿を表したものという。跳ね題目。
ひ-けつ【否決】〘名〙(スル) 提出議案の不賛成または不承認を議決すること。「予算案を―する」⇔可決。
ひ-けつ【秘×訣】人には知られていない最も効果的な方法。とっておきの手段。「成功の―」(類語)奥の手・こつ・便法
ひ-けつ【秘結】〘名〙(スル) 大便が固くなって出ないこと。便秘。
ひ-けつ【碑×碣】《「碑」は方形のもの、「碣」は円柱形のものをいう》石碑。いしぶみ。
び-げつ【眉月】眉(まゆ)のような形の細い月。三日月。
ひけつごう-でんしつい【非結合電子対】(ヒケツガフー) ➡非共有電子対
ひけっしょう-きんぞく【非結晶金属】(ヒケツシヤウー)➡アモルファス金属
ひけっしょう-シリコン【非結晶シリコン】(ヒケツシヤウー) ➡アモルファスシリコン
ひけっしょうせい-こうぶんし【非結晶性高分子】(ヒケツシヤウセイカウブンシ) 原子または分子が秩序だった分子配列をもたずに集合した高分子化合物の総称。ポリカーボネート、ポリスチレンなどがある。一般的に耐衝撃性に優れたものが多い。非結晶性ポリマー。非晶性高分子。非晶質高分子。無定形高分子。アモルファス高分子。⇔結晶性高分子。
ひけっしょうせい-ポリマー【非結晶性ポリマー】(ヒケツシヤウセイー) ➡非結晶性高分子
ひ-けっていろん【非決定論】《indeterminism》人間の意志は他のいかなる原因によっても決定されず、自分自身で決定するという説。
ピケッティング〘picketing〙ピケットを張ること。
ピケット〘picket〙労働争議の際、労働組合員が事業所・工場の入り口などを固めて、スト破りを見張ること。また、その見張り人。ピケ。「―を張る」(類語)監視・見張り・番・立ち番・ピケ

ピケット-ライン〘picket line〙スト破り防止のための監視線。ピケライン。

ひげ-づら【×髭面】ひげの生えた顔。ひげだらけの顔。また、その人。ひげっつら。

ひけ-どき【引け時｜▽退け時】その日の勤務・課業などが終わって退出する時刻。「オフィス街の―」

ひけ-とり【引け鳥】1羽が飛ぶとそれに引かれて飛ぶ鳥。「一の我が引け往いなば」〈記・上・歌謡〉

ひけ-ね【引け値】取引所で、立会時間の最後に行われる取引で成立した値段。➡大引け値段

ひげ-ね【×鬚根｜×髭根】単子葉植物で、発芽後に主根が退化したのちに、茎の下部から多数ひげ状に生える不定根。しゅこん。

ひけ-め【引け目】〔名・形動〕❶自分が他人より劣っていると感じること。劣等感。気おくれ。「―を感じる」❷自分で意識している弱み・欠点。「こちらにも―がある」❸目立たないように、自分の言動などをおさえること。また、そのさま。ひかえ目。「小遣銭でも貰えれば結構だと至極―な望みを起していた」〈荷風・おかめ笹〉❹穀類・液体などを他の容器に移すとき、量目が減ること。また、その量目。類語劣等感・コンプレックス

ひけ-もの【引け物】欠点があるために値引きされている品物。きずもの。「云わば魚の―のようなもので値が安い」〈福沢・福翁自伝〉

ひげやぐら【髭櫓】狂言。夫の自慢の大髭を嫌っていた妻が、近所の女房たちと大毛抜きをもって攻めてくる。夫はひげの周囲に櫓をつけて防戦するが、敗れて抜き取られる。

ひげ-やっこ【×髯▽奴｜×髭▽奴】近世、ほおひげのある武家奴。作りひげや描きひげの者もいた。

ひけ-よつ【引け四つ】江戸新吉原の遊里で、遊女が張り見世から引き揚げる時刻。実際には九つ(午後12時)であるが、四つ(午後10時)とみなして拍子木を四つ打った。「木の四つ」と称して、「鐘四つ」と区別した。引け。

ピケ-ライン「ピケットライン」の略。

ひけら-か・す〔動サ五(四)〕得意そうに見せる。見せびらかす。自慢する。「知識を―・す」
類語見せびらかす・見せつける・当てつける

ビゲラン-こうえん【ビゲラン公園】〘Vigelandsparken〙ノルウェーの首都、オスロにある公園。同国の代表的な彫刻家であるグスタフ＝ビゲランが制作した、人間の生と死および輪廻りんねを表す彫刻群がある。フログネル公園。フログナー公園。

ひ・ける【引ける】〔動カ下一〕図ひ・く〔カ下二〕❶引いた状態になる。「内角の球に腰が―・ける」❷㋐(「退ける」とも書く)その日の勤め・授業などが終わる。仕事などが終わってひきあげる。「会社は五時に―・ける」「学校が―・ける」㋑その日の相場が、ある値段で終わる。「一〇五〇円で―・けた」❸ひるんで積極的にふるまうことができなくなる。気おくれがする。「気が―・ける」❹「引け四つ」になる。「少し前に廓は―・けて了ったので」〈荷風・夢の女〉❺見劣りがする。「せんどはいかう―・けた脇差にて笑はれさんした」〈仮・名女情比・五〉❻衣服などが破れる。「肩が―・けると通用がきかねえわい」〈洒・卯地臭意〉
類語(❷)終わる・済む・片付く・上がる・跳ねる・終了する・完了する・完結する・結了する・終結する・終決する・終止する・終息する

ひ-げろう【日下×﨟】六位の蔵人くろうどのうち、当番で宮中の雑事を務め、天皇の供御くごに伺候した者。

ひ-けん【比肩】〔名〕スル 肩を並べること。同等であること。匹敵。「大国に―する経済力」類語匹敵・伯仲・適う・並ぶ・伍ごする・敵する・肩を並べる

ひ-けん【×丕顕】《「丕」は大の意》大いに明らかなこと。

ひ-けん【×疋絹】一疋いっぴき(二反)ずつ巻いた絹。ひきぎぬ。「被物かづけもの、一疋はす」〈栄花・駒競べの行幸〉

ひ-けん【披見】〔名〕スル 手紙や文書などを開いて見ること。「書状を―する」

ひ-けん【卑見｜×鄙見】自分の意見をへりくだっていう語。「―を述べさせていただきます」
類語意見・見解・主張・説・論・所説・所論・持説・持論・私見・私意・私考・所思・所見・考え・見方・オピニオン (尊敬)貴意・高見 (謙譲)愚見・私見・管見

ひ-けん【疲×倦】〔名〕スル くたびれてあきること。

ひ-けん【秘鍵】秘密の庫を開けるかぎ。転じて、秘密の奥義。

ひ-げん【飛言】根拠のないうわさ。飛語。

ひ-げん【×鄙言】田舎の言葉。また、世俗の言葉。鄙語。

ひ-げん【×鄙×諺】世間で言われていることわざ。鄙俗なことわざ。

び-げん【美言】❶よい言葉。嘉言かげん。「信実より出るの―にして」〈織田訳・花柳春話〉❷巧みに飾った言葉。うまい言葉。甘言。「―にまどわされる」

美言は信ならず　《「老子」81章から》巧みに飾った言葉は、真実が乏しい。

び-げん【微言】〔名〕スル ❶微妙な言葉。意味の深い言葉。❷それとなく言うこと。かすかにつぶやくこと。「時器を見て―するのみ」〈織田訳・花柳春話〉

び-げん【微減】〔名〕スル わずかにへること。「人口が―する」⇔微増。

ひ-げんぎょう【非現業】現場の業務に対して、一般の管理事務部門の業務。

ひげんご-コミュニケーション【非言語コミュニケーション】▶ノンバーバルコミュニケーション

ひけん-しゃ【被験者】試験・実験の対象となる人。

ひげんじゅうけんぞうぶつとうしんがい-ざい【非現住建造物等浸害罪】現住建造物等浸害罪が挙げる以外の物や、自己の所有物で、差し押さえ物件や賃貸に出している物、保険に付した物を水浸しにする罪。刑法第120条が禁じ、1年以上10年以下の懲役に処せられる。非現住建造物浸害罪。

ひげんじゅうけんぞうぶつとうほうか-ざい【非現住建造物等放火罪】人が住んでいない住居や、人がいない建物・船・鉱坑などに放火する罪。刑法第109条が禁じ、2年以上の有期懲役に処せられる。ただし、これらが自己所有物である場合は6か月以上7年以下の懲役となり、さらに公共の危険を生じなかったときは罰せられない。

ひげん-すう【被減数】減法で、引かれるほうの数。$a-b$のaをいう。

ひ-こ【小＝舌】「のどびこ」に同じ。〈和英語林集成〉

ひ-こ【×彦】《「日子」の意》男子の美称。多く、男子の名前につけて用いる。「天稚あめわか―」「海幸―」⇔姫。

ひ-こ【▽孫】子の子。まご。〈和名抄〉

ひこ【曽＝孫】《「ひひこ」の音変化》孫の子。ひまご。そうそん。類語ひ孫・ひい孫・曽孫そうそん

ひ-ご【×庇護】〔名〕スル かばって守ること。「両親の―のもとに育つ」類語守る・庇かばう・保護・擁護・守護・防護・ガード・警護・警衛・護衛

ひご【肥後】旧国名の一。西海道に属し、現在の熊本県にあたる。肥州。

ひ-ご【卑語｜×鄙語】田舎の言葉。また、世俗の言葉。鄙言。

ひ-ご【飛語｜×蜚語】根拠のないうわさ。デマ。「―が飛びかう」「流言―」類語噂・風聞・風説・風評・風声ふうせい・風の便り・評判・世評・取り沙汰ざた・下馬評・巷説こうせつ・浮説・流説・流言・ゴシップ

ひ-ご【秘語】秘密の言葉。仲間うちだけに通用する特殊な言葉。また、公言がはばかられるような言葉。

ひご【×籤】竹を細く割って削ったもの。籠かごや提灯ちょうちんの骨などに使う。竹ひご。

ビコ〘Giambattista Vico〙▶ビーコ

ビゴ〘Vigo〙スペイン北西部の港湾都市。大西洋に面し、水産加工や造船業が盛ん。1702年、イギリス・オランダ連合艦隊がスペイン艦隊を撃破した地。

ピコ〘pico〙《もと、スペイン語で尖った先の意》国際単位系(SI)で、単位の上に付けて1兆分の1(10^{-12})を表す語。記号p

ピコ〘フランス picot〙「ピコット」に同じ。

ひ-ごい【×緋×鯉】コイの一品種。体色は赤や赤黄色、斑紋のあるものなどさまざま。ニシキゴイはこれをもとに改良したもの。季夏

ひ-こう【比考】〔名〕スル くらべ合わせて考えること。「得失を―して論じる」

ひ-こう【比高】山頂と谷底といったような、ある地域内の二地点間の高さの差。

ひ-こう【披講】〔名〕スル 詩歌などの会で、作品を読み上げること。また、その役の人。「秀句を―する」

ひ-こう【肥効】肥料が作物の生育に与える効果。

ひ-こう【肥厚】〔名〕スル 肥えたりはれたりして厚くなること。「患部が―する」

ひ-こう【非行】❶道義にはずれた行為。不正行為。「―をあばく」❷青少年の、社会の決まりなどにそむく行為。法律違反およびその潜在的可能性をもつ行動。「―に走る」
類語不品行・不行状・悪行・悪事・悪さ

ひ-こう【飛行】〔名〕スル ❶空中を飛んでいくこと。「山岳地帯の上空を―する」「太平洋横断―」❷▶ひぎょう(飛行)類語飛ぶ・翔かける・天翔あまかける・飛翔ひしょう・高翔・滑翔・滑空・舞う

ひ-こう【飛×蝗】バッタのうち、生息密度が高くなると群飛して集団移動をする性質に変わるもの。また、その集団移動の現象。トノサマバッタ・サバクバッタなどにみられる。侵入地域の農作物に大被害をもたらす。渡りバッタ。飛びバッタ。

ひ-こう【×粃×糠】しいなと、ぬか。転じて、役に立たないもののたとえ。

ひ-こう【×跛行】▶はこう(跛行)

ひ-こう【罷工】〔名〕スル 作業をわざとやめること。罷業。ストライキ。「―することの能きない地位につき落されて」〈葉山・海に生くる人々〉

ひ-ごう【非業】〔名・形動〕❶仏語。前世の業因によらないこと。❷前世の善因を受けないこと。また、そのさま。「―な(の)死」「天罰のがれ難く斯る―を遂げました」〈円朝・怪談牡丹灯籠〉❸運に恵まれないでみじめなこと。また、そのさま。「―な暮らしをして居やす」〈伎・三題噺魚屋茶碗〉

び-こう【尾行】〔名〕スル 相手の行動を探ったり監視したりするため、気づかれないようにあとをつけて行くこと。「―をまく」「容疑者を―する」類語追尾・追跡

び-こう【尾鉱】選鉱で有用鉱物を採取した残りの低品位の鉱物。

び-こう【美行】よい行い。善行。

び-こう【美×肴】美味な酒のさかな。「美酒―」

び-こう【備考】参考のために付記すること。また、その事柄・記事。「―欄」類語但し書き

び-こう【備荒】前もって凶作や災害に備えておくこと。「―貯蓄」

び-こう【微功】わずかな功績。また、自分の功績をへりくだっていう語。

び-こう【微光】かすかな光。弱々しい光。

び-こう【微行】〔名〕スル 身分の高い人などが身をやつしてひそかに出歩くこと。しのび歩き。類語忍び

び-こう【微香】かすかなかおり。「―性整髪料」

び-こう【鼻口】❶鼻と口。❷鼻のあなの入り口。

び-こう【鼻孔】鼻のあな。鼻腔の入り口のものを外鼻孔、のどに開いているほうを後鼻孔という。

び-こう【鼻高】「鼻高履びこうり」の略。〈色葉字類抄〉

び-こう【鼻×腔】鼻のあなの中。鼻孔から咽頭いんとうまでの、空気の通路。内面は粘膜で覆われ、嗅覚器がある。吸気を暖め、またちりなどを防ぐ。補説医学では慣用で「びくう」という。

び-こう【×獼×猴】猿。おおざる。「―の群を為して遊ぶを見る」〈柳北・航西日乗〉

ひ-こうかい【非公開】一般の人には公開しないこと。「―の作品」「―で証人喚問する」

ひこうかい-がいしゃ【非公開会社】会社法で定める公開会社ではない会社のこと。定款によって発行するすべての株式に譲渡制限がある、また、取締役会や監査役会の設置は任意となる、などの点で公開会社と異なる。取締役会を設置しない場合は、取締役と株主総会の二つの機関で会社の経

営を行う。「公開会社でない会社」「譲渡制限会社」とも。

ひこう-き【飛行機】推進用のジェットエンジンやプロペラを備え、前進に伴う空気流を固定翼によって揚力に変え、空中を飛行する航空機。動力飛行の初成功は1903年にライト兄弟によって成し遂げられた。(類語)航空機・旅客機・ジェット機・エアプレーン

ひこうき-ぐも【飛行機雲】寒冷の湿った大気中を飛ぶ飛行機のあとに尾を引くようにできる細長い雲。エンジンの排気ガスが核となり水蒸気が凝結して生じる。

ひこうきんしゃだっしゅ-ざい【被拘禁者奪取罪】拘禁されている者を奪取する罪。刑法第99条が禁じ、3か月以上5年以下の懲役に処せられる。(補説)逃走罪や加重逃走罪とは異なり、現行犯逮捕・緊急逮捕された被疑者を奪取した場合も成立する。

びこう-ぐつ【鼻高×沓】「鼻高履」に同じ。〈書言字考節用集〉

ひ-こうけい【比口径】▶口径比

ひこうけん-にん【被後見人】後見人によって保護される人。親権者がいない未成年者など。また、特に、成年被後見人のこと。

びこう-さくもつ【備荒作物】▶救荒作物

ひこう-し【飛行士】飛行機を操縦する人。また、運航のための業務を行う、操縦士・航空士・通信士・機関士などの通称。

ひ-ごうし【火格子】ボイラーや炉の焚口と火ume との間に設け、固体燃料をのせる格子状の装置。ロストル。

ひ-こうしき【非公式】〔名・形動〕公式でないこと。表向きでないこと。また、そのさま。「一な見解」「一に訪問する」

ひこうしき-サイト【非公式サイト】芸術家やタレント、また特定の作品や商品などのファンが、本人や企業などの権利者とは無関係に開設した、インターネット上のサイト。権利者の許諾を得ているものと、得ていないものがある。➡公式サイト (補説)多くは、扱う対象に好意的な立場で運営されているが、対象に批判的なものもあり、特に裏サイトなどと呼ばれる。

ひこう-じょう【飛行場】航空機の発着に必要な施設を備える陸上または水上の特定区域。空港。エアポート。

ひこう-しょうねん【非行少年】少年法により、家庭裁判所の審判に付される少年。犯罪少年、触法少年、および虞犯少年の総称。

ひこう-しん【×粃×糠×疹】皮膚の表層の角質が増殖して糠のようにはがれる症状。

ひこうせい-びえん【肥厚性鼻炎】慢性鼻炎の一。鼻腔粘膜が肥厚して鼻が詰まり、粘液性または膿状の分泌物が出る。

ひこう-せん【飛行船】流線形のガス袋に空気よりも軽い水素・ヘリウムなどのガスを満たして空中に浮揚する軽航空機。発動機とプロペラで推進・航行する。実用可能なものは1900年にツェッペリンが完成。

ひ-こうせんしゃ【非交戦者】交戦国において、その兵力に属さない者。➡交戦者

ひ-こうち【非公知】世間一般に知られていないこと。周知でないこと。

ひこう-てい【飛行艇】水上飛行機の一。水面に発着できるように胴体が舟形になっているもの。

ひ-こうにん【非公認】〔名・形動〕公式に認められていないこと。また、そのさま。「一な(の)記録」

ひごう-の-さいご【非業の最期】業因による寿命の終わらないうちに最期を迎えること。災難などで思いがけない死に方をすること。非業の死。「一を遂げる」

ひこう-びん【飛行便】▶航空便

ひ-ごうほう【非合法】〔名・形動〕法律に定めていることに違反すること。法律の許す範囲を越えていること。また、そのさま。「一な(の)手段」「一な(の)政治活動」(類語)違法・不法・違憲・違反

ひごうほう-うんどう【非合法運動】非合法に行う社会運動や革命運動。

ひ-ごうり【非合理】〔名・形動〕❶論理や道理に合わないこと。また、そのさま。「一な結論」❷理性や論理ではとらえきれないこと。また、そのさま。「人間性の深奥にある一なもの」(類語)不合理・理不尽・無理

びこう-り【鼻高履】つま先の高く上がった革製の浅沓。奈良時代に用いられ、のちに僧侶の専用となった。びこうぐつ。はなたかぐつ。

ひごうり-しゅぎ【非合理主義】哲学で、世界は理性や悟性によっては把握しえないとし、感情・直観・体験・衝動などを重視する立場。ドイツ神秘主義・ロマン主義・生の哲学・実存主義などがこれに属する。非理性主義。

ひこう-りつ【肥効率】肥料の効率。肥料の増加分に対する作物の増収分の比。

ひこ-え【▽孫▽枝】枝からさらに分かれ出た小枝。「春されば一萌いつつ」〈万・四一一一〉

ビゴー〘Georges Bigot〙[1860〜1927]フランスの画家・銅版画家。ゾラの「ナナ」などの挿絵で活躍。明治15年(1882)日本美術研究のため来日。漫画雑誌「トバエ」などで、日本の風習や時局を辛辣に風刺した。

ひこ-がみ【×彦神｜比古神】男神。また、姫神(女神)の配偶神。

ひ-こく【比国】《比は、フィリピンの当て字「比律賓」から》フィリピンのこと。

ひ-こく【被告】民事訴訟・行政事件訴訟において、訴えられたほうの当事者の第一審における呼び名。原告に対する相手方。⇔原告。(補説)第二審では控訴した側を「控訴人」、控訴された側を「被控訴人」という。第三審では上告した側を「上告人」、上告された側を「被上告人」という。刑事訴訟で公訴を提起された者は「被告人」という。

ひご-くさ【肥後草】カヤツリグサ科の多年草。林下に生え、高さ20〜35センチ。細長い根茎が地中をはう。葉は線形。初夏、茎の頂に、線形の淡緑色の雄花穂を1個、下方に雌花穂を数個つける。

ひこく-にん【被告人】刑事訴訟で、犯罪の嫌疑が十分であるとして公訴を提起された者。(補説)民事訴訟・行政事件訴訟の第一審では、訴えられた側の当事者を「被告」という。

ひ-こくみん【非国民】国民としての本分・義務に反する行為をする者。特に、第二次大戦時に、軍や国策に非協力的な者を非難する語として用いられた。

ひご-けん【×庇護権】国家が、外国の犯罪人や政治的避難者で保護を求めてきた者を、自国領域内で庇護する国際法上の権利。自国の在外公館などでの庇護は原則として認められない。

ひこ-さん【英彦山｜彦山】福岡・大分両県にまたがる火山。標高1200メートル。奇岩で知られ、北・中・南岳の三峰からなり、中岳に英彦山神宮がある。えひこさん。

ひこさん-ごんげん【英彦山権現】英彦山神宮の旧称。

ひこさんごんげんちかいのすけだち【彦山権現誓助剣】浄瑠璃。時代物。11段。梅野下風・近松保蔵合作。天明6年(1786)大坂東の芝居初演。吉岡一味斎の娘お園が、許婚の毛谷村六助の助けで、父の敵京極内匠を討つ話。9段目「六助住家の段」が有名。毛谷村。

ひこさん-じんぐう【英彦山神宮】福岡県田川郡添田町の英彦山上にある神社。主祭神は天忍穂耳命。古く、修験者の道場として栄えた。旧称、英彦山権現。英彦山神社。

ひこ-じ【▽夫】《「ひこ」は男子の美称。「じ」は敬称》おっと。「その一答へて歌ひたまひしく」〈記・上〉

ひこ-しま【彦島】山口県南西部、下関市南端にある島。面積9.8平方キロメートル。100メートル前後の丘からなり、市街地とは関彦橋・彦島大橋などで結ばれている。市の工業生産の中心地である。

びこ-しゃこ〔副〕❶動作などがぎくしゃくして円滑でないさま。また、ふぞろいで安定の悪いさま。「どうか一して乗りにくからう」〈滑・続膝栗毛・四〉❷力んでじたばたするさま。びくしゃく。「何を一する」〈伎・伊勢音頭〉

ひこ-じろ・う【引こじろふ】〔動ハ四〕何回も強く引っぱる。むやみに引っぱる。ひこずらう。「綱いと長くつきたりけるを物にひきかけ…逃げむと一・ふほどに」〈源・若菜上〉

ひご-ずいき【肥後芋=茎】肥後に産するハスイモの茎を干したもの。食用。性具としても用いる。

ひこ-ずら・う【引こづらふ】〔動ハ四〕❶「ひこじろう」に同じ。「押そぶらひ我が立たせれば一・ひ我が立たせれば」〈記・上・歌謡〉❷つかむ。つかむようにする。からませる。「台には八竜を一・はせたるが」〈太平記・三六〉

ひこ-ず・る【引こづる】〔動ラ四〕力を入れて引く。無理に引っぱる。ひきずる。「こいつめをまづ、一・っていけ」〈滑・続膝栗毛・九〉

ひご-たい【▽平▽江帯】キク科の多年草。草原にまれに生え、高さ約1メートル。葉はアザミに似て羽状に切れ込み、縁にとげがある。8〜10月、濃青色の花を球状につける。近縁のヨーロッパ原産のルリタマアザミは切り花用に栽培される。

ひ-こつ【×腓骨】下腿骨の一。脛骨の外側にある細い骨。下端外側の隆起が外くるぶしとなる。

び-こつ【尾骨】脊椎末端にある、3〜5個の尾椎の癒合した痕跡器状の骨。尾骶骨。尾閭骨。

び-こつ【鼻骨】鼻の付け根にある長方形の左右一対の骨。上方は前頭骨に連結。

ひこ-つか・す　㊀〔動サ四〕ひくひくと動かす。「かばやきの匂ひに、ふたりは鼻のさきを一・して」〈滑・膝栗毛・二〉㊁〔動サ下二〕「ひこつかせる」の文語形。

ひこ-つか・せる〔動サ下一〕図ひこつか・す〔サ下二〕「ひこつかす㊀」に同じ。「秘密の匂いに鼻を一・せている事実は」〈里見弴・多情仏心〉

ひこ-つ・く〔動カ五(四)〕《「ひこづく」とも》ひくひく動く。「小鼻が一・く」

びこ-つ・く〔動カ四〕りきむ。虚勢を張る。ぴこつく。「おのりゃ脇指差いて一・くか」〈浄・浪花鑑〉

ピコット〘picot〙編み物やレースなどの端につける小さなループ(輪形)状の縁飾り。ピコ。

ひご-つば【肥後×鐔】江戸時代に肥後で作られた刀の鐔。林・西垣・志水などの流派がある。➡肥後彫

ピコ-デラ-ミランドラ〘Giovanni Pico della Mirandola〙[1463〜1494]イタリアの人文学者・哲学者。中世神学と新プラトン主義との融合を図った。主著「人間の尊厳について」。

ひ-ごと【日▽毎】毎日。1日1日。ひび。「一に木の葉が色づく」「一思いがつのる」(類語)毎日・日日・連日

ピコ-とう【ピコ島】《Ilha do Pico》北大西洋中部にあるポルトガル領アゾレス諸島の島。主な町はマダレナ。火山島として知られ、同国最高峰のピコ山(標高2351メートル)がある。ベルデーリョという伝統的なワインの製造が盛んで、2004年に「ピコ島のブドウ畑文化の景観」の名称で世界遺産(文化遺産)に登録された。

ひこね【彦根】滋賀県、琵琶湖の東岸にある市。江戸時代は井伊氏の城下町として発展し、彦根城が現存。繊維・セメント工業や仏壇製造が盛ん。人口11.2万(2010)。

ひこね-し【彦根市】▶彦根

ひこね-じょう【彦根城】彦根市にある旧彦根藩の城。慶長8年(1603)井伊直勝が築城を始め、元和8年(1622)直孝の代に完成。天守閣・天秤櫓・三重櫓・太鼓門などが現存。金亀城。

ひこね-びょうぶ【彦根屏風】江戸初期、寛永年間(1624〜1644)の男女遊楽の風俗を描いた代表的作品。狩野派の作と推定される。金地着色六曲屏風一隻。もと一双。彦根藩主の井伊家に伝えられたのでこの名がある。

ひご-の-かみ【肥後▽守】❶肥後の国司。❷文房具の小刀の一種。7、8センチの両刃が鉄製の折りたたみ式の鞘に収められるもの。鞘は柄を兼ね、ふつう「肥後守」などの銘がある。大正半ばから兵庫

県で生産され、片刃の切り出し小刀に代わって、昭和前期にかけて流行した。廃刀令後、旧熊本藩の御用鍛冶が作りはじめたのが起源という。

ひこばえ【比古婆衣】随筆。20巻。伴信友著。弘化4年(1847)から明治にかけて刊行。国史・言語・故事などについての考証を集成したもの。

ひこ-ばえ【×蘖】《「孫ひこ生え」の意》切り株や木の根元から出る若芽。余蘖よげつ。(季 春)「―に哀をひいてわかれけり/犀星」(類語)芽・木の芽・若芽・新芽

ひこ-ば・ゆ【×蘖ゆ】〔動ヤ下二〕《「孫ひこ生ゆ」の意》切った木の根株や根元から芽が出る。「荒小田の去年こぞの古跡ふるあとの古よもぎ今は春べと―・えにけり」〈新古今・春上〉

ピコ-ビーティーエックス〖picoBTX〗PC/AT互換機用のマザーボードの規格の一。米国インテル社が2003年に発表。BTX仕様で採用されている最大7個の拡張スロット数を1個に減らして小型化したもの。

ピコビーティーエックス-しよう【picoBTX仕様】▶ピコ-ビーティーエックス(picoBTX)

びこ-びこ〔副〕虚勢を張るさま。「番頭顔して―とやかましい」〈浮・娘気質・三〉

ひこひめしき【孫姫式】平安時代の歌学書。1巻。著者・成立年ともに未詳。和歌四式の一。歌病かへいや長歌の歌体などを説いたもの。和歌式。

ひこ-ぼし【×彦星】鷲わし座のα星アルタイルの和名。牽牛けんぎゅう星。牛飼い星。犬飼い星。(季 秋)「―のしづまりかへる夕かな/青々」

ひこほほでみ-の-みこと【彦火火出見尊】日本神話で、瓊瓊杵尊ににぎのみことの子。母は木花開耶姫このはなのさくやびめ。山幸彦の名で知られ、海神の娘豊玉姫とよたまびめと結婚して鸕鶿草葺不合尊うがやふきあえずのみことをもうけた。火遠理命ほおりのみこと。天津日高日子穂穂出見命あまつひこひこほほでみのみこと。➡海幸山幸うみさちやまさち

ひご-ぼり【肥後彫】肥後鐔ひごつばに施された彫刻。また、その技法。透かし彫りと象嵌ぞうがんとに特色があり、肥後象嵌の名でも知られる。

ひこ-まご【▽曽孫】孫の子。ひまご。

ひこ-みこ【×彦▽御子】天皇のむすこ。皇子。「七の―、六の女ひめみこを生めり」〈景行紀〉

ひこよう-しゃ【被雇用者】▶雇用者❶

ひ-ごよみ【日暦】毎日1枚ずつはぎ取っていくカレンダー。日めくり。

ひ-ごろ【日頃】〔副詞的にも用いる〕❶ふだん。平生へいぜい。つねひごろ。「―の心がけ」「―感じていること」❷ある程度の日数。数日。「―経て宮にかへり給うけり」〈伊勢・八三〉❸このごろ。近ごろ。数日来。「やうやう―になりて」〈かげろふ・上〉(類語)平常・平素・平生

ひごろも-そう【×緋衣草】サルビアの別名。

ひ-こん【非婚】結婚しないこと。みずからの意思で、結婚しない生き方を選ぶこと。➡未婚

ひ-ごん【非言】非難すること。また、その言葉。「―を打つべきやうもなし」〈貝おほひ〉

ひごん-あお【比金×襖】❶織り色の名。縦糸は青黒、横糸は黄色のもの。ひごんおう。❷襲かさねの色目の名。表は黄ばんだ青、裏は二藍ふたあい。ひごんおう。

ひごん-き【×緋金▽錦】金糸を織り入れた緋色の錦。秘錦ひごん。

ひ-さ【飛×梭】動力織機の、縦糸に横糸を通す装置。手織機の梭ひに相当する。

ひさ【久】〔形動ナリ〕時を長く経るさま。長く続くさま。「妹いもが袖別れて―になりぬれど一日ひとひも妹を忘れて思へや」〈万・三六〇四〉

ひざ【膝】❶ももとすねとの境の関節部の前面。ひざがしら。「―をすりむく」「―まで水につかる」❷座ったときの、ももの上側にあたる部分。「荷物を―にのせる」(類語)膝頭・膝小僧

(下接語)片膝・小膝・擦すり膝・立て膝・突き膝・回り膝・諸もろ膝・両膝・割り膝

膝が抜・ける　❶衣服の膝の部分が、すり切れたり伸びて前方に突き出たりする。「―・けたズボン」❷膝に力が入らなくなる。「がっくり―・ける」

膝が笑・う　傾斜の急な山道をくだるときなどに、疲れて膝がガくがくする。

膝とも談合　《困りきった場合には自分の膝でさえ相談相手になるという意》だれとでも、相談すればしただけのことはあること。

膝を容い・れる　《陶淵明「帰去来辞」から》足を入れる。その中に身を置く。転じて、狭い家に住む。

膝を打・つ　急に思いついたときや感心したときの動作にいう。ひざをたたく。「うまい、と思わず―・つ」

膝を折・る　❶膝を折り曲げて、かがんだり正座したりする。「―・って座る」❷相手の前に身を屈する。また、相手に頭を下げる。「―・って頼む」

膝を屈かが・める　膝を折って、身をかがめる。また、屈服する。膝を屈くっする。「力の前に―・める」

膝を崩・す　楽な座り方をする。楽な姿勢で座る。「どうぞ―・して下さい」

膝を屈くっ・する　「膝を屈かがめる」に同じ。

膝を組・む　❶あぐらを組む。「―・んで車座になる」❷同席する。対等に交際する。膝を交える。「ただ上意をおもくして、肩をならべ―・む次第なれば」〈曽我・四〉

膝を進・める　❶座ったまま相手に近づく。前へにじり出る。「―・めて小声で話す」❷強い興味を感じる。身を乗り出す。「もうけ話に―・める」

膝を抱だ・いだ・く　❶自分の膝をかかえる。ひとりでさびしくいるようすにいう。❷嘆願する。頭を下げて願う。「中へ入って挨拶をするからは、こなさんの―・くは当たり前だはな」〈伎・色読販〉

膝を正・す　きちんと座る。正座する。「―・して謝辞を述べる」

膝を突き合わ・せる　互いの膝が触れあうほど近くに向き合って座る。また、腹蔵なくじっくり話し合う。「―・せて談判する」

膝を突・く　倒れ込んだりして膝を地面や床に着ける。また、敬意を表してひざまずく。

膝を交・える　親しく同席する。うちとけて語り合う。「―・えて話し合う」

ビザ〖visa〗海外旅行者のため、入国希望国の駐在領事が、旅券を確かめて正当な理由と資格があって旅行するものであることを証明する裏書き。滞在期間の短い旅行などの場合は、これを必要としない国が多い。入国査証。査証。

ピサ〖Pisa〗イタリア北西部の都市。アルノ川下流にあり、農業や羊毛工業が盛ん。ピサの斜塔があるドゥオモ広場は、1987年、世界遺産(文化遺産)に登録された。

ピサ〖PISA〗《Programme for International Student Assessment》OECD(経済協力開発機構)加盟国を中心に3年ごとに実施される15歳児の学習到達度調査。主に読解力・数学的リテラシー・科学的リテラシーなどを測定する。多肢選択式と記述式で構成され、得点はOECD加盟国の受験者平均が500点、標準偏差が100点となるよう換算される。アンケートによる生徒・学校情報の収集も併せて行われる。オーストラリア教育研究所を中心とする国際コンソーシアムが国際的な調査の実施・調整を行い、日本国内では国立教育政策研究所が文部科学省などと連携して実施している。学習到達度調査。国際学習到達度調査。(補説)2000年(平成12)の初回調査以降、参加国・地域は増加傾向にある。日本の成績は2003年、2006年と続落し、ゆとり教育の問題点が指摘された。学習指導要領全面改訂後の2009年は3分野とも順位が上昇した。

ピザ〖イタリア pizza〗パン生地を平たく伸ばし、トマトソースを塗り、サラミ・エビ・ピーマンなどとチーズをのせて焼いたもの。イタリア南部地方の代表的な料理。ピッツァ。ピザパイ。

ひさあき-しんのう【久明親王】[1276〜1328]鎌倉幕府第8代将軍。在職1289〜1308。後深草天皇の子。将軍退任後は京に送還された。名は「ひさあきら」とも。

び-さあつけい【微差圧計】圧力の差を測る示差圧力計のうち、約500パスカル以下の微小な圧力差を測るもの。薄膜の両側からかかる圧力の差によって生じるたわみを光学的に測定するものや圧電効果を利用するものなどがある。微圧計。微差圧力計。

び-さあつりょくけい【微差圧力計】▶微差圧計

ピサーノ〖Pisano〗㊀(Nicola 〜)[1220ころ〜1280ころ]イタリアの彫刻家。ピサの洗礼堂の説教壇浮き彫りなどにより、ゴシック的要素と古典的要素とを併せ持つ独自の世界を確立した。㊁(Giovanni 〜)[1250ころ〜1314ころ]イタリアの彫刻家・建築家。㊀の息子。父の技法を発展させた劇的な表現でゴシック彫刻を代表する。

ビザール〖bizarre〗〔形動〕奇妙なさま。奇怪なさま。

ひさい【久居】三重県中部にあった市。もと藤堂氏支藩の陣屋町。平成18年(2006)、周辺8町村とともに津市と合併。➡津

ひ-さい【非才|×菲才】才能がないこと。才能の乏しいこと。また、自分の才能をへりくだっていう語。「浅学にして―の身」(類語)無才・不才・凡才

ひ-さい【被災】〔名〕スル 災害にあうこと。罹災りさい。「台風で県の半分が―する」「―者」(類語)罹災・被害・害・禍害・惨害・惨禍・災禍・災害・難なん・災い

びさい【尾西】愛知県北西部にあった市。中心の起おこしは美濃みの路の宿場町、木曽川の渡船場として栄えた。毛織物工業が盛ん。平成17年(2005)4月、木曽川町とともに一宮いちのみや市に編入。➡一宮

び-さい【微才】わずかの才能。また、自分の才能をへりくだっていう語。

び-さい【微細】〔名・形動〕❶きわめて細かく小さいこと。転じて、些細ささいなこと。また、そのさま。「―な破片」「―にわたる説明」❷「微賤びせん」に同じ。「―の身」(類語)(❶)細かい・小さい・微小・細微・細密・緻密ちみつ

び-ざい【微罪】ごく軽い罪。わずかな罪。

ひ-ざいく【非細工】細工がへたであること。また、その人。

非細工の小刀こがたな減へらし　細工が下手なので、小刀をすりへらすばかりである。労力に比べて成果があがらないことのたとえ。むだな骨折り。

ひさい-し【久居市】▶久居

びさい-し【尾西市】▶尾西

ひさい-しゃ【被災者】災害にあった人。特に、地震や台風などの自然災害にあった人をいう。罹災りさい者。「―支援」

ひさいしゃせいかつさいけんしえん-ほう【被災者生活再建支援法】自然災害によって生活基盤に著しい被害を受けた人に対して、都道府県が被災者生活再建支援金を支給するための措置を定めた法律。被災世帯に被害の度合いや住宅の再建方法に応じて、1世帯あたり最大300万円が支給される。阪神・淡路大震災をきっかけに平成10年(1998)に制定された。

びざい-しょぶん【微罪処分】微罪で特に処罰の必要のない者に対してなされる検察官の不起訴処分。

ビサウ〖Bissau〗アフリカ西部、ギニアビサウ共和国の首都。ゲバ川の河口にある港湾都市。ラッカセイなどを輸出。

ひざ-うち【膝射ち】「しっしゃ(膝射)」に同じ。

ひざ-おくり【膝送り】座ったままで順にひざをずらして席をつめること。ひざぐり。

ひさお-じゅうらん【久生十蘭】[1902〜1957]小説家。北海道の生まれ。本名、阿部正雄。フランスで演劇を学び、帰国後探偵小説を書き始める。推理、歴史、ユーモアなど幅広い分野で執筆、「小説の魔術師」と呼ばれた。「鈴木主水もんど」で直木賞受賞。他に「母子像」「魔都」「肌色の月」など。

ひ-さかき【×柃】ツバキ科の常緑低木。山地の乾いた所に自生。葉は密につき、長楕円形で先が鈍くとがる。雌雄異株。春に白い小花が束になって咲き、黒紫色の実を結ぶ。サカキの代わりに神事に使う地方もある。庭木にする。(季 花=春)「あしらひて―の花や適ふべき/風生」

ひざ-かけ【膝掛(け)】保温などのために、ひざの上にかける毛布や布。(季 冬)

ひざ‐がしら【膝頭】ひざの関節の前面。膝小僧。膝株。膝口。(類語)膝・膝小僧
膝頭で江戸へ行く　いざって江戸へ行こうとする。苦労するわりには効果が上がらないたとえ。
ひさ‐かた【久方¦久堅】《枕詞「久方の」がかかるところから》天・空・月などのこと。「一の中に生ひたる里なれば光をのみぞ頼むべらなる」〈古今・雑下〉
ひさかた‐の【久方の】〔枕〕「天(あめ・あま)」「空」「月」「雲」「雨」「光」「夜」「都」などにかかる。「うらさぶる心さまねし一天(あめ)のしぐれの流れあふ見れば」〈万・八二〉「一月は照りたり暇(いとま)なく海人(あま)のいざりは灯(とも)し合へり見ゆ」〈万・三六七二〉(補説)かかり方未詳。主に大空にかかわる語にかかるが、語義についても、「日射す方」の意、「久方・久堅」から、天を永久に確かなものとする意など、諸説がある。また、「ひさかたの光のどけき春の日に」〈古今・春下〉などは、一説に「日」そのものの意とする。
ひさかた‐ぶり【久方振り】〔名・形動〕ひさしぶり。「一の対面」「一に訪問する」(類語)久久・しばらくぶり
ひざ‐がため【膝固め】芸人用語で、演芸場・興行場などで集まった客を帰さないようにすること。
ひ‐ざかな【干魚¦▽乾魚】干した魚。ひもの。
ひざ‐かぶ【膝株】「膝頭(ひざがしら)」に同じ。
ひ‐ざかり【日盛り】太陽が盛んに照りつける時。特に、夏の午後の暑い盛り。(季 夏)「一に蝶のふれ合ふ音すなり/青々」(類語)昼・白昼・白日
ひ‐さき【火先】❶燃えている火の先端。ほさき。❷火の燃えひろがる先の方。
ひさぎ【×柃】ヒサカキの別名。
ひさ‐ぎ【×楸】植物の名。キササゲ、またはアカメガシワというが未詳。「ぬばたまの夜のふけゆけば一生ふる清き川原に千鳥しば鳴く」〈万・九二五〉
ひさぎ‐め【×鬻女¦▽販女】行商の女。物売りの女。「やっぱり一か何かになって」〈芥川・偸盗〉
ひさく【▽柄×杓¦×杓】《「ひさご(瓠)」の音変化》「ひしゃく(柄杓)」に同じ。「同じ一して、白き御かゆ一をけ」〈宇津保・蔵開上〉
ひ‐さく【秘策】ひそかに練った策略。だれも知らないすばらしい策。「一を授ける」
(類語)策・手・企て・一計・奇計・奇策・奥の手
ひ‐さく【秘×賾】秘奥な事柄。きわめて奥深い真理。
ひさ・ぐ【▽拉ぐ】■〔動ガ四〕押しつぶす。ひしぐ。「かれが手をにぎり一・ぎ給ふにより、骨くだけ」〈戴恩記〉■〔動ガ下二〕押されてつぶれる。ひしゃげる。「家の一・げける時」〈撰集抄・七〉
ひさ・ぐ【▽提ぐ】〔動ガ下二〕《「ひ(引)っさ(下)ぐ」の促音の無表記から》手に下げて持つ。ひっさげる。「そちは香炉を一・ぐる子ならずや」〈鴎外訳・即興詩人〉
ひさ・ぐ【▽塞ぐ】〔動ガ四〕ふさぐ。閉じる。「目を一・ぎて我が身をだも見ず」〈海道記〉
ひさ・ぐ【×鬻ぐ¦▽販ぐ】〔動ガ五(四)〕《古くは「ひさく」》売る。商いをする。「粗末なおもちゃの類を一・ぐ家々などが見られる」〈藤村・春〉
(類語)売る・商う・売り捌(さば)く・販売する・商売する・売り付ける・売り込む・売り急ぐ・売り渡す
ひさく‐がた【▽柄×杓形】❶ひしゃくのような形。また、そのもの。❷塔の九輪(くりん)などの上に置く火炎のついた宝珠。「吉野の郡の現光寺の塔の一には」〈今昔・一一・五〉
ひざ‐ぐち【膝口】「膝頭(ひざがしら)」に同じ。「今朝の軍(いくさ)に一を切られて」〈太平記・八〉
ひさくに【久国】鎌倉前期、山城の刀工。粟田口国家の子。後鳥羽院の番鍛冶となり、「師徳鍛冶」を拝命。現存する作品は、国宝・重文に指定されている。生没年未詳。
ひざ‐ぐみ【膝組(み)】❶膝を組むこと。あぐらをかくこと。❷膝を突き合わせること。対座すること。「小説家志願の新聞配達と一で交際(つきあ)いおるが」〈魯庵・社会百面相〉
ひ‐ざくら【×緋桜】ヒカンザクラの別名。
ひざ‐ぐり【膝繰り】「膝送り」に同じ。
ひざ‐くりげ【膝×栗毛】■膝を栗毛の馬の代わりにして旅をすること。徒歩で旅行すること。「番組を勤め済まして、あとを一で帰る途中であった」〈鏡花・歌行灯〉■十返舎一九作の滑稽本「東海道中膝栗毛」、およびその続編の略称。
びさく‐るい【尾索類】尾索綱の原索動物の総称。海産で、幼生期あるいは終生、尾部に脊索をもつ。体は表皮から分泌・形成される被嚢(ひのう)で覆われ、群体または単体。着生生活をするホヤ類、浮遊生活をするサルパ類などがある。被嚢類(ひのうるい)。
ひざ‐ぐるま【膝車】❶「膝頭(ひざがしら)」に同じ。❷柔道で、土踏まずを相手の膝頭にかけ、からだを反らしながら引き倒す技。
ひさげ【提=子¦▽提】《動詞「ひさ(提)ぐ」の連用形から》銀・錫(すず)製などの、鉉(つる)と注ぎ口のある小鍋形の銚子(ちょうし)。古くは、湯や酒を入れて、持ち歩いたり温めたりするのに用いた。
ひ‐ざけ【日酒】毎日酒を飲むこと。また、その酒。
ひさご　江戸中期の俳諧集。1冊。浜田珍碩(ちんせき)編。元禄3年(1690)刊。芭蕉とその門人の連句を収める。俳諧七部集の一。
ひさご【×瓠¦×匏¦×瓢】《古くは「ひさこ」とも》❶ユウガオ・ヒョウタンなどの総称。また、その果実。なりひさご。(季 秋)❷ヒョウタンの果実を、内部の果肉を取り去って中空にし、乾燥させて容器としたもの。水・酒・穀物などを入れた。❸(ふつう「柄杓」「杓」と書く)水を汲むための器具。❷を縦半分に切って使ったところからいう。ひしゃく。❹紋所の名。ヒサゴの果実にかたどったもの。
ひさご‐がた【×瓠形】瓠のような形。瓢箪(ひょうたん)形。
ひざ‐こぞう【膝小僧】衣服などからのぞいている膝頭(ひざがしら)を擬人化していった語。(類語)膝・膝頭
ひさご‐ばな【×瓠花】❶瓠❶の花。❷上代、15、6歳の少年が、瓠の花にかたどった髪を額に束ねた髪形。「年少児(をさなご)の年十五、六の間は一す」〈崇峻紀〉❸瓠の花にかたどった造花。髪飾りとし、また左右に分かれてする相撲の右方の目印とした。「皆相撲の装束し、一かざしなど」〈宇津保・内侍督〉❹波の白く立つようすをいう語。「沖に一といへるものの立ちけるを見て」〈散木集〉
ひ‐ささき【×柃】❶ヒサカキの別名。❷アセビの別名。
ひざ‐ざら【膝皿】膝関節の前面にある皿に似た形の骨。膝の皿。膝蓋骨(しつがいこつ)。
ひ‐さし【×庇¦×廂】❶建物の窓・出入り口・縁側などの上部に張り出す片流れの小屋根。軒(のき)。❷帽子の、額の上に突き出た部分。つば。❸「庇髪(ひさしがみ)」の略。❹寝殿造りで、母屋(もや)の外側に張り出して付加された部分。周囲に妻戸などをたて、外に縁を巡らす。庇の間(ま)。入り側(がわ)。
庇を貸して母屋(おもや)を取られる　❶一部を貸したために、やがて全部を奪われるようになる。❷保護してやった相手に、恩をあだで返される。
ひ‐ざし【日差(し)¦▽陽▽射し】日の光がさすこと。また、その日の光。「一が強い」「一を浴びる」
(類語)日光・陽光・日影・日色(にっしょく)・天日(てんぴ)・太陽・日(ひ)・天日(てんじつ)・日輪(にちりん)・火輪(かりん)・金烏(きんう)・日天子(にってんし)・白日(はくじつ)・赤日(せきじつ)・烈日(れつじつ)・お日様・お天道(てんとう)様・今日(こんにち)様・サン・ソレイユ
ひさし・い【久しい】〔形〕図ひさ・し〔シク〕❶長い時間がたっている。「一・く姿を見ない」「故郷を離れてから一・い」❷しばらくぶりである。久しぶりである。「これはまた、お一・いことで」❸時間がかかっている。「いと苦しげにややみて、一・しくおりてゐざり入る」〈源・宿木〉❹ありふれている。変わりばえがしない。「金平ごぼうも一・いもんだ」〈洒・四十八手〉❺なじみである。「家一・しき者ばかり召しよせられ」〈浮・織留・三〉(派生)ひさしさ〔名〕
ひさし‐がみ【×庇髪】束髪の一。入れ毛を使って前髪と鬢(びん)とをふくらませ、庇のように前方へ突き出して結う髪形。明治30年代ごろ、女優川上貞奴(かわかみさだやっこ)が始めてから、大正の初めにかけて流行。また、女学生が多く用いたことから、女学生の異称ともなった。
ひさし‐の‐くるま【×庇の車】▶網代庇(あじろびさし)の車
ひさし‐の‐ごしょ【×廂の御所】鎌倉幕府で、将軍の御所の庇の間。廂番が宿直した所。
ひさし‐の‐だいきょう【×庇の大×饗】(ダイキャウ)平安時代、大臣が初任の時、寝殿の庇の間で行った大饗宴。ひさしのたいきょう。⇨母屋(もや)の大饗
ひさし‐の‐ふだ【×廂の▽簡】鎌倉幕府で、小侍所(こさむらいどころ)に属した番衆のうち、将軍に親しく近づくことを許された者の姓名を記して廂の御所に掛けておいたふだ。
ひさし‐の‐ま【×庇の間】「庇❹」に同じ。
ひさし‐ばん【×廂番】鎌倉幕府の職名。廂の御所に交代で宿直して将軍を護衛する役。1番から6番まであり、それぞれ10名前後であたった。廂の衆。
ひさし‐ぶり【久し振り】〔名・形動〕前にそのことを経験してから、再び同じことになるまでに長い日数のあったこと。また、そのさま。ひさかたぶり。しばらくぶり。「一に映画を見る」「一な(の)雨」
(類語)久久・久方振り・しばらくぶり・久しい・しばらく
ピサ‐だいせいどう【ピサ大聖堂】(ダイセイダウ)《Duomo di Pisa》イタリア中部、トスカーナ州の都市ピサにある大聖堂。大聖堂、鐘塔(ピサの斜塔)、サンジョバンニ洗礼堂、カンポサント(納骨堂)で構成される。大聖堂は11世紀に建設が始まり、12世紀に完成。説教壇のレリーフはジョバンニ=ピサーノが手がけた。13世紀につくられた4層の列柱が並ぶファサードはロマネスク様式の傑作とされる。1987年、「ピサのドゥオモ広場」の名称で世界遺産(文化遺産)に登録された。
ひ‐さつ【飛札】急用の手紙。飛書。「島原の晩花から一到来」〈魯文・安愚楽鍋〉
ひざ‐つき【膝突き¦×軾】❶神事や宮中の行事などで、地面にひざまずくとき、地上に敷いて汚れをふせぐ半畳ほどの敷物。布帛(ふはく)や薄縁(うすべり)などで作る。❷遊芸の師匠に入門するときの礼物。入門料。
ピサック〖Pisaq〗ペルー南部、アンデス山中の都市、クスコ近郊、「インカの聖なる谷」と呼ばれるウルバンバ川渓谷の村。集落を見下ろす山の上にインカ時代の遺跡がある。
ひざ‐づめ【膝詰(め)】膝と膝とを突き合わせること。相手に強く詰め寄ること。「一で交渉する」
(類語)円座・対座・車座
ひざづめ‐だんぱん【膝詰(め)談判】相手に膝を詰め寄せて談判すること。直接会って強く掛け合うこと。
ひざ‐なおし【膝直し】(ナホシ)婚礼後の新婦の里帰り。また、その時に行われる宴。
ピサネロ〖Antonio Pisanello〗[1395ころ～1455ころ]イタリアの画家。洗練された描線による装飾的構図の作品を描いた。メダル彫刻家としても著名。ピサネルロ。ピサネッロ。
ひざ‐の‐さら【膝の皿】ひざざら(膝蓋骨(しつがいこつ))のこと。
ピサ‐の‐しゃとう【ピサの斜塔】(シャタフ)イタリアのピサにある大聖堂の鐘塔。8層の円塔で、高さ約55メートル。1173年起工し、10.5メートルまで建てたとき地盤の陥没で傾斜したが、そのまま建て増し、1350年ごろ完成。
ピザ‐パーラー〖pizza parlor〗「ピザハウス」に同じ。
ピザ‐パイ〖pizza pie〗「ピザ」に同じ。
ピザ‐ハウス〖pizza house〗多くの種類のピザを、店内で食べさせたり、持ち帰り、出前などで販売する専門店。ピザパーラー。(補説)イタリア語では、pizzeria。
ひさ‐びさ【久久】■〔形動〕図〔形動ナリ〕長い間とだえていたさま。前のときから、長い時間が経過したさま。久しぶり。「一に訪れたチャンス」「一のヒット曲」■〔副〕ある状態を長い間続けているさま。長らく。久しく。「一ごぶさたしました」(類語)久し振り・久方振り・しばらくぶり・久しい・しばらく
ひざ‐びょうし【膝拍子】(ビャウシ)膝をたたいて拍子をとること。また、その拍子。「一を打つ」
ひざ‐ぶし【膝節】膝の関節。ひざがしら。「一堅め踏み留むる」〈浄・大塔宮〉
ひさべつ‐ぶらく【被差別部落】近世初期以降、封建的身分制で最下層に位置づけられた人々を中心

に形成され、現在もさまざまな差別を受けている地域。明治4年(1871)の解放令によって法的差別は解消されたが、社会的差別や偏見、それに伴う人権侵害は解消されてはいない。未解放部落。

ひざ-ぼね【膝骨】膝の骨。ひざざら。膝蓋骨しつがいこつ。

び-ざま【美様】手紙の宛名に付ける「様」の字の書き方の一。旁つくりの部分を美の字の草体のように書くもの。最も敬意が高い永様えいさまに次ぐ。➡永様えいさま ➡平様ひらさま ➡次様つぎさま

ひざ-まくら【膝枕】人の膝を枕にして横になること。「一で寝る」(類語)手枕てまくら・手枕たまくら・肘枕ひじまくら・腕枕

膝枕に頬杖ほおづえ 美人の膝を枕に寝るのと、ひとりでぼんやり頬杖をついているのとでは、大変な違いがあるということ。また、のんきなことのたとえ。

ひざ-まず・く【×跪く】ひざまづく〘動カ五(四)〙地面や床などに膝をついて身をかがめる。多く、敬意を表す動作にいう。「神前に一・く」(可能)ひざまずける

(類語)座る・座ざする・腰掛ける・掛ける・着座する・着席する・安座する・正座する・端座する・静座する・黙座する・腰を下ろす

ひさまつ-せんいち【久松潜一】[1894～1976]国文学者。愛知の生まれ。上代から中世にわたって実証的な国文学研究の確立に貢献。著「日本文学評論史」など。

ひざまる【膝丸】㊀源氏累代の鎧よろいの一。千頭の牛の膝の皮で威おどしてあったという。平治の乱で紛失。㊁源氏累代の宝刀。源満仲が罪人の首とともに膝をも斬ったところからの名という。➡蜘蛛切丸くもきりまる

ひざ-まわし【膝回し】ひざまはし 俳諧の運座の方法の一。半紙半折はんせつに出された題各人1句ずつ書いて回し、最後の人が浄書して互選するもの。➡袋回し

ひざ-まわり【膝回り】ひざまはり ❶膝のまわり。膝のあたり。❷貴人の前から退くとき、ひざまずいたままからだの向きを変えて立ち上がること。詰め開き。

ひさみ-ぐさ【久見草】松の異称。

ひ-さめ【▽大雨|▽甚雨】おおあめ。ひどい雨。「大風一に避らず」〈武烈紀〉

ひ-さめ【氷雨】❶雹ひょうや霰あられのこと。(季 夏)❷冷たい雨。また、みぞれ。(季 冬)

(類語)雨・霙みぞれ・雪・霰・雹

ひざ-もと【膝元|膝下】❶膝のすぐそば。「一にうずくまる猫」❷身に近いところ。特に、父母など保護してくれる人のそば。膝下しっか。「親の一を離れる」➡御膝元おひざもと

ひざ-よろい【膝×鎧|膝▽甲】ひざよろひ ❶日本古代の鎧の一部品。大腿部だいたいぶに装着したもの。大阪府長持山古墳から出土した一例があるが、人物埴輪にこれを表したものがみられる。❷「佩楯はいだて」に同じ。

ひ-ざら【火皿】❶その上で火を燃やすための皿。❷キセル・パイプのタバコの葉を詰めるところ。❸こんろや暖炉・ストーブなどの、燃料をたく下に置く鉄の格子。さな。火格子。ロストル。❹火縄銃の火薬を詰めるところ。

ひざら-がい【火皿貝|石=鼈|膝▽皿貝】ひがひ ❶多板綱の軟体動物の総称。体は小判形で、背面中央に8枚の殻が縦に並び、周縁は固い肉帯で覆われる。目・触角はない。すべて海産で、沿岸の岩礁上に付着する。じいがせ。❷多板綱の一種。潮間帯の岩礁に張り付き、体長約5.5センチ。殻は黒褐色、肉帯は灰色と黒の横縞があり、小さなとげが密生する。

ひ-ざらし【日×晒し|日×曝し】日光にさらすこと。また、日光が当たるままにしておくこと。

ヒサル-カピヤ〖Hisar Kapiya〗ブルガリア中南部の都市プロブディフの旧市街の東門。紀元前4世紀にマケドニア王フィリッポス2世が築いたネベトテペの要塞の門に起源する。その後、古代ローマ、オスマン帝国時代に破壊と再建が繰り返され、最も古い基礎の部分は2世紀頃のもので、現在残っている大部分は12世紀から14世紀頃に建造されたと考えられている。周囲には民族復興期の邸宅が集まっている。ヒサル門。

ピサロ〖Camille Pissarro〗[1830～1903]フランスの画家。印象派の代表的な画家の一人で、詩情あふれる田園風景を多く描いた。作「赤い屋根」など。

ピサロ〖Francisco Pizarro〗[1475ころ～1541]スペインの探検家。1533年にペルーに侵入、インカ帝国を滅ぼした。のち同僚との争いで殺害された。

ひ-さん【×砒酸】砒素または三酸化二砒素を濃硝酸で酸化し濃縮するとできる、無色で潮解性のある結晶。猛毒。水に溶けやすく、弱酸性。砒素剤の原料。化学式H_3AsO_4　また、五酸化二砒素As_2O_5をさすこともある。

ひ-さん【飛散】〘名〙スル とびちること。「ガラスの破片が一する」

(類語)散る・飛ぶ・飛び散る・散らばる・四散

ひ-さん【悲惨|悲酸】〘名・形動〙見聞きに耐えられないほどいたましいこと。また、そのさま。「一な光景」「一な死を遂げる」(派生)ひさんさ〘名〙

(類語)惨め・惨烈・凄惨せいさん・惨憺さんたん・暗澹あんたん・哀れ

び-ざん【眉山】徳島県東部、徳島市の市街地背後にある山。標高290メートル。東西になだらかな丘陵で眺望もよく、市のシンボル的な存在。桜の名所。名の由来は、どの方角からも眉まゆの形に見えることから。

ひ-さんぎ【非参議】❶三位以上で、まだ参議にならない者。❷四位で、一度参議になったことのある者。❸四位でも参議の資格をもつ者。

ひさん-しょうせつ【悲惨小説】ひさんせうせつ ▶深刻小説しんこくしょうせつ

ビザンチウム〖Byzantium〗東ローマ帝国の首都。前7世紀、メガラ人の植民都市として建設。330年、コンスタンティヌス1世がここに遷都したので、コンスタンティノポリスともよばれた。現在のイスタンブール。ビザンティウム。

ビザンチン〖Byzantine〗❶多く複合語の形で用い、ビザンチウムの、東ローマ帝国の、の意を表す。ビザンティン。ビザンツ。「一建築」❷「ビザンチン帝国(東ローマ帝国)」「ビザンチン文化」などの略。

ビザンチン-きょうかい【ビザンチン教会】ビザンチンけうくわい 東方正教会とうほうせいきょうかいの異称。ビザンツ教会。

ビザンチン-けんちく【ビザンチン建築】4～6世紀に発達し15世紀中ごろまでビザンチウムを中心に栄えたキリスト教建築様式。大ドームと、内部の大理石やモザイクによる装飾が特色。ビザンチン式。ビザンツ建築。

ビザンチン-しき【ビザンチン式】「ビザンチン建築」に同じ。ビザンツ式。

ビザンチン-ていこく【ビザンチン帝国】▶東ローマ帝国

ビザンチン-ぶんか【ビザンチン文化】ビザンチンぶんくわ 東ローマ帝国(ビザンチン帝国)で栄えた文化。ヘレニズムとキリスト教が融合したもので、大聖堂の内部をモザイクで飾るビザンチン建築などが発達。イタリアのルネサンスに大きな影響を与えた。ビザンツ文化。

ビザンツ〖ドイ Byzanz〗▶ビザンチン

ビザンツ-きょうかい【ビザンツ教会】ビザンツけうくわい ▶ビザンチン教会

ビザンツ-けんちく【ビザンツ建築】▶ビザンチン建築

ビザンツ-しき【ビザンツ式】▶ビザンチン式

ビザンツ-ていこく【ビザンツ帝国】▶東ローマ帝国

ビザンツ-ぶんか【ビザンツ文化】ビザンツぶんくわ ▶ビザンチン文化

ひさん-なまり【×砒酸鉛】砒酸の鉛塩。オルト砒酸鉛$Pb_3(AsO_4)_2$・メタ砒酸鉛$Pb(AsO_3)_2$・ピロ砒酸鉛$Pb_2As_2O_7$のほか、砒酸水素鉛$PbHAsO_4$と砒酸二水素鉛$Pb(H_2AsO_4)$があり、いずれも無色の粉末ないし結晶で水に溶けにくく、きわめて毒性が強い。かつてはふつう砒酸水素鉛をさし、農業用殺虫剤として用いられた。

ひし 災いのもと。災難。破滅。「浮き名に沈む水底の、皆身の一とは知りながら」〈浄・五人兄弟〉

ひ-し【皮脂】皮脂腺から分泌される半流動性の油脂状の物質。肌や髪をうるおし、乾燥を防ぐ役をする。

ひ-し【彼×此】あれとこれと。あちらとこちらと。「一相俟まって始めて全豹を彷彿する事が」〈芥川・きりしとほろ上人伝〉

ひ-し【秘史】世間に知られていない歴史。隠された歴史上の事実。また、それを記した書物。「大戦一」

ひし【魚=杈|×籤】柄の先端に二またの鉄の刃を付け、水中の魚を突き刺して捕る漁具。やすの一種。

ひ-し【悲史】悲しい歴史。悲しい史実の記録。哀史。

ひ-し【×斐紙】雁皮紙がんぴしの古名。〈和名抄〉

ひし【×菱|×芰】❶ヒシ科の水生の一年草。池や沼に生え、茎は細長く、泥水中を伸びる。葉は菱状三角形で、葉柄の一部にふくらみがあり、四方に出て水面に浮かぶ。夏、葉の間から短い花柄を伸ばし、水上に白い4弁花を開く。秋にとげのある固い実がなり、果肉は白く、食用。(季 実=秋 花=夏)「一採のはなるる一人雨の中/蛇笏」❷鉄製で菱の実に似た鋭い角のある武器。地上にまいたりして敵の進入を防ぐ。❸文様や紋所の名。菱形をさまざまに図案化したもの。幸菱さいわいびし・三蓋菱・松皮菱・割菱など。❹「菱形」の略。❺「菱縫ひしぬい」の略。❻「菱根ひしね」の略。

ひ-し【罷市】市場を開かないこと。特に、近代中国で、都市の商人が同盟していっせいに店を閉め、営業を停止すること。商人のストライキ。「なお此のうえ海港の一が持続するなら」〈横光・上海〉

ひじ【肘|×肱|×臂】ひぢ ❶上腕と前腕とをつなぐ関節部の外側。「一で小突く」❷肘のように折れ曲がって突き出ているもの。「椅子の一」(類語)手首

肘を齧かむ 《「史記」呉起伝にある、衛の呉起が自分をばかにした三十余人を殺して故郷を出る時、自分の肘を噛んで、母に成功するまで帰らないと誓ったという故事から》固く誓う。また、強く決意する。

肘を食わ・せる 「肘鉄砲ひじでっぽうを食わせる」に同じ。

肘を張・る ❶肘を突っ張っていかにも強そうなようすをする。威張る。❷気負う。意地を張る。肩肘かたひじ張る。

肘を曲・げる 《「論語」述而から》肘を曲げて手枕てまくらをする。また、清貧の生活を楽しむたとえ。

ひじ【▽泥|×塗】ひぢ 水たまりの土。どろ。泥土。「物語に不義なる恋をかたるも、その濁れる一を愛でてにはあらず」〈逍遥・小説神髄〉

ひ-じ【非時】仏語。❶僧が食事をしてはならないと定められた時。正午から翌朝の日の出前までの間。僧侶は正式には1日1食で、午後の食事は禁止されていた。❷僧の午後の食事。規定にかなう正午以前にとる食事の斎ときに対していう。非食ひじき。非時食ひじじき。❸会葬者に出す食事。凌しのぎ。

ひじ【×洲】《「ひし」とも》海の中にできる洲す。「花散らふこの向かつ峰をの乎那をなの峰の一に付くまで君が齢よもがも」〈万・三四四八〉

ひ-じ【秘事】❶秘密にしている事柄。❷人に容易には教えない学問・芸事などの奥義。(類語)秘密・密事・隠し事・秘め事・密ひそか事・内証ないしょう事・秘中の秘・内密・内証ないしょ・内内ないない・隠密おんみつ・極秘ごくひ・厳秘げんぴ・丸秘まるひ・機密・枢密すうみつ・天機・機事・秘ひそか・密ひそか

秘事は睫まつげ 秘事・秘伝はまつげのようなもので、案外手近なところにあるが、容易に気づかれないということ。

ひ-じ【×鄙事】いやしい事柄。つまらない仕事。

びし 釣りで、道糸に付けるおもり。➡びしま

び-し【微志】わずかの志。また、自分の志をへりくだっていう語。寸志。

び-じ【美事】美しい事柄。ほめるべきこと。「官に一毫の一あれば」〈福沢・学問のすゝめ〉

び-じ【美辞】美しい言葉。巧みな文句。「一を連ねた手紙」(類語)巧言・甘言・殺し文句

び-じ【鼻×茸】「はなたけ」に同じ。

ビシー〖Vichy〗フランス中部、オーベルニュ地方北部の温泉都市。第二次大戦中に対独協力政府(ビシー政府)が置かれた地。

ひし-いた【×菱板】「菱縫ひしぬいの板」に同じ。

ひシールド-ツイストペアケーブル【非シールドツイストペアケーブル】《unshielded twisted pair cable》2本の銅線をより合わせて対にしたケーブルで、金属による被覆がないもの。非シールド縒より対

線。UTP。

ひシールド-よりついせん【非シールド×縒り対線】▶非シールドツイストペアケーブル

ビシェグラード〘Višegrad〙ボスニア-ヘルツェゴビナ東部、スルプスカ共和国の町。セルビアとの国境に近い。ドリナ川に架かるメフメットパシャソコロビッチ橋は、ボスニア出身のノーベル賞作家イボ=アンドリッチの歴史小説「ドリナの橋」の舞台となった。2007年に世界遺産(文化遺産)に登録された。

ビシェグラード〘Visegrád〙ハンガリー北部の町。首都ブダペストの北約40キロメートル、ドナウ川の屈曲部(ドナウベンド)に位置する。14世紀にハンガリー王カーロイ1世が王宮を置き、15世紀にブダに遷都された後もマーチャーシュ1世により増改築が進められた。同ビシェグラード宮殿は16世紀以降、オスマン帝国の侵攻などにより破壊され、現在、宮殿の遺跡やシブリクの丘の要塞、航路監視のためのシャラモン塔などが残っている。[補説]1991年、チェコスロバキア(現チェコとスロバキア)、ハンガリー、ポーランドによる首脳会議が開かれ、ビシェグラードグループと呼ばれる地域協力機構が設立された。

ビシェグラード-きゅうでん【ビシェグラード宮殿】《Visegrádi Királyi Palota》ハンガリー北部の町ビシェグラードにあった宮殿。14世紀にハンガリー王カーロイ1世が置いた王宮に起源する。15世紀にブダに遷都された後、マーチャーシュ1世がイタリアから建築家を招いてルネサンス様式に改築。狩猟のための庭を擁する。16世紀以降、オスマン帝国の侵攻やハプスブルク家支配からの独立を目指した戦争により破壊された。現在は遺跡の一部や出土品を展示する博物館になっている。

ビジェバノ〘Vigevano〙イタリア北部、ロンバルディア州の都市。14世紀から15世紀にかけて、ミラノのビスコンティ家、スフォルツァ家の支配の下で発展。色が黒いために「イルモーロ(黒い人)」と呼ばれたミラノ公ルドビコ=スフォルツァにより、ルネサンス様式の宮殿や広場が建造された。同国における靴の製造の中心地として知られる。

ビシェフラド〘Vyšehrad〙チェコ共和国の首都プラハの中心市街南部にある城跡。チェコ語で「高い城」を意味し、7世紀頃の伝説上の王妃リブシェが住んでいたとされる。作曲家スメタナの交響詩「我が祖国」の第1楽章「ビシェフラド」の題材になっていることでも知られる。11世紀の聖ペテロ聖パウロ教会、12世紀初頭の聖マルティン教会のほか、スメタナやドボルザーク、作家のカレル=チャペックが眠る墓がある。

ビシェボ-とう【ビシェボ島】《Biševo》クロアチア南部、アドリア海に浮かぶ島。ビス島の南西5キロメートルに位置する。島は石灰岩からなり、海岸には青の洞窟をはじめ多くの海食洞がある。

ひ-しお【干潮】引き潮。かんちょう。「浦はそのまま―となって」〈謡・融〉

ひ-しお【×醤|×醢】❶(醤)㋐大豆と小麦で作った麹(こうじ)に食塩水をまぜて造る味噌に似た食品。なめ味噌にしたり調味料にしたりする。ひしお味噌。㋑醤油のもろみの、しぼる前のもの。❷(醢)魚・鳥などの肉の塩漬け。肉(しし)びしお。

ひしお-いり【×醤煎り】魚・鳥の肉を小さく切り塩漬けしたものを、垂れ味噌を煮立てた中に入れて煮、湯引きした山芋を加えてユズの皮を添えた料理。

ひしお-す【×醤酢】ひしお❶と酢。また、ひしお❶に酢を加えて酢味噌のようにしたもの。「―に蒜(ひる)搗(つ)き合(か)てて鯛願ふ我にな見えそ水葱の羹(あつもの)」〈万・三八二九〉

ひし-おり【×菱織(り)】菱形模様が浮き出るように織ること。また、そのように織った織物。

ひし-がき【×菱垣】竹を菱形に組んで作った垣。

ひしがき-かいせん【×菱垣×廻船】▶ひがきかいせん(菱垣廻船)

びじ-がく【美辞学】修辞学の旧称。

ひし-かくし【秘し隠し】秘めて隠すこと。ひたすら隠すこと。「今日が日まで―にかくされていたと云う表面の事実には」〈里見弴・多情仏心〉

ひし-かく・す【秘し隠す】〘動サ五(四)〙秘密にして人に知られまいとする。ひたすら隠す。「敵のようなりし御二方の同一(ひとつ)になりて―・したまうに心怯(おく)れて」〈紅葉・不言不語〉

ひじ-かけ【肘掛(け)】❶椅子などの、肘をもたせ掛ける所。❷脇息(きょうそく)のこと。

ひじかけ-いす【肘掛(け)椅子】肘掛けのついた椅子。アームチェア。

ひじかけ-まど【肘掛(け)窓】座って肘を掛けられるくらいの高さに設けた窓。

ひじ-がさ【肘×笠】肘を頭の上にあげ、袖を笠の代わりにして雨を防ぐこと。袖笠。「横飛沫(よこしぶき)に―も詮なくて」〈浮・万金丹・五〉

ひじがさ-あめ【肘×笠雨】にわか雨。ひじあめ。ひじかさ。「―とか降りきて」〈源・須磨〉

ひし-がた【×菱形】❶ヒシの実のようなかたち。❷四角形のすべての辺の長さが等しいもの。このうち、すべての角が直角のものは正方形。斜方形。りょうけい。

ひじかた-たつみ【土方巽】[1928〜1986]舞踏家。秋田の生まれ。本名、元藤九日生(もとふじくにお)。自らの舞踏を暗黒舞踏と称し、現代舞踏の新しい分野を切り開いた。作「禁色」「バラ色ダンス」など。

ひじかた-ていいち【土方定一】[1904〜1980]美術史家・美術評論家。岐阜の生まれ。神奈川県立近代美術館館長。ドイツ・ネーデルランド美術や、近・現代の日本美術を研究。

ひじかた-としぞう【土方歳三】[1835〜1869]幕末の新撰組の副長。武蔵の人。隊長近藤勇を助けて活躍。鳥羽伏見の戦いに敗れたのちも東下して官軍に抵抗し、箱館五稜郭(ごりょうかく)で戦死。

ひじかた-ひさもと【土方久元】[1833〜1918]幕末の志士。明治の政治家。土佐の人。藩命で七卿落ちに従った。明治維新後は、農商務相・宮内相などを歴任。

ひしがた-やらい【×菱形矢来】「菱矢来(ひしやらい)」に同じ。

ひじかた-よし【土方与志】[1898〜1959]演出家。東京の生まれ。久元の孫。本名、久敬(ひさよし)。私財を投じて築地小劇場を創設、日本の新劇確立に尽力。

ひし-がに【×菱×蟹】ヒシガニ科の甲殻類。海底にすみ、甲幅約5センチ。甲は菱形で表面の凹凸が著しく、はさみ脚がきわめて長い。本州中部以南に分布。

ひじ-がね【肘金】❶戸の開閉に用いる金具で、肘形に曲げて作って開き戸の枠に取り付け、柱にある肘壺(ひじつぼ)にさし込んで蝶番(ちょうつがい)のような役をするもの。❷籠手(こて)の肘の部分についている金具。

ひじ-かわ【肱川】愛媛県西部を流れる川。大洲(おおず)市南部の鳥坂(とさか)峠(標高460メートル)付近に源を発して北流し、同市長浜町で伊予灘に注ぐ。長さ102キロ。流域は林業が発達し、河岸段丘では酪農が盛ん。大小300を超える支流がある県下最大の河川。

ひじかわ-あらし【×肱川嵐|×肱川あらし】愛媛県西部を流れる肱川に沿って、上流の大洲(おおず)盆地で発生した霧が強風とともに流れ下る現象のこと。10月〜3月の朝に起こる。冬型の気圧配置がゆるみ、大洲盆地と瀬戸内海との気温差が大きく、海上で上昇気流が生じ、満潮によって温かい海水が川に流れ込むなどの条件下で発生する。川の両側に山が迫っている地形も重要で、大規模なものは霧が沖合に向かって扇形に流れ広がる。肱川颪(おろし)。

ひじかわ-おろし【×肱川×颪】▶肱川嵐

ひしかわ-は【×菱川派】浮世絵の一派。菱川師宣(もろのぶ)を祖とし、その子師房や門人たち。

ひしかわ-もろのぶ【菱川師宣】[?〜1694]江戸前期の浮世絵師。安房(あわ)の人。俗称、吉兵衛。号、友竹。江戸に出て版本の挿絵・絵本を多く描き、独自の美人様式を確立。また、歌舞伎や吉原の風俗などを肉筆画として制作、浮世絵版画の開祖とされる。「見返り美人図」など。

ひ-しき【▽引敷】「引敷物」の略。

ひ-しき【火敷】香をたくとき、火に直接香をのせないため、火の上に敷く雲母(うんも)の薄片。➡銀葉(ぎんよう)

ひ-しき【非▽職】❶寺院・神社で、役職にない僧侶や神官。❷▶非蔵人(ひくろうど)❶

ひじ-き【肘木】❶社寺建築などで、斗(ます)(斗形)と組み合わせて斗栱(ときょう)を構成する水平材。❷碾臼(ひきうす)の把手(とって)。

ひ-じき【非色】禁色(きんじき)の着用を許されないこと。また、その人。

ひ-じき【非食】「非時(ひじ)❷」に同じ。

ひじき【鹿=尾=菜|羊=栖=菜】ホンダワラ科の褐藻。干潮線付近の岩上に生え、冬から春にかけて繁茂。円柱状で多数の枝に分かれ、長さ50センチ〜1メートル。若いうちに採取して乾かし、食用にする。ひじきも。ひずきも。みちひじき。[季]春「一刈るや岩間落ち合ふ汐となり/月舟」

びしき-けんちく【×楣式建築】窓・出入り口の上の部分を水平材を渡して支える楣式(びしき)構造の建築。

ひじき-も【鹿=尾=菜藻】ヒジキの古名。「懸想じける女のもとに、―といふ物やるとて」〈伊勢・三〉

ひしき-もの【▽引敷物】敷物。和歌では海草の「ひじきも(鹿尾菜藻)」にかけて用いられることが多い。「思ひあらば葎(むぐら)の宿に寝もしなむ―には袖をしつつも」〈伊勢・三〉

ひし・ぐ【▽拉ぐ】[一]〘動ガ五(四)〙❶押しつけてつぶす。「鬼をも―・ぐ怪力」❷勢いをくじく。頓挫(とんざ)させる。「説諭(せつゆ)して女の愚痴を―・ぎ」〈露伴・プラクリチ〉[二]〘動ガ下二〙「ひしげる」の文語形。

ひし-くい【×鴻|×菱×喰】カモ科の鳥。全長83センチくらい。体は褐色、くちばしは黒く先に黄色帯がある。ユーラシア北部で繁殖、日本には冬鳥として飛来。ヒシの実や草を食べる。天然記念物。沼太郎。おおがり。[季]秋

ひし-くみ【×菱組】菱形に組むこと。また、その組んだもの。

ひし・げる【▽拉げる】〘動ガ下一〙[文]ひし・ぐ〘ガ下二〙押されてつぶれる。ひしゃげる。「鰻(うなぎ)を―・げるほど押しつかんだ」〈有島・生れ出づる悩み〉

[類語]壊れる・潰れる・損ずる・毀(こぼ)れる・欠ける・傷付く・砕ける・割れる・いかれる・ポシャる・破れる・破損する・毀損(きそん)する・損傷する・損壊する

ひしこ【×鯷】「ひしこいわし」の略。[季]秋「ひやひやと売れぬ一の夕栄す/紅葉」

ひしこ-いわし【×鯷×鰯|×鯷▽魚】カタクチイワシの別名。

ひしこ-づけ【×鯷漬(け)】小形のカタクチイワシを塩漬けにしたもの。[季]秋「善き酒を吝(おし)む主や―/子規」

ひ-しごと【日仕事】❶昼の間にする仕事。❷1日で仕上がる仕事。❸1日分として割り当てた仕事。

ビジコン-カメラ〘vidicon camera〙光伝導を利用した撮像管をもつテレビカメラ。フィルム送像や工業用テレビに使用される。

ひ-じじ【▽曽祖=父】「ひいじじ」に同じ。

ひじ-じき【非時食】「非時(ひじ)❷」に同じ。

ひ-じじゅう【非侍従】中務省(なかつかさしょう)の臨時の官人。侍従・次侍従の官を経ないで天皇に侍する者。

ひし-しょくぶつ【被子植物】種子植物の一亜門。約22万種以上が含まれ、最も進化した植物群。心皮が胚珠(はいしゅ)を包んで子房になり、重複受精を行う。双子葉植物と単子葉植物とに大別される。➡裸子植物

ひしずめ-の-まつり【▽鎮×火の祭(り)】▶ちんかさい(鎮火祭)

ひ-じせいたい【非磁性体】強磁性体ではない物質。常磁性体と反磁性体と反強磁性体がこれにあたる。

ひし-せん【皮脂腺】皮膚の内層にあって、脂質を蓄積し、毛孔を通じて皮脂として体表に分泌する腺。手のひらと足のうら以外の全身にある。脂腺。

ビシソワーズ〘(フランス)vichyssoise〙《ビシー地方式の意》ジャガイモのポタージュスープ。ふつう冷製のものをいう。

ビジター〘visitor〙❶訪問者。外来者。❷ゴルフなどの会員制クラブで、会員以外の利用者。❸野球・サ

ッカーなどで、他から、そこを本拠とするチームと試合をするために訪れるチーム。ビジティングチーム。

ひしだ-しゅんそう【菱田春草】［1874〜1911］日本画家。長野の生まれ。本名、三男治。岡倉天心・橋本雅邦の薫陶を受け、日本美術院創立に参加。横山大観らと朦朧体といわれる描法を試みるなど、日本画の革新に努めた。代表作「落葉」「黒き猫」など。

ひじ-ちょうもく【飛耳長目】《遠くのことをよく見聞きする耳と目の意から》❶観察が鋭く深いこと。❷見聞・知識を広める書籍のこと。長目飛耳。

ひ-しつ【皮質】大脳・小脳・副腎・腎臓など実質臓器の外層をなす部分。内部の髄質とは異なる作用を営むことが多い。

ひ-しつ【卑湿】〔名・形動〕土地が低くて、じめじめしていること。また、そのさまや、その土地。「―な(の)地帯」

び-しつ【美質】生まれつき持っている、すぐれた性質・顔かたち。㊩美点・素質・資質・資性

び-じつ【弥日】日を重ねること。いく日にもまたがること。

ひじ-つき【肘突き】机などの上に置いて、肘をつくときに敷く、小さなふとん。肘布団。

びしっ-と〔副〕❶棒などで強く打ったり、太い物が一瞬に折れたりするさま。また、そのようにして鋭く音を立てるさま。「警策で背中を―打つ」「松の大枝が―折れる」❷非常に強い調子で物事をするさま。「―しかる」❸服装などにすきがないさま。「フォーマルウエアで―きめる」

ビジット〖visit〗❶訪問すること。また、見物。「ホーム―」❷ウェブサイトの閲覧数の単位の一。閲覧者がウェブサイトに訪問した回数を数える。1回の訪問でサイト内の複数のウェブページを閲覧したとしても、1ビジットとする。一般に、前回訪問してから30分以上経つと新規の訪問とみなされる。セッション。➡ページビュー

ぴしっ-と〔副〕❶むちで勢いよく打ったり、ふすま・障子などを強く閉めたり、ガラスなどに亀裂が走ったりするさま。また、そのようにして鋭く音を立てるさま。ぴしりと。「むちを―鳴らす」「湖面の氷が―割れる」❷容赦のない鋭い調子で物事をするさま。ぴしりと。「要求を―はねつける」❸いい加減なところがないさま。すきがないさま。「ズボンにアイロンを―かける」「計算が―合う」

ひじ-つぼ【肘壺】柱に取り付ける壺状の金物。扉に付けた肘金をはめ込み、蝶番のように開き戸を開閉させる。

ビジティング-チーム〖visiting team〗「ビジター❸」に同じ。

ビジティング-フェロー〖visiting fellow〗給費派遣研究員。給費を受けて、外国の大学や研究所に派遣される研究員。

び-してき【微視的】〔形動〕❶人間の視覚で識別できないほど微細であるさま。顕微鏡的。「―な世界」㊥巨視的。❷物事を微細に観察するさま。「―にとらえる」㊥巨視的。

ひじ-てつ【肘鉄】「肘鉄砲」の略。「―を食う」

ひじ-でっぽう【肘鉄砲】《「ひじてっぽう」とも》❶肘で人を突きのけること。❷相手の申し出・誘いなどをはねつけること。ひじてつ。

肘鉄砲を食わ・せる　❶相手を肘の先で突きのける。「痴漢に―・せる」❷相手の申し出・誘いなどをはねつける。「デートの誘いに―・せる」

ひし-と【緊と・犇と】〔副〕❶すきまなく密着するさま。しっかりと。ぴったりと。「―身を寄せる」「―抱きしめる」❷深く心や身に感じるさま。「真心を―感じる」❸強く押されて鳴るさま。「ぬばたまの夜はすがらにこの床の―鳴るまで嘆きつるかも」〈万・三二七〇〉❹すきまなく並ぶさま。ぎっしりと。びっしりと。「庭にも―並みゐたり」〈平家・二〉❺ゆるみなく物事をするさま。しっかりと。「―国治まり」〈愚管抄・三〉❻力を入れて激しく動作をするさま。「肩を―食ひたりければ」〈今昔・二七・四四〉

㊩ぎゅっと・きゅっと・がっちり・かっちり・確と

ビジトキ-きょうかい【ビジトキ教会】《Kościół Wizytek》ポーランド共和国の首都ワルシャワにある教会。18世紀後半に建造された後期バロック様式の教会で、第二次大戦中も奇跡的に破壊を免れた。フレデリック=ショパンが学生時代にオルガン奏者を務めていたことで知られる。ウィジトキ教会。ビズィテク教会。

ひし-とじ【菱綴】「菱縫」に同じ。

ひ-し・ぬ【干死ぬ・乾死ぬ】〔動ナ五〕図〔ナ四・ナ変〕飢えて死ぬ。餓死する。「三人も四人も子供が有っちゃ、親子―・ぬ外ない」〈木下尚江・良人の自白〉

ひし-ぬい【菱縫】❶兜の錏、鎧の袖・草摺などの裾板に、赤革のひもや赤糸の組ひもでX形に綴じた飾り。ひしとじ。❷「菱縫の板」の略。

ひしぬい-の-いた【菱縫の板】兜の錏、鎧の袖・草摺などの最も下の板。ひしいた。

ひし-ね【菱根】❶ヒシの根。❷とがった角のある、山の崖。ひし。

ビジネス〖business〗❶仕事。職業。また、事業。商売。「サイド―」❷個人的な感情を交えずに利益の追求のみを目的として進める仕事。「―に徹する」
㊩職業・職・仕事・生業・なりわい・商売・商い・商業・事業・家業・稼業

ビジネス-アワー〖business hours〗執務時間。営業時間。

ビジネス-インテリジェンス〖business intelligence〗企業内に蓄積された膨大なデータを統合・分析・管理し、企業の意思決定に活用するシステムや概念の総称。データウエアハウス・データマイニング・オンライン分析処理などが含まれる。BI。

ビジネスウーマン〖businesswoman〗❶女性実業家。女性経営者。❷女性社員。女性事務員。㊫❷は日本語での用法。

ビジネス-エリート《和 business＋elite》一流企業の事務系の優秀な社員。

ビジネス-ガール《和 business＋girl》女子事務員をいった語。BG。➡オフィスレディー

ビジネスキャリア-せいど【ビジネスキャリア制度】《ビジネスキャリアは、和 business＋career》労働省(現厚生労働省)が平成6年(1994)に始めた、事務系従業員を対象とする資格認定制度。厚生労働大臣が認定した民間教育機関の行う講座を受け、中央職業能力開発協会の試験に合格して得る資格。人事・人材開発・労務管理、経理・財務管理、営業・マーケティング、生産管理などの分野がある。

ビジネス-クラス〖business class〗旅客機の客席で、エコノミークラスとファーストクラスとの中位の等級。エグゼクティブクラス。

ビジネス-グラフィックス〖business graphics〗コンピューターを用いて、経営上の情報をグラフや図形にしてディスプレーに表示させ、経営の現況、将来の予想、意思決定などに役立てようとするコンピューターグラフィックスの一部門。

ビジネス-ゲーム〖business game〗経営者・管理者の意思決定能力の訓練方法の一つ。現実の企業経営を模したモデルを設定し、商品開発・生産・販売・設備投資などに関する意思決定と、そこから出てきた業績を競い合う。

ビジネス-サーベイ〖business survey〗景気動向について、主要企業経営者の判断を調査、集計したもの。

ビジネス-ショー〖business show〗事務・OA機器、システムなどの展示会。

ビジネス-スーツ〖business suit〗仕事用の背広。特に色や仕立てが地味なもの。

ビジネス-スクール〖business school〗❶パソコン実務・簿記・速記などの商業実務を教える専門学校。❷アメリカの大学で、経営学専門の大学院。経営の実務教育を重視する。

ビジネス-センター〖business center〗銀行・会社などの本・支店が集中している都市の中心地区。

ビジネス-ソフト《business softwareから》ビジネスの分野で広く用いられるソフトウエアの総称。表計算ソフト・ワープロソフト・プレゼンテーションソフトをひとまとめにしたオフィスソフトのほか、会計・顧客管理・人事管理などを扱うソフトウエアを指す。ビジネスソフトウエア。業務ソフト。業務用アプリケーション。

ビジネスソフトウエア-アライアンス〖Business Software Alliance〗▶ビー-エス-エー(BSA)

ビジネス-チャンス《和 business＋chance》事業や取引の機会。商機。起業の可能性。

ビジネス-ディナー〖business dinner〗接待などの仕事をかねた夕食。➡ビジネスランチ

ビジネスとせいぶつたようせい-イニシアティブ【ビジネスと生物多様性イニシアティブ】生物多様性条約の目的を達成するために、生物多様性の保全と自然資源の持続可能な利用に取り組む企業の集まり。2008年の生物多様性条約第9回締結国会議(COP9)でドイツ政府が主導して発足。日本からは9社が参加している。B&Bイニシアティブ。➡企業と生物多様性イニシアティブ

ビジネスとせいぶつたようせい-オフセットプログラム【ビジネスと生物多様性オフセットプログラム】▶ビー-ビー-オー-ピー(BBOP)

ビジネスパーソン〖businessperson〗ビジネスマン・ビジネスウーマンに代えていう語。実業家。経営者。また、会社員。事務員。

ビジネス-ふくごうき【ビジネス複合機】▶プリンター複合機

ビジネスブレークスルー-だいがく【ビジネスブレークスルー大学】東京都千代田区にある大学。平成22年(2010)の開学。講義や試験などは、インターネットを通じて行われる。

ビジネスプロセス-アウトソーシング〖business process outsourcing〗経理・総務など、企業の事務処理部門の業務をそっくり外部の企業や子会社に委託すること。特に、給与計算などのデータ入力、整理、出力といった管理業務、あるいは電話による顧客対応の窓口業務などを、複数の企業と契約する専門業者に外部委託すること。BPO。

ビジネスプロセス-リエンジニアリング〖business process reengineering〗企業の業務活動を根本から考え直し、根本的革新を行う経営手法。高度な企業情報システムを取り入れるなどして、業務の効率化を図ること。リエンジニアリング。BPR。

ビジネス-ホテル〖business hotel〗主に出張ビジネスマンを客とするホテル。交通の便のよい所に立地し、料金は比較的安い。

ビジネス-ホン〖business phone〗事業所用の電話設備。代表番号が設定できる、複数回線の受信・発信が同時にできる、内線同士での通話ができるなどの機能をもつ。

ビジネス-マナー《和 business＋manner》会社員としての礼儀作法。㊫英語ではbusiness etiquette。

ビジネスマン〖businessman〗❶事業を営む人。実業家。❷会社員。特に、事務系の仕事をする人。
㊩事業家・事業者・サラリーマン・会社員・勤め人・勤労者・労働者・ホワイトカラー

ビジネス-モデル〖business model〗企業が行う事業の仕組みや方法。

ビジネスモデル-とっきょ【ビジネスモデル特許】《business model patent》具体的な技術や発明ではなく、事業そのものの仕組みや方法を特許化したもの。英語では「business method patent」という。

ビジネスヨーロッパ〖BUSINESSEUROPE〗EU(欧州連合)各国の産業界の協調を目的とする団体。1958年設立のUNICEを2007年に改称したもの。本部はブリュッセル。欧州経営者連盟。

ビジネスライク〖businesslike〗〔形動〕事務的。能率的。「―に話を進める」

ビジネス-ランチ〖business lunch〗❶仕事の打ち合わせのための接待昼食。➡ビジネスディナー ➡ワーキングディナー ❷ビジネスマン向けの低料金の昼食。㊫❷は日本語での用法。

ビジネス-レディー《和 business＋lady》女子事務

員。女子会社員。⇒オフィスレディー 【補説】英語では普通、男女の区別なくoffice worker、clerk（事務員）、secretary（秘書）などの語を場合によって用いる。

ひし-ばい【×菱灰】ヒシの実の殻を焼いて作った茶褐色の灰。主に香炉に用いる。

ひし-ばった【×菱蝗】直翅目ヒシバッタ科の昆虫。地表面にすみ、体長約1センチ。体色は灰褐色に白や黒の斑紋がある。背面が平たくて菱形をし、後脚は発達してよく跳ねる。

ピシバニール〘Picibanil〙抗悪性腫瘍溶連菌製剤の薬品名。溶血性連鎖球菌をペニシリンで処置してつくる。消化器癌や甲状腺癌、肺癌に適用される。

ひじ-ば・る【肘張る】〔動ラ五（四）〕❶肘を張り出す。肘を張る。「―・ったかっこう」❷意地を張る。また、威張る。「―・った物言い」

ひし-ひし【▽緊▽緊｜×犇×犇】〔副〕❶強く身に迫るさま。切実に感じるさま。「責任の重さを―と感じる」❷すきまのないさま。ぴったり。「伝馬や艀が―と舳を並べた」〈風葉・世間師〉❸強く押されて鳴る音を表す語。みしみし。「物の足音―と踏み鳴らしつつ」〈源・夕顔〉❹猶予や容赦のないさま。びしびし。「―とおぼしめし立たせ給ひけり」〈平家・四〉❺ひたすらある動作をするさま。「―と、ただ食ひに食ふ音のしければ」〈宇治拾遺・一〉

びし-びし〔副〕❶棒などで続けて強く打つ音や、枝などの続けて折れる音を表す語。「竹刀で―打たれる」❷遠慮や手加減をせず、きびしく行うさま。「金を―（と）取りたてる」

ぴし-ぴし〔副〕❶むちなどで続けて打ったり、細い枝が続けて折れたりするときの音を表す語。「枯れ枝に火がついて―（と）はぜる」❷鋭い調子で、遠慮なく物事をするさま。「要所を―と押さえる」

ひじ-ぶとん【肘布団｜肘×蒲団】「肘突き」に同じ。

ビジブル-ウェブ〘visible web〙▶表層ウェブ

ひじ-ぼうもん【秘事法門】浄土真宗の異安心の一。教義を秘密裏に伝えるのでいう。善鸞が父親鸞から夜中ひそかに法門を伝授されたと称したことに発し、のち大町如道が不拝秘事を唱えてから広まった。十劫秘事・土蔵秘事・隠し念仏などがある。

びし-ま　釣り糸に多数のびし（おもり）を等間隔につけたもの。海の深場釣りの道糸にする。

ひじ-まくら【肘枕】〔名〕スル　自分の片肘を曲げて枕がわりにすること。「―してテレビを見る」
【類語】手枕・手枕・腕枕・膝枕

ひし-むすび【×菱結び】紐の結び方の一。結び上がりが菱形になる。

ひし-めき【×犇めき】ひしめくこと。また、その音。

ひしめき-あ・う【×犇めき合う】〔動ワ五（ハ四）〕大勢の人が1か所に集まって、押し合うようにする。また、互いに押し合って騒ぐ。「狭い入り口で入場者が―・う」【類語】込む・込み合う・立て込む・ごたつく・ごった返す・犇めく・混雑する・雑踏する

ひし-め・く【×犇めく】〔動カ五（四）〕❶大勢の人が1か所にすきまなく集まる。また、集まって騒ぎたてる。「観衆が―・く」❷ぎしぎしと音がする。「ものの―・き鳴るもいと恐ろしくて」〈枕・一二五〉
【類語】込む・込み合う・立て込む・ごたつく・ごった返す・犇めき合う・混雑する・雑踏する

ひし-もち【×菱餅】❶菱形に切った餅。紅・白・緑色の3枚を重ね、雛の節句に用いる。菱形餅。《季 春》「―や紅白の中の草の色／孝作」❷ヒシの実の粉で作った餅。

ひ-しゃ【飛車】❶将棋の駒の一。縦横に何間でも動け、成ると竜王となり、斜め前後にも1間ずつ動ける。飛。❷空中を飛ぶという車。「我が―に相乗せて、仏の御許に率て参りて」〈今昔・一・二九〉

ヒジャーズ〘Hijāz〙▶ヘジャズ

ヒジャーブ〘アラビア hijab〙▶ヘジャブ

ひしゃかい-しんど【被写界深度】カメラで、ある一点にピントを合わせたとき、その前後の鮮明な像の得られる範囲。絞りを小さくするほど深くなる。

ひしゃかいしんどゆうせん-エーイー【被写界深度優先AE】▶深度優先AE

ひじゃ-がわ【比謝川】沖縄県、沖縄本島中部を流れる、同島最大の流域面積をもつ川。読谷山岳（標高236メートル）に源を発し、台地を貫流して中頭郡嘉手納町を通り読谷村渡具知で東シナ海に注ぐ。長さ18.5キロ。本島南部の水源として利用。

ひしゃく【▽柄×杓｜×杓】《「ひさご（瓠）」の音変化。漢字は当て字》湯や水などをくむ道具。竹・木・金属などで作った筒または椀状の容器に柄をつけたもの。ひさく。【類語】杓子・しゃもじ・お玉杓子・茶杓

ひ-しゃく【飛×錫】〔名〕スル《「錫」は錫杖のこと》僧が諸国を遍歴修行すること。また、その僧。行脚。遊行。

ひしゃ・ぐ【▽拉ぐ】㊀〔動ガ五（四）〕平たく押しつぶす。ひしぐ。「三寸釘の頭を―・いで通した心棒を」〈黒島・二銭銅貨〉㊁〔動ガ下二〕「ひしゃげる」の文語形。

び-じゃく【微弱】〔名・形動〕非常にかすかで弱いこと。また、そのさま。「―な電流」「―な反応」【派生】びじゃくさ〔名〕【類語】弱い・かすか・弱弱しい

びじゃく-じんつう【微弱陣痛】分娩時に子宮の収縮が弱く、分娩が正常に進行しない状態。子宮収縮剤や陣痛促進剤を投与して陣痛を促進・増強させる。

ひしゃく-たて【▽柄×杓立て】茶の湯で、茶柄杓を立てておく具。しゃくたて。

ひしゃ・げる【▽拉げる】〔動ガ下一〕図ひしゃ・ぐ〔ガ下二〕押されてつぶれる。ぺしゃんこになる。ひしげる。「箱が―・げる」「フロントの―・げた車」
【類語】潰れる・壊れる・損ずる・毀れる・欠ける・傷付く・拉げる・砕ける・割れる・いかれる・ポシャる・破れる・破損する・毀損する・損傷する・損壊する

ひしゃ-たい【被写体】写真で、撮影される対象物。

ぴしゃっ-と〔副〕「ぴしゃり」に同じ。「窓を―閉める」「依頼を―断る」「予想が―当たる」

ぴしゃ-ぴしゃ〔副〕❶平たいもので続けて軽く打つさまや、その音を表す語。「―（と）背中をたたく」❷液体が続けてはねるさまや、その音を表す語。「水たまりを―（と）歩いて行く」

ヒジャブ〘アラビア hijab〙▶ヘジャブ

ピジャマ〘フランス pyjama〙▶パジャマ

ひじやま-だいがく【比治山大学】広島市にある私立大学。昭和14年（1939）に発足した広島昭和高等女学校をもとに、平成6年（1994）に開学。現代文化学部の単科大学。

びしゃもん【毘沙門】「毘沙門天」に同じ。

びしゃもん-てん【毘沙門天】《梵 Vaiśravaṇaの音写。多聞と訳す》仏法守護の神。四天王・十二天の一。須弥山の第4層中腹北側に住し、北方世界を守護。黄色の身で忿怒の相をし、甲冑を着け、左手に宝塔を捧げ、右手に矛または宝棒を持つ。財宝を施す神として施財天ともいわれる。日本では七福神の一とする。多聞天。

びしゃもん-どう【毘沙門堂】京都市山科区にある天台宗の寺。正しくは出雲寺。山号は護法山。院号は安国院。開創は、寺伝によれば大宝3年（703）、開山は行基。また、延暦年間（782～806）に、最澄が自作の毘沙門天像を草庵に安置したのが始まりともいう。寛文5年（1665）に公海が復興、以後、代々法親王が入寺する門跡寺院となる。山科毘沙門天。

ひし-やらい【×菱矢来】竹を菱形に組んで作った矢来。菱形矢来。

ぴしゃり〔副〕❶戸・障子などを勢いよく閉めきる音を表す語。「ふすまを―と閉める」❷手の平などで強く打つ音を表す語。「横っ面を―とひっぱたく」❸水などがはね上がるさま。「車に泥水を―とかけられる」❹まったく受け入れないさま。容赦なく拒むさま。「要求を―とはねつける」❺少しの食い違いもなく合うさま。「―と言い当てる」

ひ-しゅ【×匕首】つばのない短刀。あいくち。

ひ-しゅ【×脾腫】脾臓が腫れて大きくなった状態。血液疾患・炎症・脂質代謝異常などでみられる。

び-しゅ【美酒】味のよい酒。うまざけ。「勝利の―に酔う」「一佳肴」

ビジュアル〘visual〙〔形動〕目に見えるさま。視覚的であるさま。「―な本」「―な効果」

ビジュアル-スキャンダル〘visual scandal〙見る人を驚かすような、奇抜な広告。

ビジュアル-デザイン〘visual design〙絵や写真など、視覚的な表現による広告デザイン。

ビジュアル-フライト〘visual flight〙有視界飛行。

ビジュアル-ベーシック〘Visual Basic〙米国マイクロソフト社が開発したプログラミング言語。グラフィックソフトのようなユーザーインターフェースにより、アプリケーションソフトの開発を容易にする工夫がなされている。VB。

ビジュアルベーシック-スクリプト〘Visual Basic Script〙▶ブイビースクリプト（VBScript）

ビジュアル-マーチャンダイジング〘visual merchandising〙商品の視覚的印象を重視する販売方法。商品のデザインやカラー、店頭広告など視覚に訴える要素を統一的に演出し、消費者の購買意欲を高めようとすること。

ビジュアル-ワークステーション〘visual workstation〙▶グラフィックスワークステーション

ひ-しゅう【比周】〔名〕スル　❶《「論語」為政の「君子は周して比せず、小人は比して周せず」から》私利によって一部の仲間とつきあうことと、正しい道にそって広く交わりをもつこと。❷《「春秋左伝」文公一八年から》よくない目的で仲間を作ること。徒党を組むこと。「朋党―の争い」〈蘆花・思出の記〉

ひ-しゅう【肥州】肥前国・肥後国の総称。

ひ-しゅう【卑▽湿】▶ひしつ（卑湿）

ひ-しゅう【飛州】飛騨国の異称。

ひ-しゅう【秘宗】真言宗の異称。

ひ-しゅう【悲愁】悲しみに深く心が沈むこと。悲しみとうれい。

ひ-じゅう【比重】❶ある物質の質量と、それと同体積をもつ標準物質の質量との比。通常、セ氏4度の水を標準物質とする。❷他と比べての、重点を置く度合い。また、占める大きさの度合い。「予算に占める人件費の―が大きくなる」

び-しゅう【尾州】尾張国の異称。

び-しゅう【美醜】うつくしいことと、みにくいこと。「外観の―は問わない」「善悪―」

び-しゅう【備州】備前国・備中国・備後国の総称。

ビジュー〘フランス bijou〙宝石。宝玉。

ひしゅうき-すいせい【非周期×彗星】太陽を焦点とし双曲線（放物線も含む）の軌道を描く離心率1以上の彗星。引力により太陽に一度接近した後は再び回帰することはないため、公転周期を定義できない。コホーテク彗星、マックノート彗星などが知られる。⇔周期彗星。

びしゅう-け【尾州家】徳川御三家の一。徳川家康の第9子義直を始祖とする。名古屋に居城を置き、石高は61万9千石。尾張家。

ひじゅう-けい【比重計】比重を測定する器具。浮き秤・比重瓶などがある。

ひしゅうしょく-ご【被修飾語】修飾語によって意味内容が限定されている語。例えば、「大きい月」の「月」、「ゆっくり話す」の「話す」。

ひじゅう-せんこう【比重選鉱】鉱石中の有用鉱物と廃石とを、比重の差を利用して分離する方法。

ひじゅう-びん【比重瓶】比重計の一。主に液体の測定に用いる。小形のガラス瓶で、試料と水の重さを測定して比重を求める。ピクノメーター。

び-じゅうもう【微×絨毛】動物の細胞表面にある小突起。成長期の卵母細胞、小腸や細尿管の上皮細胞、内耳や鼻の感覚細胞などにみられる。

ひしゅうようしゃしょぐう-ほう【被収容者処遇法】▶刑事施設受刑者処遇法

びしゅかつま【毘首羯磨】《梵 Viśvakarmanの音写。妙匠・種々工巧と訳す》帝釈天の侍臣で、

細工物や建築をつかさどる神。転じて、美術工芸に巧みな人。
び-じゅく【×糜×粥】薄いかゆ。特に、食物が胃の中で消化されてかゆ状となったもの。
ビシュケク〖Bishkek〗キルギス共和国の首都。毛織物工業が盛ん。ソ連邦時代には共産党活動家の名によりフルンゼといったが、独立後旧称に復した。人口、行政区80万、都市圏81万(2007)。
ひ-じゅつ【秘術】秘密にして人に明かさない術。特別の効果をもたらす奥の手。「一を尽くす」
び-じゅつ【美術】視覚的、空間的な美を表現する造形芸術。絵画・彫刻・建築・工芸など。明治時代は、広く文学・音楽なども含めていった。「古一」「仏教一」
びじゅつ-かい【美術界】美術家の社会。美術の業界。
びじゅつ-かん【美術館】美術品を収集・保管・展示し、一般の展覧・研究に資する施設。
びじゅつ-かんとく【美術監督】映画・テレビなどの撮影で、台本の内容にふさわしい背景・装置を案出し、その制作を取り仕切る役。
びじゅつ-し【美術史】美術の歴史。また、それを研究対象とする歴史学の一分野。
びじゅつ-ひん【美術品】書画・彫刻・工芸など、美術の作品。
ビシュヌ〖梵 Viṣṇu〗ヒンズー教で、ブラフマー・シバとともに三神の一。ベーダ神話では太陽神であるが、のちの叙事詩では破壊神シバと並んで最高神とされる。慈愛・恩寵を垂れ、生類救済のため10種の形をとって世に現れるといわれる。
ビシュ-バリク〖Biss balïq〗《五つの城の意。「別失八里」とも書く》中国新疆ウイグル自治区、天山山脈の東北麓にあったオアシス都市。唐代の702年に北庭都護府が置かれた。現在のジムサ地方にあたる。
ヒジュラ〖アラビア Hijra〗《移住の意》預言者ムハンマド(マホメット)がメッカ住民の迫害から逃れて、西暦622年9月22日、メジナに移住したこと。ヘジラ。➡イスラム暦
ヒジュラ-れき【ヒジュラ暦】▶イスラム暦
ひ-じゅん【批准】〔名〕スル《「批」は上奏の末尾に天子が可否の決裁を書き示す意。「准」は許す意》全権委員が署名した条約に対する、当事国における最終的な確認・同意の手続き。日本では内閣が行うが、国会の承認を必要とする。「通商条約を一する」
(類語)許可・認可・許諾・承認・認許・允許・允可・容認・許容・聴許・裁許・裁可・免許・公許・官許・許し・オーケー・ライセンス
ひじゅん-しょ【批准書】条約に対する国家の確認・同意を示す文書。この文書の交換または寄託によって条約の効力が生じる。
ひ-しょ【飛書】❶手紙を急いで送ること。また、その手紙。❷匿名の投書。
ひ-しょ【秘所】秘密の場所。また、秘密にする箇所。
ひ-しょ【秘書】❶要職の人に直属して、機密の文書・事務などを取り扱う職。また、その人。セクレタリー。「社長一」❷秘密の文書。また、それを扱う人。❸秘して人に見せない書物。秘蔵の書物。「一を公開する」(類語)セクレタリー・鞄持ち
ひ-しょ【避暑】〔名〕スル 涼しい土地に一時移って、夏の暑さをさけること。(季 夏)「一の宿うら戸に迫る波白し／犀星」
び-じょ【美女】容姿の美しい女性。美人。
(類語)美人・佳人・麗人・別嬪・シャン・名花・小町・マドンナ・色女・大和撫子
ひ-しょう【卑小】〔名・形動〕取るに足りないこと。ちっぽけで価値の低いこと。また、そのさま。「一な存在」
ひ-しょう【卑称】他人、およびその動作・状態をいやしめて呼ぶ表現。「てめえ」「きさま」「…しやがる」など。(⇔)尊称。
ひ-しょう【飛×翔】〔名〕スル 空高く飛びめぐること。「大空を一する」(類語)飛ぶ・翔る・飛行・飛来・滑空・天翔る・高翔する・滑翔する・舞う
ひ-しょう【×婢×妾】召し使いの女と妾。はしため。
ひ-しょう【悲傷】〔名〕スル 悲しんで心を痛めること。「友の死を一する」
ひ-しょう【費消】〔名〕スル 金銭や物品などを使い果たすこと。「公金を一する」(類語)消費・消尽
ひ-じょう【肥×饒】〔名・形動〕地味が肥えて豊かなこと。また、そのさま。肥沃。「土地一なる印度の貧にして」〈福沢・文明論之概略〉
ひ-じょう【非常】㊀〔名〕普通でない差し迫った状態。また、思いがけない変事。緊急事態。「一を告げる電話の声」「一持ち出しの荷物」㊁〔形動〕文〔ナリ〕❶並の程度でないさま。はなはだしいさま。「一に悲しい」「一な才能」❷行動やようすが異常であるさま。「一な事だと思わないで一なことをするから奇人だろう」〈逍遥・当世書生気質〉(類語)(㊀)緊急・急難・異変・事変・変事／(㊁❶)大変・大層・異常・極度・桁外れ・桁違い・並み外れ・格段・著しい・甚だしい・すごい・ものすごい・計り知れない・恐ろしい・ひどい・えらい・途方もない・途轍もない・この上ない・筆舌に尽くしがたい・言語に絶する・並並ならぬ（連用修飾語として）極めて・至って・甚だ・極・至極・滅法・すこぶる・いとも・とても・大いに・実に・まことに・一方ならず／(㊁❷)変・特異・異常・異例・不自然・変てこ
ひ-じょう【非情】〔名・形動〕❶人間らしい感情をもたないこと。感情に左右されないこと。また、そのさま。「一な仕打ち」❷仏語。草木土石など、感情のないもの。➡有情 (派生)ひじょうさ〔名〕(類語)(❶)冷たい・冷ややか・冷淡・薄情・不人情・非人情・無情・冷酷・冷血・酷薄・クール・無慈悲・心無い・血も涙も無い
び-しょう【眉×睫】まゆとまつげ。また、非常に接近するたとえ。目睫。「一の難を避ける」
び-しょう【美称】❶他人をほめていうときの呼び方。また、よい評判。「三ケ津総芸頭と云う一を、長い間享受して来た藤十郎は」〈菊池寛・藤十郎の恋〉❷上品な言い方。「霰」に対する「玉霰」など。
び-しょう【美粧】美しく装うこと。また、美しく化粧すること。
び-しょう【×媚笑】男の気をひくような笑い。なまめかしい笑い。
び-しょう【微小】〔名・形動〕非常に小さいこと。かすかに認められること。また、そのさま。「一な音」
(類語)細かい・小さい・微細・細微・細密・緻密・密・微微・ミクロ
び-しょう【微少】〔名・形動〕ごくわずかなこと。また、そのさま。「一な分量」(類語)僅少・些少
び-しょう【微笑】〔名〕スル ほほえむこと。ほほえみ。「一を浮かべる」「やさしく一する」(類語)笑い・笑み・微笑み・朗笑・一笑・破顔一笑・スマイル
び-しょう【微晶】肉眼では見えにくい微細な結晶。特に、火成岩中の微細な結晶。「原子から一、一から多晶金属の組成」〈寅彦・ルクレチウスと科学〉
び-しょう【微傷】わずかの傷。かすりきず。「過刻の戦に些か一を被れども」〈竜渓・経国美談〉(類語)軽傷
び-じょう【尾錠】帯革・ひもなどの先に取り付けて左右から寄せて締める金具。男子のチョッキやズボンの後ろなどに用いる。バックル。尾錠金。
び-じょう【鼻×茸】▶はなたけ
びしょう-いん【美粧院】美容院の古い言い方。
びじょう-かじょ【尾状花序】穂状花序の一型。花軸に柄のない単性花が密について垂れ下がるもの。クリ・クルミ・ハンノキ・ヤナギの雄花などにみられ、花は花序ごと脱落する。
びしょう-かたさ【微小硬さ】工業材料をはじめとする物質の硬さ(硬度)の示し方の一。原理はビッカース硬さと同じで、概ね荷重1キログラム重以下での測定に対して用いられる。肉眼では判別できないほど小さなくぼみを顕微鏡で計測するため、非破壊試験として利用されるほか、小さな結晶などでも測定が可能。微小硬度。マイクロビッカース。
びじょう-がね【尾錠金】「尾錠」に同じ。
びしょう-かん【微小管】細胞内にある管状の構造物。細胞の運動や形の保持に関与する細胞骨格の一つ。チューブリンというたんぱく質からなり、太さ約24ナノメートル。細胞分裂の際には紡錘糸となって現れる。細胞小器官などを輸送するレールの役割も果たしている。
ひ-じょうきん【非常勤】常勤ではなく、日数や時間数を限って勤務すること。「一講師」(類語)パートタイム・アルバイト・内職・手間仕事・賃仕事
ひじょう-ぐち【非常口】建物や車両で、火災・事故などの非常時の避難に使用する出入り口。
(類語)入り口・出口・出入り口
ひ-しょうぐん【飛将軍】《中国の匈奴が漢の李広を恐れて呼んだ称から》行動が迅速で武勇のすぐれた将軍。飛将。
ひじょう-けいかい【非常警戒】重大な犯罪が発生したり予期されたりするとき、犯人の逮捕、犯罪の防止のため、警察が一定の地域を特に厳重に警戒すること。
ひじょう-けいほう【非常警報】非常の場合に発するサイレンや鐘、または信号。
びしょうけっかん-きょうしんしょう【微小血管狭心症】心筋中の細い血管が異常に収縮したり閉塞することで起こる狭心症。女性ホルモンの分泌が低下する40代後半から50代の更年期の女性に多くみられる。過労・不眠・寒冷などをきっかけに胸痛の発作が起こるが、ニトログリセリンは効きにくい。冠動脈に狭窄がないことを確認したうえで、血管拡張作用のあるカルシウム拮抗薬が用いられる。
びしょう-こうど【微小硬度】▶微小硬さ
ひじょう-こしゅう【非常呼集】軍隊などで、非常・緊急の場合に兵を武装させて集合させること。
ひじょう-じ【非常時】❶非常の事態が起こった時。「一の脱出口」❷国家的、国際的に重大な危機に直面した時。「国家の一」(類語)難局・危局
ひ-じょうしき【非常識】〔名・形動〕常識のないこと。常識を欠いていること。また、そのさま。「一な言動」(派生)ひじょうしきさ〔名〕
(類語)没常識・世間知らず
ひしょう-じけん【非訟事件】私人間の生活関係に関する事件のうち、訴訟手続きによらずに裁判所によって処理される民事事件。
びしょう-じしん【微小地震】マグニチュード1以上3未満の規模の地震。無感だが、震源が浅い場合にはまれに有感となる。➡マグニチュード
ひじょうじたい-せんげん【非常事態宣言】旧警察法で、国家に非常事態が生じたときに、内閣総理大臣が発する布告。➡国家非常事態
ひしょう-しつ【非晶質】結晶質でないこと。固体の原子・分子などの配列に規則性が認められないもの。無定形物質。アモルファス。(⇔)結晶質。
ひしょうしつ-きんぞく【非晶質金属】▶アモルファス金属
ひしょうしつ-ごうきん【非晶質合金】▶アモルファス合金
ひしょうしつ-こうぶんし【非晶質高分子】▶非結晶性高分子
ひしょうしつ-シリコン【非晶質シリコン】▶アモルファスシリコン
ひしょうしつ-はんどうたい【非晶質半導体】▶アモルファス半導体
ひじょう-しゃせん【避譲車線】自動車道路で、遅い車が後続車に道を譲るために用いる車線。主車線の左側に2、300メートルの長さで設けられる部分。
ひじょう-しゅだん【非常手段】非常の場合にやむなく使う手段。また特に、暴力的、強圧的な手段。「一に訴える」「一をとる」
び-しょうじょ【美少女】容貌の美しい少女。
(類語)美人・佳人・美女・麗人・別嬪・シャン・名花・小町・マドンナ・色女・大和撫子
ひじょう-じょうこく【非常上告】刑事訴訟で、判決が確定したのち、その事件の審判が法令に違反したことを理由として、検事総長が最高裁判所に対して申し立てる手続き。
ひじょう-しょうしゅう【非常召集】〔名〕スル ❶戦時、または事変に際して予備役の軍人を召集する

こと。❷緊急の事態に際して呼び出しをかけること。「非番の者を―する」

ひじょう-しょく【非常食】ヒジヤウ 災害などの非常時に備えて、あらかじめ準備しておく食料。

ひじょう-すう【被乗数】乗法で、掛けられるほうの数。$a \times b$のaをいう。

ひしょうせい-こうぶんし【非晶性高分子】ヒシヤウセイカウブンシ ▶非結晶性高分子

ひじょう-せん【非常線】ヒジヤウ 重大な犯罪や災害などが発生したときに、一定の区域に警官を配置して検問や通行禁止などを行う警戒態勢。警戒線。「―を張る」〔類語〕検問

ひしょう-たい【飛×翔体】ヒシヤウ 高空を飛翔する人工物。宇宙ロケットや弾道ミサイルなど。〔補説〕宇宙ロケットと弾道ミサイルは構造がほぼ同じのため、情報が公開されていない飛翔体について外部から判断することは非常に困難となる。1998年および2009年、朝鮮民主主義人民共和国は宇宙ロケットの発射を行ったと発表したが、ミサイル実験であったとの見方もなされている。➡テポドン

ひじょう-たいけん【非常大権】ヒジヤウ 明治憲法下の天皇の大権の一。国家の非常時に、国民の権利を制限しうる権能。

ひじょう-だっしゅつシュート【非常脱出シュート】ヒジヤウ ▶脱出シュート

ひじょう-だっしゅつスライド【非常脱出スライド】ヒジヤウ ▶脱出シュート

ひ-しょうてん【被昇天】▶聖母(せいぼ)被昇天

ひ-じょうにんりじこく【非常任理事国】ヒジヤウニンリジコク 国際連合の安全保障理事会を構成する15か国のうち、五つの常任理事国以外の理事国。総会で選出され、任期は2年で、再選は認められない。

び-しょうねん【美少年】ビセウネン 容貌の美しい少年。〔類語〕美童・美男・美男子・色男・二枚目・ハンサム・美丈夫

び-じょうふ【美丈夫】ビヂヤウフ 美しくりっぱな男子。〔類語〕美男・美男子・色男・二枚目・ハンサム・美少年・美童

ひじょう-へんさい【非常変災】ヒジヤウ 地震・風水害、火山の噴火、毒劇物や放射能による災害などの緊急事態。➡変災

ひじょうよう-ろしんれいきゃくそうち【非常用炉心冷却装置】ヒジヤウヨウロシンレイキヤクサウチ ▶イー-シー-シー-エス(ECCS)

ひ-じょうり【非条理】ヒデウリ〘名・形動〙道理にかなっていないこと。また、そのさま。

びじょ-がね【尾▽錠金】ビヂヤウ ❶馬具の一。鐙(あぶみ)の上部の環の中にある小さな舌状の金具。水緒(みずお)の穴に通して鐙をつるのに用いる。水緒金。びじょうがね。❷「尾錠(びじょう)」に同じ。

ひしょ-かん【秘書官】ヒシヨクワン 大臣・長官などに直属して、機密の文書・事務を取り扱う職。また、その人。

ひ-しょく【比色】色の濃淡や色調をくらべること。

ひ-しょく【非職】❶現職でないこと。また、その人。「―になってから、元気がすっかりなくなって」〈花袋・妻〉❷官吏が、地位はそのままで職務だけを免ぜられたこと。休職。「夫が―の部長上りか何かで」〈啄木・鳥影〉

び-しょく【美色】❶美しい色。「―の前だれ掛」〈一葉・われから〉❷美しい顔だち。美人。

び-しょく【美食】〘名〙スル ぜいたくでうまいものばかり食べること。また、その食事。「―家」

びしょく-か【美食家】ぜいたくでうまいものばかりを好んで食べる人。グルメ。〔類語〕食通・グルメ・食い道楽

ひしょく-けい【比色計】比色分析に用いられる器具。

ひしょく-しゃ【被食者】他の生物にえさとして捕食(ほしょく)される生物。動物をいうことが多い。

ひしょく-ぶんせき【比色分析】主に溶液の色の濃さや色調を、標準溶液と比較して定量する化学分析法。肉眼で試験管などに採取した試料を見比べる方法や、試料を透過した光の強さや吸収の程度により調べる方法などがある。

びじょ-ざくら【美女桜】ビヂヨ クマツヅラ科の多年草。園芸上は一年草。茎は地面をはい、枝分かれして直立。葉は対生し、長楕円形で縁にぎざぎざがある。花は春から秋にかけて咲き、サクラソウに似て紅・紫・白・桃色など。中南米の原産。バーベナ。〔季 夏〕

ひじょ-すう【被除数】ヒヂヨ 除法で、割られるほうの数。$a \div b$のaをいう。

ひしょ-ち【避暑地】避暑するのに適した土地。

ビショップ〘bishop〙❶キリスト教会の高級聖職者。カトリックでは司教、プロテスタントでは主教または監督、ギリシャ正教会・イギリス国教会では主教という。その他、僧正とも訳される。❷チェスで、僧侶の帽子の形をした駒(こま)。斜め四方へ動ける。

ビショップ-かん【ビショップ環】クワン 光冠の一。火山爆発で噴き上げられた細塵(さいじん)が上空に滞留しているとき、太陽の光が回折されるため、その周りに見られる赤褐色の大きな光輪。1883年のインドネシアのクラカタウ火山爆発時には世界各地で観測された。名は、ハワイで最初に観測した米国のビショップ(S.E.Bishop)にちなむ。ビショップの輪。

ビショップ-スリーブ〘bishop sleeve〙長袖(ながそで)の一種。下方が広くふくらんだ感じで、袖口をギャザーにし、布バンドで締めた袖のこと。ビショップ(主教)の僧服のデザインからヒントを得た袖。

ビショップ-もん【ビショップ門】《Bishop's Gate》英国、北アイルランド北西部の都市ロンドンデリーの市街を囲む城壁の門の一つ。南西に位置しセントコラムズ大聖堂に近い。城壁は17世紀初め、プロテスタントの入植者により建造。ジェームズ2世とウィリアム3世の英国王位をめぐる争いの中で、1688年から翌年にかけてジェームズ2世の包囲を受けたことで知られる。➡ザダイヤモンド

ビジョナリー-カンパニー〘visionary company〙理念を掲げて変化に挑み、長期間にわたって優良であり続ける企業。

びしょ-ぬれ【びしょ×濡れ】びしょびしょにぬれること。ずぶぬれ。「夕立にあって―になる」〔類語〕ずぶ濡れ・ぐしょ濡れ・濡れ鼠(ねずみ)

びしょ-びしょ ㊀〘副〙雨が絶え間なく降りつづくさま。「―(と)降る雨」㊁〘形動〙全体がすっかりぬれてしまうさま。ひどくぬれて水分を多く含んでいるさま。びっしょり。「汗でシャツが―になる」〔アクセント〕㊀はビショビショ、㊁はビショビショ。〔類語〕ぐしょぐしょ・びしゃびしゃ・びちゃびちゃ・ぐっしょり・びっしょり・しっぽり・しとど

ビジョン〘vision〙❶将来の構想。展望。また、将来を見通す力。洞察力。「リーダーに―がない」「―を掲げる」❷視覚。視力。また、視覚による映像。

ピジョン〘pigeon〙鳩(はと)。

ひ-じり【▽聖】❶世の模範と仰がれる、知徳の高い人。聖人。❷その道で特に技量にすぐれ、模範とされる人。「歌の―」❸高徳の僧。また一般に、僧に対する敬称。❹寺院に所属せず、山中などにこもって修行する僧。行者。修験者。❺諸国をめぐって勧進・乞食(こつじき)などをして修行する僧。高野聖・遊行聖(ゆぎょうひじり)などのこと。❻天皇を敬っていう語。「橿原の―の御代ゆ生(あ)れまししし神のことごと」〈万・二九〉❼《中国で清酒を「聖人」と称した故事から》清酒の異称。「酒の名を―と負せし古の大き聖の言のよろしさ」〈万・三三九〉〔類語〕名僧・高僧・聖人(しょうにん)・生き仏

びしり〘副〙❶棒などで強く打ったり、木などが折れたりする音や、そのさまを表す語。「上段から面を―と打ち込む」❷断固とした調子で物事をするさま。「子供を―としつける」

ぴしり〘副〙❶むちなどで鋭く打つ音や、木などの折れたり割れたりするするどい音などを表す語。「ものさしで―と打つ」❷容赦のないするどい調子で物事をするさま。ぴしゃり。「申し出を―と断る」

ひじり-あんどん【▽聖行▽灯】《高野聖の笈(おい)の形に似ているところからとも、また、聖窓に掛けるところからともいう》近世、遊郭の局見世(つぼねみせ)の格子などに掛けて看板がわりにした掛け行灯。ひじりあんどう。

ひじり-うし【▽聖牛】河川に設置される水制用具の一。多くの丸太で三角錐(すい)を横に倒したような構造物をつくり、いくつかの蛇籠(じゃかご)をのせたもの。

ひじり-かすり【ひぢり×掠り】ヒヂリ 奪い取ったりかすめ取ったりすること。「まんざら―を食ふ様な、あい、女子でもござんせぬ」〈浄・浪花鑑〉

ひじり-かた【▽聖方】高野三方(こうやさんかた)の一。平安中期以降、高野山に隠遁して念仏修行した僧。のちには、同山を根拠地として勧進などのため諸国を遍歴した念仏者。高野聖。

ひじり-こ【▽泥】ひぢどろ。ひじ。〈和名抄〉

ひじり-ことば【▽聖言葉】僧侶の言葉。僧らしい言葉づかい。「例のおどろおどろしき―」〈源・橋姫〉

ひじり-ざま【▽聖様】僧らしいようすや振る舞い。世間離れしたようす。「いと世づかぬ―にて」〈源・橋姫〉

ひじり-だけ【聖岳】静岡・長野の県境、赤石山脈南部にある山。二峰からなり、東峰を奥聖岳(標高2982メートル)、西峰を前聖岳(標高3013メートル)という。長野県では、西沢山と呼ばれる。南アルプス国立公園に属する。

ひじり-だ・つ【▽聖立つ】〘動タ四〙高僧らしく見える。「いと―・ちすくすくしき律師にて」〈源・夕霧〉

ひじり-づか【▽聖▽柄】三鈷柄(さんこづか)の刀剣。一説に、柄に鮫皮(さめがわ)をかけない木地のままのものともいう。

ひじり-ほうし【▽聖法師】ホフシ 修行に専念する僧。「木槵地(もくれんじ)の念珠の大きなるくり下げたる―」〈宇治拾遺・一〉

ひじり-まど【▽聖窓】出格子よりも小さい、箱形の張り出し格子窓。江戸時代、遊郭の局見世(つぼねみせ)などに設けた。

ひじり-め【▽聖目】「聖目(せいもく)」を訓読みした語。「わが手もとをよく見て、ここなる―をすぐにはじけば」〈徒然・一七一〉

ひ-しりょう【非思量】ヒシリヤウ 仏語。すべての相対的な観念を捨てた無分別の境地。座禅の要とされる。

ひじ・る ひぢる〘動ラ四〙盗む。奪う。「この金を那智若衆めに…―・り取らりょと致した」〈浄・千本桜〉〔補説〕歴史的仮名づかいを「ひぢる」とする根拠未詳。

ひじ・る【▽聖る】〘動ラ四〙《名詞「ひじり(聖)」の動詞化》ひじりらしく振る舞う。戒律を厳しく守る。「若うより―・りて侍りしかば」〈沙石集・四〉

びじ-れいく【美辞麗句】美しく飾りたてた言葉や文句。「―を並べたてる」

ひ-しろ【×樋代】神社で神体を納める器。みひしろ。

ひし-ろう【皮脂漏】▶脂漏(しろう)

ひ-しん【皮×疹】皮膚にあらわれる発疹(はっしん)。

ひ-しん【披針|×鈹×鍼】▶刃針(はばり)

ひ-しん【飛信】❶急ぎの手紙。急信。❷明治7年(1874)創設の公用速達便制度。各省・各府県など相互間で非常至急の書信を発するとき、継ぎ立てをして早く届くようにしたもの。大正6年(1917)廃止。

び-しん【美身】からだを美しくすること。「―術」

び-しん【美神】美をつかさどる神。ビーナス。

び-しん【微臣】取るに足りない臣。微賤の臣。また、臣下が主君に対して自分をへりくだっていう語。

び-しん【微震】地震の強さの旧階級。静止している人や特に注意深い人が感じる程度のものとされ、震度1にあたった。➡震度

び-じん【美人】❶容姿の美しい女性。美女。❷容姿の美しい男子。「玉のやうなる―…聟にいたします」〈浮・胸算用・二〉〔類語〕(❶)別嬪(べっぴん)・美女・麗人・佳人(かじん)・美形・美姫(びき)・尤物(ゆうぶつ)・名花・解語の花・シャン・小町・マドンナ・色女・大和撫子(やまとなでしこ)

び-じん【微×塵】ヂン ▶みじん(微塵)

ピジン-イングリッシュ〘pidgin English〙《ピジンは英語のbusinessの中国語なまりからという》中国・東南アジアなどで、取引に用いられた、英語と中国語などの混合語。また、英語をもとにした混合語。ピジン英語。

びじん-が【美人画】グワ 女性の美しさを鑑賞の対象として描いた絵画。日本では、特に江戸初期の風俗画に始まり、以後浮世絵の主流となって発展した。

ひしん-けい【披針形】植物の葉などで、平たくて細長く、先のほうがとがり、基部のほうがやや広い形。

びしん-こう【鼻唇溝】小鼻の外側から口の両脇にかけてできる、ハの字形の溝。人相学(観相学)では法令線という。
ひじん-しょ【肥人書】上代、肥人が用いたといわれる文字。また、それによって書かれたもの。
びじん-そう【美人草】❶ヒナゲシの別名。《季 夏》❷サネカズラの別名。
ひ-じんどうてき【非人道的】〘形動〙人道的でないさま。「―な兵器」
びじん-はくめい【美人薄命】「佳人薄命」に同じ。
ひ-しんわか【非神話化】新約聖書を時代的に制約された表現形式や世界像から解放し、その本質的内容を近代的実存の立場で理解・説明しようとする聖書の解釈法。ドイツのブルトマンが唱えた。
ヒス「ヒステリー」の略。「―を起こす」
ヒス〘hiss〙物の擦れ合うような音。録音テープを回したときなどに発生する雑音。「―ノイズ」
ひ・す【秘す】㊀〘動サ五(四)〙「ひ(秘)する」(サ変)の五段化。「ニュースの出所を―・す」㊁〘動サ変〙「ひ(秘)する」の文語形。
ひ-ず【氷頭】サケなどの頭部の軟骨。氷のように透明であるところからいう。刻んで食用とする。
ひ-ず【秘図】秘密の図や絵。
ひ・ず【▽秀づ】〘動ダ下二〙《「ほ(穂)い(出)づ」の音変化》❶穂が出る。穂を出す。「あしひきの山田作る児―・でずとも縄だに延へよ守ると知るがね」〈万・二二一九〉❷ぬきんでる。ひいでる。「和漢の才にみな―・でて」〈愚管抄・四〉
ビス〘BIS〙《Bank for International Settlements》▶国際決済銀行
ビス〘フランス vis〙小ねじ。先のとがっていない雄ねじ。
ひ-すい【淝水】中国安徽省中部の川。合肥付近を流れる。383年、東晋の謝玄が8万の兵を率い、前秦の苻堅の90万の大軍を破った古戦場。
ひ-すい【×翡×翠】❶カワセミの別名。雄が翡、雌が翠。❷カワセミの羽の色。美しく光沢のある髪の色などにたとえる。翡翠色。❸つやのある緑色の硬玉。また、硬玉と軟玉の総称。主に翡翠輝石からなり、美しさをカワセミの背にたとえた名。主産地はミャンマー・中国などで、日本では新潟県糸魚川市の小滝川付近から産出。古来、装飾品に用いられる。ジェード。
ひす・い〘形〙〘文〙ひす・し〘ク〙《近世上方語》ずるい。けちくさくて抜け目がない。「ひそかに太夫にやったがまし、と―・い了簡」〈浮・色三味線・一〉
び-すい【微酔】酒に少し酔うこと。ほろよい。
〘類語〙ほろ酔い・微醺・生酔い・陶酔
ひすい-きせき【×翡×翠輝石】輝石の一種。ナトリウム・アルミニウムの珪酸塩鉱物。色は白・緑・紫などで半透明。単斜晶系。低温高圧の変成作用を受けてできた結晶片岩などに含まれる。
ビズィテク-きょうかい【ビズィテク教会】《Kościół Wizytek》▶ビジトキ教会
ひすい-の-かんざし【×翡×翠の▽髪▽状】カワセミの羽のようにつやつやかで長く美しい髪。みどりの黒髪。「―、今はつけても何かはせさせ給ふべきなれば」〈盛衰記・四四〉
ひ-すいりょく【比推力】ロケット燃料などの推進剤の性能を表す指標。単位重量の推進剤を使って得られる推力の力積、すなわち1キログラムの推進剤を使い、1キログラム重の推力を出し続ける秒数で表される。固体ロケットの場合は300秒、液体ロケットの場合は500秒程度。
ひ-すう【非数】《not a number》▶ナン(NaN)
ビスカイノ〘Sebastián Vizcaíno〙[1551〜1615]スペインの対日特派使節。日本近海の金銀島調査と、フィリピン総督の遭難救助に対する謝礼の使として来日。徳川家康・秀忠に謁見し、支倉常長の船で帰航。
ひすか・し【×囂し】〘形シク〙《「ひずかし」とも》心がねじけている。また、口やかましい。「女程―・しきものはなし」〈滑・古朽木・五〉
ひすかし【×囂し】〘形動ナリ〙心がねじけているさま。ひねくれているさま。「御心―に、国王の器量ましまさねば」〈浄・天智天皇〉
ビスカヤ-ばし【ビスカヤ橋】《Puente de Vizcaya》スペイン北部、バスク州の都市ビルバオ郊外にある橋。ビスケー湾に注ぐネルビオン川(イバイザバル川)に架かり、ポルトゥガレテとゲチョの町を結ぶ。橋に吊り下げられたゴンドラで人や車を運ぶ形式の橋(運搬橋)としては世界最古のもので、1893年に建造。全長160メートル、水面からの高さは45メートル。2006年に世界遺産(文化遺産)に登録された。
ひ-すがら【終=日】朝から晩まで。一日中。ひもすがら。「春の―眼をば霞む山べにきはめつくし」〈曽丹集〉
ビスカリア〘ラテン Viscaria〙ナデシコ科の一年草。地中海沿岸原産。高さ約60センチ。春に、桃色の花を開く。こむぎせんのう。うめなでしこ。
ビス-きせい【BIS規制】《BIS regulation》国際業務を営む民間銀行の自己資本比率についての規制。1988年にBIS(国際決済銀行)のバーゼル銀行監督委員会が、各国の統一規制として定めた。バーゼル合意。
ひずき-も【鹿=尾=菜藻】ヒジキの古名。
ビスキュイ〘フランス biscuit〙ビスケットやクッキーなどの硬い焼き菓子。
ビスク〘bisque〙❶エビ・カニまたは野菜の裏ごしで作った濃厚なクリームスープ。❷砕いた木の実の入ったアイスクリーム。❸テニス・ゴルフなどで、弱い方に与えられるハンディキャップ。❹素焼き磁器。➡ビスクドール ➡素焼き
ビスク-ドール〘bisque doll〙磁器でできた西洋人形。ドイツで始まり、フランスで集大成されたアンティークドールの一種。
ビスクリ〘Viscri〙ルーマニア中央部の村。シギショアラの南東約30キロメートルに位置する。ドイツのザクセン地方からの移住者が12世紀に教会を建造。16世紀以降、オスマン帝国の襲撃に備えて防壁や見張り塔が造られ要塞化された。同じような教会をもつ南トランシルバニア地方の他の村々とともに、1999年に「トランシルバニア地方の要塞教会のある村落群」の名称で世界遺産(文化遺産)に登録された。
ビスケー-わん【ビスケー湾】《Biscay》フランスのブルターニュ半島とイベリア半島とに挟まれる大西洋の湾。ガスコーニュ湾。ビスカヤ湾。
ビスケーン-こくりつこうえん【ビスケーン国立公園】《Biscayne National Park》米国フロリダ州南部にある国立公園。マイアミ市の南方に位置し、本土唯一のサンゴ礁がある。世界的なダイビングスポットとして知られる。
ビスケット〘biscuit〙小麦粉にバター・牛乳・卵・砂糖・香料などをまぜて、一定の形に焼いた菓子。広くは、脂肪を多くしたクッキーなども含めていう。
ビスコース〘viscose〙木材パルプと水酸化ナトリウムとを反応させてアルカリセルロースを作り、これに二硫化炭素を作用させてできるセルロースキサントゲン酸ナトリウムを水などに溶かした、赤色の粘りけのある液体。レーヨンやセロハンなどの製造原料。
ビスコース-レーヨン〘viscose rayon〙ビスコースを、金と白金との合金製のノズルから硫酸液中に押し出して凝固させた再生繊維。ビスコース人絹。
ピスコピ-とう【ピスコピ島】《Piscopi》ギリシャ、ティロス島のイタリア語名。
ビスコンティ〘Visconti〙イタリア北部の貴族の家系。中世末期の1277年から1447年まで、ミラノを支配した。➡スフォルツァ家
ビスコンティ〘Luchino Visconti〙[1906〜1976]イタリアの映画監督・舞台演出家。ミラノの貴族出身。ネオレアリズモから出発し、のち没落貴族の心象を投影した重厚で耽美的な世界を描いた。作「夏の嵐」「ベニスに死す」など。
ビスコンティ-じょう【ビスコンティ城】《Castello Visconteo》イタリア北部、ロンバルディア州の都市パビアにある城。14世紀、ミラノの貴族ガレアッツォ=ビスコンティ2世により建造。息子ジャン=ガレアッツォ=ビスコンティの時代に完成。アンブロージョ=ベルゴニョーネ、ジョバンニ=ベリーニ、コレッジョら、15世紀末から16世紀初頭にかけて活躍した画家の作品を所蔵するマラスピーナ絵画館、先史時代や古代ローマ時代の考古物、ランゴバルド王国時代の装飾品などを所蔵する市立博物館がある。ビスコンテオ城。
ビスコンテオ-じょう【ビスコンテオ城】《Castello Visconteo》▶ビスコンティ城
ビスタ〘vista〙展望。眺望。特に、枠がまえされた見通しの景色。都市設計・庭園設計などでいう。
ビスダイン〘Visudyne〙加齢黄斑変性症の治療薬「ベルテポルフィン」の商品名。
ビスタ-カー《和 vista＋car》観光用の2階式の展望バスや電車。〘補説〙英語ではdome car; observation carなどという。
ビスタ-サイズ〘Vista size〙▶ビスタビジョン
ピスタチオ〘pistachio〙ウルシ科の果樹。また、その木の実をいう。地中海沿岸・西アジア原産。
ピスタチオ-ナッツ〘pistachio nuts〙ピスタチオの木の実。生食したり菓子の材料にしたりする。
ビスタ-ビジョン〘Vista Vision〙ワイドスクリーン映画の方式の一。1954年、米国パラマウント社で開発。スクリーンの縦横の比率はおよそ1対1.85。商標名。
ヒスタミン〘histamine〙生体に広く分布するアミンの一種。ヒスチジンから合成され、普通は肥満細胞や好塩基球などに不活性状態で存在。外傷や毒素などで活性化され、発赤・かゆみ・浮腫・痛みや気管支収縮などのアレルギー症状を起こす原因となる。
ビスチェ〘フランス bustier〙▶ビュスチェ
ヒスチジン〘histidine〙アミノ酸の一。種々のたんぱく質に含まれ、ヘモグロビンに最も多い。幼児では合成が少ないため必須アミノ酸。腐敗・分解してヒスタミンを生じる。
ヒスチジンけつ-しょう【ヒスチジン血症】《histidinemia》ヒスチジンの血中濃度が上昇する遺伝性疾患。言語障害、軽度の遅鈍、成長障害を起こす。
ひず・つ【▽泥▽打つ】〘動タ四〙泥でよごれる。「朝露に裳の裾―・ち夕霧に衣手濡れて」〈万・三六九一〉
ピステ〘ドイツ Piste〙スキーで、一般のスキーヤーが滑るゲレンデ内のコース。
ビスティエ〘フランス bustier〙▶ビュスチェ
ビステキ　ビーフステーキのこと。ビフテキ。「フライ又はオムレツを次に、―を最後に出すなり」〈子規・墨汁一滴〉
ヒステリー〘ドイツ Hysterie〙❶さまざまな感情的葛藤が原因となって起こる一種の神経症。実際に病気ではないのに痛みや運動・知覚の麻痺、発熱・嘔吐などのほか、健忘などの精神症状を訴えるもの。一般に女性に多いといわれたが、男性にもみられる。❷感情を統御できず、激しい興奮・怒り・悲しみなどをむき出しにした状態。ヒス。「―を起こす」
ヒステリカル〘hysterical〙〘形動〙「ヒステリック」に同じ。「―な反応が返ってくる」
ヒステリシス〘hysteresis〙物質の状態が、現在の条件だけでなく、過去の経路の影響を受ける現象。特に磁気ヒステリシスをさすが、固体の弾性変形などについていう。履歴現象。
ヒステリック〘hysteric〙〘形動〙ヒステリーを起こしているさま。異常に興奮しているさま。ヒステリカル。「―な話し方」「―に反撃する」
〘類語〙癇・癇癪・癇癖・癇性・虫気
ひステロイドせい-こうえんしょうやく【非ステロイド性抗炎症薬】鎮痛・解熱・抗炎症作用を持つ、ステロイド以外の薬剤。アスピリン・インドメタシン・イブプロフェン・ジクロフェナクナトリウムなど。非ステロイド性消炎鎮痛剤。NSAIDs(nonsteroidal anti-inflammatory drugs)。
ひステロイドせい-しょうえんちんつうざい【非ステロイド性消炎鎮痛剤】▶非ステロイド性抗炎症薬
ピスト〘フランス piste〙❶自転車競技場。また、その走路。❷「ピストレーサー」の略。❸スキーで、ゲレンデ内のコース。ピステ。

ピストイア〘Pistoia〙イタリア中部、トスカーナ州の都市。フィレンツェ、プラートの経済圏に含まれ、商工業が盛ん。古代ローマ時代に築かれた町に起源し、12世紀に自治都市となり発展。12世紀から13世紀にかけて建てられたロマネスク様式のピストイア大聖堂がある。15世紀に武器製造が興り短銃が発明されたことから、地名がピストルの語源になったとされる。

ピストイア-だいせいどう【ピストイア大聖堂】ドゥオモ ディピストイア《Duomo di Pistoia》イタリア中部、トスカーナ州の都市ピストイアにあるロマネスク様式の大聖堂。12世紀から13世紀にかけて建造された。高さ67メートルの鐘楼をもつ。ファサードにはルネサンス期の彫刻家・陶匠アンドレア=デッラ=ロッビアによる彩色陶板の装飾が施されている。サンゼーノ大聖堂。

ビス-とう【ビス島】ヴィス《Vis》クロアチア南部、アドリア海に浮かぶ島。主な町は北岸のビスと西岸のコミジャ。紀元前4世紀、古代ギリシャ人が植民都市イッサを建設し、紀元前1世紀にイリュリア人に占領された。続いて東ローマ帝国、ベネチア共和国、オーストリア-ハンガリー帝国の支配下に置かれた。現在はワイン用のブドウの生産が盛んなほか、海岸保養地としても有名。

ピストール〘V/STOL〙《vertical/short takeoff and landing》▶ブイストール(V/STOL)

ヒストグラム〘histogram〙統計で、度数分布を表した柱状グラフ。

ヒストリア-いせき【ヒストリア遺跡】チェタテア ヒストリア《Cetatea Histria》ルーマニア南東部の都市コンスタンツァの北約50キロにある古代都市遺跡。紀元前7世紀に古代ギリシャ人が植民都市を建設し、古代ローマ時代以降も交易により栄えた。ゴート族やスラブ人の侵入を受け、7世紀後半に衰退。20世紀初頭より発掘が進められ、部分的に復元された。神殿や浴場などの遺構がある。

ヒストリー〘history〙❶歴史。❷履歴。経歴。
(類語)歴史・史し・通史・編年史・年代記・クロニクル

ビストリツァ〘Bistrița〙ルーマニア北部の都市。ビストリツァ川沿いに位置する。13世紀初頭、トランシルバニア地方のドイツ人が入植し、中世を通じて交易の拠点として栄えた。第一次大戦後にルーマニア王国に帰属。旧市街には、中世に築かれた要塞の塔や城壁、ロマネスク様式とゴシック様式が混在する福音教会が残っている。ルーマニア国歌の作詞者として知られる詩人アンドレイ=ムレシャヌの生地としても知られる。

ヒストリック-カー〘historic car〙歴史上の自動車で、ごく一般的には20年以上古いもの。収集、復元、保存することが一部の好事家の趣味になっている。ヒストリックカーによるレースも行われる。

ヒストリック-キーサイド〘Historic Quayside〙英国イングランド南西部、デボン州の都市エクセターの一地区。古代ローマ時代に運河港が築かれた場所で、16世紀から18世紀にかけて羊毛交易で栄えた。商館や倉庫などの建造物が残っている。

ピストル〘pistol〙拳銃けんじゅう。短銃。

ピスト-レーサー《和 piste(フランス)＋racer》トラック競技用の自転車。変速機がなく、ギアが固定されていて空回りしないため、こぎ続ける必要がある。ブレーキがなく、減速・停止にはペダルに進行とは逆方向の力を加える。ピストバイク。ピスト。

ビストロ〘フランス bistro〙気軽に利用できる小レストラン。居酒屋。

ヒストン〘histone〙細胞核中で、DNA(デオキシリボ核酸)と結合した複合体のヌクレオヒストンを形成している塩基性たんぱく質。

ピストン〘piston〙❶内燃機関や蒸気機関のシリンダー内を往復運動する円板状または円柱状の部品。流体から圧力を受けたり、流体を圧縮したりしてエネルギーの授受を行う。❷半音階が吹奏できるように、金管楽器に取り付けられた管長を変える装置。❸休みなく往復を繰り返すこと。「送迎バスを—で運転させる」

ピストン-ピン〘piston pin〙ピストンとピストン棒とを結ぶ中空円管のピン。

ピストン-ぼう【ピストン棒】ピストンに固定され、ピストンの運動をクランクへ伝達する棒状部品。ピストンロッド。

ピストン-ポンプ〘piston pump〙往復ポンプの一。ピストンの往復運動によってシリンダー内の容積を変えることで吸水または排水する形式のポンプ。

ピストン-ゆそう【ピストン輸送】車両・船舶などを休みなく往復させて、物や人を次から次へと送ること。

ピストン-リング〘piston ring〙ピストンの外周の溝にはめ込む環。ピストンとシリンダー内壁との間に気密性を保ち、ガス漏れを防ぎ、潤滑油がシリンダー壁に付着したのをかき落とすために取り付ける。

ひず-なます【氷頭×膾】ひづ―　サケなどの頭の軟骨を薄切りにしてつくったなます。(季 秋)「一前歯応へて呉れにけり/時彦」

ヒス-ノイズ〘hiss noise〙主に高い周波数範囲に発生する雑音。録音テープでは磁性粉の分布の不均一やヘッド摩擦などによる。

ヒスパニック〘Hispanic〙米国で、スペイン語を話すラテンアメリカ系市民。

ひ-すば・る〘動ラ五(四)〙乾いてちぢむ。「—・った様な白髪頭」〈木下尚江・良人の自白〉

ビスビュー〘Visby〙スウェーデン、ゴトランド島西部の町。13世紀ごろハンザ同盟に加盟、バルト海の拠点として繁栄した。城壁に囲まれた中世の街並みが今も残る。1995年「ハンザ同盟都市ビスビュー」として世界遺産(文化遺産)に登録された。ビスビー。

ヒズボラ〘アラビア hizbu'llah〙《神の党の意》レバノンの、親イラン、シーア派のイスラム教徒の宗教・政治・軍事組織。1982年のイスラエル軍のレバノン侵攻時にイランから送り込まれた「イラン革命防衛隊」によって組織され、現在、首都ベイルート南部、ベカー高原などに多数の民兵を擁している。

ビスマーク-しょとう【ビスマーク諸島】―ショトウ《Bismarck》南太平洋、パプアニューギニア中北部にある火山島群。主島はニューブリテン島。

ビスマール〘Wismar〙▶ウィスマール

ひ-すまし【×樋▽洗|×樋▽清|▽洗×歪】《樋箱ひばこを洗う意》平安時代以降、禁中の便所の清掃などをした下級身分の女性。御厠人みかわやうど。

ビスマス〘bismuth〙窒素族元素の一。単体は赤みを帯びた銀白色のもろい金属。電気・熱の伝導性は小さい。塩酸・硝酸に溶ける。融点が低いので易融合金に用いる。元素記号Bi　原子番号83。原子量209.0。蒼鉛そうえん。

ビスマルク〘Otto Eduard Leopold Fürst von Bismarck〙[1815〜1898]ドイツの政治家。プロイセン首相として軍備増強を強行、普墺ふおう・普仏ふふつ両戦争を勝利に導き、1871年、ドイツ統一を達成、帝国初代宰相となる。保護関税政策をとって産業を育成し、社会主義運動を弾圧する一方で社会政策を推進。対外的にはヨーロッパ外交の主導権を握り、フランスの孤立化に努めた。90年、皇帝ウィルヘルム2世と衝突して辞任。鉄血宰相。

ひずみ【×歪み】ひづみ　❶物体に外力を加えたときに現れる形状または体積の変化。ねじれ・ゆがみ・ちぢみなど。❷物事の進行する途中で欠陥の生じること。また、その欠陥や悪影響。「政策の—を是正する」❸テレビ・オーディオなどで、音などの再生された信号波がもとの信号波と等しくない状態。(類語)ゆがみ

ひず・む【×歪む】ひづ―　㊀〘動マ五(四)〙❶ゆがんだ形になる。いびつになる。ゆがむ。「顔の表情が—・む」❷テレビ・オーディオなどで歪ひずみ❸が生じる。「スピーカーの高音部が—・む」㊁〘動マ下二〙❶かがめる。曲げる。「身を—・めて」〈浮・男色十寸鏡〉❷苦しめる。責める。「秦を攻め—・むるぞ」〈史記抄・張儀伝〉
(類語)ゆがむ・たわむ・ねじ曲る・ひしゃげる

び-ずら【角=髪】びづら　「みずら」に同じ。「うつくしげなる童の、—ゆひたるが」〈宇治拾遺・一〇〉

ひすらこ・し〘形ク〙悪がしこい。ずるい。また、欲が深い。ひすらし。「—・き人の、出世立身したる例なし」〈浮・新永代蔵〉

ひすら・し〘形ク〙「ひすらこし」に同じ。「なほ—・く、人に情なさけをしらず」〈浮・永代蔵・三〉

ひ・する【比する】〘動サ変〙図ひ・す〘サ変〙くらべる。比較する。「例年に—・して収穫が多い」
(類語)比べる・比較する・見比べる・引き比べる

ひ・する【秘する】〘動サ変〙図ひ・す〘サ変〙秘密にする。隠して人に知られないようにする。「筆筒ふづつの奥に—・する」「すべてを—・して語らない」

ひ-せい【批正】〘名〙スル　批評して誤りを正すこと。「御—を乞う」「友人の論文を—する」(類語)批判・修正

ひ-せい【非勢】形勢がよくないこと。多く、囲碁・将棋でいう。

ひ-せい【×秕政|×粃政】《「秕」「粃」(しいな)は、殻ばかりで中身のないもみ、うまく実らないで、しなびてしまった果実の意》悪い政治。悪政。

ひ-せい【悲×嘶】〘名〙スル　馬が悲しそうにいななくこと。「征馬—し」〈東海散士・佳人之奇遇〉

び-せい【美声】美しい声。耳に快い声。㊟悪声。
(類語)声・音声・発声・鼻声・裏声・小声・猫撫ねこなで声・悪声・金切り声・だみ声・どら声・胴間声

ひせいき-こよう【非正規雇用】期間を限定し、比較的短期間での契約を結ぶ雇用形態。1日の労働時間や1週間の労働日数は労働者によって異なる。臨時社員、派遣社員、契約社員、パートタイマー、アルバイトなどが含まれる。㊟正規雇用。

ひ-せいきしゃいん【非正規社員】ヒセイキシャイン▶非正社員

ひ-せいしゃいん【非正社員】ヒセイシャイン　雇用者のうち正規雇用でない者。正社員以外の就業形態をとる者。一般に契約社員、嘱託社員、派遣労働者、パートタイム労働者、アルバイト、出向社員などを指す。雇用期間の有無や労働時間のほか賃金や福利厚生面などで、正社員との間に待遇の格差がある。非正規社員。(補説)正社員と非正社員との待遇格差の見直しや安定した労働力の確保を目的として、平成20年(2008)4月1日にパートタイム労働法が改正されたが、折からの世界的金融危機による景気悪化に伴い、雇用調整の一環として真っ先に解雇された非正社員の失業が社会問題となった。

ひ-せいぞうぎょう【非製造業】ヒセイゾウギョウ　製造業以外の産業。運輸業、金融業、建設業、飲食業など。

びせい-の-しん【尾生の信】《中国の春秋時代、魯の尾生という男が、橋の下で女と会う約束をして待っているうちに、大雨となって増水したが、そのまま待ちつづけておぼれ死んだという、「史記」蘇秦伝などの故事から》固く約束を守ること。また、ばか正直で、融通のきかないたとえ。

ひ-せいふそしき【非政府組織】▶エヌ-ジー-オー(NGO)

び-せいぶつ【微生物】顕微鏡で拡大しなければよく見えない微細な生物。細菌・酵母・原生動物、菌類の一部など。ウイルスを含め、また藻類まで含めることもある。

びせいぶつ-がく【微生物学】微生物を研究対象とする学問。対象によりウイルス学・細菌学・菌類学・原生動物学などに、また、応用微生物学・病原微生物学・土壌微生物学などに分けられる。

ビゼウ〘Viseu〙ポルトガル中北部の都市。モンテゴ川支流のパビア川に沿う。ダン(ダオン)というワインの産地として有名。旧市街には大聖堂やミゼリコルディア教会をはじめ、歴史的建造物が残っている。16世紀に活躍し「偉大なるバスコ」と呼ばれた画家バスコ=フェルナンデスと、その弟子ガスパー=バスゆかりの地。後にビゼウ派と呼ばれた画家たちの作品を集めた美術館がある。

ビゼー〘Georges Bizet〙[1838〜1875]フランスの作曲家。特にオペラにすぐれ、洗練された作曲技法によって、音楽と劇の内容とを融合させた。作品にオペラ「カルメン」「アルルの女」など。

ひ-せき【×丕績】《「丕」は大きい意》偉大な功績。偉績。大功。

ひ-せき【肥×瘠】「肥瘦ひそう」に同じ。「—も関せざる彼か客に対して」〈紅葉・金色夜叉〉

ひ-せき【×砒石】砒素を含む有毒の鉱物。砒霜石。
ひ-せき【飛跡】霧箱・泡箱・原子核乾板などで観測される、荷電粒子が通過した跡。
ひ-せき【秘跡|秘×蹟】▶サクラメント
ひ-せき【碑石】❶石碑の材料とする石。❷石碑。いしぶみ。
ひ-ぜき【火×堰】ボイラーなどの炉の火格子ひごうしの奥に耐火煉瓦れんがで築いた突起。燃料が後方に落ちないようにし、また燃焼を助けるためのもの。
びせき-ぶん【微積分】❶微分と積分との総称。❷「微積分学」の略。
びせきぶん-がく【微積分学】微分と積分、および両者の関連などの理論を研究する学問。
ひ-ぜせり【火×挵り】手すさびに炭火などをつつき回すこと。火いじり。「火箸手草の―して」〈浄・聖徳太子〉
ひ-せつ【飛雪】風に吹き飛ばされながら降る雪。また、積雪が強風に吹き飛ばされるもの。(季冬)
ひ-せつ【秘説】秘密にして一般に知らせない説。
び-せつ【眉雪】眉毛が雪のように白いこと。転じて、老人のこと。
び-せつ【微雪】雪が少し降ること。また、その雪。
ひせっしょく-アイシーカード【非接触ICカード】《non-contact type IC card》▶非接触型ICカード
ひせっしょくがた-アイシーカード【非接触型ICカード】《non-contact type IC card》ICカードの一。カード内部にICやLSIのほかにアンテナを内蔵し、電波を利用して各種データの送受信をする。交通機関の乗車券やプリペイドカード、電子マネー、身分証などに利用される。⇨接触型ICカード
ひせっしょく-じゅうでん【非接触充電】《contactless charging》電源から充電池へ金属接点や専用ケーブルなどを介さずに電力を供給すること。二つのコイルの一方に電流を流して磁力を発生させ、もう一方のコイルに電流が流れる電磁誘導方式、コイルとコンデンサーを組み合わせた共振回路を利用する磁界共鳴方式、電波を電力に変換する電波受信方式、といった非接触電力伝送技術が用いられる。携帯電話、ノートパソコン、デジタルカメラをはじめとするデジタル家電の分野で実用化が進められている。無接点充電。
ひせっしょく-でんりょくきょうきゅう【非接触電力供給】ーデンリョクキョウキフ《contactless power supply》▶非接触電力伝送
ひせっしょく-でんりょくでんそう【非接触電力伝送】《contactless energy transfer》電源からの専用ケーブルを使ったり、金属接点やコネクターなどを介したりせずに電力を伝送・供給する技術の総称。二つのコイルの一方に電流を流して磁力を発生させ、もう一方のコイルに電流が流れる電磁誘導方式、コイルとコンデンサーを組み合わせた共振回路を利用する磁界共鳴方式、電波を電力に変換する電波受信方式などがある。携帯電話、ノートパソコン、デジタルカメラや電気自動車などへの新たな充電方式として、実用化に向けた研究開発が進められている。また、無線電力伝送とほぼ同義だが、非接触式の場合は比較的近距離での電力伝送を指すことが多い。非接触電力供給。無接点電力伝送。
ひせっしょく-ゆうどうじゅうでん【非接触誘導充電】ーイウダウジュウデン《contactless inductive charging》▶電磁誘導充電
ひ-ぜに【日銭】❶毎日収入として手元に入る銭。「―が入る商売」❷毎日いくらかずつ返済する契約で貸す金銭。日済ひなし金がね。
ひ-ぜめ【火攻め】火を放って攻めること。
ひ-ぜめ【火責め】火を使ってする拷問ごうもん。
ひ-せん【卑×賤|×鄙×賤】〔名・形動〕地位・身分が低いこと。人としての品位が低いこと。また、そのさま。「―より身を起こす」「―な言動」
(類語)卑しい・下賤・微賤・下等
ひ-せん【飛泉】❶高い所から勢いよく落下する水。滝。飛瀑ひばく。❷勢いよく噴出する泉。噴泉。「一俄にわかに湧出でき」〈太平記・一〇〉
ひ-せん【飛銭】中国、唐・宋時代の送金手形。重くて輸送に困難な銅銭の代用として、初めは藩鎮と都との間で行われたが、商品経済の発展を反映して民間にも広まった。
ひ-ぜん【皮×癬】「疥癬かいせん」に同じ。
ひぜん【肥前】旧国名の一。西海道に属し、現在の佐賀県と、壱岐いき・対馬つしまを除く長崎県にあたる。肥州。
び-せん【微×賤】地位・身分が低くいやしいこと。
び-ぜん【美×髯】美しくみごとなほおひげ。
びぜん【備前】㊀旧国名の一。山陽道に属し、現在の岡山県の南東部にあたる。古くは吉備きびの国の一部。備州。㊁岡山県南東部の市。備前焼・耐火煉瓦れんがの産地。閑谷黌しずたにこうがある。人口3.8万(2010)。
び-ぜん【×靡然】〔ト・タル〕図〔形動タリ〕草木が風になびくように、ある勢力になびき従うさま。「一時拝西の風―として全国を吹倒せるや」〈雪嶺・真善美日本人〉
ひせんきょ-けん【被選挙権】選挙に立候補して当選人となれる資格。日本では、衆議院議員・地方議会議員・市町村長は満25歳以上、参議院議員・都道府県知事は満30歳以上の者に与えられる。
ひせんきょ-にん【被選挙人】選挙される人。被選挙権をもつ人。
びぜん-くらげ【備前水=母】ハチクラゲ綱ビゼンクラゲ科の腔腸こうちょう動物。傘は半球形で直径50センチにもなり、厚くて硬く、青藍色。口腕は8本ある。瀬戸内海・九州・朝鮮半島に分布。食塩などに漬け、乾燥させたものは中国料理の材料となる。
ひせんけい-そし【非線形素子】電圧をかけたとき、素子に流れる電流が電圧と比例しない素子の総称。ダイオード、トランジスターなどがある。これらの素子を含む電気回路を非線形回路という。⇔線形素子。
ひ-せんこうど【比旋光度】ーセンクワウド 物質の旋光性を比較するために用いられる尺度。溶液または純液体の旋光度は、濃度、通過距離に比例し、温度や波長に依存する。
ひぜん-ざ【肥前座】江戸の人形浄瑠璃劇場。杉山(江戸)肥前掾ひぜんのじょうが寛文(1661〜1673)から貞享(1684〜1688)ごろに江戸堺町で興行したものと、豊竹肥前掾が元文(1736〜1741)から天明(1781〜1789)まで堺町で興行したものとがある。
びぜん-し【備前市】▶備前㊁
びぜん-ぞり【備前反り】《備前で作られた刀に多いところから》腰反こしぞりのこと。
ひぜん-だに【皮×癬×蜱】ヒゼンダニ科のダニ。体長0.3ミリほどで、円盤形をし、第1・2歩脚に吸盤をもつ。人間の皮膚に寄生し、疥癬かいせんを起こす。疥癬虫。
びぜん-とう【眉×尖刀】ータウ「長刀なぎなた」に同じ。
ひ-せんとういん【非戦闘員】ーセントウヰン ❶交戦国の一般住民。民間人。❷国際法で、交戦国の兵力に属するが、戦闘以外の事務に従事する者。軍医・看護兵・法務官・経理官・従軍記者など。⇨戦闘員
ひぜん-ぶし【肥前節】❶古浄瑠璃の一。杉山丹後掾たんごのじょうの子の杉山肥前掾が江戸で語ったもので、寛文(1661〜1673)ごろに流行。❷歌舞伎下座音楽の一。❶を模倣した合方あいかた。大鼓・小鼓を伴い、時代物で武将の物語などの伴奏として用いる。
ひぜんふどき【肥前風土記】奈良時代の肥前国の地誌。1巻。和銅6年(713)の詔により撰進された風土記の一。肥前国風土記。
ひぜん-もの【肥前物】肥前の刀工、忠吉ただよし一家およびその門人が鍛えた新刀の総称。
びぜん-もの【備前物】備前の刀工が鍛えた刀の総称。平安時代には古備前派、鎌倉時代に一文字派・長船おさふね派、室町時代以後は長船派が栄えた。備前作り。
びぜん-やき【備前焼】備前から産する陶器。多く無釉むゆうで、火襷ひだすきなどを特色とする。古代の須恵器が起源とされ、桃山時代から江戸中期に隆盛。桃山以前のものを古備前、江戸以降のものを伊部いんべ焼ともいう。
ひせん-ろん【非戦論】戦争をすべきではないとする議論・主張。反戦論。
ひ-そ【×砒素】窒素族元素の一。金属と非金属との中間的性質をもつ。単体は灰色・黄色・黒色の3種があるが、灰色砒素が普通で、金属砒素ともいい、金属光沢のあるもろい結晶。電気伝導性があり、水・有機溶媒には溶けない。一般に化合物は毒性が強い。合金添加剤・半導体の原料などに使用。元素記号As　原子番号33。原子量74.92。
ひ-そ【飛×鼠】コウモリの別名。
び-そ【鼻祖】《中国で、胎生動物はまず鼻から形作られるとされたところから》最初に物事を始めた人。元祖がんそ。始祖。
ひ-そう【皮相】ーサウ〔名・形動〕❶物事の表面。うわべ。うわっつら。「西洋文明の―を模倣するのみで」〈藤村・夜明け前〉❷うわべだけを見て判断し、物事の本質に至らないこと。また、そのさま。「―な見解」
(類語)(❶)外見がいけん・外見そとみ・外面がいめん・外面そとづら・表向き・見掛け・外観・みてくれ・見た目・見栄え・なりふり
ひ-そう【皮層】植物の茎や根の、表皮と中心柱との間の層。主に柔細胞からなる。地上茎では葉緑体を含み光合成を営むことが多く、地下茎・根ではでんぷんなどを蓄える貯蔵組織になる。
ひ-そう【肥痩】地味やからだの、肥えていることとやせていること。肥瘠ひせき。
ひ-そう【非想】ーサウ「非想天」の略。
ひ-そう【疲痩】〔名〕スル つかれはて、やせること。「恍として夢み惚として覚め…而して為に肢身の―せる」〈菊亭香水・世路日記〉
ひ-そう【悲壮】ーサウ〔名・形動〕悲しい中にも雄々しくりっぱなところがあること。また、そのさま。「―な決意」(派生)ひそうさ〔名〕
ひ-そう【悲×愴】ーサウ〔名・形動〕悲しく痛ましいこと。また、そのさま。「―な面持ち」「―感」(派生)ひそうさ〔名〕
(類語)沈痛・悲痛・哀切・哀れ・悲しい・物悲しい・うら悲しい・せつない・つらい・痛ましい
ひそう【悲愴】ヒサウ ㊀《原題、フラ La Pathétique》ベートーベン作曲のピアノソナタ第8番作品13の標題。1798年ごろの作。㊁《原題、ロシ Pateticheskaya》チャイコフスキー作曲の交響曲第6番の標題。1893年の作。
ひ-ぞう【秘蔵】ーザウ〔名〕スル《古くは「ひそう」》❶人にはあまり見せずに大切にしまっておくこと。また、そのもの。「書画骨董を―する」❷自分のもとから離さず、大切にかわいがり育てること。また、その人。「―の娘」❸その道の奥義として外部には出さない事柄。「―の事なれども、執心深ければ教へん」〈仮・可笑記・二〉(類語)愛蔵・珍蔵・私蔵・死蔵・蔵する・取って置き・箱入り・虎の子
ひ-ぞう【×脾臓】ーザウ 胃の左側にあるリンパ系の臓器。リンパ球の生成、老朽赤血球の破壊、血液の貯留などの機能をもつ。脾。
び-そう【美相】ーサウ 美しい形。美しい姿。「―なき家刀自の」〈源・帚木〉
び-そう【美装】ーサウ〔名〕スル ❶美しくよそおうこと。美しいよそおい。「生活の―という事に傾いていた」〈有島・或る女〉❷上等な美しい表装にすること。「―本」「殊更に―して、一番真中に飾られてあったので」〈漱石・門〉
び-ぞう【微増】〔名〕スル わずかにふえること。「生産高は年々―している」⇔微減。
ひぞう-えぼし【秘蔵×烏▽帽子】ヒザウー《「えぼし」は「えぼし子」の意》大切にし、かわいがっている子。「軒をはなれぬ寵愛の―が来たわいなう」〈滑・浮世床・二〉
びそう-じゅつ【美▽爪術】ビサウー 美容術の一。爪の形を美しく整え手入れをすること。マニキュアとペディキュアとがある。
ひそう-せき【×砒霜石】ヒサウー「砒石ひせき」に同じ。
ひそうぞく-にん【被相続人】ヒサウゾク 相続される人。相続人が相続によって承継する財産や権利義務のもとの所有者。
ひぞうっ-こ【秘蔵っ子】ヒザウー「ひぞっこ(秘蔵っ子)」に同じ。
ひそう-てん【非想天】ヒサウー「非想非非想天ひそうひひそうてん」の略。
ひそう-び【悲壮美】ヒサウー 美学で、悲劇性の中で崇高

さを伴って現れる美。

ひそうひひそう-てん【非想非非想天】 仏語。無色界の第四天で、三界の最頂部。ここに生まれる者は粗雑な煩悩がないから非想といい、微細な煩悩がまだ残っているから非非想という。仏教以外のインドの宗教では解脱の境地とし、仏教ではなお生死の境地とする。有頂天。非想非非想処。非想天。

ひぞうほうやく【秘蔵宝鑰】 平安前期の仏教書。3巻。空海著。天長7年(830)ごろ成立。「十住心論」10巻を要略した書。宝鑰。

ひそ-か【▽密か｜▽窃か｜▽私か】〔形動〕図〔ナリ〕❶人に知られないように物事をするさま。「—に計画する」「—に思いを寄せる」❷公のものを私物化するさま。「(清盛ハ)ほしいままに国威を—にし」〈平家・四〉
[類語]こっそり・忍びやか・そっと・密やか・秘密・内内・内内・内輪・内密・内幕・内裏・内緒・内分・内聞・内情・内実・隠密・極秘・厳秘・丸秘・機密・枢密・天機・機事・密事・秘事・暗部・隠し事・秘め事・密か事・内証事・秘中の秘

ひそか-ごと【▽密か事】ひそかにすること。みそかごと。「臣等、其の—を知らず」〈舒明紀〉

ひ-そく【秘▽色】❶《王家以外の使用を禁じたところから》中国の越州窯で、晩唐から五代にかけて作られた良質の青磁。花鳥・竜など、優美な文様を施す。秘色青磁。❷「秘色色」の略。

ひ-ぞく【卑俗｜鄙俗】〔名・形動〕❶いやしく下品なこと。品がなく俗っぽいこと。また、そのさま。「—な言葉」❷(鄙俗)田舎びていること。また、そのさま。「—な歌」[派生]ひぞくさ〔名〕[類語]低俗・俗悪・野卑・下劣・通俗・俗・俗っぽい・くだらない・げす

ひ-ぞく【卑属】ある人を基準として、親族関係においてあとの世代にある血族。子・孫などの直系卑属と、甥・姪などの傍系卑属とに分ける。⇔尊属。

ひ-ぞく【×匪賊】徒党を組んで略奪・殺人などを行う盗賊。

び-そく【鼻息】はないき。
　鼻息を仰ぐ　「鼻息を窺う」に同じ。
　鼻息を窺う　相手の意向・機嫌を気にしてさぐる。はないきをうかがう。「主筆の—いつつ勉強し」〈魯庵・社会百面相〉

び-ぞく【美俗】うるわしい風俗や習慣。「醇風—」⇔悪俗。[類語]良俗・美風・良風

ひそく-いろ【秘▽色色】❶染め色の名。瑠璃色。❷襲の色目の名。表は縦糸が紫、横糸が青で、裏は薄色のもの。

ひぞく-しん【卑属親】親族のうち、卑属の関係にある者。⇔尊属親。

びそくど-さつえい【微速度撮影】映画の特殊撮影で、フィルム送りを標準速度より遅くして撮影すること。そのフィルムを標準速度で映写すると、長時間の運動や変化が短時間に縮小して観察できる。

ビソケー-タトリ〖Vysoké Tatry〗スロバキア-ポーランド国境、カルパチア山脈西部のタトラ山地の一部。両国の国立公園に指定。「高いタトラ」を意味し、スロバキアの国旗に描かれる。ゲルラフ山、ロムニツキー山などの山々や大小85の湖があり、雄大な自然景観を楽しむ観光客が数多く訪れる。

ひそ-ざい【×砒素剤】成分中に砒素を含む薬剤。

ひ-そすう【非素数】1とその数自身以外の約数をもつ整数。二つ以上の素数の積からなる。合成数。

ひぞっ-こ【秘▽蔵っ子】非常に大切にかわいがっている子。また、大切にして目をかけている弟子や部下。ひぞうっこ。「教授の—」
[類語]愛し子・愛息・愛娘・愛児・寵児

ヒソップ〖hyssop〗シソ科ヤナギハッカ属の香辛野菜。葉にはハッカのような芳香がある。魚・肉料理に用いる。

ひそ-でら【比曽寺｜比蘇寺】奈良県吉野郡大淀町にあった寺。聖徳太子の創建と伝えられるが未詳。礎石・瓦などが残っている。

ひそ-ひそ〔副〕❶他人に聞こえないように小声で話すさま。「—(と)相談する」❷物音もなく、ひっそりとしているさま。また、人に知られないように物事をするさま。「—として姫君は見え給はず」〈伽・花世の姫〉

ひそひそ-ばなし【ひそひそ話】他人に聞こえないように小声でする話。ないしょ話。

ひそま-る【潜まる】〔動ラ五(四)〕❶見えないように隠れる。「魚が岩の陰に—っている」❷静かになる。ひっそりする。「鳥は…皆何処にか隠れて—りかえっていたが」〈二葉亭訳・あひゞき〉❸眠りにつく。「物ものしたばで、—りぬ」〈土佐〉

ひそみ【▽顰み｜×嚬み】眉間にしわを寄せ顔をしかめること。
　顰みに倣う　《「荘子」天運から》善し悪しも考えずに、やたらに人のまねをする。また、他人にならって物事をするのを謙遜していう言葉。「先人の—う」➡西施の顰みに倣う [補説]「顰みに習う」と書くのは誤り。

ひそみ-ね【潜み音】ひそんだ声。ひそかな鳴き声。しのびね。「夕しぐれ蟇—に愁ふかな」〈蕪村句集〉

ひそ-む【潜む】㊀〔動マ五(四)〕❶ひそかに隠れる。隠れて静かにする。「昆虫が物陰に—む」❷内部に隠れて外に現れない状態にある。潜在する。「胸の奥に—む熱い情熱」「事件の陰に大きな犯罪が—む」㊁〔動マ下二〕「ひそ(潜)める」の文語形。
[類語]隠れる・潜る・忍ぶ・伏す・紛れる・紛れ込む・逃げ込む・潜伏する・隠伏する・韜晦する・身を隠す・身を潜める・人目を盗む

ひそ-む【▽顰む｜×嚬む】㊀〔動マ四〕❶口などがゆがむ。「口—むも知らず」〈宇津保・忠こそ〉❷べそをかく。泣き顔になる。「背きぬる世の去りがたきやうに、自ら—み御覧ぜられ給ふ」〈源・夕顔〉㊁〔動マ下二〕「ひそ(顰)める」の文語形。

ひ-ぞめ【×緋染(め)】緋色に染めること。また、そのもの。「—の縮緬」

ひそ-めき【▽密めき】小声で話すこと。ささやき。

ひそ-め-く【▽密めく】〔動カ五(四)〕❶ひそひそと話す。ささやく。「—くような話し方」❷ひそかに物事をする。「其の夜、兵衛の佐の許に—く事ありと聞きて」〈延慶本平家・二末〉

ひそ-める【潜める】〔動マ下一〕図ひそ・む〔マ下二〕❶身を隠す。「暗やみに身を—める」❷音・声などが出ないようにする。「声を—めて話す」❸静かになって目立たなくなる。「鳴りを—める」

ひそ-める【▽顰める｜×嚬める】〔動マ下一〕図ひそ・む〔マ下二〕不快や不満などのために、眉のあたりにしわを寄せる。顔をしかめる。「マナーの悪さに眉を—める」

ひそ-やか【▽密やか】〔形動〕図〔ナリ〕❶ひっそりとしているさま。もの静かなさま。「—に夜の雨が降る」❷人に知られないようにそっと行うさま。「—な楽しみ」「—に泣く」❸物の乏しいさま。「—な身代ぢゃと」〈浄・河原達引〉[類語]静か・しめやか・静寂・静粛・静閑・閑静・閑散・閑寂・森閑・深深・森森・沈沈・寂・寂然・寂然・寂寂・寂寂・闃・闃然・粛然

ひ-ぞり【干反り｜▽乾反り】❶乾いて、そりかえること。また、そのもの。「—のした蓋」〈二葉亭訳・めぐりあひ〉❷すねて腹を立てること。すねて無理を言うこと。「我らは物いはず少し—姿に」〈浮・禁短気・一〉

び-ぞり【尾×橇】飛行機の降着装置の一。胴体の最後部にあって、地上で前車輪とともに機体を支える橇状のもの。

ひぞり-ごと【干反り言】無理を言いかけること。また、その言葉。「無言の冷眼と嫉妬の—とは」〈露伴・連環記〉

ひぞり-だいじん【干反り大尽】わがままでやぼな金持ちの遊客。「—、粋な客、夜ごと日ごとに大騒ぎ」〈浄・本朝三国志〉

ひ-ぞ-る【干反る｜▽乾反る】〔動ラ五(四)〕❶乾いて、そりかえる。「障子が—って開閉に困難するような」〈二葉亭・平凡〉❷すねて腹を立てる。ひねくれる。「其様に何時までも—らいで有体に話して呉りゃれ」〈露伴・椀久物語〉

ひ-そん【干損｜日損】日照りのために田畑が乾いて損害を受けること。旱損。「今から—も水損もいかぬやうにして下され」〈狂言記・針立雷〉

ひ-そんざい【非存在】《ギリシャ mē on》ギリシャ哲学の存在論で用いられる概念。存在しないこと、存在しないもの、あるものの欠如、思考の対象にならないものなど、存在のとらえ方に応じて種々の意味をもつ。非有。

ひた【▽引▽板】《「ひきいた」の音変化》「鳴子」に同じ。「わが門のむろのはや早稲かり上げておくてにのこる—の音かな」〈宇治百首〉[季 秋]

ひた【日田】大分県西部、筑後川上流域にある市。もと城下町。日田杉を産し木工業が盛ん。広瀬淡窓の私塾咸宜園跡がある。平成17年(2005)3月に日田郡5町村を編入。人口7.1万(2010)。

ひた【▽直】〔語素〕❶㋐動詞や動詞の連用形名詞の上に付いて、いちずに、ひたすら、の意を表す。「—走る」「—隠し」㋑同じ動詞を重ねた句の、上の動詞の上に付き、「ひた…に…する」の形で、もっぱらその行為をする、はなはだしく…する、の意を表す。「—隠しに隠す」「—押しに押す」「—謝りにあやまる」❷名詞の上に付く。㋐直接である、じかにそれが接している、の意を表す。「—おもて」㋑まっすぐ、一方的、の意を表す。「—道」㋒ある物の全面にわたっている、の意を表す。「—黒」「—青」㋓純粋な、他のものを交えない、の意を表す。「—兜」

ひだ【飛騨】㊀旧国名の一。現在の岐阜県北部。飛州。㊁岐阜県北端の市。平成16年(2004)古川町、河合村、宮川村、神岡町が合併して成立。人口2.7万(2010)。

ひだ【×襞】❶衣服や布地などにつけた細長い折り目。❷衣服のひだのように見えるもの。精神的なものについてもいう。「山の—」「心の—に触れる」❸キノコの傘の裏側にあるしわ。菌褶。
[類語]プリーツ・ギャザー・ダーツ

びた【×鐚】「鐚銭」の略。➡鐚一文

ピタ〖PETA〗《People for the Ethical Treatment of Animals》米国の動物愛護団体の一つ。1980年設立で、本部はノーフォーク。ピータ。ペタ。

ピタ〖pita〗トルコやバルカン諸国の平焼きパン。イーストを使わずベーキングパウダーあるいはヨーグルトを加えて円盤状に焼く。内部は空洞で、半分に切り、ローストビーフやサラダなどを詰めて食べる。ピタパン。

ビター〖bitter〗〔名・形動〕❶苦味のあるさま。また、そのもの。「—なママレード」「—チョコ」❷ホップの味の利いたビールの一種。

ひた-あお【▽直青】〔名・形動ナリ〕一面に青いこと。真っ青なこと。また、そのさま。「随身も皆—なる装束をして」〈今昔・二八・二一〉

ビターズ〖bitters〗植物の根や皮の成分を強いアルコールで浸出して作った苦味の強いリキュール。食前酒用やカクテルなどの香味づけ用がある。

ビタースイート〖bittersweet〗〔形動〕❶甘くほろ苦いさま。楽しくまた苦しいさま。「—な青春映画」❷チョコレートに、ほとんど砂糖を加えていないさま。

ビターズ-ボトル〖bitters bottle〗カクテル用の器具で、ビターズ(苦味酒)を入れておくフラスコ形の小びん。➡ビターズ

ビター-チョコ「ビターチョコレート」の略。

ビター-チョコレート〖bitter chocolate〗ミルクの少ない苦味の強いチョコレート。製菓原料となるプレーンなチョコレートを意味することもある。

ピターヤ〖pitaya〗ハシラサボテン類の果実。種類により果肉の色は真紅や白などがあり、黒くて小さい種子が果肉全体に散在している。果汁が多く甘酸っぱい。➡ドラゴンフルーツ

ひた-あやまり【▽直謝り】ひたすらに罪をわびること。ひらあやまり。「—に謝る」

ビダール-はんのう【ビダール反応】 ▶ウィダール反応

ひ-たい【避退】〔名〕スル 危険をさけて、その場を離れること。退避。

ひたい【額】❶顔の上部の、髪の生えぎわと眉との間の部分。おでこ。❷冠・烏帽子などの前額に

当たる部分。厚額・薄額・透き額などがある。❸(「蔽髪」と書く)平安時代、女官が礼装のときに用いた髪の飾り。頭髪の前につける。平額。❹童舞の冠のこと。❺「額髪」の略。❻「額付き」の略。❼(多く「岸の額」の形で)物の突き出ている部分。「岸の―のかた土くゎっと崩れて」〈太平記・三一〉
(類語)おでこ・眉間

額垂る　《「そる」という語を忌み嫌っていう語》額をそる。「あんまりよい月影に、―・れうと思うて」〈浄・重井筒〉

額に汗する　汗を流して仕事に励む。一生懸命に仕事をする。「―・してかせぐ」

額に箭は立つとも背に箭は立たず　額に矢を受けようとも背中に受けることはない。絶対に退却しないということ。

額を集める　顔を寄せ合って相談する。集まって相談する。鳩首する。「―・めて相談する」

額を合わせる　額と額とがくっつくほど近くに寄る。「―・せて何事か企む」

ひ-だい【干×鯛】薄塩の鯛の干物。

ひ-だい【肥大】〔名〕スル ❶太って大きくなること。「官僚組織が―する」「よく―した種のいい豚」〈黒島伝治・豚群〉❷生体の一部の容積が増すこと。細胞の数が変わらないものをいうが、広義には細胞数の増加によるものも含めていう。鍛練による生理的なものと病的なものとがある。

び-たい【×媚態】男にこびるなまめかしい女の態度。また、人にこびへつらい取り入ろうとする態度。
(類語)嬌態・しな

び-だい【尾大】首よりも尾のほうが大きいこと。

尾大掉わず　《「春秋左伝」昭公一一年から》尾があまりに大きいと、自力で揺り動かしにくくなる意から、上位の者の力が弱く、下位の者の勢力が強すぎて制御しにくいたとえ。

ひたい-あて【額当て】❶冠の額に当てて巾子の後部で結ぶひも。抹額。❷「額金」に同じ。

ひたい-えぼし【額×烏×帽子】烏帽子の代用として、三角形の黒い絹や紙の底辺にひもをつけて額に当て後頭部で結んだもの。主に子供がつけた。

ひだいがた-しんきんしょう【肥大型心筋症】心筋症の一つ。心室の心筋が部分的に厚くなり、心室が狭くなるため、心房から心室への血液の流入が妨げられる。左心室から大動脈へ血液が流出する部分が狭くなりポンプ機能に障害が生じる閉塞型と、血流に障害のない非閉塞型に分類される。特定疾患(難病)の一つ。HCM(hypertrophic cardiomyopathy)。

ひたい-がね【額金】武者が、軍用の鉢巻の額の部分に入れた薄い銅や鉄の薄板。額当て。

ひたい-がみ【額髪】❶額にかかる髪。まえがみ。ぬかがみ。❷女性の額から左右に分けて頬や肩まで垂らした髪。「―もしとどに泣きぬらしみだれかかるも知らず」〈枕・一八九〉

ひたい-ぎわ【額際】額の髪の毛の生えぎわ。こうぎわ。

ひ-たいじゅう【比体重】人間の形態を表す指数の一。体重を身長で割って100倍した数値。少ないほどやせた体型になる。

ひ-たいしょう【非対称】❶ものとものとが互いに対応せず、つりあっていないこと。❷二つの図形が、対称❷の関係にないこと。

ひたいしょうかぎあんごうか-ほうしき【非対称鍵暗号化方式】▶公開鍵暗号

ひたいしょうがた-デジタルかにゅうしゃかいせん【非対称型デジタル加入者回線】▶エー-ディー-エス-エル(ADSL)

ひたいしょうがた-マルチプロセッサー【非対称型マルチプロセッサー】▶エー-エス-エム-ピー(ASMP)

ひたいしょうがた-マルチプロセッシング【非対称型マルチプロセッシング】▶エー-エス-エム-ピー(ASMP)

ひたいしょうキー-あんごうか-ほうしき【非対称キー暗号化方式】▶公開鍵暗号

ひたいしょう-ジメチルヒドラジン【非対称ジメチルヒドラジン】▶ユー-ディー-エム-エッチ(UDMH)

ひたい-じろ【額白】「月白」に同じ。

ひだい-せいちょう【肥大生長】植物の茎や根が太くなる現象。形成層の細胞分裂によって起こり、木本植物に著しい。

ひ-たいせき【比体積】▶比容

ひだいちのみやみなし-じんじゃ【飛騨一宮水無神社】岐阜県高山市にある神社。祭神には御歳大神のほか一四神を、水無大神と総称して祭っている。水無神社。飛騨国一の宮。

びた-いちもん【×鐚一文】《鐚銭1文の意》ほんのわずかな金。「―負けられない」

ひたい-つき【額付き】額のようす。額ぎわの格好。「頭つき、―ものあざやかに」〈源・空蝉〉

ひたい-つき【額突き｜額月】❶「月代」に同じ。「―の跡もってのほかにさがりたれば」〈太平記・二一〉❷《形が❶に似るところから》常の御所や居間の壁などの中央に設けた小さな出入り口。上部を半月形にしてある。「寝殿をさしのぞいて見れば、―あり」〈盛衰記・二〇〉

ひだい-てんらい【比田井天来】[1872〜1939]書家。長野の生まれ。名は鴻。日下部鳴鶴の門下。古碑帖に直接学んで新境地を開いた。

ひたい-なおし【額直し】江戸時代の男子の半元服の儀式。半元服にあたって、額の角の髪をそり、角前髪にしたことによる。

ひたい-わた【額綿】▶綿帽子❶

ビタウタスたいこう-きょうかい【ビタウタス大公教会】《Vytauto Didžiojo bažnyčia》リトアニア中央部の都市カウナスの旧市街にあるカトリック教会。15世紀前半、リトアニア大公ビタウタスがボルスクラ川の戦いで、危難から逃れたことを神に感謝するために建造された。赤煉瓦造りのゴシック様式の代表的な教会として知られる。ビタウタス教会。

ひた-え【▽直柄】❶まっすぐな刀の柄。また、作りつけになっている用具の柄。❷用具そのものの形が握る部分を兼ね備えているもの。

ひたえ-の-ひさご【▽直柄の×瓠】瓢箪を縦に二つ割りにしたひしゃく。柄がなくても握れるところからの称。

ひた-おし【▽直押し】ただひたすら押すこと。また、しゃにむに押し進むこと。「―に押す」

ひた-おもて【▽直面】〔名・形動ナリ〕❶面と向かい合うこと。また、そのさま。「ただかう殿上人の―にさしむかひ」〈紫式部日記〉❷▶ひためん(直面)

ひた-おもむき【▽直趣】〔名・形動ナリ〕いちずであること。また、そのさま。「あまり―におほどかにあてなる人は、世の有様も知らず」〈源・若菜下〉

ひ-だか【日高】まだ日の高い時分。日中。「いかなる旅人も―に泊り、曙を急がず」〈浮・一代男・二〉

ひだか【日高】㊀北海道旧11か国の一。現在の日高振興局管内に相当する地域。㊁北海道中南部の振興局。日高山脈の西側を占め太平洋に面する。局所在地は浦河町。㊂埼玉県中南部の市。古代に渡来人が入植して高麗郡を置いた地で、中世は高麗氏の所領。高麗神社がある。住宅地化が進む。平成3年(1991)市制。人口5.8万(2010)。

ひだか-がわ【日高川】㊀㊀和歌山県中部を流れる川。奈良との県境にある護摩壇山に源を発して南流したあとほぼ西流し、御坊市で紀伊水道に注ぐ。長さ115キロ。㊁和歌山県中部の町。㊀の中流域を占める。㊂浄瑠璃「日高川入相花王」、およびその四段目の通称。㊁浄瑠璃・歌舞伎で、道成寺伝説を主題としたもの。道成寺物。

ひだかがわいりあいざくら【日高川入相花王】浄瑠璃。時代物。五段。竹田小出雲・近松半二ら合作。宝暦9年(1759)大坂竹本座初演。安珍・清姫の道成寺伝説に藤原純友の反逆などをからませたもの。清姫が蛇体で日高川を渡る場面が有名。

ひた-かくし【▽直隠し】ひたすらに隠すこと。「事件を―にする」

ひだか-さんみゃく【日高山脈】北海道中南部を南北に走る山脈。狩勝峠辺りから襟裳岬に至る。最高峰は幌尻岳で標高2053メートル。カールが発達している。

ひだかさんみゃくえりも-こくていこうえん【日高山脈襟裳国定公園】北海道の日高山脈と襟裳岬などの海岸からなる国定公園。広大な森林と氷食地形や海食崖などを特色とする。

ひだか-し【日高市】▶日高㊂

ひだか-しちょう【日高支庁】日高振興局の旧称。

ひだか-しんこうきょく【日高振興局】▶日高㊁

ひだか-ぞうざんうんどう【日高造山運動】北海道中部に中生代末から新生代第三紀にかけて起こった造山運動。褶曲・変成作用・深成岩の貫入があり、隆起して日高山脈を形成した。アルプス造山運動の一環。

ひた-かぶと【▽直×兜｜▽直▽甲】一同そろって鎧兜に身を固めること。また、その人々。「―三百余騎、河原坂の宿所へ押し寄せて」〈平家・三〉

ひだか-ほんせん【日高本線】北海道の苫小牧から日高地方の太平洋岸沿いを様似まで走るJR線。昭和12年(1937)全通。全長146.5キロ。

ひたかみ-の-くに【日高見国】古代蝦夷の領域の一。今の北上川下流、仙台平野あたりという。

ひだ-がわ【飛騨川】岐阜・長野県境の乗鞍岳の南斜面に源を発し、西流ののち南流して、美濃加茂市で木曽川に注ぐ川。上流は下呂市まで益田川ともいう。長さ約137キロ。

ビタカンファー〖Vitacamphor〗樟脳から作る強心剤の商標名。

ひ-たき【火▽焼き｜火×焚き】❶火をたくこと。❷昔、夜間の照明や警護のために、かがり火や庭火などをたいたこと。また、その役目。「御―の老人」〈記・中〉❸火をたく所。いろり。〈和名抄〉

ひたき【×鶲｜火▽焼】スズメ目ヒタキ科ヒタキ亜科およびツグミ亜科の一部の鳥の総称。森林にすみ、枝から飛び立って空中で虫を捕り、また枝に戻る習性がある。キビタキ・サメビタキ・オオルリや、ジョウビタキ・ルリビタキなど。鳴き声はヒッヒッ、カチカチと聞こえ、火打ち石を打つ音に似る。ひたきどり。(季 秋)「くっきりと―や畑の乾く田に／桂郎」

ひだきそがわ-こくていこうえん【飛騨木曽川国定公園】岐阜県と愛知県にまたがり、飛騨川・木曽川を中心とする国定公園。下呂温泉・中山七里・日本ライン・犬山城・明治村などがある。

ひたき-や【火▽焼き屋】❶宮中で、庭火・かがり火をたいて夜を守る衛士の詰めていた小屋。❷宮中・野の宮などで、斎火を起こし、神饌を調理する建物。

ひた-ぎり【▽直切り｜▽直斬り】切りまくること。また、そのさま。めった切り。「怒りて、―に斬り落としつ」〈徒然・八七〉

び-だくおん【鼻濁音】鼻音化した濁音。一般にガ行鼻濁音(ガ行鼻音)をいう。「かがみ(鏡)」「しらぎく(白菊)」「どうぐ(道具)」などの「が」「ぎ」「ぐ」の頭子音の類。音声記号は[ŋ]。➡ガ行鼻音
(類語)清音・濁音・半濁音・清濁・撥音・促音・長音

ひだく-けい【比濁計】微粒子が浮遊する懸濁液などの濁りの度合い(濁度)を測定する装置。濁度計。

ひだく-ぶんせき【比濁分析】微細粒子が浮遊する懸濁液などの濁りの度合い(濁度)から、その濃度や物質量を測定する化学分析法の一つ。そのための測定装置を比濁計という。微細粒子として細菌などの菌体量の測定にも用いられる。比濁法。

ひだく-ほう【比濁法】▶比濁分析

ひた-くれない【▽直紅】〔名・形動ナリ〕全体に紅色であること。また、そのさま。「誰が蒔きし紅なれば三輪山を―に匂はせるらむ」〈古今六帖・五〉

ひた-ぐろ【▽直黒】〔名・形動ナリ〕全体が黒いこと。また、そのさま。まっくろ。「一なる田笠という物の」〈今昔・一五・一五〉

ひだ-ぐんだい【飛×騨郡代】江戸幕府の職名。勘定奉行に属し、本陣を飛騨高山に置き、飛騨・美濃・加賀・越前の幕府の直轄地を支配し民政を行った。

ひ-だこ【火胼=胝｜火▽斑】火に長くあたったときに皮膚にできる、赤いまだらの模様。

ひだ-こうち【飛騨高地】岐阜・富山両県にまたがり、東の飛騨山脈と西の両白(りょうはく)山地との間に広がる高地。標高約1000メートル。飛騨山地。飛騨高原。

ひた-ごころ【▽直心】ひたむきな心。いちずな心。「一になくもなりつべき身を」〈かげろふ・中〉

ピタゴラス〖Pythagoras〗［前570ころ～前496ころ］古代ギリシャの哲学者・数学者・宗教家。教団を組織し、霊魂の不滅、輪廻(りんね)、死後の応報を信じ、魂を鎮める音楽と、永遠不変の真理を教える数学を重視。万物は数の関係によって秩序づけられると考えた。ピュタゴラス。

ピタゴラス-がくは【ピタゴラス学派】ピタゴラスの説を継ぐ学徒・教徒。紀元前5～4世紀に活躍。フィロラオス・アルキタスが著名。紀元前1世紀に新ピタゴラス学派として復興。

ピタゴラス-の-すう【ピタゴラスの数】$a^2+b^2=c^2$を成立させる(a,b,c)の正の整数の組。例えば、(3,4,5)や(5,12,13)など。

ピタゴラス-の-ていり【ピタゴラスの定理】直角三角形の斜辺の長さをc、他の2辺の長さをa、bとすると、$a^2+b^2=c^2$であるという定理。三平方の定理。

ピタゴリオン〖Pythagoreio〗ギリシャ、エーゲ海南東部、ドデカネス諸島のサモス島東部の港町。旧称ティガニ。数学者ピタゴラスの生地として知られ、1955年に現名称に改名された。紀元前6世紀を中心に僭主ポリュクラテスの下で繁栄。全長1キロメートル以上の地下導水路(エフパリノスのトンネル)やイオニア式の巨大なヘラ神殿の遺跡がある。1992年に「サモス島のピタゴリオンとヘラ神殿」の名で世界遺産(文化遺産)に登録された。ピタゴリオ。ピュタゴリオン。

ひた-さお【▽直さ▽麻】他の糸を交えない純粋の麻。「一を裳には織り着て」〈万・一八〇七〉

ひた-さわぎ【▽直騒ぎ】〔名・形動ナリ〕度をはずして騒ぐこと。また、そのさま。「小山田の庵守(も)る人に驚きて一なる秋のさを鹿」〈新撰六帖・二〉

ひだ-さんみゃく【飛騨山脈】新潟・長野・富山・岐阜4県にわたり南北に走る山脈。白馬岳・立山・槍ヶ岳・乗鞍岳などの3000メートル級の山々が連なり、最高峰は穂高岳の3190メートル。北アルプス。

ひた-し【日田市】▶日田

ひだ-し【飛騨市】▶飛騨㊁

ひ-だし【×簸出し】穀物などを箕(み)でふるって、くずなどを取り除くこと。また、そのくず。〈日葡〉

ひたし-もの【浸し物】「おひたし」に同じ。

ひだ-しゅんけい【飛×騨春慶】岐阜県高山市から産する黄褐色または赤褐色の春慶塗。慶長年間(1596～1615)高山城主の長男で茶人の金森宗和が藩の塗師に命じて作らせたのが始まりという。飛騨春慶塗。

ひた-しろ【▽直白】〔名・形動ナリ〕全体に白いこと。また、そのさま。まっしろ。「容姿(かたち)鬼の如くして頭は一に」〈宇津保・嵯峨院〉

ひた・す【浸す｜▽漬す】〔動サ五(四)〕液体の中につける。また、液体を十分に含ませる。「冷水に足を一・す」「ガーゼを消毒液に一・す」⇒漬ける[用法] [可能]ひたせる

ひ-た・す【▽養す】〔動サ四〕《「ひだす」とも。「日(ひ)足(た)す」の意》養い育てる。養育する。「其の御子を一・しまつる縁(よし)によりて」〈記・上〉

ひ-だすき【火×襷】無釉(むゆう)の陶器にたすきを回したような茜(あかね)色の線状の現れたもの。焼成中に他の器と接触するのを避けるために用いた藁(わら)が、器肌に焼きついて自然に現れたのに始まる。備前焼の特色をなし、のちに装飾技法として用いられるようになった。

ひた-すら【只=管｜一=向】㊀〔形動〕〔文〕〔ナリ〕そのことだけに意を用いるさま。もっぱらそれだけを行うさま。「一な思い」「一に弁解する」㊁〔副〕❶ひとすじに。いちずに。「一研究にいそしむ」「一無事を祈る」❷まったく。すっかり。「身をばー、え捨て侍らぬものなれば」〈狭衣・一〉

[用法]ひたすら・いちず――「ひたすら(いちずに)芸に励む」「ひたすら(いちずに)歩き続ける」など、そのことに専念する意では、相通じて用いられる。◆「ひたすら」は、もっぱらそのことだけを行う意で用いることが多い。「ひたすらおわびいたします」「ひたすらお願いするしかなかった」◆「いちず」は気持ちのあり方に重点があり、他を顧みず、一つの事柄だけに打ち込む意で用いることが多い。「いちずに思い込む」「勉学いちずの毎日」◆類似の語に「ひたむき」がある。脇目もふらず一つの事に熱中する意で、「いちず」に近い。「ひたむきな態度」「ひたむきに生きる」

[類語]いちず・ひたむき・一筋・ただ

びた-ぜに【×鐚銭】「びたせん」に同じ。「一壱文も残らぬ身代」〈滑・膝栗毛・発端〉

びた-せん【×鐚銭】❶表面の文字が磨滅した、質の粗悪な銭貨。びたぜに。びた。❷室町中期から江戸初期にかけて私鋳された、永楽銭以外の粗悪な銭。❸江戸時代、寛永通宝一文銭の鉄銭の称。

ひたた【×纔】〔副〕わずかに。ついちょっと。「一涌ける釜に臨むに、両の目釜に煮らえき」〈霊異記・上〉

ひ-たたき【火▽叩き】消火用具の一。竹ざおの先に30センチぐらいに切った縄の束をつけたもので、これでたたいて火を消す。

ひたた・く【▽混く】〔動カ下二〕❶雑然とする。「人しげく一・けたらむ住まひは」〈源・須磨〉❷しまりなく乱れている。「一・けて歩ませ給ふこと、またなきことになむおはしましける」〈栄花・峰の月〉❸混同する。「おろかなる俗家は実(じつ)を知らず、一・けて坐禅宗といひき」〈正法眼蔵・弁道話〉

ひだ-たくみ【飛×騨▽工｜飛×騨▽匠】▶ひだのたくみ

ひた-たれ【▽直垂】❶垂領(たりくび)で衽(おくみ)がなく、組紐(くみひも)の菊綴(きくと)じ・胸紐があり、袖括(そでぐく)りをつけて露(つゆ)を垂らした衣服。袴(はかま)と合わせて着用し、裾を袴の中に入れた。絹・布・紗(しゃ)・生絹(すずし)などで作る。もとは庶民の平服であったが、鎌倉時代以後は武家の礼服となり、また公家(くげ)の常服にも用いられた。室町時代には風折烏帽子(かざおりえぼし)をかぶるようになり、江戸時代には侍従以上の礼装として長袴を用いた。❷「鎧(よろい)直垂」の略。❸「直垂衾(ぶすま)」の略。

ひたたれ-かみしも【▽直垂上下｜▽直垂×裃】武家の礼服の一。直垂に長袴を用いるもの。

ひたたれ-ぶすま【▽直垂×衾】領(えり)と袖とをつけた、直垂の形に似た夜具。綿を厚く入れたもの。夜着(よぎ)。

ひたち【日立】茨城県北東部、太平洋に面する市。近世は徳川水戸藩領。日立鉱山によって発展。電気機器・セメント工業が盛ん。人口19.3万(2010)。

ひたち【常陸】旧国名の一。東海道に属し、現在の茨城県北東部にあたる。常州。

ひ-だち【肥立ち】❶日がたつにつれて成育すること。「一のいい赤ん坊」❷病人や産婦が日増しに健康を回復すること。「産後の一がよい」

ひたちおおた【常陸太田】茨城県北部の市。中世は佐竹氏の城下町。近世は徳川水戸藩領となり、徳川光圀(みつくに)の西山荘など旧跡が残る。稲作やブドウ・ナシ栽培が盛ん。平成16年(2004)12月に金砂郷(かなさごう)町、水府村、里美村を編入。人口5.6万(2010)。

ひたちおおた-し【常陸太田市】▶常陸太田

ひたちおおみや【常陸大宮】茨城県北西部、那珂(なか)川中流にある市。稲作のほか、ねぎ・椎茸の栽培が盛ん。平成16年(2004)大宮町に御前山(ごぜんやま)村、山方(やまがた)町、美和村、緒川(おがわ)村が編入合併して市制施行。人口4.5万(2010)。

ひたちおおみや-し【常陸大宮市】▶常陸大宮

ひたち-おび【常=陸帯】❶昔、正月14日、常陸国鹿島神社の祭礼で行われた結婚を占う神事。意中の人の名を帯に書いて神前に供え、神主がそれを結び合わせて占った。神功皇后による腹帯の献納が起源とされる。帯占。鹿島の帯。《季 新年》❷ヒタチオビガイの別名。❸茶入れの一種。尾張国瀬戸の藤四郎の焼いたものという。

ひたちおび-がい【常=陸帯貝】ヒタチオビガイ科の巻き貝。深海にすみ、貝殻は紡錘形で、殻高12センチくらい。肉色をし、殻口の内壁に深いひだがある。

ひたち-こうざん【日立鉱山】日立市中部の銅鉱山。天正年間(1573～1592)の発見と伝えられ、明治38年(1905)から大規模に開発、金・銀も産出した。日本四大銅山の一に数えられたが、昭和56年(1981)閉山。

ひたち-し【日立市】▶日立

ひたち-だいち【常陸台地】茨城県中央部の洪積台地。高さ30メートル内外の低平な台地。利根川をはさんで千葉県側の下総(しもうさ)台地と合わせて常総台地と呼ばれる。山地を除いた県の約3分の2の面積を占める。麦・雑穀などのほか、野菜栽培が盛ん。

ひたちなか 茨城県中東部の市。平成6年(1994)、那珂湊市と勝田市が合併して成立。電気・機械工業、水産業が盛ん。人口15.7万(2010)。

ひたちなか-し【ひたちなか市】▶ひたちなか

ひたち-の-みや【常陸宮】宮家の一。昭和39年(1964)昭和天皇の第2皇子正仁親王が創立。

ひたちふどき【常陸風土記】奈良時代の常陸国の地誌。1巻。和銅6年(713)の詔により撰進された風土記の一。養老年間(717～724)に撰進。11郡中9郡の記事が残っている。常陸国風土記。

ひたちやま-たにえもん【常陸山谷右衛門】［1874～1922］力士。第19代横綱。茨城県出身。本名、市毛谷右衛門。梅ヶ谷とともに明治期の相撲の黄金時代をつくった。大正3年(1914)引退、年寄5代目出羽の海を襲名。⇒大砲(おおづつ)万右衛門(第18代横綱) ⇒梅ヶ谷藤太郎(第20代横綱)

ひ-だ・つ【肥立つ】〔動タ五(四)〕❶日がたつにつれて成育する。「赤ん坊が一・つ」❷病人や産婦が日増しに健康を回復する。「思うように一・って来ない自分の体を不思議がったが」〈秋声・黴〉

ひ-だっそ【×脾脱×疽】▶炭疽(たんそ)❶

ひた-つち【▽直土】じかに地面についていること。地べた。「伏せ廬(いほ)の曲げ廬の内に一に藁(わら)解き敷きて」〈万・八九二〉

びだつ-てんのう【敏達天皇】［?～585］記紀で、第30代の天皇。欽明天皇の第2皇子。名は渟中倉太珠敷(ぬなくらのふとたましき)。治世中、仏教受容をめぐって蘇我氏と物部氏が対立を深めたという。訳語田(おさだ)天皇。

ぴたっ-と〔副〕「ぴたり」を強めていう語。「痛みが一止まる」「門を一とざす」「予想が一あたる」

ぴた-ティー《「ぴたっとしたTシャツ」から》子供のサイズのような小さいTシャツのこと。ぴたっと肌に密着して着ることが特徴。

ひた-てり【▽直照り】一面に照り輝くこと。「橘の成れるその実は一にいや見が欲しく」〈万・四一一一〉

ひた-と【▽直と｜▽頓と】〔副〕❶じかに。ぴったりと。「一背後につく」❷とつぜん。にわかに。「風が一やむ」❸ひたすら。いちずに。「一見つめる」

ひた-なき【▽直泣き｜▽直鳴き】❶(直泣き)ひたすら泣くこと。「一に泣く泣くいつのまにか寝たりと覚し」〈鏡花・竜潭譚〉❷(直鳴き)鳥などがひたすら鳴くこと。「雉子(きぎす)のあるかー に鳴くを聞けば」〈いそのはな〉

ひ-だね【火種】❶火をおこす種とする火。「一を絶やす」❷事件・騒動などの起こる原因となるもの。「内紛の一をかかえる」

ひだ-の-たくみ【飛×騨▽工｜飛×騨▽匠】㊀古代、飛騨国から毎年交替で京都にのぼり、主に木工寮(もくりょう)において公役に従事した工匠。斐陀匠。ひだたくみ。㊁今昔物語にみえる伝説的工匠。画工百済川成(くだらのかわなり)と技を競ったという。

ピタパ〖PiTaPa〗《和 Postpay IC for “Touch and Pay”の略》非接触型ICカードを用いた電車・バスの

運賃精算システム。関西の私鉄・地下鉄・バスのほか、JR西日本のイコカと共通する区域内で利用ができる。平成16年(2004)からサービス開始。商標名。

ひた-はしり【▽直走り】《「ひたばしり」とも》ひたすら走ること。「ゴールをめざして―に走る」

ひた-はし・る【▽直走る】〔動ラ五(四)〕《「ひたばしる」とも》休むことなく、まっしぐらに走る。転じて、ひたすらがんばる。「目的に向かって―・る」

ピタ-パン《和 pita＋pão(ポルトガル)》▶ピタ

ひた-ひた ■〔副〕❶水などが繰り返し静かに打ち寄せて軽くものに当たる音や、そのさまを表す語。「―と波が岸辺を打つ」❷水が寄せてくるように物事が段々と迫ってくるさま。「敵が―(と)押し寄せる」❸動作などがすみやかなさま。さっさと。「天井に―と上がりて」〈義経記・六〉■〔形動〕中の物がやっとつかる程度であるさま。「だし汁を―に加える」 アクセント■はヒタヒタ、または、ヒタヒタ、■はヒタヒタ。

びた-びた ■〔副〕スル 不快なほど濡れているさま。「この―する雨気の中に」〈朔太郎・厭らしい景物〉■〔形動〕■に同じ。「まわりがとばしりで―になって」〈三重吉・桑の実〉

ぴた-ぴた ■〔副〕❶平手でたたいたり、裸足はだしで歩いたりする音を表す語。ぺたぺた。「廊下を―と歩く」❷物がぴったりと付くさま。「湯上りの素足が凍えた。岩に―吸いついた」〈康成・温泉宿〉■〔形動〕水などが揺れ動いたりはねたりするさま。「土が凹へこんで水が―に溜っている」〈漱石・三四郎〉

ひだ-びと【飛×騨人】《「ひだひと」とも》飛騨国の人。特に、飛騨出身の大工。「かにかくに物は思はじ―の打つ墨縄のただ一道ひとみちに」〈万・二六四八〉

びた-ひらなか【×鐚ひらなか】《「ひらなか」は半銭の意》きわめて小額の金銭。鐚一文びたいちもん。「一才覚ならず」〈浄・忠臣蔵〉

ひた-ぶる【▽頓|一＝向】〔形動〕図〔ナリ〕❶いちずなさま。ひたすら。「―な態度」「―に思いを寄せる」❷完全にその状態であるさま。「―に煙にだになし果ててむと思ほして」〈源・夕霧〉❸向こう見ずなさま。また、強引で粗暴なさま。「海賊の―ならむよりも」〈源・玉鬘〉❹はなはだしいさま。すこぶる。「地獄の苦患くげは―になりぬ」〈今昔・三一・二八〉

ひたぶる-こころ【▽頓心】いちずに思いつめた心。また、容赦なく自分を通そうとする心。「盗人などいふ―ある者も」〈源・蓬生〉

ひだ-へんせいがん【飛×騨変成岩】飛騨山地や隠岐おきに分布する変成岩。片麻岩・角閃岩かくせんがんなどからなる。先カンブリア時代後期から中生代前期にかけて変成作用が繰り返されたと考えられている。

ひた-ぼんち【日田盆地】大分県北西部、筑後ちくご川上流にある盆地。盆地底は水田地帯、台地面は畑・果樹園。周辺の山地は杉の植林が盛んで、「日田杉」として知られる。日本有数の林業地帯。耶馬やば日田英彦ひこ山国定公園に属する。

ひ-だま【火玉】❶小さな火のかたまり。特に、キセルの火皿に残った火のかたまり。「灰吹きに―を落とす」❷空中を飛ぶ球状の怪火。火の玉。

ビタマー〖vitamer〗ビタミンと同様の作用をもつ誘導体。ビタミンAのビタマーとしては、レチナールなどが知られている。

ひだまい-の-ふだ【日▽給の▽簡】ひだまいのふだ「にっきゅうのふだ」に同じ。「御前なる―に、内侍の督になすよしかかせ給ひて」〈宇津保・内侍督〉

ひた-まきえ【▽直×蒔絵】箱の全体に蒔絵を施したもの。

ひ-だまり【日×溜まり】日当たりがよくて暖かい場所。狭い範囲についていう。「公園の―」類語 ひなた

ひた-みち【▽直道|▽直▽路】〔名・形動ナリ〕❶まっすぐな道。また、そのようにまっすぐであるさま。「山河の峰谷たにに相続ければ、―の義ことを取りて」〈常陸風土記〉「ただ―の煙とや見し」〈和泉式部集・下〉❷いちずであるさま。ひとすじ。ひたすら。「―なる行ひ」〈宇津保・俊蔭〉

ビタミン〖ドイツ Vitamin〗《ラテン vita(生命)に必要なアミンの意》微量で生体の正常な発育や物質代謝を調節し、生命活動に不可欠な有機物。ふつう動物体内では生合成されないので、食物から摂取しなければならない。脂溶性ビタミンのA・D・E・Kなどと、水溶性ビタミンのB群・Cなどとに大別され、欠乏や過剰により種々の障害が起こる。発見の経緯や生理作用別にA・B・Cなどと名付けられ、さらに化学物質名で呼ばれる。

ビタミン-イー【ビタミンE】脂溶性ビタミンの一。野菜・植物性油脂などに多く含まれ、不飽和脂肪酸の過酸化を防ぐ作用をもつ。欠乏では生殖機能の減退や貧血などが知られる。トコフェロール。

ビタミン-エー【ビタミンA】脂溶性ビタミンの一。肝油・卵黄・バターなどに多く含まれ、植物中のカロテンも体内でこれに変化する。A_1(レチノール)・A_2がある。欠乏すると発育不良・夜盲症や角膜・皮膚の乾燥などを起こす。

ビタミン-エッチ【ビタミンH】ビオチンの別名。

ビタミン-エム【ビタミンM】葉酸ようさん。

ビタミン-エル【ビタミンL】《lactation(乳汁分泌)から》水溶性ビタミンの一。牛の肝臓と酵母に多く含まれる。ネズミでは催乳に不可欠。

ビタミンかじょう-しょう【ビタミン過剰症】脂溶性ビタミンが肝臓に蓄積されたために起こる中毒症状。ビタミンAでは脳圧亢進こうしん・四肢の疼痛とうつうなど、Dでは高カルシウム血症・結石症など、Eでは出血が止まりにくいなどの症状がみられる。

ビタミン-カラー《和 vitamin＋color》柑橘かんきつ類に見られるような明るいビビッドな色調の総称。明るい黄色、緑色、オレンジ色など。柑橘類にビタミンCが豊富なことから呼ばれるようになった。

ビタミン-ケー【ビタミンK】《ドイツ Koagulierung(凝固)から》脂溶性ビタミンの一。植物界に広く存在するK_1、動物で腸内細菌により合成されるK_2などがある。血液凝固機能を促進する作用をもち、欠乏すると出血傾向をきたす。

ビタミンけつぼう-しょう【ビタミン欠乏症】ビタミンの摂取不足によって生じる生理機能障害。ビタミンAでは夜盲症、B_1では脚気かっけ、Cでは壊血病、Dでは佝僂病くるびょうなど。

ビタミン-シー【ビタミンC】水溶性のビタミンの一。新鮮な野菜・果物や緑茶などに含まれ、熱に弱く、すぐ分解してしまう。強い還元作用があり、体内の酸化還元反応に関与する。欠乏すると壊血病を起こす。アスコルビン酸。

ビタミン-ディー【ビタミンD】脂溶性ビタミンの一。肝油・卵黄・バターなどにビタミンAと共存して含まれ、D_2・D_3の活性が高い。カルシウム・燐りんの吸収を促進する作用をもつ。欠乏すると佝僂病くるびょうや骨・歯の発育不良などを起こす。カルシフェロール。

ビタミン-ビー【ビタミンB】▶ビタミンB複合体

ビタミン-ピー【ビタミンP】《permeability(浸透性)から》レモン・ミカンの実や緑茶にビタミンCとともに含まれるルチンとヘスペリジンの混合物。毛細血管の透過性が高くなるのを防ぐ。現在では独立したビタミンとされない。

ビタミン-ビーいち【ビタミンB_1】ビタミンB複合体の一。米ぬか・酵母・レバーなどに多く含まれ、糖質代謝に関与。欠乏すると脚気かっけ・神経炎などを起こす。最初に発見されたビタミンで、鈴木梅太郎も発見しオリザニンと命名した。チアミン。アノイリン。

ビタミンビー-ぐん【ビタミンB群】ビタミンB_1・B_2・B_6・B_{12}、およびニコチン酸・パントテン酸・ビオチン・葉酸・コリン・イノシトールなどの総称。

ビタミン-ビーじゅうに【ビタミンB_{12}】ビタミンB複合体の一。酵母・胚芽はいがなどに含まれ、ポルフィリンに似たコリン環の中心にコバルトイオンを含む化学構造をもつ。欠乏すると悪性貧血を起こす。シアノコバラミン。

ビタミン-ビーツー【ビタミンB_2】▶ビタミンビーに(B_2)

ビタミン-ビーに【ビタミンB_2】ビタミンB複合体の一。酵母・米ぬか・牛乳・肉などに含まれる。フラビン酵素の補酵素として働く。欠乏すると口角炎・舌炎・皮膚炎・結膜炎などを起こす。かつてビタミンGとよばれた。リボフラビン。ラクトフラビン。

ビタミンビー-ふくごうたい【ビタミンB複合体】ビタミンB群が混在する複合体。水溶性。初めビタミンBとよばれたが、のちに分離されて単一でないことがわかった。

ビタミン-ビーろく【ビタミンB_6】ビタミンB複合体の一。米ぬか・酵母・卵黄などに含まれ、たんぱく質代謝に関与する。欠乏では口内炎・皮膚炎・神経炎などがみられる。ピリドキシン。

ビタミン-ビーワン【ビタミンB_1】▶ビタミンビーいち(B_1)

ひた-むき【▽直向き】〔形動〕図〔ナリ〕一つの物事だけに心を向けているさま。忍耐強く、いちずに打ち込むさま。「―な努力」「―な情熱」類語 ひたすら・一筋

ひた-めん【▽直面】能で、役者が面をつけずに素顔のままでいること。主に、普通は面をつけるシテ・シテツレについていう。ひたおもて。

ひためん-もの【▽直面物】能の分類の一。前ジテ・後ジテを通じてシテが面を用いないもの。四番目物のうち、神や幽霊でない現実の男性をシテとするもの。

ひた-もの【▽直物|▽頓物】〔副〕❶いっぱいに満たすさま。ぎゅうぎゅう。「これに白からむ所―入れても て来こ」〈春曙抄本枕・七六〉❷もっぱらそのことに集中するさま。ひたすら。むやみと。「いろいろ肴をととのへ―酒をのみ」〈仮・可笑記・三〉

ひた-やごもり【▽直屋▽隠り】〔名・形動ナリ〕ひたすら家の中に閉じこもること。また、そのさま。「けしきばめる消息せうそこもせで、いと―に情なかりしかば」〈源・帚木〉

ひ-だら【干×鱈】薄塩に漬けて干した鱈。干し鱈。(季 春)「―あぶりてほろほろと酒の酔にゐる/鬼城」

ひだり【左】❶東に向いたとき北にあたる方。大部分の人が、食事のとき茶碗を持つ側。左方。「四つ角を―に曲がる」⇔右。❷左方の手。ひだりて。「―が入って四つに組む」⇔右。❸右手より左手の利くこと。左利き。「―の代打」⇔右。❹野球の左翼。レフト。「―越えホーマーを打った」⇔右。❺急進的な思想傾向があること。フランス革命後の議会で、急進派が議長席から見て左側に議席を持ったことから出た語。左翼。「―に傾いた思想」⇔右。❻酒を好んで飲むこと。また、その人。左党。左利き。❼歌合わせ・絵合わせなどで、左側の組。⇔右。❽官職を左右に分けたときの左方。日本では通常、右より上位とした。「―の大臣おとど」⇔右。類語 左手・左側・左方・左さ・左翼

ぴたり〔副〕❶すきまなく密着しているさま。「先頭に―(と)つく」❷少しの狂いもないさま。また、うまく適合するさま。「計算が―(と)合う」「意見が―と一致する」❸急に、完全に止まるさま。また、止めるさま。「―(と)泣きやむ」「酒を―(と)やめる」

ひだり-うちわ【左団＝扇】利き手でない左手でゆうゆうとうちわを使うこと。転じて、安楽に暮らすこと。ひだりおうぎ。「―で暮らす」「―の生活」

ひだり-おうぎ【左扇】「左団扇ひだりうちわ」に同じ。「お前がよう売ってぢゃから、かかさんは―ぢゃ」〈洒・箱枕〉

ひだり-おり【左折り】物を左に折ること。特に、烏帽子えぼしの上部を左に折ること。「三番の―に折りて給はり候へ」〈謡・烏帽子折〉

ひだりおり-えぼし【左折×烏▽帽子】風折かざおり烏帽子で、左側に折り曲げたもの。ひだりえぼし。

ひだり-がき【左書(き)】文字を左から右の方へ書くこと。一般に左横書きのこと。

ひだり-がって【左勝手】❶「逆勝手ぎゃくがって」に同じ。❷左ひざを立て、右ひざをついた座り方。「脇差わきざしさいて腰かがめ―に坐したりけり」〈浄・碁盤太平記〉

ひだり-がな【左仮名】漢字の左側につける振り仮名。右に読み方、左に意味を示すことが多い。

ひだり-がわ【左側】左の方の側。さそく。類語 左ひだり・左手・左方・レフト・左さ・左翼

ひだり-きき【左利き】❶右手よりも左手のほうがよくきくこと。また、その人。左ぎっちょ。ぎっちょ。❷酒が

好きで強いこと。また、その人。左党。(補説)❷は、金鉱を掘るとき右手に槌、左手に鑿を持つことから、鑿手と飲み手をかけたものという。
(類語)(❷)辛党・左党・上戸・両刀遣い

ひだり-ぎっちょ【左ぎっちょ】「左利き❶」に同じ。

ひだり-じんごろう【左甚五郎】江戸初期の宮大工・彫刻師。播磨の人。姓は伊丹、名は利勝。京都の禁裏大工棟梁遊左与平次の弟子。寺社の造営・宮彫にすぐれ、日光東照宮の「眠り猫」の作者とされているが、根拠はない。生没年未詳。

ひだり-する【左する】〔動サ変〕図ひだり・す〔サ変〕左の方へ行く。左の道をとる。「右せんか―・せんか迷う」

ひだり-ぜん【左膳】►夷膳❷

ひだり-づかい【左遣い】三人遣いの操り人形で、人形の左手の操作を受け持つ人。

ひだり-づま【左×褄】❶着物の左身頃の褄。❷芸者の異称。(類語)芸者・芸妓・芸子・綺麗所

左褄を取・る《芸者が左手で着物の褄を取って歩くところから》芸者勤めをする。「昔、―・っていたらしい面影も浮んで来て」〈秋声・仮装人物〉

ひだり-て【左手】❶左方の手。❷左の方。左側。「道の―」(類語)左・左側・左方・左・左翼・レフト

ひだり-とう【左党】「さとう(左党)」に同じ。

ひだり-どもえ【左×巴】紋所の名。巴の左巻きのもの。

ひだり-なわ【左縄】❶左縒りにした縄。ふつうは右縒りだが、祭事に用いるものに多くみられる。❷物事が思うようにならないこと。左前。「かう―になるからは父と様のことも埒が明かぬ」〈浄・丹波与作〉

ひだり-の-うまづかさ【左馬▽寮】►さまりょう(左馬寮)

ひだり-の-うまのかみ【左馬▽頭】►さまのかみ(左馬頭)

ひだり-の-おおいもうちぎみ【左大=臣】►さだいじん(左大臣)

ひだり-の-おとど【左大=臣】►さだいじん(左大臣)

ひだり-の-かた【左の方】❶二分したときの左側。また、左の組。❷相撲の節で、相撲人を左右に分けたときの左方。今の東方。「―にも右の方にも負くる事なかりければ」〈今昔・二三・二三〉

ひだり-の-つかさ【左の▽司】左右に分けられた諸司のうち、左の役所。左近衛府・左馬寮など。

ひだり-ばらみ【左×孕み】腹の左の方にかたよってはらむこと。男子が生まれるとの俗信があった。「殊に―は御男子のしるし」〈浄・廿四孝〉

ひだり-ふうじ【左封じ】❶書状の封の仕方で、左を上にして封をすること。果し状や遺言などの凶事に用いる。❷野球で、左打者が活躍できないようにすること。左投手の起用によることが多い。

ひだり-まえ【左前】❶相手から見て、左の衽を上に出して和服を着ること。普通の着方と反対で、死者の装束に用いる。ただし、女性の洋服類は左前に仕立てる。❷運が傾くこと。経済的に苦しくなること。左向き。「家業が―になる」(類語)減退・後退・下火・退潮・尻すぼまり・落ち目・下り坂・不振

ひだり-まき【左巻(き)】❶左の方へ巻くこと。時計の針の回り方と反対に巻いていること。❷《つむじが左に巻いている人は頭が悪いという俗説から》頭の働きが鈍いこと。

ひだり-まわり【左回り】左の方へ向かって回ること。時計の針の進む方向と逆に回ること。

ひだり-みぎ【左右】❶左と右。左方と右方。さゆう。❷左と右を取り違えること。みぎひだり。「サンダルを―に履く」❸あれこれとすること。あれやこれや。とやかく。多く「に」を伴って副詞的に用いる。「―に苦しう思へど」〈源・空蝉〉

ひだり-むき【左向き】❶左の方へ向くこと。左の方に向いていること。❷「左前❷」に同じ。

ひだり-もじ【左文字】裏返しに見た形の文字。印章などに刻んだ文字。鏡文字。「―にぞ印したりける」〈読・弓張月・残〉

ひだり-ゆがみ【左×歪み】❶左側がゆがんでいること。また、左の方へゆがむこと。❷夫婦の身分や貧富がふつりあいであること。「貧しき者、たのしき妻をまうくるは、―と云ふ事なれば」〈盛衰記・一〉

ひだり-よつ【左四つ】相撲で、互いに左手を下手に組んだ体勢。

ひだり-より【左寄り】❶左側に寄った方。❷思想や言動が左翼的であること。

ひだり-より【左×縒り】右から左の方向へよりをかけること。また、そのようによったもの。

ひ-た・る【日足る】〔動ラ四〕成長する。成人する。「いつしかも―・らしまして」〈万・三三二四〉

ひた・る【浸る|▽漬る】〔動ラ五(四)〕❶水などの中に入る。つかる。「温泉に―・る」「床下まで水に―・る」❷ある状態や心境にはいりきる。「毎日酒に―・る」「喜びに―・る」(可能)ひたれる
(類語)(❶)漬かる・浸す(❷)酔う・耽る

ひ-だる・い【×饑い】〔形〕図ひだる・し〔ク〕空腹である。ひもじい。「―・い時にはまずいものはない」

ひだる-がみ【×饑神】憑き物の一種。多く山路を歩く者がとりつかれ、急に空腹を覚えて動けなくなってしまうという。西日本に多く伝えられる。

ひ-だるま【火▽達磨】全身に火がついて燃えあがること。また、そのもの。「―になる」

ひ-たん【飛×湍】流れの激しい瀬。早瀬。急湍。「麓を流るる谷川は石に激して―となり」〈鉄腸・雪中梅〉

ひ-たん【悲嘆|悲×歎】〔名〕スル かなしみなげくこと。「友の急逝を―する」(類語)愁嘆・痛哭・哀傷・傷心

ひ-だん【被弾】〔名〕スル 砲弾・爆弾などを受けること。「尾翼に―する」「―地」

び-たん【尾端】尾のはし。また、物の末端。

び-たん【鼻端】はなのさき。はなさき。

び-だん【美男】►びなん(美男)

び-だん【美談】美しい話。聞いて感心するようなりっぱな行いの話。「―の主」

び-だんし【美男子】「美男子」に同じ。

ひだんせい-さんらん【非弾性散乱】原子・陽子・中性子・電子・光子など粒子どうしの衝突で、衝突前後で粒子が励起して運動エネルギーの一部を失ったり、数や種類が変わったりする場合をいう。また、量子力学的な波の散乱としても扱われる。⇔弾性散乱。

ひだんせい-しょうとつ【非弾性衝突】衝突の前後で2物体の力学的エネルギーが保存されない衝突。物体の変形、熱の発生、内部エネルギーの変化などによりエネルギーを失う。

ひち〔接頭〕《接頭語「しち」の音変化》主として形容詞・形容動詞に付いて、程度がはなはだしい意を添える。不快感を伴うような場合に用いられる。「―くどい」「―めんどうだ」

ビチェンツァ〖Vicenza〗イタリア北部、ベネト州の都市。農畜産物の生産、毛織物業、金銀細工などが盛ん。イタリア後期ルネサンスを代表する建築家パラディオを育てた町として有名。市街とベネト地方のパラディオが設計した邸宅は、1994年、世界遺産(文化遺産)として登録された。

ピチカート〖イタリア pizzicato〗►ピッチカート

び-ちく【備蓄】〔名〕スル 将来や万一の場合にそなえてたくわえておくこと。また、そのたくわえ。「食糧を―する」「石油を―する」
(類語)貯蓄・貯蔵・蓄え・積み立て

ひちく-ど・い〔形〕図ひちくど・し〔ク〕「しちくどい」に同じ。「はて―・い。明日というてはならぬ」〈浄・浪花鑑〉

びちく-まい【備蓄米】凶作・天災などで米不足になったときに備えて、政府が購入し保管する国産米。食糧法に規定がある。(補説)品質を保つため、順次販売される。備蓄米を半分以上混ぜた米は「たくわえくん」と表示される。

ひち-しゃ【被治者】統治される者。

ひちち-か〔形動ナリ〕《「ひち」は擬態語》ぴちぴちして元気のいいさま。「―に愛敬づきたるけはひしるく見え給へば」〈源・澪標〉

ぴちっ-と〔副〕スル すきまや食い違いがなく、よく合っているさま。「―したジーパン」

ぴち-ぴち㊀〔副〕スル ❶魚などが、勢いよくはねるさま。また、いかにも生きのよいさま。「とりたての―(と)した魚」❷若々しく元気いっぱいなさま。躍動感があふれているさま。「―(と)した娘」❸水の中で氷が割れたり、小さな泡がはじけたりする時の鋭いかすかな音を表す。「グラスの氷が―と音を立てる」㊁〔形動〕中身がいっぱいではじけそうなさま。「太ってシャツが―だ」「―の太もも」アクセント㊀はピチピチ、㊁はピチピチ。

ひ-ちゃ【非茶】本場で栽培した以外の茶。鎌倉時代から室町初期にかけては山城国栂尾以外で産した茶、室町初期以降は宇治以外で産した茶をいう。闘茶の用語。⇔本茶。

ひ-ちゃくしゅつし【非嫡出子】法律上の婚姻関係にない男女間に生まれた子。嫡出でない子。ひてきしゅつし。婚外子。⇔嫡出子。⇒認知

びちゃ-びちゃ㊀〔副〕スル ❶水などにひどくぬれているさま。「―(と)したぞうきん」❷水などがしきりにはねる音や、そのさまを表す語。「水たまりを―(と)歩く」㊁〔形動〕㊀❶に同じ。「雨でシャツが―になる」アクセント㊀はビチャビチャ、㊁はビチャビチャ。
(類語)ぐしょぐしょ・びしょびしょ・びしゃびしゃ・ぐっしょり・びっしょり・しっぽり・しとど

ぴちゃ-ぴちゃ㊀〔副〕❶水と物とが当たって立てる小さな音や、そのさまを表す語。「波が―(と)打ち寄せる」❷平手で続けて軽く打つ音や、そのさまを表す語。「顔を―(と)たたく」❸飲み食いするときに舌で立てる音や、そのさまを表す語。「犬が―(と)水を飲む」㊁〔形動〕水分などがしみわたっているさま。「桃割れ髪が油で―にぬれたように」〈康成・温泉宿〉

ぴちゃん〔副〕❶小さく平たい物などが水に落ちる音や、水がはねかえる音を表す語。「―とはねが上がる」❷平手でたたく音、また、戸や障子などを乱暴に閉める音を表す語。「ふすまを―と閉める」

ひ-ちゅう【秘中】秘密にしている物事のうち。

び-ちゅう【微衷】自分のまごころ・本心をへりくだっていう語。「お上に置かせられても、我々の―をお酌取下されたものと」〈鴎外・大塩平八郎〉

び-ちゅう【鼻柱】「はなばしら」に同じ。

びちゅう-かく【鼻中隔】鼻腔を左右に仕切る隔壁。ほぼ中央にあり、前方は主に軟骨からなる。

びちゅうかく-わんきょくしょう【鼻中隔湾曲症】鼻中隔が曲がっていることが原因で起こる症状。鼻づまり・副鼻腔炎など。鼻中隔湾曲は手術で治せる。

ひちゅう-の-ひ【秘中の秘】秘密にすべき事柄のうちでも、特に秘密の事柄。「新企画なので詳細は―だ」(類語)秘密・密事・秘事・暗部・隠し事・秘め事・密か事・内証事・内密・内証・内内・隠密・極秘・厳秘・丸秘・機密・枢密・天機・機事・秘か・密か

ビチューメン〖bitumen〗瀝青。

ひ-ちょう【日帳】日記帳。「三月三十日の―を書きておくられける」〈浮・一代男・七〉

ひ-ちょう【飛鳥】空を飛んでいる鳥。また、非常に動作の速いさまをたとえていう。「―の早業」

飛鳥尽きて良弓蔵る《「史記」越王勾践世家などから》捕まえる鳥がいなくなると、よい弓も死蔵される。用がなくなれば捨てられることのたとえ。狡兎死して走狗烹らる。

飛鳥の撃つや其の首を俛す《「淮南子」兵略訓から》鳥が獲物に飛びかかるときには、まず首を伏せる。才能のある者は、平生はおとなしく控え目で、いざというときにその力を出すことのたとえ。

ひ-ちょう【秘×帖】秘密のことを書いた帳面。

ひ-ちょう【悲調】悲しげな調子。悲しい音調。

ひちょう-きん【×腓腸筋】腓腹筋の旧称。

び-ちょうせい【微調整】〔名〕スル 大体の調整を終えたあと行う、まとめの細かい調整。「左右の音量を―する」

ひ-ちょく【秘勅】秘密に出されたみことのり。

ひちょちくがた-ほけん【非貯蓄型保険】医療保険など、緊急の場合の出費に備えての保険。保険料

は掛け捨てが多い。

ひち-ら【×餺×饠】唐菓子の一。糯米の粉を水でこね、せんべいのように平たくして焼いたもの。また、小麦粉で作って中に餡を包んだもの。ひら。

ひち-りき【×篳×篥】雅楽の管楽器の一。奈良初期に中国から伝来した縦笛の一種。現在のものは、長さ6寸(約18センチ)の竹管の表に7孔、裏に2孔をあけ、上端に蘆製の舌を挿入したもの。音は強く、哀調を帯びる。

ひ-ぢりめん【×緋×縮×緬】緋色の縮緬。女性の長襦袢や腰巻に多く用いられる。

ひ-ちん【披陳】〘名〙スル 思っていることをかくさず述べること。披瀝。

び-ちん【美×疢】美味ではあるが毒となる食べ物。

美疢は悪石に如かず 《「春秋左伝」襄公二三年から》味はよくても毒となるような食物より、苦い薬のほうがよい。無責任な甘やかしは、愛にもとづく厳格な戒めに及ばないことのたとえ。

ひっ【引っ】〘接頭〙《接頭語「ひき」の音変化》動詞に付いて、その動詞の示す動作・作用を強める意を表す。「―かきまわす」「―とらえる」

ひつ【×畢】二十八宿の一。西方の第五宿。牡牛座の顔部分の七星をさす。あめふりぼし。畢宿。➡漢「ひつ(畢)」

ひつ【×弼】❶律令制で、弾正台の次官。大・少各1名。❷奈良時代、紫微中台の次官。➡漢「ひつ(弼)」

ひつ【筆】❶ふで。❷筆で書くこと。また、書いたもの。❸登記簿上の土地の区画。「一―の土地」➡漢「ひつ(筆)」

ひつ【×櫃】❶ふたが上方に開く大形の箱。唐櫃・長櫃など。❷飯を入れる器。➡おひつ

ひつ【×蹕】❶貴人の通行のとき、先払いをすること。みちおさえ。❷天皇の行幸。鹵簿。

蹕を駐む 天子や貴人が出かけて、途中にとどまる。

ひ-つ【▽漬つ｜×沾つ】《江戸中期からは「ひづ」とも》㊀〘動タ四〙ぬれる。ひたる。「嘆きつつますらをのこの恋ふれこそ我が結ふ髪の―・ちてぬれけれ」〈万・一一八〉㊁〘動タ上二〙㊀に同じ。「袖―・つる時をだにこそなげきしか身さへ時雨のふりもゆくかな」〈かげろふ・中〉㊂〘動タ下二〙ぬらす。ひたす。「あまぐものはるかなりつる桂川袖を―・てても渡りぬるかな」〈土佐〉 補説 四段活用から上二段活用になったのは平安中期といわれる。

ひつ-あつ【筆圧】文字を書くとき、筆・ペンなどの先に加えられる圧力。「―の強い字」

ひつ-い【筆意】❶筆を運ぶときの気構え。また、書画のおもむき。ふでづかい。❷詩文に現れる筆者の心構え。文章のおもむき。

び-つい【尾椎】脊柱のうち、仙椎より下方にある椎骨。数は不定で、尾を形成する。人間では結合して1個の尾骨となっている。

ひ-ついで【日次いで】暦の上での日の吉凶。日の都合。日がら。「御服もこの月には脱がせ給ふべきを、―なむよろしからざりける」〈源・藤袴〉

ひ-つう【悲痛】〘名・形動〙あまりに悲しくて心が痛むこと。また、そのさま。「―な面持ち」「―な叫び」
類語 沈痛・悲愴・悲しい・物悲しい・うら悲しい・せつない・つらい・痛ましい・哀れ・哀切・もの憂い・苦しい・憂い・耐えがたい・しんどい・苦痛である・やりきれない・たまらない・遣る瀬ない

ひっ-か【筆架】筆をもたせかけておく台。筆掛け。

ひっ-か【筆禍】発表した著書・記事などが原因で官憲や社会から受ける制裁または処罰。また、そのような災難。「―にあう」「―事件」

ビッカース-かたさ【ビッカース硬さ】工業材料をはじめとする物質の硬さ(硬度)の示し方の一。押し込み硬さの一種で、頂角136度の正四角錐のダイヤモンドを試料表面に押し込み、できたくぼみの表面積でその荷重を除した値で表す。比較的硬い材料も向き、名称は英国の鉄鋼会社ビッカースにちなみ、1925年にR=スミスらにより考案された。ビッカース硬度。DPH(diamond pyramid hardness)。単位はHV ➡微小硬さ

ビッカース-こうど【ビッカース硬度】➤ビッカース硬さ

ひっ-かい【筆海】❶《文字の集まりの意から》文章。詩。「流れを鑒みて―を開き」〈懐風藻〉❷硯のこと。〈易林本節用集〉

ひっ-かい【筆界】不動産登記法に基づき、地番を付けられた一筆の土地と隣接する土地との境。公法上の土地の境。土地所有権の境と異なることがある。

ひっかい-とくていせいど【筆界特定制度】筆界についての紛争を解決する制度。土地の所有権者が意見と資料を添えて法務局に申請すると、筆界特定登記官が外部の専門調査員の現地調査の結果に基づき、筆界を特定する。平成17年(2005)4月の不動産登記法の改正により導入。同18年1月施行。

ひっ-かえ・す【引っ返す】〘動サ五(四)〙「ひきかえす」の音変化。「傘を忘れて―・す」

ひっ-かか・える【引っ抱える】〘動ア下一〙図ひっかか・ふ〘ハ下二〙しっかりとかかえこむ。「かばんを―・えて飛び出す」

ひっ-かかり【引っ掛(か)り｜引っ懸(か)り】❶わずかに突起した部分など、手や物のかかるところ。❷かかわりのあること。関係があること。「あの家族とは―がある」❸気持ちにこだわりのあること。また、気にかかること。「事件の経緯に―を感じる」
類語 (❷)関係・関連・連関・連係・相関・関与・交渉・係わり・繋がり・結び付き・掛かり合い・絡み

ひっ-かか・る【引っ掛(か)る｜引っ懸(か)る】〘動ラ五(四)〙❶物にかかってそこに止まる。「風船が木の枝に―・る」❷途中で立ち寄る。また、手間どる。「飲み屋に―・る」❸やっかいなことにかかわりあう。関係が生じる。「選挙違反に―・る」「悪い男に―・る」❹計略にはまる。だまされる。「敵のわなに―・る」「甘い言葉に―・る」❺こだわりが残る。すっきりしない感じがする。「言い方に何か―・るものがある」❻監視・規制などによってとがめられる。また、そのために止められる。「書類の不備で―・る」「一斉検問に―・る」❼水などがふりかかる。「車のしぶきが―・る」

ひっかき-かたさ【引っ×掻き硬さ】工業材料をはじめとする物質の硬さ(硬度)を測定する硬さ試験の一種。先端部が円錐や三角錐の形状を持つ圧子で、試験材料に一定幅の引っ掻き傷をつけ、その時の荷重を測定し、硬さを数値化して算出するマルテンス硬さや、あらかじめ標準となる硬度が定められた鉱物で試料表面を引っ掻き、傷の有無を調べるモースの硬度計が知られる。引っ掻き硬度。

ひっかき-きず【引っ×掻き傷】つめや先のとがったもので、引っかいてできた傷。

ひっかき-こうど【引っ×掻き硬度】➤引っ掻き硬さ

ひっかき-まわ・す【引っ×掻き回す】〘動サ五(四)〙❶乱暴にかきまわす。「道具箱の中を―・す」❷かってに振る舞って秩序を乱す。混乱させる。「会議を一人で―・す」

ひっ-かく【筆画】文字の画。字画。

ひっ-か・く【引っ×掻く】〘動カ五(四)〙つめや先のとがったもので強くかく。「猫に―・かれる」 類語 掻きむしる

ひっ-かけ【引っ掛け｜引っ懸け】❶ものに何かを掛けること。また、そのためのもの。❷「引っ掛け帯」「引っ掛け結び」の略。❸相撲のきまり手の一。出てくる相手の手を引き、そのまま土俵外に出す技。

ひっかけ-おび【引っ掛け帯】引っ掛け結びにした帯。

ひっかけ-さんがわら【引っ掛け桟瓦】裏面の上部に突起のある瓦。瓦桟に引っ掛けて葺く。引っ掛け瓦。

ひっかけ-むすび【引っ掛け結び】女性の帯の結び方の一。お太鼓結びにしないで、帯の端を下へ垂らしておくもの。

ひっ-か・ける【引っ掛ける｜引っ懸ける】〘動カ下一〙図ひっか・く〘カ下二〙❶ものにかけてぶら下げる。「上着を椅子に―・ける」❷突き出たものやはりめぐらしたものなどに動きを妨げられる。「敷居に足を―・けてころぶ」「釘に―・けて服を破る」❸無造作に身につける。「ジャンパーを―・けて出かける」❹仕組んで人をだます。「冗談で仲間を―・ける」「街で若い娘を―・ける」❺品物を受け取りながら代金を払わないでおく。「酒代を―・ける」❻少しの酒を一息に飲む。軽く飲む。「一杯―・けて寝る」❼水などを浴びせる。「唾を―・ける」「泥を―・ける」❽引き合いに出す。関係づける。「世間話に―・けて皮肉を言う」❾走行する車などが人や物をはねる。「乗用車に―・けられる」
類語 (❸)着る・まとう・着ける・着する・着用する・羽織る・身ごしらえする・身仕舞いする・装う・はく・かぶる・着込む・着こなす・突っかける（尊敬）召す・召される・お召しになる

ひっ-かつ・ぐ【引っ担ぐ】〘動ガ五(四)〙勢いよくかつぐ。「御輿を―・いで練り歩く」

ぴっか-ぴか ㊀〘副〙「ぴかぴか㊀」を強めていう語。「―(と)光る」㊁〘形動〙「ぴかぴか㊁」を強めていう語。「―な(の)一年生」「靴を―に磨く」

ひっ-かぶ・る【引っ▽被る】〘動ラ五(四)〙❶勢いよくかぶる。すっかりかぶる。「布団を―・って寝た」「水を頭から―・る」❷他人の責任などをしょいこむ。引き受ける。「罪を一人で―・る」

ひっ-かん【筆管】筆の軸。筆柄。「親ら―を執るに勝えず」〈竜渓・経国美談〉

ひっ-き【筆記】〘名〙スル 書き記すこと。書き取ること。また、書かれたもの。「講義を―する」「口述―」
類語 書記・記述・記入

ひ-つき【日月】❶太陽と月。「この照らす―の下は」〈万・八〇〇〉❷歳月。月日。「ひさかたの天知らしぬる君故に―も知らず恋ひ渡るかも」〈万・二〇〇〉

ひ-つき【火付き】火が燃えつくぐあい。火のつきぐあい。「―のいい炭」

ひ-つぎ【日次】❶毎日。日ごと。また、日々のこと。「吹き渡す比良の吹雪の寒くとも―の御狩せでやまめやは」〈堀河百首〉❷毎日奉る貢ぎ物。「朝まだき桐生の岡に立つきじは千代の―の始めなりけり」〈拾遺・賀〉❸日がら。日ついで。「なほ今日わたり給へ。―

漢字項目 ひつ

匹 音ヒツ漢 訓ひき ‖ ㊀〈ヒツ〉①対になる相手。「匹偶・匹敵」②一人の男や女。また、身分の低い者。「匹夫・匹婦」③馬を数える語。「匹馬/馬匹」㊁〈ひき(びき・ぴき)〉「匹物/一匹狼」 名付 あつ・とも

必 学4 音ヒツ漢 訓かならず ‖ ①きっとそうなること。間違いなく。「必死・必至・必勝・必定・必然/未必」②かならずそうすべきこと。是非とも。「必携・必見・必需・必修・必須・必着・必読・必用」 名付 さだ

泌 音ヒツ漢 ヒ呉漢 訓しみる ‖ ㊀〈ヒツ〉液体がにじみ出る。「分泌」㊁〈ヒ〉にじみ出る。「泌尿器/分泌」

人**畢** 音ヒツ漢 訓おわる、おえる ‖ おわる。おえる。「畢竟・畢生」

×**弼** 音ヒツ漢 訓すけ ‖ 付き添って助け正す。補佐する人。「匡弼・輔弼・良弼」 補説 「弼」は本字。 名付 すけ・たかし・たすく・ただし・たね・のり

筆 学3 音ヒツ漢 訓ふで ‖ ㊀〈ヒツ〉①ふで。一般に、文字を書く道具。「筆硯/鉛筆・擱筆・硬筆・紙筆・執筆・朱筆・石筆・鉄筆・毛筆・万年筆」②文字や絵をかくこと。「筆記・筆耕・筆者・筆順・筆致・筆法/悪筆・一筆・加筆・曲筆・健筆・主筆・随筆・代筆・達筆・遅筆・特筆・能筆・文筆・末筆・漫筆・略筆」③ふでをとって書いたもの。「玉筆・古筆・真筆・拙筆・同筆・肉筆・名筆」④土地の区画。「分筆」㊁〈ふで〉「筆先・筆箱・筆不精/絵筆・一筆」 難読 土筆

×**逼** 音ヒツ慣 訓せまる ‖ 事態が差しせまる。身動きできない。「逼塞・逼迫」

×**謐** 音ヒツ慣 訓しずか ‖ ひっそりと静かなさま。静かで平穏なさま。「静謐」

もあしければ」〈成尋母集・詞書〉

ひ-つぎ【日▽嗣】《日の神の詔命で大業を次々にしろしめす意という》天皇の位を敬っていう語。あまつひつぎ。「天あまつ御子みこの天つ―知らしめす」〈記・上〉

ひ-つぎ【火継】出雲国内諸社の祭祀をつかさどる出雲国造いずものくにのみやつこの代替わりの際、国造家伝来の火鑽臼ひきりうすと火鑽杵ひきりぎねを用いて神火を受け継ぐ儀式。火継の神事。

ひつぎ【▽棺｜×柩】《古くは「ひつき」》死体を入れて葬る木の箱。かん。棺桶。〔類語〕棺・棺桶かんおけ・霊柩れいきゅう

ひっき-しけん【筆記試験】答案を紙に書いて提出させる試験。口述試験に対していう。

ひっき-たい【筆記体】字体の一。ローマ字などの表記で、活字体に対し、手で書くときの書体。

ひっき-ちょう【筆記帳】ヂャウ 筆記するための帳面。

ひつぎ-の-みこ【日▽嗣の▽御子】天皇の位を受け継ぐ御子。皇太子。東宮。春宮。「皇子みこ神渟名川耳尊かむぬなかはみみのみことを立てて、―とし給ふ」〈神武紀〉

ひつき-ぼし【ひつき星】二十八宿の一、斗宿としゅくの和名。ひきつ星。➡斗と

ひっ-きょう【×畢×竟｜必×竟】ヒツキャウ ㊀〔名〕《梵 atyanta の訳。「畢」も「竟」も終わる意》仏語。究極、至極、最終などの意。㊁〔副〕さまざまな経過を経ても最終的な結論としては。つまるところ。結局。「一人は死を免れえない」〔類語〕結局・矢張り・所詮しょせん・どの道・何れにしても・結句・遂ついに・とどの詰まり・帰するところ・詮せんずるところ・要するに・いずれ・どうせ・つまり

ひっきょう-するに【×畢×竟するに】ヒツキャウ―〔連語〕《「畢竟ずるに」とも》結論づけるに。要するに。「あれこれ言うのは―拒否の表明である」

ひっ-きり【引っきり｜×挽っ切り】❶のこぎりでひいて切ること。❷歯の細かく幅の狭いのこぎり。❸きれめ。「―の無い人通りも」〈鏡花・日本橋〉❹女性をののしる言葉。ひっきれ。「付け上がったる―め」〈浄・布引滝〉❺《賭博用語からという》本職に対して、余技。内職。「―に芝居をつける花もよひ」〈川柳評万句合〉

ひっきり-なし【引っ切り無し】〔形動〕絶え間なく続くさま。切れ目のないさま。「―に人が通る」「―に電話が鳴る」〔類語〕頻繁・しきりに・盛ん・絶えず

ひっ-き・る【引っ切る｜×挽っ切る】〔動ラ五（四）〕「ひききる」の音変化。「材木を―・る」

ピッキング〔picking〕❶物流業で商品を仕分けすること。❷ピック❸で弦をはじくこと。❸ピック❹を用い、錠のシリンダー部分を操作して解錠すること。この技術を悪用した不正侵入が2000年前後に多発し、社会問題となった。

ビック〔Vic〕スペイン北東部、カタルーニャ州の都市。バルセロナの北方約70キロメートルに位置する。18世紀から19世紀初頭にかけて建造された新古典様式の大聖堂や、カタルーニャ地方の中世美術の傑作を所蔵する司教区美術館がある。

ビッグ〔big〕〔形動〕大きいさま。大規模なさま。また、著しいさま。「―な夢」「―なアーチスト」

ピック〔pick〕❶つつく道具。錐きりや楊子ようじなど。❷ピッケルの頭部のつるはし状の部分。➡ブレード ❸ギターなどの弦をはじくつめ。義爪ぎそう。❹かぎを使わずに解錠するための小型工具。細長い部分をかぎ穴に差し込んで使用する。

ピッグ〔pig〕豚ぶた。

ビッグ-アウト〔pig out〕食べすぎること。

ピックアップ〔pickup〕〔名〕スル ❶拾い上げること。また、多くの中から、いくつかを選び出すこと。「送迎バスで園児を―する」「主な話題を―する」❷レコードプレーヤーで、レコードの溝に刻まれている音声を電気信号の形で取り出すこと。❸荷物の集配・運搬などに用いる、無蓋むがいのボディーを取り付けたトラック。ピックアップトラック。❹ラグビーで、反則の一。スクラムやラックの中にあるボールを拾い上げること。または、タックルされた選手が、立ち上がらないでボールを拾い上げること。〔類語〕選ぶ・選よる・選える・篩ふるう・選択・取捨・選定・選考・選別・セレクト・より分ける・すぐる

ピックアップ-トラック〔pickup truck〕「ピックアップ❸」に同じ。

ビッグ-アップル〔Big Apple〕米国ニューヨーク市の愛称。

ピックアップ-レンズ〔pickup lens〕➤光ピックアップ

ひつ-ぐう【匹偶｜匹×耦】〔名〕スル 夫婦となること。また、夫婦。つれあい。配偶。「男女―して相い踏舞し」〈村田文夫・西洋聞見録〉〔類語〕夫婦ふうふ・夫婦めおと・夫婦みょうと・夫妻・妹背いもせ・連れ合い・配偶者・伴侶はんりょ・カップル

ビッグ-エッグ〔Big Egg〕東京ドームの愛称。

ビッグ-エンディアン〔big endian〕2バイト以上のデータを記録したり転送したりする際に、上位のバイトから順序づけて配置すること。インターネットなどのコンピューターネットワークにおいて標準的に用いられている。➡リトルエンディアン

ピック-オフ〔pick-off〕野球で、塁上の走者がリードしているとき、投手や捕手・野手が示し合わせて、アウトをねらうプレー。ピックオフプレー。

ピックオフ-プレー〔pick-off play〕「ピックオフ」に同じ。

ビッグ-カード〔big card〕スポーツで、人気のある試合の組み合わせ。

ひっくくり【引括】狂言。うるさい妻を離縁しようとした男が、離別のしるしになんでもやると言うと、妻は夫の頭に袋をかぶせてひっくくり、これが欲しいと引いて行く。

ひっ-くく・る【引っ▽括る】〔動ラ五（四）〕《「ひきくくる」の音変化》勢いよく、また手荒にしばる。「古雑誌を―・る」「泥棒を―・る」〔可能〕ひっくくれる
〔類語〕縛る・括くくる・縛り付ける・縛り上げる・ふん縛る・縛ばくする・搦からめる・束ねる・絡からげる

ビッグ-サイエンス〔big science〕宇宙開発・原子力開発・核融合実験など、巨額の資金と大量の人材を要する大規模な科学技術。巨大科学。

ヒッグシーノ〔higgsino〕素粒子物理学の超対称性理論から導かれる未知の超対称性粒子。ヒッグス粒子の超対称性パートナーであるフェルミ粒子。中性ヒッグシーノは、電気的に中性で量子数を同じくするフォティーノ、ジーノと混合状態を作り、ニュートラリーノとなる。ヒッグシーノ、ヒッグス粒子ともに未発見。

ヒックス〔John Richard Hicks〕［1904～1989］英国の経済学者。ワルラス・パレートに由来する一般均衡理論を発展させ、また景気理論・資本と成長の理論などにも貢献した。1972年ノーベル経済学賞受賞。著「価値と資本」「景気循環論」「資本と成長」など。➡IS-LM分析

ビックス〔VICS〕《vehicle information and communication system》道路交通情報通信システム。道路わきに設置された発信機を経由し、VICSセンターから送られてきた自分の車の位置、渋滞、事故、駐車場の混雑状況などに関するさまざまな情報を、専用の受信機を利用して走行中の車のカーナビ画面に表示する情報通信システム。

ピックス〔PICS〕《platform for internet content selection》暴力や性描写などの情報が含まれるウェブサイトを表示しないようにするための技術仕様の一。

ビッグ-スリー〔Big Three〕アメリカの三大自動車メーカー、ゼネラルモーターズ（GM）・フォード・クライスラーのこと。

ヒッグス-りゅうし【ヒッグス粒子】リフ《Higgs particle》素粒子に質量を与える役割を担う素粒子。素粒子物理学の標準模型、特にワインバーグサラム理論の中でその存在が予言されているが、唯一、未発見。1964年に素粒子の質量獲得モデル（ヒッグス機構）を提唱した英国の物理学者ヒッグスの名にちなむ。H粒子。〔補説〕ビッグバンによって宇宙ができた直後、素粒子には質量がなく光速で飛び交っていたが、宇宙が膨張・冷却する過程で真空の性質が変化した。この変化は真空の相転移とよばれ、ヒッグス粒子が凝縮して真空に満ちることで素粒子が動きにくくなった。ヒッグス機構によると動きにくさの度合いは、素粒子の質量の大きさを表し、軽い素粒子ほど動きやすく、重い粒子ほど動きにくいとされる。CERNのLHC加速器に設置されたATLASやCMSでヒッグス粒子の探索が行われている。2012年7月、質量125～126GeVの範囲にヒッグス粒子と思われる新しい粒子が存在するという実験結果が発表された。

ビッグ-ニュース〔big news〕大きな報道価値をもつニュース。

ビッグ-ネーム〔big name〕広く知られた人。著名人。

ビッグ-バード〔Big Bird〕㊀米国のテレビ番組「セサミストリート」に登場するキャラクターの一。全身の羽が黄色い大きな鳥のぬいぐるみ。㊁東京国際空港の愛称。

ビッグパイン-キー〔Big Pine Key〕米国フロリダ州南部、フロリダ半島の先端に連なるフロリダキーズ諸島の島。キーディアと呼ばれるオジロジカの一種やオオシラサギが生息し、保護区に指定されている。

ビッグ-バン〔big bang〕❶宇宙の始めの大爆発。ガモフらが唱えた説で、約150億年前に起こった大爆発により、超高温・超高密度の状態から急膨張しはじめ、急激な温度降下の過程で素粒子を生成し、今日の宇宙ができたとする。膨張宇宙・宇宙背景放射・元素の存在比などが証拠とされる。❷1986年に実施された英国証券市場制度の大改革。手数料自由化、取引所会員権の開放などに代表される金融・証券自由化政策を骨子とする。転じて抜本的改革等をいう。❸平成8年（1996）に橋本龍太郎首相が具体化を指示した、銀行・証券・保険の相互参入の促進など、護送船団方式によって守られてきた金融システムに対する改革案のこと。❷になぞらえた呼称。金融ビッグバン。日本版ビッグバン。

ビッグバン-テスト〔big-bang test〕ソフトウエアテストの一。単体テストが完了した部分をすべて結合し、一気にテストすること。動作対象が小規模な場合、手間が少なく済む。一方、対象の規模が大きくなるほど、問題が生じた際にその特定が困難となる。➡結合テスト

ビッグ-バンド〔big band〕ジャズやダンス音楽を演奏する大きな編成の楽団。15、6名前後で編成される。フルバンド。

ビッグ-ピクチャー〔big picture〕❶問題の全体像。大局。「―を把握する」「―を心に描く」❷大きな画面。大画面の映画。

ビッグ-ビジネス〔big business〕❶巨大企業。特に、米国の経済誌フォーチュンが毎年行う、世界の大企業についての調査に取り上げられた企業。❷大きな取引。

ピック-びょう【ピック病】ビャウ《Pick's disease》初老期に発病する進行性の大脳の変性疾患。若年性認知症の一種。大脳が局所的に萎縮いしゅくし、変性する。頻度はアルツハイマー病の3分の1～10分の1とされる。

ビッグ-フット〔Big foot〕❶ロッキー山脈にいるという、雪男のような怪物。❷巨大なタイヤをつけた四輪駆動車。

ビッグ-プレーヤー〔big player〕膨大な資金量にものをいわせて国際規模で相場を動かす仕手をいう。かつては、アメリカ穀物筋、オイルダラーがあり、最近はアメリカを中心とした多国籍企業がある。

ビッグ-ベン〔Big Ben〕英国のウエストミンスター宮殿にある時計塔の大時鐘。15分ごとに鳴る。〔補説〕時鐘設置委員長であったベンジャミン＝ホールの愛称にちなむ。

ビッグボア-ライフル〔big bore rifle〕射撃で、8ミリ以下の大口径のライフル銃のこと。競技では、300メートル先の標的を、伏射・立射・膝射しっしゃの3姿勢で撃つ。

ビッグホーン〔bighorn〕ウシ科ヒツジ属の哺乳類。体高約1メートル。雌雄とも角をもち、雄では巨大で螺旋らせん状をなす。晩秋から初冬の交尾期に、雄は角をぶつけ合って争う。シベリア・北アメリカの山地に分布。おおつのひつじ。

ビッグ-マウス〔big mouth〕大口をたたくこと。大

言壮語。また、やかましくしゃべる人。口の軽い人。ほら吹き。

ビッグマック-しすう【ビッグマック指数】《Big Mac Index》各国でのビッグマック(ハンバーガーチェーンのマクドナルドで売られる大型ハンバーガー)の値段を比較した数値。英経済誌「エコノミスト」が考案した。

びっくら〔副〕スル「びっくり」に同じ。「わあ—した」

ひ-づくり【火造り】金属を加熱して可塑性(かそせい)をもたせ、必要な形につくり上げること。また、その作業。鍛造(たんぞう)。

びっくり〔副〕スル ❶(「吃驚」「喫驚」とも当てて書く)突然のことや意外なことに一瞬おどろくさま。「急に肩をたたかれて—する」❷わずかに動くさま。びくり。多く、否定の語を伴って用いる。「—ともする若衆ぢゃあねえ」〈伎・名歌徳〉〔類語〕驚く・たまげる・仰天・どきっとする・ぎくっとする・ぎょっとする・動転する・喫驚(きっきょう)する・驚愕(きょうがく)する・驚倒する・一驚する・驚嘆する・瞠目(どうもく)する・恐れ入る・あきれる・唖然(あぜん)とする・愕然(がくぜん)とする・呆気(あっけ)にとられる・目を疑う・目を丸くする・目を見張る・息をのむ・肝(きも)をつぶす・腰を抜かす

ひっくり-かえ・す【引っ繰り返す】ニかへす〔動サ五(四)〕《「ひっくりがえす」とも》❶上下・表裏などを反対にする。さかさまにする。裏返す。「名札(なふだ)を—・す」❷書物や文書などのページを繰る。「ノートを—・して調べる」❸横や後ろに勢いよく倒す。転倒させる。「つまずいてバケツを—・す」❹今までと反対の状態・関係にする。くつがえす。逆転させる。「会議の決定を—・す」「定説が—・される」〔類語〕覆(くつがえ)す・裏返す・翻す・倒す・転倒・転覆・逆転・逆様

ひっくり-かえ・る【引っ繰り返る】ニかへる〔動ラ五(四)〕《「ひっくりがえる」とも》❶上下・表裏などが反対になる。さかさまになる。裏返る。「横波を受けてボートが—・る」❷横や後ろに勢いよく倒れる。転倒する。「パンチを受けて—・る」❸今までと反対の状態・関係になる。くつがえる。逆転する。「形勢が—・る」「価値観が—・る」〔類語〕倒れる・覆(くつがえ)る・転がる・転げる・転ぶ・倒(こ)ける・転倒する・横転する・転覆する・倒壊する・卒倒する・昏倒(こんとう)する

びっくり-ぎょうてん【びっくり仰天】ーギャウテン〔名〕スル《驚いて天を仰ぐところから》非常に驚くこと。「話を聞いて—する」

びっくり-ばこ【びっくり箱】ふたを開けると、中の物がばね仕掛けで飛び出し、人を驚かせるおもちゃ。

びっくり-マーク 感嘆符のこと。

びっくり-みず【びっくり水】ーみづ 麺などをゆでるとき、沸騰した湯に水を注ぎ足すこと。また、その水。吹きこぼれるのを防いだり、具材の芯まで火を通すために湯の温度を調節したりする効果がある。

ピックルス〘pickles〙▶ピクルス

ビッグ-ルック《和 big＋look》体のラインを強調せず、ゆったりとした大きなシルエットを特徴とするファッションのこと。1970年代に流行した。〔補説〕英語ではbaggy look。

ひっ-くる・む【引っ▽括む】㊀〔動マ五(四)〕一つにまとめてくるむ。一括する。「新聞紙で—・む」㊁〔動マ下二〕「ひっくるめる」の文語形。

ひっ-くる・める【引っ▽括める】〔動マ下一〕図ひっくる・む〔マ下二〕一つにまとめる。包括する。総括する。「全体を—・めて考える」

ひ-つけ【火付け】家などに火をつけること。放火。また、その犯人。〔類語〕放火・付け火

ひ-づけ【日付】❶文書などに、その作成・提出などの年月日を記すこと。また、その年月日。「領収書に—を入れる」❷暦に記された、年月日を表す数字。「午前零時を過ぎて—が変わる」〔類語〕日時・デート

ひっ-けい【必携】❶必ず持っていなければならないこと。また、そのもの。「雨具を—のこと」❷便利な案内書。手引書。ハンドブック。「職員—」
〔類語〕携帯・持参・携行

ひづけご-ていきばらい【日付後定期払い】ーテイキばらひ 手形の支払い方法の一。振り出しの日付から、手形に記載された期間を経過した日を支払い期日とするもの。「日付後二か月」などと表示される。

ひつけとうぞく-あらため【火付盗賊改】ひつけタウゾクー 江戸幕府の職名。若年寄に属し、江戸市中を巡回して、放火・盗賊・ばくち打ちなどの取り締まりや検挙にあたった。火方。火盗(かとう)改。

ひづけへんこう-せん【日付変更線】ひづけヘンカウー 世界各地の標準時のずれによって暦の日付に違いが生じないように取り決めた太平洋上の線。経度180度に沿って島や陸地を避けて設けられ、この線を西から東へ越えるときに1日遅らせ、東から西へ越えるときには1日進ませる。

ひつけ-やく【火付け役】火をつける役。転じて、事件・論議などのきっかけをつくる役。また、その人。「ブームの—」

ピッケル〘ドイツ Pickel〙杖の先につるはし状の金具をつけた登山用具。氷雪上での足場を刻むときや滑落防止に使う。アイスアックス。

ひっ-けん【必見】必ず見なければならないこと。見る価値のあること。また、そのもの。「ファン—の映画」「—の資料」

ひっ-けん【筆×硯┊筆研】❶ふでとすずり。転じて、文章を書くこと。「—に親しむ」❷主に手紙文で、文筆を職業とする人の生活についていう語。「—益々御清栄の段」
筆硯を新たに◦する 詩文の構想や趣向などを、すっかり変えて書きなおす。

びっこ【×跛】❶片方の足に故障があって、歩くときに釣り合いがとれないこと。❷対(つい)であるべきものの数・形・大きさなどがそろわないこと。

ひつこ・い〔形〕図ひつこ・し〔ク〕「しつこい」の音変化。「—・くつきまとう」

ひっ-こう【筆工】❶筆を作る職人。❷文章・書画などの作者。筆者。

ひっ-こう【筆耕】ーカウ ❶写字や清書で報酬を得ること。また、その人。「—料」❷文筆によって生計を立てること。

ひっこう-けんでん【筆耕×硯田】ヒツカウー《筆で硯(すずり)の田を耕す意》文筆によって生活すること。

ひっこう-し【筆耕士】ヒツカウー 表彰状や感謝状、宴会の献立や座席札などを毛筆で書くことを業とする者。公的な資格はないが、整った楷書を書けることが条件。

ひっ-こし【引っ越し】〔名〕スル 引っ越すこと。転居。移転。「新居に—する」
〔類語〕転居・転宅・移転・移住・転出・転入

ひっこし-ぐるま【引っ越し車】引っ越しの荷物を運ぶ車。

ひっこし-さき【引っ越し先】引っ越していく先の場所。転居先。移転先。

ひっこし-そば【引っ越し蕎＝麦】「おそばに参りました」の意をかけて、引っ越し先の隣近所に近づきのしるしとして配るそば。

ひっこし-にょうぼう【引っ越し女房】ーニョウバウ 他の土地で披露をすませて引っ越してきたかのようによそおって、新所帯を持つ妻。「夜船でこっそり木更津へ、—に連れて行かうと」〈伎・八幡祭小望月賑〉

ひっ-こ・す【引っ越す】〔動サ五(四)〕住居や仕事場などをよそに移す。転居する。移転する。ひきこす。「他県に—・す」〔可能〕ひっこせる
〔類語〕移る・動く・移動する・移転する・転居する・転宅する・家移りする・転出する

ひっ-こな・す【引っ▽熟す】〔動サ四〕❶自分の思うままにあしらう。「たのむとばかり—・す文章も」〈浄・聖徳太子〉❷軽く扱う。ばかにする。「小姑(こじゅうと)を—・した」〈浄・歌軍法〉

ひっこ-ぬき【引っこ抜き】❶引っこ抜くこと。❷特にすぐれていること。また、その者。「当世しゃれの—」〈咄・鹿の子餅〉

ひっこ-ぬ・く【引っこ抜く】〔動カ五(四)〕❶勢いよく引き抜く。「大根を—・く」❷他の組織に属する人などを自分のほうへ強引に移籍させる。「人材をよそから—・いてくる」

ひっ-こま・す【引っ込ます】〔動サ五(四)〕ひっこめる。ひっこませる。「窓から頭を—・す」

ひっ-こみ【引っ込み】❶引いてきて中に入れること。引き込み。❷その場やその物事から身を引くこと。「—際が肝心だ」❸歌舞伎で、役者が舞台から退場すること。また、そのときの演技・演出。「花道の—」
引っ込みがつか◦ない 行きがかり上、途中で退いたりやめたりすることができない。「言い出した手前—◦なくなった」

ひっこみ-がち【引っ込み勝ち】〔名・形動〕❶家にこもって、外へ出ようとしないこと。また、そのさま。「病気をしてから—になった」❷進んで物事をしようとする気構えがないこと。また、そのさま。「内気で—な(の)性格」

ひっこみ-かぶろ【引っ込み×禿】江戸時代、吉原の遊郭で、新造または部屋持ち以上の遊女となる準備のために、内証(主人の部屋)において芸事を習わせるなどさせた禿。

ひっこみ-じあん【引っ込み思案】〔名・形動〕内気で、積極的に人前に出たり自分から行動を起こしたりすることができないこと。また、そのような性格や、そのさま。「—な(の)青年」「—で友達ができない」
〔類語〕弱気・内気・気弱・内弁慶・陰弁慶・臆病・大人しい・こわがり・小心・小胆・怯懦(きょうだ)・怯弱・意気地なし

ひっ-こ・む【引っ込む】《「ひきこむ」の音変化》㊀〔動マ五(四)〕❶㋐突き出たものが、元のほう、元の状態に戻る。「ダイエットで腹が少し—・んだ」㋑本来の面よりも内に入り込んだ状態になる。「寝不足で目が—・む」❷表から奥へ入った所に位置する。「通りから—・んだ家」❸表立つ場からしりぞいて、人目に立たない所に移る。また、表に出ずに内に居つづける。「田舎に—・む」「自分の部屋に—・んだきり出てこない」「じゃまだから—・んでいろ」㊁〔動マ下二〕「ひっこめる」の文語形。
〔類語〕㊀(❶)へこむ・窪(くぼ)む・陥没する/(❸)下がる・去る・退(しりぞ)く・退(の)く・退(ど)く・立ち退く・引き下がる・立ち去る・引き払う・引き上げる・退去する・退散する・失(う)せる

ひっ-こ・める【引っ込める】〔動マ下一〕図ひっこ・む〔マ下二〕❶出ているものを中へ入れる。一度出したものを元へ戻す。「亀が頭を—・める」「八番打者を—・める」❷一度おおやけにしたものを取りさげる。撤回する。「提案を—・める」

ヒッコリー〘hickory〙クルミ科の落葉大高木。葉は羽状複葉。5、6月ごろ、雄花と雌花とが咲く。果実は長楕円形で、ペカンといい、食用にする。材は家具やスキー板などに使用。北アメリカの原産。

ピッコロ〘piccolo〙木管楽器の一。フルートを小型にしたもので、音域は1オクターブ高い。鋭く透明な音色で、管弦楽などの最高音部を受け持つ。

ピッコローミニ-きゅうでん【ピッコローミニ宮殿】《Palazzo Piccolomini》イタリア中部、トスカーナ州の都市ピエンツァにあるルネサンス様式の宮殿。15世紀にローマ教皇ピウス2世によりフィレンツェの建築家ベルナルド＝ロッセリーノの設計で建造。ピエンツァの領主ピッコローミニ家の武器、絵画、調度品などを展示している。1996年に「ピエンツァ市街の歴史地区」として世界遺産(文化遺産)に登録された。

ひっ-さい【筆才】文章を作る才能。文才。
〔類語〕文才・文藻・詞藻・詩才

ひっさき-ばおり【引裂羽織】▶打裂羽織(ぶっさきばおり)

ひっさき-もとゆい【引裂元結】ーもとゆひ ▶ひきさきもとゆい

ひっ-さく【筆削】〔名〕スル 文章の語句を書き加えたり削ったりすること。添削。「わざと何等の—をも施さない事にした」〈芥川・きりしとほろ上人伝〉

ひっ-さ・く【引っ裂く】〔動カ五(四)〕「ひきさく」の音変化。「布をずたずたに—・く」

ひっ-さ・げる【引っ提げる┊引っ下げる】〔動ガ下一〕図ひっさ・ぐ〔ガ下二〕❶大きなもの、目立つものなどを手にさげて持つ。「大荷物を—・げて出発する」❷引き連れる。伴う。「取り巻き連を—・げて現れる」❸行動に出るに当たって、有力なよりどころとしてか

かげる。「新曲を—·げて舞台に立つ」「年金問題を—·げて選挙に打って出る」❹無理を押して動かす。「老体を—·げて任を果たす」

ひっ-さつ【必殺】相手を必ず殺すこと。また、そのような意気込み。「—の一撃」(類語)謀殺·密殺·暗殺

ひっ-さつ【筆札】❶筆と紙。筆紙。❷筆跡。手跡。転じて、書法。

ひっさつ-わざ【必殺技】必ず効果があると期待される、とっておきのわざ。

ひっ-さら·う【引っ×攫う|引っ×掠う】ひっさらふ〘動ワ五(ハ四)〙横合いからすばやく奪い取る。すきをみて奪い去る。「猫がおかずを—·って逃げる」

ひっ-さん【筆算】〘名〙スル ❶数字を紙などに書いて計算すること。暗算·珠算などに対していう。「—して確かめる」❷書くことと数えること。文筆と算数。「読書—を勉強して」〈蘆花·思出の記〉

ひっ-し【必死】〘名·形動〙❶必ず死ぬこと。❷死ぬ覚悟で全力を尽くすこと。また、そのさま。死にものぐるい。「—の形相」「—に逃げる」❸(「必至」とも書く)将棋で、次に必ず王将が詰む、受ける方法がない状態。また、その差し手。「—をかける」(類語)命懸け·死に物狂い·捨て身·懸命·大わらわ·躍起

ひっ-し【必至】〘名·形動〙❶必ずその事がやってくること。そうなるのは避けられないこと。また、そのさま。「組織の分裂は—である」❷ ▶必死❸
(類語)必然·必定·不可避·確実·確か·定か·明らか·明白·自明·確·確固·確然

ひっ-し【筆紙】❶筆と紙。❷文章に書き表すこと。
筆紙に尽くし難がた·い あまりにはなはだしくて、とても文章に書き表せない。「—·い努力」

ひつじ【▽未】❶十二支の8番目。❷方角の名。南から西へ30度の方角。南南西。❸時刻の名。今の午後2時ごろ、およびその後の2時間。または午後2時前後の2時間。❹❶にあたる年や日。❺陰暦6月の異称。

ひつじ【羊】偶蹄ぐうてい目ウシ科ヒツジ属などの哺乳類の総称。中形で、毛は柔らかく、角は大きくて渦巻き状。主に地上の草をかみ切って食べ、群れで暮らす。地中海沿岸から中央アジア、北アメリカ西部の山岳地帯に分布し、ムフロン·アルガリ·ビッグホーンなどが含まれる。家畜化の歴史は古く、西アジアで主にムフロンより馴化じゅんか·改良された。羊毛用のほか毛皮用·肉用もあり、乳·脂肪も利用され、品種にはコリデール·メリノ·寒羊かんようなどがある。緬羊めんよう。
羊の歩あゆみ 《「北本涅槃経」三八から》❶屠所としょにひかれてゆく羊の歩み。死がしだいに近づくことのたとえ。❷歳月。光陰。〈日葡〉

ひつじ【×穭|稲=孫】ひつぢ 《室町時代ころまでは「ひつち」》刈ったあとの株から再び伸びる稲。「鶉うづら伏す刈田の—おひ出でてほのかに照らす三日月の影」〈山家集·中〉(季 秋)

ひつじ-かい【羊飼い】ひつじかひ 羊を飼育する人。また、放牧された羊の世話や番をする人。

ひっ-しき【引っ敷】❶毛皮に緒をつけて腰の後ろに当て、座るときに敷物としたもの。腰当て。尻皮。❷「引っ敷の板」の略。❸敷物。ひしきもの。「火燵こたつに紫ぶとんを掛け、茶繻子ちゃじゅすの—」〈浮·織留·一〉

ひっしき-の-いた【引っ敷の板】鎧よろいの後ろの草摺くさずり。引っ敷の草摺。

ひつじ-ぐさ【▽未草】スイレン科の水生の多年草。池沼に生える。葉は楕円形で基部が深く切れ込み、水面に浮かぶ。夏、水上に白い花を開く。名は未の刻(午後2時)に咲くといわれたことによるが、普通は午前中に開花する。睡蓮すいれん。(季 夏)「雨明くなりし目前まさの—/亜浪」

ひつじ-ぐも【羊雲】高積雲の俗称。羊の群れのように見えるところからいう。

ひつじ-さる【▽未▽申|×坤】未ひつじと申さるとの中間の方角。南西。

ひつじ-だ【×穭田】ひつぢ 穭が一面に生え出た田。(季 秋)「—や痩やせて慈姑くわいの花一つ/子規」

ひっし-と〘副〙「ひしと」を強めた語。「—抱きしめる」

ひつじ-ばえ【羊×蠅】ひつじばへ 双翅そうし目ヒツジバエ科の昆虫。体長1センチくらい。体が密に毛に覆われ、ミツバチに似て、黄色で黒色の顆粒かりゅうを密につけている。幼虫は羊の鼻腔内に付着する害虫。

ひつじ-ばえ【×穭生え】ひつぢばえ ❶刈ったあとの株から再び伸びる稲。「田の—は其ままにて」〈貝おほひ〉❷毛髪などがまばらに生えること。「—の眉毛まゆげがりきんだばかりで」〈滑·浮世風呂·二〉

ひつじ-へん【羊偏】漢字の偏の一。「羚れい」「羯かつ」などの「羊」の称。

ひっ-しゃ【筆写】〘名〙スル 書き写すこと。書写。「古文書を—する」(類語)写す·書き取る·謄写·転写·転記·手写·臨写·なぞる·透写·トレース

ひっ-しゃ【筆者】その文章や書画をかいた人。
(類語)作者·著者·書き手·編者·訳者

ぴっしゃり〘副〙❶物を打ったり、たたいたりしたときの音を表す語。「何でも頭—と打ってみにゃ合点せぬ」〈松翁道話·三〉❷物と物とが寸分たがわず合うさま。「先づ—と合ひました」〈浮·万金丹·一〉

ひっ-しゅ【必▽須】〘名·形動〙▶ひっす(必須)

ひっしゅ【×苾×蒭|×苾×芻】《梵 bhikṣuの音写》比丘びく。僧侶。

ひつ-じゅ【必需】どうしても必要であること。なくてはならないこと。(類語)不可欠·必要·入用·入り用·要用·所要·必須·須要しゅよう·要よう

ひつ-じゅ【筆受】経典を漢訳するとき、訳す人の言葉を聞いて筆記する人。「謝霊運は法華の—なりしかども」〈徒然·一〇八〉

ひっ-しゅう【必修】ヒッシウ〘名〙スル 必ず学び修めなければならないこと。また、その科目。「一年で—する単位」

ひっしゅう-かもく【必修科目】ヒッシウクワモク 学生·生徒が必ず履習しなければならない科目。⇔選択科目。

ひつ-じゅつ【筆述】〘名〙スル 文章に書いて述べること。「事件の顛末てんまつを—する」

ひつじゅ-ひん【必需品】なくてはならない品物。「田舎では車は—だ」「生活—」

ひつ-じゅん【筆順】文字、主に漢字を書くときの筆運びの順序。書き順。

ひっ-しょう【必勝】ヒッショウ·【必×捷】ヒッセフ 必ず勝つこと。「—を期する」「先手—」

ひっ-しょう【畢昇】中国、北宋代(960〜1126)の人。活版印刷術を発明したといわれる。生没年未詳。

ひつ-じょう【必定】ヒッヂャウ ■〘名·形動〙❶そうなると決まっていること。必ずそうなると判断されること。また、そのさま。「このままいくと、失敗は—だ」❷仏語。必ず成仏じょうぶつすると定まること。■〘副〙きっと。かならず。「—命を召されてしまうにちがいござりませぬ」〈中勘助·鳥の物語〉
(類語)確実·確か·定か·明らか·明白·確·確固·確然·必至·必然

ひっしょう-ほう【必勝法】ヒッシヨウハフ それに従えば必ず勝てるという手順。「じゃんけんの—」

ひっ-しょく【筆触】絵画などで、筆さばきによって生じた色調·リズム感などの効果。タッチ。

ひっしょ-な·し〘形ク〙❶無遠慮である。はばからない。「身のとりなりも—·く」〈浄·忠信廿日正月〉❷無愛想である。つっけんどんである。「唐臼様と抱きつけば、—·く振り放し」〈浄·日本武尊〉

びっしょり ■〘副〙ひどくぬれるさま。「—(と)汗をかく」■〘形動〙■に同じ。「雨で—になる」
(類語)びしょびしょ·びしゃびしゃ·びちゃびちゃ·ぐっしょり·ぐしょぐしょ·しっぽり·しとど

びっしり〘副〙❶多くのものがすきまなく並んで、いっぱいに詰まっているさま。「ノートに—(と)書き込む」「予定が—(と)詰まっている」❷気を抜くことなく十分に行うさま。「一週間—(と)働く」(類語)ぎっしり·ぎっちり·ぎちぎち·ぎゅうぎゅう·きっちり·きちきち·一杯

ひつ-じん【筆陣】ヒツヂン 文筆によって論戦を展開すること。戦陣にたとえていう。「—を張る」

ヒッシング〘hissing〙❶「しっ」「しゅっ」とか「しゅう」とかいう音。❷空中電波の交錯のためにラジオ受信機に入る「しっ」というような雑音。

ピッシング〘pithing〙食肉用の家畜の前頭骨にあけた穴にワイヤーを挿入して脳や脊髄を破壊すること。作業者の安全を確保するために行われていたが、牛についてはBSEの特定危険部位である脳·脊髄組織が血液に入り食肉を汚染する可能性が指摘され、日本では平成21年(2009)に廃止された。

ひっ-す【必須】〘名·形動〙必ず用いるべきこと。欠かせないこと。また、そのさま。ひっしゅ。「成功のための—な(の)条件」(類語)必要·入り用·入用·要用·所要·必需·須要しゅよう·不可欠·要よう

ひっす-アミノさん【必須アミノ酸】動物の成長や生命維持に必要であるが、体内で合成されないため、食物から摂取しなければならないアミノ酸。人間の場合、成人ではリシン(リジン)·トリプトファン·イソロイシン·ロイシン·メチオニン·フェニルアラニン·トレオニン(スレオニン)·バリンの8種。幼児では、合成の少ないヒスチジンも必須アミノ酸に加えられる。不可欠アミノ酸。

ひっ-すい【必衰】必ずおとろえること。「盛者じょうしゃ—」

ひっす-かんきょう【必須環境】ヒッスクワンキヤウ ▶動作環境

ひっす-げんそ【必須元素】生物の生存にとって必要不可欠で、外部から特に摂取しなければならない元素。炭素、水素、酸素、窒素、リン、硫黄いおう、カリウム、マグネシウム、鉄、カルシウム、ナトリウム、ケイ素、マンガン、亜鉛、銅、コバルト、モリブデン、ホウ素、ヒ素、ヨウ素など。動物と植物では異なり、また、炭素や酸素など必要量が多い多量必須元素と、ヒ素やヨウ素など必要量が少ない微量必須元素とがある。必要元素。

ひっす-しぼうさん【必須脂肪酸】ヒッスシバウサン 体内では合成されないため、食物から摂取しなければならない脂肪酸。リノール酸·リノレン酸·アラキドン酸のこと。植物油に多量に含まれ、人間ではプロスタグランジンなどの材料となり、また血中コレステロール濃度を低下させる。ビタミンF。不可欠脂肪酸。

ひっす-どうさかんきょう【必須動作環境】ヒッスドウサクワンキヤウ ▶動作環境

ひっ·する【必する】〘動サ変〙図ひっ·す〘サ変〙必ずそうである。そうなるに決まっている。また、そうしようと固く心に決める。期する。「筆の先にてゴマカシたるや—·せり」〈子規·墨汁一滴〉

ひっ-せい【×畢生】一生を終わるまでの期間。一生涯。終生。「—の大事業」「—の大作」(類語)終生·終身·一生·生涯·人生·一世·一代·一期いちご·今生·ライフ

ひっ-せい【筆生】筆写を役目とする人。写字生。

ひっ-せい【筆勢】書画に表れた筆の勢い。また、文章の勢い。筆力。「力強い—」

ひっ-せき【筆跡|筆×蹟|筆×迹】書かれた文字。また、その文字の書きぶり。「—を似せて書く」「—鑑定」
(類語)字·書体·手跡·墨跡·手て·筆の跡·水茎の跡

ひっせき-がく【筆跡学】書かれた文字について理論的、実際的に研究する学問。筆跡と性格との関係を研究する性格学的筆跡学と、複数筆跡間の執筆者が同一人か否かを判断する筆跡鑑定とがある。

ひつ-ぜつ【筆舌】文章に書くことと、口で言うこと。文章と言葉。
(類語)表現·表出·表白·発現·描出·形象化·表す·言い表す·書き表す·名状する·形容する
筆舌に尽くし難がた·い あまりにはなはだしくて、文章や言葉ではとても表現できない。「この無念さは—·い」

ひっ-せん【筆洗】筆の穂を洗うための容器。ふであらい。

ひっ-せん【筆戦】文章によって論争すること。

ひつ-ぜん【必然】〘名·形動〙必ずそうなること。それよりほかになりようのないこと。また、そのさま。「—の帰結」「なまけたのだから不合格は—だ」⇔蓋然がいぜん/偶然。
(類語)必至·必定·不可避·絶対·当然·確実·確か·定か·明らか·明白·確·確固·確然

ひつぜん-せい【必然性】❶必ずそうなると決まっていて、それ以外にはありえないという要素·性質。「—に欠けるストーリー」「—がある」❷哲学の用語。㋐(自然的必然性)自然現象が法則性·因果性によ

っていること。④(道徳的必然性)道徳法則を遵守することが義務として命令されていること。⑦(論理的必然性)判断の確実の程度が最も強く、主語が必ず述語と結合していること。また推理で、結論が前提から論理法則に従って導き出されていること。

ひつぜん-てき【必然的】〘形動〙必ずそうなるさま。「一な結果」

ひつぜん-はんだん【必然判断】論理学で、判断の様相の一。主語と述語の関係が必然性をもつことを示す判断。「sは必ずpである」という形式をとる。➡実然判断 ➡蓋然判断

ひつぜん-ろん【必然論】▶決定論

ひっ-そく【×逼塞】〘名〙スル《せまりふさがる意》❶落ちぶれて世間から隠れ、ひっそり暮らすこと。「郷里に一する」❷江戸時代の武士や僧侶に科された刑罰の一。門を閉ざして昼間の出入りを許さないもの。閉門よりも軽く、遠慮より重い。

ひっそり〘副〙スル ❶物音や人声がせず静かなさま。「一(と)静まりかえった境内」「一(と)した放課後の教室」❷静かに、目立たぬようにするさま。「一(と)余生を送る」「一(と)咲く野の花」
〘類語〙しんと・しいんと・ひそやか

ひっそり-かん【ひっそり閑】〘副〙《「ひっそり」に同意の「閑」を重ねた語》きわめてひっそりとしているさま。「家の中は一として物音一つしない」

ひった【匹田¦×疋田】「匹田絞り」の略。

ひつ-だい【筆台】筆をのせる台。

ヒッタイト〘Hittite〙前2000年ごろから小アジアで活躍した、インド-ヨーロッパ語を用いた民族。また、その国。前18世紀に小アジアに王国を建国。馬と鉄器を使用し、前14世紀にはエジプト・アッシリア間に大帝国を建設したが、前12世紀に入って急速に衰退。その楔形文字はすでに解読され、象形文字も残存する。ハッティ。

ヒッタイト-ご【ヒッタイト語】インド-ヨーロッパ語族に属する言語で、ヒッタイト帝国の残した楔形文字による文書の言語。

ひった-かのこ【匹田鹿の子】「匹田絞り」に同じ。

ひっ-たくり【引っ手繰り】路上などで不意を襲って人の持ち物を奪い取り逃げること。また、その者。

ひっ-たく・る【引っ手繰る】〘動ラ五(四)〙《「ひきたくる」の音変化》人の持っている物をつかみとり、無理に奪う。「ハンドバッグを一・って逃げる」
〘類語〙さらう・する・奪う・取る・取り上げる・分捕る・掠め取る・もぎ取る・ぶったくる・ふんだくる・掻っ攫う・横取りする・強奪する・奪取する・略取する・略奪する

ひった-しぼり【匹田絞(り)】絞り染めの一種。鹿の子絞りよりやや大きい四角形で一面に絞ったもの。匹田鹿の子。

ひっ-たつ【必達】〘名〙スル ❶計画や目標を必ず成しとげること。必ず達成すること。「各学年の一目標」「黒字化を一する」❷目的に必ず到達すること。

ひっ-た・つ【引っ立つ】㊀〘動タ五(四)〙「ひきたつ」の音変化。「地味で一・たない色」㊁〘動タ下二〙「ひったてる」の文語形。

ひっ-た・てる【引っ立てる】〘動タ下一〙図ひった・つ〘タ下二〙無理やり連れていく。「犯人を一・てる」

ぴったり ㊀〘副〙スル ❶「ぴたり❶」に同じ。「窓を一(と)閉める」「横に一(と)寄り添う」❷「ぴたり❸」に同じ。「タバコを一(と)やめる」❸少しの狂いもなく適合するさま。また、よく合って、いかにもふさわしいさま。「一(と)八時に着く」「一する言葉が出てこない」㊁〘形動〙㊀❸に同じ。「足に一な靴」〘類語〙似合い・格好・丁度・適う・適する・合う・沿う・そぐう・当てはまる・適合する・適当する・合致する・即応する

ひっ-たん【筆端】❶筆の先。❷書画や文章の筆の運び。また、それで書いたもの。「一に記せざるは勿論、言外にも其意味を見ず」〈福沢・学問のすゝめ〉

ひつ-だん【筆談】〘名〙スル 口で話す代わりに、互いに文字で書いて意思を伝え合うこと。「会議中に隣の人と一する」

ひっ-ち【筆池】「筆洗」に同じ。

ひっ-ち【筆致】書画や文章の書きぶり。筆のおもむき。筆つき。「軽妙な一」〘類語〙書体・書風

ヒッチ「ヒッチハイク」の略。

ピッチ〘pitch〙コールタール・石油・木タールなどを蒸留したあとに残る黒色の物質。ふつうコールタールピッチをさす。練炭・舗装材・防水材などに利用。

ピッチ〘pitch〙❶同じことを繰り返したり、一定の間隔で物事を行ったりするときの速度や回数。また、仕事や作業の能率。「酒の一が上がる」「工事を急一で進める」❷ボートで、1分間にオールをこぐ回数。❸ランニングや水泳で、一定時間当たりの歩数あるいは水をかく回数。❹プロペラなどの一回転で進む距離。❺ねじ・歯車の、隣り合う二つのねじ山あるいは歯の間隔。また、コイルばねの線の間隔。❻登山で岩壁などを登る際の、確保地点から確保地点までの間隔。「岩棚ごとに一を切る」❼音の高さ。高低の度合い。「一アクセント」❽野球で、投球のこと。ピッチング。「ワイルドー」❾サッカーなどのグラウンド。❿プリンターの印刷、コンピューターのディスプレー表示における、文字と文字の間隔や行と行の間隔。
〘類語〙速さ・速度・スピード・ペース・テンポ
ピッチを上・げる　作業の調子を速くする。また、物事の進行を速める。「一・げて遅れを取り戻す」

ピッチ「ピーエッチエス」の略。

ピッチアウト〘pitchout〙野球で、盗塁・スクイズ・ヒットエンドランなどを見越して、投手がストライクゾーンを外して投げること。➡ウエストボール

ピッチ-えん【ピッチ円】かみ合う二つの歯車の接点が描く円。

ピッチカート〘伊 pizzicato〙《「ピチカート」とも》擦弦楽器の弦を、指ではじいて弾く奏法。

ピッチ-ゲージ〘pitch gauge〙ピッチやねじの形を調べるのに用いるゲージ。鋼板の縁に規定のピッチのねじ山を刻んだもの。ねじ山ゲージ。

ヒッチコック〘Alfred Hitchcock〙[1899〜1980] 米国の映画監督。英国生まれで、1939年に渡米。スリラー・サスペンス映画の第一人者。代表作「レベッカ」「めまい」「裏窓」「鳥」など。

ピッチ-ショット〘pitch shot〙ゴルフで、ボールがぴたりと止まるように、ロフトの大きいアイアンを用いて高く打ち上げてグリーンなどに落とす打ち方。➡ランニングアプローチ

ピッチ-そうほう【ピッチ走法】陸上競技で、狭い歩幅で走ることによって速度を上げる走り方。

ヒッチハイク〘hitchhike〙通りがかりの自動車に無料で乗せてもらって続ける旅行。

ピッチ-パイプ〘pitch pipe〙楽器の調律用の笛。調子笛。

ピッチブレンド〘pitchblende〙閃ウラン鉱のうち、非晶質でピッチ様の塊状のもの。ウラン・ラジウムの重要な鉱石。瀝青ウラン鉱。

ピッチャー〘pitcher〙野球・ソフトボールで、投手。

ピッチャー〘pitcher〙水差し。また、ジュースなどを入れる卓上用の容器。「ミルクー」

ピッチャーズ-プレート〘pitcher's plate〙投手板。

ピッチャーズ-マウンド〘pitcher's mound〙野球で、ピッチャーズプレートを中心に少し盛り上げて作られた場所。マウンド。

ひっ-ちゃく【必着】必ず着くこと。また、必ず着くようにすること。「応募はがきは今週中に一のこと」

ひっ-ちゅう【匹×儔】〘名〙スル 匹敵すること。同じたぐい・仲間とみなすこと。また、その相手。「スタンダアルなどの一ではない」〈芥川・文芸的な、余りに文芸的な〉

ひっ-ちゅう【必中】〘名〙スル 必ず命中すること。「一発一」

ひっ-ちゅう【筆×誅】〘名〙スル 他人の罪悪や欠点を書きたてて責めること。「一を加える」「深志屋の家庭の裏面を摘発一すると」〈木下尚江・良人の自白〉

びっちゅう【備中】旧国名の一。山陽道に属し、現在の岡山県の西部にあたる。古くは吉備国の一部。備州。

びっちゅう-ぐわ【▽備中×鍬】刃の部分を2本から5本のくしの歯状とした鍬。水田の荒起こしなどに使う。

びっちゅう-もの【▽備中物】備中の刀工が鍛えた刀の総称。平安後期から南北朝時代にかけて隆盛。青江物などに代表される。

ぴっちり〘副〙スル すき間がなく密着しているさま。ぴったり。「一(と)したズボン」

ピッチング〘pitching〙〘名〙スル ❶船や飛行機が上下に揺れること。縦揺れ。「乱気流で機体が一する」⇔ローリング。❷野球で、投手の投球。また、その技術。

ピッチング-マシン〘pitching machine〙野球で、自動的に球を投げる打撃練習用の機械。

ひ-づつ【火筒】❶銃砲。ほづつ。❷汽罐。ボイラー。

ピッツァ〘伊 pizza〙▶ピザ

ピッツェリア〘伊 pizzeria〙ピザを専門に食べさせる店。ピザハウス。

ひっ-つかま・える【引っ捕まえる¦引っ×掴まえる】〘動ア下一〙図ひっつかま・ふ〘ハ下二〙しっかりつかまえる。容赦なくつかまえる。「犯人を一・える」

ひっ-つか・む【引っ×掴む】〘動マ五(四)〙勢いよく、また荒々しくつかむ。「襟元を一・む」〘類語〙捕まえる

ひっ-つ・く【干っ付く¦▽乾っ付く】〘動カ五(四)〙乾いて、くっつくような感じになる。「のどが一・く」
〘類語〙付く・くっつく・へばりつく・こびりつく

ひっ-つ・く【引っ付く】㊀〘動カ五(四)〙❶ぴったりとついて離れなくなる。くっつく。「鳥もちが手に一・く」❷男女が親密な関係になる。男女が情を通わすようになる。くっつく。「幼なじみの二人が一・く」㊁〘動カ下二〙「ひっつける」の文語形。

ひっ-つ・ける【引っ付ける】〘動カ下一〙図ひっつ・く〘カ下二〙《「ひきつける」の音変化》ぴったりくっつける。「シールをあちこちに一・ける」

ピッツバーグ〘Pittsburgh〙米国ペンシルベニア州南西部の工業都市。付近に鉄鉱石・石炭を産し、鉄鋼業が発達。人口、行政区31万(2008)。

ピッツバーグ-ほうしき【ピッツバーグ方式】▶人工的心停止後移植

ピッツフィールド〘Pittsfield〙米国マサチューセッツ州西端の町。バークシャー山脈の中心部にあり、避暑地として知られる。紡績産業で発展し、現在はプラスチック産業がさかん。

ひっ-つめ【引っ詰め】❶女性の髪形の一。たぼを長くださずに、後ろに引っ張って結うもの。ひっつめがみ。❷「締め付け島田」に同じ。

ひっ-つ・める【引っ詰める】〘動マ下一〙図ひっつ・む〘マ下二〙《「ひきつめる」の音変化》髪を後ろに引っ張って束ねる。「洗い髪を一・める」

ひっ-つ・る【引っ×攣る】〘動ラ五(四)〙「ひきつる」の音変化。「足の筋が一・る」

ひっ-つれ【引っ×攣れ】「ひきつり」に同じ。

ピッティ-きゅうでん【ピッティ宮殿】《Palazzo Pitti》イタリア中部の都市フィレンツェにあるルネサンス様式の宮殿で、ボーボリ庭園に隣接する。15世紀、銀行家ルカ＝ピッティにより建設が始まったが完成前に死去。16世紀半ばにメディチ家のコジモ1世が妻エレオノーラのために買い取り、建設を再開して完成させた。近世を通じてトスカーナ大公国の宮廷が置かれた。現在はメディチ家が収集した美術品を展示するピッティ美術館、ロートリンゲン家の所蔵品を展示する近代美術館のほか、銀器・陶磁器・衣装に関する博物館がある。1982年、「フィレンツェ歴史地区」として世界遺産(文化遺産)に登録された。

ヒッティング〘hitting〙野球で、打者が積極的に打っていく戦法をとること。

ひっ-てき【匹敵】〘名〙スル 比べてみて能力や価値などが同程度であること。肩を並べること。「演歌に一する外国の音楽」「給料の一年分に一する金額」
〘類語〙比肩・伯仲・適う・並ぶ・伍する・敵する・肩を並べる

ビッテル〘Vittel〙フランス北東部、ロレーヌ地方ボージュ県の町。古代ローマ時代からの温泉地。現在は

ミネラルウオーターの製造で世界的に知られる。

ひってん〔名・形動〕《江戸時代天明(1781～1789)ごろに流行した語。歌舞伎界から出た語という》何もないこと。貧乏なこと。また、そのさま。無一物(むいちもつ)。「姉女郎の道具身の廻りの—な上」〈洒・格子戯語〉

ひっ-てん【筆×覘】墨を含ませる前に、筆先をひたしてやわらげるための水を入れておく小さな器。

ピッテンクリーフ-こうえん【ピッテンクリーフ公園】《Pittencrieff Park》英国スコットランド東部の町ダンファームリンの西郊に広がる公園。20世紀初頭、同地出身でアメリカの鉄鋼王として知られるアンドルー＝カーネギーが私財を投入して購入し、一般市民に開放した。公園内には町の歴史を紹介する博物館ピッテンクリーフハウスやスコットランド王マルコム3世の住居跡がある。ピットゥンクリフ公園。

ヒット〖hit〗〔名〕(スル) ❶打つこと。また、命中すること。「パンチを—させる」❷野球で、安打。「—を打つ」「ツーベース—」❸興行物・流行歌・商品などが人気を博すること。大当たり。「業界で久しぶりの—をとばす」「新曲が—する」❹ルアーフィッシングで、魚の当たりがあること。❺目指す情報を探し当てること。インターネット上で、検索して情報を見つけること。「データベースで4件—した」(類語)安打・本塁打・ホームラン

ひ-づと【火×苞】山野・田畑などで、蚊やブユを防ぐためにいぶす、わらや草木の根などを束ねたもの。

ビット〖bit〗❶《binary digitから》㋐二進法で用いる数字。0または1の数字。㋑情報量の最小単位。1ビットは二つの状態を0か1かで表現する情報の一組で、通常これを8桁並べた1バイトが単位として用いられる。❷鑿岩機(さくがんき)やボーリング機械の先端に取り付ける刃。❸▶係船柱(けいせんちゅう)

ピット〖pit〗❶穴。くぼ地。❷鉱山や炭坑の立て坑。❸陸上競技で、跳躍競技に使われる着地場所。マットや砂場など。❹ボウリングで、倒されたピンが落ち込む所。❺自動車レースなどで、燃料補給やタイヤ交換・修理などを行う整備所。❻CDやDVDなどの光学的記憶媒体の表面にある、データを記録するための凹凸のこと。

ピット〖Pitt〗㊀(William ～)［1708～1778］英国の政治家。通称、大ピット。七年戦争時代、国務相として戦争を指導。インド・北アメリカにおいてフランス勢力を打破し、大英帝国の基礎を固めた。㊁(William ～)［1759～1806］英国の政治家。通称、小ピット。㊀の次男。24歳で首相となる。逼迫(ひっぱく)した財政を国債の処理と関税の軽減などによって再建。フランス革命に際しては、対仏大同盟を組織した。

ヒット-アンド-アウェー〖hit and away〗ボクシングで、打ったらすばやく後退する戦法。

ピット-イン〔名〕(スル)《和 pit＋in》自動車レースなどで、給油や修理のために自動車がピット❺にはいること。「タイヤ交換のため—する」

ひっ-とう【筆答】〔名〕(スル) 文字で書いて問いに答えること。また、その答え。「—試験」㊥口答。

ひっ-とう【筆筒】筆を入れておく筒。ふでづつ。

ひっ-とう【筆頭】❶筆の先。また、文章の書き出し。❷名前を書き連ねたときの第一番の位置。また、その人。「—株主」「前頭—」❸ある範疇(はんちゅう)の中で第一番に挙げられるもの。最も主だったもの。「輸出品の—」

ひっとう-かぶぬし【筆頭株主】その会社の株式を最も多く所有している株主。日本では、その会社の役員や親会社・取引先・金融機関などが多い。➡主要株主

ひっとう-さい【筆頭菜】《筆に似ているところから》土筆(つくし)の別名。

ひっとう-しゃ【筆頭者】戸籍の最初に記載されている者。戸籍筆頭者。

ピットゥンクリフ-こうえん【ピットゥンクリフ公園】《Pittencrieff Park》▶ピッテンクリーフ公園

ヒット-エンド-ラン〖hit-and-run〗野球で、打者と走者が監督のサインなどで示し合わせて、投手の投球と同時に走者は次塁に走り、打者はその球を必ず打つ攻撃法。エンドラン。

ビットキャスト〖bitcast〗アナログテレビ放送で提供されたデータ放送の一つ。テレビ放送の電波の映像信号を含まない領域(VBI)を利用して、番組に関連した情報をHTML形式で送信する。情報はインターネットに接続したパソコンに表示される。平成9年(1997)から同18年までの間、フジテレビ系列およびTBS系列の民間放送局でサービスが提供された。(補説)同種のものにテレビ朝日系列のADAMS、テレビ東京系列のITビジョンがあった。

ビットキャッシュ〖BitCash〗プリペイドカード式電子マネーの商標のひとつ。ビットキャッシュ社の発行。

ひつ-どく【必読】必ず読まなくてはならないこと。読む必要があること。「万人—の書」

ピット-クルー〖pit crew〗自動車やバイクのレースで、決められたピット(修理場)にいて、レース前のマシンの整備やレース中の修理、燃料補給、タイヤ交換などを行うスタッフ。

ヒット-ソング〖hit song〗人気がある流行の歌。ヒット曲。

ヒット-チャート〖hit chart〗ヒット曲を人気順に並べた表。

ビットトレント〖BitTorrent〗米国で開発されたピアツーピア型のファイル交換ソフトの一つ。大容量のファイルを複数の利用者を通じて分散して配信するため、ダウンロードの速度が速いという特徴をもつ。Winnyと異なり、利用者の匿名性を保つ機能はなく、オープンソースのソフトウエアの公開などに利用される。

ヒット-パレード〖hit parade〗ヒット曲で構成されたショーや番組。

ビット-ブリット〖BitBLT〗《bit block transfer》コンピューターのメーンメモリーとグラフィックスメモリーの間で、画面表示のためのビットマップグラフィックスデータを転送すること。

ビット-まいびょう【ビット毎秒】▶ビー-ピー-エス(bps)

ビットマップ〖bitmap〗▶ビットマップグラフィックス

ビットマップ-イメージ〖bitmap image〗▶ビットマップグラフィックス

ビットマップ-がぞう【ビットマップ画像】▶ビットマップグラフィックス

ビットマップ-グラフィックス〖bitmap graphics〗コンピューターで画像や文字を表示する際、色のついたドット(点)の集まりで表現する方式。一方、線や面などの図形要素に関するパラメーターで表現する場合は、ベクトルグラフィックスという。ビットマップイメージ。ビットマップ画像。

ビットマップ-けいしき【ビットマップ形式】▶ビットマップグラフィックス

ビットマップ-ディスプレー〖bitmap display〗ピクセル単位で色や輝度が指定できるコンピューターのディスプレー。グラフィックスやマルチウインドーの表示に適しているので、現在の標準的な表示装置になっている。

ビットマップ-フォント〖bitmap font〗コンピューターで用いる、文字の形を点(ドット)の集合で表現する書体。高速処理、高速表示というメリットに対し、文字を拡大表示すると字形が崩れるというデメリットがある。文字を輪郭線で表現するアウトラインフォントが一般的である。

ヒット-マン〖hit man〗暗殺者。殺し屋。

ヒット-メーカー〖hit maker〗演劇や音楽などの分野で、大当たり作品を生みだす作者。

ひっ-とら・える【引っ捕(ら)える】〔動ア下一〕(文)ひっとら・ふ〔ハ下二〕しっかり捕らえる。容赦なく捕らえる。「泥棒を—・える」(類語)捕まえる・捕る・取り押さえる・生け捕る・召し捕る・搦(から)め取る・引っ括(くく)る・捕(と)らまえる・捕獲する・拿捕(だほ)する・捕縛する・逮捕する・検束する・検挙する・挙げる・ぱくる・しょっぴく

ビットリオエマヌエレにせい-きねんどう【ビットリオエマヌエレ二世記念堂】《Monumento Nazionale a Vittorio Emanuele II》イタリアの首都ローマにある建物。ベネチア広場に面する。1870年のイタリア統一を祝し、1911年に新古典主義様式の記念堂が建造された。初代国王ビットリオ＝エマヌエレ2世の名を冠する。

ビットリオーザ〖Vittoriosa〗地中海中央部の島国、マルタ共和国の首都バレッタの南東部にある町。マルタ島北東部に位置し、グランド港を挟んでバレッタの対岸に位置する。マルタ騎士団により同島初の城塞都市として建設された。もともとはビルグという名で、1565年のオスマン帝国軍による大包囲戦での勝利を記念して現名称に改められたが、古称が使われることも多い。騎士団が築いた聖アンジェロ砦や聖ローレンス教会がある。

ビッドル〖James Biddle〗［1783～1848］米国の海軍軍人。望廈(ぼうか)条約の批准書交換のため清を訪れた帰途、弘化3年(1846)に日本の浦賀に来航して開国を求めた。しかし、小型艦2隻のみで、また威圧を避けたため交渉は失敗した。ビドル。➡ペリー

ヒットルフ-すう【ヒットルフ数】▶輸率

ビット-レート〖bit rate〗単位時間当たりに転送または処理されるデータのビット数。音声や動画データの圧縮の際などに用いられる。一般的な単位としてbps(ビット毎秒)が使われる。

ビットロッカー〖BitLocker〗ハードディスクの内容を暗号化し、盗難や不正改竄からハードウエアレベルで保護する機能の一。米国マイクロソフト社のオペレーティングシステム、Windows Vistaが搭載する。

ひつ-にゅう【泌乳】乳腺からの乳の分泌が起こること。

ひつにゅうしげき-ホルモン【泌乳刺激ホルモン】▶プロラクチン

ひつにょう-き【泌尿器】▶ひにょうき(泌尿器)

ひつ-ば【匹馬】1匹の馬。また、馬。馬匹(ばひつ)。

ひっ-ぱが・す【引っ剝がす】〔動サ五(四)〕《「ひきはがす」の音変化》勢いよくはがす。手荒くはがす。ひっぺがす。ひっぱぐ。「ガムテープを—・す」「化けの皮を—・す」(可能)ひっぱがせる

ひっ-ぱぎ【引っ剝ぎ】「ひきはぎ」の音変化。「高市(たかいち)の山にて—にあひ」〈平家・一二〉

ひっ-ぱく【×逼迫】〔名〕(スル) ❶行き詰まって余裕のなくなること。事態が差し迫ること。「情勢が—する」「財政が—する」❷苦痛や危難が身に迫ること。「身心悩乱して、五体—しければ」〈太平記・二三〉

ひっ-ぱ・ぐ【引っ剝ぐ】〔動ガ五(四)〕《「ひきはぐ」の音変化》「引っ剝(ぱ)がす」に同じ。「毛布を—・ぐ」

ひっ-ぱず・す【引っ外す】〔動サ五(四)〕《「ひきはずす」の音変化》強く引っぱってはずす。手荒くはずし取り去る。「棚板を—・す」

ひっ-ぱた・く【引っ×叩く】〔動カ五(四)〕強くたたく。手荒く打つ。「顔を—・く」(可能)ひっぱたける (類語)打つ・叩(たた)く・殴る・ぶつ・小突く・叩きのめす・打ち据える・ぶん殴る・殴り飛ばす・殴りつける・張る・食らわす

ひつ-ばつ【必罰】罪ある者は必ず罰すること。「信賞—」

ひっ-ぱなし【引っ放し】言葉や態度の端々に、それとなく現れること。「頼む言葉の—、あいくろしげにほのめかし」〈浄・用明天王〉

ひっ-ぱり【引っ張り】❶引っ張ること。❷路傍に立って通行人の袖を引っ張って客をとった売春婦。よたか。つじぎみ。「夜鷹だか、—だか」〈魯文・西洋道中膝栗毛〉❸合同ですること。共同。「爰(ここ)では花も—にもらふ極(きはめ)とみえた」〈滑・膝栗毛・二〉

ひっぱり-おうりょく【引っ張り応力】物体が外力によって引っ張られるとき、それに応じて内部に生じる力。

ひっぱり-きょうど【引っ張り強度】繊維や金属などが一定方向に引っ張られたときに、断裂せずに耐える限界の強度。➡剪断強度(せんだんきょうど)

ひっぱり-こ・む【引っ張り込む】〔動マ五(四)〕❶引っ張って中へ入れる。「馬を厩舎へ—・む」❷むりに仲間に入れる。「仲間に—・む」

ひっぱり-しけん【引っ張り試験】工業材料の試験

片に引っ張り力を加え、破壊するまでの伸び・耐力などを測定する材料試験。

ひっぱり‐だこ【引っ張り×凧｜引っ張り×蛸】❶人気があって、多くの人から争って求められること。また、その人やその物。「あちこちから―の売れっ子」❷磔(はりつけ)の刑。「片仮名の木の空で、このやうに手を広げ―は知れたこと」〈浄・歌念仏〉

ひっぱり‐だ・す【引っ張り出す】〔動サ五(四)〕❶引っ張って出す。「中身を―・す」「外に―・して説教する」❷むりに表立った場所や地位に出す。「口説かれて市長候補に―・される」

ひっぱり‐つよさ【引っ張り強さ】物体に張力が加えられるとき、破断に至るまでの最大の応力。抗張力。

ひっぱり‐の‐みえ【引っ張りの見得】歌舞伎の見得の一。各人物が互いに心理的に引っ張り合っているような緊張した形に静止する演技。多く幕切れに用いる。

ひっぱり‐まわ・す【引っ張り回す】〔動サ五(四)〕❶あちらこちらと連れて歩く。「先輩に得意先を―・された」❷思うように人を動かす。「騒動に―・される」

ひっぱり‐もち【引っ張り餅】一つの餅を兄弟など二人が引っ張り合って食べること。東北地方で、葬式のときにする風習。

ひっぱ・る【引っ張る】〔動ラ五(四)〕《「ひきはる」の音変化》❶引いて、ぴんと張った状態にする。「綱を―・る」❷電線などを長く張りわたす。また、導管・路線などをある場所まで延長する。「電話線を―・る」「給水管を家まで―・る」❸物の一部を持って自分の方へ強く引く。また、引き寄せる。「缶のタブを―・って開ける」「袖を―・って合図をする」❹(車両などを)強く引いて前へ進める。牽引(けんいん)する。「三〇両もの貨車を―・って走る」❺先に立って人を自分のめざす方へ導く。「リーダーとなって仲間を―・ってゆく」❻人をある場所へ連れて行く。また、連行する。「方々―・って歩く」「警察に―・られる」❼仲間になるように強く誘う。誘い入れる。「優秀な技術者を―・る」「野球部に―・る」❽長引かせたり遅らせたりする。引き延ばす。「たまった借金を―・っておく」「策を弄して審議を―・る」❾発音を長くのばす。「語尾を―・る」❿引用する。「例を―・ってきて説明する」⓫野球で、投手の球を思いきり打って、右打者はレフト方向、左打者はライト方向へ飛ばす。「外角球を強引に―・る」⇔流す。⓬着る。ひっかける。「着物らしい着物を―・っていたこともなく」〈秋声・足迹〉⓭磔(はりつけ)にする。「木の空(＝磔柱)に―・らるるは今のこと」〈浄・博多小女郎〉[可能]ひっぱれる [類語](❸)引く・引き寄せる・引き絞る・手繰(たぐ)る・手繰り寄せる・手繰り込む／(❹)引く・牽引(けんいん)する・曳航(えいこう)する／(❺)率いる・先導する・嚮導(きょうどう)する・誘導する・主導する・リードする／(❻)拘引する・連行する・しょっぴく

ヒッパルコス〖Hipparchos〗[前190ころ～前125ころ]古代ギリシャの天文学者。天体観測を行い、月や太陽までの距離を算出。星表を作成し、それ以前の観測と比較して歳差を発見。後世の天文学の基礎を築いた。

ひつ‐び【必備】〔名〕(スル) 必ず備えなければならないこと。備える必要のあること。「―すべき薬」

ヒッピー〖hippie〗1960年代の米国で、既成の社会体制や価値観を否定し、脱社会的行動をとった若者たち。また、その運動。60年代後半にはその風俗とともに世界中に広まった。「―スタイル」

ひっ‐ぷ【匹夫】身分のいやしい男。また、道理をわきまえない男。⇔匹婦。[類語]小人(しょうじん)

匹夫罪なし璧(たま)を懐(いだ)いて罪あり 《「春秋左伝」桓公十年から》凡人は、本来のままならば、罪を犯すことはないのに、身分不相応な財宝を手にしたために罪悪を犯し、災いを招くようになる。

匹夫も志(こころざし)を奪うべからず 《「論語」子罕から》どんなにいやしい者でも、しっかりした志を持っていれば、だれもその志を変えさせることはできない。人の志は尊重すべきであるということ。

ひっ‐ぷ【匹婦】身分のいやしい女。また、道理に暗い女。⇔匹夫。

ヒップ〖hip〗❶尻(しり)。❷洋裁で、腰回り。また、その寸法。ヒップライン。[類語]尻・腰・腰回り

ヒップ〖hip〗〔形動〕流行の先端を行くさま。「―な時代」「クールで―なファッション」「―ホップ」

ビップ〖VIP〗《very important person》▶ブイ‐アイ‐ピー(VIP)

ピップ〖pip〗為替の値動きの最小単位。ポイント。

ヒップ‐アップ《和 hip＋up》美容体操をしたり体の線を補正する下着を着けたりすることによって、尻の肉を上げ、美しくすること。

ひっぷ‐げろう【匹夫下郎】匹夫と下郎。身分のいやしい男。

ひっぷ‐の‐ゆう【匹夫の勇】《「孟子」梁恵王下から》思慮分別なく、血気にはやるだけのつまらない勇気。

ヒップ‐バッグ〖hip bag〗ベルト式のひもで腰の後部に固定して用いる小型のバッグ。

ヒップ‐ハンガー《和 hip＋hanger》前身ごろの腰骨の部分にウエストラインを置いたデザインのズボンやスカート。ちょうど洋服掛け(ハンガー)に服を掛けるように、腰骨に引っかけてはくことから。ヒップハング。ヒップボーン。➡ローライズ [補説]英語では、hiphugger。

ヒップ‐ハング《和 hip＋hang》「ヒップハンガー」に同じ。

ひっぷ‐ひっぷ【匹夫匹婦】身分のいやしい男女。道理のわからない者ども。「下は市井の―に至る迄何人(なんびと)をも友とし」〈魯庵・社会百面相〉

ヒップボーン〖hipbone〗《腰骨の意》「ヒップハンガー」に同じ。

ヒップ‐ホップ〖hip-hop〗1970年代前半ごろから、ニューヨークの路上で始まった、音楽・ダンス・ファッションを中心とする黒人文化。建造物の壁や地下鉄の落書き(グラフィティアート)、アクロバットのようなブレークダンス、音楽面ではラップやスクラッチなど、貧しい若者たちがお金を使わずに楽しめる娯楽を生み出した。

ヒッペアストラム〖ラテ Hippeastrum〗ヒガンバナ科アマリリス属の球根植物。約70種が南米に自生し、観賞用に栽培されるものも多い。中でも園芸用に改良されたアマリリスが有名。

ひっぺが・す【引っ×剝がす】〔動サ五(四)〕「ひっぱがす」の音変化。「床板を―・す」[可能]ひっぺがせる

ひっ‐ぽう【筆法】❶筆の用い方・運び方。「力強い―」❷文章の書き方。表現の方法。「史記の―」❸物事のやり方。方法。「彼一流の―で処する」[類語]書き方・運筆

ひっ‐ぽう【筆×鋒】❶筆の穂先。❷筆の運び方や文章の勢い。筆勢。「―鋭く批評する」[類語]筆先・筆勢

ひつ‐ぼく【筆墨】筆と墨。また、筆と墨で書きしるすこと。また、そのもの。

ヒッポドローム〖Hippodrome〗トルコ北西部の都市イスタンブールにある古代ローマ時代の競馬場跡。2世紀末に建設。東ローマ皇帝コンスタンティヌス1世の時代に整備・拡張され、長さ400メートル、幅150メートルの競馬場になった。エジプトの神殿から運ばれたというテオドシウスのオベリスク、高さ32メートルのコンスタンティヌス7世のオベリスク、デルフォイのアポロン神殿から運ばれた青銅製の「蛇の柱」をはじめとするモニュメントがある。現在はアトメイダヌ(馬の広場)またはスルターンアフメット広場と呼ばれる。

ひつ‐まぶし【×櫃まぶし】《「ひつまむし」とも》名古屋風のウナギ飯。小型のお櫃に茶碗三杯分くらいの飯をいれ、上に刻んだウナギの蒲焼きをのせたもの。全体をかき混ぜて一杯目を食べ、二杯目は刻みネギ、海苔などの薬味を掛けて食べ、三杯目は煎茶またはだし汁を掛けて茶漬けとして食べる。商標名。[補説]明治ころからあるという。「まぶし」は「まぶ(塗)す」の連用形からか。

ひつ‐まむし【×櫃まむし】《「まむし」は、京阪地方でウナギの蒲焼のこと》「ひつまぶし」に同じ。

ひつ‐みょう【×畢命】生命の終わること。また、生ある限り。生涯。ひつめい。「―を期(ご)として、この苦域の界を出でて」〈平家・一〇〉

ひ‐づめ【×蹄】❶哺乳類のうち奇蹄(きてい)類の馬・サイや、偶蹄類の牛・鹿・イノシシ、長鼻類の象などの足先にある堅い角質のつめ。❷すぐれた馬。駿馬(しゅんめ)。「八匹の―を愛し」〈盛衰記・一四〉

ひつ‐めい【筆名】本名以外の、文章などを発表するときに用いる名前。ペンネーム。
[類語]ペンネーム・雅号・号・変名

ひつ‐めつ【必滅】〔名〕(スル) 必ずほろびること。「生者(しょうじゃ)―会者(えしゃ)定離(じょうり)」

ひつもん‐ひっとう【筆問筆答】文書で提示された質問に、書いて答えること。

ひつ‐よう【必用】〔名・形動〕必ず用いなくてはいけないこと。なくてはならないこと。また、そのさま。「学問には文字を知ること―なれども」〈福沢・学問のすゝめ〉

ひつ‐よう【必要】〔名・形動〕なくてはならないこと。どうしてもしなければならないこと。また、そのさま。「それほど急ぐ―はない」「―に迫られて買う」「生活に―な(の)品々」[類語]入用(にゅうよう)・入り用・要用・所要・必須(ひっす)・必需・須要(しゅよう)・不可欠・要(よう)

必要は発明の母 発明は必要があるところから生まれるということ。

ひつよう‐あく【必要悪】よくないことではあるが、組織や社会などにとって、やむをえず必要とされること。

ひつよう‐けいひ【必要経費】所得税法上、所得を得るために必要な経費。収入金額から控除される。

ひつよう‐げんそ【必要元素】▶必須元素

ひつようじゅうぶん‐じょうけん【必要十分条件】ある事柄が成立するための必要にして十分な条件。命題「AならばB」と命題「BならばA」が同時に成り立つとき、BはA(またはAはB)の必要十分条件という。

ひつよう‐じょうけん【必要条件】ある事柄が成立するために必要な条件。命題「AならばB」が成り立つとき、BはAの必要条件という。⇔十分条件。

ひつようてき‐べんご【必要的弁護】▶強制弁護

ひつよう‐ろうどうじかん【必要労働時間】労働日のうち、労働者が労働力の価値と等しい価値を生産するのに必要な時間。

ひつ‐りょう【筆料】書画・文章などを書いた報酬。潤筆料。

ひつ‐りょく【筆力】筆の勢い。筆勢。また、文章を表現する力。[類語]筆勢・筆鋒(ひっぽう)

筆力鼎(かなえ)を扛(あ)ぐ 《韓愈「病中贈張十八」から》筆の勢いが力強く鼎をもち上げるほどである。

ひつ‐ろ【筆路】❶筆づかい。運筆。❷文章表現のすじみち。文脈。「―の進退意のごとくならず」〈逍遥・小説神髄〉

ひつ‐ろく【筆録】〔名〕(スル) 書きしるすこと。また、その書いたもの。「村の言い伝えを―する」
[類語]記録・筆記・メモ

ビデ〖フランス bidet〗女性用の局部洗浄器。

ひ‐てい【比定】〔名〕(スル) 同質のものがない場合、他の類似のものとくらべて、そのものがどういうものであるかを推定すること。「年代を―する」

ひ‐てい【否定】〔名〕(スル) ❶そうではないと打ち消すこと。また、非として認めないこと。「うわさを―する」「暴力を―する」⇔肯定。❷論理学で、ある命題の主語と述語の関係が成立しないこと。また、その関係を承認しないこと。⇔肯定。❸ヘーゲル弁証法で、発展の契機の一。➡否定の否定 ❹文法で、打ち消しの語法のこと。❺論理演算の一。入力と出力を逆にする演算のこと。入力が「真」または「1」ならば出力は「偽」または「0」となり、入力が「偽」または「0」ならば、出力は「真」または「1」となる。NOT(ノット)。コンピューターでこのような演算を行う論理回路においては、電流が流れる場合を「真」、流れない場合を「偽」と対応させ、NOT回路などと呼ぶ。[類語]否認・打ち消し

ひてい‐かいろ【否定回路】《NOT circuit》▶

ノット(NOT)回路

ひ-ていこう【比抵抗】ヒテイ カウ ►抵抗率

びてい-こつ【尾×骶骨】尾骨のこと。

ひ-ていじょうりゅう【非定常流】ヒテイ ジャウリウ 時間的に運動の様相が変化する流れ。流体の流速、圧力、密度などの物理量は時間とともに変わる。⇔定常流。

ひてい-てき【否定的】〘形動〙否定する内容をもつさま。「現実を―にとらえる」「―な評価」

ひていてき-がいねん【否定的概念】論理学で、ある性質や状態が存在していないことを示す概念。例えば、無知・不幸など。消極的概念。⇔肯定的概念。

ひてい-の-ひてい【否定の否定】《ドイツ Negation der Negation》ヘーゲル弁証法の根本法則の一。すべての事物は内在する矛盾によって自己を否定し、出現した他者と対立するが、この対立はさらに否定されて、より高次の段階へと発展する。矛盾の超克によるこの2番目の否定のこと。

ひてい-はんだん【否定判断】論理学で、主語と述語とが否定関係に立っている判断。「sはpでない」という形式をとる。⇔肯定判断。

ひてい-ろんりせき【否定論理積】《not and》論理演算の一。二つの命題pとqのどちらも「真」(または「1」)である時のみ「偽」(または「0」)となる命題、または演算のこと。NANDナンド。コンピューターでこのような演算を行う論理回路においては、電流が流れる場合を「真」、流れない場合を「偽」と対応させ、NAND回路などと呼ぶ。

ひていろんりせき-かいろ【否定論理積回路】クワイロ《NAND circuit》►ナンド(NAND)回路

ひてい-ろんりわ【否定論理和】《not or》論理演算の一。二つの命題pとqのどちらも「偽」(または「0」)であれば「真」(または「1」)となる命題、または演算のこと。NORノア。コンピューターでこのような演算を行う論理回路においては、電流が流れる場合を「真」、流れない場合を「偽」と対応させ、NOR回路などと呼ぶ。

ひていろんりわ-かいろ【否定論理和回路】クワイロ《NOR circuit》►ノア(NOR)回路

ビディン〘Vidin〙ブルガリア北西部の都市。ドナウ川沿いに位置し、河港を擁す。古代ローマ時代に築かれた砦に起源し、第一次ブルガリア帝国時代に主教座が置かれて発展した。10世紀から14世紀にかけてババビダ要塞が建造された。14世紀以降、ハンガリー王国、オスマン帝国に支配を受け、18世紀末から19世紀初頭にかけてボスニア系の軍人パスバン=オウルがオスマン帝国に対抗して自治を確立。共産党政権時代に化学工業が発展した。17世紀に半地下に作られた聖ペトカ教会、シナゴーグ、オスマン朝時代の邸宅などがある。

ビデオ〘video〙❶映像。特にテレビで、オーディオ(音声)に対する画像。VTR。❷映像信号を取り扱う装置。「―カセット」❸「ビデオテープ」「ビデオテープレコーダー」「ビデオディスク」などの略。
〘類語〙映像・録画・動画・VTR・ブイ

ビデオ-アーキビスト〘video archivist〙古い映像資料を探し出し、整理・保存する専門職。

ビデオ-アート〘video art〙ビデオ技術を用いた映像芸術の総称。

ビデオ-アダプター〘video adapter〙►ビデオカード

ビデオ-オーバーレイ〘video overlay〙コンピューターの操作画面にテレビやビデオの画像を重ねて表示すること。

ビデオ-オン-デマンド〘video on demand〙ビデオ映像の放送を、視聴者の要求のありしだいいつでも、個別に送信するシステム。VOD。➡IPTV

ビデオ-カード〘video card〙パソコンのデータをディスプレー上に表示させるためのボード。この性能によってディスプレーの表示解像度や描画速度が規定される。三次元グラフィックスの描画処理を高速で行うものもある。ビデオボード。ビデオアダプター。グラフィックボード。

ビデオ-かいぎ【ビデオ会議】クワイギ《video conference》►テレカンファレンス

ビデオカセット〘videocassette〙カセット入りのビデオテープ。

ビデオカセット-テープ〘videocassette tape〙►ビデオカセット

ビデオ-カメラ〘video camera〙映像を電気信号に変換するカメラ。テレビスタジオの大型のものから家庭ビデオの小型携帯用のものまで機種は多い。

ビデオ-キャプチャー〘video capture〙他の映像機器や記憶メディアなどからのビデオ画像を、動画データとしてコンピューターに取り込むこと。➡スクリーンキャプチャー

ビデオ-キュレーター〘video curator〙テレビやビデオテープなど映像作品を扱う学芸員。

ビデオ-クリップ〘video clip〙►プロモーションビデオ

ビデオ-ケーブル〘video cable〙デジタルカメラやビデオカメラ、テレビなどを接続するためのケーブル。ふつう、コンポジット端子が使われる。

ビデオ-ゲーム〘video game〙►テレビゲーム

ビデオ-サーバー〘video server〙大量の映像データを蓄積し配信するコンピューター。ビデオオンデマンドなどのシステムで用いられる。

ビデオ-シアター〘video theater〙ビデオシステムを使って映画などを上映する小規模劇場。画面の精度は映画に劣るが、映画館より設備投資が少なくてすみ、管理も簡単なことから、デパート・スーパー・図書館・企業などで導入されている。

ビデオ-シーディー【ビデオCD】《video CD》CDに動画を記録するための規格の一。動画データの圧縮はMPEG-1方式に準拠する。VCD。➡エムペグ(MPEG)

ビデオ-ジャーナリスト〘video journalist〙小型ビデオカメラを手に事件現場などを取材し、ディレクター・カメラマン・ナレーター・解説者・編集者の役割を一人で行う映像記者。テレビのニュースやドキュメント番組を活動の場とする。

ビデオ-しゅつりょく【ビデオ出力】デジタルカメラやビデオカメラの画像を、テレビに直接表示すること。ふつうビデオケーブルが用いられ、パソコンを経由しなくても鑑賞できる。

ビデオ-ジョッキー〘video jockey〙❶プロモーションビデオを流しながら、ロックなどの新曲を紹介するテレビ番組の司会者。❷クラブやディスコなどで、再生するビデオなどの映像を選択する人。ビジュアルジョッキー。➡ディスクジョッキー

ビデオ-チップ〘video chip〙コンピューターの画面表示を担うLSI。グラフィックチップ。グラフィックスチップ。描画チップ。

ビデオ-チャット〘video chat〙コンピューターネットワーク上で、二人以上の相手と、音声と映像によるコミュニケーションをリアルタイムで行うシステム、またはサービスのこと。ビデオカメラ、マイクのほか、専用のアプリケーションソフトを必要とする。➡チャット

ビデオディスク〘videodisc〙映像信号と音声信号とをレコード状の円盤に記録したもの。また、それを再生するプレーヤー。1980年代に光学式のレーザーディスクと静電容量方式のVHDが登場。続いて、90年代にDVD、2000年代にブルーレイディスクなどの光ディスクが普及した。

ビデオテープ〘videotape〙❶テレビの画像と音声とを記録する磁気テープ。録画テープ。❷「ビデオテープレコーダー」の略。

ビデオテープ-レコーダー〘videotape recorder〙テレビまたは専用カメラを通して送られてくる画像・音声を、磁気テープに記録したり、それを再生したりする装置。ビデオデッキ。VTR。

ビデオ-デッキ〘video deck〙►ビデオテープ-レコーダー

ビデオテックス〘videotex〙電話回線とコンピューターとを利用して、画像情報を事務所や家庭のテレビ受像機に映し出すサービス。日本では昭和59年(1984)に現NTTがキャプテンというサービスを開始したがあまり普及せず、平成14年(2002)にサービス終了となった。VTX。

ビデオ-ドラッグ《和 video＋drug》「ビデオトリップ」に同じ。

ビデオ-トリップ《和 video＋trip》画像と音響の効果によって麻薬を使用したような陶酔感を味わえるビデオ。コンピューターグラフィックスや編集効果を使ってサイケデリックな心理状態を演出するものが多い。

ビデオ-パッケージ《和 video＋package》パッケージ化して配布・販売される映像ソフトの総称。VP。

ビデオ-ブック〘video book〙印刷メディアによる出版物に対して、録画ずみの市販のビデオテープやビデオディスクを中心とした出版物。

ビデオ-プラス〘Video Plus〙アメリカのジェムスター社が開発した、テレビ番組の録画予約をする機器。各番組ごとに設定されているGコードという3～8桁の予約コードを入力すると、赤外線リモコンによって、自動的に録画・停止する。

ビデオ-プリンター〘video printer〙ビデオカメラやテレビなどに接続して、画像を印刷するプリンター。

ビデオ-プロジェクター〘video projector〙パソコンの操作画面、テレビ放送、DVD・ブルーレイディスクなどのビデオ画像をスクリーンに拡大して投影・表示する機器。プロジェクター。

ビデオ-ボード〘video board〙►ビデオカード

ビデオ-ムービー〘video movie〙ハンディータイプの電子式録画・再生機の商標名。カメラとVTRが一体になっているのが特徴。

ビデオメーター〘videometer〙日本で開発された、テレビ視聴率を調査する装置の商標名。取り付けた受像機の放送チャンネルを自動的に記録するもの。

ビデオ-メモリー〘video memory〙►グラフィックスメモリー

ビデオ-ライブラリー〘video library〙ビデオテープやビデオディスクを収集し、貸し出す所。

ビデオ-ラム【ビデオRAM】《video RAM》►グラフィックスメモリー

ピテカントロプス〘ラテン Pithecanthropus〙《猿人の意》1891年にインドネシアのジャワ島のトリニールで発見された化石人類。更新世中期に生存し、脳容積は現代人の約3分の2。直立歩行し、眼窩がん上にひさし状の隆起がある。ピテカントロプス-エレクトゥス(直立猿人)として分類されたが、現在はホモ-エレクトゥスに含め、原人とされる。ジャワ原人。直立原人。

ピテカントロプス-エレクトゥス〘ラテン Pithecanthropus erectus〙►ピテカントロプス

び-てき【美的】〘形動〙❶美に関するさま。美学の対象となるさま。「―な感受性」❷美しいさま。「―でない配色」〘類語〙綺麗きれい・美麗・華麗・華美・鮮麗・流麗・壮麗・清麗・優美・美美びびしい・煌きらびやか・鮮やか

びてき-いんしょう【美的印象】イン シヤウ 対象から受ける、美しさに関する印象。

びてき-かいかん【美的快感】クワイ カン 対象物の美しさによってひきおこされる心地よさ。

びてき-かんかく【美的感覚】美しさを感じとる感覚。美的センス。

びてき-かんきょう【美的環境】クワン キヤウ 芸術の制作や鑑賞に関係する自然や社会の環境。

びてき-せいかつ【美的生活】セイ クワツ 美を人生最高の理想とし、それを求めてやまない生き方。

びてき-はんちゅう【美的範×疇】ハン チウ 美をいくつかの類型に分けたもの。通常、優美・崇高・悲壮・滑稽こっけいなどが挙げられ、日本では、あわれ・幽玄・わび・さびなども含められる。

ひでこ-ぶし【ひでこ節】《「ひでこ」は食用植物シオデのこと》秋田県仙北地方の民謡。山菜採りのときにうたった歌が、座敷歌になったもの。

ビデ-スコ《video camera(ビデオカメラ)とfield scope(フィールドスコープ)からの造語》ビデオカメラとフィールドスコープを組み合わせて、超望遠撮影をすること。レンズの焦点距離を容易に長くすることが

できるため、遠方の被写体を撮影する野鳥写真などに向く。➡デジスコ

ひてつ-きんぞく【非鉄金属】鉄以外の金属。銅・アルミニウム・亜鉛・鉛・錫・ニッケルなど。

ひでのやま-らいごろう【秀ノ山雷五郎】［1808〜1862］江戸後期の力士。第9代横綱。陸奥の人。本名、橋本辰五郎。旧姓、菊田。5尺4寸（約164センチ）という、史上最も身長の低い横綱。➡不知火諾右衛門（第8代横綱）➡雲竜久吉（第10代横綱）

ひ-でり【日照り・旱】❶日が照りつけること。特に、真夏に晴天が続き雨が降らないこと。《季 夏》「天広く湖青々と一かな／東洋城」❷あるべきもの、あって欲しいものなどが不足すること。「女一」

(類語)旱魃・干天・渇水

ひでり-あめ【日照り雨】日が照っているのに雨が降ること。また、その雨。天気雨。そばえ。狐の嫁入り。

ひでり-ぐも【日照り雲】夏、日没のころ、夕焼けのように紅色に染まった巴形の雲。晴天の続くしるしといわれる。また、日照りが続いた空に浮かんだ雲。《季 夏》

ひでり-こ【日照子】カヤツリグサ科の一年草。田の畦など日当たりのよい湿地に生え、高さ25〜40センチ。葉は線形で2列に並ぶ。夏から秋、褐色の小さく丸い穂を多数つける。

ひでり-なます【旱膾】川魚を焼いたものに、サトイモの茎や大根をささがきにして加え、酢・塩で味加減してあえたもの。ささがきなます。

ビデ-りん【ビデ倫】「日本ビデオ倫理協会」の略称。

ひ-で・る【日照る】〔動ラ四〕❶日が照り輝く。「日代の宮は朝日の一・る宮」〈記・下・歌謡〉❷日照りが続く。「是の月に、大きに一・る」〈皇極紀〉

ひてん　平成2年（1990）1月に打ち上げられた工学実験衛星MUSES-Aの愛称。名称は空中を舞う天人、飛天にちなむ。宇宙科学研究所（現JAXA、宇宙航空研究開発機構）が開発。衛星の制御、月のスイングバイ実験、地球の空力ブレーキ実験、同衛星と孫衛星はごろもの月周回軌道への投入などに成功。同5年4月に運用を終了し、月面に落下した。

ひ-てん【批点】❶詩歌や文章を批評して評点をつけること。訂正する所や要所などに点を打つこと。また、その点。❷非難すべき点。欠点。きず。

批点を打・つ　❶詩歌・文章などに評点を加える。❷欠点を指摘して攻撃する。「葉子のする事為す事に一・ちながらも」〈有島・或る女〉

ひ-てん【披展】〔名〕スル　書状などを開いて見ること。「坤輿の図を一すれば」〈雪嶺・真善美日本人〉

ひ-てん【飛天】空中を舞って仏をたたえ、仏の世界を守る天人・天女。

ひ-でん【飛電】❶稲妻。稲光。電光。❷至急の電報。

ひ-でん【秘伝】秘密にして、特別の人にだけ伝授すること。また、その事柄。「一を授ける」

(類語)奥義・極意・神髄

ひ-でん【悲田】❶仏語。福田の一。貧者・病人など哀れみを受けるべき者。恵みを施すことによって福果を得られるところからいう。❷「悲田院」の略。

び-てん【美点】すぐれた点。よいところ。長所。

(類語)特長・長所・見どころ・取り柄・売り・強み・身上・魅力・持ち味・特色・特質・特性・本領・売り物・セールスポイント・チャームポイント・メリット

び-でん【美田】地味のよく肥えた田地。「児孫のために一を買わず」

ひでん-いん【悲田院】古代、貧窮者・病者・孤児などの救済施設。養老7年（723）興福寺に施薬院とともに置かれ、その後天平2年（730）光明皇后が平城京に設置し、のち諸国の寺院などにも設けられるようになった。悲田所。

ひ-でんか【比電荷】荷電粒子の電気量と質量との比。

ひ-でんか【妃殿下】皇族の妃を敬っていう語。

(類語)陛下・殿下

ひ-でんかいしつ【非電解質】溶液中でイオンに解離しない物質。蔗糖・ベンゼン・エーテルなど。

ひてん-しゅうさ【非点収差】レンズなどの光学系の収差の一。光軸から離れた一点からの光が、曲面で反射・屈折したあと一点に結像せず、間隔をおいた二つの直交する線分上に別々の像を結ぶ現象。

ひでんせんせい-かんせんしょう【非伝染性感染症】人から人へは伝染しない感染症。敗血症・破傷風・膀胱炎など。➡伝染性感染症

ひでんとうてき-きんゆうせいさく【非伝統的金融政策】中央銀行が、金融調節を行うために市中から買い入れる資産の範囲や規模を、従来以上に拡充させる政策。マネタリーベースを拡大して市中に潤沢な資金を供給する量的緩和、CPや社債などのリスク資産を従来の範囲を超えて購入する信用緩和などがある。金融危機によって金融市場の機能が低下し、短期金利の引き下げという伝統的な手法が有効でない場合に導入される。

ひと【一】❶ひとつ。いち。❷（名詞や動詞の連用形の上に付いて）㋐一つ、または1回の意を表す。「一包み」「一勝負」㋑不特定の一時期や大体の範囲などを表す。「一ころ」「一わたり」「一通り」㋒ちょっとしたものであることを表す。「一かど」「一くせ」㋓全体に及ぶさまを表す。全部。…中。「一皿たいらげる」「一夏を山荘で過ごす」㋔（「ひと…する」の形で）軽くある動作を行う、あることをひととおりする意を表す。「一眠りする」「一風呂浴びる」

ひと【人】㊀〔名〕❶動物分類学上は、霊長目ヒト科の哺乳類。直立二足歩行し、手で道具を使い、大脳はきわめて発達し、複雑な言語をもつ。多様な文化を伝承し、地球上で最も栄えた文明をつくり上げている。現生種は一種だけ。学名はホモ-サピエンス。人間。人類。❷個々の人間。ある特定の個人。「裕福な一」「大阪の一」「目上の一」「一は一代、名は末代」❸㋐その事をするのにふさわしい人材。有能な人材。「彼は教育界では得がたい一です」㋑ある仕事・職業などに従事する人材。「一を募集する」「一が不足している」❹成人に達した者。おとな。❺人柄。性質。「一が悪い」❻世間の人間。「一の目を気にする」「一に何といわれようと平気だ」❼自分と相手以外の人間。他人。「一の悪口をいう」「三時に一が来る」「迎えに一を遣る」❽話し手が自分を第三者のようにいう語。わたし。「一のことも少しは考えてくれよ」❾㋐妻が他者に対して、夫をいう語。「うちの一」㋑意中の相手。恋人。❿法律上、権利・義務の帰属主体である地位または資格。権利能力者。自然人と法人とがあり、狭義には自然人だけをさす。⓫人民。臣下。臣民。「君も一も身を合はせたりといふなるべし」〈古今・仮名序〉⓬身分。「一もいやしからぬ筋に」〈源・夕顔〉⓭人里。人気。「一に遠くて生ひ出でさせ給ふめれば」〈源・総角〉⓮従者。家来。供。「某も一を持ってござれども」〈虎明狂・二人大名〉㊁〔代〕二人称の人代名詞。あなた。「誠に、一は十三、我は十五より見そめ奉り」〈平家・七〉

(一句)馬方船頭お乳の人・駕籠に乗る人担ぐ人そのまた草鞋を作る人・眼中の人・地獄にも知る人・裁ち縫わぬ衣着る人・東西南北の人・十で神童十五で才子二十過ぎれば只の人・文は人なり・冥土にも知る人・立志伝中の人・我か人か

(類語)（❶）人間・人類・ホモサピエンス・人倫・万物の霊長・考える葦・米の虫／（❷）方・者・奴・人物・人士・仁／（❺）人柄・人物・人間・人となり／（❼）他人・他者

人有る中に人無し　人はたくさんいるが、真に役に立つ人物はなかなかいない。

人至って賢ければ友なし　《「孔子家語」入官から》あまり賢明であると、他人から敬遠されて孤立してしまう。水清ければ魚棲まず。

人衆ければ則ち狼を食らう　《「淮南子」説山訓から》人数が多ければ、人を襲う狼をも殺して食ってしまう。多数の力の恐るべきことのたとえ。

人衆ければ天に勝つ　《「史記」伍子胥伝から》人が多勢を頼んで勢いに乗っているときは、道理に背いても、一時的には天の理に勝つこともできる。

人が好・い　人柄がよい。気立てがよくて、他人の言いなりになりがちである。「一・いのでだまされやすい」

人が変わ・る　別人のようになる。性格や人格が変わる。「突然一・ったかのように怒り出す」

人必ず自ら侮りて然る後に人これを侮る　《「孟子」離婁上から》自分で自分を尊重せず、軽々しい言動をしたり、修養を怠ったりしていると、必ず人からも侮られるようになる。

人が悪・い　人が困るようなことをわざとする性質である。また、人柄がよくない。

人古今に通ぜざるは馬牛にして襟裾す　《韓愈「符読書城南」から》古今の道理を解さない無学な人は、馬や牛が衣服を着たようなもので、人としての価値がない。

人と入れ物は有り次第　人と器物とは、多ければ多いほど便利であるが、たとえ少なくても使い方しだいで用が足りる。

人と成・る　❶おとなになる。成人する。一人前の人間になる。「親にさんざん苦労をかけた末に一・る」❷人心地を取り戻す。気がつく。「やうやういき出でて一・り給へりけれど」〈源・夢浮橋〉

人と屏風は直ぐには立たず　屏風は折らなければ立たないように、人も道理に縛られず、適当に妥協しないと、世間を渡って行けない。

人にして恒無くんば以て巫医を作す可からず　《「論語」子路から》人間にとって最も大切な、いついかなる時も変わることのない良心を持たない者は、巫女や医者でも救うことができない。

人に善言を与うるは布帛よりも煖かなり　《「荀子」栄辱から》人をいたわり、ためになる言葉をかけてやることは、着る物を与えるよりもあたたかさを感じさせる。言葉の大切さを言った言葉。

人に事うるを知る者にして然る後に以て人を使うべし　《「孔子家語」曲礼子夏問から》他人に使われてみて、初めて人を使うことができる。他人に使われた経験のない者は、人を上手に使うことができない。

人には添うて見よ馬には乗って見よ　親しくつきあってみなければ、その人の本質はわからない。何事も実際に試してみなければ本当のことがわからない。

人に因りて事を成す　《「史記」平原君伝から》人の力に頼って事をする。独立心のなさをいう。

人の行く裏に道あり花の山　相場格言の一つ。利益を得るためには、他の市場参加者と逆の行動をとったり、注目を集めていないことに注目したりすべきという教訓のたとえ。

人の一生は重荷を負うて遠き道を行くが如し　《徳川家康の遺訓から》人生は長く、苦しいことが多いので、辛抱強く努力を重ねて進むべきである。

人の噂も七十五日　世間のうわさは長く続かず、しばらくすれば忘れられるものである。

人の車に乗る者は人の患えに載る　《「史記」淮陰侯伝から》他人から恩恵を受けた者は、その人の悩みを引き受けなければならなくなるというたとえ。

人の疝気を頭痛に病む　「隣の疝気を頭痛に病む」に同じ。

人の宝を数える　「隣の宝を数える」に同じ。

人の花は赤い　他人の物はなんでもよく見えるうらやましいものであるというたとえ。

人のふり見て我がふり直せ　他人の行いの善悪を見て、自分の行いを反省し、改めよ。

人の褌で相撲を取る　他人の物を利用して自分の役に立てる。

人の将に死なんとする其の言や善し　《「論語」泰伯から》人が死ぬ直前にいう言葉には、利害・かけひきがなく真実がこもっている。

人は一代名は末代　人の肉体は1代で滅びるが、その名はよいにつけ悪いにつけ後世まで残る。

人は落ち目が大事　❶落ちぶれたときこそ見捨てないで援助し、励ますべきである。❷落ちぶれたときこそ真価が問われるので、自重して言動に心を配る

べきである。

人は死して名を留(と)む　人は死後にもその偉業によって名を後世に残す。虎は死して皮を残す。

人は善悪の友による　人は、つきあう友だちしだいでよくも悪くもなる。

人は情け　人間は他人に対する思いやりが大切である。

人はパンのみにて生くる者に非(あら)ず　《新約聖書「マタイ伝」第4章から》人は物質的満足だけを目的として生きるものではない。

人は人我は我　他人がどうあろうと、また何を言おうと気にせず、自分の信じるところ欲するところに従って物事を行うべきである。

人は見かけによらぬもの　人の性質や能力は外見からだけでは判断できないものだということ。

人は見目(みめ)よりただ心　人は外見の美しさよりも心のよさのほうが大切である。

人木石(ぼくせき)にあらず　《白居易「李夫人」から》人は木や石とちがい、みな喜怒哀楽の情を持っている。

人増せば水増す　人の数が増えれば、経費もまた増すことのたとえ。

人もあろうに　《よりによって、わざわざ不適当な人を選んでしまったという意》ほかに適当な人もいるだろうに。

人我に辛ければ我また人に辛し　相手が自分に対してむごくすれば、自分も相手にむごくする。

人を愛し人を利する者は天必ず之(これ)に福(さいわい)す　《墨子「法儀」から》人を愛し、人のためになるようなことをする者は、天が必ず幸福を与える。

人を射んとせばまず馬を射よ　《杜甫「前出塞」から》敵を屈服させ、また人を意に従わせようとするには、周辺から攻め落とすのが早道である。将(しょう)を射んと欲すればまず馬を射よ。

人を怨(うら)むより身を怨め　《淮南子「繆称訓」から》相手の仕打ちをうらむよりも、自分の至らなかった点を反省せよ。

人を思うは身を思う　他人に情けをかければ、やがて報いられて自分のためになる。情けは人のためならず。

人を食・う　人を人とも思わない、ずうずうしい態度や言動をする。「何とも―・った話だ」

人を立・てる　❶人を使者や代理としてさし向ける。人を派遣する。「神社へ―・てて祈願する」❷交渉で、相手との間に代理人や仲介者を立ち入らせる。「―・てて縁談を進める」❸人を自分より上位に置いて尊重する。また、自分は退いて人の面目を立てる。「―・てて自分は縁の下の力持ちに徹する」

人を使うは苦(く)を使う　人を使えば楽なようであるが、何かと苦労が多いものである。

人をつけに・する　人をばかにする。人をだしに使う。「何の、―・する」〈総生寛・西洋道中膝栗毛〉

人を呪(のろ)わば穴(あな)二つ　他人を呪って殺そうとすれば、自分もその報いで殺されることになるので、墓穴が二つ必要になる。人を陥れようとすれば自分にも悪いことが起こるというたとえ。

人を人とも思わ・ない　他人を一人前の人間として扱わない。「―・ない思い上がった態度」

人を見たら泥棒(どろぼう)と思え　人を軽々しく信用してはいけないということ。

人を見て法を説け　相手の人柄や能力を見て、それにふさわしい助言をすべきである。人(にん)を見て法を説け。

人を以(も)って言(げん)を廃(はい)せず　《論語「衛霊公」から》つまらない人間の言ったことでも、聞くべきところがあればその言葉を無視することはない。

人を玩(もてあそ)べば徳を喪(うしな)い物を玩べば志(こころざし)を喪う　《書経「旅獒」から》人を侮ってもてあそべば、結局は自分の徳を失うことになり、物をもてあそび、物に執着しすぎると、人間にとっていちばん大切なはずの志まで見失ってしまうことになる。

人を済(すく)・す　衆生を済度する。仏の教えにより人を救う。「―・すことも侍らぬに」〈源・東屋〉

ひ-と【×匪徒】徒党を組んで略奪・暴行などをする悪者。匪賊。

ひ-と【費途】金銭の使いみち。使途。「租税の―」

ひ-ど【肥土】肥えた土地。肥沃な土地。沃土(よくど)。

ひ-ど【被度】植物群落で、ある種(しゅ)が地表面を覆っている度合い。

ひど〔接頭〕《「ひどう(非道)」の音変化》名詞に付いて、ひどい、無道な、などの意を表す。「―工面(くめん)」「―算段(さんだん)」

ひと-あい【人▽間】(あひ)　人づきあい。交際。「一、心様、優に情けありければ」〈平家・八〉

ひと-あか【人×垢】❶人の肌や衣類などについた垢。❷他人の垢。

人垢は身につかぬ　他人から奪い取った物は、一時は自分の物になっても長くは身につかない。

ひと-あきびと【人▽商人】「人買い」に同じ。「一の、人あまた具して下りける中に」〈沙石集・九〉

ひと-あし【一足】❶歩くときのひとまたぎ。一歩。「―踏み出す」❷わずかな距離。また、わずかな時間。「駅まではもう―だ」「―先に帰宅する」

ひと-あし【人足】❶人のゆきき。往来。「―がしげくなる」❷「人繞(ひとにょう)」に同じ。

ひと-あじ【一味】(あぢ)　ちょっとした味の加減。比喩的にも用いる。「―足りない汁物」「―違うドラマ」

ひと-あしらい【人あしらい】(あしらひ)　人のもてなし方。人との応対。「―が上手な人」

〖類語〗応接・応対・接待・接客・客あしらい・客扱い

ひと-あせ【一汗】ひとしきり汗をかくこと。また、ひと働きすること。「ジョギングで―かく」

ひと-あたり【一当(た)り】〔名〕(スル)　❶その人やその事柄に一度当たってみること。「引き受けてくれるかどうか―してみる」❷すべての相手や事柄にひととおり当たること。「全チームと―する」

ひと-あたり【人当(た)り】人と会った際などに、相手に与える感じや印象。「―が柔らかい」

〖類語〗当たり・人付き・取っつき

ひと-あて【一当て】〔名〕(スル)　❶一度当てること。「馬にむちを―する」❷投機・商売・賭(か)け事などでひともうけすること。「相場で―する」❸一度相手に事を仕掛けてためしてみること。「八郎においては義朝―あてん」〈保元・中〉

ひと-あと【人跡】人の通った足跡。じんせき。

ひと-あな【人穴】火山のふもとなどにある洞穴。溶岩の表面が固まり、内部の固まっていない部分が流出してできたもの。昔、人が住んだといい、富士山北西麓に「富士の人穴」がある。

ひと-あめ【一雨】❶ひとしきり降る雨。ひとしめり。「―欲しいところだ」❷雨が一度降ること。「―ごとに春めく」〖類語〗降雨・雨降り・雨脚

一雨ありそう　❶雨が降りだす気配がある。❷何か騒動が起こる予感がする。「―な部屋の空気」

ひと-あらため【人改め】❶関所や番所などで通る人を調べること。❷ ▶人別改(にんべつあらた)め

ひと-あれ【一荒れ】〔名〕(スル)　天候がひとしきり荒れること。転じて、人の機嫌が悪くなること。また、もめごとなどが起こること。「―しそうな空模様」「会議で―ありそうだ」

ひと-あわ【一泡】不意をつき、驚きあわてさせることのたとえ。

一泡吹か・せる　相手の不意をついたり、予想外のことをやってのけたりして、驚かせうろたえさせる。「新製品を開発して大手企業に―・せる」

ひと-あんしん【一安心】〔名〕(スル)　ひとまず安心すること。「無事との知らせに―する」

〖類語〗安堵(あんど)・安心・ほっとする

ひど・い【▽酷い｜非▽道い】〔形〕〔文〕ひど・し〔ク〕《名詞「非道(ひどう)」の形容詞化》❶残酷である。むごい。「―・い目にあう」「―・い人」❷度を超している。はなはだしい。「―・い寒さ」「―・い降りだ」❸程度が非常に悪い。「―・い出来ぐあい」「―・い点をとる」➡凄(すご)い〖用法〗〖派生〗ひどさ〔名〕

〖類語〗激しい・すごい・きつい・厳しい・非常・大変・大層・異常・極度・桁(けた)外れ・桁違い・並み外れ・格段・著しい・甚だしい・ものすごい・計り知れない・恐ろしい・えらい・途方もない・途轍(とてつ)もない・この上ない・筆舌(ひつぜつ)に尽くしがたい・言語に絶する・並並(なみなみ)ならぬ

ひと-いき【一息】❶一度息をつくこと。一呼吸。また、ひとやすみ。「―入れる」「これで―つける」❷一呼吸するだけの短い間。一気。「ぐっと―で飲み干す」❸仕事などを休まずにやってしまうこと。「―に書きあげる」❹すこしの努力。ひとがんばり。「もう―で頂上だ」〖類語〗一気・一挙

ひと-いきれ【人▽熱れ｜人×熅れ】人が多く集まって、体熱やにおいでむんむんすること。「車内は―でむっとしている」

ひと-いくさ【一戦｜一▽軍】1回の戦闘。いっせん。

ひと-いちばい【人一倍】普通の人以上であること。副詞的にも用いる。「寒さには―強い」

〖類語〗一層・更に・もっと・ますます・いよいよ・より・ずっと・なお・なおさら・一段と・余計・弥(いや)が上に

ひと-いれ【人入れ】雇い人の周旋をすること。また、それを業とする人。「―稼業」

ひといれ-やど【人入れ宿】雇い人の周旋を業とする家。桂庵(けいあん)。

ひと-いろ【一色】❶一種類の色。いっしょく。❷一つだけの種類。一種類。

ひと-インスリン【人インスリン】《human insulin》遺伝子工学により大腸菌で合成される人間のインスリン。糖尿病の治療に使用される。〖補説〗ふつう「ヒトインスリン」と書く。

ひ-とう【比島】(タウ)　フィリピン諸島のこと。

ひ-とう【飛騰】〔名〕(スル)　高くあがること。「熱泉を噴出し、硫気(りゅうき)―して煙霧をなす」〈鉄腸・雪中梅〉

ひ-とう【秘湯】(タウ)　辺鄙な場所にあって、人に知られていない温泉。〖類語〗出(い)で湯・鉱泉・冷泉・間欠泉

ひ-とう【悲悼】(タウ)〔名〕(スル)　悲しみいたむこと。「先見の明なきを―するに」〈井上勤訳・狐の裁判〉

ひ-どう【非道】(ダウ)〔名・形動〕❶人としてのあり方や生き方にはずれていること。また、そのさま。「―な仕打ち」「極悪―」❷専門外のこと。「この道に至らんと思はん者は、―を行ずべからず」〈花伝・序〉

〖類語〗無道・横道・没義道(もぎどう)・無法・不法・不義・邪(じゃ)道

ひ-どう【飛動】〔名〕(スル)　飛び動くこと。勢いよく活動すること。躍動。「一字一画に満腔の精神が―して居る」〈漱石・野分〉

ひ-どう【悲×慟】悲しみなげいて大声で泣くこと。

び-とう【尾灯】自動車・電車などの後部につける標識用の赤い灯火。テールライト。テールランプ。

び-とう【尾筒】鳥の尾羽の付け根を覆う羽毛。背側を上尾筒、腹側を下尾筒という。

び-とう【眉刀】(タウ)　長刀(なぎなた)のこと。眉尖刀(びせんとう)。

び-とう【微騰】〔名〕(スル)　物価や相場などが、わずかに上がること。⇔微落。

び-どう【美童】容姿の美しい少年。美少年。また、美しい若衆。〖類語〗美少年・美男・美男子・美丈夫・二枚目・ハンサム

び-どう【美道】(ダウ)　男色。衆道。「―の語らひ浅からぬ仲」〈浮・男色大鑑・三〉

び-どう【微動】〔名〕(スル)　かすかに動くこと。「―だにしない」「女は白い手拭の端を―させては」〈長塚・土〉

〖類語〗動く・振れる・揺れる・揺らぐ・振動する・上下する・ぐらつく

ひどうきてんそう-モード【非同期転送モード】《asynchronous transfer mode》データ通信の方式の一。データを「セル」という53バイトの固定長の単位に分割し、転送するべきデータがある時にのみ、不定期に送受信を行う。ATM。

ひ-どうぐ【火道具】(ダウグ)　❶鉄砲など、火を発する道具。火器。❷香道の七つ道具で、火箸(ひばし)・鋏(はさみ)・香箸(きょうじ)・灰押さえ・香匙(こうさじ)・鶯(うぐいす)・羽箒(はぼうき)の総称。

ひと-うけ【人受け】他人にもたれる好悪の印象や評判。他人の気受け。「―のいい人」

〖類語〗世評・評価・人気(にんき)・人気(じんき)・受け・聞こえ・名(な)・

声聞・声価・声名・名声・盛名・信・信頼・信任・信望・人望・定評・覚え・名望・声望・徳望

ひと-うけ【人請け】江戸時代、奉公人などの身元保証をすること。また、その保証人。

ひとうけ-しょうもん【人請け証文】奉公人などの身元を引き受ける証文。身元引受証。

ひと-うち【一打ち】❶一度打つこと。❷一撃で打ち倒すこと。「敵を一にする」

ひと-うと・し【人疎し】〘形ク〙人に親しまない。「この姫君は、かく一・き御癖なれば」〈源・蓬生〉

びとう-にしゅう【尾藤二洲】［1747～1813］江戸後期の儒学者。伊予の人。名は孝肇。字は志尹。古文辞学・朱子学を学び、寛政異学の禁に参画。昌平坂学問所教官。寛政の三助の一人。著「素餐録」「正学指掌」など。

ひどうめい-しゅぎ【非同盟主義】対立する大国や陣営のいずれにも組せず、中立の立場で積極的な平和維持をはかろうとする主義。反帝国主義・反植民地主義をも内包し、第二次大戦後、ネルー・ナセル・チトー・スカルノらの外交政策の基調となり、1961年には非同盟諸国会議が開かれた。

ひどうめい-しょこく【非同盟諸国】非同盟主義の立場をとる国々。

ひと-うり【人売り】人を売ること。また、それを商売とする人。ひとあきない。

ひと-え【一重｜▽単】❶そのものだけであること。重ならないであること。「唐紙一を隔てた隣室」「紙一」❷花びらが重なっていないこと。単弁。「一の椿」❸「単物」に同じ。「一の着物」〔季 夏〕「松籟に一の衿をかき合はす／みどり女」⇔袷。❹「単衣」の略。

ひとえ-うめ【一重梅】❶花が単弁の梅。❷襲の色目の名。表は白、裏は紅。雪の下紅梅。

ひとえ-おび【▽単帯｜一重帯】裏をつけない帯。主に女帯で夏季用。太糸で地厚に堅く織り上げた博多織・つづれ織りなどを用いる。〔季 夏〕「たてとほす男嫌ひの一／久女」

ひとえ-がさね【▽単▽襲】裏をつけずに、袖口・裾などの縁を撚って仕立てた単衣を数枚重ねること。女性が夏季に用いた。

ひとえ-ぎぬ【▽単▽衣】公家男女の装束の下に肌着として用いた裏のない衣。平安末期に小袖肌着を着用するようになると、その上に重ねて着た。地質は主に綾や平絹で、綾の文様は菱、色は紅・白・青など。

ひとえ-ぐさ【一重草】ヒトエグサ科の緑藻。浅い海岸の岩上に生え、全体に黄緑色で薄く、ほぼ円形をし、縁は波打つ。汁の実や佃煮にする。ひとえあおさ。

ひとえ-ごころ【▽偏心】ひとすじに思いこむ心。いちずな心。「手弱女の今日脱ぎかふる衣手の一は我が身なりけり」〈新撰六帖・一〉

ひとえ-ざくら【一重桜】花が単弁の桜。

ひとえ-に【▽偏に】〘副〙《名詞「一重」＋格助詞「に」から》❶ただそのことだけをするさま。いちずに。ひたすら。「御贔屓のほどを一お願い申し上げます」❷原因・理由・条件などが、それに尽きるさま。もっぱら。「成功は一君の尽力による」
〔類語〕専ら・一に・唯・主として・主に

ひとえ-ばおり【▽単羽織】裏をつけない夏用の羽織。〔季 夏〕「身にからむ一も浮世かな／其角」

ひとえ-ばかま【▽単×袴】裏をつけない袴。

ひとえ-まぶた【一重×瞼】上まぶたに横ひだがない、一重のまぶた。

ひとえ-もの【▽単物】❶裏をつけずに仕立てた和服類の総称。特に、裏をつけない長着。初夏から初秋にかけて着る。〔季 夏〕「地下鉄の青きシートや一／汀女」❷室町時代、素襖の直垂をいった語。

ひと-えり【人▽選り】〘名〙スル 人をえらぶこと。ひとえらび。「かやうに訪れ聞こえむ人をば、一して」〈源・胡蝶〉

ピトー-かん【ピトー管】流速計の一種。流れの総圧を計るための先端に穴をあけた管と、静圧を計るための側面に穴をあけた管とを用い、総圧と静圧の差から動圧を測定して流速を知る。フランスの物理学者ピトー(Henri Pitot)が1728年に考案。

ひと-おき【人置き】江戸時代、雇い人の周旋屋。求職者を一時宿泊させたり、保証人や仮親などを引き受けたりした。人宿。

ひと-おくめん【人臆面】人見知り。人おじ。「つっと一をなさるるほどに」〈鷺流狂・米市〉

ひと-おさ【人▽長】▶にんじょう(人長)

ひと-おじ【人▽怖じ】〘名〙スル 知らない人の前に出ておじけづくこと。「一して泣く子」〔類語〕物おじ

ひと-おと【人音】人がいる気配の物音。また、人の来る音。

ひと-おに【人鬼】鬼のように無慈悲で残忍な人。「出いし都会に一はなくとも」〈一葉・やみ夜〉

ヒトーパデーシャ〘梵 Hitopadeśa〙《有益な教訓の意》古代インドの説話集「パンチャタントラ」の異本の一。10世紀ごろ、ナーラーヤナ編。原本の5編を4編に改編し、独自の説話も追加されている。

ひと-おもい【一思い】たった一度の苦しい思い。「刃で死ぬるは一」〈浄・天の網島〉

ひとおもい-に【一思いに】〘副〙あれこれ迷わず、一気にそうするさま。思い切って。「いっそ一別れてくれ」

ひと-おれ【一折れ】舞や曲のひと区切り。ひとさし。ひとふし。「袖かへす所を、一、気色ばかり舞ひ給へるに」〈源・花宴〉

ひと-か【人香】人の移り香。人のにおい。「騒めく物音と共に若い一が立上った」〈森田草平・煤煙〉

ひと-かい【人買い】女・子供をだまして連れ去ったり買い取ったりして他に売り渡す者。

ひと-がい【人▽甲×斐】人としての生きがい。人間らしいしるし。「一もなき今の身を語れば主従と知らるることぞ悲しき」〈謡・烏帽子折〉

ひとかい-ぶね【人買い船】人買いが買った人を運ぶ船。

ひと-がえし【人返し】❶領民の他領への移住を防ぐため、勝手に移住した者を領主間の交渉により召還したこと。❷江戸時代、江戸・大坂・京都などの大都市に集中した人々を帰郷させたこと。特に、寛政の改革・天保の改革では、江戸の人口過剰、農村の荒廃を打開する目的で行われた。旧里帰農。

ひと-かえり【一返り】〘副〙❶一とおり。一度。「いま一承りとどめてこそ」〈浜松・三〉❷ひときわ。いっそう。「今一悲しさの数そふ心地し給ひて」〈狭衣・四〉

ひと-かかえ【一抱え】両腕で抱えるほどの量、または太さや大きさ。「一の薪」「一もある幹」

ひと-がき【人垣】❶多くの人が垣のように立ち並ぶこと。「沿道に歓迎の一ができる」「一をかきわけて前へ出る」❷上代、貴人の陵墓に多くの人を垣のように並べたこと。生き埋めにして殉死させた。「此の王の時始めて陵に一を立てき」〈記・中〉
〔類語〕人だかり・人波・群集・群衆・黒山・行列・野次馬・烏合・雲霞

ひと-かげ【人影】❶物に映った人の影。「川面に映る一」❷人の姿。「一もまばらな裏通り」

ひと-かさ【一×嵩】物事の程度の一つの段階。多く副詞的に用いる。ひときわ。「先の男に一まして、仁王を作り損じたる如くなる武者の」〈太平記・一七〉

ひと-がしら【人頭】❶漢字の頭の一。「今」「会」などの「𠆢」の称。❷されこうべ。髑髏。「人畜に履まるる一を救ひ収められ」〈霊異記・上〉

ひと-かず【人数】❶人のかず。にんずう。❷一人前の人として数えられること。「一に入らない」

ひと-かすみ【一▽霞】㊀〘名〙ひとすじの霞。また、一面の霞。「明石潟おき行く舟もかつ消えて一なる波の上かな」〈夫木・二〉㊁〘副〙❶程度が深まるさま。ひとしお。「今一心細うあはれにて」〈増鏡・久米のさら山〉❷見渡す限りに広いさま。「あの樋の口から向かうの松まで一譲りし上田」〈浄・振袖始〉

ひと-かせぎ【一稼ぎ】〘名〙スル 短期間にまとまった金額を稼ぐこと。「バイトで一する」
〔類語〕一儲け・荒稼ぎ

ひと-かた【一方】㊀〘名〙❶「一人」を敬っていう語。「もうお一お乗りになれます」❷いっぽうの人。片方。「今一の御心乱れまさるに」〈浜松・二〉㊁〘形動〙〔文〕〔ナリ〕❶程度が普通であるさま。一とおり。多くあとに、打消しの表現を伴う。「悲しみようは一ではない」❷一つの方向にかたよるさま。一方的。「一に思ひとりにし心にはなほそむかるる身をいかにせむ」〈新古今・雑下〉〔補説〕人数を表す場合は「お」を付けて使う。また、この言い方ができるのは「お一方」「お二方」「お三方」のみで、四人以上には使わない。

一方ならず　普通の程度でない。ひととおりでない。「一ず喜ぶ」「一ぬお世話になった」

ひと-かた【一肩】❶駕籠などの一方を担ぐこと。❷負担の一部を受け持つこと。

一肩入れる　「一肩脱ぐ」に同じ。「恥を忍んで泣き付いて行ったら、随分一・れて、原稿を何処かの本屋へ嫁かけて」〈二葉亭・平凡〉

一肩担ぐ　物事をするための負担の一部を受け持つ。「赤坂で披露目をした時も一・ぎ、着物の面倒も見てくれた」〈秋声・縮図〉

一肩脱ぐ　他人に力を貸す。助力する。一肌脱ぐ。一肩入れる。「武男君、如何だ、一・いで見ちゃア」〈蘆花・不如帰〉

ひと-がた【人形】《「ひとかた」とも》❶人の形。❷「形代❶」に同じ。❸人の姿をかたどったもの。にんぎょう。「かの山里のわたりに、わざと寺などはなくとも、昔覚ゆる一をも作り」〈源・宿木〉❹人相。人相書き。「権八が一を返せ戻せとおっしゃるは」〈伎・吾嬬鑑〉

ひと-かたけ【一片▽食】1回の食事。ひとかたき。

ひとかた-ひとかた【一方一方】一人一人。それぞれ。「一につけて、いとうたてある事は出で来なむ」〈源・浮舟〉

ひと-かたまり【一塊】1個のかたまり。また、寄り集まって一つにまとまっている状態や、そういうもの。「一になって走る」

ひと-がち【人勝ち】〘形動ナリ〙人が多くいるさま。「いと思はずに一にむつかし」〈狭衣・二〉

ひとかっぷ-わん【単冠湾】南千島、択捉島中部の太平洋側にある湾。第二次大戦中、真珠湾攻撃の日本艦隊の集結地。

ひと-かど【一角｜一▽廉】㊀〘名〙❶ひときわすぐれていること。いっかど。「一の人物」❷それ相応であること。一人前であること。「一の理屈を並べ立てる」❸一つの事柄。一つの方面。「詳慎精密にこの一を究察し」〈中村訳・西国立志編〉㊁〘副〙相当に。いっぱし。「君は一悪者がっているが」〈志賀・暗夜行路〉〔類語〕一丁前

ひと-かまえ【一構え】❶独立して建っている1軒の家。「高級住宅地の一」❷一つの群れ。ひとかたまり。「一の森のうちに、きれいなる殿造りありて」〈浮・五人女・五〉

ひと-がまし・い【人がましい】〘形〙〔文〕ひとがま・し〔シク〕❶一人前に見えるさま。人並みらしい。「斯様なものさえ一・くそのようにお話して下さいますのが」〈木下尚江・良人の自白〉❷相当の人物らしく見えるさま。「次々の人の子も一・しかりぬべき子をこそ」〈愚管抄・七〉

ひと-がら【人柄】〘名・形動〙❶その人に備わっている性質や品格。「一がいい」「りっぱな一」❷性質がよいこと。品格がすぐれていること。また、そのさま。「あのお嬢さん中々一な美しい方じゃないか」〈野上・真知子〉〔類語〕人物・人間・人・人となり・人格・性格・性質・性向・性情・気質・質・性・性分・気性・気立て・心柄・心根・心性・品性・資性・資質・個性・キャラクター・パーソナリティー

ひと-からげ【一▽絡げ】一つの束にまとめてしばること。また、その束。「一に論じる」「十把一」

ひと-かわ【一皮】❶1枚の皮。皮1枚。❷本質・素質を覆い包むもの。物事のうわべの姿など。「一むけば、金の亡者だ」

一皮剝ける　技術・容姿などが、洗練されて以前よりもよくなる。「一・けた演技」

ひとかわ-め【一皮目】「一重瞼」に同じ。

ひと-き【▽棺｜人▽城】《後世「ひとぎ」とも》「ひつぎ」に

同じ。「—に伏して薨りましぬ」〈仁徳紀〉

ひと-ぎき【人聞き】他人が聞くこと。他人が聞いていだく感じ。世間の聞こえ。外聞。「—が悪い」
類語 聞こえ・外聞・声聞・評判

ひと-きざみ【一刻み】❶一回きざむこと。❷一階級。「いま—の位をだにと贈らせ給ふなりけり」〈源・桐壺〉❸第一級。第一位。「御前の御遊びなどに、—に選ばるる人々」〈源・若菜下〉

ひと-きょう【一京】都全体。都じゅう。「—まかりありきしかども、侍らざりしに」〈大鏡・道長下〉

ひと-ぎらい【人嫌い】人とのつきあいを嫌うこと。また、そういう性格や、その人。人間嫌い。

ひと-きり【一切り】❶一つの区切り。一段落。ひとくぎり。「仕事が—つく」❷ひところ。一時。「—はやった遊び」❸芝居・見世物などの一幕。「十六文出して、芝居の夢—は高いもの」〈黄・見徳一炊夢〉

ひと-きり【人斬り|人切り】❶人を斬り殺すこと。❷死罪の者を斬ることを職とする者。くびきり。

ひときり-ぼうちょう【人斬(り)包丁】武士の刀をあざけっていう語。

ひと-きれ【一切れ】小さく切ったものの一つの切れはし。一片。「—のパン」

ひと-ぎれ【人切れ】《人の切れはしの意。「ひときれ」とも》人と称しうるもの。また、人の気配。ひとけ。「いづかたの道場にも—なく」〈浮・胸算用・五〉

ひと-きわ【一際】㊀〔副〕❶他と比べて特に目立っているさま。一段と。「—高くそびえる山」「—声が大きい」❷区別せず、ひとまとめに扱うさま。「世の中はいと常なきものを—に思ひ定めて」〈源・若菜下〉㊁〔名〕❶身分や地位などの一つの段階。「身の数ならぬ—に」〈源・若菜下〉❷あるとき。一時。「(雷ハ)—はいと高くなれど、後遂げのなきなり」〈大鏡・道長上〉

ひ-とく【秘匿】〔名〕スル 秘密にして隠しておくこと。「情報源を—する」類語 隠匿・隠蔽・隠し立て

ひ-とく【×菲徳】徳が薄いこと。また、自分の徳をへりくだっていう語。寡徳。「是余が—の致す所」〈染崎延房・近世紀聞〉

ひとく〔副〕ウグイスの鳴き声を表す語。「人来」に掛けて用いられる。「この時過ぎたる鶯の…——とのみ、いち早くいふにぞ」〈かげろふ・中〉

ひ-どく【披読】〔名〕スル 書籍などを開いて読むこと。

び-とく【美徳】美しい徳。道にかなった行い。「謙譲の—」⇔悪徳。類語 美挙・美行・美風

ひと-くい【人食い|人×喰い】❶人間が人間の肉を食うこと。また、その風習。食人。カニバリズム。❷動物が人間に食いつくこと。人間を襲ってえじきとすること。また、その動物。「—鮫」「身どもが—の犬をもったが、やらずすごさず人をくふ」〈虎明狂・犬山伏〉

ひとくい-うま【人食ひ馬】人に食いつくくせのある馬。転じて、その馬のような乱暴者。「乗らず乗らせぬ—、あひ口挨拶没義道なり」〈浄・大塔宮〉

ひとくい-じんしゅ【人食い人種】人間の肉を食う風習をもつ人種。食人種。

ひと-くくり【一▽括り】一つにまとめてくくること。また、そのもの。いっかつ。

ひと-くさ【一▽種】一種類。ひといろ。「ただ荷葉を—合はせ給へり」〈源・梅枝〉

ひと-くさ【人草】一般の人々。人民。たみくさ。あおひとぐさ。「汝の国の—」〈記・上〉

ひと-くさ・い【人臭い】〔形〕文ひとくさ・し〔ク〕❶人間のにおいがする。人のいる気配がする。「むうっと—・いにおいが鼻を打った」〈水上・大阪の宿〉❷人間らしい。「人を—・いとも思わぬような、自暴自棄な気性」〈近松秋江・別れたる妻に送る手紙〉

ひと-くさり【一×齣|一×闋】謡い物・語り物などの一段落。転じて、ある話題についてひとしきり話すこと。「さわりを—語る」「小言を—聞かされる」

ひと-くず【人×屑】人間の屑。取るに足りない人間。「かかる—ならば、中々親のため子なきにはしかじ」〈仮・東海道名所記・六〉

ひと-くずれ【人崩れ】多人数が退散しようとして、混雑すること。「—がして、行きあたりまはって歩かれぬぞ」〈虎清狂・猿座頭〉

ひと-くせ【一癖】❶一つの癖。ちょっとした癖。❷普通の人とはどこか違っていて扱いにくい性格。「—ありげな人物」

一癖も二癖もある 普通の人と大いに異なっていて、気を抜けない感じを強く抱かせる。

ひとくせい-エックスせん【非特性X線】▶連続X線

ひと-くだり【一▽行】文章の1行。また、文章・話の中の一部分。

ひと-くち【一口】❶飲食物を1回口に入れること。また、その量。「—で食べてしまう」「—お召し上がりください」❷まとめて手短に言うこと。「—で言えばこうなる」❸少し物を言うこと。一言。「一口を挟む」❹株・寄付などの一単位。「一五千円の寄付」❺多人数で組んでする仕事などの、一人分の割当て。「—乗る」

一口乗・る 多人数でするもうけ口や仕事の仲間にはいる。「私もその話に—・ろう」

ひと-ぐち【人口】人のうわさ。世間の評判。じんこう。「めでたき歌とて、世の—にのりて申すめるは」〈宇治拾遺・一〉

ひとくち-あきない【一口商ひ】一言で取引を成立させる商い。転じて、一言で諾否を決定させること。「頼まれうか頼まれぬか—、いやといはば即座の敵」〈浄・国性爺〉

ひとくち-ばなし【一口話|一口×噺|一口×咄】ちょっとした短い話。ごく短くておもしろい話。小話。
類語 笑い話・落とし話・小話・落語・お笑い

ひとくち-もの【一口物】一口に食べられる程度の食物。つまみ。「旦那のお好きな—を」〈人・娘節用・後〉

一口物に頰を焼く わずかな食物を食べて口の中をやけどする。ちょっとしたことに手を出して、思いがけない失敗をすることのたとえ。

ひとく-どり【人来鳥】ウグイスの別名。

ひと-くに【人国|▽他国】❶都以外の地方。他国。「—は住み悪しとそいふ速けくはや帰りませ恋ひ死なぬとに」〈万・三七四八〉❷外国。異邦。「黄金は—より献ることは有れども」〈続紀宣命・詔一二〉

ひと-くふう【一工夫】〔名〕スル ちょっとした工夫をすること。「商品化にはもう—する必要がある」

ひど-くめん【▽酷工面】〔名〕スル 無理をして金品の都合をつけること。ひどさんだん。「清算することが出来ず、身の皮を剝ぎ—しても」〈秋声・縮図〉

ひと-ぐり【人繰り】❶限られた人員をやりくりして必要な箇所に配置すること。また、その仕事。「機長の急病で—がつかない」❷人の手で、繭や綿花から糸を引き出す作業。「—器械製糸」

ひと-くるめ【一▽括め】一つにまとめること。ひとまとめ。ひとくくり。「軍兵をもって押しよせ、帝も后も—」〈浄・国性爺〉

ひと-くろう【一苦労】〔名〕スル ひとしきりかなりの苦労をすること。「説得するのに—する」
類語 苦労・骨折り・労う・労苦・苦心・腐心・辛苦・辛労・心労・煩労・艱苦・艱難・苦難・辛酸

ひと-け【人気】《「ひとげ」とも》❶人のいるようす。人の気配。ひとっけ。「—のない場所」❷人間らしいこと。人並み。「我をば—なしと思ひ、離れたるとな」〈源・紅梅〉

ピトケアン-しょとう【ピトケアン諸島】《Pitcairn》南太平洋東部にあるイギリスの海外領土。最も近い他の有人島と300キロメートル、ニュージーランドとは4000キロメートル離れた孤島。18世紀に英海軍艦「バウンティ号」で反乱を起こした乗組員らがたどり着き定住し始めた。人口48人(2010)と極めて少なく、自給的な農漁業で生活している。

ひ-どけい【日時-計】時刻の目盛りをつけた平板上に指針を固定し、太陽の光を受けてできる指針の影の位置によって時刻を知るもの。

ひ-どけい【火時-計】線香・火縄などを燃やし、その燃えた量により時間をはかるもの。

ひと-げしき【人気色】人のいるけはい。人の来るようす。「今宵は—見侍りなば」〈源・浮舟〉

ひと-けた【一桁】❶数を十進法で表したときの桁一つ。「値段を—見まちがえる」❷一の位の数。「昭和—生まれの人」

ひとげ-な・し【人気無し】〔形ク〕人並みでない。まともな人間らしくない。「いとど—・く人にも侮られ給ふ」〈源・東屋〉

ひと-ゲノム【人ゲノム】《human genome》人間(ヒト)のもつすべての遺伝子の情報。約30億個のDNA(デオキシリボ核酸)の塩基配列に情報として記録されている。ヒトゲノム計画によって2003年4月に解読が完了し、ヒトゲノム全体に含まれる遺伝子数は約2万から3万個であると推定された。補説 ふつう「ヒトゲノム」と書く。

ひとゲノム-けいかく【ヒトゲノム計画】ヒトゲノムを解読・研究するための国際的計画。人間(ヒト)のDNA(デオキシリボ核酸)の塩基配列を解析し、個々の遺伝情報が組み込まれている場所を解明することにより、遺伝子地図を作成する。米国などで国家プロジェクトが組まれたほか、HUGO(ヒトゲノム国際機構)などの国際組織が発足した。2003年4月に解読完了。今後は、作成した地図をもとに、病気に関する遺伝子情報を医療に生かすことなどが期待されている。

ひとゲノム-こくさいきこう【ヒトゲノム国際機構】国際ヒトゲノム計画に携わる研究者で構成される国際組織。50か国以上、1000人以上の研究者が参加。ヒトゲノム解読後も、ヒトゲノムの地図作成やヒトゲノム解読の持つ倫理社会的問題などに対応している。米国、ヨーロッパ、アジア太平洋に地域オフィスを持つ。1989年設立。ヒトゲノム解析機構。HUGO(Human Genome Organisation)。

ひ-どこ【火床】❶ボイラーの燃料をたく所。格子状で、燃え殻を下に落とす。❷箱の中に土を塗り固めて作った火入れ。

ひと-こいし・い【人恋しい】〔形〕文ひとこひ・し〔シク〕人に会いたい、人と話がしたいという気持ちである。「山奥に住んでいると—・くなる」

ひと-こえ【一声】❶一度出す声や鳴き声。「鶴の—」❷短い言葉を発すること。ちょっと言うこと。「隣に—かけて出掛ける」「大臣の—で決まる」

ひと-ごえ【人声】人が話をする声。「どこかで—がする」

ひと-こきゅう【一呼吸】少しだけ間をとること。また、その間。「あわてず、—おいて話し始める」

ひと-ごこち【人心地】❶生きた心地。また、ほっと、くつろいだ感じ。「恐ろしくて—もなかった」❷人間としての平常の感覚や意識。ひとごころ。「少し—もせば院に参らせむと」〈宇津保・国譲下〉
類語 正体・正気・意識・人心

人心地が付・く 緊張から解放されて、ほっとした気持ちになる。「風呂につかって、やっと—・いた」

ひと-ごころ【人心】❶人間の気持ち。また、人としての情愛の心。「思えば無情の—かな」〈樗牛・滝口入道〉❷「人心地❷」に同じ。「聖は—もなくて、二日三日ばかりありて死にけり」〈宇治拾遺・一三〉

ひと-こし【一腰】一ふりの腰の刀。腰の物。「男の—取られうより、死んだがましよ」〈虎清狂・禁野〉

ひとこし-ちりめん【一越▽縮×緬】《「越」は横糸の数を表す単位》横糸に右撚り糸と左撚り糸を1本ずつ交互に織り込んだ縮緬。しぼが細かい。

ひと-こと【一言】❶一つの言葉。一語。「—のあいさつもない」❷ちょっとした言葉。短い言葉。「とても—では言い尽くせない」類語 いちげん・いちごん

一言多・い 言わなくてもいいことを付け加えて言うさま。「何につけても—・い」

ひと-ごと【人▽毎】どの人もみな。各人。めいめい。「—に好みが違う」

ひと-ごと【人言|他=人言】❶他人のいう言葉。「—の頼みがたさはなにはなる蘆の裏葉のうらみつべしな」〈後撰・恋五〉❷人のうわさ。世間の評判。「この世には—繁し来む世にも逢はむ我が背子今ならずとも」〈万・五四一〉

ひと-ごと【人事┊他=人事】自分には関係のないこと。他人に関すること。よそごと。「境遇が似ていて、とても一とは思えない」補説本来「他人事」と書いて「たにんごと」とは読まなかった。
類語他人事・余所事・他事
人事言わば筵敷け　うわさをすればその当人が現れるものであるから、その席を用意しておくくらいの気持ちでうわさをするがよいということ。
人事でな・い　他人事だとのんきに思ってはいられない。やがて自分の上にもふりかかってくるかもしれない。「一・い老年問題」

ひとことぬし-の-かみ【一言主神】大和の葛城山の神。悪い事も善い事も一言で言い放つ託宣神とされる。奈良県御所市にある一言主神社に祭られている。葛城神。

ひと-ごのかみ【首=長┊魁=帥】上代、一群の人の長。首領。「自ら一となりて、穴を掘り堡を造りて常に住めり」〈常陸風土記〉

ひとこぶ-らくだ【▽単▽峰×駱×駝】ラクダの一種。体高約2メートル、背の中央にこぶが一つ隆起する。アラビア半島を中心にインド西部からアフリカ北部にかけて家畜として使役される。野生のものは絶滅。

ひと-こま【一×齣】❶演劇・映画などの一場面。❷ひと続きの事柄の中の一場面。「日常生活の一」「青春の一」❸フィルム・漫画などの一区切り。「一漫画」❹大学などの時間割の一区切り。一時限。

ひと-ごみ【人込み┊人混み】たくさんの人がいて込み合っていること。また、その場所。雑踏。「一にまぎれる」「一を避ける」類語混雑・雑踏・ラッシュ

ひと-ころ【一頃】以前のある時期。一時。「一のような勢いはない」「一はやった曲」

ひと-ころ・う【×僭ふ】〔動ハ四〕《「ひと」は人、「ころふ」は如しの意か。後世「ひとごろふ」「ひとごろぶ」とも》みずからを君主になぞらえる。分限を超えて君主のように振る舞う。「蘇我入鹿…独り一・ひ立たむことを謨る」〈皇極紀〉

ひと-ごろし【人殺し】❶人を殺すこと。殺人。また、人を殺した者。殺人者。❷(人を悩殺するの意から)美人のこと。「ここでの一小金といふ約束して」〈浮・一代男・三〉類語殺人・殺し・殺害

ひと-さかり【一盛り】❶一時期盛んであること。「一を過ぎた花」❷若さの盛んな一時期。「なにさ、一はお道楽でございますのさ」〈滑・浮世風呂・二〉

ひと-さし【一差(し)┊一指(し)】将棋・舞などの一回。一番。「一舞う」

ひと-さし【人差(し)┊人指(し)】「人差し指」の略。「一と、中指と、一寸の間を」〈鏡花・歌行灯〉

ひとさじ-めし【一×匙飯】飯椀にしゃもじ一すくいだけでよそった飯。継母または継子に通じるといって、これを食べることを忌む。

ひとさし-ゆび【人差(し)指】《人をさし示す指の意》手の親指と中指との間の指。食指。類語親指・中指・薬指・小指・拇指・食指・高高指・紅差し指

ひと-ざと【人里】村落など、人の集まり住んでいる所。「一離れた山奥」類語里・村里・山里

ひと-さま【人様】他人を敬っていう語。「一に迷惑をかける」類語他人・他者・人

ひと-ざま【人様┊人▽状】その人の人柄・品位。人品。「品も高く一もよかりければ」〈今昔・一一・六〉

ひと-さらい【人×攫い┊人×掠い】女性や子供をだまし、無理やり連れ去ること。また、その者。
類語誘拐・かどわかし

ひと-さわがせ【人騒がせ】〔名・形動〕ちゃんとした理由もないのに、人を騒がせ、迷惑をかけること。また、そのさま。「とんだ一な話だ」

ひと-しあん【一思案】〔名〕スル　ちょっとの間考えをめぐらすこと。一考。「一して答えを出す」

ひとし・い【等しい┊▽均しい┊▽斉しい】〔形〕図ひと・し〔シク〕❶二つ以上の物事の間で、その数量・程度・形状などに相違がない。同じである。「二辺の長さが一・い」「三人に一・く分ける」❷二つ以上の物事の間に、性質・状況の上で同一性がある。よく似ている。「薬効が無いに一・い」「詐欺に一・い行為」❸(「ひとしく」の形で)大勢が同じ行動をするさま。一斉に。こぞって。「皆一・く非難する」❹(「…とひとしく」の形で)時間的に同じであるさま。と同時に。…するやいなや。「此の言葉を聞くと一・く、…身体がぐたりとなった」〈漱石・坑夫〉➡同じ用法　派生ひとしさ〔名〕
類語(❶)同じ・同一・等価・同等・均等・等し並み・一律・一様・イコール（力量が）互角・五分/(❷)同然・同断・同様・一緒/(❸)共に・一斉に・同時に

ひと-しお【一▽入】《❷が原義》❶ほかの場合より程度が一段と増すこと。多く副詞的に用いる。いっそう。ひときわ。「苦戦の末の優勝だけに喜びも一だ」「懐しさが一つのる」❷染め物を染め汁の中に1回つけること。「一再入の紅よりもなほ深し」〈太平記・三六〉

ひと-しお【一塩】魚や野菜に軽く塩を振ること。また、そうしたもの。「一の鮭」

ビトシカ〖Vitoshka〗ブルガリアの首都ソフィアの中心部にあるビトシャ通りの異称。

ひと-しきり【一▽頻り】しばらくの間。その間に物事が集中するようすにいう。いっとき。ひとっきり。「犬が一ほえた」「一話題になった映画」類語一時・一時・一時・少時・暫時・しばらく・ちょっと

ひと-しごと【一仕事】〔名〕スル　❶少しばかり仕事をすること。また、その仕事。「朝飯前に一しておこう」❷まとまった仕事。かなり骨の折れる仕事。「この後始末は一だ」

ひと-しずく【一滴】液体の一滴。「涙の一」

ひと-じち【人質】❶交渉を有利にするために、特定の人の身柄を拘束すること。また、拘束された人。「一を解放する」❷近世以前、借金の担保として人身を質入れすること。また、誓約の保証として妻子や親族などを相手方にとどめておくこと。また、そのようにされた人。類語捕虜・俘虜・虜囚・とりこ

ひとし-なみ【等し並(み)】〔名・形動〕同じ扱いをすること。同等・同様であること。また、そのさま。「ベテランも新人も一に扱う」類語等しい・同じ・同一・等価・同等・均等・一律・一様・イコール

ひと-じに【人死に】思いがけない出来事のために人が死ぬこと。「事故で一が出る」

ひと-しばい【一芝居】思い通りに事を運ばせるために、人をあざむいて計画的に仕組んだ行動。「親に認めさせるために一打つ」

ひと-しぼり【一絞り】❶ひとしきり雨が降ること。「一雨は過ぎぬる庭の面に散りて移ろふ萩が花ずり」〈風雅・秋上〉❷絞らなければならないほど着物がぬれること。ずぶぬれになること。「是はいかな事一になった。耳へも水が入る」〈虎寛狂・飛越〉

ひとし・む【等しむ┊▽斉しむ】〔動マ下二〕同じものとする。同列に並べる。「心常相滅の邪見を計して、諸仏の妙法に一・め」〈正法眼蔵・弁道話〉

ビトシャ-さん【ビトシャ山】《Vitosha》ブルガリアの首都ソフィアの南郊にある山地。最高峰は標高2290メートルのチェルニブラウ。全域が国立公園に指定され、バスやロープウエーで山頂部まで登ることができる。登山やスキーを楽しむ観光客が数多く訪れる。

ビトシャ-どおり【ビトシャ通り】《Bulevard Vitosha》ブルガリアの首都ソフィアの中心部にある通り。名称はソフィア南郊のビトシャ山に由来し、単にビトシカと呼ばれることもある。聖ネデリャ広場からブルガリア広場までを南北に結ぶ。世界的に有名なファッションブランド店、宝飾品店が並び、ソフィアきっての高級ショッピング街として知られる。

ひと-じらみ【人×虱】シラミ目ヒトジラミ科の昆虫の総称。人間の頭髪につくアタマジラミ、衣服につくコロモジラミ、陰毛につくケジラミなどがある。

ひと-しれ◦ず【人知れず】〔連語〕❶人に気づかれない。「一◦ず悩む」「一◦ぬ苦労」❷だれも思い及ばないほどひどい。「一◦ずかれこれ恥をさらし候ふも」〈平家・一〇〉

ひと-ずき【人好き】人に好かれること。「一のする顔立ち」

ひと-ずくな【人少な】〔形動〕図〔ナリ〕人数や人手の少ないさま。「一な(の)家」

ひと-すじ【一筋┊一▽条】■〔名〕❶細長い物の1本。一条。「一の髪の毛」「一伝わる涙」❷一門。一族。「多くはただこの九条殿の御一なり」〈大鏡・師輔〉
■〔形動〕図〔ナリ〕❶ただ一つのことに心を傾けるさま。「芸一に生きる」❷普通の程度であるさま。ひとかた。並大抵。「鵜舟さす夜河のた縄うちはへて一ならずものぞ悲しき」〈新千載・雑上〉
類語いちず・ひたすら・ひたむき

ひとすじ-なわ【一筋縄】1本の縄。また転じて、普通のやり方。尋常一様の手段。「一の繋ぐべからざる魂」〈鏡花・義血侠血〉
一筋縄では行か◦ない　普通のやり方では処理できない。「一◦ない手ごわい相手」

ひとすじ-みち【一筋道】分かれ道のないただ一筋の道路。一本道。

ひと-ずれ【人擦れ】〔名〕スル　人の中でもまれ、世慣れすぎていること。「一していない初々しい娘」

ひと-せい【一精】ひと骨折り。ひとがんばり。「商売に一出だしみんと」〈浮・永代蔵・三〉

ひと-ぜり【人競り】人がひしめき合うこと。人ごみ。「七、八町行ったれど、あんまり一」〈浄・油地獄〉

ひと-ぞう【一▽族】《「ぞう」は「ぞく(族)」の音変化》同族。一門。いちぞく。「今はいとど一のみ、かへすがへす栄え給ふこと限りなし」〈源・賢木〉

ひと-そばえ【人▽戯え】人に甘えたわむれること。他人の好意を期待すること。「口で言へば一、先立って埒明けうと」〈浄・丹波与作〉

ひと-そろい【一×揃い】一組そろっていること。また、そのもの。「茶器一」

ひと-ぞろえ【人×揃え】ある物事をするのに必要な人数をそろえること。

ひと-だか・い【人高い】〔形〕図ひとだか・し〔ク〕人出が多いさま。大勢が集まっているさま。「中の丁の一・い所にて」〈黄・艶気樺焼〉

ひと-たがえ【人▽違へ】「ひとちがい」に同じ。「下衆の身を知らせ給ふべき京人よ。一にや侍らむとて」〈源・玉鬘〉

ひと-だかり【人▽集り】〔名〕スル　人が群がり集まること。また、その人々。「黒山のような一」
類語群集・群衆・人出・人垣・人波・行列・野次馬・烏合・雲霞

ひと-たけ【人▽長】《「ひとだけ」とも》人の身長に等しい高さ。等身大。「一ほどもあるトロフィー」

ひと-だすけ【人助け】困っている人を救うこと。また、そのような行い。「一だと思って引き受ける」
類語手助け・力添え・肩入れ・加勢・助太刀・後ろ盾・後押し・助ける

ひと-たち【一太-刀】❶刀で一度切りつけること。一刀。「一浴びせる」❷最初に切りつけること。一の太刀。

ひと-だち【人立ち】〔名〕スル　人が群がって立つこと。人だかり。「西洋人と話していると必と三人や四人は一がしますからネエ」〈魯庵・社会百面相〉

ひと-だ・つ【人立つ】〔動タ四〕大人らしくなる。一人前になる。「おのづから、さてー・ち給ひなば」〈源・玉鬘〉

ひと-だね【人種】❶その場にいる人の数。また、人間。「声をかけ合って纔に未だ一の世に尽きぬのを知るばかり」〈鏡花・高野聖〉❷精液のこと。「おめえさんを女にすると、ほんに一が尽きいす」〈洒・遊冶郎〉

ひと-だのみ【人頼み】〔名〕スル　人のしてくれるのを当てにすること。他人の力に頼ること。

ひと-だのめ【人頼め】〔名・形動ナリ〕人に当てにさせること。人に頼もしく思わせて、実際にはそれほどでないこと。また、そのさま。「くやしくもかざしけるかな名のみして一なる草葉ばかりを」〈源・葵〉

ひと-たび【一度】❶1回。いちど。「一はあきらめた計画だ」❷(副詞的に用いて)いったん。もし。いちど。「一思い立ったからにはやり抜こう」類語一遍・一旦

ひと-だま【人▽魂】夜、空中を飛ぶ青白い火。古くから、死者から抜け出た霊が漂うものとされる。

ひと-だまい【人▽給ひ】❶人々に物を給わるこ

と。また、その物。「いかで―ならむ御几帳まゐらむに」〈宇津保・内侍督〉❷従者に貸し与える牛車(ぎっしゃ)。供の者の乗る車。副車(そえぐるま)。「―によろしき若人、童(わらは)など乗せて」〈源・薄雲〉

ひと-たまり【一×溜まり】少しの間もちこたえること。
一溜まりもな・い　わずかの間ももちこたえられない。「巧みな弁舌に―・く説き伏せられた」

ひと-だまり【人×溜まり】多くの人が集まっていること。集まって控えていること。また、その場所。「告知板の前に―ができる」

ひと-たらし【人×誑し】人をだますこと。また、その人。「これぞ都の―ぞかし」〈浮・一代男・一〉

ひと-だんらく【一段落】〔名〕スル「いちだんらく(一段落)」の誤読。➡いちだんらく(補説)

ひと-ぢか【人近】〔形動ナリ〕近くに人のいるさま。「かかる(葬送ノ)ありさまは―にていみじきだになほいと悲しきに」〈栄花・峰の月〉

ひと-ちがい【人違い】―ちがひ〔名〕スル 他の人をその人と思い違いすること。人ちがえ。「後ろ姿がそっくりなので―する」

ひと-ちか・し【人近し】〔形ク〕人が身近にいるさま。「その―・からむなむうれしかるべき」〈源・帚木〉

ひと-つ【一つ】㊀〔名〕❶数の名。自然数のはじめ。いち。❷㋐物などを数えるときの、1個。「りんごを―食べる」「一二つ間違ってもかまわない」「万に―の可能性」㋑1杯。器に入った酒・水などにいう。また、少しの量。「冷たい水を―召し上がれ」「―参りさうなお顔でござる」〈虎明狂・鍋八撥〉㋒年齢の、1歳。「―年を取る」「―半の幼児」❸行為や状態のひとまとまり。副詞的に用いて、少し、の意をも表す。「今日は―気分がすぐれない」「今―調子が出ない」❹同一なこと。同一にすること。「家計を―にする」「―屋根の下に暮らす」❺形や表現は違っていても中身は同じであること。また、似ていること。一体。「全員が心を―にする」「世界は―だ」❻厳密にいえば違うものでも、考えようによってはその範疇に入ること。一種。「これも人生の―だ」「それも―の考えだ」❼他と比べて、一方。また、ある側面。一面。「―にはこういう解釈も成り立つ」❽いくつかの事項を列挙するときに見出しとして用いる語。「一、本会は社員をもって構成する」「一、金(きん)壱万円也」❾名詞の下に付いて、それ以外にはないことを強調する語。…だけ。「身―で脱出する」「母の手―で育てられる」「行くか行かないかは自分の決心―だ」❿(打消しの語を伴って)あるものを代表させて、類似の事柄の全てを否定する語。…さえも。「ごみ―落ちていない」「あいさつ―できない」「風邪―ひかない」⓫奈良・平安時代の定時法で、十二辰刻の一つを四等分したものの第一。⓬第1。順序数の1番目。「―には御手を習ひ給へ。次にはきんの御琴を」〈枕・二三〉㊁〔副〕❶これから行動を起こそうとするときに用いる語。ちょっと。さあ。試しに。「―やってみよう」「―歌でもいかがですか」❷軽く依頼するときに用いる語。どうか。「―よろしくお願いします」
(…句)此処(ここ)は一つ・千に一つ・百に一つ・百日の説法屁(へ)一つ・二つに一つ
(類語)㊀(❶❷)一・二・三・四・五・六・七・八・九・十(じゅう)・百・千・万・億・兆・ゼロ・零・二つ・三つ・四つ・五つ・六つ・七つ・八つ・九つ・十(とお)/(❹❺)同一・一(いつ)・単一・一体・一緒・一丸/㊁(❷)どうぞ・願わくは・なにとぞ・なんとか・ぜひとも・まげて・くれぐれも・是非
一つ穴の狐(きつね)　「同じ穴の貉(むじな)」に同じ。
一つ穴の貉(むじな)　「同じ穴の貉」に同じ。
一つ竈(かまど)の飯を食・う　「同じ釜(かま)の飯を食う」に同じ。
一つ釜(かま)の飯を食・う　「同じ釜の飯を食う」に同じ。
一つな・る　酒が飲める。一杯いける。「聟殿には―・ると見えました」〈虎寛狂・庖丁聟〉
一つ間違(まちが)えば　少しでも間違えたら。もう少しで。「―、命にかかわるところだ」
一つ屋根(やね)の下(した)　一つの家の中。家族、または家族同然の暮らしをしていることにいう。「こんなに元気なものがうようよ―に暮していては」〈林芙美子・瀰落〉

ひとつ-あな【一つ穴】❶同じ穴。また、同じ場所にいること。❷一緒になって事をたくらむこと。一味(いちみ)。一党。「あなたの金を衒(かた)り取りし村井長庵と―」〈伎・覗機関〉

ひと-づえ【人×杖】―づゑ ❶杖がわりに人の肩によりかかって歩くこと。また、その杖がわりになる人。❷人を杖のように軽々とあしらうこと。「相撲(すまひ)をも取りて―につかひて投げすてつ」〈今昔・二三・二一〉

ひとつ-えり【一つ襟】重ね着をするとき、上の着物の襟で下の着物の襟を隠して、1枚のようにみせること。

ひとつ-おぼえ【一つ覚え】一つの事しか覚えていなくて、何かにつけそれを言うこと。「―の決まり文句」

ひとつ-がい【一つ買い】―がひ ❶一つだけ買うこと。よいものを一つ選んで買うこと。❷遊女を1回だけ買うこと。「殿だ大尽だともいはれて…―をもした者でおんぢゃり申したさ」〈浄・加増曽我〉

ひと-つがい【一▽番】―つがひ 雌雄一対。「―の小鳥」

ひと-づかい【人使い】―づかひ ❶人を使うこと。また、その使い方。「―が荒い」❷使いの者。使者。「―がなくば旦那寺へは身が行かう」〈浄・盛衰記〉
(類語)駆使・行使・酷使・使役

ひとつ-がき【一つ書(き)】各行のはじめに「一、何々」と箇条書きにすること。また、その文書。

ひとつ-がね【一つ×鉦】歌舞伎下座音楽に用いる楽器。仏教の鉦鼓(しょうこ)を小型にしたもので、寺院や殺しの場面などに用いる。伏せ鉦。

ひとつ-かま【一つ釜】❶同じ一つの釜。❷生活を共にする親しい間柄。「一緒に働いていた―の仲間さえ」〈椎名・深尾正治の手記〉

ひとつ-かまど【一つ×竈】❶同じ一つのかまど。❷「一つ釜(かま)❷」に同じ。「勘次は怖ろしい卯平と―であるよりも」〈長塚・土〉

ひと-つかみ【一×掴み】❶片手でつかむこと。また、その程度の分量。わずかな量。「―の米しかない」❷簡単に取り押さえること。「よしよし今に―、目に物見せてくれんず程に」〈小波・こがね丸〉

ひと-づかれ【人疲れ】〔名〕スル 人との応接や人込みなどのために疲れること。「来客が多くて―する」

ひと-づき【人付き】❶他人とのつきあいぶり。人づきあい。❷他人の気受け。ひとうけ。「なるほど―の悪い。愛想気の無い」〈紅葉・二人女房〉
(類語)人当たり・取っつき

ひと-づきあい【人付(き)合い】―づきあひ 他人とのつきあい。交際。「―がよい」「―を好まない」
(類語)交際・交わり・社交・交友・行き来

ひとっ-きり【一っ切り】〔副〕《「ひときり」の音変化》「ひとしきり」に同じ。「雨は―強く降った」

ひとつ-きるもの【一つ着る物】❶1着しかない着物。一張羅。「今日を晴れと着飾りし―の上交(うはへ)」〈浮・禁短気・六〉❷下着をつけず、上着だけ1枚着ること。「風儀は、一つまだかに、白帯こころまま引きしめ」〈浮・一代男・一〉

ひとつ-くち【一つ口】❶1箇所だけの口。❷同じであるように言うこと。「我等と―になぞいふは」〈落窪・一〉❸口をそろえて言うこと。異口同音。「おのおの―に申しけるは」〈仮・伊曽保・上〉❹ひっくるめて言うこと。同列に論じること。「―にて、女道、衆道を申す事の」〈浮・男色大鑑・一〉

ひとっ-こ【人っ子】「ひと(人)」を強めていう語。

ひとつ-ご【一つ子】❶《「ひとつこ」とも》ひとりっ子。ひとりご。「―にさへありければ、いとかなしうし給ひけり」〈伊勢・八四〉❷1歳の子。「平家の子孫は去(いんぬる)文治元年の冬のころ、一二つ子を残さず」〈平家・一二〉

ひとつ-こと【一つ事】一つの事柄。また、同じ事。「―にとらわれる」「―を繰り返す」(類語)一事

ひとっこ-ひとり【人っ子一人】人ひとり。だれひとり。下に打消しの語を伴って用いる。「―いない」

ひとつせ-がわ【一ツ瀬川】―がは 宮崎県中部を流れる川。東臼杵(うす)郡椎葉(しいば)村南部の九州山地に源を発し、西都(さいと)市を経て宮崎市と児湯(こゆ)郡新富町の境で日向(ひゅうが)灘に注ぐ。長さ91キロ。中流の西都市片内には一ツ瀬ダムがある。下流域は早場米の栽培地。

ひと-つづき【一続き】切れめなしに続いていること。ひとつながり。「―の出来事」「―の読み物」

ひと-つつみ【一包み】❶ひとつの包み。❷江戸時代、金百両のこと。

ひと-づて【人▽伝】直接にでなく、他人を通して話を伝えたり、聞いたりすること。「―に消息を聞く」
(類語)聞き伝え・伝聞・又聞き・仄聞(そくぶん)・風の便り・口コミ

ひとつ-ところ【一つ所】一つの所。同じ場所。「―にとどまらない生活」

ひとつ-として【一つとして】〔連語〕(あとに打消しの語を伴って)ある物事が一つもないさま。全然。「―疑わしいところはない」

ひとっ-とび【一っ飛び】「一飛び」に同じ。「沖縄まで―で行ける」「―で結論に達した」

ひとつ-ね【一つ寝】〔名〕スル 一緒に一つの寝床に寝ること。ともね。同衾(どうきん)。

ひとつ-ば【一葉】ウラボシ科の常緑多年生のシダ。暖地の岩上や樹幹に生える。根茎は長くはい、堅く、茶褐色の鱗片(りんぺん)で覆われる。葉は単葉で堅く、裏面に白褐色の星状毛を密生。(季 夏)「なつ来てもただ―の一つかな/芭蕉」

ひとつば-かいがん【一ツ葉海岸】宮崎県南東部、宮崎市北東部の日向(ひゅうが)灘に面する海岸。南北にほぼ一直線の砂浜が10キロ以上続く。砂浜内部では高さ28メートルに達する海岸砂丘が見られる。大淀川河口付近には潟湖(せきこ)がある。市民の憩いの場。名の由来は、一つ葉の松があることから。一ツ葉の浜。

ひとつば-かえで【一葉×楓】―かへで カエデ科の落葉高木。本州中部地方の深山に自生。葉は倒卵形で、切れ込みはない。5、6月ごろ、淡黄色の花が小枝の先につく。まるばかえで。

ひとつ-ばし【一つ橋】1本の木だけをかけ渡した橋。一本橋。丸木橋。「―危うがりて」〈源・手習〉

ひとつばし【一ツ橋】東京都千代田区中北部の地名。ビジネス街。徳川家康入府のころ、外堀(日本橋川)に1本の丸木橋が架けられたところからの名。徳川三卿の一、一橋家の邸があった。

ひとつばし【一橋】姓氏の一。徳川御三卿の一。8代将軍徳川吉宗の四男宗尹(むねただ)が江戸城一橋門内に屋敷を与えられて創始。11代将軍家斉(いえなり)、15代将軍慶喜(よしのぶ)を出した。

ひとつばし-だいがく【一橋大学】東京都国立市に本部がある国立大学法人。明治8年(1875)設立の商法講習所に始まり、神田一ツ橋にあった東京高等商業学校を経て、大正9年(1920)旧制東京商科大学となり、昭和24年(1949)新制大学に移行。平成16年(2004)国立大学法人となる。

ひとつばし-よしのぶ【一橋慶喜】➤徳川慶喜(とくがわよしのぶ)

ひとっ-ぱしり【一っ走り】〔名〕スル「ひとはしり」の音変化。「―して買ってくる」

ひとつば-たご【一葉たご】モクセイ科の落葉高木。高さ約10メートル。葉は楕円形で、長い柄をもち、対生する。雌雄異株。5月ごろ、白い花を円錐状につける。花びらは四つに裂けていて裂片は細長い。木曽川付近および対馬に分布。名はタゴ(トネリコの方言)の仲間と思われたことによる。明治神宮外苑にあった大木は、名がわからない珍木として、なんじゃもんじゃの木とよばれていた。➡何じゃもんじゃ

ひとつ-はちす【一つ×蓮】《「一蓮(いちれん)」を訓読みした語》極楽で、同じ蓮華(れんげ)の上に生まれかわること。「―に入りてこそ衆生教化弘むなれ」〈梁塵秘抄・二〉

ひとつ-ばなし【一つ話】❶いつも得意になってする同じ話。「例の―がまた始まった」❷いつまでたっても人が話の種にするような珍しい話。「―になって残る」

ひとつ-ひきりょう【一つ引両】―ひきりやう「中黒(なかぐろ)❸」に同じ。

ひとつ-ひとつ【一つ一つ】多くあるものの、それぞれ。副詞的にも用いる。ひとつずつ。いちいち。「―が思い出の品だ」「―丹念に調べる」
(類語)いちいち・個別・逐一・それぞれ・個個

ひと-つぶ【一粒】ひとつの粒。

ひとつぶ-えり【一粒▽選り】❶一粒ずつ選び出すこと。また、そのもの。ひとつぶより。❷多くのものの中からよりすぐること。また、そのもの。つぶより。ひとつぶより。

ひとつぶ-かのこ【一粒鹿の子】絞りの非常に細かい鹿の子絞り。

ひとつぶ-だね【一粒種】大切なひとりっこ。ひとりご。「—の息子」類語一人っ子

ひと-つぶて【人×礫】人を小石のように軽々と投げること。「宙にさしあげたれども、—に打つまではさすが叶(かな)はず」〈太平記・三三〉

ひとつぶ-の-むぎ【一粒の麦】《新約聖書「ヨハネ伝」第12章、一粒の麦は地に落ちることによって無数の実を結ぶと説いたキリストの言葉から》人を幸福にするためにみずからを犠牲にする人。また、その行為。

ひとつぶ-より【一粒▽選り】「ひとつぶえり」に同じ。「—の極上品」

ひとつ-べっつい【一つ×竈】❶一つだけ設けたへっつい。❷《形が❶に似るところから》剃髪(ていはつ)後にもう一度髪を伸ばし始めて、まだ結髪できないときの、月代(さかやき)と額だけをそった髪形。❸歌舞伎の鬘(かつら)の一。❷を表したもので、坊主あがりの悪党の役に用いる。

ひとつ-ぼし【一つ星】❶明け方または夕方にただ一つ出ている星。明けの明星。また、宵の明星。金星。❷航海の方位の基準とする星。北極星。

ひと-づま【人妻|▽他妻】❶他人の妻。また、結婚している女性。❷(「他夫」と書く)他人の夫。「つぎねふ山背道(やましろぢ)を—の馬より行くに」〈万・三三一四〉
類語奥方・奥様・奥さん・夫人・御寮人

ひとつ-まえ【一つ前】重ね着をするとき、1枚1枚交互でなく一つにまとめて前を合わせること。

ひとづま-ころ【人妻▽児ろ】《「ころ」は人、特に女性を親しんでいう語》人妻である女性。「あずの上に駒を繋(つな)ぎて危ほかど—を息に我がする」〈万・三五三九〉

ひとつ-まつ【一つ松】ただ1本だけ立っている松。一本松。孤松。「一幾代か経ぬる吹く風の声の清きは年深みかも」〈万・一〇四二〉

ひとつ-まみ【一▽摘み|一▽撮み】❶指先で一度つまむこと。また、その程度のわずかな量。「塩を—入れる」❷相手をたやすく負かすこと。「—にしてやる」

ひとつ-み【一つ身】並幅の布1枚で後ろ身頃(みごろ)を仕立てた乳児用の着物。後ろの中央に背縫いがない。

ひとつ-むすめ【一つ娘】ひとりむすめ。「またなくかしづく—を」〈源・賢木〉

ひとつ-め【一つ目】❶目が一つであること。「—の化けもの」❷《「め」は接尾語》順番の最初。1番目。「乗り換えて—の駅で降りる」

ひとつめ-こぞう【一つ目小僧】額に目が一つしかない妖怪。関東・東北地方では事八日(ことようか)の夜に来るといって、目の多いかごを門口に高く立てて追い払う行事をする。目一つ小僧。大眼(だいまなこ)。

ひとつ-もん【一つ紋】背に一つだけつけた紋。また、その紋服。略装用。一所紋(ひとところもん)。

ひとつ-や【一つ家】❶同じ一つの家。「—に寝泊まりする」❷人里はなれた所に1軒だけある家。一軒家。

ひと-つら【一連|一▽行】❶ひと続きに並ぶようす。また、そのもの。ひとつらなり。1列。「—の雁(かり)」「—の並木」❷同じ程度。同列。「下ざまの祝言と—にゃあいはれねえ」〈洒・世説新語茶〉

ひと-て【一手】❶他人に分担させずにひとりですること。独占すること。いって。「仕事を—に引き受ける」❷碁・将棋などでの一勝負。いって。「—お手合わせを願います」❸舞・音曲などの一曲・一番。「舞の—」「—御披露する」❹一隊。一組。「—は東から攻める」❺弓道で、内向(うちむき)の矢と外向(とむき)の矢との2本。矢の一対。一手矢。

ひと-で【人手】❶人の手。人間のしわざ。「—の加わっていない原生林」❷働く人。働き手。「—が余る」❸他人の力。他人の働き。「—に頼る」「—を借りる」❹他人の手中。他人の所有。「田畑を—に渡す」「所蔵の絵画が—に渡る」類語働き手・労働力・戦力

人手に掛か・る　❶他人に殺される。「—・って死ぬ」❷他人に助けられる。他人に養育される。

人手に掛・ける　❶他人に殺させる。❷他人に養育させる。

人手に渡(わた)・る　他人の所有物となる。自分の持っていたものが他人の手に渡る。「先代からの家屋敷が—・る」

ひと-で【人出】人が多く出てそこに集まること。「海水浴場には多くの—が見込まれる」
類語群集・群衆・人だかり・人垣・人波・行列・野次馬・烏合(うごう)・雲霞(うんか)

ひと-で【海=星|人手|海=盤=車】❶ヒトデ綱の棘皮(きょくひ)動物の総称。ふつう5本の腕をもち、扁平な星形の五角形をし、外面は多数の小骨板からなり、硬いが曲げることができる。腹面に口があり、肛門は背面に開く。腕の下面にある管足で移動し、貝類などを食べる。切れても再生力が強い。すべて海産。❷ヒトデ科のヒトデ。浅海の砂泥底にすみ、直径約30センチで、黄色のほか、色変わりが多い。アサリ・ハマグリなどを食害。

ひとティーさいぼう-はっけつびょうウイルス【ヒトT細胞白血病ウイルス】(ひとティーサイバウハッケツビャウ) ►エッチ・ティー・エル・ブイ(HTLV)

ひと-で-なし【人で無し】〔名・形動〕人間らしい心を持たず、恩義や人情をわきまえないこと。また、その人や、そのさま。「—な(の)仕打ち」

ひとて-はんばい【一手販売】「いってはんばい(一手販売)」に同じ。

ひと-どお・い【人遠い】〔形〕文ひとどほ・し〔ク〕❶人づきあいに慣れていない。人に親しまない。「至って無口な、—・い少年であったが」〈蘆花・思出の記〉❷近くに人がいない。人けがない。「御前の—・くのどやかなるをりは」〈源・蛍〉

ひと-とおり【一通り】❶一つの種類。一つの組合わせ。「治療法は—しかない」❷物事の程度が普通であること。尋常。「あの苦しさは—ではなかった」❸一応、全体にわたっていること。副詞的にも用いる。あらまし。ひとわたり。「—の知識はある」「用具は—そろっている」❹一度に通りすぎること。「秋の急雨(むらさめ)—して」〈太平記・一三〉
類語(❷)尋常一様・尋常/(❸)一応・およそ

ひと-どおり【人通り】人が行き来すること。人の通行。「—が激しい」
類語群集・人出・人だかり・群衆・人垣・黒山・人波・行列・野次馬・勢ぞろい・烏合(うごう)・雲霞(うんか)・群れ

ひと-とき【一時】❶しばらくの間。いっとき。「憩いの—」❷過去の、ある時。いちじ。いっとき。「—は栄華を誇った」「—はやった歌」❸昔の時間の単位。今の約2時間。いっとき。類語ひとしきり・一時(いちじ)・一時(いっとき)・少時・暫時・しばらく・ちょっと

ひと-ところ【一所|一▽処】❶一つの所。同じ場所。ひとつところ。「—に落ち着けない性分」❷「ひとり」を敬っていう語。おひとり。おひとかた。「兵部卿の宮、なほ—のみおはして」〈源・若菜下〉

ひと-とせ【一▽年】❶1年間。いちねん。「—が過ぎる」❷ある時。以前。「—欧州に遊ぶ」

ひととちょうじん【人と超人】《原題 Man and Superman》バーナード=ショーの戯曲。4幕。1903年作。「哲学的喜劇」という副題をもち、作者の「生命力」の哲学をテーマにした恋愛喜劇。

ひと-と-なり【人となり|為=人】生来の性質。人柄。「誠実な—」類語人柄・人物・人間・人

ひととなるみち【人となる道】江戸後期の仏教書。1巻。慈雲飲光(じうんおんこう)著。天明元年(1781)成立。「十善法語」の再校本。

ひと-とび【一飛び】❶一度飛ぶこと。また、一度飛んだぐらいの短い時間や距離。ひとっとび。「太平洋を—でアメリカに行ける」❷いっぺんに。一挙に。ひとっとび。「事件は—に解決した」

ひと-どめ【人留め】人の通行を禁止すること。「—して一人(いちにん)も通さぬ」〈浄・手習鑑〉

ひと-とり【人取り|人捕り】❶二組に分かれて、敵方の人をじゃんけんなどで奪い合う子供の遊び。❷人を捕らえて食ったりするという怪物。「この池に—ありておほく人死にけり」〈著聞集・一七〉

ひと-なか【人中】大勢のいる場所。衆人の中。また、世間。「—へ出る」「—でもまれる」類語社会・世間

ひと-なかせ【人泣かせ】〔名・形動〕人に迷惑をかけて、困らせること。また、その行為や、そのさま。「—な雨」「—な注文ばかりつける」

ひと-ながれ【一流れ】❶一筋の流れ。一つの川。❷一つの流派。一派。❸1本の旗や幟(のぼり)。一旒(いちりゅう)。

ひと-なだれ【人雪-崩|人×頽れ】群衆がなだれ落ちること。また、押し合いながらなだれのように一方に動くこと。「—が狭い出口の方へと押合う間(あいだ)に」〈荷風・すみだ川〉

ひと-なつかし・い【人懐かしい】〔形〕文ひとなつか・し〔シク〕ことさら人が懐かしく思われる。人恋しい。「—・い気持ちが募る」

ひと-なつこ・い【人懐こい】〔形〕すぐに打ちとけて親しみやすい。ひとなつっこい。「—・い笑顔」

ひと-なぬか【一七日】死後7日目の忌日。初七日(しょなのか)。いちしちにち。ひとなのか。

ひと-なぶり【人×嬲り|人▽弄り】人をからかってなぐさみものにすること。「さすだけの大宮人は今もかも—のみ好みたるらむ」〈万・三七五八〉

ひと-なみ【人波】大勢の人が波のように押し合って動くこと。「—にのまれる」「—を縫って進む」
類語群集・群衆・人出・人だかり・人垣・黒山・行列・野次馬・烏合(うごう)・雲霞(うんか)

ひと-なみ【人並(み)】〔名・形動〕世間一般の人と同じ程度であること。また、そのさま。世間並み。「—な(の)暮らし」

人並み勝(すぐ)・れる　普通よりもかけ離れて優秀である。「—・れた記憶力」

人並み外(はず)・れる　性質・状態などが普通の人からかけ離れて異なる。「—・れた巨体」

ひとなみ-なみ【人並(み)並(み)】〔名・形動〕「人並み」に同じ。「—な(の)働きをする」

ひと-な・る【人成る】〔動ラ四〕成人する。人と成る。「弟国彦が乳にて—・り給へば」〈浄・日本武尊〉

ひと-なれ【人慣れ|人×馴れ】〔名〕スル❶人づきあいになれていること。「—した物腰」❷動物が人間になつくこと。「—しない野性馬」

ひと-な・れる【人慣れる|人×馴れる】〔動ラ下一〕文ひとな・る〔ラ下二〕❶人づきあいになれる。「年の割に—・れている」❷動物などが人間になつく。「—・れた水鳥」

ひと-にぎり【一握り】❶片手で握ること。また、その程度のわずかな量。「—の土」「実権は—の人の手にある」❷たやすく握りつぶすこと。簡単にやっつけること。「新参のチームを—にする」

ひと-にく・し【人憎し】〔形ク〕❶人を憎らしく思うさま。「—・かりし心に思ひしやうは」〈かげろふ・上〉❷人に憎らしく思われるさま。「—・くはしたなくも、なのたまはせそ」〈源・東屋〉

ひと-に-ざる【人似猿】►類人猿(るいじんえん)

ひと-にたち【一煮立ち】〔名〕スル料理で、鍋に入れた湯や水、煮汁などに熱を加えて短時間、軽く沸き立たせること。「—したら弱火にし、そのまま10分程度煮る」

ひと-にゅうとうしゅウイルス【ヒト乳頭腫ウイルス】►エッチ・ピー・ブイ(HPV)

ひと-ぬし【人主】❶江戸時代、請人(うけにん)と並んで奉公人の身元を保証した人。ふつう、奉公人の父兄・親類がなった。❷主君。殿様。「—のなし給ふ事は、故事となるとも申し伝へ侍り」〈折たく柴の記・中〉

ひと-ねいり【一寝入り】〔名〕スル「一眠り」に同じ。

ひと-ねむり【一眠り|一▽睡り】〔名〕スルしばらくの間、眠ること。ひとねいり。「車中で—する」類語一睡・寝る・転寝(うたたね)・仮寝(かりね)・仮睡・仮眠・まどろむ

ひ-どの【×樋殿|×械殿】便所。かわや。「物脱ぎ散らして急ぎ—へ行きたりけるに」〈今物語〉

ひと-の-うえ【人の上】❶他人の身の上。「物うらやみし、身の上なげき、—言ひ」〈枕・二八〉❷人間の

身の上。「一の善悪は、人相、相生あいおい、生まれ性」〈浄・百合若大臣〉

ひと-の-おや【人の親】❶子を持つ親としての人。㊥人の子。❷祖先。「一の立つる言立て」〈万・四〇九四〉

ひと-のき【一軒】建築で、飛檐垂木ひえんだるきがなく、地垂木じだるきだけの軒。二軒ふたのきに対していう。

ひと-の-くち【人の口】人々の言うこと。衆人のうわさ。世間の評判。「一にのぼる」

人の口には戸が立てられない 世間のうわさや評判は止めることはできない。

ひと-の-くに【人の国】❶「人国ひとくに❶」に同じ。「一よりおこせたる文の、物なき」〈枕・二五〉❷「人国❷」に同じ。「一にありけむ香の煙ぞ、いと得まほしくおぼさる」〈源・総角〉

ひと-の-こ【人の子】❶親から生まれた子としての人。㊥人の親。❷人として生まれた者。人間。「あの悪人もやはり一だった」❸子孫。「一は祖おやの名絶たず大君にまつろふものと」〈万・四〇九四〉

ひと-のし【一▽伸し】❶一度にのばすこと。また、一気にのびること。❷一気に行うこと。「これから一に瀬戸橋までやっつけよう」〈伎・青砥稿〉

ひと-の-ひ【人の日】《「人日じんじつ」を訓読みにした語》陰暦正月7日の異称。《季 新年》

ひと-のみ【一飲み|一×呑み】❶一口でのみ込むこと。「缶ジュースを一にする」❷相手を圧倒して問題にしないこと。「対戦相手を一にする」
類語 ぐい飲み・らっぱ飲み

ひと-の-よ【人の代|人の世】❶人間の世界。世の中。❷神代に対して、神武天皇以後の人皇にんおうの時代。「一となりて、すさのをのみことよりぞ、みそもじあまりひともじはよみける」〈古今・仮名序〉

ひと-の-わざ【人の業】死者の追善のための仏事。法事。「下つ出雲寺に一しける日」〈古今・恋二・詞書〉

ひと-は【一葉】❶1枚の葉。いちよう。俳諧では、特に桐の葉をいう。《季 秋》「今朝見れば淋しかりし夜の間の一かな/古白」➡桐一葉 ❷1艘そうの小舟。「一づつ岸を離れる柳橋」〈柳多留・四〉

ひとは-ぐさ【一葉草】❶キリの別名。❷スミレの別名。❸アシの別名。

ひと-はこ【一箱】❶一つの箱。1ケース。❷江戸時代、金1000両または銀10貫目の称。

ひと-はし【一端】❶一方の端。片端。いったん。❷事柄の一部分。「言葉の一一にその時代おくれなことを自白していた」〈佐藤春夫・都会の憂鬱〉

ひとばし-か・ける【人橋掛ける】〔連語〕❶間に人を立てて申し入れる。「一・けて煩さく親達に申込んだのである」〈小杉天外・初すがた〉❷急用などで、続けざまに使いを出す。「祭のごとく一・けるは」〈浮・一代男・七〉

ひと-ばしら【人柱】❶築城・架橋・堤防工事などの完成を祈って、神へ供える生贄いけにえとするために、人を土中や水底に埋めること。また、その埋められた人。❷ある目的のために犠牲となった人。

ひと-はしり【一走り】〔名〕スル 一度走ること。また、ちょっと走って行って用を足すこと。ひとっぱしり。「郵便局まで一行って来る」

ひと-はた【一▽杯】あふれるくらいいっぱいなこと。「御目に涙を一浮けて」〈愚管抄・五〉

ひと-はた【一旗】1本の旗。

一旗揚・げる 事業を始めて身を起こす。成功を目指して新事業を起こす。「一・げようと上京する」

ひと-はだ【人肌|人▽膚】人のはだ。また、それくらいの温かさ。「酒の燗かんは一がいい」

ひとはだ-ぬ・ぐ【一肌脱ぐ】〔連語〕本気になって他人のために力を貸す。「後輩のために一・ぐ」

ひと-はたらき【一働き】〔名〕スル しばらくの間気を入れて働くこと。「さあ、もう一しよう」

ひと-はな【一花】❶一輪の花。❷一時的に華やかに活動すること。一時の栄え。

一花咲か・せる 成功して、一時華やかに栄える。「引退前にもう一・せたい」

ひとはな-ごころ【一花心】その場かぎりの情愛。うつりやすく徒あだな心。「庄内、一にてもてなし」〈盛衰記・三三〉

ひとはな-ごろも【一花衣】染め汁に1回だけ浸したほどの淡い色の衣。「紅の一薄くともひたすらくたす名をしたてずは」〈源・末摘花〉

ひと-ばな・る【人離る】〔動ラ下二〕人里から遠く離れている。「さやうの一・れたる所は、よからぬ物なむ必ず住みつきはべるを」〈源・手習〉

ひと-ばなれ【人離れ】❶人里から離れていること。❷普通の人とだいぶ違っていること。

ひと-パピローマウイルス【人パピローマウイルス】➤エッチ-ピー-ブイ(HPV)

ひとは-ぶね【一葉舟】1艘そうの小舟。

ひと-はら【一腹】❶1匹の魚の腹に入っている卵の全体。❷同じ母親の腹から生まれること。同腹。ひとつばら。「一ノ子供」〈日葡〉

ひと-ばらい【人払い】ばらい〔名〕スル ❶密談などをするため、他の人をその場から遠ざけること。「一して内々の話をする」❷貴人の通行の際、往来の人を去らせること。

ひとはり-ぬき【一針抜き】和裁の縫い方で、一針ごとに針を抜きながら縫うこと。厚地のものなどに用いる。一針縫い。

ひと-ばん【一晩】❶日が暮れてから夜が明けるまでの間。「一語り明かす」「一中眠れなかった」❷ある晩。いつかの夜。「一みんなで会おう」

ひと-ひ【一日】❶いちにち。また、いちにちじゅう。終日。「一野辺に遊ぶ」「一読書にふける」❷ある日。先日。「一の御返り、いかで給はらむ」〈かげろふ・中〉❸ついたち。朔日さくじつ。「けふは卯月うづきの一かは」〈今昔・二八・一二〉類語 ある日・一日いちじつ・某日

ひとひ-おき【一日置き】いちにちおき。隔日。

ひと-ひしぎ【一▽拉ぎ】いっぺんに押しつぶすこと。無造作に打ちくだくこと。「一にもみつぶす」

ひと-びと【人人】❶多くの人たち。めいめいの人たち。一般の人たち。「災害地の一を激励する」「一の意見を聞く」❷多くの女房・召使いたち。「若き一、悲しきことはさらにも言はず」〈源・桐壺〉❸(複数の人に対して代名詞のように用いて)みなさん。あなたがた。「あれ御覧ぜよや一」〈謡・蘆刈〉類語 方方・連中

ひとびと・し【人人し】〔形シク〕❶一人前らしい。人並みである。「この君をだに一・しくもてなし聞こえむと思へるを」〈堤・思はぬ方にとまりする少将〉❷身分または、人格がすぐれているさま。「一・しき人の、青鈍あおにびの指貫さしぬきに綿入りたる」〈枕・一二〇〉

ひと-ひねり【一▽捻り】〔名〕スル ❶一度ひねること。軽くねじること。「紙袋の口を一する」❷苦もなく相手を打ち負かすこと。「相手チームを一する」❸趣向を少し変えて工夫すること。「もう一するとストーリーがおもしろくなる」

ひとひ-まぜ【一日交ぜ】「一日ひとひ置き」に同じ。「(地震が)一、二、三日に一度など」〈方丈記〉

ひとひ-めぐり【一日×廻り】➤太白神たいはくじん

ひと-ひら【一▽片|一▽枚】薄く平らなもののいちまい。いっぺん。「一の花びら」

ひと-ふし【一節】❶竹・木・草などの一つの節。❷音楽などのひと区切り。1曲。また、一節いっせつ。「さわりを一聞かせる」❸一つの特有の点。ひとかど。「一あはれともをかしとも聞きおきつるものは」〈枕・四〇〉❹一つのけじめとなった事柄。さきの折。「君の御身には、かの一の別れより」〈源・若菜下〉

ひと-ふで【一筆】❶ちょっと書きつけること。いっぴつ。「一書き添える」❷途中で筆を休めないで一息に書くこと。いっぴつ。「一で書き上げる」❸田畑・宅地の一区画。いっぴつ。類語 一筆いっぴつ・書き付け・メモ・雑記・覚え書き・手控え・備忘録

ひとふで-え【一筆絵】ゑ 筆継ぎをせずに一気に描き上げた絵。一筆書きの絵。いっぴつが。

ひとふで-がき【一筆書(き)】❶筆継ぎをせずに一気に書くこと。また、その書画。いっぴつがき。❷ある図形を、ある一点から書き出して、途中で線を切らず、また同じ線を二度以上通らずに書きあげること。

ひとふで-かぎり【一筆限り】江戸時代、検地帳に田・畑・屋敷を一件ずつ一つ書きに記載したこと。一筆切り。いっぴつかぎり。

ひと-ふり【一振り】〔名〕スル ❶1回振ること。「バットを一して打席に入る」❷刀1本。

ひと-ふろ【一風呂】風呂に1回はいること。さっと入浴をすませること。ひとっぷろ。「一浴びる」

ひと-ふんべつ【一分別】ちょっと考えてみること。ひと思案。一考。「もう一あっていいところだ」

ひと-べらし【人減らし】人数を減らすこと。特に、従業員の数を減らすこと。

ひと-ぼうこう【人奉公】苦労が報いられず、他人のために奉仕した結果になること。無駄骨折り。「年中一して勝手迷惑するにつもりぬ」〈浮・永代蔵・五〉

ひ-とぼし【火▽点し】「ひともし」に同じ。

ひと-ほね【一骨】ちょっとした苦労。少しの努力。
類語 小骨・骨折り・労・辛労・労力

一骨折・る 他人のために少々の尽力をする。

ひと-ま【一間】❶一つの部屋。一室。❷寝殿造りなどで、柱と柱の間一つ。また、その長さ。❸縦横とも柱の間が一つの、小さい部屋。「寝殿の放ち出での、又一なる所の」〈落窪・一〉

ひと-ま【人間】❶人のいない間。人の気づかぬすき。「一にも月を見ては、いみじく泣き給ふ」〈竹取〉❷人との交わりが絶えること。「少し契りのさはりある、一をまことと思ひけるか」〈謡・女郎花〉

ひと-まえ【人前】まへ ❶多くの人のいる場所。他の人の見ている前。「一に出るのが苦手だ」❷他の人の前での体裁。「一を飾る」「一を取り繕う」

ひと-まかせ【人任せ】他人に任せきりにすること。「一にできない性分」
類語 他人任せ・あなた任せ・言い成り・一任

ひと-まき【一巻(き)】❶一度巻くこと。❷巻いてあるもの一つ。「絵巻物一」「毛糸を一買う」❸連歌・連句で、歌仙・百韻・千句などの一つの作品。❹一族。同族。

ひと-まく【一幕】❶演劇で、幕を上げてから下ろすまでに舞台で演じられる一区切り。「一三場の芝居」❷事件などの一つの場面。「あわや血の雨という一もあった」

ひとまく-み【一幕見】劇場で、数幕上演しているうちの一幕だけを見ること。かつては多く土足のまま立って観劇した。幕見。立見たちみ。

ひとまく-もの【一幕物】一幕で完結する演劇。

ひと-まじわり【人交わり】まじはり 他人との交際。世間づきあい。

ひと-ます【人×枡】昔、軍勢をその中に入れて人数をはかるため、城外に設けた枡形。

ひと-まず【一▽先ず】まづ〔副〕今後のことは別にして、その時点で一応の区切りをつけるさま。とりあえず。さしあたって。「これで一落ち着ける」補説「ひとまずの」の形で、名詞を修飾することがある。「一の結論を伝える」類語 さしずめ・とりあえず

ひと-まち【人待ち】人の来るのを待ちうけること。

ひと-まちがい【人間違い】まちがひ〔名〕スル「人違い」に同じ。

ひとまち-がお【人待ち顔】がほ〔名・形動〕人を待っているような顔つき。また、そのようなさま。「一に通りを眺める」

ひと-まど〔副〕「ひとまず」の音変化。「一筆をここに止めて」〈逍遥・小説神髄〉「自然の事のあらん時、一の息をも休め」〈平家・九〉

ひとま-どころ【一間所】柱と柱との間が一つの部屋。一室。「一へ忍び入り、文こまごまと書き」〈伽・唐糸さうし〉

ひと-まとめ【一×纏め】一つにまとめること。「関係書類を一にしておく」

ひと-まね【人真▽似】❶他人の行動・やり方などをそっくりまねること。「一で創意が感じられない」❷動物が人間のしぐさや言葉をまねること。

ひとまる【人丸】➤柿本人麻呂かきのもとのひとまろ

ひとまる-えいぐ【人丸影供】柿本人麻呂を歌聖として祭り、和歌を献じて供養する歌合わせ・歌会。

平安末期から行われた。人丸供(ひとまるく)。人丸供養。ひとまろえいぐ。

ひとまる-く【人丸供】「人丸影供(ひとまるえいぐ)」に同じ。

ひとまる-じんじゃ【人丸神社】▶柿本(かきのもと)神社

ひとまろ【人麻呂】▶柿本人麻呂(かきのもとのひとまろ)

ひと-まわり【一回り】(まは)〔名〕(スル) ❶物のまわり、またはある範囲を、1回まわること。一周。一巡。「得意先を—する」❷順番に従って最後の人にまでまわること。一巡。「打順が—する」❸十二支が1回めぐる年数。12年。「兄と—年が違う」❹物事の程度、また、人の度量の大きさなどの一段階。「—小さい服」「人物が—大きい」❺7日間。「湯治せられしに—にて足がひきよいぞ」〈咄・御前男・二〉 (類語)一周・一巡・一巡り

ひと-み【一身】からだ全体。全身。「蚯蚓(みみず)…など出でて、目鼻ともいはず、—にとりつきて刺せども」〈宇治拾遺・三〉

ひと-み【人見】❶芝居の舞台などで、裏から客席が見えるように幕の縫い目などに作ったすきま。❷他人の見る感じ。ひとめ。よそめ。

ひと-み【人身】生きている人のからだ。生身(なまみ)。

ひとみ【瞳┊×眸】瞳孔(どうこう)。黒目。また、目。「黒い—」「つぶらな—」(類語)黒目・瞳孔・瞳子・眸子(ぼうし)

瞳を凝ら・す まばたきもせずに、じっと見つめる。凝視する。「—・して捜す」

瞳を据・える じっと見つめて視線を動かさない。

ひとみ-きぬえ【人見絹枝】[1907～1931]女子陸上競技選手。岡山の生まれ。大正15年(1926)スウェーデンで開かれた国際女子陸上競技大会で、走り幅跳びに世界新記録を樹立。昭和3年(1928)アムステルダム-オリンピックの800メートル競走で第2位となり、日本の女子選手として初のメダルを獲得した。

ひとみ-ごくう【人身御▽供】❶人間を神への生け贄(にえ)とすること。また、その人間。人身供犠(じんしんくぎ)。❷集団または特定の個人の利益のために、ある個人を犠牲にすること。また、その個人。

ひと-みしり【人見知り】〔名〕(スル) 子供などが、知らない人を見て、恥ずかしがったり嫌ったりすること。「—して泣く子」

ひと-みち【一道】㊀〔名・形動ナリ〕❶ただ1本の道。転じて、死出の道。「汝は—に向かひ給へ」〈記・中〉❷ある一つの事に心を向けること。また、そのさま。ひとすじ。いちず。「かにかくに物は思はじ飛騨人(ひだひと)の打つ墨縄のただ—に」〈万・二六四八〉㊁〔副〕道中ずっと。「—下り乗りする程に」〈今昔・一九・三〉

ひと-むかし【一昔】もう昔のことになったと感じられるほどの過去。「もう—も前の話だ」「十年—」
(類語)昔・過去・往時・当時・いにしえ・往年・旧時・昔年・往日・昔日・昔時・往昔・往古・古昔・在りし日

ひと-むき【一向き】〔名・形動〕一つの方面に向かうこと。ただ一つの事に心を向けて、他を顧みないこと。また、そのさま。ひたむき。「お前には素直な—な善(よ)い素質がある」〈倉田・出家とその弟子〉

ひと-むね【一棟】一つの棟。1軒の建物。また、同じ棟。いっとう。「—の長屋」

ひと-むら【一群┊一×叢】1か所に集まりまとまっているもの。ひとかたまり。「—の雲」「—の薄(すすき)」

ひと-むれ【一群れ】群れ集まって一団となっていること。また、そのもの。いちぐん。「羊の—」

ひと-むれ【人群れ】人の群れ。集まった人のかたまり。群衆。

ひと-め【一目】❶一度だけ、または、ちょっとだけ見ること。「—見て気に入る」「—で正体を見破る」❷一度に広い範囲を見渡すこと。「町が—で見渡せる」❸目の中いっぱい。「涙を—受けて見おこせ給へる」〈源・須磨〉(類語)一見・一目(いちもく)・一瞥(いちべつ)・一顧・ちょっと見

ひと-め【人目┊人▽眼】❶他人の目。世間の人の見る目。「—を避ける」❷人の往来。人の出入り。「しるきかな浅茅いろづく庭のおもに—かるべき冬の近さは」〈風雅・秋下〉

人目が煩(うるさ)・い 他人に見られると、噂されたりしてやっかいである。「—・いので外で会おう」

人目に余・る ようすや行いが目立ちすぎて、他人を不快な気持ちにさせる。「—・る振る舞い」

人目に立・つ 他人の注意を引く。目立つ。「—・つ服装」

人目に付・く 他人が目を向けたときに気づく。目立って見える。「—・かない場所にしまう」

人目を奪(うば)・う 非常に目立って、人の注意を引きつける。人目を引く。「奇抜な衣装が—・った」

人目を避・ける 他人に見られないようにする。「—・けて行動する」

人目を忍・ぶ 他人に見られないように心を配る。人に知られないようにする。「—・んで会う」

人目を盗・む 他人に見られないように、こっそりと行う。「—・んで耳うちする」

人目を憚(はばか)・る 他人に見られるのを恐れる。世間に知られないように心を配る。「—・らずに泣く」

人目を引・く 外見や態度などがいかにも目立って、他人の目をひきつける。「—・く奇抜な格好」

ひと-めか・し【人めかし】〔形シク〕《動詞「ひとめく」の形容詞化》❶俗世間の人らしくみえる。「入道の宮も、この世の—・しき方は、かけ離れ給ひぬれば」〈源・横笛〉❷一人前である。りっぱである。「我が心の限りは—・しうもてなして」〈栄花・初花〉

ひと-めか・す【人めかす】〔動サ四〕人並みに扱う。「わざととりたてて—・すべくもあらぬさまなれど」〈枕・六七〉

ひと-め・く【人めく】〔動カ四〕❶一人前の人間らしく振る舞う。「けはひ、いたう—・きてよしある声なれば」〈源・橋姫〉❷人間のように見える。「花の名は—・きて」〈源・夕顔〉

ひと-めぐり【一巡り┊一▽周り】〔名〕(スル) ❶一度回ってもとに戻ること。ひとまわり。「公園を—する」❷一周忌。一回忌。「けふは、なほ—にあたれりといふを聞きて」〈泊船集〉

ひとめ-せんぼん【一目千本】千本の桜が一目で見渡せる所。特に、奈良県吉野山の桜を見るのに絶好の場所をいう。

ひとめ-づつみ【人目包み】人の見る目をはばかって隠れること。和歌では、「包み」を「堤(つつみ)」に掛けて用いることが多い。「思へども—の高ければ河とみながらえこそ渡らね」〈古今・恋三〉

ひとめ-の-せき【人目の関】《関所のように人を容易に通さない意から》人目がはばかられて思うままにできないこと。「—を離れし場所にて誰憚らず嬉しき御情を戴き度」〈魯庵・社会百面相〉

ひとめぼれ 稲の一品種。平成3年(1991)宮城県で作出。食味がすぐれ、寒冷地以外でもよく育つ。東北143号。

ひとめ-ぼれ【一目×惚れ】〔名〕(スル) 一度見ただけで好きになること。「受付嬢に—する」

ひと-めんえきふぜんウイルス【ヒト免疫不全ウイルス】《human immunodeficiency virus》▶エッチ-アイ-ブイ(HIV)

ひと-もうけ【一×儲け】(まうけ)〔名〕(スル) ある程度まとまったもうけを得ること。「—しようとたくらむ」

ひ-ともし【火▽点し】❶灯火をともすこと。火とぼし。❷「火点し頃(ごろ)」の略。❸火をたく係の人。「—の聡(さと)きことを美(ほ)め給ふ」〈景行紀〉

ひと-もじ【一文字】❶一つの文字。一字。❷《もと女房詞で「ねぎ」を「き」と1音でいったところから》葱(ねぎ)の別名。(季 冬)「—の北へ枯れ臥す古葉哉/蕪村」

ひと-もじ【人文字】多くの人が並んで文字の形や図柄を作ること。また、その文字や図柄。

ひともし-ごろ【火▽点し頃】明かりをともす時刻。夕暮れ。

ひともじ-だい【一文字題】和歌や連歌などで、漢字1文字を題としたもの。また、その題。

ひと-もと【一本】草や木などのいっぽん。また、一つだけ離れて立っている草や木など。「—松」「滑(なめら)かなる床には、—の草だに生いず」〈鴎外訳・即興詩人〉

ひと-も-なげ【人も無げ】〔形動〕図〔ナリ〕ほかに人がいないかのように振る舞うさま。人を人とも思わないさま。傍若無人なさま。「—に声高に話す」

ひと-もの【一物】〔副〕いっぱい。一面に。「内供が顔にも、童の顔にも、粥(かゆ)とばしりて—かかりぬ」〈宇治拾遺・二〉

ひと-や【▽獄┊囚=獄┊人屋】罪人を捕らえて閉じ込めておく建物。牢屋。牢獄。「罪人が—の内に押籠められたと同じように」〈藤村・破戒〉

ひと-やく【一役】一つの役目・役割。

一役買・う 一つの仕事の中で、ある役割を進んで引き受ける。「新党結成に—・う」

ひと-やすみ【一休み】〔名〕(スル) 途中で少し休むこと。「この辺でそろそろ—しよう」
(類語)小休止・少憩・休む・休らう・憩(いこ)う・くつろぐ・休息する・休憩する・一服する・一息入れる・骨休めする・休養する・息をつく・リラックス

ひと-やど【人宿】❶はたごや。旅館。「草津の—にて年を取り」〈浮・永代蔵・二〉❷使用人の周旋をする家。口入れ宿。人置き。「かの—の出居衆(でいしゅ)になって」〈浮・諸国ばなし・五〉

ひとや-の-つかさ【囚=獄▽司】▶しゅうごくし(囚獄司)

ひと-やま【一山】❶一つの山。また、ある山全体。「—が霧にすっぽり覆われる」❷山の形に積み上げたひとかたまり。「—500円のミカン」「—いくらの安物」❸物事の困難な場面の一つ。一つの山場。「完成までにまだ—も二山もある」

一山当・てる 《鉱山を掘り当てる意から》投機などで当てて大もうけする。「株で—・てる」

一山越・す 大きな仕事の中で、ある困難な段階を乗り越える。一山越える。「工事もなんとか—・す」

ひと-やま【人山】人が1か所に多く集まっているようすを山にたとえた語。「やじうまが—を築く」

ひと-やり【人▽遣り】❶自分からでなく、他から強いられてすること。「行き憂しと思ひながらも—の道にはさこそとまらざりけめ」〈新千載・離別〉❷人を行かせるようにすること。「月影はまだ夜深しとやすらへばはや—の鳥は鳴くなり」〈新撰六帖・五〉

人遣りならぬ 他人からさせられるのでなく、自分の心から求めるものである。「なぞや、—ぬ心ならむ」〈源・宿木〉

ひと-よ【一世】人が生きている間。一生。「—には二度(ふたたび)見えぬ父母を置きてや長く我(あ)が別れなむ」〈万・八九一〉

ひと-よ【一夜】❶ひとばん。いちや。「—の夢」❷ある晩。「秋の—、友と酒を酌み交わす」❸一晩中。よもすがら。「—泣き明かす」

ひとよ-ぎり【一▽節切】尺八の一種。長さ約34センチ、太さ直径約3センチの竹製の縦笛で、節が一つある。室町中期に中国から伝来、桃山時代から江戸初期にかけて流行したが、幕末に衰滅。一節切尺八。

ひとよ-ぐさ【一夜草】スミレの別名。

ひとよ-ざけ【一夜酒】《一夜のうちに熟成するところから》甘酒。いちやざけ。(季 夏)「御仏に昼そなへけり—/蕪村」

ひとよし【人吉】熊本県南部、球磨川(くまがわ)流域にある市。もと相良(さがら)氏の城下町。製材が盛ん。球磨(くま)焼酎の産地。人吉温泉がある。人口3.6万(2010)。

ひと-よし【人▽好し】〔名・形動〕「御(お)人好(よ)し」に同じ。「まして—の嫁御寮は」〈蘆花・思出の記〉

ひとよし-し【人吉市】▶人吉

ひとよし-ぼんち【人吉盆地】熊本県南部、九州山地南端に広がる構造盆地。東西約25キロメートル、面積約72平方キロメートル、盆地底の標高100～200メートル。中央部を東西に流れる球磨(くま)川上流部にあり、南部は複合扇状地・段丘からなる台地、北部は凝灰(ぎょうかい)岩からなる丘陵が見られる。

ひと-よせ【人寄せ】〔名〕(スル) ❶大勢の人を集めること。また、そのための口上・演芸など。「—に有名人を招く」❷「人寄せ席」の略。(類語)人集め・客寄せ

ひとよせ-せき【人寄せ席】人を寄せ集めて落語・講談・音曲などを興行する所。よせせき。よせ。

ひとよせ-だいこ【人寄せ太鼓】演芸・相撲など、興行物の始まる前に人寄せのために打ち鳴らす太鼓。よせだいこ。

ひとよせ-パンダ【人寄せパンダ】《動物園でジャイアントパンダの人気があることから》人々を寄せ集

めたり、注目を引いたりするために利用する、人気のある人や物。客寄せパンダ。

ひとよ-たけ【一夜×茸】ヒトヨタケ科のキノコ。庭や畑に群生し、高さ6〜12センチ。灰白褐色で、胞子が熟すと傘が黒くなって溶ける。ごく若いものは食用になるが、酒といっしょに食べると中毒する。

ひとよ-づま【一夜妻｜一夜▽夫】❶(一夜妻)㋐一晩だけ関係を結んだ相手の女性。また転じて、遊女・娼婦。いちやづま。㋑織女星。❷(一夜夫)一晩だけ関係を結んだ相手の男性。「我が門に千鳥しば鳴く起きよ起きよ我が一夜夫に知らゆな」〈万・三八七三〉

ヒドラ〘Hydra〙㊀㊀ギリシャ神話で、九つの頭を持った海蛇。ヘラクレスに退治される。ヒュドラ。㊁冥王星の第3衛星。名は㊀に由来。2005年にハッブル宇宙望遠鏡で発見された。直径は40〜50キロ。ヒュドラ。㊁(hydra)ヒドロ虫綱ヒドラ科の腔腸動物の総称。淡水産。ポリプ型だけがあり、棒状に細長く、体長約1センチ。先端に口が開き、その周りの6〜8本の触手を伸ばして餌を捕る。下部の柄で水草や沈んだ落ち葉に付着。有性生殖も行うが、ふつう出芽によって増殖。再生力が強い。

ヒトラー〘Adolf Hitler〙[1889〜1945]ドイツの政治家。オーストリア生まれ。第一次大戦後、ドイツ労働者党に入党、党名を国家社会主義ドイツ労働者党(ナチス)と改称して1921年に党首となった。23年、ミュンヘン一揆に失敗して入獄。世界恐慌による社会の混乱に乗じて党勢を拡大し、33年に首相、翌年総統となり全体主義的独裁体制を確立。侵略政策を強行して、39年第二次大戦をひき起こしたが、敗戦直前に自殺。著「わが闘争」。ヒットラー。

ヒトラーユーゲント〘ドイツ Hitlerjugend〙ナチス-ドイツの青少年組織。1926年発足。ナチス政権成立後、法律で14〜18歳の全男子を強制的に加入させ、ナチ教育と軍事教練を行った。女子についても同様の「ドイツ女子青年団」があった。第二次大戦後廃止。

ひと-らし・い【人らしい】〔形〕文ひとら・し〔シク〕人間らしい。人としてふさわしい。「―・い感情をもち合わせない」

ヒドラジド〘hidrazide〙結核治療薬のイソニコチン酸ヒドラジドのこと。ヒドラジッド。

ヒドラジン〘hydrazine〙窒素2原子と水素4原子から成る無色の液体。空気中で強く発煙する。有毒。還元剤・ロケット燃料などに用いられる。

ひと-り【一人｜独り】㊀〔名〕❶人数が1であること。一個の人。いちにん。「―に一つずつ配る」「乗客の―」❷仲間・相手がいなくて、その人だけであること。単独。「―で悩む」「―でいるのが好きだ」❸他の人の助けを借りず、その人だけですること。独力。自力。「―ではなに一つ満足にできない」「―で解決する」❹配偶者のないこと。独身。「いまだに―でいる」㊁〔副〕❶物事をその人だけでするさま。単独で。「―読書に励む」「―物思いにふける」❷打消しの語を伴って、ある物事だけに限ったことではないという気持ちを表す。ただ。単に。「―現象にとどまらず、本質に迫るべきだ」❸ひとりでに。自然に。「むつかしくもぢれたるもの、―さばくるといへり」〈三冊子・黒双紙〉

類語(㊀❶)一人・一名・一個・一介・一員/(㊀❷)単独・単身・身一つ・孤独・独りぼっち/(㊀❹)独身・独り身・独り者・未婚・シングル・チョンガー

独りを慎む ►君子は独りを慎む

ひ-とり【火取り｜火採り】❶香をたきしめるのに用いる香炉。漆器の中に銀や銅または陶器で作った炉を置き、上から銀・銅のかごで覆ったもの。火取り香炉。❷おこした炭火などを運ぶのに使う道具。❸「火取りの童」の略。

ひ-どり【日取り】事を行う日を選んで決めること。また、その日。「結婚式の―を決める」類語予定・日程

ビトリア〘Vitoria〙㊀スペイン北部、バスク州の州都。12世紀にナバラ王国サンチョ6世が都市を築き、商工業の中心地として発展。現代は自動車工業、化学工業が盛ん。旧市街には14世紀に建てられたゴシック様式のサンタマリア大聖堂、15世紀の城館をはじめ歴史的建造物が多い。毎年7月に国際的なジャズ音楽祭が催される。15世紀に起源するトランプの生産地としても知られる。バスク語名ガステイス。㊁ブラジル、エスピリト-サント州の州都。大西洋に面する湾内の島に建設された。コーヒーの積み出し港として栄える一方、近年は製鉄や石油化学の工場群も立地する。ヴィトリア。人口31.3万(2005)。

ひとり-あるき【一人歩き｜独り歩き】〔名〕スル❶連れもなく、ただ一人だけで歩くこと。「深夜の―は危険だ」❷他人の助けを借りずに自力で歩くこと。「子供が―するようになる」❸自分の力だけで生活・仕事をすること。ひとりだち。「親元を離れて―する」❹当初の趣旨や意図とは関係なく勝手に動いていくこと。「制度そのものが―を始める」「数字だけが―する」
類語独立・自立・一本立ち・独り立ち

ひとり-あんない【独り案内】独学で習得できるようになっている書物。独習書。

ひとり-い【独り居】ただひとりでいること。ひとりだけで暮らすこと。「―の楽しみ」

ひとり-うらない【独り占い】自分で自分の運命を占うこと。「トランプで―をする」

ひとり-えみ【独り笑み】相手なしに一人で笑うこと。ひとりわらい。「―しつつ臥し給へり」〈源・若紫〉

ひとり-おや【一人親】両親のうち一方がいないこと。また、その残っている親。片親。

ひとりおや-かてい【一人親家庭】父または母と未成年の子供を主な構成員とする家庭。父子家庭または母子家庭のこと。単親家庭。

ひとりおや-せたい【一人親世帯】「一人親家庭」に同じ。

ひとり-が【▽灯×蛾｜火取×蛾】鱗翅目ヒトリガ科の昆虫。翅の開張6センチくらい。前翅は黒茶褐色の地に白いすじ模様があり、後ろ翅は赤い地に黒色の円紋が点在する。夏に出現し、夜行性でよく灯火に飛来。幼虫は赤褐色の長毛をもち、くまけむしとよばれる。

ひとり-かご【火取り籠】火取り❶の上にかぶせる金網状のかご。衣服を掛けて乾かしたり香をたきしめたりする。

ひとり-がち【一人勝ち｜独り勝ち】数人の中で一人だけが勝ちを得ること。「麻雀で―をする」

ひとり-がてん【独り合点】〔名〕スル 自分だけで、よくわかったつもりになること。ひとりのみこみ。ひとりがってん。「―して話を進めてしまう」
類語早のみ込み・早合点・早とちり

ひどり-がも【×緋鳥×鴨】カモ科の鳥。全長48センチくらい。雄は頭部が赤茶色で額が黄白色、胸がぶどう色、背と側面が灰色。雌は全体に褐色。ユーラシア北部で繁殖。日本では冬鳥で、港湾・湖沼でみられ、雄はピューと笛のような声で鳴く。あかがしら。

ひとり-ぎめ【独り決め｜独り▽極め】〔名〕スル❶他の人の考えや都合を聞かずに、自分だけで決めてしまうこと。「方針を―する」❷自分ひとりで勝手に思い込むこと。「息子が店を継ぐものと―している」
類語独断・専断・自決

ひとり-きょうげん【一人狂言｜独り狂言】❶「一人芝居」に同じ。❷シテが独演する特殊な本狂言。現行曲中にはないが、番外曲として数曲伝えられている。

ひとり-ぐち【一人口｜独り口】❶「独り言」に同じ。「―ききつつ眠りに入った様な訣であった」〈左千夫・野菊の墓〉❷ひとりだけで生計を立てること。また、その生計。

一人口は食えぬが二人口は食える 生活するには、独身でいるよりも世帯をもったほうが経済的に得策であるということ。

ひとり-ぐらし【一人暮(ら)し｜独り暮(ら)し】ひとりで生活すること。「気ままな―」
類語独り住まい・独居・孤族

ひとり-ご【一人子｜独り子】「ひとりっこ」に同じ。

ひとり-ご・つ【独り▽言つ】〔動タ五(四)〕《名詞「ひとりごと」の動詞化》ひとりごとを言う。「『ああ、逃がしちゃった』と…すこし上ずった声で―・ちた」〈堀辰雄・三つの挿話〉

ひとりごと【ひとり言】室町中期の連歌論書。1冊。心敬著。応仁2年(1468)成立。連歌に関する著者の所感をつづる。

ひとりごと【独ごと】江戸中期の俳論書。2冊。上島鬼貫著。享保3年(1718)刊。上下119段からなり、「まこと」を中心とする文学理念や身辺雑記を述べたもの。

ひとり-ごと【独り言】聞く相手がいないのにひとりでものを言うこと。また、その言葉。独語。「ぶつぶつと―をつぶやく」類語独話・独語

ひとり-ごはん【一人御飯】一人で食事をとること。自宅で食べることにも、外食をすることにもいう。

ひとり-じかんさ【一人時間差】バレーボールの時間差攻撃の一。相手のタイミングを外す動きをする選手が、自らスパイクを打つ攻撃。一人時間差攻撃。

ひとり-しずか【一人静】センリョウ科の多年草。山野に生え、高さ20〜30センチ。二対の葉が対生してつき輪生状に見える。早春、葉の間から1本の穂を出し、白い小花を穂状につける。花びらはなく、糸状の雄しべが目立つ。よしのしずか。まゆはきぐさ。《季 春》「花穂ひとつ―の名に白し/水巴」

ひとり-しばい【一人芝居｜独り芝居】❶一人で数人の役を演じ分けて芝居を見せるもの。❷相手がないのに、自分の思い込みだけでいろいろな言動をとること。「結局彼の―に終始した」

ひとり-じまん【独り自慢】他人がほめないのに、自分ひとりで自慢すること。

ひとり-じめ【独り占め｜一人占め】〔名〕スル 自分または自分たちだけのものにすること。独占。「もうけを―する」「待合室のテレビを―する」類語独占・専有

ビトリス〘Bitlis〙トルコ東部の町。同国最大の湖、バン湖の西約15キロメートル、ビトリス川が刻む谷間に位置する。住民の大半をクルド人が占める。タバコの産地として有名。アレクサンドロス大王の部下ベドリスが建造したというビトリス城があり、町の名の由来となっている。また、セルジュークトルコ、オスマン帝国時代のモスクや神学校などの歴史的建造物が残る。

ひとり-すぎ【一人過ぎ｜独り過ぎ】結婚せずに、独身で暮らすこと。また、その人。「一程、世にかなしきものはなし」〈浮・諸国ばなし・五〉

ひとり-ずまい【独り住(ま)い】結婚せずに、または家族と離れて、一人で住んでいること。
類語一人暮らし・独居・孤族

ひとり-ずもう【一人相-撲｜独り相-撲】❶二人で相撲をとっているような所作を一人でしてみせること。また、その芸。神事・大道芸として行われた。❷相手がないのに自分だけで気負い込むこと。また、実りのない物事に必死で取り組むこと。「むなしい―をとる」

ひとり-ぜりふ【独り台=詞】演劇などで、心中の思いなどを相手なしにひとりで言うせりふ。独白。モノローグ。

ひとり-だち【独り立ち】〔名〕スル❶他の助けを借りずに自分ひとりの力で立つこと。「乳児が―するようになる」❷他の助力なしに、自分の力だけで仕事や生活をしていくこと。独立。「修業を終えて―する」❸ひとりずつ立ち去ること。「―に皆立ち去りにけり」〈今昔・二四・五二〉類語独立・自立・一本立ち・独り歩き

ひとり-たび【一人旅｜独り旅】道連れなしに旅をすること。また、その旅。

ひとりっ-こ【一人っ子｜独りっ子】兄弟・姉妹のない子。ひとりご。類語一粒種

ひとりっこ-せいさく【一人っ子政策】中国で1979年に施行された政策。急激な人口増加を緩和するため、一組の夫婦につき子供を一人に制限し、二人目からは罰金を科すもの。2002年に緩和策がとられ、一人っ子同士の夫婦には二人目の出産が認められるようになった。

ひとりで-に〔副〕他からの力は加わっていないはずなのに、自然に。おのずから。「戸が―開いた」

(類語)自ずと・自ずから・自然

ひとり-てんか【一人天下】《「ひとりでんか」とも》抑える人がだれもいなくて、自分ひとりで思うままに振る舞うこと。「姉達が家を出て末っ子の一だ」

ひとり-ね【独り寝】相手がいなくてひとりだけで寝ること。

ひとり-のみこみ【独り×呑み込み】「独り合点」に同じ。

ひとり-の-わらわ【火取りの▽童】わらは 五節ごせちの舞姫が参入するときに、火取り❶を持って先に立つ童女。

ひとり-ばみ【一人▽食み】❶一人だけで食うこと。〈新撰字鏡〉❷他の助けを借りずに、一人で事をすること。転じて、独立して生計を立てること。独り立ちすること。「そもそもの水揚げより一させける白銀大臣の思ひ付き」〈浮・敗毒散・一〉

ひとり-ばら【一人腹】ひとりで腹を立てること。「相手知れずの一」〈浄・鑓の権三〉

ひとり-ひとり【一人一人】《「ひとりびとり」とも》❶多くの中のそれぞれの人。めいめい。各人。副詞的にも用いる。「一の自覚が大切だ」「一診察する」❷どちらかひとり。だれかひとり。「思ひ定めて一に逢ひ奉り給ひね」〈竹取〉(類語)めいめい・各自・各人・面面・てんでん・てんでに・各位

ひとり-ぶし【独り×臥し】「独り寝」に同じ。「いと心苦しければ、一がちにて過ぐし給ふ」〈源・明石〉

ひとり-ぶたい【独り舞台】❶舞台で、ただ一人の役者が演じること。独演。❷芝居の中で、一人の役者の演技が際立っていること。❸他の者の存在が薄くなるほど、ある一人が目立った活躍をすること。また、一人思うままに振る舞うこと。独擅場どくせんじょう。「試合はあの投手の一だった」

ひとり-ぼっち【独りぼっち】《「ひとりぼうし」の音変化。「ひとりぽっち」とも》仲間や頼る人などがいなくて、ただひとりであること。「一で置き去りにされる」(類語)孤独・独り

ひとり-まえ【一人前】まへ「いちにんまえ」に同じ。

ひとり-まなび【独り学び】指導者なしに、自分だけで学問や技芸を勉強すること。独学。独習。また、そのための書物。独習書。

ひとり-み【独り身】❶結婚していないこと。また、その人。どくしん。「一を守る」❷生活を共にする人のいないこと。ただひとりで生活を営んでいること。また、その人。(類語)独身・独り者・一人・シングル

ひとり-むし【火取り虫｜×蟷】夏の夜、灯火に集まってくる虫。ヒトリガの類。灯蛾とうが。(季 夏)「一羽音重きは落ちやすし／楸邨」

ひとり-むしゃ【一人武者】ぬきんでて強い武者。「その時、一、かの塚に向かひ」〈謡・土蜘蛛〉

ひとり-むすこ【一人息-子】兄弟・姉妹のない息子。または、姉妹はあっても兄弟のない息子。

ひとり-むすめ【一人娘】兄弟・姉妹のない娘。または、兄弟はあっても姉妹のない娘。

ひとり-もの【独り者】❶結婚していない人。独身者。❷ひとりで生活している人。(類語)独身・独り身・一人・シングル

ひとり-やおちょう【一人八百長】やほちやう 相手の事情に同情して、全力を出さず勝ちを譲ること。片八百長。➡人情相撲

ひとり-よがり【独り善がり】〔名・形動〕他人の意見を無視して、自分だけでよいと思い込んでいること。また、そのさま。どくぜん。「一な(の)言動」

ひとり-れんが【独り連歌】発句から挙句まで一人で詠む連歌。独吟の連歌。

ひとり-わらい【独り笑い】わらひ〔名〕スル ❶相手がいないのに、思い出したり想像したりしてひとりで笑うこと。「驚いた顔が目に浮かんで一する」❷春画。枕絵。

ひ-ど・る【日取る】〔動ラ四〕期日を選定する。「四月二十日の程に一・りて来むとする程に」〈源・玉鬘〉

ひ-ど・る【火取る】〔動ラ五(四)〕火であぶる。さっと焼く。「茶ヲ一・ル」〈和英語林集成〉

ビトルビウス〘Marcus Vitruvius Pollio〙古代ローマの建築家。前1世紀に活躍。著書「建築十書」は、ルネサンス時代に再評価され、後の建築に大きな影響を与えた。生没年未詳。ウィトルウィウス。

ピトレスク〘フランス pittoresque〙〔形動〕絵のように美しいさま。絵画的。「一な情景」「一な詩文」

ヒドロ〘hydro〙《ギリシャ hudōr(水)から》水素を含む、水素を加えてできたなどの意を表す。

ヒドロキシ-さん【ヒドロキシ酸】《hydroxy acid》カルボン酸のうち、ヒドロキシル基(水酸基)をもつ有機酸。乳酸・酒石酸・枸櫞くえん酸など。オキシ酸。

ヒドロキシルアミン〘hydroxylamine〙水酸基(ヒドロキシル基)とアミンが結合した物質。アンモニアに類似した物質で、無色の結晶。セ氏130度ぐらいで爆発する。劇物。

ヒドロキシル-き【ヒドロキシル基】➡水酸基すいさんき

ヒドロキノン〘hydroquinone〙キノンを亜硫酸で還元して得られる無色の結晶。還元性が強く、写真現像剤や分析試薬などに用いられる。ハイドロキノン。化学式$C_6H_4(OH)_2$

ヒドロちゅう-るい【ヒドロ虫類】《ラテン Hydrozoa》ヒドロ虫綱の腔腸こうちょう動物の総称。多くは、無性生殖をするポリプ型と有性生殖をするクラゲ型との世代交代を行うが、どちらか一方しかないものもある。ポリプは円筒形で、先端の口の周りに触手が並び、群体を形成することが多い。クラゲは皿状や鐘状。ヒドラ・マミズクラゲ・カツオノエボシなど。

ピトロッホリー〘Pitlochry〙英国スコットランド中部の町。タンメル川に沿い、ファスカリー湖に面する。19世紀半ばにビクトリア女王が訪れ、鉄道駅が建設されて以降、スコットランド有数の観光保養地として知られる。英国に留学中だった夏目漱石も静養に訪れた。

ヒドロニウム-イオン〘hydronium ion〙➡オキソニウムイオン

ひと-わき【人▽別き】人によって差別をすること。「一しけると思ふに、いとねたし」〈源・末摘花〉

ひと-わたり【一渡り｜一▽渉り】❶一度全体にわたって、簡単に行うこと。副詞的にも用いる。ひととおり。「一は説明した」「会場を一見渡す」❷一度。一遍。「なほ一はつらしと思はれ」〈源・東屋〉❸音楽などを1回終わりまで奏すること。「かたき調子どもを、ただ一に習ひ取り給ふ」〈源・紅葉賀〉

ひと-わらえ【人笑へ】わらへ〔名・形動ナリ〕「人笑わせ」に同じ。「一にやあらむと、さまざまに思ひみだれて」〈和泉式部日記〉

ひと-わらわせ【人笑わせ】わらはせ〔名・形動〕人を笑わせること。また、そのさまや、そのような愚かしい言動。「一な言いぐさ」

ひと-わらわれ【人笑はれ】わらはれ〔名・形動ナリ〕人に笑いものにされ、あなどられること。また、そのさま。「まだ世に赦ゆるされもなくては、一なる事こそまさらめ」〈源・明石〉

ひと-わる【人悪】〔名・形動〕性質の悪いこと。たちの悪いこと。また、そのさまや、そのような人。「一な嬢様じょうさまの」〈緑雨・門三味線〉

ひと-わる・い【人悪い】〔形〕図ひとわる・し〔ク〕性質がひねくれている。意地悪い。人が悪い。「もっと一・く観察する時には」〈佐藤春夫・都会の憂鬱〉

ひと-わろ・し【人▽悪し】〔形ク〕体裁が悪い。みっともない。「さまざまに一・き事どもを愁うれへあへるを聞き給ふも」〈源・末摘花〉

ビトン〘Louis Vuitton〙[1821～1892]フランスの皮革職人。1854年、パリに旅行用鞄の専門店を開業、カンバスを張った軽量のトランクが人気を博す。没後、事業は息子のジョルジュに引き継がれ、世界的なブランドへと成長した。

ピトン〘フランス piton〙「ハーケン」に同じ。

ひな【×鄙】都から離れた土地。田舎。「一にはまれなしゃれた店」(類語)田舎・郷・在・在所・在郷・在地・在方・地方・ローカル

ひな【×雛】㊀〔名〕❶卵からかえって最初の羽が生えそろうまでの鳥。また、親からえさをもらっている時期の鳥。ひよこ。ひなどり。「一がかえる」❷雛人形。ひいな。「お一さま」(季 春)「草の戸も住み替はる代ぞ一の家／芭蕉」㊁〔接頭〕名詞に付いて、小さい、愛らしい、などの意を表す。「一形」「一菊」

ひな-あそび【×雛遊び】雛人形や、その調度品を飾り、供え物をしたりして遊ぶこと。近世以降は、雛祭りをさす。ひいなあそび。

ひな-あらし【×雛荒(ら)し】四国・中国地方で、3月の節句に子どもたちが供え物をもらい歩く行事。

ひな-あられ【×雛×霰】桃の節句に、雛人形に供えるあられ。米粒を熱してふくらませ、紅白の糖蜜をまぶしたもの。(季 春)

ひ-ない【皮内】皮膚層の中。

ひない-じどり【比内地鳥】ぢどり《「比内地鶏」とも書く》秋田県大館地方の地鳥である比内鳥と、米国原産のロードアイランドレッド種との交配種。食肉・卵ともに人気がある。➡比内鳥

ひない-しん【皮内×鍼】日本で考案された鍼はりの一。特殊な鍼を皮膚に浅く刺し、絆創膏ばんそうこうで固定するもの。

ひな-いち【×雛市】雛人形や雛祭りの供え物などを売るために立つ市。(季 春)

ひない-ちゅうしゃ【皮内注射】皮内に薬物を少量注射する方法。ツベルクリン反応やアレルギー診断、ワクチンの予防接種などに用いられる。

ひない-どり【比内鳥】《「比内」は秋田県大館地方の古名。「比内鶏」とも書く》大館地方で古くから飼われてきた、中型の地鳥。シャモと地鳥の雑種。肉質の良さで有名だが、原種は昭和17年(1942)天然記念物に指定。現在、比内地鳥の名で売られているのは、原種と米国原産のロードアイランドレッド種との交配種。➡比内地鳥

ひな-うた【×鄙歌】田舎の素朴な歌。ひなびた歌。

ひな-おくり【×雛送り】➡流し雛びな

ひ-なか【日中】❶日のあるうち。昼間。にっちゅう。「昼一」❷半日。「門の外にわしを一程待たせて」〈浄・本田善光日本鑑〉(類語)昼・昼間・日ひるうち

ひ-なが【日長｜日永】春になって、昼間が長く感じられること。また、その時節。「春の一」(季 春)「うら門のひとりでにあく一かな／一茶」

ひな-かざり【×雛飾り】雛祭りに、雛人形を飾ること。また、その飾りもの。(季 春)

ひな-がし【×雛菓子】グワシ 雛祭りに供える菓子。菱餅ひしもち・雛あられなど。(季 春)

ひな-がた【×雛形】❶実物を小さくかたどって作ったもの。模型。「新空港の一」❷形式・様式を示す見本。特に、書類などの決まった書き方を示すもの。書式。「申請書の一」(類語)模型・ミニチュア・モデル

ひながた-ざし【×雛形▽尺】鯨尺くじらじゃくの3寸5分を1尺とした物差し。

ひな-ぎきょう【×雛×桔▽梗】ギキヤウ キキョウ科の多年草。暖地の野原などに生え、高さ約30センチ。細い茎が群がって出て、葉はへら状。夏から秋、青紫色のキキョウに似た小さい花を上向きに開く。

ひな-ぎく【×雛菊】キク科の多年草。群生し、葉はへら形。春、高さ約10センチの花茎を伸ばし、淡紅・紫紅・白色などの頭状花を開き、秋ごろまで咲く。ヨーロッパ西部の原産で、観賞用。延命菊。延齢客えんれいかく。デージー。(季 春)「小さき鉢に取りて一鮮あざやかに／温亭」

ひなぐ-おんせん【日奈久温泉】ヲンセン 熊本県八代やつしろ市日奈久の温泉。八代海に臨む。泉質は単純温泉・塩化物泉。もと熊本藩の藩営であった。

ひ-な-ぐもり【ひな曇り】〔枕〕《「な」は「の」の意》日の曇った薄い日ざしの意から、「薄日うすひ」と同音の地名「碓氷」にかかる。「一碓氷の坂を越えしだに」〈万・四四〇七〉

ピナクル〘pinnacle〙「エギーユ」に同じ。

ひ-なげ【×杼投げ】織機で、杼を走行させて縦糸の間に横糸を通す操作。

ひな-げし【×雛×芥子｜×雛罌=粟】ケシ科の越年草。高さ30～90センチ。全体に毛があり、葉は羽状に深く裂けていて白粉を帯びた緑黄色。5、6月ごろ、大形の紅・桃・白色などの4弁花が咲く。八重咲きの品種もある。ヨーロッパ中部の原産。観賞用。虞美人草ぐびじんそう。美人草。ポピー。(季 夏)「一の曲りて立ちて白き陽に／青邨」

ひな-ごと【×雛事】「雛遊ひなあそび」に同じ。
ひな-さか・る【×鄙▽離る】〔動ラ四〕《「ひなざかる」とも》都から遠く離れる。辺鄙へんぴである。「大君の命みこと恐かしこみ—・る国を治むと」〈万・四二一四〉
ひな-さき【×雛×尖】❶烏帽子えぼしの正面のくぼみの中央に小さく突き出ている部分。❷陰核。〈和名抄〉
ひ-なし【日▽済し】❶借金を毎日少しずつ返すこと。❷「日済し金」の略。「吝嗇者りんしょくものの—を督促せる様に」〈蘆花・不如帰〉
び-な・し【▽便無し】〔形ク〕「びんなし」の撥音の無表記。「心寄せきこゆべき人となむ思う給ふるを、もし—・くやおぼしめさるべき」〈源・早蕨〉
ひなし-がし【日▽済し貸し】日済し金を貸すこと。また、それを商売とする人。「そのような言吐いいぐさす—のお爪つめが娘は」〈紅葉・二人女房〉
ひなし-がね【日▽済し金】毎日少しずつ返す約束で貸したり借りたりする金。日済しの金。
ひなせ-しょとう【日生諸島】ひなせショタウ 岡山県南東部、瀬戸内海にある大小14の島々からなる諸島。備前市に属する鹿久居かくい島・大多府おおたぶ島・頭島かしらじま島・鴻島こうじま・鶴島、瀬戸内市に属する長島などからなる。瀬戸内海国立公園に含まれる。
ひ-な-た【日▽向】❶《「日の方かた」の意から》日光の当たっている場所。⇔日陰。❷物事の表面。表側。「陰—のない人」(類語)日溜だまり・日当たり
日向に氷ひ 《日向に出した氷はすぐに溶けることから》次第に消えていくことのたとえ。特に、蓄えが乏しくなっていくことをたとえていう。
ひなた-あめ【日▽向雨】日が照っているのに降る雨。日照り雨。
ひなた-くさ・い【日▽向臭い】〔形〕図ひなたくさ・し〔ク〕❶日光にさらされたものに特有のにおいがしている。「—・い干し物」❷田舎くさい。やぼったい。「—・い女給仕も」〈石川淳・普賢〉
ひなた-ぼこ【日▽向ぼこ】「日向ぼこり」の略。(季冬)「ふるさとにたよりおこたり—/汀女」
ひなた-ぼこり【日▽向ぼこり】「日向ぼっこ」に同じ。(季冬)
ひなた-ぼっこ【日▽向ぼっこ】〔名〕スル《「ひなたぼこ」の音変化》ひなたに出て暖まること。「—しながら居眠りをする」(季冬)
ひなた-みず【日▽向水】ミヅ ❶ひなたにあって少し温かくなった水。(季夏)「—ひろごる雲をうつしけり/万太郎」❷なまぬるい水。
ひなた-もん【日▽向紋】定紋じょうもんに用いる紋で、白く染め抜きにして表したもの。表紋おもてもん。➡陰紋かげもん
ひな-だん【×雛壇¦×雛段】❶雛祭りに、雛人形や調度品などを並べて飾る壇。雛棚。(季春)「—に桃ちりかかる四日かな/綺堂」❷歌舞伎の大道具の一。舞踊劇のとき、長唄と囃子はやしの演奏者が座る二段の台。上段に長唄連中、下段に囃子方が座る。➡山台やまだい ❸歌舞伎劇場の一階見物席で、東西の桟敷と、その前の高土間などのこと。緋毛氈ひもうせんを敷き、平土間より一段ずつ高くなっていたのでいう。❹会場などで一段高く設けられている座席。特に、国会の本会議場で大臣席などをいう。
ひなつ-こうのすけ【日夏耿之介】ひなつカウのすけ[1890～1971]詩人・英文学者。長野の生まれ。本名、樋口国登。神秘的、高踏的な詩風を確立。詩集「転身の頌」「黒衣聖母」、詩史「明治大正詩史」など。
ひなつ-ぼし【火夏星¦熒=惑=星】火星の異称。
ピナトゥボ-さん【ピナトゥボ山】《Pinatubo》フィリピン、ルソン島中部、サンバレス山脈の火山。標高1445メートル。1991年に大噴火。ピナツボ山。
ひな-どり【×雛鳥】❶鳥のひな。ひよこ。❷特に、鶏のひな。また、その肉。
ひな-ながし【×雛流し】3月3日の節句の夕方、雛人形を川や海へ流すこと。古く、祓はらえに使った形代かたしろを流した風習の名残り。(季春)
ひな-にんぎょう【×雛人形】ひなニンギャウ 雛祭りに飾る人形。形代かたしろが起源ともいわれ、紙製のものが平安時代からみられる。江戸時代に入って布製で公家の正装姿の内裏雛だいりびなが現れ、数段の雛段に三人官女・随身ずいじんなどとともに飾られるようになった。おひなさま。ひな。(季春)
ひな-の-うすつぼ【×雛の臼×壺】ゴマノハグサ科の多年草。山地に自生し、葉は長卵形で対生する。夏、暗赤紫色の壺状の花を多数つける。
ひな-の-しゃくじょう【×雛の×錫×杖】ひなのシャクヂャウ ヒナノシャクジョウ科の多年生の腐生植物。本州中部地方の暗い森林に自生。地下茎は小さな塊状。葉緑素を欠き、白色で、高さ3～15センチ。葉は鱗片りんぺん状。夏、茎の先に白い筒状の花が集まって咲く。
ひな-の-せっく【×雛の節句】3月3日の雛祭りの節句。桃の節句。(季春)
ひな-びと【×鄙人】田舎の人。里人さとびと。
ひな・びる【×鄙びる】〔動バ上一〕図ひな・ぶ〔バ上二〕いかにも田舎という感じがする。いなかめく。「山あいの—・びた温泉場」
ひ-なぶり【火▽弄り¦火×嬲り】「火遊び」に同じ。「火鉢のもと、人待つ宵の—や」〈浄・重井筒〉
ひな-ぶり【×鄙振り¦夷=曲¦×夷振り】❶田舎めいていること。また、そのもの。❷上代の歌謡の一。地方の歌が宮廷に取り入れられ、大歌になったもので、その歌詞から名づけられたものらしい。❸狂歌のこと。「きさまも一の一首もよむじゃあねえか」〈魯文・西洋道中膝栗毛〉
ひな-まつり【×雛祭(り)】3月3日の上巳じょうしの節句に、女児のある家で雛人形を飾り、菱餅・白酒・桃花などを供えて祝う行事。けがれ・災いを人形にんぎょうに移しはらおうとする風習が起源とされる。雛遊び。ひいなまつり。(季春)「花咲かぬ片山陰も—/一茶」
ひ-なみ【日並(み)¦日▽次】❶日のよしあし。その日の吉凶。日柄ひがら。「—がよい」❷毎日行うこと。日ごと。「けふいくか—の御狩かりくらし片野の小野を行き帰るらん」〈夫木・一八〉❸日取り。日付。「その—を書き付けられたりけるにこそ」〈盛衰記・一〇〉
ひなみ-き【日並(み)記】日々の記録。日記。
ひな-やしろ【×雛社】雛遊びの調度で、小さい神社。
ひ-ならず【日ならず】〔副〕いく日もたたないうちに。近いうちに。まもなく。「—完成をみるだろう」
ひならず-して【日ならずして】〔連語〕いく日もたたずに。近いうちに。「結成後—解散する」
ひ-なわ【火縄】ひなは 檜ひのきの皮、竹の繊維または木綿糸などを綯なって縄を作り、これに硝石を吸収させたもの。火持ちがよいので点火に用いた。
ひなわ-うり【火縄売り】ひなは 江戸時代、芝居小屋などで、観客の喫煙用の火縄を売り歩いた人。役者の出入りに声をかけることや、客の整理などもしたという。
ひなわ-じゅう【火縄銃】ひなは 火縄によって発射薬に点火させて弾丸を発射する方式の小銃。15世紀後半にヨーロッパで発明され、日本へは天文12年(1543)ポルトガル人によって種子島たねがしまに伝来した。種子島。火縄筒。
ひなわ-づつ【火縄筒】ひなは ►火縄銃
ひ-なん【非難¦批難】〔名〕スル 人の欠点や過失などを取り上げて責めること。「不実な態度を—する」
(類語)批判・論難・指弾・弾劾・糾弾・責める・咎とがめる・詰なじる・難ずる・噴ふむ・吊つるし上げる・締め上げる・責め付ける・責め立てる・難詰・面詰・面責・問責・詰問・詰責・叱責しっせき・譴責けんせき・弁難・追及
ひ-なん【避難】〔名〕スル 災難を避けること。災害を避けて、安全な場所へ立ちのくこと。「川が増水したので高台に—する」「緊急—」「—訓練」
(類語)退散・退去・退避・退却
び-なん【美男】❶顔かたちの美しい男。好男子。美男子。びだん。「—美女」❷「美男鬘かずら」に同じ。
(類語)二枚目・色男・ハンサム・美丈夫・美少年・美童
びなん-かずら【美男×葛】かづら ❶サネカズラの別名。(季秋)❷❶の茎を浸して得た粘液。鬢びんつけ油の代用や製紙用ののりとして用いる。美男石びなんせき。
びなん-かずら【美男×鬘】かづら 狂言装束の一。女性役に用いるかぶり物で、長さ約5メートルの白布を頭に巻き、両端を顔の左右に垂らして帯にはさんだもの。美男帽子。
ひなん-かんこく【避難勧告】クワンコク 災害対策基本法に基づき、災害発生の恐れのある場合に市町村長が出す避難の勧め。さらに状況が切迫した場合、災害が発生して残っている人がいる場合には「避難指示」になる。
ひなん-けつぎ【非難決議】❶議会・国際会議・機関などが、規範に反する不当な行為を行った相手に対して公式に抗議し、非難を表明すること。❷国連安全保障理事会による問題対応策の一つ。当事国に対し、改善要求や非難などを行う。安保理決議は、常任理事国による拒否権行使がないことと、採択には常任・非常任理事国15か国のうち計9か国以上の賛成が必要。国連憲章25条により国連の全加盟国に対して法的拘束力を有するため、報道声明や議長声明よりも重要度が高い。➡制裁決議
ひなん-こう【避難港】カウ 航海中の船舶が悪天候や事故などからの避難のために一時寄港できる港。
び-なんし【美男子】「美男びなん❶」に同じ。
ひなんしじかいじょじゅんび-くいき【避難指示解除準備区域】ヒナンシジカイジョジュンビクヰキ 福島第一原発事故による避難指示区域の一つ。事故を起こした原子炉が冷温停止状態に達した後、それまでの警戒区域・避難指示区域(計画的避難区域)を見直して新たに設定されたもので、放射線の年間積算線量が20ミリシーベルト以下となることが確実であると確認された地域。当面の間、引き続き避難指示が継続されるが、復旧・復興のための支援策を迅速に実施し、住民が帰還できるよう環境整備を目指す。➡居住制限区域 ➡帰還困難区域
びなん-せき【美男石】「美男葛びなんかずら❷」に同じ。
びなん-ぼうし【美男帽子】►美男鬘びなんかずら
ひなん-みん【避難民】天災・火災・戦争などで避難した人々。
ビニー〖Alfred de Vigny〗[1797～1863]フランスのロマン派の詩人・小説家。孤独感と厭世感をたたえたストイックな作風で知られる。詩集「古今詩集」「運命」、小説「ステロ」、戯曲「チャタートン」など。
ビニール〖vinyl〗ビニル樹脂を加工して作った製品の総称。
ビニールトンネル-さいばい【ビニールトンネル栽培】《ビニールトンネルは、和 vinyl＋tunnel》畑の畝うねにトンネル状にビニールをかぶせて行う促成栽培の方法。
ビニール-ハウス《和 vinyl＋house》ビニール張りの簡易温室。
ビニール-ぶくろ【ビニール袋】塩化ビニル樹脂製の袋。また、ポリプロピレンなど塩化ビニル樹脂以外の合成樹脂でつくられたものも含め、耐水性のある袋全般を指していうこともある。➡ポリ袋
ビニール-レザー《和 vinyl＋leather》綿織物やメリヤス地の表面にビニール加工を施した布地。
ピニオン〖pinion〗互いにかみ合う一対の歯車のうち、歯数の少ないほうの歯車。特に、ラックとかみ合う歯車。小歯車。
ひ-にく【皮肉】〔名・形動〕❶皮と肉。また、からだ。「六尺の—と共に夜半の嵐に吹き籠めて」〈樗牛・滝口入道〉❷うわべだけなこと。また、そのさま。皮相。「年を取るに連れて趣味が—になって行くんだね」〈谷崎・蓼喰ふ虫〉❸遠まわしに意地悪く相手を非難すること。また、そのさま。当てこすり。「辛辣しんらつな—を言う」「—な口調」❹期待していたのとは違った結果になること。また、そのさま。「—なめぐりあわせ」(派生)ひにくさ〔名〕(類語)当て擦こすり・当て付け・嫌味・揚げ足取り・風刺・毒舌・アイロニー
ひ-にく【肥肉】肥えた肉。「唯だ少しく—を失するのみ」〈織田訳・花柳春話〉
ひ-にく【×髀肉¦×脾肉】ももの肉。
髀肉の嘆たん 《「蜀志」先主伝・注から》功名を立てたり手腕を発揮したりする機会のないのを嘆くこと。蜀しょくの劉備りゅうびが、平穏な日々が続き、馬に乗って戦場に行くことがなかったため、内ももの肉が肥え太っ

てしまったのを嘆いたという故事による。
ひにく-や【皮肉屋】何かとよく皮肉を言う人。
ひにく・る【皮肉る】〔動ラ五(四)〕《名詞「ひにく(皮肉)」の動詞化》皮肉を言う。「現代社会を―・った映画」(可能)ひにくれる
ひに-けに【日に▽異に】〔連語〕日々に変わって。日増しに。「我がやどの葛葉くずは―色付きぬ来まさぬ君は何心そも」〈万・二二九五〉
ビニタイル《和 vinyl＋tileから》ビニール製のタイル。
ひ-にち【日日】❶日。何日と表される、その日。また、期日。「同窓会の―を決める」❷日数。ひかず。「締め切りまでもう―がない」(類語)日数ひかず・日数にっすう・暦日
ひ-にちじょう【非日常】ヒニチジャウ〔名・形動〕日常的ではないこと。当たり前ではないこと。また、そのさま。「―な(の)体験」
ひに-ひに【日に日に】〔副〕❶1日ごとに程度が進むさま。「一快方に向かう」❷その日ごとに。毎日毎日。「一新しい自然から学ぶ心を養おうとしたこともある」〈藤村・千曲川のスケッチ〉(類語)日増しに・段段・次第に・次第次第に・徐徐に・追い追い・漸次ぜんじ・歩一歩・一歩一歩・着着ちゃくちゃく・漸ようやく・年年ねんねん
ビニ-ぼん【ビニ本】《「ビニール本」の略》ビニール袋の中に入れて販売される、露骨なわいせつ写真集。
ひに-まし【日に増し】〔副〕日を追ってますます。日増しに。「―寒さが募る」
ビニヤード-ヘイブン〖Vineyard Haven〗米国マサチューセッツ州南東部の島、マーサスビニヤード北部の港町。オークブラフに並ぶ同島の玄関口。捕鯨で栄えた19世紀当時の家並みが残っている。
ピニャオン〖Pinhão〗ポルトガル北部の町。ドウロ川沿いに位置する。ポートワインの産地として知られるアルトドウロ地域にあり、かつては河川交通の要所として、ワインの積み出しで栄えた。
ひにょう-き【泌尿器】ヒキ 尿をつくり排出する器官の総称。左右の腎臓じんぞう・尿管・膀胱ぼうこうおよび尿道からなる。ひつにょうき。
ひにょうき-か【泌尿器科】ヒキクワ 泌尿器系の病気を対象とする医療の分野。男性については生殖器も扱う。
ビニル〖vinyl〗❶►ビニール ❷エチレンから水素原子1個を取り除いた形の、CH_2=CH－で表される一価の基。❸「ビニル樹脂」の略。
ビニル-じゅし【ビニル樹脂】ビニル基をもつ単量体を重合させた合成樹脂の総称。ポリ塩化ビニルのほか、ポリ酢酸ビニル・ポリビニルアルコールなどがある。
ビニロン〖vinylon〗《vinylとnylonの合成語》ポリビニルアルコールを溶解して紡糸し、熱処理してからアセタール化して作る合成繊維。日本で1939年に開発。摩擦に耐え、吸湿性がよく、酸やアルカリに強い。服地・ロープ・漁網などに広く利用。
ひ-にん【否認】〔名〕スル 事実として認めないこと。承認しないこと。「罪状を―する」(対)是認。
(類語)否定・打ち消す
ひ-にん【非人】❶江戸時代、えたとともに士農工商の下におかれた被差別階層。また、それに属する人。遊芸や刑場の雑役などに従事した。明治4年(1871)の太政官布告で法的には平民とされたが、社会的差別はなお存続した。❷仏語。人間でないもの。天竜八部衆や悪魔などをいう。❸出家遁世した僧。世捨て人。また、非常に貧しい人。「西行上人は身を―になせども」〈ささめごと〉
ひ-にん【避妊】〔名〕スル 人為的に、妊娠しないようにすること。
ひにん-がしら【非人頭】非人❶の取り締まりにあたった者。江戸では、弾左衛門だんざえもんの配下に属した。
ひにん-けん【否認権】破産法上、破産手続開始(旧法の破産宣告)前に破産者のなした行為が破産債権者に損害を与える場合に、破産管財人がその行為の効力を失わせ、逸出した財産を破産財団に回復させる権利。会社更生法上でも同様の権利が認められている。
ひにん-ごや【非人小屋】❶非人❶の住んだ小屋。❷江戸時代、幕府・諸藩が非人❶を収容するために設けた施設。非人溜たまり。
ひ-にんじょう【非人情】ヒニンジャウ〔名・形動〕❶他人に対する思いやりに欠けること。冷淡で人情がないこと。また、そのさま。「―な(の)人」❷義理人情の世界から超越して、それにわずらわされないこと。また、そのさま。夏目漱石が「草枕」で説いた境地。「―の天地に逍遥したいからの願ねがい」〈漱石・草枕〉(類語)冷たい・冷ややか・冷淡・薄情・不人情・無情・非情・冷酷・冷血・酷薄・クール・無慈悲・心無い・血も涙も無い
ひにん-そしょう【否認訴訟】►否認の訴え
ひにん-てか【非人手下】江戸時代、庶民に科した刑罰の一。非人身分に落とし、非人頭ひにんがしらの配下に編入した。
ひにん-の-うったえ【否認の訴え】ウッタヘ 否認権を行使する方法の一つ。訴訟を起こすことで否認権を行使する。破産法・民事再生法・会社更生法で規定され、経営破綻した企業の管財人等が行う。否認権行使の方法としては、これよりも簡易な手続きで迅速な決定がなされる「否認の請求」などがある。否認訴訟。否認の訴訟。
ひにん-の-せいきゅう【否認の請求】セイキウ 否認権を行使する方法の一つ。破産法・民事再生法・会社更生法で規定され、経営破綻した企業の管財人等が行う。管財人は、否認の原因となる事実関係(証拠)を裁判所に提出。これを基に裁判所が否認の請求の認容または棄却を決定する。認容に対して異議がなく、そのまま確定すれば、判決と同じ効力をもつ。「否認の訴え」よりも迅速で簡易な方法。
ひにん-の-そしょう【否認の訴訟】►否認の訴え
ひにん-やく【避妊薬】妊娠を避けるために使用する薬。ピルなど経口的に内服するものや、性交時に殺精子剤を局部に用いるものがある。
ひ-ぬき【×樋▽貫┊飛▽貫】❶頭貫かしらぬきと内法貫うちのりぬきとの間に入れる貫。鳥居の島木の下の貫など。❷神明造りの棟の障泥板あおりいたを水平に貫いている貫。
ひ-ぬま【涸沼】茨城県中央部、水戸市南東にあるせき止め湖。周囲22キロ、面積9.35平方キロメートル、最大深度6.5メートル。那珂川に注ぐ涸沼川が砂州でせき止められてできた。満潮時には海水が逆流する。富栄養湖で淡水魚と海水魚が生息する。ニシンの南限。
ひね【▽陳┊老=成】❶古くなること。また、そのもの。「―になった麺麹菓子」〈三重吉・小鳥の巣〉❷前年以前に収穫した穀物や野菜。「―米」❸老成していること。ませていること。また、その人。
ビネー〖Alfred Binet〗[1857～1911]フランスの心理学者。シモンとともに知能検査を創始し、児童心理・教育心理の研究に貢献。著「知能の実験的研究」「新しい児童観」など。
ビネーシモン-けんさ【ビネーシモン検査】ビネーと医師シモンとが作成した世界最初の個別知能検査法。精神遅滞児を検出する目的で作成され、1905年完成。現代の検査法の基礎となるもの。
ビネガー〖vinegar〗西洋風の酢。ぶどう酒・りんご酒などからつくられる。「ワイン―」
ひね-くさ・い【▽陳臭い】〔形〕(文)ひねくさ・し〔ク〕古びたにおいがする。古くなっている。「―・いビスケット」〈風葉・青春〉
ひねくり-まわ・す【▽捻くり回す】マハス〔動サ五(四)〕「捻り回す」に同じ。「手にとって―・す」「あいさつ文の言葉を―・す」
ひね-く・る【▽捻くる┊×拈くる】㊀〔動ラ五(四)〕❶指先であちこちひねるようにする。さまざまにいじる。「ハンカチを―・る」❷あれこれ理屈をつけて言いまわす。表現などに趣向をこらす。いろいろ考える。「―・った表現」㊁〔動ラ下二〕「ひね(捻)くれる」の文語形。(類語)いじる・いじくる・まさぐる・もてあそぶ
ビネグレット〖フラ vinaigrette〗「フレンチドレッシング」に同じ。
ビネグレット-ソース〖vinaigrette sauce〗「フレンチドレッシング」に同じ。
ひねくれ-もの【▽捻くれ者】性質がねじけて素直でない者。
ひね-く・れる【▽捻くれる┊×拈くれる】〔動ラ下一〕(文)ひねく・る〔ラ下二〕❶ねじれまがる。形状がゆがむ。「―・れた幹」❷性質・考え方などがねじけて素直でなくなる。「―・れたものの言い方」
(類語)いじける・すねる・ひがむ・ねじける・ねじくれる
ひね-く・れる【▽陳ねくれる】〔動ラ下一〕古くさくなる。古びる。また、年をとる。「今度が三度目の嫁菜盛りも―・れて」〈浄・宵庚申〉
ひね-くろ・し【▽陳ねくろし】〔形シク〕古びてすすけている。年寄りくさく地味である。「ぼんぼり綿も―・しく」〈浄・女腹切〉
ひね-こ・びる【▽陳ねこびる】〔動バ上一〕❶いかにも古びている。「―・びた老木」❷年の割に妙におとなびている。こましゃくれる。「―・びた子供」
ひね-ごめ【▽陳米】年数がたって古くなった米。ひねまい。
ひね-しょうが【▽陳生×姜】シャウガ 貯蔵しておいて用いるショウガの根茎。薬味や紅しょうがなどにする。
ひ-ねずみ【火×鼠】中国の想像上の動物。南方の火山国の火中にすむ白鼠で、その毛皮は火に焼けないといわれる。かそ。「唐土もろこしにある―の皮衣かはぎぬを給へ」〈竹取〉
ひ-ねつ【比熱】物質1グラムの温度をセ氏1度上げるのに必要な熱量。圧力一定のときを定圧比熱、体積一定のときを定積比熱という。比熱容量。
び-ねつ【微熱】平熱よりわずかに高い熱。
ひねつ-ひ【比熱比】気体の定圧比熱と定積比熱の比。定圧比熱をC_p、定積比熱をC_vとすると、比熱比γは、$γ=C_p/C_v$と表される。理想気体の場合、単原子分子では$γ=5/3$、二原子分子では$γ=7/5$となる。➡ポアソンの法則 ➡マイヤーの関係式
ひねつ-ようりょう【比熱容量】ヨウリャウ►比熱
ひねひね・し〔形シク〕いかにも古びている。盛りを過ぎている。「あらき田の鹿猪田ししだの稲を倉に上げてあな―・し我あが恋ふらくは」〈万・三八四八〉
ひねもす【終=日】〔副〕朝から晩まで続くさま。一日中。しゅうじつ。「―読書にふける」
ひね-もの【▽陳物】古くなった物。また、売れ残った物。
ひね-もの【▽陳者】老巧な者。老練な人。「かやうの―をば、わづらひなくのしよりて」〈曽我・一〉
ひねり【▽捻り┊×拈り┊×撚り】❶ひねること。ねじること。「腰の―が足りない」❷趣向をこらすこと。一工夫すること。「―のきいた台詞せりふ」❸「御捻おひねり」に同じ。❹相撲で、腕の力で相手をねじるようにして倒す技。上手捻り・下手捻り・合掌捻りなどがある。❺江戸時代の捕縛用具の一。袖搦そでがらみの類。
ひねり-がさね【▽捻り重ね】生絹すずしの単ひとえを何枚も重ね、袖口の少し奥でとじ重ねて着ること。また、その着物。「世を安み民のわづらひかへりみて―は着る人もなし」〈新撰六帖・五〉
ひねり-ころ・す【▽捻り殺す】〔動サ五(四)〕指でひねって殺す。また、無造作に殺す。「虫を―・す」
ひねり-だ・す【▽捻り出す】〔動サ五(四)〕❶あれこれ工夫して考え出す。「代案を―・す」❷工面して費用を調える。捻出する。「旅費を―・す」
ひねり-つぶ・す【▽捻り潰す】〔動サ五(四)〕❶指先でひねってつぶす。「虫けらを―・す」❷簡単に屈服させる。また、権力などで、強引に抑える。「告発記事を―・す」
ひねり-ぶくさ【▽捻り×袱×紗】ふくさをひねって小銭などを入れるようにしたもの。ねじぶくさ。「―よりこまがね取り出だして」〈浮・一代女・四〉
ひねり-ぶみ【▽捻り文┊×拈り▽書】❶「立て文ぶみ」に同じ。❷細く切った数枚の紙に、それぞれ物事を記し、折りひねってくじとしたもの。探り取って占う。もみくじ。短籍。「―を取りて、謀反むほんけむ事をトふ」〈斉明紀〉
ひねり-まわ・す【▽捻り回す】マハス〔動サ五(四)〕❶指先でいろいろにひねってみる。あれこれいじりまわす。ひねくりまわす。「知恵の輪を―・す」❷趣向をこらそうと、あれこれ工夫する。ひねくりまわす。「手紙

の文章を―・す」

ひねり-もち【▽捻り餅】蒸した米を手でひねって餅状にしたもの。酒造の際に酒米の蒸しぐあいを知るために作る。

ひね・る【▽捻る|×拈る|×撚る】〔動ラ五(四)〕❶指先でつまんで回す。「スイッチを―・る」「コックを―・る」❷からだの一部をねじって向きを変える。「腰を―・る」「足首を―・って痛める」❸ねじって回したり、締めたりして殺す。「鶏を―・る」❹つねる。「ほっぺを―・る」❺いろいろと悩みながら考えをめぐらす。「対策に頭を―・る」❻わざと変わった趣向や考案をする。「―・った問題を出す」❼苦心して俳句や歌などを作る。「一句―・る」❽簡単に負かす。かたづける。「相手投手に軽く―・られる」❾金銭を紙に包む。「心付けを―・って渡す」➡捩じる〔用法〕〔可能〕**ひねれる**
〔類語〕曲げる・ねじる・よじる・たわめる・ねじれる・よじれる

ひ・ねる【▽陳ねる】〔動ナ下一〕❶日がたって古くなる。「―・ねた大根」❷大人びてかわいらしさがなくなる。ませる。「―・ねた子供」〔類語〕ませる・大人びる

ひ-ねん【比年】年々。毎年。「一貿易輸入多くして輸出少し」〈神田孝平・明六雑誌二三〉

ピネン〘pinene〙テルペンの一。多くの精油中に存在し、テレビン油の主成分。無色で芳香があり、塗料の溶剤や合成樟脳・人工香料の原料にする。

ビネンホフ〘Binnenhof〙オランダ南西部の都市ハーグの中心部の一地区。13世紀に建造されたフロリス5世伯爵宮殿があり、現在は国会議事堂になっている。ほかに、総理府、外務省などの中央官庁がある。

ひの【日野】㊀東京都中部の市。多摩川の南岸にあり、もと甲州街道の宿場町。自動車工業が盛ん。住宅地としても発展。多摩動物公園・高幡不動尊がある。人口17.9万(2010)。㊁滋賀県南東部、蒲生郡の地名。もと蒲生氏の城下町。日野屋と称する近江商人の本拠地。製薬や林業が盛ん。

ひ-の-あし【日の脚|日の足】❶「日脚❶」に同じ。「―ほどなくさし入りて」〈源・末摘花〉❷「日脚❷」に同じ。「まだ―も南へと」〈浄・卯月の紅葉〉

ひの-あしへい【火野葦平】[1907～1960]小説家。福岡の生まれ。本名、玉井勝則。日中戦争に兵士として従軍中に、「糞尿譚」で芥川賞受賞。他に「麦と兵隊」「花と竜」など。

ひ-の-いえ【火の家|火の▽宅】《「火宅」を訓読みにした語》現世。この世。「出づとせし身だにはなれぬ―を君みづのをにいかですむらむ」〈宇津保・国譲下〉

ひノイマンがた-コンピューター【非ノイマン型コンピューター】現在普及しているノイマン型以外のコンピューター。複数プログラムを同時に処理し、学習・推論機構をもつ、次世代のバイオコンピューター・光コンピューターなどをさしていう。

ひ-の-いり【日の入り】夕方、太陽が西に沈むこと。また、その時。天文学では、太陽の上縁が西の地平線に沈みきった瞬間。日没。〔対〕日の出。

ひ-の-うち【日の▽中】❶日のあるあいだ。ひなか。にっちゅう。❷その日のうち。即日。

ひ-の-うみ【火の海】火が一面に燃え広がっていることを海にたとえていう語。「一帯が―になる」

ひのう-るい【被×嚢類】尾索類の旧称。

ひ-の-え【▽丙】《「火の兄」の意》十干の3番目。へい。

ひのえ-うま【▽丙▽午】干支の43番目。この年は火災が多く、また、この年に生まれた女性は気が強く、夫を食い殺すという迷信があった。へいご。

ひ-の-おまし【▽昼の▽御▽座】清涼殿の中で、天皇の昼間の座所。ひのござ。

ひ-の-おもの【日の▽御物】天皇の毎日の食事。「―きこしめす」〈宇津保・内侍督〉

ひ-の-かさ【日の×暈】「にちうん(日暈)」に同じ。

ひ-の-かみ【日の神】太陽神。天照大神。「吾は―の御子として」〈記・中〉

ひ-の-かみ【火の神】火をつかさどる神。神話・神道では迦具土神、民間では荒神・竈神・土公神などとよぶ。

ひ-の-かわ【簸川】出雲神話の川。素戔嗚尊が八岐大蛇を退治した伝説で知られる。島根県の斐伊川とされる。

ひの-がわ【日野川】㊀福井県中部を流れる川。九頭竜川第一の支流。福井・岐阜・滋賀3県の県境にある三国岳(標高1209メートル)に源を発して北流し、越前市・鯖江市を流れて福井市高屋町付近で九頭竜川に合流する。長さ71キロ。中流域の武生盆地から下流の水田地帯をうるおす。㊁鳥取県西部を流れる県内最大の川。広島県境の中国山地三国山(標高1004メートル)や道後山(標高1268メートル)に源を発して北東流し、途中北西に転じて米子市皆生東方で美保湾に注ぐ。長さ77キロ。浸食の進んだ上流に石霞渓などの峡谷、下流に米子平野がある。

ひ-の-き【×檜|×檜木】ヒノキ科の常緑高木。山地に自生するが、多くは植林。高さ30～40メートル。樹皮は赤褐色で縦に裂け、小枝に鱗片状の葉が密に対生する。4月ごろ、雄花と雌花とがつき、球形の実を結ぶ。材は淡黄色で光沢があり、耐水力が強く、建築その他に重用される。また神事で木をこすって火を出すのにも用いる。同科の裸子植物にはサワラ・クロベ・アスナロなども含まれる。ひ。

ひのき-あすなろ【×檜翌=檜】アスナロの変種。葉はアスナロより幅広のうろこ状で、実には角状の突起が少ない。関東地方以北から北海道の渡島半島にかけて分布。あて。ひば。

ピノキオ〘Pinocchio〙►ピノッキオ

ひのき-がさ【×檜×笠】「ひがさ(檜笠)」に同じ。

ヒノキチオール〘hinokitiol〙抗菌性のある有機化合物。天然ではタイワンヒノキやヒバなどからとれる。

ひのき-づな【×檜綱】檜皮を縒り合わせてつくった綱。近世、和船の碇綱に使った。

ひのきば-やどりぎ【×檜葉宿木】ヤドリギ科の半寄生性の常緑低木。ヒサカキ・モチノキ・ツバキなどの樹上に生え、高さ約10センチ。幹は節が多く、鱗片状の葉がつく。4～8月、黄緑色の雌花と雄花とがつき、橙黄色の楕円形の実を結ぶ。種子は実から飛び出すとき粘液がついていて、他の木に付着する。

ひのき-ぶたい【×檜舞台】❶檜材で床を張った舞台。能舞台や大劇場の舞台。❷自分の手腕を人々に見せる晴れの場所。「日本一を争う―に立つ」「国際政治の―を踏む」

ひ-の-くち【×樋の口】川や池で、水を流したり止めたりする調節口。水門。ひぐち。

ひのくち-まもり【×樋の口守】ミゾゴイの別名。

ひ-の-くに【肥国|火国】肥前・肥後両国の古称。

ひのくま-がわ【檜隈川】奈良県高市郡明日香村檜前の付近を流れる川。〔歌枕〕「ささのくま―に駒とめてしばし水かへ影をだに見む」〈古今・神遊びの歌〉

ひのくま-じんぐう【日前神宮】和歌山市秋月にある神社。旧官幣大社。祭神は、石凝姥命の最初に作った鏡という日像鏡を神体とする日前大神。境内に国懸神宮がある。

ひ-の-くるま【火の車】❶「火車」を訓読みにした語。❷経済状態がきわめて苦しいこと。「家計は年中―だ」

ひ-の-くれ【日の暮れ】日の暮れるころ。夕暮れ。日暮れ。

ひ-の-け【火の気】火のあること。火のある気配。また、火の暖かみ。「―のない場所から出火する」「寒いので―が欲しい」

ひの-けいぞう【日野啓三】[1929～2002]小説家・評論家。読売新聞の記者を経て文筆活動に入る。韓国人女性との結婚をめぐる経緯を描いた「あの夕陽」で芥川賞受賞。他に「抱擁」「砂丘が動くように」「台風の眼」「光」など。芸術院会員。

ひ-の-こ【火の粉】燃え上がる火から粉のように飛び散る火片。

ひ-の-ござ【▽昼の御座】►昼の御座

ひ-の-こし【火の×輿】灯火を内にともした輿。葬儀の行列に用いたもの。「香の輿、―など、皆あるわざのなりけり」〈栄花・月の宴〉

ひ-の-こと【火の事】火災。火事。「宵うちすぎてののしる、―なりけり」〈かげろふ・下〉

ひ-の-ころも【×緋の衣】高位の僧が勅許を得て着た緋色の衣。

ひのさけ【樋の酒】狂言。主人が太郎冠者には米蔵、次郎冠者には酒蔵を離れないで番をするように言って出かけるが、二人は蔵と蔵との間に樋を掛け渡して酒を流し、酒宴を始める。

ひの-し【日野市】►日野

ひ-のし【火熨=斗】布地のしわを伸ばすための道具。底の平らな金属製の器に木の柄をつけたもの。中に炭火を入れて熱し、布地にあてる。
〔類語〕アイロン・鏝

ひのし-ずり【火熨=斗×摺り】火熨斗をかけそこなって、布をいためること。また、その布の部分。「―をでかしたことが、こごとの度に出るだ」〈滑・浮世風呂・二〉

ひ-の-した【日の下】天下。世界。あめのした。「あら愚かや忠信は、―において隠れましまさず」〈謡・摂待〉

ひのした-かいざん【日の下開山】《「ひのしたかいさん」とも》相撲・武芸などで、天下無双の強豪のこと。普通は横綱の異称。

ひの-しょうにん【日野商人】滋賀県蒲生郡日野町から各地に行商に出た近江商人。室町末期から江戸時代に発展、主に椀・蚊帳を商った。

ひの-すけとも【日野資朝】[1290～1332]鎌倉末期の公卿。後醍醐天皇に登用され、日野俊基らと討幕計画を進めたが、六波羅探題に探知されて、佐渡に配流(正中の変)。のち、佐渡で斬られた。

ひの-そうじょう【日野草城】[1901～1956]俳人。東京の生まれ。本名、克修。新興俳句運動の中心として無季を主張、連作を実践した。句集「花氷」「青芝」など。

ひ-の-そうぞく【▽昼の装束】束帯をつけること。また、その姿。束帯姿。宿直の装束に対していう。ひのよそい。

ひ-の-たたし【日の▽縦】東西。「東西を以て―とし南北を日横とす」〈成務紀〉

ひ-の-たて【日の▽経】東。東の方向。「大和の青香具山は―の大き御門に」〈万・五二〉

ひ-の-たま【火の玉】❶球状の火のかたまり。特に、夜、墓地などで空中を飛ぶという火のかたまり。鬼火。人魂。❷激しく闘志を燃やすようすなどをたとえていう語。「―となって戦う」

ひ-の-ためし【氷の▽様】元日の節会に、宮内省から前年の氷室または氷池の氷のようすを禁中に奏し、その年の豊凶を占った儀式。氷の様の奏。

ひの-ちょう【日野町】►日野

ピノッキオ〘Pinocchio〙イタリアの児童文学者カルロ=コローディ作の「ピノッキオの冒険」の主人公。いたずら好きの木の操り人形で、さまざまな冒険を経て人間の子に生まれ変わる。ピノキオ。

ひ-の-て【火の手】❶火事などで、燃え上がる炎。また、その勢い。「強風にあおられて―が強まる」❷攻撃などの激しい行動やその勢いをたとえていう語。「反撃の―を上げる」

ひので　太陽観測衛星「SOLAR-B」の愛称。JAXA(宇宙航空研究開発機構)・国立天文台・米国のNASA(米国航空宇宙局)・英国のPPARC(素粒子物理学・天文学研究協議会)が共同開発し、平成18年(2006)9月に打ち上げられた。可視光線、X線、極紫外線の3種類の観測装置を搭載し、太陽の大気や磁場、フレアなどの詳細な観測を行う。

ひ-の-で【日の出】朝、太陽が東に昇ること。また、その時。天文学では、太陽の上縁が東の地平線に出た瞬間。〔対〕日の入り。〔類語〕日出・御来光

日の出の勢い　朝日が昇るように盛んな勢い。旭日昇天の勢い。「業績好調で―の会社」

ひ-の-と【▽丁】《「火の弟」の意》十干の4番目。てい。

ひの-としもと【日野俊基】[?～1332]鎌倉末期の公卿。後醍醐天皇に登用され、日野資朝らと討幕計画に参加したが、六波羅探題に探知されて、捕らえられた(正中の変)。のち、許されたが、元弘の変で再び捕らえられて鎌倉で斬られた。

ひ-の-との【▽昼の殿】貴族の屋敷で、昼間居る部屋や建物。「―におはしけるままに」〈落窪・一〉

ひの-とみこ【日野富子】[1440～1496]室町幕府8代将軍足利義政の妻。実子義尚よしひさの将軍就任を企て義政の弟義視よしみと対立し、応仁の乱の端緒をつくった。京都諸口の関所の設置、そのほか幕政に深く関与した。

ひのとり　昭和56年(1981)2月に打ち上げられた日本初の太陽観測衛星ASTRO-Aの愛称。宇宙科学研究所(現JAXAジャクサ、宇宙航空研究開発機構)が開発。すだれコリメーターを搭載し、太陽フレアのX線による2次元画像の取得に成功。太陽活動の極大期に行われた国際的な太陽観測計画に各種データを提供した。平成3年(1991)7月に運用終了。

ひのとり【火の鳥】《原題、フランス L'Oiseau de feu》ストラビンスキー作曲のバレエ音楽。1910年パリで初演。ロシア民話に基づくもの。

ひの-ぬり【日野塗】滋賀県蒲生がもう郡日野町産の漆器。椀わん類が多い。

ひ-の-はかま【×緋の×袴】「紅くれないの袴」に同じ。

ひのはしら【火の柱】木下尚江の小説。明治37年(1904)発表。日露戦争前後、非戦論を唱え、資本家・軍人・政治家らの虚偽と不正をあばくキリスト教社会主義者の行動を描く。

ひ-の-はる【日の春】年の始めを祝っていう語。近世、宝井其角によって使われはじめたという。「―をさすがに鶴の歩みかな」〈五元集拾遺〉

ひ-の-ばん【火の番】❶火事に備えて番をすること。また、その人。(季冬)「―の障子に太き影法師/虚子」❷江戸幕府の職名。目付の支配に属し、江戸城内の火事の警戒にあたった。❸大奥の女中職の一。各部屋の火の用心にあたった。

ひのひかり　稲の一品種。平成元年(1989)宮崎県で「コシヒカリ」と「黄金晴こがねばれ」をかけあわせて作られた。西日本で多く栽培される。南海102号。

ひ-の-ふだ【火の札】❶神社などで出す、火災よけの札。❷放火の予告を書いて、相手の家の門戸に貼ったり、付近の路上に捨てておいたりする札。「聞けばお手前に―を打ったとある」〈伎・仏の原〉

ひ-のべ【日延べ】〔名〕スル 予定の日限を先へ送ること。また、期間を延長すること。延期。「借金の返済期限を―してもらう」(類語)延期・順延・延長・猶予

ひ-の-まる【日の丸】❶太陽をかたどった赤色や金色の丸。古くから、扇や旗さし物などに用いられた。❷白地に、太陽をかたどった赤い丸を描いた旗。日の丸の旗。➡日章旗 (類語)万国旗・国旗・日章旗

ひのまる-のぼり【日の丸×幟】白地に赤く日の丸を描いたのぼり。八幡船ばはんせんや戦国の武将たちの旗印として用いられ、安政元年(1854)江戸幕府は日本船の印と定めた。

ひのまる-べんとう【日の丸弁当】ベンタウ《見た目が日の丸❷に似るところから》白飯の中央に梅干し1個だけを入れた弁当。

ひ-の-み【火の見】❶火事を監視すること。❷「火の見櫓やぐら」の略。

ひ-の-みかげ【日の▽御×蔭】❶《日の光の陰になる所の意》宮殿。「高知るや天あめの御陰天知るや―の」〈万・五二〉❷日の神、すなわち天照大神あまてらすおおみかみの神徳。「宮柱下つ岩根にしきたててつゆも曇らぬ―かな」〈新古今・神祇〉

ひ-の-みかど【日の▽御門】日の御子のいる宮殿。皇居。「我が造る―に知らぬ国」〈万・五〇〉

ひ-の-みこ【日の▽御子】《日の神の子孫の意》天皇・皇子を敬っていう語。「天の下知らしめししやすみしし我が大君高照らす―」〈万・一六二〉

ひのみさき【日ノ御埼】和歌山県中西部、紀伊半島西端の岬。灯台がある。煙樹海岸県立自然公園の一部。日ノ岬。

ひのみさき【日御碕】島根県北部、島根半島西端の岬。灯台がある。西方の経島ふみしまはウミネコの繁殖地。

ひのみさき-じんじゃ【日御碕神社】島根県出雲市大社町日御碕にある神社。祭神は下の本社に天照大日孁貴おおひるめのむち、上の本社に神素盞嗚尊かむすさのおのみこと。

ひのみ-ばしご【火の見×梯子】火災を発見するために設けた梯子。頂上に半鐘をつるし、打ち鳴らして火災を知らせた。

ひ-の-みや【日の宮】天上にある天照大神あまてらすおおみかみの御殿。また、その子孫である天皇の御殿。「天照る国の―の聖ひじりの御子ぞ」〈続後紀・仁明〉

ひのみ-やぐら【火の見×櫓】火事を発見したり、その位置を見定めたりするために高く設けた櫓。(季冬)(類語)櫓やぐら・望楼・物見やぐら

ひのみや-びと【日の宮人】天皇の宮殿に仕える人。大宮人。「ももしきの大宮人は…高光る―事の語り言もこをば」〈記・下・歌謡〉

ひ-の-め【日の目】日光。日差し。「降り積った儘でまだ―に逢わぬ雪のように」〈二葉亭訳・あひゞき〉

日の目を見る　それまで埋もれていたものが世に知られるようになる。また、長い間不遇だった者が世に認められるようになる。「五十年ぶりに―見た作品」「長年の研究がようやく―見る」

ひ-の-もと【日の本】《日が昇る本の意》日本の異称。日本の国。「―一の山」(類語)日本・大和やまと・八洲国やしまぐに・大八洲おおやしま・秋津島・敷島・葦原あしはらの中つ国・豊葦原とよあしはら・瑞穂みずほの国・和国わこく・日東・東海・扶桑ふそう・神州・本邦・本朝・ジャパン・ジパング

ひ-の-もと【火の元】火事のもととなるような火のある所。火を使う所。「―に注意する」

ひのもと-の【日の本の】〔枕〕日が昇る本の国の意から、「大和やまと」にかかる。「―大和の国の鎮しずめともいます神かも」〈万・三一九〉

ひのもと-の-くに【日の本の国】「日の本」に同じ。

ひ-の-もの【火の物】火で煮たり焼いたりした食物。

ひのもの-だち【火の物断ち】祈願のために、火を通した物を断って食べないこと。

ひの-やくし【日野薬師】法界寺ほうかいじの通称。

ひ-の-やまい【火の病】ヤマヒ 高熱の出る病気。熱病。「清盛入道は―と申す難病に冒され」〈浄・孕常盤〉

ひ-の-ようじん【火の用心】火事を出さないように、火の元に注意すること。

ひ-の-よこ【日の▽緯】西。西の方向。「畝傍うねびのこの瑞山みずやまは―の大御門おおみかどに」〈万・五二〉

ひ-の-よこし【日の▽横】南北。「東西を以て日縦ひのたてとし南北を―とす」〈成務紀〉

ひ-の-よそい【▽昼の▽装ひ】ヨソヒ「昼ひの装束そうぞく」に同じ。「更衣たち、皆―し」〈宇津保・内侍督〉

ひ-ば【干葉・▽乾葉】❶枯れて乾燥した葉。❷ダイコンの茎や葉を干したもの。飯に炊き込んだり汁の実にしたりする。

ひ-ば【肥馬】肥え太っている馬。

ひ-ば【飛馬】飛ぶように速く走る馬。駿馬しゅんめ。

ひ-ば【×檜葉】❶ヒノキの葉。❷アスナロの別名。❸チャボヒバ・クジャクヒバなどとよばれるヒノキの園芸品種のこと。小形の針葉樹。

ビバ〔イタリア viva〕〔感〕万歳ばんざい。

ビバーク〔ドイツ Biwak・フランス bivouac〕〔名〕スル 登山で、露営すること。特に、不時の露営をすること。「天候の急変で―する」

ビバーチェ〔イタリア vivace〕音楽で、速度標語の一。いきいきと速く、の意。

ビバーナム〔viburnum〕スイカズラ科ガマズミ属の落葉低木。手まり状の丸い白い花をつける。北半球を中心に約120種あるが、園芸ではセイヨウカンボクが最も広く利用され、狭義にはこの種をいう。ウィブルヌム。スノーボール。テマリバナ。

ビハール〔Bihar〕㊀インド北東部の州。州都パトナ。北部はガンジス川中流域にあたり、稲作が行われる。南部は鉄鉱・石炭などを産し、ダモダール川河谷では重化学工業が盛ん。㊁ビハール州中部の都市。もとマガダ王国の首都。

ひ-はい【疲×憊】〔名〕スル 疲れ果てて弱ること。疲労困憊ひろうこんぱい。「徹夜仕事が続いてすっかり―する」(類語)疲労・疲れ・くたびれ・倦怠けんたい・疲弊・困憊こんぱい・困弊こんぺい・過労・所労

ひ-ばい【肥培】肥料を施して作物を育てること。

ひ-ばい【非売】販売しないこと。

びばい【美唄】北海道中部の市。石狩川支流の美唄川に沿い、米作地帯。大正初期から石炭採掘で発展したが、現在は閉山。人口2.6万(2010)。(補説)アイヌ語「ピバ・オ・イ」(カラスガイの多い所)から。

ひはいぐうしゃかん-じんこうじゅせい【非配偶者間人工授精】配偶者以外の第三者から提供された精子を使用して行う人工授精。男性側に不妊の原因がある場合に用いられる方法。提供者の精子を注入器を用いて子宮に注入し、妊娠を図る。AID(artificial insemination by donors)。➡配偶者間人工授精

びばい-し【美唄市】▶美唄

ひばい-どうめい【非買同盟・罷買同盟】▶不買同盟ふばいどうめい

ひばい-ひん【非売品】販売しない品。見本品や特定の人に配る品。(類語)見本・サンプル・試供品・ノベルティ

ビハインド〔behind〕後ろにあること。また、試合などで負けていること。「三点の―を追う」

ひはかい-けんさ【非破壊検査】ヒハクワイ 製品や試料を破壊することなく、内部の傷の有無や状態などを調べること。非破壊試験。探傷法。NDT(non-destructive testing)。(補説)X線・γ線・中性子線を照射する放射線透過法、超音波パルスの反射波を調べる超音波法、電流を通して渦電流の変化を調べる渦電流探傷法などがある。

ひはかい-しけん【非破壊試験】ヒハクワイ ▶非破壊検査

ひはかい-ぶんせき【非破壊分析】ヒハクワイ 試料を破壊、消費、損失することなく化学的な分析を行うこと。絵画や仏像などの文化財の調査、食品成分の分析や食味の測定に利用される。主な分析法として蛍光X線分析、放射化分析、赤外分光分析などがある。

ひ-ばかり【日▽計・熇尾蛇・竹根蛇】ナミヘビ科の爬虫類。森林の水辺などにすみ、全長約50センチで、暗褐色。かまれると1日のうちに死ぬというところからこの名があるが、実際は無毒。本州・四国・九州に分布する。

ひ-ばかり【火▽計】《火だけは日本のもの、の意》唐津焼・薩摩焼などで、文禄・慶長の役後に渡来した朝鮮の陶工が、朝鮮の陶土・釉薬ゆうやくを用いて焼いた陶器。

ひ-はぎ【引▽剝ぎ】「ひきはぎ」の音変化。「―は旅人を覗うかがうのみにて」〈鴎外訳・即興詩人〉

ひ-はく【飛白】❶漢字の書体の一。刷毛はけ状の筆でかすれ書きにしたもの。後漢の蔡邕さいようの考案とされ、扁額へんがくなどに用いられる。❷絣かすりの模様。また、その織物。かすり。❸「双鉤そうこう❷」に同じ。

ひ-はく【×菲薄】〔名・形動〕粗末で劣っていること。才能などの乏しいこと。また、そのさま。「蘇蘭スコットランド人民の産業甚だ―なりしもの」〈中村訳・西国立志編〉

ひ-ばく【飛×瀑】高い所から落ちる滝。(季夏)

ひ-ばく【被×曝】〔名〕スル 放射能にさらされること。「原子力発電所の事故で―する」

ひ-ばく【被爆】〔名〕スル ❶爆撃を受けること。「空襲で―する」❷原水爆による攻撃を受けること。また、その放射能の害をこうむること。「核実験で―する」「―者」

び-はく【美白】(特に女性の)肌を白くすること。また、白さを保つこと。ホワイトニング。

ひばく-しゃ【被爆者】❶爆弾による攻撃を受けた人。❷特に、原子爆弾などの核爆弾による攻撃を受けた人。➡被爆 (補説)厚生労働省は、被爆者援護法に基づいて、原爆投下時に広島・長崎市などの一定区域において直接被爆した人を1号被爆者(直接被爆者)、原爆投下から2週間以内に救護・医療・親族探しなどのため爆心地から2キロメートル以内の区域に

立ち入った人を2号被爆者(入市被爆者)、被爆地の外に避難した被爆者の救護や遺体の処理に携わるなどして残留放射能により被爆した人を3号被爆者(救護被爆者)、1〜3号被爆者の胎児だった人を4号被爆者(胎児被爆者)と定めている。

ひばくしゃ-けんこうてちょう【被爆者健康手帳】被爆者援護法に基づいて、原爆の被爆者と認定された人に交付される手帳。所持者数は21万9410人(平成23年3月31日現在)。医療費・介護費などの支援を受けることができる。被爆者手帳。

ひばくしゃ-てちょう【被爆者手帳】▶被爆者健康手帳

ひば-けいきゅう【肥馬軽×裘】肥えた馬に乗り、軽い皮衣を着ること。昔、中国で富貴の人の装いをいった。

ひ-ばこ【火箱】炉の底にする箱。また、行火や足焙りなどのこと。

ひ-ばこ【×樋箱】汲み取り便所の床の穴。また、そのまわりの枠。

ひば-ご【卑罵語】話し手が相手や第三者を、さげすんだりののしったりしていう、ぞんざいな言い方。「やつ」「…め」「…やがる」の類。罵詈語。軽蔑語。

ひ-ばさみ【火挟み】火縄銃の部品の一。火縄を保持するとともに、引き金と連動して、その火を火皿につけるための装置。

ひば-さん【比婆山】《「ひばやま」とも》広島県北東部、庄原市北部にある山。比婆山地の一峰。標高1299メートル。山頂には比婆山伝説の主人公である伊弉冉尊を葬ったとされる円墳があり、県史跡。1平方キロメートルにおよぶブナ林は国指定天然記念物。草原は牛の放牧場となっている。比婆道後帝釈国定公園に属する。美古登山。御陵山。

ひ-ばし【火箸】炭火などを挟むための金属製の箸。

ひ-ばしら【火柱】柱のように空中に高く燃え上がった炎。「ガス爆発で一が立つ」

(類語)炎・火・炎・火炎・光炎・紅炎・火先

ひ-はだ【×檜▽皮】▶ひわだ(檜皮)

ひ-ばた【×樋端】敷居・鴨居の溝のふち。

び-はだ【美肌｜美▽膚】色つやの美しい肌。また、肌を美しくすること。「一作用のある温泉」

ひ-ばち【火鉢】灰を入れ、中に炭火をおこして、暖房や湯沸かしなどに用いる道具。「一にあたる」「長一」(季 冬)「客去って撫づる一やひとり言/嘯山」

ひ-はつ【被髪】[名]スル 髪を結わないで、ばらばらに乱していること。ざんばら髪にすること。「上古は則ち男女皆一して」〈服部誠一・東京新繁昌記〉

び-はつ【美髪】美しい頭髪。美しく結い上げた髪。また、頭髪をきれいに手入れすること。「一師」

ひばどうごたいしゃく-こくていこうえん【比婆道後帝釈国定公園】島根・鳥取・広島の3県にまたがり、中国山地の比婆山・船通山・道後山・帝釈峡などからなる国定公園。

ひ-ばな【火花】❶細かく飛び散る火。火の粉。❷石や金属などが激しくぶつかって瞬間的に発する火。❸放電の際に発する光。スパーク。

　火花を散ら・す　互いに激しく刀を打ち合わせて戦う。転じて、激しく争う。火を散らす。「主導権をめぐって一・す」

ひばな-かんげき【火花間隙】▶火花ギャップ

ひばな-ギャップ【火花ギャップ】火花放電を起こさせるための電極間の最大間隔。または電極そのものを指す。火花間隙。

ひばな-スペクトル【火花スペクトル】火花放電により発せられる光のスペクトル。大部分はイオン化した原子によるスペクトルである。スパークスペクトル。

ひばな-ほうでん【火花放電】気体中の2個の電極間に高電圧が加えられたとき、気体の絶縁が破れて瞬間的に大電流が流れ、大きな音と閃光を発する現象。

ひ-ばば【▽曽祖＝母】「ひいばば」に同じ。

ヒバ-ハンこく【ヒバハン国】《Khiva》1512年、シャイバーン朝のイルバルスが中央アジアに建てたトルコ系ウズベク族の王国。1873年にロシアの保護領に編入、1920年ホラズム人民共和国となり、のち、ウズベク共和国に編入された。キバ汗国。キバハン国。

ひ-ばら【×脾腹】よこ腹。わき腹。「一を突く」

ひ-ばら【×檜原】《「ひはら」とも》ヒノキの茂っている原。「巻向の一もいまだ雲居ねば小松が末ゆ沫雪流る」〈万・二三一四〉

ひ-ばらい【日払い】賃金などを、1日ごとに支払うこと。「一のアルバイト」

ひばら-こ【檜原湖】福島県中北部にある湖。明治21年(1888)磐梯山の爆発により檜原川がせき止められてできた。面積10.4平方キロメートル。湖面標高822メートル。裏磐梯観光の中心地。

ひ-ばり【火針｜火×鍼】「焼き鍼」に同じ。

ひばり【雲＝雀｜告＝天＝子】スズメ目ヒバリ科の鳥。全長17センチくらい。体は褐色の地に黒い斑があり、頭に短い冠羽をもつ。日本では留鳥・漂鳥として河原・畑などにすみ、春になると空高く舞い上がりながら、ピーチュク、チルルなど長くて複雑な節回しでさえずる。告天子。(季 春)「一より空にやすらふ峠哉/芭蕉」

ビバリー-ヒルズ〖Beverly Hills〗米国カリフォルニア州、ロサンゼルス西部の高級住宅都市。映画俳優など芸能関係者の豪邸が数多くあることで知られている。高級ブランド店や高級レストランが並ぶショッピング街もある。

ひばり-がい【雲＝雀貝】イガイ科の二枚貝。潮間帯の岩礁に足糸で付着する。貝殻はイガイに似て薄く、殻長4センチくらい。殻表は赤紫褐色で、黄褐色の毛状の殻皮をかぶる。本州以南に分布。食用。

ひばり-げ【雲＝雀毛｜×鶬毛】馬の毛色の名。黄と白とのまだらで、たてがみと尾と背の中央部とが黒いもの。雲雀鹿毛。

ビバリッジ〖beverage〗「飲み物」に同じ。

ビバリッジ-ほうこく【ビバリッジ報告】1942年、経済学者ビバリッジ(W.H.Beveridge)を長とする委員会が英国政府に提出した社会保障制度に関する報告書。戦後の英国社会保障制度の基礎となった。

ひばり-ぶえ【雲＝雀笛】ヒバリを誘って捕らえるために吹く笛。また、ヒバリのさえずるような音を出す竹製などの笛。(季 春)

ひばり-ぼね【雲＝雀骨】やせて骨張っていること。また、そのような骨格。「一にはったと蹴られ」〈浄・女護島〉

ひばり-やま【雲雀山】㊀中将姫が捨てられ、かくまわれたという伝説の山。奈良県宇陀市にある日張山のことといわれる。㊁謡曲。四番目物。讒言により、父の横佩右大臣豊成に殺されかけた中将姫を乳母たちが雲雀山にかくまい、花を売って養う。ある日、狩りに出た豊成が娘の生存を知って前非を悔いる。

ビバルディ〖Antonio Vivaldi〗[1678〜1741]イタリアの作曲家。後期バロック様式の協奏曲形式を確立した。作品に、「四季」を含む協奏曲集「和声と創意への試み」や「調和の霊感」など。➡バロック音楽

ひ-はん【批判】[名]スル ❶物事に検討を加えて、判定・評価すること。「事の適否を一する」「一力を養う」❷人の言動・仕事などの誤りや欠点を指摘し、正すべきであるとして論じること。「周囲の一を受ける」「政府を一する」❸哲学で、認識・学説の基盤を原理的に研究し、その成立する条件などを明らかにすること。➡批評(用法)

(類語)(❶)批評・講評・評価/(❷)論難・弁難・批難・批正・酷評・否定・駁論・反論・反対 (一する)難ずる・論う・駁する・非を打つ

ひ-はん【肥×胖】[名・形動]肥え太っていること。また、そのさま。「福格斯は一なる人なりしが」〈中村訳・西国立志編〉

ひ-はん【×裨販】いやしい物売り。小商人。また、人をいやしめていう語。「三百人のその内に女御百人、一公卿百人、伊勢平氏験者百人」〈盛衰記・三〉

ひ-ばん【非番】当番でないこと。また、その人。

(類語)明け番・休み

ひ-はんざいし【非犯罪死】法医学において、自然死以外で犯罪によらない死亡。自然災害による死亡、事件性のない転落死や溺死、自殺など。⇔犯罪死。

ひはん-しゅぎ【批判主義】《ドイツ Kritizismus》❶批判的精神によって物事に対応する思想傾向。批評主義。❷哲学で、カントおよびカント学派の立場。人間の認識能力の吟味によって認識を可能にさせる条件・限界などを明らかにし、またこのような理性の徹底的な自己認識を媒介にして、さらに諸対象の吟味を貫徹しようとする。

ひはん-てき【批判的】[形動]批判する態度や立場をとるさま。否定的に批評するさま。「一な内容の文書」

ひはんてき-かんねんろん【批判的観念論】▶先験的観念論

ひはん-てつがく【批判哲学】批判主義の立場に立つカントおよびカント学派の哲学。先験哲学。

ひ-ひ【×狒×狒】❶オナガザル科のうち、ヒヒ属とゲラダヒヒ属の哺乳類の総称。鼻口部が突出した独特の顔つきをし、雄は雌よりもがっしりしていて大きい。アフリカ・アラビアに、マントヒヒ・ドグエラヒヒ・マンドリル・ゲラダヒヒなどが知られる。❷年のいった好色な男をののしっていう語。「一おやじ」

ひ-ひ【比比】㊀[ト・タル]図[形動タリ]物事が並びつらなるさま。「怪を信ずる者一として皆然り」〈津田真道・明六雑誌二五〉㊁[副]一様に同じような状態であるさま。どれもこれも。「専ら勧懲を主眼として稗史を編む者一是なり」〈逍遥・小説神髄〉

ひ-ひ【×霏×霏】[ト・タル]図[形動タリ]❶雪や雨が絶え間なく降るさま。「一として秋雨が降る」❷物事が絶え間なく続くさま。「彦国佳言を吐くこと、鋸木屑の如く一として絶えず」〈洒・通言総籬〉

ひ-び【日日】毎日。1日1日。日ごと。「去る者は一に疎し」「一の勤め」(類語)毎日・連日・日日・日ごと

　日日是好日　「にちにち(日日)是好日」に同じ。

　日日に新たなり　《「礼記」大学から》日に日に新しくなる。絶えず進歩する。

ひび【×皹｜×皸】皮膚が寒さや乾燥のため荒れて細かい裂け目ができること。「一が切れる」(季 冬)

(類語)皹

ひび【×篊】❶ノリやカキの養殖で、胞子・幼生を付着させるために海中に立てる竹や粗朶。❷浅海に柴や竹簀などを立て並べ、一方の口から入った魚が出られないようにした仕掛け。

ひび【×罅】《「皹」と同語源》❶陶器・ガラス・骨などにできる、細かい割れ目。❷心身・人間関係などに生じた故障・不和などをたとえていう語。

(類語)ひび割れ・割れ目・亀裂・切れ目・分け目・裂け目・罅隙・罅裂・クラック

　罅が入・る　❶細かい割れ目ができる。「骨に一・る」❷完全な状態、円満な関係などが損なわれる。心身・人間関係などに支障が生じる。「友情に一・る」

び-び【×娓×娓】㊀[ト・タル]図[形動タリ]飽きずに続けるさま。くどくどしいさま。「一として絶えず枕に打響きては」〈紅葉・続々金色夜叉〉㊁[副]㊀に同じ。「一相語らんと欲するのみと」〈東海散士・佳人之奇遇〉

び-び【微微】[ト・タル]図[形動タリ]分量などがごくわずかであるさま。小さくて取るに足りないさま。「一たる存在」「一とした勢力」(類語)微小・ミクロ

ひびか・す【響かす】㊀[動サ五(四)]「響かせる」に同じ。「バットが快音を一・す」㊁[動サ下二]「ひびかせる」の文語形。

ひびか・せる【響かせる】[動サ下一]図ひびか・す[サ下二]❶音・声が響くようにする。「爆音を一・せる」❷世間に広く知れ渡らせる。「名声を一・せる」

ひびき【響き】❶音が広がり伝わること。また、その音。「心地よい室内楽の一」❷ものに反射して聞こえる音や声。反響。「壁面にはね返る一」❸余韻。残響。また、耳に受ける音や声の感じ。「鐘の一」「優しい一の言葉」❹振動。「山々を揺るがす雪崩の一」

「地一」❺他に反応・変化を生じさせること。影響。「物価上昇の一」❻世間の評判。「春宮の御元服、南殿にてありし儀式よそほしかりし御一におとさせ給はず」〈源・桐壺〉❼連句の付合(つけあい)手法の一。前句と付句との間に切迫・緊張した気分の呼応を感じさせる付け方。特に、蕉風で用いられた。「うつり、一、匂ひは付けやうの塩梅(あんばい)なり」〈去来抄・修行〉(類語)音響

響きの声に応ずるが如(ごと)し　非常に早く応答や反応があることのたとえ。

ひびき-いし【響き石】▶鶚鵡石(おうむいし)❶

ひびき-なだ【響灘】福岡県の北東方、山口県の西方の海域。西は玄界灘に続く。冬季は季節風が強く吹く。(歌枕)

ひびき-わた・る【響き渡る】〔動ラ五(四)〕❶音や声が一面に響いて伝わる。「サイレンが一・る」❷広く世間に知れ渡る。「名声が全世界に一・る」(類語)鳴る・響く・鳴り響く・鳴り渡る・高鳴る・轟(とどろ)く・聞こえる

ひひ・く【×疼く】〔動カ四〕ひりひりと痛む。「垣下に植ゑし椒(はじかみ)口一・く」〈記・中・歌謡〉

ひび・く【響く】〔動カ五(四)〕❶音・声があたりに広がり伝わる。「大砲の音が一・く」❷反射して聞こえる。反響する。「こだまが一・く」❸余韻が長く続く。「鐘の音が一・く」❹振動が伝わる。「爆発の衝撃がガラス戸に一・く」❺世間に広く知られる。「名声が世間に一・く」❻心に通じる。また、感覚に訴える。「忠告も彼には一・かない」「胸に一・く一言」❼他へ影響が及ぶ。「交通ストが通勤に一・く」「無理をするとからだに一・く」❽ある意味をもって聞きとれる。「非難がましく一・く」(類語)(❶)鳴る・鳴り響く・鳴り渡る・通る・伝わる・轟(とどろ)く・高鳴る・どよむ・どよめく・唸(うな)る・響き渡る/(❷)反響する・こだまする/(❼)影響する・差し響く・はねかえる・祟(たた)る・災いする

ビヒクル〖vehicle〗《「ビークル」とも》展色剤。

ひ-ひこ【▽曽▽孫】孫の子。ひまご。そうそん。「観賢僧正と云ふ人…大師には一弟子にぞ当たりける」〈今昔・一一・二五〉

びびし・い【美美しい】〔形〕文びび・し〔シク〕❶はなやかで美しい。きらびやかである。「一・く着飾る」❷好ましい。りっぱである。「一・しくも言ひたりつるかな」〈枕・一三三〉(類語)綺麗(きれい)・華美・華やか・きらびやか・絢爛(けんらん)・華麗・はで・はでやか・華華しい

ヒビスカス〖hibiscus〗▶ハイビスカス

ひび-たけ【×皹たけ】「皹(ひび)」に同じ。「一の入った身体じゃどうする事もできない」〈荷風・つゆのあとさき〉

ビビダス-きん【ビビダス菌】《(ラテ) bifidus》▶ビフィズス菌

ひ-びつ【火×櫃】木製の角火鉢。

ビビッド〖vivid〗〔形動〕生き生きとしているさま。鮮やかなさま。「一な描写」「一な配色」

ひ-ひとひ【日一日】朝から日暮れまでの間。一日中。「一寝(い)をのみ寝暮らし」〈源・明石〉

ひび-ぬり【×皹塗(り)】漆塗りの技法の一。漆の乾燥過程で卵白を塗り、漆面に細かいひびを浮き出させる塗り方。

ヒビノゴルスク〖Khibinogorsk〗ロシア連邦の都市キーロフスクの旧称。

ピビムパプ《朝鮮語》▶ビビンバ

ひひ-め・く〔動カ四〕ぴいぴいと鳴く。「鵄(とび)…虚空にしばし一・いたり」〈平家・四〉

ひびや【日比谷】東京都千代田区南部の地名。日比谷公園がある。江戸時代以前は入り江であった。

ひび-やき【×皹焼(き)】陶磁器で、釉(うわぐすり)に細かいひびの出るように焼くこと。また、その陶磁器。

ひびや-こうえん【日比谷公園】(コウヱン)東京都千代田区日比谷にある日本最初の西洋式公園。明治36年(1903)開園。園内に大噴水・公会堂・図書館・野外音楽堂などがある。

ひびや-やきうちじけん【日比谷焼き打ち事件】明治38年(1905)9月5日、東京の日比谷公園で開かれたポーツマス条約反対の国民大会に集まった民衆が警官隊と衝突、内相官邸・国民新聞社などを襲撃、交番などを焼き打ちした事件。

ひ-ひょう【批評】(ヒヒャウ)〔名〕(スル)物事の是非・善悪・正邪などを指摘して、自分の評価を述べること。「論文を一する」「印象一」

(用法)**批評・批判**――「映画の批評(批判)をする」のように、事物の価値を判断し論じることでは、両語とも用いられる。◆「批評」は良い点も悪い点も同じように指摘し、客観的に論じること。「習作を友人に批評してもらう」「文芸批評」「批評眼」◆「批判」は本来、検討してよしあしを判定することで「識者の批判を仰ぎたい」のように用いるが、現在では、よくないと思う点をとりあげて否定的な評価をする際に使われることが多い。「徹底的に批判し、追及する」「批判の的となる」「自己批判」

(類語)評論・論評・批判・評価・評・講評

ひ-びょういん【避病院】(ヒビャウヰン)法定伝染病(伝染病予防法で規定)の患者を隔離・収容していた伝染病院の通称。平成11年(1999)の伝染病予防法廃止、感染症予防法施行以降は、この呼称は使用されなくなった。

ひひょう-か【批評家】(ヒヒャウ)批評することを職業とする人。また、他人の言動を批評するばかりで自分では何もしない人をあざけっていう語。

ひひょう-がん【批評眼】(ヒヒャウ)批評をする眼識。要所を的確にとらえて批評する能力。「一を養う」

ひひらか・す〔動サ四〕ぺらぺらしゃべりちらす。「行ひがちに口一・し」〈紫式部日記〉

ひひら・く〔動カ四〕❶ぺらぺらしゃべりまくる。「馬の頭(かみ)、物定めの博士になりて一・き居たり」〈源・帚木〉❷いななく。〈名義抄〉

ひびら・く【×疼く】〔動カ四〕ひりひり痛む。ずきずきする。「切り焼くが如くうづき一・き」〈発心集〉

ひひ・る【▽沖る|×冲る】〔動ラ四〕▶ひいる

びび・る〔動ラ五〕恥ずかしがる。また、おじけづく。気持ちが萎縮(いしゅく)する。「大舞台で一・ってしまう」

ひび-われ【×皹割れ】〔名〕(スル)ひびが入って割れ目のできること。また、その割れ目。「壁が一する」

(類語)切れ目・裂け目・割れ目・ひび・亀裂・罅裂(かれつ)・罅隙(かげき)・クラック

ひび-わ・れる【×皹割れる】〔動ラ下一〕文ひびわ・る〔ラ下二〕ひびが入って割れ目ができる。「一・れたコップ」

ひ-ひん【妃×嬪】妃と嬪。天子の第2、第3夫人。また、天子に仕える女官。

び-ひん【備品】官庁・会社・学校などで、業務に必要なものとして備えつけてある物品。

(類語)小間物・雑貨・日用品・荒物・消耗品

ピピン〖Pippin〗㊀(～der Mittlere, von Heristal)[?～714]ピピン2世。フランク王国アウストラシア分邦の宮宰。カロリング家の祖。ネウストリア分邦の支配権を勝ち取り、次いでブルグントの宮宰も兼ね、全王国の実権を掌握。異教徒のキリスト教化に貢献。中ピピン。㊁(～der Jüngere)[714～768]ピピン3世。フランク国王。在位751～768。カール=マルテルの子。カール大帝の父。短身王と称された。751年にローマ教皇の承認を得、王位に就いてカロリング朝を開いた。ラベンナ地方を教皇に献じ、教皇領の発端をつくる。小ピピン。

ビピンナリア〖bipinnaria〗ヒトデ類の浮遊型の幼生。体は円錐形で、左右相称。さらにブラキオラリア期を経て変態し、成体となる。

ビビンバ《朝鮮語》朝鮮料理の一。もやし・わらび・白菜などの調味した具を米飯の上にのせたもの。ピビンパ。ピビムパプ。

ひ-ふ【皮膚】動物の体を覆い保護している組織。脊椎動物では表皮・真皮・皮下組織からなり、毛・爪(つめ)・角(つの)・羽・うろこや、汗腺・脂腺・乳腺などが付属。呼吸・知覚・体温調節などの機能ももつ。無脊椎動物では表層およびそれを覆うクチクラからなる。

(類語)皮(かわ)・肌(はだ)・はだえ・肌膚(きふ)・地肌(じはだ)・上皮(うわかわ)・外皮(がいひ)・表皮(ひょうひ)・スキン

ひ-ふ【秘府】貴重な文書・器物を保管しておく倉。また、朝廷の書庫。秘閣。秘庫。「一本万葉集抄」

ひ-ふ【秘符】神仏の加護がこもり、災厄を除き去るという札。護符。

ひ-ふ【×蚍×蜉】大きな蟻(あり)。

蚍蜉大樹(たいじゅ)を動かす　身のほどをわきまえず、大それたことを行うたとえ。

ひ-ふ【被風|被布|披風】着物の上に着る、羽織に似た外衣。襟もとを四角にあけ、胸のところで左右を深く合わせて組紐(くみひも)でとめる。江戸時代は茶人・俳人などが着たが、明治時代以後は変形して主に女性の和装用コートとなった。袖無しにして女児の祝い着などにも用いられる。(季 冬)「美しき老刀自なりし一艶(えん)に/虚子」(類語)外套(がいとう)・コート・オーバー・マント・ケープ・ガウン・合羽(カッパ)

ひ-ふ【×鄙夫|卑夫】いやしい男。下品な男。

ひ-ふ【×鄙婦|卑婦】いやしい女。下品な女。

ひ-ぶ【日歩】利息計算期間の単位を1日として定めた利率。元金100円につき、1日何銭何厘何毛と表示される。

(類語)金利・利・利子・利息・単利・複利・年利・月利

ひ-ぶ【日賦】借金などを毎日少しずつ返済すること。また、その借金。日なし。

ひ-ぶ【秘部】❶秘密の部分。❷からだの秘すべき部分。陰部。

ヒブ〖Hib〗《*Haemophilus influenzae type b*》細菌の一種。髄膜炎・肺炎・喉頭蓋炎・関節炎・敗血症などさまざまな感染症を引き起こす。19世紀にインフルエンザの原因菌と誤解されたところからの名で、ウイルスではない。せきやくしゃみなど唾液を介して感染し、乳幼児は重い髄膜炎を起こすことがある。感染症予防法で第五類感染症に指定されている。インフルエンザ菌b型。➡ヒブワクチン

び-ふ【美婦】美しい女性。美女。「彼の一の口には君子も以て出走すべし」〈中島敦・弟子〉

ビフィズス-きん【ビフィズス菌】《(ラテ) bifidus》腸内細菌の一。ぶどう糖を発酵させて酢酸・乳酸を作るグラム陽性の桿(かん)菌。大腸菌の増殖を抑える働きがあり、年齢が増すに伴い存在数が減少する。ビビダス菌。

ひ-ふう【悲風】さびしく悲しそうに吹く風。悲しみを誘う風。「一句一のごとく耳をかすめて」〈蘆花・思出の記〉

び-ふう【美風】美しい風習。よい気風やならわし。「一を守る」(対)悪風。(類語)良俗・美俗・良風

び-ふう【微風】かすかに吹く風。そよかぜ。

ひふう-さんう【悲風惨雨】悲しみを誘う風とむごい雨。苦しみの多い人生や生活をいう。「一ならび至り、力なく光なく」〈独歩・わかれ〉

ビフェニール〖biphenyl〗▶ビフェニル

ビフェニル〖biphenyl〗《「ビフェニール」とも》炭化水素の一種。二つのフェニル基が結合した構造をもつ。コールタール中に存在し、伝熱媒体・かび防止剤などに用いられる。ジフェニル。

ビフォー〖before〗(何かをする)前の意。以前。

ビフォー-サービス《(和) before＋service》新商品などの販売前にカタログやちらしで、潜在需要者にはたらきかけること。

ひふ-か【皮膚科】(クワ)皮膚の病気を対象とする医療の分野。

ひふ-がん【皮膚×癌】皮膚にできる悪性腫瘍(しゅよう)。紫外線ややけど・けがの傷跡などが誘因となる。内臓癌から転移によって起こるものもある。

ひふ-かんかく【皮膚感覚】❶皮膚や粘膜などの体表面で受ける感覚。触覚・圧覚・冷覚・温覚・痛覚など。❷長年、見聞きしている間に身に付いた勘をいう。「不正に敏感に反応する一」

ひ-ふき【火吹き】火を吹きおこすのに用いる道具。火吹き竹・火吹きだるまなど。

ひふき-だけ【火吹き竹】火を吹きおこすのに用いる竹筒。一端に節を残して小さな穴をあけてあり、そこから息を吹き入れる。(季 冬)

ひふき-だるま【火吹き▽達磨】火鉢などの火を吹きおこすのに用いる道具。銅製などの小さい達磨形の容器で、水を入れて火のそばに置くと、熱せられて

口から蒸気を吹いて火をおこす。
ひふきん-えん【皮膚筋炎】皮膚と筋肉に炎症や変性が起こり、痛み・筋力低下・紅斑・浮腫などを伴う全身性疾患。膠原病こうげんびょうの一で、原因不明。厚生労働省の特定疾患に指定。
ひ-ふく【被服】着るもの。着物。衣服。「一費」
(類語)衣服・衣類・着物・着衣・衣装・装束・衣・お召物・衣料・ドレス
ひ-ふく【被覆】〔名〕スル 物の表面におおいかぶせること。また、そのもの。「絶縁体で—したケーブル」
(類語)包む・くるむ・くるめる・覆う・覆いかぶせる・被せる・掛ける・おっかぶせる・包装する・パックする・カバーする
び-ふく【美服】美しい衣服。美衣。「—をまとう」
び-ふく【微服】〔名〕スル 人目につかないよう、身なりをやつすこと。「中将—して山里に猟かり暮らし」〈蘆花・不如帰〉
ひふく-きん【×腓腹筋】下腿かたいの後ろ側にある屈筋。ふくらはぎをつくる筋肉。大腿骨に始まり、下方は平目筋ひらめきんと合わさってアキレス腱となる。膝ひざの屈曲や爪先立ちなどの運動に関与。腓腸筋。
ひふくきん-けいれん【×腓腹筋×痙×攣】腓腹筋に起こる強直性の痙攣。激痛を伴う。こむらがえり。
ひふくめ【比▽比▽丘女】「子を捕とろ子捕ろ」の昔の呼び名。
びふく-もん【美福門】平安京大内裏外郭十二門の一。南面し、朱雀門すざくもんの東に位置する。壬生御門。
びふく-もんいん【美福門院】ビフクモンヰン［1117～1160］鳥羽天皇の皇后。近衛天皇の母。藤原長実の娘で、名は得子。近衛天皇の死後、崇徳上皇の皇子重仁親王を退けて後白河天皇を即位させ、保元の乱の原因をつくった。みふくもんいん。
ひ-ぶくれ【火膨れ｜火×脹れ】やけどで皮膚の下に体液がたまってはれること。
ひ-ぶくろ【火袋】❶暖炉の、薪炭など燃料を燃やす所。❷灯籠とうろうの火をともす所。また、行灯あんどんや提灯ちょうちんの、紙の覆おおいをした部分。
ひふ-こきゅう【皮膚呼吸】ヒフコキフ 動物で体表を通して行われる酸素と炭酸ガスとの交換作用。特別の呼吸器官をもたないミミズ・ヒルなどにみられるが、カエル・ウナギなど多くの動物で鰓えら呼吸・肺呼吸と併用され、人間もわずかに行っている。
ひ-ふさがり【日塞がり】陰陽道おんようどうで、外出しようとする方角に天一神なかがみなどがいるため、その方角への外出を忌むこと。➡方違かたたがえ
ビブス〘bibs〙《bib(よだれ掛け・胸当て)の複数形》競技者が付けるゼッケン。また、チームの区別をつけるためにユニホームなどの上に着るベスト状のもの。
ひ-ぶせ【火伏せ｜火▽防】火災を防ぐこと。特に、神仏が霊力によって火災を防ぐこと。火よけ。「—の神」「—のお札ふだ」
ひふ-せん【皮膚腺】動物の表皮に開口する外分泌腺。哺乳類では汗腺・皮脂腺・乳腺、両生類では粘液腺・毒腺、魚類では粘液腺などがある。皮腺。
ひぶそう-ちたい【非武装地帯】ヒブサウ 隣接する二勢力間の軍事衝突を避けるため、その境界線に沿って設けられる、軍隊や軍事施設を備えない地域。
ひふ-そうようしょう【皮膚×瘙×痒症】ヒフサウヤウシヤウ 皮膚に病変がないのにかゆくなる状態。
ひ-ぶた【火蓋】❶火縄銃の火皿の火口をおおうふた。❷土蔵の窓に設けた金属製の防火扉。「窓にはあかかねの—」〈浮・桜陰比事・二〉
　火蓋を切・る　火蓋❶を開いて点火の準備をする。転じて、戦いや競争を開始する。「選挙戦の—・る」(補説)「幕を切って落とす」との混同で、「火蓋を切って落とす」とするのは誤り。
ひふたいか-かいにゅう【非不胎化介入】ヒフタイクワカイニフ 為替介入の手法の一。自国通貨の放出(または吸収)による通貨流通量の増加(または減少)を容認しつつ行う介入。国債などの売りオペ(または買いオペ)を行わないので、不胎化介入より介入の効果が高い。
ひ-ぶつ【秘仏】厨子ずしなどに納められ、普段は拝観を許していない仏像や仏画。
ビフテキ「ビーフステーキ」の略。
ひ-ぶね【火船】❶戦国時代の船戦ふないくさで、敵船を火攻めにするため火のついた薪・わらなどを積んで、風上から流した船。❷昔、夜間の網漁を行う際、魚を集めるために火をたいた船。
ひふねんまくがん-しょうこうぐん【皮膚粘膜眼症候群】ヒフネンマクガンシヤウコウグン 抗生物質や風邪薬などの副作用による薬疹。全身の皮膚、粘膜に紅斑や水疱ができてただれ、眼に結膜炎や角膜炎が発症する。重症になると失明、死亡する。スチーブンスジョンソン症候群。(補説)原因となる医薬品を服用してから2週間以内に発症することが多いが、数日以内または1か月以上経過して発症することもある。セ氏38度以上の高熱、目の充血、めやに、まぶたの腫れ、目が開けづらい、唇や陰部のただれ、排尿・排便時の痛み、のどの痛み、皮膚の広範囲が赤くなるなどの症状がみられる場合は医師の診察を受ける必要がある。
ひふ-びょう【皮膚病】ヒフビヤウ 皮膚の病気。湿疹しっしん・おでき・水虫・脱毛症・皮膚癌がんなど。
ひぶ-ほけん【日歩保険】日々数量の変動する在庫品などを対象とし、日歩によって保険料を算定する火災保険。
ひ-ふみ【日文】漢字の渡来以前、日本で使用されたと称される、いわゆる神代文字の一。平田篤胤ひらたあつたねが、対馬つしま国に秘伝したものと主張したが、実は朝鮮のハングルに模して偽作されたもの。「ひふみよいむなや」で始まる47音の文字があげられている。
ひふ-もんがしょう【皮膚紋画症】ヒフモングワシヤウ 皮膚をこすった跡に線状に貧血や充血・隆起がみられる現象。アトピー性皮膚炎や蕁麻疹じんましんの患者にみられることがある。皮膚描画症。
ビブラート〘イタ vibrato〙声楽や器楽演奏などで、音の高さを細かく上下に震わせる技巧。
ビブラフォン〘vibraphone〙鉄琴の一種。音板の下に共鳴管内の空気を振動させる小さな電動ファンがあり、音の余韻にビブラートがかかる。バイブラフォン。
ビブラム-ソール〘Vibram sole〙突起のあるゴム製の靴底。登山用や運動用の靴に使われる。Vibramは商標名。
ヒブラルファロ-じょう【ヒブラルファロ城】ヒブラルファロジヤウ《Castillo de Gibralfaro》スペイン南部、アンダルシア州の都市マラガにあるイスラム教徒支配時代の城砦じょうさい。14世紀にナスル朝ユースフ1世が海側の防備を目的として建造。
ひ-ぶり【火振り】松明たいまつなどを振って明るくすること。また、松明をともして川漁をすること。
ビブリオ〘ラテ Vibrio〙細菌のうち、ビブリオ属に分類される桿菌かんきん。グラム陰性で、多くは湾曲し、鞭毛べんもうをもつ。コレラ菌・腸炎ビブリオなど。
ビブリオグラフィー〘bibliography〙❶書誌学。❷ある主題についての参考文献の目録。
ビブリオテーク〘フラ bibliothèque〙❶図書館。書庫。❷蔵書。❸叢書そうしょ。文庫。
ビブリオフィル〘bibliophile〙愛書家。蔵書家。
ビブリオマニア〘bibliomania〙蔵書狂。愛書狂。
ひぶり-じま【日振島】愛媛県南西部、宇和海にある島。宇和島市に属する。面積4.0平方キロメートル。宇和海屈指の磯釣りの漁場。10世紀前半に起こった天慶てんぎょうの乱で、海賊を率いた藤原純友すみともの本拠地。足摺あしずり宇和海国立公園の一部。
ひふりゃく【秘府略】平安初期の類書。1000巻。864・868巻の2巻のみ現存。淳和天皇の勅により、天長8年(831)滋野貞主しげののさだぬしが撰。引用書は約1500種に及ぶ、日本最古の百科事典。
ひ-ぶろ【日風呂】毎日入浴すること。➡日髪ひがみ日風呂
ヒブ-ワクチン〘Hib vaccine〙Hib感染による乳幼児の細菌性髄膜炎を防ぐためのワクチン。乳幼児の細菌性髄膜炎の約6割がHibによるもので、罹患すると5パーセントが死亡、25パーセントに重度の後遺症が残る。欧米では1980年代後半に導入されていたが、日本では平成19年(2007)に認可され、翌年12月から接種が可能となった。WHOはヒブワクチンを定期接種とするよう推奨しているが、日本では任意接種となっている。
ひ-ふん【悲憤】〔名〕スル 悲しみ、いきどおること。「—の涙」「それらを二重に—する気持で」〈宮本・伸子〉
(類語)怒り・嘆き・腹立ち・憤り・怒気・瞋恚しんい・憤怒ふんぬ・憤怒ふんど・憤激・憤懣ふんまん・鬱憤うっぷん・義憤・痛憤・憤慨ふんがい・立腹・激怒・癇癪かんしゃく・逆鱗げきりん
ひ-ぶん【非分】〔名・形動ナリ〕❶分不相応なこと。また、そのさま。過分。「この大納言—の大将を祈り申されければにや」〈平家・一〉❷道理にはずれたこと。また、そのさま。非理。「嫉妬の故に…—に命をなん失ひてけり」〈今昔・二七・二一〉
ひ-ぶん【碑文】石碑に彫りつけた文章。碑銘。
び-ふん【微粉】細かい粉。微細な粉末。
び-ぶん【美文】❶美しい語句を用い、修辞上の技巧を凝らした文章。❷明治中期、文壇に流行した擬古文。「—調」(類語)名文・麗筆・才筆・雅文・達文
び-ぶん【微分】〔名〕スル ❶ある関数の導関数を求めること。❷関数の関係にある式において、変数の微小区間をとり、その極限での関数の変化率、すなわち微分係数を求めること。また、その微分係数。➡積分
ピブン〘Luang Pibul Songgram〙［1897～1964］タイの軍人・政治家。1938年に首相となり、国名をシャムからタイに改めた。第二次大戦中、日本に協力して、戦後失脚。48年再び首相となるが、57年のクーデターで日本に亡命して客死。
びぶん-かいてん【微分回転】ビブンクワイテン ▶差動回転
びぶん-がく【微分学】微分に関連する理論および応用を研究する数学の一分科。
びぶんかんしょう-けんびきょう【微分干渉顕微鏡】ビブンカンセフケンビキヤウ 干渉顕微鏡の一。ノルマルスキープリズムという特殊なプリズムを用いて二つの偏光に分割し、その光線のずれを対物レンズの分解能以下にしたもの。光線を再び合成して光の干渉を起こさせ、光路差のわずかな違いを明暗の差に変える。
びぶん-きかがく【微分幾何学】微積分法を利用して、曲面・曲線の性質を研究する幾何学。
びぶん-けいすう【微分係数】関数$y=f(x)$の$x=x_1$から$x=x_1+h$までの平均変化率$[f(x_1+h)-f(x_1)]/h$で、hを0に近づけるときのこの極限値。$f'(x_1)$と表す。
ひふん-こうがい【悲憤×慷慨】ヒフンカウガイ〔名〕スル 世情や自分の運命などについて、憤慨し、嘆き悲しむこと。「不正の横行を—する」
び-ぶんし【微分子】きわめて微小な分子。
ひぶん-しょう【飛▽蚊症】ヒブンシヤウ 眼球の硝子体しょうしたいに濁った部分ができ、その影が網膜に映り、目の前を蚊や糸くずが飛んでいるように見える状態。
びぶん-ほうていしき【微分方程式】ビブンハウテイシキ 変数とその関数との関係を導関数を含む形で表した方程式。独立変数が一つの常微分方程式、二つ以上の偏微分方程式がある。
ひ-へい【疲弊｜罷弊】〔名〕スル ❶心身が疲れて弱ること。「神経が—する」❷経済状態などが悪化して活力をなくしてしまうこと。「財政が—する」
(類語)疲労・疲れ・くたびれ・倦怠けんたい・疲憊ひはい・困憊こんぱい・困弊こんぺい・過労・所労
び-へいそく【鼻閉塞】鼻腔の粘膜がはれて内腔が狭くなるなどして、鼻による呼吸が障害される状態。鼻詰まり。鼻閉。
ビヘイビア〘behavior〙ふるまい。行動。また、態度。
ビヘイビアターゲティング-こうこく【ビヘイビアターゲティング広告】ビヘイビアターゲティングクワウコク《behavior targeting advertising》▶行動ターゲティング広告
ビベーカーナンダ〘Vivekānanda〙［1863～1902］近代インドの宗教家。ラーマクリシュナに師事。師の死後、その教えを世界各地にもひろめ、ラーマクリシュナ-ミッションを創設した。
ひ-へぎ【引▽倍木】「ひきへぎ」の音変化。「関白殿の

御下襲(したがさね)の菊の―かがやきて」〈栄花・駒競べの行幸〉

ピペット〖pipette〗一定体積の液体や気体を、取り出したり加えたりするためのガラス製の化学実験器具。ふつう棒状で先端が細く、中央部がふくらんでおり、試料を吸い上げる。

ヒペリオン〖Hyperion〗土星の第7衛星。1848年に発見。名の由来はギリシャ神話の巨人。長径が約360キロ、短径が約225キロの非球形で、自転周期も自転軸も定まらずに変化する。非球形天体としては太陽系で最大級。ヒュペリオン。ハイペリオン。

ビベロ〖Rodrigo de Vivero y Velasco〗[?～1636]スペインのフィリピン臨時総督。1609年、メキシコへ帰任の途中に難破して日本に漂着。徳川家康に謁見してメキシコとの貿易を依頼され、田中勝介を同行してメキシコに帰った。

ピペロナール〖piperonal〗ヘリオトロープの花に似た香気をもつ無色の結晶。サフロールを酸化して製造し、香料の調合剤などに用いる。花の精油中にも含まれる。ヘリオトロピン。

ひ-へん【日偏】漢字の偏の一。「明」「時」などの「日」の称。にちへん。

ひ-へん【火偏】漢字の偏の一。「焼」「煙」などの「火」の称。「灬(れっか)」とともに「火」の部首に属する。

ひべん-かつどう【非弁活動】《「非弁」は「非弁護士」の略》弁護士の資格のない者が、報酬を得るために、交通事故の示談交渉、離婚交渉、破産の申し立て手続き、債権の取り立てなどの法律事務を取り扱うこと。弁護士法72条で禁止されている。(補説)弁護士法では、弁護士資格所有者から権利を譲り受けて弁護士業務を営むことの禁止、弁護士・法律事務所の標示の禁止、類似する名称の使用禁止などを定めている。

ひ-ほ【×裨補】〔名〕スル 助けおぎなうこと。「我れの発達を―せしむるの用に供すべきのみ」〈雪嶺・偽悪醜日本人〉

ひぼ【×紐】「ひも」の音変化。「年来(としごろ)誦(よ)み給ひける持経の―を解き」〈太平記・一〇〉

ひ-ぼ【悲母】慈悲深い母。慈母。「―観音」

び-ぼいん【鼻母音】呼気が口腔だけでなくて鼻へも抜け、鼻腔の共鳴を伴って発せられる母音。

ひ-ほう【×庇▽保】〔名〕スル かばいまもること。庇護。ひほ。「家康を―弁護し」〈逍遥・小説神髄〉

ひ-ほう【非法】法にはずれること。「租税(なりぎ)を重くし、―のみ多かりしかば」〈読・弓張月・拾遺〉

ひ-ほう【飛報】急ぎの知らせ。急報。

ひ-ほう【秘方】秘密にして人に教えない薬の処方。「―の妙薬」

ひ-ほう【秘宝】大切にして他人には見せない宝。秘蔵の宝物。「―展」

ひ-ほう【秘法】❶秘密の方法。❷真言密教で行う、秘密の修法。

ひ-ほう【悲報】悲しい知らせ。「―に接する」(類語)凶報

ひ-ぼう【非望】分不相応の大きな望み。

ひ-ぼう【×誹×謗】〔名〕スル 他人を悪く言うこと。そしること。「陰で他人を―する」「―中傷」
(類語)悪口(わるくち)・悪態・謗(そし)り・中傷・悪口(あっこう)・雑言・罵詈(ばり)・罵詈雑言

び-ほう【▽弥縫】〔名〕スル 失敗や欠点を一時的にとりつくろうこと。「彼の生活はもう…―することも出来ない程あまりに四離滅裂だったのだ」〈梶井・瀬山の話〉

び-ぼう【美貌】美しい顔かたち。「―の持ち主」

び-ぼう【備忘】忘れたときのためにあらかじめ用意しておくこと。

び-ぼう【微×茫】〔ト・タル〕図〔形動タリ〕かすかでぼんやりしているさま。「月に淡き銀河一道、―として白く海より海に流れ入る」〈蘆花・不如帰〉

びほう-さく【▽弥縫策】一時のがれにとりつくろって間に合わせるための方策。「―を講じる」

ひほうしゃせい-ようそ【非放射性▽沃素】「安定沃素」に同じ。➡放射性沃素

びぼう-じん【▽未亡人】「みぼうじん(未亡人)」に同じ。「軍人の―だけあって」〈漱石・こゝろ〉

ひ-ぼうりょく【非暴力】暴力を用いず、断食・座り込み・ボイコット・サボタージュ・ゼネストなどで民衆が権力に対して抵抗すること。ガンジーやキング牧師の指導のもとに行われた運動が知られる。

びぼう-ろく【備忘録】忘れたときの用意に用件などを書きとめておく帳面。メモ。(類語)書き付け・メモ・雑記・覚え書き・手控え・ひと筆・一筆(いっぴつ)

ヒポキサンチン〖hypoxanthine〗6-ヒドロキシプリン。核酸の塩基類似物質。サルシン。

ひ-ぼく【×婢僕】下女と下男。召し使い。

ヒポクラテス〖Hippokratēs〗[前460ころ～前375ころ]古代ギリシャの医師。迷信や呪術を排して臨床の観察と経験を重んじ、科学的医学の基礎を築いた。医師の倫理についても論じ、医学の父と称される。所説は「ヒポクラテス全集」に集大成された。ヒッポクラテス。

ヒポクリット〖hypocrite〗偽善者。

ひほけん-じどうしゃ【被保険自動車】自動車保険において、契約の対象になる自動車のこと。

ひほけん-しゃ【被保険者】損害保険で、保険事故が発生したときに保険金の支払いを受ける権利を有する者。生命保険では、その人の生死が保険事故とされる者。㊥保険者。

ひほけんしゃしかく-しょうめいしょ【被保険者資格証明書】特別の事情がなく国民健康保険料(税)の納付期限後1年を経ても納めない場合に、市区町村から交付される資格証明書。通常の保険証は返還を求められる。資格証明書では患者は医療費の全額を自己負担し、後日領収書を添えて申請すると保険給付分の一部が払い戻される。国民健康保険被保険者資格証明書。

ひほけん-ぶつ【被保険物】損害保険で、一定の事故による損害が生じたとき、保険者からその塡補(てんぽ)を受ける物。保険の目的物。

ひほけん-りえき【被保険利益】損害保険で、保険の目的と被保険者との間に存在する利害関係のこと。損害保険契約では、被保険利益が存在しない契約は無効。

ひほご-こく【被保護国】条約に基づいて、他国の保護を受ける国。➡保護国

ヒポコンデリー〖(ドイツ) Hypochondrie〗▶心気症(しんきしょう)

ひほさ-にん【被保佐人】精神上の障害により判断能力が不十分であるとして、家庭裁判所から保佐開始の審判を受けた人。財産上の重要な法律行為について、保佐人の同意が必要となる。(補説)禁治産制度における準禁治産者と異なり、浪費者は対象とならない。

ひ-ぼし【干▽乾し】食物がなく、飢えてやせること。「空腹で―になりそうだ」(類語)飢え・飢餓

ひ-ぼし【日干し┊日▽乾し】直接日光に当てて乾かすこと。また、そのもの。「魚を―にする」
(類語)陰干し・素干し・虫干し・土用干し

ひ-ぼし【火干し┊火▽乾し】火であぶって乾かすこと。また、そのもの。

ひほじょ-にん【被補助人】精神上の障害により判断能力が不十分であるとして、家庭裁判所から補助開始の審判を受けた人。後見や保佐よりも障害の程度が軽微な場合に認定され、特定の法律行為について、補助人の同意または代理が必要となる。

ピボット〖pivot〗❶先端が円錐形になっている回転軸。計測器や時計に用いられる。❷ゴルフで、クラブを振る際に背骨を軸にして肩や腰を回転させること。❸バスケットボールなどの球技で、ボールを持った選手が片足を軸にし、もう一方の足を動かしてからだの向きを変えたりすること。

ビボルグ〖Vïborg〗ロシア連邦北西部、レニングラード州の都市。フィンランド湾に面し、港湾を有す。1918年から40年、および41年から44年までフィンランド領。フィンランド語名ビープリ。13世紀末建造のビボルグ城、フィンランドの建築家アルバー=アールトが設計した図書館、レーニンが十月革命の計画を立てたという家などがある。

ビボルグ-じょう【ビボルグ城】《Vïborgskiy zamok》ロシア連邦北西部、レニングラード州の都市ビボルグにある城。周囲を城壁に囲まれ、13世紀末、スウェーデン王国の軍人トルケル=クヌートソンにより建造。その後、この城を巡りスウェーデンとノブゴロド公国の間で何度も争われた。現在は博物館として公開されている。ビープリ城。

びほろ【美幌】北海道東部、網走郡の地名。網走川およびそれに合流する美幌川の流域に位置する。屈斜路(くっしゃろ)湖に至る町境に美幌峠がある。(補説)アイヌ語「ピーポローペッ」(石の大きい川)または「ペーポローペッ」(水量の多い川)からといわれる。

ひぼろぎ【神=籬】《古くは「ひぼろき」》「ひもろぎ」に同じ。〈名義抄〉

びほろ-ちょう【美幌町】▶美幌

ひ-ほん【秘本】❶めったに人に見せない大切な書物。秘蔵の本。❷男女の交わりを描いた本。春本。

ひ-ぼん【非凡】〔名・形動〕平凡でないこと。普通より特にすぐれていること。また、そのさま。「―な(の)才能」㊥平凡。(派生)ひぼんさ〔名〕(類語)超凡

び-ほん【美本】❶造本の美しい本。❷汚れていない、保存のよい本。

ひま【暇┊▽閑】■〔名〕❶継続する動作などの合間に生じるわずかの時間。「食事をする―もない」「―を見て外出する」❷事をするための一定の時間。「―のかかる仕事」「手間―」❸自由に使える時間。なすべきことの何もない時間。「―を持てあます」❹休暇。休み。「一週間の―をいただく」❺主従・夫婦などの関係を断つこと。縁を切ること。■〔形動〕図〔ナリ〕自由になる時間がふんだんにあるさま。なすべきことの何もないさま。「明日は―だ」「商売が―になる」「―な人」
(類語)(■❸)暇(いとま)・閑暇(かんか)・小暇(しょうか)・小閑(しょうかん)・寸暇・寸閑・余暇(よか)/(■)手透(す)き・手明き・用無し・閑散・無聊(ぶりょう)・開店休業

暇が明・く 時間ができる。暇になる。「この仕事が終わればー・く」

暇が入(い)・る 時間がかかる。ひまどる。

暇に飽か・す ひまがあるのをよいことに、多くの時間を費やす。「ー・して気のすむまで調べる」

暇を出・す ❶休暇を与える。暇をやる。「夏に一週間のー・す」❷使用人などをやめさせる。また、妻を離縁する。暇をやる。「怠けてー・される」

暇を潰(つぶ)・す 空いた時間を何かをして過ごす。「パズルでー・す」

暇を取・る ❶休暇を取る。暇をもらう。「法事のためー・る」❷使用人などがやめる。また、妻のほうから離縁する。暇をもらう。「ー・って実家へ戻る」❸時間がかかる。暇どる。「ー・る作業」

暇を盗・む 忙しい中でわずかな時間を利用する。「ー・んで資格取得の勉強をする」

暇を貰(もら)・う ❶「暇を取る❶」に同じ。「三が日はー・う」❷「暇を取る❷」に同じ。「ー・って独立する」

暇をや・る ❶「暇を出す❶」に同じ。「盆暮れにー・る」❷「暇を出す❷」に同じ。「家庭教師にー・る」

ひま【▽隙】《「暇」と同語源》❶物と物との間の空所。すきま。すき。「一漏る夜寒の風に」〈木下尚江・良人の自白〉❷人と人との間にできた気持ちの隔たり。不和。「長州の危急に及ぶを傍観なして居たると言うよりーを生ぜし事なれば」〈染崎延房・近世紀聞〉❸手抜かり。油断。すき。「いささかの―なく用意したりと思ふが」〈枕・七五〉(類語)間・あわい・はざま・合間(あいま)・間隙(かんげき)

隙過ぐる駒 「隙行く駒」に同じ。

隙行く駒 《「荘子」知北遊から》年月の早く過ぎ去ることのたとえ。隙過ぐる駒。➡白駒(はっく)の隙(げき)を過ぐるが如(ごと)し

ひ-ま【×蓖麻】トウゴマの別名。

ひ-まく【皮膜】❶皮膚と粘膜。❷皮のような膜。

ひ-まく【飛膜】鳥以外の陸生の脊椎動物が滑空や飛行をするための皮膚のひだ。コウモリ・ムササビ・ヒヨケザルなどにみられ、前肢・体側・後肢にかけて膜状に発達。

ひ-まく【被膜】物をおおい包んでいる膜。

ひ-まけ【日負け】日焼けすること。また、日焼けしすぎてからだを害すること。「照る日の神も男神、よけて—はよもあらじ」〈浄・曽根崎〉

ひ-まご【▽曽孫】孫の子。ひい孫。そうそん。

ひ-まし【日増し】❶日がたつにつれて、物事の度合いが増すこと。「—に回復する」❷食物が日数がたって古くなること。また、そのもの。「—の筍(たけのこ)」「牛肉ばかりは、—はまっぴらサ」〈魯文・安愚楽鍋〉〔類語〕日に日に・段段・次第に・次第次第に・徐徐に・追い追い・漸次(ぜんじ)・歩一歩・一歩一歩・着着(ちゃくちゃく)・漸(よう)やく・年年(ねんねん)

ひまし【×蓖麻子】トウゴマの種子。

ひまし-ゆ【×蓖麻子油】トウゴマの種子を圧搾して得る不乾性油。特有の臭気があり、主成分はリシノール酸。下剤や潤滑油・せっけんなどに使用。

ひま-しゅん【披麻×皴】山水画における皴法(しゅんぽう)の一。渇筆により筆線を麻の繊維をほぐしたように波打たせ、山や岩のひだを表すもの。麻皮皴。

ひま-じん【暇人┊▽閑人】ひまのある人。用事もなく、ぶらぶらしている人。

ひ-まぜ【日交ぜ】1日おき。隔日。「—などにうち通ひたれば」〈かげろふ・中〉

ひ-まち【日待ち】近隣の仲間が集まって特定の日に徹夜してこもり明かし、日の出を拝む行事。正月・5月・9月などに行われ、しだいに酒宴を伴うようになった。➡月待ち

ひ-まつ【飛×沫】こまかく飛び散る水。しぶき。〔類語〕しぶき・水しぶき・水沫(すいまつ)

ひまつかく-かんせん【飛×沫核感染】せきやくしゃみなどによって飛び散った飛沫が空気中で乾燥し、浮遊する微粒子に付着した病原体を吸い込むことによって感染すること。感染者・保菌者から遠く離れていても感染する。空気感染。➡飛沫感染

ひまつ-かんせん【飛×沫感染】せきやくしゃみなどによって飛び散る飛沫に含まれる病原体が、口や鼻などの粘膜に直接触れて感染すること。通常は1〜2メートル以内の至近距離で感染する。飛沫伝染。➡飛沫核感染

ひまつ-でんせん【飛×沫伝染】▶飛沫感染

ひま-つぶし【暇潰し】❶ひまな時間を過ごす手段。「—に将棋をさす」❷時間をむだに過ごすこと。「とんだ—をしてしまった」

ひ-まつり【火祭(り)】❶火災のないように祈る祭り。鎮火祭。❷出雲(いずも)大社で、毎年元日に行われる神事。上代から伝えられた火鑽臼(ひきりうす)・火鑽杵(ひきりぎね)を祭る。❸火をたいて神を祭る行事。8月26・27日の山梨県富士吉田市の浅間(せんげん)神社の火祭り、10月22日の京都鞍馬の由岐(ゆき)神社の火祭りが有名。〔季 秋〕

ヒマティオン〘ギリシャ himation〙古代ギリシャの衣服の一つで、キトンの上に着たショール形の外衣。➡キトン

ひま-どうな【▽隙だうな】〔連語〕《「どうな」はむだになることの意》ひまどること。じれったいこと。「ええ—と小腕とって突き放され」〈浄・国性爺後日〉

ひま-ど・る【暇取る】〔動ラ五(四)〕時間が長くかかる。手間どる。「手続きに—・る」〔類語〕長引く・手間取る

ひま-はざま【▽隙▽狭間】すきま。あいた所。「内にも兵ども—もなうぞみちみちたる」〈平家・二〉

ひま-ひま【暇暇┊▽隙▽隙】❶用事のあいまあいま。手のすいた時間ごと。「—に編み物をする」❷すきますきま。「—より見ゆる灯(ひ)の光」〈源・夕顔〉

び-まゆ【美眉】美しいまゆ。美しく整えられたまゆ。「—メーク」

ヒマラヤ〘Himalaya〙《古代サンスクリット語で、雪の住居の意》インド亜大陸とチベット高原との境を東西に連なる世界最高の大山脈。パキスタン・インド・ネパール・ブータン・中国にまたがり、西はインダス川から東はブラマプトラ川に至る。全長約2400キロ。東部に世界最高のエベレスト山(標高8848メートル)がある。

ヒマラヤ-ぐま【ヒマラヤ熊】ツキノワグマの別名。

ヒマラヤ-さんみゃく【ヒマラヤ山脈】▶ヒマラヤ

ヒマラヤ-すぎ【ヒマラヤ杉】マツ科の常緑高木。幹は直立し、枝は横に広がり、樹形は円錐形をなす。樹皮は灰褐色で、割れてはげる。葉は針状。秋に雄花と雌花とをつけ、翌年秋に長卵形の実を結ぶ。ヒマラヤの原産で、日本には明治初期に渡来。ヒマラヤシーダー。

ヒマラヤン〘Himalayan〙家猫の一品種。体形はペルシア猫に似て、毛も長く、毛と目の色はシャム猫に似る。両者の交配により作り出された。

ヒマリア〘Himalia〙木星の第6衛星で、すべての衛星のうち11番目に木星に近い軌道を回る。1904年に発見。名の由来はギリシャ神話のニンフ。非球形で平均直径は約170キロ。

ひまわり〔ひまわり〕日本の気象衛星の愛称。昭和52年(1977)打ち上げの1号から平成7年(1995)打ち上げの5号まではGMS(Geostationary Meteorological Satellite)、同17年打ち上げの6号以降はMTSAT(エムティーサット)(Multi-functional Transport Satellite)が正式名称。

ひ-まわり【向=日=葵┊日回り】〔ひまわり〕❶キク科の一年草。高さ約2メートル。茎は太くて直立し、長い柄をもつ大きな心臓形の葉が互生する。夏、周囲が鮮黄色、中央が褐色の大きな頭状花を横向きに開く。花は太陽の方を向き、その動きにつれて回るといわれるが、それほど動かない。種子は食用や採油用。北アメリカの原産。サンフラワー。ソレイユ。日輪草。ひぐるま。〔季 夏〕「—に天よりも地の夕焼くる/誓子」❷弁護士記章の通称。天秤の周囲をヒマワリが取り巻くデザイン。➡秋霜烈日

ひまわり-いろ【向=日=葵色】〔ひまわりいろ〕ヒマワリの花弁のような色。鮮やかな濃い黄色。

ひ-まん【肥満】〔名〕〔スル〕からだが普通以上にふとること。「—しないように運動する」「—体」〔類語〕でぶ・小太り・太りじし・太っちょ

び-まん【▽弥漫┊×瀰漫】〔名〕〔スル〕一面に広がり満ちること。はびこること。「不穏な空気が—する」

ひまんけいこう-じ【肥満傾向児】〔ヒマンケイコウジ〕性別・年齢別・身長別に出した標準体重から求めた肥満度がプラス20パーセント以上の体重の児童をいう。➡痩身傾向児〔補説〕肥満度=(体重−身長別標準体重)÷身長別標準体重×100

ひまん-さいぼう【肥満細胞】〔ヒマンサイバウ〕結合組織中や血管周囲などに存在し、好塩基性の顆粒(かりゅう)をもつ卵円形の細胞。ヘパリン・ヒスタミンなどを含んでいて、即時型アレルギー反応に重要な役割を果たす。マスト細胞。肥胖(ひはん)細胞。

ひみ【氷見】富山県北西部の市。富山湾に面し、漁業が盛ん。中部にある十二町潟(じゅうにちょうがた)(万葉集に詠まれた布勢水海(ふせのみずうみ))のオニバスは天然記念物。人口5.2万(2010)。

び-み【美味】〔名・形動〕うまい味。うまい飲食物。また、味のよいさま。「秋の—を並べる」「—な料理」〔類語〕佳味・滋味・珍味

ひみこ【卑弥呼】3世紀ごろの邪馬台国の女王。「魏志倭人伝」によれば、30余国を統治し、239年に魏の明帝に朝貢し、親魏倭王の称号と金印とを受けたとされる。ひめこ。

ひみ-し【氷見市】▶氷見

ひ-みじか【日短】冬の昼間の短いこと。短日(たんじつ)。〔季 冬〕「—やかせぐに追ひつく貧乏神/一茶」

ひ-みず【日▽不▽見】❶モグラ科の哺乳類。体形はモグラに似て小さく、体長9〜11センチ。尾は長い。日本特産で、本州以南の山林の茂み・笹やぶにすみ、地中にトンネルを掘ってミミズや昆虫を食べ、地上にもかなり出歩く。ひみずもぐら。❷淡路島や佐渡で、12月13日のこと。吉凶を見る必要がない吉日とされ、正月の準備を始める。

ひ-みず【火水】〔ひみづ〕❶火と水。水火(すいか)。❷ひどく仲が悪いこと。「—の仲」❸勢いの激しいこと。「—の勝負を決せんと」〈浄・近江源氏〉❹火に焼かれ水におぼれる苦痛。「此の場において—の拷問にかけ」〈伎・韓人漢文〉

ひ-みず【氷水】〔ひみづ〕氷をとかした水。氷を入れた水。「扇の風もぬるし、—に手をひたし」〈枕・一九二〉

ひ-みつ【秘密】〔名・形動〕❶他人に知られないようにすること。隠して人に見せたり教えたりしないこと。また、そのようなさまやそのような事柄。「—をもらす」「—にする」「云わば—な悪事でも唆(そそのか)すように」〈谷崎・魔術師〉❷一般に知られていないこと。また、公開されていないこと。「古代史の—」❸人に知らせない奥の手。秘訣(ひけつ)。「成功の—」❹仏語。㋐深遠・微妙で容易に知りがたい奥義。㋑ある隠された意味をもって説くこと。密教で大日如来の説法などをいう。㋒真言宗の教義。密教。〔類語〕(❶)内密・内証(ないしょう)・内内(ないない)・隠密(おんみつ)・極秘(ごくひ)・厳秘(げんぴ)・丸秘(まるひ)・機密・枢密(すうみつ)・天機・機事・密事・秘事・暗部・隠し事・秘め事・密(ひそ)か事・内証(ないしょう)事・秘中の秘(形動用法で)秘(ひそ)か・密(ひそ)か

ひみつ-かい【秘密会】〔クワイ〕❶秘密に行われる集会。❷公開しないで行われる会議。国会は公開を原則とするが、出席議員の3分の2以上の多数で議決したとき、秘密会とすることができる。

ひみつ-がいこう【秘密外交】〔グワイカウ〕国民に公表せず、政府当局のみによって秘密に行われる外交。

ひみつ-かぎあんごう【秘密鍵暗号】〔アンガウ〕▶共通鍵暗号

ひみつ-かんじょう【秘密×灌頂】〔クワンヂヤウ〕❶密教で行う灌頂の総称。❷伝法灌頂を受けたのち、十地の位の阿闍梨(あじゃり)位を受ける最高の灌頂。

ひみつ-きょう【秘密教】〔ケウ〕❶真言秘密の教え。密教。❷天台宗で説く化儀(けぎ)の四教の一。同じ説法の座にいながら、自分一人だけが聞いていると思わせて説く、仏の教え。

ひみつ-けいさつ【秘密警察】国家の治安維持や国内・世界の情報収集などを目的とするため、その組織や活動が一切秘密にされている警察の組織。

ひみつ-けっしゃ【秘密結社】外部に対して、活動の内容・構成人員・目的、さらにはその存在自体を秘している組織や団体。宗教的、政治的なもののほかに、犯罪を目的とするものもある。

ひみつ-こうざ【秘密口座】口座の名義人を明かさず、口座番号のみで識別される匿名番号口座のこと。顧客情報の秘密保持など銀行の守秘義務を厳格に定めたスイス銀行法に基づいて、スイスの各銀行が取り扱う秘密口座が有名だが、欧州の他の小国などにも同様の制度がある。秘密口座は、脱税などの違法行為の温床になっているとされ、各国が捜査への協力や情報開示を求めている。

ひみつ-こうつうけん【秘密交通権】〔カウツウ〕身体の拘束を受けている被告人・被疑者が、立会人を置かずに、弁護人または弁護人になろうとする人と面会し、書類や物の受け渡しをする権利。➡接見交通権

ひみつ-じゅ【秘密呪】真言陀羅尼(だらに)の総称。

ひみつ-しゅっぱん【秘密出版】非合法の出版物をひそかに刊行すること。また、その出版物。

ひみつしょうしょ-いごん【秘密証書遺言】〔ゴン〕民法で規定されている普通方式の遺言の一つ。遺言書の内容や存在を秘密にすることができる。遺言者は署名押印した遺言書を封筒に入れて封印し、公証人に提出し、証人2人以上の立ち会いのもとで氏名・住所などを申述する。公証人が日付と遺言者の申述内容を封筒に記載し、公証人と証人が署名捺印する。遺言書は遺言者に返却され、公証役場には封筒の控えのみ保管される。遺言を執行する際には家庭裁判所の検認を受ける必要がある。➡公正証書遺言 ➡自筆証書遺言

ひみつ-せんきょ【秘密選挙】秘密投票で行われる選挙。

ひみつ-とうひょう【秘密投票】〔トウヘウ〕無記名で、有権者がどの候補者に投票したかを秘密にする選挙方法。⇔公開投票。

ひみつほご-ほう【秘密保護法】〔ハフ〕正式には「日米相互防衛援助協定等に伴う秘密保護法」。米国から貸与または供与される装備品・情報などに関する秘密を保護し、その探知・収集・漏泄(ろうせつ)などに対する罰則を定めている法律。昭和29年(1954)施行。防衛秘密保護法。

ひみつほじ-けいやく【秘密保持契約】〔ヒミツホヂ〕個人または法人が所持する、一般に公開されていない秘密情報を第三者に開示されたり、想定外の目的に使

用されたりすることを防止するために締結する契約。守秘義務契約。NDA(non-disclosure agreement)。
ひみつ-り【秘密裏|秘密×裡】物事が秘密の状態で行われること。「交渉を—に進める」
ひみつろうじ-ざい【秘密漏示罪】医師・薬剤師・医薬品販売業者・助産師・弁護士・弁護人・公証人・宗教家や、過去にこれらの職に就いていた者が他人の秘密を漏らす罪。刑法第134条が禁じ、6か月以下の懲役または10万円以下の罰金に処せられる。秘密漏泄ろうせつ罪。
ひみつろうせつ-ざい【秘密漏×泄罪】►秘密漏示罪
び-みょう【美妙】ビメウ〔名・形動〕言いようもなく美しくすぐれていること。また、そのさま。「自然が与えた—な優しい心」〈有島・生れ出づる悩み〉
び-みょう【微妙】ビメウ〔名・形動〕❶趣深く、何ともいえない美しさや味わいがあること。また、そのさま。みみょう。「此—な叙景の筆の力が」〈独歩・武蔵野〉❷一言では言い表せないほど細かく、複雑なさま。また、きわどくてどちらとも言い切れないさま。「気持ちが—に変化する」「セーフかアウトか—な判定」「愛国主義と国粋主義の—な関係」❸《「微妙に」の形で》少々。やや。「—に歪んで見える線」「彼の話には—に嘘が混じっている」❹《若者言葉。「ビミョー」と書くこともある》否定的な気分を婉曲にあらわす言葉。明言したくないときなどにも使う。「『テストできた?』『—』」派生びみょうさ〔名〕
ヒム〖hymn〗賛美歌。聖歌。頌歌しょうか。
ひ-む【秘む】〔動マ下二〕「ひめる」の文語形。
ピム〖PIM〗《personal information manager》個人情報管理ソフトウエア。スケジュール・メモ・アドレス帳などを管理するほか、電子メールとデータを連携するものもある。
ひ-むかい【日向かひ】ひむかひ 日のさす方へ向かうこと。一説に、西の方ともいう。「高北のくくりの宮に—に」〈万・三二四二〉
ひむかし【▽東】►ひんがし
ひ-むし【×蛾】蚕のさなぎ。また、その羽化したもの。ひひるむし。「夏虫の—の衣二重着て隠かくみ宿りはあに良くもあらず」〈仁徳紀・歌謡〉
ひ-むろ【氷室】天然氷を夏までたくわえておくために設けたむろ。地中や山かげに穴をあけ、上を茅かやなどでおおう。昔は宮中用の氷室が山城・大和・丹波・河内かわち・近江おうみにあった。(季 夏)
ひむろ【氷室】謡曲。脇能物。宮増みやます作といわれる。朝臣が丹波の氷室山に立ち寄ると、氷室守もりの老人が氷を都へ運ばせるいわれを語り、やがて氷室の中から氷室明神が現れ、采女うねめが氷を運ぶのを守護する。
ひ-むろ【▽姫×榁】サワラの園芸変種。常緑小高木で、高さ約5メートル。枝が茂り、線形の葉が密につく。
ひむろ-さえこ【氷室冴子】［1957〜2008］小説家。北海道の生まれ。本名、碓井小恵子うすいさえこ。大学在学中に「さようならアルルカン」でデビュー。1980年代を中心に、少女向け小説で活躍した。他に「なんて素敵にジャパネスク」「海がきこえる」など。
ひむろ-の-せっく【氷室の節句】江戸時代の行事の一。暑い盛りの陰暦6月1日に、前年の冬の雪水で作った折餅へぎもちまたは氷餅こおりもちなどを祝って食べた。
ひめ【姫|▽媛】㊀〔名〕❶女子の美称。「歌—」「乙—」⇔彦。❷貴人の娘。姫君。❸近世上方で、遊女のこと。㊁〔接頭〕物の名に付いて、小さくてかわいらしいものであることを表す。「—百合」「—鏡台」
ひめ【編=糅】「姫飯ひめいい」に同じ。「困じにたりとて、御—してまゐる」〈宇津保・俊蔭〉
ひめ【×鴲|×鶍】シメの別名。
ひ-めい【非命】天命でなく、思いがけない災難で死ぬこと。横死。「—に倒れる」「—の最期」
ひ-めい【悲鳴】〔名〕スル ❶悲しんで鳴くこと。また、その声。「家鶏は窮屈なる籠に—す」〈独歩・愛弟通信〉❷苦痛・恐怖などのために声をあげること。また、その声。「激痛に—をあげる」「またまた—する新太を」〈露伴・いさなとり〉❸自分だけの手におえず、他に助けを求める声。「忙しさに—をあげる」
類語(❸)弱音・泣き言
ひ-めい【碑銘】石碑に彫り刻んだ銘。
び-めい【▽未明】►みめい(未明)
び-めい【美名】❶美しい名前。よい名。❷よい評判。名声。「—を後世に残す」❸世間に聞こえのよい名目。「福祉活動の—のもとに私腹を肥やす」
類語(❷)名声・名聞・盛名・英名・令名・名な・名誉・栄誉・栄光・光栄・誉れ・栄はえ・光輝・栄名・声誉
び-めい【微明】ほのかに明るいこと。うすあかり。
ひめ-いい【姫▽飯】ひいひ《「こわいい(強飯)」に対して》釜で粳米うるちまいを炊いた飯。ひめ。
ひめ-うり【姫×瓜】マクワウリの一品種。果実は長さ約6センチの扁球形で、黄色く熟し、甘味が少ない。
ひめうり-びな【姫×瓜×雛】雛人形の一。姫瓜に顔をかき、紅・白粉をつけ、竹筒などを胴とし、着物を着せたもの。
ひめ-がい【姫貝】ひがひ イガイの別名。
ひめ-かいどう【姫街道】カイダウ 江戸時代、東海道の脇街道の一。見付宿の先から浜名湖の北岸を回り、本坂ほんざか峠を越えて御油宿へ至る道。女性の多くが今切いまぎれの渡しと新居関あらいのせきを避けてこの街道を通ったことによる名。本坂越え。
ひめ-かがみ【姫▽鑑】❶模範となるべき女性。❷女性の見習うべき手本。
ひめ-がき【姫垣|姫×牆】低い垣根。小さい垣。
ひめ-がみ【姫神|比▽売神】女神。また、彦神(男神)の配偶神。
ひめ-かわ【姫川】ひかは 長野県北部の白馬しろうま岳東麓に源を発して北流し、新潟県糸魚川市で日本海に注ぐ川。長さ58キロ。多量の湧水により水は清冽。
ひめ-かわ【姫皮】ひかは タケノコの先端あたりの柔らかい皮。
ひめ-ぎみ【姫君】❶貴人の娘を敬っていう語。❷貴人の、年上のほうの娘を敬っていう語。「—はらうらうじく…。若君はおほどかに」〈源・橋姫〉
ひ-め・く〔動カ四〕「ひひめく」に同じ。「南殿に鵺ぬえの音えして、一つの鳥—・き渡りたり」〈盛衰記・一〉
ひめ-くいな【姫水=鶏】くひな クイナ科の鳥。全長約20センチ。上面は茶褐色、顔から胸にかけ青灰色。日本では主に夏鳥で、水田や沼で見られる。
ひ-めくり【日×捲り】毎日1枚ずつはぎとっていく暦。日めくりのこよみ。類語カレンダー・暦・日読み
ひめ-くわがた【姫×鍬形】くはがた ゴマノハグサ科の多年草。本州中部以北の高山に自生。高さ約10センチ。葉は卵形で、対生。夏、淡紫色の小花をつける。
ひめ-ごぜ【姫御▽前】《「ひめごぜん」の音変化》❶貴人の娘を敬っていう語。姫君。❷若い娘。「高いも低いも—は大事のもの」〈浄・丹波与作〉
ひめ-ごぜん【姫御前】「ひめごぜ」に同じ。
ひめ-ごと【秘め事】隠して人に知らせない事柄。かくしごと。ないしょごと。類語隠し事・密事・秘事・密ひそか事・内証ないしょう事・秘中の秘・内密・内証ないしょう・内内ないない・隠密おんみつ・極秘ごくひ・厳秘げんぴ・丸秘まるひ・機密・枢密すうみつ・天機・機事・秘ひそか・密ひそか・秘密
ひめ-こまつ【姫小松】❶ゴヨウマツの別名。❷正月の初子ねの日に子供たちが遊びに引く小さい松。姫松。(季 新年)「花も何みねにみどりの—/也有」
ひめ-さゆり【姫▽早百=合】ユリ科の多年草。深山に自生し、高さ約40センチ。葉は広披針形で互生。5月ごろ、薄桃色の6弁花が咲く。おとめゆり。
ひめじ【非▽売知】ひめぢ スズキ目ヒメジ科の海水魚。全長約20センチ。体は細長く、やや側扁する。背側は赤く、腹面は白い。砂泥底にすみ、下あごにある一対の長いひげで小動物を探して捕らえる。本州中部以南の沿岸に産し、冬に美味。かまぼこの原料とする。あかうお。
ひめじ【姫路】ひめぢ 兵庫県中西部、播磨灘はりまなだに面する市。もと池田・本多・松平・酒井各氏の城下町。国宝の姫路城がある。鉄鋼・繊維・化学などの工業や商業が発達。平成18年(2006)3月、家島町・夢前ゆめさき町・香寺こうでら町・安富町を編入。人口53.6万(2010)。
ひめ-しおん【姫紫×苑】しをん キク科の多年草。暖地の原野に自生し、高さ約60センチ。へら状の葉が互生する。夏、周囲が白、中央が黄色の頭状花をつける。
ひめじ-がわ【姫路革】ひめぢがは 姫路地方に産する革。質が非常に強く、剣道具や機械のベルト、また甲冑かっちゅう・鞍くらなどに用いる。
ひめじ-こうぎょうだいがく【姫路工業大学】ひめぢコウゲフダイガク 兵庫県姫路市に本部があった県立大学。昭和19年(1944)設立の兵庫県立工業専門学校を母体に、同24年新制大学として発足。平成16年(2004)、神戸商科大学・兵庫県立看護大学と統合され、兵庫県立大学へ移行した。
ひめじ-し【姫路市】ひめぢ ►姫路
ひめじ-じょう【姫路城】ひめぢジャウ 兵庫県姫路市にある城。正平元年=貞和2年(1346)赤松貞範が築城。のち、豊臣秀吉が改築し、さらに慶長5年(1600)入城した池田輝政が修築して現在の規模となった。日本の城郭建築最盛期の遺構で、天守閣群その他が現存。平成5年(1993)世界遺産(文化遺産)に登録された。白鷺はくろ城。白鷺しらさぎ城。
ひめじ-どっきょうだいがく【姫路独協大学】ひめぢドクケフダイガク 兵庫県姫路市にある私立大学。独協学園を母体として、昭和62年(1987)に開学した。
ひめ-しま【姫島】大分県北東部、国東くにさき半島北端の沖約5キロメートルにある島。面積7.2平方キロメートル、周囲17キロメートル。最高点は鐘状火山の矢筈やはず岳の267メートル。夏は海水浴・キャンプ場でにぎわう。日本書紀垂仁紀や万葉集に名がみえる。瀬戸内海国立公園に属する。
ひめ-しゃが【姫射▽干】アヤメ科の多年草。山地のやや乾いた所に生え、シャガに似るが小形。5、6月ごろ紫・黄色をまじえた白色の花が咲く。
ひめ-しゃくなげ【姫石南▽花】ツツジ科の常緑小低木。中部地方以北の高山の湿地に自生。高さ約20センチ。葉は広線形で、裏面は白い。夏、茎の先に壺状の紅色または白色の花を下向きにつける。日光しゃくなげ。
ひめ-しゃら【姫▽沙羅】ツバキ科の落葉高木。関東以西の山林中に自生。樹皮は淡黄赤色で滑らか。葉は長卵形で先がとがる。夏、白い5弁花を開く。庭木にする。さるなめり。あからぎ。
ひめ-じょおん【姫女×菀】ヂヨヲン キク科の越年草。高さ30〜60センチ。全体にハルジョオンに似るが、茎は中空ではなく、花期も遅い。6〜10月、白色あるいは淡紫色の頭状花を多数つける。北アメリカの原産で、明治初年ごろ渡来・帰化し、道端などにみられる。(季 夏)「—しろじろ暮れて道とほき/月草」
ひめ-しろちょう【姫白×蝶】シロテフ シロチョウ科の昆虫。山地に多い。モンシロチョウより小形で、全体に白く、前翅ぜんしの先に黒紋がある。
ひ-めだか【×緋目高】メダカの飼養品種。突然変異によって体色が淡い橙赤色となったもの。遺伝の実験に用いられる。
ひめ-たちばな【姫×橘】キンカンの別名。
ひ-めつ【非滅】釈迦の死。釈迦の入滅は衆生済度の方便で、真の入滅ではないというところからいう。
ひめ-つばき【姫×椿】❶ツバキ科の常緑高木。葉は枝先に集まってつき、長楕円形。5、6月ごろ、白色の5弁花を開く。小笠原諸島の特産。❷サザンカの別名。❸ネズミモチの古名。〈和名抄〉
ひめ-なそび【姫▽遊び】《「ひめのあそび」の音変化》女とたわむれ遊ぶこと。一説に、女らしい遊び、無邪気な遊びなどの意。「おのが命を死せむとぬすまく知らに—すも」〈崇神紀・歌謡〉
ひめ-にら【姫×韮】ユリ科の多年草。原野に自生。高さ約10センチ。春、線形の葉が2枚出て、その間から1本の花茎を伸ばし、釣鐘状の紫色がかった白い花を1個つける。夏になると地上部は消える。
ヒメネス〖Juan Ramón Jiménez〗［1881〜1958］スペインの詩人。音楽性・色彩感に満ちた叙情詩から出発。のち、装飾性を排した純粋詩を追求した。

1956年ノーベル文学賞受賞。代表作に「プラテーロと私」など。

ひめ-ねずみ【姫×鼠】ネズミ科の哺乳類。日本特産で、森林にすむ。体長約10センチ、尾も同じくらいある。果実や昆虫を食べる。

ヒメノカリス〘ラテ Hymenocallis〙ヒガンバナ科の多年草。高さ約60センチ。葉は幅広い線形。茎の先に芳香のある白い6弁花をつける。中南米の原産。

ひめ-のり【姫×糊】飯をやわらかく煮て作ったのり。洗い張りや障子張りなどに使う。

ひめ-はぎ【姫×萩】ヒメハギ科の多年草。山野に生え、高さ約20センチ。根際から分枝した多数の茎に卵形の葉が互生する。4〜7月、ハギに似て小さい紫色の蝶形花を開く。実は扁平で2枚の殻がある。

ひめ-はじめ【姫始め】暦の正月2日のところに記された日柄の名。種々の事柄をその年に初めて行う日とされる。姫飯を食べはじめる日、「飛馬始め」の意で馬に乗りはじめる日、女が洗濯・縫い物などを初めてする日など。また近世以降、新年に男女が初めて交わることにもいう。(季 新年)

ひめ-ばしょう【姫×芭×蕉】バショウ科の多年草。バショウに似るが小形で、高さ1〜2メートル。赤色の苞をもつ花をつける。中国南部の原産。美人蕉。(季 夏)「亜字欄に美人浴後や―/圭岳」

ひめ-ばち【姫蜂】膜翅目ヒメバチ科の昆虫の総称。体は細長く、腹部は平たい。長い触角をもつ。雌の産卵管は長い針状のものが多く、他の昆虫やクモなどに産卵する。農業上の益虫となる種も多い。

ひめ-はなばち【姫花蜂】膜翅目ヒメハナバチ科の昆虫の総称。ミツバチに似るが小形で、体は光沢のある黒色。春に出現するものが多く、土中に穴を掘って巣を作り、花粉や蜜を集めて幼虫の餌とする。

ひめ-はるぜみ【姫春×蝉】セミ科の昆虫。体は細身で、体長3センチくらい。体は緑褐色で黒い斑紋があり、翅は透明。

ひめ-ひおどし【姫×緋▽威｜姫×緋×縅】コヒオドシの別名。

ひめ-ひまわり【姫向=日=葵】キク科の一年草。高さ約1メートル。7〜9月ごろ、ヒマワリに似て、周囲が黄色で中央が紫褐色の花が咲く。北アメリカの原産。こきくいも。ヘリアンサス。

ひめ-ぼたる【姫蛍】ホタル科の昆虫。山地の水辺でみられ、体長6〜9ミリと小形。全体に黒く、前胸は淡紅色で暗色部がある。夜、黄色い光を点滅発光する。幼虫は陸生で、ベッコウマイマイなどを食べる。

ひめ-ます【姫×鱒】ベニザケの陸封型。全長約30センチ。背面は藍色、体側は銀白色。産卵期には黒っぽくなり、ひれが赤みを帯びる。北海道の阿寒湖などに分布するが、十和田湖・中禅寺湖などに移殖されている。食用。(季 夏)

ひめ-まつ【姫松】❶小さい松。姫小松。❷「姫大夫❶」に同じ。

ひめ-みこ【姫▽御子】内親王。皇女。「天皇大連にみことのりして、女子を以て―と為して」〈雄略紀〉

ひめ-みや【姫宮】「ひめみこ」に同じ。「后の宮の―こそ、いとようおぼえて」〈源・桐壺〉

ひめ-むかしよもぎ【姫昔×蓬】キク科の越年草。荒れ地などでみられ、高さ約1.5メートル。全体に毛があり、茎は直立し、葉は細長い。8〜10月、淡緑色の小さな頭状花を多数つける。北アメリカの原産で、明治初めに渡来、鉄道線路などに沿って広がり、帰化した。明治草。御維新草。御一新草。鉄道草。

ひめ-もうちぎみ【姫大=夫】❶東豎子のこと。姫松。❷ ▶内命婦

ひめもす【終=日】〔副〕「ひねもす」に同じ。「―に悲しく見たてまつる」〈浜松・三〉

ひめ-やか【秘めやか】〔形動〕図〔ナリ〕内におさえて人目に立たないようにするさま。「―な恋心」

ひめ-やしゃぶし【姫夜×叉五=倍=子】カバノキ科の落葉低木。山地に自生。葉は長楕円形で先がとがり、縁に細かいぎざぎざがある。4月ごろ、葉より先に雌花と雄花とをつける。やせ地でもよく育つので、土砂崩れ防止に植えられる。はげしばり。

ひめ-やぶらん【姫×藪×蘭】ユリ科の多年草。原野に生え、長い蔓で増える。高さ約15センチ。葉は線形。夏、花茎を伸ばし、淡紫色、時に白色の6弁花を総状につける。種子は熟すと紫黒色。

ひめ-ゆぎ【姫×靫】表に錦、裏に帛をつけた檜の靫。にしきゆぎ。

ひめ-ゆり【姫百=合】ユリ科の多年草。山地に自生し、高さは約50センチ。葉は広線形で互生。夏、数個の赤い6弁花を上向きにつける。本州南部にみられ、観賞用に栽培もされる。山丹。(季 夏)

ひめゆり-がくとたい【ひめゆり学徒隊】▶ひめゆり部隊

ひめゆり-の-とう【ひめゆりの塔】沖縄県糸満市にある慰霊塔。第二次大戦末期の沖縄戦で、看護隊として動員され戦死した沖縄師範女子部と沖縄県立第一高等女学校の生徒・職員を合祀する。➡ひめゆり部隊

ひめゆり-ぶたい【ひめゆり部隊】第二次大戦末期の昭和20年(1945)、アメリカ軍との沖縄戦で従軍看護要員として動員され、戦死した沖縄師範女子部と沖縄県立第一高等女学校の生徒・職員のこと。両校の校章が白ゆりで、第一高等女学校の校友雑誌が「おとひめ」であったことから戦後につけられた名称。ひめゆり学徒隊。➡ひめゆりの塔

ひ・める【秘める】〔動マ下一〕図ひ・む〔マ下二〕内に隠して人に知られないようにする。また、内部にもつ。秘する。「思いを胸に―・める」「―・められた過去」「無限の可能性を―・める」(類語)伏せる・秘する

ひめ-わらび【姫×蕨】ヒメシダ科の多年生のシダ。林の縁などの明るい所に生える。葉は長さ1メートル以上になり、葉身は羽状に細く裂けていて柔らか。

ひめ-わん【姫×碗】《「姫」は小さいの意》口径10センチ前後の小さな飯茶碗。減量志向の女性や食の細くなった高齢者に人気という。

ひ-めん【碑面】石碑の表面。

ひ-めん【罷免】〔名〕スル 職務をやめさせること。免職。「大臣を―する」(類語)解任・解職・免職

ひめん-けん【罷免権】内閣総理大臣が、閣僚の国務大臣を罷免できる権限。日本国憲法第68条に規定。

ひメンデル-いでん【非メンデル遺伝】メンデルの法則に従わない遺伝。細胞質遺伝がこれに当たる。➡メンデル遺伝

ピメント〘pimento〙❶ピーマンのこと。❷オールスパイスの別名。

ひ-も【氷▽面】氷の張った表面。多く「紐」に掛けていう。「あしひきの山井の水は氷れるをいかなる―の解くるなるらむ」〈枕・九〇〉

ひも【×紐】❶物をしばったり束ねたりするのに用いる細長いもの。ふつう、糸より太く、綱より細いものにいう。布・麻・化学繊維・紙・革などで作る。ひぼ。「羽織の―を結ぶ」「小包の―を解く」❷物事を背後から支配すること。引き替えの条件。「―のついた援助」❸女性を働かせて金をみつがせる情夫。「あの女には―がついている」❹ホタテガイ・アカガイなどの外套膜の部分。➡綱(用法)

(下接語)顎紐・後ろ紐・打ち紐・負ぶい紐・掛け紐・飾り紐・革紐・括り紐・紙縒り紐・靴紐・組み紐・腰紐・ゴム紐・真田紐・しで紐・付け紐・綴じ紐・平紐・結び紐・胸紐

(類語)(❶)綱・縄・荒縄・細引き・テープ・ロープ/(❸)男・情夫・間夫・間男

ひ-も【悲▽母】「ひぼ(悲母)」に同じ。「我―の胎内を出て」〈熱田本平家・一〇〉

ひ-もう【皮毛】獣などの、皮と毛。また、毛皮。

ひも-うち【×紐打ち】糸をより合わせてひもを作ること。

ひも-かがみ【×紐鏡】㊀〔名〕❶裏に紐のついた鏡。❷「てにをは紐鏡」の略称。㊁〔枕〕鏡の裏の紐は解くなの意で、「な解き」の音に近い地名「能登香」にかかる。「―能登香の山の誰が故か」〈万・二四二四〉

ひもがた-どうぶつ【×紐形動物】動物界の一門。ほとんどが海産で、石の下や海藻に付着。体は細長くて平たい真田紐状で、長さは5〜30センチ。体表は繊毛に覆われる。口は前部に、肛門は後端にあり、消化管の背面に収めた伸縮自在の長い吻を頭端から出して餌を捕る。ひもむし。

ひも-がたな【×紐刀】鞘に紐をつけて下げるようにした小刀。「―もちて其の口を拆きき」〈記・上〉

ひも-かわ【×紐革】❶革で作った紐。❷「紐革饂飩」の略。

ひもかわ-うどん【×紐革×饂×飩】革ひものように平たく打ったうどん。きしめん。

ひ-もく【比目】目を並べること。ひぼく。

ひ-もく【皮目】樹木の幹・枝・根などにあり、表面のコルク層を破って割れ目状に見える構造。気孔の代わりに空気を流通させる。皮孔。

ひ-もく【費目】使途によって分けた費用の名目。「支出―」(類語)事項・項目・細目

び-もく【眉目】❶まゆと目。転じて、顔かたち。容貌。「端正な―」❷面目。名誉。誉れ。「皇帝以下の秘曲を吹く間、白髪忽ちにもとのごとし。尤も道の―といふべし」〈十訓抄・一〇〉

ひもく-ぎょ【比目魚】❶一つ目の魚で、2匹並んではじめて泳ぐことができるという、中国の伝説上の魚。仲のよい夫婦のたとえ。❷ヒラメやカレイのこと。

びもく-しゅうれい【眉目秀麗】〔名・形動〕容貌のすぐれて美しいこと。特に、男性の顔だちが端正で整っていること。また、そのさま。「―な(の)青年」

ひもく-の-まくら【比目の枕】男女が枕を並べて寝ること。同衾。共寝。〈運歩色葉〉

ひ-もじ【ひ文字】〔名・形動ナリ〕《「ひだるい」の「ひ」に「文字」を添えた語》空腹であること。また、そのさま。「―なる時」〈仮・犬枕〉

ひもじ・い〔形〕図ひも・じ〔シク〕《名詞「ひ文字」の形容詞化》空腹で食べ物が欲しい。ひどく腹がへっている。「終戦当時―・い思いをした」(派生)ひもじがる〔動ラ五〕ひもじげ〔形動〕ひもじさ〔名〕(類語)ぺこぺこ

ひ-も-すがら【終=日】〔副〕朝から晩まで。一日じゅう。ひねもす。「―ぼんやりと、手足を伸ばして」〈谷崎・人魚の嘆き〉

ひも-せん【×紐線】電気のコードのこと。

ひ-もち【日持(ち)｜日▽保ち】〔名〕スル 日数を経ても変質しないこと。「―のいい菓子」「―しない切り花」

ひ-もち【火持(ち)｜火▽保ち】炭火などの火が長い時間消えないでいること。「―のいい炭」

ひも-つき【×紐付き】❶紐がついていること。また、そのような衣服や器具など。「―の帽子」❷金銭その他の援助を受ける際に、ある引き替え条件がついていること。「―の寄付金」❸女性に、陰で操っている情夫のいること。

ひもつき-えんじょ【×紐付き援助】政府開発援助(ODA)で、開発プロジェクトに必要な資材や役務等の調達を援助供与国に限定する援助形式。タイド援助。

ひもつき-ゆうし【×紐付き融資】貸付金の使途を限定し、また返済資金などに条件をつけて行われる融資。

ひ-もと【火元】❶火を使う所。火のもと。❷火事を出した家。出火した場所。❸事件・騒ぎなどを引き起こすもととなった人。「うわさの―」

ひも-とおし【×紐通し】❶紐を通すこと。❷紐を通す穴。❸ゴム紐などを通すときに用いるピン状の用具。

ひも-とき【×紐解き】▶帯解き

ひもと・く【×繙く｜×紐解く】〔動カ五(四)〕❶《書物の帙のひもを解く意》書物を開く。本を読む。「漢籍を―・く」「歴史を―・く」❷衣服の紐、特に、下紐を解く。「秋風に今か今かと―・きてうら待ち居るに月傾きぬ」〈万・四三一一〉❸つぼみが開く。「ももくさの花の―・く秋の野を思ひたはれむ人なとがめそ」〈古今・秋上〉

ひもと-み【火元見】江戸時代、将軍または藩主の命を受けて火事現場に出向き、火元の状況を見届けて報告する役。

ひ-もの【干物｜▽乾物】魚介類を干した食品。

(類語)乾物かんぶつ

ひ-もの【×檜物】檜ひのきの薄板を円形に曲げて作った器。のちには一般にわげものについていう。曲げ物。

ひも-の-お【×紐の緒】ひもの衣服につけた紐。多く下紐をいう。「白たへの我わが一の絶えぬ間に恋結びせむ逢はむ日までに」〈万・二八五四〉

ひものお-の【×紐の緒の】ひものをの〔枕〕一方の輪に他を入れて紐を結ぶ意から、「入る」「いつがる」にかかる。「何故か思はずあらむ一心に入りて恋しきものを」〈万・二九七七〉

ひもの-ざいく【×檜物細工】檜・杉などの薄板を曲げて細工物を作ること。また、その細工物。

ひもの-し【×檜物師】檜物細工の職人。檜物工ひものだくみ。

ひも-むし【×紐虫】紐形ひもがた動物の総称。

ひ-もも【×緋桃】花が濃紅色の桃。ひとう。(季 春)「一咲き畑まっすぐに畝つくる/白葉女」

ひも-りろん【×紐理論】▶ストリング理論

ひもろぎ【神=籬｜×胙｜×膰】《古くは「ひもろき」》❶(神籬)神事で、神霊を招き降ろすために、清浄な場所に榊さかきなどの常緑樹を立て、周りを囲って神座としたもの。のちには、神の宿る所として室内・庭上に立てた、榊などの常緑樹もいう。❷(胙・膰)神に供える肉・米・餅もちなど。ひぼろぎ。

ひ-もん【秘文】秘密の呪文じゅもん。

ひ-もん【悲門】仏語。仏・菩薩ぼさつの備える徳のうち、衆生を救おうと志す慈悲の側面。利他の側面。⇔智門。

ひ-もん【×樋門】用水の取り入れや排水、舟運などのため、堤防を横切る暗渠あんきょにして設ける通水路。水門をつけ、水位を調節する。

び-もん【鼻紋】牛の鼻面にみられる紋様。個体により異なるので、識別に利用する。

ひもんじ【緋文字】《原題 The Scarlet Letter》ホーソンの長編小説。1850年刊。17世紀のボストンのピューリタン社会を舞台に、青年牧師と人妻との姦通事件を通して、人間のさまざまな問題を描く。

ひ-や【火矢｜火×箭】❶火をつけて放つ矢。❷火薬をしかけて発射する火器。棒火矢・石火矢など。

ひ-や【火屋】火葬場。焼き場。「かはらやに一といふものつくるを見て」〈和泉式部集・上・詞書〉

ひや【冷や】❶「冷や水」の略。「お一」❷「冷や酒」の略。「一で飲む」❸名詞の上に付いて複合語をつくり、冷たい、温めていない、また、冷やした状態であるなどの意を表す。「一汗」「一酒」「一やっこ」

(類語)冷や水・冷水

ひ-や【×鄙野】〔名・形動〕下品で洗練されていないこと。また、そのさま。野鄙。「一な風俗」

ビヤ〖beer〗ビール。ビア。「一ホール」「一マグ」

ひゃあ〔感〕驚いたり恐れたりして発する声。「一こりゃたまげた」

ひや-あせ【冷や汗】ひどく恥ずかしかったり、恐ろしかったりしたときなどに出る汗。

(類語)汗水・脂汗・汗・寝汗・盗汗

冷や汗をか・く　はらはらする。ひやひやする。気が気でないようすにいう。「納期に間に合わないかと一・いた」

ひやい【非▽愛】〔形動ナリ〕「ひあい(非愛)」の音変化。「さてさて、一なことでござったなう」〈伎・幼稚子敵討〉

ひや-か【冷やか】〔形動ナリ〕「冷ややか」に同じ。「打ちそそぐ秋のむら雨一にて風にさきだつしたの浮雲」〈拾遺愚草員外〉

ビヤ-ガーデン〖beer garden〗ビルの屋上、庭園などに夏期に開設される、ビールを主に飲ませる酒場。

(類語)ビヤホール・酒場・飲み屋・居酒屋・パブ・スナック・クラブ・キャバレー・バー

ビヤ-カクテル《和 beer＋cocktail》ビールをベースに、ジュースや炭酸飲料を加えてつくったカクテル。

ひや-かし【冷(や)かし】❶冗談などを言ってからかうこと。「一を言う」❷(「素見し」とも書く)㋐買う気がないのに商品を見てまわること。また、その人。「一に店をのぞく」「一の客」㋑登楼しないのに、遊女を見てまわること。また、その人。素見すけん。

ひや-か・す【冷(や)かす】〔動サ五(四)〕❶相手が困ったり恥ずかしがったりするような言葉をかけてからかう。「仲がいいのを一・す」❷水・氷や風に当てるなどして冷たくする。ひやす。「鮨飯すしめしを一・す」❸(「素見す」とも書く)㋐買う気もないのに、商品を手にとったり値段を聞いたりする。「露店を一・して歩く」㋑遊郭で、登楼しないで遊女を見てまわる。「張り見世を一・す」(補説)江戸の浅草山谷さんやあたりの紙漉き業者が、原料を水で冷やす間、吉原見物をしたところから出た語という。(可能)ひやかせる

(類語)からかう・茶化す・おひゃらかす・おちゃらかす

ひゃく【百】❶10の10倍。10の2乗。また、数の多いこと。もろもろのこと。「一の説教」❷年齢の百歳。「一に手の届こうという老人」❸銭の百文。(補説)証書などに金額を記すときに「陌」「佰」を用いることがある。➡漢「ひゃく(百)」

百に一つ　百あるうちの一つ。まれなことをいう。「成功する可能性は一もない」

百も承知　言われるまでもなく、十分わかっていること。「一二百も合点」

ひ-やく【非役】担当する役目がなくていること。また、役目をやめさせられること。「一の華族は己を敬する者なきを憂い」〈福沢・学問のすゝめ〉

ひ-やく【飛躍】〔名〕スル ❶飛び上がること。跳躍。「ジャンプ台からあざやかに一する」❷大きく発展して活躍すること。また、急速に進歩・向上すること。「一を遂げる」「ピアニストとして世界に一する」❸順序や段階をふまずに、急にとびはなれたところに移ること。「ストーリーが一する」「論理が一する」

(類語)(2)躍進・活躍・進歩・発展・発達・伸展・伸張・成長・興隆・隆盛・展開・進展・拡大・進化・進む・伸びる・広がる

ひ-やく【秘薬】❶製法などを秘密にしている薬。秘方の薬。「家伝の一」❷特別な効能のある薬。妙薬。「回春の一」(類語)良薬・特効薬・妙薬

ひ-やく【秘×鑰】秘密の鍵。また、秘密・謎なぞなどを明らかにする隠された手段。秘鍵ひけん。「自然の一を探究する者ども」〈中島敦・悟浄出世〉

ひや・く【冷やく】〔動カ下二〕「ひやける」の文語形。

び-やく【×媚薬】性欲を催させる薬。また、相手に恋情を起こさせる薬。ほれぐすり。

ひゃく-いち【百一】❶100の中の一つ。100分の1。❷《百の言のうち真実は一つだけである意から》うそつき。千三つ。

ひゃくいち-キーボード【101キーボード】《101 keyboard》▶いちまるいち(101)キーボード

ひゃくいち-づけ【百一漬(け)】大根の間にナスの塩漬けを挟んで漬けたたくあん漬け。百一物ひゃくいちもつにちなんだ、重宝な漬物の意とも、百日後に食べられるからともいう。

ひゃくいち-もつ【百一物】僧の生活用品の総称。三衣一鉢さんえいっぱつなど、それぞれ1個ずつ所持を許されているもの。

ひゃくいろ-めがね【百色眼-鏡】万華鏡まんげきょうのこと。

ひゃく-いん【百韻】ヰン 連歌・俳諧で、100句を連ねて一巻きとする形式。懐紙4枚を用い、初折しょおりは表8句・裏14句、二の折・三の折は表裏とも各14句、名残の折は表14句・裏8句を記す。

ひゃく-え【百会】ヱ ❶頭の頂上。脳天。100の経絡の出合う所として、鍼灸で最も重視される。「背後うしろから、一條が一の下へ二寸程切り附けた」〈鴎外・大塩平八郎〉❷馬の背の後方の高い所。〈日葡〉❸《中心となるものの意から》仏陀。「一いまだ贍部せんぶに誕ぜざりし時は」〈性霊集・一〇〉

びゃく-え【白▽衣】❶白色の衣服。はくい。❷白小袖に指貫さしぬきまたは袴をつけただけの姿。「大口許ばかりに一にて、長押なげしに尻懸け」〈盛衰記・一三〉❸僧が黒衣を着けずに白い下着だけでいること。転じて、礼にそむくこと。非礼。「一ながらみな様へ、是から御礼をはらりと申し上げまする」〈古今役者物語〉❹黒衣の僧に対して、俗人。在家。「一の弟子、平重盛」〈盛衰記・一一〉

びゃくえ-かんのん【白衣観音】ビャクエクワンオン《梵 Pāṇḍuravāsinīの訳》㊀胎蔵界曼荼羅まんだら観音院の一尊。白衣を着け、白蓮華の中にいる。白は清浄菩提心を表す。㊁三十三観音の一。頭から白衣をまとい、石上に結跏趺坐けっかふざする姿をとる。大白衣。

漢字項目 ひゃく

【×柏】▶はく

百　(学)1　(音)ヒャク(呉)　ハク(漢)　(訓)もも‖①数の名。10の10倍。「百人/数百」②数が多い。たくさんの。「百科・百貨・百官・百事・百獣・百戦・百代・百般/凡百」(名付)お・と・も　(難読)百済くだら・百日紅さるすべり・百足むかで・百舌もず・八百万やおよろず・百合ゆり

漢字項目 びゃく

【白】▶はく

×闢　(音)ビャク(呉)　ヘキ(漢)　(訓)ひらく‖左右に押し開く。「開闢かいびゃく」

ひゃくえん-ショップ【百円ショップ】ヒャクエン　店内の商品をすべて1点100円で販売する店。全品100円均一であることから、百均ひゃっきんともいう。

ひゃく-おう【百王】ワウ ❶多くの王。代々の王。「一相続し」〈記・序〉❷数えて百代の王。「人代となりて神武天皇の御後、一と聞こゆる」〈愚管抄・三〉

ひゃくおうちんご-の-がらん【百王鎮護の伽藍】ヒャクワウチンゴ《永遠に国を鎮め守護する道場の意》延暦寺のこと。

ひゃく-がい【百害】多くの弊害。「一あって一利なし」

ひゃくがい-きゅうきょう【百骸九×竅】ヒャクガイキウケウ《「百骸」は多数の骨、「九竅」は両眼・両耳・両鼻孔・口・前陰・後陰の九つの穴》人体を構成しているもの。転じて、人体。

ひゃくがくれんかん【百学連環】ヒャクガクレンクワン 明治の啓蒙思想家西周にしあまねの著書名。「百学連環」は「Encyclopedia」の訳語。

ひゃくきゅう-キーボード【109キーボード】ヒャクキウ《109 keyboard》▶いちまるきゅう(109)キーボード

ひゃく-げい【百芸】多くの技芸。百技。

びゃく-げつ【白月】古代インドの暦法で、月が満ち始めてから満月に至るまでの15日間の称。びゃくがつ。はくげつ。「一黒月のかはり行くをみて、三十日をわきまへ」〈平家・三〉⇔黒月。

びゃく-ごう【白×毫】ガウ 白い巻き毛。➡白毫相

びゃく-ごう【白業】ゴフ 仏語。よい果報を受けるよい行い。善業ぜんごう。⇔黒業。

びゃくごう-じ【白毫寺】ビャクガウ 奈良市白毫寺町にある真言律宗の寺。山号は高円山たかまどさん。霊亀元年(715)天智天皇の皇子志貴親王の山荘を寺としたと伝える。開基は勤操ごんそう。鎌倉時代に道照によって中国から一切経巻が伝えられたので、一切経寺ともいう。

びゃくごう-そう【白×毫相】ビャクガウサウ 仏の三十二相の一。眉間みけんにあって光明を放つという長く白い巻き毛。仏像では水晶などをはめ込んだり浮き彫りにしたりして表す。眉間白毫相。

ひゃく-ざ【百座】❶法会ほうえなどの100個の講座。❷100の座席。転じて、たくさんの人の集まり。「お仕着せの通り、一の参会にも少しも色のかはりたる事なし」〈浮・一代女・五〉

ひゃくさい【百済】▶くだら(百済)

ひゃく-ざし【百×緡】江戸時代、一文銭100枚を通した緡さし。

ひゃく-さじき【百桟敷】料金が100文の桟敷。江戸時代、芝居で2階正面桟敷の最後方の観客席。

ひゃくざ-のごま【百座の護摩】護摩壇を1日に100座設けて祈祷すること。

ひゃくざ-の-はらい【百座の×祓】ハラヒ 神前で、中臣なかとみの祓詞はらえことばを100度読み上げること。

びゃく-さん【白散】新しい年の健康を祈って、屠蘇とそ酒などとともに元日に服用する散薬。白朮びゃくじゅつ・桔梗ききょう・細辛さいしんなどを刻み、等分に調合したもの。

ひゃくさんじゅう-り【百三十里】ヒャクサンジフ 江戸から京・大坂までの大体の里数。また、東海道のこと。「一を家にし、江戸、大坂を広う狭うする亀屋」〈浄・冥途の飛脚〉

ひゃく-し【百司】多くの役所。多くの役人。諸司。

「百官—も大半平家に心を寄すれば」〈浄・盛衰記〉
ひゃく-じ【百事】さまざまなこと。また、すべてのこと。万事。「東京の事であるから—それぞれの機関が備って居て」〈子規・墨汁一滴〉
びゃく-し【白×芷】❶ヨロイグサの漢名。また、その根。漢方で鎮痛・鎮静薬などに用いる。❷ハナウドの漢名。
びゃく-し【▽拍子┊▽百師┊▽百子】《「ひゃくし」とも》「笏拍子」に同じ。
ひゃくしぜんしょ【百子全書】中国、清代の叢書。1875年(光緒元年)刊。儒家・兵家・法家・農家など諸子百家の書を収める。子書百家。
ひゃくじつ-こう【百日紅】サルスベリの別名。《季 夏》
びゃくし-ぶつ【×辟支仏】▶縁覚
ひゃくしゃく-かんとう【百尺×竿頭】百尺の竿の先端。転じて、到達すべき極点。ひゃくせきかんとう。「雪舟は、すでに、彼自身の—にあったのである」〈小林秀雄・雪舟〉
　百尺竿頭に一歩を進む　《「伝灯録」から》百尺の竿の先に達しているが、なおその上に一歩を進もうとする。すでに努力・工夫を尽くしたうえに、さらに尽力すること、また、十分に言を尽くして説いたうえに、さらに一歩進めて説くことのたとえ。
ひゃくしゃ-まいり【百社参り】同一の神を祭ってある100か所の神社を巡拝すること。
ひゃく-しゅ【百首】❶100の和歌。❷「百首歌」の略。
ひゃく-じゅう【百獣】多くのけもの。すべてのけもの。〔類語〕動物・けもの・けだもの・獣・獣類・畜類・畜生・野獣・鳥獣・禽獣・アニマル
ひゃくじゅうきゅう-ばん【一一九番】火災や傷病者の発生を通報して消防車や救急車の出動を求めるための電話番号。昭和2年(1927)に設けられた。
ひゃくしゅ-うた【百首歌】100首の和歌を集めたもの。一人で100首詠むもの、一人1首を100首集めたものなどがある。百首の歌。百首和歌。
ひゃくじゅうど-シーエスデジタルほうそう【110度CSデジタル放送】《110 degrees east longitude CS digital broadcasting》通信衛星を用いるCS放送の一。デジタル衛星放送などの人工衛星とほぼ同じ軌道(東経110度)にあり、受信アンテナを共用できる。東経110度CSデジタル放送。
ひゃくしゅうねん-きねんかん【百周年記念館】《Hala Stulecia》ポーランド南西部の都市ヴロツワフの中心市街東部にある建物。シチトゥニツキ公園内に位置する。ナポレオンの失脚を決定づけたナポレオン戦争におけるライプチヒの戦い(諸国民戦争)の勝利から100周年を記念し、1911年から13年にかけて建造。設計はマックス=ベルク。世界最大級のコンクリート製ドーム型建築として知られ、2006年に世界遺産(文化遺産)に登録された。
ひゃくじゅう-の-おう【百獣の王】百獣の中で最強のもの。ライオンをいう。
ひゃくじゅうはち-ばん【一一八番】海難事故、不審船や不法投棄の発見、密航・密輸の情報など、海上の事件・事故の緊急通報用に設けられた海上保安庁内の電話番号。平成12年(2000)に設けられた。
ひゃく-しゅつ【百出】〔名〕スル　種々のものが次々に多数現れ出ること。「難問が—する」「議論—」
びゃく-じゅつ【白×朮】キク科植物のオケラやオオバナオケラの根茎。漢方で健胃・利尿薬などに用い、屠蘇散・蚊やりなどの材料ともする。
ひゃく-しょう【百姓】❶農業に従事する人。農民。❷農業をすること。農作業をすること。「代々—をする家」❸あかぬけない人や情趣を解さない人をののしっていう語。❹江戸時代、特に本百姓のこと。❺「ひゃくせい(百姓)」に同じ。
〔類語〕農民・農夫・農婦・豪農・富農・貧農・精農・篤農
ひゃくじょう-いいんかい【百条委員会】《地方自治法第100条に基づくところからの通称》地方議会が必要に応じて設置する特別委員会。自治体の事務について調査する。関係者の出頭と証言、記録の提出を請求できる。正当な理由なく関係者が出頭、証言、記録の提出を拒否したときは禁錮または罰金に処することができる。
ひゃくしょう-いっき【百姓一×揆】江戸時代、農民が領主・代官の悪政や過重な年貢に対して集団で反抗した運動。暴動・強訴・越訴・逃散・打ち毀しなど種々の形をとった。
ひゃくしょう-うけ【百姓請】中世、荘園領主に対し、荘園の年貢・公事を惣村が請け負ったこと。村民の自治・団結が強化されたことによる。地下請。
ひゃくじょう-えかい【百丈懐海】[720～814]中国、唐代の禅僧。福州長楽(福建省)の人。南宗禅の馬祖道一の法をついだ。洪州(江西省)の百丈山に住して教化し、禅門の規範「百丈清規」を定めて自給自足の体制を確立。
ひゃくしょう-おうらい【百姓往来】往来物の一。江戸時代、農民の子供に文字や知識を教えるために作られた教科書。
ひゃくしょう-だい【百姓代】江戸時代、地方三役の一。中期以降に登場し、村民代表として名主・組頭による村政運営を監視する立場にあった。
ひゃくしょう-ぶん【百姓分】百姓の身分。農民の階級。「—の人ながら、少し由ある方の娘」〈浮・三代男・二〉
ひゃくしょう-もの【百姓物】狂言の分類の一。年貢を上納しにきた百姓をシテとする脇狂言。「筑紫奥」「佐渡狐」など。
ひゃくしょう-や【百姓家】農民の住む家。農家。
ひゃくしょう-よみ【百姓読み】漢字を旁や偏の音から勝手に類推して我流に読むこと。また、その読み方。「絢爛」を「じゅんらん」、「懶惰」を「らいだ」と読む類。
びゃく-しん【×柏×槙】イブキの別名。
ひゃく-せい【百世】多くの年代。長い年月。百代。「名を—に残す」
ひゃく-せい【百姓】《いろいろの姓を持つ公民の意》一般の人民。庶民。ひゃくしょう。「暴虎を恣にして、—をしへたげり」〈太平記・三五〉
ひゃく-せつ【百折】何度もくじけること。
ひゃくせつ-せんま【百折千磨】何度もくじけ、何度もみがかれること。転じて、種々の苦労を重ねること。「—の艱苦を経る」
ひゃくせつ-ふとう【百折不×撓】何回失敗しても志をまげないこと。「—の精神」
ひゃく-せん【百千】数の多いこと。たくさん。「—の難関に出あう」
ひゃく-せん【百川】100の川。また、多くの川。あらゆる川。
　百川海に学んで海に至る　《「揚子法言」学行から》すべての川は海を目標として流れ、最後には海に注ぐ。人もりっぱな人を手本にして常に修養・努力すれば大業を成し遂げることができるという意。
ひゃく-せん【百戦】100回の戦い。また、数多くの戦い。〔類語〕連戦・転戦
ひゃく-せん【百選】すぐれたもの100を選び出すこと。また、その選ばれたもの。「全国名水—」
ひゃくせん-ひゃくしょう【百戦百勝】100回戦って100回勝つこと。戦うたびに勝つこと。「—の破竹の進撃」〔類語〕常勝・不敗・全勝
ひゃくせん-れんま【百戦錬磨】たびたびの戦いで鍛えられていること。また、経験が豊かで処理能力にすぐれていること。「—のつわもの」
ひゃく-そう【百草】❶いろいろの草。千草。ももくさ。❷黄柏のほか数種の生薬の水浸エキスで製した胃腸薬。信州の御岳山のものが有名。御百草。
ひゃくそう-つみ【百草摘み】陰暦5月5日に山野で薬草を採ったこと。百草採り。《季 夏》
ひゃく-そく【百足】❶100の足。また、多くの足。❷ムカデのこと。
　百足の虫は死して僵れず　《曹冏「六代論」から》ムカデは足が多いので死んでも倒れない。支持する者が多い者は容易に滅びないことのたとえ。
ひゃく-たい【百態】いろいろな姿。種々のありさま。「サラリーマン—」
ひゃく-だい【百代】きわめて長い年代。永遠。はくたい。「名を—に残す」
ひやく-だい【飛躍台】❶▶シャンツェ ❷大きく進歩・発展するきっかけ。「受賞を—にして一層精進する」
ひゃくたけ-すいせい【百武×彗星】平成8年(1996)1月、日本の百武裕司が発見した彗星。同年3月に地球に最接近し、見かけの尾の長さが100度近くに達する20世紀有数の大彗星になった。公転周期は約11万4千年。彗星からのX線放射の発見、太陽探査機ユリシーズによる尾の通過という二つの大きな科学的成果が挙がったことで知られる。
ひゃくたけ-ゆうじ【百武裕司】[1950～2002]天文家。長崎の生まれ。鹿児島で平成7年(1995)から翌年にかけて二つの新彗星を発見。特に同8年発見のものは地球に接近し、世紀の大彗星となった。➡百武彗星
ひゃく-だゆう【百太夫】兵庫県西宮市の百太夫社に祭られた道祖神。平安時代は遊女が恋愛神として、また近世は傀儡師が祖神として祭った神。
ひゃく-たん【百端】さまざまな糸口。また、さまざまなこと。万端。
びゃく-だん【白×檀】ビャクダン科の半寄生性の常緑小高木。高さ3～10メートル。幹は直立して分枝し、葉は長卵形で先がとがる。花は鐘形で円錐状につき、黄緑色から紫褐色に変わる。果実は丸く、紫黒色に熟す。材は黄色がかった白色で強い香りがあり、仏像・美術品・扇子や線香などに使うほか、白檀油をとり香料にする。インド・東南アジアに産する。栴檀。
びゃくだん-こう【白×檀香】ビャクダンの心材から作った香。
ひゃく-だんな【百×檀那┊百旦那】盆暮れや法事のときなどの布施に、100文くらいしか出さない檀家。「一粗砥ほどな(＝墓石)をあつらへる」〈柳多留・一二〉
びゃくだん-ゆ【白×檀油】ビャクダンの材を蒸留して得る黄色い油。揮発性で芳香があり、主成分はサンタロール。香料に用いる。
ひゃく-ちゅう【百中】発射すれば必ず的にあたること。「百発—」
ひやく-てき【飛躍的】〔形動〕進歩・向上などの急激なさま。「科学の—な進歩」
ひゃく-ど【百度】❶100回。また、回数の多いこと。❷「百度参り」の略。
ひゃくど-いし【百度石】百度参りをする際の標識として設けられている石。
びゃく-どう【白道】▶二河白道
ひゃくとお-ばん【一一〇番】犯罪・事故などを警察に通報する電話番号。昭和23年(1948)に設けられた。
ひゃくど-の-はらい【百度の×祓】▶百座の祓
ひゃくど-まいり【百度参り】❶社寺の境内で、一定の距離を100回往復して、そのたびに礼拝・祈願を繰り返すこと。百度詣で。お百度。❷頼み事などで、ある場所へいく度も通うこと。「事務所に—をして許可をもらう」
ひゃくど-もうで【百度詣で】「百度参り」に同じ。
ひゃくにじゅう-まっしゃ【百二十末社】㊀伊勢神宮の内宮80、外宮40の末社の総称。㊁《遊里で遊客を「大尽」というところから「大神」にかけ、それを取り巻くものの意で》多くの太鼓持ち。「弓矢八幡—どもを集めて」〈浮・一代男・四〉
ひゃくにじゅう-り【百二十里】江戸から京都までの大体の里数。また、東海道のこと。「小万、小女郎、小よしとて—の名取りども」〈浄・丹波与作〉
ひゃく-にち【百日】100の日数。100日間。また、多くの日数。
　百日の説法屁一つ　長い間の苦労が、わずかな

失敗のために無駄になってしまうことのたとえ。

ひゃくにち-かつら【百日×鬘】歌舞伎の鬘の一。月代(さかやき)の長くのびたようすを表現したもので、時代物の盗賊・囚人などの役に使う。

ひゃくにち-さい【百日祭】神道で、死後100日目に行う祭事。

ひゃくにち-ぜき【百日×咳】百日咳菌によって起こる小児の呼吸器系の感染症。学校感染症の一。感染症予防法の五類感染症の一。発症の1～2週間は感冒に似た咳をし、夜間に多くなる。続く2～6週間は痙攣(けいれん)性の激しい咳の発作が繰り返し起こるが、発作のないときは健康時と変わらない。さらに2～3週間、軽い発作がみられるが、しだいに消失する。予防接種が有効。

ひゃくにち-そう【百日草】キク科の一年草。高さ約90センチ。葉は長卵形で、茎を抱くように対生する。夏から秋にかけて、大きな花を開く。花は寿命が長く、一重であるが、八重の園芸種もあり、色も紅・紫・白など豊富。メキシコの原産で、江戸末期に渡来し、観賞用。ジニア。(季 夏)「病みて日々一の盛りかな/古郷」

ひゃくにちそが【百日曽我】浄瑠璃。時代物。五段。近松門左衛門作。元禄10年(1697)大坂竹本座初演。曽我兄弟の討ち入りから、兄弟が神として祭られるまでを脚色。

ひゃくにち-てんか【百日天下】❶ナポレオン1世が1815年にエルバ島を脱してパリに入り、帝政を復活してから、ワーテルローの戦いで敗北し退位するに至った約100日間の支配。❷短期間の政権をいうたとえ。

ひゃくにち-ぼっけ【百日法華】他宗の者が、病気平癒などを祈るため、一時的に法華宗信者になること。

ひゃくにち-まいり【百日参り】「百日詣(もうで)」に同じ。

ひゃくにち-もうで【百日詣で】100日間、同じ神社・仏寺に参って祈願すること。百日参り。

ひゃく-にん【百人】100の人数。

ひゃくにん-いっしゅ【百人一首】100人の歌人の歌を1首ずつ選んで集めたもの。藤原定家の撰といわれる「小倉百人一首」が歌ガルタとしてよく用いられている。また、それに倣った種々のものがある。ひゃくにんしゅ。ひゃくにんし。➡小倉百人一首

(類語)カルタ・カード・トランプ

ひゃくにん-はま【百人浜】北海道中南部にある砂浜海岸。襟裳(えりも)岬の北に幅約1キロメートル、南北約15キロメートルにわたって砂丘が続く。襟裳岬までの観光コースとなっている。

ひゃくにん-りき【百人力】❶100人分を合わせたほどの力。❷強力な援助を得て、非常に心強く思うこと。「君が加勢してくれれば一だ」

ひゃく-ねん【百年】100の年数。100年間。また、数多くの年。長い年月。

百年河清(かせい)を俟(ま)つ　▶河清(かせい)を俟(ま)つ

百年の恋も一時(いちじ)に冷(さ)める　長く続いた恋でも一瞬にしてさめてしまう。相手の嫌な面に思いがけなく接したときのようすにいう。

ひゃくねん-せんそう【百年戦争】1337年～1453年、イギリスとフランスとの間で断続的に行われた戦争。フランス内にあるイギリス領土およびフランドル地方の領有に関する対立と、フランス王位継承をめぐって開戦。初めはイギリスが優勢であったが、ジャンヌ=ダルクのオルレアン解放後はフランスが反攻に転じ、イギリスはカレーを除くすべての大陸領土を失って講和した。

ひゃくねん-の-けい【百年の計】遠い将来までを考えての計画。「国家一」

ひゃくねん-の-ふさく【百年の不作】一生の失敗。取り返しのつかない過ち。「悪妻は一」

ひゃくねん-め【百年目】❶100年後にあたる年。❷のっぴきならなくなること。運のつき。「ここで会ったが一、観念しろ」❸めったにない好運。「福徳の一」

ひゃく-パーセント【百パーセント】❶割合が100のうち100であること。10割。「一の出席率」❷申し分

[百メートル走]　百メートル走の世界記録・日本記録　(2012年8月現在)

		記録	更新日	選手名(国籍)
世界記録	男子	9秒58	2009年8月16日	ウサイン=ボルト(ジャマイカ)
	女子	10秒49	1988年7月16日	フローレンス=ジョイナー(米国)
日本記録	男子	10秒00	1998年12月13日	伊東浩司
	女子	11秒21	2010年4月29日	福島千里

ないこと。完全なこと。副詞的にも用いる。「効果一」「一間違いない」(類語)完全・完璧(かんぺき)・万全・十全・両全・満点・金甌(きんおう)無欠・完全無欠・パーフェクト・全(まつた)い・文句なし・間然(かんぜん)する所がない

ひゃく-はち【百八】❶仏教で、人間の煩悩(ぼんのう)の数。数珠(じゅず)の珠(たま)の数、鐘をつく回数などをこれになぞらえる。❷1年の十二か月・二十四節気・七十二候を合わせた数。

ひゃくはちじゅう-ど【百八十度】❶1度の180倍。❷正反対の方向。「方針を一転換する」

ひゃくはちじゅうど-てんかい【百八十度転回】まったく正反対の方向に転じること。それまでとは逆になること。180度の方向転換。「一の発想法」

ひゃくはち-たひ【百八×炬火】東日本で行われる盆行事の一。新盆の家、または村共同で墓から家まで108本の松明(たいまつ)を立てる。万灯火(まとび)。ひゃくはちたい。

ひゃくはち-の-かね【百八の鐘】寺院で朝夕、108回または略して18回、梵鐘(ぼんしょう)をつくこと。特に、大晦日(おおみそか)の除夜の鐘をさす。1年の、十二か月・二十四節気・七十二候の合計数とも、百八煩悩を覚まし除くためともいう。➡除夜の鐘

ひゃくはち-の-じゅず【百八の数珠】百八煩悩になぞらえて、108個のモクゲンジの種子を貫き通して作った数珠。ひゃくはちのずず。

ひゃくはち-ぼんのう【百八煩悩】仏語。人間の心身を悩まし迷わせる煩悩。数の多いことを百八と示したもの。一説に、眼・耳・鼻・舌・身・意の六根のそれぞれに悩みが六つあって36、これを過去・現在・未来にそれぞれ配して合計108とする。

ひゃく-ばん【百番】❶順番で100にあたる番。❷100回。百度。「一勝負」❸謡われることの多い100曲の謡曲。

ひゃく-ひとつ【百一つ】非常にまれなこと。ほとんど望みがないこと。百に一つ。「大門を出る病人は一」〈柳多留・初〉

ひゃく-ひろ【百▽尋】❶1尋の100倍。❷《きわめて長いところから》腸。はらわた。

びゃく-ぶ【▽百部】ビャクブ科の蔓性(つるせい)の多年草。根は紡錘形をし、葉は広楕円形で、数枚が輪生する。7月ごろ、葉のわきに淡緑色の4弁花をつける。中国の原産で、日本へは江戸時代に渡来。根を煎(せん)じて駆虫薬に用いた。ほどつら。つるびゃくぶ。

ひゃくふく-しょうごん【百福▽荘厳】仏語。100の福徳によって飾られた仏の三十二相。一つ一つが100の福徳を積んだ結果であることからいう。

ひやくぶつ-りょうほう【非薬物療法】薬剤を使用しない治療方法。不整脈治療におけるカテーテルアブレーション、ペースメーカーや植え込み型除細動器(ICD)の使用、狭心症治療における経皮的冠動脈形成術(PTCA)など。

ひゃく-ぶん【百分】ある数・量を100に分けること。また、分けたもの。

ひゃく-ぶん【百聞】数多く聞くこと。

百聞は一見(いっけん)に如(し)かず　《「漢書」趙充国伝から》人から何度も聞くより、一度実際に自分の目で見るほうが確かであり、よくわかる。

ひゃくぶん-ざん【百分算】「歩合算(ぶあいざん)」に同じ。

ひゃくぶん-ひ【百分比】「百分率」に同じ。

ひゃくぶん-りつ【百分率】全体を100としたときの割合。単位にパーセントを用いて表す。パーセンテージ。百分比。

ひゃく-へい【百弊】たくさんの弊害。百害。

ひゃく-ベース-ティー〖100BASE-T〗LAN(ラン)伝送路の規格の一。ツイストペアケーブルを用い、最大通信速度は100Mbps。

ひゃく-まなこ【百眼】❶「目鬘(めかつら)」に同じ。❷種々の目鬘で変相しながら小噺(こばなし)などをする寄席芸。

ひゃく-まん【百万】❶万の100倍の数。また、きわめて大きな数。「一の味方を得た思い」❷「百万遍(べん)」の略。

ひゃくまん【百万】謡曲。四番目物。観阿弥原作の「嵯峨物狂(さがものぐるい)」を世阿弥が改作。嵯峨野の清涼寺の大念仏で、わが子恋しと舞う女曲舞(くせまい)の百万が、観客の中にいた子と再会する。

ひゃくまん-げん【百万言】非常に多くの言葉。「一を費やしても言い尽くせない」

(類語)多言・千言万語・万言

ひゃくまん-だら【百万×陀羅】《陀羅尼(だらに)を百万遍繰り返すこと、または、百万塔中の百万の陀羅尼の意から》同じことを繰り返し何度も言うこと。副詞的にも用いる。「一を並べる」「嫌味を一開かされる」

ひゃくまん-ちょうじゃ【百万長者】多大な財産を持っている人。大金持ち。富豪。

ひゃくまん-とう【百万塔】天平宝字8年(764)の藤原仲麻呂の乱後、鎮護国家および滅罪のため称徳天皇の発願により、南都の十大寺に納められた百万基の木製の供養塔。高さ約23センチ。轆轤(ろくろ)細工で作られ、中に納められた陀羅尼は世界最古の印刷物として有名。現在、法隆寺に4万余基が伝存する。

ひゃくまん-べん【百万遍】❶百万回。また、数限りなく繰り返すこと。「一頼まれても承服できない」❷一人で念仏を百万回唱えること。❸浄土宗で、極楽往生を願って10人ずつの僧や信者が輪になって念仏を唱え、1080個の玉の大数珠を100回、順送りにする仏事。合わせて百八万遍の念仏になる。京都知恩寺で始まり、のちに一般でも行われるようになった。百万遍念仏。❹知恩寺の異称。

ひゃく-み【百味】数々の珍味・美味。

ひゃくみ-だんす【百味×箪×笥】漢方医が薬を入れておく、小引き出しの数多くあるたんす。薬味箪笥。

ひゃくみ-の-おんじき【百味の▽飲食】❶「百味」に同じ。❷人の死後49日間、霊に供えるさまざまの供物。

ひゃく-めいざん【百名山】名山として選び出した100の山。特に、深田久弥が品格・歴史・個性などからみたという「日本百名山」のこと。

▷ **日本百名山**
利尻山、羅臼(らうす)岳、斜里岳、阿寒岳(雌阿寒岳)、大雪山、トムラウシ山、十勝岳、幌尻(ぽろしり)岳、後方羊蹄(しりべし)山(羊蹄(ようてい)山)、岩木山、八甲田山、八幡平(はちまんたい)、岩手山、早池峰(はやちね)山、鳥海山、月山(がっさん)、朝日岳、蔵王山、飯豊(いいで)山、吾妻(あずま)山、安達太良(あだたら)山、磐梯(ばんだい)山、会津駒ヶ岳、那須岳、魚沼駒ヶ岳、平(ひら)ヶ岳、巻機(まきはた)山、燧(ひうち)ヶ岳、至仏(しぶつ)山、谷川岳、雨飾山、苗場山、妙高山、火打山、高妻山、男体山、日光白根山、皇海(すかい)山、武尊(ほたか)山、赤城山、草津白根山、四阿(あずまや)山、浅間山、筑波山、白馬(しろうま)岳、五竜岳、鹿島槍(かしまやり)ヶ岳、剣岳、立山、薬師岳、黒部五郎岳、黒岳(水晶岳)、鷲羽(わしば)岳、槍ヶ岳、穂高岳、常念岳、笠ヶ岳、焼(やけ)岳、乗鞍岳、御嶽(おんたけ)山、美(うつくし)ヶ原、霧ヶ峰、蓼科(たてしな)山、八ヶ岳、両神(りょうかみ)山、雲取山、甲武信(こぶし)岳、金峰(きんぷ)山、瑞牆(みずがき)山、大菩薩嶺、丹沢山、富士山、天城山、木曽駒ヶ岳、空木(うつぎ)岳、恵那(えな)山、甲斐駒ヶ岳、仙丈ヶ岳、鳳凰山、北岳、間(あい)ノ岳、塩見岳、悪沢(わるさわ)岳(荒川岳)、赤石岳、聖(ひじり)岳、光(てかり)岳、白山、荒島岳、伊吹山、大台ヶ原山、大峰山、大山(だいせん)、剣山、石鎚(いしづち)山、九重(くじゅう)山、祖母山、阿蘇山、霧島山、開聞(かいもん)岳、宮之浦岳

ひゃくメートル-そう【百メートル走】陸上競技の短距離競走の一。100メートルを、どれほどの速力で走れるかを競う。➡短距離競走 ➡表

ひゃくめ-ろうそく【百目×蝋×燭】1本で100匁(もんめ)(約375グラム)ほどもある大きな蝋燭。

ひゃく-めんそう【百面相】顔の表情をいろい

ろに変えること。また特に、手ぬぐいやつけひげなどの簡単な小道具を用いて、いろいろと顔つきを変えてみせる寄席芸。

ひゃく-ものがたり【百物語】夜、数人が集まって順番に怪談を語り合う遊び。ろうそくを100本立てておいて、1話終わるごとに1本ずつ消していき、100番目が終わって真っ暗になったとき、化け物が現れるとされたもの。(季 夏)「―はてて灯せば不思議な空席/吐天」

ひゃくもん-せん【百文銭】100文通用の銭貨。天保通宝銭が代表的。

びゃく-や【白夜】▶はくや(白夜)

ひゃく-やく【百薬】数多くの薬。あらゆる薬。

ひゃくやく-の-ちょう【百薬の長】《「漢書」食貨志から》酒をほめていう語。

ひゃくや-まいり【百夜参り】100日間、毎夜同じ神社や寺院に参拝して祈願すること。

ひゃく-よう【百様】さまざまのようす。百態。

百様を知って一様を知らず　博識であるが、肝心なことを知らない。また、博識であるが、本当に知っているものは一つもない。

ひゃくよう-ばこ【百葉箱】気象観測用の小屋形の木箱。よろい戸で囲って通風をよくし、白く塗って日光を反射させる。地面から高さ1.5メートルの所に温度計・湿度計などがくるように設置する。ひゃくようそう。

ひゃくよん-キーボード【104キーボード】《104 keyboard》▶いちまるよん(104)キーボード

ひゃく-らい【百雷】数多くのかみなり。非常に大きな音や声にたとえる。「―の一時に落ちたような地響き」

びゃく-らい【白×癩】❶ハンセン病の一型の古称。身体の一部または数か所の皮膚が斑紋状に白くなるものをさす。しらはだ。❷そむけば白癩になるという意で、強い決意や禁止を表す語。副詞的に用いる。「商ひ馬に乗らんとは、―ならぬ、ならないぞ」〈伎・矢の根〉❸不意の出来事に驚く気持ちを表す語。感動詞的に用いる。「一文字に切り付くれば、―これはと抜き合はせ」〈浮・伝来記・七〉

ひゃく-り【百里】1里の100倍の距離。また、遠い距離。

百里の海も一夫に飲ましむる能わず　《「尉繚子」治本から》どんなに広い海の水でも、飲み水としては一人の渇きをいやすにも足りない。大きいばかりが能ではないというたとえ。

百里の道も一足から　遠い旅も第一歩から始まる。遠大な事業も手近なところから始まることのたとえ。千里の行も足下に始まる。

百里を行く者は九十を半ばとす　《「戦国策」秦策・武王から》何事も終わりのほうほど困難であるから、九分どおりまで来てやっと半分と心得、最後まで気をゆるめるな、という戒めの言葉。

ひゃくり-けい【百里奚】中国、春秋時代の秦の人。字は井伯。楚に捕らえられていたとき、秦の穆公がその賢を聞き、羖羊(黒い牡の羊)の皮5枚で買って宰相としたので、その恩にこたえて大いに活躍、穆公を春秋五覇の一人とした。五羖大夫。

ひゃく-りょう【百僚】多くの官吏。百官。

ひゃく-れん【百錬】何度も繰り返しきたえていっそうよくすること。

びゃく-れん【白×蓮】❶白いハスの花。はくれん。(季 夏)「―やはじけ残りて一二片/蛇笏」❷ハクモクレンの別名。❸心が清らかでけがれのないことのたとえ。

びゃく-れん【白×蘞】ブドウ科の蔓植物。葉は手のひら状の複葉で、葉と対生して巻きひげがある。夏、葉と向かい合って花柄を出し、淡黄色の小花を多数つける。中国の原産で、日本には江戸時代に渡来。塊状の根は食用、また漢方で薬用にする。かがみぐさ。

びゃくれん-きょう【白×蓮教】中国の民衆宗教の一派。南宋の初め、阿弥陀信仰により蘇州の僧茅子元が創始。民衆に多くの信者を得たため、元代より邪教として禁圧される。明代以降しばしば反乱を起こしつつ、秘密結社として清代まで存続。

びゃくれん-しゃ【白×蓮社】中国の念仏修行の結社。402年、東晋の慧遠が廬山に東林寺を建てて僧俗123人とともに結成したもの。

ひゃくれんしょう【百錬抄┆百練抄】鎌倉時代の歴史書。17巻。初めの3巻は散逸。編者・成立年ともに未詳。武家方の「吾妻鏡」と対照をなす、公家方の編年体による記録。冷泉天皇から後深草天皇までを収録。

びゃく-ろう【白×鑞】錫のこと。また、錫と鉛との合金。しろめ。はくろう。

ひゃくろく-いん【百六韻】韻による漢字分類の一。宋の劉淵による107韻の「平水韻」を、元代に修正して106にしたもの。明・清以来作詩の標準に用いられ、これも「平水韻」と称せられる。

ひゃくろく-キーボード【106キーボード】《106 keyboard》▶いちまるろく(106)キーボード

ひゃくろん【百論】仏教書。2巻。提婆著。鳩摩羅什訳。竜樹の「中論」に基づいて空の思想を明らかにしたもの。三論の一で、三論宗の依拠書。

ひゃくわ-こう【百和香】▶はくわこう(百和香)

ひ-やけ【日焼け┆×陽焼け】〔名〕スル ❶強い日ざしを受けて肌が黒みを帯びたり、炎症を起こしたりすること。「―した顔」(季 夏)「タイピスト倦めり―の腕長く/草城」❷日光を受けて変色すること。「―した壁紙」❸日照りで、池・田・川などの水がなくなったり草木・作物が枯れたりすること。

ひや・ける【冷(や)ける】〔動カ下一〕文ひや・く〔カ下二〕十分に冷える。「井戸ニツケタ西瓜ワヨクー・ケル」〈和英語林集成〉

ひや-ざけ【冷(や)酒】燗をしない酒。また、冷やした酒。ひや。(季 夏)「―やつくねんとして酔ひにけり/友二」類語 冷酒・燗酒・熱燗・燗冷まし

ひやし【冷(や)し】❶冷やすこと。また、冷やしたもの。「―そば」「―トマト」❷冷たい水。「主が、熱いほどにお―を入れよというたを」〈虎明狂・お冷し〉❸ひやかすこと。からかうこと。「かかる調法なる事を人にさするは、惜しきとの心にて、御―あるかと」〈難波物語〉

ひやし-そうめん【冷(や)し×素麺】ゆでてから冷やした素麺を冷たい付け汁で食べる料理。ひやそうめん。

ひやし-ちゅうか【冷(や)し中華】麺料理の一。ゆでて冷やした中華そばに、せん切りの具をのせ、酢・醤油・ごま油のたれをかけて食べる。関西では冷麺という。

ひやし-もの【冷(や)し物】水や氷で冷やして食べる物。「夏の夜や崩れて明けし―/芭蕉」

ひや-じる【冷(や)汁】から煎りした煮干し・ごま・味噌をすり鉢ですったものを直火であぶって焼き味噌にし、冷たい水または出し汁でのばしたもの。きゅうり、しょうが、しその葉などを刻んで薬味とし、熱い麦飯にかけて食べる。宮崎県の郷土料理。魚はアジやタイなどを使うこともある。

ヒヤシンス〔hyacinth〕《「ヒアシンス」とも》ユリ科の多年草。鱗茎は卵形で外側は黒褐色。葉は広線形でやや多肉質。春、高さ約30センチの花茎を伸ばし、青紫・紅・白・紫色などの漏斗状の6弁花を多数総状につける。地中海沿岸地方の原産。名はギリシャ神話の少年ヒュアキントスから。にしきゆり。風信子。(季 春)

ひや・す【冷(や)す】〔動サ五(四)〕❶冷えた状態にする。つめたくする。「麦茶を―・す」「患部を氷で―・す」❷気持ちの高ぶりを鎮める。冷静にする。「興奮した頭を―・す」❸ひやりとさせる。ぞっとさせる。「恐ろしさに肝を―・す」可能 ひやせる

類語 冷却・冷ます・冷房・冷める

ひや-そうめん【冷や×素麺】「冷やし素麺」に同じ。(季 夏)

ビヤ-だる【ビヤ×樽】ビールを詰める、胴の中央のふくらんだ洋樽。また、太って腹の出た人のたとえにいう。ビール樽。

ひゃっ-か【百花】いろいろの花。多くの花。「―咲き乱れる」

ひゃっ-か【百科】❶いろいろの科目・分野。あらゆる科目・分野。❷「百科事典」の略。

ひゃっ-か【百家】多くの学者。

ひゃっ-か【百貨】いろいろの商品。

ひゃっか-じてん【百科事典】人類の知識の及ぶあらゆる分野の事柄について、辞書の形式に準じて項目を立てて配列し、解説を加えた書物。

類語 エンサイクロペディア・百科全書

ひゃっか-せいほう【百花斉放】《いろいろの花が一斉に咲き開く意》文学・芸術において、多くの人々が活発に運動を展開すること。➡百家争鳴

ひゃっかせついりん【百家説林】叢書。10巻。今泉定介編。明治23～25年(1890～92)刊。同38～39年増補。江戸時代の諸家の随筆・雑考などを集めたもの。ひゃっかせつりん。

ひゃっか-ぜんしょ【百科全書】「百科事典」に同じ。◆書名別項。

ひゃっかぜんしょ【百科全書】《原題、フランス Encyclopédie, ou Dictionnaire raisonné des sciences, des arts et des métiers》フランスの百科事典。本編17巻、補遺5巻、図版11巻、索引2巻。ディドロとダランベールの監修。1751～80年刊。フランス啓蒙思想の集大成であり、近代合理主義の立場による知識の普及に大きな役割を果たした。

ひゃっかぜんしょ-は【百科全書派】「百科全書」の編集・執筆に参加した啓蒙思想家たち。アンシクロペディスト。

ひゃっか-そうめい【百家争鳴】多くの知識人・文化人が、その思想・学術上の意見を自由に発表し論争すること。中国共産党の文化政策スローガンの一。1956年「百花斉放」とともに提唱された。

ひゃっか-てん【百貨店】▶デパート

ひゃっか-にち【百箇日】❶100日間。また、100日目。❷人が死んでから100日目。また、その日に行う法事。

ひゃっか-りょうらん【百花×繚乱】❶いろいろの花が咲き乱れること。❷すぐれた業績や人物が一時期に数多く現れること。「―の歌壇」

類語 満開・繚乱・咲きこぼれる・咲き誇る・咲き揃う・咲き乱れる

ひゃっ-かん【百官】数多くの役人。「文武―」

ひゃっ-かん【百貫】㊀〔名〕❶1貫の100倍の重さ。また、非常に目方の重いこと。❷銭1貫の100倍。また、非常に価値あるもののたとえ。「男は裸が―」〈浮・五人女・一〉㊁〔副〕はるかに。ずっと。「使ひつけた鋤と鍬、畠なぶりが―ましと」〈浄・源頼家源実朝鎌倉三代記〉

ひゃっかん-な【百官名】家・親・本人などの官名からつけた、その人の通称。式部・主水など。

ひゃっき-やぎょう【百鬼夜行】▶ひゃっきやこう(百鬼夜行)

ひゃっき-やこう【百鬼夜行】❶いろいろの化け物が夜中に列をなして出歩くこと。ひゃっきやぎょう。❷得体の知れない人々が奇怪な振る舞いをすること。ひゃっきやぎょう。「―の政財界」

ひゃっ-きん【百均】▶百円ショップ

ひや-つ・く【冷(や)つく】〔動カ五(四)〕ひんやりする。冷たく感じられる。「此の―・く夜を何を考えて居たのであるか」〈木下尚江・良人の自白〉

ひゃっ-けい【百計】いろいろなはかりごと。あらゆる方法。「―ここに尽きる」

ひゃっ-けつ【百穴】1か所に多数群在する横穴の墓の俗称。古墳時代から奈良時代にかけて多くつくられた。吉見の百穴が代表例。

びゃっ-けん【×僻見】「へきけん(僻見)」に同じ。

ひゃっけん-がわ【百間川】岡山県南部、岡山市を流れる人工の川。長さ13キロ。江戸時代初期、岡山城下の洪水防止のためつくられた。市街地北部で旭川から分離、干拓地の間を通って児島湾に注ぐ。国指定天然記念物アユモドキをはじめ、多くの動植物が生息している。中流域の河川敷から遺跡

(百間川遺跡)が発掘されている。旭川放水路。

ひゃっけん-ながや【百間長屋】何軒も長く棟が続いている長屋。

びゃっ-こ【白×狐】❶白い毛のキツネ。また、年を経て毛が白くなったキツネ。神通力をもつとされた。しろぎつね。❷ホッキョクギツネの別名。

びゃっ-こ【白虎】四神の一。天の西方の守護神で、虎の形に表す。

ひやっ-こ・い【冷(や)っこい】〔形〕《「ひやこい」の音変化》ひやりとする。つめたい。「—・い水」派生ひやっこさ〔名〕類語冷たい

ひゃっ-こう【百工】❶もろもろの工人。各種の職人。「夫×れ文芸の事、—の業」〈中村訳・西国立志編〉❷いろいろな工業。

ひゃっ-こう【百考】あれこれ考えること。「一千思、僕はついに自ら進んで」〈蘆花・思出の記〉

ひゃっ-こう【百行】あらゆるおこない。「孝は—の本」

びゃっこ-き【白虎旗】四神旗の一。白虎を描いた旗。

ひゃっ-こく【百穀】いろいろの穀物。

びゃっこ-たい【白虎隊】慶応4年(1868)3月戊辰戦争の際、会津藩が16、7歳の藩士子弟によって組織した少年決死隊。官軍との戦いに敗れて飯盛山まで後退したとき、若松城の方角に黒煙のあがるのを見て落城と思い誤り、20人が自刃した。

びゃっこつうぎ【白虎通義】中国、後漢の儒学書。4巻。班固撰。後漢の章帝が宮中の白虎観に諸学者を集め、五経の解釈の異同を討議させた結果を記録編集したもの。白虎通。

びゃっこ-ろう【白虎楼】平安京大内裏朝堂院四楼の一。大極殿の西南にあり、蒼竜楼と相対していた。西楼。

ひやっ-と〔副〕スル ❶瞬間的に冷たく感じるさま。ひやりと。「—した湧き水」❷恐怖や驚きで緊張するさま。ひやりと。「財布をなくしたかと—する」

ひゃっぱつ-ひゃくちゅう【百発百中】❶放った矢や弾丸が必ず命中すること。「—の腕前」❷計画や予想がすべて当たること。類語的中・命中・当たり

ひゃっ-ぱん【百般】いろいろな方面。さまざまな事柄。「—の事情に通じる」「武芸—」類語万般・諸般

ひゃっ-ぽう【百方】すべての方面。あらゆる手段。多く副詞的に用いる。「—手を尽くして探す」

ひゃっぽ-だ【百歩蛇】クサリヘビ科の毒蛇。全長約1メートル。体は太く、灰褐色の地に暗褐色の三角形の斑紋が並ぶ。吻端はとがり、上を向く。台湾・中国南部などに分布。長大な毒牙をもち、かまれると百歩行かないうちに死ぬといわれた。

ひゃっぽん-づけ【百本漬(け)】干した大根100本を、糠1斗、麹4升、塩3升5合の割合で四斗樽に漬けた漬物。

ビヤ-テイスター〖beer taster〗ビールの味や品質などを評価できる専門家のことで、日本地ビール協会がその資格を認定する。

ひ-やとい【日雇(い)｜日×傭い】1日単位で雇うこと。また、その雇われた人。

ひやとい-はけん【日雇(い)派遣】1日単位または30日以内の期間を定めて雇用する労働者を他の事業者の事業所に派遣し、労働に従事させること。派遣事業者が雇用し、業務上の指揮命令は派遣先の企業が行う。補説平成16年(2004)の労働者派遣法改正で規制緩和が進んで生じた労働形態。ワーキングプア増加の一因とされる。仕事の前日に電話で指示されることから「ワンコールワーカー」ともいう。同24年の労働者派遣法改正により原則として禁止された。

ひやとい-ろうどうしゃ【日雇(い)労働者】1日単位で雇われる労働者。

ひや-どうふ【冷(や)豆腐】「冷や奴」に同じ。

ビヤ-バー〖beer bar〗カウンター形式のビヤホール。補説英語では、単にbarまたはcounterという。

ビヤ-パーティー〖beer party〗ビールを飲みながら行うパーティー。

ひや-ひや【冷や冷や】〔副〕スル ❶肌につめたく感じるさま。「—(と)した夜風」❷心配し、恐れるさま。「いつ見つかるかと—した」

ヒヤ-ヒヤ〔感〕《Hear! Hear!から》人の発言に賛意を表すときに発する語。「『…前途の目的を犠牲にするわけには行かぬ』『—ッ』」〈魯庵・社会百面相〉

ビヤ-ホール〖beer hall〗《「ビアホール」とも》生ビールを飲ませることを主とする飲食店。日本では、明治32年(1899)東京の京橋で開店したのが始め。季夏 類語酒場・飲み屋・割烹・縄暖簾・居酒屋・ビヤガーデン・パブ・スナック・クラブ・キャバレー・バー

びやぼん【×琵×琶笛｜口=琴】江戸末期に流行した玩具楽器。細長い鋼鉄をかんざしのように二股にし、その間に針のような鉄をつけたもの。根もとを口にくわえ、間の鉄を指ではじいて鳴らす。きやこん。くちびわ。びわぼん。⇒口琴

ひ-やま【×檜山】檜の生い茂っている山。「丹生の—の木伐り来て」〈万・三二三二〉

ひやま【檜山】北海道南西部の振興局。渡島半島の日本海沿いを占める。局所在地は江差町。

ビヤ-マグ《和 beer＋mug》ビールを飲むときに用いる取っ手の付いた陶器または金属のジョッキ。

ひやま-しちょう【檜山支庁】檜山振興局の旧称。

ひやま-しんこうきょく【檜山振興局】▶檜山

ひや-みず【冷(や)水】❶冷たい水。れいすい。ひや。「年寄りの—」❷冷たい水に白砂糖と白玉を入れたもの。江戸時代、夏に市中で売られた。

冷や水を浴び・せる　意気込んでいる人に、まるで冷水をかけるように、元気を失わせるような言動をする。

ひやみず-とうげ【冷水峠】福岡県中西部、飯塚市と筑紫野市の境にある峠。標高283メートル。筑豊と筑後を結ぶ交通の要衝で、江戸時代には長崎街道の難所として知られた。現在は国道200号が旧峠より約400メートル南を通る。旧道沿いには石畳や郡界石が残っている。

ひや-むぎ【冷(や)麦】細打ちにしたうどんを冷水や氷で冷やし、つゆをつけて食べるもの。季夏「—や嵐のわたる膳の上／支考」

ひや-めし【冷(や)飯】❶冷えた飯。❷「冷や飯食い」の略。

冷や飯を食・う　❶冷遇される。「上司にねたまれ—・わされる」❷居候をする。

ひやめし-ぐい【冷(や)飯食い】❶他人の家に寄食する人。居候。❷冷遇されている人。❸長男が家督を継ぐものとされていた時代、次男以下の男子の俗称。

ひやめし-ぞうり【冷(や)飯草履】緒も台もわらで作った粗末なわら草履。

ひや-やか【冷(や)やか】〔形動〕文〔ナリ〕❶つめたく感じられるさま。「—な山の空気」季秋「暁の—な雲流れけり／子規」❷態度が冷淡であるさま。「—な目つき」❸落ち着いていて物に動じないさま。冷静なさま。「常に—な傍観者でいる」派生ひややかさ〔名〕類語(1)涼しい・冷たい／(2)冷淡・冷然・薄情・不人情・非人情・無情・非情・冷酷・冷血・酷薄・クール・無慈悲・心無い・血も涙も無い

ひや-やっこ【冷や▽奴】豆腐を冷やし、醤油と薬味で食う料理。冷や豆腐。奴豆腐。季夏「もち古りし夫婦の箸や—／万太郎」

ひやり〔副〕❶急に冷たさを感じるさま。「風が—と頰に触れた」❷突然の出来事に驚きや恐怖を感じるさま。「ぶつかるかと一瞬—とした」類語冷たい

ひやり-はっと《「ヒヤリ・ハット」とも書く》危険な目に遭いそうになって、ひやりとしたり、はっとしたりすること。重大な事故に発展したかもしれない危険な出来事。

ひやりはっと-ほうこくしょ【ひやりはっと報告書】▶インシデントレポート

ヒヤリング〖hearing〗▶ヒアリング

ひ-ゆ【比喩｜×譬喩】ある物事を、類似または関係する他の物事を借りて表現すること。たとえ。類語たとえ・形容・擬人・象徴・比況・縮図・たとえば

ひゆ【×莧】ヒユ科の一年草。高さ約1メートル。葉はやや菱形で互生し、緑・紅・暗紫色のものなどがある。夏から秋、緑色の小花を密につける。葉は食用になる。インドの原産。ひょう。ひょうな。季夏

ひ・ゆ【冷ゆ】〔動ヤ下二〕「ひえる」の文語形。

び-ゆ【×媚×諛】〔名〕スル こびへつらうこと。「挙って—を呈し」〈織田訳・花柳春話〉

ピュア〖pure〗〔形動〕まじりけのないさま。純粋。また、けがれがないさま。純潔。「—な白」「—な心」

ピュアー〖pure〗▶ピュア

ヒュアキントス〖Hyakinthos〗ギリシャ神話中の美少年。アポロンに愛されたが、西風の神ゼピュロスにねたまれて事故死をとげた。その流した血からヒヤシンスが咲いたといわれるが、実際はアイリスの一種と考えられている。

ピュイ-ド-ドーム-さん【ピュイドドーム山】《Puy de Dôme》フランス中南部、オーベルニュ地方、ピュイ-ド-ドーム県の都市クレルモンフェランの西郊にある山。標高1465メートル。シェヌ-ド-ピュイ火山群最高峰の溶岩ドーム。周辺には鉱泉が豊かに湧出する。

ビュイヤール〖Édouard Vuillard〗[1868～1940]フランスの画家。ゴーギャンや日本の浮世絵の影響を受け、平板な色面による装飾的な画面構成が特色。

ひゅう〔副〕❶風が強く吹く音を表す語。「風が—と吹き抜ける」❷笛の音などを表す語。「口笛を—と吹く」❸物が風を切る音や、そのさまを表す語。「小石が—と飛ぶ」

ビュー〖view〗❶景色。眺め。❷見解。考え方。

びゅう〔副〕❶風が激しく吹く音を表す語。「風が—と吹く」❷物が強い勢いで風をきる音や、そのさまを表す語。「ゴルフクラブを—と振り切る」

ぴゅう〔副〕❶風が勢いよく吹く音を表す語。「—と吹く北風」❷笛・汽笛などの音を表す語。「笛が—と鳴る」❸物が鋭く風を切る音や、そのさまを表す語。「打球が—とかすめる」❹水などが噴き出るさま。「容器から—と液が飛び出す」

ビューアー〖viewer〗《「ビューワー」「ビュアー」とも》❶スライドを見るための装置。拡大レンズ・光源などを内蔵する。❷コンピューターで、ファイルの中身を見る専用ソフト。

ヒューイッシュ〖Antony Hewish〗[1924～　]英国の天文学者。電波天文学を研究し、1967年にパルサーを発見。74年、ライルとともにノーベル物理学賞受賞。

ビューイング-ざひょうけい【ビューイング座標系】《viewing coordinate system》▶視点座標系

ひゅうが【日向】㊀旧国名の一。現在の宮崎県と鹿児島県の一部にあたる。日州。㊁宮崎県北部、日向灘に面する市。良港の細島港があり、商業・工業・交通の要地。ハマグリの殻で作る白碁石を特産。平成18年(2006)2月、東郷町を編入。人口6.3万(2010)。

ひゅうが-し【日向市】▶日向㊁

ひゅうが-なだ【日向灘】宮崎県東部の沿岸・沖合一帯の太平洋海域。黒潮が沖を流れ、イワシ・マグロ・カツオなどの好漁場。風波は強い。

ひゅうがなだ-じしん【日向灘地震】昭和43年(1968)4月1日、日向灘で発生したマグニチュード7.5の地震。高知・愛媛県を中心に、道路損壊などの被害を受けた。

ひゅうが-みずき【▽日▽向水木】マンサク科の落葉低木。山地に自生し、高さ2～3メートル。枝は細く、よく分枝し、葉は卵形。春、葉より先に、黄色の花が2、3個ずつ垂れて咲く。北陸・近畿地方に分布。庭木にする。伊予みずき。

ビュー-カメラ〖view camera〗レンズ・シャッターを取り付ける前板と、ピントグラス・感光材料を着脱する後部フレームとが蛇腹でつながれ、レール上で前後に

移動ができて、あおりが自由にできる大型カメラ。
ひ-ユークリッドきかがく【非ユークリッド幾何学】ユークリッド幾何学の平行線公理を、他の公理に置き換えて体系化した幾何学。ボヤイ＝ロバチェフスキー幾何学(双曲幾何学)・リーマン幾何学(楕円幾何学)など。これによれば、一直線外の一点を通りこれに平行な直線は1本とは限らず、三角形の内角の和は二直角にはならない。
ビューゲル〘ドイツ Bügel〙電車の集電装置の一。屋根上の2本の鋼管枠の上部に、架線と接触するすり板を取り付け集電するもの。主に路面電車に用いる。
びゅう-けん【×謬見】ビウ まちがった考えや見解。
びゅう-げん【×謬言】ビウ まちがった発言。
ヒューゴ〘HUGO〙《Human Genome Organization》▶ヒトゲノム国際機構
ヒューズ〘fuse〙《「フューズ」とも》電気回路に過大な電流が流れたとき、溶けて回路を遮断する配線材料。鉛・錫(すず)・銅などの合金で作られる。「―が飛ぶ」
ヒューストン〘Houston〙米国、テキサス州の商工業都市。メキシコ湾と通じる水路をもつ。周囲に油田があり、石油化学工業が盛ん。また農産物の集散地。アメリカ航空宇宙局(NASA(ナサ))の宇宙センターがある。人口、行政区224万(2008)。
びゅう-せつ【×謬説】ビウ まちがった説や説明。「―に惑わされる」
ピューター〘pewter〙▶しろめ(白鑞)
ビューティー〘beauty〙❶美しさ。美。❷美人。
ビューティー-ケア〘beauty care〙長期入院中の病人や老人の心を和ませ、生きる張りをもってもらうために提供する美容的な世話のこと。化粧・散髪・マッサージなど。(補説)日本語での用法。英語では、一般的な美容のための手入れを意味する。
ビューティー-サロン〘beauty salon〙美容院。ビューティーパーラー。
ビューティー-スポット〘beauty spot〙容貌をひきたたせるために顔に描くほくろ。付けぼくろ。
ビューティー-パーラー〘beauty parlor〙「ビューティーサロン」に同じ。
ビューティフル〘beautiful〙〔形動〕美しいさま。すばらしいさま。「―なサウンド」
びゅう-でん【×謬伝】ビウ 誤って言い伝えること。また、その話。誤伝。
ひゅう-どろどろ《「ひゅう」は笛を高く吹く音、「どろどろ」は大太鼓を小刻みに打つ音を表す》㊀〔名〕❶芝居で、幽霊が出没するときに鳴らす下座(げざ)音楽。また転じて、幽霊のこと。❷芝居で、幽霊が出没するときなどに使用する焼酎火。㊁〔副〕芝居で、㊀❶の音を表す語。また一般に、幽霊が現れ出てくるさま。「暗闇から―と何か出そうだ」
ビューネンドラマ〘ドイツ Bühnendrama〙舞台上演用の戯曲。⊜レーゼドラマ。
ひゅう-ひゅう〔副〕❶強い風が連続して吹く音を表す語。「寒風が―(と)吹きすさぶ」❷物が繰り返し風を切る音を表す語。「むちを―(と)振り回す」❸空気が細い穴などを通るとき発する音を表す語。「のどが―(と)鳴る」
びゅう-びゅう〔副〕「ひゅうひゅう」より強い感じの音を表す語。「強風が―(と)吹きつける」
ぴゅう-ぴゅう〔副〕「ひゅうひゅう」より鋭く、かん高い音を表す語。「口笛を―(と)鳴らす」
ピューピル〘pupil〙学童。児童。
ビューフォート-ふうりょくかいきゅう【ビューフォート風力階級】―フウリヨクカイキフ 英国の海軍少将ビューフォート(Francis Beaufort)が考案した風速の尺度。1806年の航海日誌から使用し、帆船に対する風力の状態を目視により表した。現在は地表の地物の状態や海面の波浪などによって風力を0〜12の13階級に区分し、風速を定めている。
ビューポイント〘viewpoint〙視点。観点。立場。
ピューマ〘puma〙ネコ科の哺乳類。体長1〜1.9メートル、尾長60〜80センチ。体は灰褐色ないし赤褐色で斑点はないが、幼獣には黒斑がある。単独で生活し、シカや小動物を捕食。南北アメリカ大陸に分布。アメリカライオン。クーガー。
ヒューマニスティック〘humanistic〙〔形動〕❶人としての道を重んじるさま。人道的。「―な立場」❷人間性・人間愛などを称揚するさま。「―な作風」❸人間らしいさま。人間的。「―な心情」
ヒューマニスト〘humanist〙❶人道主義の立場をとる人。人道主義者。❷人文主義の立場をとる人。人文主義者。❸人間性や人間愛を重んじる人。「弱者をいたわる―」
ヒューマニズム〘humanism〙❶人間性を称揚し、さまざまな束縛や抑圧による非人間的状態から人間の解放を目ざす思想。㋐「人文主義」に同じ。㋑17〜18世紀にイギリス・フランスで、普遍的な人間性を認め、いくつかの市民革命の指導理念となった思想。市民的ヒューマニズム。㋒新人文主義。ネオヒューマニズム。㋓資本主義による人間の自己疎外から人間性の回復を目ざすプロレタリア階級の運動。社会主義的ヒューマニズム。❷人道主義。
ヒューマニゼーション〘humanization〙経営上の人間関係を合理化すること。
ヒューマニティー〘humanity〙人間らしさ。人間性。人間味。ユマニテ。
ヒューマノイド〘humanoid〙SFで、外見が人間に似た宇宙人。また、アンドロイド。
ビューマリス〘Beaumaris〙英国ウェールズ北西部、アングルシー島の港町。メナイ海峡を挟み、バンゴールの対岸に位置する。もともとバイキングの居留地があったが、13世紀にエドワード1世がウェールズ征服の拠点として築いたビューマリス城を中心に発展。ボーマリス。
ビューマリス-じょう【ビューマリス城】―ジヤウ《Beaumaris Castle》英国ウェールズ北西部、アングルシー島の港町ビューマリスにある城。13世紀末にエドワード1世がウェールズ征服の拠点としてグウィネズ地方に築いた城の一。資金不足のため未完に終わったが、六角形と四角形の二重の城壁に囲まれた左右対称の城であり、その均整のとれた美しさで知られる。カナーボン城、コンウィ城、ハーレフ城とともに、1986年に「グウィネズのエドワード1世の城群と市壁群」として世界遺産(文化遺産)に登録された。ボーマリス城。
ヒューマン〘human〙〔形動〕人間らしいさま。人間味のあるさま。人間的。「―な感情」
ヒューマン-アセスメント〘human assessment〙企業における人事評価。管理職登用の際に事前に行われる適性の評価。
ヒューマン-インターフェース〘human interface〙▶マンマシンインターフェース
ヒューマン-インタレスト〘human interest〙人間が示す興味・関心。「―に沿った番組制作」
ヒューマンウエア〘humanware〙❶コンピューターを使う人間の側の、意識や能力・資質などの側面。ハードウエア・ソフトウエアに対して生まれた言葉。❷人間的要素。特に、コンピューターなどが多く使われるハイテク時代における人間的な面の意味で使われる。
ヒューマン-ウエーブ〘human wave〙「ウエーブ❹」に同じ。
ヒューマン-エラー〘human error〙人間に起因する、機械や装置・システムなどの誤作動。
ヒューマン-エンジニアリング〘human engineering〙▶人間工学
ヒューマン-カウンター《和 human＋counter》体内にある放射性物質(γ(ガンマ)線放出核種)を直接的に測定する装置。
ヒューマン-スケール〘human scale〙物の持ちやすさ、道具の使いやすさ、住宅の住みやすさなど、その物自体の大きさや人と空間との関係を、人間の身体や体の一部分の大きさを尺度にして考えること。人間の感覚や動きに適合した、適切な空間の規模や物の大きさのこと。身体尺度。
ヒューマン-タッチ《和 human＋touch》絵画や写真などの観賞者が人間的な情調を感じ取れるようにした表現の手法。人間味のある作風。
ヒューマン-ドキュメント〘human document〙人間生活の記録。人間の生きるありさまを描く事実の記録。
ヒューマン-ビートボックス〘human beatbox〙ヒップホップ音楽のスクラッチやパーカッションなどの音を、声や息の出し方でまねること。⇒ボイスパーカッション
ヒューマン-ファクター〘human factor〙人的要因。人間の側の要因。
ヒューマン-リソーシズ〘human resources〙人材。人的資源。
ヒューマン-リレーションズ〘human relations〙人間関係。組織、特に企業内において、人と人との間にはたらく心理的関係。労務管理や産業社会学で研究される。人間関係論。HR。
ヒューミント〘HUMINT〙《human intelligence》スパイによる情報収集活動。情報源となる人物に接触して必要な情報を入手したり、さまざまな情報収集活動に利用すること。人的情報。人的情報収集技術。
ヒューム〘David Hume〙[1711〜1776]英国の哲学者・歴史家。ロック・バークリーとともにイギリス古典経験論を代表する。精神的実体や因果関係の客観性を否定。懐疑論の立場をとった。著「人性論」「英国史」など。
ヒューム-かん【ヒューム管】―クワン コンクリートを型枠に入れて回転し、遠心力を利用して締め固めた鉄筋コンクリート管。オーストラリアのヒューム(W.R. Hume)が発明。導水管・下水管などに用いる。
ヒューモア〘humor〙▶ユーモア
ビューラン-さん【ビューラン山】《Montagne de Bueren》ベルギー東部、リエージュ州の州都、リエージュの中心部にある小高い丘。中心市街を一望できるため、観光客に人気がある。15世紀の貴族、バンサン＝ド＝ビューランを記念して1875年に造られた、頂上部の城砦跡に向かう374段の石段がある。モンタニュビューラン。
ヒューリスティック-アプローチ〘heuristic approach〙試行錯誤・実験・検討などの過程を通じて問題解決を行う手法。発見的方法。
ピューリタニズム〘Puritanism〙❶キリスト教のピューリタンの思想および信仰。清教徒主義。❷潔癖主義。厳正主義。
ピューリタン〘Puritan〙❶16世紀後半以後、イギリス国教会の信仰と慣行に反対し、徹底した宗教改革を主張したプロテスタント諸教派の総称。長老派・独立組合派・バプテスト派など。清教徒。❷(puritan)謹厳で潔癖な人。きまじめな人。
ピューリタン-かくめい【ピューリタン革命】1642年に始まった英国の市民革命。チャールズ1世の専制政治に反対したクロムウェルらのピューリタンを中心とする議会派が、49年に国王を処刑して共和国を樹立。のち、クロムウェルは急進派を弾圧して議会を解散、独裁を行ったが、58年、その死とともに共和国は崩壊、60年には王政復古となった。清教徒革命。
ピューリッツア-しょう【ピューリッツア賞】―シヤウ ▶ピュリッツァー賞
ピューレ〘フランス purée〙《「ピュレ」とも》野菜・果物・肉・魚などを生のまま、またはよく煮てから裏ごしにし、煮詰めたもの。各種スープやソースの材料として用いる。
ピューレックス-ほう【ピューレックス法】―ハフ《Purex process》原子炉の使用済み核燃料を硝酸で溶かし、溶媒に燐酸(りんさん)トリブチルを用いてウラン・プルトニウムなどを抽出・回収する再処理の方法。
ビューロー〘bureau〙❶官庁などの局・部・課。❷事務所。案内所。「ツーリスト―」
ビューロクラシー〘bureaucracy〙官僚政治。官僚制。(補説)権威主義的・形式的な側面を批判していう場合が多い。⇒アドホクラシー
びゅう-ろん【×謬論】ビウ 誤った議論。
ヒューロン-こ【ヒューロン湖】《Huron》北アメリカの五大湖の一。米国とカナダとの国境にまたがる。

東部にジョージア湾がある。面積5万9570平方キロメートル。

ひゆ-か【×譬喩歌】万葉集の歌の分類の一。表現方法に基づく分類で、心情を表に出さず、隠喩いんゆ的に詠んだ歌。多くは恋愛感情を詠む。譬たとえ歌。

ピュシス〖ギリシャ physis〗《自然の意》人間の主観を離れて独立に存在し、変化する現象の根底をなす永遠に真なるもの。古代ギリシャの哲学者たちが神話的世界観から脱却したとき、最初の主題になった。フュシス。➡ノモス

ピュスコス〖Physkos〗トルコ南西部の町マルマリスの古代名。

ビュスチェ〖フランス bustier〗《「ビスチェ」「ビュスティエ」「ビスティエ」とも》女性用下着の一種。肩ひもなしのウエストまであるブラジャー。また、肩ひものない両肩を露出した服の意味でも多く用いられる。

ビュスティエ〖フランス bustier〗►ビュスチェ

ピュタゴラス〖Pythagoras〗►ピタゴラス

ピュタゴリオン〖Pythagoreio〗►ピタゴリオン

ヒュッテ〖ドイツ Hütte〗登山者やスキーヤーの宿泊・休憩などのために作られた小屋。山小屋。

ひゅっ-と〔副〕❶物が風を切って飛ぶさま。「一矢を放つ」❷造作なく行われるさま。「歌が直すぐに一出る」〈滑・膝栗毛・四〉❸確実であるさま。「わたしとこの草履は一丈夫で」〈滑・膝栗毛・四〉

ビュッフェ〖Bernard Buffet〗[1928〜1999]フランスの画家。現代人の不安をペシミスティックに描き、第二次大戦後の具象画を代表する一人とされる。

ビュッフェ〖フランス buffet〗❶立食用の食卓。また、立食形式の食事。「一スタイル」「一パーティー」❷列車内などの、立食形式の簡易食堂。

ビュデ〖Guillaume Budé〗[1468〜1540]フランスの人文学者。古代ギリシャ研究を再興したほか、高等教育機関の創立を国王フランソワ1世に進言し、コレージュ-ド-フランスの基礎を築いた。著「ギリシャ語注釈」。

ビュトール〖Michel Butor〗[1926〜]フランスの小説家。前衛的技法を駆使した作風で、ヌーボーロマンの代表的作家の一人に数えられる。小説「心変わり」「時間割」、評論「上演目録」など。

ヒュドラ〖Hydra〗►ヒドラ

ピュビス-ド-シャバンヌ〖Pierre Puvis de Chavannes〗[1824〜1898]フランスの画家。フレスコ画の伝統を基盤に油彩による壁画を多く制作、静謐せいひつ・高雅な画風で知られる。

ビュヒナー〖Georg Büchner〗[1813〜1837]ドイツの劇作家。人間の実存を追求する写実的な作品を書いた。革命運動に加わり、亡命先のスイスで病死。戯曲「ダントンの死」「ウォイツェック」など。ビューヒナー。

ビュフォン〖Georges-Louis Leclerc Buffon〗[1707〜1788]フランスの博物学者・啓蒙思想家。1749年より大著「博物誌」を刊行、進化論の先駆者とみなされる。

ピュフティツァ-しゅうどういん【ピュフティツァ修道院】シウダウヰン《Pühtitsa klooster》エストニア北東部の都市ナルバの近郊の村クレマエにあるロシア正教の女子修道院。19世紀末の創設。正式名称はピュフティツァ生神女就寝女子修道院。20世紀初頭、ロシアの建築家ミハイル=プレオブラジェンスキーの設計によるロシア復古様式の主聖堂が完成した。修道女による聖歌が有名。

ヒュプノス〖Hypnos〗ギリシャ神話で、眠りの神。ニュクス(夜)の子で、タナトス(死)の兄弟。翼のある青年の姿で、木の枝で人の額に触れて眠りに誘う。

ヒュペリオン〖Hyperion〗►ヒペリオン

ひゆ-ほう【比喩法】ハフ 物事を直接に描写・叙述・形容などしないで、たとえを用いて理解を容易にし、表現に味わいを加える修辞法。直喩(明喩)・隠喩(暗喩)・諷喩ふうゆ・引喩・換喩などの種類に分けられる。

ヒュメーン〖Hymēn〗ギリシャ神話で、結婚の行列を導く男神。花冠をいただき、松明たいまつを持った美少年として表される。ヒュメナイオス。

ビュユック-ハン〖Büyük Han〗キプロスの首都ニコシア(レフコシャ)にある、かつての隊商宿。城壁に囲まれた旧市街の北側に位置する。オスマン帝国によるキプロス征服後の16世紀に、キプロス総督ムザッフェル=パシャにより建造。

ピュリスム〖フランス purisme〗❶言語に関して、外来語や新語の使用を避け、規範文法を厳格に遵守する傾向。❷1910年代末、フランスの画家オザンファンと建築家で画家のル=コルビュジェによって興された芸術運動。キュビスムをさらに純化し、装飾性・感情性を排した表現形態を追求した。

ビュリダン〖Jean Buridan〗[1300ころ〜1358ころ]フランスのスコラ哲学者。パリ大学総長。オッカムの弟子で、アリストテレスについての講義録を多数残した。力学においてインペトゥス理論を構想し、後世に大きな影響を与えた。

ピュリッツァー-しょう【ピュリッツァー賞】シヤウ 米国の文学賞・新聞賞。新聞人ジョーセフ=ピュリッツァー(Joseph Pulitzer)の遺産により1917年に制定され、毎年、ジャーナリズム・文学・音楽の分野ですぐれた仕事をした人に贈られる。ピューリッツア賞。

ビュルガー〖Gottfried August Bürger〗[1747〜1794]ドイツの詩人。近世バラードの代表者。詩「レノーレ」、翻案小説「ほらふき男爵の冒険」など。➡ほら男爵

ビュルガー-びょう【ビュルガー病】ビヤウ►バージャー病

ビュルツブルク〖Würzburg〗ドイツ中部、バイエルン州の都市。マイン川沿いに位置する。8世紀に司教座が置かれ、フランケン地方の宗教、文化の中心地として発展。ワインの産地としても名高い。世界遺産(文化遺産)に登録されたビュルツブルク司教館がある。ロマンチック街道の北の起点。ウュルツブルク。

ビュルツブルク-しきょうかん【ビュルツブルク司教館】シケウクワン《Würzburger Residenz》ドイツ中部、バイエルン州の都市、ビュルツブルクにある大司教の宮殿(レジデンツ)。大司教ヨハン=フィリップ=フランツの宮殿として、ドイツの建築家バルタザール=ノイマンの設計により、1720年から44年にかけて建造された。イタリアの画家ジョバンニ=バティスタ=ティエポロの巨大なフレスコ天井画がある。ドイツ南部の代表的なバロック建築として知られ、1981年に「ビュルツブルク司教館、その庭園群と広場」の名称で世界遺産(文化遺産)に登録された。ウュルツブルク司教館。

ビュルテンベルク〖Württemberg〗ドイツ南西部、バーデン-ビュルテンベルク州東部の地域。中心都市シュトゥットガルト。19世紀初頭は王国を形成したが、1918年共和国の一州となり、52年バーデン州と合併。

ビュルム-ひょうき【ビュルム氷期】第4期の氷河時代にアルプス地方にみられた最後の氷期。名はドイツのミュンヘン南西方にあるビュルム(Würm)湖(シュタルベルグ湖)にちなむ。ウルム氷期。

ピュレ〖フランス purée〗►ピューレ

ヒュレー〖ギリシャ hylē〗►質料

ビュレット〖burette〗滴定などに用いる化学実験器具。太さが一様のガラス管に目盛りが刻まれ、下についたコックで必要量を加減して滴下する。

ヒュロッキン〖Hyrrokkin〗土星の第44衛星。2004年に発見。名の由来は北欧神話の女巨人。非球形で平均直径は約8キロ。

ピュロン〖Pyrrhōn〗[前360ころ〜前270ころ]古代ギリシャの哲学者。懐疑派の祖。人間の生活理想は心を乱されない静けさ(アタラクシア)にあり、そのためにはあらゆる真偽善悪の判断を中止(エポケー)しなければならないと説いた。ピロン。

ヒュンダイ-じどうしゃ【現代自動車】《Hyundai Motor》韓国の自動車会社。現代起亜キア自動車グループの中核をなし、傘下に起亜自動車をもつ。1967年設立。76年に三菱自動車の協力を得て同国初の国産車を販売。2000年、日本法人ヒュンダイモータージャパンを設立した。

ヒュンダイモーター-ジャパン〖Hyundai Motor Japan〗韓国の自動車会社、現代ヒュンダイ自動車の日本法人。

びゅん-びゅん〔副〕物が激しく風を切って飛んだり、高速で回転したりする音や、そのさまを表す語。「車を一(と)飛ばす」「速球を一(と)投げ込む」

ひょい〔副〕❶身のこなしが軽いさま。また、軽い調子で物事をするさま。「小川を一と飛び越える」「大きな石を一と持ち上げる」「思い立って一と旅に出る」❷突然に現れるさま。「一とある考えが浮かぶ」「旧友が一と顔を出す」

ひょい-ひょい〔副〕あちこち身軽に動いたり、現れたりするさま。「一(と)飛び石を渡る」「一(と)冗談を口にする」

ひょう【▽平】ヒヤウ ❶「平声ひょうしょう」の略。❷「平調ひょうじょう」の略。➡漢「へい(平)」

ひょう【兵】ヒヤウ 将棋の駒の、歩ふの異称。➡漢「へい(兵)」

ひょう【表】ヘウ ❶複雑な事柄を、見やすいように整理分類して、一目でわかるように書き表したもの。「人口動態を一にする」❷臣下から君主に差し出す文書。「出師すいしの一」➡漢「ひょう(表)」 類語 一覧表・図表

ひょう【俵】ヘウ ㊀〔名〕たわら。「何しろ四十三銭って一だもの」〈真山・南小泉村〉㊁〔接尾〕助数詞。たわらに入ったものを数えるのに用いる。上に来る語によっては「びょう」「ぴょう」となる。「米七一」「炭五一」➡漢「ひょう(俵)」

ひょう【×豹】ヘウ ネコ科の哺乳類。ライオン・トラに次ぎ大形で、体長1.4〜1.8メートル、尾長85〜110センチ。黄色い地に梅花模様の黒斑があるが、全身黒色のものもいる。アジア・アフリカの平原・森林などに単独で暮らす。シカ・レイヨウなどを捕らえ、木の上に引き上げて食べる。➡漢「ひょう(豹)」

ひょう【票】ヘウ ㊀〔名〕選挙や採決の際、自分の意思を記入して提出する札。また、その札を集計した数。「賛成の一を投じる」「一が伸びない」㊁〔接尾〕助数詞。提出された票の数を数えるのに用いる。上に来る語によっては「びょう」「ぴょう」となる。「五一の差」➡漢「ひょう(票)」

類語 得票・固定票・浮動票・スイングボート

ひょう【評】ヒヤウ 物事の価値や可否・善悪などを論じること。また、その論じたもの。批評。「映画の一を書く」「人物一」➡漢「ひょう(評)」

類語 批評・論評・批判・評価・評論・講評

ひょう【×雹】主に積乱雲から降る直径5ミリ以上の氷の粒または塊。多くは雷雨に伴って降り、農作物や人畜に被害を与える。季 夏「常住の世の昏くらみけり一が降る/草田男」補説「雹」の字音はハク・ホクであるが、「ひょう」はこのホクがハウになったものの音変化とも、「氷」の字音からとも、また「ひょうう(氷雨)」の音変化ともいう。類語 雨・霙みぞれ・氷雨・雪・霰あられ

ひょう【標】ヘウ ❶目じるし。また、目標。「衆目の一になりたい」〈蘆花・思出の記〉❷朝廷の公事くじのとき、百官の席次を定めたしるしの白木。➡漢「ひょう(標)」

ひょう【×瓢】ヘウ 瓢箪ひょうたんのこと。

ひ-よう【日×傭｜日用】日雇い。また、その賃金。

ひ-よう【比容】単位質量の物体の体積。密度の逆数。比体積。

ひ-よう【飛揚｜飛×颺】ヤウ〔名〕スル ❶空高く飛びあがること。また、空中にひるがえること。「天馬と同じ高い所まで自在に一する事は出来ても」〈風葉・青春〉❷高い地位にあがること。「学友は社会の表面に一する者多くして」〈福沢・福翁百話〉

ひ-よう【秘要】エウ みだりに人に教えない重要な事柄。奥義。極意ごくい。

ひ-よう【費用】〔名〕スル ❶ある事をするのに必要な金銭。また、ある事のために金銭を使うこと。「一がかさむ」「一を捻出ねんしゅつする」「往昔十字軍の為に前後幾百万の資本を一せしや」〈津田真道・明六雑誌二四〉❷企業が収益を挙げるために費やした経済価値。➡経費 用法

類語 (❶)掛かり・費ついえ・入いり・入いり目・入いり用・入

用度・入費・出費・用度・経費・実費・コスト・雑費

びょう【秒】国際単位系(SI)の基本単位の一。❶時間の単位。1秒は1時間の3600分の1、1分の60分の1。1967年の国際度量衡総会において、セシウム原子133の固有振動数が91億9263万1770ヘルツの時間間隔を1秒と定義し、それ以前に採用されていた暦表時と量的に等しくなるように決められた。記号 s　セコンド。❷角度・緯度・経度の単位。1秒は1度の3600分の1、1分の60分の1。記号″　➡漢「びょう(秒)」 (類語)時・分

びょう【×廟】❶祖先・先人の霊を祭る建物。おたまや。「香椎―」「レーニン―」❷神社。社。祠。❸王宮の正殿。東西に庇のある建物で、政治を行う所。➡漢「びょう(廟)」
(類語)霊廟・霊屋・廟堂・宗廟・聖廟

びょう【×鋲】❶頭部に笠形のものがついている、装飾もかねる釘。❷押しピン。画鋲。「写真を―で止める」❸リベット。「鉄板に―を打ち込む」❹靴の本底に打つ金具。「―靴」(補説)「鋲」は国字。
(類語)鋲・釘・リベット・楔

びょう【×眇】〔ト・タル〕図〔形動タリ〕非常に小さいさま。取るに足りないさま。「元来此―たる人間の智力から割出したものは」〈魯庵・社会百面相〉

びょう【×渺】〔ト・タル〕図〔形動タリ〕水面などが限りなく広がっているさま。はるかにかすんでいるさま。「―たる海原を詠めて居り」〈逍遥・内地雑居未来之夢〉➡漢「びょう(渺)」

びょう【▽可う】〔助動〕▶べう〔助動〕

びょう【俵】〔接尾〕「ひょう(俵)」に同じ。「三―の米」

びょう【票】〔接尾〕「ひょう(票)」に同じ。「わずか三―の差で落選」

び-よう【美容】❶顔やからだつき、肌などを美しく整えること。「全身―」❷美しい顔かたち。美貌。「一花の如くであったと」〈花袋・田舎教師〉(類語)シェイプアップ・理容・化粧・作り・お作り・粉黛・脂粉・メーキャップ・メーク・薄化粧・厚化粧・寝化粧・若作り・拵え

び-よう【微×恙】軽い病気。「看護婦雇うほどでもない―の折は」〈荷風・花火〉

ぴょう【俵】〔接尾〕「ひょう(俵)」に同じ。「米一―」

ぴょう【票】〔接尾〕「ひょう(票)」に同じ。「一〇―の差」

びょう-あ【病×痾】「宿痾」に同じ。

ひょう-い【表意】❶意味を表すこと。「文字の一性」❷意思を表示すること。「一者」

ひょう-い【×馮×夷】川の神。ふうい。「河伯躍り、一叫び」〈東海散士・佳人之奇遇〉

ひょう-い【×憑依】〔名〕スル ❶頼りにすること。よりどころにすること。「われらの温かなる一の対象となる人格的の神」〈倉田・愛と認識との出発〉❷霊などがのりうつること。「悪霊が―する」

ひょう-いつ【×飄逸】〔名・形動〕世俗のわずらわしさを気にしないでのびのびしていること。また、そのさま。「―な人柄」(類語)飄飄

ひょうい-もじ【表意文字】文字の分類の一。一つ一つの字が一定の意味をもっている文字。漢字や古代エジプトの象形文字など。意字。➡表音文字

ひょう-いん【▽平韻】漢字の四声の一。平声。➡仄韻 ➡四声

びょう-いん【病因】病気の原因。
(類語)病毒・病原・病根

びょう-いん【病院】患者を収容し、医師または歯科医師が診察・治療を行う施設。医療法では入院用ベッド数が20以上あるものをいい、19以下のものを診療所とする。(類語)医院・診療所・療養所・サナトリウム・クリニック・ホスピス・産院

びよう-いん【美容院】美容師が、パーマなどの美容術を施す営業施設。

びょういん-かんせん【病院感染】▶院内感染

びょういん-せん【病院船】負傷兵・海難者らを収容し、加療しながら輸送する船。船体を白色とし、軍用病院船は緑色、私設病院船は赤色の横線を入れ、国旗と赤十字旗とを掲げる。赤十字協約により、攻撃を禁じられている。

びょう-う【×廟宇】祖先や貴人の霊を祭る建物。また、神を祭る建物。廟。(類語)神社・社・宮・神殿・神廟・社殿・神宮・鎮守・祠・大社・稲荷・八幡・本社・摂社・末社・祠堂

びょううち-き【×鋲打ち機】圧縮空気や油圧を用いてリベットを打ち込んで締めつけ、端をつぶして鋲の頭を作る機械。リベッター。鋲締め機。

ひょう-え【兵▽衛】❶兵衛府の四等官以外の武官。宮門の守備、行幸の供奉などにあたった。❷「兵衛府」の略。

びょう-えい【苗×裔】遠い子孫。末孫。末裔。

びよう-えき【美容液】肌の調子を整えるために用いる基礎化粧品の一。ビタミンC・コラーゲンなどの美容成分を含ませた液状の化粧品。

ひょうえ-の-じん【兵▽衛の陣】兵衛の詰め所。兵衛が宿衛して諸門の警備にあたった所。左兵衛は宣陽門、右兵衛は陰明門を陣とした。

ひょうえ-ふ【兵▽衛府】律令制の官司の一。宮門の守備、行幸・行啓の供奉、左右両京内の巡視などをつかさどった。左右2府があり、四等官のほか兵衛400人などが所属。つわもののとねりのつかさ。

ひょう-おこり【▽平起(こ)り】漢詩の絶句および律詩で、第1句の第2字が平字であること。また、その詩。ひょうき。➡仄起こり

ひょう-おん【氷温】食品が凍りはじめる直前の温度。生鮮品の保存などに利用。「一冷凍」

ひょう-おん【表音】言葉の音を表すこと。

ひょうおん-きごう【表音記号】▶音声記号

ひょうおん-しき【表音式】国語を表記するとき、表音文字をその時代の発音に対応させて書き表す方式。

ひょうおんしき-かなづかい【表音式仮名遣い】語を仮名で表記する場合、仮名を現代の発音に対応させた仮名遣い。現代仮名遣いはそれに基づく。例えば「蝶々」は、歴史的仮名遣いでは「てふてふ」、現代仮名遣いでは「ちょうちょう」。

ひょうおん-もじ【表音文字】文字の分類の一。一つ一つの字が意味をもたず、音のみを表す文字。かな・ローマ字・梵字など。音節文字と音素文字とがある。音字。音標文字。➡表意文字

ひょう-か【氷花¦氷華】樹木や草に水分が氷結して白い花をつけたようになる現象。

ひょう-か【氷菓】「氷菓子」に同じ。(季 夏)

ひょう-か【表価】貨幣の表面に記してある価格。額面価格。

ひょう-か【×苹果】リンゴの果実。へいか。

ひょう-か【評価】〔名〕スル ❶品物の価格を決めること。また、その価格。ねぶみ。「一額」❷事物や人物の、善悪・美醜などの価値を判断して決めること。「外見で人を―する」❸ある事物や人物について、その意義・価値を認めること。「一できる内容」「仕事ぶりを―する」❹「教育評価」の略。(類語)点・批判・評判・批評・論評・評・評論・講評・認める・買う・一目置く

ひょう-か【評家】批評する人。批評家。

ひょう-が【氷河】雪線以上の地域にある万年雪が、その上層に降り積もる雪の重みで圧縮されて氷塊となり、低地に向かって徐々に流れ下るもの。氷床(大陸氷河)・谷氷河(山岳氷河)などに分けられる。(類語)氷塊・氷山・氷柱・氷柱

ひょう-が【×馮河】徒歩で黄河を渡ること。無謀なことを行うたとえ。➡暴虎馮河

びょう-か【×杪夏】《「杪」は、すえ、終わりの意》夏の終わり。晩夏。

びょう-か【病家】病人のある家。

びょう-が【病×臥】〔名〕スル 病気で床につくこと。「心労のあまり―する」

びょう-が【描画】〔名〕スル 絵をかくこと。

ひょう-かい【氷海】一面に氷の張った海。また、氷山や氷塊が数多く浮かんでいる海。(季 冬)「―や月のあかりの荷役橇／誓子」

ひょう-かい【氷解】〔名〕スル 氷がとけてあとに何も残らないように、疑念や疑惑がすっかりなくなること。「多年の疑問が―する」

ひょう-かい【氷塊】氷のかたまり。(季 冬)
(類語)氷河・氷山・氷柱・氷柱・氷・氷片・氷層・堅氷・薄氷・薄氷・薄ら氷・流氷・氷雪・氷霜・アイス・初氷

ひょう-がい【表外】❶一覧表・数表などの表から外されていること。「一の数値」❷常用漢字表から外されていること。「一漢字」「一音訓」

ひょう-がい【×雹害】雹が降ることによって受ける、作物などの被害。

びょう-がい【病害】農作物などの、病気による被害。

ひょうがい-おんくん【表外音訓】常用漢字表に記載されていない字音と和訓。(補説)本辞典では、固有名詞を除き、漢字表記欄で示す漢字が表外字の場合は「×」の記号を、表外音訓の場合は「▽」の記号を付した。

ひょうがい-じ【表外字】常用漢字表にない文字。表外漢字。外字。➡表外音訓(補説)

ひょうかい-みん【漂海民】船を住居とし、一定の海域で漁業などに従事しながら生活する人々。

ひょうか-えき【評価益】保有資産の時価が簿価を上回っている場合の時価と簿価の差額。資産の期末評価に原価法を適用する場合は損益計算書に計上されないが、時価会計を適用する場合は評価益を計上する。⇔評価損。➡含み益

ひよう-かかく【費用価格】資本主義社会で生産される商品の価値のうち、生産手段の購入に支出された不変資本と労働力の購入に支出された可変資本の価値を合わせたもの。➡生産価格

ひょうか-がく【評価額】株式等の保有資産を時価で評価した場合の価値。または、固定資産税評価額など、税額算出の根拠となる金額。

ひょうが-き【氷河期】▶氷期

ひょう-かく【×飄客¦×嫖客】花柳界で芸者買いなどをして遊ぶ客。遊客。

びょう-がく【猫額】ねこのひたい。また、そのように狭いこと。

びょうがく-だい【猫額大】土地などの面積がきわめて狭いこと。「一の耕地」

ひょうが-こ【氷河湖】氷河の浸食作用や、氷河が運んだ堆石によってつくられた凹地に、水がたまってできた湖。

ひょうが-さっこん【氷河擦痕】氷河が流れるときに、氷河に取り込まれた岩塊や岩盤の表面に刻まれた直線的なこすり跡。

ひょうが-じだい【氷河時代】地球上の気候が寒冷となり、広範囲に氷床(大陸氷河)が発達した時代。先カンブリア時代末期・古生代二畳紀・新生代第四紀などにあったことが知られている。特に、最も新しくて大規模な氷河の発達した第四紀更新世をさす。

ひょうがせい-かいめんへんどう【氷河性海面変動】大規模な気候変動による氷河の盛衰に伴い、海水量が増減し、海水面が昇降する現象。

ひょうか-そっこう【評価測光】《evaluation metering》▶多分割測光

ひょうか-そん【評価損】保有資産の時価が簿価を下回っている場合の時価と簿価の差額。資産の期末評価に原価法を適用する場合は損益計算書に計上されないが、低価法を適用する場合は評価損を計上する。また、原価法を適用している場合でも、時価が簿価よりも大幅に(概ね50パーセント以上)下落し、回復の見込みがない場合は評価損を計上しなければならない。⇔評価益。➡含み損

ひょうか-そんえき【評価損益】保有する資産の時価と簿価の差額。簿価の方が高い場合は評価損、低い場合は評価益となる。資産の期末評価に原価法を適用する場合は損益計算書に計上されないが、低価法や時価評価を適用する場合は評価損益を計上する。➡含み損益

ひょう-がため【票固め】選挙活動の一つ。主に、投票を行う選挙などで、候補者やその支持者が

投票者に対して支持や投票の約束を取り付け、当選に必要な得票数を得られるように働きかけること、およびその活動。国会や議会での法案可決や、公共事業に対する住民投票などの際にも行われる。

びょうが-チップ【描画チップ】ベウグワ《graphics chip》►ビデオチップ

ひょう-かつ【表割】ヘウ 卵割の一型。節足動物など、卵黄が中心部に多い中黄卵にみられ、表面の細胞層だけが分裂するもの。

ひょうか-ばん【評価版】ヒヤウカ ►ベータ版

ひょうか-りょうよう【評価療養】ヒヤウカレウヤウ 医療サービスの中で、保険給付の対象とすべきものであるか否かについて適正な医療の効率的な提供を図る観点から評価を行うことが必要なものとして厚生労働大臣が定めたもの。国民の選択肢を拡げ、利便性を向上するために設けた、保険診療と保険外診療の併用を認める保険外併用療養費制度に基づくもの。平成18年(2006)改正健康保険法で規定された。

▷**評価療養の種類**
先進医療(高度医療を含む)、医薬品の治験に係る診療、医療機器の治験に係る診療、薬事法承認後で保険収載前の医薬品の使用、薬事法承認後で保険収載前の医療機器の使用、適応外の医薬品の使用、適応外の医療機器の使用

ひょう-かん【×剽×悍┊×慓×悍】ヘウ〔名・形動〕すばやい上に、荒々しく強いこと。また、そのさま。「—な面構え」

びょう-かん【病患】ビヤウクワン 病気。やまい。わずらい。

びょう-かん【病間】ビヤウ ❶病気にかかっている間。「—を慰める句作などをした時分は」〈芥川・枯野抄〉 ❷病気の少しよくなっている時。

びょう-かん【病監】ビヤウ 刑務所や拘置所で病人を収容する部屋をいう古い用語。現在は「病室」という。

ひょう-き【氷期】氷河時代のうち、特に寒冷で、氷床が拡大して発達した時期。氷河期。➡間氷期

ひょう-き【表記】ヘウ〔名〕スル ❶おもてに書きしるすこと。また、その書かれたもの。おもて書き。「—の所へお送りください」 ❷文字や記号を用いて書き表すこと。「現代仮名遣いで—する」
(類語)綴る・綴字・スペリング・スペル・文字・字・用字

ひょう-き【標記】ヘウ〔名〕スル ❶目印をつけること。また、その文字や符号。❷標題として書きしるすこと。また、その事柄。「—の件について検討する」

ひょう-き【標旗】ヘウ 目印の旗。また、旗印。「高く—を屋頭に掲ぐ」〈服部誠一・東京新繁昌記〉

ひょう-ぎ【氷技】アイススケートの競技・演技。

ひょう-ぎ【評議】ヒヤウ〔名〕スル 意見を出し合って相談すること。協議。「—に付する」「年度計画について—する」(類語)合議・協議・会談・謀議・審議・会議・相談・打ち合わせ・下相談・談合・示談・話し合い・商議・評定・鳩首・凝議・内談

びょう-き【病気】ビヤウ ❶生体がその形態や生理・精神機能に障害を起こし、苦痛や不快感を伴い、健康な日常生活を営めない状態。医療の対象。疾病。やまい。❷悪い癖や行状。「いつもの—が出る」
(類語)病・疾病・疾患・患い・障り・病魔・持病

びょう-き【病鬼】ビヤウ 人にとりついて病気をひき起こすという鬼。また、病気を鬼にたとえていう語。病魔。「—忽ちに去って」〈地蔵菩薩霊験記・一〉

びょう-き【病期】ビヤウ 病気の進行を、その症状によって区分した期間。潜伏期・発熱期・回復期など。

びょう-ぎ【×廟議】ベウ 朝廷の評議。朝議。「—一和して後王前に呈奏す」〈村田文夫・西洋聞見録〉

ひょうぎ-いん【評議員】ヒヤウギヰン 評議を行うために選ばれた人。評議会の構成員。

ひょうぎ-かい【評議会】ヒヤウギクワイ 評議をするための機関。また、それが開く会議。

びょうきじん-いしょく【病気腎移植】ビヤウキ 腎臓癌やネフローゼ症候群などの疾患を持つ患者から治療のため摘出した腎臓を修復し、別の腎臓病患者に移植すること。原則として禁止されている。修復腎移植。レストア腎移植。

漢字項目　びゅう

×**謬**　音ビュウ(ビウ)漢　訓あやまる、あやまり ‖ 間違う。あやまる。あやまり。「謬見・謬説・謬論/過謬・誤謬・錯謬・無謬」

漢字項目　ひょう

【▽平┊兵】►へい
【拍】►はく

氷　学3　音ヒョウ呉漢　訓こおり、ひ、こおる ‖ ㊀〈ヒョウ〉①こおり。「氷塊・氷解・氷山・氷釈/海氷・堅氷・砕氷・製氷・薄氷・霧氷・流氷」②こおる。「氷結・氷点」③氷のように冷たく清い。「氷肌・氷心」㊁〈こおり(ごおり)〉「氷水・氷砂糖/薄氷・初氷」㊂〈ひ〉「氷雨・氷室」(補説)「冰」は本字。(名付)きよ (難読)氷柱

表　学3　音ヒョウ(ヘウ)呉漢　訓おもて、あらわす、あらわれる ‖ ㊀〈ヒョウ〉①物のあらわれ出ている面。外側。おもて。「表紙・表層・表面・表裏/意表・地表」②おもてに出して明らかにする。あらわす。「表敬・表現・表示・表情・表明・表意文字/公表・代表・発表」③人々に示すもの。手本。しるし。「儀表・師表・墓表」④記号や数字などを使って事柄を見やすいように配列したもの。「図表・年表・付表・一覧表・時刻表」⑤主君や役所に差し出す文書。「賀表・辞表・上表」⑥(「褾」の代用字)おもてにはる。「表具・表装」㊁〈おもて〉「表門/裏表・国表・畳表」(名付)あき・あきら・うわ・お・おも・きぬ・こずえ・すず・と・よし

俵　学5　音ヒョウ(ヘウ)呉漢　訓たわら ‖ ㊀〈ヒョウ〉たわら。「土俵」㊁〈たわら(だわら)〉「米俵・炭俵・徳俵」(補説)原義は、分ける、分け与える意。

人**豹**　音ヒョウ(ヘウ)呉 ‖ 獣の名。ヒョウ。「豹変・豹文/虎豹・全豹」(補説)人名用漢字表(戸籍法)の字体は「豹」。(難読)海豹

人**彪**　音ヒョウ(ヘウ)慣　ヒュウ(ヒウ)漢 ‖ 鮮やかな虎皮模様。しま模様。「彪炳」(名付)あきら・あや・かおる・たけ・たけし・ただし・つよし・とら

票　学4　音ヒョウ(ヘウ)呉漢 ‖ ①書き付け。薄い紙片。「軍票・通票・伝票」②選挙や採決に使う札。「票決/開票・散票・青票・投票・得票・白票・満票」

評　学5　音ヒョウ(ヒャウ)慣 ‖ ①物のよしあしをはかる。品定めをする。「評価・評議・評者・評釈・評定・評伝・評判・評論/合評・月評・講評・酷評・書評・寸評・選評・総評・批評・品評・論評」②評価。評判。うわさ。「悪評・好評・世評・定評・不評・風評・下馬評」(名付)ただ

×**剽**　音ヒョウ(ヘウ)呉漢 ‖ ①襲う。おびやかす。「剽盗」②かすめ取る。「剽窃」③すばやい。「剽悍・剽軽」

漂　音ヒョウ(ヘウ)呉漢　訓ただよう ‖ ①水面にふわふわと浮かぶ。ただよう。「漂失・漂着・漂蕩・漂泊・漂流/浮漂」②水や薬品でさらす。「漂白」

標　学4　音ヒョウ(ヘウ)呉漢　訓しるし、しるす ‖ ①目じるし。目あて。「標識・標準・標的・標本/指標・商標・道標・浮標・墓標・目標・門標」②目立つように示す。「標語・標示・標榜」(名付)えだ・かた・こずえ・しな・すえ・たか・ひで (難読)標縄・澪標・道標

×**憑**　音ヒョウ　訓つく ‖ ①よりかかる。頼みにする。よりどころ。「憑拠/証憑・信憑」②霊がのり移る。つく。「憑依・憑霊」(難読)憑坐

×**飄**　音ヒョウ(ヘウ)呉漢　訓つむじかぜ ‖ ①急に舞い上がる風。つむじかぜ。「飄風」②風にひるがえり舞う。「飄飄・飄揚」③気任せにぶらつく。「飄逸・飄然・飄飄」④(「嫖」と通用)浮かれ遊ぶ。「飄客」

漢字項目　びょう

【平┊×屛】►へい

苗　音ビョウ(ベウ)漢　ミョウ(メウ)呉　訓なえ、なわ ‖ ㊀〈ビョウ〉①なえ。「種苗・青苗」②植えつけて育てるもの。「痘苗」③子孫。血すじ。「苗裔」④中国南方に住む民族の名。ミャオ。「苗族」㊁〈なえ〉「苗木・苗床/早苗」㊂〈なわ〉「苗代」(名付)たね・なり・みつ (難読)芋苗・苗字

秒　学3　音ビョウ(ベウ)漢 ‖ ①時間・角度・経緯度の単位。「秒針・秒速/毎秒」②わずかの時間。「寸秒・分秒」

病　学3　音ビョウ(ビャウ)呉　ヘイ漢　訓やむ、やまい、いたつき ‖ ㊀〈ビョウ〉①やむ。やまい。「病気・病原・病弱・病状・病人/疫病・臆病・看病・急病・仮病・持病・傷病・大病・闘病・難病・熱病・万病・罹病」②悪いこと。欠点。「病弊」㊁〈ヘイ〉①やまい。「疾病」②欠点。「詩八病」(難読)病葉

描　音ビョウ(ベウ)漢　訓えがく、かく ‖ 物の形や状態をかき写す。えがく。「描画・描写・描出・描破/寸描・線描・素描・点描・白描」

猫　音ビョウ(ベウ)漢　ミョウ(メウ)呉　訓ねこ ‖ ㊀〈ビョウ〉獣の名。ネコ。「猫額/愛猫・怪猫・霊猫」㊁〈ねこ〉「猫舌・猫背/海猫・子猫・山猫・野良猫・三毛猫」(難読)猫糞・斑猫

×**渺**　音ビョウ(ベウ)漢 ‖ 遠くはるかなさま。果てしないさま。「渺漠・渺渺・渺茫/縹渺」

人**廟**　音ビョウ(ベウ)漢 ‖ ①先祖を祭る建物。みたまや。「廟所/祖廟・宗廟・霊廟」②ほこら。「神廟」③王宮の正殿。朝廷。「廟議」(補説)人名用漢字表(戸籍法)の字体は「廟」。

×**錨**　音ビョウ(ベウ)漢　訓いかり ‖ 船のいかり。「錨床・錨地・錨泊/投錨・抜錨」

ひょう-きへい【×驃騎兵】ヘウ 身軽に装備した騎兵。軽騎兵。

ひょうき-ほう【表記法】ヘウキハフ 文字およびその補助記号を用いて、言葉を書き表す方法。縦書き・横書き・分かち書き・仮名遣い・送り仮名・句読法・おどり字の使い方など。

ひょう-きゃく【×飄客】ヘウ ►ひょうかく(飄客)

ひょう-きゅう【氷球】キウ アイスホッケーのこと。

ひょう-きょ【×憑×拠】〔名〕スル よりどころとすること。また、よりどころ。根拠。「まだまだ—するに足るべき力がある」〈荷風・花火〉

ひょう-ぎょくしょう【馮玉祥】ヘウギョクシャウ ►ふうぎょくしょう(馮玉祥)

ひょう-きん【×剽▽軽】ヘウ〔名・形動〕《「きん(軽)」は唐音》気軽でおどけた感じのすること。また、そのさま。「—なしぐさ」「—者」(派生)ひょうきんさ〔名〕
(類語)面白い・おかしい・滑稽・コミカル・愉快・痛快

びょう-きん【病菌】ビヤウ 「病原菌」に同じ。

ひょうきん-だま【×剽軽玉】ヘウキン ひょうきんなこと。また、その人。「同じ心の—、抜け舟を急がせ」〈浮・一代男・五〉

ひょう-ぐ【兵具】ヒヤウ 甲冑・刀・槍・矢など、いくさに用いる道具。武具。へいぐ。

ひょう-ぐ【表具┊×褾具】ヘウ 紙・布などをはって、巻物・掛け物・帖・屛風・ふすまなどに仕立てること。表装。

びょう-く【病苦】ビヤウ 病気による苦しみ。

びょう-く【病×軀】ビヤウ 病気にかかっているからだ。病身。「—をおして出かける」(類語)病身・病体

びょう-くぎ【×鋲×釘】ビヤウ 鋲のこと。

ひょうぐ-ぐさり【兵具鎖┊兵具×鏁】ヒヤウグ 兵具に用いる鎖。長円形の鐶を交互に通して折り返しつな

いだ鎖。多く、太刀の帯取りに用いた。俗に兵庫鎖(ひょうごぐさり)という。
ひょうぐ-し【表具師】ヘウグ 表具を業とする人。表具屋。経師屋(きょうじや)。
ひょうぐや-ぶし【表具屋節】ヘウグヤ 上方浄瑠璃の一派。井上播磨掾(いのうえはりまのじょう)または岡本文弥の門人といわれる表具屋又四郎が貞享・元禄(1684〜1704)のころに大坂で始めたもの。又四郎節。
ひょう-けい【表掲】ヘウ 人目にふれるようにかかげること。掲示。
ひょう-けい【表敬】ヘウ〔名〕スル 敬意を表すこと。「大統領府を訪ねて—する」「—訪問」
(類語)脱帽・三拝九拝
ひょう-けい【表慶】ヘウ 慶祝の気持ちを表すこと。
ひょう-けい【×剽軽】ヘウ〔名・形動〕❶身軽ですばやいこと。また、そのさま。「男は面白い—な恰好をして」〈花袋・一兵卒の銃殺〉❷軽はずみであること。軽率。
ひょうけい-かん【表慶館】ヘウケイクワン 東京国立博物館内にある建造物。皇太子(大正天皇)成婚記念として、明治41年(1908)片山東熊(かたやまとうくま)の設計で完成。
ひょうけいさん-ソフト【表計算ソフト】ヘウケイサン《spreadsheet software》コンピューターで、集計用紙のような表形式で種々の計算を行うアプリケーションソフト。数値データの集計、算術計算、グラフやデータベースの作成、高度な統計分析などを行うことができ、業務用のソフトウエアとして広く普及している。スプレッドシート。
びよう-げか【美容外科】ゲクワ 美容を目的として行われる形成外科の分野。隆鼻術・豊胸術や二重まぶたにする手術など。美容整形。
ひょう-けつ【氷結】〔名〕スル 水が氷になること。凍りつくこと。「湖面が—する」
(類語)凍る・凍りつく・凍(い)てつく・凍結・結氷・冷凍・こごる・しばれる・凍(し)みる・凍てる
ひょう-けつ【表決】ヘウ〔名〕スル 議案に対して賛否の意思を表示すること。「挙手によって—する」
(類語)決議・議決・採決・票決・議定・可決
ひょう-けつ【票決】ヘウ〔名〕スル 投票によって決定すること。「議案を—する」
(類語)決議・議決・採決・議定・表決・可決
ひょう-けつ【評決】ヒャウ〔名〕スル ❶評議して決めること。議決。「法案を—する」❷合議制の裁判所で、裁判内容を確定するために評議・採決すること。
(類語)決定・決まり・本決まり・確定・画定・議決・決議・論決・議定・取り決め・断(だん)・断案・決(けつ)・裁決・裁定・決断・判断・断定
びょう-けつ【病欠】ビャウ〔名〕スル 病気のために欠席・欠勤すること。「例会を—する」
(類語)欠勤・欠席・欠場・出欠
ひょうけつ-けん【表決権】ヘウケツ 表決に参加する権利。
ひょう・げる【×剽げる】ヘウげる〔動ガ下一〕ひょうきんなことを言ったりしたりする。おどける。「わざと郷里言葉(くにことば)で—・げた応酬をして」〈野上・迷路〉
ひょう-けん【表顕】ヘウ〔名〕スル 具体的な形で広く世にあらわすこと。「自然の声を—する事を力めた人」〈漱石・文学評論〉
ひょう-げん【氷原】氷でおおわれた広大な地域。(季 冬)「船客に四顧の—街見えず/誓子」
ひょう-げん【表現】ヘウ〔名〕スル 心理的、感情的、精神的などの内面的なものを、外面的、感性的形象として客観化すること。また、その客観的形象としての、表情・身振り・言語・記号・造形物など。「情感を—する」「全身で—する」(補説)representationおよびexpressionの訳語。(類語)表出・表白・発現・描出・形象化・体現・具現・表明・筆舌 (—する)表わす・言い表す・書き表す・名状する・形容する
ひょう-げん【評言】ヒャウ 批評のことば。評語。
びょう-げん【病原|病源】ビャウ ❶病気を起こす原因。病因。病根。❷よくないことの根本的な原因。「文三の—はお勢の心に在る」〈二葉亭・浮雲〉(類語)病毒
ひょうげん-がた【表現型】ヘウゲン 生物の示す形態的、生理的な性質。遺伝子に規定されて発現する形質。ひょうげんけい。⇒遺伝子型
びょうげん-きん【病原菌】ビャウゲン 病気の原因となる細菌。病菌。
ひょうげん-しゅぎ【表現主義】ヘウゲン 20世紀初頭、ドイツを中心に興った芸術運動。印象主義や自然主義に対する反動から、内面の主観的な表現に主眼をおいた。初め、キルヒナー・カンディンスキーらによる絵画運動として展開され、第一次大戦後は文学・音楽・映画・演劇などにも及んだ。
びょうげん-せい【病原性】ビャウゲン ウイルスや細菌などの病原体に、病気を発症させる性質があること。
びょうげんせい-だいちょうきん【病原性大腸菌】ビャウゲンセイダイチャウキン 大腸菌のうち病原性を示すもの。飲食物や排泄物などによって媒介され人や動物に感染し、下痢などを引き起こす。⇒O157(オーいちごなな)
びょうげん-たい【病原体】ビャウゲン 生体に寄生して病気を起こさせる原生動物・細菌・ウイルスなどの生物。
ひょうけん-だいり【表見代理】ヘウケン 無権代理のうち、代理権のない者と本人との間に特殊の関係があるために、その者を本当の代理人と誤信して取引した相手方を保護するため、その代理行為を代理権のある行為として扱い、本人に対して効力を生じさせる制度。また、その代理行為。⇒無権代理
ひょうげん-の-じゆう【表現の自由】ヘウゲン…イウ 個人が外部に向かって思想・意見・主張・感情などを表現し、発表する自由。報道・出版・放送・映画の自由などを含む。日本国憲法で保障されている。
ひょう-こ【瓢湖】ヘウ 新潟県中北部、阿賀野市にある灌漑(かんがい)用溜池(ためいけ)。面積0.1平方キロメートル。ハクチョウの渡来地として知られる。平成20年(2008)ラムサール条約に登録された。
ひょう-こ【×飄×乎】ヘウ〔ト・タル〕図〔形動タリ〕「飄然(ひょうぜん)」に同じ。「私事の繫累なき—たる人物」〈利光鶴松・政党評判記〉
ひょう-ご【兵庫】ヒャウ 兵器を納めておく倉。兵器庫。へいこ。
ひょうご【兵庫】ヒャウ ㊀〔一〕近畿地方西部の県。かつての但馬(たじま)・播磨(はりま)・淡路の3国および摂津・丹波2国の一部にあたる。県庁所在地は神戸市。人口558.9万(2010)。〔二〕兵庫県神戸市中部の区名。工業地。また、その港湾地区。天然の良港で、古代は大輪田泊(おおわだのとまり)として知られ、中世には兵庫津とよばれて繁栄。現在は兵庫港があり、神戸港の一部をなす。㊁「兵庫髷(ひょうごまげ)」の略。
ひょう-ご【評語】ヒャウ ❶批評の言葉。評言。❷学校教育で、学業成績の評価を表す言葉。
ひょう-ご【標語】ヘウ 主張・信条や行動の目標、指示内容などをわかりやすく簡潔に言い表した語句。スローガン。モットー。「交通安全の—」
(類語)スローガン・キャッチフレーズ・うたい文句
びょう-こ【×渺×乎】ベウ〔ト・タル〕図〔形動タリ〕非常に小さいさま。「—たる海中の小島」
びょう-ご【病後】ビャウ 病気の治ったあと。病み上がり。「—の静養」「病児—児保育施設」
ひょうご-いかだいがく【兵庫医科大学】ヒャウゴイクワダイガク 兵庫県西宮市にある私立大学。昭和47年(1972)の開設。医学部の単科大学。兵庫医療大学の姉妹校。
ひょうご-いりょうだいがく【兵庫医療大学】ヒャウゴイレウダイガク 兵庫県神戸市にある私立大学。平成19年(2007)の開設。兵庫医科大学の姉妹校。
ひょう-こう【標高】ヘウカウ ある地点の、平均海水面からの高さ。日本では東京湾の平均海水面を零メートルとする。海抜。「—三〇〇〇メートル級の山」
ひょう-ごう【表号|標号】ヘウガウ〔名〕スル ❶しるし。目印。❷これこれと名づけること。また、その名。「芸術も政治も哲学も…その—する声は何であっても」〈荷風・ふらんす物語〉
びょう-ごう【×廟号】ベウガウ ❶霊廟・神社などにつける号。❷中国・朝鮮などで、皇帝・国王の霊を宗廟に祭るときに贈る称号。高祖・太祖・高宗など。
ひょうこう-ねんど【氷×縞粘土】ヒョウカウ 氷河湖の水底に形成され、縞模様を示す堆積物(たいせきぶつ)。やや粗いシルトとより細粒の粘土とが交互に層をなし、その層の数や状態から氷期の年代などが推測できる。
ひょうご-きょういくだいがく【兵庫教育大学】ヒャウゴケウイクダイガク 兵庫県加東市にある国立大学法人。昭和53年(1978)国立大学として設置。平成16年(2004)国立大学法人となる。
ひょうご-く【兵庫区】ヒャウゴ ▶兵庫㊀〔二〕
ひょうご-ぐさり【兵庫鎖|兵庫×鏁】ヒャウゴ ▶兵具鎖(ひょうぐぐさり)
ひょうご-けん【兵庫県】ヒャウゴ ▶兵庫㊀〔一〕
ひょうごけんなんぶ-じしん【兵庫県南部地震】ヒャウゴケンナンブヂシン 平成7年(1995)1月17日午前5時46分ごろに発生した直下型地震。震源地は兵庫県淡路島北部。マグニチュード7.3、最大震度7。家屋や鉄道線路・高速道路の倒壊、火災による大きな被害が出た。⇒阪神・淡路大震災
ひょうご-けんりつだいがく【兵庫県立大学】ヒャウゴ 兵庫県神戸市などにある公立大学。平成16年(2004)に、神戸商科大学・姫路工業大学・兵庫県立看護大学を統合して開学した。
ひょうご-だいがく【兵庫大学】ヒャウゴ 兵庫県加古川市にある私立大学。平成7年(1995)の開設。
ひょう-こつ【×飄×忽】ヘウ〔ト・タル〕図〔形動タリ〕急に出没するさま。忽然。「—として去り」〈透谷・富嶽の詩神を思ふ〉
ひょうご-ぶぎょう【兵庫奉行】ヒャウゴブギャウ 江戸幕府の職名。遠国奉行の一。旗本を任命し、摂津の兵庫に駐在して外国貿易の事務をつかさどった。元治元年(1864)設置。
びょうご-ほきんしゃ【病後保菌者】ビャウゴ 症状が回復した後も体内に病原菌が存在し、感染源となる可能性がある保菌者。ジフテリア・ウイルス性肝炎・腸チフス・サルモネラ症などでみられる。回復期保菌者。
ひょうご-もじ【表語文字】ヘウゴ 表意文字のうち、一字が一語を表す文字。漢字の類。単語文字。
ひょうご-りょう【兵庫寮】ヒャウゴレウ 律令制で、兵庫の兵器や儀仗(ぎじょう)の出納・修理・検閲などをつかさどった役所。つわもののくらのつかさ。
ひょうご-わげ【兵庫×髷】ヒャウゴ 江戸初期から中期にかけて流行した女性の髪の結い方の一。髪をうなじの後方に集めて高く輪に結い、根元をねじ巻いて頂上に突き出させたもの。摂津の兵庫の遊女から始まったという。ひょうごまげ。
びょう-こん【病根】ビャウ ❶病気の原因。病原。❷悪いことの根本原因。「汚職の—を絶つ」(類語)病毒・病因
ひょう-さ【漂砂】ヘウ 海岸付近において、波の運動や潮流により、砂が移動する現象。また、その砂。
びょう-さい【病妻】ビャウ 病気の妻。
ひょう-さくさん【氷酢酸】純度99パーセント以上の酢酸。冷やすと氷のような結晶塊になる。
ひょう-さつ【表札|標札】ヘウ 居住者の名を記して、家の門や入り口などに掲げる札。(類語)門札・門標
ひょう-ざん【氷山】氷河の下端や棚氷が海に達し、分離した大氷塊が海上に浮かんでいるもの。大部分は海中にあり、海上に見えるのはその一部分。
(類語)氷塊・氷河・氷柱(ひょうちゅう)・氷柱(つらら)
氷山の一角(いっかく) 表面に現れている事柄は好ましくない物事の全体のほんの一部分であることのたとえ。「今回摘発された事件は—にすぎない」
びょう-さん【×廟算】ベウ 朝廷のはかりごと。
ひょう-し【拍子】ヒャウ ❶音楽用語。㋐音楽のリズムを形成する基本単位。一定数の拍(はく)の集まりで、強拍と弱拍との組み合わせからなる。拍の数により二拍子・三拍子などという。雅楽では早(はや)拍子・延(のべ)拍子など。㋑雅楽の笏拍子(しゃくびょうし)のこと。また、その奏者。㋒雅楽で、ある楽曲中での太鼓の打拍数。また、それによって表す曲の規模。拍子八・拍子十など。㋓能楽で、四つの伴奏楽器、すなわち笛・太鼓・大鼓・小鼓のこと。また、謡曲をうたう音声の節度。㋔能楽・舞踊で、足拍子のこと。❷何かが行われたちょうどそのとき。とたん。「立ち上がった—に頭をぶつける」❸物事の進む勢い。調子。「—に乗る」「とんとん—」❹連句の付合(つけあい)手法の一。前句の句勢に応じ

てつける方法。➡七名八体

〘類語〙(❶)ビート・音頭・調子・音調・音律・調性・音階・音程・音高・トーン・拍(はく)・律動・乗り・リズム・テンポ・調べ/(❷)はずみ・とたん

拍子を取・る 音楽・歌舞などの調子に合わせて、掛け声をかけたり手を打ったりする。「からだで―・りながら歌う」

ひょう-し【表紙】ヘウシ ❶書籍や帳簿の中身を保護し、内容表示・装飾などをするために取り付けられた厚紙・革・布などの外装の部分。❷巻き物を巻いたとき、表に出る部分に貼る布帛(ふはく)や紙。

ひょう-し【標紙】ヘウシ 目印とする紙片。

ひょう-じ【平字】ヒャウジ 平声(ひょうしょう)の韻に属する漢字。⇔仄字(そくじ)。

ひょう-じ【表示】ヘウジ〔名〕スル ❶はっきりと表し示すこと。「原料をラベルに―する」❷図表にして示すこと。「生産額を―する」❸きざし。兆候。「これ、ひとへに金粟(こんぞく)世界に生ぜる―なりといひて」〈今昔・六・三八〉

〘類語〙標示・指示・提示・呈示・例示・内示・明示・示す・見せる・開示・掲げる

ひょう-じ【標示】ヘウジ〔名〕スル 目印になるもので人にあらわし示すこと。また、その目印の文字・記号・絵など。「危険区域を―する」

〘類語〙表示・指示・提示・呈示・例示・内示・明示

びょう-し【病死】ビャウシ〔名〕スル 病気で死ぬこと。病没。「旅先で―する」〘類語〙病没

びょう-し【×廟×祀】ベウシ〔名〕スル 霊廟・神社などにまつること。

びょう-し【×藐視】ベウシ〔名〕スル みくびること。軽視。「自らこれを―せざるを免れざるべし」〈中村訳・西国立志編〉

びよう-し【美容師】美容術を施すことを職業とする人。都道府県で行う美容師試験による資格取得を必要とする。

びょう-じ【病児】ビャウジ 病気の子供。

ひょう-しき【表式】ヘウシキ ❶表示するための一定の形式。❷手本。見本。

ひょう-しき【標識】ヘウシキ 目印。目印として設けられたもの。「交通―」〘類語〙印・記号・符号・目印・マーク・指標・サイネージ・丸・ばつ・ペケ・略号・目盛り

ひょう-しき【×縹色】ヘウシキ「はなだいろ」に同じ。

ひょうし-ぎ【拍子木】ヒャウシギ 方柱形の堅い木で、打ち合わせて鳴らすもの。拍子をとったり、劇場などでの合図や夜回りの警戒などに用いたりする。柝(き)。

びょう-しき【病識】ビャウシキ 自分が病気であるという自覚。統合失調症では欠如し、その出現が緩解の指標とされる。

ひょうしき-かごうぶつ【標識化合物】ヘウシキクワガフブツ 化合物中の特定の原子を、その同位体で置換して目印としたもの。同位体は放射性のものを用いることが多い。化学反応や生体の代謝機構の研究に利用。

ひょうし-きごう【拍子記号】ヒャウシキガウ 楽曲の拍子を示す記号。¾(4分の3拍子)のように書き記し、分母は1拍に数える音符の種類、分子は1小節中の拍数を示す。

ひょうしき-しょく【標識色】ヘウシキ 動物の色彩のうち、周囲からはっきりと目立つ色。警戒色・認識色・威嚇(いかく)色のこと。

ひょうしき-ちょう【標識鳥】ヘウシキテウ 渡り鳥の移動経路などを調査する目的で、足輪などの標識をつけて放たれる鳥。

ひょうしき-とう【標識灯】ヘウシキ 夜間に飛行中の航空機、航行・係留中の船舶が、その位置を標示する灯火。

ひょうしき-ほうりゅう【標識放流】ヘウシキハウリウ 捕らえた魚を、標識札をつけたり尾の一部などを切断したりして放流すること。再捕獲によって、その成長・回遊経路・資源量などを調査する。

ひょうじ-しゅぎ【表示主義】ヘウジ 法律行為の効力を決定する際、表意者の内心の意思よりも外部に現れた表示を重んじる主義。➡意思主義

ひょう-しつ【氷室】氷を貯蔵する部屋。ひむろ。

びょう-しつ【病室】ビャウシツ 病人の部屋。病院で、患者を収容する部屋。

びょう-しつ【病質】ビャウシツ ❶病気の性質。病性。❷病気にかかりやすい体質。

ひょうし-ぬけ【拍子抜け】ヒャウシ〔名〕スル 張り合いがなくなること。「難問が簡単に解決して―する」

〘類語〙気落ち・気抜け・力抜け・力落とし

ひょうし-ばん【拍子盤】ヒャウシ 能や長唄の稽古などで、大鼓・小鼓・太鼓の代わりに張扇(はりおうぎ)で打って拍子をとるために用いる長方形の木製の台。張盤(はりばん)。

ひょうし-まい【拍子舞】ヒャウシマヒ 歌舞伎舞踊で、地の三味線楽曲の一部を、演者が拍子に合わせ、または歌いながら舞うもの。

ひょうし-まく【拍子幕】ヒャウシ 歌舞伎で、幕切れの拍子木の打ち方の一。初めに一つ大きく打ち、続いて幕を引きながら小刻みに、徐々にテンポをゆるめ、引き終わったところでもう一つはっきりと打つ。

びょうじめ-き【×鋲締め機】ビャウじめ「鋲打ち機」に同じ。

ひょうし-もの【拍子物】ヒャウシ その時のはずみで成否が決まる物事。

ひょう-しゃ【評者】ヒャウシャ 批評をする人。

ひよう-しゃ【被用者｜被×傭者】他人に雇われている人。労働契約に基づき、使用者から賃金を受け取って労働に従事する者。〘類語〙雇用者・被雇用者

びょう-しゃ【病舎】ビャウシャ 病室のある建物。また、病院の建物。

びょう-しゃ【病者】ビャウシャ《「びょうじゃ」とも》病気にかかっている人。病人。

びょう-しゃ【描写】ベウシャ〔名〕スル 物の形や状態、心に感じたことなどを、言葉・絵画・音楽などによって写しあらわすこと。「情景を―する」「心理―」

〘類語〙描出・写実・実写・点描・パノラマ・象(かたど)る・描(えが)く・描(か)く・彩る・写生・模写・素描・線描・寸描・スケッチ

びょう-しゃ【×廟社】ベウシャ 宗廟(そうびょう)と社稷(しゃしょく)。また、みたまや。やしろ。

びょうしゃ-おんがく【描写音楽】ベウシャ 自然の音を楽器によって再構成し、情景などを描写しようとする音楽。

ひょう-しゃく【氷釈】〔名〕スル 氷がとけるように消えうせること。氷解。

ひょう-しゃく【評釈】ヒャウシャク〔名〕スル 詩歌や文章を解釈し、批評を加えること。また、そのもの。「古典を―する」〘類語〙解釈・釈義・講釈・解義・義解(ぎげ)・読解・釈する・説き明かす

ひょう-しゃく【標尺】ヘウシャク 水準測量で、計測点に垂直に立て、水準儀の水平視線の高さを読み取るための目盛り尺。箱尺・折れ尺などがある。

びょう-じゃく【病弱】ビャウジャク〔名・形動〕からだが弱く病気がちであること。また、そのさま。「―な人」〘類語〙多病・蒲柳(ほりゅう)の質・弱い・ひよわ・虚弱・羸弱(るいじゃく)・尫弱(おうじゃく)

びょうしゃ-の-とゆ【病者の塗油】ビャウシャ カトリック教会のサクラメントの一。司祭が死に瀕している病人の額と両手に聖油で十字架をしるし、罪からの解放と病の回復を願う儀式。終油の秘跡。終油。

ひようしゃ-ほけん【被用者保険】▶職域保険

ひょう-しゅ【氷酒】果汁にシロップと酒とを入れ、軽く凍らせてシャーベット状にしたもの。

びょう-しゅう【×杪秋】ベウシウ《「杪」は、すえ、終わりの意》❶秋の終わり。晩秋。❷陰暦9月の異称。杪商(びょうしょう)。

ひょうしゅう-せき【氷州石】ヒョウシウ 方解石の無色透明なもの。氷州(アイスランド)で良質のものが産出され、ニコルプリズムに用いられた。

ひょう-しゅつ【表出】ヘウ〔名〕スル 心の中にあるものが外にあらわれでること。また、あらわしだすこと。「感情を―する」

〘類語〙表現・表す・体現・具現・表明・表白・名状・筆舌・発現・描出・形象化・言い表す・書き表す・形容する

びょう-しゅつ【描出】ベウ〔名〕スル 物事のありさまや考えなどを、絵画・文章にえがきだすこと。「心の内面を―する」〘類語〙描写・写実・実写・点描・表現・パノラマ・象(かたど)る・写す・描き出す・活写・直写・写生・スケッチ・表出・表白・発現・形象化・体現・具現・表明・筆舌・表す・言い表す・書き表す・名状する・形容する

びよう-じゅつ【美容術】美顔・整髪・着付けなど、容姿を美しくするために施す技術。美容法。

ひょう-じゅん【氷×筍】洞窟(どうくつ)などの天井からしたたり落ちた水滴が凍り、積み重なってたけのこ状の氷塊になったもの。➡石筍(せきじゅん)

ひょう-じゅん【標準】ヘウ ❶判断のよりどころや行動の目安となるもの。基準。「―に合わない」❷平均的であること。また、その度合い・数値。並み。「―に及ばない」「―の体重」

〘用法〙標準・基準――「あなたは何を標準(基準)にしてそう判断するのですか」「標準(基準)の数値」など、目安・よりどころの意味では両語とも使える。◇「標準」は平均的な度合いとか最も普通のタイプといった意で使われることが多い。「標準サイズ」「標準より多い収穫量」「標準仕様」◇「基準」は「基準をゆるめる」「建築基準」「最低基準」など、守るべきものとして定められた目安や枠に言うほか、「昨年度を基準とした場合の伸び率」のように判断のよりどころとする程度・数値をもいう。

〘類語〙基準・尺度・物差し・水準・レベル・規準・定規・本位・普通・平均・均等・均分・等分・平準・アベレージ

びょう-しゅん【×杪春】ベウ《「杪」は、すえ、終わりの意》❶春の終わり。晩春。暮春。❷陰暦3月の異称。

ひょうじゅん-あつりょく【標準圧力】ヘウジュン ▶標準状態

ひょうじゅん-えき【標準液】ヘウジュン 濃度が正確にわかっている溶液。滴定に用いる。標準溶液。

ひょうじゅん-おん【標準音】ヘウジュン 音楽で、音の絶対的な高さを定める際の標準となる音。時代・地域により差はあるが、現在は一般にイ(一点イ)音を440ヘルツとした国際標準音が広く用いられている。

ひょうじゅん-おんど【標準温度】ヘウジュンヲンド ▶標準状態

ひょうじゅん-おんどけい【標準温度計】ヘウジュンヲンドケイ 温度計を検定する際に標準として利用される温度計。

ひょうじゅん-か【標準化】ヘウジュンクワ〔名〕スル ❶標準に合わせること。また、標準に近づくこと。「まちまちの技術力を―する」❷工業製品などの質・形状・大きさなどについて標準を設け、それに従って統一すること。「商品の規格を―する」

ひょうじゅん-かせき【標準化石】ヘウジュンクワセキ ▶示準(しじゅん)化石

ひょうじゅん-きあつ【標準気圧】ヘウジュン 気圧の国際基準として国際度量衡委員会で定められた値。1気圧、1013.250ヘクトパスカルのこと。

ひょうじゅん-きかく【標準規格】ヘウジュン 物品の形状・寸法・性能・検査方法などの標準となる公的規定。日本工業規格(JIS)・日本農業規格(JAS)など。

ひょうじゅん-きかん【標準軌間】ヘウジュン 鉄道線路の軌間が1.435メートルのもの。日本では新幹線などで採用。

ひょうじゅん-きんり【標準金利】ヘウジュン 市中銀行が一流企業向けの貸し出しに適用する最優遇金利。米国のプライムレートにならって導入された。➡短期プライムレート

ひょうじゅん-げつがく【標準月額】ヘウジュン ▶標準報酬月額

ひょうじゅん-けんさ【標準検査】ヘウジュン 検査の実施条件や結果の処理方法が細かく規定され、母集団から抽出された標本による明確な評価基準が設けられた、客観性のある検査。知能検査・学力検査・適性検査など。標準テスト。

ひょうじゅん-ご【標準語】ヘウジュン 一国の公用文や教育・放送などで用いる規範としての言語。標準語の普及を目的として文部省が編した小学校の「国定読本」(明治37～昭和24年)は、東京山の手地区に行われる、教養ある階層の言語に基づいている。なお「標準語」という用語は、明治23年(1890)に岡倉由三郎が最初に使った。➡共通語 〘類語〙共通語・国際語

ひょうじゅん-こうげん【標準光源】ヘウジュンクワウゲン 物体の色を測定するために指定された光を照射する人工光源。CIE(国際照明委員会)により、相対的な分光分布を定めた標準の光A、C、D65を照射する具体

的な光源として、A光源、C光源、およびD65光源の3種類が規定されている。

ひょうじゅん-じ【標準時】国または地方を単位とし、その内部で共通に用いる時刻。一般に、協定世界時を基準とし、これと1時間の整数倍だけ違う平均太陽時を採用している。➡日本標準時 補説 各地域の標準時は、協定世界時(UTC)より早いものを＋、遅いものを－で表す。9時間早い日本標準時はUTC＋9となる。多地域にわたる主な標準時には、次のようなものがある。

▷ 西部欧州標準時(UTCに同じ)、中部欧州標準時(UTC＋1)、東部欧州標準時(UTC＋2)、大西洋標準時(UTC－4)、東部標準時(UTC－5)、中部標準時(UTC－6)、山岳標準時(UTC－7)、太平洋標準時(UTC－8)

ひょうじゅんしき-ローマじつづりかた【標準式ローマ字×綴り方】日本語を書き表すためのローマ字つづり方の一。明治18年(1885)にローマ字会が定め、アメリカ人宣教師ヘボンが「和英語林集成」3版に採用したヘボン式を、明治41年(1908)に改正したもの。シ・チ・ツ・フ・ジを、shi, chi, tsu, fu, jiと書くつづりなどは、ヘボン式と同じであるが、ye, woをe, oとするところ、kwa, gwaを廃止したところなどが、ヘボン式ローマ字綴り方とは異なる。改正ヘボン式。➡ローマ字綴り

ひょうじゅん-しぼうりつ【標準死亡率】生命保険の保険料を算出する基準となる数値の一。過去の統計から、一年間に死亡する人数の割合を、男女別・年齢別に予測したもの。この一覧表を標準生命表という。補説 生命保険各社が加盟する日本アクチュアリー会が算出する。

ひょうじゅん-しやく【標準試薬】純度などが明確にわかっていて、濃度の基準にすることのできる試薬。

ひょうじゅん-じゅうりょく【標準重力】地球を回転楕円体としたときの、各緯度における計算上の重力。実測値とは異なる。

ひょうじゅん-じょうたい【標準状態】物質の基準となる状態。ふつう、セ氏零度、1気圧における気体の状態をいい、この温度と圧力を、それぞれ標準温度、標準圧力という。

ひょうじゅん-しょうよがく【標準賞与額】健康保険や厚生年金保険の保険料・保険給付の算定の基礎となる賞与の額。実際に支払われた賞与額から千円未満を切り捨てた額。健康保険は年度の累計額540万円、厚生年金保険は1か月あたり150万円が上限。標準賞与。➡総報酬制 ➡標準報酬 ➡標準報酬月額

ひょうじゅん-せいけいひ【標準生計費】一定の時と所において、標準的な生活水準を維持するのに必要な生活費。

ひょうじゅん-たいきあつ【標準大気圧】▶標準気圧

ひょうじゅん-ちりょう【標準治療】大規模な臨床試験に基づいて効果の証明された、その時々の最も成績のよい治療法。

ひょうじゅん-ちんぎん【標準賃金】産業別・男女別・年齢別・勤続年数別などに算出された平均賃金。

ひょうじゅん-ていこうき【標準抵抗器】電気抵抗の測定の標準として用いる抵抗器。一般的に、電気抵抗値の温度依存性が極めて小さいマンガニン線が使われ、電圧端子、電流端子をそれぞれ1対もつ。電圧端子間は定義抵抗値として決められた値をもち、電流端子間に電流を流して電圧端子間との電位差を測定する。

ひょうじゅん-てき【標準的】〔形動〕❶物事の基準や目安となるさま。「一な発音」❷ごく普通であるさま。平均的。「一な中流家庭」
類語 普通・一般・一般的・尋常・通常・平常・通例・標準・平均的・平凡・並み・常・只・当たり前・在り来たり・常並み・世間並み・十人並み・日常茶飯事・ノーマル・レギュラー・スタンダード

ひょうじゅん-でんち【標準電池】起電力の基準となる電池。ふつう、セ氏20度で起電力1.01864ボルトのカドミウムが用いられる。国際的には1977年から、標準電池に代わってジョセフソン素子を利用。カドミウム標準電池。ウェストン電池。

ひょうじゅん-でんぱ【標準電波】時刻や周波数の基準となる電波。日本では情報通信研究機構が管理・運用し、福島県のおおたかどや山標準電波送信所と佐賀・福岡県境のはがね山標準電波送信所から送信されている。コールサインはJJY。1秒を1ビットとして、1周期60秒の繰り返しで送出され、分・時・1月1日からの通算日・西暦の下2桁・曜日・うるう秒などの情報が時刻コードとして含まれている。放送局や電話の時報サービス、電波時計などに利用される。➡標準時

ひょうじゅん-はんしゃばん【標準反射板】▶グレーカード

ひょうじゅん-はんしゃりつ【標準反射率】写真撮影における適正露出を決めるための基準となる反射率。18パーセントで、無光沢の灰色に相当する。➡グレーカード

ひょうじゅん-へんさ【標準偏差】資料の散らばりの度合いを示す数値。各資料の値と平均値との差、すなわち偏差の2乗を平均し、その正の平方根をいう。変動に富む現象について、変動の度合いを知るために用いる。SD(standard deviation)。

ひょうじゅん-ほうしゅう【標準報酬】標準報酬月額と標準賞与額のこと。健康保険や厚生年金保険などの社会保険料、給付金額を算出するための基礎になる金額。

ひょうじゅんほうしゅう-げつがく【標準報酬月額】健康保険や厚生年金保険の保険料・保険給付の算定の基礎となる標準報酬の一つ。健康保険は5万8000円から121万円までの47等級、厚生年金は9万8000円から62万円までの30等級に区分されている。標準月額。➡標準賞与額 補説 報酬には賃金・給料・俸給・手当・賞与(年4回以上支給される場合)など労務の対償として受け取るものがすべて含まれるが、見舞金など臨時に支給されるものや年3回以下の賞与は含まれない。

ひょうじゅん-まい【標準米】❶《「標準価格米」の略》政府米のうち、政府が指導価格を定め、小売業者が常置することになっている中級米。❷もと米穀取引所で、売買・格付けの標準とした米。建米。

ひょうじゅん-レンズ【標準レンズ】写真レンズで、画角が45度を中心に40〜60度のもの。35ミリ判では焦点距離50ミリメートル前後のレンズに相当する。人間の視角に近い。➡広角レンズ ➡望遠レンズ

ひょう-しょ【表書】表面に書くこと。また、その文字。うわがき。おもてがき。

びょう-しょ【病所】❶病人のいる所。❷からだの、病気の部分。患部。❸欠陥のある部分。

びょう-しょ【×廟所】❶祖先や貴人の霊を祭った場所。おたまや。みたまや。❷はかば。墓所。

ひょう-しょう【▽平声】《「ひょうじょう」とも》❶漢字の四声の一。上平・下平の総称。㊀仄声。❷日本漢字音や国語アクセントの声調で、低く、平らで抑揚のない発音。へいせい。

ひょう-しょう【氷床】大陸の全体を広く覆って発達する氷河。現在は南極大陸とグリーンランドにだけみられ、厚さ1000メートル以上ある。内陸高所から海岸へゆっくり移動し、末端で氷山ができる。大陸氷河。

ひょう-しょう【氷晶】大気中の水蒸気が冷却され、昇華してできる微細な氷の結晶。上層雲を構成する。(季 冬)

ひょう-しょう【表象】〔名〕スル ❶象徴。シンボル。また、象徴的に表すこと。「解放された精神を一する造形」❷哲学・心理学で、直観的に心に思い浮かべられる外的対象像をいう。知覚的、具象的であり、抽象的な事象を表す概念や理念とは異なる。心像。
類語 象徴・表徴・シンボル

ひょう-しょう【表彰】〔名〕スル 善行・功績などを人々の前に明らかにし、ほめたたえること。「永年勤続者を一する」「一状」「一台」 類語 顕彰

ひょう-しょう【標章】特定の団体や催し物、商品、サービスなどを表す記章・記号の類。シンボルマーク。文字・図形・記号・立体的形状などからなる。商標法では、商品やサービスについて使用された標章を商標という。

ひょう-じょう【▽平調】❶日本音楽の十二律の一。基音の壱越より二律高い音で、中国の十二律の太簇、洋楽のホ音にあたる。❷雅楽の六調子の一。❶の音を主音とする旋法。

ひょう-じょう【氷上】氷の上。「一競技」(季 冬)「一に間近しと思ふ鬨だかな/乙字」

ひょう-じょう【兵×仗】❶武器。戦闘用の実用の武器。儀仗に対していう。❷武器を持った武官である随身・内舎人などの称。

ひょう-じょう【表情】❶感情や情緒を顔つきや身振りに表すこと。また、その顔つきや身振り。「悲しげな一」「一がくもる」「自分に向って何だか一しているような可憐な花」〈宮本・伸子〉❷一般に、状況・ようす。「全国各地の歳末の一」「被災地の一」 類語(❶) 面持ち・顔・顔つき・顔色・色・血相・形相・相好・気色・神色・顔立ち・容貌・面構え・面差し・面立ち・面影・人相・面相・容色・剣幕・面魂

ひょう-じょう【評定】〔名〕スル 皆で相談して決めること。「小田原一」
類語 相談・打ち合わせ・下相談・談合・示談・話し合い・合議・協議・商議・評議・鳩首・凝議・内談

びょう-しょう【×杪商】《「杪」は終わりの意。「商」は五音の一つで、四季では秋に当てる》「杪秋」に同じ。

びょう-しょう【病床|病×牀】病人の寝る床。やまいの床。病褥。「一に臥す」➡一般病床 ➡療養病床

びょう-しょう【病症】病気そのものの性質。

びょう-しょう【×錨床】船の甲板の、引き揚げた錨を据えておく場所。

びょう-じょう【苗条】茎と葉の総称。一つの茎とそれに生じる葉を、生長の一単位とみていう。シュート。葉条。芽条。

びょう-じょう【病状】病気の状態・ようす。
類語 症状・容態・病態

ひょうしょう-がた【表象型】学習や想起・記憶をする際、どの感覚による表象が主としてはたらくかという観点から、人を類型化したもの。視覚型・聴覚型・運動型、また、その混合型がある。

ひょうじょう-きん【表情筋】顔面にあり、収縮によって表情をつくる筋肉。眼輪筋・前頭筋・鼻筋・口輪筋など二十数種ある。すべて横紋筋で、顔面神経によって支配される。顔面筋。

ひょうじょう-しゅう【評定衆】鎌倉幕府の職名。評定所に出仕して、執権・連署とともに裁判・政務などを合議裁決した。室町幕府もこれを引き継いだが、幕府の衰退とともに有名無実となった。

ひょうしょう-しゅぎ【表象主義】▶象徴主義

ひょうじょう-じゅつ【表情術】演劇で、動作・姿態・顔つきなどによって、人物の心理・感情などを表現する技術。ミミック。

ひょうじょう-しょ【評定所】❶鎌倉幕府で、評定衆が事務を取り扱った役所。❷江戸幕府の置いた最高の裁判機関。老中・大目付・目付・三奉行などが事件の重要度に従って列席し合議した所。

ひょうしょう-せき【氷晶石】ナトリウム・アルミニウムの弗化物からなる鉱物。無色または白色でガラス光沢がある。単斜晶系。溶剤としてアルミニウム冶金に使用。

ひょうじょう-せんげ【兵×仗宣下】文官が随身を召し連れることを勅許されること。

ひょうじょう-ぶぎょう【評定奉行】鎌倉幕府・室町幕府の職名。評定衆の長老から選ばれ、政

所評定を統率した。

ひょう-しょく【氷食┊氷×蝕】氷河の移動による浸食作用。

びょう-じょく【病×蓐┊病×褥】「病床」に同じ。

ひょう-じん【氷人】《晋の令狐策が、ある夜、氷の上に立って氷の下の人と話した夢を見た。これを占いの名人索紞が媒酌をする前兆だと夢解きし、実際にそのとおりになったという「晋書」索紞伝の故事から》媒酌人。仲人。月下氷人。

ひょう-じん【氷刃】氷のように光って鋭い刃。しらは。氷のやいば。

びょう-しん【秒針】時計の、秒を示す針。

びょう-しん【病身】病気にかかっているからだ。また、弱くて病気がちのからだ。(類語)病体・病躯

ひょう・す【表す】━〔動サ五(四)〕「ひょうする」(サ変)の五段化。「長上に敬意を―・す」━〔動サ変〕「ひょう(表)する」の文語形。

ひょう・す【評す】━〔動サ五(四)〕「ひょうする」(サ変)の五段化。「高く―・される人物」━〔動サ変〕「ひょう(評)する」の文語形。

ひょう・す【×慓す】〔動サ変〕軽んじる。ばかにする。「世を―・する様に振舞ふ」〈平家・二〉

びょう-すい【▽瓶水】瓶の水。瓶を師にたとえ、水を仏法の奥義にたとえる。「弘法大師…、青竜寺の大和尚に謁して、三密五智の―を受く」〈盛衰記・二四〉

ひょう-ずば〔副〕《「ひょう」は矢の飛ぶ音、「ずば」は矢の命中する音》矢が飛んでいって命中する音を表す語。「―と射て、筈の隠るる程ぞ射込うだる」〈平家・一一〉

ひょう・する【表する】〔動サ変〕図へう・す〔サ変〕態度や言葉にあらわす。「感謝の意を―・する」(類語)物語る・言い表す・表現・話す

ひょう・する【評する】〔動サ変〕図ひゃう・す〔サ変〕人物・事物について、その善悪・価値などを論じ定める。批評する。「諸家の近作を―・する」

ひょう-せい【▽平声】▶ひょうしょう(平声)

ひょう-せい【表×旌】〔名〕スル「旌表」に同じ。「永く其愛国の功業を、―せしとぞ」〈竜渓・経国美談〉

びょう-せい【病勢】病気の勢い。病気の進むぐあい。「―が改まる」

びよう-せいけい【美容整形】▶美容外科

びょうせい-せき【猫×睛石】猫目石。

ひょう-せき【漂石】氷河に運ばれた岩石が、氷河の解けたあとに残ったもの。迷子石。捨て子石。

ひょう-せき【標石】❶目印の石。また、道標に立てた石。「国分寺跡の―」❷測量で、三角点や水準点に埋設される石。多く花崗岩の角柱が用いられる。

ひょう-せつ【氷雪】❶氷と雪。❷《「荘子」逍遥遊から》清廉潔白なこと。「―の操」(類語)氷・氷塊・氷片・氷柱・氷柱・氷層・堅氷・薄氷・薄氷・薄ら氷・流氷・氷霜・アイス・初氷

ひょう-せつ【評説】❶世間の評判。うわさ。❷批評を加えて解説すること。評論。

ひょう-せつ【×剽窃】〔名〕スル 他人の作品や論文を盗んで、自分のものとして発表すること。「他人の論文を―する」(類語)盗作

ひょうせつ-きこう【氷雪気候】寒帯気候の一。一年じゅう気温はセ氏零度以下で、氷床(大陸氷河)が発達する。グリーンランド・南極大陸にみられる。永久凍結気候。

ひょうせつ-プランクトン【氷雪プランクトン】山岳・極地などの氷・雪の中や、それが解けた水の中などに発育する藻類。色素をもち緑・黄・褐色などを呈するものを雪の華といい、紅色のものを特に赤雪という。

ひょう-ぜん【×飄然】〔ト・タル〕図〔形動タリ〕❶世事を気にせずのんきなさま。飄乎。「―とした暮らし」❷ふらりとやって来たり去ったりするさま。飄乎。「―と去る」

びょう-せん【描線】かたちをえがいた線。

びょう-ぜん【病前】病気にかかる前。

びょう-ぜん【×眇然】〔ト・タル〕図〔形動タリ〕小さいさま。取るに足りないさま。「一人の―たる小丈夫立てり」〈鴎外・ふた夜〉

びょう-ぜん【×渺然】〔ト・タル〕図〔形動タリ〕果てしなく広々としているさま。「―たる海原」

ひょう-そ【×瘭×疽】手足の指の皮下組織に起こる化膿菌による炎症。強い痛みがあり、骨などに波及しやすい。ひょうそう。

ひょう-そう【氷層】年ごとの氷が重なり層を成しているもの。(類語)氷・氷塊・氷片・氷柱・氷柱・堅氷・薄氷・薄氷・薄ら氷・流氷・氷雪・氷霜・アイス・初氷

ひょう-そう【氷霜】❶氷と霜。❷樹枝に厚く付着して氷のように見える霜。(類語)氷・氷塊・氷片・氷柱・氷柱・氷層・堅氷・薄氷・薄氷・薄ら氷・流氷・氷雪・アイス・初氷

ひょう-そう【表装┊×裱装】〔名〕スル「表具」に同じ。「書を―して額に仕立てる」

ひょう-そう【表層】表面の層。うわべ。「物事の―しか見ていない」(類語)表面・表・面・面・上面・上側・上面・界面

びょう-そう【病巣┊病×竈】からだの、病的変化の起こっている箇所。「―を摘出する」

ひょうそう-ウェブ【表層ウェブ】《surface web》一般にウェブ上で公開されている情報のうち、通常のサーチエンジンで検索できる情報。ロボット型サーチエンジンはサーチボットを使用して、膨大な数のウェブサイトを自動的に巡回してデータ収集を行い、そこで容易に収集できるサイトに含まれる情報を指す。サーフェスウェブ。ビジブルウェブ。➡深層ウェブ

ひょうそう-ぎょ【表層魚】海の上層で生活する魚。イワシ・アジ・サバ・カツオなど。

ひょうそう-こうぞう【表層構造】《surface structure》チョムスキーによって設定された変形生成文法理論の基本概念の一。具体的な発音や文字を除いて、選んだ語彙や語順が現実の文と同じ抽象的構造。変形規則を用いて深層構造からこれを導く。➡深層構造

ひょうそう-すい【表層水】海や湖などの表層の水。太陽光が届く深さで、活発に光合成が行われ、有機物が生産される。➡海洋深層水

ひょうそう-なだれ【表層雪崩】積雪の上層部だけが崩れ落ちる雪崩。

ひょう-そく【▽平×仄】❶漢字の平声と仄声。➡四声 ❷漢詩の近体詩における、平声字と仄声字の規則的な配列。平仄法。

平仄が合わ・ない 漢詩を作るときに守るべき平声字と仄声字の配列が合わない。転じて、物事の筋道がたたない。「―・ない話」

ひょう-そく【×秉×燭】灯火器具の一。油皿の中央に置いた灯心に火をつけるもの。

ひょう-ぞく【×剽賊】通行人をおどして金品を奪う賊。追いはぎ。「―の為にあやめられた、旅人の死骸ではあるまいかと」〈菊池寛・恩讐の彼方に〉

びょう-そく【秒速】運動するものの速度を、1秒間に進む距離で表したもの。

びょう-ぞく【苗族】▶ミャオ族

ひょうそく-ほう【▽平×仄法】▶平仄❷

ひょう-た【▽平他】漢字の、平声と他の声(上声・去声・入声)。平仄。

ひょう-だい【表題┊標題】❶書物の表紙などに記してある題名。❷講演・演劇・芸術作品などの題。(類語)題目・タイトル・仮題・原題・題号・外題・内題・名題・作品名・書名・書目・編目・演題・画題

びょう-たい【病体】病気のからだ。病躯。(類語)病身・病躯

びょう-たい【病態】❶病気のぐあい。病状。容態。❷病的な状態。(類語)病状・症状・容態

ひょうだい-おんがく【標題音楽】内容を示す題あるいは説明文がつけられ、聴き手を一定の方向に導こうとする楽曲。ベルリオーズの「幻想交響曲」やリストの交響詩など。➡絶対音楽

ひようたい-こうか【費用対効果】支出した費用によって得られる成果。「―が大きい」

ひょう-たいせき【氷堆石】氷河による堆石。

びよう-たいそう【美容体操】均整のとれたからだをつくり、容姿を美しくするために行う体操。

ひょう-たくれ《「ひょう」は「剽」か》人をののしっていう語。ばか者。愚か者。「―、ゆふでくの揃ひだ」〈洒・辰巳之園〉

ひょうたじるいしょう【平他字類抄】鎌倉末期の漢和辞書。3巻。著者・成立年ともに未詳。上巻は字を「色葉字類抄」にならって意義分類して平声と他の声の別を示し、下巻は字を訓のいろは別に分けて並べ、平声と他声の別を記述する。付篇として平他同訓字が添えられているので3巻に扱われる。平仄辞書としては現存最古のもの。

ひょう-たん【氷炭】氷と炭。相違のはなはだしいものをたとえていう。

氷炭相容れず 性質が反対で、合わないことのたとえ。

ひょう-たん【×瓢×箪】❶ウリ科の蔓性の一年草。ユウガオの変種。巻きひげで他に絡んで伸びる。葉は心臓形。夏の夕方、白い花を開く。果実は中間がくびれて上下がふくらんだ形をし、熟すと果皮が堅くなり、苦味が強い。アフリカ・熱帯アジアの原産。(季 秋┊花=夏)「―の大張り小張り赤児の声/草田男」❷熟したヒョウタンの果実の中味を取り除き、乾燥してつくった器。酒などを入れる。ひさご。ふくべ。

瓢箪から駒が出る ❶意外な所から意外な物が出ること。ふざけて言ったことが実現することのたとえ。❷(多く打消しの語を伴って)とうていありえないことのたとえ。

瓢箪で鯰を押さえる 《瓢箪では鯰をなかなか押さえることができないところから》とらえどころがないことや、要領を得ないことのたとえ。

瓢箪の川流れ ❶うきうきして落ち着きのないようすのたとえ。❷あてもなくぶらぶらしているようすのたとえ。

ひょう-だん【評壇】批評家たちの社会。

ひょうたん-がた【×瓢×箪形】瓢箪の果実に似た、楕円形の中央の部分がくびれた形。

ひょうたん-ごけ【×瓢×箪×苔】ヒョウタンゴケ科のコケ。全体に淡緑色で、湿地に群生する。高さ約1センチ。小さい葉がつく。茎の先から細い柄を出し、ひょうたん形の胞子嚢をつけ、熟すと褐色になる。

ひょうたん-なまず【×瓢×箪×鯰】《「瓢箪で鯰を押さえる」から》とらえどころのないようす。要領を得ないようす。また、そのような人。◆歌舞伎舞踊別項。

ひょうたんなまず【瓢箪鯰】歌舞伎舞踊。長唄と常磐津の掛け合い。七変化「拙筆力七以呂波」の一。2世瀬川如皐作詞、10世杵屋六左衛門ら作曲。文政11年(1828)江戸中村座初演。瓢箪で鯰を押さえようとする大津絵の絵柄を舞踊化したもの。

ひょうたん-ぼく【×瓢×箪木】スイカズラ科の落葉低木。山地に生え、高さ約1.5メートル。葉は楕円形で対生。初夏、葉の付け根に二つずつ花をつける。花は先が5裂し、白色からのちに黄色に変わる。実は丸く、二つずつ並んで赤く熟し、有毒。庭木にされる。金銀木。

ひょう-ち【標置】〔名〕スル 目印となるように高くかかげること。転じて、気位を高くもつこと。「如何に高く自ら―するとも」〈漱石・吾輩は猫である〉

びょう-ち【×錨地】船が錨を下ろして停泊する所。停泊地。

ひょうちゃ-いん【評茶員】中国茶の種類・品質を鑑定する専門職。初級・中級・高級とあり、さらに上級の評茶師・高級評茶師とともに中国の国家資格。

ひょう-ちゃく【漂着】〔名〕スル ただよい流れて岸に着くこと。「無人島に―する」

ひょうちゃ-し【評茶師】中国茶の種類・品質を

鑑定する専門家の上級職。中国の国家資格。初級・中級・高級の評茶員の上に位置し、さらに最上位として高級評茶師の資格がある。

ひょう-ちゅう【氷柱】❶つらら。❷夏、室内を涼しくするために立てる角柱形の氷。こおりばしら。(類語)氷塊・氷河・氷山・氷・氷片・氷層・堅氷・薄氷・薄氷・薄ら氷・流氷・氷雪・氷霜・アイス・初氷

ひょう-ちゅう【評注｜評×註】文章・詩歌などに批評・注釈を加えること。また、そのもの。

ひょう-ちゅう【標注｜標×註】書物の欄外に書きしるした注釈。頭注や脚注。

ひょう-ちゅう【標柱】❶目じるしのために立てる柱。❷測量の際、目標または尺度とするために立てる長い棒。ポール。

びょう-ちゅう【病中】病気にかかっている間。

びょうちゅう-がい【病虫害】病原菌や害虫による作物などの被害。

ひょう-ちょう【表徴｜標徴】❶外面にあらわれたしるし。「普通選挙は民主主義の一だ」❷象徴。シンボル。表象。「平和の一」(類語)象徴・表象・シンボル

ひょう-ちょう【漂鳥】ある地域内で季節によって居所を変える鳥。山地で繁殖し、冬は平地で暮らすウグイス・ルリビタキ・ウソや、北日本で繁殖し、本州以南で越冬するシメ・マヒワなど。

ひょう-ちょうせき【氷長石】正長石の一種。透明で無色、または白色の短柱状結晶。

ひょう-ちん【氷▽枕】「こおりまくら」に同じ。

びょう-つぎて【×鋲継(ぎ)手】►リベット継ぎ手

ひょう-てい【評定】〔名〕スル 一定の基準に従って価値・価格・等級などを決めること。「勤務成績を一する」(類語)認定・判定・査定

ひょうてい-こ【氷底湖】南極の氷床の下にある巨大な湖。人工衛星によって、徐々に移動していることや、湖のうちのいくつかは水路でつながっていることが観測されている。

ひょうてい-しゃくど【評定尺度】学習結果・性格・態度などを客観的に評価・判定するときに、判断の基準として用いる尺度。

ひょうてい-ほう【評定法】数量的測定が困難な事象の質的差異・価値の程度を判定・選択し、順位づけを行う方法。

ひょう-てき【標的】❶射撃や弓術などに使うまと。❷攻撃目標。ターゲット。「敵の一になる」❸手本・模範・目標とするもの。「以て人民の由る可き一を示す者なかる可らず」〈福沢・学問のすゝめ〉

びょう-てき【病的】〔形動〕肉体や精神が健全でないさま。異常なまでに程度がはなはだしいさま。「一な太り方」「一な感受性」

ひょうてき-きかん【標的器官】ホルモンなどの作用を受ける器官。性ホルモンに対して、その受容体をもっている生殖器官など。

びょうてき-ギャンブリング【病的ギャンブリング】►病的賭博

びょうてき-とばく【病的賭博】貧困・家庭崩壊・個人生活の破綻など社会的に不利な状況に陥っても賭博を繰り返す精神疾患。依存症の一種。ギャンブル依存症。病的ギャンブリング。

ひょう-てん【氷点】❶水が氷結するとき、または氷が融解するときの温度。1気圧のもとではセ氏零度。❷一般に、物質の凝固点または融解点のこと。

ひょう-てん【評点】❶成績などを評価してつける点。❷評語と批点。「選者の一」(類語)点

ひょう-てん【標点】目印につける圏点。また、目印。

ひょう-でん【票田】選挙で、ある候補者に多数の得票が見込まれる地域を田に見立てていう語。

ひょう-でん【評伝】人物評をまじえた伝記。

ひょうてん-か【氷点下】水の氷点、すなわちセ氏零度以下の温度。零下。(季冬)

ひょうてん-こうか【氷点降下】►凝固点降下

ひょう-ど【表土】❶土壌の最上層部。風化が進んで有機物に富み、黒色を呈するのが普通。❷考古学で、遺跡の上を覆っている土層。

ひょう-ど〔副〕❶《「ひょうと」とも》勢いよく矢を射放つ音を表す語。ぴゅっと。「キリキリと引絞って一放てば」〈逍遥・美術論〉❷突然に。ひょいと。ひょっと。「ここにある人、一寄り来て言ふ」〈かげろふ・中〉

ひょう-とう【×剽盗】人をおどして金品や衣類を奪い取ること。また、その人。「畜群が一どものために一匹残らずさらわれて」〈中島敦・李陵〉

ひょう-とう【漂×蕩】〔名〕スル ❶水にただようこと。❷さまようこと。さすらうこと。漂泊。

ひょう-とう【標灯】目印につけた灯火。

ひょう-どう【×秤動】《「しょうどう」の慣用読み》天体が自転・公転するとき、回転が完全には一定にならず、ある角度内を振動する現象。釣り合った天秤が揺れ動くように運動するところからいう。

ひょう-どう【馮道】[882～954]中国、五代の政治家。景城(河北省)の人。字は可道。五代の乱れた世に5朝11人の君主に仕え、20年にわたって宰相を務め、民政に尽くした。ふうどう。

びょう-とう【×杪冬】《「杪」は、すえ、終わりの意》❶冬の終わり。晩冬。❷陰暦12月の異称。

びょう-とう【病棟】病院で、病室のある建物。

びょう-どう【×廟堂】❶祖先や先人の霊を祭る所。おたまや。みたまや。❷天下の政治をつかさどるところ。朝廷。(類語)廟・霊廟・霊屋・宗廟・聖廟

びょう-どう【平等】〔名・形動〕かたよりや差別がなく、みな等しいこと。また、そのさま。「利益を一に分配する」「男女一」(類語)公平・公正・公平無私

びょうどう-いん【平等院】京都府宇治市にある天台宗・浄土宗系の単立寺院。山号は朝日山。藤原道長の別荘であったものを永承7年(1052)道長の子頼通が寺に改め、翌年阿弥陀堂(鳳凰堂)を建立。開山は明尊。阿弥陀堂や堂内にある定朝作の阿弥陀如来像、51体の雲中供養菩薩などは国宝。梵鐘は日本三名鐘の一つ。平成6年(1994)「古都京都の文化財」の一つとして世界遺産(文化遺産)に登録された。

びょうどう-かい【平等界】仏語。すべてのものの間に差別のない世界。真如の世界。⇒差別界

びょうどう-かん【平等観】❶すべての物事に差別をつけない見方。❷仏語。とらわれのない空の立場に立って、すべての事物が平等であることを心に観ずること。従空入仮観。

びょうとう-クラーク【病棟クラーク】►医師事務作業補助者

びょうどう-けん【平等権】すべての国民が法の下に平等に取り扱われ、人種・信条・性別・社会的身分などによって差別されない権利。

びょうどう-しゅぎ【平等主義】すべてのものは平等であるとして、差別を認めない立場。

びょうどう-しん【平等心】仏語。すべての人々を平等にいとおしむ慈悲の心。

ひょう-とく【表徳】❶徳行・善行を世に広く知らせること。彰徳。「一碑」❷「表徳号」の略。「看板にする酒の一は定まったし」〈万太郎・続末枯〉

びょう-どく【病毒】病気の原因となる毒。病気をひき起こすもの。(類語)病原・病因・病根

ひょうとく-ごう【表徳号】徳行をあらわす号。また、雅号・あだ名など。

ひよう-とり【日×傭取り】日雇いで働くこと。また、その人。

びょう-なん【病難】病気にかかること。病気の災難。

びょう-にん【病人】病気にかかっている人。(類語)患者・クランケ・新患・怪我人・半病人

ひょうねんず【瓢鮎図】水墨画。如拙筆。応永22年(1415)以前の作。将軍足利義持の命により、瓢箪で鮎を押さえるという禅の公案を描いたもの。図上に大岳周崇ほか30人の禅僧の賛がある。京都妙心寺退蔵院蔵。

ひょう-のう【氷×嚢】氷片や水を入れて患部を冷やすのに用いるゴム製などの袋。こおりぶくろ。

ひょう-の-せん【氷ノ山】兵庫・鳥取県境にある山塊。主峰は須賀ノ山で標高1510メートル。

ひょうのせんうしろやまなぎさん-こくていこうえん【氷ノ山後山那岐山国定公園】兵庫・鳥取・岡山の3県境一帯の国定公園。中国山地の蘇武岳・氷ノ山・三室山・後山・那岐山や高清水高原などからなる。

ひょう-の-やま【標の山】大嘗祭のとき、大嘗宮の前に悠紀・主基の両国の役人が立ち並ぶ位置を示すための目印。山形に作り、榊・木綿・日月などの装飾を施したもので、各地の祭礼にみられる山・鉾などの原型とされる。標山。しるしのやま。

びょう-は【描破】〔名〕スル すべてを描きつくすこと。「真相を一している作品」

ひょう-ばい【×摽梅】《「詩経」召南・摽有梅から。梅の実が熟して落ちる意》女性の婚期を過ぎようとしていること。また、婚期にある男女。

ひょう-はく【表白】〔名〕スル ❶考えや気持ちなどを、言葉や文章に表して述べること。「心情を一する」❷►ひょうびゃく(表白)　(類語)(❶)表現・表す・表出・体現・具現・表明・名状・筆舌・発現・描出・形象化・言い表す・書き表す・形容する

ひょう-はく【漂白】〔名〕スル 色のついた繊維や食品などを天日にさらしたり、漂白剤を用いたりして白くすること。「布巾を一する」

ひょう-はく【漂泊】〔名〕スル ❶流れただようこと。「小舟が一する」❷所を定めずさまよい歩くこと。さすらうこと。流浪。「各地を一して歩く」「一の詩人」(類語)放浪・流浪・流離・漂流・浮浪・うろつく・さすらう・さまよう・出歩く・ほっつく・ほっつき歩く・ほっつき回る・ぶらつく・徘徊・彷徨・低回・右往左往

びょう-はく【×錨泊】〔名〕スル 船がいかりをおろして1か所にとどまること。碇泊。「湾内に一している船」

びょう-ばく【×渺漠】〔ト・タル〕図〔形動タリ〕広くて果てしのないさま。「一たる原野」

ひょうはく-ざい【漂白剤】漂白に使用する薬剤。酸化・還元を利用して色素を分解・変化させるさらし粉・亜硫酸・オゾンなどと、蛍光漂白剤がある。

ひょう-ばん【評判】〔名・形動〕スル ❶世間の人が批評して是非を判定すること。また、その判定。「一の高い作品」「一を落とす」❷世間でうわさをすること。また、そのうわさ。「一が立つ」「人々がさまざまに一する事件」❸世間の関心の的になっていること。名高いこと。また、そのさま。「今年一になった映画」「一な(の)働き者」

(類語)(❶)世評・評価・人気・受け・人受け・気受け・聞こえ・名・声聞・声名・名声・盛名・信・信頼・信任・信望・人望・定評・暖簾・覚え・名望・声望・徳望・人気・魅力・名誉・名聞・面目・体面・面子・一分・沽券・声価／(❷)噂・取り沙汰・風評・風説・風聞・外聞・人聞き・下馬評・世評・信用／(❸)人気・高名・著名・有名・名代・名うて・名高い・呼び声・英名・名聞・美名・令名・栄冠・栄光・栄誉・光栄・名誉・誉れ・栄え・光輝・栄名・声誉

びょう-はん【病斑】病虫害におかされた植物の茎・葉・果実などにできる斑紋。

ひょうばん-き【評判記】ある物事のうわさ・世評を書いた書物。江戸時代、明暦(1655～1658)ごろから遊女評判記が流行し、それにならって役者評判記などが成立。

ひょうばん-だおれ【評判倒れ】評判の高い割に、実質の伴わないこと。評判ほどではないこと。「一の三つ星レストラン」

ひょう-ひ【表皮】❶高等植物の表面を覆う1層または多層の細胞からなる組織。表皮組織。❷動物の皮膚の最表層の組織。真皮の外側にあり、人間では表面から角質層・淡明(透明)層・顆粒層・有棘層・基底層からなる。(類語)皮膚・皮・肌・はだえ・肌膚・地肌・上皮・外皮・スキン

ひょう-び【×豹尾】暦注の八将神の一。計都星の精で、この方角に畜類を探したり、大小便をしたりすることを忌む。

ひょうひ-こうか【表皮効果】高周波の電流

が導体を流れるとき、電流が導体の表面付近に集中する現象。実効的な抵抗は著しく増す。

ひょうひ-せいちょういんし【表皮成長因子】▶上皮成長因子

ひょうひせいちょういんし-じゅようたい【表皮成長因子受容体】▶上皮成長因子受容体

ひょうひ-だに【表皮×蜱】ヒョウヒダニ科のダニの総称。体長0.3ミリほど。室内のちりの中にすみ、その死骸や糞が気管支喘息などの原因になるといわれる。ちりだに。

ひょう-ひゃく〔名・形動〕《「表白」がわけのわからない文句を並べたてるところから。近世語》ざれごとを言うこと。また、そのさま。「大黒といふ人は一な福神にて大穴持の名にも似ぬ、小まち新造をどっと集め」〈洒・福神粋語録〉

ひょう-びゃく【表白】《「ひょうひゃく」とも》法会または修法の始めに、その趣旨を仏前で読みあげ、仏法僧の三宝および大衆に告げること。また、その文。ひょうはく。

ひょう-ひょう【×飄×飄】〔ト・タル〕図〔形動タリ〕❶風の吹くさまや、その音を表す語。「耳元で風が―と鳴り続けた」〈火野・土と兵隊〉❷風に吹かれてひるがえるさま。「風に揉まれる煙の如く―と舞いながら」〈谷崎・異端者の悲しみ〉❸足元がふらついているさま。また、目的もなくふらふらと行くさま。「船は流れのまにまに―と軽く行くのである」〈木下尚江・良人の自白〉❹考えや行動が世間ばなれしていて、つかまえどころのないさま。「前ぶれもなく―と現れる」「―たる風貌」
(類語)(❹)飄逸

ひょう-ひょう【×飆×飆】〔ト・タル〕図〔形動タリ〕風の激しく吹くさま。「―として吹く北天の風」〈独歩・愛弟通信〉

ひょう-びょう【×縹×渺┊×縹×緲┊×瞟×眇】〔ト・タル〕図〔形動タリ〕❶広くはてしないさま。「―たる雪の広野を隔てて」〈鏡花・註文帳〉❷かすかではっきりとしないさま。「慷慨節義の譚に、神仙―の趣を交ゆ」〈露伴・運命〉

びょう-びょう【×眇×眇】〔ト・タル〕図〔形動タリ〕❶小さいさま。取るに足りないさま。「―たる小吏」❷「渺渺」に同じ。「―たる蒼空」

びょう-びょう【×渺×渺】〔ト・タル〕図〔形動タリ〕果てしなく広いさま。遠くはるかなさま。「朝日が―たる波の彼方に昇ると船はからからと錨を揚げ」〈菊池寛・俊寛〉(類語)悠悠・渺茫・茫茫

びょう-びょう【×淼×淼】〔ト・タル〕図〔形動タリ〕水面の果てしなく広がるさま。「―たる大海原」

びょう-びょう〔副〕犬の吠える声を表す語。「群がる犬の数を尽くして、―とほえ立てる声を聞いた」〈芥川・偸盗〉

ひょうひょう-こ【×飄×飄×乎】〔ト・タル〕図〔形動タリ〕「飄飄❹」に同じ。「―とした、いかにも東洋的な諦めのよさをもった」〈里見弴・今年竹〉

ひょうひょう-ろうろう【×飄×飄×踉×踉】〔ト・タル〕図〔形動タリ〕目的もなくふらふらと歩くさま。「―たる旅の空」

ひょう-ぶ【兵部】「兵部省」の略。

びょう-ふ【病夫】病気の夫。また、病気の男性。

びょう-ふ【病父】病気の父。

びょう-ぶ【×屏風】《風を屏ぐ意》室内に立てて風をさえぎったり、仕切りや装飾に用いたりする調度。長方形の木の枠に紙・絹を張ったものを2枚・4枚・6枚などとつなぎ合わせ、折り畳めるようにしてある。多くは表面を絵や書で飾る。中世以後、左右二つを一双として、関連する図柄を描くようになった。(季冬)「向きかへてふたたび眠る―かな／万太郎」
(類語)衝立

びょうぶ-いわ【×屏風岩】屏風のようにある幅をもって垂直にそびえ立つ岩。

ひょう-ふう【×飄風┊×飆風】急に激しく吹く風。つむじかぜ。はやて。「僕は唯―に遇ったように、烈しく強く引きずり廻されているんだ」〈有島・宣言〉

飄風は朝を終えず驟雨は日を終えず　《「老子」23章から》つむじ風が朝の間じゅう吹きつづけることはないし、にわか雨が一日じゅう降りつづけることもない。不自然な出来事は長くは続かないというたとえ。

びょうぶ-うた【×屏風歌】屏風絵の主題に合わせて詠んだ歌。屏風に貼ったり描いたりした色紙形に書く。

びょうぶ-え【×屏風絵】屏風に描かれた絵。

びょうぶ-おさえ【×屏風押(さ)え】屏風を広げて立てるとき、倒れるのを防ぐために使用する鉛製または陶製の道具。

びょうぶ-が-うら【屏風ヶ浦】千葉県北東端、銚子市南岸から旭市飯岡にかけての太平洋岸。海食を受けてできた高さ40～50メートルの断崖が10キロメートルにわたって続く。浸食の多い海岸として知られる。水郷筑波国定公園の一部。名の由来は、東側の銚子半島方面からは屏風を立てたように見えることから。

びょうぶ-がえし【×屏風返し】「屏風倒し」に同じ。「鞍にたまらず伴之丞、―にどうと落ち」〈浄・鑓の権三〉

ひょうぶ-きょう【兵部×卿】兵部省の長官。

びょうぶ-さん【屏風山】青森県北西部、津軽半島西岸にある砂丘。南北約30キロ、東西3～5キロに広がる。西側の海岸寄りに平行して七里長浜が続く。屏風山砂丘。

ひょうぶ-しょう【兵部省】❶律令制で、太政官に属する八省の一。諸国の兵士・軍旅・兵馬・城・兵器などに関することをつかさどった。つわもののつかさ。❷明治2年(1869)に置かれた六省の一。同5年に陸軍省・海軍省となる。

びょうぶ-だおし【×屏風倒し】屏風の倒れるように、あおむけに倒れること。屏風返し。「ばたりと―に倒れる」

ひょう-ぶん【表文】君主などに上奏する文章。

びょう-へい【病兵】病気の兵士。

びょう-へい【病弊】物事の内部にひそむ弊害。「現代社会の―」

ひょう-へき【氷壁】氷河の末端や氷山などの絶壁。また、氷におおわれた岩壁。(季冬)

びょう-へき【病癖】病的なくせ。身についてなおらない悪いくせ。

ひょう-へん【×豹変】〔名〕スル《「易経」の「君子豹変す、小人は面を革む」による語。豹の斑文がくっきりしているように、君子ははっきりと過ちを改めるという意から》人の態度や性行ががらりと変わること。本来はよいほうへ変わるのに用いたが、現在では、よくないほうへ変わる意味でいうことが多い。「相手を見て態度を―させる」
(類語)一変・一転・急転・急変・激変・心機一転・変わる

びょう-へん【病変】病気による生体の変化。

ひようべんえき-ぶんせき【費用便益分析】主として公共投資計画について、その計画を実施すべきか否かの判断や代案間の比較評価のために適用される分析手法。実施主体以外のところで発生する社会的費用・便益についても考慮される。コストベネフィット分析。

ひよう-べんしょう【費用弁償】❶団体の職員が職務で出張したときに支払われる旅費。❷地方議会の議員が議会、委員会などに出席したときに自治体が支払う旅費。金額は条例で定める。

ひょう-ぼ【漂母】《洗濯をする老女が、貧窮の若い韓信に食事を恵み与えたという「史記」淮陰侯伝の故事から》食を恵む老女。

びょう-ほ【苗×圃】草木の苗を育てるための畑。(季春)

びょう-ぼ【病母】病気の母。

びょう-ぼ【×廟×謨】廟堂のはかりごと。朝廷の政策。

ひょう-ほう【兵法】▶へいほう(兵法)

ひょう-ぼう【標×榜】〔名〕スル❶善行をほめたたえ、その事実を記した札を立てて世に示すこと。また、その札。❷主義・主張などをはっきりと掲げ示すこと。「自由と民主主義を―する政党」

びょう-ほう【描法】描写の技法。絵や文章のえがき方。(類語)画法・技法・手法

びょう-ぼう【×渺×茫】〔ト・タル〕図〔形動タリ〕遠くはるかなさま。広く果てしないさま。「夕の海は―として」〈風葉・恋ざめ〉(類語)悠悠・渺渺・茫茫

ひょうぼう-か【標×榜科】病院・診療所などの医療機関が、医療法等の規定に基づいて、広告に表示できる診療科の名称。施設内での診療科名とは必ずしも一致しない。標榜診療科。

ひょうぼう-しんりょうか【標×榜診療科】▶標榜科

ひょう-ぼく【標木】目印にする木。

ひよう-ほけんきん【費用保険金】損害保険で、損害を受けた建物や家財などの撤去あるいは一時的な引っ越しの費用などに対して支払われる保険金。➡損害保険金

びょう-ぼつ【病没┊病×歿】〔名〕スル 病気で死ぬこと。病死。「異郷で―する」(類語)病死

ひょう-ほん【標本】❶見本。典型。代表的な例。「俗物の―のような男」❷生物・鉱物などを、研究資料とするために、適当な処理をして保存できるようにしたもの。アルコール・ホルマリンなどにつける液浸標本、乾燥による押し葉標本や剝製標本・プレパラート標本などがある。❸標本調査で、全体の中から調査対象として取り出した部分。見本。サンプル。
(類語)(❷)剝製

ひょうほん-か【標本化】《sampling》▶サンプリング

ひょうほんか-しゅうはすう【標本化周波数】▶サンプリング周波数

ひょうほん-ちゅうしゅつ【標本抽出】標本調査を行う際、母集団の中から一部を標本として取り出すこと。サンプリング。

ひょうほん-ちょうさ【標本調査】標本抽出をして調査を行い、その分析から確率論的に全体を推測する方法。サンプリング調査。➡全数調査

ひょうほん-むし【標本虫】❶甲虫目ヒョウホンムシ科の昆虫の総称。体長2～5ミリ。体は卵形または円筒形で頭部は小さく、黒色から黄褐色。乾燥した動植物質を餌とする。❷動物の乾燥標本や乾燥食品を食害する昆虫。カツオブシムシなど。

びょう-ま【病魔】病気を魔物にたとえていう語。「―に冒される」(類語)病・疾病・疾患・患い・障り・持病

ひょうま-し【兵▽馬司】律令制で、兵部省に属し、牧馬・兵馬・駅伝の馬、その他公私の馬牛のことをつかさどった役所。大同3年(808)馬寮に合併。つわもののうまのつかさ。

ひょうま-づ・く〔動カ四〕小馬鹿にしておどける。ちゃかす。「諫言申すがお気に入らぬか、―・いたる御詞」〈浄・千匹犬〉(補説)歴史的仮名遣いは未詳。「ひゃうまづく」または「へうまづく」か。

びょう-まん【×渺漫】〔ト・タル〕図〔形動タリ〕果てしなく広がっているさま。渺渺。「暴水漲り田地を浸して稲の穂を没し、―として沼の如く」〈鉄腸・南洋の大波瀾〉

ひょう-みん【氷眠】〔名〕スル 生きている魚を、零度近い水中に入れて活動できない状態にすること。魚の疑似冬眠。活魚の輸送手段に用いる。

ひょう-む【氷霧】「こおりぎり」に同じ。

ひょう-めい【表明】〔名〕スル 自分の考え・決意などを、はっきりあらわし示すこと。「引退を―する」
(類語)表現・表す・表出・体現・具現・表白・名状・筆舌・発現・描出・形象化・言い表す・書き表す・形容する

びょう-めい【病名】病気の名。

ひょう-めん【氷面】氷の表面。

ひょう-めん【表面】❶物の外側をなす面。おもて。「月の―」「液体の―」⇔裏面。❷物事の、外から見える部分。表立つところ。うわべ。「―を飾る」「事が―に出る」「―的な見方」⇔裏面。
(類語)(❶)表・面・面・上面・上側・上面・界面・表層／(❷)表・外・外面・上辺・上面・上皮・外観・外見・外見・見掛け・見た目・皮

相・表層・現象・表向き・みてくれ・見栄え・なりふり

ひょうめん-か【表面化】〔名〕スル 隠れていた物事が、おもてに現れること。「内部の主導権争いが一する」 (類語)表沙汰

ひょうめん-かっせいざい【表面活性剤】 ▶界面活性剤

ひょうめん-きんり【表面金利】 金融機関が貸し出しを行うとき、借主との間で約定した金利。

ひょうめん-こうか【表面硬化】 金属表面を硬化させて摩耗や衝撃に対する抵抗を強くすること。

ひょうめん-しょり【表面処理】 材料の表面を硬化・美化・平滑化・耐食化するなど、その状態を改善するための処理。めっき・塗装など。

ひょうめん-ぜいりつ【表面税率】 所得金額など一定の課税標準に対し、税法上規定されている税率。➡実効税率

ひょう-めんせき【表面積】 立体の表面の面積。

ひょうめん-だんせいは【表面弾性波】 ▶弾性表面波

ひょうめんだんせいは-フィルター【表面弾性波フィルター】 ▶弾性表面波フィルター

ひょうめん-ちょうりょく【表面張力】 液体に働く、その表面積をできるだけ小さくしようとする力。分子間の引力によって、表面の分子が内部から引かれるために起こる。

ひょうめんちょうりょく-は【表面張力波】 液体の表面の上下動に対し、復元力として表面張力が重力に比べて大きく寄与する波。さざ波。➡重力波

ひょうめんでんかい-ディスプレー【表面電界ディスプレー】 ▶エス-イー-ディー(SED)

ひょうめん-は【表面波】 ❶液体の表面に起こる波。波長に比べて深さが十分に大きい重力波をいう。風浪・うねりなど。❷媒質の表面または境界面を伝わる波。地表を伝わる地震波など。

ひょうめん-りりつ【表面利率】 債券に記載されている利率のこと。額面金額に対する年率で表示する。クーポンレート。➡利回り (補説)金融市場で流通する金融商品の購入額はその額面金額とは一致しない。購入金額ではなく、額面金額に対する利率であるところからこのように呼ばれる。

ひょう-もく【標目】 ❶目印。めあて。目標。❷目録。目次。❸標題。

びょう-もく【眇目】 すがめ。または、片目。

ひょう-もん【平文¦評文】 ❶(平文)漆器の加飾法の一。金銀などの薄板を文様に切って漆面にはり、漆で塗り埋めてから、その部分を研ぎ出すなどして文様を表す。奈良時代に唐から伝わり、平安時代に盛行。ひらもん。❷装束に用いた、彩色や刺繍による種々の色の組み合わせ文様。

ひょう-もん【豹文¦豹紋】 豹の毛皮の斑文。また、そのような文様。

ひょうもん-ちょう【豹紋蝶】 ❶ヒョウモンチョウ亜科の昆虫。翅は開張5～6センチ、橙黄褐色の地に黒紋が散在する。山地や高原に多く、低い所を飛び、花に集まる。幼虫の食草はワレモコウ。なみひょうもん。❷鱗翅目タテハチョウ科ヒョウモンチョウ亜科の昆虫の総称。ヒョウモンチョウ、アサヒヒョウモンなど。

ひょう-や【氷野】「氷原」に同じ。

びよう-やなぎ【未央柳】・【美容柳】 オトギリソウ科の半落葉低木。高さ約1メートル。キンシバイに似るが、葉は長楕円形で先が丸い。夏、黄色い5弁花を開き、多数の長い雄しべが群がり立つ。中国の原産で、庭木などにする。金糸桃。(季 夏)

ひょう-ゆう【飄遊】〔名〕スル 目的もなくあちこち旅して回ること。「一はわが天性である」〈藤村・桜の実の熟する時〉

びょう-ゆう【病友】 ❶病気にかかっている友人。❷同じ病院で一緒に治療を受けている人。また、同じ病気にかかっている人。

びょう-よ【病余】 病気が治ったばかりのこと。「一の静養」

ひょう-よみ【票読み】〔名〕スル ❶票の数を数えること。「投票を締め切って一にはいる」❷選挙などで、得票数の予想を立てること。「一しにくい選挙」

びょう-よみ【秒読み】 ❶時間の経過を秒単位で読みあげること。特に、開始や終了の時刻までを秒ごとに読みあげること。❷時間的に間近に迫っている状態にあること。「選挙もいよいよ一の段階だ」

ひょう-らく【漂落¦飄落】〔名〕スル ただよいさすらうこと。また、落ちぶれること。

ひょう-らん【兵乱】 ▶へいらん(兵乱)

ひょう-り【表裏】〔名〕スル ❶表と裏。また、その関係にあること。「一をなす」「喜びと一して悲しみがある」❷外面と内実とで違いがあること。人前での言動と内心とが相違すること。うらおもて。「一のある人」 (類語)裏表・反対・陰日向・背中合わせ・裏腹・面従腹背

びょう-り【病理】 病気の原因・過程に関する理論的な根拠。

びょうり-い【病理医】 生検や病理解剖などを行って、病気の原因・過程を診断する専門の医師。

ひょうり-いったい【表裏一体】 相反する二つのものが大もとでは一つであること。また、二つのものの関係が密接で切り離せないこと。「官民が一となって開発を進める」

びょうり-かいぼう【病理解剖】 病死者の死因、病気の種類やその本態、治療効果などを解明するために行う解剖。剖検。

びょうり-かいぼうがく【病理解剖学】 疾病に際して現れる組織・臓器の変化を解剖学的、形態学的に研究する病理学の一分野。

びょうり-がく【病理学】 病気の種類やその本態を、主に解剖学的、組織学的に追究する医学の一分科。

びょうり-けんさ【病理検査】 疾病の診断を行うために、患者から採取した臓器・組織・細胞などを詳しく調べること。内視鏡や手術で取り出した臓器や組織を調べる病理組織検査、尿・喀痰などに含まれる細胞や粘膜・病変部から採取した細胞を顕微鏡で観察する細胞診検査、死因の解明などを目的として行う病理解剖などがある。

びょうり-せいりがく【病理生理学】 病的な状態にある生体について、生理学の手法を用いて研究する病理学の一分野。病態生理学。

びょうり-てき【病理的】〔形動〕病理にかかわるさま。また、病気が原因であるさま。「一な解明」「一な原因」

ひょうり-もの【表裏者】 うらおもてのある者。裏切り者。「卑怯至極の一。甘き詞に我を欺き」〈浄・矢口渡〉

ひょう-りゃく【剽掠¦剽略】 おどかしてかすめとること。「深夜外館を襲い火を放て一を極め」〈東海散士・佳人之奇遇〉

ひょう-りゅう【漂流】〔名〕スル ❶風や潮のままに海上をただよい流れること。「ボートで一する」❷あてもなくさすらい歩くこと。放浪。「一生活」 (類語)流れる・うろつく・さすらう・さまよう・出歩く・ほっつく・ほっつき歩く・ほっつき回る・ぶらつく・徘徊・彷徨・低回・流浪・放浪・漂泊・流離・浮浪・右往左往

ひょう-りょう【秤量】〔名〕スル《「しょうりょう」の慣用読み》❶「称量」に同じ。「薬を一する」❷はかりで正確にはかることのできる最大限の重さ。「一二〇キロのはかり」 (類語)計る・測定・計測・計量・秤量・実測・計時・目測

ひょうりょう-かへい【秤量貨幣】 ▶称量貨幣

ひょうりょう-びん【秤量瓶】 固体・液体などの試料を密閉し、精密に秤量するための小形のびん。

ひょう-りん【氷輪】 氷のように冷たく輝く月。

ひょう-りん【評林】 評論を集めた書物。

ひょう-れい【憑霊】 霊魂がとりつくこと。

ひょう-れい【飄零】〔名〕スル ❶花びらや葉がひらひらと落ちること。❷おちぶれること。

びょう-れき【病歴】 患者の既往症・現症・経過・検査所見・治療などの記録。カルテに記載される。

ひょう-ろう【兵糧¦兵粮】 ❶陣中における軍隊の食糧。「一が尽きる」❷一般に、食糧。また、活力のもとになるもの。

ひょう-ろう【漂浪】〔名〕スル さすらうこと。さまよいあるくこと。放浪。「賭場から賭場を、一緒に一して歩いた忠次迄が」〈菊池寛・入れ札〉

ひょうろう-ぜめ【兵糧攻め】 敵の食糧補給路を断ち、兵糧を欠乏させることによって打ち負かす攻め方。食攻め。

ひょうろう-まい【兵糧米】 戦時の兵糧に当てる米。特に中世、その目的で諸国に課徴した米。

ひょう-ろく【表六】・【兵六】 まぬけなこと。また、まぬけな人。おろか者。

ひょうろく-だま【表六玉】・【兵六玉】「表六」に同じ。

ひょう-ろん【評論】〔名〕スル 物事の価値・善悪・優劣などを批評し論じること。また、その文章。「時局を一する」「文芸一」 (類語)論評・批判・評価・評・講評

ひょうろん-か【評論家】 評論を仕事にしている人。批評家。「政治一」 (類語)著作家・文筆家・ライター・コラムニスト・ジャーナリスト

ピョートル〖Pyotr Alekseevich〗(1世)［1672～1725］ロシア皇帝。在位1682～1725。大帝と称される。西欧の文明・技術の摂取に努め、軍隊の整備、中央集権化、産業の育成などロシアの近代化を推進、ペテルブルグを建設した。また、北方戦争やトルコとの戦争を通して領土を拡大、ロシアを北方の強国とした。ペートル。

ひ-よく【比翼】 ❶「比翼の鳥」の略。❷「比翼仕立て」の略。❸「比翼紋」の略。

ひ-よく【肥沃】〔名・形動〕土地が肥えていて、農作物がよくできること。また、そのさま。「一な地」 (類語)豊沃・豊饒

び-よく【尾翼】 飛行機などの後端付近に取り付けられた翼。ふつう垂直尾翼と水平尾翼からなる。

び-よく【鼻翼】 鼻のあたまの両側にあり、ふくれている部分。小鼻。

ひよく-ギセル【比翼ギセル】 ❶雁首が一つで吸い口が二つに分かれていて、男女が同時に喫煙することのできるキセル。❷1本のキセルで男女が仲よくタバコをすうこと。「慰みに、一の薄煙」〈浄・冥途の飛脚〉

ひよく-ござ【比翼茣蓙】 並んで寝られるように寝ござを2枚並べて縫い合わせたもの。

ひよく-じたて【比翼仕立て】 ❶洋裁で、上前の打ち合わせを二重にし、隠しボタン・隠しジッパーにする仕立て。コートなどに用いる。❷和裁で、襟・袖口・振り・裾を二重にし、2枚の長着を重ねたように見せる仕立て。人形仕立て。

ひよく-そう【比翼草】 ゴマノハグサ科の多年草。日当たりのよい山地に生え、高さ30～60センチ。全体に白い毛がある。葉は卵円形で対生。夏、葉のわきから一対の柄を出し、淡紫色の小花を総状につける。

ひよく-づか【比翼塚】 愛し合って死んだ男女を一緒に葬った塚。

ひよく-づくり【比翼造(り)】 神社建築の形式の一。本殿内部は仏殿の形式をとり、それに拝殿が付され、本殿の屋根の左右に千鳥破風を二つ前後に並べたもの。吉備津神社が典型。吉備津造り。

ひよく-ど【肥沃土】 農作物がよくできる肥えた土。

ひよく-どり【比翼鳥】 フウチョウ科の鳥。全長18センチくらい。雄は背面が赤く、胸のわきに扇形の緑色の飾り羽をもち、尾は中央羽根が線状で著しく長い。雌は全体に茶褐色。ニューギニアの森林に分布。

ひよく-の-とり【比翼の鳥】 ❶雌雄それぞれが目と翼を一つずつもち、2羽が常に一体となって飛ぶという、中国の空想上の鳥。夫婦の仲のよいことにたとえられる。❷極楽鳥の別名。

ひよく-ひば【比翼檜葉】 サワラの園芸品種。常緑小高木で、高さ約3メートル。枝は糸のように垂れ、葉はうろこ状。庭園に植えられる。いとひば。

ひよく-もん【比翼紋】 相愛の男女がそれぞれの紋所を組み合わせた紋。二つ紋。

ひょぐ・る〔動ラ四〕小便などを勢いよく出す。「馬士(まご)うしろを向きて—・りながら」〈滑・膝栗毛・四〉

ひよく-れんり【比翼連理】比翼の鳥と、連理の枝。夫婦の仲のむつまじいことのたとえ。男女の深い契り。

ひ-よけ【日▽除け｜日▽避け】❶日光の直射をさえぎること。また、そのために用いるもの。「窓の—を下ろす」(季 夏)「日の二時の木のかげやどす—かな/万太郎」❷日傘のこと。(類語)ブラインド・日覆い・簾(すだれ)

ひ-よけ【火▽除け】❶火事の延焼を防ぐこと。また、そのためのもの。❷火炎を防ぐ神符。火伏せ。

ひよけ-ざる【日▽避猿】皮翼目ヒヨケザル科の哺乳類。分類上、サル類とコウモリ類との中間に置かれることが多い。体長約40センチ、尾長約25センチ。体側にある飛膜を広げて滑空する。植物食で、夜行性。フィリピン・マレーなどの森林に分布。こうもりざる。ねこざる。

ひよけ-ち【火▽除け地】江戸時代、江戸において火事の延焼を防ぐため、また、避難所として設けた空き地。特に享保期(1716〜1736)に多数設定された。

ひよ-こ【×雛】❶卵からかえって間のない鳥。特に、鶏のひな。ひよっこ。❷まだ一人前でない者。幼稚・未熟な者。ひよっこ。「—のくせに生意気な口をきくな」(類語)子供・青二才・豎子(じゅし)・小僧(こぞう)っ子・洟(はな)垂らし・世間知らず・ねんね

ひょこ-ひょこ〔副〕❶小刻みに、はねるように動くさま。ぴょこぴょこ。「幼児が—(と)歩く」❷しきりに頭を上下するさま。ぴょこぴょこ。「弁解しながら頭を—(と)下げる」❸身軽に、また軽い気持ちで出歩くさま。「どこでも—(と)出かけて行く」

ぴょこ-ぴょこ〔副〕❶「ひょこひょこ❶」に同じ。「走るたびにおさげ髪が—(と)揺れる」❷「ひょこひょこ❷」に同じ。「—(と)頭を下げてまわる」

ひよこ-まめ【×雛豆】マメ科の蔓性(つるせい)の一年草。高さ約60センチ。葉は羽状複葉。花は白や紫青色。さやの中に数粒の豆ができ、食用。豆の一端がとがっていて、ひよこの頭を思わせる。ペルシアの原産で、インドなどで栽培。

ぴょこん〔副〕❶弾みをつけて軽く動作をするさま。「—とおじぎをする」❷一つだけ不意に現れ出るさま。また、一つだけ飛び出ているさま。「うしろの毛が—と立っている」

ひよし-じんじゃ【日吉神社】►日吉大社(ひよしたいしゃ)

ひよし-たいしゃ【日吉大社】滋賀県大津市にある神社。旧官幣大社。祭神は東本宮に大山咋神(おおやまくいのかみ)、西本宮に大己貴神(おおなむちのかみ)。全国日枝(日吉)(ひえ)神社の総本社。当社を中心に日吉神道(山王一実(いちじつ)神道)が発生。東・西本宮本殿は国宝。4月14日の山王祭は有名。ひえ大社。日吉山王。山王権現。

ひよし-づくり【日▽吉造(り)】►ひえづくり

ひよしまる【日吉丸】豊臣秀吉の幼名。

ヒヨス《学名、(ラテ) Hyoscyamusから》ナス科の一・二年草。高さ約1メートル。全体に毛が密生する。葉は長卵形で羽状に浅く裂けていて、主脈が白い。初夏、汚黄色で壺状の花を横向きに開く。花の内面奥は紫色。ヨーロッパの原産。全体にアルカロイドを含み、葉を鎮痛薬などに利用する。(補説)「菲沃斯」とも書く。

ひょっくり〔副〕「ひょっこり」に同じ。「駅前で旧友に—(と)出会った」

ひよっ-こ【×雛】「ひよこ」に同じ。「—のくせにでしゃばるな」

ひょっこり〔副〕思いがけなくそのことが起きるさま。「—(と)現れる」「—(と)思い出す」
(類語)偶然・たまたま・たまさか

ひょっ-と〔副〕❶不意に。思いがけず。また、うっかり。「—立ち上がる」「—口に出す」❷もしかして。万一。「あなたは—、佐藤と云う男を知っちゃ居ませんか」〈風葉・青春〉❸物が突き出たり飛び出たりするさま。「額の一出たも、かづきの着ぶりがよいものなり」〈浮・胸算用・二〉(類語)思わず・思わず知らず・つい・知らず知らず・無意識・うっかり

ひょっとこ《「ひおとこ(火男)」の音変化》❶火吹き竹で火を吹くときのように口をとがらせ、一方の目が小さい、こっけいな顔をした男の仮面。また、その仮面をつけた里神楽の道化役。❷男性をののしっていう語。「あの—野郎めが」

ひょっと-したら〔副〕もしかしたら。「—そこで会えるかもしれない」

ひょっと-して〔副〕もしかして。もしや。「—道に迷ったら大変だ」(類語)もしかすると・ひょっとすると・もしかして・あるいは

ひょっと-すると〔副〕「ひょっとしたら」に同じ。「—あの人が犯人かもしれない」
(類語)もしかすると・あるいは・もしかして・ひょっとして

ひよ-どり【×鵯】スズメ目ヒヨドリ科の鳥。全長26センチくらい。全体に暗青灰色で、目の後ろに褐色の斑がある。ピーヨピーヨと大きな声で鳴き、波形を描いて飛ぶ。低山から平野にかけて広く分布し、冬は暖地に移動。木の実や花の蜜を好む。ひよ。ひえどり。(季 秋)「—は磧(かわら)につづく林より/犀星」

ひよどりごえ【鵯越】神戸市の市街地から六甲山地の西を越えて北方へ向かう山路。源義経の奇襲で知られる「鵯越の逆落(さかお)とし」の地。

ひよどり-じょうご【×鵯上戸】(ヒヨドリジョウゴ) ナス科の蔓性(つるせい)の多年草。野原などに生える。全体に軟毛が密生し、葉柄で他に絡みつく。葉は卵形。夏から秋、葉と対生して花柄を出し、白い花を下向きにつける。花びらは5裂し、反り返る。実は丸く、紅色に熟し、有毒。実をヒヨドリが食う。(季 秋｜花=夏)

ひよどり-ばな【×鵯花】キク科の多年草。山野に生え、高さ1〜2メートル。葉は長楕円形で縁にぎざぎざがあり、対生する。8〜10月、白色か淡紫色の頭状花が多数集まってつく。(季 秋)

ひよ-ひよ〔副〕❶ひな鳥が弱々しく鳴く声を表す語。「巣の中でひなが—(と)鳴く」❷弱々しく動くさま。ひくひく。「赤ん坊の泉門が—(と)動く」

ぴよ-ぴよ〔副〕ひな鳥などの鳴き声を表す語。「えさをねだってひよこが—(と)鳴く」

ひ-よみ【日読み】《日を数える意》❶暦(こよみ)。❷十二支の異称。(類語)(❶)カレンダー・暦・日めくり

ひよみ-の-うま【日読みの▽午】暦に用いる「ウマ」、すなわち「午」の字を、「馬」の字と区別していう語。

ひよみ-の-とり【日読みの×酉】❶《日読みに用いる「酉」の字という意》「酉」の字を「鳥」「隹(ふるとり)」と区別していう語。❷《「酒」の字のつくりが「酉」であるところから》酒のこと。

ひよ-めき【顖=門｜顋=門｜題=門】幼児の頭蓋骨の泉門(せんもん)のこと。骨がまだ接合していないために脈動に合わせてひくひく動く、頭頂のやわらかい部分。おどりこ。そうもん。

ひ-より【日-和】❶空模様。天気。「—をうかがう」❷晴れたよい天気。晴天。また、なにかをするのに、ちょうどよい天気。「待てば海路の—あり」「小春—」「行楽—」❸物事の成り行き。雲行き。形勢。「—を見る」❹「日和下駄」の略。(類語)気候・気象・季候・時候・陽気・寒暖・寒暑・天候・天気・風土・空

ひより【×莩】アシの茎の中にある薄い白皮。

ひより-げた【日-和下▽駄】歯の低い差し歯下駄。主に晴天の日に履く。

ひより-み【日-和見】❶有利なほうにつこうと、形勢をうかがうこと。❷空模様を見ること。また、その役の人。「夢もむすばずありしに、—に起こされ」〈浮・一代男・三〉(類語)(❶)御都合主義・日和見主義

ひよりみ-かんせん【日-和見感染】抵抗力が弱まったため、普通は病原性を示さない菌による感染が起こること。

ひよりみ-しゅぎ【日-和見主義】自分に都合のよいほうへつこうと、形勢をうかがう態度をとること。機会主義。オポチュニズム。(類語)御都合主義・日和見

ひより-もうし【日-和申し】(もうし) ►天気祭り

ひより-やま【日-和山】江戸時代、船乗りが出帆の適否を判断するため、日和見に利用した港付近の小山。

ひ-よ・る【日=和る】〔動ラ五〕《名詞「ひより(日和)」の動詞化》日和見❶をする。また一般に、積極的にかかわらないで傍観する。「—・って体制側につく」「—・ってないで少しは手伝え」

ビョルンソン【Bjørnstjerne Bjørnson】[1832〜1910]ノルウェーの小説家・劇作家。政治運動でも活躍。1903年ノーベル文学賞受賞。小説「日向丘の少女」「アルネ」、戯曲「人力以上」など。

ひょろ・ける〔動カ下一〕足もとがしっかりしないでよろめく。ひょろひょろする。「酔って—・ける」

ひょろ-つ・く〔動カ五(四)〕足もとが定まらないでひょろひょろする。「病み上がりで足が—・く」
(類語)ふらつく・よろける・よろめく

ひょろ-なが・い【ひょろ長い】〔形〕ひょろひょろと、細くて長い。「—・い手足」

ひょろ-ひょろ ❶〔副〕(スル) ❶足もとが定まらず、危なっかしいさま。「酔って足もとが—(と)している」❷細長く伸びて弱々しく感じられるさま。「—(と)した草」❷〔形動〕❶❷に同じ。「—な都会っ子」(アクセント)❶はヒョロヒョロ、❷はヒョロヒョロ。(類語)ひょろり・ほっそり・細い

ひょろり〔副〕❶足がよろめくさま。「—とよろける」❷細長く伸びているさま。「—としたからだつき」
(類語)ひょろひょろ・ほっそり・細い

ひ-よわ【ひ弱】〔形動〕(文)〔ナリ〕ひ弱いさま。いかにも弱々しいさま。「生まれつき—な子供」
(類語)弱い・虚弱・羸弱(るいじゃく)・低弱(ていじゃく)・病弱

ひ-よわ・い【ひ弱い】〔形〕(文)ひよわ・し〔ク〕もろくて弱い。いかにも弱々しい。「—・い構造」「—・いからだつき」
(派生)ひよわげ〔形動〕ひよわさ〔名〕(類語)柔(やわ)い・柔(やわ)・軟弱・脆弱(ぜいじゃく)・繊弱・孱弱(せんじゃく)・華奢(きゃしゃ)・か弱い

ビヨン【François Villon】[1431ころ〜1463ころ]フランスの詩人。殺人・窃盗などを犯し、入獄と放浪の生涯を送る。悔恨と恐れ、揶揄(やゆ)と嘲笑、祈りと諦念の込められた作品を発表した。作「形見」「遺言詩集」など。

ぴょん〔副〕身軽に飛び跳ねるさま。「溝を—と飛び越える」

ピョンアン-ナムド【平安南道】朝鮮民主主義人民共和国西部、黄海に臨む道(ど)。道庁所在地は平城(ピョンヤン)。へいあんなんどう。

ピョンアン-プクド【平安北道】朝鮮民主主義人民共和国西部の道(ど)。黄海に臨み、北は鴨緑江(おうりょくこう)を隔てて中国と接する。道庁所在地は新義州(シンウィジュ)。へいあんほくどう

ビヨンド-ライト【beyond right】以遠権。航空協定で認められる国際航空運送上の権利で、相手国内地点からさらに第三国内地点に至る運送権。

ひょん-な〔連体〕思いがけないさま。意外な。妙な。「—縁で知り合いになる」「—気を起こす」

ひょん-の-き【ひょんの木】イスノキの別名。

ぴょん-ぴょん〔副〕身軽に繰り返し飛び跳ねるさま。「ウサギが—(と)跳ねる」

ピョンヤン【平壌】朝鮮民主主義人民共和国の首都。直轄市。大同江下流に位置し、機械などの工業が盛ん。427年に高句麗(こうくり)の首都となって以来、文化・経済の中心地。人口、258万(2008)。へいじょう。

ひら【▽片｜▽枚】《「平(ひら)」と同語源》❶〔名〕紙・葉・花弁など、薄くて平らなもの。「白き赤きなど掲焉(けちえん)なる—は」〈源・梅枝〉❷〔接尾〕助数詞。薄くて平らなものを数えるのに用いる。「一—のバラの花弁」

ひら【平】❶〔名〕❶たいらであること。また、そのもの。「手の—」「—積み」「—屋」❷普通であること。並みであること。また、組織などで、役職についていないこと。「入社以来—に甘んじている」「—侍」❸建物の大棟(おおむね)に平行な側面。(対)妻。❹「平椀(ひらわん)」の略。おひら。❺「平土間」の略。❻「平織(ひらお)り」の略。❷〔接頭〕動作性の意の名詞に付いて、ただひたすらに…する、の意を表す。「—あやまり」「—攻め」

ひら【曹=白=魚】ニシン科の海水魚。全長約50センチ。体高が高く、側扁し、しりびれの基底が長い。背側は暗青色、腹側は銀白色。九州以南に産する。中国では曹白魚(ツァオパイユイ)・鰳魚(ロイユイ)と称し、塩漬けや干物にして賞味する。

びら【▽片｜▽枚】❶広告・宣伝のために、人目につく所に掲げるはり紙。ポスター。❷広告・宣伝のために人に配る紙片。ちらし。「—をまく」

(類語)ポスター・パンフレット・小冊子・散らし

ビラ〖villa〗郊外や田舎の屋敷。別荘。

ひら-あしだ【平足駄】歯の低い足駄。下駄。

ビラージュ〖フランス village〗村。村落。ビレッジ。

ビラ-アドリアーナ〖Villa Adriana〗イタリアの首都ローマの東北東の町、チボリにある古代ローマ時代の遺跡。ローマ皇帝ハドリアヌスの別荘として2世紀に建造。ギリシャの風景を模した庭園やエジプトの神殿を模した建物などが残っている。1999年に世界遺産(文化遺産)に登録された。

ひら-あみ【平編み】❶筒状でなく平らに編まれた編物の総称。❷一般にメリヤス編みといわれる表裏の編み目が異なる編み方。

ひら-あやまり【平謝り】ひたすら謝ること。「—に謝る」(類語)謝る・謝する・わび・わび言・わびる・陳謝・謝罪・多謝・恐縮

ピラール-せいぼきょうかい【ピラール聖母教会】《Catedral de Nuestra Señora del Pilar de Zaragoza》▶ヌエストラセニョーラ-デル-ピラール聖堂

ピラール-ひろば【ピラール広場】《Plaza del Pilar》スペイン北東部、アラゴン州の都市サラゴサの旧市街にある広場。ヌエストラセニョーラ-デル-ピラール聖堂、サラゴサ大聖堂、市庁舎に面する。毎年10月、聖母ピラール像に献花を行う同地方最大の祭り、ピラール祭が催される。

ビラ-アンジョリーナ〖Villa Angiolina〗クロアチア北西部、イストラ半島の町オパティヤにある建物。19世紀半ば、リエカの豪商イジニオ=スカルパにより建造。オーストリア-ハンガリー帝国の王侯貴族たちが訪れ、オパティヤが温暖な海岸保養地として知られる契機になったといわれる。

ひ-らい【飛来】〘名〙スル 飛んで来ること。「ハクチョウが—する」(類語)飛ぶ・翔る・飛行・飛翔・滑空・天翔る・高翔する・滑翔する・舞う

ひ-らい【避雷】落雷を避けること。かみなりよけ。

ひらい-いっかん【飛来一閑】[1578～1657]江戸初期の漆工。明の人で、寛永年間(1624～1644)日本に帰化。一閑張りを創始し、子孫も代々その業を継いだ。

ひらい-き【避雷器】落雷などによって電気回路にかかる異常な高電圧から電気機器を守るための装置。回路と大地とを接続して、大地に放電させるもの。

ひらい-ごんぱち【平井権八】[?～1679]江戸初期の浪人。もと鳥取藩士。同僚を殺害して逃亡し、江戸へ出て悪事を働き、磔刑に処された。歌舞伎などに登場する白井権八のモデル。

ひら-いし【平石】❶表面の平らな石。❷鉄平石の異称。

ひらい-しん【避雷針】建造物を落雷から守るために屋上などに立てる、先のとがった金属棒。導線で地面と接続し、地中へ放電させる。避雷柱。

ひらいずみ【平泉】岩手県南部、西磐井郡の地名。北上川が貫流する。奥州藤原3代の栄えた地。平成23年(2011)、「平泉—仏国土(浄土)を表す建築・庭園及び考古学的遺跡群」の名で、中尊寺・毛越寺・観自在王院跡・無量光院跡・金鶏山の5件が世界遺産(文化遺産)に登録された。

ひらいずみ-ちょう【平泉町】▶平泉

ひらい-ちゅう【避雷柱】▶避雷針

ひら-いと【平糸】「釜糸」に同じ。

ひら-いり【平入り】建物の平、すなわち大棟と平行な面に出入り口のあるもの。⇔妻入り。

ひらいわ-ゆみえ【平岩弓枝】[1932～]小説家・劇作家。東京の生まれ。親しみやすいタッチで幅広いテーマを扱い、さまざまな時代を生きた女性を描き出し、共感を集める。「鏨師」で直木賞受賞。他に「花影の花」「御宿かわせみ」シリーズなど。テレビドラマの台本作家としても「肝っ玉かあさん」などのヒット作を送り出している。

ひら-う【拾ふ】〘動ハ四〙「ひろう」に同じ。「筒落米—ひし事を忘れたか」〈浮・子息気質・四〉

ひら-うち【平打ち】❶ひもを平たく編むこと。また、そのひも。平打ち紐。⇒丸打ち ❷金属を打って平たく延ばすこと。また、その金属。❸かんざしの一。銀などを平たく打って、花鳥などを透かし彫りにしたもの。❹刀の側面、すなわち鎬の部分で打つこと。❺手のひらで打つこと。平手で打つこと。

ひらうち-うどん【平打ち×饂×飩】平たく幅広に切ったうどん。ひらうどん。

ひら-うね【平畝】畑作で、小高い畝を作らず、平らなままにしたもの。

ひら-お【平緒】幅広く平たい帯状の組緒。束帯のときに佩用する儀仗の太刀の緒として使い、腰に巻いて結び余りを前に垂らした。

ひらおか【枚岡】東大阪市東部の地域。もと枚岡市。生駒山西麓を占め、枚岡神社・石切神社の門前町として栄えた。

ひらおか-じんじゃ【枚岡神社】東大阪市にある神社。旧官幣大社。祭神は天児屋命ほか三神。元春日。河内国一の宮。

ひらおか-ひろし【平岡熙】[1856～1934]実業家。江戸の人。汽車製造技術を学ぶため渡米。帰国の際「ベースボール」の指導書を持ち帰り、明治11年(1878)日本初の野球チームを結成。野球の普及につとめた。また三味線音楽の東明流の創始者でもあり、号は吟舟。

ひら-おし【平押し】一気に押し進むこと。しゃにむにすること。ひたおし。「—に此処迄遣って来た様なものの」〈漱石・坑夫〉

ひら-おしき【平▽折敷】四隅のかどを切ってない四角のままの折敷。

ひらお-だい【平尾台】福岡県北東部、北九州市南東端にある石灰岩台地。南北約7キロメートル、東西約2キロメートル、面積約14平方キロメートル、標高500メートル前後。最高点は竜ヶ鼻の681メートル。北九州国定公園に属する。

ひら-おび【平帯】平組の帯。

ひら-おび【×褶▽枚帯】▶ひらみ

ひら-おめし【平▽御召】平織りの御召縮緬。

ひら-およぎ【平泳ぎ】泳法の一。からだを水平下向きにして伸ばし、両手を前方から左右対称に開きながら水をかき、脚の動作は蛙足を用いる。ブレスト。ブレストストローク。⇒表

ひら-おり【平織(り)】縦横の糸を1本ずつ交差させて織っていく、最も基本的な織り方。また、その織物。平地。

ビラ-オルモ〖Villa Olmo〗イタリア北西部の都市コモにある新古典主義様式の邸宅。18世紀後半、ミラノの貴族ビスコンティ家の別荘として建造。コモ湖に面し、美しいイタリア式庭園がある。名称はイタリア語で「にれの館」を意味し、かつて巨大なニレの木が庭にあったことにちなむ。オルモ邸。

ひら-か【平×瓮】古代に用いられた平たい土製の容器。「天の八十—を作りて」〈記・上〉

ひら-がい【平飼い】地鶏などの飼育で、鶏が自由に地面の上を歩き回れるようにした飼い方。余分なストレスをかけないようにすることで、肉質や卵の質がよくなると考えられている。地上飼育。⇒ケージ飼育 ⇒バタリー (補説)JAS法で、地鶏の名称の使用には、血統だけでなく、28日齢以降は平飼いであることと定めている。

ひらが-げんない【平賀源内】[1728～1780]江戸中期の本草学者・戯作者。讃岐の人。名は国倫。字は子彝。号、鳩渓。他に福内鬼外・風来山人・森羅万象などと称した。本草学・蘭学・物産学・国学を学び、物産会を開催し、火浣布・エレキテル・寒暖計などを発明。戯作・浄瑠璃にも才能を発揮した。殺人のため入獄、病死。著「風流志道軒伝」「根無草」、浄瑠璃「神霊矢口渡」など。

ひらかた【枚方】大阪府北東部の市。淀川左岸東岸にあり、古くから水上交通の要地。住宅地。大学も多い。重工業や家具・寝具などの製造が行われる。百済寺跡・枚方パークがある。人口40.8万(2010)。

ひら-がたき【平敵】歌舞伎の役柄の一。実悪ほど貫禄がない平凡な敵役。端敵。

ひら-が-たけ【平ヶ岳】新潟県魚沼市と群馬県利根郡みなかみ町の境にある山。標高2141メートル。頂上はなだらかな大湿原で池塘が散見する。オノエラン・チングルマなど高山植物の宝庫。ホソミモリトンボの発見地として知られる。

ひらかた-し【枚方市】▶枚方

ひら-かど【平門】「ひらもん(平門)」に同じ。

ひらが-ともまさ【平賀朝雅】[?～1205]鎌倉前期の武将。信濃の人。北条時政の後妻牧の方の女婿。比企能員追討などで功績があった。のち、牧の方と謀って将軍になろうと企てて討たれた。

ひら-がな【平仮名】仮名の一。漢字の草体から作られた草仮名をさらに簡略化したもの。平安初期から中期にかけて、主に女性が歌や手紙を記すのに盛んに用いたことから発達した。女手。かんな。かな。⇒片仮名 ⇒真名 (補説)字体は種々あるが、明治33年(1900)の小学校施行令以来は一般に用いる48字(「いろは」47字と「ん」)以外を変体仮名として区別するようになった。(類語)仮名・片仮名

ひらかなせいすいき【ひらかな盛衰記】浄瑠璃。時代物。五段。文耕堂・三好松洛らの合作。元文4年(1739)大坂竹本座初演。源平の合戦を背景に、木曽義仲の遺臣樋口次郎兼光の忠義と梶原源太景季と腰元千鳥との恋を中心に描いたもの。「源太勘当」「逆櫓」などの段が有名。

ひら-がね【平×鉦|×扁×鉦】仏具の叩き鉦。

ひら-がま【平釜】浅く平たい形の茶釜。

ひらが-もとよし【平賀元義】[1800～1865]江戸後期の国学者・歌人。岡山藩士。本姓は平尾。脱藩後、平賀と称し、中国地方を流浪。賀茂真淵に私淑し、万葉調の歌を詠んだ。家集「平賀元義歌集」など。

ひらが-ゆずる【平賀譲】[1878～1943]造船工学者。東京の生まれ。東大卒。造船中将。戦艦長門・陸奥、巡洋艦古鷹・夕張などの軍艦を設計。退役後東大総長に就任した。学士院賞受賞。

ひら-からもん【平唐門】平入りで、棟の側面に唐破風がついた門。

ひら-が-る【平がる】〘動ラ四〙からだを平たくする。ひれ伏す。「門の脇になん—り居て侍る」〈今昔・四・二五〉

ひらかわ【平川】青森県南部にある市。津軽平野部では稲作が、丘陵地ではリンゴ栽培が盛ん。南部には温泉地が多い。平成18年(2006)1月、尾上町・平賀町・碇ヶ関村が合併して成立。人口3.4万(2010)。

ひらかわ-し【平川市】▶平川

ひら-がわら【平瓦】本瓦葺きで用いる、断面がゆるい弧状をなす長方形の瓦。平行して縦に並べ、境目に丸瓦をかぶせて葺く。女瓦。

ピラカンサ〖ラテン Pyracantha〗バラ科トキワサンザシ属の植物の総称。日本ではタチバナモドキ・トキワサンザシ・ヒマラヤトキワサンザシが庭木などに植えられ、橙黄色や紅色の丸い実が密生してつく。

ひら-がんな【平×鉋】台が平らな普通の鉋。平面を削るのに使用。台の底部が湾曲している反台の鉋に対していう。

ひら-かんむり【平冠】「ワ冠」に同じ。

ひらき【開き】❶開くこと。あくこと。あけること。また、そのぐあい。「襟の—を大きくする」「口の—が足りない」❷つぼみがほころぶこと。花が咲くこと。「今年の桜は—が悪い」❸二つ以上の物事の間の差。「先頭と一周の—がある」「年齢の—が大きい」❹「開き戸」の略。❺(「おひらき」の形で)会などが終わって解散すること。終わること、帰ること、去ることの忌み詞。「お—にする」❻魚を背開き、または腹開きにして干したもの。「アジの—」❼身をかわすこと。また、その度合い。「からだの—が小さい」❽能・狂言で、3足または2足後退しながら、両腕を広げる所作。❾物事を始めること。開催。また、披露。「俳諧の—で」〈魯文・西洋道中膝栗毛〉❿釈明。弁解。申し開き。「医学いたらざるゆゑに、つまりぬるものなるべし、此—たしかにありなん」〈仮・為愚痴物語〉⓫舟の帆の張り方。舟の横から

風が吹いてきたとき、舟を斜めに進行させる。「順風にまかせて—に帆をかけ」〈洒・通人三国師〉⑫(他の名詞に付いて「…びらき」の形で)閉じていたものを開放すること。「プール—」「店—」「山—」
(類語)(③)懸隔・隔たり・距離・径庭
(…語)(びらき)海開き・鏡開き・川開き・観音開き・口開き・蔵開き・歳旦開き・早さ開き・序開き・雀す開き・背開き・綱開き・値開き・旗開き・半開き・舞台開き・船な開き・店開き・道開き・山開き・両開き・炉開き

ひらぎ【×柊】「ひいらぎ」の音変化。「むかし植ゑたる—、後には大木となって」〈浮・永代蔵・六〉

びらき【開き】「ひら(開)き⑫」に同じ。「海—」「店—」

ひらきき-じんじゃ【枚聞神社】鹿児島県指宿市開聞十町にある神社。祭神は大日孁貴命ほか五男神と三女神。通称、おかいもんさま。

ひら-きさげ【平きさげ】先端の刃が平らで、機械部品の平面滑動面の仕上げなどに用いるきさげ。

ひらき-ど【開き戸】蝶番・枢などを軸として前後に開閉する戸。片開き戸・両開き戸・観音開き戸などがある。

ひらき-なお・る【開き直る】〘動ラ五(四)〙態度を改め、まじめに応対する。また、観念してふてぶてしい態度に出る。居直る。「—・って謝ってはどうか」「—・って言いたいことを言う」

ひら-ぎぬ【平絹】平織りの絹織物。薄地で、和服の裏地などに用いられる。へいけん。

ひらき-ばしら【開き柱｜平×葱柱｜葱＝台】橋の両端の欄干にある擬宝珠のついた柱。

ひらき-ふう【開き封】「かいふう(開封)②」に同じ。

ひらき-ぶみ【開き文】①封をしていない書状。②紋所の名。結び文の開いたさまをかたどったもの。

ひらき-まめ【開き豆】ゆでた大豆。開運の縁起を祝うために正月の祝膳に加える。(季 新年)

ひら-きん【平金】切り箔の一。金箔を鳥の子紙に漆ではり、紙の縦の方向に細く切ったもの。金襴などの紋織物の緯糸に用いる。

ひら-ぎん【平銀】切り箔の一。銀箔を平金のように作ったもの。

ひら-く【平句】連歌・連句で、発句・脇・第三・挙句以外の句。

ひら・く【開く】■〘動カ五(四)〙①㋐閉じふさがっていたものがあけ広げられる。あいた状態になる。「戸が—・く」「傷口が—・く」㋑花が咲く。「梅の花が—・く」㋒物事が始まる。業務が始まる。「店が—・く」㋓二者の間に差ができる。隔たり・差が大きくなる。「値が—・く」「点数が—・く」㋔わだかまりがなくなる。「心が—・く」㋕力のためがなく、姿勢の向きがすぐ変わる。「からだが早く—・くので打球がファウルになりやすい」㋖《投票箱を開くところから》開票が始まる。②㋐閉じふさがっていたものをあけ広げる。「窓を—・く」㋑(「披く」「展く」とも書く)畳んであるもの、閉じてあるものなどを広げる。「本を—・く」㋒物事を始める。業務を始める。また、金融機関に口座を設ける。「幕府を—・く」「店を—・く」「口座を—・く」㋓(「拓く」とも書く)未開拓の場所・土地などに手を入れて利用できるようにする。開拓する。開墾する。「山林を—・く」㋔あけて道をつくる。道をゆずる。「血路を—・く」「後進に道を—・く」㋕よい方へ向くように努める。「自分で運を—・く」㋖隔たり・差を大きくする。「差を—・く」「後続ランナーとの距離を次第に—・く」㋗わだかまりなどを取り去る。包み隠してあるものをなくす。「胸襟を—・く」㋘身をかわす。「右に体を—・いて投げを打つ」㋙(「啓く」とも書く)知識を授ける。啓発する。「蒙を—・く」㋚会などを催す。「展示会を—・く」㋛数学で、平方根・立方根を求める。また、括弧付きの式を括弧のない形に変える。㋜原稿の、文章中の漢字をかなに書きなおす。「かなに—・く」➡閉じる ③忌み詞で、終わる、逃げる。「急ぎいづ方へも御—・き候ふべし」〈古活字本保元・中〉④盛んにする。「楽しみを春の花の前に—・き」〈古活字本平治・中〉⑤疑わしいことを解明する。「不審を—・かんために」〈太平記・二五〉
➡明ける (用法) (可能)ひらける ■〘動カ下二〙「ひらける」の文語形。(類語)開く・開ける・始める・起こす・創始する・開業する・始業する
(…句)肝胆を披く・胸襟を開く・襟を披く・口を開く・心を開く・枯木に華開く・小間物屋を開く・愁眉を開く・叩けよさらば開かれん・鉢を托く・兵端を開く・眉を開く・目を開く・蒙を啓く・門戸を開く
開け胡麻 アラビアの説話「アリババと四十人の盗賊」で、盗賊団の宝をかくした洞窟の扉を開ける呪文。

[平泳ぎ] **平泳ぎの種目別世界記録・日本記録** (長水路記録 2012年9月現在)

		記録	更新日	選手名(国籍)
50メートル				
世界記録	男子	26秒67	2009年7月29日	キャメロン＝ファンデルバーグ(南アフリカ)
	女子	29秒80	2009年8月7日	ジェシカ＝ハーディ(米国)
日本記録	男子	27秒30	2010年4月13日	北島康介
	女子	31秒40	2011年4月10日	鈴木聡美
100メートル				
世界記録	男子	58秒46	2012年7月29日	キャメロン＝ファンデルバーグ(南アフリカ)
	女子	1分4秒45	2009年8月7日	ジェシカ＝ハーディ(米国)
日本記録	男子	58秒90	2012年4月3日	北島康介
	女子	1分6秒32	2009年9月4日	鈴木聡美
200メートル				
世界記録	男子	2分7秒01	2012年9月15日	山口観弘(日本)
	女子	2分19秒59	2012年8月2日	レベッカ＝ソニ(米国)
日本記録	男子	2分7秒01	2012年9月15日	山口観弘
	女子	2分20秒72	2009年9月6日	金藤理絵
			2012年8月2日	鈴木聡美

び-らく【微落】〘名〙スル 物価や相場がわずかに下がること。⇔微騰。

ひら-ぐけ【平×絎】①ひもや帯に芯を入れず、平らに仕上がるようにくけること。また、そのひもや帯。②「平絎帯」の略。

ひらぐけ-おび【平×絎帯】帯芯を入れずに平たくくけた幅の狭い男帯。

ひら-くさ【平草】テングサ科の紅藻。房総半島以南のやや深い海に産する。長さ約40センチ。紫紅色で、羽状に枝分かれし、平たい。寒天の原料。

ひらぐし-でんちゅう【平櫛田中】[1872〜1979]彫刻家。岡山の生まれ。本名、倬太郎。高村光雲に師事し、日本美術院の再興に参加。写実的な作風で、彩色木彫が多い。文化勲章受章。作「鏡獅子」など。

ひら-くび【平首｜平×頸】①馬の首の、両側の平らな所。②平侍の首。並の人の首。

ひら-ぐみ【平組】平打ちの組紐。

ひら-ぐも【平蜘＝蛛｜×扁蜘＝蛛】体が平たいクモ。また、ヒラタグモの俗称。
平蜘蛛のよう はいつくばうさま。平身低頭するさま。「—になって謝る」

びら-くら 不始末。ふしだら。「兄に負うせて銀盗み、所々の—を仕舞はんと」〈浄・二枚絵草紙〉

ひらけ【開け】①始まり。②文明などが進むこと。開化。

ひら-げいこ【平稽古】演劇で、俳優が衣装や効果音楽などを使わずに稽古すること。台本の読み合わせから立ち稽古までをいう。

ひら-けさ【平×袈×裟】錦・金襴・金紗を用い、1色で仕立てた七条の袈裟。

ひらけずり-ばん【平削り盤】工作機械の一。工作物を水平な台に固定して往復させ、直角に刃を当てて平面を削るもの。比較的大きい部品の加工に使用。プレーナー。

ひら-げた【平桁】高欄の地覆と架木との間にある横木。

ひら・ける【開ける】〘動カ下一〙文ひら・く〘カ下二〙①狭い状態から広い状態になる。「バイパスにはいると急に道が—・ける」②(「展ける」とも書く)遮るものがなく広く見渡せるようになる。「眺望が—・ける」③文明・人知などが進む。「—・けた国」④人が多く住むようになってにぎやかになる。「工場の移転で急速に—・けた地域」⑤よいほうへ向かう。先の見通しが明るくなる。「運命が—・ける」⑥人情に通じ、話がわかる。「彼は—・けた人である」⑦悩みがなくなり晴れ晴れとする。「気持ちが—・ける」⑧道路・交通機関などが通じる。「鉄道が—・ける」⑨物事が始まる。「天地の—・け始まりける時」〈古今・仮名序〉⑩花が咲く。つぼみがほころびる。「それもがと今朝—・けたる初花に劣らぬ君がにほひをぞ見る」〈源・賢木〉⑪忌み詞で、遠く落ちのびる。「敵御方一万二千余騎、東に—・け」〈太平記・三〇〉

ひら-ごく【平極】(主に関東地方で)平粉のこと。

ビラ-コリバ〘Willa Koliba〙ポーランド最南部の町ザコパネにある木造の邸宅。建築家スタニスワフ＝ビトキエビッチが生み出したザコパネスタイルと称される木造の建築様式により、19世紀末に建造。現在はザコパネスタイル博物館になっている。

ひら-ざ【平座】➤平敷の座

ひら-ざま【平様】手紙の宛名に付ける「様」の草体の一。多く目下の者に用いる。つくばいざま。

ひら-ざむらい【平侍】《「ひらさぶらい」とも》特別の地位・階級のない、身分の低い侍。

ひら-ざや【平×鞘】刀身の厚みに沿って、平たく薄く仕立てた鞘。➡丸鞘

ひらざや-の-たち【平×鞘の太刀】➤衛府の太刀

ひら-さら【平更】〘副〙ひたすら。ひとえに。ぜひとも。「一人なみに夜出で給へ」〈浮・一代女・六〉

ひら-ざら【平皿】浅くて底の平たい皿。

ひらさわ-ていじろう【平沢貞二郎】[1904〜1991]実業家・詩人。昭和26年(1951)、現代詩人会(現、日本現代詩人会)に基金を提供してH氏賞を創設。匿名を望んだため、賞の名称には平沢(Hirasawa)の頭文字が使われた。

ひら-さん【比良山】滋賀県中西部、琵琶湖西岸の山地。最高峰は武奈ヶ岳で標高1214メートル。狭義には南部にある蓬莱山をさし、標高1174メートル。冬景色は「比良の暮雪」として近江八景の一。

ひら-じ【平地】「平織り」に同じ。

ひら-じ【平字】普通の活字より縦を短くした扁平な活字。ひらもじ。

ひら-じい【平強ひ】無理じい。「—をするで捨てられぬ」〈仮・可笑記評判〉

ひら-しき【平敷】「平敷の御座」「平敷の座」の略。

ひらしき-の-おまし【平敷の▽御▽座】天皇・皇后・東宮・上皇などの出御の際に用いる平敷の座。ひらしきのござ。

ひらしき-の-ざ【平敷の座】椅子や兀子などを用いず、床に畳・敷物を敷いて着する座。平座。

ひら-しば【平芝】堤防などの斜面を保護するために植えてある芝。張り芝。

ひら-じま【平島】《「ひらしま」とも》平らな小島。

ひら-しゃいん【平社員】特別の役職についていない一般の社員。ひら。
(類語)社長・専務・常務・部長・課長・係長

びら-しゃら〘副〙スル 女性がなまめかしく振る舞うさま。びらりしゃらり。「其奴等がア座敷で—しやがるだけで」〈木下尚江・良人の自白〉

ひら-しょいん【平書院】略式の付け書院で、棚板がなく、書院窓だけを設けたもの。

ひら-じょう【平城】➤ひらじろ

ひら-しょうぞく【平装束】石帯の代わりに布

の帯を用いた束帯装束。ひらそうぞく。

ビラ-ジョビス〖Villa Jovis〗イタリア南部、ナポリ湾の南に浮かぶカプリ島の北東部にある古代ローマ皇帝ティベリウスの別荘の遺跡。ティベリオ山(標高334メートル)の山頂に位置する。

ひら-じろ【平城】平地に築いた城。ひらじょう。➡山城やまじろ

ひら-しん【平芯】石油ランプの灯芯で、火口ほくちが平らになっているもの。

ひら-すき【▽枚▽次】➤枚手ひらで

ひら-せ【平瀬】川で、流れがゆったりとした平らな瀬。「―には小網さしわたし」〈万・四一八九〉

ひら-ぜめ【平攻め】ひたすら攻めたてること。「ただ―に攻めて勝ったるぞ心地はよき」〈平家・一一〉

ひら-ぞうがん【平象眼】ザウガン 象眼技法の一。地金を彫って他の金属をはめ込み、表面を平らにしたもの。

ひら-ぞこ【平底】容器などの底が平らなこと。また、そのもの。「―フラスコ」

ひら-そで【平袖】➤広袖ひろそで❶

ひらた【平田｜×艜】《「ひらだ」とも》「平田舟ひらたぶね」の略。

ひらた【平田】島根県北東部、宍道しんじ湖の北西にあった市。近世は木綿取引の市場町として発達、妻入り土蔵造りの町並みが残る。平成17年(2005)に簸川ひかわ郡4町とともに出雲市と合併。➡出雲㊁

ひらた-あつたね【平田篤胤】[1776～1843]江戸後期の国学者。国学の四大人の一。秋田藩士。旧姓、大和田。号、気吹之舎いぶきのや・真菅屋。通称、大角(大壑)。脱藩して本居宣長没後の門人と自称。宣長の古道精神を拡大強化、復古神道を鼓吹し、幕末の尊王攘夷運動に影響を与えた。著「古史徴」「古道大意」など。

ひらた-あぶ【×扁×虻】ハナアブ科の昆虫のうち、腹部の平たいものの総称。胸は黒くつやがあり、腹は橙黄色に黒の横帯をもつものが多い。食蚜蝿しょくがばえ。

ひら-た・い【平たい】〘形〙文ひらた・し〘ク〙❶厚さが少なく、横に広がっている。「―・い箱」❷たいらで、凹凸が少ない。「―・い顔」❸円満である。また、遠慮・隔意などがなく、心安い。「お延に対して―・い旦那様になっていた」〈漱石・明暗〉❹表現などがわかりやすい。平俗である。「―・く言う」派生ひらたさ〘名〙

類語 平ら・平べったい・水平・簡単・易しい・容易・安易・平易・軽易・手軽てがる・楽・手っ取り早い・容易たやすい・易やすい・造作ぞうさない・訳わけない・朝飯前・お茶の子さいさい・屁への河童かっぱ

ひら-だい【平台】❶印刷機械の一。平らな版盤に版を載せ、紙を円筒で押し付けて1枚ずつ印刷する機械。❷書店で、本や雑誌を平積みにする台。

ひらた-かねたね【平田銕胤】[1799～1880]幕末・明治初期の国学者・神道家。伊予の人。旧名、碧川篤実。平田篤胤の門人で、のち養子。維新後、侍講・大教正などを歴任。養父の学を祖述、整理補修した。著「祝詞正訓」。

ひらた-きくいむし【×扁木×喰虫】ひらたきくいむし 甲虫目ヒラタキクイムシ科の昆虫。体長約5ミリ。体は長くて扁平で、赤褐色または黒褐色。頭部は突き出し、複眼は大きい。幼虫は木材、特にラワン材を食害。

ひらた-ぐも【▽平蜘＝蛛｜×扁蜘＝蛛】クモの一種。体長約1センチ。体は平たく、頭胸部と脚は褐色、腹部は卵形で灰白色、背面に黒斑をもつ。人家などに普通にみられ、壁面に円形の白い巣を張る。

ひら-たけ【平×茸】ヒラタケ科のキノコ。広葉樹の枯れ木に、春から晩秋にかけて生える。傘は半円形で灰色か黒褐色。短い白い柄があり、重なり合ってつく。美味。栽培もされ、シメジの名で売られることが多い。季秋「市に出る―売りは法師かな/几董」

ひらた-し【平田市】➤平田

ひらた-とうすけ【平田東助】[1849～1925]政治家。山形の生まれ。山県有朋系の有力官僚として、貴族院議員・法制局長官・枢密顧問官・農商務相・内相などを歴任。特に産業組合法の制定、同組合の育成に尽力。

ひらた-とくぼく【平田禿木】[1873～1943]英文学者・随筆家。東京の生まれ。東京高師卒。本名、喜一郎。「文学界」創刊に参加。サッカレーの「虚栄の市」など英米文学の名訳で知られる。著作に「英文学印象記」「禿木随筆」など。

ひらた-ぶね【平田舟】舟べりを低く舟底を平たくつくった丈長の川舟。上代から近世まで貨客の輸送に用いた。時代・地域により種類が多い。

ひらた-むし【×扁虫】甲虫目ヒラタムシ科の昆虫の総称。体は著しく扁平で、足の基部は球状。多くは樹皮下にすみ、また貯穀につく害虫もある。

ひらた-ゆきえ【平田靱負】ゆきへ [1704～1755]江戸中期の薩摩藩の家老。宝暦3年(1753)藩が幕府から命じられた木曽・長良・揖斐いび三川分流工事の総奉行となり、1年3か月で完成させたが、莫大な出費と多大な犠牲者を出したことの責任をとり、自刃。

ひら-だる【平×樽】取っ手のない平たい樽。祝儀のときなどに用いる。

ひら-ち【平地】起伏のない平らな土地。へいち。

ひら-ぢゃわん【平茶×碗】抹茶茶碗の一。口が広く浅い形のもの。主として夏季に用いる。

ひら-ぢょうし【平調子】ヂャウシ 箏そうの調弦法の一。俗箏の最も基本的な調弦で、八橋検校やつはしけんぎょうの工夫といわれる。

ひら-ちりじ【平×塵地】ひらちりぢ 蒔絵まきえで、金の細粉を器物の全面に密にまき散らしたもの。へいじん。

ひらつか【平塚】神奈川県中部の市。相模川河口の西岸を占め、もと東海道の宿場町。商工業が発達し、住宅地。七夕祭りが盛大に行われる。人口26.1万(2010)。

ひらつか-し【平塚市】➤平塚

ひらつか-らいちょう【平塚らいてう】ライテウ [1886～1971]評論家・婦人運動家。東京の生まれ。本名、明はる。明治44年(1911)、女性文芸誌「青鞜」を発刊。のち、市川房枝・奥むめおらと、女性の地位向上を目ざす新婦人協会を結成して婦人参政権運動を展開。自伝「元始、女性は太陽であった」。

ひら-つ・く〘動カ五(四)〙❶薄いものがゆれ動く。ひらひらする。ひらめく。「浴衣の袖を―・かせる」❷落ち着きなく動きまわる。「出合女、茶屋女等の―・くを」〈色道大鏡・五〉❸ひりひり痛む。「から風に口も―・く寒さかな/元因」〈口真似草〉

びら-つ・く〘動カ五(四)〙❶紙などが小刻みに揺れ動く。びらびらする。「障子の破れが風で―・く」❷人が絶えず小刻みに動く。「顔小さく、体てい―・き」〈難波物語〉

ひら-づくり【平作り｜平造り】❶耕地を平らにならし、畝うねを作らないで、作物を栽培すること。❷日本刀の造り込みの一。鎬しのぎと横手がなく、峰から刃先までが平らなもの。❸刺身の作り方の一。魚肉のさくに包丁を直角にあてて引き切ること。柔らかい魚は厚めに、身のかたい魚は薄めに切る。

ひら-づけ【平付け｜平着け】❶(平付け)連歌・連句で、前句に趣向を凝らさずにつける付け方。❷ある場所や物に乗り物を直接につけること。じかづけ。「船―につけ、ふみかたぶけて馬おろさんとせば」〈平家・一一〉

ひらった・い【平ったい】〘形〙「ひらたい」に同じ。「―・く言ってしまえば」派生ひらったさ〘名〙

ひら-づつみ【平包み｜平×裹み】物を包むための正方形の布地。袱紗ふくさ、風呂敷など。「―どうどおろして休みける」〈浄・卯月の潤色〉

ひら-つぼ【平坪】6尺四方の平面積。➡立て坪

ひら-づみ【平積み】〘名〙スル 書店で、本や雑誌の表紙を上にして、台に積み上げて陳列する売り方。

ひら-づめ【平爪｜×扁爪】霊長類にみられる爪。背側に堅く平たい爪板があり、付け根の爪床から作り出され、角質化の進んでいない部分が白い半月状をしている。鉤爪かぎづめから変化したもの。

ひら-づめ【平詰め】常時当直で、非番のないこと。常詰め。「―ノ身デマイラレナイ」〈和英語林集成〉

ひら-づら【平面】幅が広く平たい顔。「―なる法師の、太りたるが」〈宇治拾遺・九〉

ひら-て【平手】❶開いた手のひら。「―でほおを打つ」❷将棋で、すべての駒を用いて、双方が対等の条件で勝負すること。対馬たいば。➡駒落ち

ひら-て【開手】両方の手を開いて打ち合わせること。かしわで。

ひら-で【▽枚手｜▽葉手｜葉＝盤】大嘗会だいじょうえなどの際、菜菓などを盛って神に供えた器。数枚の柏かしわの葉を竹ひごなどで刺しとじて円く作ったもの。後世、この形の土器かわらけをもいう。枚次ひらすき。

ピラティス〖pilates〗《pilatesは、開発者のドイツ人の名。「ピラテス」とも》胸式呼吸を用いながら、ストレッチを中心とした動きで体の奥の筋肉をしなやかで丈夫な筋肉に鍛える運動。負荷が少なく、動きがゆるやかなため幅広い年代で行われている。傷病者のリハビリや虚弱体質の改善のために開発されたもの。ピラティスメソッド。補説もと商標名。

ピラテス〖pilates〗➤ピラティス

ビラ-デステ〖Villa d'Este〗イタリアの首都ローマの東北東の町、チボリにある別荘。16世紀にエステ家の枢機卿すうききょうイッポリート2世が、中世のベネディクト会修道院を改築し、あわせて大小さまざまな噴水がある広大な庭園を造った。ナポリの建築家ピッロ＝リゴリオの設計による。後期ルネサンス様式の庭園の代表例として、2001年に「チボリのエステ家別荘」の名称で世界遺産(文化遺産)に登録された。

ひら-てまえ【平▽点前｜平手前】ひらでまへ 茶の湯で、濃茶・薄茶の基本的な点前。

ひらて-まさひで【平手政秀】[1492～1553]戦国時代の武将。織田信秀の家老で、信秀の子信長の補佐役を命じられた。信秀没後、信長の振る舞いをいさめるために自刃、信長は政秀寺を建立して冥福を祈った。

ひらて-みき【平手造酒】講談・浪曲「天保水滸伝てんぽうすいこでん」に登場する剣客。笹川繁蔵の食客となり、飯岡助五郎との大利根川原の決闘の際、繁蔵を助けて戦い死亡。モデルは北辰一刀流千葉周作の門人、宮田助太郎といわれる。

ひら-てん【平点】和歌・俳諧などの評点の一。普通の出来のものにつけるしるしで、上から句の終わりまで線を引くもの。珍重に次ぐ評点。ひら。

ひらでん-の-たち【×樋×螺×鈿の太刀】鞘口さやぐちから鞘尻にかけて鞘の中央に細長い樋を設け、その部分に螺鈿を施した飾り太刀。

ひらど【平戸】長崎県北部の市。北松浦半島の一部と平戸島・生月いきつき島・的山あづち大島などからなる。もと松浦氏の城下町で、古くから中国大陸との交易の根拠地。鎖国まではオランダ・イギリスなどとの貿易港として栄えた。平成17年(2005)10月、大島村・生月町・田平町と合併。人口3.5万(2010)。

ピラトゥス-クルム〖Pilatus Kulm〗スイス中部、ルツェルン州とウンターワルデン州にまたがるピラトゥス山にある展望地、または同名の駅。標高2070メートル。フィアワルトシュテッター湖やベルナーオーバーラントを望む。世界で最も急勾配の登山鉄道、ピラトゥス鉄道が山麓のアルプナハシュタットと展望地の駅を結ぶ。

ピラトゥス-さん【ピラトゥス山】《Pilatus》スイス中部、ルツェルン州とウンターワルデン州にまたがる山。標高2132メートル。フィアワルトシュテッター湖やベルナーオーバーラントを望む展望地がある。➡ピラトゥスクルム

ひら-とじ【平×綴じ】ひらとぢ 製本で、折丁を重ね、背の近くを表面から裏面の方向へ針金で綴じる方法。

ひらど-し【平戸市】➤平戸

ひらど-しま【平戸島】長崎県北西部、平戸瀬戸をへだてて北松浦半島に対する地塁状の島。平戸市に属する。面積166平方キロメートル、最高点は安満岳やすまんだけ(標高535メートル)。本土とは平戸大橋で、対岸の生月いきつき島とは生月大橋で結ばれている。古くから牧牛が盛んなことで知られる。農業は畑作が中心。島の無形文化財に、亀岡神社の平戸神楽かぐらや豊年踊りのじゃんがら踊りがある。沿岸は西海さいかい国立公園の一部。

ひら-どま【平土間】歌舞伎劇場で、1階正面の枡ます

で仕切られた観客席。高土間ができてから、従来の土間と区別するためにできた称。土間。ひらば。

ひらど-やき【平戸焼】長崎県佐世保市三川内みかわちから産する磁器。慶長3年(1598)藩主松浦氏に従って朝鮮から渡来した巨関が始めた中野焼が起源。白磁の染め付け・色絵などで有名。三川内焼。

ひら-なつめ【平×棗】茶器の棗の一。扁平な形で、直径が高さの約2倍あるもの。

ひら-なべ【平鍋】底の浅い平たい鍋。

ひら-に【平に】〔副〕❶相手に懇願するさま。なにとぞ。どうか。「一御容赦を願います」❷事の実行・成立がたやすいさま。容易に。「直実だにも一渡りつく事難かるべし」〈盛衰記・三五〉❸ひたすら。いちずに。「新大納言成親卿も一申されけり」〈平家・一〉

ピラニア〔ポルトガル piranha〕《歯のある魚の意》カラシン科の一群の淡水魚。全長25～35センチ。体は卵円形で側扁する。アマゾン水系をはじめ南米熱帯の河川に生息。強く鋭い歯をもち、川を渡る馬や人までも群れをなして襲う。観賞用にもされる。

ピラニ-ゲージ〔Pirani gauge〕►ピラニ真空計

ピラニ-しんくうけい【ピラニ真空計】代表的な真空計の一。真空に近い低圧力の下では、気体の熱伝導率が圧力に比例する性質を利用する。通電加熱した金属フィラメントの温度変化を、電気抵抗の変化や熱電対により測定し、気体の圧力を求める。測定範囲は1000分の1～100パスカル程度。ピラニゲージ。

ひら-にわ【平庭】ひらにわ 海景を主とし、築山などがなく、平坦へいたんに仕上げた日本庭園。

ひらにわ-こうげん【平庭高原】ひらにわかうげん 岩手県北東部、平庭岳(標高1060メートル)の中腹に広がる高原。山腹の北側には30数万本のシラカバ林があり、その規模は日本一。南側はレンゲツツジの群生地。久慈平庭県立自然公園に指定されている。

ひら-ぬい【平縫い｜平×繍】ひらぬひ 日本刺繍ししゅうで、糸と糸との間隔をあけずに縫い埋める刺し方。

ビラヌフ-きゅうでん【ビラヌフ宮殿】《Pałac w Wilanowie》ポーランド共和国の首都ワルシャワの南郊にあるバロック様式の宮殿。17世紀末、ポーランド王ヤン3世の夏の離宮として建造。内部はヤン3世や後に宮殿を所有した貴族らが収集した家具、調度品、美術品などを展示する博物館になっている。フランス風の美しい庭園があることで知られる。

ひらぬま-きいちろう【平沼騏一郎】ひらぬまきいちらう［1867～1952］政治家。岡山の生まれ。検事総長・大審院長・法相・貴族院議員・枢密顧問官を経て、昭和14年(1939)首相に就任。その間、国家主義団体「国本社」を主宰。第二次大戦後、A級戦犯として終身禁錮刑に処せられ、獄中で病死。

ひらぬま-りょうぞう【平沼亮三】ひらぬまりやうざう［1879～1959］実業家・政治家。神奈川の生まれ。日本体育協会会長・横浜市長などを歴任。スポーツ振興に尽力、昭和21年(1946)国民体育大会を創始。文化勲章受章。

ひら-ね【平根】鏃やじりの一。鎬しのぎを設けず、身幅の広く薄いもの。

ピラネージ〔Giovanni Battista Piranesi〕［1720～1778］イタリアの版画家・建築家。エッチングにより、多くの古代建築図や「ローマ景観図」を制作。ほかに、幻想的建築版画集「牢獄」など。

ひら-の【平野】平坦な野原。へいや。

ひらの【平野】㊀京都市北区、衣笠山の東麓の地名。和歌では、ふつうその地にある平野神社をさす。〔歌枕〕「ちはやぶる一の松の枝しげみ千代も八千代も色はかはらじ」〈拾遺・賀〉㊁大阪市南部の区名。中世は堺と並ぶ商業地、近世は河内木綿の集散地として発展。大念仏寺がある。

ピラノ〔Pirano〕ピランのイタリア語名。

ひらの-く【平野区】►平野㊁

ひらの-くにおみ【平野国臣】［1828～1864］幕末の尊攘派志士。福岡藩士。通称、次郎。脱藩して京都に上り、西国の尊攘派を結集したが、寺田屋事件で失敗。のち、生野の変を起こしたが捕らえられ、獄中で斬られた。

ひらの-けいいちろう【平野啓一郎】ひらのけいいちらう［1975～ ］小説家。愛知の生まれ。京大在学中に「日蝕」で芥川賞受賞。15世紀フランスの異端審問の世界を、漢文的文体を駆使して描き、注目を集める。他に、「日蝕」と並ぶロマンチック三部作「一月物語」「葬送」など。

ひらの-けん【平野謙】［1907～1978］評論家。京都の生まれ。本名、朗あきら。政治と文学、私小説などをテーマに鋭い評論を発表。戦後文学の代表的評論家として活躍。著「島崎藤村」「芸術と実生活」「昭和文学史」など。

ひらの-じんじゃ【平野神社】京都市北区にある神社。旧官幣大社。祭神は今木神いまきのかみほか三神。もと大和にあったが、平安京遷都の際に遷座。本殿は重要文化財。

ひらの-すい【平野水】炭酸水の別名。もとは兵庫県川西市平野の鉱泉からくんだ炭酸水の商標名。

ひら-のり【平乗】謡曲のリズムの型の一。七五調の歌詞1句12文字を8拍でうたうのを基本とする。拍子の合う謡の大部分に適用される。➡大乗おおのり ➡中乗ちゅうのり 〔補説〕ふつう「平ノリ」と書く。

ひら-ば【平場】❶たいらな場所・土地。❷「平土間ひらどま」に同じ。❸普通の場。㋐競馬などで、特別レースでない一般のレース。㋑賭け事で、普通に賭けるだけで、割り増しの賭けをしない場。㋒芸妓などの、客と床を共にしない座敷だけの勤め。「自然色気ぬきの一ということになり」〈秋声・縮図〉㋓組織などにおいて、幹部や代表者でなく一般の人々の立場。「一からの意見を大切にする」

ひら-ばかま【平×袴】「半袴はんばかま」に同じ。

ひら-はぐるま【平歯車】円筒に歯すじを回転軸と平行な直線に切った、最も普通の歯車。スパーギア。

ひら-ばち【平×撥】三味線の山田流で用いる標準型の撥。➡津山撥つやまばち

ひら-はぶたえ【平羽二重】ひらはぶたへ 平織りの羽二重。

ひらばやし-たいこ【平林たい子】［1905～1972］小説家。長野の生まれ。本名、タイ。各地を放浪し、職を転々としながらプロレタリア作家として出発。第二次大戦後はしだいに反共的姿勢を強めた。作「施療室にて」「かういふ女」「砂漠の花」など。

ひらばやし-はつのすけ【平林初之輔】［1892～1931］文芸評論家。京都の生まれ。早大卒。「種蒔く人」「文芸戦線」同人。初期プロレタリア文学運動の理論家として活躍したが、のちに同運動の政治主義を批判し論争を引き起こした。著作に「無産階級の文化」「文学理論の諸問題」など。訳書にルソーの「エミール」など。

ひら-ばり【平針】❶平たい針。❷「刃針はばり」に同じ。

ひら-ばり【平張り】棟を設けず、布帛ふはくを平らに張って屋根としたもの。また、その形式の仮屋。「舞台の左右に楽人の一打ちて」〈源・若菜上〉

ひら-び【平日】❶祝祭日など以外の、普通の日。へいじつ。❷漢字の構成部分で、「曳」「替」などの「曰」の称。日偏ひへん・にちへんと区別していう。

ビラ-ビソーザ〔Vila Viçosa〕ポルトガル東部の町。スペインとの国境近くに位置する。15世紀以来、ブラガンサ公爵家の宮殿が置かれ、現在は16世紀初頭のハイメ公時代の建物がある。

ひら-びたい【平額】ひらびたひ 平安時代以降、女官が礼装の際、髪飾りとした平たい金具。

ひら-ひも【平×紐】数本のより糸を平らに並べ、のりで固めて作った紐。

ひら-ひら　㊀〔副〕スル ❶薄くて軽いものが揺れ動くさま。「花びらが一(と)舞い落ちる」「ハンカチを一(と)させる」❷光がひらめいたり、炎が揺れ動いたりするさま。「霊剣を抜かせ給ひければ、夜のおとど一として電光にことならず」〈平家・一一〉㊁〔名〕軽くひるがえる薄い物。「レースの一のついたブラウス」 〔アクセント〕㊀はヒラヒラ、㊁はヒラヒラ。

びら-びら　㊀〔副〕スル 布・紙などの端が垂れ下がって揺れ動くさま。「破れた裏地が袖口から一(と)出ている」㊁〔名〕垂れ下がって揺れ動いているもの。「一の附いた同じような簪かんざしが」〈上司・父の婚礼〉 〔アクセント〕㊀はビラビラ、㊁はビラビラ。

ぴら-ぴら　㊀〔副〕スル 紙片など、薄いものが小刻みに揺れ動くさま。「合格通知を一(と)させる」㊁〔名〕❶紙片など、㊀のように動く薄いもの。「はさんである一をなくさないように」❷若い女。娘。「其一が段々近くなると思ひねえ」〈滑・和合人〉❸「ぴらぴら簪かんざし」の略。「このごろさす一か緋あふぎの簪かんざしの事かえ」〈洒・意妓の口〉 〔アクセント〕㊀はピラピラ、㊁はピラピラ。

ぴらぴら-かんざし【ぴらぴら×簪】花簪の一種。花の枝などに数本の細い鎖を垂らし、先端に短冊や鳥・蝶・鈴などの飾りをつるしたもの。挿した人が動くたびにぴらぴらと揺れる。びらびらかんざし。

ひら-ぶ【平ぶ】㊀〔動バ四〕平たくなる。「掌を合はせて拝みて一・びゐぬ」〈発心集〉㊁〔動バ下二〕「平ひらめる」に同じ。

ピラフ〔pilaf〕米をバターでいため、タマネギ・肉・エビ・香辛料などを加え、スープストックで炊き上げた洋風の飯。元来はトルコ料理。

ビラ-ファルネジーナ〔Villa Farnesina〕イタリアの首都ローマにあるルネサンス様式の邸宅。テベレ川に面する。16世紀初頭、シエナ出身の銀行家アゴスティーノ＝キージの別荘として建造され、後にファルネーゼ家の所有となった。ラファエロとその弟子が手がけた「ガラテアの勝利」などのフレスコ画があることで知られる。ファルネジーナ荘。

ひらふく-ひゃくすい【平福百穂】［1877～1933］日本画家。秋田の生まれ。本名、貞蔵。画家平福穂庵の子。川端玉章に学び、自然主義を唱えて无声むせい会を結成。晩年は南画的手法を加えた独自の画境を開いた。アララギ派の歌人としても知られる。

ひら-ぶたい【平舞台】劇場の舞台面に、二重舞台などを置かずに本来のままの高さで使うもの。

ひら-ぶち【平縁】天井板や下見板などに用いる、断面が長方形の平たい押し縁。

ひら-ふで【平筆】日本画で彩色に用いる筆。穂先が平らにそろっている。塗り筆。

ひら-ぶみ【▽枚文】1枚1枚の料紙に書いてある文書。➡巻文まきぶみ

ひら-ふん【平粉】蒔絵まきえ用の金銀粉のうち、微細で平らなもの。平極ひらごく。

ひら-ぶん【平文】「クリアテキスト」に同じ。⇔暗号文。

ひら-へし【平へし】手加工用の鍛造工具の一。金槌状で、鋼材などを平らに延ばすのに用いる。

ひら-べった・い【平べったい】〔形〕平らである。ひらたい。「一・い鞄かばん」〔派生〕ひらべったさ〔名〕〔類語〕水平

ひら-ぼし【平干し】〔名〕スル 洗濯物を板など平らな物の上に広げて干すこと。➡吊り干し

ひら-ぼね【平骨】❶胸骨の俗称。❷扇で、折り畳んだとき、親骨の幅が地紙の幅と同じもの。

ひら-まい【平舞】ひらまひ ►文ぶんの舞

ひら-まきえ【平×蒔絵】ひらまきゑ 蒔絵の技法の一。漆で文様を描き、金・銀・錫すず粉などを蒔きつけて乾燥させ、のち文様の部分だけ漆をつけて磨いたもの。平安時代に始まった。

ひら-まく【平幕】❶相撲で、幕内力士のうち、横綱と三役を除いた者。前頭まえがしら。❷平張りの幕。「ここかしこに一うたせられ」〈狂言記・二千石〉

ひら-まさ【平▽政】アジ科の海水魚。全長約2メートル。形態・生態ともブリに似るが、側扁が強く、体側中央を走る黄色縦帯の色が濃く、分布は南に寄る。特に夏に美味。〔季 夏〕

ひらみ【×褶】古代の衣服で、裳もの一種。男子は袴はかまの上に、女子は裙もの上に着た。ひらおび。

ピラミダル〔pyramidal〕〔形動〕ピラミッドのように角錐をなすさま。また、ピラミッドのように巨大なさま。「一な山容」

ひら-みつと【平三斗】寺社建築で、斗栱ときょうの形式の一。大斗だいとの上に肘木ひじきをのせ、その上に3個の巻斗まきとを並べたもの。

ピラミッド〔pyramid〕石や煉瓦で造られた四角錐形の建造物。古代エジプトでは王・王妃などの墳墓として前2700～前2500年ごろを中心に建設され、

81基が現存。最大のものは、ギザにあるクフ王建造のもので、高さ146メートル、基底の一辺が約230メートル、その4稜は東西南北を指す。中南米の古代遺跡では神殿の基壇をなすものが多い。金字塔。

ピラミッド-がた【ピラミッド形】ピラミッドのように上部がとがり、下に向かって次第に広がった形。

ピラミッド-しょうほう【ピラミッド商法】「マルチ商法」に同じ。販売員が新規の販売員を増やす図がピラミッド形に似ることから。ピラミッドセリング。

ピラミッド-セリング〖pyramid selling〗▶ピラミッド商法

ひらみ-レモン【平実レモン】▶しいくわあさあ

ひら・む【平む】㊀〔動マ四〕❶平たくなる。「手に一・める物さはる時に」〈竹取〉❷ひれ伏す。平伏する。「宣旨せんぞと仰すれば、一・んで飛び去らず」〈平家・五〉㊁〔動マ下二〕「ひらめる」の文語形。

ひら-むぎ【平麦】精白した麦を平たく押しつぶしたもの。押し麦。

ひら-むし【×扁虫┊平虫】❶サナダムシなど、体が平たい虫の称。❷渦虫綱の扁形動物の一群。体長5ミリ〜10センチ。体は楕円形・ひも状などで平たい。海産。磯の石の下などにすみ、肉食性で、貝の養殖場の害敵となる。

ひら-め【平目┊比=目=魚┊×鮃】カレイ目ヒラメ科の海水魚。全長約80センチ。体は長楕円形で側扁が著しく、両眼が頭部の左側に集まっており、砂泥底に横たわる。有眼側は暗褐色に黒褐色と白色の斑紋が散在し、無眼側は白色。周囲の色に応じて体色変化する。口は大きい。美味。《季 冬》

ひら-め【平め┊平目】〔名・形動ナリ〕❶比較的平たいこと。また、そのさま。「一なる皿の中に」〈滑・膝栗毛・五〉❷平板であること。また、そのさま。「我が分際より言葉をも一に人に使ひ」〈仮・他我身の上・一〉

ひら-めか・す【平めかす】〔動サ四〕平たくする。たいらにする。「墨の片つ方にしどけなく磨すり一・し」〈春曙抄本枕・二〇二〉

ひら-めか・す【×閃かす】〔動サ五(四)〕❶一瞬きらりと光らせる。「やいばを一・す」❷ひらひらとひるがえす。「扇を一・す」❸才能などをちらりと見せる。「知性を一・す」〘類語〙(❶)輝かす・光らす

ひら-めき【×閃き】❶一瞬するどく光ること。「ストロボの一」❷ひらひらと揺れ動くこと。「旗の一」❸すばらしい考えなどが瞬間的に思い浮かぶこと。直感的な鋭さ。「天才的な一のある作品」〘類語〙(❶)閃光・一閃・スパーク・フラッシュ・ストロボ/(❸)勘・インスピレーション

ひらめ-きん【平目筋】下腿かたい後部にある下腿三頭筋の一部。腓腹筋ひふくの深層に位置し、下方で合してアキレス腱となる。

ひら-め・く【×閃く】〔動カ五(四)〕❶一瞬するどく光る。きらめく。「雷光が一・く」❷旗などがひらひらと揺れ動く。また、火が揺れ動く。「万国旗が一・く」「風で炎が一・く」❸考えや思いが瞬間的に思い浮かぶ。「名案が一・く」〘類語〙(❶)光る・輝く・きらめく・照る・照り輝く・照り付ける・ぎらつく/(❷)翻る・はためく・靡なびく・棚引く・翻す/(❸)思いつく・考えつく

ひらめ-じ【平目地】蒔絵まきの地蒔きの一。平目粉をまき、透き漆を塗って研ぎ出したもの。

ひらめ-ふん【平目粉】金・銀・錫すずなどの鑢粉やすりを たいらに薄く延ばし、大小にふるい分けたもの。

ひら・める【平める】〔動マ下一〕図ひら・む〔マ下二〕平たくする。「モチヲ一・メル」〈和英語林集成〉

ひら-もとゆい【平元結】ゆいもと 丈長の紙を細く畳んで作った元結。中ちゅう元結。

ひら-もの【平物】❶菊の園芸品種で、単弁の花びらが平らに開くものの総称。❷能楽で、特に習い物でない、普通の曲。❸邦楽で、特に秘曲や許し物でない、普通の曲。❹演劇などの大道具のうち、切り出しのような平面的なもの。➡丸物まるもの

ひら-もり【平盛(り)】椀わんなどに飯や菜を、ふちと同じ高さに盛ること。

ひら-もん【平文】▶ひょうもん(平文)❶

ひら-もん【平門】2本の柱の上に平たい屋根をのせた門。ひらかど。

ひら-や【平屋┊平家】1階建ての家屋。

ひらや-だて【平屋建て】1階建て。また、その家。平屋造り。

ひらや-づくり【平屋造(り)】「平屋建て」に同じ。

ひら-やなぐい【平胡=籙】ひらやなぐい 行幸その他の儀式のとき、近衛の武官・随身などが帯びる平たくつくった胡籙。矢を扇子形に盛る。

ひらやま-いくお【平山郁夫】[1930〜2009]日本画家。広島の生まれ。東京美術学校で前田青邨に師事。日本美術院を中心に活動し、東京芸術大学学長などを歴任。また国内外の文化財保護にも注力した。仏教やシルクロードをテーマとした作品が多く、代表作に「入涅槃ねはん幻想」「仏教伝来」、薬師寺玄奘三蔵院の壁画「大唐西域壁画」などがある。文化勲章受章。

ひらやま-じろ【平山城】平野部にある丘陵を利用して本丸を築き、周囲に外郭を設けた城。

ひらら【平良】沖縄県、宮古島にあった市。平成17年(2005)10月、城辺ぐすく町・下地町・上野村・伊良部町と合併し宮古島市となる。➡宮古島㊁

ひらら・く〔動カ四〕ひりひりと痛む。「跡は一・く頭の骨」〈浄・会稽山〉

ひらら-し【平良市】▶平良

ひらり〔副〕❶すばやく身をかわしたり飛び移ったりするさま。「一と馬に飛び乗る」❷物が軽くひるがえるさま。「木の葉が一と舞い落ちる」

びらり〔副〕布などが垂れてなびきひるがえるさま。「緋縮緬の蹴出し一」〈露伴・毒朱唇〉

ヒラリー〖Edmund Percival Hillary〗[1919〜2008]ニュージーランドの登山家。1953年、英国のエベレスト遠征隊に参加し、シェルパのテンジンとともに初登頂に成功した。

ビラリ-げんしょう【ビラリ現象】▶ビラリ効果

ビラリ-こうか【ビラリ効果】磁性体に圧力を加えて歪ませると、その磁化の強さが変化する現象。応力センサーなどに利用される。ビラリ現象。➡磁歪

びらり-しゃらり〔副〕❶あちこち動いて所の定まらないさま。「同じ所を四、五へんも一と連れてまはりけれども」〈浮・一代女・四〉❷なまめいて色っぽいさま。びらしゃら。「一の町風も、帽子にもるる衣の香の」〈浄・傾城酒呑童子〉

ひらり-ひらり〔副〕❶何度も軽く身をひるがえすさま。「打ち込む太刀を一とかわす」❷軽い物がひるがえるさま。「紙飛行機が一と空を舞う」❸きらめくさま。きらりきらり。「与一が兜かぶとの鍬形くわがたの、一とひらめくにぞ」〈虎明狂・文蔵〉

びらり-ぼうし【びらり帽子】江戸時代、女性用のかぶり物の一。紫縮緬むらさきちりめんで額をおおい、左右に垂らしたもの。垂れた部分が風にひらひらするところからの名。もと歌舞伎の女形が始めたものという。

ピラルク〖ポルトガル pirarucu〗《赤い魚の意》オステオグロッスム目の淡水魚。全長約4.5メートルにもなる。頭部は縦扁し、体部は丸太状、後部は側扁する。うろこには赤い斑紋があり、靴べらに利用。南米アマゾン川やオリノコ川、ギアナに分布。乱獲のため数は減少。

ヒラルダ-の-とう【ヒラルダの塔】《La Giralda》スペイン南西部の都市セビリアにあるセビリア大聖堂に付設する鐘楼。イスラム教徒支配下の12世紀末にモスクの尖塔として建造。後に現大聖堂の建造にあわせて尖塔を増改築し、高さ約98メートルの鐘楼になった。

ビラ-レアル-デ-サント-アントニオ〖Vila Real de Santo António〗ポルトガル南部の町。アルガルベ地方の最南東端に位置し、グアディアナ川河口を挟んでスペインのアヤモンテと向かい合う。

ひら-ろ【平炉】▶へいろ(平炉)

ビラ-ロボス〖Heitor Villa-Lobos〗[1887〜1959]ブラジルの作曲家。国内各地の民謡を収集・研究し、民族音楽とヨーロッパ音楽を融合した作風を確立した。作品に「ブラジル風バッハ」など。

ビラ-ロマーナ-デル-カサーレ〖Villa Romana del Casale〗イタリア、シチリア島で発掘されたローマ時代の遺跡。3〜4世紀の古代ローマの貴族のビラ(別荘)の遺構とされ、敷地は3500平方メートル、部屋数は50を数える巨大なもの。回廊や床面を飾るモザイク画で知られており、なかでもビキニ姿で体操をする女性や、イルカと戯れるキューピッドの像は有名。1997年、世界遺産(文化遺産)に登録された。

ひら-わん【平×椀】底が浅くて平たい椀。また、それで出す料理。おひら。ひら。

ひ-らん【披覧】〔名〕スル 文書などをひらいて見ること。披見。

び-らん【×糜×爛】〔名〕スル ❶ただれくずれること。「一した時代風潮」❷皮膚や粘膜の上層の細胞がはがれ落ち、内層が露出している状態になること。ただれ。

ピラン〖Piran〗スロベニア南西部、アドリア海に面する港町。トリエステ湾とピラン湾に挟まれた細い半島に位置する。13世紀から18世紀にかけて、ベネチア共和国の支配下に置かれ、その当時の街並みが残されている。同国屈指の観光地の一。18世紀のバイオリン奏者ジュゼッペ=タルティーニの生地。イタリア語名ピラノ。

びらんじ ナデシコ科の多年草。深山の岩上に生え、高さ20〜30センチ。全体に紫色を帯びる。葉は披針形で対生する。夏から秋、淡紅紫色の5弁花を開く。

びらん-じゅ【×毘×蘭樹】バクチノキの別名。

ヒランダリウ-しゅうどういん【ヒランダリウ修道院】《Moni Chelandariou》▶ヒランダル修道院

ヒランダル-しゅうどういん【ヒランダル修道院】《Moni Chelandariou》ギリシャ北部、ハルキディキ半島にある東方正教会の聖地アトス山の修道院。12世紀末、セルビア王国を建てたステファン=ネマニャと、その息子でセルビア正教会の創設者である聖サワにより創設。セルビア正教会に帰属する。「三本手の生神女」と呼ばれる構図の典型的なイコンがあることで知られる。ヒランダリウ修道院。

ピランデッロ〖Luigi Pirandello〗[1867〜1936]イタリアの劇作家・小説家。人間存在の二重性、狂気など、精神の危機を主題とした作品が多い。1934年ノーベル文学賞受賞。小説「故マッティア=パスカル氏」、戯曲「ヘンリー四世」など。ピランデルロ。

ビランドリー-じょう【ビランドリー城】《Château de Villandry》フランス中西部、アンドレ-エ-ロアール県の村ビランドリーにある、16世紀に建造されたルネサンス様式の城。美しい幾何学模様の広大なフランス式庭園があることで知られる。ロアール川流域の古城の一として、2000年、「シュリーシュルロアールとシャロンヌ間のロアール渓谷」の名称で世界遺産(文化遺産)に登録された。

びらんば【×毘藍婆】《梵 Vairambhakaの音写》仏語。世界の生成または壊滅する劫初ごうしょ・劫末に吹くという暴風。毘藍。毘藍婆風。

ひ-り【皮裏】皮膚の内側。転じて、心。

皮裏の陽秋ようしゅう 《「晋書」褚裒ちょほう伝から》心中で是非善悪をきびしく判断して外に表さないこと。

ひ-り【非理】道理にはずれること。非道。〘類語〙無理

ひ-り【×鄙×俚】〔名・形動〕言語・風俗などがいなかじみて、いやしいこと。また、そのさま。野鄙。「よしや其言語は一なりとも」〈逍遥・小説神髄〉

びり ❶いちばんあとの順位。最下位。どんじり。「成績はクラスで一だ」❷人体の尻しり。「酒を買って、一を切られると云ふ事があるでないか」〈伎・関取菖蒲絲〉❸美人。また、女郎。「人情を知っては、一の商売はまあ出来ねえかたちさ」〈洒・妓娼精子〉〘類語〙(❶)しんがり・どんじり・どんけつ・びりっけつ

ビリアード〖billiards〗▶ビリヤード

ビリー-ザ-キッド〖Billy the Kid〗[1859〜1881]米国西部の無法者。本名ウィリアム=H=ボニー(William H. Bonney)。21人を殺し、21歳で射殺されたと伝えられる。

ひり・う【ᵛ拾ふ】〔動ハ四〕「ひろう」の古形。「帰るさに妹に見せむにわたつみの沖つ白玉一・ひて行かな」〈万・三六一四〉

ピリエス-どおり【ピリエス通り】《Pilies gatvė》

リトアニアの首都ビリニュスの旧市街にある通りの一つ。カテドゥロス広場から市庁舎広場までを南北に貫く。ビリニュス大学、聖ヨノ教会に接し、バロック様式の古い家並みが残る。

ピリオド〖period〗❶欧文・ローマ字文などで、文の終わりに打つ「.」の印。終止符。❷期間。時代。❸スポーツの試合での一区切りの時間。アイスホッケーでは、試合時間を三等分した、そのそれぞれの時間で、1ピリオドは20分間。バスケットボールでは、試合時間を四等分した、そのそれぞれの時間で、1ピリオドは10分間。(類語)コンマ・コロン・セミコロン・終止符

ピリオドを打・つ　続いてきたことを終わりにする。終止符を打つ。「独身生活に—・つ」

ビリオネア〖billionaire〗億万長者。大金持ち。

ビリオン〖billion〗米国で、10億。英国で、1兆。

ぴり-から【ぴり辛】唐辛子や胡椒がきいていて、ぴりぴりと辛い味がすること。「こんにゃくの—炒め」

ひ-りき【非力】〔名・形動〕❶腕力や筋力の弱いこと。また、そのさま。ひりょく。「—なバッター」❷権力や勢力の弱いこと。また、そのさま。ひりょく。「—な中小企業」(派生)ひりきさ〔名〕(類語)無能・無能力・弱い

ビリケン〖Billiken〗頭がとがり、眉がつり上がった裸の人形で、米国の福の神。1908年、米国の女流美術家が考案し、当時の大統領タフトの愛称Billyから名づけられた。日本には明治末年に輸入され、お守りやマスコットとして流行した。

ピリサール-とう【ピリサール島】《Piirissaar》▶ピーリッサール島

ピリジン〖pyridine〗複素環式化合物の一。ベンゼンの炭素原子1個を窒素で置き換えた構造をし、特異臭をもつ無色の液体。塗料などの溶剤や合成原料として重要。化学式C_5H_5N

ピリタ〖Pirita〗エストニアの首都タリンの一地区。旧市街の北東約5キロに位置する。フィンランド湾に面し、海水浴場やヨットハーバーがある。1980年のオリンピックモスクワ大会の際には、ヨットレースの会場になった。

ピリタ-しゅうどういん【ピリタ修道院】《Pirita Klooster》エストニアの首都タリンの北東部ピリタ地区にある修道院。15世紀前半に創設された。16世紀後半のリボニア戦争の際にロシア軍に破壊されるまで、同地域で最も規模が大きい尼僧院だった。現在もビルギッタ会の修道女により管理されている。

ひり-だ・す【放り出す】〔動サ五(四)〕内部のものを体外に強く出す。「糞を—・す」

ひ-りつ【比率】二つ以上の数量をくらべたときの割合。「六対四の—で負担する」(類語)率・比・割り・割合・歩合・レート・パーセンテージ

ひりつ・く〔動カ五(四)〕ひりひりと痛む。ひりひりする。「のどが—・く」(類語)痛む・うずく・ずきずきする・しくしくする・ちくちくする・しみる・差し込む

びりっ-けつ《同じ意味の「びり」と「けつ」を重ねた語》最下位・最後尾をいう俗語。びりっかす。

びりっ-こ「びり❶」に同じ。「名札の—にかかってこともく」〈中勘助・銀の匙〉

びりっ-こけ「びり❶」に同じ。「—なんぞと遊ばない」〈中勘助・銀の匙〉

びりっ-と〔副〕スル ❶紙や布が音を立てて勢いよく裂けるさま。「書き損じの便箋を—破く」❷電気などの強い刺激を受けてしびれを感じるさま。「静電気が—する」

ぴりっ-と〔副〕スル ❶瞬間的に強い刺激を受けてしびれを感じるさま。「指先に—痛みが走る」「—した辛味」❷布や紙が音を立てて勢いよく破れるさま。「スカーフが—裂ける」❸言動や態度が引き締まった感じを与えるさま。「彼は—したところに欠ける」「—引き締まった文章」(類語)辛い・辛口・辛め・塩辛い・しょっぱい（舌に辛みを感じるさま)ぴりりと・ぴりぴり・ひりひり

ピリッポイ〖Philippoi〗ギリシャの町フィリッピの古代名。

ピリドキサール〖pyridoxal〗▶ピリドキサル

ピリドキサミン〖pyridoxamine〗ビタミンB_6作用をもつ天然物質。ピリドキシンにアンモニアの結合したもの。➡ピリドキシン

ピリドキサル〖pyridoxal〗《「ピリドキサール」とも》ビタミンB_6作用をもつ天然物質。アルデヒド基をもつピリドキシン。➡ピリドキシン

ピリドキシン〖pyridoxine〗ビタミンB_6の化学物質名。

ピリニアウス-どおり【ピリニアウス通り】《Vilniaus gatvė》リトアニア中央部の都市カウナスの旧市街にある通り。市庁舎広場と新市街のライスベス通りを結び、カウナス大聖堂、旧大統領官邸に面し、中世の面影を残す古い建物が並んでいる。

ピリニャーク〖Boris Andreevich Pil'nyak〗[1894〜1941]ロシアの小説家。本名ボリス=アンドレービチ=ボガウ(Boris Andreevich Vogau)。1920年代のソ連文壇で活動、革命後の現実を実験的文体で描いた。ソビエト政権には批判的態度をとり、スターリンの粛清によって獄死。日本・米国などの旅行記も著した。作「裸の年」「機械と狼」「日本印象記」など。

ビリニュス〖Vilnius〗リトアニア共和国の首都。同国南東部にある商工業都市。14世紀に建設された。古いカトリック教会や1579年創立の大学がある。1923年から第二次大戦までポーランド領。ポーランド語名ビルノ。人口、行政区55万(2008)。

ビリニュス-だいせいどう【ビリニュス大聖堂】《Vilniaus katedra》リトアニアの首都ビリニュスの旧市街にあるカトリック教会の大聖堂。多神教の古代より雷神ペルクーナスの神殿があったとされ、13世紀にリトアニア大公ミンダウカスがキリスト教を受容し最初の教会を建てた。その後元の神殿に戻され、14世紀にキリスト教が国教となり教会が再建された。18世紀の大改築により、現在見られる新古典主義様式の大聖堂になった。旧ソ連時代は、展覧会やコンサートの会場として利用された。同国の守護聖人カジミエラス王子を祭る、17世紀につくられたバロック様式の礼拝所が有名。

ピリピ〖Philippoi〗ギリシャの町フィリッピの古代名。

ピリピノ-ご【ピリピノ語】《Pilipino》マレー・ポリネシア語族のインドネシア語派に属する言語。タガログ語を基礎とするフィリピンの公用語。

ひり-ひり〔副〕スル ❶皮膚や粘膜に、軽くしびれるような痛みを感じるさま。また、辛味が強く舌などが軽くしびれるさま。「日に焼けて背中が—(と)する」「のどが—(と)する」❷細長いものなどが、小刻みに震えるさま。「くちなは出でて—とひろめきてやがて死ぬ」〈著聞集・二〇〉(類語)(❶)ぴりぴり・ずきずき・しくしく・ちくちく・ひりつく・痛む・辛い・うずく・しみる・差し込む

びり-びり　■〔副〕❶紙や布が裂ける音や、そのさまを表す語。「紙を—(と)破く」❷物が小刻みに震動する音や、そのさまを表す語。「爆風で窓ガラスが—(と)鳴る」❸電気などの強い刺激をからだに継続的に感じるさま。「—(と)電気が走る」❹神経が高ぶっているさま。ひどく過敏になっているさま。「—(と)緊張感が漂う」■〔形動〕紙や布があちこち破れているさま。「—に引き裂かれたポスター」アク■はビリビリ、■はビリビリ。

ぴり-ぴり〔副〕スル ❶皮膚や粘膜が鋭い刺激を感じるさま。「舌が—(と)する辛さ」❷緊張して神経が過敏になっているさま。「試合間近で選手が—(と)している」❸薄紙などが裂けていく音や、そのさまを表す語。「紙を—(と)引き裂く」❹細かく震え動くさま。「ほおが—(と)ひきつる」❺呼び子笛の鳴る音を表す語。「合図の笛が—(と)鳴る」

(類語)(❶)辛い・辛口・辛め・塩辛い・しょっぱい（舌に辛みを感じるさま)ぴりっと・ぴりりと・ひりひり

ひ-り-ほう-けん-てん【非理法権天】《非は理に勝たず、理は法に勝たず、法は権に勝たず、権は天に勝たぬという意》天道に従って行動すべきであるということ。楠木正成が旗印とした。

ピリミジン〖pyrimidine〗複素環式化合物の一。塩基性で、強い刺激臭のある無色の結晶。化学式$C_4H_4N_2$

ピリミジン-えんき【ピリミジン塩基】ピリミジンの誘導体である一群の塩基性物質。生体に核酸の塩基成分としてヌクレオチドの形で存在し、シトシン・ウラシル・チミンなどがある。

ビリヤード〖billiards〗《「ビリアード」とも》室内ゲームの一。ラシャ張りの長方形の台の上にいくつかの球を置き、白球の一つを棒(キュー)で突いて他の球に当てるなどして得点を競う。玉突き。撞球。

ひりゃくしゅしゃしょざいこくがいいそう-ざい【被略取者所在国外移送罪】▶被略取者等所在国外移送罪

ひりゃくしゅしゃとうしょざいこくがいいそう-ざい【被略取者等所在国外移送罪】略取・誘拐・売買された者を国外に移送する罪。刑法第226条の3が禁じ、2年以上の有期懲役に処せられる。被略取者所在国外移送罪。

ひりゃくしゅしゃひきわたし-ざい【被略取者引渡し罪】▶被略取者引渡し等罪

ひりゃくしゅしゃひきわたしとう-ざい【被略取者引渡し等罪】略取・誘拐・売買された者を輸送・蔵匿・収受したり、他の者に引き渡したりする罪。刑法第227条が禁じ、罪状によって異なる期間の懲役に処せられる。被略取者引渡し罪。

ビリャ-ひろば【ビリャ広場】《Plaza de la Villa》スペインの首都、マドリードの中心部にある広場。バロック様式の旧市庁舎をはじめ、16世紀から18世紀の建造物に囲まれる。

ひ-りゅう【飛竜】「ひりょう(飛竜)」に同じ。

び-りゅう【微粒】非常に細かなつぶ。

び-りゅうし【微粒子】非常に細かなつぶ状のもの。

びりゅうし-げんぞう【微粒子現像】写真の引き伸ばしの現像で、画像となる銀粒子が細かくなるように処理すること。還元力の弱い現像液を使う。

びりゅうし-びょう【微粒子病】原生動物の寄生による蚕の病気。フランスで1840年代以後このために大打撃を受け、パスツールが病蚕の体内に存在する微粒子(胞子)の伝染によることを解明。

ひりゅうず【飛竜頭】▶ひりょうず(飛竜頭)

び-りょ【尾閭】《「荘子」秋水から》大海の底にあって絶えず海水を漏らしているという穴。「—洩らせども乾かず」〈太平記・三四〉

ひ-りょう【比量】〔名〕スル ❶比べはかること。比較。❷仏教論理学で、既知の事柄をもとにして未知の事柄を推論し判断すること。

ひ-りょう【肥料】作物の生育をよくするため、土壌などに施す物質。欠乏しやすく、施したときの効果の大きい窒素・燐・カリウムを肥料の3要素という。有機肥料と無機肥料とに大別される。(類語)肥やし・肥

ひ-りょう【飛竜】空を飛ぶという竜。ひりゅう。

飛竜雲に乗る　《「韓非子」難勢から》英雄が時に乗じて勢いを得るたとえ。

飛竜天に在り　《「易経」乾卦から。竜がそのところを得て天にいる意》聖人が天子の位にあって、万民がその恩沢を受けるたとえ。

ひ-りょう【匙量】薬剤をはかる、さじ1杯分の分量。

ひ-りょう【悲涼】悲しくさびしいこと。悲しみ。「—沈痛なるものもあるべく」〈逍遥・小説神髄〉

び-りょう【微涼】わずかにすずしいこと。

び-りょう【微量】ごくわずかな量。(類語)少量

び-りょう【鼻梁】鼻ばしら。鼻すじ。(類語)鼻筋・鼻柱

びりょう-げんそ【微量元素】▶微量養素

ひりょうず【飛竜頭】❶《ポルトガルfilhosから》粳米と糯米の粉をまぜて水で練り、油で揚げた食品。ひりゅうず。❷関西で、がんもどきのこと。ひりゅうず。ひろうず。

ひりょう-てき【比量的】〔形動〕▶論証的

びりょう-てんびん【微量天秤】微量分析に用いる天秤。0.001ミリグラムの差まで量れる感度のもの。

びりょう-ぶんせき【微量分析】試料中の微量成分、または、微量の試料について行う化学分析。ふつう、扱う試料が1〜10ミリグラム程度をいう。

びりょう-ようそ【微量養素】ビリヤウヤウソ・【微量要素】ビリヤウエウソ ❶植物の生育にとって、微量でよいが不可欠の元素。鉄・亜鉛・マンガン・銅・硼素ほうそ・モリブデンなど。微量元素。❷動物の成長や生命維持に微量で作用する不可欠の栄養素。ビタミンなど。

ひ-りょく【非力】〘名・形動〙▶ひりき(非力)

ひ-りょく【×臂力】腕の力。また一般に、力。「君の一—を籍りて此濁世を一洗し」〈織田訳・花柳春話〉

び-りょく【微力】❶力が弱く足りないこと。また、その力。❷自分の力量をへりくだっていう語。「—ながら協力させていただきます」

びりょ-こつ【尾×閭骨】▶びこつ(尾骨)

びりり〘副〙軽くしびれるような痛みを感じるさま。「のどに—とくる辛さ」

びりり〘副〙しびれを感じるさま。びりっと。「—と感電する」

ぴりり〘副〙鋭い刺激を感じるさま。ぴりっと。「山椒さんしょうは小粒でも—と辛い」〘類語〙辛い・辛口・辛め・塩辛い・しょっぱい (舌に辛みを感じるさま)ぴりぴり・ひりひり

ビリルビン〖bilirubin〗胆汁に含まれる黄色の色素。赤血球のヘモグロビンが、脾臓ひぞうなどの細網内皮系で破壊されて間接ビリルビンとなり、さらに肝臓に運ばれ水に溶けやすい直接ビリルビンとなって腸内に排出される。血中ビリルビン濃度が上昇すると黄疸おうだんとなる。ヘマトイジン。

ひ-りん【比倫】ならぶもの。比類。「古今に—のない大伝奇を持つ時だ」〈芥川・戯作三昧〉

ひ-りん【比隣】軒を並べる隣家。近隣。

ひ-りん【飛輪】太陽の異称。

ひ-りん【×賁臨】客を敬って、その来訪をいう語。光来。光臨。来臨。

ひ-りん【碑林】中国で、古い石碑や刻石を集めて立ててあるもの。西安碑林・曲阜きょくふ碑林など。

ひ-りん【×鄙×吝｜卑×吝】いやしくてけちなこと。「彼をして—に陥らしむる」〈漱石・それから〉

び-りん【尾輪】飛行機の胴体の尾端下部に取り付ける車輪。

び-りん【美林】美しい林。見事な林。

ピリング〖pilling〗編み地や布地の表面の摩擦により、繊維がからみあって毛玉ができること。また、その毛玉。

ビリングチオ〖Vannoccio Biringuccio〗[1480〜1539]イタリアの冶金学者。錬金術を排し、実際的な採鉱・冶金の知識と技術をまとめ、1540年に「火工術」10巻を著した。

ピリンけい-やくぶつ【ピリン系薬物】《ピリンはpyrine》▶ピリン剤

ピリン-こくりつこうえん【ピリン国立公園】ーコクリツコウエン《Natsionalen park Pirin》ブルガリア南西部にある国立公園。同国最大の自然公園であり、最高峰ビフレン山(標高2915メートル)を中心とするピリン山脈の大部分を占める。カール、U字谷など、氷河の浸食作用でできた地形や大小70もの氷河湖、針葉樹林帯や高山帯があり、希少な野生動植物の宝庫として知られる。1983年に世界遺産(自然遺産)に登録された。

ピリン-ざい【ピリン剤】《pyrine》化学構造にピラゾロン環とよぶ五員環をもつ一群の解熱・鎮痛薬。アミノピリン・アンチピリン・スルピリンなど。効果が大であるが、副作用として薬疹などがあり、欧米では使用されていない。

ひ-りんしょうしけん【非臨床試験】ーリンシヤウシケン ▶前臨床試験

ひる【昼】❶日の出から日の入りまでの明るい間。日中。ひるま。「夏至は—が最も長い」⇔夜。❷(「午」とも書く)正午。また、それに近い時刻。「—過ぎに伺います」❸昼食。昼めし。「—のしたくにかかる」❹物事の最高潮に達する時期。「銀儲まうけの—」〈浮・新色五巻書・二〉〘類語〙(❶)ひなか・昼間ちゅうかん・日のうち・日ひ・データイム/(❷)真昼まひる・昼時ひるどき・真っ昼間・昼日中ひるひなか・昼中ひるなか・日盛り・白昼はくちゅう・白日はくじつ

昼を欺あざむく　夜なのに明るくて、昼間かと間違えるほどである。「照明灯で広場は—・く明るさだ」

ひる【×蛭】ヒル綱の環形動物の総称。池沼・水田・森林や海にすみ、他の動物から吸血したり寄生したりする。体は扁平または円筒形で細長く、環節は34個あり、前後端の腹面に吸盤をもつ。雌雄同体。チスイビル・ウマビル・ヤマビルなど。〘季 夏〙「人の世や山は山とて—が降る/一茶」

蛭に塩　《ヒルは塩をかけると縮むところから》恐ろしいものや苦手のものに出あって恐れ入り縮み上がるさまのたとえ。青菜に塩。なめくじに塩。

ひる【×蒜｜×葫】ネギ・ニンニク・ノビルなど、食用となるユリ科の多年草の古名。「醤酢ひしほすに—搗つき合かてて鯛願ふ我にな見えそ水葱なぎの羹あつもの」〈万・三八二九〉

ヒル〖hill〗丘。小山。

ひる【干る｜▽乾る】〘動ハ上一〙図〘ハ上一〙《上代の上二段活用動詞「ふ」の上一段化》❶水分がなくなってかわく。「池が**ひる**」❷潮がひいて海底が現れる。干潮になる。「潮が**ひる**」❸果てる。終わる。かたがつく。「これこれ足下のやうにものを言うては論が**ひ**ない」〈滑・浮世床・初〉

ひ-る【▽放る】〘動ラ五(四)〙体外へ出す。ひりだす。「屁へを—・る」

ひる【×嚔る】〘動ハ上一〙《上代の上二段活用動詞「ふ」の上一段化》くしゃみをする。はなひる。「鼻をいと高う**ひ**たれば」〈枕・一八四〉⇒嚔はなひ

ひる【×簸る】〘動ハ上一〙箕みで穀物をあおって、くずを除き去る。「糠ぬかのみ多く候へば、それを**ひ**させんとて」〈著聞集・一六〉

ビル〖bill〗❶勘定書。支払請求書。❷手形。証券。

ビル「ビルディング」の略。「雑居—」

びる〘接尾〙《動詞上一段型活用図ぶ(上二段型活用)》名詞または形容詞の語幹などに付いて、…らしく見える、…のふうである、などの意を表す。「大人**び**る」「古**び**る」

ピル〖pill〗❶丸薬。「—ケース」❷経口避妊薬。

ひる-あんどん【昼行▽灯】《日中に行灯をともしても、うすぼんやりとしているところから》ぼんやりした人、役に立たない人をあざけっていう語。

ひ-るい【比類】それとくらべられるもの。同じたぐいのもの。「—ない経験」「—なくすばらしい」

ひ-るい【疲×羸】〘名〙スル 疲れてぐったりすること。「顔色形容蒼然として大に—し」〈菊亭香水・世路日記〉

ひ-るい【悲涙】悲しんで流す涙。

び-るいかん【鼻涙管】ールイクワン 涙液を涙嚢るいのうから鼻腔に導く管。涙鼻管。

ひる-いし【×蛭石】熱するとヒルが伸びるように膨張する鉱物。黒雲母くろうんもが風化したもので、多量の水分を含んでいる。断熱・防音材や園芸用土などに使用。バーミキュライト。

ピルエット〖フランス pirouette〗片足のつま先で立って行うバレエの旋回。

ビルカ〖Birka〗スウェーデン、ストックホルム郊外のメーラレン湖内、ビョルケー島にあるバイキング時代の遺跡。9世紀ごろ、各国との交易の拠点となり栄えた。19世紀以降、城壁や多数の墳墓と副葬品などが発掘されている。1993年、同時代の遺跡が発見されたホーブゴーデンとともに「ビルカとホーブゴーデン」として世界遺産(文化遺産)に登録された。

ひる-かい【×蛭飼い】ーがひ 蛭に悪血を吸い取らせて腫はれ物などを治療すること。

ひる-がえ-す【翻す｜×飜す】ひるがへす〘動サ五(四)〙❶さっと裏返しにする。「手のひらを—・す」❷からだをおどらせる。「身を—・す」❸態度などを急に変える。「約束を—・す」❹風になびかせる。ひらめかす。「旗を—・す」〘可能〙ひるがえせる〘類語〙裏返す・ひっくり返す・覆す・倒す・跳ね返す・転覆・逆転・逆様

ひるがえっ-て【翻って｜×飜って】ひるがへって〘副〙これとは反対に。これとは別に。「—わが国の現状を見るに」

ひる-がえ-る【翻る｜×飜る】ひるがへる〘動ラ五(四)〙❶反対の面が出る。さっと裏返しになる。「裾が—・る」❷態度・説などが、急に変わって反対になる。「評決が—・る」❸風になびいて揺れ動く。ひらめく。「鯉幟こいのぼりが—・る」〘類語〙はためく・ひらめく・靡なびく・棚引く・翻す

ひる-がお【昼顔】ーがほ ヒルガオ科の蔓性つるせいの多年草。山の道端や荒れ地に生える。地下茎で増え、長い蔓で他に巻きつく。葉は長楕円形で基部が耳形にとがり、長い柄をもつ。6〜8月、淡紅色のらっぱ状の花を日中に開く。〘季 夏〙「—に米つき涼むあはれ也/芭蕉」

ひる-かぎ【×蛭×鉤】中太で、蛭のような形をした鉄製の掛け金物。天井などに取り付け、釣り釜かまなどを下げる。蛭環ひるかん。

ビル-かげ【ビル陰】ビルの陰。ビルに遮られて日光が届かない空間。また特に、ビルが障害物となって電波が届かない地域。ビルによる地上デジタルテレビ放送の難視聴地域。

ひる-が-こじま【蛭ヶ小島】▶蛭ヶ島

ひる-が-しま【蛭ヶ島】静岡県伊豆の国市にある史跡。永暦元年(1160)源頼朝が流された地。当時は狩野かの川の中州であった。蛭ヶ小島。

ビル-かぜ【ビル風】高層ビルの周辺に生じる局部的な強風や乱流。

ひる-が-たけ【蛭ヶ岳】神奈川県西部、相模原市と足柄上郡山北町の境にある山。標高1673メートル。丹沢山地の最高峰で、県内でも第一位。

ひるがの-こうげん【ひるがの高原】ーカウゲン 岐阜県中西部、大日岳東麓に広がる草原。標高900〜1000メートル、広さは東西3キロ、南北2キロに及ぶ。太平洋側と日本海側を分ける分水嶺にあたる。日本の最南限とされる湿原植物のワタスゲの群生が見られる。夏は避暑地、冬はスキー場としてにぎわう。

ひる-がれい【昼×餉】ーがれひ 昼食。ひるめし。ひるげ。「—の櫃ひつを荷ひ」〈浄・出世景清〉

ひる-かん【×蛭環】ークワン「蛭鉤ひるかぎ」に同じ。

ひる-がんどう【昼▽強盗】ーガンダウ「ひるごうとう」に同じ。「大きい盗人めぢゃ。—」〈狂言記・長光〉

ひる-ぎ【×蛭木｜▽漂木】ヒルギ科の常緑樹の総称。熱帯を中心に分布し、浅い海の泥地に生え、マングローブを形成する。葉は対生し、花は両性花で、実は母樹についたまま発根する胎生果実。日本にはオヒルギ・メヒルギ・ヤエヤマヒルギなどがある。

ビルキエ〖Villequier〗フランス北西部、セーヌ-マリチーム県、セーヌ川沿いにある村。19世紀の作家ユゴーゆかりの地として知られる。ユゴーが度々滞在した友人の館は現在、記念館になっている。

ひる-ぎつね【昼×狐】《昼間、巣の外へ出るキツネの意から》あつかましい人やきょろきょろして落ち着きのない人をあざけっていう語。「扨さてもさても—めかな」〈ひとりね・下〉

ビルグ〖Birgu〗ビットリオーザの古称。

ヒル-クライム〖hill climb〗自動車の登坂レース。ヨーロッパにはヒルクライムのチャンピオンシップシリーズがあり、また、アメリカでは、コロラド州のパイクスピーク山で行われるレースが有名。

ピルグリム-ファーザーズ〖Pilgrim Fathers〗1620年、信仰の自由を求めて絶対王制下のイギリスからメイフラワー号で北アメリカに移住した、総勢102人のピューリタンたち。現在のマサチューセッツ州プリマスに上陸、ニューイングランド植民地開拓の基礎をつくった。巡礼父祖。

ひる-げ【昼×餉｜昼▽食】《「ひるけ」とも。「け」は食事の意》ひるめし。ちゅうしょく。〘類語〙昼食・昼御飯・昼飯ひるめし・昼飯ちゅうはん・午餐ごさん・ランチ・昼

ビル-ゲイツ〖Bill Gates〗▶ゲイツ

ビルゲ-カガン〖Bilgä Khaghan〗[?〜734]中国唐代の東突厥とっけつの可汗(王)。在位716〜734。唐に対して妥協政策をとり、民族の統一に努めたが暗殺された。その功績は突厥碑文に残る。ビルゲ-ハガン。⇒突厥〘補説〙「毗伽可汗」とも書く。

ビルケナウ〖Birkenau〗ポーランド南部の村ブジェジンカのドイツ語名。第二次大戦中、ナチスドイツのユダヤ人強制収容所がつくられた。⇒アウシュビッツ

ヒルケネス〖Kirkenes〗▶キルケネス

ピルケ-はんのう【ピルケ反応】ーハンオウ ツベルクリン反応の経皮的なもの。旧ツベルクリン液を皮膚にたらして軽く傷つけ、24時間あるいは48時間後に発赤腫

脹ちょうがあれば陽性とする。オーストリアの小児科医ピルケ(C.Pirqet)が1907年に発表。

ひるこ【蛭子】日本神話で、伊弉諾いざなぎ・伊弉冉いざなみ二神の間に生まれた第一の子。3歳になっても足がたたないので舟に乗せて海に流したという。中世以後、恵比寿えびす信仰と結びついて尊崇された。ひるのこ。

ひる-ごうとう【昼強盗】ガウタウ《「ひるごうどう」とも》昼間の強盗。ひるがんどう。「殿法印良忠が手の者ども…—を致す間」〈太平記・一二〉

ひる-ごはん【昼御飯】ひるめしを丁寧にいう語。(類語)昼食・昼飯ちゅうはん・昼飯ひるめし・昼餉ひるげ・昼餉ちゅう・午餐ごさん・ランチ・昼

ひる-さがり【昼下(が)り】正午を少し過ぎた頃。(類語)午後・昼過ぎ・アフタヌーン

ビルジ〖bilge〗❶船底の湾曲部。❷船底にたまった汚水。あか。

ヒルジー-ちょう【ヒルジー朝】テウ ▶ハルジー朝

ビルジ-キール〖bilge keel〗船体の動揺を少なくするために、船首から船尾まで船底湾曲部に沿って取り付ける板。湾曲部竜骨。

ビル-しつげん【ビル湿原】《Viru Raba》エストニア北部、ラヘマー国立公園南部にある湿原。同国屈指の規模を誇り、モウセンゴケをはじめとする希少な湿地性植物の自生地として知られる。

ひる-じぶん【昼時分】▽午時分】❶昼頃。昼どき。❷衣服などが古くなりかけていること。「少ししみはあれど—の下帯」〈洒・客者評判記〉

ビルジ-ポンプ〖bilge pump〗船底に溜たまる汚水をくみ出すポンプ。

びるしゃな【毘盧遮那】「毘盧遮那仏びるしゃなぶつ」に同じ。

びるしゃな-きょう【毘盧遮那経】キャウ 大日経だいにちきょうの異称。

びるしゃな-ぶつ【毘盧遮那仏】《梵 Vairocanaの音写。光明遍照と訳す》大乗仏教で、蓮華蔵れんげぞう世界に住し、その身は法界に遍満し、身光・智光の大光明で全宇宙を照らす仏。真言宗では大日如来、天台宗では法身仏、華厳宗では報身仏をさす。盧舎那仏。遮那仏。毘盧遮那。

ヒルシュスプルング-びょう【ヒルシュスプルング病】ビャウ 腸の動きを制御する神経細胞が欠損しているため、重い便秘や腸閉塞を起こす先天性の難病。

ヒルジン〖hirudin〗ヒルの唾液腺だえきせんから分泌され、血液の凝固を阻止する働きをもつポリペプチド。

ピルス〖ドイ Pils〗▶ピルスナー

ひる-すぎ【昼過ぎ】❶正午を過ぎた頃。また、午後になってから。「—から雨が降り出す」❷色あせて古びていること。また、そのもの。「—の小袖をうちかけにし」〈洒・四十八手〉(類語)午後・昼下がり・アフタヌーン

ヒルズ-ぞく【ヒルズ族】東京都港区六本木にある六本木ヒルズ内の住居棟に住む人をいう。ベンチャー企業の成功者、芸能人、モデルなど若くて裕福な人が多く、派手な生活ぶりで話題になった。(補説)中心となる森タワーに事務所を置く企業の勤め人を含めていうこともある。

ピルスナー〖ドイ Pilsner〗下面発酵の淡色ビール。チェコのプルゼニュ(ドイツ語名ピルゼン)が発祥地で、日本のビールもこの系統に属する。淡色でホップの風味が特徴。ピルス。ピルゼンビール。ピルスナービール。

ピルスナー-ビール《和 Pilsener(ドイ)+bier(オラ)》▶ピルスナー

ひる-せき【昼席】寄席などで、昼間行われる興行。(対)夜席よるせき。

ひる-ぜん【蒜山】岡山・鳥取県境にある連山。大山だいせんの南東にあり、上蒜山の標高1202メートルを最高に、中蒜山1122メートル、下蒜山1100メートルが並び、蒜山三座とよばれる。南麓の蒜山原ひるぜんばらの高原はスキー場・キャンプ場・放牧地。

ピルゼン〖Pilsen〗プルゼニュのドイツ語名。

ひるぜん-こうげん【蒜山高原】カウゲン 岡山県北部、真庭市北部に広がる高原。標高500〜600メートル。大山だいせん連峰の東に連なる蒜山三座さんざ(「上蒜山(1202メートル)・中蒜山(1122メートル)・下蒜山(1100メートル)」)南麓に位置する。ジャージー種乳牛の牧場・休暇村蒜山高原などがある。キャンプ場・スキー場としてにぎわう。大山隠岐だいせんおき国立公園に属する。蒜山原ばら。

ピルゼン-ビール《和 Pilsen(ドイ)+bier(オラ)》▶ピルスナー

ひる-つ-かた【昼つ方】昼の時分。昼頃。「またの日の—、岡辺に御文遣はす」〈源・明石〉

ヒルティ〖Carl Hilty〗[1833〜1909]スイスの法学者・哲学者。キリスト教の立場から「幸福論」「眠られぬ夜のために」など、宗教的、倫理的著作を多く残した。

ビルディング〖building〗鉄筋コンクリートなどでつくった、中・高層の建物。ビル。(類語)建造物・建築物

ビルテルム〖Birthälm〗ルーマニア中央部の村ビエルタンのドイツ語名。

ヒルト〖Friedrich Hirth〗[1845〜1927]ドイツの中国学者。1870〜97年まで、清国の税関に勤務。中国美術や東西文化の交流について研究。著「中国古代史」「中国美術に及ぼせる外国の影響」など。

ビルト〖ドイ Bild〗ドイツの大衆紙の一つ。1952年にハンブルクで創刊。現在の本社はベルリンにある。高級紙の「ベルト」と同系列。部数は約318万部(2009年)。

ビルド〖build〗❶建設すること。「スクラップアンド—」❷ソフトウエアやデジタルコンテンツなどの開発工程において、プログラムのソースファイルから実行可能なファイルを作成したり、コンテンツデータを利用可能な状態にしたりすること。

ビルドアップ〖buildup〗(名)スル 体格などを鍛え上げること。「—した筋肉美」

ビルト-イン〖built-in〗(名)スル はめ込むこと。作り付けであること。内蔵されていること。「壁面に—された家具」

ビルトイン-かんすう【ビルトイン関数】クワンスウ《built-in function》▶組み込み関数

ビルトイン-スタビライザー〖built-in stabilizer〗自動安定装置。景気変動に応じてある程度自動的に経済の安定を図るように作用する財政構造の仕組み。累進課税制度もその一つで、不況のときには税率が下がって有効需要の減少を抑え、好況のときには税率が上がって景気の過熱を鎮めるという働きをもつ。

ビルトゥオーソ〖イタ virtuoso〗卓越した技巧を持つ演奏家。名手。

ビルドゥングスロマン〖ドイ Bildungsroman〗教養小説。

ビル-どおり【ビル通り】ドホリ《Viru》エストニアの首都タリンの旧市街にある通り。ラエコヤ広場から東に延び、ビル門を通って新市街と結ばれる。タリンきっての目抜き通りとして知られ、人通りが多く、レストランや高級ブティックが並ぶ。

ひる-どき【昼時】❶正午ごろ。❷昼食の時分。昼飯時。(類語)昼

ビルド-ダウン〖build-down〗新型核兵器を一つ配備すると旧型核兵器を二つ削減する方式。1982年に始まった米ソ戦略核兵器削減交渉(START)での米側の提案の一つ。➡スタートワン(START I)

ひる-とび【昼×鳶】「ひるとんび」に同じ。「—とて透き間を窺ふ盗賊通ひ合はせ」〈浮・諸芸独自慢・五〉

ビルドラック〖Charles Vildrac〗[1882〜1971]フランスの劇作家・詩人。庶民の平凡な生活を温かく描いた。戯曲「商船テナシティ」など。

ヒルトン〖James Hilton〗[1900〜1954]英国の小説家。のち、米国に帰化。独特のユーモアとペーソスで知られる。作「チップス先生さようなら」など。

ひる-とんび【昼×鳶】❶昼間、人家などに忍び込むこそどろ。ひるとび。「この—めえ、何をするのだ」〈人・梅児誉美・四〉❷掏摸すりのこと。「わりゃあ—か、懐めがけて引っさらふ」〈伎・霊験曽我籬〉

ひる-なか【昼中】昼間。真昼。日中。「—でも道行く人は途絶えがちで」〈荷風・冬の蠅〉(類語)昼

ピルニッツ-きゅうでん【ピルニッツ宮殿】《Schloß Pillnitz》ドイツ東部、ザクセン州の州都、ドレスデンの近郊、エルベ川沿いにある中国趣味を取り入れたバロック様式の宮殿。ザクセン選帝侯フリードリヒ=アウグスト1世の夏の離宮として、建築家マテウス=ペッペルマンにより建造された。ザクセン王国の宮廷文化ゆかりの建造物や歴史ある村落、19世紀の技術関連の施設や交通を含む文化的景観が、「ドレスデンのエルベ渓谷」として2004年に世界遺産(文化遺産)に登録された。(補説)2009年、「ドレスデンのエルベ渓谷」は景観を損ねる橋の建設を理由に世界遺産の登録リストから抹消された。

ビルヌーブ-レザビニョン〖Villeneuve-lès-Avignon〗フランス南部、ガール県の町。ローヌ川を挟んでアビニョンの対岸に位置する。14世紀にローマ教皇庁が置かれた対岸のアビニョンに対し、フランス王の権威を誇示することを目的として、サンタンドレ要塞やフィリップ美男王の塔などが建造された。

ひる-ぬすびと【昼盗人】❶昼間、盗みをする者。「こは—の入りにたるにこそありけれ」〈今昔・二九・四〉❷良民のような顔をして悪事を働く者。「書き出し請けて済まさぬは…—に同じ」〈浮・胸算用・一〉

ひる-ね【昼寝】(名)スル 昼間に眠ること。午睡ごすい。(季 夏)「蠅いとふ身を古郷に—かな/蕪村」(類語)午睡

ひる-の-おまし【昼の▽御▽座】「ひのおまし」に同じ。「—に、ゐざり出でておはします」〈源・賢木〉

ひる-の-こ【×蛭の子】「ひるこ(蛭子)」に同じ。「—がよはひにもなり」〈源・松風〉

ヒル-ハウス〖The Hill House〗英国スコットランド西部の町ヘレンズバラの北郊にある邸宅。1902年から1904年にかけて建造された。建築家チャールズ=レニー=マッキントッシュが友人のために設計し、家具のデザインも手掛けた。マッキントッシュの代表作として知られる。

ビルバオ〖Bilbao〗スペイン北部、バスク州の都市。ビスケー湾に近く、ネルビオン川沿いに位置する。同国北部屈指の港湾を擁す工業都市として鉄鋼業や造船業が盛んだったが、現在は観光業、サービス業に重点を置く都市再開発が進んでいる。1997年、造船所跡地にグッゲンハイム美術館が開館。郊外には、1893年に世界初の運搬橋として建造されたビスカヤ橋があり、2006年に世界遺産(文化遺産)に登録された。バスク語名ビルボ。

ひる-ひなか【昼日中】「昼間」「日中」を強めていう語。まっぴるま。「—から酒を飲む」(類語)昼

ヒルビリー〖hillbilly〗❶田舎者を軽蔑的に呼ぶ言葉から転じ、カントリー音楽、なかでも泥臭さのあるものをさす語。これとロックンロールが合体してロカビリーが生まれた。❷見かけをかまわない無骨な感じを与えるファッションのこと。プアールックに通じるもの。➡プアールック

ピルビン-さん【ピルビン酸】《pyruvic acid》有機酸の一。酢酸臭のある無色の液体。ぶどう酸か酒石酸を硫酸水素カリウムとともに加熱すると得られる。生体内に広く存在し、物質代謝の中間産物。解糖によって生じ、無酸素状態では還元されて乳酸となるが、有酸素状態ではトリカルボン酸回路に取り込まれる。化学式$CH_3COCOOH$　焦性ぶどう酸。

ヒルファーディング〖Rudolf Hilferding〗[1877〜1941]ドイツのマルクス主義経済学者・政治家。ドイツ社会民主党の指導者。ナチス政権成立で亡命中捕らえられ、獄死。主著「金融資本論」。

ビルフランシュ-シュルメール〖Villefranche-sur-Mer〗フランス南東部、アルプ-マリチーム県の都市ニースの東郊にある港町。コートダジュールの観光保養地の一。古代ローマ時代より天然の良港として知られ、18世紀にニースに港ができるまでは、海事上重要な港だった。18世紀に建てられたイタリアバロック風のサンミシェル教会、ジャン=コクトーの壁画があるサンピエール礼拝堂などがある。

ビル-ブローカー〖bill broker〗手形仲買人。金融機関・企業などの間にたって、手形割引・コール資金取引などを業とする者。

ヒルベルト〘David Hilbert〙[1862〜1943]ドイツの数学者。代数的整数論・幾何学基礎論・積分方程式論など広い分野で貢献。1900年パリの国際数学者会議で23の未解決の問題を提起し、20世紀の数学発展に示唆を与えた。

ヒルベルト-くうかん【ヒルベルト空間】ユークリッド空間を無限次元に拡張した空間。ヒルベルトが積分方程式を解こうとして着想。量子力学で、物質系の状態を数学的に構成するのに用いる。

ビルボ〘Bilbo〙▶ビルバオ

ビルボード〘billboard〙㊀屋外広告の看板や掲示板。㊁(Billboard)米国最大の音楽週刊誌。レコードの人気チャートで有名。

ひる-ま【昼間】日の出から日の入りまでの間。朝から夕方までの間。日中。昼。

(類語)昼・日・日中にっちゅう・日中ひなか・昼中・昼間・正午

ビルマ〘Burma〙ミャンマーの旧称。(補説)「緬甸」とも書く。

ひる-まえ【昼前】ひるまえ 正午になる前。午前。

ひる-まき【×蛭巻】太刀の柄・鞘さやや槍・薙刀なぎなたなどの柄に、金属の細長い薄板を間をあけた螺旋状に巻いてあるもの。

ビルマ-ご【ビルマ語】シナ-チベット諸語の一。ミャンマーの公用語。チベット語と特に近い関係にある。ミャンマー語。

ビルマ-せんそう【ビルマ戦争】ビルマセンソウ ▶イギリス-ビルマ戦争

ビルマ-ねこ【ビルマ猫】家猫の一品種。体つきはがっしりし、毛は短く濃褐色。ミャンマーの在来種にシャム猫を交配して米国で作り出された。

ひるみ【×怯み】ひるむこと。「一瞬の一」

ひる-みせ【昼店｜昼見世】遊郭で、昼過ぎから夕方まで遊女が見世に出て客を引くこと。

ひる・む【×怯む】〘動マ五(四)〙❶おじけづいてしりごみする。気後れする。「相手の剣幕に一・む」❷手足がなえる。しびれる。「心痛く背悶もだで骨一・み」〈大慈恩寺三蔵法師伝院政期点・九〉

(類語)しりごみ・たじろぐ・たじたじ

ひる-むしろ【×蛭×蓆】ヒルムシロ科の多年草。池や水田の浅水中に群生。根茎は泥中をはい、水中の葉は狭披針形、水面の葉は長楕円形でつやがある。5〜10月、水上に柄を出して黄緑色の小花を穂状につける。(季 夏)「雨雲の風おろしくる一/波郷」

ひる-め【日孁｜日霊｜日女】《日の女神の意》天照大神あまてらすおおみかみの美称。ひるみ。「天照らす一の命みこと」〈万・一六七〉

ひる-めし【昼飯】昼の食事。ひるげ。昼食。(類語)昼御飯・昼飯ちゅうはん・昼餉ひるげ・昼餉ひるけ・午餐ごさん・ランチ・昼

ビル-メンテナンス《building maintenance から》建物のあらゆる機能を完成時の目標どおりに維持保全し、十分な成果を得るために行われる管理行為。

ひる-やすみ【昼休み】昼食のあとにとる休憩。また、昼食をとるための時間。

ビルレンス〘virulence〙毒性。また、病原体の毒力。感染症を引き起こす能力や重症化させる能力の強さ。

ビルンガ-こくりつこうえん【ビルンガ国立公園】コクリツコウエン《Virunga》コンゴ民主共和国北東部、ルワンダとウガンダの国境近くにある国立公園。ビルンガ火山群やエドワード湖を中心とし、赤道直下には熱帯雨林が広がる。1979年、世界遺産(自然遺産)に登録。カバや絶滅危惧種のマウンテンゴリラの生息地として有名だが、ルワンダ内戦で発生した難民流入による環境の悪化などを理由に、1994年、危機遺産リストに登録された。旧称アルバート国立公園。

ひれ【領=巾｜肩=巾】❶上代、害虫・毒蛇などを追い払う呪力を持つと信じられた細長い薄布。❷古代の服飾具の一。女性が首から肩にかけ、左右に垂らして飾りとした布帛ふはく。❸鏡台の鏡をふくときに用いた布帛。❹儀式用の矛ほこなどにつける小さい旗。

領巾振・る　領巾を振る。女性が人を招いたり別れを惜しんだりするようすの形容。「見渡せば近き里廻さとみをたもとほり今ぞ我が来る一・りし野に」〈万・一二四三〉

ひれ【×鰭】❶魚類や水生哺乳類の遊泳のための器官。魚類では体の正中線上にあって対をなさない背びれ・しりびれ・尾びれと、体側にあって対をなす胸びれ・腹びれがある。❷日本建築で、懸魚げぎょ・鬼板などの左右につけた装飾的な刳形くりかた。❸冷却器などで、放熱のためにパイプの周囲などに取り付けた突出部。フィン。❹からだが太って横幅の広いこと。また、その人。転じて、貫禄。「夕霧も頃日このごろは一がでえぶついたのう」〈洒・錦之裏〉

ヒレ〘フランス filet〙《「フィレ」とも》❶牛・豚などの腰から背中にかけての脂肪が少なく上質の肉。ヒレ肉。「一カツ」❷魚の切り身。

ピレア〘ラテン Pilea〙イラクサ科の多年草。葉の白斑はくはんが美しいカジエレイ種などが栽培されている。

ひれ-あざみ【×鰭×薊】キク科の越年草。原野に生え、高さ約1メートル。茎にとげのあるひれ状の翼をもつ。6月ごろ、紅色の頭状花をつける。やはずあざみ。

ひれあし-しぎ【×鰭足×鷸】チドリ目ヒレアシシギ科の鳥の総称。全長約20センチ。足指にひれがある。雌のほうが大形で羽色も派手。抱卵は雄が行う。日本にはアカエリヒレアシシギとハイイロヒレアシシギが春・秋に渡来、海洋上や海岸でみられる。

ひ-れい【比例】〘名〙スル ❶例をあげてくらべること。「目高が湖に泳ぐような一で海が広いとは云え」〈葉山・海に生くる人々〉❷物の形において、各部分相互間または全体と部分との割合が釣り合っていること。「眼の長さが顔の幅に一しないとか」〈漱石・それから〉❸二つのものが一定の関係をもつとき、一方の増減につれて他方も増減すること。「身長と体重は必ずしも一しない」❹二つの変数の間で、一方が2倍・3倍となるにつれて、他方も2倍・3倍となっていくこと。関係を$y=ax$(aは0でない定数)と表す。正比例。❺二つの変数の比が他の二つの変数の比と等しいこと。$a:b=c:d$で表す。

ひ-れい【非礼】〘名・形動〙礼儀にそむくこと。また、そのさま。「一をわびる」「一な言動」

び-れい【美麗】〘名・形動〙美しくあでやかなこと。また、そのさま。「一な装丁の本」(類語)綺麗・麗しい・秀麗・端麗・流麗・壮麗・見目好い・見目麗しい・端整・佳麗・艶美・艶麗・妖艶・豊麗・妖美

ひれい-く【比例区】比例代表制の選挙区のこと。日本の参議院議員通常選挙の比例代表選挙は、全都道府県で同じ政党または個人名から投票先を選ぶ方式を採用。一方、衆議院議員総選挙の比例代表選挙は、全国をブロック(比例ブロック)と称される11の比例区に分割して行われる。➡小選挙区

ひれい-げんかい【比例限界】「比例限度」に同じ。

ひれい-げんど【比例限度】弾性体に外力を加えたとき、ひずみと比例関係を保つことができる応力の限度。応力が小さい間は、フックの法則が成り立つので、比例関係がみられる。

ひれい-コンパス【比例コンパス】製図用具の一。2本の脚をX字形にとめたコンパスで、止めねじの位置によって両脚の開きを一定の比で変えることができる。縮尺図を作るときに使用。

ひれい-しき【比例式】二つの比が等しいことを示す式。$a:b=c:d$など。

ひれい-じゃく【比例尺】線分を一定の比で拡大したり縮小したりするのに用いる尺度。

ひれいじゅんび-せいど【比例準備制度】銀行券の発行総額に対し、一定比率の正貨準備を保有することを中央銀行に義務づける発券制度。

ひれい-ぜい【比例税】課税標準の大小にかかわりなく、同じ税率で課税する税。➡累進税 ➡逆進税

ひれいだいひょう-せい【比例代表制】ヒレイダイヒョウセイ 各党派の得票数に比例して当選者数を決定する選挙制度。余剰票や死票が少なくなるという長所がある。1855年デンマークで最初に実施され、日本では昭和58年(1983)の参議院議員比例代表選挙に導入された。

ひれい-ちゅうこう【比例中項】ヒレイチュウコウ $a:b=b:c$のとき、bをaとcとの比例中項という。

ひれい-ていすう【比例定数】比例する二つの量の間の関係式における定数。xとyとが比例するときの式$y=ax$においてaをいう。比例係数。

ひれい-てんぽ【比例塡補】損害保険会社が保険金を支払う形式の一つ。保険金が限度額の範囲内で、実際の損害額に対して契約時に取り決めた割合の額のみを保険金として支払うもの。➡実損塡補 ➡定額給付

ひれい-はいぶん【比例配分】❶ある量を、定められた比に分けること。按分あんぶん比例。❷株式取引で、板寄せやざら場で売買が成立せず、値幅制限の上限(ストップ高)または下限(ストップ安)で取引が終わって、売買注文数が極端に合わないときに取引所の取る処置の一。例えば、買い注文が極端に多く売り注文が少ないときに、売り注文数の分だけの売買を成立させ、各証券会社の注文数に比例して配分する。

ひれい-めいぼ【比例名簿】比例代表制で行われる選挙に際して、各政党から提出される候補者名簿のこと。比例代表制では、各政党の獲得議席を名簿登載順が上位の候補者から順番に割り当てて当選者を決定するが、名簿提出時に政党が各候補者に順位を付与する方式(拘束名簿式)と、有権者による各候補者への投票により順位が決定される方式(非拘束名簿式)、およびその中間の方式(自由名簿方式)がある。

ピレウス〘Peiraias〙ギリシャ南部の港湾都市。アテネに隣接し、前490年ころテミストクレスがその外港として建設。ピレエウス。ピレエフス。

ビレー〘belay〙〘名〙スル《「ビレイ」とも》「確保❷」に同じ。ジッヘル。

ピレエウス〘Peiraieus〙▶ピレウス

ピレエフス〘Peiraieus〙▶ピレウス

ひれ-えぼし【▽平▽礼×烏▽帽子】漆を薄く塗った、縁へりのない烏帽子。頂辺がひらひらとはためく。雑色ぞうしきなどが用いた。

ビレーヤー〘belayer〙《「ビレイヤー」とも》フリークライミングで、命綱を操作し、クライマー(登山者)の安全を確保する人。確保者。

ヒレ-カツ《和 filet(フランス)＋cutlet》豚のヒレにパン粉をまぶして揚げた料理。

ひれ-がわら【×鰭瓦】ひれがわら 鬼瓦の、左右下端が広がり、波・雲・渦などを彫刻した部分。足元瓦。

ひ-れき【披×瀝】〘名〙スル 心の中を包み隠さずに打ち明けること。「本心を一する」

ひれ-ざけ【×鰭酒】フグやエイのひれを焼いて、熱燗あつかんの清酒に入れたもの。独特の香味がある。(季 冬)「一や逢へば昔の物語/年尾」

ピレスロイド〘pyrethroid〙除虫菊の殺虫成分であるピレトリンに関連する物質の総称。

ピレタ-どうくつ【ピレタ洞窟】《Cuevas de la Pileta》スペイン南部、アンダルシア州の町ロンダ近郊にある洞窟遺跡。旧石器時代の壁画、武器、骨などが発見された。

ひ-れつ【卑劣｜×鄙劣】〘名・形動〙品性や言動がいやしいこと。人格的に低級であること。また、そのさま。「一な行為」(派生)ひれつさ〘名〙(類語)卑怯・姑息こそく

ビレッジ〘village〙❶村。村落。❷都市内のあるまとまりをもった地域の称。

ピレトリン〘pyrethrin〙除虫菊に含まれる成分。淡黄色の油状物質。昆虫に対する殺虫効果は大きいが人畜に対する毒性は低く、蚊取り線香などに用いる。類似の構造をもつ化合物をピレスロイドといい、合成される。

ひれ-なが【×鰭長】キハダ・ビンナガなどの、ひれの長いマグロ。

ピレネー〘Pyrénées〙フランスとスペインとの国境をほぼ東西に走る山脈。長さ約430キロ。最高峰は中部にあるアネト山で標高3404メートル。

ピレネー-さんみゃく【ピレネー山脈】▶ピレネー

ピレノイド〘pyrenoid〙藻類の葉緑体内にみられるたんぱく質の大きなかたまり。でんぷんの形成と貯蔵

に関与していると考えられている。

ひれ-ふ・す【▽平伏す】〔動サ五(四)〕顔が地面に付きそうになるほど身を低くして頭を下げる。平伏する。「神前に―・す」

ひれふり-やま【領巾振山】鏡山かがみやま㊁の異称。

ピレ-もん【ピレ門】《Gradska vrata od Pila》クロアチア最南端、アドリア海に面した都市ドゥブロブニクの旧市街にある門。城壁に囲まれた旧市街の西側に位置し、門の前は市内バスの発着所になっている。門の上部にはドゥブロブニクの守護聖人ブラホの像がある。

ひ-れん【飛廉｜×蜚廉】❶中国で、風の神。❷中国で、空想上の動物。頭は雀に似て角つのがあり、からだは鹿に似て豹文があり、尾は蛇に似ているという。❸陰陽道おんようどうでいう歳神の名。この神のいる方角に向かって建築・転居・嫁取りなどをすると災いがあるとされる。

ひ-れん【悲恋】悲しい恋。実らずに悲しい結果に終わる恋。

び-れん【尾×聯】律詩の第7・第8の2句。結聯。結句。落句。➡起聯　➡頷聯がんれん　➡頸聯けいれん

ひ-れんじゃく【×緋連×雀】レンジャク科の鳥。全長18センチくらい。体は淡いぶどう色で、頭に冠羽があり、尾の先端が赤い。極東地方の特産で、日本では冬鳥。ほやどり。(季 秋)

ピレンヌ〖Henri Pirenne〗[1862～1935]ベルギーの歴史家。民族の大移動をもって古代と中世とを分ける伝統的時代区分に対し、イスラムが地中海を制覇した8世紀中葉以降に真の中世が始まるとする、いわゆる「ピレンヌ-テーゼ」を提起した。著「中世都市」「マホメットとシャルルマーニュ」など。

ひろ【▽尋】日本の慣習的な長さの単位。両手を左右に伸ばしたときの、指先から指先までの長さを基準にし、1尋は5尺すなわち約1.515メートル、ないし6尺すなわち約1.816メートル。縄・釣り糸の長さや水深に用い、水深の場合は6尺とされる。

ピロ〖pyro〗《ギリシャpyr(火)から》❶焦性しょうせい。パイロ。❷オルト酸から水1分子を除いた形の酸。ピロ酸。

ひろい【拾い】ひろい ❶拾うこと。また、その人。「栗―」「球―」❷印刷組版で、文選ぶんせんのこと。❸(「おひろい」の形で)歩くことの意の尊敬語。「お―ですか」

ひろ・い【広い｜×宏い｜×弘い】〔形〕文ひろ・し〔ク〕❶面積が大きい。空間に余裕がある。「―・い部屋」「―・い野原」⇔狭い。❷間隔に余裕がある。幅が大きい。「―・い道路」「出口が―・い」⇔狭い。❸(「博い」とも書く)大きい範囲に行きわたっている。「顔が―・い」「―・い知識を持つ」⇔狭い。❹(「寛い」とも書く)寛大で度量が大きい。「心が―・い」⇔狭い。❺繁栄している。「靫ゆき掛くる伴の緒―・き大伴に国栄えむと月は照るらし」〈万・一〇八六〉(派生)ひろさ〔名〕(類語)(❶)広やか・広大・広壮・広闊こうかつ・開豁かいかつ・広漠(幅が広い)幅広はばひろ・ワイド・広広／(❸)広範・広範囲・広博・該博／(❹)寛闊かんかつ・寛大・寛容・寛弘かんこう・広量

ひろい【▽従】〔接頭〕《「ひろ(広)き」の音変化》同じ位階のうち、低いほうであることを示す。正位を「おおい」というのに対する。「従八位」を「ひろいやつのくらい」とよむ類。

ひろい-あ・げる【拾い上げる】ひろい〔動ガ下一〕文ひろひあ・ぐ〔ガ下二〕❶拾って手に取る。また、特定のものを選び出す。「ボールを―・げる」「統計から有効な数字を―・げる」❷不遇の人を取り立てて適切に処遇する。「二軍から―・げる」

ひろい-あし【拾い足】ひろい 道の比較的よい所を選んで歩くこと。また、その足どり。拾い歩き。「泥道を―で歩く」

ひろい-あるき【拾い歩き】ひろい〔名〕スル ❶徒歩でぶらぶら行くこと。❷「拾い足」に同じ。「雪解け道を―して行く」

ひろい-ご【拾い子】ひろい ❶捨てられた子を拾って育てること。また、その子。❷厄年に生まれた子や、子が育ちにくい家などで、一度捨てたまねをして他人に拾ってもらい、それを育てる風習。

ヒロイズム〖heroism〗英雄的行為。また、それを賛美する心情。英雄主義。

ひろい-だ・す【拾い出す】ひろい〔動サ五(四)〕見つけて拾い上げる。多くの中から選び出す。「めぼしい物件を―・す」

ヒロイック〖heroic〗〔形動〕勇ましいさま。雄々しいさま。英雄的。「―な最期」(類語)猛勇・武勇・豪勇・豪気・勇猛・凛凛りんりんしい・勇壮・勇敢・剛勇・忠勇・果敢・精悍せいかん・壮そう・壮烈（「―と」「―たる」の形で）敢然・決然・凛然りんぜん・凛凛りんりん・凛乎りんこ・颯爽さっそう

ひろい-ばし【拾い箸】ひろい「箸渡し❷」に同じ。

ひろい-もの【拾い物】ひろい ❶物を拾うこと。また、拾った物。拾得物。❷思いがけない幸運。予期せぬもうけもの。「今日の勝ちは―だった」

ひろい-や【拾い屋】ひろい「屑くず拾い」に同じ。

ひろい-よみ【拾い読み】ひろい〔名〕スル ❶文字を1字ずつたどって読むこと。また、読める文字だけを読むこと。「ひらがなを―する」❷通読ではなく、必要なところだけを選んで読むこと。「資料を―する」(類語)走り読み・抜き読み・盗み読み

ヒロイン〖heroine〗劇・小説などの女主人公。また、実際の事件の中心となる女性。⇔ヒーロー。

ひ-ろう【披露】〔名〕スル《披ひらき露あらわす意》❶手紙・文書などを開いて人に見せること。❷広く人に知らせること。世間一般に発表すること。「裏話を―する」「開店―」❸意見を申し上げること。報告すること。「孝長帰参して、此の旨を―ありければ」〈古活字本保元・上〉(類語)発表・公表・公開・暴露

ひ-ろう【疲労】ヒラウ〔名〕スル ❶筋肉・神経などが、使いすぎのためにその機能を低下し、本来の働きをなしえなくなる状態。つかれ。「―が重なる」「心身ともに―する」❷金属などの材料に、弾性限界より小さい外力であっても繰り返し作用すると、材料の強度が低下する現象。ついには破壊することが多い。弾性疲労。つかれ。「金属―」❸貧しくなること。貧乏。「―し貧なる者は、眉も伸びず、目をも見開かぬぞ」〈文明本人天眼目抄・一〉(類語)(❶)疲れ・くたびれ・倦怠けんたい・疲弊・疲憊ひはい・困憊こんぱい・困弊こんぺい・過労・所労

ひ-ろう【×鄙×陋｜卑×陋】〔名・形動〕品性・言動などがいやしいこと。見識などが浅はかであること。また、そのさま。「―な知見」

ひろ・う【拾う】ひろう〔動ワ五(ハ四)〕❶落ちているものを取り上げて手にする。「ごみを―・う」⇔捨てる。❷他人の落とした物を手に入れる。拾得する。「財布を―・う」❸多くの中から必要なものを選び取る。「関係事項を―・ってみる」「活字を―・う」❹職のない人や不遇な人を取り立てる。引き上げる。「彼に―・われたのが出世の糸口となった」❺㋐思いがけなく手に入れる。「勝ちを―・う」㋑失うはずのものを失わずにすむ。「危ないところで命を―・った」❻車などで出かける途中で人を乗せて一緒に行く。「駅前で友人を―・って目的地に向かう」❼乗り物を呼びとめて乗る。つかまえる。「タクシーを―・う」❽テニス、バレーボールなどの球技で、打ち返すのがむずかしい球をなんとか打ち返す。「ネット際のボールをやっと―・う」「―・いまくる」❾マイクロホンなどが音を取り入れる。「マイクで下駄の音を―・う」❿徒歩で行く。「態々わざわざ夜道を―・うて来たは何ぞ急の用か」〈露伴・五重塔〉⓫株式などを、安値になるのを待ちかまえて買う。「内需株を底値で―・う」(可能)ひろえる
(…句)命を拾う・火中の栗くりを拾う・小爪こづめを拾う・骨を拾う

び-ろう【尾籠】〔名・形動〕《「おこ(痴)」に当てた漢字「尾籠」を音読みしたもの》❶不潔であること。また、そのさま。「食事中、―な話になるが」❷わいせつであること。また、そのさま。「若い女が若い男の帯解いて、さうして後で紙で拭ふとは一至極、疑はしい」〈浄・油地獄〉❸礼儀をわきまえないこと。また、そのさま。無礼。「殿の御出ぎょしゅつに参り逢うて、乗物より降り候はぬこそ―に候へ」〈平家・一〉
(類語)汚い・むさくるしい・汚らしい・小汚い・薄汚い

び-ろう【×檳×榔｜蒲＝葵】ビラウ ヤシ科の常緑高木。九州以南の海岸に近い森林に自生。高さ3～10メートル。幹は直立し、頂に葉が集まってつく。葉は手のひら状に深く裂けていて、垂れ下がる。雌雄異株。春、葉の付け根から枝分かれした柄を出し、黄白色の小花を多数つける。実は熟すと青磁色。

ひろう-えん【披露宴】めでたい事柄を発表するため多くの人を招いてする宴会。ひろめの宴。「結婚―」

びろう-げ【×檳×榔毛】ビラウ ❶檳榔の葉を裂いて糸のようにしたもの。❷「檳榔毛の車」の略。

びろうげ-の-くるま【×檳×榔毛の車】ビラウ 牛車ぎっしゃの一。白く晒さらした檳榔の葉を細かく裂いて車の屋形をおおったもの。上皇・親王・大臣以下、四位以上の者、女官・高僧などが乗用した。びろうぐるま。びりょうのくるま。

ひろう-こっせつ【疲労骨折】ヒラウ 骨の同じ部位に弱い力が繰り返し加わって、骨に小さなひびのできた状態。骨折の原因が明確ではなく、運動時に痛むが、安静時には収まる。発生初期にはX線での診断がむずかしい。発生部位は下肢(脛骨けいこつや腓骨ひこつなど)に多いが、肋骨ろっこつ・腰椎ようついにも起こる。ストレス骨折。過労性骨障害。

ひろう-こんぱい【疲労困×憊】ヒラウ〔名〕スル ひどくつかれて苦しむこと。つかれはてること。「徹夜続きで―する」

ひろう-しけん【疲労試験】ヒラウ ►疲れ試験

ひろう-じょう【披露状】ヒロウジャウ ❶物事を披露するための書状。❷貴人などへの書状で、敬意を示すため、宛名を本人ではなくその側近の者とし、主人への披露を頼む形にしたもの。付け状。

ひろうす【飛▽竜▽頭】「がんもどき」に同じ。ひりょうず。

ひろう-とうし【疲労凍死】ヒラウ 低体温症に陥り、死亡すること。(補説)冬でなくても、山地などで風雨に曝される、水難事故で低温の水中に長時間浸かる、酒に酔って屋外で寝込むなどして、疲労凍死する場合がある。

びろう-ひさし【×檳×榔×庇】ビラウ「檳榔庇の車」の略。

びろうひさし-の-くるま【×檳×榔×庇の車】ビラウひさし 檳榔毛びろうげの車の一。檳榔毛の車の物見の上と車箱の前後に庇がついているもの。上皇・親王・摂政関白・大臣などが乗用した。びろうひさし。

ひろ-えり【広襟】女物長着の襟の一。普通の襟幅の2倍(約11センチ)ある広い襟。上部を半分に折り、下部は自然に斜めに開くように着る。

ひろ-えん【広縁】❶幅の広い縁側。❷「広庇ひろびさし」に同じ。

ピロー〖pillow〗「枕まくら」に同じ。

ひろおか-たつろう【広岡達朗】ひろおかたつろう［1932～　］プロ野球選手・監督。広島の生まれ。昭和29年(1954)巨人軍に入団、遊撃手として活躍。引退後、ヤクルト・西武の監督を歴任。チームを計3度の日本一に導き「優勝請負人」とよばれた。

ひろおか-ともお【広岡知男】ひろおかともお[1907～2002]新聞経営者。大阪の生まれ。学生時代は野球で活躍。昭和7年(1932)朝日新聞社に入社し、経済記者として健筆をふるった。同42年社長。同52年会長。アマチュア野球に携わり、野球のオリンピック参加にも尽力した。

ピローケース〖pillowcase〗「枕まくらカバー」に同じ。

ビロード〖ポルトガルveludo〗パイル織物の一。綿・絹・毛などで織り、表面に毛羽けばや輪奈わなを出した、滑らかで光沢のある織物。輪奈天・金華山織・コール天・別珍などがある。ベルベット。(補説)「天鵞絨」とも書く。

ピロー-トーク〖pillow talk〗夫婦・愛人どうしが寝室で交わす会話。睦言むつごと。

ビロード-かくめい【ビロード革命】《velvet revolution》1989年12月にチェコスロバキアにおいて、共産党体制崩壊をもたらした民主化革命のこと。衝突や流血を伴うことなく、ビロードのようになめらかに民主化が進んだことからいう。

ビロード-きんくろ【ビロード金黒】カモ科の鳥。全長58センチくらい。雄は全身黒色で、翼に白帯があり、黄色いくちばしの付け根に隆起がある。雌は茶色で、目の下に淡色部がある。冬に北海道・本州の海でみられる。

ビロード-しだ【ビロード羊¬歯】ウラボシ科の常緑多年生のシダ。岩上や樹上に生え、根茎からまばらに葉が出る。葉は長さ約10センチのへら状で、両面に淡褐色の星状毛が密生。

ビロード-ゆうぜん【ビロード友禅】ユウゼン 友禅染を施したビロード。花鳥・風景などの絵を染め、壁掛け・額などに用いる。友禅ビロード。

ピロール〖pyrrole〗複素環式化合物の一種。特異臭をもつ無色の油で、コールタール・骨油中などに含まれる。水に不溶で、有機溶媒とはよく混ざる。

ひろかね-けんし【弘兼憲史】[1947〜]漫画家。山口の生まれ。妻は同じく漫画家の柴門さいもんふみ。自らのサラリーマン経験を生かし、企業や・社会の現実を描いた作品が漫画の新しい流れとして話題を呼ぶ。代表作「人間交差点」「課長島耕作」「黄昏たそがれ流星群」など。

ひろがり【広がり｜▽拡がり】広がること。また、広がった所。「無限の—をもつ宇宙」[類語]広さ

ひろが・る【広がる｜▽拡がる】〔動ラ五(四)〕❶空間・面積・幅が大きくなる。「改築して家が—・る」「川幅が—・る」❷範囲・規模が大きくなる。「視野が—・る」「販路が—・る」「汚染が—・る」❸畳んだり閉じたりしてある物などが開く。また、先の方に向かって幅が大きくなる。「傘が—・る」「裾が—・ったスカート」「花火が—・る」❹大きく展開する。「眼前に大海原が—・る」[可能]ひろがれる

[用法]ひろがる・ひろまる——「大地震のうわさが広がる(広まる)」では、相通じて用いられる。◇「広がる」は自然現象として、また人の営みの結果として、面積や範囲が大きくなる意。「眼下に広がる大平原」「火事が広がる」「事業が広がる」◇「広まる」は自然にという意は少なく、人が大きくのばそうと努めた結果、行きわたるの意が強い。「OA機器の利用が広まる」「教育が全国民に広まる」

[類語]（❶）拡大する・拡張する・伸張する・膨張する・のびる・のばす・引きのばす・広げる／（❷）広まる・行き渡る・流布るふする・伝播でんぱする・浸透する・波及する・瀰漫びまんする・蔓延まんえんする・伸展する・発展する

ピロガロール〖pyrogallol〗没食子酸もっしょくしさんを熱して得られる白色の針状結晶。そのアルカリ性溶液は酸素を吸収するので、ガス分析などに利用。また還元性が強いので、写真の現像液や分析試薬などに用いる。化学式$C_6H_3(OH)_3$　焦性没食子酸。

ヒロキティア〖Khoirokoitia〗▶キロキティア

ひろき-もちい【広き▽餅】もちひ 広く薄く延ばした餅。のしもちの類か。「果物、—などを、物に入れてとらせたるに」〈枕・八七〉

ひ-ろく【秘録】秘密の記録。一般に公開されていない記録。

ひろ・ぐ【広ぐ｜▽拡ぐ】㊀〔動ガ四〕❶広がる。開く。「左右の手足をもって竿を—・がせ」〈古活字本平治・下〉❷「する」「行う」の意で、相手の行為をののしって言う。しやがる。「よい年をして馬鹿—・ぐな」〈浄・油地獄〉㊁〔動ガ下二〕「ひろげる」の文語形。

び-ろく【美×禄】❶よい給与。高禄。「—を食はむ」❷《「漢書」食貨志の「酒は天の美禄」から》酒の美称。「酌みかわされる—に酔う」〈寅彦・映画時代〉

び-ろく【微×禄】〔名〕スル ❶わずかな給与。薄給。「—に甘んじる」❷おちぶれること。零落。「見る蔭もなく—して」〈露伴・辻浄瑠璃〉

び-ろく【×麋▽鹿】大鹿と鹿。獣類。「飛鳥ひちょうの音ねを遺し—痕を印する」〈露伴・二日物語〉

ビロクシ〖Biloxi〗米国ミシシッピ州、メキシコ湾に面するリゾート地。海岸線に立ち並ぶカジノで知られる。2005年に発生した大型のハリケーン、カトリーナによって壊滅的な被害を受けた。

ひろ-くち【広口】❶瓶やかめなどの口の広いこと。また、そのもの。❷口の広い花生け。水盤など。

ひろくち-びん【広口瓶】口の広い瓶。

ひろ・げる【広げる｜▽拡げる】〔動ガ下一〕図ひろ・ぐ〔ガ下二〕❶空間・面積・幅を大きくする。「車庫を—・げる」「道路を—・げる」❷範囲・規模を大きくする。「視野を—・げる」「商売を—・げる」❸(「展げる」とも書く)包んだり畳んだりしてある物や閉じてある物などを開く。また、開いて中身をあらわにする。「新聞を—・げる」「傘を—・げる」「弁当を—・げる」❹たくさんのものを辺りいっぱいに並べ置く。「部屋も狭しと本を—・げる」❺外へ張り出す。「枝を—・げた大木」❻広い範囲にゆきわたらせる。ひろめる。「今の世に布教して—・げようと云う心掛」〈漱石・草枕〉

[類語]伸びる・広がる

[一句]大風呂敷を広げる・手を広げる・風呂敷を広げる・店を広げる・門かどを広ぐ

ひろ-こうじ【広▽小路】こうぢ ㊀幅の広い街路。㊁東京都台東区上野を南北に走る通り。繁華街。明暦の大火後に火除ひよけ地として拡張された。[類語]大通り・表通り・大道・大路・街路・ストリート・並木道

ひろ-こまい【広小舞｜広木舞】こまひ 軒先の垂木たるきの先端上部にのせる幅の広い木舞。

ひろご・る【広ごる】〔動ラ五(四)〕「広がる」に同じ。「枝繁りあい—・りて」〈鷗外・うたかたの記〉

ひろさき【弘前】青森県南西部の市。もと津軽氏の城下町。第二次大戦前は第八師団が設置された。リンゴ栽培が盛ん。津軽塗・こぎん刺しの産地。夏には、ねぶた祭りが行われる。平成18年(2006)2月、岩木町・相馬村と合併。人口18.4万(2010)。

ひろさき-いりょうふくしだいがく【弘前医療福祉大学】ヒイレウフクシダイガク 青森県弘前市にある私立大学。平成21年(2009)の開学。

ひろさきがくいん-だいがく【弘前学院大学】ひろさきガクインダイガク 青森県弘前市にある私立大学。昭和46年(1971)の開学。

ひろさき-こうえん【弘前公園】コウヱン 青森県中西部、弘前市にある公園。国の史跡公園で総面積0.49平方キロメートル。園内にある弘前城は慶長16年(1611)に築かれた。天守閣・櫓やぐら・城門などは重要文化財に指定されている。また、園内には約2600本の桜があり、春の桜まつりで有名。鷹揚おうよう園。

ひろさき-し【弘前市】▶弘前

ひろさき-じょう【弘前城】ジャウ 青森県弘前市にある旧津軽藩の城。慶長16年(1611)津軽信牧のぶひらが築城。のち、雷火で焼失。現存の天守閣は文化7年(1810)完成。また、櫓やぐら三つ、城門五つが現存。桜の名所として有名。鷹岡城。

ひろさき-だいがく【弘前大学】青森県弘前市にある国立大学法人。旧制弘前高等学校・青森医学専門学校・弘前医科大学・青森師範学校・青森青年師範学校の5校を統合し、昭和24年(1949)新制大学として発足。平成16年(2004)国立大学法人となる。

ひろ-ざしき【広座敷】❶広い座敷。❷江戸城大奥の女中職の一。種々の雑務をつかさどった。

ひろさわ-さねおみ【広沢真臣】ひろさは [1833〜1871]幕末の尊攘派志士。長州藩士。藩の安政改革、また討幕運動を画策。維新後、参議に進んだが暗殺された。

ひろさわ-とらぞう【広沢虎造】ひろさはとらざう[1899〜1964]浪曲師。2世。東京の生まれ。本名、山田信一。虎造節を創始、「清水次郎長伝」などで一世を風靡ふうびした。

ひろさわ-の-いけ【広沢池】ひろさは 京都市右京区嵯峨広沢にある池。古来、観月・観桜の名所。平安中期、宇多天皇の孫、寛朝かんちょう僧正がつくったという。周囲約1キロ。[歌枕]「秋の月の影やいづくととひゆけばこたへて澄める—」〈拾玉集・二〉

ひろさわ-りゅう【広沢流】ひろさはリウ 真言宗古義派の根本二流の一。嵯峨広沢の遍照寺に住した寛朝を始祖とする。のちに、仁和御流・西院流・保寿院流・大伝法院流・忍辱山にんにくせん流・華蔵院流の六流に分かれた。

ひろ-しき【広敷】❶江戸時代、町家で台所の上り口の板敷の間。また、大名邸内の奥向きの所。❷江戸城中、本丸と西の丸の大奥にあった大奥役人の詰め所。大奥の事務を扱う。❸広間。「宿の—に出でて」〈浮・諸艶大鑑・三〉

ピロシキ〖ロシア pirozhki〗パン生地やパイ皮などに肉・魚・野菜やジャムなどを包み、油で揚げたりオーブンで焼いたりしたロシア風のパイ。

ひろしき-ばん【広敷番】江戸幕府の職名。大奥の広敷に交代で勤務し、警戒および出入りの人々の監視にあたった。

ひろしげ【広重】▶歌川広重うたがわひろしげ

ひろしま【広島】㊀中国地方中部の県。瀬戸内海に面する。かつての安芸あき・備後びんご2国にあたる。人口286.1万(2010)。㊁広島県南西部の市。広島湾に注ぐ太田川流域の三角州にある。県庁所在地。指定都市。機械工業や商業が盛ん。もと浅野氏の城下町。日清戦争以来軍都として発展、1945年8月6日に史上最初の原子爆弾が投下された。平和記念公園がある。国際平和文化都市。人口117.4万(2010)。

ひろしま-くうこう【広島空港】クウカウ 広島県三原市にある空港。国管理空港の一。平成5年(1993)新広島空港として開港し、翌年から現名称に変更。海上保安庁の基地を併設する。➡拠点空港

ひろしま-けいざいだいがく【広島経済大学】広島市にある私立大学。昭和42年(1967)に開学した、経済学部の単科大学。同54年に大学院を設置した。

ひろしま-けん【広島県】▶広島㊀

ひろしま-こうぎょうだいがく【広島工業大学】コウゲフダイガク 広島市にある私立大学。昭和38年(1963)の開学。平成元年(1989)に大学院を設置した。

ひろしまこくさいがくいん-だいがく【広島国際学院大学】ひろしまコクサイガクヰンダイガク 広島市にある私立大学。昭和42年(1967)に広島電機大学として開学。平成11年(1999)に現校名に改称した。

ひろしま-こくさいだいがく【広島国際大学】広島県東広島市などにある私立大学。平成10年(1998)の開学。

ひろしま-し【広島市】▶広島㊁

ひろしま-しゅうどうだいがく【広島修道大学】シウダウダイガク 広島市にある私立大学。明治20年(1887)創立の私立修道学校に始まり、昭和35年(1960)に広島商科大学として開学。同48年に現校名に改称した。

ひろしまじょがくいん-だいがく【広島女学院大学】ひろしまヂョガクヰンダイガク 広島市東区にある私立大学。明治19年(1886)設立の広島女学会に始まり、広島女学院専門学校を経て、昭和24年(1949)新制大学として発足。

ひろしま-じょしだいがく【広島女子大学】ヂョシダイガク 広島市南区にあった県立大学。大正9年(1920)設立の県立広島高等女学校専攻科に始まり、広島女子専門学校、広島女子短期大学を経て、昭和40年(1965)4年制の大学として発足。平成17年(2005)広島県立大学・広島県立保健福祉大学と統合し、県立広島大学となった。

ひろしま-しりつだいがく【広島市立大学】広島市にある公立大学。平成6年(1994)に開学した。同22年、公立大学法人となる。

ひろしま-だいがく【広島大学】広島県東広島市に本部のある国立大学法人。明治35年(1902)設立の広島高等師範学校と昭和4年(1929)設立の旧制広島文理科大学とを中心に、5校の専門学校と広島県立医科大学を統合し、昭和24年(1949)新制大学として発足。平成16年(2004)国立大学法人となる。

ひろしま-とうようカープ【広島東洋カープ】トウヤウ プロ野球球団の一。セントラルリーグに所属し、フランチャイズは広島県。昭和25年(1950)、広島カープとして発足し、同43年に現在の名称となる。

ひろしまとしがくえん-だいがく【広島都市学園大学】ひろしまトシガクヱンダイガク 広島市にある私立大学。平成21年(2009)に開学した。健康科学部看護学科の単科大学。

ひろしま-な【広島菜】ハクサイの一品種。葉は大きく、漬け物にする。広島市を流れる太田川流域を中心に栽培される。

ひろしまぶんかがくえん-だいがく【広島文化学園大学】ひろしまブンクワガクヱンダイガク 広島県呉市などにある私立大学。平成7年(1995)に呉大学として開学。同21年に

現校名に改称した。

ひろしま-ぶんきょうじょしだいがく【広島文教女子大学】広島市にある私立大学。昭和41年(1966)に開学した。人間科学部の単科大学。

ひろしま-へいや【広島平野】広島県南西部、太田川下流にある平野。北東から南西に広がる沖積平野で、南半分の三角州が広島市の市街地を形成。北半分は広島菜を初めとする野菜や花卉栽培が盛ん。

ひろしま-へいわきねんしりょうかん【広島平和記念資料館】広島に投下された原子爆弾による被害を示す資料を展示する施設。広島市の平和記念公園敷地内にある。昭和30年(1955)開館。設計は丹下健三。原爆資料館。

ひろしま-やかん【広島▽薬缶】真鍮製で雲竜などの模様を打ち出したやかん。

ひろしま-わん【広島湾】瀬戸内海北西部の湾。湾奥に広島市があり、厳島・江田島・能美島などが点在する。沿岸は工業地域。古くからカキ・ノリの養殖が行われる。

ひろず-こが【広頭小×蛾】鱗翅目ヒロズコガ科の昆虫の総称。小形のガで、頭部は直立した毛に覆われて幅広く見え、翅の幅は狭い。幼虫は乾燥した動植物質・毛皮などを食う。

ひろ-せ【広瀬】幅の広い瀬。

ひろせ-いぜん【広瀬惟然】[?〜1711]江戸前期の俳人。美濃の人。通称、源之丞。別号、素牛・鳥落人など。芭蕉の門人。師の没後、諸国を放浪。新奇軽妙な句風で口語調も試み、一茶らの先駆とされる。編著「藤の実」「二葉集」など。

ひろせ-がわ【広瀬川】宮城県中西部を流れる川。山形県との県境の関山峠斜面に源を発し、東流して仙台市太白区郡山で名取川に合流する。長さ45キロ。200種類以上の野鳥が観察され、上流には作並温泉がある。

ひろせ-きょくそう【広瀬旭荘】[1807〜1863]江戸末期の儒学者・漢詩人。豊後の人。名は謙。淡窓の弟。兄を継いで咸宜園を経営。著「梅墩詩鈔」。

ひろせ-けんぞう【広瀬謙三】[1895〜1970]新聞記者・野球人。愛知の生まれ。国民新聞、時事新報などの運動部記者として、多くのスポーツ記事を執筆。昭和11年(1936)日本職業野球連盟結成後初の公式記録員となり、記録・集計の基礎を築いた。

ひろせ-じんじゃ【広瀬神社】奈良県北葛城郡河合町にある神社。旧官幣大社。祭神は広瀬神(若宇迦能売命)ほか二神。五穀豊穣の守護神。

ひろせ-たけお【広瀬武夫】[1868〜1904]軍人。海軍中佐。大分の生まれ。日露戦争中、旅順港閉鎖にあたり、自沈船の福井丸を指揮し、行方不明の杉野孫七兵曹長を退避の最後まで捜すうち、ボート上で被弾戦死。軍神とうたわれた。

ひろせ-たんそう【広瀬淡窓】[1782〜1856]江戸後期の儒学者。豊後の人。名は建。字は子基。別号、青渓など。咸宜園を開き、子弟を教育。大村益次郎・高野長英はその弟子。著「遠思楼詩鈔」「約言」など。

ひろせ-よしのり【広瀬叔功】[1936〜]プロ野球選手・監督。広島の生まれ。昭和30年(1955)南海(現福岡ソフトバンク)に入団。外野手として活躍し、5年連続盗塁王を記録。引退後は同球団の監督を務めた。

ひろ-そで【広袖】❶袖口の下を縫い合わせない袖。長襦袢・丹前・夜着などに用いる。平袖。❷鎧の袖の一種。下方が広くなったもの。

ひろた-こうき【広田弘毅】[1878〜1948]政治家・外交官。福岡の生まれ。玄洋社に所属。駐ソ大使・外相を歴任。二・二六事件後首相となり、軍部大臣現役武官制を復活した。のち、近衛内閣の外相。第二次大戦後にA級戦犯として絞首刑。

ひろた-じんじゃ【広田神社】兵庫県西宮市にある神社。旧官幣大社。祭神は天照大神の荒魂である撞賢木厳之御魂天疎向津媛命。和歌に霊験ある神として信仰された。

ひろた-りゅうたろう【弘田竜太郎】[1892〜1952]作曲家。高知の生まれ。多くの童謡・歌曲で知られる。作品に、童謡「雀の学校」「靴が鳴る」、歌曲「小諸なる古城のほとり」、歌劇「西浦の神」など。

ひろつ-かずお【広津和郎】[1891〜1968]小説家・評論家。東京の生まれ。柳浪の次男。「神経病時代」で小説家として出発。小説「やもり」「風雨強かるべし」、評論集「作者の感想」など。

びろ-つ・く〔動カ四〕❶ぶらぶら動く。「いや、腕が一・く」〈虎明狂・昆布売〉❷異性にでれでれする。「岩永は女に一・かねえから」〈滑・浮世風呂・二〉

ピロッタ-きゅうでん【ピロッタ宮殿】《Palazzo della Pilotta》イタリア北東部、エミリアロマーニャ州の都市パルマにあるルネサンス様式の宮殿。16世紀後半にファルネーゼ家の居館として建造された。現在はコレッジョやパルミジャニーノなど、パルマゆかりの画家の作品を所蔵する国立美術館、国立考古学博物館として使われ、また17世紀前半につくられたヨーロッパ最古の歌劇場の一つ、ファルネーゼ劇場がある。

ひろっ-ぱ【広っぱ】《「ひろば(広場)」の音変化》広く開けた場所。

ひろつ-りゅうろう【広津柳浪】[1861〜1928]小説家。長崎の生まれ。本名、直人。別号、蒼々園。硯友社に入り、深刻小説と称される作品を発表。作「変目伝」「黒蜥蜴」「今戸心中」など。

ピロティ〖フランス pilotis〗《杭・脚・柱の意》建物の一階を柱だけ残し、吹き放しとする建築様式。また、その空間。ル＝コルビュジエが近代建築の一要素として提唱。

ピロ-でんき【ピロ電気】▶パイロ電気

ひろ-にわ【広庭】❶玄関先の広い庭。また単に、広い庭。❷家の中の土間。「一には延米を借りて積み重ね」〈浮・椀久一世〉

ひろ-の【広野】広々とひらけた野原。

(類語)原・野・野原・平原・広野・広原・原っぱ

ひろ-のき【広軒】▶広庇

ひろ-ば【広場】❶建物・樹木などがなく、広く開けた場所。ひろっぱ。❷多くの人が集まれる公共の広い場所。フォーラム。「皇居前の一」「駅前一」❸話し合い、意思の疎通をはかることができるような共通の場。フォーラム。「若者の一」(類語)空地・空き地

ひろ-はし【広橋】幅の広い橋。「一を馬越しがねて心のみ妹がり遣りて我はここにして」〈万・三五三八〉

ひろ-はば【広幅】❶幅の広いこと。また、そのもの。❷反物で、並幅の2倍の幅のもの。鯨尺で1尺9寸(約72センチ)の幅。大幅。

ひろ-びさし【広×庇・広×廂】寝殿造りで、庇の外側に一段低く設けた板張りの吹き放し部分。この外側に簀子縁がつく。広縁。広軒。

ビロビジャン〖Birobidzhan〗ロシア連邦南東部、ハバロフスク地方、ユダヤ人自治州の都市。同州の州都。ハバロフスクの西約150キロメートル、アムール川支流ビラ川沿いに位置する。1928年、スターリンのユダヤ人集団移住計画によって建設されたが、89年からのユダヤ人のイスラエル移住に伴い、現在のユダヤ人の人口の割合は5パーセント以下。市内にはシナゴーグやユダヤ教に関する博物館がある。

ひろ-びろ【広広】〔副〕スル 非常に広く感じられるさま。「一(と)した部屋」「一(と)した草原」

(類語)広い・広やか・広大・広壮・広闊・広漠・広範

びろ-びろ〔副〕異性に対してすぐにだらしなくなるさま。でれでれ。「牡猫見ては一と」〈浄・大経師〉

ひろ-ぶた【広蓋】❶衣装箱のふた。昔、人に衣服などを与えるとき、これにのせて差し出した。❷縁のある漆塗りの大きな盆。

ヒロポン〖Philopon〗覚醒剤、塩酸メタンフェタミンの日本での商標名。乱用すると幻覚などの中毒症状を呈する。(補説)「覚醒剤」などと言い換える。

(類語)しゃぶ・スピード・エス・アイス

ひろ-ま【広間】❶広い部屋。「大一」❷書院造りの表向きの座敷。❸武家邸宅の玄関部分に設けられた広い部屋。❹四畳半以上の茶室。➡小間❷

ひろ-まえ【広前】神の前を敬っていう語。神の御前。また、神社の前庭。「皇大御神の一にまをし給はく」〈祝詞・平野祭〉

ひろまつ-わたる【広松渉】[1933〜1994]哲学者。福岡の生まれ。東大教授。マルクスの研究に大きな功績を残し、独自の哲学を構築。著「マルクス主義の地平」「世界の共同主観的存在構造」「存在と意味」など。

ひろ-ま・る【広まる|×弘まる】〔動ラ五(四)〕広く行きわたる。また、普及する。「うわさが一・る」➡広がる(用法)

(類語)広がる・流布・伝播・浸透・波及・普及

ひろ-み【広み】広い場所。「一へ敵をおびき出し」〈太平記・六〉

ひろ・む【広む|×弘む】〔動マ下二〕「ひろめる」の文語形。

ひろめ【広め|×弘め|披露目】広く一般に知らせること。また、そのあいさつ。披露。「襲名の一をする」(補説)「披露目」は当て字。

ひろ-め【広▽布】コンブの古名。「尼上の御もとより一といふ物奉り給ひける」〈定頼集・詞書〉

ひろ-めか・す【×閃かす】〔動サ四〕《「びろめかす」とも》ひらひらさせる。ひらめかす。「宮の御文と捧げて一・す」〈宇津保・蔵開中〉

ひろ-め・く【×閃く】〔動カ四〕《「びろめく」とも》❶雷光などがひらめく。「其の雷、ひかり一・き」〈雄略紀〉❷落ち着きなく動き回る。ふらふらする。「居も定まらず一・きて」〈枕・二八〉

ひろめ-や【広め屋】宣伝を業とする人。ちんどん屋。

ひろ・める【広める|×弘める】〔動マ下一〕図ひろ・む〔マ下二〕❶範囲を広くする。「知識を一・める」「勢力を一・める」❷広く知られるようにする。広く行われるようにする。普及させる。「名を一・める」「教えを一・める」

ひろ-もの【広物】幅の広い物。➡鰭の広物

ひろ-やか【広やか】〔形動〕図〔ナリ〕広々としているさま。ひろらか。「一な庭」

(類語)広い・広大・広壮・広闊・広漠・広広・広範

ひろ-らか【広らか】〔形動ナリ〕「ひろやか」に同じ。「鮨鮎の大きに一なるを」〈今昔・二八・二三〉

ピロリ-きん【ピロリ菌】▶ヘリコバクターピロリ

ひろ・る【広る】〔動ラ四〕広がる。「其しが葉の一・り坐すは大君ろかも」〈記・下・歌謡〉

ひ-ろん【比論】〔名〕スル 比較して論じること。類似の点をあげて研究すること。類推。

ピロン〖ギリシャ pylōn〗▶パイロン❶

ピロン〖Pyrrhōn〗▶ピュロン

ひ-わ【秘話】一般に知られていない話。「革命一」

(類語)余話・余聞・異聞・こぼれ話・裏話

ひ-わ【悲話】悲しい物語。あわれな話。

ひわ【×鶸】❶スズメ目アトリ科ヒワ亜科の鳥の総称。マヒワ・カワラヒワ・ベニマシコ・ウソなどが含まれるが、ふつうマヒワをさす。(季 秋)「一の影すぎしと思ふ霧深し/秋桜子」❷ひわ色。

び-わ【×枇×杷】バラ科の常緑高木。四国・九州の一部に自生し、高さ約10メートル。葉は大形の長楕円形で、表面はつやがあり、裏面に灰褐色の毛が密生。秋から冬、黄色がかった白い花を密につける。夏、倒卵形の実が黄橙色に熟し、食用とされる。(季 実＝夏 花＝冬)「一黄なり空はあやめの花曇り/素堂」「磯の香に峙つ山も一のころ/秋桜子」

び-わ【×琵×琶】東洋の弦楽器。木製の扁平な茄子形の胴に、4、5本の弦を張ったもの。日本のものはふつう4〜5個の柱をつけ、撥で奏する。起源はペルシアとされ、中央アジア・中国・朝鮮半島を経て、奈良時代に日本に伝来。雅楽に用いられ(楽琵琶)、のち盲僧琵琶・平家琵琶・薩摩琵琶・筑前琵琶などが生まれた。

びわ-あわせ【×琵×琶合(わ)せ】琵琶を左右に分けて合わせ、その伝来・音色・形状などの優劣を競う会。平安時代から宮中などで行われた。

ひ-わい【卑×猥|×鄙×猥】〔名・形動〕品がなくみだ

らなこと。また、そのさま。「一な冗談」派生ひわいさ〔名〕類語淫猥・猥褻・淫靡・いやらしい

ひわ‐いろ【×鶸色】ヒワの羽のような黄緑色。ひわ。

びわ‐うた【×琵×琶歌】琵琶の伴奏でうたう歌。特に、薩摩琵琶・筑前琵琶、およびその分派が演奏する新琵琶曲。

びわ‐うち【×琵×琶打ち】❶琵琶を弾く人。❷琵琶を作る人。

びわ‐がい【×枇×杷貝】ビワガイ科の巻き貝。浅海の砂泥底にすむ。貝殻の形はビワの実に似て、殻高11センチ。殻表は布目状をし、褐色の電光模様がある。ふたはない。本州中部以南に分布。

ひ‐わか‐し【ひ若し】〔形ク〕《「ひ」は接頭語》若々しい。また、未熟である。「一・く細く美しげに、聞かまほしき事」〈栄花・本の雫〉

びわ‐がに【×琵×琶×蟹】アサヒガニ科の甲殻類。やや深い海の砂底にすむ。甲は細長い楕円形で、甲長約4.5センチ。表面は滑らかで淡紅色。本州太平洋岸から南に分布。

びわき【琵琶記】中国、元代の戯曲。高明作。妻を捨てて上京した蔡邕は、科挙に首席で合格する。残された妻は琵琶を弾きながら夫を探して放浪を続け、ついに夫と再会する。北曲の「西廂記」と並ぶ、南曲の代表作。

び‐わくせい【微惑星】太陽系のような惑星系形成の初期段階にある原始惑星系円盤の中で作られる小天体。直径10キロメートル程度。円盤の内側には岩石や金属などの固体粒子が多く、外側には氷を含むものが多い。これらの小天体が衝突や合体を繰り返すことで原始惑星や惑星に進化すると推測される。また、太陽系で見られる彗星は、惑星形成に寄与せずにそのまま残った微惑星であると考えられている。

びわ‐こ【琵琶湖】滋賀県中央部を占める断層陥没湖。日本最大の湖で、面積670.5平方キロメートル。湖面標高85メートル。多くの河川が流入するが、流出は瀬田川から宇治川・淀川となって大阪湾へ注ぐほかは京都に通じる琵琶湖疏水のみ。沿岸の景勝は近江八景として表され、沖島・竹生島などが浮かぶ。湖底には遺跡が確認されている。魞漁が行われ、シジミ・アユ漁なども盛ん。古くは淡海・近江の海・鳰海とよばれた。平成5年(1993)ラムサール条約に登録され、同20年には区域が拡張された。

びわこう【琵琶行】中国、唐代の詩。白居易作。816年作。かつての長安の名妓が落魄して琵琶を奏でるのを、左遷されたわが身になぞらえて歌ったもの。「長恨歌」と並ぶ傑作。

びわこがくいん‐だいがく【びわこ学院大学】滋賀県東近江市にある私立大学。平成21年(2009)の開学。

びわこ‐こくていこうえん【琵琶湖国定公園】琵琶湖を中心とする国定公園。滋賀県から京都府にまたがり、昭和25年(1950)日本最初の国定公園に指定。比叡山・比良山・余呉湖・伊吹山や宇治川流域などを含む。

びわこ‐せいけいスポーツだいがく【びわこ成蹊スポーツ大学】滋賀県大津市にある私立大学。平成15年(2003)に開学した。スポーツ学部の単科大学。

ひわず【繊=弱】〔形動ナリ〕弱々しいさま。ひよわ。「いとささやかなる人の、常の御悩みに痩せおとろへ、一にて」〈源・真木柱〉

ひ‐わだ【×檜▽皮】❶杉・檜などの樹皮。屋根に葺き、腰壁に用い、また槙皮とともに火縄の原料とした。❷「檜皮葺き」の略。❸襲の色目の名。表は黒みがかった蘇芳、裏は縹色。

ひわだ‐いろ【×檜▽皮色】❶染め色の名。黒みがかった蘇芳色。❷浅葱または縹の縦糸と、赤または蘇芳の横糸とを用いた織り色。

ひわだ‐ぶき【×檜▽皮×葺き】檜の樹皮を密に重ねて屋根を葺くこと。また、その屋根。社寺・宮殿などに用いられる。ひわたぶき。

ひわだ‐や【×檜▽皮屋】檜の皮で屋根を葺いた家。「十一軒一あり」〈宇津保・国譲上〉

ひ‐わたり【火渡り】修験道の行者などが燃えている火の上を呪文を唱えながらはだしで渡る術。

ひわ‐ちゃ【×鶸茶】茶色がかったひわ色。

びわ‐の‐こと【×琵×琶の琴】《「こと」は弦楽器の総称》「琵琶」に同じ。

びわ‐ほうし【×琵×琶法師】琵琶を弾くことを職業とした盲目僧体の芸人。平安中期におこった。鎌倉時代、主として経文を唱える盲僧琵琶と、もっぱら平家物語を語る平家琵琶とに分かれた。➡平曲

びわ‐ます【×琵×琶×鱒】サケ科の淡水魚。全長約50センチ。背側は蒼黒色に小黒斑が散在し、腹側は銀白色。琵琶湖の原産であるが、芦ノ湖や中禅寺湖などにも移殖されている。食用。

ひわ‐やか【繊=弱やか】〔形動ナリ〕細く弱々しいさま。きゃしゃ。「いみじう一に美しうおはします」〈栄花・本の雫〉

びわよう‐とう【×枇×杷葉湯】❶乾燥したビワの葉などの煎じ汁。暑気あたりや下り腹などに用いた。京都烏丸に本舗があり、夏、江戸で、試飲させながら行商した。(季 夏) ❷《宣伝のため路上で❶をだれにでも飲ませたところから》浮気。多情。また、そういう人。「てめえの一は棚へあげて」〈洒・四十八手〉

ひ‐わり【日割(り)】❶給料・支払いなどを1日単位で計算すること。また、その金額。「一で支払う」❷ある期間続く仕事・行事などを、その日その日に割り当てること。また、その日程。「試験の一」

ひ‐わりご【×檜▽破り子】檜の薄板で作った破り子。

ひ‐われ【干割れ｜日割れ】❶乾きすぎて、ひびが入ったり、割れたりすること。また、その割れ目。「一のした鏡餅」❷木材や樹木などが、日光の直射や温度差により縦に裂けること。

ひ‐わ・れる【干割れる】〔動ラ下一〕文ひわ・る〔ラ下二〕乾いて割れ目ができる。「柱が一・れる」

ひん【品】㊀〔名〕人や物にそなわっている、好ましい品格・品質。「一がよい」「一がない」㊁〔接尾〕助数詞。料理などの品数を数えるのに用いる。上にくる語によっては「ぴん」となる。「二一注文する」➡漢「ひん(品)」

類語(㊀)品位・品格・気品・風格・格調・沽券・気位

ひん【貧】〔名・形動〕まずしいこと。また、そのさま。貧乏。「一に耐える」「その内容に於ては反って之よりも一なる者である」〈西田・善の研究〉➡漢「ひん(貧)」類語貧乏・貧困・貧窮・貧苦・窮乏・困窮・困乏・困苦・生活苦・赤貧・極貧・貧寒・素寒貧・不如意・文無し・プアー

貧に迫・る 貧乏になって困窮する。「一・ればとて、窃盗なんぞするような」〈逍遥・当世書生気質〉

貧の盗みに恋の歌 貧しければ人の物を盗むようになり、恋をすれば歌を詠むようになる。必要に迫られればどんなことでもすることのたとえ。

貧の病 貧乏のつらさを病気にたとえた語。「一に肩身もすぼり」〈浄・卯月の潤色〉

貧は世界の福の神 貧乏は、かえって人を発憤・努力させ、後の幸福をもたらすもととなる。

貧は菩提の種富は輪廻の絆 貧乏すれば心に執着がないから悟りの境地に入りやすいが、富貴になれば物欲にとらわれ、それが仏道に入る妨げとなって成仏できないということ。

ひん【賓】敬ってもてなすべき客人。また、訪れて来た人。「仙宮の一と携はり」〈霊異記・上〉➡漢「ひん(賓)」

ひん【×嬪】古代、天皇の寝所に侍する女官。皇后・妃・夫人の下位。四位・五位の者で、後世の女御・更衣にあたる。➡漢「ひん(嬪)」

ひん【×顰｜×嚬】顔をしかめること。まゆをひそめること。ひそみ。➡漢「ひん(顰)」

顰に倣・う 「顰みに倣う」に同じ。

ひん【引ん】〔接頭〕《接頭語「ひき」の音変化》動詞に付いて、その動詞の示す動作・作用を強める意を表す。「一曲がる」「一むく」

びん【便】❶人や荷物・手紙などをある場所まで運ぶこと。また、その手段。「飛行機の一がある」「午後の一で届く」「宅配一」「速達一」❷都合のよい機会。よい方法。ついで。「侍のをのこども仕まつるもののうちに、一ある所をなむ僧坊にしける」〈宇津保・嵯峨院〉➡漢「べん(便)」

びん【敏】〔名・形動〕頭の働きや動作のすばやいこと。また、そのさま。「機を見るに一な人」➡漢「びん(敏)」類語鋭敏・機敏・俊敏・明敏・敏感・慧敏・過敏・賢い・鋭い・聡い・目聡い・賢しい・炯眼・利口・利発・聡明・怜悧・穎悟・英明・賢明・犀利・シャープ

びん【瓶｜×壜｜×罎】《「びん(瓶)」は唐音》液体などを入れる、ガラス製や陶製の容器。➡漢「びん(瓶)」

びん【閩】㊀中国、五代十国の一。唐滅亡後の909年、王審知が後梁から閩王に封ぜられて建国。都は福州。農業・貿易などで栄えたが、945年、南唐に滅ぼされた。㊁中国福建省の古名。➡閩越

びん【×鬢】耳ぎわの髪。また、頭髪の左右側面の部分。➡漢「びん(鬢)」

ピン《ポルトガル pinta(点の意)から》❶カルタやさいころの目の一の数。「一のぞろ目」❷第一番。最上のもの。⇔キリ。❸一人であること。「一芸人」❹《1割をかすめとる意から》うわまえ。「手代の役徳、せめてこれ程の一は有りうちかい」〈浄・盟約大石〉➡ピンはね

ピンからキリまで 始めから終わりまで。また、最上から最低まで。「一さまざまの種類がある」

ピンを撥・ねる ピンはねをする。「手間賃の一・ねる」

ピン〖pin〗❶つき刺したりはさんだりして、物を留める道具。虫ピン・ネクタイピン・ヘアピン・安全ピンなど。❷部材を接合するために端にある穴に挿入する細い丸鋼。❸ボウリングで、瓶の形をした標的。❹ゴルフで、ホールにさす目印の旗、または旗ざお。❺登山で、ザイルを使って確保するときに支点とするハーケンなどのこと。

ピン〖ping〗《packet Internet groper》インターネットやイントラネットなどのTCP/IPネットワークにおいて、コンピューターの接続状況を診断するコマンド。ピング。

ぴん【品】〔接尾〕「ひん(品)」に同じ。「一一料理」

ピン‐アップ〖pinup〗▶ピンナップ

ひん‐い【品位】❶人や事物にそなわっている気高さや上品さ。品格。「一を保つ」「一に欠ける」❷金銀の地金、貨幣の含んでいる金銀の割合。❸鉱石中に含まれている有用元素の割合。

類語品・品格・気品・風格・格調・沽券・気位

ひん‐い【品彙】種類別にまとめたもの。分類。

ひん‐い【賓位】客の着くべき座席。

ピンイン【拼音】《中国語》中国語の音を表音文字で表したもの。特に、1958年公布の漢語拼音方案に基づいて、普通話(現代中国の共通語)をローマ字で表したものをいう。

ひんえいよう‐こ【貧栄養湖】湖沼型の一。水中の栄養物質が乏しく、プランクトンなどの少ない湖。水色は緑色か藍色で透明度が高い。摩周湖・田沢湖・十和田湖など。➡富栄養湖

びんえつ【閩越】中国、秦・漢時代、現在の福建地方に住んでいた越族。また、この一族が前202年に建てた王国。前135年、漢の武帝に滅ぼされた。

びん‐おや【×鬢親】深除ぎまたは鬢除ぎの日、髪や鬢の先を切り落とす役目の人。

ひん‐か【貧家】貧しい家。ひんけ。⇔富家。

ビンカ〖ラテン vinca〗キョウチクトウ科ニチニチソウ属の一年草。夏に5弁の花をつける。和名ニチニチソウ。

びんが【▽頻×伽】「迦陵頻伽」の略。

ピンガ〖ポルトガル pinga〗▶カシャッサ

ピン‐カール〖pin curl〗女性の整髪法の一。巻き込んだ髪の毛をピンで固定してウエーブやカールをつけるもの。

ひん‐かい【頻回】回数が多いこと。また、多くの回数。「一の頭痛に悩まされる」

ひん‐かい【×瀕海】海に面していること。臨海。

ひん‐がいねん【賓概念】▶述語

びん-かがみ【×鬢鏡】鬢を映してみるのに使う、柄つきの小さい手鏡。
びん-かき【×鬢×掻き】鬢をかき整えるのに使う小さい櫛(くし)。
ひん-かく【品格】その人やその物に感じられる気高さや上品さ。品位。「一が備わる」
(類語)品・品位・気品・人格・風格・格調・沽券(こけん)・気位
ひん-かく【賓客】►ひんきゃく(賓客)
ひん-かく【賓格】目的格のこと。
ひんかく-ほう【品確法】《「住宅の品質確保の促進等に関する法律」の通称》住宅を安心して購入できるよう住宅性能に関する表示基準を設け、住宅の品質向上を図り、欠陥住宅などのトラブルから住宅購入者を守るための法律。平成12年(2000)4月施行。新築住宅については、柱・梁・床・屋根など住宅の構造耐力上主要な部分や雨水の浸入を防止する部分について10年間の瑕疵(かし)担保責任が義務づけられた。
ひんがし【▽東】《「ひむかし」の音変化。「日向かし」の意》「ひがし(東)❶」に同じ。「一の野に炎(かぎろひ)の立つ見えてかへり見すれば月かたぶきぬ」〈万・四八〉
ひんがし-おもて【▽東面】東に向いた方。東側。また、東側の部屋。ひがしおもて。「御帳の一の御座(おまし)の端に据ゑつ」〈源・若菜下〉
ひんがし-の-たい【▽東の対】►ひがしのたい
ピンカス-シナゴーグ〖Pinkasova synagoga〗チェコ共和国の首都プラハの中心部、ヨゼホフ(旧市街のユダヤ人地区)にあるシナゴーグ。1535年に建造。プラハでは旧新シナゴーグに次いで古い。第二次大戦後、ナチスによるホロコーストの犠牲になったボヘミアのユダヤ人についての記念館となった。
びん-がた【▽紅型】沖縄の伝統的な型染め。布地に1枚の型紙を用いて糊(のり)を置き、顔料や染料で彩色し、多彩な絵画風の文様を表す。➡藍型(あいがた)
びん-かつ【敏活】〔名・形動〕頭の働きや行動のすばやいこと。また、そのさま。「一に立ち回る」
(類語)敏速・敏捷(びんしょう)・機敏・俊敏・活発
びんが-の-こえ【▽頻×伽の声】迦陵頻伽(かりょうびんが)の鳴き声。非常に美しい声や仏の声のたとえにいう。
ひんがら-め【×瞟▽眼】《「ひがらめ」の音変化》やぶにらみ。斜視。ひがめ。
ひん-かん【貧寒】㊀〔名〕貧しく、さむざむとしていること。また、中身が乏しいこと。「思想の一」㊁〔ト・タル〕〔文〕〔形動タリ〕貧しく、さむざむとしたさま。また、中身の貧弱なさま。「一たる福祉政策」
(類語)貧乏・貧困・貧窮・貧苦・窮乏・困窮・困乏・困苦・生活苦・貧(ひん)・赤貧・極貧・じり貧・素寒貧(すかんぴん)・不如意(ふにょい)・文無(もんな)し
ひん-がん【×玢岩】半深成岩の一。完晶質で斑状組織をもつ細粒の岩石。安山岩とほぼ同じ組成であるが、石基は安山岩よりやや粗粒。
びん-かん【敏感】〔名・形動〕感覚や感度の鋭いこと。また、そのさま。「一に反応する」「刺激に一な肌」⇔鈍感。(補説)「両国首脳が島の主権に関する敏感な問題を話し合う」のように、国家間の交渉の対象となる微妙な事柄について「慎重に扱うべきデリケートな」の意で用いることがある。一説には、90年代の初め、日中交渉で中国側がこの意味で使った「敏感」を日本の新聞がそのまま取り入れたものという。(派生)びんかんさ〔名〕
(類語)過敏・鋭敏・鋭い・繊細・センシティブ・デリケート
ひん-ぎ【×稟議】►りんぎ(稟議)
びん-ぎ【便宜】〔名・形動〕❶都合のよいこと。また、そのさま。好都合。べんぎ。「一ノ地デ買ッテクダサレ」〈和英語林集成〉❷よい機会。好機。ついで。べんぎ。「おのづから一ありて助くべからん事あらん時は」〈今昔・二七・四〇〉❸たより。音信。べんぎ。「勝様からは一もなし」〈浄・淀鯉〉
ピンキー〖pinkie〗小指。「一リング」
ひん-きゃく【賓客】客人。また、大切な客人。ひんかく。「一としてもてなす」
(類語)貴賓・来賓・主賓・国賓・公賓・社賓・ゲスト・客・客人・来客・訪客・来訪者・訪問者・まろうど
ひん-きゅう【貧窮】〔名〕スル 貧しくて生活に苦しむこと。「職を失って一する」
(類語)貧困・貧苦・困苦・困窮・窮乏・貧乏
ひん-きゅう【×殯宮】天皇・皇族の棺を埋葬の時まで安置しておく仮の御殿。もがりのみや。
ひん-ぎゅう【×牝牛】めすの牛。めうし。
ピン-きゅう【ピン級】《pinweigth》ボクシングなどの体重別階級の一。アマチュアボクシングのジュニア部門では、ライトフライ級よりも軽い最軽量の階級で、44キロ超〜46キロ以下。
ひんきゅうもんどうか【貧窮問答歌】万葉集巻5にある山上憶良の長歌。貧しい生活の苦しさを問答の形式で歌った長歌および反歌1首。
びん-きり【×鬢切り】《「びんぎり」とも》江戸前期の若い男女の髪形の一。結髪の鬢の毛を切って耳の後ろに垂らすもので、上方で流行した。びんぎれ。
ピンキング〖pinking〗特殊な歯の鋏(はさみ)で布や紙などの端をぎざぎざの山形に切ること。ぬいしろの始末や縁取りの装飾に用いる。「一ばさみ」
ひん-く【貧苦】貧乏の苦しみ。「一に耐える」
(類語)貧困・困苦・困窮・貧窮・窮乏・貧乏・困乏・生活苦・貧(ひん)・赤貧・極貧・じり貧・貧寒・素寒貧(すかんぴん)・不如意(ふにょい)・文無(もんな)し
ビング〖Bing〗米国マイクロソフト社が開発したサーチエンジン。キーワードによる全文検索のほか、画像、動画、ニュース、地図の検索が可能。2009年より日本語版サービスも開始された。同社のポータルサイトであるMSNのサーチエンジンとしても利用されている。
ピンク〖pink〗❶桃色。淡紅色。❷色事に関すること。色っぽいこと。「一街」(類語)桃色・薔薇(ばら)色・桜色
ピング〖ping〗►ピン(ping)
ピング〖PNG〗《portable network graphics》►ピーエヌジー(PNG)
ピンク-えいが【ピンク映画】性的なことを主題にした成人映画。
ピンク-カラー〖pink-collar〗女性事務員。男性従業員をいうホワイトカラー・ブルーカラーなどから派生した言葉。➡ピンクカラージョブ
ピンクカラー-ジョブ〖pink-collar job〗看護師・保育士・家政婦・秘書など伝統的に女性が多く占める職種。
びん-ぐき【×鬢茎】鬢の毛筋。「しどけなくうちふくだみ給へる一」〈源・紅葉賀〉
ピンク-サロン《和 pink＋salon》性的なサービスを売り物にする風俗店。ピンサロ。
びん-ぐし【×鬢×櫛】鬢(びん)をかきあげるのに用いる櫛。黄楊(つげ)製のものが多く、横長で歯が粗い。
ピンク-ゾーン《和 pink＋zone》バー・キャバレー・ソープランド・ラブホテルなどの風俗営業の店が集まっている地域。
ピンクッション〖pincushion〗針差し。
ピンク-ノイズ〖pink noise〗周波数に反比例し、高い周波数の音ほど弱くなる雑音。➡ホワイトノイズ
(補説)「ピンク」は、光で同様の周波数をもつものが、赤みがかって見えることから。
ピンク-ペッパー〖pink pepper〗香辛料の一。コショウボクの果実を乾燥させたもの。鮮やかな赤色をしており、香りがよい。コショウのような辛味はない。西洋ナナカマドの果実や、熟したコショウの果実を乾燥させたものを指すこともある。ポワブルロゼ。
ピンク-リボン〖pink ribbon〗乳癌(にゅうがん)の早期発見の重要性と乳癌検診の必要性を啓蒙する、世界的なキャンペーンの名称・シンボル。多くの企業・団体が活動を展開・協賛している。「乳がん月間」にあたる毎年10月には特に活発にイベント等が開催される。キャンペーン参加者は、ピンクのリボンを掲げたり、ピンクを基調とする色づかいで周知を促す。
ピンク-レディー〖pink lady〗ジンにザクロ果汁のシロップと卵白を入れて作ったカクテル。
ひん-けい【×牝鶏】めんどり。
牝鶏晨(あした)す《「書経」牧誓から》めんどりが鳴いて朝

漢字項目 ひん

×**牝** 音ヒン(漢)　訓めす‖獣や鳥のめす。「牝鶏・牝馬・牝牡(ひんぼ)」
品 (学)3　音ヒン(漢)　ホン(呉)　訓しな‖㊀〈ヒン〉①いろいろな物。しなもの。「品質・品種・品目/遺品・佳品・金品・景品・作品・出品・小品・商品・食品・新品・製品・絶品・珍品・廃品・備品・部品・物品・薬品・良品」②物や人の質によって分けた等級。「品位・品格/気品・下品・上品・人品」③等級をつける。「品評」㊁〈ホン〉①等級。「九品(くほん)・下品(げぼん)・上品(じょうぼん)」②仏典の中の編や章。「普門品(ふもんぼん)」③昔、親王・内親王に賜った位階。「品位」㊂〈しな(じな)〉「品数・品品・品物/粗品(そしな)・手品」(名付)かず・かつ・ただ・のり・ひで
浜〔濱〕 音ヒン(呉)(漢)　訓はま‖㊀〈ヒン〉①水が陸に接する所。波打ち際。はま。「浜堤/海浜・水浜」②横浜。「京浜」㊁〈はま〉「浜辺・浜千鳥/塩浜・州浜・砂浜」
人**彬** 音ヒン(呉)(漢)‖実質と外観とが並びそろってよいさま。「彬彬(ひんぴん)」(名付)あき・あきら・もり・よし
貧 (学)5　音ヒン(漢)　ビン(呉)　訓まずしい‖㊀〈ヒン〉①財産が少ない。まずしい。「貧窮・貧苦・貧困・貧者・貧富/極貧・清貧・赤貧」②足りない。乏しい。「貧血・貧弱・貧打」㊁〈ビン〉まずしい。「貧乏」
人**稟** 音ヒン(漢)　リン(慣)‖㊀〈ヒン〉①申し上げる。「稟告」②天から授かる。生まれつきの性質。「稟性・稟賦/気稟・天稟」㊁〈リン〉命令を受ける。申し出る。「稟議・稟告・稟請」(補説)「禀」は異体字。
賓〔賓〕 音ヒン(呉)(漢)　訓まろうど‖①大切に扱われる客。「賓客/貴賓・迎賓・国賓・主賓・来賓」②主に対するもの。「賓辞」(名付)うら・つら (難読)賓頭盧(びんずる)
×**嬪** 音ヒン(漢)　訓ひめ‖①婦人の美称。ひめ。「別嬪」②天子の側室。「妃嬪」
頻〔頻〕 音ヒン(漢)　訓しきり、しきる‖事態が引き続いて起こること。しきりに。「頻出・頻度・頻発・頻繁・頻頻(ひんぴん)・頻脈」(難読)頻伽(びんが)
人**瀕** 音ヒン(漢)‖①水と接した所。みぎわ。岸。「水瀕」②すれすれまで近づく。迫る。「瀕死」(補説)人名用漢字表(戸籍法)の字体は「瀕」
×**顰** 音ヒン(漢)　訓しかめる、ひそめる‖顔をしかめる。眉をひそめる。「顰蹙(ひんしゅく)/一顰一笑」

漢字項目 びん

【便】►べん
【貧】►ひん
敏〔敏〕 音ビン(漢)　訓さとい、とし‖①頭の働きがすばやい。さとい。「敏活・敏感/鋭敏・過敏・不敏・明敏」②行動・動作がすばやい。「敏捷(びんしょう)・敏速・敏腕/機敏・俊敏」(名付)さと・さとし・すすむ・つとむ・と・はや・はやし・はる・みぬ・ゆき・よし
×**紊** 音ビン(慣)　ブン(漢)　訓みだれる‖乱れる。乱す。「紊乱(びんらん・ぶんらん)」
瓶〔甁〕 音ビン(唐)　ヘイ(漢)　ビョウ(ビャウ)(呉)　訓かめ‖㊀〈ビン〉口が狭く腹の膨れた陶製・ガラス製・金属製などの容器。かめ。びん。「花瓶・角瓶・溲瓶(しゅびん・しびん)・茶瓶・鉄瓶・土瓶」㊁〈ヘイ〉かめ。びん。「瓶花・瓶子(へいし・へいじ)/銅瓶」(難読)釣瓶(つるべ)・宝瓶(ほうびょう)
×**愍** 音ビン(漢)　ミン(呉)　訓あわれむ‖かわいそうに思う。あわれむ。「愍笑・愍然/哀愍・憐愍(れんびん・れんみん)」(補説)「憫」と通用する。
×**憫** 音ビン(漢)　ミン(呉)　訓あわれむ‖気の毒に思う。あわれむ。「憫察・憫笑・憫然/哀憫・憐憫(れんびん・れんみん)」(補説)「愍」と通用する。
×**鬢** 音ビン(慣)‖耳ぎわの髪の毛。「鬢髪/霜鬢・両鬢」

を知らせる。女が権勢を振るうたとえ。国や家が衰える前兆とされる。

びん-けい【敏×慧】〔名・形動〕機敏で知恵のあること。また、そのさま。慧敏。「吏人某の怜悧—なる者をして」〈東海散士・佳人之奇遇〉

ピン-げいにん【ピン芸人】コンビを組んだり、グループに属したりしないで一人で活動する芸人のこと。漫談などを行うお笑い芸人についていうことが多く、もともと一人で活動する落語家などにはいわない。➡ピン

ひん-けつ【貧血】血液中の赤血球数またはヘモグロビン量が正常以下となり、酸素運搬能力が低下した状態。出血や栄養不足、骨髄の造血機能低下、溶血などさまざまな原因によって起こる。顔色が白く、疲れやすく、動悸どうき・めまい・耳鳴りなどの症状のみられることが多い。

ビンゲン〖Bingen〗ドイツ西部、ラインラント-プファルツ州の都市。ライン川に面し、支流のナーエ川の河口に位置する。正式名称はビンゲン-アム-ライン。古代ローマ時代より交通の要衝。ライン川の中州に通行税徴収のために建てられたねずみの塔や、現在は市庁舎となったクロップ城など、中世の面影を残す歴史的建造物がある。2002年、「ライン渓谷中流上部」として世界遺産(文化遺産)に登録された。

びんご【備後】旧国名の一。山陽道に属し、現在の広島県東部にあたる。古くは吉備きび国の一部。備州。

ビンゴ〖bingo〗数字合わせによるゲームの一。所定のルールによって示される数字を、参加者が各自の持ちカードから消していき、それを早く縦・横・斜めのいずれかに五つ連ねた者が勝ちとなる。

ひん-こう【品行】カウ ふだんのおこない。身持ち。行状。「—を慎む」「—方正」〘類語〙素行・身持ち・操行・行跡

ひん-こう【貧鉱】クヮウ 有用鉱物をあまり含んでいない鉱石。また、産出量の少ない鉱床・鉱山。⇔富鉱。

びん-こう【閩江】カウ 中国福建省を流れる川。武夷山脈を源とする建渓・沙渓などの川が南平で合流し、東流して東シナ海に注ぐ。建江。ミンチァン。

びんご-おもて【▽備後表】備後地方から産する上質の畳表。

びんご-おりもの【▽備後織物】広島県福山市を中心にその付近一帯で産する織物の総称。木綿絣かすり・木綿縞・綿ネル・兵児へこ帯地など。

びんご-がすり【▽備後×絣】広島県福山市および府中市付近で織られる、黒っぽい紺色を特徴とする木綿絣。文久絣。

ピン-ごかん【ピン互換】ゴクヮン マイクロプロセッサーなどの半導体チップのピン配列に関する互換性のこと。ピンコンパチブル。

ひん-こく【×稟告】〔名〕スル ➤りんこく(稟告)

びんご-ずな【▽備後砂】広島県庄原市の帝釈たいしゃく山から産する砂。白く、盆石に用いる。

びんご-なだ【備後灘】広島県東部の沖合にある海域。瀬戸内海の中央部に位置し、東は備讃びさん諸島、西は芸予諸島、南は燧灘ひうちなだにはさまれている。北の仙酔せんすい島・鞆ともの浦は観光地として知られる。水深15〜30メートル、海底は平坦で好漁場。タイ網漁は有名。

ピン-コネクター〖pin connector〗針状の電極が並んだ形状をしたコネクター。コンピューター内部の機器の接続などに利用される。

びんご-もの【▽備後物】鎌倉末期から室町末期にかけて、備後の刀工が作った刀剣。三原物、および法華一乗の一門の作に代表される。

ひん-こん【貧困】〔名・形動〕❶貧しくて生活に困っていること。また、そのさま。「—の中に育つ」「—な家庭」❷大切なものが欠けていること。内容に乏しいこと。また、そのさま。「政策の—」「—な精神」

〘類語〙貧苦・困苦・困窮・貧窮・窮乏・貧乏・困乏・生活苦・貧ひん・赤貧・極貧・じり貧・貧寒・素寒貧すかんぴん・不如意ふにょい・文無もんなし

ひんこん-せん【貧困線】➤貧乏線びんぼうせん

ピン-コンパチブル〖pin compatible〗➤ピン互換

ひんこん-ビジネス【貧困ビジネス】経済的に困窮した人の弱みに付け込んで利益をあげる悪質な事業行為。一部の家賃保証会社による違法な家賃の取り立て、囲い屋による生活保護費の詐取など。貧困ビジネスを行う業者は、社会的企業を標榜しながら、実際には生活に困窮した状態から抜け出せないようにして不当に利潤を得ている場合も多い。

ひんこん-りつ【貧困率】所得が低く経済的に貧しい状態にある人が全人口に占める割合。絶対的貧困率と相対的貧困率がある。絶対的貧困率は、十分な所得がないため最低限の生活必需品を購入できない人の割合。世界銀行では、1日の所得が1.25米ドル相当額(貧困ライン)未満で生活する人を絶対的貧困層と定義している。相対的貧困率は、国民の所得分布の中央値の半分に満たない世帯の割合。先進国では、絶対的貧困状態ではなくても相対的貧困層となる場合がある。

びん-ざさら【編=木｜拍=板】打楽器の一。数十枚の短冊形の薄い木片などをひもで連ねたもの。両端の取っ手を持って振り合わせ、板を打ち合わせて音を出す。ささらぎ。ささら。➡簓ささら

びん-さし【×鬢差(し)】江戸時代、女性が髪を結うとき、鬢の中に入れて、左右に張り出させるために用いた道具。鯨のひげ、針金などで弓のような形に作った。上方では鬢張りと称した。

びん-さつ【×憫察】〔名〕スル あわれんで思いやること。また、他人が自分にかけてくれる思いやりをいう語。「よろしく—せられんことを願い上げます」

ぴん-さつ【ぴん札】俗に、折り目やしわ、汚れのない紙幣のこと。

ピン-サロ「ピンクサロン」の略。

ひん-し【品詞】《parts of speech》文法上の職能によって類別した単語の区分け。国文法ではふつう、名詞・代名詞・動詞・形容詞・形容動詞・連体詞・副詞・接続詞・感動詞・助動詞・助詞の11品詞に分類する。分類については、右のうち、形容動詞を認めないものや、右のほかに数詞を立てるものなど、学説により異同がある。

ひん-し【×瀕死】死にかかっていること。死にそうであること。「—の重傷を負う」「—の状態にある」

〘類語〙危篤・重体・虫の息

ひん-じ【賓辞】❶➤述語じゅつご ❷文法で、客語のこと。

ヒンジ〖hinge〗❶ちょうつがい。また、ちょうつがい状のもの。❷部材と部材との継ぎ目、または支点。構造物で、ピンなどを用いて、上下左右には動かないが回転は自由にできるようにした接合の状態。

びん-し【×鬢糸】鬢の毛が薄く、白くなること。

鬢糸茶烟ちゃえんの感《杜牧「題禅院」から》若いころ遊びに夢中になった者が、年老いてから悠々自適し淡泊な生活を送る、その心境をいう。

ひんじ-がやつり【品字蚊=帳×吊】カヤツリグサ科の一年草。湿地や水田に生え、高さ10〜30センチ。根際から細い線形の葉が出る。夏から秋、茎の頂に緑褐色の球状の穂を3個つける。名はこれを品の字に見立てたもの。

びん-しけん【閔子騫】中国、春秋時代の魯ろの人。名は損、子騫は字あざな。孔子の弟子。徳行にすぐれ、その孝をもって十哲の一人に数えられる。生没年未詳。

ひん-しつ【品質】品物の質。〘類語〙品柄・クオリティー

ひん-しつ【品×騭｜品×隲】〔名〕品定め。品評。「烏帽子と水干とを、—して」〈芥川・芋粥〉

ひん-しつ【×稟質】天からうけた性質。稟性ひんせい。

ひんしつ-かんり【品質管理】クヮンリ《quality control》企業で、製品の品質の安定化と向上を図るための管理。QC。➡QCサークル活動

ひんしつほしょう-がた【品質保証型】➤ギャランティー型

ひんしつマネージメント-システム【品質マネージメントシステム】➤キュー-エム-エス(QMS)

ビンジパージ-しょうこうぐん【ビンジパージ症候群】シャウコウグン《binge-purge syndrome》主として若い女性に見られる摂食障害。過食(binge)と下剤使用(purge)の習慣。欲求不満や空虚感が原因となる。気晴らし食い症候群。

ひんじ-も【品字藻】ウキクサ科の水生の多年草。池などの水中に浮く。体は茎・葉の区別がなく、長さ1センチほどの矢じり形をし、細い柄でいくつもが連なる。体の左右に幼体をつけて繁殖し、名はこれを品の字に見立てたもの。

ひん-じゃ【貧者】貧しい人。貧乏人。⇔富者。

ひん-じゃく【貧弱】〔名・形動〕❶みすぼらしく、見劣りのすること。また、そのさま。「造りが—だ」「—な体躯たいく」❷乏しく、必要を満たすに十分でないこと。また、そのさま。「—なボキャブラリー」〘派生〙ひんじゃくさ〔名〕〘類語〙貧相・みすぼらしい・ちゃち・ぼろい

ピン-ジャック〖pin jack〗映像・音響機器の多くが備えるピン型の入出力端子。映像や音声の電気信号の入出力に用いられる。ピンプラグ。ピン端子。また、米国の家電メーカー名から、RCA端子、RCAコネクター、RCAジャックともいう。

ひんじゃ-の-いっとう【貧者の一灯】➤長者ちょうじゃの万灯まんとうより貧者の一灯

ぴん-しゃん〔副〕スル《「びんしゃん」とも》❶年齢のわりに元気でしっかりしているさま。「かなりの高齢だが—(と)している」❷腹を立てて動作が荒々しくなるさま。つんけん。つんつん。「—して、長門之介の傍をばたばたと歩いて」〈仮・韓人漢文〉

ひん-しゅ【品種】❶品物の種類。❷同一種の栽培植物や飼養動物で、形態や性質の変異が遺伝的に分離・固定されたもの。❸生物分類で、種の下位の単位の一。同一種であるが、1、2の形質について異なる型である場合に用いる。

〘類語〙種類・種別・種・類・たぐい

ひんしゅ-かいりょう【品種改良】カイリャウ 農作物や家畜の品種の遺伝形質を、交雑・突然変異などの方法で改良し、より有用な新しい品種を作り出すこと。

ひん-しゅく【×顰×蹙】〔名〕スル 不快に感じて顔をしかめること。まゆをひそめること。「ひとの下品な歩き恰好を—していながら」〈太宰・女生徒〉

顰蹙を買・う 良識に反する言動をして人から嫌われ、さげすまれる。「世間の—・う」

ひん-しゅつ【×擯出】《「ひんじゅつ」とも》人をしりぞけること。のけものにすること。擯斥ひんせき。「一門に—せられて源氏に背かれぬ」〈盛衰記・三〇〉

ひん-しゅつ【頻出】〔名〕スル しきりに現れたり、起こったりすること。「難問が—する」

ひん-じょ【貧女】ヂョ 貧しい女。

びん-しょ【便所｜×鬢所】中世、将軍や貴族の邸宅で、髪を整えたり衣服をあらためたりした室。

びん-しょ【便書】たよりの書状。手紙。

ひん-しょう【貧小】セウ〔名・形動〕貧弱で小さいこと。また、そのさま。「—な組織」

ひん-しょう【×顰笑】セウ 顔をしかめることと笑うこと。悲しみと喜び。➡一顰一笑いっぴんいっしょう

びん-しょう【敏×捷】セフ〔名・形動〕❶動作がすばやいこと。また、そのさま。「—な身のこなし」「—性」❷理解や判断が早いこと。また、そのさま。「其智慧頗すこぶる—にして」〈福沢・学問のすゝめ〉〘派生〙びんしょうさ〔名〕〘類語〙敏速・機敏・俊敏・敏活・身軽・電光石火

びん-しょう【×憫笑｜×愍笑】セウ〔名〕スル あわれんで笑うこと。また、その笑い。「—を買う」「自分の感情を省みて、—した」〈宮本・伸子〉

びん-じょう【便乗】〔名〕スル ❶他人の乗り物に、ついでに乗せてもらうこと。「友人の車に—する」❷巧みに機会をとらえて利用すること。「ブームに—する」「—値上げ」〘類語〙同乗・相乗り・乗り合い

ひん-しょせい【貧書生】貧乏な書生。貧生。「—が退屈な仕事の暇に取り交わす雑談の片端にも」〈佐藤春夫・晶子曼陀羅〉

ひんし-るい【貧歯類】貧歯目の哺乳類の総称。歯が全くないか、あっても歯根がなくエナメル質を欠く不完全な歯をもつ。アリクイ・ナマケモノ・アルマジロの3科が含まれ、中南米に分布。

ひんし-ろん【品詞論】文法の一部門。ある言語に

はどのような品詞を区別すべきか、諸言語に共通する品詞があるかなどを研究する。

ひん-しん【×稟申】〔名〕スル ▶りんしん(稟申)

ひん・す【×殯す】〔動サ変〕死者を棺に入れて祭る。かりもがりをする。「西殿に—・す」〈続紀・文武〉

ピンズ〘pins〙ピンを衣服などに通して、裏から留め具で固定するバッジ。ピンバッジ。

びん-ずい【便▽追|木▽鷚】ビイ セキレイ科の小鳥。全長16センチくらい。体の上面は緑褐色、下面は白色に黒い縦斑がある。アジアに分布。日本では漂鳥で、樹林にすむ。地上で餌をとり、尾を上下に振る。きひばり。(季 夏)「一の巣鳥がたちぬ樹の根より/秋桜子」

ひん-すう【頻数】❶たび重なること。また、多くの回数や度数。❷統計学で、度数。

ヒンズー〘Hindu〙《「ヒンドゥー」とも》❶ヒンズー教徒。❷インド人。

ヒンズー-きょう【ヒンズー教】ケウ 広義には、インドに発生したすべての宗教をさす。狭義には、バラモン教がインドの民間信仰と融合しつつ、4世紀ごろからしだいに形成されて現在に至る、インドの民族宗教。インド教。ヒンドゥー教。➡バラモン教

ヒンズークシ-さんみゃく【ヒンズークシ山脈】《Hindu Kush》中央アジアのパミール高原から南西に伸びてアフガニスタン中部を走る山脈。最高峰はチリチミールで、標高7706メートル。古来東西交通の難所。

ピンストライプ〘pinstripe〙縞(しま)模様の一種で、ピンのように極細の縞を並べた柄のこと。紳士服の柄によく取り入れられている。

びん-ずら【角=髪】ヅラ《「みずら(角髪)」の音変化》❶「みずら」に同じ。❷髪の毛。「雲の—、花の顔(かんばせ)」〈謡・楊貴妃〉

ひん・する【品する】〔動サ変〕文ひん・す〔サ変〕物事の品質や優劣を批評する。「彼を—・し此を評して」〈木下尚江・良人の自白〉

ひん・する【貧する】〔動サ変〕文ひん・す〔サ変〕貧乏する。貧しくなる。「—・すれば盗みもする」

貧すれば鈍(どん)する　貧乏すると、生活の苦しさのために精神の働きまで愚鈍になる。

ひん・する【×瀕する】〔動サ変〕文ひん・す〔サ変〕ある重大な事態に今にもおちいろうとする。「危機に—・した国家財政」「死に—・する」

びんずる【賓頭盧】ビンヅル《梵 Piṇḍola-bhāradvāja の音写から。不動の意》十六羅漢の第一。白頭・長眉の相を備える阿羅漢。神通に達したが、みだりに用いて仏陀(ぶつだ)にしかられ、仏陀滅後の衆生の教化を命じられた。中国では像を食堂(じきどう)に安置して祭った。日本ではこの像をなでると病気が治るとされ、なで仏の風習が広がった。おびんずる。

ビンスワンガー〘Ludwig Binswanger〙[1881〜1966]スイスの精神医学者・哲学者。ハイデッガーやブーバーの影響を受け、現象学的方法による精神分析の手法を創始。現存在分析の創始者。精神分析においてのクライアントとセラピストは世界を共有するパートナーとしてあるとし、クライアントの観点からその世界を理解すべきと強調した。著「夢と実存」「精神分裂病」など。

ひん-せい【品性】道徳的基準から見た、その人の性質。人格。「—を養う」「教育者としての—を疑う」類語 人品・性格・性向・性情・気質・質(たち)・性(しょう)・性分(しょうぶん)・気性(きしょう)・気立て・人柄・心柄(こころがら)・心根(こころね)・心性(しんせい)・資性・資質・個性・キャラクター・パーソナリティー

ひん-せい【貧生】❶貧乏な書生。貧書生。「塾中兎角一が多いので」〈福沢・福翁自伝〉❷まずしい人。

ひん-せい【×稟性】生まれつきの性質。天賦の性質。天性。稟質(ひんしつ)。類語 生まれ付き・生まれながら・生来・先天的・生得・天性・天賦・天稟・天分・天資

ひん-せき【×擯斥】〔名〕スル しりぞけること。のけものにすること。排斥。「人から—されるような巨万の富をも拵えて」〈谷崎・人魚の嘆き〉

ピンセット〘オランダ pincet〙小さな物をつまむのに用いるV字形の器具。医療や細工物に使用。

ひん-せん【貧×賤】〔名・形動〕貧しくて身分が低いこと。また、そのさま。「—な(の)身」⇔富貴。

びん-せん【便船】〔名〕スル 都合よく出る船。また、それに乗ること。「明日は早や浪華(なにわ)へ下りて—し肥前へ帰らねばならぬ」〈露伴・椀久物語〉

びん-せん【便箋】手紙を書く用紙。書簡箋。類語 用紙・料紙・用箋

びん-ぜん【×憫然|×愍然】❶〔形動〕文〔ナリ〕あわれむべきさま。「己れにさえ—な姿を描いた」〈漱石・門〉❷〔ト・タル〕文〔形動タリ〕❶に同じ。「今の西洋諸国の有様を見て—たる野蛮の嘆を為すこともある可し」〈福沢・文明論之概略〉

ひん-そう【品藻】サウ 品定めすること。品評。

ひん-そう【貧相】サウ〔名・形動〕❶いかにも貧乏そうな人相。⇔福相。❷貧弱でみすぼらしく見えること。また、そのさま。「—な身なり」類語 ちゃち・しょぼい

ひん-そう【貧僧】貧しい僧。また、僧が自分のことをへりくだっていう語。

びん-そぎ【×鬢▽除ぎ|×鬢▽曽木|×鬢×枇|×鬢▽削ぎ】女子の成人のしるしとして鬢の先を切る儀式。近世は16歳の6月16日に行い、婚約した男性またはその父兄が切った。男子の元服にあたるもの。髪削(かみそ)ぎ。

ひん-そく【×秉×燭】「へいしょく(秉燭)」に同じ。

びん-そく【敏速】〔名・形動〕反応・行動のすばやいこと。また、そのさま。「—に対応する」「—な行動」派生 びんそくさ〔名〕類語 敏捷(びんしょう)・敏活・電光石火

びんそく-きん【敏速筋】▶速筋線維

ピン-ぞろ【▽一×揃】❶2個のさいの目にそろってピン(1)が出ること。❷ひとえ物を2枚重ねて着ているのをあざけっていう語。

ひん-そん【貧村】貧しい村。寒村。

ビンソン-マッシフ〘Vinson Massif〙南極大陸の最高峰。エルズワース山地にあり、標高4897メートル。1958年米国隊が上空から発見、66年米国隊により初登頂。ビンソンマシフ。

ひん-だ【貧打】野球で、打撃がふるわないこと。

びん-た《「ぴんた」とも》❶他人のほおを平手で打つこと。「—をくらわす」「往復—」❷頭髪の鬢(びん)の部分。また、頭・首。「—打ちきられてたまるものか」〈伎・宇都谷峠〉

ピンター〘Harold Pinter〙[1930〜2008]英国の劇作家。日常性にひそむ恐怖や存在の不確かさを描き、不条理演劇の大家と評される。2005年ノーベル文学賞受賞。作「管理人」など。

ヒンターランド〘ドイツ Hinterland〙後背地。

ひん-たい【品胎】《「品」の字が三つの部分よりなるところから》一度に三児を妊娠すること。また、一度に三児が生まれること。三胎。三つ子。

ひん-だい【品題】〔名〕スル ❶品さだめ。品評。❷題目。

びん-だい【×鬢台】鬢道具をのせておく台。

ひん-だ・く【ひん抱く】〔動カ五(四)〕強く抱く。抱きかかえる。「保を—・いて」〈紅葉・多情多恨〉

びん-たたら　平安時代の歌謡。豊明(とよのあかり)の節会(せちえ)で五節の帳台の試みのとき、后町(きさいまち)の廊で歌われた。

ピン-タック〘pin tuck〙布を一定の間隔でつまみ縫いした縫いひだで、ごく細いもの。ブラウスなどの装飾に用いる。

びん-だらい【×鬢×盥】ダラヒ ❶鬢を整える水を入れる小さなたらい。❷江戸時代、髪結いが小道具一式を入れて持ち歩いた引き出しつきの手提げ箱。

ピンダロス〘Pindaros〙[前518ころ〜前438ころ]古代ギリシャの詩人。オリンピア祭など四大祭典の競技祝勝歌四十数編が伝存。

ピン-たんし【ピン端子】《pin connector》▶ピンジャック

ひん-ち【品致】品物の趣。品柄(しながら)。

ビンチ〘Vinci〙イタリア中部、トスカーナ州の都市フィレンツェ近郊の町。レオナルド=ダ=ビンチが近隣の村アンキアーノで生まれ、幼少時をこの町で過ごしたことで知られる。レオナルドの発明品の模型などを展示する博物館がある。

ピンチ〘pinch〙〔名〕スル ❶追い詰められた苦しい状態。苦境。窮地。危機。「—に陥る」「—を救う」❷道具などで挟むこと。挟んで締めつけること。❸園芸で、摘心すること。「新芽を—して枝数を増やす」類語 危険・危機・危難・危殆(きたい)・危地・窮地・苦境・虎口(ここう)・物騒・剣呑(けんのん)・危ない

ピンチ-アウト〘pinch out〙iPhoneやiPadのタッチパネル上に親指と人差し指を乗せ、二本の指で押し広げるような動作をすること。画面を拡大する際などに行う。ピンチオープン。⇔ピンチイン。

ピンチ-イン〘pinch in〙iPhoneやiPadのタッチパネル上に親指と人差し指を乗せ、二本の指でつまむような動作をすること。画面を縮小する際などに行う。ピンチクローズ。⇔ピンチアウト。

ピンチ-オープン〘pinch open〙▶ピンチアウト

ピンチ-クローズ〘pinch close〙▶ピンチイン

ピンチ-こうか【ピンチ効果】カウクワ プラズマ中を流れる電流と、それによってできる磁界との相互作用で、プラズマが細いひも状に収縮されて高温になる現象。核融合反応に利用。

ピンチコック〘pinchcock〙化学実験器具の一。ゴム管を挟んで、管内の気体・液体の流れを遮断する金具。

ピンチ-ヒッター〘pinch hitter〙❶野球で、その打順の選手に代わって打者となること。また、その人。代打(だいだ)。PH。❷代役。「経営再建の—」

ひん-ちゃ【品茶】❶茶を品評すること。❷何種類かの茶を飲み、その種類を言い当てる遊戯。

びん-ちょう【▽備長】チャウ「備長炭」の略。

びん-ちょう【▽頻鳥】テウ「迦陵頻伽(かりょうびんが)」に同じ。「—の音(ね)和らかに」〈盛衰記・一七〉

びん-ちょう【×鬢長】チャウ ▶びんなが(鬢長)

びんちょう-ずみ【▽備長炭】ビンチャウ 和歌山県で産する良質の炭。ウバメガシを材料とし、火力が強く、炎も出ず、灰も少ない。元禄年間(1688〜1704)に田辺の備中屋長左衛門(一説に備後屋長右衛門)が創製。びんちょうたん。

びんちょう-たん【備長炭】ビンチャウ ▶びんちょうずみ(備長炭)

ピンチョン〘Thomas Pynchon〙[1937〜]米国の小説家。大学で応用物理学や文学を学び、航空宇宙会社勤務を経て小説家デビュー。量子力学や生物学・文化人類学・大衆文化史などの知識を織り交ぜながら、現代社会の閉塞感を描く。作「V.」「重力の虹」「メイスン-アンド-ディクスン」「逆光」など。

ピンチ-ランナー〘pinch runner〙代走(だいそう)。

ピンチ-ローラー〘pinch roller〙テープレコーダーでテープを一定速度で走行させるため、回転軸にテープを圧着させるゴム質のローラー。

びん-つき【×鬢付き】鬢のようすや、かっこう。

びん-つけ【×鬢付け】「鬢付け油」の略。

びんつけ-あぶら【×鬢付け油】主に日本髪で、髪を固めたり乱れを防いだりするのに用いる固練りの油。木蝋(もくろう)・菜種油・香料などを練ってつくる。固油(かたあぶら)。

びん-づめ【瓶詰(め)|×罎詰(め)】瓶につめること。また、瓶につめたもの。

ひん-てい【浜堤】砂浜海岸で、砂礫(されき)が波に打ち上げられてできる汀線(ていせん)に平行な高まり。

ヒンディー-ご【ヒンディー語】《Hindi》近代インド-アーリア語の代表的言語。北インドが中心で、ナーガリー文字を使用。

ビンディング《ドイツ Bindungから》スキーに靴を取り付けるための締め具。バインディング。

ビンテージ〘vintage〙❶ブドウの収穫年のこと。❷良質のブドウが収穫された年を表記した極上のぶどう酒。ビンテージワイン。❸年代物の機械製品。また、その年式・型。「—カー」「—カメラ」

ビンテージ-イヤー〘vintage year〙ぶどう酒用の良質のブドウがとれる当たり年。

ビンテージ-カー〘vintage car〙過去につくられた品質に優れた自動車。英国のビンテージ-スポーツカークラブでは1919年から30年までの間につくられた

車、と定義している。

ビンテージ-プリント〘vintage print〙写真作品の中で、写真家自身または専属のプリンターが撮影後ただちにプリントし、写真家が署名したもの。

ビンテージ-ワイン〘vintage wine〙「ビンテージ❷」に同じ。

ヒンデミット〘Paul Hindemith〙[1895〜1963]ドイツの作曲家。無調性対位法などの手法により、後期ロマン派から脱却した作風を開いた。また、やさしい実用音楽を主張。交響曲「画家マティス」など。

ヒンデローペン〘Hindeloopen〙オランダ北部、フリースラント州、アイセル湖に面する町。ヒンデローペン塗りと呼ばれる、手彩色による木製家具の工房が数多くある。

びん-てん【×旻天】❶そら。天。「万物の一から要求して然るべき権利である」〈漱石・吾輩は猫である〉❷秋の空。秋天。秋旻。

びん-でん【便殿】天皇・皇族の行幸・行啓時に、休憩のために設けられた部屋。べんでん。

ヒンデンブルク〘Paul von Beneckendorff und von Hindenburg〙[1847〜1934]ドイツの軍人・政治家。普墺(ふおう)戦争・普仏戦争に参加。第一次大戦ではタンネンベルクの戦いでロシア軍に大勝して国民的英雄となる。1925年、大統領に就任。32年再選されたがナチスに政権を委ね、ワイマール共和国の終末を早めた。

ヒント〘hint〙問題を解く手掛かり。「一を出す」
(類語)手掛かり・糸口・鍵・キー

ひん-ど【貧土】地味のやせている土地。生産物の乏しい土地。不毛な土地。

ひん-ど【頻度】物事が繰り返して起こる度合い・度数。「一が高い」「使用一」

ピント〘Fernão Mendes Pinto〙[1509ころ〜1583]ポルトガルの旅行家。アジア・アフリカを旅行。種子島に鉄砲を伝えた一行の一人という。著「遍歴記」など。

ピント《(オランダ) brandpuntから》❶カメラなどのレンズの焦点。フォーカス。「一のあまい写真」❷要点。主眼点。的。「一のぼけた話」

ぴん-と〔副〕❶物が勢いよくはね上がったり、反り返ったりするさま。「計器の針が一上がる」「一反ったカイゼル髭(ひげ)」❷姿勢がしっかりとしているさま。「背筋を一伸ばす」❸ゆるみなく、まっすぐに張るさま。「綱を一張る」❹直観的にそれと感じとるさま。見聞きしてすぐにわかるさま。「態度を見て一きた」「説明を聞いても、もう一つ一こない」
ぴんと。来る　❶態度や状況から、隠れた事情や理由を敏感に感じ取る。「彼女の目の動きから隠し事をしていると一。来た」❷感覚に訴えかけてくるものがある。「このデザインはどうも一。来ない」

ひん-とう【品等】品位と等級。また、物などをその値うち・品質によって分けた等級。

ひん-どう【貧道】(ダウ) ㊀〔名〕仏道修行の乏しいこと。「我一にして何ぞ一日のうちに書き終はらんやと」〈今昔・七・二三〉㊁〔代〕一人称の人代名詞。僧侶が自分をへりくだっていう語。拙僧。「一二十八歳の時、遁世の門に入りて」〈雑談集・三〉

ヒンドゥー〘Hindu〙▶ヒンズー

ヒンドゥー-きょう【ヒンドゥー教】(ケウ) ▶ヒンズー教

びん-どうぐ【×鬢道具】(ダウグ) 髪を結い、または飾るのに用いる道具。

ヒンドゥスターニー-おんがく【ヒンドゥスターニー音楽】《(ヒンディー) Hindūstānī Saṃgīta》インド伝統音楽の二大潮流の一つ。13世紀初頭にイスラム王朝がデリーに成立し、このころから南インドのカルナータカ音楽と、イスラム文化の影響のもとに発達した北インドのヒンドゥスターニー音楽とに分かれる。➡カルナータカ音楽

ヒンドゥスターニー-ご【ヒンドゥスターニー語】《Hindustani》❶ウルドゥー語の古い異称。❷ヒンディー語とウルドゥー語を融合させた共通語。M=K=ガンジーが提唱したが、普及せずに終わった。

ビントガル-けいこく【ビントガル渓谷】《Blejski Vintgar》スロベニア北西部、ゴレンスカ地方の町ブレッドの近郊にある峡谷。ユリスケアルプスのトリグラフ山からラドウナ川が流れている。自然豊かな観光地として知られる。

ピント-グラス《(オランダ) brandpunt glasから》二眼レフ・一眼レフなどで、レンズ系から見てフィルム面と同距離にある曇りガラス。焦点や構図の調整に使う。焦点ガラス。

ぴんとこ　歌舞伎衣装の一。唐人に扮装するときにつける、よだれ掛けのような襟袈裟(えりげさ)。

ぴんとこな　歌舞伎の役柄の一。二枚目の和事(わごと)役のうち、多少きりりとした性格をもつもの。「伊勢音頭恋寝刃(いせおんどこいのねたば)」の福岡貢(みつぎ)など。

ひんど-すう【頻度数】あることが繰り返して起こる度数。頻数。「地震の一」

ヒンドスタン〘Hindustan〙インド北部、ガンジス川流域に広がる大平原。米・ジュート・小麦・綿花などの産地。

ピント-はずれ【ピント外れ】(ハヅレ)〔名・形動〕❶写真で、ピントが合っていないこと。❷物事の肝心なところをとらえていないこと。また、そのさま。「一な(の)応答」

ピン-どめ【ピン留(め)】髪が乱れないように押さえる金具。髪飾りとしても用いる。ヘアピン。ピン。

ピント-リング《(和) brandpunt(オランダ)+ringから》カメラ、撮影機、投影機、双眼鏡などのレンズで、焦点を合わせるために回す環(わ)のこと。(補説)英語ではfocusing ring.

びん-とろ【×鬢とろ】マグロの一種であるビンナガの腹肉。肉色は白い。刺身・すし種にする。

びん-なが【×鬢長】サバ科の海水魚。マグロの一種で、全長約1メートルと小形。胸びれが著しく長い。世界の温帯海に分布。主に缶詰の材料とされる。とんぼしび。びんながまぐろ。びんちょう。(季 冬)

びん-な-し【便無し】〔形ク〕❶都合が悪い。ぐあいが悪い。びなし。「一・き事など侍りとも」〈枕・八四〉❷似合わしくない。びなし。「簀子(すのこ)などは一・う侍りなむ」〈源・末摘花〉❸いたわしい。ふびんである。びなし。「いと一・ければ、許しやりぬ」〈風俗文選・落柿舎記〉

ピンナップ〘pinup〙《「ピンアップ」とも》ピンで壁などに留めて飾る写真。女性のヌード写真などが多い。「一ガール」

ピンナップ-ガール〘pinup girl〙ピンナップのモデルとなる美女。

ひんなり〔副〕ほっそりとしなやかなさま。すんなり。「一とした男振にて」〈鴎外・そめちがへ〉

ひん-にゅう【貧乳】俗に、女性の乳房が小さいこと。また、その女性。ぺちゃぱい。

ひん-にょう【頻尿】(ネウ) 排尿の回数が多くなる病状。1日の尿量はあまり変わらないことが多い。膀胱炎(ぼうこうえん)などでみられる。

ひん-ぬ-く【引ん抜く】〔動カ五(四)〕勢いよく抜く。ひきぬく。「人参を二、三本一・く」

ひん-ねん【頻年】引き続いて毎年。年々。「一発生する農災害」

ひん-のう【貧農】貧しい農家・農民。⇔富農。

びんのほつれ【鬢のほつれ】地歌・うた沢・小唄の曲名。「びんのほつれはまくらのとがよ」のうたい出しで短い歌詞のもの。鬢ほつ。

ひん-ば【×牝馬】めすのうま。めすうま。⇔牡馬(ぼば)。

びんば-か【▽頻婆果】(クワ)《(梵) bimbāの音写。想思と訳す》頻婆(ヤサイカラスウリ)という蔓草(つるくさ)の果実。鮮やかな紅色なので、仏典で仏や女性の唇など紅色のものの形容に用いられる。

ひん-ぱく【頻拍】▶頻脈

びん-はさみ【×鬢挟み】鬢の毛が乱れないように挟んでとめておくもの。

びんばしゃら【頻婆娑羅】《(梵) Bimbisāraの音写》古代インド、釈迦と同時代のマガダ国の王。釈迦に帰依し、あつく仏法を保護した。息子の阿闍世王に幽閉されて死んだと伝えられる。ビンビサーラ。

ひん-ぱつ【頻発】〔名〕(スル) 事件・事故などがたびたび発生すること。「交通事故が一する」
(類語)多発・群発・激発

びん-ぱつ【×鬢髪】鬢の部分の髪。また、頭髪。

ピン-バッジ〘pin badge〙《「ピンバッチ」とも》▶ピンズ

ピン-はね【ピン×撥ね】〔名〕(スル) 取り次いで人に渡すべき金品から、その一部を取って自分のものとすること。上前をはねること。「売上金から一する」
(類語)搾取・詐取

びん-はり【×鬢張り】鬢差(びんさ)しの上方での名称。

ひん-ばん【品番】商品管理上、他と種類・形状・色などを区別するために、商品につける番号。しなばん。

ひん-ぱん【頻繁】〔名・形動〕しきりに行われること。しばしばであること。また、そのさま。「一に手紙をよこす」「車の往来が一な通り」
(類語)引っきり無し・しきりに・頻頻・立て続け

びん-ひ【閔妃】[1851〜1895]朝鮮李朝第26代国王高宗の妃。清朝と結んで摂政の大院君を退け、守旧派(事大党)を重用して親清政策をとる。日清戦争後はロシアに接近して反日政策を展開したため、日本公使三浦梧楼(ごろう)の指揮下の日本官憲および壮士らによって殺害された。ミンピ。

びん-ビール【瓶ビール】瓶詰めのビール。大瓶(633ミリリットル)、中瓶(500ミリリットル)、小瓶(334ミリリットル)などの規格がある。

ピン-ヒール〘pin heel〙女性用の靴のかかとのデザインの一種で、ピンのように細いもののこと。また、それを特徴とする靴のこと。

びん-ひま【便▽隙】都合のよい折。「敵の祐経に逢はばやと、一を待つ所に」〈謡・伏木曽我〉

ひん-びょう【貧病】(ビャウ) ❶貧乏と病気。貧しい人と病人。❷貧しいことを病気にたとえていう語。「その一の妙薬を示されて」〈太宰・新釈諸国噺〉

ひん-ぴょう【品評】(ピャウ)〔名〕(スル) 品物・作品などの価値・優劣を論じ定めること。品定め。「各地の名水を一する」(類語)品定め・格付け

ひんぴょう-かい【品評会】(ヒンピャウクワイ) 産物・製品などを一堂に集めて、その優劣を定める会。「犬の一」

ひん-ひん〔副〕馬のいななく声を表す語。

ひん-ぴん【×彬×彬・×斌×斌】〔ト・タル〕(文)〔形動タリ〕《「ひんひん」とも》❶外形と内容とが調和し、充実しているさま。「二行一として豁然智度の心萌し」〈菊池寛・恩讐の彼方に〉❷文化的な事物の盛んに起こるさま。「作者一として、其の業益々盛なり」〈淡窓詩話・叙〉

ひん-ぴん【頻頻】〔ト・タル〕(文)〔形動タリ〕同じような事が次から次へと起こるさま。「一と盗難事件が起こる」

びん-びん〔副〕❶音が耳ざわりなほどに大きく響くさま。「ステレオの低音が一(と)響く」❷心に強く響くさま。「相手の思いが一(と)伝わる」

ぴん-ぴん〔副〕(スル) ❶勢いよくはね上がるさま。「魚が一(と)はねる」❷元気よく活動しているさま。「病気が治って一(と)している」❸刺激が強く伝わるさま。特に、高い音声が響くさま。「高い声が一頭に響く」❹相手の思いが強く心に響くさま。「彼のいらだちが一(と)心に伝わる」

ぴんぴん-ころり《「ピンピンコロリ」とも書く》生きているうちは元気に暮らし、寿命の尽きたときに患うことなくころりと死にたいという願いを表す言葉。ローマ字表記の頭文字から、PPKと略す。(補説)昭和54年(1979)、長野県高森町で高齢者の健康維持運動の標語として造られたという。その後全国に広がった。

ひん-ぷ【貧富】貧しいことと富んでいること。また、貧乏人と金持ち。「一の差が激しい」

ひん-ぷ【×稟賦】生まれつきの性質。稟性。稟質。「一と習慣との種々な関係から」〈鴎外・百物語〉

ピンプ〘pimp〙男に女を取り持つ者。ポン引き。また、女のひも。

びん-ぷう【便風】❶都合のよい風。順風。❷便り。音信。❸能楽で、便宜的に別のものを応用した風体。世阿弥の用いた語。応用風。べんぷう。

ピンフォール〘pinfall〙レスリングで、相手選手の両肩をピンで刺し留めるようにマットに完全に押しつけてフォールすること。

ひん-ぷく【貧福】貧しいことと豊かなこと。貧富。

びん-ぷく【×鬢幅｜×鬢服】❶公家の少年の髪の結い方。耳の後ろの髪を耳が隠れるほどにふくらませて、後ろに垂らしたもの。❷近世、公家の若年の男女が、髻につけた入れ髪で輪の形を二つ三つ作り、前額部に垂らし、油で固めて飾りとしたもの。

ピン-プラグ〖pin plug〗►ピンジャック

ビンブラスチン〖vinblastine〗抗癌剤の一つ。ニチニチソウより抽出されたアルカロイドで、絨毛性腫瘍や悪性リンパ腫に有効。

ひん-ぷん【×繽紛】〔ト・タル〕文〔形動タリ〕❶多くのものが入り乱れているさま。「事序―として情通ぜず」〈逍遥・小説神髄〉❷細かい物が乱れ散るさま。「―と飛び来る火の粉は」〈蘆花・自然と人生〉

びん-べん【×黽勉｜×僶×俛】〔名〕スル つとめはげむこと。精を出すこと。「―よく努めて忽ち世の認むるところとなった」〈里見弴・今年竹〉

ひん-ぼ【×牝×牡】動物のめすとおす。雌雄。

ピンポイント〖pinpoint〗ピンの先。また、ピンの先ほどに正確に目標を定めること。極小のねらい目。

ピンポイント-ランディング〖pinpoint landing〗航空機が、ピンでさし示したような限られた地点に着陸すること。

びん-ぼう【貧乏】〔名・形動〕スル 財産や収入が少なくて生活が苦しいこと。また、そのさま。「―な人」「職がなく―する」「器用―」

(類語)貧困・貧窮・貧苦・窮乏・困窮・困乏・困苦・生活苦・貧・赤貧・極貧・素寒貧・不如意・文無し（形動用法で）貧しい・苦しい・しがない・乏しい・プアー（―する）貧する

貧乏人の子沢山　貧乏人にはとかく子供が多いということ。貧乏子沢山。

貧乏の花盛り　ますます貧乏になることのたとえ。「昔より食酒を飲む者は―といふ事あり」〈浮・胸算用・五〉

貧乏暇無し　貧乏で生活に追われ、少しも時間のゆとりがない。「―で働く」

貧乏揺るぎもしない　►貧乏揺るぎ❷

びんぼう-かずら【貧乏▽葛】ヤブガラシの別名。

びんぼう-がみ【貧乏神】❶人にとりついて貧乏にさせるという神。また、貧乏をもたらす人のたとえ。❷相撲で、十両の筆頭力士の称。給金は十両でありながら、幕内力士とも取り組まされるところからいう。(類語)疫病神・死に神

びんぼう-くじ【貧乏×籤】他と比べてひどく不利益なくじ。また、最も損な役まわり。「―を引く」

(類語)はずれ・すか・ばば

びんぼう-げい【貧乏芸】熱中するとしだいに財産をなくしてしまうような遊芸。

びん-ぼうし【×鬢帽子】❶左右に布を垂れて鬢のあたりをおおうようにしたかぶりもの。「―したる雲客うちほほゑみて」〈太平記・三五〉❷江戸時代、病人が手ぬぐいなどを頭に巻き、端を鬢のあたりに垂らしたもの。

びんぼう-しょう【貧乏性】けちけちして大らかになれない性質。細かいことにくよくよする性質。

びんぼう-せん【貧乏線】統計上、それ以下の収入では一家の生活が支えられないぎりぎりの境界線。貧困線。

びんぼう-づる【貧乏×蔓】ヤブガラシの別名。

びんぼう-どくり【貧乏徳利】長めの口をつけた円筒形の陶器の徳利。酒屋で1升以下の酒を売るときに用いた。備前産よりも粗製である備後徳利からの称ともいう。びんぼうどっくり。

びんぼう-にん【貧乏人】貧しい人。

びんぼう-ばなお【貧乏鼻緒】棕櫚や竹の皮で作った鼻緒。庭下駄などに用いる。

びんぼうものがたり【貧乏物語】河上肇の著書。大正5年（1916）9～12月「大阪朝日新聞」に連載。翌年刊。貧困の現状、原因、救済策を論じた3編からなる。後年、救済策が不徹底として、著者みずから絶版とした。

びんぼう-ゆすり【貧乏揺すり】〔名〕スル 座っているとき、絶えずひざを細かく揺り動かすこと。びんぼうゆるぎ。「落ち着きなく―する」

びんぼう-ゆるぎ【貧乏揺るぎ】〔名〕スル ❶「貧乏揺すり」に同じ。❷（「貧乏揺るぎもしない」の形で用いる）ほんの少し動くこと。「中々―もしない困り物だ」〈魯庵・社会百面相〉

ピンホー【平和】《中国語》マージャンで、数牌が数の順に3個つながった組み合わせを四組と、対子一組で上がったもの。ピンフ。

ピンホール〖pinhole〗針でつついた程度の穴。ごく小さい穴。

ピンボール〖pinball〗傾斜したガラス張りの盤の中で球を何度もはじき返し、盤上のピンに当てて得点をあげる遊具。

ピンホール-カメラ〖pinhole camera〗レンズの代わりに針穴を開け、そこを通った光で感光材料に像を結ばせるカメラ。針穴写真機。

ピンホール-カラー〖pinhole collar〗ワイシャツの襟の形の一種。襟先の両端にピンを渡して留めるもの。アイレットカラー。

ピン-ぼけ〔名・形動〕《ピンは「ピント」の略》❶写真で、ピントが合っていないために画像がぼけること。また、そのさま。「―な（の）写真」❷考えや言うことが、急所や要点をとらえていないこと。また、そのさま。「―な（の）意見」

ひん-ほつ【×秉▽払】《払子を手にとる意。「ひんぽつ」とも》禅宗で、住持が払子をとり、法座に上って説法すること。また、住持に代わってその資格のある首座が説法すること。

ピン-ポン〖ping-pong〗►卓球

ぴん-ぽん　㊀〔副〕❶呼び鈴やチャイムなどの音を表す語。「玄関のチャイムが―と鳴った」❷《クイズ番組で正解の際に鳴らす音から》解答が正しいことを表す語。㊁〔名〕「ぽんぴん」に同じ。

ピンポン-がいこう【ピンポン外交】卓球（ピンポン）の国際試合をきっかけに米国と中国が関係を改善し、国交を正常化させたこと。昭和46年（1971）4月、名古屋で開催された世界卓球選手権大会に、文化大革命後初めて参加した中国は、米国など5か国の選手団を北京に招待。これを契機に米中間の緊張が緩和し、翌1972年にはニクソン米大統領が訪中。周恩来首相、毛沢東主席と会談し、米中平和五原則を発表して、国交正常化への道を開いた。(補説)2009年1月、米中国交樹立30周年を記念し、北京で卓球の友好試合が行われた。

ぴんぽん-ダッシュ《「ぴんぽん」は呼び鈴の音から》他人の家の呼び鈴を押して、応対の者が出てくる前に逃げるいたずら。

ピンポンでんそう-ほうしき【ピンポン伝送方式】《ping-pong transmission system》デジタル信号の伝送方式の一。送信するパルスを時間的に圧縮し、空き時間を使って反対方向からのパルスを受信する。時分割制御伝送方式。TCM。

ひん-まが・る【ひん曲がる】〔動ラ五（四）〕ひどく曲がる。「シャフトが―・る」「―・った根性」

ひん-ま・げる【ひん曲げる】〔動ガ下一〕❶力ずくで曲げる。ひどく曲げる。「鉄柱を―・げる」「つむじを―・げる」❷事実などをひどく違える。ひどく歪曲する。「話を―・げて伝える」

(類語)曲げる・ねじ曲げる・歪める・歪曲する

ピンマナ〖Pyinmana〗ミャンマー南部、旧首都ヤンゴンの北320キロメートルにある都市。2006年、西郊に新首都ネーピードーが建設された。

びん-みず【×鬢水】鬢のほつれを整え、つやを出すために櫛につける水。伽羅の油やサネカズラを浸した水を用いる。

ひん-みゃく【頻脈】脈拍数が異常に多い状態。1分間に100回以上の場合をいう。頻拍。➡徐脈

ひんみゃくせい-ふせいみゃく【頻脈性不整脈】心拍数が早くなる不整脈。1分間に100回以上になるものをいう。運動後などに見られる洞性頻脈のほか、心房で起こるものと心室で起こるものがあり、心拍数などにより期外収縮・頻拍・粗動・細動に分かれる。心室細動が起きた場合は、できるだけ早くAED（自動体外式除細動器）などで心臓に電気ショックを与える必要がある。心室細動や心室頻拍など致死性の不整脈を起こす可能性がある場合は、ICD（植え込み型除細動器）による治療などが行われる。➡徐脈性不整脈

ひん-みん【貧民】貧乏な民。貧しい人々。

ひんみん-くつ【貧民窟】都市の中で、貧乏な人々が集まって住んでいる地域。スラム。貧民街。

ひん-む・く【引ん▽剝く】〔動カ五（四）〕手荒くはぐ。ひきはがす。「善人を装った面の皮を―・く」(可能)ひんむける

ひん-めい【品名】品物の名称。「―を表示する」

ひんもう-るい【貧毛類】貧毛綱の環形動物の総称。頭部に触手や眼点はなく、胴部には剛毛をもつが多毛類より貧弱。ミミズ類。

ひん-もく【品目】品物の種目。品物の目録。「輸入―」(類語)内訳・細目・種目・目録・リスト

ひんもくおうだんてき-けいえいあんていたいさく【品目横断的経営安定対策】高齢化に伴う農業者人口の減少を背景に、平成19年（2007）から実施された新しい農業支援対策。これまで品目ごとに一律に給付されていた交付金をやめ、経営面積など一定の要件を満たす農家に対して経営安定のための交付金を給付するというもの。対象となる農家は、意欲と能力のある日本の農業の担い手として認められた認定農業者と特定農業団体などに限定される。対象品目は、米、麦、大豆、甜菜（サトウダイコン）、でんぷん原料用馬鈴薯。

ひんやり〔副〕スル 冷たさを感じるさま。ひいやり。「―（と）した地下室」

(類語)冷え冷え・ひやり・ひやっと・寒寒

ひん-らく【貧楽】《「論語」学而から》貧乏であるためにかえって気楽であること。

びん-らん【便覧】►べんらん（便覧）

びん-らん【×紊乱】〔名〕スル《「ぶんらん（紊乱）」の慣用読み》秩序・風紀などが乱れること。また、乱すこと。「風紀を―する」

(類語)壊乱・荒廃・退廃

びん-りょう【×憫×諒】〔名〕スル あわれみ思いやること。あわれみ。

ひん-る【貧×窶】非常に貧しいこと。また、貧乏をしてやつれること。「―のますます困窮をも弁えながら」〈染崎延房・近世紀聞〉

ひん-るい【品類】さまざまのたぐい。種類。「罪悪の―状情を察す可し」〈津田真道訳・泰西国法論〉

ひん-れん【×殯×斂】死者を埋葬するまで、棺に納めてしばらく安置すること。かりもがり。「以て殉節の士を祭り、厚く―を加え」〈東海散士・佳人之奇遇〉

びん-ろ【便路】便利な道。都合のよい道。べんろ。

びん-ろう【×檳×榔】ビンロウジュの別名。

びんろう-じ【×檳×榔子】ビンロウジュの種子。薬用や染料に利用。

びんろう-じゅ【×檳×榔樹】ヤシ科の常緑高木。高さ10～17メートル。幹は直立し、環紋がある。葉は羽状複葉で、幹の頂に集まってつき、その下から枝分かれした柄に雄花と雌花をつける。果実は楕円形や球形で、黄・橙・白色などに熟す。マレーシアの原産。

ピンワーク〖pinwork〗服・生地などの商品を、細いピンと、てぐすやナイロンなどの細い糸でショーウインドーにディスプレーする方法のこと。また、刺繡やレース編みなどで三日月形やとがった形に刺す模様刺しのこともいう。

びん-わん【敏腕】〔名・形動〕物事を正確にすばやく処理する手腕のあること。また、そのさま。うでききき。「―な（の）弁護士」

(類語)辣腕・腕きき・すご腕・有能

びんわん-か【敏腕家】敏腕な人。うできき。

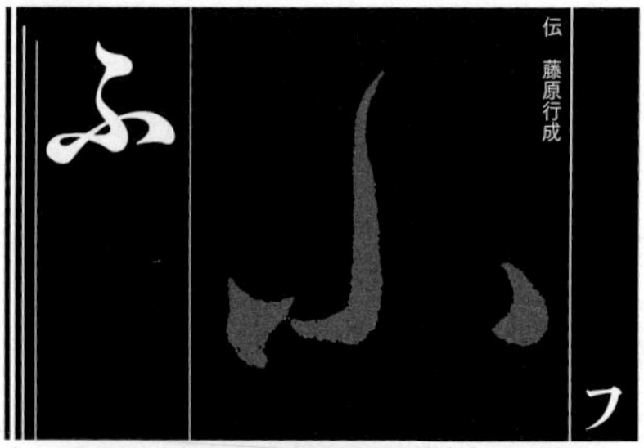

ふ ❶五十音図ハ行の第3音。両唇の無声摩擦子音[ɸ]と母音[u]との結合した音節。[ɸu] ❷平仮名「ふ」は「不」の草体から。片仮名「フ」は「不」の初2画から。(補説)(1)「ふ」は、奈良時代以前には[pu]であったかともいわれる。(2)「ふ」は、平安時代半ば以後、語中語尾では、一般に[u]と発音されるようになった。これらは、歴史的仮名遣いでは「ふ」と書くが、現代仮名遣いでは、すべて「う」と書く。

ふ【▽二】に。ふたつ。声に出して数をかぞえるときにいう語。ふう。「ひ、—、み、よ」

ふ【布】❶ぬの。「敷(しき)—」「葛(くず)—」❷布銭(ふせん)。→漢「ふ(布)」

ふ【▽生】草木が茂る所。複合語として用いられることが多い。「浅茅(あさぢ)—」「芝—」「園(その)—」「蓬(よもぎ)—」「白檮(かし)の—に横臼(よくす)を作り」〈記・中・歌謡〉

ふ【府】❶地方公共団体の一。現在は大阪・京都の2府がある。❷国の行政機関の一。「内閣—」❸物事の中心となる所。「学問の—」「行政の—」❹くら。特に宮廷の文書・財貨を入れておく所。❺役人が事務をとる所。役所。❻江戸時代、幕府の所在地であった江戸をさしていう。❼中国の行政区画の一。唐代から清代まで、一般に県の上に置かれた。長官は唐では府尹(ふいん)、宋以降は知府。→漢「ふ(府)」

ふ【歩】《「歩兵(ふひょう)」の略。雑兵の意》将棋の駒の一。縦に一つずつ前進でき、敵陣の三段目以内に入って成ると、「と金」と称して金将と同格になる。→漢「ほ(歩)」

ふ【▽封】❶「封戸(ふこ)」に同じ。❷「ふう(封)❶」に同じ。「—ヲツクル」〈日葡〉

ふ【訃】死亡の知らせ。訃報。訃音(ふいん)。「友の—に接する」→漢「ふ(訃)」(類語)訃報・訃音・凶報・悲報

ふ【負】❶ある数が零より小さいこと。マイナス。⇔正。❷イオン・電極などの電荷がマイナスであること。陰。⇔正。→漢「ふ(負)」

ふ【婦】❶夫のある女性。❷女性。婦人。「まかない—」→漢「ふ(婦)」

ふ【符】❶護符。守りふだ。❷割符(わりふ)。❸律令制で、上級官庁から直属の下級官庁へ出した公文書。差し出す官庁によって太政官符・省符・国符などとよばれた。→解(げ) ❹めぐりあわせ。運。「唐糸が、—のわるさ」〈伽・唐糸さうし〉→漢「ふ(符)」

ふ【×傅】律令制で、皇太子の指導をつかさどった役。東宮傅。→漢「ふ(傅)」

ふ【▽斑】まだら。ぶち。「—の入った鯉」

ふ【×腑】❶はらわた。内臓。臓腑。「胃の—」「一分け」❷心。心根。性根。「それほど我(われ)は—の無い奴か」〈露伴・五重塔〉→漢「ふ(腑)」

腑が抜・ける　意気地がなくなる。気力が失せる。腑抜けになる。「彼女の前では—・けたようになる」

腑に落ち◦ない　納得がいかない。合点がいかない。「彼が落選したのは—◦ない」

腑に落・ちる　納得がいく。合点がいく。「大西質店へ行けと言った意味などが—・ちた」〈織田作之助・わが町〉

ふ【▽節|▽編】❶植物のふし。「天(あま)なるささらの小野の七—菅(すげ)手に取り持ちて」〈万・四二〇〉❷こもやすだれ、また垣などの編み目。「まを薦(ごも)の—の間近くて逢はなへば」〈万・三五二四〉

ふ【賦】❶詩や歌。「惜別の—」❷「詩経」の六義(りくぎ)の一。比喩(ひゆ)などを用いないで感じたことをありのままによむ詩の叙述法。❸漢文の文体の一。対句を多用し、句末で韻をふむもの。「赤壁—」→漢「ふ(賦)」(類語)詩・うた・詩歌・詩賦(しふ)・韻文

ふ【×麩】❶小麦粉から得られるグルテンで作った食品。生麩(なまふ)と焼き麩とがある。❷小麦の皮くず。飼料などにする。ふすま。

ふ【×賻】死者を弔って、その遺族に贈る金品。律令制では、位階によって額が決まっていた。賻物(ぶもつ)。

ふ【譜】❶音楽の曲節を符号で書き表したもの。楽譜。曲譜。「—を読む」❷物事を順序に従って系統だてて書き表したもの。系譜・系図の類をいう。❸「棋譜」の略。→漢「ふ(譜)」(類語)楽譜・譜面・音譜・総譜・スコア

ふ【▽干|▽乾】〔動ハ上二〕《上代語》「ひ(干)る」に同じ。「妹が見し楝(あふち)の花は散りぬべしわが泣く涙いまだひなくに」〈万・七九八〉(補説)上代では、未然形・連用形に乙類の仮名が用いられているので、上二段活用であったと考えられる。平安時代以降は上一段化する。

ふ【▽経】〔動ハ下二〕「へ(経)る」の文語形。

ふ【×綜】〔動ハ下二〕「へ(綜)る」の文語形。

ふ〔助動〕[は・へ|ひ・(へ)|ふ|ふ|]動詞の未然形に付く。動作・作用の反復・継続を表す。ずっと…しつづける。よく…している。しきりに…している。「つれもなき佐田(さだ)の岡辺(をかへ)に帰り居(ゐ)ば島の御橋(みはし)に誰(たれ)か住まはむ」〈万・一八七〉(補説)「ふ」は奈良時代特有の語で、まれに下二段活用として用いられる。また、主にラ行動詞に付くときは、「移ろふ」「誇ろふ」のように未然形語尾のア列音がオ列音に変わることがある。平安時代以降「移ろふ」「交じらふ」など特定の動詞に付き、接尾語化した。

ふ【不】〔接頭〕名詞または形容動詞の語幹に付いて、それを打ち消し、否定する意を表す。❶…でない、…しない、などの意を添える。「—必要」「—一致」「—確か」「—行き届き」❷…がない、…がわるい、…がよくない、などの意を添える。「—人情」「—景気」「—出来」「—手際」→漢「ふ(不)」

ふ〔接尾〕動詞の未然形の下に付いて四段活用動詞をつくる。もと、上代に用いられた反復・継続の意を表す助動詞「ふ」で、平安時代以降、特定の動詞にしか付かなくなり、接尾語化したもの。その特徴的な意味も失われている。「語らふ」「住まふ」「慣らふ」「はからふ」「向かふ」「呼ばふ」など。(補説)(1)現代語でも、「住まう」「語らう」などの「う」にその痕跡が見られる。(2)「流らふ」「伝たふ」「寄そふ」など、下二段活用動詞「流る」「伝(つ)つ」「寄す」に付いた「ふ」があり、これらは下二段型活用である。

ぶ「ふ」の濁音。両唇破裂音の有声子音[b]と母音[u]とから成る音節。[bu]

ぶ【分】❶どちらに傾くかの度合い。自分のほうに有利になる度合い。「対戦成績では—が悪い」❷利益の度合い。「—のいい商売」❸平らなものの厚さの度合い。「—の厚い本」❹音楽で、全音符の長さを等分に分けること。「四—音符」❺全体を10等分したもの。10分の1相当の量。「工事は九—どおり完成した」「三—咲きの桜」❻単位の名。㋐割合・利率で、1割の10分の1。全体の100分の1。「打率二割三—」㋑尺貫法で、1寸の10分の1。㋒尺貫法で、1匁の10分の1。㋓温度で、1度の10分の1。体温にいう。「七度八—の熱が出た」㋔江戸時代の通貨で、銭1文の10分の1、または金1両の4分の1。㋕足袋などの大きさで、1文(もん)の10分の1。「一〇文三—」→漢「ぶん(分)」→表「位(くらい)」

分が悪(わる)・い　形勢が悪い。不利だ。「巨人には—・い対戦相手」

ぶ【▽夫】❶公事などのために徴発された人夫。夫役(ぶやく)に従う人夫。「この御堂の—をしきりに召す事こそ」〈大鏡・道長上〉❷(「歩」とも書く)雑兵。「かたちをやつし—になり」〈太平記・一〇〉

ぶ【武】❶戦いに関するわざ・力。武芸。兵法。戦力。兵力。「—を尚(たっと)ぶ」⇔文。❷勇ましいこと。武勇。「—を高く振るひ」〈浮・伝来記・七〉→漢「ぶ(武)」

ぶ【歩】❶土地の面積の単位。普通は6尺四方をいい、約3.3平方メートル。坪(つぼ)。❷長さの単位。1歩は6尺で、約1.8メートル。❸町・段などの下に付けて、端数のないことを示す。「五段—の畑」❹《「分(ぶ)」から転じて》㋐元金に対する利息の百分比。歩合。また、金利。㋑特に、貸し借りの金利息。「借銀の—を取り」〈浮・新永代蔵〉❺►夫(ぶ)❷　→漢「ほ(歩)」

ぶ【部】㊀〔名〕❶物事をいくつかに区分した、その一区分。「昼の—」「上(じょう)の—」❷著作などをいくつかに区分した、その一区分。「春の—」「三—作」❸官庁や会社などの業務組織の区分の一。一般に「課」の上。「新設の—」「総務—」❹会社や学校などで、同好の者が作るスポーツや文化関係の団体。クラブ。「サッカー—」㊁〔接尾〕助数詞。書物や新聞などを数えるのに用いる。分冊のものは一揃いで一部とする。「五〇〇—印刷する」「一—五冊からなる」→漢「ぶ(部)」

ぶ【不】〔接頭〕名詞または形容動詞の語幹に付いて、それを打ち消し、否定する意を表す。無(ぶ)。❶…でない、…しない、などの意を添える。「—調法」❷…がわるい、…がよくない、などの意を添える。「—気味」「—器量」→漢「ふ(不)」

ぶ【無】〔接頭〕名詞または形容動詞の語幹に付いて、それを打ち消し、否定する意を表す。不(ぶ)。❶…でない、…しない、などの意を添える。「—風流」「—遠慮」❷…がわるい、…がよくない、などの意を添える。「—愛想」「—作法」「—細工」(補説)「不…」「無…」の使い分けについては、概して「不」は状態を表す語に付き、「無」は体言に付くとはいえるが、古来、「不(無)気味」「不(無)作法」など両様に用いられる語も少なくない。また、「不」字は呉音フ、漢音フウであって、ブは「無」字の漢音ブに影響されて生じた慣用音と思われる。→漢「む(無)」

ぶ〔接尾〕►びる〔接尾〕

ぷ「ふ」の半濁音。両唇破裂音の無声子音[p]と母音[u]とから成る音節。[pu]

ファ〔伊 fa〕❶洋楽の階名の一。長音階の第4音、短音階の第6音。❷日本音名ヘ音のイタリア音名。

ファー〔fur〕毛皮。また、その製品。「—コート」「フェイクー」

プアー〔poor〕〔形動〕《「プア」とも》貧しいさま。貧弱なさま。「経済的に—な層」「—な発想」(類語)貧しい・乏しい・貧乏・貧困・貧窮・貧弱・粗末・チープ

ファー-イースト〔Far East〕極東。極東地方。「—ネットワーク(=FEN放送)」

ファーザー〔father〕❶父。父親。❷神父。

ファーザー-コンプレックス《和 father＋complex》娘が父親に愛情を感じ、母親を憎む無意識的感情。ファザコン。→エレクトラコンプレックス

ファージ〔phage〕►バクテリオファージ

ファージング〔farthing〕英国の最少額の銅貨。4分の1ペニー。1961年に廃止。

ファース〔farce〕►ファルス

ファースト〔fast〕《「ファスト」とも》多く複合語の形で用い、早いこと、時間がかからないこと、の意を表す。

ファースト〔first〕❶最初のもの。また、最高位のもの。「—キッス」「レディー—」「—クラス」❷野球で、一塁。また、一塁手。「—ベース」

ファースト-イーサネット〔fast ethernet〕伝送速度が100Mbpsのイーサネット規格の総称。

ファースト-インプレッション〔first impression〕第一印象。

ファースト-エージ〔first age〕《「第一世代」の意》養育され、教育を受ける時期。幼少年期から青年期前半。→セカンドエージ →サードエージ

ファースト-クラス〔first class〕❶第一級。最高級。一流。「—のレストラン」❷旅客機・客船・列車などの客室で一等。

ファースト-コンタクト〔first contact〕最初の接触。異なる文明・文化をもつ者どうしが初めて出会うこと。

ファースト-ストライク〔first strike〕❶第一撃。通常核兵器による最初の攻撃をいう。❷野球で投

【▽否】▶ひ
【×甫¦歩¦▽補】▶ほ
【風】▶ふう

不 学4　音フ呉　ブ慣　訓ず‖㊀〈フ〉①否定を表す語。…しない。…でない。「不安・不意・不可・不快・不義・不吉・不朽・不幸・不在・不実・不順・不信・不振・不正・不足・不当・不動・不能・不備・不便・不法・不満・不明・不用・不利・不良」②よくない。悪い。「不運・不況・不作・不調・不猟」㊁〈ブ〉㊀に同じ。「不精(ぶしょう)・不粋」［難読］不拘(かかわらず)・不如(しかず)・不知不識(しらずしらず)・不知火(しらぬい)・不束(ふつつか)・不如帰(ほととぎす)・不味(まず)い・不見転(みずてん)

夫 学4　音フ呉漢　フウ慣　ブ慣　訓おっと、つま、おとこ、それ‖㊀〈フ〉①成人した男。「丈夫・情夫・壮夫・大夫(たいふ)・匹夫・凡夫」②仕事にたずさわる男。「火夫・漁夫・工夫(こうふ)・坑夫・水夫(すいふ)・農夫・牧夫」③男の配偶者。おっと。「夫君・夫妻/先夫・亡夫・有夫・一夫一婦」㊁〈フウ〉①りっぱな男子。「夫子」②おっと。「夫婦」［名付］あき・お・すけ［難読］水夫(かこ)・妓夫(ぎゆう)・工夫(くふう)・大夫(たゆう)・太夫(たゆう)・夫役(ぶやく)・丈夫(ますらお)・夫婦(めおと・みょうと)・鰥夫(やもお・やもめ)

父 学2　音フ漢　ホ慣　ブ呉　訓ちち‖㊀〈フ〉①ちち。「父系・父子・父母/岳父・義父・君父・厳父・実父・祖父・尊父・亡父」②父母の兄弟。「叔父(しゅくふ)・諸父・伯父(はくふ)」③父のように仰がれる人。「国父・神父」④年老いた男。「父老/漁父」㊁〈ホ〉年老いた男。また、年長の男性に対する敬称。「亜父・尼父(じほ)(=孔子のこと)」㊂〈ちち〉「父上・父親」［名付］のり［難読］祖父(おおじ)・小父(おじ)・伯父(おじ)・叔父(おじ)・御祖父(おじい)さん・御父(おとう)さん・親父(おやじ)・秩父(ちちぶ)

付 学4　音フ呉漢　訓つける、つく‖①物を手渡す。授け与える。「付与/下付・還付・給付・交付・納付・配付・返付」②ぴったりとくっつける。添えつける。つく。「付加・付近・付言・付随・付設・付箋・付則・付属・付帯・付着・付録/貼付(ちょうふ・てんぷ)・添付」③よせる。届ける。「回付・寄付・送付」④他にゆだねる。任せる。「付託/委付」［補説］①が本義であるが、古くから「附」と通用する。［名付］とも［難読］付子(ぶし)・付子(ぶす)

布 学5　音フ呉　ホ漢　訓ぬの、しく‖㊀〈フ〉①麻や綿などの織物。一般に、織物。ぬの。「布衣(ふい)・布巾(ふきん)・布帛(ふはく)/画布・乾布・絹布・財布・湿布・瀑布(ばくふ)・麻布・綿布・毛布」②平らに敷き広げる。「布陣・布石/散布・塗布」③広く行き渡らせる。「布教・布告・布施・布令(ふれい)/公布・宣布・配布・発布・頒布・分布・流布(るふ)」④古代中国の貨幣の一種。「布銭/泉布・刀布」㊁〈ぬの〉「布地・布目/麻布」［名付］しき・たえ・のぶ・よし［難読］荒布(あらめ)・御布令(おふれ)・搗布(かじめ)・毛布(ケット)・布哇(ハワイ)・布団(ふとん)・布衣(ほい)・布衣(ほうい)・忽布(ホップ)・布袋(ほてい)・若布(わかめ)・和布(わかめ)

×巫 音フ慣　訓かんなぎ‖神霊と交わる呪術師。シャーマン。みこ。「巫覡(ふげき)・巫蠱(ふこ)・巫祝・巫術・巫女(ふじょ)」［難読］巫山戯(ふざけ)る・巫女(みこ)

扶 音フ漢　訓たすける‖①わきから支えて助ける。世話をする。「扶育・扶助・扶持(ふち)・扶養・扶翼」②広がって大きい。「扶桑」［名付］すけ・たもつ・もと

府 学4　音フ呉漢‖①書類や財宝をしまっておく庫。「府庫/御府(ぎょふ)・秘府」②役人が集まって仕事をする所。役所。「楽府(がふ)・衙府(がふ)・開府・官府・国府・政府・幕府・総理府」③みやこ。「参府・首府・出府・城府・水府・都府」④物事の多く集まる所。「怨府(えんぷ)・学府」⑤地方公共団体の一。「府警・府県・府政・府立・府知事」

怖 音フ呉　訓こわい、おじる、おそれる‖びくびくする。こわがる。「畏怖(いふ)・恐怖・驚怖」［難読］怖気(おじけ・おぞけ)

人斧 音フ呉漢　訓おの、よき‖大型のおの。「斧鉞(ふえつ)・斧斤(ふきん)・斧鑿(ふさく)・斧正/石斧・雷斧」［難読］手斧(ちょうな)

人芙 音フ漢‖ハスの別名。また、木の名。フヨウ。「芙蓉(ふよう)/木芙蓉(もくふよう)」［名付］はす［難読］芙蓉蟹(フーヨーハイ)

阜 音フ漢‖①小高いところ。おか。「丘阜(きゅうふ)」②盛ん。豊か。

附 音フ漢　ブ呉　訓つく、つける‖①くっつける。つく。「附会・附近・附随・附属・附録」②届ける。「送附」③手渡す。「下附」④任せる。「附託」［補説］「付」と通用する。［名付］ちか・ます・より・よる［難読］附子(ぶし・ぶす)

×俘 音フ呉漢　訓とりこ‖いけどりにされた人。捕虜。「俘囚・俘虜」

訃 音フ呉漢‖人の死を知らせる。人の死の知らせ。「訃音(ふいん)・訃告・訃報」

負 学3　音フ慣　ブ呉　訓まける、まかす、おう、おぶう‖①物を背にのせる。「負荷・負笈(ふきゅう)」②めんどうな物事を背負い込む。身にこうむる。「負債・負傷・負担」③後ろだてとする。頼みとする。「誇負・自負・抱負」④敵に背を見せて逃げる。まける。「勝負(しょうぶ)」⑤数学で、零より小さい数。「負号・負数/正負」［名付］え・ひ・おい・ます［難読］靫負(ゆげい・ゆぎえ)

赴 音フ呉漢　訓おもむく‖目的地に駆けつける。おもむく。「赴援・赴任」［名付］はや・ゆく

×俯 音フ呉漢　訓うつむく‖うつむく。身をかがめて下を向く。「俯角・俯瞰(ふかん)・俯仰・俯伏」

浮 音フ慣　ブ呉　訓うく、うかれる、うかぶ、うかべる‖①水面または空中に漂う。うく。「浮上・浮沈・浮動・浮遊・浮力」②根拠や実質がない。「浮世・浮説・浮薄・浮浪/軽浮」③梵語の音訳字。「浮屠(ふと)/閻浮(えんぶ)」［名付］ちか［難読］浮子(うき)・浮塵子(うんか)・浮腫(むくむ)

▽釜 音フ漢　訓かま‖㊀〈フ〉煮たきに使う金属製の器。かま。「釜中」㊁〈かま(がま)〉「釜飯/茶釜」

婦 学5　音フ漢　ブ呉　訓よめ、おんな‖①夫のある女。人妻。「寡婦(かふ)・主婦・新婦・先婦・夫婦(ふうふ)」②成人した女。「婦女・婦人/賢婦・娼婦(しょうふ)・情婦・妊婦・農婦・命婦(みょうぶ)・裸婦・烈婦・老婦」③職業・資格をもつ女。「家政婦・看護婦・助産婦」④「看護婦」の略。「婦長」［難読］夫婦(めおと・みょうと)・寡婦(やもめ)

符 音フ漢‖①両片を合わせて証明をする札。割り符。「符節/配符」②割り符を合わせたように一致する。「符合」③天からの知らせ。めでたいしるし。「符瑞(ふずい)/祥符」④神仏のお守りの札。「護符・呪符(じゅふ)・神符・霊符・免罪符」⑤一定の事柄を表すように取り決めた記号。「符号・符牒(ふちょう)/音符・感嘆符」

×傅 音フ呉漢‖おもり。もり役。養育係として、そばに付き添う。「傅育/師傅」

富 学5　音フ呉　フウ漢　訓とむ、とみ‖㊀〈フ〉①財産や物がたっぷりとある。とむ。「富強・富豪・富裕/殷富(いんぷ)・貧富・豊富」②財産でいっぱいに満たす。とます。「富国強兵」③豊かな財産。とみ。「富力/巨富・国富」④富士山。「富岳」㊁〈フウ〉とむ。「富貴(ふうき・ふっき)」㊂〈とみ〉「富籤(とみくじ)・富札」［補説］「冨」は俗字。人名用漢字。［名付］あつ・あつし・さかえ・と・とます・とめり・とめる・とよ・ひさ・ふく・みつる・ゆたか・よし［難読］富山(とやま)

普 音フ呉　訓あまねし‖①全体に行き渡る。全体にわたって。「普及・普通・普遍」②「普通」の略。「普選」③プロイセン(プロシア)。「普仏戦争」［名付］かた・ひろ・ひろし・ゆき［難読］普魯西(プロシア)

×腑 音フ呉漢‖①食物や液体の収まる臓器。はらわた。「臓腑・六腑」②心。「肺腑」［難読］腑甲斐(ふがい)無い

×孵 音フ呉漢　訓かえる、かえす‖卵をかえす。卵がかえる。「孵化・孵卵」

腐 音フ漢　訓くさる、くされる、くさらす‖①生物の組織などがいたんでだめになる。くさる。「腐朽・腐臭・腐食・腐肉・腐敗・腐乱・腐植土/豆腐・防腐」②古くなって役に立たない。「腐儒/陳腐」③心をいためる。「腐心」④男子を去勢する刑。「腐刑」

敷 音フ呉漢　訓しく‖㊀〈フ〉平らに広げて全体に及ぼす。しき延べる。「敷衍(ふえん)・敷設」㊁〈しき(じき)〉「敷居・敷金・敷地・敷布/座敷・屋敷・河川敷・千畳敷・風呂敷」［名付］しき・のぶ・ひら［難読］折敷(おしき)・桟敷(さじき)

膚 音フ呉漢　訓はだ、はだえ‖①からだの表面をおおう皮。はだ。「完膚・肌膚(きふ)・玉膚・髪膚・皮膚」②表面的。うわべ。「膚浅/浅膚」

賦 音フ呉漢‖①税を取りたてる。租税。「賦役・賦税/田賦」②割り当てる。割り当て。「賦課/割賦・月賦・年賦」③授け与える。「賦活・賦与/天賦・稟賦(ひんぷ)」④詩歌を作る。また、詩歌。「賦詠・早春賦」⑤古代中国で、韻文の一体。「辞賦・赤壁賦」［名付］ます

譜 音フ呉‖①物事を系統立てて列記したもの。「印譜・花譜・画譜・棋譜・局譜・図譜・年譜」②先祖代々の系統を記したもの。「譜代/家譜・系譜」③一定の記号で楽曲を記載したもの。「譜面/暗譜・音譜・楽譜・曲譜・採譜・写譜・新譜・総譜」［名付］つぐ

【不¦▽附】▶ふ
【分】▶ぶん
【奉¦▽豊】▶ほう
【歩¦▽捕¦×蒲】▶ほ
【無】▶む

侮〔侮〕 音ブ漢　訓あなどる‖ばかにする。あなどる。「侮言・侮辱・侮蔑(ぶべつ)/外侮・軽侮」

武 学5　音ブ漢　ム呉　訓たけし‖㊀〈ブ〉①強く勇ましい。たけだけしい。「武勇/威武・勇武」②軍事。戦力。「武運・武官・武器・武功・武士・武術・武装・武力/偃武(えんぶ)・演武・尚武・文武・練武」③一歩踏み出すこと。足どり。「歩武」④武蔵(むさし)国。「武州/総武線」㊁〈ム〉たけだけしい。軍事。「武者」［名付］いさ・いさむ・たけ・たける・たつ［難読］武士(もののふ)

部 学3　音ブ呉　訓べ‖㊀〈ブ〉①全体をいくつかの範囲に分けたうちの一つ。「部位・部品・部分/一部・下部・外部・各部・患部・局部・後部・細部・市部・上部・深部・全部・東部・頭部・内部・腹部」②役所・会社・団体などでの組織区分。「部下・部隊・部長/学部・幹部・支部・本部・民部・編集部」③物事を整理するための種類分け。「部首・部門・部類」④同類の人々の集団。「部族」⑤クラブ活動をする団体。「部活/野球部」⑥出版物の一まとまり。「部数/残部・大部」㊁〈べ〉古代、職業をともにする人々の集団。「語部(かたりべ)・品部(しなべ・ともべ)」［名付］きつ・もと［難読］部曲(かきべ)・倶楽部(クラブ)・服部(はとり)・部屋(へや)

×誣 音ブ漢　フ慣　訓しいる‖事実でないことをでっちあげて言いたてる。「誣言(ふげん・ぶげん)・誣告(ぶこく・ふこく)・誣謗(ぶぼう)・誣罔(ぶもう)/讒誣(ざんぶ)」

×憮 音ブ漢‖がっかりする。失望する。また、驚きあきれる。「憮然」

漢字項目　ぶ-2

人 **撫**　音ブ漢　訓なでる‖①なでてかわいがる。「撫育/愛撫・慰撫」②なだめる。てなずける。「巡撫・宣撫・鎮撫」難読撫子(なでしこ)

舞　音ブ漢　訓まう、まい‖㊀〈ブ〉①手足を動かして踊る。まう。まい。「舞曲・舞台・舞踏・舞踊/演舞・歌舞・欣舞(きんぶ)・群舞・剣舞・洋舞・乱舞・輪舞」②もてあそぶ。勝手に取り扱う。「舞文」③奮い立つように励ます。「鼓舞」㊁〈まい〉「舞子・舞姫/獅子舞(ししまい)」

人 **蕪**　音ブ漢　訓かぶ、かぶら‖①雑草が茂って荒れる。荒れ地。「荒蕪・平蕪」②粗雑で入り乱れている。「蕪雑・蕪辞」③野菜の名。カブ。カブラ。「蕪菁(ぶせい)」難読蕪菁(かぶら)

手が各打者に投げる最初のストライク。

ファースト-ダウン〖first down〗アメリカンフットボールで、攻撃側に与えられる4回の連続攻撃権の最初のプレー。

ファースト-ドッグ〖first dog〗米国大統領の飼い犬。

ファースト-トラック〖fast track〗❶無修正一括承認手続き。政府提案の関係法案を一括審査して賛否を問う仕組み。❷建築用語で、建築物全体の設計ができ上がるのを待たず、設計が終わった部分から順に工事を始める方式。

ファースト-ネーム〖first name〗姓に対して、名。➡ファミリーネーム

ファースト-ハズバンド〖first husband〗《「ファーストレディー」に対し》女性大統領の夫。女性元首の夫。

ファーストバック〖fastback〗乗用車の車体型式で、屋根からトランクの後端まで、ゆるやかな曲線をなすもの。

ファースト-ファッション〖fast fashion〗《「ファストファッション」とも》アパレルメーカーが、ファーストフードのように低価格で、かつ流行を素早く取り入れた商品を提供すること。また、そのブランドや業態のこと。「ファースト」には、安価で手軽、速いサイクルで商品を提供する、短期間で売り切るなどの意味が含まれる。

ファースト-フード〖fast food〗《「ファストフード」とも》ハンバーガー・ホットドッグなど、素早くできる手軽な食品、また食事。

ファースト-ブレーク〖fast break〗バスケットボールやハンドボールなどで、ボールが味方のものになった瞬間、すばやく攻めたてる攻撃法。速攻。

ファースト-プログラム【FIRSTプログラム】《Funding Program for World-Leading Innovative R&D on Science and Technology》▶最先端研究開発支援プログラム

ファースト-ベース〖first base〗野球で、一塁。

ファースト-ベースマン〖first baseman〗野球で、一塁手。

ファーストボール〖fastball〗野球で、速球。

ファースト-レディー〖first lady〗❶大統領夫人。❷元首・首相などの夫人。❸各分野で第一線に立つ、代表的な女性。

ファースト-ワンマイル〖first one mile〗▶ラストワンマイル

ファーティフ-ジャーミー〖Fatih Camii〗▶ファーティフモスク

ファーティフスルターンメフメット-ジャーミー〖Fatih Sultan Mehmet Camii〗▶ファーティフモスク

ファーティフスルターンメフメット-ばし【ファーティフスルターンメフメット橋】《Fatih Sultan Mehmet Köprüsü》トルコ北西部の都市イスタンブールにある橋。ボスポラス海峡に架かる吊り橋で、全長1510メートル(中央支間長1074メートル)。日本の政府開発援助により1988年に完成。約5キロ南にあるボスポラス橋に対し、第二ボスポラス橋ともいう。

ファーティフ-モスク〖Fatih Mosque〗トルコ北西部の都市イスタンブールの旧市街、ファーティフ地区にあるイスラム寺院。オスマン帝国のスルターン、メフメット2世により聖アポストレス教会があった場所に建造。設計は建築家アティク=スィナンとされる。18世紀後半の地震で倒壊した後、バロック様式で再建。図書館、神学校、病院のほか、メフメット2世とその妻の墓がある。ファーティフジャーミー。ファーティフスルターンメフメットモスク。

ファーティマ〖Fátima〗《「ファティマ」とも》ポルトガル中西部の都市。第一次大戦中の1917年5月13日に聖母マリアが顕現、その後5か月に渡り毎13日に出現したという話で知られる。聖堂が建造され、カトリックの重要な巡礼地になった。

ファーティマ-ちょう【ファーティマ朝】(テウ)《Fāṭima》イスラム教過激シーア派のイスマーイール派が、909年北アフリカに建てた王朝。969年にエジプトに侵入し、カイロを建設して遷都。シリアをも支配してアッバース朝に対抗したが、12世紀に入って急速に衰退。1171年、サラディンに滅ぼされた。カイロのアズハル寺院はこの王朝の創立。

ファーニチャー〖furniture〗家具。調度。

ファーネス〖furnace〗炉。暖炉や、溶鉱炉。

ファーブル〖Jean Henri Fabre〗[1823〜1915]フランスの昆虫学者。自然の観察と研究、特に、甲虫や狩り蜂(ばち)などの生態観察で有名。著「昆虫記」など。

ファーマシー〖pharmacy〗薬局。薬店。

ファーミング〖farming〗農業。

ファーミング〖firming〗《firmは、堅く引き締めるの意》からだ全体、またはその一部を引き締め細くすること。➡スリミング

ファーミング-さぎ【ファーミング詐欺】《pharming》フィッシング詐欺の一種。実在する金融機関や企業、オンラインショップなどのウェブサイトにそっくりな偽のサイトを作り、クレジットカードの番号や暗証番号などの個人情報を不正入手する詐欺行為。

ファーム〖farm〗❶農場。農園。「パイロット—」❷「ファームチーム」の略。

ファームウエア〖firmware〗ハードウエアの基本的な制御をするために、読み出し専用記憶装置などに組み込んだソフトウエア。パソコンや周辺機器、デジタルカメラ、携帯電話、家電製品、自動車などに搭載されている。

ファーム-ステイ〖farm stay〗外国の農場・牧場に数日間宿泊し、農場生活を体験する、民宿の一種。

ファーム-チーム〖farm team〗❶米国で、メジャーリーグの系列下のマイナーリーグに所属する球団。❷日本のプロ野球の二軍。

ファーム-バンキング〖firm banking〗コンピューターシステムの利用により、銀行が取引先企業に提供する総合的な金融サービス。銀行と取引先企業とを通信回線で結び、通常取引のほかに、財務管理や金融情報の提供なども行う。

ファーモイ〖Fermoy〗アイルランド南部、コーク州の町。12世紀創建のシトー派修道院とともに栄えたが、16世紀のヘンリー8世による修道院解散令で衰退。18世紀末にスコットランドの実業家、ジョン=アンダーソンがこの土地を購入し、社会基盤の整備を進めた。英国支配時代、英国軍の駐屯地が置かれた。ブラックウオーター川沿いに位置し、釣りの名所としても知られる。

ファーラビー〖al-Fārābī〗[870ころ〜950]中央アジア出身のトルコ系のイスラム哲学者。新プラトン主義の立場から、イスラム哲学の基礎を確立。ラテン名アルファラビウス。

プアー-ルック〖poor look〗《「プアルック」とも》貧乏人のように見えるファッションスタイルのこと。一見、粗末な服のように見える、穴あきやつぎはぎ、切りっぱなしの裾(すそ)などを特徴とする。

ファールン〖Falun〗スウェーデン中部、ダーラナ地方にある町。9世紀頃から銅の採掘が始まり、17世紀には世界最大の産出量を誇った。銅山は1992年に閉鎖されたが、17世紀後半から19世紀にかけて建設された工場や住宅、採掘坑などが保存されており、2001年「ファールンの大銅山地域」として世界遺産(文化遺産)に登録された。

ファーレンハイト-ど【ファーレンハイト度】▶カ氏温度

ファーロ〖Faro〗▶ファロ

ファイ〖Φ｜φ｜phi〗❶ギリシャ語アルファベットの第21字。❷〈Φ〉電磁気学で磁束を表す記号。❸〈φ〉φ中間子の記号。❹〈φ〉量子力学でψとともに波動関数を表す記号。

ふ-あい【不合ひ】(ひあ)〖名・形動ナリ〗《「ぶあい」とも》仲の悪いこと。折り合いの悪いこと。また、そのさま。不和。「連れそふ汝が母と—なるによって」〈浮・男色大鑑・四〉

ぶ-あい【歩合】(ひあ)❶ある数と他の数との割合。割・分・厘・毛、またはパーセントなどで示す。「公定—」❷取引高・売上高・出来高などに応じた手数料・報酬。「一割の—をとる」類語割合・比率・率(りつ)・比(ひ)・割(わり)合(あい)・レート・パーセンテージ

ぶ-あい【無愛｜不愛】〖名・形動ナリ〗❶愛想がないこと。また、そのさま。むあい。「実房は直衣(なほし)の袖中門廊の妻戸にさし出すやうにて、—にのみふるまひければ」〈愚管抄・五〉❷おもしろくないこと。不都合なこと。また、そのさま。「此の殿人にもあらぬ者の、宵暁に殿の内より出で入りする、極めて—なり」〈今昔・二三・一六〉

ぶ-あい【×蕪×穢】〖名・形動ナリ〗土地などが、荒れはてること。また、そのさま。ぶわい。「最も近き道は、最も—なるものなり」〈中村訳・西国立志編〉

ファイア〖fire〗火。炎。「キャンプ—」

ファイア-ウォール〖fire wall〗❶銀行・証券両業務兼営から生じる利益相反や不正取引を防止するため、銀行と証券子会社の間に設ける規制。❷ネットワークやコンピューターに、インターネットあるいは公衆回線などを通して部外者が無断で侵入できないように防御するシステム。

ファイア-ストーム《和 fire＋storm》夜、大勢でたき火を囲んで歌ったり踊ったりしてさわぎ楽しむこと。補説英語のfire stormは、大火の際に起こる旋風のような大気現象をいう。

ファイアフォックス〖Firefox〗米国モジラファウンデーションが開発したオープンソースのブラウザーソフト。タブブラウザー機能をもち、高いセキュリティー機能をそなえている。

ファイアプレース〖fireplace〗壁に取り付けた暖炉。

ファイアマン〖fireman〗❶消防士。❷《攻撃の火の手を消し止める人の意》野球で、救援投手。

ファイアワイヤー〖FireWire〗パソコンと周辺機器を結ぶインターフェース規格IEEE1394に対して、米国アップルコンピューター社(現アップル)が付けた呼称。登録商標。

ぶあい-きゅう【歩合給】(ぶあひ キフ)出来高・成績などに応じて支給される給料。

ぶ-あいきょう【無愛×敬】(ブアイ キャウ)・【無愛×嬌】(ブアイ ケウ)〖名・形動〗愛敬がないこと。かわいげのないこと。また、そのさま。「江戸っ子は—なものだね」〈漱石・彼岸過迄〉

ファイサル〖Fayṣal ibn ʻAbd al-ʻAzīz〗[1906〜1975]サウジアラビア第3代国王。在位1964〜1975。イブン=サウードの子。国家の近代化を推進。イスラム同盟の結成を提唱。甥(おい)に暗殺された。

ぶあい-ざん【歩合算】(ぶあひ)元高・歩合・期間などから、歩合高・合計高などを算出する計算法。百分算。

ぶあい-せいど【歩合制度】(ぶあひ)売上高・契約高などに応じて賃金が支払われる制度。歩合制。

ぶ-あいそう【無愛想】(ブアイ サウ)〖名・形動〗愛想のないこと。そっけなくつっけんどんなこと。また、そのさま。ぶあいそ。「—な返事」「—な奴」類語無愛嬌(ぶあいきょう)・ぶっきらぼう・つっけんどん・けんもほろろ

ファイター〖fighter〗❶戦士。闘士。また、闘志あふれる人。❷ボクシングで、相手に接近して攻撃するタイプの選手。➡ボクサー ❸戦闘機。

ファイターズ〖Fighters〗▶北海道日本ハムファイターズ

ぶあい-だか【歩合高】(ぶあひ)歩合算で、元高に歩合を

乗じた積。
ファイ-ちゅうかんし【ファイ中間子┆φ中間子】ストレンジクオークとその反クオークからなる素粒子。中間子の一。質量は陽子の約1.09倍、電荷は零、スピンは1。極めて短い寿命で、2個のK中間子に崩壊する。
ファイティング〖fighting〗戦うこと。また、好戦的、挑戦的なこと。「一ポーズ」
ファイティング-コーディネーター《和 fighting＋coordinator》映画やテレビの現代劇で、乱闘などのアクションシーンの演出・振付をする人。
ファイティング-スピリット〖fighting spirit〗積極的に闘おうとする心構え。闘志。
ファイティング-チェア〖fighting chair〗トローリング用ボートの船尾に備えた、釣り人用のいす。
ファイト〖fight〗㊀〔名〕❶勝負。試合。特に、ボクシングの試合。❷闘志。戦意。「一がわく」「一満々」㊁〔感〕スポーツで、「がんばれ」「戦え」などの意のかけ声。
ファイドー〖FIDO〗《fog investigation and dispersal operations》空港での、霧消散装置。滑走路横で油を燃やすなどする。
ファイドー〖FIDO〗《flight dynamics officer》宇宙船操縦技士。基地のモニタールームにいて各種の操作を行う。
ファイト-ケミカル〖phyto chemical〗《phytoはギリシャ語で植物の意》野菜や果物に含まれる化学成分。色・香り・苦み・辛みなどの成分。病気の予防効果があるとして研究が進められている。
ファイトトロン〖phytotron〗►バイオトロン
ファイトバック〖fightback〗反撃。
ファイト-マネー《和 fight＋money》プロボクシング・プロレスリングなどで、選手に与えられる試合の報酬。
ファイナリスト〖finalist〗スポーツなどで決勝戦に出場する選手。また、音楽のコンクールなどで最終審査に残った出場者。
ファイナル〖final〗❶スポーツで、決勝戦。「セミ一」❷最後の、決勝の、の意。多く外来語の上に付けて用いられる。「一ラウンド」「一セット」
〘類語〙決勝・決戦・決着・終局・最終・最後
ファイナンシャル〖financial〗《「フィナンシャル」とも》他の外来語に付いて、財政上の、会計上の、金銭上の、金融に関係する、という意を表す。「一プランナー」「一コンサルタント」
ファイナンシャル-プランナー〖financial planner〗《「フィナンシャルプランナー」とも》個人のライフステージや生活設計に合わせて財産形成計画を提案する職業。金融機関や証券会社などに配置される財テク相談員のこともいう。資産運用や老後の人生設計の相談役。FP。
ファイナンス〖finance〗❶財源。資金。❷財政。財政学。❸金融。融資。資金調達。
ファイナンス-カンパニー〖finance company〗金融会社。
ファイバー〖fiber〗❶繊維。繊維状のもの。「グラス一」❷「バルカンファイバー」の略。
ファイバー-アート〖fiber art〗「ファイバーワーク」に同じ。
ファイバースコープ〖fiberscope〗細いガラス繊維を多数束ねたもの。途中で曲がっても光は繊維の内部で全反射を繰り返しながら進み、光源の像を正確に伝える。内視鏡や光通信などに用いられる。
ファイバー-チャネル〖Fibre Channel〗コンピューターと周辺機器を接続するインターフェース規格の一。100Mbpsから数Gbpsという高速のデータ転送速度をもつ。ファイバーチャンネル。
ファイバー-ツー-ザ-カーブ〖fiber to the curb〗►エフ-ティー-ティー-シー(FTTC)
ファイバー-ツー-ザ-ビルディング〖fiber to the building〗►エフ-ティー-ティー-ビー(FTTB)
ファイバー-ツー-ザ-ホーム〖fiber to the home〗►エフ-ティー-ティー-エッチ(FTTH)
ファイバー-ブレッド〖fiber bread〗穀物などから製した食物繊維(ダイエタリーファイバー)の入ったパン。大腸癌や脂質異常症の予防によいとされる。
ファイバーボード〖fiberboard〗►繊維板
ファイバー-ワーク〖fiber work〗繊維(ファイバー)・糸・布・ひも・ロープなどを素材に用いて表現する作品。ファイバーアート。
ファイビー-じょう【ファイビー城】《Fyvie Castle》英国スコットランド北東部、アバディーンシャー州にある城。現存する最古の部分は13世紀に建造。スコットランド王ロバート1世やイングランド王チャールズ1世ゆかりの場所だったが、14世紀のオッターバーンの戦い以降は王室の手を離れ、19世紀末まで5回城主が変わった。現在はスコットランドのナショナルトラストの管理下にある。
ファイブ〖five〗数の5。五つ。
ファイブ-エフユー〖5FU〗《5-Fluorouracilの略》抗癌剤の一種。癌細胞の代謝拮抗物質で、固形癌、特に胃癌の治療に有効とされる。
ファイフォ〖FIFO〗《first-in, first-out》►先入先出法
ファイブ-スター〖five-star〗五つ星。ホテル・レストランなどの格付けの最高級を表す。
ファイブスター-プラス〖five-star plus〗五つ星のさらに上の等級。超一流。「一の豪華客船」
ファイブドア-セダン〖five-door sedan〗《ドアが5枚あるセダンの意》乗用車の一型式。4ドアセダンでありながら、屋根が後端まで延び、後面にテールゲート(後部扉)を備えたもの。荷物室は広く、多用途性が高い。
ファイリング〖filing〗〔名〕スル 書類や資料、新聞・雑誌の切り抜きなどを、業務に役立つように分類・整理すること。
ファイリング-システム〖filing system〗オフィスで使用されるさまざまな文書をスキャナーで読み取るなどの処理をしてデジタル化し、コンピューターで一括して管理するシステム。
ファイル〖file〗〔名〕スル ❶書類をとじ込むこと。また、とじ込んだもの。「新聞の切り抜きを一する」❷書類挟み。紙挟み。❸コンピューターで、ハードディスクなどの記憶装置に記録された、情報の集まり。コンピュータープログラムを記録したプログラムファイルと、文書や画像、データベースなどを記録したデータファイルに大別される。ファイルにはそれぞれ名前が付けられ、オペレーティングシステムは、ファイル単位で管理を行う。
ファイル-アクセス〖file access〗コンピューターでファイルのデータを読み書きすること。順次アクセス・索引順アクセス・直接アクセスなどがある。
ファイル-あっしゅく【ファイル圧縮】►圧縮
ファイルあっしゅく-ソフト【ファイル圧縮ソフト】►圧縮ソフト
ファイル-かくちょうし【ファイル拡張子】《file extension》►拡張子
ファイル-きょうゆう【ファイル共有】《file sharing》複数のコンピューターでネットワーク上にあるファイルを共有すること。
ファイルきょうゆう-ソフト【ファイル共有ソフト】►ファイル交換ソフト
ファイル-けいしき【ファイル形式】コンピューターで取り扱うデータや情報を記録したファイルの形式。一般的に、アプリケーションソフト独自の形式があるほか、文書や画像のファイルには、さまざまなアプリケーションで扱える汎用的な形式がある。ファイルフォーマット。
ファイルこうかん-ソフト【ファイル交換ソフト】インターネットを介して、不特定多数のコンピューターが直接データのやり取りをすることを可能にするソフトウエア。ピアツーピアソフト。ファイル共有ソフト。ファイルシェアリングソフト。➡ピアツーピア 〘補説〙市販の音楽・映像ソフトやアプリケーションソフトの不正な複製データのやり取り、業務情報の意図せぬ流出などが相次ぎ、社会問題になっている。
ファイル-コンバーター〖file converter〗あるアプリケーションソフトのファイルを異なるアプリケーションソフトで扱えるよう、ファイル形式を変換すること。
ファイル-サーバー〖file server〗コンピューターネットワーク上で、他のコンピューターとファイルやデータを共有できるようにするコンピューター。➡サーバー
ファイルシェアリング-ソフト《file sharing softwareから》►ファイル交換ソフト
ファイル-システム〖file system〗オペレーティングシステムにおける、ファイルを管理する仕組み。記憶装置上のファイルやディレクトリーの作成、移動、削除、データや管理情報を書き換えなどの利用方法が定められている。
ファイル-フォーマット〖file format〗►ファイル形式
ファイル-ブック《和 file＋book》用紙を自在につづり込めるようにした帳面。とじ込み式のノート。
ファイルめい-かくちょうし【ファイル名拡張子】《file name extension》►拡張子
ファイルメーカー-プロ〖FileMaker Pro〗データベース用のソフトウエア。米国ファイルメーカー社が開発・販売。ウインドウズとマックOSや、ウェブ上などで同じデータファイルを共有できる。商標名。
ファイン〖fine〗多く外来語の上に付いて複合語をつくる。❶みごとな、すばらしい、などの意を表す。❷精密な、繊細な、また、精密な技術を要する、などの意を表す。
ファイン-アート〖fine art〗絵画・彫刻・建築などの造形美術。また、文学・音楽なども含めて広く芸術全般をもいう。
ファインアート-フォトグラフィ〖fine art photography〗芸術としての写真。
ファイン-ケミカル〖fine chemical〗化学工業製品のうち、加工度の高い、多品種・少量生産で付加価値の高いもの。医薬品・農薬・合成染料・香料など。
ファイン-ケミストリー〖fine chemistry〗医薬品・化粧品・写真材料など付加価値の高い化学製品を多品種・少量生産するための、生産技術に関連した化学の総称。
ファイン-セラミックス〖fine ceramics〗高純度の原料から作る、高性能のセラミックス製品。耐熱・耐摩耗・耐食性などにすぐれ、電気絶縁性・導電性など特殊な性質を示すものもある。ニューセラミックス。
ファインダー〖finder〗撮影範囲や焦点を調節するために、カメラに取り付けられたのぞき窓。絞りやシャッタースピードなどの撮影情報の値が表示されるものが多い。➡光学ファインダー ➡イー-ブイ-エフ(EVF)
ファイン-チューニング〖fine tuning〗《微調整の意から》❶金融・財政政策などを臨機応変に適用して景気変動を抑制すること。❷自動車・バイクまたはテレビ・ラジオなどの機械を調整すること。
ファイン-プレー〖fine play〗❶スポーツで、選手のみごとな技。妙技。美技。「一を演じる」「一に酔う」❷時を得たみごとな行動。「彼の対応のしかたは隠れた一だった」〘類語〙妙技・美技・離れ業・ウルトラC
ファインマン〖Richard Phillips Feynman〗[1918〜1988]米国の理論物理学者。量子力学の研究に従事、量子電磁力学のくりこみ理論を完成した。1965年、朝永振一郎・シュウィンガーとともにノーベル物理学賞受賞。著「ファインマン物理学」5巻。
ファウスト〖Faust〗㊀15世紀末から16世紀にかけて、ドイツに実在したという錬金術師ファウストの事跡をもとに形成された民間伝説の主人公。博学で、悪魔との契約で魔力を得、享楽と冒険の遍歴生活を送るが、神に背いた罰で破滅する。㊁ゲーテの戯曲。二部からなる。第一部は1808年、第二部は32年刊。㊀の伝説に取材。ファウスト博士が、悪魔メフィストフェレスと魂を賭けた契約をし、世界を遍歴する物語。第一部ではグレートヘンとの悲恋、第二部では理想の国家建設への努力と、純粋な愛によって救われ

た魂の昇天が語られる。㊂グノー作曲のオペラ。全5幕。1859年パリで初演。㊁に基づく。
ファウストてき-しょうどう【ファウスト的衝動】《ゲーテの「ファウスト」の主人公の言動にちなむ語》自己の可能性追求のために、人生のあらゆる幸福と苦痛を体験したいとする衝動。
ファウナ〖fauna〗▶動物相どうぶつそう
ファウヌス〖Faunus〗ローマ神話の森の神。予言の力を持ち、家畜と農作物を保護する。のちにはギリシャ神話の牧神パンと同一視された。
ファウ-ベー〖VW〗《ドイ Volkswagen》フォルクスワーゲン。ドイツの小型大衆車メーカー。また同社製自動車の総称。
ファウル〖foul〗〔名〕スル ❶競技中の選手が規則に違反すること。反則。❷野球で、ファウルボール。また、それを打つこと。㊀フェア。「辛うじて一する」
(類語)反則・違反・禁じ手
ファウル-グラウンド〖foul ground〗野球で、ファウルラインの外側の地域。ライン上はフェアになる。㊀フェアグラウンド。
ファウル-チップ〖foul tip〗野球で、バットをかすって直接捕手のミットに入った球。チップ。
ファウル-フライ〖foul fly〗野球で、ファウルボールとなった飛球。邪飛球。邪飛。
ファウル-ボール〖foul ball〗野球で、ファウルグラウンドに出た打球。ファウル。㊀フェアボール。
ファウル-ライン〖foul line〗野球で、本塁から一塁および三塁を通って外野の端まで延長した直線。
ファウンデーション〖foundation〗▶ファンデーション
ファウンテンズ-しゅうどういん【ファウンテンズ修道院】シュウダウヰン《Fountains Abbey》英国イングランド北部の町リポン近郊にあるシトー会の修道院跡。12世紀前半、戒律にのっとった純粋な信仰生活を送ることを望んだ13人の修道士により創建。16世紀中頃、ヘンリー8世の修道院解散令により閉鎖された。18世紀中頃、修道院の廃墟を含む広大な敷地にスタッドリー王立公園が造られた。1986年、修道院跡と王立公園が世界遺産(文化遺産)に登録された。
ファウンテン-ペン〖fountain pen〗万年筆。
ファエトン〖Phaethon〗小惑星の一つ。1983年に赤外線天文衛星IRASの画像から発見された。名称はギリシャ神話の太陽神ヘリオスの息子パエトンに由来する。直径約5キロメートル。軌道長半径は1.27天文単位。公転周期は約1.4年。地球近傍小惑星のアポロ群に属す。軌道要素が双子座流星群と一致するため、同流星群の母天体である彗星小惑星遷移天体と考えられている。フェートン。
ファカルティー〖faculty〗❶能力。才能。手腕。❷学部。学部教授団。教職員。❸知的職業の同業者団体。
ぶあく【武悪】㊀狂言。主人から武悪を討つよう命じられた太郎冠者が、殺すに忍びず逃がしてやるが、道で主人と武悪が出会ってしまう。一計を案じて武悪は幽霊に化け、主人をさんざん脅かす。㊁狂言面の一。目尻の下がった大きな目、下唇をかみしめ上歯を見せた口などが特徴のこっけいな鬼の面。鬼・閻魔えんまなどに用いる。
ファクシミリ〖facsimile〗《ラテン語の、同様に作れ、の意から》文字・図形などを電気信号に変えて電話回線で送り、受信側で原画と同様な画像を紙面に再現する通信方式。また、そのための機械。ファックス。
ファクシミリ-ほうそう【ファクシミリ放送】ハウソウ《facsimile broadcasting》ファクシミリを利用した放送。テレビ放送の音声信号帯域にファクシミリ信号を多重化して伝送し、新聞などの文書や図形情報を提供するサービス。
ファクション〖faction〗《factとfictionの合成語》事実と虚構とを織り交ぜた作品。ノンフィクションとフィクションの中間のもの。
ファクション〖faction〗派閥。党派などの内部の小グループ。
ファクス〖fax〗▶ファクシミリ
ファクター〖factor〗❶要素。要因。因子。「減税は景気回復の重要な一だ」❷因数。
(類語)要素・要因・一因・因子・エレメント
ファクタリング〖factoring〗企業の売掛債権を買い取り、自己の危険負担で代金回収を行うことを主とする金融業務。
ファクタリング-がいしゃ【ファクタリング会社】グワイシャ ファクタリングを業務とする会社。
ファクト〖fact〗実際にあったこと。事実。
ファクトリー〖factory〗工場。製作所。
ファクトリー-アウトレット〖factory outlet〗アパレルメーカーが売れ残り商品を自ら低価格で販売する小売店舗のこと。元来、米国で発生し成長した業態で、日本にも平成2年(1990)に登場した。
ファクトリー-オートメーション〖factory automation〗NC(数値制御)工作機械や産業用ロボットを活用し、工場での作業や工程を自動化すること。ロボット化・CAD/CAM・プロセス制御などの実用化が進んでいる。FA。
ファクトリー-チーム〖factory team〗自動車やバイクのレースに参加するチームのうち、その車の製造会社が組織したチーム。㊀プライベートチーム。
ファクトリー-パーク《和 factory＋park》工場の敷地内に設置された庭園や池・博物館などのこと。地域住民が自由に出入りできるようにして、企業の社会貢献、地域への利益還元という姿勢を打ち出し、イメージアップや人材確保につなげようとするもの。
ファクトリー-ブランド《和 factory＋brand》アパレルメーカーが製造を依頼している生産者・工場が独自に売り出すブランド。
ファゴット〖イタ fagotto〗木管楽器の一。2枚リードの低音楽器で、管は折り曲げられた形状をなし、幅広い最低音域をもつ。全長約2.6メートル。バスーン。
ファサード〖フラ façade〗建築物の正面。ヨーロッパ建築で重要視され、正面と同程度の装飾がほどこされている場合には、側面についてもいう。
(類語)正面・表おもて・表付き・構え
ファザ-コン「ファーザーコンプレックス」の略。
ファジアーノ-おかやま-エフシー【ファジアーノ岡山FC】ヲカヤマ 日本プロサッカーリーグのクラブチームの一。ホームタウンは岡山市ほか2市を中心とする岡山全県。昭和50年(1975)発足の地元クラブチームが母体。平成21年(2009)からJリーグに参加。(補説)「ファジアーノ(fagiano)」はイタリア語で雉きじの意。
ファジー〖fuzzy〗〔名・形動〕《綿毛状の、輪郭がぼやけた、の意から》❶境界が不明確であること。あいまいであること。柔軟性があること。また、そのさま。「一な考え方」❷人間の認識のあいまいな部分をコンピューターで処理する技術。「一制御」
ファジー-けんさく【ファジー検索】《fuzzy search》▶曖昧あいまい検索
ファジー-コンピューター〖fuzzy computer〗ファジー理論を応用した、人間の思考に近い情報処理を行うコンピューター。
ファジー-せいぎょ【ファジー制御】《fuzzy control》厳密な数値とその計算によって機械を制御するのではなく、ファジー理論に基づいた、柔軟な判断や推論で機械を制御すること。
ファジー-りろん【ファジー理論】《fuzzy theory》真(1)か偽(0)かという二値論理に対して、人間の言語や推論に含まれるあいまい性を一種の確率変数として、1〜0間の数で表す数学理論。コンピューターや機械制御に応用される。あいまい理論。
ファジェーエフ〖Fadeev〗▶ファデーエフ
ファシスタ〖イタ fascista〗イタリアのファシスタ党員。ファシスト。➡ファシスタ党
ファシスタ-とう【ファシスタ党】タウ《イタ Partito Nazionale Fascista》イタリアの政党。1919年ムッソリーニにより結成された「戦闘者ファッシ」が前身で、22年政権を獲得。一党独裁体制を確立強化して、国家主義・全体主義を推進した。日本・ドイツと枢軸を結成し、第二次大戦に臨んだが、43年のムッソリーニの失脚後、解散。
ファシスト〖Fascist〗❶▶ファシスタ ❷(fascist)ファシズムの信奉者。
ファシズム〖fascism〗極右の国家主義的、全体主義的政治形態。初めはイタリアのムッソリーニの政治運動の呼称であったが、広義にはドイツのナチズムやスペインその他の同様の政治運動をさす。自由主義・共産主義に反対し、独裁的な指導者や暴力による政治の謳歌などを特徴とする。
ファショダ-じけん【ファショダ事件】1898年、アフリカ分割をめぐってイギリス・フランス両軍がスーダン南部のファショダ(現、南スーダンのコドク)で遭遇・対峙たいじした事件。フランス政府が譲歩し、スーダンはイギリスの勢力圏として認められた。
ぶ-あしらいあしらひ〔名・形動〕もてなしの悪いこと。冷たく扱うこと。また、そのさま。「其の一なのも今日に限った事ではない」〈紅葉・多情多恨〉
ファシリティー〖facility〗❶器用さ。❷設備。施設。便宜。
ファシリティー-マネージメント〖facility management〗企業内の設備・資源や空間などを、最も合理的、かつ効率的に管理し運用するための経営手法。FM。
ファシリテーター〖facilitator〗❶物事を容易にできるようにする人や物。また、世話人。❷集会・会議などで、テーマ・議題に沿って発言内容を整理し、発言者が偏らないよう、順調に進行するように口添えする役。議長と違い、決定権を持たない。
ファジル-ゲビ〖Fasil Ghebbi〗エチオピア北部の都市ゴンダールにある石造の王宮遺跡群。ゴンダールを首都としたエチオピアの歴代王が17世紀から18世紀に建造したもので、宮殿・教会・法廷・図書館などの遺構が残る。1979年「ファジル-ゲビ、ゴンダール地域」として世界遺産(文化遺産)に登録された。
ファスチャン〖fustian〗木綿、または木綿と羊毛を用い、短いけばを立てた綾織りの丈夫な布地。コール天・別珍の類。
ファスト〖fast〗▶ファースト
ファスト-ファッション〖fast fashion〗▶ファーストファッション
ファスト-フード〖fast food〗▶ファーストフード
ファスナー〖fastener〗《留める物の意》互いにかみ合う金属または合成樹脂の歯(務歯という)を布テープに取り付け、金具をすべらせて開閉する留め具。衣服・袋物などに用いる。チャック。ジッパー。
ファセリス〖Phaselis〗小アジアにあった古代都市。現在のトルコ南西部の都市アンタリヤの南東約60キロメートル、地中海沿いに位置する。紀元前7世紀頃、ロードス島民により建設。古代リキア王国の重要な海港都市として栄えた。古代の軍港、浴場、円形劇場などの遺跡がある。
ファタハ〖Fatah〗PLO(パレスチナ解放機構)内の最大組織。パレスチナ解放運動のアラビア語表記Harakat at-Tahrir al-Falastiniの頭文字hatafを逆に並べたもので、ムハンマド時代のイスラム勢力拡大期には勝利を意味した。1958年ごろ創設。初代議長はヤセル＝アラファト。パレスチナを二分するもう一方の勢力であるイスラム原理主義組織のハマースに対して「穏健派」とよばれる。(補説)パレスチナ自治区では、ヨルダン川西岸を支配するファタハ自治政府と、ガザ地区を実効支配するハマース自治政府が対立していたが、2011年4月、和解に向けて合意した。
ふ-あたり【不当(た)り】❶興行物・催し物などで、人気が出ないで客の入りが悪いこと。「この芝居は一だ」❷時流に乗らず、はやらないこと。
ぶ-あつ・い【分厚い｜部厚い】〔形〕図ぶあつ・し〔ク〕厚みがかなりある。厚い感じがする。「一・い札束」「一・い本」(派生)ぶあつさ〔名〕
(類語)厚い・厚ぼったい・厚手
ファック〖fuck〗〔名〕スル 性交すること。性交。
ファックス〖fax〗〔名〕スル ❶▶ファクシミリ ❷ファクシミリで送信すること。また、送信されたもの。「訂正原

稿を一する」

ファックス-ジャック《和 fax(ファクシミリ)＋hijack(ハイジャック)》自動受信ファクシミリにいたずら文書や白紙を大量に流すこと。

ファックス-じゅく【ファックス塾】ファックスを利用して、塾が生徒の家庭に問題を送り、生徒は解答を返送して指導を受ける、一種の通信添削。

ファックス-モデム〖fax modem〗ファックスの送信機能をもつモデム。コンピューターで作成した文書を印刷せずにそのまま送信することができる。

ファッショ〖イタリア fascio〗《束・団結の意》❶ファシスタ党のこと。❷ファシズムのこと。また、ファシズム的な傾向・運動・団体・人などをさしていう。

ファッショナブル〖fashionable〗〘形動〙流行の先端をいっているさま。当世風。「一な職業」

ファッション〖fashion〗流行。はやり。特に、流行に即した服装・髪型など。また、単に服装の意にも用いられる。「最先端の一」「オールドー」〘類語〙流行・はやり・時好・好尚・時流・風潮・トレンド・モード・ブーム

ファッション-エディター〖fashion editor〗ファッション関係の雑誌・新聞の編集者。

ファッション-カラー〖fashion color〗一時期に流行する服装などの色合い。流行色。

ファッション-グラス《和 fashion＋glass》ファッション性を重視した、アクセサリー用のサングラス。

ファッション-コーディネーター〖fashion coordinator〗服飾の分野で、情報の分析・収集、商品の企画・生産、販売促進など、全体の調整をはかる人。

ファッション-ショー〖fashion show〗新作衣装などの発表会。製品をファッションモデルが身につけて、ショー形式で行われる。

ファッション-ビル《和 fashion＋buildingから》流行に合ったブティック、レストランなどの飲食店、ショールームなどの専門店が入っているビル。

ファッション-フォーカスト〖fashion forecast〗《forecastは、予測・予想などの意》ファッションの流行・傾向を分析し、まとめたもの。

ファッション-ブック〖fashion book〗服飾の新しい流行や型などを図や写真で紹介する本。スタイルブック。

ファッション-ヘルス《和 fashion＋health》風俗営業の一種。女性による性的なマッサージを売り物とする店。ヘルス。

ファッション-モデル〖fashion model〗新作・流行の衣装や服飾品を身につけて、観客に見せたり撮影させたりすることを職業とする人。モデル。

ファッション-リフォーム〖fashion reform〗従来の寸法直しとは違い、デザインを変えたり、着物をドレスに作り直したりするなど、ファッション的な要素の強いリフォームのこと。それを専門にした店もある。

ファッション-リング《和 fashion＋ring》宝石などの価値よりもファッション性を重視した指輪。

ファッティ〖fatty〗〘形動〙脂肪質の。油っこい。脂肪過多の。「一な食習慣を改める」

ファット〖fat〗脂肪の多いこと。また、脂肪。「ローーミルク」

ファット〖FAT〗《file allocation table》米国マイクロソフト社のオペレーティングシステムで採用しているファイル管理システム。

ファッド〖fad〗《「ファド」とも》一時的な流行。気まぐれな熱狂。物好き。転じて、一時的に流行する商品やファッション。

ファット-さんじゅうに〖FAT32〗《file allocation table 32》米国マイクロソフト社のオペレーティングシステムで採用しているファイル管理システムの一。データの配置場所を表すテーブルの長さが32ビットのFAT。

ファットスプレッド〖fatspread〗マーガリンの一種。低脂肪で、油脂含有率は35パーセント以上で75パーセント未満。チョコレート・フルーツなどを加えたものが多い。

ファット-ファイルシステム【FATファイルシステム】《file allocation table file system》▶ファット(FAT)

ファティーグ-ジーンズ〖fatigue jeans〗《fatigueは、労働・雑役などの意》労働着としての用途を強調しているジーンズのこと。ディナージーンズなど本来の用途を離れたものに対する言葉。

ファディッシュ〖faddish〗〘形動〙流行を追いかけるさま。物好きな。気まぐれな。「一な若者を対象にしたサイト」

ファティマ〖Fátima〗▶ファーティマ

ファデーエフ〖Aleksandr Aleksandrovich Fadeev〗[1901～1956]ソ連の小説家。少年時代から革命運動に参加。社会主義リアリズム文学運動に貢献したが、スターリン批判直後に自殺。作「壊滅」「若き親衛隊」など。ファジェーエフ。

ファド〖fad〗▶ファッド

ファド〖ポルトガル fado〗ポルトガルの代表的な民謡。ギターの伴奏で歌われ、哀愁に満ちた旋律が特徴。

ファドゥーツ〖Vaduz〗リヒテンシュタイン公国の首都。ライン川東岸にあり、同国観光の中心地。古城・宮殿がある。人口、行政区0.5万(2008)。

ファトフ〖FATF〗《Financial Action Task Force on Money Laundering》1989年のアルシュ・サミット経済宣言により設立された政府間機関。マネーロンダリング対策やテロ資金対策などにおける国際的な協調指導、協力推進などを行う。国際基準の策定や加盟している国・地域・機関への勧告、勧告遵守の推奨など指導的役割も担う。G7を含む34の国・地域、および二つの国際機関(欧州委員会・湾岸協力会議)が加盟している(2012年7月現在)。金融活動作業部会。

ファトワー〖アラビア fatwā〗イスラム教の法学者が宗教的な立場から出す見解・判断。法律による拘束力はないが、心理面から教徒に多大な影響を及ぼす。

ファナティシズム〖fanaticism〗❶熱狂。❷熱狂的心酔。狂信。

ファナティック〖fanatic〗㊀〘名〙狂信者。㊁〘形動〙熱狂的なさま。狂信的。「一な愛好家」〘類語〙熱狂的・病的・ヒステリック

ファニー〖funny〗〘形動〙おかしな。こっけいな。奇妙な。一風変わった。「一な声」「一なストーリー」

ファニー-フェース〖funny face〗個性的で魅力のある顔立ち。多く女性にいう。

ファニー-ラップ〖fanny wrap〗《ファニーは米国の俗語で、しりの意》腰の部分を強調するために巻く帯状の布のこと。

ファニチャー〖furniture〗▶ファーニチャー

ファニュエル-ホール〖Faneuil Hall〗米国マサチューセッツ州、ボストンの中心部にある歴史的建造物。1740年、市場として建てられ、2年後に集会場となった。61年に火災で焼失したが、翌年に再建。サミュエル＝アダムズやジェームス＝オーティスら、アメリカ独立革命の指導者が演説を行った。

ファノン〖Franz Fanon〗[1925～1961]フランス領マルチニク島生まれの精神科医・思想家。1956年、アルジェリア民族解放戦線に参加。その理論的指導者となり、第三世界に大きな影響を与えた。著「黒い皮膚・白い仮面」「地に呪われたる者」など。

ファビウス〖Quintus Fabius Maximus Verrucosus〗[?～前203]古代ローマの将軍・執政官。第二次ポエニ戦争でハンニバルの率いるカルタゴ軍を破った。フェビアン協会の名前の由来となった。

ファブリケーター〖fabricator〗組み立てる人。製造業者。加工業者。

ファブリック〖fabric〗❶織物。編物。布地。「一製品」❷構造。建物。

ファブレス〖fabless〗設備投資のかかる製造部門を持たず、製造は他社にまかせて、ソフト開発・販売などをもっぱら行って収益を上げること。

ファブレス-きぎょう【ファブレス企業】製造は他社に任せて、企画・開発・販売だけを自社内で手がける企業。自社の得意分野への経営資源の特化、他企業との戦略提携などによって可能になる。

ファマグスタ〖Famagusta〗キプロス北部の港町。地中海のファマグスタ湾に面する。トルコ語名ガジマウサまたはマゴサ、ギリシャ語名アモホストス。12世紀末より海上交易の要衝として栄えた。ベネチア共和国時代に堅固な城壁が築かれ、16世紀にオスマン帝国に支配された。城壁内の旧市街には、イスラム寺院のララムスタファパシャモスク、シェークスピアの悲劇「オセロ」の舞台となったオセロ塔などが残る。また、近郊に古代ローマ時代の都市遺跡サラミスがある。

ファマグスタ-もん【ファマグスタ門】《Puli Ammochostou》キプロスの首都ニコシアにある城門。城壁に囲まれた旧市街の東側に位置する。16世紀、ベネチア共和国時代に建造された三つの城門のうち、最も大きなもの。

ファミコン「ファミリー-コンピューター」の略。商標名。〘補説〙「家庭用テレビゲーム機」などと言い換える。

ファミック〖FAMIC〗《Food and Agricultural Materials Inspection Center》▶農林水産消費安全技術センター

ファミリア〖familiar〗〘形動〙❶うちとけたさま。心やすいさま。家族的。「一な関係」「一に接する」❷ありふれたさま。普通であるさま。「一な風景」

ファミリー〖family〗❶家族。家庭。「一カー」❷族。群。一門。「一の一員」〘類語〙(❶)家族・家庭・家・一家・一族・一門・仲間

ファミリー-カー〖family car〗スポーツカーや高級車に対して、一般家庭用の実用車。

ファミリー-きぎょう【ファミリー企業】❶創業者とその一族が大株主として経営権を握り、会長や社長などに就いている会社。同族会社。❷公企業などからの天下り職員を受け入れ、収益のほとんどを公企業に頼る系列会社。

ファミリー-コンピューター　任天堂が開発したテレビゲーム用コンピューターの商標名。平成15年(2003)、製造を中止した。ファミコン。

ファミリー-しょうがいとくやく【ファミリー傷害特約】自動車保険における特約の一つ。記名被保険者やその家族が自動車事故以外のけがをして入院・通院をした場合、保険金が支払われる。

ファミリー-セール《和 family＋sale》企業が株主・社員・関連業者とその家族を対象にして、夏、または年末などのボーナス時期に行う特別な優待販売会。

ファミリー-ネーム〖family name〗名に対して、姓。名字。➡ファーストネーム

ファミリー-バイクとくやく【ファミリーバイク特約】▶原付特約

ファミリー-ファンド《和 family＋fund》投資信託の合同運用の一形態。マザーファンドとベビーファンドという二つのファンドから構成される。投資家はベビーファンド(子ファンド)を購入し、その資金をマザーファンド(親ファンド)で合同運用する。複数のファンドをひとつのファンドで合同して運用することで、ファンド運用・管理の合理化をはかる制度。

ファミリー-ブランド〖family brand〗複数の銘柄をまとめる親銘柄。さまざまな銘柄名の一部に同じ銘柄名を組み込むことで、それらが同一メーカーの製品であることを示すこと。

ファミリー-レストラン《和 family＋restaurant》家族連れで気楽に利用できるようなレストラン。

ファミ-レス「ファミリーレストラン」の略。

ファム〖フランス femme〗女性。また、女性服。⇔オム。

ファム-ファタル〖フランス femme fatale〗《運命の女性の意》男性の運命を変える女性。男性を破滅させる女性。カルメンやマノン＝レスコーなど。

ファラオ〖Pharaoh〗《大きな家、または太陽の意》古代エジプト王の称号。パロ。

ファラッド〖farad〗▶ファラド

ファラデー〖Michael Faraday〗[1791～1867]英国の物理学者・化学者。塩素の液化、鉄の合金、ベンゼンの発見などに成功。のち、電磁気を研究、18

31年に電磁誘導現象を、33年に電気分解に関する法則を発見するなど、マクスウェルの電磁理論の基礎をつくった。

ファラデー-かいてん【ファラデー回転】ニクワイテン ▶ファラデー効果

ファラデー-こうか【ファラデー効果】ニカウクワ 磁場をかけた透明な物質中を磁場と平行な直線偏光が通過するとき、光が進むに従って偏光面が回転する現象。磁気光学効果の一。1845年、ファラデーが鉛ガラスにおいて発見した。ファラデー回転。磁気旋光。

ファラデー-の-ほうそく【ファラデーの法則】ニハフソク ファラデーが発見した法則。❶電磁誘導によって回路に生じる起電力は、その回路を通る磁束の時間的な変化の割合に比例するという法則。電磁誘導の法則。❷電気分解で極に析出する物質の量は、流れた電気量に比例し、物質1グラム当量を析出させるのに必要な電気量は常に一定であるという法則。この1グラム当量を析出する電気量を、ファラデー定数という。電気分解の法則。

ファラド〘farad〙国際単位系(SI)の静電容量の単位。1ファラドは、電位を1ボルト高めるのに1クーロンの電気量を要する導体の静電容量。ファラデーの名にちなむ。記号F　ファラッド。

ファランドール〘フランス farandole〙南フランスのプロバンス地方に伝わる民俗舞踊。音楽は中庸の速さの8分の6拍子で、笛と太鼓で奏される。

ファランヘ-とう【ファランヘ党】ニタウ《スペイン Falange》スペインのファシズム政党。1933年結成され、国家至上主義を掲げてスペイン内乱に参加。37年、右翼諸派を統合して再編。内乱後はフランコ体制下唯一の政党となった。

ファリザイ-は【ファリザイ派】《「ファリサイ派」とも》▶パリサイ派

ファリシズム〘phallicism〙男根崇拝。

ファリャ〘Manuel de Falla〙[1876～1946]スペインの作曲家。民俗音楽を基調とした印象主義的作風から、後年、新古典主義の方向に進んだ。作品にバレエ音楽「恋は魔術師」「三角帽子」など。

ファルコン〘falcon〙㊀隼はやぶさ。また、鷹たか。㊁(Falcon)米国空軍の空対空ミサイルの一。

ファルシ〘フランス farci〙料理で、詰め物をすること。また、その料理。ピーマンの肉詰めやロールキャベツなど。

ファルス〘フランス farce〙フランス中世後期に栄えた民衆演劇の形式の一。当時の庶民生活を題材とした単純素朴な喜劇。一般には、こっけいさをねらった喜劇。笑劇。ファース。〖類語〗喜劇・道化芝居・茶番

ファルセット〘イタリア falsetto〙通常の声域より高い声で歌う唱法。また、その声域。男声にいう。仮声。裏声。

ファルツ〘Pfalz〙▶プファルツ

ファルツけいしょう-せんそう【ファルツ継承戦争】ニセンサウ ▶プファルツ継承戦争

ファルツ-じょう【ファルツ城】ニジヤウ《Pfalzgrafenstein》▶プファルツ城

ファルトボート〘ドイツ Faltboot〙折り畳み式ボート。

ファルトレク〘スウェーデン fartlek〙陸上競技選手のトレーニング方法の一つ。丘や森・草原・砂地など起伏のある場所で走ること。スピードに変化をつけ、持久力を養う。〖補説〗英語ではspeed play.

ファルネーゼ-きゅうでん【ファルネーゼ宮殿】《Palazzo Farnese》㊀イタリア北東部、エミリアロマーニャ州の都市ピアチェンツァにあるルネサンス様式の宮殿。16世紀半ばから約200年に渡りピアチェンツァを支配したファルネーゼ家の居館として、17世紀初頭に建造された。現在は市立博物館になっており、ボッティチェリ作「聖母子像」をはじめとする絵画や彫刻、武器、陶器やガラス工芸品などを展示する。パラッツォファルネーゼ。㊁イタリアの首都ローマにあるルネサンス様式の宮殿。後のローマ教皇パウルス3世となる枢機卿すうききょうアレサンドロ＝ファルネーゼの命により建造。初めはアントニオ＝ダ＝サンガッロが設計し、途中でミケランジェロが引き継ぎ、16世紀半ばに完成した。現在はフランス大使館として使用されている。パラッツォファルネーゼ。

ファルネーゼ-ひろば【ファルネーゼ広場】《Piazza Farnese》イタリアの首都ローマにある広場。ローマ教皇パウルス3世を輩出したファルネーゼ家が建てたファルネーゼ宮殿に面する。カラカラ浴場から運ばれた石材を用いた二つの噴水がある。

ファルネジーナ-そう【ファルネジーナ荘】ニサウ《Villa Farnesina》▶ビラファルネジーナ

ファルバウチ〘Farbauti〙土星の第40衛星。2004年に発見。名の由来は北欧神話の巨人。非球形で平均直径は約5キロ。ファルバウティ。

ファルファッレ〘イタリア farfalle〙《farfalla(チョウ)の複数形》パスタの一種で、チョウの形をしたもの。

ファルマス〘Falmouth〙米国マサチューセッツ州南東部の半島、コッド岬南西部の町。観光・保養地として知られる。

ファレーズ〘Falaise〙フランス北西部、ノルマンディー地方、カルバドス県の町。ノルマンディー公、イングランド王ウィリアム1世(征服王)の生地。12世紀から13世紀にかけて建造されたアングロノルマン様式の城がある。第二次大戦の激戦地としても知られる。

ファレノ《ラテン Dendrobium phalaenopsisから》「デンファレ」に同じ。

ファレノプシス〘ラテン Phalaenopsis〙コチョウランの別名。

ファロ〘Faro〙ポルトガル南部の港湾都市。アルガルベ地方の中心地であり、国際的な観光保養地としても知られる。13世紀、ポルトガル王アフォンソ3世が最後までイスラム勢力の支配下にあった同地を奪還。旧市街入口の門アルコ-ダ-ビラやファロ大聖堂などの歴史的建造物がある。170平方キロメートルもの干潟が広がるリアフォルモサ自然公園に隣接する。ファーロ。

ファロー-しちょうしょう【ファロー四徴症】ニシチヨウシヤウ《tetralogy of Fallot》肺動脈狭窄・心室中隔欠損・大動脈騎乗・右心室肥大の4つの病変を合併する先天性心奇形の一種。チアノーゼ・ばち状指・多血症などの症状が現れ、呼吸困難・運動制限が見られる。根治手術として肺動脈狭窄を除去し、心室中隔欠損を閉鎖する。1歳前後で手術をすることが多い。TOF。

ファロ-だいせいどう【ファロ大聖堂】ニダイセイダウ《Sé Catedral de Faro》ポルトガル南部の港湾都市ファロにある大聖堂。13世紀の創建だが、18世紀に起きた2度の地震で被害を受け修復された。ゴシック、ルネサンス、バロックなどさまざまな建築様式が混在し、内壁は17世紀のアズレージョと呼ばれるタイルで飾られている。

ファン〘fan〙扇風機。送風機。換気扇。「―ヒーター」

ファン〘fan〙スポーツや芸能、また選手・チーム・芸能人などの、熱心な支持者や愛好者。ひいき。「サッカー―」〖補説〗fanatic(熱狂者)の短縮形。
〖類語〗サポーター・親衛隊・追っかけ・グルーピー

ふ-あん【不安】〘名・形動〙気がかりで落ち着かないこと。心配なこと。また、そのさま。「―を抱く」「―に襲われる」「―な毎日」「夜道は―だ」〖派生〗ふあんがる〘動ラ五〙ふあんげ〘形動〙
〖類語〗気がかり・心がかり・心配・懸念・危惧きぐ・危懼きぐ・疑懼ぎぐ・恐れ・胸騒ぎ・心細い・心許こころもとない

ぶ-あん【×撫安】〘名〙スル いつくしみによって心を安んずること。また、反乱などをなだめ鎮めること。「民を―する」

ファン-アイク〘van Eyck〙フランドルの画家の兄弟。兄フーベルト(Hubert[1370ころ～1426])・弟ヤン(Jan[1390ころ～1441])。油彩画法を確立。透明な色彩と緻密ちみつな描写でフランドル絵画に新時代を画した。二人の協力作品に「神秘の小羊」(ヘント市サンバボン大聖堂の祭壇画)がある。バン＝アイク。ファン＝エイク。➡フランドル派

ファンキー〘funky〙〘名・形動〙❶ジャズ・ソウルなどの音楽にファンクの要素が含まれること。また、その演奏や、そのさま。ポップスやロックの、野性的で躍動感のあるリズム・演奏などの形容にもいう。「―なボーカル」「―ミュージック」❷服装などが原色を多用していて、けばけばしいこと。また、そのさま。「―なファッション」

ファンキー-ジャズ〘funky jazz〙ハードバップジャズの中で、特に黒人的なブルースやゴスペルの影響を受けたもの。1950年代末から60年代に流行した。アート＝ブレイキー、ホレス＝シルバーなどが代表的なアーチスト。➡ハードバップ

ファンク〘funk〙1950年代後半、黒人のジャズ音楽家たちが、黒人霊歌やアフリカの民俗音楽の要素を取り入れて起こしたジャズのスタイル。素朴で野性味のあるリズム、哀感の強いブルースなどに特徴がある。のち、ロックなどにも浸透した。

ファンクショナル〘functional〙〘形動〙実用的であるさま。機能的であるさま。「芸術的であり、かつ―なキーホルダー」

ファンクショナル-フード〘functional food〙▶機能性食品

ファンクション〘function〙❶機能。作用。「―キー」❷数学で、関数。

ファンクション-キー〘function key〙コンピューターのキーボード上に設けられた、特定の機能のみを実行させるためのキー。

ファンクションポイント-ほう【ファンクションポイント法】ニハフ《function point method》ソフトウエアの規模や開発工数などを見積もる手法の一。採り入れられた機能とその複雑さによって分類し、それぞれの機能に付与した点数を加算することで客観的・定量的に見積もることができる。FP法。➡プログラムステップ法 ➡ココモ

ファン-クラブ〘fan club〙特定の俳優・歌手・運動選手などの後援会。

ファンシー〘fancy〙㊀〘名〙空想。想像。また、気まぐれ。思いつき。㊁〘形動〙装飾的で意匠を凝らしたさま。また、奇抜であるさま。「―な内装」

ファンシー-グッズ〘fancy goods〙小間物。装身具。ごく若い女性向けのかわいらしい装飾品の類。

ファンシー-ショップ《和 fancy＋shop》ファンシーグッズを売る店。

ファンシー-ドレス〘fancy dress〙仮装舞踏会に着ていくような仮装服のこと。また、単に奇抜な服という意味でも使われる。

ファンシー-ボール〘fancy ball〙仮装舞踏会。

ファンシー-マスク《和 fancy＋mask》漫画やアニメのキャラクターなどをあしらった子供用のマスク。

ファンシー-ヤーン〘fancy yarn〙種類・色・太さなどの違った糸を組み合わせて縒より合わせた糸のこと。

ファンジェット〘fanjet〙圧縮機上流側にファンを設けたターボジェットエンジン。ファンで送られた空気の一部は圧縮機に入り、残部は推力を発生する。ターボファンエンジンなどともいう。

ふあん-しょうがい【不安障害】ニシヤウガイ 不安が強く長く、あるいは頻繁に起こるようになり、不安による発汗・動悸・胸痛・頭痛・めまい・不眠・下痢などのさまざまな身体症状が通常の限度を超えて現れ、日常生活に支障を来す状態になること。社交不安障害・全般性不安障害・パニック障害・心的外傷後ストレス症候群(PTSD)などが含まれる。薬物療法や認知行動療法などによる治療が行われる。

ふ-あんしん【不安心】〘名・形動〙「不安」に同じ。「俺がそんな―な人間に見えるかね」〈志賀・好人物の夫婦〉

ファンジン〘fanzine〙《fan(ファン)＋magazine(雑誌)から》ファンが集まって、評論・創作などを載せる雑誌。特にSF関係のものをいう。

ふあん-しんけいしょう【不安神経症】ニシンケイシヤウ ▶不安障害

ファン-スキー《和 fun＋ski》一般的なスキー板の半分ほどの長さの短い板で滑るスキー。また、そのスキ

一板。操作が容易なため初心者の技術習得に向くほか、上達すれば片足ターン・宙返りなどのバレエスキーも楽しめる。ショートスキー。

ファン-ダイク〖Anthony van Dyck〗[1599〜1641]フランドルの画家。ルーベンスに師事。のち、英国の宮廷画家となる。肖像画にすぐれる。バン＝ダイク。

ファンタジア〖イタリア fantasia〗「ファンタジー」に同じ。

ファンタジー〖fantasy〗❶空想。幻想。❷幻想曲。❸幻想的なテーマを扱った文学などの作品。
(類語)空想・夢想・幻想・夢・おとぎ話・ファンシー・イリュージョン

ファンタジスタ〖イタリア fantasista〗❶機知に富んだ台詞と即興芸の得意な役者や大道芸人。❷ずば抜けた技術を持ち、創造性に富んだ、意想外のプレーを見せる天才的なサッカー選手をいう。

ファンタジック〔形動〕《和 fantasy＋-ic》「ファンタスティック❷」に同じ。「一なアニメ」

ファンタスティック〖fantastic〗〔形動〕❶非常にすばらしいさま。感動的。「一な光景」❷幻想的で、夢を見ているようなさま。「一な舞台効果」

ファンダメンタリスト〖fundamentalist〗►原理主義者

ファンダメンタリズム〖fundamentalism〗►原理主義❶

ファンダメンタル〖fundamental〗〔形動〕基本的であるさま。根本的。「一な問題」

ファンダメンタルズ〖fundamentals〗❶国際経済を安定させるための基礎的条件。また、一国の経済状態を判断するための基礎的条件。経済成長率・物価上昇率・失業率・国際収支など。❷売上高、利益、純資産価値など、企業の価値を評価する基礎的な財務データ。このデータを用いてファンダメンタルズ分析を行う。

ファンダメンタルズ-ぶんせき【ファンダメンタルズ分析】企業の売上高、利益、純資産価値などの財務データから、その企業を評価すること。株価純資産倍率(PBR)、株価収益率(PER)、株価キャッシュフロー倍率(PCFR)、配当利回りなどのバリュエーション指標や、自己資本利益率(ROE)、総資産利益率(ROA)といった企業の収益性を表す指標などを複合的に用いて判断する。

ファンダンゴ〖スペイン fandango〗スペインのアンダルシア地方の民俗舞踊およびその舞曲。テンポの速い三拍子のもの。

ふ-あんてい【不安定】〔名・形動〕安定しないこと。状態が一定していないこと。また、そのさま。「収入が一だ」「一な政権」「大気の状態が一です」

ふあんてい-せん【不安定線】寒冷前線の前方の暖域内にしばしば発生する、対流活動の活発な帯状の地域。激しい雷雨・突風などを伴う。

ふあんてい-の-つりあい【不安定の釣(り)合い】一応は力の釣り合いがとれて静止しているが、わずかの変化でそれが崩れてもとに戻らなくなるような状態。円錐体を平面上に逆さに立てた場合など。

ファンディング-エージェンシー〖funding agency〗公募により優れた研究開発課題を選定し、研究資金を配分する機関。提案された課題の中から、実施すべき課題を採択し、研究者・研究機関に対して研究費を割り当てる。日本では、日本学術振興会や科学技術振興機構などがこれにあたる。競争的研究資金配分機関。FA。➡競争的資金

ファンデーション〖foundation〗《基礎・土台の意。「ファウンデーション」とも》❶体形や衣服の外形を整えるための女性用下着類。ブラジャー・コルセットなど。❷下地用の化粧品。また、固形やクリーム状のおしろい。❸油絵の下地として塗る、主として白色の絵の具。また、それによる下塗り。❹(Foundation)財団。社会事業団。

ファン-デル-ウェイデン〖Rogier van der Weyden〗[1399ころ〜1464]フランドルの画家。強い感情的表現を特色とする、多くの祭壇画を描いた。ファン＝デル＝バイデン。

ファン-デル-ワールス〖Johannes Diderik van der Waals〗[1837〜1923]オランダの物理学者。物質の状態変化などを研究し、気体および液体についての状態方程式を発表、気体分子間に引力が働くことを解明した。1910年ノーベル物理学賞受賞。

ファンデルワールス-りょく【ファンデルワールス力】分子と分子との間に働く弱い引力。相互距離の7乗に反比例する。ファン＝デル＝ワールスが発見。

ファンド〖fund〗❶資本。基金。❷「投資信託」に同じ。❸「投資ファンド」に同じ。(類語)資本・資本金・資金・元手・元金・キャピタル・基金・財源

ファンド-オブ-ファンズ〖fund of funds〗投資信託のうち、投資信託そのものを投資対象とするファンド。一般的な投資信託が投資家から集めた資金を直接証券市場などで運用するのに対し、複数の投資信託に投資し、成果を投資家に還元する。広い分野へ分散投資することで投資リスクを抑えることができる。また、株や債券など、それぞれの投資信託が得意とする分野での運用が期待できる。平成11年(1999)解禁。同13年に始まった確定拠出年金の運用先として注目された。FOF。外部委託型投資信託。

ファン-ド-シエクル〖フランス fin de siècle〗世紀末。

ファンド-トラスト〖fund trust〗►ファントラ

ファント-ホッフ〖Jacobus Henricus van't Hoff〗[1852〜1911]オランダの化学者。立体化学を創始し、化学平衡の熱力学、希薄溶液理論を発表。F＝W＝オストワルトと「物理化学雑誌」を創刊、物理化学の基礎を築いた。1901年ノーベル化学賞受賞。

ファンド-マネージャー〖fund manager〗機関投資家の資産運用の担当者。

ファントム〖phantom〗㊀幻影。まぼろし。亡霊。㊁(Phantom)米国のジェット戦闘機F4の愛称。

ファントラ《「ファンドトラスト」の略》指定金外信託。信託銀行が事業会社などから信託財産として金銭を受け入れる際、金銭の運用対象の範囲は指定されるが具体的な運用方法については任される金融商品。信託終了時に、信託財産を換金せずに現状のままで受益者に交付する。

ふ-あんない【不案内】〔名・形動〕❶細かいようすや事情がよくわからないこと。また、そのさま。「一な土地」❷その方面の心得があまりないこと。また、そのさま。「株にはまったく一です」

ぶ-あんない【無案内│不安内】〔名・形動〕「ふあんない(不案内)」に同じ。

ふあん-の-ぶんがく【不安の文学】昭和10年(1935)前後、ファッショ化による社会的不安と知識人の精神的危機を克服しようとした文学上の傾向。三木清らの著述やシェストフの「悲劇の哲学」の訳出など。

ファン-ハウス〖fun house〗びっくりハウス。お化け屋敷。

ファン-ヒーター〖fan heater〗電気・石油・ガスでおこした温風を送風装置で送り出す方式の暖房器具。

ファンファーレ〖ドイツ Fanfare〗儀式・競技会・軍隊などで奏される、トランペットなど主として金管楽器による短い簡単な曲。

ファンブル〖fumble〗〔名〕スル ►ハンブル

ファンヘ-ナムド【黄海南道】朝鮮民主主義人民共和国南西部、黄海に突出した半島にある道。道都は海州。農業・漁業が中心であるが、工業・鉱業も盛ん。こうかいなんどう。

ファンヘ-ブクド【黄海北道】朝鮮民主主義人民共和国の南西部の内陸部にある道。道都は沙里院。農業のほか鉱業も盛んで、タングステン・銅・金などを産出。こうかいほくどう。

ファン-ボイ-チャウ〖Phan Boi Chau〗[1867〜1940]ベトナム民族運動の指導者。漢字名、潘佩珠。1904年にベトナム維新会を結成し、翌05年来日。独立運動の指導者となるベトナム青年を留学させるドンズー運動(東遊運動)を起こす。12年に中国でベトナム光復会を結成し、武力による独立革命を目指したが、25年にフランス官憲に捕らえられた。著「ベトナム亡国史」ほか。

ファン-レター〖fan letter〗ファンが、ひいきのスポーツ選手・芸能人などに出す手紙。

ファン-ローン〖Hendrik Willem Van Loon〗[1882〜1944]米国の著述家。オランダ生まれ。大衆向けや少年少女向けの歴史書を多数発表した。著「人類史物語」「聖書物語」など。バン＝ルーン。

ファン-ロンパイ〖Herman Van Rompuy〗[1947〜　]ベルギーの政治家。1973年にキリスト教民主党から政界入り。2008年にはベルギーの首相に就任し、国内における地域間対立の調整などに手腕を振るう。09年、初代の欧州理事会常任議長に就任。ファン＝ロンパウ。バン＝ロンプイ。

ふい　まったくなくなること。また、だめになること。むだな結果に終わること。「チャンスが一になる」「もうけを一にする」(類語)駄目・台無し・無駄・おじゃん・おしまい・ぱあ・わや

ふ-い【不意】〔名・形動〕思いがけないこと。突然であること。また、そのさま。だしぬけ。「一の出来事」「一に現れる」➡突然(用法)
(類語)いきなり・出し抜け・やにわに・急・にわか・ふと・突然・突如・唐突・短兵急・忽然・俄然

不意を打・つ　相手が予測していないときに、事を仕掛ける。「一・たれて驚く」

不意を食・う　思いがけない目にあう。だしぬけに物事を仕掛けられる。不意を食らう。「一・ってあわてる」

不意を突・く　相手が予期していないときをねらってしかける。「一・いて混乱させる」

ふ-い【布衣】《昔、中国で、庶民は布の衣を着たところから》官位のない人。庶民。➡ほい(布衣)

布衣の交わり　《「史記」藺相如伝から》身分・貧富の違いを問題にしない交際。また、貧賤の者どうしの交際。

ふ-い【怖畏】〔文〕おそれること。おそれ。畏怖。「理解の及ばぬことに対する一」〈露伴・魔法修行者〉

ぶ-い【武威】〔文〕武力の威勢。また、武家の威光。「一を輝かす」「一を示す」

ぶい【武威】中国、甘粛省中北部に位置する都市。古くは涼州と呼ばれ西域への交通の要所。五胡十六国時代は前涼・後涼・北涼の都。姑臧。

ぶ-い【部位】〔文〕全体の中である位置を占める部分。「身体の各一」(類語)部分・箇所・ところ・一部・一部分・局部・局所・断片・パート・セクション

ぶ-い【無為】〔文〕㊀〔名・形動〕❶自然にまかせて、人為を加えないこと。また、そのさま。むい。「家内も一にして化すとは何よりなり」〈紅葉・二人女房〉❷平穏無事なこと。また、そのさま。「一なる人の家より(死体ヲ)出さんこと、あるべきにあらず」〈宇治拾遺・二〉㊁〔名〕►むい(無為)❷

ぶ-い【無異】〔名・形動〕異状がないこと。無事であること。また、そのさま。「一安全の緒言終って」〈織田訳・花柳春話〉

ブイ〖buoy〗❶係船や航路標識のための浮標。❷救命用の浮き袋。救命袋。「救命一」

ブイ〖V│v〗❶英語のアルファベットの第22字。❷〈V〉ローマ数字の「五」。❸〈V〉《vanadium》バナジウムの元素記号。❹〈V〉《volt》電圧の単位、ボルトの記号。❺《victory》勝利。「一サイン」❻〈V〉「VTR❷」の略称。❼〈V〉《Vulnerable》「危急種」の略号。

ブイ-アール〖VR〗《virtual reality》►バーチャルリアリティー

ブイ-アール〖VR〗《video recording》DVD-R、DVD-RW、DVD-RAMなどの記憶媒体にビデオ映像を記録するための規格の一。録画したテレビ番組などをパソコンで編集することができる。DVD-Videoとは異なり、追加記録ができる。

ブイ-アール-イー〖VRE〗《vancomycin-resistant enterococcus》MRSAの特効薬であるバンコマイシンが無効な腸球菌。

ブイ-アール-エー〖VRA〗《Voluntary Restraint

ふ

Agreement》輸出自主規制取り決め。特に、鉄鋼の対米輸出自主規制についてのものをいう。

ブイ-アール-エス〖VRS〗《video response system》NTTが1980年代に開発した会話型画像応答システム。NTTのセンターとユーザーを光ケーブルで結び、リクエストに応じ、文字・図形・静止画をはじめ、動画データなど各種情報をブラウン管に表示して会話方式で提供するサービス。昭和63年(1988)にSuper CAPTAINと改称してサービスを開始したがあまり普及せず、インターネットの普及にともない平成14年(2002)にサービスを終了した。

ブイ-アール-エム-エル〖VRML〗《virtual reality modeling language》インターネット上で三次元画像を表示するために策定されたマークアップ言語。

ブイアール-フォーマット【VRフォーマット】《video recording format》►ブイ-アール(VR)

ブイ-アイ〖VI〗《viscosity index》粘度指数。潤滑油の粘度が温度によって変化する割合を示す。

ブイ-アイ-エス〖VIS〗《visibility》視程。視界。

ブイ-アイ-エヌ〖VIN〗《vehicle identification number》自動車登録番号。盗難に備えて車体の数箇所に刻印される。

ブイ-アイ-ピー〖VIP〗《very important person》国家的に重要な人物。要人。ビップ。

フィアット〖Fiat〗イタリア最大の企業グループ。1899年、アニエッリ(G.Angelli)が設立。経営は、自動車を中心に、機械・鉄鋼・船舶・航空機・マスコミ・金融などなど広範に及ぶ。自動車分野ではアルファロメオ、ランチア、マセラティ、フェラーリなどのブランドを所有する。社名は、Fabbrica Italiana Automobili Torino(トリノにあるイタリア自動車製造会社)の頭文字から。

フィアンセ〖ﾌﾗﾝｽ fiancé(男性)┊fiancée(女性)〗婚約者。許婚いいなずけ。

フィー〖fee〗手数料。料金。費用。「ビジター―」

ブイ-イー〖VE〗《value engineering》►バリューエンジニアリング

ブイ-イー-エス-エー〖VESA〗《Video Electronics Standards Association》ディスプレーやグラフィックボードなどのグラフィック環境について業界標準の仕様を策定するために設立された国際的な業界団体。1989年創設。本部は米国カリフォルニア州のミルピタス。

ブイ-イー-ジー-エフ〖VEGF〗《vascular endothelial growth factor》血管内皮細胞を増殖させ、血管の形成を促す糖たんぱく質。細胞や組織が低酸素状態になるとVEGFが増加し、新しい血管が作られ、酸素が供給される。癌・関節リウマチ・加齢黄斑変性症など異常な血管新生を伴う疾患に対しては、ベバシズマブなどVEGEの働きを阻害する治療薬が使用される。血管内皮増殖因子。

フィー-システム〖fee system〗広告主が広告会社に対し、その業務内容に対して報酬を支払う制度。広告会社の収入の多くは従来マージン(手数料)で占められてきたが、依頼業務の高度化に伴い、フィーシステムが浮上してきた。

フィージビリティー〖feasibility〗実行できること。実行・実現の可能性。

フィージビリティー-スタディー〖feasibility study〗企業や組織体がある計画を作成し、実行に移そうとするとき、その実現の可能性を環境などの外的要因や内部的な資源・能力といった要因との関連で評価・検証すること。企業化調査。採算可能性調査。

フィーダー〖feeder〗❶給電線きゅうでんせん。❷供給装置。「シート―」

フィーダー-さいぼう【フィーダー細胞】ﾆｺﾞｻｲﾎﾞｳ《feeder cell》細胞を培養する際に、目的とする細胞の増殖や分化に必要な環境を整えるために補助的に用いられる細胞。ES細胞の培養ではフィーダー細胞としてマウスの線維芽細胞が用いられる。栄養細胞。

フィーチャー〖feature〗〔名〕ｽﾙ《「フィーチュア」とも》❶顔つき。容貌。❷特色とすること。特徴づけること。「大自然のイメージを―した展覧会場」❸映画で、1本立てで興行できる長さの作品。長編映画。❹新聞・雑誌などで、特集記事。「―ストーリー」❺軽音楽で、ある楽器の独奏を特色にすること。「パーカッションを―したセッション」

フィーチャー-シンジケート〖feature syndicate〗記事・写真・漫画などを売り物にして同時掲載するよう新聞・雑誌などに提供する配給業。

フィーチャー-ホン〖feature phone〗《feature(特色)とphone(電話)からの造語。「フィーチャーフォン」とも》通話機能を中心に、インターネット接続、音楽再生、動画再生、GPS、デジタルカメラによる静止画・動画撮影、電子マネーなど、さまざまな機能を搭載する携帯電話の総称。一般に、PDAと同等の機能をもつスマートホンとは区別される。

フィーチュア〖feature〗►フィーチャー

フィーディング〖feeding〗給食。給餌。餌づけ。

フィーデル〖ﾄﾞｲﾂ Fiedel〗擦弦楽器の総称で、現在のバイオリンも広義にはこれに含まれる。狭義には、中世ヨーロッパで用いられていた中・高音域を奏する擦弦楽器をさすが、形状や大きさは一定しない。

フィート〖feet〗【呎】ヤード-ポンド法の長さの単位。1フィートは3分の1ヤードで、12インチ、約30.48センチ。記号ft (補説)footの複数形。

フィード〖feed〗供給すること。与えること。特にサッカーで、前線の味方にパスを出すこと。

フィード-イン-タリフ〖feed-in tariff〗►固定価格買い取り制度

フィードバック〖feedback〗〔名〕ｽﾙ ❶ある機構で、結果を原因側に戻すことで原因側を調節すること。電気回路では出力による入力の自動調整機能、生体では代謝・内分泌の自己調節機能など。❷物事への反応や結果をみて、改良・調整を加えること。「ユーザーの要望に対して迅速に―する」

フィードバック-システム〖feedback system〗出力を入力に送り返して、出力が入力を正しく反映しているかどうかを照合し、誤差があれば補正するようになっているシステム。

フィードバック-せいぎょ【フィードバック制御】❶自動制御方式の一。出力の信号を入力側に送り返して適切な目標値または基準値になるように出力を制御するもの。❷生体の生理機能の恒常性を保つしくみ。血中ホルモンの濃度がそのホルモンの分泌を調節したり、最終代謝産物が代謝初期に働く酵素の活性を調節したりすること。

フィードバック-ループ〖feedback loop〗フィードバックを繰り返すことで、結果が増幅されていくこと。

フィードフォワード-せいぎょ【フィードフォワード制御】《feedforward》自動制御の方式の一。出力に変動を起こさせるような外乱を予測し、前もって打ち消してしまう制御方式。ふつう、フィードバック制御に付加して用いられる。

フィードロット〖feedlot〗食肉用の牛や豚などを囲い込み、飼料を与えて太らせるための飼育場。

フィーネ〖ｲﾀﾘｱ fine〗《終わりの意》音楽で、楽曲の終止を表す用語。

フィーバー〖fever〗〔名〕ｽﾙ ❶発熱。熱病。❷極度に興奮すること。熱狂すること。「大観衆が―する」
(類語)興奮・熱狂・高揚・激昂げっこう・過熱・大騒ぎ・上気・エキサイト

フィービゲル〖Johannes Andreas Grib Fibiger〗[1867～1928]デンマークの病理学者。ラットを用いた実験を行い、人工癌がん研究の端緒をつくった。1926年ノーベル生理学医学賞受賞。

フィー-ビジネス〖fee business〗金融関連サービスに対する対価として手数料を取り立てる業務の総称。金融自由化の進展により預金・貸出などの収益性が低下していることから重視されるようになった。手数料業務。

フィーファ〖FIFA〗《ﾌﾗﾝｽ Fédération Internationale de Football Association》►フィファ

フィーマ〖FEMA〗《Federal Emergency Management Agency》連邦緊急事態管理庁。国土安全省に属する米国の政府機関。大規模災害が発生した場合の支援活動を組織、統括する。1979年設立。

フィーメル〖female〗女性。雌。植物の雌株。Fで女性を表す記号として用いる。

フィーリング〖feeling〗なんとなく受ける感じ。また、感覚。「履いた―がいい靴」「―が合う相手」
(類語)感じ・感覚・感性・感触・印象・インプレッション

フィールズ-しょう【フィールズ賞】ﾆｼｮｳ 数学上の業績に対して与えられる国際的な賞。通常4年毎に開かれる国際数学者会議で決定される。カナダの数学者フィールズ(C.Fields)が提唱。第1回は1936年。

フィールダース-チョイス〖fielder's choice〗►野選やせん

フィールディング〖fielding〗野球で、野手の守備行為。また、その方法・技術。

フィールディング〖Henry Fielding〗[1707～1754]英国の小説家。劇作から小説に転じ、鋭い洞察力により、笑いのなかに人間性の問題を追求。「英国小説の父」と称される。作「ジョーゼフ=アンドルーズ」「トム=ジョーンズ」など。

フィールド〖field〗❶野原。野外。❷陸上競技場で、トラックに囲まれた内側。また、そこで行われる競技。フィールド競技。❸野球場の、内野と外野。また、野球場。❹学術などの専門分野。領域。❺物理学で、場。磁場・重力場など。❻コンピューターで、レコードを構成する最小単位。➡レコード (類語)グラウンド・トラック・運動場・競技場・スタジアム・コロシアム

フィールド-アスレチック〖Field Athletic〗自然の地形や木立などを利用したコース上に、障害物や道具類を配置し、それを次々に通過して体力づくりをするスポーツ。また、そのコース。商標名。

フィールド-カメラ〖field camera〗野外で使用されるカメラの総称。特に、フィルムサイズが4×5インチ判以上で、折りたたみ式の携行性に優れた大判カメラを指す。

フィールド-きょうぎ【フィールド競技】ﾆｷｮｳｷﾞ 陸上競技で、フィールドで行う競技。投擲とうてき競技と跳躍競技とがある。➡トラック競技

フィールド-グラス〖field glass〗携帯用の小型双眼鏡。

フィールド-ゴール〖field goal〗❶バスケットボールで、フリースロー以外による得点。❷アメリカンフットボールで、プレースキックやドロップキックのボールがクロスバーを越えゴールすること。3点となる。

フィールド-スコープ《和 field＋scope》野鳥観察など、野外での自然観察に使用する、地上望遠鏡。倍率は20倍程度で、携帯用のもの。(補説)英語では、単にscope。

フィールド-ノート〖field-note〗実地調査記録。野外活動記録。

フィールドワーク〖fieldwork〗野外など現地での実態に即した調査・研究。野外調査。(類語)実習・演習

ふい-うち【不意打ち┊不意討ち】だしぬけに相手に攻撃をしかけること。予告なしに物事を行うこと。「―を食らわす」「―の試験」
(類語)奇襲・急襲・抜き打ち・だまし討ち

フィウメ〖ｲﾀﾘｱ Fiume〗リエカのイタリア語名。

ブイ-エー〖VA〗《value analysis》価値分析。経営管理の用語。企業が購買品を機能と価格の面から調査分析し、コストダウンや新製品開発に役立てようというもの。

ブイ-エー〖VA〗《volt-ampere》ボルトアンペア。皮相電力。変圧器などの容量を表す単位。電圧×電流で求められる。

ブイ-エー〖VA〗《Department of Veterans Affairs》退役軍人管理局。退役軍人の健康管理、顕彰、埋葬などを管掌する米国政府の独立機関。1930年、Veterans Administrationとして設立。89年、現組織に改編。

ブイエー-えきしょう【VA液晶】ﾆｴｷｼｮｳ《vertical

alignment liquid crystal》液晶パネルの作動方式の一。電圧がかかっていない時の液晶分子をガラス基板に対して垂直に配置し、電圧をかけて液晶分子を倒すことで光量を制御する。無電圧時に黒を表現するため、画像のコントラストを高めることができる。液晶テレビや液晶ディスプレーに広く利用される。VA方式。

フィエーゾレ〖Fiesole〗イタリア中部、トスカーナ州の都市フィレンツェの近郊にある町。エトルリア人が築いた町に起源し、古代ローマ時代の劇場や浴場の遺跡もある。ルネサンス期にはメディチ家をはじめ、フィレンツェの有力貴族の別荘が建てられた。13世紀から15世紀のフィレンツェ派の絵画を所蔵するバンディーニ美術館がある。

ブイ-エー-ティー〖VAT〗《value-added tax》►付加価値税

ブイ-エー-ディー〖VAD〗《voice activity detection》►無音圧縮

ブイエー-ほうしき【VA方式】ハウシキ《vertical alignment》►VA液晶

ブイ-エス〖vs.〗《versus》対。バーサス。「早稲田一慶応」

ブイ-エス-オー〖VSO〗《very superior old》貯蔵年数からみたブランデーの等級の一。12〜20年または15〜20年もの。

ブイ-エス-オー-ピー〖VSOP〗《very superior old pale》貯蔵年数からみたブランデーの等級の一。20〜30年または25〜30年もの。

ブイ-エス-オー-ピー〖VSOP〗《ブランデーの等級とvery special one patternをかけたもの》行動や発言がいつも同じで、一切の進歩がみられないさま。特に、下らないギャグにいう。

ブイ-エス-オー-ピー〖VSOP〗《VLBI Space Observatory Programme》平成9年(1997)2月に打ち上げられた日本の電波天文衛星はるかと、日米欧の電波望遠鏡を組み合わせた世界初のスペースVLBIを用いた観測計画。地球の直径の約3倍という非常に長い基線により、遠方の天体の精密観測を行うことができ、クエーサーやM87銀河のジェットを高い解像度で観測した。➡VLBI

フィエスタ〖スペイン fiesta〗祭り。祝祭。祝日。

フィエスタ-ボウル〖fiesta bowl〗米国のカレッジフットボールのボウルゲームの一つ。毎年1月1日またはその前後にアリゾナ州グレンデールで行われる。米国中部の有力リーグ、ビッグ12カンファレンスの優勝校が招待され、他の優秀チームと対戦する。

ブイ-エックスエムエル〖VXML〗《voice extensible markup language》音声で操作するウェブサイトなどを構築するために、XMLをベースに開発されたマークアップ言語の一。携帯電話への情報提供サービスや自動音声案内サービスなどに利用される。ボイスXML。

ブイ-エッチ-エス〖VHS〗《video home system》家庭用ビデオテープレコーダーの映像記録方式の一つ。日本ビクターが開発。事実上の標準規格。

ブイ-エッチ-エフ〖VHF〗《very high frequency》►超短波

ブイ-エッチ-ディー〖VHD〗《video high-density disk》日本ビクターが開発したビデオディスク方式。溝のない静電容量方式を採用。

ブイ-エフ〖Vf〗《Ventricular fibrillation》►心室細動

ブイ-エフ-アール〖VFR〗《visual flight rules》有視界飛行方式。航空交通管制機関からの指示を受けず、パイロットが自身の判断で飛行すること。計器飛行方式(IFR)に対していう。

ブイ-エフ-エックス〖VFX〗《visual effectsの略。effectsの発音をFXと表記したもの》映画などの特殊効果の一。コンピューターグラフィックスを利用して、現実にはありえない映像をつくりだす技術。➡SFX

ブイ-エム〖VM〗《virtual machine》►仮想マシン

ブイ-エム-エックス〖VMX〗《voice mailbox》ボイスメールボックス。声の私書箱。通信網内の音声蓄積装置に蓄積された伝言を、端末から好きなときに呼び出して聞けるシステム。

ブイ-エム-シー〖VMC〗《visual meteorological condition》有視界気象状態。パイロットが目視により飛行するのに十分適した気象状態のこと。

ブイ-エル-エー〖VLA〗《very large array》米国国立電波天文観測所の電波望遠鏡網。

ブイ-エル-エス-アイ〖VLSI〗《very large scale integration》1チップ当たりの半導体素子の集積度が10万個を超える集積回路。LSIの集積度をさらに高めたもの。超大規模集積回路。〖補説〗1970年代以降90年代に至るまで、集積化技術の向上にともない、集積度が1000〜10万個程度のLSI、10万〜1000万個程度のVLSI、1000万個を越えたULSIが登場し、それぞれを区別したが、2000年代になってからはこのような区別をせず、集積回路全般をLSIまたはICと呼称することが多い。

ブイ-エル-エフ〖VLF〗《very low frequency》►超長波

ブイ-エル-シー-シー〖VLCC〗《very large crude carrier》大型石油タンカーで、20万載貨重量トン以上のもの。

ブイ-エル-ディー-エル〖VLDL〗《very low-density lipoprotein》超低密度リポたんぱく質。肝臓から組織へコレステロールを運ぶと考えられている。

ブイ-エル-ビー-アイ〖VLBI〗《very long baseline interferometry》超長基線電波干渉計。数千キロ離れた二つの電波望遠鏡により非常に長い基線を得て、天体の精密観測や遠く離れた二点間の正確な距離測定を行うもの。

ブイ-エル-ビー-ダブリュー-アイ〖VLBWI〗《very low birth weight infant》►極低出生体重児

ブイ-オー〖VO〗《very old》貯蔵年数からみたブランデーの等級の一。10〜12年または12〜15年もの。

ブイ-オー-アール〖VOR〗《VHF omnidirectional radio range》超短波全方向式無線標識。航空機のための、超短波による方向指示標識。

ブイ-オー-アイ〖VOI〗《vegetable oil ink》►植物油インク

ブイ-オー-アイ-アール〖VOIR〗《Venus orbiting imaging radar》米国の金星周回撮像レーダー探査機。1989年打ち上げ。翌年金星の軌道に乗り、マッピングや各種観測を行った。

ブイ-オー-アイ-ピー〖VoIP〗《voice over IP》インターネットなどのTCP/IPネットワーク上で音声データを送受信する技術。またはその技術により音声通話をすること。ボイスオーバーIP。➡アイピー(IP)

ブイオーアイピー-きばんもう【VoIP基盤網】キバンマウ《VoIP infrastructure》►音声IP網

ブイオーアイピー-ネットワーク【VoIPネットワーク】《VoIP network》►音声IP網

ブイ-オー-エー〖VOA〗《Voice of America》米国政府の海外向けラジオ放送。1942年発足。日本語放送は70年に廃止。アメリカの声。

ブイ-オー-エー-ティー-エム〖VoATM〗《voice over asynchronous transfer mode》従来、データ通信に用いられることが多かったATM(非同期転送モード)のネットワーク上で、音声データを送受信する技術。同様のVoPN技術であるVoIPやVoFRに比べ、回線利用料が高価だが、伝送遅延が小さく音質が良い。ボイスオーバーATM。

ブイ-オー-エフ-アール〖VoFR〗《voice over frame relay》従来、データ通信に用いられることが多かったフレームリレーサービスのネットワーク上で、音声データを送受信する技術。VoPNの一種。ボイスオーバーFR。➡VoIP ➡VoATM

ブイ-オー-ディー〖VOD〗《vacuum oxygen decarburization》真空中で溶鋼し、純ガスを吹き込み脱炭する方法。

ブイ-オー-ディー〖VOD〗《video on demand》►ビデオオンデマンド

ブイ-オー-ディー-エス-エル〖VoDSL〗《voice over digital subscriber line》既存の電話回線(銅線)を使って高速デジタル通信を行うxDSL回線上で、音声データを送受信する技術。VoIPの一種。ボイスオーバーDSL。

ブイ-オー-ピー-エヌ〖VoPN〗《voice over packet network》パケット通信網を利用して音声データを送受信する技術の総称。インターネットなどのTCP/IPネットワークを用いるVoIP、非同期転送モード(ATM)を用いるVoATM、フレームリレーサービスを用いるVoFRなどがある。

ふ-イオン【負イオン】陰イオンのこと。⇔陽イオン。

ブイ-カード〖vCard〗電子名刺の標準規格の一。氏名、住所、電話番号、メールアドレスなどを、インターネット経由で交換できる。

ブイがた-きかん【V形機関】キクワン 熱機関で、シリンダーを2本ずつにV形に配列したもの。2気筒、4気筒などがある。

フィガロ〖Le Figaro〗フランスの代表的な日刊紙。1826年から続く週刊紙を前身として、54年にパリで創刊。保守的な論調で知られる。部数は約31万部(2009年平均)。

フィガロのけっこん【フィガロの結婚】㊀《原題、フランス Le Mariage de Figaro》ボーマルシェの戯曲。5幕。1784年初演。アルマビバ伯爵の従僕フィガロが、好色な伯爵を機知によってやりこめる散文喜劇。「セビリアの理髪師」の続編。㊁《原題、イタリア Le Nozze di Figaro》モーツァルト作曲のオペラ。全4幕。1786年ウィーンで初演。㊀に基づく。

ぶ-いき【不意気|無意気|不粋】〘名・形動〙いきでないこと。あか抜けしないこと。また、そのさま。やぼ。ぶすい。「そんな一なことを言い出して」〈露伴・幻談〉

フィギュア〖figure〗❶姿。形。また、図形。図像。❷「フィギュアスケート」「フィギュアスケーティング」の略。❸《「人形」の意》マンガ・映画・テレビ・小説などに登場する人間やキャラクターなどの立体的な模型。動物・怪獣・自動車・飛行機など、人形以外の模型もフィギュアという。大きさ、材質は種々。

フィギュアード〖figured〗〘形動〙織物の表面に模様がついていることを表す言葉。意匠模様のある。紋織りの。

フィギュア-スケーティング〖figure skating〗►フィギュアスケート

フィギュア-スケート《figure skatingから》スケート競技の一。主な種目に、シングル・ペア・アイスダンスの三つがある。シングルは男女別。シングルとペアは、ショートプログラム(SP)とフリースケーティング(FS)の二つの演技を行い、その合計点で競う。ショート・フリーともに、事前に決められている規定のジャンプ・ステップ・スピンなどの技を組み込みながら、音楽に合わせて滑走する。フリーの方が演技時間が長く、より多くの技を行う。アイスダンスにはパターンダンス(PD)・ショートダンス(SD)・フリーダンス(FD)の三種の演技があり、主要な国際大会ではショートダンスとフリーダンスの合計点を競う。2010年6月まではコンパルソリーダンス(CD)・オリジナルダンス(OD)・フリーダンス(FD)の三つの演技を行った。フィギュア。フィギュアスケーティング。〖補説〗ジャンプには、トーループジャンプ・サルコージャンプ・ループジャンプ・フリップジャンプ・ルッツジャンプ・アクセルジャンプなどがあり、一般にこの順番で難しくなるといわれ、回転数と組み合わせて「トリプルアクセル」などと呼ぶ。スピンには、アップライトスピン、シットスピン、キャメルスピンなどがある。

フィギュール〖フランス figure〗「フィギュア❶」に同じ。

フィギュラティフ〖フランス figuratif〗ある対象の形をかたどった具象的な絵画。⇔ノンフィギュラティフ。

フィギュリーン〖figurine〗陶土・テラコッタ・金属などで作った小型の人形。

ふ-いく【扶育】〘名〙スル 面倒を見て育てること。養育すること。「遺児を―する」
(類語)養育・養護・世話・扶養・扶助・面倒見など

ふ‐いく【×傅育】〔名〕スル 身分の高い人の子に付き従って大切に育てること。「王子を―する」

ふ‐いく【▽覆育】天地が万物をおおい育てること。また、守り育てること。「此師の―を蒙(かうぶ)って、今成長せり」〈正法眼蔵随聞記・六〉

ぶ‐いく【×撫育】〔名〕スル かわいがって大切に育てること。「子供を―する」

プイグ〖Manuel Puig〗[1932～1990]アルゼンチンの小説家。登場人物の会話や日記・手紙などのコラージュを用い、社会的弱者や抑圧された人々を描く。作「蜘蛛女のキス」ほか。

フィクサー〖fixer〗事件などを陰で調停・処理して報酬を得る人。「示談の―」

フィクサチーフ〖フランス fixatif〗▶フキサチーフ

フィクショナル〖fictional〗〔形動〕作り事めいているさま。虚構的。「―な戦闘の映像」

フィクション〖fiction〗❶作り事。虚構。「―を交えた話」❷作者の想像力によって作り上げられた架空の物語。小説。➡ノンフィクション
(類語)虚構・作り事・作り話・物語・仮構・お話・ストーリー・絵空事・夢物語・ほら・うそ・創作・小説

フィゲイラ‐ひろば【フィゲイラ広場】《Praça da Figueira》ポルトガルの首都リスボンの中央部、旧市街にある広場。バイシャポンバリーナ地区にあり、ロシオ広場の東側に位置する。もとは市場があったが20世紀中頃に取り壊され、現在の広場が造られた。中央には彫刻家レオポルド＝デ＝アルメイダが手掛けたポルトガル王ジョアン1世の騎馬像がある。バス、市電、地下鉄などの路線が集まる交通の要所。

フィゲラス〖Figueres〗スペイン北東部、カタルーニャ州の都市。フランスとの国境近くに位置する。シュールレアリスムの画家サルバドール＝ダリの生地かつ終焉の地として知られ、ダリ美術館がある。

ふい‐ご【×鞴・×韛・▽吹子・▽吹▽革】《「ふきがわ」の変化した「ふいごう」の音変化》火力を強めるために用いる送風装置。箱の中のピストンを動かして風を送る。古代から金属の精錬や加工に使用された。

ふい‐ごう【×鞴】「ふいご」に同じ。「大息ついだるその響き、―吹くが如くなり」〈浄・国性爺〉

フィコエリトリン〖phycoerythrin〗紅藻類・藍藻(らんそう)類に含まれる紅色の色素たんぱく質。光合成に必要な光を吸収し、クロロフィル(葉緑素)に伝える。紅藻素。フィコエリスリン。

ブイ‐ゴール【Vゴール】《和 V＋goal Vはvictory(勝利)の頭文字》ゴールデンゴール。

フィコシアニン〖phycocyanin〗藍藻類・紅藻類に含まれる青色の色素たんぱく質。光合成に必要な光を吸収し、クロロフィル(葉緑素)に伝える。藍藻素。

ふいご‐まつり【×鞴祭(り)】多く11月8日に、鍛冶屋(かじや)・鋳物師(いもじ)など、ふいごを使って仕事をする職人が、稲荷神または金屋子(かなやご)神を祭り、ふいごを清めて祝う行事。踏鞴(たたら)祭り。(季 冬)

フィサ〖FISA〗《フランス Fédération Internationale du Sport Automobile》国際自動車スポーツ連盟。国際自動車連盟(FIA)の中でモータースポーツ関係を統轄し、競技車両の規格決定、審査、競技会の運営などを行った機関。1904年設立。93年、FIA内の世界モータースポーツ評議会に業務を移行し解散。

ブイ‐サイン〖V sign〗《Vはvictoryの頭文字》人差し指と中指でV字形を作って示す、勝利や平和の合図。➡ピースサイン

ブイ‐サット〖VSAT〗《very small aperture terminal》超小型地球局。衛星通信用小口径のパラボラアンテナ。

フィジー〖Fiji〗南太平洋、メラネシア東部のフィジー諸島からなる国。首都スバのあるビチレブ島とバヌアレブ島を主島とする。英国領から1970年に独立。南太平洋の海空路の要衝。金・銅やコプラ・砂糖などを産する。正式名称はフィジー諸島共和国。人口88万(2010)。

ブイ‐シー〖VC〗《venture capital》▶ベンチャーキャピタル

ブイ‐シー〖VC〗《voluntary chain》▶ボランタリーチェーン

ブイ‐シー‐アール〖VCR〗《video cassette recorder》ビデオカセットレコーダー。

ブイ‐ジー‐エー〖VGA〗《video graphics array》IBM PS/2パソコンに採用されたディスプレー表示の規格。640×480ドット、または720×400ドットで26万色中16色表示か、320×200ドットで26万色中256色表示のものがある。640×480ドットで16色表示のVGA規格がパソコンの標準規格として広く普及した。➡QVGA ➡SVGA ➡WQVGA ➡XGA

ブイ‐シー‐シー‐アイ〖VCCI〗《Voluntary Control Council for Interference by Information Technology Equipment》情報処理装置等電波障害自主規制協議会の略称。コンピューターなどの情報機器やOA機器が発する電磁波ノイズの規制を行っている。2009年4月に一般財団法人VCCI協会に改称。

ブイ‐シー‐ディー〖VCD〗《video CD》▶ビデオCD

ブイ‐シー‐ピー〖VCP〗《video cassette player》ビデオカセットプレーヤー。

ブイ‐ジェー〖VJ〗《video jockey》ビデオジョッキー。

フィジオクラシー〖physiocracy〗重農主義。

フィジオロジー〖physiology〗生理学。

ブイじ‐かいふく【V字回復】〔名〕スル《グラフの線がV字形になることから》低下していた業績などが急速に回復すること。「昨年の大赤字から―する」

フィジカル〖physical〗〔形動〕❶物質に関するさま。❷物理的。物理学的。「―な力」「―サイエンス」❸肉体的。身体的。「―な関係」「―トレーニング」

フィジカル‐エリート《和 physical＋elite》フィットネスやジョギングなどでからだを鍛え、運動が得意で、健康的なからだや雰囲気を誇れる人。また、心身ともに鍛え上げたビジネスマン。

フィジカル‐フィットネス〖physical fitness〗体力。特に、筋力・持久性・柔軟性などの基本的な運動能力。➡フィットネス

ブイじ‐こく【V字谷】横断面がV字形を示す谷。幼年期に特徴的な谷の形。

フィジシャン〖physician〗医者。医師。特に、内科医。

フィジシャン‐アシスタント〖physician assistant〗医師の監督下で手術や薬剤の処方などの医療行為を行う専門職。日本にはない職種だが、米国・英国・カナダ・台湾などで導入されている。PA。

フィジックス〖physics〗物理学。

ブイ‐シネマ【Vシネマ】《Vはvideo(ビデオ)の頭文字》東映が平成元年(1989)に発売を開始したオリジナルビデオ映画。映画館公開のためではなく、最初からビデオとして発売したり、レンタル店に配給したりするために作った映画作品。商標名。

フィジャック〖Figeac〗フランス南部、ミディ‐ピレネー地方、ロート県の都市。ロート川の支流セレ川沿いに位置する。ワイン、チーズの産地として有名。12世紀から14世紀に建てられた中世の家並みが残っている。ロゼッタ石のヒエログリフを解読したエジプト学者シャンポリオンの生地。生家は現在博物館になっている。

ブイ‐シンク〖VSYNC〗《vertical synchronizing signal》ブラウン管式テレビやCRTディスプレイの垂直同期信号。画像の縦方向の位置を決める。

フィス〖FIS〗《フランス Fédération Internationale de Ski》国際スキー連盟。1924年設立。

フィス〖FISU〗《フランス Fédération Internationale du Sport Universitaire》国際大学スポーツ連盟。ユニバーシアード大会のほか、種目別の大学世界選手権などを主催。1949年設立。事務局はベルギー、ブリュッセル。

フィズ〖fizz〗泡の立つ飲料。また、アルコール飲料にレモン汁・糖類・炭酸水をまぜたもの。「ジン―」

フィスカル‐ポリシー〖fiscal policy〗▶財政政策

フィスティング〖fisting〗▶パンチング

ブイストール〖V/STOL〗《vertical/short take-off and landing》垂直・短距離離着陸機。垂直離着陸機(VTOL)と短距離離着陸機(STOL)を組み合わせたもの。または両者の総称。ビストール。

ブイ‐ゾーン【Vゾーン】《和 V＋zone》ファッションで、V字形に開けられた胸元の形。また、その胸元。

ぶ‐いち【分一】❶江戸時代、商業・漁業・山林などの生産高・売上高から何分の一かを税として徴収したもの。❷江戸時代、海難で沈んだ荷物を引き上げた者に、荷主がその10分の1を報酬とした制度。

フィチーノ〖Marsilio Ficino〗[1433～1499]イタリアの人文主義者。プラトン主義を復興させ、メディチ家の働きかけでプラトンアカデミーを開く。キリスト教神学とプラトン哲学との融合の試みは、ルネサンス期の新プラトン主義隆盛の元をつくった。著「プラトン的神学」「恋の形而上学」など。

ブイ‐チップ【Vチップ】《V-chip》子供に見せたくない暴力や性描写などのテレビ映像を、家庭での操作で遮断することのできるようテレビ受像機に組み込まれたLSI(集積回路)のこと。米国では、1996年に改正された電気通信法でVチップをテレビ受像機に搭載することが義務付けられた。(補説)Vはviolence(暴力)の頭文字。

ふい‐ちょう【▽吹聴】〔名〕スル 言いふらすこと。言い広めること。「自慢話を―して回る」
(類語)喧伝(けんでん)・宣伝・触れ込む・触れ回る

ふ‐いつ【不一｜不▽乙】㊀〔名〕十分に意を尽くしていないこと。手紙の終わりに添える語。不具。不尽。不備。ふいち。㊁〔名・形動〕一様でないこと。また、そのさま。「詩画は―にして両様なり」〈漱石・草枕〉
(類語)敬具・敬白・謹言・拝具・頓首・草草・早早・忽忽(そうそう)・かしこ・不二・不具・不尽・不悉(ふしつ)・不宣

フィックス〖fix〗〔名〕スル ❶固定すること。定着させること。❷日時・場所などを決めること。「次回打ち合わせを明後日の二時で―する」

フィッシャー〖Emil Fischer〗[1852～1919]ドイツの化学者。生体を構成する物質について研究し、尿酸などのプリン体、糖類の合成やたんぱく質からのアミノ酸の分離など、広い分野にわたる業績がある。1902年ノーベル化学賞受賞。

フィッシャー〖fisher〗▶フィッシャーマン

フィッシャー〖Irving Fisher〗[1867～1947]米国の経済学者。貨幣理論・物価指数論などに貢献。著「価値と価格の理論の数学的研究」「貨幣の購買力」など。

フィッシャーマン〖fisherman〗漁師。フィッシャー。

フィッシャーマンズ‐セーター〖fisherman's sweater〗《「フィッシャーマンセーター」とも》北欧やアイルランドの漁師たちが着た防寒用の手編みセーター。防水性のある生成りの太い毛糸を使用し、太い縄編みの縦柄が特徴。

フィッシャーマンズ‐ワーフ〖Fisherman's Wharf〗米国カリフォルニア州サンフランシスコ中心部の一地区。代表的な観光地。名称の由来は、イタリア人漁夫の船着場として栄えたことから。海産物を使った料理が有名。

フィッシャーマン‐セーター〖fisherman's sweater〗▶フィッシャーマンズセーター

フィッシュ〖fish〗魚。魚類。

フィッシュアイ‐レンズ〖fisheye lens〗▶魚眼レンズ

フィッシュ‐アンド‐チップス〖fish and chips〗タラなど白身魚のフライに、棒状のポテトフライを添えたもの。ビネガーをかけて食べる。英国の大衆料理の一。

フィッシュー〖fichu〗絹や綿、レースなどの薄いスカーフまたはショールのこと。両肩にかけ、端を胸のところで交差させたり、玉結びにして用いる。

フィッシュ‐スプーン〖fish spoon〗西洋料理で、魚料理用のフォークやナイフに代わるもの。スプーンを幅広に平たくした形で、魚料理にかけたソースと、

やわらかい白身魚の料理をともにすくえる。
フィッシュ-ナイフ〖fish knife〗魚料理用の食卓用ナイフ。肉用ナイフより刃が薄く、先に反りをつけたり、くびれた形に切り込んだり、刃の峰や柄に彫り模様をつけたりするなどの特徴がある。
フィッシュ-ボール〖fish ball〗魚肉をほぐし、じゃがいもなどを混ぜて団子形にまるめ、油で揚げたり焼いたりしたもの。
フィッシュ-ミール〖fish meal〗魚粉。主に家畜の補足飼料とする。
フィッシュ-ロード《和 fish＋road》魚が回遊する通り道。
フィッシング〖fishing〗魚釣り。釣り。
フィッシング〖phishing〗►フィッシング詐欺
フィッシング-さぎ【フィッシング詐欺】《phishing》実在する金融機関や企業などを装った偽の電子メールやウェブサイトで、クレジットカードの番号や暗証番号などの個人情報を不正入手する詐欺行為。フィッシング。
フィッター〖fitter〗注文に合わせて洋服の仮縫いをし、客のからだにぴったり合うようにする職業の人。
ふ-いっち【不一致】一致しないこと。ぴったり合わないこと。「意見の—」「性格の—」
(類語)不整合・不釣り合い・食い違い・齟齬そご・牴牾ていご・相反・対立・ミスマッチ
フィッツジェラルド〖Francis Scott Key Fitzgerald〗[1896〜1940]米国の小説家。「ロストジェネレーション(失われた世代)」の代表者の一人で、第一次大戦後の社会風俗を描いた。作「偉大なるギャツビー」「夜はやさし」など。
フィッツジェラルド-こうえん【フィッツジェラルド公園】コウエン《Fitzgerard Park》アイルランド南部、コーク州の都市、コークにある公園。コーク大学の北側、リー川と水路に挟まれた中洲に位置する。敷地内にコークの歴史を紹介するコーク博物館がある。
フィッツナウ〖Vitznau〗スイス中部、ルツェルン州、フィアワルトシュテッター湖北岸にある町。リギ山の観光拠点として知られ、1871年に開通したヨーロッパ最古の登山鉄道、フィッツナウリギ鉄道が山頂と結んでいる。
フィッツロイ-さん【フィッツロイ山】《Monte Fitz Roy》アルゼンチン南部、パタゴニア地方、アンデス山脈の山。標高3375メートル(3405メートルとも)。世界遺産に登録されたロスグラシアレス国立公園の一部をなす。チャルテル山。
フィッティング〖fitting〗《fit は、合わせるの意》❶調整。整備。❷(仮縫いの)着付け。寸法合わせ。
フィッティング-ルーム〖fitting room〗服飾品店などに設置されている試着室。
フィット〖fit〗〔名〕スル 寸法や型などがぴったり合うこと。また、適合すること。「からだに—したTシャツ」「若者に—した音楽」
フィット-アンド-フレア〖fit and flare〗からだの線にぴったり合ったラインに、広がって揺れるようなラインを付加したもの。上半身はからだにぴったり合わせ、スカートは裾すそが広がるスタイル。
フィットネス〖fitness〗健康。また、健康や体力の維持・向上を目的として行う運動。「—クラブ」
フィットネス-ウオーキング《和 fitness＋walking》健康づくり・体力づくりを目的に野山などを歩くこと。
フィットネス-クラブ〖fitness club〗フィットネス(健康)のための各種器具・設備を備え、専門のインストラクターや健康管理・体力づくりのプログラムをもつ、会員制クラブ。ヘルスクラブ。スポーツクラブ。スポーツジム。
フィディアス-の-しごとば【フィディアスの仕事場】►フェイディアスの仕事場
ブイ-ティー〖VT〗《videotape》ビデオテープ。
ブイ-ディー〖VD〗《videodisc》ビデオディスク。
ブイ-ディー〖VD〗《venereal disease》性病。
ブイ-ティー-アール〖VTR〗❶►ビデオテープレコーダー ❷転じて、ビデオカメラで撮影された映像のこと。録画。ビデオ。「もう一度—で確認してみましょう」
(補説)❷は、ビデオテープに限らず、DVDや他の媒体に保存された動画映像全般をさす。
(類語)録画・映像・ビデオ・ブイ
ブイ-ティー-エックス〖VTX〗►ビデオテックス
ブイ-ディー-エッチ〖VDH〗《valvular disease of the heart》►心臓弁膜症
ブイ-ディー-ティー〖VDT〗《visual display terminal; video display terminal》コンピューターやワープロにつながれた画面表示をする端末装置。
ブイディーティー-しょうがい【VDT障害】シャウガイ《visual display terminal syndrome; video display terminal syndrome》►VDT症候群
ブイディーティー-しょうこうぐん【VDT症候群】シャウコウグン《visual display terminal syndrome; video display terminal syndrome》コンピューターのディスプレー(VDT)などを長時間見続けて作業することにより生じる健康障害の総称。眼精疲労、肩こり、腰痛、不眠などの身体的・精神的疾患がある。テクノストレス眼症。➡テクノストレス
ブイ-ティー-ピー〖VTP〗《video tape player》ビデオテーププレーヤー。
ブイ-ディー-ピー〖VDP〗《video disc player》ビデオディスクプレーヤー。
フィデリオ〖ドイツ Fidelio〗ベートーベン作曲の唯一のオペラ。全2幕。1805年ウィーンで初演。二度の大幅な改訂ののち、14年に決定版が完成。
フィデリティー〖fidelity〗オーディオ用語で、原音に対する忠実度をいう。「ハイ—」
ふい-と〔副〕思いがけず。突然。急に。ふと。「—用事を思い出す」「—旅に出る」
ぷい-と〔副〕❶急に不機嫌になるさま。「—横を向く」❷「ふいと」に同じ。「呼び寄せておいて—立つのはひどい」〈蘆花・思出の記〉
ブイトール-き【VTOL機】《vertical takeoff and landing aircraft》滑走しないで垂直に離着陸する航空機。垂直離着陸機。
フィトクローム〖phytochrome〗►フィトクロム
フィトクロム〖phytochrome〗光エネルギーの受容体として働く色素たんぱく質。赤色光と近赤外光の二つの吸収スペクトル型を示し、相互に可逆的に変化して、植物の生長・形態形成を調節する。
フィドル〖fiddle〗❶バイオリンのこと。特に、カントリー-アンド-ウエスタンやアイリッシュミュージックなどの大衆音楽で使われる場合にいう。❷►フィーデル
フィトンチッド〖ロシア fitontsidï｜phytoncide〗樹木から放出される揮発性の物質。芳香と殺菌性があり、テルペンの類とされる。ソ連のB＝トーキンが発表した。➡森林浴
フィナーレ〖イタリア finale〗❶㋐交響曲・ソナタなどの最後の楽章。終章。終曲。㋑オペラで、各幕あるいは全曲の最後の場面。幕切れ。❷演劇などの最後の幕。また、物事の締めくくりの部分。大詰め。
(類語)終わり・最後・おしまい・幕切れ・閉幕・幕・終しまい・最終・結末・結び・締め括くくり・結尾・末尾・掉尾ちょうび・掉尾とうび・終局・終幕・大詰め・土壇場どたんば・ラスト・エンディング・フィニッシュ
フィナーレ-リーグレ〖Finale Ligure〗イタリア北西部、リグリア州の町。リビエラ海岸西部(リビエラ-ディ-ポネンテ)の海岸保養地の一。
フィナンシェ〖フランス financier〗アーモンド粉に卵白・砂糖・バターなどを混ぜて焼いた菓子。
フィナンシャル〖financial〗►ファイナンシャル
フィナンシャル-タイムズ〖The Financial Times〗イギリスなどで読まれている日刊高級紙の一つ。1888年に創刊。当初はシティーの金融業者を主な読者としたが、後に政治や社会などの記事も充実させドイツや米国など国外でも販売している。全世界での発行部数は約35万6194部(2011年6月)で、英国外での部数の方が多い。FT。
フィナンシャル-プランナー〖financial planner〗►ファイナンシャルプランナー
フィニステレ〖Finisterre〗スペイン北西部、ガリシア州の町。イベリア半島北西岸に位置し、大西洋に南方に伸びるフィニステレ岬がある。「地の果て」を意味するが、同国最西端は北方約20キロメートルに位置するトゥリニャン岬。
フィニッシュ〖finish〗〔名〕スル ❶終えること。終わること。終わり。終了。「コンサートツアーが成功裏に—する」❷運動競技で、最後の場面。㋐体操競技の最後の技から着地までの動作。㋑ボートで、ストロークの終わり。㋒ゴルフ・テニスなどで、クラブ・ラケットなどの振り終わりの姿勢・状態。(類語)終わり・最後・おしまい・終了・終結・終焉しゅうえん・終末・果てし・幕切れ・閉幕・幕・打ち止め・ちょん・完かん・了りょう・ジエンド
フィニッシュ-ワーカー《和 finish＋worker》文字・イラスト・グラフ・写真などを台紙に切り貼りし印刷物の版下を完成させる人。
ブイ-ネック〖V neck〗セーターなどで、V字形の襟ぐり。
ぶい-の-か【武ˣ韋の禍】ブヰークワ 中国の唐代、高宗㊀の皇后の則天武后と中宗の皇后の韋后が、一時的に政権を奪って政治の混乱を招いた事件。
ブイ-ビー〖VB〗《Visual Basic》►ビジュアルベーシック
ブイ-ビー〖VB〗《venture business》►ベンチャービジネス
ブイ-ピー〖VP〗《vice-president》副大統領。副社長。
ブイ-ピー〖VP〗《verb phrase》文法で、動詞句。
ブイ-ピー〖VP〗《和 video＋package》►ビデオパッケージ
ブイ-ビー-アール〖VBR〗《variable bit rate》►可変ビットレート
ブイビーアール-コントロール【VBRコントロール】《variable bit rate control》►可変ビットレート
ブイ-ビー-アイ〖VBI〗《vertical blanking interval》アナログテレビ放送の電波の中でビデオ画像を含まない空白部分。文字放送やデータ放送に利用される。垂直帰線消去期間。(補説)画面の上端から下端まで走査して1フレーム分の画像を描画し終えた後、画面の上端に戻って次のフレームを描画し始めるまでの間のことで、NTSC方式の場合、映像を構成する525本の走査線のうち最初の21本がこれにあたる。
ブイ-ビー-アイ-イー-ディー〖VBIED〗《vehicle-borne improvised explosive device》►自動車爆弾
ブイ-ビー-エス〖VBS〗《Visual Basic Script》►ブイビースクリプト
ブイ-ピー-エヌ〖VPN〗《virtual private network》インターネットなどの公共のネットワークを、あたかも専用回線のように利用すること。仮想プライベートネットワーク。バーチャルプライベートネットワーク。
ブイ-ピー-オー〖VPO〗《Vienna Philharmonic Orchestra》ウィーンフィルハーモニー管弦楽団。オーストリアのウィーンに本拠を置くオーケストラ。1842年創設。ドイツ語ではWPh(Wiener Philharmoniker)と略す。
ブイビー-スクリプト〖VBScript〗《Visual Basic Script》インターネット用のスクリプト言語の一。米国マイクロソフト社がビジュアルベーシックをもとに開発。同社のインターネットエクスプローラー上で動作する。
ブイ-ピー-ユー〖VPU〗《visual processing unit》GPUの画像処理機能を強化したビデオチップの一。
フィヒテ〖Johann Gottlieb Fichte〗[1762〜1814]ドイツの哲学者。カント哲学から出発して物自体の考えを否定、自我の実践性を理論的認識にまで広げて基礎づけ、倫理的色彩の濃い思想体系を樹立。ナポレオン占領下のベルリンでの講演「ドイツ国民に告ぐ」は有名。著「全知識学の基礎」など。
フィファ〖FIFA〗《フランス Fédération Internationale de Football Association》サッカーの国際的な統括団体。4年ごとに行われるワールドカップやオリンピックのサッカー競技、世界選手権などを主催・運営する。1904年設立。本部はチューリヒ。国際サッカー連

ふ

盟。フィーファ。

フィファ-ランキング〘FIFA ranking〙FIFAの定める加盟各国の代表チームの順位。

ぶい-ぶい ㊀〔副〕不平などをうるさく言いたてるさま。ぶうぶう。「常に―地口をいふ人も、点取りでは言へませぬ」〈滑・浮世風呂・四〉㊁〔名〕うるさく言いがかりをつけて嫌われる人。「何さ―共、人おどしの腕(かひな)に色々の彫り物して」〈浄・油地獄〉

ブイ-ブイ-エス-オー-ピー〘VVSOP〙《very very superior old pale》貯蔵年数からみたブランデーの等級の一。40年以上のもの。

フイフイ-きょう【▽回▽回教】ケウ《「フイフイ」は中国語》イスラム教。

フィフォ〘FIFO〙《first-in, first-out》▶先入先出法

フィフティーズ〘fifties〙1950年代。また、その頃流行したファッションや音楽。

フィフティーン〘fifteen〙❶数の、15。❷硬式テニスの得点で、最初のポイントの呼称。❸ラグビーで、1チームの全メンバー。「日本選抜の―」

フィフティ-フィフティ〘fifty-fifty〙〔名・形動〕五分五分。半々。「―な(の)勝敗」「―に分担する」

フィブリノゲン〘fibrinogen〙《「フィブリノーゲン」とも》血漿(けっしょう)中のたんぱく質の一。主に肝臓でつくられる。血液凝固の第一因子で、トロンビンによって限定的な分解を受け、フィブリンとなる。線維素原。

フィブリノゲン-せいざい【フィブリノゲン製剤】人の血液成分を原料とする薬剤。昭和39年(1964)医薬品として承認。出産、手術などで多量に出血した時の止血剤として多く使用された。(補説)原料の血液を売血に頼ったため、C型肝炎ウイルス(HCV)が混入し、感染拡大の原因となった。平成6年(1994)ウイルス不活性化処理が導入される以前に本剤を投与された患者はC型肝炎感染の可能性が一般より高くなっている。➡薬害肝炎救済法

フィブリン〘fibrin〙血液を凝固させる作用をもつたんぱく質。出血の際、血漿(けっしょう)中のフィブリノゲンにトロンビンが作用してできる不溶性の線維状のもの。出血口を網状に覆い、血球を絡めて凝固する。線維素。

ブイ-プロ〘vPro〙▶ヴィープロ

フィブロイン〘fibroin〙絹やクモの糸などの主成分で、繊維状の硬たんぱく質。水・希酸・希アルカリに溶けない。繭糸ではセリシンに包まれている。

フィボナッチ〘Leonardo Fibonacci〙[1180ころ〜1250ころ]イタリアの数学者。ヨーロッパにアラビア数学を紹介した。ユークリッドの幾何学の紹介や回帰数列のフィボナッチ数列でも知られている。著「算盤の書」「平方の書」。ピサのレオナルド。

フィボナッチ-すうれつ【フィボナッチ数列】《Fibonacci numbers》数学で、最初の二項が1で、第三項以降の項がすべて直前の二項の和になっている数列。すなわち、1, 1, 2, 3, 5, …という数列のこと。数学者レオナルド=フィボナッチの名にちなむ。

ブイヤベース〘(フランス) bouillabaisse〙南フランスの郷土料理。白身の魚とカニ・エビ・貝などを煮込み、トマトやサフランで色と香りをつけたスープ料理。

ブイ-ユー〘VU〙《Vulnerable》レッドリストのカテゴリー「絶滅危惧Ⅱ類」の略号。

ブイユー-メーター〘VU meter〙《volume unit meter》音や信号の大きさを示す電圧計で、人間が感じる音量に合った指示をするもの。放送や録音の音量表示に利用。

フィヨルド〘fjord〙氷食によってできたU字谷が海面下に沈み、海水が浸入してできた狭くて深い湾。ノルウェー・南アラスカ・チリ・ニュージーランド南島などに発達。峡湾。峡江(きょうこう)。

ブイヨン〘(フランス) bouillon〙❶西洋料理の基本材料の一。肉・骨・魚類などと香辛料・香味野菜などをいっしょにして長時間煮込んで作る煮出し汁。スープ・ソースのもとにする。❷細菌の培養に用いる肉汁。

フィラ〘Fira〙ギリシャ南東部、エーゲ海に浮かぶティラ島(サントリーニ島)の町。同島西部、海面から約300メートルの崖にあり、急峻な斜面に白壁の建物が並ぶ。アクロティリ遺跡の出土品を展示する新先史期博物館、16世紀から19世紀にかけての島の生活や風物を紹介するメガロンキジ博物館がある。

フィラー〘filler〙❶放送時間の穴埋めに使われる、風景・風物や音楽などが流れる比較的短い番組。埋め草番組。❷「充塡剤」に同じ。❸「ええと」「あの」「まあ」など、発話の合間にはさみこむ言葉。

フィラッハ〘Villach〙オーストリア、ケルンテン州の都市。イタリア、スロベニアの国境近くに位置する。ドナウ川の支流であるドラウ川沿いにあり、古くから交通の要衝として栄えた。現在も同国東部の商業の中心地であり、南ヨーロッパとの物流拠点になっている。近郊のオシアッハ湖畔で毎夏音楽祭が開催される。

フィラテリー〘philately〙切手収集。また、切手研究。

フィラテリスト〘philatelist〙切手の収集家。切手愛好家。

フィラデルフィア〘Philadelphia〙《友愛の町の意》米国ペンシルベニア州南東部、デラウェア川西岸にある港湾・工業都市。1682年にウィリアム=ペンがクエーカー教徒の理想郷として建設。1776年にアメリカ独立宣言、87年に憲法会議の行われた地。人口、行政区145万(2008)。(補説)「費府」とも書く。

ブイ-ラム〘VRAM〙《video RAM》▶グラフィックスメモリー

フィラメント〘filament〙❶電球の発熱線条や、電子管の直熱陰極。ふつう、タングステンを用いる。❷連続した長い繊維。➡ステープルファイバー

フィラリア〘filaria〙▶糸状虫(しじょうちゅう)

フィラリア-しょう【フィラリア症】シヤウ 糸状虫が寄生して起こる病気。熱帯・亜熱帯に多く、人間にはバンクロフト糸状虫・マレー糸状虫などが感染し、アカイエカなどが媒介する。発熱・リンパ管炎・乳糜(にゅうび)尿や象皮病などが起こる。

ブイ-ラン〘VLAN〙《virtual LAN》▶仮想LAN

フィランソロピー〘philanthropy〙《「フィランスロピー」とも》慈善。博愛。また、慈善活動。(企業などの)社会貢献活動。

ふ-いり【不入り】興行などの入場客が少ないこと。

ふ-いり【▽斑入り】地の色と違った色がまだらにまじっていること。また、そのもの。植物では葉・花びらなどにみられる。

ふいり-あざらし【▽斑入海=豹】アザラシ科の一種。体長約1.4メートル。体は灰褐色で、銭形の粗い斑紋をもつ。北極海に多い。幼獣は真っ白い毛で覆われている。貝を主食とする。輪紋(わもん)あざらし。

フィリクーディ-とう【フィリクーディ島】タウ《Filicudi》イタリア南部、シチリア島の北、ティレニア海に浮かぶエオリア諸島の島。同諸島西部に位置し、標高774メートルのフォッサフェルチ山がある。新石器時代から人の居住が認められ、古代ローマ、ビザンチンの遺跡もある。エオリア諸島は2000年に世界遺産(自然遺産)に登録された。

フィリスティン〘Philistine〙▶ペリシテ人(じん)

フィリッピ〘Filippoi〙ギリシャ北東部、トラキア地方の町。古代名ピリッポイまたはピリピ。カバラの北西約15キロに位置する。紀元前4世紀、タソス人の植民都市クレニデスが古代マケドニア王国の領土となり、フィリッポス2世によりピリッポイと改称された。金鉱開発が進められ、エグナティア街道の要衝として発展。続いて古代ローマに支配された。新約聖書に使徒パウロが伝道で訪れたことが記されている。前4世紀の劇場、ローマ時代のアゴラ、初期キリスト教時代の聖堂、司教の館などの遺跡が残る。フィリポイ。フィリピ。

フィリップ〘Charles-Louis Philippe〙[1874〜1909]フランスの小説家。貧しい人々の生活を温かい共感をもって描いた。小説「母と子」「ビュビュ-ド-モンパルナス」など。

フィリップ〘Gérard Philipe〙[1922〜1959]フランスの俳優。国立民衆劇場の主演俳優として活躍。映画では「肉体の悪魔」「赤と黒」「モンパルナスの灯」などに主演し、二枚目として人気を得た。

フィリップ〘Philippe〙㊀(2世)[1165〜1223]カペー朝第7代のフランス王。在位1180〜1223。ルイ7世の子。司法行政組織を改革して中央集権化を達成、カペー王朝の最盛期をつくった。第3回十字軍に参加。また、イギリス国王と戦ってフランス内のイギリス勢力を駆逐。㊁(4世)[1268〜1314]カペー朝第11代のフランス王。在位1285〜1314。教皇と対立し、三部会の設置、教皇庁のアビニョン移転などにより王権を拡大した。㊂(6世)[1293〜1350]バロア朝初代のフランス王。在位1328〜1350。在位中に、イギリス国王エドワード3世との間で王位継承をめぐって百年戦争が起こった。

フィリップス〘Philips〙ヨーロッパの総合電機会社。1891年オランダで設立。経営内容は家電・通信・医療システム・防空システムなどに及ぶ。

フィリップス-きょくせん【フィリップス曲線】賃金変化率と失業率との対応関係を示した曲線。失業率が低下すると賃金は急速に上昇し、逆に失業率が上昇すると賃金は比較的緩やかに低下する。1958年に英国の経済学者フィリップス(A. W. Phillips)が発表。

フィリッポス〘Philippos〙(2世)[前382〜前336]マケドニア王。在位、前359〜前336。アレクサンドロス大王の父。前338年、ボイオティア北西部のカイロネイアにおける戦いでギリシャ連合軍を破って全ギリシャを統一。さらにペルシアへの侵攻を企てたが、暗殺された。

フィリッポポリス〘Philippoupolis〙ブルガリア中南部の都市プロブディフの旧称。紀元前4世紀、マケドニア王フィリッポス2世が占領し、命名したもの。

フィリバスター〘filibuster〙議事妨害。特に、米国連邦議会の上院において、演説を長時間続けて議事進行をさまたげる行為のこと。

フィリピン〘Philippines〙東南アジア、フィリピン諸島を占める共和国。首都マニラはルソン島にある。16世紀にスペインの植民地となり、皇太子フェリペにちなみ命名された。1901年の米西戦争の結果米国領となり、46年に独立。主要産業は農林業。人口9990万(2010)。比国。(補説)「比律賓」とも書く。

フィリピン-かい【フィリピン海】フィリピン諸島の東に接する太平洋の一部で、小笠原・マリアナ・パラオ諸島や南西諸島などに囲まれる海域。

フィリピン-かいこう【フィリピン海溝】フィリピン諸島の東、西太平洋にあり、南北にのびる海溝。最深部は1万57メートルのケープジョンソン海淵。ミンダナオ海溝。

フィリピンかい-プレート【フィリピン海プレート】フィリピン海にあるプレート。南海トラフ・琉球海溝・フィリピン海溝などが後世ユーラシアプレートの下に沈み込むと予想されている。

フィリピン-しょとう【フィリピン諸島】ショタウ 太平洋と南シナ海の間にある諸島。ルソン島・ミンダナオ島を主島とし、7100余の島々からなる。フィリピン群島。

フィリピン-わし【フィリピン×鷲】《Philippine eagle》ワシタカ目ワシタカ科の鳥。フィリピンの森林にすみ、主としてサルやヒヨケザルなどを捕食する。森林伐採などが原因で、その数は著しく減少している。

フィリペイオン〘Philipeion〙ギリシャ、ペロポネソス半島北西部、ゼウスの神域として知られるオリンピアにある遺跡。紀元前4世紀、マケドニア王フィリッポス2世のカイロネイアの戦いでの勝利を記念して、イオニア式の列柱をもつ円形の記念碑が建造された。

フィリポイ〘Philippoi〙▶フィリッピ

ブイ-りゅうし【V粒子】リフシ ウィルソンの霧箱の中で、V字形の飛跡を残す宇宙線の一つ。

フィリング〘filling〙料理で、詰め物の中身のこと。

フィルター〘filter〙❶液体や気体の中の不要物を通過させない装置。濾過(ろか)器。濾過装置。「―付きタバコ」❷色ガラスなどを用いて、ある波長の光だけを透過させる装置。写真撮影に用いる。濾光(ろこう)器。濾光板。「偏光―」❸電気通信機器で、ある周波数のも

のだけを通過させる装置。濾波器。❹コンピューターで、ある特定の条件に合致したデータだけを出力するプログラムやサービス。➡フィルタリングソフト ➡フィルタリングサービス

フィルダウシー〘Firdausī〙[934ころ〜1025ころ]ペルシアの詩人。ペルシアの伝説・歴史を集大成した長編叙事詩「シャー-ナーメ(王書)」の作者。

フィルタリング-サービス〘filtering service〙インターネットのプロバイダーや携帯電話事業者などが提供するサービスの一。サーバー側で制限をかけ、未成年にふさわしくない内容など特定のウェブサイトにアクセスできないようにするもの。URLフィルタリングサービス。インターネットフィルタリングサービス。コンテンツフィルターサービス。➡フィルタリングソフト ➡ブロッキング

フィルタリング-ソフト《filtering softwareから》特定のウェブサイトへのアクセスを禁止し、ウェブページを表示させないソフトウエア。未成年にふさわしくない内容のウェブサイトの閲覧を防止するために、学校や家庭などで利用される。URLフィルター。インターネットフィルタリングソフト。コンテンツフィルター。➡フィルタリングサービス

フィルハーモニー〘ドイツ Philharmonie〙管弦楽団の名称に用いられる語。「ベルリン―」

フィルマー〘Robert Filmer〙[1590ころ〜1653]英国の政治思想家。絶対君主制の基礎を、人類の父祖アダムの家長権の延長に求める説を主張。著「パトリアーカ(家父長制論)」など。

フィルム〘film〙❶薄い膜。❷アセチルセルロースやポリエステルなどの透明な薄い膜に感光乳剤を塗った写真感光材料。また、それを現像した陰画や陽画。写真フィルム。❸連続的に❷に写しとった映像。特に、映画のこと。
類語 映画・活動写真・幻灯・シネマ・キネマ・スライド・ムービー・アニメーション

フィルム-カウンター〘film counter〙フィルム枚数計。フィルムの撮影枚数を知るための装置。

フィルム-カメラ〘film camera〙銀塩フィルムを使って撮影する写真機。デジタルカメラに対していう。銀塩カメラ。

フィルム-スキャナー〘film scanner〙スキャナーの一。35ミリ判やAPSなどの写真用フィルムの画像を、透過光により高解像度で読み取る。

フィルム-ノアール〘フランス film noir〙《noirは黒の意》第二次大戦後に多く見られた映画のジャンルで、リアルな手法で犯罪を描くもの。暗黒映画。フィルムノワール。

フィルム-パック〘film pack〙フィルムを手札判に切り、12枚を一組にしてケースに入れたもの。箱入りフィルム。

フィルム-バッジ〘film badge〙放射線を感じやすい特殊フィルムの入ったバッジ型容器。放射線作業者が身につけ、その感光度から被曝放射線量を測定する。

フィルム-ベース〘film base〙写真用フィルムの基底となる材料。ポリエステルなどのプラスチックを使用し、その上に感光乳剤が塗布される。

フィルム-ライブラリー〘film library〙映画フィルムを収集・保管し、公共の利用に供する施設。

フィルモア〘Millard Fillmore〙[1800〜1874]米国の政治家。第13代大統領。在任1850〜1853。ホイッグ党。下院議員などを経て、1849年に副大統領に就任。第12代大統領テーラーが在任中に病死したため、大統領に就任した。52年には、ペリーを日本に派遣した。➡ピアース

フィルモグラフィー〘filmography〙監督・俳優など、ある人間が携わった映画作品のリスト。また、テーマ別に選び出した作品の概要を記したリスト。

フィレ〘フランス filet〙➤ヒレ

フィレリモス-の-おか【フィレリモスの丘】ギリシャ《Filerimos》ギリシャ南東部、エーゲ海にあるロードス島の町イアリソス(トリアンダ)近郊にある丘。標高267メートル。ドリス人が築いた古代都市の遺跡がある。前4世紀から前3世紀頃のアテナを祭った神殿が残るほか、初期キリスト教時代の教会と洗礼盤、聖ヨハネ騎士団が建てたパナギア教会と修道院がある。

フィレンツェ〘Firenze〙イタリア中部の古都。トスカーナ州の州都。ローマ時代に建設され、中世には強力な共和政都市国家を形成。メディチ家の支配のもとでイタリアルネサンスの中心地となった。多くの歴史的建築物が残り、美術館が多い。1982年「フィレンツェ歴史地区」として世界遺産(文化遺産)に登録された。名は花の都の意。英語名フローレンス。

フィレンツェ-は【フィレンツェ派】13世紀から16世紀、フィレンツェで活躍した画家たち。ルネサンス美術に指導的役割を果たした。ジョット・アンジェリコ・ボッティチェリ・レオナルド＝ダ＝ビンチ・ミケランジェロなど。

フィロズ-シャー〘Fīrūz Shāh〙㊀[?〜1296]インドのハルジー朝の始祖。在位1290〜1296。奴隷王朝を倒して王位に就き、のち、甥に暗殺された。㊁[?〜1388]インドのツグルク朝第3代の王。在位1351〜1388。ヒンズー教文化とイスラム教文化の調和を図った。

フィロセウ-しゅうどういん【フィロセウ修道院】ニシア語《Moni Philotheou》➤フィロテウ修道院

フィロソファー〘philosopher〙哲学者。哲人。

フィロソフィー〘philosophy〙哲学。

フィロソマ〘phyllosoma〙イセエビ類の孵化後の幼生。透明で、腹部はまだ発達せず、付属肢がよく発達している。1年近く浮遊生活をし、プエルルス幼生に変態してから底生生活に移行する。

フィロテウ-しゅうどういん【フィロテウ修道院】ニシア語《Moni Philotheou》ギリシャ北部、ハルキディキ半島にある東方正教会の聖地アトス山の修道院。10世紀末の創設。主聖堂は16世紀に建造された。三大ギリシャ教父の一人、名説教で知られたヨハネス＝クリソストモス(黄金の口のヨハネス)の聖遺物がある。付設の図書館はロシア語、ルーマニア語をはじめとする多数の写本を所蔵する。フィロセウ修道院。

フィロデンドロン〘ラテン Philodendron〙サトイモ科の観葉植物。多くは蔓性で、鉢植えにする。

フィロパポス-の-おか【フィロパポスの丘】ギリシャ《Filopappou》ギリシャの首都アテネにある丘の一つ。標高147メートル。アクロポリスの南西に位置し、2世紀頃にアテネの貢献した古代ローマの執政官フィロパポスの記念碑が建っている。南西麓には約900人を収容するドーラストラトゥ野外劇場があり、夏期には民族舞踊などが催される。

ブイ-ロボット〘buoy robot〙外洋で気象や海のようすを自動的に観測し、測定値を無線で通報する装置を搭載したブイ。

フィロロジー〘philology〙文献学。言語学。

フィロン〘Philōn〙[前20ころ〜50ころ]アレクサンドリアのユダヤ人哲学者。ユダヤ思想とギリシャ哲学との融合を図った。アレクサンドリアのフィロン。

ブイワップ〘VWAP〙《Volume Weighted Average Price》当日の取引における価格ごとの出来高を加味して、平均した株価のこと。当日の売買代金を当日の出来高で割って算出する。その日にその銘柄を購入した人々の平均買いコストと解釈できる。売買高加重平均価格。

フィン〘fin〙❶魚のひれ。❷潜水用の足ひれ。❸飛行船・サーフボードなどの垂直安定板。

ふ-いん【父音】「子音」に同じ。

ふ-いん【府×尹】ゴキ ❶中国の官名。府の長官。❷日本統治時代の朝鮮で、各府に置かれて府の行政事務を管掌した地方官。

ふ-いん【訃音】死亡の知らせ。訃報。ふおん。「―に接する」類語 訃・訃報・凶報・悲報

ぶ-いん【部員】ゴキ 部に所属し、部を構成する人。

ぶ-いん【無音】❶久しく便りをしないこと。音信がとだえること。無沙汰。「御―に打ち過ぎ申し訳ございません」❷しかるべきあいさつや、ことわりのないこと。「―に乱入の条、甚だ謂なし」〈保元・中〉❸黙っていること。無言。「今や物言ひ懸くる、と待ちけるに、―に過ぐれば」〈今昔・二七・一三〉

フィン-ウゴル-ごは【フィンウゴル語派】《Finno-Ugric》サモエード語派とともにウラル語族を構成する語派。フィンランド語・エストニア語を含むバルト-フィン諸語、ハンガリー語を含むウゴル諸語など。

フィンガー〘finger〙❶指。また、指状のもの。「―チョコ」❷《finger deckの略》飛行場で、送迎のためのデッキ。

フィンガー-ウエーブ〘finger wave〙水や、セットローションで頭毛をぬらして、くしと指を使ってウエーブをつくる技術のこと。

フィンガーチップス-レングス〘fingertips length〙腕を垂直にたらしたときの指先の位置までの丈の長さのこと。コートなどの丈の長さを表す。

フィンガープリント〘fingerprint〙指紋。

フィンガー-ペインティング〘finger painting〙指や手に絵の具をつけて絵を描くこと。また、その絵。

フィンガー-ボウル〘finger bowl〙西洋料理で、食後に指先を洗うために水を入れておく小鉢。

フィンガーボード〘fingerboard〙❶バイオリンやギターなどで、音程をとるために指でおさえる、弦の下の板。指板。❷ピアノ・オルガンなどの、鍵盤。

フィンガー-ボール〘finger bowl〙➤フィンガーボウル

フィンガリング〘fingering〙楽器を演奏するときの指使い。

フィンガル-の-どうくつ【フィンガルの洞窟】《Fingal's Cave》英国スコットランド西岸、インナーヘブリディーズ諸島の無人島、スタッファ島にある海食洞。柱状節理の海食崖が波の浸食を受けて形成された。フェリックス＝メンデルスゾーンはこの奇観に着想を得て「フィンガルの洞窟」を作曲した。

フィン-きゅう【フィン級】ゴキ《Finnはフィンランドの意》ヨット競技の種目の一。オリンピック種目。全長4.5メートルの一人乗りヨットを使用。1952年のヘルシンキ大会に初めて登場した。

フィンシュテック〘Pfingstegg〙スイス中西部、ベルン州、ベルナーオーバーラントにある展望地。標高1387メートル。同地域の観光拠点となるグリンデルワルトから最も近く、ロープウエーで結ばれる。

フィン-じん【フィン人】《Finn》フィンランドを中心にヨーロッパ北部に居住し、フィンランド語を用いる民族。

フィン-スイミング〘fin swimming〙1枚の足ひれとシュノーケルを使って潜水し、水中を進むマリンスポーツ。

フィンチ〘finch〙ヒワ類などの小鳥。また、外国産のベニスズメ・キンカチョウなどの小鳥。

フィンランディア〘Finlandia〙シベリウス作曲の交響詩。1899年作曲、翌年初演。帝政ロシアの支配下における民衆の愛国独立運動を描く。

フィンランド〘Finland〙ヨーロッパ北部、スカンジナビア半島の基部に位置する共和国。首都ヘルシンキ。8世紀ごろにフィン人が定着。12世紀以来、主にスウェーデン領。1809年以後はロシア領。1917年に独立。森林と氷河湖が多く、林業が盛ん。フィンランド語での呼称は湖沼の意のスオミ。人口526万(2010)。補説「芬蘭」とも書く。

フィンランド-ご【フィンランド語】ウラル語族のフィン-ウゴル語派に属する言語。フィンランドの国語。

ふう【▽二】「ふ」の音変化。「ひい、―、みい」

ふう【封】❶文書・袋・箱などを閉じふさぐこと。また、その閉じた部分。「―をする」「―を切る」❷閉じふさいだ部分につけるしるし。「〆」「封」「緘」などの文字を記す。➡漢「ふう(封)」

ふう【風】❶ある地域・社会などの範囲内で一般に行われている生活上の様式。また、やり方・流儀。風俗・習慣。ならわし。「都会の―になじむ」「昔の―を守る」「武家の―」❷人や物の姿・かっこう。なり。風体。「医者の―を装う」❸それらしいようす。ふり。「知

らない―をする」「気どった―」❹世間への体裁。聞こえ。「隣近所へ―の悪い思いをする」〈近松秋江・別れたる妻に送る手紙〉❺性格の傾向。性向。「人を疎んじる―がある」❻「詩経」の六義(りくぎ)の一。諸国の民衆の間で作られた詩歌。❼名詞に付いて、そういう様式である、そういう外見である、その傾向がある、などの意を表す。「地中海―の料理」「アララギーの短歌」「役人―の男」➡漢「ふう(風)」
類語 振り・体(てい)・なり・風体・姿・様子・様(さま)

ふう【×楓】マンサク科の落葉高木。葉は長い柄をもち、手のひら状に大きく三つに裂け、縁にぎざぎざがある。秋に紅葉する。春、新葉とともに雌花と雄花が咲き、球形でとげのある実を結ぶ。中国の原産。樹脂は芳香があり、楓香脂(ふうこうし)といい薬用。近縁のモミジバフウは北アメリカなどの原産で、葉は5～7裂する。ともに公園樹や街路樹とする。補説「かえで」は別種。➡漢「ふう(楓)」

ふう〔感〕相手の話に感心したり、あきれたりしたときに発する語。「―、お客とか」〈滑・浮世風呂・二〉

ブー〘boo〙軽蔑・不承知・威嚇などを表す叫び声。➡ブーイング

プーアール-ちゃ【普洱茶】▶プーアル茶

ふう-あい【風合(い)】(フウアヒ) 生地などの手ざわりや外観から受ける感じ。「絹のような―」

ブーア-じん【ブーア人】▶ボーア人

ブーア-せんそう【ブーア戦争】(センサウ)《Boer War》▶南ア戦争

ふう-あつ【風圧】風が前面に置いた物体に加える圧力。風速の2乗に比例して増加する。

プーアル-ちゃ【普洱茶】《「プーアル」は中国語》中国雲南省に産する茶。緑茶にコウジカビを繁殖させて製したもの。普洱はかつての集散地。プーアール茶。

ふう-い【風位】(ヰ) 風の吹き進む方向。風向(ふうこう)。かざむき。

ふう-い【風威】(ヰ) 風の威力。風の勢い。「一益々加わり」〈独歩・愛弟通信〉

ふう-い【×諷意】遠まわしに示された意味。ほのめかした気持ち。「小説に―を寓して世を誡むるの力あるは」〈逍遥・小説神髄〉

ふう-いん【封印】〔名〕(スル) ❶封をした証拠として印を押したり証紙をはったりすること。また、その印や証紙。「書類を入れて―する」❷公務員が法律の規定に基づき、有体動産の現状の変更を禁止するため、その物の上に印章を押した標識を施すこと。また、その標識。類語 封・封緘(ふうかん)・封緘紙・シール

ふう-いん【風韻】(ヰン) 風流なおもむき。風趣。
類語 おもむき・風情・風趣・風流・風雅・気韻

ふういん-きり【封印切】浄瑠璃「冥途(めいど)の飛脚」の中の巻の通称。八右衛門の悪口に逆上した忠兵衛が、屋敷の金300両の封印を切って八右衛門にたたきつける場面。

ブーイング〘booing〙音楽会・演劇・競技会などで聴衆・観衆がぶうぶう言って不満や非難を表すこと。また、その声。「―を浴びせる」

ふういん-つき【封印付き】❶悪人として世間に知れわたっていること。また、その人。札付き。「―の極悪人」❷江戸時代、両替屋が通貨をひと包みにして封印をしたもの。

ブウィンディ-げんせいこくりつこうえん【ブウィンディ原生国立公園】(ゲンセイコクリツコウヱン)《Bwindi》ウガンダの国立公園。コンゴ民主共和国との国境とアフリカ大地溝帯の西部に沿う山岳・森林地帯。植物では100種以上のシダ類、動物では300種を超える鳥類、200種を超えるチョウなどが確認されており、絶滅が危惧されているマウンテンゴリラ約300頭が生息する。1994年、世界遺産(自然遺産)に登録された。

ふういんとうはき-ざい【封印等破棄罪】公務員が施した封印や差し押さえの表示を損壊・無効にする罪。刑法第96条が禁じ、3年以下の懲役もしくは250万円以下の罰金に処せられ、または併科される。封印破棄罪。

ふういん-ぼく【封印木】化石の木生シダ。鱗木(りんぼく)類の一種で、石炭紀から二畳紀にかけて栄えた。高さ約30メートル、枝がなく、頂端に細長い葉を密につけ、その葉の落ちた跡が六角形または菱形で封印に似る。

ふう-う【風雨】❶風と雨。「―にさらす」❷強い風をともなって降る雨。あらし。「―をついて行く」
類語 雨風・嵐・暴風雨・ストーム

ふう-うん【風雲】❶風と雲。風や雲。また、自然。❷事の起こりそうな情勢。「維新の―に際会して身を起し」〈蘆花・不如帰〉❸竜が風と雲とを得て天に昇るように、英雄・豪傑が頭角を現す好機。

風雲急を告・げる 今にも大きな変動が起きそうな、さしせまった情勢である。「―・げる政界再編の動き」

ふううん-じ【風雲児】社会の変動などに乗じて活躍する英雄的人物。「映画界の―」類語 英雄・ヒーロー・雄・英傑・傑物・傑士・傑人・人傑・俊傑・怪傑

ふううん-の-かい【風雲の会】(クワイ) ❶激変する世に、明君・賢臣となるべき人物がめぐり会って君臣の義を結ぶこと。❷すぐれた人物が大望を達成する絶好の機会。

ふううん-の-こころざし【風雲の志】竜が風や雲を得て昇天するように、機会を得て大功を立てたり、立身出世したりしようとする志。

ふううん-の-じょう【風雲の情】(ジヤウ) 大自然の中をさすらいたいという気持ち。

ふう-えい【×諷詠】〔名〕(スル) 詩歌を作ったり、吟じたりすること。「花鳥―」

ふうえい-ほう【風営法】(ハフ)「風俗営業等の規制及び業務の適正化等に関する法律」の略。

ふう-か【風化】(クワ)〔名〕(スル) ❶地表の岩石が、日射・空気・水・生物などの作用で、しだいに破壊されること。また、その作用。❷記憶や印象が月日とともに薄れていくこと。「戦争体験が―する」❸徳によって教化すること。「一世の―に関係する有用の人となることを得べし」〈中村訳・西国立志編〉❹「風解(ふうかい)」に同じ。

ふう-か【富家】「ふか(富家)」に同じ。

ふう-が【風雅】〔名・形動〕❶高尚で、みやびな趣のあること。また、そのさま。「―な住まい」❷詩文・書画・茶道などのたしなみのあること。「―の心得」❸蕉門で、俳諧のこと。また、その美の本質。「予が―は夏炉冬扇のごとし。衆にさかひて用ゐる所なし」〈風俗文選・柴門辞〉❹「詩経」の六義(りくぎ)のうちの風と雅。また、「詩経」の国風の大雅・小雅。
類語 風流・高雅・雅趣・雅致・風趣・風致

フーガ〘イタリア fuga〙楽曲形式の一。一つ、あるいは複数の主題が次々と複雑に模倣・反復されていく対位法的楽曲。遁走曲(とんそうきょく)。

ふう-かい【風解】〔名〕(スル) 結晶水を含む結晶体が、空気中で結晶水を失い、粉末になる現象。風化。

ふう-かい【風懐】(クワイ) 風流な心。胸中の思い。

ふう-かい【×諷戒】〔名〕(スル) 遠まわしにいましめること。「『源氏物語』を評論して、時世を―せし書ぞといい」〈逍遥・小説神髄〉

ふう-がい【風害】強風や旋風(つむじかぜ)などによる被害。

ふう-かく【風格】❶その人の容姿や態度などに現れる品格。「大人(たいじん)の―」❷味わい。趣。「―のある文章」類語 品・品位・品格・気品・格調・貫禄(かんろく)

ふうか-ざんりゅうこうしょう【風化残留鉱床】(フウクワザンリウクワウシヤウ)▶残留鉱床

ふうがしゅう【風雅集】(フウガシフ)「風雅和歌集」の略称。

ふうか-せっかい【風化石灰】(フウクワセククワイ) 生石灰(酸化カルシウム)が、空気中の水分を吸収し、粉末の消石灰(水酸化カルシウム)になったもの。

フーカデン《フランス fricandeauから》❶牛のひき肉にパン・玉ねぎ・卵などを混ぜ、かまぼこ形にして天火で焼いた料理。フリカンドー。❷ひき肉の中にゆで卵を包み込み、天火で焼いた料理。卵の切り口を見せて盛る。

ふう-がら【風柄】❶風采(ふうさい)。容姿。❷人柄。人品。

ふうがわかしゅう【風雅和歌集】(フウガワカシフ) 室町前期の勅撰和歌集。20巻。花園院監修、光厳院撰。正平4＝貞和5年(1349)ごろ成立。京極派の流れをくむ撰集で、歌数2200余首。風雅集。

ふう-がわり【風変(わ)り】(がはり)〔名・形動〕ようすや性質・行動などが普通と違っていること。また、そのさま。「彼の演出はちょっと―だ」「―な趣味」
類語 奇妙・奇異・異様・奇矯・奇抜・とっぴ・けったい・へんてこ・変・エキセントリック

ふう-かん【封×緘】〔名〕(スル) 手紙や文書などの封をとじること。また、そのもの。封。「―した郵便物」
類語 封・封印・封緘紙・シール

ふう-かん【風寒】風と寒さ。また、風が吹いて寒いこと。「はだえ堅く血気つよくなりて―に感ぜず」〈和俗童子訓・一〉

ふう-かん【風鑑】❶見識。識見。❷風采・容貌などによってその人の性質を判断すること。また、その判断。「―の津梁(しんりょう)たり」〈露伴・運命〉

ふう-かん【×諷×諫】〔名〕(スル) 遠まわしに忠告すること。また、その忠告。「細君の顔には多少―の意が現れていた」〈漱石・道草〉

ふう-がん【風眼】膿漏眼(のうろうがん)の俗称。

ふうかん-し【封×緘紙】封書・文書・包装などの封じ目に貼(は)って封をするための紙片。シール。
類語 シール・封・封印・封緘

プー-カントリー《Winnie the Pooh Countryから》英国イングランド南東部、イーストサセックス州の村ハートフィールドにある、童話集「クマのプーさん」ゆかりの地。作者ミルンのカントリーハウスがあった場所で、物語に登場する森や橋がある。

ふうかん-はがき【封×緘葉書】郵便書簡の旧称。

ふう-き【風気】❶風の吹くこと。❷気候。気象。❸気風。風俗。「本来が四返(しへん)の―を換えるのを目的とする移動だから」〈漱石・それから〉❹腸内にガスのたまること。また、そのガス。「―を洩らすことも極めて稀なるが為」〈福沢・福翁百話〉❺風邪(ふうじゃ)。「この程―ありて見参に入らずと言へ」〈盛衰記・六〉

ふう-き【風紀】社会生活の秩序を保つための規律。特に、男女間の交際についての節度。「―を乱す」
類語 風儀・道徳・規律・モラル・公序良俗

ふう-き【富貴】〔名・形動〕金持ちで、かつ地位や身分が高いこと。また、そのさま。ふっき。「―になる」「―な(の)生まれ」⇔貧賤(ひんせん)。

富貴なる者は人を送るに財を以(もっ)てし仁人(じんじん)は人を送るに言(げん)を以てす 《「史記」孔子世家から》金持ちは人を送別するときには、はなむけとして金銭を贈るが、仁徳の者は、その人のためになるよい言葉を贈る。孔子が老子を訪ねたとき、帰りぎわに老子から贈られた言葉。

富貴にして善をなし易く貧賤(ひんせん)にして功をなし難(がた)し 生活に余裕のある者は善行を行うことも容易であるが、貧乏だと物事を成し遂げることもむずかしい。

ふう-ぎ【風儀】❶風習。しきたり。ならわし。「昔の―」❷行儀作法。態度。「生徒の―は、教師の感化で正していかなくてはならん」〈漱石・坊っちゃん〉❸「風紀(ふうき)」に同じ。「男女の―が恐しく乱れて居る」〈風葉・恋ざめ〉❹能などで、演じ方。❺容姿。様子。「流石―は花の香」〈浮・桜陰比事・四〉

ふうき-ぐさ【富貴草】牡丹(ぼたん)の別名。

ふう-きょう【風狂】(キヤウ) ❶気がくるうこと。狂気。❷風雅に徹し他を顧みないこと。また、その人。

ふう-きょう【風教】(ケウ) ❶徳をもって人を教え導くこと。風化。「全国男子の―はいわゆる武士道をもって陶冶する事」〈藤村・夜明け前〉❷風習。「社会の―は愈(いよいよ)封建制度に適して発達せり」〈田口・日本開化小史〉

ふう-ぎょくしょう【馮玉祥】(ギヨクシヤウ)［1882～1948］中国の軍人・政治家。国民党に入り北伐に参加。反蒋介石運動を起こし除名された。抗日戦争中は復党。1946年に米国で反蒋を声明。帰途、事故死。夫人は李徳全。ひょうぎょくしょう。フォン＝ユイシアン。

ふう-きり【封切(り)】〔名〕(スル)《「ふうぎり」とも》封切ること。特に、映画にいうことが多い。「昨日―された作品」「―館」

ふうきり-かん【封切(り)館】(クワン) 新作映画を初めて上映する映画館。➡二番館

ふう-き・る【封切る】〘動ラ五(四)〙❶封をしてあるものを開ける。封を切る。「年代物のワインを―・る」❷初めて物事を行う。特に新作映画を初めて公開上映する。「話題の大作が―・られる」

ふう-きん【風琴】❶オルガン。「会堂にある―の近くに席を占めて」〈藤村・桜の実の熟する時〉❷《「手風琴」の略》アコーディオン。

ふう-きん【風×禽】凧たこ。いかのぼり。風鳶ふうえん。

フーケ〘Jean Fouquet〙[1420ころ～1480ころ]フランスの画家。厳格で壮大な空間表現と鋭い人間観察で、15世紀フランスを代表する画家とされる。

ブーケ〘フランス bouquet〙❶生花や造花の花束。❷種々の花のにおいを混合した香水。❸ワインの芳香。〘類語〙花束・花輪・レイ

ふう-けい【風景】❶目に映る広い範囲のながめ。景色。風光。「山岳―」❷ある場面の情景・ありさま。「ほほえましい親子の―」「新春―」
〘類語〙眺め・景色けしき・景け・景観・景色けいしょく・風色ふうしょく・風光・風物・光景・情景・小景

ふうけい-が【風景画】グワ 風景を主題とする絵画。

ブーケ-ガルニ〘フランス bouquet garni〙西洋料理でスープやシチューなどを煮込む際に使われる、香辛料や香味野菜を束ねたもの。セロリ・パセリ・タイム・月桂樹の葉などを、袋に入れたり、束ねたりして用いる。

ふう-けつ【風穴】山腹・渓間などにあって、夏季に冷たい風を吹き出す洞穴。溶岩トンネルの大きなもので、洞内の温度差による対流によって風を生じる。

ふう-げつ【風月】《古くは「ふげつ」》❶風と月。心地よい風と美しい月。自然の風物。「花鳥―」❷自然の風物を題材に詩歌・文章を作ること。また、文才のあること。「―の才に富む」
風月を友とする 世俗を離れて自然に親しみ、風流な生活を送る。

ブーケ-トス〘bouquet toss〙結婚式で、花嫁が参列者にウエディングブーケを投げること。未婚の女性が受け取ると、次に結婚できるとされる。

ふう-げん【×諷言】〘名〙スル それとなく戒めること。また、その言葉。諷語ふうご。「僕常に君に―すれども君必ずこれに反すれば」〈織田訳・花柳春話〉

ブーゲンビル-とう【ブーゲンビル島】タウ《Bougainville》南太平洋西部、ソロモン諸島北端の火山島。パプアニューギニア領。ココア・ココヤシや銅を産出。名は、航海者L＝A＝ブーゲンビル(1729～1811)にちなむ。

ブーゲンビレア〘ラテン Bougainvillea〙オシロイバナ科の低木。葉は卵形。赤紫色などの3枚の苞ほうをもつ黄白色の小花が咲く。ブラジルの原産で、観賞用。ブーゲンビリア。

ふう-ご【×諷語】〘名〙スル「諷言ふうげん」に同じ。「世間には―と云うがある」〈漱石・趣味の遺伝〉

ふう-こう【風光】クワウ 自然の美しい眺め。景色。「―に恵まれた地」
〘類語〙景色・風景・風色ふうしょく・景け・景観・景色けいしょく・景趣・眺望・眺め・見晴らし・パノラマ

ふう-こう【風向】カウ 風の吹いてくる方向。ふつう、16方位で示す。かざむき。〘類語〙風向き・風位・風候

ふう-こう【風候】❶風の吹くようす。風模様。❷風向きをみる道具。風見かざみ。❸気候。時候。

ふうこう-けい【風向計】フウカウ― 風向を測定する器械。水平面内で自由に回転する矢羽根を方位盤に取り付けたものなどがある。風信器。風見かざみ。

ふうこう-めいび【風光明×媚】フウクワウ―〘名・形動〙自然の景色が美しいこと。また、そのさま。「―な(の)地」

フーコー〘Jean Bernard Léon Foucault〙[1819～1868]フランスの物理学者。光速度の測定を行い、水中よりも空気中のほうが速いことから光の波動説を実証した。地球の回転を証明するフーコー振り子やジャイロスコープを発明。

フーコー〘Michel Foucault〙[1926～1984]フランスの哲学者・歴史学者。構造主義の立場から思想や知の認識論的研究に大きな業績をあげた。著「狂気の歴史」「言葉と物」「性の歴史」など。

フーコー-でんりゅう【フーコー電流】―デンリウ ▶渦電流うずでんりゅう

フーコー-ふりこ【フーコー振(り)子】地球の自転の影響を調べる、非常に長い針金と重い金属球とからなる単振子たんしんし。振り子の振動面は一定であるが、地球が自転しているため、振動面が北半球では時計回りに回転するように見える。1851年にフランスの物理学者フーコーが実験した。

ふう-こつ【風骨】❶すがた。風体。「雄毅誠実、父達の―あり」〈露伴・運命〉❷詩歌などの、作風と精神。「定家の―をうらやみ」〈正徹物語・上〉

ふう-さ【封鎖】〘名〙スル ❶出入りまたは出し入れをできないように封じ閉ざすこと。「出入り口を―する」「国境―」❷国際法で、海軍力によって相手国の港や海岸への海上交通を遮断すること。平時封鎖と戦時封鎖とがあり、前者は封鎖された国の船舶のみが捕獲の対象となる。後者はすべての国の船舶の交通を遮断するもので、経済力・軍事力の封じ込めを目的として行われる。〘類語〙閉鎖・遮断・ブロック・塞ぐ

ふう-さい【風災】風による災害。風害。

ふう-さい【風采】容姿・服装・態度などの、人の見かけ上のようす。「―の上がらない人」〘類語〙風体ふうてい・風姿・風貌・見てくれ・見映え・押し出し・ルックス

ふう-さい【×覆載】❶この世にあるすべてのものを、天がおおい地が支えていること。また、その恩。❷天地。宇宙。

ふうさ-たいけい【封鎖体系】経済学で、外国との取引を考慮せずに一国の経済を分析し、理論を構成していくこと。〘対〙開放体系。

ふう-さつ【封殺】〘名〙スル ❶相手の言行をむりやりにおさえつけること。「反対派の意見を―する」❷「フォースアウト」に同じ。「走者を二塁で―した」

フーサビーク〘Húsavík〙アイスランド北部の港町。チョルネス半島の付け根、スキャウルファンディ湾の東岸に位置する。漁業が盛んで、ホエールウオッチングの拠点として有名。20世紀初頭の教会や鯨類についての博物館がある。

ふうさ-よちょきん【封鎖預貯金】法令によって払い戻しを制限または停止された預貯金。日本では、第二次大戦後のインフレーションの激化を防ぐために、金融緊急措置令によって昭和21年(1946)に施行された。

ふう-さん【×楓蚕】テグスサンの別名。

プーサン〘Nicolas Poussin〙[1594～1665]フランスの画家。主にイタリアで活躍。フランス古典主義絵画の代表者で、神話画・宗教画・風景画を多く描いた。作「アルカディアの牧人」など。プッサン。

ふうさん-ろしゅく【風×餐露宿】風にさらされ、露にぬれて寝ること。野宿すること。

ふう-し【夫子】❶昔、中国で、大夫たいふ以上の人に用いた敬称。また、長者・賢者・先生などを敬っていう語。「村―そんぷうし」❷その当人を指す語。あなた・あの人の意。「僕の事を丸行灯まるあんどんだといったが、―自身は偉大な暗闇だ」〈漱石・三四郎〉❸孔子の敬称。

ふう-し【風刺／×諷刺】〘名〙スル 社会や人物の欠点・罪悪を遠回しに批判すること。また、その批判を嘲笑的に表現すること。「―のきいた小説」「時代を―する」〘類語〙皮肉・嫌味・当て付け・当て擦こすり・アイロニー・カリカチュア・パロディー

ふう-し【風姿】❶姿。かたち。みなり。風采。❷和歌・連歌・能楽などの芸術的美を表現した姿。風体ふうてい。「見所より見る所の―は我が離見なり」〈花鏡〉

ふう-し【風師】風の神。風伯。

ふう-じ【封じ】❶おさえつけて活動できないようにすること。「虫―」「口―」❷封のしてあること。また、そのところ。封じ目。「状袋の―を切る」

ふう-じ【封事】密封して意見などを上奏する文書。意見封事。ほうじ。

ふう-じ【×諷示】〘名〙スル《「ふうし」とも》ほのめかすこと。暗示。「到底駄目であると遠廻しに―して居た」〈左千夫・野菊の墓〉

プーシア-はんとう【ブーシア半島】―ハンタウ《Boothia》カナダ中北部の半島。北端にあるマーチンソン岬は北アメリカ大陸の最北端。

漢字項目 ふう

【夫】【富】▶ふ

封 音フウ呉 ホウ漢 ‖ ㊀〈フウ〉①出入り口をふさぐ。閉じ合わせる。「封緘ふうかん・封鎖・封入／完封・厳封・密封」②閉じ合わせた箇所。封をしたもの。「封書・封筒／開封・同封・金一封」③野球で、進塁させないこと。「封殺」㊁〈ホウ〉①領土を与えて領主にする。「封建／冊封さくほう」②領土。「封地・封土／移封・爵封・分封・素封家」〘名付〙かね 〘難読〙食封じきふ・封度ポンド

風 学2 音フウ漢 フ呉 訓かぜ、かざ、ふり ‖ ㊀〈フウ〉①大気の動き。かぜ。「風雨・風車・風速・風力／寒風・逆風・薫風・光風・疾風しっぷう・秋風・順風・旋風・台風・通風・東風とうふう・突風・熱風・爆風・微風びふう・防風・暴風・無風・涼風」②人々に影響を与えてなびかせること。感化力。また、習わしや様式。「風紀・風教・風習・風俗・風潮／悪風・遺風・淫風いんぷう・家風・画風・学風・気風・矯風・古風・校風・作風・淳風じゅんぷう・新風・美風・弊風・洋風」③それとなく伝わること。「風説・風評・風聞」④(「諷ふう」と通用)遠回しに言う。「風刺・風喩ふうゆ」⑤姿やようす。「風格・風景・風光・風采ふうさい／威風・好風」⑥味わい。おもむき。「風趣・風致・風味・風流」⑦詩歌。民謡風のうた。「風騒／国風」⑧病気。「風疾・風邪ふうじゃ・風疹ふうしん／中風・痛風・破傷風」⑨さかりがつく。「風馬牛」㊁〈フ〉①かぜ。「屏風びょうぶ」②おもむき。「風情ふぜい」㊂〈かぜ〉「秋風・神風・北風・潮風・波風・松風」㊃〈かざ〉「風上・風車」〘難読〙追風おいて・風邪かぜ・東風こち・微風そよかぜ・手風てぶり・南風はえ・疾風はやて・風信子ヒヤシンス

人 **楓** 音フウ漢 訓かつら、かえで、おかつら ‖ ①木の名。マンサク科の落葉樹。フウ。「楓樹」②木の名。カエデ。「観楓・霜楓」

× **諷** 音フウ漢 ‖ ①節をつけてとなえる。「諷詠・諷誦ふうじゅ」②遠回しに言う。「諷意・諷諫ふうかん・諷刺・諷喩ふうゆ」〘補説〙②は「風」と通用する。

フーシェ〘Joseph Fouché〙[1759～1820]フランスの政治家。革命期には反革命派を弾圧。のちテルミドールの反動に加担。総裁政府・ナポレオン時代・王政復古の間は警察大臣として権勢をふるった。「変節の政治家」として有名。

ブーシェ〘François Boucher〙[1703～1770]フランスの画家。明るく甘美な色彩で神話画や風俗画を描き、ロココ絵画を代表する一人となった。タペストリーの下絵、舞台装飾などでも活躍。

ふうし-が【風刺画】グワ 社会や人物の風刺を目的とした絵画。カリカチュア。

ふうしかでん【風姿花伝】フウシクワデン 能楽論書。7編。世阿弥著。応永7年(1400)から同25年ごろにかけて、亡父観阿弥の教えをもとに著したもの。略称「花伝」。通称「花伝書」。

プーシキン〘Aleksandr Sergeevich Pushkin〙[1799～1837]ロシアの詩人・小説家。ロシアにおける国民文学および近代文章語の確立者。妻をめぐってフランス人将校と決闘し、死亡。叙事詩「ルスランとリュドミーラ」、韻文小説「エウゲニー＝オネーギン」、散文小説「スペードの女王」「大尉の娘」など。

プーシキン-びじゅつかん【プーシキン美術館】―ビジュツクワン《ロシア Muzey Izobrazitel'nïkh Iskusstv imeni A.S. Pushkina》モスクワにあるロシアの国立美術館。エルミタージュ美術館に次いで、国内第二の規模を誇る。1912年、モスクワ大学付属アレクサンドル3世美術館として開館。37年、プーシキンの没後100年を記念して現名称となる。収蔵品にはフランスをはじめとするヨーロッパ絵画の名品が多い。

プーシキン-ひろば【プーシキン広場】《Pushkinskaya ploshchad'》ロシア連邦の首都モスクワの市

街北西部にある広場。ストラスノイ通りとトベルスカヤ通りに面する。中央に同国の詩人・小説家プーシキンの銅像が立つ。旧ソ連時代にストラスノイ修道院が破壊されるまで、ストラスナヤ広場と呼ばれていた。

ふうじ-こ・む【封じ込む】㊀〔動マ五(四)〕「封じ込める」に同じ。「手ずから折った黄い野菊の花が一・んであった」〈花袋・田舎教師〉㊁〔動マ下二〕「ふうじこめる」の文語形。

ふうじ-こめ【封じ込め】封じ込めること。「近隣諸国の一に遭う」

ふうじこめ-せいさく【封じ込め政策】第二次大戦後、米国が、資本主義諸国の協力のもとに共産主義の勢力をその圏内に封じ込めようとしてとった政策。ソ連には1950年代、中国には60年代に経済的、軍事的な包囲を行ったが、いずれも失敗。

ふうじ-こ・める【封じ込める】〔動マ下一〕図ふうじこ・む〔マ下二〕❶周囲をふさいで閉じ込める。封じ込む。「暴徒を中庭に一・める」❷相手を自由に活動できないようにする。「発言を一・める」「強力打線を一・める」❸神仏の通力などで閉じ込め、外に出ないようにする。「護符で悪霊を一・める」

ふう-しつ【風疾】漢方で、中風・リウマチ・痛風などのこと。風病。風患。

ふう-しつ【風湿】漢方で、風・水によって筋肉・関節などに起こる病気。リウマチの類。

ふうじ-て【封じ手】❶囲碁・将棋で、対局が持ち越される場合、翌日先に打つ人が、次の手を紙に書いて封じ入れておくこと。また、その手。❷武術などで、使うことを禁じられている技。禁じ手。

ふうじ-ぶくろ【封じ袋】封筒。状袋。

ふうじ-ぶみ【封じ文】封をした手紙。封書。

ふうじ-め【封じ目】封をした所。「一に押印する」

ふう-じめ【封締め】封書の封じ目に書く「〆」の字。

ふう-しゃ【風車】風を受けて回転する羽根車。また、風を大きな羽根車に受けて回転させ、動力を得る装置。かざぐるま。「一小屋」

ふう-じゃ【風邪】かぜ。感冒。(季 冬)

ふう-しゅ【風趣】おもむき。風情のある味わい。「一に富んだ情景」(類語)風致・景趣・風韻・風情・情緒

ふう-じゅ【風樹】❶風に吹かれて揺れている木。風木。❷「風樹の嘆」に同じ。「眺めて居ると一の思いに堪え難いから」〈梅崎・贋の季節〉

ふう-じゅ【×諷×誦】〔名〕スル ▶ふじゅ(諷誦)

ふう-しゅう【風習】その土地や国に伝わる生活や行事などの習わし。風俗習慣。しきたり。「古い一が残っている」(類語)風俗・習俗・しきたり・ならわし

ふうじゅ-の-たん【風樹の嘆】《『韓詩外伝』九から》静止していたいのに、風に吹かれて揺れ動かざるをえない樹木のように、子供が孝行をしたいと思うときには、すでに親が死んでいてどうすることもできないという嘆き。風樹の悲しみ。風木の嘆。風木の悲しみ。

ふう-しょ【封書】封をした手紙。封じた書状。
(類語)封じ文・封状・封筒・ミニレター・郵便書簡

ふう-しょう【風尚】❶けだかいこと。❷人々の好み。その時代の人の好み。

ふう-しょう【×諷×誦】〔名〕スル 声をあげて読むこと。そらんじてうたうこと。

ふう-じょう【封状】封をした手紙。封書。

ふう-じょう【風情】ようす。けしき。ふぜい。「古人の一を学ばば」〈玲瓏随筆〉

ふう-しょく【風色】眺め。景色。風景。「満庭の一碧紗に包まれたらん如く」〈樗牛・滝口入道〉
(類語)景色・風景・風光・景け・景観・景色・景趣・眺望・眺め・見晴らし・パノラマ

ふう-しょく【風食】風×蝕】〔名〕スル 風による浸食作用。風によって運ばれた砂粒が岩石面や地表面をすり減らしたりすること。

ふう・じる【封じる】〔動ザ上一〕「ふう(封)ずる」(サ変)の上一段化。「口を一・じる」

ふうじ-ろう【封じ×蝋】封書・包み物・瓶の栓などの封じ目に塗って密閉するための蝋。封蝋。

ふう-しん【風信】❶風に関する情報。風のようす。かざむき。❷風のたより。うわさ。

ふう-しん【風×疹】小児に多い発疹性の感染症。学校感染症の一。感染症予防法の五類感染症の一。風疹ウイルスに感染して、全身に細かい発疹が出るが2,3日で消える。発熱・リンパ節腫脹などの症状も呈する。妊娠初期にかかると、胎児に奇形や障害の起こる率が高くなる。三日ばしか。

ふう-じん【風人】風流人。または、文人・詩人。「一墨客」

ふう-じん【風神】風をつかさどる神。ふつう、裸形で風袋をかついで空を駆ける姿に描かれる。寺内では、千手観音の二十八部衆に付して雷神とともに安置される。風の神。➡風天

ふう-じん【風×塵】❶風で舞い立つちり。きわめて軽いもののたとえにもいう。「一を避ける」「命を一よりも軽くして」〈太平記・一七〉❷わずらわしい俗世間。また、こまごました雑事。「一の外に暮らす」❸戦乱。「一遠し三尺の剣は光曇らねど」〈晩翠・星落秋風五丈原〉

ふうしん-き【風信器】▶風向計

ふうしん-し【風信子】ヒヤシンスの別名。

ふうしんし-こう【風信子鉱】▶ジルコン

ふうしんじょう【風信帖】平安前期、弘仁3〜4年(812〜813)ころに空海が最澄にあてた3通の書状を巻子本としたもの。京都教王護国寺蔵。

ふう-す【▽副▽寺|▽副▽司】《唐音》禅宗寺院で会計を担当する役職。六知事の一。庫頭。ふくじ。

フーズ〖foods〗食べ物。食品。栄養物。(補説)英語では、「食べ物」の意味ではfoodと単数形で使い、食品の種類をいう場合にのみ、foodsと複数形になる。

ブース〖booth〗❶間仕切りをした場所や小室。仕切り席。「投票所の一」「実演販売の一」❷仮小屋。仮設売店。また、有料道路の料金徴収所など。

ブース〖William Booth〗[1829〜1912]英国の宗教家。救世軍の創始者。ロンドン東部のスラム街に伝道し、貧民の救済と更生に尽くした。1907年(明治40)来日。著「最暗黒の英国及其救済策」。

ふう-すい【風水】❶吹く風と流れる水。風雨。❷「風水説」に同じ。

ふうすい-がい【風水害】強風と豪雨による災害。高潮によるものも含めていう。

ふうすい-せつ【風水説】中国の伝統的な自然観の一。都市や住宅・墳墓などを造る際に、地勢や方位、地脈や陰陽の気などを考え、そこに生きる者とそこで死んだ者すべてによい自然環境を求めようとするもの。

プース-カフェ〖フランス pousse-café〗色と比重が異なる数種類のリキュールを静かにグラスに注ぎ、層が分かれた状態で供するカクテル。

ブースター〖booster〗《後押しするものの意》❶電圧の昇圧器。また、無線機などの送受信用の増幅器。❷主ロケット発射時に用いられる補助推進装置。❸航空機の燃料系統に用いられる、液圧を高める装置。

ブースター-きょく【ブースター局】テレビの中継専門の放送局。受信が困難な地域に設け、親放送局からの電波を増幅して再送信する。ブースターステーション。

ブースト-あつ【ブースト圧】《boosting pressure》自動車用エンジンに装備されたターボチャージャーやスーパーチャージャーなどの過給圧。

フーズ-ヒー〖who's he〗《彼はだれ、の意》人物批評。評伝。

フーズ-フー〖who's who〗紳士録。現代名士録。(補説)英国で1849年に発刊された年刊紳士録の書名Who's Whoから。

フーズ-ボール〖foosball〗▶テーブルサッカー

フーズム〖Husum〗ドイツ北部、シュレースウィヒ-ホルシュタイン州、北海に面する港湾都市。14世紀に木材の積出港として発展。19世紀ドイツの詩人・小説家、テオドール=シュトルムゆかりの地であり、生家や記念館がある。

ふう・する【×諷する】〔動サ変〕図ふう・す〔サ変〕遠まわしにそれとなく批判する。風刺する。「漫画で政界の堕落を一・する」

ふう・ずる【封ずる】〔動サ変〕図ふう・ず〔サ変〕❶封をする。「小包をしっかり一・ずる」❷出入り口などを閉じてふさぐ。「空港を一・ずる」「敵の退路を一・ずる」❸自由な発言・行動ができないようにする。「口を一・ずる」「反対派の動きを一・ずる」❹神仏の通力などによって閉じ込める。「お札で虫を一・ずる」
(類語)塞ぐ・閉ざす・遮る・阻む・防ぐ・妨げる・緘する・封印する・封鎖する・閉鎖する

ふう-せい【風成】風の作用でできあがること。また、そのもの。

ふう-せい【風声】❶風の吹く音。風韻。❷風のたより。うわさ。風聞。❸風格と声望。人望。
(類語)噂・風聞・風説・風評・風の便り・巷説・浮説

ふう-せい【風勢】風の勢い。風力。「夜に入り一ますます烈しく」〈染崎延房・近世紀聞〉

ふうせい-かいりゅう【風成海流】一定の方向に吹く風の力によって生じる吹送流のこと。特に、大規模な海洋の循環となっている場合にいうことが多い。

ふうせい-かくれい【風声▽鶴×唳】《戦いに敗れた前秦の苻堅の軍が風の音や鶴の鳴き声などにも驚き騒いで敗走したという「晋書」謝玄伝の故事から》おじけづいた人が、少々のことに驚くことのたとえ。

ふうせい-がん【風成岩】風によって運ばれた砂が堆積し、固まってできた岩石。

ふうせい-じゅんかん【風成循環】海上を吹く風の力によって生じる、大規模な海水の循環。海洋の表層(海面から深度数百メートルまで)で生じる海流の原因とされる。コリオリの力によって、北半球では風の向きに対して直角右、南半球では直角左方向に流れる。また、海盆の西側で強い流れが生じる。海洋大循環の一部。➡熱塩循環

ふうせい-そう【風成層】主に風の作用で運搬され、堆積してできた地層。砂漠の砂丘、関東ローム層など。

ふうせい-ど【風成土】▶風積土

ふうせき-ど【風積土】砂丘土・黄土・砂漠土など、風によって運ばれて堆積した土壌。風成土。

ふう-せつ【風雪】❶風と雪。❷強い風を伴って降る雪。吹雪。(季 冬)「一にたわむアンテナの声を聴く/誓子」❸きびしい苦難や試練。「人生の一に耐える」

ふう-せつ【風説】《「ふうぜつ」とも》世間にひろまっているうわさ。とりざた。風評。「一を立てる」「一に惑わされる」(類語)風評・風声・噂・取り沙汰・浮説・流説・流言・飛語・空言・デマ

ふうせつ-の-るふ【風説の流布】虚偽の情報を流して、証券取引などの相場を動かそうとしたり、人の信用を損ねたり業務を妨害したりすること。証券取引などについては金融商品取引法で、信用毀損・業務妨害については刑法で禁止されている。

フーゼル-ゆ【フーゼル油】《fusel oil》アルコール発酵のときに副産物として生じる、黄褐色の特異臭のある油状液体。高級アルコール類を主成分とする。溶剤・香料などに利用。

ふう-せん【風船】❶紙・ゴムなどで作った球状の袋に、空気または水素ガスをつめてふくらませた玩具。手でついたり飛ばしたりして遊ぶ。風船玉。(季 春)❷気球。軽気球。「一の中央乗。見物の肝胆を冷さからしむ」〈魯文・西洋道中膝栗毛〉

ふう-せん【風選】箕や唐箕を用い、風で実入りの悪い種子を飛散させ、よい種子を選別する方法。

ふう-ぜん【風前】風のあたる所。風の真正面。

ふうせん-かずら【風船▽葛】ムクロジ科の蔓性の多年草。日本では一年草として観賞用に栽培。葉は複葉。6,7月ごろ、緑白色の小花を開き、実は緑色の大きくて3稜のある風船形となり、ぶら下がる。熱帯・亜熱帯に分布。(季 秋)

ふうせん-ガム【風船ガム】チューインガムの一種。ガムを口で風船のようにふくらませて遊ぶもの。

ふうせん-くらげ【風船水＝母】テマリクラゲ科の有櫛動物。体長約4センチ。体は紡錘形で、表面には8本の櫛板の列があって、体の両側から羽毛状の長い触手を出す。日本近海に多い。

ふうぜん-の-ちり【風前の×塵】▶風の前の塵

ふうぜん-の-ともしび【風前の▽灯火】風の吹くところにある灯。危険が迫っていて今にも滅びそうなことのたとえ。「組織の存立は今や―だ」

ふうせん-ばくだん【風船爆弾】第二次大戦中、アメリカ本土を攻撃するために日本で考案された兵器。直径約10メートルの紙製の気球に焼夷弾しょういだんをつるして偏西風にのせて飛ばした。

ふうせん-むし【風船虫】ミズムシ類、また、その一種コミズムシの別名。(季 夏)

ふう-そう【風葬】死体を地中に埋めずに樹上や地上にさらし、風化させる葬法。曝葬ばくそう。

ふう-そう【風霜】❶風と霜。「―にさらされた石地蔵」❷世の中の厳しい苦難や試練。「―に耐えて生きる」❸年月。歳月。星霜。「松林のもとに住んで、久しく―を送る」〈謡・雨月〉

(類語)歳月・年月としつき・年月ねんげつ・日月・月日・星霜・光陰

ふう-そう【風騒】《「風」は「詩経」国風、「騒」は「楚辞」離騒。ともに詩文の模範とされたところから》詩文を作ること。また、詩文を味わい楽しむこと。「此関は三関の一にして、―の人、心をとどむ」〈奥の細道〉

ふう-そく【風速】風の吹く速さ。1秒間に空気が移動する距離。ふつう地上10メートルにおけるその時刻の前10分間の平均値で示す。➡瞬間風速

(類語)風力・風脚かざあし

ふう-ぞく【風俗】❶ある時代やある社会における、生活上の習わしやしきたり。風習。「明治の―」「性―」❷風俗営業のこと。また、それに関係する事柄。「―産業」❸身なり。服装。「旦那らしき―の人」〈人・梅児誉美・初〉❹身ぶりや態度。身のこなし。「物和らかな―にとんと見とれて」〈伎・韓人漢文〉❺▶ふぞく(風俗)(類語)(❶)世態・世相・世情・流俗・習俗・風習・手風てぶり・社会現象

ふうぞく-うた【風俗歌】▶ふぞくうた(風俗歌)

ふうぞく-えいぎょう【風俗営業】客に遊興・飲食などをさせる営業の総称。待合・料理店・ダンスホール・バー・パチンコ屋など。風営法(風俗営業等の規制及び業務の適正化等に関する法律)で規制される。また、多く、同法で「性風俗関連特殊営業」と定義される性風俗店も含めていう。(類語)水商売

ふうぞくえいぎょうとうのきせいおよびぎょうむのてきせいかとうにかんする-ほうりつ【風俗営業等の規制及び業務の適正化等に関する法律】キャバレー・ダンスホール・パチンコ店などの風俗営業と、ソープランドなどの性風俗関連特殊営業について、規制や罰則などを定めた法律。昭和23年(1948)制定の風俗営業取締法を同59年に改正・改称したもの。風営法。風適法。➡風俗営業

ふうぞく-が【風俗画】さまざまな階層の風俗や日常生活を描いた絵画。

ふうそく-けい【風速計】風速を測定する器械。半球状の風杯ふうはいや風車の回転速度により測定するもの、風圧を測定して風速を求めるものなどがある。風力計。

ふうぞく-しょうせつ【風俗小説】その時代の世相や風俗を現象的に描いた小説。

ふうぞく-てん【風俗店】❶風俗営業を行う店。❷▶性風俗店

ふうぞく-はんざい【風俗犯罪】社会公共の善良な風俗を乱す犯罪。売春や賭博とばくなど。広義では、猥褻わいせつ・重婚の罪も含む。

ふうぞく-まい【風俗舞】▶ふぞくまい(風俗舞)

ふうぞくもんぜん【風俗文選】江戸中期の俳文集。10巻5冊。森川許六編。宝永3年(1706)刊。松尾芭蕉および蕉門俳人28人の俳文116編を集め、作者列伝を加えている。本朝ほんちょう文選。

ふう-そん【風損】強風による損害。風害。

ふうだ〔助動〕《名詞「ふう(風)」＋断定の助動詞「だ」から》活用語の連体形、連体詞「こんな」「そんな」「あんな」「どんな」などに付く。❶ようす・状態の類似を表す。「聞いたふうな口をきくな」「自分の足が何時いつの間にか動いたというふうであった」〈漱石・三四郎〉❷類例や漠然とした内容を引用して説明する意を表す。「お祝いのスピーチではこんなふうなことを話せばよい」

ふう-たい【風体】▶ふうてい(風体)

ふう-たい【風帯】❶掛け物の装装から垂らす2本の細長いきれ、または紙。❷几帳きちょうや壁代かべしろの上から垂らす細長い布帛ふはく。❸旗の横上につけたひも。巻き上げた旗を縛るのに用いる。

ふう-たい【風袋】❶はかりで物の重さを量るとき、それを入れてある容器・袋・箱など。「―こみの目方」❷実質に対しての外観。うわべ。見かけ。「―ばかりりっぱな人」

ふう-だい【風大】仏語。四大しだいの一。風という要素。ものの動きを生長させる作用をもつ。

ふうたい-だおし【風袋倒し】❶外見は重そうに見えるが、実際は軽いこと。❷外見はりっぱだが、内容はつまらないもの。見かけ倒し。

ふう-たく【風×鐸】❶仏堂や仏塔の軒の四隅などにつるす青銅製の鐘形の鈴。宝鐸。❷風鈴ふうりん。

フー-ダニット〖whodunit〗《Who done it? の略。「だれがやったか」の意》犯人の解明を重視した推理小説。フダニト。➡ハウダニット ➡ホワイダニット

ぷうたろう【▽風太郎】《「ふうたろう」とも》❶港湾で荷役などをする日雇い労働者。❷定職をもたず、ぶらぶらしている人。また、住居を定めず、さまよい歩く人。

ふう-だん【風談】風雅の道に関する話。雅談。

ブータン〖Bhutan〗ヒマラヤ山脈東部にある王国。首都ティンプー。7000メートルから200メートルへと標高差が著しく、森林が多い。9世紀ごろチベット系のブータン人が南下、定着し、16世紀に統一国家を形成。農業・牧畜業が中心。人口70万(2010)。ドゥルッキュル。

ふう-ち【風致】自然の風景などのもつおもむき。味わい。風趣。雅致。「―を害する」

(類語)風趣・景趣

ふうち-そう【風知草】カゼクサの別名。

ふうち-ちく【風致地区】都市計画法で定められた地域地区の一。都市の自然景観を維持するため、建築・宅地造成などに規制が設けられている。

ふう-ちょう【風鳥】スズメ目フウチョウ科の鳥の総称。雄の羽が美しいことで知られ、雌は一般に褐色。小果実を主食とするが、昆虫やトカゲなども食べる雑食性の鳥。約40種がニューギニアなどの森林に分布。オオフウチョウは全長約45センチで、わきに長さ50センチもある黄色の飾り羽の房をもつ。極楽鳥。

ふう-ちょう【風潮】❶風と潮。また、風によって起こる潮の流れ。❷時代の推移に伴って変わる世の中のありさま。「時代の―に逆らう」(類語)時流・潮流・時勢・趨勢すうせい・流行・はやり・時好・トレンド

ふうちょう-ざ【風鳥座】天の南極の近くにある小星座。日本からは見えない。学名 Apus

ふうちょう-そう【風×蝶草】フウチョウソウ科の一年草。高さ約1メートル。全体に粘毛があり、葉は手のひら状の複葉。夏、白い花をつける。西インド諸島の原産。白花菜。(季 夏)➡クレオメ

ふうち-りん【風致林】名所・旧跡などの景観を保存するために指定された森林。風致保安林。

ふう-ちん【風鎮】掛け物の軸の両下端に下げるおもし。玉・石・金属などをひもで貫いて作る。

プーチン〖Vladimir Vladimirovich Putin〗[1952〜]ロシアの政治家。1975年にレニングラード国立大学法学部を卒業し、ソ連邦国家保安委員会(KGB)に勤務。レニングラード国立大学学長補佐官を経て、91年のソ連崩壊後、サンクトペテルブルグ市副市長、ロシア連邦保安長官などを経て、99年に首相に就任。エリツィンに大統領代行に指名され、翌年の大統領選挙に当選、第2代ロシア連邦大統領に就任。2008年、メドベージェフを後継者に指名し大統領に当選させ、みずからは首相となる。12年に第4代大統領に再任。

フー-チンタオ【胡錦涛】▶こきんとう(胡錦涛)

ブーツ〖boots〗くるぶしより上までの長さをもつ深い靴。長靴。(類語)長靴・編み上げ靴・軍靴

ふう-つう【風通】「風通織り」の略。

ふうつう-おめし【風通▽御召】風通織りで文様を織り出した御召縮緬ちりめん。

ふうつう-おり【風通織(り)】二重織りの一種。表裏に異色の糸を用い、文様の所で糸を交換して色の異なる同じ文様が表裏に織り出されたもの。

ふうつう-がすり【風通×絣】風通織りの手法で絣模様を織り出した織物。着尺・座布団地などに用いる。

ふう-つき【風付き】身なりや振る舞いなどに表れた、その人のようす。風体ふうてい。「酔どれのような―でよたよたと舞台へ出る」〈荷風・ふらんす物語〉

ふう-てい【風体】❶身分や職業をうかがわせるような外見上のようす。身なり。ふうたい。「怪しい―の男」「勤め人らしい―」❷和歌・連歌などの表現様式。作品から感じ取られる情趣や、それが言葉に表れている姿。歌風。❸能楽で、役柄・曲柄・芸風・風情などをさしていう語。世阿弥の能楽論用語。風姿。

(類語)風貌・風姿・風采・身なり・見てくれ・格好

ふう-でい【封泥】古代中国で、貴重品を収めた箱や竹簡・木簡文書の封緘ふうかんに用いた粘土塊。縛ったひもの結び目などに、柔らかいうちに押印した。

ブーティー〖bootee〗くるぶしが出るくらいの丈のブーツ。アンクルブーツよりも丈の短いものをいう。

ふうてき-ほう【風適法】「風俗営業等の規制及び業務の適正化等に関する法律」の略。

ふうです〔助動〕《名詞「ふう(風)」＋丁寧な断定の助動詞「です」から》活用語の連体形、連体詞「こんな」「そんな」「あんな」「どんな」などに付く。「ふうだ」の丁寧体。「彼はりっぱな背広を着て、いかにも紳士といったふうでした」「彼の成績はざっとこんなふうです」

ブーテナント〖Adolf Friedrich Johann Butenandt〗[1903〜1995]ドイツの生化学者。女性ホルモンのエストロン、男性ホルモンのアンドロステロンの結晶単離、黄体ホルモンのプロゲステロンの結晶化などに成功。1939年、ルジチカとともにノーベル化学賞受賞。

ふう-てん【風天】古代インドの風の神。名誉・福徳・子孫・長生の神。仏教では、西北方の守護神。十二天・八方天の一。白髪・赤身で甲冑を着け、右手に幢はたを持つ。風神。風大神。

ふう-てん【×瘋×癲】❶精神の状態が正常でないこと。また、その人。❷通常の社会生活からはみ出して、ぶらぶらと日を送っている人。

ふう-でん【風伝】〔名〕スル うわさが伝わること。「暴説―し」〈新聞雑誌四一〉

フート〖foot〗長さの単位フィートの単数形。

ふう-ど【封土】古墳などの盛り土。人工のもの、自然地形利用のものの両方にいう。ほうど。

ふう-ど【風土】❶その土地の気候・地味・地勢などのありさま。❷人間の文化の形成などに影響を及ぼす精神的な環境。「政治的―」「宗教的―」

(類語)気候・気風・土壌・環境

ふう-ど【風度】態度・容姿など、その人のようす。人品。風采。風格。「温和の性情、藹吉あいきつの―を習い長ずること」〈中村訳・西国立志編〉

フード〖food〗食べ物。食品。「ファースト―」「ペット―」

フード〖hood〗❶頭から首をおおう頭巾ずきん風のゆったりしたかぶり物。コートやジャケットに取り付けたり、単独でかぶったりする。❷機械や器具の覆い。❸排気のために暖炉・レンジなどの上に設ける覆い。❹カメラのレンズに不要な光線の入るのを防ぐため、レンズ前方に付ける器具。レンズフード。❺自動車のボンネットのこと。

ふ

ブート〘boot〙コンピューターの電源投入後、補助記憶装置に記憶されたBIOSという小規模なプログラムが実行され、オペレーティングシステムを読み込んで、コンピューターが稼働できる状態になるまでの一連の処理。ブートストラップ。起動。

ふう-とう【封筒】手紙や文書などを封入する方形の袋。状袋(じょうぶくろ)。

ふう-とう【風倒】フウタウ〔名〕スル ❶木などが、風で倒れること。「一木」❷強い力によって倒れること。また、倒すこと。「天下を一せしめんと企て」〈利光鶴松・政党評判記〉

ふう-とう【風痘】水痘(すいとう)の異称。

ふう-とう【風×濤】フウタウ ❶風と波。❷風が吹いて波がざわめき立つこと。また、その波。風波。風浪。

ふう-とう【×楓糖】フウタウ サトウカエデなどの樹液からとれる砂糖。メープルシュガー。

ふう-どう【風洞】人工的に空気の流れをつくるためのトンネル形の装置。航空機・自動車・橋梁などが気流から受ける影響の実験などに用いる。

ふう-どう【風動】〔名〕スル 風が草木を吹き動かすように、なびかせ従えること。感化すること。また、感化されること。「その母の徳行、能く朋友社会を一せしことを語れり」〈中村訳・西国立志編〉

ふう-どう【風道】フウダウ 炭坑・鉱山などで、通気用に設ける坑道。

ふう-どう【馮道】フウダウ ▶ひょうどう(馮道)

ふうとう-かずら【風藤▽葛】フウトウかづら コショウ科の常緑の蔓植物(つるしょくぶつ)。暖地の海岸の林に生える。全体に香りがあり、節から気根を出して木にまつわりつく。雌雄異株。初夏、黄色い小花がつく。

ふうど-き【風土記】▶ふどき(風土記)

ふう-どく【風毒】漢方で、脚気(かっけ)、または筋肉・関節の痛みや運動障害を起こす病気。

フード-ケータリング《和 food＋catering》「ケータリング」に同じ。

フード-コーディネーター《和 food＋coordinator》飲食店などで、材料の仕入れから売り方の指導まで、仕事の流れがスムーズにいくように一括して調整する人。また、飲食店のメニューを新たに開発したり、食品メーカーの新製品を考案したりする人。

フード-コート〘food court〙ショッピングセンター内の飲食店街。中央に椅子・テーブル、周りに各種の飲食店があり、客は好きな料理を注文しテーブルに運んで食べる。

フード-システム〘food system〙食料品の生産から流通・消費までの一連の領域・産業の相互関係を一つの体系として捉える概念。➡フードチェーン

ふうど-しょく【風土色】風土の違いから、それぞれの土地に生じる特色。「一豊かな郷土料理」

ブートストラップ〘bootstrap〙▶ブート

ブート-セクター〘boot sector〙コンピューターが起動(ブート)の際に使用するハードディスクの一区画(セクター)のこと。オペレーティングシステムを稼働するプログラムが記録されている。

フード-センター《和 food＋center》❶飲食店街。❷食料品専門のマーケット。

フード-チェーン〘food chain〙❶生物界の食物関係をその動物の食性によって系列として表したもの。食物連鎖。❷食料の一次生産から最終消費までの流れ。食品やその材料の生産から加工・流通・販売までの一連の段階および活動。➡フードシステム

フード-ディフェンス〘food defense〙食品への意図的な異物の混入を防止する取り組み。原料調達から販売までのすべての段階において、人為的に毒物などが混入されることのないように監視するもの。食品防御。FD。➡食品テロ

ブートニア〘boutonniere〙襟元のボタン穴にさす花飾り。

ブートバイス〘Budweis〙チェスケーブデヨビツェのドイツ語名。

フード-バンク〘food bank〙食品を取り扱う企業から、製造・流通過程などで出る余剰食品や規格外商品、販売店舗で売れ残った賞味期限・消費期限内の商品など、安全上は問題がなくても廃棄される食品の寄付を受け、無償で必要な人や団体に提供するボランティア活動、およびその活動を行う団体。一般家庭で余った賞味期限内の食品も対象となる。福祉団体・生活弱者支援のボランティア活動として1960年代にアメリカで始まり、日本でも平成12年(2000)頃から行われている。食糧銀行。

ブート-ピー〘BOOTP〙《bootstrap protocol》インターネットやイントラネットなどのTCP/IPネットワークにおいて、クライアントコンピューターがネットワーク情報を自動的に取得するためのプロトコル。

ふうど-びょう【風土病】フウドビャウ ある一定の気候・風土をもつ地域に発生する病気。マラリア・黄熱(おうねつ)など。地方病。

フード-プロセッサー〘food processer〙調理器具の一つ。電動モーターによりカッターが高速回転し、短時間で食品を裁断する、すりつぶす、混ぜる、こねるなどの操作をする。

フート-ポンド〘foot-pound〙ヤード-ポンド法の仕事の単位。1フートポンドは1ポンドの重量の物体を1フィート持ち上げるときの仕事の量で、約0.138キログラムメートル。記号ft-lb 補説「呎磅」とも書く。

フード-マイレージ〘food mileage〙食料が消費者に届くまでに輸送される距離を数字で表したもの。食料輸入量に輸出国首都間の距離を掛けたものを輸入国別に算出・集計して表す。単位はトン・キロメートル。農産物の輸送による環境負荷を計る指標の一つとして、英国の消費者運動家ティム＝ラングが1994年に提唱。環境負荷を軽減するためには、食料自給率を上げることや地産地消の実践が重要とされる。

プードル〘poodle〙家畜の犬の一品種。ヨーロッパの原産で、愛玩用。毛が長くカールしており、刈り込んで尾の先を丸い房状にしたり四肢に腕輪状にしたりする。

プードル〘フランス poudre〙粉。粉末。おしろいや散剤など、粉状のもの。「アーモンド一」

ブートレグ〘bootleg〙《密造酒の意。「ブートレッグ」とも》海賊版。特に、レコードやCD、DVDなどについていう。➡海賊版

ブートレッグ〘bootleg〙▶ブートレグ

ブートワイス〘Budweis〙チェスケーブデヨビツェのドイツ語名。

フートン【胡同】《中国語》北京市内で、伝統的な民家の建ち並ぶ細い路地。

プーナ〘Poona〙プーネの旧称。

ふう-なん【風難】風による事故や災難。「さてもいぬる八月の一に」〈読・弓張月・拾遺〉

ふう-にゅう【封入】フウニフ〔名〕スル ❶封筒などに入れて封をすること。また、同封すること。「現金を一する」❷中に入れてとじ込めること。「ガスを電球に一する」

ブーニン〘Ivan Alekseevich Bunin〙[1870～1953]ロシアの詩人・小説家。1933年ノーベル文学賞受賞。詩集「落葉」、小説「村」「アルセーニエフの生涯」など。

プーネ〘Pune〙インド中西部の工業都市。18世紀にマラータ王国の中心として発展。綿紡・食品・化学工業が盛ん。避暑地としても知られる。人口、行政区254万、都市圏376万(2001)。プネー。旧称、プーナ。

ふう-は【風波】❶風と波。また、風が吹いて立つ波。風浪。「外海は一が強い」「一の難」❷もめごと。争いごと。なみかぜ。「家庭内に一の絶え間がない」❸世を処していく上での困難や煩わしさ。「世間の一にもまれる」

フーバー〘Herbert Clark Hoover〙[1874～1964]米国の第31代大統領。在任1929～1933。共和党出身。大恐慌の克服に失敗した。➡ルーズベルト㊁

ブーバー〘Martin Buber〙[1878～1965]オーストリア生まれのユダヤ人哲学者。ハシディズムの復興に尽くし、ユダヤ・アラブ両民族の共存に努めた。著「我と汝」など。

ふう-ばい【風媒】植物の花粉を風が運んで受粉を媒介すること。

ふうばい-か【風媒花】フウバイクワ 風の媒介によって受粉する花。一般に、花の形や色は単純で、花粉は多量で軽い。杉・松・稲・麦など。

ふうはい-ず【風配図】フウハイヅ ある地点のある期間についての風向の出現頻度を8～16方位に分けて示した図。普通はそれぞれの頻度の百分率を長さで図示し、その端を線で結ぶ。形がバラの花に似るのでウインドローズともいう。

ふう-ばぎゅう【風馬牛】フウバギウ〔名〕スル《「春秋左伝」僖公四年の「風馬牛相(あい)及ばず」から。「風」は発情して雌雄が相手を求める意》❶馬や牛の雌雄が、互いに慕い合っても会うことができないほど遠く隔たっていること。❷互いに無関係であること。また、そういう態度をとること。「冷然として古今帝王の権威を一し得るものは」〈漱石・草枕〉

ふう-はく【風伯】風の神。風神。

ふう-はつ【風発】〔名〕スル ❶風が吹き起こること。❷勢いの激しく盛んなこと。特に、弁論などが勢いよく口をついて出ること。「談論一する」

ふう-はん【風帆】風をはらんでふくれた帆。

ふうはん-せん【風帆船】洋式の帆船。帆前船(ほまえせん)。

ふう-ひ【封皮】封をして、その上をおおうもの。包み紙、封筒の類。

ふう-び【風×靡】〔名〕スル 風が草木をなびかせるように、広い範囲にわたってなびき従わせること。また、なびき従うこと。「一世を一する」

ブービー〘booby〙《びり、の意》ゴルフやボウリングなどで、最下位から2番目の順位。「一賞」

ふう-ひょう【風評】フウヒャウ 世間であれこれ取りざたすること。また、その内容。うわさ。「一が立つ」類語 噂(うわさ)・風聞・風説・風声(ふうせい)・風の便り・取り沙汰(ざた)・評判・世評・聞こえ・下馬評・呼び声・巷説(こうせつ)・ゴシップ

ふう-びょう【風病】フウビャウ 風の気にあたって起こると考えられた病気。かぜのやまい。ふびょう。

ふうひょう-ひがい【風評被害】フウヒャウ― 根拠のない噂のために受ける被害。特に、事件や事故が発生した際、不適切な報道がなされたために、本来は無関係であるはずの人々や団体までもが損害を受けること。例えば、ある会社の食品が原因で食中毒が発生した場合、その食品そのものが危険であるかのような報道のために、他社の売れ行きにも影響が及ぶことなど。

ふう-ふ【夫婦】婚姻関係にある男女の一組。夫と妻。めおと。「似た者一」➡夫妻 補説
類語 夫婦(めおと)・夫婦(みょうと)・夫妻・妹背(いもせ)・連れ合い・配偶者・配偶・匹偶(ひつぐう)・伴侶(はんりょ)・カップル

夫婦喧嘩(げんか)は犬も食わない じきに仲直りするから、他人が仲裁に入るのは愚かなことであるというたとえ。

夫婦は二世(にせ) 夫婦の関係は、現世(げんせ)だけでなく来世まで続くということ。

フープ〘hoop〙❶子供が回して遊ぶ輪。フラフープの類。❷運動用具の一。直径約2メートルの二つの鉄の輪を数本の横棒で連結し、中に人が入り横棒に手足をかけて回転させるもの。

ふうふ-あい【夫婦愛】夫婦の間の愛情。

ふう-ふう〔副〕❶口をすぼめて何度も息を吹きかけるさま。「熱いそばを一(と)吹きながら食べる」❷苦しそうな息づかいをするさま。「一(と)あえぎながら駆けてくる」❸仕事などに追われて苦労するさま。「残業続きで一言っている」

ぶう-ぶう ㊀〔副〕❶らっぱなどを低く大きく吹いたような音を表す語。「車がクラクションを一鳴らす」❷不平不満などを盛んに言うさま。「一言う暇があったら仕事をしろ」㊁〔名〕❶自動車をいう幼児語。❷不平不満。小言。また、それを言ってうるさがられる人。「人の異見も馬の耳、よそ吹く風の一にて」〈浄・二枚絵草紙〉

ふうふ-きどり【夫婦気取り】正式の夫婦でない者が、夫婦であるかのように振る舞うこと。

ふうふ-げんか【夫婦×喧×嘩】フウフゲンクワ 夫と妻との間のいさかい。

ふうふ-ざいさんせい【夫婦財産制】夫婦間の財

産に関して規律する制度。夫婦財産契約を認め、婚姻の当事者が契約で自由にその財産関係を定める契約財産制と、法律の規定によって定める法定財産制とがある。

ふう-ぶつ【風物】❶眺めとして目に入るもの。風景。❷その季節やその土地に特有のもの。「武蔵野の秋の―」(類語)風景・景物・景色・景観・眺め

ふうぶつ-し【風物詩】❶景色や季節をうたった詩。❷その季節の感じをよく表しているもの。「金魚売りは夏の―」

ふうふ-づれ【夫婦連れ】夫婦で連れ立って行くこと。また、その夫婦。

ふうふ-どうせい【夫婦同姓】結婚した夫婦が、夫・妻の姓のどちらかを選んで名乗ること。➡夫婦別姓

ふうふ-なか【夫婦仲】夫婦の間柄。夫婦間の交情。「―が悪い」

ふうふ-べっせい【夫婦別姓】結婚後も夫婦が結婚前の姓を名乗ること。➡夫婦同姓

ふうふ-ようし【夫婦養子】夫婦がともに養子となること。また、その者。

ふうふ-わかれ【夫婦別れ】〔名〕スル 夫婦が離別すること。離婚すること。

ふう-ぶん【風聞】〔名〕スル ❶世間のうわさに伝え聞くこと。「とかくの―がある」❷さまざまに取りざたすること。「悪しざまに―される」(類語)噂・風説・風評・風声・風の便り・評判・取り沙汰

ふうぶん-がき【風聞書(き)】江戸時代、各地の風聞を書き記したもの。特に、諸藩が江戸に人を送って、風聞を書き送らせた文書。

ふう-ぼう【風防】風を防ぐこと。また、そのためのもの。風よけ。防風。「―ガラス」

ふう-ぼう【風貌】・【風×丰】風采と容貌。身なりや顔つきなど、外から見たその人のようす。「大家の―がある」(類語)風采・風体・容貌・容姿・姿形・見目形・見目・ルックス

ふう-ぼうりゅう【馮夢竜】[1574～1645]中国、明末の文人。呉県(江蘇省)の人。字は猶竜また耳猶。号は墨憨子など。短編小説集「三言」、笑話集「笑府」などの編者。ひゅうむりゅう。ふうぼうりょう。

ふう-ぼく【風木】「風樹❶」に同じ。

プーマ〖Souvanna Phouma〗[1901～1984]ラオスの政治家。王族の出身で、中道派の指導者。1945年、独立を宣言した臨時抗戦政府に参加。統一政府樹立後、五度にわたって首相を務めた。

ふう-み【風味】❶飲食物の香りや味わい。「―のよい紅茶」❷そのものやその人などから受ける好ましい感じ。風情。「山居の―を詠じて」〈太平記・一二〉❸味見をすること。「料理人お―をするとて」〈咄・鹿の子餅〉(類語)味・味わい・香り・香味・テースト

ブーミング〖booming〗不自然に低音が強調されて、ぶんぶん響くさまをいう。

ブーム〖boom〗❶ある物が一時的に盛んになること。急に熱狂的な人気の対象となること。「―を呼ぶ」「サッカー―」❷急に需要が増して価格が急騰すること。にわか景気。「土地―」(類語)盛行・流行・はやり・熱狂・フィーバー・センセーション

ふう-むすび【封結び】紐の結び方の一。手箱などの紐の結び方で、巻き込んだ数を覚えておいて他人が開けた場合の心覚えとするもの。封じ結び。

ブーメラン〖boomerang〗オーストラリアの先住民が、狩猟や戦闘に用いる「く」の字形の木製の道具。投げると回転しながら飛行し、対象物に当たらないときはもとの位置にもどってくる。

ブーメラン-こうか【ブーメラン効果】先進国が開発途上国などにプラント輸出や直接投資を行った結果、現地産業の競争力が高まり、その先進国への輸出増加となったり先進国の産業と競合関係に入ったりすること。

ふう-もん【風紋】風により砂地の表面にできる模様。

ふう-ゆ【×諷喩】・【風諭】〔名〕スル ❶他の事にかこつけて、それとなく遠回しにさとすこと。「吾輩の既に再三―したるが如く」〈尺振八訳・斯氏教育論〉❷比喩法の一。たとえだけを提示して、その本義を間接的に推察させる方法。「燕雀安んぞ鴻鵠の志を知らんや」が、小人物に大人物の心はわからないの意をさとらせる類。諷喩法。

(類語)隠喩・暗喩・寓意・アレゴリー

ふう-よう【×楓葉】紅葉したカエデの葉。

ふうようわかしゅう【風葉和歌集】鎌倉中期の歌集。20巻。現存本は末尾2巻を欠く。藤原為家撰か。後嵯峨院中宮姞子の命により、文永8年(1271)成立。平安時代から鎌倉初期までの作り物語の中から、和歌約1400首(現存本)を選び、作者・詞書を添え、勅撰集にならって分類したもの。

フーヨーハイ【芙蓉蟹】《中国語》蟹玉。

ブーラ〖Voula〗ギリシャ、アッティカ半島南西岸、エーゲ海に面する町。首都アテネの南方約20キロメートルに位置する。海岸保養地として知られ、夏には数多くの観光客が訪れる。

プーラ〖Pula〗クロアチア西部の港湾都市。イストラ半島の南西端に位置する。古代ローマの植民地が置かれ、交易の拠点として栄えた。皇帝オクタビアヌスの時代に築かれた円形劇場や神殿が残っている。造船業、漁業、ワイン生産が盛ん。また、プーラの北西7キロメートルに浮かぶブリユニ諸島はブリユニ国立公園に指定されている。イタリア語名ポーラ。

ふう-らい【風来】❶風に吹き寄せられたように、どこからともなくやって来ること。また、その人。「案内者などのやっかいにならない―の田舎者」〈寅彦・案内者〉❷遊里で、初めての客。初会の客。「お茶屋もない―のお客に」〈人・籬の梅・四〉

ふうらい-さんじん【風来山人】▶平賀源内

ふうらい-じん【風来人】「風来坊」に同じ。「やあやあ、うぬはいづくの―」〈浄・国性爺〉

ふうらい-ぼう【風来坊】どこからともなくやって来る人。また、身元が知れず、一つ所にとどまらない人。風来人。風来者。

ふうらい-もの【風来者】「風来坊」に同じ。「よしなや身を―になし、諸親類に見限らるる」〈浮・新永代蔵〉

ふうらいろくぶしゅう【風来六部集】江戸後期の狂文集。2巻。風来山人(平賀源内)作。安永9年(1780)刊。既刊の「放屁論」など6部を収める。

プーラ-だいせいどう【プーラ大聖堂】《Pulska katedrala》クロアチア西部の港湾都市プーラにある大聖堂。4世紀から5世紀頃の創建。10世紀に増改築されたが、ジェノバやベネチアの侵攻を受けて破壊され、15世紀に再建された。ロマネスク、ビザンチン、ルネサンスの各様式が見られる。

ふう-らん【風×蘭】ラン科の常緑多年草。暖地の古木に着生。葉は広線形で厚く、反っている。夏、花茎を出し、湾曲する距をもつ白い花を数個開く。観賞用に栽培もされる。富貴蘭。(季 夏)

プーランク〖Francis Poulenc〗[1899～1963]フランスの作曲家。フランスの伝統に立脚した音楽を創出。オペラ「テレシアスの乳房」など。

プーリア〖Puglia〗イタリア南東端にある州。東にアドリア海を、南にタラント湾を臨む。アルベロベッロなど独特な観光地が多い。タラント県・バリ県・バルレッタ-アンドリア-トラーニ県・フォッジア県・ブリンディジ県・レッチェ県がある。州都はバリ。プッリャ。

ブーリアン〖Boolean〗▶ブール型

ブーリアン-えんざん【ブーリアン演算】《Boolean operation》▶論理演算

プーリー〖pulley〗❶滑車。❷ベルト車。調べ車。

フーリエ〖François Marie Charles Fourier〗[1772～1837]フランスの思想家。フランス革命の自由・平等・友愛の原理の社会的実現を望み、農業を主とする協同組合社会の建設を主張。著「家庭的農業的共同社会論」など。

フーリエ〖Jean Baptiste Joseph Fourier〗[1768～1830]フランスの数学者・物理学者。熱伝導の理論的研究を行い、それに用いたフーリエ級数は解析学に大きく貢献した。著「熱の解析的理論」など。

フーリガン〖hooligan〗❶不良。ごろつき。あぶれ者。❷熱狂のあまり騒動を引き起こすスポーツファン。特に、サッカーファンにいう。➡ティフォシ

ブーリャグメニ〖Vouliagmeni〗ギリシャ、アッティカ半島南西岸、エーゲ海に面する町。首都アテネの南方約20キロメートルに位置する。海岸保養地として知られるほか、山側の湖は年間を通じて水温セ氏約25度を保つ温泉がある。

ふう-りゅう【風流】〔名・形動〕❶上品な趣があること。みやびやかなこと。また、そのさま。風雅。「―な庭」❷世俗から離れて、詩歌・書画など趣味の道に遊ぶこと。「―を解する」❸「ふりゅう(風流)❷」に同じ。〈日葡〉❹美しく飾ること。数奇をこらすこと。また、そのさま。「御前に―の島形を居ゑられたり」〈太平記・二四〉❺「風流韻事」の略。「―のはじめや奥の田植歌」〈奥の細道〉❻先人ののこしたよい流儀。遺風。「倭歌の―、代々にあらたまり」〈常盤屋の句合・跋〉

(類語)風雅・雅趣・雅致・数寄・乙・粋

ふうりゅう-いんじ【風流韻事】自然に親しみ、詩歌を作って楽しむこと。風流な遊び。

ふうりゅう-がさ【風流傘】▶ふりゅうがさ(風流傘)

ふうりゅう-ぐるま【風流車】▶ふりゅうぐるま(風流車)

ふうりゅうしどうけんでん【風流志道軒伝】談義本。5巻。風来山人(平賀源内)作。宝暦13年(1763)刊。当時実在した辻講釈師深井志道軒の伝記の形で世相を風刺したもの。

ふうりゅう-じん【風流人】風流の趣味を解する人。風流を好む人。風流人士。(類語)粋人・茶人・通人

ふうりゅう-だな【風流棚】意匠をこらして作られた棚。

ふう-りょく【風力】風の強さ。風が物体に及ぼす力。(類語)風勢・風速・風脚

ふうりょく-かいきゅう【風力階級】風速を目測で観測するとき、その強弱を表す階級。現在は広くビューフォート風力階級が用いられている。

ふうりょく-けい【風力計】「風速計」に同じ。

ふうりょく-はつでん【風力発電】風のエネルギーを利用した動力で発電機を駆動する方式の発電。

ふう-りん【風鈴】❶金属・陶器・ガラスなどで小さい釣鐘の形に作り、その中の舌に風を受ける羽や短冊をつけた鈴。軒下につるし、鳴る音を楽しむ。(季 夏)「―の音を点ぜし軒端かな／虚子」❷置き碁で、井目の四隅の星に置いた石に添えて、対角線上のすぐ外側の三三の位置に置く石。

ふう-りん【風輪】❶仏語。㋐三輪・四輪の一。三輪では最下の層、四輪では空輪の上、水輪の下にある空気の層。㋑五輪の一。❷風神。または、風。「―のふいご風おだやかに」〈浄・今国性爺〉

ふうりん-うめもどき【風鈴梅×擬】モチノキ科の落葉低木。山地に自生。ウメモドキに似る。雌雄異株。5月ごろ白色の花が咲き、実が柄の先に風鈴のようにぶら下がる。

ふうりん-かざん【風林火山】武田信玄の軍旗に書かれた「孫子」の句「疾きこと風の如く、徐かなること林の如く、侵し掠めること火の如く、動かざること山の如し」の略。また、その軍旗の称。

ふうりん-そう【風鈴草】キキョウ科の一年草または越年草。高さ60～90センチ。夏、淡紅色や青紫色の釣鐘状の花が咲く。南ヨーロッパ原産。花壇などに植えられる。(季 夏)

ふうりん-そば【風鈴蕎=麦】夜鳴きそばの一種。江戸時代、屋台に風鈴をつけ、夜食用のそばを売り歩いたもの。

フール〖fool〗❶愚か者。ばか者。❷だますこと。また、だまされる人。「エープリル―」

ブール〖George Boole〗[1815～1864]英国の数学者。代数学を使って論理的推論を展開するブール代数を完成、記号論理学の基礎を築いた。また、不変式論を確立した。

プール〖pool〗〔名〕スル ❶人工的に水をためた遊泳場。水泳場。❷置き場。たまり場。「モーター―」❸蓄

えておくこと。ためること。「資金を一する」❹企業連合。主として米国でカルテルの意味で用いられる。特に、中央機関を設けて利潤の分配を行うカルテルをさす場合もある。❺ビリヤードの一。手球を突いて、15個の的球をポケットに落とす。ポケットビリヤード。

フールー〖Hulu〗《「フル」とも》米国の動画配信サービス。広告収入で運営され、NBC・FOX・ABCをはじめとする放送・映画会社が提供するテレビ番組や映画、プロモーションビデオなどを無料で配信している。2008年3月に米国でサービス開始。11年8月末より日本向けのサービスが始まり、インターネット接続対応の一部のテレビおよびスマートホンなどで視聴可能となった。

ブール-えんざん【ブール演算】《boolean operation》▶論理演算

プールがくいん-だいがく【プール学院大学】大阪府堺市にある私立大学。平成8年(1996)開学。

ブール-がた【ブール型】《Boolean datatype》コンピューターのプログラミング言語などで扱われる変数や定数のデータ形式の一。真と偽の2種類だけの値(真理値)をとりうる。論理和、論理積、否定などを組み合わせたブール代数に基づく論理演算を可能にする。ブーリアン。論理型。

ブールジェ〖Paul Bourget〗[1852〜1935]フランスの小説家・批評家。実証主義・科学万能主義を批判、心理分析を重視した。評論「現代心理論叢」、小説「弟子」など。

ブールジェ-こ【ブールジェ湖】《Lac Bourget》▶ブルジェ湖

ブールジュ〖Bourges〗フランス中部、シェル県の都市。同県の県都。イエーブル川とオロン川の合流地点に位置し、中世よりベリー地方の中心都市として栄えた。ゴシック様式のブールジュ大聖堂、ジャッククール宮殿など、歴史的建造物が多い。

ブールジュ-だいせいどう【ブールジュ大聖堂】《Cathédrale de Bourges》フランス中部、シェル県の都市、ブールジュにある司教座聖堂。12世紀末から13世紀半ばにかけて建造された。タンパン(正面入口上部の半円部分)の彫刻、ステンドグラスを含め、ゴシック様式の傑作として知られる。1992年、世界遺産(文化遺産)に登録された。サンテチエンヌ大聖堂。

プール-せい【プール制】同種の企業が協定を結んで中央機関を設け、この機関が共同の収支計算を行って計上した利潤をあらかじめ定められた割合で分配する制度。

フール-セーフティー《foolish safetyから》▶フールプルーフ

ブール-せんそう【ブール戦争】《Boer War》▶南ア戦争

ブール-だいすう【ブール代数】論理学の命題を記号化し、代数学を使って展開したもの。英国の数学者ブールが創始。

ブールデル〖Émile-Antoine Bourdelle〗[1861〜1929]フランスの彫刻家。ロダンに師事。作品は力強く構築性に富む。「弓を引くヘラクレス」など。

プール-ねつ【プール熱】咽頭結膜熱の俗称。プールで感染し集団発生することがあるのでいう。

プール-バー〖pool bar〗ビリヤードの設備のあるバー。特に6個のポケットのある玉突き台を置き、プールゲームのできるバー。

ブールバード〖boulevard｜blvd.〗街路樹のある大通り。広小路。(補説)フランス語読みではブールバール。

ブールバール〖boulevard〗街路樹のある大通り。広小路。(補説)英語読みではブールバード。

ブールバール-げき【ブールバール劇】《théâtres du boulevard》フランスの大衆向け娯楽劇、商業演劇。パリの盛り場ブールバール大通りに由来。

フール-プルーフ〖fool proof〗《愚者向け試験の意》工学分野における設計手法の一。使用者が操作を誤ることを前提として、あらかじめ重大な事故や問題が生じないように設計段階で対策を施すこと。フールセーフティー。(補説)洗濯機のモーターが高速回転している最中に誤って蓋を開けても、自動的に回転が停止する機能などの例が挙げられる。

ブール-マニエ〖beurre manié〗やわらかく練ったバターに小麦粉を入れて練り合わせたもの。西洋料理でソース類にとろみをつけるのに用いられる。

ブーレ〖bourrée〗17、8世紀の組曲に広く用いられたフランスの舞曲。速い二拍子。ブレー。

ブーレーズ〖Pierre Boulez〗[1925〜]フランスの作曲家・指揮者。メシアンに師事。シュトックハウゼンらとともに前衛音楽の担い手となった。

ふうれん-こ【風蓮湖】北海道東部、根室湾岸にある汽水性の潟湖。冬にハクチョウが飛来する。周辺はタンチョウの生息地。平成17年(2005)、隣接する砂州の春国岱とともにラムサール条約に登録。

ふうれん-しょうにゅうどう【風連鍾乳洞】大分県南東部、臼杵市野津町泊にある鍾乳洞。新旧二つの洞があり、渓谷に臨む旧洞の長さは約500メートル、新洞は旧洞より約100メートルの高所にあり長さ82メートル。洞内にある鍾乳石・石筍・石柱などは保存状態がよい。「風連洞窟」の名称で国の天然記念物に指定。

ふう-ろ【風炉】❶小さい試金用坩堝を加熱するための炉。❷▶ふろ(風炉)

ふう-ろ【風露】風と、露。

ふう-ろう【封×蝋】松脂・シェラック・蜜蝋などを混合した蝋状の物質。瓶の栓や手紙の封じ目などの密封に用いる。

ふう-ろう【風浪】❶風と波。❷水面を吹く風によって起こる波。さざ波・三角波など。風波。

ブーローニュ〖Boulogne〗パリ西部、セーヌ川右岸に位置する公園。ブローニュ。

ふうろ-そう【風露草】フウロソウ科フウロソウ属の植物の総称。ハクサンフウロ・エゾフウロ・アサマフウロ・ゲンノショウコなど。(季 夏)

ふうわり〔副〕重さを感じさせないほど軽やかでやわらかなさま。「執拗な感じを避けるために、故意とこう、一と持ちかけた」〈里見弴・多情仏心〉

ふ-うん【不運】〔名・形動〕運の悪いこと。また、そのさま。「一をなげく」「一な身の上」⇔幸運。
(類語)非運・厄運・悪運・逆運・悲運・アンラッキー

ふ-うん【浮雲】❶空に浮かんでいる雲。うきぐも。❷定まらないこと、また、はかなく頼りないことのたとえ。

ぶ-うん【武運】戦いの勝ち負けの運命。また、武士・軍人としての運命。「一の長久を祈る」「一つたなく敗退する」
武運拙く　武人としての運命に見放されるさま。「一敗れ去る」(補説)運動競技の試合などに負けた時にも用いられる。

ブーン〖Daniel Boone〗[1734〜1820]米国開拓時代の伝説的英雄。初めてアパラチア山脈を越えてケンタッキーへの道を開き、西部開拓の先駆となった。

ぶうん〔副〕《「ぶーん」と書くことも多い》❶低い音が継続して響くさま。低い音がやや長めに鳴るさま。機械音や虫の羽音などの形容に用いる。「軽自動車が一と通り過ぎていく」「蜂が一と飛びながら8の字を描く」「携帯電話が一、一と振動する」❷物が風を切る音を表す語。「バットが一と空を切る」

ぷうん〔副〕《「ぷーん」と書くことも多い》❶強いにおいが漂っているさま。強いにおいがしきりに鼻をつくさま。比喩的にも用いる。「台所からカレーのにおいが一としてくる」「昼間から酒のにおいを一とさせている」「犯罪のにおいが一とする」❷高い音が小さく響くさま。「ハエが一と飛び回る」❸ひどく怒って機嫌の悪いさま。「不機嫌そうに一とそっぽを向く」

ふ-え【不×壊】堅固で、こわれないこと。「一不動の境地に到る」〈中島敦・悟浄出世〉

ふえ【笛】❶管楽器のうち、らっぱ類を除いたものの一般的呼称。フルート・篠笛などの横笛と、リコーダー・尺八・篳篥などの縦笛に分けられる。また、口笛・草笛など。❷特に、横笛のこと。❸呼び子・ホイッスルなど、合図に吹き鳴らすもの。「集合の一が鳴る」❹汽笛。❺(「吭」とも書く)のどぶえ。「横に一を切ったが、それでは死に切れなかったので」〈鴎外・高瀬舟〉
(下接語)竽の笛・笙の笛・早笛(ぶえ)葦笛・鶯笛・神楽笛・烏笛・雉笛・草笛・口笛・駒笛・高麗笛・鹿笛・篠の笛・柴笛・蝉笛・竹笛・縦笛・調子笛・角笛・唐人笛・鳥笛・喉笛・鳩笛・鼻笛・雲雀笛・牧笛・麦笛・虫笛・虎落笛・指笛・横笛
笛吹けども踊らず　《新約聖書「マタイ伝」11章から》手を尽くして働きかけても、人がそれに応じて動き出さないことのたとえ。

ふえ【×鰾】魚のうきぶくろ。〈和名抄〉

フエ〖Hue〗▶ユエ

フェア〖fair〗市。博覧会。見本市。展示即売会。「モーター一」

フェア〖fair〗㊀〔名〕「フェアボール」の略。⇔ファウル。㊁〔形動〕❶道義的に正しいさま。公明正大なさま。「一な精神」「一な価格設定」❷規則にかなったさま。またスポーツで、規定の場所の内にあるさま。「一な試合」「一フライ」(類語)公正・公平・公明正大・平等

フェアアイル-セーター〖Fair Isle sweater〗英国スコットランドのフェア島を原産とする手編みセーター。素朴な幾何学模様が特徴。

フェアー-プレー〖fair play〗▶フェアプレー

フェアウエー〖fairway〗ゴルフコースで、ティーグラウンドとグリーンとの間の、芝がよく刈り込まれてある整備区域。⇒ラフ

フェアキャスト〖FairCast〗NTTデータが提供する学校連絡網システム。従来の電話連絡網に代わり、携帯電話・固定電話・ファックス・電子メールに向けて、メッセージを一斉伝達することができる。随時、送信確認を行い、確認が取れない相手に対して順次連絡先を変えてメッセージの伝達を続けることも可能。

フェア-キャッチ〖fair catch〗❶ラグビーで、相手が蹴ったボールを自陣の22メートルラインの内側で捕球し、同時に「マーク」とアピールすること。その地点で捕球者にフリーキックが与えられる。❷アメリカンフットボールで、相手が蹴りニュートラルゾーンを超えたボールを、リターナーが捕球し、ボールデッドとすること。リターナーが捕球後に走って前進できないときに選択するプレーで、リターナーは片手を高く上げて左右に大きく振る合図をしてから捕球する。フェアキャッチしたリターナーに対するタックルは禁じられている。

フェアグラウンド〖fairground〗野球で、ファウルラインの線上および内側の地域。⇔ファウルグラウンド。

フェア-ディール〖Fair Deal〗1949〜52年、米国のトルーマン大統領がニューディールにならって行った諸政策。社会保障の充実、タフト-ハートレー法の廃止、市民権の拡大などを内容としたが、十分な成果をあげられなかった。

フェア-トレード〖fair trade〗公正貿易。途上国の生産者に公正な賃金や労働条件を保証した価格で商品を購入することで、途上国の自立や環境保全を支援する国際協力の新しい形態。

フェアネス〖fairness〗❶公正なこと。また、公平さ。❷きれいなこと。美しさ。

フェアバンクス〖Fairbanks〗米国アラスカ州中部の都市。金の採掘で発展。

フェア-プレー〖fair play〗《「フェアープレー」とも》正々堂々とした試合態度。また、公明正大な態度や行動。「一の精神で戦う」(類語)スポーツマンシップ

フェアプレー-キッズ《和 fair play＋kids》▶エスコートキッズ

フェア-ボール〖fair ball〗野球で、フェアグラウンドに入った打球。⇔ファウルボール。

フェア-ユース〖fair use〗著作物を公正に利用する場合、著作権者の許諾がなくても、著作権の侵害にあたらないとする考え方。例えば、学校教育・報道・研究・調査などの目的で適正に利用する場合などがこれにあたる。公正利用。(補説)国によって規定が異なる。米国の著作権法では、公正な利用か否かを判断する基準として、(1)使用の目的・性格(商

業性の有無、非営利的教育目的か否かを含む)、(2)著作物の性質、(3)著作物全体に対する使用部分の量・実質性、(4)著作物の潜在的市場・価格に対する影響、の4つの要素を示している。

フェアリー〘fairy〙おとぎ話などに登場する妖精。仙女。

フェアリーダー〘fairleader〙船から出し入れするロープ類を保護する金物。

フェアリー-テール〘fairy tale〙おとぎ話。童話。

フェアリーランド〘fairyland〙❶おとぎの国。妖精の国。❷仙境。桃源郷。

フェアリー-リング〘fairy ring〙►菌輪

フェアリング〘fairing〙空気抵抗を軽減するため、飛行機、自動車、オートバイなどの前面に取り付けられる覆い。宇宙ロケットに用いられるものはペイロードフェアリングと呼ばれる。

フェイ〘FAE〙《fuel air explosive》燃料気化爆弾。揮発性炭化水素系燃料を噴霧状にして爆発させるもの。

ふ-えい【府営】都道府県のうち、府が経営または管理すること。また、その事業や施設。「一住宅」

ふ-えい【賦詠】〔名〕スル 詩歌を作ること。また、その詩歌。

ぶ-えい【武衛】兵衛府の唐名。

フェイク〘fake〙《「フェーク」とも》❶にせもの。模造品。まやかし。❷アメリカンフットボールで、意図しているプレーや動作を相手に見破られないように行うトリックプレー。❸ジャズで、即興演奏すること。

フェイク〘FAQ〙《frequently asked questions》►エフ-エー-キュー(FAQ)

フェイク-チープ〘fake cheap〙わざと貧乏らしく見せるファッションのこと。

フェイク-ファー〘fake fur〙合成繊維を使った模造毛皮。イミテーションファー。

フェイシャル〘facial〙美顔術。

フェイシャル-マッサージ〘facial massage〙美顔術で行うマッサージのこと。マッサージの手技と、マッサージクリーム(オイル)との相乗効果で、皮脂分泌の調整や、血液・リンパ液の循環を活発にする。

フェイジョア〘ラテ Feijoa〙フトモモ科の常緑低木。南ブラジル・パラグアイ原産。果実は秋に熟し、甘味が強く、強い芳香がある。生食およびジャムにする。スペインの博物学者J.Feijóの名にちなむ。

フェイス〘face〙►フェース

フェイズ〘phase〙►フェーズ

ふ-えいせい【不衛生】〔名・形動〕衛生にかなっていないこと。また、そのさま。「一な食器」

フェイディアス〘Pheidias〙古代ギリシャの彫刻家。前5世紀に活躍。パルテノン造営の総監督で、本尊「アテナ-パルテノス」を制作。ほかにオリンピアの「ゼウス像」など。フィディアス。生没年未詳。

フェイディアス-の-しごとば【フェイディアスの仕事場】《Ergastirio tou Pheidia》ギリシャ、ペロポネソス半島北西部、ゼウスの神域として知られるオリンピアにある遺跡。紀元前5世紀に活躍した古代ギリシャ屈指の彫刻家フェイディアスの仕事場だったとされ、世界七不思議の一つであるオリンピアのゼウス像がここで制作されたという。フィディアスの仕事場。

フェイバリット〘favorite〙►フェバリット

ふえいよう-か【富栄養化】湖沼・内湾などに、地表水等の流入により燐・窒素などの栄養物質が蓄積すること。限度を超えるとプランクトンが異常繁殖して汚染や腐水化が起こる。

ふえいよう-こ【富栄養湖】湖沼型の一。水中の栄養物質が豊富でプランクトンが多く、生物生産力の大きい湖。水は黄緑色で、透明度は5メートル以下となる。霞ケ浦・諏訪湖など。⇒貧栄養湖

フェイル-オーバー〘fail over〙サーバーなどのコンピューターシステムにおいて、ある機器に障害が生じた場合に、他の代替機器が処理を受け継ぐこと。

フェイル-セーフ〘fail-safe〙❶機械などで、一部に故障や誤操作があっても、安全なほうに作動する仕組み。❷戦略核戦力の配備にあたって、偶発戦争を防止するためにとられている安全対策。

フェイント〘feint〙スポーツで、相手を惑わす見せかけの動作のこと。牽制動作。「一をかける」

フェージング〘fading〙ラジオ・無線電信などの受信電波の強さが、相互干渉や電離層の状態変化などによって変化する現象。

フェース〘face〙《「フェイス」とも》❶顔。容貌。顔つき。「ファニー——」「ポーカー——」❷登山で、大きく広がった急傾斜の岩場。岩壁。❸ゴルフで、クラブヘッドの打球面。❹額面。券面。

(類語)顔・顔面・面・面・面

フェーズ〘phase〙❶段階。局面。❷相。位相。

フェース-オフ〘face-off〙アイスホッケーで、両チームの選手一人ずつが相対し、その間に審判が投げ入れたパックをスティックで奪い合うこと。競技の開始時や反則後のゲーム再開時に行う。

フェース-ガード〘face guard〙運動時に顔面を保護するために付ける、マスクやヘルメット。

フェース-シート〘face sheet〙世論調査で、被調査者の性・年齢・職業などを調べるための調査票。

フェースタイム〘FaceTime〙米国アップル社が開発したスマートホン、iPhone 4に搭載されたテレビ電話(ビデオチャット)機能。

フェース-タオル〘face towel〙顔をふいたりするのに使う小型のタオル。

フェース-ツー-フェース〘face-to-face〙面と向かって行うこと。直接に行うこと。「顧客との一の付き合いが売上増につながる」

フェース-バリュー〘face value〙►額面金額

フェースブック〘facebook〙㊀個人の写真と名前とを掲載した名簿。大学や高校などで、学生がお互いを知ることができるよう学年度のはじめに配布する。印刷物だけでなく、オンライン上の名簿についてもいう。写真名鑑。㊁(Facebook)米国の代表的なSNS(ソーシャルネットワーキングサービス)の一。2004年、ハーバード大学の学生向けサービスとして始まったが、その後、全米の学生にも開放され、06年には学生以外も参加できるようになった。08年より日本語版サービスを開始。豊富なアプリケーションソフトや、さまざまな情報共有機能をもつ。FB。

フェータリスト〘fatalist〙宿命論者。運命論者。

フェータリズム〘fatalism〙宿命論。運命論。

フェータル〘fatal〙〔形動〕命にかかわるさま。また、破滅をもたらすさま。「一ミス」「一な傷じゃないそうだ」〈志賀・城の崎にて〉

フェーディング〘fading〙►フェージング

フェート〘Afanasiy Afanas'evich Fet〙[1820〜1892]ロシアの詩人。芸術至上主義を掲げ、自然の一瞬の美をとらえた作品を残した。詩集「夕べの灯」、回想記「わが回想」、ショーペンハウアーの「意志と表象としての世界」の翻訳がある。

フェード〘fade〙❶色などがあせること。花などがしぼむこと。❷「フェードボール」の略。❸映画・演劇・テレビなどの、明暗による場面転換の手法。暗い場面が少しずつ明るくなるフェードイン、明るい場面が少しずつ暗くなるフェードアウトの2種類がある。

フェード-アウト〘fade-out〙映画・演劇・テレビなどで、一つの場面が少しずつ暗くなって最後に消えること。溶暗。

フェード-イン〘fade-in〙映画・演劇・テレビなどで、暗い場面が少しずつ明るくなって最後に全部現れること。溶明。

フェード-ボール〘fade ball〙ゴルフで、打球が落下直前に速度を失って、打者の利き腕の側へわずかに曲がること。フェード。⇒ドローボール

フェートンごう-じけん【フェートン号事件】文化5年(1808)英国軍艦フェートン(Phaeton)号がオランダ船を追って長崎港に侵入し、オランダ商館員を捕らえ、食糧・薪水を強要した事件。責任をとって長崎奉行松平康英は自刃した。

フェーバリット〘favorite〙►フェバリット

フェーブ〘フラ fève〙❶ソラマメ。❷ガレットデロワに入っている、陶器やプラスチックで作られた小さな人形。

フェーブル〘fable〙寓話。寓言。

フェーベ〘Phoebe〙土星の第9衛星。1899年に発見。名の由来はギリシャ神話の巨人。太陽光をほとんど反射せず、暗く見える。土星の自転や他の多くの衛星とは逆方向に公転する。非球形で平均直径は約220キロ。

フェーム〘fame〙名声。声望。

フェーリング-えき【フェーリング液】糖の検出や定量に用いる試薬。硫酸銅溶液とロッシェル塩・水酸化ナトリウム溶液を混合したもので、糖が還元されて赤色沈殿を生じる。ドイツの化学者フェーリング(Hermann Fehling[1812〜1885])が発明。

フェーン〘ドイ Föhn〙山を越えて平地へ吹き下ろす乾燥した高温の風。空気が山腹を上るときは冷却して雨を降らし、山腹を下るときは温度が上がって乾燥する。元来はアルプスの北麓に吹き下ろす局地風の名。フェーン現象。

フェーン-げんしょう【フェーン現象】►フェーン

ふえ-かた【笛方】能楽の囃子方のうち、笛を吹奏する役。一噌・森田・藤田の三流がある。

ふ-えき【不易】〔名・形動〕❶いつまでも変わらないこと。また、そのさま。不変。「一な(の)教え」❷蕉風俳諧で、新古を超越して変わることのない俳諧の本質。

ふ-えき【扶×掖】〔名〕スル 助けること。力を貸すこと。扶助。

ぶ-えき【▽夫役】►ぶやく(夫役)

ぶ-えき【無▽射】❶中国音楽の十二律の一。基音の黄鐘より一〇律高い音。日本の十二律の神仙にあたる。❷陰暦9月の異称。

ぶ-えき【賦役】《「ふえき」とも》❶近代以前の社会で、農民が領主から課せられた労働と地代。❷►ぶやく(夫役)

ふえき-こうさつ【賦役黄冊】中国、明代の租税台帳兼戸籍台帳。1381年、洪武帝によって全国的に作成され、以降10年ごとに改訂された。黄冊。

ふえき-りゅうこう【不易流行】蕉風俳諧の理念の一。新しみを求めて変化していく流行性が実は俳諧の不易の本質であり、不易と流行とは根元において結合すべきであるとするもの。

フエゴ-とう【フエゴ島】《Isla Grande de Tierra del Fuego》南アメリカ大陸南端部の島。マゼラン海峡の南にあり、ティエラ-デル-フエゴ(フエゴ諸島)中で最大の面積をもつ。東半部はアルゼンチン領、西半部はチリ領。中心都市ウスワイア。金・石油などを産出。

フエゴとう-こくりつこうえん【フエゴ島国立公園】《Parque Nacional Tierra del Fuego》南アメリカ大陸南端部、フエゴ島のアルゼンチン領にある国立公園。西にチリ国境、南にビーグル水道がある。南極ブナの原生林や氷河湖で知られ、港湾都市ウスワイアが観光拠点となる。ティエラ-デル-フエゴ国立公園。

ふえ-ざ【笛座】能舞台で、笛方の座る場所。囃子座のうち、舞台に向かっていちばん右側。

フェザー〘feather〙鳥の羽。羽毛。

(類語)羽毛・羽・毛・ダウン

フェザー-きゅう【フェザー級】《feather weight》ボクシングなどの体重別階級の一。アマチュアでは女子とジュニアにあり、ライト級とバンタム級の間で、54キロを超え57キロまでの階級。プロではスーパーフェザー級とスーパーバンタム級の間で、122ポンド(55.34キロ)を超え126ポンド(57.15キロ)までの階級。

フェザー-プレーン〘feather plane〙胴体にバルサ材や軽量アルミパイプ、翼にマイクロフィルムなどを使った、重さ数十グラムの超軽量模型飛行機。

フェシュテティッチ-きゅうでん【フェシュテティッチ宮殿】《Festetics-kastély》ハンガリー西部の町ケストヘイにあるバロック様式の宮殿。17世紀にクロアチアから移住した貴族フェシュテティッチ家により、18世紀半ばに建造された。約9万冊の蔵書を誇るへ

ふ

リコン図書館、18世紀から19世紀にかけての調度品や装飾武器を展示するヘリコン宮殿博物館、かつての馬小屋を利用した馬車博物館などがある。

フェス「フェスティバル」の略。「野外—」

フェズ〖fez〗トルコや中近東諸国の人々がかぶっている帽子。ちょうどバケツを伏せたような形でつばなしが特徴。トルコ帽。

フェズ〖Fez〗モロッコ北東部の都市。13世紀以降、宗教と学問の中心地として発展した。城壁に囲まれた旧市街は、密集する建物の間を縫うように狭い通路が走る迷宮都市として有名で、1981年、「フェズ旧市街」の名称で世界遺産(文化遺産)に登録された。フェス。ファス。

フェスタ〖イタリア festa〗祭り。祝祭。祭祀。祝日。

フェスティーナ-レンテ〖ラテン Festina lente〗ゆっくり急げ、良い結果により早く到るためにはゆっくり行くのがいい、という意味。ローマ帝国の初代皇帝アウグストゥスの言葉といわれる。

フェスティバル〖festival〗祭り。祭典。催し物。
類語 祭り・祝祭・祭典・催し物・イベント

フェストス-いせき【フェストス遺跡】ニセキ《Festos》ギリシャ南部、クレタ島の南部フェストスにある古代遺跡。古代名パイストス。クレタ(ミノア)文明時代、クノッソスの宮殿と同じ頃に最初の宮殿が建造されたが、地震で倒壊。後に再建されたが、紀元前150年頃にゴルティンに滅ぼされた。

フェスピック〖FESPIC〗《Far East and South Pacific Games for the Disabled》極東・南太平洋身体障害者スポーツ大会。1975年から2006年まで9回開催され、アジア・オセアニアの各国・地域の身体障害者が参加。2010年よりアジアパラ競技大会に移行した。

フェタ〖ギリシャ feta〗白く柔らかいギリシャのチーズ。ホエーと塩水の中で熟成させる。元来は羊乳から作ったが、現在は牛乳から作るものが多い。主に、サラダに使われる。➡ホエー

ふえ-だい【笛×鯛】ダイ スズキ目フエダイ科の海水魚。沿岸の岩礁にすむ。全長約40センチ。体はタイに似て、目は大きく、吻がやや突出する。体色は橙赤色で各ひれは黄褐色。本州中部以南に分布。食用。

ふえ-たけ【笛竹】❶竹で作った笛。また、その音。音楽。❷笛の材料とする竹。

フェチ ❶「フェティシスト」の略。❷特定の種類の物に異常な執着・偏愛を示す人。「ぬいぐるみ—」

ふ-えつ【×斧×鉞|×鈇×鉞】ヱツ ❶おのと、まさかり。❷文章に手を入れて直すこと。添削。「—を加える」❸《❶が、軍中での極刑の具であったところから》重い刑罰。重刑。「—の誅」❹昔、中国の刑具。君主が出征する将軍に統率のしるしとして渡したもの。転じて、兵器、また征伐をいう。

ふ-えつ【傅説】中国古代、殷の高宗の宰相。高宗が聖人を得た夢によって土木工事に従事していたところを登用され、中興の業を完成したといわれる。

フェッチ〖fetch〗マイクロプロセッサーが命令を実行する際、その最初の段階でメーンメモリーからインストラクション(命令コード)を読み出すこと。

フェッド〖Fed〗《Federal Reserve Board(=FRB)から》米国の連邦準備制度理事会。連邦準備銀行(FRB)の業務を統轄する。フェド。

フェッド-ウオッチャー〖Fed watcher〗米国の連邦準備制度理事会の金融政策の動向を追いかけるエコノミスト。

フェットチーネ〖イタリア fettuccine〗《「フェトチーネ」とも》イタリアのパスタの一。平たいひも状のめん。スパゲッティと同様にゆでたものをソースで食べる。

フェップ〖FEP〗《front-end processor》➤フロントエンドプロセッサー

フェッラーラ〖Ferrara〗➤フェラーラ

ふ-えて【不得手】〔名・形動〕❶得意でないこと。また、そのさま。不得意。「—な科目」「細かい作業は—だ」❷好きでないこと。嗜まないこと。また、そのさま。「—な酒をすすめられる」類語 不得意・苦手

フェティエ〖Fethiye〗トルコ南西部の町。ギリシャ語名マクリ。古代都市テルメッソスがあった場所で、紀元前4世紀頃に造られたリキア王の岩窟墓や、古代ローマ時代の劇場が残っているほか、近郊にかつてギリシャ正教会のキリスト教徒が居住し、現在は無人の村になったカヤキョユ、同国有数の海岸保養地オリュデニズがある。

フェティエ-ジャーミー〖Fethiye Camii〗➤フェティエモスク

フェティエ-モスク〖Fethiye Mosque〗トルコ北西部の都市イスタンブールの旧市街西部にあるイスラム寺院。元は東ローマ帝国時代の12世紀に建造されたテオトコスパンマカリストス教会だったが、16世紀末にイスラム寺院に改修された。近年の調査により、14世紀初頭のものと考えられる美しいモザイクが復元された。フェティエジャーミー。

フェティシスト〖fetishist〗❶呪物崇拝者。物体に霊力があるとして崇拝する人。❷異性の下着や靴、毛髪などに性的関心を抱くこと。フェチ。

フェティシズム〖fetishism〗❶呪物崇拝。❷異常性欲の一。異性の髪や衣類・装身具などを性的対象として愛好するもの。❸➤物神崇拝❷

フェティッシュ〖fetish〗❶呪物。物神。❷フェティシズムにおける崇拝の対象となるもの。

フェデー〖Jacques Feyder〗[1885〜1948]フランスの映画監督。ベルギー生まれ。ロマンチシズムとリアリズムの融合に特色。代表作「外人部隊」「ミモザ館」「女だけの都」など。

フェデラリスト〖federalist〗連邦主義者。➡フェデラリズム

フェデラリズム〖federalism〗連邦主義。連邦制国家で、州ごとの自治権を認める国家原理。

フェデラル-ファンド〖federal funds〗米国の連邦準備制度(FRS)に加盟する市中銀行が、連邦準備銀行(FRB)に法定預金準備として預託を義務づけられている資金。FF。

フェデラルファンド-レート〖federal funds rate〗米国の市中銀行が連邦準備銀行(FRB)に預けているフェデラルファンドの過剰準備を他行に貸す際の利子率。また、連邦準備制度加盟の銀行だけでなく、非加盟銀行・外国銀行・貯蓄貸付組合などの金融機関相手の取引にも適用されている。FFレート。

フェデレーション〖federation〗連邦。連合。

フェド〖Fed〗➤フェッド

ふえ-どう【笛×籐】黒塗りの弓に赤塗りの籐を巻いたもの。笛の塗り色に似ているのでいう。

フェド-カップ〖Fed Cup〗女子テニスの国別対抗戦。国際テニス連盟の創設50周年を記念して1963年「フェデレーションカップ」の名称で始まった。参加国が一堂に会して戦う方式だったが、95年に名称・方式を変更。上位16か国のワールドグループ、地域グループ1〜2からなり、入れ替え戦が行われる。

フェトチーネ〖イタリア fettuccine〗➤フェットチーネ

フェナセチン〖phenacetin〗鎮痛・解熱薬。白色の粉末で、少し苦味がある。

フェニキア〖Phoenicia〗現在のシリア・レバノン沿岸付近にフェニキア人が建てた都市国家群の総称。前8世紀以降、ギリシャの台頭によって衰退し、前64年、ローマに併合された。

フェニキア-じん【フェニキア人】セム族に属する一民族、カナーン人のギリシャ名。前3000〜前2000年ごろ、地中海東岸中部に多数の都市国家や植民市を建設。航海に長じて海上交易に従事、その活動範囲は大西洋やインド洋に及び、各地にオリエント文明を伝えた。

フェニキア-もじ【フェニキア文字】フェニキア人が用いた表音文字。22の子音字からなる。現在、世界各地で用いられているアルファベット文字体系のもとになった。

フェニックス〖ラテン phoenix〗❶エジプト神話の霊鳥。アラビアの砂漠にすみ、500年に1回、みずから火中に入って焼かれ、その灰の中から若い姿で再生するといわれる。不死鳥。❷ヤシ科フェニックス属の植物の総称。カナリーヤシ・セネガルヤシなど。幹は直立し、頂に羽状の葉が集まってつく。葉の落ちた跡に波状紋や角状突起が残る。

フェニックス〖Phoenix〗米国アリゾナ州の州都。高原保養都市。電子工業が盛ん。人口、行政区157万(2008)。

フェニックス-パーク〖The Phoenix Park〗アイルランドの首都ダブリンにある公園。面積は約700ヘクタールでヨーロッパ最大級。17世紀にオーモンド公爵が造った公園に起源する。大統領官邸、警察本部、米国大使館、ダブリン動物園、クリケット競技場のほか、ローマ教皇ヨハネ=パウロ2世の訪問を記念したパパルクロス(教皇十字)がある。

フェニル〖phenyl〗ベンゼンから水素原子1個を除いた残りの原子団。C_6H_5－で表される基。

フェニルアラニン〖phenylalanine〗必須アミノ酸の一。芳香族の一種。多くのたんぱく質中に含まれ、生体内で酵素の働きによりチロシンとなる。

フェニル-き【フェニル基】➤フェニル

フェニルケトン-にょうしょう【フェニルケトン尿症】ニョウシャウ《phenylketonuria》先天性の代謝異常の一。フェニルアラニンを代謝してチロシンを生成する酵素が欠如しているため、フェニルアラニンが体内に蓄積し、それから派生するケトン体が尿中に排泄される。脳細胞が侵されるため、精神発達遅滞に陥ることが多い。

フェヌロン〖François de Salignac de La Mothe Fénelon〗[1651〜1715]フランスの思想家・聖職者・小説家。ルイ14世の孫の教育係となり、教材として教訓物語「テレマックの冒険」を書いたが、政治批判的な内容が王の忌諱に触れて失脚した。

フェノール〖phenol〗❶ベンゼン環・ナフタレン環などに水酸基が直接結合した化合物の総称。❷ベンゼンの水素原子1個が水酸基で置換された化合物。コールタールや石油の分留によって得られる、独特の臭気のある無色の結晶。消毒殺菌剤や染料などの合成原料として使用。化学式C_6H_5OH　石炭酸。ヒドロキシベンゼン。

フェノール-じゅし【フェノール樹脂】フェノール類とアルデヒド類との縮重合により合成される熱硬化性樹脂。絶縁性・耐水性・耐薬品性などにすぐれ、電気部品・接着剤などに使用。初めて作られた合成樹脂で、ベークライトと称した。石炭酸樹脂。

フェノールフタレイン〖phenolphthalein〗酸と塩基を区別する指示薬の一。フェノールと無水フタル酸を加熱して得られる白色の粉末。水に溶けず、エタノールに溶ける。酸性で無色、アルカリ性で赤色を示す。

ブエノス-アイレス〖Buenos Aires〗《良い風の意》アルゼンチン共和国の首都。同国中東部、ラプラタ川西岸に位置する港湾都市。後背地の肥沃なパンパスからの小麦・酪農品などを輸出。ボカ地区はタンゴの発祥地。人口、行政区306万、都市圏1336万(2010)。

ブエノス-ディアス〖スペイン buenos días〗〔感〕おはよう。

フェノバルビタール〖phenobarbital〗バルビツール酸誘導体。中枢神経系を抑制し、催眠作用や鎮静作用を有する。抗てんかん薬にも用いる。

フェノメノン〖phenomenon〗現象。事象。

フェノロサ〖Ernest Francisco Fenollosa〗[1853〜1908]米国の哲学者・美術研究家。明治11年(1878)来日。東大で哲学などを教えるかたわら、日本美術を研究。岡倉天心とともに東京美術学校を創設。日本画の復興に努めた。のち、ボストン美術館東洋部長。著「東亜美術史綱」など。

ふえ-ばしら【笛柱】能舞台で、本舞台の四隅の柱のうち、舞台に向かって右手奥にある柱。笛座のわきの柱。

フェバリット〖favorite〗《「フェーバリット」とも》好みであること。お気に入りであること。また、そのもの。

フェビアニズム〖Fabianism〗フェビアン協会の主張する社会改良運動。穏健的社会主義思想。フェビアン主義。➡フェビアン協会

フェビアン-きょうかい【フェビアン協会】《Fabian Society》1884年に結成された、漸進的な社会改革を主張する英国の社会主義者の団体。バーナード=ショーやウェッブ夫妻らが指導。古代ローマの執政官ファビウスの名にちなむ。

フェヒナー〖Gustav Theodor Fechner〗［1801～1887］ドイツの哲学者・物理学者・心理学者。ウェーバーの法則から、感覚の強度は刺激の対数に比例するという「フェヒナーの法則」を導き、実験心理学の基礎となる精神物理学を創始。著「精神物理学要義」など。フェヒネル。

ふえふき【笛吹】山梨県中央部にある市。貫流する笛吹川に沿った平地でモモ・ブドウ・カキなどの果樹栽培が盛ん。平成16年(2004)春日居町、石和町、御坂町、一宮町、八代町、境川村が合併して成立。同18年に芦川村を編入。人口7.1万(2010)。

ふえ-ふき【笛吹き】❶笛を吹く人。笛を吹くのを業とする人。また、笛の名手。❷ヤガラの別名。

ふえふき-がわ【笛吹川】山梨県、甲府盆地を北東から南西へ貫流する川。甲武信岳と国師ヶ岳に源を発し、富士川町・市川三郷町の境界部で釜無川と合流し富士川となる。長さ55キロ。

ふえふき-し【笛吹市】▶笛吹

ふえふき-だい【笛吹×鯛】スズキ目フエフキダイ科の海水魚。全長約60センチ。体はタイに似て、吻がやや突出し、体色は赤みを帯びた紫褐色。口の内側が鮮紅色なので、口火ともよばれる。本州中部以南に分布。食用。

プエブラ〖Puebla〗メキシコ中東部、プエブラ州の州都。植民地時代の大聖堂や教会が数多く見られ、タラベラという陶器の産地としても知られる。1987年、「プエブラ歴史地区」として世界遺産(文化遺産)に登録された。

フェブラリー〖February｜Feb.〗2月。

フェミニスト〖feminist〗❶男女同権論者。女性解放論者。女権拡張論者。❷女性を大切に扱う男性。《補説》英語で❷の意は、gallant

フェミニスト-セラピー〖feminist therapy〗フェミニズムの視点に立って行う、女性による女性のための心理療法。1960年代後半、米国のウーマンリブ運動の中で生まれた。

フェミニスト-ひひょう【フェミニスト批評】フェミニズムの立場からの批評。作中の女性像の解明に重点を置いた作品批評など。

フェミニズム〖feminism〗❶女性の社会的、政治的、経済的権利を男性と同等にし、女性の能力や役割の発展を目ざす主張および運動。女権拡張論。女性解放論。❷女性尊重主義。

フェミニティ〖feminity〗❶女であること。女らしさ。❷(集合的に)婦人。女性。

フェミニティ-テスト〖feminity test〗▶セックスチェック

フェミニニティ-コントロール〖femininity control〗▶セックスチェック

フェミニン〖feminine〗〔名・形動〕女性らしいこと。また、そのさま。「―な髪形」「―に装う」「―ルック」

フェミニン-ルック〖feminine look〗女性らしさ、やさしさを強調したファッション。Aラインのシルエット、フリル・リボン・レース・花柄のプリントなどが特徴。

フェムト〖femto〗《デンマーク語の15の意から》国際単位系(SI)で、単位の上に付けて1000兆分の1、すなわち10^{-15}を表す語。記号f

フェムトセル〖femtocell〗携帯電話やPHSなど移動体通信機器の、極めて狭い領域の通信エリア。住宅や小規模なオフィスなどの屋内に小型基地局を設置し、通信の質の向上をはかるもの。

ふえやっこ-だい【笛▽奴×鯛】チョウチョウウオ科の海水魚。全長約10センチ。チョウチョウウオに似て、吻が長く突出し、しりびれ後方に黒斑がある。本州中部以南に分布。

フェラーラ〖Ferrara〗イタリア北部、ポー川上流に位置する都市。15世紀末にエステ家のエルコレ1世が、建築家ビアージョ=ロセッティに命じてルネサンスの都市計画に基づく都市改造を行った。その結果、広い道路、公園や庭園、統一された高さの建物など、ヨーロッパ初の近代都市が生まれた。ディアマンティ宮殿やエステ城なども当時の建造物。1995、99年に「フェラーラ：ルネサンス期の市街とポー川デルタ地帯」として世界遺産(文化遺産)に登録。フェッラーラ。

フェラーラ-だいせいどう【フェラーラ大聖堂】《Cattedrale di Ferrara》イタリア北東部、エミリアロマーニャ州の都市フェラーラにある大聖堂。守護聖人のサンジョルジョを祭る。12世紀から14世紀にかけて建造され、ロマネスク様式とゴシック様式が混在。ロマネスク彫刻を代表するニコラウスがファサードを手がけた。ルネサンス様式の鐘楼は15世紀にアルベルティの設計で着工されたが、未完に終わっている。サンジョルジョ大聖堂。フェッラーラ大聖堂。

フェライト〖ferrite〗❶酸化鉄(Ⅲ)と金属との複合酸化物。一般式$MO \cdot Fe_2O_3$(Mは二価の金属)で表される。磁鉄鉱などがあり、磁性材料として広く利用。❷常温で強磁性をもつ体心立方構造のα鉄、およびそれに微量の炭素などが溶解した固溶体。

フェラガモ〖Salvatore Ferragamo〗［1898～1960］イタリアの靴デザイナー。米国ハリウッドで靴店を開業したのち、1928年、フィレンツェに自身の名前を冠した店を創業。透明な素材を使ったサンダルやウエッジソールなどを次々と生み出して有名となった。

フェラチオ〖fellatio〗男性の性器を舌や唇で愛撫する性技。

フェラポントフ-しゅうどういん【フェラポントフ修道院】《Ferapontov monastir'》ロシア連邦北西部、ボログダ州の町キリロフの近郊にある修道院。14世紀末、モスクワのシモノフ修道院の修道士フェラポントにより創設。イワン3世からイワン4世にいたる15世紀から16世紀にかけてされた建造された聖堂、教会、食堂などがあり、聖堂内には中世ロシアの画家ディオニーシーのイコンやフレスコ画が残る。ロシア正教会の修道院建築の優れた例とみなされ、2000年に世界遺産(文化遺産)に登録された。

フェリー〖ferry〗「フェリーボート」の略。「カー―」

フェリーキー-もん【フェリーキー門】《Ferryquay Gate》英国、北アイルランド北西部の都市ロンドンデリーの市街を囲む城壁の門の一。南東に位置する。城壁は17世紀初め、プロテスタントの入植者により建造。ジェームズ2世とウィリアム3世の英国王位をめぐる争いの中で、1688年から翌年にかけてジェームズ2世の包囲を受けたことで知られる。➡ザ-ダイヤモンド

フェリーニ〖Federico Fellini〗［1920～1993］イタリアの映画監督。ネオレアリズモ映画の一翼を担い、人間の精神世界を重視して独特の映像を創造した。代表作「道」「甘い生活」「サテリコン」「カサノバ」など。

フェリーボート〖ferryboat〗旅客・貨物・自動車・鉄道車両などを輸送する船の総称。

フェリカ〖FeliCa〗非接触型ICカード技術方式の一。ソニーが開発。電子マネーや交通機関の乗車券、IDカードなどに利用でき、JR東日本のSuicaや楽天Edyなどに採用されている。商標名。

フェリクス-ロムリアーナ〖Felix Romuliana〗▶ロムリアーナ

フェリシアンか-カリウム【フェリシアン化カリウム】《ferricyanide》ヘキサシアノ鉄(Ⅲ)酸カリウムの異称。フェロシアン化カリウムを酸化して得られる赤色の結晶。有毒。酸化剤、分析試薬、青写真の感光剤などに使用。化学式$K_3[Fe(CN)_6]$　赤色血滷塩。赤血塩。

フェリスじょがくいん-だいがく【フェリス女学院大学】横浜市にある私立大学。明治3年(1870)創立のフェリス女学院を源流として、昭和40年(1965)に開学した。

フェリチン〖ferritin〗動物の肝臓・脾臓・小腸粘膜などに含まれる鉄たんぱく。鉄の吸収と貯蔵に関与している。

フェリペ〖Felipe〗㊀(2世)［1527～1598］スペイン王。在位1556～1598。ハプスブルク家出身のカール5世(カルロス1世)の子。ポルトガル王としてはフェリペ1世。イタリア・オランダ・アメリカ大陸などに広大な領土を持ち、新教徒弾圧、オスマン帝国の撃破、ポルトガル併合などを行った。㊁(5世)［1683～1746］ブルボン朝初代のスペイン王。在位1700～1724、1724～1746。ルイ14世の孫。スペイン継承戦争に巻き込まれ、国内外の反乱・圧迫に悩んだが、ユトレヒト条約で地位を安定。名宰相パティーニョの力で、啓蒙君主の名声を得た。

ふ・える【増える｜殖える】〔動ア下一〕図ふ・ゆ〔ヤ下二〕数や量が多くなる。増す。「水かさが―・える」「財産が―・える」⇔減る。
《類語》増す・増大する・増加する・溜まる・かさむ・膨らむ

フェルガナ〖Ferghana〗中央アジア、ウズベキスタン・タジキスタン・キルギスにまたがる地域。また、その中心都市名(ウズベキスタン)。パミール高原北西部、シルダリア川の中・上流域で中央に盆地がひろがる。綿花・ブドウを栽培。大宛。ファルガーナ。

フェルクリンゲン〖Völklingen〗ドイツ西部、ザールラント州の州都、ザールブリュッケンの近郊にある町。産業遺産として初めて世界遺産(文化遺産)に登録された製鉄所があることで知られる。

フェルクリンゲン-せいてつじょ【フェルクリンゲン製鉄所】《Völklinger Hütte》ドイツ西部の町、フェルクリンゲンにある旧製鉄所。1873年に操業開始。近代ドイツにおける工業化に大きく貢献し、1986年に操業停止。94年、産業遺産として初めて世界遺産(文化遺産)に登録された。

プエルタ-ア-エスパーニャ〖Vuelta a España〗自転車のロードレースの一つ。毎年9月に約3週間にわたってスペイン全土で行われる。1935年から開催。ツールドフランス・ジロデイタリアとともにグランツールと呼ばれる。

プエルタ-デル-ソル〖Puerta del Sol〗スペインの首都、マドリードの中心部にある「太陽の門」を意味する広場。マドリード自治政府庁が置かれ、主要幹線道路の起点になっている。18世紀の民衆暴動の発端になったエスキラーチェの乱、1812年の憲法公布、1931年の第二共和制の宣言などの舞台になった。

フェルディナンド〖Ferdinand〗㊀天王星の第24衛星。2001年に発見された。名の由来はシェークスピア「テンペスト」の登場人物。天王星系で最も外側を公転する。直径は約12キロ。ファーディナンド。㊁▶フランツ㊂

フェルテー-こ【フェルテー湖】《Fertö》▶ノイジードラー湖

フエルテベントゥーラ-とう【フエルテベントゥーラ島】《Fuerteventura》大西洋、モロッコ沖にあるスペイン領カナリア諸島を構成する島の一。中心都市はプエルト-デル-ロサリオ。観光業、漁業が盛ん。歴史は古く、紀元前にフェニキア人が入植したほか、古代ギリシャの文献にも島の名が残っている。マホレラ山羊のチーズが有名。

フェルト〖felt〗羊毛などの獣毛に蒸気・熱・圧力を加えて縮絨させ、布状にしたもの。保温力・弾力性に富み、帽子・履き物・敷物などに使用。

プエルト-イグアス〖Puerto Iguazú〗アルゼンチン北東端ミシオネス州にある、パラナ川、イグアス川に面する町。ブラジルとアルゼンチンの国境にあるイグアスの滝のアルゼンチン側の観光拠点として知られる。

フェルトゥード〖Fertőd〗ハンガリー北西部の町。オーストリアとの国境近くに位置する。エステルハージ侯が18世紀に建造したエステルハージ宮殿があることで有名。

フェルトゥーラーコシュ〖Fertőrákos〗ハンガリー北西部、ショプロンの近郊の村。世界遺産(文化遺産)に登録されたフェルテー湖(ドイツ語名ノイジードラ

ー湖)に面し、フェルトゥーハンシャーグ国立公園に含まれる。古代ローマ時代以来の石切り場があり、20世紀中頃まで使われた。

プエルト-エスコンディード〘Puerto Escondido〙《スペイン語で隠された港の意》メキシコ南部、オアハカ州の太平洋沿岸にある観光地。サーフィンの名所として知られ、国際大会が毎年開催される。

フェルトキルヒ〘Feldkirch〙オーストリア、フォアアールベルク州西端の都市。スイスとリヒテンシュタインとの国境近くに位置し、中世から交通の要衝として栄えた。大聖堂、シャッテン城、かつての城壁に造られた「ねこの塔」など、歴史的建造物が数多く残る。

プエルト-ナタレス〘Puerto Natales〙チリ南部、マガジャネス州、パタゴニア地方の町。ウルティマ-エスペランサ湾に臨む。パイネ国立公園の観光拠点になっている。

プエルト-バジャルタ〘Puerto Vallarta〙メキシコ、ハリスコ州、州都グアダラハラの西方約190キロメートルに位置する太平洋沿岸のリゾート地。

フェルト-ハット〘felt hat〙フェルトでできた帽子。いわゆる山高帽・中折れ帽のことをいう。

プエルト-バリオス〘Puerto Barrios〙グアテマラ東部、カリブ海のホンジュラス湾に面する港湾都市。隣国ベリーズのプンタゴルダとの間に連絡船航路がある。

プエルト-プラタ〘Puerto Plata〙西インド諸島、ドミニカ共和国北部の港湾都市。プエルトプラタ県の県都。正式名称はサンフェリペ-デ-プエルトプラタ。同国有数の観光・保養地。

フェルト-ペン〘felt pen〙揮発性のインクの入っている容器にフェルトを芯として挿入した筆記用具。

プエルト-マドリン〘Puerto Madryn〙アルゼンチン南東部、チュブト州、大西洋に突き出すバルデス半島の付け根に位置する町。ヌエボ湾に面する観光・保養地。世界遺産に登録されたバルデス半島への観光拠点として知られる。

プエルト-モント〘Puerto Montt〙チリ南部の都市。ロスラゴス州の州都。1853年、ドイツ移民などにより建設された。ジャンキウエ湖、オソルノ山、チロエ島への観光拠点として知られる。

プエルト-ラ-クルス〘Puerto la Cruz〙ベネズエラ北部、カリブ海に面する港湾都市。石油の積み出し港として発展。沖合のマルガリータ島への玄関口にあたる。

プエルト-リコ〘Puerto Rico〙《富んだ港の意》カリブ海、大アンティル諸島東端の島。米国の自治領。首都サンフアン。1898年の米西戦争の結果、スペイン領から米国領となり、1917年準州、52年以来自由連合州となる。サトウキビ・コーヒー・タバコ栽培や工業も行われ、観光地。人口398万(2010)。

フェルナンド〘Fernando〙(5世)[1452〜1516]スペイン国王。在位1479〜1516。アラゴン王国の出身。カスティリャ女王イサベルと結婚して両王国を統合。スペイン王国を成立させて夫妻で共同統治。グラナダ王国を征服。コロンブスを援助して新大陸に植民地を獲得。国内では貴族を抑え、スペイン絶対王政の基礎を築いた。

フェルナンド-デ-ノローニャ-しょとう【フェルナンドデノローニャ諸島】《Fernando de Noronha》ブラジル北東部、大西洋上にある群島。ペルナンブコ州に属し、大西洋岸の都市ナタルの北東約340キロメートルに位置する。熱帯大西洋における最大の海鳥繁殖地であり、周辺海域にはウミガメやイルカが生息する。2001年、「ブラジルの大西洋諸島、フェルナンド-デ-ノローニャとロカス環礁保護区群」の名で世界遺産(自然遺産)に登録された。

フェルハディア-どおり【フェルハディア通り】《Ferhadija》ボスニア-ヘルツェゴビナの首都サラエボの旧市街にある繁華街。全長1キロメートルあり、サラエボ唯一の歩行者天国になっている。

フェルビースト〘Ferdinand Verbiest〙[1623〜1688]ベルギーのイエズス会宣教師・天文学者。中国名、南懐仁。1659年に中国に渡り、布教のかたわら清朝に仕え、暦法の改革、天文観測や大砲の鋳造を指導。また、中国最初の正確な地図「坤輿地図」「坤輿図説」、洋式観測機器の解説書「霊台儀器志」を著した。

フェルベック〘Verbeck〙►フルベッキ

フェルマ〘Pierre de Fermat〙[1601〜1665]フランスの数学者。数論・解析幾何学・確率論・微分法の先駆をなし、幾何光学にも貢献。また、有名な「フェルマの最終定理」を残した。フェルマー。

フェルマータ〘イタリア fermata〙楽譜で、音符または休符につける𝄐の記号。適当な長さに延ばして演奏する。延長記号。

フェルマ-の-げんり【フェルマの原理】一点から出て他の一点に達する光の道筋は、可能な光学的経路の長さのうち最小値をとる、あるいは、通過に要する時間が最小になる道筋をとるという原理。1661年にフェルマが定式化。フェルマーの原理。

フェルマ-の-さいしゅうていり【フェルマの最終定理】整数論上の難問とされていたフェルマの命題で、「nが3以上の自然数のとき、$X^n+Y^n=Z^n$を満たす自然数X, Y, Zは存在しない」というもの。フェルマ予想。フェルマの大定理。1994年に米国プリンストン大学のワイルズ教授によって証明され、フェルマ-ワイルズの定理とも呼ぶ。

フェルマ-よそう【フェルマ予想】►フェルマの最終定理

フェルミ〘Enrico Fermi〙[1901〜1954]イタリアの物理学者。米国に亡命、帰化。原子核のβ崩壊の理論を立てて素粒子論の端緒を開き、中性子照射によってフェルミウムなど多くの放射性同位元素をつくった。初めて原子炉での核分裂反応実験に成功。原子爆弾製造のマンハッタン計画に参加。1938年ノーベル物理学賞受賞。

フェルミ〘fermi〙原子物理学で用いる長さの単位。10兆分の一、すなわち10^{-13}センチ。エンリコ=フェルミにちなむ。また、ユカワとも呼ばれる。記号fermi

フェルミ-うちゅうぼうえんきょう【フェルミ宇宙望遠鏡】►フェルミガンマ線宇宙望遠鏡

フェルミウム〘fermium〙アクチノイドに属する超ウラン元素の一。熱核爆発実験の灰の中から、アインスタイニウムとともに発見された人工放射性元素。同位体のうち最も長い半減期のものは質量数257。元素記号Fm　原子番号100。

フェルミオン〘fermion〙►フェルミ粒子

フェルミ-ガンマせんうちゅうぼうえんきょう【フェルミガンマ線宇宙望遠鏡┊フェルミγ線宇宙望遠鏡】2008年6月、NASA(米航空宇宙局)が打ち上げたガンマ線観測衛星。名称は宇宙線の加速機構の一つを初めて提唱した物理学者エンリコ=フェルミに由来する。現名称以前にはGLAST(グラスト)と呼ばれていた。大面積望遠鏡(LAT)とガンマ線バーストモニター(GBM)という二つのガンマ線検出器を搭載。ガンマ線による掃天観測、ガンマ線バーストのような突発的な高エネルギーの天体現象の捕捉、活動銀河核・クエーサー・パルサーなどの詳細な観測を行う。フェルミ望遠鏡。フェルミ宇宙望遠鏡。フェルミガンマ線望遠鏡。

フェルミ-すいてい【フェルミ推定】正確な値を得ることや実際に調査することが困難な数量を、わずかな情報や値を元に論理的な推論を進め、短時間で定量的な概算をすること。名称は、この類の概算を得意とした物理学者エンリコ=フェルミに由来する。フェルミ自身がシカゴ大学の学生に対して出題した「シカゴに何人のピアノ調律師がいるか」がよく知られる。理工学の分野におけるオーダーエスティメーションとほぼ同義。

フェルミ-ぼうえんきょう【フェルミ望遠鏡】►フェルミガンマ線宇宙望遠鏡

フェルミ-りゅうし【フェルミ粒子】素粒子のうち、半整数スピンをもつ粒子や、奇数個の核子からなる粒子。電子・陽子・中性子や、ω粒子など。フェルミオン。►ボース粒子

フェルメール〘Jan Vermeer van Delft〙[1632〜1675]オランダの画家。精妙な光と材質感の表現にすぐれ、静謐(せいひつ)な室内画を残した。代表作「画家のアトリエ」「真珠の耳飾りの少女」など。

フェレイラ〘Christovão Ferreira〙[1580〜1650]ポルトガルのイエズス会宣教師。日本名、沢野忠庵。慶長14年(1609)ごろ来日し、上方を中心に布教。迫害にあって棄教。宗門改めに協力。蘭学発展の基礎を築いた。著「顕偽録」「南蛮外科秘伝書」など。

フェレット〘ferret〙ヨーロッパケナガイタチの飼養品種。家畜化の歴史は古く、ウサギ狩りなどに使われ、最近では実験動物に用いられる。フィッチ。

フェレドキシン〘ferredoxin〙鉄と無機硫化物を含むたんぱく質。光合成などの電子伝達系で電子運搬作用を行う成分の一。

フェロアロイ〘ferroalloy〙►合金鉄

フェロー〘fellow〙❶仲間。友達。同僚。❷大学の特別研究員。特別研究費を支給される大学院生。特に、イギリスのオックスフォードおよびケンブリッジ大学の特待校友。また、学術団体の特別会員。英米の大学の評議員・理事。

フェローシップ〘fellowship〙❶仲間であること。友達付き合い。❷大学の特別研究員。その地位。また、特別研究員の給費。研究奨励金。

フェロー-しょとう【フェロー諸島】《Faroe》大西洋、英国の北400キロメートルにあるデンマーク自治領。外交・防衛以外の内政分野で大幅な自治が認められており、EU(欧州連合)には未加盟。牧羊・漁業が盛ん。人口5万(2010)。

フェロシアンか-カリウム【フェロシアン化カリウム】《potassium ferrocyanide》ヘキサシアノ鉄酸カリウムの異称。鉄塩とシアン化カリウムから作られる黄色の結晶。分析試薬、顔料のベルリン青などに利用。化学式$K_4[Fe(CN)_6]$で、通常は三水和物。黄色血滷塩(けつろえん)。黄血塩。

フェロセン〘ferrocene〙二つのシクロペンタジエン環で鉄がサンドイッチにされた分子構造をもつ有機鉄化合物。橙赤色の結晶で有機溶媒に溶ける。

フェロタイプ〘ferrotype〙現像・定着・水洗を行った印画紙を、クロムめっきした鉄板に密着させ、加熱・乾燥して光沢のある写真に仕上げる方法。

フェロモン〘pheromone〙《刺激を運ぶものの意》動物の体内で産生されて体外へ放出され、同種の他個体の行動や生理状態に影響を与える分泌物質の総称。多くの昆虫の性フェロモン、アリ・ミツバチの警報フェロモンなどがある。

フェン〘FEN〙《Far East Network》米軍極東放送網。1945年から在日米軍向けラジオ放送を開始。97年の米軍放送網の世界的統配により、AFNに改称された。

ふ-えん【不縁】❶夫婦・養子などの縁組が切れること。離縁になること。「釣り合わぬは―のもと」❷縁組がまとまらないこと。縁のないこと。「見合いの相手と―になる」

ふ-えん【赴援】〘名〙スル 行って助けること。助けに行くこと。赴救。

ふ-えん【敷×衍┊布×衍┊敷延】〘名〙スル《「衍」はのべる意》❶おし広げること。「それを種にして、空想で―した愚痴」〈宇野浩二・蔵の中〉❷意味・趣旨をおし広げて説明すること。例などをあげて、くわしく説明すること。「教育問題を社会全般に―して論じる」

ぶ-えん【無塩】❶塩けのないこと。塩を用いないこと。❷《塩を使っていないところから》生(なま)であること。新鮮であること。また、そのもの。「ここに―の平茸(ひらたけ)あり」〈平家・八〉❸人ずれのしていないこと。また、その人。うぶ。「一のお娘(こ)の手いらずを」〈人・梅児誉美・初〉❹《中国、戦国時代斉の宣王の夫人鍾離春が、山東省無塩の出身でたいへん醜かったところから》醜い女。無塩君。「押し売りに―の后斉(せい)へ来る」〈柳多留・二〉

フェンシング〖fencing〗スポーツ競技の一。軽量で細身の剣を使うヨーロッパ流の剣術。剣の形状や得点となる体の部位などが異なる、フルーレ・エペ・サーブルの3種がある。

▷ **3種目の得点部位と攻撃方法**
フルーレ＝胴体への突き
エペ＝全身への突き
サーブル＝上半身(頭・腕・胴体)への突きと切り

フェンス〖fence〗❶柵。塀。❷野球で、グラウンドを囲む仕切り塀。「オーバー―」
(類語)柵・塀・垣・垣根・生け垣・囲い・築地

フェンダー〖fender〗❶自動車などの車輪の泥よけの覆い。フェンダーボード。❷鉄道車両の前部に付ける緩衝装置。❸船の舷側や岩壁に付ける緩衝物。防舷材。

フェンダー-ミラー《和 fender＋mirror》自動車の外部バックミラーで、フロントフェンダー上に付けられたもの。

フェンチュー【汾酒】《中国語》中国山西省汾陽県産の焼酎。主原料はコーリャンで、大麦とエンドウの麹を使う。アルコール分約60パーセント。風味はまろやか。

フエンテス〖Carlos Fuentes〗[1928〜2012]メキシコの小説家。メキシコ人のアイデンティティーを問う、心理主義的作品で注目される。ジャーナリストとして、雑誌編集・評論執筆も行う。作「アルテミオ=クルスの死」「我らの大地」など。

プエンテ-ラ-レイナ〖Puente la Reina〗スペイン北部、ナバラ州の町。スペイン語で「女王の橋」を意味する。サンティアゴ-デ-コンポステラへの巡礼路にあり、ピレネー山脈を越える二つの峠道の合流地点に位置する。11世紀にナバラ王妃により造られたアルガ川にかかる石造橋やロマネスク様式のサンティアゴ教会がある。

フェンネル〖fennel〗香辛料の一。ウイキョウの種子を乾燥させたもの。ほろ苦さと樟脳に似た香りがある。魚料理やサラダ・ケーキ・パンなどに用いる。フェネル。

フエンヒローラ〖Fuengirola〗スペイン南部、アンダルシア州の地中海に面する都市。コスタ-デル-ソル有数の海岸保養地の一。12世紀にイスラム教徒が造ったソアイル城、古代ローマ時代の都市遺跡フィンカ-デル-セクレタリオなどがある。

ぶ-えんりょ【無遠慮｜不遠慮】〔名・形動〕遠慮をせず、好きなように振る舞うこと。また、そのさま。「一な物言い」

フェンリル〖Fenrir〗土星の第41衛星。2004年に発見。名の由来は北欧神話に登場する狼。非球形で平均直径は約4キロ。

フォア〖fore〗❶そこよりも前であること。前に位置していること。➡バック ❷「フォアハンド❶」の略。

フォア〖four〗《「フォー」とも》❶数の4。四つ。❷四人漕ぎの競漕用ボート。

フォア〖fore〗〔感〕ゴルフで、危ない、ボールが行くぞの意で、打球の方向にいる人に対して掛ける声。

フォア-イン-ハンド〖four-in-hand〗ネクタイのごく一般的な形の幅タイのこと。また、ネクタイの結び方の中でいちばん簡単な一重結びのこと。

フォアキャスティング〖forecasting〗過去のデータや実績に基づいて、その上に少しずつ物事を積み上げていくやり方。また、その方法で将来を予測すること。➡バックキャスティング

フォア-グラ〖フランス foie gras〗強制肥育したガチョウの肥大した肝臓。トリュフ・キャビアとともに世界三珍味の一。

フォアグラウンド〖foreground〗マルチタスク環境のコンピューターで複数のソフトウエアを起動している時、ユーザーの操作対象となっているソフトウエアの状態を指す。操作対象になっていない残りのソフトウエアの状態をバックグラウンドという。

フォア-コンタクト〖four contacts〗▶オーバータイム❷

フォアサム〖foursome〗❶四人組。❷ゴルフで、四人が二人ずつの二組に分かれ、各組二人が一つのボールを交互に打つ競技方法。

フォア-ナイン〖four nines〗《99.99パーセントの意》混じりけのほとんどないこと。貴金属などの純度が極めて高いこと。また、そのもの。

フォアハンド〖forehand〗❶テニス・卓球などで、ラケットを持った手の側に来たボールを打つこと。⇔バックハンド。❷野球で、グラブを持つ手の側で捕球すること。⇔バックハンド。

フォア-ヒット〖four hits〗▶オーバータイム❷

フォア-ボール《和 four＋ball》野球で、投手が打者にストライクでない球を4回投げること。打者は一塁に進むことができる。四球。(補説)英語ではbase on ballsという。

フォアボール-マッチ〖four-ball match〗ゴルフで、四人が二人ずつの二組に分かれ、各自それぞれプレーし、合計打数の少ない組がポイントを得るか、各組二人のうちの最少打数を組のスコアとする競技方法。

フォイエルバッハ〖Ludwig Andreas Feuerbach〗[1804〜1872]ドイツの哲学者。ヘーゲル学派の左派の一人。ヘーゲル批判から唯物論の立場に立ち、自らの哲学を「人間学」と呼んだ。宗教批判の書「キリスト教の本質」は、青年期のマルクス・エンゲルスらに大きな影響を与えた。著「将来の哲学の根本命題」など。

フォイヒトワンガー〖Lion Feuchtwanger〗[1884〜1958]ドイツの小説家・劇作家。ナチスに迫害され、米国に亡命。歴史小説「ユダヤ人ジュース」など。

フォイルゲン-はんのう【フォイルゲン反応】《Feulgen's reaction》ドイツの生化学者フォイルゲンにより開発されたDNAの検出反応。DNAが赤紫色に呈色する。核内DNAの定量などに用いられる。

ふ-おう【婦翁】妻の父。岳父。

ぶ-おう【武王】中国、周王朝の創始者。姓は姫。名は発。文王の子。父の没後、紂王を討って殷を滅ぼし天下を統一、鎬京を都として即位。封建制度を創始。

ふおうせい-ひんけつ【不応性貧血】▶骨髄異形成症候群

ふおう-せんそう【普墺戦争】1866年、プロイセンとオーストリアとの間でドイツ統一の主導権をめぐって行われた戦争。シュレスウィヒ-ホルシュタインの帰属問題をきっかけに開戦。プロイセンが大勝し、ドイツの盟主となった。

フォー〖four〗▶フォア

フォー〖ベトナム pho〗ベトナム料理に用いる、米粉でつくった平打ちのめん。また、それをゆでてスープに入れ、牛肉や鶏肉などの具を加えたもの。

フォーエバー〖forever〗永遠に。永久に。

フォーカシング〖focusing〗❶焦点を合わせること。特に、仕事や日常的なこと以外の物事に注意や関心を集中して気分転換をはかること。米国の心理学者ジェンドリン(E.T.Gendlin)が提唱した心理療法の一つ。❷カメラ、望遠鏡、顕微鏡などでレンズの焦点(ピント)を合わせること。またはその合焦機構のこと。➡フロントフォーカシング ➡インナーフォーカシング ➡リアフォーカシング

フォーカシング-スクリーン〖focusing screen〗一眼レフカメラにおいて、ピント合わせに用いられる、すりガラス状の板。カメラのレンズに対し、フィルム面と等距離のところに置かれる。

フォーカシング-スケール〖focusing scale〗焦点合わせに使用する距離目盛り。

フォーカス〖focus〗カメラの焦点。「オート―」

フォーカス〖forecast〗競馬で、連勝式の馬券。また、その組み合わせ番号。

フォーカス-エイド〖focus aid〗▶エフ-エー(FA)

フォーカス-ブラケティング〖focus bracketing〗カメラの機能の一。シャッターボタンを一回押すだけで、ピントが合った位置と、その前後にずらした位置の複数枚を連写する。

フォーカス-ロック〖focus lock〗カメラで、ピント合わせ機構を、希望する位置に固定すること。

フォー-カマイユ〖フランス faux camaïeu〗《にせのカメオの意》配色で、同系統の色どうしの組み合わせ。また、類似色系の色どうしの組み合わせのこと。

フォーカルプレーン-シャッター〖focal-plane shutter〗カメラで、フォーカルプレーン(焦点面)、すなわちフィルムやイメージセンサーの直前を、間隙をもつ幕が左右または上下に走行して露光させるシャッター機構。➡レンズシャッター

フォーキン〖Michel Fokine〗[1880〜1942]ロシア生まれの舞踊家・振付師。数々の名振り付けでモダンバレエの方向を確立した。パブロワのために振り付けた「瀕死の白鳥」は有名。のち、米国に帰化。

フォーク〖folk〗❶民俗。民間。民衆。❷「フォークソング」の略。

フォーク〖fork〗《「ホーク」とも》❶洋食で、食べ物を刺したりすくったりして口に運ぶ用具。❷❶に似た形の農具。❸「フォークボール」の略。

フォーク-アート〖folk art〗限られた享受者向けの洗練された芸術ではなく、広範な民衆層に支持される伝統的な芸術形式。➡プリミティブアート

フォーク-エティモロジー〖folk etymology〗語の歴史的な変遷を顧慮せず、単に発音や意味がよく似ているという理由から単語間の類縁関係を推測すること。民間語源説。通俗語源説。

フォークソノミー〖folksonomy〗《folks(人々)＋taxonomy(分類)から》インターネット上の各種データやコンテンツの内容を、利用者自らが目印となる短いキーワード(タグ)を付与して分類すること。また、その手法。図書館情報学の分野で図書などの分類に利用される統制語彙と異なり、利用者の自発的、集合的な発案に基づいて行われる。

フォーク-ソング〖folk song〗❶民謡。❷米国で生まれた民謡風の歌。民衆の素朴な情感や、現代の社会問題、反戦思想などを歌うものが多い。

フォーク-ダンス〖folk dance〗❶世界各地に伝わる、その地に特有な民俗舞踊。❷主にレクリエーションとして行われる多人数のダンス。スクエアダンスなど。

フォークトこやなぎはらだ-しょうこうぐん【フォークト・小柳・原田症候群】▶原田病

フォークナー〖William Faulkner〗[1897〜1962]米国の小説家。米国南部の住民・社会の苦悩とその超克の問題を描いた。1949年ノーベル文学賞受賞。作「響きと怒り」「サンクチュアリ」「八月の光」「アブサロム、アブサロム！」など。

フォーク-ならび【フォーク並び】トイレ・ATM・窓口などが複数ある所に並ぶ際、列を一つにし、あいた所に先頭の者が入る方式。1列になっていたものがフォークのように分岐していくことからの呼び名。

フォークボール〖forkball〗野球で、人差し指と中指の間に球を挟んで投げる変化球。回転が少なく、打者の近くで急に落ちる。

フォークランド-しょとう【フォークランド諸島】《Falkland》南大西洋西部、マゼラン海峡の東方にある諸島。主島は東西2島で、東フォークランド島に中心都市スタンリーがある。イギリス領。アルゼンチンも領有権を主張しており、1982年にはフォークランド紛争が起こった。人口3140人(2008)。マルビナス諸島。

フォークランド-ふんそう【フォークランド紛争】1982年、フォークランド諸島の領有をめぐって、イギリスとアルゼンチンとの間に起こった紛争。アルゼンチンの敗北に終わった。

フォークリフト〖forklift〗荷物の下にフォーク形の腕を差し込んで上げ下げする装置をつけた運搬用自動車。

フォークロア〖folklore〗《「フォークロワ」とも》❶民間伝承。❷民俗学。❸▶フォークロアスタイル

フォークロア-スタイル《和 folklore＋style folkloreは民俗の意》民俗的なアクセサリーや民族衣装

のデザインを取り入れたファッション。
フォーク-ロック〖folk-rock〗1960年代後半、米国のシンガーソングライター、ボブ=ディランが電気楽器の伴奏で始めたのがきっかけで生まれた、フォークとロックの要素を組み合わせた音楽。
フォー-コーツ〖The Four Courts〗アイルランドの首都ダブリン中心部、リフィー川沿いにある建物。1796年から1802年にかけて、建築家ジェームズ=ギャンドンの設計により建造。1922年から翌年にかけてのアイルランド内戦時に共和国軍総司令部が置かれたため、大きな被害を受けた。現在、最高裁判所をはじめ四つの裁判所が置かれる。
フォー-コル〖フランス faux-col〗襟の一種で、普通の襟のように身頃に縫いつけられているのではなく、取り外しができるようになっているもの。
フォー-サーズ〖Four Thirds〗オリンパスと米国イーストマン-コダック社により策定されたレンズ交換式デジタルカメラの共通規格。従来のフィルム用一眼レフカメラのレンズと異なり、イメージセンサーへの光線の入射角がほぼ垂直になるよう設計され、画像周辺部の解像度と向上と周辺減光の改善がはかられている。名称はイメージセンサーの大きさが4/3型(約17.3×13ミリメートル)であることに由来する。➡マイクロフォーサーズ
フォー-ジー〖4G〗《4th generation》▶第四世代携帯電話
フォー-ジー-エル〖4GL〗《4th generation language》▶第四世代言語
フォース〖force〗❶力。勢力。❷軍隊。「エアー―(=空軍)」
フォース〖FORTH〗構造化プログラミングとユーザーによるシステム機能の拡張が可能なプログラミング言語。日本ではあまり普及していない。
フォース-アウト〖force-out〗野球で、打者が打って走者となったとき、すでに塁に出ていた走者が次塁に着く前に、野手がボールを持って走者あるいは次塁に触れてアウトにすること。封殺。
フォースター〖Edward Morgan Forster〗[1879～1970]英国の小説家・批評家。英国中産階級の社会を批判的に描いた。小説「インドへの道」、評論「小説の諸相」など。
フォース-てつどうきょう【フォース鉄道橋】《Forth Railway Bridge》英国の首都エジンバラの北郊、フォース湾に架かる鉄道橋。1890年に完成。全長2529メートル、高さ46メートル。建造当初は世界最長だった。ゲルバー橋式の鉄橋としては世界第2の規模をもつ。
フォース-フィードバック〖force feedback〗ゲーム機のコントローラーなどに使われる機能の一。ゲームの場面に応じて振動や抵抗感を与えて臨場感を高める。
フォーチュン〖fortune〗運命。幸運。
フォーチュン-クッキー〖fortune cookie〗内部を空洞につくったクッキーに、おみくじを入れたもの。
フォート〖fort〗とりで。城砦じょうさい。
フォード〖Ford Motor Company〗米国の自動車会社。1903年、H=フォードが設立。大量生産システムを導入し、08年に低価格車のT型フォードを発売。自動車を大衆化させた。ゼネラルモーターズ、クライスラーとともにビッグスリーとよばれ、世界の自動車産業を主導した。フォード、リンカーンなどのブランドをもつ。本社は米国ミシガン州ディアボーン。
フォード〖Gerald Rudolph Ford〗[1913～2006]米国の第38代大統領。在任1974～1977。1948年共和党から下院議員に当選。73年副大統領となり、翌年ニクソン辞任のあとを受けて大統領に昇格。➡カーター
フォード〖Henry Ford〗[1863～1947]米国の実業家。1903年フォード自動車会社を設立し、量産大衆車T型フォードを製造、のち大量生産方式のフォードシステムを確立。自動車王と称される。
フォード〖John Ford〗[1895～1973]米国の映画監督。豪放な男の生き方を好んで描き、西部劇の第一人者となる。また、アイルランドを舞台とした作品でも知られる。作「駅馬車」「怒りの葡萄ぶどう」「わが谷は緑なりき」「荒野の決闘」「静かなる男」など。
フォート-ウィリアム〖Fort William〗英国スコットランド西部の町。北海に通じるリニ湾(湖)に面し、カレドニア運河の南側の出口に位置する。古くから軍事、交通の要衝であり、町の名は17世紀に築かれた城砦にちなむ。イギリス諸島最高峰のベンネビス山やグレンコー峡谷など、ハイランド地方西部の観光拠点の一として知られる。
フォート-オーガスタス〖Fort Augustus〗英国スコットランド北部の都市インバネスの南西約50キロメートルにある町。ネス湖南端部に位置し、観光拠点になっている。スコットランドを東西に横断するカレドニア運河が通っていて、いくつもの水門がある。
フォード-システム〖Ford system〗1910年代にH=フォードがフォード自動車会社で実施した大量生産方式。機械部品の規格化とコンベヤーによる移動組立法を結合し、飛躍的な生産能率の向上と原価の引き下げを実現した。
フォート-マイヤース〖Fort Myers〗米国フロリダ州南西部の観光・保養都市。ヤシの並木が多く「パームシティー」と称される。避寒のための別荘も多く、トーマス=エジソンが数々の発明をした別荘がある。
フォートラン〖FORTRAN〗《formula translation》コンピューターで、主として科学技術計算用に使用されるプログラミング言語。
フォートリエ〖Jean Fautrier〗[1898～1964]フランスの画家。抽象画を主として描き、第二次大戦中に制作された連作「人質」は、アンフォルメルの先駆として美術界に大きな影響を与えた。
フォート-ローダーデール〖Fort Lauderdale〗米国フロリダ州南東部の観光・保養都市。避寒のための別荘が多い。市内には運河が縦横に張りめぐらされ、大西洋に面したビーチリゾートやマリーナが整備されている。
フォー-ビート〖four beat〗1小節を四つのビート(拍子)で均等に刻むこと。スイングジャズなどのリズム形式。
フォービスム〖フランス fauvisme〗20世紀初頭、フランスに興った絵画の流派。激しい原色の対比、大胆な筆致を特色とする。マチス・デュフィ・ブラマンク・ドランなどが代表的。野獣派。フォーブ。
フォーブ〖フランス fauves〗▶フォービスム
フォーマ〖FOMA〗《Freedom Of Mobile multimedia Access》NTTドコモが提供する第三世代携帯電話(3G)サービスの名称。通信方式として、W-CDMAを採用。
フォーマ-カード【FOMAカード】《FOMA card》NTTドコモが提供する第三世代携帯電話(3G)サービス、FOMAで使われる契約者情報を記録したICカード(SIMカード)。
フォーマスターズ-きょうかい【フォーマスターズ教会】《Church of the Four Masters》アイルランド北西部、ドニゴール州の町ドニゴールにある教会。17世紀にアイルランドの歴史や聖者伝をまとめた4人の年代記作者を称え、1935年に建造された。
フォーマッター〖formatter〗ハードディスクや各種記録メディアを初期化(フォーマット)するためのソフトウエア。
フォーマット〖format〗〔名〕スル ❶形式。構成。❷コンピューターで、ハードディスク・フロッピーディスクなどの記憶媒体に記載されるデータの配列や形式。また、それに沿うようにディスクを初期化すること。
フォーマット-けん【フォーマット権】テレビ番組に関連する取引において販売される権利の一つ。最初に制作された番組の構成やコンセプトを利用して、同様の新しい番組を制作・放送する権利。ドラマ番組の場合はリメーク権と呼ばれることもある。
フォーマット-チェック〖format check〗コンピューターで、入力されたデータの形式などが、プログラムで指定された形式と一致しているか否か、例えば、桁ずれをしていないかなどを調べること。
フォーマ-ハイスピード【FOMAハイスピード】《FOMA High Speed》NTTドコモが提供する高速データ通信サービス。第三・五世代携帯電話に位置づけられ、通信規格としてHSDPA・HSUPAを採用する。下り方向の最大通信速度は7.2Mbps、上り方向は5.7Mbps。平成18年(2006)よりサービス開始。
フォーマ-プラスエリア【FOMAプラスエリア】《FOMA plus area》NTTドコモが提供する第三世代携帯電話サービスFOMAの利用可能な通話エリア。FOMAでは通常、基地局と端末との間で2GHz帯が使われるが、従来のムーバで使われた800MHz帯の電波を利用し、電波が届きにくい山間部などでの通話を可能とする。
フォーマ-ユビキタスモジュール【FOMAユビキタスモジュール】《FOMA ubiquitous module》NTTドコモが法人向けに提供する、FOMAのパケット通信網を利用した無線データ通信用の小型軽量の組み込み機器。小型情報端末に組み込んで、商品の在庫管理、宅配物の配送管理、電気・水道の検針のほか、タクシーやトラックなどの運行管理をすることができる。
フォーマリズム〖formalism〗形式主義。形式論。
フォーマル〖formal〗〔形動〕正式なさま。公式なさま。形式的。儀礼的。「―な会合」「―ウエア」
フォーマル-ウエア〖formal wear〗冠婚葬祭などの際に着る式服。公的な場所で着用する衣服。
フォーマル-スーツ〖formal suit〗礼装用の洋服。男性は背広の上下、女性は上着にフレアスカートやタイトスカートなどを組み合わせたものが多い。黒色のものはブラックフォーマルともいう。
フォーマルハウト〖Fomalhaut〗南の魚座のα星アルファせい。「南の魚の口」を意味するアラビア語に由来する。明るさは1.2等で、距離25光年。10月中旬に南中し、明るい星が少ない秋の南天の星空の中にあって、比較的目立つ。2008年、ハッブル宇宙望遠鏡の観測から系外惑星の存在が可視光により初めて確認された。中国名、北落師門。
フォーミュラ〖formula〗方式。形式。公式。「一定の―に従って計算する」「―プラン」
フォーミュラ-カー〖formula car〗国際的に公式規格で行われるレースに参加できるレーシングカー。細長い車体にむき出しの車輪をつけた単座席のもの。
フォーミュラ-プラン〖formula plan〗米国で実施されている証券投資の方法。予測という手段を用いず、一定の計画で機械的、自動的に株式の売買や証券間の配分を変更させたりするもの。
フォーミュラ-ワン〖Formula One〗▶エフ-ワン(F1)
フォーム〖foam〗泡。樹脂やクリームなどを発泡させたもの。「―ラバー」「洗顔―」
フォーム〖form〗❶形。外形。また、形式。様式。❷スポーツなどで、運動をしているときの姿勢。「滑降の―がくずれる」「打撃―」❸▶テンプレート❺
〘類語〙形かた・形状・形態・形式・型式かたしき・様式・形かたち・構え・姿勢・体勢
フォーム-ファクター〖form factor〗パーソナルコンピューターの筐体内における、マザーボードの形状やねじ穴の位置などを規定した規格。PC/AT互換機のATX・BTX・MicroATX仕様などがある。
フォーム-ラバー〖foam rubber〗多孔性・海綿状の軽いゴム。生ゴムの原料を泡立て凝固・加硫して作る。マットレス・クッションなどに用いる。スポンジラバー。
フォーメーション〖formation〗《構成・編成の意》バスケットボール・サッカー・ラグビーなどで、攻撃または防御の際の選手の配置。また、その配置からの展開の型。
フォーラム〖forum〗❶古代ローマ市にあった集会用の広場。❷集会所。❸パソコン通信のネットワーク

内に設定された、共通の興味をもつ者が集まる所。❹「フォーラムディスカッション」の略。

フォーラム-ディスカッション〖forum discussion〗集団討議の形式の一。示された話題について出席者全員が討議に参加するもの。もと、古代ローマで行われた討議方式。
(類語)シンポジウム・カンファレンス・ティーチイン

フォーリーズ〖follies〗こっけいな寸劇を主にした、風刺劇またはレビュー。

フォーリング-ダウン〖falling down〗ラグビーで、スクラムを故意につぶすこと。相手チームにペナルティーキックが与えられる。

フォーリン-リーフ〖fallen leaf〗落ち葉。

フォール〖fall〗〔名〕スル ❶落ちること。落下。❷レスリングで、相手の両肩を同時にマットにつけること。アマチュアでは1秒間、プロでは3秒間。

フォール〖Paul Fort〗[1872〜1960]フランスの詩人・劇作家。象徴劇運動を推進。また、素朴な日常生活や風土を豊かなイメージでうたった。詩集「フランスのバラード」など。

フォールアウト〖fallout〗放射性降下物。死の灰。

フォールアウト-シェルター〖fallout shelter〗放射性降下物質からの退避所。核兵器の攻撃に備えての避難所。核シェルター。

フォールダー〖folder〗▶フォルダー

フォールディング-ナイフ〖folding knife〗《foldingは、折りたたみ式の意》柄と刃が可動式で、柄の中に刃を折りたたんで収納できるナイフ。➡シースナイフ

フォールト〖fault〗《「フォルト」とも》過失。失敗。特に、テニス・卓球・バレーボールなどで、サーブを失敗すること。「ダブル―」

フォールト-トレランス〖fault-tolerance〗誤動作や故障が起こっても自動的に修正して正しい動作をする機能。またはその技術。

フォールトトレラント-コンピューター〖fault-tolerant computer〗誤動作や故障が起こっても自動的に修正して正しい動作をする回路を採用し、これらの原因に基づく誤動作を防ぐような機能を備えたコンピューター。無停止コンピューター。FTC。

フォールトトレラント-サーバー〖fault-tolerant server〗耐故障性をもつサーバー。ハードウエア部品を複数組搭載して冗長性をもたせ、一部に障害が生じても正常に稼動を続けられるよう設計されている。無停止型サーバー。FTサーバー。

フォーレ〖Gabriel-Urbain Fauré〗[1845〜1924]フランスの作曲家。歌曲・室内楽曲・ピアノ曲などを多く作曲。「レクイエム」など。

フォーレター-ワード〖four-letter word〗《多く4文字から成るところから》卑猥な言葉。

フォーレル-すい【フォーレル水】亜砒酸カリウム液。毒薬。強壮薬として使用された。英国の医師T=フォーレル(Fowler)が製した。ホーレル水。

フォーレル-すいしょくひょうじゅんえき【フォーレル水色標準液】《Forel's standard color》空気中より見た海面や湖水面の色を、比較によって定めるためにスイスのフォーレルが作った標準液。ふつう、1番から11番まである。

フォーレンダム〖Volendam〗オランダ、ノルトホラント州、アイセル湖に面する港町。赤い瓦屋根と煉瓦造りの建物、伝統的な民族衣装が見られ、観光地として知られる。

フォーロム-デ-アール〖Forum des Halles〗フランス、パリの中央部の商業地域、レアールにある地下ショッピングセンター。12世紀から続く市場があったが1971年に郊外に移転し、その跡地に造られた。

フォーワーダー〖forwarder〗▶フォワーダー

フォーン〖phone〗電話。テレフォン。

フォカッチャ〖伊 focaccia〗イタリアの手焼きパン。生地はピザと同じ。

フォグ〖fog〗▶フォッグ

フォクシー〖Foxy〗幻覚剤「5-MeO-DIPT」の通称。

フォゲット-ミー-ノット〖forget-me-not〗忘れな草のこと。

フォスゲン〖独 Phosgen〗▶ホスゲン

フォスコロ〖Ugo Foscolo〗[1778〜1827]イタリアの詩人・小説家。イタリアの解放・独立運動に参加。晩年は英国へ亡命した。長詩「墳墓」、小説「ヤコポ=オルティスの最後の手紙」など。

フォスター〖Stephen Collins Foster〗[1826〜1864]米国の作曲家。豊かな詩情と素朴な美しさにあふれた数々の歌曲を作った。「草競馬」「スワニー河」「オールド-ブラック-ジョー」「夢みる人」など。

フォスター-プラン〖Foster Plan〗1937年、スペイン内戦の戦災孤児救済を契機に発足した国際組織。現在は途上国児童の就学支援から生活環境改善を行っている。正式名称はプラン(Plan)。

フォスファターゼ〖phosphatase〗▶ホスファターゼ

フォスフォリラーゼ〖phosphorylase〗▶ホスホリラーゼ

フォッグ〖fog〗《「フォグ」とも》霧。濃霧。

フォックス〖fox〗狐。狐の毛皮。

フォックス〖FOX〗米国の民間放送ネットワーク。ニューズ-コーポレーションが1986年に設立。スポーツ中継やドラマで人気を得て急成長し、従来の3大ネットワークのABC・CBS・NBCに加えて4大ネットワークと称される。報道番組は保守的な論調で共和党寄り。フォックス-テレビ。フォックス放送。(補説)正式名称は、Fox Broadcasting Company。

フォックス-テリア〖fox terrier〗家畜の犬の一品種。英国の原産。小形のテリアで、狐狩りなどに用いた。

フォックス-テレビ▶FOX

フォックス-トロット〖fox trot〗1910年代に米国で流行した、4分の4拍子または2分の2拍子の社交ダンス。また、その曲。

フォックスハウンド〖foxhound〗犬の一品種。狐狩り用の中形のハウンド。毛は短く、色は白・黒・褐色の斑。耳は垂れている。英国原産のものと米国の改良品種とがある。

フォッグ-フィルター〖fog filter〗霧の中で撮影したように写るフィルター。

フォッグ-ランプ〖fog lamp〗光が遠くからよく見えるように、自動車や船に取り付ける淡黄色灯。霧灯。

フォッサ-マグナ〖羅 Fossa Magna〗《大きな割れ目の意》本州中央部を南北に横断する断裂帯。西縁は糸魚川静岡構造線であるが、東縁は不明。内部はグリーンタフを含む厚い新第三系が褶曲し、その上に第四紀の火山が分布している。E=ナウマンの命名。

フォッシュ〖Ferdinand Foch〗[1851〜1929]フランスの軍人。第一次大戦末期、連合軍総司令官となって大戦を終結に導いた。対独強硬政策を主張。

フォッティーノ〖photino〗▶フォティーノ

フォティーノ〖photino〗素粒子物理学の超対称性理論から導かれる未知の超対称性粒子。フォトン(光子)の超対称性パートナーであるフェルミ粒子。電気的に中性で量子数を同じくするジーノ、中性ヒッグシーノと混合状態を作り、ニュートラリーノとなる。

フォト〖photo〗❶「フォトグラフ」の略。❷外来語の名詞の上に付いて複合語をつくり、光の、写真の、映画の、の意を表す。「―ジャーナリズム」「―ストーリー」

フォト-アイ〖photo-eye〗▶カメラアイ

フォト-カプラー〖photo-coupler〗光をいくつかの出力に分配する素子。あるいは発光素子と受光素子を同一光軸上に向かい合わせて、電気→光→電気の形式で、一方向結合を実現する素子。

フォトキナ〖独 Fotokina〗2年ごとにドイツのケルン市で開かれる国際写真見本市。

フォトグラビア〖photogravure〗グラビア印刷。

フォトグラフ〖photograph〗写真。
(類語)写真・印画・光画・陽画・陰画

フォトグラファー〖photographer〗写真家。カメラマン。

フォトグラフィ〖photography〗写真術。

フォトクロミー〖photochromy〗▶フォトクロミズム

フォトクロミズム〖photochromism〗ある種の物質に光を照射すると色調・濃度が変わり、光を遮ると元に戻る現象。この現象を利用したフォトクロミックガラス、フォトクロミックレンズなどがある。フォトクロミー。光互変。光可逆変色。

フォトクロミック-ガラス《和 photochromic＋glas(オランダ)》光を照射すると色調・濃度が変わり、光を遮ると元に戻るガラス。塩化銀などを混入したもの。眼鏡などに使用。

フォトクロミック-レンズ〖photochromic lens〗光の照射によって色調・濃度が変わり、照射を止めると元の状態に戻るレンズ。

ぶ-おとこ【醜男】容姿のみにくい男性。

フォト-シーディー【フォトCD】《Photo CD》米国のイーストマン-コダック社とオランダのフィリップス社が共同開発した、写真フィルムの像をデジタル信号化してCD(コンパクトディスク)上に記録する方式。また、その方式で写真を記録したCD。1枚のCDに最大100枚の写真のデータを可逆圧縮で記録できる。解像度を高めたプロフォトCD、音声も記録できるフォトCDポートフォリオなどの規格もある。コダックフォトシーディー。

フォトシーディー-ポートフォリオ【フォトCDポートフォリオ】《photo CD Portfolio》▶フォトCD

フォトジェニー〖仏 photogénie〗映画の特質を表す語。レンズを通すことで、対象の本質がつかまれ、さらけ出されるということ。1920年代のフランスで用いられ、現代に至るまで多くの映画人が影響を受けた。

フォトジェニック〖photogenic〗〔形動〕写真向きであるさま。写真うつりがよいさま。「―な顔だち」

フォトジャーナリスト〖photojournalist〗写真による報道活動を行う人。報道写真家。

フォトジャーナリズム〖photojournalism〗写真を主体にしたジャーナリズム。

フォトショップ〖Photoshop〗米国アドビシステムズ社が開発した画像編集用アプリケーションソフトウエア。印刷、デザインの分野で広く利用されるフォトレタッチソフトの一。商標名。

フォト-スタジオ〖photo studio〗写真撮影所。写真館。

フォト-ストーリー〖photo story〗組み写真を用いて表現する物語。

フォトセル〖photocell〗▶フォトレジスター

フォトダイオード〖photodiode〗pn接合、または金属と半導体とを接触させたダイオードで、接合部に光を照射すると起電力を発生するもの。

フォトトランジスター〖phototransistor〗pn接合のトランジスターで、ベース部に光を照射し、それによって生じた電流を増幅するもの。光検知器などに利用。

フォトニュートロン〖photoneutron〗光中性子。ガンマ線により原子核から放出される中性子。原子炉の停止後、この機構で生成される中性子が重要になることがある。

フォトプレー〖photoplay〗劇映画。

フォト-フレーム〖photo frame〗写真立てのこと。➡デジタルフォトフレーム

フォトマル▶光電子増倍管

フォトマルチプライヤー〖photomultiplier〗▶光電子増倍管

フォトモンタージュ〖仏 photomontage〗2枚以上の写真を合成して、1枚の写真に仕上げる技法。またそうして作った写真。合成写真。

フォト-ライブラリー〖photo library〗写真保存室。また、写真の貸し出しを業務とする会社。

フォトルミネセンス〖photoluminescence〗▶光ルミネセンス

フォトレジスター〖photoresistor〗光を当てると電気抵抗が低下する半導体素子の総称。硫化カドミ

ウムなどの光伝導セルを用いた素子が知られる。フォトセル。光導電体。光依存性抵抗。LDR(light-dependent resistor)。

フォトレジスト〘photoresist〙薄膜にして光・紫外線などを照射すると、当たった部分だけが構造変化し、耐薬品性の硬膜をつくったり、薬品に溶けやすくなったりする材料。IC回路・LSI回路・プリント配線などの作製に用いられる。

フォト-レタッチ《photo retouchingから》►リタッチ❷

フォトレタッチ-ソフト《photo retouching softwareから》デジタルカメラやスキャナーからコンピューターに取り込んだ画像を、修整・加工するためのアプリケーションソフト。

フォトン〘photon〙「光子」に同じ。

フォトン-ファクトリー〘photon factory〙放射光実験施設。日本の高エネルギー加速器研究機構の電子線加速装置の別名。

フォニーム〘phoneme〙「フォネーム」に同じ。

フォネーム〘フランス phonème〙音素。フォニーム。

フォネティック-コード〘phonetic code〙欧文用の通話表。⇨通話表

フォネティック-サイン〘phonetic sign〙「音声記号」に同じ。

フォネティックス〘phonetics〙「音声学」に同じ。

フォノグラフ〘phonograph〙蓄音機。特に、初期の蝋管式のものをさす。

フォノモーター〘phonomotor〙アナログプレーヤーのターンテーブルと回転駆動をいう。

フォノロジー〘phonology〙音韻論。

フォノン〘phonon〙固体における原子振動を量子化することによって現れるエネルギー量子。比熱や熱伝導はフォノン間の相互作用として、金属の電気抵抗や低温での超伝導はフォノンと電子との相互作用として説明される。音響量子。音子。

フォブス〘FOBS〙《fractional orbital bombardment system》部分軌道爆撃システム。軌道爆撃。衛星爆撃。

フォボス〘Phobos〙火星の第1衛星。1877年に発見された。名の由来はギリシャ神話の恐怖の神。軌道が低く公転速度が火星の自転速度より速いため、火星の西の空に1日に2回昇る。火星に引き寄せられつつあり、いずれは衝突すると考えられている。非球形で長径は27キロ、短径は19キロ。表面温度はセ氏マイナス40度。⇨ダイモス

フォリ-インペリアーリ〘Fori Imperiali〙イタリアの首都ローマの中心部にある古代ローマ時代の遺跡。皇帝のフォロ(公共広場)を意味する。紀元前1世紀から紀元2世紀までに造られた、カエサル、オクタビアヌス、トラヤヌスらのフォロが集まっている。20世紀初頭、ムッソリーニが軍事パレードを行うため、これらのフォロを横切るようにフォリインペリアーリ通りが造られたが、整備された道路周辺部を掘り返し、遺跡の調査が進められている。

フォリオ〘folio〙全紙をまん中から二つに折った大きさの判。また、その大きさの本。二つ折り判。

フォリナー〘foreigner〙外国人。外国製品。

フォリン〘foreign〙多く複合語の形で用い、外国の、の意を表す。「―アフェアーズ」「―ピープル」

フォリント〘ハンガリー forint〙ハンガリーの通貨単位。1フォリントは100フィラ。

フォルクスビューネ〘ドイツ Volksbühne〙ドイツで、自由劇場運動から分かれて生まれた観客団体から1890年に派生した観客組織。

フォルクスワーゲン〘Volkswagen〙《国民車の意》ドイツに本社を置く欧州で最大の自動車メーカー。1937年にヒトラーの命令で設立、60年半官半民の会社に改組された。第二次大戦後に製造されたビートル(かぶと虫)で知られる。88年、ドイツ連邦政府が保有株式を全て売却し、完全民営化した。傘下にアウディ・ベントレー・ブガッティ・ランボルギーニなどのブランドを持つ。VW(ファウベー)。

フォルクローレ〘スペイン folklore〙民謡。民俗音楽。特に、アルゼンチンおよびその周辺の国々のフォークソングをさす。

フォルダー〘folder〙《「フォールダー」とも》❶折り畳み式地図・時間表。❷書類ばさみ。紙ばさみ。❸コンピューターで、ハードディスクなどの記憶媒体に記録された複数のファイルを、分類したり整理したりするために、あるまとまりをもたせて収容した場所、または概念。入れ子状に階層構造をもたせることができる。WindowsやMac OSではフォルダーと、UNIX系のオペレーティングシステムではディレクトリーと呼ぶ。

フォルタレザ〘Fortaleza〙ブラジル北東部、セアラー州の州都。大西洋に臨む港湾都市。砂糖・コーヒー・綿花などを産出。漁業も盛ん。人口、行政区247万(2008)。旧称セアラー。

フォルツァ-イタリア〘イタリア forza italia〙イタリアにあった保守政党。実業家のベルルスコーニを中心に1994年に結党。既存政党が汚職の逮捕者を多く出したことから支持を集め、同年の総選挙に勝利した。2009年、他の保守勢力と合流し政党連合「自由の人民」を結成するために解散。

フォルテ〘イタリア forte〙音楽で、強弱標語の一。強く、の意。記号*f* ⇔ピアノ。

フォルティシモ〘イタリア fortissimo〙►フォルティッシモ

フォルティッシモ〘イタリア fortissimo〙音楽で、強弱標語の一。きわめて強く、の意。記号*ff* ⇔ピアニッシモ。

フォルテ-ピアノ〘イタリア forte piano〙❶音楽で、強弱標語の一。「強く、すぐに弱く」の意。記号*fp* ❷(fortepiano)►ハンマークラビア

フォルト〘fault〙►フォールト

フォルニョート〘Fornjot〙土星の第42衛星。2004年に発見。名の由来は北欧神話の海神エイギルの父。非球形で平均直径は約6キロ。

フォルマッジョ〘イタリア formaggio〙チーズ。

フォルマリスム〘フランス formalisme〙伝統や規則を、その形式面からのみ守ろうとする傾向。形式主義。

フォルマリズム〘ロシア formalizm〙►ロシアフォルマリズム

フォルマリン〘formalin〙►ホルマリン

フォルム〘フランス forme〙「フォーム❶」に同じ。

フォルムアルデヒド〘formaldehyde〙►ホルムアルデヒド

フォレガンドロス-とう【フォレガンドロス島】《Folegandros》ギリシャ南東部、エーゲ海に浮かぶ島。キクラデス諸島の南西部に位置する。初めにドリス人が定住し、後にアテネに支配された。13世紀初頭にベネチア共和国、16世紀半ばにオスマン帝国に征服され、19世紀にギリシャ領となった。中心地ホラは高さ200メートルもの断崖の上に広がり、伝統的な白壁の家々が並ぶ。また、エーゲ海の島々の中でも屈指の透明度を誇る海岸があることで知られる。

フォレスト〘forest〙森林。森林地帯。

フォレンジック-コンピューティング〘forensic computing〙►コンピューターフォレンジック

フォロ-イタリコ〘Foro Italico〙イタリアの首都ローマにある複合スポーツ施設。1928年から38年にかけてエンリコ＝デル＝デッビオ、ルイジ＝モレッティの設計で建造された。ムッソリーニのファシスト政権下における代表的建築として知られる。建造当初はフォロムッソリーニと呼ばれていたが、第二次大戦後に現名称に変更。陸上、水泳などの競技場があり、60年夏季オリンピックの開催地になった。

フォロー〘follow〙〔名〕スル ❶足りないところや仕損じたところをあとから補うこと。「初心者をベテランが―する」❷一段落したあともさらに追い続けたり、何かことがあれば処置したりすること。「停戦後の経過を―する」❸《following windの略》ゴルフで、打球を追いやるように吹く風。転じて、情勢が有利であること。「業界に―の状況が続く」⇔アゲンスト。❹スポーツで、ボールを持ったプレーヤーのあとについて補助をすること。「ゴールポストに当たったボールを―して再び押し込む」❺マイクロブログの一つであるツイッターで、他人の投稿(ツイート)を自分のページで見られるよう登録すること。⇔アンフォロー。

類語 手助け・助力・力添え・後押し・後援・補佐・後始末・尻ぬぐい・サポート・バックアップ・カバー

フォロー-アップ〘follow-up〙〔名〕スル ある事柄を徹底させるために、あとあとまでよく面倒をみたり、追跡調査をしたりすること。

フォローアップ-ちょうさ【フォローアップ調査】世論調査や社会調査などで、一度だけの調査に終わらないで、さらにその後も同一対象を追いかけ、一定の期間をおいて続ける調査。

フォロー-ウインド《和 follow＋wind》追い風。順風。転じて、業績などを上げる要素となるもの、有利にはたらく状況、など。

フォロー-シーン〘follow scene〙映画・テレビなどで、被写体の動きに応じて移動して撮影した場面。

フォロー-スルー〘follow-through〙球技などで、球を打ったり投げたりしたあと、腕を最後まで振り切る動作。

フォロ-トライアーノ〘Foro Traiano〙イタリアの首都ローマの中心部にある集会用の広場(フォーラム)。2世紀初頭、現在のルーマニア付近で行われたダキア戦争の勝利を記念し、ローマ皇帝トラヤヌスの命により建造。神殿、バシリカ、図書館などがあったとされる。高さ40メートル近くあるトラヤヌス帝の記念柱には、戦争の勝利を描いた浮き彫りが施されている。トラヤヌスのフォルム。

フォロ-ロマーノ〘Foro Romano〙イタリアの首都ローマの中心部にある古代ローマ時代の遺跡。カンピドリオの丘とパラティーノの丘の間に位置する。前6世紀から3世紀まで、古代ローマの政治・経済・商業の中心地として栄えた。元老院が置かれたクーリア、セベルス帝の凱旋門、バシリカユリア、サトゥルヌスの神殿、ウェスタの神殿など、修復・再建されたものも含め多数の遺跡がある。1980年、「ローマ歴史地区、教皇領とサンパオロフォーリ-レ-ムーラ大聖堂」の名称で世界遺産(文化遺産)に登録された。

フォロワー〘follower〙❶《つき従う者の意》リーダーについてゆく人。あとに続く人や物。「―商品」❷マイクロブログの一であるツイッターにおいて、フォローした人。自分の投稿(ツイート)を見られるよう登録した人。⇨フォロー❺

フォワーダー〘forwarder〙運送業者。特に、現在では、広義の貨物代理店をさす。フォーワーダー。

フォワード〘forward〙❶サッカー・ラグビー・ホッケーなどで、最前部に位置し、主に攻撃を受け持つプレーヤー。前衛。FW。⇔バックス。❷電子メールの冒頭で、転送の印として用いる「Fw:」の記号。⇨リ(Re:)

フォワード-パス〘forward pass〙アメリカンフットボールで、ボールを前方に投げるパス。スクリメージラインの後ろから1プレーに1回許される。前パス。

フォワイエ〘フランス foyer〙►ホワイエ

フォン〘FON〙無線LANのアクセスポイントを会員同士で共有し、インターネットに接続できるようにするシステム。また、同システムを運用するスペインの企業。自分の無線LANルーターの一部を開放するかわりに、他の会員が設置したアクセスポイントを無料で利用できる。

フォン〘phon〙人間の聴覚を基準にした音の大きさのレベルの単位。周波数1キロヘルツの純音の音圧レベルと同じ大きさに聞こえる音を、デシベルと同じ数値で表す。一般に、騒音の大きさをいうホンとは使い分けられる。⇨ホン

ふ-おん【不穏】〔名・形動〕おだやかでないこと。状況が不安定で危機や危険をはらんでいること。また、そのさま。「―な空気が漂う」「政情―」

類語 物騒・険悪・剣呑・騒然・騒騒しい・きな臭い

ふ-おん【父音】「子音」に同じ。

ふ-おん【訃音】►ふいん(訃音)

ブオンコンシリオ-じょう【ブオンコンシリオ城】

《Castello del Buonconsiglio》イタリア北東部、トレンティーノアルトアディジェ自治州の都市トレントにある城。13世紀に築かれた城塞(ベッキオ城)に起源し、14世紀に拡大されて司教の居館になった。16世紀初頭、司教ベルナルド=クレシオによりルネサンス様式のマーニョ宮殿が建てられた。アクイラの塔には15世紀に中世トレントの風景や生活を描いた国際ゴシック様式のフレスコ画があることで知られる。

フォン-シェーディング〘Phong shading〙コンピューターグラフィックスで三次元画像を立体的に見せる技法の一。処理に時間がかかるが、精度の良い表現が可能。➡シェーディング

ふおんじゅ-かい【不▽飲酒戒】仏語。酒を飲むことを禁じる戒。五戒の一。

フォンターネ〘Theodor Fontane〙[1819～1898]ドイツの小説家。ベルリンの市民生活を写実的に描き出した。作「嵐の前」「エフィ=ブリースト」「シュテヒリン湖」など。

フォンタナ〘Lucio Fontana〙[1899～1968]イタリアの画家・彫刻家。アルゼンチン生まれ。1946年に「白の宣言」を発表、翌年「空間の第一宣言」に署名し空間主義を宣言した。ネオンを用いた作品やカンバスを切り裂いたり穴をあけたりする作品で知られる。

フォンタネージ〘Antonio Fontanesi〙[1818～1882]イタリアの画家。バルビゾン派の影響を受け、風景画にすぐれていた。明治9年(1876)来日、工部美術学校教授となり、浅井忠・小山正太郎などを指導。

フォンダン〘ﾌﾗﾝｽ fondant〙《原義は「溶ける、やわらかい」の意》「すり蜜」に同じ。

フォンダン-オ-ショコラ〘ﾌﾗﾝｽ fondant au chocolat〙《fondantは溶けるの意》完全に火を通さず、中心部が液状になるように仕上げたチョコレートケーキ。フォンダンショコラ。

フォンテーヌ-ド-ボークリューズ〘Fontaine-de-Vaucluse〙▶フォンテン-ド-ボークリューズ

フォンテーヌブロー〘Fontainebleau〙▶フォンテンブロー

フォンテーヌブロー-きゅうでん【フォンテーヌブロー宮殿】▶フォンテンブロー宮殿

フォンデュ〘ﾌﾗﾝｽ fondue〙❶スイス地方の鍋料理。白ワインで煮溶かしたチーズを、フォークに刺したパン切れにからませて食べるもの。チーズフォンデュ。❷フランスのブルゴーニュ地方の鍋料理。フォークに刺した肉を油で揚げながら食べるもの。ミートフォンデュ。

フォンテン-ド-ボークリューズ〘Fontaine-de-Vaucluse〙フランス南部、ボークリューズ県の都市、アビニョンの近郊の村。ボークリューズ山脈の麓に位置し、豊かな湧水を誇る泉があり、風光明媚な景勝地として数多くの観光客が訪れる。14世紀イタリアの詩人ペトラルカが庵を結んだ地として知られる。フォンテーヌ-ド-ボークリューズ。

フォンテンブロー〘Fontainebleau〙フランス中北部の都市。パリの南東方、もと王室の狩猟場であったフォンテンブローの森中央に位置する。16世紀建造のフォンテンブロー宮殿がある。フォンテヌブロー。

フォンテンブロー-きゅうでん【フォンテンブロー宮殿】《Palais de Fontainebleau》フランス中北部の都市フォンテンブローにある宮殿。16世紀、フランソワ1世により同国初の本格的なルネサンス様式で建造。内部装飾はロッソ=フィオレンティーノなど、後にフォンテンブロー派と呼ばれるマニエリスムの画家や彫刻家が手がけた。18世紀末のルイ16世まで増改築が繰り返されて現在の姿になった。1981年、「フォンテンブローの宮殿と庭園」の名称で世界遺産(文化遺産)に登録。フォンテンブロー城。

フォント〘font〙活字で、同一の書体・大きさの、大文字・小文字・数字・記号などの一揃い。または、コンピューターで使われる書体データのこと。

ふ-おんとう【不穏当】〔名・形動〕さしさわりがあって適当でないこと。おだやかでないこと。また、そのさま。「一な言葉を吐く」

フォンドゥータ〘ｲﾀﾘｱ fonduta〙▶フォンデュ

フォントネー-しゅうどういん【フォントネー修道院】《Abbaye de Fontenay》フランス中東部、ブルゴーニュ地方、コート-ドール県の都市モンバールにある修道院。1118年、クレルボーの聖ベルナルドゥスにより創設。清貧を重んじ厳格な修行で知られるシトー会最古の修道院の一。聖堂、回廊などの建物は内装・外装ともに装飾がほとんど見られない。1981年、「フォントネーのシトー会修道院」の名称で世界遺産(文化遺産)に登録された。

フォントネル〘Bernard Le Bovier de Fontenelle〙[1657～1757]フランスの文人・思想家。コルネイユの甥。啓蒙思想の先駆者。「複数世界についての対話」でコペルニクスの学説を平易に解説したほか、新旧論争では近代派を擁護して科学や文学における進歩を説いた。著「神託の歴史」など。

フォン-ド-ボー〘ﾌﾗﾝｽ fond de veau〙子牛肉の出し汁。フランス料理で、ソースや煮込みに使われる。

フォント-マッピング〘font mapping〙▶マッピング❹

フォント-メモリー〘font memory〙フォントを記憶している読み出し専用メモリー。➡フォント

ぶ-おんな【▽醜女】容姿のみにくい女性。
(類語)不美人・しこめ・醜女・ぶす・おかちめんこ

フォン-ノイマン〘von Neumann〙▶ノイマン

フォンビージン〘Denis Ivanovich Fonvizin〙[1744～1792]ロシアの劇作家。上流社会や農奴制下の地主階級を風刺した写実的な作品を発表。喜劇「旅団長」「親がかり」など。

フォンビエイユ〘Fontvieille〙フランス南部、プロバンス地方、ブーシュ-デュ-ローヌ県の都市アルルの近郊の村。19世紀フランスの小説家アルフォンス=ドーデの「風車小屋だより」の舞台として知られ、かつての風車小屋は現在ドーデ博物館になっている。

フォン-ブラウン〘Wernher von Braun〙[1912～1977]米国のロケット工学者。ドイツ生まれ。第二次大戦中、ドイツでＶ２号ロケットを開発。戦後渡米して、月ロケット、サターンの開発に関与。1969年のアポロ計画による人類初の月着陸に貢献した。

ふおん-ぶんし【不穏分子】ある社会・集団内で、治安や秩序を乱す行動を企てる人。

ふ-か【不可】❶よくないこと。いけないこと。「可もなく一もなし」❷成績などの等級の最下位。優・良・可に次ぐもので、不合格。(類語)駄目・不良・下・丁

ふ-か【付加|附加】〔名〕ｽﾙ ❶あるものに、さらに付け加えること。添加。「条件をもう一つ一する」❷不飽和結合の原子に、他の原子または原子団が結合すること。(類語)追加・添加・補足・付け足し・プラス

ふ-か【布貨】▶布銭

ふ-か【府下】❶府の行政下にある地域。❷府城のうち。また、都のうち。「当時ネエプルー一に冠たるの美人なり」〈織田訳・花柳春話〉

ふ-か【負荷】❶任務を負うこと。また、その任務。「一の大任」❷子が、父の業を受け継いでその任を果たすこと。また、その仕事。「一に任ず」❸発生させた電気的、機械的エネルギーを消費するもの。また、その消費量。真空管回路における抵抗や、機械設備が消費する動力など。

ふ-か【浮華|浮花】〔名・形動〕うわべは華やかで、実質の乏しいこと。また、そのさま。「一な生活に堕する」

ふ-か【富家】財産家。金持ち。ふうか。⇔貧家。

ふ-か【×孵化】〔名〕ｽﾙ 卵がかえること。また、卵をかえすこと。卵内で発生した胚が、卵膜や卵殻を破って出てくること。「池のメダカが一する」「人工一」

ふ-か【賦課】〔名〕ｽﾙ 租税などを割り当てて負担させること。「地方税を一する」「一金」

ふか【×鱶】(西日本で)大形のサメのこと。

ぶ-か【部下】組織などで、ある人の下に属し、その指示・命令で行動する人。配下。手下。
(類語)配下・手下・下役・子分・手先・下っぱ

ぶ-が【舞歌】舞と歌。能楽で、世阿弥は物まねとともに基本となる演技要素とした。二曲。

ふか-あみがさ【深編み×笠】顔が隠れるように深く作った編み笠。武士や虚無僧が用いた。

ふ-かい【不会】仲たがいしていること。不和。「まろが父と後には一なりしかど」〈戴恩記〉

ふ-かい【不快】〔名・形動〕❶いやな気持ちになること。不愉快であること。また、そのさま。「一を覚える」「一な気分」「一感」❷気分のすぐれないこと。病気。不例。(類語)不愉快・不機嫌・嫌悪・わだかまり

ふ-かい【付会|附会】〔名〕ｽﾙ こじつけること。無理に関係づけること。「古人の言に一して説をなす」「牽強一」

ふ-かい【府会】❶府議会の地方自治法施行以前の称。❷「府議会」の略。

ふか-い【深井】❶深い井戸。❷能面の一。中年の女面で、多く「隅田川」「三井寺」など、子を失って悲しむ狂女の役に用いる。深い憂いをたたえた表情からの名称という。

ふか-い【深い】〔形〕図ふか・し〔ク〕❶表面から底まで、また入り口から奥までの距離が長い。「一・い川」「一・い茶碗」「椅子に一・く腰掛ける」「山一・く分け入る」「彫りの一・い顔」⇔浅い。❷物事の程度や分量、また、かかわりなどが多い。「一・い感銘を覚える」「あまり一・く考えないほうがいい」「もとから関心が一・かった」「欲が一・い」「一・い仲」⇔浅い。❸色合いが濃い。「空の青さはどこまでも一・い」「山の緑が日増しに一・くなる」⇔浅い。❹密度が濃い。また、密生している。「霧が一・い」「一・い草むら」❺かなり時がたっている。また、盛りの時期にある。たけなわである。「夜が一・い」「秋も一・くなる」❻多く「…ぶかい」の形で、名詞、またはそれに準じる語に付いて接尾語的に用いる。㋐表面や外から底や奥までの距離がある意を表す。「奥一・い」「根一・い」㋑程度のはなはだしいさまを表す。「情け一・い」「疑り一・い」
(…語)(ぶかい)意義深い・疑い深い・疑り深い・遠慮深い・奥深い・感慨深い・考え深い・興味深い・草深い・毛深い・木深い・嫉妬深い・慈悲深い・執念深い・思慮深い・慎み深い・罪深い・泥深い・情け深い・根深い・用心深い・欲深い
(類語)奥深い・底なし・深遠・深奥・幽邃・ディープ

深い仲　きわめて親しいつきあいの間柄。特に、すでに情交をかわしている男女の関係。

ぶ-かい【部会】ある組織がそれぞれの専門部門に分かれ、その部門ごとで行う会合。「国語一」
(類語)総会・大会・例会・学会

ぶか-い【深い】「ふか(深)い❻」に同じ。「奥一・い」「執念一・い」

ぶ-がい【部外】その機関・組織に関係のないこと。また、役所・会社などの部に属していないこと。「一の者の立ち入りを禁ずる」「一秘」⇔部内。

ふかい-がいちゅう【不快害虫】イモムシ・クモ・ヤスデ・アリ・ダンゴムシ・ワラジムシ・ノミバエ・ユスリカなど、形の気味悪さや大発生などで嫌がられる虫のこと。広義にはハチ・蚊・ケムシなども含める。ニューサンス。

ふかい-かん【不快感】不愉快に思う気持ち。「一をあらわにする」「一が軽減される」

ふかい-ぎいん【府会議員】府議会議員の通称。

ふかい-ご【不快語】聞いたり、見たり、使われたりすると、不愉快な気持ちになる言葉。不快感を与える言葉。

ふかい-こう【不開港】外国との通商・貿易を許されていない港。

ふかいさん-ざい【不解散罪】▶多衆不解散罪

ふかい-しすう【不快指数】体感温度の一。気温・湿度の関係式から求める数字で、人体の感じる不快感の程度の目安とするもの。70以上では一部の人が、75以上では半数以上が、80以上では全員が不快を感じるとされる。DI(discomfort index)。THI(temperature humidity index)。

ふかい-しどうけん【深井志道軒】[1680こ

ふ

ろ〜1765]江戸中期の講釈師。京都の人。名は新蔵。別号、一無堂。江戸へ下り、浅草寺境内で軍談講釈を演じた。「風流志道軒伝」のモデル。著「元無草」など。

ふがい-な・い【腑甲斐無い｜不甲斐無い】〔形〕図ふがひな・し〔ク〕情けないほど意気地がない。まったくだらしがない。「零敗とは―・い」(派生)ふがいなさ〔名〕(類語)情けない・だらしない・意気地なし・甲斐性なし・腑抜け・腰抜け

ふ-かいにゅう【不介入】そのことに無関係でいること。「紛争に―の立場をとる」

ふか-いり【深入り】〔名〕スル 度を越して深く関係すること。関心をもちすぎること。「そんな話に―するのは禁物だ」

ふか-いり【深煎り】コーヒー豆などを深く焙煎ばいせんすること。苦みが強くなり、エスプレッソなどに向く。⇔浅煎り。

ふか-うるめ【鱶潤目】▶鱶鰭ふかひれ

ふか-おい【深追い】〔名〕スル 必要以上に追及すること。「この際、―し過ぎるのは考えものだ」

ふかお-すまこ【深尾須磨子】[1888〜1974]詩人。兵庫の生まれ。京都菊花高女卒。与謝野晶子に師事し、第二次「明星」で活躍。戦後は、平和運動・婦人運動にも尽力した。詩集に「真紅の溜息」「牝鶏の視野」など。

ふか-かい【不可解】〔名・形動〕理解しようとしても理解できないこと。また、そのさま。「―な言動」(類語)不思議・不可思議・摩訶不思議まかふしぎ・奇妙・面妖めんよう・けったい・ミステリアス・解げせない・腑ふに落ちない

ふか-かち【付加価値】生産過程で新たに加えられた価値。一定期間の総生産額から原材料費・燃料費などと減価償却費を差し引いたもので、人件費・利子・利潤の合計になる。

ふかかち-がく【付加価値額】企業がその年に生み出した利益。経営向上の程度を示す指標とする。営業利益に人件費・減価償却費を足した額。

ふかかち-ぜい【付加価値税】製品やその部品が売られるたびに課税される消費税の体系。「生産者→卸業者→小売業者→消費者」の各段階ごとに増加した付加価値の部分に課税される。VAT。(補説)日本では、昭和25年(1950)に制定されたが、実施されないまま同29年に廃止。

ふかかち-つうしんもう【付加価値通信網】▶バン(VAN)

ふかがわ【深川】㊀北海道中部の市。石狩平野北部に位置する。函館本線などの通る交通の要地。屯田兵の開拓により発達。米・リンゴ栽培などが行われる。人口2.4万(2010)。㊁東京都江東区北西部の地名。富岡八幡宮の門前町。江戸時代は木材の集散地、木場きばとして繁栄。もと東京市の区名で、江東区の西半分を占めていた。

ふかがわ-し【深川市】▶深川㊀

ふかがわ-まつり【深川祭】東京の深川にある富岡八幡宮の祭礼。8月15日に行われる。3年に1度の本祭りには本社の鳳輦ほうれんの渡御がある。本社一の宮神輿は重くて担ぎ手に事欠くので、やや小型の二の宮神輿が担がれる。氏子町内の大神輿54基の連合渡御が呼び物で、夏の盛りではあり、神輿と担ぎ手に観衆が水を掛けるので「水掛祭り」の異名がある。江戸三大祭りの一。⇨山王祭　⇨神田祭

ふかがわ-めし【深川飯】アサリをネギなどと煮て、汁ごと飯にかけた丼物どんぶりもの。また、アサリのむき身を炊き込んだ飯。魚河岸が東京の深川にあったころ、屋台で供したという。

ふか-ぎ【不可疑】疑いようのないこと。「―性」「―的」

ふ-かぎゃく【不可逆】再びもとの状態にもどれないこと。「―性」

ふかぎゃく-あっしゅく【不可逆圧縮】▶非可逆圧縮

ふかぎゃくしき-あっしゅく【不可逆式圧縮】▶非可逆圧縮

ふかぎゃく-はんのう【不可逆反応】一方向への反応速度が非常に大きくて、逆方向の反応が無視できる化学反応。

ふかぎゃく-へんか【不可逆変化】変化する前の状態に戻せない変化。熱伝導・拡散・摩擦・爆発など。非可逆変化。

ふ-かく【不覚】〔名・形動〕❶心や意識がしっかりしていないこと。思わず知らずそうなること。また、そのさま。「―にも涙を流す」「前後―」❷油断して失敗すること。また、そのさま。「―の一敗を喫す」❸覚悟がしっかり決まっていないこと。また、そのさま。「さては降人に出たる―の人どもが」〈太平記・三八〉❹愚かなこと。また、そのさま。「あら―や。云ひ甲斐なき女房かな」〈沙石集・三〉(類語)無自覚・無意識・不注意・迂闊うかつ・失態・粗相・へま・どじ・ぽか・ミス

不覚を取・る　油断をして失敗する。しくじって思わぬ恥をかく。「スクープ合戦に―・る」

ふ-かく【俯角】物を見下ろしたときの視線の方向と目の高さの水平面とのなす角。⇔仰角ぎょうかく。

ふ-がく【不学】〔名・形動〕学問がないこと。また、そのさま。無学。「―な(の)徒」

ふ-がく【富岳｜富嶽】富士山の異称。「―百景」

ぶ-がく【武学】兵法・武術に関する学問。兵学。

ぶ-がく【舞楽】舞を伴う雅楽。唐楽を伴奏とする左舞さまいと、高麗楽こまがくを伴奏とする右舞うまいとに分かれる。広義には、倭舞やまとまい・東遊あずまあそび・久米舞くめまいなど、日本の古楽の形式によるものも含む。

ふ-かくご【不覚悟】《「ぶかくご」とも。その場合「無覚悟」とも書く》覚悟ができていないこと。また、油断して失敗を招くこと。不覚。「人の軒のあまりを無心し、借宅する―」〈浮・新永代蔵〉

ふかくさ【深草】京都市伏見区北部の地名。深草十二帝陵・仁明天皇陵がある。平安時代の別荘地。(歌枕)「年をへて住みこし里を出でていなばいとど―野とやなりなむ」〈伊勢・一二三〉

ふかくさ-の-しょうしょう【深草少将】小野小町を恋し、99夜通ったという伝説上の人物。僧正遍昭または大納言義平の子義宣とされるが未詳。四位の少将。

ふかくさ-まつり【深草祭】京都市伏見区深草にある藤森ふじのもり神社の例祭。

ふがくさんじゅうろっけい【富嶽三十六景】江戸後期の錦絵にしきえ。葛飾北斎作。全46枚。浮世絵に風景画の分野を開く。

ふ-かくじつ【不確実】〔名・形動〕確実でないこと。はっきりしていないこと。また、そのさま。ふたしか。「―な記憶」(派生)ふかくじつさ〔名〕

ふかく-じん【不覚人｜不覚仁】「ふかくにん(不覚人)」に同じ。「これは底もなき―にて候ふぞ」〈平家・一二〉

ふ-かくだい【不拡大】事件などを大きくしないこと。「―の方針をとる」

ふか-ぐつ【深靴｜深沓｜深履】❶短靴に対して、足を深くおおう形に作った靴。ブーツ。❷雪路などで履く、わら製の長靴。❸公家くげなどが雨・雪のときに用いた、革製黒漆塗りの深い沓。⇨浅沓

ふ-かくてい【不確定】〔名・形動〕確定していないこと。はっきりと決まってはいないこと。また、そのさま。「詳細はまだ―だ」「―な部分を残す」(派生)ふかくていさ〔名〕

ふかくてい-きげん【不確定期限】到来する期日の確定していない期限。自分の死ぬ時など。

ふかくていせい-げんり【不確定性原理】量子力学における基礎的原理。原子や電子などの世界では、一つの粒子について、位置と運動量、時間とエネルギーのように互いに関係ある物理量を同時に正確に決めることは不可能であること。1927年にハイゼンベルクが提唱。(補説)同時に正確に決めることができない位置と運動量、時間とエネルギーのような物理量の組み合わせを不確定性関係という。A_qを測定による粒子の位置の誤差、B_pを位置の測定に伴う粒子の運動量の乱れとすると不確定性原理はプランク定数を使い、$A_q B_p \geqq h/4\pi$という不等式で表される。左辺は二つの物理量の誤差と乱れの積であるが、どちらか一方を零にするともう一方が無限大になってしまうことから、両方の厳密な値を同時に測定できないことを意味している。現代物理学において長らくこの式が正しいとされていたが、平成15年(2003)に日本の小沢正直はハイゼンベルクの式を修正した小沢の不等式を提唱し、同24年にその修正した式が実験的に正しいことが明らかになった。

ふかく-にん【不覚人】覚悟のできていない人。不心得者。「汝は人にもあらず、―にこそありけれ」〈今昔・二四・五六〉

ぶがく-めん【舞楽面】舞楽で、舞人が用いる仮面。伎楽面ぎがくめんより小さく薄手で、能面より大きい。象徴的な表情をしているものが多い。蘭陵王らんりょうおう・胡徳楽ことくらく・還城楽げんじょうらく・納曽利なそりなどがある。

ふ-がけ【踏懸｜踏掛】布帛ふはく製の脛巾はばきの一種。舞楽の装束に用いる。

ふか-けい【付加刑】主刑に付加して科せられる刑罰。現行刑法では没収だけをいう。

ふ-かけつ【不可欠】〔名・形動〕ぜひ必要なこと。なくてはならないこと。また、そのさま。「―な(の)条件」(派生)ふかけつさ〔名〕(類語)必要・必須・須要しゅよう・必需・必携・マスト

ふかけつ-アミノさん【不可欠アミノ酸】▶必須アミノ酸

ふかけつ-しぼうさん【不可欠脂肪酸】▶必須脂肪酸

ふかけつ-じょうけん【不可欠条件】《ラテ Conditio sine qua non》ある事柄が成立するために絶対必要な条件。

ふ-かげん【不加減】〔名・形動ナリ〕からだなどの調子がよくないこと。また、そのさま。「にがい顔して居給へば…是は―にござりますか」〈洒・聖遊廓〉

ふか-こう【不可抗】〔名・形動〕人間の力ではどうにもさからうことができないこと。また、そのさま。「―な力に釣られて、自分の心が一歩ふみ出すのを感じた」〈宮本・伸子〉

ふかこう-りょく【不可抗力】❶人間の力ではどうにもさからうことのできない力や事態。「あの事故は―だ」❷法律で、外部から発生した事実で、普通に要求される注意や予防方法を講じても、損害を防止できないもの。債務不履行や不法行為の責任を免れるとされる。

ふか-さ【深さ】ふかいこと。また、その度合い。

ふかさく-きんじ【深作欣二】[1930〜2003]映画監督。茨城の生まれ。「風来坊探偵・赤い谷の惨劇」で監督デビュー。社会に溶け込めない人々の絶望を描き、暴力的で過激な作品を多く世に出した。代表作「仁義なき戦い」シリーズ、「魔界転生」「蒲田行進曲」「火宅の人」「バトル・ロワイアル」など。

ふか-ざけ【深酒】〔名〕スル 酒をいつもより多量に飲むこと。

ふかさ-ゲージ【深さゲージ】部品の溝や穴の深さを測る測定器。ノギス式とマイクロメーター式のものがある。デプスゲージ。

ふか-ざれ【深戯れ】度を越えたたわむれ。「時の座興の―も、過去の悪世の縁ならめ」〈浄・鑓の権三〉

ふかざわ-しちろう【深沢七郎】[1914〜1987]小説家。山梨の生まれ。姥捨うばすて伝説を題材にした「楢山節考ならやまぶしこう」で文壇にデビュー。昭和35年(1960)発表の「風流夢譚ふうりゅうむたん」が右翼による襲撃事件を引き起こしたため、一時世間から身を隠す。「みちのくの人形たち」で谷崎潤一郎賞受賞。他に「笛吹川」など。

ふかさん-めいし【不可算名詞】《uncountable noun》英語で、名詞を数に関する用い方の観点から分類した一。一定の形状や限界をもたず、従って数の観念の適用できないもの。⇨可算名詞

ふか-し【不可視】肉眼で見ることができないこと。

ふかし【蒸かし】ふかすこと。また、ふかしたもの。「―芋」

ふかし・い【深しい】〔形〕図ふか・し〔シク〕《ク活用「深し」のシク活用化したものの口語形。主に中世から近世に用いられた》❶奥深い。また、くわしい。「敢て—・い訳があるのではなく」〈緑雨・油地獄〉「夫(そ)りゃあ、—・い訳を知らねえ」〈人・契情肝粒志〉❷普通の程度とは違っている。格別である。「芸能と申して、—・い事もございない」〈虎明狂・鼻取相撲〉❸量が多い。たくさんである。「—・う盗(と)りはいたさぬ」〈虎明狂・瓜盗人〉

ふか-しぎ【不可思議】〔名・形動〕❶常識では考えられないこと。考え及ばないこと。異様なこと。また、そのさま。「—な現象」❷人間の認識・理解の限界を超えていること。また、そのさま。仏の智慧・神通力などの形容に用いる。不思議。「—な功徳(くどく)」「—力(りき)」❸数の単位。10の64乗。一説に10の80乗。➡表「位(くらい)」派生ふかしぎさ〔名〕
類語不思議・摩訶不思議(まかふしぎ)・不可解・奇妙・奇怪・奇異・面妖・けったい・ミステリアス

ふかし-こうせん【不可視光線】クワウセン 電磁波のうち、目に感じない光線。紫外線・赤外線・X線など。

ふかし-じょう【深志城】ジャウ 松本城の別称。

ふかし-たて【▽蒸かし立て】ふかしたばかりであること。また、そのもの。「—の饅頭」

ふか-しつりょう【付加質量】シツリヤウ ▶仮想質量

ふか-じゅうごう【付加重合】ヂュウガフ 不飽和結合を含む化合物が、その結合を開裂して付加を繰り返し、高分子を生成する反応。塩化ビニル・ポリエチレンなどはこの方法で作られる。

ふかしょく-みん【不可触民】インドのカースト制で、カースト外に置かれた最下層民。1950年のインド共和国憲法で、身分差別廃止。パリア。ハリジャン。アンタッチャブル。

ぶ-がしら【武頭】武家時代、弓組・鉄砲組などを統率する長。物頭(ものがしら)。

ふか-しん【不可侵】おかすことのできないこと。また、侵略を許さないこと。類語絶対

ふかしん-けん【不可侵権】侵すことのできない権利。特に国際法上、外交使節などがその駐在する国で侵してはならないと認められている特権。身体・名誉・館舎・文書など。

ふかしん-じょうやく【不可侵条約】デウヤク ▶不侵略(ふしんりゃく)条約

ふか・す【吹かす】〔動サ五(四)〕❶タバコを吸う。また特に、タバコの煙を深く吸わずに吐き出す。「パイプを—・す」❷《「噴かす」とも書く》自動車などのエンジンを速く回転させる。「スロットルを全開にして—・す」❸《「…風(かぜ)を吹かす」の形で》それらしいようすをする。…ぶる。「先輩風を—・す」❹口から出まかせに景気よく言う。吹聴する。「かやうに申せば、我身を—・したるやうにおぼしめさんも」〈仮・竹斎・上〉

ふか・す【更かす】〔動サ五(四)〕❶夜遅くまで起きている。夜ふかしをする。「議論で夜を—・す」❷夜がふけるのを待つ。「のたまひし餅(もちひ)、忍びていたう夜—・して持て参れり」〈源・葵〉

ふか・す【×袘す】〔動サ下二〕袘(ふき)を出す。「裏を深く—・せて」〈色道大鏡・二〉

ふか・す【▽蒸かす】〔動サ五(四)〕蒸気を当てて、やわらかくする。むす。「芋を—・す」可能ふかせる
類語蒸す・蒸らす

ふか-ぜい【付加税】国税または上級地方公共団体の租税に付加して、一定の割合で課した地方税。昭和25年(1950)廃止。➡独立税

ふか-せつ【不可説】〔名・形動〕❶仏語。悟りの境地は言葉では説明できないこと。❷言葉では説明できないこと。また、そのさま。「まねびなどすべき歌にあらず。—の上手なり」〈後鳥羽院御口伝〉❸規準からはずれていること。「凡そ此の琵琶、体(てい)と云ひ声と云ひ—未曽有の物なり」〈禁秘抄・上〉

ふか-そぎ【深▽除ぎ¦深▽削ぎ¦深▽曽木】▶髪削(かみそ)ぎ

ふか-そく【不可測】〔名・形動〕予測できないこと。予期できないこと。また、そのさま。「—な(の)事態に備える」

ふか-だ【深田】《「ふかた」とも》どろの深い田。沼田。ふけ。ふけた。⇔浅田。

ふかだ-きゅうや【深田久弥】キウヤ [1903〜1971]小説家・登山家。石川の生まれ。小説「あすならう」「津軽の野づら」などを発表、清新で牧歌的な作風を示した。また、「日本百名山」など山岳随筆でも活躍。➡百名山

ふかだ-ゆうすけ【深田祐介】イウスケ [1931〜]小説家・評論家。東京の生まれ。本名、雄輔(ゆうすけ)。航空会社に勤務し、長期にわたる海外生活を体験する。国際社会の中で生きる日本人サラリーマンを描き、ノンフィクションやエッセーを中心に人気を集める。「炎熱商人」で直木賞受賞。他に「空港」「新西洋事情」「スチュワーデス物語」など。

ふか-ち【不可知】〔名・形動〕人知では知ることができないこと。また、そのさま。「—な(の)霊の世界」

プガチョフ〘Emel'yan Ivanovich Pugachyov〙[1742ころ〜1775]ロシアの農民戦争(プガチョフの乱)の指導者。ドンコサック出身。1773年、農民のツァーリ信仰を利用してみずからピョートル3世と称し、農奴解放を唱えて農民蜂起を指導。蜂起にはコサック・労働者層も参加。政府軍に鎮圧され、モスクワで処刑された。

ふかち-ろん【不可知論】《agnosticism》哲学で、経験や現象とその背後にある超経験的なものや本体的なものとを区別し、後者の存在は認めるが認識は不可能とする説。また、後者の存在そのものも不確実とする説。

ふ-かつ【賦活】クワツ 活力を与えること。物質の機能・作用を活発化すること。「—体」

ぶ-かつ【部活】クワツ《「部活動」の略》学生・生徒が始業前や放課後に行う運動部・文化部などのクラブ活動。

ふかつか-ワクチン【不活化ワクチン】フクワツクワ 感染症を予防するために接種するワクチンのうち、抗原となるウイルスや細菌などの微生物を不活化したもの。不活化とは、化学処理・加温処理・紫外線照射などによって、抗体を生成させる働きを失うことなく、体内で増殖しないようにすること。微生物から免疫抗原性物質を精製分離したものもある。これに対して、生きた弱毒性微生物を含むものを生(なま)ワクチンという。不活化ワクチンは免疫の持続期間が短いため、一定の間隔をおいて数回の接種が必要となる。百日咳、ジフテリア、破傷風、日本脳炎、インフルエンザ、B型肝炎などのワクチンが相当する。死菌ワクチン。

ぶ-かっこう【不格好】カクカウ・【不×恰好】カツカウ〔名・形動〕格好の悪いこと。みっともないこと。また、そのさま。「—なズボン」派生ぶかっこうさ〔名〕
類語無様(ぶざま)・不体裁・不細工・野暮・ださい

ふかっせい-ガス【不活性ガス】フクワツセイ 化学反応を起こしにくい気体。ヘリウム・ネオン・アルゴンなど希ガス類元素や、窒素など。

ふ-かって【不勝手】〔名・形動〕❶不便なこと。都合が悪いこと。また、そのさま。「住むには—な間取り」❷暮らし向きが苦しいこと。また、そのさま。「しだいに—御成り候ふ事」〈浮・文反古・四〉

ぶ-かつどう【部活動】クワツドウ ▶部活

ふ-かっぱつ【不活発¦不活×溌】クワツパツ〔名・形動〕活気や勢いがないこと。動きがにぶいこと。また、そのさま。「—な子」「—な相場」

ふか-づめ【深爪】〔名〕スル 爪を深く切ること。

ふか-で【深手¦深▽傷】深いきず。重傷。「—を負う」⇔浅手。類語重傷・痛手・致命傷

ふか-テスト【負荷テスト】《load test》▶ストレステスト❸

ふか-とく【不可得】❶求めようとしても得られないこと。❷仏語。すべての存在は空(くう)であって、固定的なものは何も得られないということ。

ふか-なさけ【深情け】異性に対する情愛の度が過ぎること。また、その情愛。「悪女の—」「惚れっぽいのが—」〈里見弴・多情仏心〉

ふ-かのう【不可能】〔名・形動〕できないこと。可能でないこと。また、そのさま。「—な冒険にあえていどむ」類語不能・無理・駄目・インポシブル

不可能という文字は我が辞書にはない ナポレオン1世が自信のほどを誇示して発した言葉。

ふか-の-き【×鱶の木】ウコギ科の常緑高木。葉は手のひら状の複葉。秋から冬、緑色がかった白い花を開く。九州以南に分布。庭木にする。

ふか-の-ひれ【×鱶の×鰭】▶ふかひれ(鱶鰭)

ふか-ば【深場】海・湖・川などで、水深のある場所。

ふか-はまり【深▽填り】〔名〕スル 物事に夢中になって、その状態から抜けられないこと。「そんなひっかかりから—した信策は」〈里見弴・多情仏心〉

ふか-はんのう【付加反応】ハンオウ ある化合物に別の化合物が付加した形式の化合物が生じる反応。

ふか-ひ【不可避】〔名・形動〕避けようがないこと。また、そのさま。「国交断絶は—だ」
類語必至・必然・必定・決定的・やむを得ない

ふか-ひ【深×緋】濃い緋色。「—の袍(はう)」

ふか-ひれ【×鱶×鰭】サメのひれの外皮を取り去って干した食品。中国料理の材料となる。鱶潤目。ふかのひれ。

ふか-ふか ㊀〔副〕スル ❶柔らかくふっくらしているさま。「—(と)した布団」❷よく考えないで物事をするさま。うかうか。「—と御夫婦になした」〈伎・壬生大念仏〉㊁〔形動〕㊀❶に同じ。「—なスポンジケーキ」㊀はフカフカ、㊁はフカフカ。

ふが-ふが〔副〕スル 鼻や口から息が漏れて、言っていることがわからないさま。「—して聞きとれない」

ぶか-ぶか ㊀〔副〕スル ❶身に着ける物が大きすぎて、ゆるんでいるさま。「お下がりの—(と)したズボン」❷ふくれてやわらかくなっているさま。「雨が漏って壁が—してきた」❸大きな音でらっぱなどの気鳴楽器を鳴らす音や、そのさまを表す語。「アコーディオンを—鳴らす」㊁〔形動〕㊀❶に同じ。「—な帽子」㊀❷に同じ。「水を含んで—なベニヤ板」㊀はブカブカ、㊁はブカブカ。

ぷか-ぷか〔副〕❶タバコをしきりに吹かすさま。「葉巻を—(と)くゆらす」❷軽い物が水面に浮いているさま。「ごみが—(と)流れていく」❸らっぱ・笛などを吹き鳴らす音や、そのさまを表す語。「—どんどん」

ふか-ぶん【不可分】〔名・形動〕密接に結びついていて、分けたり切り離したりできないこと。また、そのさま。「両者は—な(の)関係にある」

ふか-ぶんさん【負荷分散】▶ロードバランシング

ふかぶん-ぶつ【不可分物】性質や価値を損なうことなしには分割できない物。家屋1棟・自動車1台など。

ふか-べり【深▽縁】畳・ござなどのへりを広くすること。また、そのへり。

ふか-ま【深間】〔名・形動〕❶水などの深い所。深み。「谷の—に落ち込む」❷男女が、別れられないほど深い仲になること。また、そのさま。「小太夫様(こだゆうさま)の—の馴染(なじみ)」〈露伴・椀久物語〉

ふか-まさ・る【深増さる】〔動ラ五(四)〕いっそう深くなる。「情欲の執着は—・って行った」〈里見弴・多情仏心〉

ふか-ま・る【深まる】〔動ラ五(四)〕ある状態や程度がしだいに深くなっていく。「秋が—・る」「愛が—・る」
類語深化する・進行する・深刻化する

ふか-み【深み】❶深さの度合い。深いという感じ。「樹木の緑の—がます」❷川などの深い所。深間。「—にはまる」⇔浅み。❸表面だけではわからない奥深い味わい。「—のある味」❹深入りして身動きのとれない状態。「放蕩の—へ誘い込む」
類語深さ・奥行き

ふかみ-ぐさ【深見草】❶牡丹(ぼたん)の別名。❷ヤブコウジの別名。

ふか-みず【深水】ミヅ 切り花を長持ちさせる方法の一。花のある上部を新聞紙などで巻き、茎をたっぷりの水に1時間ほどつける。水を吸い上げにくい植物

に用いる。➡湯揚げ
ふか-みどり【深緑】濃い緑色。濃緑色。しんりょく。「—の淵」(類語)深緑しんりょく・松葉色・利休色・オリーブ色・カーキ色・エメラルドグリーン・コバルトグリーン・モスグリーン
ふか-みる【深海=松】海底深く生えている海藻。「いくりにそ—生ふる」〈万・一三五〉
ふかみる-の【深海=松の】〔枕〕同音の「深む」または「見る」にかかる。「なびき寝し児こを—深めて思へど」〈万・一三五〉「—見まく欲しけど」〈万・九四六〉
ふか・む【深む】㊀〔動マ五(四)〕深くなる。深まる。「—・みゆく夜の闇」㊁〔動マ下二〕「ふかめる」の文語形。
ふか-むらさき【深紫】濃い紫色。濃紫こむらさき。
ふか-め【深め】〔名・形動〕いくぶん深いと感じられること。また、そのさま。「—な(の)皿」
ふか・める【深める】〔動マ下一〕文ふか・む〔マ下二〕❶物事の程度を深くする。「親睦しんぼくを—・める」「改めて認識を—・める」❷心に深く思う。「深海松ふかみるの—・めし児らを」〈万・三三〇二〉
ふかや【深谷】埼玉県北部の市。もと中山道の宿場町。深谷ネギを特産する。平成18年(2006)1月、岡部町・川本町・花園町と合併。人口14.5万(2010)。
ふかや-し【深谷市】▶深谷
ふか-よみ【深読み】〔名〕スル 他人の言動や文章、物事の事情などを、必要以上に読み取ること。うがちすぎること。「そこまで考えるなんて、—しすぎだ」
ぷかり-ぷかり〔副〕❶のんびりとタバコを吹かすさま。「—(と)パイプを吹かす」❷軽い物が空や水面などに浮かんでいるさま。「—(と)雲が浮かぶ」
ブカレスト〖Bucharest〗ルーマニアの首都。同国南東部、ドナウ川の支流沿いに位置し、14世紀ごろから商業都市として発展。金属・機械などの工業が盛ん。人口、行政区194万(2008)。ブクレシュチ。
ふ-かん【不堪】《我慢できないこと、もちこたえられないことの意》❶技芸が未熟なこと。その道の心得のないこと。「一両三に過ぎぎば、まことに難治といふべし」〈連理秘抄〉❷ふとどきであること。「小野宮右府は女事において—の人なり」〈古事談・二〉❸貧乏なこと。〈色葉字類抄〉
ふ-かん【付款|附款】フクワン 条件や期限のように、法律行為から生じる効果を制限するために、表意者が特に付加する制限。行政行為についても付されることがある。
ふ-かん【×俯×瞰】〔名〕スル 高い所から見下ろし眺めること。鳥瞰。「ビルの屋上から市内を—する」
(類語)鳥瞰・眺望・展望・遠望
ふ-かん【浮×桿|浮×竿】木の棒の下端におもりをつけ、流水中に入れて流速を測る器具。棒浮き。
ぶ-かん【武官】ブクワン ❶軍事に従事する官吏。旧日本陸海軍では、下士官以上の軍人。⇔文官。❷律令制で、武事に携わった官。衛府えふや諸国の軍団に属する官など。
ぶかん【武漢】中国、湖北省の省都。武昌・漢陽・漢口の3市が1949年に統合されて成立。漢水と揚子江の合流点に位置し、古来水上交通の要地。工業が盛ん。人口、行政区831万(2000)。ウーハン。
ぶ-かん【武鑑】江戸時代、諸大名・旗本の氏名・禄高・系図・居城・家紋や主な臣下の氏名などを記した本。毎年改訂して出版された。「正保武鑑」「江戸鑑」「本朝武鑑」などの類。
ぶかん【豊干】中国、唐代の僧。天台山国清寺にいたと伝えられ、寒山・拾得じっとくの二士を養い、後世併せて三聖とよばれる。生没年未詳。ほうかん。
ぶかん-こくみんせいふ【武漢国民政府】1927年、国民革命軍の武漢占領とともに、汪兆銘ら中国国民党左派と共産党によって樹立された臨時政権。蒋介石の南京政府と対立。のち共産党を排除して、南京政府に合流。
ふかんざぜんぎ【普勧坐禅儀】フクワンザゼンギ 鎌倉時代の仏教書。1巻。道元著。安貞元年(1227)作。座禅こそ仏道の正門であると、その実践を強調したもの。道元が宋から帰国して最初に書いたもので、日本曹洞宗の根底をなす書物。
ふかん-さつえい【×俯×瞰撮影】被写体を上から見下ろした角度で撮る撮影。
ぶかん-さんちん【武漢三鎮】《「鎮」は中心都市の意》武昌・漢口・漢陽3市の総称。武昌は政治、漢口は商業、漢陽は工業の要衝地。現在は合併して武漢市を構成。
ふかん-しへい【不換紙幣】フクワン— 正貨と引き換える保証のない紙幣。⇔兌換だかん紙幣。
ふ-かんしょう【不干渉】—カンセフ 干渉しないこと。かかわりあいをもたないこと。「内政—」
ふかん-しょう【不感症】—シヤウ ❶性交の際、女性が快感を感じない状態。❷感受性が鈍くなったり、そのことに慣れたりして、普通なら感じるはずの物事に感じなくなること。「騒音に—になる」
ふかん-ず【×俯×瞰図】—ヅ ▶鳥瞰図ちょうかんず
ふかんせい-ゆ【不乾性油】空気中に放置しておいても酸化せず、固化したり乾燥したりしない油。オリーブ油・椿つばき油・ひまし油・落花生油など。不乾油。➡乾性油
ふ-かんぜん【不完全】フクワンゼン〔名・形動〕欠けたり十分でないところがあったりして、完全でないこと。また、そのさま。「—な書類」
ふかんぜん-か【不完全花】フクワンゼンクワ 一つの花で、萼がく・花びら・雄しべ・雌しべのどれかを欠く花。不完備花。➡完全花
ふかんぜん-きたい【不完全気体】フクワンゼン— 実在気体のように分子間に相互作用がある気体。ボイルシャルルの法則に完全に従う理想気体に対していう。
ふかんぜん-きんるい【不完全菌類】フクワンゼン— 真菌類の一群。有性生殖が知られておらず、子嚢菌しのうきん類とも担子菌類とも決定できない菌類の総称。
ふかんぜん-けっしょう【不完全結晶】フクワンゼンケツシヤウ 格子欠陥や不純物を含む結晶。結晶格子に配列の乱れがない完全結晶は事実上存在しないため、結晶構造の乱れに大きく依存する物理的性質を調べる際に、不完全結晶と呼んで区別する。不整結晶。
ふかんぜん-しゅうぎょう【不完全就業】フクワンゼンシウゲフ 就業しているが、労働条件が著しく劣っていたり、就業が不安定であったりして、半失業状態にあること。
ふかんぜん-ねんしょう【不完全燃焼】フクワンゼンネンセウ〔名〕スル ❶可燃物が、酸素不足のまま燃焼すること。有毒な一酸化炭素などを生じる。❷(比喩的に)力を完全に出しきれないこと。思うような成果の得られないこと。「試合は—に終わった」
ふかんぜん-へんたい【不完全変態】フクワンゼン— 昆虫の変態の一型。さなぎの時代を経ず、幼虫から直接成虫になるもの。トンボ・バッタ・ゴキブリなどにみられる。➡完全変態
ふかんぜん-よう【不完全葉】フクワンゼンエフ 托葉・葉柄・葉身のいずれかを欠く葉。➡完全葉
ふかんぜん-りこう【不完全履行】フクワンゼンリカウ 債務不履行の一。債務者の債務の履行の内容が債務の本旨に従わない不完全なものであること。
ふかんでん-でん【不堪×佃田】平安時代、天災などによって荒廃し、耕作の不可能になった田地。不堪田。
ふかんでんでん-の-そう【不堪×佃田の奏】平安時代、毎年9月7日に国司から太政官に報告のあった不堪佃田の田数とその租税減免とを大臣以下が議定して奏聞した公事。不堪田の奏。
ふかん-ゆ【不乾油】▶不乾性油
ふ-かんよう【不寛容】—クワンヨウ〔名・形動〕心がせまく、人の言動を受け入れないこと。他の罪や欠点などをきびしくとがめだてすること。また、そのさま。「—な人間関係」
ふ-き【不軌】❶法律や規則などに従わないこと。❷謀反むほんを企てること。反逆。「—をはかる」
ふ-き【不帰】二度と帰ってこないこと。転じて、死ぬこと。「—の人」
不帰の客とな・る　二度と帰らぬ人となる。死ぬ。
ふ-き【不起】病気などが治らず、死ぬまで起き上がれないこと。「—の病いにかかりぬ」〈一葉・やみ夜〉
ふ-き【不×諱|不忌】❶いみはばかるところなく言うこと。遠慮なく言うこと。「多少の—の文字あるが為に」〈魯庵・「破垣」に就て〉❷《避けることができない意》死ぬこと。死。
ふ-き【不×羈|不×羇】〔名・形動〕《「羈」「羇」ともに、つなぐ意》❶物事に束縛されないで行動が自由気ままであること。また、そのさま。「独立—」「或は英人の支配を受くる者あり。或は—なる者あり」〈柳河春三編・万国新話〉❷才能などが並はずれていて、枠からはみ出すこと。また、そのさま。「—の才」
(類語)自由・奔放・天衣無縫・縦横無尽
ふ-き【付記|附記】〔名〕スル 本文に付け加えて書きしるすこと。また、その部分。「参考資料を—する」
(類語)付録・付載・追記・追録・書き添える
ふき【×袘|×衽|×裾】袷あわせまたは綿入れの衣服の裾・袖口で、裏布を表に折り返して縁のように仕立てた部分。吹き返し。
ふき【菜蕗|蕗|富貴|布貴】㊀箏曲そうきょく。八橋検校作曲。源氏物語・和漢朗詠集などに取材した7連の歌からなる。箏組歌そうくみうたの代表曲で、表組の第1曲。菜蕗組。越天楽えてんらく。㊁筑紫流箏曲。㊀の原曲で、歌詞が一部異なる。
ふ-き【富貴】「ふうき(富貴)」に同じ。
ふき【×蕗|×苳|款=冬|菜=蕗】キク科の多年草。原野や道端に生える。地下を長い根茎が横に走り、早春、蕗の薹とうとよぶ若い花茎を出し、頭状花が開くにつれて花茎を伸ばす。雌雄異株。花後、長い多肉質の柄をもつ腎臓形の葉をつける。葉柄や蕗の薹は食用。(季 夏)「—むくやまた襲ひきし歯のいたみ/久女」
ふ-ぎ【不義】❶人として守るべき道にはずれること。また、その行い。❷男女が道に背いた関係を結ぶこと。密通。「—をはたらく」❸律の八虐の一。師や長官などを殺すこと。(類語)不徳・不仁・不貞・不倫・破倫・非道・無道・横道・邪道
不義にして富み且かつ貴たっときは浮雲ふうんの如ごとし　《「論語」述而から》不正な手段で得た地位や財産は、浮雲のように頼りなくはかないものである。
不義は御家ごかの法度はっと　男女の密通は厳禁するということ。近世、特に武家で戒めとした。
ふ-ぎ【付議|附議】〔名〕スル 会議にかけること。また、ある案件に付け加えて討議すること。「法案を国会に—する」
ふ-ぎ【府議】「府議会議員」の略。
ふぎ【溥儀】▶宣統帝せんとうてい
ぶ-き【不器|無器】〔名・形動ナリ〕❶資質・才能にめぐまれていないこと。技や手際の悪いこと。また、そのさま。不器用。「—の人のことに我とただおさへてよみならはんとし候へば、あしくなり行き」〈毎月抄〉❷洗練されていないこと。また、そのさま。不粋ぶすい。「—な客地口ぢぐちにしてもさしをいひ」〈柳多留・四〉❸顔だちが醜いこと。不器量。「—女さて麦めしは上手なり」〈柳多留拾遺・二〉
ぶ-き【武器】❶戦いに用いる種々の道具や器具。刀や銃などの、敵を攻撃したり自分を守ったりするための兵器や武具。❷何かをするための有力な手段となるもの。「弁舌を—にする」
(類語)得物えもの・兵器・弓矢・干戈かんか
ぶ-き【舞▽姫】舞をまう女性。舞妓ぶぎ。まいひめ。
ぶ-ぎ【武技】武道に関する技術。武芸。武術。
ぶ-ぎ【舞×妓】舞をまう女性。また、舞をまうことを職業とする女性。まいこ。舞姫。
ブギ〖boogie〗「ブギウギ」の略。
ふきあい【葺合】ふきあひ 兵庫県神戸市の旧区名。昭和55年(1980)生田区と合併して中央区となる。
ふきあい-く【葺合区】ふきあひ— ▶葺合
ふき-あが・る【吹(き)上(が)る|噴(き)上(が)る】〔動ラ五(四)〕❶(吹き上がる)風が下から上に向かって吹く。また、物がその風によって上方へあがる。「砂塵が—・る」❷水・蒸気などがわきあがったり、上へふ

き出したりする。また、その勢いに押されて物が上へあがる。「やかんのふたが―・る」

ふき-あげ【吹(き)上げ┊噴(き)上げ】㊀❶(吹き上げ)低い所から風が吹き上がってくること。また、その場所。❷水・温泉などを高くふき上げること。また、その装置や場所。特に、噴水。❸室町末期から江戸時代にかけて行われた女性の髪形の一。髪をふくらませて髷を上げたもの。ふきわげ。㊁「吹上の浜」の略。

ふきあげ-ぎょえん【吹上御苑】皇居の内苑。江戸城西の丸の西側にあたる。江戸時代中期には庭園を管理する吹上奉行がおかれた。現在は、吹上御所がある。

ふきあげ-の-はま【吹上の浜】和歌山市の紀ノ川口の湊から雑賀の西浜に至る海岸。〔歌枕〕「打ち寄する波の声にてしるきかな―の秋の初風」〈新古今・雑中〉

ふきあげ-はま【吹上浜】鹿児島県、薩摩半島西部の東シナ海にのぞむ砂丘海岸。長さ約47キロメートル、幅1〜3キロメートルで九州最大。内側には薩摩湖などのせき止め湖がある。ウミガメの産卵地として知られる。夏はキャンプ場・海水浴場としてにぎわう。

ふき-あ・げる【吹(き)上げる┊噴(き)上げる】〔動ガ下一〕図ふきあ・ぐ〔ガ下二〕❶(吹き上げる)風が低い所から吹きのぼってくる。「涼風が川から―・げる」❷(吹き上げる)風が吹いて物を高く舞いあがらせる。「風がすだれを―・げる」❸水や煙などを勢いよく上へふき出させる。「鯨が潮を―・げる」❹水・蒸気が勢いよくふき出て、上にあるものを持ち上げる。「煮立った汁が鍋のふたを―・げる」

ふき-あし【×葺き足】屋根に葺く瓦などの1枚の長さから、葺き重ねて隠れた部分を引いた長さ。

ふき-あ・れる【吹(き)荒れる】〔動ラ下一〕図ふきあ・る〔ラ下二〕風が激しく吹きつづける。吹きすさぶ。「春の嵐が―・れる」

ふき-あわ・す【吹き合はす】〔動サ下二〕❶笛などを他のものと調子を合わせて吹く。また、管楽器を合奏する。「木枯らしに―・すめる笛の音をひきとどむべきことの葉ぞなき」〈源・帚木〉❷風などが他のものと調子を合わせるように吹く。「かれがれなる虫の音に松風すごく―・せて」〈源・賢木〉

ふき-い【吹(き)井┊噴(き)井】水がたえずふき出ている井戸。吹き井戸。〔季 夏〕

ふき-いし【×葺き石】古墳などの盛り土の上をおおうために敷きつめられた石。

ふき-い・ず【吹き▽出づ┊噴き▽出づ】〔動ダ下二〕「吹き出す」に同じ。「珍しき風―・づる時に」〈宇津保・内侍督〉「―・づる物の音ども」〈源・総角〉

ふき-いた【×葺き板】屋根を葺くのに用いる薄い板。屋根板。

ふき-いだ・す【吹き▽出だす┊噴き▽出だす】〔動サ四〕「吹き出す」に同じ。「北八をかしく―・しながら」〈滑・膝栗毛・四〉

ふき-いど【吹(き)井戸┊噴(き)井戸】「吹き井」に同じ。

ブギーマン〖boogeyman〗❶いたずらな子供をさらっていくという、想像上の妖怪。❷悪霊。

ふき-い・る【吹(き)入る】㊀〔動ラ五(四)〕風などが吹いて中に入り込む。吹き込む。「窓から涼風が―・る」㊁〔動ラ下二〕「ふきいれる」の文語形。

ふき-い・れる【吹(き)入れる】〔動ラ下一〕図ふきい・る〔ラ下二〕❶吹いて中に入れる。吹き込む。「息を―・れる」❷風などが吹いて中に入り込む。吹き込む。「風のさとー・るるに」〈源・早蕨〉

ブギ-ウギ〖boogie-woogie〗1920年代に米国の黒人ピアニストによって創始された、ピアノによるブルースの演奏形式の一。1小節8拍のリズムの上に旋律が自由に奏されるもの。ブギ。

ふき-え【吹(き)絵】地紙の上に種々の形に切り抜いた型紙を置き、その上方から絵の具や墨などを含ませた筆に強く息を吹きかけて飛沫を散らし、型紙を取り去って絵や模様を表すもの。

ふき-おろし【×葺き下ろし】母屋の屋根を延長して、付属する建物の屋根にすること。また、そのような屋根。

ふき-おろ・す【吹(き)下ろす】〔動サ五(四)〕風が高い方から低い所へ向かって吹く。「峰から冷たい風が―・す」

ふ-ぎかい【府議会】地方公共団体である府の議決機関。➡都道府県議会

ふぎかい-ぎいん【府議会議員】府議会を組織する議員。任期は4年。府会議員。府議。

ふき-かえ【吹(き)替え】❶貨幣や金属器具などを鋳なおすこと。改鋳。❷歌舞伎の早替わりなどで、両役が同時に舞台に出るとき、一方をその俳優に似せた他の俳優が演ずること。また、その身代わりの俳優。❸映画やテレビなどで、あるシーンだけ俳優の代役を務める人。替え玉。スタンドイン。❹外国映画などのせりふを自国語で吹き込むこと。

〔類語〕代役・替え玉・スタンドイン・スタントマン

ふき-かえ【×葺き替え】屋根の瓦・板などを新しいものと替えること。屋根替え。〔季 春〕

ふき-かえし【吹(き)返し】❶風が向きを変えて、今までと反対の方から吹くこと。また、その風。❷《「ふきがえし」とも》兜の部分の名。錣の両端が眉庇の左右に耳のように出て後方へ反っている所。❸近世の女性の髪形の一。吹き鬢を鬢へかき上げた形のもの。❹「梅」に同じ。

ふき-かえ・す【吹(き)返す】〔動サ五(四)〕❶風などが吹いて、物を裏返しにする。「枯れ葉を―・す」❷風が吹いてもとの所・状態に戻す。吹きもどす。「小船が岸辺に―・された」❸再び呼吸をしはじめる。蘇生する。「息を―・す」❹貨幣・金属製品具を鋳なおす。「鐘を―・す」❺風が今までと逆の方向に吹く。「―・す東風のかへしは身にしみき都の花のしるべと思ふに」〈後拾遺・雑五〉

ふき-か・える【吹(き)替える】〔動ア下一〕図ふきか・ふ〔ハ下二〕❶貨幣や金属製品などを鋳なおす。改鋳する。「銭貨を―・える」❷外国映画・テレビなどのせりふを自国語で吹き込む。「アメリカ映画を日本語に―・える」❸ひそかに取りかえる。すりかえる。「たそ見知らざる其者を―・へやらぬ」〈伎・傾城王昭君〉❹風の向きが変わる。「色々に穂向けの風を―・へて」〈玉葉集・秋上〉

ふき-か・える【×葺き替える】〔動ア下一〕図ふきか・ふ〔ハ下二〕屋根を新しい材料で葺く。「瓦で屋根を―・える」

ふき-か・ける【吹(き)掛ける】〔動カ下一〕図ふきか・く〔カ下二〕❶息や霧状にした液体などを物にかける。「鏡に息を―・ける」❷争いなどを無理にしかける。ふっかける。「難題を―・ける」❸大げさに言う。また、値段を特に高く言う。ふっかける。「高値を―・けられる」❹風が激しく吹きつける。「浦風のことを―・くる松山も」〈宇津保・嵯峨院〉

ふき-がたり【吹き語り】自分のことを自慢げに話すこと。「かかることなどぞみづから言ふは、―などにもあり」〈枕・二七八〉

ふき-がわ【吹き皮┊×鞴】「ふいご」に同じ。〈和名抄〉

ふき-ぐさ【×葺き草】❶屋根を葺くのに用いる草。藁・茅の類。❷ショウブの別名。

ふき-ぐち【吹(き)口】❶風などの吹きはじめ。「秋風の―」❷笛などを吹くときの手際。吹き方。❸笛などの管楽器で、吹くときに唇を当てて息を吹き込むところ。歌口。マウスピース。

ふき-ぐみ【菜蕗組】箏組歌「菜蕗㊀」の通称。

ふき-け・す【吹(き)消す】〔動サ五(四)〕吹いて火を消す。「ケーキのろうそくを―・す」

ふ-きげん【不機嫌】〔名・形動〕機嫌の悪いこと。また、そのさま。「―な表情」〔派生〕ふきげんさ〔名〕

〔類語〕不快・不愉快・不満・お冠・憮然・渋い

ふき-こぼ・れる【吹き▽零れる】〔動ラ下一〕図ふきこぼ・る〔ラ下二〕湯などが煮立って、容器からあふれ出る。「味噌汁が―・れる」

ふき-こみ【吹(き)込み】❶吹き込むこと。また、吹き込んだもの。❷レコードやテープなどに録音すること。「新曲の―をする」〔類語〕録音・音入れ・レコーディング

ふき-こ・む【吹(き)込む】〔動マ五(四)〕❶風が吹いて中へ入りこむ。また、風に吹かれて、雨・雪などが中へ入りこむ。「雨が―・む」「すきま風が―・む」❷吹いて中へ入れる。「風船に息を―・む」「新風を―・む」❸ある精神・考え方を教え込む。「片寄った思想を―・む」❹レコードやテープなどに録音する。「テープにメッセージを―・む」

ふき-こ・む【拭き込む】〔動マ五(四)〕くり返し何回もふく。入念にふく。「よく―・まれた床」

ふき-ごもり【×葺き籠もり】陰暦5月4日の夜または5日のこと。地方によってこの日に菖蒲と蓬で屋根を葺き、家にこもる風習がある。

フキサチーフ〖フランス fixatif〗《「フィクサチーフ」とも》定着液。木炭やコンテによるデッサンやパステル画の顔料を固定するために用いる。

ふき-さま・す【吹(き)冷ます】〔動サ五(四)〕息をふきかけて冷ます。「熱い粥を―・す」

ふき-さらし【吹き×曝し】さえぎるものがなく、風の当たるままになっていること。また、その場所。ふきっさらし。「―のバス停」

ふき-さら・す【吹き×曝す】〔動サ五(四)〕さえぎるものがなく、風が吹き当たるにまかせる。「木枯らしに―・されながら電車を待つ」

ふき-じ【富貴寺】大分県豊後高田市蕗にある天台宗の寺。山号は、蓮華山。養老2年(718)、仁聞の創建と伝える。国宝の本堂は、平安時代の阿弥陀堂建築の遺構の一。旧称、蕗阿弥陀寺。ふきでら。

ふき-じ【×葺き地】屋根瓦を葺く下地となる薄板の層。

ふき-しき・る【吹き▽頻る】〔動ラ五(四)〕盛んに吹く。しきりに吹く。「北風が―・る」

ふき-し・く【吹き▽頻く】〔動カ四〕「ふきしきる」に同じ。「白露に風の―・く秋の野はつらぬきとめぬ玉ぞ散りける」〈後撰・秋中〉

ふき-すさ・ぶ【吹き▽荒ぶ┊吹き▽遊ぶ】〔動バ五(四)〕❶(吹き荒ぶ)風が激しく吹く。吹き荒れる。「寒風―・ぶ師走の街」❷(吹き遊ぶ)笛などを慰みに吹く。「御笛ども―・びておはすれば」〈源・末摘花〉

ふき-すさ・む【吹き▽荒む】〔動マ五(四)〕「ふきすさぶ」に同じ。

ふき-すま・す【吹き澄ます】〔動サ四〕さえた音色で澄み渡るように笛を吹く。「笛をいとをかしく―・して」〈更級〉

ふぎ-せん【府議選】《「府議」は「府議会議員」の略》府議会議員を選出するための選挙。

ふ-きそ【不起訴】検察官が公訴を提起しないこと。(1)被疑者死亡・公訴時効成立等により訴訟条件を欠く場合、(2)被疑事実が犯罪の成立要件を満たさない場合(罪とならず)、(3)被疑者が人違いである場合など犯罪の嫌疑・証拠がない場合(嫌疑なし)、(4)被疑事実について犯罪の成立を認定すべき証拠が不十分な場合(嫌疑不十分)、(5)証拠が十分でも犯人の性格・年齢・境遇や、犯罪の軽重・情状などを考慮して訴追を必要としない判断をした場合(起訴猶予)などの場合に、不起訴処分となる。

ふき-そ・う【吹き添ふ】〔動ハ四〕風などが吹き加わる。吹きまさる。「いかなる風の―・ひて、かくは響き侍るぞとよ」〈源・常夏〉

ふき-そうじ【拭き掃除】〔名〕スル 雑巾などでふいてきれいにすること。「毎朝―する」

ふ-きそく【不規則】〔名・形動〕規則正しくないこと。また、そのさま。「―な水玉模様」「食事が―になる」

ふきそく-ぎんが【不規則銀河】銀河のうち、楕円銀河・渦巻き銀河・棒渦巻き銀河と違って不規則な形態のもの。質量は小さいが、星間物質が多く、若い星が多い。大熊座の銀河M82など。

ふきそく-どうし【不規則動詞】動詞の活用語尾の変化が規則的でないもの。例えば日本語ではカ行・サ行・ナ行・ラ行のそれぞれの変格活用の動詞。

➡規則動詞
ふきそく-へんこうせい【不規則変光星】光度の変化に規則性のない変光星。巨星や超巨星に多い。
ふきそ-しょぶん【不起訴処分】検察官が被疑者を不起訴とし、公訴を提起しない処分をすること。
ふきそ-そうとう【不起訴相当】ｻｳﾀｳ 検察審査会が議決する審査結果の一つ。検察官が公訴を提起しない処分(不起訴処分)を相当と認める場合、審査員の過半数をもって議決する。➡起訴相当 ➡不起訴不当
ふきそ-ふとう【不起訴不当】ﾌﾀｳ 検察審査会が議決する審査結果の一つ。検察官が公訴を提起しない処分(不起訴処分)を不当と認める場合、審査員の過半数をもって議決する。検察官は議決を参考にして再度捜査し、処分を決定する。➡起訴相当 ➡不起訴相当
ぶきたいよ-ほう【武器貸与法】ﾊﾌ 《Lend-Lease Act》第二次大戦中、連合諸国に対して武器・軍需品を売却・譲渡・貸与する権限を大統領に与えた、米国の法律。1946年適用中止。
ふき-たお・す【吹(き)倒す】ﾀﾌｽ〔動サ五(四)〕❶風が吹きつけて物を倒す。また、息で吹いて倒す。「看板が突風に—・される」❷大げさな事やいい加減な事を言って聞き手を圧倒する。「大ぼらで—・す」
ふき-だけ【吹(き)竹】吹いて火勢を強めるときに使う竹筒。火吹き竹。
ふき-だし【吹(き)出し】❶吹き始めること。❷吹いて出すこと。またそのもの。❸漫画で、登場人物のせりふを口から吹き出した形に囲った部分。
ふき-だ・す【吹(き)出す|噴(き)出す】〔動サ五(四)〕❶㋐(吹き出す)風が吹きはじめる。「秋風が—・す」㋑こらえきれずに笑いだす。「おかしくて、つい—・す」㋒内にあるものが勢いよく外に出る。「血が—・す」「汗がどっと—・す」㋓草木の芽が勢いよく出る。芽吹く。「若芽が—・す」❷㋐(吹き出す)笛などを吹きはじめる。「フルートを—・す」㋑(吹き出す)自慢話などをはじめる。「ほらを—・す」㋒吹いて外に出す。「タバコの煙を—・す」㋓草木が勢いよく芽を出す。「柳が芽を—・す」(類語)(❶㋑)笑う・失笑・爆笑・哄笑・噴飯/(❶㋒)吹き出る・噴出する・浮き出る・浮き出す・湧き出る・溢れ出る・ほとばしる
ふき-た・てる【吹(き)立てる】〔動タ下一〕文ふきた・つ〔タ下二〕❶笛などを、高らかに吹き鳴らす。「いっせいにらっぱを—・てる」❷大げさにしゃべりまくる。大言壮語する。「盛んに変哲学を—・てる」〈魯庵・社会百面相〉❸吹いて高く上げる。吹いて空中に舞い上げる。「散りつもる庭の木の葉を—・てて嵐や空にまた返るらん」〈永享百首〉
ふき-た・てる【拭き立てる】〔動タ下一〕文ふきた・つ〔タ下二〕きれいになるまで何度も何度も拭く。「ぴかぴかに—・てる」
ふき-だま【吹(き)玉】❶空気を吹き込んで作った中空のガラス玉。❷シャボン玉。
ふき-だまり【吹き×溜まり】❶雪や落ち葉などが風に吹き寄せられてたまっている場所。❷行き場のない人たちが、自然と寄り集まる所。「社会の—」
ふき-ちら・す【吹(き)散らす】〔動サ五(四)〕❶風が吹いて、また、息を吹きかけて、物を散らす。「風が落ち葉を—・す」❷あちこちに盛んに言ってまわる。吹聴する。「ただ今此の君大臣がね、と—・し給へば」〈落窪・二〉
ふ-きつ【不吉】〔名・形動〕縁起が悪いこと。不運の兆しがあること。また、そのさま。不祥。「—な予感がする」「—な夢」(派生)ふきつさ〔名〕(類語)凶・不祥
ふき-づくり【吹×旁】漢字の旁の一で、「吹」「次」などの「欠」の部分をいう。あくび。
ふき-つけ【吹(き)付け】吹き付けること。また、その塗装方法。
ふき-つ・ける【吹(き)付ける】〔動カ下一〕文ふきつ・く〔カ下二〕❶風が強く吹き当たる。「寒風が—・ける」❷液体などを吹いて霧状にして付着させる。「スプレーで塗料を—・ける」❸勢いよく吹いて物に当てる。「風が雨を窓に—・ける」❹そそのかす。たきつける。❺吹いて火をたきつける。「処々刈り集めて幽かに火を—・けたれば」〈太平記・一四〉
ふきっ-さらし【吹きっ×曝し】「ふきさらし」に同じ。
ふき-つち【×葺き土】屋根の野地板の上に置く、瓦をのせる粘土の層。
ぶ-きっちょ【不▽器▽用|無▽器▽用】〔名・形動〕「ぶきよう(不器用)」の音変化。ぶきっちょう。「手先の—な人」
ふき-づつ【吹(き)筒】吹き矢を飛ばすための筒。吹き矢筒。
ふき-つの・る【吹(き)募る】〔動ラ五(四)〕風の勢いがさらに激しくなる。「北風が—・る」
ふき-て【吹(き)手】笛などを吹く人。また、吹くことの巧みな人。
ふきで-もの【吹(き)出物】皮膚にできる小さなできもの。にきび・湿疹など。
(類語)でき物・おでき・面皰・湿疹・発疹・蕁麻疹
ふき-・でる【吹(き)出る|噴(き)出る】〔動ダ下一〕内にあるものが外に勢いよく出る。吹き出す。「汗が—・でる」「湯気がやかんの口から—・でる」(類語)吹き出す・噴出する・浮き出る・浮き出す・湧き出る
ぶきとうせいぞう-ほう【武器等製造法】武器・猟銃等の製造・販売その他の取り扱いを規制する法律。昭和28年(1953)制定。
ふき-とおし【吹(き)通し】❶風が吹き抜けること。また、その場所。吹き抜け。「—の廊下」❷《「ふきどおし」とも》㋐風が休みなく吹きつづけること。㋑大言壮語や自慢話をしつづけること。「年じゅう法螺の—」
ふき-とお・す【吹(き)通す】〔動サ五(四)〕❶風が吹き抜ける。「涼風が家の中を—・す」❷風が吹きつづける。「一晩じゅう風が—・した」❸笛などを、吹きつづける。「一人でサックスを—・す」
ふき-とば・す【吹(き)飛ばす】〔動サ五(四)〕❶吹く勢いで物を飛ばす。「突風が屋根瓦を—・す」❷いっぺんに払いのける。「暑さを—・す」❸大げさなことを言って人をびっくりさせる。「無責任に—・す」
(類語)吹き払う・ぶっ飛ばす・一掃する
ふき-と・ぶ【吹(き)飛ぶ】〔動バ五(四)〕❶風などに吹かれて物が飛ぶ。「強風で看板が—・ぶ」❷いっぺんに消えてなくなる。「驚いて眠気も—・んだ」
ふき-と・る【拭き取る】〔動ラ五(四)〕水分や汚れを紙・布などでふいて除き去る。ぬぐい取る。「汗を—・る」
ふき-ながし【吹(き)流し】❶旗の一種。何枚かの細長い布を半円形または円形の輪に取り付け、長い竿の先端につけて立て、風になびかせたもの。特に、円形の輪に取り付けたものを吹き貫という。戦国時代末期から軍陣で用いられた。❷端午の節句に立てる、❶を模した幟。(季 夏)「雀らも海かけて飛べ—/波郷」❸輪に細長い円筒状の布を取り付け、さおの先端に掲げて風向を知るもの。飛行場などで用いる。❹歌舞伎で、女の手ぬぐいのかぶり方の一。頭に広げてかぶせたまま両方に垂らしたもの。
ふき-な・す【吹き成す】〔動サ四〕そうなるように吹く。吹いてそのようにする。「ひとかたに早苗の末を—・して田の面すずしき山の下風」〈延文百首〉
ふき-な・す【吹き▽鳴す】〔動サ四〕吹き鳴らす。「—・せる小角の音も」〈万・一九九〉
ふき-なら・す【吹(き)鳴らす】〔動サ五(四)〕吹いて音を出す。「ホイッスルを—・す」
ふき-ぬき【吹(き)抜き|吹き▽貫】❶風が吹き抜けること。また、その場所。ふきぬけ。❷家屋の柱の間に壁がなく、風が自由に通る構造。また、建物の内部で、天井がなく、上下階を貫いてひと続きにしてある構造。吹き放し。ふきぬけ。❸►吹き流し❶ ❹肌着なしに、どてらや着物を着ること。「—で堀へ来られた義理でなし」〈柳多留・一二〉
ふきぬき-まど【吹(き)抜き窓】風が吹き抜けるように造った窓。
ふきぬき-やたい【吹(き)抜き屋台】平安・鎌倉時代の大和絵、特に絵巻類に用いられた室内描写法。屋根・天井などを省いて、斜め上から見下ろすように室内の情景を描くもの。
ふき-ぬけ【吹(き)抜け】❶風が吹き抜けて通ること。ふきとおし。❷►吹き抜き❷
ふき-ぬ・ける【吹(き)抜ける】〔動カ下一〕文ふきぬ・く〔カ下二〕風が通り過ぎる。「北風が路地を—・る」
ふき-ね【吹(き)値】相場が急騰してつけた値段。
ふき-の-だい【×蕗の台|富貴の台】婚礼のときに用いる嫁の肴台。三方の上に作り物の蕗を立て、その下に酒肴を盛ったもの。
ふき-の-とう【×蕗の×薹】早春、フキの根茎から出る若い花茎。香りと苦みを賞味する。(季 春)「—ふみてゆききや善き隣/久女」
ふき-ば【吹(き)場】金属を製錬・鋳造する場所。
ふきはつせい-エスラム【不揮発性SRAM】《nonvolatile SRAM》►エヌ-ブイ-エスラム(NVSRAM)
ふきはつせい-メモリー【不揮発性メモリー】《nonvolatile memory》電源を切っても、記憶内容が保持される半導体メモリー。フラッシュメモリーなど。非揮発性メモリー。
ふきはつせい-ラム【不揮発性RAM】《nonvolatile RAM》►エヌ-ブイ-ラム(NVRAM)
ふきはつ-メモリー【不揮発メモリー】►不揮発性メモリー
ふき-はなし【吹(き)放し】►吹き抜き❷
ふき-はな・つ【吹き放つ】〔動タ四〕風が吹いて物を遠くに飛ばす。吹き払う。「門を—・ちて、四、五町が外に置き」〈方丈記〉
ふき-はら・う【吹(き)払う】〔動ワ五(ハ四)〕吹いて払いのける。「ほこりを—・う」「風が雲を—・う」
(類語)吹き飛ばす・一掃する
ふき-びん【吹き×鬢】鬢を大きくふくらませて結うこと。また、その髪形。近世、主に女性が結った。
ふき-ぶり【吹(き)降り】強い風を伴って雨が激しく降ること。
ふき-べり【吹き減り】金属貨幣などを鋳造するとき、量目が減少すること。また、その量目。〈日葡〉
ふき-まが・う【吹き×紛ふ】〔動ハ四〕風に吹かれて入り乱れる。「梅の香も御簾のうちの匂ひに—・ひて」〈源・初音〉
ふき-ま・く【吹き×捲く】〔動カ五(四)〕風が激しく吹いて物を巻き上げる。「縦横に—・く風が思いのままに海をひっぱたくので」〈有島・生れ出づる悩み〉
ふき-まく・る【吹き×捲る】〔動ラ五(四)〕❶風が激しく吹きつづける。「台風が一晩中—・った」「不景気風が—・る」❷大げさなことや自慢話などを、とめどなくしゃべる。「ほらを—・る」
ふき-まど・う【吹き惑ふ】〔動ハ四〕風が、方向を定めずに激しく吹く。吹きまくる。吹きまよう。「四方の嵐も…もの恐ろしげに—・ひて」〈狭衣・二〉
ふき-まめ【富貴豆】乾燥させたソラマメを水で戻して皮を取り去り、砂糖を加えて煮た煮豆。ふっきまめ。
ふき-まよ・う【吹き迷ふ】〔動ハ四〕「吹き惑う」に同じ。「物の音どもにあひたる松風、まことの深山おろしと聞えて—・ひ」〈源・紅葉賀〉
ふき-まわし【吹(き)回し】❶風の吹きぐあい。風向きの変化。❷その時の調子・気分。「君が来るなんてどういう風の—だ」❸風が吹くと回るもの。風車など。「—のかんざしにて頭をかきかき来る」〈洒・恵世ものかたり〉
ふき-まわ・す【吹(き)回す】〔動サ五(四)〕❶風があちこち方向を変えて回るように吹く。「—・す風が、時々は這入って来る」〈鴎外・灰燼〉❷風が吹いて物を回らせる。「舟を海中にまかり入りぬべく—・して」〈竹取〉
ぶ-きみ【不気味|無気味】〔名・形動〕気味が悪いこと。また、そのさま。「—な笑い声」(派生)ぶきみがる〔動ラ五〕ぶきみさ〔名〕(類語)気味悪い・恐ろしい・おっ

かない・空恐ろしい・物恐ろしい・薄気味悪い・おどろおどろしい・怪しい・怪奇・グロテスク

ふき-みそ【×蕗味×噌】焼き味噌や練り味噌に、細かく刻んだ蕗の薹(とう)を入れたなめ味噌。〔季 春〕「―や音に近づく山の雨/澄雄」

ぶきみ-の-たに【不気味の谷】人型ロボットなどの様態があまりにも人間に近いときに、見る者に違和感や嫌悪感を抱かせるとされる現象。〔補説〕ロボットの他、CG映像などについても用いられる。単純な機械に対しては抱かれない親近感が、人を模した単純なロボットなどに対しては高まるが、人に似すぎると違和感の方が勝るようになるというもの。さらに人と見分けがつかないほど似せることができれば、再び親近感が勝るという仮説に基づき、親近度のグラフにV字の谷が現れることからいう。

ふき-むす・ぶ【吹き結ぶ】〔動バ四〕風が吹いて物を結ばせる。また、風が吹いて露を玉にする。「夕暮の露―・ぶ木がらしや」〈狭衣・一〉

ふき-もの【吹(き)物】❶雅楽で、管楽器のこと。笙(しょう)・篳篥(ひちりき)・笛。弾き物・打ち物に対していう。❷ガラス細工・飴(あめ)細工など、息を吹き込んでふくらませる細工物。

ふき-や【吹(き)矢】❶竹筒などの中に入れ、勢いよく吹いて放つ矢。竹を串のように削って先を鋭く、手もとは太めに割れ目を入れて紙の羽をつける。武器、また小鳥を捕らえるのに用いる。❷遊戯の一。からくり仕掛けで動く人形や、点数を記した回る円板などを的に射当てて賭物を争ったもの。

ブキャナン〘James Buchanan〙[1791〜1868]米国の政治家。第15代大統領。在任1857〜1861。民主党㊄。国務長官や駐英大使を歴任したのち、大統領に就任。奴隷制を支持する立場から再選を目指したが、1860年の選挙でリンカーンに敗北した。➡リンカーン

ふき-や・む【吹き▽止む】〔動マ五(四)〕吹いていた風がやむ。

ふ-きゅう【不休】休まないで活動を続けること。「不眠―」

ふ-きゅう【不朽】朽ちないこと。いつまでも価値を失わずに残ること。「時代を超えた―の名作」〔類語〕不滅・不磨・不変・万代不易・万世不易

ふ-きゅう【不急】〔名・形動〕急を要しないこと。今すぐでなくてもよいこと。また、そのさま。「―な(の)用件」「不要―」

ふ-きゅう【負×笈】《笈(おい)を負って遠くへ行く意》遠くへ勉学に出かけること。遊学。「―して明師に参学すべし」〈正法眼蔵・四禅比丘〉

ふ-きゅう【傅翕】▶傅大士(ふだいし)

ふ-きゅう【普及】〔名〕スル 広く行き渡ること。また、行き渡らせること。「一般家庭にクーラーが―する」「新理論を―する」「―率」〔類語〕波及・浸透・流布・伝播(でんぱ)・一般化・大衆化

ふ-きゅう【腐朽】〔名〕スル 腐って形が崩れること。「沈没するのが当然なほど―し切った、ぼろ船の運命に対して」〈葉山・海に生くる人々〉〔類語〕腐食・腐乱・腐敗

ふきゅう-ばん【普及版】高価な上製本とは別に、内容を変えずに装丁を簡略にするなどして、比較的安い定価で発行する本。

ぶきゆしゅつ-さんげんそく【武器輸出三原則】国外への武器の輸出を禁止する日本の政策。日本政府は平和国家としての立場から国際紛争などを助長することを回避するため、共産圏諸国、国連決議により武器等の輸出が禁止されている国、国際紛争の当事国またはそのおそれのある国への武器輸出を認めていない。また、三原則対象地域以外についても、武器や武器製造関連設備の輸出も慎むものとしている。➡非核三原則

ふ-きょ【不許】許さないこと。許可しないこと。不許可。「―複製」

ふ-きょう【不▽孝】〔名・形動ナリ〕❶「ふこう(不孝)」に同じ。「―なるは仏の道にもいみじくこそ言ひたれ」〈源・蛍〉❷律の八虐の一。祖父母や父母を訴えたりののしったりする罪。❸中世、父母がその子を勘当すること。義絶。「父母これを聞きて大きに怒りて、やがて―したりければ」〈沙石集・一〉

ふ-きょう【不況】景気循環の一局面で、経済が停滞している状態。雇用量・生産量などの縮小、物価・賃金や利子率などが低い水準を続ける。⇔好況。〔類語〕不景気・恐慌・金詰まり・デプレッション・リセッション・デフレ

ふ-きょう【不興】〔名・形動〕《「ぶきょう」とも。その場合は「無興」とも書く》❶興味がなくなること。しらけること。また、そのさま。興ざめ。「座が―になる」❷機嫌が悪いこと。特に目上の人の機嫌をそこなうこと。また、そのさま。「―を招く」「―を買う」❸親・主君など、目上の人の怒りに触れてとがめを受けること。勘当を受けること。「親に―せられしが」〈古活字本保元・中〉

ふ-きょう【布教】〔名〕スル ある宗教を一般に広めること。「各地を回り―する」「―活動」〔類語〕伝道・宣教

ふ-きょう【富強】〔名・形動〕❶経済的に豊かで勢力が強いこと。また、そのさま。「ますます―になる」❷「富国強兵」の略。「諸国と―を競争したい」〈鉄腸・花間鶯〉

ふ-ぎょう【×俯仰】〔名〕スル ❶うつむくことと仰ぎ見ること。見回すこと。「権貴の顔色を―し」〈東海散士・佳人之奇遇〉❷立ち居振る舞い。起居動作。「―今昔(こんせき)の感に堪えず」〈紅葉・二人女房〉

俯仰天地に愧(は)じず　《「孟子」尽心上から》天の神に対しても、地の神に対しても、何ら恥ずべきところがない。少しもはじるところがないこと、公明正大であることのたとえ。➡仰いで天に愧じず

ぶ-きょう【不興┆無興】〔名・形動〕▶ふきょう(不興)

ぶ-きょう【武×侠】武勇と侠気。「―の徒」

ぶ-きよう【不器用┆無器用】〔名・形動〕❶手先が器用でないこと。また、そのさま。ぶきっちょ。「―な手つき」❷物事の処理のへたなこと。また、そのさま。「―でお世辞一つ言えない」❸道理にはずれていること。卑劣なこと。また、そのさま。「女の道をそむいた―な魂ここにある」〈浄・国性爺後日〉〔類語〕下手・拙劣・拙悪・稚拙・未熟・幼稚・不細工・不得手・不得意・ぶきっちょ・へぼ・拙(つたな)い・まずい・たどたどしい

ぶ-ぎょう【奉行】〔名〕スル ❶武家時代の職名。それぞれの職掌により政務を担当し執行するもの。鎌倉幕府が幕府の職制として各種の奉行を置いたのに始まり、戦国大名も各種の奉行を設け、豊臣氏は五奉行を設置。江戸幕府では寺社・町・勘定の三奉行をはじめ、中央・遠国に数十の奉行を設置した。❷主君などの命令を奉じて物事を執り行うこと。また、その人。「庭の儀を―する人」〈徒然・一七七〉❸仏語。仏の教えを奉じ、それを行うこと。

ふきょう-がお【不興顔】機嫌の悪い顔つき。不満げな顔つき。

ふきょう-カルテル【不況カルテル】不況のため、商品価格が生産費を割り、その業種の企業の経営が困難になるなどの特定の事態が生じた場合、それを乗り切るために結成されるカルテル。日本では昭和28年(1953)独占禁止法の適用除外の一つとして、公正取引委員会の認可があれば実施できたが、平成11年(1999)法改正により再び禁止された。

ふ-ぎょうぎ【不行儀】〔名・形動〕《「ぶぎょうぎ」とも。その場合は「無行儀」とも書く》行儀が悪いこと。また、そのさま。無作法。「―な若者」

ぶぎょう-しょ【奉行所】奉行が事務を執る役所。

ふ-ぎょうじょう【不行状】〔名・形動〕品行のよくないこと。身持ちの悪いこと。また、そのさま。不行跡。不品行。「―な(の)叔父」

ふ-ぎょうせき【不行跡】〔名・形動〕「不行状」に同じ。「―な(の)息子を戒める」

ぶぎょう-にん【奉行人】奉行の任に当たる人。「家老(おとな)、出頭、―などの利欲に陥り」〈仮・浮世物語・二〉

ふきょう-ぼさつ【不▽軽菩薩】▶常不軽(じょうふきょう)

ふ-きょうわ【不協和】協和しないこと。

ふきょうわ-おん【不協和音】❶同時に響く二つ以上の音が、協和融合しない状態にある和音。⇔協和音。❷不調和な関係のたとえ。「両国間に―が生じる」

ふ-きょか【不許可】許可しないこと。許可されないこと。

ふ-きょく【布局】❶全体の配置・配分のようす。「色彩上のニュアンスや―に関する争論の為に」〈荷風・ふらんす物語〉❷碁石を局面に配置すること。また、その配置。

ふ-きょく【負極】電気で、陰極。磁石で、S極。⇔正極。

ぶ-きょく【部曲】▶かきべ(部曲)

ぶ-きょく【部局】官庁や会社などの組織で、業務の一定部分を受け持つ部門。局・部・課などの総称。

ぶ-きょく【舞曲】❶舞と音楽。❷舞踏のための楽曲。また、その形式をふまえた楽曲。

ぶきよさらば【武器よさらば】《原題、A Farewell to Arms》ヘミングウェイの長編小説。1929年刊。第一次大戦中のイタリアを舞台に、アメリカ人中尉ヘンリーとイギリス人看護婦キャサリンとの悲恋を通して、戦争がもたらす悲劇を描く。

ふき-よせ【吹(き)寄せ】❶吹いて呼び集めること。❷幾種類かの煮物や揚げ物を、いろどりよく盛り合わせた料理。また、美しく盛り合わせた干菓子。❸寄席演芸の一。種々の音曲から少しずつ抜き出して寄せ集めたもの。上方では埃叩(ほこりたた)きという。音曲(おんぎょく)吹き寄せ。❹垂木や格子、建具の桟(さん)などを2、3本ずつ間隔をせばめて一組とし、組と組との間隔を広くとる配列法。

ふきよせ-こうか【吹(き)寄せ効果】高潮を発生させる自然現象のメカニズムの一つ。台風や発達した低気圧による強風の影響で海面の水位が上昇すること。沖から沿岸に向かって強い風が吹き続けると、海水が海岸に吹き寄せられて水位が高くなる。海面の上昇は風速の2乗に比例し、風速が2倍になると水位は4倍になる。遠浅の海岸やV字型の湾の奥などで特に水位が上昇する。これと吸い上げ効果との相乗効果で高潮が発生する。

ふき-よ・せる【吹(き)寄せる】〔動サ下一〕図ふきよ・す〔サ下二〕❶風が吹いて物を一方へ押しやる。「強風が枯れ葉を―・せる」❷風が吹いてくる。「―・する風のおとなひも面白う」〈狭衣・四〉

ふ-ぎり【不義理】〔名・形動〕❶義理を欠くこと。また、そのさま。「多忙でつい―になる」❷人から借りた金や物を返さないでいること。「茶屋への―と無心の請求」〈逍遥・当世書生気質〉

ふ-きりつ【不規律】〔名・形動〕規律が守られず乱れていること。また、そのさま。「―な毎日」

ぶ-きりょう【不器量┆無器量】〔名・形動〕《「不器量」の場合は「ふきりょう」とも》❶顔かたちが醜いこと。また、そのさま。「―な生まれつき」❷才知・能力がないこと。また、そのさま。「愚かなる者は謹慎篤実なれば、―なるやうに思ひ」〈十善法語・六〉〔派生〕**ぶきりょうさ**〔名〕〔類語〕不細工・醜い

ふき-わ【吹(き)輪】江戸時代の女性の髪形の一。髷(まげ)の輪を高く大きく結ったもの。大名の子女などが結った。

ふき-わ・ける【吹(き)分ける】〔動カ下一〕図ふきわ・く〔カ下二〕❶風が吹いて、物をあちこちに分け散らす。「風が草原を―・けて通る」❷鉱石を溶解し、含有物を分離する。「鉱石から銅を―・ける」

ふき-わた【吹き▽腸】クジラの肺臓。食用とする。ふくわた。

ふき-わた・る【吹(き)渡る】〔動ラ五(四)〕風が吹いて通る。また、あたり一面に吹く。「風が稲田を―・る」

ふきわれ-の-たき【吹割の滝】群馬県北東部、片品川中流の渓谷にある滝。浸食したV字型の溝に落差約7メートル、幅約30メートルにわたって流れ込む瀑布。流れを二つに吹き割って落ち込むことから

この名が付いた。「東洋のナイアガラ」ともいわれる。国の天然記念物・名勝に指定。ふきわりのたき。

ふ‐きん【付近|附近】近くの場所。そのあたり。近辺。「家の—」「—一帯」(類語)そば・近辺・辺り・近所・周辺・四辺・周囲・まわり・界隈・近傍・一帯・辺

ふ‐きん【布巾】食器類をふく布。

ふ‐きん【斧斤】おの。まさかり。

ふ‐きん【賦金】❶割り当てられた金。賦課金。❷年賦や月賦などで返却する金。

ふ‐ぎん【諷経】《「ぎん(経)」は唐音》声をそろえて経を読みあげること。禅宗では、仏前での勤行をいう。⇔看経。

ぶ‐きん【夫金】江戸時代、村々が夫役の代わりとして納めた金銭。

ふきん‐か【不均化】一種類の物質の2分子以上が、互いに酸化・還元などを行い、二種類以上の物質を生じる反応。

ふ‐きんこう【不均衡】〔名・形動〕つりあいが保たれていないこと。また、そのさま。「収支が—な貿易」(派生)ふきんこうさ〔名〕

ふ‐きんしん【不謹慎】〔名・形動〕つつしみのないこと。また、そのさま。ふまじめ。「授業中に—な態度をとる」「—な発言」(派生)ふきんしんさ〔名〕

ふ‐ぎんみ【不吟味】よく吟味しないこと。取り調べを十分にしないこと。「富樫が関所の—は天が下に隠れなし」〈浄・島原蛙合戦〉

ふく【服】㊀〔名〕からだに着るもの。着物。衣服。特に、洋服。「木綿の—」「—を着る」㊁〔接尾〕助数詞。上に来る語によっては「ぷく」となる。❶粉薬などの包みを数えるのに用いる。「薬二—」❷茶・タバコなどを飲む回数をかぞえるのに用いる。「タバコを一—吸う」➡漢「ふく(服)」(類語)着物・衣服・着衣・被服・洋服・衣装・衣類・召し物・ドレス・ウエア・アパレル

服の衷ならざるは身の災いなり 《「春秋左伝」僖公二四年から。「衷」は、かなう、つりあう意》ふさわしくない服装は人に怪しまれて災いを招くもとになるということ。鄭の子臧が身分不相応な服装をしたために殺された故事による。

ふく【副】❶主なものに伴って補佐となること。また、そのものや人。副知事・副委員長など。❷書物・書類の原本を写した控え。写し。「正—二通の申請書」⇔正。➡漢「ふく(副)」

ふく【幅】㊀〔名〕床の間に掛けて飾りとする軸物。掛け物。「山水の—」㊁〔接尾〕助数詞。掛け物・軸物などを数えるのに用いる。上に来る語によっては「ぷく」「ぶく」となる。軸。「二—の掛け軸」➡漢「ふく(幅)」

ふく【福】㊀〔名〕❶運のよいこと。幸運。幸い。しあわせ。「—を授かる」「—の神」⇔禍。❷神仏への供え物のおさがり。また、それをいただくこと。おふく。ごふく。「このすずは鞍馬の—にて候ふぞ」〈著聞集・一八〉㊁〔名・形動ナリ〕ゆたかなこと。裕福なこと。また、そのさま。「—な旦那を取り放してはと」〈浮・禁短気・五〉➡漢「ふく(福)」
(類語)幸運・幸福・幸せ・幸い・幸・果報・冥利

福過ぎて禍生ず 《「宋書」劉敬宣伝から》身に過ぎた幸福は、かえって禍のもととなる。分をわきまえて慎むべきであるということ。

福は内鬼は外 節分の夜、豆まきの行事をするときに唱える言葉。幸運を招く福の神は内へ、禍をもたらす鬼は外への意。

ふく【複】❶「複試合」の略。⇔単。❷「複勝式」の略。➡漢「ふく(複)」

ふ‐く【老く】〔動カ下二〕「ふ(老)ける」の文語形。

ふ‐く【吹く|噴く】〔動カ五(四)〕❶㋐(吹く)空気が流れ動く。風が起こる。風が通ってゆく。「そよ風が—・く」㋑内部から水や蒸気などが勢いよくとび出す。ふき出す。「血が—・く」「鍋が—・く」㋒今まで見えなかったものが外や表面に現れ出る。「新芽が—・く」「粉が—・いた干し柿」㋓相場が上がる。「小豆相場が—・く」❷㋐(吹く)口をすぼめて、強く息を出す。また、そのようにして物に当てる。「風車を—・いて回す」㋑細い口から勢いよく出す。ほとばしり出す。「銃が火を—・く」「エンジンが白煙を—・く」㋒息と一緒に口から出す。「タバコの煙を—・く」㋓(吹く)出す息で音をたてる。「口笛を—・く」㋔今まで見えなかったものを外や表面に現し出す。「柳が芽を—・く」「緑青を—・いた銅像」㋕(吹く)出まかせや大げさなことを言う。「ほらを—・く」㋖(吹く)鉱石を溶かして金属を分離させる。精錬する。「銅を—・く」㋗(吹く)鋳造する。「鐘を—・く」❸息をする。〈名義抄〉(補説)(1)風が吹きわたるときの音、または口をすぼめて息を出すときの音がもとになってできた語という。(2)❶㋒と❷㋔とは、結果は同じ状態を意味するが、❷㋔は内部からの力や勢いがそのような状態にするという観点に基づくもの。(3)❷㋕は「また、調子に乗ってふいている」のように自動詞的にも用いる。(可能)ふける
(一句)明日は明日の風が吹く・羹に懲りて膾を吹く・勝手な熱を吹く・粉を吹く・熱を吹く・火を吹く・一泡吹かせる・法螺を吹く・喇叭を吹く
(類語)吹き付ける・吹き上げる・吹き下ろす・吹き込む・吹き抜ける・吹き荒れる・吹きすさぶ

吹けば飛ぶよう わずかな風でも吹き飛ばされるほど軽いさま。また、貧弱なさま。「—な小屋」

ふ‐く【更く|深く】〔動カ下二〕「ふ(更)ける」の文語形。

ふ‐く【拭く】〔動カ五(四)〕紙や布などで物の表面をこすり、汚れや水分などを取り去ってきれいにする。ぬぐう。「ハンカチで涙を—・く」「ぞうきんで廊下を—・く」(可能)ふける
(用法)ふく・ぬぐう——「汗をふく(ぬぐう)」「涙をふく(ぬぐう)」では、両語とも使える。◆どちらも汚れ・水気などを取り去るために布や紙などを表面に当てて動かすことだが、「窓をふく」「食器をふく」のように、隅々までこすって全体をきれいにする意では「ぬぐう」は使いづらい。◆「ぬぐう」は部分的な汚れ・水気を取り去るという意が強い。「ハンカチで口をぬぐう」「ガラスの汚れをぬぐう」◆右の特徴から「ぬぐう」は、汚点やよくない印象などマイナス面を取り去る意にも用いられる。「劣等感をぬぐい去る」「疑念をぬぐいきれない」

ふ‐く【振く】〔動カ四〕振る。ふるう。「十拳剣を抜きて後手に—・きつつ」〈記・上〉

ふ‐く【葺く】〔動カ五(四)〕❶板・茅・瓦などで屋根をおおう。「スレートで屋根を—・く」❷草木などを軒に挿して飾る。「あやめ—・く軒場涼しき夕風に」〈玉葉集・夏〉(可能)ふける

ふ‐く【蒸く】〔動カ下二〕「ふ(蒸)ける」の文語形。

ふ‐ぐ【不具】〔名・形動〕❶からだの一部に障害があること。❷物事が備わっていないこと。ととのっていないこと。また、そのさま。不備。「物を必ず一具に調へんとするはつたなき者のする事なり。—なるこそよけれ」〈徒然・八二〉❸自分の気持ちを文章に尽くしていないこと。手紙の終わりに書く語。不一。不尽。不備。

ふ‐ぐ【不虞】思いがけないこと。また、その事柄。不慮。「船には—の備へあり」〈読・弓張月・拾遺〉

ふぐ【河=豚|鰒】《「ふく」とも》フグ目フグ科の魚の総称。海産のものが多い。体はふつう太っていて腹びれがなく、体表にとげ状のうろこをもつものや、うろこのないものがある。口は小さく、歯は癒合してくちばし状を呈し、よく水を飲んで体を膨らませる。多くは内臓に毒をもつ。肉は淡白で美味。トラフグ・マフグ・キタマクラなど、日本近海に約40種が知られる。フグ目にはハコフグ科・ハリセンボン科なども含まれる。ふくべ。かとん。(季冬)「—の面世上の人を白眼む哉/蕪村」

河豚食う無分別河豚食わぬ無分別 フグに毒があるのもかまわず、むやみに食うのは無分別であるが、毒にあたるのを恐れてその美味を全く食しないのも無分別である。

河豚は食いたし命は惜しし 美味なフグは食いたいが、その毒にあたって死ぬのはいやだ。ある行為に危険が伴っているのを恐れ、たやすく踏みきれないことのたとえ。

ぶ‐く【仏供】《「ぶぐ」とも》「ぶっく」の促音の無表記。「なほかの御—のおろし侍りなむ」〈枕・八七〉

ぶく【服】❶喪服。喪衣。服衣。「—などはあからさまに出でて着給へかし」〈宇津保・あて宮〉❷喪に服すこと。また、その期間。喪。服喪。「御—、母方は三月こそはとて」〈源・紅葉賀〉

ぶく【幅】〔接尾〕「ふく(幅)㊁」に同じ。「三—の掛け字」

ぶ‐ぐ【武具】戦いに用いる道具。武器。鎧・兜・槍・刀など。(類語)甲冑・具足・鎧・兜

ぷく【服】〔接尾〕「ふく(服)㊁」に同じ。「一—の清涼剤」

ぷく【幅】〔接尾〕「ふく(幅)㊁」に同じ。「一—の絵画」

ふ‐ぐあい【不具合】〔名・形動〕状態・調子がよくないこと。また、そのさま。「—な箇所を直す」(補説)あからさまに「故障・欠陥」というのを嫌って「不具合」ということもある。

ふく‐あつ【腹圧】腹筋と横隔膜の収縮によって生じる、腹腔内の圧力。排便・排尿を助けるほか、女性では出産のとき、子宮の収縮とともに分娩の原動力となる。

ふく‐あん【腹案】〔名〕スル 前もって心の中で考えておくこと。また、その案や考え。「—を練る」「—したとおりに進める」(類語)原案・たたき台・試案

ふく‐い【復位】〔名〕スル もとの位にもどること。

ふくい【福井】㊀中部地方北西部の県。日本海に面する。越前・若狭国にあたる。人口80.6万(2010)。㊁福井県北部の市。県庁所在地。江戸時代は松平氏の城下町。合繊織物や機械・眼鏡などの工業が盛ん。一乗谷朝倉氏遺跡がある。平成18年(2006)2月、美山町・越廼村・清水町を編入。人口26.7万(2010)。

ふく‐い【腹囲】腹のまわり。また、その寸法。

ふくい‐いかだいがく【福井医科大学】福井県吉田郡永平寺町にあった国立大学。昭和53年(1978)設置。平成15年(2003)福井大学と統合し、福井大学医学部となる。➡福井大学

ふくい‐えいいち【福井英一】[1921〜1954]漫画家。東京の生まれ。少年向けスポーツ漫画で独自の世界を築き、勧善懲悪を打ち出したストーリー展開で人気を集める。少年雑誌に「赤胴鈴之助」の連載を始め、大きな反響を得るが、第1回目の執筆後に急死。他に「ドンマイ君」「イガグリくん」など。

ふくい‐きゅうぞう【福井久蔵】[1867〜1951]国文学者。兵庫の生まれ。学習院大教授。和歌・連歌の研究および国語学の史的研究に業績を残した。著「連歌の史的研究」「大日本歌書綜覧」など。

ふく‐いく【馥郁】〔ト・タル〕図〔形動タリ〕よい香りがただよっているさま。「—たる梅の香」
(類語)匂やか・芬芬・芳醇・香ぐしい・芳しい

ふくい‐けん【福井県】➡福井㊀

ふくい‐けんいち【福井謙一】[1918〜1998]化学者。奈良の生まれ。昭和27年(1952)、全ての化学反応について説明が可能となるフロンティア電子理論を提唱した。同56年、文化勲章受章。また同年、日本人としては初のノーベル化学賞を受賞。

ふくい‐けんりつだいがく【福井県立大学】福井県吉田郡永平寺町に本部のある公立大学。平成4年(1992)に開設。同8年に大学院を設置した。同19年公立大学法人となる。

ふくい‐こうぎょうだいがく【福井工業大学】福井市に本部のある私立大学。昭和40年(1965)の開設。工学部の単科大学。

ふくい‐し【福井市】➡福井㊁

ふくい‐じしん【福井地震】昭和23年(1948)6月28日、福井平野に発生したマグニチュード7.1の地震。直下型地震で、被害は福井平野とその周辺に限られた。死者3769人。家屋全壊3万6184戸。

ふくい‐だいがく【福井大学】福井市にある国立大学法人。福井師範学校・福井青年師範学校・福井工業専門学校を統合し、昭和24年(1949)新制大学として発足。平成15年(2003)福井医科大学と統合し医学部を設置。同16年国立大学法人となる。

ふくい-へいや【福井平野】フクヰ 福井県中部にある平野。九頭竜(くずりゅう)川下流域の県内最大の沖積平野。広義には武生(たけふ)盆地から北の三国方面までの一帯を指すが、一般には南部の武生盆地を除いて呼ぶことが多い。南北約40キロ、東西の幅約10～15キロ。県の穀倉地帯であり、政治経済の中心。北部を坂井平野ということもある。越前平野。

ふくいり-ぞうに【福入り雑煮】ーザフニ「福沸(ふくわ)かし❷」に同じ。

ふく-いん【副因】主因ではないが、そのことについて重要な原因。二次的な原因。

ふく-いん【幅員】ーヰン 道路・橋・船などの、はば。

ふく-いん【復員】ーヰン〔名〕スル 戦時編制の軍隊を平時体制に戻し、兵員の召集を解除すること。また、兵役を解かれて帰省すること。「外地から―する」

ふく-いん【福因】幸福をもたらす原因。幸福をもたらすような行い。

ふく-いん【福音】❶喜びを伝える知らせ。よい便り。「―をもたらす」❷イエス=キリストによってもたらされた人類の救いと神の国に関する喜ばしい知らせ。また、福音書にしるされているキリストの生涯と教え。
(類語)快報・吉報・朗報・吉左右(きっそう)

ふくいん-きょうかい【福音教会】ーケウクワイ プロテスタント教会の一教派。19世紀初め、ルター派のジェイコブ=オールブライトがメソジスト派の影響をうけて北米ペンシルベニアに興した教会。日本には明治9年(1876)に伝わった。

ふくいん-しゅぎ【福音主義】キリストの伝えた福音にのみ救済の根拠があるとする思想。律法主義や儀礼・制度・伝統などを重んずる立場に対し、聖書にもとづく信仰のみを強調する。プロテスタントの思想的支柱。

ふくいん-しょ【福音書】新約聖書のうち、マタイ・マルコ・ルカ・ヨハネによる四つの文書。イエス=キリストの生涯およびその言行を内容とする。ゴスペル。

ふくいん-ふっか【福因福果】ーフククワ 仏語。福徳の因を積めば、福徳の果が得られるということ。善因善果。

ふくう【不空】[705～774]中国、唐代の僧。出身は北インドともセイロンあるいは中央アジアとも。師の金剛智と訳経に従事。長安で唐帝に優遇され、大量の密教経典を翻訳。密教付法第六祖。不空金剛。

ふ-ぐう【不遇】〔名・形動〕才能を持ちながらもめぐりあわせが悪くて世間に認められないこと。また、そのさま。「―をかこつ」「―な(の)晩年を送る」

ふくうけんじゃく-かんのん【不空羂索観音】ークワンオン《梵 Amoghapāśaの訳》六観音・七観音の一。羂索(けんさく)によって衆生を救い菩提(ぼだい)の彼岸に送ることを誓願とし、その成就の空しくはないことを名とする。像は一面八臂(はっぴ)が普通で、手に蓮華(れんげ)・錫杖(しゃくじょう)・羂索・数珠(じゅず)などを持つ。ふくうけんさくかんのん。

ふく-うじ【復氏】ーウヂ 婚姻・養子縁組などで氏を改めた者が、以前の氏に復すること。離婚・離縁または配偶者の死亡などの場合に認められる。ふくし。

ふくうじょうじゅ-にょらい【不空成就如来】フクウジヤウジユー 五智の如来の一。五智の一の成所作(じょうしょさ)智を備え、北方に位置する。

ふく-うん【福運】幸福と好運。幸福をもたらすめぐり合わせ。「―に恵まれる」(類語)幸運・運・幸せ

ふくえ【福江】長崎県、五島列島南部にあった市。福江島東部・久賀(ひさか)島・椛(かば)島などを市域とした。もと五島氏の城下町。平成16年(2004)富江町、玉之浦(たまのうら)町、三井楽(みいらく)町、岐宿(きしく)町、奈留(なる)町と合併して五島市となる。➡五島㊀

ふく-えき【服役】〔名〕スル ❶懲役に服すること。「収賄罪で―する」❷兵役に服すること。❸夫役(ぶやく)に服すること。転じて、召し使われること。「職事ある家に―せんものをと」〈中村訳・西国立志編〉
(類語)受刑・服罪・下獄

ふくえ-し【福江市】▶福江

ふくえ-じま【福江島】長崎県西部、五島列島南端にある島。同列島の主島で、五島市に属する。面積328平方キロ、海岸線の長さ322キロ。最高点は島西部の父(ちち)ヶ岳(標高461メートル)。楯状火山・臼状火山など火山地形が見られる。深い入り江は遣唐使の停泊地として利用された。現在は、ハマチ・タイ・真珠の養殖が盛ん。北部と南西部の海岸はリアス式海岸が発達し、西海(さいかい)国立公園の一中心地となっている。

ふく-えん【復円】ーヱン〔名〕スル 日食・月食が終わって、太陽面・月面がもとの円形に戻ること。第四接触。

ふく-えん【復縁】〔名〕スル 離婚した夫婦、離縁した養子縁組などが再びもとの関係に戻ること。「折を見て―する」

ふく-えん【複塩】2種以上の塩(えん)が結合した形式で表される化合物で、水に溶かすと成分イオンに解離するもの。

ふくおうじでん【福翁自伝】フクヲウジデン 福沢諭吉の自叙伝。明治32年(1899)刊。平易な談話体で、自伝と、明治啓蒙期の時代相を語ったもの。

ふくおう-そう【福王草】フクワウサウ キク科の多年草。山地に生え、高さ約60センチ。葉の形はカエデに似る。秋、青白色の花が咲く。三重県の福王山で発見。

ふくおうひゃくわ【福翁百話】フクヲウヒヤクワ 福沢諭吉の随筆。明治30年(1897)刊。人生論・経済論・政治論・処世訓・宗教論など多方面の問題を社会改良の立場から説いたもの。

ふくおう-りゅう【福王流】フクワウリウ 能のワキ方の流派の一。福王神右衛門盛忠(1521～1606)を流祖とし、観世座付きであった。

ふくおか【福岡】フクをか ㊀九州地方北部の県。筑前・筑後の2国と豊前(ぶぜん)国の一部にあたる。人口507.3万(2010)。㊁福岡県北西部の市。県庁所在地。指定都市。博多湾に面し、古来大陸交通の要地で、九州における政治・経済・文化の中心。もと黒田氏の城下町。博多織・博多人形を特産。元寇(げんこう)防塁の跡がある。人口146.4万(2010)。

ふくおか-いりょうふくしだいがく【福岡医療福祉大学】フクをかイレウフクシダイガク 福岡県太宰府(だざいふ)市にある私立大学。平成14年(2002)に第一福祉大学として開設。同20年に現校名に改称した。人間社会福祉学部の単科大学。

ふくおか-きょういくだいがく【福岡教育大学】フクをかケウイクダイガク 福岡県宗像(むなかた)市にある国立大学法人。福岡第一師範学校・福岡第二師範学校・福岡青年師範学校を統合し、昭和24年(1949)新制大学として発足。平成16年(2004)国立大学法人となる。

ふくおか-くうこう【福岡空港】フクをかクウカウ 福岡市にある空港。国管理空港の一。昭和47年(1972)開港。同19年から建設開始された旧日本陸軍の飛行場を前身とする。終戦時に米軍に接収され、同26年に民間航空路開設、同45年運輸省(現国土交通省)への移管が決定。板付(いたづけ)空港。➡拠点空港

ふくおか-けん【福岡県】フクをか― ▶福岡㊀

ふくおか-けんりつだいがく【福岡県立大学】フクをか― 福岡県田川市にある公立大学。平成4年(1992)に人間社会学部の単科大学として開学。同15年に看護学部を設置した。同18年公立大学法人となる。

ふくおか-こうぎょうだいがく【福岡工業大学】フクをかコウゲフダイガク 福岡市にある私立大学。昭和38年(1963)に福岡電波学園電子工業大学として開設。同41年に現校名に改称した。

ふくおか-こくさいだいがく【福岡国際大学】フクをか― 福岡県太宰府(だざいふ)市にある私立大学。平成10年(1998)の開設。国際コミュニケーション学部の単科大学。

ふくおか-し【福岡市】フクをか― ▶福岡㊁

ふくおか-しかだいがく【福岡歯科大学】フクをかシクワダイガク 福岡市にある私立大学。昭和48年(1973)の開設。同60年に大学院を設置した。

ふくおか-しょうけんとりひきじょ【福岡証券取引所】フクをか― 福岡市中央区天神にある証券取引所(金融商品取引所)。昭和24年(1949)開設。略称は、福証(ふくしょう)。

ふくおかじょがくいん-かんごだいがく【福岡女学院看護大学】フクをかヂヨガクヰン― 福岡県古賀市にある私立大学。平成20年(2008)に福岡女学院が開設した看護大学。看護学部の単科大学。

ふくおかじょがくいん-だいがく【福岡女学院大学】フクをかヂヨガクヰン― 福岡市にある私立大学。明治18年(1885)創立の英和女学校を源流として、平成2年(1990)に開学した。

漢字項目 ふく

伏 音フク(漢)　ブク(呉)　訓ふせる、ふす ‖ ㊀〈フク〉①地にふせる。「伏拝/起伏・倒伏・俯伏(ふふく)・平伏」②隠れて表面に現れない。ひそむ。「伏在・伏線・伏兵・伏流・伏魔殿/雌伏・潜伏・埋伏」③つき従う。服従させる。「圧伏・畏伏(いふく)・帰伏・屈伏・降伏・承伏・信伏・説伏」④夏の最も暑い時期。「伏日/三伏・初伏」㊁〈ブク〉仏法の力で人を服従させる。「降伏(ごうぶく)・折伏(しゃくぶく)・調伏」(名付)ふし・やす

服 (学)3　音フク(漢)　ブク(呉) ‖ ㊀〈フク〉①身につけるもの。着物。「服装/衣服・元服・私服・制服・粗服・被服・平服・法服・喪服・洋服・礼服・和服」②身につける。体や心に受け入れる。「服毒・服用・服膺(ふくよう)/着服・頓服(とんぷく)・内服」③つき従う。「服従/畏服(いふく)・感服・帰服・屈服・敬服・降服・克服・承服・心服・征服・叛服(はんぷく)・不服」④つとめにつく。従事する。「服役・服務・服喪(ふくも)」㊁〈ブク〉喪にこもる。「服忌(ぶっき)/忌服・除服(じょぶく)」(名付)こと・はとり・もと・ゆき・よ (難読)服部(はっとり)

副 (学)4　音フク(呉)(漢)　訓そう、そえる、すけ ‖ ①主たるものにつき添うもの。控え。「副業・副将・副賞・副食・副審・副本/正副」②添える。「副葬・副木」③余計につけ加わる。「副作用・副産物」(名付)すえ・つぎ・ます

幅 音フク(呉)(漢)　訓はば ‖ ㊀〈フク〉①はば。「幅員/拡幅・恰幅(かっぷく)・紙幅・車幅・振幅・全幅・満幅」②へり。ふち。「辺幅」③掛け軸。「画幅・条幅・三幅対」㊁〈はば〉「幅広/大幅・肩幅・値幅」(難読)二幅(ふたの)・三幅(みの)

復 (学)5　音フク(漢)　訓かえる、かえす、また ‖ ①同じ道を引き返す。かえる。「復路/往復」②もとの状態にもどる。もどす。「復活・復帰・復旧・復元/回復・克復・修復・整復・本復・来復」③同じことを繰り返す。「復習・復唱/反復」④返事をする。「復啓・復命/拝復」⑤仕返しする。「復仇(ふっきゅう)・復讐(ふくしゅう)/報復」(名付)あきら・あつし・さかえ・しげる・なお・もち (難読)復習(さら)う

福〔福〕 (学)3　音フク(漢)　訓さいわい ‖ 豊かな幸運。さいわい。「福祉・福相・福徳/禍福・幸福・至福・祝福・浄福・清福・多福・追福・万福・冥福(めいふく)・裕福」(名付)さき・さち・たる・とし・とみ・むら・もと・よ・よし

腹 (学)6　音フク(呉)(漢)　訓はら ‖ ㊀〈フク〉①はら。「腹腔(ふくこう)・腹痛・腹部/割腹・空腹・鼓腹・口腹・私腹・切腹・捧腹(ほうふく)・満腹」②母胎。母親。「異腹・同腹」③物の中ほど。「山腹・中腹」④心。胸のうち。「腹案・腹心・腹蔵/剛腹・心腹」㊁〈はら(ばら)〉「腹芸/裏腹・業腹(ごうはら)・自腹・蛇腹(じゃばら)・水腹・脇腹(わきばら)・太鼓腹」

複 (学)5　音フク(呉)(漢) ‖ ①二つ以上のものが重なっていること。「複合・複雑・複式・複数・複線・複文/重複・単複」②同じことを重ねて行うこと。「複写・複製」

×**輻** 音フク(呉)(漢)　訓や ‖ ①車のや。スポーク。「車輻」②車のやのように一か所に集まる。「輻湊(ふくそう)」

覆 音フク(呉)(漢)　フウ(漢)　訓おおう、くつがえす、くつがえる ‖ ㊀〈フク〉①ひっくり返る。くつがえる。くつがえす。「覆水・覆轍(ふくてつ)・覆没・覆滅/転覆」②もとにもどってする。繰り返す。「覆刻・覆製/反覆」③おおう。かぶせる。「覆面/被覆」㊁〈フウ〉おおう。「覆載/被覆」

×**馥** 音フク(漢)　訓かおり ‖ かんばしい。ゆたかな香り。「馥郁(ふくいく)」

ふくおか-じょしだいがく【福岡女子大学】フクヲカヂョシダイガク 福岡市東区にある公立大学。大正12年(1923)設立の福岡県立女子専門学校を母体に、昭和25年(1950)新制大学として発足。平成18年(2006)公立大学法人となる。

ふくおか-ソフトバンクホークス【福岡ソフトバンクホークス】フクヲカ― プロ野球球団の一。パシフィックリーグに所属し、フランチャイズは福岡県。昭和13年(1938)、南海軍として発足。のち、近畿日本→近畿グレートリング→南海ホークス→福岡ダイエーホークスと改称、平成17年(2005)から現在の名称となる。

ふくおか-だいがく【福岡大学】フクヲカ― 福岡市城南区にある私立大学。昭和9年(1934)設立の福岡高等商業学校に始まり、九州経済専門学校、福岡経済専門学校などを経て、同24年福岡商科大学として発足。同31年現校名に改称。

ふくおか-たかちか【福岡孝弟】フクヲカ― [1835〜1919]政治家。土佐の人。後藤象二郎らと大政奉還を徳川慶喜に勧告。五箇条の御誓文の起草に参加。

ふくおか-へいや【福岡平野】フクヲカ― 福岡県北西部、博多湾に臨む平野。面積約250平方キロメートル。河川の堆積によって形成された沖積低地が中心。広義には西側の糸島平野や東側の宗像むなかた平野を含む。古代から大陸や朝鮮半島に近いため、遺跡・史跡に富む。九州の政治・経済・文化の中心で、福岡市を初め平野全域で都市化・工業化が進んでいる。博多平野。

ふく-おんがく【複音楽】▶ポリフォニー

ふく-おんせい【副音声】テレビ放送やDVDなどの映像媒体において、主音声以外の音声。二か国語放送や、視覚障害者向けの音声ガイドなどに利用される。

ふく-か【複果】―クワ 複数の子房が集まって成熟し、全体として1個のようになった果実。複合果。多花果たかか。集合果。

ふく-が【伏×臥】―グワ〔名〕スル うつぶせに寝ること。「―して爆風を避ける」⇔仰臥ぎょうが。

ふく-が【副芽】葉の付け根に二つ以上の腋芽えきがあるとき、未発達のまま残る芽。他方の腋芽が損傷すれば枝に発達する。

ふく-がい【伏×臥位】―グワヰ うつぶせになった姿。腹を床に着けて寝た状態。腹臥位。⇒臥位

ふく-がい【腹×臥位】―グワヰ「伏臥位」に同じ。

ふく-かかん【副花冠】―クワクワン 花びらの内側にある弁状の付属物。スイセンなどにみられる。副冠。

ふく-がく【副×萼】萼の外側にある萼状の付属物。ヘビイチゴ・オシロイバナ・バラなどにみられる。

ふく-がく【復学】〔名〕スル 停学・休学していた学生・生徒が再びもとの学校に復帰すること。復校。「停学処分が解けて―する」

ふくかぜ-の【吹く風の】〔枕〕❶吹く風が目に見えない意から、「目に見ぬ」にかかる。「世の中はかくこそありけれ―めに見ぬ人も恋しかりけり」〈古今・恋一〉❷風の音の意から、「音」「音に聞く」にかかる。「たまかづら今は絶ゆとや―音にも人の聞こえざるらむ」〈古今・恋五〉

ふく-がみ【福紙】▶恵比須紙えびすがみ

ふく-かん【副官】―クワン 軍隊で、司令官・隊長などに直属し、主として事務を担当する武官。

ふく-かん【復刊】▶ふっかん(復刊)

ふく-がん【複眼】❶節足動物などにみられる、多数の小さな個眼が束状に集まった目。物の形や動きの識別ができ、昆虫では紫外線や偏光も識別。⇔単眼。❷対象をいろいろの見地から見ること。

ふくがん-てき【複眼的】〔形動〕いろいろな立場・視点から物事を見たり考えたりするさま。「―な考察」「―に検討する」

ふくぎ【伏羲｜伏犠】▶ふっき(伏羲)

ふく-ぎ【福木】オトギリソウ科の常緑高木。葉は楕円形で厚く、つやがある。白い花をつけ、実は黄色く熟す。沖縄では防風・防火林とする。

ぶく-き【▽服忌】▶ぶっき(服忌)

ふく-ぎちょう【副議長】―ギチヤウ 議長を補佐し、議長に事故があったとき、その職務を代行する役。

ふく-ぎょう【副業】―ゲフ 本業のかたわらにする仕事。⇔本業。〔類語〕サイドビジネス・サイドワーク・片手間仕事

ふく-ぎょう【復業】―ゲフ〔名〕スル 一時やめていた仕事に再び就くこと。「育児休暇が終わり―する」

ふく-ぎょう【複業】―ゲフ 複数の本業を持つこと。副業のような片手間仕事としてではなく、生業として別の業種を二つ以上兼務すること。

ふく-きょうざい【副教材】―ケウザイ 教材を補う目的で用いられる資料集や問題集など。補助教材。

ふく-ぎょく【複玉】2枚以上のレンズを使った写真レンズ。収差がよく補正され、解像力にすぐれる。

ふく-きん【腹筋】▶ふっきん(腹筋)

ふく-くう【腹×腔】「ふくこう(腹腔)」の慣用読み。医学ではこの読みを用いる。

ふくくうきょう-しゅじゅつ【腹×腔鏡手術】フククウキヤウ― 腹部に3〜15ミリ程度の穴を数か所開けて、そこから腹腔鏡(内視鏡の一種)や専用の手術器具を挿入し、モニターに映し出される腹腔内の様子を観察しながら手術を行う方法。開腹手術よりも患者の身体的負担が少なく、回復も早いが、高度な技術が必要とされる。体腔鏡手術。

ふく-くっせつ【複屈折】光が媒質中に入射するとき、二つに分かれて屈折する現象。光学的異方性をもつ方解石や水晶などでみられる。

ぶく-げ【▽服解】律令制で、官吏が父母の喪に服している間、官職を解かれること。⇒復任

ふく-けい【副啓】添えて申し上げること。手紙で、書き落としたことなどを追加して書くとき、その初めに書く語。追伸。二伸。追啓。

ふく-けい【復啓】答えて申し上げること。返信の冒頭に用いる語。拝復。

ふく-げん【復元｜復原】〔名〕スル もとの形態・位置に戻すこと。また、戻ること。「恐竜の骨格を―する」「横転したヨットが―する」
〔類語〕回復・復旧・復活・再生・レストア

ふく-けんじ【副検事】検察官の官名の一つ。原則として区検察庁に配置されるが、地方検察庁で職務を行う場合もある。司法試験合格者のほか、検察事務官や警察官などの公務員が考試の合格を経て任じられる。3年以上在職し検察官特別考試に合格すると特任検事に昇任する。

ふくげん-りょく【復元力｜復原力】❶伸び縮みするばねなどの弾性変形を、もとの状態に戻すように働く力。❷(復原力)傾いた航空機や船舶を、正常の位置に戻すように働く力。

ふく-こう【副港】―カウ 主港の機能を補助する港。

ふく-こう【腹×腔】―カウ 腹部の内腔。内部に肝臓・胃・腸・脾臓ひぞうなどを収める。ふくくう。

ふく-ごう【復号】―ガウ〔名〕スル ❶「デコード」に同じ。復号化。❷特に、暗号化されたデータを解読すること。

ふく-ごう【複合】―ガフ〔名〕スル 複数のものが合わさって一つのものになること。「さまざまな原因が―して起きた事故」〔類語〕結合・融合・合成

ふくごう-いさん【複合遺産】フクガフヰサン 世界遺産の分類の一つ。自然遺産と文化遺産とを兼ね備えたもの。⇒世界遺産

ふくごう-いせき【複合遺跡】フクガフヰセキ 二つ以上の時期にわたる遺跡。単一の時期で終わっている単純遺跡に対していう。

ふくごう-えいがかん【複合映画館】フクガフエイグワクワン ▶シネマコンプレックス

ふくごう-おせん【複合汚染】フクガフヲセン 2種類以上の毒性物質が複合して毒性を強めた汚染。有吉佐和子の小説「複合汚染」(昭和49年)から一般に用いられるようになった。

ふくごう-か【複合果】フクガフクワ ▶複果ふくか

ふくごう-かざん【複合火山】フクガフクワザン いくつかの火山が組み合わさって一つの火山体を成す火山。複式火山や、噴火地点が移動して火山体が一部重なり合いながら配列するものなどがある。

ふく-こうがん【副×睾丸】―カウグワン 精巣上体の別名。

ふく-こうかんしんけい【副交感神経】―カウカンシンケイ 自律神経の一。脳部および仙骨部から発し、大部分は迷走神経で、伝達物質としてアセチルコリンを分泌する。交感神経系と拮抗きっこう的に働き、心臓に対しては抑制、胃腸に対しては促進の作用をする。

ふくごう-き【複合機】フクガフ― ▶プリンター複合機

ふくごう-きょうぎ【複合競技】フクガフキヤウギ スキーのノルディック種目の一。距離競技とジャンプを行い、合計得点を競う。コンバインドレース。

ふくごう-げんじつかん【複合現実感】フクガフ― ▶ミクストリアリティー

ふくごう-ご【複合語】フクガフ― 本来独立した単語が二つ以上結合して、新たに一つの単語としての意味・機能をもつようになったもの。「ほんばこ(本箱)」「やまざくら(山桜)」「かきあらわす(書き表す)」などの類。合成語。熟語。

ふくごう-こっか【複合国家】フクガフコクカ 複数の国家が結合して、国際的に一国と見なされるような国家形態。対等の結合関係に立つ連邦・国家連合・物上連合などと、宗主国と保護国のように支配・従属関係に立つものとがある。複合国。⇔単一国家。

ふくごう-ししつ【複合脂質】フクガフ― 脂肪酸とアルコールのみからなる単純脂質に対し、ほかに燐酸りんさん・糖類・窒素化合物などが含まれる脂質。燐脂質・糖脂質など。生体に細胞膜の構成成分などとして分布。

ふくごう-しょうぎょうしせつ【複合商業施設】フクガフシヤウゲフシセツ ショッピングセンターを中心に、レストラン、映画館、遊戯場などを併設した建物または地域。

ふく-こうじょうせん【副甲状腺】―カフジヤウセン 甲状腺の後ろ側にふつう2対4個ある米粒状の内分泌腺。副甲状腺ホルモンを分泌する。上皮小体。

ふくこうじょうせん-ホルモン【副甲状腺ホルモン】フクカフジヤウセン― 副甲状腺から分泌されるホルモン。血液中のカルシウムの濃度を維持する作用があり、骨に働いてカルシウムを放出させ、腎臓に働いてその再吸収を亢進こうしんさせる。上皮小体ホルモン。パラソルモン。パラトルモン。PTH(parathormone)。

ふくごう-たい【複合体】フクガフ― 二つ以上のものが結合して一体となっているもの。

ふくごう-たんぱくしつ【複合×蛋白質】フクガフ― 単純蛋白質に対し、アミノ酸以外に糖・核酸・色素なども含む蛋白質。生体に広く分布。糖蛋白質・核蛋白質・色素蛋白質など。

ふく-こうちょう【副校長】―カウチヤウ 小・中・高等学校で、校長を補佐する職制。教頭よりも権限は強い。平成19年(2007)学校教育法の改正により新設。

ふくごう-どうし【複合動詞】フクガフ― 複数の語が結合してできた動詞。「恥じ入る」「長引く」の類。

ふくごう-のうぎょう【複合農業】フクガフノウゲフ 穀物の作付けや野菜の栽培、牧畜など複数の作業から成る農業方式。

ふくごう-プリンター【複合プリンター】フクガフ― ▶プリンター複合機

ふくごうめいれい-セットコンピューター【複合命令セットコンピューター】フクガフメイレイ―《complex instruction set computer》▶シスク(CISC)

ふく-ごび【複語尾】山田孝雄よしおの用語。いわゆる助動詞のうち、用言のみに下接するものの称。これに含まれない文語の「なり」「たり」「ごとし」、口語の「です」「だ」「ようだ」などに比して用言との一体感が強い。

ふく-こん【複婚】一夫多妻婚の婚姻。まれに一妻多夫婚がある。ポリガミー。⇒単婚

ふく-さ【副査】主査を助けて調査・審査などをする役。また、その人。

ふく-さ【×袱×紗｜服×紗｜×帛×紗】❶儀礼用の方形の絹布。絹・縮緬ちりめんなどで一重または二重に作り、無地やめでたい柄・刺繍ししゅうを施したもの。進物の上に掛けたり、物を包んだりするのに用いる。掛け袱紗。包み袱紗。❷茶の湯で、茶道具をぬぐい清めたり、茶碗その他の器物を扱うのに用いたりする、縦9寸(約27センチ)横9寸5分(約29センチ)の絹布。❸

糊のりを引いていない絹。やわらかい絹。「その羽を蒸して—のきぬにて押しければ」〈十訓抄・七〉
ふくさ〔形動ナリ〕❶やわらかなさま。「近江、美濃、尾張などにて、物の柔らかなることを—といふ」〈玉勝間・一三〉❷人柄の柔和なさま。「—な人」〈吉原失墜〉❸福々しくゆったりしているさま。「いやしからず—なり」〈浮・胸算用・四〉
ふく-ざ【複座┊複×坐】主として航空機で、乗務員の座席が二つあること。「—の練習機」
ふく-さい【副菜】主菜に添えて出す総菜。
ふく-ざい【伏在】〔名〕スル 表に現れないで隠れて存在していること。潜在。「背後に難題が—している」〔類語〕潜在・隠れる・潜ひそむ
ふく-ざい【服罪┊伏罪】〔名〕スル 罪を犯した者が刑に服すること。「米沢既に—せしより仙台南部等も降伏なし」〈染崎延房・近世紀聞〉
ふくさ-おび【×袱×紗帯】塩瀬しお・綸子りん・縮緬ちりめんなどの柔らかい絹布で作った腹合わせ帯。江戸時代から大正時代まで用いられた。
ふくさ-さばき【×袱×紗×捌き】茶の湯の点前てまえで、茶器・茶杓ちゃしゃくなどをふくときの袱紗の畳み方や取り扱い方。真・行・草の区別がある。
ふく-ざつ【複雑】〔名・形動〕物事の事情や関係がこみいっていること。入り組んでいて、簡単に理解・説明できないこと。一面的ではないこと。また、そのさま。「—な仕組み」「—な手続き」「—な気持ち」「—な笑い」「—し矛盾した心の経験は」〈藤村・新生〉⇔単純。〔派生〕ふくざつさ〔名〕〔類語〕煩雑はん・煩瑣はん・錯雑・錯綜さく・面倒・厄介・ややこしい・しち難しい・入り組んだ・込み入った・手が込んだ・難しい
ふくざつ-かいき【複雑怪奇】フクザツ カイキ〔名・形動〕複雑でわかりにくく不思議なこと。また、そのさま。「—な(の)国際情勢」
ふくざつ-けい【複雑系】数多くの要素で構成され、それぞれの要素が相互かつ複雑に絡み合った系またはシステム。脳、生命現象、生態系、気象現象のほか、人間社会そのものが挙げられる。個々の要素の振る舞いや局所的な擾乱が系全体に大きな影響を及ぼす非線形性、複雑で予測不可能な振る舞いの中にも一定の秩序が形成される自己組織化といった特性をもつ。
ふくざつ-こっせつ【複雑骨折】骨が折れるとともに周囲の軟部組織が損傷され、皮膚に傷口が開いた状態の骨折。開放骨折。
ふくさ-づつみ【×袱×紗包み】袱紗に包むこと。また、袱紗で包んだもの。
ふくさ-もの【×袱×紗物】❶「袱紗❶」に同じ。❷袱紗に包んだもの。「母は涙の数珠袋、—取り出だし」〈浄・大経師〉
ふく-さよう【副作用】薬物の、病気を治す作用とは別の作用。有害なことが多い。「—を伴う特効薬」〔類語〕弊害・副産物・悪影響・サイドエフェクト
ふくさ-りょうり【×袱×紗料理】フクサ リョウリ 本膳ほんぜん料理を簡略化した、味本位の料理。のちに懐石料理へと発展。
ふくざわ-いちろう【福沢一郎】フクザワ イチラウ［1898～1992］洋画家。群馬の生まれ。多摩美大・女子美大教授。フランスに留学し、シュールレアリスムを日本に紹介。独立美術協会の創立に参加、のち美術文化協会を結成。代表作に「よき料理人」「黒人霊歌」など。昭和53年(1978)文化功労者。平成3年(1991)文化勲章受章。
ふくざわ-ゆきち【福沢諭吉】フクザハ ユキチ［1835～1901］啓蒙思想家・教育家。大坂の生まれ。豊前ぶぜん中津藩士。大坂で蘭学を緒方洪庵に学び、江戸に蘭学塾(のちの慶応義塾)を開設、のち、独学で英学を勉強。三度幕府遣外使節に随行して欧米を視察。維新後、新政府の招きに応ぜず、教育と啓蒙活動に専念。明六社を設立、「時事新報」を創刊。著「西洋事情」「学問のすゝめ」「文明論之概略」「福翁自伝」など。
ふくさんけい-かじょ【複散形花序】フクサンケイ クワジョ 散形花序の花軸が頂端で放射状に分岐して、ほぼ同じ長さの花柄に多数の花をつけるもの。ニンジン・ノダケなどにみられる。複散花序。
ふく-さんぶつ【副産物】❶ある製品を生産する過程で、それに付随して得られる他の産物。❷ある物事に付随して起こる物事。「戦争の—としての特需」
ふく-し【副使】正使に付き添ってこれを補佐し、必要なときには代理を務める使者。そえづかい。〔類語〕助役・助手・アシスタント・片腕・助っ人
ふく-し【副詞】品詞の一。自立語で活用がなく、主語にならない語のうちで、主として、それだけで下に来る用言を修飾するもの。事物の状態を表す状態副詞(「はるばる」「しばらく」「ゆっくり」など)、性質・状態の程度を表す程度副詞(「いささか」「いと」「たいそう」など)、叙述のしかたを修飾し、受ける語に一定の言い方を要求する陳述副詞(「あたかも」「決して」「もし」など)の3種に分類される。なお、程度副詞は、「もっと東」「すこしゆっくり」のように体言や他の副詞を修飾することもある。
ふく-し【×匐枝】▶匍匐茎ほふくけい
ふくし【▽掘串】《後世は「ふぐし」とも》上代、竹・木などで作った土を掘るへら状の道具。「籠こもよみ籠持ち—もよみ—持ち」〈万・一〉
ふく-し【復氏】▶ふくうじ(復氏)
ふく-し【福祉】公的配慮によって社会の成員が等しく受けることのできる安定した生活環境。「公共—」「—事業」〔類語〕福利
ふく-し【複視】一つの物体が二つ以上に重複して見えること。眼筋麻痺まひなどによることが多い。
ふく-じ【服地】ヂ 洋服を仕立てるのに用いる布地。〔類語〕布・布地・生地・反物・呉服・太物
ふく-じ【服事┊服仕】〔名〕スル《「ぶくじ」とも》つき従って仕えること。また、仕事に従事すること。「其職業に—す」〈吉岡徳明・開化本論〉
フクシア〘ラテン Fuchsia〙アカバナ科フクシア属の落葉中低木の総称。葉は楕円形。春から夏、基部が筒状で上部が4裂する萼がくをもつ4弁花が垂れ下がって咲き、雄しべ・雌しべとも長く、突き出る。園芸植物とし、花期は春から夏で、花色は紫・紅・白色などがある。中南米などに分布。ホクシャ。〔季 夏〕
ふく-しあい【複試合】フクシ アヒ ▶ダブルス
ふく-しき【複式】❶二つ以上の構造・方式からなるもの。⇔単式。❷「複式簿記」の略。⇔単式。❸「複勝式」の略。⇔単式。
ふくしき-かざん【複式火山】フクシキ クワザン 火山の火口やカルデラ内に、さらに小火山体ができたもの。二重式火山・三重式火山がある。浅間山・阿蘇山など。
ふくしき-がっきゅう【複式学級】ーガク キフ 二つの学年以上の児童・生徒を一つに編成した学級。
ふくしき-こきゅう【腹式呼吸】ーコ キフ 腹筋や横隔膜の運動によって行う呼吸形式。横隔膜呼吸。腹呼吸。➡胸式呼吸
ふくしき-ぼき【複式簿記】すべての取引を、ある勘定の借方と他の勘定の貸方に同じ金額を記入し、貸借平均の原理に基づいて組織的に記録・計算・整理する簿記。➡単式簿記
ふくし-こうじろう【福士幸次郎】ーカウジラウ［1889～1946］詩人。青森の生まれ。人道主義的で平易な口語体の詩集「太陽の子」を発表。新詩形の創始に尽力。著「原日本考」など。
ふくし-こっか【福祉国家】ーコク カ 完全雇用と社会保障政策によって国民の福祉の増進を目標としている国家。
ふくし-しきん【福祉資金】低所得世帯や、障害を持つ人、療養・介護を要する高齢者が同居している世帯を対象に、自立した日常生活を送るために一時的に必要となる費用や、緊急に必要な小口資金を無利子または低利で貸し付ける制度。厚生労働省が定め、都道府県社会福祉協議会が実施する、生活福祉資金貸付制度による貸付資金の一つ。
ふくし-しせつ【福祉施設】▶社会福祉施設
ふくし-じむしょ【福祉事務所】社会福祉法に基づき、都道府県・市町村・特別区に設けられる社会福祉行政の現業機関。福祉六法に定める援護や育成または更生の措置のほか、広く社会福祉全般に関する事務を行う。
ふくし-しゃかい【福祉社会】ーシャ クワイ 人々が健やかで文化的な生活を保障された社会。また、その充実・増進を積極的に追求する社会。
ふくし-しゃりょう【福祉車両】ーシャ リヤウ 障害者の乗り降り、運転に便利なように改良してある自動車。車いすに乗ったまま乗り降りできる、座席が回転し昇降する、手足の不自由な人のために運転補助装置があるなどの機能がある。
ふくししゃりょう-わりびき【福祉車両割引】フクシシャ リヤウー 自動車保険の契約に際し、高齢者や障害者のために改良され、所定の税制優遇措置の対象となって福祉車両と認められる場合に適用される保険料の割引。
ふくし-タクシー【福祉タクシー】身体障害者や介護の必要な高齢者の移動のために、車椅子やベッドのまま乗れる装備のあるタクシー。タクシー会社のほかNPO法人なども運行。
ふく-しちょうそんちょう【副市町村長】フクシチヤウ ソンチヤウ 市町村長を補佐し、その職務を代理する特別職の地方公務員。長が議会の同意を得て選任。任期は4年。もと助役といった。
ふく-じつ【伏日】三伏さんぷくの日。夏の最も暑い期間。
ふくじ-てき【副次的】〔形動〕ある事柄・状態が、他のものに付随した存在であったり、従属した関係にあったりするさま。二次的。「—な現象」
ふくじ-の-その【福地の園】フク ヂー《「ふくじ」は「ふくち」とも》福徳の生じる園。極楽。「—に種まきて、とやうなりし一言をうち頼みて」〈源・若菜上〉
ふくしま【福島】㊀東北地方南部の県。陸奥むつから分かれた岩代いわしろと磐城いわきの2国にあたる。人口202.9万(2010)。㊁福島県北部の市。県庁所在地。江戸時代は奥州街道の宿駅で、板倉氏の城下町。電器・食品工業や、桃・ナシなどの果樹栽培が行われる。飯坂・土湯などの温泉がある。平成20年(2008)に飯野町を編入。人口29.2万(2010)。㊂大阪市北部の区名。中小工場が多い。
ふくしまがくいん-だいがく【福島学院大学】フクシマ ガクヰン ダイガク 福島市にある私立大学。平成15年(2003)の開設。福祉学部の単科大学。
ふくしま-く【福島区】▶福島㊂
ふくしま-けん【福島県】▶福島㊀
ふくしまけんりつ-いかだいがく【福島県立医科大学】ーイクワ ダイガク 福島市にある公立大学。旧制の福島県立医科大学が昭和27年(1952)新制大学に移行。平成18年(2006)公立大学法人となる。
ふくしま-し【福島市】▶福島㊁
ふくしま-じけん【福島事件】明治15年(1882)福島県の自由党員や農民が弾圧された事件。県会議長河野広中ら自由党員が、県令三島通庸みちつねの県会無視の施政に反対して対抗。会津の農民が道路建設の夫役に反対して警官と衝突した際、河野らも検挙され、国事犯に問われた。
ふくしま-しんたろう【福島慎太郎】ーシン タラウ［1907～1987］外交官・新聞人。東京の生まれ。東京帝大卒業後、外務省に勤務。総理大臣秘書官や内閣官房次長などを歴任。昭和24年(1949)プロ野球毎日オリオンズ(現千葉ロッテ)球団社長。同26年パ・リーグの会長となり、日本プロフェッショナル野球協約制定に尽力。同41年共同通信社社長。
ふくしま-だいがく【福島大学】福島市にある国立大学法人。福島経済専門学校・福島師範学校・福島青年師範学校を統合し、昭和24年(1949)新制大学として発足。平成16年(2004)国立大学法人となる。
ふくしま-ぼんち【福島盆地】福島県北部にある構造盆地。主に阿武隈あぶくま川の堆積物によってできた。リンゴ・ナシ・モモなどの果樹栽培が盛ん。中心都市は福島市。
ふくしま-まさのり【福島正則】［1561～1624］安土桃山・江戸初期の武将。尾張の人。幼少時から豊臣秀吉に従い各地を歴戦、賤ヶ岳しずがたけの戦いでは七本槍の筆頭として活躍。関ヶ原の戦いでは徳川方

に属し、安芸広島城主となったが、城の修築でとがめられ所領を没収、信濃に移された。

ふくしま-やすまさ【福島安正】[1852～1919]軍人。陸軍大将。長野の生まれ。明治25年(1892)駐ドイツ公使館付武官を辞任し、単独騎馬でシベリアを横断して帰国。著「伯林より東京へ単騎遠征」。

ふく-しゃ【伏射】小銃の射撃姿勢の一。伏臥して、両ひじで上体を支え射撃をする。寝射ち。

ふく-しゃ【福者】❶幸運にめぐまれた人。また、富裕な人。福人。❷カトリック教会で、死後、その聖徳を認められた者に対して、教会より贈られる敬称。また、それを受けた人。

ふく-しゃ【複写】〔名〕スル ❶写してあるものをもとにして、もう一度写すこと。「古い記念写真を―する」❷用紙の間にカーボン紙をはさんで書くなどして、同一書類を2通以上作ること。また、そのもの。❸複写機を用いて文書・図表などを原本どおりに写し取ること。また、写し取ったもの。コピー。「書類を―して配る」 (類語)コピー・複製・模写・写し・リプリント

ふく-しゃ【×輻射】〔名〕スル《「輻」は車輪の「や」で、中心部の轂から放射状に並んだ木》❶車の輻のように、中央の一点から周囲に射出すること。❷▶放射❷

ふく-しゃ【覆車】車が転覆すること。また、その車。

覆車の戒め 前人の失敗が後人にとって戒めとなることのたとえ。前車の覆るは後車の戒め。

フクシャ〖fuchsia〗《フクシアの花の色から》明るい赤紫色。➡フクシア

ぶく-しゃ【▽服者】両親・兄弟・親類などが死んで、その喪に服している人。

ふくしゃ-あつ【×輻射圧】▶放射圧

ふくしゃ-エネルギー【×輻射エネルギー】電磁波の運ぶエネルギー。

ふくしゃ-き【複写機】文書・図表などを複写する機械。コピー機。

ふく-しゃく【副尺】長さや角度を測る主尺の一目盛り以下の値をさらに細かく読むための補助目盛り尺。➡バーニヤ

ふくしゃ-けい【×輻射計】▶放射計

ふくしゃ-スペクトル【×輻射スペクトル】▶発光スペクトル

ふくしゃ-せん【×輻射線】▶放射線❷

ふくしゃ-てん【×輻射点】流星群に属する流星が放射状に飛び出してくるように見える、天球面上の点。放射点。

ふくしゃ-とうきゅう【×輻射等級】天体が放射する電磁波のエネルギーを、全波長域にわたって足し合わせることで定義される等級。放射等級。

ふくしゃ-ねつ【×輻射熱】▶放射熱

ふくしゃ-ばん【複写版】複写用の簡単な印刷器。謄写版・こんにゃく版など。

フクシャピンク〖fuchsia pink〗《フクシアの花の色から》明るい鮮やかなピンク色。➡フクシア ➡フクシャ

ふくしゃ-へいこう【×輻射平衡】▶放射平衡❶

ふく-しゅ【副手】❶仕事の補助をする人。助手。❷旧制大学で、助手の下にいて研究室の仕事や研究の補助の役をする人。教務補佐員。

ふく-じゅ【福寿】幸福で長命であること。

ふく-じゅ【覆手｜伏手】《「ふくしゅ」とも》琵琶の部分名称の一。腹板の下方に隠月をおおうように取り付けた板で、弦の下端を止める。

ふく-しゅう【復習】〔名〕スル 習ったことを繰り返し学習すること。「毎日―する」⇔予習。 (類語)勉強・学習・勉学・研鑽・勤学・研修・研学・修学・修業・修業・修練・習練・稽古・おさらい

ふく-しゅう【復×讐】〔名〕スル かたきうちをする。仕返しをする。報復。「―する機会を待つ」 (類語)仕返し・返報・報復・敵討ち・仇討ち・雪辱・リベンジ

ふくしゅう【福州】中国、福建省の省都。閩江下流域に位置し、唐・宋代から貿易港として発展。製紙・木材・機械などの工業が行われる。人口、行政区212万(2000)。フーチョウ。

ふく-じゅう【服従】〔名〕スル 他の意志や命令に従うこと。「山ではリーダーに―する」「絶対―」 (類語)屈従・屈伏・帰順・帰服・忍従

ふく-じゅうじ【複十字】1本の縦棒と直交する2本の横棒で構成される十字の一種。第1回十字軍に参加したロレーヌ公ゴドフロワ=ド=ブイヨンが盾の紋章に使用したことから平和のシンボルとされる。第二次大戦中には、ナチスドイツによる占領に抵抗した自由フランスのシンボルとして、フランス国旗の中央に描かれた。1902年から結核予防運動のシンボルマークとして世界で使用されている。ロレーヌ十字。➡複十字シール

ふくじゅうじ-シール【複十字シール】結核予防の募金活動で販売されるシール。世界の約80か国で発行されている。1904年にデンマークで郵便物に貼るクリスマス用のシールとして発行された。日本では昭和27年(1952)から公益財団法人結核予防会が発行。➡複十字

ふく-じゅうせん【複縦線】楽譜で、楽曲の段落や曲の終止を示すための2本の垂直線。終止を示す場合は右側の線を太くする。➡単縦線

ふく-しゅうにゅう【副収入】副業などによって得る収入。

ふくじゅかい-むりょう【福×聚海無量】仏語。観世音菩薩の福徳が広大無量であることを、海にたとえた語。

ふくじゅ-そう【福寿草】キンポウゲ科の多年草。北地に多く、高さ10～20センチ。早春、黄色い花を1個開き、やがて茎が伸び、羽状に細かく切れ込む複葉を互生する。盆栽にして正月の飾り物とする。根は強心薬になる。元日草。ことぶきぐさ。ついたちそう。(季 新年)「日の障子太鼓の如し―/たかし」

ふく-しょ【副書】原本を写したもの。控え。副本。

ふく-しょ【副署】〔名〕スル 明治憲法下で、詔勅などの天皇の文書的行為について、輔弼の任にある国務大臣が天皇の署名に添えて署名すること。また、その署名。

ふく-しょう【副将】❶主将の次の地位にいて、その補佐・代理をする役。また、その人。副帥。❷剣道や柔道などの5人制の団体戦で、4番目に戦う人。➡先鋒 ➡次鋒 ➡中堅 ➡大将

ふく-しょう【副章】勲章の正章に添えて与えられる勲章。

ふく-しょう【副賞】正式の賞に添えて贈られる賞金や賞品。⇔正賞。

ふく-しょう【復唱】・【復×誦】〔名〕スル ❶何度も唱えること。繰り返して読むこと。「―して記憶する」❷確認のために、言われたことを繰り返して言うこと。「伝言を―する」

ふく-しょう【福証】「福岡証券取引所」の略称。

ふく-しょう【複称】❶複雑な名称。❷2個以上の事物を言い表す名称。⇔単称。

ふく-しょう【複勝】「複勝式」の略。

ふくしょう-キューボード【福証Q-Board】▶キューボード(Q-Board)

ふく-しょうぐん【副将軍】❶大将軍の次官として軍を統率する武官。❷水戸藩主、特に2代藩主水戸光圀の称。

ふくしょう-じ【福祥寺】神戸市須磨区にある真言宗須磨寺派の大本山。山号は上野山。通称、須磨寺。仁和2年(886)聞鏡の開山と伝えられる。平敦盛の青葉笛など、源平の合戦の遺品を所蔵。

ふくしょう-しき【複勝式】競馬・競輪などのかけ方で、その馬や選手が2着または3着までに入れば的中となる方式。➡単勝式 ➡連勝式

ふくじょう-そうしょうか【×輻状相称花】▶放射相称花

ふく-しょく【服飾】衣服と装身具。また、衣服の飾り。「―デザイナー」

ふく-しょく【副食】主食に添えて食べるもの。おかず。菜。副食物。⇔主食。 (類語)おかず・菜・総菜

ふく-しょく【復飾】〔名〕スル 僧が還俗すること。

ふく-しょく【復職】〔名〕スル 一度離れた職に再び戻ること。また、休職者がもとの職に復帰すること。「健康が回復して―する」 (類語)復帰・カムバック・帰任・返り咲き

ふくしょく-こう【複色光】単色光が集合した光。

ふくしょく-ひん【服飾品】服装の飾りとするもの。ブローチ・手袋・スカーフ・ベルトなど。装身具。

ふく-じょし【副助詞】助詞の一。種々の語に付き、それらの語にある意味を添えて、副詞のように下の用言や活用連語を修飾・限定する類の助詞。現代語では「さえ」「まで」「ばかり」「だけ」「ほど」「くらい(ぐらい)」「など」「やら」など、古語では「だに」「すら」「さへ」「のみ」「ばかり」「など」「まで」など。

ふく-しらが【福白髪】《福運の前兆とされるところからいう》年が若くて生える白髪。また、黒髪にまじって1、2本生えた白髪。「未だ頭の白くなる年でも無し、と云って―とやらでも無い」〈風葉・青春〉

ふぐ-じる【河=豚汁】《古くは「ふくじる」とも》フグの肉を実にした味噌汁。鉄砲汁。ふくとじる。(季 冬)「―の我活きて居る寝覚哉/蕪村」

ふくし-ろっぽう【福祉六法】福祉に関する、生活保護法・児童福祉法・母子及び寡婦福祉法・身体障害者福祉法・知的障害者福祉法・老人福祉法の総称。

ふく-しん【副審】競技やゲームで、主審を補佐する審判員。⇔主審。

ふく-しん【復申】❶返答を申し述べること。また、その返答。❷命令されたことについて、その結果を報告すること。復命。

ふく-しん【腹心】❶腹と胸。また、転じて心の奥底。「―を打ち明ける」❷《「詩経」周南・兎罝から》どんなことでも打ち明けて相談できること。また、その人。「―の部下」 (類語)股肱・片腕・右腕・手足・懐刀

腹心を布く 《「春秋左伝」宣公十二年から》思っていることを残らず打ち明ける。

ふく-しん【覆審】上級審で、下級審とは無関係に訴訟資料を集め、これに基づいて事件の審理をやりなおすこと。また、その審級。➡事後審 ➡続審

フクシン〖fuchsine〗塩基性染料の一。緑色の金属光沢のある結晶。温水に溶けて紫赤色、エタノールに溶けて赤色を呈する。木綿・麻・絹・羊毛などの染色のほか、分析試薬としても用いられる。マゼンタ。ローザニリン。唐紅。

ふく-じん【副腎】左右の腎臓の上に接して1個ずつある内分泌器官。内側の髄質と外側の皮質とからなり、髄質からアドレナリンを、皮質から副腎皮質ホルモンを分泌する。腎上体。

ふく-じん【福人】《「ふくにん」とも》裕福な人。金持ち。福者。「銀借の仲間の座に連なり…、―の名をとれり」〈浮・子息気質・二〉

ふく-じん【福神】「ふくのかみ」に同じ。

ふく-しんけい【副神経】脳神経の一。首を動かす筋肉の一部に分布する運動性神経。一部は迷走神経に混入し、名は、迷走神経に付属すると考えられたことによる。第11脳神経。

ふくじん-ずいしつ【副腎髄質】副腎の内部にある赤褐色の軟らかい組織。アドレナリン・ノルアドレナリンを生成、分泌する。

ふくじんずいしつ-ホルモン【副腎髄質ホルモン】副腎髄質から分泌されるホルモン。アドレナリン・ノルアドレナリンの2種があり、その前駆物質であるドーパやドーパミンなどのカテコールアミンを含めていうこともある。

ふくじん-づけ【福神漬(け)】《材料7種を七福神になぞらえていう》漬物の一。ダイコン・ナス・ナタマメ・レンコン・ショウガ・シソの実などを刻み、みりんや砂糖で調味した醤油に漬けたもの。

ふく-しんどう【副振動】海上で発生した波(振動)が水深や地形の変化を受けて増幅し、湾内などの潮位が急激に変動すること。主振動に対していう。➡静振

ふくしん-の-やまい【腹心の病】《「春秋左伝」哀公六年から》腹部・胸部など、身体の重要な部分

の重い病気。深刻な悩みのたとえ。

ふくじん-ひしつ【副腎皮質】副腎の表層を形成する組織。球状・束状・網状の3層からなり、ステロイドホルモンを生成、分泌する。

ふくじんひしつ-しげきホルモン【副腎皮質刺激ホルモン】脳下垂体前葉から分泌され、副腎皮質の分泌機能を促進するホルモン。ACTH(adrenocorticotropic hormone)。

ふくじんひしつ-ホルモン【副腎皮質ホルモン】副腎皮質から分泌されるステロイドホルモンの総称。グルココルチコイドのコルチゾール、ミネラルコルチコイドのアルドステロンなど。

ふく-す【×袱子‖複子】禅僧が行脚するときなどに用いるふろしき。

ふく・す【服す】㊀〔動サ五〕「ふく(服)する」(サ変)の五段化。「命令に―・さない者は罰する」「薬を―・す」㊁〔動サ変〕「ふく(服)する」の文語形。

ふく・す【復す】㊀〔動サ五〕「ふく(復)する」(サ変)の五段化。「列車のダイヤはまだ正常に―・さない」㊁〔動サ変〕「ふく(復)する」の文語形。

ふく-すい【副帥】「副将」に同じ。

ふく-すい【復水】水蒸気を冷却・凝結させて水に戻すこと。

ふく-すい【腹水】腹膜の炎症や肝臓・心臓・腎臓の疾患などにより腹腔内にたまった液体。

ふく-すい【覆水】容器からこぼれた水。

覆水盆に返らず《周の太公望が斉に封ぜられたとき、離縁して去った妻が復縁を求めて来たが、盆の水をこぼし、この水をもとにもどせたら求めに応じようと言って復縁を拒絶したという「拾遺記」中の故事から。前漢の朱買臣の話として同様の故事が見られる》❶一度別れた夫婦の仲はもとどおりにならないことのたとえ。❷一度したことは、もはや取り返しがつかないことのたとえ。

ふくすい-き【復水器】蒸気機関・蒸気タービンなどで、排出された蒸気を冷却・凝縮させ、もとの水に戻す装置。コンデンサー。

ふく-すう【複数】❶数が二つ以上であること。⇔単数。❷インド-ヨーロッパ語などの文法で、人や事物の数が二つ以上であることを示す語形。名詞・代名詞、およびこれを受けて変化する動詞・形容詞・冠詞などにみられる。⇔単数。

ふくすうけいやく-わりびき【複数契約割引】自動車保険の契約に際し、同じ保険会社で、2台以上の自動車を、同じ記名被保険者で契約する場合に適用される保険料の割引。マルチオーナーシップ割引。

ふくすうしょゆうじどうしゃ-わりびき【複数所有自動車割引】►セカンドカー割引

ふくすうつうかだて-さい【複数通貨建(て)債】►二重通貨建て債

ふくすうぶんせつ-へんかん【複数文節変換】►連文節変換

ふく-すけ【福助】❶頭が大きくてちょん髷を結い、背は低く、童顔で、上下をつけて正座している男の人形。幸福を招くという。叶福助。❷❶に似て頭の特に大きい人。

ふくず-し【複図紙】地図・設計図などを模写するのに用いる、敷き写し用の薄い紙。トレーシングペーパー。

ブクステフーデ〖Dietrich Buxtehude〗[1637ころ～1707]ドイツのオルガン奏者・作曲家。後半生の40年は、ドイツ北東部のリューベックの聖マリア教会のオルガン奏者として活動した。また、「夕べの音楽会」を主催して多数のオルガン曲を残した。バッハやヘンデルに大きな影響を与えたことで知られる。

ふく・する【伏する】〔動サ変〕文ふく・す〔サ変〕❶かがむ。平伏する。身をかがめる。また、平伏させる。「墓前に―・する」「臣下を―・する」❷従う。屈伏する。また、従わせる。「権力に―・する」「寇をここに―・す」〈海道記〉❸隠れる。潜む。また、隠す。潜ませる。「先陣を岩陰に―・す」「気格高尚なるが故に貪吝刻薄の状を―・す」〈逍遥・小説神髄〉

(類語)負ける・敗れる・参る・敗北する・やられる・屈する・屈伏する・くじける・膝を屈する・降参する・降伏する・ギブアップする

ふく・する【服する】〔動サ変〕文ふく・す〔サ変〕❶言われたとおりにする。従う。服従する。また、従わせる。「上長の命に―・する」「そうした論理は決して細君の心を―・するに足りなかった」〈漱石・道草〉❷ある仕事に就く。服務する。服役する。「労役に―・する」「刑に―・する」❸《「ぶくする」とも》喪の期間を過ごす。「喪に―・する」❹身につける。着る。「身に洋服を―し口に洋食を食し」〈福沢・福翁百話〉❺《「ぶくする」とも》茶・薬などを飲む。服用する。「錠剤を―・する」(類語)(❶)従う・服従・承服/(❺)飲む・喫する

ふく・する【復する】〔動サ変〕文ふく・す〔サ変〕❶もとどおりになる。もとに戻る。また、もとどおりにする。「体調は正常に―・した」「価格を旧に―・する」❷むくいる。仕返しをする。「亡君の讐を―・して」〈芥川・或日の大石内蔵助〉❸繰り返す。反復する。また、復習する。「胸のうちに、言はんと思ふ理屈を何べんも―・してゐるうち」〈洒・四十八手〉

(類語)回復する・返る・なおる・戻る・よみがえる・立ち返る・立ち直る・持ち直す

ふく-せい【服制】衣服に関することを定めた制度。

ふく-せい【復姓】〔名〕スル 旧姓に復すること。

ふく-せい【複成】重複してできていること。また、重複してつくること。

ふく-せい【複声】楽曲で、対位法的に進行する二つ以上の声部があること。

ふく-せい【複姓】古代、氏名のほかに家名・職掌などを重ねて称したもの。中臣鹿島・飛鳥衣縫など。

ふく-せい【複製】〔名〕スル ❶もとの物と同じ物を別に作ること。また、そのもの。「鍵を―する」❷美術品・著作物などの原作品とそっくり同じ物を制作すること。また、そのもの。「名画を―する」❸(「覆製」とも書く)写本・刊本などを原形のままの形に作ること。翻刻に対していう。「―本」

(類語)複写・模造・模作・模写・写し・コピー・リプリント

ふく-ぜい【伏勢】敵を待ち伏せして、あらかじめひそませておく軍勢。伏兵。ふせぜい。

ふくせい-かざん【複成火山】休止期をはさんで一輪廻の噴火が繰り返されてできた火山。楯状火山や成層火山など、大型火山の大部分はこれ。⇔単成火山。

ふく-せいぶん【副成分】主成分以外の成分。

ふく-せき【復席】〔名〕スル いったん離れた席に再び戻ること。「焼香がすんで―する」

ふく-せき【復籍】〔名〕スル ❶婚姻・養子縁組で他の戸籍に入った者が、離婚・離縁などによって、もとの戸籍にかえること。❷退学によって学籍を離れたものが、復学すること。

ふく-せん【伏線】❶小説や戯曲などで、のちの展開に備えてそれに関連した事柄を前のほうでほのめかしておくこと。また、その事柄。「主人公の行動に―を敷く」❷あとのことがうまくゆくように、前もってそれとなく用意しておくこと。また、そのもの。「断られたときのために―を張る」

ふく-せん【複線】❶二つ以上平行している線。❷鉄道で、上り・下りの線路が並行して敷設されている軌道。⇔単線。

ふく-そ【復×祚】〔名〕スル「重祚」に同じ。

ふく-そ【福×祚】❶幸い。幸福。❷天子の位。宝祚。「誠に王業再興の運、―長久の基」〈太平記・一〉

ふく-そう【伏奏】〔名〕スル 天子の御前にひれ伏して奏上すること。

ふく-そう【服装】衣服とその装身具。また、それをつけたときのようす。身なり。「質素な―」

(類語)身なり・装い・衣装・格好・コスチューム

ふく-そう【副葬】〔名〕スル 死者が生前に愛用していた品物を遺体に添えて埋葬すること。

ふく-そう【復奏‖覆奏】〔名〕スル 繰り返し調べて、天子に申し上げること。

ふく-そう【福相】福々しい顔つき。裕福らしく見える人相。⇔貧相。

ふく-そう【複相】染色体数が、通常の体細胞の染色体数と同じ2倍数($2n$)である核相。受精から減数分裂までの核相。➡単相

ふく-そう【複層】異なる性質の層が重なっていること。「―ガラス」

ふく-そう【×輻×湊‖×輻×輳】❶〔名〕スル《車の輻が轂に集まる意》四方から寄り集まること。物事がひとところに集中すること。「雑務が―する」「荷船や小舟の―する川口から」〈荷風・牡丹の客〉❷《congestion》電話やインターネットなどの回線において、多数の利用者が特定の時間帯に集中することにより処理可能な容量を超え、不具合が生じたり機能が停止したりすること。

ふく-ぞう【腹蔵‖覆蔵】本心を隠して表に出さないこと。「―のないところが知りたい」

ふく-そうさい【副総裁】総裁を補佐し、また、総裁に事故があったときはその代理をする役。

ふく-そうじょうかじょ【複総状花序】無限花序の一。花軸が分岐して、各枝が総状花序となるもの。イネ・ナンテンなどにみられる。

ふくそう-ひん【副葬品】死者を埋葬するとき、遺体に添えて納める品物。邪悪を祓う品、来世での生活用品、生前の愛用品など。

ふく-そうり【副総理】内閣総理大臣に事故のあるとき、または欠けたとき、暫定的にその職務を代行する国務大臣の俗称。

ふく-ぞうり【福草履】藺で編み、鼻緒を太くして白紙を巻いた草履。

ふくそう-りん【複層林】樹齢や樹高の異なる樹木で構成され、樹冠の部分が何層にも分かれている林。自然林に多い。⇔単層林。

ふくそかんしき-かごうぶつ【複素環式化合物】炭素のほかに、酸素・硫黄・窒素などが入っている環状構造の化合物。環式化合物の一種。ピロール、プリン、ピリジンなど。異節環式化合物。ヘテロ環式化合物。

ふくそ-かんすう【複素関数】二つの複素数があって、一方の値が定まればそれに伴って他方が定まるような関数。

ふくそ-きょうやく【複素共役】►共役複素数

ふく-ぞく【服属】〔名〕スル 服従して下につくこと。従属。「大国に―しない」

ふくそく-るい【腹足類】腹足綱の軟体動物の総称。巻き貝の類で、多くは体がねじれて左右不相称となり、螺旋形の貝殻をもつ。腹面全部が幅広い足となり、はい歩くものが多い。陸産・淡水産・海産があり、アワビなどの前鰓類、ウミウシなどの後鰓類、カタツムリなどの有肺類の3亜綱に分けられる。

ふくそ-すう【複素数】a、bを実数、iを虚数単位とするとき、$a+bi$の形に表される数。aを実部、bを虚部という。

ふくそ-へいめん【複素平面】►ガウス平面

ふく-たい【腹帯】❶腹部の手術などをしたあとに締める帯。❷「岩田帯」に同じ。

ふく-だい【副題】書物・論文などの表題のわきに添え、内容をわかりやすく示した題。サブタイトル。

(類語)傍題・サブタイトル

ふく-たいし【副体詞】►連体詞

ふく-だいじん【副大臣】各省と内閣府に置かれ、大臣を助け、政策や企画に参加し、政務を処理し、大臣不在の場合にその職務を代行する特別職の国家公務員。内閣が任命する。多く、与党の国会議員から選任される。平成13年(2001)の中央省庁再編に伴い、政務次官を廃止して設置された。

ふ-ぐ-たいてん【不×倶戴天】《「礼記」曲礼の「父の讐は倶に天を戴かず」から》ともにこの世に生きられない、また、生かしてはおけないと思うほど恨み・怒りの深いこと。また、その間柄。「―の敵」

ふく-だいり【復代理】代理人が自己の名義でさらに本人の代理人(復代理人)を選任して、その権限内の行為を行わせること。復代理人は本人に対して、

代理人と同じ権利義務をもつ。

ふく-たいりつ いでんし【複対立遺伝子】フクタイリツイデンシ 相同染色体上の同一の遺伝子座にある、少しずつ作用の異なる三つ以上の遺伝子群。

ふくだ-ぎょうかい【福田行誡】フクダギヤウカイ［1809〜1888］幕末・明治の浄土宗の僧。武蔵の人。号、建蓮社立誉。維新の廃仏毀釈きしゃくに際し、諸宗の僧と同盟会を組織して仏教擁護のために活躍。浄土宗管長。縮刷大蔵経刊行にも貢献。著「雪窓答問」など。

ふくだ-きよと【福田清人】［1904〜1995］小説家・児童文学者。長崎の生まれ。昭和30年(1955)浜田広介らと日本児童文芸家協会を設立。同42年開館の日本近代文学館設立にも尽力した。作品に「春の目玉」「秋の目玉」「暁の目玉」三部作など。

ふく-たく【福沢】幸福と恩沢。恵まれた境遇にあること。「富貴一の人」

ふくだ-しげお【福田繁雄】フクダシゲヲ［1932〜2009］グラフィックデザイナー。東京の生まれ。だまし絵の技法をふんだんに取り入れたポスターや、錯視を利用した立体作品などを多数制作。平成9年(1997)紫綬褒章受章。

ふくだ-たけお【福田赳夫】フクダタケヲ［1905〜1995］政治家。群馬の生まれ。農相・蔵相・外相を歴任したのち、昭和51年(1976)首相。日中友好条約を締結。「昭和元禄」「狂乱物価」などを造語する。同53年退陣。長男の康夫も平成19年(2007)首相に就任した。➡大平正芳

ふくだ-つねあり【福田恆存】［1912〜1994］評論家・劇作家・演出家。東京の生まれ。恆存は「こうそん」とも。東大卒。芸術院会員。保守派の論客として平和論・憲法問題・国語問題などに評論活動を展開。演劇人としては現代演劇協会を創立、劇団「雲」主宰。「シェイクスピア全集」の翻訳で岸田演劇賞。評論に「人間・この劇的なるもの」、戯曲に「キティ颱風たいふう」「総統いまだ死せず」など。

ふくだ-とくぞう【福田徳三】フクダトクザウ［1874〜1930］経済学者。東京の生まれ。東京商大教授。理論的にはマーシャルを中心とした新古典学派の立場にたち、社会政策における改良主義の原理確立に努めた。著「社会政策と階級闘争」「厚生経済研究」など。

ぶく-だね【▽服種】《「ぶく」は服忌ぶくのこと》死人があって忌みのかかった家の農産物の種子。

ふくだ-は【福田派】自由民主党にあった派閥の一。党風刷新連盟・清和会(のちの清和政策研究会)の昭和37年(1962)から同61年における通称。田中派と角福戦争と呼ばれる政争を繰り返した。➡安倍派

ふくだ-ひでこ【福田英子】［1865〜1927］婦人運動家。岡山の生まれ。旧姓、景山。自由民権運動に参加。大井憲太郎らと大阪事件に連座。明治40年(1907)雑誌「世界婦人」を創刊。著「妾わらわの半生涯」など。

ふくだ-へいはちろう【福田平八郎】フクダヘイハチラウ［1892〜1974］日本画家。大分の生まれ。装飾的傾向の強い、明快な色面構成の作品で知られる。文化勲章受章。

ふくだみ【福多味】トコブシの腸わた・肉やスルメを刻み込んで塩の薄味で仕上げた食品。ふくだめ。

ふくだ・む ㊀〔動マ四〕髪などがけばだってぼさぼさになる。丸くふくらんだようになる。「つくろひ添へたりつる髪も、唐衣の中にて一・み」〈枕・二七八〉㊁〔動マ下二〕けばだたせる。そそけ乱れさせる。「御髪なども大殿籠り一・めたれど」〈宇津保・国譲中〉

ふくだ-やすお【福田康夫】フクダヤスヲ［1936〜 ］政治家。東京の生まれ。父の元首相赳夫の秘書官を経て、群馬県の地盤を継ぎ平成2年(1990)に衆議院議員に当選。同12年から森喜朗・小泉純一郎両内閣で官房長官を務める。同19年9月に首相に就任。親子2代での就任は史上初。参議院で野党が多数を占めるねじれ国会の中、民主党との大連立に失敗。薬害肝炎救済法・補給支援特別措置法を成立させ、道路特定財源の一般財源化を推進。該当者不明の年金記録、後期高齢者医療制度への移行、原油・食糧の世界的な高騰、財政再建と景気対策などの問題を抱えながら、同20年9月、約1年で辞任。➡麻生太郎

フク-だん【フク団】▶フクバラハップ

ふくち-おうち【福地桜痴】フクチアウチ［1841〜1906］政治評論家・劇作家・小説家。長崎の生まれ。本名、源一郎。「東京日日新聞」主筆・社長として言論界で活躍。また、演劇改良に尽力。歌舞伎座を創設した。戯曲「春日局かすがのつぼね」など。

ふくち-きがい【福内鬼外】フクチキグワイ ▶平賀源内ひらがげんない

ふく-ちじ【副知事】都道府県知事を補佐する吏員。知事に事故のあるとき、または欠けたときに、その職務を代行する。知事が議会の同意を得て選任する。

ふくち-ほうすけ【福地泡介】フクチハウスケ［1937〜1995］漫画家。岐阜の生まれ。本名、豊。サラリーマン生活を経て執筆活動に入る。庶民の生活を哀愁あふれる視点で描き、共感を得た。麻雀の名手としても知られ、それに関するエッセーも著している。代表作「ホースケ君」「ドーモ君」など。

ふく-ちゃ【福茶】元日に若水を沸かし、中に黒豆・結び昆布・梅干し・山椒さんしょうなどを入れた茶。また、結び昆布と小梅干しに湯または煎茶を注いだもの。正月・節分・大みそかなどに飲んで長寿を祝う。正月のものを特に大福茶おおぶくちゃという。(季 新年)

ふくちやま【福知山】京都府北西部の市。明智光秀が築城し、江戸時代は朽木くつき氏の城下町。鉄道・道路交通の要地。平成18年(2006)1月、三和町・夜久野やくの町・大江町を編入。人口8.0万(2010)。

ふくちやま-し【福知山市】▶福知山

ふくちやま-せん【福知山線】兵庫県の尼崎から京都府の福知山に至るJR線。列車は大阪から発着する。明治26〜32年(1893〜1899)開業。全長106.5キロ。

ふくちやま-ぼんち【福知山盆地】京都府北西部、丹波高地北端に広がる断層盆地。由良ゆら川の中流部にあり、東の綾部市と西の福知山市の間約15キロメートル、幅約4キロメートルの沖積平野をその周辺の広い洪積台地がとりまく。低地は主に水田、河岸段丘は桑園として利用されている。綾部・福知山市では製糸工業が発達。

ふく-ちゅう【腹中】❶腹の中。また、胃腸。❷心の中。胸中。「一の計」❸度量。「大一の人物」

ふぐ-ちゅうどく【河=豚中毒】河豚毒によって起こる中毒。麻痺がしだいに全身に及び呼吸困難・昏睡状態となる。致命率が高い。

ふく-ちょう【副長】フクチャウ ❶長を補佐する役。❷軍艦の艦長を補佐する役。

ふく-ちょう【復調】フクテウ〔名〕スル ❶からだなどの調子が正常な状態に戻ること。「休養を得て一する」❷変調された信号波から原信号を再生すること。また、その操作。検波。

(類語)回復・復活・復旧・復元・復興・蘇生そせい

ふぐ-ちょうちん【河=豚▽提▽灯】フグチャウチン トラフグなどの背に穴をあけ、皮を傷つけないで身を取り除いたのち、ふくらませ乾かして作った提灯。

ふぐ-ちり【河=豚ちり】フグのちり鍋。てっちり。(季 冬)

ふ-くつ【不屈】〔名・形動〕どんな困難にぶつかっても、意志を貫くこと。また、そのさま。「一の精神」「不撓ふとう一」(類語)不撓・不抜・堅忍・剛毅ごうき・剛直

ふくつ【福津】福岡県北部にある市。玄界灘に面し、海岸部と宮地嶽みやじだけ神社周辺は玄海国定公園に指定されている。平成17年(2005)1月に福間町、津屋崎つやざき町が合併して成立。人口5.5万(2010)。

ふく-つう【腹痛】腹部の痛み。はらいた。

ふくつけ・し〔形ク〕欲が深い。貪欲である。「おのれ一・し、とは、まことにこそ侍りけれ」〈狭衣・二〉

ふくつ-し【福津市】▶福津

ふく-ていきあつ【副低気圧】低気圧の等圧線の一部が、地形の影響で膨れてできる小さな低気圧。

ふく-てつ【覆×轍】前の車が転倒した跡。転じて、先人の失敗。「一を踏む」

ふく-てっきん【副鉄筋】鉄筋コンクリートの中に埋め込む、鉄製の網。

ふく-でん【福田】❶田が実りを生じるように、福徳を生じるもとになるもの。仏・僧・父母・師・貧者・病者など。➡三福田 ❷霊域。聖域。「小石だも掃ひし一ながら」〈読・雨月・仏法僧〉

ふく-ど【覆土】〔名〕スル 土をかぶせること。また、その土。「播種のあと一する」

ふぐ-と【河=豚▽魚】《「ふくと」とも》「ふぐ」に同じ。

ふく-とう【復党】フクタウ〔名〕スル 党籍を離れた者が、もとの党に戻ること。「新党結成が流れて一する」

ふく-とう【復答】フクタフ〔名〕スル 問いに答えること。返事。「書面をもって一する」

ふく-どう【複道｜復道】フクダウ 道路の上にさらに架け渡した道路。上下二段に造った道や廊下。

ふくどう-きかん【複動機関】フクドウキクワン 蒸気や燃焼ガスの圧力をピストンの両面に交互に受けて運動する往復機関。出力は単動機関の倍となる。

ふく-とく【福徳】❶幸福と利徳。財産や幸せに恵まれていること。「一円満」❷善根によって得る利得。功徳と福利。

福徳の三年目 《福徳の利益りやくは3年目に回ってくるという意から》予期しない幸運にあうこと。思いがけない利益を得ること。

ふく-どく【服毒】〔名〕スル 毒薬を飲むこと。「一して自殺を図る」

ふく-どく【復読】〔名〕スル 書物を繰り返し読むこと。「経書を一するの外に」〈福沢・文明論之概略〉

ふぐ-どく【河=豚毒】フグ類に含まれる有毒物質。主成分はテトロドトキシン。

ふく-どくほん【副読本】《「ふくとくほん」とも》教科書の補助的教材として用いる図書。

(類語)リーダー・サイドリーダー

ふく-としん【副都心】大都市の在来の都心部に対し、周辺部に発展した中心地で都心の機能を分担する地域。東京における新宿・池袋・渋谷・台場など。

ふく-とみ【福富】「富籤とみくじ」に同じ。

ふくとみぞうし【福富草子｜福富草紙】フクトミザウシ 御伽草子。1巻。作者未詳。南北朝時代の成立とされる。放屁ほうひのじょうずな福富長者をまねた男の失敗談。絵巻物としても伝わる。福富長者物語。

ぶく-なおし【▽服直し】ブクなほし 喪が明けて、喪服を平常の衣服に着替えること。ぶくぬぎ。「御一のほどなどにも」〈源・乙女〉

ふくなが-たけひこ【福永武彦】［1918〜1979］小説家。福岡の生まれ。加田伶太郎の筆名で推理小説も執筆。小説「風土」「海市」「死の島」など。

ふく-にち【復日】暦注の一。婚礼・葬式などを忌むという。

ふく-にん【復任】〔名〕スル ❶再びもとの官職・役職に任ぜられること。❷律令制で、父母の喪にあって官職を解かれていた官吏が、喪があけてもとの職に復すること。➡服解ぶくげ

ふく-の-かみ【福の神】福運をもたらすと信じられる神。七福神など。福天ふくてん。ふくじん。

ふくのかみ【福の神】狂言。年の暮れに二人の信者が出雲大社に参詣すると、福の神が現れて、神酒を所望し、富貴になる心得を語る。

ふく-はい【伏拝】〔名〕スル ひれ伏して拝むこと。

ふく-はい【復配】〔名〕スル 配当を復活すること。主に株式の配当にいう。「業績の回復に伴い一する」

ふく-はい【腹背】腹と背中。前と後ろ。「一の敵」

ふく-ばち【伏鉢｜覆鉢】相輪そうりんなどの露盤上にある、鉢を伏せたような形のもの。その上に請花うけばな・九輪くりんなどをのせる。

ふくはら【福原】平清盛が一時都を移した地。現在の神戸市兵庫区の福原町あたり。

フクバラハップ〘Hukbalahap〙第二次大戦中、フィリピンで組織された抗日ゲリラ組織。戦後フクボン(人民義勇軍)と改称、土地改革・民族独立を要求して政府軍と抗争したが、1955年までに鎮圧された。フク団。

ふくはら-りんたろう【福原麟太郎】フクハラリンタラウ［1894〜1981］英文学者・随筆家。広島の生まれ。東京教育大学教授。著「チャールズ=ラム伝」「文学と文明」など。

ふく-はんのう【副反応】ワクチンの接種を受けた後に生じる、接種部位の腫れや発赤・発熱・発疹などの症状をいう。補説 治療薬による投与目的以外の作用は通常副作用とよぶが、ワクチンは生体の免疫反応を期待して接種するものであり、特に副反応という。

ふく-ひ【複比】❶「相乗比」に同じ。❷一直線上の四つの点をA・B・C・Dとするとき、(AC : CB)と(AD : DB)との比。⇔単比。

ふく-びき【福引(き)】❶商店の売り出しや宴会の余興などで、くじを引かせ、当たった人に景品を出すこと。❷多くの綱に種々の景品をつけ、引き手にそれを隠しておいて引かせる、正月の遊び。《季 新年》「一の一番当りひき当てたり/鬼城」❸昔、正月に二人で一つの餅(もち)を引っ張り合い、取り分の多少でその年の吉凶を占ったこと。類語 くじ・おみくじ・あみだくじ・宝くじ・空くじ・貧乏くじ

ふく-びくう【副鼻×腔】▶ふくびこう(副鼻腔)

ふくびくう-えん【副鼻×腔炎】▶ふくびこうえん(副鼻腔炎)

ふく-びこう【副鼻×腔】鼻腔に通じている頭蓋(とうがい)内の中空の構造。内面が鼻腔に続く粘膜で覆われている。

ふくびこう-えん【副鼻×腔炎】《「ふくびくうえん」とも》鼻の奥や副鼻腔などに起きる炎症。悪臭のある鼻汁や鼻詰まり、頭痛・発熱などの症状がみられる。慢性のものを蓄膿症ともいう。

ふく-ひょう【復氷】氷の一部に圧力を加えると、その部分は融点が下がり融解して水になるが、圧力を除くともとの氷に戻る現象。

ふく-ひれい【複比例】一つの量が、他の二つの量と比例あるいは反比例の関係にあること。

ふく-ぶ【腹部】❶動物のからだで、胸部に続く腹の部分。内部に内臓がある。❷ものの中ほどの部分。「山の一」類語 腹・おなか

ぶぐ-ぶぎょう【武具奉行】❶江戸幕府の職名。文久3年(1863)具足奉行が、弓矢槍(ゆみやり)奉行の職を兼ねて改称したもの。❷江戸幕府の職名。駿府城・二条城に置かれ、武具を管理した職。

ふく-ふく〔副〕スル 柔らかくふくらんだ感じのするさま。「―したその蒲団の中から」〈宇野浩二・蔵の中〉

ふく-ふく【福福】〔副〕豊かに富みさかえるさま。「恵方の御蔵ずっしり納めて、家も―」〈浄・大経師〉

ぶく-ぶく　㊀〔副〕スル ❶泡などが次々と出る音や、そのさまを表す語。「汚水にメタンガスが―(と)わく」❷泡をたてながら物が水中に沈む音や、そのさまを表す語。「見る間に―(と)沈む」❸しまりなく太っているさま。「―したからだつき」㊁〔形動〕㊀❸に同じ。「―に着ぶくれしている」アクセントは㊀はブクブク、㊁はブクブク。

ぷく-ぷく〔副〕❶小さな泡などがたつさま。また、小さな泡をたてながら物が水中に沈むさまや、浮くさま。「鮒(ふな)が時々―浮いて泡を吹く」〈左千夫・水籠〉❷可愛い感じに太っているさま。「手足の―(と)した赤ちゃん」

ふくぶく-し・い【福福しい】〔形〕文 ふくぶく・し〔シク〕顔つきがふっくらとしていて、幸福そうなさま。「―・い顔立ち」派生 ふくぶくしさ〔名〕

ふく-ふくせん【複複線】鉄道で、二組の複線が並行して敷設されている軌道。

ふく-ぶくろ【福袋】前もってその中に種々のものを入れて口を閉じ、各人に選び取らせる袋。余興や商店の正月の売り出しなどに出す。

ふく-ぶん【副文】条約・契約などで、正文に添えられる文章。

ふく-ぶん【復文】❶漢字仮名まじりに書き下した漢文を原文に戻すこと。❷返事の文章。

ふく-ぶん【複文】文を構造上から分類した場合の一。主語と述語からなる文でさらにその構成部分に主語・述語の関係が認められるもの。「ここは雨の多い地方だ」など。➡単文 ➡重文

ふく-ぶんかい【複分解】2種の化合物が反応し、それぞれの成分が入れ替わった新しい2種の化合物を生じる反応。塩化ナトリウムと硝酸銀とから、硝酸ナトリウムと塩化銀を生じる反応など。

ふくぶんせつ-へんかん【複文節変換】▶連文節変換

ふくべ【河=豚】フグの古名。〈和名抄〉

ふくべ【×瓢/×瓠/×匏】❶瓢箪(ひょうたん)のこと。特に、その果実から作った容器。酒などを入れる。《季 秋》❷ユウガオの変種。果実は苦味が強く、果皮が堅い。容器にし、また観賞用。まるゆうがお。

ふく-へい【伏兵】❶敵の不意を襲うために待ち伏せしている軍勢。❷予期しないときに現れ、たちはだかる人物や障害。「悪天候という―にあう」類語 伏せ勢

ふく-へき【復×辟】〔名〕スル 一度退位した君主が再び位に就くこと。復位。重祚(ちょうそ)。

ふく-へき【腹壁】腹腔をつくっている壁。特に、腹筋を主体とする前腹壁をいう。

ふく-ほう【副砲】軍艦の備える大砲の一。主砲の補助として使用する中・小口径のもの。

ふく-ほう【復報】仕返し。返報。報復。

ふく-ほう【複方】複数の薬品を調合する処方。また、その処方による薬剤。

ふく-ぼく【副木】骨折した手足などを固定するためにあてがって支えるもの。添え木。

ふく-ぼつ【覆没】〔名〕スル ❶船などが転覆して沈むこと。❷敗れ滅びること。敗北すること。「全軍―の運に際会した話や」〈花袋・春潮〉

ふく-ほん【副本】❶原本の写し。特に、正本の控えとするため、正本と同一内容のものとして作成される文書。「戸籍の―」❷同一の図書が2部以上ある場合、最初に受け入れた正本以外の図書。

ふく-ほん【複本】一つの手形上の権利を表すために発行される数通の同一内容の手形証券。複本であることを示す番号がある。

ふくほんい-せいど【複本位制度】本位貨幣が金と銀など2種類であり、両者の比価を公定した貨幣制度。両本位制度。➡単本位制度

ふく-まく【腹膜】腹腔内のほとんどの内臓と腹壁の一部を覆っている薄い漿膜(しょうまく)。

ふくまく-えん【腹膜炎】腹膜の炎症。化膿菌(かのうきん)や腫瘍(しゅよう)などによって起こり、急性では虫垂炎などから二次的に起こることも多く、激しい腹痛や嘔吐(おうと)・下痢(げり)などを伴う。

ふくまく-かせいねんえきしゅ【腹膜仮性粘液腫】▶腹膜偽性粘液腫

ふくまく-ぎせいねんえきしゅ【腹膜偽性粘液腫】腹膜にゼラチン状の粘液が貯留・充満する病気。虫垂や卵巣にできた粘膜性腫瘍が腹膜に転移して起こる場合が多い。腹部が膨満し、食欲不振・腹痛・吐き気などを呈する。発症率は100万人に1人程度とされ、原因は不明。治療法は確立されていない。腹膜偽粘液腫。腹膜仮性粘液腫。

ふくまく-ぎねんえきしゅ【腹膜偽粘液腫】▶腹膜偽性粘液腫

ふくませ【含ませ】含め煮のこと。

ふくま-でん【伏魔殿】❶魔物のひそんでいる殿堂。❷見かけとは裏腹に、かげでは陰謀・悪事などが絶えず企(たくら)まれている所。「政界の―」

ふく-まめ【福豆】❶節分にまく煎(い)り豆。鬼うち豆。《季 冬》❷福茶に入れる豆。

ふくま・る【含まる】〔動ラ五(四)〕中に含んでいる。含まれている。「鳴く事さえ―・ってる様に考えるのは」〈漱石・吾輩は猫である〉

ふくみ【含み】❶含むこと。また、含むもの。❷表面には出ないが、中に込められている意味や内容。「―のある言い方」類語 含蓄・意味・意義・意(い)・義(ぎ)・概念・謂(いい)・こころ・語意・語義・字義・文意・含意・意味合い・旨・ニュアンス・語感・本義・広義・狭義

ふくみ-えき【含み益】株式や為替などの時価が、取得した価格(簿価(ぼか))を上回っているときの利益。現金化して利益が確定されていないので、原価法を適用する場合は会計帳簿には計上されないが、時価会計を適用する場合は評価益として計上される。⇔含み損。

ふくみ-ごえ【含み声】口の中に音がこもっているように聞こえる声。くぐもり声。

ふくみ-しさん【含み資産】企業などが保有する資産の時価が帳簿価格を上回っている場合、その差額。

ふくみ-そん【含み損】《「ふくみぞん」とも》株式や為替などの時価が、取得した価格(簿価(ぼか))を下回っているときの損失。現金化して損失が確定されていないので、原価法を適用する場合は会計帳簿には計上されないが、時価会計を適用する場合は評価損として計上される。ただし、原価法を適用している場合でも、時価が簿価よりも大幅に(概ね50パーセント以上)下落し、回復の見込みがない場合は評価損を計上しなければならない。⇔含み益。

ふくみ-そんえき【含み損益】有価証券や棚卸資産など保有資産の時価と簿価の差額。現金化して損益が確定されていないので、原価法を適用する場合は会計帳簿には計上されないが、低価法や時価会計を適用する場合は評価損益として計上される。➡含み益 ➡含み損

ふく-みみ【福耳】耳たぶが大きく肉の厚い耳。福相とされる。

ふくみ-わた【含み綿】俳優がほおにふくらみをもたせるため、口腔と歯列との間に含ませる綿。

ふくみ-わらい【含み笑い】〔名〕スル 口をとじ、声を出さないで笑うこと。また、その笑い。「意味ありげに―する」

ふく-む【服務】〔名〕スル 仕事に従事すること。「夜間に―する」類語 従事・従業・執務・就く・働く

ふく・む【含む】㊀〔動マ五(四)〕❶かんだり、飲みこんだりせず、物を口の中に入れたままの状態を保つ。また、口でくわえる。「水を口に―・む」「マウスピースを―・む」❷成分・内容としてうちに包みもつ。また、ある範囲の中に要素として入っている。包含する。「この温泉は硫黄分を―・んでいる」「予備費の―・まれた予算案」❸思いや感情などを心の中におさめてもつ。「非難を―・んだ言い方」❹事情をよく理解して心にとめておく。「その点を―・んでおいてください」❺ある感情を表情や態度に表す。ようすを帯びる。「悲しみを―・んだ目つき」❻中に包み持つような形になる。ふくらむ。「指貫(さしぬき)の裾つかた、少し―・みて」〈源・若菜上〉可能 ふくめる ㊁〔動マ下二〕「ふくめる」の文語形。類語 含有する・包含する・内含する・内包する・包括する・包蔵する・包摂する・収納する・含める・収める・収まる・入れる・仕舞う・仕舞い込む・蔵(ぞう)する・収蔵する・格納する・収録する・収載する

含む所がある 心の中に恨み・不満などの気持ちがある。恨みに思っている。「何か―・る物言い」

ふくむ-きてい【服務規程】仕事に従事する者が守るべき事項を定めた規則。服務規則。

ふく-めい【復命】〔名〕スル 命令を受けた者が、その経過や結果を報告すること。復申。「詳細に調べ上げて天帝に―した」〈中勘助・鳥の物語〉

ふく-めい【腹鳴】腹部で聞こえる雑音。腸の内容物とガスや液体の移動によって発する。はらなり。

ふく-めいすう【複名数】二つ以上の単位を用いて表した数。3メートル50センチの類。諸等数。➡単名数

ふくめい-てがた【複名手形】手形上の債務者が2名以上いる手形。一般の商業手形がこれに当たる。➡単名手形

ふく-めつ【覆滅】〔名〕スル 完全に滅びること。また、完全に滅ぼすこと。「人間の交際を―するの恐なきに非ざれば」〈福沢・文明論之概略〉

ふくめ-に【含め煮】野菜・芋・栗(くり)などを、たっぷりした煮汁で味がしみ込むまで柔らかく煮ること。また、その煮物。含ませ。

ふく・める【含める】〔動マ下一〕文 ふく・む〔マ下二〕❶ある範囲の中に入れて、いっしょに扱う。含まれるようにする。「部長を―・めて三〇人の編集部」「サービス料を―・めた料金」❷言い聞かせて納得させる。「因果を―・める」「かんで―・めるように説明する」❸ある意味合いを中にもたせる。こめる。「風刺的意味

を―・める」❹物を口の中に入れる。「幼子に乳房を―・める」❺味をしみこませる。「煮汁につけたままにして味を―・める」

(類語)含む・含有する・包含する・内含する・内包する・包括する・包蔵する・包摂する・収納する・収める・収まる・入れる・仕舞う・仕舞い込む・蔵する・収蔵する・格納する・収録する・収載する

ふくめ-わた【含め綿】着物の袖口や裾の袘の部分に入れる綿。

ふく-めん【覆面】〔名〕スル ❶顔面を布などでおおって隠すこと。また、それに用いるもの。「目出し帽で―する」❷神仏に供え物をしたり、貴人の食膳を扱ったりするとき、息のかからないように紙や布で口・鼻をおおうこと。また、その紙や布。❸本名・正体を明らかにしないで物事をすること。「―座談会」「―パトカー」

ふくめん-さっか【覆面作家】素性を明らかにしない作家。私生活に支障が出ないよう本名や経歴を非公表にするほか、著名な作家が別のペンネームで作品を発表する場合などがある。

ふくめん-ずきん【覆面頭巾】顔を覆い、目だけ現した頭巾。

ふくめん-ちょうさ【覆面調査】企業からの依頼を受け、客のふりをして店舗の営業実態を調べること。従業員の態度、サービスの良し悪し、店内の清潔度などの顧客満足度を消費者の視点から調査する。➡覆面調査員

ふくめん-ちょうさいん【覆面調査員】覆面調査を行う人。一般客のようにふるまいながら、店舗の営業実態などを調査する。モニター。ミステリーショッパー。

ふくめん-パトカー【覆面パトカー】一般車両と同じ外装の、警察のパトロールカー。緊急時には赤色灯を付け、サイレンを鳴らして走ることもある。

ふく-も【服喪】〔名〕スル 喪に服すること。近親者が死んだ後、一定期間、行いなどを慎しむこと。

(類語)忌み・喪・忌服・忌み明け

ふくもう-るい【腹毛類】腹毛綱の袋形動物の総称。円筒状で体表にとげや刺毛を、腹面に纖毛をもつ。イタチムシなど。

ふくもと-かずお【福本和夫】[1894〜1983]共産主義指導者。鳥取の生まれ。大正13年(1924)山川均の理論を批判し、明確な階級意識を持つ者の集団による前衛党の確立を主張した。

ふくもと-にちなん【福本日南】[1857〜1921]新聞記者・史論家。福岡の生まれ。本名、誠。「九州日報」社長兼主筆、のち「新潟新聞」主筆。著「元禄快挙録」など。

ふくもと-ゆたか【福本豊】[1947〜]プロ野球選手。大阪の生まれ。昭和44年(1969)阪急(現オリックス)に入団。同45年から13年連続盗塁王。20年の現役生活で年間最多安打のタイトルを4回獲得。通算1065盗塁のプロ記録を樹立。

ふく-やか【膨やか|×脹やか】〔形動〕〔文〕〔ナリ〕「ふくよか❶」に同じ。「涼しい眼と―な頬と」〈魯庵・社会百面相〉

ふく-やく【服薬】〔名〕スル 薬を服用すること。「食事が終ると…―して蒲団を被り」〈嘉村・業苦〉

(類語)服用・内服・内用・一服・頓服

ふくやま【福山】広島県南東部の市。江戸時代は城下町。鉄鋼・機械工業などのほか、備後表・松永下駄・琴などの伝統産業がある。平成15年(2003)内海町・新市町を、同17年に沼隈町を、翌年に神辺町を編入。人口46.1万(2010)。

ふくやま-し【福山市】▶福山

ふくやま-じょう【福山城】▶松前城

ふくやま-しりつだいがく【福山市立大学】広島県福山市にある市立大学。福山市立女子短期大学を母体に、平成23年(2011)開学。

ふくやま-だいがく【福山大学】広島県福山市にある私立大学。昭和50年(1975)に開学した。

ふくやまへいせい-だいがく【福山平成大学】広島県福山市にある私立大学。平成6年(1994)の開設。

ふくやま-へいや【福山平野】広島県南東部、芦田川下流域の沖積平野。現在の三角州は近世初期の干拓によってできた。重化学工業が発達し宅地化が進んでいる。

ふく-よう【服用】〔名〕スル ❶薬を飲むこと。「食間に―する薬」❷衣服を身につけること。また、その衣服。「―は皆大長公主に等しく」〈太平記・三七〉

(類語)(❶)服薬・内服・内用・一服・頓服

ふく-よう【服×膺】〔名〕スル 心にとどめて忘れないこと。「敵を愛すというは殊に政治家が―すべき金言だ」〈魯庵・社会百面相〉

ふく-よう【複葉】❶葉身が2枚以上の小葉からなる葉。小葉の配列のしかたにより羽状複葉・掌状複葉・三出複葉などとよぶ。⇔単葉。❷飛行機の主翼が上下に2枚あること。⇔単葉。

ふく-よか【膨よか|×脹よか】〔形動〕〔文〕〔ナリ〕❶ふっくらと肥えているさま。やわらかそうにふくらんでいるさま。ふくやか。ふくらか。「―な頬」❷よい香りがするさま。「玉露の―な香りを楽しむ」

ふくら【膨ら|×脹ら】❶まるみをもっていること。また、その部分。❷刀の切っ先の丸みのこと。❸弓の上下の湾曲した部分。❹一張りの弓の長さ。的までの距離を測るときに単位として用いる。

ふく-らか【膨らか|×脹らか】〔形動〕〔文〕〔ナリ〕「ふくよか❶」に同じ。「花びらに芳しい息をふくんで―に花をひらく」〈中勘助・銀の匙〉

ふくら-か・す【膨らかす|×脹らかす】〔動サ五(四)〕ふくれさせる。ふくらます。「袴―・したる検非違使」〈今昔・二九・一五〉

ふくらくえん【復楽園】《原題、Paradise Regained》ミルトンの叙事詩。4巻。1671年刊。「失楽園」の続編。キリストがサタンの誘惑にあい、それに打ち勝つまでを描く。

ふくらし-こ【膨らし粉|×脹らし粉】パン・饅頭・菓子などの、生地を膨張させるために用いる粉末。重曹などを原料とする。ベーキングパウダー。

ふくら・す【膨らす|×脹らす】㊀〔動サ五(四)〕「膨らます」に同じ。「萩の餅に腹を―・し」〈花袋・田舎教師〉㊁〔動サ下二〕「ふくらせる」の文語形。

ふくら-すずめ【膨ら×雀|×脹ら×雀|福▽良×雀】❶まるまると太った雀。また、寒さに全身の羽毛をふくらませている雀。(季 冬)❷紋所・文様の名。羽をのばした❶の姿を図案化したもの。❸女性の髪の結い方の一。❷の形に似せて中央を締め、左右に髷を作るもの。江戸末期以降、10代の少女が結った。❹若い女性の帯の結び方の一。袋帯で両側に角を出し、お太鼓に似せて結んだもの。二枚扇。❺(「脹天蛾」とも書く)ヤガ科のガ。体は太く暗茶褐色で、前翅には波状の紋、後ろ翅には黒色と青色の帯がある。成虫で冬を越し、暖かい日に飛び出す。幼虫は芋虫で、食草はイラクサなど。

ふくら・せる【膨らせる|×脹らせる】〔動サ下一〕〔文〕ふくら・す〔サ下二〕「ふくらます」に同じ。「たらふくの御馳走に腹を―・せて」〈中勘助・鳥の物語〉

ふくら-に【×脹ら煮】アワビを水と酒でふっくらと煮て、みりん・醤油でつやよく仕上げたもの。古くはナマコ・イカなども用いた。膨ら煎り。

ふくら-はぎ【膨ら×脛|×脹ら×脛】脛の後面の、ふくらんだ部分。こむら。こぶら。小腿。

ふくらま・す【膨らます|×脹らます】〔動サ五(四)〕ふくらむようにする。ふくらす。ふくらせる。ふくらめる。「風船を―・す」「小鼻を―・す」

ふくらみ【膨らみ|×脹らみ】ふくらんでいること。また、その箇所やその程度。「胸の―」

ふくら・む【膨らむ|×脹らむ】㊀〔動マ五(四)〕❶物が、内からの力で丸みをもって大きくなる。ふくれる。「木の芽が―・む」「かばんが―・む」❷考えや希望が広がって大きくなる。「計画が―・む」「夢が―・む」㊁〔動マ下二〕「ふくらめる」の文語形。

(用法)ふくらむ・ふくれる――「餅がふくらむ(ふくれる)」「ポケットがふくらむ(ふくれる)」など、内から外に向かって大きくなる意では相通じて用いられる。◆「ふくらむ」はふつう、自然にやんわりと大きくなることをいい、「つぼみがふくらむ」「夢がふくらむ」では「ふくれる」は使わない。◆「ふくれる」には、異常な原因で大きくなるという意があり、この意味では「はれる」と相通ずる。「ねんざして足首がふくれる(はれる)」

(類語)膨れる・膨らます・膨らす

ふくら・める【膨らめる|×脹らめる】〔動マ下一〕〔文〕ふくら・む〔マ下二〕「ふくらます」に同じ。「頬を―・める」

ふく-り【福利】幸福と利益。(類語)福祉

ふく-り【複利】複利法の計算による利息。重利。⇔単利。(類語)金利・利・利子・年利・月利・日歩

ふぐり【陰=嚢】❶金玉。睾丸。いんのう。❷松ぼっくり。松かさ。「橋立の松の―も入り海の波もてぬらす文殊しりかな」〈咄・醒睡笑・五〉

ふくり-こうせい【福利厚生】企業が、労働力の確保・定着、勤労意欲・能率の向上などの効果を期待して、従業員とその家族に対して提供する各種の施策・制度。主として従業員の生活の向上を支援する目的で実施されるもので、法律で義務付けられた法定福利(社会保険料の事業主負担など)と、企業が任意で実施する法定外福利(交通費・社宅・健康診断・育児支援・保養施設など)がある。

ふくりこうせい-しせつ【福利厚生施設】福利・厚生のための施設。社員住宅・診療施設・保養所・体育館など。

ふくり-ひょう【複利表】複利計算を簡単に行うために、元金を1とした場合の元利合計を利率・期間に応じて示した表。

ふくり-ほう【複利法】利息計算方法の一。一定期間の利息を元金に加え、その元利合計を次の期間の新元金として利息を計算する方法。⇔単利法。

ふく-りゅう【伏流】〔名〕スル ❶地上の流水が、ある区間だけ地下を流れること。また、その流水。扇状地や火山灰地などに多い。❷物事の基底に、ある内容や動きが存在すること。また、そのもの。

ふく-りゅう【腹立】腹を立てること。立腹。「すべていささかも―せずと云ふを」〈沙石集・八〉

ふくりゅう-えん【副流煙】タバコの、火のついているところから立ち上る煙。主流煙よりも有害物質が多いといわれる。受動喫煙で問題視される。➡主流煙

ふく-りょう【伏▽竜】❶池の中にひそみ昇天の時機を待っている竜。❷世間に知られていないすぐれた人物のたとえ。

ぶく-りょう【×茯×苓】サルノコシカケ科のキノコの菌核。アカマツの根などに寄生。丸みのある塊状。漢方で鎮静・利尿薬などに用いる。まつほど。(季 秋)「―は伏しかくれ松露はあらはれぬ／蕪村」

ふくりょう-ほうすう【伏▽竜×鳳×雛】《「蜀志」諸葛亮伝注から》池の中に潜んでいる竜と、鳳凰の雛。三国時代、司馬徽は、蜀の諸葛亮をさして伏竜に、龐士元をさして鳳雛と評した。転じて、世間に知られずにいる大人物と将来有望な若者のたとえ。

ふく-りん【覆輪|伏輪】❶甲冑・鞍・太刀・調度などを金・銀・錫などで縁取りし、飾りや補強としたもの。➡太刀 ❷女性の着物の八つ口・袖口を別布で細く縁どったもの。

覆輪掛・ける 一層はなはだしくする。輪をかける。「京の人へ―・けて」〈滑・膝栗毛・五〉

フクリン《「ゴロフクレン」の略から》モスリンに似た薄地の梳毛織物。ゴロフクレンよりも柔らかい。江戸時代から明治初期にかけてオランダなどから輸入した。(補説)「服綸」「幅綸」とも書く。

ふく・る【膨る|×脹る】〔動ラ下二〕「ふくれる」の文語形。

ふ-ぐるま【▽文車】書籍などを運ぶのに用いた板張りの屋形車。ふみぐるま。

ふくれ【膨れ|×脹れ】❶ふくれること。また、ふくれたところや、もの。「水―」「火―」❷狂言面の一。ほおが特にふくれていて、一般に醜女を表すのに用いられる。

ふくれ-あが・る【膨れ上(が)る|×脹れ上(が)る】〔動ラ五(四)〕ふくれて盛り上がる。また、非常に大きくなる。「歯痛で頬が―・る」「夢が大きく―・る」

ブクレシュチ【București】▶ブカレスト

ふくれっ-つら【膨れっ面】頬をふくらませた不機嫌

な顔つき。
ふく・れる【膨れる┊×脹れる】〘動ラ下一〙文ふく・る〘ラ下二〙❶内から外へ盛りあがって大きくなる。ふくらむ。「腹が―・れる」❷頬をふくらませて不機嫌な顔つきになる。むくれる。「ちょっとしたことですぐに―・れる」➡膨ふくらむ 用法
類語 膨らむ・膨らます・膨らす
ふくろ【袋┊×嚢】❶布・紙・革・ビニールなどで、中に物を入れて口を閉じるように作ったもの。「―に詰める」「給料―」❷ミカン・ホオズキなどの果肉を包む薄い皮。「ミカンを―ごと食べる」❸体内にある、物を入れるような形の器官。「胃―」「子―」❹あいている方向が一つしかないもの。行き止まりの場所。「―地」「抜裏と間違えて―の口へ這入り込んだ結果」〈漱石・彼岸過迄〉❺水に囲まれた土地。❻おでん種の一。開いた油揚げの中に野菜やしらたき・豚肉を入れ、かんぴょうでしばったもの。❼巾着きんちゃく。また、所持金。「―をかたぶけて酒飯の設まうけをす」〈読・雨月・菊花の約〉
(…語)(ぶくろ)胃袋・慰問袋・浮き袋・歌袋・腕袋・大入り袋・大津袋・合切がっさい袋・紙袋・革袋・堪忍袋・救助袋・氷袋・乞食こじき袋・漉こし袋・子袋・小袋・米袋・酒さか袋・散財袋・地袋・祝儀袋・状袋・信玄袋・頭陀ずだ袋・砂袋・墨袋・段袋・知恵袋・茶袋・柄つか袋・手袋・天袋・戸袋・南京ナンキン袋・匂におい袋・糠ぬか袋・寝袋・熨斗のし袋・火袋・封じ袋・福袋・不祝儀袋・文ふみ袋・頰ほお袋・蛍袋・ぽち袋・ポリ袋・守り袋・水袋・耳袋
袋の鼠ねずみ　逃げ出すことのできない状態のたとえ。袋の中の鼠。「犯人はもう―だ」
ふく-ろ【復路】かえりみち。帰路。⇔往路。
類語 帰り・帰り道・帰路・帰途
ふくろ-あみ【袋網】定置網や引き網などの、細長い袋状の部分。
ふくろ-ありくい【袋×蟻食】ありくひ 有袋目フクロアリクイ科の哺乳類。吻ふんがとがり、細長い舌でシロアリを食べる。オーストラリア南西部に分布。
ふくろい【袋井】ふくろゐ 静岡県南西部の市。もと東海道の宿場町。温室メロンや茶などを産する。人口8.5万(2010)。
ふくろい-し【袋井市】ふくろゐ ▶袋井
ふくろいり-ぼん【袋入り本】江戸時代、黄表紙の特製本として、色刷りの袋に入れて刊行したもの。
ふくろう【×梟】ふくろふ ❶フクロウ科の鳥。全長約50センチ、全身灰褐色。目が顔の前面に並び、くちばしは短く、鉤かぎ状。夜、羽音をさせずに飛び、野ネズミやウサギなどを捕食する。ユーラシアの温帯・寒帯に広く分布。日本でも平地林にすむ。(季 冬)「―の来ぬ夜も長し猿の声/北枝」❷フクロウ目フクロウ科の鳥のうち、頭に耳のような飾り羽をもつミミズクを除くものの総称。フクロウ・シロフクロウ・シマフクロウ・アオバズクなど。大部分は夜行性。
ふくろう【梟】ふくろふ 狂言。弟のようすがおかしいので、兄が山伏に加持を頼むが、祈るうちに弟に憑ついていた梟が、兄や山伏にまで取り憑く。別名「梟山伏ふくろやまぶし」。
ふくろ-うち【袋打ち】組紐くみひもを管のように中空に組むこと。また、その紐。
ふくろ-おおかみ【袋×狼】おほかみ フクロネコ科の哺乳類。外形はオオカミに似る。体長1～1.3メートル、尾長50～55センチ。体色は淡褐色で背から尾にかけ暗色の横縞がある。タスマニア島の森林に生息したが、移民による大量捕殺により絶滅したと考えられる。タスマニアタイガー。タスマニアオオカミ。
ふくろ-おび【袋帯】袋織りにした芯しんのない女帯。正装・礼装用。
類語 帯・角帯・兵児帯へこおび・丸帯・名古屋帯・博多帯
ふくろ-おり【袋織(り)】二重織りの一。耳の部分以外は表裏を密着させず、筒状に織る織り方。また、その織物。帯地・コート地・袋物地などに使われる。
ふくろ-かけ【袋掛(け)】生育期のリンゴ・ナシ・ブドウなどの果実に、病虫害を防いだり外観をよくしたりするため、紙袋などをかぶせること。(季 夏)
ふくろ-ぎれ【袋切れ】袋物に用いる布地。
ふく-ろく【福×禄】❶幸福と俸禄ほうろく。しあわせ。❷「福禄寿㊀」の略。
ふくろく-じゅ【福禄寿】㊀中国の道教で理想とされる幸福・俸禄ほうろく・長寿命。㊁七福神の一。背が低く長頭で長いひげをもち、杖つえに経巻を結び、鶴を従えている。幸福・俸禄・長寿の三徳をそなえるという。寿老人と混同されることがある。福禄人。
ふくろく-じん【福禄人】「福禄寿㊁」に同じ。
ふくろ-ぐま【袋熊】コアラ、またはタスマニアデビルの別名。
ふくろ-ぐも【袋蜘＝蛛】❶フクログモ科フクログモ属のクモの総称。樹皮下にいるムナアカフクログモ、葉を三つに折り曲げて中にいるハマキフクログモなど。❷ジグモの別名。
ふくろ-こうじ【袋▽小路】こうぢ ❶行きどまりになっている路地。袋道。❷物事が行きづまって先に進めない状態。袋道。「審議は―に入ってしまった」
ふくろ-しだ【袋羊＝歯】メシダ科の多年生のシダ。山地の岩上に生える。葉の裏面に袋状の包膜をつけ、中に胞子嚢ほうしのうがある。
ふくろ-ずきん【袋頭巾】ヅキン 頭からすっぽりかぶる袋状の頭巾。
ふくろ-ずるめ【袋×鯣】アオリイカなどの胴とはらわたを取り去り、表皮をはいだまま干したもの。京都府宮津の特産。
ふくろ-ぞうし【袋草紙┊袋草子】ザウシ 袋綴ふくろとじにした冊子。◆書名別項。
ふくろぞうし【袋草紙】ふくろザウシ《「ふくろそうし」とも》平安後期の歌学書。2巻。藤原清輔著。平治元年(1159)までに成立。歌会の作法、歌人の逸話などを集成したもの。
ふくろだ-おんせん【袋田温泉】ヲンセン 茨城県北西部、久慈郡大子だいご町袋田にある温泉。泉質は単純温泉・塩化物泉など。
ふくろ-たけ【袋×茸】テングタケ科のキノコ。細長い卵形で、包まれた袋を破り、灰褐色の傘を広げる。中国南部・東南アジアなどで栽培され、若いものを中国料理に使う。
ふくろ-だたき【袋×叩き】一人または少数の人を大勢で取り囲んで存分にたたくこと。また、大勢の人から集中的に非難されること。「―にあう」「―にする」
類語 パンチ・殴打・打擲ちょうちゃく・打撲
ふくろ-だな【袋棚】❶床の間の脇の上部または下部に壁から張り出して設ける戸棚。天袋・地袋など。袋戸棚。❷茶棚の一。志野棚に模して桐で作ったもの。
ふくろだ-の-たき【袋田の滝】茨城県北西部、久慈郡大子だいご町にある滝。久慈川支流の滝川にかかり、男体山系の断層を4段に落下することから、「四度よどの滝」ともいわれる。高さ120メートル、幅73メートル。冬期は滝が凍り、アイスクライミングの練習場となる。
ふくろ-たび【袋足-袋】足の親指と他の指との間に隔てのない足袋。
ふくろ-ち【袋地】他人の土地に囲まれて、直接公道に通じていない土地。
ふくろ-づの【袋角】生え替わったばかりのシカの角。皮膚で覆われ、柔らかいこぶ状をしている。(季 夏)「雨後の木々夕日をこぼす―/綾子」
ふくろ-ど【袋戸】袋棚の襖ふすま戸。
ふくろ-どこ【袋床】床の間の形式の一。前面の左右どちらかに袖壁をつくり、横に入り込んだ部分をもつ床の間。
ふくろ-とじ【袋×綴じ】とぢ 書物の綴じ方の一。文字面が外になるように紙を1枚ずつ二つ折りにして重ね、折り目でないほうの紙端を糸でとじたもの。和装本には、この綴じ方が多い。和綴じ。
ふくろとじ-いんさつ【袋×綴じ印刷】ふくろとぢ 袋綴じに製本する際に、折り目に文字が重ならないようにレイアウトして印刷すること。
ふくろ-とだな【袋戸棚】▶袋棚ふくろだな❶
ふくろ-ぬい【袋縫い】ぬひ 縫い代しろがほつれないように中縫いをする方法。最初に布の表を出して端を浅く縫ったのち、裏返して本縫いをする。
ふくろ-ねこ【袋猫】有袋目フクロネコ科の哺乳類。猫に似た小形の肉食獣。淡褐色に白斑がある。オーストラリア大陸およびタスマニア島に分布。ふくろいたち。
ふくろ-ねずみ【袋×鼠】オポッサムの別名。
ふくろ-ばり【袋張り┊袋貼り】額や襖ふすまなどを張るとき、紙の縁にだけのりをつけて張ること。また、そのもの。
ふくろ・ぶ【▽綻ぶ】〘動バ上二〙《「ほころぶ」の音変化》❶縫い目・とじ目などが解ける。「どこもかしこも―・びて、裾廻りがばらばら」〈浄・浪花鑑〉❷こらえきれずに、涙が流れる。「こらへるだけと包めども、むせび―・び泣きるたり」〈浄・反魂香〉
ふくろ-まわし【袋回し】まはし 俳諧の運座うんざの方法の一。一定の題を状袋に入れて各人に配り、各人は1句を小短冊に書いて袋に入れ、右隣の人に回していくもの。➡膝ひざ回し
ふくろ-みち【袋道】「袋小路こうじ」に同じ。「ついに党派と伝授との―に堕ちて行った」〈小林秀雄・実朝〉
ふくろ-みみ【袋耳】❶一度聞いたら決して忘れないこと。また、その人。❷織物の耳を袋織りにしたもの。
ふくろ-むし【袋虫】根頭目フクロムシ科の甲殻類の総称。カニ・エビ・ヤドカリなどの腹部に寄生する。体は袋状で、根のような突起を宿主の体内に入れて養分を吸収し、宿主に去勢の現象を起こす。
ふくろ-もち【袋持ち】❶主人の外出の際、物入れの袋を持って供をすること。また、その者。「―に提灯ちょうちん消させて」〈浮・胸算用・三〉❷《大国主命が兄たちの荷物を持ったところからという》人に遅れをとること。また、その者。「事功の人におくるる者を世俗に―といふも」〈古事記伝・一〇〉❸老年まで疱瘡ほうそうにかからない者。袋かつぎ。「―一生ひまがあかずに居」〈柳多留・二〉❹《疱瘡にかからないと肌がきれいであるところから》美人。「支度金取って行くのは―」〈桜の実・七〉
ふくろ-もの【袋物】❶㋐紙入れ・タバコ入れ・手提げなど袋状の入れ物の総称。㋑茶道具を包む布製の袋。仕服しふく・大津袋など。❷袋に入れた品物。「―の菓子」
ふくろやまぶし【梟山伏】狂言「梟ふくろう」の異称。大蔵流が「梟」、和泉いずみ流が「梟山伏」を用いる。
ふく-わかし【福沸(か)し】❶元日の朝に若水をくんでわかすこと。(季 新年)「灰の静か鍋の静かや―/東洋城」❷正月に神前に供えた餅もちを、7日・15日などに雑煮やかゆの中に入れて食べること。福入り雑煮。(季 新年)
ふく-わけ【福分け】〘名〙スル 祝いの品や人からもらったものを他の人に分けてやること。また、そのもの。福渡し。お裾分すそわけ。おふくわけ。
ふく-わげ【吹く×髷】女性の髪形の一。勝山髷に似て輪をふっくらとさせたもの。江戸後期から侍女などが結い、明治中ごろには京都で流行した。
ふくわ-じゅつ【腹話術】口唇を動かさずに話す術。また、人形が話しているように見せる芸。
ふく-わら【福×藁】正月に、門口や庭に敷く新しいわら。(季 新年)
ふく-わらい【福笑い】わらひ 正月の遊びの一。目隠しをして、輪郭だけが描かれたお多福やおかめの絵の上に、別に厚紙で作った目・鼻・唇などを並べ、出来上がりのおかしさを楽しむもの。(季 新年)「目隠しが透いて見えたる―/梓月」
ふ-くん【夫君】他人の夫の敬称。ご主人。
類語 夫・主人・亭主・旦那・ハズ・宅・内の人・宿六
ふ-くん【父君】他人の父の敬称。お父上。
類語 父君ちちぎみ・父御・尊父・御親父・父
ふ-くん【府君】❶中国の漢代、府の太守の尊称。❷亡祖父・亡父を敬っていう語。❸尊者・長者を敬っていう語。
ぶ-くん【武勲】戦場でたてた手がら。武功。「―をたてる」
ぶくん-し【武勲詩】《フランス chanson de geste》中世フランスで作られた英雄叙事詩。「ローランの歌」などカール大帝と封建諸侯の武勲に取材したものが多い。
ふくん-ぼん【付訓本】「点本てんぽん」に同じ。
ふけ　花札の八八はちはちなどの遊びで、少ない点数で終

了すること。その回の勝負は無効となったり、時には役代をつけたりすることもある。

ふけ【老け】❶老けること。❷「老け役」の略。

ふけ【更｜▽深】❶深くなること。夜・季節・年月などがふけること。「夜—」「はかなくもわが世の—を知らずしていざよふ月を待ちわたるかな」〈千載・雑上〉❷（深）「深田ふけだ」の略。〈和英語林集成〉➡ふかだ（深田）

ふけ【普化】[?〜860]中国、唐代の禅僧。普化宗の開祖。馬祖道一ばそどういつの法を継ぎ、諸国を遊行した。➡普化忌

ふけ【雲脂｜頭垢】頭の皮膚にできる、角質に分泌物がまじって乾いた、うろこ状の白いもの。

ぶ-け【武家】❶武士の家筋。武門。また、一般に武士の総称。⇔公家くげ。❷室町時代、特に幕府あるいは将軍家をいう。

ふ-けい【不敬】〔名・形動〕尊敬の念を持たず、礼儀にはずれること。また、そのさま。「愚かな—な事をせずに」〈長与・青銅の基督〉

ふ-けい【不稽】〔名・形動〕《「ぶけい」とも。その場合は「無稽」とも書く》根拠がないこと。また、そのさま。でたらめ。「—な(の)物語」

ふ-けい【父兄】❶父と兄。父や兄。❷学校などで、児童・生徒の保護者。

ふ-けい【父系】❶父方の血統に属していること。また、その親族。⇔母系。❷家系が父方の系統で相続されること。⇔母系。類語父方・内戚

ふ-けい【府警】府の警察。また、府の警察本部。「大阪—」

ふ-けい【婦警】「婦人警察官」の略。

ふ-けい【符契】「割符わりふ」に同じ。

ぶ-げい【武芸】剣・弓・馬・槍・銃砲など、武道に関する技芸。武技。武術。類語武道・武術

ふけい-かい【父兄会】フケイクワイ「保護者会」の旧称。

ふ-けいき【不景気】〔名・形動〕❶経済活動に活気がないこと。また、そのさま。「世の中が—になる」⇔好景気。❷商売が繁盛していないこと。また、そのさま。「—な店」❸沈み込んで元気のないこと。また、そのさま。「—な顔をするな」❹いけすかないさま。「狭い流しを糠ぬかだらけにして居ませうぜ。—な」〈人・梅児誉美・三〉類語不況・恐慌

ふ-けいざい【不経済】〔名・形動〕費用・労力などにむだが多いこと。また、そのさま。「—な買い方」類語無駄遣い・浪費・濫費・散財・空費・徒費・冗費・使い込む

ふけい-ざい【不敬罪】天皇および皇族・神宮・皇陵に対して不敬の行為をする罪。昭和22年(1947)刑法改正で廃止。

ふけい-ざい【賦形剤】薬を取り扱いや服用に便利にするために加える成分。でんぷん・乳糖・水など。

ぶげい-しゃ【武芸者】武芸を修行する人。また、武芸にすぐれた人。

ぶげい-じゅうはっぱん【武芸十八般】ブゲイジフハッパン❶中国や日本で武人に必要とされた18種目の武芸。日本ではふつう、弓・馬・槍・剣・水泳・抜刀・短刀・十手じって・銑鋧しゅりけん・含針・薙刀なぎなた・砲・捕手・柔・棒・鎖鎌くさりがま・錑もじり・隠しのびをいう。➡十八般❷すべての武芸。武芸全般。

ふけい-せい【父系制】家系が父方の系統によって継承される制度。父系制度。

ふけ-おやま【老女方】❶「花車方かしゃがた」に同じ。❷文楽人形の首かしらの一。中年の女性に用いるもの。

ぶけ-かぞく【武家華族】ブケクワゾク もと武家で、明治維新以後華族となったもの。

ぶけ-がた【武家方】❶武家の人々。武家衆。また、武家の側に味方する人々。❷南北朝時代の足利方。⇔宮方みやがた。

ふけ-き【普化忌】普化の忌日。陰暦6月13日。また、その法会ほうえ。

ふ-げき【×巫×覡】神に仕えて、祈祷や神おろしをする人。「巫」は女性、「覡」は男性にいう。巫者。「—卜相ぼくそうの徒の前に首こうべを俯せんよりは」〈露伴・運命〉

ぶけぎりものがたり【武家義理物語】浮世草子。6巻。井原西鶴作。元禄元年(1688)刊。身を犠牲にしても義理を立てようとする武士の精神を描く。

ぶけ-こじつ【武家故実】武家に関する故実。

ふけ-こ・む【老け込む】〔動マ五(四)〕すっかり年寄りじみたようすになる。「まだ—・む年ではない」類語老いる・老ける・老い込む・老いさらばえる

ぶけ-じだい【武家時代】武家が政権を握っていた時代。鎌倉時代から江戸時代末までの約680年間。

ふけ-しゅう【普化宗】禅宗の一派。唐の普化が開祖。建長年間(1249〜1256)に伝来。江戸時代に栄え、宗徒は虚無僧こむそうと称して尺八を奏し、諸国を遍歴修行。下総小金の一月寺と武蔵青梅の鈴法寺を本山とした。明治4年(1871)廃宗。普化禅宗。

ぶけ-しゅう【武家衆】武家の人々。幕府に仕える武士。

ぶけ-しょはっと【武家諸法度】江戸幕府が諸大名を統制するために制定した法令。元和元年(1615)徳川家康の命により2代将軍秀忠のときに発布された13箇条が最初。その後必要に応じて改訂された。城の修築や婚姻・参勤交代などについて規定。

ぶけ-せいじ【武家政治】ブケセイヂ 武家が政権を掌握して行う政治。一般に、征夷大将軍が幕府を開いて行った鎌倉・室町・江戸の3時代の政治をいう。

ふけ-そう【普化僧】普化宗の僧。虚無僧こむそう。類語雲水・旅僧・行脚僧・虚無僧・山伏・雲衲うんのう・薦僧こもそう・行者・修験者・梵論ぼろ・遍路

ふけ-た【▽深田】「ふかだ」に同じ。

ふ-けつ【不潔】〔名・形動〕❶衛生的でないこと。よごれていて、きたないこと。また、そのさま。「—な水」⇔清潔。❷みだらでけがらわしいこと。また、そのさま。「—な話」派生ふけつさ〔名〕類語不浄・不純

ふ-けっか【不結果】フケククワ 結果がよくないこと。また、その結果。不首尾。「この二日ばかりは—だったが」〈露伴・薫声〉

ぶけ-づくり【武家造(り)】武家住宅の建築様式。のちの書院造りの祖形と考えられるが実例がないので詳細は不明。

ぶけ-てんそう【武家▽伝奏】《「ぶけでんそう」とも》室町・江戸時代の朝廷の職名。諸事にわたり、武家との連絡にあたる役。江戸時代には定員2名で関白に次ぐ要職。納言・参議から選ばれた。伝奏。

ふけ-とり【雲脂取り】頭のふけを落とし取ること。また、それに用いる道具・薬・香水など。

ぶけ-ほう【武家法】ブケハフ 武家が政治的権力を掌握していた時期の法体系。はじめ武士間の慣習法として成立、鎌倉幕府の御成敗式目で成文法として確立。戦国大名は分国法を制定してそれぞれの領国を支配、江戸幕府は禁中並公家諸法度・武家諸法度などを制定して封建制度維持の基とした。

ぶけ-ぼうこう【武家奉公】武士の家に召し使われること。

ふけ-まい【▽蒸け米｜更け米】湿気や虫害などでいたんだ米。

ふけまち-づき【更け待ち月】《夜が更けてから月の出を待つところから》陰暦20日の夜の月。特に陰暦8月20日の月。季秋

ぶけみょうもくしょう【武家名目抄】ブケミヤウモクセウ 江戸後期の有職故実書。381冊。塙保己一はなわほきいち編。保己一の死後、中山信名・松岡辰方が継承、和学講談所により万延元年(1860)ごろ完成。武家の有職故実に関する名目を職掌・制度・衣服など16の部門に分類。各項ごとに引例・考証を加えたもの。

ぶけ-もの【武家物】浮世草子で、武家生活に題材を取ったもの。井原西鶴の「武道伝来記」「武家義理物語」など。

ふけ-やく【老け役】演劇・映画で、老人に扮ふんする役。また、その俳優。ふけ。

ぶけ-やく【武家役】中世、将軍が御家人・奉公衆に課した課役。番役・軍役のほか、段銭たんせん・棟別銭など出銭を課することもあった。

ぶけ-やしき【武家屋敷】戦国時代以後、城下町で武士が主君から与えられて住んだ屋敷。

ふけ-ゆ・く【更け行く】〔動カ五(四)〕夜が深くなっていく。「—・く秋の夜長」

ふけら・す〔動サ四〕物や姿を隠す。わからなくする。「ただしもう金は—・したか」〈浄・千本桜〉

ふけ・る〔動ラ四〕逃げる。「侍は—・った、—・った」〈浄・浪花鑑〉

ふ・ける〔動カ下一〕❶逃げる。姿を隠す。「やつめ、—・けやがった」❷花札で、「ふけ」で終了する。「親が—・ける」❸退屈する。「武左、大ふけに—・けてあくびをする」〈洒・寸南破良意〉

ふ・ける【老ける】〔動カ下一〕図ふ・く〔カ下二〕《「更ける」と同語源》年をとる。また、年寄りじみる。「年の割には—・けてみえる」類語老いる・老い込む・老け込む・老いさらばえる

ふ・ける【更ける｜▽深ける】〔動カ下一〕図ふ・く〔カ下二〕《「ふか(深)」の動詞化》❶夜中に近くなる。夜が深まる。「夜がしんしんと—・ける」❷季節が深まる。「秋がしだいに—・ける」類語暮れる

ふけ・る【×耽る】〔動ラ五(四)〕《「更ける」と同語源》❶一つの物事に熱中する。夢中になる。「瞑想に—・る」「雑談に—・っていて客が来たのに気付かない」❷動詞の連用形に付いて、他のことを忘れて一心にする意を表す。「読み—・る」類語溺れる・凝る・耽溺たんでき・惑溺・いかれる

ふ・ける【▽蒸ける】〔動カ下一〕図ふ・く〔カ下二〕❶むされてやわらかくなる。「芋が—・ける」❷穀物が、湿気や熱気で変質する。「米が—・ける」

ふけ-わた・る【更け渡る】〔動ラ五(四)〕夜がすっかり更ける。「夜も—・る丑うし三つ時」

ふ-けん【夫権】民法の旧規定で、夫が妻に対して持っていた権利。妻の財産の管理収益権、妻の財産上の行為に対する同意権、居所指定権など。

ふ-けん【父権】❶旧制で、父が家長として持つ支配権。家父権。❷父の有する親権。

ふ-けん【府県】府と県。

ふ-けん【苻堅】[338〜385]中国、五胡十六国時代、前秦第3代の皇帝。在位357〜385。字あざなは永固。前燕・前涼を征服し、華北を統一。淝水ひすいの戦いで東晋に大敗。後秦の姚萇ようちょうに禅譲を迫られて自殺。

ふ-げん【不言】口に出して言わないこと。無言。類語無口・寡黙・無言・黙黙

ふ-げん【付言｜附言】〔名〕スル 述べ終わったあとで、付け足して言うこと。また、その言葉。付語。「あえて—する」

ふ-げん【浮言】根も葉もないうわさ。浮説。流言。「少人の—を信じて」〈盛衰記・一一〉

ふ-げん【富源】財を生み出すもと。富を生じる資源。「豊富なる北海の—」〈逍遥・内地雑居未来之夢〉

ふげん【普賢】「普賢菩薩」の略。

ふ-げん【×誣言】《「ぶげん」とも》わざと事実をまげていうこと。また、その言葉。誣語。「空前絶後のものといわんも決して—にあらざるなり」〈逍遥・小説神髄〉

ぶ-げん【分限】❶「ぶんげん(分限)❶」に同じ。「—に過ぎる厚遇」❷「ぶんげん(分限)❷」に同じ。「にわか—」

ぶ-げん【侮言】あなどって言う言葉。

ふげんえんめい-ぼさつ【普賢延命菩薩】密教で、普賢菩薩に延命を祈る際の本尊。二臂にひ像と、二〇臂像とがある。延命菩薩。

ふけん-かい【府県会】フケンクワイ❶府県の議会。❷旧制度で、各府県に置かれていた公選議会。官選知事のもとで運用され、議会権限には制限が多かった。

ふ-けんこう【不健康】フケンカウ〔名・形動〕❶健康でないこと。からだの調子がよくないこと。また、そのさま。「—な顔色」❷生活態度や考え方などが、まともでないこと。また、そのさま。「—な食生活」

ふげん-こう【普賢講】普賢菩薩の功徳をたたえる法会ほうえ。

ふ-けんしき【不見識】〔名・形動〕見識に欠けること。判断力に乏しく、しっかりした考えのないこと。また、そのさま。「—きわまる話」「—な発言をする」

ふげん-じっこう【不言実行】フゲンジッカウ 文句や理屈を言

わずに、黙ってなすべきことを実行すること。「—の人」「—の時だ」

ふけん-しゃ【府県社】府社と県社の総称。

ぶげん-しゃ【分限者】金持ち。財産家。

ふけん-せい【府県制】明治23年(1890)に制定された、府県の権限・地位に関する法律。官治的性格が強かった。昭和22年(1947)の地方自治法公布により廃止。

ふけん-ぜい【府県税】府県が賦課・徴収する地方税。府税と県税。

ふけんせい-かんせん【不顕性感染】細菌やウイルスなどの病原体に感染したにもかかわらず、感染症状を発症しない状態。この状態から発症までの期間を潜伏期とよぶ。不顕性感染者は、感染に無自覚のまま細菌・ウイルスのキャリア(保菌者)となり、病原体を排出して感染源となる場合がある。➡顕性感染

ふ-けんぜん【不健全】〔名・形動〕心身がすこやかでないこと。物事の状態などがゆがんでいること。また、そのさま。「—な生活」「—な運営方法」(派生)ふけんぜんさ〔名〕

ふげん-ぞう【普賢象】サトザクラの栽培品種。4月ごろ、淡紅色の八重の花が咲く。雄しべが、普賢菩薩の乗る象の鼻を思わせる。

ふげん-だいし【普賢大士】普賢菩薩の異称。

ふげん-ふご【不言不語】何も言わず、黙っていること。言わず語らず。

ふげん-ぼさつ【普賢菩薩】釈迦の右側に立つ脇侍。理知・慈悲をつかさどり、また延命の徳を備える。文殊とともに諸菩薩の首位に置かれ、単独でも信仰される。独尊として表されるときは白象に騎乗し、結跏趺坐、合掌の姿をとる。

ふけん-れい【府県令】旧制で、府県知事が部内の行政事務について職権または特別の委任によって発した命令。

ふ-こ【巫蠱】巫女やまじない師。また、まじないで、人をのろうこと。「—神仏に惑溺し」〈福沢・学問のすゝめ〉

ふ-こ【府庫】財物・文書などを入れておく蔵。

ふ-こ【封戸】《「ふご」とも》律令制で、食封の制により、位階・官職・勲功によって朝廷から授けられた課戸。また、その制度。封。➡食封

ふ-こ【浮誇】うわついていて、大げさなこと。「多くの注意を惹こうとする—の活動さえ」〈漱石・明暗〉

ふ-ご【不語】なにも語らないこと。「不言—」

ふ-ご【付語|附語】「付言」に同じ。

ふご【畚】❶竹・わら・縄などで網状に編み、四すみにつりひもをつけ、物を入れて運ぶ用具。もっこ。❷釣った魚を入れるかご。びく。

ぶ-こ【武庫】武器をおさめる蔵。武器庫。兵器庫。

ふ-こう【不孝】〔名・形動〕孝行でないこと。また、そのさま。「—な(の)息子」「親—」(類語)親不孝

ふ-こう【不幸】〔名・形動〕❶幸福でないこと。また、そのさま。ふしあわせ。「—な境遇」❷身内の人などに死なれること。(類語)不幸せ・薄幸・薄命・因果・数奇

不幸中の幸い　不幸な出来事の中でせめてもの救いとなること。「死者が出なかったのは—だ」

ふ-こう【富鉱】有用鉱物を豊富に含んだ鉱石。また、産出量の多い鉱床や鉱山。⇔貧鉱。

ふ-ごう【不合】❶一致しないこと。合わないこと。❷思うようにいかないこと。また、ふしあわせなこと。「その宮仕へも—にては、難げになむあめる」〈宇津保・沖つ白浪〉❸貧しいこと。「山の—の事どもなど常にとぶらひければ」〈今昔・二八・七〉

ふ-ごう【付合|附合】❶くっつけること。つけあわせること。❷異なった所有者に属する2個以上の物が結合し、分離されると経済上著しく不利益をもたらすため、1個の物と認められること。動産と不動産の付合の場合は原則として不動産の所有者が、動産どうしの付合の場合は主たる動産の所有者が所有権を取得する。

ふ-ごう【負号】数学で、負の数であることを表す記号。「−」の記号。マイナス。⇔正号。

ふ-ごう【符号】❶事物の検索・指示のためにつけておく、簡単な文字や図形。しるし。❷ある情報を伝達するために体系的に使われる記号。文字以外のものについていう。長音符号・モールス符号など。➡記号(用法)❸数学で、数の正と負を表す記号。「+」と「−」の記号。(類語)印・記号・目印・マーク・標識・指標・丸・ばつ・ペケ・略号・目盛り

ふ-ごう【符合】〔名〕(スル)❶割符が合うこと。❷二つ以上の事柄が、ぴったりと照合・対応すること。「話が事実と—する」(類語)合致・一致・吻合

ふ-ごう【富豪】大金持ち。財産家。(類語)金持ち・金満家・大尽・素封家・成金・財閥・長者・物持ち

ぶ-こう【武功】戦いであげた手柄。武勲。軍功。

ぶ-こう【武甲】武蔵国と甲斐国。甲武。

ぶ-こう【武后】➤則天武后

ぶ-こう【武江】武蔵国江戸の意。

ぶ-こう【無功|不功】〔名・形動ナリ〕《「不功」の場合は「ふこう」とも》上手でないこと。未熟なこと。また、そのさま。「当道に功あるを粋といひ、—なるを瓦智といふ」〈色道大鏡・五〉

ふごう-か【符号化】➤エンコード

ふ-ごうかく【不合格】試験・検査などに合格しないこと。(類語)落第・駄目

ふごう-けいやく【付合契約】契約当事者の一方によってあらかじめ約款が定められ、他方はそれ以外に契約内容を選択する自由をもたない契約。保険契約、電気・ガスの供給契約など。付従契約。

ぶこう-ざん【武甲山】埼玉県西部の山。秩父市と秩父郡横瀬町の境にある。古来信仰の山。石灰岩採掘が行われ、山体が変容。標高1304メートル。

ふこうせい-とりひき【不公正取引】取引で、公正な競争を阻害するおそれがある行為のうち、公正取引委員会が指定するもの。独占禁止法により禁止されている。

ふごうつき-せいすう【符号付き整数】《signed integer type》➤整数型

ふごうなし-せいすうがた【符号無し整数型】《unsigned integer type》➤整数型

ふごうぶんかつたじゅう-せつぞく【符号分割多重接続】➤シー-ディー-エム-エー(CDMA)

ふ-こうへい【不公平】〔名・形動〕公平でないこと。片寄りがあること。また、そのさま。「—な扱いを受ける」(派生)ふこうへいさ〔名〕

(類語)不平等・偏る・偏する・偏向

ふ-ごうり【不合理】〔名・形動〕道理・理屈に合っていないこと。筋の通らないこと。また、そのさま。「—な制度」(派生)ふごうりさ〔名〕

(類語)非合理・理不尽・無理

フコキサンチン〖fucoxanthin〗褐藻や一部の珪藻などに含まれるカロテノイドの一種。赤褐色の同化色素で、光合成に関与。褐藻素。

ふ-こく【布告】〔名〕(スル)❶広く一般に告げ知らせること。❷国家の決定的意思を、国民や相手国に公式に知らせること。「宣戦を—する」❸明治19年(1886)以前に発布された法律・勅令・省令にあたるものの称。「太政官—」(類語)告示・公示・公告・宣告・発布・公布・告知・宣布・触れ・広告

ふ-こく【訃告】人の死を知らせること。また、その知らせ。死亡通知。訃報。

ふ-こく【富国】❶国の経済力を豊かにすること。「—論」❷経済力の豊かな国。

ふ-こく【腐刻】薬物を用いてガラス・金属などに彫刻すること。

ぶ-こく【誣告】〔名〕(スル)《「ふこく」とも》故意に事実を偽って告げること。「同僚を—する」(類語)讒訴

ふこく-きょうへい【富国強兵】国を富ませ、軍事力を大きくして、国の勢力を強めること。「—策」

ぶこく-ざい【誣告罪】➤虚偽告訴等罪

ふこくふり-の-げんそく【不告不理の原則】刑事訴訟法上、検察官の公訴の提起がないかぎり、裁判所は事件について審判を行わないという原則。

ふ-こころえ【不心得】〔名・形動〕心がけの悪いこと。わきまえのないこと。また、そのさま。「—な言動」「—を叱る」(類語)不良・不品行・不身持ち・ふしだら・不行儀・不行状・不行跡

ふ-こつ【跗骨】➤足根骨

ふ-こつ【腐骨】骨髄炎などによって血行が断たれた骨質が壊死に陥った状態。

ぶ-こつ【無骨|武骨】〔名・形動〕《「骨無し」を音読みにした語》❶骨ばってごつごつしていること。また、そのさま。「節くれだった—な手」❷洗練されていないこと。無作法なこと。また、そのさま。「—な振る舞い」❸役に立たないこと。才のないこと。また、そのさま。「我—なりといへども…君王の死を救ひ」〈曽我・五〉❹都合の悪いこと。また、そのさま。「(御遊ヲ興ヲ)さましまゐらせんも—なるべしとて」〈平治・上〉(派生)ぶこつさ〔名〕(類語)(❷)野暮・野暮ったい・無粋・無風流・むくつけき・プリミティブ

ブコバル〖Vukovar〗クロアチア北東部の都市。ドナウ川西岸、セルビアとの国境沿いに位置する。18世紀創建のフランチェスコ修道院をはじめ、バロック様式の街並みで知られたが、クロアチア紛争の市街戦で大きな被害を受けた。ユーゴスラビア連邦軍に包囲された時の様子を再現した戦時病院博物館がある。

ふさ【夫差】[?〜前473]中国、春秋時代の呉の王。在位、前496〜前473。越王勾践を破って父闔閭の復讐を果たしたが、のち、助命した勾践に会稽で敗れ、自殺した。➡臥薪嘗胆

ふ-さ【普茶】➤ふちゃ(普茶)

ふさ【総|房】❶糸を束ねて、先端を散らし垂らしたもの。「帽子の—」❷花や実が群がり生じて垂れているもの。フジの花、ブドウの実など。❸袋の形になってついているもの。ミカンの内果皮など。(類語)束

ふ-さ【輔佐】❶身分の高い人をたすけて事を処理すること。また、その人。ほさ。「朝敵の最一、武家の—たりしかども」〈太平記・一一〉❷関白の異称。

ふさ　㊀〔副〕《房のように多くのものが集まっているところからか》たくさん。一説に、みな、すべての意とも。「射目立てて跡見の岡辺のなでしこが花—手折り我は持ちて行く奈良人のため」〈万・一五四九〉㊁〔形動ナリ〕多いさま。おびただしいさま。「馬どもなど、—に引き散らかいて、騒ぐ」〈かげろふ・中〉

ふ-ざ【趺坐】〔名〕(スル)足を組み合わせて座ること。「結跏—」「昔ながらの石仏のように寂然と—している」〈中勘助・銀の匙〉

ぶ-さ【無沙】《「無沙汰」の略》借りた金を返さないなど、義理を欠くこと。「それから内が—になって」〈洒・三教色〉

無沙を打・つ　不義理をする。義理を欠く。「もの前に—・たぬやうに精出したがいい」〈黄・造化夢〉

ぶ-ざ【武左】《「武左衛門」の略》田舎侍をあざけっていう語。特に遊里で、やぼな武士についていう。「—だから泊りはしやせん」〈洒・辰巳之園〉

ブザー〖buzzer〗電磁石を利用して振動板を振動させて音を出す装置。呼び鈴・警報に使う。

(類語)鈴・呼び鈴・ベル・チャイム

ブザー-ビーター〖buzzer beater〗試合終了やピリオド終了のブザーが鳴るのと同時に放たれて決まるシュート。ブザービート。

ブザー-ビート〖buzzer beat〗➤ブザービーター

ふ-さい【不才|不材】❶才能の乏しいこと。また、その人。「—をかこつ」❷自分の才能をへりくだっていう語。非才。「—の身」(類語)無才・非才・凡才

ふ-さい【夫妻】夫と妻。夫婦。(補説)「夫婦」の、やや改まった言い方。「私たち夫妻」のように、自分たちについては使わない。「ご夫妻でおいでください」「有名人夫妻」のように、よその夫婦に対して使う。

(類語)夫婦・めおと・みょうと・妹背・連れ合い・配偶者・配偶・匹偶・伴侶・カップル

ふ-さい【付載|附載】〔名〕(スル)本文に付け加えて掲載すること。「年譜を—する」

(類語)追記・付記・追録・書き添える

ふ-さい【負債】❶他から金銭や物品を借りて、返済の義務を負うこと。また、その借りたもの。借金。債

務。「―を抱える」❷企業会計で、支払手形・買掛金・借入金のような法律上の債務と、期間損益計算上の費用配分の要請から計上される賞与引当金・退職給与引当金のような負債性引当金などを合計したもので、企業の総資本から自己資本を除いた部分。
類語 借金・借財・借款・クレジット・借り

ふ-ざい【不在】本来いるべき場所にいないこと。「ただ今母は―です」「国民―の政治」
類語 留守・居留守・無人

ぶ-さい【無菜】〘名・形動ナリ〙副食物の少ないこと。食事が粗末なこと。また、そのさま。「我は貧々としてかなしうて―な物を食ふ」〈玉塵抄・一〉

ぶ-ざい【部材】構造物を組み立てている部分品。例えば、建物における柱・梁などは構造部材、彫刻装飾・壁面装飾などは装飾部材。

プサイ〖Ψ｜ψ｜psi〗《「プシー」とも》❶ギリシャ語アルファベットの第23字。❷精神医学で超能力を表す記号。❸〈ψ〉量子力学でφとともに波動関数を表す記号。

ふ-さいか【不裁可】裁可しないこと。許可が出ないこと。

ふさい-かんじょう【負債勘定】負債に関する勘定の総称。

ぶ-さいく【不細工】〘名・形動〙《「ぶざいく」とも》❶細工がへたなこと。できばえが悪いこと。また、そのさま。「―な手作りの棚」❷格好が悪いこと。また、そのさま。「―などた靴」❸容貌がととのっていないこと。また、そのさま。不器量。「―な鼻」
類語 へた・拙劣・拙悪・稚拙・未熟・幼稚・無器用・不得手・不得意・へぼ・下手くそ・からっ下手・拙い・まずい・たどたどしい・不器量・醜い

ふ-さいさん【不採算】採算がとれないこと。収入よりも支出が多いこと。「―事業」

ふさい-ざんだか【負債残高】家計・企業・政府などの経済主体における借入金などの負債の合計額。有利子負債残高を総資産で除した有利子負債依存度が低いほど財務状況が安定していると判断できる。

ふさい-じ【普済寺】東京都立川市にある臨済宗建長寺派の寺。山号は、玄武山。開創は正平8＝文和2年(1353)、開山は物外可什。正平16＝延文6年(1361)銘の石幢は国宝。

ふざい-じぬし【不在地主】所有農地のある所在地に居住していない地主。➡農地改革

ふざいしゃ-とうひょう【不在者投票】不在・病気など、公職選挙法の定める正当な理由により、選挙の当日所定の投票所に行って投票できない選挙人のための投票。郵便による投票、選挙人名簿登録地以外の選挙管理委員会など所定の投票所以外の場所で行う投票などがある。不在投票。➡期日前投票

ふざい-しょうめい【不在証明】《「現場不在証明」の略》アリバイのこと。

ふざい-とうひょう【不在投票】▶不在者投票

ふさい-ひりつ【負債比率】自己資本に対する負債の比率を表す、財務指標の一つ。負債を自己資本で除して算出する。一般的に、負債比率が低い企業では十分な自己資本で安定した経営が行われていると判断できる。一方、負債比率が高くても業績が良ければ、少ない資本を負債で補って資本効率の良い経営が行われていると判断できる。

プサイ-りゅうし【プサイ粒子｜Ψ粒子】▶J/ψ粒子

フサイン-マクマホン-きょうてい【フサインマクマホン協定】《Husayn-MacMahon Agreement》第一次大戦中の1915年、エジプト駐在のイギリス高等弁務官マクマホンが、アラブ人の指導者フサインに戦争協力を条件に、オスマン帝国領内のアラブ人の独立国家建設支持を約束したもの。この約束は実行されず、またバルフォア宣言とも矛盾することから、複雑な中東問題の素地となった。

ふさ-う【相＝応う】〘動ア五(ハ四)〙❶よくつりあう。似合う。「水の美しさが、酒造に―うのであった」〈秋声・仮装人物〉❷気に入る。「大臣少し―・はねさまにて」〈栄花・花山尋ぬる中納言〉

ふさがり【塞がり】❶ふさがること。また、差しつかえること。「観客席の―ぐあい」「八方―」❷陰陽道で、大将軍・太白神・天一神などの凶神がいる方角。この方角に向かって事をなすと禍があるとされる。ふたがり。

ふさが・る【塞がる】〘動ラ五(四)〙❶あいていた箇所が詰まる。すき間や穴がなくなる。「家が建って空き地が―・る」❷物が詰まって通じなくなる。また、物がじゃまをして通れなくなる。「下水管がごみで―・る」「道が落石で―・る」❸開いていたものが閉じた状態になる。「袋の口がやっと―・る」「あいた口が―・らない」❹他のものに占められていて、使うことができない。いっぱいであきがない。「手が―・っている」「部屋は全部―・っている」❺心が、ある感情でいっぱいに占められる。「悲しみで胸が―・る」❻ふさがり❷の方角に当たる。「南が―・っている」
類語 つかえる・詰まる・塞ぐ・結ぼれる・沈む・滅入る・曇る・鬱する・鬱屈する・鬱結する・消沈する・しょげる・しょげ返る・ふさぎこむ

ふさぎ【塞ぎ】❶ふさぐこと。また、そのもの。「ロ―」❷(「鬱ぎ」とも書く)気分のすぐれないこと。「気の―をまぎらす」

ふさぎ-こ・む【塞ぎ込む｜鬱ぎ込む】〘動マ五(四)〙元気を失ってうっとうしい気分になる。ひどく憂鬱になる。「ホームシックで―・む」「両親を亡くしすっかり―・む」類語 塞ぐ・塞がる・結ぼれる・沈む・滅入る・曇る・鬱する・鬱屈する・鬱結する・消沈する・しょげる・しょげ返る

ふさぎ-の-むし【塞ぎの虫】気分が晴れないのを体内にいる虫のせいにしていう語。「―にとりつかれる」

ふ-さく【不作】❶作物のできが悪いこと。《季 秋》㊥豊作。❷人や作品などのできが悪いこと。「文芸作品の―の年」類語 凶作・凶荒・飢饉

ふ-さく【斧鑿】❶おのとのみ。また、それで細工すること。❷詩文などに技巧を凝らすこと。「其句の巧妙にして―の痕を留めず」〈子規・俳人蕪村〉

ふさ・ぐ【塞ぐ】㊀〘動ガ五(四)〙❶あいている箇所に物を詰めたり、覆ったりする。すき間や穴をなくする。「ふすまの破れ目を―・ぐ」「決壊部分を―・ぐ」❷耳・目・口などを手で押さえて覆う。また、目・口を閉じる。「耳を―・ぐ」「口を―・ぐ」❸行く手に物を置くなどして通行や流れをさまたげる。はばむ。「倒れた木が道を―・ぐ」「椅子が―・いでいて通れない」❹場所を占めて、他に余地を与えない。「大きな冷蔵庫が台所を―・いでいる」❺与えられた役目などを果たす。「責めを―・ぐ」❻(「鬱ぐ」とも書く)気分がすぐれず、ゆううつな気持ちになる。「―・いだ顔」可能 ふさげる ㊁〘動ガ下二〙「ふさげる」の文語形。類語 (❶)埋める・充填する／(❸)閉ざす・閉める・閉じる・たてる・閉め切る・封ずる・遮る・阻む・遮断する・封鎖する・閉鎖する・閉塞する／(❻)塞がる・結ぼれる・沈む・滅入る・曇る・鬱する・鬱屈する・鬱結する・消沈する・しょげる・しょげ返る・ふさぎこむ

ふ-さくい【不作為】法律で、あえて積極的な行為をしないこと。㊥作為。

ふさくい-さいむ【不作為債務】債務者の不作為、すなわち一定のことをしないことを給付の内容とする債務。競業をしない、見晴らしを妨げる建築をしないなど。➡作為債務

ふさくい-はん【不作為犯】不作為によって構成される犯罪。多衆不解散罪・不退去罪や母親が乳児に授乳しないで餓死させる行為など。➡作為犯

ふ-さくぎ【傅作義】[1893～1974]中国の軍人。山西省の人。閻錫山に従って北伐に参加。1931年以降、綏遠省政府首席として日本軍に抵抗。49年、北京の平和解放に協力し、以後は新政府に参加し要職を歴任。フー＝ツオイー。

ふざけ　ふざけること。「―っこ」「悪―」補説「巫山戯」とも当てて書く。

ふさ・げる【塞げる】〘動ガ下一〙文ふさ・ぐ〘ガ下二〙ふさぐようにする。「穴を―・げる」「通りを―・げる」

ふざ・ける〘動カ下一〙文ふざ・く〘カ下二〙❶おどけたり冗談を言ったりする。「―・けて怒ったふりをする」❷子供などがたわむれて騒ぐ。「子犬が―・けて跳ね回る」❸男女がたわむれる。いちゃつく。「人前もはばからず―・ける」❹ばかにする。「―・けたことを言うな」補説「巫山戯る」とも当てて書く。
類語 じゃれる・戯れる・はしゃぐ・たわける・じゃらす

ブサコ-こくりつこうえん【ブサコ国立公園】《Mata Nacional do Buçaco》ポルトガル中西部にある国立公園。コインブラの北方約30キロメートルに位置し、広大な森林が広がる。17世紀にカルメル会の土地になり修道院が置かれた。20世紀初頭、ポルトガル王マヌエル2世が狩猟目的の離宮を建てたが、完成直後に革命が起きたため使用されず、現在はホテルになっている。

ふさ-ざくら【総桜】フサザクラ科の落葉高木。山中に自生し、葉は広卵形で先が尾状にとがり、枝の先のほうにつく。3月ごろ、葉より先に花をつける。花びら・萼をもたず、多数の雄しべが房状に垂れ、葯は暗紅色。実は平たく、翼をもつ。樹皮から鳥もちを作る。

ふさ-しだ【総羊歯】フサシダ科の常緑シダ。高さ30～40センチ。葉の先端の総状についた羽片に多数の胞子嚢がつく。日本では小笠原諸島に分布。

ぶ-さた【無沙汰｜不沙汰】〘名〙❶長い間訪問や音信をしないこと。無音。「―をわびる」「久しく御―しました」❷処置・指図などをしないこと。「是を―にてさしおかば」〈太平記・三三〉❸注意をおこたること。不用意になること。「よしよし御灯は暗くとも、和光の影はよもじ曇らじ。あら―の宮守どもや」〈謡・蟻通〉❹関心を持たないこと。事情にうといこと。「京都の好士の中にも―にて仕うまつる人も侍るかな」〈吾妻問答〉❺なおざりにすること。ほうっておくこと。「先祖子孫の恥辱なり。皆大夫めが―故」〈浄・用明天王〉

ふさ-たおり【総手折り】〘枕〙たくさんの茎を折り曲げる意から、「たむ」にかかる。「―多武の山霧繁みかも細川の瀬に波の騒ける」〈万・一七〇四〉

フサ-たん【FSA担】《FSAは金融庁を表す、Financial Services Agencyの頭文字から》銀行・証券会社などの金融機関で、監督官庁である金融庁との折衝を担当する社員の通称。

ふさつ【布薩】《梵 uposadhaの音写。説戒・斎などと訳す》同一地域の僧が毎月2回、新月と満月の日に集まって戒本を誦し、互いに自己反省し、罪過を懺悔する行事。在家では六斎日などに八斎戒を守ることをいう。

ぶ-ざつ【蕪雑】〘名・形動〙雑然としていること。また、そのさま。「―な言辞を弄する」

ふさ-なり【総生り】果実などが、房状にみのること。すずなり。

ふさ・ぬ【総ぬ】〘動ナ下二〙たばねる。また、総合する。「花橘を八房―・ねて」〈梁塵秘抄・二〉

ふさ-の-くに【総国】上総・下総・安房を含む古代の国名。大化の改新後、上総・下総の両国に分かれ、さらに、上総から安房を分離。

ふさ-はじかみ【蜀椒】アサクラザンショウの別名。

ふさ-ふさ【房房｜総総】〘副〙たくさん集まって垂れ下がっているさま。「―(と)した髪」類語 もじゃもじゃ

ふさぶさ-し・い〘形〙《近世語》❶大げさである。仰々しい。「ちっと―・いが百千万と書いてくだんせ」〈咄・鹿の子餅〉❷図太い。厚かましい。「うぬが自由にさせるものか、―・い」〈人・辰巳園・四〉

ぶ-さほう【無作法｜不作法】〘名・形動〙礼儀作法にはずれていること。また、そのさま。ぶしつけ。「―な振る舞い」「―を詫びる」
類語 失礼・失敬・無礼・ぶしつけ・非礼・欠礼・不敬

ぶ-ざま【無様｜不様】〘名・形動〙体裁の悪いこと。手ぎわの悪いこと。また、そのさま。「―な転び方」「―に横たわる」類語 不恰好・不体裁・醜態

プサマテ〖Psamathe〗海王星の第10衛星。2003年に発見された。名の由来はギリシャ神話の海のニンフ。海王星から遠く離れた軌道を約25年かけて公

転する。非球形で平均直径は20〜30キロ。

ぶざ-め・く【武左めく】〔動カ四〕武左(田舎侍)のような、やぼな振る舞いをする。「おのが身の━・いたるは、あさましくもありけり」〈滑・浮世風呂・三〉

ふさ-も【房藻】アリノトウグサ科の水生の多年草。池沼に生える。茎の下部は地中に入り、ひげ根を出す。葉は羽状に細く裂けていて、節ごとに4枚ずつ輪生。夏、水面上の葉のわきに白い小花をつける。

ふさ-やか【▽総やか】〔形動ナリ〕ふさふさと豊かなさま。たっぷりとしているさま。「髪はいと━にて、長くはあらねど」〈源・空蝉〉

ふさ-ようじ【房×楊枝|▽総×楊枝】ﾌｻﾔｳ 柳や竹の一端をくだいて房のようにした楊枝。打ち楊枝。

ふさ・る【伏さる|×臥さる】〔動ラ五(四)〕❶うつぶせになる。伏す。「流川放送局の前に━・って死んでいた婦人は」〈原民喜・廃墟から〉❷寝る。臥す。「宵から今まで━・りゃあがって」〈洒・甲駅新話〉

プサルテリー〖psaltery〗▶プサルテリウム

プサルテリウム〖ﾗﾃﾝ psalterium〗中世ヨーロッパで用いられた琴の一種。チェンバロの祖型と目される。➡チェンバロ

ふさわし・い【相=応しい】ﾌｻﾊｼ〔形〕文ふさは・し〔シク〕《動詞「ふさう」の形容詞化》似つかわしい。つり合っている。「収入に━・い生活」「子供に━・くない遊び」「あの男性なら彼女に━・い」派生ふさわしさ〔名〕
類語似つかわしい

ふ-さん【不参】〔名〕ｽﾙ 参列・参加・出席などをしないこと。「点呼に━するからよろしく頼むという手紙を」〈康成・田舎芝居〉

ふ-さん【賦算】時宗独自の行事で、「南無阿弥陀仏、決定往生六十万人」と記した札を配ること。一遍が熊野権現の神勅に基づいて始めた。おふだくばり。御化益ごけやく。

ふ-ざん【巫山】㊀中国四川省東部の県。揚子江ようすと大寧だいねい河の合流点にある。ウーシャン。㊁㊀の東端にある山。揚子江が貫流して巫峡を形成、奇勝に富む。

ふざん【釜山】▶プサン

プサン【釜山】大韓民国南東端にある広域市。港湾都市。古来、日韓交通の要地。各種工業や水産加工業が盛ん。人口、行政区350万(2008)。ふざん。

ブザンソン〖Besançon〗フランス東部、ドゥー県の県都。フランシュ-コンテ地方の中心都市。ドゥー川沿いにあり、旧市街は、ルイ14世の時代に軍事技術者ボーバンが築いた城砦に囲まれる。時計や精密機械などの工業が盛ん。作家ビクトル=ユゴー、映画を発明したリュミエール兄弟の生誕地。国際音楽祭や指揮者コンクールの開催地として世界的に知られる。

ふさん-とくしち【不三得七】奈良・平安時代、一国内の田租の7割を国司の責任で官に納めさせた制度。災害による田租の免除制度を悪用して私腹を肥やす国司が増えたためにとられた措置。

ふざん-の-うんう【×巫山の雲雨】《宋玉の「高唐賦」の、楚の懐王が昼寝の夢の中で巫山の神女と契ったという故事から》男女が夢の中で結ばれること。また、男女が情を交わすこと。巫山の雲。巫山の雨。巫山の夢。朝雲暮雨。

ぶざん-は【▽豊山派】新義真言宗の一派。天正年間(1573〜1592)に専誉が奈良県桜井市の長谷はせ寺を再興して始めたもの。同寺を総本山とし、東京都文京区の護国寺を別格本山とする。➡智山ちざん派

ふざん-よう【▽釜山窯】ｴｳ 寛永16年(1639)対馬つしまの領主宗氏が釜山の和館に築いた陶窯。御本茶碗ごほんちやわんを製造した。享保2年(1717)廃窯。和館窯。

ふ-し【不死】いつまでも死なないこと。「不老━」

ふし【五=倍=子|付子|附子】ヌルデの若芽や若葉などにアブラムシが寄生してできる虫こぶ。紡錘形で、タンニンを多く含み、インク・染料の製造に用いる。昔はお歯黒に用いられた。ごばいし。(季 秋)「山の日は━の蔕へたに慌し/青畝」

ふ-し【父子】父と子。「━家庭」「━相伝」
類語親子・母子

ふし【×柴】しば。「しながどる、や、猪名ゐなの━原」〈神楽・猪名野〉

ふ-し【浮子】漁・釣り用のうき。

ふし【節】❶棒状の物の盛り上がった部分。㋐竹・葦あしなどの茎にあるふくれた区切り。㋑幹や茎から枝が出るところ。また、木材に残る枝の出たあと。「━のある板」㋒骨のつなぎ目。関節。「指の━」㋓糸や縄のこぶ状になった所。「━の多い糸」❷区切りとなる箇所。段落。せつ。「これを人生の━としよう」❸心のとまるところ。…と思われる点。「疑わしい━が二、三ある」❹機会。おり。おりふし。「何かの━に思い出す」❺㋐歌などの旋律。また、旋律のひとくぎり。曲節。「━をつけて歌う」「出だしの━を口ずさむ」㋑文章を音読するときの抑揚。「━をつけて朗読する」㋒(ふつう「フシ」と書く)浄瑠璃や謡曲などの語り物で、詞ことばに対する旋律的な部分。❻その人独特の語り口。演説や講演にいう。❼「鰹かつ節」「鯖さば節」などの略。❽定常波で、ほとんど振動していない部分。振幅が最小の点。⇔腹はら。❾なんくせ。言いがかり。「喧嘩に━はなくてめでたし」〈滑・膝栗毛・四〉
下接語憂うき節・折節・七なな節・一ひと節(ぶし)一中節・田舎節・入れ節・歌沢節・腕節・愁い節・荻江おぎえ節・雄節・鰹かつお節・河東かとう節・亀かめ節・義太夫ぎだゆう節・清元節・削り節・小節・鯖さば節・鮪しび節・新内節・説経節・背節・薗八そのはち節・連れ節・常磐津ときわず節・常とき節・富本とみもと節・浪花なにわ節・生なま節・生なり節・節節・骨節・本節・都節・雌節 (ぶし)腕っ節・骨っ節
類語(❸)点/(❺)節回し・音調・旋律・メロディー

ふ-じ【不▽二】㊀❶二つとないこと。無二。ふに。「この不同━の乾坤けんこんを建立し得るの点に於て」〈漱石・草枕〉❷二つに見えるが、実際は一つであること。ふに。「善悪━」❸十分に意を尽くさないという意で自分の文章をへりくだって、手紙の末尾に記す語。ふに。㊁富士山のこと。類語(❸)かしこ・敬具・敬白・謹言・拝具・草草・早早・忽忽そうそう・頓首・不一

ふ-じ【不次】❶順序・次第によらないこと。破格。「忠あらん者には、━の賞をおこなはるべし」〈古活字本保元・下〉❷文章が乱れていること。また、そのような文章。手紙などで、自分の文章をへりくだって、末尾に記す語。

ふ-じ【不治】ﾁ《「ふち」とも》病気が治らないこと。「━の病」

ふ-じ【不時】〔名・形動〕予定外の時であること。思いがけない時であること。また、そのさま。「━の災厄に備える」「新鮮な風が━に吹き込んで来たような」〈寅彦・蓄音機〉

ふ-じ【父事】〔名〕ｽﾙ その人を尊敬し、父として仕えること。

ふ-じ【扶持】ﾁ そばにいて世話し助けること。

ふじ【富士】㊀「富士山」の略。「━━二鷹たか三茄子なすび」㊁静岡県東部、富士山南麓にある市。駿河湾に面し、田子の浦港がある。パルプ・製紙などの工業が盛ん。平成20年(2008)に富士川町を編入。人口25.4万(2010)。㊂リンゴの一品種。国光とデリシャスの交配により作り出された。甘味が強く歯ごたえがよい。

富士には月見草がよく似合う 太宰治の「富嶽百景」にある一節。日本一といわれる富士山の雄姿には、けなげな月見草の美しさがよく調和している。

富士は磯いそ その物事に比べれば、日本一高い富士山も浅い磯と同様である。比較にならないほどすぐれているさまをいう。

ふじ【藤】ぢ ❶マメ科の蔓性つるせいの落葉低木。山野に自生し、つるは右巻き。葉は卵形の小葉からなる羽状複葉。5月ごろ、紫色の蝶形の花が総状に垂れ下がって咲く。豆果は秋に暗褐色に熟す。園芸品種が多く、棚作りなどにして観賞する。つるから繊維をとり布に織った。野田藤のだふじ。(季 春|実=秋)「草臥くたびれて宿かるころや━の花/芭蕉」❷「藤色」の略。❸紋所・文様の名。藤の花房や葉を図案化したもの。上がり藤・下がり藤などがある。❹襲かさねの色目の名。表は薄紫、裏は青。藤襲ふじがさね。❺「藤衣ふじごろも」の略。

ぶ-し【▽付子|▽附子】キンポウゲ科トリカブト属植物の側根。アコニチンなどのアルカロイドを含み、毒性が強い。漢方で興奮・強心・鎮痛などに用いる。ぶす。

ぶ-し【武士】昔、武芸をおさめ、軍事にたずさわった身分の者。中世・近世には支配階級となった。さむらい。もののふ。類語武士もののふ・侍・武者

武士道と云いうは死ぬ事と見付けたり 「葉隠」の一節。武士たる者は主君のためには死ぬことも覚悟しなければならない。没我・献身に重きをおく武士道を説いた言葉。

武士に二言にごんなし 武士は一度言ったことを取り消すようなことはしない。信義を重んじ約束を守る意。

武士は相身互あいみたがい 同じ立場のものは、互いに思いやりをもって助け合うべきであるということ。

武士は食わねど高楊枝たかようじ 武士は貧しくて食事ができなくても、あたかも食べたかのように楊枝を使って見せる。武士の清貧や体面を重んじる気風をいう。また、やせがまんすることにもいう。

ぶ-じ【武事】武芸や戦争などに関する事柄。⇔文事。

ぶ-じ【無事】〔名・形動〕❶普段と変わりないこと。また、そのさま。「日々を━に送る」「平穏━」❷過失や事故のないこと。また、そのさま。「航海の━を祈る」「━に任務を果たす」「手術が━終了する」❸健康で元気なこと。つつがないこと。また、そのさま。「━を知らせる便り」「父母の━な顔を見て喜ぶ」❹なすべき事がないこと。ひまな状態。「われ━に苦みて、外に出でて遊ばんことを請い」〈鴎外訳・即興詩人〉❺何もしないこと。「只道士の術を学んで、無為を業とし、━を事とす」〈太平記・一〉
類語(❶❷)平安・平穏・安穏あんのん・安全・安泰・安楽・事無く・恙つつが無く・無難に・穏やか・大丈夫・平らか・温和・小康/(❸)元気・達者・息災そくさい・壮健・丈夫・健康

ぶ-じ【×蕪辞】乱雑で整っていない言葉。自分の言葉や文章をへりくだっていう語。「━ながら祝辞といたします」

ふじ-あざみ【富士×薊】キク科の多年草。山中の砂礫されき地に生え、特に、富士山周辺に多い。高さ約1メートル。全体に太く大形で、葉は羽状に裂けて、多くのとげがあり、白い毛が生えている。秋、径10センチもある紫色の頭状花を横向きにつけ、花はアザミ類では最も大きい。根は食用。(季 秋)「朝霧に岩場削ぎ立つ━/秋桜子」

ふし-あな【節穴】❶板などの節が抜けおちたあとの穴。「━からのぞく」❷見る能力のない目。見えるはずのものを見落としたり、物事の意味を見抜く力のないことをあざけっていう語。「どこに目が付いているんだ、君の目は━か」

ふ-しあわせ【不幸せ|不仕合(わ)せ】ﾌｼｱﾊｾ〔名・形動〕幸福でないこと。また、そのさま。不幸。「━な人生」類語不幸・薄幸・薄命・因果・数奇

ブジー〖ﾌﾗﾝｽ bougie〗食道や尿道など管状の器官に挿入し、内径を拡張するための医療器具。消息子しょうそくし。ゾンデ。

プシー〖Ψ|ψ|psi〗▶プサイ

ふじい-うもん【藤井右門】ﾌｼﾞｲ [1720〜1767]江戸中期の尊王論者。越中の人。名は直明。宝暦事件に連座して逃亡。のち、明和事件で山県大弐とともに処刑された。

ふじい-おとお【藤井乙男】ﾌｼﾞｲｵﾄｦ [1868〜1946]国文学者・俳人。兵庫の生まれ。京大教授。号、紫影。俳諧・浄瑠璃など近世文学を研究。著「江戸文学研究」など。

ふじい-けんじろう【藤井健次郎】ﾌｼﾞｲｹﾝｼﾞﾗｳ [1866〜1952]植物学者。金沢の生まれ。東大教授。染色体に二重螺旋らせん構造を発見するなど、細胞遺伝学に多くの業績がある。国際細胞学雑誌「キトロギア」を創刊。文化勲章受章。

ふじい-しげお【藤井重夫】ﾌｼﾞｲｼｹﾞｦ [1916〜1979]小説家。兵庫の生まれ。新聞社の特派員などを経て執筆活動に入る。「虹」で直木賞受賞。他に「佳人」「家紋の果」「風紋」など。

ふじい-たかなお【藤井高尚】ﾌｼﾞｲﾀｶﾅｵ [1764〜1840]江戸後期の国学者・歌人・神官。備中の人。通称、

忠之丞。号、松の屋・松斎。本居宣長の門下で、すぐれた文章家であった。著「三つのしるべ」「伊勢物語新釈」など。

ふじい-ちくがい【藤井竹外】ふぢゐチクグワイ［1807〜1866］江戸末期の漢詩人。摂津の人。名は啓。字(あざな)は士開。詩を頼山陽に学ぶ。七言絶句にすぐれ、絶句竹外と称された。著「竹外二十八字詩」など。

ふじい-でら【葛井寺】ふぢゐ 大阪府藤井寺市にある真言宗御室派の寺。山号は紫雲山。旧称は剛琳寺。西国三十三所第5番札所。行基の開山、大同年間(806〜810)に阿保親王の再興と伝えられる。本尊の千手観音は天平時代の乾漆像で国宝。藤井寺。

ふじいでら【藤井寺】ふぢゐでら ㊀大阪府中東部の市。河内国府が置かれた地。仲哀・允恭(いんぎょう)天皇陵などの古墳や葛井(ふじ)寺などの古社寺が多い。住宅地。近郊農業が行われる。人口6.6万(2010)。㊁ ▶葛井寺

ふじいでら-し【藤井寺市】ふぢゐでら ▶藤井寺㊀

ブジーデルニー-コロナーダ〖Vřídelní kolonáda〗チェコ西部の温泉保養都市カルロビバリにある温泉施設の一。地下2500メートルから毎分2000リットルもの温泉水を噴き上げる間欠泉ブジードロがあり、観光客に人気がある。

ふし-いと【節糸】玉繭からとった節の多い絹糸。玉糸。

ふしいと-おり【節糸織(り)】節糸で織った平織りの絹織物。節織り。

ふじ-いろ【藤色】ふぢ 藤の花のような薄い紫色。「一の帯締め」

ふじうえ-りゅう【藤植流】ふぢうゑリウ 胡弓(こきゅう)の流派。宝暦年間(1751〜1764)に江戸の藤植検校が、従来の3弦の胡弓を4弦に改良して創始。ふじえりゅう。

ふじ-うつぎ【藤▽空木】ふぢ フジウツギ科の落葉低木。本州・四国の渓谷などに自生。枝は四角形で稜上に翼がある。葉は細長い卵形。夏、紫色の花が穂状に集まってつき、先が垂れる。全体にサポニンなどを含み、有毒。

フジェール〖Fougères〗フランス西部、ブルターニュ地方、イル-エ-ビレーヌ県の町。ナンソン川を見下ろす高台に、ブルターニュ公国の国境防護のため10世紀頃に建造された城がある。フージェール。

ブジェジンカ〖Brzezinka〗▶ビルケナウ

ふじえだ【藤枝】ふぢえだ 静岡県中南部の市。江戸時代は東海道の宿場町、本多氏の城下町。茶・ミカン・シイタケ栽培や木工業・化学工業が盛ん。平成21年(2009)に岡部町を編入。人口14.2万(2010)。

ふじえだ-し【藤枝市】ふぢえだ ▶藤枝

ふじえだ-しずお【藤枝静男】ふぢえだしづを［1907〜1993］小説家。静岡の生まれ。本名、勝見次郎。戦後、眼科医のかたわら文筆生活に入る。志賀直哉に傾倒。現実と幻想を織り交ぜた私小説を書く。「空気頭」で芸術選奨。他に「欣求浄土(ごんぐじょうど)」「田紳有楽」「悲しいだけ」など。

ふじおか【藤岡】ふぢをか 群馬県南部の市。もと市場町から発展。藤岡瓦の産地。平成18年(2006)1月、鬼石(おにし)町を編入。人口6.8万(2010)。

ふじおか-かつじ【藤岡勝二】ふぢをか［1872〜1935］言語学者。京都の生まれ。東大教授。ウラル-アルタイ諸語の共通特徴が日本語にも見られることを指摘。また、満州語を研究。著「国語研究法」など。

ふじおか-さくたろう【藤岡作太郎】ふぢをかサクタラウ［1870〜1910］国文学者。石川の生まれ。東大助教授。号、東圃。文学史研究に力を注ぐ。著「国文学全史平安朝篇」「国文学史講話」「近世絵画史」など。

ふじおか-し【藤岡市】ふぢをか ▶藤岡

ふし-おがみ【伏(し)拝み】をがみ ❶ひれ伏して拝むこと。特に、遠くから神社を拝むこと。❷❶を行うための場所。神社の入り口に木が横たえてあったり、遠くの神社の方向が示してあったりする。

ふし-おが・む【伏(し)拝む】をがむ〔動マ五(四)〕❶ひれ伏して拝む。「仏を一・む」❷はるかに遠くから拝む。遥拝する。「熱田の八剣(やつるぎ)を一・み、潮干に今や鳴海潟」〈太平記・二〉

ふし-おき【×臥し起き】❶寝たり起きたりすること。おきふし。「苦しくのみあれば一も心やすくてこそ」〈宇津保・国譲下〉❷毎日の生活。日常。「一は、ただ幼き人をもてあそびて」〈かげろふ・上〉

ふじ-おどし【藤▽威】ふぢをどし 鎧(よろい)の威の一。藤色の糸で威したもの。

ふし-おり【節織(り)】▶節糸織り

ふし-かえ・る【×臥し返る】かへる〔動ラ四〕寝返りをうつ。「うしろざまにこそ一・りたれ」〈宇治拾遺・三〉

ふし-がき【×柴垣】柴(ふし)でつくった垣。しばがき。

ふじ-がさね【藤▽襲】ふぢ ▶藤❹

ふじ-かざんたい【富士火山帯】クワザンタイ 新潟県西部の焼山・妙高山から八ヶ岳・富士山、伊豆七島の諸火山を経て、マリアナ諸島に連なる火山帯。

ふじ-かずら【藤×葛】ふぢかづら ❶藤のつる。ふじつる。❷藤や葛(くず)など、木本性の蔓(つる)植物の総称。

ぶし-かたぎ【武士気=質】いかにも武士らしい気風。さむらいかたぎ。

ふし-かてい【父子家庭】配偶者のいない父親と未成年の子供を主な構成員とする家庭。父子世帯。

ふし-かね【付子鉄=漿】五倍子(ふし)の粉を鉄汁に浸して作った黒色の染料。また、その色。お歯黒などに用いた。

ふしかね-ぞめ【付子鉄=漿染(め)】付子鉄漿で染めること。また、付子鉄漿で染めたもの。

ふじかわ【藤川】ふぢかは 愛知県岡崎市の地名。もと東海道五十三次の宿駅。

ふじ-がわ【富士川】がは 山梨県北西部を流れる釜無(かまなし)川と、同県北東部を流れる笛吹川が甲府盆地で合流し、富士山の西側を南流して駿河湾に注ぐ川。日本三大急流の一。長さ128キロ。

ふじがわ-の-たたかい【富士川の戦い】ふじがはのたたかひ 治承4年(1180)源頼朝の軍と、追討のため京都から下向した平維盛(これもり)らの軍が、富士川を挟んで行った合戦。平氏軍は水鳥の羽音を敵の襲来と誤認して敗走したという。

ふじかわ-ゆう【富士川游】ふじかはイウ［1865〜1940］医史学者。広島の生まれ。和漢の古医書を収集し、日本の医史学を確立。著「日本医学史」「日本疾病史」など。

ふじかわ-ゆうぞう【藤川勇造】ふぢかはユウザウ［1883〜1935］彫刻家。香川の生まれ。フランスに留学し、ロダン晩年の助手を務めた。帰国後、二科会彫刻部創設に参加。

ふじ-かんぞう【藤甘草】ふぢカンザウ マメ科の多年草。山野に生える。全体に毛があり、ヌスビトハギに似るが、葉は5枚か7枚の小葉からなる羽状複葉。8、9月ごろ、淡紅色の蝶形の花をつけ、豆果を結ぶ。

ふ-しき【不識】❶知らないこと。不知。❷知らずに行った罪。

ふし-き【伏し木│×臥し木】❶倒木。「枝は夜叉(やしゃ)の頭のごとくなる一あり」〈義経記・五〉❷節のところに穴があり、中空になっている木。節木。「一不審なり。うつぼに入りて探せども」〈盛衰記・二一〉

ふしき【伏木】富山県高岡市の地名。富山湾に面し、小矢部川河口にある港町。もと越中国府の地。

ふし-き【節木】❶節の多い木。❷「伏し木❷」に同じ。「源の頼朝卿石橋山の一隠れ」〈浄・盛衰記〉

ふ-しぎ【不思議】〔名・形動〕《「不可思議」の略》❶どうしてなのか、普通では考えも想像もできないこと。説明のつかないこと。また、そのさま。「一な出来事」「成功も一でない」❷仏語。人間の認識・理解を越えていること。人知の遠く及ばないこと。❸非常識なこと。とっぴなこと。また、そのさま。「花山院とあらがひごと申させ給へりしはとよ。いと一なりしことぞかし」〈大鏡・道隆〉❹怪しいこと。不審に思うこと。また、そのさま。「明くればうるはしき女臈に一を立て、いかなる御方ぞ、と尋ね給ふに」〈浮・五人女・三〉〔派生〕ふしぎがる〔動ラ五〕ふしぎさ〔名〕〔類語〕(❶)不可思議・不可解・不審・奇妙・面妖(めんよう)・妙(みょう)・変(へん)・異(い)・謎・怪(け)・奇(き)・奇異・奇怪・幻怪・怪奇・怪異・神秘・霊妙・霊異・玄妙・あやかし・ミステリー・ミステリアス・奇天烈・摩訶不思議・けったい・おかしい

ふじ-き【藤木】ふぢ マメ科の落葉高木。本州以西の山地に自生。葉は羽状複葉で、小葉は長楕円形で先がとがる。夏、白い蝶形の花を円錐状につける。やまえんじゅ。

ぶ-じき【▽夫食】《「ふじき」とも》江戸時代、農民の食糧のこと。

ふしき-あん【不識庵】上杉謙信の庵号。

ぶじき-かし【▽夫食貸し】江戸時代、凶作や飢饉(ききん)の際に、領主が困窮した農民に米穀または金銭を貸し付けたこと。

ふじき-くぞう【藤木九三】ふぢきクザウ［1887〜1970］登山家。京都の生まれ。関西を中心にロッククライミングクラブ(RCC)を設立。北アルプス滝谷など、多くの岩壁の初登攀(とうはん)を行った。著「雪・岩・アルプス」「雲表縦走」など。

ふしぎ-くん【不思議君】▶不思議ちゃん

ふしぎ-ちゃん【不思議ちゃん】《「不思議」を人名のように表した語》俗に、感性や言動などが常識からややずれている、独特の雰囲気をもった女性のこと。男性の場合は「不思議君」という。

ふじ-ぎぬ【富士絹│不▽二絹】絹紡糸を用いた平織りの絹織物。広幅で無地染めや捺染(なっせん)をして、裾回し・長襦袢(ながじゅばん)地・洋服地などに用いる。明治末期、富士瓦斯(ガス)紡績会社が創製したところからの名称。

ふしぎのくにのアリス【不思議の国のアリス】《原題、Alice's Adventures in Wonderland》ルイス=キャロルの童話。1865年刊。ウサギを追って穴に落ちた少女アリスが、地下の不思議の国でさまざまな出来事に出あう。

ふじ-きゅうこう【富士急行】キフカウ 山梨県と静岡県に鉄道・バス路線をもつ鉄道会社。大正15年(1926)富士山麓電鉄として開業し、鉄道は富士急行線と岳南鉄道線の2路線をもつ。富士急。

ふじくら【藤倉】ふぢ 「藤倉草履」の略。

ふじくら-ぞうり【藤倉草履】ふぢくらザウリ 藺(い)で編み、白木綿や茶木綿などの鼻緒をつけた草履。

ふし-くれ【節×榑】節の多い材木。

ふしくれ-だ・つ【節×榑立つ】〔動タ五(四)〕❶木などに節がたくさんあって、でこぼこしている。「一・った幹」❷手や指などの筋や関節が盛り上がってごつごつしている。「一・った手」

ふし-ぐろ【節黒】ナデシコ科の越年草。山地に生え、高さ約80センチ。茎の節が暗紫色をし、葉が対生してつく。夏、白い小花を輪生する。薩摩にんじん。

ふしぐろ-せんのう【節黒仙翁】センオウ ナデシコ科の多年草。山地の樹陰に生え、高さ50〜70センチ。茎の節は紫黒色で太く、卵形の葉が対生してつく。夏、朱赤色の5弁花を開く。逢坂草(おうさかそう)。

プシケ〖Psychē〗▶プシュケー

ふし-げき【節劇】《「浪花節(なにわぶし)劇」の略》浪花節を丸本(まるほん)歌舞伎における義太夫節のように用いて行う劇。

ふじ-げんしょう【不時現象】ゲンシヤウ 開花・落葉や鳥の渡り・虫の鳴き始めといった生物季節現象が平年と著しくかけ離れた季節に生じること。真冬にモンシロチョウが飛んだり、秋にサクラが咲いたりするなど。

ふし-こ【節▽蚕】膿病(のうびょう)にかかり、環節がふくらんで節状になった蚕。

ふじ-こう【富士講】富士山を信仰する農民・職人・商人で組織された講社。富士山登拝を行う。浅間講(せんげんこう)ともいい、江戸時代後半に盛行。明治以後は扶桑教・実行教などとなった。〔季 夏〕➡富士塚

ふじ-ごうり【藤行×李】ふぢガウリ 藤のつるを編んで作った行李。ふじごり。

ふじこ-エフ-ふじお【藤子・F・不二雄】ふぢこ…［1933〜1996］漫画家。富山の生まれ。本名、藤本弘。安孫子素雄(あびこもとお)とコンビを組み、「藤子不二雄」のペンネームで活動。ギャグ漫画「オバケのQ太郎」がヒットして人気作家となる。コンビ解消後も執筆活動を続けた。日常生活とSFを融合させたストーリーは国内外で高い評価を得る。代表作「ドラえもん」「キテレツ大百科」「エスパー魔美」など。➡藤子不二雄

ふじ-ごこ【富士五湖】山梨県、富士山北麓にある

山中湖・河口湖・西(さい)湖・精進(しょうじ)湖・本栖(もとす)湖の五つの堰止(せきと)め湖。

ふし-ごと【節事】 義太夫節で、歌謡風に細かく節をうたう部分。道行や景事(けいごと)など。

ふじこ-ふじお【藤子不二雄】 ふぢこふぢを 漫画家、藤本弘と安孫子素雄(あびこもとお)の合同ペンネーム。「オバケのQ太郎」「ドラえもん」「忍者ハットリくん」などの大ヒット作を次々と生み出し、国民的な人気作家となった。➡藤子・F・不二雄 ➡藤子不二雄Ⓐ

ふじこ-ふじお-エー【藤子不二雄Ⓐ】 ふぢこふぢを［1934〜 ］漫画家。富山の生まれ。本名、安孫子素雄(あびこもとお)。藤本弘とコンビを組み、「藤子不二雄」のペンネームで活動。ギャグ漫画「オバケのQ太郎」がヒットして人気作家となる。コンビ解消後も執筆活動を続ける。ブラックユーモアを折り込んだ青年向けの作品にも定評がある。代表作「忍者ハットリくん」「怪物くん」「笑ゥせぇるすまん」など。➡藤子不二雄

ふしこぶ-だ・つ【節×瘤立つ】〔動タ五(四)〕節や瘤が多くて、ごつごつしている。「―・ちたる腕を扼(やく)して」〈魯庵・社会百面相〉

ふじ-ごり【藤▽行×李】 ふぢ 「ふじごうり」の音変化。「衣服は洗わずして、久しく―の内におさむ」〈逍遥・当世書生気質〉

ふじ-ごろも【藤衣】 ふぢ ❶藤づるの皮の繊維で織った粗末な衣服。ふじのころも。「穂にもいでぬ山田をもると―稲葉の露にぬれぬ日ぞなき」〈古今・秋下〉❷麻布で作った喪服。ふじのころも。「―露けき秋の山びとは鹿のなく音(ね)に音(ね)をぞそへつる」〈源・夕霧〉❸序詞として用いて、織り目が粗い意から「間遠に」に、衣のなれる意から「馴れる」に、衣を織るの同音から「折れる」にそれぞれかかる。「須磨の海人(あま)の塩焼き衣(きぬ)の―間遠にしあればいまだ着なれず」〈万・四一三〉

ふじ-ざいく【藤細工】 ふぢ ふじかずらで細工すること。また、そのもの。

ふじさき-はちまんぐう【藤崎八旛宮】 ふぢさき 熊本市井川淵町にある神社。祭神は応神天皇を主神とし、神功(じんぐう)皇后・住吉大神を配祀。承平5年(935)石清水(いわしみず)八幡宮を勧請(かんじょう)して創建と伝える。藤崎宮。

ふじ-ざくら【富士桜】 マメザクラの別名。

ふし-ざま【伏し様】 うつぶせ。「弓手の方へ乗り越して、―にどうど落つ」〈古活字本平治・中〉

ふじさわ【藤沢】 ふぢさは 神奈川県中南部の市。相模湾に面する。東海道の宿場町、遊行寺(ゆぎょうじ)の門前町として発展。京浜工業地帯の一部で、片瀬・江ノ島・鵠沼(くげぬま)などは海水浴場・行楽地。人口41.0万(2010)。

ふじさわ-し【藤沢市】 ふぢさは ▶藤沢

ふじさわ-しゅう【藤沢周】 ふぢさはしう［1959〜 ］小説家。新潟の生まれ。書評紙「図書新聞」の編集のかたわら執筆活動を行い、現代の暴力を描く。作家専業となったのち「ブエノスアイレス午前零時」で芥川賞受賞。他に「外回り」「箱崎ジャンクション」など。

ふじさわ-しゅうへい【藤沢周平】 ふぢさはしうへい［1927〜1997］小説家。山形の生まれ。本名、小菅留治(こすげとめじ)。不遇な下級武士や市井に生きる庶民を描いた時代小説で大ブームを巻き起こす。特に端正な文体で書かれた人情ものは絶大な人気を集めた。「暗殺の年輪」で直木賞受賞。他に「用心棒日月抄(じつげつしょう)」「蝉しぐれ」「隠し剣」シリーズなど。

ふじさわ-りきたろう【藤沢利喜太郎】 ふぢさはりきたらう［1861〜1933］数学者。新潟の生まれ。東大教授。ヨーロッパで学んだ数学を紹介し、日本の数学界の基礎をつくった。のち貴族院議員。

ふじ-さん【富士山】 山梨・静岡両県にまたがる円錐状成層火山。日本の最高峰で、標高3776メートル。火口直径は約800メートル。宝永4年(1707)の噴火で中腹に宝永山ができ、以後活動を休止。山頂に浅間(せんげん)神社があり、古くから霊峰とされ、信仰登山が盛ん。5合目まで自動車道が通じる。富士。不二山。不二。不尽山。富岳(ふがく)。芙蓉峰(ふようほう)。ふじのやま。ふじやま。

▷**富士の異称をもつ山**
会津(あいづ)富士：磐梯山(福島)、秋田富士：鳥海山(秋田・山形)、岩手富士：岩手山(岩手)、蝦夷(えぞ)富士：羊蹄山(北海道)、越後(えちご)富士：妙高山(新潟)、近江(おうみ)富士：三上山(滋賀)、渡島(おしま)富士：駒ヶ岳(北海道)、薩摩(さつま)富士：開聞岳(鹿児島)、信濃(しなの)富士：黒姫山(長野)、諏訪(すわ)富士：蓼科(たてしな)山(長野)、丹後(たんご)富士：青葉山(京都・福井)、津軽(つがる)富士：岩木山(青森)、出羽(でわ)富士：鳥海山(秋田・山形)、南部富士：岩手山(岩手)、豊後(ぶんご)富士：由布岳(大分)、伯耆(ほうき)富士：大山(鳥取)、利尻(りしり)富士：利尻山(北海道)

ふじさんほんぐう-せんげんたいしゃ【富士山本宮浅間大社】 浅間神社(せんげんじんじゃ)の正称。

ふじ-し【富士市】 ▶富士㊁

ふし-しず・む【伏(し)沈む】 ふし〔動マ五(四)〕伏して悲しむ。また、思いなげく。「面(おもて)を掩(おお)いて―・む女児(むすめ)の姿のいじらしさに」〈逍遥・当世書生気質〉

ふし-しば【伏し×柴】 ❶柴のこと。❷マコモの別名。

ふじしま-じんじゃ【藤島神社】 ふぢしま 福井市にある神社。主祭神は新田義貞。明治3年(1870)義貞戦死の旧跡に創建、同34年現在地に遷座。

ふじしま-たけじ【藤島武二】 ふぢしま［1867〜1943］洋画家。鹿児島の生まれ。初め日本画、のち洋画を学び、東洋的人物画の完成に努め、晩年は日本的風景画の作品を描いた。白馬会創立会員。文化勲章受章。

ふじ-じょしだいがく【藤女子大学】 ふぢぢょしだいがく 札幌市に本部のある私立大学。大正14年(1925)創立の札幌藤高等女学校を前身として、昭和36年(1961)に開学した。

ふし-せたい【父子世帯】 「父子家庭」に同じ。

ふ-しぜん【不自然】〔名・形動〕自然さがないこと。無理があること。また、そのさま。「ことさらに大声で話すのは―だ」「―な態度」［派生］ふしぜんさ〔名〕
［類語］おかしい・変・無理・異常・特異・異状・異例・非常・別条・変ちくりん・変てこ・変てこりん

ふじ-だいがく【富士大学】 岩手県花巻市にある私立大学。昭和40年(1965)に奥州大学として開学。同51年現校名に改称した。経済学部の単科大学。

ふじだいこ【富士太鼓】 謡曲。四番目物。宮中の管弦の催しの際に楽人浅間と役を争って殺された楽人富士の妻が、悲嘆に暮れて夫の形見の装束を着け、太鼓にかたきの姿を見て、これを打って狂乱する。

ふし-だか【節高】 イノコズチの別名。

ふし-たけ【×臥し丈｜×臥し▽長】 ❶臥したときのからだの長さ。「―砂(いさご)に半ば埋(う)づまれたりけるに」〈今昔・三一・一七〉❷蛇がとぐろを巻いたときの高さ。「―は五、六尺、跡枕(あとまくら)べは十四、五丈もあるらんとおぼゆる大蛇にて」〈平家・八〉

ふじた-こしろう【藤田小四郎】 ふぢたこしらう［1842〜1865］江戸末期の志士。水戸藩士。東湖の四男。名は信。幕府の攘夷(じょうい)延期を不満として筑波山で挙兵。上洛の途中で降伏し処刑された。➡筑波山事件

ふし-だ・つ【節立つ】〔動タ四〕茎が伸びて節があらわれる。また、ふしくれだつ。「けふみれば―・つほどになりにけりあけば門田の早苗とりてむ」〈丹後守為忠百首〉

ふじた-つぐはる【藤田嗣治】 ふぢた［1886〜1968］洋画家。東京の生まれ。渡仏し、エコール-ド-パリの一員として名をなした。乳白色の地に面相筆で線描する独自の画風で知られる。第二次大戦後、フランスに帰化。のち、カトリックの洗礼を受け、レオナール＝フジタと称した。

ふじた-でんざぶろう【藤田伝三郎】 ふぢたでんざぶらう［1841〜1912］実業家。山口の生まれ。明治維新後、陸軍用達業者となり、西南戦争で巨利を得て藤田組を創設。鉱業を主に多数の事業を行った。

ふじた-とうこ【藤田東湖】 ふぢた［1806〜1855］江戸末期の儒学者。水戸藩士。幽谷(ゆうこく)の二男。名は彪(たけき)。通称、虎之助。藩主徳川斉昭のもとで藩政改革に尽力。また、その思想は尊王攘夷(じょうい)運動に大きな影響を与えた。安政の大地震で圧死。著「正気歌(せいきのうた)」「回天詩史」など。

ふじた-としや【藤田敏八】 ふぢた［1932〜1997］映画監督・俳優。朝鮮の生まれ。「非行少年・陽の出の叫び」で監督デビュー。やりきれない閉塞感(へいそくかん)を抱えた若者の姿を描き、若年層の共感を得た。代表作「八月の濡(ぬ)れた砂」「赤ちょうちん」「スローなブギにしてくれ」など。また、鈴木清順監督「ツィゴイネルワイゼン」に出演するなど、俳優としても高く評価された。

ふじた-とよはち【藤田豊八】 ふぢた［1869〜1929］東洋史学者。徳島の生まれ。早大・東大・台北大教授を歴任。号、剣峰。著「東西交渉史研究」など。

ふじ-だな【藤棚】 ふぢ ❶藤のつるをはわせて、垂れさがる花を鑑賞できるようにした棚。［季 春］❷床の間・書院などのわきに設けた棚の一。

ふし-だに【虫＝癭×蜱｜付子×蜱｜五＝倍＝子×蜱】 フシダニ科のダニの総称。体は蛆虫(うじむし)形で、淡黄色から橙(だいだい)色をし、足が二対しかない。種々の植物に寄生し、葉を枯らしたり虫癭(むしこぶ)を作ったりする。

ふじたに-なりあきら【富士谷成章】［1738〜1779］江戸中期の国学者・歌人。京都の人。皆川淇園(きえん)の弟。号、層城・北辺(ほくへん)。活用の研究・品詞分類などに業績を残す。著「挿頭抄(かざしじょう)」「脚結抄(あゆいじょう)」など。

ふじたに-みつえ【富士谷御杖】 みつゑ［1768〜1823］江戸後期の国学者・歌人。京都の人。成章(なりあき)の長男。名は成寿・成元、のち御杖。号、北辺(ほくへん)。「てにをは」を研究。古事記神話の解釈に新説をたてた。著「古事記灯(ともしび)」「万葉集灯」など。

ふじた-のぶお【藤田信男】 ふぢたのぶを［1903〜1991］野球監督。中国の生まれ。昭和4年(1929)から13年間法大野球部の監督。のち日本アマチュア野球国際委員などを歴任し、日本の学生野球の発展に貢献した。

ふじた-ほけんえいせいだいがく【藤田保健衛生大学】 ふぢたほけんゑいせいだいがく 愛知県豊明(とよあけ)市にある私立大学。昭和43年(1968)名古屋保健衛生大学として開学。平成3年(1991)現校名に改称した。

ふじた-まこと【藤田まこと】 ふぢた［1933〜2010］俳優。東京の生まれ。本名、原田真(まこと)。歌手や司会を経て、コメディアンとしてテレビ界入り。主演した時代劇「てなもんや三度笠」が高視聴率を上げ、人気を集めた。その後も「必殺」シリーズなどのヒット作に出演。映画や舞台でも活躍した。平成14年(2002)紫綬褒章受章。

ふじた-もとし【藤田元司】 ふぢた［1931〜2006］プロ野球選手・監督。愛媛の生まれ。慶大、日本石油で投手としてプレーしたのち、昭和32年(1957)巨人入団。選手期間は8年と短いものの、最多勝利をあげるなど活躍。のち同球団の監督を務め、リーグ優勝4回、日本一2回。

ふじた-ゆうこく【藤田幽谷】 ふぢたいうこく［1774〜1826］江戸後期の儒学者。水戸藩士。名は一正。通称、次郎左衛門。立原翠軒に学び、「大日本史」編集に加わり、彰考館総裁となった。門下に尊王攘夷(じょうい)派の志士が多く出た。著「正名論」「勧農或問」など。

ふじた-よしなが【藤田宜永】 ふぢた［1950〜 ］小説家・エッセイスト。福井の生まれ。渡仏しミステリーの翻訳を手がけた後、本格的な執筆活動に入った。エンターテインメント色の強い探偵小説・恋愛小説で若い読者層を得る。「愛の領分」で直木賞受賞。他に「野望のラビリンス」「鋼鉄の騎士」など。妻の小池真理子も直木賞作家。

ふ-しだら〔名・形動〕❶けじめがなく、だらしないこと。また、そのさま。「生活が―になる」❷品行が悪いこと。身持ちが悪いこと。また、そのさま。「―な関係になる」［補説］「しだら」は、音楽での手拍子とする説や、自堕落(じだらく)の音変化とする説などがある。

ふじた-りゅう【藤田流】 ふぢたりう 能の笛方の流派の一。江戸初期、尾張徳川家に仕えた藤田清兵衛重政を流祖とする。主として名古屋を中心に活動。

ぶし-だん【武士団】 武士の集団。平安中期以後、荘園・公領に分散していた武士は平氏・源氏を棟梁(とうりょう)に団結し、各地に武士団を形成した。はじめ血縁関係を核とした惣領制的結合であったが、南北朝以後は地縁結合である一揆(いっき)や党が生成し、戦国

期には大名の家臣団編成が進んで消滅した。

ふし-ぢか【節近】〘名・形動ナリ〙竹などの節の間隔が密なさま。また、そのような竹。「三年竹の—なるを少し押し磨きて」〈古活字本保元・中〉

ふじ-ちゃく【不時着】〘名〙スル《「不時着陸」の略》航空機が故障・燃料不足・悪天候などのため運航不能となり、目的地以外の場所に着陸すること。「濃霧のため—する」

ふし-ちょう【不死鳥】「フェニックス」に同じ。「往年のスターが—の如くよみがえる」

ふ-しつ【不×悉】思うことを十分に言いつくさないこと。手紙の末尾に書き添える語。不一。不尽。

ふ-しつ【賦質】生まれつきの性質。天性。

ふ-じつ【不日】日数をあまりへないこと。すぐであること。副詞的にも用いる。「—上京するつもりだという手紙を」〈藤村・新生〉「—の間に…井の底までもさがすべしと風聞す」〈浮・伝来記・一〉

ふ-じつ【不実】〘名・形動〙❶誠実でないこと。誠意や情味に欠けていること。また、そのさま。「—な恋人をなじる」❷事実でないこと。いいかげんなこと。偽り。「—の申し立てをする」(類語)不誠実・不まじめ

ふ-じつ【富実】豊かで充実していること。「国の—日に似て欠乏に就き」〈西周・明六雑誌一二〉

ぶ-しつ【部室】部員が使うために、部に割り当てられた部屋。

ふじ-づか【富士塚】富士講の信者が、富士山に模して築いた塚。江戸時代、関東地方一円に数多く作られ、陰暦6月1日に山開きの行事をした。

ふし-づ・く【×柴漬く】〘動カ下二〙魚を捕るために、柴漬け❶を仕掛ける。「—・けし淀の渡りを今朝見ればとけむごもなく氷りしにけり」〈拾遺・冬〉

ふし-づくり【節×旁】漢字の旁の一。「印」「即」「危」などの「卩」や「㔾」の称。

ふし-づけ【×柴漬(け)】❶「しばづけ❷」に同じ。(季 冬)「—や古利根今日の日を沈む/秋桜子」❷からだを簀巻きにして水中に入れること。❶に似た罪人などの処罰法。「水の底に—にもし」〈義経記・三〉

ふし-づけ【節付け】〘名〙スル 歌詞に節をつけること。作曲。「古詩に—する」「三味線で—する」

ぶ-しつけ【不×躾｜不仕付け】〘名・形動〙礼を欠くこと。無作法なこと。また、そのさま。無礼。「—ながらお願いします」「—な質問」
(類語)失礼・失敬・無礼・無作法・非礼・欠礼・不敬

ふじつ-こくち【不実告知】事業者が消費者と契約を結ぶ際に、重要事項について客観的事実と異なる説明をすること。消費者契約法では、不実告知により消費者に誤認が生じた場合、消費者は当該契約を取り消すことができるとされる。「便利である」など主観に基づく表現は不実告知には当たらない。

ふじ-つぼ【富士×壺】フジツボ科・イワフジツボ科の甲殻類の総称。海産で、岩や船底などに固着する。殻は石灰質で円錐状をなし、中に体が倒立した状態で収まっている。頂部から蔓状の六対の脚を伸ばし、プランクトンなどを集めて食べる。種類が多い。

ふじつぼ【藤壺】㊀《庭に藤を植えていたところから》飛香舎の異称。㊁源氏物語中の人物。桐壺帝の女御、のち中宮。光源氏との間に冷泉帝をもうける。桐壺帝の崩御後、出家して尼となる。光源氏の理想の女性。

フジッリ〘イタリア fusilli〙パスタの一種。らせん状に巻いた形のもの。

ふじ-づる【藤×蔓】藤のつる。

ふし-て【伏して】〘副〙切に願うさま。くれぐれも。つつしんで。「—お願い申し上げます」

ふじ-テレビジョン【フジテレビジョン】《Fuji Television Network》㊀フジメディアホールディングスの平成20年(2008)までの社名。㊁東京・港区にあるテレビ局の一つ。フジメディアホールディングスが平成20年(2008)に設立し放送免許を譲渡した子会社。報道番組の取材・配信網として全国の系列局とFNNを形成する。コールサインJOCX-DTVから、CXとも。

ふし-ど【×臥し▽所】夜寝る所。寝所。寝床。ねや。

ふじと【藤戸】㊀岡山県倉敷市の地名。児島半島がもと島であったころは本土と「藤戸の渡し」で結ばれていた。源平合戦の古戦場。㊁謡曲。四番目物。源平の合戦で藤戸の先陣のおり、佐々木盛綱は口封じのために漁師を殺した。漁師の母が盛綱に恨みを述べ、盛綱が弔うと漁師の亡霊が現れる。

ぶし-どう【武士道】日本の武士階級に発達した道徳。鎌倉時代から発達し、江戸時代に儒学思想と結合して完成した。忠誠・勇敢・犠牲・信義・廉恥・礼節・名誉・質素・情愛などを尊重した。士道。

ふじとこは-だいがく【富士常葉大学】静岡県富士市にある私立大学。平成12年(2000)、富士市との公私協力方式で設立された。

ふし-どころ【×臥し所】「ふしど」に同じ。

ふし-どころ【節所】浄瑠璃などで、節の聞かせどころ。

ふじ-なでしこ【藤×撫子】ナデシコ科の多年草。海岸に生え、高さ20～50センチ。長楕円形の葉が対生。7、8月ごろ、紅紫色の花を開く。はまなでしこ。

ふじ-なまこ【藤海=鼠】クロナマコ科のナマコ。房総半島以南の浅海にみられ、体長20～50センチ。背面は淡灰褐色で褐色の斑点が縦に2列並ぶ。腸内にカクレウオがすむ。

ふじ-なみ【藤波｜藤▽浪】フジの花房。また、藤の花が風で波のように揺れ動くこと。(季 春)

ふじなみ-しんとう【藤波神道】江戸時代、伊勢神宮の祭主藤波氏の流れをくむ真野(藤波)時綱が唱えた神道説。度会神道(伊勢神道)の影響を強く受け、三種の神器を神道の主眼とする。

ふじなみ-の【藤波の】〘枕〙❶藤のつるが物にからみつく意から、「思ひもとほり」にかかる。「—思ひもとほり若草の思ひつきにし」〈万・三二四八〉❷波に関する意から、「たつ」「よる」にかかる。「—たちもかへらで君とまれとか」〈後撰・春下〉(補説)「並み」を引き出す序詞の一部としても用いる。「み吉野の大川野辺の藤波の並に思はばわが恋ひめやは」〈古今・恋四〉

ふじな-やき【布志名焼】出雲焼の一。島根県松江市玉湯町布志名に産する陶器。明和元年(1764)船木与治兵衛の創業という。民芸陶として知られる。

ふじ-なわ【藤縄】藤の蔓で綯った縄。

ふし-なわめ【伏縄目】「伏縄目威」の略。

ふしなわめ-おどし【伏縄目▽威】鎧の威の一。白・浅葱・紺で縄を並べたような斜線文様や波形に染めた革を細く裁って威したもの。伏縄目の威。

ふじ-ぬの【藤布】藤の蔓の繊維で織った布。

ふじのうらば【藤裏葉】源氏物語第33巻の巻名。光源氏39歳。夕霧と雲井の雁が結ばれ、明石の姫君(明石の中宮)の入内によって紫の上と明石の上が和解し、源氏は准太上天皇となることなどを描く。

ふし-の-き【五=倍=子の木】ヌルデの別名。

ふじのき-こふん【藤ノ木古墳】奈良県生駒郡斑鳩町にある6世紀後半の円墳。横穴式石室の石棺の内外から、金銀製の冠・帯・沓、大刀、金銅製の装身具、玉類、鞍金具など豪華な副葬品が出土。

ふし-の-こ【五=倍=子の粉】五倍子を乾燥させて粉末状にしたもの。鉄汁を入れて黒汁とし、お歯黒などの染料に用いた。

ふじ-の-ころも【藤の衣】「ふじごろも」に同じ。「—の袖しほれはててぞ立ちたりける」〈保元・下〉

ぶし-の-しょうほう【武士の商法】「士族の商法」に同じ。

ふじ-の-たもと【藤の×袂】藤衣のたもと。喪服のたもと。また、藤衣。「くちなしの花色衣ぬぎかへて—になるぞ悲しき」〈右京大夫集〉

ふじの-ちや【藤野千夜】[1962～]小説家。福岡の生まれ。本名、高迫久和。出版社勤務ののち創作生活に入る。「夏の約束」で芥川賞受賞。他に「午後の時間割」「おしゃべり怪談」など。

ふじのね-の【富士の×嶺の】〘枕〙富士山の燃えて火を噴く意から、「燃ゆ」にかかる。「—燃えつつとはに思へども」〈古今・雑体〉

ふし-の-ま【節の間】節と節との間。転じて、ほんの少しの間。「なには潟短きあしの—も逢はでこの世を過ぐしてよとや」〈新古今・恋一〉

ふじ-の-まきがり【富士の巻狩(り)】鎌倉時代、富士山麓で行われた狩り。建久4年(1193)源頼朝が催した狩りは、曽我兄弟の仇討ちで有名。

ふじ-の-まる【藤の丸】❶藤の花を円形に図案化した文様。❷紋所の名。二房の花を円形に描いたもの。上がり藤と下がり藤がある。

ふじのみや【富士宮】静岡県東部、富士山南西麓にある市。浅間神社の門前町で、富士山の表登山口。製紙・フィルムなどの工業が盛ん。平成22年(2010)に芝川町を編入。人口13.2万(2010)。

ふじのみや-し【富士宮市】▶富士宮

ふじ-の-やま【富士の山】「富士山」に同じ。「士どもあまた具して山へのぼりけるよりなむ、かの山を—とは名づけける」〈竹取〉

ふじ-の-やまい【不治の病】決して治らない病気。「—に冒される」

ふじ-は【富士派】日蓮正宗の古称。

ふし-はかせ【節博士】▶博士❹

ふじ-ばかま【藤×袴】㊀❶キク科の多年草。川岸などに生え、高さ約1メートル。茎は直立し、葉は三つに裂けていて、対生する。8、9月ごろ、淡紅紫色の頭状花を密につける。秋の七草の一。蘭草。(季 秋)「一吾亦紅など名にめでて/虚子」❷襲の色目の名。表裏ともに紫。秋に用いる。㊁源氏物語第30巻の巻名。光源氏37歳。玉鬘が尚侍として出仕するといううわさに思い惑う、夕霧・柏木・鬚黒大将などのようすを描く。

ふじはこねいず-こくりつこうえん【富士箱根伊豆国立公園】山梨・静岡・神奈川・東京の1都3県にわたり、富士山・富士五湖・箱根山・伊豆半島・伊豆七島などからなる国立公園。火山・温泉や海岸風景に富む。

ふし-はず【節×筈】竹の節で作った矢筈。

ふし-ばち【没=食=子蜂｜五=倍=子蜂】タマバチの別名。

ふじ-びたい【富士額】額の髪の生え際が富士山の形に似るもの。美人の条件とされた。

ふし-ぶし【節節】❶竹や糸などのあちこちの節。「木の—に巣がある」❷からだのあちこちの関節。「引っ越しで—が痛い」❸いくつかの箇所。「疑問の—をただす」❹その時その時。それぞれの時点。「何事にもゆゑあることの—には」〈源・桐壺〉(類語)(❷)関節

ふし-ぼね【節骨】関節の骨。

ふじま【藤間】日本舞踊の流派の名。および、それに属する舞踊家の芸名。

ふじまえ-ひがた【藤前干潟】愛知県名古屋市南部にある干潟。伊勢湾に流れ込む日光川・庄内川・新川の河口に位置する。名古屋港の中に残された干潟で、毎年シギ・チドリなど2万羽以上が飛来する渡り鳥の中継地。面積3.23平方キロメートル。平成14年(2002)ラムサール条約に登録された。

ふじま-かんじゅうろう【藤間勘十郎】日本舞踊、藤間流家元の名。3世藤間勘兵衛が、一時勘十郎を名のったのを初世とする。その養子藤間大助が2世を継ぎ、以後茅場町の藤間とよばれる。

ふじま-かんべえ【藤間勘兵衛】日本舞踊、藤間流家元の名。7世まで続く。㊀(初世)[?～1769]武蔵の人。生地の川越藤間村から姓をとったとされる。江戸に出て、振付師となる。㊁(3世)[?～1821]2世の養子で、初世藤間勘十郎を名のった。文化・文政年間(1804～1830)の舞踊家・振付師で、江戸随一とうたわれた。

ふし-まき【節巻】❶「節巻の弓」に同じ。❷巻物。

ふしまき-の-ゆみ【節巻の弓】竹の節の部分を、裂けないように籐などで巻いた弓。また、その形に似せた弓。

ふし-まち【×臥し待ち】出が遅い月を寝て待つこと。また、その月。

ふしまち-の-つき【×臥し待ちの月】《出が遅いの

で寝て待つ月の意》陰暦19日、特に陰暦8月19日の夜の月。寝待ちの月。ふしまちづき。《季秋》

ふ-しまつ【不始末】〔名・形動〕❶後始末のしかたが悪いこと。また、そのさま。「タバコの火の━から火事になる」❷人に迷惑がかかるような不都合な行いをすること。また、その行いや、そのさま。「弟の━をわびる」「息子がとんだ━なことをしまして」
〔類語〕不届き・不埒らち・罪作り

ふじ-まつ【富士松】❶カラマツの別名。❷「富士松節」の略。

ふじまつ【富士松】狂言。主人から富士松を所望された太郎冠者が、酒を勧めてごまかそうとするが、松を賭かけての連歌の付合つけあいとなる。

ふじまつ-ぶし【富士松節】新内節の一派。延享(1744～1748)のころ、宮古路豊後掾みやこじぶんごのじょうの弟子宮古路加賀太夫が富士松薩摩を名のって創始。一時絶えたが、天保(1830～1844)末期、鶴賀派の鶴賀加賀八太夫が富士松魯中ろちゅうを名のって再興、富士松浄瑠璃と称した。現在十数派に分かれている。

ふじ-まめ【藤豆】【×鵲豆】ふぢ マメ科の蔓性つるせいの一年草。葉は3枚の小葉からなる複葉。夏から秋、紫色か白色の蝶形の花が咲く。莢さやは鎌形で、黒色の豆が数個入る。若い莢は食用。熱帯地方の原産で、栽培される。千石せんごく豆。隠元豆。あじまめ。《季秋》

ふじま-りゅう【藤間流】ふぢま りう 日本舞踊の流派の一。宝永年間(1704～1711)に初世藤間勘兵衛が創始。勘十郎家(茅場町の藤間)と勘右衛門家(浜町の藤間)とがある。

ふし-まろ・ぶ【×臥し▽転ぶ】〔動バ五(四)〕からだを地に投げ出してころげまわる。「子供たちが雪野原に━・ぶ」

ふし-まわし【節回し】はし 歌謡や語り物・謡い物などの調子や抑揚の変化。〔類語〕節・音調・旋律・メロディー

ふしみ【伏見】京都市南部の区名。旧伏見市。豊臣秀吉が伏見城を築き、江戸時代は幕府直轄地。灘なだと並ぶ酒造で知られ、伏見七名水と称される湧水があり、桃山陵近くの御香水ごこうすいは霊水として名高い。

ふじ-み【不死身】【不▽仁身】〔名・形動〕❶不死であること。どんな病気・苦痛・傷・打撃にも耐えうるからだであること。また、そのからだやそのさま。「━な(の)勇士」❷どんな困難にもくじけないこと。また、その人やさま。「━な(の)精神」

ふじみ【富士見】埼玉県南部の市。中心は鶴瀬。東武東上線が通じる住宅地。人口10.7万(2010)。

ふしみいなり-たいしゃ【伏見稲荷大社】京都市伏見区にある神社。旧官幣大社。祭神は稲荷五社大明神(宇迦之御魂大神うかのみたまのおおかみ・佐田彦大神・大宮能売大神・田中大神・四大神しのおおかみ)。和銅4年(711)秦公伊呂具はたのきみいろぐの創建といわれる。全国稲荷神社の総本社で、農業・工業・商業の守護神。伏見稲荷。稲荷神社。

ふしみ-く【伏見区】▶伏見

ふじみ-こうげん【富士見高原】ーカウゲン 長野県、八ヶ岳南西麓の高原。避暑地で、高原療養所などがある。

ふじみ-さいぎょう【富士見西行】ーサイギャウ 日本画の画題の一。笠・旅包みなどをわきに置いて富士山を眺める西行の後ろ姿を描くもの。

ふしみ-さんずん【伏見三寸】伏見でつくられた葛籠つづら。小形の衣類入れで、庶民の嫁入り道具の一。「━の葛籠一荷」〈浮・五人女・二〉

ふじみ-し【富士見市】▶富士見

ふしみ-じゅうごこくぶね【伏見十五石船】ージフゴコクぶね 江戸時代、過書船かしょぶねとともに淀川に就航し、伏見から大坂まで貨客を運んだ伏見奉行支配下の15石積み川船。伏見船。

ふしみ-じょう【伏見城】ージャウ 伏見にあった城。文禄3年(1594)豊臣秀吉が住居として築城。秀吉の死後、子の秀頼は大坂城を本拠としたので、徳川家康が入城。豊臣家滅亡後の寛永2年(1625)幕命により破却。第二次大戦後、天守閣を復興。

ふし-みせ【五＝倍＝子見世】【五＝倍＝子店】おはぐろ用の五倍子ふしの粉を売る店。

ふじみてい-ぶんこ【富士見亭文庫】慶長7年(1602)徳川家康が金沢文庫の蔵書を基礎に、江戸城内富士見亭に設けた文庫。寛永16年(1639)紅葉山に移され、紅葉山文庫となった。

ふしみ-てんのう【伏見天皇】ーテンワウ［1265～1317］第92代天皇。在位1287～1298。持明院統の後深草天皇の第2皇子。名は熙仁ひろひと。大覚寺統の後宇多天皇のあとを受けて即位、両統迭立てつりつの例を開いた。日記「伏見院宸記」がある。

ふしみ-にんぎょう【伏見人形】ーニンギャウ 伏見で産する土製の人形。江戸時代初めころから作られ、形・彩色の素朴なもの。伏見雛びな。

ふじみの【ふじみ野】埼玉県南部にある市。東武東上線が縦貫する、東京のベッドタウン。平成17年(2005)10月に上福岡市・大井町が合併して成立。人口10.6万(2010)。

ふじみの-し【ふじみ野市】▶ふじみ野

ふしみ-の-みや【伏見宮】四親王家の一。北朝第3代崇光天皇の第1皇子栄仁よしひと親王に始まる。明治以後、山階宮・久邇宮など多くの宮家を分出した。昭和22年(1947)皇籍離脱。

ふしみ-ばん【伏見版】慶長4～11年(1599～1606)徳川家康の命により、伏見の円光寺の僧三要らが木製活字で印刷した書籍の称。「孔子家語」「六韜りくとう」「三略」などがある。円光寺版。

ふしみ-ぶぎょう【伏見奉行】ーブギャウ 江戸幕府の職名。遠国奉行の一。老中の支配に属し、伏見の民政管理、宇治・伏見・木津川の船舶の取り締まり、また、京都御所の警備や西国大名の往来の監視などを行った。

ふしみももやま-の-みささぎ【伏見桃山陵】▶ふしみももやまりょう(伏見桃山陵)

ふしみももやま-りょう【伏見桃山陵】明治天皇の陵みささぎ。上円下方墳で、京都市伏見区桃山町にある。ふしみももやまのみささぎ。

ふし-むし【五＝倍＝子虫】❶五倍子ふしを作るアブラムシの総称。ヌルデミミフシなど。❷広く、虫こぶを作る昆虫の総称。イスノキにつくイスノフシアブラムシ、クヌギにつくクヌギノイガタマバチなど。

ふじ-むすめ【藤娘】ふぢ ㊀大津絵の画題の一。塗り笠をかぶり、藤の花模様の着物を着て藤の枝を肩にした娘を描くもの。㊁歌舞伎舞踊。長唄。勝井源八作詞、4世杵屋六三郎作曲。五変化舞踊「歌へすがへす余波大津絵かへすがへすなごりのおおつゑ」の一つとして、文政9年(1826)江戸中村座で初演。㊀を舞踊化したもの。

ふじ-むらさき【藤紫】ふぢ 藤の花のような紫の薄い色。

ふじむら-つくる【藤村作】ふぢむら［1875～1953］国文学者。福岡の生まれ。東大教授。近世文学、特に西鶴の研究に専心。また、雑誌「国語と国文学」を創刊し、「日本文学大辞典」を編集。著「評釈西鶴全集」など。

ふじむら-ふみお【藤村富美男】ふぢむら［1916～1992］プロ野球選手・監督。広島の生まれ。高校時代は剛球投手として活躍、昭和11年(1936)大阪タイガース(現阪神)に入団。戦後、監督兼任で復帰し投打で活躍した。「物干し竿ざお」と呼ばれた長いバットで本塁打を打ち、初代ミスタータイガースとして人気を集めた。

ふし-め【伏(し)目】視線を下に向けていること。また、うつむいて見ることや、その姿勢。「恥ずかしさで━になる」「━がち」

ふし-め【節目】❶木材・竹などの節のあるところ。「━の多い材木」❷物事の区切り目。「人生の━」
〔類語〕(❶)切れ目・分け目・裂け目・小口・切れ口・割れ目・継ぎ目/(❷)区切り・折り目・一線・境・一段落

ふじ-メディア-ホールディングス【フジメディアホールディングス】《Fuji Media Holdings》フジテレビジョン㊁やニッポン放送などを傘下に置く認定放送持ち株会社。昭和32年(1957)に放送事業者として設立、同34年開局。平成20年(2008)に持ち株会社化して旧社名(フジテレビジョン)から社名変更。同時に旧社名と同名の放送事業子会社を設立した。産経新聞社と関係が深いが連結対象ではない。

ふじ-もうで【富士詣で】ーまうで ❶陰暦6月1日から21日まで(中心は15日)に富士山に登り、頂上の浅間せんげん神社に参詣すること。富士参り。《季夏》「砂走りの夕日となりぬ━/蛇笏」❷江戸時代、陰暦5月末日・6月1日の両日に、江戸市内などに勧請かんじょうした富士浅間せんげん神社に参詣すること。

ふじもと-ぎいち【藤本義一】ふぢもと［1933～　］小説家・放送作家。大阪の生まれ。本名、義一よしかず。ラジオドラマや映画のシナリオを執筆するかたわら、テレビの深夜番組の司会、若手の漫才師の育成など幅広く活躍。小説では、軽妙な大阪弁を生かした作品や、大阪人の伝記などで人気を集め、「鬼の詩うた」で直木賞受賞。他に「蛍の宿」「大いなる笑魂」「元禄流行作家」など。

ふじもと-さだよし【藤本定義】ふぢもと［1904～1981］プロ野球監督。愛媛の生まれ。昭和11年(1936)巨人軍の監督に就任し、第1期黄金時代を築く。戦後は阪急(現オリックス)・阪神などで監督を務めた。

ふじもと-てっせき【藤本鉄石】ふぢもと［1816～1863］江戸末期の志士。岡山藩士。通称、津之助。天誅組てんちゅうぐみの総裁となったが、討伐軍の攻撃を受けて戦死。

ふじもと-ひでお【藤本英雄】ふぢもとひでを ▶中上なかがみ英雄

ふし-もの【賦し物】連歌・俳諧で、物の名を句の中に分けて詠み込むもの。のちには発句に限られた。

フジモリ〘Alberto Fujimori〙［1938～　］ペルーの政治家。日系2世。大学教授などを経て1990年大統領に就任。2度再選されるが2000年に側近のスキャンダルが元で辞任。二重国籍を持つ日本へ亡命した。05年に大統領選再出馬を表明するが認められず、07年には日本の国民新党から参院比例代表選に出馬して落選。同年、大統領時代の人権弾圧などでペルー政府に逮捕され、10年に禁錮25年が確定した。

ふじもり-えいいち【藤森栄一】ふぢもり［1911～1973］考古学者。長野の生まれ。諏訪中学卒業後、さまざまな職業に就きながら考古学を研究した。著「かもしかみち」「石器と土器の話」など。

ふじもり-せいきち【藤森成吉】ふぢもり［1892～1977］小説家・劇作家。長野の生まれ。人生派作家として出発、のちプロレタリア文学運動に参加。戯曲「何が彼女をさうさせたか」、小説「若き日の悩み」など。

ふ-しゃ【×巫者】「巫覡ふげき」に同じ。「民間━」

ふ-しゃ【府社】旧制度の社格の一。府から幣帛へいはくを供進した神社。県社と同格。

ふ-しゃ【富者】富んでいる人。金持ち。㊥貧者。

ぶ-しゃ【奉射】▶御弓おゆみの神事しんじ

ぶ-しゃ【歩射】❶歩きながら弓を射ること。かちゆみ。㊥騎射。❷「奉射ぶしゃ」に同じ。

ぶし-や【▽付子矢】鏃やじりに付子ぶしの毒を塗った矢。ぶすや。

フジャイラ〘Fujairah〙アラブ首長国連邦を構成する7首長国の一つ。連邦で唯一ペルシア湾に接さずオマーン湾に臨む。

ふしゃく-しんみょう【不▽惜身命】ーシンミャウ 仏語。仏道修行のためには身命も惜しまないこと。死をもいとわない決意。「法華経」譬喩品などにある語。

ふじ-やま【富士山】▶ふじさん(富士山)

ふじやま-いちろう【藤山一郎】ふぢやまいちらう［1911～1993］歌手。東京の生まれ。本名、増永丈夫。東京音楽学校在学中にデビュー、歌謡曲を音楽性豊かに歌い続けた。ヒット曲に「酒は涙か溜息か」「丘を越えて」「青い山脈」など。国民栄誉賞受賞。

ふじやま-かんび【藤山寛美】ふぢやまくわんび［1929～1990］喜劇俳優。大阪の生まれ。本名、稲垣完治。松竹新喜劇に参加、阿呆役で一世を風靡ふうびした。

ふじやま-の-とびうお【富士山の飛魚】ーとびうを《英語のFlying Fish of Fujiyamaから》古橋広之進を賞賛していう呼び名。〔補説〕昭和24年(1949)の全米選手権で活躍した古橋を、米国のマスコミが賞賛してこう呼んだことから。

ぶ-しゃれ【不×洒▽落】〔名・形動ナリ〕へたな洒落。わるふざけ。また、そのような言動をするさま。「━な文句だ」〈洒・娼妓絹籭〉

ぶ-しゃ・れる【不×洒▽落る】〔動ラ下一〕へたな洒

落をいう。わるふざけをする。「いけ騒々しい、―・れめえぞよ」〈洒・四十八手〉

ふ-しゅ【浮腫】皮下組織内に、組織間液が大量にたまった状態。押すとへこむ。むくみ。

ふ-じゅ【符呪】まじない。

ふ-じゅ【腐儒】全くの役に立たない儒者。くされ儒者。気力も意欲もない学者をののしっていう語。

ふ-じゅ【膚受】《「論語」顔淵から》❶讒言ざんげんや中傷などが、垢あかが皮膚にしみ込むように、知らぬ間に心の中に入り込むこと。また、それが肌を切りつけるように痛切なこと。「―の愬うったえ」❷うわべだけを受け伝えて、十分に理解しないこと。

ふ-じゅ【×諷×誦】❶経文や偈頌げじゅを声をあげてよむこと。また、暗誦すること。ふうじゅ。「御―行はせ給ひける時」〈拾遺・哀傷・詞書〉❷「諷誦文ふじゅもん」の略。

ぶ-しゅ【部首】漢字の字書で、漢字を字画構成に従って部分けをし、各部ごとにその共通要素である字形を頭に示して索引の用に当てたもの。「乞」「乳」などの「乙」、「初」「利」などの「刀」の類。こうした部首索引方式は「説文解字」(540部)、「玉篇」(542部)などを経て「康熙こうき字典」(214部)に至り、以後この「康熙字典」に準拠する形が大勢を占める。

ふ-しゅう【×俘囚】シウ ❶捕虜。俘虜。とりこ。「―の身」❷奈良・平安時代、中央政府に同化した蝦夷えぞの称。➡夷俘いふ

ふ-しゅう【浮舟】シウ ❶浮かんでいる舟。うきふね。❷水上飛行機のフロート。

ふ-しゅう【腐臭】シウ 腐った物のにおい。
(類語)異臭・臭気・臭み・激臭・悪臭

ふ-じゅう【不住】ヂユウ 住まないこと。また、住む人がいないこと。「一所―」

ふ-じゆう【不自由】ジイウ〔名・形動〕スル 思うようにならないこと。不足や欠けた点があって困ること。不便なこと。また、そのさま。「何かと―な暮らし」「小遣いにも―する」(派生)ふじゆうさ〔名〕

ぶ-しゅう【武州】シウ 武蔵むさし国の異称。

ぶしゅう-いっき【武州一揆】ブシウ 慶応2年(1866)武蔵むさし国で起こった一揆。6月13日同国秩父郡上名栗村で蜂起、19日に壊滅。「世直し」を掲げた貧農らにより豪農層に対する打ちこわしが行われた。武州世直し一揆。

ふ-しゅうえん【不周延】シウエン《undistributed》論理学で、判断の主張がその主語または述語となっている概念の外延の一部分にしか及ばないこと。また、その概念。例えば、「すべての犬は哺乳類である」というとき、「犬」という概念は周延されているが、「哺乳類」という概念は不周延である。不拡充。

ぶ-しゅうぎ【不祝儀】シウギ めでたくないこと。特に、葬儀。不祝言。「―袋」

ぶしゅうぎ-ぶくろ【不祝儀袋】ブシウギ― 葬式や法事などの際に金品を包むのに用いる、黒白や藍白などの水引を結んだ袋。

ふじゅう-けいやく【付従契約】▶付合契約ふごうけいやく

ぶ-しゅうげん【不祝言】シウゲン 「不祝儀ぶしゅうぎ」に同じ。

ふしゅう-こう【不×銹鋼】フシウカウ ▶ステンレス鋼

ふ-じゅうぶん【不十分】ジフブン・【不充分】ジユウブン〔名・形動〕足りないところのあること。完全でないこと。また、そのさま。「―な明るさ」「証拠―」
(類語)不行き届き・不徹底

ぶしゅ-かん【▽仏手×柑】マルブシュカンの変種。実は先端が手の指のように分かれる。観賞用。てぶしゅかん。ぶっしゅかん。(季 冬|花＝夏)

ふ-しゅく【×巫祝】神事をつかさどる者。みこ。はふり。かんなぎ。

ふ-じゅく【不熟】〔名・形動〕❶果物・作物などが成熟しないこと。出来の悪いこと。また、そのさま。「不作―な(の)年」❷熟練していないこと。また、そのさま。未熟。不熟練。「―な文章」❸折り合いが悪いこと。不和。「お前さんの機に入らなきゃア―の基だ」〈二葉亭・浮雲〉

ふ-じゅく【腐熟】〔名〕スル 下肥しもごえ・堆肥などがよく発酵して腐ること。「三ケ月以上―した人糞肥料でなければ」〈島木健作・続生活の探求〉

ふじゅく-にち【不熟日】東日本で、この日に種蒔き・植え付けをすると実りが悪いとされる日。1月は子ねの日、2月は午うまの日、3月は酉とりの日とされ、以降3か月ごとに繰り返す。

プシュケー〖Psychē〗《人間の霊魂の意》ギリシャ神話に出てくる愛の神エロス(キューピッド)の妻。女神アフロディテによって、さまざまの苦難にあったが、ゼウスの力で幸福を得る。プシケ。

ふしゅ-しょうがく【不取正覚】―シヤウガク 仏語。阿弥陀仏がまだ法蔵比丘びくであった昔に、一切衆生を救うために四十八願を立て、願が成就しなければ自分は仏とはならないと誓った、その結びの言葉。

ふ-しゅつ【不出】外へ出ないこと。また、外へ出さないこと。「門外―の秘仏」

ふ-じゅつ【×巫術】▶シャーマニズム

ぶ-じゅつ【武術】剣・弓・馬・槍など、武士として戦うのに必要な技術。武芸。武技。(類語)武道・武芸

ぶ-じゅつ【×撫×恤】〔名〕スル あわれみいつくしむこと。「病院を設けて、貧民を―し」〈柳河春三編・万国新話〉

ふ-しゅび【不首尾】〔名・形動〕《「ぶしゅび」とも》❶最後がうまくいかないこと。また、そのさま。「―に終わる」「―な交渉結果」(対)上首尾。❷気受け・評判のよくないこと。また、そのさま。「上司に―な社員」❸首尾一貫しないこと。また、そのさま。「―ナ事ヲ申ス」〈日葡〉❹好ましくないこと。ぐあい・体裁の悪いこと。不都合。「そのやうな―な所へ行く事は嫌でおりゃる」〈和泉流狂・察化〉(類語)失敗・蹉跌さてつ・挫折・破綻はたん

ふじゅふせ-こうもんは【不受不施講門派】日蓮講門宗の旧称。日奥の孫弟子日講を祖とする、不受不施派の別派。岡山市御津鹿瀬かのせの本覚寺を本山とする。

ふじゅふせ-は【不受不施派】日蓮宗の一派。文禄4年(1595)京都妙覚寺の日奥が、法華経信者以外からは施しを受けず、施しもしないと主張したことに始まる。江戸時代には禁制、明治9年(1876)公許を得る。岡山市御津金川かながわの妙覚寺を本山とする。

ふじゅ-もん【×諷×誦文】死者の冥福を祈るため、三宝さんぼうへの布施物や布施の趣旨などを記した文章。追善の法会の導師が読んだ。ふうじゅもん。

ふ-じゅん【不純】〔名・形動〕純粋・純真でないこと。まじりけのあること。また、そのさま。「―な動機」「―異性交遊」(派生)ふじゅんさ〔名〕(類語)不潔・不浄

ふ-じゅん【不順】〔名・形動〕❶順調でないこと。順序がくるうこと。また、そのさま。「―な天候」「月経―」「体調―」❷道理に背くこと。秩序に従わないこと。「老母の命にしたがはざる不孝―の過あやまち」〈咄・醒睡笑・四〉(類語)(❶)変調・不調・低調

ぶじゅん【撫順】中国、遼寧省東部にある鉄工業都市。大規模な露天掘りが行われる撫順炭田を中心に発展。フーシュン。

ふじゅん-ぶつ【不純物】主成分以外の雑多な混じり物。「―を取り除く」

ふじゅんぶつ-はんどうたい【不純物半導体】―ハンダウタイ 純粋な半導体に不純物(ドーパント)を添加(ドーピング)した半導体。ケイ素にホウ素を添加するとp型半導体、リンや砒素ひそを添加するとn型半導体になる。外因性半導体。(対)真性半導体。

ブジュンブラ〖Bujumbura〗ブルンジ共和国の首都。タンガニーカ湖北東岸にあり、コーヒーなどを産出。

ふ-しょ【▽補処】「一生補処いっしょうふしょ」の略。

ふ-じょ【×巫女】ヂヨ 神に仕えて神意を伝える女。未婚の処女とされる場合が多い。みこ。かんなぎ。
(類語)占い師・易者・八卦見・手相見・陰陽師・巫女みこ・市子・いたこ・ゆた・口寄せ・かんなぎ・シャーマン

ふ-じょ【扶助】〔名〕スル 力添えをして助けること。援助。「親を―する」「相互―の精神」
(類語)世話・助ける・心配・扶育・御守もり・付き添い・介添え・介助・介護・介抱・看護・面倒見めんどうみ・ケア

ふ-じょ【婦女】ヂヨ 婦人。女性。(類語)女・女子・婦女子・ウーマン・あま・おなご・女史・雌・おみな・たおやめ

ぶ-しょ【部署】それぞれに役割や分担を決めること。また、その役割や担当した場所。持ち場。「―を移る」「―に就く」

ふ-しょう【不生】シヤウ 仏語。迷いの世界に生を受けない意。如来にょらいのこと。

ふ-しょう【不肖】セウ ■〔名・形動〕《「肖」は似る意》❶取るに足りないこと。未熟で劣ること。また、そのさま。不才。「―ながら誠心誠意努力いたします」「―の身」❷父に、あるいは師に似ないで愚かなこと。また、そのさま。「―な(の)弟子」「―の子」❸不運・不幸であること。また、そのさま。「身の難に逢ひ―なる時は」〈太平記・二七〉■〔代〕一人称の人代名詞。自分をへりくだっていう語。「―儀、この度社命により」
(類語)(■❶)つたない・ふつつか/(■)小生・愚生・小弟・手前・拙者・自分・私わたくし・私わたし・僕・俺おれ・わし・吾人ごじん・余よ・我が輩はい・迂生うせい

ふ-しょう【不承】〔名〕スル ❶「不承知」の略。「―の返事を出す」❷いやいやながら承知すること。不請。「なかやどのまえもあるから、―してもっては来たが」〈魯文・安愚楽鍋〉

ふ-しょう【不祥】シヤウ〔名・形動〕❶不吉であること。また、そのさま。「―な(の)言葉を避ける」❷運の悪いこと。不運。「極めて―にも値あひぬるかな」〈今昔・一九・一四〉(類語)凶・不吉

ふ-しょう【不詳】シヤウ〔名・形動〕くわしくはわからないこと。はっきりしないこと。また、そのさま。「害者の身元は―な(の)ままだ」「作者―」「年齢―」
(類語)未詳・藪やぶの中・掴つかみ所が無い・雲を掴む様

ふ-しょう【不▽請】シヤウ ❶仏語。請い望まれなくても救いの手をさしのべること。菩薩ぼさつの慈悲救済をいう語。❷自分では希望しないこと。いやいやながらすること。「町衆は―の袴、肩衣を着て」〈浮・一代女・三〉❸満足しないが、それで我慢すること。「とかく乗合はおたがひに、何ぢゃろと―してくれなされ」〈滑・膝栗毛・六〉❹▶不承❷

ふ-しょう【府生】シヤウ 六衛府ろくえふ・検非違使けびいし庁などの下級職員。ふせい。ふそう。

ふ-しょう【府省】シヤウ 名称に「府」のつく役所と、名称に「省」のつく役所の総称。内閣府と、総務省・財務省などの11省がある。「各―」➡中央省庁

ふ-しょう【負傷】シヤウ〔名〕スル きずをおうこと。けがをすること。また、けが。「事故で―する」「―者」
(類語)手負い・傷付く・死傷・怪我

ふ-しょう【赴▽請】シヤウ 僧侶が施主の願いに応じて法会などに行くこと。

ふ-しょう【浮生】シヤウ ▶ふせい(浮生)

ふ-しょう【浮礁】セウ 魚のすみかになるように木材を水中に投げ入れて作った魚礁。

ふ-しょう【富商】シヤウ 富裕な商人。「某大病院は―豪家より造費を出し」〈村田文夫・西洋聞見録〉

ふ-しょう【×鳧×鐘】❶日本音楽の十二律の一。基音の壱越いちこつより六律高い音で、中国の十二律の蕤賓すいひん、洋楽の嬰ヘ音にあたる。❷《中国の古伝説で、音楽をつかさどる鳧氏が作ったという鐘の意》釣鐘。鉦鼓しょうこ。

ふ-じょう【不定】ヂヤウ〔名・形動〕❶さだまらないこと。確かでないこと。また、そのさま。ふてい。「老少―」「生死しょうじ―」❷思いがけないこと。意外なこと。また、そのさま。「―のことかな」〈宇治拾遺・一〉

ふ-じょう【不浄】ジヤウ〔名・形動〕❶けがれていること。また、そのさま。「―な(の)身」「―な(の)金」❷月経げっけい。❸大小便。❹便所。「―に立つ」➡御不浄
(類語)(❶)不潔・不純/(❹)化粧室・便所・手洗い・洗面所・トイレット・WC・憚はばかり・雪隠・手水・厠かわや

ふ-じょう【浮上】ジヤウ〔名〕スル ❶水中から水面に浮かび上がること。「潜水艦が―する」❷表面に浮かび出てくること。成績などが下位から上位になること。「成長株として―する」「リーグ首位に―する」(類語)浮揚・浮かび上がる・浮かぶ・浮く・浮き上がる・浮かべる

ふ-じょう【浮城】ジヤウ 軍艦のこと。

ふ-じょう【富×饒】ゼウ〔名・形動〕富んで豊かなこと。また、そのさま。ふにょう。「―な稲の床となり得るらしい形勢さえも」〈宮本・禰宜様宮田〉

ぶ-しょう【不精｜無精】〔名・形動〕からだを動かして物事をするのを面倒くさがること。また、そのさま。身だしなみに頓着しないさまなどにもいう。「一な性格」「出一」「筆一」
〔類語〕怠慢・怠惰・横着・懈怠・懶惰

ぶしょう【武昌】中国、湖北省武漢市の地名。揚子江南岸にあり、もと武漢三鎮の一。辛亥革命の勃発の地。ウーチャン。

ぶ-しょう【武将】武士の大将。また、武道にすぐれた将軍。「戦国一」〔類語〕名将・知将

ぶ-しょう【部将】一部隊の大将。

ふ-しょうか【不消化】〔名・形動〕❶消化しないこと。こなれないこと。また、そのさま。「一なままの食物」❷理解が浅く、自分のものになっていないこと。また、そのさま。「一な知識を振りまわす」

ふしょう-がお【不▽請顔】いやそうな顔つき。しぶしぶ物事をする顔つき。「弟子共は一を」〈浄・氷の朔日〉

ぶしょう-ごま【不精独=楽｜無精独=楽】胴長で心棒がなく、底がとがっているこま。ひもで胴を打って回す。たたかれなくては動かないところからの称。

ふしょう-じ【不祥事】関係者にとって不都合な事件、事柄。「社員が一を起こす」〔類語〕凶事・弔事

ぶじょう-じ【峰定寺】京都市左京区にある修験系の単立寺院。山号は大悲山。開創は久寿元年(1154)、開山は観空西念。享保年間(1716～1736)に元快が再興。本堂はがけに臨んだ舞台造り。北大峰。

ふ-しょうじき【不正直】〔名・形動〕正直でないこと。また、そのさま。「一な人」

ふじょうじゅ-にち【不成就日】陰陽道で、この日から始めた物事はすべて成就しないという悪い日。不浄日。

ふしょうせい-かんゆう【不招請勧誘】顧客からの依頼がないのに勧誘すること。訪問販売・キャッチセールスの類。

ふじょう-せっぽう【不浄説法】仏の教えにはずれた邪法を説いたり、名利のために説法をしたりすること。

ふ-しょうち【不承知】〔名・形動〕承知しないこと。承知できないこと。また、そのさま。「一な(の)旨を伝える」〔類語〕反対・一蹴・拒否・拒絶・難色・蹴る・断る・不賛成・不同意・異議・異論・異存・批判・抵抗・造反・対立・異を唱える・異を立てる

ふじょう-にち【不浄日】►不成就日

ふじょう-の-くも【不定の雲】心をくもらせる迷いを、月を覆い隠す雲にたとえていう語。「生死長夜の月の影、一覆へり」〈謡・隅田川〉

ふじょう-ば【不浄場】❶けがれのある場所。❷便所。かわや。

ぶしょう-ひげ【不精×髭｜無精×髭】剃るのを怠けて伸びたままのひげ。

ふしょう-ぶしょう【不承不承】〔副〕気が進まないままにするさま。いやいや。しぶしぶ。不請不請。「一仕事を引き受ける」

ふしょう-ふずい【夫唱婦随｜夫×倡婦随】《関尹子』三極の「天下の理は、夫は倡え、婦は随う」から》夫が言い出し、妻が従うこと。

ふしょう-ふめつ【不生不滅】仏語。生じることも滅することもなく、常住不変であること。悟りの境界をいう。常住。

ぶしょう-もの【不精者｜無精者】何をするにも面倒くさがる人。ものぐさな人。

ふじょう-もん【不浄門】江戸時代、武家屋敷などで、死者・罪人や下肥などを運び出すために裏手に設けたくぐり門。いみもん。

ふじょう-やくにん【不浄役人】罪人の捕縛・断罪などに当たる役人。また、その役人をののしっていう語。

ふ-じょうり【不条理】〔名・形動〕❶筋道が通らないこと。道理に合わないこと。また、そのさま。「一な話」❷実存主義の用語。人生に何の意義も見いだせない人間存在の絶望的状況。カミュの不条理の哲学によって知られる。〔類語〕無理

ふじょうり-えんげき【不条理演劇】人間の生と死の不合理性をテーマにした演劇。1950年代に出現し、主要な作家としてベケット、アダモフ、イヨネスコらがいる。

ふじょき【不如帰】ホトトギスの別名。

ふ-しょく【扶植】〔名〕スル 勢力などを、植えつけ拡大すること。「改革思想を一する」

ふ-しょく【腐食｜腐×蝕】〔名〕スル ❶腐って物の形がくずれること。また、腐らせて物の形をくずすこと。「土台が一する」❷金属材料が水・酸素などとの化学反応によって表面から変質・消耗してゆくこと。また、その現象。「鉄板が一する」〔類語〕腐る

ふ-しょく【腐植】土壌中で動植物が不完全に分解してできる黒褐色の有機質。

ぶ-じょく【侮辱】〔名〕スル 相手を軽んじ、はずかしめること。見下して、名誉などを傷つけること。「一を受ける」「他民族を一する」
〔類語〕恥辱・屈辱・汚辱・凌辱・辱め・恥

ふしょくえいよう-こ【腐植栄養湖】湖沼型の一。多量の腐植質を含み、水色が褐色を帯びるもの。腐植質が栄養塩類を吸着し、プランクトンの生育を妨げる。高山や高緯度地方に多い。

ふしょく-こう【腐食孔】金属などの固体表面が腐食する際に生じるくぼみ。エッチピット。食孔。食凹。

ぶじょく-ざい【侮辱罪】具体的なことがらを挙げずに、公然と人を侮辱する罪。刑法第231条が禁じ、拘留または科料に処せられる。親告罪の一つ。〔補説〕具体的なことがらを挙げて、相手の社会的評価を下げる行為は名誉毀損罪にあたる。

ふしょく-しつ【腐植質】生物、特に植物の枯死体が微生物の働きにより分解されてできる無定形の物質。

ふしょく-ど【腐植土】腐植質を20パーセント以上含む土壌。黒または黒褐色を呈し、肥沃で保水性・通気性ともにすぐれ、作物の栽培に適する。

ふしょく-どうばん【腐食銅版】銅版の技法の一。銅板の表面を防食剤で覆い、凹状にする部分の銅面のみを露出させ、その部分を腐食させて原版を作るもの。エッチング、アクアチントなど。

ふ-しょくばい【負触媒】反応の速度を減少させる触媒。

ふしょく-ふ【不織布】織らない布。繊維を合成樹脂その他の接着剤で接合して布状にしたもの。弾力に富み、通気性にすぐれ、洋服の芯地などに用いる。

ふしょく-やく【腐食薬】潰瘍・いぼなどの除去のため、組織を破壊・壊死させる薬物。水酸化カリウム・トリクロル酢酸など。

ふじょ-し【婦女子】❶女性や子供。おんなこども。❷婦人。女性。〔類語〕女・女性・女子・婦人・婦女・ウーマン・あま・おなご・女史・雌・おみな・たおやめ

ふじよしだ【富士吉田】山梨県南東部、富士山北麓の市。富士山の北側登山口、富士五湖観光の基地。甲斐絹(郡内織)の産地。人口5.1万(2010)。

ふじよしだ-し【富士吉田市】►富士吉田

ふ-しょぞん【不所存】〔名・形動〕《「ぶしょぞん」とも。その場合は「無所存」とも書く》考えの正しくないこと。思慮の足りないこと。また、そのさま。不心得。「一な発言」

ふじょ-ぼうこう【婦女暴行】強姦のこと。〔補説〕言い回しを婉曲にしたもので、法律用語ではない。

ふじょ-りょう【扶助料】❶生計を助けるために与えられる金銭。❷一定の条件を備えた公務員が死亡した場合、その遺族に支給される年金。

ふ-じるし【不印】〔名・形動〕《「不」で始まる語を略して「印」を付けたもの。「ぶじるし」とも》❶不首尾。「校中の評判は一だそうだネ」〈逍遥・当世書生気質〉❷不景気。「連年の一で皆も困るであろう」〈木下尚江・良人の自白〉❸不美人。

プシロフィトン〘ラテ Psilophyton〙原始的な陸生シダ植物。シルル紀末からデボン紀の地層で化石が発見される。地下茎から高さ1メートル内外の細い地上茎が出て、葉はなく、とげがある。

プシロリティス-さん【プシロリティス山】《Psiloreitis》►イディ山

ふじわら【藤原】㊀姓氏の一。㊁古代の氏族。中臣鎌足が藤原朝臣の姓を賜り、鎌足の子不比等の流に藤原姓を認められたのに始まる。奈良時代に南家・北家・式家・京家の四家に分かれ、平安時代には北家が皇室と姻戚関係を結んで摂関政治を行った。鎌倉時代以後、九条家・近衛家・二条家・一条家・鷹司家の五摂家が分立。

ふじわら-いおり【藤原伊織】[1948～2007]小説家。大阪の生まれ。本名、利一。個性あふれる登場人物が活躍するハードボイルド小説で人気を集める。特にストーリー展開の巧みさに定評がある。「テロリストのパラソル」で直木賞・江戸川乱歩賞受賞。他に「ダックスフントのワープ」「ひまわりの祝祭」「てのひらの闇」など。

ふじわら-きょう【藤原京】持統天皇8年(694)から元明天皇の和銅3年(710)の平城遷都までの3代16年間の都。大和三山に囲まれた、現在の橿原市にあった。唐の都を模倣した最初のもの。

ふじわら-ぎんじろう【藤原銀次郎】[1869～1960]実業家・政治家。長野の生まれ。王子製紙を再建。藤原工業大学(現在の慶応大学理工学部)を私費で創設。第二次大戦中、商工・軍需相などを歴任。

ふじわら-さくへい【藤原咲平】[1884～1950]気象学者。長野の生まれ。中央気象台長。気象学の普及に貢献したほか、渦の研究で知られる。著「雲」「群渦」「日本気象学史」など。

ふじわら-じだい【藤原時代】日本の文化史、特に美術史上の時代区分の一。弘仁貞観時代に次ぎ、遣唐使廃止以後、藤原氏が摂関政治を行った平安時代中期・後期をさす。女流文学・大和絵・和様書道・寝殿造りなど国風の優美な文化をつくり出した。

ふじわら-しんじ【藤原審爾】[1921～1984]小説家。東京の生まれ。私小説的な恋愛もので執筆活動をスタートするが、その後は推理小説や社会派の問題作に領域を広げる。「罪な女」およびその他の作品で直木賞受賞。他に「秋津温泉」「赤い殺意」「死にたがる子」など。映像化された作品も数多い。

ふじわら-せいか【藤原惺窩】[1561～1619]安土桃山・江戸初期の儒学者。播磨の人。冷泉家の出身。名は粛。字は斂夫。初め相国寺に入ったが、のち還俗。朱子学を究め、門人から林羅山・松永尺五らを輩出した。著「四書五経倭訓」「惺窩文集」など。

ふじわら-ともみ【藤原智美】[1955～]小説家・随筆家。福岡の生まれ。雑誌記者・コピーライターを経て、文筆の道に入る。「運転士」で芥川賞受賞。他に小説「王を撃て」、エッセー「ぼくが眠って考えたこと」など。

ふじわら-の-あきすけ【藤原顕輔】[1090～1155]平安後期の歌人。六条家の祖といわれる顕季の子で、清輔の父。六条家を継ぎ、崇徳院の院宣により「詞花集」を撰進。家集に「左京大夫顕輔卿集」がある。

ふじわら-の-あきひら【藤原明衡】[989～1066]平安中期の学者。文章博士・大学頭を歴任。詩文に秀で、「本朝文粋」を編集。著「明衡往来」「新猿楽記」など。

ふじわら-の-あきらけいこ【藤原明子】[829～900]文徳天皇の女御。良房の娘。清和天皇を生み、藤原氏の外戚としての地位を確立させた。染殿の后。

ふじわら-の-いえたか【藤原家隆】[1158～1237]平安末期・鎌倉前期の歌人。名は「かりゅう」とも。寂蓮の養子。藤原俊成に学び、「新古今和歌集」撰者の一人となり、藤原定家と並び称された。家集に「壬二集」がある。

ふじわら-の-うまかい【藤原宇合】[694～

737]奈良前期の公卿。式家の祖。不比等(ふひと)の三男。名は馬養(うまかい)とも書く。遣唐副使として渡唐。帰国後、蝦夷(えぞ)の反乱を平定。

ふじわら-の-おつぐ【藤原緒嗣】[773〜843]平安初期の公卿。百川(ももかわ)の長男。桓武天皇の寵を受け、参議・左大臣などを歴任。「新撰姓氏録」「日本後紀」の編者の一人。

ふじわら-の-おとむろ【藤原乙牟漏】[760〜790]桓武天皇の皇后。平城天皇・嵯峨天皇の母。

ふじわら-の-かねいえ【藤原兼家】[929〜990]平安中期の公卿。師輔(もろすけ)の三男。兄の兼通(かねみち)と関白職を争い、一条天皇の外祖父として摂政、次いで関白となった。法興院。東三条殿。

ふじわら-の-かねざね【藤原兼実】►九条兼実(くじょうかねざね)

ふじわら-の-かねすけ【藤原兼輔】[877〜933]平安前期の歌人。三十六歌仙の一人。邸宅が賀茂川の堤近くにあったので、堤中納言と称された。家集に「兼輔集」がある。

ふじわら-の-かねみち【藤原兼通】[925〜977]平安中期の公卿。師輔(もろすけ)の二男。長兄伊尹(これただ)の病死後、弟の兼家と関白職を争い、関白・太政大臣となった。

ふじわら-の-かまたり【藤原鎌足】[614〜669]古代の中央豪族。本姓は中臣(なかとみ)氏。藤原氏の祖。中大兄皇子(なかのおおえのおうじ)(のちの天智天皇)らと大化の改新を断行、改新政府の重鎮となり、律令体制の基礎を築いた。臨終に際し、天智天皇から大織冠(たいしょくかん)の冠位と藤原朝臣の姓を賜った。中臣鎌子(かまこ)。

ふじわら-の-かりゅう【藤原家隆】►ふじわらのいえたか

ふじわら-の-きよかわ【藤原清河】奈良時代の公卿。房前(ふささき)の四男。遣唐大使として渡唐。帰国の際、暴風にあい安南(アンナン)に漂着。再び唐に戻り、唐で没した。生没年未詳。

ふじわら-の-きよすけ【藤原清輔】[1104〜1177]平安後期の歌人・歌学者。顕輔(あきすけ)の子。六条家の中心人物で、俊成と並び称された。二条天皇の命で、「続詞花集」を撰。著「奥義抄」「袋草紙」、家集「清輔朝臣集」など。

ふじわら-の-きよひら【藤原清衡】[1056〜1128]平安後期の陸奥(むつ)の豪族。後三年の役に源義家と結んで清原氏を滅ぼし、陸奥六郡を領有。平泉に奥州藤原氏の基礎を築き、中尊寺を建立。清原清衡。

ふじわら-の-きんとう【藤原公任】[966〜1041]平安中期の歌人・歌学者。通称、四条大納言。故実に詳しく、また、漢詩・和歌・音楽にすぐれた。「和漢朗詠集」「拾遺抄」「三十六人撰」などを撰。歌論書「新撰髄脳」「和歌九品」、家集「公任集」、有職故実書「北山抄」など。

ふじわら-の-くすこ【藤原薬子】[?〜810]平安初期の女官。種継の娘。娘が平城天皇の妃だったことから天皇の寵愛を受けたが、天皇譲位後、兄仲成らと嵯峨天皇を廃して平城上皇の復位を企て、失敗して自殺。⇒薬子の変

ふじわら-の-こうぜい【藤原行成】►ふじわらのゆきなり

ふじわら-の-これただ【藤原伊尹】[924〜972]平安中期の公卿・歌人。名は「これまさ」とも。師輔(もろすけ)の長男。「後撰和歌集」撰者の一人。和歌所別当となり、参議・右大臣を歴任。のち摂政となり、一条摂政と称された。諡号(しごう)は謙徳公。歌集に「一条摂政御集」がある。

ふじわら-の-これちか【藤原伊周】[974〜1010]平安中期の公卿。道隆の二男。父の死後、叔父の道兼・道長と権勢を争い、従者が花山法皇に矢を射かけたことなどにより大宰権帥(だざいのごんのそち)に左遷。のち許されて帰京し、大臣に準じる地位を与えられ、世に儀同三司と称された。

ふじわら-の-これふさ【藤原伊房】[1030〜1096]平安中期の公卿・書家。行成の孫。世尊寺流書道に巧みで、「北山抄」「十五番歌合」などの筆者といわれる。

ふじわら-の-これまさ【藤原伊尹】►ふじわらのこれただ

ふじわら-の-さだいえ【藤原定家】►ふじわらのていか

ふじわら-の-さねさだ【藤原実定】[1139〜1191]平安末期の公卿・歌人。左大臣。家集「林下集」、日記「庭槐抄」など。後徳大寺(ごとくだいじ)実定。

ふじわら-の-さねすけ【藤原実資】[957〜1046]平安中期の公卿。祖父実頼の養子。三条天皇の信任が厚く、右大臣となる。道長・頼通に迎合せず、賢右府と称された。有職(ゆうそく)故実に詳しく「小野宮年中行事」を著す。日記「小右記」は当時を知る基本史料。

ふじわら-の-さねより【藤原実頼】[900〜970]平安中期の公卿。忠平の子。小野宮殿と称された。円融天皇の摂政に就任。有職(ゆうそく)故実に詳しく、小野宮流の始祖。著に有職故実書「小野宮故実旧例」、歌集「清慎公集」。日記「水心記」があったが散逸。

ふじわら-の-しゅんぜい【藤原俊成】[1114〜1204]平安後期の歌人。名は「としなり」とも。定家の父。法名、釈阿。幽玄体の歌を確立し、王朝歌風の古今調から中世の新古今調への橋渡しをした。後白河院の院宣により、「千載和歌集」を撰進。家集「長秋詠藻」、歌論書「古来風体抄」など。

ふじわらのしゅんぜい-の-むすめ【藤原俊成女】[1171ころ〜1252ころ]鎌倉前期の歌人。父は藤原盛頼、母は藤原俊成の娘。俊成の孫で養女となる。源通具(みちとも)の妻。新古今集の代表的女流歌人。家集に「俊成卿女集」がある。嵯峨禅尼。

ふじわら-の-しょうし【藤原彰子】►上東門院(じょうとうもんいん)

ふじわら-の-すけまさ【藤原佐理】[944〜998]平安中期の公卿・書家。名は「さり」とも。実頼の孫。三蹟の一人で、その筆跡を佐跡という。遺墨「詩懐紙」「恩命帖」「離洛帖」など。

ふじわら-の-すみとも【藤原純友】[?〜941]平安中期の貴族。伊予掾(いよのじょう)となって下向。瀬戸内海の海賊と結んで反乱を起こしたが、敗れて殺された。⇒承平天慶(じょうへいてんぎょう)の乱

ふじわら-の-たかいえ【藤原隆家】[979〜1044]平安中期の公卿。道隆の四男。叔父道長との政権争いに敗れて失脚、のちに許され、大宰権帥(だざいのごんのそち)に赴任。寛仁3年(1019)外敵の刀伊(とい)を撃退して武勇の名をあげた。

ふじわら-の-たかのぶ【藤原隆信】[1142〜1205]平安末期・鎌倉初期の宮廷画家・歌人。法名、戒心。定家の異父兄。似絵(にせえ)の先駆者で、神護寺所蔵の源頼朝像・平重盛像の作者と伝えられる。家集「隆信朝臣集」。

ふじわら-の-たかよし【藤原隆能】平安後期の宮廷画家。鳥羽金剛心院の扉絵や鳥羽上皇の肖像、蒔絵(まきえ)の下図など幅広く活躍。「源氏物語絵巻」の作者と伝えられる。生没年未詳。

ふじわら-の-ただざね【藤原忠実】[1078〜1162]平安後期の公卿。摂政・関白。二男の頼長を推して長男忠通と対立、保元の乱の一因ともなった。頼長の敗死後、知足院に籠居。日記「殿暦(でんりゃく)」がある。

ふじわら-の-ただひら【藤原忠平】[880〜949]平安中期の公卿。基経の子。諡号(しごう)、貞信公。兄時平の死後、摂政、のちに太政大臣・関白となる。時平の遺業「延喜格式」を完成。日記「貞信公記」がある。

ふじわら-の-ただふみ【藤原忠文】[873〜947]平安中期の公卿。民部卿。平将門の乱では征東大将軍、藤原純友の乱では征西大将軍に任ぜられたが、その功に恩賞が与えられなかったのは藤原実頼の反対のためと恨み、死後も実頼の子女に祟(たた)ったといわれ、悪霊民部卿の異名がある。

ふじわら-の-ただみち【藤原忠通】[1097〜1164]平安後期の公卿。忠実の長男。別称、法性寺殿(ほっしょうじどの)。摂政・関白。美福門院と結んで父および弟頼長と対立し、保元の乱の原因となった。書にすぐれて、法性寺流の開祖。漢詩集「法性寺関白集」、家集「田多民治(ただみち)集」、日記「法性寺関白記」など。

ふじわら-の-たねつぐ【藤原種継】[737〜785]奈良後期の公卿。宇合(うまかい)の孫。桓武天皇の信任厚く長岡京造宮使となったが、皇太子早良親王と不和になり、造宮の視察中に暗殺された。

ふじわら-の-ためいえ【藤原為家】[1198〜1275]鎌倉前・中期の歌人。定家の長男。別称、中院禅師など。法名、融覚。父の歌風を継ぎ、御子左家(みこひだりけ)を確立。阿仏尼はその後妻。「続後撰集」「続古今集」を撰進。歌論書「詠歌一体」、家集「為家集」など。

ふじわら-の-ためうじ【藤原為氏】[1222〜1286]鎌倉中期の歌人。為家の長男。為世の父。二条家の祖。「続拾遺集」を撰進。

ふじわら-の-ためかね【藤原為兼】►京極為兼(きょうごくためかね)

ふじわら-の-ためさだ【藤原為定】[1293〜1360]鎌倉後期・南北朝時代の歌人。二条家の嫡流で、養父為藤のあとを継ぎ、「続後拾遺集」を完成。のち「新千載集」を撰進。二条為定。

ふじわら-の-ためすけ【藤原為相】►冷泉為相(れいぜいためすけ)

ふじわら-の-ためなり【藤原為業】平安末期の歌人。出家して寂念(じゃくねん)と号し、兄弟の為経(寂超)・頼業(寂然)とともに大原に隠れ住み、大原三寂と称された。歌は「千載集」などにみえる。生没年未詳。

ふじわら-の-ためのり【藤原為教】[1227〜1279]鎌倉中期の歌人。為家の次男。為兼の父。京極派の祖。歌は「続拾遺集」などにみえる。

ふじわら-の-ためよ【藤原為世】[1251〜1338]鎌倉後期の歌人。為氏の子。法名、明釈。二条家の嫡流で伝統的立場を守り、進歩的な京極為兼と対立。「新後撰集」「続千載集」を撰進。歌論書「和歌庭訓抄」など。二条為世。

ふじわら-の-ていか【藤原定家】[1162〜1241]鎌倉初期の歌人。名は「さだいえ」とも。俊成の子。父のあとを継いで有心(うしん)体の象徴的歌風を確立し、歌壇の指導者として活躍。「新古今和歌集」の撰者の一人。のち「新勅撰和歌集」を撰し、「源氏物語」などの古典の校訂・研究者としてもすぐれた業績を残した。家集「拾遺愚草」、歌論書「近代秀歌」「毎月抄」「詠歌大概」、日記「明月記」など。

ふじわら-の-ていし【藤原定子】[976〜1000]一条天皇の皇后。道隆の娘。正暦元年(990)入内して女御、のち中宮。長保2年(1000)藤原彰子が中宮に立ったため皇后となり一代二后の例を開いた。

ふじわら-の-ときひら【藤原時平】[871〜909]平安前期の公卿。基経の子。菅原道真を大宰権帥(だざいのごんのそち)に左遷して藤原氏の地位を確保。最初の荘園整理令を発し、班田収授の法を施行して、律令制の維持に努力。「三代実録」「延喜式」の編集に参画。

ふじわら-の-としなり【藤原俊成】►ふじわらのしゅんぜい

ふじわら-の-ながて【藤原永手】[714〜771]奈良時代の公卿。房前(ふささき)の子。称徳天皇が没すると、藤原百川(ももかわ)とはかって光仁天皇を擁立し、道鏡を追放した。

ふじわら-の-なかまろ【藤原仲麻呂】[706〜764]奈良時代の公卿。武智麻呂(むちまろ)の二男。橘奈良麻呂の乱を未然に抑えて淳仁天皇を擁立し、恵美押勝(えみのおしかつ)の名を受け、太師(太政大臣)となって権勢を振るった。のち、孝謙上皇が道鏡を寵愛したため、これを除こうとして失敗し処刑された。

ふじわら-の-なりちか【藤原成親】[1138〜1177]平安後期の公卿。後白河上皇の寵臣。平治の乱に敗れたが、平重盛との姻戚関係に救われる。のち、僧西光・俊寛らと鹿ヶ谷(ししがたに)で平家討伐を計画したが、事前に漏れ、備前へ配流の途中で殺された。⇒鹿ヶ谷の議

ふじわら-の-のぶざね【藤原信実】[1176〜

1265ころ]鎌倉前・中期の宮廷画家・歌人。隆信の子。法名、寂西。似絵にせえの技法を発展させ、「後鳥羽上皇像」「随身庭騎絵巻ずいじんていきえまき」「三十六歌仙絵巻」などの作者と伝えられる。また「今物語」の著者とされる。

ふじわら-の-のぶふさ【藤原宣房】[1258～?]鎌倉末期の公卿。別名、万里小路までのこうじ宣房。後醍醐天皇の厚遇を受け、吉田定房・北畠親房とともに、後の三房さんぼうと称された。のち出家。日記「万一記まんいちき」がある。

ふじわら-の-のぶより【藤原信頼】[1133～1159]平安後期の公卿。保元の乱ののち後白河上皇の信任を得て院別当となる。源義朝と結んで平治の乱を起こしたが、平清盛に敗れ、六条河原で処刑された。

ふじわら-の-のりかね【藤原範兼】[1107～1165]平安後期の歌人・歌学者。従三位刑部卿。著「和歌童蒙抄わかどうもうしょう」など。

ふじわら-の-はまなり【藤原浜成】[724～790]奈良時代の公卿。麻呂の子。大宰帥だざいのそち。娘婿の氷上川継の乱に連座して大宰員外帥となり、任地で没。著「歌経標式」など。

ふじわら-の-ひでさと【藤原秀郷】平安中期の東国の武将。俗称、俵藤太たわらとうだ。平将門の乱を平貞盛とともに平定し、下野守・武蔵守となる。小山・結城氏などはその子孫。百足むかで退治の伝説でも知られる。生没年未詳。

ふじわら-の-ひでひら【藤原秀衡】[?～1187]平安後期の陸奥むつの豪族。基衡の子。鎮守府将軍。平家滅亡後は、源義経をかくまって頼朝に対抗。奥州藤原氏3代の栄華の頂点をつくった。

ふじわら-の-ひろつぐ【藤原広嗣】[?～740]奈良前期の公卿。宇合うまかいの長男。大宰少弐。玄昉げんぼう・吉備真備きびのまきびらを批判し、九州で挙兵したが、約2か月で敗れた。

ふじわら-の-ふささき【藤原房前】[681～737]奈良前期の公卿。不比等ふひとの二男。北家の祖。元明上皇の遺詔により内臣うちつおみとなる。聖武天皇の即位後は参議にとどまった。

ふじわら-の-ふじふさ【藤原藤房】[1295～?]南北朝時代の後醍醐天皇の側近。宣房のぶふさの子。元弘の変で天皇を奉じて笠置かさぎ山に逃れたが、捕らえられて常陸ひたちへ配流。のち、建武政府の恩賞方筆頭となったが、行賞の不公正などに失望して隠居。万里小路までのこうじ藤房。

ふじわら-の-ふひと【藤原不比等】[659～720]奈良初期の公卿。鎌足かまたりの二男。諡号しごう、文忠公・淡海公。右大臣。大宝律令・養老律令の編纂へんさんに参加。娘の宮子は文武天皇夫人、光明子は聖武天皇皇后となり、臣下の立后の例をひらき、藤原氏繁栄の基礎をつくった。

ふじわら-の-ふゆつぐ【藤原冬嗣】[775～826]平安初期の公卿。嵯峨天皇の親任を得、蔵人所くろうどどころ設置により蔵人頭となり、以後要職を歴任。「弘仁格式」「内裏式」などの撰修を行い、一族子弟のために勧学院を設けた。閑院左大臣。

ふじわら-の-まさつね【藤原雅経】▶飛鳥井雅経あすかいまさつね

ふじわら-の-まろ【藤原麻呂】[695～737]奈良前期の公卿。不比等ふひとの四男。京家の祖。持節大使として陸奥むつの蝦夷えぞ地経営にあたったが、流行の疫病で死んだ。詩をよくし、「懐風藻」に五言詩5首を収録。

ふじわら-の-みちかね【藤原道兼】[961～995]平安中期の公卿。兼家の三男。兄道隆の死後関白に就任したがわずか7日で病没し、世に七日関白と称された。

ふじわら-の-みちたか【藤原道隆】[953～995]平安中期の公卿。兼家の長男。父の死後、弟道兼を退けて、摂政・関白となった。娘定子は一条天皇の皇后。中関白なかのかんぱく。

ふじわらのみちつな-の-はは【藤原道綱母】[?～995]平安中期の歌人。倫寧ともやすの娘。藤原兼家の妻となり、右大将道綱を生んだ。「蜻蛉日記」の作者。家集に「道綱母集」がある。

ふじわら-の-みちとし【藤原通俊】[1047～1099]平安中・後期の歌人。白河天皇の命により、「後拾遺集」を撰進。歌は「後拾遺集」などにみえる。

ふじわら-の-みちなが【藤原道長】[966～1027]平安中期の公卿。兼家の五男。娘を次々と后に立て、外戚となって内覧・摂政・太政大臣を歴任、権勢を振るい、栄華をきわめた。晩年に出家し、法成寺を造営。関白になった事実はないが御堂関白みどうかんぱくと称された。日記「御堂関白記」がある。

ふじわら-の-みちのり【藤原通憲】[1106～1159]平安後期の公卿。出家して法号を円空、のち信西しんぜいと称し、僧の身で後白河天皇の腹臣として活躍。平治の乱で捕らえられて処刑された。著に「本朝世紀」「法曹類林」などがある。

ふじわら-の-むちまろ【藤原武智麻呂】[680～737]奈良初期の公卿。不比等ふひとの長男。南家の祖。大納言・右大臣などを経て左大臣になったが、疫病で死亡。

ふじわら-の-もといえ【藤原基家】[1203～1280]鎌倉中期の歌人。良経の子。正二位内大臣。「続古今和歌集」の撰者の一人。

ふじわら-の-もとつね【藤原基経】[836～891]平安前期の公卿。諡号しごう、昭宣公。通称、堀河太政大臣。叔父良房の養子となり、応天門の変で伴善男を失脚させ、また、光孝・宇多両天皇を擁立して最初の関白となり、娘温子を女御とするなど、藤原北家の権力を固めた。「文徳実録」を撰進。➡阿衡あこう事件

ふじわら-の-もととし【藤原基俊】[1060ころ～1142]平安後期の歌人・歌学者。歌道では、伝統派の中心人物で、源俊頼と対立した。万葉集に次点(訓点)をつけた一人。藤原俊成の師。編著「新撰朗詠集」、家集「基俊集」など。

ふじわら-の-もとひら【藤原基衡】平安末期の陸奥むつの豪族。清衡の子。秀衡の父。平泉に居館を構え、陸奥六郡を支配して奥州藤原氏3代の栄華を誇った。毛越寺もうつうじを建立。生没年未詳。

ふじわら-の-ももかわ【藤原百川】[732～779]奈良後期の公卿。宇合うまかいの子。初名、雄田麻呂。称徳天皇の没後、光仁天皇を擁立して道鏡を追放し、山部親王(桓武天皇)の立太子を実現するなど、藤原氏発展のもとをつくった。

ふじわら-の-もろすけ【藤原師輔】[908～960]平安中期の公卿。忠平の子。通称、九条殿。娘安子が村上天皇の皇后となり、子の兼通・兼家、孫の道長と続く摂関家の祖となった。有職故実の九条流の祖。著「九条年中行事」、日記「九暦きゅうれき」。

ふじわら-の-やすひら【藤原泰衡】[1155～1189]平安末期の陸奥むつの豪族。秀衡の子。父の遺言で源義経をかくまったが、頼朝方の圧迫に耐えかね、衣川の館たちに攻めて殺した。のち、頼朝に攻められて逃走中、部下に殺され、奥州藤原氏は滅亡。

ふじわら-の-ゆきなり【藤原行成】[972～1027]平安中期の公卿・書家。名は「こうぜい」とも。伊尹これただの孫。三蹟の一人で、その筆跡を歴任した権中納言・権大納言から権跡ごんせきという。和様書道の完成者で、世尊寺流の祖。日記に「権記」がある。遺墨「白氏詩巻」「本能寺切ほんのうじぎれ」など。

ふじわら-の-よしつね【藤原良経】[1169～1206]鎌倉初期の公卿・歌人・書家。九条兼実の子。摂政・従一位太政大臣となり、後京極殿と称される。歌を俊成に学び、定家の後援者でもあった。書では後京極流の祖。家集「秋篠月清あきしのげっせい集」。九条良経。

ふじわら-の-よしふさ【藤原良房】[804～872]平安前期の公卿。冬嗣の二男。通称、白河殿・染殿。嵯峨天皇の皇女潔姫を迎え、娘明子あきらけいこを文徳天皇の妃とし、人臣で初の太政大臣。また、応天門の変後、摂政となった。「続日本後紀」の編纂へんさんに参画。

ふじわら-の-よしもと【藤原良基】▶二条良基にじょうよしもと

ふじわら-の-よりつね【藤原頼経】▶九条頼経くじょうよりつね

ふじわら-の-よりなが【藤原頼長】[1120～1156]平安後期の公卿。忠実ただざねの二男。通称、宇治左大臣・悪左府。博識多才で父に愛され、兄の関白忠通と対立。崇徳上皇と結んで保元の乱を起こして敗死。日記「台記たいき」がある。

ふじわら-の-よりなり【藤原頼業】平安末期の歌人。出家して寂然じゃくねんと号し、兄弟の為業(寂念)・為経(寂超)とともに大原に隠れ住み、大原三寂と称された。歌集「寂然法師集」「唯心房集」など。生没年未詳。

ふじわら-の-よりみち【藤原頼通】[992～1074]平安中期の公卿。道長の長男。後一条・後朱雀・後冷泉3代の天皇の摂政・関白となり、父とともに藤原氏全盛期を現出。平等院鳳凰堂を建立、宇治の関白と称された。晩年に出家。

ふじわら-よしえ【藤原義江】[1898～1976]テノール歌手。山口の生まれ。藤原歌劇団を創設し、日本のオペラ運動の先駆者となった。

ふ-しん【不信】❶信じないこと。信用できないこと。「—の念を抱く」「政治—」❷誠実でないこと。偽りの多いこと。不実。「—行為」❸信仰心がないこと。不信心。「—の徒」類語 隔意・疎意

ふ-しん【不振】〔名・形動〕勢い・成績・業績などがふるわないこと。盛んでないこと。また、そのさま。「—な経営を立て直す」「食欲—」類語 減退・後退・下火・退潮・尻すぼまり・廃退・落ち目・左前・下り坂

ふ-しん【不審】〔名・形動〕スル ❶疑わしく思うこと。疑わしく思えること。また、そのさま。「証言に—な点が多い」「お吉の居ぬを—して何所へと問えば」〈露伴・五重塔〉❷嫌疑を受けること。「—の身」派生 ふしんがる〔動ラ五〕ふしんげ〔形動〕ふしんさ〔名〕
類語 疑い・疑問・疑義・疑惑・疑念・疑心・懐疑・猜疑・狐疑・疑団・疑点・半信半疑・不思議・変・おかしい
不審を抱・く 疑いの念を抱く。「挙動に—・く」
不審を打・つ 疑いを示す。疑わしい点をはっきりさせようとする。不審を立てる。「『大変帰りが遅いようじゃないか』…とうとう叔母がこんな—・ち始めた」〈谷崎・続悪魔〉
不審を立・てる 「不審を打つ」に同じ。「良人の—・つれば、何うも心悪う御座んすからとて」〈一葉・われから〉

ふ-しん【負薪】たきぎを背負うこと。力仕事をすること。
負薪の資し 《「後漢書」袁紹伝から》いやしい生まれつき。劣った資質。

ふ-しん【浮心】液体の表面に浮かぶ固体に働く浮力の中心。

ふ-しん【普請】〔名〕スル《「しん(請)」は唐音》❶家を建築したり修理したりすること。建築工事。また、道・橋・水路・堤防などの土木工事。「離れを—する」「にわか—」❷禅寺で、多数の僧に呼びかけて堂塔建造などの労役に従事してもらうこと。
類語 建築・建設・建造・築造・営造・造営・建立こんりゅう・作事さくじ・造作ぞうさく・新築・改築・増築・移築・建てる

ふ-しん【腐心】〔名〕スル ある事を成し遂げようと心をくだくこと。苦心。「会社の再建に—する」類語 苦心・苦慮・鏤骨るこつ・苦労・骨折り・労ろう・労苦・辛苦・辛労・心労・煩労・艱苦かんく・艱難かんなん・苦難・辛酸・ひと苦労

ふ-じん【不仁】仁の道に背くこと。慈愛の心のないこと。また、その人。「惨酷—の極と云うも過言に非ざる可し」〈福沢・福翁百話〉類語 罪・咎とが・過ち・罪悪・罪科・罪過・犯罪・罪障・罪業・悪徳・背徳・不徳・不義・不倫・破倫・悪あく・悪行あくぎょう・悪事・違犯

ふ-じん【不尽】❶つきないこと。絶えることがないこと。「万古—の宗教思想が」〈蘆花・思出の記〉❷十分に思いを述べつくさない意で、手紙の終わりに添える語。不悉ふしつ。不備。

ふ-じん【夫人】❶貴人の妻。また、他人の妻を敬っていう語。「—同伴」「令—」「社長—」❷律令制で、皇后・妃の次に位する後宮こうきゅうの女性。三位以上の女性から選んだ。ぶにん。❸昔、中国で、天子の后きさきや

諸侯の妻などの称。ぶにん。
(類語)(❶)奥様・奥さん・奥方・御寮人・人妻
ふ-じん【布陣】フヂン〔名〕スル ❶戦いの陣をしくこと。また、その陣。「谷を挟んで━する」❷団体競技や論争での、人員配置などの構え。「若手中心の━」
ふ-じん【婦人】成人した女性。相応の年齢に達している一人前の女性。「━服」「職業━」➡女性(用法)
(類語)女・女性・女子・婦女・婦女子・ウーマン・あま・おなご・女史・雌・おみな・たおやめ
ぶ-しん【武臣】武事をもって君主に仕える家臣。
ぶ-しん【武神】武道をつかさどり、武運を守護する神。いくさがみ。
ぶ-じん【武人】武士。軍人。いくさびと。
ふしん-あん【不審庵】❶京都市上京区の表千家の家元邸内にある茶室。千少庵せんのしょうあんが利休の三畳台目だいめを復興したのが始まり。現在のものは大正3年(1914)に建築したもの。❷茶道流派、表千家のこと。
ふじん-うんどう【婦人運動】婦人に対する差別を撤廃し、社会的地位・権利の向上を目的とする女性による自覚的な社会運動。近代以降、女性の参政権獲得運動を中心に、男女平等の実現を求めて展開されてきた。女性を主体とする平和運動・消費者運動なども含める。
ふじん-か【婦人科】フヂンクワ 主として女性生殖器に関する病気を対象とする医療の一分野。
ふじん-かい【婦人会】フヂンクワイ 女性によって組織された団体。また、その会合。教養・娯楽・社会奉仕などを目的とする。
ふじんか-い【婦人科医】フヂンクワイ 婦人科を専門とする医師。
ふしん-かた【普請方】江戸幕府の職名。普請奉行支配下にある下奉行の指揮に従い、工事作業の現場に臨んだ。
ふしん-がみ【不審紙】書物の中の不審な所に、しるしとしてつける紙。付け紙。付箋ふせん。
ふしん-かん【不信感】信じていない思い。信用できないという感じ。「政治に対する━」「━がつのる」
ふじん-けいさつかん【婦人警察官】フヂンケイサツクワン 女性の警察官。日本では昭和21年(1946)に初めて採用された。婦人警官。婦警。
(類語)刑事・巡査・機動隊・SP・私服・でか
ふじん-さんせいけん【婦人参政権】女性が選挙権・被選挙権を有し政治に参加する権利。欧米諸国では19世紀末から20世紀初めにかけて、日本では昭和20年(1945)12月、選挙法改正で初めて認められた。
ふじん-し【浮×塵子】フヂンシ ❶ユスリカなどの別名。❷ウンカの漢名。
ふじん-じえいかん【婦人自衛官】フヂンジエイクワン 女性の自衛官。病院に勤務する看護官と、一般部隊・機関に勤務する者とがある。
ぶ-しんじゅう【不心中】ブシンヂュウ〔名・形動〕《近世語》義理を守らないこと。誠実でないこと。また、そのさま。「その心を無にして七様へ行くとは、さてさて━な」〈伎・壬生大念仏〉
ぶしんじゅう-もの【不心中者】ブシンヂュウモノ 不義理な人。不誠実な人。「わが身を━になして大臣に思ひきらせしところ」〈浮・禁短気・一〉
ふ-しんじん【不信心】〔名・形動〕《「ぶしんじん」とも》神仏を信じないこと。信仰心のないこと。また、そのさま。「日ごろの━がたたる」「━な人」
ふしん-じんもん【不審尋問】警察官が挙動の疑わしい者に対して行う職務質問の旧称。
ふ-しんせつ【不親切】〔名・形動〕親切でないこと。また、そのさま。「━な説明」(派生)ふしんせつさ〔名〕
(類語)不人情・情け知らず
ふじん-たいおんけい【婦人体温計】フヂンタイヲンケイ ▶基礎体温計
ふ-しんにん【不信任】信任しないこと。また、信任されないこと。
ふしんにん-あん【不信任案】❶信任することができない旨を議決する案。一般に、議院内閣制のもとで議会が内閣あるいは個々の国務大臣に対して行うものをさすが、地方自治体の長についても制度化されている。❷特に、内閣不信任案のこと。
ふしんにん-けつぎ【不信任決議】❶議会において不信任案を審議し決議すること。首長など、特定の地位にある者について信任できない旨の意思表示をした議決。❷特に、内閣不信任決議のこと。
ふしん-の-うれい【負薪の憂い】ウレヒ《「礼記」曲礼下から》自分の病気を謙遜していう言葉。たきぎを背負った疲れが出て病む意からとも、病気でたきぎを負うことができないの意からともいう。采薪さいしんの憂い。負薪の病い。
ふじん-の-ひ【婦人の日】❶4月10日。昭和21年(1946)のこの日、日本で女性が初めて選挙権を行使したのを記念して定められた。❷▶国際婦人デー
ふしん-ばん【不寝番】一晩中、寝ないで番をすること。また、その人。寝ずの番。「━で詰める」
ふ-しんぱん【付審判】公務員の職権濫用罪などについて告訴・告発をした者が、検察官の不起訴処分に不服があるときに、事件を地方裁判所の審判に付することを請求できる制度。準起訴手続。
ふしん-び【不審火】放火の疑いがある、原因不明の火事。ふしんか。
(類語)怪火・火事・火災・火難・出火・失火・炎上・大火・小火ぼや・自火・近火・急火・祝融しゅくゆう・回禄かいろく
ふじん-びょう【婦人病】フヂンビャウ 女性生殖器に関係する病気。
ふしん-ぶぎょう【普請奉行】フシンブギャウ 武家の職名。室町幕府では御所・城壁・堤防など、江戸幕府では、老中の下で土木工事・武家屋敷の管理などにあたった。
ふ-じんぼう【不人望】フジンバウ〔名・形動〕人望のないこと。人から信頼されないこと。また、そのさま。「住み込んだ当時は、主人以外のものには甚だ━であった」〈漱石・吾輩は猫である〉
ふじん-もんだい【婦人問題】女性の社会的、政治的、経済的な権利・地位などに関する社会問題。
ふしん-やく【普請役】江戸時代、城郭・河川・道路・橋などの修築の際に、大名・諸士・農民などに賦課された夫役ぶやく。
ふ-しんりゃく【不侵略】侵略しないこと。
ふしんりゃく-じょうやく【不侵略条約】デウヤク 2国間あるいは多数国間で、相互に領土権を尊重し、侵略行為を行わないことを約する条約。不可侵条約。
フス〖Jan Hus〗[1369ころ～1415]ボヘミアの宗教改革者。プラハ大学学長。ウィクリフの影響を受けてローマ教会を批判、コンスタンツ公会議の結果、異端とされ焚刑に処せられた。➡フス戦争
ふ-す【付す｜附す】㊀〔動サ五〕「ふ(付)する」(サ変)の五段化。「一笑に━される」㊁〔動サ変〕「ふ(付)する」の文語形。
ふ-す【伏す】㊀〔動サ五(四)〕❶腹ばいになる。また、地面にひざをつくなどして頭を深く下げる。「地に━す」「━してお願い申し上げます」❷姿勢を低くして、隠れる。ひそむ。「草陰に━す」㊁〔動サ下二〕「ふ(伏)せる」の文語形。(類語)伏せる・うつ伏せる・俯うつむく・隠れる・潜ひそむ・忍しのぶ・潜もぐる・紛まぎれる・紛れ込む・逃げ込む・潜伏せんぷくする・隠伏する・韜晦とうかいする・身を隠す・身を潜ひそめる・人目を盗む
ふ-す【×臥す】〔動サ五(四)〕《「伏ふす」と同語源》横になる。寝る。また、病気などで寝こむ。ふせる。「床とこに━す」(類語)寝る・臥ふせる・横たわる・枕まくらする・寝転ぶ・寝転がる・寝そべる・横臥おうがする・安臥あんがする・仰臥ぎょうがする・伏臥ふくがする・側臥そくがする・横になる
ふ-す【×俯す】〔動サ変〕うつむく。「巫覡卜相ふげきぼくそうの徒の前に首こうべを━せんよりは」〈露伴・運命〉
ふ-す【▽補す】〔動サ変〕官職に任命する。ほす。「加賀の目代に━せらる」〈平家・一〉
ふ-ず【付図｜附図】ヅ 本文などに添えられた地図や図表。
ぶす　醜女しこめ・しゅうじょ。また、女性をののしっていう語。
(類語)不美人・醜婦・悪女・ぶおんな・おかちめんこ
ぶ-す【▽付子｜▽附子】❶「ぶし(付子)」に同じ。❷《❶が人から恐れられるところから》憎みきらうもの。「若い時から犬は━でおりゃるよ」〈浄・天鼓〉
ぶす【附子】狂言。主人が太郎冠者かじゃと次郎冠者に附子という毒の見張りを命じて外出する。二人はそれが実は砂糖だと知ってなめ尽くしてしまい、わざと主人の大事な物を壊して、附子をなめたが死ねなかったと言いわけする。
プス〖Võsu〗エストニア北部、フィンランド湾に面する町。ラヘマー国立公園内に位置し、19世紀頃からロシア貴族の保養地になった。現在は国立公園の観光拠点として知られる。
ブスアルプ〖Bussalp〗スイス中西部、ベルナーオーバーラントにある村。標高1792メートル。同地域の観光拠点となるグリンデルワルトの北西約5キロに位置する。メンヒ、アイガー、ユングフラウのほか、フィンスターアールホルン山を望む展望地として知られる。
ふ-ずい【不随】からだなどが思うように動かないこと。「半身━」
ふ-ずい【付随｜附随】〔名〕スル ある物事が他の物事につき従っていること。「計画に━する問題」
(類語)付帯・付属
ぶ-すい【無粋｜不粋】〔名・形動〕世態・人情、特に男女の間の微妙な情のやりとりに通じていないこと。また、そのさま。遊びのわからないさま、面白味のないさまなどにもいう。やぼ。「━なことを言う」「━な客」(対)粋。(派生)ぶすいさ〔名〕(類語)野暮・野暮ったい・無骨・無風流・むくつけき・プリミティブ
ふ-ずいい【不随意】〔名・形動〕意のままにならないこと。また、そのさま。「顔の筋肉が━に動く」
ふずいい-うんどう【不随意運動】❶脊椎動物で、自分の意志によらず、不随意筋によって行われる運動。心筋の収縮、横隔膜や胃腸の伸縮、消化液の分泌などの内臓の運動や、反射による運動などがある。➡随意運動 ❷意思とは無関係に生じる不合理な動作・運動のこと。振戦(ふるえ)、ジストニア(筋緊張異常による異常姿勢)、バリスムス(上下肢全体の振り回し運動)、アテトーシス(手足、頭などの緩慢な旋回運動)、ミオクローヌス(痙攣けいれん的運動)、口こうジスキネジー(口周辺部や舌の異常運動)などがあり、発症部位や運動の規則性、強さ、睡眠時の運動の有無などによって分類される。身体バランスの調整、運動の円滑化に重要な機能を持つ大脳基底核を中心とした錐体外路が阻害された場合、異常な筋収縮が発生し不随意運動が引き起こされる。脳血管障害やけがなどによる脳機能障害およびその後遺症、パーキンソン病などの疾患、薬物中毒などで現れることが多い。
ふずいい-きん【不随意筋】自分の意志によって動かすことができない筋肉。主に自律神経の支配を受ける。内臓や血管の壁の筋肉、心筋など。多くは平滑筋へいかつきんであるが、心筋は横紋筋からなる。(対)随意筋。
ふすい-しょくぶつ【浮水植物】固着せず、流れの静かな水面に葉を浮かし、水中に根を垂らして浮遊生活をする植物。体表から養分や水分を摂取する。サンショウモ・ウキクサなど。浮生植物。浮漂植物。
ふ-すう【負数】数学で、零より小さい数。負の数。マイナスの数。(対)正数。
ぶ-すう【部数】書籍・雑誌・新聞などの数。「売り上げ━」「発行━」
ブズーキ〖ギリシャ bouzouki〗▶ブズキ
ぶ-すき【不好き】❶好きでないこと。「好き━」❷(「不数寄」「不数奇」とも当てて書く)風流の道に関心を持たないこと。また、そのさま。「━、愚鈍の人は、千度百度聞きても」〈ささめごと〉
ブズキ〖ギリシャ bouzouki〗《「ブズーキ」とも》ギリシャの民俗楽器。梨なし形の胴にフレット付きの細く長い棹さおをもつリュート型撥弦はつげん楽器。金属弦をプレクトラム(ピック)で奏する。
プスコフ〖Pskov〗ロシア連邦北西部、プスコフ州の州都。ベリーカヤ川沿いに位置。同国有数の古都。13世紀にドイツ騎士団に征服されたが、アレクサンドル＝ネフスキーにより解放された。16世紀初頭よりモスクワ大公国に併合。クレムリン(城塞)、トロイツキー

大聖堂をはじめ、歴史的建造物が残る。プスコーフ。
ふ-すじ【不筋】〔名・形動〕筋が通らないこと。道理に合わないこと。また、そのさま。「其の一なる次第を政府に訴う可きのみ」〈福沢・学問のすゝめ〉
フス-せんそう【フス戦争】1419〜36年にわたるボヘミアのフス派の反乱。フス処刑後、その信奉者がプラハで蜂起。神聖ローマ皇帝・ローマ教皇は十字軍を派遣したが鎮圧に失敗、最終的に和約が成立した。
フスタ〘ポルトガル fusta〙16世紀から17世紀にかけて貿易活動に従事したポルトガルの小型帆船。南蛮船として日本にも来航。フスタ船。
プスタ〘Puszta〙《荒地の意》ハンガリー東部、ドナウ川とティサ川の流域。草原であったが耕地化され、牧畜や小麦・トウモロコシなどの栽培が盛ん。
ぶすっ-と〔副〕❶柔らかいものに勢いよく突き刺すさま。ぶすりと。「短剣を一刺す」❷不機嫌なさま。ぶすりと。「一して口もきかない」
ふす・ぶ【×燻ぶ】〔動バ下二〕「ふすべる」の文語形。
ぶす-ぶす〔副〕❶炎をあげず、煙だけ出して燃えるさま。「湿った薪が一(と)くすぶる」❷不平・不満を小声で言うさま。ぶつぶつ。「陰で一(と)文句を言う」❸針や刃物を柔らかいものに繰り返し突き刺す音や、そのさまを表す語。「槍を一(と)突き立てる」
(類語)(❸)ぐさり・ずぶり・ぶすり
ぷす-ぷす〔副〕❶炎を上げないで弱々しく燃えるさま。「生木が一(と)いぶる」❷軽い感じで針などを柔らかいものに繰り返し突き刺す音や、そのさまを表す語。「一指先で障子に穴をあける」
ふすぶ・る【×燻ぶる】〔動ラ五(四)〕❶炎を立てず、煙だけを出して燃える。いぶる。くすぶる。「蚊遣り火が一・る」❷煙のすすで黒くなる。すすける。くすぶる。「家の内は煤にて真っ黒に一・り」〈鉄腸・花間鶯〉❸不平・不満を抱いたまま閉じこもっている。くすぶる。「田舎で一・っている」
ふすべ【×燻べ】ふすべること。
ふすべ【×贅】❶こぶ、また、いぼの古名。〈和名抄〉❷ほくろ。また、あざ。「頬骨の右の方に、大きなる一あり」〈霊異記・下〉
ふすべ-がお【×燻べ顔】〔名・形動ナリ〕嫉妬心のあらわれた顔つき。また、そのそぶり。「若々しき仲らひのやうに、一にてものし給ひけるかな」〈源・真木柱〉
ふすべ-がき【×燻べ柿】渋柿の皮をむいてかまどやいろりの上につるし、いぶして甘くしたもの。くすべがき。
ふすべ-がわ【×燻べ革】松葉の煙でいぶして白く模様を表した革。また、わらの煙でいぶして茶褐色にした鹿革。くすべがわ。
ふすべ-ぎん【×燻べ銀】硫黄でいぶして濃い灰色にした銀。いぶし銀。
ふす・べる【×燻べる】〔動バ下一〕文ふす・ぶ〔バ下二〕❶煙がたくさん出るように燃やす。いぶす。くすべる。「杉の枯れ葉を一・べる」❷煙にあててすすで黒くする。いぶしをかける。いぶす。「銀を一・べる」❸嫉妬する。やきもちをやく。「本の妻の内侍の一・べ侍りければ」〈後撰・恋五・詞書〉❹煙にあてて苦しめる。また、責める。「面憎や、帰りなば一・べてやろか」〈浄・信濃源氏〉
ふすぼ・る【×燻ぼる】〔動ラ五(四)〕❶煙のすすで黒くなる。すすける。「行灯の紙は油烟に一・りて鼠色をなし」〈鉄腸・花間鶯〉❷炎が立たず、煙だけ出して燃える。くすぶる。「お寝間の内は抹香で一・ります」〈浄・反魂香〉
ふすま【×衾｜▽被】布などで長方形に作り、寝るときにからだに掛ける夜具。綿を入れるのを普通とするが、袖や襟を加えたものもある。現在の掛け布団にあたる。(季 冬)「着てたてば夜の一もなかりけり/丈草」
ふすま【×麸｜×麬】小麦をひいて粉にするときに残る皮のくず。家畜の飼料や洗い粉にする。麦かす。からこ。もみじ。
ふすま【×襖】木で骨組みを作り、その両面に紙または布を張った建具。襖障子。(季 冬)(類語)障子・建具
ふすま-え【×襖絵】襖に描かれた絵。
ふすま-がみ【×襖紙】襖の上張りにする紙。鳥の子紙・奉書紙など。
ふすま-がわら【×衾瓦】▶雁振がり瓦
ふすま-しょうじ【×襖障子】襖、特に紙障子のこと。
ふすまじ-を【×衾▽道を】〔枕〕地名「引手の山」にかかる。かかり方未詳。「衾道」を地名と見なし、これを枕詞とはしない説もある。「一引手の山に妹を置きて山道を行けば生けりともなし」〈万・二一二〉
ふすま-の-せんじ【×衾の宣旨】罪人を捕らえさせるときに下された宣旨。主に僧侶の犯罪に関するもの。
ふすま-ゆき【×衾雪】一面に降り積もった雪。
ふずもう【文相撲】《「ふみずもう」とも》狂言。新しく雇った男の得意芸が相撲と聞いた大名が、自ら相手をして負けてしまう。大名は相撲の書を読んで再戦するが、また負けてしまい、腹いせに太郎冠者を打ち転がす。
ぶすり〔副〕❶柔らかいものに刃物などを突き刺す音や、そのさまを表す語。「刀を脇腹に一(と)突き立てる」❷不機嫌なさま。「一とした顔つき」
(類語)(❶)ぐさり・ずぶり・ぶすぶす
ぷすり〔副〕柔らかいものに針などを突き刺す音や、そのさまを表す語。「一と注射をする」
フズリナ〘ラテン Fusulina〙紡錘虫のこと。
ふ-する【付する｜附する】〔動サ変〕文ふ・す〔サ変〕❶ついてゆく。従う。「驥尾に一・する」❷添える。つけ加える。「履歴書に顔写真を一・する」❸与える。交付する。「修了証書を一・する」❹まかせる。託す。また、そのような扱いにする。「審議に一・する」「不問に一・する」
ふ-する【賦する】〔動サ変〕文ふ・す〔サ変〕❶割り当てる。課する。「税金を一・する」❷漢詩などを作る。「決別の詩を一・する」(類語)割り当てる・振り当てる・あてがう・振り分ける・割り振る
ぶ-する【×撫する】〔動サ変〕文ぶ・す〔サ変〕❶手のひらでさする。なでる。「腕を一・して待つ」❷いたわる。かわいがる。「民を一・するに情愛を主とし」〈福沢・学問のすゝめ〉
ふ-せ【布施】《梵 dānaの訳。檀那と音写》仏語。❶六波羅蜜の一。施しをすること。金品を施す財施、仏法を説く法施、恐怖を取り除く無畏施の三施がある。布施波羅蜜。❷僧に読経などの謝礼として渡す、金銭や品物。「一を包む」
ふせ【布施】大阪府東大阪市西部の地域。もと布施市。大阪市に隣接し、金属・機械工業が盛ん。
ふせ【伏せ】㊀〔名〕❶からだを伏せること。「一の姿勢」「腕立て一」❷軍勢を敵に気付かれないように配置しておくこと。また、その軍勢。伏兵。「小川内と云ふ処に一を置き待つ所に」〈蒲生氏郷記〉㊁〔接尾〕▶ぶせ〔接尾〕
ぶせ【伏せ】〔接尾〕助数詞。矢の長さをはかるのに用いる。一束、すなわち手の親指以外の4本の指で握った長さに足りない場合に、指1本の幅にあたる長さを単位としていったもの。「十二束三一、忘るるばかり引きしぼりて」〈太平記・一〉
ふ-せい【不正】〔名・形動〕正しくないこと。また、その行為や、そのさま。「一をはたらく」「一な取引」
(類語)不当・邪曲・横様・いんちき・いかさま・非
ふ-せい【不斉】❶そろわないこと。❷分子などが立体構造に対称性を欠く現象。鏡像関係にある異性体2種の存在が可能となる。
ふ-せい【不整】〔名・形動〕整っていないこと。不規則であること。また、そのさま。「脈が一になる」
ふ-せい【父性】父親としての性質。㊥母性。
ふ-せい【府政】府の行政。府の政治。
ふ-せい【×斧正】他人の書いたものに遠慮なく筆を加えて正すこと。詩文の添削を頼むときにへりくだっていう語。「一を請う」
ふ-せい【浮世】はかないこの世の中。うきよ。
ふ-せい【浮生】はかない人生。ふしょう。
浮生夢の如し　《李白「春夜宴従弟桃李園序」から》人生は夢のように短くはかないものである。
ふ-せい【腐生】生物が、他の生物の死体や排泄物などを栄養源として生活すること。死物寄生。
ふ-せい【賦性】生まれつきの性質。天性。
ふ-ぜい【府税】府が賦課・徴収する地方税。
ふ-ぜい【風情】㊀〔名〕❶風流・風雅の趣・味わい。情緒。「一のある庭」❷けはい。ようす。ありさま。「どことなく哀れな一」❸能楽で、所作。しぐさ。❹身だしなみ。「人の一とて朝毎に髪結はするも」〈浮・一代男・三〉㊁〔接尾〕❶人・人名・身分などを表す名詞、また、代名詞に付いて、卑しめる意やへりくだる意を表す。「私一にはとても理解することができません」❷名詞に付いて、…のようなもの、…に似通ったもの、などの意を表す。「箱一の物にしたため入れて」〈徒然・五四〉
(類語)(㊀❶❷)趣・気韻・風韻・幽玄・気分・興味・興・興趣・感興・おもしろみ・味わい
ふ-ぜい【賦税】税を賦課すること。また、その税。課税。「一以て国用を給す」〈村田文夫・西洋聞見録〉
ぶ-ぜい【無勢】《古くは「ぶせい」》人数の少ないこと。むぜい。「多勢に一」㊥多勢。
(類語)小勢・少数・小人数・二三
ふせい-あい【父性愛】子に対する父としての自然な愛情。㊥母性愛。(類語)親心・母性愛
ふせい-アクセス【不正アクセス】他人のID(識別番号)やパスワードを無断で使用するなどして、利用権限のないコンピューターを不正に利用すること。➡不正アクセス禁止法
ふせいアクセス-きんしほう【不正アクセス禁止法】《「不正アクセス行為の禁止等に関する法律」の通称》インターネットなどにおいて、他人のIDやパスワードを無断で使用し、利用権限のないコンピューターを不正に利用したり、データやプログラムを改竄するなどの不正アクセス行為を禁じる法律。平成12年(2000)2月施行。➡ハッキング ➡コンピューターセキュリティー
ふせ-いお【伏せ×庵】「伏せ屋」に同じ。「一の曲げ盧の内に」〈万・八九二〉
ふ-せいかく【不正確】〔名・形動〕正確でないこと。また、そのさま。「一なメモ」(派生)ふせいかくさ〔名〕
ふせいきょうそう-ぼうしほう【不正競争防止法】事業者間の公正な競争と国際約束の的確な実施を確保するために、不正競争の防止ならびに不正競争に関する損害賠償について定めた法律。昭和9年(1934)制定、平成5年(1993)全面改定。広く知られている他人の氏名・商号・商標・標章などの商品表示の使用、そのような表示によって混同を生じさせる商品の譲渡や展示、虚偽の原産地・品質等の表示をする誤認惹起行為、営業秘密侵害行為(窃取・詐欺・強迫その他の不正の手段で営業秘密を取得する行為や、その営業機密を開示する行為)、ドメイン名の不正取得、外国公務員への贈賄などを不正競争として禁じる。これらの行為に対して、差止請求・損害賠償請求・信用回復の措置請求などが行える。
ふせい-けっしょう【不整結晶】▶不完全結晶
ふ-せいこう【不成功】〔名・形動〕成功しないこと。また、そのさま。「実験放送は一に終わる」
ふ-せいごう【不整合】❶整合しないこと。論理的に矛盾があること。「報告書の一に気づく」❷上下に重なる二つの地層の堆積に大きな時間的な隔たりがあり、互いに地層が不調和になっていること。堆積した下位層が隆起・陸化して浸食を受けたり沈降したりした後に上位層が堆積して生じる。
(類語)(❶)矛盾・撞着・自家撞着・齟齬・牴牾・二律背反・背反・背理・不一致・扞格・対立・相克・相反する・食い違う
ふせい-こうごう【不正×咬合】歯のかみ合わせが正常でない状態。矯正治療を行う。
ふせい-ごうせい【不斉合成】光学異性体の一方を選択的に化学合成すること。円偏光の照射下で合成反応を進めたり、不斉触媒を用いて、右旋性または左旋性の化合物の一方を高い収率で合成

することができる。野依のよ良治は不斉な配位子をもつ錯体を触媒に利用する有用な手法を発見し、平成13年(2001)、ウィリアム＝ノールズ、バリー＝シャープレスとともに、ノーベル化学賞を受賞した。

ふせい-コピー【不正コピー】《illegal copy》▶違法コピー

ふ-せいじつ【不誠実】〔名・形動〕誠実でないこと。また、そのさま。「―な人」派生ふせいじつさ〔名〕
類語不実・不まじめ

ふ-せいしゅつ【不世出】めったに世に現れないほどすぐれていること。「―の天才」類語超絶

ふせい-しゅっけつ【不正出血】通常の月経以外の時期に膣や子宮などからの出血がみられること。子宮がん・子宮筋腫・ポリープ・子宮内膜炎などの疾患が原因で起こる場合(器質性出血)と、ストレスや排卵期などでホルモンの分泌異常によって起こる場合(機能性出血)がある。また、妊娠期間中に、流産や子宮外妊娠などにより不正出血が起こる場合もある。排卵期出血以外の場合は受診が必要。

ふせい-しょくばい【不斉触媒】不斉合成に用いられる触媒。不斉な配位子をもつ遷移元素の錯体などがある。

ふせい-しょくぶつ【腐生植物】腐生する植物。ギンリョウソウ・オニノヤガラなど。

ふせいせい-か【不整正花┊不整斉花】クヮ花びらや萼がくが放射状に配列していない花。左右相称に配列している花。カンナ・スミレ・オドリコソウなど。

ふ-せいせき【不成績】〔名・形動〕成績がよくないこと。結果が悪いこと。また、そのさま。「今期は―に終わった」

ふせい-たんそげんし【不斉炭素原子】4個の互いに異なる原子または原子団と結合している炭素原子。光学活性の原因となる。

ふせいでんじてききろくカードしょじ-ざい【不正電磁的記録カード所持罪】フセイデンジテキキロクカードショジザイ不正に作られたクレジットカードやキャッシュカードなどを所持する罪。刑法第163条の3が禁じ、5年以下の懲役または50万円以下の罰金に処せられる。

ふ-せいぶん【不成文】文章に書き表していないこと。「―のまま了解事項にしておく」

ふせい-みゃく【不整脈】脈拍のリズムが不規則になること。また、その状態の脈拍。➡徐脈性不整脈 ➡頻脈性不整脈

ふせい-らんし【不正乱視】角膜の表面に凹凸があるため、眼内で光線が焦点を結ばない乱視。角膜の外傷や潰瘍、円錐角膜などの疾患が原因となって起こる。また、水晶体のゆがみが原因で起こる場合もある。➡正乱視

ふ-せいりつ【不成立】成り立たないこと。まとまらないこと。「定員に達せず総会が―に終わる」

ふせ-がね【伏せ×鉦】「敲たたき鉦がね」に同じ。

ふ-せき【布石】❶囲碁で、序盤戦での要所要所への石の配置。❷将来のために配置しておく備え。「新党結成への―を打つ」

ふ-せき【×斧石】カルシウム・マンガン・鉄・アルミニウム・硼素ほうなどを含む珪酸塩けいさんえん鉱物。斧おのの刃のような鋭い縁をもつ結晶。三斜晶系。褐色で、ガラス光沢がある。おのいし。

ふ-せき【浮石】軽石かるいしのこと。

ふせぎ【防ぎ┊×禦ぎ┊▽拒ぎ】《古くは「ふせき」》ふせぐこと。また、そのためのもの。「猪しし―」「紙子かみこ―衣いちは夜の―」〈奥の細道〉

ふせぎ-て【防ぎ手】相手の攻撃を防ぐ側。また、その人や、その軍勢。

ふせぎ-や【防ぎ矢】敵の進撃を阻止するために射る矢。「源三位入道の一類残って、―射給ふ」〈平家・四〉

ふせ・ぐ【防ぐ┊×禦ぐ┊▽拒ぐ】〔動ガ五(四)〕《古くは「ふせく」》❶㋐敵の攻撃を抑える。敵に侵害されないようにする。「本土への侵攻を―・ぐ」㋑好ましくないものを、さえぎって中へ入れないようにする。「窓を二重にして寒さを―・ぐ」❷好ましくない事態が生じないようにする。「二次感染を―・ぐ」「混乱を―・ぐ」
可能ふせげる
類語防止・食い止める・支える・受け止める

ふせ-ぐみ【伏せ組】「蛇腹じゃばら伏せ」に同じ。「銀しろがねの左右の糸して―し」〈栄花・初花〉

ふせ-ご【伏せ▽籠】❶香炉や火鉢などの上に逆さに伏せておく籠。上に衣服を掛けて暖めたり、香をたきしめたりする。❷伏せて中に鶏を入れる籠。

ふせ-じ【伏せ字】❶印刷物で、明記を避けるために、その部分を空白にしたり、○や×で表したりすること。また、その部分や印。❷「下駄げた❷」に同じ。

ふせ-ず【伏せ図】ヅ建物の各重要部分を平面に投影した図。

ふせ-ぜい【伏せ勢】待ち伏せの軍勢。伏兵ふくへい。

ふせ-たつじ【布施辰治】ふせ［1880～1953］弁護士・社会運動家。宮城の生まれ。米騒動・朝鮮人虐殺事件・亀戸事件・朴烈ぼくれつ事件などの弁護を担当。第二次大戦後も三鷹事件・松川事件を扱い、人権擁護のために尽力。

ふせちょう-の-まる【×臥×蝶の丸】ふせテフ浮線綾ふせんりょう❷を蝶が羽を広げて伏した形に見立てた名称。

ふ-せつ【付設┊附設】〔名〕スル付属して設けること。また、そのもの。「大学に研究所を―する」

ふ-せつ【浮説】流言。風説。「―が乱れとぶ」
類語夢物語・作り話・噂・風聞・風説・風評・風声ふうせい・風の便り・評判・世評・取り沙汰ざた・下馬評・巷説こうせつ・流説・流言・飛語・ゴシップ

ふ-せつ【符節】「割り符」に同じ。
符節を合あわするが如ごとし　割り符がぴったり合うように二つのものがぴったり一致することのたとえ。符節を合わせたよう。

ふ-せつ【×跗節】節足動物の脚の先端にある節。

ふ-せつ【敷設┊布設】〔名〕スル広い範囲に設置すること。「鉄道を―する」類語埋設

ふせつ-かん【敷設艦】機雷を運び、敷設することを任務とする軍艦。

ふ-せっせい【不摂生】〔名・形動〕健康に気をつけないこと。健康に悪いことをすること。また、そのさま。「―がたたる」「―な生活」

ふせ-どい【伏せ×樋】どひ地中に埋めた樋。埋うずみ樋ひ。

ふせないきょう【無布施経┊布施無経】フセナイキャウ狂言。僧が布施を出し忘れた檀家だんかへ、袈裟けさを忘れたと言って戻ってくるが、施主が布施を僧の懐へ入れると、懐から袈裟が落ちる。

ふせ-ぬい【伏せ縫い】ぬひ❶和裁で、縫い代しろを一方に折り倒し、表側に針目が目立たないように、押さえ縫いすること。❷(「伏せ繍い」とも書く)日本刺繍ししゅうで、布地の上に太い糸を置き、同色の細い糸でとじ付ける方法。綴とじ付け繍い。

ふせ-もの【布施物】僧侶に施し与える金銭や物品。ふせもつ。

ふせ-や【布施屋】奈良・平安時代、調・庸の運搬夫や旅行者のために駅路につくられた宿泊施設。

ふせ-や【伏せ屋】屋根の低い小さい家。みすぼらしい家。「心あって彼女の―を訪れたかのように」〈中勘助・鳥の物語〉

ふせや-たく【伏せ屋×焚く】〔枕〕伏せ屋で火をたくと煤すすが出やすい意から、同音の「すす」にかかる。「千沼壮士ちぬをとこ菟原壮士うなひをとこの―すすし競きほひ」〈万・一八〇九〉

ふ・せる【伏せる】〔動サ下一〕図ふ・す〔サ下二〕❶下の方に向ける。うつむかせる。また、腹ばいになる。「顔を―・せる」「マットの上に―・せる」❷上や表になる側、開いた側などを下に向ける。また、そのようにして、置く。「カードを―・せて配る」「本を机の上に―・せる」「網を―・せて虫を採る」❸潜ませる。隠す。「物陰に身を―・せる」❹知れ渡らないようにする。隠す。「契約を―・せておく」「名前を―・せる」❺横にする。寝かせる。また、倒す。「御傍らに―・せ給へり」〈源・帚木〉類語(❶)伏す・うつ伏せる・俯うつむく/(❹)秘める

ふせ・る【×臥せる】〔動ラ五(四)〕横になる。特に、病気で床につく。ふす。「熱を出して―・っている」
類語倒れる・寝る・臥ふす・横たわる・枕まくらする・寝転ぶ・寝転がる・寝そべる・横臥おうがする・安臥あんがする・仰臥ぎょうがする・伏臥ふくがする・側臥そくがする・横になる

ふ-せん【不宣】十分に意を述べつくさない意で、手紙の終わりに添える語。不悉ふしつ。不尽ふじん。

ふ-せん【不戦】戦わないこと。戦争・試合などをしないこと。「―宣言」

ふ-せん【付箋┊附箋】疑問や注意すべき事柄などを書いてはりつける小さな紙片。また、目印にはる紙。付け紙。不審紙。

ふ-せん【布銭】古代中国で使われた鋤すきの形を模した青銅貨幣。刀銭に先行して使用された。春秋戦国時代に韓・魏・趙で鋳造された。布貨。布幣。布。

ふ-せん【浮選】「浮遊選鉱法」の略。

ふ-せん【富×贍】〔名・形動〕十分に足りて豊かであること。また、そのさま。「誇って居た想像の―な事などは」〈菊池寛・無名作家の日記〉

ふ-せん【普選】「普通選挙」の略。

ふ-せん【×艀船】はしけぶね。はしけ。

ふ-せん【膚浅】〔名・形動〕思慮などの浅いこと。また、そのさま。あさはか。「―なる詩人は水彩画師なり、空想の子なり」〈鷗外訳・即興詩人〉

ふ-ぜん【不全】〔名・形動〕活動や機能が完全でないこと。また、そのさま。不完全。「―な機能」「発育―」

ふ-ぜん【不善】〔名・形動〕よくないこと。また、そのさま。「小人閑居して―をなす」「―な者」

ぶ-せん【▽夫銭】鎌倉時代から江戸時代にかけて、夫役ぶやくの代わりに納めさせた金銭。夫金ぶきん。ぶぜに。

ぶぜん【豊前】㊀福岡県南東部の市。周防灘すおうなだに面し、宇島うのしま港を中心に工業地帯をなす。農業や漁業も盛ん。人口2.7万(2010)。㊁旧国名の一。現在の福岡県東部から大分県北部。

ぶ-ぜん【×憮然】〔ト・タル〕図〔形動タリ〕失望・落胆してどうすることもできないでいるさま。また、意外なことに驚きあきれているさま。「―としてため息をつく」「―たる面持ちで成り行きを見る」補説「憮然たる面持ちで」とした場合、「腹を立てているような顔つき」の意味で使われることが多くなっているが、本来は誤用。文化庁が発表した平成19年度「国語に関する世論調査」では、「憮然として立ち去った」の例では、本来の意味である「**失望してぼんやりとしている様子**」で使う人が17.1パーセント、間違った意味「**腹を立てている様子**」で使う人が70.8パーセントという逆転した結果が出ている。

ふせん-うんどう【普選運動】普通選挙の実現を求める社会運動。明治中期の普通選挙期成同盟会に始まる。大正デモクラシー思想に支えられて第一次大戦後に運動が高揚、大正14年(1925)男子普通選のみ実現した。

ふ-ぜんかん【不善感】種痘しゅとうの効果が現れず、免疫を生じない状態。

ぶぜん-し【豊前市】▶豊前㊀

ふせん-しょう【不戦勝】試合で、相手の欠場・棄権や組み合わせの関係などから、勝ちと同じ扱いになること。⇔不戦敗。

ふせん-じょうやく【不戦条約】ニデウヤクアメリカの国務長官ケロッグとフランスの外相ブリアンの提唱により、1928年8月、パリで調印された戦争放棄に関する条約。日・米・英・仏などの原加盟国15か国が調印し、その後63か国が参加した。ケロッグ-ブリアン条約。

ふせん-ぱい【不戦敗】試合に欠場・棄権したため、負けになること。⇔不戦勝。

ふ-せんめい【不鮮明】〔名・形動〕はっきりしないこと。また、そのさま。「―な映像」「態度が―だ」派生ふせんめいさ〔名〕類語ぼんやり

ふせん-りょう【浮線×綾】❶文様を浮き織りにした綾あや。❷文様の名。丸文で、内部を4分割し、唐花からはなを四方に配したもの。➡臥蝶ふせちょうの丸

ふ-そ【父祖】父と祖父。また、代々の先祖。「―伝来の地」

ふ-そう【扶桑】フサ❶古代、中国で日の出る東海の中にあるとされた神木。また、それのある土地。転じて、日本の異称。「松島は―第一の好風にして」〈奥の細道〉❷ブッソウゲの別名。類語(❶)日本・大和やまと・

日の本・八洲国・大八洲・秋津島・敷島・葦原の中つ国・豊葦原・瑞穂の国・和国・日東・東海・神州・本邦・本朝・ジャパン・ジパング

ふ-そう【敷奏】天子に意見などを申し上げること。

ふ-ぞう【不浄】〔名・形動ナリ〕「ふじょう(不浄)」に同じ。「今宵より—なることあるべし」〈かげろふ・下〉

ぶ-そう【武相】武蔵国と相模国。

ぶ-そう【武装】〔名〕スル 戦闘のための装備をつけること。また、その装備。「—した兵士」「核—」

ぶ-そう【無双】〔名・形動ナリ〕「むそう(無双)❶」に同じ。「資貞は—の弓矢取りにて」〈太平記・六〉

ふ-そうおう【不相応】〔名・形動〕《「ぶそうおう」とも》つりあいがとれていないこと。ふさわしくないこと。また、そのさま。「—な待遇を受ける」（類語）不向き

ぶそう-かいじょ【武装解除】〔名〕スル 降伏者・捕虜などから強制的にその武器を取り上げること。また、武力紛争が起こらないように戦闘のための装備を取り去ること。

ふそう-きょう【扶桑教】もと教派神道十三派の一。富士講から出た山岳信仰。長谷川角行を開祖とするが、実質的には明治6年(1873)宍野半が組織し、同15年に一派独立した。

ふそう-こく【扶桑国】▶扶桑❶

ふそうしゅう【扶桑集】平安中期の漢詩集。16巻。7巻・9巻のみ現存。紀斉名撰。長徳年間(995〜999)成立。平安中期の漢詩を収める。

ふそうしゅうようしゅう【扶桑拾葉集】江戸中期の詞文集。30巻、目録・作者系図各1巻。徳川光圀編。元禄2年(1689)成立、同6年刊。平安時代から江戸初期までの各種古典の序・跋・日記など300余編を集めたもの。

ぶそう-せいりょく【武装勢力】武装し、対立勢力に武力闘争を仕かける集団。「—を追う政府軍」

ぶそう-ちゅうりつ【武装中立】❶自国を防衛する軍事力をもって中立の立場を守ること。❷戦時に、中立国が交戦国による貿易の侵害を軍事力によって守ること。また、その立場。

ふぞう-ふげん【不増不減】仏語。あらゆる事物は空なるものであるから、増えることも減ることもないということ。

ぶそう-へいわ【武装平和】各国の軍事力の均衡によって国際間の平和が保たれている状態。

ぶそう-ほうき【武装蜂起】支配勢力に対して、被支配者が武装して反対行動を開始すること。

ふそうめいがでん【扶桑名画伝】江戸後期に編纂された日本の画家の伝記。信州須坂藩主堀直格の草稿を国学者黒川春村が増補訂正。

ふそうりゃっき【扶桑略記】歴史書。30巻。皇円著。平安末期の成立。漢文体による神武天皇から堀河天皇に至る間の編年史。仏教関係の記事が主で、16巻分と抄本が現存。

ブゾーニ〖Ferruccio Benvenuto Busoni〗[1866〜1924]イタリアのピアノ奏者・作曲家。過去のピアノ曲の校訂や、バッハの作品のピアノ編曲で知られる。

ふ-そきゅう【不遡及】法律が、その実施以前の事実にさかのぼって適用されないこと。➡遡及効

ふ-そく【不足】〔名・形動〕スル ❶足りないこと。十分でないこと。また、その箇所や、そのさま。「—を補う」「学力が—だ」「料金が—する」❷満足でないこと。また、そのさま。不満。「対戦相手として—はない」「思いどおりにならず—な顔をする」（類語）(❶)欠乏・枯渇／(❷)不服・不平・不満・不満足・鬱憤

不足を言・う 不平・不満を言う。「仕事にやりがいがないと—・う」

ふ-そく【不測】予測できないこと。思いがけないこと。「—の事態」（類語）不慮・非業・不覚

ふ-そく【付則｜附則】❶ある規則を補うために付け加えられた規則。❷法令の最後に置かれ、施行期日・経過措置・関係法令の改廃など、法令の主要事項に付随する必要事項を定める部分。⇔本則。

（類語）規則・決まり・定め・規定・規程・条規・定則・規約・約束・規準・規矩準縄・規律・ルール・コード・本則・総則・通則・細則・概則・おきて

ふ-ぞく【付属｜附属】〔名〕スル ❶主になるものに付き従っていること。また、そのもの。「会社に—する研究所」❷「付属学校」の略。「—の生徒」❸(「付嘱」とも書く)仏語。師が弟子に教えを授け、さらに後世に伝えるよう託すること。付法。（類語）(❶)付随・付帯

ふ-ぞく【風俗】❶「風俗歌」に同じ。「歌は—。中にも、杉立てる門。神楽歌もをかし」〈枕・二八〇〉❷▶ふうぞく(風俗)

ぶ-ぞく【部族】一定の地域に住み、言語・宗教・慣習など共通の文化を共有し、同族意識の下に統合されている人々の集団。

ふぞく-うた【風俗歌】古代、地方の国々に伝承されていた歌。平安時代、宮廷や貴族社会に取り入れられ、宴遊などに歌われた。国風。国風歌。風俗。ふうぞくうた。

ふぞく-かい【付属海】大陸近くの海域で、陸地に囲まれている部分。地中海と縁海がある。

ふぞく-がっこう【付属学校】大学・学部に付設される小・中・高等学校など。一貫教育を目的とするほか、教育研究の実験や教員養成のための実習などに活用される。付属。付属校。

ふぞく-ご【付属語】日本文法で、単語を文節構成上の性質から二大別したものの一。自立語に対する。単独では文節を構成することができず、常に自立語のあとに付いて、いろいろの意味を添えたり、自立語相互の関係を表したりする働きをする語。助動詞・助詞がこれに属する。辞。⇔自立語。

ふぞく-こう【付属校】「付属学校」の略。

ふぞく-し【付属肢】体節のある動物で、各体節にある肢。昆虫などの節足動物では触覚・口器・歩脚などに分化している。

ふそく-すう【不足数】自然数 a で、a 以外の約数(1を含む)の和が a より小さいとき、a を不足数という。例えば、14の約数は、「1」「2」「7」の三つで、その合計が1＋2＋7＝10となって14より小さいことから、14は不足数となる。➡完全数 ➡過剰数 ➡友愛数

ふぞく-ひん【付属品】主だったものに付属している物。

ふそく-ふり【不即不離】二つのものが強く結びつきもせず、また離れもしない関係にあること。つかずはなれず。「—の関係」

ふぞく-まい【風俗舞】古代、地方の国々に伝承されていた舞。宮廷に献上されて大嘗会などに行われた。隼人舞・久米舞など。国風舞。ふうぞくまい。

ふそく-るい【斧足類】二枚貝類の別名。

ふそ-びょう【腐蛆病】ミツバチの幼虫に感染する細菌性の伝染病。家畜伝染病の一。王乳や花粉・蜜を介して幼虫に経口感染する。主に1〜2日齢の有蓋房の蜂児が感染するアメリカ腐蛆病と、4〜5日齢の無蓋房の蜂児が感染するヨーロッパ腐蛆病がある。

ふ-ぞろい【不揃い】〔名・形動〕《「ふそろい」「ぶぞろい」とも》そろっていないこと。まちまちであること。数が足りないこと。また、そのさま。「—な(の)服装」「—な(の)全集」（類語）まちまち・ちぐはぐ

ふ-そん【不遜】〔名・形動〕へりくだる気持ちがないこと。思いあがっていること。また、そのさま。「—な態度」（類語）高慢・傲慢・倨傲・傲岸・驕慢・暴慢・慢心

ぶそん【蕪村】▶与謝蕪村

ふそんざい-かくにん【不存在確認】事実・権利・義務などが存在しないことを確認するための法的手続き。親子関係不存在確認・債務不存在確認・義務不存在確認(国歌斉唱義務不存在確認など)・権利不存在確認(特許権侵害差止請求権不存在確認など)・決議不存在確認(株主総会決議不存在確認)などがある。

ぶそんしちぶしゅう【蕪村七部集】江戸後期の俳諧集。2冊。菊屋太兵衛ら編。文化5年(1808)成立、翌年刊。蕪村関係の句録「其雪影」「明烏」「一夜四歌仙」「花鳥篇」「続一夜四歌仙」「桃李」「続明烏」の7部に「五車反古」を収めたもの。

ふぞん-りょう【賦存量】ある資源について、理論的に導き出された総量。資源を利用するにあたっての制約などは考慮に入れないため、一般にその資源の利用可能量を上回ることになる。「新エネルギーの—を調査する」

ふた【二】❶に。ふたつ。数値を読み上げるときなどに、二の数を間違いなく伝えるために用いる。「—百—十—円なり」❷に。ふたつ。名詞または動詞の連用形の上に付いて、複合語として用いる。「—親」「—包み」

ふた【蓋】❶物の口にあてがってふさぐもの。「鍋の—をとる」❷サザエ・タニシなどの貝の口を覆うもの。❸スッポンのこと。「江戸ぢゃあね、すっぽんをしゃれて—といひやすよ」〈滑・浮世風呂・二〉

（下接語）(ぶた)上げ蓋・入れ子蓋・印籠蓋・内蓋・鰓蓋・押し蓋・落とし蓋・替え蓋・瘡蓋・被せ蓋・後家蓋・差し蓋・硯蓋・簀蓋・外蓋・綴じ蓋・共蓋・中蓋・鍋蓋・二重蓋・火蓋・広蓋・目蓋・薬籠蓋・両蓋・割り蓋

蓋を開・ける ❶物事を始める。また、物事の実情・結果などを見る。「効果のほどは—・けてみなければわからない」❷劇場などが開場する。特に、芝居で、その日の狂言を始めるのにいう。

ふだ【札｜簡】《「ふみいた(文板)」の音変化》❶目的とする内容などを簡単に書いて、人に示したり渡したりする紙片や木片。「遊泳禁止の—を立てる」「質—」❷神仏の守り札。「魔除けの—」➡御札 ❸娯楽場などの入場券。また、乗車券、切符。「芝居の—」「電車の—を入れる箱」〈鷗外・田楽豆腐〉❹カルタ・トランプ・花札などの、1枚1枚の紙片。「—を裏返しに配る」「絵—」❺巡礼などが、祈願のために札所の柱・扉・壁などに貼る紙片。「千社—」❻「日給の簡」に同じ。「暫しも滞るをば御—を削らせ給ひ」〈栄花・花山尋ぬる中納言〉（類語）券・カード

（下接語）合い札・赤札・入れ札・氏子札・打ち札・絵札・大札・納め札・御札・掛け札・貸家札・門札・木札・切り札・極め札・籤札・配り札・下馬札・小札・護摩札・下げ札・質札・正札・捨て札・素札・千社札・立て札・辻札・手札・取り札・名札・荷札・値札・花札・場札・張り札・引き札・迷子札・守り札・棟札・捲り札・宿札・山札・読み札・割り札

札が落・ちる 《「札」は、入札のふだ》入札で権利や物を手に入れる。

札が付・く 定評が生じる。「たうとう我慢を仕遂げたら、今ぢゃあそれと—・いて」〈人・辰巳園・五〉

札削る 宮中の殿上の間にある当直の簡から姓名を除かれる。殿上人の籍を除かれる。

ぶた【豚｜豕】❶イノシシを改良した家畜。吻が上方にしゃくれ、耳が垂れ、短い尾が巻いているものが多い。デュロック・ヨークシャー・バークシャーなど品種が多く、肉用が主。皮革は柔軟で袋物などに加工され、剛毛はブラシの毛に用いる。❷太った人・食いしんぼうなどをののしっていう語。

豚に真珠 《新約聖書「マタイ伝」第7章から》貴重なものも、価値のわからない者には無意味であることのたとえ。猫に小判。

豚もおだてりゃ木に登る 能力の低い者でも、おだてられて気をよくすると、能力以上のことをやり遂げてしまうことがあるというたとえ。

ブダ〖Buda〗ハンガリーの首都ブダペストのドナウ川西岸の地区名。1873年、ブダの北側のオーブダ地区、ドナウ川東岸の平野部に位置するペスト地区と合併し、ブダペストになった。ブダ城やゲッレールトの丘などがある。

ふた-あい【二藍】❶紅と藍とを重ねて染めた青みのある紫色。二つ色。❷襲の色目の名。表裏とも二藍、または表は赤みがかった濃い縹色で、裏は縹色。二藍襲。

ふた-あけ【蓋明け】❶蓋をあけること。❷物事を始めること。特に、興行などの初日をあけること。「—早々の大入り」

ふた-あや【二綾】2色の糸で織った綾。「彼方の—裏沓」〈万・三七九一〉

ふたあらやま-じんじゃ【二荒山神社】栃木県宇都宮市にある神社。祭神は豊城入彦命とよきいりびこのみことほか二神。下野しもつけ国の一の宮。宇都宮明神。

ふ-たい【不退】《梵 avinivartanīyaの訳》仏語。❶仏道修行の過程で、すでに得た境地から後戻りしないこと。不退転。❷退くことなくいつも修行すること。善根を重ねて、退いたり失ったりしないこと。不退転。

ふ-たい【付帯｜附帯】〔名〕スル 主となる物事に付け加えること。また、付け加わること。付随。「権利の行使に―する義務」「―事項」類語 付随・付属

ふ-だい【譜代｜譜第】❶代々その家系が続いてきていること。また、それを記したもの。系譜。❷代々同じ主家に仕えること。また、その家系。❸「譜代大名」の略。⇒親藩 ⇒外様とざま

ぶ-たい【部隊】❶軍隊の編制上の組織。「機甲―」❷集団的な行動をとる人々の集団。「買い出し―」
類語（❶）軍隊・軍勢・隊・軍

ぶ-たい【舞台】❶演劇・舞踊・音楽などを行うために設けられた場所。ステージ。「―に上がる」「能―」「回り―」❷❶の上で行われる演技や演奏。「晴れの―をつとめる」「一人―」❸腕前を見せる場所。活躍の場所。「世界を―に飛び回る」
類語 ステージ・ひのき舞台・回り舞台・壇

ぶ-だい【武×鯛｜不×鯛】ぶだい スズキ目ブダイ科の海水魚。全長約60センチ。体は長楕円形で側扁し、うろこが大きく、くちばし状の強い歯をもつ。体色は緑褐色で、雄は青みを、雌は赤みを帯びる。本州中部以南の沿岸の岩礁域に分布。食用。いがみ。（季 冬）

ぶたい-いしょう【舞台衣装】ブタイイシャウ 演技者が舞台で用いる衣装。

ぶたい-うら【舞台裏】❶舞台の裏側の、見物席からは見えない所。楽屋も含めていう。❷ある事柄の行われる裏面。「財界の―で暗躍する」

ふたいか-かいにゅう【不胎化介入】フタイクワカイニフ 為替介入の手法の一つ。中央銀行が自国通貨を放出（または吸収）すると、通貨の流通量が増加（または減少）するが、それを防ぐため、国債などの売りオペ（または買いオペ）を同時に進めながら行う介入。介入の効果は非不胎化介入より薄い。

ぶたい-かんとく【舞台監督】演劇で、演出者の意図に沿って、演技・舞台装置・照明・効果・衣装や上演中の進行などを指導・監督する人。

ぶたい-げいこ【舞台稽古】舞台上で、衣装・大道具・小道具・照明・効果などを公演と同じ状態にして行う稽古。

ぶたい-げいじゅつ【舞台芸術】舞台で演じることによって表現する芸術。演劇・オペラ・舞踊など。

ぶたい-げき【舞台劇】観客を前にして、舞台で演じる劇。

ふたい-けつぎ【付帯決議】議決された法案・予算案に関して付される、施行についての意見や希望などを表明する決議。法的拘束力を有しない。

ぶたい-こ【舞台子】江戸時代、舞台に立って歌舞を演じた若衆。男色も売った。「上品じゃうぼんなるを名づけて、太夫子、―、板付きといへり」〈浮・禁短気・二〉

ぶたい-こうか【舞台効果】ブタイカウクワ 舞台装置・照明・擬音などによって劇の進行や演出の効果を助けること。また、そのもの。

ふたい-こうそ【付帯控訴】民事訴訟で、控訴人の控訴に対して、被控訴人が第一審判決のうち自己に不利益な部分の変更を求めてする控訴。

ぶたいこうどう-きじゅん【部隊行動基準】ブタイカウドウキジュン 自衛隊が、武力攻撃や緊急事態に直面した際に、法令を順守しながら状況に応じて的確に対処し任務を遂行できるようにするため、政策的判断により示された基準。日本は憲法9条で交戦権を否認しているが、自衛隊が海外派遣や治安出動・海上警備行動などの際に武装した勢力や工作員に対応する可能性が増していることから、武器使用や対応手順に関する規定が必要とされるようになり、防衛省が訓令に基づいて作成・改定している。ROE（rules of engagement）。

ふたい-じ【不退地】ヂ 仏語。❶不退の地位。菩薩ぼさつの初地の位。不退転位。❷西方極楽浄土のこと。

ふたい-じ【不退寺】奈良市法蓮町にある真言律宗の寺。山号は、金竜山。正しくは不退転法輪寺。平城天皇の萱かやの御所を、承和14年（847）孫の在原業平が寺にしたという。在原寺。業平寺。

ふ-だいし【傅大士】［497～569］中国、南北朝時代の在俗仏教者。斉の東陽の人。本名、傅翕ふきふ。善慧大士と号し、双林寺を建て、大蔵経を閲覧する便をはかって、転輪蔵を創始した。後世、経蔵などにその像が置かれ、俗に「笑い仏」といわれる。

ふたい-しそ【付帯私訴】犯罪によって被害を受けた者が加害者に対し、公訴に付帯して請求する損害賠償の訴え。旧刑事訴訟法で認められていたが、昭和23年（1948）廃止。

ふたい-じょうこく【付帯上告】フタイジャウコク 民事訴訟で、上告人の上告に対して、被上告人が第一審または第二審判決のうち自己に不利益な部分の変更を求めてする上告。

ぶたい-しょうめい【舞台照明】ブタイセウメイ 舞台演出を効果的にするために用いる照明。

ふたい-ぜい【付帯税】本税の国税に付帯して課せられる税。延滞税・利子税・加算税（過少申告加算税・無申告加算税・不納付加算税・重加算税）など。

ぶたい-そうち【舞台装置】ブタイサウチ 舞台芸術で、その場の雰囲気を出すために舞台上に設けられた装置の総称。大道具・小道具など。

ふだい-そうでん【譜代相伝】フダイサウデン 代々その家に受け継ぎ伝えること。「玉世の姫が―の御家人」〈浄・用明天王〉

ふだ-いた【札板】木の守り札。護符などをはって柱などに掛けておくもの。

ふだいたい-ぶつ【不代替物】取引上、その物に個性があり、同種類の他の物で代えられない物。土地・芸術品など。⇔代替物。

ふだい-だいみょう【譜代大名】フダイダイミャウ 江戸時代、関ヶ原の戦いの前から徳川氏の家臣であった大名。全国の要所に配置され、幕府の要職を独占した。譜代。⇒外様とざま大名

ふ-たいてん【不退転】❶信念を持ち、何事にも屈しないこと。「―の決意」❷「不退」に同じ。
類語 不撓ふたう・不抜

ぶたい-どきょう【舞台度胸】俳優・歌手などが、観客を前にして演技・演奏するときの度胸。

ふた-いとこ【二従＝兄＝弟｜二従＝姉＝妹】「またいとこ」に同じ。

ふたい-の-ち【不退の地】「不退の土ど」に同じ。

ふたい-の-ど【不退の土】《ここに生まれた者は再び迷界に戻ることがないというところから》極楽浄土。不退の地。

ぶたい-ばん【舞台番】歌舞伎劇場で、舞台の下手しもてに座って場内整理にあたった者。明治中期まで存続した。

ぶたい-びらき【舞台開き】新設の舞台で、初めて演劇・演芸などを行うこと。こけらおとし。

ふたいほ-とっけん【不逮捕特権】フタイホトクケン 警察や検察などにより逮捕されない特権。国会議員や外交官、公務中の在日米軍兵士などが持つ。国会議員の場合、現行犯や所属議院の許諾のある場合を除き、国会会期中は逮捕されない。補説 国会会期前に逮捕された議員についても、所属議院の要求があれば会期中は釈放される。

ぶたい-めん【舞台面】客席から見たときの舞台上の情景。

ふた-いろ【二色】❶二つの色。にしょく。❷二つの種類。二通り。「大小―の袋」

ぶた-インフルエンザ【豚インフルエンザ】A型インフルエンザウイルスに起因するブタの呼吸器感染症。人にも感染するが、多くの場合は局所的な流行にとどまり致死率は低い。1918年～1919年にかけて世界的に流行したスペイン風邪の原因となったインフルエンザAH1N1ウイルスは、鳥類から豚を経由して人に感染したと考えられている。補説 2009年、メキシコでブタ由来の新型インフルエンザウイルスAH1N1への感染が人の間で広がり、全世界に拡大。WHOはパンデミック警戒レベルを最高水準のフェーズ6まで引き上げた。日本でも若年者を中心に流行し、学級閉鎖が相次いだ。当初は「豚インフルエンザ」と呼ばれたが、WHOの呼称変更に従い「新型インフルエンザAH1N1」と呼ばれるようになった。

ふた-え【二重】ヘ ❶二つ重なっていること。また、そのもの。にじゅう。「ひもを―に掛ける」❷腰が折れ曲がること。「いといたう老いて―にてゐたり」〈大和・一五六〉

ふたえ-おりもの【二重織物】ふたへ 浮き織物の地文の上に別糸で縫取織ぬいとりおりをして文様を織り出したもの。

ふたえ-じ【二重字】ふたへ 文字の輪郭を線書きにして中を空白にした文字。籠写かごうつしの文字。

ふたえ-まぶた【二重×瞼】ふたへ 上瞼にひだがあって二重になっていること。また、そのもの。ふたかわめ。

ふたえ-もの【二重物】ふたへ 一度染めた布地に、さらに別の色で模様などを染め出したもの。二重ふたへ染め。

ブダ-おうきゅう【ブダ王宮】ブダワウキュウ《Budavári Palota》▶ブダ城

ふた-おき【蓋置】茶の湯の点前てまえで、釜の蓋や柄杓ひしゃくを置く道具。竹製・陶製・金属製などがある。

ふだ-おさめ【札納め】ふだをさめ ❶年末に、その年のお札を社寺に返納すること。また、そのお札を集めて焼く行事。おさめふだ。（季 冬）「大香炉火を噴きにけり―／青邨」❷巡礼などが、神社・仏閣などに参詣したしるしとしてお札を納めること。

ぶたお-ざる【豚尾猿】ぶたを オナガザル科の哺乳類。体長約50センチ、尾は長さ約15センチで豚の尾のように曲がる。東南アジアに分布。

ふた-おも【二面｜▽両面】「ふたおもて」に同じ。「奈良山の児手柏このてがしはの―にかにもかくにも佞人こびひとが伴とも」〈万・三八三六〉

ふた-おもて【二面｜▽両面】❶表と裏の二つの面。うらおもて。「時雨ふる児手柏このてがしはの―とてもかくても濡るる袖かな」〈新千載・雑上〉❷表裏のある心。ふたごころ。「それは―にて、心ねぢけたる人にたとへし忌み言なり」〈読・春雨・血かたびら〉

ふた-おもて【双面】浄瑠璃・歌舞伎舞踊の趣向の一。二人の人物が全く同じ姿形で現れて周囲を惑わし、最後に一方が亡霊や変化へんげの正体を現すもの。

ふたおもて【双面】歌舞伎舞踊。常磐津ときはづ。本名題「両顔月姿絵ふたおもてつきのすがたゑ」。別名題「双面水照月ふたおもてみずにてるつき」。木村円夫作詞、岸沢九蔵作曲。寛政10年（1798）江戸森田座初演。俗称「法界坊」。

ふた-おや【二親】父と母。両親。⇔片親。
類語 親・両親・父母ふぼ・父母ちちはは

ふた-かた【二方】❶二つの方面。両方。「―に分かれる」❷二人を敬っていう語。おふたり。「お―はこちらへどうぞ」

ふたかみ-やま【二上山】㊀「にじょうさん（二上山）」に同じ。〔歌枕〕㊁富山県の高岡市と氷見市との境にある山。紅葉の名所。標高274メートル。〔歌枕〕

ブダガヤ〖Buddh Gayā〗▶ブッダガヤ

ふたがり【▽塞がり】▶ふさがり（塞がり）❷

ふたが・る【▽塞がる】〔動ラ四〕❶いっぱいになる。ふさがる。「胸―・りて嘆く」〈かげろふ・中〉❷方塞かたふたがりになる。「今宵、中神、内裏うちよりは―・りて侍りけり」〈源・帚木〉

ふた-かわ【二皮】ぱか「二皮目」の略。

ふたがわ【二川】ふたがは 愛知県豊橋市東部の地名。もと東海道五十三次の宿駅。

ふたかわ-め【二皮目｜二皮▽眼】ふたかは「二重瞼ふたえまぶた」に同じ。

ふ-たく【付託｜附託】〔名〕スル 物事の処置などを任せること。特に、議会で、議案の審査を本会議の議決に先だって他の機関に委ねること。「特別委員会に―する」類語 嘱託・委嘱・委任・寄託・預託・信託・委託・言付け・預ける・頼む・託する・委ゆだねる・任せる

ふ-たく【負託｜負×托】〔名〕スル 責任を持たせて、任せること。「代理人に一切を―する」

ふた-ぐ【▽塞ぐ】㊀〔動ガ四〕❶「ふさぐ㊀」に同じ。「耳を—・ぎてぞありつる」〈枕・八七〉❷韻塞いんふたぎをする。「—・ぎもて行くままに、難き韻の文字どもいと多くて」〈源・賢木〉㊁〔動ガ下二〕❶「ふさげる」に同じ。「寝殿は—・げ給はず、時々渡り給ふ御住み所にして」〈源・松風〉❷方塞かたふたがりになるようにする。「方—・げて」〈源・帚木〉

ぶた-くさ【豚草】キク科の一年草。荒地に生え、高さ約1メートル。全体に白い毛があってざらつき、葉は羽状に細かく裂けて、裂片は線形。雌雄同株または異株。夏、黄色い花を穂状につけ、花粉が風に飛び、花粉症の原因になる。北アメリカの原産で、明治初年に渡来。《季 夏》「なかつづく—の花さかりなり/時彦」

ふたくち-きょうこく【二口峡谷】ﾌﾀｸﾁｷｮｳｺｸ 宮城県中央部、仙台市の南西部にある峡谷。名取川上流にあり、そそり立った大岩壁の磐司ばんじ岩や秋保あきう大滝などの景勝地がある。長さ8キロメートル。県立自然公園二口峡谷に属する。

ふた-け【二毛】鹿の毛の地色に、他の色が加わること。夏は赤みを、秋は黒みを帯びる。「落ちかはる—の鹿のくもり星ややあらはるる夏はきにけり」〈夫木・七〉

ふた-けた【二桁】❶数を十進法で表したときの桁二つ。「予測値と実測値が—も違った」❷10から99までの数。「—万円の買い物」

ふた-こ【双子┊二子】❶「双子糸ふたこいと」の略。❷「双子織り」の略。

ふた-ご【双子┊二子】同じ母親から一度の出産で生まれた二人の子。双生児。

ふたこ-いと【双子糸】▶双糸そう

ふたこえ-どり【二声鳥】ﾌﾀｺｴ ハトの別名。

ふたこ-おり【双子織(り)】双糸(双子糸)を用いて平織りにした綿織物。双糸そう織り。

ふた-ごころ【二心┊▽弐心】❶味方や主君にそむく心。裏切りの心。にしん。「—をいだく」❷ふたりの人に同時に思いを寄せること。浮気心。「—おはしますはつらけれど」〈源・宿木〉

ふたご-ざ【双子座】黄道十二星座の一。3月上旬の午後8時ごろ南中し、南の中天高く見える。α(ｱﾙﾌｧ)星のカストルは光度1.6等、β(ﾍﾞｰﾀ)星のポルックスは光度1.1等で、これを双子の兄弟に見立てたもの。現在、夏至点がある。学名 ﾗﾃﾝ Gemini

ふたござ-りゅうせいぐん【双子座流星群】ﾌﾀｺﾞｻﾞﾘｭｳｾｲｸﾞﾝ 双子座のα(ｱﾙﾌｧ)星(カストル)付近を輻射点とする流星群。12月5日頃から12月20日頃にかけて見られ、12月14日前後に出現のピーク(極大)となる。母天体は長い間わからなかったが、1983年に赤外線天文衛星IRAS(ｱｲﾗｽ)により発見された小惑星ファエトンの軌道と一致することがわかった。四分儀座流星群、ペルセウス座流星群とともに、毎年多くの流星が安定して出現する三大流星群の一つとして知られる。双子座α流星群。

ふたご-さん【両子山】《「ふたごやま」とも》大分県北東部、国東くにさき半島中央部にある円錐状火山。国東市に属し、同半島の最高峰(標高720メートル)。山頂からの展望がよく、麓には子授けで有名な天台宗の両子寺がある。シカの生息地として知られる。瀬戸内海国立公園の一部。

ふた-こし【二腰】❶腰にさす大小2本の刀。大小。「—は武士のたしなみ」〈人・娘節用・後〉❷武士のこと。「さすが—のお心掛けは格別」〈浄・宵庚申〉

ふたこ-じま【双子×縞】双糸(双子糸)を使用した縞織物。

ふたご-そすう【双子素数】3と5、11と13のように、隣り合う奇数がともに素数である組のこと。17と19、41と43、101と103、857と859など。〔補説〕無限に存在する素数の中にあって、双子素数も無限に存在するかどうかという問題は、まだ解決されていない。

ふたご-づか【双子塚】前方後円墳の前方部が後円部に匹敵するほど高く大きいものの呼称。関東地方に多い。

ふた-こと【二言】二つの言葉。「—三言」

ふたこと-め【二言目】何か言ったあと、口癖やきまり文句のように続く言葉。「—には昔はよかったと言いだす」

ふたご-の-あかじ【双子の赤字】財政収支と貿易収支(経常収支)がともに赤字になっている状態のこと。特に、1980年代の米国レーガン政権下の経済状態をいう。〔補説〕レーガン政権では、減税や軍事費の増大などで財政赤字が拡大した。一方、国債を売るための高金利政策により、海外資本が集まってドル高となった。このため国内企業の競争力が弱まり貿易赤字も拡大した。クリントン政権下で一時、財政赤字は解消したが、ブッシュ㊁政権下ではイラク戦争の戦費支出などで再び拡大した。

ふたこぶ-らくだ【双▽峰×駱×駝】ラクダ科の一種。こぶが二つあり、モンゴルから中央アジアにかけての砂漠地帯で家畜として用いられる。野生のものはタクラマカン砂漠にわずかに生存。

ふた-ごもり【二籠もり】❶二つのものが一つに包まれていること。また、そのもの。「秋葱あきぎのいや—、思惟しゐふべし」〈仁賢紀〉❷1個の繭に2匹の蚕がこもること。また、その繭。二つ繭。

ぶた-ごや【豚小屋】❶豚を飼う小屋。豚舎。❷小さくて汚い家のたとえ。

ふたご-やま【二子山】神奈川県南西部、箱根山の中央火口丘の一。標高1091メートル。トロイデ型(溶岩円頂丘)の二峰からなる。

ふだ-さし【札差】江戸時代、蔵米取りの旗本・御家人に対して、蔵米の受け取りや売却を代行して手数料を得ることを業とした商人。取次業の他にその蔵米を担保にして金融業を行い、巨富を畜えた。名の起こりは、蔵米受取人の名を記入した札を蔵役所のわらづとに差したことによる。

ふたさや-の【二×鞘の】〔枕〕二鞘は2本の刀を一緒に入れることのできる鞘で、中に隔てがあるところから、「家を隔つ」にかかる。枕詞としないで比喩とする説もある。「人言を繁みや君が—家を隔てて恋ひつつまさむ」〈万・六八五〉

ふだ-さん【普陀山】中国浙江省、舟山群島にある山。10世紀にインドの補陀落ふだらくにならって開かれた観音信仰の霊場。プートゥオシャン。

ふた-し-え【二し重】ﾆ《「し」は強調の意を表す助詞》「ふたえ」に同じ。「—にさらにと分くる露なればもみづる方に宿るなるべし」〈伊勢集〉

ブタジエン〖butadiene〗エチレン系炭化水素の一。炭素4個を含み、ふつう一位と三位とに二重結合をもつものをさす。無色・無臭の気体。容易に液化。工業的には石油分解ガスから抽出し、合成ゴムの原料として重要。化学式CH_2=CHCH=CH_2

ふ-たしか【不確か┊不×慥か】〔形動〕確かではないさま。あやふや。不確実。「—な記憶」
〔類語〕曖昧あいまい・うやむや・あやふや・漠然・おぼろげ・煮え切らない・どっちつかず・要領を得ない

ふ-たしなみ【不×嗜み】〔名・形動〕《「ぶたしなみ」とも。その場合「無嗜み」とも書く》心得のないこと。ふだんの用意・心掛けが足りないこと。また、そのさま。「惣別そうべつたのうだ人のやうに、—な人はござない」〈虎明狂・止動方角〉

ふだ-しょ【札所】巡礼者が参拝のしるしとして、札を納めたり受け取ったりする所。三十三所の観音の霊場、八十八所の弘法大師の霊場など。

ブダ-じょう【ブダ城】ﾌﾞﾀﾞｼﾞｮｳ《Budai Vár》ハンガリーの首都ブダペストにある城。13世紀半ば、ハンガリー王ベーラ4世が居城を築き、14世紀にラヨシュ1世によりゴシック様式の王宮が建造された。17世紀から18世紀にかけて、ハプスブルク家支配の下で増改築され、バロック様式が加わった。19世紀半ばの大火災と第一次・第二次大戦で大きな被害を受けたが、1950年代に修復。ハンガリー国立美術館、ブダペスト歴史博物館、軍事歴史博物館などがある。「ドナウ河岸、ブダ城地区及びアンドラーシ通りを含むブダペスト」の名称で世界遺産(文化遺産)に登録されている。ブダ王宮。

ぶた-じる【豚汁】ぶた肉のこま切れと野菜とを入れた味噌仕立ての汁。とんじる。

ふた-すじ【二筋】ﾌﾀｽﾁ ❶二つの筋。2本。「—の糸」❷ふたまたをかけること。「いとよく—に心づかひはし給ひけれ」〈源・若菜下〉

ふたすじ-みち【二筋道】ﾌﾀｽﾁ ❶2本の道。❷わかれ道。「人生の—に迷う」
〔類語〕岐路・分かれ道・枝道・横道・脇道・間道

ふた-せ【二瀬】下女と妾めかけなど、二つの役を勤める雇い女。「—、仲居も小差し出で」〈浄・重井筒〉

ふだ-せん【札銭】❶江戸時代、振り売り許可の札を受けたときに納めた金銭。❷「木戸銭きどせん」に同じ。「諸見物の—を売りけるに」〈浮・永代蔵・四〉

ふたそ-じ【二▽十┊二▽十路】ﾌﾀ 二十にじゅう。また、二十年。二十歳。

ふだ-だいし【補陀大士】《補陀落山に住む菩薩ぼさつの意》観世音菩薩の異称。

ふたたて-め【二立目┊二建目】江戸歌舞伎で、序開きの次に演じられた一幕。下級俳優によって行われた一種の開幕劇。二つ目。

ふた-たび【再び┊二度】❶同じ動作や状態を繰り返すこと。副詞的にも用いる。「—の来訪」「—過ちを犯す」❷二番目。二度目。「—の御祓はらへのいそぎ」〈源・葵〉〔類語〕また・重ねて・再度

ふたたび-めし【二度飯】湯取り飯、または冷や飯をもう一度煮たもの。胃弱の人などが食する。ふたたびいい。

ぶ-たち【武太-刀】戦陣で用いる太刀。

ふた-つ【二つ】❶数の名。一つの次、三つの前の自然数。に。ふう。2個。❷両者。双方。「—を比較検討する」❸2歳。❹2番目。第2。「一つには将来性、—には安定性」〔類語〕一・二・三・四・五・六・七・八・九・十じゅう・百・千・万・億・兆・ゼロ・零・一つ・三つ・四つ・五つ・六つ・七つ・八つ・九つ・十とお

二つと無い　代わりになるものがない。「—珍宝」

二つに一つ　❶二つのうち、どちらか一つ。「イエスかノーか、—だ」❷のるかそるか。いちかばちか。「—の気持ちで挑戦する」

ふ-たつ【不達】先方に届かないこと。不着。

ふ-たつ【布達】〔名〕ｽﾙ ❶広く一般に知らせること。また、その知らせ。❷明治19年(1886)以前に発布された省令・府県令などの行政命令。

ふたつ-いろ【二つ色】❶「二藍ふたあい❶」に同じ。❷襲かさねの色目の名。表は薄色、裏は山吹色のもの。

ふたつ-えり【二つ襟】小袖の上着と下着を重ねて2枚の襟を一緒に合わせて着ること。また、その襟。

ふたつ-おり【二つ折り】ﾌﾀﾂｵﾘ ❶二つに折ること。また、そのもの。「紙を—にする」❷江戸時代に行われた男性の髪形。髻もとどりから髷まげを二つに折り返し、根の部分で結んだもの。

ふたつ-がわら【二つ×舤┊二つ瓦】ﾌﾀﾂｶﾞﾜﾗ 平安・鎌倉時代、大型平田舟の構造上の名称。胴部の船瓦ふながわらを二材にしたもの。

ふた-つき【蓋付き】器物に蓋のついていること。また、その器物。「—の茶碗」

ふだ-つき【札付き】❶札がついていること。特に、商品に正札がついていること。また、そのもの。❷定評のあること。特に、悪い評判が定着していること。また、その人。「—の悪党」〔補説〕良い評判は「折り紙付き」という。〔類語〕悪名・汚名・悪声

ふたつ-ぎぬ【二つ▽衣】袿うちきを2枚重ねたもの。ふたつおんぞ。

ふたつ-ぐし【二つ×櫛】髷まげの前に2枚一対の櫛をさすこと。また、その櫛。江戸時代、遊女やはで好みの女性の間で流行した。二枚櫛。

ふたつ-ぐり【二つ繰り】下駄や草履で、鼻緒を2本束ねてすげてあるもの。

ふたつ-しろ【二つ白】「にはく(二白)」に同じ。

ふたつちょうちょうくるわにっき【双蝶々曲輪日記】ﾌﾀﾂﾁｮｳﾁｮｳｸﾙﾜﾆｯｷ 浄瑠璃。世話物。九段。竹田出雲・三好松洛・並木千柳(宗輔そうすけ)らの合作。寛延2年(1749)大坂竹本座初演。吾妻と与五郎の情話を背景に、相撲取りの濡髪長五郎と放駒長吉の達引たてひき、義理人情の世界を描いたもの。

ふたつ-どうぐ【二つ道具】ﾌﾀﾂﾄﾞｳｸﾞ 江戸時代、大名行列の先頭などに立てた2本一対の槍。二本道具。

ふたつ-どもえ【二つ×巴】ﾌﾀﾂﾄﾞﾓｴ 紋所の名。巴の渦を二つ組み合わせたもの。

ふたつ-どり【二つ取り】二つのうちから一つを選び取ること。「わたしならー は伴内さ」〈滑・浮世風呂・二〉

ふたつ-な【二つ名】本名以外の呼び方。異名。別名。また、あだ名。

ふたつ-な・し【二つ無し】〔形ク〕❶一つしかない。「ー・き恋をしすれば常の帯を三重結ぶべく我あが身はなりぬ」〈万・三二七三〉❷並ぶものがない。この上ない。「喜ぶことー・し」〈土佐〉❸もっともである。「汝が云ふ所ー・し」〈今昔・五・二四〉

ふたつ-の-うみ【二つの海】生と死のある苦しい現世。「生き死にのーを厭はしみ潮干の山を偲ひつるかも」〈万・三八四九〉

ふたつ-の-みち【二つの道】❶忠と孝の道。「とにかくにーを思ふこそ世につかふるも苦しかりけり」〈続後拾遺・雑中〉❷《白居易「秦中吟」議婚から》豊家の女の行いと、貧家の女の行い。「わがー歌ふを聴け」〈源・帚木〉

ふたつ-ひきりょう【二つ引(き)両】ﾌﾀﾂﾋｷﾘｮｳ《「ふたつびきりょう」とも》紋所の名。輪の中に横に2本の線のあるもの。足利氏の家紋。

ふたつ-へんじ【二つ返事】❶「はい」を二つ重ねて返事をすること。❷気持ちよく、すぐに承諾すること。「ーで引き受ける」

ふたつ-まゆ【二つ繭】「二籠ふたごもり❷」に同じ。

ふたつ-め【二つ目】❶順番の2番目。また、そのもの。❷《寄席で前座の次に演じたところから》落語家の格付けの一。前座の一つ上。❸「二立目ふたたてめ」に同じ。

ふたつ-もじ【二つ文字】《形が漢字の「二」に似ているところから》ひらがなの「こ」の字。「ー牛の角文字直すぐな文字歪ゆがみ文字とぞ君は覚ゆる」〈徒然・六二〉

ふたつ-ものがけ【二つ物掛け|二つ物賭】二つのうちのどちらかに賭かけて、勝負をすること。「ここのーせずしては、一生かはる事なし」〈浮・胸算用・四〉

ふたつ-もん【二つ紋】►比翼紋ひよくもん

ふたつ-わげ【二つ×髷】❶年配の女性や未亡人などの髪形の一。髻もとどりを二つに分けて、それぞれを束ねたもの。❷若衆の髪形の一。髻を二つに分けて、稚児髷ちごまげのように結ったもの。

ふたつ-わり【二つ割(り)】❶全体を二つに分けること。また、そのもの。折半。「勘定をーにする」❷《四斗樽の半分の意味から》2斗入りの酒樽。❸反物の一幅ひとのを二つに裁った幅に仕立てた帯。「黒綸子のー、前結びにして」〈浮・一代男・三〉

ふた-て【二手】❶二つの方面。二方向。「ーに分かれる」❷両方の手。両手。「御ーに、月と日とを受け給ひて」〈かげろふ・下〉〔類語〕両面

ぶ-だて【部立て】いくつかの部門・部類に分けること。また、その分類。特に歌集などで、和歌を四季・恋・雑などの部に分けること。「古今集のー」

ふた-てさき【二手先】斗栱ときょうの形式の一。柱から外方に出た二つ目の斗ますで丸桁がぎょうなどを支えるもの。

ふたところ-どう【二所×籐】弓の籐の巻き方で、2か所ずつ一定の間隔をおいて巻いたもの。

ふだ-どめ【札止め|札留め】❶劇場などで、満員のため入場券の発売を止めること。「ーの盛況」❷立ち入り・通行などを禁止する札を立てること。

ぶた-どん【豚丼】❶豚肉を甘辛く炒めたものをのせたどんぶり飯。北海道東部の郷土料理。❷豚肉をネギなどとともに煮込んで、どんぶり飯にかけたもの。

ふた-なぬか【二七日】人の死後14日目。また、その法事。ふたなのか。「ーの法要を営む」

ふた-なり【双成り|二▽形】一つのものが二つの形を同時にそなえていること。特に、ひとりの人が男女両性をそなえていること。半陰陽。

ぶた-にく【豚肉】食用にする豚の肉。とんにく。

フダニト〖whodunit〗►フーダニット

ふた-の【二▽幅|二▽布】《「の」は布の幅を数える単位》❶並幅の2倍の幅。また、その幅の布。ふたはば。❷女子の腰巻き。二幅の布で作るところからいう。「木綿のー」〈浮・織留・一〉

ブタノール〖butanol〗ブタンの水素原子1個が水酸基に置換された構造のアルコール。4種の異性体があり、いずれも無色で特異臭を持つ。工業用の溶剤に使用。化学式C_4H_9OH ブチルアルコール。

ふた-のき【二軒】垂木たるきが地垂木と飛檐ひえん垂木とで構成される軒。神社・寺院建築にみられる。

ふだ-の-つじ【札の×辻】江戸時代、官の制札を立てた辻。現在、多く地名として残る。

ぶた-の-まんじゅう【豚の×饅▽頭】ﾌﾞﾀﾉﾏﾝｼﾞｭｳ シクラメンの別名。

ふた-ば【二葉|双葉|×嫩】❶発芽して最初に出る葉。双子葉植物で2枚出る。(季 春)❷人間の幼少のころ。また、物事の初め。「栴檀せんだんはーより芳かんばし」❸名香の一。伽羅きゃらで香味は苦甘。羅国。

ふだ-ば【札場】❶芝居小屋の札売り場。❷「高札場こうさつば」に同じ。

プタハ〖Ptah〗エジプト神話で、古代エジプトの首都メンフィスの主神。宇宙の創造神で、鍛冶かじや彫刻の神とされ、ギリシャ神話のヘファイストス、ローマ神話のウルカヌスと同一視された。プター。

ふたば-あおい【双葉×葵|二葉×葵】ﾌﾀﾊﾞｱｵｲ ウマノスズクサ科の多年草。山地の木陰に生える。根茎は地をはい、2枚の心臓形の葉をつける。春、葉の間に、柄のある淡紅紫色の花を1個下向きに開く。京都の賀茂神社の神紋、徳川家の紋章としても知られる。かもあおい。あおいぐさ。ふたばぐさ。(季 夏)

ふたば-がき【二葉柿】フタバガキ科フタバガキ属の植物の総称。約75種が東南アジア熱帯に分布し、熱帯多雨林の重要な構成種。高さ約50メートルとなり、葉は卵形または長楕円形。ラワン材として利用される。

ふたば-ぐさ【二葉草】❶フタバアオイの別名。❷スミレの別名。(季 春)

ふたはぐろ-こうじ【双羽黒光司】ﾌﾀﾊｸﾞﾛｺｳｼﾞ［1963〜 ］力士。第60代横綱。三重県出身。本名、北尾光司。史上初の幕内優勝経験がない横綱。➡隆の里俊英(第59代横綱) ➡北勝海ほくとうみ信芳(第61代横綱)

ふだ-ばこ【札×筥】❶聞香もんこうの競技で、各香名を記した札を入れる箱。❷守り札を入れる箱。

ぶた-ばこ【豚箱】警察署の留置施設をいう俗語。〔類語〕監獄・牢獄ろうごく・牢・牢屋・留置場・拘置所

ふたばすずき-りゅう【双葉鈴木竜】クビナガリュウの一種。化石が昭和43年(1968)福島県いわき市の白亜紀双葉層で鈴木直ただしにより発見された。全長約6.5メートル。

ふたばてい-しめい【二葉亭四迷】［1864〜1909］小説家・翻訳家。江戸の生まれ。本名、長谷川辰之助。坪内逍遥に師事し、言文一致体の小説「浮雲」を発表、また、ツルゲーネフなどのロシア文学を翻訳。明治41年(1908)ロシアへ渡り、翌年帰国の船中で客死。小説「其面影そのおもかげ」「平凡」、翻訳「あひゞき」など。

ふたばやま-さだじ【双葉山定次】［1912〜1968］力士。第35代横綱。大分県出身。本名、龝吉あきよし定次。優勝12回、69連勝を達成。引退後、年寄時津風となり、日本相撲協会理事長も務めた。➡男女ノ川みなのがわ登三(第34代横綱) ➡羽黒山政司(第36代横綱)

ふたば-らん【二葉×蘭】ラン科の多年草。高山の針葉樹林下に生え、高さ約10センチの茎の中ほどに、柄のない広卵形の葉が2枚対生する。夏、茎の先に褐緑色の花を穂状につける。

ふた-ふた〔副〕❶扇を動かしたり鳥が羽ばたいたりしたときに立てる音や、そのさまを表す語。ばたばた。「扇ーとつかひ」〈枕・六三〉❷血などが続けてしたたり落ちるさま。ぽたぽた。「よりましが懐より黒血をーとり出だしたりければ」〈愚管抄・四〉❸足がもつれるさま。ふらふら。「立ち上がりけるが、ーとしければ」〈今昔・二六・五〉❹あわただしく急ぐさま。あたふた。「塗りかけし重箱のーとして走り来り」〈浮・禁短気・三〉

ブダペスト〖Budapest〗ハンガリー共和国の首都。ドナウ川に臨み、1873年に西岸のブダ・オーブダと東岸のペストの両市が合併して成立。経済・交通の中心で、機械工業が発達。人口、行政区171万、都市圏249万(2008)。ブダペシュト。

ふた-ほがみ 語義未詳。布多(栃木県の地名。国府所在地)にいた国守のことか。一説に、腹黒い人とも、神の名ともいう。「ー悪しけ人なりあたゆまひ(=急病)我がする時に防人さきもりに差す」〈万・四三八二〉

ふた-ま【二間】❶二つの部屋。ふたへや。「ーしかないアパート」❷《南北の柱間が二間であるところから》清涼殿の夜の御殿おとどの東隣りにある部屋の名。天皇守護の祈祷きとうをする僧が伺候して修法などが行われた。❸殿舎などで、柱と柱との間が二つあること。また、その部屋。「ーの際きはなる障子」〈源・末摘花〉

ふた-また【二股|二×俣|二×叉】❶もとが一つで先が二つに分かれていること。また、そのもの。「道がーに分かれる」❷同時に二つの目的を遂げようとすること。また、同時に二つのものに働きかけること。「ーをかける」

ふたまた-ごうやく【二股×膏薬】ﾌﾀﾏﾀｺﾞｳﾔｸ 内股うちまたにはった膏薬のように、どちら側にもつくこと。定見・節操のないこと。また、その人。内股膏薬。

ふたまた-だいこん【二股大根】❶根の途中から二つに分かれている大根。大黒天に供える。❷紋所の名。❶を図案化したもの。

ふたまた-ぶね【二股舟】二股の木でつくった舟。一説に、2艘をつなぎ合わせた舟。「天皇ーを磐余市磯池いはれのいちしのいけに泛うかべて」〈履中紀〉

ふたまた-みち【二股道】二つの方向に分かれている道。

ぶた-まん【豚×饅】(主に関西で)肉饅のこと。

ふたみ-が-うら【二見浦】三重県中東部、伊勢市の海岸。伊勢湾に面する。東端に興玉おきたま神社があり、神石の夫婦岩めおといわがある。ふたみのうら。

ふた-みち【二道】❶二つの方向に分かれている道。また、道が二つあること。「君は思い断きるかかまわず突進するか、ーだ」〈滝井・無限抱擁〉❷「二股ふたまた❷」に同じ。〔類語〕二途・両道

ふたみ-の-うら【二見の浦】㊀「ふたみがうら」に同じ。〔歌枕〕「玉くしげーに住む海人あまのわたらひぐさはみるめなりけり」〈躬恒集〉㊁兵庫県豊岡市城崎きのさき町上山かみやま、円山まるやま川下流の景勝地。〔歌枕〕「夕づく夜おぼつかなきを玉くしげーはあけてこそ見め」〈古今・羇旅〉㊂兵庫県明石市二見町の海岸。〔歌枕〕「玉くしげあけて見つれど朝ぼらけーはなほ浪ぞ寄る」〈大弐高遠集〉

ふたむら-やま【二村山】愛知県豊明市沓掛の山。一説に、岡崎市の山ともいう。〔歌枕〕「くれはどりあやに恋しくありしかばーも越えずなりにき」〈後撰・恋三〉

ふた-め【二目】二度見ること。〔類語〕再見

二目と見られない 二度と見る気にならない。「ー惨状」

ふ-ため【不▽為】〔名・形動〕ためにならないこと。また、そのさま。「何も是れが当人のーになる事じゃなしね」〈二葉亭・其面影〉〔類語〕損

ふた-めか・す〔動サ四〕ばたばたと動かす。「羽をー・して惑ふほどに」〈宇治拾遺・三〉

ふた-め・く〔動カ四〕❶ばたばたと音をたてる。「鰐わに仰様あふのけざまにて砂いさごの上にー・くを」〈今昔・二九・三一〉❷さわぎたてる。うろたえ騒ぐ。「引き具したりける所従十余人倒れー・き」〈平家・八〉

ふため-くるい【二女狂ひ|二▽妻狂ひ】ﾌﾀﾒｸﾞﾙｲ 二人の女に心を奪われること。「若女わかめ得て古女こめを内に置くならばーと人やいはまし」〈咄・醒睡笑・六〉

ふた-もじ【二文字】❶二つの文字。二字。❷ニラの女房詞。ネギを「一文字」というのに対していう。

ふた-もの【蓋物】陶器などで、蓋のあるもの。

ふだ-もの【札物】❶大小の刀で、保証の札のついたもの。❷入札によってさばいた諸藩の産物。❸カルタ賭博とばく。

ふた-ゆ・く【二行く】〔動カ四〕❶二度行く。二度繰り返す。「うつせみの世やもー・くなにすとか妹に逢はずて我あがひとり寝む」〈万・七三三〉❷心が二つの方向へ向かう。二心を持つ。「沼二つ通かよは鳥が巣

我あが心―・くなもとなよ思もはりそね〈万・三五二六〉

ふた‐よ【二夜】二度の夜。ふたばん。「三日―」

ふたよ‐ぐさ【二夜草】スミレの別名。

ふたよ‐の‐つき【二夜の月】陰暦八月十五夜の月と九月十三夜の月。また、九月十三夜の月だけをもいう。〈季 秋〉

ふだらく【補陀落┆普陀洛】《梵 Potalakaの音写。光明山・海島山・小花樹山と訳す》仏語。インド南端の海岸にあり、観音が住むという八角形の山。日本でも観音の霊地にはこの名が多い。補陀落山ふだらくせん。

ふだらくさん‐じ【補陀洛山寺】和歌山県東牟婁ひがしむろ郡那智勝浦なちかつうら町にある天台宗の寺。山号は白華山。本尊は十一面千手観音菩薩で、国の重要文化財に指定される。観音浄土(補陀落)を目指し、小船で浜から旅立つ宗教儀礼「補陀落渡海」で知られる。平成16年(2004)「紀伊山地の霊場と参詣道」の一部として世界遺産(文化遺産)に登録された。

ふだらく‐とかい【補陀落渡海】仏教で、補陀落を目指して小舟で海を渡ろうとすること。捨身の行の一。那智勝浦や足摺岬などが出発地として知られる。➡補陀落

ふたら‐さん【二荒山】栃木県日光市にある男体山なんたいさんの異称。にこうざん。ふたあらやま。

ふたらさん‐じんじゃ【二荒山神社】㊀栃木県日光市にある神社。祭神は大己貴命おおなむちのみこと・田心姫命たごりひめのみこと(田霧姫命)・味耜高彦根命あじすきたかひこねのみこと。神護景雲元年(767)勝道上人が三神を祭って創建したといわれる。平成11年(1999)「日光の社寺」の一つとして世界遺産(文化遺産)に登録された。㊁▶ふたあらやまじんじゃ(二荒山神社)

ふ‐たり【二人】人数が2であること。二個の人。ににん。「欠席者が―いる」「―の仲を取り持つ」

二人口ふたりぐちは過ごせるが一人口ひとりぐちは過ごせぬ　「一人口は食えぬが二人口は食える」に同じ。

二人は伴侶はんりょ、三人さんにんは仲間割なかまわれ　二人なら仲良くやれるが、三人になると意見が割れて不和が生ずるというたとえ。

ふたり‐しずか【二人静】づか センリョウ科の多年草。山地の林下に生え、高さ約30センチ。茎の上部に葉が二対対生し、十字状をなす。4、5月ごろ、葉の間から花穂を2または3本出し、白い小花を多数つける。実は緑色で球形。さおとめばな。つきねぐさ。〈季 春〉◆曲名別項。

ふたりしずか【二人静】ふたりしづか 謡曲。三番目物。宝生以外の各流。義経記などに取材。静御前の霊が菜摘み女に乗り移って舞をまい、吉野の勝手明神の神職に回向えこうを頼む。

ふたりだいみょう【二人大名】ふたりだいみゃう 狂言。二人の大名が、通りがかりの男をむりやり供の者に仕立て太刀たちを持たせる。男は大名の態度に腹を立て、太刀を抜いて二人の小袖を奪ったうえ、犬や鶏のまねをさせてなぶる。

ふたり‐づかい【二人使い】づかひ 死亡の知らせを告げて回る使者。二人が一組となって行くところからいう。

ふたり‐のり【二人乗り】〔名〕スル 車などに二人で乗ること。また、そのような大きさの乗り物。ににんのり。「バイクに―する」「―のリフト」

ふたりばかま【二人袴】狂言。婿入りする男が父親と舅しゅうとの家に行き、1着の袴で親と交代に舅の前に出る。二人一緒に出るよう求められ、袴を二つに裂いてそれぞれ前に当てて取り繕うが、舞をまううちに見つかる。

フタル‐さん【フタル酸】《phthalic acid》芳香族カルボン酸の一。オルトキシレンやナフタレンを熱分解して作られる無色の結晶。加熱すると無水フタル酸が得られ、可塑剤・合成樹脂・染料などの原料にする。化学式$C_6H_4(COOH)_2$

ふだ‐われ【札割れ】入札で、応募が少ないなどの理由で応札額が予定した入札額に達しないこと。特に、日銀が金融調節のための公開市場操作を実施する際に、金融機関からの申し込み金額が、日銀の入札予定額に達しないこと。また、国債を発行しても引き受け手がなくて売れ残ることにもいう。〔補説〕日銀の買いオペレーションで札割れが生じた場合は、金融機関に十分な資金があることを表す。

ふ‐たん【布×毯┆布単】遷宮・遷座・行幸などの際、その道筋に敷く白布。毯代たんだい。

ふ‐たん【負担】〔名〕スル ❶荷物を肩や背にかつぐこと。また、その荷物。❷義務・責任などを引き受けること。また、その義務・責任など。「費用は全員で―する」❸力量を超えて重すぎる仕事や責任。重荷。「―にならない程度の寄付」

ふ‐だん【不断】〔名・形動〕❶とだえないで続くこと。また、そのさま。「―な(の)努力」❷決断力に乏しいこと。また、そのさま。「優柔―」❸(「普段」とも当てて書く)日常のこと。副詞的にも用いる。平生へいぜい。いつも。「―の心がけ」「―から注意している」「―テレビはあまり見ない」➡普通〔用法〕アク❶❷はフダン、❸はフダン。〔類語〕(❸)日頃ひごろ・常日頃つねひごろ・常・常常・いつも・平生・平素・日常・平常・通常・常時・常住・行住座臥ぎょうじゅうざが

ブタン〖butane〗メタン系炭化水素の一。正ブタンとイソブタンの二つの異性体がある。分子式C_4H_{10}

ぶ‐だん【武断】武力をもって政治を行うこと。物事を力で処理すること。⇔文治ぶんち。

ふだん‐いしゃ【不断医者】ふだんかかりつけの医者。「―は次の間に鍋を仕かけ、早め薬の用意」〈浮・胸算用・二〉

ふだん‐ぎ【不断着┆普段着】日常、家で着ている衣服。〔類語〕略服・平服

ふだん‐ぎょう【不断経】ぎやう 毎日、絶え間なく経を読むこと。また、死者の冥福追善などのために、一定の期間、昼夜間断なく大般若経だいはんにゃきょう・最勝王経・法華経などを読みあげること。不断の読経。「―の暁方あかつきがたの、ゐかはりたる声のいと尊きに」〈源・総角〉

ふだん‐こう【不断香】カウ 昼夜絶え間なく香をたきつづけること。また、その香。「―の煙みちたり」〈宇治拾遺・一三〉

ふだん‐ざくら【不断桜】四季を問わず、5弁の白い花をつけるサトザクラ。三重県鈴鹿市の白子山観音寺の境内にあり、天然記念物。白子不断桜。

ぶだん‐しゅぎ【武断主義】武力をもって事を解決しようとする主義。

ぶだん‐せいじ【武断政治】ヂ ❶武力をもって行う政治。❷特に江戸初期、3代将軍家光までの政治支配のありかた。➡文治政治

ふだん‐そう【不断草】サウ アカザ科の一年草または越年草。高さ約1メートル。葉は大きく細長い卵形で、縁が波形にうねる。雌雄異株。6月ごろ、多数の黄緑色の小花をつける。若葉は食用。ヨーロッパの原産、中国から渡来。恭菜。唐萵苣とうぢしゃ。

ふだん‐づかい【不断使い】づかひ(「普段使い」とも書く)かしこまった席ではなく、日常の生活で使用すること。「―のバッグ」「―の器」

ふだん‐ねんぶつ【不断念仏】特定の日時を決めて、その間、昼夜間断なく念仏を唱えること。常念仏。不断の念仏。

ぶだん‐は【武断派】武力をもって政治を行おうとする立場の人。

ふだん‐りん【不断輪】晴天祈願や雨乞いなどのとき、僧侶が幾組かに分かれて順に呪文を唱えて切らさないようにすること。

ふ‐ち【不知】❶知らないこと。❷知恵がないこと。愚かであること。

ふ‐ち【不治】▶ふじ(不治)

ふ‐ち【付置┆附置】〔名〕スル あるものに付属させて設置すること。「大学に病院を―する」

ふ‐ち【布置】〔名〕スル 物を適当な所に置き並べること。配置。「庭石を―する」〔類語〕配る

ふ‐ち【扶▽持】〔名〕スル ❶助けること。扶助すること。「ねんごろに―して置かれたが」〈芥川・奉教人の死〉❷主君から家臣に給与した俸禄。江戸時代には、一人1日玄米5合を標準とし、この1年分を米または金で給与した。❸俸禄を支給して臣下とすること。「若党どもをも―し置き」〈太平記・一六〉

ふち【×淵┆×潭】❶底が深く水がよどんでいる所。⇔瀬。❷容易に抜け出られない苦しい境遇。苦境。「絶望の―に突き落とされる」〔類語〕深淵・瀞とろ

淵に臨みて魚うおを羨うらやむは退いて網を結ぶに如しかず　《「漢書」董仲舒伝から》岸辺に立って魚が欲しいとただ眺めているよりは、家に帰って魚を捕る網を編んだほうがいい。具体的に努力すべきであるという戒め。

ふち【縁】❶物の端の部分。また、物の周りの、ある幅をもった部分。へり。「がけの―」「―が欠ける」「帽子の―」❷刀の柄口つかぐちの金具。

〔用法〕ふち・へり――「机のふち(へり)に手をつく」「茶碗のふち(へり)」「崖のふち(へり)」のように、物のまわりやまぎわの部分の意では、相通じて用いられる。◆「ふち」には「目のふちを赤くする」とか、「眼鏡のふち」「額がくぶち」のような、回りの枠をいう使い方もあり、この場合は「へり」は用いない。◆「へり」は、「船べり」「川べり」のように平らなものの周辺部をいうことが多く、さらに周辺部につける飾り物などの意まで広がる。「リボンでへりをつける」「畳のへりがすり切れる」

〔類語〕(❶)隅・角・端・へり・際・隅っこ・端っこ

ぶち【▽斑┆×駁┆×駮】《古くは「ふち」か》地色と異なった色がまだらになって入っていること。また、そのような毛並みの動物。「―の犬」〔類語〕斑まだら・斑ふ・斑点

ぶち【×鞭】「むち」に同じ。「下女、―もて打たんとす」〈沙石集・七〉

ぶち【▽打ち】〔接頭〕《動詞「ぶ(打)つ」の連用形から》動詞に付いて、その動詞の示す動作・作用を強める意を表す。音便の形をとって、「ぶっ」「ぶん」となることがある。「―壊す」「―明ける」

プチ〖フランス petit〗多く複合語の形で用い、小さい、小型の、などの意を表す。「―ネックレス」「―ブル」

ぶち‐あ・ける【▽打ち明ける】〔動カ下一〕❶中のものをすっかり出してしまう。「文さんのお弁当は―・けてお仕舞い」〈二葉亭・浮雲〉❷隠しごとをせず、すっかり話す。うちあける。「にしゃあ心安いから―・けて言ってもえいが」〈滑・続膝栗毛・一一〉

ぶち‐あ・げる【▽打ち上げる】〔動ガ下一〕文ぶちあ・ぐ〔ガ下二〕❶大言壮語する。「壮大な構想を―・げる」❷奪う。「海道筋の御器ごきの実を―・げ」〈浄・丹波与作〉❸熱中する。のぼせる。「あの野郎、この頃血道を―・げて居るぜ」〈滑・浮世床・初〉

プチアリン〖ptyalin〗唾液だえき中に含まれる消化酵素。でんぷんを加水分解する。唾液アミラーゼ。

ふち‐あんない【不知案内】〔名・形動〕ようすや事情を知らないこと。また、そのさま。不案内。「その間かんの消息は一向に―なんだが」〈里見弴・今年竹〉

プチ‐いえで【プチ家出】いへで ごく短期間の家出。

ふち‐いし【縁石】▶えんせき(縁石)

ブチェジ‐さん【ブチェジ山】《Munții Bucegi》ルーマニア中央部、トランシルバニアアルプス山脈の山。最高峰は標高2507メートルのオム峰。中腹の町シナイアから標高2000メートルの地点までロープウエーで結ばれる。「バベレ」と呼ばれる、浸食を受けて形成された奇岩があることで知られる。

ふち‐かざり【縁飾り】衣服などの縁に飾りをほどこすこと。また、その飾り。

ふち‐がしら【縁頭】▶柄頭つかがしら

ふち‐かた【扶▽持方】❶扶持給付に関する事柄。また、その事務を取り扱う者。❷扶持。また、食いぶち。

ふちかた‐ぼう【扶▽持方棒】《扶持を受けている人の持つ棒の意》身分の低い武士の刀をあざけっていう語。「命と釣り替への―を忘れたとは」〈伎・桑名屋徳蔵〉

ぶち‐かま・す【▽打ち×噛ます】〔動サ五(四)〕❶相撲で、立ち上がったとき相手の胸に頭から強く体当たりをする。「立ち合いから―・す」❷相手に強い打撃を与える。「一発―・してやる」

ふち‐かわ【×淵川┆×淵河】かは 淵または川。また、水中。「―へ身を投げる」

ぶち‐き・れる【▽打ち切れる】〔動ラ下一〕《「ぶちぎれる」とも》突然ひどく怒り出す。切れる❼を強めてい

う俗語。「幼稚な発言の繰り返しに—・れた」
ぶち-げ【▽斑毛│×駁毛】馬の毛色の一。地毛が白く、それに濃色の円形の小斑があるもの。
ぶち-こま【▽斑駒】種々の毛色がまじる馬。「天の—を逆剝さかはぎに剝ぎて」〈記・上〉
ぶち-こ・む【▽打ち込む】〔動マ五(四)〕❶たたき込む。うちこむ。「腹にパンチを—・む」「ミサイルを—・む」❷ほうり込む。投げ入れる。「牢屋に—・む」❸刀などを帯びる。「腰に長どすを—・む」
ぶち-ころ・す【▽打ち殺す】〔動サ五(四)〕❶殴り殺す。また、「殺す」を強めていう語。「—・されそうな目にあう」❷質に入れる。また、売り払う。ころす。「おのれが褞袍どてら—・して買うてこい」〈浄・近江源氏〉❸遊里で、遊女の心を奪い意のままに操る。「腹一杯に女郎—・しのしののめ」〈洒・遊子方言〉
類語(❶)絞め殺す・縊くびる・刺し殺す・噛み殺す・轢ひき殺す・殴り殺す・打ち殺す・叩たたき殺す・撃ち殺す
ぶち-こわし【▽打ち壊し│▽打ち▽毀し】ぶちこわすこと。「計画が—になる」
ぶち-こわ・す【▽打ち壊す│▽打ち▽毀す】〔動サ五(四)〕❶打ったりたたいたりしてめちゃめちゃにする。たたきこわす。「錠前を—・して侵入する」❷物事の成り立つのをだめにする。台なしにする。「縁談を—・す」「せっかくのムードを—・す」
類語 打ち壊す・取り壊す・打ち砕く・壊す・叩たたき壊す・破壊・毀損きそん・損壊・破損・破砕・砕破・全壊・壊滅
ふ-ちじ【府知事】府の首長。➡知事
ふち-せ【×淵瀬】❶淵と瀬。川の深くよどんだ所と浅くて流れの速い所。❷《古今集・雑下の「世の中は何か常なる飛鳥川昨日の淵ぞ今日は瀬になる」などから》世の中の移りやすく無常なことのたとえ。「—のならい」
ぶ-ちそう【不×馳走│無×馳走】粗末な料理でもてなすこと。「思ひの外の—に」〈浄・宵庚申〉
ふち-だか【扶▽持高】扶持米の石高。
ふち-だか【縁高】《「縁高折敷おしき」の略》縁を高く作った折敷。角形の盆で、菓子などを盛る。
ぶち-ちょうちゃく【▽打ち▽打×擲】《同じ意の語を重ねて「打擲」を強めていう語》乱暴に打ちたたくこと。うちちょうちゃく。「思案もなく—しても」〈滑・浮世風呂・二〉
プチ-トマト《和 petit(フランス)＋tomato》►ミニトマト
ふち-どり【縁取り】〔名〕スル 縁を色や布切れ・糸などで目立たせたり補強したりすること。また、そのもの。「金糸で—したスカーフ」
プチ-トリアノン〘Petit Trianon〙►小トリアノン宮殿
ふち-ど・る【縁取る】〔動ラ五(四)〕縁をつくる。特に、物のへりや周りに色を塗ったり布切れをつけたりして細工を施す。「袖口をレースで—・る」
ふち-にん【扶▽持人】扶持を受けている家来。
ぶち-ぬき【▽打ち抜き】❶壁などの仕切りを取り除いて、一続きの空間をつくること。また、そのようにしてできた空間。「二間—の店」❷新聞・雑誌・漫画などで、段や枠線を取り除いて大きな記事や絵を入れること。「二段—で見出しを組む」➡二段抜き ➡三段抜き
ぶち-ぬ・く【▽打ち抜く】〔動カ五(四)〕❶強い力を込めて反対側まで貫いて通す。「転んだ勢いでふすまを—・く」❷間にある仕切りを取り除いて一続きにする。「三部屋を—・いて会場に当てる」❸計画どおり最後までやり通す。「ストライキを—・く」
ぶち-のめ・す【▽打ちのめす】〔動サ五(四)〕ひどくたたいて倒す。大きな打撃を与えて二度と立ち上がれないようにする。「足腰立たぬまでに—・す」
ぶち-はな・す【▽打ち放す】〔動サ五(四)〕❶鉄砲・矢などを発射する。ぶっぱなす。「大筒おおづつを—・す」❷刀を抜いて切りつける。「水もたまらず—・してござる」〈狂言記・武悪〉
プチ-フール〘フランス petits fours〙フランス料理で、デザート用の一口で食べられる小さな菓子。
ふち-ふしき【不知不識】しらずしらずのうちであること。「—の間」
ぷち-ぷち ㊀〔副〕スル❶小さなものを連続してつぶすさま。また、その音。「ダニを—とつぶす」❷粒々とした感触があるさま。「—とした食感を楽しむ」㊁〔名〕《㊀から》❶小さな粒状のもの。「目の周囲に—ができる」❷(「プチプチ」と書く)気泡緩衝材の商標名。 ㊀はプチプチ、㊁はプチプチ。
プチ-プラ「プチプライス」の略。
プチ-プライス《和 petit(フランス)＋price》低価格。安価であること。プチプラ。
プチ-ブル「プチブルジョア」の略。「—根性」
プチ-ブルジョア〘フランス petit-bourgeois〙ブルジョアジー(資本家階級)とプロレタリアート(労働者階級)の中間に位置する階層。意識の上ではブルジョア的で、蔑称として使われることが多い。小ブルジョア。➡小市民 類語 中産階級・小市民
プチ-ポワン〘フランス petit point〙タペストリー刺繡ししゅうやゴブラン織りなどに用いるステッチの一種で、小さな針目のことをいう。
ふち-まい【扶▽持米】扶持として給与される米。俸米ほうまい。
ぶち-ま・ける【▽打ちまける】〔動カ下一〕文ぶちま・く〔カ下二〕❶容器をひっくりかえし、中の物を勢いよくまき散らす。「瓶の塩を食卓に—・ける」❷それまで押さえていた気持ちなどを、包み隠さずすっかり口に出す。「日ごろの鬱憤うっぷんを—・ける」
ふ-ちゃ【普茶】❶黄檗宗おうばくしゅうで、法会の後などに茶を一般の人に供すること。ふさ。❷「普茶料理」の略。
プチャーチン〘Evfimiy Vasil'evich Putyatin〙[1804〜1883]ロシアの海軍軍人。嘉永6年(1853)日本との条約締結の特命を受けて来日し、安政元年(1854)12月から3年がかりで、日露和親条約・日露修好通商条約を締結。
ふ-ちゃく【不着】到着しないこと。「—の郵便物」
ふ-ちゃく【付着│附着】〔名〕スル❶物が他の物にくっつくこと。「服に塗料が—する」「—物」❷異なる二つの物質が接触したときに、互いの分子間の力によってくっつくこと。凝着。
ふちゃく-りょく【付着力】付着を起こす分子間の力。
ふちゃ-りょうり【普茶料理】中国から伝わった禅寺の精進料理。野菜類を主材料に用い、油を多く使うのが特徴。黄檗宗の万福寺に伝えられたので黄檗料理ともいう。ふさりょうり。
ふ-ちゅう【不忠】〔名・形動〕忠義でないこと。また、そのさま。「—な(の)臣」「—な(の)行為」
ふ-ちゅう【付注│付×註│附注】注をつけること。また、その注。
ふ-ちゅう【府中】❶律令制の国府こくふ。また、その所在地。❷宮中に対して、政治を行う表向きの役所。
ふちゅう【府中】㊀東京都中部の市。もと武蔵国府の地で、甲州街道の宿場町として発展。多磨霊園・東京競馬場や大国魂おおくにたま神社がある。人口25.5万(2010)。㊁広島県南東部の市。もと備後びんご国府の地。備後絣びんごがすり・家具・味噌の産地。非鉄金属などの工業も盛ん。人口4.3万(2010)。㊂広島県安芸あき郡の地名。府中町。もと安芸国府の地。広島市に囲まれており、自動車工業が盛ん。㊃東海道五十三次の宿場の一。現在の静岡市葵区中心部付近にあった。また、駿府の別称。補説 同名の市は㊀㊁両市と北海道伊達市・福島県伊達市との2組だけである。
ふ-ちゅう【▽釜中】かまの中。「相手が—の章魚たこ同然手も足も出せないのだから」〈漱石・吾輩は猫である〉
釜中魚うおを生しょうず 《「後漢書」独行伝の、范冉はんぜんが長い間飯をたかなかったため、釜にぼうふらがわいたという故事から》非常に貧しいことのたとえ。
釜中の魚うお 《「資治通鑑」漢紀から》まもなく煮られようとしている釜の中の魚。死が迫っていることをいう語。魚うおの釜中に遊ぶが如し。
ふ-ちゅうい【不注意】〔名・形動〕注意が足りないこと。うかつなこと。また、そのさま。「—な操作で事故を起こす」類語 粗忽そこつ・不調法
ふちゅう-し【府中市】►府中
ふ-ちょう【不調】〔名・形動〕《古くは「ふぢょう」とも》❶事がうまくととのわないこと。まとまらないこと。また、そのさま。「談判が—に終わる」❷調子が悪いこと。思わしくないこと。また、そのさま。「からだの—を訴える」「機械が—だ」❸不都合なこと。欠点の多いこと。また、そのさま。「いと—なる娘まうけ侍りて、もて煩ひ侍りぬ」〈源・野分〉類語 変調・不順・低調
ふ-ちょう【府庁】府知事を長とし、府の行政事務を取り扱う役所。また、その建物。
ふ-ちょう【婦長】看護婦の長。看護師長。
ふ-ちょう【符丁│符帳】・【符×牒】❶商品につける、値段や等級を示すしるし。❷仲間うちだけに通用する言葉。隠語。合い言葉。「—で値を言う」❸しるし。記号。符号。「頭文字で—をつける」類語 暗号
ふ-ちょう【譜×牒】家や氏の系譜を書き表した文書。系図など。
ぶ-ちょう【部長】官庁・会社などで、部の事務を統轄し、部下を監督する役職。また、その人。
類語 社長・専務・常務・課長・係長・平社員
ぶ-ちょうほう【不調法│無調法】〔名・形動〕❶行き届かず、手際の悪いこと。また、そのさま。「口が—でうまく言えない」「—者」❷過失。不始末。粗相。「使用人の—をわびる」❸酒や芸事のたしなみがないこと。また、そのさま。へりくだった気持ちを込めて用いる。「酒はとんと—でして」類語 不注意・粗忽そこつ
ふ-ちょうわ【不調和】〔名・形動〕周囲に調和しないこと。ふつりあいなこと。また、そのさま。「和室には—な(の)ベッド」
ブチル-アルコール〘butyl alcohol〙►ブタノール
ブチレン〘butylene〙エチレン系炭化水素の一。二重結合を一つもち、3種の異性体がある。いずれも液化しやすい無色の気体。ブタジエンやイソオクタンなどの製造原料。分子式C_4H_8　ブテン。
ふ-ちん【不沈】艦船などが絶対沈没しないこと。「—戦艦」
ふ-ちん【浮沈】〔名〕スル❶浮いたり沈んだりすること。うきしずみ。「愛欲の海に—しながら」〈倉田・出家とその弟子〉❷栄えることと衰えること。うきしずみ。「会社の—にかかわる重大事」
類語 浮き沈み・消長・起伏・栄枯盛衰・七転び八起き
ふちん-くうぼ【不沈空母】《沈まない航空母艦の意》(仮想)敵国に近い陸上の航空基地のこと。補説 中曽根康弘首相の造語というが、通訳の誤訳という説もある。
ふっ【吹っ】〔接頭〕《動詞「ふ(吹)く」の連用形「ふき」の音変化》動詞に付いて、勢いよくその動作をする意を表す。「—飛ぶ」「—掛ける」
ふ・つ〔動タ下二〕「ふて(不貞)る」の文語形。
ぶっ【▽打っ】〔接頭〕《接頭語「ぶち」の音変化》動詞に付いて、その動詞の示す動作・作用を強める意を表す。「—とばす」「—たまげる」
ぶつ「ぶつ切り」の略。「たこの—」
ぶつ【仏】❶「仏陀ぶっだ」の略。❷「仏教」の略。「儒、—、道」➡漢「ぶつ(仏)」
ぶつ【物】現物や物件のこと。もの。「—を見せる」➡漢「ぶつ(物)」
ぶ・つ【▽打つ│▽撃つ│▽撲つ】〔動タ五(四)〕《「うつ」の音変化》❶たたく。なぐる。また、ぶつける。「子供のおしりを—・つ」「転んでひざを—・つ」❷演説する、語る意などを強めていう語。「一席—・つ」❸博打ばくちをする。「飲むも可よし、—・つも可し、買うも可しだが」〈鏡花・婦系図〉可能 ぶてる 類語(❶)打つ・叩たたく・殴る・小突く・ひっぱたく・叩きのめす・打ち据える・ぶん殴る・殴り飛ばす・殴りつける・張る・食らわす
ふつい-でんし【不対電子】電子対にならない電子。物質の強磁性、常磁性の原因となり、遊離基や遷移元素の多くに存在する。奇電子。
ふつ-いん【仏印】「フランス領インドシナ」の略称。
ふ-つう【不通】❶通じないこと。交通・通信などがとだえること。「大雪で国道が—になる」❷便りや行き来のないこと。「音信—」❸意味などが、通じないこと。わからないこと。「文意—」「孔孟の教も、伝来の初には…一切—のものであったに」〈菊池寛・蘭学事

始〉❹縁を切ること。交際を絶つこと。「兵吉一生が間―にさしあげ」〈浄・本朝三国志〉❺通人ではないこと。野暮なこと。「―とも見えず又とびきりの大通とは見えねども」〈洒・通点興〉

ふ-つう【普通】㊀〘名・形動〙特に変わっていないこと。ごくありふれたものであること。それがあたりまえであること。また、そのさま。「今回は―以上の出来だ」「―の勤め人」「朝は六時に起きるのが―だ」「目つきが―でない」㊁〘副〙たいてい。通常。一般に。「―七月には梅雨が上がる」

(用法)**普通・普段・通常**――「普通(普段・通常)は六時半に起きる」のように、へいぜいの意では相通じて用いられる。◆「普通」は意味の範囲が広く、「どこにでも普通に生えている草」のように、ありふれている、珍しくないの意、「ごく普通の子」「普通科」のように、特に変わりがない・平均的・一般的なの意に使われる。これらは「普段」「通常」は使えない。◆「普段」は、常日ごろの意に重点があり、「普段の力を出せた」「普段の心がけの問題だ」などでは「普通」「通常」は使えない。◆「通常」は文章語的。いつもどおりで特別の事情がないこと・場合をいう。「勤務時間は通常九時から五時までとする」は、「普通」も使えるが、特別の事情があれば変わることもあるという含みも込められている。

(類語)(㊀)一般・一般的・尋常・通常・平常・通例・標準・標準的・平均的・平凡・並み・常(つね)・只(ただ)・当たり前・在り来たり・常並み・世間並み・十人並み・日常茶飯事・ノーマル・レギュラー・スタンダード／(㊁)通例・通常・大抵(たいてい)・大体(だいたい)・大概(たいがい)・概して・一般に・全般に・総じて・多く・おしなべて・おおむね・一体に・総体・およそ・広く・遍(あまね)く

普通の体(からだ)でな・い 病気や障害をもっている。また、妊娠している。

ぶつ-う【仏宇】寺。寺院。仏閣。

ふつう-かいめん【普通海綿】普通海綿綱の海綿動物の総称。珪酸質の骨片をもち、海綿質の発達しているものと欠くものとがある。ムラサキカイメン・モクヨクカイメンなど。尋常海綿。

ふつうかさい-ほけん【普通火災保険】(フツウクワサイ) 火災、落雷、破裂、爆発、暴風雨、雹(ひょう)などによる損害を塡補する目的の保険。店舗、事務所、倉庫、店舗併用住宅の店舗部分の建物と、その建物に収容される家財が保険の対象となる。水災や盗難などの場合は補償の対象外。

ふつう-かてい【普通課程】(クワテイ) 高等学校の普通教育を行う課程。

ふつう-かぶ【普通株】優先株・劣後株などに対し、特別な権利内容をもたない一般の株式。

ふつう-かわせ【普通為替】(かはせ) ❶ゆうちょ銀行が提供する送金・決済サービスの一つ。ゆうちょ銀行が送金依頼人に対して送金資金と引き換えに普通為替証書を発行し、送金依頼人がその証書を受取人に送り、受取人は郵便局、またはゆうちょ銀行で証書と引き換えに現金を受け取る方法。❷かつて郵政公社が行った郵便為替の一つ。

ふつう-きょういく【普通教育】(ケウイク) 人間として、また一般社会人として必要と思われる知識や能力を養うために行われる教育。一般に小・中学校および高等学校普通課程の教育をさす。

ふつう-ぎんこう【普通銀行】(ギンカウ) 銀行法に基づいて設立された銀行。主な業務は預金の受け入れ、資金の貸し付け、手形の割引、為替取引など。一般に、都市銀行・地方銀行に区別される。

ふつうけいやく-じょうかん【普通契約条款】(デウクワン) 運送・保険契約など多数の客を対象とする特定の取引について、あらかじめ定型的に定められた契約条項。普通契約約款。普通取引約款。

ふつう-けつぎ【普通決議】株式会社の株主総会での決議の一。取締役・監査役の選任、利益処分などの通常の議案についての決議で、議決権を持つ株主の過半数を定足数とし、出席株主の過半数の賛成によって成立する。➡特別決議

ふつう-ご【普通語】一般の人が日常に用いる言葉。専門語に対していう。

ふつう-こう【普通鋼】(カウ) 炭素鋼のこと。特殊鋼に対していう。

ふつう-こうふぜい【普通交付税】(カウフ) 地方交付税の一。地方公共団体間の財政不均衡を是正するため、財源不足額から算定して国が交付する。➡特別交付税

ふつう-ざいさん【普通財産】国有財産または公有財産のうち、行政財産以外の一切の財産。特定の用途または目的をもたず、貸付・交換・売却・譲与などをしたり、私権を設定したりすることができる。財政財産。➡行政財産

ふつう-し【普通紙】ざら紙・上質紙など、普通の印刷などに使われる紙。➡特殊紙

ふつう-じどうしゃ【普通自動車】道路交通法で、大型自動車・中型自動車・大型特殊自動車・自動二輪車・小型特殊自動車以外の自動車。車両総重量が5トン未満、最大積載量が3トン未満、乗車定員が10人以下の四輪車がこれにあたる。道路運送車両法では、小型自動車・軽自動車・大型特殊自動車・小型特殊自動車以外のものをいう。バス・大型トラック・大型乗用車などがこれにあたる。普通車。

ふつう-しゃ【普通車】「普通自動車」のこと。(補説)乗合用自動車の区分では、普通自動車で乗車定員30人以上のものをいう。

ふつう-しゃくちけん【普通借地権】借地借家法で定められた借地権の一つ。契約期間満了後、借地人が希望すれば契約が更新される。地主は、その土地を自分で使用する必要があるなどの正当な事由がなければ更新を拒絶できない。➡定期借地権

ふつう-しゃくやけん【普通借家権】借地借家法で定められた借家権の一つ。契約期間満了後、借り主が希望すれば契約が更新(法定更新)される。貸し主は、その賃貸物件を自分で使用する必要があるなどの正当な事由がなければ更新を拒絶できない。➡定期借家権

ふつう-しゃさい【普通社債】「事業債」に同じ。新株予約権付社債(ワラント債)などとは異なる、オプションがつかない債券。SB(straight bond)。

ふつう-しゃっかけん【普通借家権】(シャクカ) ►ふつうしゃくやけん(普通借家権)

ふつう-しゅっし【普通出資】協同組織金融機関の会員(利用者)による出資。出資者は普通出資証券を受け取り、普通出資者総会での議決権を持つ。株式会社の普通株に相当し、収益状況に応じて配当金が支払われるが、出資証券は売買することができず、価格は変動しない。➡後配出資 ➡優先出資

ふつう-じょうようじどうしゃ【普通乗用自動車】►普通乗用車

ふつう-じょうようしゃ【普通乗用車】人の輸送に使われる乗車定員10人以下の普通自動車。ナンバープレートの分類番号が3で始まる自動車。普通乗用自動車。3ナンバー車。(補説)小型乗用車の基準(自動車の大きさが全長4.7メートル、全幅1.7メートル、全高2.0メートル、ガソリン車の場合は総排気量が2000cc以下)を1項目でも上回ると、普通乗用車に分類される。

ふつう-じん【普通人】世間一般の人。並の人。

ふつう-ぜい【普通税】使途を特定せず、一般経費に充てるために課される租税。➡目的税

ふつう-せんきょ【普通選挙】身分・性別・教育・信仰・財産・納税額などによって制限せず、国民に等しく選挙権を認める選挙制度。日本では、大正14年(1925)に男子について普通選挙制が実現し、婦人については第二次大戦後の昭和20年(1945)に実現した。普選。➡制限選挙

ふつう-そうきんがわせ【普通送金為替】(ソウキンがはせ) 送金為替の一。銀行が送金依頼人に対して送金資金と引き換えに送金小切手を発行し、送金依頼人がその小切手を受取人に送り、受取人は支払銀行で小切手と引き換えに現金を受け取る方法。

漢字項目 ふつ

【▽仏】►ぶつ

×**弗** 音フツ漢　訓ドル‖㊀〈フツ〉元素の名。弗素。「弗化」㊁〈ドル〉米国などの貨幣単位。「弗箱(ドルばこ)」

払〔拂〕 音**フツ**漢　ホツ呉　訓**はらう**‖①はらいのける。はらう。「払拭(ふっしょく)・払底」②やみをはらうように空が明ける。「払暁」(難読)秉払(ひんぽつ)・払子(ほっす)

沸 音**フツ**慣　訓**わく、わかす**‖①水が煮え立つ。「沸点・沸騰・沸沸/煮沸・鼎沸(ていふつ)」②わき出る。「沸沸」

×**祓** 音フツ漢　訓はらう、はらえ‖神に祈って、災いを払いのける。おはらい。「祓除/修祓」

漢字項目 ぶつ

仏〔佛〕 学5　音**ブツ**呉　フツ漢　訓**ほとけ**‖㊀〈ブツ〉①梵語の音訳字。ブッダ。悟りを開いた聖者。また、釈迦(しゃか)のこと。「仏教・仏像・仏壇・仏殿・仏法/活仏・成仏(じょうぶつ)・念仏」②仏教。「仏式・仏書/廃仏・儒仏・神仏習合」③仏像。「石仏・大仏・秘仏」㊁〈フツ〉フランス。「仏文・仏領・仏和/英仏・渡仏」㊂〈ほとけ(ぼとけ)〉「仏心・仏様/石仏・喉仏(のどぼとけ)」(補説)原義は、彷仏(ほうふつ)(ほのかでよく見えないがそれらしい)の意。(名付)さとる (難読)仏掌薯(つくねいも)・仏蘭西(フランス)

物 学3　音**ブツ**漢　**モツ**呉　訓**もの**、ものする‖㊀〈ブツ〉①もの。ものごと。「物資・物質・物体・物欲/遺物・汚物・怪物・見物・現物・好物・鉱物・財物・産物・事物・植物・人物・生物・俗物・動物・毒物・万物・風物・文物・名物」②一般の人々。世間。「物議・物情・物論」③適当なものを探す。「物色」④姿が見えなくなる。死ぬ。「物故」㊁〈モツ〉もの。ものごと。「貨物・禁物・供物(くもつ)・穀物・作物・書物・食物・進物・臓物・荷物」㊂〈もの〉「物置・物音・物語・物事/獲物・大物・着物・品物・建物・本物・安物」(名付)たね (難読)物怪(もっけ)

ふつう-ぶん【普通文】❶現代普通に使う文体で書かれた文章。候文・韻文以外の現代文。❷明治時代から大正初期にかけて、広く一般に行われた漢字かなまじりの文語文。和文体・漢文直訳体などを融合したもの。

ふつう-ぶんかん【普通文官】(ブンクワン) ❶旧制で、裁判官・外交官など特殊な職務に従事する文官以外の文官。❷判任官(はんにんかん)の異称。

ふつう-ほう【普通法】(ハフ) ►一般法

ふつう-めいし【普通名詞】名詞の一。同じ種類に属する事物を広くさすことのできる名詞。➡固有名詞

ふつう-ゆうびん【普通郵便】(イウ) 書留・速達などのような特別な扱いをしない、普通の郵便。

ふつう-ゆうびんきょく【普通郵便局】(イウビンキョク) 平成19年(2007)の郵政民営化前の郵便局の一。特定郵便局・簡易郵便局以外の郵便局。現在は、郵便局株式会社(平成24年10月以降は日本郵便株式会社)の直営店。

ふつう-よう【普通葉】(エフ) 同化作用を営むことを主な役割とする、典型的な葉。変形葉に対していう。同化葉。尋常葉。

ふつう-よきん【普通預金】いつでも自由に預け入れや払い戻しができる預金。

ふつう-れっしゃ【普通列車】急行券などの特別料金を必要とせず、乗車券の運賃だけで乗車できる旅客列車。

ふつう-わ【普通話】現代中国の共通語の称。北方方言を基礎語彙とし、北京語音を標準音とする。

ふ-づえ【▽文×杖】(づゑ)「文挟(ふばさ)み❶」に同じ。

ぶつ-え【仏会】(ヱ) ❶釈迦(しゃか)が説法した時の集まり。❷仏・菩薩(ぼさつ)の集まる所。浄土。❸法事。法会。

ぶつ-えん【仏縁】仏との間に結ばれる縁。仏の引き合わせ。仏のゆかり。

ぶつえん-ほう【仏炎×苞】植物の苞のうち、肉穂花序を包む大形のもの。ミズバショウ・ザゼンソウなどのサトイモ科植物にみられる。

ぶつ-おん【仏恩】《連声で「ぶっとん」とも》仏の恵み。仏の慈悲の恩。

ふっ-か【×弗化】弗素と化合すること。また、弗化物であること。

ふっ-か【複果】►ふくか(複果)

ふつ-か【二日】❶日の数の二つ。2日間。❷月の第2の日。❸正月2日。(季 新年)「沖かけて波一つなき一かな/万太郎」❹なにか事があってから2番目の日。2日目。「一といふ夜、男、われてあはむといふ」〈伊勢・六九〉

ぶっ-か【仏果】仏語。仏道修行の結果として得られる、成仏という結果。成仏の証果。

ぶっ-か【仏家】►ぶっけ(仏家)

ぶっ-か【物化】《「荘子」斉物論から》❶万物が変化すること。❷人が死ぬこと。物故。

ぶっ-か【物価】品物の値段。種々の財・サービスの平均的な価格。(類語)価格・値段・値・価・金額・単価

ぶつ-が【仏画】仏教絵画。狭義には礼拝の対象とされる仏や菩薩などの画像をいう。

ぶつ-が【物我】外界の一切のものと自分。

フッカー〖hooker〗❶ラグビーで、フォワード最前列中央のプレーヤー。スクラムの際、ボールを味方の方へかき出す。❷街娼。売春婦。

フッガー-け【フッガー家】《Fugger》15、6世紀、ドイツのアウグスブルクの豪商の一族。東方貿易や鉱山経営によって巨富をなし、教皇や皇帝・諸侯らに融資を行うなどして国際政治にも大きな影響力を持った。

フッガーライ〖Fuggerei〗►フッゲライ

ぶっ-かい【仏戒】仏語。❶仏が定めた戒。五戒・十戒・具足戒など。❷梵網経に説く大乗戒。仏性戒。❸密教の三摩耶戒。

ぶっ-かい【仏界】❶仏が住む世界。浄土。❷十界の一。諸仏の心的境界。

ぶっ-かい【物界】物質の世界。物質界。㊀心界。

ぶつ-がい【物外】物質界を超越した世界。俗世間の外。「噪ぐ気色もなく、一に平然として」〈漱石・それから〉

ぶっ-かえり【▽打っ返り】歌舞伎で、衣装の上半身の部分を荒縫いした糸を引き抜いて、腰から下に垂らし、衣装を変化させるもの。

ふっか-カルシウム【×弗化カルシウム】弗素とカルシウムの化合物。無色の立方晶系の結晶。水に不溶。天然には蛍石として産出。弗素化合物やガラスの原料。単結晶は分光測定用プリズムなどに利用する。化学式CaF_2

ぶっ-かき【▽打っ欠き】氷を砕いて小さなかけらにしたもの。かちわり。

ふつか-きゅう【二日×灸】陰暦2月2日にすえる灸。この日に灸をすえると年中息災であるという。8月2日にすえる灸にもいう。ふつかやいと。(季 春)「かくれ家や猫にもすゑる一/一茶」

ふっ-かく【伏角】地磁気の磁力の方向が水平面となす角。傾角。

ふつ-がく【▽仏学】フランスに関する学問。また、フランス語でする学問。

ぶっ-かく【仏閣】寺の建物。寺院。「神社一」(類語)寺・寺院・仏家・仏寺・仏刹・伽藍・梵刹・山門・古寺・古刹・巨刹・名刹

ぶっ-か・く【▽打っ欠く】〔動カ五(四)〕《「ぶちかく」の音変化》硬いものをたたいて一部分を割り砕く。打ち砕く。また、勢いよくこわす。「氷を一・く」(類語)割る

ぶつ-がく【仏学】仏教に関する学問。仏教学。

ぶっ-かけ【▽打っ掛け】❶ぶっかけること。❷汁などをかけただけの手軽な食べ物。❸そばに汁をかけたもの。ぶっかけそば。かけそば。

ふっ-か・ける【吹っ掛ける】〔動カ下一〕《「ふきかける」の音変化》❶息や霧状にした液体などを吹いて物にかける。「息を一・けて手を暖める」❷威勢よくしかける。意気込んでしむける。「無理難題を一・ける」「けんかを一・けられる」❸実際よりも大げさに言う。また、非常に高い代金などを要求する。「法外な値段を一・けられる」

ぶっ-か・ける【▽打っ掛ける】〔動カ下一〕図ぶっか・く〔カ下二〕液体や粉状のものを勢いよく注ぎかける。「頭から水を一・ける」

ぶっか-しすう【物価指数】物価水準の変動を示す総合的な指数。基準年次の物価を100とし、以後の各年次の物価をそれに対する数値で表す。卸売物価指数・消費者物価指数など。

ぶっか-すいじゅん【物価水準】財・サービスの個々の価格を総合・平均して、社会全体の一般的な物価を示すように表された数値。

ふっか-すいそ【×弗化水素】水素と弗素の化合物。発煙性の無色の液体または気体。刺激性があり、有毒。水に溶けて弗化水素酸となり、ガラスを腐食するので、ガラス器具の目盛り付けなどに利用。化学式HF

ぶっか-スライド【物価スライド】►スライド制

ぶっか-だか【物価高】物の値段が高いこと。また、その状態。

ふっ-かつ【復活】〔名〕スル ❶死んだものが生き返ること。よみがえること。蘇生。❷いったん廃止したものなどを再びもとの状態に戻すこと。また、消失したものが、再びもとの状態に戻ること。「旧制度が一する」❸キリスト教で、十字架上で死んだイエス=キリストがよみがえったことをいい、キリスト教の最も中心的な信仰内容。イエスの復活は罪と死に対する勝利であり、神の愛による人類の救いの完成という意味をもつ。
(類語)蘇生・再生・更生・回復・蘇る・生き返る・再興・復興・起死回生・復旧・復元・復調

ふっかつ【復活】《原題、ロシア Voskresenie》レフ=トルストイの長編小説。1899年刊。かつて自分が誘惑した娘カチューシャが無実の罪に問われているのを知ったネフリュードフ公爵が、良心の呵責から救出活動に奔走し、精神的復活を果たす過程のなかに、社会の不正・腐敗に対する批判を織り込む。

ふっかつ-かんせんしょう【復活感染症】►再興感染症

ふつか-づき【二日月】❶月齢2の月。陰暦2日の月。❷8月2日の月。(季 秋)「あかね雲ひとすぢよぎる一/水巴」

ふっかつ-さい【復活祭】イエス=キリストの復活を記念する祝日。教会暦中最重要の祝日の一つで、春分後最初の満月の次の日曜日に行われる。イースター。復活節。(季 春)「雨粒小僧一の池にはね/静塔」

ふっかつ-せっしょう【復活折衝】►予算折衝

ぶっかつ-ろん【物活論】《hylozoism》物質はそれ自体のうちに生命をもつとする説。タレスなど古代ギリシャ哲学での自然観。

ぶっか-とうせい【物価統制】国家機関が物価の安定を確保し、物資の需給の円滑化を図るために、一定の制限・指導を行うこと。

ぶっか-とうせいれい【物価統制令】第二次大戦後の物価統制の基本法令。価格の最高額の指定、不当に高価な取引の禁止などを定める。昭和21年(1946)施行。

ふつか-ばらい【二日払ひ】遊郭での勘定の支払い。江戸前期、上方の遊郭で毎月2日に支払う慣習があったことからいう。「一に、明日の夜の寝覚めのよき事ひとたすかりなり」〈浮・好色盛衰記・一〉

ふっか-ぶつ【×弗化物】弗素と他の元素との化合物。

ふつか-よい【二日酔い】酒の酔いが翌日まで残り、はきけや頭痛・めまいなどがして気分の悪い状態。宿酔。(類語)宿酔・悪酔い

ぶつかり-げいこ【ぶつかり稽古】相撲の稽古の一。二手に分かれ、受け方は守りを、ぶつかり方は押しと受け身の稽古をする。

ぶつか・る〔動ラ五(四)〕❶物に突き当たる。衝突する。「車が電柱に一・る」「肩と肩とが一・る」❷たまたま行き当たる。出くわす。遭遇する。「道が川に一・る所」「初戦で優勝候補に一・る」「地下鉄のストに一・る」❸物事や日程などが重なる。かち合う。「二校の受験日が一・る」「クラス会と法事が一・る」❹あえて取り組む。対象に積極的に向かう。「体当たりで困難に一・る」「一・ってみなければ何も解決しない」❺考えなどが食い違って対立する。「父と一・ってばかりいる」「意見が一・る」(類語)当たる・突き当たる・行き当たる・衝突する・激突する・向かう・突っかかる・挑む・立ち向かう・かかる・対する・対抗する

ぶっかれんどう-こくさい【物価連動国債】元金額が物価の動向に連動して増減する利付国債。表面利率は発行時に固定されるが、利子は各利払い時の想定元金額に表面利率を乗じた額が支払われるため増減する。償還期間は10年。(補説)譲渡先は一定の条件を満たす法人に限られ、個人では保有できない。平成20年(2008)8月以降、発行されていない(平成24年7月現在)。

ふっ-かん【副官】►ふくかん(副官)

ふっ-かん【復刊】〔名〕スル 発行を中止または廃止していた出版物を再び刊行すること。「同人雑誌を一する」(類語)再刊・再版・重版・復刻・翻刻・影印

ぶつ-がん【仏願】仏が一切衆生を救おうとして立てた誓願。

ぶつ-がん【仏×龕】仏像・位牌などを安置しておく厨子。

ふっき【伏羲｜伏犠】中国古代伝説上の帝王。初めて八卦を作り、婚姻の制度を整え、民に漁や牧畜を教えたという。女媧の兄あるいは夫といわれ、三皇の一人。太昊。庖犠。宓犠。

ふっ-き【富貴】〔名・形動〕「ふうき(富貴)」に同じ。「左而已ず一と言うでもないが」〈二葉亭・浮雲〉

ふっ-き【復帰】〔名〕スル もとの位置・状態などに戻ること。「病気が全快して職場に一する」
(類語)カムバック・再起・返り咲き・復職・帰任

ふ-づき【▽文月】《「ふつき」とも》陰暦7月の異称。ふみづき。(季 秋)

ぶっ-き【仏記】仏語。仏の予言。仏が、未来の出来事や弟子の未来の果報について予言すること。

ぶっ-き【仏器】仏事に用いる道具。仏にささげる供物を盛る器具。

ぶっ-き【▽服忌】親族が死んだ時、一定期間喪に服すること。

ぶつ-ぎ【物議】世の人々の議論。世間の取り沙汰。
物議を醸・す　世間の論議を引き起こす。「大臣の発言が一・す」(補説)「物議を醸し出す」とするのは誤り。

ふっき-そう【富貴草】ツゲ科の常緑多年草。山林中に自生。横に伸びる地下茎から茎が斜めに立ち上がり、高さ約30センチ。葉は長楕円形で、厚く、互生するが輪生状に見える。春から夏、花びらのない白い雄花と雌花とが穂状に密につく。庭にも植えられる。きちじそう。(季 夏)

ブッキッシュ〖bookish〗〔形動〕❶本好きの。書物に凝った。❷堅苦しい。学者臭い。❸(軽蔑して)机上の。非実際的な。

ふっき-まめ【富貴豆】「ふきまめ」に同じ。

ふっ-きゅう【復×仇】〔名〕スル ❶かたきを討つこと。あだうち。復讐。❷国際法上の不法行為によって権利を侵害された国が、相手国にその中止や救済を求めるために行う強制行為。本来は違法行為であっても、違法性が阻却される。

ふっ-きゅう【復旧】〔名〕スル 壊れたり、傷んだりしたものを、もとの状態にすること。また、もとの状態にもどること。「道は二日で一した」「一工事」
(類語)復元・修復・修理・改修・再建・回復・復興・復活・蘇生

ぶっ-きゅう【物給】物を支給すること。また、物で払う給与。現物給与。

ふつ-ぎょう【払暁】明けがた。あかつき。

ぶっ-きょう【仏教】釈迦の説いた、仏となるた

めの教え。キリスト教・イスラム教とともに世界三大宗教の一。人生は苦であるということから出発し、八正道の実践により解脱して涅槃に至ることを説く。前5世紀、インドのガンジス川中流に起こって広まり、のち、部派仏教(小乗仏教)・大乗仏教として発展、アジアに普及した。日本には6世紀に伝来。多くの学派・宗派がある。

ぶっ-きょう【仏経】仏教の経典。経文。経。

ぶっ-きょう【物狂】《「ものぐるい」を音読みにした語》❶心が乱れて正常な判断ができないこと。「―の者もしるしありと聞きて」〈沙石集・一〇末〉❷とんでもないこと。あきれたこと。「なう、そなたのなりは―や」〈虎明狂・鈍太郎〉

ぶっきょう-おんがく【仏教音楽】仏教の祭儀などに用いる音楽。声明・和讃・講式・御詠歌など。

ぶっきょう-かいが【仏教絵画】仏の像や経典の内容など、仏教に関する題材を扱った絵画。仏画。

ぶっきょう-せつわ【仏教説話】説話の分類の一。仏・菩薩の奇跡、高僧の逸話、世俗における因果応報の理などを記したもの。日本霊異記・今昔物語集・発心集・沙石集などにみられる。

ぶっきょう-だいがく【仏教大学】京都市北区にある私立大学。江戸時代に江戸増上寺に開設した浄土宗の十八檀林を起源とする。仏教専門学校を経て、昭和24年(1949)新制大学として発足。

ぶっきょう-びじゅつ【仏教美術】仏教信仰に基づいてつくられた造形美術。堂塔伽藍・仏像彫刻・仏教絵画・仏具など。

ぶっきら-ぼう【ぶっきら棒】〔名・形動〕《打っ切った棒の意から》物の言い方や挙動などに愛想がないこと。また、そのさま。「―な返事」
(類語)無愛想・無愛嬌

ぶっ-きり【▽打っ切り】❶ぶっ切ること。手荒く切り離すこと。❷「打っ切り飴」の略。

ぶつ-ぎり【ぶつ切り】料理で、材料を形にこだわらず大きめに切ること。また、その切ったもの。「マグロを―にする」(類語)千切り・千六本・薄切り・輪切り・乱切り・みじん切り

ぶっきり-あめ【▽打っ切り×飴】棒状の硬い飴を小口切りにしたもの。ぶっきり。

ふっ-き・る【吹っ切る】《「ふききる」の音変化》㊀〔動ラ五(四)〕❶はれものなどの膿を出す。「便毒を―・って病院で切って貰ったのは」〈魯庵・社会百面相〉❷心の中のわだかまりやためらいの気持ちを捨て去る。「迷いを―・る」(可能)ふっきれる ㊁〔動ラ下二〕「ふっきれる」の文語形。

ぶっ-き・る【▽打っ切る】〔動ラ五(四)〕手荒く切り離す。たたき切る。ぶった切る。「木の枝を―・る」(可能)ぶっきれる

ふっ-き・れる【吹っ切れる】〔動ラ下一〕文ふっき・る〔ラ下二〕《「ふききれる」の音変化》❶はれものなどの口があいて中にたまっていた膿が出る。「―・れて痛みが薄らぐ」❷心のわだかまりや迷いがなくなる。「―・れない顔つき」

ぶっ-き・れる【▽打っ切れる】〔動ラ下一〕急にぷつんと切れる。「張り渡した綱が―・れる」

ふっ-きん【腹筋】腹壁をなす筋肉の総称。腹直筋など。内臓を保護するほか、呼吸運動や脊柱の運動にも関与する。「―運動」

フッキング〖hooking〗ラグビーで、スクラム中のボールを足で味方の方にかき出すこと。

ブッキング〖booking〗❶帳簿をつけること。❷乗り物の座席、ホテルの部屋などの予約。「オーバー―」❸興行・出演の契約。また、映画の配給契約。

フック〖hook〗〔名〕スル ❶鉤。鉤形の留め金。衣服の合わせ目を留める金具。ホック。❷物を引っかけるための器具。鉤。❸ボクシングで、腕を鉤形に曲げて、相手の側面を打つこと。また、その打撃。❹ゴルフで、打球が途中から打者の利き腕の反対側へカーブを描いて飛ぶこと。「―して左の林に入る」⇒スライス (類語)(❶)ボタン・ホック・スナップ・こはぜ

フック〖Robert Hooke〗[1635～1703]英国の自然科学者。惑星の運動に関する逆二乗の法則や、光の波動説の提唱、フックの法則の発見、顕微鏡観察による生物細胞の発見など、多分野で活躍。

ぶっ-く【仏供】仏に供える物。特に、米飯。ぶく。

ブック〖book〗❶本。書籍。❷冊子の形に紙片をとじ合わせたもの。帳面・帳簿などの類。「テキスト―」「スクラップ―」(類語)書物・図書・書冊・書・巻

ぶつ-ぐ【仏具】仏前に供える器物の総称。

ふ-づくえ【▽文机】《「ふみづくえ」の音変化》書き物や読書をするための和風の机。

ブックエンド〖bookend〗本立て。立て並べた本が倒れないように、両端に押さえとして置くもの。

ブック-カバー《和 book＋cover》本の表紙に傷や汚れがつかないようにかぶせる覆い。書皮。(補説)英語では、book jacketまたはwrapper。

ブックキーピング〖bookkeeping〗簿記。

ブックケース〖bookcase〗本箱。書棚。

ぶつ-くさ〔副〕くどくどと不平や小言を言うさま。ぶつぶつ。「―言ってないで手伝いなさい」

ブックシェルフ-スピーカー《bookshelf type speaker(本棚にレイアウトできるスピーカーの意)から》床置用の脚のないスピーカーを総称していう。

ブックストア〖bookstore〗書店。

ブック-デザイン〖book design〗本の装丁。本の表紙の意匠、紙質、活字のタイプや大きさ、本の大きさや厚さなど、本の外観的な部分を総合的に考え、デザインすること。

ブックトーク〖booktalk〗あるテーマに沿って複数の本の内容を紹介し、読書意欲を起こさせる活動。多くは学校や図書館などで、児童・生徒を対象に行われる。

ふつく-に【×悉に】〔副〕ことごとく。すっかり。「一国の中の兵を発して」〈欽明紀〉

フック-の-ほうそく【フックの法則】弾性体において、応力が一定の値を超えない間は、ひずみは応力に比例するという法則。1678年にフックが発見。

ブック-バンド《和 book＋band》学生などが使う文房具で、本・ノートなどをまとめてしばるバンド。(補説)英語ではbookstrap。

ブック-ビル▶ブックビルディング

ブック-ビルディング〖book-building〗新規公開株の公開価格を決める方式の一つ。公開前に引受証券会社が価格帯を決め、投資家がその範囲で購入希望の価格と数量を申告する。それを受けて公開価格が決められ、需要が多い場合には抽選で投資家に売り渡される。ブックビル。(補説)人気銘柄の場合、ほとんどの投資家が価格帯の上限で申告するため、その価格が公開価格となることが多い。

ブック-フェア〖book fair〗❶書籍見本市。図書展。出版関係業者の取引の場や、慈善など特定の目的のために書籍の販売を行う場をいう。❷あるテーマのもとに関係書籍を売り場に集めて行う、販売促進のための催し物。

ブックマーク〖bookmark〗《栞の意》頻繁にアクセスするウェブサイトのアドレスを記録する、ブラウザーの機能。お気に入り。

ブックマークレット〖bookmarklet〗ウェブブラウザーのブックマークに登録して利用する、ジャバスクリプト(JavaScript)で記述された簡易プログラム。プログラムを利用する際、ブックマークから選択するだけで容易に実行できる。閲覧中のウェブページ中の語句を選択して検索エンジンや辞書サイトで検索したり、領域を指定して印刷したりするプログラムがある。名称はブックマーク(bookmark)とアプレット(applet)からの造語。

ふつく・む【×恚む・▽憤む】〔動マ四〕《後世「ふづくむ」とも》腹を立てる。憤慨する。「高麗の軍将、憤り―・むことますます甚しくなり」〈欽明紀〉

ブックメーカー〖bookmaker〗❶出版者。編集者。❷安易に多くの著作をする人。❸スポーツの試合などで、賭博行為の胴元。

ふっくら〔副〕スル やわらかにふくらんでいるさま。ふっくり。「パンが―(と)焼き上がる」「―(と)したほお」

ふっくり〔副〕スル「ふっくら」に同じ。「眼の小さい―した顔に」〈荷風・ふらんす物語〉

ふ-づくり【▽文作り】❶物事を整えること。「尋常の―は、物を整ふる事にいふ」〈色道大鏡・一〉❷人をだますこと。「ふところ子の娘があるなどと―をいふ」〈浮・好色床談義・三〉

ぷっくり〔副〕スル 丸くふくらんでいるさま。「虫にさされたあとが―(と)する」

ふづくり-ごと【▽文作り事】人をだますこと。ごまかしごと。「大かたの―にては合点せぬ時世になりぬ」〈浮・織留・一〉

ふ-づく・る【▽文作る】〔動ラ四〕❶作り整える。物事を整える。「障子張るに、紙を―・るともいふ」〈色道大鏡・一〉❷うわべをつくろって欺く。だます。「いたづら女の身の果ては、皆御坊を―・る仕掛けなり」〈浮・好色貝合〉❸手はずを整える。たくらむ。「さっきの女が後に忍んでくるはずに、―・っておいたから」〈滑・膝栗毛・初〉

ブックレット〖booklet〗小冊子。パンフレット。

ブック-レビュー〖book review〗書評。新刊書の批評や紹介。

ぶっ-け【仏家】❶仏の住む浄土。悟りの世界。❷仏教徒。❸僧のいる寺。仏道修行の道場。(類語)(❸)寺・仏閣・寺院・仏寺・仏刹・梵刹・伽藍・山門・古寺・古刹・巨刹・名刹

ぶつ-げ【仏牙】釈迦を荼毘に付したとき、その舎利の中から得られた歯。

ふっ-けい【副啓】▶ふくけい(副啓)

ふっ-けい【復啓】▶ふくけい(復啓)

ぶっ-けい【物詣|仏詣】社寺にもうでること。ものもうで。参詣。「和僧のぼって―するやうにて」〈平家・一二〉

フッゲライ〖Fuggerei〗ドイツ南部、バイエルン州の都市、アウグスブルクにある豪商フッガー家により1521年に建設された世界最初の貧民救済住宅。現在も公共住宅として使われ、一軒が博物館として公開されている。フッガーライ。

ぶつ・ける〔動カ下一〕《「ぶっつける」の音変化》❶物を投げて当てる。「壁にボールを―・ける」❷身体や物を他の物に打ち当てる。「机にひざを―・ける」「車を―・ける」❸自分の感情などを、相手に包み隠さずに言う。「怒りを―・ける」「本音を―・ける」❹あえて取り組ませる。対象に積極的に向かわせる。「有力候補に新人を―・ける」(類語)当てる

ふっ-けん【復権】〔名〕スル ❶一度失った権利などを回復すること。❷恩赦の一。有罪の言い渡しによって喪失し、または停止された資格を回復させること。❸破産者が破産手続開始の決定(旧法の破産宣告)によって失った法律上の資格を回復すること。

ふっけん【福建】中国の南東部、台湾海峡に面する省。省都、福州。ほとんどが山地で、茶・ミカン・杉などを産し、沿岸部は出入りに富み、好漁場。華僑にはこの省の出身者が多い。閩。フーチエン。

ぶっ-けん【仏見】仏語。❶仏の知見。仏の見知ること。❷仏に対して執着する見解。自分の外に仏を求めたり、自分が仏であると考えたりすること。仏縛。

ぶっ-けん【物件】❶物品。品物。「証拠―」❷契約などの対象としての動産および不動産。「優良―」

ぶっ-けん【物権】財産権の一。一定の物を直接に支配する権利。所有権・占有権・地上権・永小作権・地役権・質権・抵当権・留置権・先取特権など。

ぶつ-げん【仏眼】仏語。五眼の一。一切を見通す、悟りを開いた者の眼。肉眼・天眼・慧眼・法眼の四つを兼備した仏の眼。

ぶっけん-こうい【物権行為】物権の発生・変更・消滅などの変動を目的とする法律行為。所有権移転行為など。⇒債権行為

ふっけん-しょう【福建省】▶福建

ぶっけん-しょうけん【物権証券】物権を表章する有価証券。質入証券・抵当証券の類。

ぶつげん-そん【仏眼尊】智慧を生じる無限の功

徳を備えた仏の眼相を人格化したもの。大日如来などの変現とされ、菩薩行ぼさつぎょうで結跏趺坐けっかふざの像に表す。仏眼仏母ぶつげんぶつも。
ふっけん-どろう【福建土楼】フッケン ドロー ▶土楼
ぶっけん-ひ【物件費】物品の購入に充てられる費用。
ぶっけん-ほう【物権法】ブッケンパウ 物権に関する法律の総称。特に、物権について規定する民法第2編をいう。
ふっこ　スズキの若魚。全長40センチくらいのものをいう。(季 秋)
ふっ-こ【復古】フク コ〔名〕スル　昔の状態・体制に戻ること。また、戻すこと。「王政に—する」
ふつ-ご【▽仏語】フランス語。
ぶっ-こ【物故】〔名〕スル　人が死ぬこと。死去。「昨年—した友人」「—者」(類語)死ぬ・死亡・死去・死没・永逝・長逝・永眠・往生・逝去・他界・絶息・絶命・大往生・お陀仏だぶ・死する・辞世・成仏・昇天・崩御・薨去こうきょ・卒去・瞑目めいもく・落命・急逝・夭折・夭逝ようせい
ぶつ-ご【仏語】❶仏の言葉。仏の教え。❷仏教に関する語。また、仏教に由来する語。
ふっ-こう【副港】フク カウ ▶ふくこう(副港)
ふっ-こう【復交】フク カウ〔名〕スル　途絶えていた国交が回復すること。
ふっ-こう【復校】フク カウ〔名〕スル「復学」に同じ。
ふっ-こう【復航】フク カウ〔名〕スル　船や航空機が目的地から帰るときの運航。⇔往航。
ふっ-こう【復興】フク コウ〔名〕スル　いったん衰えたものが、再びもとの盛んな状態に返ること。また、盛んにすること。再興。「災害から—する」「伝統工芸を—する」(類語)再興・中興・回復・復活・蘇生そせい・復旧・復元・復調
ふっ-こう【腹×腔】フク カウ ▶ふくこう(腹腔)
ふっ-こう【腹稿】フク カウ《唐書「王勃伝から》文章を書くとき、まず心の中で文案を練り上げること。また、その案。
ふ-つごう【不都合】フ ツガフ〔名・形動〕❶都合の悪いこと。また、そのさま。「客を通すには—な部屋」⇔好都合。❷けしからぬこと。また、そのさま。ふとどき。「—な行い」❸貧しいこと。生活が苦しいこと。また、そのさま。「おらが宅うちの—を知ってゐるからだあな」〈人・梅児誉美・四〉(派生)ふつごうさ〔名〕
(類語)差し障り・差し支え・障り・支障
ぶっ-こう【仏工】仏像・仏具などを作る人。仏師。
ぶつ-こう【物交】ブツ カウ「物物交換」の略。
ふっこう-きんゆうきんこ【復興金融金庫】フクコウ 昭和22年(1947)第二次大戦後の経済復興を促進する目的で設立された全額政府出資の金融機関。同27年、日本開発銀行に債権・債務を譲渡して解散。
ぶっこう-じ【仏光寺】ブツクワウ 京都市下京区にある真宗仏光寺派の本山。山号は渋谷(汁谷)山。寺伝では建暦2年(1212)親鸞しんらんの開創とするが、一説には、正中元年(1324)に仏光寺7世の了源が山科の興正寺を改称して渋谷に移したものともいう。天正14年(1586)現在地に移転。
ぶっこうじ-は【仏光寺派】ブツクワウジ 浄土真宗十派の一。親鸞しんらんの高弟の真仏を祖とし、高田門徒の系統に属する了源に始まる。本山は京都の仏光寺。
ふっこう-しょう【復興相】フクコウシヤウ 復興大臣のこと。
ふっこうすいしん-いいんかい【復興推進委員会】フクコウスイシンヰヰンクワイ 復興庁に設置された有識者会議。東日本大震災からの復興のための施策の実施状況や復興に関する重要事項を調査・審議し、内閣総理大臣に対して必要な提言を行う。
ふっこうすいしん-かいぎ【復興推進会議】フクコウスイシンクワイギ 復興庁に置かれた重要政策会議。内閣総理大臣を議長、復興大臣を副議長とし、すべての国務大臣が議員として参加。東日本大震災からの復興のために、関係省庁間の調整を行い、施策の実施を推進する。
ふっこう-だいじん【復興大臣】フクコウ 復興庁の長である内閣総理大臣を助け、復興庁の事務を統括する国務大臣。復興相。
ふっこう-ちょう【復興庁】フクコウチヤウ 東日本大震災からの復興事業を迅速に実施するために、期限を限って内閣に設置された行政組織。国の復興施策の企画・調整・実施、被災した地方公共団体への窓口・支援等の事務を一元的に担い、施策の司令塔としての役割を果たす。内閣総理大臣を長とし、復興大臣は内閣総理大臣を助け、事務を統括する。重要政策会議として復興推進会議、有識者会議として復興推進委員会が置かれている。本庁は東京都港区赤坂。地方機関として盛岡・仙台・福島の各市に復興局、岩手県宮古市・釜石市、宮城県気仙沼市・石巻市、福島県南相馬市・いわき市に支所、青森県八戸市・茨城県水戸市に事務所が設置されている。平成24年(2012)2月10日に発足し、2021年3月31日までに廃止される。
ふっこ-がく【復古学】フク コ ▶古学❶
ふっ-こく【仏国】フランス。
ふっ-こく【覆刻｜復刻｜複刻】フク コク〔名〕スル　書物などの以前に出版したものを新しく版を作り直し、もとのとおりに刊行すること。また、その物。「往年の名著を—する」(類語)復刊・再刊・再版・重版・翻刻・影印
ぶっ-こく【仏国】❶仏の住む国。仏国土。❷仏教の信奉されている国。
ぶっこくき【仏国記】中国の旅行記。1巻。東晋の僧の法顕ほっけん著。仏教研究のため西域を経てインドを旅行したときの見聞録で、5世紀初めの様子を知る貴重な資料。法顕伝。
ぶっこく-じ【仏国寺】大韓民国、慶尚北道慶州市吐含とがん山麓にある寺。528年、新羅法興王の勅建と伝える。多宝塔などの石造遺構は新羅文化の最盛期を示す。1995年、付近の石窟庵とともに世界遺産(文化遺産)に登録された。華厳仏国寺。プルグクサ。
ぶっこ-しゃ【物故者】死んだ人。亡くなった人。死者。(類語)故人・死者・死人しにん・死人しびと
ふっこ-しゅぎ【復古主義】フク コ 過去の体制・状態を正統であるとし、そこに戻ろうとする考え方。
ふっこ-しんとう【復古神道】フクコシンタウ 江戸後期に荷田春満かだのあずままろ・賀茂真淵・本居宣長・平田篤胤ひらたあつたねらの国学者によって提唱された神道説の総称。儒教・仏教などの影響を受ける以前の日本民族固有の精神に立ち返ろうという思想。
ふっこ-ちょう【復古調】フクコ テウ 思考・体制・流行などが昔にかえる傾向にあること。「—のファッション」
ぶっ-こつ【仏骨】釈迦しゃかの遺骨。仏舎利ぶっしゃり。
ぶっこ-ぬ・く【▽打っこ抜く】〔動カ五(四)〕❶突き抜く。また、仕切りをとりのぞいて続かせる。ぶちぬく。「山を—・いて隧道ずいどうをつくる」❷勢いよく抜き去る。「釘を—・く」❸間を抜いてとばす。転じて、休演する。「一日位—・いても宜う御座えやす」〈人・春色江戸紫・初〉
ぶっ-こみ【▽打っ込み】❶ぶっこむこと。❷「打っ込み釣り」の略。
ぶっこみ-づり【▽打っ込み釣(り)】浮きをつけず、重めのおもりを使い、仕掛けをリール竿で投げ込んで釣る方法。ぶっこみ。
ぶっ-こ・む【▽打っ込む】〔動マ五(四)〕「ぶちこむ」の音変化。「大砲を—・む」「鍋に大根を—・む」
ふっこやまとえ-は【復古大-和絵派】フクコヤマトヱ 江戸後期、田中訥言とつげんを中心に古典的大和絵の復興をめざして生まれた画派。勤王思想と結びつき、浮田一蕙うきたいっけい・岡田為恭おかだためちからは政治運動にもかかわった。
ぶっ-ころ・す【▽打っ殺す】〔動サ五(四)〕「ぶちころす」の音変化。「あの野郎、—・してやる」
ぶっ-こわ・す【▽打っ壊す｜▽打っ▽毀す】コハス〔動サ五(四)〕「ぶちこわす」の音変化。「ドアを蹴って—・す」「なごやかな雰囲気を—・す」
ふっさ【福生】東京都西部、多摩川東岸にある市。米空軍の横田基地がある。人口6.0万(2010)。
ぶつ-ざ【仏座】仏像を安置する台座。蓮台れんだい。
フッサール〘Edmund Husserl〙[1859～1938] ドイツの哲学者。現象学の創始者。数学の研究から出発し、心理主義を排して純粋論理学を提唱。のち厳密な学としての哲学を目指し、先験的意識の本質構造に基づいて対象をとらえようとする現象学に到達。ハイデッガー・サルトルらに強い影響を与えた。著「論理学研究」「厳密な学としての哲学」など。フッセル。
ぶつざい-きこう【物材機構】「物質・材料研究機構」の略称。
ぶっ-さき【▽打裂】「打裂羽織ぶっさきばおり」の略。
ぶっさき-ばおり【▽打裂羽織】武士が乗馬や旅行などに用いた羽織。背縫いの下半分が割れ、帯刀に便利。背裂せさき羽織。背割せわり羽織。割わり羽織。引裂ひっさき羽織。
ぶっ-さ・く【▽打っ裂く】〔動カ五(四)〕勢いよく裂く。「ハンカチを—・く」
ふっさ-し【福生市】▶福生
ぶっ-さつ【仏刹】❶寺院。寺。ぶっせつ。❷浄土。仏国。仏土。ぶっせつ。(類語)寺・仏閣・寺院・仏家・梵刹ぼんさつ・伽藍がらん・仏寺・山門・古寺・古刹・巨刹・名刹
ふっさり〔副〕スル　毛など糸状のものが豊かに垂れ下がっているさま。「—(と)した髪」
ぶっ-さん【仏参】寺にまいり、仏や墓を拝むこと。寺まいり。
ぶっ-さん【物産】その土地から産出する品物。産物。「郷土の—」「—展」(類語)産物・名産・土産
プッサン〘Poussin〙▶プーサン
ぶっさん-てん【物産展】ある土地の名産品や工芸品などを展示・販売する催し物。「北海道—」
ぶっ-し【仏子】❶仏の弟子。仏教を信じる人。仏弟子。❷一切の衆生しゅじょう。すべての人々。
ぶっ-し【仏氏】㊀釈迦しゃか。㊁僧侶。仏弟子。
ぶっ-し【仏師】仏像を作る工匠。仏工。
ぶっし【仏師】狂言。偽仏師が仏像を求める田舎者をだまして吉祥天の製作を引き受け、自分が吉祥天の仏像になりすますが、いろいろ形を直すうちに正体がばれる。
ぶっ-し【物資】人間の生活や活動のために必要な品物・資材。また、資源。「—が不足する」「救援—」(類語)資源・資材・材料・素材・材ざい・料りょう・原料・マテリアル・マチエール
ぶつ-じ【仏地】ヂ 仏語。❶仏の位。仏の境界。❷仏の教えの説かれる場所。寺院またはその寺地。
ぶつ-じ【仏寺】仏教の寺。寺院。(類語)仏閣・仏家・梵刹ぼんさつ・仏刹ぶっさつ・伽藍がらん・山門・古寺・古刹・巨刹・名刹
ぶつ-じ【仏事】仏教の儀式や行事。法事。法要。法会。(類語)法事・法要・法会・会式
ブッシェル〘bushel〙❶ヤード-ポンド法の体積の単位。主として穀類に用いる。1ブッシェルは、英国では約36.37リットル、米国では約35.24リットル。記号bu ❷米国で、重量の単位。体積1ブッシェルの穀物の重量を単位とし、小麦の場合は約60ポンドで、27キログラム。
ふっ-しき【払▽拭】〔名〕スル ▶ふっしょく(払拭)
ぶっ-しき【仏式】葬儀・結婚式などの仏教による方式。また、その儀式。
ぶっしちょうたつかんりちょうせい-いん【物資調達管理調整員】ブッシテウタツクワンリテウセイヰン ▶ロジスティシャン❷
ぶっ-しつ【物質】❶もの。品物。生命や精神に対立する存在としての物。「—の世界」❷物理学で、物体を形づくり、任意に変化させることのできない性質をもつ存在。空間の一部を占め、有限の質量をもつもの。素粒子の集まり。相対性理論ではエネルギーの一形態、量子論では場とされる。❸哲学で、感覚によってその存在が認められるもの。人間の意識に反映するが、意識からは独立して存在するもの。(類語)物体
ぶっしつ-こうたい【物質交代】ブッシツカウタイ ▶物質代謝
ぶっしつざいりょうけんきゅう-きこう【物質・材料研究機構】ブッシツザイレウケンキウ 物質科学・材料科学に関する基礎研究・基盤的研究開発を総合的に行う独立行政法人。平成13年(2001)に旧科学技術庁所管の国立研究機関であった金属材料技術研究所と無機材質研究所を統合して発足。ナノテクノロジーを活用した新たな物質・材料創製の基礎研究、および環境・エネルギー・情報通信・生体工学など社会的ニーズの高い領域で必要とされる材料の高度化に資する研究開発を行う。物材機構。NIMSニムス(National

Institute for Materials Science)。
ぶっしつ-しゅぎ【物質主義】 精神的なものより物質的なものを第一義とする考え方。世界を支配するのは、精神的なものではなく、物質的なものであるとする考え方。マテリアリズム。
ぶっしつ-じゅんかん【物質循環】 生態系の中で物質が物理的、化学的性質を変えながら循環すること。
ぶっしつ-たいしゃ【物質代謝】 生体内で行われる物質の化学変化の総称。外界から摂取した物質が分解・合成されて自己の構成物質に同化され、やがてエネルギーや老廃物として異化され体外に排出される。物質交代。新陳代謝。代謝。
ぶっしつ-ていすう【物質定数】 その物質に固有の性質によって決まる定数。密度・熱伝導率・抵抗率・粘性率など。
ぶっしつ-てき【物質的】〘形動〙❶物質としての性質・状態に関しているさま。「人間の一な側面」❷精神よりも物質、特に経済的利益に関するさま。「一な援助はできない」
ぶっしつ-は【物質波】 物質粒子の波動性に伴う波。運動量pの粒子の物質波の波長λは、プランク定数をhとして、λ=h/pで表される。1924年にフランスの物理学者ド=ブロイによって導入された。ド=ブロイ波。
ぶっしつ-ぶんか【物質文化】 ❶人間の、物質的な文化的所産。機械・建造物・交通手段など、人間が環境に適応したり、生活の便を追求したりするためにつくった事物の総称。➡精神文化 ❷精神的なものより物質的なものに重きを置く文化。「行き過ぎた一に対する反省」
ぶっしつ-ぶんめい【物質文明】 科学技術などの発達に伴う、物質を基盤とする文明。
ぶっしつ-めいし【物質名詞】 英・独・仏などの外国語で、分割して数えることのできないものを表す名詞。単数・複数の区別がない。「水」「空」「鉄」の類。
ぶっしつ-りょう【物質量】 物質の量を、その物質を構成する単位粒子の数によって表したもの。単位はモル。
ぶっしどういん-けいかく【物資動員計画】 日中戦争下、軍需生産に物資を集中させるために実施された物資の需給計画。民需品の輸入制限、内需抑制、生活簡素化などが図られた。物動計画。
ぶっ-しゃ【仏舎】 仏をまつる建物。仏堂。持仏堂。祠堂。
ぶっ-しゃ【仏者】 仏門に入った人。僧侶。
ぶっ-しゃり【仏舎利】 釈迦の遺骨。舎利。「一塔」
ぶっしゃり-え【仏舎利会】 仏舎利を供養する法会。
ぶっ-しゅ【仏種】 仏語。❶仏となるための種子。仏性。❷仏の教え。❸仏果を生じるもととなるもの、すなわち菩薩の所行。❹仏の道の跡継ぎ。
プッシュ〘bush〙低木。低木の茂み。やぶ。
ブッシュ〘Bush〙㊀(George Herbert Walker ～)[1924～]米国の政治家。第41代大統領。在任1989～1993。共和党。下院議員・国連大使・共和党全国委員長・CIA長官・副大統領を歴任したのち、大統領に就任。湾岸戦争に際しては国際連合を主導した。➡クリントン㊀ ㊁(George Walker ～)[1946～]米国の政治家。㊀の子。第43代大統領。在任2001～2009。共和党。テキサス州知事を経て大統領に就任。2001年9月のアメリカ同時多発テロを受けてアフガニスタンに侵攻。続いて翌年にイラク戦争を起こした。➡オバマ
プッシュ〘push〙〘名〙スル ❶押すこと。「一ボタン」❷働きかけること。圧力をかけたり、あと押ししたりすること。「側面から一してみる」
プッシュ〘PUSH〙《People United to Serve Humanity》人権に奉仕する人民連合。米国の黒人の地位向上、平等な公民権獲得を目指す団体。1971年設立。
プッシュ-おん【プッシュ音】 ▶ディー-ティー-エム-エフ(DTMF)
プッシュ-かいせん【プッシュ回線】《push line》アナログ電話回線の方式の一。発信時の電話番号の伝達において、数字に対応した信号音(プッシュボタン信号)を発する。プッシュ式電話に使用される。トーン回線。
ぶっしゅ-かん【仏手×柑】 ▶ぶしゅかん(仏手柑)
プッシュ-ぎじゅつ【プッシュ技術】《push technology》インターネット上で、サーバー側からユーザーのリクエストに対応した分野の情報を届ける技術。
ぶっしゅ-だな【仏守棚】 床の間・書院などの脇に設けて仏壇に用いる棚。
ブッシュ-ナイフ〘bush knife〙大型の猟刀の一種。やぶを切り開いたり、獲物を捕らえたり、解体したりするときに使用する。
プッシュ-バント〘push bunt〙野球で、打者が球を押し出すようにして打球を転がすバント。
プッシュプル-かいろ【プッシュプル回路】《push-pull circuit》オーディオアンプで、増幅の出力を大きくし、ひずみを低減するために、互いに逆の動作をする回路を組み合わせて一体とし、出力を得るようにした回路。
プッシュ-ホン《和 push＋phone》押しボタンを用いるタッチトーン式電話機。
ブッシュマン〘Bushman〙▶サン族
ブッシュミルズ〘Bushmills〙英国、北アイルランド北部の小村。アイリッシュウイスキーの産地として世界的に知られる。17世紀初頭にジェームズ1世の認可を受けたという世界最古のウイスキー蒸留所がある。
ふっ-しょ【▽仏書】 フランスの書物。フランス語で書かれた書物。
ふつ-じょ【×祓除┊払除】 ▶ばつじょ(祓除)
ぶっ-しょ【仏所】 ❶仏像を安置する所。❷仏のいる所。浄土。❸仏像やその付属物を製作する工房。奈良時代には官営の組織で造仏所とよばれたが、平安中期以降、大仏師の工房、およびそれに所属する仏師の集団とその系統をもさすようになった。
ぶっ-しょ【仏書】 仏教に関する書籍。仏典。
ぶっ-しょう【仏生】 釈迦の誕生。また、釈迦の誕生日。
ぶっ-しょう【仏性】 ❶すべての生き物が生まれながらにもっている、仏となることのできる性質。仏心。覚性。❷仏の本当の姿や心。仏の本性。
ぶっ-しょう【仏×餉┊仏▽聖】 仏に供える米飯。仏飯。仏供。
ぶっ-しょう【物証】「物的証拠」の略。
(類語)人証・書証・傍証・反証・偽証
ぶっ-しょう【物象】 ❶物の形。また、自然の姿。「夏のころともちがって、一の明らかな季節もやって来ている」〈藤村・夜明け前〉❷旧制中学校の教科の一。物理・化学・鉱物学などを総括した名称。
ぶつ-じょう【仏乗】 仏語。❶一切衆生をことごとく成仏させる教え。一乗。大乗。一仏乗。❷三乗の一、菩薩乗のこと。
ぶつ-じょう【物上】 法律で、物・財産に関すること。物的。
ぶつ-じょう【物情】 ❶物のようす・性質。❷世人の心情。世間のありさま。「一騒然」(類語)世相・世情
ぶっしょう-え【仏生会】 仏生日に行われる法会。降誕会。灌仏会。(季 春)「手つだひの肌ぬぎ寒し一/浪花」
ぶつじょう-だいい【物上代位】 担保物権の目的物が売却・賃貸・滅失・破損などによって金銭その他の物に転化した場合に、担保物権はそれらの物の上に効力を及ぼし、優先弁済を受けられること。
ぶつじょう-たんぽ【物上担保】 ▶物的担保
ぶっしょう-どうたい【仏性同体】 人はみな本来仏性をもっているので、仏と同体であるということ。
ぶっしょう-にち【仏生日】 釈迦の誕生日。陰暦4月8日。ぶっしょうび。
ぶっしょう-ぶくろ【仏×餉袋】 仏に供える米を入れ、檀家から寺に持っていく袋。
ぶつじょう-ほしょうにん【物上保証人】 自己の所有する財産を他人の債務の担保に提供した者。保証人と異なって債務を直接に負わないが、求償権は保証人と同様に認められる。
ぶつじょう-れんごう【物上連合】《real union》同君連合の形態の一。複数の国や地域が同じ君主のもとで連合し統一的な政府を持つこと。構成国・地域は独自の議会や内政機関を持つことが多いが、対外的には一つの国家とみなされる。物的連合。➡身上連合

▷ **物上連合の例**
オーストリア-ハンガリー帝国(オーストリア帝国とハンガリー王国)、スペイン王国(カスティーリャ王国やアラゴン王国など)、イギリス王国(イングランド王国やスコットランド王国など)

ふっ-しょく【払拭】〘名〙スル はらいぬぐい去ること。すっかり取り除くこと。一掃。ふっしき。「因習を一する」「保守色を一する」
(類語)一掃・除去・排除・消去・消却・消除・ぬぐう・除く・ぬぐい去る・取り去る・取り除く・掻き消す
ぶっ-しょく【物色】〘名〙スル ❶多くの中から、適当な人や物を探し出すこと。「手ごろなマンションを一する」「空巣が家の中を一する」❷物の色や形。また、景色や風物。「秋八月、一を見て作る」〈万・一五九九・左注〉(類語)(❶)探す・あさる・求める
ぶっしょく-がい【物色買い】 多くの銘柄の中から材料含みの銘柄を探し出して買うこと。
ふつ-じん【▽仏人】 フランス人。
ぶっ-しん【仏心】 ❶仏の心。また、仏のような慈悲心。「一にすがる」❷「仏性❶」に同じ。
ぶっ-しん【仏身】 仏語。仏の身。ふつう法身・報身・応身の三身があるとされる。
ぶっ-しん【物心】 物と心。物質と精神。「一両面から支援する」(類語)心身・身魂
ぶっ-しん【物神】 呪力があるとして崇拝の対象とされる物。
ぶつ-じん【仏神】《「ぶっしん」とも》仏と神。神仏。
仏神は来らざる果報を願えば還って災いを与う
仏も神も、身に過ぎた果報を願う者には、かえって不幸を与える。分不相応な望みは災いのもとだということ。
プッシング〘pushing〙サッカー・バスケットボールなどで、手や体で相手を押す反則。
ぶっしん-しゅう【仏心宗】 禅宗の異称。文字などによらず、ただちに仏心を悟ることを教える宗門の意。
ぶつじん-すいは【仏神水波】 本地垂迹の説で、仏と神とは水と波との関係のように根元は同じであるということ。
ぶっしん-すうはい【物神崇拝】 ❶ ▶呪物崇拝 ❷もともと人間労働の生産物である商品・貨幣・資本があたかも独自に運動するかのようにみえ、それを当然とする意識が生みだされて人間が支配されること。マルクスが主著「資本論」において用いた語。フェティシズム。
ブッセ〘Carl Busse〙[1872～1918]ドイツの詩人。新ロマン派。上田敏の訳詩集「海潮音」に収められた「山のあなた」でよく知られている。著「詩集」。
ぶっ-せい【物性】 物質の物理的性質。物質のもつ熱的、電気的、磁気的、光学的、機械的などの性質。
ぶつ-ぜい【物税】 物の所有・取得・製造・販売・輸入や物から生ずる収益に課される租税。固定資産税など。➡人税 ➡行為税
ぶっせい-ぶつりがく【物性物理学】 物質の巨視的な性質を、原子論的な立場から研究する物理学の一部門。量子力学・統計力学を基礎に、極低温・超伝導・半導体・磁性材料など対象分野は広い。物性論。
ぶっせい-ろん【物性論】「物性物理学」に同じ。
ふっ-せき【沸石】 ❶カルシウム・ナトリウム・アルミニウムなどの含水珪酸塩鉱物。塩基性火山岩中などに産し、組成は長石類に似る。加熱すると水を放出し、すきまのある結晶となる。ゼオライト。❷ ▶沸騰石
ぶっ-せき【仏跡】 ❶釈迦の遺跡。また、仏教関係の史跡。❷仏の足跡。

ぶっ‐せつ【仏刹】▶ぶっさつ(仏刹)

ぶっ‐せつ【仏説】仏が説いた教え。仏教の思想。
(類語)仏法・教義

ふつ‐ぜん【×怫然¦×艴然】〔ト・タル〕図〔形動タリ〕怒りが顔に出るさま。むっとするさま。「男は―として起上った」〈魯庵・破垣〉

ぶつ‐ぜん【仏前】仏の前。また、仏壇・位牌(いはい)の前。「―にぬかずく」➡御仏前(ごぶつぜん)

ふっ‐そ【×弗素】《fluorine》ハロゲン族元素の一。刺激臭をもつ淡黄緑色の気体。反応性に富み、ほとんどの元素と直接化合する。天然には蛍石・氷晶石などとして存在。元素記号F　原子番号9。原子量19.00。

ぶっ‐そ【仏祖】❶仏教の開祖。釈迦(しゃか)。❷仏と祖師。❸仏法を体得したすぐれた禅僧。

ぶっ‐そう【仏相】ブッサウ 仏の顔かたち。

ぶっ‐そう【仏葬】ブッサウ 仏式で行う葬儀。

ぶっ‐そう【物騒】ブッサウ・【物×忩】ブッソウ〔名・形動〕❶よくない事が起きたり起こしたりしそうな危険な感じがすること。また、そのさま。「―な世の中」「―な連中」❷ざわざわとして落ち着かないこと。また、そのさま。「京中―の由承る間」〈古活字本保元・上〉❸落ち着きがなく、そそっかしいこと。また、そのさま。「―なる僧にて」〈沙石集・八〉(補説)「ぶっそう」が「ものさはがし」に「物騒」と当てて音読した和製漢語であるとする説もあるが、保元物語・沙石集とも「物忩」を当てているところからみて疑わしい。(類語)不穏・剣呑(けんのん)・険悪・危険・危難・危機・危殆(きたい)・危地・虎口(ここう)・ピンチ・際どい・危ない

ぶつ‐ぞう【仏像】ブツザウ 礼拝の対象として製作された仏の彫像・画像。多く彫像をいう。釈迦(しゃか)仏以外の諸尊仏の像もさす。(類語)持仏・本尊・石仏・金仏・木仏

ぶっそう‐げ【仏桑▽花】ブッサウゲ アオイ科の常緑小低木。葉は卵形で先がとがる。夏から秋、長い柄をもつ赤い大きな5弁花を開き、管状に癒合した雄しべと雌しべとが突き出す。中国の原産で、観賞用とし、花が黄や橙色などの品種もある。ハイビスカス。扶桑(ふそう)。(季 夏)「よく駈けるヒヨコ愛らし―/零余子」

ぶっそく‐せき【仏足石】釈迦の足の裏の形を表面に刻んだ石。インドの初期仏教では仏がそこにいることを示すしるしとして用いたが、のち礼拝の対象とされ、千輻輪(せんぷくりん)などの図が刻まれる。日本では奈良の薬師寺にあるものが最古で、天平勝宝5年(753)の銘がある。

ぶっそくせき‐か【仏足石歌】▶仏足石の歌

ぶっそくせきか‐たい【仏足石歌体】仏足石の歌の形式。五・七・五・七・七・七の6句を定型とする歌体。

ぶっそくせき‐の‐うた【仏足石の歌】奈良の薬師寺にある仏足石歌碑に刻まれた21首の歌。仏足石にちなんで仏を賛美したもので、1字1音式の万葉仮名で表記。

ふっそ‐じゅし【×弗素樹脂】エチレンの水素原子を弗素で置換したものを重合して作られる合成樹脂の総称。ポリ四弗エチレン(商標名テフロン)などがある。耐衝撃性・耐薬品性・耐熱性にすぐれ、パッキング・パイプ・電気絶縁材などに使用。

ぶっそとうき【仏祖統紀】中国の仏教書。54巻。南宋の志磐著。1269年成立。釈迦(しゃか)に始まり、インド・中国の諸高僧の伝記や諸宗の系譜を、天台宗の立場から集大成したもの。統紀。

ぶつ‐そらい【物徂徠】荻生徂徠(おぎゅうそらい)のこと。

ぶっ‐そん【物損】物質的損害。身体的損害に対していう。「―事故」

ぶっそんじこ‐ちょうさいん【物損事故調査員】―テウサヰン ▶アジャスター❸

ぶつだ【仏陀】《梵 Buddhaの音写。覚者・智者の意》釈迦牟尼(しゃかむに)の称。のちには、修行を積み正しい悟りを得た人の意にも用いられる。ぶっだ。

フッター〖footer〗文書の用紙の下部に定型として印刷される、タイトルや日付などの文字列。

ぶっ‐たい【仏体】❶仏のからだ。仏身。❷仏像。

ぶっ‐たい【物体】空間的な大きさ・形をもつときの物質。(類語)物質

ぶったい‐しょく【物体色】物体に白い光を当てたとき、眼に感じるその物の色。➡光源色

ぶっ‐たお・す【▽打っ倒す】ぶったふす〔動サ五(四)〕乱暴に打って倒す。また、「倒す」を強めていう語。「一撃で―・す」

ぶっ‐たお・れる【▽打っ倒れる】ぶったふれる〔動ラ下一〕図 ぶったふ・る〔ラ下二〕激しい勢いで倒れる。また、「倒れる」を強めていう語。「貧血で―・れる」

ブッダガヤ〖Buddh Gayā〗インド北東部、ビハール州ガヤー市の南方にある仏教の聖地。釈迦(しゃか)が悟りを開いたといわれる所。ボードガヤー。(補説)「仏陀伽耶」とも書く。

ぶっ‐たぎ・る【▽打っ手切る】〔動ラ五(四)〕勢いよく切る。たたき切る。「なたで枝を―・る」
(類語)刻む・切る・裁つ・ちょん切る・かき切る・切り刻む・ちぎる・刎(は)ねる・たたき切る

ぶっ‐たくり【▽打っ手繰り】ぶったくること。強奪すること。「やらずー」

ぶっ‐たく・る【▽打っ手繰る】〔動ラ五(四)〕❶力ずくで奪い取る。強奪する。ふんだくる。「ハンドバッグを―・られる」❷法外の代金を取る。ふんだくる。ぼる。「足もとを見られて―・られた」
(類語)(❶)奪う・取る・取り上げる・分捕(ぶんど)る・掠(かす)め取る・もぎ取る・引ったくる・ふんだくる・攫(さら)う・掻(か)っ攫う・横取りする・強奪する・奪取する・略取する・略奪する・収奪する・簒奪(さんだつ)する・剝奪(はくだつ)する

ぶっ‐たた・く【▽打っ×叩く】〔動カ五(四)〕勢いよくたたく。「ほおを―・かれる」

ぶっだばっだら【仏駄跋陀羅】《梵 Buddhabhadraの音写》[359～429]北インドの僧。ガンダーラで学び、中国へ渡り、廬山の慧遠のもとで禅経を翻訳・講説した。さらに建業で「摩訶僧祇律」40巻や「華厳経」60巻などを訳出。天竺(てんじく)禅師。

ぶっ‐たま・げる【▽打っ▽魂▽消る】〔動ガ下一〕ひどくびっくりする。「あの話には―・げたよ」

ぶつ‐だん【仏壇】❶仏像を安置する壇。❷仏像・位牌を安置する厨子(ずし)。(類語)祭壇・仏間

ぶっ‐ち【仏×智】仏語。完全円満な仏の智慧。

プッチ〖ドイツ Putsch〗暴動。一揆。

プッチーニ〖Giacomo Puccini〗[1858～1924]イタリアの作曲家。人情味豊かな題材、優美な旋律、人物描写の妙を尽くしたオペラを多く作曲。作品に「ラ‐ボエーム」「トスカ」「蝶々夫人」など。

ぶっ‐ちがい【▽打っ違い】ぶっちがひ 十字形にななめに交差させること。また、その形。すじかい。うちちがい。ぶっちがえ。「板を―に打ちつける」

ぶっ‐ちぎり【▽打っ千切り】競走・競技などで大差をつけること。「―で優勝する」

ぶっ‐ちぎ・る【▽打っ千切る】〔動ラ五(四)〕❶強くちぎる。「ひもを―・る」❷競争で、相手を大きく引き離す。「二位以下を―・る」

ブッチャー〖butcher〗❶肉屋。❷《butcher linenから》平織りと斜子(ななこ)織りを不規則に織り交ぜた厚手の亜麻布のこと。密度は粗く、通気性に富み、さらりとした感触が特徴。

ブッチャート‐ガーデン〖Butchart Gardens〗カナダ、ブリティッシュコロンビア州、バンクーバー島の都市、ビクトリアにある庭園。20世紀初頭、セメント会社社長夫人、ジェニー＝ブッチャートが石灰石採掘場跡に庭園を造ったことに始まる。

ブッチャー‐もん【ブッチャー門】《Butcher Gate》英国、北アイルランド北西部の都市ロンドンデリーの市街を囲む城壁の門の一つ。北西に位置する。城壁は17世紀初め、プロテスタントの入植者により建造。ジェームズ2世とウィリアム3世の英国王位をめぐる争いの中で、1688年から翌年にかけてジェームズ2世の包囲を受けたことで知られる。➡ザ‐ダイヤモンド

ぶっ‐ちゃ・ける〔動カ下一〕《「ぶちあける」の音変化》「打ち明ける」を強めていう語。「―・けた話、会社をやめたい」

ぶっ‐ちょう【仏頂】ブッチャウ ㊀〔名〕仏の頭の頂。肉髻(にくけい)をさす。㊁〔名・形動〕無愛想なこと。また、そのさま。「誰が来てもああいう―な顔をしているのだから」〈紅葉・二人女房〉

ぶっちょう‐そん【仏頂尊】ブッチャウソン 仏の頭頂の功徳である仏智を仏格化した仏。

ぶっちょう‐づら【仏頂面】ブッチャウヅラ《仏頂尊の恐ろしい面相にたとえたもの。また、一説に「不承面(ふしょうづら)」の転とも》不機嫌にふくれた顔つき。不平らしい顔つき。「―をする」

ふっつ【富津】千葉県南西部、東京湾に面する市。富津岬の北は工業地域、南の海岸線には海水浴場が多い。人口4.8万(2010)。

ぶっつう‐じ【仏通寺】広島県三原市にある臨済宗仏通寺派の大本山。山号は、御許山。開創は応永4年(1397)、開山は愚中周及、開基は小早川春平。足利幕府の祈願所。地蔵堂は創建当初の遺構。

ぶっつうじ‐は【仏通寺派】禅宗二十四派の一。愚中周及を開祖とし、仏通寺を本山とする。

ふつつか【不▽束】〔形動〕図〔ナリ〕❶気のきかないさま。行きとどかないさま。不調法。「―な点はお許しください」❷太くて丈夫なさま。「いと大きやかに、―に肥え給ひつるが」〈宇津保・蔵開上〉❸太くてぶかっこうであるさま。「指の―になるを厭(いと)ひて」〈浮・禁短気・三〉❹風情がなく、下品であるさま。無骨。「山賤(やまがつ)の焚(た)き木を負へる如くなる、いかにも―なる我が身に」〈仮・竹斎・上〉(派生)ふつつかさ〔名〕
(類語)(❶)不調法・未熟・不肖

ふつつか‐もの【不▽束者】気のきかない人。行きとどかない者。「―ですが、よろしく」

ぶっ‐つか・る【▽打っ付かる】〔動ラ五(四)〕「ぶつかる」に同じ。「勢いあまってドアに―・る」

ぶつ‐つ・く〔動カ四〕ぶつぶつ不平を言う。「茶屋へ来て産所の夜伽(よとぎ)することは、つひにない図、と―・けば」〈浄・天の網島〉

ぶっ‐つけ【▽打っ付け】〔名・形動〕❶下調べや準備、事前の相談なしに、直接または、いきなり物事を行うこと。また、そのさま。「―ではうまくいかないよ」❷遠慮したり気がねしたりせずに行うこと。また、そのさま。「―な物言い」「―に頼む」❸物事のやりはじめ。また、その時。最初。「―からとばす」❹江戸時代、吉原の打っ付け見世の女郎。

ぶっつけ‐がき【▽打っ付け書(き)】下書きなしに、いきなり書くこと。また、書いたもの。

ぶっつけ‐ほんばん【▽打っ付け本番】❶演劇・映画・放送などで、リハーサルやテストなしで、直接、上演・撮影・本放送などを行うこと。❷準備や練習なしでいきなり実際に事を行うこと。「―で試験にのぞむ」
(類語)出たとこ勝負

ぶっつけ‐みせ【▽打っ付け店¦▽打っ付け見世】引手茶屋を経ず、直接登楼する店。江戸吉原の遊郭で、揚げ代が一分(いちぶ)の女郎のいる店をいう。

ぶっ‐つ・ける【▽打っ付ける】〔動カ下一〕《「ぶちつける」の音変化》❶物を投げ当てる。「犬に石を―・ける」❷物に打ち当てる。「鴨居に額を―・ける」❸相手に包み隠さずに言う。「心のわだかまりを―・ける」❹あえて取り組ませる。「ルーキーどうしを―・ける」❺釘などで、強くたたいてくっつける。打ちつける。「板を―・けて塀の穴をふさぐ」

ふっつ‐し【富津市】▶富津

ぶっ‐つづけ【▽打っ続け】少しも中断することなく続けること。また、続くこと。「一週間―に働く」
(類語)ぶっ通し・立て続け

ふっつ‐と〔副〕❶物を断ち切るさま。ぷっつりと。「秘法の七五三(しめ)縄―きれば」〈伎・鳴神〉❷きっぱりと。断然。「以来は―いづかたへも参るまいほどに」〈虎明狂・箕被〉

ぶっ‐つぶ・す【▽打っ潰す】〔動サ五(四)〕「つぶす」を強めて、また、乱暴にいう語。「箱を―・す」「計画を―・す」

ふっつ‐みさき【富津岬】千葉県南西部、富津市にある岬。ツルのくちばしのように東京湾に突き出た約5キロメートルの砂州。約7キロメートルほどの海をはさんで向かい合う、神奈川県の観音崎とともに東京湾

の入り口に位置する。

ふっつり〔副〕❶糸・ひもなどが断ち切れる音、また、そのさまを表す語。ぷっつり。「張った糸が―(と)切れる」❷続いていた物事が急にやむさま。ばったり。ぷっつり。「―(と)顔を見せなくなる」❸強くつねるさま。「行きちがひさまに―とつめったれば」〈虎寛狂・枕物狂〉

ぶっつり〔副〕❶綱などのような太い物が断ち切れる音、また、そのさまを表す語。「ザイルが突然―(と)切れた」❷勢いよく刃物を突き刺す音、また、そのさまを表す語。「太股へ掛け―と突き貫き」〈円朝・怪談牡丹灯籠〉❸わずかであるさま。ぷっつり。「あらいことは―ともしないぞ」〈露件・いさなとり〉

ぷっつり〔副〕❶「ふっつり❶」に同じ。「ギターの弦が―(と)切れる」❷「ふっつり❷」に同じ。「消息が―(と)途絶える」❸「ぶっつり❸」に同じ。「つひしか―ともおっしゃりません」〈滑・浮世風呂・二〉

ぷっつん〔副〕スル ❶(多く「と」を付けて用いる)「ぷつん」を強めていう語。「引っ張られてネックレスが―と切れる」❷(多く「ぷっつんする」の形で用いる)何かのきっかけで、急に不機嫌になり怒り出すさま。急に常軌を逸した行動を取るさま。また、張りつめた気持ちが断ち切れて急に意欲を失うさま。「―して怒鳴り散らす」「対談中に―して退席した」「―してやる気がなくなる」「―女優」➡切れる❼

ふっ-てい【払底】〔名・形動〕スル《入れ物の底を払う意から》すっかりなくなること。乏しくなること。また、そのさま。「人材が―している」「その頃は借家が―な時でしたから」〈谷崎・痴人の愛〉

ぶっ-てき【仏敵】仏の教えに敵対して害をなすもの。仏教の敵。

ぶっ-てき【物的】〔形動〕物質に関係しているさま。物質的。「―な損害を被る」

ぶってき-かいしゃ【物的会社】会社と社員との関係が希薄で、会社財産などに活動の重点が置かれている会社。株式会社など。➡人的会社

ぶってき-しょうこ【物的証拠】裁判で、検証物・文書など、物の存在・形態・状況が証拠資料とされるもの。物証。➡人的証拠

ぶってき-たんぽ【物的担保】特定の財産による債権の担保。抵当権・質権・譲渡担保など。物上担保。対物担保。➡人的担保

ブッデ-こうか【ブッデ効果】光分解を起こす気体に光を照射したとき、生成された原子や遊離基が再結合する際の温度上昇により圧力が増加する現象。ハロゲンの蒸気などで見られる。光膨張。

ぶつ-でし【仏弟子】❶釈迦の弟子。❷仏教徒。

ぶってつ【仏哲】林邑国(ベトナム)出身の僧。天平8年(736)インドの婆羅門僧正とともに唐を経て来日、大和国大安寺に住した。林邑楽を伝えたという。生没年未詳。

ふっ-てん【沸点】液体が沸騰しはじめるときの温度。ふつう1気圧のときの温度をいう。水の場合はセ氏100度(正確には99.97度)。沸騰点。

フッテン〖Ulrich von Hutten〗[1488～1523]ドイツの人文主義者。カトリック教会の腐敗を批判して、ルターの宗教改革を支持。帝国騎士戦争に加わったが、敗れてスイスに亡命。著「無名氏書簡集」など。

ぶっ-てん【仏天】❶仏を天として尊んでいう語。❷仏と護法神。

ぶっ-てん【仏典】❶仏教の経典。❷仏教に関する本。仏書。

ぶつ-でん【仏殿】❶仏像を安置し、礼拝する建物。仏堂。❷禅宗寺院で、伽藍の中心にあり、本尊を安置し礼拝する建物。

ふってん-じょうしょう【沸点上昇】液体に不揮発性の物質を溶かすと、液体だけのときよりも沸点が高くなる現象。上昇度は溶質粒子のモル数に比例する。分子量の測定に利用。

フット〖foot〗❶足。「―ウエア」❷➤フィート

ふっ-と〔副〕❶前ぶれなく急に事が行われたり、事態が変わったりするさま。不意に。ふと。「夜中に―目が覚める」「―名案が浮かんだ」❷口をすぼめて一瞬息を吹くさま。「ろうそくの火を―吹き消す」

ふつ-と〔副〕❶細長い物を断ち切るさま。「縄などの切るる様に―切るるままに」〈今昔・二三・二二〉❷(多く下に打消しの語を伴って用いる)まったく。さっぱり。「後撰の歌といふ事―思ひ寄らで」〈無名抄〉

ぶっ-と【仏徒】仏教の信者。仏教徒。

ぶつ-ど【仏土】❶仏が住む土地。浄土。❷仏が教化を施す国土。この現実世界。

プット〖put〗「プット-オプション」の略。

ぷっ-と〔副〕❶口先をすぼめて息などを一瞬吐き出すさま。「ブドウの種を―吐き出す」❷思わず笑いだすさま。「おかしくて―吹き出す」❸ふくれるさま。また特に、怒ってふくれるさま。「風船が―ふくらむ」「怒られて―ふくれる」

ふっ-とう【沸湯】煮えたつ湯。にえゆ。「火熱に触れ…―と為り」〈津田真道・明六雑誌一七〉

ふっ-とう【沸騰】〔名〕スル ❶わきあがり煮えたつこと。沸点に達し、液体の表面からだけでなく、内部からも気化が起こり、気泡がのぼりはじめる現象をいう。「やかんの湯が―する」❷盛り上がること。騒然となること。「世論が―する」「人気―」❸物価などが激しい勢いで上昇すること。「株価が―する」

(類語)沸く・たぎる・煮え立つ・沸き立つ

ぶっ-とう【仏灯】❶仏前に供える灯火・灯明。みあかし。❷仏の教えを、無知の闇を照らす灯明にたとえていう語。

ぶっ-とう【仏塔】仏の遺骨を安置した塔。➡塔

ぶっ-とう【仏頭】仏または仏像のあたま。

ぶつ-どう【仏堂】仏像を安置した堂。仏殿。

ぶつ-どう【仏道】仏の説いた教え。仏教。また、その悟りに至る修行の道。

フットウエア〖footwear〗靴・スリッパ・靴下など、足に履くものの総称。

ふっとう-さん【沸騰散】炭酸水素ナトリウムと酒石酸をまぜて水に溶かしたもの。一種の清涼飲料で、二酸化炭素の泡が立つ。

ふっとうすいがた-げんしろ【沸騰水型原子炉】動力炉の一。炉心で加熱された冷却水が炉内で沸騰し、その蒸気が発電タービンを回すもの。沸騰水型炉。BWR(Boiling Water Reactor)。

ふっとうすいがた-ろ【沸騰水型炉】➤沸騰水型原子炉

ふっとう-せき【沸騰石】液体と一緒に入れて、突沸を防ぐための石。多孔質の素焼板などが用いられる。液体が過熱する前に入れておかなければならない。沸石。

ふっとう-てん【沸騰点】➤沸点

ぶっ-とおし【打っ通し】❶ぶち抜くこと。「ふすまをはずした―の大広間」❷休まず引き続き行うこと。「夜中まで―で働く」(類語)ぶっ続け・立て続け

ぶっ-とお・す【打っ通す】〔動サ五(四)〕❶反対側へ貫かせる。「千枚通しを厚紙に―・す」❷ある期間、最初から最後まで継続して行う。「朝から晩まで―・して働く」❸端から端までさえぎるものがないようにする。ぶち抜く。「二部屋を―・す」

プット-オプション〖put option〗ある一定の期日・期間に、通貨・株式・商品などを前もって定めた価格で一定量売る権利。およびその取引。⇔コール-オプション。➡オプション取引

フット-カバー〖foot cover〗甲の部分が広くあいており、つま先とかかとのみを覆う形の婦人用靴下。パンプスなどの中にすっぽりと収まり、外からは見えないのが特徴。

フットギア〖footgear〗足に履くもの。履き物。

フット-ケア〖foot care〗足の手入れ。足の美容。ペディキュアのようなおしゃれに関することから、マッサージ、外反母趾の予防・治療、魚の目・たこの除去など健康に関することまで、その意味するところは広い。

フットケア-しょうひん【フットケア商品】足に合わない靴や足に不自然な形を強いる靴を履き続けたために起こる靴ずれ・外反母趾などの障害部分を保護する商品。親指に巻き付けて痛みを和らげるプロテクターや、変形して重なり合った指の間にはさむゴム製の矯正器具などがある。

フットサル〖futsal〗《(スペイン) fútbol de salónから》五人制のミニサッカー。フィールドはサッカーの9分の1程度の面積で、ボールは専用のものを用いる。

フッド-さん【フッド山】《Mount Hood》米国オレゴン州北部の成層火山。南北に走るカスケード山脈の中部に位置する。標高3429メートルで同州の最高峰。万年雪を頂く美しい山容から、日系移民から「オレゴン富士」「ポートランド富士」と称された。スキー場も多く、一年を通してスキーを楽しめる。マウントフッド。

フット-スイッチ〖foot switch〗足で踏んで電源を入れたり切ったりするスイッチ。

ぶっとちょう【仏図澄】[232～348]中国、五胡十六国時代の西域の僧。中央アジアの庫車の人。晋の永嘉年間(307～312)に洛陽に入り、種々の神秘を現して仏教を広め、多くの仏寺を建立。中国仏教の基礎をつくった。竺仏図澄。

フットノート〖footnote〗脚注。

フットバス〖footbath〗足湯。足浴。足湯用のおけ。

ふっ-とば・す【吹っ飛ばす】〔動サ五(四)〕《「ふきとばす」の音変化》❶勢いよく吹いて飛ばす。「強風が瓦を―・す」❷悩みや悲しみなどを思いきりよく取り去る。ぶっとばす。「いらいらを―・す」❸非常に速く事を行う。また、車などを激しい勢いで走らせる。ぶっとばす。「締切が迫っているので―・して書く」「猛スピードで国道を―・す」

フットパス〖footpath〗森林や田園などに設けられた歩行者用の小道。ありのままの自然や、古い町並みなどの風景を楽しみながら散策するためのもの。

ぶっ-とば・す【打っ飛ばす】〔動サ五(四)〕❶飛ぶほど強く殴る。なぐりとばす。「懲りないやつは―・してやる」❷勢いよく飛ばす。「台風に―・された看板」❸「ふっとばす❷」に同じ。「酒で悲しみを―・す」❹「ふっとばす❸」に同じ。「車を―・す」

フット-ピープル〖foot people〗陸続きに歩いて国外へ逃れる難民のこと。➡エアピープル ➡ボートピープル ➡ランドピープル

ふっ-と・ぶ【吹っ飛ぶ】〔動バ五(四)〕《「ふきとぶ」の音変化》❶吹かれて勢いよく飛ぶ。「洗濯物が―・ぶ」❷いっぺんに消えてなくなる。「びっくりして眠気が―・ぶ」❸勢いよくはねとばされる。「突かれて土俵の外へ―・んだ」❹激しい勢いで走る。「急の知らせに―・んで行く」

ぶっ-と・ぶ【打っ飛ぶ】〔動バ五(四)〕(ぞんざいな言い方)❶「飛ぶ」を強めていう語。勢いよく飛ぶ。「ガス爆発で家が―・ぶ」❷常識から離れていている。非常識である。「―・んだ意見が飛び出す」❸《若者言葉》非常に驚く。「突然の結婚通知に―・んだ」

フット-フォールト〖foot fault〗テニスで、サーブのときにラインを踏んだり、踏み越えたりして打つこと。反則となる。

フット-ブレーキ〖foot brake〗自動車などの、足踏み式のブレーキ。

フットボール〖football〗サッカー・ラグビー・アメリカンフットボールなどの総称。特にサッカーをさす。また、その競技用のボール。蹴球。

フットライト〖footlights〗舞台の前端の床に取り付け、出演者を足もとから照らす照明。脚光。

(類語)脚光・スポットライト

フット-ライン〖foot-line〗座席に座った乗客が足を投げ出さないよう、視覚的に注意を与えるために、床面の色を塗り分けた線。混雑する都市圏のロングシート車両に採用されている。

ぶつ-どり【物撮り】〔名〕スル 商業広告などに使う商品(物)を撮影すること。また、インターネット上のオークションに出す品物、ウェブサイトに掲載する物品を見栄えよく撮影すること。

フットレスト〖footrest〗足載せ台。足置き。足掛け。

フットワーク〖footwork〗❶球技・ボクシングなどで、足の運び方。足さばき。❷機動力。「―よく駆けつ

ける」

ふつ-トン【▽仏トン】▶トン❶㋐

ぶっ-とん【仏恩】「ぶつおん」の連声。

ふつ-に【▽都に┊▽尽に】〔副〕❶(下に打消しの語を伴って用いる)全然。まったく。「泣く声は昼夜に絶えず、眠るという事━無ければ」〈一葉・うつせみ〉❷すっかり。ことごとく。「仰せありけるを、━辞退して出家してけるは」〈愚管抄・七〉

ぶつ-にち【仏日】仏の光明が衆生の無知の闇を照らすことを太陽にたとえていう語。

ふつぬし-の-かみ【経津主神】日本神話の神。磐筒男神と磐筒女神の子。香取神宮の祭神。天孫降臨に先立って、出雲に行き、大己貴命を説いて国土を献上させた。

ぶつ-ねはん【仏×涅×槃】釈迦の入滅。また、それを追悼する陰暦2月15日の法会。

ぶつ-のう【物納】〔名〕スル 金銭の代わりに物で小作料や租税などを納めること。「相続税を不動産で━する」㊞金納。(類語)代納・金納

ふつ-の-みたま【韴御霊┊布都御魂】日本神話で、神武天皇が国土平定の戦をしているとき、天照大神が与えたという霊剣。奈良県天理市の石上神宮に祭られる。ふつのみたまのつるぎ。

ブッパータール〖Wuppertal〗ドイツ北西部、ノルトラインウェストファーレン州の都市。繊維・化学工業が盛ん。1901年建造のモノレールで有名。ウッペルタル。

ぶつ-ばく【仏縛】「仏見❷」に同じ。

ぶつ-ばち【仏罰】仏から受ける罰。ぶつばつ。(類語)罰・天罰・天誅・神罰

ぶつ-ばつ【仏罰】▶ぶつばち(仏罰)

ぶっ-ぱな・す【▽打っ放す】〔動サ五(四)〕《「ぶちはなす」の音変化》勢いよく放出する。発射する。「銃を━・す」

ぶっ-ぴん【物品】物。品物。特に、不動産以外の形のある物。(類語)物・品物・品・金品・代物・製品

ぶっぴんえきむそうごていきょう-きょうてい【物品役務相互提供協定】▶アクサ(ACSA)

ぶっぴんかんり-ほう【物品管理法】国が所有する物品の取得・保管・使用・処分などの手続きについて定めた法律。昭和31年(1956)施行。現金や有価証券は物品に含まれない。

ぶっぴん-ぜい【物品税】奢侈品・嗜好品など、特定の物品を対象として課される間接税。平成元年(1989)消費税の導入に伴い廃止。

フッフ〖Ricarda Huch〗[1864～1947]ドイツの女流小説家・詩人。新ロマン主義運動を推進。歴史家としても活躍。自伝的小説「ルドルフ=ウルスロイの思い出」、評論「ロマン主義の開花期」など。フーフ。

ブッファン-スカート〖bouffant skirt〗《bouffantは元来フランス語で、ふくらんだの意》ふわっとふくらんだ形のスカート。イブニングドレスやカクテルドレスなどに使われる。

ふつ-ふつ【沸沸】〔ト・タル〕(文)〔形動タリ〕❶湯などがわきたつさま。「湯が━と煮えたぎる」❷水などがわき出るさま。「汗が━と出てくる」❸ある感情が強くわき起こるさま。「闘志が━とわく」(類語)盛ん・湧然

ふつ-ふつ〔副〕❶勢いよく細い物を切る音や、そのさまを表す語。「荒巻の縄を━と押し切りて」〈今昔・二八・三〇〉❷思い切りよくやめるさま。きっぱり。「かるたわざ━とやめ給へ」〈咄・鹿の巻筆・一〉

ぶつ-ぶつ ㊀〔副〕❶小声でものを言うさま。「いつも━(と)ひとりごとを言う」❷不平・不満や小言をいうさま。「陰で━(と)愚痴ばかり言っている」❸物が泡立つように煮えたつさま。「豆が━(と)煮えている」❹小さな粒や泡がたくさんできるさま。「肌に━(と)湿疹が出ている」❺物を細かく切るさま。また、何度も穴をあけるさま。「魚を━(と)切る」「障子に━(と)穴をあける」㊁〔名〕表面にたくさん出た粒状の物。「背中に━ができた」㊀はブツブツ、㊁はブツブツ。(類語)つぶつぶ・ぽつぽつ

ぷつ-ぷつ〔副〕スル❶糸などが切れ切れになるさま。また、たやすく切れるさま。「麺が━(と)切れる」❷表面に粒状のものが多くできるさま。「━したできもの」❸針などで数多く穴をあけるさま。「袋に━(と)穴をあける」

ぶつぶつ-こうかん【物物交換】貨幣を媒介させずに、物と物を直接交換すること。バーター。

ふつ-ぶん【▽仏文】❶フランス語の文章。❷「仏文学」「仏文学科」の略。

ふつ-ぶんがく【▽仏文学】フランスの文学。また、それを研究する学問。

ふつ-ほう【▽仏法】フランスの法律。また、それを研究する学問。

ぶっ-ぽう【仏宝】仏語。三宝の一。仏を宝物にたとえた語。

ぶっ-ぽう【仏法】仏の悟った真理。仏の説いた法。仏道。㊞世法。(類語)仏説・教義

ぶっぽう-そう【仏法僧】❶仏と、仏の説いた法と、仏法を行ずる僧または教団。三宝。❷㋐ブッポウソウ科の鳥。全長約30センチ。体は濃青色で頭が黒く、くちばしと脚が赤い。日本では夏鳥。林にすみグエーグエーと鳴き、俗に「姿のブッポウソウ」といわれる。冬季南アジアへ渡る。㋑ブッポウソウ目ブッポウソウ科の鳥の総称。ハト大のものが多く、羽色は青色を主とする。旧世界に16種が分布。ブッポウソウ目にはカワセミ科・ヤツガシラ科なども含まれる。❸コノハズクの鳴き声の聞きなし。俗にコノハズクを「声のブッポウソウ」という。(季 夏)「━こだまかへして杉聳てり/林火」

ぶつ-ほけん【物保険】建物・自動車など、具体的な物に生じる損傷・焼失・盗難などを対象とする保険。火災保険・運送保険など。⇒人保険

ぶつ-ぼさつ【仏×菩×薩】仏と菩薩。

ぶつ-ま【仏間】仏像や位牌が安置してある部屋。(類語)仏壇・祭壇

ぶつ-みょう【仏名】❶仏の名号。仏の名前。❷「仏名会」の略。

ぶつみょう-え【仏名会】陰暦12月15日(のちに19日)から3日間、宮中や諸国の寺院で仏名経を読んで三世諸仏の名号を唱え、その年の罪障を懺悔し消滅を祈る法会。仏名懺悔。お仏名。(季 冬)「板敷に光るつぶりや━/嘯山」

ぶつみょう-きょう【仏名経】仏教経典。12巻。菩提流支訳。三世十方の諸仏の名号を列挙したもの。仏名会で読誦されたが、のちに三千仏名経が代わって用いられる。同名の経典は他にも多数ある。

ぶづみ-よきん【歩積み預金】銀行などの金融機関が手形割引などをする際、割引金額の一部を強制的に預け入れさせたもの。⇒両建て預金

ぶつ-めい【物名】❶物の名。❷「物名歌」の略。

ぶつめい-か【物名歌】和歌・連歌・俳諧で、歌や句の意味とは関係なく物の名を詠み込んだもの。古今集の「心から花のしづくにそぼちつつうくひずとのみ鳥のなくらむ」にみえる「うくひず(憂く干ず)」に「うぐいす」を詠み込んだ類。隠し題。

ぶつ-めつ【仏滅】❶仏の入滅。釈迦の死。❷暦注の六曜の一。万事に凶とする大悪日。仏滅日。

ぶつ-も【仏×母】仏語。❶法、すなわち教えのこと。❷般若波羅蜜、すなわち智慧のこと。❸釈迦の実母の摩耶夫人、または養母の摩訶波闍波提(マハープラジャーパティ)のこと。

ぶつ-もん【仏門】仏の説いた道。仏道。

仏門に入・る 出家する。仏門にはいる。

ふつ-やく【▽仏訳】〔名〕スル フランス語に翻訳すること。また、翻訳したもの。

ぶつ-や・く〔動カ四〕ぶつぶつ言う。「色々の者どもが、何とやら━・くげな」〈浮・商人職人懐日記〉

ぶつ-よく【物欲┊物×慾】物や金銭を自分のものにしたいという欲望。物や財産への執着心。

ぶつ-り【物理】❶物の道理。物の理法。「その倫に由て━を害する勿れ」〈福沢・文明論之概略〉❷「物理学」の略。

ぶつり〔副〕❶物を勢いよく断ち切る音や、そのさまを表す語。また、続いていた物事が突然に断たれるさま。「太いロープが━と切れる」「日記はその日で━と終わっている」❷物を勢いよく突き刺す音や、そのさまを表す語。「あいくちを━と突き立てる」

ぷつり〔副〕❶長い物が急に切れる音や、そのさまを表す語。また、長く続いている物事が急に断たれるさま。ぷっつり。「糸が━と切れる」「音信が━と途絶えた」❷鋭い物を突きさすさま。「腕に注射針を━とさす」❸粒状のものができるさま。また、粒状のものをつぶす音や、そのさまを表す語。「にきびが━とできる」「ノミを━とつぶす」

ふ-つりあい【不釣(り)合い】〔名・形動〕つりあわないこと。また、そのさま。「━なカップル」

ぶつり-かがく【物理化学】物理学の理論や実験方法などによって、物質の構造や化学的性質・変化などを解明しようとする化学の一分野。理論化学。

ぶつり-がく【物理学】物質の構造・性質を明らかにし、それによる自然現象の普遍的な法則を研究する自然科学の一部門。運動・熱・光・電磁気・音などの諸現象をはじめ、素粒子・核・宇宙線・量子エレクトロニクスなど対象は広く、精密な実験によって量的な把握を行い、数学を応用して表すことに特徴がある。

ぶつ-りき【仏力】仏の持つ計り知れない力。

ぶつり-こうがく【物理光学】光学現象を光の波動論の立場から取り扱う物理学の一部門。

ぶつりしんがくてき-しょうめい【物理神学的証明】▶目的論的証明

ぶつり-そしつ【仏×籬祖室】仏陀の籬と祖師達磨の室。転じて、仏教と禅門のこと。

ぶつり-たんこう【物理探鉱】物理探査により、地下の鉱床や鉱脈を調べること。重力の局所的な異常を探す重力探査、地磁気の異常を探す磁気探査、地中に電流を流して抵抗を測定する電気探査、火薬の爆発で人工地震を起こし地震波の伝わり方を調べる地震探査などがある。

ぶつり-たんさ【物理探査】地下の地質構造や鉱床の存在などを知る目的で、物理学的手法を用いて行う調査。地震・電気・重力・磁気・放射能の測定などがある。

ぶつり-ていすう【物理定数】物質の状態に関係なく常に一定の値をもつ物理量、および物理法則中に現れる定数。万有引力定数・プランク定数など。

ぶつり-てき【物理的】〔形動〕❶物理学にかかわるさま。物理学の法則にかなっているさま。物理学的。❷一般に、空間・時間・重量など、数量に置き換えられる条件に関連するさま。「素手で持ち上げるのは━に不可能だ」「仕事が多すぎるという━な問題」

ぶつりてき-ふうか【物理的風化】▶機械的風化

ぶつりてき-ふうじこめ【物理的封じ込め】組み換えDNA実験施設から生物資料が外界に拡散するのを防止するため、設備・実験法などの物理的手段によって閉じ込めること。その生物の潜在的危険性によりP1からP4までの段階が設定されている。⇒BSL

ぶつり-フォーマット【物理フォーマット】《physical format》▶ローレベルフォーマット

ぶつり-ぶんせき【物理分析】物理的な操作によって物質を分析すること。また、その技術や方法。

ぶつり-へんか【物理変化】物質の組成は変わらず、その形や状態が変化すること。化学変化に対し、物体の温度・体積・圧力・電気抵抗・熱伝導率などの物理量の変化をいう。

ぶつり-メモリー【物理メモリー】《physical memory》コンピューターシステムに実装されているメモリー。通常、搭載されたメーンメモリーのチップを指す。⇒仮想記憶

ぶつ-りゅう【物流】生産者から消費者に至るまでの商品の流れ。「━管理」

ふつ-りょう【▽仏領】フランスの領土。

ぶつ-りょう【物量】物の分量。物資の多さ。「━で圧倒する」「━作戦」

ぶつ-りょう【物療】「物理療法」の略。

ふつりょう-インドシナ【仏領インドシナ】「フランス領インドシナ」の略。

ぶつり-りょう【物理量】物理学で扱われる変数。長さ・質量・時間・電流などの量や、それらの演算関係から定義される量。

ぶつり-りょうほう【物理療法】物理的な方法によって治療を行う方法。機械的な力を利用する運動療法・マッサージや、電気療法・光線療法・水治療法・温熱療法・気候療法などがある。理学療法。物療。

ぶつるいしょうこ【物類称呼】江戸中期の方言辞書。5巻。越谷吾山著。安永4年(1775)刊。諸国の方言を収集、天地・人倫・草木など7部門に分けて考証・解説を付したもの。

ふつろうき【仏狼機｜仏郎機】▶フランキ

ぶつ-ろん【物論】人々の間で行われる論議。また、その騒ぎ。物議。「一が沸騰する」

ふつ-わ【仏和】❶フランス語と日本語。❷「仏和辞典」の略。

ふつわ-じてん【仏和辞典】フランス語の単語・熟語・句などに、日本語で訳や説明をつけた辞典。

ぶつん〘副〙(多く「と」を付けて用いる)❶張りつめていた太いひも・綱などが急に断ち切れる音、また、そのさまを表す語。ぶっつり。「ロープが一と切れてしまう」❷続いていた物事が突然に断たれるさま。「マイクが一と切れて音が出なくなる」❸小さな粒状のものが表面に飛び出すさま。「一と顔に吹き出物ができる」

ぷつん〘副〙(多く「と」を付けて用いる)❶張りつめていた細いひも・糸などが急に断ち切れる音、また、そのさまを表す語。ぷっつり。❷続いていた物事が急にやむさま。ぷっつり。ぱったり。「電話が一と切れる」「連絡が一となくなる」❸小さな粒状のものが表面に飛び出しているさま。「蚊に刺された跡が一と残る」❹粒状のものをつぶす音。「ダニを一とつぶす」❺とがったもので軽く突き刺すさま。また、突き刺した跡。「煮え具合を見るために爪楊枝で肉を一と刺してみる」「心に小さな傷跡が一と残る」

ふで【筆】㊀〘名〙❶竹や木の柄の先に獣毛をたばねてつけ、これに墨や絵の具などをふくませて字や絵をかく道具。毛筆。また、筆記具の総称。「一の運び」❷書くこと。また、書いたもの。「定家の一になる」❸文章を書くこと。また、その文章。「一で飯を食う」㊁〘接尾〙助数詞。文字や絵を書くとき、筆に墨や絵の具などをつける回数、または筆や鉛筆を紙にあてて動かす回数を数えるのに用いる。「一一で書く」

〘…語〙絵筆・大筆・掠り筆・鉄漿付け筆・隈取り筆・毛描き筆・小筆・彩色筆・戯れ筆・椎の実筆・朱筆・初筆・添え筆・禿び筆・椽大の筆・留め筆・中筆・偽筆・一筆・平筆・紅筆・坊主筆・巻き筆・面相筆・焼き筆

筆が荒・れる　文章が雑になる。「乱作がたたって一・れてきた」

筆が滑・る　調子にのって書かなくともよいことまで書いてしまう。「内々の手紙でつい一・る」

筆が立・つ　文章が上手である。「一・つ新人」

筆に任・せる　文面の体裁などを考えすぎず、筆の走る勢いにまかせる。「一・せて自由に書く」

筆を入・れる　添削する。「選者が一・れる」

筆を擱・く　文章を書きおえる。擱筆する。「長期連載した小説の一・く」〘補説〙この意味で「筆を置く」と書くのは誤り。

筆を起こ・す　書き始める。筆を下ろす。「どう一・すか、なかなか決まらない」

筆を折・る　文章を書くことをやめる。文筆活動をやめる。筆を断つ。「大作を最後に一・る」

筆を下ろ・す　新しい筆を使い始める。また、文字や文章を書きはじめる。「雑誌の連載に一・す」

筆を加・える　書き足す。文章・字句を直す。加筆する。「校正で一・える」

筆を染・める　❶初めて書く。また、書き始める。「未経験の小説に一・める」❷筆に墨汁を含ませる。「墨の色紅深く見えけるは一・めつつかけばなるらん」〈続詞花・戯花〉

筆を断・つ　「筆を折る」に同じ。

筆を執・る　書画または文章を書く。執筆する。「さっそく返信の一・る」

筆を投・げる　書くことを途中でやめる。「締め切りを破ったあげくに一・げてしまう」

筆を拭・う　文章をそこで止める。「論難する一・う」

筆を走ら・せる　すらすら書く。勢いよく筆を運ぶ。走り書きする。「友への手紙に一・せる」

筆を揮・う　書画をかく。「大作に一・う」

筆を曲・げる　事実と異なることを承知で書く。自分の利益のために嘘を書く。曲筆。

ふで-あと【筆跡】書かれている文章や文字。また、そのありさま。ひっせき。

ふで-あらい【筆洗い】▶ひっせん(筆洗)

ふ-てい【不弟｜不悌】〘名・形動〙兄や年長者に対して従順でないこと。また、そのさま。「不孝一」

ふ-てい【不定】〘名・形動〙❶決まっていないこと。一定しないこと。また、そのさま。「居所が一な人」「住所一」❷方程式の解が有限個に定まらないこと。

ふ-てい【不貞】〘名・形動〙貞操を守らないこと。また、そのさま。「一をはたらく」「一な行為」

ふ-てい【不逞】〘名・形動〙かって気ままに振る舞うこと。あからさまに不満を表すこと。また、そのさま。「一な(の)輩」

ふ-でい【腐泥】藻類などの遺骸やそれが腐朽した物質を多量に含む軟泥。無酸素層をもつような水域に堆積がみられる。

ぶ-てい【武帝】㊀[前156～前87]中国、前漢第7代の皇帝。在位、前141～前87。廟号、世宗。名は劉徹。高祖劉邦の曽孫。儒教を公認し、中央集権体制を強化。外征を行って領域を拡大し、東西交渉を盛んにした。㊁[464～549]中国、南朝の梁の初代皇帝。在位502～549。廟号、高祖。姓名は蕭衍。南斉を滅ぼし、梁を建国。仏教史上での黄金時代を作ったが、侯景の乱にあい、争乱の中で病没。

ふてい-が【不定芽】葉や根、茎の節間など、普通には芽を生じない場所から出る芽。クモノスシダ・コモチシダなどにみられる。⇨定芽

ふでい-がん【腐泥岩】腐泥が固まってできた岩石。

ふてい-かんし【不定冠詞】冠詞の一。数えられる名詞につけて、その名詞が不特定のものであることなどを表す。英語のa、ドイツ語のein、フランス語のunなど。⇨定冠詞

ふ-ていき【不定期】〘名・形動〙日時や期限が一定していないこと。また、そのさま。「一な(の)刊行物」「一便」

ふていき-けい【不定期刑】自由刑の宣告の際に刑期を確定せず、例えば3年から5年までというように宣告しておいて、執行中の状況に応じて釈放の時期を決定するもの。⇨定期刑

ふていき-せん【不定期船】運航する日時が一定していない船舶。

ふていき-れっしゃ【不定期列車】運行する日時が一定していない列車。臨時列車など。

ふていき-ろせん【不定期路線】鉄道・バス・航空機などで、運行の日時が一定していない路線。

ふてい-けい【不定形】❶形や様式が定まっていないもの。❷式の形が零と無限大との積などの形をしていて、値が定まらないもの。

ふていけい-し【不定型詩】一定の形式にはまらない詩。散文詩など。⇨定型詩

ふてい-こん【不定根】葉や茎から二次的に発生する根。主根以外の根。

ふ-ていさい【不体裁】〘名・形動〙《「ぶていさい」とも》体裁が悪いこと。外聞の悪いこと。また、そのさま。「一な服装」「一な行為」〘類語〙不格好・無様・醜態

ふてい-し【不定詞】《infinitive》英文法などで、人称・時制などの標識をもたない動詞の形態。定動詞に対する。主語となりうるなど名詞的機能を持つ。不定法。

ふで-いし【筆石】古生代オルドビス紀・シルル紀に栄えた半索動物に属すると考えられる化石動物。キチン質の外殻がのこぎり状の枝をつくり、さらに枝が集まって群体を形成。多くは海中で浮遊生活をしていたが海底にすむものもあった。

ふていじ-ほう【不定時法】日の出と日の入りを時刻の基準として、昼夜を別々に等分する時法。季節・緯度によって1時間の長さが昼夜で異なる。江戸時代に用いられた。

プティジャン〘Bernard Thadée Petitjean〙[1829～1882]フランスの宣教師。文久3年(1863)来日。長崎に大浦天主堂を建立。慶応2年(1866)から日本司教となり各地で布教、宗教書籍の刊行に尽力。長崎で没した。

ふてい-しゅうそ【不定愁訴】特定の病気としてまとめられない漠然としたからだの不調の訴え。頭が重い、疲れやすい、食欲がないなど。

ふてい-しょう【不定称】文法で、指示代名詞のうち、話し手・聞き手のどちらに近いとも定まらない事物・場所・方向を示すもの。「どれ」「どこ」「どちら」など。

プディシン〘Budyšin〙▶バウツェン

ふてい-せきぶん【不定積分】▶積分❶

ブティック〘フランス boutique〙しゃれた洋服や装身具などを専門に扱う小規模な小売店。

ブティック-コピーライター《和 boutique(フランス)＋copywriter》広告会社などの組織に属さず、自ら独立して活動している広告コピー作成者。

ふていひ-かごうぶつ【不定比化合物】化合物の成分元素の質量比が常に一定であるという定比例の法則に従わない化合物。非化学量論的化合物。同法則の発見者J=L=プルーストと論争したベルトレの名にちなみ、ベルトライド化合物またはベルトリド化合物ともいう。㊥定比化合物。

ふてい-ほう【不定法】▶不定詞

ふてい-ほうていしき【不定方程式】解が無数にある方程式。そのうち特に、整数を係数として整数解を求める場合の代数方程式をいう。

ふで-いれ【筆入れ】筆を入れる箱や筒。また、鉛筆・ペンなどの筆記用具を入れるケース。

ふで-いん【筆印】花押の代わりに、筆の軸に墨をつけて押した印。

プディング〘pudding〙牛乳・鶏卵・砂糖を主材料とし、香料を加えて型に入れ、蒸し焼きにした菓子。カスタードプディングなど。プリン。

ふで-おや【筆親】《筆は鉄漿をつける羽筆の意》「御歯黒親」に同じ。

ふで-おろし【筆下ろし】〘名〙スル❶新しい筆を使いはじめること。「年賀状を書くために一する」❷初めて物事を行うこと。「ゴルフの一」❸男子が童貞を破ること。

ふで-がい【筆貝】フデガイ科の巻き貝。浅海の砂底にすむ。貝殻は筆の穂先に似た長紡錘形で、殻高7センチくらい。殻表は褐色に白い縞が格子状にある。本州中部以南に分布。かやがい。

ふで-がえし【筆返し】違い棚の上板や文台・机などの端に、筆などが転がり落ちないように取り付けた木。

ふで-かき【筆柿】柿の一品種。甘柿で、実は縦に細長い形をしている。

ふで-かけ【筆掛(け)｜筆懸(け)】「筆架」に同じ。

ふで-がしら【筆頭】❶筆の穂先。ふでさき。❷列記した人名中の1番目。ひっとう。「いいやよ、一だといふ事よ」〈洒・二筋道〉❸「筆親」に同じ。

ふ-てき【不適】〘名・形動〙適さないこと。また、そのさま。不適当。「適一を考える」「一な仕事」

ふ-てき【不敵】〘名・形動〙敵を敵とも思わないこと。大胆でおそれを知らないこと。乱暴で無法なこと。また、そのさま。「一な面構え」「大胆一」

〘類語〙大胆・豪胆・豪放・放胆

ふ-でき【不出来】〘名・形動〙出来が悪いこと。また、そのさま。「一な弟子」「一な作柄」「出来一」

ふ-てきおう【不適応】環境・状況・条件などに適応できないこと。

ふてきおう-じ【不適応児】環境への適応がうまくできない児童。原因が児童の心身の状態にある場合と、環境にある場合とがある。

ふ-てきせつ【不適切】〔名・形動〕その場の状況や話題となっている事柄に対する配慮を欠いていること。また、そのさま。「—な発言」「—な表現」「—にも程がある」

ふ-てきとう【不適当】フテキタウ〔名・形動〕適当でないこと。また、そのさま。「—な物件」「—な発言」

ふてき-な・い【不敵ない】〔形〕《近世上方語》不敵である。大胆不敵である。「恋に心の—・く、またふるさとに立ち帰り」〈浄・薩摩歌〉

ふ-てきにん【不適任】〔名・形動〕適任でないこと。また、そのさま。「管理職としては—な人」

ふてき-もの【不敵者】大胆でおそれを知らない者。乱暴で無法な者。「—にて、武勇の心掛け人に勝れ」〈仮・浮世物語・三〉

ふ-てぎわ【不手際】フテギハ〔名・形動〕手ぎわが悪いこと。物事の処置のしかたや結果がよくないこと。また、そのさま。「司会の—で長引く」「—な処理」 類語 落ち度・過失・粗相・過誤・手違い

ふで-く【筆句】《作者の名の上に「筆」または「フ」と書くところから》他人が代作した句。

ふて-くさ・る【不▽貞腐る】㊀〔動ラ五(四)〕「不貞腐れる」に同じ。「—・って寝ている」㊁〔動ラ下二〕「ふてくされる」の文語形。

ふて-くされ【不▽貞腐れ】ふてくされること。また、ふてくされた態度や言葉。「妻たる身の—をいうて済むと思うか」〈一葉・にごりえ〉

ふて-くさ・れる【不▽貞腐れる】〔動ラ下一〕文ふてくさ・る〔ラ下二〕不平・不満の気持ちがあって、なげやりな態度や反抗的な態度をする。ふてくさる。「—・れて返事もしない」 類語 やけ・自棄・自暴自棄・破れかぶれ・やけくそ・やけっぱち・捨て鉢・八方破れ

ふで-くせ【筆癖】文字の書き方に癖のあること。文章や絵をかくとき、その文体や画法に独特な癖のあること。また、その癖。

ふで-さき【筆先】❶筆の穂先。❷筆の運び。筆づかい。❸筆で書く言葉。文章。➡御筆先(おふでさき) 類語 筆鋒

ふで-し【筆師】筆を作ることを業とする人。

ふで-じく【筆軸】フデヂク 筆の柄(え)。筆柄(ふでづか)。筆管(ひつかん)。

ブデシュティ〖Budești〗ルーマニア北部、マラムレシュ地方の村。17世紀半ばに建造された二重式の屋根をもつ聖ニコラエ教会があり、1999年に「マラムレシュ地方の木造聖堂群」の一つとして世界遺産(文化遺産)に登録された。

ふで-しょうが【筆生×姜】フデシヤウガ 新しょうがを茎つきのままに根を筆先のようにむき、甘酢に漬けたもの。焼き魚に添える。

ふで-すさび【筆▽荒び】気のむくままに筆を走らせて書くこと。また、そのもの。ふですさみ。

ふで-たて【筆立て】❶筆などをさしておく筒形の用具。❷書き出し。初筆。「『様参る、身より』とばかり薄墨に御—の堆高(うづたか)さ」〈浄・傾城酒呑童子〉

ふで-づか【筆▽柄】「筆軸(ふでじく)」に同じ。

ふで-づか【筆塚】使い古した筆の供養のために、筆を地に埋めて築いた塚。

ふで-づかい【筆遣い|筆使い】フデヅカヒ 筆の使い方。書かれた文字や文章の趣。筆致。運筆。「巧みな—」 類語 筆付き・筆致・運筆・筆法・筆鋒・タッチ

ふで-つき【筆付き】筆の使いぶり。筆で書かれた文字や絵のようす。

ふで-づくり【筆×旁】漢字の旁(つくり)の一。「肇」「肆」などの「聿」の称。

ふで-づつ【筆筒】筆を入れておく筒。筆入れ。また、筆を立てておく筒。筆立て。

ふ-てってい【不徹底】〔名・形動〕物事のやり方が中途半端で、十分に行き届かないこと。また、そのさま。「—な説明」「—な調査」 類語 不行き届き・不十分

ふで-つ-むし【筆つ虫】コオロギの別名。

ふで-とり【筆執り|筆取り】筆を持って書くこと。また、その役。書記。「弓取り—小弓の矢取りとか」〈梁塵秘抄・二〉

ふで-ならし【筆×馴らし】新しい筆を使いならすこと。文字・文章を書きなれるようにすること。

ふて-ね【不▽貞寝】〔名〕スル ふてくされて寝てしまうこと。「しかられて—する」 類語 泣き寝入り

ふで-の-あと【筆の跡】「筆跡(ひっせき)」に同じ。

ふで-の-うみ【筆の海】《「筆海(ひっかい)」の訓読み》❶硯(すずり)の異称。❷書き記したもの。また、書いたものが多いことのたとえ。「ことばの園に遊び、—をくみても」〈新古今・仮名序〉

ふで-の-しり【筆の尻】筆の軸の後端。

筆の尻取・る 手をとって教え導く。詩歌や文章などを添削する。「—・る博士ぞなかるべきと」〈源・末摘花〉

ふで-の-すさび【筆の▽荒び】興にまかせて書くこと。また、書いたもの。

ふで-の-はこび【筆の運び】文字の書きよう。筆の使い方。運筆。「巧みな—」

ふて-のみ【不▽貞飲み】ふてくされて酒を飲むこと。

ふで-ばこ【筆箱】筆を入れておく箱。また、筆記用具を入れる箱。筆入れ。

ふで-はじめ【筆始め】❶初めて書くこと。書き始めること。❷正月の書き初め。(季 新年)

ふで-ぶしょう【筆不精|筆無精】フデブシヤウ〔名・形動〕面倒がって手紙や文章などをなかなか書こうとしないこと。また、そのさまや、そのような人。「—でつい義理を欠く」⇔筆忠実(ふでまめ)。

ふてぶて-し・い【▽太▽太しい】〔形〕文ふてぶて・し〔シク〕開き直っていてずぶとい。大胆不敵である。「—・い面構(つらがま)え」 派生 ふてぶてしさ〔名〕 類語 厚かましい・図図しい・おこがましい・えげつない

ふで-ぶと【筆太】〔名・形動〕文字を太く書くこと。また、その文字や、そのさま。「—な字」

ふで-ペン【筆ペン】軸内にインキを含んだ中綿を装着したペンで、毛筆を模したもの。

ふで-ぼうふう【筆防風】フデバウフウ イブキボウフウの別名。

ふで-まき【筆巻(き)】筆を巻いておく小さなすだれ。

ふで-まめ【筆忠=実】〔名・形動〕おっくうがらずに、手紙や文章をまめに書くこと。また、そのさまや、そのような人。「—に連絡する」⇔筆不精。

ふ-てまわし【不手回し】フテマハシ 手回しが悪いこと。特に、家計のやりくりがうまくいかないこと。

ふ-てまわり【不手回り】フテマハリ「不手回し」に同じ。「回らぬ暮し常なれど、この節わけて—」〈人・梅児誉美・四〉

ふで-むすめ【筆娘】筆親から成人の証(あかし)にお歯黒をつけてもらった娘。鉄漿子(かねこ)。歯黒子(はぐろこ)。

ふで-ゆい【筆結い】フデユヒ 筆を作ること。また、それを職業とする人。筆工。

ふてらっ-こ・い〔形〕《近世江戸語》ふてぶてしい。ずうずうしい。「禿ども—・いと押して行き」〈柳多留・九〉

プテラノドン〖ラテン Pteranodon〗中生代白亜紀後期に栄えた翼竜。翼を広げると6〜8メートルにもなる。頭骨は細長く、顎(あご)がくちばし状に突出し、後部も著しく伸び、歯も尾もない。翼は前肢の第4指によって支えられた皮膜。テラノドン。

ふ-て・る【不▽貞る】〔動タ下一〕文ふ・つ〔タ下二〕ふてくされる。「散々(さんざん)に立腹して—・てて」〈紅葉・二人女房〉 補説「不貞」は当て字。

ふで-わけ【筆▽別け】❶項目ごとに別々に分けて書きしるすこと。❷「分筆(ぶんぴつ)」に同じ。

ふ-てん【不×腆】《「腆」は厚い意》自分に関すること、また自分が贈る物をへりくだっていう語。粗品。

ふ-てん【普天】大地をあまねくおおっている広大な天。また、天がおおう限りの地。全世界。天下。

普天の下(もと)率土(そつと)の浜(ひん) 《「詩経」小雅・北山の「溥天の下(もと)王土に非ざる莫く、率土の浜王臣に非ざる莫し」から》天があまねくおおう所と、地の続く果て。全世界。天下。

ブテン〖butene〗➡ブチレン

ふてん-おんぷ【付点音符】楽譜で、符頭の右側に点を持つ音符。もとの音符の半分の長さが加わる。

ふ-でんか【負電荷】➡負電気

ふ-でんき【負電気】エボナイトなどの樹脂を毛皮で摩擦したときにエボナイトに生じる電気、およびそれと同質の電気。符号は－で表す。陰電荷。

ふてん-そっと【普天率土】❶全世界。天下。❷天下を治める王。君主。「—の勅命によれり」〈謡・小鍛冶〉

ふてん-の-もと【普天の下】あまねくおおう天の下。全世界。天下。ふてんのした。「—、王地にあらずといふことなし」〈平家・二〉

ふてんま【普天間】沖縄県宜野湾市北東部の地名。琉球古神道の神と熊野権現を合祀した普天間宮(琉球八社の一つ)の門前町として琉球国の時代から栄えた。明治初期に郡役所が置かれ、戦後は宜野湾市の中心地として発展。第二次大戦末期、普天間の南西に隣接する地域に、米軍普天間飛行場が建設された。

ふてんま-ひこうじょう【普天間飛行場】ヒカウヂヤウ 沖縄県宜野湾市の中心部に位置する在日米軍施設。昭和20年(1945)、沖縄戦の最中に米国陸軍が建設。同35年に海兵隊に移管された。周囲に住宅が密集し、深刻な騒音被害や墜落事故の危険性を早急に取り除く必要があるとされる。平成8年(1996)に日米政府間で全面返還の合意が成立している。

ふと【太】❶太いこと。太っていること。「庄野の—の、およねが俵腰に食ひついて」〈浄・丹波与作〉❷「太棹(ふとざお)」の略。❸名詞の上に付いて、太い意を表す。「—腹」「—物」❹神や天皇などに関する名詞や動詞の上に付いて、壮大である、りっぱな、などの意を表す。「—敷く」「—知る」「—玉串」

ふと【浮×屠|浮図|▽仏図】❶《梵 buddhaの音写》仏陀(ぶっだ)。ほとけ。❷《梵 buddha-stūpaから》仏塔。❸仏寺。❹僧侶。

ふ-と〔副〕❶はっきりした理由や意識もないままに事が起こるさま。思いがけず。不意に。ふっと。「—立ち止まる」「夜中に—目がさめた」❷素早く容易に行われるさま。すぐに。即座に。「竜あらば、—射殺して」〈竹取〉❸動作の敏速なさま。つっと。「猫また、あやまたず足もとへ—寄り来て」〈徒然・八九〉 補説「不図」「不斗」などと当てても書く。 類語 ふっと・急に・にわかに・出し抜け・突然・急遽(きゅうきょ)・唐突・短兵急・忽然(こつぜん)・俄然(がぜん)・突如・いきなり・不意に・矢庭に

ぶと【×蚋|×蟆=子】ブヨの別名。

ふと-い【太×藺|×莞】ヰ カヤツリグサ科の多年草。池沼などに生える。茎は高さ1〜2メートル、円柱状で太く、中空。葉は鱗片(りんぺん)状で、褐色を帯びる。夏、黄褐色の穂をつける。おおい。おおいぐさ。まるすげ。(季 夏)「放牧の馬あり沢に—あり/虚子」

ふと・い【太い】〔形〕文ふと・し〔ク〕❶棒状のものの径が大きい。周囲が大きい。また、肢体などに肉や脂肪がついている。「—・いパイプ」「首が—・い」⇔細い。❷線状のものの幅が大きい。「—・い線」⇔細い。❸声量が豊かである。また、低く重々しい声である。「—・い声」⇔細い。❹大胆である。また、落ち着いている。「神経が—・い」⇔細い。❺横着である。ずうずうしい。「食い逃げとは—・い奴だ」「—・い了見」❻物事の規模が大きい。勢いが盛んである。⇔細い。「苦心して—・くした身代を」〈木下尚江・良人の自白〉 補説 動詞「ふとしく」の誤用から生じたシク活用の例が近世以降認められる。「埋もれ木のふとしきを掘り得れば」〈読・莠句冊〉 派生 ふとさ〔名〕 類語 (❶)太やか・太め・寸胴(ずんどう)・肉太・幅広(はばびろ)/(❹)図太い・野太い・豪胆

太く短く したいことをして楽しく人生を過ごせるなら、長生きなどはしなくてもかまわないという態度にいう。「どうせなら—生きたい」⇔細く長く。

ふと-いき【太息】大きくゆるやかに息をすること。また、その息。

ふと-いと【太糸】❶いく本もより合わせた太い糸。❷絹糸で、玉糸・熨斗糸(のしいと)の称。❸綿糸で、20番手より太い糸。

ふ-とう【不当】フタウ〔名・形動〕正当・適当でないこと。道理に合わないこと。また、そのさま。「—な手段」「—解雇」 類語 不正・邪(よこしま)・横様・いんちき・いかさま

ふ-とう【不党】フタウ 一方だけに味方しないこと。党派をつくらないこと。「不偏—」

ふ-とう【不等】〘名・形動〙等しくないこと。また、そのさま。「一な配分」

ふ-とう【不×撓】〘名・形動〙どのような困難にあっても屈しないこと。また、そのさま。「一な(の)気力」 (類語)不退転・不抜・不屈

ふ-とう【×埠頭】港内で、船を横づけにして荷物の積み卸しや旅客の乗降などをする区域。陸から海に突き出して設けるものが多い。波止場。 (類語)波止場・船着き場・港・港湾・船泊まり・桟橋・岸壁・築港・海港・河港・津・商港・漁港・軍港・ハーバー・ポート

ふ-とう【符頭】音符の白または黒の円い部分。

ふ-どう【不同】〘名・形動〙❶同じでないこと。また、そのさま。「大小一な(の)石」❷一定の基準にそって整理されていないこと。また、そのさま。「順一」

ふ-どう【不動】❶動かないこと。「一の姿勢をとる」❷他の力によって動かされないこと。ゆるぎないこと。「一の信念」❸「不動明王」の略。❹歌舞伎の隈取りの一。不動明王に扮するとき、青または赤を用いるもの。また、その時に用いる鬘。❶❷はフドー、❸❹はフドー。(類語)不変・安定・磐石

ふどう【不動】歌舞伎十八番の一。元禄10年(1697)江戸中村座の「兵根元曽我」で市川九蔵(2世団十郎)が演じたのが初めとされる。寛保2年(1742)の「雷神不動北山桜」に「鳴神」「毛抜」とともに取り入れられ、2世団十郎が演出を確立。

ふ-どう【府道】府がつくり、管理している道路。

ふ-どう【浮動】〘名〙スル 一定の場所に定まらないでただよい動くこと。「微かな色彩が一して居るように見え」〈宮本・禰宜様宮田〉

ふ-どう【婦道】婦人として守り行うべき道。

ぶ-とう【武闘】武力で相手と戦うこと。「一路線」

ぶ-とう【舞踏】〘名〙スル ❶踊りをおどること。舞い踊ること。特に、西洋音楽に合わせた西洋風の踊りにいう。「若い…男女が乱暴に一している」〈宮本・伸子〉❷「拝舞」に同じ。「太政大臣おりて一し給ふ」〈源・藤裏葉〉(類語)踊り・舞踊・舞・ダンス

ぶ-どう【武道】❶武士として身につけるべき技。武芸。武術。❷武士として守るべき道。武士道。(補説)武技・武術などから発生した日本固有の文化で、相手の動きに応じた基本動作や技を身につけ、攻撃や防御をすることによって勝敗を競う楽しさや喜びを味わえる運動として、中学校・高等学校の体育の学習領域に採用されている。中学校は柔道・剣道・相撲、高等学校は柔道・剣道から選択。地域や学校の実態に応じてなぎなたや弓道などの種目が採用されることもある。中学校では平成24年度(2012)から必修となる。(類語)武芸・武術

ぶ-どう【無道｜不道】〘名・形動〙《「ぶとう」とも。「不道」の場合は「ふどう」とも》❶人の道にはずれること。また、そのさま。非道。「悪逆一」「欲心に義を忘れたる五大院右衛門が心の程、希有なり、一なりと」〈太平記・一一〉❷見苦しいこと。また、そのさま。「憎らしい一な形で、遠慮会釈もなう」〈浄・大経師〉❸律の八虐の一。残虐な殺人、近親者に対する殺人などの罪。

ぶどう【×葡×萄】❶ブドウ科の蔓性の落葉低木。蔓は屈曲し、葉の変形した巻きひげで他に絡みつく。葉は手のひら状で浅い切れ込みがある。初夏、黄緑色の小花が集まって咲き、秋に多汁の実が房状に垂れ下がる。実は生食のほかジャム・ジュースやぶどう酒の原料とする。日本にはヨーロッパ系のものが中国を経て伝わり、江戸初期から棚作り法で栽培される。(季 秋｜花=夏)「一食ふ一語一語の如くにて/草田男」❷「葡萄色」の略。❸紋所の名。ブドウの葉や実を図案化したもの。

ふ-どうい【不同意】同意しないこと。不賛成。 (類語)反対・不賛成・不承知・異議・異論・異存・批判・抵抗・造反・対立・異を唱える・異を立てる

プトゥイ〖Ptuj〗スロベニア北東部、シュトアイエルスカ地方の都市。ドラバ川沿いに位置する。ケルト人の定住地に起源し、同国最古の歴史をもつ。古代ローマ時代にはポエトビオと呼ばれた。中世にアバール人に占領され、9世紀にスラブ人の町となった。ハンガリー人の侵入に備えて建造されたプトゥイ城、4世紀以前の創建とされる聖ユーリ教会がある。名産の白ワインおよびカーニバルが有名。

プトゥイ-じょう【プトゥイ城】《Ptujski grad》スロベニア北東部の都市プトゥイにある城。市街を見下ろす小高い丘の上に建つ。中世にハンガリー人の侵入に備えて建造。その後、増改築を繰り返し、ルネサンス、バロックなどの建築様式が見られる。現在は郷土の歴史や文化に関する博物館になっている。

ふどういだたい-ざい【不同意堕胎罪】女性本人の依頼や承諾によらず堕胎させる罪。刑法第215条が禁じ、6か月以上7年以下の懲役に処せられる。➡同意堕胎及び同致死傷罪

ふどういだたいちししょう-ざい【不同意堕胎致死傷罪】不同意堕胎罪にあたる行為をし、女性を死傷させる罪。刑法第216条が禁じ、通常の傷害罪などより重い刑が科せられる。不同意堕胎致死罪。不同意堕胎致傷罪。

ふ-とういつ【不統一】〘名・形動〙統一のとれていないこと。まとまりのないこと。また、そのさま。「一な意見をまとめる」(類語)不一致・アンバランス

ぶどう-いろ【×葡×萄色】熟した葡萄の実のような、赤みがかった紫色。

ふとう-えき【不凍液】自動車エンジンの冷却水が凍結するのを防ぐため、氷点降下剤として加える液。アルコール・グリセリン・エチレングリコールなど。

ふとう-おう【不倒翁】「起き上がり小法師」に同じ。

ふ-とうか【不登花】▶中性花

ふ-とうか【不等価】価値や価格が同じでないこと。「一交換」

ぶどう-がき【×葡×萄柿】シナノガキの別名。

ぶどう-がた【武道方】歌舞伎の役柄の一。立役のうち、特に武術にすぐれた勇壮な役。

ふどう-かぶ【浮動株】株価の動きに応じて売買され、常に市場に出回っている株。➡固定株

ふどう-かぶぬし【浮動株主】株価の変動に応じて株式を売買する株主。⇔安定株主。

ぶどう-からくさ【×葡×萄唐草】葡萄の蔓に葉と房を配して連続させた唐草文様。

ぶどう-きゅうきん【×葡×萄球菌】ブドウの実状に配列する性質をもつ球菌。グラム陽性菌で、化膿性疾患や食中毒などの原因となる。葡萄状球菌。

ふ-どうけ【不道化｜不道×外】〘名・形動ナリ〙場所をわきまえないたわむれ。悪ふざけ。また、そのさま。「こんな一な事はせぬものよ」〈松の葉・三〉

ふとう-けいひん【不当景品】顧客を誘引するため、商品などに添える決まり以上の過大な景品。

ふどう-げさ【不動×袈×裟】山伏の掛ける輪袈裟。結い袈裟。

ふとう-こう【不凍港】冬に海面が凍結する地域にあっても、暖流の影響などで海面が凍らない港。

ふ-とうこう【不登校】学校に不安・恐怖を感じる何らかの心理的理由や、本人を取り巻く家庭・学校・地域社会の状況などさまざまな要因が重なって、児童・生徒が登校できないでいる状態。ずる休みとは違うものと認識される。登校拒否。

ふとう-ごう【不等号】二つの数・式が等しくないことを表す記号。「>」「<」「≧」「≦」など。

ふどう-こく【不動穀】奈良・平安初期、非常の場合に備えて不動倉に貯蔵された穀類。

ふ-どうさん【不動産】土地およびその定着物である建物・立木など。船舶・自動車なども法律上不動産に準じた取り扱いを受ける。➡動産

ふどうさん-かんていし【不動産鑑定士】不動産の鑑定評価を行う法律上の資格を持つ者。国家試験に合格し、国土交通省に備える不動産鑑定士名簿に登録されなければならない。

ふどうさん-ぎんこう【不動産銀行】債券を発行して資金を調達し、不動産担保の長期貸付を行う銀行。日本債券信用銀行や、昭和25年(1950)普通銀行に転換する以前の日本勧業銀行・北海道拓殖銀行など。

ふどうさん-きんゆう【不動産金融】土地・建物など不動産を担保とする資金の貸し出し。

ふどうさん-しゅとくぜい【不動産取得税】売買・贈与・建築などによる土地や家屋の取得に対し、都道府県が課する地方税。

ふどうさんしんだつ-ざい【不動産侵奪罪】他人の不動産に対し、その占有を排除して自己の占有を設定する罪。刑法第235条の2が禁じ、10年以下の懲役に処せられる。

ふどうさんたんぽがた-せいかつしきん【不動産担保型生活資金】自宅を担保として老後の生活資金を低利で貸し付ける制度。土地・住宅を所有し、将来も住み続けることを希望する、65歳以上の高齢者で構成される低所得世帯が対象。厚生労働省が定め、都道府県社会福祉協議会が実施する、生活福祉資金貸付制度による貸付資金の一つ。(補説)平成21年(2009)10月に生活福祉資金貸付制度が見直され、それまでの長期生活支援資金と要保護世帯向け長期生活支援資金が統合、改称された。原則として、土地評価額が1000～1500万円以上(地域により異なる)の一戸建て住宅に居住していることが条件となる。ただし、生活保護の対象となる高齢者世帯の場合は、評価額500万円の居住用不動産(集合住宅を含む)を担保とする「要保護世帯向け不動産担保型生活資金」を利用することができる。

ふどうさんたんぽ-しょうけん【不動産担保証券】資産担保証券の一種。不動産ローン債権を証券化したもの。そのうち、住宅ローン債権を証券化したものを住宅ローン担保証券(RMBS)という。モーゲージ担保証券。MBS(mortgage-backed securities)。

ふどうさんたんぽ-ゆうし【不動産担保融資】土地・建物などの不動産を担保にした融資。債務が履行されない場合、貸し手は担保に供された不動産を売却して融資を回収することができる。貸し倒れのリスク(信用リスク)が減少するため、無担保の場合と比較して一般に融資の利率が低くなる。➡動産担保融資

ふどうさんてきせいとりひきすいしん-きこう【不動産適正取引推進機構】不動産取引に関する紛争の防止および適正な処理を推進する財団法人。昭和59年(1984)設立。所管は国土交通省。消費者からの苦情や紛争を未然に防ぐために啓発・助言を行うとともに、都道府県や事業者団体の相談窓口で解決できない紛争の処理にあたる。宅地建物取引主任者資格試験の実施機関でもある。RETIO(Real Estate Transaction Improvement Organization)。➡宅地建物取引業法

ふどうさん-とうき【不動産登記】登記の一種で、不動産に関する権利関係を登記簿に記載し公示するもの。

ふどうさん-とうししんたく【不動産投資信託】投資信託の一種。投資家から集めた資金でさまざまな不動産を購入し、賃貸収入や売却収益を投資家に配当として還元するもの。日本では平成12年(2000)投資信託法の改正で、不動産を投資信託の運用対象とすることが認められるようになった。これによって企業は不動産を証券化して資金の調達ができるようになり、個人投資家は少額資金で不動産に投資することが可能となった。リート(REIT)。(補説)日本におけるこの投資信託を日本版REIT、J-REITなどともいう。

ふどうさん-ほけん【不動産保険】家屋など不動産に生ずる損害を塡補することを目的とする保険。

ふどうさんゆうし-そうりょうきせい【不動産融資総量規制】▶総量規制❸

ふどうさんりゅうどうか-じぎょう【不動産流動化事業】新築または改築・改造して価値を高めた商業ビルや住宅ビルなどを売却して収益を上げる事業。

ふどう-じ【不動地】仏語。菩薩の十地じっちの第八位。修行が完成し、自然に菩薩行が行われる状態。
ふどう-じ【不動寺】群馬県甘楽かんら郡南牧なんもく村にある黄檗おうばく宗の寺。山号は、黒滝山。開創は嵯峨天皇の時代という。江戸時代に潮音道海が中興。
ふとう-しき【不等式】二つの数・式が等しくないことを、不等号を使って表した式。AがBよりも大きいときはA＞B、AがB以下であるときはA≦Bのように表す。
ふとう-じこう【不当事項】会計検査院が省庁・独立行政法人などの会計等を調査した結果、法律・政令または予算に違反し不当と認めた事項。内閣に提出する決算検査報告に記載され、是正されるまで継続して検査が行われる。平成22年度(2010)は425件、141億4122万円が不当事項として指摘されている。
ぶどう-しゅ【×葡×萄酒】ブドウの実をつぶしたもの、または果汁をアルコール発酵させてつくった醸造酒。赤・白・ロゼ(薄紅)に分けられる。ワイン。
ふとうしゅうえん-の-きょぎ【不当周延の虚偽】論理学における定言的三段論法で、前提では不周延である概念を結論で周延させるために生ずる虚偽。
ぶどう-じょう【×葡×萄状】葡萄の房のような形。小さな粒状のものが集まった形。
ぶどうじょう-きたい【×葡×萄状鬼胎】胞状奇胎ほうじょうきたいの旧称。
ふどう-しょうすうてん【浮動小数点】浮動小数点数における、位置が固定されない小数点。一般的には、小数点そのものより、その小数点を使った数や表現方法、またはコンピューターのプログラムなどの浮動小数点数型の呼称として用いられることが多い。「一で計算する」➡固定小数点
ふどうしょうすうてん-えんざん【浮動小数点演算】小数点の位置が固定されない浮動小数点数を用いて行う四則演算。コンピューターにおいては、扱う数の絶対値が大きく異なっていても任意の誤差の範囲内で計算できるため、科学計算に向く。➡固定小数点演算 補説例えば「1500×0.06」という乗算の場合、浮動小数点数で表現すると「1.5×10^3」×「6×10^{-2}」となり、仮数部の積「1.5×6」と指数部の積「10^3×10^{-2}」を分けて計算し、「9」×「10^1」すなわち「90」が得られる。コンピューターでの実際の演算処理は二進法で行われる。
ふどうしょうすうてんえんざん-ユニット【浮動小数点演算ユニット】▶エフ-ピー-ユー(FPU)
ふどうしょうすうてん-コプロセッサー【浮動小数点コプロセッサー】《floating-point co-processor》▶エフ-ピー-ユー(FPU)
ふどうしょうすうてん-すう【浮動小数点数】小数点の位置を固定せずに表現された数。コンピューターにおいては、絶対値の大きい数であっても任意の誤差の範囲内で桁数を小さくでき、科学計算に向く。➡固定小数点数 補説仮数*A*、基数*B*、指数*n*を用いて、$A \times B^n$のように表わす。例えば10進数の0.000125を10を基数として表現すると、1.25×10^{-4}や0.125×10^{-3}となる。
ふどうしょうすうてんすう-えんざんそうち【浮動小数点数演算装置】《floating-point number processing unit》▶エフ-ピー-ユー(FPU)
ふどうしょうすうてんすう-がた【浮動小数点数型】コンピューターのプログラムにおける、浮動小数点演算を用いたデータ処理の方式。極小な数や極大な数を扱えるため、科学計算をはじめ、固定小数点数型より広汎に用いられている。浮動小数点型。
ふとう-しょぶん【不当処分】違法ではないが、適当ではない処分。
ふとう-じん【不当人】人の道にそむいた行いをする人。不法者。無道人ぶとうじん。ふとうにん。「西光といふ下賤の一めが申すことに」〈平家・二〉
ふどう-しん【不動心】他によって動かされることのない心。動揺することのない精神。
ぶどう-じん【無道人｜不道人】《「ぶとうじん」とも。「不道人」の場合は「ふどうじん」とも》「不当人ふとうじん」に同じ。「三箇の荘を押領し、返し与へぬ一」〈伎・霊験曽我籬〉
ふとうすい-そう【不透水層】地層を構成する粒子間のすきまが小さく、地下水を通しにくい、または通さない地層。
ぶどう-せき【×葡×萄石】カルシウム・アルミニウムの含水珪酸塩けいさんえん鉱物。淡緑色・灰色ないし白色で、斜方晶系に属し、ふつう塊状、まれに板状結晶。多く、弱い変成作用を受けた堆積岩たいせきがん中にみられる。
ふどう-そう【不動倉】奈良・平安初期、不動穀を貯蔵するために諸国に設けた倉。開倉には太政官の許可を必要とした。ふどうのくら。
ふとうそく-うんどう【不等速運動】力が作用しているときの物体の運動。加速度運動のように速度が時間とともに変化する運動。
ふどう-そん【不動尊】不動明王の尊称。
ふどう-たい【不動態】金属がもっている化学反応性を失った状態。鉄を濃硝酸に入れると、表面に酸化被膜ができるため、酸に溶けなくなるなど。
ふ-どうたい【不導体】熱や電気が伝わりにくい物体。ガラス・雲母など。不良導体。絶縁体。
ぶどう-だな【×葡×萄棚】❶ブドウのつるをはわせるための棚。竹や木を四つ目に結って作る。《季 秋》❷簀すの子❸の異称。
ふどう-ち【不動×智】仏語。何物にも動かされることのない智慧。
プドゥチェリー〖Puducherry〗▶ポンディシェリー
ぶどうでんらいき【武道伝来記】浮世草子。8巻。井原西鶴作。貞享4年(1687)刊。諸国の敵討ち32話を集めたもの。
ぶどう-とう【×葡×萄糖】単糖類の一。Dグルコースのこと。でんぷん・グリコーゲンなどの多糖類の成分で、無色の結晶。水によく溶け、還元性を示す。ブドウなどの果実や蜂蜜はちみつに多く、人間の血液中にも一定量含まれる。デキストロース。
ふ-どうとく【不道徳】〘名・形動〙道徳に反していること。また、そのさま。「一な行為」類語不倫・不徳
ふとうな-しはい【不当な支配】特定の勢力が教育に介入し、自主的に行われるべき教育を妨げること。またその状態。教育基本法は、教育が「不当な支配に服することなく」行われるべきものであるとして、教育権の独立性を規定している。補説以前の教育基本法では、「教育は、不当な支配に服することなく、国民全体に対し直接に責任を負って行われるべきものである。教育行政は、この自覚のもとに、教育の目的を遂行するに必要な諸条件の整備確立を目標として行われなければならない」(第10条)と定めていたが、平成18年(2006)の改正で、「教育は、不当な支配に服することなく、この法律及び他の法律の定めるところにより行われるべきものであり、教育行政は、国と地方公共団体との適切な役割分担及び相互の協力の下、公正かつ適正に行われなければならない」(第16条)と改訂された。
ふどうななえ-たき【不動七重滝】《「ふどうななえのたき」とも》奈良県南部、吉野郡下北山しもきたやま村にある滝。釈迦しゃかヶ岳に源を発する前鬼ぜんき川中流にある落差100メートルの7段からなる名瀑。
ふどう-なわ【不動縄】米俵にかける太い縄。
ぶどう-ねずみ【×葡×萄×鼠】赤みを帯びたねずみ色。
ふどう-の-かなしばり【不動の金縛り】❶修験者の秘法の一つで、不動明王の持つ羂索けんさくによって悪魔を縛る術。転じて、人を自由に動けなくする術。❷金銭関係で人の自由を束縛すること。
ぶとう-は【武闘派】相手と妥協せず、暴力・武力を用いて自分の主張を貫こうとする考えの人。類語強硬派・鷹派たかは
ふどう-ひょう【浮動票】選挙で、支持する政党・候補者の一定していない有権者の票。スイングボート。⇔固定票。
ぶとう-びょう【舞踏病】顔・手足に不随意運動を生じ、踊りのような手ぶり身ぶりを示す病気。脳の異常で起こるハンチントン病、脳動脈の硬化で起こる老人性舞踏病、子供のリウマチ熱に伴って起こる小舞踏病などがある。
ふとう-ひょうじ【不当表示】広告などの表示で、商品やサービスの品質・内容・価格などについて事実とは違った、誇張した書き方をして不当に顧客を誘引するおそれがあると認められるもの。
ふとう-ふくつ【不×撓不屈】どんな困難にあっても決して心がくじけないこと。「一の精神」
ふとうへん-さんかくけい【不等辺三角形】どの辺の長さも等しくない三角形。
ふどう-ほう【不動法】不動明王を本尊として、除病・延命のために行う修法。
ぶどう-まく【×葡×萄膜】眼球の虹彩こうさい・毛様体もうようたい・脈絡膜みゃくらくまくの総称。外観がブドウの粒を思わせるのでいう。
ぶどうまく-えん【×葡×萄膜炎】眼球のぶどう膜(虹彩・毛様体・脈絡膜)に起こる炎症の総称。ベーチェット病・サルコイドーシス・原田病・リウマチなどの疾患や、細菌・ウイルスなどの感染が原因となって起こることが多く、視力低下・飛蚊症・結膜の充血、眼痛などの自覚症状がある。
ふどう-みょうおう【不動明王】《梵 Acalanātha の訳》五大明王・八大明王の主尊。大日如来の命を受けて魔軍を撃退し、災害悪毒を除き、煩悩ぼんのうを断ち切り、行者を守り、諸願を満足させる。右手に利剣、左手に縄を持ち、岩上に座して火炎に包まれた姿で、怒りの形相に表す。両眼を開いたものと左眼を半眼にしたものとあり、牙きばを出す。制吒迦せいたか・矜羯羅こんがらの二童子を従えた三尊形式が多い。不動尊。無動尊。
ふ-とうめい【不透明】〘名・形動〙❶透明でないこと。また、そのさま。「一な(の)ガラス」❷事の成り行きや実状などが、はっきり示されないこと。また、そのさま。「金の流れが一だ」派生ふとうめいさ〘名〙
ふとうめい-かん【不透明感】透明でない感じ。また、事の成り行きや実状などがはっきりしない感じ。「長引く不況による先行き一」
ふとうめい-たい【不透明体】光を通さない物体。
ふとう-よう【不等葉】同一個体に生じる形や大きさの異なる葉。モミ・アスナロやツタなどにみられる。
ふとう-りとく【不当利得】法律上の原因がないのに他人の財産や労務によって利益を受け、そのために他人に損失を与えること。
フドゥルルック-の-おか【フドゥルルックの丘】《Hıdırlık Tepesi》トルコ北部の小都市サフランボルの市街南東部にある丘。世界遺産(文化遺産)に登録された伝統的な家並みを望む展望地として知られる。19世紀半ばに建てられたハッサンパシャ廟がある。
ふとう-れんばい【不当廉売】商品や役務を不当に安い価格で継続して販売し、他の事業者の事業活動を妨げる行為。独占禁止法で禁止されている。ダンピング。補説国際貿易では、国内価格よりも安い価格で輸出すること。
ふとう-ろうどうこうい【不当労働行為】使用者が労働者に対してその団結権・団体交渉権・争議権および労働組合の自主性などを侵害する行為。労働組合法では、組合員であることその他の理由で不利益な取り扱い(差別待遇)をする行為、黄犬契約・団体交渉拒否・支配介入など。労働者または労働組合は労働委員会や裁判所に救済申し立てをすることができる。
ふと-おり【太織(り)｜×絁】玉糸や熨斗糸のしいとで織った平織りの絹織物。太絹ふとぎぬ。ふとり。
ふ-どき【風土記】❶地方別にその風土・文化その他について記した書物。❷奈良時代の地誌。和銅6年(713)元明天皇の詔により、諸国の産物・地形・古伝説や地名の由来などを記して撰進させたもの。現存するのは、完本の出雲と、省略欠損のある常陸ひたち・

播磨はり・肥前・豊後ぶんの5か国のもの。上代の地理・文化を知るうえで貴重。後世のものと区別するため、古風土記ともいわれる。

ふと-ぎぬ【太絹|×絁】▶太織り

ふ-とく【不徳】〔名・形動〕❶身に徳の備わっていないこと。❷人の行うべき道に反すること。また、そのさま。不道徳。「一な(の)輩やか」「一漢」
(類語)不徳義・不道徳・背徳・悪徳・不仁・不義・不倫
不徳の致いたすところ　自分の不徳のため引き起こしたこと。失敗や不都合のあったとき、謝罪の意味で使う。

ふ-とく【婦徳】女子の守るべき徳義。「一の尊きを教えられしを」〈魯庵・社会百面相〉

ぶ-とく【武徳】武士として守るべき徳義。また、武士の威徳。

ふ-とくい【不得意】〔名・形動〕得意でないこと。また、そのさま。不得手。「一な学科」
(類語)不得手・苦手・へた

ふ-とくぎ【不徳義】〔名・形動〕徳義に背くこと。また、そのさま。「危急時に一な業者がはびこる」
(類語)不道徳・不倫・不徳・不義

ふ-とくさく【不得策】〔名・形動〕得策でないこと。また、そのさま。「事を荒立てるのは一だ」(類語)損・不利

ふ-とくしん【不得心】〔名・形動〕❶納得できないこと。また、そのさま。「行儀作法の躾もせんうちに信吾さんに添わせるのは私は一でござりますよし」〈有吉・助左衛門四代記〉❷心ないこと。無作法であること。また、そのさま。「あの鉢かづきめが近づき参らせんと、思ふ心の一さよ」〈伽・鉢かづき〉

ふ-とくてい【不特定】〔名・形動〕特に定まっていないこと。また、そのさま。「一な(の)対象」「一多数」

ふとくてい-ぶつ【不特定物】具体的な取引に際して、当事者が物の個性を問題とせず、単に種類に着目して取引した物。馬10頭など。⇔特定物。

ぶとく-でん【武徳殿】㊀平安京大内裏の殿舎の一。右近衛府の東にあり、騎射・競べ馬などのときに天皇がこの殿舎で観覧した。弓場殿ゆば。㊁明治28年(1895)京都の平安神宮の境内に建てられた大日本武徳会の演武場。現在は廃止。

ぶとく-もん【武徳門】平安京内裏内郭十二門の一。西面し、陰明門の南にあった。

ふとく-ようりょう【不得要領】〔名・形動〕要領を得ないこと。要点がはっきりしないこと。また、そのさま。「一な返事」

ふところ【懐】❶衣服を着たときの、胸のあたりの内側の部分。懐中。「受け取った金を一にしまう」❷前に出した両腕と胸とで囲まれる空間。「横綱の一に入り込む」❸周りを山などに囲まれた奥深い場所。「山の一を切り開く」❹外界から隔てられた安心できる場所。「親の一で不自由なく育つ」「大自然の一に抱かれる」❺物の内部。内幕。「敵の一に飛び込む」❻持っている金。所持金。「他人の一をあてにする」「一と相談する」❼胸の内の考え。胸中。「一を見透かす」(類語)(❶)懐中・内懐
懐が暖か・い　持ち合わせの金がたくさんある。「思わぬボーナスで一・い」
懐が寂し・い　「懐が寒い」に同じ。「給料日前で一・い」
懐が寒・い　所持金が少ない。懐が寂しい。「借金を返したら一・くなった」
懐が深・い　❶相撲で、腕と胸のつくる空間が大きく、相手になかなか回しを取らせない。❷心が広く、包容力がある。「一・い人物」
懐に・する　懐に入れて持つ。また、自分のものにする。「大金を一・して出かける」
懐を暖・める　「懐を肥やす」に同じ。「立場を利用して一・める」
懐を痛・める　自分の金を使う。身銭を切る。「一・めてまで見ず知らずの他人に施しをする」
懐を肥や・す　不当の利益を得る。私腹を肥やす。懐を暖める。「裏取引の口利きをして一・す」

ふところ-がたな【懐刀】❶懐中に所持する護身用の小さい刀。懐剣かいけん。❷腹心の部下。「社長の一」

ふところ-がみ【懐紙】たたんで懐に入れておく紙。ちり紙にしたり、詩歌などを書いたりする。畳紙たとう。かいし。

ふところ-かんじょう【懐勘定】所持金や費用などを頭の中で勘定すること。胸算用。
(類語)見積もり・目算・胸算用・推計・積もり・皮算用

ふところ-ぐあい【懐具合】所持金の額や金回りの状態。懐都合。「一がいい」

ふところ-ご【懐子】❶親の懐に抱かれる幼な子。❷大事に育てられた子。転じて、世間知らずの子。箱入り娘。「並の一とは違って、少しの苦しみや愁らい位は驚きやしないから」〈風葉・深川女房〉

ふところ-すずり【懐×硯】携帯できる小型の硯すずり。懐中かいちゅう硯。

ふところ-そだち【懐育ち】親の手もとで大切に育てられること。「もともと気の小さい、一のお坊ちゃんなんだから」〈鏡花・婦系図〉

ふところ-つごう【懐都合】「懐具合ふところぐあい」に同じ。

ふところ-で【懐手】〔名〕スル❶和服を着たとき、手を袖から出さずに懐に入れていること。(季 冬)「一こころ見られしごとほどく／汀女」❷自分では何もしないこと。拱手きょうしゅ。「一したまま見過ごす」

ふところ-てじょう【懐手錠】江戸時代の刑罰の一。両手を懐に入れて縛り、縛り目に封印をした。

ふところ-でっぽう【懐鉄砲】ピストル。短筒たんづつ。

ふと-ざお【太×棹】❶三味線の種類の一。棹の太さによって3種に分けたうちの最も太いもの。胴も大きく、また弦も太い。義太夫節などに用いられる。➡中棹ちゅうざお ➡細棹ほそざお ❷義太夫節の異称。

ふと-じ【太字】線の太い文字。⇔細字。

ふどし【×褌|犢=鼻=褌】「ふんどし」の音変化。「一も人を頼まず、帯も手づから前にむすびて」〈浮・一代男・一〉

ふと-し・く【太敷く】〔動カ四〕❶柱などを、しっかりと立てる。宮殿をりっぱに構える。「宮柱一・きまつり高知らす布当ふたぎの宮は」〈万・一〇五〇〉❷りっぱに治める。「飛ぶ鳥の清御原きよみの宮に神かむながら一・きまして」〈万・一六七〉

ふと-した〔連体〕思いがけない。偶然の。ちょっとした。「一縁で知り合う」

ふと-して〔副〕何かのはずみで。ひょっとして。「一会えるかも知れない」

ふと-し-も〔連語〕《副詞「ふと」＋副助詞「し」＋係助詞「も」》「ふと」を強めていう語。打消しの表現を伴う。「一見え分かれず」〈源・帚木〉

ふと-し・る【太知る】〔動ラ四〕「太敷く」に同じ。「畝傍うねびの宮に宮柱一・り立てて」〈万・四四六五〉

ふと-たかし・く【太高敷く】〔動カ四〕「太敷く」に同じ。「長柄ながらの宮に真木柱一・きて」〈万・九二八〉

ふとだま-の-みこと【太玉命|布刀玉命】日本神話で、高皇産霊神たかみむすびのかみの子。天照大神が天の岩戸に隠れた際、天児屋命あまのこやねのみこととその出現を祈請し、また、天孫降臨に五伴緒神いつとものおのかみの一として随従した。忌部いんべ氏の祖先神。天あまの太玉命。

ふとっ-ちょ【太っちょ】太っていること。また、その人をからかっていう語。でぶ。ふとっちょう。(類語)肥満

ふとっちょ-マルガレータ【太っちょマルガレータ】《Paks Margareeta》エストニアの首都タリンの旧市街北端、スールランナ門に隣接する砲塔の通称。16世紀前半に町の防御のために建造された。高さ20メートル、直径25メートルで壁の厚さは5メートル近くある。兵舎や監獄として使われたことがあり、通称は囚人の給仕をしたマルガレータという名の女性にちなむ。1917年のロシア革命時に火災になったが、修復後は海洋博物館になっている。

ふと-つのざめ【太角×鮫】ツノザメ科の海水魚。全長約80センチ。全体に灰色で、背びれに鋭いとげがある。東北地方以南、南シナ海とハワイに分布。あぶらざめ。

ふとっ-ぱら【太っ腹】〔名・形動〕《「ふとはら」の音変化》❶太った腹。ふとばら。❷度量の大きいこと。大胆で、物事に動じないこと。また、そのさまや、その人。「後輩に一な(の)ところを見せる」(類語)雅量・広量

ふ-とどき【不届き】〔名・形動〕《古くは「ふとどき」とも》❶配慮・注意の足りないこと。不行き届き。「万事一のないよう注意する」❷道や法に背いた行為をすること。また、そのさま。「一な所行」「一者」

ふとどき-しごく【不届き至極】〔形動〕図〔ナリ〕この上なく不届きなさま。不届き千万。「一なやつ」

プトナ-しゅうどういん【プトナ修道院】《Mănăstirea Putna》ルーマニア北東部の村プトナにある修道院。15世紀、モルドバ公国のシュテファン大公により創設。中世モルドバ地方における最も重要な宗教施設の一つであり、火災により大半が破壊されたが後に再建。白い外壁をもち、内部は色鮮やかなフレスコ画が隙間なく描かれている。シュテファン大公とその一族の墓のほか、大公ゆかりのイコンなどを所蔵する付属博物館がある。

ふと-ぬの【太布】太い糸で粗く織った布。

ふ-どの【▽文殿】《「ふみどの」の音変化》❶「ふみどの」に同じ。❷太政官・院の庁・摂関家などで、それぞれの文書を納めておいた所。所領関係の文書も保管され、のちに所領の訴訟を裁断する所となった。

ふと-のりと【太祝-詞】祝詞のりとの美称。「天つ祝詞の一を」〈祝詞・六月月次祭〉

ふとのりと-ごと【太祝-詞言】祝詞の美称。「中臣なかとみの一言ひ祓へ贖あかふ命も誰たがために汝なれ」〈万・四〇三一〉

ブドバ〖Budva〗モンテネグロ南西部の都市。アドリア海に面する。海岸保養地として知られるブドバリビエラの中心地。古代ギリシャ、古代ローマの町があったほか、4世紀に渡ってベネチア共和国の支配下に置かれた。旧市街はオスマン帝国の侵略に備えて造られた城壁に囲まれ、聖イバン教会、聖マリア教会などの中世の歴史的建造物が残っている。

ふと-ばし【太箸】太い箸。新年の祝いの食膳に用いる太い白木の箸。雑煮箸。(季 新年)「一や頬燃えて侍す吾子二人／波郷」(類語)おてもと・割り箸・菜箸

ふと-ばら【太腹】〔名・形動〕《「ふとはら」とも》❶太った腹。また、馬などの腹の、ふくらんで垂れた部分。❷「ふとっぱら❷」に同じ。「一な(の)上司」

ブドバ-リビエラ〖Budva Riviera〗モンテネグロ南西部の海岸。ブドバ以東、約35キロメートルのアドリア海沿岸を指す。ブドバをはじめ、ベチチ、スベティステファン、ペトロバツなどの町があり、同国屈指の海岸保養地として知られる。ブドバンスカリビエラ。

ブドバンスカ-リビエラ〖Budvanska Rivijera〗▶ブドバリビエラ

ふと-ぶえ【太笛】神楽笛かぐらぶえの異称。

プドフキン〖Vsevolod Illarionovich Pudovkin〗[1893〜1953]ソ連の映画監督。モンタージュ理論を唱え、ソ連映画の基礎を築いた一人。代表作「母」「アジアの嵐」など。

ふと-ぶと【太太】〔副〕スル　いかにも太いさま。太く感じられるさま。「毛筆による一(と)した文字」

プトマイン〖ドイツ Ptomain〗肉類食品の腐敗によって生じる有毒成分。食中毒の原因物質と考えられていた。屍毒しどく。

ふと-まき【太巻(き)】太く巻くこと。また、太く巻いたもの。「一ずし」

ふと-まに【太▽占|太▽兆】上代の占いの一。鹿の肩の骨を焼き、その割れ目の形で吉凶を占う。

ぶ-どまり【歩留(ま)り】❶加工する場合の、使用原料に対する製品の出来高の比率。❷食品の原形物に対する食用可能な部分の比率。

ふと・む【太む】㊀〔動マ四〕太くなる。「くだけちぢみ一・みたれども」〈ささめごと・下〉㊁〔動マ下二〕太くする。〈日葡〉

ふと-むぎ【太麦】オオムギの別名。

ふと-め【太め】〔名・形動〕いくらか太いこと。太り気味であること。また、そのさま。「一な(の)ズボン」⇔細め。(類語)太い・太っちょ

ふと-もの【太物】❶絹織物を呉服というのに対して、綿織物・麻織物など太い糸の織物の総称。❷衣服にする布地の総称。反物たんもの。(類語)布・布地・生地

ふともの-だな【太物▽店】太物❶を売る店。
ふと-もも【太▽股｜太×腿】足のひざより上の太い部分。(類語)もも・大腿だい
ふと-もも【蒲＝桃】フトモモ科の常緑小高木。葉は細長く、革質でつやがある。3、4月ごろ、白い4弁花を開き、黄白色の雄しべが多数のびる。実は卵形・球形などをし、白や黄色で香りがあり、生食のほかジャム・酒などに利用。熱帯アジアの原産。
ふと-やか【太やか】〔形動〕〔文〕〔ナリ〕いかにも太いさま。「手に一なる棒持ちたるが」〈小波・こがね丸〉
プトラナ-こうげん【プトラナ高原】《Plato Putorana》ロシア連邦中部、中央シベリア高原の北西端の高原。クラスノヤルスク地方、タイミル半島の南に位置する。シベリアトラップと呼ばれる2億5000万年前頃の火山活動による溶岩台地(洪水玄武岩)からなる。亜北極圏、北極圏の手つかずの自然が残るステップ、ツンドラが広がり、2010年に世界遺産(自然遺産)に登録された。プトラナ平原。
プトラナ-へいげん【プトラナ平原】《Plato Putorana》▶プトラナ高原
ふとり-じし【太り▽肉】よく太っていること。肉づきのよいこと。「一のからだ」(類語)肥満・でぶ・太っちょ
ふとり-せ・む【太り責む】〔動マ下二〕ひどく太る。肥満する。「一・めたる大男の」〈平治・中〉
ブトリント〖Butrint〗アルバニア南部のギリシャ国境近くにある遺跡。ギリシャの植民都市を起源とし、イオニア式の神殿や円形劇場などがつくられた。ローマ帝国に併合されると、その都市機能はさらに拡充。東ローマ帝国時代にはキリスト教建築も盛んにみられたが、オスマン帝国時代に廃墟となった。20世紀になって発掘がすすみ、1992年に世界遺産(文化遺産)に登録された。
ふと・る【太る｜▽肥る】〔動ラ五(四)〕❶からだに肉や脂肪が厚くつく。太くなる。「運動不足で一・る」「まるまると一・る」⇔やせる。❷財産などがふえる。豊かになる。「特定の業者を一・らせる」(可能)ふとれる
プトレマイオス〖Klaudios Ptolemaios〗2世紀ごろのギリシャの天文・地理学者。天文学書「アルマゲスト」を著し、天動説を完成。また緯度・経度を用いた地図を作り、数学・音楽などの研究も行った。英語名トレミー。生没年未詳。
プトレマイオス-ちょう【プトレマイオス朝】《Ptolemaios》ヘレニズム時代のエジプトを支配したマケドニア人の王朝。前304年にアレクサンドロス大王の武将プトレマイオス1世が建国。首都アレクサンドリアはヘレニズム文化の中心地として栄えた。前30年、クレオパトラの死によって断絶。
ふ-とん【布団｜×蒲団】《「ふ(蒲)」「とん(団)」は唐音。「布」は「蒲」に当てた字》❶布地を縫い合わせ、中に綿・羽毛などを入れた寝具。敷き布団・掛け布団など。「一を敷く」「一を上げる」「煎餅せんべい一」(季冬)「一着て寝たる姿や東山/嵐雪」❷座禅などで座るときに用いる蒲がまの葉で編んだ円形のもの。
ふとん【蒲団】田山花袋の小説。明治40年(1907)発表。中年の作家竹中が、美貌の弟子芳子に寄せる恋と嫉妬しっとの思いを赤裸々に描く。最初の私小説とされ、その後の自然主義文学に大きな影響を与えた。
ふとん-がわ【布団皮】布団の綿などをくるんでいる布地。
ふとん-むし【布団蒸(し)】いたずらやこらしめのために、人を布団でおおったりくるんだりして、押さえつけること。
ふな【船｜舟】ふね。多く、名詞や動詞の上に付いて複合語をつくる。「一宿」「一乗り」「一出」
ふな【×鮒】コイ科の淡水魚。日本の湖沼・河川で最も一般的な魚で、コイに似るが口ひげがなく、体高が高くて側扁する。キンブナ・ギンブナ・ゲンゴロウブナ・ニゴロブナなどの亜種に分けられる。アジア大陸に広く分布し、金魚はその飼養品種。
ぶな【×橅｜山＝毛＝欅｜×椈】ブナ科の落葉高木。温帯の山地に分布し、高さ約30メートルになる。樹皮は灰色。葉は小さく、卵形で縁が波形。5月ごろ、枝の下部に頭状に集まった雄花が垂れてつき、上部に、2個ずつ総苞そうほうに包まれた雌花が上向きにつく。秋、黄葉に先立って実が熟し、殻斗かくと内に堅果が2個ある。ブナ科の双子葉植物はほかにクリ・シイ・ナラなども含まれ、約600種が温帯から熱帯にかけて分布、実は殻斗をもち、どんぐりとよばれる。ぶなのき。しろぶな。そばのき。
ブナ〖ドイツ Buna〗ドイツのブタジエン系合成ゴムの商標名。
ふな-あか【船×淦】船の外板の合わせ目などからしみ込んで、船底にたまった水。あか。
ふな-あきんど【船▽商▽人】船客相手の商売人。
ふな-あし【船足｜船脚】❶船の進むこと。また、その速さ。「一を伸ばす」「一が落ちる」❷水上にある船の、水面下の部分。また、その深さ。喫水。
ふな-あそび【船遊び】船に乗って水上で遊ぶこと。涼を楽しむ目的などで行う。(季夏)
ふな-あと【船跡】「航跡こうせき」に同じ。
ふな-あまり【船余り】船が岸に着くとき、その反動で少し岸から離れること。一説に「帰り来む」にかかる枕詞ともいう。「大君を島に放はぶらば一い帰り来むぞ」〈記・下・歌謡〉
ふな-あらため【船改め】港に出入りする船舶を船番所の役人が検査すること。ふねあらため。
ふ-ない【府内】❶府の区域または管轄内。❷▶御府内ごふない
ふない【府内】大分市の古称。
ぶ-ない【部内】役所・会社などの部の内部。また、その組織・機関の内部。「一会議」「政府一」⇔部外。
ふな-いかだ【船×筏】小船を多数つなぎ並べ、板を渡していかだのようにしたもの。橋などとした。
ふな-いくさ【船▽軍】❶船を用いて海上で戦うこと。海戦。❷兵船で編制した軍隊。水軍。「一を率ゐて高麗を撃つ」〈雄略紀〉
ふな-いた【船板】船を作るのに用いる板。また、その板の古くなったもの。
ふないた-べい【船板塀】船板の古材で作った塀。
ふな-いり【船入り】❶船を岸へつけるために設けた堀や入り江。❷▶御船おふな入り
ふな-いわい【船祝(い)】船主が正月に船霊ふなだまを祭る祝い。多く、正月2日に行う。乗り初ぞめ。起舟きしゅう。
ふな-うた【船歌｜舟唄】❶船方が船をこぎながらうたう歌。広義には、船に関係した作業や儀式に歌われる民謡。棹歌とうか。❷▶バルカローラ
ふな-えい【船▽酔ひ】「ふなよい」に同じ。「かの一の淡路の島の大御おほいご」〈土佐〉
ふなおか-やま【船岡山】京都市北区にある小丘陵。標高112メートルで、船を伏せた形をしている。平安時代は貴族の行楽地、のち火葬場・刑場。また戦略上の要地とされ、応仁の乱の西軍の拠点となった。織田信長をまつる建勲たけいさお神社がある。船岡。
ふな-おくり【船送り】船に乗せて送ること。また、船に遺体・位牌いはいなどを乗せて流し送ること。
ふな-おけ【舟×桶】海人あまが海に入るとき、海上に浮かべておく桶。
ふな-おさ【船▽長】船方の長。船頭。
ふな-おろし【船卸し｜船下ろし】❶新造船の進水式。船主や船頭、またその妻などを水中に投げ込むなどの習俗がある。❷船の積み荷をおろすこと。
ふ-なか【不仲】〔名・形動〕仲がよくないこと。また、そのさま。「一な兄弟」(類語)不和・仲違い・反目・葛藤
ふな-がいしゃ【船会社】船を持ち、旅客や貨物の運送を扱う会社。海運会社。
ふな-がかり【船掛(か)り｜船×繋り】〔名〕スル 船を岸につなぎとめること。船を停泊させること。また、その場所。「河口に一する」(類語)停泊・寄港・投錨とうびょう
ふな-がく【船楽】船の中で音楽を演奏すること。また、その音楽。「新しく造られたる船ども、さし寄せさせて御覧ず…。一いとおもしろし」〈紫式部日記〉
ふな-かげ【船影】「せんえい(船影)」に同じ。
ふな-かざり【船飾り】❶船を幟のぼり・旗などで飾ること。また、その飾り。❷船を装備して出帆の用意をすること。「八十国やそくには難波に集ひ一我あがせむ日ろを見も人もがも」〈万・四三二九〉
ふな-かじ【船火事】船で発生する火災。
ふな-かた【船方】船に乗って働く人。船乗り。
ふな-がた【船形｜舟形】船の形。また、船の形を模したもの。「一の花器」
ぶな-が-たけ【武奈ヶ岳】滋賀県西部にある山。標高1214メートル。琵琶湖西岸に連なる比良ひら山地の最高峰。琵琶湖国定公園の一部。名の由来は、山腹にブナの木が多く生えていることから。
ふながた-こうはい【舟形光背】仏像の光背で、船首を上にして舟を縦に立てた形に似るもの。舟後光ふなごこう。
ふながた-せっかん【舟形石棺】古墳時代の石棺の一種。石をくりぬいて作ったもので身と蓋ふたとから成り、形が和船に似る。運搬のための縄かけの突起を備える。
ふながた-もっかん【舟形木棺】古墳時代の木棺の一種。丸太を縦に二つに割って中をくり抜いて作り、身と蓋ふたとからなる。身の両端を削り、舟の形に似るところからの名。
ふながた-やま【船形山】宮城・山形両県にまたがる山。標高1500メートル。東北方に火口湖(鏡ヶ池)がある。船形連峰は両県の県立自然公園に指定されている。名の由来は、北東から見た山稜が船を伏せた形に似ていることから。山形県では「御所ごしょ山」と呼ばれる。
ふな-ぎ【船木】船をつくるための材木。船材。「とぶさ立て足柄山に一伐きり」〈万・三九一〉
ふな-ぎお・う【船▽競ふ】〔動ハ四〕船をこぎきそう。「船並なめて朝川渡り一・ひ夕川渡る」〈万・三六〉
ふなき-しげお【舟木重雄】[1884～1951]小説家。東京の生まれ。広津和郎ひろつかずお・葛西善蔵かさいぜんぞうらと文芸同人雑誌「奇蹟」を創刊。志賀直哉との親交も深かった。
ふな-ぎみ【船君】❶船長ふなおさ。❷船旅の長である人。「一なる人、波を見て」〈土佐〉
ふな-ぐ【船具】船に用いる器具。舵かじ・櫂かい・帆柱・碇いかり・綱など。船具足。せんぐ。
ふなくい-むし【船食虫】フナクイムシ科の二枚貝。体は細長く、30センチ以上にもなる。石灰質を分泌して管を作り、その中に入っている。貝殻は退化して小さく、体の前部につき、表面にあるやすり目状の肋ろくで、木造船や海中の木材に穴をあけてすむ。
ふな-ぐら【船蔵｜船倉｜船▽庫】❶船を納めておく倉庫。船小屋。❷「船倉せんそう」に同じ。
ふな-くら・ぶ【船▽競ぶ】〔動バ下二〕「ふなぎおう」に同じ。「船並べ朝河渡り一・べタ河渡り」〈拾遺・雑下〉
ふな-くらべ【船▽競べ】船をこいで速さを競いあうこと。漁村の祭礼などで行われる。
ふな-ぐり【船繰り】必要に応じて配船すること。
ふな-こ【船子｜舟子】船長ふなおさの指揮下にある人。水夫。船方。「楫取り、一どもにいはく」〈土佐〉
ぶな-こ【×橅子】ぶな材をテープ状に薄く裁断してコイル巻きにしたもの。底板に巻いて皿や鉢などに成形する。
ふな-ごこう【舟後光】▶舟形光背ふながたこうはい
ふな-ごころ【船心】船酔い。ふなごこち。「昨日は御船に召され、一に損じ給ひて」〈義経記・七〉
ふな-こし【船越し】《「ふなごし」とも》半島や島などで、陸地がくびれて幅が狭くなっている所。舟をかついで越したところからいう。
ふなこし-おび【船越帯】格子縞の博多織に独鈷とっこの模様のある男帯。明治維新前に流行した。
ふな-ごや【船小屋｜舟小屋】「船蔵ふなぐら❶」に同じ。
ふなさか-とうげ【船坂峠】兵庫県赤穂郡上郡町と岡山県備前市との境にある峠。隠岐おきに流される後醍醐天皇を、児島高徳こじまたかのりが迎えた地。
ふな-し【船師】江戸時代から明治初期にかけて、廻船を所有して海運活動を行った商人。
ふな-じ【船路】❶船の航行する道筋。航路。❷船

の旅路。船旅(ふなたび)。「―の安全を祈る」[類語]航路・水路

ふな-しま【船島】山口県下関市にある巌流島の正式名称。

ぶな-しめじ【×橅湿地|×橅占地】キシメジ科のキノコ。ブナなどの朽ち木などに生える。ホンシメジより人工栽培が容易。

ふな-じるし【船印|船▽標】船の所有者や乗り手などを示すために船上に掲げたしるし。旗・幟(のぼり)など。

ふな-しろ【船代】伊勢の皇大神宮の樋代(ひしろ)を奉安する箱。石船(いしぶね)の形に作られる。みふなしろ。

ふなしろ-まつり【船代祭(り)】伊勢神宮の遷宮式で、船代の材料にする木を切るときの祭り。

ふな-ずし【×鮒×鮨】熟(な)れ鮨の一種。鮒を塩漬けにしたあと、塩を洗って米飯と交互に漬け込み、重石(おもし)をして自然発酵させたもの。琵琶湖の名産。[季 夏]「―や彦根の城に雲かかる/蕪村」

ふな-せ【船瀬】船が風波を避けるために停泊する所。「行き巡り見とも飽かめや名寸隅(なきすみ)の―の浜にしきる白波」〈万・九三七〉

ふな-ぞこ【船底】(「ふなそこ」とも)❶船の底。せんてい。「―に穴があく」❷船の底のように中央がくぼんだ形をしていること。また、そのもの。

ふなぞこ-うえ【船底植え】サツマイモの苗の植えつけ方の一。つるの中央を低くして船底形になるように植えつけるもの。

ふなぞこ-てんじょう【船底天井】中央が両端より高く、船底を逆さにしたような形の天井。

ふなぞこ-まくら【船底枕】底板が船底のようにそった形の箱枕。

ふな-ぞろえ【船×揃へ】多くの船が航海のために勢ぞろいして準備をととのえること。「摂津国渡辺より―して、八島へすでに寄せんとす」〈平家・一一〉

ぶな-たい【×橅帯】植生帯の区分の一。落葉広葉樹林帯で、ブナ・カエデ類が優占し、秋には紅葉する。

ふな-だいく【船大工】船、特に和船をつくるのを専門とする大工。船匠。船番匠。

ふな-だいしょう【船大将】軍船の総指揮をする将軍。船手の大将。「―として番船その数を知らず」〈太閤記・二〉

ふな-たで【船×蓼】船の保ちをよくするために、船を浜に揚げて船底の外側を火であぶり、船食虫を殺すとともに船板にしみ込んだ水分を除くこと。

ふな-だな【船棚|船×枻】❶刳(く)り船の船べりに、耐波性や積載量を増すために設けた板。❷中世以降の和船で、航(かわら)以外の外板。

ふな-たび【船旅】船に乗ってする旅。

ふな-だま【船玉|船霊|船▽魂】❶航海の安全を守る神。住吉神(すみよしのかみ)・水天宮・金比羅権現などで、そのお札を船内に貼る。❷漁船の守護神として信仰されている神霊。新造のとき、船大工が女性の毛髪や人形(にんぎょう)・さいころ2個などを船の中央の帆柱の下などに、神体としてはめ込む。

ふな-だまり【船×溜まり】風波を避けて船が停泊する所。また、碇(いかり)をおろして船が休止する所。

ふな-だより【船便り】船の便宜。ふなびん。「大坂への―も回り遠く」〈浮・一代男・七〉

ふな-だんす【船×箪×笥】千石船などの船乗りが船室で用いた箪笥。遭難などを考慮して小形で頑丈に作ってある。

ふな-ちん【船賃】船に乗ったり、船を雇ったりするときに支払う料金。また、物を船で運ぶときの料金。

ふな-つ【船津】船が停泊する所。船着き場。「秋風に川波立ちぬしましくは八十(やそ)の―に御舟(みふね)留めよ」〈万・二〇四六〉

ふな-つき【船着き】「船着き場」に同じ。

ふなつき-ば【船着き場】船が着いてとまる所。船の発着する所。[類語]波止場・埠頭(ふとう)・港・港湾・船泊まり・桟橋(さんばし)・岸壁(がんぺき)・築港・海港・河港(かこう)・津(つ)

ふな-づみ【船積み】〔名〕スル 船に貨物を積み込むこと。「輸出品を―する」[類語]搭載・荷積み

ふな-づり【船釣(り)】船に乗って行う釣り。ふねづり。

ふな-て【船手】❶船の通路。航路。「野も山も雪降りぬれば跡絶えて―に残る冬の通ひ路」〈隆信集〉❷兵船の軍勢。水軍。「―の勢は、九鬼大隅守、島津陸奥守」〈太閤記・一三〉❸「船手頭(ふなてがしら)」の略。

ふな-で【船出】〔名〕スル ❶船が港を出ること。出航。出帆。でふね。「早朝に―する」❷新しい生活などを始めること。「二人の晴れの―」[類語]出帆・出船(しゅっせん)・出港・出航・出船(でふね)・抜錨(ばつびょう)・解纜(かいらん)

ふなて-がしら【船手頭】江戸幕府の職名。若年寄の支配に属し、幕府の用船の管理や、山陽道・西海道の海上巡視などにあたった。文久2年(1862)軍艦奉行の管轄下に入った。船奉行。船手衆。船頭(せんどう)。

ふな-どいや【船問屋】江戸時代、各地の港にあって、回漕や積み荷を取り扱うのを業とした問屋。廻船問屋。ふなどんや。

ふな-どこ【船床|船×笭】船中の床(ゆか)に敷く簀(す)の子。転じて、船底の積荷場所。

ふなど-の-かみ【岐神】道の分岐点などに祭られる神。邪霊の侵入を防ぎ、旅人を守護すると信じられた。道祖神。塞(さえ)の神。久那斗(くなど)の神。巷(ちまた)の神。

ふな-どまり【船泊(ま)り】船が停泊すること。また、その場所。[類語]港・港湾・波止場(はとば)・船着き場・桟橋(さんばし)・埠頭(ふとう)・岸壁(がんぺき)・築港・海港・河港(かこう)・津(つ)

ふな-どめ【船留(め)|船止(め)】船の出入りや往来を禁止すること。「国中を―して詮索あって」〈浮・男色大鑑・一〉

ふなど-よいち【船戸与一】[1944〜]小説家。山口の生まれ。本名、原田建司。抜群の行動力を生かして海外取材を精力的にこなし、質の高い冒険小説を数多く発表している。「虹の谷の五月」で直木賞受賞。他に「山猫の夏」「砂のクロニクル」など。

ふな-どんや【船問屋】▶ふなどいや

ふな-に【船荷】船に積んで運ぶ貨物。船の積み荷。

ふなに-しょうけん【船荷証券】海上の物品運送において、運送人が運送品の受け取りを証し、陸揚げ港で証券の正当な所持人に引き渡すことを約する有価証券。BL。

ふな-ぬし【船主】船の所有者。せんしゅ。

ふな-のり【船乗り】❶船に乗り込んで、船の仕事に従事する人。船員。❷船に乗って出立すること。「あごの浦に―すらむ娘子(おとめ)らが赤裳の裾に潮満つらむか」〈万・三六一〇〉[類語]船員・水夫・海員・乗組員・クルー・セーラー・マドロス

ふな-ば【船場】船着き場。

ふな-ばし【船橋】船を横に並べてつなぎ、その上に板を渡して橋としたもの。浮き橋。せんきょう。

ふなばし【船橋】千葉県北西部、東京湾に面する市。千葉街道の宿場町、船橋大神宮の門前町、漁港として発達。臨海部は京葉工業地帯の一部。人口60.9万(2010)。

ふなばし【船橋】謡曲。四番目物。古曲を世阿弥が改作。万葉集などに取材。上野(こうずけ)国佐野にきた山伏の前に、互いに愛し合いながら親に仲を裂かれ、橋から落ちて死んだ男女の霊が現れ、死後の苦しみを述べるが、山伏の法力で成仏する。

ふな-ばしご【船×梯子】船の乗り降りに用いるはしご。タラップ。

ふなばし-し【船橋市】▶船橋

ふなはし-せいいち【舟橋聖一】[1904〜1976]小説家・劇作家。東京の生まれ。戯曲から出発し、のち行動主義をうたった小説「ダイヴィング」で注目された。第二次大戦後は独自の伝統的、官能的な美の世界を展開。小説「木石」「雪夫人絵図」など。

ふな-ばた【船端|▽舷】船の左右のへり。舷(げん)。ふなべり。

ふな-はて【船▽泊て】船が停泊すること。「いづくにか―すらむ安礼(あれ)の崎漕ぎたみ行きし棚なし小舟」〈万・五八〉

ふな-ばら【船腹】「せんぷく(船腹)」に同じ。

ふなばら-そう【船腹草】ガガイモ科の多年草。山野に生え、高さ約60センチ。葉は広卵形で、対生。夏、葉の付け根に、黒紫色の花が密につき、舟形の実を結ぶ。

ふな-ばり【船×梁】和船の両側の外板の間に横に渡し、支えとして水圧を防ぐ梁(はり)。

ふな-ばんしょ【船番所】江戸時代、主要な港湾や河岸、そのほかの要所に設けて、通行する船を検査し、税の徴収などにあたった役所。船改番所。

ふな-ひき【船引き】流れをさかのぼるときなどに、船に綱をつけ岸から引くこと。また、その人。

ふな-ひじき【舟肘木】舟形の肘木。また、この肘木で斗(ます)(斗形)を用いず直接桁(けた)を受ける形式。

ふな-びと【船人|舟人】❶船乗り。船方。❷船に乗っている人。船客。

ふな-びん【船便】❶旅行や輸送に船を利用できること。船の便宜。「その島には一日三往復の―がある」❷船で荷物・書簡などを送ること。また、その荷物・書簡。「本を―で出す」「―が届く」

ふな-ぶぎょう【船奉行】❶中世の武家の職名。軍船・水路・水軍のことを扱った役。❷江戸幕府で、船手頭(ふなてがしら)のこと。

ふな-ふな〔副〕ふらつくさま。ふらふら。「―と腰も定めかね」〈浮・一代女・六〉

ふな-べり【船▽縁|▽舷】「船端(ふなばた)」に同じ。

ふなべんけい【船弁慶】㊀謡曲。五番目物。観世信光作。平家物語などに取材。源義経一行は摂津国大物浦(だいもつのうら)で静御前と別れて船出する。海上で平知盛の亡霊に襲われるが、弁慶が祈り退ける。㊁歌舞伎舞踊。長唄。㊀の今様能の長唄(2世杵屋勝三郎作曲)を河竹黙阿弥が改作し、3世杵屋正次郎が作曲。明治18年(1885)東京新富座で、9世市川団十郎が初演。新歌舞伎十八番の一。

ふな-ま【船間|舟間】❶船の入港のとだえている間。「地獄もってのの外の不景気にて、弘誓(ぐぜ)の船の―なり」〈洒・和漢同詠道行〉❷船の入港がとだえて物品が入らないこと。物資が欠乏すること。「野暮(やぼ)と化け物はこの筋一向―だなう」〈人・花鳥風月〉

ふな-まち【船待ち】船が出るのを、また、入るのを待つこと。「―の乗客」

ふな-まつり【船祭(り)】飾りたてた船の出る祭りの総称。御輿(みこし)を船に乗せて川や海を渡御するものが多い。茨城県鹿島神宮の御船祭(おふなまつり)、愛知県津島神社の津島祭など。

ふな-まど【船窓】「せんそう(船窓)」に同じ。

ふな-まわし【船回し】荷物などを船で送り届けること。回漕(かいそう)。

ふな-まんじゅう【船×饅▽頭】江戸時代、隅田川で舟の中を稼ぎ場所とした売春婦。ふなぎみ。

ふな-みち【船▽路|船道】「ふなじ(船路)」に同じ。「―のしわざとて、少し黒みやつれたる旅姿」〈源・夕顔〉

ふな-むし【船虫】等脚目フナムシ科の甲殻類。多く海岸の岩石の間などに群れをなしてすみ、体長4センチくらい。体は小判形で、横長の体節に分かれ、胸脚は七対ある。[季 夏]「―に心遊ばせ月を待つ/亜浪」

ふな-もち【船持(ち)】船を所有する人。船主。

ふな-もやい【舟×舫ひ】舟をつなぎとめること。「櫂(かい)を使ひゐて―するに」〈雲萍雑志〉

ふな-もよい【船▽催ひ】「船装(ふなよそお)い」に同じ。「暁の―するあまの子のかひよといふを鹿と聞くらん」〈孝範集〉

ふな-もり【舟盛(り)】❶本膳料理の古式の盛り方。伊勢えびの尾を高くして膳に盛るもの。❷鯛(たい)などで、身を下ろし、残る頭・中骨・尾を船に見立て、これに身を盛りつけた料理。祝儀・慶事用。

ふな-や【舟屋】海に面した1階を漁船の収納所に、2階を居室に作った建物。京都府の丹後半島、若狭湾に臨む伊根町に独特の建築。伊根の舟屋。

ふな-やかた【船屋形】船上に設けた屋根付きの部屋。近世大名の川御座船などは2階造りで、豪華な装飾を施したりした。

ふな-やく【船役】船に対して、その大きさに応じて課した税。船公事(くじ)。

ふな-やぐら【船×櫓|船矢倉】和船、特に軍船の船上に設けられたやぐら。

ふな-やど【船宿】❶船による運送を業とする家。❷船遊び・釣りなどのために貸し船の世話をし、また、釣り人に宿泊などをさせる家。❸近世、船主・荷主と問屋の仲介や船荷の世話をしたり、船乗りが宿泊したりした家。

ふな-やどり【船宿り】船が停泊すること。また、船中に宿泊すること。「みつの浜見つつは過ぎじ一せむ」〈宇津保・菊の宴〉

ふな-やまい【船病】「船酔い」に同じ。「一の悩悶も忘れつ」〈逍遥・内地雑居未来之夢〉

ふな-ゆ【船湯】船底にたまった水。淦。

ふな-ゆうれい【船幽霊】❶海上に現れるという、水死した人の亡霊。船人に柄杓を要求するが、底を抜いて貸さないとその柄杓で水をかけられて船を沈められるという。❷死水❸によって船足がおそくなる現象。ひき幽霊。

ふな-よい【船酔い】〔名〕スル 船の動揺のために気分が悪くなり、頭痛・吐き気などがすること。ふなやまい。ふなえい。「海が荒れて一する」➡乗り物酔い

ふな-よそい【船▽装ひ】出船の準備をすること。また、その準備。ふなもよい。「古のあとを訪ねて大井川紅葉のみ船一せり」〈経信集〉

ふな-よそ-う【船▽装ふ】〔動ハ四〕船出の支度をする。「津の国の海の渚に一・ひ発し出も時に母が目もがも」〈万・四三八三〉

ふな-よばい【船呼ばひ】船を呼び寄せること。また、その呼び声。「難波の里に飛ぶ蛍、蘆屋の沖の一」〈盛衰記・七〉

ぶ-なり【不▽形】〔名・形動ナリ〕形の整っていないこと。格好の悪いこと。また、そのさま。ぶざま。「鰻鯰は一な物よ」〈浄・双生隅田川〉

ふ-なれ【不慣れ｜不×馴れ】〔名・形動〕なれていないこと。また、そのさま。「一な手つき」

ふな-わたし【船渡し】❶船で物や人を対岸へ送り届けること。また、その所。❷ ► エフ-オー-ビー(FOB)

ふなわたしむこ【船渡聟】狂言。船頭が酒樽を持った客を脅し、酒を全部飲んでしまう。帰宅後、家をたずねてきた自分の聟が先刻の客とわかり、船頭はひげを落として対面するが見破られる。

ふなん【扶南】インドシナ半島南部にクメール人が建てた古代国家。1〜2世紀ごろ成立し、南海貿易に従事、インド文化の影響を受けて栄えたが、7世紀半ばに真臘に滅ぼされた。

ぶ-なん【無難】〔名・形動〕❶危険のないこと。また、まちがいのないこと。また、そのさま。無事。「一な日を送る」「貴重品は持って行かないほうが一だ」❷欠点のないこと。特にすぐれているわけではないが、格別の欠点も見当たらないこと。また、そのさま。「一な歌い方」「一にまとめた演技」
(類語)安全・無事・堅実・手堅い・確実

ふ-に【不二】❶仏語。対立していて二元的に見える事柄も、絶対的な立場から見ると対立がなく一つのものであるということ。❷ ► ふじ(不二)

ふ-にあい【不似合(い)】〔名・形動〕似合わないこと。ふさわしくないこと。また、そのさま。「一な服」「調停役は彼には一だ」

ふ-にく【腐肉】くさった肉。腐敗した肉。

プニクス-の-おか【プニクスの丘】《Pnyx》ギリシャの首都アテネにある丘の一つ。紀元前5世紀から4世紀にかけて民会が行われ、民主政治発祥の地として知られる。

ぶ-にち【侮日】日本、また日本人をあなどること。「一感情」「一抗日高まれば」〈土井晩翠・降魔の利剣〉

フニャディ-じょう【フニャディ城】《Castelul Huniade》ルーマニア西部の都市ティミショアラにある城。14世紀初めにハンガリー王カーロイ1世が建てた城を、15世紀半ばに摂政フニャディ＝ヤーノシュが自身の居城として改築。現在は地域の歴史と自然を紹介するバナート博物館になっている。フニャド城。

ふにゃ-ふにゃ ㊀〔副〕スル ❶柔らかで弾力や、こしがないさま。「一(と)した手ざわり」❷しっかりしないさま。頼りないさま。「一(と)座りこむ」「信念もなく一(と)した人」㊁〔形動〕㊀❶に同じ。「空気が抜けて一なゴムまり」❷㊀❷に同じ。「一な腰抜け」㊀はフニャフニャ、㊁はフニャフニャ。

ふ-にゅう【不入】立ち入らないこと。また、入り込めないこと。「敵味方一の処なれば」〈三河物語・上〉

ブニュエル〖Luis Buñuel〗[1900〜1983]スペイン生まれの映画監督。シュールレアリスムの影響を受け、パリで前衛映画「アンダルシアの犬」を制作。以後、特異な作品を発表。作「小間使の日記」「昼顔」など。

ふ-にょい【不如意】〔名・形動〕《「意の如くならず」の意》❶経済的に苦しいこと。また、そのさま。「手元一な生活」❷思い通りにならないこと。また、そのさま。「一な結果に終わる」(類語)貧乏・貧困・貧窮・貧苦・窮乏・困窮・困乏・困苦・生活苦・貧乏・赤貧・極貧

ふ-にょう【富×饒】〔名・形動〕「ふじょう(富饒)」に同じ。「四隣を一にして」〈中村訳・西国立志編〉

ふ-にん【不妊】妊娠しないこと。また、できないこと。「一手術」

ふ-にん【赴任】〔名〕スル 任地におもむくこと。「単身で一する」

ぶ-にん【▽夫人】「ふじん(夫人)」に同じ。「日本の国王の一丹治比の嬢女の胎に」〈霊異記・下〉

ぶ-にん【無人】〔名・形動〕人がいないこと。人数の少ないこと。人手の足りないこと。また、そのさま。「一で淋しくって困るから」〈漱石・こゝろ〉

ぶ-にん【▽補任】《「ふにん」とも》❶官職に任命すること。また、位階を与えること。「武蔵の守に一して執事職を司る」〈太平記・四〇〉❷「補任状」の略。

ふ-にんか【不認可】認可しないこと。認めないこと。「建築が一になる」

ぶにん-がん【無人岩】►ボニナイト

ふにん-しゅじゅつ【不妊手術】生殖腺を除去することなしに、生殖を不能にする手術(母体保護法第2条)。精管や卵管の結紮もしくは切断などの方法を用いる。日本では母体保護法に基づき、一定の条件のもとに認められている。➡パイプカット

ふにん-しょう【不妊症】正常な性生活を継続しながら、妊娠しない状態。男性不妊症では精巣における精子をつくる機能の障害など、女性不妊症では卵管の通過障害などが原因となる。

ふ-にんじょう【不人情】〔名・形動〕人情味に欠けること。思いやりのないこと。また、そのさま。「一な言い方をするな」(類語)不親切・情け知らず・冷たい・冷ややか・冷淡・薄情・非人情・無情・非情・冷酷・冷血・酷薄・無慈悲・心無い・血も涙も無い

ぶにん-じょう【▽補任状】中世、将軍・諸大名・荘園領主などが守護・地頭・荘官・名主などの諸職を任ずるときに下した文書。

ぶ-にんそう【不人相｜無人相】〔名・形動ナリ〕顔に愛敬のないこと。また、そのさま。「一な娘だね」〈伎・日月星享和政談〉

ふにん-ちりょう【不妊治療】避妊していないにもかかわらず2年たっても妊娠しない不妊状態を治療すること。排卵誘発剤やホルモン剤の投与などが一般的。

ふ-ぬけ【×腑抜け】〔名・形動〕《はらわたを抜き取られた状態の意から》意気地がないこと。気力がなく、しっかりしていないこと。また、その人や、そのさま。腰抜け。「失恋して一になる」(類語)腰抜け・ふがいない

ふね【船｜舟】㊀〔名〕❶人や荷物をのせて水上を進む交通機関。ふつう、推進力に動力を用いる大型のものは「船」、手でこぐ小型のものは「舟」と書く。❷(「槽」とも書く)水・酒などの液体を入れる箱形の容器。湯船、水船など。❸魚介類のさしみを盛る舟型の食器。❹魚類・貝類およびそのむき身などを入れて売るための小型で底の浅い容器。❺(「槽」とも書く)清酒・醤油などを搾りあげるのに用いる外枠。❻(「槽」とも書く)馬の飼い葉桶。❼棺。㊁〔接尾〕助数詞。舟形の容器に入ったものを数えるのに用いる。「刺身一一」(類語)(㊀)船舶・舟艇・艦船・シップ
(下接)入り船・浮き舟・空船・刳り舟・黒船・出船・引き船・白川夜船(ぶね)葦舟・安宅船・網船・軍船・生け簀船・漁り船・板舟・鵜飼い舟・家船・大船・小舟・親船・掛かり船・篝船・牡蠣船・貸し船・通い船・川崎船・川船・下り船・沓船・御座船・木の葉舟・小船・金毘羅船・笹舟・精霊舟・涼み船・砂船・関船・勢子船・千石船・高瀬舟・宝舟・蛸船・助け船・田舟・達磨船・団平船・茶船・猪牙舟・土船・繋ぎ船・釣り船・灯籠舟・渡海船・苫舟・友船・泥船・荷船・上り船・乗合船・箱船・花見船・平田舟・べか船・帆掛け船・帆船・丸木船・水船・本船・物見船・舫い船・屋形船・宿船・屋根船・遊山船・湯船・夜船・渡し船

船が座る ❶船が水から陸に上げられる。また、座礁する。〈日葡〉❷その場にいつづける。じっと腰を据えて動かない。「今宵も明日も明後日も、揚げ詰めの大々尽、お一・った」〈浄・曽根崎〉

舟覆りて乃ち善く游ぐを見る 《「淮南子」説林訓から》舟がひっくり返って初めて誰が泳ぎの名人かがわかる。平時には気づかなかった人の才能が、非常時になるとわかることのたとえ。

舟に刻みて剣を求む 「剣を落として舟を刻む」に同じ。

舟は水に非ざれば行かず水舟に入れば則ち没す 《「孔子家語」六本から》舟は水がなければ進まないが、その水が入ると舟は沈む。君臣の関係も、臣下がなければ君主は立ちゆかないが、臣下が君主の権威を犯すようなことがあると君主は滅びてしまうというたとえ。舟を君主に、水を臣下にたとえた孔子の言葉。

船を漕ぐ 《船をこぐようすに似ているところから》座ったまま身体を前後に揺らして居眠りをする。「こっくりこっくり一・ぐ」

ふ-ねい【不×佞】㊀〔名・形動〕才能のないこと。また、そのさま。「一な(の)輩」㊁〔代〕一人称の人代名詞。男性が自分をへりくだっていう語。不才。「一は浅草無宿でござる」〈黄・孔子縞〉

プネウマ〖ギリシャ pneuma〗❶ギリシャ哲学で、人間の生命の原理。一切の存在の原理。❷キリスト教で、聖霊の意。

ふね-だこ【船×蛸】タコブネの別名。

ふ-ねっしん【不熱心】〔名・形動〕熱心でないこと。熱意に欠けること。また、そのさま。「一な生徒」

ふね-づり【船釣(り)】「ふなづり」に同じ。

ふねへうちこむはしまのしらなみ【船打込橋間白浪】歌舞伎狂言。世話物。3幕。河竹黙阿弥作。慶応2年(1866)江戸守田座初演。人情物の講談に取材した白浪物で、幕末の退廃的、刹那的な世相を反映している。通称「鋳掛松」。

ふね-へん【舟偏】漢字の偏の一。「般」「船」などの「舟」の称。

ふ-ねん【不×稔】「不稔性」に同じ。「稲の高温一が起こる」

ふ-ねん【不燃】燃えないこと。また、燃えにくいこと。「一物」

ぶ-ねん【不念｜無念】〔名・形動〕注意が足りないこと。考えが足りないこと。また、そのさま。不注意。「お前さんに黙って公債証書を民蔵に渡したのは妾の一だが」〈魯庵・社会百面相〉

ふねん-せい【不×稔性】植物が種子を生じない現象。生殖細胞の形成から受精まで、および受精卵が発育して種子となるまでの過程に異常のある場合にいう。

ふねん-せい【不燃性】燃えない、あるいは、燃えにくい性質。

プノ〖Puno〗ペルー南部、アンデス山脈の中央にあるチチカカ湖畔の町。チチカカ湖の島々や周辺のインカ遺跡への観光拠点になっている。

ふ-の-いさん【負の遺産】❶相続される遺産に含まれる負債。企業などで、過去の取り決めや事件などによって現在に生じている負担。➡レガシーコスト ❷世界遺産のうち、戦争や虐殺など、人類が犯した過ちの跡をとどめる物件。世界遺産条約で定義されるものではなく、一般にはアウシュビッツ・ビルケナ

ウの強制収容所や原爆ドームなどを指していうことが多い。

ふ-のう【不納】フナフ 税金や会費など、納めるべきものを納めないこと。

ふ-のう【不能】〔名・形動〕❶できないこと。また、そのさま。不可能。「解決が—な問題」「再起—」❷能力・才能のないこと。また、そのさま。無能。「大臣の能—を疑うじゃなし」〈魯庵・社会百面相〉❸性的能力のないこと。インポテンツ。❹数学で、方程式の解がないこと。(類語)不可能・無能・無力・非力

ふ-のう【浮×嚢】フナウ うきぶくろ。

ふ-のう【富農】経済的に豊かな農家。⇔貧農。

ふのう-はん【不能犯】ある罪を犯そうとする意思で行為をなしたが、その行為の性質上、犯罪の結果を生む可能性がなく、未遂犯にもあたらないとされる行為。呪術じゅじゅつによって人を殺そうとすることなど。

ふ-の-しょとくぜい【負の所得税】所得が一定額に達しない者に対し、政府が給付金を支払う制度。課税最低限との差額の一定割合の金を給付する。➡ベーシックインカム

ふ-の-スパイラル【負のスパイラル】連鎖的に悪循環が生じること。デフレスパイラルなど。「投げ売りと採算悪化という—が生じる」(類語)悪循環・負の連鎖

ぶ-の-まい【武の舞】ブノマヒ 舞楽の舞姿のうえからの分類の一。剣や鉾ほこ・盾を持って勇壮に舞う。散手さんじゅ・陪臚ばいろ・太平楽など。⇔文ぶんの舞。

ふ-のり【布海=苔¦海=蘿】フノリ科の紅藻の総称。フクロフノリ・マフノリ・ハナフノリなどがある。主に波の荒い外海の岩などに、冬から春にかけて繁茂。体は暗紅色か黄紅色の円柱状などで、枝分かれする。板状に加工され、煮溶かして主に絹物の仕上げ糊のりとして用いる。また食用にし、味噌汁などに入れる。(季 夏)

ふ-の-れんさ【負の連鎖】よくない出来事が連続して起きること。また、一つのよくない出来事が原因となって悪循環が連鎖的に起きること。(類語)悪循環

プノンペン〘Phnom Penh〙カンボジア王国の首都。メコン川とその支流トンレサップ川の合流点に位置する河港都市。人口、行政区70万(2002)。

ふ-ば【×駙馬】❶中国で、天子の乗輿じょうよに添える予備の馬。❷《魏ぎ・晋しん以後、皇女の婿は駙馬都尉ふばといの官に任ぜられたところから》貴人の娘婿。「軈やがて—と羨ましがらるる人なるべし」〈魯庵・社会百面相〉

ブハーリン〘Nikolay Ivanovich Bukharin〙[1888～1938]ソ連の政治家・経済学者。十月革命に参加。党中央委員、コミンテルン議長、「プラウダ」紙編集長として活躍。スターリンと対立して粛清された。

ふ-はい【不敗】負けないこと。また、負けたことがないこと。「—を誇る」「—神話」(類語)常勝・百戦百勝

ふ-はい【腐敗】〔名〕スル ❶有機物が微生物の作用によって分解され、有毒物質を生じたり悪臭を放つようになったりすること。くさること。➡変敗 ❷精神が堕落し、悪徳がはびこること。「—した政界」
(類語)(❶)腐る・朽ちる・饐すえる・傷む・あざれる・腐乱・酸敗・発酵/(❷)堕落・退廃

ふ-ばい【不買】ものを買わないこと。

ふばい-うんどう【不買運動】抗議などを示すために、特定の品物を買わないようにする運動。

ぶばいがわら【分倍河原】ブバイガハラ 東京都府中市の旧地名。多摩川北岸の分梅ぶばい町のあたり。元弘3年(1333)に新田義貞が鎌倉幕府軍を破った地。

ふはい-きん【腐敗菌】有機物を腐敗させる菌。枯草菌・大腸菌など。

ふばい-どうめい【不買同盟】不買運動をする組織。また、その約束。

ふ-はく【布×帛】❶麻・木綿などの布と絹織物。❷織物の総称。きれ地。

ふ-はく【浮薄】〔名・形動〕あさはかで軽々しいこと。また、そのさま。軽薄。「軽佻けいちょう—」「其様な—な婦人おんなじゃあなし」〈二葉亭・浮雲〉(類語)浅はか・軽薄・単純

ふ-ばこ【▽文箱¦▽文×筥】《「ふみばこ」の音変化》❶書状などを入れておく手箱。また、書状を入れて先方に届ける細長い箱。❷(「笈」とも書く)書物を入れ、背負って運ぶ箱。きゅう。

ふ-ばさみ【▽文挟み】「ふみばさみ❶」に同じ。

ふ-はつ【不発】❶弾丸・爆薬などが、発射・爆発しないこと。❷予定した行動が実際にはできずに終わること。「ストライキは—に終わる」(類語)失敗・空振り

ふ-ばつ【不抜】〔名・形動〕しっかりしていて動かないこと。意志が強くて動揺しないこと。また、そのさま。「堅忍—の精神」「其約束の堅固—なるに感心するのみならず」〈福沢・福翁百話〉

ふはつ-だん【不発弾】発射・爆発をしなかった弾丸・爆弾。

ぶは-ぶっきょう【部派仏教】ブハブッケウ 釈迦しゃか入滅後100年ごろから約300年の間に分立した諸派の仏教。アショカ王の時代に、教団が保守的な上座部と進歩的な大衆部とに分裂し、以後、上座部が11部、大衆部が9部の20部となった。のちにおこった大乗仏教からは小乗仏教と貶称へんしょうされた。

ぶ-はむき【不羽向き】〔名・形動ナリ〕歓迎されないこと。また、そのさま。「女郎の文も人に見せるのは、先へ聞こえて—なものさ」〈洒・南門鼠〉

ブハラ〘Bukhara〙ウズベキスタン南東部の商業都市。古来シルクロードの要地。ブハラ-ハン国の首都として繁栄。羊の飼育および羊毛加工業が盛ん。

ふ-ばらい【不払い】フバラヒ 賃金などを支払わないこと。

ぶ-ばらい【▽賦払い】ブバラヒ「割賦かっぷ」に同じ。

ブハラ-ハンこく【ブハラハン国】ウズベク族がブハラを首都として建てた国。16世紀初めに建国したシャイバーニー朝に始まり、アストラハン朝・マンギット朝と続いたが、1868年、ロシアの保護国となり、1920年に消滅した。

ブバリア《ラテン Bouvardiaから》「ブバルディア」に同じ。

フバル〘Hvar〙クロアチア南部、アドリア海に浮かぶフバル島の港町。同島南西岸に位置し、本土のスプリトやコルチュラ島とフェリーで結ばれる。長い間、ベネチア共和国の支配下におかれた。旧市街には聖ステパノ大聖堂、ベネディクト派の修道院、城塞をはじめ、16世紀から17世紀にかけての歴史的建造物が数多く残っている。また、17世紀初めに建てられた、現存するヨーロッパ最古の劇場があることで知られる。

ぶ-ば・る【武張る】〔動ラ五(四)〕強く勇ましそうなようすを帯びる。また、堅苦しくいかめしいようすをする。「—・った物言い」

ブバルディア〘ラテン Bouvardia〙アカネ科の常緑低木。メキシコ原産。観賞用に栽培される。花は4弁。

フバル-とう【フバル島】フバルタウ《Hvar》クロアチア南部、アドリア海に浮かぶ島。ダルマチア諸島に属す。東西に細長く、約65キロメートルの長さがある。主な町はフバルとスタリグラード。観光保養地、ワインの産地として知られる。2008年に島の北東部のスタリグラード平原が世界遺産(文化遺産)に登録された。

ふ-び【不備】〔名・形動〕❶必要なものが完全にはそろっていないこと。また、そのさま。「防災設備に—な(の)点がある」❷文意が十分でないという意で、手紙文の最後に添える語。不一。不尽。

ふ-び【符尾】音符の縦線の部分。

ぶ-び【武備】戦争に対する備え。軍備。兵備。

ぶ-びき【分引(き)¦歩引(き)】割り引くこと。歩合ぶあいを減らすこと。

ふ-ひつよう【不必要】フヒツエウ〔名・形動〕必要がないこと。また、そのさま。不用。「—な物は買うな」
(類語)不要・不用・余計・余分・無用・無益・無駄むだ・蛇足だそく・無くもがな・あらずもがな

ふ-ひと【▽史】《「ふみひと」の音変化。「ふびと」とも》❶古代、朝廷で記録・文書をつかさどった役。また、その役人。❷古代の姓かばねの一。多くは渡来人に与えられ、文筆に従事した者たちの姓。

ふひと-べ【▽史▽部】大化前代、記録・文書をつかさどって朝廷に仕えた部民。応神天皇のときに渡来したという王仁わにの子孫西史部かわちのふひとべと阿知使主あちのおみの子孫東史部やまとのふひとべの二大勢力があった。

ふ-ひょう【不評】フヒヤウ〔名・形動〕評判の悪いこと。評価の低いこと。また、そのさま。不評判。「若者には—な(の)映画」⇔好評。(類語)悪評・不人気

不評を買・う 悪い評判を受ける。「毒舌が視聴者の—・う」

ふ-ひょう【付表¦附表】フヘウ 書物・書類などにつけてある表。

ふ-ひょう【付票¦附票】フヘウ 荷物などに目印としてつけてある札。

ふ-ひょう【付×憑¦附×憑】悪魔・怨霊おんりょうなどがのりうつること。

ふ-ひょう【歩兵】フヒヤウ《「ぶひょう」とも》❶►ほへい(歩兵) ❷将棋の駒の、歩ふ。

ふ-ひょう【浮氷】水に浮かんでいる氷の塊。また、流氷。

ふ-ひょう【浮×秤】フヒヤウ ►うきばかり

ふ-ひょう【浮評】フヒヤウ 根拠のないうわさ。「遂に—は汎ひろく其地方の人口に上のぼるに至れり」〈菊亭香水・世路日記〉

ふ-ひょう【浮標】フヘウ ❶港湾・河海などの水面に浮かべておく標識。暗礁の所在や航路・錨地びょうちなどを知らせる航路標識用と、係船用がある。ブイ。❷漁網などについている浮き。

ふ-ひょう【譜表】フヘウ 音楽で、音高を表すための数本の平行線を引いたもの。一般に五線を用いる。

ふ-びょうどう【不平等】フビヤウドウ〔名・形動〕平等でないこと。また、そのさま。「—な扱い」(類語)不公平・偏向

ふびょうどう-じょうやく【不平等条約】フビヤウドウデウヤク 条約を結んだ当事国相互の力関係が対等でないため、その一方が不利な内容になっている条約。

ふ-ひょうばん【不評判】フヒヤウバン〔名・形動〕評判の悪いこと。また、そのさま。不評。「—な芝居」

フビライ〘Khubilai〙[1215～1294]中国、元の初代皇帝。在位1271～1294。モンゴル帝国の第5代の皇帝。在位1260～1294。廟号びょうごうは世祖。チンギス=ハンの孫。南宋を滅ぼして中国を統一、大都(北京)を都とし国号を元とした。日本にも侵攻したが、失敗。クビライ。フビライ=ハン。(補説)「忽必烈」「忽比烈」とも書く。

フビライ-ハン〘Khubilai Khan〙►フビライ

ふ-びん【不便¦不×憫¦不×愍】〔名・形動〕《「不憫」「不愍」は当て字》❶(不憫・不愍)かわいそうなこと。あわれむべきこと。また、そのさま。「—な子」❷都合が悪いこと。また、そのさま。「この大臣のし給ふ事なれば、—なりと見れど」〈大鏡・時平〉❸かわいがること。また、そのさま。「一芸あるものをば下部までも召しおきて、—にせさせ給ひければ」〈徒然・二二六〉(派生)**ふびんがる**〔動ラ五〕**ふびんさ**〔名〕
(類語)気の毒・可哀相・哀れ・痛痛しい・痛ましい

ふ-びん【不敏】〔名・形動〕❶機敏でないこと。また、そのさま。「小さい穴を、木村は—にして見付けなかったのである」〈鷗外・田楽豆腐〉❷才知・才能に乏しいこと。また、そのさま。多く自分のことをへりくだっていう。「推理の誤謬ごびゅうや不備があればそれは—のいたすところである」〈寅彦・比較言語学における…〉

ぶ-ひん【部品】「部分品」の略。(類語)パーツ

ふ-ひんこう【不品行】フヒンカウ〔名・形動〕品行が悪いこと。身持ちの悪いこと。また、そのさま。「—な男」
(類語)不良・ふしだら・不行儀・不行状・不行跡

ぶ-ふ【武夫】武士。武人。軍人。

ぶ-ふ【武府】《武蔵国の国府の意》江戸の異称。「洒堂—にまかりけるに」〈旅寝論・去来〉

ブフ〘モンゴル bökh〙モンゴル民族の格闘技で、モンゴル国の国技。相撲に似るが土俵はなく、素手の二人が組み合い、膝や肩などが地面に着いたら負けとなる。タカやラクダなど動物の動きをモチーフにした儀礼的所作がある。日本では「モンゴル相撲」とも呼ばれる。

ぶぶ 湯または茶をいう幼児語・女性語。「—も爰ここに冷ましてあるぞえ」〈洒・南遊記〉

ぶぶ〔副〕《「ぶんぶん」の撥音の無表記》ハチの羽音を表す語。「大きさ三寸ばかりなる蜂の…—と言ひ

て」〈今昔・二九・三六〉

プファルツ〖Pfalz〗ドイツ西部、ラインラント-プファルツ州南部の旧地方名。ファルツ。

プファルツけいしょう-せんそう【プファルツ継承戦争】1688年から97年にかけて、フランス王ルイ14世がプファルツ選帝侯領の継承権を主張して起こした戦争。ドイツ諸邦・英国・スペイン・オランダなどが反仏戦線を結成して戦い、ルイ14世の意図は阻止された。アウグスブルグ同盟戦争。ファルツ継承戦争。

プファルツ-じょう【プファルツ城】《Pfalzgrafenstein》ドイツ西部、ラインラント-プファルツ州の町、カウプにある城。14世紀頃、ライン川の中州に通行税を徴収する税関として建造。後に、プファルツ伯が城主となった。ファルツ城。

フフイ〖Jujuy〗アルゼンチン北端部の都市。フフイ州の州都。正式名称はサン-サルバドル-デ-フフイ。16～17世紀に建設され、鉱産物の集散地として発展。世界遺産に登録されたウマワカ渓谷への観光拠点になっている。

ぶ-ふうりゅう【無風流｜不風流】〘名・形動〙風流でないこと。趣味を解さないこと。また、そのさま。「一な人」〘類語〙野暮・野暮ったい・無粋・無骨

ブフェキサマック〖bufexamac〗非ステロイド系抗炎症剤。湿疹・皮膚炎などに用いる。

ふふき【ˣ蕗】フキの古名。「近江路の篠の小一はや曳かず」〈催馬楽・近江路〉

ふぶき【吹-雪｜乱=吹】❶雪が激しい風に吹かれて乱れ飛びながら降ること。また、その雪。積もった雪が強い風で高く吹き上げられる状態も含めていう。〘季 冬〙「宿かせと刀投げ出す一かな/蕪村」❷風に吹かれなどして、乱れ舞うもの。「紙一」「花一」

ふぶき-づき【吹-雪月】《白い卯の花を雪に見立てた語かという》陰暦5月の異称。

ふ-ぶぎょう【賦奉行】▶くばりぶぎょう

ふ-ふく【不服】〘名・形動〙納得がいかず、不満に思うこと。また、そのさま。不満足。「一を唱える」「一な顔をする」➡不平〘用法〙〘派生〙ふふくげ〘形動〙
〘類語〙不平・不満・不満足・不足・鬱憤

ふ-ふく【ˣ俯伏｜ˣ俛伏】〘名〙❶頭を下げてうつむくこと。恐れ入ること。「一して憐れみを乞う」❷手に笏を持ち、腰を折って深く礼をすること。

ふぶ・く【吹=雪く｜乱=吹く】〘動カ五(四)〙❶雪が激しい風に吹かれて乱れ降る。「ぼた雪が突然一・きはじめた」〘季 冬〙❷風が激しく吹く。吹き荒れる。「風激しう吹き一・きて」〈源・賢木〉

ふふく-もうしたて【不服申(し)立て】❶行政庁の処分または不作為について、行政庁に不服を申し立て、その再審査を請求する行為。異議申し立て・審査請求・再審査請求など。❷民事訴訟法上、裁判・執行行為や書記官の処分などで不利益を受けた者が、その取り消し・変更などを求める申し立て。

ブブゼラ〖vuvuzela〗南アフリカの民族楽器の一。細長い管楽器で、先端はアサガオ状に開く。動物の角や骨、または錫などの金属で作られていたが、近年はプラスチック製のものも作られている。

ふふつ-せんそう【普仏戦争】1870～71年、ドイツ統一をめざすプロイセンと、これを阻もうとするフランスとの間で行われた戦争。スペイン王位継承問題をきっかけに、プロイセンの挑発に乗ったフランス側から開戦したが、プロイセンが圧勝、統一を完成してドイツ帝国の成立を宣言した。敗れたフランスは、アルザス-ロレーヌを割譲、第二帝政が崩壊して第三共和制が成立した。独仏戦争。

ふふ-どり【布=穀鳥】カッコウの古名。〈和名抄〉

ブフナー〖Eduard Buchner〗[1860～1917]ドイツの生化学者。酵母の絞り汁を用いた無細胞の条件下でも、アルコール発酵が起こることを実証した。1907年ノーベル化学賞受賞。

ブフナー-ろうと【ブフナー漏斗】吸引濾過に用いる磁製の漏斗。多数の小孔のある濾過面に濾紙を載せ、下に吸引フラスコを取り付ける。吸引漏斗。ヌッチエ。

フフホト【呼和浩特】《青い都市の意》中国、内モンゴル自治区中部にある区都。16世紀にアルタン=ハンによって築かれた帰化と、清の乾隆帝によって築かれた綏遠の新旧2城からなり、帰綏と呼ばれた。毛織物工業が盛ん。人口、行政区141万(2000)。フホホト。

ふふ・む【ˣ含む】〘動マ四〙❶花や葉が芽やつぼみのままである。「卯の花の咲く月立ちぬほととぎす来鳴きとよめよ一・みたりとも」〈万・四〇六六〉❷㋐口の中に入れて持つ。ふくむ。「(玉ヲ)口に一・みて」〈記・上〉㋑内に包み持つ。「鶏の子のごとくして、ほのかにして牙を一・めり」〈神代紀・上〉

プブリコ-きゅうでん【プブリコ宮殿】《Palazzo Pubblico》イタリア中部、トスカーナ州の都市シエナにあるゴシック様式の宮殿。13世紀から14世紀にかけて建造された。脇に高さ102メートルのマンジャの塔が建つ。現在は市庁舎、およびシモーネ=マルティーニやアンブロージオ=ロレンツェッティなど、シエナ派の絵画を所蔵する市立美術館になっている。1995年、同宮殿やシエナ大聖堂、カンポ広場がある旧市街は「シエナ歴史地区」の名称で世界遺産(文化遺産)に登録された。

ふふん〘感〙❶うなずいたり、軽く同意したりするときに発する語。なるほど。ふうん。「一、そうか」❷他を見くだしたり軽くあしらったりするときに発する語。「一、やれるもんならやってみろ」

ふ-ぶん【不文】❶文章・文字に書き表してないこと。「一の密約を交わす」➡成文 ❷文字を知らないこと。学問のないこと。❸文章が下手なこと。また、その文章。❹文化の開けていないこと。「西洋を文明とし、亜細亜を一とするものは」〈福沢・文明論之概略〉

ぶ-ぶん【部分】全体をいくつかに分けたものの一つ。「シャツの胸の一に汚れがある」
〘類語〙箇所・ところ・部位・一部・一部分・局部・局所・細部・断片・一端・パート・セクション

ぶ-ぶん【舞文】❶自分勝手に言葉をもてあそんで自分に有利な文章を書くこと。また、その文章。「一を弄する」❷自分勝手な解釈で法律を濫用すること。

ぶぶん-いっち【部分一致】文字列を検索する手法の一。検索対象の文字列から、位置に関係なく、検索語に一致する文字列を探すこと。また、任意の二つの文字列を比較する際、文字列の一部分が一致すること。「あいうえお」と「ああうええ」の場合、三文字目と四文字目の組み合わせ「うえ」が部分一致となる。また、「あいうえお」は「えう」とは部分一致しない。部分一致検索。➡完全一致

ぶぶん-いれば【部分入れ歯】部分的に失った歯を補うための入れ歯。残っている歯を支えにして装着する。部分義歯。部分床義歯。局部床義歯。➡総入れ歯

ぶぶん-おん【部分音】ある音を、いくつかの純音が集まった複合音とみたとき、その成分としての一つ一つの純音。成分音。

ぶぶん-かつ【部分割】卵割の一型。卵割が、それを妨げる卵黄を除く部分で行われ、割球の仕切りが不完全なもの。端黄卵の卵黄の多いものなどでみられ、表割・盤割がある。➡全割

ぶぶん-かんし【部分冠詞】フランス語などで、名詞の前に置き、その名詞によって表されるものの部分的な量、若干量が問題になっていることを示す冠詞。du, de laなど。

ぶぶん-ぎし【部分義歯】▶部分入れ歯

ぶぶん-きょくひつ【舞文曲筆】故意に言葉をもてあそび、事実を曲げて書くこと。曲筆舞文。

ぶぶん-げっしょく【部分月食｜部分月ˣ蝕】月食で、月が地球の本影に入って、月面の一部が暗くなる現象。月全体が本影に入る場合は皆既月食という。

ふぶん-けんぽう【不文憲法】不文法の形式をとる憲法。英国の憲法がその例。慣習憲法。↔成文憲法。

ぶぶん-さいはん【部分再販】著作物および公正取引委員会によって指定された商品の一部を、初回発売時から自由価格で販売すること。➡時限再販 ➡再販売価格維持契約

ぶぶん-しゅうごう【部分集合】集合Aの要素がすべて集合Bの要素になっているとき、AはBの部分集合であるといい、$A \subseteq B$と表す。

ぶぶんしょう-ぎし【部分床義歯】▶部分入れ歯

ぶぶん-しょく【部分食｜部分ˣ蝕】太陽または月の一部だけ欠けて見える日食または月食。↔皆既食

ぶぶん-そっこう【部分測光】TTL測光の一。画面の中央、面積にして画面全体の約10パーセントの部分を測光する方式。

ぶぶん-ていがくせい【部分定額制】インターネットの接続や携帯電話などの通信サービスで用いられる料金システムの一。一定の利用時間やデータ通信量に達するまでは定額とし、超過分に応じて課金する定額従量制、または一定の利用時間やデータ通信量に達するまでを利用量に応じて課金し、超過分を定額とするキャップ制がある。

ぶぶん-てき【部分的】〘形動〙全体のうち、一部分に限って関係のあるさま。「一な手直し」

ぶぶんてきかくじっけんきんし-じょうやく【部分的核実験禁止条約】▶ピー-ティー-ビー-ティー(PTBT)

ぶぶん-にっしょく【部分日食｜部分日ˣ蝕】日食で、太陽の一部分のみが隠される現象。太陽が全く見えなくなる場合は皆既日食、月の本影が地球まで届かず、太陽の周辺が環のように残って見える場合は金環食という。

ぶぶんはんけつ-せいど【部分判決制度】裁判員制度による裁判方式の一。複数の事件で起訴された容疑者の裁判を事件によって分離し、審理順に裁判員を選任、有罪か無罪かを判断する。裁判官は全審理を担当し、最終審理の裁判員は裁判官とともに量刑決定に当たる。平成19年(2007)5月に裁判員法が改正されて導入が決まった。〘補説〙裁判員の任期を短くするための措置。複雑に入り組んだ事件には適用されない。

ぶぶん-ひん【部分品】機械・器具でその一部をなしている品。部品。

ぶぶん-へんこう【部分偏光】自然光と偏光が合成された光。完全偏光に対していう。

ふぶん-ほう【不文法】文章で表現されていない法。慣習法・判例法など。不文律。↔成文法。

ぶぶん-よく【部分浴】手足など体の一部だけを湯に浸す温浴法。手浴や足浴などがある。➡半身浴 ➡全身浴

ふぶん-りつ【不文律】❶「不文法」に同じ。↔成文律。❷互いに心の中で了解し合っているきまり。「干渉しないのがわが家の一だ」〘類語〙慣例・紳士協定

ぶぶん-れんごう【部分連合】与野党が協議して、政策ごとに野党が特定の法案成立などで協力すること。パーシャル連合。〘補説〙閣僚は出さないが与党としてふるまう閣外協力より、与党への協力度は低い。

ふ-へい【不平】〘名・形動〙納得できず不満であること。また、そのさま。「しかられて一な顔をする」「一たらたら」
〘用法〙不平・不満・不服――「交渉の結果に不平(不満・不服)をもらす」では三語とも用いられる。◇「不平」は要求が満たされなくて不愉快な思いが態度やことばに出る場合に多く用いる。「『弟ばかりかわいがって』と兄が不平を言う」「政治に対して不平を並べる」◇「不満」は要求の水準に達していないので物足りない、気に入らないと思う意が強い。「与えられた役を不満に思う」「欲求不満」「この成績では不満だ」など「不平」「不服」では置き換えられない。◇「不服」は相手の申し出・条件などに従えない場合に多く用いる。「判決に不服を申し立てる」「一方的な押しつけには不服だ」
〘類語〙不服・不満・不満足・不足・鬱憤・苦情・文句

不平を鳴ら・す　不平を言いたてる。「小遣いが少ないと―・す」
不平を並・べる　不平を次々と言う。「あれこれと―・べる」
ふ-へい【浮×萍】うきくさ。また、住居の定まらないことのたとえ。「天性水石に心を寄せ、―の跡を事とし給ひしかば」〈太平記・二四〉
ブベイ〖Vevey〗スイス西部、ボー州の都市。レマン湖の北東岸に面する。中世よりワインの集散地として発展。チャップリンが晩年を過ごしたことで知られる。世界最大手の食品メーカー、ネスレの本社がある。
ふへい-せい【府兵制】中国、南北朝時代の西魏に始まり、隋・唐代に整備された兵農一致の兵制。農民の中から選抜徴兵し、農閑期に訓練した農民兵を交替で都や辺境の警固にあたらせた。7世紀後半、募兵制に移行。
ふ-へき【扶壁】▶控え壁
ふへき-しゅん【×斧×劈×皴】山水画における皴法の一。鋭い側筆で、斧で割ったように峻厳な山肌や岩面を表すもの。
ぶ-べつ【侮蔑】〔名〕スル　見くだしさげすむこと。軽蔑。「人を―したような態度」〔類語〕軽蔑・軽侮・蔑視
ふ-へん【不変】〔名・形動〕変わらないこと。また、そのさま。不易。「―な(の)真理」⇔可変。〔類語〕永久・永遠・とわ・常しえ・常しなえ・恒久・悠久・悠遠・長久・経常・常磐・永劫・永世・永代・久遠・無限・無窮・不朽・万代不易・万世不易・万古不易・千古不易
ふ-へん【不偏】かたよらず公正な立場にあること。
ふ-へん【普遍】❶全体に広く行き渡ること。例外なくすべてのものにあてはまること。「人類―の原理」⇔特殊。❷哲学の用語。㋐宇宙や世界の全体に関していえること。㋑特殊・個物に対して、ある範囲のすべての事物に共通する性質。
〔類語〕共通・通有・普遍・一般
ふ-べん【不弁｜不×辯】〔名・形動〕うまく話す才能がないこと。また、そのさま。口べた。訥弁。「―な私ではあるが」
ふ-べん【不便】〔名・形動〕便利でないこと。都合の悪いこと。また、そのさま。「狭くて―な家」「通勤に―な土地」〔派生〕ふべんさ〔名〕
ぶ-へん【武辺｜武×篇】戦で勇敢に戦うこと。また、その者。転じて、武道に関係する事柄。「此の藤孝公は諸芸には達し給へれども、―はよわかりし」〈戴恩記〉
ぶ-べん【武弁】《「弁」はかんむりの意》武士。武官。
ふへん-か【普遍化】〔名〕スル　特殊なものから普遍的な法則や概念を作り出すこと。
ふへん-がいねん【普遍概念】▶一般概念
ふ-べんきょう【不勉強】〔名・形動〕❶学問・芸道などに、精を出さないこと。また、そのさま。「―な学生」❷なすべき努力を怠ること。また、そのさま。「商品知識に乏しい―な店員」
ぶ-へんじ【不返事｜無返事】〔名・形動〕いやいやながら返事をすること。また、そのさま。なま返事。「―に、もぢもぢしてぞ上がりける」〈浄・重井筒〉
ふへん-しほん【不変資本】投下された貨幣資本のうち、生産手段に転化された資本。可変資本に対して、生産過程において価値を変化させずに生産物に移転するのでいわれる。
ぶへん-しゃ【武辺者】❶武道に関係する人。また、武勇のある人。ぶへんもの。「―も地震の時の手柄なし」〈広原海〉❷一郡一城を領するほどの侍大将。〈甲陽軍鑑〉
ふへん-しゅ【普遍種】大陸全体、あるいは二大陸にまたがるような広い分布域をもつ生物の種。
ふへん-しんにょ【不変真如】仏語。真如が生滅を超えて不変であること。⇒随縁真如
ふへん-せい【普遍性】すべての物事に通じる性質。また、すべての物事に適合する性質。「―のない理論」
ぶへん-だて【武辺立て】武勇があるように振る舞うこと。また、その人。「この家に一人居るは、定めて―であらう」〈虎寛狂・伯母が酒〉
ふへんだとう-せい【普遍妥当性】《ドイツ Allgemeingültigkeit》哲学で、真理や倫理的・美的価値などに備わっている、いつどこででも承認されるべき性質。
ふへん-ていすう【普遍定数】物理学の基本法則を表す式の中で、変数の値に関係なく常に一定の値をもつ定数。光速度・電気素量・プランク定数・万有引力定数など。基礎定数。
ふへん-てき【普遍的】〔形動〕広く行き渡るさま。極めて多くの物事にあてはまるさま。「生物に共通の―な性質」
ふへんてき-むいしき【普遍的無意識】▶集合的無意識
ふへん-ふとう【不偏不党】いずれの党派・主義にもかたよらず、公平・中立の立場をとること。
ぶへん-もの【武辺者】「ぶへんしゃ(武辺者)❶」に同じ。「世にかくれなき―」〈浮・武家義理・二〉
ふへん-ろんそう【普遍論争】普遍は、個物に先立って実在する(実念論)のか、あるいは個物のあとに人間がつくった名辞(唯名論)にすぎないのかという中世スコラ学の論争。⇒実念論　⇒唯名論
ふ-ぼ【父母】ちちと、はは。ちちはは。両親。
父母の恩は山よりも高く海よりも深し　両親から受けた恩は何物にも比べることができないほど大きいものだというたとえ。
父母疾有らば為む可からずと雖も薬を下さざるの理無し　《『宋史』文天祥伝から》父母の病気がたとえ治る見込みがなくても、薬を飲ませて手当てをするのが子の務めである。滅亡を免れないとわかっていても、最後まで国家のために尽くすのが臣としての義務であるというたとえ。
ふ-ほう【不法】〔名・形動〕❶法に違反していること。また、そのさま。違法。「―に侵入する」「廃棄物の―投棄」⇔合法。❷道理・道義に背くこと。また、そのさま。無法。理不尽。「―な要求」〔類語〕違法・違憲
ふ-ほう【付法】師が弟子に教えを授け、後世に伝えさせること。また、教えを授けられた弟子。「―相承」
ふ-ほう【訃報】死去したという知らせ。悲報。訃音。訃。「恩師の―に接する」〔類語〕訃音・訃
ふ-ぼう【×誣×謗｜×誣妄】「誣罔」に同じ。
ふほう-かんきん【不法監禁】正当な権限がないのに他人を一定の場所に閉じ込めて自由を拘束すること。逮捕監禁罪を構成する。
ふほうげんいん-きゅうふ【不法原因給付】賭博での支払いのように、不法な原因に基づいてなされる給付。民法は、不法の原因が一方的に受益者の側にあるときを除き、返還請求を認めていない。
ぶ-ほうこう【不奉公】奉公に精を出さないこと。「常々―すれども」〈虎明狂・武悪〉
ふほう-こうい【不法行為】故意または過失によって他人の権利を侵害し、その結果他人に損害を与える行為。加害者は、その損害を賠償する責任を負う。
ふほう-ざんりゅう【不法残留】▶オーバーステイ
ふほう-しんにゅう【不法侵入】正当な理由がなく、他人の土地・住居・建造物などに侵入すること。
ふほう-の-はっそ【付法の八祖】▶真言八祖
ふ-ほうわ【不飽和】〔名・形動〕飽和に達していない状態。また、不飽和結合をもっていること。「―な状態」
ふほうわ-かごうぶつ【不飽和化合物】有機化合物のうち、炭素原子間に不飽和結合をもつもの。
ふほうわ-けつごう【不飽和結合】原子間の二重結合および三重結合のこと。多重結合。
ふほうわ-しぼうさん【不飽和脂肪酸】炭化水素基の中に不飽和結合をもつ脂肪酸。アクリル酸・オレイン酸・リノール酸・リノレン酸など。
ふほうわ-たんかすいそ【不飽和炭化水素】炭素原子間に二重結合や三重結合を含む炭化水素。エチレン系炭化水素・アセチレン系炭化水素など。
ふぼ-かい【父母会】「保護者会」の旧称。
ふ-ぼく【扶木】❶東海の日の出るあたりの海中にあるという神木。転じて、朝日の当たっている木。扶桑。❷神殿の建築に用いられる神木。
ふ-ぼく【浮木】水に浮いている木。うきぎ。
ふ-ぼく【腐木】くさった木。朽ち木。
腐木は柱と為す可からず卑人は主と為す可からず　《『漢書』劉輔伝から》腐った木が柱にはならないように、いつ災いを招くかわからないから、品性の卑しい人を主人としてはいけない。
ふぼくしゅう【夫木集】「夫木和歌抄」の異称。
ふぼくわかしょう【夫木和歌抄】鎌倉後期の私撰和歌集。36巻。藤原長清撰。延慶3年(1310)ごろの成立とされる。万葉集以後の家集・私撰集・歌合わせなどの撰から漏れた歌1万7000余首を、四季・雑に部立てし、約600の題に分類したもの。夫木和歌集。夫木集。
ふぼ-の-くに【父母の国】自分の生まれた国。祖国。故国。「―を尻引っからげて去り給ふは」〈根無草〉
フホホト【呼和浩特】▶フフホト
ふほ-わりあい【付保割合】保険契約に際し、評価額に対し実際に保険をつける割合。
ふ-ぼん【不ᵛ犯】仏語。僧が戒律を犯さないこと。特に、淫戒を犯さないこと。
ふ-ほんい【不本意】〔名・形動〕自分の本当の望みとは違っていること。また、そのさま。「けがの多い―な年だった」「―ながら承知する」〔類語〕残念・不満
ふほんい-きつえん【不本意喫煙】▶受動喫煙
ふほんい-にゅうがく【不本意入学】第一志望校の入学試験に合格できず、それ以外の学校に不本意ながら入学すること。
ふほん-せん【富本銭】日本で鋳造された銭貨の一。日本書紀天武天皇12年(683)に記載があり、和同開珎よりも古くからある銅銭とする説もあるが、大量に流通していた証拠はない。富本銭。
ふ-ま【不磨｜不摩】すりへらないこと。ながく価値を保つこと。不朽。「―の大典(=大日本帝国憲法の美称)」
ぶ-ま【不間】〔名・形動〕気がきかず、間が抜けていること。また、そのさま。へま。「自分はどんな―な事をしたのだか一向気が付かなかったが」〈漱石・文学評論〉
フマーユーン〖Muhammad Humāyūn〗［1508～1556］インド、ムガル帝国第2代皇帝。在位1530～1556。アクバル大帝の父。外征に失敗し、追われてペルシアに亡命。ペルシアの援軍を得て領土を奪回し、ムガル帝国を再興した。
ふ-まい【不昧】❶道理にくらくないこと。聡明なこと。❷物欲などに心がくらまされないこと。
ぶ-まい【ᵛ夫米】中世以後、夫役の代わりに徴収した上納米。人足米。
ふま・う【踏まふ】〔動ハ下二〕「ふまえる」の文語形。
ふまえ【踏まへ】❶根拠。土台。「経文ヲ―トシテ」〈日葡〉❷思慮。分別。「嫉妬の恨みに取り乱れ、後先の―もなく」〈浄・出世景清〉❸踏み台。「とど、―をして鴨居へ隠す」〈伎・散書恋文章〉
ふまえ-どころ【踏まえ所】❶足を置くべき場所。ふみど。ふみどころ。❷よりどころ。立脚点。「―はいいが、論の展開が甘い」
ふま・える【踏まえる】〔動ア下一〕文ふま・ふ〔ハ下二〕❶しっかりと足で踏みつける。「大地を―・えて立つ」❷判断のよりどころにする。根拠とする。「経験を―・えた助言」「事実を―・えて論じる」❸あれこれ思案する。配慮する。「左様に後先―・へ用心せば」〈仮・可笑記・五〉❹支配下に入れる。掌握する。「石川の城を―・へさせて」〈太平記・二七〉
ふ-まき【ᵛ文巻】書物の外側を包むもの。帙。
ぶ-まし【歩増し】歩合を増すこと。
ふ-まじめ【不真面目】〔名・形動〕まじめでないこと。また、そのさま。「―を装う」「―な学生」
フマルさんケトチフェン-ざい【フマル酸ケトチ

フェン剤】《ketotifen fumarate》アレルギー性疾患治療剤。気管支喘息ぜんそく・アレルギー性鼻炎などの予防に用いられる。
ぶ-まわし【歩回し】ぶまはし 金銭を運用して利を得ること。「—のよき家をもとめ」〈浮・新永代蔵〉
ふ-まん【不満】〔名・形動〕もの足りなく、満足しないこと。また、そのさまやそう思う気持ち。不満足。「—を口にする」「—な点が残る」「欲求—」➡不平〔用法〕
〔派生〕ふまんがる〔動ラ五〕ふまんげ〔形動〕
〔類語〕不服・不平・不満足・不足・不本意・残念
ぶ-まん【侮慢】慢心して他を見下すこと。「之を賤いやしめ、之を—し」〈報徳記・一〉
ふ-まんぞく【不満足】〔名・形動〕満足でないこと。満足しないこと。また、そのさま。不満。「決定を—に思う」「—な出来」〔類語〕不服・不平・不満・不足
ふ-み【不味】味のよくないこと。まずいこと。
ふみ【文｜▽書】❶文字で書きしるしたもの。文書。書物。「様々の—を作りし中にも」〈鷗外・舞姫〉❷手紙。書状。「急ぎの—」「恋—」❸学問。特に漢学。「明けがたに—など講じて、とく人々まかで給ふ」〈源・鈴虫〉❹漢詩。「—作らせ給ふべき心まうけに、博士なども」〈源・総角〉〔類語〕手紙・書簡・書信・書状・書面・紙面・信書・私信・私書・書しょ・状・一書・手書・親書・手簡・書札しょさつ・尺牘せきとく・書牘しょとく・雁書がんしょ・消息・便り・玉章ぎょくしょう・レター・封書・はがき・絵はがき
　文は遣やりたし書く手は持たぬ　読み書きのできない者が嘆く言葉。恋文を書きたいが字が書けず、人に頼むわけにもいかない。
ふみ-あい【踏(み)合い】ふみあひ「踏み合わせ」に同じ。
ふみ-あ・く【踏み明く】〔動カ下二〕道でないところを踏んで道をつける。「童わらはべの—・けたる築地ついぢの崩れより通ひけり」〈伊勢・五〉
ふみ-あげ【踏(み)上げ】信用取引で、相場の下落を見越して売ったのに逆に相場が騰貴して、損を承知で買い戻したために相場がいっそう高くなること。
ふみ-あだ・す【踏み×仇す】〔動サ四〕踏み荒らす。踏み散らす。「天雲をほろに—・し鳴る神も今日にまさりて恐かしこけめやも」〈万・四二三五〉
ふみ-あら・す【踏(み)荒らす】〔動サ五(四)〕踏みつけてめちゃめちゃにする。「花壇を—・す」
〔類語〕踏みにじる・踏みしだく・蹂躙じゅうりんする
ふみ-あわせ【文合(わ)せ】ふみあはせ 物合わせの一。人々が集まって左右の組に分かれて文章を作って出し合い、判者の評点によって優劣を争う遊び。
ふみ-あわせ【踏(み)合(わ)せ】ふみあはせ 死者・出産などのけがれたものに行き合うこと。また、それを忌むこと。行き触れ。踏み合い。
ふみ-いし【踏(み)石】❶玄関や縁側の上がり口に据えて、脱いだ履物を置く石。沓くつ脱ぎ石。❷庭・通路などに一定の間隔で置いた石。飛び石。
ふみ-いた【踏(み)板】❶道路・溝・ぬかるみなどにかけ渡したり置いたりして、踏んで行くようにした板。❷機械に付属して、足で踏んで操作する板。足踏み式ミシンの板や、リードオルガンの、足で踏んで空気を送り込む板など。❸牛車ぎっしゃの前後の入り口に横に敷いてある板。前板。敷き板。
ふみ-い・る【踏(み)入る】㊀〔動ラ五(四)〕ある場所に入る。踏み込んで入る。「藪やぶに—・る」「土足で—・る」㊁〔動ラ下二〕「ふみいれる」の文語形。
ふみ-い・れる【踏(み)入れる】〔動ラ下一〕〔文〕ふみい・る〔ラ下二〕❶ある場所に入る。踏み込む。「花壇に足を—・れる」❷踏んで中に入れる。「足を砂子に脛のなからばかり—・れて」〈宇治拾遺・三〉
ふみ-うす【踏(み)臼】「唐臼からうす」に同じ。
ふみ-え【踏(み)絵】ふみゑ ❶絵踏みゑぶみに使った絵、または像。〔季 春〕❷ある人の思想・主義などを強権的に調べること。また、その手段。〔補説〕❶で、踏む行為や行事を「踏み絵」と呼ぶのは、本来は誤り。➡絵踏み
ふみ-おこ・す【踏み起こす】〔動サ四〕❶地を踏んで鳥獣などを驚かす。狩りたてる。「朝狩に鹿猪しし—・し夕狩に鳥踏み立て」〈万・九二六〉❷再興する。「中ごろ絶えたる足利の家—・す」〈浄・女夫池〉
ふみ-おとし【▽履み落(と)し｜踏(み)落(と)し】七言絶句または七言律詩の第1句末で韻をふまないこと。また、その詩。
ふみ-かえ・す【踏(み)返す】ふみかへす〔動サ五(四)〕❶繰り返し踏む。「—・して固める」「—・されて荒れたグラウンド」❷踏まれた仕返しに相手の足などを踏む。「腹いせに—・してやる」❸踏みはずす。「父さんも—・して落てお仕舞なされ」〈一葉・にごりえ〉❹踏んでひっくり返す。「かけ出す拍子に、くつぬぎの下駄を—・し」〈滑・八笑人・初〉
ふみ-か・える【踏(み)替える】ふみかへる〔動ア下一〕〔文〕ふみか・ふ〔ハ下二〕踏む足を替える。また、踏みなおす。「右足から左足に—・える」
ふみ-がき【文書き】手紙や文章などを書くこと。また、その書きぶり。「見どころある—かな」〈源・胡蝶〉
ふみ-かた・める【踏(み)固める】〔動マ下一〕〔文〕ふみかた・む〔マ下二〕足で何度も踏んでかたくする。「地面を—・める」
ふみ-がね【踏(み)金】雪駄せったの裏のかかとに打ちつけた板金。雪駄の裏金。
ふみ-かぶり【踏み▽被り】❶落とし穴。〈日葡〉❷自分から招いた不利益。「皆手前の—」〈浄・淀鯉〉
ふみ-かぶ・る【踏み▽被る】〔動ラ四〕❶踏みはずして水たまりや穴などに落ち込む。「三条通の屋根にやすみて、—・りて落ち」〈咄・春の山〉❷自分でしたことから不利益をこうむる。「子故の闇に—・り」〈浮・世間猿〉❸踏みつけて、跳ね返りを受ける。「泥ヲ—・ル」〈日葡〉
ふみ-がら【文殻】読みおわって不要になった手紙。文反故ふみほご。「手文庫には—とノートがぎっしり詰っていた」〈漱石・道草〉
ふみ-ぎ【踏(み)木】機織り機の、縦糸を上下させるため足で踏む板。まねき。
ふみ-きり【踏(み)切(り)】❶鉄道線路と道路が同じ平面上で交差する所。❷跳躍競技などで、反動をつけるため地面やジャンプ台などを蹴って飛び上がること。また、その場所。「—が弱い」❸思い切って決断すること。ふんぎり。「—がつかない」❹相撲で、足を土俵の外に出すこと。土俵を割ること。
ふみ-き・る【踏(み)切る】〔動ラ五(四)〕❶強く踏んだはずみで切る。「鼻緒を—・る」❷跳躍競技などで、地面やジャンプ台などを強く蹴った反動で飛び上がる。「タイミングよく—・る」❸思い切って行う。ある行動を起こす決心をする。ふんぎる。「着工に—・る」❹相撲で、土俵の外に足を出す。土俵を割る。踏み越す。「一気に押されて俵を—・る」〔類語〕(❸)思い切る
ふみ-くく・む【踏み▽含む】〔動マ五(四)〕《「ふみくぐむ」とも》衣や袴はかまなどを足で踏むほどに裾長すそながに着る。「蹴出しの浅黄を—・み其の紅を捌きながら」〈鏡花・日本橋〉
ふみ-ぐら【文▽庫】《「ふみくら」とも》書物を納めておく蔵。書庫。文殿ふどの。ぶんこ。
ふみ-ぐるま【文車】➡ふぐるま
ふみ-ぐるま【踏(み)車】足踏み式の小形の水車。柄杓ひしゃく形の羽根で水を汲み上げ、灌漑用とした。
ふみ-くわ【踏み×鍬】ふみくは《「ふみぐわ」とも》鍬頭を足で踏んで刃を土に突きさし、柄を押し倒して田畑の土を起こす鍬。ふんぐわ。
ふみ-こう【文香】ふみかう 封書に入れて送るための香こう。香木などを砕いて和紙に包んだもの。
ふみ-ごえ【踏(み)肥】家畜に踏みつけられ、敷きわらに糞尿がまざり、発酵してできた肥料。
ふみ-こ・える【踏(み)越える】〔動ア下一〕〔文〕ふみこ・ゆ〔ヤ下二〕❶踏んで越える。踏みしめて通り過ぎる。「難所を—・えて行く」❷ある範囲の外に出る。境界を越える。「法を—・えた行動」❸困難などに打ちかって進む。また、限界を乗り越える。「悲しみを—・える」「花も嵐も—・えて」〔類語〕越える・越す・過ぎる・渡る・通り越す・またぐ・乗り越える・行き過ぎる
ふみ-こし【踏(み)越し】相撲で、思わず足を土俵の外に出すこと。
ふみ-こ・す【踏(み)越す】〔動サ五(四)〕相撲で、思わず足を土俵の外に出す。「相手の突きをかわしきれずに—・す」
ふみ-こた・える【踏み▽堪える】ふみこたへる〔動ア下一〕〔文〕ふみこた・ふ〔ハ下二〕❶足をふんばってこらえる。「土俵際で—・える」❷逆境の中で、がんばりつづける。「倒産の危機をなんとか—・える」
〔類語〕耐える・持ち堪こたえる・凌しのぐ・打ち克かつ
ふみ-ことば【文言葉】手紙や文章に用いる言葉。「—なめき人こそいとにくけれ」〈枕・二六二〉
ふみ-ごほめか・す【踏みごほめかす】〔動サ四〕踏んでごとごとと音をたてる。「蔵人のいみじく高く—・して」〈枕・五六〉
ふみ-こみ【踏(み)込み】❶踏み込むこと。「もう一つ—がたりない」❷玄関などで、履物を脱いでおく所。❸歌舞伎舞踊で、左右の足をとんとんと拍子をとって踏みつづけること。ふつう、複数の人物が花道で行う。
ふみこみ-だたみ【踏込畳】茶室で、茶道口さどうぐちの前の畳。
ふみこみ-どこ【踏込床】床の間の一。床框とこがまちを用いず、畳面と同一平面に床板とこいたを設けたもの。
ふみ-こ・む【踏(み)込む】〔動マ五(四)〕❶勢いよく足を踏み出す。「一歩—・んで打つ」❷踏んで、落ち込む。また、ある状態・場所に入り込む。「水たまりに—・む」「悪の道に—・む」❸人の家などに、無断で、また強引に入り込む。「土足で—・む」❹一段と深く物事の核心にせまる。「一歩—・んで論じる」❺力を込めて踏む。「アクセルを思い切り—・む」
ふみ-ころ・す【踏(み)殺す】〔動サ五(四)〕踏みつけて殺す。「蟻ありを—・す」
ふみ-さく・む【踏みさくむ】〔動マ四〕難儀なところを踏み分けて進む。「磐根いはね木根—・みて」〈祝詞・祈年祭〉
ふみ-さし【文挿(し)｜文差(し)】「文挟ふみばさみ❶」に同じ。
ふみ-しか・る【踏みしかる】〔動ラ四〕足をふんばって立ちはだかる。「四天王をつくり損じたるさまにて—・りてぞ立ちたりけれ」〈曽我・六〉
ふみ-しだ・く【踏み▽拉く】〔動カ五(四)〕《古くは「ふみしたく」》足で踏んで荒らす。踏み散らす。「無残にも—・かれた高山植物」〔類語〕踏みにじる・蹂躙じゅうりん
ふみ-し・める【踏(み)締める】〔動マ下一〕〔文〕ふみし・む〔マ下二〕❶力を入れてしっかり踏む。「大地を—・めて立つ」「一歩一歩—・めて歩く」❷踏んでかためる。踏みかためる。「雪を—・めて道をつくる」
ふみ-ずし【文×厨子】ふみづし 書物をのせておく棚。書棚。
ふみずもう【文相撲】ふみずまふ ➡ふずもう
ふみた【▽札｜▽簡】《「ふみいた(文板)」の音変化》ふだ。「広さ一尺許ばかりの板の—あり」〈霊異記・下〉
ふみ-だい【踏(み)台】❶高い所の物を取ったり、高い所に上るために足場とする台。足つぎ。踏みつぎ。❷ある目的のための足がかりとして利用すること。「同僚を出世の—にする」
ふみ-たおし【踏(み)倒し】ふみたふし 踏み倒すこと。また、その行為。「借金の—」
ふみ-たお・す【踏(み)倒す】ふみたふす〔動サ五(四)〕❶踏みつけて倒す。「障子を—・す」❷代金や借金などを支払わないままですます。「家賃を—・す」
ふみ-たけ・ぶ【踏み×哮ぶ】〔動バ四〕力強く大地を踏みつけて叫ぶ。「伊都いつの男建をたけび—・びて待ち問ひ給ひしく」〈記・上〉
ふみ-だ・す【踏(み)出す】〔動サ五(四)〕❶片足を前に出して地面につける。「左足から—・す」❷足を境界線の外へ出す。「土俵を—・す」❸新しく仕事・活動にとりかかる。着手する。「新しい人生の第一歩を—・す」❹足にまめや腫れ物をつくる。足を患う。「脚気かっけを—・し」〈松村春輔・春雨文庫〉
ふみ-た・てる【踏(み)立てる】〔動タ下一〕〔文〕ふみた・つ〔タ下二〕❶地面をしっかりと踏んで立つ。「四辺あたりは—・てられぬほど路がわるかった」〈花袋・田舎教師〉❷物を踏んで足に突き刺す。「釘を—・てる」❸地面を踏んで音をたて鳥などを追い出す。「夕狩に

鶏雉(かけ)―・て〈万・四七八〉

ふみ-だな【▽書棚】本棚。書架。しょだな。

ふみ-だわら【踏(み)俵】ふみだわら ❶土俵に上がるとき足をかけるために、外土俵の外側の斜面中段に埋めてある俵。❷ ▶雪踏み❷

ふみ-だん【踏(み)段】踏んで上り降りする段。梯(はし)・階段などをいう。

ふみ-ちが・える【踏(み)違える】ふみちがえる〔動ア下一〕図ふみちが・ふ〔ハ下二〕❶踏み所を誤る。「階段を―・える」❷踏み所が悪く、足首の筋を痛める。「右足を―・える」❸道を誤る。「人生を―・える」

ふみ-ちら・す【踏(み)散らす】〔動サ五(四)〕❶足で踏んで物を散らかす。踏み荒らす。「草花を―・す」❷袴(はかま)や指貫(さしぬき)などの裾を左右に蹴り広げる。「青鈍の指貫など、―・してゐためり」〈枕・三三〉

ふみ-づか【文塚】詩文などの草稿を埋めて供養や記念のために建てた塚。

ふみ-づかい【文使い】ふみづかひ《「ふみつかい」とも》手紙を相手に届ける使い。

ふみ-つぎ【踏(み)継ぎ】「踏み台❶」に同じ。

ふみ-づき【文月】陰暦7月の異称。ふづき。《季 秋》「―や六日も常の夜には似ず/芭蕉」

ふみ-づくえ【文机】読み書きをする机。ふづくえ。

ふみ-つくり【文作り】漢詩を作ること。また、その人。「―韻塞(ゐんふたぎ)などやうのすさびわざどもをもしなど」〈源・賢木〉

ふみ-つけ【踏(み)付け】ふみつけること。「他人を―にする」

ふみ-つ・ける【踏(み)付ける】〔動カ下一〕図ふみつ・く〔カ下二〕❶踏んで押さえつける。また、強く踏む。「うっかり人の足を―・ける」❷人の面目を無視して、事をする。人の気持ちをないがしろにする。「あまりに人を―・けたやり方だ」類語踏む・踏みしめる

ふみ-つぶ・す【踏(み)潰す】〔動サ五(四)〕❶踏んでつぶす。「空き缶を―・す」❷敵をうちほろぼす。「一挙に敵を―・す」❸人の名誉・体面などをひどく傷つける。「親の顔を―・す」

ふみ-づら【文面】書き表された文字や文章。ぶんめん。「一気高く、長文の書き手」〈浮・一代男・六〉

ふみ-て【▽筆】《「文手」の意。「ふみで」とも》ふで。「我(あ)が爪は御弓の弓弭(ゆはず)我が毛らはみ―はやし」〈万・三八八五〉

ふみ-ど【踏み▽所｜踏み▽処】「ふみどころ」に同じ。「行李やら、支那鞄やらが足の―も無い程に散らばって居て」〈花袋・蒲団〉

ふみ-どころ【踏(み)所｜踏み▽処】足で踏む所。足を踏み込む所。踏み場。ふみど。

ふみ-とどま・る【踏み▽止まる｜踏み▽留まる】〔動ラ五(四)〕❶足に力を入れてその場にとどまる。動かないように足をふんばる。「崖(がけ)っぷちで―・る」❷他の人が去ったあとも残る。「最後まで現場に―・る」❸したいことや言いたいことをがまんしてやめる。思いとどまる。「口に出しかけたが、―・る」
類語粘る・踏ん張る

ふみ-とどろか・す【踏み×轟かす】〔動サ四〕踏んで鳴り響かせる。踏み鳴らす。「ごほごほと鳴神よりもおどろおどろしく―・す唐臼(からうす)の音も」〈源・夕顔〉

ふみ-どの【文殿｜▽書殿】❶書物をおさめておく所。書庫。文庫。ふどの。❷校書殿(きょうしょでん)の異称。

ふみ-と・む【踏み留む】〔動マ下二〕踏んで足跡を留める。和歌では、多く「ふみ」に「文」を掛けて用いる。「春霞立ちながら見し花ゆゑに―・めてける跡のくやしさ」〈後撰・春下〉

ふみ-なら・す【踏み▽均す｜踏み▽平す】〔動サ五(四)〕❶踏みつけて平らにする。「荒れたグラウンドを―・す」❷道が平らになるほど行き来する。「大宮人の―・し通ひし道は」〈万・一〇四七〉

ふみ-なら・す【踏(み)鳴らす】〔動サ五(四)〕激しく踏んで音をたてる。「舞台を―・して踊る」➡床を踏み鳴らす

ふみ-にじ・る【踏み×躙る】〔動ラ五(四)〕❶踏んでめちゃめちゃにつぶす。踏み荒らす。「花壇を―・る」❷人の立場や考えを無視したり、体面・名誉などを傷つけたりする。「人の好意を―・る」
類語踏み荒らす・踏みしだく・蹂躙(じゅうりん)する

ふみにない【文荷】ふみにない 狂言。主人に恋文を持たされた太郎冠者と次郎冠者が、竹に結びつけて担いでいくうちに、文を読もうと争い、破ってしまう。

ふみ-ぬき【踏(み)抜き｜踏み▽貫き】とげ・釘などを踏みつけて、足の裏に突き刺すこと。

ふみ-ぬ・く【踏(み)抜く｜踏み▽貫く】〔動カ五(四)〕❶踏みつけて、穴をあける。「腐っている廊下を―・く」❷釘やとげなどを踏んで足に突き刺す。「釘を―・く」

ふみ-ぬ・ぐ【踏(み)脱ぐ】〔動ガ五(四)〕《古くは「ふみぬく」》踏みつけて、くつや衣服などを脱ぐ。また、布団などを足でけってはぐ。「―・いでいた布団を、又領元(えりもと)まで引き寄せて」〈鴎外・青年〉

ふみ-の-つかさ【図＝書＝寮｜▽書▽司】❶ ▶ずしょりょう(図書寮) ❷ ▶しょし(書司)

ふみ-の-はかせ【▽書博士】▶しょはかせ(書博士)

ふみ-の-みち【文の道】学問・文学の道。「ありたきことは、まことしき―」〈徒然・一〉

ふみ-ば【踏(み)場】足を踏み入れる場所。踏み所。「足の―もない」

ふみ-ばこ【文箱｜▽笈｜文×筥】「ふばこ」に同じ。

ふみ-ばさみ【文挟み】❶文書を挟んで貴人に差し出すための白木の杖。長さ約1.5メートルで、先端の文書を挟む金具の部分を鳥口(とりぐち)という。文杖(ぶんじょう)・ふみさし。ふばさみ。❷読みさしの書物に挟んでおく、金・銀・象牙(ぞうげ)製などの薄い板。のちの栞(しおり)の類。

ふみ-はじめ【▽書始め】「読書始(どくしょはじ)め」に同じ。

ふみ-はずし【踏(み)外し】ふみはづし ❶足を踏みはずすこと。❷正道からはずれたことをすること。また、失敗すること。「同じ様な―でもする事とせぬ事有り」〈風来六部集・飛だ噂の評〉❸鳥を捕らえるためのわなの一。「山田の垣根に―といふ事をして鳥をとり侍りけるを」〈散木集〉

ふみ-はず・す【踏(み)外す】ふみはづす〔動サ五(四)〕❶見当ちがいの所を踏んでしまう。踏みそこなう。「階段を―・す」❷正道からはずれた行いをする。「人の道を―・す」❸順当な進路からはずれる。「出世コースを―・す」

ふみ-はだか・る【踏み▽開かる】〔動ラ五(四)〕足を広げてしっかりと立つ。「通すまいと―・る」

ふみ-はだ・ける【踏み▽開ける】〔動カ下一〕足を広げて踏みかまえる。「両脚を―・け、腕を十字に拱(こまぬ)く」〈二葉亭・其面影〉

ふみ-は・る【踏み張る】〔動ラ四〕「ふんばる❶」に同じ。「力を発(おこ)して後(しり)足を強く―・りて」〈今昔・二九・三八〉

ふみ-びつ【文×櫃】書物をおさめておく櫃。また、書物を入れて背負う櫃。

ふみ-ひと【▽史】▶ふひと

ふみ-びと【文人】「文人(ぶんじん)」を訓読みにした語。「天暦三年三月つごもりの日―召して」〈高光集・詞書〉

ふみひらき-づき【文▽披月】《書(ふみ)をひろげて曝(さら)す月の意から》陰暦7月の異称。ふみづき。ふみひろげづき。

ふみひろげ-づき【文▽披月】「ふみひらきづき」に同じ。

ふみ-ひろご・る【踏み広ごる】〔動ラ四〕足を広げてふんばって立つ。「牛の―・りて立てりければ」〈宇治拾遺・一〇〉

ふみ-ぶくろ【▽書袋｜文袋】❶書物を入れて持ち運ぶ袋。書嚢(しょのう)。❷書状を入れる袋。状袋。「懐より―取り出し、中なる院宣を進(まゐ)らする」〈盛衰記・一九〉

ブミプトラ〘マレー Bumiputra〙《土地の子の意》マレーシア政府によるマレー人優先政策。華僑の経済的優位に対抗し、マレー人の地位向上を目指すもの。

ふみ-まくら【文枕】❶文殻(ふみがら)を丸めて芯とした枕。「方々の文殻ばかり、一つに集めてこれ―を二つこしらへておいた」〈洒・通人の寐言〉❷枕の下に手紙を入れておくこと。また、その手紙。「ういこのういこの憂き別れ、のちの朝(あした)の―」〈松の葉・三〉

ふみ-まど・う【踏み惑ふ】ふみまどふ〔動ハ四〕「踏み迷う」に同じ。「道知らぬ物ならなくにあしひきの山―・ふ人もありけり」〈後撰・雑三〉

ふみ-まよ・う【踏(み)迷う】ふみまよふ〔動ワ五(ハ四)〕❶道に迷う。方向がわからなくなる。「山道に―・う」❷善悪の判断を誤る。「欲につられて―・う」

ふみ-もち【不身持(ち)】〔名・形動〕身を持ちくずすこと。そのさま。不品行。「―な若いころ」

ふみ-や【文屋】❶学問をする所。学問所。〈名義抄〉❷書物を売る店。書店。本屋。「厚面皮(こうめんぴ)な一部の本となしてもて、一の肩を重らすものから」〈滑・七偏人・五〉❸「文屋司(ふみやのつかさ)」の略。

ふみや-の-つかさ【文屋▽司】大学寮(だいがくりょう)の異称。

ふみ-やぶ・る【踏(み)破る】〔動ラ五(四)〕❶踏みつけてこわす。けやぶる。「戸を―・る」❷《「踏破(とうは)」を訓読みにした語》困難な、または長い道のりを、歩き通す。「幾多の峠を越えて中山道を―・る」

ふみやまだち【文山立｜文山賊】狂言。二人の山賊が果たし合いをすることになるが、書き置きを記すうちに妻子の嘆くさまを思い浮かべて泣きだし、結局仲直りする。

ふみ-よせ【踏(み)寄せ】足の裏にできるまめ。そこまめ。

ふみ-よみ【▽書読み｜文読み】広く学問に通じた人。学者。ふみよみびと。「則ち太子菟道稚郎子(うぢのわきいらつこ)―として諸の典籍を王仁に習て」〈北野本応神紀〉

ふみよみ-びと【▽書読み人】「書(ふみ)読み」に同じ。「如(も)し汝(いまし)に勝れる―、亦有りや」〈応神紀〉

ふみわけ-いし【踏(み)分け石】庭の飛び石で、分岐点に置く大きめの石。

ふみ-わ・ける【踏(み)分ける】〔動カ下一〕図ふみわ・く〔カ下二〕草木の茂った所を一歩一歩かきわけて進む。「やぶの中を―・けて進む」

ふ-みん【不眠】眠らないこと。また、眠れないこと。

ふ-みん【府民】府の住民。

ふ-みん【富民】人民を富ませること。また、富んだ民。

ぶ-みん【部民】▶べみん(部民)

ふみん-しょう【不眠症】ふみんしやう よく眠ることのできない状態が続くこと。ふつう、神経症による睡眠障害をいう。

ふみん-ふきゅう【不眠不休】ふみんふきう 眠りも休みもしないこと。「―で復旧作業に当たる」

ふ・む【踏む｜▽履む｜▽践む】〔動マ五(四)〕❶足で体重をかけて上から押さえる。足であるものの上にのる。「麦を―・む」「猫のしっぽを―・む」「ブレーキを―・む」❷交互に足を上げ下げする。「四股(しこ)を―・む」「地団駄(じだんだ)を―・む」❸その場に身を置く。ある場所を訪れる。「ヨーロッパの土を―・む」❹実際に経験する。「場数を―・む」「初舞台を―・む」❺決まったやり方に従って行う。「複雑な手続きを―・む」❻守り行う。「人として―・み行うべき道」❼(「御百度を踏む」などの形で)お参りをする。参詣する。「願かけに御百度を―・む」❽前もって見当をつける。見積もりや値ぶみなどをする。「どう―・んでも安物だ」❾句の末や頭に同じ韻に属する文字を用いる。押韻する。「頭韻を―・む」❿借金などを返さないで、相手に損害を与える。「お前さんなんぞに借りてる物なんか、―・んで死ぬ様な吉里じゃあないからね」〈柳浪・今戸心中〉⓫地位に就く。「帝位を―・む」⓬信用取引で、売建玉を損を承知で買い戻す。⓭足で下のものを押さえつけて前へ進む。「雨雲を袖して分くる山―・まむとは」〈かげろふ・下〉⓮足でさぐって魚介を捕る。「女男の分かちなく、蛤(はまぐり)―・む姿」〈浄・三日太平記〉可能ふめる 類語踏みつける・踏まえる・踏みしめる
⊡句韻を踏む・牛にも馬にも踏まれず・御百度(おひゃくど)を踏む・三尺去って師の影を踏まず・地踏鞴(じたたら)を踏む・地団駄(じだんだ)を踏む・水火(すいか)を踏む・前車の轍(てつ)を踏む・前轍を踏む・踏鞴(たたら)を踏む・轍を踏む・どじを踏む・虎(とら)の尾を踏む・二の足を踏む・場数を踏む・薄氷を履(ふ)む・場所を踏む・竜の鬚(ひげ)を撫(な)で虎の尾を踏む

踏んだり蹴(け)ったり　重ね重ねひどい目にあうこと。「道は混むし雨には降られるし―だ」

ふむ〔感〕軽く同感・納得の意を表す。ふん。「―、それでどうする」

ふ-むき【不向き】〔名・形動〕好みや性質に合わないこと。似つかわしくないこと。また、そのさま。「書斎には―な部屋」「―な仕事」(類語)不相応・不適当

ふ-めい【不明】〔名・形動〕❶はっきりわからないこと。明らかでないこと。また、そのさま。「―な点を質(ただ)す」「国籍―」❷物事を見抜く力のないこと。「―を恥じる」「すべて私の―のいたすところ」(類語)不明瞭

ぶ-めい【武名】武人としての名声。武勇のほまれ。「―をとどろかす」

ふめい-すう【不名数】►無名数(むめいすう)

ふ-めいよ【不名誉】〔名・形動〕名誉を傷つけること。また、そのさま。名折れ。不面目。「―な記録」(類語)名折れ・面汚(つらよご)し・赤恥・羞恥(しゅうち)・生き恥・死に恥

ふめいよ-じょたい【不名誉除隊】米軍で、重い規律違反のある時に懲罰として軍隊を辞めさせること。退職金・恩給は支給されない。⇒名誉除隊

ふ-めいりょう【不明瞭】〔名・形動〕はっきりしないこと。あいまいなこと。また、そのさま。「―な発音」「発言の意図が―だ」(類語)不明・不鮮明・曖昧

ふ-めいろう【不明朗】〔名・形動〕明るくほがらかでないこと。隠しごとやごまかしがあり、はっきりとしないこと。また、そのさま。「―な会計」

ぶ-め・く〔動カ四〕蜂や蚊などがぶんぶんと羽音を立てる。「大きなる蜂一つ飛び来りて御堂ののきに―・きあるく」〈今昔・二九・三七〉

ふ-めくり【譜×捲り】演奏中のピアノ奏者に代わって楽譜をめくること。また、その人。まれにピアノ以外の奏者につく場合もある。

ふ-めつ【不滅】〔名・形動〕ほろびないこと。永久になくならないこと。また、そのさま。「永遠―な(の)名著」「霊魂―」(類語)不朽

ふ-めん【譜面】楽曲を音符や記号などで書き表したもの。楽譜。「―台」(類語)楽譜・譜・音譜・スコア

ぶ-めん【部面】物事をいくつかに分けた一つの部分。「各―からアプローチする」

ふ-めんぼく【不面目】〔名・形動〕面目を失うこと。名誉が傷つけられること。また、そのさま。不名誉。ふめんもく。「試合は―な結果に終わった」(類語)名折れ・面汚し・赤恥・羞恥・生き恥・死に恥・不名誉

ふ-めんもく【不面目】〔名・形動〕「ふめんぼく(不面目)」に同じ。「会社にとって―な事態を招く」

ぶ-も【▽父▽母】「ふぼ」の古形。「身体髪膚を―に受け」〈義経記・四〉

ふ-もう【不毛】〔名・形動〕❶土地がやせていて作物や草木が育たないこと。また、そのさま。「―な(の)地」❷なんの進歩も成果も得られないこと。また、そのさま。「―な議論」
(類語)(❶)荒廃・荒蕪(こうぶ)/(❷)無意味・無益・無駄

ふ-もう【×誣×罔┊×誣×誷】作りごとを言って人をそしること。誣謗(ふぼう)。誹謗(ひぼう)。「―の纔(ざん)にあう」

フモール〖(ドイツ) Humor〗►ユーモア

フモール-しゅうどういん【フモール修道院】《Mănăstirea Humor》ルーマニア北東部の町グラフモールルイの北約5キロメートルにある修道院。16世紀にモルドバ公国の高官とその妻により創設。外壁にはスチャバの宮廷画家トマによる赤を基調としたフレスコ画が描かれ、ブコビナ地方南部を代表する五つの修道院の中で唯一画家の名がわかっている。1993年に「モルドバ地方の教会群」の一つとして世界遺産(文化遺産)に登録された。

ぶもおんじゅうきょう【父母恩重経】1巻。偽経とされる書。数種の異本があり、父母の恩の広大なことを儒教的に説き報恩を勧めたもの。

ふ-もじ【ふ文字】《女房詞から》❶鮒(ふな)。❷文(ふみ)。手紙。

ふ-もじ【不文字】文字を知らないこと。学問がないこと。ふもんじ。「―のさしで者」〈咄・きのふはけふ・上〉

ふもだし【×絆】「ほだし(絆)」に同じ。「馬にこそ―かくもの」〈万・三八八六〉

ふ-もつ【負物】借財。また、借金。〈日葡〉

ふ-もと【麓】山の下の方の部分。山すそ。山麓(さんろく)。

ふもの-ずき【不物好き】〔名・形動ナリ〕人の好まない変わったものを好むこと。また、そのさまや、その人。「―な事を申す者共かな」〈浮・色三味線・一〉

ふ-もん【不問】取り上げて問題にしないこと。

不問に付・す　過失などをとがめないでおく。「今回のミスに限り―・す」

ふ-もん【符文】神仏のお札に書いてある文句。

ぶ-もん【武門】武士の家筋。武家。「―の名折れ」

ぶ-もん【部門】全体をいくつかに分けた一つの部分。「営業―」「―別採算制」(類語)分野・セクション

ふもん-じ【普門寺】茨城県つくば市にある真言宗豊山派の寺。山号は、慈眼山。開創は元亨3年(1323)、開山は乗海、開基は小田治久。小田氏の祈願所。

ふもん-ぼん【普門品】法華経第25品「観世音菩薩普門品」の略称。観音経。

ふやか・す〔動サ五(四)〕水や湯などにひたしてふくらませる。ふやけるようにする。「豆を―・す」

ふや・く〔動カ下二〕「ふやける」の文語形。

ぶ-やく【▽夫役┊▽賦役】《「ふやく」とも》労働で納める課役。律令制では広く人身課税をさし、調・庸・雑徭(ぞうよう)などを総称したが、中世にはしだいに守護役・陣夫・伝馬役などの労役に限定され、江戸時代には助郷役・国役などがあった。ぶえき。

ぶ-やく【武役】❶武士としての役目。❷►武家役

ふや・ける〔動カ下一〕図ふや・く〔カ下二〕❶水や湯などにひたってふくれ、柔らかくなる。「長湯で体が―・ける」❷だらしなくなる。「―・けた精神」

ふや-じょう【不夜城】❶《「三斉略記」から》中国の漢代に東莱郡(現在の山東省)にあった城の名。夜も太陽が出て明るかったという。❷夜も一面に灯火・ネオンなどがともって昼のように明るくにぎわっている場所。特に、歓楽街。

ふや・す【増やす┊殖やす】〔動サ五(四)〕数量が多くなるようにする。ふえるようにする。「人数を―・す」(⇔)減らす。⇒増(ま)す(用法)(可能)ふやせる
(類語)増す・増える・溜まる・溜める・高まる・高める

ブヤトカ〖Vyatka〗ロシア連邦の都市キーロフの旧称。

ふ-ゆ【不輸】租税を納めないこと。ふしゅ。

ふゆ【冬】四季の第四。秋と春の間で、12月から2月までをいう。暦の上では立冬から立春の前日まで(陰暦では10月から12月まで)をいい、天文学では冬至から春分まで。寒く、夜が長い。(季 冬)「―すでに路標にまがふ墓一基／草田男」(類語)冬場・冬季・冬期

冬来(きた)りなば春遠(とお)からじ　《英国の詩人、シェリー㊀の詩「西風の賦」の一節から》つらい時期を耐え抜けば、幸せな時期は必ず来るというたとえ。長い冬を耐えて春を待つ気持ちの表現としても用いられる。

冬さ・る　《「さる」は季節などが近づく意》冬になる。冬が来る。「―・れば嵐の声も高砂の松につけてぞ聞くべかりける」〈拾遺・冬〉

冬立・つ　暦の上で冬になる。立冬になる。「今日ぞ―・つ日なりけるもしるく」〈源・夕顔〉(季 冬)

ふ・ゆ【▽振ゆ】〔動ヤ下二〕語義未詳。揺れ動く意か。「佩(は)かせる太刀本つるぎ末―・ゆ」〈記・中・歌謡〉

ぶゆ【×蚋┊蟆=子】双翅(そうし)目ブユ科の昆虫の総称。体は小形で短く、頭部に大きい複眼をもち、胸部が膨らみ、翅(はね)は幅広い。雌は人畜から血を吸う。刺されると、痛みが激しく、はれる。幼虫は水中にすむ。ぶと。ぶよ。(季 夏)

ふゆ-あおい【冬×葵】アオイ科の多年草。高さ60～90センチ。葉は手のひら状に五つに裂けていて、長い柄があり、互生する。春から秋まで、葉の付け根に淡紅色の花が集まって咲く。中国の原産。種子を漢方で利尿剤にする。あおい。(季 冬)

ふゆ-あんご【冬安×居】「とうあんご(冬安居)」に同じ。(季 冬)

ふゆ-いちご【冬×苺】バラ科の蔓性(つるせい)の常緑小低木。関東以西の暖地に分布し、高さ約30センチ。葉は円状の五角形で、裏面に毛が密生する。夏に白い5弁花が咲き、冬には実が赤く熟し、食べられる。寒苺(かんいちご)。(季 冬)「あるときは雨蕭々(しょうしょう)と―／蛇笏」

ふ-ゆう【浮遊┊浮×游】〔名〕(スル)❶空中や水面に浮かびただようこと。「空気中に―するほこり」❷行先を定めないで旅をすること。「本朝鼎臣(ていしん)の外相を以て、異国―の来客に見えん事」〈盛衰記・一一〉

ふ-ゆう【富有】〔名・形動〕財産を多く持つこと。また、そのさま。金持ち。「―な家に生まれる」

ふ-ゆう【富裕】・【富×祐】〔名・形動〕財産が多くあって、生活が豊かなこと。また、そのさま。裕福。「―な生活」

ふ-ゆう【×蜉×蝣】❶カゲロウのこと。❷《❶が朝に生まれて夕べに死ぬといわれるところから》人生のはかないことのたとえ。「―の微命、もとより死を畏れず」〈露伴・運命〉

ぶ-ゆう【武勇】武術にすぐれ、勇気のあること。強くていさましいこと。「―の誉れ高い丈夫」
(類語)猛勇・豪勇・豪気・勇猛・ヒロイック

フューエル-インジェクション〖fuel injection〗燃料噴射。自動車・航空機などのエンジンの燃料供給装置の一つ。燃料をポンプで加圧し、ノズルから霧状に噴射する。

フューエル-ゲージ〖fuel gauge〗自動車・航空機などの燃料計。燃料の残量を示す。

ふゆう-がき【富有柿】カキの一品種。岐阜県原産の甘柿で、実は橙黄色の扁球形。ふゆがき。(季 秋)

ふゆう-きらい【浮遊機雷】敵艦船の航路などの水面直下に浮遊させておく機雷。

フューザン〖(フランス) fusain〗素描材料としての木炭。また、それを使った絵。

フュウザン-かい【フュウザン会】《(フランス) fusainは木炭・木炭画の意》大正元年(1912)高村光太郎・岸田劉生・万(よろず)鉄五郎らが結成した美術家集団。後期印象派・フォービスムを信奉した最初のグループで翌年には解散したが、その個性強調の清新な作風は当時の青年画家に大きな影響を与えた。

フュージョン〖fusion〗❶融合。溶解。統合。❷ジャズ・ロック・ラテン音楽など、ジャンルの異なる音楽を融合した音楽。クロスオーバー。

フューズ〖fuse〗►ヒューズ

ふゆうずう-ぶつ【不融通物】私法上、取引の対象となりえない物。公共用物、法令によって取引の禁止された禁制物など。⇒融通物

ふゆう-ぜい【富裕税】高額純資産所有者を対象とする経常税。日本では昭和25年(1950)に創設されたが、同28年に廃止。

ふゆう-せいぶつ【浮遊生物】►プランクトン

ふゆう-せんこうほう【浮遊選鉱法】粉砕した鉱石を、油や起泡剤を加えた水に入れてかきまぜ、ぬれにくい鉱物粒子を気泡に付着させて分離・回収する方法。浮遊選別。

フューダリズム〖feudalism〗「封建制度」に同じ。

フューチャー〖future〗未来。将来。

フューチャリズム〖futurism〗《「フューチュリズム」とも》「未来派(みらいは)」に同じ。

ぶゆう-でん【武勇伝】❶武勇にすぐれた人の伝記。❷勇ましい手柄話。また、腕力をふるった事件などをひやかしていう語。「―の持ち主」

ふゆう-の-いちご【×蜉×蝣の一期】人生の短くはかないことのたとえ。

フューラー〖(ドイツ) Führer〗《指導者の意》総統。ナチスドイツの指導者であったヒトラーの称号。

ふゆう-りゅうしじょうぶっしつ【浮遊粒子状物質】►エス-ピー-エム(SPM)

フュール-ジッヒ〖(ドイツ) für sich〗対自。ヘーゲル弁証法で、事物の弁証法的発展の第二段階を示す用語。内在する矛盾・対立によって自己と他者に分裂し、この他者との対立において自己を自覚する段階。向自。⇒アンジッヒ　⇒アン-ウント-フュールジッヒ

ふゆう-れい【浮遊霊】心霊主義的な考えに基づいて、現世をさまよっているとされる霊。

ふ-ゆかい【不愉快】〔名・形動〕愉快でないこと。いやな気分になること。また、そのさま。「―な思いをする」「人を―にする」
〔類語〕不快・不機嫌・不興・胸糞が悪い
ふゆ-がこい【冬囲い】冬季、使用しない船を陸に引き揚げたりして、苫やむしろで覆うこと。
ふゆ-がた【冬型】「冬型気圧配置」の略。
ふゆがた-きあつはいち【冬型気圧配置】冬季に現れやすい典型的な気圧配置。日本付近では西高東低型のこと。日本列島の西に高気圧、東の海上に低気圧がある。北西の季節風が強く、日本海側は雪、太平洋側は乾燥した晴天となる。
ふゆ-がまえ【冬構え】冬ごもりのしたく。冬を越すために寒さや風・雪・霜などを防ぐ設備をすること。〔季冬〕「外風呂へ歩みの板や―／紅緑」
ふゆ-がれ【冬枯れ】❶冬になって、草木が枯れはてること。また、その寒々とした冬の景色。〔季冬〕「―や雀のありく戸樋の中／太祇」❷冬季に、商店などで客足が減って不景気になること。特に2月をいう。➡夏枯れ〔類語〕(❶)草枯れ・霜枯れ・立ち枯れ
ふゆ-が・れる【冬枯れる】〔動ラ下一〕図ふゆが・る〔ラ下二〕冬枯れのさまになる。「一面に―・れた山」
ふゆ-き【冬木】《「ふゆぎ」とも》❶冬の木。特に、冬になって、葉の落ちつくした木。〔季冬〕「大空に伸び傾ける―かな／虚子」❷冬でも落葉しない木。常緑樹。ときわ木。
ふゆ-ぎ【冬着】冬に着る衣服。冬物。冬服。〔季冬〕「悪評や垂れて―の前開き／不死男」
ふ-ゆきとどき【不行(き)届き】〔名・形動〕気のくばり方や注意が足りないこと。また、そのさま。「―な(の)点はお許しください」「監督―」〔類語〕不徹底
ふゆ-きゅうでん【冬宮殿】《Zimniy dvorets》➤冬宮
ふゆ-くいな【冬水鶏】クイナの別名。
ふゆ-くさ【冬草】冬の草。特に、冬になっても枯れないで青く残っている草。〔季冬〕「鎌倉や―青く松緑／虚子」
ふゆくさ-の【冬草の】〔枕〕冬草の枯れる意から「離る」にかかる。「―離れにし人は訪れもせず」〈古今・冬〉
ふゆ-げ【冬毛】鳥獣の、秋に抜けかわった柔らかい毛。⇔夏毛。
ふゆ-げしょう【冬化粧】〔名〕スル 雪が降り積もって、まるで化粧でもしたように真っ白になり、いかにも冬らしくなること。「山野が―する」
ふゆ-ご【冬子｜冬仔】冬に生まれた動物の子。
ふゆ-ごし【冬越し】〔名〕スル 冬を越すこと。越冬。
ふゆ-こだち【冬木立】冬の落葉した木々。〔季冬〕「斧入れて香におどろくや―／蕪村」
ふゆ-ごもり【冬籠もり】《古くは「ふゆこもり」》㊀〔名〕スル 人や動物が、冬の寒い間、家・巣・土の中などにこもって過ごすこと。〔季冬〕「―またよりそはん此の柱／芭蕉」㊁〔枕〕冬ごもりした草木が春になり芽をふく意から、「春」「張る」にかかる。「―春さり来れば」〈万・一六〉
ふゆ-ごろも【冬衣】冬に着る衣服。
ふゆ-さく【冬作】冬の間に生育し、春から初夏にかけて収穫する作物。麦・アブラナなど。冬作物。
ふゆ-ざれ【冬ざれ】草木が枯れはてて寂しい冬の風物のようす。また、そのような冬の季節。「―の野」〔季冬〕「―や小鳥のあさる韮畠／蕪村」
ふゆ-ざんしょう【冬山椒】ミカン科の常緑低木。関西以西の山野に自生。枝にとげがあり、葉は羽状複葉。雌雄異株。夏、淡黄色の小花を総状につける。実は赤い。〔季冬〕
ふゆ-じたく【冬支度】〔名〕スル 冬を迎える準備をすること。特に、衣類や暖房器具など。〔季秋〕
ふゆ-しょうぐん【冬将軍】《モスクワに遠征したナポレオンが、冬の寒さと雪が原因で敗れたところから》冬の厳しい寒さをいう語。また、寒くて厳しい冬のこと。「―の訪れ」〔季冬〕
フュステル-ド-クーランジュ〖Numa Denis Fustel de Coulanges〗[1830～1889]フランスの歴史家。徹底した史料の文献学的研究を基礎に実証的な近代史学を創始した。著「古代都市」「古代フランス政治制度史」など。
フュズレ-パンツ《和 fuselé(フランス)＋pants; fuselé は、紡錘形の、の意》「フュゾー」に同じ。
フュゾー〖フランス fuseau〗《紡錘・糸巻きの意》紡錘のように先細りで足にぴったりしたシルエットのパンツのこと。スキーパンツやトレーニングパンツのこともいう。フュズレパンツ。
ふゆそ-でん【不輸租田】律令制で、田租を免除された田。寺田・神田・職田など。➡輸租田
ふゆ-ぞら【冬空】冬の空。寒々とした冬の空模様。〔季冬〕「あはせたる手に―のひかりおつ／万太郎」〔類語〕寒天・寒空
ふゆ-た【冬田】冬の田。冬の荒れ田。〔季冬〕「家めぐる―の水の寒さかな／子規」
フュッセン〖Füssen〗ドイツ南部、バイエルン州の都市。アルプスの北麓、レッヒ川沿いに位置し、中世には交易の要衝として発展。近郊にある二つの城、ノイシュバンシュタイン城、ホーエンシュバンガウ城が広く知られている。ロマンチック街道の南の起点。
ふゆ-づた【冬蔦】キヅタの別名。
ふゆ-どし【冬年】去年の冬。去年の暮れ。昨冬。「―二、三日わづらうて死んだが」〈浮・一代女・四〉
ふゆ-どなり【冬隣】まわりの景色や雰囲気から、冬の近づいた気配が感じられる晩秋のころ。〔季秋〕「はしり火に茶棚のくらし―／蛇笏」
ふゆ-どり【冬鳥】秋に来て冬を越し、春に去る渡り鳥。日本ではシベリア方面から渡来するものが多い。ハクチョウ・カモ・ツル・ツグミなど。➡夏鳥
ふゆ-な【冬菜】冬に出回る菜類の総称。白菜・京菜・唐菜・小松菜など。〔季冬〕「荒波の間近に蒔きし―かな／汀女」
フュネラル-マーチ〖funeral march〗葬送行進曲。
ふゆ-の【冬野】荒涼として、物寂しい冬枯れの野。〔季冬〕「土までも枯れてかなしき―かな／几董」
ふゆ-の-きゅうでん【冬の宮殿】《Zimniy dvorets》➤冬宮
ふゆ-の-じだい【冬の時代】文化や産業などが低迷している状態。特に、一度隆盛をみたものが衰え、低調になるさま。「業界に―が訪れる」
ふゆのたび【冬の旅】《原題、ドイツ Winterreise》シューベルト作曲の歌曲集。1827年作。W＝ミュラーの詩に基づく。24曲からなり、第5曲の「菩提樹」は特に有名。
ふゆ-の-はなわらび【冬の花蕨】ハナヤスリ科の多年草。林内などで秋・冬にみられるシダ。根茎から1本の茎が伸び、栄養葉と胞子葉に分かれる。栄養葉は羽状複葉。胞子は軸に2列につく。〔季冬〕
ふゆのひ【冬の日】江戸前期の連句集。1冊。山本荷兮編。貞享2年(1685)刊。芭蕉の指導のもとに尾張の蕉門が催した歌仙5巻と追加6句からなる。俳諧七部集の一。
ふゆ-ば【冬場】冬のころ。冬の間。冬季。⇔夏場。
ふゆ-ばおり【冬羽織】冬に着る、袷や綿入れなどに仕立てた防寒用の羽織。〔季冬〕「うれしさや着たり脱いだり―／鬼城」
ふゆ-ばね【冬羽】鳥の冬の羽。夏の終わりごろに換羽を行ったあとの羽。➡夏羽
ふゆ-び【冬日】❶冬の太陽。冬の日ざし。短い冬の1日。冬の日。〔季冬〕「金輪際牛の笑はぬ―かな／蛇笏」❷1日の最低気温がセ氏零度を下まわる日。
ふゆ-びより【冬日-和】❶穏やかに晴れた冬の日。冬晴れ。〔季冬〕❷いかにも冬らしい空模様。
ふゆ-ふく【冬服】冬に着用する衣服。多く洋服にいう。〔季冬〕「弱き身の―の肩とがりたる／立子」
ふゆ-ふにゅう【不輸不入】荘園で、国家の租税徴収権と国衙からの検田使などの立入りを拒否する特権。のちに不入権は検非違使などの警察権を排除する権利に拡大した。➡守護不入
ふゆ-ぼたん【冬牡丹】❶「寒牡丹」に同じ。〔季冬〕「一千鳥よ雪のほととぎす／芭蕉」❷火のさかんにおこっているのを牡丹の花にたとえて、火鉢をいう語。
ふゆみず-たんぼ【冬水田圃】秋の収穫後から春の代掻きまでの間、水を張っておく田。冬期湛水水田。〔補説〕菌類やイトミミズなどが増えて土地が肥沃になるほか、昆虫・水鳥の生息地を確保し、生態系を保全するなどの効果が見込まれている。
ふゆ-め【冬芽】「とうが(冬芽)」に同じ。〔季冬〕「飛騨人の培ふ桐の―かな／普羅」
ふゆ-もの【冬物】冬に用いるもの。特に冬用の衣料品。冬着。また、それに用いる布地。
ふゆ-やすみ【冬休み】冬に仕事を休むこと。また、正月をはさんで学校が授業を休むこと。冬の休暇。〔季冬〕「文鎮の鍔は厳しき―／正雄」
ふゆ-やま【冬山】❶草木が枯れたり、雪におおわれたりした冬の山。〔季冬〕「―やどこまで上る郵便夫／水巴」❷冬に登山の対象となる山。⇔夏山。
ふ-よ【不予】《「予」はよろこぶ意》❶心中おもしろくなく思うこと。不快。「子の顔色頗る悪し。或は恐る、―あるに非ずや」〈織田訳・花柳春話〉❷天子、また貴人・長上の病気。不例。「主上御―の御事と聞こえさせ給ひしかば」〈平家・一〉
ふ-よ【付与｜附与】〔名〕スル さずけ与えること。「有給休暇を―する」〔類語〕与える・授与・譲与
ふよ【扶余｜夫余】㊀前1世紀～5世紀に中国東北地方から朝鮮半島北部で活動したツングース系の民族。また、その建てた国。1～3世紀に全盛期を迎えたが、494年に同じツングース系の勿吉に滅ぼされた。㊁(扶余)大韓民国忠清南道の郡。538～660年、百済の都の置かれた地。半月城・百済王陵などの遺跡がある。プヨ。
ふ-よ【賦与】〔名〕スル 配り与えること。分け与えること。「天から―された文才」
ぶよ【蚋｜蟆子】ブユの別名。〔季夏〕
プヨ【扶余】➤ふよ(扶余)㊁
ふ-よう【不用】〔名・形動〕❶使わないこと。必要がないこと。また、そのさま。不要。「―な(の)衣類を処分する」「入場券は―です」❷役に立たないこと。また、そのさま。無用。「素人には―な(の)道具」❸怠惰であること。また、そのさま。「心も―になり、学問をも怠りなんず」〈義経記・一〉❹性質や行いが悪くて、世間で用いられないこと。また、そのさま。「余りに―に候ひしかば、幼少より西国の方へ追ひ下して候ふが」〈古活字本保元・上〉〔類語〕不要・不必要・無用・無益・無駄・余計・余分・蛇足・無くもがな・あらずもがな
不用の用「無用の用」に同じ。
ふ-よう【不要】〔名・形動〕必要でないこと。また、そのさま。不用。「―な(の)出費を減らす」
〔類語〕不用・不必要・無用・無益・無駄・余計・余分・蛇足・無くもがな・あらずもがな
ふ-よう【不溶】液体に溶けないこと。
ふ-よう【付庸｜附庸】宗主国に従属してその保護と支配を受けている国。従属国。付庸国。
ふ-よう【扶養】〔名〕スル 助け養うこと。生活できるように世話すること。「両親を―する」
ふ-よう【芙蓉】❶アオイ科の落葉低木。暖地の海岸近くに自生。葉は手のひら状に裂けていて、先がとがる。夏から秋、葉の付け根に淡紅色の大きな5弁花を開き、1日でしぼむ。園芸品種には白・紅などの花色や八重のものもある。きはちす。〔季秋〕「月の出を―の花に知る夜かな／鳴雪」❷ハスの花の古名。「太液の―、未央の柳」〈源・桐壺〉
ふ-よう【浮揚】〔名〕スル 浮かびあがること。また、浮かびあがらせること。「景気を―する」〔類語〕浮上・浮かび上がる・浮かぶ・浮く・浮き上がる・浮かべる
ふ-よう【浮葉】水面に浮かんでいる葉。
ぶ-よう【撫養】〔名〕スル かわいがってやしなうこと。撫育。
ぶ-よう【舞踊】音楽に合わせて身体をリズミカルに動かし、感情や意志を表現する芸能。舞踏。ダンス。

➡舞ま ➡踊り (類語)踊り・舞踏・舞・ダンス

ふ-ようい【不用意】〔名・形動〕❶用意していないこと。準備のととのっていないこと。また、そのさま。「一な(の)まま作業にかかる」❷注意・用心の足りないこと。また、そのさま。「一な言葉を吐く」

ふよう-かぞく【扶養家族】フヤウ 生活の面倒をみなければならない家族。

ふよう-ぎむ【扶養義務】フヤウ 法律上、一定範囲の親族が互いに負う生活保障の義務。

ぶよう-げき【舞踊劇】舞踊を中心に構成された劇。バレエや歌舞伎の所作事など。

ふよう-こうじょ【扶養控除】フヤウコウヂヨ 所得控除の一。所得税の納税義務者に配偶者以外の扶養親族がある場合、その人数に応じて一定額を所得金額から差し引くこと。

ふ-ようじょう【不養生】フヤウジヤウ〔名・形動〕養生をしないこと。健康に気をつけないこと。また、そのさま。「平生の一がたたる」「医者の一」

ふよう-しょくぶつ【浮葉植物】フエフ 水生植物の一。葉が水面に浮かび、根は水底の土中に固着しているもの。浅い池・沼・川・湖などに生育し、水面葉と形の異なる水中葉をもつものもある。ヒシ・ヒツジグサなど。

ぶ-ようじん【不用心｜無用心】〔名・形動〕《「不用心」の場合は「ふようじん」とも》❶用心が足りないこと。警戒を怠ること。また、そのさま。「戸締まりの一な家」❷物騒なこと。また、そのさま。「夜道の一人歩きは一だ」

ふよう-しんぞく【扶養親族】フヤウ 扶養の対象となる親族。(補説)所得税法上の扶養親族は、配偶者以外の親族(六親等内の血族および三親等内の姻族)か都道府県知事から養育を委託された児童または市町村長から養護を委託された老人で、納税者と生計を一にし、年間の合計所得金額が38万円以下の、事業専従者ではない人。

ふよう-せい【不溶性】ある物質のもつ、液体に溶けない性質。➡可溶性

ふよう-ど【腐葉土】フエフ 落ち葉が堆積し腐った土。養分・水分や地温を保ち、排水がよい。園芸に利用。

ふよう-の-かんばせ【×芙×蓉の▽顔】ハスの花のように美しい顔。美人の顔の形容。「一柳の眉」〈浄・国性爺〉

ふよう-の-まなじり【×芙×蓉の×眥】ハスの花のように美しい目もと。「眉の匂ひ、一、丹花の唇」〈太平記・二一〉

ふよう-ほう【芙蓉峰】富士山の異称。

ふ-よく【扶翼】〔名〕スル 助けること。扶助。援助。

ぶよ-ぶよ ❶〔副〕スル 水気を含んでしまりがなくふくらんでいるさま。また、そのように太っているさま。「熟しすぎて、一(と)した柿」❷〔形動〕❶に同じ。「一なからだ」 アクセント❶はブヨブヨ、❷はブヨブヨ。

フラ〔hula〕▶フラダンス

ぶら《「ぶらぶら」から》❶ぶらぶら垂れ下がったもの。「足が二本一になったっけが」〈滑・浮世風呂・四〉❷「ぶら提灯ぢやうちん」の略。「その一はよしな、弓張りがよいよ」〈滑・虚誕計〉❸地名を表す語に付いて、そこをぶらぶら歩く意を表す。「銀(=銀座)一」

ブラ〔bra〕「ブラジャー」の略。「ノー一」

プラ〔フランス plat〕皿。特に、オーブンに入れる焼き皿。

フラー〔hurrah〕〔感〕歓呼・喝采かつさいの叫び。万歳。

ブラーエ〔Tycho Brahe〕[1546〜1601]デンマークの天文学者。望遠鏡出現以前の最大の天文観測者。恒星や惑星の精密な位置観測を行い、肉眼による最高精度の観測記録を残した。この記録から助手のケプラーが惑星運動の三法則(ケプラーの法則)を確立。

プラーク〔plaque〕❶歯の表面に固着した細菌およびその産物の集塊。古くなると石灰化して歯石になる。歯垢しこう。「一コントロール」❷動脈硬化などの血管壁に見られる、偏平もしくは隆起したかたまり・斑点。

プラーグ〔Prague〕プラハの英語名。

プラークリット〔Prakrit〕▶プラークリット語

プラークリット-ご【プラークリット語】《Prakritは元来、自然な言語の意》中期インド-アーリア語の総称。雅語であるサンスクリット語に対して、日常の会話語をさす。アショカ王の碑文を最古の資料とする。

プラーター-こうえん【プラーター公園】コウヱン《Wiener Prater》オーストリアの首都、ウィーンの中心部にある公園。元はハプスブルク家の狩猟場だった場所。1873年にウィーン万国博覧会の開催地となった。

プラーツ〔Mario Praz〕[1896〜1982]イタリアの英文学者・文筆家。美術と文学に関する収集家としても有名。代表作は「肉体と死と悪魔—ロマンティック・アゴニー」。他に「蛇との契約」など。

ブラーツク〔Bratsk〕ロシア連邦中部の工業都市。バイカル湖の北西、アンガラ川沿岸に位置する。

プラート〔Prato〕イタリア中部の都市。フィレンツェの北西約20キロメートルに位置し、ビゼンツィオ川に沿う。12世紀より自治都市となり毛織物工業で発展。その後一時停滞したものの19世紀に再び隆盛し、同国における毛織物の三大産地の一に数えられる。フィリッポ=リッピのフレスコ画やドナテロの説教壇で知られるプラート大聖堂、中世の毛織物を所蔵する織物美術館、13世紀に神聖ローマ皇帝フリードリヒ(フェデリコ)2世が建てたインペラトーレ城がある。

プラート-だいせいどう【プラート大聖堂】ダイセイダウ《Duomo di Prato》イタリア中部、トスカーナ州の都市プラートにあるロマネスク様式の大聖堂。10世紀のサントステファノ教会に起源する。12世紀から14世紀にかけて建造された。フィリッポ=リッピによるフレスコ画やドナテロが手がけた説教壇がある。

プラーナ〔梵 Purāṇa〕《古い物語・古伝説の意》ヒンズー教の伝える一連の聖典文献。神話・伝説をはじめ、あらゆる分野の内容を含むが、なかでもビシュヌ・シバ両神を賛美する内容が目立っている。

ブラーニー〔Blarney〕アイルランド南部、コーク州の村。コークの北西約8キロメートルに位置し、マーティン川に沿う。18世紀頃より水力を利用した紡績業で発展。15世紀に要塞として建造されたブラーニー城があることで知られる。

ブラーニー-じょう【ブラーニー城】ジヤウ《Blarney Castle》アイルランド南部、コーク州の村ブラーニーにある城。15世紀半ばに、マンスター王コーマック=マッカーシーにより要塞として建造され、以降、領主マッカーシー家により増改築がなされた。頂上の城壁にブラーニーストーンという石があり、この石にキスすると雄弁になれるという言い伝えがあることで知られる。

ブラーノ-とう【ブラーノ島】タウ《Burano》イタリア北東部、ベネト州の都市ベネチアの潟かたにある島。ベネチア本島の北東約9キロメートルに位置する。古くからレース織の産地として有名。漁師が自分たちの家を遠く海上から判別できるよう、色とりどりに塗られた家並みが続く。

ブラーフミー-もじ【ブラーフミー文字】《梵 Brāhmī》アショカ王碑文に刻まれている古代インドの文字。のちに、ナーガリー文字やチベット文字が成立した。

ブラーマン〔Brahman〕▶バラモン

ブラームス〔Johannes Brahms〕[1833〜1897]ドイツの作曲家。ドイツ古典音楽の伝統に立ち、19世紀後半のロマン主義を代表する。作品に、「ドイツレクイエム」のほか4曲の交響曲、歌曲など多数。

フラーレン〔fullerene〕多数の炭素原子が相互作用で結びついた同素体。炭素原子が五角形と六角形を構成し、サッカーボール状の球体の構造を持つC_{60}や、カーボンナノチューブなど。

ブラー-ロニズ〔Bláa lónið〕アイスランドの温泉施設ブルーラグーンのアイスランド語名。

フラ-アンジェリコ〔Fra Angelico〕▶アンジェリコ

フライ〔fly〕❶野球で、高く上げた打球。飛球。❷ハエ。また、飛ぶ昆虫。❸欧米式の毛針。軸の長い釣り針に、羽や毛・繊維などをつけ、水生昆虫や小魚などに似せたもの。水面に浮くドライフライ、水中を漂うウエットフライ、水底付近を流れるニンフフライなどがある。

フライ〔fry〕肉・魚などの材料に小麦粉・とき卵・パン粉の順につけて衣とし、油で揚げた料理。洋風の揚げ物。「海老えび一」

ぶ-らい【無頼】〔名・形動〕❶正業に就かず、無法な行いをすること。また、そのさまや、そのような人。「一な(の)輩やから」❷頼みにするところのないこと。「単孤一の独人になりて」〈十訓抄・二〉

ブライアー〔briar｜brier〕ツツジ科の常緑低木。ヨーロッパ産。塊状の根でパイプを作る。栄樹えいじゆ。

フライ-アウェー〔fly away〕❶遊園地の娯楽施設の一つ。大型プロペラで強い風をおこし、宇宙服を着た人間を宙に浮かすもの。❷テレビ電波を通信衛星に送ることのできる小型の送信機。移動中継機。

ブライアント〔William Cullen Bryant〕[1794〜1878]米国の詩人・ジャーナリスト。清教徒的倫理観と自然愛とをうたった。詩「水鳥へ」「森の聖歌」など。

フライイング〔flying〕▶フライング

プライウッド〔plywood〕合板ごうはん。

プライオリティー〔priority〕優先順位。優先順。また、優先権。先取権。

フライ-がえし【フライ返し】ガヘシ《「フライかえし」とも》フライパンなどで加熱中の食材を裏返したり、炒め物をかき混ぜたりする調理器具。ターナー。

ぶらい-かん【武礼冠】クワン 即位式、元旦の朝賀などの大儀で、近衛の大・中・少将などの武官が礼服の際に用いた冠。

ぶらい-かん【無頼漢】無頼な男。ならず者。ごろつき。(類語)ならず者・無法者・地回り・やくざ・暴力団

フライ-キャスティング〔fly casting〕フライフィッシングで、フライを投げ入れること。目的のポイントへフライラインの重さを利用して飛ばす。また、フライフィッシングのこともいう。

フライ-きゅう【フライ級】キフ 《flyweight フライは蝿の意》ボクシングなどの体重別階級の一。アマチュアボクシングの男子ではバンタム級よりも軽くライトフライ級よりも重い階級で、49キロを超え52キロまで。女子は48キロを超え51キロまで。ジュニアではライトバンタム級とライトフライ級の間で48キロを超え50キロまで。プロボクシングではスーパーフライ級よりも軽くライトフライ級よりも重い階級で、108ポンド(48.99キロ)を超え112ポンド(50.80キロ)まで。

プライシング〔pricing〕取引値段を決めること。主に長期契約の際に行われる。値決め。

フライス〔フランス fraise〕円筒・円板の外周や端面に多数の切刃をもち、回転して工作物を切削する工具。平フライス・正面フライス・エンドミルなどがある。

プライス〔price〕値段。価格。また、物価・相場。「一コントロール」「一カード」

プライズ〔prize〕賞。賞品。「ファーストー」

プライスキャップ-せい【プライスキャップ制】《price cap system》公共料金などに関して、物価上昇率をもとに上限を設定し、それ以下の値上げを原則認める上限制。

ブライスキャニオン-こくりつこうえん【ブライスキャニオン国立公園】コクリツコウヱン《Bryce Canyon National Park》米国ユタ州南部にある国立公園。石灰岩が浸食を受けて作られた、さまざまな色や形をした巨大な奇岩群が見られる。

フライス-ばん【フライス盤】フライスを定位置で回転させ、送られてくる工作物を切削する工作機械。縦フライス盤・横フライス盤に大別される。ミーリング。

プライス-メカニズム〔price mechanism〕買い手と売り手が出会う市場で、需要と供給の関係から価格が決められ、同時に価格が需要・供給量も調整する、というような仕組み・機能。

プライス-リーダー〔price leader〕ある産業の中で、市場価格の設定・変更の操作をなし得る指導的企業をさしていう。

ブライダル〔bridal〕婚礼。結婚式。「一市場」

ブライダル-コーディネーター〔bridal coordinator〕▶ウエディングプランナー

ブライダル-ベール〔bridal veil〕ツユクサ科の多

年草。ジャマイカ原産。鉢植え用の蔓性観葉植物。全体を花嫁のベールに見たてた名称。
フライデー〖Friday¦Fri.〗金曜日。
フライト〖flight〗〔名〕スル ❶飛行。特に、航空機での飛行。「成田からホノルルまで―する」❷スキーのジャンプ競技で、空中を飛ぶこと。また、その飛型。
フライド〖fried〗多く複合語の形で用い、油で揚げた、フライにした、の意を表す。「―ポテト」
ブライト〖John Bright〗［1811～1889］英国の政治家。コブデンとともに自由放任主義を唱え、穀物法の廃止に成功。クリミア戦争に反対し、米国の南北戦争では北軍を支持した。
ブライド〖bride〗花嫁。新婦。「ジューン―」
プライド〖pride〗誇り。自尊心。自負心。「―を傷つける」「仕事に―をもつ」〔類語〕誇り・自負・矜持
フライト-アテンダント〖flight attendant〗旅客機の客室乗務員。スチュワード・スチュワーデスに代わる、性差のない語。キャビンアテンダント。➡客室乗務員
フライト-インフォメーション〖flight information〗航空便の発着・遅延・欠航などの案内情報。
フライト-クーポン《和 flight＋coupon(フランス)》航空券の搭乗用片。
フライトコントロール-システム〖flight control system〗航空機の操縦系統の装置。
フライト-サージャン〖flight surgeon〗航空飛行士や宇宙飛行士の健康管理をする医師。飛行士の体調管理や、航空医学・宇宙医学の研究などを行う。FS。
フライト-シミュレーター〖flight simulator〗航空機の模擬操縦装置。乗員の訓練や飛行の解析に用いる。
フライド-チキン〖fried chicken〗下味をつけた小麦粉を鶏肉にまぶし、油で揚げたもの。
フライトデータ-レコーダー〖flight data recorder〗「フライトレコーダー」に同じ。
フライト-ドクター《和 flight＋doctor》ドクターヘリに乗り込む医師。救急患者の早期治療などを行う。➡フライトナース
フライト-ナース《和 flight＋nurse》ドクターヘリに乗り込む看護師。救急患者の看護活動などを行う。➡フライトドクター
フライト-ナンバー〖flight number〗航空便の便名。航空会社の英文字略号と3～4けたの数字で示される。
フライト-のうぎょう【フライト農業】花や高級野菜など輸送に航空機を利用するような軽量で単価の高い作物を栽培すること。
フライト-プラン〖flight plan〗飛行計画。出発時刻・経路・高度・速度・燃料搭載量・代替飛行場などが定められる。運行管理者が作成し、機長の同意を得、管制機関の承認があって発効する。
ブライト-フレーム〖bright frame〗カメラの光学式ファインダーの視野内にある、撮影範囲を示す明るい線の枠。外部から光を導く採光式と、接眼レンズに金属めっきで枠を付けたアルバダ式がある。
フライト-レコーダー〖flight recorder〗飛行記録装置。航行中の飛行機の高度・対気速度・機首方位などのデータを時刻とともに自動的に記録する装置。耐震・耐熱性のある箱(ブラックボックス)に収納され、事故調査のために搭載が義務づけられている。FDR(flight data recorder)。フライトデータレコーダー。➡ボイスレコーダー
ブライトン〖Brighton〗英国イングランド南東部の都市。18世紀後半より海岸保養地として発展。ジョージ4世が皇太子時代に建てたロイヤルパビリオンをはじめ、ホテル、水族館、ヨットハーバーなどがある。
ぶらい-は【無頼派】第二次大戦直後の一時期、無頼的姿勢を示した織田作之助・坂口安吾・太宰治・石川淳・檀一雄らの作家に与えられた名称。新戯作派。
フライバーグ-びょう【フライバーグ病】➡第二ケーラー病
プライバシー〖privacy〗個人や家庭内の私事・私生活。個人の秘密。また、それが他人から干渉・侵害を受けない権利。「―を守る」「―が侵される」
プライバシー-けん【プライバシー権】個人の私生活を勝手に公開されない権利。人格権の一。
プライバシー-マーク〖privacy mark〗事業者が自社の持つ顧客情報・社員情報・採用情報など、すべての個人情報を適切に管理する体制を整備しているとして使用が認められる標章。日本情報経済社会推進協会(JIPDEC)が認定する。有効期間は2年。平成10年(1998)より付与を開始。Pマーク。
フライ-パターン〖fly pattern〗アメリカンフットボールのパスプレーで、レシーバーをゴールラインめがけて深く走らせること。
プライバタイゼーション〖privatization〗《「プライバティゼーション」とも》国営・公営企業などの民営化。私有化。
フライパン〖frypan〗いため物・揚げ物などに用いる、浅くて柄のついた鍋。
フライ-フィッシング〖fly-fishing〗フライ・フライ竿・フライ用リールを組み合わせて行う欧米式の釣り。広くは、日本の毛針を使ったテンカラ釣りなども含めていう。
フライブルク〖Freiburg〗➡フリブール
フライブルク〖Freiburg im Breisgau〗ドイツ南西部、バーデン-ビュルテンベルク州の大学都市。正式名称はフライブルク-イム-ブライスガウ。シュバルツバルト山地の西麓に位置し、観光拠点になっている。ワイン生産が盛んなほか、先進的な環境政策で世界的に知られる。
フライブルク-だいせいどう【フライブルク大聖堂】《Freiburger Münster》ドイツ南西部、バーデン-ビュルテンベルク州の都市、フライブルクにある大聖堂。1354年に起工、1513年に完成。ロマネスク様式とゴシック様式が混在し、高さ116メートルの尖塔がある。芸術的価値が高い祭壇やステンドグラスが有名。
プライベート〖private〗〔形動〕個人的な物事であるさま。公のものでないさま。私的。「―な用件で早退する」
プライベート-アイピーアドレス【プライベートIPアドレス】《private IP address》➡ローカルアドレス
プライベート-アドレス〖private address〗➡ローカルアドレス
プライベートキー-あんごう-ほうしき【プライベートキー暗号方式】➡共通鍵暗号
プライベート-タイム〖private time〗個人の自由になる時間。私的な時間。
プライベート-チーム〖private team〗自動車・オートバイなどのレースに参加する個人チーム。個人・グループ・会社などの場合がある。⇔ファクトリーチーム。
プライベート-バンキング〖private banking〗法人ではなく、富裕層の個人を対象に、銀行や証券会社などの金融機関が資産運用を一元的に引き受けるサービス。PB。
プライベート-ビーチ〖private beach〗特定のホテルの宿泊客や個人の専用で、それ以外の一般人は立入禁止の海水浴用浜辺。
プライベート-ビデオテックス〖private videotex〗一地域や一企業内での、比較的容易に利用できるビデオテックス。ミニキャプテン。
プライベート-フィルム〖private film〗私的、個人的な表現として作られた映画。特定のサークルのみを対象にした16ミリや8ミリ映画が多い。
プライベート-ブランド〖private brand〗スーパー・デパートなどがみずから企画生産して販売する独自のブランド商品。一般にメーカー製品(ナショナルブランド)より割安になる。商業者商標。自家商標。自主企画商品。PB。
プライベート-ユーディーディーアイ【プライベートUDDI】《private UDDI》UDDI(ウェブサービスの検索システム)の一。企業のイントラネットなどで使用されるもの。➡パブリックUDDI
フライホイール〖flywheel〗弾み車。
プライマー〖primer〗❶入門書。手引き書。❷DNAの合成・複製に必要な核酸の断片。鋳型となるDNAとプライマーが相補的に結合した後、DNAポリメラーゼの作用によって、プライマーの一方の端を起点として、鋳型DNAと相補的な塩基配列を持つ新しいDNA鎖が伸長していく。
プライマリー〖primary〗❶多く複合語の形で用い、基本的な、初歩的な、最初の、の意を表す。「―スクール」❷初心者練習用のグライダー。
プライマリー-エレクション〖primary election〗米国大統領候補指名に向けて、民主・共和両党の大会代議員を選出する各州ごとの選挙。予備選挙。
プライマリー-カラー〖primary color〗赤・黄・青などの原色のことをいう。
プライマリー-ケア〖primary care〗病気の初期診療。第一次医療。
プライマリー-しゅうし【プライマリー収支】➡プライマリーバランス
プライマリー-ストラクチャー〖primary structure〗立方体・円筒など基本的な幾何学的形態を用いて、作者の手がほとんど加わらない発注による立体作品。1960年代に台頭し、ミニマルアートへ展開する。➡ミニマルアート
プライマリー-ディーラー〖primary dealer〗ニューヨーク連邦準備銀行と直接取引ができる政府公認の証券会社や銀行。同行の公開市場操作の受け手となって米国債などの売買ができる一方、一定の引き受け義務が課されるなど条件は厳しい。直接取引を通じて金融政策の見通しや、金利動向の情報などを得やすい利点もある。平成6年(2004)から日本の財務省も同様の制度を取り入れた。
プライマリー-ナース〖primary nurse〗専任看護師。
プライマリー-バランス〖primary balance〗国の財政収支で、国債などの借入金を除いた税収などによる歳入から、国債の元利払い費など、過去の借入金返済に要する経費を除いた歳出を引いたもののこと。この収支が均衡するとは、現世代の国の財源に対する負担と、国の支出による受益とが等しくなることを意味する。財政安定化の指標となる。基礎的財政収支。PB。
プライミング〖priming〗❶内燃機関で、燃料管内の空気を排出すること。❷ポンプ起動の際、吸水管内に水を充満すること。❸ボイラーで、蒸発が盛んになり、水面から気泡とともに水滴も飛び出す現象。
プライム〖prime〗多く複合語の形で用い、最も重要な、最良の、などの意を表す。「―ミニスター(＝総理大臣)」
プライムエージ-ワーカー〖prime age worker〗25～54歳の働き盛りの世代。
プライム-タイム〖prime time〗ラジオ・テレビの1日の放送時間で、視聴率が最も高い好適時間帯。ゴールデンタイム。
プライム-ミニスター〖prime minister〗首相(総理大臣)のこと。PM。
プライム-レート〖prime rate〗銀行が信用度の高い一流企業に対して適用する最優遇貸出金利。➡短期プライムレート ➡長期プライムレート
フライヤー〖flier¦flyer〗❶空を飛ぶ人。飛行家。特に、ハンググライダーや気球などで空を飛ぶ人。❷ちらし。ビラ。
フライヤー〖fryer〗フライ料理用の鍋。
ブライヤー〖brier〗地中海地方原産のツツジ科エリカ属の常緑低木または小高木。高さは1～6メートル。根は良質のパイプの材料とされる。
プライヤー〖pliers〗ペンチややっとこに似た形の工具。物をつかんだり、ひねったりするのに用いる。
フライヤーズ〖FLYERS〗《Fun Loving Youth En Route to Successの略》社会的成功を目指しつ

つも楽しさを愛する米国の若者の呼称。ヤッピーに代わる世代。

ブライユ〘Louis Braille〙[1809～1852]フランスの点字開発者。幼時に事故と感染症により失明。盲学校で学び、後に同校の教師となる。12の点と線を使うソノグラフィーを改良し、2行3段の6点からなる点字を考案した。

フライ-ライン〘fly line〙フライフィッシング用の釣り糸。軽量のフライを遠くへ飛ばすため、重量のあるものが使われる。

フライ-リール〘fly reel〙フライキャスティングに用いるリール。手で糸を引き出すとスプールが回転するようになっている。

フライリヒラート〘Hermann Ferdinand Freiligrath〙[1810～1876]ドイツの詩人。ロマン主義から出発、のち政治詩を発表。詩集「現代政治社会詩集」。

フライング〘flying〙❶飛ぶこと。飛行。❷競走・競泳などで、スタートの号砲に先立って飛び出すこと。不正出発。(補説)❷は英語ではbreakawayという。

フライング-カーペット〘flying carpet〙空飛ぶ絨毯。

フライング-スタート〘flying start〙❶自転車競技で、発走員に押してもらって出発すること。❷跳躍競技で、助走路を走りながら切るスタート。

フライング-ソーサー〘flying saucer〙空飛ぶ円盤。

フライングダッチマン-きゅう【フライングダッチマン級】《flying Dutchman class》センターボードを操作することができる二人乗りヨット。全長6メートル、幅1.7メートル。また、それを用いた競技。

フライング-ディスク〘flying disk〙空中に投げて飛距離などを競うポリエチレン製の円盤。商標名「フリスビー」に対する一般名称。

フライング-ドロップキック〘flying dropkick〙►ドロップキック❷

フライング-レシーブ《flying receivingから》バレーボールで、相手側から打ち込まれたボールなどに対し、飛び込んでレシーブすること。

ブラインダー〘blinders〙►遮眼帯

ブラインド〘blind〙❶見えなくすること。また、見通しのきかないこと。❷窓などに取り付け、日よけや目隠しとする覆い。(類語)日除け・日覆い・簾

ブラインド-カーボン-コピー〘blind carbon copy〙►ビー-シー-シー(bcc)

ブラインド-かんゆう【ブラインド勧誘】訪問販売、マルチ商法、アポイントメントセールス、キャッチセールスなどで、本来の目的を顧客に告げずに面会の約束をとりつけ、勧誘行為をすること。特定商取引法で禁止されている。目的隠匿型勧誘。(補説)「久しぶりに会おう」「紹介したい人物がいる」「抽選であなたに海外旅行が当たった」などの言葉で誘い出し、実際に会ったときに初めて契約の締結や物品・サービスの販売について持ちかける行為がこれにあたる。

ブラインド-サイド〘blind side〙ラグビー・アメリカンフットボールなどで、タッチラインまでの攻撃スペースが狭い方のサイド。⇔オープンサイド。

ブラインド-サッカー〘blind soccer〙視覚障害者のために開発されたサッカー。ルールはフットサルとほぼ同じ。B1(全盲)とB2/B3(弱視)の2つのクラスがある。B1クラスでは、視力差による不公平が生じないように4人のフィールドプレーヤー全員がアイマスクを着用し、鈴の入った音の出るボールを使う。ゴールキーパー・コーチ・コーラーは晴眼者または弱視者が務め、フィールドプレーヤーに対して声で指示を出す。B2/B3クラスはアイマスクや音の鳴るボールを使用せず、フットサルのルールに基づいてプレーする。正式名称は視覚障害者サッカーまたは視覚障害者5人制サッカー。ブラサカ。(補説)B1～3は国際視覚障害者スポーツ協会(IBSA)が定めた視覚障害の程度によるクラス分けで、ブラインドサッカーはB2とB3の選手が混在して試合を行う。ただし、B2の選手が常時2人以上フィールドに出ていなければならない。B1、B2/B3クラスとも、晴眼者もフィールドプレーヤーとして出場できる。

ブラインド-タッチ〘blind touch〙►タッチタイピング

ブラインド-デート〘blind date〙友人などの紹介を通じて、未知の相手とデートすること。

ブラインド-テスト〘blind test〙商品自体の客観的な評価を得るために、銘柄名を隠して意見をきくテスト。目隠しテスト。

フラウ〘ドイツ Frau〙既婚女性に対する敬称。夫人。奥様。姓または姓名の前につけても用いる。

プラウ〘plow〙牛馬・トラクターなどに引かせて用いる鋤。

フラウエン-きょうかい【フラウエン教会】《Frauenkirche》聖母教会。聖母マリアにささげられたドイツ各地の教会。㊀ドイツ南部の都市、ミュンヘン旧市街の中心部にある後期ゴシック様式の教会。円蓋をもつ2本の塔があり、それぞれ100メートル、99メートルの高さがある。教会内にはウィッテルスバッハ家の地下霊廟がある。㊁ドイツ東部の都市、ドレスデンの旧市街にあるバロック様式の教会。1726年から1743年にかけて、建築家ゲオルク=ベアにより建造。第二次大戦で破壊されたが、東西ドイツ統一後に再建工事が始まり、2005年に破壊前の姿になった。㊂ドイツ中南部の都市、ニュルンベルクにあるゴシック様式の教会。14世紀半ば、神聖ローマ皇帝カール4世により、ユダヤ人居住区の跡地に建造。ドイツの彫刻家、ファイト=シュトスとアダム=クラフトによるレリーフや墓碑がある。

ブラウザー〘browser〙《「ブラウザ」とも》ウェブページを閲覧するためのソフト。米国マイクロソフト社のインターネットエクスプローラー、米国モジラファウンデーションのファイアフォックス、米国アップル社のサファリ、ノルウェーのオペラソフトウエア社のオペラ、米国グーグル社のグーグルクロームなど。ウェブブラウザー。

ブラウザー-クラッシャー〘browser crasher〙ブラウザーやオペレーティングシステムの脆弱性・セキュリティーホールなどを利用して、意図的に負荷をかけたり破壊したりすることを目的とする、悪意のあるウェブサイト。ブラクラ。

ブラウザー-メール〘browser mail〙►ウェブメール

ブラウジング〘blousing〙《ふくらませるの意》ブラウスやシャツなどを太いベルトなどで締め、ウエスト上部をふくらませた感じにすること。

ブラウス〘blouse〙上半身に着用する、ゆったりしたシャツ風の上着。特に、女性・子供用のもの。

プラウダ〘ロシア Pravda〙《真理の意》ロシア連邦の日刊新聞。1912年創刊のソ連共産党中央委員会の機関紙で、党の政策や方針の発表機関であったが、91年の発行禁止後は党から独立して再刊され、ソ連解体後もロシアで発行。

プラウトゥス〘Titus Maccius Plautus〙[前254ころ～前184ころ]古代ローマの喜劇作家。ギリシャ新喜劇をまねながら、ローマ市民の風俗を取り入れ、複雑な筋の展開と庶民的ユーモアを特徴とする独創的な作品を書いた。現存作品は「捕虜」「黄金の壺」など21編。

フラウト-トラベルソ〘イタリア flauto traverso〙横笛式フルート。現在では、特に、17～18世紀ヨーロッパで用いられたフルート、およびその複製楽器をさす。

ブラウニング〘Robert Browning〙[1812～1889]英国の詩人。ビクトリア朝時代の代表的詩人で、「劇的独白」とよばれる手法で心理描写に新生面を開いた。作「ピッパが通る」「男と女」「指輪と本」など。

ブラウバッハ〘Braubach〙ドイツ西部、ラインラント-プファルツ州の町。ライン川に面する。町の中心部には木組み造りの民家が立ち並び、背後の山上にマルクスブルク城がある。2002年、「ライン渓谷中流上部」の名称で世界遺産(文化遺産)に登録された。

ブラウン〘Karl Ferdinand Braun〙[1850～1918]ドイツの物理学者。ブラウン管の発明や、無線通信技術などに業績がある。1909年、G=マルコーニとともにノーベル物理学賞受賞。

ブラウン〘brown〙茶色。褐色。とび色。

ブラウン〘Gordon Brown〙[1951～]英国の政治家。労働党。大学講師・テレビ記者を経て、1983年に下院議員に当選。97年から10年間ブレア政権の蔵相を務め、不況から安定成長へと経済を回復させた。2007年にブレアの後任として首相に就任。➡キャメロン

ブラウン〘John Brown〙[1735～1788]英国の医学者。病気は外部からの刺激の過不足によって起こると主張。著「医学の諸要因」。

ブラウン〘Robert Brown〙[1773～1858]英国の植物学者。オーストラリアおよびタスマニア島で多くの動植物を採取し、分類学者として活躍。ブラウン運動や細胞核の発見、被子植物と裸子植物とを分けるなど多くの業績がある。

ブラウン〘Samuel Robbins Brown〙[1810～1880]米国の改革派教会の宣教師。1859年(安政6)来日、横浜でブラウン塾を開き、教育・伝道に努め、植村正久ら多数のキリスト教指導者を育成。また、新約聖書の翻訳に尽くした。1879年(明治12)帰国。

ブラウン-うんどう【ブラウン運動】気体や液体中の微粒子の不規則な運動。周囲の熱運動をする分子の衝突が不均一なために起こる現象で、R=ブラウンが水中での花粉の運動から発見。のちアインシュタインとランジュバンにより理論化された。

ブラウン-かん【ブラウン管】❶電子ビームを蛍光面に当てて、電気信号を光学像に変える陰極線管。テレビ受像管やオシロスコープなどに使用される。1897年にドイツのブラウンが発明。❷俗に、テレビのこと。「―のヒロイン」

ブラウンかん-ディスプレー【ブラウン管ディスプレー】►シーアールティー(CRT)ディスプレー

ブラウン-シチュー〘brown stew〙肉や野菜などにブラウンソースを加えて煮込んだシチュー。

ブラウン-シュガー〘brown sugar〙黒砂糖のこと。

ブラウンシュワイク〘Braunschweig〙ドイツ北部、ニーダーザクセン州の都市。ハルツ山脈の北方に位置し、農業が盛ん。ミッテルラント運河が通じ、19世紀後半からは工業が発展した。12世紀にハインリヒ獅子公の居城が置かれた。旧市街にはロマネスク様式の大聖堂や公の象徴である獅子像、居城だったダンクワルデローデ城などが残っている。ブラウンシュバイク。

ブラウン-じょう【ブラウン城】《Castello Brown》イタリア北西部、リグリア州の海岸保養地ポルトフィーノにある城。15世紀に港を守る要塞として建造。ナポレオン統治時代にイギリス軍の攻撃を受けて一部が破壊された。19世紀にジェノバ駐在の英国領事ブラウンにより買い取られ、現名称になった。現在は村所有となり一般公開されている。

フラウンス〘flounce〙布を寄せて作るひだ飾りのこと。フリルよりは大きいひだ。

ブラウン-スイス〘Brown Swiss〙家畜の牛の一品種。スイス原産で灰褐色の乳肉兼用種。米国で乳用種として改良。

ブラウン-ソース〘brown sauce〙小麦粉をバターでいためて茶褐色にしブイヨンを加えて煮詰めたソース。シチューや焼き肉料理などに用いる。

ブラウン-トラウト〘brown trout〙サケ科の淡水魚。ヨーロッパ原産。

ブラウン-ブレッド〘brown bread〙小麦の皮や胚芽を除かずに製粉した全粒粉と小麦粉で作ったパンの一種。また、ライ麦パン・黒糖パン・胚芽パンなども含めた褐色のパンの総称。

フラウンホーファー-かいせつ【フラウンホーファー回折】《Fraunhofer diffraction》入射波および反射波を平面波と考えてよい場合の光の回折をさす。光源と観測点が回折物体から十分離れている場合に使われる。ドイツの物理学者フラウンホーファー(J.von Fraunhofer)の名にちなむ。

フラウンホーファー-せん【フラウンホーファー線】

太陽の連続スペクトル中に見られる無数の暗線。1814年、ドイツの物理学者フラウンホーファー(J.von Fraunhofer)が発見。
ブラガ〖Braga〗ポルトガル北部の都市。リスボン、ポルトに次ぐ、同国第3の都市。古代ローマ時代は属州の首都として栄え、イスラム支配後、12世紀から18世紀にかけて大司教座が置かれた。宗教の中心地として知られ、12世紀建造のブラガ大聖堂、郊外の巡礼地ボンジェズスがある。
プラカ〖Plaka〗㊀ギリシャの首都アテネの中心部の一地区。アクロポリスの丘の北東部に広がる。19世紀頃の古い街並みが残されており、庶民的な食堂や食料品店のほか、観光客向けの土産物屋が集まっている。㊁ギリシャ南東部、エーゲ海に浮かぶミロス島の町。同島の中心地。島の玄関口アダマス港の北西約4キロメートルにある小高い丘の上に位置する。近郊にはミロのビーナスが発見された都市遺跡クリマや初期キリスト教徒のカタコンベがある。
プラカード〖placard〗スローガンや広告などを書いて掲げて歩く板。デモ・入場行進などに使用。
(類語)看板・立て看・金看板・一枚看板・表看板
ブラガイ〖Blagaj〗ボスニア-ヘルツェゴビナ南部の町。モスタルの南東約12キロメートル、ブナ川源流域に位置する。16世紀、オスマン帝国の時代に建造されたイスラム神秘主義の僧院や城塞が残っている。
ブラガ-だいせいどう【ブラガ大聖堂】ーダイセイダウ《Sé de Braga》ポルトガル北部の都市ブラガにある大聖堂。12世紀初頭に大司教座が置かれ、ポルトガル王アフォンソ1世の父エンリケ伯爵と妻テレーザにより建造。同国最古の大聖堂の一。ロマネスク、ゴシック、マヌエル、バロックなどさまざまな建築様式が混在する。諸王の礼拝堂には、エンリケ伯爵とテレーザ夫人、14世紀の司教ロレンソ=ビセンテの棺がある。
ブラガンサ〖Bragança〗ポルトガル北東部の都市。ノゲイラ山地の標高660メートルに位置する。15世紀よりブラガンサ公爵家の領地になり、17世紀半ばから20世紀初頭まで居城がおかれた。城壁に囲まれた旧市街には、同国最古とされる12世紀建造の市庁舎、およびポルトガル王サンシュ1世が建てた城塞をはじめ、中世の面影を残す歴史的建造物が多い。
ブラガンサ-こうしゃくかん【ブラガンサ公爵館】ーコウシャクワン《Paço dos Duques de Bragança》ポルトガル北部の都市ギマランイスにある宮殿。ポルトガル王ジョアン1世の息子で、初代ブラガンサ公爵になったドン=アフォンソが15世紀初頭に建造。現在は政府の公館として利用される。旧市街にはギマランイス城、ノッサセニョーラ-ダ-オリベイラ教会をはじめ中世の歴史的建造物が多く、2001年に「ギマランイス歴史地区」として世界遺産(文化遺産)に登録された。
ブラキストン〖Thomas Wright Blakiston〗[1832〜1891]英国の軍人・動物学者。1861年(文久元)来日。貿易従事のかたわら鳥類採集などを行い、津軽海峡に動物分布上の一境界線があると発表。著「東北日本の旅」など。ブレーキストン。
ブラキストン-せん【ブラキストン線】動物地理区の境界線の一。津軽海峡に引かれ、北海道と本州の動物相を分けたもの。
フラク「フラクション」の略。
フラグ〖flag‖オランダ vlag〗《「フラッグ」とも》❶旗。❷コンピューターのプログラムで、現在の状態や、設定した条件が成立したかどうかを表す変数。❸映画や小説などで、後の展開を予想させる出来事や登場人物の行動。伏線。「死亡一」「恋愛一が立つ」
フラグ〖Hūlāgū〗[1218〜1265]イル-ハン国の祖。在位1258〜1265。チンギス=ハンの末子トゥルイの三男。イラン・シリアを侵略し、都をタブリーズに定めて、イル-ハン国を創始した。(補説)「旭烈兀」とも書く。
ぶ-らく【部落】❶比較的少数の民家が集まっている地区。共同体としてまとまりをもった地縁団体で、村の単位となる。❷ ▶被差別部落
プラグ〖plug〗❶電気コード先端の差し込み。コンセントに差し込んで、電気器具と電線とを接続する。❷ ▶点火プラグ (類語)コンセント・ソケット・差し込み
プラグ-アンド-プレー〖plug and play〗パソコンに接続するだけで、周辺機器や拡張ボードなどがすぐに使えること。ユーザーによる特別な設定なしで、オペレーティングシステムが機器に最適な設定を自動的に行う。PnPと略される。
ぶらく-いん【豊楽院】ーヰン 平安京大内裏の朝堂院の西にあり、大嘗会だいじょうえ・節会せちえ・射礼じゃらい・競べ馬・相撲などが行われた所。正殿は豊楽殿。
プラグ-イン〖plug-in〗アプリケーションソフトに組み込んで、機能を拡張させる小規模なプログラム。アドインソフトの一種。特定の形式のファイルを読み込めるようにしたり、操作性を高めたりするために使われる。
プラグイン-ハイブリッド-カー〖plug-in hybrid car〗ハイブリッドカーのうち、家庭用電源のコンセントなどからモーター駆動用の蓄電池(バッテリー)に充電できるようにした車。PHV。➡ハイブリッドシステム
プラグイン-ハイブリッドしゃ【プラグインハイブリッド車】《plug-in hybrid car》▶プラグイン-ハイブリッドカー
ぶらくかいほう-うんどう【部落解放運動】ブラクカイハウー 被差別部落の人々に対する社会的差別を撤廃することを目的とする社会運動。大正11年(1922)創立の水平社を中心として展開されてきた。
プラクシス〖ギリシャ prāxis〗実践。実行。行動。アリストテレスでは、テオーリア(観想)・ポイエーシス(制作・創作)と区別される政治的、道徳的行為。
プラクシディケ〖Praxidike〗木星の第27衛星。2000年に発見。名の由来はギリシャ神話のゼウスの娘。非球形で平均直径は約7キロ。プラクシディーケ。
プラクシテレス〖Praxitelēs〗古代ギリシャの彫刻家。前4世紀に活躍。優美な裸体の神像を得意とした。オリンピアのヘラ神殿の「ヘルメス」が有名。生没年未詳。
フラクション〖fraction〗《小部分・破片の意》❶政党が、労働組合や大衆団体などの組織の内部に設ける党員組織。フラク。❷政党内の分派。
フラクション-かつどう【フラクション活動】ークワツドウ 政党が労働組合や大衆団体の内部に党員を送り込んで、宣伝・勧誘・動員などの活動をすること。
フラクタル〖fractal〗部分と全体とが同じ形となる自己相似性を示す図形。(補説)破片・分割の意のラテン語からの造語。
フラクタル-きかがく【フラクタル幾何学】フラクタル理論に基づく幾何学。
フラクタル-りろん【フラクタル理論】複雑で不規則な図形では、どの微小部分にも全体と同様の形が現れる自己相似性があり、したがって部分を次々に拡大すれば全体の形が得られるとする理論。コンピューターグラフィックスや、樹木・海岸線・山脈などの形のシミュレーションに利用。フランスのB=B=マンデルブローが提唱。
プラクチカ-マウント〖Praktica mount〗「スクリューマウント」に同じ。旧東ドイツのカメラ、プラクチカに採用されたことから。
プラクティカル〖practical〗〔形動〕実際に役立つさま。実用的。実践的。「一な訓練」「一な学問」
プラクティス〖practice〗練習。演習。実行。
ぶらく-でん【豊楽殿】豊楽院の正殿。
フラクト-オリゴとう【フラクトオリゴ糖】ータウ《fructooligosaccharides》低エネルギー甘味料の一種。フラクトースを含むオリゴ糖(2分子から6分子の少糖類のこと)。砂糖を原料に、酵素を作用させて作る。甘味は砂糖の30パーセント。
プラグマティスト〖pragmatist〗《「プラグマチスト」とも》実用主義者。
プラグマティズム〖pragmatism〗《行動を意味するギリシャ語pragmaから》思考の意味や真偽を行動や生起した事象の成果により決定する考え方。19世紀後半の米国に生まれ、発展した反形而上学的傾向の哲学思想。パース・ジェームズ・デューイらがその代表者。実用主義。➡インストルメンタリズム
プラグマティック〖pragmatic〗〔形動〕実利的。実際的。実用主義的。実利主義的。
ブラクメンジリス-どうくつ【ブラクメンジリス洞窟】《Bulak Mencilis Mağarası》トルコ北部の小都市サフランボルの北西約8キロメートルにある、同国有数の鍾乳洞。メンジリス川沿いの岩山に位置する。全長6キロメートルのうち、約400メートルが観光客向けに見学可能となっている。
フラグメンテーション〖fragmentation〗ハードディスクなどの記憶装置において、ファイルを保存する際に、連続した領域に保存できず、複数の領域にまたがってしまうことを指す。また、断片化されたデータを物理的に再配置することをデフラグという。
フラグメント〖fragment〗破片。断片。断章。
ぶらく-もん【豊楽門】豊楽院の南面する正門。
ブラ-クラ「ブラウザークラッシャー」の略。
ブラケット〖bracket〗❶建築で、持ち送りのこと。❷壁面に取り付けて照明器具などを支えるもの。また、そのように取り付けた照明器具。❸印刷の約物で、括弧かっこの一。ある語句・文を他と区別するために用いられる。[ ]など。➡括弧
プラケット〖placket〗衣服の着脱を容易にするために袖口そでぐち・襟元・脇わきなどにつくられる開きのこと。元来は、スカートやペチコートなどの縫い目を利用した脇ポケットのことをいった。
ブラケティング〖bracketing〗▶オートブラケティング
ブラゴエフグラート〖Blagoevgrad〗ブルガリア南西部の都市。名称は共産党指導者ディミタル=ブラゴエフにちなむ。旧称ゴルナジュマヤ。首都ソフィアの南約100キロメートル、ピリン山脈北端のストルマ川沿いの盆地に位置する。16世紀初頭、オスマン帝国時代に市場町がつくられ、イスラム寺院が建てられた。19世紀の民族復興期に整備されたバロシャ地区には旧市街の古い街並みが残っている。
ふらここ【鞦=韆】《「ぶらここ」とも》「ぶらんこ」に同じ。(季 春)
フラゴナール〖Jean Honoré Fragonard〗[1732〜1806]フランスの画家。ロココ美術の代表者の一人で、ブルボン王朝末期の宮廷風俗や人物などを、軽妙な筆致と甘美な色彩で描いた。作「読書する女」など。
ブラゴベシチェンスキー-じいん【ブラゴベシチェンスキー寺院】ージヰン《Blagoveshchenskiy sobor》▶ブラゴベシチェンスキー大聖堂
ブラゴベシチェンスキー-だいせいどう【ブラゴベシチェンスキー大聖堂】ーダイセイダウ《Blagoveshchenskiy sobor》㊀ロシア連邦の首都モスクワの中心部、クレムリンにあるロシア正教会の大聖堂。15世紀末、イワン3世が自身と家族の礼拝所として古都プスコフの職人により建造。イタリア人建築家が手掛けたクレムリンの他の大聖堂に比べ、最もロシア的要素が強い教会建築として知られる。フェオファン=グレッグ(ギリシャのテオファネス)、アンドレイ=ルブリョフらのイコノスタシス(教会内陣の障壁)が残っている。ブラゴベシチェンスキー寺院。㊁ロシア連邦、タタールスタン共和国の首都カザンのクレムリン(カザンクレムリン)にあるロシア正教会の大聖堂。16世紀半ばに建造。1930年代に旧ソ連政府によって破壊されたが、連邦崩壊後に再建。2000年に「カザンクレムリンの歴史的建造物群」の名称で世界遺産(文化遺産)に登録された。
ブラゴベシチェンスク〖Blagoveshchensk〗ロシア連邦南東部、アムール州の都市。同州の州都。中国との国境であるアムール川の北岸、ゼヤ川の合流点に位置し、河港を有す。19世紀半ばに築かれた要塞に起源する。1900年の義和団事件において、中国人に対する虐殺が起きたことでも知られる。1992年に対岸の中国領の町黒河ヘイホーが国境経済開放地域に指定された。
ブラゴベシュテンスカ-きょうかい【ブラゴベシュ

テンスカ教会】《Blagovesztenszka görög-keleti templom》ハンガリー北部の町センテンドレにあるセルビア正教の教会。中央広場に面する。18世紀半ば、建築家アンドラーシュ＝マイエルホファーの設計によりバロック様式で建造された。

プラザ〘スペイン plaza〙広場。市場。「ファッション―」

ブラザー〘brother〙❶兄弟。❷カトリック教会で、一般の平修道士のこと。❸黒人どうしが互いを仲間として呼ぶ語。

フラサーン〘Khurāsān〙▶ホラサーン

ぶら-さがり【ぶら下がり】❶ぶらさがること。「一健康器」❷首相・閣僚・両院議長・高級官僚らを取り囲み、または歩きながら、記者団が質問し取材すること。ぶら下がり取材。報道業界用語。

ぶら-さが・る【ぶら下がる】〔動ラ五(四)〕❶ぶらりと垂れ下がる。つりさがる。また、それに似た状態で、物に取り付いてつかまる。「天井から電灯が―・る」「吊革に―・る」❷手に入りそうな状態にある。「目の前にチャンスが―・っている」❸他人に頼りきる。「人に―・って生きる」(類語)下がる・垂れる・しだれる

ぶら-さ・げる【ぶら下げる】〔動ガ下一〕図ぶらさ・ぐ〔ガ下二〕❶ぶらりとつり下げる。「てるてる坊主を―・げる」「腰に手拭いを―・げる」❷無造作に手にさげて持つ。「かごを―・げて買物に行く」❸上部組織の下に入る。傘下に入る。「持ち株会社に事業各社を―・げる」(類語)垂らす・吊す

プラザ-ごうい【プラザ合意】《Plaza Agreement》1985年9月22日の日本・アメリカ・イギリス・フランス・西ドイツ5か国蔵相中央銀行総裁会議における合意。合意内容には国際収支の不均衡を為替相場の調整によって是正することが含まれており、ドル高・円安から円高への契機となった。各国が為替に介入することで貿易収支の赤字で苦しむアメリカを支援するのが目的で、合意前1ドル230円台のレートが、87年末には1ドル120円台のレートで取引されるようになった。日本経済は一時期円高不況に陥るが、低金利政策などによって投機が加速され、80年代末に向けてバブル経済が膨張した。

プラサド〘Rājēndra Prasād〙[1884～1963]インドの政治家。ガンジーのもとに反英不服従運動に加わり、インド国民会議派の穏健な中間派指導者となる。1950年臨時大統領。1952年から1962年にかけて初代大統領。著「分割されたインド」。

ブラザビル〘Brazzaville〙コンゴ共和国の首都。コンゴ川下流の西岸にある河港都市。1880年、フランスの探検家ド＝ブラザが建設。中継貿易の基地として発展した。人口、行政区136万(2009)。

ブラシ〘brush〙❶獣毛や繊維などを、木や合成樹脂などの台に植えつけた用具。清掃・整髪・塗装などに用いる。「歯―」❷発電機や電動機の整流子に接触して、電流を外部へ取り出したり、外部から取り入れたりする装置。(補説)「刷子」とも書く。

プラシーボ〘placebo〙▶プラセボ

プラシーボ-こうか【プラシーボ効果】▶偽薬効果

プラシーボ-ひかくしけん【プラシーボ比較試験】▶プラセボ比較試験

フラジオマイシン〘fradiomycin〙アミノグリコシド系抗生物質。眼疾患や腸管感染症などに用いられる。副作用が強い。

フラジオレット〘flageolet〙❶木管楽器の一。フルート属の縦笛で、ニッケルなどの金属で作られる。くちばし状の吹き口をもち、指孔は6個。銀笛。❷▶ハーモニックス❷

ブラジキニン〘bradykinin〙血圧調節および炎症発現に関与するペプチド。血清たんぱくの一部が、組織が障害された結果遊出してくる酵素(カリクレイン)によって分解されて生じる。血管拡張、毛細血管の透過性亢進による浮腫などを起こすが、強力な発痛物質としても知られている。

フラシ-てん【フラシ天】《フラシはplushから》「プラッシュ」に同じ。

ブラシ-の-き【ブラシの木】フトモモ科の常緑低木。葉は披針形で、互生する。5、6月ごろ、多数の小花が穂状に集まって咲く。花びら・萼は小さく、雄しべは50本ほどもあり濃紅色で長く、花穂が瓶を洗うブラシに似る。オーストラリアの原産。カリステモン。

ブラジャー〘brassiere〙乳房を保護し、胸の形を整えるための女性用下着。ブラ。

フラジャイル〘fragile〙〔形動〕壊れやすいさま。もろいさま。「一な愛について考える」

ブラショフ〘Braşov〙ルーマニア中央部の都市。ドイツ語名クロンシュタット。トランシルバニア地方の中心地であり、首都ブカレストに次ぐ同国第2の都市。12世紀から13世紀にかけて、ドイツ人やハンガリー人が入植し、先住のルーマニア人とともに居住。オスマン帝国と西ヨーロッパを結ぶ交易の拠点として栄えた。ゴシック様式の黒の教会、ルーマニア人のための初の学校が置かれたという聖ニコラエ教会、ドイツ騎士団が築いたブラショフ要塞などがある。

ブラジリア〘Brasília〙ブラジル連邦共和国の首都。ブラジル高原の中心部、標高約1100メートルに位置する。内陸部開発の目的で、ゴイアス州内のほぼ長方形の区域を連邦直轄とし、その中心部パラノアー湖畔に建設された。1960年にリオ・デ・ジャネイロから遷都。1987年、世界遺産(文化遺産)に登録された。人口、行政区256万(2008)。

ブラジル〘Brazil〙南アメリカの中部にある連邦共和国。首都ブラジリア。北部はアマゾン川流域で、ほかの大部分は高原。1500年以来アメリカ大陸で唯一のポルトガル領。1822年独立して帝国、1889年共和国となる。多くの人種がおり、日本からの移民も多い。コーヒー・大豆・綿花などを産出し、製鉄・化学などの工業も盛ん。地下資源に富む。人口2億110万(2010)。(補説)「伯剌西爾」とも書く。

ブラジル-ナッツ〘Brazil nut〙サガリバナ科の常緑高木。葉は長楕円形。白い花を円錐状につけ、実は球形で、堅い殻の中に半月形の種子が十数個入っている。種子は食用。ブラジル・ギアナ・ベネズエラに産する。

ふら・す【降らす】〔動サ五(四)〕降るようにする。「台風が大雨を―・す」

ブラス〘brass〙❶真鍮。黄銅。❷《brass instrumentの略》金管楽器。

プラス〘plus〙〔名〕スル ❶加えること。加算。「本給に手当てを―する」⇔マイナス。❷㋐加えることを表す符号。加号。「＋」。⇔マイナス。㋑正数を表す符号。正号。「＋」。⇔マイナス。❸よいこと。また、よい面。「―に考える」「―に評価する」⇔マイナス。❹ためになること。有益。「体験が―になる」⇔マイナス。❺黒字。利益。⇔マイナス。❻陽電気。また、その記号。「＋」。「―極」⇔マイナス。❼陽性。陽性反応。⇔マイナス。

プラス-アルファ《和 plus＋α》もとになる数量にいくらかつけ加えること。「本給に―の手当てがつく」(補説)アルファは、未知数を示すXをギリシャ語のαに読みまちがえたものという。英語ではplus something。

プラス-イメージ《和 plus＋image》好印象。「―につながる」⇔マイナスイメージ。

プラス-オン《和 plus＋on》上乗せ。追加。

フラスカーティ〘Frascati〙イタリアの首都ローマ南東部、カステリロマーニ地方の町の一。町の名を冠した白ワインの産地として有名。16世紀末から17世紀初頭にかけて枢機卿ピエトロ＝アルドブランディーニの別荘として建てられたビラアルドブランディーニがあり、マニエリスム建築の傑作として知られる。ほかに、紀元前6世紀の貯水池、紀元前1世紀の野外劇場などの遺跡がある。

フラスコ〘ポルトガル frasco〙化学実験器具の一。円筒形の首部と膨らんだ胴部をもつガラス製容器。平底フラスコ・丸底フラスコ・三角フラスコなどがある。フラソコ。

ブラスコ-イバニェス〘Vicente Blasco Ibáñez〙[1867～1928]スペインの小説家。社会批判的な作品、第一次大戦を題材とした作品を著した。作「血と砂」「黙示録の四騎士」など。

プラス-サム〘plus-sum〙全体が拡大することにより、各部分もそれぞれ同時に拡大し得る環境。➡ゼロサム

プラス-しこう【プラス思考】何事においても、きっとうまくいくさ、何とかなるものだなどと良い方向に考えが向くこと。特に、悪い状況の中でも前向きに考えること。物事を肯定的にとらえる考え方。⇔マイナス思考。

プラスター〘plaster〙❶石膏・ドロマイト・石灰などを原料とする、壁や天井を塗るのに用いる左官材料。❷膏薬。

プラスチック〘plastics〙熱や圧力などによって可塑性を示し、任意の形に加工・成型できる高分子物質の総称。天然樹脂と合成樹脂とがあるが、ふつう後者をさし、塩化ビニル樹脂・アクリル樹脂などの熱可塑性樹脂と、フェノール樹脂・尿素樹脂などの熱硬化性樹脂とに大別される。可塑性物質。

プラスチック-パール〘plastic pearl〙合成樹脂製の模造真珠。色・大きさともいろいろ。軽くて汗に強い。

プラスチック-ばくだん【プラスチック爆弾】火薬とゴムを練り合わせて作った爆弾。第二次大戦中に米軍が開発。外見がプラスチックに似て、変形できる。

プラスチック-マネー〘plastic money〙クレジットカードのこと。多くプラスチック製であるところから。

プラスチック-モデル〘plastic model〙プラスチック製の組み立て模型玩具。

プラスチック-ワード〘plastic word〙《ドイツの言語学者ペルクゼンが提唱》意味のあいまいなままに、自由に形を変え、いかにも新しい内容を伝えているかのように思わせる言葉。「国際化」「世界化」「グローバル化」など。➡バズワード

プラスチド〘plastid〙色素体。植物の細胞の細胞質中にあって色素を含む小体。葉緑体・有色体・白色体など。

プラスティシティー〘plasticity〙可塑性。

プラスティネーション〘plastination〙解剖標本を加工するために、ドイツのG＝v＝ハーゲンス博士が1977年に開発した技術。解剖標本の中から水分を取り除き、プラスチックの樹脂に置換して固める。スライスになった切片標本、または遺体そのままの形の実形標本ができる。従来の標本はアルコールづけであったが、空気中で保管でき扱いやすい。

プラストマー〘plastomer〙プラスチックのような可塑性を示す物質。➡エラストマー

フラストレーション〘frustration〙欲求が何らかの障害によって阻止され、満足されない状態にあること。その緊張によって攻撃的になりやすい。欲求不満。要求阻止。「―を解消する」

プラストロン〘plastron〙《元来は、胸を覆う甲冑の一種のこと》女性用のブラウスやドレスなどの胸元につけられた胸飾り。レース・フリル・刺繍などで飾った薄い生地などが使われる。

ブラス-バンド〘brass band〙金管楽器を主体に、打楽器などを加えて編成された楽団。吹奏楽団。

プラズマ〘plasma〙❶高度に電離した物質の正イオンと電子とが混在している状態。特に、超高温において電子をはぎ取られた裸の原子核が飛び回っている状態。❷血漿。❸原形質。

プラス-マイナス《和 plus＋minus》❶プラスとマイナス。得失。差し引き。「―ゼロ」❷ある数値を中心とした増減を示し、許容や誤差の範囲を表すのに用いる語。記号「±」。

プラズマ-エッチング〘plasma etching〙プラズマを用いて、半導体集積回路などの微細回路を作製する方法。プラズマ中に試料をさらすことにより、不必要な部分の原子を化学的または物理的に取り去る。特に、プラズマ中の活性イオンと反応気化させて不要原子を取り去るプロセスを反応性イオンエッチング(RIE)と呼ぶ。➡ドライエッチング

プラズマ-エンジン〖plasma engine〗電気的なエネルギーを利用して推力を得るロケットエンジンの一つ。推進剤のガスを電気放電によってプラズマにし、強い電場により加速して噴出することで推進する。推力そのものは小さいが化学ロケットに比べて比推力は高く、長時間の加速に向く。

プラズマ-さいぼう【プラズマ細胞】▶形質細胞

プラズマジーン〖plasmagene〗細胞質に存在する遺伝子。細胞質遺伝子。核外遺伝子。

プラズマ-ディスプレー〖plasma display〗ネオンガスを封入し、放電によって生じるプラズマの発光を利用した、コンピューターなどの表示装置。ちらつきがなく見やすい。

プラズマディスプレー-パネル〖plasma display panel〗▶ピー-ディー-ピー(PDP)

プラズマ-テレビ《plasma display panel televisionから》プラズマ放電による発光で文字や画像を表示するPDPを用いたテレビ。ブラウン管型のテレビよりも薄型にすることができ、液晶テレビに比べ大型化が容易であるなどの特徴がある。PDPテレビ。

プラスミド〖plasmid〗細胞内にあり、核や染色体とは独立して存在する遺伝子。環状DNA(デオキシリボ核酸)であることが多く、遺伝子工学では大腸菌などのものをベクターとして用いる。

プラズモン〖plasmon〗プラズマ中の電子の集団運動による振動を第2量子化した際に考えられる粒子。

ブラスリー〖ﾌﾗﾝｽ brasserie〗《「ブラセリー」「ブラッスリー」「ブラッセリー」とも》❶ビールの醸造。ビール醸造所。❷食事もできるビアホール。フランス風居酒屋。

ブラ-スリップ《和 bra＋slip》ブラジャーとスリップを一体とした女性用下着。

プラセオジム〖ﾄﾞｲﾂ Praseodym〗希土類元素のランタノイドの一。単体は銀白色の金属。空気に触れると淡黄色になる。展性・延性に富む。元素記号Pr 原子番号59。原子量140.9。

プラセオジム-じしゃく【プラセオジム磁石】プラセオジム、コバルトを主成分とする永久磁石。希土類磁石の一で、錆びにくく、物理的な強度が強い。価格が高いため、ネオジム磁石に比べてあまり普及していない。

プラセボ〖placebo〗《喜ばせる意の、ﾗﾃﾝ placereの未来形から。「プラシーボ」とも》「偽薬」に同じ。二重盲検法の対照薬とする。

プラセボ-こうか【プラセボ効果】▶偽薬効果

プラセボ-ひかくしけん【プラセボ比較試験】《「プラシーボ比較試験」とも》「二重盲検法」に同じ。プラセボ試験。

ブラセリー〖ﾌﾗﾝｽ brasserie〗▶ブラスリー

プラセンシア〖Placencia〗中央アメリカ、ベリーズの南東部、カリブ海沿岸の町。2001年、ハリケーンによる大きな被害を受けたが、リゾート地としての開発が進んでいる。

プラセンタ〖placenta〗動物の胎盤。また、植物の胎座。

プラセンタ-ちゅうしゃ【プラセンタ注射】《プラセンタ(placenta)は胎盤の意》肝臓疾患・更年期障害、あるいは美容や健康の維持を目的に、ヒトや動物の胎盤から抽出した有効成分を皮下や筋肉に注射すること。胎盤エキス注射。

フラソコ〖ﾎﾟﾙﾄｶﾞﾙ frasco〗▶フラスコ

プラタイアイ-の-たたかい【プラタイアイの戦い】前479年、ギリシャのボイオティア南部、プラタイアイ(Plataiai)で行われたペルシア・ギリシャ両軍の決戦。スパルタの名将パウサニウスが指揮するギリシャが大勝し、ペルシア戦争の勝利が決定的となった。

プラタナス〖ﾗﾃﾝ Platanus〗スズカケノキ科プラタナス属(スズカケノキ属)の落葉高木の総称。スズカケノキ・アメリカスズカケノキなど。庭木や街路樹にする。(季 花=春)

フラタナティー〖fraternity〗友愛。博愛。フラテルニテ。

フラ-ダンス《和 hula＋dance》ハワイの民族舞踊。もと宗教儀式の一部として踊られたもの。手や腰をくねらせて踊る。補説 hulaはハワイ語でダンス・踊りの意。

ふ-らち【不×埒】〔名・形動〕❶道理にはずれていて、けしからぬこと。また、そのさま。ふとどき。「一極まる振る舞い」「一なやつ」❷要領を得ないこと。埒のあかないこと。また、そのさま。「後は二人ながら涙をこぼし一なりしに」〈浮・五人女・四〉類語 不始末・不届き

ブラチスラバ〖Bratislava〗スロバキア共和国の首都。ドナウ川に臨む。人口、行政区43万(2008)。

ブラチスラバ-じょう【ブラチスラバ城】《Bratislava》スロバキアのブラチスラバにある城。ドナウ川を見下ろす高台に位置する。元はケルト人やローマ人の砦があった場所で、9世紀にモラバ王国の宮殿や教会が建てられた。18世紀にマリア=テレジアの居城として使われ、現在は城内に歴史博物館と音楽博物館が併設されている。

ブラチ-とう【ブラチ島】《Brač》クロアチア南部、アドリア海にある島。ダルマチア諸島に属し、3番目に大きい。主な町はスペタル。本土のスプリト、マカルスカとフェリーで結ばれる。同国屈指の美しさを誇る海岸ズラトニラトがあることで知られる。

プラチナ〖ｽﾍﾟｲﾝ platina｜英 platinum〗白金。

プラチナ-チケット《和 platina(ｽﾍﾟｲﾝ)＋ticket》手に入りにくい、スポーツやコンサートの切符、入場券。プラチナペーパー。

プラチナ-ディスク〖platinum disc〗ベストセラーのレコードの中でも、ゴールドディスクよりさらに売れて、ある基準に達した作品に対して、アーチストやその他関係者に贈られるプラチナ製の盤。米国の基準ではシングル200万枚、アルバム100万セット。

プラチナ-ペーパー《和 platina(ｽﾍﾟｲﾝ)＋paper》手に入れることが難しい、スポーツやコンサートなどの入場券。プラチナチケット。

ぶら-ぢょうちん【ぶら▽提▽灯】《「ぶらちょうちん」とも》まっすぐな柄の先につけてぶら下げるようにした提灯。ぶら。

プラツァ-どおり【プラツァ通り】《Placa》クロアチア最南端、アドリア海に面した都市ドゥブロブニクの旧市街にある目抜き通り。旧市街の西の入り口であるピレ門とルジャ広場までの約200メートルを結ぶ。

ふら-つき　ふらつくこと。ふらふらと揺れること。「ハンドルの一を防ぐ」

フラッギング-アウト〖flagging out〗人件費などの費用が高い国から、安い国に船舶が流出すること。

ふら-つ・く〔動カ五(四)〕❶ふらふらと揺れる。また、足元がしっかりせず、よろよろする。「酒に酔って足が一・く」❷気持ちなどが定まらずに揺れ動く。「決心が一・く」❸あてもなく歩き回る。うろつく。ぶらつく。「盛り場を一・く」類語 よろける・よろめく・ひょろつく

フラッグ〖flag〗《「フラグ」とも》旗。「チャンピオン一」⇒フラグ

ブラック〖black〗❶黒。黒色。❷黒人。黒人種。❸コーヒーに砂糖およびミルクやクリームを入れないこと。また、そのコーヒー。ブラックコーヒー。❹多く複合語の形で用い、暗黒の、正体不明の、不正の、などの意を表す。「一マネー」

ブラック〖John Reddie Black〗[1827～1880]英国のジャーナリスト。1861年(文久元)来日し、英字週刊紙「ジャパンヘラルド」、邦字新聞「日新真事誌」などを創刊、日本の非近代性を論評。著「ヤングジャパン」など。

ブラック〖Joseph Black〗[1728～1799]英国の化学者。フランスの生まれ。普通の空気と異なる気体として二酸化炭素を初めて区別し、化学反応を定量的に明らかにした。また熱現象を研究し、潜熱・比熱を発見。

ブラック〖Georges Braque〗[1882～1963]フランスの画家。フォービスムを経て、ピカソとともにキュビスムを創始。のち、具象性を帯びた独自の画風を確立した。作「ギターを持つ女」など。

ぶら-つ・く〔動カ五(四)〕❶垂れ下がって揺れる。ぶらぶらする。「ひょうたんが風に一・く」❷あてもなく歩きまわる。「川べりを一・く」❸すぐ前にちらつく。「優勝が目の前に一・く」可能 ぶらつける 類語 歩く・うろつく・さまよう・出歩く・ほっつく・ほっつき歩く・徘徊・彷徨

ブラッグ〖Bragg〗㊀(William Henry ～)[1862～1942]英国の物理学者。放射線を研究し、α粒子の飛程を示した。息子とともに、X線による結晶構造解析法を確立し、結晶にX線を当てたときにその回折する方向を決めるブラッグの条件を導いた。1915年父子でノーベル物理学賞受賞。X線分光計を考案。㊁(William Lawrence ～)[1890～1971]英国の物理学者。㊀の息子で、オーストラリア生まれ。1915年、父とともにノーベル物理学賞受賞。

ブラックアウト〖blackout〗❶記憶喪失。また、意識を失うこと。❷一時的機能停止。❸報道管制。❹灯火管制。ある地域の停電。❺舞台の暗転。❻特定地域に向けてスポーツ番組などを放送すること。

ブラック-アビー〖Black Abbey〗アイルランド南東部、キルケニー州の都市キルケニーにあるドミニコ会修道院。13世紀の創建。名称は修道士が着ていた黒い衣装に由来するとされる。16世紀に閉鎖され裁判所として使われたが、その後カトリック教会になった。

ブラック-アフリカ〖Black Africa〗アフリカ大陸のうち、サハラ砂漠以南の黒人が居住している地域、または国々の総称。差別的な表現というところから現在は「サブサハラアフリカ」ということが多い。

ブラッグ-かく【ブラッグ角】《Bragg angle》ブラッグ条件を満たす角度。

ブラック-カラント〖black currant〗ユキノシタ科スグリ属の小果樹。黒い実を房状につける。果肉は酸味が強くジャム・ゼリー・果実酒用。

ブラック-きぎょう【ブラック企業】従業員を酷使していると評される企業。サービス残業や過剰なノルマを強要したり、朝礼や研修などが精神主義的な内容だったりする。

ブラック-キャッスル〖Black Castle〗アイルランド東部、ウィックロー州の港町ウィックローにある城跡。12世紀から13世紀にかけてノルマン人のモーリス=フィッツジェラルドが海上防備の要塞として建造。アイルランドとのたび重なる戦いにより廃墟となった。

フラッグ-キャリア〖flag carrier〗一国を代表する航空会社。ナショナルフラッグキャリア。補説 戦後しばらくの間、国際線を運航する航空会社が一国一社に限定されていたことに由来。現在は自由化が進み、複数の航空会社が国際線を運航しているため、違いは必ずしも明確ではない。日本では、日本航空を指す。米国は、フラッグキャリアだったパンアメリカン航空が倒産したため、現在は存在しない。

ブラック-コーヒー〖black coffee〗「ブラック❸」に同じ。

ブラック-ゴールド〖black gold〗❶俗に、石油のこと。❷俗に、ヘロインのこと。

ブラック-コメディ〖black comedy〗ブラックユーモアを多分に含んだ喜劇。

ブラック-コンテンポラリー〖black contemporary〗1970年代後半以降流行した、洗練された都会的・現代的なスタイルのソウルミュージック。黒人的なあくを抜いた聴きやすさと踊りやすいリズムが特徴。ブラコン。

フラッグシップ-ショップ〖flagship shop〗《flagshipは、旗艦の意》旗艦店。服飾など小売業の系列店で、中心的存在の本店、またはそれに準じた店舗。フラッグショップ。

フラッグシップ-ポーツマス〖Flagship Portsmouth〗英国イングランド南部の港湾都市ポーツマス、英国海軍基地の敷地内にあるアトラクション施設。16世紀から19世紀にかけて造られたメアリーローズ号、HMSビクトリー号、HMS1860号などの軍艦を展示するほか、王立海軍博物館がある。

ブラック-ジャーナリズム〖black journalism〗政財界などの裏側に寄生する非合法すれすれのジャーナリズムをいう。黒幕的な存在でセンセーショナ

ルな暴露記事などが多い。

ブラックジャック〖blackjack〗トランプゲームの一。手札の合計点が21か、21以下で21に一番近い者が勝ちとなる。トゥエンティーワン。にじゅういち。

ブラッグ-じょうけん【ブラッグ条件】ーデウケン 結晶のような周期的な構造をもつ物質に対して回折が生じる条件。結晶格子の各格子面からの反射波が強め合う条件を指し、格子面と入射波のなす角度をθ(シータ)、入射波の波長をλ(ラムダ)、格子面の間隔をd、nを正の整数とすると、$2d\sin\theta=n\lambda$という関係式が成り立つ。これをブラッグ条件といい、この関係式で表される反射をブラッグ反射、角度θをブラッグ角という。1912年、英国の物理学者、H=ブラッグ、L=ブラッグ父子により発見された。ブラッグの法則。

ブラックショールズ-の-ほうていしき【ブラックショールズの方程式】ーハウテイシキ デリバティブのオプション取引における、オプション料の価格付けの算定に用いられる計算式。1973年、米国のフィッシャー=ブラックとマイロン=ショールズが、日本の数学者伊藤清による確率微分方程式の理論を元に考案。後にロバート=マートンがブラック・ショールズ方程式を厳密に証明し、1997年にショールズとともにノーベル経済学賞を受賞した。

フラッグ-ショップ 「フラッグシップショップ」の略。

ブラック-スピリチュアルズ〖black spirituals〗▶黒人霊歌

ブラック-スモーカー〖black smoker〗海底で、セ氏300度以上の高温の水が噴き出す煙突状の噴出口(チムニー)のうち、熱水に鉛・銅・鉄などの硫化物が多く含まれ、海水と反応して黒色を呈するもの。熱水に白・黄色の硫黄が多く白色を呈するものはホワイトスモーカーと呼ぶ。

ブラック-スワン〖black swan〗❶黒鳥。❷あり得ない事象。予期せぬ出来事。

ブラック-タイ〖black tie〗❶黒い蝶(ちょう)ネクタイ。❷タキシードのこと。タキシード着用の際、❶を付けるところから。➡ホワイトタイ

ブラック-タイガー《black tiger prawnから》大形のクルマエビの一種で、体長27センチに達する。東京湾以南の西太平洋・インド洋などに広く分布する南方系種。ウシエビ。クロバカマ。クロエビ。

ブラック-チェンバー〖Black Chamber〗❶秘密室。機密室。❷国家の秘密情報機関。

ブラッグ-の-ほうそく【ブラッグの法則】ーハフソク ▶ブラッグ条件

ブラック-バス〖black bass〗スズキ目サンフィッシュ科の淡水魚。全長約50センチ。体に暗色斑があり、口が大きい。北アメリカの原産で、日本には大正14年(1925)箱根芦ノ湖に釣り魚として移入され、以来各地の湖沼で繁殖、在来の魚などを貪食し害魚とされる。おおくちバス。

ブラック-バック〖black buck〗ウシ科の哺乳類で、レイヨウの一種。インドに分布。頭胴長1～1.5メートル、体重25～45キロ。

ブラック-パワー〖black power〗1960年代後半の米国で、黒人自らの力によって人種的差別を打破しようとして結集を呼びかけたスローガン。また、その運動。

ブラック-パンサー《Black Panther Partyから》1965年に結成された米国の戦闘的黒人解放組織。また、そのメンバーをさす。過激な黒人解放運動の鎮静化とともに、事実上消滅した。黒豹党。

ブラッグ-はんしゃ【ブラッグ反射】《Bragg reflection》ブラッグ条件が満たされる反射。

ブラック-フォーマル《和 black＋formal》黒色のフォーマルスーツ。礼服として用いる。

フラッグ-フットボール〖flag football〗アメリカンフットボールを簡略化した球技。激しい身体接触は禁止されており、特別な防具も使用しない。腰の両脇に付けた帯状の布(フラッグ)を取ることがタックルの代わりとなる。

ブラック-フライデー〖Black Friday〗アメリカなどで、感謝祭の翌日の金曜日。クリスマス商戦が始まり、小売店が黒字になるとされることから。

ブラックヘッド-ハウス《House of the Blackheads; Melngalvju Nams》ラトビアの首都リガの旧市街にある14世紀に建造されたゴシック様式の建物。「ブラックヘッド」とは、中世におけるバルト海沿岸諸都市の貿易商人のうち、独身男性で構成された集まりのことで、パーティーやコンサートのホールとして使われた。1941年、ドイツ軍の空襲で破壊されたが、2000年に再建された。

ブラックベリー〖blackberry〗㊀バラ科キイチゴ属の低木。ラズベリーに似るが、実は黒色で酸味があり、生食のほかジャムや果実酒に用いる。ヨーロッパの丘陵地や林下にみられ、栽培もされる。㊁(BlackBerry)カナダのリサーチインモーション社が開発したスマートホン。音声通話以外に、インターネット接続、スケジュール管理、メモ帳など、PDAと同等の機能をもつ。Wi-FiやGPSを搭載するモデルもある。2000年代中頃から米国のビジネスマンを中心に普及。

ブラックボード〖blackboard〗黒板。

ブラック-ホール〖black hole〗超高密度・大質量で、強大な重力のために物質も光も脱出できない天体。太陽質量の10倍程度以上の星が、進化の終末に自らの重力によってつぶれて崩壊したもので、白鳥座のX線星はその一つとされている。

ブラック-ボックス〖black box〗❶機能は知られているが、内部構造が不明の装置。電子回路などで、内部構造を問題にせずに入力と出力、原因と結果だけを扱う場合の、その過程や回路・装置。❷転じて、処理過程が部外者には不明な仕組みや機構。また、他人が簡単には真似のできない専門的な技術領域。「原価計算は複雑な要素が絡み合って―と化している」❸航空機のフライトレコーダーやボイスレコーダーのこと。また、そのような装置を保管するための、耐震・耐熱性のある箱のこと。

ブラックボックス-テスト〖black box test〗プログラムのテスト手法の一。内部構造ではなく、データの入出力に着目してテストを行い、要求仕様通りの機能が実現されているかを調査すること。➡ホワイトボックステスト

ブラック-マーケット〖black market〗闇市(やみいち)。闇市場。

ブラック-マネー〖black money〗▶アングラマネー

ブラック-マンデー〖Black Monday〗1987年10月19日のニューヨーク株式市場大暴落の日。日本の株式市況の早い回復、各国の政策協調によって恐慌を招くことなく終わった。暗黒の月曜日。

ブラック-ミュージック〖black music〗ジャズ・ブルース・ソウルなど米国の黒人音楽の総称。

ブラックメール〖blackmail〗恐喝。ゆすり。

ブラック-ユーモア〖black humor〗陰湿で気味のわるいユーモア。道徳やタブーにわざと触れるようなユーモア。

ブラックリスト〖blacklist〗注意や監視を要する人物の氏名・住所などを記した表。黒表(こくひょう)。

ブラッコム-さん【ブラッコム山】《Blackcomb Mountain》カナダ、ブリティッシュコロンビア州のリゾート地、ウィスラーにある山。標高2284メートル。ウィスラー山とともに広大な滑走面積をもつ北米有数のスキーリゾートとして知られる。

プラッシー-の-たたかい【プラッシーの戦い】ーたたかひ 1757年、インド、ベンガル地方のプラッシー(Plassey)で行われた、イギリス東インド会社軍と、フランス・ベンガル連合軍との戦い。クライブの指揮するイギリス軍が圧勝し、インドにおける優位を確立した。➡東インド会社

フラッシャー〖flasher〗自動点滅灯。自動車の方向指示器、夜間の広告看板などに用いられる。

フラッシュ〖flash〗❶暗い所などでの写真撮影に用いる、瞬間的に光る人工の光。また、それを発生させる閃光(せんこう)電球・ストロボなどの装置。「―を浴びる」❷瞬間。ごくわずかな時間。❸映画・テレビで、瞬間的な短い場面。❹ひらめき。瞬間的な思いつき。❺通信社が流すニュース速報。

(類語)一閃・閃光・閃き・スパーク・ストロボ・光る

フラッシュ〖Flash〗アニメーションを含むウェブコンテンツを作成するアプリケーションソフトの製品名。また、このソフトで作成されたウェブコンテンツ。

プラッシュ〖plush〗ビロードの一種で、長く柔らかい毛羽(けば)のある織物。オーバー・帽子・椅子(いす)張りなどに用いられる。フラシ天。

ブラッシュアップ〖brushup〗〘名〙スル みがき上げること。学問などの再勉強や鈍った腕や技のみがき直し。また、一定のレベルに達した状態からさらにみがきをかけること。「留学で英語を―する」

(類語)磨く・鍛える・練る・切磋琢磨

フラッシュ-オーダー〖flash order〗米国の証券取引所が提供していた情報配信サービス。米国の取引所では、ある取引所で売買取引が成立しなかった場合、別の取引所に売買注文を転送するが、その直前に一瞬(約0.03秒)、同サービスの利用契約を結んだ投資家に独占的に情報を提供する。これにより、機関投資家や証券会社は、高速のコンピューターシステムを利用して有利に売買を執行できる。一方、証券取引所は自社内での取引を促すことができる。同サービスを利用しない投資家に不利益になるとの批判が高まり、2009年、各証券取引所は自主的にサービスの運用を取りやめた。

フラッシュオーバー〖flashover〗初期火災で、たまった可燃性ガスに引火して爆発的に燃え上がること。

フラッシュ-ガン〖flash gun〗カメラのシャッターと同調して、撮影用フラッシュを発生させる装置。

フラッシュ-サーフェス《flush surfaced designから》自動車のボディーで、空気抵抗を減らすために表面から極力段差をなくしたデザイン。車体の金属部分と窓ガラスの段差を極力小さくするのがその一例。

フラッシュ-サイド《flush sided bodyから》昔の前後フェンダーが独立したデザインに対し、ボディー側面が一つの箱のように平らになった乗用車のデザイン。第二次大戦後に一般化した。

フラッシュ-スリープ〖flash sleep〗ごく短時間の睡眠。

フラッシュ-ディスク〖flash disk〗コンピューターの記憶装置のうち、フラッシュメモリーを記憶媒体として用いる半導体ディスクの一。円盤状の構造や物理的な駆動部がないため、ハードディスクに比べてデータの読み出し、書き込み速度が速いほか、消費電力が小さく衝撃にも強い。フラッシュメモリードライブ。

フラッシュ-ど【フラッシュ戸】《flush door》▶フラッシュドア

フラッシュ-ドア〖flush door〗枠(わく)や桟(さん)などがまったく外に見えない一枚板のような戸。芯材(しんざい)の上に合板などを接着させて表面を平らに仕上げてある。フラッシュ戸。

フラッシュ-ドライブ〖flash drive〗▶フラッシュディスク

フラッシュ-ニュース《和 flash＋news》新聞・放送における、短くて簡単な速報ニュース。(補説)英語では news flash。

フラッシュ-パス〖flash path〗パソコンのフロッピーディスクドライブで、スマートメディアを利用するためのアダプター。

フラッシュバック〖flashback〗❶映画・テレビで、瞬間的な画面転換を繰り返す手法。登場人物の激しい心理や緊張した場面などを表現する。❷過去の出来事がはっきりと思い出されること。逆行再現。➡ピー-ティー-エス-ディー(PTSD) ❸「フラッシュバック現象」に同じ。

フラッシュバック-げんしょう【フラッシュバック現象】ーゲンシャウ《flashback condition》シンナーや覚醒剤などの中毒によって、薬物を使っていないときでもストレスなどで幻覚や妄想が起こる現象。フラッシュバック。

フラッシュバルブ〖flashbulb〗ジルコニウムやアルミニウムのワイヤーや、箔(はく)などの発光剤と点火剤・

酸素などを封入した写真用照明電球。
フラッシュピックス〖FlashPix〗画像データを保存するファイル形式の一。解像度が異なる複数の画像を一つのファイルにもつことができる。
フラッシュ-ボール《和 brush＋ball》野球で、投手が打者のからだすれすれに投げ、後ろにのけぞらせるおどかし球。(補説)英語ではbrushback。
フラッシュ-マーケティング〖flash marketing〗インターネット上の販売手法の一。わずかな時間で集客と販売を行うもので、共同購入型クーポンサイトに代表される。制限時間内に一定人数以上の申し込みがあった場合にのみ、割引クーポンなどが販売される。販売者側には、短時間に集客することで店舗やホテルなどの稼働率を上げられるという利点がある。集客のために、短時間で情報の広まりやすいソーシャルメディアが重要な役割をもつことから、ソーシャルコマースの一種といえる。瞬間マーケティング。売り切りマーケティング。
フラッシュ-メーター〖flash meter〗露出計の一。カメラのストロボ光などの瞬間的な光量を測定する。
フラッシュ-メモリー〖flash memory〗電気的にデータの消去と書き換えができる半導体メモリー。電源を切っても記録内容が保存される。デジタルカメラやデジタルオーディオプレーヤー、携帯電話のメモリーカードなどに使われる。フラッシュROM。
フラッシュメモリー-ディスク〖flash memory disk〗▶フラッシュディスク
フラッシュメモリー-ドライブ〖flash memory drive〗▶フラッシュディスク
フラッシュ-ロム【フラッシュROM】《flash ROM》▶フラッシュメモリー
フラッシング〖flashing〗ぱっと光ること。閃光せんこう。
ブラッシング〖brushing〗〔名〕スル ブラシをかけること。「髪を―する」
フラッシング-スイッチ〖flashing switch〗一定の間隔で電灯を自動的に点滅させるスイッチ。点滅用スイッチ。
ブラッスリー〖フランス brasserie〗▶ブラスリー
ブラッセリー〖フランス brasserie〗▶ブラスリー
ブラッセル〖Brussels〗ブリュッセルの英語名。
フラッター〖flutter〗《はためき、羽ばたきの意》❶音響機器で、録音・再生時の音のひずみ。❷航空機で、気流の影響による翼や胴体の異常な振動。
プラッター〖platter〗《「プラッタ」とも》ハードディスク内にある磁性体を塗布した金属製の円盤。
フラット〖flat〗〔名・形動〕❶平らであること。起伏がないこと。また、そのさま。平坦へいたん。「―な画面」「―な照明」❷競走・競泳などで、記録に秒以下の端数がなくきっかりなこと。また、そのさま。「11秒―で走る」❸音楽で、ある音を半音低くする記号。変記号。記号「♭」。⇔シャープ。❹主に英国における集合住宅で、同一階の数室を一家族が占めるようにしたもの。➡メゾネット
ふらっ-と〔副〕❶よろめくさま。「急にめまいがして―倒れる」「一目見て―なる」❷気軽に出かけたりやって来たりするさま。「友人宅を―訪ねる」
ブラッド〖blood〗血。血液。また、血統。
ブラッド〖brad〗掻かい折れ釘のこと。また、割りピンのこと。
プラッド〖plaid〗《「プレード」とも》格子柄のこと。特に多色使いの格子や柄のはっきりしない格子をさす。英国のスコットランド高地地方に伝統的なもの。
フラット-カラー〖flat collar〗洋服の襟で、形に関係なく、襟腰のない平板なものの総称。
フラット-ケーブル〖flat cable〗樹脂皮膜で覆われた複数の導線を帯状に並べたケーブル。コンピューターの内部結線などに用いられる。
フラット-さんじゅうご【フラット35】サンジュウゴ 長期固定金利の住宅ローン。ローンの使途は新築住宅の建築・購入と中古住宅の購入に限られる。返済期間は15年～35年。民間の金融機関が窓口となって利用者の住宅ローンを組み、その債権を住宅金融支援機構が買い取り、証券化して投資家から資金を得る仕組み。同機構が長期の資金調達を支援することで、民間金融機関による長期固定金利が実現した。利率や融資手数料等の詳細は窓口となる金融機関によって異なる。
フラット-シェア〖flat share〗ルームシェアの一。マンションやアパートなどで、他人と共同生活をすること。
フラット-シェーディング〖flat shading〗コンピューターグラフィックスで三次元画像を立体的に見せる技法の一。計算量が少なく高速処理が可能だが、低画質である。➡シェーディング
フラット-シューズ〖flat shoes〗女性用の、かかとが低く底の平らな靴。
ブラッドストーン〖bloodstone〗▶血石けっせき
フラット-タックス〖flat tax〗(累進課税に対し)一律課税。均等税。
フラット-ディスプレー〖flat display〗▶フラットパネルディスプレー
フラット-テレビ《和 flat＋televisionから》奥行きが薄いテレビ。液晶型テレビや壁掛けテレビのこと。
フラットパネル-ディスプレー〖flat-panel display〗薄型の平面パネル表示装置のこと。液晶ディスプレーが代表。FPD。
プラットフォーム〖platform〗▶プラットホーム
フラットベッド-スキャナー〖flatbed scanner〗コピー機のように、ガラス台の上に置いた原稿を、台の下のユニットが動いて読み込むタイプのスキャナー。➡スキャナー
プラットホーム〖platform〗❶電車・列車への乗客の乗り降り、貨物の積み下ろしのため、線路に沿って築いた駅の施設。ホーム。❷大型の無人観測衛星。❸車台しゃだい。シャーシー。また、自動車の異なるモデルで共通して使われる車台を中心とした基本的な構造のこと。プラットホームを共有することで、生産費用を圧縮できる。❹オペレーティングシステムやハードウエアなど、コンピューターを動作させる際の基本的な環境や設定。
プラットホーム-サンダル〖platform sandal〗底が厚く、かかとからつま先まで一様に高さのある女性用のサンダル。
プラットホーム-シューズ〖platform shoes〗底が厚く、かかとからつま先まで一様に高さのある靴。厚底靴。
ブラッドリー〖Francis Herbert Bradley〗[1846～1924]英国の哲学者。新ヘーゲル主義の立場に立ち、経験論を批判して、純粋直感による絶対者の把握を説いた。著「現象と実在」。
フラッパー〖flapper〗〔名・形動〕おてんば娘。また、はすっぱに振る舞うさま。「蝶ちゃんには、なかなか―なところがあるんだね」〈岡本かの子・生々流転〉
フラッパー-ヘア〖flapper hair〗ボブスタイルの全形にパーマをかけた女性の髪形。
フラップ〖flap〗❶飛行機の離着陸時に揚力を増大させる目的で、主翼の後縁、あるいは前縁と後縁の両方に取り付ける可動翼片。下げ翼。❷平らな板の一辺を固定して回転するようにしたもの。例えば、段ボール箱のふた、猫などが出入りする穴に取り付けた板、定期便の発着時刻を示す回転式の文字盤、引き出してテーブルや物入れのふたとして使えるようにした板、鞄の片面全体を覆うふたなど。
フラッペ〖フランス frappé〗❶氷を細かく砕いて洋酒やシロップをかけたもの。かき氷。❷かき氷の上にアイスクリームや果物などをのせた冷菓。
プラティ〖platy〗中米産の小形の淡水魚。全長約6センチ。ペットとして飼育される。
ブラディー-メリー〖Bloody Mary〗《血なまぐさいメリーの意》ウオツカとトマトジュース、またはこれにレモンジュースを混ぜた飲み物。カトリック教徒で、多くの新教徒を処刑した16世紀の英国女王メアリー1世(メアリー＝チューダー)にちなむ。
プラティス-ヤロス〖Platis Gialos〗ギリシャ南東部、エーゲ海に浮かぶミコノス島の南部にある海岸保養地。多くのホテルが集まり、同島有数の規模を誇る海岸として知られる。プラティヤロス。
プラティ-ヤロス〖Plati Gialos〗▶プラティスヤロス
フラテルニテ〖フランス fraternité〗友愛。博愛。フラタナティー。
プラ-てん【プラ転】株式や為替などで、保有するポジションの含み損が解消され、含み益の状態に改善すること。プラス転換。⇔マイ転。
フラトエイ-とう【フラトエイ島】タウ《Flatey》アイスランド西部、ブレイザフィヨルズル湾の島。アイスランド語で「平らな島」を意味し、ほとんど起伏がない地形をしている。12世紀創設の修道院跡があるほか、サガやエッダを収めた中世アイスランド写本があったことで知られる。フラト島。
プラトー〖plateau〗❶高原。また、台地。「稜線上の―にテントを張る」❷学習や作業の進歩が一時的に停滞する状態。練習曲線の横ばいとして現れる。心的飽和や疲労などが原因で起こる。
プラトー〖PLATO〗《Programmed Logic for Automatic Teaching Operations》コンピューターによる自動教育システム。端末機を用いて、自己学習ができるシステム。
プラトーノフ〖Andrey Platonovich Platonov〗[1899～1951]ソ連の小説家。独自の文体で社会主義建設の不条理を描いたため、当局によって作品の発表を大きく制限される。死後再評価された。作「ジャン」「チェベングール」「土台穴」。
フラト-とう【フラト島】タウ《Flatey》▶フラトエイ島
プラトニック〖Platonic〗〔形動〕《プラトン的、の意》純粋に精神的であるさま。特に恋愛についていう。「―な交際」➡プラトン
プラトニック-ラブ〖Platonic love〗肉体的欲望を離れた純粋に精神的な恋愛。
プラド-びじゅつかん【プラド美術館】ビジュツクワン《Museo del Prado》スペインのマドリードにある世界最大級の国立絵画美術館。1819年に王立美術館として開館、1868年に国有化され現名称となる。ゴヤやベラスケス、エル＝グレコなどスペイン画家の作品を中心に、フランドル派やイタリア絵画なども収蔵する。
プラトン〖Platōn〗[前427ころ～前347]古代ギリシャの哲学者。ソクラテスの弟子。アテナイ郊外に学園(アカデメイア)を創設。現象界とイデア界、感性と理性、霊魂と肉体とを区別する二元論的認識論において、超越的なイデアを真実在と説き、ヨーロッパ哲学に大きな影響を残した。ソクラテスを主人公にした約30編の対話編がある。著「ソクラテスの弁明」「ファイドン」「饗宴」「国家」「法律」など。
プラトン-しゅぎ【プラトン主義】《Platonism》プラトンの哲学思想、およびそれを継承して発展させた立場。
プラナリア〖ラテン Planaria〗ウズムシ綱プラナリア科の扁形動物の総称。淡水にすみ、体は細長く扁平で、先端は三角形に広がる。
プラニメーター〖planimeter〗平面上の閉曲線で囲まれた図形の面積を測る器械。図形の外周に沿って針を1周させると、面積が表示される。面積計。
プラニング〖planning〗▶プランニング
プラヌラ〖planula〗クラゲなど腔腸こうちょう動物などの幼生。体は楕円形で、体表の繊毛で遊泳する。やがて他物に付着し、小形のポリプとなる。
プラネタリウム〖planetarium〗天球上における天体の動きを説明するための精密な装置。室内の丸天井に星空を投映し、太陽・月・惑星などの運行、恒星の日周運動などを示す。天象儀。
プラネット〖planet〗惑星。
プラネット-エー〖PLANET-A〗▶すいせい
プラネット-シー〖PLANET-C〗▶あかつき
プラネット-ビー〖PLANET-B〗▶のぞみ㊁
ふらの【富良野】北海道中央部の市。富良野盆地の南部を占め、野菜やブドウを栽培、ワイン醸造が行われる。東大付属演習林がある。人口2.4万(2010)。
フラノ《flannelから》フランネルの一種で、やや厚地の毛織物。洋服地に用いる。

ふらの-し【富良野市】▶富良野

ふらの-だけ【富良野岳】北海道中央部、十勝岳連峰の最南端にある山。標高1912メートル。高山植物が多く見られる。大雪山国立公園の一部。

プラノバール〖Planovar〗黄体ホルモンのノルゲストレルと卵胞ホルモンのエチニルエストラジオールを配合した混合ホルモン剤。女性ホルモンのバランスを調え、月経の量や周期の異常などを改善する。緊急避妊法のヤッペ法にも使用される。プラノバール配合錠剤。

プラノバール-はいごうじょうざい【プラノバール配合錠剤】▶プラノバール

ふらの-ぼんち【富良野盆地】北海道中央部を南北に走る低地帯の一部。中心都市は富良野市。南北30キロメートル、東西6キロメートル、面積130平方キロメートル。野菜・ブドウ・ラベンダーなどの栽培が盛ん。

プラハ〖Praha〗チェコ共和国の首都。ボヘミア盆地の中心にあり、ボヘミア王国以来の首都で、14世紀に大都市に発展。カレル大学をはじめ歴史的建造物が多い。機械・電機・ガラス・印刷などの工業が盛ん。1992年「プラハ歴史地区」の名で世界遺産(文化遺産)に登録された。英語名プラーグ。人口、行政区123万(2008)。

ふら-ば・う【触らばふ】〔動ハ下二〕繰り返し触れる。「上つ枝えの枝の末葉うらは中つ枝に落ちー・へ」〈記・下・歌謡〉

プラハ-さん【プラハ山】《Beluha》▶ベルーハ山

プラハ-じょう【プラハ城】《Pražský hrad》チェコ共和国の首都プラハにある城。9世紀半ばに建造され、14世紀の神聖ローマ皇帝カレル4世の時代にほぼ現在の姿になった。ボヘミア王や神聖ローマ皇帝の居城として使われ、現在はチェコ共和国の大統領府が置かれる。広大な敷地には、聖ビート大聖堂、聖イジー聖堂、国立美術館、王宮美術館などがある。1992年、「プラハ歴史地区」の名で世界遺産(文化遺産)に登録された。

フラハティ〖Robert Joseph Flaherty〗[1884～1951]米国の記録映画監督。イヌイットの生活をカメラに収めた「極北の怪異(ナヌーク)」で国際的な評価を得た。ほかにサモアの先住民の生活と風習を記録した「モアナ」などがあり、ドキュメンタリーの父と呼ばれる。

プラハ-の-オルロイ〖Pražský orloj〗▶プラハの天文時計

プラハ-の-てんもんどけい【プラハの天文時計】《Pražský orloj》チェコ共和国の首都プラハの中心部、旧市街広場の旧市庁舎にある中世の天文時計。1410年に時計職人ミクラーシュとカレル大学の数学教授ヤン＝シンデルが製作。太陽と月の位置、日の出・日の入りの時刻を示すほか、毎正時に十二使徒の像が現れる。旧市街広場と旧市庁舎は1992年に「プラハ歴史地区」の名で世界遺産(文化遺産)に登録された。プラハのオルロイ。

プラハ-の-はる【プラハの春】チェコスロバキアで1968年の春から夏にかけて、新任のドプチェク党第一書記の下に一連の自由化政策がとられた状況をいう。8月に、ソ連・東欧軍の介入により弾圧された。

フラバル〖Bohumil Hrabal〗[1914～1997]チェコの小説家。ブルノ生まれ。共産党政権下で検閲に抗しながら、次々と問題作を書いたことで知られる。代表作「厳重に監視された列車」「私は英国王に給仕した」「あまりにも騒がしい孤独」など。

ブラ-バン「ブラスバンド」の略。

ブラバント〖Brabant〗ベルギー中部の州。州都は首都でもあるブリュッセル。北部はオランダ語、南部はフランス語、ブリュッセルでは両言語を使用。ブラバン。

ブラビア〖BRAVIA〗《Best Resolution Audio Visual Integrated Architecture》ソニーが販売する液晶テレビのブランド名。平成17年(2005)より使用。ワンセグ放送に対応した同グループ会社製の携帯電話にも使われる。➡BRAVIAケータイ

ブラビア-けいたい【BRAVIAケータイ】ソニーモバイルコミュニケーションズ(旧ソニーエリクソンモバイルコミュニケーションズ)製の、NTTドコモ向けの携帯電話の通称。ワンセグ放送に対応。au向けの携帯電話はブラビアホン(BRAVIA Phone)という。

ブラビア-ホン〖BRAVIA Phone〗▶BRAVIAケータイ

フラビン〖flavin〗動植物体中に存在し、蛍光を示す一群の黄色色素。リボフラビンなど。

フラフ〖HRAF〗《Human Relations Area Files》地域別人間関係資料。米国のイェール大学が編集した人類学の資料。1949年開始。

ブラフ〖bluff〗虚勢。はったり。特にポーカーなどで、手の内が強そうに見せかけること。「ーをかける」

フラ-フープ〖Hula-Hoop〗直径約1メートルのプラスチック製の輪。中に入り、腰で回して遊ぶ。昭和33年(1958)秋に大流行。フラダンスのように腰を振って輪を回転させるところからの名。商標名。

フラブネー-ひろば【フラブネー広場】《Hlavné námestie》スロバキア共和国の首都ブラチスラバの旧市街にある広場。中世より中心広場として栄えた。16世紀に造られたロランド噴水があるほか、周囲にはゴシック様式とバロック様式が見られる旧市庁舎(現在は歴史博物館)をはじめ、歴史的建造物が数多く残っている。

ブラフマー〖梵 Brahmā〗ヒンズー教で、シバ・ビシュヌ神とともに三神の一。宇宙の創造神。仏教にとりいれられ、梵天ぼんてんとなった。

ブラフマ-サマージ〖ﾋﾝﾃﾞｨｰ Brāhma Samāj〗近代インドの宗教改革団体。1828年、ラーム＝モーハン＝ローイ[1772～1833]がカルカッタ(現コルカタ)に設立。偶像崇拝を排して一神教を奨励するとともに、寡婦殉死などの諸悪習に反対した。

ブラフマン〖梵 Brahman〗インドの正統バラモン教思想における最高の理法。宇宙の統一原理。万有の根本原理。梵ぼん。➡アートマン

ふら-ふら ━〔副〕ｽﾙ ❶揺れ動いて安定しないさま。「悪路でハンドルがーする」❷からだに力がはいらないさま。意識がはっきりしないさま。「熱でーする」「ーした足どり」❸自覚や目的のないまま行動するさま。「ーと誘いに乗る」「盛り場をーする」❹態度が定まらないさま。「方針がーする」━〔形動〕━❷に同じ。「猛練習でーになる」 ⚠━はフラフラ、━はフラフラ。

ぶら-ぶら ━〔副〕ｽﾙ ❶ぶら下がって揺れ動くさま。「両手をー(と)させる」❷なすこともなく毎日を暮らすさま。「就職もしないでー(と)している」❸あてもなくのんびり歩きまわるさま。「近所をー(と)散歩する」━〔形動〕━❶に同じ。「切れてーな電線」 ⚠━はブラブラ、━はブラブラ。

ぶらぶら-やまい【ぶらぶら病】寝込むほどでもないが、どことなくぐあいが悪い状態が続く病気。「殆んど一月に亘わたるーの後」〈蘆花・不如帰〉

ブラボー〖ｲﾀﾘｱ bravo〗〔感〕賞賛・喝采かっさい・歓呼などの叫び声。すばらしいぞ。みごとだ。

フラボノイド〖flavonoid〗植物に広く含まれる低分子の有機化合物。柑橘かんきつ類の皮などから抽出され、血圧降下作用をもつ。

フラボン〖flavone〗黄色の色素化合物の総称。植物の花・種子・根などに広く存在。

プラ-マイ「プラスマイナス」の略。「収入は増えたが支出も増えたのでーゼロ」

ブラマプトラ-がわ【ブラマプトラ川】《Brahmaputra》中国のチベット自治区南西部のカイラス山地に源を発して東流し、インドのアッサム地方を西流し、バングラデシュを南流してガンジス川に合流する川。全長約2900キロ。チベット語名ツァンポー。

ブラマンク〖Maurice de Vlaminck〗[1876～1958]フランスの画家。フォービスムの画家として激しい筆触と強烈な色彩とを用いたが、のち暗い色調に転じた。風景画が多い。

ブラ-マンジェ〖ﾌﾗﾝｽ blanc-manger〗冷菓の一。アーモンドをひいて布でこした牛乳状の液に、砂糖・香料・生クリームなどを加え、ゼラチンで固めたもの。また、牛乳・コーンスターチ・砂糖を合わせて冷やし固めたもの。ブランマンジェ。

ブラマンテ〖Donato Bramante〗[1444～1514]イタリアの建築家・画家。ルネサンス建築様式の完成者といわれ、サンタマリアデッレグラツィエ教会の改築や、サンピエトロ大聖堂の改築計画などに携わった。

フラミンゴ〖flamingo〗フラミンゴ目フラミンゴ科の鳥の総称。全身淡紅色で、首と脚が長く、くちばしは「く」の字形に曲がり、上くちばしを動かして水中からえさを濾こして食べる。アフリカ・インド・南アメリカなどの熱帯地方に6種ほどが分布、大群で海岸や湖にすむ。紅鶴べにづる。

フラミンゴ-シクリッド〖flamingo cichlid〗アフリカ産の淡水魚。オレンジ色で、観賞用。

プラム〖plum〗スモモのこと。

プラム-プディング〖plum pudding〗英国のクリスマス菓子。干しブドウや砂糖漬けの果物の皮などを洋酒に漬けたものに、小麦粉・卵・香辛料などを合わせて蒸したもの。クリスマスプディング。

プラム-ポックス-ウイルス〖plum pox virus〗サクラ属の植物に広く感染する植物ウイルス。1915年にブルガリアで発見され、ヨーロッパ・北米・南米およびアフリカ・アジアの一部で発生が確認されている。アブラムシの媒介や接ぎ木・苗によって感染する。種子や果実からは感染しない。ウメ・モモ・スモモ・ネクタリン・アンズなどの果樹が被害を受けやすく、葉や果実の表面に斑紋が現れたり、成熟前に落果したりするため、商品価値・生産性が損なわれる。日本では平成21年(2009)に初めて、東京都青梅市でウメに感染が発見された。PPV。

ふら-め・く〔動カ四〕ふらふらと揺れ動く。「これは何物ぞとひしめくところへ、ー・いて落つる」〈咄・きのふはけふ・下〉

フラメンコ〖ｽﾍﾟｲﾝ flamenco〗スペイン南部、アンダルシア地方のジプシー(ロマ)起源の音楽および舞踊。ふつう歌い手とギター奏者一人ずつからなり、踊りは手を打ち足を踏み鳴らす激しい動きが特徴。

プラ-モ「プラスチックモデル」の略。

プラ-モデル「プラスチックモデル」の商標名。

プラヤ-デル-カルメン〖Playa del Carmen〗メキシコ東部、キンタナロー州、ユカタン半島東部の都市。カリブ海に面したリゾート地として知られ、沖合約20キロメートルに世界的なダイビングスポットとして知られるコスメル島がある。

ふらり〔副〕❶力なく揺れるさま。よろめくさま。「立ち上がったとたんーとする」❷前ぶれも目的もなく、気軽に出かけたり、やって来たりするさま。「ーと旅に出る」

ぶらり〔副〕❶物が垂れ下がっているさま。「手拭いをーと腰に下げる」❷前ぶれも目的もなく、気軽に出かけたり、やって来たりするさま。ふらり。「ーと立ち寄る」❸何もしないでぼんやりしているさま。「休日をーと過ごす」

プラリネ〖praline〗アーモンドに、加熱して褐色に溶かした砂糖をまぶし、冷まして細かく砕いたもの。チョコレートに入れたり、クリームやフォンダンに混ぜて用いる。

ふらり-ふらり〔副〕ゆっくりと何度も揺れ動くさま。「酔っぱらってーと歩く」

ぶらり-ぶらり〔副〕「ぶらぶら」に同じ。「勤めにも出ないでー(と)している」

ふら・れる【振られる】〔動ラ下一〕《動詞「ふる」の未然形＋受身の助動詞「れる」から》要求をはねつけられる。こばまれる。特に、異性に言い寄って拒絶される。「彼女にー・れる」「連立を申し入れたがー・れてしまう」

フラワー〖flower〗花。「ドライー」「ーギフト」

フラワー-アレンジメント〖flower arrangement〗生け花。特に、洋風に装飾として飾られる生け花をさして使われることが多い。

フラワー-ティー〖flower tea〗花を乾燥したものを、湯で浸出して飲む飲み物。ローズティーなど。

フラワー-デザイナー《和 flower＋designer》フラワーデザインをする人。

フラワー-デザイン《和 flower＋design》生花を素材とした装飾。また、その装飾技法。アートフラワー。

フラワー-ビジネス《和 flower＋business》花に関連する商売。観賞用や園芸用から、食用まで幅広い。

フラワー-リフォーム《和 flower＋reform》洋ランなど鉢植えの植物を一定期間預かり、衰弱しているものを元気な姿に戻したり、花の咲かない株を育て直して蕾を持たせるなど、観賞できる状態に戻して返却するビジネス。

ふ-らん【不乱】乱れないこと。また、乱さないこと。「一心—」

ふ-らん【×孵卵】〘名〙スル 卵がかえること。また、卵をかえすこと。

ふ-らん【腐乱｜腐×爛】〘名〙スル 腐って、形がくずれること。「—した死体」(類語)腐る・朽ちる・腐敗・発酵・饐える・傷む・あざれる・酸敗

フラン〘フランス franc〙スイスなどの通貨単位。1フランは100サンチーム。フランス・ベルギー・ルクセンブルクでも使用していたが、2002年1月(銀行間取引は1999年1月)、EU(欧州連合)の単一通貨ユーロ導入以降は廃止。➡CFAセーファーフラン ➡CFPセーエフペーフラン

ブラン〘フランス blanc〙白い。白色。「バン—(白ワイン)」

ブラン〘bran〙小麦をひいて粉にしたあとに残る皮で、麩のこと。シリアルやクッキーなどに加えたり、飼料に用いる。

プラン〘plan〙❶計画。構想。案。「作戦の—を立てる」「マスター—」❷図面。設計図。平面図。(類語)青写真・筋書き・手の内・プロジェクト・もくろみ・企て・はかりごと・一計・企図・企画・立案・設計・予定

フランカー〘flanker〙ラグビーで、フォワード第3列目の左右両端のプレーヤー。

ふらん-き【×孵卵器】鶏卵・魚卵などを人工的に孵化させるための装置。温度調整・換気・回転など、必要な条件を保つようにしたもの。

フランキ〘オランダ Frank｜ポルトガル Franco〙❶《中国人がポルトガル人・スペイン人を呼んだ語から》ヨーロッパ人の異称。❷《ヨーロッパ人が伝えたところから》大砲の異称。(補説)「仏狼機」「仏郎機」とも書く。

ブランキ〘Louis Auguste Blanqui〙[1805～1881]フランスの革命家・社会主義者。少数精鋭・武装蜂起による革命とプロレタリア独裁を主張。1830年以降、七月革命・二月革命・パリ-コミューンなどの革命運動や反乱に参加。生涯の30数年を獄中に過ごした。著「社会批判」など。

ブランキスム〘フランス blanquisme〙大衆の力によらず、少数の精鋭の直接行動によって政権を奪取しようとする思想。フランスの革命家ブランキが主唱。

フランキンセンス〘frankincense〙カンラン科の低木、ニュウコウジュの樹幹に傷をつけ得られた樹脂、乳香のこと。古くから薫香料として珍重された。

フランク〘Anne Frank〙[1929～1945]ユダヤ人の少女。フランクフルトの生まれ。ナチスの迫害を避けるため、家族とともにアムステルダムの隠れ家に移り住む。2年後に強制収容所に送られ、病死。没後、隠れ家での生活を綴った「アンネの日記」が父オットーにより出版された。

フランク〘César Auguste Franck〙[1822～1890]フランスの作曲家・オルガン奏者。バッハなどのドイツ音楽の手法を受け継ぎ、晩年独自の形式を確立。作品に、オルガン曲、バイオリンソナタのほか「交響曲ニ短調」など。

フランク〘James Franck〙[1882～1964]米国の物理学者。ドイツの生まれ。G＝L＝ヘルツとともに、ボーアが仮定した原子の不連続エネルギー準位の存在を証明。1925年、ともにノーベル物理学賞受賞。

フランク〘frank〙〘形動〙気どったところがないさま。ざっくばらん。率直。「—な性格」「—に話す」(類語)率直・ありのまま・有り体

ブランク〘blank〙❶空白の部分。空欄。「—をイラストで埋める」❷仕事などが途切れている期間。また、その状態。「選手生活に二年の—がある」(類語)空白・空疎・空漠・空虚・空ろ・空っぽ・うつろ

プランク〘Max Karl Ernst Ludwig Planck〙[1858～1947]ドイツの理論物理学者。熱放射を理論的に研究し、プランク定数を導入、量子仮説を提唱して量子論への道を開いた。1918年ノーベル物理学賞受賞。

ブランクーシ〘Constantin Brancusi〙[1876～1957]ルーマニアの彫刻家。パリに定住。事物の本質、根源的生命力を追求することで極度に単純な抽象形態に到達。現代彫刻に多大な影響を与えた。作「空間の中の鳥」など。

フランク-おうこく【フランク王国】《Frank》フランク族が建てた王国。5世紀末、クロビスが諸支族を統一、メロビング朝を興して建国。分裂・統一をくり返したが、751年、ピピンがカロリング朝を創始。その子カール大帝の時に最盛期を迎え、西ヨーロッパ全域に版図を拡大、教皇から西ローマ帝国皇帝の帝冠を受けた。843年に3分されて、ドイツ・フランス・イタリア3国の起源をなした。

ブランク-カード〘blank card〙未記入のカード。白紙カード。

フランク-ぞく【フランク族】《Frank》ゲルマン民族の一部族。民族大移動期に、ライン川東岸からガリアに進出、フランク王国を建設した。

プランク-ていすう【プランク定数】量子力学における基本定数。記号hで表し、$h=6.626\times10^{-34}$ J・s(ジュール秒)。これを円周率の2倍(2π)で割ったものを記号$\hbar$で表すことが多い。1900年プランクが放射法則を説明するために導入。

ブランク-テスト〘blank test〙ある条件の効果を調べるために、他の条件は全く同じにして、その条件のみを除いて行う実験。除いたときと除かないときの結果を比較する。対照試験。空試験。

プランクトン〘plankton〙遊泳能力がほとんどなく、水中または水面を浮遊している生物の総称。動物プランクトンには原生動物・クラゲ類・貝類・甲殻類やそれらの幼生、植物プランクトンには珪藻類・藍藻類など、多くのものが含まれる。量的に多産するので、水生動物の餌として重要であるが、赤潮の原因となるものもある。浮遊生物。

プランク-の-ほうしゃこうしき【プランクの放射公式】▶プランクの放射法則

プランク-の-ほうしゃほうそく【プランクの放射法則】1900年にドイツの物理学者M＝プランクが導いた、黒体からの熱放射(黒体放射)に関する法則。または振動数分布を表す公式を指す。熱放射のスペクトルは、短波長側ではウィーンの放射法則、長波長側ではレイリー-ジーンズの放射法則に一致するが、プランクの放射法則は全波長にわたりスペクトルを正しく再現する。プランクは導出に際し、放射のエネルギーは振動数とプランク定数の積を整数倍したものに限られるという、エネルギー量子化を仮定した。これが後に、アインシュタインが光量子仮説を提唱するきっかけとなり、量子論の発展に結びついた。

プランク-の-りょうしかせつ【プランクの量子仮説】▶量子仮説

フランクフルター-アルゲマイネ〘Frankfurter Allgemeine〙ドイツの日刊紙の一つ。1856年創刊で1943年にナチスによって発禁となった「フランクフルター-ツァイトゥング」が49年に現紙名で復刊。フランクフルトで発行されているが全国で読まれている。中道右寄りの論調で知られる。発行部数は約37万部。フランクフルター-アルゲマイネ-ツァイトゥング。

フランクフルト〘Frankfurt〙ドイツ中西部、ライン川支流のマイン川に臨む商工業都市。ドイツ金融の中心地。ゲーテの生地。人口、行政区66万(2008)。フランクフルト-アム-マイン。(補説)フランクフルト-アム-マインは「マイン川沿いのフランクフルト」の意で、ドイツ東部のオーデル川沿いにもフランクフルト(フランクフルト-アン-デア-オーダー)があり、混同を避けるための呼称。

フランクフルト-がくは【フランクフルト学派】1930年代以降、フランクフルトの社会研究所に参加した一群の思想家たち。マルクス主義・精神分析学・アメリカ社会学などの影響のもとに批判理論を展開、現代社会の総体的解明をめざした。ホルクハイマーを中心に、アドルノ・フロム・マルクーゼ・ベンヤミン・ノイマンらがおり、第二次大戦後はハーバーマス・シュミットらが活躍している。

フランクフルト-こくみんぎかい【フランクフルト国民議会】1848年5月、フランクフルトで開かれたドイツ初の国民代表議会。ドイツ統一の方式や憲法制定を議し、プロイセン王をドイツ皇帝に推したが拒絶され、反革命政府の武力弾圧を受けて解散。

フランクフルト-ソーセージ《和 Frankfurt(ドイツ)＋sausage》やや太めの燻煙ソーセージ。フランクフルトで作られたことからの名。

フランクフルト-だいせいどう【フランクフルト大聖堂】《Dom Frankfurt》▶聖バルトロメウス大聖堂

フランクリン〘Benjamin Franklin〙[1706～1790]米国の政治家・科学者。出版印刷業者として成功。稲妻の放電現象を研究し、避雷針を発明。独立宣言起草委員となり、憲法制定会議にも出席した。

フランクリン〘John Franklin〙[1786～1847]英国の探検家・軍人。北極を探検し、北西航路を探査中に死亡。

フランクリン-かもめ【フランクリン×鴎】《Franklin's gull》チドリ目カモメ科の鳥。カモメの一種で北アメリカ中部に生息する。カモメ類としてはやや小形で全長35.5センチほど。夏羽は、頭が黒く美しい。

フランクル〘Viktor Emil Frankl〙[1905～1997]オーストリアの精神医学者。第二次大戦中に強制収容所に収容され、そこでの生活の体験と実存主義の影響のもとに、医師と患者との人格的交わりを重視したロゴテラピー(実存分析的精神療法)を創始した。著「夜と霧」など。

フラングレ〘フランス franglais〙《français(フランス語)＋anglais(英語)から》英語から借用した、また、英語の影響を受けたフランス語の新造語。

フランケ〘August Hermann Francke〙[1663～1727]ドイツの神学者・教育者。敬虔主義運動の指導者。貧しい子供のための学校・孤児院や市民学校・教員養成所などを設立して社会福祉に貢献。

フランケ〘ドイツ Flanke〙登山で、岩稜などの側壁。

ブランケット〘blanket〙毛布。ケット。

ブランケット-エリア〘blanket area〙複数の放送局の電波が重なって、受信障害が起きやすい地域。

ブランケット-ばん【ブランケット判】普通の日刊新聞紙の大きさ。タブロイド判の2倍の大きさ。

フランケンシュタイン《原題、Frankenstein, or the Modern Prometheus》詩人シェリーの夫人メアリの長編怪奇小説。1818年刊。青年科学者フランケンシュタインによって造られた人造人間が、その醜悪な外見のために人間社会から受け入れられず、殺戮を繰り広げたすえ、いずこへか去る。

フランコ〘Francisco Franco y Bahamonde〙[1892～1975]スペインの軍人・政治家。ファランヘ党党首。1936年人民戦線政府に対して反乱を起こし、ドイツ・イタリアの援助で勝利を収め、1939年国家主席に就任して独裁政権を樹立。第二次大戦には中立を保ち、戦後は親米政策をとって、36年間に及ぶ長期政権を維持した。

ぶらんこ【鞦＝韆】《擬態語「ぶらり」「ぶらん」などからできた語か》2本の綱や鎖で横木をつり下げ、それに乗って前後に揺り動かして遊ぶもの。ふらここ。しゅうせん。(季 春)

フランジ〘flange〙❶軸や管などの端に付いている鍔。また、端に取り付ける輪状の金具。❷鉄道車両で、外周車輪の片側にある突縁部。脱線を防ぐもの。

フランシウム〘francium〙アルカリ金属元素の一。同位体はすべて放射性。アクチニウムの崩壊生成物中から発見された。性質はセシウムに似る。元素記号Fr　原子番号87。

フランジ-しょうてんきょり【フランジ焦点距離】

ーセウテンキヨリ《flange focal distance》►フランジバック

フランシス〘Dick Francis〙[1920～2010]英国の騎手・小説家。1946年から障害レース騎手となり、53年から翌年にかけてのシーズンには全英チャンピオンとなる。引退後は新聞記者を務めるかたわら、騎手時代の経験を生かした推理小説を多数執筆。作「本命」「度胸」「大穴」など。

フランシスコ〘Francisco〙㊀天王星の第22衛星。2001年に発見。名の由来はシェークスピア「テンペスト」の登場人物。直径が12キロ前後と小さい。㊁►フランチェスコ

フランシスコ-ザビエル〘Francisco Xavier〙►ザビエル

フランシス-すいしゃ【フランシス水車】発電用の反動水車の一。流水を案内羽根を通して羽根車に流し、回転させるもの。低落差で水量の多い場合に用いる。1851年に米国の技術者フランシス(J.Francis)が考案。フランシスタービン。

フランジ-つぎて【フランジ継(ぎ)手】軸や管などの端部にフランジを作り、ボルトで結合する継ぎ手。

フランジ-バック〘flange back〙レンズ交換式カメラの、レンズの取り付け面からフィルム面(デジタルカメラの場合はイメージセンサー)までの距離。フランジ焦点距離。フランジバックフォーカス。➡メカニカルバック

フランジバック-フォーカス〘flange back focus〙►フランジバック

ブランショ〘Maurice Blanchot〙[1907～2003]フランスの評論家・小説家。幻想的な作風で知られる。バタイユとの交流も有名。評論「来たるべき書物」「文学空間」「災厄のエクリチュール」、小説「謎の男トマ」など。

ブラン-じょう【ブラン城】ーウジヤウ《Castelul Bran》ルーマニア中部の都市ブラショフの南西約30キロメートルにある城。ブチェジ山の麓に位置する。14世紀、ブラショフに住むドイツ人が、オスマン帝国軍の侵入を防ぐために建造した。14世紀末に、ワラキア公ブラド1世(怪奇小説「ドラキュラ」のモデルとなったブラド=ツェペシュの祖父)の居城となった。

フランス〘France〙ヨーロッパ西部、大西洋と地中海に面する共和国。首都パリ。平野もしくは丘陵地が多く、工業のほか果樹栽培などの農業が盛ん。前2世紀ごろローマの属州となり、ガリアと呼ばれたが、民族大移動後、ゲルマンのフランク族が統一国家を形成。いくつかの王朝を経て、17世紀にはブルボン王朝の下で、ヨーロッパの指導的国家となった。1789年のフランス革命によって共和制が成立。以後ナポレオンの第一帝政、王政復古、第二共和制、ナポレオン3世の第二帝政、第三共和制、第二次大戦後の第四共和制を経て、1958年から第五共和制。人口6477万(2010)。(補説)「仏蘭西」とも書く。

フランス〘Anatole France〙[1844～1924]フランスの小説家・批評家。軽妙・辛辣な社会風刺が特色。晩年は社会主義に接近。1921年ノーベル文学賞受賞。小説「タイス」「赤い百合」、評論「文学生活」など。

フランス-かくめい【フランス革命】1789年に始まるフランスの市民革命。絶対制末期の失政に抗議するブルジョアや一部貴族に一般民衆が加わって起こされた。バスチーユ牢獄ろうごく襲撃に始まり、封建的特権の廃棄、人権宣言へと発展した。91年に憲法が制定され、王政は廃止、ルイ16世は処刑された。その間、革命側の対立から恐怖政治となり、ロベスピエールらが相次いで死刑となった。95年、安定を求めて総裁政府が樹立されたが、99年(ブリュメール十八日)ナポレオンのクーデターによって総裁政府が倒れ、革命に終止符が打たれた。(補説)スローガンは「自由、平等、博愛(Liberté, Egalité, Fraternité)」。

フランスかくめい-ひろば【フランス革命広場】《Trg francoske revolucije》スロベニアの首都リュブリャーナにある広場。付近には同国の建築家ヨジェ=プレチニクが設計を手掛けたスロベニア国立大学図書館と、元修道院を改築した野外劇場がある。毎年夏に音楽・舞踊・演劇についての国際芸術祭が催される。

フランス-ぎく【フランス菊】キク科の多年草。高さ60～90センチ。葉は小形で柔らかく、互生する。6月ごろ、周囲が白く中央が黄色の頭状花を1個つける。ヨーロッパの原産で、観賞用。

フランス-ぎんこう【フランス銀行】ーギンカウ 1800年設立のフランスの中央銀行。1946年に国有化。

フランス-ご【フランス語】ロマンス諸語の一。フランスのほか、ベルギー南部・スイス西部・カナダのケベック州などで話されている。鼻母音は特徴的。

フランス-ししゅう【フランス刺×繡】ーシシウ 欧風刺繡の通称。特に、リンネルなどに枠を用いて刺したもの。

フランス-そう【フランス装】ーサウ 仮綴とじ装本の一。綴じただけで裁断せず、縁を折り曲げた紙表紙などをかぶせた装本。ペーパーナイフでページごとに切って読む。本来は、愛書家が自分用に装丁し直すためのもの。フランスとじ。

フランス-ソワール〘France-Soir〙フランスの夕刊新聞。1944年、パリで創刊。保守系の大衆紙。

フランス-デモ《和 France＋demo》手をつないで道路いっぱいに広がって行進するデモ。日本では、昭和35年(1960)の安保反対闘争で初めて行われた。

フランス-テレビジオン〘フラ ンス France Télévisions〙フランスの公共放送局。2000年に設立され、かつての公共放送ORTF(RTFの後身)から分割・民営化されていた各局を吸収し、再び公共放送とした。フランス2・フランス3など複数のチャンネルを持つ。フランステレビジョン。

フランス-パン《和 France＋pão(ポルトガル)》フランス式の堅焼きパン。皮が堅く、中は白くて気泡が大きく、塩味のもの。

フランス-まど【フランス窓】床面まである両開きのガラス窓。テラスやバルコニーに面して設けられ、出入りができる。

フランスりょう-インドシナ【フランス領インドシナ】ーリヤウー もとフランスの植民地であったインドシナ半島東部の称。現在のベトナム・カンボジア・ラオス。仏領インドシナ。仏印ふついん。

フランスりょう-ギアナ【フランス領ギアナ】ーリヤウー 南アメリカ北東部にあるフランスの海外県。大西洋に面する。首都カイエンヌ。17世紀からフランス人が入植、1815年フランス領となり、1946年から海外県。金・ボーキサイトなどを産出。ロケット打ち上げの適地でフランス国立宇宙センターがある。人口20万(2006)。ギュイヤンヌ-フランセーズ。➡ギアナ

フランスりょう-ポリネシア【フランス領ポリネシア】ーリヤウー《Polynesie francaise》ポリネシアのうち南部のソシエテ諸島・トゥアモトゥ諸島・マルケサス(マルキーズ)諸島などからなるフランスの海外領土。主島はタヒチ島。トゥアモトゥ諸島のムルロア環礁では1996年まで核実験が行われていた。人口29万(2010)。

フランス-りょうり【フランス料理】ーレウリ フランスで発達した料理。材料も、味付けに使うソース・ぶどう酒も種類が豊富で、その味や調理技術は高く評価され、世界各国に広まっている。

フランセ〘フラ ンス français〙フランス人。フランス語。

フランソワ〘François〙㊀(1世)[1494～1547]フランス国王。在位1515～1547。イタリア戦争でカール5世と神聖ローマ帝国皇帝の帝位を争った。また、フランス-ルネサンスの父と自称し、文化の興隆に貢献。㊁(2世)[1544～1560]フランス国王。在位1559～1560。アンリ2世の長子。政治の実権は外戚ギーズ家にあり、これに不満の貴族によるアンボワーズの陰謀が、フランス宗教改革のきっかけとなった。

ブランダー〘blunder〙大失敗。大失策。不注意による誤り。(類語)失敗・失策・誤り・間違い

プランター〘planter〙草花の栽培に用いる容器。

フランダース〘Flanders〙フランドルの英語名。

フランダースのいぬ【フランダースの犬】《原題、A Dog of Flanders》英国の女流小説家ウィーダ(Ouida)の児童小説。1872年刊。ベルギーのフランドル地方を舞台に描かれた、少年ネロと犬のパトラッシュとの愛情物語。

プランタジネット-ちょう【プランタジネット朝】ーテウ《Plantagenet》イングランドの王朝。ノルマン朝断絶の後を継いで、1154年、フランスのアンジュー伯アンリがヘンリー2世として即位して創始。1399年、リチャード2世が廃位されて断絶した。

プランタン〘フラ ンス printemps〙春。

ブランチ〘branch〙❶枝。枝分かれしたもの。❷部門。分科。「科学の一一」❸支店。分店。❹辞書の語義区分の一つ一つ。また、枝分かれしたように広がる選択肢の一つ一つ。

ブランチ〘brunch〙《breakfastとlunchとの合成語》昼食兼用の遅い朝食。(類語)小昼

フランチェスカ〘Francesca〙►ピエロ=デラ=フランチェスカ

フランチェスコ〘Francesco d'Assisi〙[1182～1226]カトリック教会の聖人。フランチェスコ修道会の創設者。イタリアのアッシジの生まれ。キリストにならい清貧・貞潔・奉仕の生活を守り、「小さき兄弟修道会」(のちのフランチェスコ修道会)を創立、愛と祈りの一生を送った。花や小鳥に至るまで、すべての小さきものへの純粋な愛によって、「キリストに最も近い聖者」として知られる。フランシスコ。

フランチェスコ-しゅうどうかい【フランチェスコ修道会】ーシウダウクワイ フランチェスコにより1209年に創立された托鉢修道会。中世にはボナベントゥラ、ドゥンス=スコトゥス、ウィリアム=オッカムらの学者を輩出。清貧を重んじ、日本には文禄2年(1593)伝道開始。フランシスコ会。

フランチャイザー〘franchiser〙チェーンストアーの本部。商号や商標の使用とともに一定地域内での独占的販売権を与える親業者。➡フランチャイジー

フランチャイジー〘franchisee〙チェーンストアーの店の一つを任された人。店長。また、その加盟店。フランチャイズ契約を結んだ店。➡フランチャイザー

フランチャイズ〘franchise〙❶プロ野球球団が、ある都市を本拠地として、そこで行われる試合に特別な興行権をもつこと。また、その本拠地。❷親業者(フランチャイザー)が加盟店に対し、商号や商標の使用とともに与える一定地域内での独占的販売権。

フランチャイズ-チェーン《和 franchise＋chain》企業本部が加盟店に対し、商号・商標の使用を許諾するとともにノウハウを供与し、あわせて一定地域内における独占的販売権を与え、その見返りに特約料を徴収するという小売形態。また、その加盟店。FC。フランチャイズシステム。

ブランチング〘blanching〙冷凍野菜を作るときの、ゆでる、蒸すなどの加熱処理。野菜の酵素や微生物のはたらきを止め、加工や保存中の変化を防ぐ。

フランツ〘Franz〙㊀(2世)[1768～1835]神聖ローマ帝国最後の皇帝。在位1792～1806。フランス革命からナポレオン戦争にわたる激動の時代に在位。オーストリア皇帝(フランツ1世、在位1804～1835)となり、1806年、ナポレオンのライン同盟政策による圧迫を受けて神聖ローマ帝国を解体。㊁(～Joseph)(1世)[1830～1916]オーストリア皇帝。在位1848～1916。1867年オーストリアハンガリー帝国を成立させ、ハンガリー国王を兼任。バルカン問題でロシアと対立し、第一次大戦の口火を切った。大戦中に没。フランツ=ヨーゼフ。㊂(～Ferdinand)[1864～1914]オーストリア皇太子。㊁の甥おい。1914年6月、妃ゾフィーとともにボスニアのサラエボでセルビア青年に暗殺され、これが第一次大戦のきっかけとなった。フランツ=フェルディナント。➡サラエボ事件

ブランティング〘Karl Hjalmar Branting〙[1860～1925]スウェーデンの政治家。社会民主労働党の結成に参加、のち党首。その後、蔵相・首相を歴任して労働者の地位向上に尽力。1921年、C=H=ランゲとともにノーベル平和賞を受賞。

ブランディング〘branding〙顧客や消費者にとって価値のあるブランドを構築するための活動。ブランドの特徴や競合する企業・製品との違いを明確に提示することで、顧客や消費者の関心を高め、購買を

促進することを目的とする。消費者との信頼関係を深めることで、ブランドの訴求力が向上し、競合他社に対して優位に立つことができる。

ブランデー〖brandy〗果実酒、ぶどう酒を蒸留し、貯蔵熟成した洋酒。アルコール分40〜45パーセント。フランスのコニャックなど。

プランテーション〖plantation〗近世植民制度から始まった前近代的農業大企業およびその大農園。熱帯・亜熱帯地域の植民地で、黒人奴隷や先住民の安い労働力を使って世界市場に向けた単一の特産的農産物を大量に生産した。栽植企業。栽植農園。

ブランデス〖Georg Morris Cohen Brandes〗[1842〜1927]デンマークの文芸批評家。比較文学の手法を用いて、国際的な視野に立つ文芸批評を展開した。著「一九世紀文学主潮」「ロシア印象記」など。

ブランデン〖Edmund Charles Blunden〗[1896〜1974]英国の詩人・批評家。田園詩にすぐれ、東大で英文学を講じた。詩集「羊飼い」、従軍記「戦争余韻」など。

ブランデンブルク〖Brandenburg〗㊀ドイツ東部、ベルリンの西方にある工業都市。エルベ川支流のハーフェル川に臨む。中世の建築物が残る。ブランデンブルク-アン-デア-ハーフェル。㊁ベルリンを中心としてドイツ東部からポーランド西部にかけての地域。12世紀にブランデンブルク辺境伯領、のちプロイセン王国の中心をなした。㊂ドイツ東部の州。東はポーランドに接する。州都ポツダム。

ブランデンブルクきょうそうきょく【ブランデンブルク協奏曲】ｷｮｳｿｳｷｮｸ《原題、ﾄﾞｲﾂ Brandenburgische Konzerte》バッハ作曲の6曲からなる協奏曲集。各曲は楽器編成が異なる。1721年、ブランデンブルク辺境伯に献呈されたことによる名称。

ブランデンブルク-もん【ブランデンブルク門】《Brandenburger Tor》ドイツの首都、ベルリンにある門。1788年から1791年にかけて、プロイセン王国の凱旋門として、建築家カール=ゴットハルト=ラングハンスにより建造された。旧東西ベルリンの境界に位置し、現在は東西ドイツ統合の象徴とされる。

ブラント〖Willy Brandt〗[1913〜1992]ドイツの政治家。社会民主党(SPD)党首として西ドイツ首相に就任。在任1969〜1974。東側諸国との関係の正常化に努め、1971年ノーベル平和賞受賞。➡シュミット

ブランド〖brand〗銘柄。商標。特に高級品として有名な商品と、その商標。「デザイナーズ—」「—品」[類語]商標・登録商標・トレードマーク・銘柄・銘

ブランド〖Marlon Brando〗[1924〜2004]米国の俳優。スタニスラフスキーシステムの演技を学び、T=ウイリアムズ原作、E=カザン演出の舞台「欲望という名の電車」で成功を収める。同作品の映画化で映画界にも進出。「波止場」「ゴッドファーザー」「地獄の黙示録」など、数多くのヒット作に出演した。

プラント〖plant〗❶植物。❷生産設備。大型機械など。[類語](❶)植物・草木そうもく・くさき・本草ほんぞう・樹木・緑みどり/(❷)工場・工廠

ブランド-アイデンティティー〖brand identity〗銘柄の個性。他の銘柄と異なる明確な差別性があること。

ブランド-イメージ〖brand image〗ある商品銘柄に対して社会や消費者が抱いている印象。

プラント-オパール〖plant opal〗土中に見られる植物に由来する珪酸けいさん体をいう。珪酸はイネ科植物の葉中に特に多く含まれるため、プラントオパールの有無や多少が、過去の植生を推定する手がかりになる。

ブランド-カフェ《和 brand＋café(ﾌﾗﾝｽ)》ファッションやインテリアブランドのブティックに併設された喫茶店のこと。ブティック内でお茶を飲みながら、ブランド品を眺めたり、購入したりするのが特徴。

ブランド-シェア〖brand share〗同一商品市場での、特定銘柄の使用・所有比率。ただし、算出の基準により、出荷金額や量によるシェア、消費金額や量によるシェアなど複数のタイプが存在する。

ブランド-しこう【ブランド志向】ｼｺｳ 有名ブランドを身につけたり、所有したりすることによって、自己の優越を誇示しようとする性向や風潮。

プラント-ハンター〖plant hunter〗珍しい花や植物を探し歩く人。

ブランド-まい【ブランド米】「銘柄米」に同じ。

プラント-ゆしゅつ【プラント輸出】生産設備・装置一式・大型機械などの輸出。技術指導を含むこともある。

ブランド-りょく【ブランド力】そのブランドが持つ魅力。創業から培ってきた企業や製品に対する良いイメージ。「—を磨く」

フランドル〖Flandre〗ベルギー西部を中心として、オランダ南西部からフランス北東部にまたがる地方。中世以来毛織物工業が盛ん。フランダース。

フランドル-がくは【フランドル楽派】15〜16世紀、フランドル地方を中心に栄えたルネサンス期の代表的音楽流派。オケゲム・ジョスカン=デ=プレなどの作曲家がおり、声楽曲を中心に精緻せいちな多声音楽が生み出された。ネーデルランド楽派。

フランドル-のうほう【フランドル農法】ﾉｳﾎｳ《フランドル地方で発達したところから》中世ヨーロッパの農業形態。三圃式農業の休閑地に飼料作物を栽培して牧畜に利用する。

フランドル-は【フランドル派】フランドル地方で栄えた美術の流派。特に絵画が重要で、15世紀初頭以降、精妙な写実のもとに北方ルネサンス絵画を展開。17世紀にはバロックの豪華豊麗な絵画を生み出した。ファン=アイク兄弟・ブリューゲル・ルーベンスなどが代表的。

プランナー〖planner〗企画や計画を立てる人。立案者。「広告—」

プランニング〖planning〗《「プラニング」とも》計画や企画を立案すること。企画。立案。

フランネル〖flannel〗紡毛糸で平織りまたは綾織りにし、布面をやや毛羽立たせた柔らかな毛織物。梳毛糸そもうし・綿糸などを使ったものもある。肌着・パジャマ地・服地などに用いる。ネル。➡フラノ

プラン-ビー【プランB】《plan B》これまで続けてきた計画が頓挫した時に発動される次善の策。代替プラン。

フランベ〖ﾌﾗﾝｽ flamber〗肉料理や菓子などで、調理中に、ラムやブランデーなどを振りかけ、火をつけてアルコール分を燃やすこと。

フランボワーズ〖ﾌﾗﾝｽ framboise〗「ラズベリー」に同じ。

ブランル〖ﾌﾗﾝｽ branle〗15〜17世紀にフランスで流行した舞曲および、そのステップ。ゆっくりとした二拍子と、速い三拍子の2種がある。

ふ-り【不利】〔名・形動〕利益にならないこと。条件・形勢などがよくないこと。また、そのさま。「—な取引」「—な立場」㊥有利。[類語]不利益・損

ふ-り【不離】離れないこと。また、離せないこと。「不即—」

ふり【振り｜▽風】㊀〔名〕❶振り動かすこと。また、振れ動くこと。「バットの—が足りない」❷人の振る舞い。しぐさ。また、なりふり。「人の—見てわが—直せ」❸見せかけの態度や動作。ようす。ふう。「寝た—をする」❹料理屋・旅館などで、紹介や予約なしに客が来ること。また、その客。「—の客」❺一時的であること。臨時。「材木屋から搾しぼる—のものを…払いに当て」〈秋声・縮図〉❻舞踊で、動作・所作のこと。「—をつける」❼女性用の和服の袖付け止まりから袖下までの、縫い合わせない部分。❽和歌の歌いぶり。和歌の風体。「大僧正は、おほやう西行が—なり」〈後鳥羽院御口伝〉❾歌曲の歌いざま。節回し。「その様を習ひて謡ひたれば、—はその—にて似ぬにや」〈梁塵秘抄口伝・一〇〉❿ずれていること。ゆがんでいること。「建ては建てたが、ちっくり笠に—がある」〈浄・嫩軍記〉⓫金銭の都合をつけること。やりくり。「借銀かさみ、しだいに—に詰まり」〈浮・永代蔵・六〉⓬褌ふんどしや腰巻をつけないこと。多く男子にいう。ふりちん。「金吹きは—になるのがしまひなり」〈柳多留・三〉⓭「振袖」の略。「友禅の—の袂たもとに北時雨」〈浄・歌祭文〉⓮「振袖新造」の略。「片町の—を内へ呼び入れ」〈浄・阿波鳴渡〉㊁〔接尾〕助数詞。❶振る動作の回数を表すのに用いる。「バットを一—二—する」❷刀剣を数えるのに用いる。「二—の刀」[類語](㊀❸)風ふう・様子ようす・体てい・身振り・素振そぶり・しぐさ・格好・演技・所作・思わせ振り・ジェスチャー・ポーズ・アクション

ふり【降り】雨や雪の降ること。また、その程度。「ひどい—になる」「吹き—」

ぶり【×鰤】アジ科の海水魚。全長約1.5メートル。体は紡錘形でやや側扁し、背は暗青色、腹は白色で、体側中央に不明瞭な黄色の縦帯が走る。温帯性の回遊魚で、夏季に日本の沿岸沿いに北上し、冬季に南下する。出世魚で、順に、関東ではワカシ・イナダ・ワラサ・ブリ、関西ではツバス・ハマチ・メジロ・ブリとよぶ。定置網や1本釣りで漁獲され、食用。[季 冬]「—あげ場裸灯はだかびをどる男の肩/綾子」

ぶり【振り】〔語素〕❶名詞、動詞の連用形に付いて、その物事の状態やようす・ありかたなどの意を表す。語調を強めるとき、「っぷり」の形になることがある。「枝—」「仕事—」「話し—」「男っぷり」「飲みっぷり」❷時間を表す語に付いて、再び同じ状態が現れるまでに、それだけの時間が経過した意を表す。「十年—に日本の土を踏む」「しばらく—に映画を見た」❸数量を表す語に付いて、それに相当する分量があることを表す。「二人—の米」「小—の茶碗」❹名詞または名詞に準じる語に付いて、曲節・調子の意を表す。「声こわ—」「ますらお—」❺古代歌謡、特に雅楽寮に伝わる歌曲の曲名を表す。「天田あまだ—」

プリ〖PRI〗《ｽﾍﾟｲﾝ Partido Revolucionario Institucional》メキシコの政党の一。制度的革命党。1929年に国民革命党として発足して以来、70年以上も政権をになってきた。

ふり-あ・う【振(り)合う｜触(り)合う】ｱﾌ〔動ワ五(ハ四)〕互いに触れる。ふれあう。「袖—・うも多生の縁」

フリアエ〖Furiae〗ギリシャ神話の復讐の三女神エリニュスたちのローマ名。

ふり-あお・ぐ【振(り)仰ぐ】ｱふぐ〔動ガ五(四)〕顔を上へ向けて高い所を見る。「天を—・ぐ」

ふり-あか・す【降り明かす】〔動サ四〕夜明けまで降り続く。「夜一夜—・しつる雨の、今朝はやみて」〈枕・一三〇〉

ふり-あ・げる【振(り)上げる】〔動ガ下一〕文ふりあ・ぐ〔ガ下二〕手や手に持っているものを勢いをつけてあげる。「こぶしを—・げる」「刀を—・げる」

ふり-あて【振(り)当て】振り当てること。割り当てること。配分。割り当て。「作業の—」

ふり-あ・てる【振(り)当てる】〔動タ下一〕文ふりあ・つ〔タ下二〕いくつかに分けて受け持たせる。割り当てる。「役を—・てる」[類語]割り当てる・割り振る・あてがう・振り分ける・賦する

ふり-あらい【振(り)洗い】ｱらひ〔名〕ｽﾙ 洗い物を洗剤溶液や水の中で振り動かして洗うこと。

ブリアン〖Aristide Briand〗[1862〜1932]フランスの政治家。第一次大戦後、首相・外相として協調外交に努め、ロカルノ条約締結、不戦条約の成立など、欧州の平和増進に貢献。1926年ノーベル平和賞受賞。

プリアンプ《preamplifierから》オーディオで、プレーヤーやデッキから送られてくる微弱信号を増幅したり、音質を調整したりして、メーンアンプへ送り込む前置アンプ。

フリー〖free〗〔名・形動〕❶束縛・制約などがないこと。また、そのさま。自由。「—な立場」❷組織などに所属していないこと。また、その人や、そのさま。フリーランサー。「会社をやめて—になる」「—のカメラマン」❸料金などを免除されること。無料。「タックス—」❹特定の物質を含んでいないこと。「アルコール—」「オイル—」[類語]自由・フリーダム・リバティー

ブリー〖ﾌﾗﾝｽ Brie〗フランスの軟質チーズ。表面に白カビをつけたクリーム状のチーズ。ブリーチーズ。

フリーアドレス-せい【フリーアドレス制】職場で従業員の席を固定せず、空いている席を自由に使う制度。

フリー-アナウンサー《和free＋announcer》テレビ局・ラジオ局の社員としてではなく、自由契約(フリー)で活動するアナウンサー。➡局アナ

フリー-アルバイター《和free＋Arbeiter(ドイ)》定職に就かず、アルバイトをしながら生計をたてている人。フリーター。

フリーウエア〖freeware〗「フリーソフトウエア」に同じ。

フリーウエー〖アメリカ freeway〗アメリカの高速道路。多車線、立体交差、専用出入り口をもつことなどが特徴。

フリー-エージェント〖free agent〗▶自由契約選手

フリー-キック〖free kick〗サッカー・ラグビーなどで、相手チームの反則により、相手に妨げられずに、その地点からボールを任意の方向へ蹴ること。FK.

フリー-キャッシュフロー〖free cash flow〗企業が生み出したキャッシュフローから設備投資などの現金支出を引き、手元に残ったその期の事業活動による純現金収入。純現金収支。➡キャッシュフロー

フリーク〖freak〗❶異形のもの。❷物事に熱狂している人。マニア。「映画—」「スキー—」

フリークエンシー〖frequency〗広告の到達度。視聴者が広告に接触した回数。

フリーク-は【フリーク波】外洋で突発的に発生する巨大な波。波高が30メートルを超えることもある孤立した巨大波で、大型船を破断するほどのエネルギーを持つ。海難事故の原因の一つ。一発大波。➡三角波

フリー-クライミング〖free climbing〗安全確保の目的以外にハーケン・ロープなどの道具を用いないロッククライミングのこと。奥秩父の小川山などで盛ん。また、近年は人工壁を使用して行うものが普及。

フリーザー〖freezer〗冷凍装置。冷蔵庫の冷凍室。

フリー-サイズ〖freesize〗適合サイズに制限がないこと。また特に、衣服で、どのような体格の人にも着られる大きさのもの。

フリージア〖freesia〗アヤメ科の多年草。高さ約40センチ。球茎から剣状の葉が2列に出る。春、曲がっている茎の先に黄や白などの色の漏斗状の花を数個開く。アフリカ南部の原産。あさぎずいせん。(季 春)「—のあるかなきかの香に病みぬ/みどり女」

フリージア-しょとう【フリージア諸島】ショタウ《Frisian Islands》北海沿岸に連なる諸島。オランダに属する西フリージア諸島、ドイツに属する東フリージア諸島、デンマーク沿岸に連なる北フリージア諸島からなる。いずれも夏は海水浴場となる。

フリー-ジャズ〖free jazz〗1960年代に出現したジャズの新しいスタイル。和声・音階・リズムなどの規則にとらわれない自由な演奏を目指したもの。

フリージング〖freezing〗〔名〕スル 凍らせること。冷凍。「食品を—する」「ホーム—」

フリージング-ポイント〖freezing point〗氷点。水の凝固点。0.000度。アイスポイント。

フリース〖fleece〗❶羊1頭分の羊毛をそのまままとめたもの。❷刈り取った羊毛のように起毛して毛羽立たせた織物。ポリエステル繊維を用いるため、暖かく、軽くて安価。ペットボトルを再利用したエコロジー素材としても注目される。「—ジャケット」

フリーズ〖freeze〗〔名〕スル ❶凍ること。凍りつくこと。また、凍らせること。冷凍。凍結。「生鮮品を急速に—する」「—加工」❷《nuclear freeze から》核凍結。核戦力を拡大せずに現状のまま凍結させようとする平和運動。❸人に対して「動くな」と命令するときに用いる語。❹「ハングアップ」に同じ。

ふり-い・ず【振り▽出づ】ヅ〔動ダ下二〕❶振りすてて出る。振りきって行く。「その日しも京を—・でて行かむも」〈更級〉❷声を張りあげる。「鈴虫の—・でたるほど、はなやかにをかし」〈源・鈴虫〉❸紅花を水にとかして染める。「紅の—・でつつなく涙にはたもとのみこそ色まさりけれ」〈古今・恋二〉

プリーズ〖please〗〔感〕相手にものをすすめたり、頼んだりするときに言う語。どうぞ。

フリー-スクール〖free school〗教科の選択などに生徒の自主性を重視する学習法を行い、従来の学校のような管理や評価などを行わない教育施設。

フリー-スケーティング〖free skating〗フィギュアスケート競技の種目の一。ジャンプ・スピン・ステップなどの要素を、決められた数・種類の以内で、自由に組み込んだ演技内容を作成し、自ら選んだ音楽に合わせて滑るもの。ショートプログラムよりも演技時間が長く、より高度な表現力が求められる。自由演技。FS。➡ショートプログラム

フリースタイル〖freestyle〗❶レスリングの種目の一。グレコローマンスタイルと異なり、相手の腰から下の攻撃も許される。❷水泳で、自由形。❸「フリースタイルスキー」の略。

フリースタイル-スキー〖freestyle ski〗スキー競技の一。ジャンプや宙返りなどの曲技的な演技を行い、その技術や華麗さを競うもの。エアリアルスキー、バレエスキー、モーグルの3種目がある。スリースタイル。

フリーズ-ドライ〖freeze-dry〗▶凍結乾燥

プリーストリー〖John Boynton Priestley〗[1894〜1984]英国の小説家・劇作家・批評家。小説「友達座」「エンジェル小路」で流行作家となる。戯曲「危険な曲がり角」、評論「イギリス小説論」。

プリーストリー〖Joseph Priestley〗[1733〜1804]英国の神学者・化学者。気体を研究し、1774年に酸素を発見し、近代化学への道を開いたが、終生フロギストン説の立場をとった。酸化窒素・アンモニア・塩化水素・二酸化硫黄なども発見。

フリー-スペース〖free space〗目的にとらわれない自由な空間。住宅内の使用目的を限定しない多目的室など。

フリー-スロー〖free throw〗バスケットボール・ハンドボール・水球で、相手チームの反則により、一定の位置から相手に妨げられずにボールをゴールに投げること。また、その投球。自由投。

フリーゼ〖フランス frisé〗《巻き毛の、縮れ毛の、の意》毛髪を縮らせたヘアスタイル。

フリー-ゾーン〖free zone〗「保税地域」に同じ。フリートレードゾーン。

フリー-ソフト▶フリーソフトウエア

フリー-ソフトウエア〖free software〗無料で自由な使用を許しているが、著作権は放棄していないソフトウエア。インターネットなどを通して提供される。フリーソフト。フリーウエア。➡シェアウエア ➡パブリックドメインソフトウエア

フリーソフトウエア-ざいだん【フリーソフトウエア財団】▶エフ-エス-エフ(FSF)

フリーター《和free＋Arbeiter(ドイ)から》定職につかず、アルバイトなどで生活費を得ている人。フリーアルバイター。➡ニート (補説)内閣府と厚生労働省は、それぞれ次のように定義している。

▷［内閣府］15〜34歳までの学生と主婦を除く若者のうち、正社員以外で働く人と、働く意志はあるが無職の人。
［厚生労働省］15〜34歳までの学生や結婚している女性を除く若者のうち、パート・アルバイトの仕事をしているか、パート・アルバイトを希望している無職の人。

ブリーダー〖breeder〗❶家畜や植物の交配・繁殖を職業とする人。❷核融合のための増殖炉。

フリー-ダイビング〖free diving〗ウエットスーツやシュノーケルなどの道具を使わない素潜り。

フリー-タイム〖free time〗自由時間。団体行動などで自由に使える時間。

フリー-ダイヤル《和free＋dial》電話で、受信人が料金を負担する通話方式。日本では昭和60年(1985)にNTTが開始。

フリータウン〖Freetown〗アフリカ西部、シエラレオネ共和国の首都。大西洋に臨む港湾都市。18世紀末に、英国により解放された奴隷が入植して建設。人口、行政区107万(2006)。

フリーダム〖freedom〗自由。(類語)フリー・リバティー

フリーダン〖Betty Friedan〗[1921〜2006]アメリカの女性解放運動家。全国女性機構(NOW)を組織し、男女平等を求める運動を展開。著「女らしさの神話」(邦訳名「新しい女性の創造」)。

ブリーチ〖bleach〗布などを漂白・脱色すること。

ブリーチ-アウト〖bleach-out〗《漂白されたの意》デニムやコール天などをさらし、染めむらで変化をつけたもの。

ブリーチング〖bleaching〗〔名〕スル 脱色すること。漂白すること。

ブリーチング〖breaching〗〔名〕スル クジラが水面上に飛び上がること。

プリーツ〖pleats〗スカートなどに取ったひだ。折りひだ。「アコーディオン—」(類語)ひだ・ギャザー・ダーツ

プリーツ-あみど【プリーツ網戸】折り畳み式の網戸。引き戸式の網戸に比べて、収納がコンパクトで、解放感が得られる。

フリー-トーキング〖free talking〗時間や発言形式にあらかじめ制限を設けない、自由な討論や対話。

フリー-トーク《和free＋talk》▶フリートーキング

フリート-がい【フリート街】《Fleet Street》▶フリートストリート

フリート-けいやく【フリート契約】一つの自動車保険の契約につき、10台以上の自動車が保険に加入する契約のこと。ふつう、業務用車両を多数保有する法人などが結ぶ契約形態。(対)ノンフリート契約。

フリート-ストリート〖Fleet Street〗英国の首都ロンドン中心部、シティー西端の街路。新聞街として知られ、多くの新聞社の本社・支社がある。フリート街。

フリードマン〖Milton Friedman〗[1912〜2006]米国の経済学者。独自の貨幣観・金融政策観に基づく新貨幣数量説の体系を確立。その主張はマネタリズムと呼ばれた。1976年ノーベル経済学賞受賞。著「消費の経済理論」「資本主義と自由」など。

フリードマン-ひりつ【フリードマン比率】《Friedman ratio》国民総生産(GNP)ないし国内総生産(GDP)に占める政府支出の割合のこと。米国のミルトン=フリードマンはこの比率が高まると実質経済成長率が低下してくるという負の相関を見いだした。

フリードライヒ-しっちょうしょう【フリードライヒ失調症】シッテウシヤウ 脊髄に病変があり、高度の運動失調を主症状とする遺伝性の病気。10〜20歳代に発病することが多い。厚生労働省の特定疾患の一。ドイツの神経病学者フリードライヒ(N.Friedreich)が報告。

フリードライヒ-びょう【フリードライヒ病】ビヤウ《Friedreich disease》▶フリードライヒ失調症

フリードリヒ〖Caspar David Friedrich〗[1774〜1840]ドイツ・ロマン派の代表的画家。象徴的、宗教的意味を担った独自の風景画を描いた。

フリードリヒ-ウィルヘルム〖Friedrich Wilhelm〗[1620〜1688]ブランデンブルク選帝侯。在位1640〜1688。大選帝侯とよばれ、三十年戦争後、巧みな外交政策で勢力を拡大。また、官僚制を強化してプロイセンの基礎をつくった。

フリードリヒスハーフェン〖Friedrichshafen〗ドイツ南部の都市。ボーデン湖畔に位置する。20世紀初頭のツェッペリン飛行船建造以降、第二次大戦まで航空機工業が発展。現在も航空宇宙産業の研究所があり、機械工業などが盛ん。ツェッペリン博物館があるほか、湖畔の観光保養地としても知られる。

フリードリヒ-だいおう【フリードリヒ大王】ダイワウ《Friedrich der Große》[1712〜1786]プロイセン王。在位1740〜1786。自らを「国家第一の下僕」と称した典型的な啓蒙専制君主で、行政改革・軍備拡張・教育、産業の育成に努め、またオーストリア継承戦争、ポーランド分割などを通して領土を拡大、プロイセンをヨーロッパの強国にした。学問・芸術を愛好し、著作も多い。フリードリヒ2世。フレデリック大王。

フリー-ドリンク〖free drink〗❶飲食店や催し物などで、飲み物を無料とするサービス。❷飲食店などで、一定の料金で飲み物を注文し放題とするサービス。➡ドリンクバー

フリートレンデル-もん【フリートレンデル門】《Fridlandskie vorota; ドイ Friedländer Tor》ロシア連邦西部の都市カリーニングラードにある、かつての城門。13世紀半ばにドイツ騎士団が築いたケーニ

ヒスベルク城の門の一つ。騎士団長をはじめとする数々の彫像が見られる。また、現在、内部は歴史資料館になっている。
フリイノフ〖Khlïnov〗ロシア連邦の都市キーロフの旧称。
フリーバゲッジ-アロウワンス〖free baggage allowance〗航空機で、無料で運送することのできる手荷物の限度量。受託手荷物と持ち込み手荷物との合計で示される。旅客一人当たり国内線では15キロ、国際線ではファーストクラスは30キロ、その他のクラスは20キロ。
フリー-パス〖free pass〗❶無料で入場・乗車などができること。また、その切符。無料パス。❷無試験合格や税関の無条件通過などができること。
フリー-バッティング〖free batting〗野球で、打ちやすいボールを投げてもらって打つ打撃練習。
フリーハンド〖freehand〗❶定規・コンパスなどを用いずに図を描くこと。❷他からの制約や束縛を受けないこと。自由裁量。「―外交」
フリー-ビーエスディー〖FreeBSD〗UNIXユニックスと互換性をもつ、パソコン向けのオペレーティングシステム。フリーソフトウエアとして無償公開されている。
フリー-ピストル〖free pistol〗▶フリーピストル競技
フリーピストル-きょうぎ【フリーピストル競技】キョウギ 射撃競技の一種。射距離50メートルで口径5.6ミリ以下の拳銃を用い、立射などで行う。
ブリーフ〖briefs〗股下またのないぴったりした男性用の下ばき。(類語)トランクス・パンツ
ブリーフィング〖briefing〗❶簡単な報告・指令。❷報道機関などに対して行う簡単な事情説明。
フリー-フェア-グローバル《和 free＋fair＋global》日本の金融市場・金融産業について規制を緩和し、透明化し、かつ国際競争力を高めようとする基準。
フリー-フォール〖free fall〗❶自由落下。物体が重力の働きだけによって落下する現象。❷遊園地の娯楽施設の一つ。自由落下に近い速度で急降下する乗り物。❸株価や景気などが急落すること。
ブリーフケース〖briefcase〗書類かばん。
フリー-ペーパー〖free paper〗身近な生活情報などを掲載し、限定した地域の家庭などに無料で配布する新聞や雑誌。また、駅頭や街角に置いて、自由に持ち帰ることができる新聞や雑誌。発行や配布にかかる経費は広告収入でまかなわれる。特に、雑誌の形態をしたものはフリーマガジンとも呼ばれる。
フリー-ポート〖free port〗自由港。
フリーポート〖Freeport〗米国メーン州南部の町。数多くのアウトレットストアが集まっていることで知られる。
フリー-マーケット〖flea market〗❶蚤のみの市。がらくた市。❷▶自由市場
フリーマーチン〖freemartin〗牛などで異性の双子が生まれた場合、雌のほうには正常な生殖器が発達せず、不妊となる現象。
フリー-マガジン《和 free＋magazine》無料で配布される雑誌。無料誌。➡フリーペーパー
フリーメーソン〖Freemason〗18世紀初頭、ロンドンで組織された国際的友愛団体。中世の石工組合を起源にするといわれ、超人種的、超階級的、超国家的、相愛的な平和人道主義を奉じる、一種のコスモポリタニズム運動。
フリー-メール〖free mail〗無料で利用できる電子メールサービス。インターネットのブラウザーを使ってメールの作成や送受信を行うウェブメールなど。
フリー-ライター《和 free＋writer》自由契約の文筆家や記者など。(補説)英語では、free-lancer, free-lance writer。
フリー-ライダー〖free rider〗《ただ乗りする人の意》不労所得者。必要なコストを負担せず利益だけを受ける人。
フリー-ライド〖free ride〗❶《「ただ乗り」の意》㋐他社が築き上げた信用と名声を利用してうまい汁を吸おうとする行為。店舗に有名ブランド名を付けて名のるなど。㋑利益は享受するが、そのために必要な費用は出さないこと。学校給食は食べるが、給食費は払わない行為などについていう。㋒日本が、防衛をアメリカに任せ、その余力で経済を発展させてきたことをたとえていう語。❷《「自由に乗る」の意》㋐前後ともに反ったスキーを履いてスノーボードのような滑りを楽しむ滑り方。㋑自転車やオートバイで速度や時間を気にしない、気ままな走り方。
フリー-ラジカル〖free radical〗遊離基ゆうりき。
フリーランサー〖freelancer〗自由契約者。一定の会社や団体などに所属せず、仕事に応じて自由に契約するジャーナリストや俳優・歌手など。フリー。フリーランス。
フリーランス〖freelance〗❶「フリーランサー」に同じ。❷中世ヨーロッパで、主君を持たず自由契約によって諸侯に雇われた騎士。傭兵ようへい。
フリー-レント〖free lent〗家賃が無料であること。
フリー-ローン〖free loan〗個人向けの無担保・無保証の貸し出し。
フリー-ワーカー《和 free＋worker》「フリーアルバイター」に同じ。
プリーン〖Prien〗ドイツ南部、バイエルン州の町。キーム湖に面する景勝地として知られる。バイエルン王ルートウィヒ2世が贅を尽くして建てた最後の城、ヘレンキームゼー城がある。
プリインストール〖preinstall〗▶プレインストール
ふり-うり【振(り)売り】商品を担いで、物の名を唱えながら売り歩くこと。また、その人。ふれうり。
フリウリ-ベネチア-ジュリア〖Friuli-Venezia Giulia〗イタリア北東部にある自治州。オーストリア領だった期間が長く、ドイツ語話者が多い。ウディネ県・ゴリツィア県・トリエステ県・ポルデノーネ県がある。州都はトリエステ。(補説)州名に「ベネチア」とあるがベネチア市はこの州でなく、西隣のベネト州にある。
プリエ〖フランス plier〗(ひざや腕などを)曲げること。屈伸すること。
ふ-りえき【不利益】〘名・形動〙利益にならないこと。損になること。また、そのさま。「―な売買」
(類語)不利・損・被害・損失・損害・損亡そんもう・欠損・実損・差損・赤字・出血・持ち出し・採算割れ・実害
ふりえきへんこう-の-きんし【不利益変更の禁止】フリエキヘンカウ― ❶民事訴訟の上訴審で、原判決を上訴人の不利益になるように変更できないこと。民事訴訟法で、口頭弁論は当事者が原判決の変更を求める限度においてのみ行い(296条)、原判決の変更は不服申し立ての限度においてのみ行う(304条)と規定しているため、原則として原判決を上訴人の不利益になるように変更することはできない。❷刑事訴訟の上訴審で、検察側が上訴せず、被告人側が上訴した場合、原判決の刑より重い刑を言い渡すことができないこと。刑事訴訟法402条、414条の規定による。検察側が上訴した場合は、原判決より重い刑が科される可能性もある。❸生活保護を受ける人が、正当な理由なく、すでに決定した保護を不利益に変更されないこと。生活保護法56条の規定による。❹使用者が労働者と合意することなく就業規則を変更し、労働者に不利益になるよう労働条件を変更することはできないこと。労働契約法9条の規定による。
プリエネ〖Priēnē〗小アジアにあったイオニア人の古代都市。現在のトルコ西部の町セルチュクの近郊に位置する。元はエーゲ海に面する港湾都市だったが、土砂の堆積などにより、紀元前4世紀頃、内陸の丘の上に再建された。劇場、アゴラ、アテナ神殿、ゼウス神殿などの遺跡のほか、碁盤目状に整備された街区が残っており、古代の都市計画の最古の例として知られる。古代ギリシャ七賢人の一人、弁論家・詩人であるビアスの生地。
ブリエンツ〖Brienz〗スイス中部、ベルン州、ベルナーオーバーラントにある町。ブリエンツ湖の北東岸に面する観光保養地。テラスを花で飾り立てた木造建築の民家が多いことで知られる。ロートホルンへの登山鉄道の駅がある。
ブリエンツ-こ【ブリエンツ湖】《Brienzer See》スイス中部、ベルン州、ベルナーオーバーラントにある湖。標高564メートル。長さ15キロメートル、幅3キロメートルの細長い形をしている。湖畔の主な町は北東岸にあるブリエンツ。
プリエンプティブ-マルチタスク《preemptive multitaskingから》コンピューターのマルチタスク処理の一方式。オペレーティングシステムがCPUに対し、複数の処理の割り当てを行う。➡ノンプリエンプティブマルチタスク
ふり-お・く【降り置く】〘動カ四〙降り積もる。「立山に―・ける雪を常夏に見れども飽かず神からならし」〈万・四〇〇一〉
ぶり-おこし【×鰤起(こ)し】12～1月の、寒ブリ漁のころに鳴る雷。(季 冬)「茶畑の空はるかより―/竜太」
ふり-おこ・す【振(り)起(こ)す】〘動サ五(四)〙❶気力などを奮い立たせる。奮い起こす。「勇気を―・す」❷勢いよく立てる。「ますらをの弓末ゆずゑ―・し射つる矢を後見む人は語り継ぐがね」〈万・三六四〉
ブリオシュ〖フランス brioche〗バターと卵をたっぷり使った柔らかいパン。小さいだるま形のものなど。
ふり-おとし【振(り)落(と)し】歌舞伎の演出で、吊つっておいた浅葱あさぎ幕や道具幕などを仕掛けで瞬時に落とし、次の舞台面を現すこと。
ふり-おと・す【振(り)落(と)す】〘動サ五(四)〙揺り動かして落とす。振るい落とす。「馬から―・される」
プリオリ-きゅうでん【プリオリ宮殿】《Palazzo dei Priori》イタリア中部、ウンブリア州の都市ペルージアにあるゴシック様式の宮殿。13世紀末に政庁舎として建設が始まり、15世紀半ばまで増改築が繰り返された。中世イタリアにおける公共建築物の代表的作例。現在は画家ペルジーノ、ピントゥリッキオ、ピエロ＝デラ＝フランチェスカをはじめとする、ウンブリア派絵画を所蔵するウンブリア国立美術館になっている。
ふり-おろ・す【振(り)下ろす】〘動サ五(四)〙振り上げた手や手に持ったものを勢いよく下におろす。「太刀を―・す」
プリオン〖prion〗たんぱく質性の感染因子。正常型と異常型があり、異常型は、クロイツフェルト-ヤコブ病や牛うし海綿状脳症(BSE)の病原体とされる。ウイルスや細菌のように遺伝子を持たないことから、病原体ではないという意見もある。
プリカ「プリペイドカード」の略。
ふり-かえ【振(り)替(え)】―かへ ❶一時的に他のものと代用すること。流用すること。「―がきく」❷簿記で、ある勘定の金額を他の勘定に移すこと。❸「郵便振替」の略。
ふりかえ-かへい【振替貨幣】ふりかへクワヘイ 振り替えによって貨幣の機能を果たす預金通貨。預金通貨は銀行など金融機関の帳簿上の振り替えによって、現金と同じように支払手段や決済手段となることからいう。
ふりかえ-きゅうじつ【振(り)替(え)休日】ふりかへキウジツ ❶祝祭日が日曜日と重なったとき、その翌日を休日とすること。❷休日に出勤・登校した場合など、他の日を代わりに休日とすること。
ふりかえ-こうざ【振替口座】ふりかへ― ❶ゆうちょ銀行が取り扱う決済用の口座。振替貯金口座。❷「郵便振替口座」の略。
ぶり-かえし【ぶり返し】―かへし ぶり返すこと。特に、病気が再び悪くなること。「風邪の―」
ぶり-かえ・す【ぶり返す】―かへす〘動サ五(四)〙一度よくなりかけていた病気・季候・事柄などが再びもとの悪い状態になる。「暑さが―・す」(類語)再発・再燃
ふりかえ-ちょきん【振替貯金】ふりかへ― ゆうちょ銀行の振替口座の預り金。決済用預金として、預金保険制度により全額保護される。
ふりかえ-ゆそう【振替輸送】ふりかへ― 災害・事故などで、交通機関が輸送不能になったとき、代わりに他の交通機関を使って輸送すること。
ふりかえ-よきん【振替預金】ふりかへ― 銀行など金融機関の貸し付けや手形割引による貸付金または手形金額を受取人の口座に入金し、預金に振り替えたも

の。

ふり-かえ・る【振(り)返る】〔動ラ五(四)〕❶後方へ顔を向ける。振り向く。「背後の物音に―・る」❷過ぎ去った事柄を思い出す。回顧する。かえりみる。「この一年を―・る」〘類語〙振り向く・顧みる・背ける

ふり-か・える【振(り)替える】〔動ア下一〕図ふりか・ふ〔ハ下二〕❶一時的に、あるものを他のものの代わりとして使う。代用する。流用する。「鉄道が不通のためバス輸送に―・える」❷簿記で、ある勘定科目の記載を他の勘定科目に移しかえる。「取材費を交通費に―・える」

ふり-かか・る【降(り)掛(か)る｜降(り)懸(か)る】〔動ラ五(四)〕❶雨などが上から落ちてきて、かかる。「花びらが―・る」❷よくないことが身の上に起こる。身に及ぶ。「災難が―・る」

ふり-かけ【振(り)掛(け)】飯に振り掛けて食べる食品。ノリ・魚粉・ゴマなどと塩をまぜたものなど。

ふり-か・ける【振(り)掛ける】〔動カ下一〕図ふりか・く〔カ下二〕❶上から振り散らしてかける。「胡麻を―・ける」❷振っておおいかける。垂らしてかぶせる。「姫君これを聞きて、髪を―・けて泣くよりほかのことなし」〈今昔・一九・五〉

ふり-かざ・す【振り×翳す】〔動サ五(四)〕❶頭の上に振り上げて構える。「刀を―・す」❷主義・主張などを、表面に出して掲げる。「権力を―・す」

ふり-かた【振(り)方】❶物を振り動かすやり方。「ラケットの―が悪い」❷処置する方法。扱い方。「身の―を考える」

ふり-がた・し【▽旧り▽難し】〔形ク〕❶気持ちなどが昔と変わらない。「御好き心の―・きぞ、あたら御瑕なめる」〈源・朝顔〉❷いつまでも魅力がある。「―・くあはれと見つつ」〈かげろふ・中〉

フリカッセ〘フランス fricassée〙フランス料理の一。子牛などの肉をホワイトソースで煮込んだシチュー。

ふり-がな【振(り)仮名】漢字のかたわらに付けて、その読み方を示す仮名。ルビ。付け仮名。

ふり-かぶ・る【振り▽被る】〔動ラ五(四)〕勢いよく手を上に振り上げて構える。「―・って球を投げる」

プリカ-ほう【プリカ法】▶前払式証票法

ふり-かわり【振(り)替(わ)り】囲碁で、一つの箇所を犠牲にして他の箇所を確実に取ること。

フリカンドー〘フランス fricandeau〙▶フーカデン

ブリキ〘オランダ blik〙薄い鋼板に錫をめっきしたもの。〘補説〙「錻」「錻力」とも書く。「錻」は国字。

ふり-き・る【振(り)切る】〔動ラ五(四)〕❶からだにまとわりつくものなどを、強く振るようにして離れさせる。振り離す。「つかみかかってきた手を―・って逃げる」❷引き止めたり、頼んだりするのを強く断る。「話し合いの申し出を―・って強行採決する」❸競走などで、追いあげてくるものを引き離す。逃げきる。「追走を―・ってゴールする」❹十分に振る。振り抜く。「バットを―・る」〘類語〙突き放す・引き離す

ふり-くじ【振り×籤】入れ物から振って出すくじ。また、そのくじを引くこと。

フリクション〘friction〙摩擦。

ブリクセン〘Brixen〙▶ブレッサノーネ

フリクテン〘phlyctena〙目の結膜や角膜に生じる粟粒大の結節。

プリ-クラ「プリントクラブ」の略。商標名。

ふり-くら・す【降(り)暮(ら)す】〔動サ五(四)〕雨や雪が、日暮れまで降りつづく。「午後は綿雪片々飄々、終日間断なく―・す」〈蘆花・自然と人生〉

フリゲート〘frigate〙❶18、9世紀の帆船時代、各国海軍が整備し、偵察・警戒・護衛などに使用した軍艦。❷現代の軍艦の艦種の一。対空・対潜の装備をもち、哨戒や船団護衛などに従事する、高速で機動性をもつ駆逐艦や大型護衛艦。

プリケット〘pricket〙「燭台」に同じ。

ブリゲン〘Bryggen〙ノルウェー南西部の港湾都市、ベルゲンの中心地区。14世紀から16世紀にハンザ同盟のドイツ商人の屋敷や事務所として使用された、色とりどりの木造家屋が並ぶ。何度も火災に見舞われたが、その度に再建された。1979年、世界遺産(文化遺産)に登録。

ふり-こ【振(り)子】定点を中心にして一定周期で振動する物体。単振り子・実体振り子・円錐振り子などがある。

ぶり-こ　ハタハタの卵塊。ぷりぷりとした食感で、珍味とされる。

ふ-りこう【不履行】契約・約束などを実行しないこと。「婚約―」

プリコード-ほう【プリコード法】アンケート調査で、回答をあらかじめ選択肢として用意しておく方法。回答するのにも整理するのにも楽だが、選択肢を作るのが難しいなどの難点がある。選択肢法。➡自由回答法

プリゴジン〘Ilya Prigogine〙［1917～2003］ベルギーの物理学者・化学者。ロシアの生まれ。非平衡熱力学、統計力学の分野で業績を残した。1977年ノーベル化学賞受賞。著「散逸構造」「混沌からの秩序」「存在から発展へ」など。プリゴジーヌ。

ふり-ごと【振(り)事】▶所作事

ふりこ-どけい【振(り)子時-計】振り子の等時的振動を利用し、歯車や針を動かすようにした時計。振り時計。

ふり-ごま【振(り)駒】将棋で、先手・後手の手番を、5個の歩を盤上に振り、その結果によって決めること。表が多ければ振ったほうが先手。

ふり-こみ【振(り)込み】❶口座などに金銭を払い込むこと。❷マージャンで、他人の上がり牌を捨てること。放銃。❸突然押し掛けること。「そんなやすい手は、一の末至客のする事で」〈洒・白狐通〉

ふり-こ・む【振(り)込む】〔動マ五(四)〕❶振替口座や預金口座などに金銭を払い込む。「授業料を―・む」❷振って中へ入れる。勢いよく押し込む。「万灯を―・んで見りゃあ唯も帰れない」〈一葉・たけくらべ〉❸マージャンで、他人の上がり牌を捨てる。「満貫を―・む」❹無理に入り込む。押しかける。「六法で―・む裸体ありし」〈滑・浮世風呂・前〉

ふり-こ・む【降(り)込む】〔動マ五(四)〕雨や雪が家の中へ入り込む。「閉め忘れた窓から雨が―・む」

ふりこめ-さぎ【振(り)込め詐欺】「オレオレ詐欺」「架空請求詐欺」「融資保証金詐欺」「還付金詐欺」など、銀行口座に現金を振り込ませる手口の詐欺犯罪を総称したもの。平成16年(2004)12月、警察庁が命名。

ふりこめさぎ-きゅうさいほう【振(り)込め詐欺救済法】《「犯罪利用預金口座等に係る資金による被害回復分配金の支払等に関する法律」の通称》振り込め詐欺による財産被害を迅速に回復するための法律。平成19年(2007)12月に成立。翌年6月施行。捜査機関からの情報提供などにより、金融機関は犯罪利用預金口座の疑いのある口座を凍結、預金保険機構に預金債権の消滅手続き(口座情報の公告)を依頼する。債権消滅後に被害回復分配金が被害者に支払われる。

ふり-こ・める【降り▽籠める】〔動マ下一〕図ふりこ・む〔マ下二〕雨や雪がしきりに降って、外出できないようにする。「一日中、雨に―・められた」〘類語〙ぱらつく・ちらつく・しぐれる・降りしきる・そぼ降る

ブリコラージュ〘フランス bricolage〙あり合わせの道具や材料で物を作ること。日曜大工。器用仕事。転じて、持ち合わせているもので、現状を切り抜けること。〘補説〙英語の do-it-yourself にあたる。

ブリザード〘blizzard〙カナダやアメリカで、吹雪を伴う冷たい強風。転じて、極地方の猛吹雪。

プリザーブ〘preserves〙《保存加工の意》果物の砂糖煮のこと。つぶしたものをジャムというのに対して、特に果実の形を残したものをいう。

プリザーブド-フラワー〘preserved flower〙《preserve は保存する意》生花に保存液と着色料を吸わせ、乾燥したもの。ブーケやインテリアなどに使われる。ドライフラワーと異なり、鮮やかな色や柔らかい感触などを長期間保つことができる。

ふり-さ・く【振り▽放く】〔動カ下二〕はるかに仰ぎ見る。振り仰ぐ。「―・けて三日月見れば一目見し人の眉引き思ほゆるかも」〈万・九九四〉

ふりさけ-・みる【振り▽放け見る】〔動マ上一〕振り仰いで遠方を見る。「天の原―・みれば春日なる三笠の山に出でし月かも」〈古今・羇旅〉

プリザベーション〘preservation〙保存。維持。貯蔵。

ふり-しお【振(り)塩】《「ふりじお」とも》料理の材料に塩を振り掛けること。また、その塩。

ふり-しき・る【降り▽頻る】〔動ラ五(四)〕雨や雪などが絶え間なく降る。盛んに降る。「雪が―・る」〘類語〙ぱらつく・ちらつく・しぐれる・そぼ降る・降りこめる

ふり-し・く【降り▽頻く】〔動カ四〕「ふりしきる」に同じ。「山のまにうぐひす鳴きてうちなびく春と思へど雪―・きぬ」〈万・一八三七〉

ふり-し・く【降(り)敷く】〔動カ五(四)〕降って地面をむらなくおおう。「落ち葉が道に―・く」〘類語〙散る

ふり-しこ・る【降りしこる】〔動ラ四〕盛んに降る。降りしきる。「白雪の、藤の森の松に―・りて」〈浮・永代蔵・二〉

ふり-しぼ・る【振(り)絞る】〔動ラ五(四)〕力・声などを精いっぱい出しつくす。「最後の力を―・る」

ふり-し・む【降り染む】〔動マ下二〕降ってしみ通る。じめじめと降る。「寒き雨は枯野の原に―・めて山松風の音だにもせず」〈風雅・冬〉

プリシュティナ〘Prishtinë〙バルカン半島中央部、コソボ共和国の首都。住民の大半をアルバニア人が占める。1980年から90年代のコソボ紛争で甚大な被害を受け、国連による暫定統治の後、2008年2月に同国の独立を機に首都となった。中央広場に中世アルバニアの民族的英雄、スカンデルベクの像がある。近郊のグラチャニツァ修道院が、04年に「コソボの中世建造物群」の名で世界遺産(文化遺産)に登録された。06年、同国の政情不安により危機遺産にも指定。人口17万(2008年推計)。

ふり-しん【振新】「振袖新造」の略。「―のいちゃつきでも、させるこっちゃあねえ」〈洒・通言総籬〉

ふり・す【▽旧りす｜▽古りす】〔動サ変〕過去のものとなる。古くなる。多く、下に打消しの語を伴って用いる。「心もて草の宿りをいとへどもなほ鈴虫の声ぞ―・せぬ」〈源・鈴虫〉

プリスカ〘Pliska〙ブルガリア北東部にある、第一次ブルガリア帝国時代の最初の首都。681年に創設。893年にプレスラフに遷都されるまで、政治・商業・文化の中心地として栄えた。城壁や浴場の遺跡が残り、修復や復元が進められている。また、出土品などを展示するプリスカ博物館がある。

プリスクール〘preschool〙▶プレスクール

ブリスケ〘brisket〙牛の胸部の肉。

ブリスケット〘brisket〙▶ブリスケ

ふり-すさ・ぶ【降り▽荒ぶ】〔動バ五(四)〕激しく降る。ふりすさむ。「横なぐりの雨が―・ぶ」

ブリスター〘blister〙フィルムや印画紙の表面の水ぶくれ。蛙肌。

ブリスター-パック〘blister pack〙台紙の上の商品をその形に合わせた透明な硬質プラスチックで覆う包装。バブルパック。

ふり-す・てる【振(り)捨てる】〔動タ下一〕図ふりす・つ〔タ下二〕❶気持ちなどをきっぱりと絶つ。思い切って捨てる。また、すげなく置き去りにする。「妻子への思いを―・てる」❷神輿などを担いでいって置き去りにする。「紫宸殿、清涼殿などに―・てまゐらせて、山法師はのぼりぬ」〈増鏡・老のなみ〉

ブリストル〘Bristol〙英国、イングランド南西部の港湾都市。ブリストル海峡に注ぐエーボン川の下流に位置する。17世紀以来、アメリカ大陸との貿易で繁栄。造船業が盛ん。

ブリストル-だいせいどう【ブリストル大聖堂】《Bristol Cathedral》英国イングランド南西部の都市ブリストルにある大聖堂。12世紀創建の修道院に起源し、16世紀にノルマン様式の大聖堂として建造。側廊、身廊の天井の高さが同じであるホール

式という教会建築の様式を取り入れている。西側身廊のステンドグラスが有名。
プリズナー〖prisoner〗服役囚。囚人。
フリスビー〖Frisbee〗プラスチック製の円盤を投げ合って、投げ方・受け方あるいは飛距離などを競うスポーツ遊戯。また、その円盤。商標名。(補説)「フライングディスク」「円盤遊具」などと言い換える。
ブリスベーン〖Brisbane〗オーストラリア東部、クイーンズランド州の州都。同州南東部にある港湾都市で、羊毛などを輸出。南に、保養地として知られるゴールドコーストがある。人口、行政区195万(2008)。
プリズマ-ようき【プリズマ容器】胴部が八角形、上面と下面が四角形の飲料用の紙容器。ブリック容器よりも持ちやすく、中身の液体が飛び出しにくい。
プリズム〖prism〗よく磨かれた平面をもつ透明な多面体。ガラスなどから作られ、三角柱のものなどがあり、光を分散・屈折・全反射させるために用いる。三稜鏡。
プリズム〖PRISM〗《private sector multi-angular evaluation systemという造語の略》日本経済新聞社と日経リサーチが共同開発した多角的企業評価システム。「収益・成長力」「社会性・透明性」「環境・研究」「若さ」の4項目について評価、順位を付ける。平成22年(2010)に新システム、ナイセス(NICES)に変更された。
プリズム-めがね【プリズム眼-鏡】レンズにプリズムを組み込んだ眼鏡。光を屈折させることによって、左右の視線のずれを補正することができ、斜視・斜位の矯正などに用いられる。
プリズン〖prison〗刑務所。監獄。「巣鴨―」
ふり-ずんばい【振り飄=石】竿の先につけた糸に、小石をつけて遠くへ振り飛ばすもの。ふりずばい。
プリセール〖presale〗事前販売。前売り。
プリセット〖preset〗前もって調整すること。
プリセット-ホワイトバランス〖preset white balance〗▶ホワイトバランス
プリセリング〖preselling〗事前販売。消費者が店に来る前に、すでに購入を決めている状態にさせること。広告の役割が大きい。
ふり-そそ・ぐ【降(り)注ぐ】〔動ガ五(四)〕そのものの上に集中的に降りかかる。「さんさんと―・ぐ日の光」「反対の声が―・ぐ」
ふり-そで【振袖】❶丈の長い袖。また、その袖のついた、未婚女性の礼装用長着。昔は元服前の男女が用いた。❷年ごろの娘。「その―めは長門之介に許婚の桐姫」〈伎・韓人漢文〉
ふりそで-かじ【振袖火事】「明暦の大火」の俗称。
ふりそで-しんぞう【振袖新造】江戸吉原の遊郭で、振袖を着て出た禿上がりの若い新造級の遊女。部屋を持たず、揚げ代は2朱。ふり。ふりしん。ふりそでしんぞ。
ふりそで-やなぎ【振袖柳】ヤナギ科の落葉低木。枝は赤みがかり、葉は長楕円形。雌雄異株。冬芽は赤く、早春、葉より先に、白毛に覆われる雄花の穂をつける。切り花用に栽培。
ふり-そぼ・つ【降り×濡つ】〔動タ四〕雨などが降ってびしょぬれになる。「明けぬとて帰る道にはこきたれて雨も涙も―・ちつつ」〈古今・恋三〉
ふり-だけ【振(り)竹】歌舞伎などの舞台装置の一。舞台の上部に横に差し渡された棒で、上部に短い突起が並ぶ。突起に掛けられた幕を、棒を回転させることで振り落とし、場面転換するなどの演出に用いる。
ふり-だし【振(り)出(し)】❶物を振って出すこと。また、振って小さい穴から出すように作った容器。❷双六で賽を振りはじめる出発点。❸物事の始め。出発点。「小さな店を―に大経営者になった」❹手形・小切手などを発行すること。❺茶道で、小型の菓子器。また、香煎を入れる器。❻「振り出し薬」の略。(類語)(❸)出だし・滑り出し
振り出しに戻・す 物事をはじめの状態にもどす。「計画を―・す」
ふりだし-ぐすり【振(り)出し薬】布などの小袋に入れ、熱湯に浸して振り動かし、成分を溶かし出すようにした薬。浸剤。
ふりだし-ざお【振(り)出し×竿】元竿の中に全部が納まる仕組みの釣り竿。
ふりだし-てがた【振出手形】▶振り手形
ふりだし-にん【振出人】手形・小切手を発行した者。
ふり-だ・す【振(り)出す】〔動サ五(四)〕❶振って、中に入っているものを外へ出す。「おみくじを―・す」❷振りはじめる。「指揮棒を―・す」❸手形・小切手などを発行する。「手形を―・す」
ふり-た・てる【振(り)立てる】〔動タ下一〕図ふりた・つ〔タ下二〕❶激しく振る。勢いよく盛んに動かす。「旗を―・てて応援する」❷声をはりあげる。「大声を―・てて呼ぶ」
ブリタニア〖Britannia〗㊀古代ローマ時代のイギリスのグレートブリテン島、特に、ローマ領土となっていたその南部地域の呼称。㊁グレートブリテン島や大英帝国の美称。
プリタニオン〖Prytaneion〗ギリシャ、ペロポネソス半島北西部、ゼウスの神域として知られるオリンピアにある遺跡。紀元前4世紀、マケドニア王フィリッポス2世による全ギリシャ統一を記念して建造。古代オリンピックの評議会の事務所だった場所で、大祭のときには迎賓館として使用された。プリュタネイオン。
ブリタニカひゃっかじてん【ブリタニカ百科事典】《Encyclopaedia Britannica》英国の百科事典。初版は1768年から71年にかけて英国のエディンバラで刊行。当初は英国の学者の論文を集めたものであったが、版を重ねるごとに手が加えられ、世界的な百科事典となった。1975年に最初の外国語版として日本語版を出版。81年にデジタル版、94年にオンライン版の提供を開始。現在は米国のシカゴに本社を置くエンサイクロペディアブリタニカが出版している。2012年、第15版をもって書籍版の発行を終了し、電子版のみとなった。
ブリダル〖Blidaru〗▶コステシュティ
ふ-りつ【府立】府が設立し、管理していること。
フリッカー〖flicker〗❶光などの明滅。❷映画・テレビで、画面のちらつき。「―現象」
フリッカー-ち【フリッカー値】《flicker fusion frequencyから》心理学・生理学用語で、高頻度に点滅する光(フリッカー光)を被験者に見せた時、光がちらついて見える限界の頻度値のこと。➡フリッカーテスト
フリッカー-テスト〖flicker test〗光の点滅を行い、断続する光が弁別できず、連続する光に見えるようになる閾値を調べる検査。疲労の測定に用いる。ちらつき検査。
プリッ-キー-ヌー〖タイ prik kee noo〗トウガラシの一品種。タイ原産で、果実は小さいが非常に辛い。
フリック〖flick〗〔名〕スル 物を軽く打つこと。指先などで軽くはじくこと。「タッチパネルを―する」
ブリックス〖BRICS〗《Brazil、Russia、India、China、South Africaの頭文字から》地下資源に恵まれ、経済発展の著しいブラジル・ロシア連邦・インド・中国・南アフリカ共和国の5か国。(補説)2001年に米投資銀行のレポートで使われて広まった。当初は「BRICs」として南アフリカを含まぬ4か国を指したが、のちにsを大文字にして5か国を指すようになった。
ブリック-ようき【ブリック容器】《ブリックは煉瓦の意》牛乳などの飲料を入れる直方体の紙容器。➡プリズマ容器
ふり-つけ【振(り)付(け)】舞踊などで、音楽や歌詞に合わせてする動作を考案し、演技者に教えること。
ふりつけ-し【振付師】振り付けを専門に行う人。
ふり-つ・ける【振(り)付ける】〔動カ下一〕図ふりつ・く〔カ下二〕❶振り付けをする。振りをつける。「踊りを―・ける」❷嫌ってすげなくする。「帰りますと、大きに―・けてやりんした」〈洒・遊子方言〉
ぶりっ-こ【ぶりっ子】《「ぶり」は「振る」から》いい子ぶる、かわいい子ぶるなど、それらしい振りをする女の子。また、わかっているのに上品ぶって知らない振りをする女性。かまとと。
ブリッジ〖bridge〗❶橋。橋梁。陸橋・跨線橋など。❷船橋。艦橋。❸列車の車両と車両との間の部分。❹▶架工歯❺「コントラクトブリッジ」「セブンブリッジ」の略。❻レスリングで、仰向けのまま頭と足で支え、からだを弓なりに反らせること。❼コンピューターネットワークにおいて、回線同士を接続する機器。無駄なデータ転送が起きないよう、適切な転送先にのみ信号を中継する。(類語)橋・橋梁・丸木橋・八つ橋・釣り橋・反り橋・太鼓橋・跳ね橋・桟橋
ブリッジェズ〖Robert Bridges〗[1844〜1930]英国の詩人。美しい韻律美による典雅な詩風を示した。作「美の遺言」など。
ブリッジ-かいろ【ブリッジ回路】《bridge circuit》電気抵抗の値を精密に測定するための回路。
ブリッジ-バンク〖bridge bank〗経営が破綻した銀行の融資・預金業務を一定期間続ける受け皿銀行。つなぎ銀行。
ブリッジマン〖Percy Williams Bridgman〗[1882〜1961]米国の物理学者・科学哲学者。高圧下の物性を研究し、超高圧発生装置を開発した。また自然科学の方法論として操作主義を主張したことでも知られる。1946年ノーベル物理学賞受賞。著「現代物理学の論理」「熱力学の本質」など。
フリッシュ〖Karl von Frisch〗[1886〜1982]オーストリアの動物行動学者。ミツバチの感覚生理と行動を研究。ミツバチのコミュニケーション手段としてのダンスを発見。1973年、ノーベル生理学医学賞受賞。著「ミツバチの生活」。
ブリッジ-ライン〖bridge line〗デザイナーズブランドと一般商品の価格・品質差、スタイル差が大きくなったため、その差を少なくするために作られた中間的商品グループのこと。
ブリッジ-ルーター〖bridge router〗▶ブルーター
ブリッジ-ローン〖bridging loan〗▶繋ぎ融資
フリッター〖fritter〗小麦粉と卵黄を牛乳か水で溶き、これに泡立てた卵白を加えた衣をつけて、魚・野菜・果物などをふわっと揚げた料理。
ブリッツ〖blitz〗《電撃・猛爆などの意》アメリカンフットボールで、守備側のラインバッカーやバックスが、守備位置を離れて、パサーにタックルに向かう奇襲攻撃。
ふり-つづみ【振鼓】❶二つの小型の鼓を互いに直角の向きに重ねて柄で貫き、胴の側面に玉のついた糸をつけ、振ると玉が鼓の皮に当たって鳴る楽器。舞楽などで用いられる。❷❶に似せて小型に作ったおもちゃ。でんでん太鼓。
フリッツラー〖Fritzlar〗ドイツ中部、ヘッセン州の町。8世紀につくられた修道院を起源とし、919年に司教座が置かれた。聖ペトリ大聖堂、市庁舎、木組み造りの民家といった歴史的建造物が数多く残っている。メルヘン街道沿いの町の一。
ふり-つの・る【降(り)募る】〔動ラ五(四)〕前にもましていっそう激しく降る。「雨が―・る」
フリッパー〖flipper〗❶アザラシなどのひれ足。❷潜水・水泳用の足ひれ。❸気に入る番組を求めて次々にチャンネルを切り替えるテレビ視聴者。
フリッピング〖flipping〗❶テレビのチャンネルをくるくると動かすこと。➡フリッパー ➡ザッピング ❷ルアーフィッシングで、ルアーをロッドのティップだけの小さな振幅ではたはたと動かすこと。
フリップ《flip chartから》説明用の表・図・グラフ。
フリップ-アップ〖flip-up〗蝶番式で上下に可変であること。「―式の卓上ライト」
フリップ-ジャンプ〖flip jump〗《flipは「とんぼ返り」の意》フィギュアスケートのジャンプの一。後ろ向きに滑り、滑走していない方の足のつま先で氷面を突いて踏み切る。空中で回転した後はつま先を突いた方の足で着氷する。
フリップ-ターン〖flip turn〗水泳のターンの一方法。手を壁につけずに、壁の手前で前方に向かってとんぼ返りし、足で壁を蹴って再び泳ぎ出すこと。
フリップ-ブック〖flip book〗❶▶ぱらぱら漫画❷

本のページをぱらぱらとめくるような動きをする、ウェブサイト上のアニメーション。フラッシュなどを利用して作成される。

フリップフロップ-かいろ【フリップフロップ回路】《flip-flopは、とんぼ返りの意》2個のトランジスターを対称的に結線した形をなす回路で、一つの入力に対して常に二つの安定した出力状態を発生・保持し、次の反対の入力によって状態間の切り替わりが起こる回路。コンピューターやデジタル計器に使用。

ふり-つ・む【降り積む】〘動マ四〙「降り積もる」に同じ。「一・みし高嶺のみ雪とけにけり清滝川の水の白波」〈新古今・春上〉

ふり-つも・る【降(り)積(も)る】〘動ラ五(四)〙雪などが降って積もる。「一晩で雪が一メートルも一・る」

ふりつ-もんじ【不立文字】▶ふりゅうもんじ(不立文字)

プリティー〖pretty〗〘形動〙かわいいさま。「一な小物」「一ガール」

ブリティッシュ〖British〗❶イギリス人。イギリス英語。❷多く複合語の形で用い、イギリスの、イギリス風の、の意を表す。「一ロック」

ブリティッシュ-コロンビア〖British Columbia〗カナダ南西部、太平洋岸の州。州都ビクトリア。ロッキー山脈などが走り、林業が盛んで、金・鉛・亜鉛など鉱産物が豊富。良港が多く、漁業も盛ん。1858〜71年は英国の植民地であった。

ふり-てがた【振(り)手形】江戸時代、両替屋に預金をしている者が、その両替屋を支払人として発行した手形。また、両替屋間で、互いにその相手を支払人として発行された手形。記名式所持人払い。大坂で多く行われたので大坂手形ともいう。振出手形。

プリテスト〖pretest〗広告などで、大がかりな調査の前に小規模に行う実験調査。広告を実際に出稿する前に、広告制作物の妥当性をチェックすることをさすこともある。

ブリテン〖Britain〗▶グレートブリテン

ブリトゥン〖Benjamin Britten〗[1913〜1976]英国の作曲家。英国音楽の伝統に立脚しつつ、新鮮な息吹をもつ曲を作った。作品に、オペラ「ピーター゠グライムス」、「戦争レクイエム」など。ブリテン。

ふり-どけい【振(り)時-計】▶振り子時計

ふり-とば・す【振(り)飛ばす】〘動サ五(四)〙❶振って飛ばす。「傘の滴を一・す」❷嫌ってはねつける。ふる。「気の向かない時には、小びどく客を一・しなどした」〈秋声・爛〉

プリトビッチェこぐん-こくりつこうえん【プリトビッチェ湖群国立公園】《Plitvice》クロアチア中部高地にある国立公園。総面積約295平方キロメートル、標高639メートルのプロシュチアン湖からプリトビッチェ川が流れ出し、16の湖が92の滝でつながれている。1979年に登録された世界遺産(自然遺産)「プリトビッチェ湖群国立公園」は、内戦によって被害を受け一時危機遺産となったが、現在は解除され、2000年には登録範囲を拡大されている。

ふり-なわ【振(り)縄】《「ぶりなわ」とも》縄に多数の木片を付け、その木片が海中で揺れ動いて底魚を網に追い入れる漁具。巻き網などで使う。

ブリニ〖フランス blini〗ロシア料理で、そば粉入りのパンケーキ。サワークリームやジャムをそえたり、キャビアとともに食べる。

プリニウス〖Plinius〗㊀(Gaius 〜 Secundus)[23〜79]古代ローマの将軍・博物学者。古代の科学知識の集大成ともいうべき「博物誌」の著作で有名。ベズビオ火山の大爆発の際、現地調査中に遭難死。大プリニウス。㊁(Gaius 〜 Caecilius Secundus)[61ころ〜112ころ]古代ローマの政治家・文人。㊀の甥で養子。トラヤヌス帝に信任され、執政官・総督などを歴任。「書簡集」が残存。小プリニウス。

ふり-にげ【振(り)逃げ】【名】スル　野球で、一塁に走者がいない場合、または、いても二死の時、打者が三振し捕手がそのボールを捕球できなかった時に、打者が一塁に走ってセーフとなること。

ふり-ぬ・く【振(り)抜く】〘動カ五(四)〙❶きちんと最後まで振る。ふりきる。「バットを一・く」❷ふり放す。「相撲をば投げけれぱ、一・きて二、三段ばかり投げられて」〈宇治拾遺・二〉

ブリネル-かたさ【ブリネル硬さ】工業材料をはじめとする物質の硬さ(硬度)の示し方の一。押し込み硬さの一種。一定荷重をかけた鋼球を試料に押し込み、できたくぼみの表面積でその荷重を除した値で表す。1900年スウェーデンの技師J゠A゠ブリネルが考案。ブリネル硬度。ブルネル硬さ。

ブリネル-こうど【ブリネル硬度】▶ブリネル硬さ

ふり-のこ・す【降り残す】〘動サ四〙雨などが、そこだけ降らないでいる。「五月雨の一・してや光堂」〈奥の細道〉

ふり-は・う【振り▽延ふ】〘動ハ下二〙❶ことさらに物事をする。わざわざする。「かやうに一・へ給へるこそ、たけき心地すれ」〈源・薄雲〉❷(「ふりはえて」の形で副詞的に用いる)わざわざ。ことさらに。「遠くおはしましにし後、一・へてしもえ尋ねきこえ給はず」〈源・蓬生〉

ふり-はえ【振り▽延へ】〘副〙《動詞「ふりはう」の連用形から》わざわざ。ことさらに。「御とぶらひに一物し給ふ人もあり」〈源・総角〉

ふり-は・つ【▽旧り果つ】〘動タ下二〙すっかり古くなる。年老いてしまう。「草の庵は尋ねしあとも一・てて嵐ぞ寒き逢坂の関」〈千五百番歌合・一九〉

プリパッケージ〖prepackage〗❶品物を販売前に梱包しておくこと。❷旅行をパックにして売り出すこと。プリパック。

ふり-はな・す【振(り)放す｜振(り)離す】〘動サ五(四)〙❶強く振って離れさせる。「握られた手を一・す」❷追いかけてくる者を引き離す。振り切る。「ラストスパートで二位以下を一・す」

ふり-はな・つ【振(り)放つ】〘動タ五(四)〙「振り放す」に同じ。「母親の止めるのを一・って」〈花袋・田舎教師〉

ふり-はな・る【振り離る】〘動ラ下二〙振り捨てて離れる。「御さまのをかしきにも、なほ一・れなむことはおぼし返さる」〈源・葵〉

ふり-はば【振(り)幅】「しんぷく(振幅)」に同じ。

ふり-はら・う【振(り)払う】〘動ワ五(ハ四)〙振るようにしてはらいのける。「服についた雪を一・う」

ふり-びしゃ【振(り)飛車】将棋で、飛車を定位置から横に移す戦法。移す位置によって、中飛車・四間飛車・三間飛車・向かい飛車・袖飛車などがある。

プリビジュアライゼーション〖previsualization〗▶アニマティック

プリビズ〖previz〗▶アニマティック

フリブール〖Fribourg〗スイス西部、フリブール州の州都。1157年、ツェーリング家がサリーヌ川沿いに築いた要塞に起源する。16世紀に創設されたカトリック系のフリブール大学があり、対宗教改革の拠点となった。ドイツ語名、フライブルク。

ふり-ふり〘副〙舞い落ちるさま。「足を離れて網の上に踊りければ、一と落つる程に」〈今昔・二六・三〉

ぶり-ぶり【▽振り▽振り】㊀〘名〙❶江戸時代の子供の玩具の一。八角形の槌に似た形で、鶴と亀、尉と姥などを描く。小さな車をつけて引きずって遊ぶとも、木製の玉を打つともいう。また、正月、魔よけとして室内に飾ったりした。ぶりぶりぎっちょ。ぶりぶりぎちょう。❷的の一種。直径3〜4寸(約9〜12センチ)で、左右に乳があり、そこに綱を通して掛けて使う。❸太刀の柄の下げ緒のおもりの金物。㊁〘副〙ぶるぶると震えるさま。「あら怖や、と…一ふるひ出でたるを」〈浄・振袖始〉

ぶり-ぶり〘副〙スル「ぷりぷり❶」に同じ。「骨折り損をしたと言って一こぼしながら」〈長与・竹沢先生と云ふ人〉

ぷり-ぷり〘副〙スル❶腹を立てて機嫌の悪いさま。ぷんぷん。「母は一人で一している」❷押すとふるえるほど弾力があるさま。「一した赤ん坊のほっぺた」

プリペイド〖prepaid〗《prepayの過去・過去分詞形》他の語に付いて、先払いであることを表す。「一カード」「一携帯電話」⇔ポストペイド。

プリペイド-カード〖prepaid card〗前払いで購入し、自動販売機や店頭などで現金と同じように使うことができるカード。資金決済法の適用を受ける。料金先払い方式カード。図書カード、テレホンカード、Suica、ICOCA、PASMOなど。⇔ポストペイドカード。

プリペイド-けいたいでんわ【プリペイド携帯電話】通話料金を前払いして利用する携帯電話。専用または対応の携帯電話機とプリペイドカードが必要。カードに記載された番号を登録することで、前払いした料金分の通話が可能になる。[補説]日本国内では、購入に身分証明書が不要だったことから犯罪に利用される事例が増加したため、平成18年(2006)に身分証明の義務付けや不正な譲渡の禁止などの規制が強化された。

プリベンション〖prevention〗《「予防」の意》環境汚染、健康阻害などを予防する物事。予防措置。予防策。

ふり-ほど・く【振り▽解く】〘動カ五(四)〙振り動かして解きはなす。「つかまれた袖を一・く」

フリ-マ「フリーマーケット」の略。

プリマ〖イタリア prima〗❶「プリマドンナ」の略。❷「プリマバレリーナ」の略。

ふり-まが・う【降り▽紛ふ】㊀〘動ハ四〙区別がつかないほど入りまじって降る。「秋深くなりにけらしな鈴鹿山紅葉は雨と一・ひつつ」〈新勅撰・雑四〉㊁〘動ハ下二〙入りまじって降って区別がつかないようにする。「花残るころにや分かむ白雪の一・へたるみ吉野の山」〈秋篠月清集〉

ふり-ま・く【振り×撒く】〘動カ五(四)〙❶あちこちまき散らす。「道路に水を一・く」「香水を一・く」❷惜しまずに人に分け与える。「愛嬌を一・く」
[類語]ばらまく・撒き散らす

ふり-まさ・る【▽旧り増さる】〘動ラ四〙ますます古くなる。ますます老いていく。「あらたまの年の終はりになるごとに雪もわが身も一・りつつ」〈古今・冬〉

ふり-まさ・る【降り増さる】〘動ラ四〙ますます激しく降る。降りつのる。「いとせきがたき涙の雨のみ一・れば」〈源・幻〉

プリマス〖Plymouth〗㊀英国、イングランド南西部、イギリス海峡に面する軍港都市。1620年のメイフラワー号の出港地。㊁米国マサチューセッツ州南東部の港町。1620年にメイフラワー号が到着した地で、ピルグリム-ファーザーズにより建設された。

プリマス-ロック〖Plymouth Rock〗鶏の一品種。米国の原産で、卵肉兼用種。羽色は、黒地に白の横斑のあるもの、白色のものがある。

プリマ-ドンナ〖イタリア prima donna〗オペラで、主役をつとめる女性歌手。

プリマ-バレリーナ〖イタリア prima ballerina〗主役を踊るバレリーナ。また、バレエ団の最高位の女性舞踊手。

ふり-まわし【振(り)回し】❶振り回すこと。「腕の一」❷金銭のやりくり。「有銀五百貫目より上の一の人、太夫にもあふべし」〈浮・一代女・二〉

ふり-まわ・す【振(り)回す】〘動サ五(四)〙❶手や手に持った物などを、勢いよく振ったり回したりする。「腕を一・す」「刀を一・す」❷みだりに使う。「親の権威を一・す」❸自慢してみせる。ひけらかす。「知識を一・す」❹思いのままに人を動かす。「友達に一・される」「うわさに一・される」

ブリミア〖bulimia〗過食症。自らの意志で摂食をやめることができないこと。思春期に多くみられる。⇒アノレキシア

ふり-みだ・す【振(り)乱す】〘動サ五(四)〙髪などを激しく振ってみだす。「髪を一・して働く」

ふり-みだ・る【降り乱る】〘動ラ下二〙雪などが乱れて盛んに降る。「時雨、あられ一・れて」〈更級〉

プリミティブ〖primitive〗〘形動〙原始的なさま。また、素朴なさま。「一な作風」「一アート」

プリミティブ-アート〖primitive art〗先史時代の原始的造形芸術。また、現代芸術において、特に未開民族の造形物に霊感を受けた表現。⇒フォークアート

ふりみ-ふらずみ【降りみ降らずみ】〘連語〙降ったり降らなかったり。「雨一、日光雲間をもるるとき」〈独

歩・武蔵野〉

ふり-む・く【振(り)向く】㊀〘動カ五(四)〙❶顔やからだを後方へ向ける。振り返って見る。「呼ばれて—・く」❷その方へ注意を向ける。関心を寄せる。「安物には—・きもしない」㊁〘動カ下二〙「ふりむける」の文語形。㊙振り返る・顧みる・背ける

ふり-む・ける【振(り)向ける】〘動カ下一〙文ふりむ・く〘カ下二〙❶動かしてその方へ向かせる。「頭を—・ける」❷本来の役目や用途をかえて、他にあてる。「貯金の半分を土地の購入費に—・ける」

ブリム-ハット〘brim hat〙トップ(山)のないブリム(縁)だけでできた帽子のこと。

プリムラ〘ラテン Primula〙サクラソウ科プリムラ属(サクラソウ属)の植物の総称。園芸品種が多く、花が大きいポリアンサや、マラコイデス(オトメザクラ)・オブコニカ(トキワザクラ)・ジュリアンなどがある。西洋桜草。プリムローズ。(季 春)

プリムラ-オブコニカ〘ラテン Primula obconica〙サクラソウ科サクラソウ属の園芸植物。中国西部原産。大形の花を球状に集めて開く。

プリムラ-ジュリアン〘ラテン Primula juliana〙サクラソウ科サクラソウ属の園芸植物。プリムラポリアンサより小形で、鉢物として栽培される。

プリムラ-ポリアンサ〘ラテン Primula polyantha〙サクラソウ科サクラソウ属の園芸植物。ヨーロッパの野生種の交配によって改良された種類。花色はさまざまで、八重咲きのものもある。

プリムラ-マラコイデス〘ラテン Primula malacoides〙サクラソウ科サクラソウ属の園芸植物。中国原産。オトメザクラ。

プリムローズ〘primrose〙❶「プリムラ」に同じ。❷淡緑黄色。

プリメーン-アンプ《pre-main amplifierから》プリアンプとメーンアンプが一体になった、最も一般的なアンプ。インテグレーテッドアンプ。

ふり-もの【降り物】連歌・俳諧で、天象のうち、雨・雪・霜・露などをいう語。

プリモルスキ-こうえん【プリモルスキ公園】《Primorski park》ブルガリア北東部の都市バルナの黒海沿岸に広がる公園。19世紀末、チェコ人の造園家の設計によりフランス式庭園として造られた。園内には水族館、動物園、自然科学博物館、海軍博物館があり、バルナで最も人気がある観光地の一つ。

ブリヤート〘Buryat〙ロシア連邦中部の共和国。バイカル湖の東から南に位置する。首都ウランウデ。13世紀ごろから住むモンゴル系のブリヤート人が基幹民族だが多数派ではない。機械工業・鉱業・牧畜などが行われている。

ぶ-りゃく【武略】戦いのかけひき。軍事上の計略。

ぶりゃく-じょう【武略状】戦国時代、陰謀などを企てるとき、同志を集めるのに用いた檄文。

ふり-や・む【降り止む】〘動マ五(四)〙降っていた雨や雪などがやむ。「雪が—・まない」

ブリャンスク〘Bryansk〙ロシア連邦西部、ブリャンスク州の州都。ベラルーシ、ウクライナとの国境近く、ドニエプル川の支流デスナ川とボルバ川の合流点に位置する。12世紀以前に要塞が築かれたことに起源する。17～18世紀、交易の要地として栄え、旧ソ連時代に工業化が進められた。同国有数の鉄道の分岐点。

ふ-りゅう【風流】❶上品で優雅なおもむきのあること。ふうりゅう。❷中世芸能の一。華やかな衣装や仮装を身につけて、囃子物の伴奏で群舞したもの。のちには、華麗な山車の行列や、その周りでの踊りをもいう。民俗芸能の念仏踊り・雨乞い踊り・盆踊り・獅子舞などの源である。ふうりゅう。❸延年の舞の演目。登場人物の問答のあと、歌舞となる。規模により、大風流と小風流とある。風流延年。能の「翁」の特殊演出。狂言方が担当。大勢の華やかな衣装の演者が出て寿を祝う。狂言風流。

ふ-りゅう【浮立】佐賀県を中心に分布する風流系の民俗芸能。太鼓や鉦を打ち鳴らして、集団で踊るものが多い。

ふ-りゅう【浮流】〘名〙スル 水に浮かんで流れること。「船の残骸が—する」㊙浮かぶ・流れる

ふりゅう-がさ【風流傘】傘鉾の一。祭礼の行列などに持ち歩く、美しく飾った長柄の傘。ふうりゅうがさ。

ふりゅう-きらい【浮流機雷】係留索が切れて流れだした機雷。➡浮遊機雷

ふりゅう-ぐるま【風流車】祭礼の行列などに引き歩く、美しく飾った車。装飾を施した山車の類。ふうりゅうぐるま。

フリューゲル〘ドイツ Flügel〙つばさ。羽。

ブリューゲル〘Pieter Bruegel〙[1528ころ～1569]フランドルの画家。寓意を交えた独自の写実的画風で農民風俗を描き「農民ブリューゲル」とよばれた。また、風景画・幻想画にも特異な才能を示した。長男ピーテル、次男ヤンも有名な画家で、兄は「地獄のブリューゲル」、弟は「花のブリューゲル」とよばれる。作「農民の踊り」など。大ブリューゲル。➡フランドル派

フリューゲル-ホーン〘ドイツ Flügelhorn｜fluegelhorn〙金管楽器の一。トランペットに似るが、管が太く、ベルが大きい。現在では、主にジャズで使用。

ブリュージュ〘フランス Bruges〙ブルッヘのフランス語名。

ブリューソフ〘Valeriy Yakovlevich Bryusov〙[1873～1924]ソ連・ロシアの詩人・批評家。雑誌「天秤座」を創刊し、ロシア象徴主義文学運動の指導者の一人となる。ロシア革命後は新政権を支持し、文化関係の要職について啓蒙活動を行った。詩集「傑作」「花冠」、小説「炎の天使」など。

フリュート〘flute〙►フルート

プリューム-テクトニクス〘plume tectonics〙►プルームテクトニクス

ふりゅう-もんじ【不立文字】禅宗の根本的立場を示す語。悟りの内容は文字や言説で伝えられるものではないということ。仏の教えは師の心から弟子の心へ直接伝えられるものであるという以心伝心の境地を表したもの。ふりつもんじ。

ブリュール〘Brühl〙ドイツ西部、ケルンの南方約20キロに位置する町。1984年、世界遺産(文化遺産)に登録されたアウグストゥスブルク城がある。

ふり-ゆ・く【旧り行く】〘動カ四〙年月がたっていく。古くなっていく。年老いる。「冬過ぎて春の来たれば年月は新たなれども人は—・く」〈万・一八八四〉

プリュタネイオン〘Prytaneion〙►プリタニオン

プリュッカー-かん【プリュッカー管】►ガイスラー管

ブリュッセル〘オランダ Brussel｜フランス Bruxelles〙ベルギー王国の首都。中世以来、交通・商工業の要地として繁栄。歴史的建造物を残す美しい街として知られ、EU(欧州連合)やNATO(北大西洋条約機構)の本部がある。英語名ブラッセル。人口、行政区15万、都市圏144万(2007)。

ブリュッセル-こうえん【ブリュッセル公園】《オランダ Warandepark｜フランス Parc du Bruxelles》ベルギーの首都、ブリュッセルの中心部にある公園。1775年、ブラバン公の狩猟場だった私有地をフランス風の庭園に造りかえた。1830年、ベルギー独立派とオランダ軍との最初の戦いが行われた場所としても知られる。

ブリユニ-こくりつこうえん【ブリユニ国立公園】《Nacionalni park Brijuni》クロアチア西部、アドリア海に浮かぶブリユニ諸島の大小14の島々からなる国立公園。豊かな自然に恵まれ、古代ローマ時代の別荘や神殿、東ローマ帝国時代の要塞などの歴史的建造物が残っている。旧ユーゴスラビアの政治家チトーの夏の別荘があったことでも知られる。

ブリユニ-しょとう【ブリユニ諸島】《Brijunskih otoka》クロアチア西部、アドリア海に浮かぶ大小14の島々からなる諸島。イストラ半島南西端の都市プーラの北西約7キロメートルに位置する。豊かな自然に恵まれ、古代ローマ時代の別荘や神殿、東ローマ帝国時代の要塞などの歴史的建造物が残り、全島がブリユニ国立公園に指定されている。全島中、ベリキブリユニ島とマリブリユニ島のみ上陸できる。

ブリュメール〘フランス brumaire〙霧月。フランス革命暦の第2月の称。

ブリュメール-じゅうはちにち【ブリュメール十八日】1799年11月9日、ナポレオンがクーデターで総裁政府を倒し、執政政府を樹立した事件。霧月(ブリュメール)の18日にあたるところからいう。

ブリュワリー〘brewery〙《「ブルワリー」とも》醸造所の意味で、特にビール醸造所をいう。醸造だけでなく販売およびパブを兼ねたものもある。

ブリュン〘Burünn〙ブルノのドイツ語名。

ブリュンティエール〘Ferdinand Brunetière〙[1849～1906]フランスの文芸批評家。進化論を文学史の研究に適用。著「文学史におけるジャンルの進化」。

ふ-りょ【不慮】思いがけないこと。意外。不意。「—の事故に遭う」「—の死を遂げる」㊙不測・非業・不覚

ふ-りょ【俘虜】戦争で敵軍にいけどりにされた者。とりこ。捕虜。㊙捕虜・虜囚・とりこ・人質

ふ-りょう【不良】〘名・形動〙❶質・状態などがよくないこと。また、そのさま。「—な(の)品」「発育—」「天候—」❷品行・性質がよくないこと。また、その人。「行状の—な(の)人」「—少年」㊙悪質・不品行・不心得・ふしだら・不行儀・不行状・不行跡

ふ-りょう【不猟】狩猟で、獲物が少ないこと。㊜大猟。

ふ-りょう【不漁】漁で、獲物が少ないこと。魚がとれないこと。㊜大漁。

ぶ-りょう【無聊】〘名・形動〙退屈なこと。心が楽しまないこと。気が晴れないこと。また、そのさま。むりょう。「—を慰める」「—な(の)日々」
㊙暇・手透き・手明き・用無し・閑散・開店休業

ふりょう-ぎんこう【不良銀行】►バッドバンク

ふ-りょうけん【不料簡・不了見】〘名・形動〙考え方や心構えがよくないこと。また、そのさま。「—を起こす」「—に秘密を漏らす」

ふりょう-さいけん【不良債権】銀行などの金融機関が融資した貸付金のうち、企業の経営破綻、経営困難などで回収ができなくなりそうな貸付金。

ふりょう-しさん【不良資産】回収の見込みの少ない債権(不良債権)や、簿価から価値が大幅に下落した証券、流通市場で買い手が付かず売却が困難な証券など、本来の価値が毀損した資産の総称。(補説)2008年のリーマンショックを契機に、米国の金融機関が抱える多額の不良資産の問題が深刻化。

ふりょう-セクター【不良セクター】《bad sector》ハードディスクなどの記憶装置において、データを記録する区画であるセクターに何らかの損傷が生じ、データの読み書きが行えないもの。

ぶりょう-とうげん【武陵桃源】世間とかけ離れた平和な別天地。桃源。桃源郷。陶淵明の「桃花源記」によると、晋の太元年間に、湖南武陵の人が桃林の奥の洞穴の向こうに出てみると、秦末の戦乱を避けた人々の子孫が住む別天地があって、世の変遷も知らずに平和に暮らしていたという。

ふ-りょうどうたい【不良導体】電気または熱を伝える度合いがきわめて小さい物体。ゴム・木・エボナイト・白雲母など。絶縁体。不導体。

ふ-りょく【浮力】流体中にある物体に、流体が及ぼす上向きの力。物体が押しのけた流体の重さに等しい。無重量状態では浮力は存在しない。

ふ-りょく【富力】富の力。財力。

ぶ-りょく【武力】軍隊の力。兵力。「—を行使する」「—革命」㊙兵力・戦力

ぶりょく-こうげき【武力攻撃】❶武力による攻撃。❷わが国に対する外部からの武力攻撃。武力攻撃事態法で定義されている有事に関する概念の一つ。➡武力攻撃事態 ➡武力攻撃予測事態

ぶりょくこうげき-じたい【武力攻撃事態】日本が外部から武力攻撃を受けている状態、または明らかに武力攻撃を受けると予想される状態をいう。(補説)武力攻撃事態法で定義されている有事に関する概念の一つ。同法では「武力攻撃が発生した事態又は武力攻撃が発生する明白な危険が切迫していると認められるに至った事態」と規定している。➡武力攻撃予測事態

ぶりょくこうげきじたい-ほう【武力攻撃事態法】ﾃﾞ《武力攻撃事態等における我が国の平和と独立並びに国及び国民の安全の確保に関する法律」の通称》武力攻撃事態等への対処について定めた法律。武力攻撃事態・武力攻撃予測事態について定義し、国・地方公共団体・指定公共機関の責務、国民の協力、および事態対処法制の整備について規定している。平成15年(2003)施行。武力事態対処法。

ぶりょくこうげき-よそくじたい【武力攻撃予測事態】武力攻撃事態には至っていないが、事態が緊迫し、武力攻撃が予測されるに至った事態。武力攻撃事態法で定義されている有事に関する概念の一つ。

ぶりょくじたいたいしょ-ほう【武力事態対処法】ﾃﾞ ►武力攻撃事態法

ふりょ-の-ほか【不慮の外】《不慮を強めていう語》まったく思いがけないこと。「長じて巣より立つ間、一に土に落ちて死にき」〈今昔・七・一〇〉

ブリリアンティーン〘brilliantine〙❶頭髪につける香油の類。❷綿毛交織の薄い毛織物。光沢があり、婦人服地・裏地などに用いる。

ブリリアント〘brilliant〙㊀〔名〕❶ダイヤモンドのカットの一。通常58面体にしたもの。ブリリアントカット。❷約3.5ポイントに相当する、欧文活字の古称。㊁〔形動〕光り輝くさま。明るく鮮やかなさま。また、みごとなさま。「一な音色」「一な才能」

フリル〘frill〙細い布などの片側にギャザーやプリーツをとったひだ飾り。襟や袖口などにつける。

プリ-レコ《prerecordingの略》映画やテレビで、音声を先に録音し、あとでそれに合わせて画面を撮影すること。プレレコ。⇒アフレコ

ふり-わけ【振(り)分け】❶振り分けること。また、そのもの。「男の子が四人、女の子が五人、宜い塩梅に一になってる」〈福沢・福翁自伝〉❷二つの荷物を紐ひもで結び、肩の前後に分けて担ぐこと。「荷を一にして肩にかける」❸「振り分け髪」の略。❹二つの場所の中間の所。「江戸へも六十里、京都へも六十里にて一の所なれば」〈滑・膝栗毛・三〉

ふりわけ-がみ【振(り)分け髪】8歳ごろまでの男女の髪形の一。髪を左右に分けて垂らし、肩のあたりの長さに切りそろえたもの。はなちがみ。◆書名別項。

ふりわけがみ【振分髪】江戸後期の歌学書。1巻。小沢蘆庵著。寛政8年(1796)刊。作歌入門書。詞のはたらきや「てにをは」を実例を挙げて説く。

ふりわけ-にもつ【振(り)分け荷物】振り分けにして肩にかけた荷物。

ふり-わ・ける【振(り)分ける】〔動カ下一〕図ふりわ・く〔カ下二〕❶全体を二つに分ける。両分する。「生徒を文科と理科に一・ける」❷分けて与える。配分する。「利益をそれぞれに一・ける」(類語)割り当てる・振り当てる・あてがう・割り振る・賦する

ふ-りん【不倫】〔名・形動〕道徳にはずれること。特に、男女関係で、人の道に背くこと。また、そのさま。「一な(の)恋」(類語)密通・私通・姦通・姦淫・罪・咎とが・過ち・罪悪・罪科・罪過・犯罪・罪障・罪業・悪徳・背徳・不徳・不仁・不義・破倫・悪あく・悪行あくぎょう・悪事・違犯

ブリン〘Anne Boleyn〙[1507〜1536]英国王ヘンリー8世の2番目の王妃。エリザベス1世の母。王との結婚に対する教皇の反対が、英国における宗教改革のきっかけとなった。男子が生まれなかったので、王子を熱望する王によって、不義を口実に処刑された。ブーリン。アン=ブリン。

プリン〘purine〙複素環式化合物の一。環内に窒素原子を含む。無色の針状結晶。天然には存在しないが、その誘導体は広く動植物に分布。化学式$C_5H_4N_4$

プリン《「プディング」の音変化》プディング。特にカスタードプディングのこと。

プリン-えんき【プリン塩基】プリンの誘導体のうち、一群の塩基性の化合物。生体に広く分布し、アデニン・グアニン・尿酸・カフェインなどがある。

ブリンカー〘blinkers〙►遮眼帯

プリンキピア〘ﾗﾃﾝ Principia〙ニュートン著の「Philosophiae Naturalis Principia Mathematica(自然哲学の数学的諸原理)」の略称。全3巻。1687年刊。力学の一般法則を定式化したもので、ニュートン力学の体系を確立し、近代科学の基礎となった。

ブリンク〘blink〙❶まばたき。またたき。光の点滅。❷コンピューターのディスプレー上で、カーソルや文字などが点滅すること。または、その状態。文字を入力する位置を目立たせる役割がある。

ブリンクマン-しすう【ブリンクマン指数】《Brinkman index》喫煙量と喫煙年数を掛けた数値。1日の喫煙本数×喫煙年数で表される。この数値が400を超えると癌がんが発生する危険性が高くなるとされる。

ブリンクリー〘Francis Brinkley〙[1841〜1912]英国の海軍軍人・ジャーナリスト。1867年(慶応3)来日し、海軍砲術学校などで教えた。「ジャパン-メール」紙を発行、日本の文化を海外に紹介。東京で没。

プリンケプス〘ﾗﾃﾝ Princeps〙《第一人者の意》古代ローマで帝政時代の皇帝の称。共和政時代の私的称号であったが、前27年、オクタビアヌスが王号を避けて自称して以来、3世紀末のディオクレティアヌス帝までの皇帝の公的称号となった。元首。

フリンジ〘fringe〙ひもや織物の端の糸をかがったり束ねたりした房飾り。

フリンジ-しちょうりつ【フリンジ視聴率】ﾆﾁｬｳﾘﾂ《fringe rating》テレビのゴールデンアワー前後の視聴率。CMの注目率が高くなるところからスポンサーの関心が強い。

プリンシパル〘principal〙主要な人。最も重要な人。

プリンシパル-インベストメント〘principal investment〙►自己資金投資

プリンシプル〘principle〙❶原理。原則。根本。❷主義。信条。
(類語)論理・理り・理ことわり・道理・事理・条理・理屈・筋すじ・純理・理法・ロジック・理論・セオリー・公理・定理

フリンジ-ベネフィット〘fringe benefit〙企業が給与外に個人に与える種々の利益をさす。乗用車をはじめ、住宅・子弟教育などの補助や、医療・食事、あるいは社内低利融資などがある。付加給付。賃金外給付。

フリンジング〘fringing〙房飾り(フリンジ)を付けたり、生地を房のように垂らしたりすること。

プリンス〘prince〙❶皇子。王子。親王。⇔プリンセス。❷ある団体の中で将来を期待されている男子。「演劇界の一」(類語)王子・親王

プリンスエドワード-アイランド〘Prince Edward Island〙カナダ南東部の州。セントローレンス湾南部にあるプリンスエドワード島からなる。州都シャーロットタウン。モンゴメリーの小説「赤毛のアン」の舞台。

プリンス-オブ-ウェールズ〘Prince of Wales〙英国皇太子の称号。

プリンス-ジョージ〘Prince George〙カナダ、ブリティッシュコロンビア州中部の都市。フレーザー川とネチャコ川の合流地点に位置し、19世紀初頭に毛皮交易の拠点として建設された。20世紀に入り、鉄道開通後も交通の要衝として発展。

プリンストン〘Princeton〙米国ニュージャージー州中部の学園都市。1746年創立のプリンストン大学をはじめ、多くの大学・研究所がある。

プリンス-メロン《和 prince＋melon》メロンとマクワウリの交配種。果皮は淡緑色でなめらか。果肉は甘い。

プリンス-ルパート〘Prince Rupert〙カナダ、ブリティッシュコロンビア州西部の港湾都市。スキーナ川の河口に位置し、西海岸ではバンクーバーに次ぐ良港をもつことで知られる。対岸のクイーンシャーロット諸島への観光拠点になっている。

プリンセス〘princess〙皇女。王女。内親王。親王妃。⇔プリンス。(類語)王女・内親王

プリンセス-ライン〘princess line〙ウエストに切り替えを入れず、縦の切り替えによって胸の張りとウエストの細み、腰の張りと裾すその開きを出したスタイルのこと。ベルトなしでウエストをぴったりさせたもの。英国王エドワード7世の妃、アレクサンドラ(1844〜1925)に由来する。

プリンター〘printer〙❶印刷機。❷写真・映画などで、原板から陽画を焼き付ける装置。❸コンピューターで、文書、図形、画像のデータを用紙や透過シートに印刷する出力装置。インクジェットプリンター、レーザープリンター、熱転写プリンターなどの方式がある。

プリンター-サーバー〘printer server〙LANラなどのコンピューターネットワークに接続されたプリンターを、複数のコンピューターと共有して利用するためのサーバー。プリントサーバー。

プリンター-ドライバー〘printer driver〙コンピューターでプリンターを制御するためのソフトウエア。

プリンター-ふくごうき【プリンター複合機】ﾌｸｶﾞｳｷ プリンターに複写機・スキャナー・ファクシミリなどの機能をまとめた機器。個別購入より低価格で省スペース化に役立つ一方、印刷機能が故障すると他の機能が正常でも修理が必要であるなどの欠点もある。インクジェット複合機、レーザー複合機などがある。複合機。デジタル複合機。ビジネス複合機。複合プリンター。MFP(multifunction peripheral/product/printer)。

プリン-たい【プリン体】《purine base》DNAを形作る核酸の材料になる塩基で、動物性食品に豊富に含まれる。このプリン体の最終代謝産物の尿酸の量が多すぎると、痛風が発症することもある。

プリンツィパルマルクト〘Prinzipalmarkt〙ドイツ西部、ノルトライン-ウェストファーレン州の都市、ミュンスターの旧市街中心部にある通り。14世紀に建造されたゴシック様式の市庁舎やランベルティ教会、切妻きりづま造りの建物などの歴史的建造物のほか、商店、レストランが並ぶ。

プリンツィプ-ばし【プリンツィプ橋】《Principov most》►ラテン橋

ブリンディジ〘Brindisi〙《「ブリンディシ」とも》イタリア南部、プーリア州の港湾・工業都市。サレント半島北岸、アドリア海に面した天然の良港を擁し、古くからギリシャ、アジア方面への海の玄関口として栄えた。大航海時代以降、重要性が薄れて長らく停滞していたが、19世紀のスエズ運河の開通以降、再び同国を代表する港の一になっている。アッピア街道の終点を示す古代ローマ時代の円柱やアラゴン家が建てた城が残っている。

フリント〘flint〙❶「火打ち石」に同じ。❷ライターの着火装置の一。やすりとこすり合わせて火花を出し、燃料に引火させるもの。鉄とセリウムの合金が用いられる。発火石。⇒フリント式ライター

プリント〘print〙〔名〕ｽﾙ ❶印刷すること。また、印刷物。「楽譜を一する」❷解答を書き込んで学習する問題用紙。教師による手作りの印刷物と、業者が発行する出版物とがある。❸映画や写真で、陰画を焼き付けて陽画にすること。また、その焼き付けられた写真やフィルム。❹捺染なっせんすること。また、捺染した布地。(類語)印刷・刷る・模様・柄・文様・図柄・絵柄・図案・パターン・地紋・紋あや・文目あやめ・紋柄もんがら・図様・意匠・デザイン

プリント-アウト〘print out〙〔名〕ｽﾙ コンピューターやワープロに入った文書などのデータを、プリンターで印刷すること。

プリント-オンデマンド〘print on-demand〙►オンデマンド出版

プリント-かいろばん【プリント回路板】ｸﾜｲﾛﾊﾞﾝ《printed circuit board》►基板

フリント-ガラス〘flint glass〙光学用の鉛ガラス。比重が大きく、屈折率が高く、光沢がある。

プリント-きばん【プリント基板】《printed circuit board》絶縁体の板の表面や内部に電気回路の配線をプリントし、その上に電子部品を取り付けた基板。プリント回路板。⇒基板

プリント-キュー〘print queue〙プリンターで印刷する際、印刷データを蓄え、プリンターの稼動状況に合

わせてデータ蓄積の発生順に順次印刷する機能。

プリント-クラブ《「クラブ」は倶楽部とも書く》インスタント写真のシール製造機。「プリクラ」とともに商標名。ゲームセンターなどに置かれ、機械の前で希望のフレームや背景を選択してボタンを押すと1分ほどで切手大の写真シールができる。平成7年(1995)後半に登場して以来、女子中高生を中心に人気を博した。プリクラ。

プリント-サーバー〖print server〗▸プリンターサーバー

フリントしき-ライター【フリント式ライター】フリントを利用して着火する方式のライター。回転式のやすりとフリントをこすり合わせて出た火花が燃料に引火し、炎が出る。フリントライター。➡電子式ライター

プリント-スプーラー〖print spooler〗プリンターで印刷する際、稼動状況に合わせて印刷するデータを一時的に保存するソフトウエア。

プリント-はいせん【プリント配線】電子回路を作るときに、合成樹脂などの絶縁体の基板に、導線に相当する導電物質を印刷技術で付着させて配線すること。また、そのもの。印刷配線。

プリント-はいせんばん【プリント配線板】《printed circuit board》▸基板

フリント-ライター《和 flint＋lighter》▸フリント式ライター

ふる【古｜▽故｜▽旧】❶使い古したこと。また、そのもの。「父のお—のシャツ」➡御古 ❷名詞の上に付いて複合語をつくる。㋐古いこと、また、使い古したことを表す。「—だぬき」「—新聞」「—靴」㋑以前のものの意を表す。「—巣」〔類語〕昔

ふる【布留】奈良県天理市の地名。石上神宮がある。〔歌枕〕「石上—の神杉神さぶる恋をも我は更にするかも」〈万・二四一七〉

ふる【×柯｜×柲】斧の柄。〈和名抄〉

ふ・る【▽旧る】〔動ラ上二〕❶古くなる。年をへて古びる。昔と今とすっかり変わる。「あをによし奈良の都は—・りぬれどもとほととぎす鳴かずあらなくに」〈万・三九一九〉❷年をとる。「—・りにし嫗にしてやかくばかり恋に沈まむ手童のごと」〈万・一二九〉❸古くからの縁がある。「現にも夢にも我は思はずき—・りたる君にここに逢はむとは」〈万・二六〇一〉

ふ・る【▽狂る】〔動ラ下二〕「ふ(狂)れる」の文語形。

ふ・る【振る】〔動ラ五(四)〕❶からだの一部を、また物の一方の端をもって上下・左右・前後に何度も繰り返すようにして動かす。「ハンカチを—・る」「腕を—・って歩く」「犬がしっぽを—・る」❷手を動かして握ったものを下方に投げる。また、勢いをつけて振りまく。「さいころを—・る」「塩を—・る」❸割り当てる。「大役を—・られる」❹文字のわきに記号・読みがななどをつける。「ルビを—・る」❺相手の求めを退ける。はねつけて相手にしない。「女に—・られる」❻得た地位・立場などをあっさり捨てる。また、しようとする意志を捨てる。むだにする。「重役の地位を—・る」「一生を棒に—・る」❼動かして方向を少しずらせる。進む向きをある方向に変える。「舵を右に—・る」❽煎じて出す。「薬を—・る」❾勢いよく担ぎ動かす。「みこしを—・る」❿本題に入るきっかけとして話す。話を導き出そうとする。「落語家がまくらを—・る」「司会者が話題を—・る」⓫為替・手形などを発行する。「為替を—・る」⓬神体を移す。「三笠山に—・り奉りて、春日明神と名づけ奉りて」〈大鏡・道長上〉⓭入れかえる。置きかえる。「行く春は行く歳にも—・るべしといへり」〈去来抄・先師評〉〔可能〕ふれる〔類語〕振るう

〔一句〕命を棒に振る・尾を振る・大手を振る・顔を振る・頭を振る・頭を振る・首を振る・采配を振る・先棒を振る・尻尾を振る・身代を棒に振る・無い袖は振られぬ・脇目も振らず

ふ・る【降る】〔動ラ五(四)〕❶空から雨や雪などが連続的に、広い範囲にわたって落ちてくる。また、細かいものが上方からたくさん落ちてくる。「大雪が—・る」「火山灰が—・る」❷霜がおりる。「早霜が—・る」❸日光・月光が注ぐ。「やしの葉影に—・る月の光」❹多く集まり寄ってくる。「—・るほど縁談がある」

〔一句〕雨が降ろうが槍が降ろうが・子供騒げば雨が降る・提灯程の火が降る

降って湧・く　突然起こる。思いがけなく現れる。「—・いた縁談」

ふ・る【触る】㊀〔動ラ四〕物にさわる。ちょっと接触する。「下泣きにわが泣く妻を今夜こそは安く肌—・れ」〈記・下・歌謡〉㊁〔動ラ下二〕「ふ(触)れる」の文語形。

ふ・る【▽震る】〔動ラ四〕《「振る」と同語源》揺れ動く。震動する。「大風吹き、地震などさへ—・りて」〈栄花・花山尋ぬる中納言〉

フル〖full〗〔形動〕限度いっぱいであるさま。十分であるさま。「能力を—に発揮する」「—操業」

〔類語〕十分・十二分・存分

ブル　❶上げ相場。また、上げ相場であると読んで強気で臨むこと。雄牛(bull)の攻撃が角を突き上げる動作であることによるたとえ。➡ベア ❷「ブルジョア」「ブルジョアジー」の略。「プチ—」❸「ブルドッグ」の略。❹「ブルドーザー」の略。

ぶ・る【▽振る】㊀〔動ラ五(四)〕《㊁の接尾語が独立の動詞として用いられるようになったもの》えらそうに見せる。もったいぶる。気どる。「—・った態度」「—・って言うのじゃないが」㊁〔接尾〕《動詞五(四)段型活用》名詞や形容詞語幹などに付いて、そのようにふるまう、それらしいようすをする、などの意を表す。「学者—・る」「先輩—・る」「えら—・る」

プル〖pull〗引くこと。引く力。「—スイング」

プルアウト〖pullout〗アメリカンフットボールの攻撃側の技術で、ラインマンがスナップ直後に一歩下がり、ブロッカーとしてラインの後ろを真横に移動すること。

ふる-い【古井】古く荒れ果てた井戸。古井戸。「城あとや—の清水先づ問はん」〈笈日記〉

ふるい【震い】❶恐怖や寒さなどで、からだがふるえること。ふるえ。「—を帯びて怖々した声で」〈啄木・病院の窓〉❷瘧などによる発作的な痙攣。

ふるい【×篩】円形・方形の枠の下に、網を張った道具。粒状のものを入れて振って、網目を通る細かいものをより分ける。

篩に掛・ける　ふるいを使ってより分ける。転じて、条件・基準に合わないものを除外する。

ふる・い【古い｜▽故い｜▽旧い】〔形〕図ふる・し〔ク〕❶その状態になってから長い年月が経過している。㋐そうなってから久しい。ずっと以前から現在にまで続いている。「—・い制度」「—・いレコード」「—・くからの顔ぶれ」⇔新しい。㋑昔の出来事である。「—・い話を持ち出す」⇔新しい。❷時代遅れである。古風である。また、珍しくない。「感覚が—・い」「その手はもう—・い」⇔新しい。❸食べ物などが、新鮮でない。「—・いりんご」⇔新しい。〔派生〕ふるさ〔名〕

〔類語〕(❶)古めかしい・古臭い・黴臭い/(❷)時代遅れ・流行遅れ・古風・昔風・旧式・陳腐・旧弊・前近代的・旧態依然・中古・オールドファッション

故きを温ね新しきを知る　《「論語」為政から》古典や伝統、先人の学問など、昔の事柄の研究を通して、新しい意味や価値を再発見する。温故知新。

ぶ-るい【部類】❶種類によって分けた、その一つ一つのグループ。「優等生の—に属する」❷仲間。「東西南北の—眷族が」〈伽・熊野の御本地〉

〔類語〕種目・条項・条目・品目・細目・部門

ふる-いえ【古家】古くなった家。ふるや。

ふるい-おこ・す【奮い起(こ)す｜振るい起(こ)す】〔動サ五(四)〕❶(奮い起こす)はげまして気力を盛んにする。「勇気を—・す」❷(振るい起こす)手段・方法などを尽くして、学術・産業などの勢いを盛んにする。「工業を—・す」

ふるい-おと・す【振るい落(と)す｜×篩い落(と)す】〔動サ五(四)〕❶(振るい落とす)細かく揺すって、そこについているものを下に落とす。「梅の実を—・す」「傘のしずくを—・す」❷(篩い落とす)篩にかけて落とす。転じて、多くの中から一定の基準に達しないものをより分けて取り除く。「一次試験で—・す」

ふるい-かん【×篩管】▸しかん(篩管)

ふる-いけ【古池】古くからある池。古くなって荒れた池。

ふるい-た・つ【奮い立つ｜奮い▽起つ】〔動タ五(四)〕気力が盛んになる。心が勇みたつ。「援軍の到着に—・つ」〔類語〕逸る・奮う・気負う・急き込む・勇み立つ・勇む・猛る

ふるいち-こうい【古市公威】[1854〜1934]土木工学者。江戸の生まれ。工科大学(現、東大工学部)学長。内務省土木局長。貴族院議員、枢密顧問官。姫路藩士の長男として生まれ、フランス留学後内務省に勤務。近代土木技術の確立に努め、土木行政の改善や土木法規の制定などに寄与した。

ふるいち-こふんぐん【古市古墳群】大阪府の藤井寺市・羽曳野市・松原市にまたがる大古墳群。応神陵古墳を代表とする。大古墳が集中するので、大和にあった王朝が河内に移ったとする説もある。

ふるい-つ・く【震い付く】〔動カ五(四)〕❶感情をおさえることができないで、思わず抱きつく。「何時見てもあの女は、何だかこう水際立った、—・きたいような風をしている」〈芥川・好色〉❷寒さや病気などのために身体がふるえる。「にはかに—・きて御所中むさきよし」〈御湯殿上日記・文明一四年閏七月二九日〉

ふる-いど【古井戸】古い井戸。古井。

ふるい-ぶ【×篩部】▸しぶ(篩部)

ふるい-よしきち【古井由吉】[1937〜　]小説家。東京の生まれ。立教大学でドイツ文学を講じたのち、文筆活動に入る。「内向の世代」の代表的作家。「杳子」で芥川賞受賞。他に「槿」「中山坂」「仮往生伝試文」「白髪の唄」など。

ふるい-わ・ける【×篩い分ける】〔動カ下一〕図ふるひわ・く〔カ下二〕❶篩にかけてより分ける。「米ともみ殻を—・ける」❷多くの物の中から選び分ける。選別する。「書類選考で—・ける」

ふる・う【振るう｜▽揮う】〔動ワ五(ハ四)〕❶㋐充実して勢いが盛んである。「国力が大いに—・う」「成績が—・わない」㋑(「ふるった」「ふるっている」の形で)普通とずいぶん変わっている。当たり前でない。とっぴである。「言いぐさが—・っている」❷㋐大きく、また、勢いよく振り動かす。「拳を—・う」「刀を—・って敵陣に攻め入る」㋑思う存分に力を働かせる。十分に発揮する。「権力を—・う」「腕を—・った料理」「インフルエンザが猛威を—・う」㋒振ってすっかり出す。「財布の底を—・う」〔可能〕ふるえる

〔一句〕威を振るう・腕を振るう・大鉈を振るう・舌を振るう・鉈を振るう・涙を振るう・尾大掉わず・筆を揮う

〔類語〕(❶)興る・盛る・新興・勃興/(❷)振る

ふる・う【震う】㊀〔動ワ五(ハ四)〕《「振るう」と同語源》❶寒さや恐怖でからだが小きざみに動く。ふるえる。「—・う声で詰問しはじめた」〈鷗外・魚玄機〉❷揺れ動く。震動する。「地の—・ひ家のやぶるる音、雷に異ならず」〈正保整版本方丈記〉㊁〔動ハ下二〕「ふるえる」の文語形。

ふる・う【奮う】〔動ワ五(ハ四)〕《「振るう」と同語源》気力が盛んになる。また、気力を盛んにする。「気力を—・って闘う」〔類語〕勇む・逸る・気負う・急き込む・勇み立つ・奮い立つ・猛る

ふる・う【×篩う】〔動ワ五(ハ四)〕❶篩にかけてより分ける。「灰を—・う」❷ある基準によってより分ける。選抜する。「試験で—・ってから面接を行う」〔可能〕ふるえる〔類語〕より分ける・選ぶ・すぐる・選る・選る・選択する・取捨する・選定する・選考する・選別する・セレクトする・ピックアップする

ブルー〖blue〗〔名・形動〕❶青色。藍色。❷ゆううつであること。また、そのさま。「—な一日」

〔類語〕青・真っ青・青色・藍・青藍・紺青・紺碧・群青・紺・瑠璃色・縹・花色・露草色・納戸色・浅葱・水色・空色・インジゴ・コバルト・シアン・ウルトラマリン・マリンブルー・スカイブルー

フルーイディクス〖fluidics〗空気・水などの流体を信号処理の媒体として用いる機器。また、これに

関する技術。
ブルー-インパルス〖Blue Impulse〗航空自衛隊のジェット機の編隊曲技飛行チームの通称。正式名称は、戦技研究班。
ブルー-オリンピック〖Blue Olympic〗2年ごとに開かれる水中競技世界選手権大会の通称。スキューバを着て、水中銃で魚を捕ったり、水中ラリーなどを行う。正式名称は、The World Underwater Olympicという。
ブルー-カラー〖blue-collar〗《青色の作業服を着るところから》生産の現場で働く労働者。➡ホワイトカラー 〔類語〕会社員・サラリーマン・勤め人・勤労者・労働者・ビジネスマン・ホワイトカラー・グレーカラー
ブルーギル〖bluegill〗サンフィッシュ科の淡水魚。全長約20センチ。体形はタイに似て、灰褐色で、えらぶた後端が黒っぽい。北アメリカ原産で、日本には昭和35年(1960)渡来。原産地では40センチに達する。ルアー釣りの対象。
プルーク〖ドイツ Pflug〗《鋤(すき)の意》スキーで、両方のスキーの先端をつけ、後尾部は開いてV字形をつくること。
プルークボーゲン〖ドイツ Pflugbogen〗スキーで、両スキーの先をつけ、後尾部を開いてスピードを殺しながら、体重を左右に移して回転すること。
ブルークマン〖Karl Brugmann〗[1849〜1919]ドイツの言語学者。青年文法学派の中核としてインド-ヨーロッパ語学・比較言語学の研究に多大な業績を残した。著「インド-ゲルマン語比較文法綱要」など。
ブルーグラス〖bluegrass〗アメリカのカントリー音楽。フィドル・ギター・5弦バンジョー・マンドリンなどを用いる。
ブルー-グラミー〖blue gourami〗東南アジアの淡水にすむ魚。ペットとして人気がある。
ブルージー〖bluesy〗〔形動〕ブルース音楽を思わせる、ブルース風の、の意。通常、「憂いを帯びた」というニュアンスで使われることが多い。「一な調べ」
ブルー-ジーンズ〖blue jeans〗藍(あい)染めした綾綟(あやも)綿布(ジーン)と、それでできた衣服の総称。
ブルー-シフト〖blue shift〗▶青方偏移
ブルース〖blues〗奴隷制下のアメリカ黒人の間に、宗教歌・労働歌などを母体に生まれた歌曲。のち、ダンス音楽やジャズなどにも取り入れられた。
ブルーズ〖フランス blouse〗❶画家などが仕事着として着る、ゆったりした上っ張り。❷「ブラウス」に同じ。
ブルースター-かく【ブルースター角】▶偏光角
プルースト〖Marcel Proust〗[1871〜1922]フランスの小説家。独自の手法で、人間存在と外界との相関、意識や記憶の本質を追求した長編小説「失われた時を求めて」は、20世紀文学に大きな影響を与えた。
ブルーストッキング〖bluestocking〗▶青鞜(せいとう)
ブルース-ハープ〖blues harp〗ブルースやフォークソングの演奏に使うハーモニカ。〔補説〕harpは、米口語でハーモニカを意味する。
ブルースペック-シーディー【ブルースペックCD】《Blu-spec CD》高品質な音声記録を目的として開発された音楽用CDの一。ソニーミュージックエンタテインメントが開発。従来の音楽用CDと規格は同一だが、ブルーレイディスク向けの素材や製造技術を利用。原盤製造の段階で書き込み誤差の大幅な低減を図っている。➡スーパーハイマテリアルCD ➡ハイクオリティーCD
ブルース-ロック〖blues-rock〗1960年代半ばに登場した、ブルースに強く影響されたロック音楽。リズムアンドブルース(R&B)をロック的に解釈し、エレキギターを中心とする小編成のバンドでアンサンブルと即興に重点を置いて演奏を展開した。
ふる-うた【古歌】古い時代の歌。古人の詠んだ歌。こか。「一奉りし時の目録のその長歌」〈古今・雑体・詞書〉
ブルーター〖brouter〗コンピューターネットワークにおいて、LAN同士を接続する中継装置であるブリッジと、相互接続するルーターの機能をあわせもつ機器。ブリッジルーター。
ブルータス〖Brutus〗ブルートゥスの英語名。
　ブルータスよお前もか　カエサル(シーザー)が暗殺されるとき、相手の中に信頼していたブルートゥスを見いだして発した言葉。信頼していた者に裏切られたときに用いられる。
ブルー-チーズ〖blue cheese〗ナチュラルチーズの一。アオカビを用いて熟成したもので、大理石状の模様をもつ。特有の風味がある。
ブルー-チップ〖blue chip〗優良株。収益力があり、財務内容も良好な会社の株式。
フルーツ〖fruit〗果物。果実。「一サラダ」
〔類語〕果物・水菓子・果菜・デザート
フルーツ-カクテル〖fruit cocktail〗刻んだ果物を数種取り合わせ、果汁を主にしたシロップ状のソースを加えたもの。
フルーツケーキ〖fruitcake〗ラムやブランデーに漬け込んだレーズン・ナッツの類をまぜて焼き上げたケーキ。
フルーツ-ゼリー〖fruit jelly〗ゼラチンを溶かし、砂糖や果汁、またはそれに刻んだ果物を加えて型に入れ、冷やし固めた菓子。
フルーツ-トマト《和 fruits＋tomato》水分を極力控えて栽培し、味を濃縮した、糖度の非常に高いトマト。
フルーツ-パーラー《和 fruit＋parlor》果物やそれを使ったケーキ・飲料などを出す喫茶店。
フルーツ-ポンチ《和 fruit＋punch》数種の果物を細かく切り、シロップなどを加えたもの。洋酒類を入れることもある。
フルーティー〖fruity〗〔形動〕果物の風味があるさま。また、甘ったるいさま。センチメンタルな。「一なお酒」
フルーティスト〖flutist〗フルート奏者。
ブルーテ-ソース〖velouté sauce〗▶ブルテーソース
プルーデント〖prudent〗〔形動〕慎重なさま。「資産分散による一な投資」〔類語〕慎重
プルーデントマン-ルール〖prudent man rule〗機関投資家が資産運用するときに、自己の資産を運用するのと同様の慎重さをもって運用しなければならないというもの。
フルート〖flute〗《「フリュート」とも》木管楽器の一。横笛の一種で、古くは木製、現在は金属製の管に鍵機構を備えたものが普通。音域はほぼ3オクターブで、柔らかく清澄な音色が特徴。
プルートイド〖plutoid〗▶冥王星型天体
ブルートゥース〖Bluetooth〗携帯情報端末などの無線接続に用いられる通信規格。パソコン、携帯電話などでケーブルを使わずにデータの送受信ができる。➡パン(PAN)
ブルートゥス〖Marcus Junius Brutus〗[前85〜前42]古代ローマの政治家。カエサル暗殺の首謀者。アントニウスらと戦って敗れ、自殺した。ブルータス。
プルートー〖Pluto〗㊀ローマ神話で死後の世界の神。ギリシャ神話のハデスにあたる。㊁冥王星(めいおうせい)。
ブルートフォース-こうげき【ブルートフォース攻撃】《brute force attack》▶総当り攻撃
ブルー-トレイン《和 blue＋train》車体を青色に塗ったJRの夜行寝台特急の愛称。
プルードン〖Pierre Joseph Proudhon〗[1809〜1865]フランスの社会主義者。民主的な経済制度や相互連帯に基づく自由で平等な社会の実現を主張。経済的自由主義・共産主義・国家を否定した。著「財産とは何か」「貧困の哲学」など。
ブルー-ナ-ボーニャ〖Brú na Bóinne〗アイルランドの首都ダブリンの北40キロメートル、ボイン川下流の地域名。ゲール語で「ボインの宮殿」を意味し、ニューグレンジ、ドウス、ノウスなどの石室墓をはじめとする巨石群がある。1993年に「ボイン渓谷の遺跡群」として世界遺産(文化遺産)に登録された。
ブルーノ〖Giordano Bruno〗[1548〜1600]ルネサンス期イタリアの哲学者。欧州諸国を遍歴、唯物論的自然観・汎神論にたち、スコラ主義・キリスト教を鋭く批判したため、絶えず迫害され、異端者として火刑に処せられた。著「原因と原理と唯一者について」など。
ブルー-ノート〖blue note〗アメリカ黒人音楽の旋律にあらわれる音階的な特徴で、3度・5度・7度の音が半音下がるもの。また、その下がった音。
プルーフ〖proof〗❶多く複合語の形で用い、防ぐ、よける、などの意を表す。「ウオーター一」❷洋酒などでアルコールの強度を示す単位。❸証拠。証明。❹試験。吟味。特に品質試験。❺特製の極印を使って鋳造した貨幣。
ブルー-フィルム〖blue film〗男女の性行為をあからさまに描いたわいせつな映画。
ブルー-ブック〖blue book〗青書(せいしょ)。
ブルー-ブラック〖blue-black〗濃い藍色。
ブループリント〖blueprint〗青写真。青焼き。
ブルーベリー〖blueberry〗ツツジ科コケモモ属の低木。4月ごろ、釣り鐘状の白い花が咲き、藍黒色で白粉をかぶる球形の実を結ぶ。甘酸っぱく、ジャムなどにする。果樹として栽培。北アメリカの原産。
ブルーベル〖bluebell〗英国などに産する、青色の釣り鐘形の花をつける植物。
ブルー-ヘルメット〖blue helmet〗PKO(国連平和維持活動)に従事する要員がかぶる青色のヘルメット。また、PKOそのもののこと。〔補説〕青色は国際連合のシンボルカラー。
ブルーマー〖bloomers〗《考案者の米国人ブルーマー夫人の名から》女性・子供用のゆったりした、裾口をゴムで絞った下ばき。また、同形の女子用の運動着。ブルマー。ブルーマーズ。
〔類語〕ズロース・パンティー・ショーツ
ブルー-マウンテン〖Blue Mountain〗コーヒーの銘柄の一。西インド諸島、ジャマイカ島のブルーマウンテン山(標高2256メートル)地方で栽培されるもの。
ブルー-マリン〖blue marlin〗大西洋に広く分布する大形のマカジキ。ニシクロカジキ。
ブルー-マンデー〖blue Monday〗休日明けのゆううつな月曜日という意味。月曜病。
ブルーム〖bloom〗《花・開花の意》チョコレートの表面に浮き出た白い粉。また、キュウリなどの表面の白い粉。
ブルーム〖broom〗ほうき。特に、カーリングで使うものをいう。
ブルームズベリー〖Bloomsbury〗英国の首都ロンドン中心部の一地区。大英博物館、ロンドン大学のカレッジがある文教地区として知られ、19世紀から20世紀にかけて、チャールズ＝ディケンズ、サマセット＝モーム、バーナード＝ショーらが居住した。また1906年から30年頃にかけてロンドンとケンブリッジで活躍した、バージニア＝ウルフ、E＝M＝フォースター、J＝M＝ケインズ、バートランド＝ラッセルら、知識人や芸術家はブルームズベリーグループと呼ばれた。
プルーム-テクトニクス〖plume tectonics〗《「plume」は、もくもく上がる煙の意》地球の大規模な変動は、地球内部、地殻と核の間のマントル内部に発生するホットプルームとコールドプルームの対流によって起こるという学説。1990年代前半に発展。プレートテクトニクスにおけるプレートの動きはこの理論で説明が付くとされる。プリュームテクトニクス。
ブルームフィールド〖Leonard Bloomfield〗[1887〜1949]米国の言語学者。ドイツに学び、言語研究に徹底した客観主義的方法を導入。主著「言語」は長い間、アメリカ構造言語学の基本となった。
ブルーム-ボール〖broom ball〗アイスホッケーのスティックの代わりにほうきを持ってパックを運ぶ氷上スポーツ。カーリング用のブルーム(ほうき)がヒント。
ブルー-めんきょ【ブルー免許】運転免許証の有効期間を示す欄が青色であるもの。一般運転者、違反運転者、グリーン免許をもつ初回更新者に与えられる。ブルー免許証。➡グリーン免許 ➡ゴールド免許
ブルー-モスク〖Blue Mosque〗▶スルターンアフメットモスク
ブルー-ラグーン〖Blue Lagoon〗アイスランドの首都レイキャビクの南西約40キロメートルにある温泉

施設。アイスランド語名ブラーロニズ。隣接する地熱発電所の熱水を利用した世界最大級の露天温泉がある。同国屈指の観光名所として知られる。

プルーラリズム〖pluralism〗多元主義。複数主義。

ブルーリッジ-パークウエー〖Blue Ridge Parkway〗米国バージニア州のシェナンドア国立公園とノースカロライナ州のグレートスモーキー山脈国立公園を結ぶ国立公園局が管理する全長約750キロの観光道路。アパラチア山脈の最東部を構成するブルーリッジ山脈の稜線に沿い、チェロキー族や19世紀の開拓者の暮らしを再現した観光施設などがある。

ブルーリボン-しょう【ブルーリボン賞】㊀東京の新聞記者・通信社が選定する映画賞。昭和25年(1950)創設。同42年に一時廃止されたが、同50年に復活して今日に至る。㊁鉄道友の会が、前年度に営業運転を始めた新型車両の中からデザイン・性能ともに優秀と認めた車両に贈る賞。昭和33年(1958)に制定。

フルーレ〖(フランス) fleuret〗フェンシングに用いる剣の一。また、これを用いる競技種目。胴体への突きで得点を争う。➡エペ ➡サーブル

ブルーレイ-かきん【ブルーレイ課金】ブルーレイディスクレコーダーや記録型のブルーレイディスク(BD-R、BD-REなど)に私的録音録画補償金を課す制度。平成21年(2009)5月より実施。BD課金。

ブルーレイ-ディスク〖Blu-ray Disc〗光ディスクの規格の一つ。記憶容量は1層25ギガバイト、2層50ギガバイト。DVDの次世代規格として平成14年(2002)に策定。翌年にソニーが世界初のブルーレイディスクレコーダーを発売した。同社や松下電器産業(現パナソニック)が推進し、もう一つの次世代DVD規格HD DVDとのシェア争いに勝利した。

ブルーレイディスク-アソシエーション〖Blu-ray Disc Association〗ブルーレイディスクに関する規格策定と普及を目的として設立された国際的な業界団体。BDA。

ブルーレイディスク-レコーダー〖Blu-ray Disc recorder〗テレビ放送または専用カメラを通して送られてくる画像・音声を、ブルーレイディスクに記録したり再生したりする装置。BDレコーダー。

ブルーレイ-ドライブ〖Blu-ray drive〗記憶媒体としてブルーレイディスクを用いる光学ドライブの総称。BD-ROMの読み出しが可能なほか、大部分はCDとDVDを取り扱うことができる。BD-ROMの読み出し専用のBD-ROMドライブ、BD-RやBD-REの書き込みに対応したBD-Rドライブ、BD-REドライブ、両者に対応したBD-R/REドライブなどがあり、パソコンに内蔵するものと、外部に接続して利用するものがある。BDドライブ。

プルーン〖prune〗セイヨウスモモの実。また、それを乾燥させたもの。

ふる-え【古江】古びた入り江。「かげろふの小野の—を越す潮の湊(みなと)やいづく春の夕なぎ」〈夫木・二三〉

ふる-え【古▽枝】古い枝。また、枯れ枝。「百済野(くだらの)の萩の—に春待つと居りしうぐひす鳴きにけむかも」〈万・一四三一〉

ふるえ【震え】ふるえること。特に、寒さや恐怖のためにふるえること。「—がとまらない」「—がくる」
類語 身震い・武者震い・戦慄・胴震い・震駭(しんがい)・震える

ふるえ-あが・る【震え上(が)る】〔動ラ五(四)〕寒さや恐怖のためにひどくふるえる。極度の寒さや恐怖を感じる。「市民を—・らせた惨劇」
類語 おののく・わななく

ふるえ-おん【震え音】▶顫動音(せんどうおん)

ふるえ-ごえ【震え声】小刻みにふるえる声。「—で歌う」

フル-エッチディー【フルHD】《full high definition》▶フルハイビジョン

ふる・える【震える】〔動ア下一〕図ふる・ふ〔ハ下二〕❶細かく揺れ動く。震動する。「地震で窓ガラスが—・える」❷寒さや激しい感情のために、からだが小刻みに動く。「恐ろしさに膝が—・える」「雨にずぶぬれになって—・える」

フルオート-プレーヤー《full-automatic player から》自動的に再生を開始し終了するアナログプレーヤー。繰り返し演奏も可能。

プルオーバー〖pullover〗前後にあきがなく、頭からかぶって着る形式の衣服。特にセーターをさす。

フルオロカーボン〖fluorocarbon〗フレオン・フロンなどの正式名称。

ブルカ〖burka〗イスラム教徒の女性が頭からかぶって全身を覆うように着る、マントのような衣服。ニカブと異なり、目の部分も網状の布などで隠す。アフガニスタンに多くみられる。➡ニカブ ➡チャドル ➡ヘジャブ

ブルガーコフ〖Mikhail Afanas'evich Bulgakov〗[1891～1940]ソ連の小説家・劇作家。幻想的手法と風刺によって革命後の現実を描き、暗に新政権を批判した。死後に公刊された長編小説「巨匠とマルガリータ」は、20世紀ロシア文学を代表する作品の一つとされる。他に小説「白衛軍」「犬の心臓」、戯曲「トゥルビン家の日々」など。

ブルガーニン〖Nikolay Aleksandrovich Bulganin〗[1895～1975]ソ連の政治家。ボリシェビキ党に入党。1955年のマレンコフ解任後、首相となり平和共存外交を進めたが、58年に失脚。

フル-カウリング〖full cowling〗オートバイなどで、走行時の空気抵抗を少なくするため車体全部を覆う流線形のカバー。

フル-カウント〖full count〗野球で、打者のボールカウントがツーストライク、スリーボールのこと。

ふる-がお【古顔】古くからその社会・仲間にいる人。古参。古株。「職場の—」⇔新顔。
類語 古株・古手・古参・ベテラン

ふる-かく【古格】〔名・形動ナリ〕古風であること。また、そのさま。昔風。「古道具屋の—な、堅地の父の親の手を」〈浄・卯月の紅葉〉

ブルガス〖Burgas〗ブルガリア東部、黒海に面する港湾都市。古代ギリシャの植民都市に起源し、オスマン帝国時代は塩と木材の交易で栄えた。19世紀末に首都ソフィアと鉄道で結ばれ、工業都市として発展。現在、同国最大の港湾を擁する。18世紀から19世紀にかけてのイコンを所蔵する美術館、トラキア時代の出土品を展示する考古学博物館などがある。

ブルガタ〖(ラテン) Vulgata〗▶ウルガタ

ブルガダ-しょうこうぐん【ブルガダ症候群】突発性の心室細動により心停止状態となり、失神を引き起こし、突然死に至る場合がある心臓病。心臓病歴のない中高年男性に多く、睡眠中など安静時に起こることが多い。ぽっくり病の原因の一つと考えられている。心電図検査で特徴的な波形が現れるが、原因は不明。発作が起きた場合は自動体外式除細動器(AED)などで電気ショックを与え、蘇生する。再発の可能性があるため植え込み型除細動器(ICD)による治療が行われることが多い。補説 心室細動は重篤な不整脈で、心室の筋肉が小刻みに痙攣した状態になり、全身に血液を送り出すポンプの役割を果たせなくなる。心室細動になった場合は、AEDやICDによって電気ショックを与えることにより、心臓のリズムを正常な状態に戻す。

フルカ-とうげ【フルカ峠】《Furkapass》スイス中部、ウリ州とバレー州の州境にある峠。標高2431メートル。ローヌ川の源流、ローヌ氷河の最奥部に位置する。かつて氷河急行で知られるフルカオーバーアルプ鉄道が通っていたが、1982年の新フルカトンネルの開通に伴い、新線に移行。1992年、車窓景観を望める旧線の一部区間で観光用の山岳鉄道が復活した。

ブルカニア〖Vulcania〗フランス中南部、オーベルニュ地方の都市クレルモンフェラン西郊の火山に関するテーマパーク。ピュイ-ド-ドーム山の近くにあり、火山の内部や噴火の仕組みについて学べる展示や映画上映施設、各種アトラクションがある。

ふる-がね【古▽鉄】《「ふるかね」とも》金属製品、特に銅・鉄製品の、使い古したものやこわれたもの。

ふるがね-かい【古▽鉄買い】古鉄を買い集める業者。

ブルカノ〖Vulcano〗イタリア南部、リパリ諸島南端の火山島。北部にあるブルカノ火山は爆発的噴火を繰り返した成層火山で、標高390メートル。観光地。

ブルカノしき-ふんか【ブルカノ式噴火】火口内でほとんど固結した溶岩が高いガス圧で吹き飛ばされる爆発的な噴火。同時に火山弾・火山岩塊・火山礫(れき)・火山灰などを放出。安山岩質マグマに多い。日本の火山では普通の噴火様式で、浅間山・桜島などはこの例。

ふる-かぶ【古株】❶木や草の古い株。❷その社会や集団に古くからいる人。ふるがお。「会社の—」
類語 古顔・古手・古参・ベテラン

ふる-から【古▽幹】古い茎。枯れて残った茎。「我が宿の穂蓼(ほたで)—摘み生(お)ほし実になるまでに君をし待たむ」〈万・二七五九〉

フル-カラー〖full color〗コンピューターのディスプレーで表示する色に関するモードの一。1画素当たり24ビット以上の色情報をもつ。1677万7216色を表現できる。

ブルガリア〖Bulgaria〗バルカン半島南東部にある共和国。東は黒海に臨む。首都ソフィア。1908年にトルコから独立、46年には王制が廃止されて人民共和国が成立し、90年に改称。2007年、EU(欧州連合)に加盟。小麦・トウモロコシやバラ油・タバコなどを産し、工業も盛ん。ギリシャ正教徒が多い。人口715万(2010)。バルガリア。補説「勃牙利」とも書く。

ブルガリア-ご【ブルガリア語】インド-ヨーロッパ語族のスラブ語派に属する言語。ブルガリアのほか、周辺諸国に話し手をもつ。

ふる-かわ【古川｜古河】古くからある川。
古川に水絶えず 代々栄えた家は、おちぶれてもなんとか続いていく。基礎のしっかりしているものは容易に滅びないことのたとえ。

ふるかわ【古川】宮城県中北部、仙台平野にあった市。陸羽街道の宿場町・市場町として発展。平成18年(2006)3月、周辺6町と合併して大崎市となる。➡大崎

ふるかわ-いちべえ【古河市兵衛】[1832～1903]実業家。京都の生まれ。本姓は木村。小野組古河太郎左衛門の養子。足尾など多くの鉱山を経営。古河財閥の基礎を築いた。

ふるかわ-かおる【古川薫】[1925～]小説家。山口の生まれ。出身地である長州の幕末・維新期を、綿密に集めた史料に基づいて描いた硬派の歴史小説で知られる。「漂泊者のアリア」で直木賞受賞。他に「走狗(そうく)」「暗殺の森」「高杉晋作」など。歴史に関する読み物も数多く執筆している。

ふるかわ-こしょうけん【古川古松軒】[1726～1807]江戸中期の地理学者・蘭医。備中の人。名は正辰。諸国を旅行し、交通・風俗・物産・史跡などを調査し、「東遊雑記」「西遊雑記」などを著す。幕命で「武蔵五郡の図」などを作成。

ふるかわ-たしろう【古川太四郎】[1845～1907]日本近代盲聾(もうろう)教育の創始者。京都の人。盲聾教育を志し、明治11年(1878)日本最初の盲聾学校、京都盲唖院の初代院長となる。独創的教育法とともに盲聾教育の確立に貢献した。

ふるかわ-もくあみ【古河黙阿弥】▶河竹黙阿弥(かわたけもくあみ)

ふるかわ-ろっぱ【古川緑波】[1903～1961]喜劇俳優。東京の生まれ。本名、郁郎。舞台・映画に活躍し、レビュー喜劇の発展に尽くした。「声帯模写」の語を初めて用いた。古川ロッパ。

ふる-かんだちべ【古上▽達▽部】古参の上達部。「左京の大夫なりける—ありけり」〈宇治拾遺・二〉

ブルカン-ブレス〖Bourg-en-Bresse〗フランス東部、アン県の県都。ジュラ山脈東麓、ソーヌ川の支流レイスーズ川沿いに位置する。特産のニワトリや卵、七面鳥をはじめ、農産物の集散地。16世紀に建造されたフランボワイヤンゴシック様式のブルー修道院やノートルダム教会などの歴史的建造物が残る。

ふるき　黒貂くろてんの古名。「表着うはぎには―の皮衣かはぎぬ」〈源・末摘花〉

ふる-き【古木】❶年を経た木。老樹。こぼく。❷一度使って古くなった木材。古材。

ふる-ぎ【古着】着て古くなった衣服。「―屋」
(類語)着古し・お古

ふるき-かぜ【古き風】〔連語〕《「古風こふう」を訓読みにした語》昔のままのやり方やようす。こふう。

ふる-きず【古傷|古▽創|古×疵】❶以前に怪我をしたところ。古い傷のあと。「―が痛む」❷以前に犯した罪や過失。思い出したくないいやな記憶。「他人の―に触れる」(類語)手傷・生傷・向こう傷・傷病

ふる-ぎつね【古×狐】❶年をとった狐。特別な力をもつとされる。❷年をとり、経験を積んで、ずる賢い人。

ブルキナ-ファソ〖Bourkina Fasso〗《清廉潔白な人の国の意》アフリカ西部の国。ボルタ川上流にある内陸国。首都ワガドゥーグー。1960年、オートボルタ共和国としてフランスから独立。84年に改称。綿花や畜産品を産出。人口1624万(2010)。

プルキニエ-げんしょう【プルキニエ現象】▶プルキンエ現象

ブルギバ〖Habib Ben Ali Bourgiba〗[1903〜2000]チュニジアの政治家。1930年代以来独立運動を指導。56年、独立とともに首相、翌57年初代大統領に就任し、近代化政策と穏健外交を推進。87年、クーデターにより解任。

ふる-ぎれ【古切れ|古▽布】古くなった布。使い古した布きれ。

プルキンエ-げんしょう【プルキンエ現象】《Purkinje phenomenon》薄暗い所で、短波長の青色に近いものが明るく見え、長波長の赤色のものが暗く見える現象。網膜で働く細胞が、暗順応が進むにつれて錐状体から桿状体かんじょうたいにかわるために起こる。チェコの生理学者J=E=プルキンエが発見。プルキニエ現象。

ふるく【古く】㊀〔名〕ずっと以前の時期。昔。「―から伝わる習わし」㊁〔副〕《形容詞「ふるい」の連用形から》ずっと以前に。また、昔から。「―さかのぼれば」「この地で―店を出している」(類語)昔

ブルク-げきじょう【ブルク劇場】《Burgtheater》ウィーンにあるオーストリアの国立劇場。1741年、宮廷劇場としてマリア=テレジアが創設。1776年にヨーゼフ2世がドイツ国民劇場としてからはドイツ語演劇の中心的存在となった。

ふる-くさ【古草】若草にまじって枯れ残っている去年の草。(季 春)「―も妹が垣根に芳し/虚子」

ふる-くさ・い【古臭い】〔形〕図ふるくさ・し〔ク〕いかにも古い感じである。古びていて陳腐である。時代遅れである。「―・い考え」「―・いコート」
(類語)古い・古めかしい・陳腐・中古・黴かび臭い・時代遅れ・流行遅れ・古風こふう・昔風むかしふう・旧式・旧弊・前近代的・旧態依然・オールドファッション

フルクサス〖Fluxus〗1960年代、米国ニューヨークを中心に興った前衛芸術運動。既存の芸術的な価値を否定あるいは揶揄やゆするもので、美術・音楽・詩作・パフォーマンスなどさまざまなジャンルに波及した。ヨーゼフ=ボイス、ナム=ジュン=パイク、オノ=ヨーコらに代表される。

フルクトース〖fructose〗炭素を6個もつ単糖類。ケトン基をもつ六炭糖。天然のものはDフルクトースで、果実などに多く含まれるので果糖ともいい、強い甘味がある。化学式$C_6H_{12}O_6$

ブルクハルト〖Jakob Burckhardt〗[1818〜1897]スイスの歴史家・文化史家。ルネサンス文化の研究によって近代美術史学・文化史学の基礎を築いた。著「イタリア-ルネサンスの文化」「世界史的考察」など。

プルケ〖pulque〗マゲイとよぶリュウゼツランの一種から採った樹液を発酵させて造るメキシコの酒。

ぶる-けい【ぶる×罫】「波罫なみけい」に同じ。

フル-ゲート〖full gate〗競馬で、出走馬の数がスタートのゲートの枠いっぱいになること。

ふる-ごえ【古声】昔のままの声。鳴き古した声。「五月待つ山郭公ほととぎすうちはぶき今も鳴かなむこぞの―」〈古今・夏〉

フル-コース〖full course〗❶西洋料理の正式コース。オードブル・スープ・魚料理・肉料理・サラダ・デザート・果物・コーヒーの順に出され、食前酒、白と赤のぶどう酒、シャンペンなどが供される。❷組み合わせて選択するものなどで、すべての種目を含んだコース。「全身美容の―」

ブルゴーニュ〖Bourgogne〗フランス中東部の地方。ソーヌ川流域を中心とする丘陵地帯で、中心都市ディジョン。6世紀にブルグンド王国が成立、14世紀にフランス最大の公国として繁栄した。ワインの産地として有名。英語名バーガンディ。

ブルゴーニュたいこう-きゅうでん【ブルゴーニュ大公宮殿】《Palais des Ducs et des États de Bourgogne》フランス中東部、ブルゴーニュ地方の中心都市ディジョンにあるルネサンス様式の宮殿。14世紀から15世紀にかけて、ブルゴーニュ大公の宮殿だった。ルイ14世の時代に、フランスの後期バロック建築のジュール=マンサールにより改築された。現在は市庁舎と美術館になっている。

プルコギ《朝鮮語》朝鮮料理の焼き物の一種で、牛肉の焼き肉のこと。肉をたれにつけ、網または鉄板で焼く。

ブルゴス〖Burgos〗スペイン中北部の工業都市。中世の城跡や大聖堂などが残る。

ブルゴス-だいせいどう【ブルゴス大聖堂】《Burgos》スペイン中北部の都市ブルゴスにある大聖堂。1221年着工、14世紀初頭に完成。スペインを代表するゴシック建築の一つ。1984年、世界遺産(文化遺産)に登録された。

フルコスト-げんそく【フルコスト原則】《full-cost principle》生産物の単位あたり平均主要費用(材料費・労務費)を基礎として、固定費と一定率の利潤を加算して決定する価格形成の方式。

ふる-こと【古言】《後世は「ふるごと」とも》❶昔の言葉。古語。また、古伝承。「―に云はく、生児八十綿連いくこやそつなぎといふ」〈敏達紀〉❷昔の詩歌。古歌。「同じ―と言ひながら、知らぬ人やはある」〈枕・一四三〉❸昔の物語。「かかる―の中に、まろがやうに、実法なる痴者しれものの物語はありや」〈源・蛍〉❹昔の話をすること。また、その話。思い出話。「―どもの、そこはかとなき」〈源・朝顔〉

ふる-こと【古事|▽故事】《後世は「ふるごと」とも》昔あったこと。昔から伝えられている事柄。故事こじ。「昔の―ども言ひ出で」〈更級〉

フル-コミッション〖full commission〗給料形態の一。基本給はなく、全額を歩合給で支払うもの。完全歩合給。

ふる-ごよみ【古暦】年の暮れが近づき、残り少なくなった暦。また、旧年の暦。(季 冬)「板壁や親の世からの―/一茶」

ブルコリニェツ〖Vlkolínec〗スロバキア中部、タトラ山地にある村。中世から続く伝統的な建築工法によってつくられた木造家屋が残り、現在も住民がそこで生活している。1993年、世界遺産(文化遺産)に登録。

ふる-ごろも【古衣】《「ふるころも」とも》㊀〔名〕着古した衣服。古着。ふるぎぬ。「一打棄うつる人は秋風の立ち来る時に物思ふものそ」〈万・二六二六〉㊁〔枕〕㊀が砧きぬたでまた打つものであるところから、「また打ち」の音変化「まつち」と同音の地名「まつち山」にかかる。「―真土山まつちやまより帰り来ぬかも」〈万・一〇一九〉

ブルサ〖Bursa〗トルコ北西部の都市。ウル山(ウルダー)北麓に位置する同国第四の都市。14世紀にオスマン帝国最初の首都が置かれ、オスマン1世、オルハンなど歴代君主の廟がある。温泉地としても知られるほか、ウル山でハイキングやスキーを楽しむ観光客が多く訪れる。

プル-サーマル《プルトニウムの「プル(plu)」と、サーマルリアクター(熱中性子炉)の「サーマル(thermal)」を合わせた和製語》軽水炉などの熱中性子炉で、従来の濃縮ウランの代わりに、プルトニウムを含むMOX燃料を利用すること。(補説)核燃料サイクルで中心的役割を担う高速増殖炉の実用化が遅れていることから、使用済み燃料を再処理して回収されるプルトニウムは、プルサーマルによって消費されている。

プルサーマル-けいかく【プルサーマル計画】ウランを燃料とする原子力発電所の使用済み燃料からプルトニウムを取りだし、ウランと混ぜて新しい燃料として利用する計画。➡プルサーマル

フル-サイズ〖full-size〗❶標準サイズの。本格的規模・大きさの。❷米国の乗用車の区分のうち、最も大型のもの。❸▶三十五ミリフルサイズ

ふる-ざけ【古酒】《「ふるさけ」とも》去年以前に仕込んだ酒。長い間貯蔵して熟成させた酒。こしゅ。

ふる-さと【古里|▽故里|▽故▽郷】❶自分の生まれ育った土地。故郷こきょう。郷里。「―に帰る」❷荒れ果てた古い土地。特に、都などがあったが今は衰えている土地。「君により言の繁きを―の明日香あすかの川にみそぎしに行く」〈万・六二六〉❸以前住んでいた、また、前に行ったことのある土地。「ひとはいさ心もしらず―は花ぞ昔の香に匂ひける」〈古今・春上〉❹宮仕え先や旅先に対して、自分の家。自宅。「見どころもなき―の木立を見るにも」〈紫式部日記〉
(類語)故郷・郷里・郷土・国・田舎・在所・国もと・郷党・郷国・郷関・家郷・故山・生地・生国
故郷は遠きにありて思うもの　室生犀星が詩「小景異情」で故郷をうたった部分の冒頭1行。

ふるさとのうぜい-せいど【ふるさと納税制度】地方税(住民税)の一部を故郷の自治体などに寄付することを可能にした制度。平成20年(2008)4月の地方税法改正により同年5月から導入。住民税の1割程度を上限に、地方自治体に寄付すると寄付証明書が発行される。証明書を付けて確定申告すると、寄付額から5,000円を引いた額に対して、所得税の控除・還付と、翌年度の住民税の税額控除が受けられるというもの。5,000円以下の寄付は税額控除の対象外。(補説)地方税収格差が議論される中で生まれた制度。行政サービスを利用する住民が税を負担するという受益者負担の原則から逸脱するとの批判もある。

ブルサナ〖Bârsana〗《「バルサナ」とも》ルーマニア北部、マラムレシュ地方の村。18世紀に建造された二重式の屋根をもつ生神女進殿しょうしんじょしんでん聖堂があり、1999年に「マラムレシュ地方の木造聖堂群」の一つとして世界遺産(文化遺産)に登録された。

ふるし・い【古しい|▽旧しい】〔形〕《主に中世に用いられた語》「古い」に同じ。「詩は意を新しく、語を―・く云ふことがよきなり」〈中華若木詩抄・上〉

フル-シーズン《和 full＋season》❶四季を通じて。一年中。❷(特に、開催期間が比較的長期にわたるスポーツなどで)シーズンを通してずっと、の意。(補説)英語では、❶はall the year round、❷はall season longなどという。

ブルジェ-こ【ブルジェ湖】《Lac Bourget》フランス南東部、ローヌ-アルプ地方、サボア県にある同国最大の湖。ジュラ山脈とアルプス山脈の間に位置し、南北18キロメートル、東西3キロメートルの細長い形状をしている。近隣の都市はエクスレバン。湖畔にシトー会修道院、オートコンブ修道院がある。ブールジェ湖。

プルジェバリスキー〖Nikolay Mikhaylovich Przheval'skiy〗[1839〜1888]ロシアの軍人・探検家・地理学者。ウスリーや中央アジアなどを探検し、動植物資料をも収集。ジュンガルでモウコノウマを発見。著「ウスリー紀行」など。プシバルスキー。

ふる-しき【風▽呂敷】「ふろしき」の音変化。「―をかぶった明日蚊帳かやを出し」〈柳多留・二一〉

フルシチョフ〖Nikita Sergeevich Khrushchyov〗[1894〜1971]ソ連の政治家。スターリン死後、ロシア共産党第一書記に就任。1956年の党大会でスターリン批判を行い、58年からは首相を兼任して平和共存路線を推進したが、中国との関係は悪化した。64年に失脚し、引退。

ブルジ-とう【ブルジ島】《Bourtzi》ギリシャ、ペロポネソス半島北東部の都市ナフプリオンの港湾内に

浮かぶ小島。旧市街の沖合約500メートルに位置する。ベネチア共和国時代の15世紀に要塞化された。
プルシャン-ブルー〘Prussian blue〙《プロシアの青の意》紺青。
フルシュカ-ゴラ〘Fruška Gora〙セルビア北部、ボイボディナ自治州の丘陵地帯。15世紀から16世紀にかけてオスマン帝国支配の下で建てられたクルシェドル修道院をはじめとする、多数の修道院があり、セルビア正教の聖地として知られる。
ブルシュマルティ-ひろば【ブルシュマルティ広場】《Vörösmarty tér》▶ベレシュマルティ広場
ブルジョア〘フランス bourgeois〙❶中世ヨーロッパで、上層の貴族・僧と下層の労働者・農民との中間に位置した商工業者。市民。町人。❷近代資本主義社会で、資本家階級に属する人。㊟プロレタリア。❸金持ち。財産家。ブル。(類語)ブルジョアジー・有産階級
ブルジョア〘Léon Victor Auguste Bourgeois〙[1851〜1925]フランスの政治家。文相・外相・首相などを歴任。社会連帯主義を提唱し、また、国際連盟の成立に尽力して1920年ノーベル平和賞受賞。
ブルジョア-かくめい【ブルジョア革命】▶市民革命
ブルジョアジー〘フランス bourgeoisie〙階級としてのブルジョアをさす語。市民階級。有産階級。現在では資本家階級と同義。㊟プロレタリアート。
ブルジョア-しゃかい【ブルジョア社会】❶資本主義制度の社会。❷市民社会。❸資産家の社会。
ふる-しょうもん【古証文】古い昔の証文。古くなって効力を失った証文。
フル-ショット〘full shot〙❶映画・テレビの撮影方法で、人物の全身を画面いっぱいに写しだすこと。❷ポートレートや証明写真において、人物の全身を撮影すること。➡バストショット ➡ミディアムショット ❸ゴルフで、バックスイングの振幅をいっぱいにとる打ち方。
ふる-す【古巣】❶古くなった巣。もとすんでいた巣。(季 春)「一只(ひと)あはれなるべき隣かな/芭蕉」❷以前住んでいたり、属していたりした所。「一の課に戻る」
ふる・す【古す・旧す】〘動サ五(四)〙❶使って古くする。現代では動詞の連用形に付いて、何回も…して新しさをなくす意を表す。「着一・す」「言い一・す」「語らはむ人なき里にほととぎすかひなかるべき声なー・しそ」〈かげろふ・上〉❷あきて捨てる。使い古して、見捨てる。「人一・す里をいとひて来しかども奈良の都も憂き名なりけり」〈古今・雑下〉
プルス〘ドイツ Puls〙脈拍。脈。パルス。
フル-スイング〘full swing〙〘名〙スル 野球やゴルフで、バットやクラブを力いっぱい振ること。
フル-スカート〘full skirt〙ギャザーやフレアを十分に入れて、裾幅を広くした、全体にゆったりと作ったスカート。
フル-スクリーン〘full screen〙▶全画面表示
フルスクリーン-ひょうじ【フルスクリーン表示】《full screen》▶全画面表示
ブルスケッタ〘イタリア bruschetta〙イタリアのガーリックトーストのこと。パンにニンニクをすり込み、トーストしてオリーブ油をかける。
ブルスト〘ドイツ Wurst〙ソーセージのこと。ウルスト。
フル-ストップ〘full stop〙「ピリオド❶」に同じ。
フル-スピード〘full speed〙全速力。最高速度。(類語)全速力
ブルス-ひろば【ブルス広場】《Place de la Bourse》フランス南西部、ジロンド県の都市ボルドーの、ガロンヌ川沿いにある広場。18世紀、ルイ15世の王付建築家アンジュ＝ジャック＝ガブリエルにより造営。ブルス宮殿、フェルム館をはじめ、広場に面する建物は新古典主義建築の代表例として知られる。2007年、この広場やカンコンス広場を含め、啓蒙時代の都市計画が良好に保存された歴史地区が「月の港ボルドー」の名称で世界遺産(文化遺産)に登録された。
フルスペック-ハイビジョン▶フルハイビジョン
フルスルチアミン〘fursultiamine〙ビタミンB_1誘導体。ビタミンB_1よりも体内への吸収が容易なため、ビタミンB_1欠乏症の予防・治療に用いる。
フル-スロットル〘full throttle〙オートバイや車などで、絞り弁を全開にして加速すること。
フル-セグ《full segmentから。また「フルセグメント放送」の略》地上デジタルテレビ放送のこと。1チャンネル分の放送波は、その帯域幅が13の領域(セグメント)に分割され、移動体機器向けに1つのセグメントがワンセグ放送に割り当てられている。このワンセグ放送に対し、地上デジタルテレビ放送として残り12セグメントすべてを使って高画質放送を行うことからいう。フルセグ放送。「一対応チューナー」
フルセグ-ほうそう【フルセグ放送】▶フルセグ
フルセグメント-ほうそう【フルセグメント放送】▶フルセグ
フル-セット〘full set〙❶テニス・卓球・バレーボールなどで、勝敗が最後のセットまで持ち込まれること。また、そのセット。❷セットになっているもののすべて。一式。「ゴルフクラブの一」
プルゼニュ〘Plzeň〙チェコ西部の工業都市。ビール醸造、発動機などの製造。ドイツ語名ピルゼン。
ブルセラ-ショップ《和 bloomers＋sailor＋shop》女子高校生などが着ていた体操着(ブルーマー)やセーラー服、使用済みの下着などを販売する、ポルノショップの一種。
ブルセラ-びょう【ブルセラ病】《ラテン Brucella》ブルセラ属細菌の一種の感染による人畜共通の感染症(伝染病)。動物の場合は家畜伝染病予防法により監視伝染病(家畜伝染病)、人の場合は感染症予防法により4類感染症に分類。牛・豚・ヤギ・犬などでは流産を起こす。人間では菌の入った生乳の飲用などで感染し、不規則な頭痛・腰痛・関節痛などの症状がみられ、約1週間ごとの発熱を繰り返す。波状熱。ブルセラ症。
ブルゾン〘フランス blouson〙裾をゴムやベルトで絞り、身頃をふくらませた活動的なジャケット。(類語)ジャンパー・ブレザー・ジャケット・ブラウス・セーター・カーディガン・ガウン・上着・羽織・半纏・上っ張り・ちゃんちゃんこ
ふる-た【古田】古い田。古びて荒れた田。「かげろふや一をあまる水の上/蓼太」
フルダ〘Fulda〙ドイツ中部、ヘッセン州の都市。744年、ドイツ最古のベネディクト修道会修道院が創設され、中世にはドイツのキリスト教化の中心的役割を担った。ドイツの守護聖人ボニファチウスを奉る大聖堂や市宮殿をはじめ、バロック様式の歴史的建造物が数多く残っている。
プルターク〘Plutarch〙プルタルコスの英語名。
ブルターニュ〘Bretagne〙フランスのブルターニュ半島を中心とする地方。主要都市はレンヌ。5世紀にブリタニア(英国)からケルト系のブルトン人が移住、独特の古い民俗とケルト語を残す。英語名ブリタニー。
ブルターニュたいこう-じょう【ブルターニュ大公城】《Château des Ducs de Bretagne》フランス西部、ロアール-アトランチック県、ロアール川下流の河港都市ナントにある城。15世紀、ブルターニュ大公フランソワ2世により建造。1598年、フランス王アンリ4世が新教徒の信仰を認める「ナントの勅令」を発布した場所としても知られる。ブルターニュ公城。
ブルターニュ-はんとう【ブルターニュ半島】フランス北西部、大西洋に突出する半島。
フルターンキー-ゆしゅつ【フルターンキー輸出】《full turnkey export》プラント輸出の一方式で、キーを回せば設備が稼働する状態で引き渡すような方法。
フル-だいひょう【フル代表】サッカーで、年齢制限・資格制限があるユース代表やオリンピック代表などに対して、ナショナルチームをいう。A代表。
フル-タイマー〘full-timer〙全時間従業員。常勤者。パートタイマーに対していう。
フル-タイム〘full time〙❶全時間。常時。「一サービス」❷決まった勤務時間の全時間帯を働くこと。常勤。「一ティーチャー」㊟パートタイム。
フルタイム-マニュアルフォーカス〘full time manual focus〙カメラやビデオカメラなどでオートフォーカス(AF)機能が作動している時でも、手動で焦点を合わせられる方式。
プルダウン-メニュー〘pulldown menu〙コンピューターのアプリケーションソフトのメニューバーの特定の位置をマウスでクリックすると、その機能に関連したメニューが垂れ下がるように表示されるコマンドの一覧表。ドロップダウンメニュー。
ふるた-おりべ【古田織部】[1544〜1615]安土桃山時代の武将・茶人。美濃の人。名は重然。千利休に茶の湯を学び、徳川第2代将軍秀忠をはじめ諸大名にも伝授。大坂夏の陣のとき、豊臣家への内通を疑われて自刃。➡織部焼
フルダ-だいせいどう【フルダ大聖堂】《Fuldaer Dom》ドイツ中部、ヘッセン州の都市、フルダにあるバロック様式の大聖堂。1703年から12年にかけて建造された。8世紀にドイツでキリスト教を伝道したボニファチウスの墓がある。
ふる-だぬき【古狸】❶年をとったタヌキ。化けたり人を化かしたりするとされる。❷年をとって、経験を積み、悪がしこくなった人。
ブルタバ-がわ【ブルタバ川】《Vltava》チェコ南西部の山地に源を発し、ボヘミア地方を南から北に流れる川。プラハを貫流してエルベ川に注ぐ。長さ435キロ。ドイツ語名モルダウ川。
プル-タブ〘pull-tab〙缶ビールや缶ジュースの飲み口などを開けるとき、指をかけて引くつまみの部分。
ふるた-まさゆき【古田昌幸】[1933〜1999]野球選手・監督。熊本の生まれ。立教大学の二塁手として、長嶋茂雄らとともに活躍。卒業後は社会人野球の熊谷組に進み、都市対抗野球で優勝3回。引退後は日本野球連盟理事や都市対抗野球運営委員会委員などを歴任し、野球の発展に貢献した。
プルタルコス〘Plūtarchos〙[46ころ〜120ころ]古代ギリシャの哲学者・著述家。伝記・哲学・自然科学など広い分野にわたる著作活動を行った。著「英雄伝(対比列伝)」「倫理論集」など。プルターク。
ふる-ち【古血】病毒などでけがれた悪い血。また、古くなって、色の変わった血。
ブルチャー〘blucher〙元来は軍靴で、外羽根式の短靴のこと。舌革とつま先が一枚革でできていて、靴ひもを通す鳩目の部分が八の字に開いているもの。
フルチャンネル-テレテキスト〘full channel teletext〙通常の文字多重放送が、テレビ放送の電波のすきまを利用して多重するのに対し、走査線の全部を使い、文字や図形などの情報信号を伝えるコード型(受信機内のメモリーに文字や図形を記憶させておき、送信側で表示する文字や図形を指定したコードを送る方式)の文字多重放送。
ふる-づか【古塚】古い昔の墳墓。古墳。
ブルックナー〘Josef Anton Bruckner〙[1824〜1896]オーストリアの作曲家。ワグナーに傾倒し、ロマン主義と古典主義を調和させた交響曲やミサ曲などを作曲した。
ブルックリン〘Brooklyn〙㊀米国ニューヨーク市南部の区。ロングアイランド島の西部を占め、住宅地。南端に行楽地コニーアイランドがある。㊁ボウリングで、右投げの人が一番ピンの右側をねらって投げたボールが、一番ピンの左側に当たること。㊀がハドソン川の左岸にあるところからいう。
ふる-づけ【古漬(け)】長期間漬け込んだ漬物。ひね漬け。(季 冬)㊟新漬け。
ふるっ-た【振るった・揮った】〘連体〙「振るう❶㋑」に同じ。「一話だ」
ふるっ-て【奮って】〘副〙自分から進んで。積極的に。「一ご参加下さい」
ブルッフ〘Max Bruch〙[1838〜1920]ドイツの作曲家。ロマン的な作風の歌劇・合唱曲で成功。作品に、3曲のバイオリン協奏曲、「コル-ニドライ」など。
ブルッヘ〘Brugge〙《フラマン語の橋の意から。「ブリュッヘ」とも》ベルギー北西部の工業都市。フランス語名ブリュージュ。中世以来、毛織物工業が行われ、ハンザ同盟に加わり繁栄。当時の町並みと運河が残

る旧市街は「天井のない美術館」と称され、2000年に「ブリュージュ歴史地区」の名で世界遺産(文化遺産)に登録された。

ふる-つわもの【古▽兵｜古▽強者】ふるつはもの ❶実戦の経験を多く積んだ老練な武士。「歴戦の―」❷年功・経験を積んでいて、周辺の事情に通じている人。

ふる-て【古手】〔名・形動〕❶使い古した衣類・道具。「―の洋服」❷一つの仕事に長く従事している人。古株。「―の社員」⇔新手あらて。❸古くから用いられていて、新鮮味のないこと。ごくありふれていること。また、そのさまや、そのような手段・方法。「―な(の)商法」⇔新手。(類語)古顔・古株・古参・ベテラン

ブルテー-ソース〖velouté sauce〗《「ブルーテソース」とも。veloutéはフランス語で、とろりとした、の意》西洋料理のソースの一つ。淡黄色のルーに白色の出し汁を加え、弱火で煮込んでこしたもの。各種ソースの基礎となる。

ふるて-かい【古手買い】ひ 古着や古道具などを買うこと。また、それを職業とする人。

フルテキスト-けんさく【フルテキスト検索】《full-text search》▶全文検索

ふるて-や【古手屋】古着や古道具を売買する店。「高麗橋の―も値うちはなるまじ」〈浮・五人女・一〉

ブルデュー〖Pierre Bourdieu〗[1930～2002]フランスの社会学者。出身階級の差が教育を受ける機会の格差に結びつくという文化的な財の不平等について説明した。また後年は社会運動にも参加し、米国のネオリベラリズムを批判した。著「ディスタンクシオン」「資本主義のハビトゥス」など。

フル-デュープレックス〖full duplex〗▶全二重

ふる-でら【古寺】❶古くなって荒れ果てた寺。こじ。❷古くて由緒のある寺。古刹こさつ。こじ。

ブルテリア〖bullterrier〗犬の一品種。英国の原産。ブルドッグと19世紀末まで存在していたテリアとの交配種。体は中形、短毛。

ブルテル〖フランス bretelles〗ズボン吊つり。スリップやブラジャーなどの肩から吊るバンドのこともいう。もとは、荷物を運ぶときに用いる負い革・吊り革のことをいった。

ブルトイユ-じょう【ブルトイユ城】ジヤウ《Château de Breteuil》フランス中北部、イル-ド-フランス地域圏のイブリーヌ県にある城。ブルトイユ侯爵家により16世紀に建造。「赤ずきん」や「長靴をはいた猫」の作者、シャルル＝ペローが逗留していたことで知られる。ブルトゥイユ城。

ブルトゥイユ-じょう【ブルトゥイユ城】ジヤウ《Château de Breteuil》▶ブルトイユ城

ふる-どうぐ【古道具】ダウグ 使い古した道具。

ブルドーザー〖bulldozer〗トラクターに可動土工板を取り付けた建設機械。土砂の掘削・押土・盛土・整地や除雪などに用いる。

ふる-とし【▽旧年】❶新年からふりかえって、過ぎ去った年。去年。(季 新年) ❷新年・立春に対して、まだ改まらない年の内。年内。「―に春立ちける日よめる」〈古今・春上・詞書〉

ブルドッグ〖bulldog〗犬の一品種。英国の原産の中形ないし小形犬。もと牛と戦わせるために改良された。頭部が大きく、受け口の恐ろしい顔つきをしているが、性質はおとなしい。

プル-トップ〖pull-top〗缶詰で、プルタブを引いて開ける方式のふた。

プルトニウム〖plutonium〗アクチノイドに属する超ウラン元素の一。ウランに重水素を衝撃させて作った人工放射性元素。単体は銀白色の金属で、発火しやすい。質量数239の同位体は、ウラン238が中性子を吸収してでき、容易に核分裂するので原子爆弾や水素爆弾に利用、核燃料としても重要で、半減期は約2万4360年。毒性はきわめて強い。冥王星めいおうせいの英語名、Plutoにちなむ。元素記号Pu　原子番号94。➡アクチノイド

プルトニウム-にひゃくさんじゅうきゅう〖plutonium239〗ニヒャクサンジュウキュウ 質量数239のプルトニウム。放射性(α線アルファせん)がある。原子炉中でウラン238が中性子を吸収しベータ崩壊して生産される。半減期2万4110年。原子爆弾・水素爆弾・原子炉の燃料に用いる。

プルトニウム-ばくだん【プルトニウム爆弾】プルトニウム239を核分裂物質として用いた原子爆弾。長崎に投下されたのはこの種のもの。

フルトベングラー〖Wilhelm Furtwängler〗[1886～1954]ドイツの指揮者。ベルリン-フィルハーモニー、ウィーン-フィルハーモニーなどの指揮者として欧州各地で活躍。ベートーベン・ワグナーなどの名演で知られる。

ブルトマン〖Rudolf Karl Bultmann〗[1884～1976]ドイツの聖書学者。共観福音書の様式史的研究ののち、聖書の実存論的解釈すなわち非神話化を提唱。著「イエス」「新約聖書神学」など。

ふる-とり【×隹】漢字の構成部分で、「雄」「集」「雇」などの「隹」の称。「鳥(とりへん)」「酉(ひよみのとり)」と区別して、「舊ふる」の字の中のとりの意でいう。

ブル-トレ「ブルートレイン」の略。

フル-トレーラー〖full trailer〗積載荷物の全重量を自己の前後の車軸で支持し、トラクターから分離してもそのままの状態で安定しているトレーラー。

フルトン〖Robert Fulton〗[1765～1815]米国の技師。実用的蒸気船の発明者で、1807年に外輪式蒸気船クレアモント号を建造してハドソン川を遡航そこうした。

ブルトン〖André Breton〗[1896～1966]フランスの詩人・小説家・批評家。ダダイスム運動に参加。のち、シュールレアリスム運動の指導者となった。著「シュールレアリスム宣言」「ナジャ」など。

ブルドン-かん【ブルドン管】クワン 圧力や温度の計測に用いられる、中空で扁平な曲がった管。圧力計の場合、管内の気体の圧力が高くなると管が変形し、その先端の変位から圧力を計測する。温度計の場合、アルコールなどを封入し、温度が高くなると管が膨張して液面が移動することを利用する。曲がり形状には円弧、渦巻きらせん、つる巻きらせんなどがある。

ふるな【富楼那】《梵 Pūrṇamaitrāyaṇīputraの音写「富楼那弥多羅尼子」の略》釈迦しゃか十大弟子の一人。教えを弁舌さわやかに説くことにすぐれ、弟子の中で説法第一と称された。

ふる-なじみ【古×馴染み】古くから親しくしていること。また、以前親しくしていたこと。また、その人。昔なじみ。

ブルニエ〖フランス prenier〗フランス風の魚貝料理を食べさせる店。パリの料理店の名から。

ブルネイ〖Brunei〗東南アジア、ボルネオ島北部にある王国。正式名称はブルネイ-ダルサラーム国。首都バンダルスリブガワン。16世紀に最盛期を迎え、1888年英国の保護領となったが、1984年独立。石油・天然ガスを産出する。人口40万(2010)。

フル-ネーム〖full name〗姓名。また、省略しない正式名。(類語)名前・人名・氏名・姓名・姓氏・姓せい・名字・氏うじ・ファーストネーム・芳名・尊名・高名こうみょう・貴名

ブルネット〖brunet(男性)｜brunette(女性)〗褐色がかった髪。また、褐色がかった肌・目・髪の人。

ブルネル-かたさ【ブルネル硬さ】▶ブリネル硬さ

フル-ネルソン〖full nelson〗レスリングの技。相手の右(左)後方から両脇の下に自分の腕を差し入れてはがい締めにし、首の後ろで組んだ両手で後頭部を押し曲げる。ただし真後ろから攻めると反則。

ブルネレスキ〖Filippo Brunelleschi〗[1377～1446]イタリアの建築家・彫刻家。ルネサンス建築の創始者の一人で、フィレンツェのサンタマリアデルフィオーレ大聖堂のドームなど、革新的作品を残した。

ブルノ〖Brno〗チェコ東部、モラバ地方にある都市。首都プラハに次ぐ第二の都市で、国の主要機関や文化施設などが集まる。モダニズム建築物も多く、ドイツの建築家ミース＝ファン＝デル＝ローエによるツゲンドハット邸は、2001年に「ブルノのツゲンドハット邸」として世界遺産(文化遺産)に登録された。

フル-ハイビジョン〖full hi-vision〗HDTVのテレビや映像機器のうち、一般的には走査線が1080本以上、インターレース方式の映像を、画質を落とさず扱えるものを指す。フルHD。フルスペックハイビジョン。

フル-ハウス〖full house〗ポーカーの役の一。同じ数のカード3枚と同じ数のカード2枚がそろったもの。

ブルバキ〖Nicolas Bourbaki〗1934年ごろ設立したフランスの若い数学者集団のペンネーム。のちに他国人も参加。1939～69年刊行の「数学原論」全33巻を共同執筆。構造の概念を数学的に定式化し、数学の基礎的諸部門を体系的に記述。現在、セミナール-ブルバキを年3回パリで開催。

ふるはし-ひろのしん【古橋広之進】[1928～2009]水泳選手・指導者。静岡の生まれ。日大卒。第二次大戦後、自由形の世界記録を次々と打ち立て「フジヤマのトビウオ」と賞賛された。引退後は日本水泳連盟会長・JOC会長などを歴任。平成20年(2008)文化勲章受章。

フル-パス〖full path〗▶絶対パス

ふる-はた【古畑】古びて荒れ果てた畑。「―のそばの立木にゐる鳩の友よぶ声のすごき夕暮」〈新古今・雑中〉

ふるはた-たねもと【古畑種基】[1891～1975]法医学者。三重の生まれ。東大教授。科学警察研究所長。血液型の研究を専門として親子鑑定に応用したほか、帝銀事件・下山事件をはじめとする多くの事件で法医学鑑定を手がけた。著作に「法医学入門」など。昭和31年(1956)文化勲章受章。

ふるはた-やすお【降旗康男】ヤスヲ[1934～　]映画監督。長野の生まれ。「現代やくざ」シリーズを生み出して人気を得る。「ホタル」で芸術選奨。代表作「新網走番外地」シリーズ、「あ・うん」「鉄道員ぽっぽや」など。

フルバック〖fullback〗ラグビー・サッカーなどで、最後尾に位置するポジションの名称。また、その選手。最後衛。FB。

フル-バックアップ〖full backup〗コンピューターのデータやファイルを保存する際、毎回全てをバックアップすること。

フル-バンド《和 full＋band》ジャズやダンス音楽を演奏する大編成楽団のこと。ビッグバンド。

ふるび【古び】古びていること。また、その状態。

フルビエール-だいせいどう【フルビエール大聖堂】ダイセイダウ《Basilique Notre-Dame de Fourvière》フランス南東部の都市リヨンの中心部、フルビエールの丘にある大聖堂。1872年から96年にかけて建造された。1998年、「リヨン歴史地区」として旧市街の教会、広場、庭園とともに、世界遺産(文化遺産)に登録された。ノートルダム-ド-フルビエール大聖堂。

フルビエール-の-おか【フルビエールの丘】ヲカ《Fourvière》フランス南東部の都市リヨンの中心部にある丘。市街を眼下に一望でき、古代ローマ時代の劇場や19世紀建造のフルビエール大聖堂がある。1998年、「リヨン歴史地区」として旧市街の教会、広場、庭園とともに、世界遺産(文化遺産)に登録された。

ふる-ひと【古人｜▽故人｜▽旧人】《「ふるびと」とも》❶昔の人。すでに死んだ人。こじん。「妹らがり今木の嶺ねに茂り立つ夫つま松の木は―見けむ」〈万・一七九五〉❷年をとった人。老人。「―は涙もとどめあへず」〈源・明石〉❸古くからいる人。古参の人。「右近は、何の人数ならねど…―の数に仕うまつり馴れたり」〈源・玉鬘〉❹昔なじみの人。「かげろふのそれかあらぬか春雨の―なれば袖ぞぬれぬる」〈古今・恋四〉❺昔風の考えの人。古風な人。「あやしき―にこそあれ。かく物づつみしたる人は」〈源・行幸〉

ふるひとのおおえ-の-おうじ【古人大兄皇子】ふるひとのおほえのワウジ[?～645]舒明天皇の皇子。母は蘇我馬子の娘。蘇我氏滅亡後、異母弟の中大兄皇子なかのおおえのおうじ(天智天皇)と対立し、皇位を軽皇子かるのみこ(孝徳天皇)に譲り、出家して吉野山に入ったが、のち、謀反のかどで殺された。

ふる-びる【古びる｜▽旧びる】〔動バ上一〕図ふる・ぶ〔バ上二〕❶古くなる。古くさくなる。「―・びた洋服」❷老人くさくなる。「―・びたる声にて、いなや、こは誰ぞとのたまふ」〈堤・花桜をる少将〉

ふる・ぶ【古ぶ｜▽旧ぶ】〘動バ上二〙「ふるびる」の文語形。

フル-ファーストストライク〖full first strike〗軍事用語で、完全第一撃。敵の報復戦力・第二撃能力を完全に破壊する先制攻撃。

フル-ファッション〖full-fashioned〗足に合わせて編み目を増減して編んだ女性用のストッキング。

フルフェース-ヘルメット〖full-face helmet〗頭・顔をすっぽり覆って、目だけ出るようにしたスタイルのヘルメット。➡ジェットヘルメット

ふるふだ-おさめ【古札納め】ﾌﾙﾌﾀﾞ ❶年末に古くなったお札を、寺社に納めること。❷年末に各家を回り、寺社に返納する守り札をもらい集めて礼金を受ける物もらい。「—、雑器売り」〈浮・五人女・四〉

フルブライト〖James William Fulbright〗［1905〜1995］米国の政治家。アーカンソー大学学長、のち民主党の下院・上院議員。大学生・学者などの交流計画を定めた「フルブライト法」(1946年)の提案者。

フルブライト-ほう【フルブライト法】ﾊﾞﾌ《Fulbright Act》余剰物資の海外売却で得た資金で外国との文化交流を行うことを目的とした米国の法律。➡フルブライト留学

フルブライト-りゅうがく【フルブライト留学】ﾆﾘｳｶﾞｸ フルブライト委員会が選考した交換留学や奨学金の制度。昭和21年(1946)、米国の上院議員フルブライトによって提案された。フルブライト奨学金。

フル-ブラウザー〖full browser〗携帯電話やPHSの機能の一。パソコン向けに作成されたウェブサイトを閲覧することができるブラウザー。

フル-フラット〖full flat〗スーツケースを開いたり、椅子の背もたれを倒したりすると平らになること。「—シート」

ぶる-ぶる〘副〙ｽﾙ 小刻みに震動するさま。また、寒さや恐怖などのために震えるさま。「風で水面が—(と)揺れる」「怒りにからだを—(と)させる」

〘類語〙がたがた・がくがく・わなわな

ぷる-ぷる〘副〙ｽﾙ ❶身体の一部などが細かく震え動くさま。「子犬が—(と)震える」❷弾力があり、柔らかいさま。「—(と)したプリン」

ふるぶる-し・い【古古しい｜▽旧▽旧しい】〘形〙図ふるぶる・し〘シク〙いかにも古い。「近ごろ買い集められた—・い禅宗の本が」〈志賀・暗夜行路〉

フル-ベース《和 full＋base》野球で、満塁のこと。

フルベッキ〖Guido Herman Fridolin Verbeck〗［1830〜1898］オランダ人宣教師。1859年(安政6)米国のオランダ改革派教会から派遣されて来日。明治維新後、大学南校頭取、また政府顧問となり、岩倉使節団の派遣、ドイツ医学の採用などを進言。旧約聖書「詩編」を翻訳。東京で没した。著「日本布教史」。フェルベック。バーベック。

ブル-ペン〖bull pen〗《牛の囲い場の意》野球場内にある、試合に出ていない投手の投球練習場。

フル-ペンション〖full pension〗欧州のホテルの料金制度で、1泊3食付きのもの。

フルボカー-じょう【フルボカー城】ﾆｼﾞｮｳ《Zámek Hluboká》チェコ南部の都市チェスケーブデヨビツェの北郊、フルボカーナトブルタボウにある城。13世紀の創建。プジェミスル=オタカル2世をはじめ、歴代のボヘミア国王に所有されたが、17世紀以降、ボヘミア貴族シュワルツェンベルク家の手に渡った。19世紀にチューダーゴシック様式の建物に改築された。

ふる-ぼ・ける【古×惚ける｜古×呆ける】〘動カ下一〙古くなって、きたならしくなる。古くなって色や形がはっきりしなくなる。「—・けた看板」

ふる-ほん【古本】《「ふるぼん」とも》❶読み古した本。一度他人の所有となった本。㊥新本ｼﾝﾎﾟﾝ。❷刊行されて時を経た本。古書。こほん。〘類語〙古書

ブルボン-おうちょう【ブルボン王朝】ﾆﾜｳﾁﾃｳ《Bourbon》㊀フランスの王朝名。バロア朝断絶後の1589年にアンリ4世がフランス国王となって始まり、ルイ14世時代に絶対王政の絶頂期を迎えた。フランス革命でルイ16世が処刑されて一時中断、1814年のルイ18世の王政復古で復活したが、1830年の七月革命で王統は絶えた。㊁スペインの王朝名。1700年、ルイ14世の孫フェリペ5世の即位に始まり、1931年の共和制成立で中断したが、75年に復活。

ふるほん-や【古本屋】古本を売買する店。また、その人。古書店。古書籍商。

ブルマ《bloomersから》➤ブルーマー

ふる-まい【振(る)舞(い)】ﾌﾙﾏｲ ❶振る舞うこと。挙動。また、態度。「立派な—」「立ち居—」❷ごちそうをすること。もてなし。供応。「大盤—」

〘類語〙行動・行ないｵｺﾅｲ・行為・挙まい・活動・動き・所行ｼｮｷﾞｮｳ・言動・言行ｹﾞﾝｺｳ・行状ｷﾞｮｳｼﾞｮｳ・行跡ｷﾞｮｳｾｷ・沙汰

ふるまい-ざけ【振(る)舞(い)酒】ﾌﾙﾏｲ 祝儀などの際に、人に振る舞う酒。

ふるまい-みず【振(る)舞(い)水】ﾌﾙﾏｲ 暑中、飲料水を入れた桶を路傍に置いて、通行の人に自由に飲ませるもの。また、その水。水振る舞い。接待水。〘季 夏〙「昼過や—に日のあたる/虚子」

ふる-ま・う【振(る)舞う】ﾌﾙﾏﾌ〘動ワ五(ハ四)〙❶動作・行動をする。「なれなれしく—・う」「紳士らしく—・う」❷人にごちそうする。もてなす。「酒を—・う」❸ことさらにつくろう。わざわざ趣向をこらす。「—・ひて興あるよりも、興なくて安らかなるが勝りたることなり」〈徒然・二三一〉〘可能〙ふるまえる

〘類語〙(❶)演ずる/(❷)供応・馳走・饗する・相伴

フル-マラソン《和 full＋marathon》正式なマラソンの距離42.195キロを走るマラソン。ハーフマラソンや短縮マラソンに対していう。

ふる-み【古身｜古▽刃】古い時代につくられた刀。古刀。㊥新身ｱﾗﾐ。

ふる-みち【古道】古い道。旧道。こどう。

ふる-みや【古宮】❶古い宮殿。年を経た御殿。「この—の梢は、いとことにおもしろく」〈源・総角〉❷年老いて世間から忘れられた親王。「そのころ、世に数まへられ給はぬ—おはしけり」〈源・橋姫〉

ブルム〖Léon Blum〗［1872〜1950］フランスの政治家・文芸批評家。第一次大戦後、社会党党首となり、1936年に人民戦線内閣の首相。38年にも首相。第二次大戦中はビシー政府に逮捕されてドイツに送られた。46年、第四共和制発足前の暫定内閣首相。著「結婚について」。

フル-ムーン〖full moon〗❶満月。❷JRの熟年夫婦向け得用切符。二人合わせて88歳以上の年齢の夫婦であれば、JR全線のグリーン車が一部を除き利用できる。

ふる-め【古▽妻】❶長い年月連れ添っている妻。老妻。ふるづま。「若妻ﾜｶﾒ得て—を内に置くならばふため狂ひと人やいはまし」〈咄・醒睡笑・六〉❷人に嫁したことのある女。「花の山高き梢と聞きしかど蜑ｱﾏの子かとよ—ひろふは」〈盛衰記・二〉

ふる-めかし・い【古めかしい】〘形〙図ふるめか・し〘シク〙❶いかにも古く感じられる。古風である。「—・い建物」❷老人くさい。「いと—・しき咳ｼﾜﾌﾞｷうちして」〈源・朝顔〉〘派生〙ふるめかしさ〘名〙

〘類語〙古い・古臭い・陳腐・中古・黴ｶﾋﾞ臭い・時代遅れ・流行遅れ・古風ｺﾌｳ・昔風ﾑｶｼﾌｳ・旧式・旧弊・前近代的・旧態依然・オールドファッション

ふる-め・く【古めく】〘動カ四〙❶古びてみえる。古風である。旧式である。「わりなう—・きたる鏡台」〈源・末摘花〉❷老人くさくみえる。「泣き給ふも、—・い給ふしるしの涙もろさにや」〈源・竹河〉

ブルメナウ〖Blumenau〗ブラジル南部、サンタカタリナ州の都市。1850年、ヘルマン=ブルメナウ率いるドイツ系移民の入植により創設。現在もドイツ風の建造物が多く、ドイツに由来する祭なども行われる。

フル-メンバー〖full member〗❶正規の会員。完全な資格を備えた会員。正会員。❷全会員。メンバー全員。〘補説〙❷は日本語での用法。

フル-モーション〖full motion〗テレビと同等以上のフレームレートで動画を再生・録画すること、またはその機能のこと。NTSC方式のテレビの場合、毎秒30フレーム(30fps)に相当する。ビデオカメラやデジタルカメラによる動画撮影などで用いられる。

フル-モデルチェンジ〖full model change〗自動車などの型を機能の向上もあわせて全面的に変えること。全面改良。

ふる-もの【古物】使い古した物。古着や古道具など。「—商」

ふる-ものがたり【古物語】❶昔の話。思い出話。「—にかかづらひて夜を明かし果てむも」〈源・橋姫〉❷古い時代に作られた物語類。特に、源氏物語以前の物語類。「本歌に取ること、草紙には源氏の事は申すにおよばず、—も取るなり」〈正徹物語・下〉

ふる-や【古屋｜古家】古くなった家。ふるいえ。

ふるやま-こまお【古山高麗雄】ﾌﾙﾔﾏ［1920〜2002］小説家。朝鮮の生まれ。戦後、編集者を務めながら短編「墓地で」でデビュー。戦争体験に基づく「プレオー8の夜明け」で芥川賞受賞。他に「小さな市街図」「セミの追憶」など。

ふるゆき-の【降る雪の】〘枕〙雪が消えるところから、また白いところから、「消ｹ」「白」などにかかる。「け(消・日)」「いちしろし」「行き」などを起こす序詞の一部にも用いた。「—消なば消ぬがに恋ふといふ我妹ﾜｷﾞﾓ」〈万・六二四〉

ブル-ライダー〖bull rider〗ブルライディングの競技者。

ブル-ライディング〖bull riding〗ロデオで催される競技の一種。暴れる牡牛ｵｳｼに8秒以上乗ると合格となり、その乗り方と牛の暴れ方をそれぞれ採点して合計点で競う。

フルライン-せんりゃく【フルライン戦略】製造業の生産ラインを特定の品目に限定せず、同時に多種の製品に適用できるようにすること。

フル-レート〖full rate〗PDC方式のデジタル携帯電話で使用されていた周波数帯域の利用に関する方式の一。1台当たり11.2kbpsの転送速度を有する。一方、ハーフレートは半分に当たる5.6kbpsとなり、回線品質は劣化する。

フル-レングス〖full-length〗❶ストッキングで、足全体を包む長さのもの。❷コートやスカートなどの丈が、床まで届く長さのもの。

フルレンジ-スピーカー〖full-range speaker〗一つで全音声帯域をカバーするスピーカー。複数個のユニットで構成されるコアキシャル型も含まれる。

ふるわ・す【震わす】ﾌﾙﾊｽ ㊀〘動サ五(四)〙「震わせる」に同じ。「肩を—・して泣く」㊁〘動サ下二〙「ふるわせる」の文語形。

ふるわ・せる【震わせる】ﾌﾙﾊｾﾙ〘動サ下一〙図ふるは・す〘サ下二〙小刻みに揺り動かす。震動を与える。ふるわす。「怒りに声を—・せる」「爆音が窓を—・せる」

ブルワリー〖brewery〗➤ブリュワリー

フルンケル〖ﾄﾞｲ Furunkel〗癤ｾﾂ。癤腫ｾﾂｼｭ。

ブルンジ〖Burundi〗アフリカ中東部、タンガニーカ湖の北東にある共和国。首都ブジュンブラ。ドイツ領、ベルギーの委任統治領、国連信託統治を経て、1962年に王国として独立。66年に共和制。農業が行われ、コーヒーを産する。人口986万(2010)。

ブルンスビック-きゅうでん【ブルンスビック宮殿】《Brunszvik-kastély》ハンガリーの首都ブダペストの郊外マルトンバーシャールにある宮殿。18世紀末にバロック様式で建造され、19世紀にネオゴシック様式の宮殿に改築された。作曲家ベートーベンゆかりの場所であり、現在、その一部がベートーベン記念博物館として公開されている。

フルンゼ〖Frunze〗キルギス共和国の首都ビシュケクの旧称。

ブルントラント-いいんかい【ブルントラント委員会】ﾆｲﾝｸﾜｲ ➤ダブリュー-シー-イー-ディー(WCED)

ブルンナー〖Emil Brunner〗［1889〜1966］スイスのプロテスタント弁証法神学者。チューリヒ大学教授。神と人との出会いの真理を提唱。1953〜55年、国際キリスト教大学教授として滞日。日本における民主主義のキリスト教的基礎づけを説いた。著「出会いとしての真理」「教義学」など。

ふれ【振れ】❶振れること。「メーターの針の―が大きい」❷数値・位置・方向などの一定基準からのずれ。「磁針に東よりの―がある」

ふれ【触れ】❶触れること。広く一般に告げ知らせること。❷(「布令」とも書く)官府から広く世間に告げ知らせること。また、その文書。布告。「―が出る」➡御触れ ❸相撲で、取組前に両力士の名を呼びあげること。また、その役の人。呼び出し奴。❹歌舞伎興行などで、上演外題・出演俳優・上演時間などを、大声で知らせて回ること。また、その人。❺物売りが、歩きながら商品の名を大声でいうこと。[類語]布告・公布・発布・宣布・公告・公示・告示・広告

ぶれ ❶正常の位置からずれること。❷写真撮影で、シャッターを切るときカメラが揺れること。また、そのため画像が不鮮明になること。「手―」❸態度、考え方、方針などがあれこれと揺れ動くこと。「首相の発言に―が目立つようになる」

プレ〘pre〙〔語素〕名詞の上に付いて、以前の、前の、の意を表す。「―五輪」「―ホスピタルケア」

フレア〘flare〙《「フレアー」とも》❶スカートやコートなどの、洋服の裾の朝顔形の広がり。❷ゆらめく炎。「―スタック」❸太陽の彩層の一部で爆発によって起こる閃光現象。電波・X線・紫外線の増加や強い太陽風を発し、地球の大気上層や地磁気の攪乱を起こす原因となる。太陽フレア。❹光学器械で、レンズなどによって反射される光線が映像面に重なり、不正確な像を結ぶ現象。レンズフレア。

ブレア〘Anthony Blair〙[1953～]英国の政治家。労働党。弁護士・下院議員を経て、1994年に党首。97年の総選挙で大勝し、メージャー政権を倒して首相に就任、18年ぶりの労働党政権を実現。2002年、米国に協力してイラク戦争に参加した。07年に首相辞任。トニー=ブレア。➡ブラウン

ブレア-アーソル〘Blair Atholl〙英国スコットランド中部の町。ギャリー川に沿う。アーソル公爵家代々の居城ブレア城があることで知られる。

ふれ-あい【触(れ)合い】触れ合うこと。また、心を通わせ合うこと。「心と心の―の場」

ふれ-あ・う【触(れ)合う】〔動ワ五(ハ四)〕❶互いに相手に触れる。「肩が―・う」❷互いに近づき、親しく交わる。「会員どうしが―・う場をつくる」[類語]触れる・接する・触る・擦る・接触する・触接する

ブレア-じょう【ブレア城】《Blair Castle》英国スコットランド中部の町ブレアアーソルにある城。13世紀の創建。15世紀以降、アーソル公爵家代々の居城。白亜の名城として知られ、観光客が多く訪れる。

フレア-スカート〘flared skirt〙裾が朝顔型に広がったスカート。

フレア-スタック〘flare stack〙原油採掘施設や製油所の煙突の先から出ている炎。生産・処理過程で出た余剰ガスを焼却処理する際に出るもの。

プレアデス〘Pleiades〙ギリシャ神話で、アトラスの七人の娘。狩人オリオンに追われ、ゼウスはこれをあわれみ星に変えた。プレイアデス。

プレアデス-せいだん【プレアデス星団】牡牛座にある散開星団。肉眼で6個見える。距離408光年。昴。六連星。

ブレア-ハウス〘Blair House〙米国ワシントン、ホワイトハウスの近隣にある大統領の迎賓館。大統領の賓客である外国の元首などが宿泊するための施設。

ブレアル〘Michel Bréal〙[1832～1915]フランスの言語学者。ソシュールの師。比較言語学をフランスに定着させた。また、「意味論試論」により言語の意味の変化を研究する意味論の先駆者となった。

ふれ-ある・く【触(れ)歩く】〔動カ五(四)〕あちこちへ告げ知らせてまわる。「うわさを方々へ―・く」

ふ-れい【不例】ふだんの状態とは違うこと。特に、貴人の病気についていう。「今度の御―は大事ありますまいか」〈倉田・出家とその弟子〉

ふ-れい【布令】〔名〕スル 命令や法令などを広く一般に知らせること。また、その命令・法令。

ふ-れい【府令】❶「総理府令」の略。❷旧制で、府知事が発した命令。

ふ-れい【富麗】〔名・形動〕豊かで美しいこと。また、そのさま。「若し其天性深玄にして―なれば」〈二葉亭訳・美術の本義〉

ぶ-れい【無礼】〔名・形動〕《古くは「ぶらい」「むらい」とも》礼儀にはずれること。また、そのさま。失礼。不躾。無作法。「―な態度をとる」➡失礼[用法]
[類語]失礼・失敬・ぶしつけ・無作法・非礼・欠礼・不敬

プレイ〘play〙►プレー

フレイエル-じょう【フレイエル城】《Château de Freÿr》ベルギー南東部、ディナンの近郊にある城。アルデンヌ地方の古城の一つとして、観光客が数多く訪れる。16世紀に建造されたルネサンス様式の城館、ロココ様式の小礼拝堂などがある。

ブレイク〘break〙►ブレーク

ブレイクスルー〘breakthrough〙►ブレークスルー

ブレイクファースト〘breakfast〙►ブレックファースト

ブレイクファスト〘breakfast〙►ブレックファースト

ぶれい-こう【無礼講】身分・地位を無視して、行う宴会。「今夜は―でやろう」[対]慇懃講。

ブレイズ〘braise〙肉や野菜を軽く油で揚げるか炒めてからゆっくり煮込むこと。

プレイス〘place〙►プレース

プレイステーション〘PlayStation〙コンピューターゲーム機のシリーズ名。平成6年(1994)より「ソニー・コンピュータエンタテインメント」が開発・販売。商標名。PS。

プレイステーション-スリー【プレイステーション3】《PlayStation 3》「ソニー・コンピュータエンタテインメント」が開発したコンピューターゲーム機の商標名。プレイステーション2の後継機として平成18年(2006)に発売。セルブロードバンドエンジンと呼ばれるマルチコアプロセッサー、高性能のGPU、大容量のハードディスクを搭載。CD、DVD、ブルーレイディスクの再生が可能なほか、ブルートゥース、ワイファイなどのネットワーク規格に対応している。PS3。プレステ3。

プレイステーション-ツー【プレイステーション2】《PlayStation 2》「ソニー・コンピュータエンタテインメント」が開発したコンピューターゲーム機の商標名。プレイステーションの後継機として平成12年(2000)に発売。画像処理専用のLSIを多数搭載し、3次元コンピューターグラフィックスの高速化が図られた。DVDプレーヤーとしての機能ももつ。PS2。プレステ2。

プレイステーション-ネットワーク〘PlayStation Network〙「ソニー・コンピュータエンタテインメント社」が運営するオンラインサービス。同社の家庭用ゲーム機プレイステーション3と携帯型ゲーム機プレイステーションポータブル、プレイステーションヴィータの利用者に対し、オンラインゲームの対戦相手探しやコミュニケーションの場も提供するほか、プレイステーションストアにおいてゲーム・動画・コミックなどのコンテンツを配信している。PSN。

プレイステーション-ポータブル〘PlayStation Portable〙「ソニー・コンピュータエンタテインメント」が開発した携帯型ゲーム機の商標名。平成16年(2004)に登場。無線LAN機能をもち、仲間同士でゲームができるほか、音楽や動画の再生も可能。記憶媒体としてメモリースティックを小型化したメモリースティックデュオとUMDを採用。PSP。

ブレイディ-ていあん【ブレイディ提案】《Brady proposal》1989年3月に当時のブレイディ米財務長官が発表した累積債務国の救済案。その内容は債務の証券化による債務の元本削減と金利の減免が主なものであった。

ブレイディ-ほう【ブレイディ法】《Brady Law》1994年に発効した米国の銃砲規制法。銃の購入に際して5日間の待機期間をもうけ、その間に警察による購入希望者の犯罪歴の調査を義務づけている。81年のレーガン大統領銃撃事件の際に銃弾を受けて重傷を負ったブレイディ報道官にちなんだ名称。

プレイ-パーク►プレーパーク

プレイヤード〘フランス Pléiade〙《すばる星の意》16世紀中期のフランスで活躍した詩人の集団。ロンサールを盟主とし、デュ=ベレら七人からなる。ギリシャ語・ラテン語の古典詩歌を模範とし、フランス語を改良し、それを用いた清新な詩によってフランス文学の刷新を図った。

ブレインストーミング〘brainstorming〙►ブレーンストーミング

プレインストール〘preinstall〙《「プリインストール」とも》パソコンで、オペレーティングシステムや各種アプリケーションソフトが事前にインストールしてあること。家庭・個人向けのパソコンの多くは、それらのソフトウエアがインストールされた状態で販売されている。

ふれ-うり【触(れ)売り】「ふりうり」に同じ。

フレー〘hurray〙〔感〕競技などの際、競技者を激励・応援するためにかける掛け声。「―、―赤組」

プレー〘play〙〔名〕スル《「プレイ」とも》❶遊ぶこと。遊戯。「―ルーム」「―スポット」「―ゾーン」❷競技すること。また、競技やその技。「堂々と―する」「ファイン―」「セット―」❸演劇。芝居。「ミュージカル―」❹演奏すること。また、演奏。「キーボードプレーヤーとして―する」❺「プレーボール」の略。「主審の―がかかる」
[類語]遊び・遊戯・戯れ・遊び・気晴らし・慰み事・娯楽・遊技・ゲーム・レジャー・レクリエーション

プレーイング-マネージャー〘playing manager〙《「プレイングマネージャー」とも》スポーツで、選手と監督を兼任する人。

プレー-ウォール《playing wallから》子供の遊び場に造るコンクリート製の動物などの造形物。

プレー-オフ〘play-off〙❶スポーツの試合で、同点や引き分けのときに行う決勝試合。延長戦。再試合。主にゴルフなどにいう。❷スポーツで、リーグ戦の終了後に行われる優勝決定戦。各リーグやカンファレンスの上位チームの間で行われる。

ブレーカー〘breaker〙ある量以上の電力を使ったり、異常電流が流れたりすると、回路を自動的に遮断する装置。遮断器。

プレー-ガイド《和 play＋guide》演劇・映画・音楽・スポーツなどの興行物の案内や入場券の前売りをする所。[補説]英語ではticket agency。

ブレーキ〘brake〙❶機械の運動を停止させたり減速させたりする装置。制動機。「―がよくきく車」「サイド―」❷事物の進行・進展などを妨げるもの。歯止め。「チャンスに―となったバッター」
[類語]歯止め・妨げ・邪魔・障害

ブレーキが掛か・る ブレーキが働く。転じて、物事の進行が抑制されたり、妨げられたりする。「住民の反対で工事に―・る」

ブレーキが利か・ない ブレーキの働きが十分でない。転じて、抑制することができない。「飲みだしたら―・ない」

ブレーキ-シュー〘brake shoe〙制動する時に、運動体に押し付けて運動を止める部品。

ブレーキ-ドラム〘brake drum〙自動車などのブレーキ機構で、回転軸に固定されていて、内側にブレーキシューが押し付けられる輪。制動輪。ブレーキ胴。

ブレーキ-パッド〘brake pad〙ディスクブレーキのディスクを両側から挟みつけて止める摩擦材。特殊合金製だが、摩耗の度合いをみて交換する。

ブレーキ-ペダル〘brake pedal〙自動車などで、車輪の回転数を減らしたり止めたりするためのペダル。これを踏むと、油圧や圧縮空気などによって力が伝達され、各車輪が制動される。

ブレーキング〘braking〙ブレーキをかけること。

フレーク〘flake〙薄片。また、薄片状にした食品。「コーン―」

ブレーク〘break〙〔名〕スル ❶ボクシングで、クリンチの体勢となったとき、レフェリーが選手に離れるように命じる語。❷テニスで、レシーブ側が相手のサービスゲームに勝つこと。❸停止。休憩。「ティー―」❹急に人気が出ること。大当たり。ヒット。「女子高生に―する」

ブレーク〘William Blake〙[1757～1827]英国の詩人・画家・版画家。ロマン主義の先駆者で、深い精

神性をもつ幻視と幻想の世界を象徴的に表現した。詩画集「無垢の歌」「経験の歌」など。

ブレーク-イーブン〖break even〗《五分五分の意》核融合炉において、その運転に要するエネルギーと取り出されるエネルギーが等しくなること。

ブレークスルー〖breakthrough〗困難や障害を突破すること。また、その突破口。

ブレークダウン〖breakdown〗❶分類すること。細かく分析すること。❷機械の故障。破損。車のえんこ。❸(健康・体力・精神能力などの)衰弱。消耗。

ブレーク-ダンス〖break dance〗1980年ごろからニューヨークで盛んになったストリートダンスの一。アクロバットのような身振りが特徴。➡ヒップホップ

ブレークファースト〖breakfast〗►ブレックファースト

ブレークファスト〖breakfast〗►ブレックファースト

ブレーク-ポイント〖break point〗テニスで、レシーブ側のゲームポイントのこと。

プレーグル〖Fritz Pregl〗[1869〜1930]オーストリアの有機化学者。微量天秤を開発し、有機化合物の元素微量分析法(プレーグル法)を完成した。1923年ノーベル化学賞受賞。

フレーゲ〖Gottlob Frege〗[1848〜1925]ドイツの数学者・哲学者。論理主義の立場から数の理論の基礎づけを試み、現代の記号論理学の創始者となった。また、語や文の「意義」と「意味」を区別して、言語分析哲学の基礎を築いた。ラッセルらと交流。また、ウィトゲンシュタインに大きな影響を与えたことでも知られる。著「概念記法」「算術の基本法則」など。

フレーザー〖James George Frazer〗[1854〜1941]英国の人類学者・古典学者。膨大な資料を駆使して未開文化の風俗習慣や信仰を研究。主著「金枝篇」では呪術じゅじゅや宗教の進化理論を展開した。

ブレーザー〖blazar〗活動銀河核の一種。激しい時間的変動と強い偏光を示す電磁波を放射する。光速に近いジェットを伴う活動銀河核を、ジェットの真正面から見たものと考えられている。

フレーザー-じょう【フレーザー城】ジャウ《Castle Fraser》英国スコットランド北東部、アバディーンシャー州にある城。16世紀から17世紀にかけてフレーザー家の居城として建造。アルファベットの「Z」を模したZプランと呼ばれる平面構成をもつことで知られる。現在は城内で調度品などを展示。

フレージング〖phrasing〗音楽で、旋律線をフレーズに区切るときの手法。一つの旋律も区切り方によって異なったニュアンスとなる。

フレーズ〖phrase〗❶句。成句。「キャッチ―」❷音楽で、楽句。〔類語〕文句・句・語句・成句・言い回し

ブレース〖brace〗波括弧なみかっこ。{ }の形のもの。➡括弧

プレース〖place〗〔名〕スル《「プレイス」とも》❶場所。位置。「マーケット―」❷ゴルフで、ドロップができない場合、規則に基づいてボールを手で地上に置くこと。➡リプレース ❸競馬で、複勝式の馬券。

プレース-キック〖place kick〗サッカー・ラグビーなどで、地上に置かれたボールを蹴ること。フリーキックやペナルティーキックなどのときに行う。

プレース-ヒット〖place-hit〗野球で、守備の弱い所や野手のいない所をねらって打つヒット。

プレー-スポット《和 play＋spot》歓楽街。盛り場。遊興のできる場所。〔補説〕英語では、amusement quarters, amusement areaなどという。

プレース-マット〖place mat〗小型の食卓マット。ナイフやフォークなどの食器の下に敷く。

プレースメント〖placement〗❶置くこと。配置。❷テニスで、相手コート内の狙った地点に正確にボールを打ち込むこと。

プレー-セラピー《和 play＋therapy》情緒障害児などの治療に用いられる、遊びを利用した心理療法。子供の基本的な自己表現である遊びを通じて隠された感情を探り、診断や研究に役立てる技法で、個人療法と集団療法とがある。➡セラピー

プレー-ゾーン《和 play＋zone》盛り場。娯楽街。

ブレーチェン〖ドイツ Brötchen〗►ブレッチェン

フレーデフォート-ドーム〖Vredefort Dome〗南アフリカ北東部、ヨハネスバーグの南西にある世界最大・最古の隕石衝突跡。直径は最大約190キロメートル。20億2300万年以上前に、直径10〜12キロメートルの隕石が衝突してできたといわれる。2005年、世界遺産(自然遺産)に登録された。

ブレード〖blade〗❶刃物の刃。アイススケートの刃やピッケルの刃などもいう。❷回転翼の羽根。ポンプ・水車・ジェットエンジンなどの羽根。❸ボートのオールの水をかく部分。❹石刃せきじん。❺刀のような細長い形状をした1枚の基板上に、マイクロプロセッサー、メモリー、ハードディスク、各種ネットワーク機器などを用途に応じて実装したもの。サーバーとして用いられるサーバーブレード、記憶装置としての機能に特化したストレージブレードなどがある。いずれもブレードサーバーの筐体きょうたいに複数枚差し込んで使用する。

ブレード〖braid〗絹・木綿・麻・羊毛などで織られた紐ひも。縁飾り・刺繡ししゅうなどに用いる。

プレート〖plate〗❶板金。金属板。「ナンバー―」❷皿。「―スピニング(＝皿回し)」❸野球で、投手の投球位置に置かれた板。また、本塁。「ピッチャーが―をはずす」「ホーム―」❹真空管の陽極。❺地球表層部を形成する厚さ100キロ前後の硬い岩板。ユーラシアプレート・太平洋プレートなど十数枚が地球表面を覆っている。

プレード〖plaid〗►プラッド

プレート-アンパイア〖plate umpire〗野球で、主審のこと。球審。チーフアンパイア。

プレートガーダー-きょう【プレートガーダー橋】ケウ《plate girder bridge》鋼板や形鋼を組み合わせて板(プレート)状にし、これを断面がＩ字形になるように組み立てた桁けた(ガーダー)からなる鉄橋。鈑桁橋ばんげたきょう。

プレートきょうかい-じしん【プレート境界地震】キャウカイヂシン 地球の表面を構成するプレートとプレートの境界面で起こる地震。予想される東海地震はフィリピン海プレートがユーラシアプレートの下に潜り込むときに生じるひずみが原因で発生するといわれる。➡プレートテクトニクス

ブレード-サーバー〖blade server〗1枚の基板上にマイクロプロセッサー、メモリーなど、コンピューターとしての必要な機能を実装したサーバー。ふつう、筐体きょうたいに複数枚を差し込んで使う。

プレート-スピニング〖plate spinning〗「皿回し」に同じ。

プレート-テクトニクス〖plate tectonics〗地震・火山活動・造山運動などの地球表面の大きな変動は、各プレートが固有の方向に動くために、プレートの境界で起こるという学説。海洋底拡大説を基に、プレートの概念を導入して体系化された理論で、1960年代後半から発展した。プレート理論。➡プルームテクトニクス

プレート-でんりゅう【プレート電流】デンリウ 真空管の陽極から流れる電流。陽極電流。

フレートライナー〖freightliner〗貨物基地にトラックで集められたコンテナを、目的地まで直行便貨物列車で運搬し、さらにトラックで戸口まで届ける合理化輸送方式。

プレーナー〖planer〗《平らな、平面の、の意》「平削ひらけずり盤」に同じ。

プレーナー-ぎじゅつ【プレーナー技術】《planar technology》シリコン基板上に半導体集積回路を作製する技術。シリコン基板上面を酸化させて、シリコン酸化膜で覆い、次にフォトリソグラフィーにより決められた位置の酸化膜を除去し、この位置に不純物拡散を行うといったプロセスを繰り返して集積回路を作り上げていく。

フレーバー〖flavor〗食べ物を口に入れたときに感じる香りと風味。

プレー-パーク《和 play＋park》禁止事項をできるだけ少なくし、自分の責任で自由に遊ぶことをモットーにした遊び場。地域住民やボランティアで自主運営しているものが多い。

フレーバー-ティー《flavory tea から》香りの高い紅茶。香草などで香りをつけた紅茶。

プレーバック〖playback〗〔名〕スル 録音や録画を再生すること。「―して聞き直す」

フレーバリー-ティー〖flavory tea〗►フレーバーティー

フレーバリスト《和 flavor＋-istから》食品の風味・香料を調合する専門家。

フレーブニコフ〖Velimir Khlebnikov〗[1885〜1922]ロシア・ソ連の詩人。ロシア未来派の創設者・指導者。先端的な言語実験を行い、ネオロジズムやザーウミ(意味を超えた言語)を駆使した作品を書いた。代表作、詩「笑いの呪文」「鶴」、劇詩「ザンゲジ」など。

フレーベル〖Friedrich Wilhelm August Fröbel〗[1782〜1852]ドイツの教育者。世界最初の幼稚園を設立。幼児の創造性を育てるための教育玩具を創作し、恩物と名づけた。主著「人間の教育」。

プレーボーイ〖playboy〗多くの女性を次々に誘惑してもてあそぶ男。また、粋に遊びまわる男。遊び人。〔類語〕女たらし・女殺し・遊び人

プレー-ボール〖play ball〗野球・テニスなどで試合を開始すること。また、審判員の試合開始の宣告の言葉。

フレーマー〖framer〗❶構成者。考案者。❷家の枠組みを作る人。大工。

ブレーマー-じょう【ブレーマー城】ジャウ《Braemar Castle》英国スコットランド北東部、アバディーンシャー州にある城。ロイヤルディーサイドとして知られるディー川沿いに位置する。17世紀にマー伯爵の居城として建造。争乱で破壊され、18世紀半ばにファークワソン家が再建し、現在の姿になった。

フレーミング〖framing〗《骨組み・構成の意》❶撮影の際にファインダーを通して見える撮影範囲。また、撮影範囲と構図をファインダーを通して決定すること。❷構想。〔補説〕❶で、カメラによっては、ファインダーで見える範囲と撮影範囲とが完全には一致しない場合がある。

フレーム〖frame〗❶縁ふち。枠。「眼鏡の―」「ラケットの―」「デジタルフォト―」❷㋐テレビ・映画などの画面。「全景を―に収める」➡フレームイン ➡フレームアウト ㋑動画を構成する個々の静止画。1秒間当たり30枚の静止画を連続して表示する場合、「毎秒30フレームの動画」といい、動画のなめらかさを表す指標となる。単位はfps。❸機械・自動車・建造物などの骨組みとなる枠状の構造物。「オートバイの―」❹物事の枠組み。計画のアウトライン。大枠。「中期財政―に基づいた議論」❺苗床用の温床。《季 冬》「―や遠かがやきに安房の海/風生」❻ボウリングの1ゲームを構成する1回ごとの区分。1ゲームは10フレームからなる。❼ブラウザーの機能の一。ウインドーをいくつかの領域に分割し、それぞれに別の内容を表示すること。各フレーム内のページは独立してスクロールできる。〔類語〕(❹)大枠・枠組み・あらまし・大筋・大要・大略・骨格・骨組み・アウトライン

フレーム-アウト〖frame out〗映画・テレビの演出用語で、登場していたものが画面の外へ切れること。⇔フレームイン。

フレーム-アップ〖frame-up〗事件を捏造ねつぞうしたり、人に無実の罪を着せたりすること。政治的反対者を孤立させ、弾圧・攻撃する口実とするために用いられる。でっちあげ。

フレーム-イン〖frame in〗映画・テレビの演出用語で、登場していなかったものが画面の中へ入ること。⇔フレームアウト。

フレーム-きって【フレーム切手】郵便切手表面に空白のフレームを設け、その部分に客が持ち込んだ写真やイラストを印刷したオリジナルの切手。額面は80円または50円。1シート10枚綴りと20枚綴りのものがある。平成18年(2006)9月に日本郵政公社より発売。発売当初は80円切手のみだった。郵政民営化後は日本郵便に引き継がれた。

フレームシーケンシャル-ほうしき【フレームシーケンシャル方式】ハウシキ《frame sequential》►ア

クティブシャッター方式

フレーム-バッファー〖frame buffer〗コンピューターで、ディスプレーのピクセルに与える情報(色・明るさ)を記憶する二次元構造のメモリー。

フレームぶんこう-ぶんせき【フレーム分光分析】ニブンコウブンセキ ▶炎光分光分析

フレーム-もんだい【フレーム問題】《frame problem》問題解決の対象の状態や性質の変化を的確に表す計算モデルの構築を考える、人工知能の基礎課題。

フレームリレー-サービス〖frame relay service〗デジタル情報をパケットという小さな単位で転送するパケット通信において、誤り訂正の再送制御を簡略化して高速化を図った方式。FR。

フレーム-レート〖frame rate〗コンピューターグラフィックスや動画において、1秒間に何回画面を書き換えるかを表した数値。大きい値ほど、画面表示が滑らかになる。

フレームワーク〖framework〗枠組み。骨組み。組織。体制。「企業間協力の―をつくる」

ブレーメルハーフェン〖Bremerhaven〗ドイツ北西部、ブレーメン州の港湾都市。北海に注ぐウェーザー川の河口に位置し、同国有数の漁港、貿易港として知られる。上流にあるブレーメンの新港として1827年に築港。Uボートの実物を展示するドイツ船舶博物館や、北海沿岸で現在も稼働中の最古の灯台、サイモンロッシェン灯台がある。ブレマーハーフェン。

フレーメン〖ドイツ flehmen〗ウシ・ウマ・ライオンなどの雄が性的に興奮したときに行う、首をのばして上唇を反転させる動作。

ブレーメン〖Bremen〗ドイツ北西部、ウェーザー川下流の河港都市。中世以来、商業都市として発展、ハンザ同盟の中心の一。造船・機械などの工業も盛ん。人口、行政区55万(2010)。(補説)行政区画上、外港のブレーメルハーフェンとともに独立した連邦州を構成するため、ブレーメン州ともいう。

ブレーメン-だいせいどう【ブレーメン大聖堂】《ドイツ Bremer Dom》▶聖ペトリ大聖堂

プレーヤー〖player〗《「プレイヤー」とも》❶競技者。❷演技者。俳優。「バイ―」❸演奏者。「キーボード―」❹トランプやコンピューターゲームなどの遊戯に参加している人。❺「レコードプレーヤー」「CDプレーヤー」などの略。

(類語)選手・競技者・演技者・演奏者・参加者

プレー-ラブ《和 play＋love》真剣なものではない、遊び・ゲーム感覚の恋愛。戯れの恋。恋愛ごっこ。

プレーリー〖Prairie〗北アメリカ大陸のミシシッピ川流域を中心として、カナダ南部から米国テキサス州に至る大草原。土壌が肥沃で、小麦・トウモロコシ・綿花などが栽培される。

プレーリー-ドッグ〖prairie dog〗リス科の哺乳類。体長約30センチ、尾長約10センチ。全体に褐色。北アメリカのプレーリーに分布し、地下にトンネルを掘りめぐらし、集団で暮らす。穴の出入り口に後肢で立ち上がって見張り、敵が近づくと、犬に似た鋭い鳴き声をだす。

プレー-リスト〖play list〗デジタルオーディオプレーヤーやメディアプレーヤーなどで、曲や動画のタイトルをひとまとめにしたリストのこと。気に入った曲や同じ歌手の曲だけを集めたり、録画した連続テレビドラマをひとまとめにしたりして、順に再生することが可能。

プレールーム〖playroom〗公共施設内などにある、子供が遊ぶための部屋。転じて、大人が室内ゲームなどをするための専用の部屋。遊戯室。

プレー-ロット《和 play＋lot》遊び場。小遊園地。特に住宅街などで、子供などが遊べるように作られた土地の一区画。

ブレーン〖brain〗❶頭脳。❷脳。脳髄。❸「ブレーントラスト」の略。「首相の―」

プレーン〖plain〗〔形動〕簡素なさま。あっさりしたさま。「―な服装」

ブレーンウオッシング〖brainwashing〗▶洗脳

プレーン-オムレツ〖plain omelet〗卵だけを用い、具の入っていないオムレツ。

ブレーン-サイエンス〖brain science〗脳に関する自然科学の研究分野。ニューロン・トランスミッターの研究にはじまり、学習・記憶・認知のメカニズムを解明することを目標とする。

ブレーンストーミング〖brainstorming〗米国で開発された集団的思考の技術。自由な雰囲気で、他を批判せずにアイデアを出し合い、最終的に一定の課題によりよい解決を得ようとする方法。ブレスト。

プレーン-ソーダ〖plain soda〗色や味のついていないソーダ水。(季 夏)

プレーン-テキスト〖plain text〗文字の種類、色、大きさ、レイアウト情報などをもたない純粋なテキストデータ。またはそのファイル形式。

プレーン-トー〖plain toe〗靴のつま先の形があっさりしていること。

ブレーン-トラスト〖brain trust〗米国のルーズベルト大統領がニューディール政策を行った際、その政策の立案・遂行にあたった顧問団の通称。転じて、政府や企業体の諮問機関や、政治家などの相談役をつとめる専門家などのグループ。知能顧問。

ブレーンマシン-インターフェース〖brain-machine interface〗マンマシンインターフェースの一種。脳の発する信号を直接コンピューターやロボットに伝えて動かす技術。脳コンピューターインターフェース。BMI。

プレーン-ヨーグルト〖plain yogurt〗発酵させただけの、生のヨーグルト。

プレオブラジェンスカヤ-きょうかい【プレオブラジェンスカヤ教会】ニキョウカイ《Preobrazhenskaya tserkov'》ロシア連邦北西部、カレリア共和国のオネガ湖に浮かぶキジ島にある教会。18世紀初めの建造。隣接するポクロフスカヤ教会とともに、釘を1本も使用しない木造建築として知られる。高さ37メートル、木片で葺ふかれた22の玉ねぎ型のドームをもつ。1966年に島全体が国立野外博物館に指定され、1990年に「キジ島の木造教会建築」の名称で世界遺産(文化遺産)に登録された。

ブレオマイシン〖bleomycin〗放線菌の一種から得られる抗生物質の一。扁平上皮癌・悪性リンパ腫に有効。

プレ-オリンピック〖Pre-Olympic〗オリンピック競技会の開かれる前年に、その開催予定地で行われる国際競技大会。➡オリンピック❷

フレオン〖Freon〗弗化ふっ炭化水素類の米国デュポン社の商標名。フロンと通称される。

プレオン〖preon〗クオーク・レプトンなどを複合粒子と考える統一模型の中で導入される基本粒子。

ふれ-がき【触(れ)書(き)】❶告げ知らせるための文書。特に江戸時代、幕府や藩主などから一般の人に知らせるための文書。➡御触書おふれがき ❷歌舞伎で、浄瑠璃の名題や出演者の連名を記したもの。

フレ-カジ「フレンチカジュアル」の略。カジュアルウエアの一種で、上品なフランス風であるものの総称。

ふれ-がしら【触頭】❶室町時代、京都の町組で、上京13の町組を親町、その他を枝町とした、親町のこと。奉行の命令を枝町に伝達した。❷江戸時代、寺社奉行の命令を配下の寺院に伝達し、また、配下の寺院からの訴願を奉行に伝えるのを役とした寺。

プレカリアート〖precariat〗《precarious(不安定な)からの造語》パートタイマー、アルバイト、フリーター、契約社員、派遣社員などの非正規雇用形態で働く人、何らかの理由で職を得にくい状況にある人々、および失業者、ニート、ホームレスなどの総称。

フレキシキュリティー〖flexicurity〗▶フレクシキュリティー

フレキシビリティー〖flexibility〗柔軟性。融通性。「変化の時代には―が求められる」

フレキシブル〖flexible〗〔形動〕融通のきくさま。柔軟性のあるさま。「―な対応が求められる」

フレキシブル-ディスプレー〖flexible display〗柔軟な素材でできた変形可能なディスプレーのこと。軽量薄型で電源を切っても表示が消えないタイプを電子ペーパーという。

フレキシブルフューエル-ビークル〖flexible fuel vehicle〗▶フレックス燃料車

フレキシブルマニュファクチュアリング-システム〖flexible manufacturing system〗多品種少量自動生産システム。ロボットやNC工作機械・自動倉庫・無人搬送車などで構成し、多様な市場の需要に応じられる生産システム。FA(ファクトリーオートメーション)の中核システム。

プレキャスト-てっきんコンクリート【プレキャスト鉄筋コンクリート】《precast reinforced concrete》あらかじめ工場や現場近くで製作された鉄筋コンクリートの土木・建築用部材。現場に運んで組み立てる。

フレクシキュリティー〖flexicurity〗《flexibility(柔軟性)とsecurity(保障)からの造語。「フレキシキュリティー」とも》デンマークで導入されている労働市場政策。労働者の解雇規制を緩和する一方で、失業時の給付と職業訓練プログラムを充実させ、労働市場の流動性を確保。衰退産業から成長産業へ雇用が速やかに移動することで、経済成長が見込める。

プレクトラム〖plectrum〗弦楽器を弾奏するための義爪ぎそ・撥ばちなどの総称。

フレグランス〖fragrance〗❶快い香り。芳香。香気。❷香水・オーデコロン・石鹸せっけん・ボディーパウダー・室内香料などの芳香性製品の総称。

ブレゲンツ〖Bregenz〗オーストリア西端、フォアアールベルク州の都市。同州の州都。オーストリア、ドイツ、スイスが国境を接するボーデン湖(コンスタンス湖)の南東岸に位置する。紀元前にケルト人集落、ローマ帝国の時代に軍営地が置かれた。時計、電気機器、繊維などの工業が盛ん。毎夏、ボーデン湖上で開催されるブレゲンツ音楽祭が有名。

プレコグニション〖precognition〗予知能力。特に心霊現象で、将来起こり得ることを予知すること。

ふれ-こみ【触(れ)込み】触れ込むこと。「事業家という―で乗り込む」

(類語)名目・名分・美名・表看板・鳴り物入り

ふれ-こ・む【触(れ)込む】〔動マ五(四)〕前もって広く知らせる。多く、実際とは異なり誇大に宣伝する場合にいう。「一流のモデルだと―・む」

(類語)広める・言い広める・知らせる・吹聴ふいちょうする・宣伝する・周知する・鼓吹する・喧伝けんでんする

プレコレクション〖precollection〗ファッション業界で、春秋の発表会に先立って開かれる発表会。手軽で遊び着中心という。クルーズコレクション。ホリデーライン。

ブレコン〖Brecon〗英国ウェールズ南部の町。ブレコンビーコンズ国立公園の北端に位置し、観光拠点の一として知られる。ブレコン大聖堂や郷土の歴史を紹介するブレコノック博物館・美術館がある。

ブレコン-だいせいどう【ブレコン大聖堂】ニダイセイドウ《Brecon Cathedral》英国ウェールズ南部の町ブレコンにある大聖堂。11世紀創建のベネディクト派修道院に起源し、16世紀の修道院分離令の後、教区教会になった。

ブレコンビーコンズ-こくりつこうえん【ブレコンビーコンズ国立公園】ニコクリツコウエン《Brecon Beacons National Park》英国ウェールズ南部の国立公園。ブリテン島南部の最高峰ペンイファン(標高886メートル)を擁すブレコンビーコンズ山脈をはじめ、東側のブラックマウンテンズ、西側のフォレストファー、ブラックマウンテンの4区域からなり、ブレコン、アバガベニーなどの町がある。氷河期にできた渓谷、滝、湖、鍾乳洞など、さまざまな自然景観が楽しめることで知られる。

ブレザー〖blazer〗フラノ地などを用いた背広型のスポーティーなジャケット。金属ボタンやパッチポケットが特徴。(類語)ジャケット・サックコート・上着・背広

ブレザー-コート《和 blazer＋coat》「ブレザー」に同じ。

プレサイクル〖precycle〗廃棄物の再利用であるリ

サイクルを一歩進めたもので、消費者がリサイクルしやすい商品や、ごみにならない商品を選んで買う運動。米国などで行われている。➡リサイクル

プレシア〘Brescia〙《「ブレッシア」とも》イタリア北部、ロンバルディア州の都市。人口は州都ミラノに次ぎ同州第2位。中世以来、兵器製造の伝統があり、現在も機械工業、製鉄業が盛ん。古代ローマ時代の遺跡、現在市庁舎として使われるロッジャ、新旧の大聖堂などの歴史的建造物がある。15世紀から16世紀にかけてブレシア派と呼ばれる画家たちが活躍したことで知られる。人口、行政区19万(2008)。

プレシーズン-マッチ《和 preseason＋match》日本のサッカーJリーグで、シーズン前に調整の一環として行われる有料試合。プロ野球のオープン戦にあたる。

プレシェーレノフ-ひろば【プレシェーレノフ広場】《Prešernov trg》▶プレシェーレン広場

プレシェーレン〘France Prešeren〙［1800～1849］スロベニアの詩人。ウィーン大学卒。ロマン主義の影響を受け、弁護士助手をしながら詩を発表した。スロベニア国歌「乾杯の詩」の作詞者でもある。

プレシェーレン-ひろば【プレシェーレン広場】《Prešernov trg》スロベニアの首都リュブリャーナの中心広場。中央には19世紀の詩人プレシェーレンの銅像がある。周囲には17世紀創建のフランチェスコ修道会の教会をはじめ、バロック様式の建造物が建ち並ぶ。プレシェーレノフ広場。

プレシディオ〘Presidio〙米国カリフォルニア州サンフランシスコ中心部、金門橋のたもとの一地区。スペイン軍駐屯地、米軍基地を経て、現在は公園やゴルフ場などがあり、フォートポイント国立歴史地区に指定されている。

プレジデント〘president〙❶大統領。❷機関や組織などの最高職。会長・学長・頭取など。

プレジネフ〘Leonid Il'ich Brezhnev〙［1906～1982］ソ連の政治家。1952年にロシア共産党幹部会員候補兼書記として頭角を現し、党務関係の要職を歴任。フルシチョフ失脚で党第一書記(1966年に書記長と改称)となり、国際緊張の緩和、平和共存の二原則に基づくいわゆるブレジネフ路線を推進、1977年には最高会議幹部会議長も兼ねた。

プレジャー〘pleasure〙喜び。歓喜。歓楽。「―アイランド」

プレジャー-ボート〘pleasure-boat〙❶遊覧船。❷ヨット・クルーザーなど、レジャー用の船。

プレシャス〘precious〙〔形動〕貴重な。大切な。高価な。「―な時間を共有する」

プレ-ジャンプ〘pre-jump〙スキーの滑降競技などで、くぼみやギャップにかかって飛ばされないように、その手前で自分から飛び越すこと。

フレジュス〘Fréjus〙フランス、プロバンス地方の都市。海岸保養地。古代ローマ時代の軍港を起源とする。円形闘技場、水道橋などのローマ遺跡、11世紀から12世紀にかけて建造されたサンレオンス大聖堂、ジャン＝コクトーが装飾を手掛けた礼拝堂がある。

プレジュメル〘Prejmer〙ルーマニア中央部の村。ブラショフの北西約15キロメートルに位置する。13世紀初めにドイツ騎士団が築いた砦に起源し、ドイツのザクセン地方からの移住者により集落がつくられた。南トランシルバニア地方の他の村々とともに、1999年に「トランシルバニア地方の要塞教会のある村落群」の名称で世界遺産(文化遺産)に登録された。

ふれ-じょう【触(れ)状】〘名〙触れ知らせる書状。連名の宛名で順番に回覧させる文書。回状。回章。

プレじょうもん-ぶんか【プレ縄文文化】〘名〙日本の旧石器時代文化の旧称。

プレショフ〘Prešov〙スロバキア東部の都市。同国第3の規模をもつ。コシツェ盆地北部に位置する。機械工業、繊維業のほか製塩業が盛ん。11世紀よりハンガリー王国の領地となり、17世紀に新教徒のための神学校が開設された。旧市街には聖ミクラーシュ教会、旧市庁舎(現在はワイン博物館)などの歴史的建造物が残っている。

ブレス〘breath〙〔名〕スル 呼吸すること。息つぎ。「上手に―する水泳選手」

プレス〘press〙〔名〕スル ❶押さえること。押しつけること。❷衣服や布地にアイロンをかけて、しわをのばしたり折り目をつけたりすること。「ワイシャツを―する」❸板金などの材料に圧力を加えて成型すること。また、その機械。❹レコードやCDなどを原盤から複製すること。❺印刷。出版。出版物。❻新聞。また、新聞社。報道機関。❼《フランス attaché de presseから》ファッション産業などで、広報担当者。❽コンピューターのマウスの操作で、マウスボタンを押したままの状態にすること。ドラッグ・リリースと組み合わせた操作により、アイコンの移動、文字列や画像の範囲指定を行う。

プレス-かこう【プレス加工】てこ・ねじ・空気圧などを利用して型に板金などの素材を強圧し、所要の形状に剪断・成型する加工法。

プレス-カメラ〘press camera〙蛇腹折り畳み式の、機動性のある連動距離計つき中型写真機。報道カメラマンが使ったところからの名。

プレス-カメラマン〘press cameraman〙新聞・雑誌などの写真を専門に撮影する写真家。

プレス-キット〘press kit〙記者会見などで、取材の便宜に供するために種々の材料をそろえて、あらかじめ報道関係者に配布される参考資料一式。

プレス-キャンペーン〘press campaign〙新聞が、ある社会的問題について一定の世論を喚起するために、ある期間総力を用いて行う報道活動。

プレスクール〘preschool〙《「プリスクール」とも》❶就学前の、小学校入学前の、の意を表す。「―学習」❷幼稚園。保育園。

フレスコ〘イタリア fresco〙《新鮮な、の意》壁画制作の手法の一。漆喰(しっくい)壁が乾ききらないうちに顔料を水に溶いて描くもの。また、その壁画(フレスコ画)。壁が乾くとともに顔料が定着し、堅牢なものとなる。

プレスコ《prescoringから》映画・テレビで、先にせりふ・歌・音楽などを録音しておき、これに口や演技を合わせて撮影すること。プレレコ。➡アフレコ

プレス-コード〘Press Code〙昭和20年(1945)9月、GHQが新聞・出版活動を規制するために発した規則。連合国や占領軍についての不利な報道を制限した。同27年、講和条約の発効により失効。

フレスコ-が【フレスコ画】〘名〙フレスコの手法を用いて描かれた壁画。➡フレスコ

プレス-センター〘press center〙報道機関が集中する区域。また、大きな催しなどのときに臨時に設けられる新聞社・通信社・放送局など報道機関のセンター。特に、日本新聞協会などがある日比谷プレスセンタービルをさすこともある。新聞記者会館。

プレス-ディフェンス〘press defense〙❶バスケットボールで、相手選手をぴったりとマークして動きを封じる防御方法のこと。❷サッカーで、相手ボールを自由にさせず、さらにボールを奪おうと相手選手に詰め寄りマークする防御方法。

プレステージ〘prestige〙威信。威光。名声。

プレステ-スリー【プレステ3】《PlayStation 3》「プレイステーション3」の略。

プレステ-ツー【プレステ2】《PlayStation 2》「プレイステーション2」の略。

プレステル〘Prestel〙英国のBT社(ブリティッシュ・テレコム)が開発した、ビデオテックスシステム。世界で初めて商用化された。

ブレスト〘breast〙❶胸。胸部。「―サイズを計る」❷「ブレストストローク」の略。❸電話オペレーター(交換手)が使うイヤホンとマイクがセットになった機器。電話、電線工事の連絡にも使う。送受器。補説❸は、マイクを首から胸に下げることからの名称か。

ブレスト〘Brest〙㊀フランス北西部、ブルターニュ半島先端部にある港湾都市。軍港で、商業港としても重要。㊁ベラルーシ南西部の都市。ポーランドとの国境に近く、交通の要地。1319年にリトアニア領となり、ブレスト-リトフスクとよばれた。

ブレ-スト「ブレーンストーミング」の略。

プレスト〘イタリア presto〙音楽で、速度標語の一。きわめて速く、の意。

ブレストストローク〘breaststroke〙平泳ぎ。

ブレスト-リトフスク〘Brest Litovsk〙ベラルーシの都市ブレストの旧称。

ブレストリトフスク-じょうやく【ブレストリトフスク条約】〘名〙第一次大戦末の1918年3月、ロシア革命政権がドイツおよびその同盟国と結んだ講和条約。新生のソビエト政権は革命の防衛に追われていたため、大幅な領土喪失を認めたが、ベルサイユ条約で無効となった。

プレス-ハム〘pressed ham〙豚その他の畜肉を混ぜ合わせて型詰めにした、日本特有のハム。

プレスビテリアン〘Presbyterian〙長老派。

プレス-ライダー《和 press＋rider》バイクで、原稿・商品見本・テープなどを、短時間で届けるもの。バイク宅配便。

プレスラウ〘Breslau〙ウロツワフのドイツ語名。

プレスラフ〘Preslav〙ブルガリア北東部にある、第一次ブルガリア帝国時代の首都。現名称はベリキプレスラフ。893年、プリスカから遷都され、バルカン半島における最大の国家として最盛期を迎えた。現在は建物の基礎部分などが残る。

プレスリー〘Elvis Presley〙［1935～1977］米国の歌手。1950年代半ばに登場。カントリー調・ブルース調など多彩なロックンロールを、甘い美声で時に激しく歌い、「ハートブレーク-ホテル」「ラブ-ミー-テンダー」など数多くの大ヒットを生んで、ロックの王様と称された。

プレスリップ〘preslip〙プレート境界地震のような大地震が起こる前に生じると考えられる、震源域付近の断層面のゆっくりとしたすべり現象。昭和19年(1944)の東南海地震では本震の2、3日前に前兆となる地殻変動が観測され、それを説明するモデルとして考えられた。地震予知につながる重要な現象と見なされているが、平成23年(2011)3月11日に起きた東北地方太平洋沖地震においては観測されなかった。前兆すべり。

プレス-リマークス〘press remarks〙政府などによる報道機関への記事の発表。新聞発表。

プレス-リリース〘press release〙▶ニュースリリース

プレス-ルーム〘press room〙❶新聞記者室。記者会見室。❷企業の広報室。

ブレスレット〘bracelet〙腕輪。腕飾り。

プレゼン「プレゼンテーション」の略。

プレゼンス〘presence〙存在。存在感。特に、軍隊・国家などがある地域へ駐留・進出して軍事的、経済的に影響力をもつ存在であること。

プレゼンティング〘presenting〙哺乳類の雌がとる交尾直前の姿勢のこと。猿などでは雌雄ともにみられ、相手の攻撃性を緩和する意味がある。

プレゼンテーション〘presentation〙❶計画・企画案・見積もりなどを、会議で説明すること。プレゼン。❷フィギュアスケートの旧採点基準の一つ。プログラム構成、音楽との適合、演技、独創性など芸術的側面を採点するもの。芸術点。補説アーティスティックインプレッションからこの名称になったが、その後PCSへと変更された。

プレゼンテーション-ソフト《presentation softwareから》プレゼンテーション用の資料を作成、表示するためのアプリケーションソフト。文書や画像、動画などをスライド形式で表示する機能をもつ。

プレゼンテーター《和 presentator》❶プレゼンテーションをする人。❷映画賞や音楽賞の表彰式などで、各種の賞を発表・授与する人。

プレゼント〘present〙〔名〕スル 贈り物。進物。また、贈り物をすること。「指輪を―する」
類語 贈り物・進物・付け届け・お遣い物・ギフト

ブレダ〘Breda〙オランダ、ノルトブラバント州の都市。1660年、王政復古直前にイギリスのチャールズ2世が発したブレダ宣言や、1667年の第二次イギリス-オランダ戦争終結におけるブレダ条約などで知られる。

プレタ「プレタポルテ」の略。「高級―」

ふれ-だいこ【触(れ)太鼓】物事を人々に広く知らせるために打つ太鼓。特に相撲で、初日の前日に、呼び出しが太鼓をたたきながら興行が始まることを町中に触れ回ること。また、その太鼓。
プレタ-ポルテ〘フランス prêt-à-porter〙高級既製服。有名デザイナーやメーカーのものをいう。
ふれ-ちら・す【触(れ)散らす】〔動サ五(四)〕あちこちで言いふらす。「学校中のアラをさがして、人に―・してあるいたり」〈逍遥・当世書生気質〉
ぶ-れつ【武烈】戦場で立てた手柄。武勲。
フレックス〘flex〙曲げること。畳むこと。転じて、物事を柔軟に扱ったり行ったりするさまを表す。多く複合語の形で用い、柔軟な、の意を表す。「―タイム」「―ジョブシステム」
フレックス〘FREX〙《free, frequent, freshなどの言葉とexpressを組み合わせた造語》新幹線の通勤用定期券。新幹線の普通車の自由席と、並行区間の在来線の快速と普通列車が利用できる。フレックスパルは同様な通学定期券。
フレックスタイム〘flextime〙1日の労働時間は一定とするが、出社・退社時間を各自の裁量にゆだねる勤務制度。出社・勤務していなければならない拘束時間帯(コアタイム)を設けることもある。
フレックスねんりょう-しゃ【フレックス燃料車】―ネンレウ― ガソリンとエタノールのどちらも燃料として使用できる自動車。ガソリンまたはエタノール単体でも、両者を混合した状態でも走行が可能。フレキシブルフューエルビークル(FFV)。
ブレックファースト〘breakfast〙《断食を破る意から》朝食。ブレークファースト。
ブレックファスト〘breakfast〙►ブレックファースト
ブレッサノーネ〘Bressanone〙イタリア北東部、トレンティーノアルトアディジェ自治州の町。イサルコ川とリエンツァ川の合流点に位置する。同地方で最も古い町の一であり、芸術、文化、宗教の中心地。住民の7割はドイツ語を母語とする。ドイツ語名ブリクセン。
ブレッシア〘Brescia〙►ブレシア
フレッシャー〘fresher〙新入生。1年生。新人。新入社員。初心者。
プレッシャー〘pressure〙圧力。特に、精神的圧迫。「―を克服する」「―に弱い」(類語)圧力・圧迫・重圧
プレッシャー-グループ〘pressure group〙圧力団体。
プレッシャー-プレート〘pressure plate〙カメラ内でフィルムをレール面に密着させて平面性を保つようにする板。カメラの裏ぶたについている。圧板。
プレッシャー-ポリティックス〘pressure politics〙各種の圧力団体により動かされる政治運営。圧力政治。
フレッシュ〘fresh〙〔形動〕新鮮なさま。新しく生き生きしているさま。「―なセンス」
(類語)新鮮・清新・生鮮・生新・新しい・瑞瑞みずしい
フレッシュ-アップ〔名〕スル《和 fresh＋up》気分などを新しくすること。
フレッシュ-ソーセージ〘fresh sausage〙生ソーセージ。生肉・香辛料・調味料を合わせ、腸詰めにしたもの。ゆでる、焼くなどして食べる。
フレッシュ-チーズ《和 fresh＋cheese》熟成させないか、ごく短期間熟成させたチーズ。さっぱりとした味わいで水分は多め。クリームチーズやモッツァレラなど。
フレッシュ-バター《和 fresh＋butter》無塩バターの俗称。ケーキなど菓子材料に用いる。(補説)英語ではsweet butter。
フレッシュマン〘freshman〙新人。新入社員。また、大学の新入生。
ブレッチェン〘ドイツ Brötchen〙《「ブレーチェン」とも》小形で丸い、ドイツの朝食用堅焼きパン。
フレッツ-アイエスディーエヌ【フレッツISDN】《FLET'S ISDN》NTT東日本・西日本が提供するISDNの定額サービス。時間帯や接続時間によらず通信料金が定額となる。
プレッツェル〘pretzel〙ひもを結んだような形の焼き菓子。塩味や薄い甘味をつけたビスケット状のものや、堅いパン状のものがある。
フレッツひかり-プレミアム【フレッツ・光プレミアム】NTT西日本が提供する、光ファイバーを用いたFTTHのデータ通信サービス。最大通信速度は1Gbps。Bフレッツに比べ、10倍以上の高速データ通信が可能。また、次世代のインターネットプロトコルIPv6に対応し、テレビ電話も利用できる。
ぶれつ-てんのう【武烈天皇】―テンワウ 記紀で、第25代の天皇。仁賢天皇の皇子。名は、小泊瀬稚鷦鷯おはつせわかさざき。日本書紀では凶暴な天皇として描かれている。
フレット〘fret〙リュート・ギター・マンドリンなどの弦楽器で、指板の表面を区切る突起。弦を押さえる場所を示す。
ブレット〘bullet〙拳銃の弾丸。弾。銃弾。
ブレッド〘Bled〙スロベニア北西部、ゴレンスカ地方の町。ユリスケアルプスの麓に位置する。風光明媚な観光地として知られるブレッド湖があり、1981年に一帯が国立公園に指定された。
ブレッド〘bread〙パン。「ライ―」
ブレッド-こ【ブレッド湖】《Blejsko jezero》スロベニア北西部の町ブレッドにある湖。ユリスケアルプス山麓さんろくの氷河湖であり、17世紀より風光明媚な観光地として知られる。湖上にはブレッド島が浮かぶ。1981年に一帯が国立公園に指定された。
ブレッド-じょう【ブレッド城】―ジヤウ《Blejski grad》スロベニア北西部の町ブレッドにある城。ブレッド湖を見下ろす高さ約130メートルの断崖の上に建ち、町と湖を望む展望地として知られる。11世紀初めの創建とされる。16世紀初めの地震で大きな被害を受け、改築された。ロマネスク様式とゴシック様式の外観をもつ。現在は歴史博物館。
ブレッド-とう【ブレッド島】―タウ《Blejski otok》スロベニア北西部の町ブレッドのブレッド湖に浮かぶ小島。17世紀建造の聖母被昇天教会がある。
プレッピー〘preppie│preppy〙米国の有名大学をめざす進学専門の私立中学・高等学校(プレパラトリースクール)の生徒の俗称。➡プレップスクール
プレッピー-ルック〘preppie look〙プレッピーの基本的な装い。紺のブレザーやポロシャツなどを無造作に着崩すのが特徴。
プレップ-スクール〘prep school〙《preparatory schoolの略》進学の準備教育を行う、高度な教育内容の私立学校。英国ではパブリックスクールをめざす児童のための私立小学校、米国では有名大学進学のための寄宿制の私立中学・高等学校をいう。
ブレティン-ボード〘bulletin board〙❶掲示板。❷インターネットやコンピューター通信で利用される電子掲示板。➡BBS
ブレティンボード-サービス〘bulletin board service〙「ビー-ビー-エス(BBS)」に同じ。
プレデター〘predator〙捕食者。また、略奪者。
フレデリクスハウン〘Frederikshavn〙デンマーク、ユトランド半島北部、カテガット海峡に面する港湾都市。古くから海上交易の中心地として栄え、現在も交通の要衝として知られる。17世紀の要塞や第二次世界大戦時のトーチカ群が残る。
フレデリクスボー-じょう【フレデリクスボー城】―ジヤウ《Frederiksborg Slot》デンマークの首都、コペンハーゲンの北西部郊外、ヒレロズにある城。16世紀中頃にフレデリクス2世が入手し、王位を継承したクリスチャン4世がルネサンス様式に改築した。現在は国立歴史博物館として公開されている。
フレデリクトン〘Fredericton〙カナダ南東部、ニューブランズウィック州の都市。同州の州都。セントジョン川中流に位置し、木材や毛皮の集散地として発展。1762年、アメリカ独立革命を逃れたロイヤリスト(イギリス系王党派)が移住。当時の建造物が数多く残る。
フレデリック-だいおう【フレデリック大王】―ダイワウ《Frederick》►フリードリヒ大王
ふれ-どめ【振れ止め】物の振れるのを止めること。また、そのための用具。特に旋盤で、細長い物を工作するときに、振れ動くのを防ぐために使う器具。
プレトリア〘Pretoria〙南アフリカ共和国の首都。同国北東部の高地に位置。1855年にボーア人大移動によって建設。名はその指導者プレトリウスにちなむ。
プレトリア-ひろば【プレトリア広場】《Piazza Pretoria》イタリア南部、シチリア島、シチリア自治州の都市パレルモの旧市街にある広場。16世紀半ば、ルネサンス期の彫刻家フランチェスコ＝カミリアーニがつくった噴水が広場中央にあり、30体もの彫像が並ぶ。
プレトリア-もん【プレトリア門】《Porta Pretoria》イタリア北西部、バッレダオスタ自治州の都市アオスタにある古代ローマ時代の門。紀元前1世紀に造られた城壁の一部であり、二重の城門になっている。門の近くに円形闘技場や劇場の遺跡がある。
ブレトンウッズ-かいぎ【ブレトンウッズ会議】―クワイギ ►連合国国際通貨金融会議
ブレトンウッズ-きかん【ブレトンウッズ機関】―キクワン IMF(国際通貨基金)とIBRD(国際復興開発銀行)を指す。1944年に締結されたブレトンウッズ協定により両機関が設立されたことに由来する。IBRDは、60年に設立されたIDA(国際開発協会)と併せて、世界銀行とも呼ばれる。
ブレトンウッズ-きょうてい【ブレトンウッズ協定】―ケフテイ 1944年、米国のニューハンプシャー州ブレトンウッズで開かれた連合国44か国による通貨金融会議で結ばれた協定。IMF(国際通貨基金)とIBRD(国際復興開発銀行)の設立が決められた。通貨価値の安定を図るために、金1オンスを35米ドルと定め、米ドルに対して他国通貨を固定相場で連結した。71年アメリカは対外収支の悪化などが原因で金とドルの交換を停止し(ニクソンショック)、ブレトンウッズ体制が崩壊。ドルの切り下げによって固定相場制を維持しようとした(スミソニアン体制)が、73年には変動相場制へ移行した。➡ニクソンショック❶
ブレトンウッズ-たいせい【ブレトンウッズ体制】《Bretton Woods system》1944年のIMF設立から71年8月のニクソンショックまでの間、世界経済を支えてきた国際通貨体制。44年、アメリカニューハンプシャー州のブレトンウッズで締結された、ブレトンウッズ協定による。➡ブレトンウッズ協定
ブレナボン〘Blaenavon〙英国ウェールズの南東部にある町。産業革命を支えたブレナボン製鉄所の高炉跡がほぼ完全に残されているほか、炭鉱、鉄道、労働者の住宅など18～19世紀の産業革命期の景観を今に伝えている。2000年に「ブレナボン産業用地」として世界遺産(文化遺産)に登録された。
ブレナム-きゅうでん【ブレナム宮殿】《Blenheim Palace》オックスフォード郊外のウッドストックにある邸宅。英国を代表するバロック様式の宮殿だが、貴族の私邸。1704年に将軍ジョン＝チャーチルがフランス軍を破った功でアン女王から下賜されたもので、宰相ウィンストン＝チャーチルの生誕地としても知られる。風景式の庭園は、英国のロマン主義庭園の端緒とされている。1987年、世界遺産(文化遺産)に登録された。
フレネル〘Augustin Jean Fresnel〙[1788～1827]フランスの物理学者。光の波動説を主張した同時代の英国の科学者T＝ヤングとは独立に光の波動説を確認し、光の直進・回折・干渉を波として説明した。細かい同心円で構成したフレネルレンズを発明。
フレネル-かいせつ【フレネル回折】―クワイセツ《Fresnel diffraction》光の回折現象の一。光源または観測点が、回折物体から有限の距離にあり、そのため、光を平面波と近似できない場合をさす。フランスの物理学者フレネルにちなむ。➡フラウンホーファー回折
フレネル-レンズ〘Fresnel lens〙集光レンズの一種で、厚さを減らすため、いくつかの輪帯レンズによって構成されたもの。➡フレネル
プレハーノフ〘Georgiy Valentinovich Plekhanov〙[1856～1918]ロシアの革命思想家。ロシアにおけるマルクス主義の先駆者として、その普及活動に努め、「労働解放団」を創設。社会民主労働党の結成に参加したがレーニンらと対立、同党の分裂後はメンシェビキに加わり、十月革命に反対した。

ふれ-ば・う【触ればふ】〔動ハ四〕❶触れる。接触する。「この春は賤しが垣根に一・ひて梅が香とめむ人親しまむ」〈山家集・上〉❷かかわりあう。関係を持つ。「ことさらにも、かの御あたりに一・はせむに、などか覚えの劣らむ」〈源・行幸〉

プレハブ〖prefab〗建築部材を工場で生産し、現場で組み立てる建築工法。また、その建築物。

プレパラート〖ドイツ Präparat〗顕微鏡観察用に、生物・鉱物などの材料をスライドガラスに載せカバーガラスで覆った標本。

フレバリー-ティー〖flavory tea〗▶フレーバーティー

ブレバン〖Brévent〗フランス南東部、アルプス山脈西部の展望地。標高2525メートル。モンブラン北麓の町シャモニーと、途中プランプラを経由してロープウエーで結ばれる。モンブランとボッソン氷河を望む。

プレパンデミック-ワクチン〖prepandemic vaccine〗《prepandemicは、大流行前の、の意》新型インフルエンザウイルスが世界的規模で同時に流行する前に、感染者などから分離されたウイルスをもとに製造されたワクチン。➡パンデミック

プレビシート-ひろば【プレビシート広場】《Piazza del Plebiscito》イタリア、ナポリにある広場。イタリア語で「市民投票広場」を意味し、1860年10月21日に行われた市民投票で、シチリア王国からイタリア王国への併合が決められたことに由来する。広場中央にはアントニオ=カノーバによるブルボン家カルロス3世と、広場を造ったフェルディナンド1世の騎馬像がある。

プレビジュアライゼーション〖previsualization〗▶アニマティック

プレビズ〖previz〗▶アニマティック

ブレヒト〖Bertolt Brecht〗[1898〜1956]ドイツの劇作家・詩人。叙事的演劇・異化効果などの理論の提唱・実践により、演劇に新時期を画した。戯曲「三文オペラ」「ガリレイの生涯」、詩集「家庭用説教集」など。

プレビュー〖preview〗❶映画・演劇の試写・試演。❷プリンターで印刷する際、コンピューターのディスプレー上であらかじめ印刷結果を確認できる機能。

プレブス〖ラテン plebs〗古代ローマの平民。小土地所有農民が多く、パトリキ(貴族)と政治的に差別されたが、身分闘争により前3世紀までに同等の権利を獲得。共和政末期以後は下層市民を意味する。

ふれ-ぶみ【触(れ)文】触れ知らせる文書。触れ状。

プレベナー〖Prevenar〗小児用肺炎球菌ワクチン、PCV7の商品名。

プレボー〖Antoine François Prévost d'Exiles〗[1697〜1763]フランスの小説家。通称アベ=プレボー。「ある貴人の回想」の第7巻「マノン=レスコー」は、フランスにおける近代恋愛小説およびロマン主義文学の先駆とされる。

プレホスピタル-ケア〖pre-hospital care〗急病人などを病院に運び込む前に行う応急手当て。主として、救急車内で行うものをいう。病院前救護。

ブレマーハーフェン〖Bremerhaven〗▶ブレーメルハーフェン

ふれ-まわ・る【触(れ)回る】〔動ラ五(四)〕❶方々へ言い触らして歩く。吹聴して回る。「村中に噂を一・る」❷触れを伝えてあちこち歩く。「廻文を以て東八箇国を一・るに」〈太平記・三一〉

プレミア〖premiere〗《初日の意》「プレミアショー」に同じ。

プレミア「プレミアム」の略。「一つきのチケット」

プレミアシップ-リーグ〖Premiership League〗▶プレミアリーグ

プレミア-ショー《和 premiere＋show》映画で、封切り前に有料で見せる試写会。映画・演劇などの特別興行。

プレミアム〖premium〗❶オプション取引において、権利の価格。オプション料。❷額面株式が額面金額以上の価額で発行されたときの超過額。額面株式は平成13年(2001)の商法改正により廃止。❸被買収企業の買収価格と純資産との差額。暖簾代。❹入場券などの、正規の料金の上に加えられる割増金。プレミア。「一がつく」❺商品につける景品や懸賞の賞品。プレミア。「一セール」❻(形容詞的に用いて)高級な。上等な。「一ビール」❼▶打歩

プレミアム-ガソリン〖premium gasoline〗オクタン価の高いガソリン。

プレミアム-かんげん【プレミアム還元】株式を時価発行した場合の発行価額と資本金組入額との差額(プレミアム)を財源として、新株を無償で発行すること。

プレミアム-キャンペーン〖premium campaign〗景品や賞金を用いて、消費者の購買意欲を高めることをねらって行われるキャンペーン。

プレミアム-セール〖premium sale〗景品付き販売。消費者だけではなく販売店や卸売業者も対象とされ、購買意欲や取り扱い意向などを向上させる目的で行われる。

プレミアム-ビール〖premium beer〗原料を選び抜いたり、特別な製造方法でつくったりした、高級感のあるビール。

プレミア-リーグ〖Premier League〗《「プレミアシップリーグ」とも》英国サッカーのトップリーグ。

フレミッシュ-レース〖Flemish lace〗《Flemishは、フランドル地方の、の意》ベルギー・オランダ・フランスにまたがるフランドル地方で昔から作られている幾何学模様のレースのこと。モチーフをつなぎ合わせていく方法で複雑なものができる。

フレミング〖Alexander Fleming〗[1881〜1955]英国の細菌学者。リゾチームを発見。ぶどう球菌の研究中、アオカビからペニシリンを発見し、1945年、ノーベル生理学医学賞を受賞。

フレミング〖John Ambrose Fleming〗[1849〜1945]英国の電気工学者。フレミングの法則を発見し、二極真空管を発明するなど、電磁気学・電子工学に貢献。

フレミング-の-ひだりてのほうそく【フレミングの左手の法則】▶フレミングの法則

フレミング-の-ほうそく【フレミングの法則】フレミングが発見した法則。❶左手の法則。左手の人さし指を磁界の方向に、中指をこれと直角に電流の方向に向けたとき、これらに垂直に向けた親指の方向で電磁力の向きが表されるという法則。❷右手の法則。右手の人さし指を磁界の方向に、親指をこれと直角に導線の運動方向に向けると、これらに垂直に向けた中指の方向に誘導電流が流れるという法則。

フレミング-の-みぎてのほうそく【フレミングの右手の法則】▶フレミングの法則

プレモダン〖premodern〗〔形動〕近代以前の。前近代的。「一な共同体社会が残る」

フレヤ▶フレア

プレリュード〖prelude｜フランス prélude〗前奏曲。

フレリョ-の-とう【フレリョの塔】《Hrelyuvata kula》ブルガリア西部、世界遺産(文化遺産)に登録されたリラ修道院にある塔。14世紀セルビアの貴族フレリョ=ドロゴボラの寄進により建造。19世紀修道院が大火に見舞われた際、唯一被害を免れた。上部に礼拝堂があり、建造当初のフレスコ画が残る。

ふ・れる【狂れる】〔動ラ下一〕図ふ・る〔ラ下二〕❶(多く「気がふれる」の形で)気がくるう。「気が一・れたようにしゃべり続ける」❷物事が常軌を逸する。普通でなくなる。「三日三夜の酒宴は殊に一・れたる遊びかな」〈幸若・夜討曽我〉〔類語〕狂う・発狂する・血迷う

ふ・れる【振れる】〔動ラ下一〕❶揺れ動く。「上体が左右に一・れる」❷(「偏れる」とも書く)正しい方角からはずれる。一方にかたよる。「コンパスの針が少し東に一・れている」❸《振ることができる意から》野球で、バッティングの調子がよい。「一番打者はバットが一・れている」〔類語〕動く・揺れる・揺らぐ・振動する・上下する・微動する・ぐらつく

ふ・れる【触れる】〔動ラ下一〕図ふ・る〔ラ下二〕❶㋐ある物が他の物に、瞬間的に、または軽くくっつく。ちょっとさわる。「肩に一・れる」「機雷に一・れる」「外の空気に一・れる」㋑脈が反応する。脈拍を指先に感じる。「脈が一・れなくなる」㋒(「耳(目)にふれる」の形で)ちょっと耳にしたり見たりする。「人の目に一・れる」「耳に一・れるうわさの数々」㋓あることを話題にする。言及する。「食料問題に一・れる」「核心に一・れる」㋔ある時期や物事に出あう。「折に一・れて訪れる」「事に一・れてからかわれる」㋕規則・法律などに反する。抵触する。「学則に一・れる」「法に一・れる」㋖怒りなどの感情を身に受ける。「勘気に一・れる」「怒りに一・れる」㋗感動・感銘を受ける。「心の琴線に一・れる」「心に一・れる話」❷㋐物に軽くくっつくようにする。「髪の毛に手を一・れる」「花に手を一・れる」㋑広く人々に知らせる。「隣近所に一・れて回る」❸食べ物にちょっと手を付ける。「朝餉のけしきばかり一・れさせ給ひて」〈源・桐壺〉➡触る〔用法〕

〔類語〕(❶)触る・接する・着く・当たる・擦する・触れ合う・接触する・触接する・タッチする・言及する・論及する

触れなば落ちん風情 ちょっと誘えば、意に従いそうな女性のようす。

ぶ・れる〔動ラ下一〕❶正常な位置からずれる。「スイングのときに軸が一・れる」❷写真をとる瞬間にカメラが動く。「一・れて像がぼやける」❸態度、考え方、方針などがあれこれと揺れ動く。「首相の姿勢が一・れることはない」

プレルバル〖ドイツ Prellball〗▶プレルボール

プレルボール〖prellball〗ドイツで考案された、バレーボールに似た室内球技。ボールを手で打ってバウンドさせ、決められた回数内で相手コートに返球する。〔補説〕ドイツではプレルバルと呼ばれる。

フレロビウム〖flerovium〗超アクチノイド元素、超ウラン元素の一。1998年ロシアの研究チームがプルトニウムとカルシウムの原子を衝突させて生成した。ウンウンクアジウム(ununquadium、元素記号Uuq)の暫定名で呼ばれていたが、2012年にIUPAC(国際純正・応用化学連合)により正式名とされた。ロシアの科学者フレロフにちなむ。元素記号はFl　原子番号114。

ふ-れん【不廉】〔名・形動〕値段が安くないこと。また、そのさま。「食料と薪との一な供給を仰がねばならぬ」〈長塚・土〉

ブレンステッド〖Johannes Nicolaus Brønsted〗[1879〜1947]デンマークの物理化学者。1923年、酸・塩基を陽子の移動で定義し、陽子を放出する物質を酸、受け取る物質を塩基とした。

フレンスブルク〖Flensburg〗ドイツ北部、シュレースウィヒ-ホルシュタイン州の港湾都市。デンマークとの国境に近く、バルト海のフレンスブルク湾に面する。古くからデンマークとの貿易で栄えた。第二次大戦の被災を免れたため、旧市街には聖ニコライ教会や城門をはじめ、歴史的建造物が数多く残っている。

ふ-れんぞく【不連続】〔名・形動〕❶途中が切れていて続いていないこと。連続していないこと。また、そのさま。「一な線」❷数学で、関数$f(x)$が定義域内の点$x=a$で、$f(x)$の極限値が存在しないか、または存在しても$f(a)$と一致しないとき、$f(x)$は$x=a$で不連続であるという。

ふれんぞく-せん【不連続線】不連続面が地表面と交わる線。前線は、その一種。

ふれんぞく-めん【不連続面】気温・湿度・風向などの気象要素が異なる、二つの空気塊の境界面。

ブレンダー〖blender〗❶混合する人。調合する人。特に、香水・タバコ・ウイスキーなどの香りや味を調合する人。❷混合する機械。ミキサー。

ブレンターノ〖Brentano〗㊀(Clemens 〜)[1778〜1842]ドイツの詩人。後期ロマン派に属し、作家アルニムと民謡集「少年の魔法の角笛」を編集。劇評・小説・童話でも活躍。㊁(Franz 〜)[1838〜1917]ドイツの哲学者。㊀の甥。記述心理学に基礎をおく哲学を研究、フッサールの現象学に影響を与えた。著「経験的立場からの心理学」など。㊂(Lujo 〜)[1844〜1931]ドイツの経済学者。㊁の弟。社会・労

働問題を研究。新歴史学派の立場に立ち、社会政策学会設立に貢献。労働者の団結権を認めることを主張した。1927年、ノーベル平和賞受賞。著「現代の労働組合」「イギリス経済史」など。

フレンチ〘French〙❶フランス語。「外交官の妻になるには…―を勉強するが宜いの」〈蘆花・不如帰〉❷フランス人。フランス国民。❸他の外来語の上に付いて複合語をつくり、フランス風の、フランス式の、などの意を表す。「―ポテト」「―サラダ」

フレンチインディアン-せんそう【フレンチインディアン戦争】ｾﾝｿｳ 1754年から63年にかけて、北米植民地で戦われた、フランス・インディアン連合軍とイギリスとの戦争。イギリスが圧勝し、敗れたフランスはパリ条約により、北米植民地のすべてを失った。

フレンチ-カンカン〘French cancan〙▶カンカン

フレンチ-キス〘French kiss〙舌と舌とをからめ合う熱烈なキス。ディープキス。

フレンチ-クオーター〘French Quarter〙米国ルイジアナ州南東部の都市、ニューオーリンズの一地区。同州で最も歴史がある場所として知られ、フランス、スペイン植民地時代の建物が数多く残っている。中心部にジャクソンスクエア公園や、現存する北米最古の大聖堂、セントルイス大聖堂がある。

フレンチ-スリーブ〘French sleeve〙身頃ﾐｺﾞﾛからひと続きになっている袖。着物スリーブ。

フレンチ-ソース〘French sauce〙▶フレンチドレッシング

フレンチ-トースト〘French toast〙食パンを鶏卵と牛乳をまぜ合わせたものに浸し、表面をバターで焼いたもの。

フレンチ-ドレッシング〘French dressing〙酢と油をまぜて塩・コショウで味付けした、サラダ用のソース。ビネガーソース。

フレンチ-パラドックス〘French paradox〙多量の動物性脂肪を摂取する食生活を続けると心筋梗塞ｺｳｿｸにかかりやすいが、世界でも有数の動物性脂肪の消費国のフランスには、心筋梗塞になる人が少ないという逆説。赤ワインの予防効果が提唱されている。

フレンチ-フライドポテト〘French fried potato〙細切りや拍子木に切ったジャガイモの空揚げ。フレンチフライ。フレンチポテト。

フレンチ-ホルン〘French horn〙▶ホルン❷

フレンチ-マリーゴールド〘French marigold〙キク科の一年草。北アメリカ南部原産。高さ約10～20センチ。黄や褐色の花を多くつける。

フレンチ-レター〘French letter〙コンドームのこと。

フレンド〘friend〙友人。ともだち。「ガール―」

ブレンド〘blend〙〔名〕ｽﾙ 洋酒・タバコ・コーヒーなどで、種類・品質の異なったものを数種混合すること。また、そのもの。「コーヒー豆を―する」「―米」

ブレント-げんゆ【ブレント原油】北海のブレント油田で生産される原油。ロンドンのICEフューチャーズヨーロッパ(旧・国際石油取引所)に上場され、国際的な原油価格の指標の一つとなっている。

フレンドシップ〘friendship〙友情。友好。

フレンド-は【フレンド派】《Society of Friend》クエーカーの正称。

ブレント-ゆでん【ブレント油田】英国シェトランド諸島北東沖の北海に位置する油田。1976年に生産開始。生産される原油はロンドンのICEフューチャーズヨーロッパ(旧・国際石油取引所)に上場され、国際的な原油価格の指標の一つとなっている。

フレンドリー〘friendly〙〔形動〕友好的であるさま。親しみやすいさま。「―な関係」

フレンドリー-しょとう【フレンドリー諸島】ｼｮﾀｳ《Friendly》トンガ諸島のこと。

ブレンネル-とうげ【ブレンネル峠】ﾀｳｹﾞ《Brenner》オーストリア・イタリア国境にあるアルプス越えの峠。標高1370メートル。古来交通の要地。ブレンナー峠。

ふろ【風呂】《「室ﾑﾛ」から変化した語。「風炉ﾛ」からともいう》❶入浴のための設備。また、その場所。湯による温浴のほか、蒸気浴・熱気浴がある。古くは、蒸気を室内に籠もらせた「蒸し風呂」が普通であったが、江戸時代初期に浴槽に湯をたたえた「水ｽｲ風呂」が生まれ、広まった。「―がわく」「―を使う」「露天―」❷ふろや。銭湯ｾﾝﾄｳ。湯屋ﾕﾔ。「―に行く」❸塗りおわった漆器を入れて乾かす室ﾑﾛ。❹鍬ｸﾜ・鋤ｽｷの柄と金具との間の木の部分。

(類語)風呂場・浴室・バス・バスルーム・湯殿・湯屋ﾕﾔ・浴場・共同浴場・公衆浴場・銭湯ｾﾝﾄｳ・湯・おぶう

(…語)据え風呂・一ﾋﾄ風呂(ぶろ)朝風呂・石風呂・岩風呂・浮世風呂・内風呂・ガス風呂・家族風呂・竈ｶﾏﾄﾞ風呂・空ｶﾗ風呂・雁ｶﾞﾝ風呂・五右衛門ｺﾞｴﾓﾝ風呂・薦被ｺﾓｶﾌﾞり風呂・塩風呂・砂風呂・外風呂・長州風呂・鉄砲風呂・トルコ風呂・塗師ﾇｼ風呂・野天風呂・野風呂・水風呂・蒸し風呂・湯女ﾕﾅ風呂・露天風呂

ふ-ろ【風炉】茶の湯の席上で、釜ｶﾏをかけて湯をわかす炉。唐銅ｶﾗｶﾈ製・鉄製・土製・木製などがあり、夏を中心に用いる。ふうろ。

ふろ【降ろ】「ふ(降)る」の連体形にあたる上代東国方言。「上野ｶﾐﾂｹﾉ伊香保の嶺ﾈろに一雪ﾕｷの行き過ぎかてぬ妹が家のあたり」〈万・三四二三〉

プロ ❶《「プロフェッショナル」の略》ある物事を職業として行い、それで生計を立てている人。本職。くろうと。「その道の―」「―顔負けの腕前」「―ゴルファー」(⇔)アマ。❷「プログラム」「プロダクション」「プロレタリア」「プロパガンダ」などの略。

(類語)(❶)専門家・玄人・スペシャリスト・エキスパート

フロア〘floor〙❶床ﾕｶ。また、特にクラブ・ダンスホールなどで、ショーやダンスを行うための場所。「―ショー」「ダンス―」❷建物の、階。(類語)階・床

ブロア〘Blois〙フランス中部、ロアール-エ-シェル県の都市。同県の県都。ロアール川沿いに位置する。ルイ12世からアンリ4世まで1世紀にわたりフランス王が居住したブロア城がある。ロアール川流域の古城をめぐる観光拠点として知られる。ブロワ。

プロアクティブ〘proactive〙〔形動〕《「プロアクチブ」とも》積極的に促すさま。また、事前に対策を講じるさま。「金融政策を―に実施する」

フロアシフト〘floorshift〙自動車で、シフト(変速)レバーが運転台の床から立ち上がっている型のもの。フロアチェンジ。

ブロア-じょう【ブロア城】ｼﾞｬｳ《Château de Blois》フランス中部都市ブロアの旧市街中央にある城。ルイ12世からアンリ4世まで1世紀にわたりフランス王の居城となった。13世紀から17世紀にかけて増改築が繰り返されたため、ゴシック様式のルイ12世棟、ルネサンス様式の螺旋階段で知られるフランソワ1世棟など、さまざまな建築様式が見られる。ロアール川流域の古城の一として知られ、2000年、「シュリーシュルロアールとシャロンヌ間のロアール渓谷」の名称で世界遺産(文化遺産)に登録された。ブロワ城。

フロア-スタッフ《和 floor＋staff》飲食店などで、接客などの仕事をする人。

フロア-ディレクター〘floor director〙演出助手。スタジオでディレクターの助手を務める人。FD。

フロア-テクニシャン〘floor technician〙テレビ局のスタジオで働く、カメラアシスタント・ライトオペレーターなどの制作技術スタッフの総称。FT。

フロア-トレーダー〘floor trader〙証券取引所(金融商品取引所)などで、会員業者の代わりに立会場で証券の売買をする代理人。場立ち。

フロア-プライス〘floor price〙最低価格。底値。

フロア-マネージャー〘floor manager〙❶番組の制作時、スタジオのフロア(床)にあって、演出者の補佐役として出演者などの指揮連絡など雑事にあたる役目の人。フロマネ。❷市役所やデパートなどで、来訪者の要望を聞いて的確に手配する役目。総合案内のように来訪者が質問に来るのを待つのではなく、困っていそうな人に積極的に声を掛けて対応する能動的な役柄。

フロア-レディー《和 floor＋lady》パブ・スナック・バーなどの接客係の女性。

プロイエシュティ〘Ploieşti〙ルーマニア南東部の都市。19世紀半ばに原油採掘が始まり、石油化学工業を中心とする工業都市として発展。第二次大戦中、ナチスの石油供給の拠点となり、連合軍から激しい攻撃を受けた。ルーマニア革命後も外国企業の投資により成長を続ける。国立石油博物館などがある。

フロイス〘Luis Frois〙[1532～1597]ポルトガルのイエズス会宣教師。永禄6年(1563)来日、織田信長の信任を得て畿内・九州で布教にあたった。布教のかたわら、「日本史」を著し、長崎で没した。

プロイセン〘Preußen〙ドイツ北東部、バルト海南岸の大部分を占める地方。1701年、プロイセン王国がブランデンブルク選帝侯フリードリヒ3世(プロイセン国王としては1世)を王として成立。分裂を続けるドイツ東北部でしだいに台頭し、ドイツで最も強大な王国に成長。普仏戦争の結果ドイツ帝国を成立させ、その中核となった。第一次大戦後、ドイツ共和国(ワイマール共和国)の一州となり、第二次大戦後は東ドイツ・ポーランド・ソ連に分割。英語名プロシア。

フロイデンベルク〘Freudenberg〙ドイツ西部の町。旧市街に木組み造りの民家群があることで知られる。1666年に大火に見舞われ、一軒を除いて全焼し、後に現在見られる姿に再建された。

フロイト〘Sigmund Freud〙[1856～1939]オーストリアの精神科医。精神分析の創始者。神経症の治療に自由連想法を創始。初めて無意識の力動的過程や構造を研究して、治療法および深層心理学である精神分析を確立。精神医学・心理学・社会学・社会心理学・人類学・教育学などのほか、文芸にも多くの影響を及ぼした。著「夢判断」「精神分析入門」など。

フロイドスタインバーグ-ほう【フロイドスタインバーグ法】ﾊﾌ《Floyd-Steinberg dithering》▶誤差拡散法

ブロイラー〘Eugen Bleuler〙[1857～1939]スイスの精神医学者。フロイトの精神分析を取り入れて精神病を研究した。スキゾフレニア(精神分裂病、現統合失調症)という病名の提唱者。アメリカ精神医学で統合失調症の基本症状の4つとされている連合弛緩、感情障害、自閉、両価性を挙げた。

ブロイラー〘broiler〙❶肉をあぶり焼きにする器具。❷ブロイル(丸焼き)に適する食肉用の若鶏ﾜｶﾄﾞﾘ。日本では、養鶏のひなをほとんど運動させずに、配合飼料で40～70日間育てたものをいう。

フロイライン〘ﾄﾞｲﾂ Fräulein〙未婚女性に対する敬称。令嬢。お嬢さん。姓または姓名の前に付ける。

フロインフォッサル〘Hraunfossar〙《アイスランド語で「溶岩の滝」の意》アイスランド西部の滝。ハトルムンダルフロインという溶岩台地の隙間から約1キロメートルにわたり地下水が湧き出し、クビートアウ川に流れ込む。世界的に珍しい湧水の滝として知られる。

ふ-ろう【不老】ﾗｳ いつまでも若く、年をとらないこと。

ふ-ろう【不労】ﾗｳ 働かないこと。勤労をしないこと。

ふ-ろう【浮浪】ﾗｳ〔名〕ｽﾙ 住居を離れ、また一定の住居や職業を持たず、あちこちさまよい歩くこと。また、その人。「東洋へ―して来た冒険家」〈芥川・さまよへる猶太人〉(類語)徘徊・彷徨・低回・流浪・放浪・漂泊・流離・漂流

ふろう-じ【浮浪児】ﾌﾗｳ 親や保護者がなく、一定の住居も持たずにさまよい暮らす子供。

ふろう-しゃ【浮浪者】ﾌﾗｳ 定まった住居や職業を持たず、あちこちさまよい歩く者。浮浪人。ルンペン。

ふろう-しょとく【不労所得】ﾌﾗｳ 働かないで得る所得。利子・配当金・家賃・地代など。⇒勤労所得

ふろう-ちょうじゅ【不老長寿】ﾌﾗｳﾁｬｳ いつまでも年をとらず、長生きをすること。

ふろう-にん【浮浪人】ﾌﾗｳ「浮浪者」に同じ。

ふろう-ふし【不老不死】ﾌﾗｳ いつまでも年をとらず、また、死なないこと。中国人の伝統的生命観の一つ。「―の仙薬」

ふろう-もん【不老門】ﾌﾗｳ ㊀中国、洛陽の城門の一。㊁平安京大内裏の豊楽院ﾌﾞﾗｸｲﾝの北門。

フロー〘flow〙❶流れ。流量。❷一定期間に生産され流動する経済数量。国民所得・投資など。⇒ストック

ブロー〘blow〙〔名〕スル ❶ハンドドライヤーで熱風を吹きつけ、ブラシで髪形を整えること。ブローセット。「一して仕上げる」❷ボクシングで、打撃。パンチ。「ロー一」「ボディー一」❸ジャズなどで、管楽器を派手に吹くこと。
ブロー〘brow〙「眉」に同じ。「一ペンシル」
ブローカー〘broker〙売買の仲介をする人。仲買人。「土地一」(類語)仲買・仲立人なかだちにん・仲介者・周旋屋・周旋業・口入れ屋
ブローカ-しすう【ブローカ指数】《Broca index》肥満度の尺度である標準体重を示す指数の一つ。身長から100を引き0.9をかけるブローカの桂変法(ブローカの原法を日本の桂英輔が日本人向けに修正したもの)で計算される。フランスの医師で人類学者のP＝ブローカの名にちなむ。
ブローキング〘broking〙株式の流通市場での売買取引業務。
ブローク〘Aleksandr Aleksandrovich Blok〙[1880～1921]ロシアの詩人。ロシア象徴派の代表者の一人。のち、社会的テーマの作品を発表した。詩集「美しい婦人についての詩」、叙事詩「十二」など。
ブロークン〘broken〙〔形動〕《壊れたの意》不完全なさま。特に、外国語について文法などがでたらめなさま。「一な英語で話す」
ブロークン-イングリッシュ〘broken English〙文法・発音などで誤りの多い、でたらめな英語。
ブロークンウインドーズ-りろん【ブロークンウインドーズ理論】《broken windows theoryから。「ブロークンウインドウズ理論」とも》▶割れ窓理論
ブロークン-コンソート〘broken consort〙コンソートのうち、さまざまな種類の楽器で編成される合奏をいう。➡コンソート
ブロークン-ハート〘broken heart〙恋愛に破れ傷ついた心。失意。失恋。
ふろ-おけ【風呂×桶】ヲケ ❶木を桶状に組んで作った湯船。また、浴槽。❷入浴の際に用いる小さな桶。湯桶。(類語)湯船・浴槽・湯壺ゆつぼ・槽ふね・バスタブ
フロー-サイトメーター〘flow cytometer〙フローサイトメトリーに用いる測定装置。細胞の浮遊液や懸濁液を細管に通し、細胞数の計測、蛍光や散乱光の測定などを、短時間で多量(1秒間に数千個以上)に行う。
フロー-サイトメトリー〘flow cytometry〙サイトメトリーの一。細胞の浮遊液や懸濁液を細管に通し、短時間で多量(1秒間に数千個以上)の細胞数を計測したり、蛍光や散乱光を測定したりする分析手法のこと。これに用いる測定装置をフローサイトメーターという。1947年に米国の技術者W＝コールターが基本原理を考案し、53年に実用化された。FCM(flow cytometry)。
フロー-シート〘flow sheet〙「フローチャート」に同じ。
プロージット〘ドイツ Prosit〙〔感〕乾杯のときに唱える語で、おめでとう、健康を祝す、などの意。
プローズ〘prose〙散文。
フローズン〘frozen〙〔形動〕❶氷結したさま。冷凍の。特に食料品が急速冷凍されたさま。❷物価・賃金などが凍結されたさま。
フローズン-フード〘frozen food〙冷凍食品。
フローズン-ヨーグルト〘frozen yogurt〙ヨーグルトを凍らせて作った冷菓。
フロー-せいぎょ【フロー制御】《flow control》コンピューターネットワークにおいて、通信状況に応じてデータの転送量を制御すること。
フローセン〘Fluothane〙全身吸入麻酔剤ハロセンの商標名。➡ハロセン
フローター-サーブ〘floater serve〙バレーボールで、顔の前にボールを上げて、押し出すようにたたいて打つサーブ。ボールが回転しないので、急激に落ちるなどの変化をする。
フロー-ダスト〘flow dust〙農業薬剤の有効成分やその増量剤を、粒径5ミクロン以下に微粒化したもの。背負い型動力散粉機で少量散布するだけで効果がある。
ブローチ〘broach〙鍔つば状の刃物を寸法順に配列した棒状の切削工具。軸の外面や溝・穴の内面の加工に用いる。
ブローチ〘brooch〙洋服の胸や襟などにつける留め針式の装身具。
ブローチ-ばん【ブローチ盤】ブローチを用いて、所定の形の穴を開ける切削加工をする工作機械。
フロー-チャート〘flow chart〙作業や処理の手順を図式化したもの。コンピューターのプログラムの設計では、所定の記号を用いて表す。作業工程経路図。流れ図。フローシート。
(類語)フローシート・流れ線図・流れ図
フローティング〘floating〙浮いていること。また、そのものが浮動的、変動的であること。「写真レンズの一機構」「一ストック(＝浮動株)」
ブローデル〘Fernand Braudel〙[1902～1985]フランスの歴史学者。コレージュ-ド-フランス教授。フェーブルの後継者としてアナール学派の中心的存在となる。歴史的時間の重層性に注目し、時間の流れの構造を分析した。主著「フェリペ2世時代の地中海と地中海世界」「物質文明・経済・資本主義」。
フロート〘float〙❶浮き。❷水上飛行機の下部に取り付けられた浮き舟。浮舟うきぶね。❸アイスクリームを浮かべた冷たい飲み物。「コーヒー一」
ブロード〘broad〙《「ブロードクロース」の略》❶生地が密で手触りがよく、光沢のある平織りの綿織物。婦人服・ワイシャツ地に用いる。❷上質の梳毛糸そもうし・紡毛糸を使い、平織りまたは綾織りにした薄手の光沢のある毛織物。
ブロードウエー〘Broadway〙㊀ニューヨーク市マンハッタン島を南北に走る大通り。タイムズスクエア辺りは演劇・映画興行が集中。転じて、米国の演劇界の意にも用いる。㊁英国イングランド南西部、ウースターシャー州の町。コッツウォルズ地方の観光地の一。同地方の石灰岩で造られた建物が多く、伝統的な家並みが残っている。18世紀末に建てられたブロードウエータワーは展望地として人気がある。
ブロードキャスティング〘broadcasting〙広域テレビ・ラジオ放送。
ブロードキャスト〘broadcast〙コンピューターのネットワーク内で、不特定多数のすべてのユーザーに対してデータを送信すること。一斉同報。➡ユニキャスト ➡マルチキャスト
ブロードクロース〘broadcloth〙「ブロード」に同じ。
ブロード-こうげき【ブロード攻撃】《broadは幅広いの意》バレーボールの「移動攻撃」のこと。
フロート-せい【フロート制】変動為替相場制。
ブロードバンド〘broadband〙光通信やxDSLをはじめとする、高速・大容量のデータ通信が実現するネットワークサービスのこと。元はデータ通信に使う帯域幅が広いことを意味する。
ブロードバンド-ルーター〘broadband router〙ADSLや光通信などの高速インターネット回線に接続する際に使うルーター。BBルーター。
ブローニー〘Brownie〙❶米国イーストマン-コダック社の初期のカメラのブランド名。このうち、日本では特に、同社の120フィルムを使用するカメラ。ブローニー-カメラ。ブローニー判カメラ。❷❶に使用する、120フィルム。画面サイズ6×9センチで8コマ分ある。ブローニー-フィルム。ブローニー判。
ブローニー-カメラ〘Brownie camera〙▶ブローニー❶
ブローニー-ばん【ブローニー判】▶ブローニー❷
ブローニング〘Browning〙アメリカ人J＝M＝ブラウニング(1855～1926)が発明した自動式拳銃。
フローニンゲン〘Groningen〙オランダ北東部、フローニンゲン州の州都。同国北部の中心地。ドレンツェ川、ヒュンゼ川が合流し、エムス運河とも通じるため、交通の要衝として発展。天然ガス田に近く、工業も盛ん。1614年創立のフローニンゲン大学やマルティニ教会がある。グローニンゲン。
フローベール〘Flaubert〙▶フロベール
ブロー-ペンシル〘brow pencil〙「アイブローペンシル」に同じ。
ブローホール〘blowhole〙❶溶接金属内のガスによって生じた空洞。溶接部を弱化させ、破砕の原因ともなる。❷火山の、溶岩やガスの噴出口。
ブローム〘ドイツ Brom〙▶ブロム
フローラ〘ラテン Flora〙《「フロラ」とも》㊀ローマ神話の、花と豊穣ほうじょうと春の女神。㊁▶植物相しょくぶつそう
フローライト〘fluorite〙▶蛍石
フローラル〘floral〙〔形動〕花のようであるさま。花を使った。「一な香り」
ブロー-ランプ〘blow-lamp〙▶トーチランプ
フローリー〘Howard Walter Florey〙[1898～1968]英国の病理学者。オーストラリアの生まれ。ペニシリンの有効性を確認し、その精製と量産化に貢献した。英国首相チャーチルを肺炎から救ったことでも知られる。1945年ノーベル生理学医学賞受賞。
フローリー〘Paul John Flory〙[1910～1985]米国の化学者。高分子物理化学のさまざまな分野で理論と実験の基礎を築き、重合反応、高分子溶液の熱力学的性質と粘性、鎖状高分子の統計力学などに多くの業績を残した。1974年ノーベル化学賞受賞。
フローリスト〘florist〙花屋。また、草花栽培家。
フローリン〘florin〙▶フロリン
フローリング〘flooring〙木質系の床仕上げ材の総称。また、床を板張りにすること。
フローレス〘Flores〙グアテマラ北部の都市。ペテンイツァ湖のフローレス島、および対岸のサンタエレーナ、サンベニート両地区を含む。世界遺産に登録されたティカル国立公園をはじめ、近隣のマヤ文明遺跡への観光拠点として知られる。
フローレンス〘Florence〙㊀フィレンツェの英語名。㊁米国アラバマ州北部の町。19世紀から20世紀初頭の美しい町並みが残っていることで知られる。ヘレン＝ケラーやブルースの父と称されるW＝C＝ハンディーの出身地。
フローレンツ〘Karl Florenz〙[1865～1939]ドイツの日本学者。1889年(明治22)来日。東大で、ドイツ語・ドイツ文学・比較言語学を講じ、日本書紀や日本の詩歌・戯曲などを翻訳した。著「日本文学史」。
ブローワー〘blower〙▶ブロワー
ブロガー〘blogger〙ブログを公開している人の総称。
プロカイン〘procaine〙化学合成により作られる局所麻酔薬。作用はコカインと同程度で、毒性は弱く、薬物依存を生じない。
ふろ-がま【風呂釜】据風呂すえふろのたき口の部分。
ふろ-がま【風炉釜】茶の湯で、風炉にかける釜。
プロカリオート〘prokaryote｜procaryote〙細菌・藍藻らんそうなどのように核膜をもたない生物。原核生物。⇔ユーカリオート。
プロキオン〘ラテン Procyon〙小犬座のα星アルファせい。明るさは0.4等で、距離11光年。晩冬の夕刻、南天に銀河を隔ててシリウスと相対する。
プロキシー〘proxy〙▶プロクシー
プロキシー-サーバー〘proxy server〙▶プロクシー
プロキシマ-ケンタウリ〘Proxima Centauri〙ケンタウルス座にある太陽系に最も近い恒星。三重連星を成すケンタウルス座α星アルファせい(リギルケンタウルス)の第二伴星で、α星から0.2光年の距離に位置する。明るさ11等の赤色矮星で、太陽からの距離4.22光年。
フロギストン〘ドイツ Phlogiston｜英 phlogiston〙燃焼を説明するために想定されていた成分。フロジストン。➡フロギストン説
フロギストン-せつ【フロギストン説】《phlogistonは、ギリシャ語の炎の意から》物が燃えるのはフロギストンとよぶ元素が放出されるためという、18世紀の誤った燃焼理論。G＝E＝シュタールが提唱、のちA＝L＝ラボアジェによって否定された。燃素説。
ふ-ろく【付録｜附録】❶本文のあとに、参考・補足の意味で付けられたもの。「巻末の一」❷書籍や雑誌などの本体に添えられたもの。「別冊一」

ブログ〖blog〗《ウェブ上の記録を意味する「ウェブログ」の略》個人の日記などを、簡便な方法で作成し、公開することができるウェブサイトの総称。パソコンだけではなく、携帯電話などを使って更新できるものもある。ブログサービス。

ブログ-ウィジェット〖blog widget〗▶ブログパーツ

ブログ-エントリー〖blog entry〗▶エントリー❷

ブログ-ガジェット〖blog gadget〗▶ブログパーツ

ブログ-サービス〖blog service〗ブログを作成・管理する機能を提供するサービス。サービス事業者が用意したブログ作成用のウェブサイトやアプリケーションソフトを通じて利用できる。単にブログを作って公開するだけでなく、他の利用者とのコミュニケーションを図ったり、SNSや簡易ブログと連携したりする機能を提供するサービスもある。ブログホスティングサービス。ウェブログサービス。

プロクシー〖proxy〗企業や大学、研究機関などの内部ネットワークと外部のインターネットの間で、内部のコンピューターの代理としてインターネットとの接続をするサーバー。またはソフトウエアのこと。プロキシー。プロクシーサーバー。HTTPプロキシー。HTTPプロキシーサーバー。HTTPプロクシー。HTTPプロクシーサーバー。

プロクシー-サーバー〖proxy server〗▶プロクシー

プロクシー-ファイト〖proxy fight〗会社の経営者と投資家などが支配権をめぐって株主から委任状の取り付けを競うこと。委任状争奪戦。

プロクシミクス〖proxemics〗人に近接した空間領域の文化的研究。他人との距離のとり方は意思の伝達手段の一つで、お互いの親密度や属する文化によって異なるというもの。1960年に米国の人類学者E＝T＝ホールが提唱。近接対人空間学。

フログナー-こうえん【フログナー公園】ｺｳｴﾝ《Frognerparken》▶ビゲラン公園

フログネル-こうえん【フログネル公園】ｺｳｴﾝ《Frognerparken》▶ビゲラン公園

ブログ-パーツ〖blog parts〗ブログに表示できる時計やカレンダー、天気予報、ニュースなどのコンテンツのこと。またはそれらを動作させるため、ブログに埋め込まれる小さなプログラム（スクリプト）を指す。ブログガジェット。ブログウィジェット。➡ガジェット❷

ブログ-ホスティングサービス〖blog hosting service〗▶ホスティングサービス

プログラマー〖programmer〗コンピューターのプログラムを作成する人。

プログラマー-アナリスト〖programmer analyst〗システム構造、システム上の問題点、その他客の要請のあった問題などを解析し、問題解決を行う能力のあるプログラマー。

プログラミング〖programming〗〔名〕ｽﾙ コンピューターのプログラムを作成すること。「翻訳ソフトを―する」

プログラミング-げんご【プログラミング言語】《programming language》コンピューターのプログラムを作成するための言語。CPUが直接実行・処理できる機械語でプログラムを作る代わりに、人間に理解できるような形式で計算の過程を算術式の形などで表現した言語。C言語・FORTRANﾌｫｰﾄﾗﾝ・COBOLｺﾎﾞﾙや、ネットワーク関連の分野で用いられるPerlﾊﾟｰﾙ・Javaｼﾞｬﾊﾞなどがある。プログラム言語。

プログラム〖program〗〔名〕ｽﾙ ❶ある物事の進行状態についての計画や予定。予定表。「新人教育の―」❷演劇・映画・音楽会・テレビなどの演目・曲目・番組。また、出演者の紹介、解説などを印刷した小冊子や番組表。「雨天により―が一部変更された」❸コンピューターへ指示する、計算や仕事の手順を特定の言語や形式で書いたもの。また、それを作ること。〘類語〙（❶）計画・予定・日程・予定表・時間表・時間割り・式次第・スケジュール・プラン／（❷）番組・演目・曲目

プログラム-アナライザー〖program analyzer〗あらかじめ定められた反応（好悪など）分類の約束事にしたがって、被調査者が番組の進行につれて各自ボタンを押すとその結果が集計されて記録される装置。視聴者に好まれる場面などを事前にチェックする実験的調査に利用される。番組反応分析機。

プログラム-エーイー【プログラムAE】《program automatic exposure》カメラのAE（自動露出調整機構）の一。シャッターボタンを押すか半押しにすると同時に、被写体の明るさに合わせ、カメラが自動的にシャッタースピードと絞り値の組み合わせを決定する。プログラムオート。

プログラム-オート ▶プログラムAE

プログラム-カウンター〖program counter〗コンピューターのレジスターの一。次に実行すべき命令を記憶した主記憶装置上のアドレスを一時的に格納する。命令アドレスレジスター。逐次制御カウンター。インストラクションポインター。プログラムレジスター。

プログラム-がくしゅう【プログラム学習】ｶﾞｸｼｭｳ《programmed learning》心理学で、小刻みに分割された学習内容を系列化し、段階ごとに、学習者の積極的な反応を強化させながら、学習の目標値に確実に到達できるように配慮された学習方法。

プログラム-げんご【プログラム言語】▶プログラミング言語

プログラム-シャッター〖programmed shutter〗フィルム感度および被写体輝度に応じて、シャッターの露出時間とレンズのF値の単一の組み合わせにより適正露出を得る方式のシャッター。

プログラム-せいぎょ【プログラム制御】自動制御方式の一。時間的に変化する量に対して、コンピューターにあらかじめ記憶させたプログラムに従って制御を行う方式。列車の進路制御など。

プログラム-ソース《和 program＋source》レコード・CD・放送などの再生音源となるものの総称。

プログラム-ディレクター〖program director〗テレビ番組制作の演出担当者。スタッフの中心となって全般の指揮にあたる。PD。

プログラム-ばいばい【プログラム売買】《program trading》コンピューターを利用して株式市場の動きを瞬間的に判断し、プログラムがはじき出した指示で売買を行うシステム。

プログラム-バンク〖program bank〗▶プログラムライブラリー

プログラム-ピクチャー〖program picture〗映画を2本立てで興行する場合、添え物として上映される短いほうの映画。

プログラム-ライブラリー〖program library〗コンピューターのプログラムの図書館という意味で、多量のプログラムを共用するために所蔵したもの。プログラムバンク。

プログラム-レジスター〖program register〗▶プログラムカウンター

プログレ「プログレッシブロック」の略。

プログレス〖progress〗進歩。向上。前進。発展。

プログレッシブ〖progressive〗㊀〔名・形動〕進歩的なさま。革新的なさま。また、進歩主義者。「―な政党」⇔コンサバティブ。㊁〔名〕テレビ、ディスプレーの表示や、デジタルカメラの受光素子の読み取りにおいて、左右の走査を上から下へ順次行うこと。ノンインターレース。➡インターレース

プログレッシブ-ジェーペグ【プログレッシブJPEG】《progressive JPEG》静止画像データのファイル形式の一つ、JPEG画像の拡張仕様。コンピューターにダウンロードして表示する際、画像の上辺から下辺に向かって表示するのではなく、はじめに大まかなモザイク状の画像を表示し、次第に鮮明になるため、ダウンロードの途中でもおよその画像内容を把握できる。

プログレッシブ-ロック〖progressive rock〗ロックの音楽に、クラシックやジャズの要素を取り入れ、シンセサイザーなどの電気的技術を利用したもの。プログレ。

ブロケード〖brocade〗色糸や金・銀糸を多彩に使った絹・レーヨンなどの紋織物。日本の緞子ﾄﾞﾝｽ・金襴ｷﾝﾗﾝなどに相当する。

プロゲステロン〖progesterone〗黄体ホルモンの主要なもの。黄体および胎盤から分泌され、妊娠を維持する作用をもつ。

プロコピエフスク〖Prokop'evsk〗ロシア連邦中部、ケメロボ州の都市。クズバス炭田の主な採炭地の一つであり、ロシア革命後に鉱工業都市として発展。

プロコフィエフ〖Sergey Sergeevich Prokof'ev〗［1891〜1953］ソ連の作曲家・ピアノ奏者・指揮者。ロシア革命後アメリカへ亡命、のち帰国。大衆性をもつ曲が多い。作品に、音楽物語「ピーターと狼」、オペラ「戦争と平和」など。

ふろさき-びょうぶ【風炉先×屏風】ﾋﾞｮｳﾌﾞ 茶の湯で、茶室の道具畳の向こうを囲むために立てる2枚折りの屏風。高さは50〜70センチくらい。

プロシア〖Prussia〗プロイセンの英語名。〘補説〙「普魯西」とも書く。

プロシージャ〖procedure〗コンピューターのプログラムにおける処理単位の一。繰り返し行う一連の処理をまとめたもの。

プロジェクション-テレビ《projection television から》投影型テレビ。公衆用大画面再生方式の一つ。受像管CRTの拡大投影方式と光源・スクリーン間に光変調用映像器を介在させるライトバルブ方式がある。

プロジェクター〖projector〗❶映写機。光学的な投影装置の総称。特に、パソコンの操作画面やテレビ放送・DVDなどのビデオ画像をスクリーンに拡大して投影・表示する機器。液晶プロジェクターやプロジェクションテレビなどがある。❷計画を立てる人。立案者。設計者。

プロジェクト〖project〗企画。計画事業。研究開発計画。〘類語〙企画・計画・構想・プラン・事業

プロジェクト-がくしゅう【プロジェクト学習】ｶﾞｸｼｭｳ 学習者がチームを組み、自分たちで課題を設定して解決していく学習法。総合学習。実践学習。

プロジェクト-かんり【プロジェクト管理】ｶﾝﾘ《project management》業務上のプロジェクトを成功に導くための総合的な管理手法のこと。スケジュール、人員、資金、物的資源などの管理を含む。プロジェクトマネージメント。

プロジェクトかんり-ソフト【プロジェクト管理ソフト】ｶﾝﾘ《project management software》プロジェクト管理を効率的に行う上で必要な機能を備えたソフトウエア。コスト計算、ガントチャート作成、スケジュール調整などを総合的に扱う。プロジェクト管理ツール。

プロジェクトかんり-ツール【プロジェクト管理ツール】ｶﾝﾘ《project management tool》▶プロジェクト管理ソフト

プロジェクト-チーム〖project team〗新製品の開発、新工場の建設など、特定の課題や計画を解決したり完成したりするために編成された臨時の業務遂行組織。タスクフォース。

プロジェクト-ナタル〖Project Natal〗米国マイクロソフト社が2009年に発表した、家庭用ゲーム機向けのモーションキャプチャー技術。赤外線センサー・カメラ・マイクによって体の動き・顔の表情・音声をとらえ、特別なコントローラーを使わず手足を動かすことで操作する。10年Kinectｷﾈｸﾄの名称で製品化。

プロジェクト-マネージメント〖project management〗▶プロジェクト管理

プロジェクト-マネージャー〖project manager〗❶業務上のプロジェクトの計画・管理・遂行に関する責任者。計画の立案から人材・資金・資材の調達、日程・進捗の管理、運営実績の評価・分析を行い、プロジェクトの円滑な進行についての責任を負う。プロマネ。PM。❷情報処理に関する国家資格の一。独立行政法人情報処理推進機構の情報処理技術者試験センターが実施するプロジェクトマネージャ試験に合格し、情報システム開発プロジェクトの責任者としての能力をもつと認められた者。プロマネ。PM。

プロジェクト-メソッド〖project method〗20世紀初頭、米国の教育学者キルパトリックが提唱した学

習指導の形態。児童・生徒が自ら計画を立て、現実生活の中で問題を解決する実践的活動を重視するもの。構案法。
プロジェクト-リーダー〘project leader〙プロジェクトチームの中心となる人。
プロシェット〘フランス brochette〙西洋料理のくし焼き料理。また、そのとき用いる焼きぐし。ブロセット。
プロジェリア〘progeria〙成長障害を示す遺伝性疾患。若年から、からだ、特に顔貌が老人化してしまう。若年死が多く、死因は循環器障害など。
ふろ-しき【風呂敷】❶物を包むのに用いる正方形の布。「一包み」❷入浴のとき、衣類を脱いで包んだり、衣類を着る際に床に敷いたりした布。古くは正倉院に残っているものもあり、中世には衣包・平包の名がみられる。江戸前期あたり、銭湯風呂の発達に伴い風呂敷の名が一般的になったという。(類語)袱紗
風呂敷を広・げる 実際よりも大げさに言う。ほらをふく。大言する。
ふろしき-ずきん【風呂敷頭巾】ずきん 風呂敷をそのままかぶって頭巾にしたもの。江戸中期以降に流行。
プロシュート〘イタリア prosciutto〙►プロシュット
プロシューマー〘prosumer〙《producer(生産者、制作者)+consumer(消費者)から》手づくりなど創造性を志向する新しいタイプの消費者。米国の未来学者A=トフラー著「第三の波」で初めて用いられた。
プロシュット〘イタリア prosciutto〙イタリアの生ハム。塩漬けにした豚肉を乾燥・熟成させたもの。燻煙はしない。プロシュート。
ブロス〘broth〙❶肉や鳥を蒸し煮にして得た濃厚な出し汁。ソースなどのベースに用いる。❷スープ。チキンブロスなど。❸「スープストック」に同じ。
プロスタグランジン〘prostaglandin〙動物の臓器や組織に微量存在する一群の生理活性物質。アラキドン酸などの不飽和脂肪酸から生合成され、化学構造上の五員環の部分によって十数種に分類される。血管拡張、血圧上昇あるいは降下、子宮や気管支の筋収縮、血小板の凝集あるいはその抑制などの作用を示す。PG。
プロスタサイクリン〘prostacycline〙プロスタグランジンの一種。プロスタグランジンI_2。毛細血管から分泌され血小板の凝集を防止し、血管を拡張する抗血栓作用がある。
プロスティチュート〘prostitute〙娼婦。売春婦。
フロスト〘frost〙霜。結氷。
フロスト-フラワー〘frost flower〙空気中の水蒸気が氷や石などの表面に付着して凍りつき、花びらのような形に成長したもの。
プロスペクト〘prospect〙予想。見通し。
プロスペロー〘Prospero〙天王星の第18衛星。1999年にセテボス、ステファノとともに発見された。名の由来はシェークスピア「テンペスト」の主人公。天王星の赤道面に対して大きく傾いた軌道を公転している。直径は約30キロ。プロスペロ。
プロセス〘process〙❶仕事を進める方法。手順。「作業の一」❷過程。経過。❸コンピューターでプログラムなどを動作させる際、CPUが実行するひとまとまりの処理の単位。❹►製造プロセス
(類語)過程・経過・経緯・いきさつ・なりゆき・次第・顛末・始末・一部始終
プロセス-いそん【プロセス依存】❶処理や加工などの過程で物質や現象の性質や状態などが変動すること。❷依存症の種類の一つ。ギャンブル・仕事・買い物・万引き・ダイエット・性交・自傷・ゲーム・インターネット利用など、高揚感をもたらす行為にのめりこむこと。
プロセス-イノベーション〘process innovation〙生産工程における技術革新。
プロセス-いんさつ【プロセス印刷】多色印刷の技法。カラー原稿を写真的技法により、黄・マゼンタ・シアン・墨の4色に分解し、各色を平版版材に製版し、オフセット印刷方式で印刷するもの。➡プロセス平版
プロセスかん-つうしん【プロセス間通信】►アイ-ピー-シー(IPC)
プロセス-コントロール〘process control〙主に化学工業での生産工程を自動的に管理する制御技術の一分野。
プロセス-サイズ〘process size〙►製造プロセス
プロセス-チーズ〘process cheese〙一種あるいは数種のナチュラルチーズを砕いて加熱溶解し、香辛料を加えるなどして再成形したチーズ。
プロセス-へいはん【プロセス平版】多色印刷で、カラー原稿をカラースキャナーなどを用いて色分解し、平版を作ること。また、その版。
プロセス-ルール〘process rule〙►製造プロセス
プロセッサー〘processor〙コンピューターの処理装置。制御装置と演算装置とで構成され、記憶装置を加えていう場合もある。「マイクロー」
プロセッサー-クーラー〘processor cooler〙►シーピーユー(CPU)クーラー
プロセニアム〘proscenium〙「プロセニアムアーチ」の略。
プロセニアム-アーチ〘proscenium arch〙劇場の、舞台と客席を区切る額縁状の部分。固定した演劇空間をつくる。
プロセルピナ〘Proserpina〙►ペルセフォネ
ふろ-せん【風呂銭】銭湯の入浴料。湯銭。
ふろ-たき【風呂×焚き】風呂をわかすために火をたくこと。また、その役をする人。
プロダクション〘production〙❶作り出すこと。生産。製造。「マスー」❷制作会社。製作企業。特に、映画・テレビ・放送・出版に関連ある会社をいう。プロ。❸芸能人やタレントをかかえ、興行や事業を行う企業。プロ。
プロダクション-システム〘production system〙米国の人工知能研究者A=ニューウェルと社会科学者H=サイモンによって開発された人間の認知のモデル。条件と、その条件が満たされたときの行動との対であるプロダクション規則によって構成される。
プロダクト〘product〙生産。また、生産品。
プロダクト-アイディー【プロダクトID】《product ID》►シリアルナンバー
プロダクト-アクティベーション〘product activation〙コンピューターにソフトウエアをインストールした後、すべての機能を有効にするために行う手続き。ソフトウエアに付与されたシリアルナンバーとコンピューターのハードウエア情報を、インターネットなどを通じてソフトウエアメーカーに通知し、認証処理を行う。アクティベーション。ライセンス認証。(補説)ソフトウエアの違法コピーを防ぐために行われる。一つのソフトウエアパッケージは、使用許諾で定められた人数または台数を超えてインストールすることはできない。
プロダクト-アド〘product ad〙製品広告。企業広告に対し、製品の特徴を伝える広告。➡インスティテューショナルアドバタイジング
プロダクト-イノベーション〘product innovation〙既存の技術・技術体系などを創造的に破壊することにより生まれる発展・発明。
プロダクト-イメージ〘product image〙製品(商品)イメージ。ある商品に対して一般に抱かれている印象。➡ブランドイメージ
プロダクト-キー〘product key〙►シリアルナンバー
プロダクト-コンセプト〘product concept〙消費者に対し、ある製品を訴求するための基本的な考え方。製品特徴、既存商品との関係などを総合的に考慮して導き出され、マーケティング戦略を基本的に方向づける。
プロダクト-チャージ〘product charge〙有害物の製造に対して課税すること。その税金は廃棄物の処理などに使われる。ドイツの廃油税、米国ワイオミング州の再資源化促進税など。
プロダクト-デザイン〘product design〙製品あるいは生産デザイン。主に、生産・流通・購買・使用・廃棄などの総合的見地から工業製品に形を与えること。家電製品・事務機器・自動車・鉄道車両・生産機械などを対象とする。
プロダクト-プランニング〘product planning〙製品の開発・改良や廃棄、製品ラインの構成などの調整手段を通じて、自社製品が市場に適合するように計画すること。製品計画。
プロダクトポートフォリオ-マネージメント〘product portfolio management〙米国のボストン-コンサルティング-グループが開発した経営分析法。市場成長率と自社商品の市場シェアからなる図表を作成し、資金の効率的な投下と企業の計画的成長をはかるための手法。PPM。
プロダクト-マネージャー〘product manager〙ある製品分野において、マーケティング活動全般に責任と権限を持つ企業内の管理者。製品の開発・広告・販売・流通など管理する領域は広範囲にわたり、販売量の拡大と収益性に責任を持つ。情勢判断・計画立案・推進などの総合能力を持つ中堅幹部(部課長級)があてられることが多い。PM。
プロダクト-ミックス〘product mix〙企業あるいは事業単位によって生産・販売される諸製品の構成・組み合わせ。
プロダクト-ライフサイクル〘product life cycle〙商品が発売されてから成長、衰退、そして消滅するまでのサイクル。市場導入期→成長期→成熟期→衰退期の四段階説が一般的。
プロタゴラス〘Prōtagoras〙[前490ころ〜前420ころ]古代ギリシャの哲学者。ソフィストの祖。「人間は万物の尺度である」と説き、各人の主観的判断以外に真理はないとする相対論を主張。
プロタミン〘protamine〙強塩基性の一群の単純たんぱく質。魚類に多く、精子核中にDNA(デオキシリボ核酸)と結び付いて含まれる。
プロチウム〘protium〙軽水素。
プロチェ-もん【プロチェ門】《Vrata od Ploča》クロアチア最南端、アドリア海に面した都市ドゥブロブニクの旧市街にある門。城壁に囲まれた旧市街の東側の入口に位置し、レベリン要塞に隣接する。
プロチダ-とう【プロチダ島】タウ《Isola di Procida》イタリア南部、ティレニア海の島。イスキア島とともにフレグレア諸島に属す。中世より続く旧市街テッラムラータ、漁師が多く住むコリチェッラなどの集落がある。
プロ-チョイス〘pro-choice〙《pro-は、賛成の意》米国で、妊娠中絶の合法化を支持すること。産むか産まないかは女性の選択(チョイス)に任されるべきだとする主張。選択派。➡プロライフ
ブロツキー〘Iosif Aleksandrovich Brodskiy〙[1940〜1996]米国の詩人。ソ連の生まれ。作品が地下出版されていたが、「社会的徒食者」として逮捕され、後に米国へ亡命した。優れた哲学的叙情詩を書いたほか、評論や随筆の名手としても知られる。1987年ノーベル文学賞受賞。詩集「長詩と短詩」「ウラニア」、随筆集「一以下」など。ヨシフ=ブロツキー。
ブロッキング〘blocking〙❶バスケットボール・アメリカンフットボール・野球などの球技で、からだの接触により相手の動きや攻撃を封じること。バスケットボールでは反則となる。ブロック。❷バレーボールで、相手のスパイクを防ぐためにネット際でジャンプをして両手・腕で壁をつくるプレー。ブロック。❸ボクシングで、肩・腕・ひじなどで相手のパンチを受け止める防御法のこと。ブロック。❹西から東へ移動している移動性高気圧や低気圧の流れが停滞する現象。上空の偏西風波動が著しく南北に蛇行し、異常気象が現れやすい。ブロッキング現象。❺インターネット上で児童ポルノ画像などを閲覧できないよう、インターネットのプロバイダーや通信事業者が強制的に遮断すること。従来、フィルタリングサービスと同じ意味合いで使われていたが、次第に法規制を伴う事業者側の取り組みをブロッキング、閲覧者側の閲覧制限をフィルタリングサービスと呼んで使い分けることが多くなった。➡オーバーブロッキング
ブロッキング-げんしょう【ブロッキング現象】ゲンショウ►ブロッキング❹

フロック〔fluke〕思わぬ幸運。まぐれ。「優勝は―だった」
フロック〔frock〕❶女性・子供用のワンピースの服。ドレスよりも型のあっさりしたもの。❷「フロックコート」の略。
フロッグ〔frog〕蛙。
ブロック〔bloc〕特定の目的のために結成された国や団体などの連合体。連盟。同盟。圏。
ブロック〔block〕〔名〕❶かたまり。「―肉」❷《「コンクリートブロック」の略》セメントなどで造った中空の四角な建築材料。「―塀」❸積み木。❹市街地の一区域。米国テキサス州では一般に約1平方マイルの地域区画単位。❺鉄道で、安全確保のため列車間に一定の距離を保たせるための、信号を備えた小区画。閉塞区。❻印刷の版木。❼防御すること。妨害すること。多く、スポーツでいう。ブロッキング。「相手のパンチを―する」
ブロック〔Marc Bloch〕[1886～1944]フランスの歴史家。フランス中世農村社会史を専攻。第二次大戦中、ナチス抵抗運動に参加し、銃殺された。著「封建社会」「歴史のための弁明」など。
ブロック-アウト《和 bloc＋out》政治・経済上の共同利益をめざして結成された国や団体などの連合体(ブロック)から締め出されること。
ブロック-アウト《和 block＋out》バレーボールで、スパイクをわざと相手のブロッキングにあて、ボールがアウトすることをねらうもの。
ブロック-か【ブロック化】〔名〕（国や団体が）連盟を結ぶこと。また、その傾向があること。「発展途上国の―を懸念する」「農業諸団体に―する動きがみられる」(補説)この場合のブロックは、bloc。
ブロック-かかく【ブロック価格】《ブロックはbloc》ある商品の通常の取引圏における基準価格。
フロック-かこう【フロック加工】《flock finish》フロックと呼ばれる綿・ナイロン・レーヨンなどの繊維を短く切ってつくった毛羽を、布面などに、主に電気植毛法で固着させ、毛皮やビロードのような織物をつくる加工法。
ブロックがた-デバイス【ブロック型デバイス】►ブロックデバイス
ブロック-グラント〔block-grant〕政府が使途を細かく決めて地方自治体に補助金を交付するのではなく、補助金の総額だけを決め、使途は地方自治体の裁量にまかせる方式。総合補助金。
ブロック-けいざい【ブロック経済】複数の国々が経済的相互協力の体制を築いて域内における経済交流を促進し、域外諸国には閉鎖的な経済圏のこと。広域経済。
ブロック-ゲージ〔block gauge〕寸法標準どおりに精密加工した直方体の鋼片。種々の寸法のものからなり、2個以上を組み合わせ、互いに密着させることによって所要の寸法をつくり出し、精密工作・精密測定の基準とする。
ブロック-けんちく【ブロック建築】穴あきのコンクリートブロックに補強鉄筋を通し、コンクリートを充塡しながら積み上げて造る建築。
フロック-コート〔frock coat〕男子用の昼間の礼服。上着丈はひざまであり、ダブルで、襟には黒絹をかぶせ、縞のズボンと組み合わせて着る。現在はモーニングコートが主に用いられる。
ブロック-サイン《和 block＋sign》野球の監督・コーチから味方の選手に送る合図の一。相手側に見破られないよう、いくつかの動作の組み合わせによって特定の指令を伝える。
ブロック-し【ブロック紙】《ブロックは、bloc》地方紙のうち、北海道もしくは複数の都県にまたがる広い地域で販売されている日刊紙の称。全国紙と県紙の中間の規模。(補説)ブロック紙各紙：北海道新聞(北海道のみでの発行だが広域であるためブロック紙とされる)・河北新報・中日新聞(傘下の東京新聞を含む場合もある)・中国新聞・西日本新聞
ブロック-ショット〔block shot〕バスケットボールで、相手選手がシュートしたボールをはじき飛ばして、相手の得点を阻止するプレー。ボールが上昇しきった後にはじくと、反則となる。
フロックス〔ラテ Phlox〕ハナシノブ科フロックス属(クサキョウチクトウ属)の植物の総称。二年草または多年草で、北アメリカを中心に約50種が知られ、日本ではクサキョウチクトウ・シバザクラなどが栽培される。(季 夏)
ブロック-ダイヤグラム〔block diagram〕コンピューターシステムやプログラムの各構成単位をブロックで表し、各ブロック間の接続状態やデータの流れを矢印などで記述した図。
ブロック-チェック〔block check〕市松模様、碁盤縞のこと。黒白など2色で上下・左右に並んだ方形を交互に染め分けたもの。
ブロック-ちゅうしゃ【ブロック注射】►神経ブロック注射
ブロック-デバイス〔Block Device〕データを入出力する際、データをひとまとめにしたブロックという単位で行う機器のこと。キーボード、プリンター、ディスプレーの場合、文字単位、あるいはピクセル単位でデータの入出力を行うのでブロックデバイスとは呼ばない。ブロック型デバイス。
ブロック-ノイズ〔block noise〕デジタルカメラの静止画像や動画のデジタルデータを圧縮した際に生じる、モザイク状の画像の乱れ。明暗差の少ない一様な色調の部分で目立つ。圧縮のアルゴリズムに離散コサイン変換を用いるJPEGやMPEGにおいて、圧縮率を高くした際に生じる。格子状ノイズ。ブロック歪み。➡ノイズ ➡モスキートノイズ
ブロックハウスひゃっかじてん【ブロックハウス百科事典】《Der Grosse Brockhaus》ドイツを代表する百科事典。出版業者F＝A＝ブロックハウス(1772～1823)が1809年初版刊行。小項目主義で、豊富な図版と簡潔な説明が特色。
ブロックバスター〔blockbuster〕❶新聞・雑誌・放送などのマスメディアを動員し、集中的に展開する大がかりな広告戦略。❷巨額の宣伝費を投入して、意図的に超ベストセラーをつくり出すやり方のこと。❸巨額な製作費・宣伝費を投入した野心的な超大作映画。(補説)原義は、1個で1街区全体を破壊するような大型爆弾のことで、転じて、圧倒的な印象や影響力を与えるものをさす。
ブロック-ひずみ【ブロック×歪み】►ブロックノイズ
ブロックフレーテ〔ドイ Blockflöte〕►リコーダー
ブロック-ポイント〔block point〕バレーボールで、相手の攻撃をブロッキングし、得点すること。
フロッグマン〔frogman〕《完全装備の外見がカエルに似るところから》潜水作業員。特に海軍の潜水工作兵。
ブロック-りょうほう【ブロック療法】《block therapy》神経痛、癌性の疼痛などに対する対症療法の一種。疼痛部位から上行する知覚神経の神経節に局所麻酔薬やアルコールを注入して神経連絡を途絶させて痛みを除去する。
ブロッケン〔Brocken〕ドイツ中央部、ハルツ山地の最高峰。標高1142メートル。魔女たちが集まるという伝説がある。
ブロッケン-げんしょう【ブロッケン現象】《ブロッケン山でよく見られるところから》「グローリー」に同じ。ブロッケンの妖怪ともいう。
ブロッコリー〔broccoli〕キャベツの変種。花のつぼみを食用とする野菜で、カリフラワーに似るがつぼみは緑色。イタリアの原産。(季 冬)
ブロッサム〔blossom〕花。「チェリー―」
プロッター〔plotter〕コンピューターで、データを二次元あるいは三次元図形として、ディスプレーや紙に表現する出力装置。XYプロッター。
フロッタージュ〔フラ frottage〕《摩擦の意》絵画の技法の一。紙を岩・木などの粗い面に当て、上から鉛筆・木炭などでこすって絵画的効果を得るもの。エルンストが創始。
プロット〔plot〕小説・演劇・映画などの筋・構想。(類語)筋・筋立て・筋書き・ストーリー・構想・仕組み
フロッピー〔floppy〕《柔らかい意》「フロッピーディスク」の略。
フロッピー-ディスク〔floppy disk〕コンピューターの外部記録用の円盤。ドーナツ型のポリエステルの表面に磁性材料を塗布し、ジャケットに収めたもの。小型・軽量なので、パーソナルコンピューターに使用され、8インチ、5.25インチ、3.5インチなどがある。FD。フレキシブルディスク。
フロッピーディスク-ドライブ〔floppy disk drive〕フロッピーディスクのデータの読み取りや書き込みを行う装置。ディスクドライブの一。FDDと略す。
プロップ〔prop〕《支柱の意》ラグビーで、スクラム最前列の両端の二人のプレーヤー。
プロップ-ジェット〔propjet〕►ターボプロップ-エンジン
フロップス〔FLOPS〕《floating-point operations per second》コンピューターの処理能力を表す単位の一。浮動小数点演算を1秒間に何回実行できるかを示す。
ブロッホ〔Hermann Broch〕[1886～1951]オーストリアのユダヤ系小説家。第二次大戦中、アメリカへ亡命し、客死。アイルランドの作家ジョイスの影響を受け、独自の実験的手法によって、人間の存在、現代の社会問題を追求。作「夢遊の人々」「ウェルギリウスの死」「誘惑者」など。
ブロッホ-ライン〔Bloch line〕磁性体の単結晶により薄膜を作るとき生ずる細かい磁化のよじれ。高密度の記憶媒体として使われる。米国の物理学者ブロッホの名にちなむ。
ブロツワフ〔Wrocław〕►ウロツワフ
プロテア〔ラテ Protea〕ヤマモガシ科の常緑低木または小高木。南アフリカ原産。花材として用いられる。
プロテアーゼ〔protease〕►蛋白質分解酵素
ブロディア〔ラテ Brodiaea〕ユリ科の球根植物。初夏、紫・白色の6弁の花をつける。
ブロディック〔Brodick〕英国スコットランド南西部、アラン島の町。同島の中心地であり、本島と連絡航路で結ばれる。ブロディック城などがある。
ブロディック-じょう【ブロディック城】《Brodick Castle》英国スコットランド南西部、アラン島の町ブロディックにあるハミルトン公爵の城。13世紀に建てられて以降、増改築を繰り返し、19世紀に現在の姿になった。ビクトリア朝時代の家具や調度品、絵画など、公爵家のコレクションを展示している。
プロティノス〔Plōtinos〕[205ころ～270ころ]ギリシャの哲学者。新プラトン学派の創始者。世界は完全なる神の発現・流出であり、それがイデア界・感覚界へと下って事物を生み出すと主張し、中世スコラ学に深い影響を与えた。主著「エンネアデス」。
プロテイン〔protein〕蛋白質のこと。
プロテイン-スコア〔protein score〕食物に含まれる不可欠アミノ酸の量を数値で表したもの。数値が高い食品ほど良質のたんぱく質を含む。たんぱく価。
プロテウス〔Prōteus〕㊀ギリシャ神話で、海に住む老人。海神ポセイドンの従者で、予言と変身の術に長じたといわれる。㊁(Proteus)海王星の第8衛星。1989年にボイジャー2号の接近で発見された。名は㊀に由来。海王星系で2番目に大きな衛星であるが、太陽光をほとんど反射しないため目立たない。非球形で平均直径は約420キロ(地球の0.03倍)。
プロテオース〔proteose〕たんぱく質を加水分解したときに生じるペプチドの総称。培養基として用いる。アルブモース。
プロテオグリカン〔proteoglycan〕ムコたんぱく質。多糖類を含むたんぱく質。細胞の保護や細胞と細胞をつなぎ合わせるセメントの役割をする。
プロテクショニズム〔protectionism〕保護貿易主義。
プロテクション〔protection〕守ること。保護。防

衛。「コピー―」
プロテクター〖protector〗《保護するものの意》スポーツで防護用具。野球の捕手用の胸当てや、ボクシングのヘッドギアなど。
プロテクト〖protect〗〔名〕スル ❶防ぐこと。保護すること。❷コンピューターで、プログラムの内容が違法に複写されないような処理を行うこと。
プロテスタンティズム〖Protestantism〗16世紀の宗教改革に発した、キリスト教プロテスタント各派の思想・神学。その思想的中心は、人は信仰によって救われるとする信仰による義認説と、聖書を信仰の唯一の根拠とする聖書主義の二点である。新教。
プロテスタント〖Protestant〗《反抗する者、抗議者の意》16世紀のルターやカルバンの宗教改革後、ローマカトリック教会の信仰理解に反抗し、分離形成されたキリスト教各派、およびその信徒の総称。北部ヨーロッパ・イギリス・北アメリカにおいて優勢。プロテスタント教会自身は福音主義教会と公称する。新教徒。➡福音主義
プロテスト〖protest〗異議を申し立てること。抗議。
プロテスト-ソング〖protest song〗反体制的な主張や抗議を歌詞に取り入れた歌。
プロデューサー〖producer〗映画・演劇・放送などで、作品や番組の製作責任者。〘類語〙ディレクター
プロデューサー-ディレクター〖producer director〗テレビ番組の演出責任者(プログラムディレクター)のうち、番組の制作全般をも統括する権限を持った演出者のこと。
プロデュース〖produce〗〔名〕スル 映画・演劇・テレビ番組などを制作すること。「連続ドラマを―する」
プロトアクチニウム〖protactinium〗アクチノイドに属する放射性元素の一。単体は灰色の金属。ウラン鉱石中から発見された。元素記号Pa　原子番号91。原子量231.0。
プロトケラトプス〖ラテ Protoceratops〗《最初の角をもった顔という意味のギリシャ語から》中生代白亜紀後期の小形草食恐竜。モンゴルで幼体・成体・卵の化石が発見された。全長1.5～1.8メートル。鼻の前部に鉤状のオウムのようなくちばしがあり、鼻の上に角とはいえないほどの突起がある。
プロトコーム〖protocorm〗ラン科の種子の胚が発育するとき、まず共生菌の菌糸をエネルギー源として発育し、球形に肥大すること。
プロトコル〖protocol〗《「プロトコール」とも》❶議定書。❷外交儀礼。❸コンピューター間で、データをやりとりするために定められた手順・規約。信号の電気的規則。送受信の手順など。通信規約。
プロトコル-スタック〖protocol stack〗コンピューターネットワークにおいて、データの送受信を行う一連のプロトコルを階層構造で積み上げたソフトウエア群。
プロトタイプ〖prototype〗❶原型。基本型。手本。模範。「西洋を―に国作りを進める」❷製品などの試作モデルのこと。
プロトトロピー〖prototropy〗陽子(プロトン)の移動を仲介する物質(主として塩基)の存在下で、分子内を陽子が移動すると、共に二重結合の位置が変化する異性化現象。ケトエノール互変異性などの例が知られる。
プロトプラスト〖protoplast〗細菌・植物の細胞の細胞壁を人為的に取り除き、原形質膜が露出したもの。細胞融合などに使用。
プロトプラズマ〖protoplasm〗「原形質」に同じ。
プロトモデル《和 protomodel》基本モデル。基本型。原型試作品。特に、正式製作や量産を前にした、最終的試作品。プロトタイプ。
プロトロンビン〖prothrombin〗血漿中にある、血液凝固の第2因子。肝臓で生合成され、トロンボプラスチンやカルシウムイオンの作用を受けて活性型のトロンビンとなる。トロンボーゲン。
プロトン〖proton〗陽子。
プロネーション〖pronation〗スポーツで、手首・足首やひじなどを内側にひねること。

ふろ-ば【風呂場】入浴設備のある所。浴室。湯殿。〘類語〙風呂・浴室・内湯・浴場・バス・バスルーム・湯殿
プロパー〖proper〗〔名・形動〕❶固有であること。特に、その方面に専門であること。また、そのさま。「数学―の問題」「人事部門の―」❷得意先を回って、自社製品の宣伝・売り込みを行う販売員。「製薬メーカーの―」❸服飾・流通業界で、正札であること。値引きしない商品。正価。「―の値段で買う」
プロバイダー〖provider〗インターネットへの接続サービスを提供する業者。インターネットへ接続するために必要なサーバーや回線のほか、メールアドレス、ウェブサイトのディスクスペースなどを提供する。インターネットサービスプロバイダー。インターネットプロバイダー。ISP。
プロバイダーせきにんせいげん-ほう【プロバイダー責任制限法】ハフ《特定電気通信役務提供者の損害賠償責任の制限及び発信者情報の開示に関する法律」の通称》インターネット上で名誉毀損や著作権・プライバシーの侵害が起きた際、プロバイダー等の損害賠償責任を制限し、情報発信者の情報開示を請求する権利を定めた法律。平成14年(2002)5月施行。プロバイダー責任法。
プロバイダーせきにん-ほう【プロバイダー責任法】ハフ ►プロバイダー責任制限法
プロパガンダ〖propaganda〗宣伝。特に、ある政治的意図のもとに主義や思想を強調する宣伝。〘類語〙キャンペーン・大衆操作・情報操作・宣伝戦・逆宣伝・ネガティブキャンペーン・プレスキャンペーン
プロパティー〖property〗❶財産。所有物。所有権。❷コンピューターのファイルや周辺装置などの各種の設定や属性に関する情報。
プロバビリティー〖probability〗❶見込み。公算。蓋然性。❷確率。〘類語〙可能性・蓋然性・見込み
ブロバリン〖Brovalin〗ブロムワレリル尿素の商標名。中枢抑制作用を示し、鎮静および催眠の目的で使用される。
プロバン〖Provins〗フランス中北部、セーヌ-エ-マルヌ県の都市。同県の副県都。11世紀から13世紀にかけてシャンパーニュ伯領における交易の中心地として栄え、国際的な商業見本市が毎年開催された。城壁に囲まれた旧市街には「セザール(カエサル)の塔」などが残る。2001年、「中世の市場都市プロバン」の名称で世界遺産(文化遺産)に登録。
プロパン〖propane〗メタン系炭化水素の一。無色・無臭の可燃性の気体で、液化しやすい。石油や天然ガスの成分。燃料などに使用。化学式C_3H_8
プロパン-ガス《和 propane＋gas》プロパンなどを主成分とする液化石油ガス。
プロバンス〖Provence〗フランス南東部、ローヌ川下流東部の地中海に面する地方。前2世紀、ローマ帝国最初の属州(プロウィンキア)となった。マルセイユ・カンヌ・ニースなどの都市・保養地がある。
プロピシュ〖Plopiș〗ルーマニア北部、マラムレシュ地方の村。18世紀末に建造された聖大天使聖堂は、1999年に「マラムレシュ地方の木造聖堂群」の一つとして世界遺産(文化遺産)に登録された。
プロビジョニング〖provisioning〗《準備・供給・提供の意》コンピューターネットワークや通信事業などの分野において、利用者の要求に迅速に対応できるよう、あらかじめ設備やサービスなどのリソースを用意し、必要な分を必要な時にサービス提供すること。インターネットの接続サービス、サーバーや大規模な記憶装置の利用などがある。
プロビジョン〖provision〗❶供給。支給。提供。❷貯蔵品。ストック。食糧。❸(法律の)条項。
プロビタミン〖provitamin〗一般に、動物体内でビタミンに変わる物質。ビタミンAに変わるカロテン、ビタミンD_2に変化するエルゴステロールなど。
プロピライア〖Propylaia〗ギリシャの首都アテネ、アクロポリスの入口にある建物。「前門」を意味し、パルテノン神殿がある聖域への入口に位置する。紀元前5世紀に建築家ムネシクレスの設計で建造された。

ドリス式の柱をもつ中央楼と、イオニア式の柱の北翼・南翼で構成される。
プロピレン〖propylene〗エチレン系炭化水素の一。特異臭をもつ無色の気体。反応性に富み、重合しやすく、石油化学工業の原料として重要。化学式$CH_3CH{=}CH_2$　プロペン。
プロピレン-グリコール〖propylene glycol〗プロピレンに二つの水酸基がついたもの。無色の液体。溶剤・不凍液・医薬品などに用いられる。
プロビンスタウン〖Provincetown〗米国マサチューセッツ州南東部の半島、コッド岬の先端に位置する町。1620年にメーフラワー号が上陸した場所。良港を有し捕鯨・漁業基地として発展。現在、ホエールウオッチング観光の拠点になっている。
プロフ《俗語》「プロフィール」の略。また、インターネット上で自己紹介のページを作成することのできるサービス。ホムペ、リアルと共に、主に中高生を中心に普及。
プロファイリング〖profiling〗異常犯罪の犯人像の分析技法。現場に残された状況をもとに、統計的な経験と犯罪データ・心理学の両面から犯人像を推理し、人種・年齢・生活態度などを特定していくもの。米国の連邦捜査局(FBI)が取り入れている。
プロフィール〖フランス profil〗《「プロフィル」とも。ネット上では「プロフ」などと略される》❶横顔。側面像。❷側面からみた、人物などの略伝や寸描。人物紹介。人物評。また、その人の略歴の意味でも用いる。「ある作家の―を紹介する」〘類語〙横顔・略歴・人物評
プロフィット〖profit〗もうけ。利益。利潤。〘類語〙利益・益・儲け・利・収益・利潤・得・利得・利沢・黒字・得分・実益・益金・利金・純利・純益・差益・利鞘・マージン・ゲイン
プロフィット-センター〖profit center〗それぞれに独自の製品や市場を持ち、経常的な事業の運営に関するすべての責任と権限を経営者から委譲された組織単位。利益責任単位。
プロフィル〖フランス profil〗►プロフィール
プロフィンテルン〖ロシア Profintern〗1921年、コミンテルンの指導下に結成された左翼系労働組合の国際組織。本部はモスクワ。37年に解散。
プロフェッサー〖professor¦Prof.〗大学など、高等教育研究機関の教授。〘類語〙教授・教官・講師・教師・教諭・教員・先生・師・師匠・指南役・師範・宗匠・師父・ティーチャー・チューター・インストラクター
プロフェッサー-キューブ〖Professor's Cube〗ルービック-キューブなどの姉妹品の立体パズル。遊び方はルービック-キューブと同じだが、6つの面がそれぞれ25個の正方形に分割されている。ルービック-リベンジに飽き足らないファンのために、エルノー＝ルービックが商品化した。
プロフェッショナリズム〖professionalism〗プロ意識。職人かたぎ。
プロフェッショナル〖professional〗㊀〔名〕専門家。本職。プロ。㊟アマチュア。㊁〔形動〕職業的、専門的であるさま。「―な仕事振り」
ふろ-ふき【風呂吹き】大根・蕪などを輪切りにしてゆで、熱いうちに垂れ味噌をつけて食べる料理。〘季 冬〙「―や小窓を圧す雪曇/子規」
プロブディフ〖Plovdiv〗ブルガリア第2の都市。同国中南部トラキア平野のマリーツァ川沿いに位置する。古代ローマの遺跡、中世の要塞跡、民族復興期の建物などの歴史的建造物が数多く残っている。
プロプライエタリー-システム〖proprietary system〗特定のメーカーのハードウエアやソフトウエアで構成されたコンピューターシステム。異なるメーカーのコンピューターでも同一のネットワークに接続できるように、共通のプロトコルに従っているものをオープンシステムという。
プロブレム〖problem〗問題。課題。〘類語〙問題・課題・疑問・難問・難題・論点・争点・テーマ
プロブレム-メソッド〖problem method〗►問題法
フロベール〖Gustave Flaubert〗［1821～1880］

フランスの小説家。精密な考証に基づく客観的描写を唱道し、写実主義文学の確立者とされる。作「ボバリー夫人」「サランボー」「感情教育」など。フローベール。

プロペラ〖propeller〗航空機・船舶などで、エンジンの回転力を推進力に変える回転羽根。船舶の場合は、ふつうスクリューという。

プロペラ-シャフト〖propeller shaft〗自動車で、エンジンの生み出す回転力を変速機から車軸へと伝える推進軸。

プロペラ-すいしゃ【プロペラ水車】船舶のプロペラのような羽根車がある発電用反動水車。低落差で水量の多い場合に適し、カプラン水車がよく用いられる。

プロペラ-ポンプ〖propeller pump〗プロペラ形の羽根数枚の回転により水を送る軸流式ポンプ。低揚程・大容量の吸排水に適する。

プロペルティウス〖Sextus Propertius〗前1世紀ごろのローマの詩人。エレゲイアの完成者で、ラテン恋愛叙情詩人の代表者の一人。「詩集」4巻の中心をなす、キュンティアという女性への恋と失恋をうたった作品が有名。生没年未詳。

プロポーザル〖proposal〗❶計画。企画。また、提案。❷結婚の申し込み。

プロポーザル-はっこうほうしき【プロポーザル発行方式】債券の発行に際して、引受証券会社に発行条件を提示させ、入札と同様の競争によって、発行側に最も有利な条件を決定して債券の発行を行う方式。ミニ入札。

プロポーショナル-フォント〖proportional font〗文字により幅が異なるフォント。文字幅を調整し、表示や印刷の見栄えを良くする目的で使用される。⇔等幅フォント。

プロポーション〖proportion〗❶調和。均衡。つりあい。「—のいい水着姿」❷割合。比。比率。

プロポーズ〖propose〗〔名〕スル 申し込むこと。特に、結婚の申し込みをすること。求婚。(類語)求婚

プロ-ボクシング《professional boxingから》興行として行うボクシング競技。

プロボノ-ワーク〖pro bono work〗《pro bonoは、「プロボノパブリコ」の略。ラテン語で「公益(publico)のために」の意》米国で弁護士や医師が義務づけられている奉仕活動。公共奉仕・慈善事業などのために無料、または低額な報酬でサービスを提供する。1983年、米国弁護士協会(ABA)によって規定された。

プロポリス〖propolis〗ミツバチが採集してきた木の樹脂とハチの唾液を混ぜ合わせてできた物質。巣の各所に塗って外敵から巣を守る。古くから民間薬として世界各地で用いられてきた。

フロマージュ〖フランス fromage〗「チーズ」に同じ。

ブロマイド〖bromide〗スターなどの肖像写真。ブロマイド紙を用いたところからいう。なまって「プロマイド」とも。

ブロマイド-し【ブロマイド紙】臭化銀の乳剤を塗布した印画紙。感度が高く、大倍率や大量の引き伸ばしに適する。臭素紙。

フロ-マネ「フロアマネージャー」の略。

プロ-マネ「プロジェクトマネージャー」の略。

フロマンタン〖Eugène Fromentin〗[1820～1876]フランスの小説家・画家・美術評論家。自伝的小説「ドミニック」は心理小説の傑作とされる。

プロミス〖promise〗約束。

プロミス-リング〖promise ring〗「ミサンガ」に同じ。

プロミッシング〖promising〗〔形動〕前途有望であるさま。見込みのある。「経営資源を—な分野に集中する」

プロミネンス〖prominence〗❶太陽の紅炎。➡紅炎❷ ❷文中のある語を強調するために、特に強く発音すること。(類語)アクセント・イントネーション

プロミネント〖prominent〗〔形動〕顕著であるさま。目立っているさま。また、卓越しているさま。「—な行動力のある政治家」

プロミン〖promin〗サルファ剤の一種グルコスルホンのナトリウム塩の商標名。ハンセン病の治療薬。プロトミン。

フロム〖Erich Fromm〗[1900～1980]米国の精神分析学者・社会思想家。ドイツの生まれ。1934年、米国へ亡命。新フロイト派の代表者の一人で、社会的性格論を展開。著「自由からの逃走」など。

フロム〖Flåm〗ノルウェー南西部、ソグネフィヨルドの支湾の一、アウルランフィヨルド最奥部にある村。フロム鉄道がミュールダルと結ぶ。フィヨルド観光の拠点。

ブロム〖ドイツ Brom〗《「ブローム」とも》臭素。

プロム〖prom〗米国の大学や高校で、学年末に行われる公式のダンスパーティー。

ブロム-ざい【ブロム剤】鎮静作用のあるブロム(臭素)化合物の総称。てんかん・神経症・不眠症などの治療に用いられる。

プロムナード〖フランス promenade〗❶散歩。❷散歩道。遊歩道。

プロムナード-デザングレ〖Promenade des Anglais〗フランス南東部、アルプ-マリチーム県の観光都市ニースの海岸沿いにある遊歩道。高級ホテルやカジノが並ぶ。19世紀初頭、同地を保養地として開発したイギリス人によって作られた。アングレー大通り。

プロメチウム〖promethium〗希土類元素のランタノイドの一。核分裂生成物中に発見された人工放射性元素で、名はプロメテウスにちなむ。元素記号Pm 原子番号61。

プロメテウス〖Promētheus〗㊀ギリシャ神話で、ティタン(巨人神族)の一人。アトラス・エピメテウスの兄弟。天上の火を盗んで人間に与えた罰として、ゼウスの命でカウカソス山に鎖でつながれ、毎日、鷲に肝を食われるが、ヘラクレスに救われる。㊁(Prometheus)土星の第16衛星。1980年に発見。名は㊀に由来。土星に4番目に近い。非球形で細長く長径は約150キロ、短径は約70キロ。

プロモーショナル-アド〖promotional ad〗消費者の購買意欲を刺激し、すぐに購買行動を起こさせようとする広告。販売促進広告。

プロモーショナル-プライシング〖promotional pricing〗販売促進活動の一つで、通常売価よりも値引きした価格をつけること。安売り。

プロモーション〖promotion〗❶助長。推進。奨励。「セールス—」❷販売促進のための宣伝資料。「—グッズ」

プロモーション-ビデオ〖promotion video〗宣伝・販売促進用のビデオソフト。特に、宣伝用のミュージックビデオのこと。ビデオクリップ。プロモビデオ。PV。

プロモーション-ミックス〖promotion mix〗販売促進手段を最適に組み合わせ、一定の予算で効果を最大にしようとする考え方。広告・SP(セールスプロモーション)・PR・人的販売やイベントなど広義の販売促進手段を対象とする場合と、SPだけを対象とする場合がある。

プロモーター〖promoter〗❶発起人。主催者。興行主。❷DNA(デオキシリボ核酸)の塩基配列のうち、RNA(リボ核酸)合成を触媒する酵素が結合した、伝令RNAに転写の開始を指令する部分。

プロモーテッド-ツイーツ〖Promoted Tweets〗マイクロブログの一つであるツイッターの広告配信事業。2010年より開始。キーワード検索をすると、利用者の画面にキーワードに関連する広告を配信する。たとえば「ハンバーガー(hamburger)」で検索した場合、ツイート一覧の最上部にファーストフード店による140字以内の広告文が表示される。

プロモート〖promote〗〔名〕スル ❶促進すること。また、奨励すること。「健康を—する」❷興行を主催すること。「タイトルマッチを—する」

プロモ-ビデオ「プロモーションビデオ」の略。

ふろ-や【風呂屋】❶湯銭を取って入浴させる浴場。また、それを業とする人。銭湯。湯屋。公衆浴場。❷風呂桶など、風呂の設備や道具を売る店。❸風呂桶を据えた部屋。浴室。湯殿。「帰りて、—に入らせ給ひぬ」〈仮・仁勢物語・下〉(類語)銭湯・浴場

プロ-やきゅう【プロ野球】興行として行う野球。職業野球。(補説)日本では現在、セントラルリーグに6球団、パシフィックリーグに6球団が所属している。

ふろや-もの【風呂屋者】「湯女」に同じ。「茶屋遊びから—を勧め」〈浮・禁短気・六〉

フロラ〖flora〗➤フローラ

プロ-ライフ〖pro-life〗《pro- は賛成の意》米国で、妊娠中絶の合法化に反対すること。胎児の生命(ライフ)の尊重を主張する立場。生命派。➡プロチョイス

プロラクチン〖prolactin〗脳下垂体前葉から分泌されるホルモンの一。哺乳類では、黄体に作用してプロゲステロンの分泌を維持し、また乳腺に働いて乳汁の分泌を促す。黄体刺激ホルモン。乳腺刺激ホルモン。

フロリアノポリス〖Florianópolis〗ブラジル、サンタ-カタリーナ州の州都。フロリアノ=ペイショット大統領の名にちなむ。南アメリカ大陸本土とサンタ-カタリーナ島、および周辺の小島からなる。アゾレス諸島出身のポルトガル系移民をはじめ、ドイツ、イタリアなどのヨーロッパ系移民が多い。観光・保養地としても知られる。

フロリアンスカ-もん【フロリアンスカ門】《Brama Floriańska》ポーランド南部の都市クラクフの旧市街北端部にある門。13世紀に建造されたゴシック様式の塔状の門で、17世紀にバロック様式の屋根が付け加えられた。15世紀末建造の円形状の砦バルバカンに隣接する。

フロリゲン〖florigen〗花芽の分化を引き起こすと考えられている仮想の植物ホルモン。花成ホルモン。

フロリスト〖florist〗生花店。草花の栽培業者。

フロリダ〖Florida〗米国南東部、フロリダ半島を中心とする州。州都タラハシー。気候温暖で、保養地・観光地。オレンジ・グレープフルーツなどの栽培が盛ん。➡表「アメリカ合衆国」

フロリダキーズ-しょとう【フロリダキーズ諸島】《Florida Keys》米国フロリダ州南部、フロリダ半島の先端に連なる諸島。いずれの島もサンゴ礁などでできている。最大の島はキーラーゴ。本土より国道1号線で結ばれ、最南端のキーウエストに至る。

フロリダ-はんとう【フロリダ半島】米国南東部、メキシコ湾と大西洋とを分ける半島。

フロリン〖florin〗《「フローリン」とも》❶ヨーロッパ各国で古くから流通した種々の金銀貨。❷オランダの旧通貨「ギルダー」のこと。

プロリン〖proline〗アミノ酸の一。たんぱく質中に含まれ、特にゼラチンに多く、生体内ではグルタミン酸から生合成される。甘みのある無色の柱状結晶。

プロ-レス《professional wrestlingの略》興行として行われるレスリング。ショー的要素が大きい。プロレスリング。➡レスリング

フロレス-とう【フロレス島】《Flores》インドネシア、小スンダ列島中部にある火山島。中心都市エンデ。ビャクダンを産する。

プロ-レスリング《professional wrestlingの略》➤プロレス

プロレタリア〖ドイツ Proletarier〗❶古代ローマの最下層の市民。❷資本主義社会において、生産手段を持たず、自分の労働力を資本家に売って生活する賃金労働者。また、その階級。無産者。⇔ブルジョア。(類語)無産者・労働者

プロレタリアート〖ドイツ Proletariat〗階級としてのプロレタリア。無産階級。労働者階級。⇔ブルジョアジー。(類語)無産階級・労働者階級

プロレタリア-かくめい【プロレタリア革命】被搾取階級としてのプロレタリアによって行われる、資本主義体制の打倒と社会主義制度の樹立を目的とした革命。

プロレタリア-こくさいしゅぎ【プロレタリア国際主義】マルクス主義の原則の一。世界各国のプロレタリアートの利害は互いに一致するものであり、資本主義を倒し、社会主義を建設する闘争において、国際的に固く団結し協力しなければならないという思想。

プロレタリア-どくさい【プロレタリア独裁】プロレ

タリアが革命によって得た権力を維持・強化するために、ブルジョアジーを強制支配すること。資本主義社会から共産主義社会へ移行する過渡期の政治形態とされる。

プロレタリア-ぶんがく【プロレタリア文学】プロレタリアートの階級的自覚と要求に基づき、その思想と感情を描き出した文学。日本では、大正10年(1921)の「種蒔く人」の創刊を出発とし、のち「文芸戦線」「戦旗」などにより、昭和9年(1934)弾圧で壊滅するまで続いた。

プロローグ〖prologue〗❶演劇で、前口上。序幕。[⇔]エピローグ。❷詩歌・小説・戯曲などの文学作品で、本筋の展開に先だつ前置きの部分。序章。また、物事の始まり。発端。[⇔]エピローグ。[類語]序幕・前口上・序曲・序・序文・序章・序言・緒言・前書き・端書き

プロログ〖PROLOG〗《programming in logic》コンピューターのプログラミング言語の一。論理の記述に適しており、人工知能の研究やエキスパートシステムの分野で利用された。

ブロワ〖Blois〗▶ブロア

ブロワー〖blower〗《「ブローワー」とも》❶送風機。❷ゴム球の先に細い管がついたもので、レンズ表面やカメラ内部のごみやほこりを吹き飛ばして除去する道具。

ブロワ-じょう【ブロワ城】《Château de Blois》▶ブロア城

フロン フルオロカーボンの日本における慣用名。メタン・エタンなどの炭化水素の水素を弗素や塩素で置換した化合物の総称。無色・無臭・無毒・不燃性で化学的に安定なので、電気冷蔵庫・クーラーの冷媒やスプレー、ウレタンフォームの発泡剤、半導体の洗浄剤などに使用。その一種であるクロロフルオロカーボン(CFC)は大気中に放出されると長い時間をかけて成層圏に達し、そこで紫外線によって分解されてオゾン層を破壊する。そのため使用が規制され代替フロンが登場したが、こちらも二酸化炭素よりも温室効果が高いことがわかり規制の対象となっている。フレオン(商標名)。

フロン-ガス《フロンは、フルオロカーボンの日本における慣用名》フロン(フレオン)のこと。

プロングホーン〖pronghorn〗偶蹄目プロングホーン科の哺乳類。レイヨウ類に近いが、角は枝分かれし、表面の角質の部分が毎年生え換わるところはシカ類に近い。北アメリカの西・南部の草原に分布。えだづのれいよう。えだづのかもしか。

ブロンコ〖bronco〗アメリカ西部産の小馬で、放牧されているもの。また、野生化したムスタング。

ブロンズ〖bronze〗❶青銅。唐金。❷彫刻・メダルなどで、青銅製のもの。

フロンターレ▶川崎フロンターレ

ブロンテ〖Brontë〗㊀(Charlotte ～)［1816～1855］英国の女流小説家。長編小説「ジェーン＝エア」で有名。㊁(Emily ～)［1818～1848］英国の女流小説家。㊀の妹。荒涼とした自然を背景に、人間の激しい愛憎を描いた小説「嵐が丘」で有名。㊂(Anne ～)［1820～1849］英国の女流小説家。㊀の末妹。小説「アグネス＝グレー」など。

フロンティア〖frontier〗❶国境地方。辺境。特に、米国開拓時代の開拓地と未開拓地との境界地域。❷未開拓の分野。新分野。また、学問・技術の最先端。最先端の業績。

フロンティアきどう-りろん【フロンティア軌道理論】▶フロンティア電子理論

フロンティア-スピリット〖frontier spirit〗開拓者精神。特に米国の西部辺境における開拓者たちの精神。剛健・忍耐・創意、また闘争性・現実性・利己性などを特色とする。

フロンティアでんし-りろん【フロンティア電子理論】化学反応を統一的に説明する理論。分子中に広がる電子軌道のうち、電子が詰まりエネルギーが最高の軌道と、電子が空でエネルギーが最低の軌道とによって化学反応が支配されるというもの。福井謙一が昭和27年(1952)に提唱。フロンティア軌道理論。フロンティア電子論。

フロンティアでんし-ろん【フロンティア電子論】▶フロンティア電子理論

フロンテージ〖frontage〗(建物の)正面、間口。(川や通りに面した)土地、空き地。フロンティッジ。

フロント〖front〗❶正面。前面。「―ドア」❷最前線。戦線。❸新聞の第一面。❹《front deskの略》ホテルなどの受付。❺《front officeの略》プロ野球の球団首脳陣。[類語]受付・帳場・窓口・インフォメーション

ブロンド〖blond(男性)┊blonde(女性)〗金色の髪。金髪。また特に、金髪の女性。

フロント-ウインドー《和 front＋window》自動車などの前の窓。

フロント-エアバッグ〖front air bag〗エアバッグの一。運転席や助手席の前面に備え付けられ、乗員を前面衝突から保護するもの。

フロントエンジン-フロントドライブ〖front engine, front drive〗自動車で、前方にエンジンを搭載、かつ前輪を駆動して走るもの。FF方式。

フロントエンジン-リアドライブ〖front engine, rear drive〗前方にエンジンを搭載、後輪を駆動して走るもの。FR方式。

フロントエンド-プロセッサー〖front-end processor〗データの前処理を行う装置。パソコンでは日本語入力システムである、かな漢字変換ソフトをさすことが多い。

フロント-ガラス《和 front＋glass(オランダ)》自動車などの前面にある防風用ガラス。フロントグラス。[補説]英語ではwindshieldまたはwind-screen

フロント-グリッド〖front grid〗自動車レースで、格子状に配された車のスタート位置の最前列。

ブロントサウルス〖ラテン Brontosaurus〗アパトサウルスのことをいう。また一説に、アパトサウルスの体に別の恐竜の頭部をつけたもので、実際には存在しなかった恐竜の名とする。雷竜。

フロントサラウンド-システム〖front surround system〗前面に配置したスピーカーのみで、サラウンドシステムと同様、聴き手を包み込むような音を再現する方式・装置。スピーカーが出す音の位相を変化させる、壁や天井に指向性の高い音を反射させて後方から聞こえるようにするなどの手法がある。後方にスピーカーを設置する必要がないため、省スペース化を図れるという利点がある。

プロントジル〖ドイツ Prontosil〗ドイツの生化学者ドーマクが発見した、細菌に対する初の化学療法剤。この化合物から分解して生じるスルファニルアミドが効力の本質であることがわかり、のちに多数のサルファ剤が発見された。商標名。➡サルファ剤

フロント-ジレ《和 front＋gilet(フランス)》スーツなどのジャケットの下に着用する前身頃だけのにせのシャツやブラウスのこと。

フロンド-の-らん【フロンドの乱】《Frondeは投石玩具の意》1648年から53年にかけてのフランスで、宰相マザランの王権強化政策に反発する貴族たちが起こした反乱。内部分裂により鎮圧され、フランス絶対王政が確立された。

フロント-バンパー〖front bumper〗自動車の前部の緩衝装置。➡リアバンパー

フロントバンパー-スポイラー〖front bumper spoiler〗自動車のフロントバンパーに取り付け、高速走行時に車体の浮き上がるのを防ぐ装置。➡リアスポイラー

フロント-フォーカシング〖front focusing〗カメラのレンズなどでピントを合わせる際、レンズの前部が動いて合焦する機構。近年はオートフォーカスの合焦速度を高めるため、レンズの全長が変化しないリアフォーカシングやレンズ内部の構成要素が動くインナーフォーカシングが主流となっている。前玉回転式。

フロント-ページ〖front page〗新聞の第一面。また、本の扉、表題紙。

フロントホック-ブラ〖front hook bra〗胸の中央にホック(留め具)のあるブラジャー。

フロント-ライト〖front light〗舞台の前方から、主にスポットライトを使って行う照明。

フロント-ランナー〖front runner〗(競走で)先頭を走る人。リードしている人。また、選挙などでの最有力候補。

フロント-ロー〖front row〗第1列。特にラグビーで、左プロップ・フッカー・右プロップの三人で形成するフォワードの第1列。

プロンプ〖prompt〗芝居やテレビなどで台詞を忘れた俳優に陰からそっと台詞を教えること。また、その台詞のこと。➡プロンプター

プロンプター〖prompter〗❶演劇で、舞台の陰にいて、俳優がせりふをまちがえたり、つかえたりしたときに小声で教える人。歌舞伎では狂言方が務める。❷演説や放送などで使われる、原稿表示装置。電子的に原稿などを表示して、話者を補助する。テレプロンプター。[補説]英語ではteleprompter

プロンプト〖prompt〗▶コマンドプロンプト

ふ-わ【不和】仲が悪いこと。仲たがい。「二国間に―が生じる」「―になる」
[類語]不仲・仲違い・反目・葛藤・軋轢・確執

ふわ【不破】歌舞伎十八番の一。延宝8年(1680)江戸市村座で初世市川団十郎が初演。傾城葛城をめぐり不破伴左衛門と名古屋山三が恋争いをする。

ふ-わ【付和┊附和】〔名〕スル 自分にしっかりした考えがなく、たやすく他人の意見に同調すること。「始めより流俗に媚びて一世に―する心底がなければ」〈漱石・野分〉

フワーリズミー〖al-Khwārizmī〗［780ころ～850ころ］イランの数学者・天文学者。「積分と方程式計算法」を著し、ヨーロッパの数学に影響を与えた。

ブワイフ-ちょう【ブワイフ朝】《Buwayh》イランからイラクの地を支配したイラン系のシーア派イスラム王朝。932年にイランに政権を確立。946年にはバグダードを制し、アッバース朝カリフの実権を奪ったが、1062年、セルジューク-トルコに滅ぼされた。

ふ-わく【不惑】❶物の考え方などに迷いのないこと。❷《「論語」為政の「四十にして惑わず」から》40歳のこと。[類語]志学・破瓜・弱冠・而立・知命・耳順・華甲・還暦・古希・致仕・喜寿・傘寿・米寿・卒寿・白寿

ふ-わけ【×腑分け】〔名〕スル 解剖。「千寿骨ヶ原にて―いたせるよしなり」〈蘭学事始〉

ぶ-わけ【部分け】〔名〕スル いくつかに分類すること。部類分け。「用途を考慮して―する」

ふ-わごうせい【不和合性】花粉を受粉しても、受精しないこと。花粉の不発芽、花粉管の形態異常や生長停止などによる。

ふわ-ずいこう【付和随行】〔名〕スル 定まった主義・主張をもたず、ただ他人の言動に同調して行動すること。「何も考えずデモ行進に―する」

ふ-わたり【不渡り】支払いのための呈示がなされた手形・小切手が、支払銀行によって支払いを拒絶されること。また、その手形・小切手。「―を出す」

ふわたり-こぎって【不渡小切手】支払銀行によって支払いを拒絶された小切手。

ふわたり-てがた【不渡手形】❶支払銀行によって支払いを拒絶された手形。❷履行されない約束。空手形。

ふわ-つ・く〔動カ五(四)〕❶ふわふわとひるがえる。「スカートの裾が―・く」❷気持ちに落ち着きがなくなる。「左う―・いた所ばかりから出来上ってるように解釈されちゃ可哀想だ」〈漱石・明暗〉

ふわっ-と〔副〕スル ❶柔らかでふくらんでいるさま。「髪の毛を―仕上げる」「―した布団」❷軽々と浮きただようさま。また、軽々と動くさま。「白い雲が―浮かんでいる」「羽毛が―空中に舞う」❸軽い物を、そっと何かの上に覆うさま。「寝た子の上に布団を―かける」❹心が落ち着かないで、うわついているさま。「―した気持ちで、毎日を過ごす」
[類語]ふわふわ・ふわり・ふんわり

ふわ-と〔副〕❶軽くて柔らかいさま。また、軽く浮くさま。ふわりと。「(鳥ヲ)押さゆれば―立ち」〈浄・振袖

始〉❷身のこなしが軽いさま。ひらりと。「懸け鞍くら置いて—乗り」〈浄・百人上﨟〉❸軽はずみなさま。うかと。「ほめらるるは嬉しいものぢゃ。そこで某それがしが—乗って」〈続狂言記・鱸庖丁〉

ふわ-の-せき【不破の関】ふは 岐阜県不破郡関ヶ原町にあった関所。東山道を押さえる要地にあった。越前の愛発あらちの関、伊勢の鈴鹿すずかの関とともに古代三関の一。〔歌枕〕

プワビー〖Puławy〗ポーランド東部の工業都市。ルブリンの北西約45キロメートル、ビスワ川沿いに位置する。17世紀後半、ルボミルスキ公の居城が置かれたが、スウェーデン軍により破壊。18世紀から19世紀にかけて芸術文化の振興に寄与したことで知られるアダム=チャルトリスキ公が再建した邸宅が残る。

ふわ-ふわ ふはふは ㊀〔副〕スル ❶軽いものが揺れ動いたり、浮いて漂ったりするさま。「カーテンが風に—(と)揺れる」「白い雲が—(と)浮かぶ」❷心が落ち着かないで、うわついているさま。「気持ちが—(と)している」❸柔らかくふくらんでいるさま。「—(と)したソファーに座る」㊁〔形動〕㊀❸に同じ。「—な羽毛布団」㊂〔名〕卵を湯の中でとき混ぜた吸い物。「—にするとて玉子を人の割るを見つつ」〈色道大鏡・四〉 アクセント㊀はフワフワ、㊁はフワフワ。〔類語〕ふわっと・ふわり・ふんわり

ぶわ-ぶわ ㊀〔副〕スル しまりがなくふくらんでいるさま。「水を吸って—した畳」㊁〔形動〕㊀に同じ。「—なコート」

ふわ-や ふは ふわふわしていること。また、そのもの。「文垣あやかきの—が下に蚕衾むしぶすま」〈記・上・歌謡〉

ふわ-らいどう【付和雷同】〔名〕スル 一定の主義・主張がなく、安易に他の説に賛成すること。「多数派に—する」〔補説〕「不和雷同」と書くのは誤り。
〔類語〕同調・同意・賛同・支持・賛成

ふわり ふはり〔副〕❶柔らかくふくらんださま。「—と仕上がったパン」❷軽く浮きただよっているさま。また、軽々と飛ぶさま。「—と飛び上がる」❸軽くやわらかい物をそっと何かの上に覆うさま。「コートを—と羽織る」
〔類語〕ふわふわ・ふわっと・ふんわり

ぶ-わり【歩割|分割】「歩合ぶあい」に同じ。

ふん【分】❶時間の単位。1分は60秒で、1時間の60分の1。記号min 「—きざみで行動する」❷角度および経度・緯度の単位。1分は1度の60分の1。❸尺貫法の目方の単位。1分は1匁もんめの10分の1、厘りんの10倍。〔補説〕上に来る語によって「ぷん」ともなる。➡漢「ぶん(分)」〔類語〕時・秒・度

ふん【×吻】動物の口先。頭部で、目より前方に突出した部分や、口またはその周辺から出て伸縮のできる管状の構造物。象の鼻、昆虫のストロー状の口器など。➡漢「ふん(吻)」

ふん【×糞】動物が肛門から排泄はいせつする食物のかす。大便。くそ。➡漢「ふん(糞)」
〔類語〕便・大便・糞便・人糞・糞くそ・ばば・うんこ・うんち

ふん〔感〕❶目下の者などに対し、軽く受け答えするときに、また、承諾の意をぞんざいに表すときに発する語。うん。「—、そう」❷不満や軽視の気持ちを表すときに発する語。「—、ばかばかしい」

ふん〔接頭〕《動詞「ふ(踏)む」の連用形「ふみ」の音変化》動詞に付いて、その動作を荒々しく行う意を表す。「—じばる」「—だくる」「—づかまえる」

ぶん【分】❶分けられた部分。分けまえ。「これは私の—です」❷ある範囲の分量。区別されたもの。「あまった—をわける」❸その人の持っている身分や能力。身の程。分際。「—をわきまえる」「—を守る」「—に安んずる」「—に過ぎる」❹当然なすべきつとめ。本分。「学生は学問をその—とする」「己おのれの—を尽くす」❺物事の状態・様子・程度。「この—なら計画の実行は大丈夫だ」❻仮にそうであるとする状態。「行く—には差し支えあるまい」❼しな。ほう。「よい—のふだん着に着換えている」〈鴎外・阿部一族〉❽それだけのこと。だけ。「践足せんそくになります—のこと」〈鏡花・高野聖〉❾他の名詞につけて用いる。㋐それに相当するもの、それに見合うものの意を表す。「増加—」「苦労—」「五日—」㋑その身分に準じる意を表す。「私の兄貴—」㋒成分の意を表す。「アルコール—」㋓区切られた時間の意を表す。「夏—の水飴の様に、だらしがないが」〈漱石・坊っちゃん〉➡漢「ぶん(分)」
〔類語〕(❸)分際・分限・身の程・身分・ステータス/(❹)本分・務め・任・任務・責務・責任・使命・役目・役・役儀・職分

ぶん【文】❶文字で書かれたまとまった一連の言葉。文章。また、詩文。「巧みな—」「—をつづる」❷文法上の言語単位の一。一語またはそれ以上の語からなり、ひと区切りのまとまりある考えを示すもの。文字で書くときは、ふつう「。」(句点)でその終わりを示す。センテンス。❸学芸。学問。文事。「—武両道」⇔武。❹外見を美しくするための飾り。あや。もよう。「すなほなるを賤しくし、—を尊ぶ故に、人、—を学でいつはり多し」〈米沢本沙石集・一〇末〉➡漢「ぶん(文)」
〔類語〕センテンス・文章・散文・一文いちぶん・文言もんごん・編章・詞章・詞藻・文辞ぶんじ・文藻・文体・文面・章句

文は人なり 文章を見れば書き手の人となりがわかる。〔補説〕フランスの博物学者ビュフォンの言葉から。

文は武に勝まさる 筆の力のほうが剣の力よりすぐれている。〔補説〕英国のE=G=リットンの戯曲「リシリュー」から出た言葉。

文を属しょく・す 《「漢書」賈誼伝から》文章を書く。

ぶん〔接頭〕《接頭語「ぶち」の音変化》動詞に付いて、その動詞の示す動作・作用を強める意を表す。「—なぐる」「—なげる」

ぶん-あつ【分圧】混合気体の成分気体が、単独で全体積を占めると仮定したときの圧力。

ぶんあつ-の-ほうそく【分圧の法則】ハフソク ▶ドルトンの法則

ぶんあん【文安】室町中期、後花園天皇の時の年号。1444年2月5日〜1449年7月28日。

ぶん-あん【文案】❶文章の下書き。草案。また、文章の構想。「—を練る」❷机。几案。「—に向ひ札を勘へて」〈今昔・一三・三五〉
〔類語〕原稿・下書き・草案・草稿・稿

ふん-い【×忿×恚】〔名〕スル 怒ること。いきどおること。忿怒ふんぬ。瞋恚しんい。「人の不義を行う…猶能く—することあり」〈西周・明六雑誌九〉

ぶん-い【文位】ヰ 勲位に対して、普通の位階。正一位・従二位など。

ぶん-い【文意】文章の表現しようとしている趣旨。文章の意味。「—をつかむ」〔類語〕意味・意い・義ぎ・旨・論旨・主旨・趣旨・趣意・趣おもむき・こころ

ふんい-き【雰囲気】ヰ ❶天体、特に地球をとりまく空気。大気。❷その場やそこにいる人たちが自然に作り出している気分。また、ある人が周囲に感じさせる特別な気分。ムード。「家庭的な—の店」「職場の—を壊す」「—のある俳優」〔補説〕「ふいんき」と発音する人が増えているという調査結果がある。
〔類語〕空気・佇たたずまい・気分・気色・気配けはい・様子・におい・感じ・ムード・アトモスフィア

ぶん-いった【聞一多】[1899〜1946]中国の詩人・学者。湖北省浠水県の人。本名は聞亦多えきた、のち聞多。口語による詩の創作を始め、詩集「死水」は中国近代詩の代表。のち中国古典文学の研究に専念し、唐詩や詩経で斬新な解釈を示した。民主運動に活躍したために国民党の特務に暗殺された。ウエン=イートゥオ。

ふん-いん【分陰】わずか一分ぷんの光陰。きわめて短い時間。寸陰。「—を惜しむ」

ぶん-いん【分院】ヰン 病院などの、本院から分かれて設けられた施設。

ふん-うん【紛×紜】《連声れんじょうで「ふんぬん」とも》㊀〔名〕スル 物事の入り乱れていること。事がもつれること。また、その乱れ。もめごと。ごたごた。「徒らに事件を—させとる愚な芝居だと」〈滝井・無限抱擁〉㊁〔ト・タル〕図〔形動タリ〕物事が入り乱れるさま。「全欧の人心—として麻の如く」〈東海散士・佳人之奇遇〉㊂〔形動ナリ〕㊁に同じ。「—なる正当なり」〈正法眼蔵・夢中説夢〉

ぶん-うん【文運】文化・文明が発展しようとする気運。学問・芸術が盛んに行われるさま。「—隆盛」
〔類語〕文明・文化・文物・文華・人文・人知・文明・開化

ぶん-えい【分営】本営から分かれて設置された軍隊の駐屯地。

ぶんえい【文永】鎌倉中期、亀山天皇・後宇多天皇の時の年号。1264年2月28日〜1275年4月25日。

ぶんえい-せいかん【文英清韓】[?〜1621]江戸初期の臨済宗の僧。伊勢の人。東福寺・南禅寺に歴住。豊臣秀頼の依頼で作った方広寺大仏殿鐘銘に「国家安康」の文字を用い、徳川家康の怒りを受けた。

ぶんえい-の-えき【文永の役】文永11年(1274)中国元げんの大軍が来攻したときの戦い。元軍は対馬つしま・壱岐いきを、次いで博多付近に上陸したが、暴風雨によって引き上げた。元寇げんこう。➡弘安こうあんの役えき

ぶんえき-こさく【分益小作】▶刈り分け小作

ぶんえき-ろうと【分液漏斗】互いに混じり合わない2種の液体を分けて取り出すための漏斗。球状で、底を細く引き伸ばした形をし、間にコックが付いている。

ふん-えん【噴煙】火山活動により、火口から煙のように噴き上がる火山ガスや細粒の火山灰。

ふん-えん【憤怨|×忿×怨】ヱン 腹を立て、うらむこと。「一腔の—焔の如く燃え起りたる千々岩は」〈蘆花・不如帰〉

ぶん-えん【分煙】喫煙室を設けるなどして、非喫煙者がタバコの煙を吸わないで済むようにすること。

ぶん-えん【文園|文×苑】ヱン ❶文学者の世界。文林。文壇。❷文章を集めたもの。文集。

ぶんえんえいが【文苑英華】ブンヱンエイグワ 中国の詩文集。1000巻。宋の太宗の命をうけて982年、李昉りぼう・宋白らが編纂へんさん。「文選もんぜん」の体裁にならい、梁末から唐代までの名詩文を文体ごとに集めたもの。

ぶんえん-かく【文淵閣】中国、明・清代の宮中にあった蔵書の殿閣。清代には、「四庫全書」「古今図書集成」を収めた。

ぶん-おう【文王】ワウ 中国古代、殷いん末の周の王。姓は姫、名は昌。武王の父。有能な人材を集め、徳治を心がけて、周王朝の基礎をつくった。後世、儒家から理想の君主とみなされる。生没年未詳。ぶんのう。

ぶんおう【文応】鎌倉中期、亀山天皇の時の年号。1260年4月13日〜1261年2月20日。

ふん-か【噴火】クワ〔名〕スル 火口から溶岩・火山弾・火山灰・火山ガスなどが噴出すること。「三〇〇年ぶりに—する」

ふん-が【粉芽】地衣類の無性生殖器官。地衣体表面に生じ、菌糸と藻類細胞とがからまりあったもので、粉状をし、風などで飛散する。

ぶん-か【分化】クワ〔名〕スル ❶単一なものが進歩・発展するにつれて複雑に分かれていくこと。細分化。❷社会事象が単純なものから複雑なものへと分かれ、組織などが分岐発展すること。❸生物の細胞・組織・器官の形態や機能が特殊化し、特異性が確立していくこと。

ぶん-か【分火】クワ〔名〕スル ❶おおもとの灯火ともしびを分けて別の場所でともすこと。また、その分けた灯火。「平和の灯が全国に—される」❷(比喩的に)人々がある思想や行為に共感し、それが世間に広がること。「厳しい世の中を照らすささやかな善意が—され大きな動きになる」

ぶん-か【分科】クワ 科目を分けること。また、その分けられた科目。「数学の一—としての幾何」

ぶん-か【分課】クワ〔名〕スル 仕事を分担する都合上、いくつかの課に分けること。また、その課。「商業に関する諸事を—して」〈渋沢栄一・立会略則〉

ぶん-か【文化】クワ ❶人間の生活様式の全体。人類がみずからの手で築き上げてきた有形・無形の成果の総体。それぞれの民族・地域・社会に固有の文化があり、学習によって伝習されるとともに、相互の交流によって発展してきた。カルチュア。「日本の—」「東西の—の交流」❷❶のうち、特に、哲学・芸術・科学・宗教などの精神的活動、およびその所産。物質的所産は文明とよび、文化と区別される。❸世の中

が開けて生活内容が高まること。文明開化。多く他の語の上に付いて、便利・モダン・新式などの意を表す。「一住宅」(類語)文明・文物・人文・人知・文運・文華・開化・シビリゼーション

(用法)文化・文明――「文化」は民族や社会の風習・伝統・思考方法・価値観などの総称で、世代を通じて伝承されていくものを意味する。◆「文明」は人間の知恵が進み、技術が進歩して、生活が便利に快適になる面に重点がある。◆「文化」と「文明」の使い分けは、「文化」が各時代にわたって広範囲で、精神的所産を重視しているのに対し、「文明」は時代・地域とも限定され、経済・技術の進歩に重きを置くというのが一応の目安である。「中国文化」というと古代から現代までだが、「黄河文明」というと古代に黄河流域に発達した文化に限られる。「西洋文化」は古代から現代にいたるヨーロッパ文化をいうが、「西洋文明」は特に西洋近代の機械文明に限っていうことがある。◆「文化」のほうが広く使われ、「文化住宅」「文化生活」「文化包丁」などでは便利・新式の意となる。

ぶんか【文化】ブンクヮ 江戸後期、光格天皇・仁孝天皇の時の年号。1804年2月11日～1818年4月22日。

ぶん-か【文科】ブンクヮ ❶数学・自然科学以外の学問分野。人文科学・社会科学の分野。(対)理科。❷大学などで、❶の分野を研究・教育する部門。(対)理科。
(類語)人文科学・社会科学

ぶん-か【文華】ブンクヮ ❶文明のはなやかであること。「従来の美術の次第におとろえ、英国の―を以ても、またミルトンをいださざるべく〈逍遥・小説神髄〉」❷詩文の華麗なこと。また、その作品。「今日の―は皆ことごとくに金なり〈菅家後集〉」(類語)文明・文化・文物・人文・人知・文運・シビリゼーション

ぶん-が【文雅】〔名・形動〕❶詩文を作ったり、文事に親しんだりする風雅の道。「過ぎ去った時代の―を思起さずには居られない〈荷風・濹東綺譚〉」❷趣味が洗練されていて、上品なこと。風流なこと。また、そのさま。「―の士」「―な集まり」

ふん-がい【憤慨】〔名〕スル ひどく腹を立てること。慷慨。「身勝手なふるまいに―する」
(類語)憤激・痛憤・立腹・激怒・激昂・憤り・怒り・腹立ち・憤懣・憤怒・憤怒・慨嘆

ぶんかい【分会】ブンクヮイ 本部の統括の下に、地域や職場などを単位にして設けられた会。

ぶんかい【分界】〔名〕スル 境目をつけて分けること。また、その境目。境界。「山脈が両地域を―する」
(類語)境・境界・境界線・区画・仕切り・境目・際・分かれ目・臨界・閾・ボーダーライン

ぶん-かい【分解】〔名〕スル ❶一つに結合しているものを、要素や部分に分けること。また、分かれること。「時計を―する」「空中―」「―掃除」❷数学で、考察の対象をより簡単な対象に分けること。「因数に―する」❸化合物が、化学変化により、2種以上の単体や基礎的な化合物に分かれること。「水を酸素と水素に―する」「電気―」❹力・速度などのベクトルで表される量を、その成分に分けること。
(類語)分裂・分離・解体・遊離

ぶん-かい【文界】文壇。文学界。

ぶん-がい【分外】ブングヮイ〔名・形動〕❶身分や分限を越えていること。分に過ぎること。また、そのさま。過分。「―な望みをいだく」❷思いのほかであること。また、そのさま。「―に多い」(類語)過分

ぶんか-いさん【文化遺産】ブンクヮヰサン ❶前代から現代に伝わってきた、また、将来継承されるべき文化・文化財。❷世界遺産の分類の一つ。世界文化遺産。➡世界遺産

ぶんかいさんこくさいきょうりょくすいしん-ほう【文化遺産国際協力推進法】ブンクヮヰサンコクサイケフリョクスイシンハフ《「海外の文化遺産の保護に係る国際的な協力の推進に関する法律」の通称》海外の文化遺産を保護するための国際的な取り組みに日本が積極的に参加することを定めた法律。日本の知識・技術を活かし、国際貢献を図ることが目的。平成18年(2006)施行。

ぶんかい-しゃ【分解者】生態系で、植物・動物の死体や排出物を分解して無機化合物に戻し、物質循環を促す生物。➡生産者❷ ➡消費者❷

ぶんかい-のう【分解能】器械・装置などで、物理量を識別できる能力。望遠鏡・顕微鏡では、見分けられる二点間の最小距離または視角。分光器では、近接する2本のスペクトル線を分離できる度合い。

ぶんか-えいが【文化映画】ブンクヮエイグヮ 劇映画に対して、人々の知識や教養を高めるのを目的として作られた映画。教育映画・科学映画など。

ぶんか-かい【分科会】ブンクヮクヮイ 大きな会議などで、その会議で取り上げられた事項に応じて、分野ごとに専門的に研究・討議を行う小会議。

ぶんか-かがく【文化科学】ブンクヮクヮガク《(ドイツ) Kulturwissenschaft》リッケルトの用語。事物の反復しない1回的個別性を超越的な価値に基づいて選択し記述する科学。対象の一般性を明らかにして法則を定立する自然科学に対していう。

ぶんかかがく-きゅうでん【文化科学宮殿】ブンクヮクヮガク《Pałac Kultury i Nauki》ポーランドの首都ワルシャワにある高層ビル。高さ237メートル。内部に劇場、会議場、オフィス、博物館などがある。ソ連のスターリンからポーランド市民への贈り物という形で、1952年に建設が開始され、55年に完成した。社会主義リアリズムを建築分野で体現した、スターリンゴシック様式と呼ばれる摩天楼の一。略称はPKiN(プキン)。

ぶんかがくえん-だいがく【文化学園大学】ブンクヮガクヱン 東京都渋谷区に本部のある私立大学。大正12年(1923)に創立された文化学園を基盤として、昭和39年(1964)に文化女子大学として開学。平成23年(2011)現校名に改称。

ぶんか-かくめい【文化革命】ブンクヮカクメイ 政治革命に関連して、思想・行動・意識の変革を目ざす運動。中国の文化大革命がその例。

ぶんか-かち【文化価値】ブンクヮカチ ❶ある物が文化財としてもっている価値。❷《(ドイツ) Kulturwert》リッケルトらの用語。真・善・美・聖・幸福などのように先験的で普遍妥当的な価値。

ぶん-かく【分画｜分×劃】ブンクヮク・ブンワク〔名〕スル ❶分割して区画すること。また、分けたそれぞれの区画。❷混合物を、構成する成分に分けること。また、分けたそれぞれの成分。画分。「血漿―製剤」

ぶん-がく【文学】《❻が原義》❶思想や感情を、言語で表現した芸術作品。詩歌・小説・戯曲・随筆・評論など。文芸。「日記―」「外国―」❷詩歌・小説・戯

漢字項目 ふん

【分】▶ぶん

×**刎** (音)フン(慣) (訓)はねる ‖ 首をはねる。「刎頸ふんけい・刎死/自刎」

人**吻** (音)フン(慣) ‖ くちさき。くちびる。「吻合/口吻・黄吻・接吻」

×**扮** (音)フン(慣) ‖ 本来とは違った姿に装う。「扮飾・扮装」

×**忿** (音)フン(呉)(漢) (訓)いかる、いかり ‖ かっと腹を立てる。「忿然・忿怒ふんぬ・ふんど・忿懣ふんまん/小忿」

粉 (学)4 (音)**フン**(呉)(漢) (訓)**こ、こな** ‖ ㊀〈フン〉①物を細かく砕いたもの。こな。「粉状・粉食・粉塵ふんじん・粉末/花粉・魚粉・金粉・胡粉ごふん・骨粉・受粉・製粉・鉄粉・澱粉でんぷん」②砕いてこなごなにする。「粉砕・粉骨砕身」③おしろい。「粉飾・粉黛ふんたい/紅粉・脂粉」㊁〈こ〉「汁粉・紅粉べにこ・片栗粉かたくりこ・小麦粉」㊂〈こな〉「粉薬・粉雪」(難読)白粉おしろい・糝粉しんこ・米粉ビーフン

紛 (音)**フン**(呉)(漢) (訓)**まぎれる、まぎらす、まぎらわす、まぎらわしい**、まがう ‖ ①ごたごたと入り乱れる。物事がもつれる。「紛糾・紛争・紛紛/内紛・繽紛ひんぷん」②入りまじってわからなくなる。「紛失」(名付)お・もろ (難読)気紛きまぐれ

人**焚** (音)フン(漢) (訓)たく ‖ 焼く。燃やす。「焚刑・焚殺・焚書」(難読)焚火たきび

雰 (音)**フン**(呉)(漢) ‖ もやもやとした大気。「雰囲気」(補説)「氛ふん」と通用する。

噴 (音)**フン**(慣) (訓)**ふく** ‖ 内部から外にふき出す。「噴煙・噴火・噴射・噴出・噴水/自噴」

墳 (音)**フン**(漢) ‖ ①盛り上がった土。堤や丘。「丘墳」②土を盛り上げて造った墓。「墳墓/円墳・古墳」

憤 (音)**フン**(漢) (訓)**いきどおる** ‖ ①いきどおる。いきどおり。「憤慨・憤激・憤然・憤怒ふんぬ・ふんど・憤懣ふんまん/鬱憤うっぷん・義憤・私憤・痛憤・悲憤」②ふるい立つ。「感憤・発憤」

奮 (学)6 (音)**フン**(呉)(漢) (訓)**ふるう** ‖ ふるい立つ。気力をふるう。「奮起・奮迅・奮戦・奮発/感奮・興奮・発奮」

×**糞** (音)フン(呉)(漢) (訓)くそ ‖ ㊀〈フン〉①大便。くそ。「糞尿・糞便/牛糞・鶏糞・人糞・脱糞・馬糞ばふん」②きたないもの。「糞土」㊁〈くそ(ぐそ)〉「糞度胸/鼻糞・馬糞まぐそ」(難読)猫糞ねこばば

漢字項目 ぶん

分 (学)2 (音)**ブン**(呉) **フン**(漢) **ブ**(慣) (訓)**わける、わかれる、わかる、わかつ** ‖ ㊀〈ブン〉①全体をいくつかにわける。別にする。別々になる。「分解・分散・分譲・分担・分配・分布・分離・分類・分裂/案分・区分・細分・等分・配分」②全体からわかれた一部。全体を構成する一部。「分家・分校・分身/水分・成分・部分・養分」③わかれ目。時間の区切り。「時分・秋分・春分・節分」④各人にわけ与えられたもの。性質・身分・責任など。「分限・分際/応分・過分・士分・自分・性分しょうぶん・職分・随分・天分・本分・身分・名分」⑤物事の程度や状態。「分量/気分・十分・寸分・存分・多分・大分・余分」⑥見わける。わかる。「分明ぶんめい・ぶんみょう/検分」㊁〈フン〉①見わける。わかる。「分別」②重さ・時間などの単位。「分針・分速・分銅」③短い時間。わずか。「分陰・分秒」㊂〈ブ〉①物事の程度。「大分」②割合・長さ・重さなどの単位。「九分九厘・五分五分」(名付)くまり・ちか・わか (難読)分葱わけぎ

文 (学)1 (音)**ブン**(漢) **モン**(呉) (訓)**ふみ**、あや ‖ ㊀〈ブン〉①模様。あや。飾り。「文質・文飾・文身ぶんしん」②言葉を写す記号。文字。「籀文ちゅうぶん・篆文てんぶん・甲骨文」③文字で書き記したもの。言葉・文章・手紙・書物など。「文案・文意・文学・文芸・文献・文庫・文才・文書・文通・文面/悪文・案文・韻文・漢文・原文・構文・作文・散文・詩文・序文・条文・拙文・全文・短文・売文・美文・名文・訳文・例文・論文」④学問・芸術・教養など。「文化・文官・文教・文人・文武・文物/人文」⑤「文学」「文科」などの略。「文博/国文」㊁〈モン〉①あや。「文様/衣文えもん・地文じもん・縄文・天文・斑文はんもん・無文」②文字。「説文」③言葉。文章。「文句・文言もんごん/願文・経文・祭文・呪文じゅもん・証文・誓文・注文・本文・古文書こもんじょ」④昔の貨幣や、足袋などの大きさの単位。「文数/一文銭・二束三文」(補説)㊁の①は「紋」と通用する。㊂〈ふみ(ぶみ)〉「恋文・矢文」(名付)あき・いと・とも・のぶ・のり・ひさ・ひとし・ふむ・み・や・やす・ゆき・よし (難読)文色あいろ・文目あやめ・文身いれずみ・倭文しず・文月ふづき・文机ふづくえ

▽**蚊** (音)ブン(漢) (訓)**か** ‖ ㊀〈ブン〉昆虫の名。カ。「蚊虻ぶんぼう・蚊雷/飛蚊症」㊁〈か〉「蚊柱/家蚊」(難読)蚊帳かや

聞 (学)2 (音)**ブン**(漢) **モン**(呉) (訓)**きく、きこえる** ‖ ㊀〈ブン〉①きく。きこえる。「聞知/寡聞・外聞・見聞・上聞・仄聞そくぶん・他聞・伝聞・内聞・博聞・百聞」②評判。うわさ。「異聞・艶聞えんぶん・旧聞・醜聞・新聞・風聞・名聞」③においをかぐ。「聞香」㊁〈モン〉①きく。「声聞しょうもん・奏聞・相聞・聴聞・前代未聞」②うわさ。「名聞みょうもん」(名付)ひろ (難読)聞説きくならく・聞道きくならく

曲など文学作品を研究する学問。❸自然科学・社会科学以外の学問。文芸学・哲学・史学・言語学など。「一部」❹律令制で、有品の親王に経書を講授した官吏の職名。❺江戸時代の諸藩の儒官。❻学芸。学問。「国に一盛んなれば、花の色を増し」〈謡・老松〉〔類語〕文芸・詩歌・小説・戯曲・評論・創作

ぶんがく-かい【文学界】❶芸術の世界で、文学にかかわる分野。❷文学にたずさわる人たちの社会。文壇。文界。◆書名別項。

ぶんがくかい【文学界】㊀文芸雑誌。明治26年(1893)1月、「女学雑誌」から分立して創刊、同31年1月廃刊。戸川秋骨・北村透谷・島崎藤村・馬場孤蝶・上田敏らを同人として、前期浪漫主義文学運動を推進した。㊁文芸雑誌。昭和8年(1933)10月、小林秀雄・林房雄・川端康成・武田麟太郎らを同人として創刊。休・再刊などを経て、同24年から文芸春秋新社(のち文芸春秋)発行の商業文芸誌となる。

ぶんがく-かくめい【文学革命】辛亥(しんがい)革命後の中国で、旧来の文語文(古文)を捨てて口語文(白話)を使用することを提唱した文学上の運動。儒教道徳への批判を根底に含み、1917年に発表された胡適(こてき)の「文学改良芻議(すうぎ)」、陳独秀の「文学革命論」によって推進され、1918年には口語文で書かれた魯迅(ろじん)の小説「狂人日記」によってその成果が示された。⇒白話文学

ぶんがく-ざ【文学座】昭和12年(1937)岸田国士・岩田豊雄・久保田万太郎を幹事に結成された劇団。政治性を排し、芸術至上主義的な姿勢をとった。第二次大戦後は森本薫の「女の一生」などの創作劇から翻訳劇まで上演し、杉村春子を中心として活動を続ける。

ぶんがく-し【文学史】文学の歴史。また、それを研究する学問やそれを記述したもの。

ぶんがく-しゃ【文学者】❶文学作品を作る人。作家・詩人など。❷文学を研究する人。
〔類語〕作家・小説家・文士・文豪・文人

ぶんがく-しょう【文学賞】ーシヤウ 優れた文学作品に与える賞。日本では芥川賞、直木賞など、海外ではノーベル賞やピュリッツァー賞の文学部門などがある。⇒表

ぶんがく-せいねん【文学青年】❶文学を愛好し、作家を志す青年。❷文弱で、実際的なことにうとい青年を軽んじていう語。「青白き一」

ぶんがく-てき【文学的】〔形動〕❶文学にかかわるさま。「一な才能」❷文芸作品にみられるような趣があるさま。「一な味わいのある庭園」

ぶんがく-ろん【文学論】❶文学作品の性質や文学の本質に関する理論。❷文学に関する議論。「一を戦わせる」

ぶんか-くんしょう【文化勲章】ブンクワクンシヤウ 学問・芸術など文化の向上・発展に多大な貢献をなした人に授与される勲章。昭和12年(1937)に制定。橘(たちばな)に勾玉(まがたま)を配した形で、綬(じゅ)(リボン)は淡紫色。文化勲章の受章者は原則として文化功労者の中から選考される。

ふんかけいかい-レベル【噴火警戒レベル】フンクワケイカイ 気象庁が発表する気象統計情報の一つで、火山活動の状況を示す指標。周辺住民や登山者に向けて、危険が及ぶ範囲や必要な防災対策に応じて、レベル1(平常)・レベル2(火口周辺規制)・レベル3(入山規制)・レベル4(避難準備)・レベル5(避難)の5段階で警戒を呼びかける。〔補説〕防災対策が必要な火山について、平成19年(2007)から順次導入されている。有珠(うす)山・浅間山・富士山・三宅島・雲仙岳・桜島など29の火山が対象(平成24年7月現在)。

ぶんかげいじゅつしんこう-きほんほう【文化芸術振興基本法】ブンクワゲイジユツシンコウキホンハフ 文化・芸術の振興に関する基本的な理念・施策について定めた法律。平成13年(2001)制定。国・地方自治体は、文化芸術活動を行う者の自主性を十分に尊重しながら、文化芸術の振興に関する施策を実施する責務を有するとしている。

ぶんか-けん【文化圏】ブンクワー 宗教・風俗・習慣などに一致あるいは類似した特徴をもつ地域。

ふんか-こう【噴火口】フンクワー 火山が噴出物を噴き出す口。火口。〔類語〕火口

ぶんか-こうろうしゃ【文化功労者】ブンクワコウラウシヤ 学問・芸術上の業績を通じて文化の向上・発展に大きく貢献したと政府が認めた者を顕彰する制度。終身年金が支給される。昭和26年(1951)に文化功労者年金法により創設された。毎年1回、選考審議会が選んだ中から文部科学大臣が決定する。

ぶんか-こっか【文化国家】ブンクワコクカ 警察国家・法治国家などの理念に対して、文化の発展・向上を指導理念とする国家。19世紀中葉のドイツで成立した国家理念。

ぶんか-さい【文化祭】ブンクワー 大学や高校・中学などで学生・生徒が主体となって、展示・講演・音楽・演劇などを催す行事。

ぶんか-ざい【文化財】ブンクワー ❶文化活動の結果として生み出されたもので、文化的価値を有するもの。❷文化財保護法で、保護の対象とされるもの。有形文化財・無形文化財・民俗文化財・記念物・伝統的建造物群の5種がある。

ぶんかざい-けんきゅうじょ【文化財研究所】ブンクワザイケンキウジヨ 文化財の保存・研究などを行った文化庁所管の独立行政法人。平成13年(2001)、東京国立文化財研究所と奈良国立文化財研究所を統合して発足。同19年に国立博物館と統合し、国立文化財機構に移行。

ぶんかざい-ぶ【文化財部】ブンクワザイー 文化財の保護・活用・調査・研究を行う文化庁の部門。昭和25年(1950)に文部省の外局として文化財保護委員会が設置され、同43年文化庁設置の際に改組されて文化財保護部と改称。さらに平成13年(2001)、現在の名称に改称。

ぶんかざいふほうゆしゅつにゅうとう-きんしじょうやく【文化財不法輸出入等禁止条約】ブンクワザイフハフユシユツニユウトウキンシデウヤク《文化財の不法な輸入、輸出及び所有権移転を禁止し及び防止する手段に関する条約》の通称》文化遺産の保護に関する国際条約の一つ。他の締約国の博物館等から盗まれた美術品や発掘品などの文化財の輸入禁止、原産国への返還・回復、自国文化財の輸出規制などを定めている。1970年にユネスコ総会で採択。日本は平成14年(2002)に批准。ユネスコ条約。

ぶんかざいほご-いいんかい【文化財保護委員会】ブンクワザイホゴヰインクワイ 昭和25年(1950)に文部省の外局として設置された、文化財の保護・活用・調査・研究を行った委員会。⇒文化財部

ぶんかざいほご-ほう【文化財保護法】ブンクワザイホゴハフ 文化財の保護とその活用を図り、国民の文化的向上に資することを目的とする法律。昭和25年(1950)施行。従来の国宝保存法・重要美術品等の保存に関する法律・史跡名勝天然記念物保存法などを統合。

ぶんか-し【文化史】ブンクワー 学問・芸術・文学・思想・宗教・風俗・制度など、人間の文化的活動の所産について包括的に記述した歴史。政治史・経済史などと区別していう。

ぶんか-しせつ【文化使節】ブンクワー 文化の交流や宣伝を目的として外国に派遣または外国から招聘する使節。学者・芸術家などが多い。

ぶんか-しゃかいがく【文化社会学】ブンクワシヤクワイガク 文化を対象とする社会学。第一次大戦後のドイツで形式社会学を批判しておこったもので、社会現象の内容としての文化を研究対象とする。

ぶんか-じゅうたく【文化住宅】ブンクワヂユウタク ❶応接室や玄関にドアをとり入れた和洋折衷の住宅。大正から昭和初年にかけて流行した。❷多く関西地方にある木造2階建ての棟割りアパートをいう俗称。

ぶんかしゅうれいしゅう【文華秀麗集】ブンクワシウレイシフ 平安前期の勅撰漢詩集。3巻。嵯峨(さが)天皇の命により、藤原冬嗣(ふゆつぐ)が仲雄王(なかおおう)・菅原清公・滋野貞主らと撰進。弘仁9年(818)成立。「凌雲集」に漏れたものやその後の作など、28人の詩140余首を収める。

ぶんか-しゅぎ【文化主義】ブンクワー 文化の向上・発達、文化価値の実現を人間生活の最高目的とする立場・主張。ドイツの新カント学派の影響を受けて、日本で大正時代に形成された主張。

ぶんか-じん【文化人】ブンクワー 文化的教養を身につけている人。特に、学問や芸術に関係する職業の人。

ぶんか-しんぎかい【文化審議会】ブンクワシンギクワイ 文部科学大臣および文化庁長官の諮問に応じて、国語や著作権、その他文化について調査・審議し、政府に建議する機関。文化財の指定と保護、文化功労者の選定などを行う。平成13年(2001)に国語審議会・著作権審議会・文化財保護審議会・文化功労者選考審査会を統合して成立。

ぶんか-じんるいがく【文化人類学】ブンクワー 人類の社会・文化の側面を研究する学問。生活様式・言語・習慣・ものの考え方などを比較研究し、人類共通の法則性を見い出そうとするもの。

ぶんか-すいじゅん【文化水準】ブンクワー 文化の程度。特に、ある地域・社会の文化の総体的なレベル。

ぶんか-せいかつ【文化生活】ブンクワセイクワツ 現代の新しい生活用品を利用して営まれる合理的な生活様式。

ふん-かせき【×糞化石】フンクワセキ グアノ。また、糞石。

ぶんか-だいがく【分科大学】ブンクワー 旧制の帝国大学を構成した各部門。法科大学・文科大学・理科大学・工科大学・農科大学・医科大学の6種があったが、大正8年(1919)学部と改称。

ぶんか-だいかくめい【文化大革命】ブンクワー 1966〜69年に中華人民共和国で、大衆を動員して行われた政治闘争。毛沢東自身が主導し、直接紅衛兵を動員して、既成の一切の価値を変革すると唱したが、劉少奇を代表とする党・政府機関および学界の実権派からの奪権闘争でもあった。多くの知識人が投獄・殺害され、文闘は武闘に発展、一般にも多くの死者を出してその後の中国社会に深刻な傷を残した。80年代以降「重大な歴史的誤り」として全面否定。正式名プロレタリア文化大革命。文革。

ぶんかたようせい-じょうやく【文化多様性条約】ブンクワタヤウセイデウヤク 各国が固有の文化を保護育成する政策を取ることを認める条約。市場原理とは異なる文化的価値を認め、経済的価値との調整を求める。2005年ユネスコ総会で採択。

ぶんか-だんたい【文化団体】ブンクワー 文化的活動を目的とする団体。広義には学会や宗教団体も含む。

ぶんか-ちょう【文化庁】ブンクワチヤウ 文部科学省の外局。文化芸術の振興・普及、文化財の保存・活用、宗教に関する行政事務などを行う。昭和43年(1968)文部省文化局と文化財保護委員会を統合して設置。

ぶん-かつ【分割】〔名〕スル ❶いくつかに分けること。「土地を一して分け与える」❷数学で、一つの集合を、共通の要素をもたないいくつかの部分集合に分けること。〔類語〕(❶)区分・区分け・小分け・分節・案分・配分・均分・等分・二分・両分・三分・分離

ぶん-かつ【分轄】〔名〕スル いくつかに分けて管轄すること。「領土を一する」

ぶんかつ-そうぞく【分割相続】ーサウゾク 相続人が二人以上いる共同相続の場合に、遺産を相続分に応じて分割し相続すること。また、その形態。

ぶんかつ-そっこう【分割測光】ーソククワウ ▶多分割測光

ぶんかつ-とうち【分割統治】支配者が被支配者の間にある民族的、宗教的、経済的利害の対立をあおり立てて、互いに分裂・抗争させることで統治の安定をはかる政策。植民地統治によく用いられた。

ぶんかつ-ばらい【分割払い】ーばらひ 代金を2回以上に分けて支払うこと。⇔一時払い。〔類語〕割賦・賦払い・分納・月賦・月払い・月割り・年賦・年払い・リボ払い

ぶんか-てき【文化的】ブンクワー〔形動〕❶文化に関係のあるさま。「一な施設」❷近代文化の要求にあうさま。「健康で一な生活」

ぶんかてき-けいかん【文化的景観】ブンクワテキケイクワン その地域の自然と人々の暮らしが交じり合うことでつくり上げられた景観。⇒重要文化的景観〔補説〕文化財保

護法では、「地域における人々の生活又は生業及び当該地域の風土により形成された景観地で我が国民の生活又は生業の理解のため欠くことのできないもの」と定義されている。

ぶんか-てつがく【文化哲学】ブンクワ《ドイツ Kulturphilosophie》文化科学の諸原理について考察する哲学。文化の本質や成立要因を明らかにするために、その構造や発展法則などを研究対象とする。新カント学派のリッケルトらによって形成された。

ぶんか-とうそう【文化闘争】ブンクワトウサウ ❶《ドイツ Kulturkampf》普仏戦争後、ドイツ帝国でビスマルクが行ったカトリック教徒抑圧政策。実質的にはカトリック政党である中央党に結集した反プロイセン勢力を弾圧しようとしたもの。❷階級闘争の一側面で、文化の諸問題をめぐって行われる闘争。

ぶんか-なべ【文化鍋】ブンクワ 両手鍋の一。厚みがあり、重さのあるふたがついていて、飯を炊くのに向く。

ぶんか-の-ひ【文化の日】ブンクワ 国民の祝日の一。11月3日。自由と平和を愛し、文化をすすめる日。新憲法公布の日、また、もとの明治節にあたる。文化勲章の授与などの行事が行われる。(季 秋)「一トしぐれありし一なりけり/万太郎」

ぶんかファッション-だいがくいんだいがく【文化ファッション大学院大学】ブンクワファッションダイガクインダイガク 東京都渋谷区にある大学院大学。平成18年(2006)の開学。

ぶんかぶんせい-じだい【文化文政時代】ブンクワブンセイ 徳川11代将軍家斉いえなりの治世下、特に文化・文政年間(1804〜1830)を中心とした時代。江戸を中心に町人文化が栄えた。化政時代。大御所時代。➡化政文化

ぶんか-ほうそう【文化放送】ブンクワハウソウ ㊀東京都港区にある関東地方を放送範囲とするAMラジオ局。昭和26年(1951)にカトリック教会が設立し同31年に株式会社化。フジメディアホールディングスの株主で同グループと関係が深く、グループ内同業のニッポン放送とNRNのキー局を務める。周波数は1134キロヘルツ。コールサインJOQRから、QRとも。㊁大韓民国のテレビ・ラジオ兼営放送局。1961年にラジオ放送を、66年にテレビ放送を開始。民間放送だが、政府系機関が株式を保有するため半官半民の経営となっている。ムンファ-バンソン。MBC(Munhwa Broadcasting Corporation)。➡韓国放送公社 ➡SBS

ぶんか-ぼうちょう【文化包丁】ブンクワバウチヤウ 一般的な家庭で使用しやすいよう、肉・魚・野菜などさまざまな食材が扱えるようにした包丁。万能包丁。

ぶんか-むら【文化村】ブンクワ 洋風または和洋折衷の、しゃれた外観の住宅の建ち並んだ地域。また、文化人が多く集まって生活している地域。

ブンガワン-ソロ〖Bengawan Solo〗インドネシアのジャワ島を流れるソロ川のこと。

ぶん-かん【分館】ブンクワン 本館から分かれて設けられた建物・下部組織。「公民館の一」

ぶん-かん【文官】ブンクワン 武官以外の官吏の旧称。軍事以外の行政事務を取り扱う官吏。㊫武官。

ぶんかんしりん【文館詞林】ブンクワンシリン 中国の詩文集。1000巻。唐の高宗の勅により658年に許敬宗が編纂へんさん。漢代から唐代初期までの詩文を集めた。

ぶんかん-にんようれい【文官任用令】ブンクワン― 一般文官の任用資格に関する勅令。明治26年(1893)公布。同32年、政党勢力の官界進出を阻止しようとする第二次山県内閣によって改正、自由任用が制限された。大正期の山本内閣は再改正し、再び自由任用の範囲を拡大。第二次大戦後に廃止。

ぶんかん-ぶんげんれい【文官分限令】ブンクワン― 一般文官の身分および職務の保障を規定した勅令。明治32年(1899)公布。政党勢力の伸張に伴い改正が行われ、第二次大戦後に廃止。

ふん-き【噴気】蒸気やガスを噴き出すこと。また、その噴き出したもの。

ふん-き【奮起】〔名〕スル ふるいたつこと。勇気・元気をふるい起こすこと。「大いに一して勉強する」
(類語)発奮・奮発・奮励

ふん-ぎ【紛議】もつれてごたついた議論。

ぶん-き【分岐】〔名〕スル 行く先が別々に分かれること。ふたまたになること。「道がここで一する」

ぶんき【文亀】室町後期、後柏原天皇の時の年号。1501年2月29日〜1504年2月30日。

ぶん-ぎ【文義】文章の意義。文意。

ふんき-こう【噴気孔|噴気口】❶火山で、ガスや水蒸気を噴出する穴。水蒸気孔・硫気孔など。❷ロケットやジェットのエンジンで、爆発させたガスを噴出する穴。

ぶんき-てん【分岐点】❶道路・線路などが二つ以上の方向に分かれる地点。「鉄道の一」❷物事がどうなるかの分かれ目。「人生の一に立つ」
(類語)岐路・一転機・曲がり角・分かれ目・転機

ぶんき-ばく【分岐×瀑】水の落ち方から見た滝の分類の一。途中の岩に当たって、分かれて流れ落ちる滝。

ふん-きゅう【紛糾】フンキウ〔名〕スル 意見や主張などが対立してもつれること。ごたごた。紛乱。「予算委員会が一する」(類語)紛擾ふんじょう・紛争・混乱

ふん-きゅう【墳丘】フンキウ 人を葬るためなどに土を積み上げてつくった丘。

ぶん-きゅう【分級】ブンキフ〔名〕スル 大きさの異なる粒子を、流体中で沈降速度の差を利用して分けること。

ぶんきゅう【文久】ブンキウ 江戸末期、孝明天皇の時の年号。1861年2月19日〜1864年2月20日。

ぶんきゅう-えいほう【文久永宝】ブンキウ― 江戸幕府が文久3年(1863)に鋳造した銅銭。文久銭。文久四文銭。

ぶんきゅう-しんぶん【文久新聞】ブンキウ― 官板バタビヤ新聞の異称。

ぶんきゅう-せん【文久銭】ブンキウ― 文久永宝の通称。

ぶんきょう【文京】ブンキヤウ 東京都の区名。昭和22年(1947)本郷・小石川2区が合併して成立。東京大学・お茶の水女子大学など学校が多い。人口20.7万(2010)。

ぶん-きょう【文教】ブンケウ ❶学問や教育によって人心を導くこと。教育。「一の実を上げる」❷文化・教育に関すること。主として行政機関で用いる。「一予算」「一政策」「一施設」(類語)教育・教化・徳化・醇化じゅんか・訓育・薫育・教学

ぶん-ぎょう【分暁】ブンゲウ〔名・形動〕スル ❶夜が明けること。また、夜明け。❷明らかに悟ること。「この道理の原因を一せざるもの、なお数多あまたあるべし」〈中村訳・自由之理〉❸明らかであること。また、そのさま。「神経の功用を論ずる説、甚だ混淆こんこうして一ならず」〈中村訳・西国立志編〉

ぶん-ぎょう【分業】ブンゲフ〔名〕スル ❶手分けして仕事をすること。「時間がないので一して進める」❷㋐生産の全工程を分割し、異なった労働者によって分担されること。個別的分業。㋑社会的総労働が各産業部門に分割・専門化されること。社会的分業。
(類語)分担・分掌・手分け

ぶん-ぎょう【文業】ブンゲフ 学問的な仕事。また、文学上の業績。文事。

ぶんきょうがくいん-だいがく【文京学院大学】ブンキヤウガクヰン― 東京都文京区に本部がある私立大学。平成3年(1991)に文京女子大学として開学。同14年に現校名に改称、同17年に男女共学制となった。

ぶんきょう-く【文京区】ブンキヤウ― ▶文京

ぶん-きょうじょう【分教場】ブンケウヂヤウ 辺地など、本校から離れた所に住む児童・生徒のために設けられた小規模の教場。分校。

ぶんきょう-だいがく【文教大学】ブンケウ― 埼玉県越谷市などにある私立大学。昭和41年(1966)に立正女子大学として開学。同51年に現校名に改称され、翌年に男女共学となった。

ぶんきょう-ちく【文教地区】ブンケウ― 学校・図書館などの文教施設が多く集まっている地区。都市計画法に定められ、文教上好ましくない施設や工場建設は規制される。

ぶんきょう-の-ふ【文教の府】ブンケウ― 文教をつかさどる官庁。文部科学省のこと。

[文学賞] 作家の名を冠した主な文学賞		
名称	対象	創設
芥川竜之介賞	新人作家の小説	昭和10年(1935)
泉鏡花文学賞	文芸作品の単行本	昭和48年(1973)
江戸川乱歩賞	推理小説	昭和30年(1955)
大仏次郎賞	散文作品	昭和48年(1973)
川端康成文学賞	短編小説	昭和49年(1974)
谷崎潤一郎賞	文学作品	昭和40年(1965)
直木三十五賞	大衆文学	昭和10年(1935)
三島由紀夫賞	小説・評論・詩歌・戯曲	昭和63年(1988)
山本周五郎賞	物語性のある小説	昭和63年(1988)
吉川英治文学賞	大衆小説	昭和42年(1967)

ぶんきょうひふろん【文鏡秘府論】ブンキヤウヒフロン 平安前期の詩論書。6巻。空海編著。弘仁10〜11年(819〜820)ごろの成立。中国六朝から唐代の詩文の評論・格式などを編述したもの。➡文筆眼心抄

ぶん-きょく【分局】本局から分かれて作られた局。

ぶん-きょく【分極】❶電界や磁界内に置かれた物質に、正・負の電荷が現れたり、磁極を生じたりする現象。電気の場合は電気分極、磁気の場合は磁化という。❷電池内で発生した水素ガスが電極に付着するなどして反対方向の起電力を生じる現象。

ぶんきょく-か【分極化】―クワ〔名〕スル 対立する二つ以上の立場・勢力に分かれること。「野党勢力が一する」

ぶんきょく-でんか【分極電荷】誘電分極により、誘電体内の表面に現れる電荷。

ぶんきょく-りつ【分極率】電場中に置かれた原子や分子が誘起される双極子モーメントと、電場の強さの比。

ぶんき-よそく【分岐予測】《branch prediction》マイクロプロセッサーの実行速度を効率化する技術の一。

ふん-ぎり【踏ん切り】思い切って決心すること。決断。「このあたりで一をつけてしまおう」
(類語)決意・決心・決断・覚悟

ぶん-ぎり【分切り】長いものを一定の長さに細かく切ること。また、そのもの。「針屋の弟子となる身は…一の仕事に年中いとまなく」〈浮・織留・六〉

ふん-ぎ・る【踏ん切る】〔動ラ五(四)〕《「ふみきる」の音変化》思い切ってする。決断する。「どうしても結婚に一・れない」

ぶん-きん【文金】❶「文字金もじきん」の略。❷「文金高島田」の略。❸「文金風」の略。

ぶんきん-しまだ【文金島田】「文金高島田」の略。

ぶんきん-たかしまだ【文金高島田】女性の髪形の一。島田髷まげの根を元結で高く巻き上げた優美で華やかなもの。現在では主に花嫁の髪形として用いる。文金島田。文金。

ぶんきん-ふう【文金風】江戸中期の男子の髪形の一。髷まげの根を元結で高く巻き上げ、毛先を月代さかやきのやや前方に出したもの。豊後節の祖、宮古路豊後掾みやこじぶんごのじょうが始めたという。通人に好まれた。宮古路風。

フンク〖Casimir Funk〗[1884〜1967]米国の生化学者。ポーランドの生まれ。米糠こめぬかから脚気かっけや神経炎に有効な成分を抽出、その物質をビタミンと命名した。

ぶん-ぐ【文具】「文房具」に同じ。

ぶん-くん【文勲】学問または政治上の功績。文功。

ぶん-け【分家】〔名〕スル 家族の一員が、その所属していた家から分かれて新しく一家を構えること。また、その家。民法旧規定では、本家に従属する関係にあったが、現在は法律的意味はない。別家。「土地をもらって一する」㊫本家。

ふん-けい【×刎×頸】首を斬ること。斬首。

ふん-けい【×焚刑】火あぶりの刑。火刑。

ぶん-けい【文系】文科の系統。文科系。㊫理系。

ぶん-けい【文型】文の構成上の類型。個々の具体的な文表現から抽出した各種の文の形式を文例によって組織的に示すもの。

ぶん-げい【文芸】❶言語によって表現される芸術の総称。詩歌・小説・戯曲などの作品。文学。❷文学とその他の芸術。また、学問と技芸。学芸。芸文。

「一の興隆期」

ぶんげい【文芸】文芸雑誌。昭和8年(1933)改造社から発刊、同19年に河出書房(現河出書房新社)に移った。高見順・中野重治・織田作之助・野間宏らの作品を掲載。

ぶんげい-えいが【文芸映画】文芸作品を原作として製作された映画。

ぶんげい-か【文芸家】文芸的な著作を専門の仕事とする人。

ぶんげいか-きょうかい【文芸家協会】日本文芸家協会の前身。

ぶんげい-がく【文芸学】文学を体系的、科学的に研究する学問。

ぶんげい-きょうかい【文芸協会】明治39年(1906)、坪内逍遥・島村抱月らを中心に、演劇・文学・美術などの改革を目的として設立された団体。同42年に演劇団体として改組、日本の新劇運動の起点となった。大正2年(1913)解散。

ぶんげいクラブ【文芸倶楽部】文芸雑誌。明治28年(1895)1月創刊、昭和8年(1933)1月廃刊。初期は泉鏡花・樋口一葉・広津柳浪・小栗風葉・国木田独歩らの作品を発表したが、しだいに通俗化した。

ぶんげいじだい【文芸時代】文芸同人雑誌。大正13年(1924)10月創刊、昭和2年(1927)5月廃刊。川端康成・横光利一・片岡鉄兵ら新進作家によって創刊、その同人は新感覚派と呼ばれた。

ぶんげい-しちょう【文芸思潮】ある時代や社会の文芸の中に、創作上の根源として共通に流れている思想。

ぶんげいしゅんじゅう【文芸春秋】総合雑誌。大正12年(1923)菊池寛が創刊。最初は随筆雑誌であったが、同15年以降総合雑誌となる。昭和10年(1935)芥川賞・直木賞を設立。

ぶんげい-しょう【文芸賞】㊀優れた文芸作品に与える賞。➡文学賞 ㊁昭和37年(1962)に創設された文学賞。河出書房新社が主催し、年に1回、優れた小説に対して贈られる。新人の登竜門としての性格が強く、対象は未発表作品に限られる。

ぶんげいせんせん【文芸戦線】文芸雑誌。大正13年(1924)6月創刊、昭和7年(1932)7月廃刊。「種蒔まく人」のあとを受けて青野季吉らが創刊。プロレタリア文学運動の指導的役割を果たしたが、のちに分裂して「戦旗」と対立した。

ふんけい-の-とも【×刎×頸の友】刎頸の交わりで結ばれた友。

ふんけい-の-まじわり【×刎×頸の交わり】《「史記」藺相如伝から》その友のためなら、たとえ首を切られても悔いないくらいの親しい交際。

ぶんげい-ひひょう【文芸批評】文芸思潮や文芸作品に対する批評。文芸評論。

ぶんげい-ふっこう【文芸復興】「ルネサンス」の訳語。

ふん-げき【憤激】〔名〕スル はげしくいきどおること。ひどく怒ること。「先方のやり方に一する」
(類語)痛憤・憤慨・激怒・激昂げっこう・憤怒ふんぬ・憤怒ふんど・憤懣ふんまん・怒り・腹立ち・憤り・義憤

ふん-げき【奮撃】〔名〕スル 力をふるい攻撃すること。

ふん-げき【奮激】〔名〕スル はげしくふるいたつこと。心をふるい起こすこと。「危急の時なれば、人心の一せること」〈竜渓・経国美談〉

ぶん-けつ【分×蘖】〔名〕スル《「ぶんげつ」とも》稲・麦・トウモロコシなどで、茎の根に近い節から新しく茎が発生すること。また、その茎。株張り。

ぶん-けん【分見｜分間】山野の遠近・高低・距離などを測量すること。また、それを記した図。

ぶん-けん【分遣】〔名〕スル 本隊や本部から分けて派遣すること。「一中隊を一する」

ぶん-けん【分権】権力を1か所に集中しないで、分散すること。「地方一」⇔集権。

ぶん-けん【文検】旧制の文部省教員検定試験の通称。

ぶん-けん【文献】《「献」は賢人の意》❶昔の制度・文物を知るよりどころとなる記録や言い伝え。文書。❷研究上の参考資料となる文書・書物。「参考一」
(類語)文書・記録・資料・史料・書物・書籍・図書

ぶん-けん【聞見】〔名〕スル「見聞」に同じ。「文明の事物を一する者は」〈福沢・文明論之概略〉

ぶん-げん【分限】❶持っている身分・才能などの程度。身のほど。分際。ぶげん。「一をわきまえる」❷財産・資産のほど。財力。また、財力のあること。金持ち。ぶげん。「一者」❸公務員の身分に関する基本的な規律。身分保障・免職・休職・転職など。❹ある物事の可能の限度。また、その能力や力。「敵の一を推し量って、引けども機をば失はず」〈太平記・八〉
(類語)身分・身の程・分際・分・ステータス

ぶん-げん【文言】❶文章や手紙の中の言葉。もんごん。❷中国で、口語体に対して、文章体。⇔白話。

ぶんけん-い【分権委】「地方分権改革推進委員会」の略称。

ぶんけん-がく【文献学】《ドイ Philologie》文献の真偽の考証・本文の確定・解釈などを行い、民族や文化を歴史的に研究する学問。書誌学との関連が深いことから、その意に用いられることもある。

ぶんげん-さいばん【分限裁判】裁判官分限法に基づき、裁判官の免官および懲戒に関して行われる裁判。

ぶんけん-ちず【分県地図】日本全国を都道府県別に分けて作製した地図。

ぶんげん-ちょう【分限帳】戦国時代から江戸時代にかけて、将軍や大名が作成した家臣の名簿。

ぶんけんつうこう【文献通考】中国の制度史書。348巻。元の馬端臨撰。上古より宋の寧宗までの典章・制度の沿革を論じたもの。三通の一。ぶんけんつうこう。

ぶんげん-めんしょく【分限免職】公務員について、職務遂行上、支障ある職員を免職すること。個人の責任は問わず、身分を失わせることで公務全体の機能を維持することが目的のため、懲戒免職と異なり退職金が支給される。➡免職

ぶん-こ【文庫】《「ふみぐら」を音読みにした語》❶書物や古文書などを入れておく倉庫。ふみぐら。書庫。❷収集されてまとまった蔵書。また、ある目的で集められたひとまとまりの蔵書。「学級一」❸書籍や紙筆など手回り品を入れておく小箱。文匣ぶんこう。手文庫。❹叢書・双書・シリーズなどにつける名。「学習一」❺「文庫本」の略。(類語)叢書・双書・シリーズ・ライブラリー

ぶんこ【文庫】文芸雑誌。明治28年(1895)8月創刊、同43年8月廃刊。山県悌三郎主宰の投書雑誌「少年文庫」を前身とし、河井酔茗・伊良子清白・横瀬夜雨ら文庫派とよばれる多くの詩人を育成。

ぶん-ご【文語】❶話し言葉に対し、文字に書かれた言葉の総称。書き言葉。文字言語。⇔口語。❷文章を書くときに用いられる、日常の話し言葉とは異なった独自の言葉。特に、平安時代語を基礎にして独特の発達をとげた書き言葉をいう。⇔口語。
(類語)(❶)書き言葉・文章語

ぶんご【豊後】㊀旧国名の一。現在の大分県の大部分。豊州。㊁「豊後節」の略。

ふん-こう【紛更】〔名〕スル 秩序がなくむやみに改め変えること。

ふん-こう【奮興】〔名〕スル ふるい立つこと。「自己を一させた成行なりゆきに過ぎない」〈漱石・坑夫〉

ふん-ごう【×吻合】〔名〕スル《上下のくちびるがぴったり合うの意》❶物事がしっくり合うこと。一致すること。「双方の話が一する」❷血管・神経などが相互に連絡をもつこと。また、血管や腸管などの端どうしを手術によってつなぐこと。「動脈一」
(類語)(❶)合致・一致・符合・契合

ぶん-こう【分光】〔名〕スル 光をスペクトルに分けること。

ぶん-こう【分校】❶学校の一部を本校の所在地以外の所に分設したもの。❷「分教場」に同じ。

ぶん-こう【文公】[前697～前628]中国、春秋時代の晋の国王。在位、前636～前628。姓は姫。名は重耳ちょうじ。9年間の亡命後、帰国して即位。内政を整え、軍備を増強。春秋五覇の一人に数えられる。

ぶん-こう【文×匣】厚紙に漆を塗って作った手箱。書類や小物を入れるのに用いる。手文庫。

ぶん-こう【聞香】「聞き香」に同じ。

ぶん-ごう【分合】〔名〕スル 分割と合併。分けることと、合わせること。「農地を交換一する」

ぶん-ごう【分×毫】〔名・形動〕《「ふんごう」とも》程度や量のごく少ないこと。また、そのさま。「一もゆるがせにしない」

ぶん-ごう【文豪】文学の大家。大作家。
(類語)巨匠・大家たいか・文士・文人・作家・小説家・文学者

ぶんこう-かがく【分光化学】分光学の理論および実験方法を用いて物質の構造・反応・性質などを研究し、また分析法を研究する化学の一分野。

ぶんこう-がく【分光学】物質が放射または吸収する光のスペクトルを測定・解析して、物質の構造などを研究する学問分野。

ぶんこう-き【分光器】放射線・粒子線のスペクトルを得る装置。プリズム・回折格子・干渉計を利用したものがある。スペクトロスコープ。スペクトログラフ。

ぶんこう-きょう【分光鏡】➤ビームスプリッター

ぶんこう-けい【分光計】角度目盛りをもち、スペクトル線の波長を読み取ることができる分光器。スペクトロメーター。

ぶんこう-こうどけい【分光光度計】スペクトルの各波長について、その強度を測定する装置。分光器に光検出器を組み合わせた構造のもの。スペクトロフォトメーター。

ぶんこう-しさ【分光視差】恒星のスペクトル型から絶対等級を知り、それと視等級との差から推定される恒星の距離。

ぶんこうどう【文耕堂】➤松田文耕堂まつだぶんこうどう

ぶんこう-ぶんせき【分光分析】物質が放射または吸収する光のスペクトルを調べて、その物質の成分を検出・定量する化学分析。X線分光分析・核磁気共鳴分析など。スペクトル分析。

ぶんご-うめ【▽豊後梅】梅の一品種。花は淡紅色で、八重咲きが多い。実は果肉が厚く、梅干しなどに用いる。(季 春)

ぶんこう-れんせい【分光連星】望遠鏡では分離して見えないが、恒星のスペクトルの吸収線に現れる周期的変化によって確かめられる連星。スピカなど。➡連星

ぶんごおおの【豊後大野】大分県南部の市。大分市に南接し、別府湾に注ぐ大野川の中流域を占める。平成17年(2005)3月に三重町、清川村、緒方町、朝地町、大野町、千歳村、犬飼町が合併して成立。人口3.9万(2010)。

ぶんごおおの-し【豊後大野市】➤豊後大野

ぶんご-おもて【▽豊後表】大分地方で栽培される七島しちとうを用いた畳表。

ぶん-こく【分国】❶平安中期以後、院・宮などに知行権を与えられた国。❷守護大名・戦国大名が領国として支配した国。

ぶんこく-ほう【分国法】戦国大名が領国支配のために制定した法令。民制関係の規定など具体的なものが多い。今川氏の今川仮名目録、武田氏の甲州法度など。戦国家法。国法。

ぶんご-けい【文語形】文語文の中で用いられる語形。主として活用語に用いる。例えば、動詞の「あり」「す」、形容詞の「速し」「美し」、形容動詞の「静かなり」「賑やかなり」など。⇔口語形。

ぶんこ-し【文庫紙】数枚の紙をのりではり合わせたもの。白地のものは帳面の表紙に用い、また表面に彩色・模様などを施したものは反物・帛紗ふくさ・襟地などを包むのに用いる。ぶんこがみ。

ぶんご-すいどう【豊後水道】四国と九州との間の水道。太平洋と瀬戸内海とを結ぶ海域。

ぶんご-たい【文語体】「文語❷」を用いて書かれた文章形式。⇔口語体。

ぶんごたかだ【豊後高田】大分県北部、国東くにさき半

島北西部にある市。ネギ・ミカンなどの栽培が盛ん。富貴寺や熊野磨崖仏などがある。平成17年(2005)に真玉町、香々地町と合併。人口2.4万(2010)。

ぶんごたかだ-し【豊後高田市】▶豊後高田

ふん-こつ【粉骨】《骨を粉にする意から》力の限り努力すること。

ぶん-こつ【分骨】〔名〕スル 遺骨を2か所以上に分けて葬ること。また、その骨。「郷里に―する」

ふんこつ-さいしん【粉骨砕身】〔名〕スル 力の限り懸命に働くこと。「会社のため―する」[補説]「粉骨砕心」と書くのは誤り。[類語]奮闘・奮励・尽力・努力・刻苦・骨折り

ぶんこ-ばん【文庫判】本の大きさの一種。A6判。縦148ミリ、横105ミリ。文庫本に用いる大きさ。

ぶんご-ふじ【豊後富士】由布岳の異称。

ぶんご-ぶし【▽豊後節】❶浄瑠璃の流派の一。享保(1716～1736)の末ごろ、都一中の門人、宮古路国太夫(豊後掾ぶんごのじょう)が京都で創始。特に江戸で流行したが、元文4年(1739)風俗を乱すとの理由で禁止された。❷❶およびそれから分派した常磐津ときわず節・富本節・清元節・新内節・薗八そのはち節・繁太夫しげたゆう節などの総称。豊後浄瑠璃。豊後諸流。❸❷のうち、特に常磐津節・富本節・清元節の三派。豊後三派。豊後三流。

ぶんごふどき【豊後風土記】奈良時代の地誌。1巻。和銅6年(713)の詔により撰進された風土記の一。抄出本のみ現存。豊後国風土記。

ぶんご-ぶん【文語文】「文語❷」によって書かれた文。古文。⇔口語文。

ぶんご-ぶんぽう【文語文法】文語文、または古文にみられる言葉遣いのきまり。学校教育の場では、特に平安時代の和文にみられるものを中心としてまとめられた文法をいう。古典文法。文語法。⇔口語文法。

ぶんご-ほう【文語法】▶文語文法

ぶんこ-ぼん【文庫本】文庫判の出版物。元来は、安価で普及を目的としたもの。

ふん-ごみ【踏込┊踏▽籠】❶「踏込袴ふんごみばかま」の略。❷歌舞伎の衣装の一。女形がすねの見えないようにつける紅絹もみの股引ももひき状のもの。

ふんごみ-ばかま【踏込×袴】袴の一種。裾を狭く細くした野袴。

ふん-ご・む【踏ん込む】〔動マ五(四)〕「ふみこむ」の音変化。「私も路でないところへ―・むかも知れませんが」〈露伴・観画談〉

ぶんこ-むすび【文庫結び】女帯の結び方の一。結んだ形が水平になるように結ぶもの。半幅帯でゆかたなどに、また袋帯で花嫁衣装の打掛の下に結ぶ。

ふん-ころがし【×糞転がし】「球押金亀子たまおしこがね」の俗称。

ふん-こん【憤恨┊×忿恨】腹を立てうらむこと。「一詈罵より人を傷け」〈柏原孝章・明六雑誌二九〉

ぶん-こん【分根】根の一部を分けて植え、発芽・繁殖させる方法。根分け。

ふん-さい【粉砕】〔名〕スル ❶こなごなに打ち砕くこと。「岩石を―する」❷徹底的に打ちのめすこと。「敵を―する」[類語]撃破・撃砕・破砕・掃滅

ふん-ざい【粉剤】粉状の薬剤。こなぐすり。散薬。

ぶん-さい【文才】文章を巧みに書く才能。文学的才能。もんざい。「―に恵まれる」
[類語]筆才・文藻・詞藻・詩才

ぶん-さい【文彩┊文采】❶取り合わせた色彩。模様。色どり。あや。❷文章の巧みな言い回し。

ぶん-ざい【分際】《古くは「ぶんさい」とも》❶身分・地位の程度。身のほど。分限。大した身分でもないのに、という軽蔑けいべつの気持ちを込めて用いることが多い。「学生の―でぜいたくだ」❷それぞれに応じた程度。ほど。「我が―を知りて、その果報の程にふるまはば」〈沙石集・一〇本〉❸分量。数量。「ここにて敵の―を問ふに」〈太平記・三六〉
[類語]身の程・柄がら・身分・分限・分ぶん

ぶん-ざい【文材】文章を書くのに用いる材料。

ふんさい-き【粉砕機】▶クラッシャー

ふん-さく【紛錯】〔名〕スル 入り乱れること。まじり乱れること。「浸蝕力更に一層…怪巌を―せしめ」〈志賀重昂・日本風景論〉

ふん-さつ【×焚殺】〔名〕スル 焼き殺すこと。焼殺。「訴えられ、遂に囹圄れいごに下され、―せらるべきに定まりしが」〈中村訳・西国立志編〉

ふん-ざつ【紛雑】〔名・形動〕ごたごたと入りまじり乱れていること。また、そのさま。混雑。「多端―の過去は眼の前に横わり」〈高村・秋の祈〉

ぶん-さつ【分冊】ひとまとまりの書物を何冊かに分けたもの。

ぶんさつ-ひゃっか【分冊百科】定期的に発行され、全部そろえることによってそのテーマの百科事典が完成する形式の冊子。パートワーク。

ぶん-さん【分散】〔名〕スル ❶物事がばらばらに分かれ散ること。また、分け散らすこと。「―して宿泊する」❷物理学で、同一媒質中の波の進行速度が、振動数によって変化する現象。光が波長によりスペクトルに分解することなど。❸化学で、一つの相になっている物質中に、他の物質が微粒子の状態で散在している現象。❹資料の散らばりぐあいを表す値。各値と平均値との差を2乗し、算術平均したもの。分散の正の平方根が標準偏差となる。❺江戸時代、借金を返済しえないとき、債権者全部の同意を得て財産の全部を提供し、額に応じて債権者に割り当てて返済すること。現在の破産にあたる。「明日―にあうても」〈浮・胸算用・一〉[類語]拡散・四散・散開・散在・散逸・離散・散り散り・飛び飛び・ばらばら・散らばる・ばらける

ぶんさん-オーエス【分散OS】▶分散オペレーティングシステム

ぶんさん-オペレーティングシステム【分散オペレーティングシステム】《distributed operating system》ネットワーク上にある複数のコンピューターを1台のコンピューターのように扱う分散処理システムに対応したオペレーティングシステム。分散処理オペレーティングシステム。分散OS。

ぶんさん-かいはつ【分散開発】《distributed development》ソフトウエアやコンピューターシステムの開発を複数の拠点で同時に並行して進めること。人件費の安い海外の企業などに委託することを特にオフショア開発という。いずれも、情報の共有、開発環境の共通化、情報セキュリティー対策が不可欠となる。

ぶんさんがた-サービスきょひこうげき【分散型サービス拒否攻撃】《distributed denial of service attack》コンピューターネットワークを通じて攻撃を行う不正アクセスの一種。悪意ある第三者が多数のパソコンにコンピューターウイルスを送り込んで感染させ、特定のウェブサーバーなどに対し、不正なデータや大量のデータを送りつけるサービス拒否攻撃を仕掛けるよう操る。パソコンの所有者が気づかないまま攻撃に加担してしまうほか、真の犯人を特定することが非常に困難という特徴がある。分散型DoSドス攻撃。DDoS攻撃。

ぶんさんがた-ドスこうげき【分散型DoS攻撃】《distributed denial of service attack》▶分散型サービス拒否攻撃

ぶんさん-コンピューティング【分散コンピューティング】《distributed computing》▶グリッドコンピューティング

ぶんさん-ざい【分散剤】固体微粒子を液体中に均一に分散させるために用いる界面活性剤。水溶性の原子団をもたない染料の分散などに用いる。

ぶんさんしょり-オーエス【分散処理OS】▶分散オペレーティングシステム

ぶんさんしょり-オペレーティングシステム【分散処理オペレーティングシステム】▶分散オペレーティングシステム

ぶんさんしょり-システム【分散処理システム】《distributed processing system》データの処理を、複数のコンピューターで分担して行うシステム。危険の分散や効率の向上が可能になる。銀行のオンラインシステムなど。

ぶんさん-データベース【分散データベース】《distributed database》コンピューターネットワークに接続された複数のデータベースを単一のものであるかのように扱えるデータベース。

ぶんさん-とうし【分散投資】資金を複数の金融商品に分けて投資すること。また、複数の株式銘柄を購入すること。投資リスクを分散することができる。➡アセットアロケーション

ぶんさん-ファイルシステム【分散ファイルシステム】《distributed file system》ネットワーク上にある複数のコンピューターで、ファイルを相互に参照、共有できるシステム。DFS。

ぶんさん-わおん【分散和音】《broken chord》和音を構成する各音が、同時にではなく1音ずつ、アルペッジョや速いパッセージの形で順次奏されるもの。

ふん-し【×刎死】〔名〕スル 自分で自分の首をはねて死ぬこと。自刎。「捕り方に囲まれ―する」

ふん-し【憤死】〔名〕スル ❶激しい怒りのうちに死ぬこと。「―するかと想うばかりの険相で」〈紅葉・二人女房〉❷野球で、ランナーが惜しいところでアウトになること。「本塁突入むなしく―する」

ふん-じ【分時】1分の時間。ほんのわずかな時間。

ぶん-し【分子】❶原子の結合体で、その物質の化学的性質を失わない最小の構成単位。一つの原子よりなる単原子分子(ヘリウムなど)、二原子分子(水素・酸素・窒素など)、三原子分子(水・二酸化炭素など)から、数千～数万の原子よりなる高分子まであり、主に共有結合で結び付いている。❷団体を構成している各個人。集団の構成員。成員。「不平―を除く」❸ある性質や様相を形成している一部分。「変化は則ち文学以外の―なり」〈子規・芭蕉雑談〉❹分数または分数式で、割られるほうの数や整式。⇔分母。

ぶん-し【分枝】〔名〕スル 植物が幹などから枝を分けること。枝分かれ。「葉の付け根から―する」

ぶん-し【分×祀┊分×祠】〔名〕スル 本社と同じ祭神を、別に神社を設けてまつること。また、その神社。

ぶん-し【分詞】《participle》ヨーロッパ諸語などの文法で、動詞が語形変化して形容詞的に用いられるもの。現在分詞・過去分詞などがある。

ぶん-し【文士】文筆を職業とする人。文章家。作家。小説家。「―稼業」[類語]作家・小説家・文学者・文豪・文人・文筆家・操觚者そうこしゃ・戯作者げさくしゃ・物書き

ぶん-じ【文事】学問・文芸などに関する事柄。⇔武事。「―勉強の余暇を偸んで」〈福沢・福翁自伝〉

文事ある者は必ず武備ぶびあり　《「史記」孔子世家から》文と武は両者を兼ね備えなければならず、どちらか一方にかたよってはならないということ。

ぶん-じ【文治】▶ぶんち(文治)

ぶんじ【文治】鎌倉時代、後鳥羽天皇の時の年号。1185年8月14日～1190年4月11日。

ぶん-じ【文辞】文章。また、文章の言葉。
[類語]文章・文ぶん・書き物・一文いちぶん・散文・文言もんごん・編章・詞章・詞藻・文藻・章句

ぶんし-いでんがく【分子遺伝学】遺伝現象をDNAやRNAなどの分子レベルで解明しようとする学問分野。

ぶんし-うんどう【分子運動】物質を構成する分子・原子の不規則・無秩序な微視的運動。並進・回転・振動の3種類があり、これらの運動エネルギーが熱として現れる。

ぶんし-おんそくど【分子音速度】▶モル音速度

ぶんし-かごうぶつ【分子化合物】2種以上の分子がそれぞれの組成を変えずに結合した化合物。

ぶんしかん-りょく【分子間力】分子と分子の間に働く力。遠距離では引力、近距離では反発力となる。

ぶんし-きどう【分子軌道】分子内を運動する電子の運動状態を表す軌道。電子は分子全体に分

布し、その状態は波動関数として表される。

ぶんじ-きん【文字金】江戸時代、「文」の字の極印のある金貨の称。元文金・文政金があるが、ふつう元文金をさす。文金。

ぶんし-けっしょう【分子結晶】分子が、分子間の弱い引力であるファンデルワールス力で結合してできた結晶。結合力が弱いので融点や昇華点が低く、結晶は壊れやすい。分子性結晶。

ぶんし-こうか【分子降下】►凝固点降下

ふんじ-こ・む【封じ込む】〔動マ下二〕《「ふうじこむ」の音変化》封じ込める。「懸想人の長歌詠みて—めたる心地こそすれ」〈源・若菜上〉

ぶんし-じかりつ【分子磁化率】►モル磁化率

ぶんし-しき【分子式】分子を構成する原子の種類と数を元素記号を用いて表した化学式。

ぶんし-じょうりゅう【分子蒸留】高度な真空下で、蒸発面と凝縮面との間隔を、分子の平均自由行程以下となる数センチ程度に接近させて行う特殊な蒸留。熱に不安定な脂溶性ビタミンの濃縮や、可塑剤・界面活性剤など高分子の精製に用いられる。

ぶんししんか-がく【分子進化学】生物の進化を、DNAの塩基配列や、たんぱく質のアミノ酸配列の分子構造が、時間とともにどのように変化したかを追究することによって解明しようとする学問分野。

ぶんし-スペクトル【分子スペクトル】《molecular spectrum》分子が放射または吸収する光のスペクトル。原子スペクトルと違い、幅広いスペクトルとなる。帯スペクトル。

ぶんしせい-ちょうでんどうたい【分子性超伝導体｜分子性超電導体】超伝導を示す有機超伝導体にフラーレン化合物を含めた総称。

ぶんしせい-でんどうたい【分子性伝導体】►有機伝導体

ぶんしせい-どうたい【分子性導体】►有機伝導体

ぶんしせい-どうでんたい【分子性導電体】►有機伝導体

ぶんし-せいぶつがく【分子生物学】生命現象を、分子遺伝学などを基に、分子レベルで解明しようとする現代生物学の一分野。

ぶんし-せつ【分子説】異種の原子どうしに限らず、同種の原子どうしの結合によっても生じる粒子を想定して分子と名づけ、原子を分子の構成要素とする考え方。原子説の弱点を補い、気体反応の法則を説明するため、1811年にアボガドロが提唱。

ぶんし-せん【分子線】中性分子からなる粒子線。同一方向に細い線状で進行する多数の中性分子の流れのこと。原子線は単原子の分子線とみなせる。

ぶんじ-せん【文字銭】江戸時代、寛永通宝銭のうち、寛文8年(1668)から発行されたものの称。京都方広寺の大仏をこわして鋳造され、裏に「文」の字が刻されていた。文銭。

ぶんし-そうきょくりゅう【分子双極流】►双極分子流

ぶんし-たいせき【分子体積】►分子容

ぶんしち【文七】❶元結などにする、つやのある白い紙。❷「文七元結」の略。また、それを作る職人。❸《大坂の侠客雁金文七の人形に用いられたところから》文楽人形の首の一。「絵本太功記」の光秀、「菅原伝授手習鑑」の松王丸など、悲劇の主人公に使われる。

ぶんしち-もとゆい【文七元結】文七❶で作った上等な元結。ぶんしちもっとい。◆作品名別項。

ぶんしちもとゆい【文七元結】人情噺。三遊亭円朝作。侠気のある左官の長兵衛が、自分の娘を売った金で文七という身投げ男を救う。それが縁で娘は身請けされ、文七と夫婦になり、文七元結を売り出す。歌舞伎にも脚色。ぶんしちもっとい。

ふん-しつ【紛失】〔名〕スル《古くは「ふんじつ」とも》❶物がまぎれてなくなること。また、なくすこと。「重要書類が—する」「入館証を—する」❷抜け出して逃げること。「その島を—して来ればこそ、おれが育った土地へも足踏みならず」〈伎・浮名横櫛〉

類語 遺失・忘失・亡失・喪失・散逸

ぶん-しつ【分室】❶いくつにも分かれた小部屋。❷官庁・会社などの本部から、別の場所に分けて設けられた事務機関。「授産所の—」

ぶん-しつ【文質】《「文」はかざりの意》外見の美と内面の実質。表に現れたすぐれた学識・態度・容貌と、内側の素朴な人柄。また、形式と内容。「賢愚一の等しからざるも」〈幻住庵記〉

ぶんしつうぎ【文史通義】中国の学問論・文化論書。8巻(のち、9巻本に編集)。清の章学誠著。1832年刊。中国の史学の学問的意義を強調する。

ぶんしつ-ひんぴん【文質×彬×彬】〔形動タリ〕《「論語」雍也から》外見的な美しさと内面的な実質との調和がとれているさま。「—として面白く」〈浮・元禄大平記〉

ぶんし-どけい【分子時計】DNAの塩基配列やたんぱく質のアミノ酸配列などの分子構造が、生物の進化に伴って変異することに着目し、共通の祖先を持つ生物種が進化の過程で分岐した年代を推定したもの。➡分子進化学

ぶんし-ねつ【分子熱】物質1モルの熱容量。その物質の比熱と分子量との積に等しい。

ふん-じば・る【ふん縛る】〔動ラ五〕「しばる」を強めていう語。「こそどろを—る」

ぶんし-ビーム【分子ビーム】►分子線

ぶんし-びょう【分子病】DNAの塩基配列の変異により、たんぱく質のアミノ酸配列に異常が起きて生じる病気。

ぶんしひょうてき-ちりょう【分子標的治療】癌細胞にのみ作用する分子標的治療薬を使用する癌の治療。従来の抗癌剤よりも副作用が少なく効果が高いとされるが、標的となる分子が発現しないタイプの癌には効かない。

ぶんしひょうてき-ちりょうやく【分子標的治療薬】癌細胞などの増殖に必要なたんぱく質などの分子を標的として、癌細胞のみを破壊する薬剤の総称。分子生物学によって解明された遺伝子情報を活用して開発された。従来の抗癌剤が、癌細胞とともに正常な細胞も損傷させるのに対し、分子標的治療薬は癌細胞にのみ作用するため、抗癌剤にくらべて副作用が著しく少ないとされる。補説 グリベック(白血病治療薬)・ハーセプチン(乳癌治療薬)・イレッサ(肺癌治療薬)など、日本でもさまざまな分子標的治療薬が使用されるようになってきたが、アメリカなど海外で次々と承認されている新薬の多くが、日本ではすぐに使えない状況にあり、治験制度の見直しを求める声が高まっている。

ぶんしひょうてき-やく【分子標的薬】►分子標的治療薬

ぶんし-ふるい【分子×篩】粒子表面に均一な細孔をもち、その大きさ以下の分子のみを吸着するので、各種の分子をふるい分ける作用を示す物質。合成ゼオライトなど。乾燥剤・脱水剤に利用。モレキュラーシーブ。

ぶんし-ポンプ【分子ポンプ】高速の回転体に接する気体分子が、粘性により一定方向に移送されるのを利用して真空状態をつくるポンプ。

ぶんし-もけい【分子模型】分子の立体的な構造を球や棒などを用いて表すもの。

ふん-しゃ【噴射】〔名〕スル ❶気体や液体を一定の方向へふき出させること。「蒸気を—する」❷霧状にした燃料油を空気とまぜて爆発させ、その排気をふき出させること。

ぶん-しゃ【分社】❶本社から神霊を分けて祭った神社。➡本社❷ ❷会社の部署や事業などを分けて、別の会社にすること。

ふんしゃ-きかん【噴射機関】燃料を噴射装置によって噴射し、燃焼させる内燃機関。

ぶん-じゃく【文弱】〔名・形動〕学問や芸事にばかりふけっていて弱々しいこと。また、そのさま。「—な(の)息子を案じる」

ふんしゃすいしん-きかん【噴射推進機関】燃焼ガスを噴出させ、その反動力で推進力を得る機関。ジェット機関・ロケット機関がある。

フンシャル〖Funchal〗ポルトガル領マデイラ諸島の主島マデイラ島の中心都市。同諸島の人口の大部分が居住する。キリスト騎士団が建てた大聖堂やサンロレンソ要塞をはじめ、ポルトガル植民地時代の建造物が数多く残っている。

ぶん-しゅう【文集】詩歌や文章を集めて1冊にまとめたもの。「卒業記念—を編む」

ぶん-しゅう【文×繡】美しい模様のぬいとり。また、それを施した衣服。

ぶんしゅう-いくりん【分収育林】林地所有者・造林者・費用負担者などが伐採後の収益を分け合う前提で育てられる森林。

ぶん-しゅく【分宿】〔名〕スル 一団の人々が分かれて宿泊すること。「民家に—する」

ふん-しゅつ【噴出】〔名〕スル 狭いところから強い勢いでふき出すこと。また、ふき出ること。「火口から水蒸気が—する」類語 射出・放出・奔出・湧出

ふんしゅつ-がん【噴出岩】►火山岩

ふん-しょ【×焚書】学問・思想を権力によって弾圧するための手段として、書物を焼き捨てること。

ふんしょ【焚書】中国、明末の思想家李贄の著書。6巻。1590年刊。人間にとって最も本来的なものとして童心を主張し、特異な人間肯定論を展開。

ぶん-しょ【分所】本部から、別の場所に分けて設けられた事務所・営業所。

ぶん-しょ【分署】本署から分かれて、別の場所に設けられた警察署・税務署など。類語 支署・派出所

ぶん-しょ【文書】《古くは「ぶんじょ」とも》文字で書き記したものの総称。書籍・書類・書状・証文など。書き物。ふみ。もんじょ。「—で回答する」「公—」

類語 書面・書類・書き物・書き付け・文書

ふん-しょう【×焚焼】〔名〕スル もやすこと。焼くこと。「廬舎—せられ、田野踏藉せられて」〈兆民・三酔人経綸問答〉

ふん-じょう【粉状】粉になっている状態。

ふん-じょう【紛×擾】〔名〕スル もめること。ごたごた。紛争。紛糾。「政党各派が—する」類語 紛糾

ぶん-しょう【分掌】〔名〕スル 仕事・事務を手分けして受け持つこと。分担。「事務を—する」

類語 分業・分担・手分け

ぶんしょう【文正】室町中期、後土御門天皇の時の年号。1466年2月28日～1467年3月5日。

ぶん-しょう【文相】文部大臣のこと。

ぶん-しょう【文章】❶文を連ねて、まとまった思想・感情を表現したもの。主に詩に対して、散文をいう。❷文法で、文よりも大きな単位。一文だけのこともあるが、通常はいくつかの文が集まって、まとまった思想・話題を表現するもの。❸威儀・容儀・文辞などとして、内にある徳の外面に現れたもの。「およそはこの大臣—うるはしうして」〈平家・三〉

類語 (❶)文・書き物・一文・散文・編章・詞章・詞藻・文辞・文藻・文体・文面・文言・章句・センテンス (謙譲)拙文・駄文・悪文・乱文・腰折れ文

文章は経国の大業不朽の盛事 《魏文帝「典論」論文から》文章は、国を治めるための重大な事業であり、永久に朽ちることのない盛大な仕事である。

ぶんし-よう【分子容】化学物質について分子1モルの単体の固体が占める容積。分子量を密度で除した値に等しい。分子を構成する原子の原子容の和で近似的に表すことができる。分子体積。➡モル体積

ぶん-じょう【分乗】〔名〕スル 一団の人々が二つ以上の乗り物に分かれて乗ること。「タクシー二台に—する」

ぶん-じょう【分場】本部から分かれて別の所に設けられた試験場・作業場。

ぶん-じょう【分譲】〔名〕スル 一部分を分けて譲ること。特に、土地・建物などを区分けして売ること。

「土地を一する」「一マンション」

ぶん-じょう【文×杖】《「ふづえ」を音読みにした語》「文挟(ふばさ)み❶」に同じ。

ぶん-じょう【文場】❶文章家の社会。文壇。「陸続として書を著し、一に名を震いたり」〈中村訳・西国立志編〉❷詩文を書いたり批評し合ったりする会。また、その会場。「為憲は一ごとに嚢に抄物を入れて随身しけるを」〈著聞集・四〉

ぶんしょう-か【文章家】文章を書くことを職業とする人。また、文章を巧みに書く人。

ぶんしょうきはん【文章軌範】中国の文章集。7巻。宋の謝枋得(しゃぼうとく)撰。科挙の受験者のために、模範とすべき文章の傑作を編集したもので、韓愈・柳宗元・欧陽修・蘇軾など唐宋の作家の文を中心に69編を集めたもの。日本にも室町末期に伝来し、江戸時代に広く読まれた。

ぶんしょう-ご【文章語】口頭語にはあまり用いられず、文章を書くときに多く用いられる語。書き言葉。(類語)書き言葉・文語

ぶんしょうせかい【文章世界】文芸雑誌。明治39年(1906)創刊、大正10年(1921)1月「新文学」と改題、同年12月廃刊。田山花袋編集の投稿雑誌に始まり、自然主義文学運動の中心となった。

ぶんしょうぞうし【文正草子】室町時代の御伽草子。2巻。作者未詳。鹿島大明神の大宮司の下男である文太(のちに文正)が、塩売りをして長者となり、大納言にまで出世する庶民の立身談。塩焼き文正。文正の草子。

ぶんしょう-たい【文章体】文章語を多用した文体。文語体。

ぶんじょう-ち【分譲地】ひとつづきのものを区切って売り出す土地。

ぶんしょう-ほう【文章法】❶文章を作る方法。文章作法(さくほう)。❷「文章論❷」に同じ。

ぶんしょう-ろん【文章論】❶文章に関する論評。文章の主題・構成・文体などを論じるもの。❷文法論において、文論・構文論・措辞(そじ)論・シンタックスなどの分野をさす語。品詞論に対していう。文章法。

ぶんしょきき-ざい【文書毀棄罪】他人の文書や電磁的記録を破壊する罪。➡公用文書等毀棄罪 ➡私用文書等毀棄罪

ぶんしょぎぞう-ざい【文書偽造罪】事実に反する事項を文書に記入したり、権限のない者が他人の名義で文書を作成したりする罪。刑法第2編第17章が禁じる。(補説)状況や立場などの違いにより、詔書偽造等罪、公文書偽造等罪、虚偽公文書作成等罪、公正証書原本不実記載等罪、偽造公文書行使等罪、私文書偽造等罪、虚偽診断書等作成罪、偽造私文書等行使罪、電磁的記録不正作出及び供用罪などにあたることもある。

ふん-しょく【粉食】穀物を粉にひき、パン・うどんなどに加工して食べること。➡粒食❷

ふん-しょく【粉飾┊×扮飾】〔名〕スル ❶飾りつくろうこと。うわべをとりつくろって立派に見せかけること。「事実を一して話す」❷紅や白粉(おしろい)で化粧すること。美しく装い飾ること。「忙しさの間にも自分を一するのを忘れずにいる葉子自身が」〈有島・或る女〉(類語)飾り・虚飾・めっき・虚栄

ぶん-しょく【文飾】〔名〕スル ❶文章・語句を飾ること。また、文章のあや。「幾分かの一を加えて」〈逍遥・小説神髄〉❷美しく飾ること。また、色どり。あや。「堂内の諸画は悉(ことごと)くこれを塡(う)めんがために設けし一ある枠たるに過ぎず」〈鴎外訳・即興詩人〉
(類語)修飾・文藻・詞藻・文(あや)・修辞・措辞・レトリック

ふんしょく-けっさん【粉飾決算】会社が不正な意図をもって、経営成績および財政状態を実際より過大または過小に表示するように人為的操作を加えた決算。ウインドードレッシング。

ふんしょく-よきん【粉飾預金】銀行など金融機関が月末や決算期末に、実数以上に見せかけるために作為的に増加させた預金。ウインドードレッシング。

ふんしょ-こうじゅ【×焚書坑儒】前213年、秦の始皇帝が行った、主として儒家に対する思想言論弾圧。民間にあった医薬・卜筮(ぼくぜい)・農事などの実用書以外の書物を焼き捨て、翌年、始皇帝に批判的な学者約460人を坑(あな)に埋めて殺したといわれる。転じて、学問や思想に対する弾圧をいう。

ぶんし-りょう【分子量】分子の質量の相対的な値。分子を構成する原子の原子量の和に等しい。

ふん-しん【分針】時計の、分を示す針。長針。➡時針 ➡秒針

ふん-しん【奮進】〔名〕スル 気力をふるい起こして突き進むこと。「希望の地に一して」〈宙外・独行〉

ふん-じん【粉×塵】粉状の細かいちり。

ふん-じん【奮迅】勢い激しくふるいたつこと。「獅子一の活躍」

ぶん-しん【分身】《古くは「ふんじん」とも》❶一つの本体が二つ以上に分かれること。また、その分かれて生じた身。「息子に自分の一を見出す」❷仏・菩薩(ぼさつ)が人々を救うために、仮の姿でこの世に現れること。また、その姿。観音の三十三身など。化身。

ぶん-しん【文臣】文事によって仕える臣。文官。

ぶん-しん【文身】入れ墨。彫り物。

ぶん-しん【聞診】漢方の四診の一。患者の口臭・体臭・分泌物の臭気をかいだり、音声・呼吸音・腹部の異常音などを聞いたりして診察する方法。

ぶん-じん【文人】❶詩文・書画など、風雅の道に心をよせている人。「一趣味」❷文事をもって仕える人。「一武士は国家の重んずる所」〈続紀・元正〉❸律令制で、大学寮の文章生(もんじょうしょう)。(類語)文士・文学者・文筆家・操觚者(そうこしゃ)・小説家・作家・文豪

ぶんじん-いけ【文人生け】江戸後期、文人たちによって行われた、形式にとらわれない自由な生け方の生け花。瓶花(へいか)のほか盆花なども行われた。

ぶんじん-が【文人画】文人が余技的に描いた絵画。多く水墨または淡彩で自然な感興を描くことが重んじられ、中国で元代に一定の様式をもつようになった。明代末、董其昌(とうきしょう)らがこの系譜を南宗画と称してからは南宗画と同義となり、日本には江戸時代に入り独自の発達を遂げた。➡南画

ぶんしんちょうりょう【文心雕竜】中国最古の文学理論書。10巻。梁(りょう)の劉勰(りゅうきょう)著。500年ごろ成立。古代の文章をとりあげ、その文体や修辞をそれぞれの部門ごとに整理・解説したもの。

ふんじん-ばくはつ【粉×塵爆発】空気中に浮遊する石炭微粒子や小麦粉・砂糖・プラスチック粉などが火花・閃光(せんこう)などによって引火し、爆発すること。粉体爆発。

ぶんじん-ぼっかく【文人墨客】文人と墨客。詩文・書画などの風雅の道にたずさわる人。

ふん・ず【▽封ず】〔動サ変〕《「ふうず」の音変化》「封(ふう)ずる」に同じ。「端に…書きて、一・じて」〈かげろふ・中〉

ふん-すい【噴水】❶ふき出る水。「一器(=ポンプ)」❷公園などの池の中に設けられる、水がふき出るように作った装置。また、その水。ふきあげ。噴泉。〔季 夏〕「一の穂を折る風の出て過ぎぬ/立子」

ぶん-すい【分水】〔名〕スル 水の流れが分かれること。また、川の流れを分けること。「一して灌漑に使う」

ぶんすい-かい【分水界】雨水が、二つ以上の水系へ分かれて流れる境界。分水線。

ふんすい-こうか【噴水効果】デパートで、食品売り場を中心とする地下の施設を充実させ、店舗全体の売り上げ増加につなげる販売方法。集客力の高いテナントの配置や催事などで顧客を呼び込み、下から上への流れをつくり、ついで買いをねらうもの。➡シャワー効果 ➡デパ地下

ぶんすい-さんみゃく【分水山脈】▶分水嶺(れい)

ぶんすい-れい【分水×嶺】❶分水界になっている山稜(さんりょう)。分水山脈。❷雨水が異なる水系に分かれる場所であることから、物事の方向性が決まる分かれ目のたとえ。(類語)尾根・山稜・稜線

ぶん-すう【分数】二つの整数a・bの比として表される数。零ではない整数aで整数bを割った結果をb/aと表したもの。あるいは、1をa等分したものをb個集めた大きさをb/aと表したもの。横線の下を分母、上を分子とよぶ。

ぶんすう-しき【分数式】整式を整式で割る形をしている式。

ふん・する【×扮する】〔動サ変〕図ふん・す〔サ変〕他の人に似せてよそおう。特に俳優が、役の人物の身なりをする。扮装(ふんそう)する。「女王に一・する」
(類語)扮装する・変装する・仮装する・装(よそお)う・やつす

ぶん-せい【文声】文人としての名声。文名。

ぶん-せい【文政】❶文治を主として行う政治。➡軍政 ❷文教に関する行政。

ぶんせい【文政】江戸後期、仁孝天皇の時の年号。1818年4月22日～1830年12月10日。

ぶん-せい【文勢】文章の勢い。表現の迫力。

ぶんせい-きんぎん【文政金銀】江戸幕府が文政年間に鋳造を始めた金銀貨。二分金・一朱金・一朱銀の新鋳と、小判・一分金・二分金・丁銀・豆板銀・二朱銀の改鋳とがある。背面に草書の「文」の字があるものを草文・草文字金銀・新文字金銀といい、新鋳の二分金は楷書を用いたので真字(真文)二分金といった。

ぶんせい-げいじゅつだいがく【文星芸術大学】宇都宮市にある私立大学。平成11年(1999)に開学した、美術学部の単科大学。

ぶんせい-し【分生子】アオカビ・コウジカビなどの菌類で、菌糸から出た柄の先にできる無性的な胞子。カビの色はこの色による。分生胞子。

ふん-せき【噴石】ガラス質で多孔質の火山砕屑物(さいせつぶつ)。

ふん-せき【×糞石】❶大腸の内容物が固結して石状となったもの。また、腸管、特に虫垂にできる結石。腸石。❷動物の糞が化石となったもの。糞化石。

ぶん-せき【分析】〔名〕スル ❶複雑な事柄を一つ一つの要素や成分に分け、その構成などを明らかにすること。「情勢の一があまい」「事故の原因を一する」❷哲学で、複雑な現象・概念などを、それを構成している要素に分けて解明すること。⇔総合。❸物質の組成を調べ、その成分の種類や量の割合を明らかにすること。(類語)解析・解剖・解明・調査・研究 (一する)究める・調べる

ぶん-せき【分籍】〔名〕スル 従前の戸籍から分離・独立させて新しい戸籍を作ること。戸籍筆頭者とその配偶者以外の成年者は届け出によってできる。

ぶん-せき【文責】談話を記事にした場合などの、書かれた文章についての責任。「一在記者」
(類語)言責・責任

ぶん-せき【文籍】書物。また、文書。「内典、外典の一は」〈愚管抄・七〉

ぶんせき-かがく【分析化学】物質を分析する技術や理論などを研究する化学の一分野。定性分析化学と定量分析化学とに分けられる。

ふんせき-きゅう【噴石丘】主として噴石が積み重なってできた火山砕屑丘(さいせつきゅう)。スコリア丘。

ぶんせきてき-ていぎ【分析的定義】定義の方法の一。定義されるものを分析し、その本質的な属性を明示して定義するもの。例えば、「酸とは水素イオンを放出する物質である」と定義する類。➡発生的定義

ぶんせき-てつがく【分析哲学】《analytic philosophy》第二次大戦後の英米を中心とする代表的哲学。言語分析を通して哲学の問題を解決あるいは解消しようとする。日常言語の実際の使用法を注意深く記述するという方法によって分析を行うオックスフォード学派(日常言語学派)と、人工言語を積極的に案出してそれによる分析を行う人工言語学派とがある。

ぶんせき-はんだん【分析判断】《ドイ analytisches Urteil》カントの用語。主語概念にすでに含まれている内容を述語として付け加える判断。この判断では、認識は拡張されない。解明判断。⇔総合判断。

ぶん-せつ【分節】❶全体をいくつかの区切りに分けること。また、その区切り。❷《articulation》個々

の音をはっきり発音すること。また、音声を出すための音声器官の調節や運動。❸《syllabication》音節に区分すること。音節に分けること。❹心理学で、統一的・全体的構造をもつものの部分は、独立した要素として分割できず、全体性の分化としての構成要素であること。(類語)区切り・区分け・区分・分割

ぶん-せつ【文節】日本語の言語単位の一。文の構成要素で、文を実際の言葉として不自然にならない程度に区切ったとき得られる最小のひとまとまりのもの。文節は、音声上の単位としても特徴をもち、一つの自立語またはそれに付属語が一つないし二つ以上ついたものからなる。橋本進吉の用語から。

ぶんせつ-うんどう【分節運動】哺乳類の小腸などにみられる運動。一定の間隔で腸管が収縮してくびれ、多数の分節に分けたようになるのが特徴。腸内容物と消化液とを混合する役をする。

ふん-せん【紛戦】敵・味方が入り乱れて戦うこと。

ふん-せん【噴泉】❶「噴水❷」に同じ。(季 夏)❷水や湯が地下から地上にふき出ている泉。

ふん-せん【奮戦】〘名〙スル 気力をふるい起こして力いっぱい戦うこと。また、全力でがんばること。奮闘。「古豪相手に―する」「育児に―する」
(類語)奮闘・力闘・力戦・激戦・激闘・死闘・血戦

ふん-ぜん【紛然】〘ト・タル〙図〘形動タリ〙物事が入り乱れてごたごたしているさま。「―たる様相」「葬送を見る、送るもの―として雲の如し」〈露伴・日ぐらし物語〉

ふん-ぜん【憤然】【×忿然】〘ト・タル〙図〘形動タリ〙激しく怒るさま。「―として席を立つ」(類語)怫然・勃然・かっと・むっと・いきり立つ・息巻く

ふん-ぜん【奮然】〘ト・タル〙図〘形動タリ〙ふるい立つさま。勇気・気力などをふるい起こすさま。「―として攻撃に転じる」

ぶん-せん【分銭】中世、田畑にかかる米・絹などの年貢に代わって納めた銭貨。

ぶん-せん【文銭】「文字銭」に同じ。

ぶん-せん【文選】活版印刷で、原稿に合わせて活字を選び取り、文選箱とよぶ小さな容器に集め並べること。また、それを仕事とする人。「―工」

ブンゼン〖Robert Wilhelm Bunsen〗[1811～1899]ドイツの化学者。1855年、無色炎のブンゼン灯を発明。のち、分光分析法を確立してルビジウムとセシウムを発見。ブンゼン電池・ブンゼン光度計などの実験器具装置も発明。

ぶんせん-のう【文宣王】唐の玄宗皇帝が孔子におくった諡号。

ブンゼン-バーナー〖Bunsen burner〗ブンゼンが発明したガス燃焼装置。管の口からガスを噴出させ、横穴から空気を混入して高温を得ることができる。家庭用ガス焜炉にも応用されている。ブンゼン灯。

ぶん-そ【分×疏】〘名〙スル ❶箇条に分けて述べること。「今上に明ならざる者を―すれば」〈岡三慶・今昔較〉❷申し開き。弁解。弁明。「温は自ら長安に入って、要路に上書して―した」〈鷗外・魚玄機〉

ふん-そう【×扮装】〘名〙スル 俳優が、その役柄らしく、身なりや顔かたちなどをつくり装うこと。また、その装い。一般に、ある人物などに似たかっこうをすることにもいう。「ピエロに―する」
(類語)擬装・仮装・変装・やつす

ふん-そう【紛争|紛×諍】〘名〙スル 事がもつれて争うこと。もめごと。「領土問題で―する」(類語)紛擾・紛糾・悶着・争い・諍い・抗争・争闘・内紛・内訌・訌争・内輪もめ・もめごと・擾乱・動乱

ぶん-そう【文宗】文章・文学の面で一派の祖と仰がれるような大家。

ぶん-そう【文藻】❶文章のいろどり。あや。文彩。文飾。❷詩歌・文章を作る才能。文才。
(類語)文飾・詞藻・文・修飾・文才・筆才・詩才

ぶん-ぞう【分蔵】書物・美術品などをいくつかの場所に分けて所蔵すること。

ぶんぞう【文蔵】狂言。太郎冠者が主人の伯父の家でごちそうになった温糟粥の名を失念し、主人に長々と源平盛衰記の石橋山合戦を語らせて、その中の文蔵の名でやっと思い出す。

ふんぞう-え【×糞掃▽衣】仏語。ぼろ布を洗ってつづり合わせて作った僧衣。衲衣。

ぶん-そうおう【分相応】〘名・形動〙その人の身分や能力にふさわしいこと。また、そのさま。応分。「―な(の)生活をする」(類語)相応・応分

ふん-そく【分速】1分間に進む距離で表した速さ。

フン-ぞく【フン族】《Hun》北アジアの遊牧騎馬民族。中央アジアのステップ地帯にいたが、4世紀中ごろから西へ移動を始め、東・西ゴート族を圧迫し、ゲルマン民族大移動の原因となった。5世紀中ごろ、アッチラ王の時代が全盛期で、王の死後急速に衰えた。匈奴と同族ともいわれるが不明。フン。

ふんぞり-かえ・る【踏ん反り返る】〘動ラ五(四)〙上体を後ろへぐっとそらすようにする。また、尊大な態度をとる。「椅子に―・る」

ふん-ぞ・る【踏ん反る】〘動ラ五(四)〙《「ふみそる」の音変化》足をふんばって、上体を後ろにそらす。また、手足を思いきり伸ばして背をそらす。「仰向けになって、―・って」〈鏡花・婦系図〉

ぶん-そん【分村】〘名〙スル ❶本村から分離した村。❷村の多くの人が集団でよその土地に移住し、新しく村をつくること。また、その村。❸一つの村が二つ以上に分かれること。また、分けること。

ぶん-そん【分損】損害保険で、被保険物の一部が被る損害。➡全損

ふんだ【▽札】《「ふみた(札)」の音変化》文字を記した板。ふだ。「四尺の―を負ふ」〈霊異記・中〉

プンタ-アレナス〖Punta Arenas〗チリ南端部、マゼラン海峡に面する港湾都市。羊毛・羊肉を輸出。マガリャネス。

ふん-たい【粉体】固体が粒子になって多数集合している状態。「―塗装」「―爆発」

ふん-たい【粉×黛】❶白粉とまゆずみ。転じて、化粧。「―をほどこす」❷美人。「六宮の―は顔色なきが如くなり」〈太平記・一〉(類語)化粧・脂粉・紅白粉・作り・お作り・拵え・メーキャップ・メーク

ぶん-たい【分隊】❶本隊から分かれた隊。❷軍隊の編制単位の一。旧日本陸軍では小隊の下位、指揮上の最小単位。旧日本海軍では陸軍の中隊に相当。(類語)支隊・別働隊

ぶん-たい【文体】❶文章の様式。口語体・文語体・和文体・漢文体・書簡体・論文体など。❷その作者にみられる特有な文章表現上の特色。作者の思想・個性が文章の語句・語法・修辞などに現れて、一つの特徴・傾向となっているもの。スタイル。(類語)スタイル・文章・文辞・文藻・語り口・話法・語調・口調

ぶん-だい【文台】❶書籍・硯箱などをのせる台。また、歌会や連歌・俳諧の会席で、短冊・懐紙などをのせる台。❷歌比丘尼の持つ手箱。❸能の作り物の一。竹で机の形を作って紅の絹ひもで巻き、所々を千鳥がけにしたもの。

ぶん-だい【文題】❶文章や詩歌を作るときの題。作文の課題。❷文章の標題。

ふんたい-ばくはつ【粉体爆発】▶粉塵爆発

ぶんたいめいべん【文体明弁】中国の詩文論集。84巻。明の徐師曽編。1573年刊。文章詩賦、文体詩格の源流を論じ、詩文の実例を多く挙げる。

ぶんたい-ろん【文体論】❶ある作家・作品の理解のために、その文体上の特徴を研究する学問。❷《stylistics》ある言語の文章表現上の諸特性を研究する学問。

ふん-だく〘副〙《「ふんだん」の音変化》たっぷりあるさま。どっさり。ふんだん。「路金は―に貯へたり」〈浄・先代萩〉

ふん-だく・る〘動ラ五(四)〙❶力ずくで奪い取る。強奪する。ひったくる。「財布を―・られる」❷強引に金を払わせる。「べらぼうな治療代を―・られた」(可能)ふんだくれる (類語)引ったくる・ぶったくる・掻っ攫う・分捕る・もぎ取る・奪い取る・横取りする・強奪する・奪取する・略奪する・収奪する・略取する・掠め取る・巻き上げる・ぼったくる・ぼる

プンタ-ゴルダ〖Punta Gorda〗中央アメリカ、ベリーズの南部、カリブ海のホンジュラス湾に面する町。トレド州の州都。グアテマラのプエルトバリオスとの間に連絡船航路がある。

ぶん-たつ【聞達】世間に名が知れわたること。

ぶん-だ・つ【分立つ】〘動タ四〙❶区別がはっきりしている。きわだつ。「白川の流れ、西の岸根―・って」〈浮・三所世帯〉❷他と分けて別にする。独立させる。「お亀夫婦を引き取って、―・って商ひさせ」〈浄・卯月の潤色〉

プンタ-デル-エステ〖Punta del Este〗ウルグアイ南部、首都モンテビデオから東方約130キロメートルにある観光・保養都市。

プンタレナス〖Puntarenas〗コスタリカの太平洋岸、ニコヤ湾に臨む港湾都市。観光・保養地として知られ、首都サンホセの市民が数多く訪れる。

ふん-たん【粉炭】粉状または細粒状の石炭。

ふん-だん〘形動〙図〘ナリ〙《「ふだん(不断)」の音変化》絶え間なく続くさま。転じて、あまるほど多くあるさま。豊富。「金は―に使える」「―な資源」
(類語)たんと・ごまんと・わんさと・うんと・たっぷり・なみなみ・一杯・たくさん

ぶん-たん【分担】〘名〙スル 仕事などを分けて受け持つこと。分けて負担すること。「役割を―する」
(類語)分業・分掌・手分け

ぶん-たん【文旦】ザボンの別名。

ぶん-だん【分団】❶団体の本部から分かれて設けられた組織。❷こまかく分かれた集団。グループ。

ぶん-だん【分段】❶物事の切れ目。区切り。段落。❷仏語。「分段生死」「分段身」「分段同居」などの略。

ぶん-だん【分断】〘名〙スル 一つにつながっているものを分かれ分かれに切り離すこと。「がけ崩れで鉄道が―される」(類語)切断・寸断・両断・離間・阻隔・分離

ぶん-だん【文段】文章の各段。文章の一節。

ぶん-だん【文談】❶文学・文章などに関しての話。❷手紙によって行う相談。

ぶん-だん【文壇】作家・批評家などの社会。文学界。(類語)文学界・文界・文苑・文林

ぶんたん-きん【分担金】必要な費用や経費の一部を引き受けること。「受益者―」

ぶんだん-しょうじ【分段生死】仏語。六道に輪廻する凡夫の生死。人の身は寿命・果報などに一定の限界があるところから分段という。➡変易生死

ぶんだん-しん【分段身】仏語。分段生死の身。凡夫の身。

ぶんだん-どうご【分段同▽居】仏語。凡夫も聖人もともに住んでいる娑婆世界。この世。

ぶんだん-バー【文壇バー】作家や編集者達が常連であるバー。

ぶんだん-むじょう【分段無常】仏語。分段生死の身が無常であるということ。

ぶんだん-りんね【分段輪×廻】仏語。分段生死の身として、六道を生まれ変わり死に変わりする生を繰り返すこと。また、その身。

ぶん-ち【分地】〘名〙スル 土地を分けること。土地を分配して相続させること。また、その土地。

ぶん-ち【分知】江戸時代、大名・旗本の領地を分割相続すること。幕府の許可を要した。

ぶん-ち【文治】《「ぶんじ」とも》武力によらず、教化・法令などによって世を治めること。⇔武断。

ぶん-ち【文致】文章のもつ趣。

ぶん-ち【聞知】〘名〙スル 聞き知ること。聞き及んでいること。「当方の―するところではない」
(類語)承知・認識・関知

ぶんちせいげん-れい【分地制限令】江戸時代、農民の零細化を防ぐため、所持田畑の分割相続を制限した法令。延宝元年(1673)のものが最初。

ぶんち-せいじ【文治政治】文治による政治。特に、江戸時代、4代将軍家綱から7代将軍家継までの政治支配のあり方をいう。➡武断政治❷

ふん-ちゅう【×糞虫】哺乳類の糞(ふん)を主な餌とする昆虫。ダイコクコガネ・マグソコガネ・センチコガネ・コブスジコガネなど。動物の糞の分解者として生態系の中で重要な役割を果たしている。糞分解性昆虫。食糞性コガネムシ。➡スカラベ

ぶん-ちゅう【文中】文章のなか。「一に引用する」

ぶんちゅう【文中】南北朝時代、南朝の長慶天皇の時の年号。1372年4月?日～1375年5月27日。

ぶんちゅうし【文中子】中国、隋代の儒者王通(おうつう)の諡号(しごう)。また、王通と門人との対話集「中説」の異称。

ぶんちょう【文晁】(ブンテウ)▶谷文晁(たにぶんちょう)

ぶん-ちょう【文鳥】(テウ)カエデチョウ科の鳥。全長約15センチ。体は灰色で、頭や尾が黒、ほおが白、くちばしは太く赤い。飼い鳥とされ、全身純白のものもある。ジャワおよびバリ島の原産。

ぶん-ちょう【▽蚊帳】(チャウ)▶かや(蚊帳)

ぶん-ちょうめい【文徴明】[1470～1559]中国、明の文人。蘇州(江蘇省)の人。名は璧(へき)。徴明は字(あざな)。のちに徴仲を字とした。号、衡山など。沈周(しんしゅう)に学び、呉派の文人画風を発展させた。著「甫田(ほでん)集」。

ぶん-ちん【文鎮】紙や書類が飛んだり動いたりしないように、重しとしてのせる文房具。

ぶん-つう【文通】〔名〕(スル)文書で通信すること。手紙をやりとりすること。「故国の友人と一する」

ふん-づかま・る【ふん捕まる】〔動ラ五〕捕まえられる。「逃げようとしたところを一・る」

ふん-づき【▽文月】「ふみづき」の音変化。「一の四五日ばかり」〈後撰・秋上・詞書〉

ぶん-つけ【分▽附┊分付】江戸時代、検地帳などに記載された農民の名前の肩に、「誰々分」と本百姓の名を書き付したこと。

ぶんつけ-ひゃくしょう【分▽附百姓】(ヒャクシャウ)江戸時代、分附で名前を記された農民。初期の検地帳に多くみられ、隷属的な身分を示す。

ふん-づ・ける【踏ん付ける】〔動カ下一〕「ふみつける」の音変化。「他人の足を一・ける」

ふん-づつ【粉筒】蒔絵(まきえ)で、金銀粉などをまくのに用いる細い筒。

ふん-づまり【×糞詰(ま)り】大便がとどこおって出ないこと。便秘。一般に、物の通りが悪くなることのたとえにもいう。「高速道路の出口が一になる」

ふん-で【▽筆】《「ふみて」の音変化》ふで。「一の力失せにけり」〈地蔵菩薩霊験記・一一〉

ぶん-てい【文帝】㊀[前202～前157]中国、前漢の第5代皇帝。在位、前180～前157。姓名は劉恒(りゅうこう)、廟号は太宗。劉邦の子で、呂氏の乱平定後に即位。仁政を施したとされる。㊁魏の初代皇帝曹丕(そうひ)の諡号(しごう)。㊂隋の初代皇帝楊堅(ようけん)の諡号。

ブンデスリーガ《ドイ Bundesliga》ドイツで、サッカー・ハンドボール・卓球などのスポーツの全国リーグ。特に、サッカーが有名。

ぶん-てつ【分×綴】〔名〕(スル)英語・フランス語・ドイツ語などで、綴(つづ)りの長い単語が行末にきた場合に、特定の箇所で区切って単語を分割すること。

ぶん-てん【分店】本店から分かれて独立した店。また、支店のこと。

ぶん-てん【分点】黄道と天の赤道との交点。すなわち、春分点と秋分点。春分点のみをさすことが多い。➡至点

ぶん-てん【文典】文法や語法を説明した書物。
(類語)文法書・グラマー

ぶん-てん【文展】《「文部省美術展覧会」の略称》明治40年(1907)創設の最初の官展。大正8年(1919)に帝国美術院展覧会(帝展)に改組され、昭和12年(1937)には帝国美術院の廃止にともない復活。同21年に日本美術展覧会(日展)と改称。(季 秋)

ぶんてん-げつ【分点月】月が春分点を通過してから再び通過するまでの時間。恒星月よりわずかに短く、27.321582日。

ぶん-てんしょう【文天祥】(ブンテンシャウ)[1236～1282]中国、南宋末の政治家。吉水(江西省)の人。字(あざな)は宋瑞・履善。号、文山。元軍侵入に際して講和の使者となるが、失敗して捕らえられ、その間に宋は滅亡。のち脱走して抗戦したが、再び捕らえられて刑死。獄中の作に「正気(せいき)の歌」がある。

ふん-ど【憤怒┊×忿怒】〔名〕(スル)ひどく怒ること。ふんぬ。「非道な行為に一する」(類語)怒り・腹立ち・憤り・怒気・瞋恚(しんい)・憤懣(ふんまん)・鬱憤(うっぷん)・義憤・痛憤・悲憤・憤激・憤慨(ふんがい)・立腹・激怒・癇癪(かんしゃく)・逆鱗(げきりん)

ふん-ど【×糞土】《古くは「ふんと」》❶くそと、つち。また、腐った土。きたない土。❷きたないもの、卑しむべきものなどのたとえ。「文明を皮に着て、一の心をもつ、腐れ果てた明治の賊政府」〈蘆花・黒潮〉

糞土の牆(しょう)は杇(ぬ)るべからず　《「論語」公冶長から》ぼろぼろに腐った土塀は上塗りができない。なまけ者は教育しても甲斐がないというたとえ。

ぶん-と【聞×睹】〔名〕(スル)聞いたり見たりすること。見聞。「時俗の廃頽するを一する毎に」〈魯庵・社会百面相〉

ブント《Wundt》㊀(Wilhelm ～)[1832～1920]ドイツの心理学者・哲学者。世界初の心理学実験室をつくり、実験心理学を創始。現代心理学の祖の一人。著「生理学的心理学綱要」「民族心理学」など。㊁(Max ～)[1879～1963]ドイツの哲学者。㊀の子。ドイツ観念論、ギリシャ哲学の研究に努め、著「形而上学者としてのカント」は、ドイツ形而上学に新局面を開いた。

ぷん-と〔副〕(スル)❶急ににおってくるさま。また、強くにおうさま。「悪臭が一鼻をつく」❷ふくれっ面をするさま。「一して口をきかない」(類語)つんと・ぷんぷん・芬芬(ふんぷん)

ふん-とう【噴騰】〔名〕(スル)勢いよくふき上がること。「パイプの穴から水が一する」

ふん-とう【奮闘】〔名〕(スル)❶力をふるって戦うこと。奮戦。「強敵を相手に一する」「孤軍一」❷力いっぱい努力すること。「問題解決のために一する」
(類語)(❶)奮戦・力闘・力戦・死闘・格闘/(❷)奮励・尽力・努力・刻苦・骨折り・粉骨砕身

ふん-どう【分銅】❶秤(はかり)で物の重量をはかるとき、重量の標準として用いるおもり。金属製で、円筒状・釣鐘状などに作られている。法馬(ほうま)。ふんどん。❷金や銀の塊を分銅形に鋳造したもの。蓄えて不時の用に備えた。❸紋所の名。❶を図案化したもの。

ぶん-とう【文頭】文・文章の冒頭。⇔文末。
(類語)冒頭・書き出し

ぶん-どう【文豆】❶リョクトウの別名。❷エンドウの別名。

ぶん-どう【文道】(ダウ)《古くは「ぶんとう」とも》文学・学芸の道。

ふんどう-ざ【分銅座】寛文5年(1665)江戸幕府が分銅の統一のために設けた座。金工後藤家が世襲。明治9年(1876)廃止。

ぶんど-き【分度器】角度を測定するための器具。円形・半円形の薄い板に角度目盛りをつけたもの。

ぶん-とく【文徳】武力によらないで、学問によって人を教化する徳。

ふんどし【×褌┊犢=鼻=褌】❶男子の陰部をおおう布。下帯(したおび)。❷女子の腰巻。「女は襷がけで、裾をまくって…鼠色になった一を出している」〈鴎外・青年〉❸相撲の化粧回し。❹将棋で、桂馬が相手の駒二つを同時に取りに行く手。盤上で丁の字形になるのでいう。❺カニの腹部の生殖器の蓋板。
(類語)下帯・回し・締め込み

褌を締めてかか・る　決心を固くし、気持ちを引き締めて事に当たる。「ここぞという時には一・れ」

ふんどし-いわい【×褌祝(い)】(いはひ)男子が、13歳前後に行う成年式。親類などから贈られた褌を締める祝い。へこ祝い。

ふんどし-おや【×褌親】褌祝いに際して後見人として頼む仮親。回し親。へこ親。

ふんどし-かつぎ【×褌担ぎ】《関取の回しを担いで運ぶところから》❶相撲で、最も位の低い力士の俗称。❷その世界で最も低い位置にいる者。下っぱ。
(類語)(❶)取的(とりてき)・力士・相撲取り・お相撲さん

ぶん-どり【分捕り】ぶんどること。また、ぶんどったもの。「一品」

ぶん-ど・る【分捕る】〔動ラ五(四)〕❶戦場で敵の武器などを奪い取る。「弾薬を一・る」❷他人のものを力ずくで奪い取る。「他人の分け前まで一・る」(類語)奪う・奪い取る・取り上げる・ぶったくる・ふんだくる・強奪する・奪取する・収奪する・略奪する・略取する

ふん-どん【分▽銅】「ふんどう(分銅)」の音変化。「次郎さんといふ色男の金持ちが、しっかり一を押せえてゐるを」〈人・契情肝粒志〉

ぶんな【文和】(ブンワ)南北朝時代、北朝の後光厳天皇の時の年号。1352年9月27日～1356年3月28日。ぶんわ。

ぶん-なぐ・る【▽打ん殴る┊▽打ん×擲る】〔動ラ五(四)〕「殴る」を強めていう語。勢いよく殴る。「兄貴に一・られる」(可能)ぶんなぐれる (類語)殴る・打つ・叩(たた)く・ぶつ・ひっぱたく・叩きのめす・打ち据える・殴り飛ばす・殴りつける

ぶん-な・げる【▽打ん投げる】〔動ガ下一〕「投げる」を強めていう語。強く投げる。「悪漢を一・げる」

ふん-にゅう【粉乳】牛乳を殺菌してから濃縮・乾燥させ、粉状にしたもの。調整粉乳・加糖粉乳・全脂粉乳・脱脂粉乳などがある。ドライミルク。粉ミルク。

ふん-にょう【×糞尿】(ネウ)大便と小便。
(類語)屎尿(しにょう)・おわい

ぶん-にょう【文×繞】(ネウ)漢字の部首の一。「斐」「斑」などの「文」の部分。

ぶん-にん【分任】〔名〕(スル)任務を分けて引き受けること。「国と自治体とで一する」

ふん-ぬ【憤▽怒┊×忿▽怒】〔名〕(スル)「ふんど(憤怒)」に同じ。「一の形相」

ぶん-ぬき【▽打ん抜き】茶わんなどに入れた飯をさかさまにふせてまるく盛ったもの。中間(ちゅうげん)に出す盛り切り飯などに用いる。「ぐっと一杯二合半、一釘抜き看板に」〈伎・暫〉

ふん-ぬん【紛×紜】(ウン)「ふんうん」の連声(れんじょう)。「壮士間に一を生じ」〈福田英子・妾の半生涯〉

ぶん-のう【分納】(ナフ)〔名〕(スル)何回かに分けて納めること。「授業料を一する」(類語)分割払い・割賦

ぶん-の-まい【文の舞】(まひ)舞楽の舞姿からの分類の一。襲装束(かさねしょうぞく)の四人から八人が緩やかな動きで舞う。万歳楽・延喜楽など。平舞(ひらまい)。⇔武の舞。

ぶん-ぱ【分派】〔名〕(スル)❶主となるものから分かれ出ること。また、分かれたもの。「阿蘇の一の一峰の右に」〈独歩・忘れえぬ人々〉❷主となる勢力から分かれて別に一派をなすこと。また、その一派。「一を立てる」

ぶん-ばい【分売】〔名〕(スル)そろっているものの一部分ずつを分けて売ること。「全集を一する」
(類語)量り売り・切り売り・ばら売り

ぶん-ぱい【分配】〔名〕(スル)❶分けて配ること。配分。「利益を全員に一する」❷地主に地代、資本家に利潤、労働者に賃金というように、生産に関与した者の間に所得が分けられること。(類語)配給・配分・配当・案分・折半・均分・山分け・分与

ぶんぱいがた-とうししんたく【分配型投資信託】投資信託で、定期的に収益が分配されるもの。半年から1年ごとに分配される商品が多い。➡無分配型投資信託

ぶんぱい-こくみんしょとく【分配国民所得】分配面からとらえた国民所得。一定期間に生産に参加した生産要素へ分配される賃金・地代・利子・利潤の合計。

ぶんぱい-ほうそく【分配法則】(ハフソク)集合Aの要素a・b・cの間に演算○・＊が定義されているとき、$a○(b*c)=(a○b)*(a○c)$を分配法則という。数については$a(b+c)=ab+ac$が成り立つ。分配律。配分法則。

ぶんぱい-りつ【分配律】▶分配法則

ぶんぱ-かつどう【分派活動】(クワツ)一つの団体内部で、信条・利益などの相違から派閥をつくって、主導権を握ろうと争ったり、団体の基本方針とは別の行動をとったりすること。

ぶん-はく【文博】「文学博士」の略。

ふん-ぱつ【奮発】〔名〕スル ❶気力を奮い起こすこと。発奮。「兵士等大いに—して」〈染崎延房・近世紀聞〉 ❷思い切りよく金品を出すこと。「駄賃を—する」
(類語)(❶)発奮・奮起・奮励

ふん-ばり【踏ん張り】❶ふんばること。「疲れて—がきかない」 ❷下等な遊女を卑しめていう語。ふりばり。「—め、血迷うて何ぬかす」〈浄・大経師〉

ふん-ば・る【踏ん張る】〔動ラ五(四)〕《「ふみはる」の音変化》❶足を開き、力を入れて地面などに突っぱるようにする。「土俵際で—・る」 ❷気力を出してこらえる。また、がんばる。「—・ってもう一仕事だ」 ❸強硬に言い張る。譲歩しないで押し通す。「自分の意見を通そうと—・る」(可能)ふんばれる
(類語)頑張る・粘る・堪える

ふん-ぱん【噴飯】〔名〕スル《おかしくて、食べかけの飯をこらえきれずに噴き出す意から》がまんできずに笑ってしまうこと。「彼の弁解は—ものだ」「貫一は覚えず—せんと為つつ」〈紅葉・続々金色夜叉〉
(類語)失笑・笑い・大笑い・高笑い・哄笑・爆笑・呵呵大笑・抱腹絶倒

ぶん-ばん【分番】►番上

ぶん-ぱん【文範】模範となるような文章。また、それを集めた書物。「手紙—」

ぶん-ぴ【分泌】〔名〕スル ►ぶんぴつ(分泌)

ぶん-ぴつ【分泌】〔名〕スル 生体が細胞から特有の代謝産物を排出すること。分泌を行う細胞を腺細胞といい、ホルモンなどを体内に出す内分泌と、汗などを体外に出す外分泌とがある。ぶんぴ。

ぶん-ぴつ【分筆】〔名〕スル 土地登記簿上、一筆の土地を分割して数筆の土地とすること。⇔合筆。

ぶん-ぴつ【文筆】筆をとって詩歌・文章を書くこと。「—に親しむ」「—活動」(類語)書き物・執筆

ぶんぴつ-えき【分泌液】腺細胞や分泌組織から分泌される液。

ぶんぴつ-か【文筆家】文章を書くことを職業とする人。(類語)著作家・著述家・操觚者・物書き・文人・文士・評論家・ライター・コラムニスト・エッセイスト・ジャーナリスト

ぶんぴつがんしんしょう【文筆眼心抄】ブンピツガンシンセウ 平安前期の詩論書。1巻。空海編著。弘仁11年(820)成立。「文鏡秘府論」から、詩文の実作に役立つ所を抄出したもの。ぶんぴつげんじんしょう。

ぶんぴつ-ぎょう【文筆業】ゲフ 文筆に携わる職業。

ぶんぴつ-せん【分泌腺】分泌物の排出を行う腺。外分泌腺と内分泌腺とがある。

ぶんぴつ-そしき【分泌組織】分泌物を含有する植物の組織。細胞内や細胞間に生じ、油脂・乳液・粘液などの分泌物を貯蔵し、分泌する。

ぶんぴつ-ぶつ【分泌物】腺細胞などから分泌された代謝産物。

ふん-びょう【分秒】ベウ 時間の分と秒。きわめてわずかの時間。寸秒。「—を争う」「—を惜しむ」

ぶん-びょう【文×廟】ベウ 孔子を祀る廟。孔子廟。

ぶん-ぶ【文武】《古くは「ぶんぷ」とも》文事と武事。学問の道と武芸の道。文化的な面と軍事的な面。「—にすぐれる」「—百官」

ぶん-ぷ【分布】〔名〕スル ❶分かれて広くあちこちにあること。また、あちこちに置くこと。「一帯に古代遺跡が—する」 ❷動植物が地理的、時間的にある範囲を占めること。「垂直—」「水平—」「—図」
(類語)遍在・偏在・点在・散在

ぶん-ぷ【分賦】〔名〕スル 分けて課すること。割り当てること。「国の智徳とは国中一般に—せる智徳の全量を指して」〈福沢・文明論之概略〉

ぶん-ぷく【分服】〔名〕スル 薬の一定量を何回かに分けて飲むこと。

ぶんぶく-ちゃがま【文福茶釜｜分福茶釜】㊀《「ぶんぶく」は茶の沸き立つ音を擬して、それに当て字したもの》群馬県館林市の茂林寺に伝わる茶釜。伝説では、守鶴という老僧の愛用していた茶釜が、くんでもくんでも湯がなくならないので不思議がられていたが、住持によって、守鶴が狸の化身であることを見破られ、守鶴は寺を去ったという。㊁ブンブクチャガマ科のウニ。海の砂泥底にすむ。殻は心臓形で平たく、長径7センチくらいで、表面に獣毛のような茶色のとげが密生する。本州中部以南に分布。

ぶん-ぶつ【文物】文化の産物。学問・芸術・宗教・法律・制度など、文化に関するもの。「奈良時代の—」
(類語)文明・文化・文華・人文・人知・文化財

ぶんぶにどうまんごくどおし【文武二道万石通】ブンブニダウマンゴクドホシ 黄表紙。3冊。朋誠堂喜三二作。喜多川行麿画。天明8年(1788)刊。源頼朝が畠山重忠に命じて諸大名を文武二道に分けるという話で、寛政の改革の文武奨励策など実相をとらえ、風刺したもの。

ぶんぶ-りょうどう【文武両道】リヤウダウ 文事と武事との両方。「—にたける」

ふん-ふん〔感〕相手の言葉にうなずくときに発する声。また、いいかげんに聞いているときに発する声。「—と感心して聞く」「—と聞き流す」

ふん-ぷん【×芬×芬】〔ト・タル〕図〔形動タリ〕盛んににおうさま。本来はよい香りにいうが、悪臭にもいう。「花の香りが—と漂う」「酒気を—とさせる」(類語)馥郁・芳烈・香ばしい・芳しい

ふん-ぷん【紛紛】〔ト・タル〕図〔形動タリ〕入り乱れてまとまりのないさま。「—たる落花」「諸説—」

ぶん-ぶん ㊀〔副〕❶虫の羽音を表す語。「—(と)飛びまわる蜂」 ❷物が繰り返し風を切る音を表す語。「バットを—(と)振り回す」㊁〔名〕コガネムシの別名。(季 夏)「—をその来し闇へ投げいなす/梵」

ぷん-ぷん〔副〕スル ❶強いにおいがしきりに鼻をつくさま。比喩的にも用いる。「香水のにおいを—(と)させる」「犯罪のにおいが—(と)する」 ❷ひどく怒って機嫌の悪いさま。「頼みを断られ—する」
(類語)ぷんと・つんと・芬芬

ふんぷんかいせい-こんちゅう【×糞分解性昆虫】►糞虫

ぶん-べい【分×袂】〔名〕スル たもとを分かつこと。別れること。決別。「楽を奏し、以て—の歌を唱う」〈織田訳・花柳春話〉

ふん-べつ【分別】〔名〕スル ❶道理をよくわきまえていること。また、物事の善悪・損得などをよく考えること。「—のないことを言う」「よく—して態度を決める」 ❷仏語。もろもろの事理を思量し、識別する心の働き。
(類語)思慮・常識・良識・わきまえ・分かち・聞き分け

ぶん-べつ【分別】〔名〕スル 種類によって分けること。区別すること。また、その区分。「家庭のごみを—する」(類語)類別・分類・仕分け・組分け・色分け

ふんべつ-がお【分別顔】ガホ いかにも分別がありそうな顔つき・態度。「—で意見する」

ぶんべつ-かきかた【分別書(き)方】「分かち書き」に同じ。

ふんべつ-くさ・い【分別臭い】〔形〕図ふんべつくさ・し〔ク〕いかにも分別がありそうなようすである。「若いのに—・い物言いをする」(類語)分別らしい・訳知り・心得顔・大人びる・ひねる・ませる

ぶんべつ-けっしょう【分別結晶】ケツシヤウ 混合溶液から、各溶質の溶解度の差を利用して析出・溶解を繰り返し、各成分を結晶化して分離・精製する方法。分別結出。

ふんべつ-ざかり【分別盛り】〔名・形動〕いろいろと経験を積んで知識も有り、世の中の道理がよくわかっている年ごろ。また、そのさまや、その人。ふつう、中年をさす。「—な(の)人」(類語)大人・一人前・訳知り

ぶんべつ-じょうりゅう【分別蒸留】ジヤウリウ 液体の混合物を、各成分の沸点の差を利用して蒸留によって分離する方法。石油化学工業の精製などで用いられる。精留。分留。

ふんべつ-どころ【分別所】❶十分に考えて行動しなければならないところ。思案のしどころ。「ここが—だ」 ❷《ひとり静かに思索にふける場所の意》便所のこと。

ふんべつ-らし・い【分別らしい】〔形〕図ふんべつら・し〔シク〕いかにも分別があるように見える。「—・い態度」

ふん-べん【×糞便】大便。くそ。
(類語)便・大便・糞・糞・人糞・ばば・うんこ・うんち

ぶん-べん【分弁｜分×辨】〔名〕スル 見きわめて区別すること。「真偽を—する」

ぶん-べん【分×娩】〔名〕スル 胎内の子を体外に産み出すこと。出産。「産院で—する」(類語)出産・お産・娩出・産み落とす・身二つになる

ぶんべん-だい【分×娩台】病院・助産院などに設けられる、分娩のための台。ベッド型や椅子型などがある。

ぶんべん-よていび【分×娩予定日】統計的に分娩が起こる可能性が高い日。人の場合、妊娠前の最終月経開始日から280日目(妊娠40週0日)。予定日当日に分娩する人は全体の約5パーセントで、約85パーセントは予定日の前後4週間に分娩している。出産予定日。➡正期産

ふん-ぼ【墳墓】死体・遺骨・遺品などを葬った所。はか。(類語)墓・塚・土饅頭・陵墓

ぶん-ぼ【分母】分数または分数式で、割るほうの数や式。横線の下に書かれる。⇔分子。

ふん-ぽう【×芬芳】ハウ よい香り。また、よい香りをただよわせること。「三春の花も凋落の夕には—の香り早く失せて」〈露伴・二日物語〉

ぶん-ぼう【文房】バウ 読書や執筆のための部屋。書斎。「書籍を買い—の具を求めて」〈福沢・学問のすゝめ〉

ぶん-ぼう【▽蚊×虻】バウ 蚊と虻。また、弱小なもの、つまらないもののたとえ。「彼等が目には雀—の前を過ぐるとや見ん」〈一茶・文化句帖補遺〉

ぶん-ぽう【分包】バウ〔名〕スル 粉薬などを分けて一包みずつにすること。「散薬を—する」

ぶん-ぽう【分封】〔名〕スル ❶領地を分け与えて支配させること。また、その領地。「家臣に所領を—する」 ❷越冬したミツバチの女王バチが、初夏のころ、新女王バチに巣を譲って働きバチの一部とともに他に移り、新しい巣を作ること。巣分かれ。分房。

ぶん-ぽう【文法】パフ ❶文章を構成するきまりや規範。また、文章を書く上でのきまりや書き方。❷言語を構成する諸要素の間にみられる法則性。また、それを分析・記述する研究。ふつう、単語・文節・文などの言語単位について説かれるが、さらに語構成・文連接・文章構成などの問題についても扱われることがある。(類語)語法・グラマー・シンタックス・統語論

ぶんぽう【文保】鎌倉後期、花園天皇・後醍醐天皇の時の年号。1317年2月3日〜1319年4月28日。ぶんぽ。

ぶんぼう-ぐ【文房具】ブンバウ ものを書くのに必要な道具。紙・ノート・鉛筆・定規など。文具。(類語)文具・筆記具・筆墨・筆紙・学用品・ステーショナリー

ぶんぼう-しほう【文房四宝】ブンバウ 筆・硯・紙・墨のこと。

ぶんぽう-ろん【文法論】ブンパフ 言語学の部門の一。文法❷について研究する分野。普通は単語論(品詞論)と構文論(統語論)の2分野を設ける。

ぶん-ぼく【文墨】詩文を作ったり、書画をかいたりすること。学問・芸術に関する方面のこと。文筆。

ぶんぼ-ちょう【▽蚊母鳥】テウ ヨタカの別名。

ふんぼ-の-ち【墳墓の地】❶墓のある土地。特に、先祖代々の墓がある土地。故郷。「—に帰る」 ❷一生を終えて、骨を埋めるつもりの土地。

ふんぼはっくつ-ざい【墳墓発掘罪】墓石を壊したり、墳墓を掘り起こしたりする罪。刑法第189条が禁じ、2年以下の懲役に処せられる。

ふんぼはっくつしたいそんかいとう-ざい【墳墓発掘死体損壊等罪】フンボハククツシタイソンクワイトウ 墳墓発掘罪にあたる行為をして、埋葬されている遺体・遺骨・遺髪・その他を損壊・遺棄したり盗んだりする罪。刑法第191条が禁じ、3か月以上5年以下の懲役に処せられる。墳墓発掘死体損壊罪。

フンボルト〖Humboldt〗㊀(Karl Wilhelm von 〜)［1767〜1835］ドイツの政治家・人文主義学者。

ベルリン大学創設者の一人。プロイセンの公使としてドイツ統一に寄与。また、シラー・ゲーテなどとも親交を結んだ。のち、言語学・歴史哲学の著述に専念、国語は民族精神の表現であるとする言語哲学を唱えた。著「ジャワ島におけるカビ語について」「歴史家の使命について」など。㈡(Alexander von ～)[1769～1859]ドイツの地理学者。㈠の弟。近代地理学の創設者の一人。世界各地を旅行。植物生態と環境との関係に注目し、植物生態学・自然地理学の基礎を確立した。著「コスモス(宇宙)」など。

フンボルト-だいがく【フンボルト大学】 ベルリン大学の第二次大戦後の正称。

フンボルト-ペンギン〖Humboldt penguin〗ペンギンの一種。チリおよびペルー沿岸のフンボルト海流域にすむ。全長約65センチ。

ふん-ぽん【粉本】 ❶《昔、胡粉ごふんを用いて下絵を描き、のち墨を施したところから》東洋画で、下書きのこと。❷後日の研究や制作の参考とするために模写した絵画。❸絵・文章などの手本とするもの。

ぶん-まい【分米】 ❶中世、荘園・公領から徴収された年貢米。❷近世、検地によって定められた耕地の石高。

ふんま・える【踏んまえる】 ふんまへる〔動ア下一〕「ふまえる」を強めていう語。「富士嵩嶺ふじたかねに両足を—・えて」〈魯庵・社会百面相〉

ふん-まき【粉×蒔】 蒔絵まきえで、漆で描いた上に金粉・銀粉などをまき散らすこと。

ふん-まつ【粉末】 細かいこな状のもの。こな。「—ジュース」(類語)粉こな・粉こ・パウダー

ぶん-まつ【文末】 文・文章の終わりの部分。⇔文頭。(類語)末文・結び・巻末

ふんまつ-やきん【粉末冶金】 金属の粉末を圧縮成形し、焼結して製品を作る加工法。

ぶん-まわし【ぶん回し】 はし ❶コンパス❶のこと。❷歌舞伎で、回り舞台のこと。

ふん-まん【憤×懣|×忿×懣】 怒りが発散できずいらいらすること。腹が立ってどうにもがまんできない気持ち。「—やるかたない」「—をぶつける」(類語)鬱憤うっぷん・鬱積・怒り・腹立ち・憤り・立腹・憤慨ふんがい・慷慨こうがい

ぶんみつ-とう【分蜜糖】 タウ 砂糖の結晶から糖蜜を分離してつくった純度の高い砂糖。

ぶん-みゃく【分脈】 血脈・山脈・水脈などの、主脈から分かれ出た脈。

ぶん-みゃく【文脈】 ❶文章の流れの中にある意味内容のつながりぐあい。多くは、文と文の論理的関係、語と語の意味的関連の中にある。文章の筋道。文の脈絡。コンテクスト。「—で語の意味も変わる」「—をたどる」❷一般に、物事の筋道。また、物事の背景。「政治改革の—でながめると」

ぶん-みょう【分明】 ミャウ〔名・形動〕《「ふんみょう」とも》「ぶんめい(分明)❶」に同じ。「三千代の過去を—に認めた」〈漱石・それから〉

ぶん-みん【文民】《civilian》軍人でない者。職業軍人の経歴をもたない者。「内閣総理大臣その他の国務大臣は、—でなければならない」〈日本国憲法第六六条・二〉(類語)シビリアン

ぶんみん-とうせい【文民統制】 ▶シビリアンコントロール

ふんむ-き【噴霧器】 液体を霧状にしてふき出させて散布する器具。スプレー。

ぶん-めい【分明】〔名・形動〕スル《古くは「ふんめい」とも》❶他との区別がはっきりしていること。あきらかなこと。また、そのさま。ぶんみょう。「—な事実」❷明らかになること。「事実はすぐに—した」(類語)明らか・定か・明瞭めいりょう・瞭然・判然・明確・明白・歴然・截然せつぜん・画然かくぜん

ぶん-めい【文名】 作家としての名声。詩文にすぐれているという評判。「—を馳はせる」

ぶん-めい【文明】 人知が進んで世の中が開け、精神的、物質的に生活が豊かになった状態。特に、宗教・道徳・学問・芸術などの精神的な文化に対して、技術・機械の発達や社会制度の整備などによる経済的・物質的文化をさす。➡文化(用法)
(類語)文化・文物・文華・人文・人知・文運・開化・シビリゼーション

ぶんめい【文明】 室町中期、後土御門ごつちみかど天皇の時の年号。1469年4月28日～1487年7月20日。

ぶんめいいっとうき【文明一統記】 室町中期の政論書。1巻。一条兼良著。成立年未詳。将軍足利義尚よしひさの求めに応じて政道を論じたもの。

ぶんめい-かいか【文明開化】 クワイクワ 世の中が開けて生活が便利になること。特に明治初期、西洋文明を積極的に模倣し、急速に西洋化・近代化した現象。

ぶんめい-し【文明史】 人類の文明の変遷・発展の歴史。また、それを記述したもの。

ぶんめい-ひひょう【文明批評】 ヒヒャウ 文明の諸現象を研究・分析し、その価値を論じること。また、その評論。

ぶんめい-びょう【文明病】 ビャウ ❶物質文明の発達に伴って生じる病症、また社会的障害。ノイローゼなど。❷性病の俗称。

ぶんめいろんのがいりゃく【文明論之概略】 福沢諭吉の著書。6巻。明治8年(1875)刊。西洋・日本の文明の特徴を論じ、日本のとるべき道を示した明治初期啓蒙思想の代表作。

ぶん-めん【文面】 文章、特に手紙で、その表現が直接示している事柄や趣意。「—から察するに…」(類語)書面・文章・文ぶん・文意・文言もんごん・文辞ぶんじ・記述

ふん-もん【噴門】 胃の入り口の部分。食道から胃に連なる部分。

ふん-もん【憤×悶】〔名〕スル「憤懣ふんまん」に同じ。「遺恨胸中に溢れ、—顔色に見あらわれ」〈織田訳・花柳春話〉

ぶん-や【分野】 人間の活動における、分化した一つの領域。物事のある方面・範囲。「新しい—の研究」(類語)方面・範囲・領域・世界・畑・フィールド

ぶんや【文弥】 ㈠▶岡本文弥 ㈡「文弥節」の略。

ぶんや【文屋】 歌舞伎舞踊。清元。松本幸二作詞、初世清元斎兵衛作曲。五変化舞踊「六歌仙容彩ろっかせんすがたのいろどり」の一つとして、天保2年(1831)江戸中村座初演。文屋康秀ふんやのやすひでが官女を相手に、軽妙洒脱に踊る。

ぶんやごろし【文弥殺し】 歌舞伎狂言「蔦紅葉宇都谷峠つたもみじうつのやとうげ」の通称。

ふんや-の-やすひで【文屋康秀】 平安前期の歌人。六歌仙の一人。文琳とも称した。古今集に和歌5首が伝わっている。生没年未詳。

ふんや-の-わたまろ【文室綿麻呂】[765～823]平安初期の公卿。弘仁元年(810)薬子くすこの変で上皇方について捕らえられたが、のちに許され、坂上田村麻呂とともに蝦夷えぞ征討で武功をあげた。

ぶんや-ぶし【文弥節】 ❶古浄瑠璃の流派の一。延宝(1673～1681)のころ、大坂の岡本文弥が創始。哀調を帯びた旋律が特徴で、泣き節といわれて人気を博したが、宝永年間(1704～1711)には衰滅。❷民俗芸能として❶が残存したもの。新潟県佐渡市、宮崎県都城市山之口町、石川県白山市尾口地区などで、人形芝居と結びついて行われている。❸義太夫節・豊後ぶんご節などで、❶の手法を取り入れた曲節。

ふん-ゆ【×枌×楡】 ❶ニレの木。❷《漢の高祖が、故郷の社にあったニレの木を都に移し、神としてまつったところから》神聖な場所。神社。転じて、故郷。「蘋蘩ひんぱんの礼怠らず、—の影さかんなり」〈保元・上〉

ふん-ゆ【噴油】 ❶地下の油田から石油がふき出すこと。また、その石油。❷内燃機関で、ノズルから燃焼室へ燃料油を霧状にして噴出すること。

ぶん-ゆう【分有】 イウ〔名〕スル 一つのものをいくつかに分けて所有すること。「権利を—する」(類語)共有

ぶん-ゆう【文友】 イウ 文学を通じての友人。詩友。

ぶんゆう【文雄】 ▶もんのう(文雄)

ふんゆ-の-きょ【×枌×楡の居】 上皇の御所。仙洞御所。「太上天皇の尊号をかうぶりて、—をしめき」〈古活字本保元・下〉

ぶん-よ【分与】〔名〕スル 分けて与えること。「土地を兄弟各人に—する」(類語)配分・分配・配給・配当・案分・均分・裾分すそわけ

ぶん-らい【×蚊雷】 蚊が群がり飛ぶ音のうなり。雷に似るところからいう。蚊鳴り。

ぶんらく【文楽】 ㈠「文楽座」の略。㈡《大正中期以降、文楽座が唯一の専門劇場となったところから》人形浄瑠璃芝居の通称。➡人形浄瑠璃

ぶんらく-ざ【文楽座】 人形浄瑠璃の劇場および劇団。寛政年間(1789～1801)、淡路の植村文楽軒が大坂高津橋南詰に開いた浄瑠璃小屋が母体。明治5年(1872)松島に移転して文楽座と称した。のち、御霊神社境内、四ツ橋、道頓堀と移転、その間に経営権も松竹に移った。昭和38年(1963)文楽協会発足を機に朝日座と改称。同59年、国立文楽劇場が開設され廃座。現在、文楽座は劇団名として残る。

ぶんらく-にんぎょう【文楽人形】 ニンギャウ 文楽の操り芝居に使う人形。

ふん-らん【紛乱】〔名〕スル 入りまぎれ乱れること。混乱。「彼は此の情緒の劇げきく—せるに際して」〈紅葉・金色夜叉〉

ぶん-らん【×紊乱】〔名〕スル「びんらん(紊乱)」に同じ。「社会の秩序を—せんとし」〈鉄腸・花間鶯〉

ぶん-り【分利】 高熱などが急に下がり、平熱に戻ること。➡渙散かんさん

ぶん-り【分離】〔名〕スル ❶分かれて離れること。また、分けて離すこと。「ドレッシングの油が—する」「中央—帯」「政教—」❷結晶・昇華・蒸留などにより、ある物質を分けて取り出すこと。❸「分離の法則」の略。(類語)切り離し・分断・分割・分解・分化・分裂・分立・独立・分散・遊離

ぶん-り【文理】 ❶物事のすじめ。条理。❷文章の筋道。文脈。❸文科と理科。「—学部」

ぶんり-かぜい【分離課税】 クワゼイ 特定の種類の所得については、他の所得と合算せずに分離して課税すること。➡総合課税

ぶんりか-だいがく【文理科大学】 ブンリクワ 旧制の大学令で、文科と理科の学科をもった官立単科大学。東京と広島にあったが、新制で廃止され、東京教育大学(現筑波大学)・広島大学となった。文理大。

ぶん-りき【分力】 自分に相応じた力量。「習ひ稽古しつる—を」〈至花道〉

ぶんり-たい【分離帯】 二つの地域を分けるために、間に設けられた帯状の地帯。多く、車道で、往路と復路を分離するものをいう。➡中央分離帯

ぶん-りつ【分立】〔名〕スル ❶分けて設立すること。「新会社を—させる」❷分かれて別々に存在すること。また、存在させること。ぶんりゅう。「三権—」(類語)独立・分離・並立・連立・両立・鼎立ていりつ

ぶんり-の-ほうそく【分離の法則】 ハフソク メンデルの法則の一。雑種第2代では優性・劣性の形質をもつものの割合が3対1に分離して現れるというもの。

ぶんり-は【分離派】 ▶ゼツェシオン

ぶん-りゃく【文略】 文章や語句を省略すること。

ぶんりゃく【文暦】 鎌倉前期、四条天皇の時の年号。1234年11月5日～1235年9月19日。

ふん-りゅう【粉×瘤】 リウ ▶アテローム

ふん-りゅう【噴流】 リウ〔名〕スル 気体や液体が激しい勢いで流れ出ること。また、その流れ。「—する空気を推進力とする」「—式洗濯機」

ぶん-りゅう【分流】 リウ〔名〕スル ❶水や電気などの流れで、本流から分かれて流れること。また、分けて流すこと。また、その流れ。「河口近くで—する」❷中心となる系統から枝分かれした流派。分派。(類語)(❶)支流/(❷)分派・傍系・傍流・門流・支流・枝・分かれ

ぶん-りゅう【分留|分×溜】 リウ〔名〕スル「分別蒸留ぶんべつじょうりゅう」の略。

ぶんりゅう-き【分流器】 ブンリウ 電流計の測定範囲を増すために、電流計と並列に接続される抵抗器。

ぶんりゅう-とう【分留塔】 ブンリウタフ 多成分の混合液体を、蒸発と凝縮とを繰り返して、低沸点のものから順に連続的に分離するための塔状の装置。

ぶん-りょう【分量】 リャウ〔名〕スル ❶物の重量・容積・数

量・割合などの、多い少ないの程度。量。「仕事の—を減らす」「目—」❷長さ・重さなどをはかること。「粉薬を—している小生意気な薬局生」〈啄木・鳥影〉❸身のほど。身分の程度。分際ぶん。「身の—を知ったるゆゑ」〈浄・博多小女郎〉
（類語）量・嵩かさ・数量・数字すう・ボリューム

ぶん-りょう【分領】リョウ〔名〕スル　分割して領有すること。また、その領土。「西洋諸邦に—せられんとす」〈東海散士・佳人之奇遇〉

ぶん-りょく【分力】一つの力が、二つ以上の力を合したものと見なされる時の、それぞれの力。⇔合力ごうりょく。

ぶん-りん【×賁臨】〔名〕スル ▶ひりん(賁臨)

ぶん-りん【文林】❶文学者の仲間。文苑。文壇。「儒家—」❷詩歌・文章などを集めたもの。詩文集。文苑。❸《「洽聞記」にある、唐の高宗が見事なリンゴを献上した王方言を文林郎の官に任じたという故事から》リンゴの別名。❹(「文琳」とも書く)「文林茶入れ」の略。

ぶんりん-ちゃいれ【文林茶入れ｜文×琳茶入れ】茶入れの一種。リンゴの形に似ている。

ぶん-るい【分類】〔名〕スル　事物をその種類・性質・系統などに従って分けること。同類のものをまとめ、いくつかの集まりに区分すること。類別。「五十音順に—する」「—表」
（類語）類別・分別ぶんべつ・種別・仕分け・組分け・色分け・品分け

ぶんるい-がく【分類学】生物を形態・生理などの関連や系統的なつながりに基づいて整理し、各種間の相互関係を研究する学問分野。

ふん-れい【奮励】〔名〕スル　気力をふるい起こして、努め励むこと。「—努力する」「—すべき大目標」
（類語）努力・精励・奮起・発奮

ぶん-れい【分霊】ある神社の祭神の霊を他に分かち祭ること。また、その霊。

ぶん-れい【文例】文章の書き方の例。文章の実例。（類語）語例・作例・用例・例文・テンプレート

ぶんれい-しゃ【分霊社】分霊を祭って創立された神社。分社。

ぶん-れつ【分列】〔名〕スル　いくつかの列に分かれて並ぶこと。また、分けて並べること。「一行進」「三連隊に—して」〈染崎延房・近世紀聞〉（類語）並列・整列

ぶん-れつ【分裂】〔名〕スル ❶一つのまとまりが、いくつかのものに分かれること。「会が—する」「核—」❷生物の一個体が二つ以上の個体に分かれて増殖する無性生殖の方法。
（類語）分離・分解・解体・分化・分散

ぶんれつ-しき【分列式】軍隊の礼式の一。各部隊が隊形を整えて順に行進し、受礼者の前を通るときに敬礼する。

ぶんれつ-しつ【分裂質】クレッチマーが分類した性格類型の一。非社交的で内気で、ひかえめな気質。感受性の面では、きわめて敏感なところと、鈍感との両要素が併存する。分裂気質。

ぶんれつ-そしき【分裂組織】植物で、細胞分裂を活発に行っている組織。茎・根の形成層や生長点にあり、植物を生長させる働きをもつ。⇔永久組織。

ぶんれつ-びょう【分裂病】ビャウ 精神分裂病の略称。（補説）日本精神神経学会は平成14年(2002)、精神分裂病を「統合失調症」に改称した。

ぶん-ろ【分路】▶シャント

ふん-ろう【×糞×瘻】腸管と腹壁とが癒着して瘻孔ろうこうを生じ、糞便が漏れる状態。

ぶんろく【文禄】安土桃山時代、後陽成天皇の時の年号。1592年12月8日～1596年10月27日。

ぶんろく-の-えき【文禄の役】文禄元年(1592)豊臣秀吉が明の征服を目的に朝鮮に出兵した侵略戦争。約16万の軍を釜山に上陸させ明の国境まで進出したが、明の援軍、朝鮮水軍の攻撃や民衆蜂起などによって劣勢となり停戦。➡慶長の役

ぶん-わ【文話】文学や文章に関する話。

ふんわり〔副〕スル「ふわり」を強めていう語。「—(と)舞い落ちる雪」「—(と)焼き上がったケーキ」
（類語）ふわふわ・ふわっと・ふわり

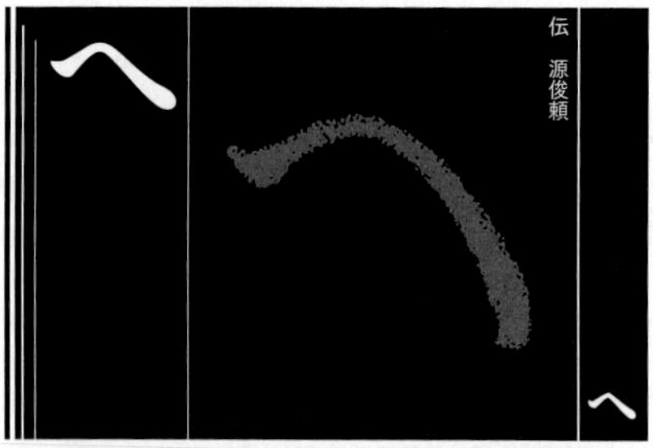

へ ❶五十音図ハ行の第4音。咽頭の無声摩擦子音[h]と母音[e]とから成る音節。[he] ❷平仮名「へ」、片仮名「ヘ」は、ともに「部」の旁つくり「阝」の草体から。（補説）(1)「へ」は、古くは両唇の無声摩擦子音[ɸ]と母音[e]とから成る音節[ɸe]であり、さらに奈良時代以前には[pe]であったかともいわれる。室町時代末までは[ɸe]であったが、江戸時代に入り、[he]となった。(2)「へ」は、平安時代半ば以後、語中語尾では一般に[we][je]と混同し、室町時代末には[je]と発音されたが、のちさらに[e]と発音されるようになった。これらは歴史的仮名遣いでは「へ」と書くが、現代仮名遣いでは、助詞「へ」以外はすべて「え」と書く。

へ【ヘ】洋楽の音名の一で、日本音名の第4音。

へ【▽上】上。表面。「いかにあらむ日の時にかも声知らむ人の膝の—我が枕かむ」〈万・八一〇〉

へ【▽戸】民の家。また、それを数える語。「秦人はたひとの—の数、惣すべて七千五十三—」〈欽明紀〉

へ【▽辺｜▽方】□一〔名〕❶そのものにごく近い場所、また、それへの方向を示す。近く。ほとり。あたり。「大君の—にこそ死なめ」〈続紀・聖武・歌謡〉❷(多く「沖」と対句になって)海のほとり。うみべ。「沖見ればとゐ波立ち—見れば白波さわく」〈万・二二〇〉□二〔接尾〕名詞、動詞の連体形の下に付く。普通「え」と発音され、また濁音化して「べ」ともなる。❶その辺り、その方向などの意を表す。「片かた—」「行ゆく—」「海—うみ」「水—みず」❷その頃の意を表す。「去いにし—」「春—はる」「夕—ゆう」

へ【×屁】❶肛門こうもんから放出されるガス。飲み込んだ空気や、腸の内容物の発酵で生じる。おなら。「—をひる」❷値打ちのないもの、つまらぬもののたとえ。「—にもならない」

屁でもな・い　問題とするに足りない。何でもない。非常にたやすい。「あんな相手は—・い」

屁とも思わ◦ない　軽視して問題にしない。物の数とも思わない。「人をだますことを—◦ない」

屁の突つっ張ぱりにもなら◦ない　何の役にも立たないことのたとえ。「今さら言っても—◦ない」

屁を放ひって尻しり窄すぼめ　おならをしてしまってから尻をすぼめる。過ちのあとであわててとりつくろおうとすることのたとえ。

へ【×瓮】酒などを入れる容器。瓶かめ。「—二十ばかり据ゑて」〈宇津保・吹上上〉

へ【▽家】《「いへ」の音変化》いえ。人家。「春の野に鳴くやうぐひすなつけむと我が—の園に梅が花咲く」〈万・八三七〉

へ【×舳】船の先端部。船首。へさき。みよし。「艫ともに—にま櫂しじ貫きい漕ぎつつ」〈万・四二五四〉

へ【×竈】かまど。へっつい。「慎つつしめよもつ—ものを莫な食ひそ」〈霊異記・中〉

へ〔感〕❶応答のとき、軽くへりくだった気持ちを示して発する声。「—、恐れ入ります」❷こばかにする気持ちを表すときに発する声。ふん。へん。「—、つまらないことを言うね」

へ〔格助〕《現在では「え」と発音する》名詞に付く。❶動作・作用の移動・進行する目標地点・方向を表す。…の方向に向かって。…の方へ。「西—向かう」「今日は、車、京—とりにやる」〈土佐〉❷動作・作用の行われる場所・帰着点を表す。…に。「庭—物を捨てるな」「父も母も留守のところ—訪ねてきた」「十月十四日、関東—下着げちゃく」〈平家・八〉❸動作・作用の向けられる相手・対象を表す。…に対して。…に。「父—送った手紙」「お母さん—よろしくお伝えください」「われらが主の太政入道殿—、いかで参らであるべき」〈平家・二〉（補説）「あたり」の意を表す名詞「辺へ」から転じたもの。本来は「に」が場所や動作・作用の帰着点を静止的に指示するのに対し、「へ」は、動作・作用の向かう目標を移動的に指示する傾向が強い。しかし、平安時代末ごろから、❷❸の用法が生まれ、「に」との境界がしだいにあいまいになる。

べ「へ」の濁音。両唇破裂音の有声子音[b]と母音[e]とから成る音節。[be]

べ【▽部】大化の改新以前、大和政権に属した人々の集団。朝廷・皇族・豪族の支配のもとに労力や貢物を提供した。朝廷に属する品部しなべは馬飼うまかい部などのように職能名をつけてよばれ、皇族に属する名代なしろ・子代こしろや豪族に属する部曲かきべは、それぞれ穴穂部・蘇我部などのように皇族名や豪族名をつけてよばれた。改新後に部の制度は廃止されたが、一部は品部・雑戸ざっことして存続した。とも。

べ【辺｜▽方】〔接尾〕▶へ(辺)□二

ぺ「へ」の半濁音。両唇破裂音の無声子音[p]と母音[e]とから成る音節。[pe]

ぺ〔接尾〕人名のあとに促音をはさんで付き、親しみを込めて呼ぶのに用いる。「太郎っ—」「花っ—」

ヘア〖hair〗《「ヘアー」「ヘヤ」とも》❶髪。髪の毛。頭髪。「ロング—」❷陰毛。

ベア〖bare〗他の外来語の上に付いて、むき出しの、の意を表す。「—ショルダー(=両肩を出したデザイン)のドレス」

ベア〖bear〗❶熊。「テディー—」❷下げ相場。また、下げ相場であると読んで弱気で臨むこと。熊の攻撃が腕を振り下ろす動作であることによるたとえ。➡ブル

ベア「ベースアップ」の略。

ペア〖pair〗❶二つでひと揃いとなるもの。二人または2個で一組になっているもの。また、男女の一組。一対。「カップを—で買う」「—ルック」❷テニス・バドミントン・卓球などで、ダブルスのゲームの組のこと。❸漕艇そうていで、二人こぎボートのこと。また、そのレース。❹「ペアスケーティング」の略。（類語）対つい・双・組み・揃そろい・一対いっつい・番つがい・一式・セット

ペア〖pear〗《「ペアー」とも》洋梨なしのこと。西洋梨。

ヘア-アーティスト《和 hair＋artist》モデルのため、その時の企画に最もふさわしい髪形を創案する美容師。（補説）英語ではhair stylist。

ベアード〖John Logie Baird〗[1888～1946]英国の発明家。機械走査方式による世界最初のテレビジョン装置を発明し、1925年放送に成功した。

ヘアウッド-ハウス〖Harewood House〗英国イングランド北部の都市リーズにある大邸宅。18世紀、ヘアウッド伯爵により建造。伯爵家に嫁いだジョージ5世の娘、メアリー王女が収集したイタリア絵画や調度品などを所蔵・展示している。

ヘア-オイル〖hair oil〗髪につや・栄養を与えるためのオイル。動植物性、鉱物性などがある。

ヘア-カーラー〖hair curler〗髪をセットするときに髪を巻く器具。

ヘア-カラー〖hair color〗自然の髪の色を永久染毛剤・半永久染毛剤・一時染毛剤などを用いて金髪・茶髪・銀髪などに染め変えること。また、その染毛剤。（補説）日本語での用法。英語でhair colorは髪の毛の色のこと。染めることはhairdyeという。

ペア-ガラス《和 pair＋glass》2枚の板ガラスの間に一定間隔の空気層をおいた複層ガラス。断熱性がよく、遮音性もあり、結露を生じにくい。

へ-あが・る【経上(が)る】〔動ラ五(四)〕❶段々に昇進する。成り上がる。「理事長に—・る」❷年をとる。「猫の—・りて、猫またになりて」〈徒然・八九〉

ヘア-キャスト〖hair cast〗毛髪の細胞や皮膚の角質細胞がはがれ、髪に付着したもの。

ヘア-クリーム〖hair cream〗頭髪用のクリーム。

ヘア-ケア〖hair care〗頭毛の手入れ。シャンプー・リンス剤やトリートメント剤・育毛剤などを使って手

入れを行うこと。
ヘア-コンディショナー〔hair conditioner〕傷んだ髪の状態をよくするために用いる化粧品。
ヘア-サロン〔hair salon〕髪のカット・洗髪・仕上げなどのヘアスタイリングを行う理容室・美容室。
ベア-ショルダー〔bare shoulder〕肩をむき出しにしたデザインの服やファッション。かつてはイブニングドレスなど限られたものだったが、最近では日常的なファッションにも見られる。
ペア-スケーティング〔pair skating〕フィギュアスケート競技の一。男女二人が一組となって行う。ショートプログラム(SP)とフリースケーティング(FS)の2種目がある。ペア。➡シングルスケーティング
ヘア-スタイリスト〔hair stylist〕新しいヘアスタイルをデザインする人のことをいう。
ヘア-スタイリング〔hair styling〕容姿・服飾・顔形・肌色・虹彩の色などとの調和を考え、髪の形・色彩・ウエーブなどを整えること。また、髪形のこと。
ヘア-スタイル〔hair style〕髪形。
ヘア-スチック〔hair-stick〕油性棒状の男性用整髪料。
ヘア-スプレー〔hair spray〕セットした頭髪に吹きつけて、ヘアスタイルの乱れを防ぐために用いる整髪料。ヘアラッカー。
ヘアダイ〔hairdye〕薬液によって頭髪を染めること。また、その染毛剤。
ベア-トップ〔bare top〕背・肩・腕を露出したスタイルの衣服。サンドレス、イブニングドレスなどに見られる。
ヘア-トニック〔hair tonic〕養毛作用のある頭髪用の化粧品。
ベア-ドライブ〔bare drive〕コンピューターの筐体きょうたい内に据え付けられることを前提とした、パッケージされていない内蔵用のドライブ機器。
ヘア-ドライヤー〔hair drier〕熱風を送って、濡れた髪を乾かし形を整える電気器具。ドライヤー。
ベアトリーチェ〔Portinari Beatrice〕［1266～1290］イタリアの詩人ダンテの恋人。フィレンツェ生まれ。ダンテが終生の理想とした女性で、「新生」「神曲」などを創作する原動力となった。
ヘア-トリートメント〔hair treatment〕油分や水分を補って、傷んだ頭髪を正常にもどしたり、傷まないように予防したりすること。
ヘアドレッサー〔hairdresser〕理容師・美容師のこと。
ヘア-ヌード《和 hair＋nude》陰毛が写った女性の裸体写真。
ヘア-ネット〔hair net〕髪の乱れの防止や飾りのためにかぶる網。
ペアノ〔Giuseppe Peano〕［1858～1932］イタリアの数学者。自然数の公理論を最初に展開し、数学を純粋に論理的に組み立てようとした。その公理群はペアノの公理として知られ、また、平面上のすべての点を通る連続曲線はペアノ曲線として知られる。
ベア-ハッグ〔bear hug〕プロレスリングで、両腕で相手の胴体を締めつける技。
ベアバック-カット〔bare-back cut〕背中とヒップの一部を露出した、ワンピース型の水着に見られるデザイン。
ヘア-バンド〔hair band〕髪の乱れの防止や飾りのために頭に巻くバンド。
ヘアピース〔hairpiece〕いろいろなヘアスタイルを整えるために、自毛に添え加える髪。髢かもじ。
ヘアピン〔hairpin〕❶髪のまとめや、飾りのために留めるピン。❷「ヘアピンカーブ」の略。
ヘアピン-カーブ〔hairpin curve〕自動車道路の、U字状のヘアピンのように急角度で折れ曲がっているカーブ。
ヘアブラシ〔hairbrush〕頭髪用のブラシ。
ヘア-ブリーチ〔hair bleach〕頭髪を脱色すること。また、脱色して好みの色に染めること。
ベアボーン〔barebone〕組み立てキットとして販売されている半完成品のパソコン。一般に、電源とマザーボードのみが本体内に収められており、CPU、メモリー、ハードディスクなどは購入者が買い足して完成させる。ベアボーンキット。
ベアボーン-キット〔barebone kit〕▶ベアボーン
ヘア-マニキュア《和 hair＋manicure》半永久染毛剤・一時染毛剤などを用いて、一時的に髪の色を変えること。また、その染毛剤。洗髪・シャンプーなどで簡単に色落ちするので、ファッション感覚で髪色の変化を楽しむことができる。
ベア-ミドリフ〔bare midriff〕《midriffは、みぞおちの意》短い丈のタンクトップやTシャツなどで、腹部が露出しているような大胆なトップのこと。
ヘアメーキャップ-アーティスト《和 hair＋make-up＋artist》▶ヘアメークアーティスト
ヘアメーク-アーティスト《和 hair＋make＋artist》雑誌やテレビに登場する俳優・タレント・モデルなどに、化粧を施し髪形を作る美容師。➡ヘアアーティスト
ヘアライン〔hairline〕髪の毛のように細い線。特に印刷で、印刷可能な最も細い線。
ヘアライン-ストライプ〔hairline stripe〕髪の毛のように細い縞柄しまがらのこと。濃淡2色の糸を1本ずつ交互に縦・横に織ってできた縞なので、生地の裏はストライプが横になって現れる。
ヘア-リキッド《和 hair＋liquid》男性用液体整髪料。
ペア-リフト《和 pair＋lift》スキー場などの二人乗りのリフト。ロマンスリフト。
ベアリング〔bearing〕▶軸受け
ペアリング〔pairing〕〔名〕スル 二つを組み合わせること。特に、動物を交尾させること。
ペア-ルック《和 pair＋look》恋人同士や夫婦など、二人がお揃いで着る柄や色の同じ服。
ヘアレス〔hairless〕毛がないこと。動物で体毛のない種類を指す。「―ドッグ」「―マウス」
ペアレンタル-コントロール〔parental control〕▶視聴年齢制限
ペアレンタル-ロック〔parental lock〕▶視聴年齢制限
ペアレント〔parent〕❶親。両親。❷ユースホステルの管理責任者。
ヘア-ローション〔hair lotion〕頭髪を手入れし整えるための化粧水。
へい【丙】❶十干の第三。ひのえ。❷成績や等級・順位などの第3位を表す語。「甲・乙・―・丁」➡漢「へい(丙)」
へい【兵】❶戦闘に従事する者。軍人。兵士。「―を集める」❷軍人の最下位の階級。旧陸海軍では、兵長以下の軍人。「二等―」❸戦うこと。戦争。いくさ。「敗軍の将は―を語らず」「―を起こす」❹武器。兵器。➡漢「へい(兵)」類語(❶❷)軍人・兵士・兵隊・兵卒・つわもの・戦士・戦闘員/(❸)戦争・戦いくさ・戦役せんえき・役えき・戦たたかい・戦闘・戦火・兵火・戦乱・兵乱・戦雲・戦塵せんじん・兵馬へいば・兵戈へいか・干戈かんか
兵に常勢じょうせい無し 《「孫子」虚実から》戦争は、敵情に応じて臨機応変に行うべきで、こうすべきだという決まったやり方はない。
兵は神速しんそくを貴たっとぶ 《「魏志」郭嘉伝から》戦争では、何事も迅速に処理することが大切である。
兵は拙速せっそくを尊たっとぶ 《「孫子」作戦から》作戦を練るのに時間をかけるよりも、少々まずい作戦でもすばやく行動して勝利を得ることが大切である。
兵を挙・げる 兵を集めて軍事行動を起こす。挙兵する。「独裁打倒の―・げる」
へい【塀】【×屏】用心や目隠しのため、家や敷地の境界に建てた板・土・ブロックなどの障壁。➡漢「へい(塀)」類語 柵・垣・垣根・フェンス・生け垣・築地
へい【幣】❶神前に供える布帛ふはく。みてぐら。ぬさ。❷貢ぎ物。礼物。❸紋所の名。御幣ごへいを図案化したもの。➡漢「へい(幣)」
へい【弊】❶よくない習慣。害。「長年の―を改める」❷つかれ。疲弊。「相手の―に乗じる」➡漢「へい(弊)」
へい【×炳】〔ト・タル〕文〔形動タリ〕明らかなさま。また、光り輝くさま。「此損害漸く実地に現われんこと―として掌を指すがごとし」〈島田三郎・条約改正論〉➡漢「へい(炳)」
へい〔感〕へりくだった気持ちで応答したり、肯定・承諾したりするときに、また、相手の注意を促すときに発する声。商人などが主に使う。はい。へえ。「―、さようでございます」「―、お待ち」
ベイ〔bay〕❶湾。入り江。「―エリア」「―クルーズ」❷▶ドライブベイ
べい〔助動〕［○べい|○○|べい○］《推量の助動詞「べし」の連体形「べき」の音変化》「べし」に同じ。「さあ、行くべい」「がいに手間を取るべい所で難義をしべい」〈雑兵物語・上〉「おのらが口から言ひにくくば、身共が直に言ふべい」〈浄・千本桜〉補説「べい」本来の連体形の用法は平安時代から見られるが、終止用法を有する「べい」は、中世以降、東国を中心に行われた。現代語では、「べい」の音変化形「べ」「ぺ」の形を含めて、関東・東北方言などで終止用法として、多くは推量・意志・勧誘の意で用いられる。また、「べい」の接続は、「べし」と同じく活用語の終止形(ラ変型には連体形)に付くが、しだいに複雑化し、江戸時代の東国方言では、カ変動詞の未然形・連用形、サ変動詞の連用形、上一段・下一段活用の未然形(または連用形)にも付くようになる。
ペイ〔pay〕〔名〕スル ❶支払うこと。❷賃金。給料。報酬。「あの会社は―がいい」❸採算がとれること。引き合うこと。「―しない仕事もある」
類語 賃金・給料・給与・報酬・手間賃・駄賃・サラリー
ペイ-アズ-ユー-ゴー〔pay as you go〕❶即金払い。現金払い。❷国家予算の策定などで、新規の支出や減税などを行う際に財源確保を義務づけ、収支のバランスを取ること。ペイゴー。
へい-あり【兵×蟻】アリの集団の中で、働きアリのうち、特に外敵との闘争の任に当たるアリ。頭やあごなどが大きい。へいぎ。
へい-あん【平安】〔名・形動〕❶やすらかで変わったことのないこと。無事平穏なこと。また、そのさま。「心の―を保つ」「―な日々を送る」❷手紙の脇付わきづけの語。相手の名前の左わきに書いて、変事の知らせでないことを示す。平信。類語(❶)平穏・安穏・静穏・平静・平和・小康・無事・穏やか・安らか・平らか/(❷)気付
へいあん【平安】㊀「平安朝」「平安時代」の略。㊁「平安京」の略。
べいあん【米庵】▶市河米庵いちかわべいあん
へいあん-きゅう【平安宮】平安京の宮城(大内裏)。京の北部中央に位置し、東西約1.2キロ、南北約1.4キロ。宮城内の南部中央に朝堂院、その北東に内裏があり、それらを囲むように諸司百官の庁舎が建ち並ぶ。
へいあん-きょう【平安京】ニキャウ 桓武天皇の延暦13年(794)から明治2年(1869)東京遷都までの帝都。現在の京都市の中央部。東西約4.5キロ、南北約5.3キロ。中央を南北に走る朱雀大路すざくおおじによって左京・右京に二分し、北部中央に南面して大内裏だいだいりをおいた。条里の制によって、縦横に大路を通じ、南北を九条、東西を各四坊とし、さらにこれを小路によって碁盤の目のように整然と区画した。現在の京都は、近世初頭、豊臣秀吉によって改造を経たのちに発展したもの。平安。たいらのみやこ。
へいあん-じだい【平安時代】平安京に都が置かれた時代。延暦13年(794)の桓武天皇の平安遷都から文治元年(1185)鎌倉幕府の成立までの約400年間。平安朝時代。
へいあんじだい-ぶんがく【平安時代文学】「中古文学」に同じ。平安文学。
へいあん-じょう【平安城】ニジャウ 平安京。「長岡京よりこの―へ遷うつし給ひてこのかた」〈盛衰記・一六〉
へいあんじょがくいん-だいがく【平安女学院大学】ヘイアンヂョガクヰン 京都市などにある私立大学。平成12年(2000)に開学した。
へいあん-じんぐう【平安神宮】京都市左京区にある神社。旧官幣大社。祭神は桓武天皇と孝明天

皇。明治28年(1895)平安遷都1100年を記念して創建。10月22日の神幸祭は、時代祭として有名。

へいあん-ちょう【平安朝】平安時代の朝廷。また、その時代。

へいあん-なんどう【平安南道】▶ピョンアンナムド

へいあん-ほくどう【平安北道】▶ピョンアンブクド

へい-い【平×夷】〔名・形動〕平らであること。複雑でないこと。むずかしくないこと。また、そのさま。「一ノ文書」〈和英語林集成〉「山水の—なる者を以て我朝の景象とし」〈絵事鄙言〉

へい-い【平易】〔名・形動〕やさしいこと。たやすく理解できること。また、そのさま。「一な文章」「一に説明する」(派生)へいいさ〔名〕
(類語)簡単・簡明・平明・明快・簡易・容易・易しい・分かりやすい

へい-い【兵威】軍隊の威力。武力。

へい-い【弊衣・×敝衣】破れてぼろぼろになった衣服。「一を身にまとう」

へいい-はぼう【弊衣破帽】ぼろぼろの衣服と破れた帽子。特に、旧制高等学校の生徒の間に流行した蛮カラな服装。「第一高等学校に、一の豪放ぶりや」〈里見弴・安城家の兄弟〉

へい-いん【兵員】兵士の数。また、兵士。

へい-いん【閉院】〔名〕スル ❶もと、帝国議会で会期が終わること。⇔開院。❷病院など「院」と名のつく施設・機関がその業務を停止し、閉業すること。⇔開院。❸病院などが、その日の業務を終えること。「午後七時—」⇔開院。(類語)閉館・閉場・閉門・閉業・終業

べいうんゆしょう-こうそくどうろこうつうあんぜんきょく【米運輸省高速道路交通安全局】▶エヌ-エッチ-ティー-エス-エー(NHTSA)

へい-えい【兵営】軍人が集団で居住する所。兵舎のある地域。軍営。(類語)軍営・基地・ベース・キャンプ

へい-えい【併映】〔名〕スル 主な作品と併せて映画を上映すること。「記録映画を一する」

へい-えき【兵役】軍籍に編入されて、一定期間軍務に服すること。

へいえき-きひ【兵役忌避】「徴兵忌避」に同じ。

へいえき-ぎむ【兵役義務】兵役に服する義務。明治憲法では、納税・教育の義務とともに国民の三大義務の一つとされていた。

へいえき-きょひ【兵役拒否】宗教上あるいは思想上の理由から、兵役に服することを拒否すること。

へいえき-せいど【兵役制度】国家の兵員充足に関する制度。徴兵制・志願兵制・義勇兵制などがある。

へいえき-めんじょ【兵役免除】身体または精神に障害のある者に対して、兵役を免除すること。

ベイ-エリア〖bay area〗都市の水辺地区。特に、港湾施設がある地区をその後背地まで含めていう。湾岸地域。⇒ウオーターフロント

ヘイエルダール〖Thor Heyerdahl〗[1914～2002]ノルウェーの探検家・人類学者。ポリネシア文化は古代ペルーに起源があるという説を立証するため、1947年に筏でコンティキ号でペルーからポリネシアへの漂流実験を行い、70年には葦舟ラー号で大西洋横断を行った。著「コンティキ号探検記」など。

へい-えん【平遠】〔名・形動〕平らでひろびろとしていること。また、そのさま。「一な風景」

へい-えん【閉園】〔名〕スル ❶幼稚園・動物園など「園」と名のつく施設が業務を停止し、閉業すること。「今月限りで一する」⇔開園。❷幼稚園・動物園などがその日の業務を終えること。「一時間」⇔開園。

へい-えん【×炳×焉】〔ト・タル〕(文)〔形動タリ〕はっきりとしているさま。あきらかなさま。炳然。炳乎。「時に一とした悲しみに」〈嘉村・途上〉

べい-えん【米塩】人間の生活に欠くことのできない米と塩。「一にも不自由する暮らし」

べいえん-の-し【米塩の資】生計を立てるのに必要な費用。生活費。米塩の費。「一を稼ぐ」

へい-おう【平王】中国、周の第13代の王。在位、前770～前720。父幽王が犬戎に敗れたのち、前770年、乱を避けて都を鎬京から洛邑(のちの洛陽)に移した。これを境に、以前を西周、以後を東周とよぶ。生没年未詳。

へいおう-はん【平凹版】印刷版で、画線を強くし印刷耐久力を増すため、画線の部分をごくわずかへこませた平版。

へいおう-レンズ【平凹レンズ】片面が平面である凹レンズ。

へい-おく【弊屋】あばら家。自分の家をへりくだっていう語。拙宅。「一にもお出かけください」

ペイオフ〖payoff〗❶支払い。報酬。転じて、賄賂。❷金融機関が破綻したとき、預金保険機構に積み立てた保険金から預金者に一定額の払い戻しを保証する制度。現制度では1000万円までとされる。平成22年(2010)に日本振興銀行の破綻に伴って初めて実施された。

へい-おん【平温】❶健康なときの平常の体温。平熱。❷平年並みの気温。「全国的に一を下回る」

へい-おん【平穏】〔名・形動〕変わったこともなく、おだやかなこと。また、そのさま。「一な毎日を送る」「一無事」(派生)へいおんさ〔名〕(類語)平安・安穏・静穏・平静・平和・小康・無事・穏やか・平らか・安らか

へい-おんせつ【閉音節】子音で終わる音節。日本語では、促音・撥音がこれを形成する。「行った[itta]」「すんだ[sun-da]」の「行っ」「すん」の類。⇔開音節。

へい-か【平価】❶IMF体制のもとで、加盟国が自国通貨の価値を金または米ドルで表示した交換比率。1973年、変動為替相場制に移行したので、現在は用いられていない。IMF平価。為替平価。❷金本位制度のもとで、本位貨幣に含まれる純金の含有量を基準に算出された各国通貨の比価。金平価。法定平価。為替平価。❸有価証券の価格が額面金額に等しいこと。パー。

へい-か【兵×戈】❶槍や刀と戈。転じて、武器。❷戦争。いくさ。「一が絶えない」(類語)兵馬・兵革・干戈・戦争・戦・戦い・戦役・役・兵・戦火・兵火・戦雲・戦塵

へい-か【兵火】❶戦争によって起こる火災。戦火。「一にさらされる」❷戦争。「一が広がる」
(類語)戦火・戦禍・戦争・戦・戦い・戦役・役・兵・兵馬・兵戈・干戈・戦雲・戦塵

へい-か【兵科】軍隊で、直接戦闘に従事する兵の職域。旧日本陸軍では、歩兵・砲兵・戦車兵など。

へい-か【兵家】❶軍事に携わる人。武士。軍人。「勝敗は一の常」❷兵法・兵学の専門家。兵法家。❸中国、春秋戦国時代の諸子百家の一。用兵・戦術戦略・戦争論などを論じた兵法家・軍学者の一群で、孫武・孫臏・呉起・尉繚などが有名。「孫子」「呉子」「尉繚子」「六韜」などの兵書がある。

へい-か【兵禍】戦争によって生じるわざわい。戦禍。「春来国内に一絶えず」〈染崎延房・近世紀聞〉

へい-か【併科】〔名〕スル 刑事裁判で、同時に二つ以上の刑を科すること。「罰金刑を一する」

へい-か【×苹果】リンゴの実。ひょうか。

へい-か【陛下】《「陛」は宮殿の階段。階下にいる近臣を通じて奏上する意から》❶中国で天子の尊称。❷天皇・皇后・皇太后・太皇太后の尊称。(類語)殿下

へい-か【▽瓶花・▽瓶華】❶花瓶に生けた花。❷生け花で、壺や瓶など深い花器に生ける生け方。また、その花。

へい-か【閉果】果皮が成熟後も裂けず、そのまま散布される果実。翼果・穎果・堅果・痩果などが含まれる。⇔裂開果。

へい-か【弊家】「弊屋」に同じ。

へい-が【平×臥】〔名〕スル 身を横たえること。身を横たえて休息、養生すること。「一するに是をことわらず」〈色道大鏡・一八〉

べい-か【米価】米の値段。「一を据え置く」「生産者一」

べい-か【米菓】米を主な材料として作った干菓子の総称。せんべい・あられなど。

べい-か【米貨】米国の貨幣。

ベイカー-キー〖Vaca Key〗米国フロリダ州南部、フロリダ半島の先端に連なるフロリダキーズ諸島の中ほどにある島。中心地はマラソン。海上を約11キロメートル走るセブンマイルブリッジの起点地。

へい-かい【閉会】〔名〕スル ❶集会や会議が終わること。また、終えること。「一の辞」「オリンピックが無事一する」「一式」⇔開会。❷国会・地方議会が会期を終えて活動能力を失うこと。(類語)閉式・閉幕・終幕

へい-かい【平懐】〔名・形動ナリ〕《「へいがい」とも》❶ふだん思っていること。また、それを述べること。「姑一の事ならば、詞にあどうがたりの字を取りて書くべしとおぼえず」〈後撰集正義・一八〉❷礼儀作法を守らず遠慮のないこと。また、そのさま。「どなたも船中一御免」〈浄・博多小女郎〉❸歌学で、発想や表現が平凡なこと。また、連句の付合のとき、無遠慮に付句をする態度。平懐体。

へい-がい【弊害】害になること。他に悪い影響を与える物事。害悪。「一を及ぼす」「一が伴う」

へい-かいろ【閉回路】電気回路のうち、スイッチなどが閉じていて電流が流れる経路が確立されている回路のこと。分岐などが存在する回路網においても、未接続の素子などがなければ任意の閉回路を定義できる。⇒閉電流

へいか-きりあげ【平価切(り)上げ】固定為替相場制のもとで、一国の通貨の対外価値を引き上げること。輸出商品の外貨表示価格が上がる。リバリュエーション。

へいか-きりさげ【平価切(り)下げ】固定為替相場制のもとで、一国の通貨の対外価値を引き下げること。輸出商品の外貨表示価格が下がる。デバリュエーション。

へい-かく【平角】一点から出る二つの半直線が一直線をなすときの角。180度の角。

へい-かく【兵革】《「兵」は刀・槍などの武器、「革」は鎧・兜の意。古くは「へいがく」とも》❶戦争のための武器・甲冑。兵甲。❷戦争。たたかい。「一しづまらば」〈平家・七〉

へい-かく【閉殻】❶殻を閉じること。❷原子の電子殻で、電子または核子を最大限収容しているもの。

へい-がく【兵学】用兵や戦術などを研究する学問。軍学。「一者」

へいかく-きん【閉殻筋】二枚貝の、貝殻を閉じるために用いられる筋。貝柱。

べいか-しんぎかい【米価審議会】米麦その他主要食糧の価格の決定に関する基本事項を調査審議し、必要事項について建議した農林水産大臣の諮問機関。昭和24年(1949)設置、平成13年(2001)食料・農業・農村政策審議会に統合されて廃止。

べいか-ちょうせつ【米価調節】米価の暴騰・暴落を防ぐために、政府が米を生産者から買い上げ、消費者へ払い下げを行って、米の価格を調節すること。

へい-かつ【平滑】〔名・形動〕平らでなめらかなこと。また、そのさま。「一な表面」

へい-かつ【平×闊】〔名・形動〕平らで広々としていること。また、そのさま。平坦開闊。「一な土地」

へいかつ-かいろ【平滑回路】整流回路の出力中に含まれる交流電流を除去または減少させて、滑らかな直流を得る回路。コンデンサーとチョークコイルまたは抵抗器からなる。

へいかつ-きん【平滑筋】筋肉の組織の一。横紋構造がみられず、心臓を除く内臓や血管などの壁をなす筋肉。不随意筋で、収縮の速度は遅い。内臓筋。⇔横紋筋。

へい-がっこう【兵学校】軍人を養成する学校。特に海軍兵学校をさす。

へい-がめん【平画面】物体に直交する光を当てたときの投影面のうち、水平に置かれた画面。

へい-かん【平×杆】▶平行棒

へい-かん【閉刊】〔名〕スル　その雑誌・新聞の刊行をやめること。「次号をもって—する」➡廃刊

へい-かん【閉管】−クワン　一方の端の口を閉じた管。特に、管楽器で下端の口を閉じたもの。

へい-かん【閉館】−クワン〔名〕スル ❶図書館・映画館など、館と名のつく施設がその館を閉じて業務を停止すること。「映画館が赤字続きで—する」⇔開館。❷図書館・映画館などがその日の業務を終えること。「—のベルが鳴る」⇔開館。(類語)閉院・閉店・閉業・終業

へい-がん【併願】−グワン〔名〕スル ❶寺院などに祈願するとき、いくつかの願いごとを合わせ願うこと。❷受験のとき、複数の学校または同一校の複数の学部を同時に志願すること。「三つの大学を—する」

へいかんぱん-せん【平甲板船】上甲板に艙口(そうこう)や機関室などがあるほかは平らで、船楼のない船。

へい-き【平気】〔名・形動〕❶心に動揺がないこと。落ち着いていること。また、そのさま。平静。「何が起きても—だ」「—なふりをする」❷気にかけないこと。心配しなくともよいこと。また、そのさま。「—でうそをつく」「君にならーで何でもいえる」❸太陰太陽暦で二十四節気を定めるのに、冬至から始まる1年間を時間によって等間隔に分ける方法。初期の暦法。平気法。➡定気(ていき)

(類語)(❶❷)平静・冷静・事も無げ・平ちゃら・平気の平左・無頓着(むとんじゃく)・大丈夫・悠然・泰然・自若(じじゃく)・平然・冷然・恬然(てんぜん)・けろりと・しれっと・しゃあしゃあ・ぬけぬけ・のめのめ・おめおめ・事ともせず・何のその・何処(どこ)吹く風・屁(へ)の河童(かっぱ)・痛くも痒(かゆ)くもない

平気の平左(へいきのへいざ)　《「平気の平左衛門(へいざえもん)」の略》平気であることを、語呂を合わせて人名のように言った言葉。平気の孫左衛門。「うそがばれても—だ」

へい-き【兵気】❶兵士の意気。士気。❷戦いの兆し。戦争が始まりそうな気配。

へい-き【兵器】戦闘に用いる器材の総称。武器。「通常—」「化学—」

(類語)武器・核兵器・火器・兵戈(へいか)・干戈(かんか)

へい-き【兵機】❶戦いを始める機会。戦機。❷軍事上の機略。戦いのかけひき。兵略。「孫呉の—」

へい-き【併記】〔名〕スル　並べて書くこと。あわせて書き記すこと。「新旧の住所を—する」(類語)列記

へい-き【併起】〔名〕スル　二つ以上の物事が同時に起こること。「暴動が各地で—する」

へい-ぎ【兵棋】戦闘・戦略の訓練のため、地図上に置いて用いる駒(こま)。赤と青によって敵味方に分け、形や符号によって兵力・兵種などを区別する。

へい-ぎ【兵×蟻】「へいあり」に同じ。

へいぎ-えんしゅう【兵棋演習】−エンシフ　兵棋を用いて行う図上の戦術演習。

へいき-こ【兵器庫】兵器を貯蔵・収納しておく倉庫。

へいき-しょう【兵器×廠】−シヤウ　兵器の購入・保管・支給・修理などを行う機関。

へい-きゃく【閉脚】体操で、両足を伸ばして閉じた体勢。「—跳び越し」⇔開脚。

ヘイ-キューブ〖hay cube〗アルファルファなどの牧草を刈って干し、直方体に圧縮した飼料。

へい-きょ【×屏居】〔名〕スル ❶世間から引退し、家にこもっていること。隠居。「公職を辞して—する」❷一室にこもっていること。「終日—して過ごす」

へい-きょ【閉居】〔名〕スル　家にとじこもっていること。また、その場所。籠居(ろうきょ)。「一家に—し、俗塵を避ける」〈福沢・学問のすゝめ〉

へい-ぎょう【閉業】−ゲフ〔名〕スル ❶商売をやめること。廃業。「本日限り—いたします」❷その日の営業を終えること。終業。「土曜日は午前で—する」

(類語)閉店・店じまい・看板・終業

へいきようかくぶんれつせいぶっしつせいさんきんし-じょうやく【兵器用核分裂性物質生産禁止条約】−デウヤク ▶カットオフ条約

へい-きょく【平曲】語り物の一種。琵琶(びわ)の伴奏によって平家物語を語るもの。鎌倉初期、盲人生仏(しょうぶつ)が始めたという。鎌倉末期、一方(いちかた)と八坂(やさか)の二流に分かれ、南北朝時代に一方流に明石検校覚一が出て大いに流行した。江戸時代以降、八坂系が衰え、一方系の前田流・波多野流が伝えられたが、今日は前田流を伝える人がわずかに残る。平家琵琶。平家。

漢字項目　へい

【病】▶びょう

【▽瓶】▶びん

丙　[音]ヘイ(漢)　[訓]ひのえ ‖ ①十干の第三。ひのえ。「丙午(へいご)」②順位で、第三位。「丙種・丙夜」(名付)あき・え (難読)丙午(ひのえうま)

平　(学)3　[音]ヘイ(漢)　ビョウ(ビャウ)(呉)　ヒョウ(ヒャウ)(慣)　[訓]たいら、ひら ‖ ㊀〈ヘイ〉①凹凸や傾斜がない。たいら。「平原・平坦(へいたん)・平地・平版・平面・平野/水平・地平・扁平(へんぺい)」②たいらにする。「平身・平定・平伏」③一様で、かたよりがない。「平均・平衡/公平」④特に変わった様子がなく、おだやかである。「平安・平穏・平気・平静・平和/昌平・太平・治平・不平・和平」⑤特別の事のないこと。ふだん。普通。「平日・平常・平素・平熱・平凡・平民」⑥四姓の一。平(たいら)氏。「平家/源平」⑦平方。平方根。「平米/開平」㊁〈ビョウ〉かたよりがない。「平等」㊂〈ヒョウ〉漢字の四声の一。平声(ひょうしょう)。「平字・平仄(ひょうそく)」㊃〈ひら(びら)〉「平手・平家(ひらや)・平仮名/生平(きびら)」(名付)おさむ・さね・たか・つね・とし・なり・なる・はかる・ひとし・まさる・もち・よし (難読)難平(なんぴん)・半平(はんぺん)・平伏(ひれふ)す

兵　(学)4　[音]ヘイ(漢)　ヒョウ(ヒャウ)(呉)　[訓]つわもの、いくさ ‖ ㊀〈ヘイ〉①戦士。軍人。つわもの。軍隊。「兵員・兵士・兵隊・兵長/衛兵・閲兵・騎兵・挙兵・私兵・将兵・新兵・水兵・尖兵(せんぺい)・僧兵・徴兵・撤兵・派兵・伏兵・歩兵・民兵・用兵」②戦争。軍事。「兵器・兵端・兵法・兵乱」③武器。「短兵急・白兵戦」㊁〈ヒョウ〉①軍人。つわもの。「兵糧(ひょうろう)/軍兵・小兵(こひょう)・精兵(せいびょう)・雑兵(ぞうひょう)・大兵(だいひょう)」②軍事。「生兵法(なまびょうほう)」③武器。「兵具」(名付)たけ・ひと・むね (難読)兵児帯(へこおび)

併〔倂〕　[音]ヘイ(漢)　[訓]あわせる、ならぶ、ならべる、しかし ‖ ①二つ以上のものを合わせる。一緒にまとめる。「併合・併殺・併設・併読・併呑(へいどん)・併用/合併・兼併」②(「並」と通用)同列に並ぶ。並べる。「併記・併行・併進・併存」(補説)「幷(へい)」と通用する。

並〔竝〕　(学)6　[音]ヘイ(漢)　[訓]なみ、ならべる、ならぶ、ならびに ‖ ㊀〈ヘイ〉同列にならぶ。「並行・並称・並進・並存・並立・並列」㊁〈なみ〉「並木・並並/毛並・月並・人並・町並」(名付)なめ・み・みつ

×**屏**　[音]ヘイ(漢)　ビョウ(ビャウ)(呉) ‖ ㊀〈ヘイ〉①中を隠すために設けるもの。ついたてや垣根。「屏障/障屏・藩屏」②閉じて外に出さない。「屏居・屏禁・屏息」㊁〈ビョウ〉ついたて。おおって防ぐ。「屏風(びょうぶ)/硯屏(けんびょう)」(補説)「屛」は正字。

柄　[音]ヘイ(漢)　[訓]がら、え、つか ‖ ㊀〈ヘイ〉①器物の手で握る部分。え。とって。「斗柄・葉柄」②手中に握る権力。勢い。「権柄・国柄・執柄」③とらえて材料にするもの。「笑柄・談柄・話柄」㊁〈がら〉「間柄・家柄・国柄・事柄・図柄(ずがら)・手柄・身柄・矢柄」㊂〈え〉「長柄」(名付)えだ・かい・かみ・もと (難読)柄杓(ひしゃく)

×**炳**　[音]ヘイ(漢) ‖ 光り輝くさま。あきらかなさま。「炳焉(へいえん)・炳乎(へいこ)・炳然」

陛　(学)6　[音]ヘイ(漢)　[訓]きざはし ‖ 宮殿の階段。「陛下」(名付)きざ・のぼる・のり・はし・より

閉　(学)6　[音]ヘイ(漢)　[訓]とじる、とざす、しめる、しまる ‖ ①出入り口をとじる。すきまなくふさぐ。「閉口・閉鎖・閉塞(へいそく)・閉門/開閉・密閉・幽閉」②おしまいにする。「閉会・閉校・閉山・閉店・閉幕」

塀〔塀〕　[音]ヘイ ‖ 家や敷地の周りに設ける囲い。「石塀(いしべい)・板塀(いたべい)・土塀(どべい)」(補説)国字。

×**睥**　[音]ヘイ(漢) ‖ 横目でにらむ。「睥睨(へいげい)」

×**聘**　[音]ヘイ(漢) ‖ ①贈り物を持って人を訪問する。「聘物(へいもつ)・聘問/使聘・来聘」②礼を尽くして人を招く。「聘礼/招聘・礼聘」

餅(餅)〔餠〕　[音]ヘイ(漢)　[訓]もち、もちい ‖ ㊀〈ヘイ〉小麦粉などをこねて焼いて作った食品。「画餅(がべい)・月餅(げっぺい)・煎餅(せんべい)」㊁〈もち〉もち米を蒸してついた食品。「餅肌・餅菓子/鏡餅・草餅・桜餅」(補説)「餠」は本字。

幣　[音]ヘイ(漢)　[訓]ぬさ、みてぐら ‖ ①神前に供える布。「幣帛(へいはく)/官幣・御幣・奉幣」②贈り物。貢ぎ物。「幣物(へいもつ)」③通貨。銭。「幣制/貨幣・紙幣・造幣」(名付)しで

弊　[音]ヘイ(漢)　[訓]ついえる ‖ ①物が破れてぼろぼろになる。ついえる。「弊衣・弊履」②からだがぐったりとなる。「疲弊」③たるんで生じた害。「弊害・弊風/悪弊・旧弊・語弊・時弊・宿弊・積弊・通弊・病弊」④自分に関することに添えて謙遜を示す語。「弊屋・弊誌・弊社・弊店」(補説)①は「敝(へい)」と通用する。

×**嬖**　[音]ヘイ(漢) ‖ 主人に寵愛されている女性や家臣。お気に入り。「嬖妾(へいしょう)・嬖臣」

蔽　[音]ヘイ(漢)　[訓]おおう ‖ 横に広くかぶさる。おおい隠す。「隠蔽・掩蔽(えんぺい)・遮蔽・建蔽率」

漢字項目　べい

▽**皿**　(学)3　[音]ベイ(漢)　[訓]さら ‖ ㊀〈ベイ〉食器の一。さら。「器皿(きべい)」㊁〈さら(ざら)〉「小皿・灰皿」

米　(学)2　[音]ベイ(漢)　マイ(呉)　[訓]こめ、よね、メートル ‖ ㊀〈ベイ〉①五穀の一。こめ。「米価・米穀・米作・米飯/五斗米」②長さの単位。メートル。「平米・立米(りゅうべい)」③アメリカ。「米軍・米国/欧米・親米・渡米・南米・日米・反米」④(文字分析から)八八歳。「米寿」㊁〈マイ〉こめ。「外米・玄米・産米・新米・精米・洗米・白米・飯米・禄米(ろくまい)」㊂〈こめ(ごめ)〉「米俵・米粒/糯米(もちごめ)・籾米(もみごめ)」(難読)亜米利加(アメリカ)・米粉(ビーフン)

×**袂**　[音]ベイ(漢)　[訓]たもと ‖ 衣服のそで。たもと。「袂別/分袂・連袂」

へい-きょくせん【閉曲線】両端が一致している連続曲線。閉じている曲線。

へい-きょくめん【閉曲面】閉じていて内部に空間の一部を完全に包み込んでいる曲面。球やドーナツ状の物の曲面。

へい-きん【平均】〔名〕スル《古くは「へいぎん」とも》❶大小・多少などの差が少なく、そろっていること。また、そうすること。ならすこと。「年間を通じて売り上げが—している」❷いくつかの数や量の中間的な値を求めること。また、その数値。それらの和をその個数で割る相加平均をいうことが多いが、ほかに相乗平均・調和平均などがある。「—を上回る」「一日—乗降客数」「年—気温」❸ほどよくつりあうこと。均衡。平衡。バランス。「—のとれたからだ」「—を保つ」❹平定すること。統一すること。「大明、韃靼を—し」〈浄・国性爺〉

(類語)(❶❷)均等・均分・等分・平準・標準・アベレージ（—する）均(なら)す・押し均す・揃(そろ)う/(❸)平衡・均衡・衡平・均整・つりあい・バランス・兼ね合い

へい-きん【×屏禁】かつて刑務所や拘置所において、規律に違反した被収容者に科した懲罰の一つ。2か月以内罰室に閉じ込めておく軽屏禁と、7日以内暗室に閉じ込め寝具を与えない重屏禁とがあった。現在は行われていない。(補説)現行の刑事収容施設

法では、懲罰の一つとして、30日以内(特に情状が重い場合は60日以内)の間、居室内で謹慎させる「閉居罰」が設けられている。

へいきん-かいめん【平均海面】潮汐・気圧変化などにより絶えず変化している海面の高さを、長年にわたって観測し、その平均から定めたもの。ジオイドの決定、標高・水深などの基準となる。

へいきん-かぶか【平均株価】一定数の銘柄の株価を平均した値。株式相場の変動をみるための指標となる。計算方法の違いで単純平均株価・修正平均株価・加重平均株価の三つに大別される。日本の指標としては、日経平均株価、TOPIXが有名。アメリカの指標としては、ダウ平均株価やナスダック総合指数などがある。

へいきん-こしょうかんかく【平均故障間隔】《mean time between failures》▶エム-ティー-ビー-エフ(MTBF)

へいきん-こん【平均×棍】ハエ・カ・アブの後ろ翅が小さくなり、棍棒状に変化したもの。可動で、飛翔のさいの平衡をつかさどる。

へいきん-じゆうこうろ【平均自由行路】運動している気体分子が他の分子と衝突してから次に衝突するまでの間に進む距離を、すべての分子について平均した値。平均自由行程。

へいきん-しゅうふくじかん【平均修復時間】▶エム-ティー-ティー-アール(MTTR)

へいきん-じゅみょう【平均寿命】❶零歳時における平均余命。❷不安定な素粒子や原子・原子核が作られてから、他のものに変化してしまうまでの寿命。崩壊定数の逆数に等しい。

へいきん-しょうひせいこう【平均消費性向】所得全体のうち、消費に向けられる割合。➡限界消費性向

へいきん-そっこう【平均測光】TTL測光の一。撮影範囲全体の明るさを平均して測光する方式。被写体に強い明暗差がある場合、正しい露出が得られない。全面測光。

へいきん-だい【平均台】❶幅10センチの角材をある高さで水平に固定した器械運動用の器具。体操競技の場合は、高さ1.2メートル、長さ5メートル。❷女子体操競技の種目の一。❶の上で、からだの平均をとりながら跳躍・回転・舞踊的動きなどを行う。

へいきん-たいよう【平均太陽】天の赤道上を一定の速度で動き、1太陽年で1周する仮想の太陽。➡視太陽

へいきん-たいようじ【平均太陽時】平均太陽の南中を基準にした時刻で、その時角に12時を加えたもの。日常使用されている時刻は平均太陽時の一種。➡視太陽時

へいきん-たいようじつ【平均太陽日】平均太陽の中心が南中してから再び南中するまでの時間。日常生活で用いられている1日。

へいきん-ち【平均値】いくつかの数や量を平均して得られる数値。平均。「―を求める」「―を出す」

へいきん-ちょちくせいこう【平均貯蓄性向】所得全体のうち、貯蓄に向けられる割合。➡限界貯蓄性向

へいきん-ちんぎん【平均賃金】❶産業別・年齢別・男女別などによって算出された賃金の平均値。❷ある労働者に対して過去3か月間に支払われた賃金総額をその期間の総日数で除した金額。労働基準法に定める解雇手当・休業手当・災害補償などの算定基準になる。

へいきん-てき【平均的】〔形動〕あるまとまりの中で、最もふつうであるさま。例外的でないさま。「―な日本人の生活パターン」
(類語)標準的・一般的・常並み・世間並み・並み・普通・平凡・尋常・ノーマル・スタンダード

へいきん-てん【平均点】点数の総和を人数または単位項目の数で割って得られた点数。

へいきん-ねんれい【平均年齢】その社会・団体を構成している人々の年齢の平均値。「―20歳の若いチーム」

へいきん-よめい【平均余命】ある国のある年齢の人々が、その後生きられる平均の年数。国勢調査に基づく年齢別死亡率から統計的に算出する。零歳のものを平均寿命という。

へいきん-りじゅんりつ【平均利潤率】資本の競争により、各産業部門の利潤率が平均的な水準に均等化して形成される利潤率。一般的利潤率。

へいきん-りつ【平均律】オクターブを等分割した音律。また、純正律の微小音程を平均化し、実用的に使いやすくした音律。特に、オクターブを12等分した十二平均律は19世紀以降広く用いられている。

へいきん-りつ【平均率】いくつかの比率の平均値。平均した割合。

へい-ぐ【兵具】いくさに用いる道具。武具。兵器。

ベイクウェル〖Bakewell〗▶ベークウェル

へい-くかん【閉区間】数学で、両端を含む区間。すなわち、不等式 $a \leqq x \leqq b$ を満足させる実数 x の集合。記号$[a,b]$で表す。⇔開区間。

へい-ぐし【幣串】木綿・麻・紙などの四手を挟むための木や竹。また、そうして作った幣帛。

べい-ぐん【米軍】《「米」は「亜米利加」から》アメリカ合衆国の軍隊。陸軍・海軍・空軍・海兵隊・沿岸警備隊の5つの軍種からなり、複数の軍種を統合した9つの統合軍が編成されている。アメリカ軍。合衆国軍隊。

べいぐん-ハウス【米軍ハウス】第二次大戦後、日本を占領した米軍兵士用賃貸住宅の通称。基地周辺に多い。

べいぐんようち-とくそほう【米軍用地特措法】▶駐留軍用地特別措置法

へい-け【平家】㊀平の姓を名乗る一族。特に、平安末期に政権を握った平清盛の一族。平氏。㊁「平家物語」の略。㊂「平家琵琶」の略。「―にもあらず、舞にもあらず、ひなびたる調子うち上げて」〈奥の細道〉

へい-けい【閉経】更年期になって、月経が止まること。「―期」

へい-げい【×埤×堄】城壁の上の矢狭間を設けた低い垣。ひめがき。➡矢狭間

へい-げい【×睥×睨｜×俾×倪】〔名〕スル ❶にらみつけて勢いを示すこと。「天下を―する」❷横目でじろりとにらみつけること。「眼は限られたる暗き壁を―し」〈透谷・我牢囚之詩〉(類語)睨み・睨みつける・睨めつける

ペイ-ケーブル〖pay cable〗有料テレビサービスの一形態で、加入者が通常の基本料金のほかに別途料金を支払うと得られるサービスシステム。米国で1970年代後半、国内通信衛星を使い映画の評判作などを放映して急速に伸びた。

へいけ-がに【平家×蟹】ヘイケガニ科の甲殻類。甲幅2センチくらい。甲は丸みを帯びた方形で、人面状の隆起がある。歩脚の後ろ二対は短くて背面にあり、これで貝殻を背負う。日本近海、特に瀬戸内海に多く、平家の亡霊が化したという伝説がある。たけぶんがに。

へい-げき【兵×戟】❶刀やほこ。武器。❷戦争。

へいけ-ざとう【平家座頭】平曲を語る座頭。

へいけ-だに【平家谷】平家の残党が隠れ住んだという伝説のある土地。新潟県村上市の三面、徳島県三好市の祖谷、熊本県八代市の五家荘など。

へい-けつ【併結】〔名〕スル 終着地は異なるが途中区間を同一にする列車・車両、種別の異なる車両などを連結すること。「―していた後部二両を切り離す」

へいけ-どり【平家鳥】アビのこと。瀬戸内海地方でいう。

へいけにょごのしま【平家女護島】浄瑠璃。時代物。五段。近松門左衛門作。享保4年(1719)大坂竹本座初演。平家物語の諸説話に取材。謡曲「俊寛」に基づいた二段目の「鬼界ヶ島」の段が有名。

へいけ-のうきょう【平家納経】平清盛が平家一門の繁栄を祈願して長寛2年(1164)に安芸国の厳島神社に奉納した経巻。法華経28巻に無量義経・観普賢経、および般若心経・阿弥陀経と清盛の願文を加えた33巻からなる。華麗な装飾経中の代表的逸品。国宝。

へいけ-びわ【平家×琵×琶】❶「平曲」に同じ。❷平曲の伴奏に用いる琵琶。雅楽の楽琵琶より小形で、4弦5柱。弦の柱と柱との間を左手で押さえて音を調節する。

へいけ-ぶし【平家節】狂言の謡で、平曲めかしてうたう曲節。

へいけ-ぼし【平家星】《赤く見えるところから》「ベテルギウス」の和名。➡源氏星

へいけ-ぼたる【平家蛍】ホタル科の昆虫。ゲンジボタルより小形で体長8ミリくらい。体は黒色、胸部は赤橙色で黒い縦線があり、尾端に発光器をもつ。幼虫は水田・池などにすみ巻き貝のカワニナを食べ、6月ごろ成虫になる。

へいけ-もっかんりょう【平家▽没官領】平家滅亡の際、朝廷に没収された平家一門の所領と所職。大部分が平家追討の勲功として源頼朝に与えられ、鎌倉幕府の重要な経済的基盤となった。

へいけものがたり【平家物語】鎌倉時代の軍記物語。流布本は12巻に灌頂巻を加えたもの。信濃前司行長の作と徒然草にはあるが、作者・成立年ともに未詳。治承～寿永期(1177～1184)の動乱を、平家一門の興亡を中心にとらえ、仏教的無常観を基調に流麗な和漢混交文で描いた叙事詩風の作品。平曲として琵琶法師によって語られ、後世の文学に大きな影響を与えた。治承物語。平語。

へい-けん【平絹】▶ひらぎぬ

へい-けん【兵権】軍を指揮する権力。兵馬の権。

へい-げん【平原】広々とした平らな土地。平坦な野原。「大―」(類語)平野・野原・原・野・広野・広野・原野・荒野・高原

べい-けん【米券】▶米札

へいげん-くん【平原君】[?～前251]中国、戦国時代の人。趙の公子。本名は趙勝。三たび宰相となった。食客数千人を養い、斉の孟嘗君、楚の春申君、魏の信陵君とともに戦国の四君の一人。

へいけん-じ【平間寺】川崎大師の寺号。

へい-こ【兵庫】武器をおさめておく倉。兵器庫。武庫。ひょうご。

へい-こ【兵鼓】いくさのとき、合図に用いる太鼓。

へい-こ【閉戸】戸を閉ざすこと。また、門を閉ざして家にこもること。

へい-こ【弊×袴】古び破れたはかま。

へい-こ【×炳×乎】〔ト・タル〕〔文〕〔形動タリ〕きわめて明らかなさま。また、光り輝くさま。「煌々輝々、―として人を射る」〈服部誠一・東京新繁昌記〉

へい-ご【丙午】干支の一。ひのえうま。

へい-ご【平語】㊀ふだん使っている言葉。日常語。「俗談―」㊁「平家物語」の略。

へい-ご【兵語】軍事上の用語。

べい-ご【米語】アメリカで使用されている英語。

へい-こう【平行】〔名・形動〕スル ❶一平面上の二直線、または直線と平面、あるいは平面と平面とが、どこまで延長しても交わらないこと。また、そのさま。「―な二直線を引く」「二本の線を―させる」❷「並行❷」に同じ。

平行線を辿る　両者の意見などがいつまでも対立した状態が続くたとえ。

へい-こう【平衡】〔名〕スル《「衡」は、はかりのさお》❶物のつりあいがとれていること。均衡。「からだの―を失う」❷つりあいがとれて物事が安定した状態にあること。「精神の―を保つ」❸物体または物質に変化を起こす原因がありながら、それらの効果が相殺し、一定を保っている状態。力学的平衡・熱平衡など。
(類語)平均・均衡・均整・釣り合い・バランス・兼ね合い

へい-こう【兵甲】❶武器と甲冑。いくさの道具。兵器。❷兵士。また、戦力。❸戦争。

へい-こう【並行｜併行】〔名〕スル ❶ならんで進むこと。「線路に―して道路が走る」❷二つ以上のものが同時に行われること。「文化祭と体育祭が―して開

催される」
〘類語〙(❶)並進・並走・伴走・雁行(がんこう)/(❷)兼行

へい-こう【閉口】〔名・形動〕スル ❶手に負えなくて困ること。また、そのさま。「この暑さには一だ」❷言い負かされたり圧倒されたりして、言葉に詰まること。「大哲学者と皆人恐れ入りて一せり」〈露伴・日ぐらし物語〉❸口を閉じてものを言わないこと。「されども大儀なれば満座一の処に」〈太平記・二四〉
〘類語〙(❶❷)辟易(へきえき)・往生・降参・困惑・当惑・難儀

へい-こう【閉校】〔名〕スル ❶一時学校の授業を休止すること。「インフルエンザのため三日間一する」❷学校の経営をやめること。廃校。⇔開校。

へい-こう【閉講】〔名〕スル 講義・講習などを終えること。また、終わること。⇔開講。

へい-ごう【併合】〔名〕スル ❶いくつかのものを合わせて一つにすること。また、合わさって一つになること。合併。統合。「大手のメーカーが中小の会社を一する」❷国際法上、ある国が他の国の領土の全部または一部を合意によって自国のものとすること。
〘類語〙合併・統合・連合・合体・合同・合一・合流

へいこう-いどう【平行移動】 図形上のすべての点を、同一の方向に同一の距離だけ動かすこと。

へいこう-かせん【平衡河川】 河川の輸送力と土砂の運搬量とがほぼ等しいため、浸食や堆積(たいせき)が進まない状態の河川。その縦断面は上流で急、下流で緩やかとなる。平滑河川。

へいこう-かんかく【平衡感覚】 重力の方向に対する身体の位置や姿勢・動作を知る感覚。平衡覚。

へいこう-きかん【平衡器官】 平衡感覚をつかさどる器官。脊椎動物では内耳の前庭器官と半規管、無脊椎動物では平衡胞がある。

へいごう-ざい【併合罪】 同一人が犯したもので確定裁判を経ていない数個の罪、および、ある罪に関して確定裁判を経ている罪とその裁判確定以前に犯した罪で、同時に審判される可能性のあるもの。

へいこう-しへんけい【平行四辺形】 二組みの向かい合う辺が、それぞれ平行である四辺形。

へいこう-じょうぎ【平行定規】 平行線を自由に引くことができる定規。2本の同じ長さの定規を平行に動かせるように連結してあるもの。

へいこう-せき【平衡石】 平衡器官の中にある分泌物。カルシウムを含む粒で、前庭器官や平衡胞の中で感覚毛と接触することによって平衡感覚を生ずる。平衡砂。耳石。聴石。

へいこう-せん【平行線】 ❶同一平面上にあって、どこまで延長しても交わらない2本またはそれ以上の直線。❷互いの主張・意見などがどこまでいっても妥協点の見いだせない状態をいう。「交渉は一のままだった」

へいこう-だ【平衡舵】 船舶で、舵板(かじいた)が回転軸の前のほうまで広がっている舵。回転の効率がよく、操舵に要する力が小さくてすむ。

へいこう-ちょう【平行調】 同じ調号で示される長調と短調。ハ長調とイ短調、ヘ長調とニ短調など。

へいこう-ていすう【平衡定数】 反応が化学平衡に達したとき、温度が一定であれば、反応物質と生成物質の濃度あるいは活動度によらず一定の値を示す定数。

へいこう-のう【平衡嚢】 ▶平衡胞(へいこうほう)

へいこうばん-コンデンサー【平行板コンデンサー】 2枚の導体の平板を極板として、ごく近接して向かい合わせたコンデンサー。静電容量は面積に比例し、極板間の距離に反比例する。平板コンデンサー。平板蓄電器。

へいこう-ほう【平衡胞】 無脊椎動物の平衡器官。袋状で内壁に感覚毛があり、平衡石が入っている。平衡嚢。耳胞。聴胞。

へいこう-ぼう【平行棒】 ❶器械体操用具の一。長さ3.5メートルの2本の平行な木棒を、1.7メートル前後の高さで台脚に固定したもの。平杆(へいかん)。❷男子体操競技の種目の一。❶を使って倒立・回転・姿勢保持などを行う。❸歩行訓練リハビリ用の器具。

へいこう-ほうそう【並行放送】 《simultaneous broadcasting》▶サイマル放送

へいこう-みゃく【平行脈】 葉脈が葉の長軸方向にほぼ平行に走っているもの。単子葉植物や裸子植物の一部の葉にみられる。

へいこう-ゆにゅう【並行輸入】〔名〕スル 国内の総代理店が輸入している商品を、別の業者が第三国にある同じ製造元の代理店から輸入すること。「ブランド品を一する」

へいこう-ろくめんたい【平行六面体】 相対する三組みの面がすべて平行な六面体。

へいこう-ろん【並行論】 哲学・心理学で、心(精神)と体(物質)はそれぞれ独立していて因果関係はなく、対応関係があるのみとする説。精神物理的並行論。➡相制説(そうせいせつ)

ペイ-ゴー〚pay go〛「ペイ-アズ-ユー-ゴー」の略。「一原則」

へい-こく【弊国】 国力が衰えている国。自国をへりくだってもいう。

べい-こく【米国】 アメリカ(亜米利加)合衆国の略称。

べい-こく【米穀】 米。また、穀類の総称。
〘類語〙穀類・五穀・雑穀・穀物

べいこくうんゆしょう-どうろこうつうあんぜんきょく【米国運輸省道路交通安全局】 ▶エヌ-エッチ-ティー-エス-エー(NHTSA)

べいこく-かいけいきじゅん【米国会計基準】 米国における会計処理および報告に関する規則・基準。米国の上場企業はこれに準拠して財務諸表を作成・開示することが義務付けられている。主に財務会計基準審議会(FASB)が取りまとめを行う。世界の多くの国々で国際財務報告基準(IFRS)が採用されていることから、米国も2016年までに段階的にIFRSに移行する予定。GAAP(Generally Accepted Accounting Principles)。US-GAAP。

べいこく-かがくしんこうきょうかい【米国科学振興協会】 ▶エー-エー-エー-エス(AAAS)

べいこくがた-コアしすう【米国型コア指数】 ▶コアコア指数

べいこく-ぐんせいふ【米国軍政府】▶琉球列島米国軍政府

べいこく-げいじゅつかがくアカデミー【米国芸術科学アカデミー】 ▶エー-エー-エー-エス(AAAS)

べいこく-けんさ【米穀検査】 生産者が生産した米穀の量目・荷造り・包装・品位および成分に関する検査。農産物検査法に基づいて、農林水産大臣の登録を受けた検査登録機関が行う。➡農産物検査

べいこく-こっかきかくきょうかい【米国国家規格協会】 ▶アンシ(ANSI)

べいこく-つうしょうだいひょうぶ【米国通商代表部】 ▶ユー-エス-ティー-アール(USTR)

べいこく-つうちょう【米穀通帳】 第二次大戦中の米穀不足から、政府が米穀統制のため各世帯に配布した通帳。昭和57年(1982)廃止。

べいこく-でんきでんしがっかい【米国電気電子学会】 ▶アイトリプルイー(IEEE)

べいこく-とりひきじょ【米穀取引所】 米の先物取引を行った商品取引所。東京の日本橋蛎殻町(かきがらちょう)、大阪の堂島に置かれた市場など。昭和17年(1942)倉糧管理法の制定により廃止。

べいこく-ねんど【米穀年度】 米の収穫期を基準として定めた年度。11月から翌年10月まで。

べいこく-みんせいふ【米国民政府】▶琉球列島米国民政府

べいこく-よたくしょうけん【米国預託証券】 ▶エー-ディー-アール(ADR)

べいこくりつ-アレルギーかんせんしょうけんきゅうじょ【米国立アレルギー感染症研究所】 ▶エヌ-アイ-エー-アイ-ディー(NIAID)

へいこ-せんせい【閉戸先生】《楚の孫敬の故事から》年中、門を閉じて家にこもり、読書や学問に没頭している人。

べい-ごま【▽貝独=楽】《多く「ベーゴマ」と書く》「ばいごま」の音変化。

へい-こら〔副〕スル 相手の機嫌をとろうとして、やたらに頭を下げたり言いなりになったりするさま。「上役に一する」

へい-さ【平沙】 広々とした砂原。へいしゃ。

へい-さ【閉鎖】〔名〕スル ❶出入り口などを閉ざすこと。「表口を一する」「国境を一する」❷組織体がその活動や機能を停止すること。「工場を一する」「学級一」❸内にこもって他のものの立ち入りを許さないこと。「正直に振舞えばいいのに、彼は自分を一している」〈宮本・伸子〉〘類語〙封鎖・閉塞・密閉・閉め切り・封ず・封印・塞ぐ・閉ざす・封じる

へい-ざ【平座｜平×坐】〔名〕スル からだを楽にして座ること。あぐらをかくこと。安座。

へい-さい【兵災】 戦争による災害。戦災。

ベイサイド〚bayside〛 湾のほとり。湾岸。「一ホテル」

へいさ-おん【閉鎖音】▶破裂音(はれつおん)

へいさ-か【閉鎖花】 成熟しても花冠が開かず、自花受粉によって種子を生じる花。スミレ・カタバミなどにみられる。閉花。

へい-さく【平作】「平年作」に同じ。

へい-さく【平×朔】 ひと月を決めるのに、朔(新月)から次の朔までの期間を一定とする暦法。大の月と小の月とがほぼ交互に現れる。➡定朔(ていさく)

べい-さく【米作】 ❶米をつくること。稲の栽培と収穫。米づくり。「一地帯」❷稲のみのりぐあい。

へいさ-けい【閉鎖系】 物理学で、特に熱力学的に、境界を越えた外部とエネルギーや物質のやり取りがない系。閉じた系。➡開放系

へいさ-けっかんけい【閉鎖血管系】 心臓から出た血液が、動脈から毛細血管を経て静脈を通り、心臓に戻る循環経路。血漿の大部分と赤血球は血管外に出ることはない。脊椎動物・環形動物にみられる。⇔開放血管系。

へい-さつ【併殺】〔名〕スル 「ダブルプレー」に同じ。「内野ゴロを打たせて一する」「一打」

べい-さつ【米札】 江戸時代の藩札の一。米を兌換(だかん)準備としたもので、米の量とその金銭に換算した額が記してある。米券。

へいさ-てき【閉鎖的】〔形動〕 自分自身、または仲間内の殻に閉じこもって外部のものを受け入れようとしないさま。「一な性格」「一な社会」⇔開放的。

へいさふぜん-しょう【閉鎖不全症】 心臓弁膜症の分類の一。心臓の弁膜がしっかりと閉じなくなり、心室から心房、あるいは動脈(大動脈・肺動脈)から心室へ血液が逆流する疾患。四つの弁膜(僧帽弁・大動脈弁・三尖弁・肺動脈弁)のいずれかまたは複数に生じる。また、一つの弁膜に狭窄(きょうさく)症と閉鎖不全症が同時に生じる場合もある。➡僧帽弁閉鎖不全症 ➡僧帽弁狭窄兼閉鎖不全症 ➡大動脈弁閉鎖不全症 ➡大動脈弁狭窄兼閉鎖不全症

ヘイサラ-バサラ《(ポルトガル) pedra bezoarから》馬・牛などの胃腸内に生じる結石。古くは解毒剤として用いられた。馬の玉。鮓答(さとう)。

へい-さん【平産】 楽に子を産むこと。安産。「願ひのままなる男子(なんし)一せし」〈浮・男色大鑑・七〉

へい-ざん【閉山】〔名〕スル ❶登山の期間を終わりにすること。❷鉱山を閉鎖すること。

べい-さん【米産】 ❶米の生産。「一国」❷米国で生産していること。「一オレンジ」

へい-し【平士】 普通の身分のさむらい。また、官位のない人民。

へい-し【平氏】 平(たいら)の姓を名乗る氏族の称。平家。

へい-し【兵士】《古くは「へいじ」とも》❶軍隊で、士官の指揮を受ける者。兵隊。兵卒。❷律令制で、兵役に徴発された農民。正丁(せいてい)のうち3分の1が徴発され、軍団に配属された。ひょうじ。〘類語〙兵・兵隊・兵卒・軍人・つわもの・戦士・ソルジャー・コマンド

へい-し【閉止】〔名〕スル 働きが止まること。「月経一」「今まで一していた乱想の」〈有島・或る女〉

へい-し【幣紙】御幣ごへいをつくるための紙。
へい-し【弊紙】自社の新聞をへりくだっていう語。
へい-し【弊誌】自社の雑誌をへりくだっていう語。
へい-し【×斃死】〔名〕スル のたれ死にすること。行き倒れ。「たとい―するとも初志を貫きたい」
へいじ【平治】ヂ 平安末期、二条天皇の時の年号。1159年4月20日～1160年1月10日。
へい-じ【平時】❶変わったことのない時。平常。ふだん。「―の体温」❷戦争や事変のない時。平和な時。「―の備え」⇔戦時。
へい-じ【兵事】戦争・軍隊に関する事柄。軍事。
へい-じ【▽瓶子】《「へいし」とも》❶酒をいれて、つぐのに用いる器。形は細長く、胴が張って口が小さい。銅・錫すず・陶磁器などで作る。徳利とくり。❷紋所の名。❶を図案化したもの。
ベイシー【Count Basie】［1904～1984］米国のジャズピアニスト・バンドリーダー。本名、ウィリアム＝ベイシー(William Basie)。黒人の間に生まれたジャズを白人社会にも広め、エリントンと並んでスイングジャズの黄金時代を築いた。
ペイシェント【patient】患者。病人。
へい-しき【閉式】〔名〕スル 式を終えること。また、終わること。⇔開式かいしき。〔類語〕閉会・閉幕・終幕
べいしき-しゅうきゅう【米式蹴球】シウキウ ►アメリカンフットボール
へいしき-たいそう【兵式体操】タイサウ 軍隊式の体操。
ペイシストラトス【Peisistratos】［?～前527］古代ギリシャ、アテネの僭主せんしゅ。二度追放されたが、復帰して政権を回復。小農民の保護、農業の奨励、商工業の発展に努め、都市国家アテネ繁栄の基礎を築いた。
へい-じつ【平日】❶ふだん。平素。❷日曜・祝祭日以外の日。最近は土曜日も除くことがある。ウイークデー。「―は六時閉店」「―料金」
〔類語〕週日・ウイークデー
へいじ-の-らん【平治の乱】ヂ 平治元年(1159)京都に起こった内乱。保元の乱後、藤原通憲と結んで勢力を伸ばした平清盛を打倒しようとして、源義朝が藤原信頼と結んで挙兵したもの。結局、義朝・信頼は殺され、平氏政権が出現した。
へいじ-ふうさ【平時封鎖】平時に行われる封鎖。多く干渉や報復の手段として行われたが、不戦条約や国際連合憲章の成立の結果、禁止された。
へいじ-へんせい【平時編制】平時における軍隊の編制。⇔戦時編制。
へいじものがたり【平治物語】ヘイヂモノガタリ 鎌倉時代の軍記物語。3巻。作者・成立年ともに未詳。平治の乱のいきさつを和漢混交文で描いたもの。平治記。
へいじ-もん【平地門】ヂ ►屏中門へいじゅうもん
へい-しゃ【平射】❶平面に投影すること。❷火砲の射撃法の一。45度以下の仰角から直線的な弾道で砲弾を発射すること。➡曲射 ➡直射
へい-しゃ【兵車】戦闘に用いる車。戎車じゅうしゃ。
へい-しゃ【兵舎】兵営内で、兵士が起居する建物。
へい-しゃ【弊社】自分の会社をへりくだっていう語。小社。〔類語〕小社・自社・当社
へい-しゃ【弊舎】やぶれいたんだ家。あばらや。また、自分の家をへりくだってもいう。
へい-しゃ【蔽遮】〔名〕スル おおい隠すこと。さえぎりとめること。遮蔽。
へいしゃ-ずほう【平射図法】ヅハフ 地図投影法で、地球に接する平面上に、その接点の反対側の地表に視点を置いて投影する方法。結晶の投影にも用いられる。ステレオ投影。ステレオ図法。
へいしゃ-ほう【平射砲】ハウ 平射❷を行うための火砲。野砲・カノン砲など。
へい-しゅ【丙種】❶甲・乙・丙などと分類したときの3番目。第3種。❷「丙種合格」の略。
へい-しゅ【▽瓶酒】びん詰めの酒。「此室大にして且つ清く―畑草も亦備う」〈織田訳・花柳春話〉
べい-じゅ【米寿】《「米」の字を分解すると八十八となるところから》数え年88歳のこと。また、その祝い。よねの祝い。
〔類語〕志学・破瓜・弱冠・而立・不惑・知命・耳順・華甲・還暦・古希・致仕・喜寿・傘寿・卒寿・白寿
へい-しゅう【弊習】シフ 悪い習慣。好ましくないしきたり。弊風。「旧来の―を改める」
〔類語〕悪風・悪習・悪弊・弊風・陋習ろうしゅう
へい-じゅう【斃獣】ジウ 病気などで死んだ家畜などの動物。
べい-しゅう【米収】シウ 米の収穫。
べい-しゅう【米州】シウ 南北アメリカ大陸。
べい-じゅう【▽陪従】〔名〕スル ❶天皇・貴人に付き従って行くこと。また、その人。供人。供奉ぐぶ。ばいじゅう。❷賀茂・石清水いわしみず・春日の祭りなどに、神前で行われる東遊あずまあそびの舞で、舞人に従って管弦や歌を演奏する地下じげの楽人。ばいじゅう。
べいしゅう-きこう【米州機構】ベイシウ―《Organization of American States》米州諸国による地域的国際協力機構。1948年に採択したボゴタ憲章に基づくもので、51年発足。南北アメリカの共同防衛、地域安全保障のほか、文化・社会・経済的協力などを目的とする。事務局はワシントン。OAS.
へいしゅうごう【閉集合】シフガフ 数直線上の閉区間 $a \leqq x \leqq b$ を満足させる点 x の集合のこと。平面上では、$x^2+y^2 \leqq r^2$ を満足させる点 (x,y) の集合。
へいじゅう-もん【×屏中門｜×屏重門】ヂュウ 表門と母屋との間にある塀に設けた中門。左右に柱を立てて、笠木がなく、2枚開きの扉がつく。寝殿造りの中門を簡略化したもの。壁中門。平地門へいじもん。
へいしゅ-ごうかく【丙種合格】ガフカク もと徴兵検査で、甲種・乙種に次ぐ最下位の合格順位。現役には不適であるが、国民兵役には適するとされるもの。
へい-しゅつ【平出】文中に天皇や高貴な人の名・称号などを書くとき、敬意を表すためにその文字から行を改め、前の行と同じ高さに書き出すこと。平頭抄出。➡闕字けつじ
へい-しゅつ【併出】〔名〕スル 並べて出すこと。また、並んで出ること。
へい-しゅつ【×迸出】〔名〕スル ほとばしり出ること。ほうしゅつ。「噴水器を仕掛たごとく、盛に真直に―している」〈花袋・重右衛門の最後〉
へい-じゅつ【兵術】戦争の方法。戦闘の技術。
へい-じゅん【平準】❶水準器で測って、水平にすること。❷平らにすること。でこぼこをなくすこと。「物価の―化をはかる」
〔類語〕平均・均等・均分・等分・標準・アベレージ
へいじゅん-しょ【平準署】奈良時代、常平倉を管理するために設置された役所。天平宝字3年(759)設置。宝亀2年(771)廃止。
へいじゅん-ほう【平準法】ハフ 中国、漢の武帝が前110年に施行した物価調整政策。豊年に政府が物資を購入して貯え、凶年の時に放出して物価の安定を図ろうとしたもの。商業に対する国家統制として反対が多く、昭帝の時に廃止された。
へい-しょ【兵書】兵法・兵学の書。「孫子」「呉子」「六韜りくとう」「三略」など。
へい-しょ【閉所】〔名〕スル ❶閉ざされていて出口のない場所。「―恐怖症」❷事務所・研究所など「所」のつく施設・機関が業務を終えること。また、閉鎖すること。⇔開所。
へい-じょ【平叙】〔名〕スル 事柄をありのままに述べること。
へい-しょう【併称｜並称】〔名〕スル 他のものと一緒にして呼ぶこと。また、あるすぐれたものに並ぶものとしていうこと。「カントと―される大哲学者」
へい-しょう【×屏障】シャウ 間を隔てたり、見えないようにしたりするために立てるもの。
へい-しょう【×嬖×妾】セフ 気に入りのめかけ。愛妾。「隣房豪傑の―旦那どのに酌をしながら」〈魯庵・社会百面相〉
へいじょう【平城】ヘイジャウ ㊀「平城京」の略。㊁中国で、北魏時代前期の都。398年、北魏の道武帝が建設し、494年、孝文帝が洛陽へ遷都するまで存続した。現在の山西省大同にあたる。
へい-じょう【平常】ジャウ いつもと同じであること。ふだん。「脈拍が―に戻る」「―通り運行する」〔類語〕普段・普通・通常・尋常・平生・平素・日常・日頃ひごろ・常時・常常つねづね・常々つね・常日頃つねひごろ
へいじょう【平壌】ヘイジャウ ►ピョンヤン
へい-じょう【兵×仗】ヂャウ ►ひょうじょう(兵仗)
へい-じょう【閉場】ヂャウ〔名〕スル ❶集会・興行などを終わって、会場を閉じること。⇔開場。❷劇場などが営業をやめること。「今月いっぱいで―する」
べい-しょう【米商】シャウ 米などの穀物を売買する職業。また、その人。米穀商。
へいじょう-きゅう【平城宮】ヘイジャウ 平城京の宮城(大内裏)。京の北部中央に位置し、東西約1.3キロ、南北約1キロで、東側に張り出し部がある。宮城内のほぼ中央に内裏、その南側に朝堂院があり、それらの周囲に諸官衙かんがが建ち並んでいた。平城宮跡は平成10年(1998)「古都奈良の文化財」の一つとして世界遺産(文化遺産)に登録された。
へいじょう-きょう【平城京】ヘイジャウキャウ《「へいぜいきょう」とも》元明天皇の和銅3年(710)藤原京から遷都し、桓武天皇の延暦3年(784)長岡京に遷都するまでの間の都。現在の奈良市市街から西南方にあたる。東西約4.3キロ、南北約4.8キロ。唐の都長安をモデルとし、中央を南北に走る朱雀大路すざくおおじによって左京・右京に2分し、さらに南北・東西を大路・小路によって碁盤の目のように整然と区画した。ならのみやこ。
へいしょう-ぐ【×屏障具】シャウ 間仕切りや目隠しなどとして用いられる調度。屏風びょうぶ・衝立ついたて・障子・几帳きちょう・壁代かべしろ・幕など。
へいじょう-しん【平常心】ヘイジャウ ふだんと変わらない心。揺れ動くことのない心理状態。「どんな時でも―を失わない」
へい-しょく【兵食】❶兵士と食糧。また、兵士の食糧。❷軍隊で支給される食糧。
へい-しょく【×秉×燭】《燭を秉とるの意》❶手に灯火を持つこと。❷火ともしごろ。夕がた。ひんそく。「―に及んで、祇園ぎおんの社へ入れ奉る」〈平家・一〉
べい-しょく【米食】米を食べること。また、米を主食とすること。
へいじょ-ぶん【平叙文】疑問文・感動文・命令文に対して、特別な修辞を用いずに物事を客観的に述べる形の文。普通、活用語の終止形で文を結ぶ。
へい-しん【平心】落ち着いた心。おだやかな心。
へい-しん【平身】〔名〕スル 身をかがめること。平伏すること。「主君の前に―する」
へい-しん【平信】変事や急用のためのものでない、普通の通信。また、その手紙の脇付わきづけに用いる語。
へい-しん【並進｜併進】〔名〕スル 並んで進むこと。一斉に進むこと。「二隊に分かれて―する」
へい-しん【×嬖臣】お気に入りの家来。寵臣ちょうしん。
へい-じん【平人】❶普通の人。ただの人。「政府に限りたる職分にて―の関る所に非ず」〈福沢・学問のすゝめ〉❷「平民❷」に同じ。
へい-じん【平×塵】ヂン ►塵地ちりじ
へい-じん【兵刃】戦いに用いる刃物。やいば。
兵刃を交まじ・える 刀で切り合う。戦う。
へい-じん【×嬖人】主君や主人などに、かわいがられている人。気に入りの人。
べい-じん【米人】米国人。アメリカ人。
へいしん-うんどう【並進運動】剛体などにおいて、それを構成する各点が同一方向に平行移動する運動。
ベイジング-スーツ【bathing suit】《bathingは、水泳・水浴の意》水着のこと。服装史上の最初の水着がツーピース形式のものであったためスーツと呼ばれたことから、以後ワンピースのものも含めてこう呼ばれる。
へいしん-ていとう【平身低頭】〔名〕スル ひれ伏して頭を下げ、恐れ入ること。また、ひたすらわびること。「―して謝る」
へい-すい【平水】❶河川などの平常時の水かさ。

「一量」❷波立っていない水面。

へい-すい【ˣ瓶水】▶びょうすい(瓶水)

へい-すい【ˣ萍水】浮き草と水。流浪している者のたとえにも用いる。

萍水相逢あいあう 《王勃「滕王閣序」から》根のない浮き草と流れつづける水とが出会う。旅に出ている者どうしが偶然知り合いになることのたとえ。

へいすい-いん【平水韻】ヰン 中国の韻書。13世紀前半に平水(山西省)の人劉淵りゅうえんが編したという。宋代の韻書「広韻」などが206韻に分類していたのに対し、発音の変化に合わせて107韻に編み分けた。元代には106韻となり、現在の詩の韻の基準となっている。詩韻。ひょうすいいん。

へいすい-くいき【平水区域】クヰキ 航行区域の一。湖・川・港湾および特定の水域。

ベイズウオーター〖Bayswater〗▶ベーズウオーター

べい-すぎ【米杉】▶アメリカスギ

ベイ-スターズ〖Bay Stars〗▶横浜DeNAディーエヌエーベイスターズ

ヘイスティングズ〖Hastings〗▶ヘースティングズ

ヘイスティングズ-じょう【ヘイスティングズ城】ジヤウ《Hastings Castle》▶ヘースティングズ城

ペイズリー〖Paisley〗▶ペーズリー

ペイズリー-しゅうどういん【ペイズリー修道院】シウダウヰン《Paisley》▶ペーズリー修道院

へい-する【ˣ聘する】〔動サ変〕文へい・す〔サ変〕礼を厚くして人を招く。招聘しょうへいする。また、単に呼び寄せる。「先生を一・して主筆たらしむ」〈秋水・兆民先生〉 (類語)招聘する・招請する・招く・迎える

へいせい【平成】《「春秋左氏伝」文公一八年、あるいは「書経」大禹謨、「史記」五帝紀にみえる「地平かにして天成る」「内うち平かにして外成る」から》わが国の年号。1989年1月8日改元。

へい-せい【平声】▶ひょうしょう(平声)

へい-せい【平性】東洋医学で、温熱性・寒涼性のどちらでもないこと。

へい-せい【平静】〔名・形動〕❶世間がおだやかで静かなこと。また、そのさま。「一な生活に戻る」❷態度・気持ちが落ち着いていること。また、そのさま。「一を装う」(派生)へいせいさ〔名〕(類語)平穏・静穏・平和・安泰・安穏・平然・平気・悠然・泰然・自若じじゃく・冷静・沈着

へい-せい【兵制】兵備に関しての制度。

へい-せい【兵勢】軍隊の威勢。軍勢。

へい-せい【幣制】貨幣の発行や流通などについての制度。「一改革」

へい-せい【弊政】弊害の多い政治。悪政。

へい-ぜい【平生】ふだん。いつも。つねひごろ。副詞的にも用いる。「一とは態度が異なる」(類語)普段・平素・日常・日頃ひごろ・常日頃つねひごろ・常常つねづね・いつも

へいせい-おんがくだいがく【平成音楽大学】熊本県上益城かみましき郡御船みふね町にある私立大学。平成13年(2001)の開設。音楽学部の単科大学。

へいぜい-きょう【平城京】キャウ ▶へいじょうきょう(平城京)

へいせい-けんきゅうかい【平成研究会】ケンキウクワイ 自由民主党の派閥の一。平成8年(1996)に経世会から改称(一時、平成政治研究会と呼称)。党内最大派閥だったが、小泉純一郎内閣時にその座を清和政治研究会に奪われた。(補説)平成研究会の系譜：(吉田派から)→佐藤派→田中派→竹下派→小渕派→橋本派→津島派→額賀派

へいせい-こくさいだいがく【平成国際大学】埼玉県加須かぞ市にある私立大学。平成8年(1996)に開学した、法学部の単科大学。

べいせい-せんそう【米西戦争】センサウ ▶アメリカ-スペイン戦争

へいぜい-てんのう【平城天皇】テンワウ［774〜824］第51代天皇。在位806〜809。桓武天皇の第1皇子。名は安殿あて。中央官制の縮小など政治の刷新に努めたが、病のため嵯峨天皇に譲位。のち、薬子くすこの変で復位をはかったが失敗して出家。奈良の帝。

へいせい-の-だいがっぺい【平成の大合併】平成11年(1999)から政府主導で行われた市町村合併。自治体を広域化することによって行財政基盤を強化し、地方分権の推進に対応することなどを目的とする。同17年前後に最も多く合併が行われ、市町村合併特例新法の期限切れにより同22年3月末に終了。➔表

へい-せき【兵籍】❶軍人としての身分。軍籍。❷「兵籍簿」の略。

へいせき-ぼ【兵籍簿】軍人としての身分に関する事項を登記した帳簿。

へい-せつ【併設】〔名〕スル 他のものと一緒に設置すること。また、主となるものやすでにあるものにつけ加えて設置すること。「会社に研究所を一する」

へい-せん【兵船】戦いに使用する船。いくさぶね。軍船。

へい-せん【兵ˣ燹】《「燹」は野火の意》戦争による火災。兵火。「大阪一の余焔が」〈鷗外・大塩平八郎〉

へい-ぜん【平然】〔ト・タル〕文〔形動タリ〕何事もなかったように落ち着きはらっているさま。「うそをつきながら一としている」「一たる態度」(類語)平気・平静・冷静・沈着・悠然・泰然・自若じじゃく・恬然てんぜん・事も無げ・けろりと・しれっと・しゃあしゃあ・ぬけぬけ

へい-ぜん【ˣ炳然】〔ト・タル〕文〔形動タリ〕光り輝いているさま。また、明らかなさま。炳乎へいこ。「焔は一として四辺あたりを照せり」〈紅葉・金色夜叉〉

べい-せん【米銭】こめと、ぜに。また、米代。「一にも事欠く」

へいせん-じ【平泉寺】福井県勝山市にあった天台宗の寺。山号は霊応山。養老元年(717)泰澄の創建という。白山信仰を背景に修験道場として栄えたが、明治初期の神仏分離により白山神社となった。

へい-そ【平素】ふだん。つねひごろ。副詞的にも用いる。「一の努力」「一利用しているバス」(類語)普段・平生・日常・日頃ひごろ・常日頃つねひごろ・常常つねづね・いつも

べい-そ【米租】年貢の米。年貢米。納米。租米そまい。

へい-そう【兵争】サウ 武力による争い。戦争。

へい-そう【兵曹】サウ 旧海軍の下士官の称。上等・一等・二等の3階級がある。

へいそう-ちょう【兵曹長】ヘイサウチャウ 旧海軍の水兵科準士官の称。少尉の下、上等兵曹の上に位置する階級。

へい-そく【ˣ屏息】〔名〕スル ❶息を殺してじっとしていること。「敵艦依然港内に一して」〈独歩・愛弟通信〉❷おそれて身を縮めること。「一片の命令の下に操觚者そうこしゃは一し」〈魯庵・「破垣」に就て〉

へい-そく【閉塞】〔名〕スル ❶通路や出入り口がふさがること。また、閉じてふさぐこと。「運河を一する」「腸一」「吝嗇は悪行にして、仁愛の心を一し」〈中村訳・西国立志編〉❷先行きが見えないこと。将来の見通しが立たないこと。「一状況」「一した経済」(類語)(❶)閉鎖・封鎖・梗塞こうそく・塞栓そくせん

へい-そく【幣束】❶神に供えるささげもの。幣帛へいはく。ぬさ。みてぐら。にぎて。❷裂いた麻やたたんで切った紙を細長い木に挟んだもの。祓はらいのときに用いる。御幣ごへい。

へい-ぞく【平俗】〔名・形動〕❶ありふれていて俗っぽいこと。また、そのさま。「一で何の新しさもない」❷表現がくだけてわかりやすいこと。また、そのさま。「一な言葉で説明する」

へい-ぞく【弊俗】悪い風俗・習慣。弊風。弊習。

へいそく-かん【閉塞感】閉じふさがっている感じ。また、比喩的に、閉じふさがったように先行きが見えないさま。「のどに一がある」「一を打開する」

へいそくせい-どうみゃくこうか-しょう【閉塞性動脈硬化症】ドウミャクカウクワシャウ 手足の血管の動脈硬化が進行し、血管が閉塞する病気。血流が不十分になるため、足にしびれ・痛み・冷えを感じる。治療せずに放置すると、やがて歩行が困難になり、重症化すると手足に潰瘍ができ壊死することもある。ASO(arteriosclerosis obliterans)。

へいそくせい-ぶんべん【閉塞性分ˣ娩】児頭骨盤不適合・胎位異常・微弱陣痛などにより経膣けいちつ分娩が困難な状態。開発途上国などで、低年齢や栄養不良などにより、骨盤が十分に発達していない状態で妊娠した場合などに起こる。帝王切開など適切な処置が受けられない場合、分娩が24時間から1週間以上続き、その間、胎児の頭部が母体の骨盤を圧迫し、膀胱ぼうこう・膣・直腸などへの血流が遮断されるため、母体に瘻孔ろうこうが形成され、障害が残ることが多い。胎児は死産となる。また、妊産婦の死亡の原因ともなる。

[平成の大合併] 日本の市町村数の推移

年	市	町	村	総数
平成11年(1999)	670	1994	568	3232
平成12年(2000)	671	1990	568	3229
平成13年(2001)	670	1990	567	3227
平成14年(2002)	672	1985	566	3223
平成15年(2003)	675	1976	561	3212
平成16年(2004)	689	1903	540	3132
平成17年(2005)	732	1423	366	2521
平成18年(2006)	777	846	198	1821
平成19年(2007)	782	827	195	1804
平成20年(2008)	783	815	195	1793
平成21年(2009)	783	802	192	1777
平成22年(2010)	786	757	184	1727

注:各年とも3月31日時点での数

へいそく-せん【閉塞船】戦争などのとき、港湾を閉塞するために沈める船。

へいそく-ぜんせん【閉塞前線】温帯低気圧の発達過程で、動きの速い寒冷前線が温暖前線に追いついてできる前線。寒冷型と温暖型とがある。

へいそく-そうち【閉塞装置】サウチ 鉄道で、一定の区間内を1列車だけに占有させ、そこへ他の列車の進入があった場合に検知できる装置。進入があると閉塞信号機で停止などを表示する。

へい-そつ【兵卒】❶最下級の軍人。旧日本陸軍では兵長以下。❷軍人。つわもの。軍兵。兵。(類語)軍人・兵・兵士・兵隊・つわもの・戦士

へい-そん【併存｜並存】〔名〕スル《「へいぞん」とも》二つまたはそれ以上のものが同時に存在すること。「新旧勢力が一する」(類語)共存・同居・両立・並立・連立

へいた【平太】《「へいだ」とも》能面の一。勇ましい壮年の武将を表す。肉色の赤平太と白色の白平太とがあり、「八島やしま」「田村」「兼平」など二番目物の後ジテに用いる。

へい-たい【平体】写植文字で、レンズを用いて字の天地を縮小した活字の形。横に平たい字体。

へい-たい【兵隊】❶兵士を隊に組織・編制したもの。軍隊。「一に行く」❷下級の軍人。兵。❸俗に、役職につかない人のこと。(類語)軍人・兵・兵士・兵卒

へいたい-あり【兵隊ˣ蟻】「兵蟻へいぎ」に同じ。

へいたい-かんじょう【兵隊勘定】カンヂャウ 各自が等分に金銭を出し合って勘定を支払うこと。割り勘。

へい-たく【併託】❶ある物件といっしょに、別の物件を委託すること。❷ある法案といっしょに別の法案の審議を委託すること。

へい-たく【弊宅】❶あばらや。❷自分の家をへりくだっていう語。(類語)拙宅・陋宅ろうたく・陋居・陋屋ろうおく・寓居ぐうきょ

へい-だつ【平脱】平文ひょうもん❶の中国での呼称。

へい-たん【平旦】夜明けのころ。特に、寅とらの刻。現在の午前4時ごろ。「一に鞭を揮ひ城外に出づ」〈経国集・一一〉

へい-たん【平ˣ坦】〔名・形動〕❶土地などが平らなこと。また、そのさま。「一な道」「一部」❷物事が平穏で起伏のないこと。また、そのさま。「人生は一ではない」(派生)へいたんさ〔名〕(類語)坦坦・水平・フラット

へい-たん【平淡】〔名・形動〕おだやかであっさりしていること。また、そのさま。「一な話しぶり」(類語)枯淡・淡泊・洒脱しゃだつ

へい-たん【兵ˣ站】戦闘部隊の後方にあって、人員・兵器・食糧などの前送・補給にあたり、また、後方連絡線の確保にあたる活動機能。「一部」

へい-たん【兵端】戦いのきっかけ。戦端。

兵端を開ひらく 戦争を始める。戦端を開く。「国境線で一・く」

へい‐だん【兵団】❶兵士を一団に組織したもの。❷戦時、師団をいくつか合わせて、独立して作戦ができるように編制した部隊。

へい‐だん【餅×餤｜餅×腅】平安時代の唐菓子の一。ガチョウやカモの卵に野菜などをまぜて煮たものを、餅で包み、四角に切ったもの。

へいたん‐せん【兵×站線】本国と戦場を連絡する輸送連絡路。

へい‐ち【平地】《古くは「へいぢ」か》平らな土地。ひらち。[類語]平地・平野・平原・野原・広野・原

平地に波瀾を起こす　《劉禹錫「竹枝詞」から》おだやかなところに波風を立たせる。好んでもめごとを引き起こすたとえ。

へい‐ち【併置｜並置】〔名〕スル　二つ以上のものを同じ場所に設けること。「小学校に幼稚園を―する」

べいちくれんぎん‐けいざいほうこくしょ【米地区連銀経済報告書】▶ベージュ‐ブック

へい‐ちつ【閉×蟄】冬期になって虫類が土中にこもること。また、その頃。旧暦の10月上旬頃。⇔啓蟄

へい‐ちゃら【平ちゃら】〔形動〕《「平」は平気、「ちゃら」は冗談、でたらめなどの意》❶ものともしないさま。気にかけないさま。平気。へっちゃら。「これくらいの雪は―だ」❷たやすいさま。容易にできるさま。へっちゃら。「こんな問題は―さ」[類語]平気・へっちゃら・平然・恬然・事も無げ・平気の平左

べいちゅうおう‐じょうほうきょく【米中央情報局】▶シー‐アイ‐エー(CIA)

べいちゅう‐せんりゃくけいざいたいわ【米中戦略経済対話】▶戦略経済対話

へいちゅうものがたり【平中物語｜平仲物語】平安中期の歌物語。作者未詳。天徳3～康保2年(959～965)ごろまでの成立とされる。平中とよばれた平貞文を主人公とした、恋愛説話38段からなる。平中日記。貞文日記。

へい‐ちょう【平調】❶おだやかな調子。いつもの調子。「今夜の私の頭は―を失っている」〈森田草平・煤煙〉❷中国の三弦の調弦法の一。日本の三味線の本調子にあたる。一の糸から合・四・六の調子になっている。

へい‐ちょう【兵長】旧日本陸軍で、兵の最上位の階級。上等兵の上、伍長の下。旧日本海軍では、二等兵曹の下。

へい‐ちょう【閉庁】❶今まであった官庁を廃止すること。⇔開庁。❷官庁がその日の執務を終えること。また、執務を行わないこと。⇔開庁。

へいち‐りん【平地林】平地にある林。

へい‐つくば・る〔動ラ五(四)〕平伏する。うずくまる。はいつくばる。「地面に―・る」

へい‐てい【平定】〔名〕スル　敵や賊を討ち平らげること。「反乱を―する」「天下を―する」[類語]鎮定・鎮圧・鎮撫・制圧

へい‐てい【閉廷】〔名〕スル　法廷を閉じること。法廷での審理を休止すること。⇔開廷。

ペイ‐テレビ《pay televisionから》有料テレビ放送。

へい‐てん【閉店】〔名〕スル　❶商売をやめて店を閉じること。⇔開店。❷その日の営業を終えて店をしめること。「平日は六時に―する」⇔開店。[類語]店じまい・看板・閉業・終業

へい‐てん【弊店】自分の店をへりくだっていう語。

へい‐でん【幣殿】神社で、参詣者が幣帛をささげる社殿。拝殿と本殿との中間にある。

べい‐てん【米点】水墨山水画の技法の一。山や樹木などを水墨の横点を連ねて表すもの。中国、宋代の画家米芾・米友仁父子に由来。⇒米法山水

ヘイデンスタム〖Carl Gustav Verner von Heidenstam〗[1859～1940]スウェーデンの詩人・小説家。ロマン主義的、理想主義的作風で祖国への愛をうたった。1916年ノーベル文学賞受賞。詩集「巡礼と遍歴の歳月」、小説「カロリーネナ」など。

へい‐でんりゅう【閉電流】閉回路を流れる電流。

ヘイト‐アシュベリー〖Haight Ashbury〗米国、サンフランシスコの中心部の一地区。1791年に建てられたサンフランシスコ最古の教会、ミッションドロレス教会がある。1960年代のヒッピー文化発祥の地。

へい‐とう【弊×竇】《「竇」は穴の意》弊害となる点。欠陥。「朝令暮改―百出」〈東海散士・佳人之奇遇〉

へいとう‐しょうしゅつ【平頭抄出】「平出」に同じ。

へい‐どく【併読】〔名〕スル　2種以上のものをあわせて読むこと。「新聞二紙を―する」

ヘイト‐クライム〖hate crime〗人種、宗教、性に対する偏見や差別などが原因で起こる犯罪。憎悪犯罪。

ペイト‐こ【ペイト湖】《Peyto Lake》カナダ、アルバータ州南西部、バンフ国立公園にある氷河湖。カナディアンロッキーを縦断するアイスフィールドパークウエーのボウ峠から見下ろす位置にある。

へいと‐して【×炳として】〔連語〕▶炳

へいとつ‐レンズ【平凸レンズ】片面が平面である凸レンズ。

へい‐どん【併×呑】〔名〕スル　あわせのむこと。他の勢力を自分の勢力下に入れること。「小国を―する」

べい‐トン【米トン】▶トン❶㋒

べい‐なす【米茄=子】ナスの品種の一。へたが緑色で、全体に丸みを帯び、果肉が締まっている。アメリカ(米国)品種を改良したもの。

ベイナック‐じょう【ベイナック城】《Château de Baynac》▶ベナック城

へい‐なん【兵難】戦争によって受ける災難。戦災。兵災。「其―を避んとして」〈逍遥・当世書生気質〉

へい‐にん【平人】普通の人。なみの人間。へいじん。「―の眼には五光が射すものと見えて」〈魯庵・社会百面相〉

へい‐にん【併任】〔名〕スル　ある職務に任用されている人を他の職務にも任用すること。また、二つ以上の職務を兼ねること。

へい‐ねつ【平熱】健康時の体温。成人ではセ氏36～37度ぐらい。

へい‐ねん【平年】❶閏でない年。太陽暦で1年が365日の年。❷普通の状態にある年。特に、気象や農作物の収穫が普通程度の年。「―並みの気温」

べい‐ねん【米年】「米寿」に同じ。

へいねん‐さく【平年作】農作物の収穫が平年並みであること。過去5か年の収穫高のうち、最高と最低の年を除いた3か年の平均収穫高が基準にされる。平作。

へいねん‐ち【平年値】気温・降水量などの、過去30年間の平均値。10年ごとに更新される。

へい‐のう【兵農】兵士と農民。

べい‐のう【米納】租税を米穀で納めること。

へいのう‐ぶんり【兵農分離】戦国時代から江戸初期にかけて行われた、武士と農民の身分的分離政策。戦国大名は武士の城下町集住や検地による農民身分の確定で両者の分離に努めたが、豊臣秀吉は天正16年(1588)刀狩り令によって兵と農の身分的差別を明確にした。

へい‐ば【兵馬】兵士と軍馬。転じて、軍備・軍隊。また、戦争。[類語]戦争・戦・戦い・戦役・役・兵・兵戈・干戈・戦火・兵火・戦乱・兵乱

ペイパーバック〖paperback〗▶ペーパーバック

ペイ‐パー‐ビュー〖pay per view〗有料テレビ方式で、視聴番組の本数や時間で料金を支払うシステム。PPV方式。

ベイパー‐ロック〖vapor lock〗▶ベーパーロック

ペイ‐バイ‐ホン〖pay-by-phone〗電話支払い。銀行の業務自動化の一つで、電話をかけるだけですべての支払いができるシステム。

へい‐はく【幣×帛】神社で、神前に奉献するものの総称。みてぐら。ぬさ。

べい‐ばく【米麦】米と麦。また、穀物。

へいば‐こうそう【兵馬×倥×偬】戦争のために忙しくあわただしいこと。

へい‐はつ【併発】〔名〕スル　二つ以上のことが同時に起こること。また、起こすこと。「余病を―する」

ペイ‐バック〖pay back〗❶借金を返すこと。返済すること。また、払い戻し。❷人の親切に報いること。人に応分のお返しをすること。

へいば‐の‐けん【兵馬の権】軍隊を統帥する権力。「―を握る」

へいばよう‐こう【兵馬×俑坑】中国の歴史文化遺産。1974年に陝西省西安市郊外で発見された。秦代の副葬坑とされ、発見された三つの坑の総面積は2万平方メートルを超える。表情や衣服などが多様な7000体以上の武士俑をはじめ、馬俑や馬車、武器などが実戦の軍陣で配置され、その精緻な製法や正確な造型は当時の技術水準の高さを示している。1987年に「秦の始皇陵」の名称で世界遺産(文化遺産)に登録された。

へい‐はん【平版】印刷版式の一。版面は明確な高低がなく、インクの付着する親油性の画線部と親水性の非画線部とから成り、水と油との反発を利用して印刷する。オフセット・石版など。

へい‐ばん【平板】〔名・形動〕❶平らな板。特に、平板測量で用いる木製の平らな板。❷変化に乏しく、おもしろみのないこと。また、そのさま。「盛り上がりに欠ける―な文章」[派生]へいばんさ〔名〕
[類語](❷)単調・一本調子

へい‐ばん【餅盤】《「べいばん」とも》マグマが地層中に貫入し、上面が鏡餅状に膨らみ、下は地層面と平行になって固結した岩体。ラコリス。

べい‐はん【米飯】こめのめし。「―を主食とする」

べいはん‐きゅうしょく【米飯給食】学校給食で、米飯を主食とすること。[補説]昭和51年(1976)、それまで主食とされていたパンに代わり、米飯の提供が開始された。

ペイ‐ばんぐみ【ペイ番組】《pay television program》CATVなどの加入者に有料でサービスするテレビ番組。映画やスポーツ、ステージショーなど魅力ある番組が多く、米国で盛ん。有線テレビのほか、空中波・衛星による伝送方式がある。⇒ペイケーブル

へいばん‐コンデンサー【平板コンデンサー】▶平行板コンデンサー

へいばん‐そくりょう【平板測量】製図用の平板に三脚を取り付け、磁石・アリダード・巻尺などを用い、直接現地で作図しながら行う簡単な測量。

へいばん‐ちくでんき【平板蓄電器】▶平行板コンデンサー

へい‐び【兵備】戦争のために兵員・兵器などを備えておくこと。軍備。

へい‐ぶ【平×蕪】雑草の生い茂った野原。「艦上より―の曠原と見しは」〈独歩・愛弟通信〉

へい‐ぶ【兵部】中国の官制で、六部の一。兵事・軍政を司った。隋代に設置され、清代まで続いた。

へい‐ふう【弊風】悪い風俗や習慣。悪習。「政界の―を一新する」[類語]悪風・悪習・悪弊・弊習・陋習

へい‐ふく【平伏】〔名〕スル　両手をつき、頭が地面や畳につくほどに下げて礼をすること。ひれふすこと。「足下に―する」[類語]土下座・平身・平身低頭

へい‐ふく【平服】ふだん着ている衣服。また、その服装。ふだんぎ。「―で御出席下さい」⇔礼服。
[類語]略服・ふだん着

へい‐ふく【平復】〔名〕スル　病気が治って平常の健康に戻ること。「薬効があってようやく―する」[類語]回復・快復・本復・平癒・治癒・快癒・全快・快気・根治

ペイプシ‐こ【ペイプシ湖】《Peipsi järv》エストニアとロシアの国境にある湖。ロシア語名チュド湖。湖上にエストニア領のピーリッサール島がある。13世紀半ば、アレクサンドル＝ネフスキー率いるノブゴロド公国軍がリボニア騎士団を破り、大勝を収めた。ペイプス湖。

ペイプス‐こ【ペイプス湖】《Lake Peipus》▶ペイプシ湖

へい‐ぶつ【幣物】▶へいもつ(幣物)

べい‐ふつ【米芾】[1051～1107]中国、北宋の書家・画家。襄陽(湖北省)の人。字は元章。号、鹿門居士など。息子の米友仁に対し、大米という。書は王羲之の書風を受け継ぎ、宋代四大家

の一人。絵画は山水画にすぐれ、米法山水(べいほうさんすい)の様式を創始した。著「書史」「画史」など。

へい-ぶん【平分】〘名〙スル 平等に分けること。また、分かれること。「此大山脈は、米国を東西に—したる中脊の地なれば」〈久米邦武・米欧回覧実記〉

べい-ふん【米粉】米を粉にしたもの。こめのこ。
類語 米粉(こめこ)・糝粉(しんこ)・白玉粉

へい-へい【平平】〘ト・タル〙図〘形動タリ〙❶全く平らなさま。平坦。「—とした海原」❷平凡なさま。「—たる生涯」

へい-へい ㊀〘感〙応答の語「へい」を重ねた語。相手を敬いながら気軽に相づちを打ったり承知の意を表したりする。「—、かしこまりました」㊁〘副〙スル 卑屈な態度で言いなりになるさま。ぺこぺこと相手にこびへつらうさま。「いつも—している腰巾着」

へい-べい【平米】平方メートルのこと。

ぺい-ぺい 地位の低い者、また、技術・技芸の未熟な者をあざけっていう語。また、自分を卑下していう語。ぺえぺえ。「駆け出しの—」

べいべい-ことば【べいべい言葉｜べいべい詞】《助動詞「べい」を多く用いるところから》関東地方特有の言葉。また、広く田舎言葉。べいことば。

へいへい-たんたん【平平×坦×坦】〘ト・タル〙図〘形動タリ〙《「平坦」のそれぞれの字を重ねて意味を強めた語》きわめて平らなさま。また、何の変化もないさま。「日常の生活に見るままの有様にて、而もその—たるが中に」〈荷風・ふらんす物語〉

へいへい-ぼんぼん【平平凡凡】〘ト・タル〙図〘形動タリ〙《「平凡」のそれぞれの字を重ねて意味を強めた語》きわめて平凡なさま。「—たる一市民」

べい-べつ【×袂別】〘名〙スル たもとをわかつこと。わかれること。「音楽が音楽に—する異様な辛い音」〈小林秀雄・モオツァルト〉

へい-ほう【平方】ハウ ❶二つの同じ数を掛け合わせること。2乗。自乗。「三—の定理」❷長さの単位の前に付けて、面積の単位を示す語。「—メートル」❸長さの単位名のあとにつけて、その長さを1辺とする正方形の面積を示す語。「センチ—」

へい-ほう【兵法】ハフ ❶いくさの仕方。用兵や戦闘の方法。兵学。ひょうほう。「孫子の—」❷剣術・柔術などの武術。ひょうほう。「—指南」

へいほう-こん【平方根】ハウ— 2乗してaになるような数のaに対する称。aの平方根は正・負二つあり、正の平方根は、$\sqrt{a}$(ルートa)と書く。√は根号とよび、root(根)のrの変形。二乗根。自乗根。

べいほう-さんすい【米法山水】ハフ— 米点(べいてん)を用いて描かれた山水画。米点山水。

へいほう-しゃ【兵法者】ハフ— 《「へいほうじゃ」とも》❶いくさの方法に精通している人。❷剣術などの武芸にすぐれている者。兵法人。

へいほう-すう【平方数】ハウ— 自然数の平方になっている数。1・4・9…など。自乗数。

へいほう-メートル【平方メートル】ハウ— 国際単位系(SI)の面積の単位。1平方メートルは1メートルを1辺とする正方形の面積。記号m^2　平米(へいべい)。

べいぼく-せんそう【米墨戦争】—サウ ▶アメリカ-メキシコ戦争

へい-ぼん【平凡】〘名・形動〙これといったすぐれた特色もなく、ごくあたりまえなこと。また、そのさま。「—な作品」⇔非凡。派生 へいぼんさ〘名〙 類語 ありきたり・あたりまえ・凡・凡庸(ぼんよう)・凡俗・並・普通・一般・平均的

へいぼん【平凡】二葉亭四迷の小説。明治40年(1907)発表。もと文士の下級官吏が回想の形で、作者自身の人生観・文学観を示し、文壇を風刺した作品。

ヘイマエイ-とう【ヘイマエイ島】—タウ《Heimaey》アイスランドの南西沖にあるベストマン諸島の主島。アイスランド本土から約25キロメートルに位置する。中心地は天然の良港を擁すベストマンナエイヤル。1973年に噴火が起こり、粘性が低い玄武岩質の溶岩流がベストマンナエイヤルを襲った。パードウオッチングの名所としても知られる。ヘイマイエ島。ヘイマ島。

へい-まく【閉幕】〘名〙スル ❶幕が閉じて演劇などが終わること。また、終えること。「—は九時半の予定です」⇔開幕。❷行事・催物などが終わりになること。「展覧会が—する」⇔開幕。類語 終演・打ち出し・はね・幕切れ・幕・打ち止め・ちょん・終わり・おしまい・終了・完(かん)・了(りょう)・ジエンド

べい-まつ【米松】アメリカマツの別名。

ヘイマ-とう【ヘイマ島】—タウ《Heimaey》▶ヘイマエイ島

へい-まん【×屏×幔】衝立(ついたて)風の幕。幔幕(まんまく)。「御簾(みす)いと青くかけ渡し、—ども引きたるなど」〈枕・二七八〉

へい-みゃく【平脈】健康な人の平常時の脈拍。成人で、1分間に60から75ぐらい。

へい-みん【平民】❶官位のない普通の人民。庶民。❷明治2年(1869)設定された族称の一。華族・士族を除いた農・工・商に対する呼称。日本国憲法の施行とともに消滅。➡士農工商 ❸古代ローマで、貴族・奴隷以外の一般市民。プレブス。類語 庶民・人民・市民・公民・民衆・大衆・公衆・俗衆・民(たみ)・民草(たみくさ)・常民・蒼生(そうせい)・一般人・市井(しせい)の人

へいみん-かい【平民会】—クワイ 古代ローマの民会の一。前5世紀ごろ、対パトリキ(貴族)抗争の結果として設置。当初はプレブス(平民)だけの集会だったが、前287年のホルテンシウス法によって、国家の最高立法機関となった。

へいみん-しゃ【平民社】明治末期の社会主義結社。明治36年(1903)日露戦争開戦反対を唱えて「万朝報(よろずちょうほう)」を退社した幸徳秋水・堺利彦(さかいとしひこ)らが結成。「平民新聞」を発行。官憲の弾圧で同38年に解散。同40年、再興したが3か月で解散。

へいみん-しゅぎ【平民主義】差別をなくし、万人平等の社会の実現を目ざす主義。明治中期、徳富蘇峰(とくとみそほう)らが主張。

へいみんしんぶん【平民新聞】平民社が発行した週刊新聞。明治36年(1903)創刊。同38年廃刊。同40年に平民社の再建とともに日刊紙として再刊されたが、3か月で廃刊。

へい-む【兵務】兵事に関する事務。

へい-めい【平明】〘名・形動〙❶わかりやすくはっきりしていること。また、そのさま。「—な解説」❷夜明け。明け方。派生 へいめいさ〘名〙
類語 簡明・明快・明晰(めいせき)・明白・明瞭・端的

へい-めん【平面】❶平らな表面。また、表面が平らであること。❷面上のどの二点をとっても、これを結ぶ直線が常にその上にあるような面。

べい-めん【米綿】米国産の綿花。

へいめん-アンテナ【平面アンテナ】平面状のアンテナ。衛星放送の受信用に開発され、斜め方向からの電波も受けられる。

へいめん-かく【平面角】相交わる二平面のなす角。

へいめん-きかがく【平面幾何学】平面上の図形の性質を研究する幾何学。

へいめん-きょう【平面鏡】—キャウ 反射面が平面をなす鏡。

へいめん-きょくせん【平面曲線】一つの平面上にある曲線。

へいめん-さんかくほう【平面三角法】—サンカクハフ 平面図形の研究に三角関数を応用すること。

へいめん-しょうひょう【平面商標】—シャウヘウ 商標のうち、立体標章以外の平面的な商標をさしていう語。法律上の定義はなく、平成8年(1996)の商標法改正で立体標章が認められたため、区別語として使われるようになった。

へいめん-ず【平面図】—ヅ ❶投影図法で、物体を平画面に投影したときに得られる図。❷建物を水平方向に切って真上から見た図。

へいめん-ずけい【平面図形】—ヅケイ 平面上に描かれた図形。

へいめん-たいしょう【平面対称】▶面対称

へいめん-てき【平面的】〘形動〙❶表面が平らなさま。「—な顔」⇔立体的。❷物事のうわべだけで判断し、内面にまで立ち入って考えようとしないさま。「—な見方」⇔立体的。

へいめん-は【平面波】波面が平面である波。

へいめん-ばん【平面盤】工作物の平面を研削する工作機械。平面研削盤。

へいめん-びょうしゃ【平面描写】—ベウシャ 作者の主観をまじえず、対象や事件の経過の表面だけをありのままに描く文芸上の手法。明治40年代、田山花袋が主張。

へいめん-へんこう【平面偏光】—ヘンクワウ ▶直線偏光

へい-もつ【×聘物】贈り物。進物。幣物(へいもつ)。

へい-もつ【幣物】❶神前にささげる供物。幣帛(へいはく)。へいぶつ。❷贈り物。進物。聘物(へいもつ)。へいぶつ。

へい-もん【閉門】〘名〙スル ❶門をとじること。⇔開門。❷謹慎の意を表すため、門をとざして家にこもること。❸江戸時代、武士・僧に科せられた刑罰の一。門や窓をかたく閉じ、出入りを禁じられた。
類語 閉鎖・施錠・閉場・閉園・閉館・閉院

へい-もん【×聘問】〘名〙スル 進物をたずさえて訪問すること。

へい-や【丙夜】五夜(ごや)の一。およそ今の午後11時または午前0時からの2時間。子(ね)の刻。三更(さんこう)。

へい-や【平野】平らに広くひらけた土地。類語 平地

へい-ゆ【平癒】〘名〙スル 病気が治ること。「長い闘病生活を経て—した」類語 全治・全快・完治・治癒・根治・全癒・快癒・本復・回復

へい-ゆう【併有】—イウ〘名〙スル 二つ以上のものを同時にあわせもつこと。「富と権力を—する」

べい-ゆうじん【米友仁】—イウジン［1072～1151］中国、北宋末・南宋初の画家・書家。襄陽(じょうよう)(湖北省)の人。字(あざな)は元暉(げんき)。号、懶拙道人(らんせつどうじん)など。父米芾(べいふつ)を大米というのに対し、小米と称され、父の山水画法を受け継ぎ、発展させた。

へい-よう【併用】〘名〙スル あるものを他のものとともに用いること。「二種類の内服薬を—する」
類語 兼用・混用・両用

へい-よう【×聘用】〘名〙スル 礼を尽くして招き、取り立てて用いること。「浅学薄識の徒を—し」〈雪嶺・偽悪醜日本人〉

へいよう-じゅうたく【併用住宅】—ヂュウタク 人が居住する部分と、居住者が事務所や店舗などとして業務に使用する部分を一つの建物の中に併せ持つ住宅。

ペイヨン〖Peillon〗フランス南東部の都市ニースの近郊にある村。中世、異教徒からの攻撃を防ぐために、急峻な岩山や丘の上に城壁をめぐらして築いた「鷲(わし)の巣村」の一つで、石造りの美しい家並みが今も残っている。15世紀にジャン＝カナベジオが描いたフレスコ画が残る白苦薬会礼拝堂がある。

へい-らい【平礼】《「ひれ」に当てた「平礼」を音読みにした語。「へいれい」とも》烏帽子(えぼし)の頂を折ってかぶること。また、その烏帽子。ひれえぼし。

へい-らん【兵乱】戦争で世が乱れること。戦乱。ひょうらん。類語 戦乱・動乱・戦禍・乱・兵馬(へいば)・兵戈(へいか)・事変・戦火・兵火・戦雲・戦塵(せんじん)

へい-り【弊履｜×敝履】破れた履物。また、何の価値もないもののたとえ。「勢の去る所は之を棄つること—より易し」〈東海散士・佳人之奇遇〉

弊履を棄(す)つるが如(ごと)し 破れた履物を捨てるように、何の未練もなく捨て去ることのたとえ。

ベイリー-の-じゅず【ベイリーの数珠】▶ベイリービーズ

ベイリー-ビーズ〖Baily's beads〗皆既日食の開始直前および終了直後、または金環食の開始直後および終了直前に、月の輪郭の谷間だけから太陽の光が漏れ、数珠状に連なって見える現象。1836年に英国の天文学者F＝ベイリーが確認した。ベイリーの数珠。

ベイ-リーフ〖bay leaf〗ゲッケイジュの葉。乾燥させたものを、香辛料としてシチューなどの煮込み料理に用いる。ローリエ。

へい-りつ【並立】〘名〙スル 二つ以上のものが並んで

立つこと。また、同時に存在すること。「南朝北朝が一する」(類語)両立・連立・並存・両存・同居
へいりつ-じょし【並立助詞】助詞の種類の一。種々の語に付いて、二つ以上の言葉を対等の関係で接続するのに用いられる。多くは、格助詞・係助詞・副助詞・接続助詞などから転用されたもの。現代語では、「と」「に」「か」「や」「やら」「の」「だの」など、古語では「や」「の」など。並列助詞。
へい-りゃく【兵略】軍事上のはかりごと。戦略。
へい-りょく【兵力】❶兵員数・兵器数などの総合力。戦闘力。「一を増強する」❷国際法上、戦闘に従事できる資格を有する人々の集団。(類語)戦力・武力
へいりょく-ひきはなし【兵力引(き)離し】PKO(国連平和維持活動)の活動の一。紛争が起こった際に、当事者同士の間に緩衝地帯を設けて駐留し、双方を監視すること。➡アンドフ(UNDOF)
べい-りん【米×廩】米を蓄えておく倉。こめぐら。
へいりん-じ【平林寺】埼玉県新座市野火止にある臨済宗妙心寺派の寺。山号は金鳳山。開創は天授元年=永和元年(1375)、開山は石室善玖。岩槻城主太田道真が岩槻に建立。寛文3年(1663)川越藩主松平輝綱が現在地に移築し、菩提寺とした。
ベイル〖Vail〗米国コロラド州、ロッキー山脈にある町。全米屈指のスキーリゾートとして知られる。
ベイルート〖Beirut〗レバノン共和国の首都。地中海に面する港湾都市。古くから中継貿易港として繁栄した。人口、行政区36万(2007)。
へい-れい【×聘礼】❶人を招くときの贈り物。❷婚約のしるしに贈る物。結納の贈り物。
へい-れつ【並列】〔名〕スル ❶二つ以上のものが並ぶこと。また、並べつらねること。「百足の脚のように一した無数の纏繞根」〈中勘助・犬〉❷電池・抵抗器・蓄電器などの正電極どうし、あるいは負電極どうしを接続すること。パラレル。並列接続。(対)直列。(類語)(❶)分列・整列・列立・櫛比・並行
へいれつ-じょし【並列助詞】「並立助詞」に同じ。
へいれつ-せつぞく【並列接続】▶並列❷
へいれつ-でんそう【並列伝送】▶パラレル伝送
ベイレルベイ-きゅうでん【ベイレルベイ宮殿】《Beylerbeyi Sarayı》トルコ北西部の都市イスタンブールにある宮殿。ボスポラス海峡の東岸に位置する。1860年代、オスマン帝国のスルターン、アブドゥウルアジズにより夏の離宮として建造。アルメニアの建築家サルキス=バルヤンが設計し、バロック様式を採り入れたオスマン建築の宮殿になっている。
べいれんぽう-じゅんびせいどりじかい【米連邦準備制度理事会】▶エフ-アール-ビー(FRB)
へい-ろ【平炉】反射炉の一。耐火煉瓦で造られ、平らな炉床をもつ。銑鉄や屑鉄を入れ、1000度以上に熱せられた空気と燃料を送り込んで燃焼させ鋼を製する。日本では昭和50年(1975)ころまで用いられた。ひらろ。
へい-ろ【閉炉】禅寺で、陰暦2月1日に室内の炉を閉じること。また、その行事。(対)開炉。
へい-ろ【弊×廬|×敝×廬】荒れたいおり。自分の住まいをへりくだっていう。
ヘイロウスキー〖Jaroslav Heyrovsky〗▶ヘイロフスキー
ペイロード〖payload〗❶有償搭載量。実際に搭載する旅客・手荷物・貨物・郵便物などの重量で、必ずしも有償とは限らない。航空機の重量計算では、無燃料重量から運航重量を引いた値になる。❷宇宙ロケットに積み込んだ実験観測機器。また、ミサイルに搭載した爆弾。❸データ通信で転送されるパケットのうち、転送先や経路を制御する付加情報(ヘッダー)を除いたデータ本体のこと。データの大きさをペイロード長という。
ペイロード-スペシャリスト〖payload specialist〗スペースシャトルの搭乗科学技術者。積み込まれた実験装置や観測装置の操作および実験を担当する専門職の宇宙飛行士。PS。➡ミッションスペシャリスト
ペイロード-フェアリング〖payload fairing〗宇宙ロケットの搭載物(ペイロード)の空気抵抗を軽減し、空力加熱から保護するために用いる覆い。搭載物が人工衛星の場合、衛星フェアリングと呼ばれる。
ヘイロタイ〖ギリシャ heilōtai〗古代ギリシャ、スパルタの完全市民共有の奴隷。征服された先住民の子孫で、農耕労働を強制されるのに反発して市民と敵対し、しばしば反乱を起こした。ヘロット。
ヘイロフスキー〖Jaroslav Heyrovsky〗[1890〜1967]チェコスロバキアの物理化学者。1924年、志方益三とともに電流電圧曲線の自記装置ポーラログラフを発明。その応用面の研究を続け、新分野を創始した。59年ノーベル化学賞受賞。ヘイロウスキー。
へい-わ【平和】〔名・形動〕❶戦争や紛争がなく、世の中がおだやかな状態にあること。また、そのさま。「世界の一を守る」❷心配やもめごとがなく、おだやかなこと。また、そのさま。「一な暮らし」
(類語)(❶)和平・太平・昌平・安泰・安寧・静寧・ピース/(❷)安穏・平穏・静穏・平静・平安
平和に対する罪 戦争犯罪の一。侵略戦争や国際条約等に違反する戦争を計画・開始・遂行し、また、その目的で共同の計画や謀議に参画した行為を指す。第二次大戦後に規定され、ニュルンベルク裁判や極東国際軍事裁判で重視された。➡人道に対する罪
へい-わ【平話】❶ふだんの言葉。普通の話。「俗談一」❷「平話本」に同じ。
へいわいじ-かつどう【平和維持活動】《Peacekeeping Operations》▶ピー-ケー-オー(PKO)
へいわいじ-ぐん【平和維持軍】▶ピーケーエフ(PKF)
へいわ-うんどう【平和運動】戦争や暴力に反対し、世界の平和を擁護しようとする組織的大衆運動。
へいわ-かいぎ【平和会議】❶平和を議題とする政府間および民間の国際的、国内的諸会議。❷講和会議のこと。
へいわ-かくめい【平和革命】武力を用いず、議会で多数を占めるなどの平和的手段によって行われる革命。(対)暴力革命。
へいわきねん-こうえん【平和記念公園】広島市中区にある公園。第二次大戦後に原爆の爆心地近くに設けたもの。平和の鐘・原爆資料館などがあり、慰霊碑の前の広場で毎年8月6日に平和祈念式が行われる。
へいわきねん-しりょうかん【平和記念資料館】▶広島平和記念資料館
へいわ-きょうそん【平和共存】《「へいわきょうぞん」とも》社会主義国と資本主義国という社会体制の違いはあるが、平和的に共存できるという考え。
へいわ-ごげんそく【平和五原則】1954年、インド首相ネルーと中国首相周恩来との共同声明の中にもられた両国の国交の五つの原則。相互の領土と主権の尊重、相互不可侵、内政不干渉、平等互恵、平和的共存からなる。
へいわ-さんぎょう【平和産業】直接戦争に関与しない一般の産業。➡軍需産業
へいわ-しちょうかいぎ【平和市長会議】核兵器廃絶に賛同する世界の各都市で構成される国際NGO。1982年に広島市長荒木武が国連軍縮特別総会(SSD)で核兵器廃絶に向けた都市の連帯を訴え、85年に世界平和連帯都市市長会議として創設。2001年に現在の名称に改められた。世界153か国・地域の5296都市が参加(2012年7月現在)。さらなる加盟を募り、2020年までに核兵器廃絶を目指す。
へいわ-じゅうげんそく【平和十原則】1955年、バンドンにおけるアジア-アフリカ会議で決議された「世界平和と協力の推進に関する宣言」中に掲げられた世界平和のための10の原則。基本的人権ならびに国連憲章の目的と原則の尊重、国家の主権と領土権の尊重、人種と国家間の平等、内政不干渉、自衛権の尊重、集団防衛体制の反対、正義と国際義務の尊重など。
へいわ-しゅぎ【平和主義】❶平和を至上の価値または目標として追求しようとする立場。❷暴力や軍事力を否定し、いかなる場合にも合議と協調をもって対応しようとする立場。
へいわ-じょうこう【平和条項】争議行為を行う前にしなければならない手続きを定めた労働協約の条項。労働委員会の調停・斡旋にかけることなどを規定している。
へいわ-じょうやく【平和条約】▶講和条約
へいわてき-せいぞんけん【平和的生存権】平和のうちに生きる権利。日本国憲法に示されている基本的人権の一つで、前文の「われらは、全世界の国民が、ひとしく恐怖と欠乏から免かれ、平和のうちに生存する権利を有することを確認する」などを根拠とする考え方。戦争や武力行使など憲法9条に反する国家行為によって個人の生命や自由が侵略された場合に具体的権利性が認められる。(補説)平成元年(1989)の最高裁判決は、「平和的生存権というものの意味内容は明確ではなく、それが具体的請求権として、あるいは訴訟における違法性の判断基準として、裁判において直接に国の私法上の行為を規律する性質のものではない」としているが、名古屋高裁は同20年の自衛隊イラク派遣指し止め訴訟控訴審判決で、「局面に応じて自由権的、社会権的または参政権的な態様をもって表れる複合的な権利ということができ、裁判所に対してその保護・救済を求め法的強制措置の発動を請求し得る」として裁判規範性を有するとの見解を示している。
へいわ-ぼん【平話本】中国で宋・元代に、講釈師の語り口(白話)で書かれた通俗歴史小説。評話。
ペイン〖pain〗苦痛。痛み。「一クリニック」「一コントロール」(補説)病気や傷による肉体的な痛みと、悲しみなどによる精神的な痛みのどちらにも使う。
ペイン〖pane〗《原義は窓枠》コンピューターで、ウインドーがいくつかの領域に分けられている場合の、そのひとつひとつ。助数詞のようにも用いる。「デジタル大辞泉が2一レイアウトを採用」
ペイン〖Thomas Paine〗[1737〜1809]英国の政治評論家・革命思想家。1774年渡米、「コモンセンス」を著して米国世論を啓発した。米国独立後は欧州に渡り、著「人間の権利」でフランス革命を支持。
ペイン-クリニック〖pain clinic〗神経痛・癌などの痛みや痙攣を緩解させるための治療。局所麻酔法の神経ブロックの技術を応用して行う。
ペイン-コントロール〖pain control〗モルヒネなどを用いて、患者の苦痛となる痛みを抑える治療。疼痛管理。
ヘインズ〖Haines〗米国アラスカ州南東部の町。チルカット川とチルクート川に挟まれた細長い岬に位置する。チルカット川周辺は米国の国鳥ハクトウワシの最大群棲地で、保護区に指定されている。
ペインティング〖painting〗❶絵を描くこと。❷ペンキを塗ること。
ペインティング-ソフト《painting softwareから》▶ペイントソフト
ペインティング-ナイフ〖painting knife〗油絵を制作するときに使う金属性のへら。
ペインテックス〖paintex〗油性絵の具で布・革・紙・ガラスなどに絵や模様を描くもの。
ペイント〖paint〗物の表面に保護や着色の目的で塗る塗料。顔料に、樹脂類・水・油などの展色剤を混ぜたもの。油ペイント・水性ペイント・エナメルペイントがある。ペンキ。
ペイント-ソフト《painting softwareから》マウスやタブレットを使い、ペンや筆で絵を描くように描画できるグラフィックソフト。ペインティングソフト。
べう〔助動〕助動詞「べし」の連用形「べく」の音便形。「院の御桟敷のあたり、更に通り得**べう**もあらず立ちこみたり」〈徒然・五〇〉
へえ〔感〕❶感心したり、あきれたり、驚いたりしたとき

に発する声。「―、今初めて聞いたよ」❷「へい」に同じ。「―、さようでございます」
ベー〘ドイツ B|b〙音楽で音名の一。変ロ音。
ベー-エム-ベー〘BMW〙《ドイツ Bayerische Motoren Werke》▶ビー-エム-ダブリュー(BMW)
ベーオウルフ〘Beowulf〙英国最古の英雄叙事詩。8世紀以降の成立。勇士ベーオウルフの妖怪・火竜との戦いと死を頭韻形式でうたう。作者未詳。
ベーカリー〘bakery〙パン・洋菓子などを製造・販売する店。
ベーキング-パウダー〘baking powder〙▶膨らし粉
ヘーグ〘The Hague〙ハーグの英語名。
ベークウェル〘Bakewell〙英国イングランド中部、ダービーシャー州の町。ワイ川に沿う。ピークディストリクト国立公園の東側の玄関口に位置する。10世紀創建のベークウェル教会のほか、付近にデボンシャー公爵のマナーハウス、チャッツワースハウスがある。ベークウェルプディングという焼き菓子の発祥の地。ベイクウェル。
ベークド-エッグ〘baked eggs〙卵を焼き皿に入れ、オーブンで焼いたもの。
ベークライト〘Bakelite〙フェノール樹脂の商標名。1910年に米国人ベークランド(L.H.Baekeland)が発明したことにちなむ。
ベーグル〘bagel〙ドーナツ型に焼いた堅パン。
ヘーゲル〘Georg Wilhelm Friedrich Hegel〙[1770～1831]ドイツの哲学者。自然・歴史・精神の全世界を、矛盾を蔵しながら、常に運動・変化する、弁証法的発展の過程としてとらえた。また、欲望の体系としての市民社会概念を明らかにした。ドイツ観念論の完成者で、その弁証法は、マルクスにより弁証法的唯物論として批判的に継承された。著「精神現象学」「大論理学」「歴史哲学」。
ヘーゲル-がくは【ヘーゲル学派】1818年にベルリン大学の教授となったヘーゲルを中心にして形成された学派。ヘーゲル死後、右派・中央派・左派に分裂。右派は老ヘーゲル学派ともよばれ、ヘーゲルの保守的な面を継ぐ。ゲッシェル・ガブラー・ヒンリクスらが属する。中央派はエルトマン・ツェラー・フィッシャーらの哲学史家が属する。左派は青年ヘーゲル学派ともよばれ、ヘーゲルを批判的に継ぐ。シュトラウス・バウアー・ルーゲ・フォイエルバッハ・マルクスらが属する。
ベーコン〘bacon〙豚のばら肉。また、それを塩漬けにして燻製くんせいにした加工食品。
ベーコン〘Francis Bacon〙[1561～1626]英国の哲学者・政治家。スコラ主義を打破し、経験と実験を重視する帰納法を主張。経験論の先駆者となった。著「随筆集」「ニューアトランティス」など。
ベーコン〘Francis Bacon〙[1909～1992]英国の画家。アイルランド生まれ。極度に変形された奇怪な人間像を描き、現代人の孤独感や不安感を表現した。代表作「風景の中の人物」など。
ベーコン〘Roger Bacon〙[1214ころ～1294]英国の哲学者・科学者。近世自然科学の先駆者で、「大著作」を著し、実験と観察による科学的認識を説いた。拡大鏡の発明、暦の改良などを試みた。
ベーコン-エッグ《bacon and eggs から》焼いたベーコンに目玉焼きを添えた料理。
ベーサルシュート〘basalshoot〙やぶ状に育つ低木の類に、根元から発生する太くて強い直立性の新芽をいう。6～8月のころバラに多く見られ、後に切り花を発生する親枝となる。
ペーザロ-きゅうでん【ペーザロ宮殿】《Palazzo Pesaro》▶カペーザロ
ページ〘page〙【頁】書籍・帳簿などの紙の一つの面。また、そこに記した数字。ノンブル。「―を繰る」「三五―」「映画の歴史に新たな一―を加える」
ペーシェンス〘patience〙❶辛抱。忍耐。❷トランプの一人遊び。
ページェント〘pageant〙《もと、中世ヨーロッパで祝祭日に演じられた宗教劇の移動舞台》❶祝祭日に行われる大規模な仮装行列やショー。❷野外劇。
ページきじゅつ-げんご【ページ記述言語】文字やグラフィックスなどの印刷イメージを指定し、ページプリンターを指示通り制御するためのコンピューター言語。PDL(page description language)。
ページ-ぐみ【ページ組(み)】印刷における文字などの組み版で、1ページ分ずつまとめていく組み方。棒組みに対していう。
ベーシス〘basis〙商品取引所相場における商品の現物価格(金利)と先物価格(金利)の差。
ベーシスト〘bassist〙ベースの演奏者。コントラバス(ベースギター)奏者。
ベーシック〘BASIC〙《Beginner's All-Purpose Symbolic Instruction Code》プログラミング言語の一。1964年に米国ダートマス大学で開発され、会話型で覚えやすく使いやすいため、初期のパーソナルコンピューターに広く使用された。米国マイクロソフト社が開発したVisual BASICなどの派生言語がある。
ベーシック〘BASIC〙《Brazil、South Africa、India、Chinaの頭文字を並べ替えたもの》経済発展が著しく、二酸化炭素の排出量が増加している4か国。2009年にデンマークで開催されたCOP15(気候変動枠組み条約第15回締約国会議)で結成。➡コップ(COP)
ベーシック〘basic〙〔名・形動〕基本的なこと。初歩的なこと。また、そのさま。「―な知識」
ベーシック-インカム〘basic income〙所得補償制度の一。すべての国民に、政府が生活に足る一定額を無条件で支給するもの。貧困対策・少子化対策などを兼ねるほか、現行の生活保護や失業保険制度などを廃止し、これに一本化することで、支給の行政コストを抑制できるとされる。莫大な財源を要することから、実施している国はない。BI。➡負の所得税
ベーシック-イングリッシュ〘Basic English〙基礎英語。850語の単語を基本とする、簡略化された英語の体系。1930年に英国の心理学者C=K=オグデンが考案したもの。
ベーシック-ドレス〘basic dress〙付属品、またはアクセサリーによって変化をつけて着ることができる、単純で基本的なドレス。
ベーシック-にんしょう【ベーシック認証】《basic authentication》インターネット上で利用者を識別して正当性を検証する最も基本的な方式。HTTPが標準で対応しており、広く用いられる。アクセスが制限されたウェブサイトなどにおいて、ユーザー名(利用者の名前)とパスワードによりアクセスの可否を検証する。情報が暗号化されずにサーバー側へ転送され、第三者による盗聴や改竄かいざんの恐れがあることから、のちにダイジェスト認証が考案された。基本認証。
ページネーション〘pagination〙書籍や雑誌にページ数を付けること。丁付け。ページ割り。またその数字。ノンブル。(補説)前後のページを意識しながら文字や図版等を効果的に配置した、流れのある読みやすいページ作りという意味でも用いる。
ページ-ビュー〘page view〙ウェブサイトの閲覧数の単位の一。閲覧者のブラウザーにサイト内のウェブページが1回表示されると、1ページビューとなる。サイト内の複数のページが閲覧されると、その都度加算される。➡ビジット❷
ページ-プリンター〘page printer〙ページ単位に情報を処理して印刷するコンピューター用の印字装置の総称。レーザープリンターやLEDプリンターなどがこれに含まれる。1文字ずつ印字するシリアルプリンター、1行ずつ印字するラインプリンターに比べ、高速・高品質。
ページボーイ〘pageboy〙❶毛先が内巻きになったヘアスタイル。中世ヨーロッパの小姓の髪形が原形。女性の髪形として登場したのは1930年代。❷給仕。ボーイ。ホテルや劇場で、客の案内や使いをする。
ベーシャ〘梵 vaiśya〙▶バイシャ
ページャー〘pager〙ポケットに入る小型の無線受信端末。液晶画面に数字列や簡単な文字列などを表示できる。普通の電話機から呼び出してメッセージ文を送ることはできるが、通話はできない。日本ではNTTが同サービスを「ポケットベル」と呼称していたため、その名称が広く使われるようになった。一般名詞としてはページャーという。
ベージュ〘フランス beige〙薄くて明るい茶色。漂白も染色もしていない羊毛のような色。
ベージュ-ブック〘Beige book〙米国の12の連邦準備銀行(FRB)がそれぞれ管轄する地区の経済状況をまとめた報告書。表紙のベージュ色が名称の由来。年8回開催されるFOMC(連邦公開市場委員会)の2週間前の水曜日に公表され、金融政策の判断材料として用いられる。米地区連銀経済報告書。地区連銀報告。
ページランク〘PageRank〙米国グーグル社のサーチエンジンにおける、ウェブページの重要度を表す指標。または、その判定技術。リンクされたページ数が多いほど、重要なページであるとみなして算出する。検索語句との関連性の高さとページランクから総合的に判断し、検索結果の順序が決められる。グーグルページランク。
ヘーシンク〘Anthonius Geesink〙[1934～2010]オランダの柔道選手。松本安市に師事し、昭和39年(1964)の東京オリンピックで無差別級金メダルを獲得。引退後もカラー柔道着の導入を提唱するなど、柔道の世界的普及に努めた。
ペーシング〘pacing〙《「速度を整える」の意》会話で、相手の話の速度、声の大きさ、表情などに合わせて話すこと。
ページング〘paging〙コンピューターのメモリー処理機能の一。メーンメモリーと外部記憶装置を利用する仮想メモリーの間で、「ページ」という単位でデータのやり取りを行う。
ヘーズ〘Rutherford Birchard Hayes〙[1822～1893]米国の政治家。第19代大統領。在任1877～1881。共和党。下院議員、オハイオ州知事を経て大統領に就任。金本位制を採用。➡ガーフィールド
ベース〘base〙❶もとになるもの。基礎。基本。土台。「ラム酒を―にしたカクテル」❷根拠地。基地。❸野球で、塁。「二塁―」(類語)(❶)基盤・基礎・土台・素地・下地・もと・大本おおもと・基底・基幹・基本・根幹/(❷)基地・拠点・根拠地・兵営・キャンプ
ベース〘bass〙❶低音。低音部。バス。❷▶コントラバス
ペース〘pace〙❶歩いたり、走ったり、泳いだりする速度。スピード。「速い―で一周する」❷仕事などの、進めかたの速度。また、その進みぐあい。進行度。テンポ。「―が乱れる」「マイ―」
(類語)速さ・速度・スピード・ピッチ・テンポ・速力
ベース-アップ〔名〕スル《和 base＋up》賃金の基準を引き上げること。ベア。(類語)賃上げ・昇給
ベーズウオーター〘Bayswater〙英国の首都ロンドン中心部の一地区。ウエストミンスター特別区に属す。高級ホテル、ショッピング街、およびロンドンきっての移民街がある。ベイズウオーター。
ペース-カー〘pace car〙自動車レースで、ローリングスタートのときに先導する車。また、事故の際などにレースに介入して、さまざまなコントロールもする。
ベース-カラー〘base color〙基調色。インテリア・ファッション・デザインの分野における色彩設計において、中心となる色調のことをいう。
ベース-キャンプ〘base camp〙❶必要物資を集積し、登山を開始する根拠地となるキャンプ。BC。ベースハウス(BH)。❷軍隊の根拠地。
ベース-クリーム〘base-cream〙化粧の下地用クリーム。
ベース-クロック〘base clock〙▶バスクロック
ベース-コーチ〘base coach〙野球で、攻撃側チームの攻撃中に配置を義務づけられ、走塁などの指示を出す人。
ペース-ダウン〔名〕スル《和 pace＋down》速度が鈍くなること。物事の進行の度合いが遅くなること。また、遅くすること。

ヘースティングズ〘Francis Rawdon Hastings〙[1754〜1826]英国の軍人。総督兼総司令官として、武力により全インドを支配し、さらにシンガポールを買収するなど、英国のインド・東南アジア支配の強化に尽くした。

ヘースティングズ〘Warren Hastings〙[1732〜1818]英国の初代ベンガル総督。強硬な統治政策によって英国のインド支配の基礎を固めた。

ヘースティングズ〘Hastings〙英国イングランド南東部、イーストサセックス州、イギリス海峡に面する都市。海岸保養地。11世紀、ノルマンディー公ウィリアム1世がイングランド王ハロルド2世を破ってイングランド征服(ノルマンコンクェスト)を成し遂げた「ヘースティングズの戦い」の地として知られる。ヘイスティングズ。

ヘースティングズ-じょう【ヘースティングズ城】―ジヤウ《Hastings Castle》英国イングランド南東部の都市ヘースティングズにある城。ウィリアム1世がイングランド征服の後に建造。13世紀の大嵐で破壊され、現在は城壁と教会の一部が残る。ヘイスティングズ城。

ペースト〘paste〙❶肉・内臓や野菜などをすりつぶした食品。「レバー―」❷はんだ付けに用いる、松やになどの樹脂に塩化亜鉛を加えた糊(のり)状のもの。❸コンピューターで、文章・図形などのデータを一時的にメモリー上に置き、他の位置にそれを転写すること。貼り付け。「コピーアンド―」

ペーストリー〘pastry〙《「ペストリー」とも》❶パン生地に油脂を多く加え、パイ状に焼き上げたもの。「デニッシュ―」❷練り粉を用いた菓子。パイ・タルトなど。

ベースボール〘baseball〙野球。

ベースボール-カード〘baseball card〙プロ野球選手が載るトレーディングカード。裏には成績などが印刷されている。プロ野球カード。➡トレーディングカード

ペースメーカー〘pacemaker〙❶中・長距離競走などで、先頭を走って他の好記録が期待される選手のために目標の速度を示す選手。❷▶心臓ペースメーカー

ベース-メーク〘base make〙肌の色をよく見せ、しみやくまを隠し、白粉や紅の乗りをよくする土台となる化粧。

ベース-メタル〘base metal〙埋蔵量・産出量が多く、精錬が簡単な金属。鉄・銅・亜鉛・錫(すず)・アルミニウムなど。コモンメタル。メジャーメタル。常用金属。汎用金属。➡レアメタル

ベースメント〘basement〙地下室。地階。また、建築物の下部構造。

ベースライン〘baseline〙❶野球で、塁と塁とを結んだ線。❷テニスで、コートの両端に引かれたネットと平行な線。

ベース-ランニング〘base running〙野球で、走者が塁から次の塁へ走ること。走塁。

ペーズリー〘paisley〙勾玉(まがたま)の外形に似た細密曲線の模様。スコットランドの都市ペーズリーで織られたところからいう。本来は、インド、カシミール地方のショールに用いられたもの。

ペーズリー〘Paisley〙英国スコットランド西部の町。グラスゴーの南西約12キロメートルに位置する。12世紀に創建されたペーズリー修道院とともに発展。18世紀から19世紀にかけて隆盛した、ペーズリー柄で知られる綿織物の生産で広く知られる。ペイズリー。

ペーズリー-しゅうどういん【ペーズリー修道院】―シウダウヰン《Paisley》英国スコットランド西部の町ペーズリーにある修道院。12世紀、スチュアート朝の始祖ウォルター=フィッツアランにより創設。フィッツアランをはじめ、ロバート2世の妻やロバート3世の妻など、スチュアート朝ゆかりの人々が埋葬されている。ペイズリー修道院。

ベースろくじゅうよん〘Base64〙―ロクジフよん 画像などのバイナリーファイルを、文字データに変換(エンコード)するための符号化形式の一。電子メールの添付ファイルなどに用いられる。

ベーゼ〘フランス baiser〙接吻(せっぷん)。キス。くちづけ。

ベー-セー-ベー-ジェー〘B.C.B.G.〙《フランス bon chic bon genre》パリの上流階級的な、シックで趣味の良いファッションやライフスタイル。

ヘーゼル〘hazel〙「せいようはしばみ(西洋榛)」に同じ。「―ナッツ」

ヘーゼルナッツ〘hazelnut〙セイヨウハシバミの果実。食用。形はドングリに似る。ノワゼット。

ペーソス〘pathos〙もの悲しい情緒。哀愁。哀感。「―の漂う人情劇」(類語)哀愁・哀感・悲哀

ベータ〘B｜β｜beta〙❶〈B・β〉ギリシャ語アルファベットの第2字。❷〈β〉金属・合金などで相を示す記号の一。❸〈β〉有機化合物の炭素原子の位置を示す記号の一。

ベーダ〘Baeda｜Beda〙[673ごろ〜735]英国の神学者・歴史家。幅広い学識と人格によって「尊敬すべきベーダ」とよばれた。著「英国教会史」など。ベード。

ベーダ〘梵 Veda〙《知識の意》インド最古の文献で、バラモン教の根本聖典。起源はアーリア民族の自然賛美の詩で、前1200〜前500年の成立と推定され、リグ・サーマ・ヤジュル・アタルベの4ベーダ(祭式上の区別)から成る。内容上からジュニャーナカーンダ(哲学的、宗教的思索部門)とカルマカーンダ(施祭部門)の二つに大別される。

ペーター〘Walter Horatio Pater〙[1839〜1894]英国の批評家・小説家。唯美主義の立場に立つ評論「ルネサンス」などにより、近代印象批評の先駆者とされる。小説「エピキュリアン-マリウス」など。

ペーター-きょうかい【ペーター教会】―ケウクワイ《Peterskirche》オーストリアの首都、ウィーンの旧市街中心部にあるバロック様式の教会。ベルベデーレ宮殿を手掛けた建築家、ルーカス=フォン=ヒルデブラントの設計により、18世紀初めに建造された。ヨハン=ミヒャエル=ロットマイヤーが描いたフレスコ画、「聖母マリアの被昇天」がある。

ベーダーンタ〘梵 Vedānta〙ウパニシャッドの異称。ベーダの最後(アンタ)にあるところからの称。

ベータ-かいへん【ベータ壊変｜β壊変】―クワイヘン ▶ベータ崩壊

ベータ-ガラクトシダーゼ〘beta-galactosidase｜β-galactosidase〙▶ラクターゼ

ベータ-カロチン〘beta-carotene｜β-carotene〙▶ベータカロテン

ベータ-カロテン〘beta-carotene｜β-carotene〙カロテンの一。ニンジンやカボチャなどの緑黄色野菜に多く含まれ、摂取すると体内でビタミンAに変わる。ベータカロチン。➡カロテン

ベータ-ケンタウリ〘beta Centauri｜β Centauri〙▶ハダル

ベータ-こうぞう【ベータ構造｜β構造】―コウザウ たんぱく質の二次構造の一。ペプチド鎖が、水素結合により平行に並んで折れ曲がっている状態。

ベータ-せい【ベータ星｜β星】一つの星座の中で、α(アルファ)星に次ぐ星。ふつう2番目に明るい。➡γ(ガンマ)星

ベータ-せん【ベータ線｜β線】放射線の一。原子核のβ崩壊で放出される高速度の電子または陽電子の流れ。人工的にはベータトロンなどで加速して発生させる。透過力や電離作用はα(アルファ)線とγ(ガンマ)線との中間。空気中を透過するが、薄い金属板や1センチメートル程度のプラスチック板で遮蔽することができる。その際、副次的に発生するX線を遮蔽する必要がある。人体に対しては、外部被曝(ひばく)により皮膚および皮膚深部に悪影響を与えるほか、β線を放出する放射性物質を体内に取り込んだ場合、α線ほどではないが内部被曝による被害をもたらす。

ベータ-ち【ベータ値｜β値】個別銘柄の株価と市場全体の株価指数(TOPIX(トピックス)など)の値動きの相関関係を示す指標。過去の一定期間の値を銘柄ごとに算出し、値動きの大きさの目安とする。例えば、TOPIXを対象指標としたA社株のβ値が1.5の場合、TOPIXが1パーセント値上がりした際に、A社株が1.5パーセント程度値上がりする傾向が過去に見られたことを意味する。

ベータ-テスト〘beta test｜β-test〙発売前のソフトウエアや正式公開前のネットワークサービスを、一部のユーザーに試用してもらうこと。その際の製品をベータ版または評価版という。

ベータ-でんぷん【ベータ×澱粉｜β×澱粉】天然のままの結晶性でんぷん。消化されにくい。加熱するとα(アルファ)でんぷんになる。

ベータトロン〘betatron〙電子を電磁誘導によって加速する装置。円形の交流電磁石の磁束を変化させ、その周りに生じる電界によって、ドーナツ状の管内の電子を加速する。高エネルギーのX線の発生源として利用される。

ベータ-バージョン〘beta version｜β-version〙▶ベータ版

ベータ-ばん【ベータ版｜β版】《beta version, β-version》発売前や正式公開前で開発途中にあるソフトウエアなどの製品のこと。関係者や希望するユーザーに配布し、試用してもらう(ベータテスト)ために作る。ベータリリース。ベータバージョン。評価版。最終評価版。➡アルファ版

ベータプラス-ほうかい【ベータプラス崩壊｜$β^+$崩壊】―ホウクワイ ▶陽電子放出

ベータ-ほうかい【ベータ崩壊｜β崩壊】―ホウクワイ 放射性元素の原子核が、電子と反ニュートリノの対、または陽電子とニュートリノの対を放出して、別の原子核に転換する現象。どちらも質量数は変化せず、前者の場合は原子番号が1だけ増加する。後者の場合は1だけ減少するが、天然のものではみられない。

ベータマイナス-ほうかい【ベータマイナス崩壊｜$β^-$崩壊】―ホウクワイ β崩壊において、電子と反ニュートリノの対が放出される現象。弱い相互作用によって生じる。

ベータマックス〘Betamax〙ソニーが昭和50年(1975)に発売したビデオテープレコーダー、およびその映像記録方式の規格名。画質に優れたが、VHS方式との競争に敗れ、平成14年(2002)に生産中止。

ベータラクタムけい-こうせいぶっしつ【ベータラクタム系抗生物質｜βラクタム系抗生物質】―カウセイブッシツ《β-lactam antibiotics》化学構造中にβ-ラクタム環を有する抗生物質の総称。ペニシリン系・セフェム系などはこれに属する。細菌の細胞壁の合成を妨げることにより殺菌作用を示す。

ベータ-りゅうし【ベータ粒子｜β粒子】―リフシ 原子核のβ崩壊で放出される高速度の電子または陽電子。

ベータ-リリース〘beta release｜β-release〙▶ベータ版

ペーチ〘Pécs〙ハンガリー南西部の都市。メチェック山南麓に位置。同国第四の規模をもち、南部における政治、経済、文化の中心都市。古代ローマ帝国の属領だった4世紀頃はソピアネと呼ばれ、交易で栄えた。市街中心部に当時造られた初期キリスト教徒のカタコンブ(地下墓所)と礼拝堂の遺構があり、2000年「ペーチ(ソピアネ)にある初期キリスト教墓地遺跡」の名称で世界遺産(文化遺産)に登録された。14世紀に同国最古のペーチ大学が創設されたほか、オスマン帝国時代に建てられたモスクなどが残る。ヘレンドと並び同国を代表する高級陶磁ジョルナイの発祥地。

ベーチェット-びょう【ベーチェット病】―ビヤウ アフタ性口内炎・陰部潰瘍(かいよう)・虹彩炎などを主症状とし、発疹(はっしん)・発熱・関節痛などもみられる原因不明の病気。再発を繰り返し、ついには失明することが多い。厚生労働省の特定疾患の一。1937年にトルコの皮膚科医ベーチェット(H.Behçet)が報告。

ペーチ-だいせいどう【ペーチ大聖堂】―ダイセイダウ《Pécsi székesegyház》ハンガリー南西部の都市ペーチにある大聖堂。11世紀の創建。オスマン帝国軍に破壊されたが、19世紀末に現在見られるネオロマネスク様式で再建。大聖堂に隣接する初期キリスト教霊園には、4世紀頃に造られたカタコンブ(地下墓所)や礼拝堂の遺構が残る。墓所内部の壁画はローマ以外で唯一のもので、初期キリスト教美術の貴重な作例。2000年に「ペーチ(ソピアネ)にある初期キリスト教墓地遺跡」の名称で世界遺産(文化遺産)に登録された。

ベーチ-もん【ベーチ門】《Bécsi kapu》▶ウィーン門

ベーテ〖Hans Albrecht Bethe〗[1906～2005]米国の物理学者。ドイツ生まれ。原子核物理学の開拓に貢献し、核反応理論、特に恒星のエネルギー生成論など、理論物理学の各分野に業績を残した。第二次大戦中は、原子爆弾研究所理論物理学部長を務め、原爆開発計画(マンハッタン計画)に従事した。1967年ノーベル物理学賞受賞。

ベーテ-サイクル〖Bethe cycle〗▶CNOサイクル

ベーテワイツゼッカー-サイクル〖Bethe-Weizsäcker cycle〗▶CNOサイクル

ベートーベン〖Ludwig van Beethoven〗[1770～1827]ドイツの作曲家。主にウィーンで活躍。ハイドン・モーツァルトから古典派様式を受け継ぎ、発展させて、独自の境地を開いた。晩年は聴力を失うも、交響曲・協奏曲・ピアノソナタ・弦楽四重奏曲などに傑作を数多く残した。作品に、交響曲「英雄」「運命」「合唱付き(第九)」、ピアノソナタ「熱情」「月光ソナタ」など。

ペーナ-きゅうでん【ペーナ宮殿】《Palácio Nacional da Pena》ポルトガル中西部の都市シントラにある宮殿。19世紀にポルトガル女王マリア2世の王配フェルナンド2世(のち国王)により標高約500メートルの山上に夏の離宮として建造。ゴシック風、マヌエル風、イスラム風などの建築様式が混在する。1995年、シントラ宮殿やレガレイラ宮殿とともに「シントラの文化的景観」の名称で世界遺産(文化遺産)に登録。

ペーハー〖ドイツ pH〗▶水素イオン指数

ペーパー〖paper〗❶紙。特に西洋紙。「レターー」「ティッシュー」❷商標紙。レッテル。ラベル。「マッチのー」❸「サンドペーパー」の略。「ーをかける」❹証明書。資格認定書。❺論文。原稿。❻新聞。「イエローー」

ペーパー-アセット〖paper asset〗金や絵画などの、物としての資産に対して、現金や証券類などをいう。[対]ハードアセット。

ペーパーウエート〖paperweight〗《「ペーパーウエイト」とも》文鎮。紙押さえ。

ペーパー-がいしゃ【ペーパー会社】ーグワイシヤ ▶ペーパーカンパニー

ペーパー-カンパニー《和 paper＋company》会社の設立登記はされているが、実体のない名目だけの会社。税金逃れなどのために設ける。ペーパー会社。

ペーパー-クライシス〖paper crisis〗債券や株券などの有価証券の大量の発行で、金融機関の事務処理が膨大化すること。

ペーパー-クラフト《和 paper＋craft》ケント紙・ラシャ紙・ボール紙などを用い、切ったり折ったりして立体的に造形すること。紙飛行機や紙製容器など広い範囲におよぶ。紙細工。

ペーパー-クロマトグラフィー〖paper chromatography〗濾紙の一端に試料溶液をつけ、これを展開させるための溶剤をしみこませ、毛細管現象によって試料混合物中の微量成分を分離・分析する方法。濾紙クロマトグラフィー。

ペーハー-けい【ペーハー計】ペーハー(水素イオン指数)を測定するための機器。電極電位差を用いる。pH計。pHメーター。ペーハーメーター。

ペーパー-コンデンサー〖paper condenser〗誘導体に絶縁した紙を用いたコンデンサー。シリコン油などを紙に含浸させ、金属箔と交互に重ねたもの。絶縁破壊が生じると紙に穴があき、金属箔が蒸散して瞬時に絶縁を自己回復する作用をもつ。紙コンデンサー。

ペーハー-しけんし【ペーハー試験紙】▶ピーエッチ試験紙

ペーハー-しじやく【ペーハー指示薬】▶ピーエッチ指示薬

ペーパー-ジャム〖paper jam〗▶ジャム(プリンター)

ペーパー-しょうほう【ペーパー商法】ーシヤウハフ 現物まがい取引。金などの現物を売るとして代金を受け取り、現物の裏付けのない預かり証を渡す詐欺商法。

ペーパー-スクール《和 paper＋school》外国人労働者の職業斡旋を主目的にし、実際の授業を行わない不法な日本語学校をいう。

ペーパー-タオル〖paper towel〗使い捨てにする紙タオル。

ペーパー-テスト《和 paper＋test》筆記試験。筆答試験。

ペーパー-でんち【ペーパー電池】特殊な合成ゴムに固体電解質の粉末を埋めた薄膜を電極で挟んだ電池。厚さ0.1ミリ程度にでき、電源内蔵の集積回路が可能になる。

ペーパー-ドライバー《和 paper＋driver》運転免許を持っているが、実際には運転することのない人。

ペーパー-ナイフ〖paper knife〗本のページを切り開くための小刀。紙切りナイフ。

ペーパーバック〖paperback〗紙表紙だけによる略装本。文庫本や新書版の類。

ペーパー-プラン〖paper plan〗実情に添わない紙面に描いただけの案。机上の案。

ペーパー-ポット〖paper pot〗根菜類などの苗を育成するために工夫された紙筒。

ペーパー-マージン〖paper margin〗形式的な取引を通じて発生する利益。

ペーパー-マネー〖paper money〗❶紙幣。銀行券。❷小切手・手形などの有価証券。

ペーハー-メーター〖pH-meter〗▶ペーハー計

ペーパーレス〖paperless〗企業や官庁などで、紙を使わずに情報や資料をコンピューターなどによって処理・保存すること。

ペーパーレス-トレーディング〖paperless trading〗株式・社債などの券面を発行せずに、各有価証券を口座振替で取引する仕組み。

ベーパー-ロック〖vapor lock〗ブレーキ液が過熱して蒸気を発生し、ホイールシリンダーなどの液中に気泡がたまるため制動力を伝達できなくなること。ブレーキの使い過ぎなどが原因。

ペーパーワーク〖paperwork〗書類の作成・整理・保存などの仕事。文書事務。

ヘービーズ〖Hévíz〗ハンガリー西部の町ケストヘイの郊外にある温泉保養地。世界第二の面積の天然の温泉湖があり、18世紀末より療養などに利用。

ペーピン【北平】北京の旧称。

ペープサート《和 paper＋puppet＋theaterから》紙に人物などを描いて切り抜いたものに棒を付け、背景の前で動かして演じる人形劇。

ベーブ-じょう【ベーブ城】ージヤウ《Château de Vêves》ベルギー南東部、ナミュール州、ディナンの近郊にある城。アルデンヌ地方の古城の一つとして、観光客が数多く訪れる。15世紀に、五つの円塔が特徴的な現在の姿になり、17世紀から18世紀にかけて内部が改造された。城主はリドケルク＝ボフォール家。

ペーブメント〖pavement〗舗装道路。舗道。特に、石を敷きつめた歩道。

ベーブ-ルース〖Babe Ruth〗▶ルース

ベーベル〖August Bebel〗[1840～1913]ドイツの社会主義者。1869年社会民主労働者党を創立、ラッサール派と合同して社会主義労働者党(のちの社会民主党)を創立。著「婦人論」「わが生涯から」。

ベーベルン▶ウェーベルン

ベーム〖Karl Böhm〗[1894～1981]オーストリアの指揮者。ドレスデン・ウィーンの国立歌劇場、ウィーン-フィルハーモニーなどの指揮者をつとめた。

ベームステル-かんたくち【ベームステル干拓地】《Beemster Polder》アムステルダムの北約20キロメートルにあるオランダ最古の干拓地。1612年完成。広さは約72平方キロメートルで、塩分が残ったため農地から牧草地に転用された。縦横に走る水路で区画された風景で知られる。1999年に「ドゥローフマーケライ-デ-ベームステル(ベームステル干拓地)」として世界遺産(文化遺産)に登録された。

ベーメ〖Jakob Böhme〗[1575～1624]ドイツの哲学者。靴屋職のかたわら、神秘主義思想家として、独特な汎神論的自然哲学を形成。のち、シェリング・ヘーゲルにより再評価された。主著「曙光」。

ベー-ラム〖bay rum〗ゲッケイジュの葉をラム酒に漬け蒸留した香水。養毛・ふけ取り・整髪用剤。

ベーリング〖Emil Adolph von Behring〗[1854～1917]ドイツの細菌学者。北里柴三郎とともに破傷風菌とジフテリア菌の抗毒素血清を作製。1901年ノーベル生理学医学賞受賞。

ベーリング〖Vitus Jonassen Bering〗[1681～1741]ロシアの探検家。デンマーク生まれ。カムチャツカ探検隊の隊長となり、1728年にベーリング海峡に達し、アジアとアメリカが陸続きでないことを確認した。

ベーリング-かい【ベーリング海】太平洋の最北部、シベリア・カムチャツカ半島とアラスカ・アリューシャン列島に囲まれる縁海。北はベーリング海峡。サケ・マス・カニなどの好漁場。

ベーリング-かいきょう【ベーリング海峡】ーカイケフ シベリアとアラスカとの間にある海峡。北極海とベーリング海とをつなぐ。幅約90キロ。

ヘール〖George Ellery Hale〗[1868～1938]米国の天文学者。ヤーキス天文台・ウィルソン山天文台・パロマー山天文台の創設者。また、太陽の研究にも多くの業績を残した。

ベール〖Pierre Bayle〗[1647～1706]フランスの哲学者。デカルトの懐疑の方法を継承して歴史学・哲学・神学に導入し、「歴史的批判的辞典」を著した。

ベール〖veil〗❶女性の顔や頭を覆う薄い布やネット。面紗。❷はっきりとわからないように覆い隠すもの。とばり。「神秘のーに覆われる」

ペール〖pale〗多く、色彩を表す語に付いて、淡い、薄いの意を表す。「ートーン」「ーグリーン」

ベールイ〖Andrey Beliy〗[1880～1934]ロシア・ソ連の詩人・小説家。本名ボリス＝ニコラエビチ＝ブガーエフ(Boris Nikokaevich Bugaev)。ロシア象徴派の代表者の一人。音楽の技法を取り入れた散文詩「交響楽」など、野心的な作品を残した。他の作に、長編小説「ペテルブルグ」、評論集「象徴主義」など。

ペール-オレンジ〖pale orange〗淡いだいだい色。肌色。

ペール-ギュント〖Peer Gynt〗㊀イプセンの詩劇。5幕。1867年刊。夢想家のペール＝ギュントが放浪の末に故郷に帰り、恋人の愛によって現実に目覚めるまでを描く。㊁グリーグ作曲の管弦楽曲。1875年作。㊀の付随音楽として作られ、のち、各4曲からなる二つの組曲に編曲された。

ペール-トーン〖pale tone〗淡いはっきりしない色調のこと。似たものにパステルカラーがある。

ベール-の-ほうそく【ベールの法則】ーハフソク 溶液による光の吸収は濃度に比例するという法則。

ヘールボップ-すいせい【ヘールボップ彗星】《Comet Hale-Bopp》1995年7月23日に米国のアマチュア天文家のアラン＝ヘール、トマス＝ボップが発見した彗星。97年2月から5月にかけて地球に接近し、20世紀最大級の明るい彗星として注目された。

ペーロン【飛竜｜剗竜｜划竜｜白竜】《中国語》昔、中国から伝来した競漕。また、それに使う船。和船に似て舳の突き出た細長い船にこぎ手が2列に乗り、櫂で水をかいて速さを競う。6月から7月にかけて長崎市で行われるものが有名。競渡。《季 夏》

へ-お【綜緒｜攣】「足緒」に同じ。「ーつきて山に入りにし荒鷹のいと招き憎き空言なせそ」〈古今六帖・二〉

ベオグラード〖Beograd〗《白い城市の意》セルビア共和国の首都。ドナウ川とサーバ川との合流点にあり、交通の要地。人口、行政区132万(2008)。ベルグラード。

ヘオス〖HEOS〗《Highly Eccentric Orbit Satellite》超偏心軌道衛星。極端に細長い軌道を回る人工衛星。惑星間空間の磁波や宇宙線の調査用に、欧州宇宙研究機構(現欧州宇宙機関)が開発。1968年、HEOS-A1、72年、HEOS-A2打ち上げ。

へおん-きごう【へ音記号】ーガウ 譜表で、へ音の位置を定める記号。Fの字を装飾化したもので、譜表の第4線に中心をおいて付される。低音域を記譜するのに用いるので低音部記号ともいう。

ベガ〘Vega〙琴座のα(アルファ)星。白色の0.0等星で、北天屈指の明るい星。距離25光年。七夕(たなばた)の星の一つで、晩夏の午後8時ごろ天頂付近で輝く。織女(しょくじょ)。織姫星(おりひめぼし)。➔アルタイル

ベガーズ-ルック〘beggar's look〙《beggarは、乞食(こじき)の意》乞食風のスタイル。服にわざと穴をあけたり、むら染めにしたり、かぎ裂きを作ったりする。

べかこう(べかかう)《「めかこう」の音変化という》指先で下まぶたを引き下げ、目の内側の赤い部分を示すしぐさ。相手をからかったり、軽蔑や反抗の気持ちを表したりするときにする。あかんべ。べっかんこ。べかこ。めかこう。「舌を出したり、—をしたりすることが」〈谷崎・少将滋幹の母〉

ペガサス〘Pegasus〙ペガソスの英語名。

ペガサス-ざ【ペガサス座】►ペガスス座

べかし〔助動〕［○｜べかしく(べかしう)｜べかし｜べかしき｜○｜○］《「べし」の連用形「べかり」を形容詞型活用にして用いたもの》「あるべかしく」「あるべかしき」の形で、当然・義務・適当の意を表す。「ある**べかしう**、しめやかにてこそ、見え奉らせ給はめ」〈源・紅葉賀〉 補説「べくあるらし」から「べからし」に転じ、さらに音変化したものともいう。

へが・す【▽剝がす】〔動サ五(四)〕はがす。へぐ。「絆創膏(ばんそうこう)を—・す」

ベガス【Vegas】「ラスベガス」の略称。

ペガスス-ざ【ペガスス座】北天の大星座。4個の星の描く大四辺形が特徴。10月下旬の午後8時ごろ、天頂付近で南中する。名称はギリシャ神話の神馬ペガソスにちなむ。ペガサス座。学名(ラテン)Pegasus

ペガソス〘Pēgasos〙ギリシャ神話で、翼を持つ神馬。ペルセウスに殺されたメドゥサの血から生まれ、ゼウスの雷の運び手や、英雄ベレロフォンの愛馬として活躍。また、ミューズたちの住むヘリコン山に、蹄(ひづめ)の一蹴りでヒッポクレネの霊泉をわき出させた。のち、天上の星座になったという。ペガサス。

ヘカタイオス〘Hekataios〙紀元前6〜5世紀のギリシャの歴史家。ミレトスの生まれ。歴史地理学の先駆者で、ペルシアやエジプトを旅して、「世界周遊記」などを著した。

べか・なり〔連語〕《推量の助動詞「べし」の連体形に推定・伝聞の助動詞「なり」の付いた「べかるなり」の音変化「べかんなり」の撥音無表記》…のはずということだ。…のはずのようだ。「内侍のかみになる—・なり」〈源・行幸〉 補説「べかめり」が平安時代の物語の地の文にも会話文にも用いられるのに対し、「べかなり」は会話文に用いられた。

ペガプタニブ-ナトリウム〘pegaptanib sodium〙加齢黄斑変性症の治療に用いられる分子標的薬。商品名マクジェン。硝子体に注入し、脈絡膜で新生血管の発生・発育を促進する血管内皮増殖因子(VEGF)の働きを阻害する。

べか-ぶね【べか船】薄板でつくった一人乗りの小舟。ノリ採集や小河川での運搬に用いる。

べか・めり〔連語〕《推量の助動詞「べし」の連体形に推量の助動詞「めり」の付いた「べかるめり」の音変化形「べかんめり」の撥音無表記》…のようだ。…のはずらしい。「例ならぬほととぎすのおとなひにも、やすき空なく思ふ—・めれ」〈かげろふ・下〉 ➔べかなり

べから・ず〔連語〕《推量の助動詞「べし」の未然形＋打消しの助動詞「ず」》❶(文末に用いて)禁止を表す。…してはいけない。…するな。「展示品に手を触れる—・ず」「乙若殿も泣く—・ず。我も泣くまじきなり」〈平治・下〉 ❷(「ざるべからず」の形で)指示や命令を強調する意を表す。…せよ。「人の危難を見ては救助せざる—・ず」 ❸不可能を表す。…できない。「許す—・ざる行為」「羽なければ、空をも飛ぶ—・ず」〈方丈記〉 ❹当然の意の打消しを表す。…するはずがない。「珍しからぬ事のままに心得たらん、よろづ違ふ—・ず」〈徒然・七三〉 補説「べからず」は、平安時代では多く漢文訓読に使われた。現代では、やや改まった場合や文章語表現に用いられ、❸は「べからざる」の形をとることが多い。動詞・助動詞に接続するとき、文語活用の終止形に付くこともある。

べかり・けり〔連語〕《推量の助動詞「べし」の連用形＋過去の助動詞「けり」》…べきであった。…はずであった。「法服の一つ足らざりつるを、にはかにまどひしつるに、これをこそ返り申す—・けれ」〈枕・二七八〉

へが・る【▽剝がる】〔動ラ下二〕少なくなる。薄くなる。「御髪(ぐし)の少し—・れたるしも」〈源・明石〉

ベガルタ-せんだい【ベガルタ仙台】日本プロサッカーリーグのクラブチームの一。ホームタウンは仙台市。昭和63年(1988)創立の東北電力サッカー部が前身。平成11年(1999)にJリーグに加入。 補説「ベガルタ」は、仙台で有名な七夕祭りの織女星(ベガ)と牽牛星(アルタイル)にちなむ造語。

ペカン〘pecan〙クルミ科ペカン属の落葉高木。北アメリカ原産。子葉は甘く生食でき、果実は楕円(だえん)形で、ナッツとして食べる。核皮は淡褐色で光沢がある。ペカンナッツ。

ペカン-ナッツ〘pecan nuts〙►ペカン

べかん・なり〔連語〕►べかなり

べかん・めり〔連語〕►べかめり

へき【壁】❶かべ。かきね。しきり。「官軍にても此一の軛(なやく)敗り難きを知りてや」〈染崎延房・近世紀聞〉 ❷二十八宿の一。北方の第七宿。アンドロメダ座のα(アルファ)星とペガスス座のγ(ガンマ)星をさす。なまめぼし。壁宿。 ➔漢「へき(壁)」 ➔表「二十八宿」

へき【璧】古代中国の玉器の一。扁平(へんぺい)・環状で中央に円孔がある。身分の標識や祭器、のちには装飾品として用いられた。たま。 ➔漢「へき(璧)」

へき【癖】かたよった好みや習性。くせ。「放言の—がある」「煙霞(えんか)の—」 ➔漢「へき(癖)」 類語 癖(くせ)・性癖

へぎ【▽折ぎ｜▽剝ぎ｜▽片木】❶薄くはぐこと。また、薄くはいだもの。特に、物を包んだりするために木を薄くけずったもの。「竹の皮の代わりに—で包んだ大きな握り飯は」〈有島・生れ出づる悩み〉 ❷「折(へ)ぎ板」の略。❸「折(へ)ぎ折敷(おしき)」の略。「—にすしを盛って人々に配る」〈島木健作・生活の探求〉

べき【×冪｜×羃｜▽巾】「累乗(るいじょう)」に同じ。

べき〔助動〕►べし

へき-あん【×僻案】かたよっている考え。まちがっている考え。自分の考えをへりくだってもいう。愚案。愚考。「一条々、愚意にまかせていささか左にしるす」〈連理秘抄〉

へきあんしょう【僻案抄】(ヘキアンセウ)鎌倉時代の注釈書。1巻。藤原定家著。嘉禄2年(1226)成立。父俊成から受けた口伝を含め、古今・後撰・拾遺の三代集の難語を考証・注解したもの。僻案集。

ペギー〘Charles Péguy〙[1873〜1914]フランスの詩人・批評家。社会主義活動に専念したのち、雑誌「半月手帳」を主宰。カトリックに回心後、神秘主義的な詩を発表。第一次大戦で戦死。叙事詩「エバ」など。

へぎ-いた【▽折ぎ板】杉・檜(ひのき)などを薄く削って作った板。折敷(おしき)・折り箱などを作る。へぎ。

へき-うん【×碧雲】青みがかった色の雲。青雲。

へき-えき【×辟易】〔名〕(スル)《道をあけて場所をかえる意から》❶ひどく迷惑して、うんざりすること。嫌気がさすこと。閉口すること。「彼のわがままには—する」「毎日同じ料理ばかりで—する」 ❷相手の勢いに圧倒されてしりごみすること。たじろぐこと。「敵一万余騎、其の勢ひに—して」〈太平記・一四〉 類語 閉口・うんざり・げんなり・飽き飽き・懲り懲り・倦怠(けんたい)・食傷

へき-えん【×僻遠】(ヘキヱン)ある地域・場所が中央から遠く離れていること。また、その地域・場所。「—の地」 類語 遠陬(えんすう)・辺鄙(へんぴ)・僻地・辺地・辺境

へぎ-おしき【▽折ぎ▽折敷】(へぎをしき)へぎ板で作った角盆。へぎ。

へぎ-おり【▽折ぎ折(り)】(へぎをり)へぎ板を折って作った小形の箱。弁当箱などに使う。

へき-が【壁画】(ヘキグワ)建物や洞窟(どうくつ)内の壁・天井などに描かれた絵画。また、建築壁面に組み込まれたカンバス画・板絵。

へき-かい【×碧海】青い海。青海原。大海。

へき-かい【×劈開】〔名〕(スル)❶裂き開くこと。切り開くこと。「連句の研究上に一つの新断面を—するだけの効果は」〈寅彦・連句雑俎〉 ❷ひびが入って割れること。❸結晶が、ある特定の平面に平行に割れること。また、そのように割れやすい性質。その面に垂直な方向の原子・イオン・分子間の結合力が弱いために起こる。

へきが-こふん【壁画古墳】(ヘキグワー)石室内の壁面に絵や文様が描かれている古墳。

へき-かん【壁間】柱と柱との間の壁の部分。また、壁。壁面。

へき-がん【×碧眼】青い目。特に、欧米人の目。また、欧米人。西洋人。「紅毛—」

へき-がん【壁×龕】►ニッチ❶

べき-かんむり【×冖冠】►ワ冠(わかんむり)

へきがんろく【碧巌録】中国の仏教書。10巻。宋の圜悟克勤(えんごこくごん)著。1125年成立。雪竇重顕(せっちょうじゅうけん)が百則の公案を選んだものに、著者が垂示(序論的批評)・著語(じゃくご)(部分的短評)・評唱(全体的評釈)を加えたもの。臨済宗で最も重要な書とされる。仏果圜悟禅師碧巌録。碧巌集。

べき-きゅうすう【×冪級数】(ーキフスウ)$a_n(n=0,1,2,\cdots)$はxを含まない数として、$a_0+a_1x+a_2x^2+\cdots a_nx^n\cdots$の形の級数。整級数。

へき-ぎょく【×碧玉】酸化鉄などの不純物を含み、不透明で色のついた塊状の石英。色は緑・赤・黄褐色など。佐渡の赤玉(あかだま)、出雲の玉造石(たまつくりいし)などがあり、古くから勾玉(まがたま)や管玉に用いられた。ジャスパー。

へきぎょく-けい【碧玉渓】宮城県南部にある渓谷。白石川下流に約4キロにわたり深い峡谷をつくる。徳富蘇峰により命名。上流に小原(おばら)渓谷がある。

へき-くう【×碧空】青く晴れた空。青空。碧天。

へき-ぐう【×僻隅】都会から遠く離れた片隅の地。僻地。

へき-けん【×僻見】公平でない、かたよった見解。偏見。「先入の—を去り」〈逍遥・内地雑居未来之夢〉

へき-こ【壁虎】ヤモリの別名。

へき-ご【×碧×梧】アオギリの別名。

べき-こん【×冪根】►累乗根(るいじょうこん)

ヘキサ〘hexa〙《(ギリシャ)hex(6の意)から》数の6。

へき-ざい【×僻在】〔名〕(スル)都会から遠く離れた所にあること。僻遠の地にいること。「大海の陲浜(すいひん)に—して」〈菊亭香水・世路日記〉

ヘキサデカン〘hexadecane〙《16の意》「セタン」に同じ。

ヘキサデセン〘hexadecen〙不飽和炭化水素の一。常温で無色の液体。セテン。

ヘキサン〘hexane〙炭素数が6個のメタン系炭化水素。ガソリンの成分の一つで、無色透明の液体。5種の異性体がある。化学式C_6H_{14}

へき-じ【×僻事】道理にはずれたこと。よこしまなこと。ひがごと。〈書言字考節用集〉

べき-しすう【×冪指数】冪の肩に書かれる数。累乗の指数。

べき-しゅうごう【×冪集合】(ーシフガフ)ある集合のすべての部分集合の集合。集合Mの冪集合を2^Mと表す。

へき-しょ【×僻処】「僻地(へきち)」に同じ。「—の厩房(きゅうぼう)に於て、弁論を学び」〈中村訳・西国立志編〉

へき-しょ【壁書】❶壁に書くこと。また、その書いたもの。かべがき。❷主に室町時代、命令・布告また掟(おきて)などを板や紙に書いて壁にはった掲示。かべがき。

へき-しょう【×碧×霄】(ーセウ)青空。碧空。

へき-じょう【壁上】(ージヤウ)《古くは「へきしょう」》壁の上。また、壁面。

べき-じょう【×冪乗】冪(べき)を作る算法。累乗。

へき-しょく【×碧色】青色。緑色。また、青緑色。

ヘキシルレゾルシン〘hexylresorcin〙回虫・鉤虫(こうちゅう)・蟯虫(ぎょうちゅう)などの駆虫薬。レゾルシンのアルキル誘導体。副作用が強い。ヘキシルレゾルシノール。

へき-すい【×碧水】青々と深く澄んだ水。「高き青空と深き—とは」〈鷗外訳・即興詩人〉

べき-すい【汨水】►汨羅(べきら)

へき-すう【×僻×陬】「僻地へきち」に同じ。「―の地」
べき-すう【×冪数】▶冪べき
へき・する【×僻する】〔動サ変〕文へき・す〔サ変〕一方にかたよる。偏する。「心を寛にして一方に―・すること勿なかるべし」〈福沢・文明論之概略〉
へき-せつ【×僻説】道理に合わない説。かたよった意見。
へき-せん【壁泉】建物の壁面に彫刻などで飾った口を設け、水を噴き出すようにした噴水。
ヘキソース〘hexose〙炭素原子を6個もつ単糖類の総称。ぶどう糖(グルコース)・果糖(フルクトース)・ガラクトース・マンノースなど。生物界に広く分布し、右旋性を示すD型のものが多い。分子式$C_6H_{12}O_6$ 六炭糖。
へき-そん【×僻村】❶都会から遠く離れた村。へんぴな村。僻邑へきゆう。❷自分の住む村をへりくだっていう語。僻邑へきゆう。
へき-たん【×碧×潭】深く青々としたふち。
へき-ち【×僻地】都会から遠く離れた土地。へんぴな土地。僻土。僻処。僻陬へきすう。(類語)辺鄙へんぴ・僻陬へきすう・辺土・辺地・辺境・奥地・田舎
へきち-きょういく【×僻地教育】〔ゲウイク〕交通条件や、自然的、経済的、文化的条件に恵まれない山間地や離島などの地域における学校教育。辺地教育。
へきてい-かん【碧蹄館】〔クワン〕朝鮮、ソウルの北方、碧蹄にあった客舎。1593年、文禄の役のとき小早川隆景・宇喜多秀家らの日本軍が、漢城(ソウル)奪回をめざす李如松の明軍を破ったのが、この周辺。
へき-てん【×碧天】青空。碧空。
へき-ど【×僻土】「僻地へきち」に同じ。
へき-とう【×劈頭】物事のいちばん初め。最初。冒頭。「開会―から紛糾する」(類語)始め
へきなん【碧南】愛知県中南部、知多湾に面する市。工業が盛んで、三州瓦・鋳物・みりんを特産。江戸時代は廻船や矢作やはぎ川舟運の基地。人口7.2万(2010)。
へきなん-し【碧南市】▶碧南
ペキニーズ〘Pekingese〙犬の一品種。チンに似て小形で四肢が短く、長毛。古くから中国の宮廷で飼われた。愛玩用。
ペキノロジー〘Pekingology〙中国政治の動向分析。
ペキノロジスト〘Pekingologist〙中国政治の動向分析の専門家。中国問題研究家。➡チャイナウオッチャー
べき-べき【×冪×冪】〔ト・タル〕文〔形動タリ〕雲や塵ちりなどが一面におおうさま。「―たる雲を貫ぬいて恐しい神の声がした」〈漱石・趣味の遺伝〉
べき-ほう【×冪法】〔ハフ〕同じ数を何回も掛け合わせること。累乗。
へぎ-ぼん【▽折ぎ盆】へぎ板で作ったお盆。
へき-めん【壁面】壁の表面。
へきめん-しぶんぎざ【壁面四分儀座】▶四分儀座
へきめん-せん【壁面線】街区内の建築物の位置を整え、町並みをそろえて環境の向上を図るため、法的に指定される線。この線を越える壁・柱・門などの建築はできない。
へきめんのいち-の-せいげん【壁面の位置の制限】〔ヰチ〕建築物の壁面を、道路や隣地との境界線から一定の距離以上後退させること。都市計画法の高度利用地区・特定街区などで、市街地の環境向上のため規定される制限事項の一。
へぎ-もち【▽折ぎ餅】餅を薄く切って乾かしたもの。かきもち。
へぎ-やき【▽折ぎ焼(き)】▶杉焼き
へき-ゆう【×僻×邑】〔イフ〕「僻村へきそん」に同じ。「昨夜倉卒に―に投宿し」〈久米邦武・米欧回覧実記〉
へき-ら【×碧羅】緑色のうすぎぬ。また、青空や緑の山をたとえていう。「―の山影を望む」〈岡本かの子・生々流転〉
へき-ら【×碧×蘿】緑色のつたかずら。緑蘿。「麓に車を駐めて、手を採って―を攀よじるに」〈太平記・三九〉
べきら【汨羅】中国湖南省北東部を流れる川。湘江しょうこうの支流。楚その屈原が投身した川として有名。汨水。汨羅江。ミールオ。
へき-らく【×碧落】青い空。大空。また、はるか遠い所。「風―を吹いて浮雲ふうん尽き」〈漱石・門〉
べきら-の-おに【×汨羅の鬼】《楚の屈原が汨羅に身を投じて死んだ故事から》屈原の霊。転じて、水死した人。溺死者。
へきら-の-てん【×碧羅の天】晴れ渡った青空。
へき-りゅう【▽日▽置流】〔リウ〕弓術の一派。室町中期、大和の日置弾正正次が創始。日本弓術の本流。
へき-るり【×碧瑠璃】❶青色の瑠璃。また、その色。「―の天」❷青々と澄みとおった水や空のたとえ。「―をたたえた湖」
へき-れき【×霹×靂】❶かみなり。いかずち。雷鳴。「青天の―」❷雷が激しく鳴ること。落雷すること。また、大きな音が響き渡ること。「―する時にも動かず」〈今昔・三一・三七〉(類語)雷・雷いかずち・鳴る神・雷らい・雷鳴・雷電・天雷・急雷・疾雷しつらい・迅雷じんらい・落雷
へき-ろん【×僻論】すじの通らない議論。
べき-ろん【べき論】《「べき」は助動詞「べし」の連体形》義務を果たすこと、理想を実現しなければならないことなどを強く主張する論調。「そうするべき」「こうあるべき」という言い回しから。
ペキン【北京】中華人民共和国の首都。華北平原の北部に位置し、中央政府直轄市。遼・金・元・明・清の都として繁栄。明代になって北京となり、1928〜38年は国民政府が成立して北平ほくへいとよばれた。旧内城中心の紫禁城は故宮博物院となり、その南に人民大会堂・天安門広場がある。人口、行政区1151万(2000)。ペイチン。
ペキン-かんわ【▽北▽京官話】〔クワンワ〕中国の清時代における公用標準語の一。
ペキン-げんじん【▽北▽京原人】中国北京郊外、周口店の石灰岩洞穴から発見された化石人類。更新世中期、50万〜20万年前の生息と推定される。原始的な石器を用い、火を使った。ホモエレクトゥス-ペキネンシス。旧称、シナントロプスペキネンシス。
ペキン-じょうやく【北京条約】〔デウヤク〕㊀1860年、アロー戦争の結果、イギリス・フランスと清国との間で結ばれた条約。天津の開港、賠償金の支払い、イギリスへの九竜割譲などを定めた。㊁1860年、ロシアと清国との間で結ばれた条約。沿海州をロシアに譲ることを定めた。㊂1898年、三国干渉の結果、ロシアと清国との間で結ばれた条約。ロシアの旅順・大連租借および東清鉄道建設を定めた。
ペキン-だいがく【北京大学】中国北京市にある国立大学。清朝末の1898年京師大学堂として創設され、1912年北京大学校と改称し、中国近代化運動の中心となった。52年中国人民政府の大学再編成により、文理系の総合大学となった。
ペキン-ダック【▽北▽京ダック】❶アヒルの一品種。中国で作り出され、大形で全身白い。肉用種。❷▶カオヤーツ
ペキン-りょうり【▽北▽京料理】〔レウリ〕中国の北京を中心に発達した料理。味付けは濃く、強火での炒め物や揚げ物が多い。北京ダック・水餃子すいギョーザなど。➡中国料理
へ・ぐ【▽剝ぐ/▽折ぐ】㊀〔動ガ五(四)〕❶薄く削りとる。また、はがす。はぐ。「皮を―・ぐ」「床板を―・ぐ」❷少し減らす。へずる。「知行ヲ―・グ」〈日葡〉❸すばやく盗み取る。横取りする。「馬飼ひの者、それを皆―・ぎて己が徳とし」〈仮・浮世物語・一〉(可能)へげる ㊁〔動ガ下二〕「へげる」の文語形。
ペグ〘peg〙《「ペッグ」とも》❶釘くぎ。掛け釘。❷テントを張るときに用いる杭。❸ゴルフのティー。
ペグ〘PEG〙《percutaneous endoscopic gastrostomy 経皮内視鏡的胃瘻いろう造設術の意》▶胃瘻いろう
へ-ぐい【×竈食ひ】〔グヒ〕▶黄泉竈食よもつへぐい
ペグー〘Pegu〙▶バゴー
ペク-うるし【ペク漆】《ペクはミャンマーの地名Peguから》ペグーから渡来した上質の漆。ペクうるし。(補説)「可漆」とも書く。

漢字項目 へき

×**辟** 音ヘキ(漢) ‖ ①罪。重い刑罰。「大辟」②避ける。「辟易へきえき」
人**碧** 音ヘキ(漢) 訓あお、あおい、みどり ‖ 深い青色。青緑色。「碧眼・碧玉・碧空・碧落/紺碧・深碧・丹碧」(名付)きよし・たま
×**僻** 音ヘキ(漢) 訓ひがむ ‖ ①本筋からずれて、正しくない。一方に偏する。「僻見・僻説・僻論」②場所が中央から離れている。「僻遠・僻陬へきすう・僻村・僻地」(難読)僻耳ひがみみ・僻目ひがめ
×**劈** 音ヘキ(漢) 訓さく ‖ ①切り裂く。切り開く。「劈開」②物事の始まり。「劈頭」
壁 音ヘキ(漢) 訓かべ ‖ ㊀①かべ。「壁画・壁面/外壁・内壁・面壁」②土べい。かき。仕切りとして設けた建造物。「隔壁・障壁・牆壁しょうへき・城壁・鉄壁・防壁」③かべのように平らな面。「胃壁・腹壁」④かべのように切り立った所。がけ。「岸壁・岩壁・絶壁・氷壁・北壁」㊁〈かべ〉「壁紙・壁土・壁新聞/荒壁・白壁」(難読)戈壁ゴビ・壁蝨だに
璧 音ヘキ(漢) 訓たま ‖ ①ドーナツ形の玉。「完璧・白璧」②すぐれたもの。「双璧」
癖 音ヘキ(漢) 訓くせ ‖ ㊀〈ヘキ〉かたよった習性。くせ。「悪癖・奇癖・潔癖・酒癖・習癖・書癖・性癖・盗癖・病癖」㊁〈くせ(ぐせ)〉「口癖・酒癖・手癖・難癖なんくせ」

べく-さかずき【可杯/▽可▽盃】〔サカヅキ〕《「可べく」の字は、もと日用文・手紙文などで「可行候いくべくそうろう」のように、必ず上に置いて下には置かないところから》飲みほすまでは下に置けないように底に小さい穴をあけた杯。酒をつがれるときは指で押さえる。
ヘクサコード〘hexachord〙両端が長6度のひらきをもつ6音から成る全音階的音階。第3音と第4音の間が常に半音となる。中世・ルネサンス音楽の教会旋法の基礎をなす音階。
べく-して〔連語〕《推量の助動詞「べし」の連用形＋接続助詞「して」》❶当然であるという状況で。「負ける―負けた」❷…することはできても。「その本は読む―理解しがたい」
ベクショー〘Växjö〙スウェーデン南部、スモーランド地方の都市。ヘルガ湖東岸に位置する。家具工業やガラス工業が盛ん。化石燃料の削減に取り組む環境先進都市として知られる。➡ガラスの王国
べく-そうろう【べく候ふ】〔サウラフ〕〔連語〕「べし」を丁寧に表す。中世以降、多く手紙文に使われた。…ましょう。…でしょう。…するつもりです。「万あすあさての程にまゐり候うて、申し候ふ―・ふ。かしこ」〈実隆公記・文明六年正月四日五日紙背〉
へくそ-かずら【×屁×糞×葛】〔カヅラ〕アカネ科の蔓性つるせいの多年草。草やぶに生え、全体に悪臭がある。葉は卵形で先がとがり、対生。夏、筒状で先が5裂した花をつけ、灰白色で内側が赤紫色をしている。実は丸く、黄褐色。やいとばな。さおとめばな。くそかずら。
ベクター〘vector〙❶病原体の媒介動物。マラリアを媒介する蚊など。❷組み換えDNA実験で、細胞または核内に他のDNA(デオキシリボ核酸)を運び込む役をするもの。ウイルスのDNAやプラスミドなどが用いられる。❸▶ベクトル
ベクター-がぞう【ベクター画像】〔グワザウ〕▶ベクトルグラフィックス
ベクター-グラフィックス〘vector graphics〙▶ベクトルグラフィックス
ベクター-けいしき【ベクター形式】▶ベクトルグラフィックス
ベクター-プロセッサー〘vector processor〙▶アレイプロセッサー
ヘクタール〘フランス hectare〙メートル法の面積の単位。1ヘクタールは1アールの100倍で、1万平方メートル。記号ha
ペクチン〘pectin〙植物体、特に果実の細胞壁の中

層を形成するコロイド性の多糖類。リンゴやミカン類に多く、砂糖や酸を加えるとゼリー状になる。ジャムの製造、微生物の培養基や化粧品などに利用。
ヘクト〘hecto〙《ギリシャ hekaton(百の意)から》国際単位系(SI)で、単位の上に付けて、その100倍の意を表す語。記号h
ペクト-サン【白頭山】朝鮮民主主義人民共和国と中国との国境にある山。長白山脈の主峰。標高2744メートル。頂上に火口湖の天池がある。長白山。はくとうさん。
ペグトップ〘peg-top〙《洋ナシ型のこまの意》ズボンやスカートなどで、腰回りにゆとりをもたせ、すそをしぼった型。「―パンツ」
ヘクトパスカル〘hectopascal〙国際単位系(SI)の気圧の単位。1ヘクトパスカルは1パスカルの100倍で、1ミリバールに等しい。記号hPa
ヘクトメートル-は【ヘクトメートル波】▶中波
ベクトル〘ドイツ Vektor〙❶大きさと向きをもつ量。有向線分で表す。➡スカラー ❷ベクトル空間の要素である元。❸(❶から転じて)方向性をもつ力。物事の向かう方向と勢い。「彼とは―が合う」
ベクトル-がぞう【ベクトル画像】グワザウ ▶ベクトルグラフィックス
ベクトル-くうかん【ベクトル空間】集合Vの任意の二つの元x、yに対して和$x+y$が定義され、任意の元xと任意の実数αに対して積αxが定義され、この和と積に関して交換・結合・分配の法則などが成立するとき、この集合Vをベクトル空間という。線形空間。
ベクトル-グラフィックス〘vector graphics〙コンピューターで画像や文字を表示する際、線や面などの図形要素に関するパラメーターで表現する方式。一方、色のついたドット(点)の集まりで表現する場合は、ビットマップグラフィックスという。ベクトル画像。ベクターグラフィックス。
ベクトル-しんでんず【ベクトル心電図】ヅ 心電図誘導法の一種。心臓の収縮周期の間に生じる電位変化の大きさと方向を、陰極線オシロスコープ上に投影像として表示するもの。
ベクトル-せき【ベクトル積】▶外積
ベクトル-フォント〘vector font〙コンピューターの字体で、文字を、ベクトル(向きと長さをもつ線分)の集まりとして表現する方式。ドットの集まりで定義した従来のフォントに比べて、拡大・変形してもなめらかに表示できる。
ベクトル-ポテンシャル〘vector potential〙電磁場を記述する一つの方法として導入されたベクトル量。量子電磁力学では、これを用いた記述が物理的に重要であるとされる。➡アハラノフ-ボーム効果
ベクトル-りょう【ベクトル量】リャウ ベクトルの性質をもつ物理量。力・速度・電界など。
べく-ない【▽可内】《「可ぐ」の字は、もと手紙文などで「可行候」のように必ず上に置くが、それを「ない」で否定して、下に付くの意。人名になぞらえて「内」を当てた》江戸時代、武家の下男の通称。
べく-のみ【▽可(く)飲み】可杯で酒を飲むこと。杯を下に置かないですぐに飲み干すこと。
べく-は〔連語〕《助動詞「べし」の連用形＋係助詞「は」》…はずなら。…できるなら。「詠みてむやは、詠みつ―はや言へかし」〈土佐〉
ペグマタイト〘pegmatite〙花崗岩とほぼ同じ鉱物組成をもつ、著しく粗粒の火成岩。花崗岩に伴うものでは著しく大きな結晶もあり、希元素に富む鉱物を含むものもある。巨晶花崗岩。
べく-も-あら-ず〔連語〕《助動詞「べし」の打消し「べくあらず」に助詞「も」を挿入して強調したもの》❶…はずがない。…しそうにない。「風波、とにとにやむ―。ず」〈土佐〉❷…できそうもない。「よそにのみ恋ひやわたらむ白山のゆきみる―。ぬわが身は」〈古今・離別〉
べく-も-な-い〔連語〕《「べくもあらず」の「あらず」を形容詞「ない(なし)」に置き換えたもの》❶…できそうもない。…する余地もない。「これ以上の贅沢は望む―・い」❷…はずがない。…しそうにない。「時々立ちいでば、何なる―・かめり」〈更級〉
ヘクラ〘Hekla〙アイスランド南部にある火山。標高1491メートル。しばしば噴火し、1947年には噴煙の高さ2万7000メートルを記録、80年にも噴火。
へぐら-じま【舳倉島】石川県輪島市の沖合約50キロにある島。アワビ・サザエ・テングサなどの漁場。夏季に海女が移住する風習で知られた。
ペグ-レシオ【PEGレシオ】株価収益率(PER)を1株当たりの利益成長率で割った値。企業の利益成長率に対して何倍のPERが付与されているかを見るための指標。成長している新興企業のPERは高く(割高に)なる傾向があるところから、成長率を加味してその企業の株価水準を判断するために用いる。例えば、PERが30倍、利益成長率20パーセントの企業のPEGレシオは1.5倍となる。利益成長率が低くなるとPEGレシオが大きくなり、2倍を超えると割高と見られることが多い。
ベクレル〘Antoine Henri Becquerel〙[1852〜1908]フランスの物理学者。ウランの自然放射能を発見し、キュリー夫妻のラジウム発見の手がかりをつくった。1903年ノーベル物理学賞受賞。
ベクレル〘becquerel〙放射性物質が放射線を出す能力を表す単位。国際単位系(SI)の放射能の単位で、1個の放射性核種が1秒間に1回崩壊して放射線を放出する場合、1ベクレルとなる。その量は放射線のエネルギーや人体への危険度とは異なる。名称は放射能の発見者であるフランスの物理学者アンリ＝ベクレルに由来する。記号Bq。(補説)放射線被曝の影響を表す単位シーベルトに換算するには、放射性核種の種類、または経口や吸入などの摂取の違いに対応する実効線量係数を、ベクレルの値に乗じることで求める。一般に、放射性物質が混入した食品や土壌の放射能の強さは、単位重量当たりの値で表され、具体的には、放射性セシウムによる放射能の基準値は、一般食品1キログラム当たり100ベクレルなどと定められている。
ベクレル-こうか【ベクレル効果】カウクワ 電解質溶液中に2個の電極を設置し、その一方に光を照射すると電極間に電位差が発生する現象。1839年、フランスのアレクサンドル＝エドモン＝ベクレルが発見。
べくん-ば〔連語〕「べくは」の音変化。「朝廷に仕へて交はる―、入道の悪心を軟げて、天下の安全を得せしめ給へ」〈百二十句本平家・三〉
へ-げ【▽変化】「へんげ」の撥音の無表記。「我子の仏、―の人と申しながら」〈竹取〉
ペケ ❶よくないこと。役に立たないこと。だめ。「あの案は―になった」❷罰点。×印。「―をつける」(補説)あっちへ行け、の意のマレー語pergiから、あるいは、よくないの意の中国語「不可(bùkě)」からかともいわれるが未詳。(類語)(❷)罰・罰点
へげ-いし【▽剝げ石】板状節理がよく発達して、平らに割れた石材。また、鉄平石や根府川石のこと。
へげ-たれ 上方で、人をののしっていう語。いくじなし。あほう。ばか。「ぢゃによって江戸子は―ぢゃと」〈滑・浮世風呂・二〉
ベケット〘Samuel Beckett〙[1906〜1989]フランスの小説家・劇作家。アイルランド生まれ。ヌーボーロマンの先駆者とされ、前衛劇の分野でも大きな足跡を残した。1969年ノーベル文学賞受賞。小説「モロイ」、戯曲「ゴドーを待ちながら」など。
ベケット〘Thomas Becket〙[1118ころ〜1170]英国の聖職者。カンタベリー大司教。王権の強化を図るヘンリー2世の宗教政策と対立し、大聖堂内で暗殺された。
べけ-む〔連語〕《推量の助動詞「べし」の未然形の古形「べけ」＋推量の助動詞「む」》…に違いないだろう。…できるだろう。…がよいだろう。平安時代は漢文訓読的な文章に用いられ、「べけむや」の形で反語の意で用いられることが多い。「何ぞ忽ちに死ぬ―。むやと」〈今昔・九・三一〉
ヘゲモニー〘ドイツ Hegemonie〙指導的な地位。支配権。主導権。「―を握る」
ヘゲモニズム〘hegemonism〙大国による対外支配拡張政策。覇権主義。
ヘゲモネ〘Hegemone〙木星の第39衛星。他の多くの衛星とは逆方向に公転している。2003年に発見。名の由来はギリシャ神話の女神。非球形で平均直径は3キロ。
へ・げる【▽剝げる】〔動ガ下一〕図へ・ぐ〔ガ下二〕はげ落ちる。はがれる。「汗で白粉が―・げる」
べけ-ん〔連語〕▶べけむ
へこ【▽兵▽児】❶(鹿児島地方で)15歳以上、25歳以下の青年。❷「兵児帯」の略。
へこ【×褌】ふんどし。「棒組、主の―をはづせ」〈滑・膝栗毛・三〉
へご【杪=欏｜杪=欏】ヘゴ科の常緑の木生シダ。高さ約10メートル、直径約30センチに達する。幹の頂に、長さ約2メートルの羽状に裂けている葉が数枚、傘状に広がってつく。日本では九州・沖縄・小笠原などに分布。幹を装飾品、ランなど着生植物用の園芸材に用いる。
べこ (東北地方で)牛。
へこ-あゆ【▽兵▽児×鮎】ヨウジウオ目ヘコアユ科の海水魚。全長約15センチ。体は細長くて著しく側扁する。体の後端はとげ状の突起になり、背びれが腹側に回って尾びれに接する。口は管状に長く、プランクトンを吸い込む。本州中部以南に産し、海底近くで、逆立ち姿勢をとる。
へこ-いわい【×褌祝(い)】いはひ 九州で、男女13歳前後に行う成年式。男児は褌を、女児は腰巻きを初めて着ける。ふんどし祝い。たふさぎ祝い。
へこ-おび【▽兵▽児帯】《兵児が用いたところから》男子または子供用のしごき帯。へこ。
へこ-おや【×褌親】へこ祝いに際して頼む仮親。ふんどし親。まわし親。
へこ-たこ〔名・形動〕《近世上方語》筋道が通らないこと。また、そのさま。でたらめ。「自慢らしう言ふことがみな―ぢゃ」〈滑・浮世風呂・二〉
へこ-た・る〔動ラ下二〕「へこたれる」の文語形。
へこ-た・れる〔動ラ下一〕図へこた・る〔ラ下二〕気力がくじけ弱ってしまう。へたばる。「これくらいの暑さで―・れるな」(類語)挫ける・おじける・参る・屈する
ベゴニア〘ラテン Begonia〙シュウカイドウ科ベゴニア属(シュウカイドウ属)の植物の総称。多年草または小低木で、熱帯に多く産し、種類も多い。茎や葉は多肉質で柔らかい。葉は卵形や心臓形で裏面が赤や紫色。花は4弁および5弁花で、白・桃・赤・黄色など。観賞用とし、園芸種は非常に多い。(季 夏)
ベゴニア-センパフローレンス〘ラテン Begonia semperflorens〙シュウカイドウ科シュウカイドウ属の一年生の園芸植物。ブラジル原産。花の色は赤・桃・白。葉は丸くて厚く、緑色または褐色。主に花壇や鉢植えに利用される。
へこ-へこ ━〔副〕スル ❶張りがなく、へこんだり、ゆがんだりしやすいさま。「―(と)しなう下敷き」❷頭をしきりに下げるさま。また、へつらうさま。ぺこぺこ。「課長に―する」━〔形動〕━❶に同じ。「―になりたる麦藁帽子を」〈逍遥・当世書生気質〉アクセント━はヘコヘコ、━はヘコヘコ。
ぺこ-ぺこ ━〔副〕スル ❶物がへこんだりゆがんだりする音や、そのさまを表す語。「―(と)するベニヤ板の壁」「押すと―(と)鳴る空き缶」❷頭をしきりに下げるさま。また、へつらうさま。へこへこ。「―しながら言い訳をする」━〔形動〕❶ひどく空腹なさま。「腹が―だ」❷━❶に同じ。「―な筆筒」アクセント━はペコペコ、━はペコペコ。
へこま・す【▽凹ます】〔動サ五(四)〕❶へこむようにする。へこませる。「粘土を指で―・す」❷言い負かす。やりこめる。「子供に―・される」
へこみ【▽凹み】❶へこむこと。くぼむこと。また、へこんだ所。くぼみ。❷閉口すること。弱ること。「おれが名が出ては―の筋だ」〈伎・傾城金秤目〉
へこ・む【▽凹む】〔動マ五(四)〕❶表面の一部が周囲より低くなる。くぼむ。「やかんが―・む」❷やりこめ

られて困る。へこたれる。「しかられて—むような奴ではない」❸ある基準より少なくなる。損をする。「マージャンで一人だけ—む」(類語)(❶)窪む・窪まる・めり込む・引っ込む・落ち込む・陥没する
ぺこり〘副〙「ぺこん」に同じ。「ブリキ缶が—とへこむ」「—と頭を下げる」
ペコリーノ〖イタリア pecorino〗イタリアで、羊乳からつくるチーズの総称。イタリア南部でつくられる超硬質のペコリーノ・ロマーノ(pecorino romano)が有名。
ぺこん〘副〙❶物の一部がへこむ音や、そのさまを表す語。「ぶつけた鍋なべが—とへこむ」❷すばやく頭を下げるさま。「—とおじぎをする」
べざい-せん【弁才船¦弁財船】江戸時代に内航海運で活躍した和船の形式。船底材の先に船首材、後ろに幅広の戸立てをつけ、三段の外板などを組み合わせ、四角帆1枚を用いる。帆走性能がよく、少数の乗組員で運航できるため、瀬戸内海を中心に発達して普及。菱垣ひがき廻船・樽たる廻船・北前船などに用いられた。千石船。べざいぶね。べんざいせん。
べざい-てん【弁才天¦弁財天】►べんざいてん(弁才天)
へ-さき【舳先¦舳】船の前の方の部分。船首。みよし。⇔艫とも。
ベサリウス〖Andreas Vesalius〗[1514〜1564]ベルギーの解剖学者。人体解剖を行い、権威とされていたガレノスの説の誤りを指摘、近代解剖学の基礎を築いた。著「人体の構造に関する七つの本」。
ペザントルック〖peasant look〗《peasantは、農夫の意》各国の固有の農夫(婦)の服装にヒントを得たスタイルのこと。
へし【圧し】㊀〘名〙《動詞「へ(圧)す」の連用形から》❶圧力を加えること。押すこと。また、おもし。❷手加工用鍛造工具の一。熱した金属に当ててハンマーでたたき、平らにならしたり、穴をあけたりするのに用いる。平べし・丸べし・足べしなどがある。㊁〘副〙❶やたら。むやみに。「夏中—とひやかしにめえりやした」〈洒・客衆一華表〉❷押し合って並ぶさま。「筑田沖へ—と縄舟が出た」〈洒・玉の帳〉
べし〘助動〙[(べく)・べから|べく・べかり|べし|べき・べかる|べけれ|○]活用語の終止形、ラ変型活用語は連体形に付く。❶当然の意を表す。…して当然だ。…のはずだ。「地方路線のいくつかはやがて廃止されるべき運命にある」「行成ならば裏書きあるべし。佐理ならば裏書きあるべからず」〈徒然・二三八〉❷適当・妥当の意を表す。…するのが適当だ。…するのがよい。「無責任な放言はすべきではない」「あひ見ずは悲しきこともなからまし音にぞ人を聞くべかりける」〈古今・恋四〉❸可能の意を表す。…できるはずだ。…できるだろう。「今月中に目標に到達すべく努力している」「わが子どもの、影だに踏むべくもあらぬこそ、口惜しけれ」〈大鏡・道長上〉❹(終止形で)勧誘・命令の意を表す。…してはどうか。…せよ。「明日は八時までに出勤すべし」❺義務の意を表す。…しなければならない。「この件は君が責任をとるべきだ」「嶺ねにてすべきやう教へさせ給ふ」〈竹取〉❻推量・予想の意を表す。…だろう。…しそうだ。「この人々の深きこころざしは、この海にも劣らざるべし」〈土佐〉❼決意や意志を表す。「我はかくて閉ぢこもりぬべきぞ」〈更級〉➡べい ➡べからず ➡べくして ➡べくもない ➡べみ ➡べらなり (補説)語源は「宜うべし」の音変化とする説が有力で、上代から現代に至るまで広く用いられる。当然または必然的にそうなることと推量する意が原義で、そこからいくつかの意味に分化した。なお、現代では、❶❷❸❹の用法は、文語的表現の中で用いられることが多い。また、中世以降「べし」の接続は複雑化し、上一段・下一段・上二段・下二段活用には、イ列音・エ列音に伴うものもみられる。
へし-あい【圧し合い】ひあ〘名〙スル へし合うこと。「押し合い—する」
へし-あ・う【圧し合う】ふあ〘動ワ五(ハ四)〙互いに力をこめて押し合う。「乗客が出口で—っている」
ベジェ-きょくせん【ベジェ曲線】《Bezier curve》コンピューターグラフィックスなどにおいて、曲線を描く手法の一。四つの制御点からなり、最初と最後の端点を指定し、残り二つの制御点(方向点)は曲線の形状を決定することにのみ使われる。
ヘシオドス〖Hēsiodos〗古代ギリシャの詩人。前8世紀末ごろ活躍。ホメロスと並び称される叙事詩人で、農民の日常生活をうたった「仕事と日々」、神々の系譜をうたった「神統記」が代表作。生没年未詳。
へし-お・る【圧し折る】るを〘動ラ五(四)〙❶物に押しつけるなどして曲げて折る。力を入れて一気に折る。「腕を—る」❷勢いをそぐ。気勢をそぐ。「芸者らしい涼しさがなく、—・られた可愛いさであった」〈康成・童謡〉(類語)折る・手折る・折れる
へし-がく【押し角】►おしがく(押し角)
へし-ぐち【圧し口】《「べしぐち」とも》苦々しく思うとき、口を「へ」の字に曲げること。また、その口つき。「—に気色して出でたりける事」〈盛衰記・一〇〉
へしこ《「へしこ」は「押し込む」の意の方言「へしこむ」からという》福井県から京都府北部の日本海沿岸地方に伝わる、魚のぬか漬け。サバ・イワシなど青魚を多く使う。そのまま刺し身で、また、焼いて食べる。
へし-こ・む【圧し込む】㊀〘動マ五(四)〙むりやりに押し込む。「脱棄てた服を…其のまま押入れへ—・んで」〈二葉亭・浮雲〉㊁〘動マ下二〙㊀に同じ。「柱を少しけづりかけて、その中に—・めて」〈著聞集・二〇〉
ベジタブル〖vegetable〗野菜。「—スープ」
ベジタリアン〖vegetarian〗菜食主義者。肉や魚などの動物性食品をとらず、野菜・芋類・豆類など植物性食品を中心にとる人。肉類に加え卵・乳製品なども一切食べないビーガン(ピュアベジタリアン)、植物性食品と卵を食べるオボベジタリアン、植物性食品と乳製品を食べるラクトベジタリアンなどに分かれる。
へし-つ・く【圧し付く】〘動カ下二〙強く押さえつける。押しつける。「金銀といふ兵つはものには、またしても—・けられ見殺しにする子の命」〈浄・寿の門松〉
べ-して【別して】〘副〙《「べっして」の音変化》とりわけて。特別に。「—奇特なとも、思はれなんだぞ」〈蒙求抄・七〉
ヘジテーション〖hesitation〗ためらい。躊躇ちゅうちょ。
べし-み【癋見¦圧面】能面の一。下あごに力を入れ、口をぐっと結んだ表情の鬼神面。主に天狗てんぐに用いる大癋見、地獄の鬼などに用いる小癋見などがある。べしめん。
ペシミスチック〖pessimistic〗〘形動〙厭世的なさま。悲観的なさま。「将来に対して—な見方をする」。ペシミスティック。
ペシミスト〖pessimist〗厭世主義者。厭世家。悲観論者。⇔オプチミスト。
ペシミズム〖pessimism〗厭世観。厭世主義。悲観論。⇔オプチミズム。
べし-めん【癋面¦圧面】►癋見べしみ
へしゃ・げる【拉げる】〘動ガ下一〙押し潰されて、ぺしゃんこになる。ひしゃげる。「ボール箱が—・げる」
ヘジャズ〖Hejaz〗サウジアラビア西部、紅海沿岸地方の名称。イスラム教の二大聖地メッカとメジナがある。ヒジャーズ。
ヘジャブ〖アラビア hijab〗《「ヒジャーブ」「ヒジャブ」とも》イスラム教徒の女性が人前で髪を隠すのに用いるスカーフ。➡ブルカ ➡ニカブ ➡チャドル (補説)預言者ムハンマドが、女性の美しい部分を隠すように求めたことから始まった習慣とされる。
ベシャメル-ソース〖béchamel sauce〗白いルーをブイヨンと牛乳でのばし、塩・胡椒こしょうで味を付け、煮詰めて作ったソース。他のソースのベースや、グラタン・コロッケなどに用いる。
ペシャワール〖Peshawar〗パキスタン北西部、カイバー峠の東方にある都市。中央アジアやインドを結ぶ交通の要地。古代ガンダーラ王国の首都。
ぺしゃん-こ〘形動〙「ぺちゃんこ」に同じ。「—な鞄かばん」「言い負かされて—になる」
ヘジュ【海州】朝鮮民主主義人民共和国の港湾都市。黄海南道の道庁所在地。江華湾の北岸にあり、水産業が盛ん。かいしゅう。
ペシュト〖Pest〗►ペスト(ハンガリー)
ヘジラ〖アラビア Hijrah〗►ヒジュラ
ヘス〖Germain Henri Hess〗[1802〜1850]スイスの化学者。ロシアのペテルブルグ大学教授。化学反応における熱総量を研究し、熱化学の発展に貢献。
ヘス〖Victor Franz Hess〗[1883〜1964]米国の物理学者。オーストリアの生まれ。軽気球を用いて高空での放射線を観測・研究し、宇宙線研究の基礎を築いた。1936年ノーベル物理学賞受賞。
ヘス〖Walter Rudolf Hess〗[1881〜1973]スイスの生理学者。自律神経系を研究、間脳の調節機能を発見した。1949年ノーベル生理学医学賞受賞。
へ・す【圧す】〘動サ四〙❶押しつぶす。押さえつける。「散る花を皆—・しもちて行く秋の恋しき時の形見とやせむ」〈散木集・雑下〉❷圧倒する。屈服させる。「逢坂あふさかの歌は—・されて、返しもえせずなりにき」〈枕・一三六〉
へ・す【減す】〘動サ五(四)〙少なくする。減らす。「小遣いを—・す」(可能)へせる
ペスカトーリ-とう【ペスカトーリ島】タウ《Isola dei Pescatori》イタリアとスイスにまたがるマッジョーレ湖に浮かぶ島。ボッロメオ諸島の中で唯一の有人島であり、漁師が多く住む。現在はベッラ島やマードレ島と違い、ボッロメオ家の所有ではない。
ペスカトーレ〖イタリア pescatore〗《漁師の意》魚介類をたっぷり用いた料理のこと。ペスカトーラ。「スパゲッティー—」
ベスタ〖Vesta〗小惑星の一。1807年にドイツのオルバースにより発見。名称はローマ神話の女神ウェスタに由来し、ガウスにより命名された。直径538キロ。軌道長半径は2.4天文単位。公転周期は約3.6年。表面は玄武岩、鉄とニッケルからなる中心核が存在すると考えられ、地球に似た層構造をもつとされる。
ペスタロッチ〖Johann Heinrich Pestalozzi〗[1746〜1827]スイスの教育家。ルソーの影響を受け、孤児教育や児童教育に一生を捧げた。人間の諸能力の調和的発展を教育の目的とする理念や実践は、近代西欧の教育界に大きな影響を与えた。著「隠者の夕暮」「リーンハルトとゲルトルート」など。
へずつ-とうさく【平秩東作】へづつ[1726〜1789]江戸中期の狂歌師・戯作者。江戸の人。本名、立松懐之。通称、稲毛屋金右衛門。号、東蒙とうもう。戯作「当世阿多福仮面」、随筆「莘野茗談しんやめいだん」など。
ヘスティア〖Hestia〗ギリシャ神話で、かまどや炉の女神。クロノスとレアの長女で、ゼウス・ヘラ・ポセイドンの姉。ローマ神話のウェスタにあたる。
ベステルプラッテ〖Westerplatte〗ポーランド北部の都市グダニスクにある岬。1939年、ドイツの軍艦が宣戦布告なしにポーランド守備隊を攻撃し、第二次大戦の発端となるポーランド侵攻を開始した場所として知られる。トーチカ跡が残っているほか、廃屋が記念館として公開されている。ウェステルプラッテ。
ベスト〖best〗❶最上。最良。最優秀。また、そのもの。「新製品の中ではこれが—だ」「自己—の記録」❷最善。全力。「—を尽くして戦う」(類語)(❶)最良・最善・一番・最高／(❷)全力・総力・死力
ベスト〖vest〗❶袖のない短い胴着。チョッキ。❷「ベスト判」に同じ。(類語)胴着・チョッキ
ペスト〖フランス La Peste〗カミュの長編小説。1947年刊。ペストの流行で孤立したアルジェリアのオラン市の市民が協力して難局に立ち向かう姿を通して、不条理に対する人間の集団的反抗と連帯感の必要性を説く。
ペスト〖ドイツ Pest〗ペスト菌の感染によって起こる急性感染症。感染症予防法の一類感染症、検疫法の検疫感染症の一。学校感染症の一。元来はネズミの病気であるが、ノミを介して人間に感染し、感染経路により腺せんペスト・肺ペスト・ペスト敗血症の三つの病型がある。致命率は高く、敗血症を起こすと皮膚が紫黒色を呈するため黒死病ともよばれ、中世ヨーロッパで大流行した。日本でも明治・大正時代に数回流行。

ペスト〖Pest〗《「ペシュト」とも》ハンガリーの首都ブダペストのドナウ川東岸の平野部の地区名。1873年、ドナウ川西岸のブダおよびオーブダ地区と合併し、ブダペストになった。

ペスト-アルバム《和 best＋album》▶ベスト盤

ペスト-アンド-ブライテスト〖best and brightest〗超一流の人材。頭もよく仕事もできる優秀な人。

ペストゥム〖Paestum〗▶パエストゥム

ベスト-エイト《和 best＋eight》対戦競技などで、8位以内に入ること。また、8位以内に入った選手やチーム。「本大会の―に残る」

ベスト-エフォート〖best effort〗❶できる限りの努力をすること。❷▶ベストエフォート型

ベストエフォート-がた【ベストエフォート型】インターネットなどの通信サービスにおいて、通信速度を保証しない方式。基地局の距離や回線の混雑度により上下する。⇨ギャランティー型

ペスト-きん【ペスト菌】ペストの原因となる細菌。グラム陰性の桿菌かん。1894年にフランスの細菌学者エルサン(A.Yersin)および北里柴三郎がほぼ同時に発見。

ベスト-セラー〖best seller〗ある期間内に最もよく売れた商品。特に本にいうことが多い。「今年の―」

ベスト-テン《和 best＋ten》ある部門で、すぐれている順の10位までに入る人または物。十傑。トップテン。「―に顔を出す」「打撃―」

ベスト-ドレッサー〖best dresser〗洗練された衣服を、巧みに着こなしている人。

ベスト-ばん【ベスト判】写真フィルムで、画面寸法が4×6.5センチのもの。

ベスト-ばん【ベスト盤】歌手やバンドのヒット曲、人気の高い曲を集めたCDなど。ベストアルバム。

ベスト-フィルム〖vest film〗▶ベスト判

ベスト-フォー《和 best＋four》対戦競技などで、4位以内に入ること。また、4位以内に入った選手やチーム。「県大会で―が出そろう」

ベストボール-マッチ〖best-ball match〗ゴルフで、一組の中のベストスコアに得点を与えるか、一人のスコアに対して各ホール毎の複数人の中でのベストスコアで対抗する競技方法。

ベスト-マッチング〖best matching〗最良の組み合わせ。ベストマッチ。「ご飯のおかずに―」

ベストマン-しょとう【ベストマン諸島】《Vestmannaeyjar》アイスランドの南西沖にある島々。アイスランド本土から約10〜30キロに位置する。アイスランド語で「西方の人の島々」を意味し、かつてケルト人奴隷が主人であるアイスランド人を殺してこの地に逃げ込んだことに由来する。主島ヘイマエイ島が唯一の有人島。1963年に海底火山の噴火によりスルツェイ島ができたことで知られる。ベストマンナエヤル。

ベストマンナエヤル〖Vestmannaeyjar〗▶ベストマン諸島

ベスト-メンバー〖best member〗えりぬかれたすぐれた人々。

ベストラ〖Bestla〗土星の第39衛星。2004年に発見。名の由来は北欧神話のオーディンの母。非球形で平均直径は約7キロ。

ペストリー〖pastry〗▶ペーストリー

ペストリンクベルク-じゅんれいきょうかい【ペストリンクベルク巡礼教会】《Pöstlingberg Wallfahrtskirche》オーストリア北部、オーバーエスターライヒ州の都市、リンツ北西部の山上にある教会。1898年に開通したヨーロッパで最も急勾配の狭軌式登山鉄道が山頂まで結んでいる。

ヘス-の-ほうそく【ヘスの法則】化学反応において発生または吸収される熱量は、反応の初めと終わりの状態だけで決まり、途中の状態には関係しないという法則。1840年にG＝H＝ヘスが発見。総熱量不変の法則。

ベスビアス〖Vesuvius〗ベズビオの英語名。

ベズビオ〖Vesuvio〗イタリア南部、ナポリの東方にある二重式火山。標高1281メートル。79年の大噴火でポンペイなどの諸都市が埋没。1845年に世界初の火山観測所が設置された。ベスビオ。ベスビアス。ベスビオス。

ベスビオス〖Vesuvius〗▶ベズビオ

ベスプッチ〖Amerigo Vespucci〗[1454〜1512]イタリアの航海者・商人。1499年からポルトガル王の援助による2回の航海で、南米大陸をマゼラン海峡まで南下し、新大陸であることを確信。彼のラテン名アメリクスにちなみ、アメリカと命名された。

ベスプレーム〖Veszprém〗ハンガリー中西部の都市。バラトン湖の北約15キロ、シェード川沿いに位置する。初代ハンガリー王イシュトバーン1世の時代に同国初の司教座が置かれた。11世紀から13世紀まで王の居城があり、現在は城壁や塔の一部が残る。イシュトバーン1世の妃ギゼラをはじめ、同地で王妃の戴冠が行われたことから「王妃の都」とも称される。

へず・る【▽剝る｜▽折る｜▽削る】〔動ラ五(四)〕《古くは「へつる」》❶削って取る。取って減らす。「小遣いを―・られる」❷上前をはねる。かすめ取る。「売り上げをこっそり―・る」(可能)へずれる

ベズレー〖Vézelay〗フランス中部、ヨンヌ県の古都。修道院付属教会として同国最大のラ-マドレーヌ教会がある。ロマン＝ロランの没した地。

ベゼール-けいこく【ベゼール渓谷】《Vallée de la Vézère》フランス南西部、ペリゴール地方、ドルドーニュ県を流れるドルドーニュ川の支流、ベゼール川の渓谷。レゼジー-ド-タヤックからモンティニャックまでの約40キロの間に、洞窟壁画で知られるラスコー洞窟や、クロマニョン人の骨が発見された洞窟などが点在する。1979年に「ベゼール渓谷の先史時代史跡群と洞窟壁画群」の名称で世界遺産(文化遺産)に登録。

ペセタ〖スペイン peseta〗スペインの旧通貨単位。1ペセタは100センチモに相当した。2002年1月(銀行間取引は1999年1月)、EU(欧州連合)の単一通貨ユーロ導入以降は廃止。

へ-そ【×綜▽麻｜巻＝子】《「へ」は動詞「綜へる」の連用形から。「そ」は「麻」》紡いだ糸を環状に幾重にも巻いたもの。おだま。おだまき。「一紡麻へそを針に貫きて」〈記・中〉

へそ【×臍】❶腹の中心にある小さなくぼみ。へその緒のとれた跡で、胎児のときはこれを通じて栄養などが胎盤から循環していた。ほぞ。❷ものの表面の中央部にある小さなくぼみやでっぱり。「あんパンの―」❸物の中央、中心。また、重要な部分。ポイント。「日本列島の―にあたる部分」(類語)臍ほぞ

臍で茶を沸わかす　おかしくてたまらないこと、また、ばかばかしくてしようがないこと。多く、あざけっていう場合に用いる。へそ茶。

臍を曲・げる　機嫌をそこねて意固地になる。また、気に入らないことがあってわざと意地悪する。つむじを曲げる。「つまらないことですぐ―・げる」

べそ　子供などが今にも泣きだしそうなゆがんだ表情になること。また、その顔。「泣き―」
(類語)泣き顔・泣き面・泣きべそ・吠え面

べそをかく　子供などが今にも泣きだしそうな顔になる。べそをつくる。「しかられて―・く」

ペソ〖スペイン peso〗メキシコ・フィリピン・コロンビア・チリ・キューバなどの通貨単位。

ペソア〖Fernando Pessoa〗[1888〜1935]ポルトガルの詩人・評論家。本名のほか、アルベルト＝カエイロ、リカルド＝レイス、アルバロ＝デ＝カンポスという三つの筆名をもち、それぞれ異なる作風の詩を発表した。

へそ-くり【×臍繰り】「臍繰り金」の略。

へそくり-がね【×臍繰り金】《綜麻へそを繰ってためた金の意。人間のへそと混同して「臍」の字を当てたもの》主婦などが、他人に知られないように少しずつためた金。へそくり。

へそ-く・る【×臍繰る】〔動ラ五(四)〕へそくりをする。「何かに備えて家計から―・る」

ペゾ-ダ-レグア〖Peso da Régua〗▶レグア

へそ-ちゃ【×臍茶】《「臍で茶を沸かす」の略》たまらなくおかしいこと。

へそ-の-お【×臍の緒】胎児のへそと母体の胎盤をつなぐ、ひも状の器官。胎児はこれを通して母体から栄養をとる。臍帯さいたい・せいたい。ほぞのお。

臍の緒お切ってから　《臍の緒は出生後すぐ切るところから》この世に生まれ出てから。

へそ-の-した【×臍の下】下腹。また、陰部。「―に知恵のない人(＝色欲におぼれる人)」

へそ-まがり【×臍曲(が)り】〔名・形動〕ひねくれていて素直でないこと。また、そのさまや、そのような人。偏屈。あまのじゃく。つむじまがり。「あんな―は初めてだ」「―なことを言うな」
(類語)偏屈・気むずかしい・つむじ曲がり

ベゾン-ラ-ロメーヌ〖Vaison-la-Romaine〗フランス南部、ボークリューズ県の町。旧市街に、ポンペイウスの柱廊や劇場をはじめ、古代ローマ時代の遺跡が多数残る。ツールーズ伯の城やノートルダム-ド-ナザレット大聖堂などの中世の歴史的建造物もある。

へた【下-手】〔名・形動〕《「はた(端)」あるいは「へた(端)」の変化で、奥深くない意からか》❶物事のやり方が巧みでなく、手際が悪いこと。また、そのさまや、その人。「泳ぎが―な人」「字をわざと―に書く」「人の使い方が―だ」⇔上手じょうず。❷なまはんかであること。なまじっかなことをして結果が悪くなること。また、そのさま。「―な小細工をすると大事になりかねない」「―に口出しはできない」❸中途半端なこと。満足できるような程度でないこと。また、そのさま。「彼の蔵書は―な図書館の比ではない」「―な画家顔負けの絵」(派生)へたさ〔名〕(類語)(❶)拙劣・拙悪・稚拙・未熟・幼稚・不細工・無器用・不得手・不得意・へぼ・下手くそ・からっ下手・拙つたない・まずい・たどたどしい

下手すると　うっかりしたことをすると。また、悪いほうに展開すると。下手をすると。「―命とりになる」

下手な鉄砲も数撃てば当たる　下手でも数多く試みれば、まぐれ当たりで成功することもある。

下手の考え休むに似たり　碁や将棋で、下手な者の長考は、時間を浪費するだけで、なんの効果もない。相手が考え続けるのをあざけっていう。

下手の長談義ながだんぎ　話が下手なくせに、長々と話をすること。また、話の下手な人ほど長話をする傾向があること。

下手の横好き　下手なくせに、その物事をむやみに好み、熱心なこと。

へた【▽辺｜▽端】㊀〔名〕へり。ほとり。はた。特に、海べ。波うちぎわ。「近江あふみの海―は人知る沖つ波君をおきては知る人もなし」〈万・三〇二七〉㊁〔接尾〕名詞のあとに付き、その側面、その方面の意を表す。促音を間にはさんで「ぺた」となる。「尻っぺた」「ほっぺた」など。

へた【×蔕】トマト・柿などの実についている萼がく。

へた【×厴】巻き貝の殻口を閉じる板状のふた。「栄螺さざえの―」

ベタ〖betta〗闘魚とうぎょ。また、その近縁種を含めた総称。キノボリウオ科ベタ属に分類される。

べた〔名・形動〕❶すきまなく物が並んでいること。一面に広がっていること。また、そのさま。「―に塗りたくる」「今週は―に予定が詰まっている」❷印刷用の絵や漫画などで、単色(主に黒色)で塗りつぶすこと。また、網点印刷で、網点面積が100パーセントの状態。「―を入れる」❸《若者言葉》ひねりがなく、面白味に欠けるさま。「―なダジャレ」❹「べた焼き」の略。「―で焼く」❺「べた組み」の略。「ぎっしり―で組む」❻名詞、また名詞に準じる語の上に付いて、すっかり、完全に、などの意で、下の動作を強める言い方。「―ぼめ」「―惚れ」「―凪なぎ」

ペタ〖peta〗《ギリシャ pente(5の意)から》国際単位系(SI)で、単位の上に付けて、1兆の1000倍($1000^5=10^{15}$)を表す語。記号P

ペタ〖PETA〗《People for the Ethical Treatment of Animals》▶ピタ(PETA)

ベター〖better〗〔形動〕他よりよいさま。比較的よいさま。「ベストとはいえないが―な方法」

ペダーセン〖Charles John Pedersen〗[1904〜

1989〕米国の化学者。母は日本人。デュポン社研究所研究員。1967年にクラウンエーテルを発見し、その性質を研究した。87年ノーベル化学賞受賞。

ベター-ハーフ〘better half〙よき配偶者。妻をいう。(類語)家内・妻さい・女房・細君・かみさん・ワイフ・かかあ・山の神・妻さい

へ-だい【▽平×鯛】へび タイ科の海水魚。全長約40センチ。体形はマダイに似て、頭部は丸みを帯びる。体色は銀灰色で、うろこに沿って淡黄色の縦帯がある。本州中部以南の沿岸の岩礁にすむ。食用。

べた-いちめん【べた一面】〔名・形動〕物の表面全体にすきまなく及んでいるさま。「―に積もった雪」

へた-うま【下-手上-手】〔名・形動〕技術面では下手だが、人の心を引きつける魅力のあること。また、そのさま。

べた-おくれ【べた遅れ】列車などのすべてが次々に遅れること。「台風で上下線とも―になる」

べた-がき【べた書(き)】べたにびっしりと書くこと。また、その書いたもの。「段落なしに―にする」

べた-きじ【べた記事】新聞の目立たないスペースにある、一段見出しの、重要性の低い記事。➡段

へた-くそ【下-手×糞】〔名・形動〕非常に下手なこと。また、そのさまや、そのような人。「―な絵」
(類語)下手・拙劣・拙悪・稚拙・未熟・幼稚・不細工・無器用・不得手・不得意・へぼ・からっ下手・拙つたない・まずい・たどたどしい

べた-ぐみ【べた組(み)】活字組版で、字間または行間をあけずに組むこと。べた。

ペダゴジー〘pedagogy〙《ギリシャ paid＋agogos「少年を導く」の意から》教育。また、教育学。

へだし【▽隔し】《「へだ(隔)ち」の上代東国方言》隔て。仕切り。「水門みなとの葦が中なる玉小菅刈り来こ我が背子床の―に」〈万・三四四五〉

へだたり【隔たり】へだたること。また、その度合い。「十年の―」「両方の主張には相当の―がある」
(類語)径庭・懸隔・開き・距離・間隔・間ま・間合い・あいだ・インターバル

へだた-る【隔たる】〔動ラ五(四)〕❶間に距離があって離れる。また、距離ができて離れる。遠ざかる。「約十キロ―・っている」❷間に物があって遮られる。「両県は山脈で―・る」❸時間的に離れる。また、年月が過ぎる。月日がたつ。「今を―・る百年の昔」❹物事の間に開き、違いがある。「双方の実力はかなり―・っている」❺関係がうとくなる。疎遠になる。「心が―・る」
(類語)かけ離れる・飛び離れる・離れる・遠ざかる・遠のく・離隔する・隔絶する・遊離する・乖離かいりする

へだ-つ【隔つ】㊀〔動タ四〕「隔たる」に同じ。「はろはろに思ほゆるかも白雲の千重ちへに―・てる筑紫の国は」〈万・八六六〉㊁〔動タ下二〕「へだてる」の文語形。

べた-つ-く〔動カ五(四)〕❶べたべたと粘りつく。ねばつく。「手のひらが汗で―・く」「飴あめが溶けて―・く」❷なれなれしく相手にまといつく。特に、男女が甘えて必要以上にまといつく。いちゃつく。「人前もはばからずー・く」(類語)ねばつく・べとつく

べたっ-と〔副〕「べたり」に同じ。「シャツに口紅を―付けられる」「地べたに―座りこむ」

ぺたっ-と〔副〕「ぺたり」に同じ。「シールを―貼はりつける」「―腰を下ろす」

へだて【隔て】❶間を仕切ること。境をすること。また、そのもの。仕切り。「屏風びょうぶで―をする」❷差別をすること。分け隔て。「―なくどの子も平等に育てる」❸遠慮して打ち解けないこと。「―のないつきあい」

へだて-おも-う【隔て思ふ】おもふ〔動ハ四〕心に隔てを置く。よそよそしくする。「ただかやうの筋の事なむいみじう―・う給ひて」〈源・胡蝶〉

へだて-がお【隔て顔】がほ〔名・形動ナリ〕打ち解けない顔つき。よそよそしい態度。また、そのさま。「恥づかしけれど、何かは、―にもあらむ」〈源・宿木〉

へだて-がま-し【隔てがまし】〔形シク〕いかにも打ち解けないようすである。「たはぶれにても、かやうに―・しき事」〈源・若菜上〉

へだて-ごころ【隔て心】打ち解けない心。隔意かくい。隔心かくしん。「(松虫ハ)いと―ある虫になむありける」〈源・鈴虫〉

へだて-の-せき【隔ての関】間を隔てて関となっているもの。「小さき山を、―に見せたれど」〈源・胡蝶〉

へだ-てる【隔てる】〔動タ下一〕図へだ・つ〔タ下二〕❶物の間に距離をおく。「五メートル―・ててくいを打つ」❷物を間に置く。また、置いて遮る。仕切る。「障子を―・てて話す」「ついたてで部屋を―・てる」❸時間的に距離をおく。年月がたつ。「時を―・てること百年」❹関係をうとくする。壁をつくる。「疑心暗鬼が二人を―・てた」
(類語)挟む・離す・遠ざける・隔離する・離隔する

べた-なぎ【べた×凪】風がそよとも吹かず、海面に波がないこと。

べた-ぬり【べた塗(り)】一面にすきまなく塗ること。

ペタバイト〘petabyte｜PB〙コンピューターで扱う情報量や記憶容量の単位の一。2^{50}(1125兆8999億684万2624)バイト。または10^{15}(1000兆)バイト。PB。➡ペビバイト

へた-ば-る〔動ラ五(四)〕❶疲れはてる。へとへとになる。へばる。「走るペースが速すぎて―・る」❷気力がなくなる。へこたれる。「たった一度の失敗で―・るな」❸ひれふす。平伏する。「弾丸に向って、泥の中に―・ったり」〈火野・土と兵隊〉
(類語)ばてる・くたばる・へばる・参る

へた-へた〔副〕力が抜けて立っていられなくなるさま。「―と道端にしゃがみ込む」

べた-べた㊀〔副〕スル ❶物が粘りつくさま。「汗でシャツが―(と)くっつく」❷機嫌をとったり、甘えてまといついたりするさま。「人前で男女が―(と)する」❸一面に塗りつけるさま。「おしろいを―(と)塗る」❹物を一面にはりつけるさま。「膏薬こうやくを―(と)はる」❺印などをやたらと押すさま。「朱印を―(と)押す」❻一面に書くさま。「壁にスローガンを―(と)書く」㊁〔形動〕㊀❶に同じ。「汗で体中―になる」アク㊀はベタベタ、㊁はベタベタ。

ぺた-ぺた〔副〕❶平らな物で軽くたたく音を表す語。「平手で顔を―(と)たたく」❷素足や草履などで平らな所を歩く音を表す語。「廊下を―(と)歩きまわる」❸続けざまに物をはるさま。「―とシールをはる」❹続けて印を押すさま。「判を―(と)押す」❺塗りつけるさま。「絵の具を―(と)塗る」

べた-ぼめ【べた褒め｜べた▽賞め】〔名〕スル 口をきわめてほめそやすこと。「―されて面映ゆい」
(類語)絶賛・激賞

べた-ぼれ【べた×惚れ】〔名〕スル すっかりほれこむこと。

べた-やき【べた焼(き)】写真で、ネガを印画紙に密着させて焼き付けること。

べた-ゆき【べた雪】水気が多くてさらさらしていない雪。

べたり〔副〕❶粘りけのあるものが多量につくさま。べったり。「血が―と手につく」❷はがれにくいようにはりつけるさま。「注意書きを―とはる」❸だらしなく尻をつけて座るさま。「―と座り込む」❹印判などを色濃く押すさま。「封書に―と押印する」

ぺたり〔副〕❶やや軽い感じではりつけるさま。「切手を―とはる」❷尻をつけて座るさま。「―と座る」❸印判などを押すさま。「―と認め印を押す」

へたり-こ-む〔動マ五(四)〕べったり座り込む。また、疲労で立てなくなる。「その場に―・む」
(類語)しゃがみ込む・座り込む

ペダリング〘pedaling〙ピアノを演奏するときの、ペダルの踏み方。ペダルによる効果の出し方のテクニック。

へた-る〔動ラ五(四)〕❶尻をつけてべったり座る。また、尻餅をつく。「床ゆかに―・る」❷へたばる。元気がなくなる。また、疲労で倒れる。「―・って動けなくなる」「日差しが強くて苗が―・る」❸そのものの機能や性能が衰える。「マットレスのスポンジが―・る」「バッテリーが―・る」「椎間板ついかんばんが―・ってきた」

ペダル〘pedal〙ミシン・自転車・ピアノ・オルガンなどの、足で踏んで操作する部分。「―を踏む」

ペタルデス-けいこく【ペタルデス渓谷】《Koiladaton Petaloudon》ギリシャ東部、エーゲ海に浮かぶロードス島の町ペタルデス近郊にある渓谷。「蝶の谷」と呼ばれ、6月から9月にかけて無数の色鮮やかな蝶(正確にはヒトリガ科のガの一種)が群れて飛ぶことで知られる。

ペダル-プッシャー〘pedal pushers〙やや短めで細身のシルエットのスラックスのこと。元来、自転車に乗るときペダルを踏むのに裾すそが邪魔にならないように考案されたもの。

へたれ　俗に、弱々しく気力にとぼしいさま。また、そのような人。(補説)語源については、動詞「へたる」の変形、「屁垂れ」の意など諸説ある。

ペタン〘Henri Philippe Pétain〙[1856～1951]フランスの軍人・政治家。第一次大戦のベルダンの戦いで国民的英雄となる。1940年に首相となり、ドイツに降伏、ビシー政権を樹立してナチス協力政策を実行。戦後、反逆罪で終身刑。

ぺたん〔副〕❶物を軽く押しつけるさま。物を軽くはるさま。「スタンプを―と押す」「切手を―とはる」❷「ぺたり❸」に同じ。「―と横ずわりになる」

ペタンク〘フランス pétanque〙南フランスのプロバンス地方に生まれたゲーム。一人対一人、二人対二人、三人対三人などで行われ、直径7～8センチ、重さ600～800グラムの鉄球を6～10メートル離れた木製の的球目がけて放って、いかに近づけるかを競う。フランスの代表的な市民スポーツとなっている。

ぺたん-こ　㊀〔形動〕「ぺちゃんこ❶」に同じ。「―な財布」㊁〔副〕餅をつく音を表す語。

ペダンチスム〘フランス pédantisme〙学問や知識をひけらかすこと。衒学げんがく的な態度。ペダントリー。

ペダンチック〘pedantic〙〔形動〕学問や知識をひけらかすさま。衒学げんがく的。ペダンティック。「―な論文」

ペダント〘pedant〙学問や知識をひけらかす人。学者ぶる人。衒学げんがく者。

ペダントリー〘pedantry〙「ペダンチスム」に同じ。

べち【▽別】〔名・形動ナリ〕「べつ(別)」に同じ。「―によき家を造りて住ませければ」〈宇治拾遺・九〉

ペチカ〘ロシア pechka〙ロシア式の暖炉。煉瓦れんが・粘土などで建物の一部として作り、壁の中の煙道を煙が通過して熱を伝える。ペーチカ。(季 冬)

べち-ぎ【▽別儀｜▽別義】「べつぎ(別儀)」に同じ。「いや、―もござりませぬ」〈伎・壬生大念仏〉

ペチコート〘petticoat〙女性がドレスやスカートの内側にはく、スカート状の下着。アンダースカート。ハーフスリップ。

べち-だん【▽別段】「べつだん(別段)」に同じ。「是は異朝の先規せんきたるうへ、―の事なり」〈平家・一〉

ベチチ〘Bečići〙モンテネグロ南西部の町。アドリア海に面する。ブドバリビエラの海岸保養地の一。全長2キロの砂浜は同国屈指の美しさを誇る海岸。

べち-のう【▽別納】ナフ 寝殿造りで、母屋おもやから離れて建つ建物。物などを納め、住居ともした。「―の方にぞ、曹司などして人住むべかめれど」〈源・夕顔〉

へちま【糸＝瓜｜天＝糸＝瓜】❶ウリ科の蔓性つるせいの一年草。巻きひげで他に絡みつく。葉は手のひら状に浅く裂けていて、長い柄をもつ。夏から秋、黄色い雄花と雌花とを開き、濃緑色の実を結ぶ。実はふつう長さ約60センチの円柱状で、若いものは食用になり、熟したものは果皮などを取り去った網状繊維を入浴たわしに用いる。茎からは糸瓜水をとり、化粧水や咳止せきどめ剤にする。(季 秋 花＝夏)「痰たん一斗―の水も間に合はず／子規」❷つまらないものをいうたとえ。へちまの皮。「理想も―もない」

糸瓜の皮とも思わない　つまらないものとも思わない。少しも気にかけない。

へちま-えり【糸＝瓜襟】後ろから前まで刻みがなく、やや丸みを帯びた細長い襟。形がヘチマに似るところからいう。タキシードやガウンなどに用いる。

へちま-き【糸＝瓜忌】正岡子規の忌日。9月19日。絶筆の「糸瓜咲て痰のつまりし仏かな」など3句にヘチ

マが詠み込まれていることから。〔季 秋〕

へちま-すい【糸瓜水】ヘチマの茎を切り、切り口から出る水を採ったもの。化粧水やせき止め、やけどの治療などに用いる。

へちま-ぞうり【糸瓜草履】さらして白くしたヘチマの実の繊維を重ねて作った草履。

へちま-の-かわ【糸瓜の皮】❶ヘチマの果実の外皮。❷ヘチマの果実から外皮や種子を取り去って、繊維だけにしたもの。垢すりや靴の底敷きなどに用いる。❸「へちま❷」に同じ。「恩も礼義も忠孝も死ぬる身には—」〈浄・丹波与作〉

へちま-やろう【糸瓜野郎】ぶらぶらしてなんの役にも立たない男をののしっていう語。のらくら者。

へち-むくり「へちゃむくれ」に同じ。「皆が不承知ならおれ独りでするわえ。—めら」〈滑・八笑人・五〉

ペチャ〔インドネシア pecha〕東南アジアで広く利用されている人力車。

ぺちゃ-くちゃ〔副〕スル「ぺちゃくちゃ」に同じ。「夜通し—やっている」

ぺちゃ-くちゃ〔副〕スル ひっきりなしによくしゃべるさま。べちゃくちゃ。「—とやかましい」

ぺちゃ-ぱい《ぺちゃんこのおっぱいの意》俗に、女性の乳房が小さいこと。また、その女性。貧乳。⇔でかぱい。

べちゃ-べちゃ ㊀〔副〕スル ❶「ぺちゃくちゃ」に同じ。「—(と)うるさい子だ」❷水分を多量に含んでいるさま。「道がぬかって、—している」㊁〔形動〕㊀❷に同じ。「—なぞうきん」アクセント㊀はベチャベチャ、㊁はベチャベチャ。

ぺちゃ-ぺちゃ〔副〕スル ❶「ぺちゃくちゃ」に同じ。「—(と)おしゃべりを楽しむ」❷物を食べるとき、しきりに舌が立てる音を表す語。「—させて食べる」❸手のひらでしきりに打つ音を表す語。「平手でほおを—(と)張る」

へちゃ-むくれ 役に立たぬ者、意気地なしなどをののしっていう語。へちむくり。

ぺちゃん-こ〔形動〕❶押しつぶされて平たくなったさま。ぺしゃんこ。「衝突して車が—になる」「—な布団」❷言い負かされて手も足も出ないさま。ぺしゃんこ。「やりこめられて—になる」

ベチュアナランド〔Bechuanaland〕ボツワナ共和国の英国保護領時代の名称。

ペチュニア〔ラテン Petunia〕ナス科の一年草。葉は柔らかく卵形で、対生する。夏、漏斗形の花が咲き、色は紫・紅・桃・白色や絞りなど多彩。アルゼンチンの原産の種類から改良されたもので、観賞用。つくばねあさがお。〔季 夏〕

べつ【別】〔名・形動〕❶ある物事と他の物事との区別。けじめ。違い。「公私の—をはっきりさせる」「男女の—なく採用する」❷一緒ではないこと。それぞれ違っていること。また、そのさま。「それとこれとは問題が—だ」「親とは—な(の)住まい」「会計を—にする」❸そのものでないこと。他のものであること。また、そのさま。「—な(の)家を探す」「—な(の)手段を講じる」❹他のものと、また普通のものと異なること。また、そのさま。特別。「本給とは—な(の)手当がつく」❺わかれること。いとまごい。「夜に及んで—を告げ戸外に出んとす」〈織田訳・花柳春話〉➡別に ➡漢「べつ(別)」〔類語〕(❶)区別・差異・差別・違い・けじめ・分かち・区分・区分け/(❷)別個・別別・別様・別種・別口・別枠・別途・別建て/(❸)ほか・他/(❹)特別・格別・別格・別物・例外・番外

べつ【×鼈】スッポンのこと。

鼈人を食わんとして却って人に食わる 自分の力も考えないで人を害しようとして、かえって自分が災いを受けることのたとえ。

べつ-あつらえ【別×誂え】特別に注文して作らせること。また、そのもの。「—の洋服」

へ-つ-い【×竈】《「竈へつ霊ひ」または「竈へつ火ひ」の意》❶かまどを守る神。「内膳、御—渡し奉りなどしたる」〈能因本枕・九二〉❷かまど。へっつい。〈日葡〉

べつ-い【別異】〔名〕スル ❶違っているところ。差異。❷違いを区別すること。

べつ-い【別意】❶ほかの考え。他意。「私に—はない」❷別れを惜しむ心。「—を表する」

べつ-いん【別院】❶本山のほかに、本山に準じるものとして別の地域に設けられた寺院。❷七堂伽藍のほかに僧の住居として建てられた堂。❸本寺のほかに別に建てられた本寺所属の支院。

べつ-えん【別宴】別れの酒盛り。送別の宴。

べっ-か【別火】神職などが日常用いる火による穢れを忌んで、神事・祭事に際して炊事の火を別にすること。また、服喪にある者などが穢れを他にうつさないように炊事の火を別にすること。べつび。

べっ-か【別科】本科のほかに設けた教育課程。

べつ-が【別×駕】❶古代中国で、刺史の巡察に随行する官。自分も別に乗り物をもつところからいう。❷諸国の介の唐名。

へ-つ-かい【▽辺つ×櫂】《「つ」は「の」の意の格助詞》岸辺をこぐ櫂。「—いたくなはねそ」〈万・一五三〉

べっ-かく【別格】定められている格式に拘束されないこと。特別の取り扱いをすること。「会社で—の扱いを受ける」〔類語〕特別・格別・特殊・別

べっかく-かんぺいしゃ【別格官幣社】旧制度の社格の一。官幣小社と同じ待遇を受けた神社。湊川神社をはじめとし、国家に功績のあった人をまつる。

べっかく-じ【別格寺】寺に与えられる地位の一。特別の取り扱いを受ける寺。

べっかく-ほんざん【別格本山】本山に準じた待遇を受ける、特別な格式をもつ寺院。

へ-つ-かぜ【▽辺つ風】《「つ」は「の」の意の格助詞》海岸を吹く風。「われ沖つ風—を起てしめ」〈神代紀・下〉

べっかっこう「べかこう」に同じ。

ペッカリー〔peccary〕偶蹄目ペッカリー科の哺乳類の総称。イノシシに似るが、体はひとまわり小さく、毛色は黒っぽい。背中にへそ状の脂腺があり、ヘソイノシシともいう。北アメリカ南部から南アメリカにかけての砂漠や森林に、群れで暮らす。

ベッカリーア〔Cesare Bonesana Beccaria〕[1738〜1794]イタリアの法学者。啓蒙思想の影響を受けて、罪刑法定主義・死刑廃止・拷問禁止などを主張。近代刑法学の先駆者とされる。著「犯罪と刑罰」。

べっ-かん【別巻】全集で、本巻のほかに付け加えられた巻。

べっ-かん【別館】本館のほかに建てた建物。

べつ-かん【×鼈×羹】すった山の芋に小麦粉・小豆粉・砂糖などを練り合わせて蒸し、亀甲形に切った餅菓子。もと、禅家の間食用。

べつ-がん【別願】仏語。仏・菩薩がそれぞれ独自の立場から立てた誓願。阿弥陀仏の四十八願、薬師仏の十二願など。諸仏に共通の四弘誓願を総願とよぶのに対していう。

べっかんこう「べかこう」に同じ。

べっ-き【別記】〔名〕スル 本文のほかに、補足の説明などを別に書き添えること。また、その書き添えたもの。「注意事項を欄外に—する」

べつ-ぎ【別儀｜別義】❶ほかのこと。別のこと。余の儀。「お願いの筋は—ではない」❷考慮に入れなければならない特別の事情。別状。「今度ばかりは—を以てゆるし申すなり」〈太平記・三八〉❸(打消しの語を伴って)都合の悪い事。さしさわり。支障。「久兵衛さへ合点なら、身共に—ござらぬと」〈浄・八百屋お七〉

ベッキオ-きゅうでん【ベッキオ宮殿】《Palazzo Vecchio》イタリア中部、トスカーナ州の都市フィレンツェにある宮殿。シニョリーア広場に面し、ウフィツィ美術館に隣接する。14世紀初頭、フィレンツェ共和国の政庁舎として建造されたゴシック様式の建物で、高さ94メートルの鐘楼をもつ。16世紀にメディチ家のコジモ1世により、一部ルネサンス様式に改築。ベロッキオやミケランジェロの彫刻、バザーリの壁画がある。現在はフィレンツェ市庁舎。1982年、「フィレンツェ歴史地区」として世界遺産(文化遺産)に登録された。

ベッキオ-じょう【ベッキオ城】《Castelvecchio》イタリア北東部、ベネト州の都市ベローナにある城。14世紀後半、カングランデ2世によりスカラ家の居城として建造。アディジェ川に面し、対岸に向かってスカリジェロ橋が架かる。橋は第二次大戦でドイツ軍により破壊されたが、戦後に再建。現在は市立美術館として、中世からルネサンス期の絵画を展示している。カステルベッキオ。

ベッキオ-ばし【ベッキオ橋】《Ponte Vecchio》イタリア中部、トスカーナ州の都市フィレンツェのアルノ川にかかる同市最古の橋。洪水により何度かつくり直され、現在の橋は1345年に再建されたもの。両側には宝飾店や彫金細工店が並ぶ。上下2層からなり、2階部分はベッキオ宮殿とピッティ宮殿とを結ぶ通路で、バザーリ回廊と呼ばれる。ポンテベッキオ。

べつき-しょうざえもん【戸次庄左衛門】[?〜1652]江戸初期の軍学者。姓は別木とも書く。浪人仲間とともに、増上寺での徳川秀忠夫人の法要を機会に挙兵をはかったが、事前に発覚。浅草で磔に処された。

べっ-きゅう【別給】平安時代、親王に与えられた年給の一。皇后から生まれた第1皇子に対し、別勅によって、年官として毎年諸国の掾の任命権を与えたこと。

べっ-きょ【別居】〔名〕スル 夫婦・家族などが別れて住むこと。「単身赴任で家族と—している」⇔同居。

べっ-きょう【別教】❶天台宗で説く五時八教のうち、化法の四教の第三。他の三教のいずれとも異なる別の教え。菩薩に対する教え。❷華厳宗で、華厳経の教えが、三乗とは異なる究極真実の超絶的な一乗であるということ。

べつ-ぎょう【別行】❶別の行。特に、文章中で行を改めて書くこと。「引用部分は—に書く」❷特別に執り行う仏事や修行。特別の行法。❸大部の典籍のうち一部を独立させて流布させること。「法華経」普門品を独立させて観音経とする類。

べつ-ぎょう【別業】❶別の職業・事業。❷別荘。「我家の粗造なる—あれば」〈竜渓・経国美談〉

ヘック〔Richard F. Heck〕[1931〜]米国の化学者。化学メーカー勤務を経て、デラウェア大教授。有機化合物の合成を仲介する触媒にパラジウムを使い、ヘック反応を確立した。2010年、根岸英一、鈴木章とともにノーベル化学賞を受賞。

ペック〔PECC〕《Pacific Economic Cooperation Council》太平洋経済協力会議。環太平洋地域の経済協力を推進するための、産・官・学の三者構成による国際機関。1980年、第1回会議をオーストラリアのキャンベラで開催。国際事務局はシンガポール。

ペック〔peck〕ヤード・ポンド法の体積の単位。1ペックは、英国では4分の1ブッシェルで約9.09リットル、米国では4分の1ブッシェルで約8.80リットル。また穀用では、1ペックは13.23リットル。

ペッグ〔peg〕►ペグ

べつ-ぐう【別宮】本社または本宮に付属する神社。摂社・末社・今宮などの総称。

ペック-オーダー〔peck order〕つつき順位。群飼される鶏の個体間に見られる強弱の序列で、これによって社会的な秩序が保たれる。

ペックス〔PEX〕《special excursion fare》特別回遊運賃。アペックス(APEX)運賃にあるような事前購入という制約のない航空運賃。正規割引運賃とも。PEX運賃。

べつ-くち【別口】❶ほかの方法や種類。「給料とは—の収入がある」「—の縁談話」❷別の口座。「自動引き落としのために—を設ける」〔類語〕別途・別

ペッグトップ-パンツ〔peg-top pants〕《pegは、くさびの意。西洋独楽の形から》腰回りをゆったりととり、裾口にかけてすぼまったシルエットのスラックス。

ヘック-はんのう【ヘック反応】有機化合物を合成する化学反応の一。パラジウムを触媒とするクロスカップリング反応の先駆的な例として知られ、有機ハロゲン化物とアルケン(エチレン系炭化水素)の炭素

どうしを選択的に結びつける。昭和46年(1971)に日本の溝呂木勉ら、翌1972年に米国のリチャード＝ヘックらが独立して発見。平成22年(2010)、ヘックは同業績により根岸英一、鈴木章とともにノーベル化学賞を受賞した。溝呂木ヘック反応。

ベックマン-おんどけい【ベックマン温度計】わずかな温度変化の測定に用いられる水銀温度計。上部にも水銀溜を設けてある。ドイツの化学者ベックマン(E.O.Beckmann)が考案。

ベックリン〘Arnold Böcklin〙[1827〜1901]スイスの画家。すぐれた色彩感覚と詩的想像力で神話や幻想の世界を描いた。作「死の島」など。

べつ-くるわ【別▽郭】日本の城で、他の郭と独立して一つずつ築いた郭。

べつ-ぐん【別軍】本隊とは別に独立した軍隊。

べっ-け【別家】〘名〙スル ❶本家から分かれて別に家を興すこと。また、その家。分家。また、結婚して別に所帯をもつこと。「同村の―せし兄の高橋九ざえもんが聞付て」〈魯文・高橋阿伝夜叉譚〉 ❷商家の奉公人が、主人からのれん分けを許されて、独立すること。また、その店。「得意先を分けて―させる」 ❸本宅と別に設けた家。「太夫を千両余にて身請けせらるるよし。それは―に置いて」〈浮・禁短気・一〉 類語 分家

べっ-けい【別掲】〘名〙スル 別に掲げること。別に掲示・掲載すること。「巻末に図表を―する」

ヘッケル〘Ernst Heinrich Haeckel〙[1834〜1919]ドイツの動物学者。海産の無脊椎動物を研究。ダーウィンの進化論を支持し、生物の進化類縁関係の系統樹を作り、個体発生は系統発生を要約して繰り返すという生物発生原則を主張。生態学の確立にも貢献。著「一般形態学」「自然創成史」など。

ベッケル〘Gustavo Adolfo Bécquer〙[1836〜1870]スペインの詩人。窮乏のうちに夭折したが、死後に刊行された「叙情詩集」や、スペイン内外の説話に材をとった短編集「スペイン伝奇集」を残した。

べっ-けん【別件】別の事件。別の用件。

べっ-けん【×瞥見】〘名〙スル ちらっと見ること。短い時間でざっと見ること。「渡された書類を―する」 類語 一目・一見・一目・一瞥・一顧・ちょっと見

べつ-げん【別言】〘名〙スル 言い方をかえて言うこと。また、その言葉。「―すれば」

べつ-けんこん【別▽乾×坤】普通とは違った世界。別世界。別天地。

べっけん-たいほ【別件逮捕】被疑者を逮捕するだけの証拠のない場合に、証拠のある別の罪で逮捕し、証拠のない事件について取り調べをすること。

べっ-こ【別戸】別に一家を構えること。また、その家。「独立して―を構える」

べっ-こ【別個┊別▽箇】〘名・形動〙❶別のものであること。また、そのさま。「―な(の)立場で検討する」 ❷一つ一つ切り離されていること。また、そのさま。個別。「それぞれ―な(の)問題として扱う」 類語 別

べつ-ご【別後】別れてからのち。「―一度も、相思の意を交換した事はない」〈左千夫・春の潮〉

べっ-こう【別項】別の条項。別の項目。「細目については―に記載する」 類語 前項・後項

べっ-こう【×鼈甲】❶海ガメの一種タイマイの甲を加工して作った装飾品の材料。半透明で、黒と黄のまだらの模様がある。櫛・ブローチなどの細工物に用いる。江戸時代、タイマイの甲の使用が禁止されたことから、名をスッポン(鼈)に借りたものという。❷スッポンの背甲。漢方で強壮薬とする。

べつ-ごう【別号】別の呼び名。別の称号。別称。

べっこう-あめ【×鼈甲×飴】黒砂糖や赤ざらめなどを煮て溶かし、型に流して固めた飴。色が鼈甲に似る。

べっこう-いろ【×鼈甲色】鼈甲❶のような色。やや黒みを帯びた黄色や透明な黄褐色など。

べっこう-づけ【×鼈甲漬(け)】野菜や魚肉を、醤油・みりんなどを混ぜた汁に漬けたもの。色が鼈甲に似ることから。

べっこう-とんぼ【×鼈甲蜻＝蛉】トンボ科の昆虫。体長4センチくらい。体色は、羽化後は黄褐色、ついでオリーブ色に変じ、老熟すると茶褐色になる。4枚の翅のそれぞれ3か所にべっこう色の紋がある。低湿地の池沼にすむ。第二次大戦前は鹿児島県から宮城県まで広く分布していたが、現在では静岡県の一部地域など局所的となった。

べっこう-ばえ【×鼈甲×蠅】双翅目ベッコウバエ科の昆虫。体長2センチくらいで、全体に黄褐色。翅に数個の黒褐色の紋がある。森林にすみ、樹液や糞などに集まる。

べっこう-ばち【×鼈甲蜂】❶膜翅目ベッコウバチ科の昆虫。体長約2.5センチ、体は黒色で頭と胸に黄褐色の紋があり、翅は黄褐色。雌はコガネグモなどを狩る。❷膜翅目ベッコウバチ科の昆虫の総称。体は黒色に赤褐色や黄色の斑紋がある。クモ類を狩り、巣に運んで卵を産み付け、幼虫の餌とする。

べつ-こさく【別小作】江戸時代、質入れされた田畑を質入れ主以外の人が小作すること。

べっ-こん【別懇】〘名・形動〙特に懇意なこと。また、そのさま。昵懇。「貴方とは親御の時分から―にした事だから」〈円朝・怪談牡丹灯籠〉 類語 昵懇・親密・懇意・親しい・近しい

べっ-さい【別才】特別の才能。また、別の才能。

べっ-さつ【別冊】❶雑誌・双書・全書などの付録として別にまとめられた本。「―として索引をつける」「―付録」 ❷定期刊行物とは別に臨時に刊行されたもの。「―新学期特別号」 類語 付録

ベッサラビア〘Bessarabia〙東ヨーロッパ、黒海に注ぐドニエストル川とプルート川との間の地域の旧称。トルコ領からロシア領となり、一時ルーマニア領ともなった。現在大部分はモルドバ共和国に属している。バッサラビア。

ペッサリー〘pessary〙子宮の位置異常を矯正するために膣腔上端に装着する器具。避妊用のものもある。子宮栓。

ヘッジ〘hedge〙株式・債券・商品・外国為替などの取引で、価格の騰落による損失や不利を避けるため、信用取引や先物取引で売買を行っておくこと。掛け繋ぎ。保険繋ぎ。繋ぎ売買。繋ぎ取引。繋ぎ。

べっ-し【別使】別の使いの者。また、特別の使者。特使。

べっ-し【別紙】❶別の紙。ほかの紙。「―に清書する」 ❷書類などで、本書に添えた別の紙、または文書。「詳細は―を参照のこと」

べっ-し【蔑視】〘名〙スル 相手をあなどって見くだすこと。「―に耐えられない」 類語 軽蔑・侮蔑・軽侮

べつ-じ【別事】❶別の事。ほかの事柄。「信心と学問とは―です」〈倉田・出家とその弟子〉 ❷普通とかわった事。特別な事柄。「―なく日を送る」

べつ-じ【別時】❶別の時。ほかの時。また、遠い先の世。来世。❷別れの時。離別の時。❸「別時念仏」の略。

べつ-じ【別辞】別れの言葉。送別のあいさつ。

べつ-じたて【別仕立て】特別に作ったり用意したりすること。また、そのもの。特別仕立て。「―のユニホーム」「視察団用の―の飛行機」

べっ-しつ【別室】❶別のへや。ほかのへや。「―にさがる」 ❷特別に設けられた部屋。「ホテルの―を予約する」 ❸「側室」に同じ。

べっ-して【別して】〘副〙格別であるさま。特に。とりわけ。「扱いは―慎重さを必要とする」 類語 特に・殊に・とりわけ・特別・格別

べっし-どうざん【別子銅山】愛媛県東部、新居浜市にあった銅山。元禄3年(1690)に発見され、以来、住友家が経営。少量の金・銀も産出。昭和48年(1973)閉山。

べつじ-ねんぶつ【別時念仏】念仏の行者が、特別の時日・期間を定めて称名念仏をすること。

べっし-はいたつ【別使配達】電報で、直接配達区域外にあてたものを、特別の配達人を仕立てて配達すること。

ヘッジ-ファンド〘hedge fund〙機関投資家や個人資産家などから私募により集めた資金で投資信託の形を取り、高い運用利回りをねらう基金。

漢字項目　べつ

別 学4　音ベツ慣　ベチ呉　訓**わかれる**、わける、わかつ‖①いっしょにいたものが離れ離れになる。「別居・別離／哀別・一別・永別・訣別・告別・死別・生別・惜別・餞別・送別・離別」②ある特徴によって物事を分け離す。それによって分けられるけじめや違い。「鑑別・区別・個別・差別・識別・種別・性別・選別・大別・判別・分別・分別・類別」③それとは違った。ほかの。「別館・別冊・別字・別荘・別途・別名」④とりわけ。特に。他と異なる。「別格・別懇・別状・別段／格別・特別」名付 のぶ・わき・わく・わけ

蔑 音ベツ漢　訓**さげすむ**、ないがしろ‖ばかにする。無視する。「蔑視・蔑称／軽蔑・侮蔑」

瞥（人） 音ベツ慣‖ちらりと見る。「瞥見／一瞥」補説 人名用漢字表(戸籍法)の字体は「瞥」。

ヘッジ-ボンド〘hedge bond〙為替予約付き外貨建て債券。元利支払いについて発行時に為替予約を行い、円建て返済額を確定した外貨建ての債券。

ヘッジャー〘hedger〙将来の相場の上下によるリスクを回避または縮小することをねらいとして、先物取引に参加する人。

べっ-しゅ【別種】別の種類。ほかの種類。

べっ-しゅう【別集】漢籍で、個人別の詩文集。➡総集

べっ-しゅく【別宿】宿を別にすること。別々に宿泊すること。また、その宿。

べっ-しょ【別所┊別処】❶別の場所。❷新しく開墾した土地。❸仏語。㋐本寺から離れた一定の区域内の、僧が修行のためにとどまる場所。別院。㋑八大地獄に付属する小地獄。

べっ-しょ【別書】別に書くこと。また、別に書いたもの。別の文書・書状。

べっ-しょ【別×墅】別荘。別邸。「大なる―を構え」〈鷗外訳・即興詩人〉

べつ-じょ【蔑如】〘名〙スル さげすむこと。蔑視。「国人を―するの罪」〈竜渓・経国美談〉

べっ-しょう【別称】別の呼び名。別の名称。

べっ-しょう【蔑称】相手や第三者、またはその動作や状態をさげすんでいう言い方。

べつ-じょう【別条】他と変わったこと。いつもとは違った事柄や状態。「―なく旅を終える」

べつ-じょう【別状】普通と変わった状態。異状。「命に―はない」 類語 異常・異状

べっしょ-おんせん【別所温泉】長野県上田市別所にある温泉。泉質は単純硫黄泉。付近に八角三重塔で知られる安楽寺がある。

べつじょ-けん【別除権】破産財団に属する特定の財産から、破産債権者に優先して弁済を受けることのできる権利。特別の先取特権・質権・抵当権をもつ者などがこの権利を有する。

べっしょ-たけひこ【別所毅彦】[1922〜1999]プロ野球選手・監督。兵庫の生まれ。昭和17年(1942)南海(現福岡ソフトバンク)に投手として入団。同22年には30勝で最多勝利をあげ、沢村賞受賞第1号となる。同24年に巨人移籍後もエースとして活躍。17年間で20勝以上を8回記録。通算310勝をあげた。引退後はヤクルトなどで監督を務めた。

べっしょ-ながはる【別所長治】[1558〜1580]戦国時代の武将。播磨三木城城主。織田信長の命による羽柴秀吉の中国攻めに抗戦、2年の籠城ののち城兵の助命を条件に投降、自害した。

べっ-しん【別心】そむこうとする気持ち。ふたごころ。「頼朝―を存ぜずといへども」〈盛衰記・一三〉

べつ-じん【別人】別の人。その人とは違う人。「盛装して―のように見える」

ヘッジング〘hedging〙▶ヘッジ

べつ-ずり【別刷(り)】❶本文とは別に紙を変えて印刷すること。また、印刷したもの。❷雑誌・書類などの一定の部分だけを別に印刷すること。また、その印

刷したもの。抜き刷り。

ヘッセ〖Hermann Hesse〗[1877〜1962]ドイツの詩人・小説家。1923年、スイスに帰化。第一次大戦中より絶対平和主義を唱え、のち、人間の内面性を追究しつつ、東洋思想にもひかれた。1946年ノーベル文学賞受賞。小説「ペーター-カーメンチント」「車輪の下」「デミアン」「荒野の狼」「ガラス玉演戯」。

べっ-せい【別製】特に念を入れてつくること。また、そのもの。特製。「引出物の―の和菓子」

べっ-せかい【別世界】❶地球以外の世界。❷現実とはかけ離れた環境。別天地。「冬のアルプスは下界とは―だ」❸全く異なった生活環境や境遇。「結婚まで二人は―で生きてきた」(類語)別天地・桃源

べっ-せき【別席】❶別に設けられた宴席や座敷。「会議のあと―を設ける」❷席が別々であること。

ベッセマー〖Henry Bessemer〗[1813〜1898]英国の冶金技術者。酸性転炉を発明、銑鉄から鋼鉄を安価に大量生産して製鉄業に革新をもたらした。他に植字機・活字鋳造機・水圧式鉄道ブレーキなどを発明。

ベッセル〖Friedrich Wilhelm Bessel〗[1784〜1846]ドイツの天文学者。ケーニヒスベルク天文台初代台長。白鳥座61番星の、年周視差の測定に成功。また、惑星運動の研究からベッセル関数を発見した。

ベッセル-ねん【ベッセル年】《Besselian year》平均太陽の赤経が18時40分に達した瞬間を年初とする回帰年。長さは1太陽年に等しい。暦年上の長さは閏年のため一定でなく、天体の位置推算上不便なので、ドイツの天文学者ベッセルが考案したもの。

ヘッセン〖Hessen〗ドイツ中西部の州。州都はウィースバーデン。主な都市として、同国の経済の中核地でもあるフランクフルトをはじめ、オッフェンバッハ、カッセル、ダルムシュタットなどの商工業都市が集まる。州南部のライン川と支流マイン川に挟まれたライン-マイン地方ではワイン生産や農業が盛ん。

べっ-せん【別選】別に選ぶこと。特別に選ぶこと。

べっ-そう【別荘】ふだん生活している家とは別に、避暑・避寒・休養などの目的で気候や風景のよい土地につくられた家。(類語)別宅・別邸・山荘

べっ-そう【別送】〔名〕(スル)別途に送ること。「本は明日―します」

べっ-そく【別足】雉の股などを焼いて足先を紙で包んだ料理。大饗のときに正客に供した。「―の食ひやう見習はむとて」〈古事談・二〉

べっ-そん【別尊】❶寺院で、本尊とは別に供養する尊像。❷密教で、修法のために特別に勧請される一尊。

べっそん-ほう【別尊法】密教で、ある一尊を本尊として行う修法。

べっそん-まんだら【別尊×曼×荼羅】ある一尊を中心として、関係ある諸尊または眷族を配した曼荼羅。

ヘッダー〖header〗❶文書の用紙の上部に定型として印刷される、タイトルや日付などの文字列。❷データ通信で転送されるパケットのうち、転送先や経路を制御する付加情報のこと。➡メールヘッダー

ヘッダー-ファイル〖header file〗▶インクルードファイル

べっ-たい【別体】❶形体・様式を異にすること。❷漢字で、標準字体に対して、その俗字・略字・古字などのこと。異体。

べっ-たく【別宅】ふだん住んでいる家とは別に構えた家。別邸。(類語)別邸・別荘・山荘

へったくれ そのものをとるに足りないものとして軽んじる気持ちを表す語。「もう友情も―もない」

べつ-だて【別建て|別立て】別に分けて取り扱うこと。別系統にすること。「―の料金」(類語)独立・別

べったら「べったら漬け」の略。

べったら-いち【べったら市】10月19日の夜、東京日本橋大伝馬町付近で開かれるべったら漬けを売る市。古くは翌日の恵比須講に用いる諸道具を売った。くされ市。浅漬け市。(季 秋)「あらぬ方に―の月ゆたか/白虹」

べったら-づけ【べったら漬(け)】大根を薄塩で漬け、さらに麹・砂糖を加えて漬けた漬物。浅漬け。

べったり〔副〕❶ねばり気のある物がつくさま。「ペンキが―(と)手につく」❷すっかりたよりきるさま。「母親に―(と)まつわりつく」❸密接な関係にあるさま。「体制に―の評論家」❹一面に書くさま。「細かい字が―(と)書いてある」❺尻を落として座るさま。「―(と)座りこむ」

ぺったり〔副〕❶「べったり❶」に同じ。「膏薬を―(と)はる」❷「べったり❺」に同じ。「―(と)しりもちをつく」

べつ-だん【別段】㊀〔名〕特に異なること。特別・格別なこと。「―の配慮をする」㊁〔副〕(あとに打消しの語を伴って用いる)特にとりたてて言うほどではないさま。とりわけ。「―変わった事はありません」「―欲しいものはない」
(類語)殊に・特に・とりわけ・なかんずく・特別

ぺったん-こ ㊀〔副〕餅などをつく音を表す語。「―と餅をつく」㊁〔形動〕押しつぶされて平たくなったさま。また、薄くて平たいさま。「―な座布団」「折りたたむと―になる椅子」

へっ-ちゃら〔形動〕「へいちゃら」に同じ。「このくらいの寒さは―だ」

べっ-ちゅう【別注】量産品ではなく、特別に注文して作らせること。また、作らせた品。(補説)「特別注文」「別製注文」の略か。

べっ-ちょう【別丁】書籍・雑誌で、本文とは別に貼り込んだり綴じ込んだりする印刷物。口絵・扉・挿し込み図版など。用紙・印刷を別にすることが多い。

べっ-ちょく【別勅】特別の勅命。令の規定をこえて物事が行われる場合の勅命。「―を承けて金闕に壇を構へ」〈太平記・一〉

ベッチン《velveteenから》綿糸を用いて織り、毛羽を表面に出したビロード。女性・子供服地、足袋・鼻緒などに用いる。唐天。(補説)「別珍」とも書く。

へっ-つ-い【×竈】《「へつい」の促音添加》かまど。

べっ-てい【別邸】「別宅」に同じ。

ヘッディング〖heading〗❶サッカーで、ボールを前額部で受けたり打ったりすること。ヘディング。「―シュート」❷新聞などの見出し。標題。ヘディング。
(類語)(❷)見出し・小見出し・大見出し

ペッティング〖petting〗男女間の、性的な愛撫や刺激。性交には至らないもの。

べつ-でん【別伝】❶普通に伝えられているのとは別の言い伝え。❷技芸・武芸・教養などにおける特別な伝授。❸「教外別伝」の略。

べつ-でん【別殿】本殿とは別に建てた宮殿や社殿。

べつ-でん【別電】別の電報。

べっ-てんち【別天地】現実とは全くようすの違った場所。俗世間から離れた理想的な世界。別世界。「―を求めて移住する」(類語)別世界・桃源

べつでん-は【別伝派】日本禅宗二十四流の一。建仁寺に住した元の僧別伝(妙胤)を祖とする。室町初期の創始。

ヘット〖(オランダ) vet〗牛の脂肪からとった料理用のあぶら。ラードよりも高温で溶ける。牛脂。

ヘッド〖head〗❶頭。頭部。「―スライディング」❷指導的地位。頭。長。「―コーチ」❸物の先端部。前面。「―マーク」「クラブ―」❹標題。見出し。ヘッディング。❺テープレコーダー・ビデオレコーダーなどの、テープと直接接触して録音・再生・消去を行う部分。❻▶水頭❷
(類語)(❶)頭・頭・こうべ・つむり・かぶり・おつむ・頭部・雁首/(❸)端・端っこ・末・先・先っぽ・突先・突端・先端・突端・末端・一端・頭

べっ-と【別途】別の方法・用途。副詞的にも用いる。「―の目的に使用する」「交通費は―支給する」
(類語)別法・別口・別

ベット〖bet〗賭けること。賭け。また、賭け金。

ベッド〖bed〗❶寝台。寝床。「ダブル―」❷苗床。花壇。(類語)(❶)寝台・ダブルベッド・シングルベッド

ペット〖pet〗❶愛玩用の動物。「―フード」❷特定の人にとって、お気に入りの年少者。また、年下の愛人。

ペット〖PET〗《polyethylene terephthalate》❶ポリエチレンテレフタレート。エチレングリコールとテレフタル酸から合成されるポリエステルの一。磁気テープやフロッピーディスク、ペットボトルなどの飲料容器に利用される。❷特に、「ペットボトル」の略。「スーパーの―飲料コーナー」

ペット〖PET〗《positron emission tomography》陽電子(ポジトロン)放射断層撮影法。医学で、CT(X線断層撮影)方式と陽電子負荷の電子工学を組み合わせたコンピューター断層撮影技術。CTでは得られない脳内の化学反応を画像処理できる。陽電子(ポジトロン)断層撮影法。ポジトロンCT。

ヘッド-アップ《和 head＋up》野球やゴルフで、打つ直前に頭が上がり、ボールから目を離してしまうこと。

ヘッドアップ-ディスプレー〖headup display〗自動車・航空機などのメーター表示をデジタル化してウインドーシールド前方に映し出す方式。運転者は視線や焦点を変えることなくメーターが読める。

ヘッド-アレンジ〖head arrange〗譜面に記さず、演奏の現場で行われる編曲のこと。

ヘッド-イレーザー〖head eraser〗テープレコーダーヘッドの磁化を取り除く消磁器。

ベッド-イン〖bed in〗〔名〕(スル)❶ベッドに入ること。また、男女が寝床をともにすること。❷街頭に持ち出したベッドに横になって抗議の表明をする示威行為。

べっ-とう【別当】《元来は本官のある者が別の役を兼ねて当たる意》❶検非違使庁・蔵人所などな ど、令外の官の長官。❷平安時代以降、親王家・摂関家などの政所の長官。❸鎌倉幕府の政所・侍所などの長官。❹僧官の一。東大寺・興福寺などの大寺に置かれた長官で、一山の寺務を統轄した。のちには、熊野・石清水・北野などの諸社にも置かれた。❺盲人の官名の一。検校の下位。❻《院の厩司の別当から転じて》馬丁。

べっとう-かおる【別当薫】[1920〜1999]プロ野球選手・監督。大阪の生まれ。慶大で史上最高打率5割を記録するなど活躍後、昭和23年(1948)阪神入団。翌年から「ダイナマイト打線」の中心的存在となる。同25年、毎日(現千葉ロッテ)に移り、優勝に貢献。引退後は近鉄(現オリックス)・大洋(現横浜DeNA)などで監督を務めた。

べっとう-じ【別当寺】神社に付属して置かれた神宮寺の一。別当が住した。

べっとう-せん【別当宣】検非違使の別当が出す公文書。勅宣に準じるものとされた。

べっとう-だい【別当代】別当の代行をする人。

べつどう-たい【別働隊|別動隊】本隊の行動を有利に導くために、それ自身独立して行動する部隊。(類語)分隊・支隊

ペット-かんせんしょう【ペット感染症】ペットから人に感染する疾患。鳥からのオウム病、ハトの糞からのクリプトコッカス症など、およそ200種が知られている。➡ペット病

ヘッドギア〖headgear〗ボクシング・レスリングなどで、頭部・耳などを保護するための防具。

ヘッドクオーター〖headquarters〗❶本部。司令部。また、それらの要員。❷本社。本局。

ヘッド-クリアランス〖head clearance〗自動車で座席に座ったとき、頭と天井との間の距離。

ヘッド-コーチ〖head coach〗スポーツで、数人からなるコーチ団の中心の人。主任コーチ。

ベッド-シーン〖bed scene〗映画・テレビなどで、男女がベッドで愛し合う場面。

ヘッド-シェル〖head shell〗レコードプレーヤーで、カートリッジをアームに取り付けるアダプター。

ヘッド-シザーズ〖head scissors〗プロレスリングで、相手の頭部を両足で挟んで締めつける技。

ペット-シッター〖pet sitter〗飼い主が不在のとき、留守宅でペットの世話をする人。

ペット-ショップ〖pet shop〗犬・猫・鳥などのペットを売っている店。

ヘッド-スライディング〖head sliding〗〔名〕スル 野球で、走者が手を伸ばし頭から塁に滑り込むプレー。
ベッド-タウン《和 bed＋town》大都市の周辺に位置する住宅都市。住民の大部分が大都市に通勤し、夜だけ帰ってくるところからいう。
べっと-つみたてきん【別途積立金】特定の目的をもたない任意積立金。
ペットとうじょうちゅうたんぽ-とくやく【ペット搭乗中担保特約】ニタッジョウチュウタンポトクヤク 自動車保険における特約の一。被保険自動車に被保険者の所有するペットが乗っていて、そのペットが自動車事故により死傷した場合に保険金が支払われる。被保険自動車でない車に同乗中の事故、同乗者に傷害がない事故、日常生活における死傷は補償の対象外。
ヘッドドレス〖headdress〗女性のかぶる帽子・ベール・髪飾りなど、頭部に用いる装飾品の総称。
ヘットナー〖Alfred Hettner〗[1859～1941]ドイツの地理学者。地誌研究を地理学の中心に置くことを主唱。1913年来日の際、長野県の梓川下流で条痕のある花崗岩塊(いわゆるヘットナー石)を発見して氷堆石ひょうたいせきだとしたが、現在では疑問視されている。
ペット-ネーム〖pet name〗「愛称」に同じ。
ベッド-ハウス《和 bed＋house》ベッドだけの簡易宿泊所。
ベッドパッド〖bedpad〗洋式寝台で、マットの上に敷くきわめて薄いふとん。上にシーツを敷く。
ヘッドハンター〖headhunter〗ヘッドハンティングの専門業者。人材スカウト業。
ヘッドハンティング〖headhunting〗他の会社の有能な人材を、より有利な条件で引き抜くこと。
ヘッドハント〖headhunt〗「ヘッドハンティング」に同じ。
ペット-びょう【ペット病】ニビャウ ペットがかかる病気。また、ペットから人に感染する病気。オウム病やトキソプラズマ症、犬および猫回虫症など。
ペット-フード〖pet food〗愛玩あいがん動物の専用の食料品を総称していう。
ペットフード-ほう【ペットフード法】ニハフ《「愛がん動物用飼料の安全性の確保に関する法律」の通称》►愛玩動物用飼料安全性確保法
ヘッドフォン-ステレオ《和 headphone＋stereo》►ヘッドホンステレオ
ヘッドボード〖headboard〗寝台の頭を置く側についている飾り板。
ペット-ホテル《和 pet＋hotel》家族旅行のときなどにペットを一時預かってもらう所。
ペット-ボトル〖PET bottle〗PET(ポリエチレンテレフタレート)製の瓶。軽くて割れにくく、プラスチックに比べてガスを通しにくい。ジュースや醤油しょうゆなどの容器として用いられる。
ヘッドホン〖headphone〗《「ヘッドフォン」とも》ラジオ・ステレオなどを聞く時に用いる。両耳をおおう形の小型のスピーカー。
ヘッドホン-ステレオ《和 headphone＋stereo》ヘッドホンを用いて聞く携帯用のステレオカセットテープ再生装置。
ベットマーアルプ〖Bettmeralp〗スイス中南部、バレー州、アレッチ地域の村。標高1970メートル。アレッチ氷河全体を見渡せる展望地、ベットマーホルンなどに向かう観光拠点として知られる。氷河急行の駅がある山麓の町、ベッテンとロープウエーで結ばれる。
ヘッドマーク〖headmark〗列車の先頭部に掲げる飾り看板。その列車の愛称名にちなんだデザインなどが使われる。特急列車(新幹線を除く)やイベント列車に取り付けたり、専用窓に掲示する。
ヘッドマウント-ディスプレー〖head mounted display〗ゴーグルやヘルメットのような形状の画像表示装置。頭に装着して、小型のスクリーンで左右の目にコンピューターが作り出す映像を見せて立体感を実現させ、仮想現実感を体験させるもの。HMD。
ベッド-メーキング〖bed-making〗ベッドをきちんと整えること。
ベッド-メーク《和 bed＋make》「ベッドメーキング」に同じ。
ヘッドライト〖headlight〗自動車・電車などの前面につけた、進路を照らす灯火。前照灯。
ヘッドライン〖headline〗❶新聞などの大見出し。❷本や新聞の欄外上部に記した見出し。柱。
ヘッドランプ〖headlamp〗❶「ヘッドライト」に同じ。❷ヘルメットなどに付けて使う小型電灯。坑内作業・登山などに用いる。(補説)❷は日本語での用法。
べっとり〔副〕「べったり❶」に同じ。「絵の具を―(と)塗りつける」
ベッドルーム〖bedroom〗寝室。寝間。
ヘッドレスト〖headrest〗座席の背ずりの上部にある頭もたせ。特に、自動車の座席の頭もたせ。
ヘットロー-きゅうでん【ヘットロー宮殿】《Paleis Het Loo》オランダ、ヘルデルラント州北部の都市、アーペルドールンにあるバロック様式の宮殿。1685年に建造され、1975年までオランダ王室の夏の離宮として使われた。現在は博物館として公開。ロー城。
ペット-ロス〖pet loss〗長年かわいがってきたペットの死が原因でショック症状に陥ること。食欲不振や鬱うつ状態になったり、自殺を考える例もあるとされる。
ヘッドワーク〖headwork〗頭を使う仕事。頭脳労働。精神労働。
へ-つ-なみ【▽辺つ波】《「つ」は「の」の意の格助詞》岸べに打ち寄せる波。「沖つ波来寄る白玉―の寄する白玉求むとぞ君が来まさぬ」〈万・三三一八〉
べつ-に【別に】〔副〕(多く下に打消しの語を伴う)取り立てて言うほどではないさま。これと言って特別に。別段。「―たいした用事ではない」(類語)別段・特別
べつ-のう【別納】ニナフ〔名〕スル ❶ふつう一緒に納めるべきものを別に納めること。「郵便料金を―する」❷中世、年貢を通常の手続きを取らずに直接、徴収また上納したこと。
べっ-ぱ【別派】別の宗派・流派・党派。「―を開く」
ペッパー〖pepper〗胡椒こしょう。ペパー。
ペッパー-ミル〖pepper mill〗胡椒の種子をひいて粉末にする器具。卓上で用い、ひきながら食べ物に振りかける。
べっ-ぱい【別杯｜別×盃】別れを惜しんで飲む酒。別れのさかずき。「―を酌くみ交わす」
べつ-ばら【別腹】❶これ以上は食べられない満腹状態でも甘いお菓子なら食べられることを、別の腹に入ると言った語。「甘いものは―」❷「べっぷく(別腹)」に同じ。
べつ-び【別火】►べっか(別火)
べつび-や【別火屋】穢けがれを避けるため、また、穢れにある者が別火の生活をするための家。精進宿しょうじんやど・他屋たや の類。
ベッヒャー〖Johannes Robert Becher〗[1891～1958]ドイツの詩人。表現主義から出発し、反戦的な政治詩人として活躍。詩集「滅亡と勝利」、自伝小説「別れ」、評論「詩の擁護」など。
べっ-ぴょう【別表】ニペウ 本文のほかに添える表。
へっ-ぴり【×屁っ▽放り】《「へひり」の促音添加》❶屁をひること。また、その人。❷つまらぬ奴。人をののしっていう語。「どいつらも―のくせに」〈滑・八笑人・二〉
へっぴり-ごし【×屁っ▽放り腰】❶上体をかがめて、尻を後ろにつき出した不安定な姿勢。「―ではボールを打てない」❷いかにも自信のなさそうな言動。びくびくした態度。及び腰。「そんな―では、交渉相手になめられる」(類語)及び腰
へっぴり-むし【×屁っ▽放り虫】►へひりむし
べつ-びん【別便】別に出す郵便。「―で送る」
べっ-ぴん【別品】❶特別によい品。❷「別嬪べっぴん」に同じ。「―とおたふくとに、お揃の蝙蝠こうもりを差させて」〈鴎外・雁〉
べっ-ぴん【別×嬪】美しい女性。美人。(類語)美人・美女・佳人・麗人・シャン・名花・小町・マドンナ・色女・大和撫子やまとなでしこ・美少女
べっぷ【別府】大分県中部、別府湾に面する市。別府八湯を中心に発展。血の池地獄・海地獄などの地獄めぐりコースがある。人口12.5万(2010)。
べっ-ぷ【別符｜別府】平安末期に成立した土地制度の一形態で、荘園に付属する一部区域が国司免符などによって独立的な状態になったもの。地名化したものもあり、大分県の別府はその代表例。べふ。
べっ-ぷう【別封】〔名〕スル ❶別々に封をすること。また、別に封じたもの。「交通費を―する」❷手紙の中に別に添えた封書。
べっぷ-おんせん【別府温泉】ニヲンセン 大分県別府市内の温泉群の総称。別府・浜脇・亀川・柴石しばせき・鉄輪かんなわ・明礬みょうばん・堀田ほりた・観海寺の八湯を別府八湯・鶴見八湯とよぶ。泉質は含鉄泉・含アルミニウム泉・硫黄泉などさまざま。海浜では砂湯が行われる。
べっ-ぷく【別腹】父が同じで母が違うこと。腹違い。異腹。べつばら。「此の刑部は一故家臣の列に加はれども」〈浄・先代萩〉
ヘップ-サンダル《和 Hepburn＋sandalから》かかとの部分にベルトなどのない、つっかけて履くサンダル。映画「麗しのサブリナ」でA=ヘップバーンが履いたところからの名。ミュール。
べっぷ-し【別府市】►別府
べっぷ-だいがく【別府大学】大分県別府市に本部がある私立大学。昭和22年(1947)設立の別府女子専門学校を母体に、同25年別府女子大学として発足。同29年男女共学となり、現校名に改称。
ヘップバーン〖Audrey Hepburn〗[1929～1993]米国の映画女優。ベルギー生まれ。「ローマの休日」で世界的な人気スターとなった。ほかに「麗しのサブリナ」「ティファニーで朝食を」など。
ヘップバーン〖Katharine Hepburn〗[1907～2003]米国の映画女優。アカデミー主演女優賞を4度獲得。出演作「旅情」「冬のライオン」「黄昏たそがれ」など。
べっぷ-わん【別府湾】大分県、国東くにさき・佐賀関さがのせき両半島に囲まれる湾。湾奥に別府市があり、南岸は大分市の臨海工業地帯。菡萏かんたん湾。
へ-つ-へ【▽辺つ▽方】《「へつべ」とも》岸に近い方。「―にはあぢむら騒き」〈万・二六〇〉
べつ-べつ【別別】〔名・形動〕それぞれ違っていること。一緒ではないこと。また、そのさま。「兄弟は―な(の)道に進んだ」「支払いは―にする」
(類語)別・おのおの・それぞれ・個個
ヘッベル〖Christian Friedrich Hebbel〗[1813～1863]ドイツの劇作家。ドイツ写実主義演劇の先駆となった。作「ユーディット」「マリア=マグダレーナ」「ギューゲスとその指輪」「ニーベルンゲン」。
べっ-ぽう【別法】ニパフ 別の方法。別のやり方。
(類語)別途
べっ-ぽう【別報】❶別の知らせ。別の報道。❷仏語。同じ人間に生まれたという共通の果報を総報というのに対し、貧富・貴賤・男女など個別的な差異として現れた果報。満果。
へっぽこ〔名・形動〕技芸・技術の劣っていること。役に立たないこと。また、そのさまや、その人。多く、あざけっていう語。「―な絵描き」「―俳優」
べっ-ぽん【別本】❶同じ系統で、内容が多少異なっている別の本。❷正本を写した控えの本。副本。
べつ-ま【別間】別の部屋。ほかの室。別室。
べつ-みょう【別名】ニミャウ ►べつめい(別名)
べつ-むね【別棟】棟が別になっていること。また、その建物。「―の隠居所」
べつ-めい【別名】本名または正式の呼び方以外の名称。異名。べつみょう。
べつ-めい【別命】特別の命令。別に出される命令。
べつ-めん【別面】別の紙面。ほかのページ。
へ-つ-も【▽辺つ藻】岸辺の近くに生えている藻。海辺の藻。へつもは。「沖つ波―巻き持ち寄せ来とも君にまされる玉寄せめやも」〈万・一二〇六〉
べつ-もの【別物】❶別の物。違った物。「本物とは似ても似つかぬ―」❷普通ではない特別の物。例外。「―として待遇する」(類語)代わり・代物・代表・別
へつも-は【▽辺つ藻葉｜▽辺つ藻▽菜】「辺へつ藻」に同じ。「青海あお の原に住む物は…奥つ藻菜、―に

至るまでに〈祝詞・祈年祭〉

べつ-もんだい【別問題】その問題とは関係のない問題。別種の事柄。「この際優勝するか否かは一だ」

べつ-よう【別様】〔名・形動〕ようすややり方が他と異なっていること。また、そのさま。「流るる音さえ一に…優しい女滝じゃ」〈鏡花・高野聖〉 類語 別

ベツラー〘Wetzlar〙▶ウェツラー

ベッラージオ〘Bellagio〙イタリア北部、ロンバルディア州の町。コモ湖とレッコ湖の分岐点に位置する。風光明媚な地で、「コモ湖の真珠」とも称される。ビラセルベッローニ、ビラメルツィなどの貴族の別荘がある。

へつらい【×諂い｜×諛い】へつらうこと。おべっか。追従(ついしょう)。

へつら-う【×諂う｜×諛う】〔動ワ五(ハ四)〕人の気に入るように振る舞う。また、お世辞を言う。おもねる。追従(ついしょう)する。「上司に一・う」
類語 こびる・おもねる・取り入る

ベッラ-とう【ベッラ島】《Isola Bella》㊀イタリアとスイスにまたがるマッジョーレ湖に浮かぶ島。ミラノの貴族ボッロメオ家が所有したボッロメオ諸島の一つで、17世紀建造の宮殿とバロック様式の美しい庭園があることで知られる。イゾラベッラ。㊁イタリア南部、シチリア島、シチリア自治州の町タオルミーナにある小島。潮の干満により本島と砂州で繋がる。国際的な海岸保養地であるタオルミーナにおける観光名所の一。

ベッラパイス-しゅうどういん【ベッラパイス修道院】《Bellapais Manastırı》キプロス北部の港町キレニアにある修道院跡。12世紀にアウグスティヌス会のフランス人修道士により創設。13世紀から14世紀にかけてフランス風ゴシック様式で建造された回廊やアーチなどが残っている。

べつ-り【別離】わかれること。別れ。「一の言葉」
類語 別れ・離別・決別・一別・送別

へつり-がね【▽剝り金】《「へづりがね」とも》少しずつかすめ取った金銭。「わづか二百目三百目の一」〈浄・冥途の飛脚〉

べつ-りゅう【別流】別の流派や流儀。

べつ-るい【別涙】別れを悲しんで流す涙。

べつ-るい【別類】別の種類。他の種類。

ベッルーノ〘Belluno〙イタリア北東部、ベネト州にある都市。ベネチアの北方約80キロメートル、ピアーベ川とアルド川の合流点に近い丘の上に位置する。中世に自治都市となり、15世紀初頭にベネチアの支配下に置かれた。古くから木材の生産・加工業が盛ん。ベッルーノ大聖堂、サンステファノ教会をはじめとするゴシック様式の歴史的建造物がある。

ベツレヘム〘Bethlehem〙《「ベスレヘム」とも》パレスチナ地方の町。エルサレムの南約9キロメートル、標高約750メートルの小高い丘の上に位置する。古代イスラエル統一王国のダビデ王、およびイエス=キリストの誕生の地とされ、聖誕教会、ダビデの井戸などがある。ベートレヘム。

ベツレヘム-れいはいどう【ベツレヘム礼拝堂】《Betlémská kaple》チェコ共和国の首都プラハの中心部、旧市街にある礼拝堂。14世紀末から15世紀初頭にかけて建造されたが、18世紀後半に取り壊された。20世紀半ばに、過去の記録に基づいて現在のゴシック様式の建物が復元された。ボヘミアの宗教改革者ヤン=フスが説教師を務めていたことで知られる。

べつ-ろ【別路】❶別の道。ほかの道。❷本道からはずれた道。わき道。

ベッローモ-きゅうでん【ベッローモ宮殿】《Palazzo Bellomo》イタリア南部、シチリア島、シチリア自治州の都市シラクサの旧市街(オルティジア島)にある宮殿。13世紀に建造。15世紀にシラクサの貴族ベッローモ家により改築。ベネディクト修道会の所有になった後、1948年からベッローモ宮殿州立美術館になっている。アントネッロ=ダ=メッシーナの「受胎告知」、カラバッジョの「聖ルチアの埋葬」などの絵画を所蔵。

べつ-わく【別枠】定められたものとは別に設けられた範囲や基準。「一を設ける」 類語 別

ペディオニーテ〘ドイツ Pedionite〙溶岩台地(ようがんだいち)のこと。

ペディキュア〘pedicure〙足の爪の手入れ・化粧。➡マニキュア

ペディグリー〘pedigree〙❶家系。血統。❷(Pedigree)ドッグフードの商標名。

ペティ-ナイフ《和 petit(フランス)＋knife》小形の洋包丁。野菜や果物の皮むき用。プチナイフ。

ベティ-ブープ〘Betty Boop〙米国フライシャースタジオ製作の短編漫画映画の主人公。愛らしくて色っぽい女性で、1930年代に人気があった。

ペディメント〘pediment〙❶古代ギリシャ・ローマ建築で、破風(はふ)。正面上部に設けられる山形の部分。❷窓や扉、暖炉の上などに設けられる三角形の装飾部分。

ヘディン〘Sven Anders Hedin〙[1865～1952]スウェーデンの地理学者・探検家。1893年以来、数回にわたって中央アジア・チベットを探検。楼蘭(ろうらん)遺跡やトランス-ヒマラヤ山脈を発見し、ロプノールの周期移動を確認した。

ヘディング〘heading〙▶ヘッディング

ペテーフィ〘Petőfi Sándor〙[1823～1849]ハンガリーの詩人。青年ハンガリー党運動の指導者として民衆を鼓舞し1948年の革命蜂起を指導するが、その翌年オーストリアとの独立戦争で戦死した。詩集「ただ一つのことが気にかかる」、長編叙事詩「英雄ヤーノシュ」など。

ペテガリ-だけ【ペテガリ岳】北海道中南部、日高山脈にある山。標高1736メートル。急斜面のある独立峰として日高山脈随一の名山。補説 語源は、「ペツ・エ・カリ」(川が・そこで・曲がる)が転訛したともいわれる。

ペデストリアン-デッキ〘pedestrian deck〙歩行者用のデッキ。歩行者専用道。歩行者のための広場。

ヘデラ〘hedera〙ウコギ科の常緑の木本性蔓(つる)植物。観葉植物として栽培。アイビーの学名。

ペデラスト〘pederast〙男色家。

ベテラン〘veteran〙長年の経験を重ね、その道に熟達した人。「一の技術者」「一ドライバー」
類語 古顔・古株・古手・古参

ベテランズ-デー〘Veterans' Day〙米国・カナダの復員軍人の日(11月11日)。第一次・第二次世界大戦の終結を記念する休日。第一次大戦終了を記念するArmistice Day(休戦記念日)を、1954年に改称したもの。

ベテルギウス〘Betelgeuse〙オリオン座のα(アルファ)星。冬の空に輝く赤色の超巨星で、0.4～1.3等に変光する。距離500光年。和名、平家星。

ペテルゴフ〘Petergof〙ロシア連邦北西部、レニングラード州の都市。サンクトペテルブルグの西郊に位置し、1944年から97年までペトロドボレツと呼ばれた。18世紀にピョートル1世が建造した夏の離宮(ペテルゴフ大宮殿)があり、同宮殿を中心に多数の噴水群がある庭園が造られた。1990年、ペテルゴフ大宮殿とその庭園は「サンクトペテルブルグ歴史地区と関連建造物群」の名称で世界遺産(文化遺産)に登録。

ペテルゴフ-だいきゅうでん【ペテルゴフ大宮殿】《Bol'shoy Petergofskiy dvorets》ロシア連邦北西部、レニングラード州の都市ペテルゴフにある宮殿。18世紀にピョートル1世が夏の離宮を建造。その後、エリザベータ女帝がイタリア人建築家バルトロメオ=ラストレッリに改築を命じ、現在見られる3階建てのバロック様式の宮殿になった。フィンランド湾に面する北側には、宮殿前の階段状のテラスを利用した大滝と「下の公園」があり、南側には多数の噴水群があるフランス式の「上の庭園」が広がる。1990年、ペテルゴフ大宮殿とその庭園は「サンクトペテルブルグ歴史地区と関連建造物群」の名称で世界遺産(文化遺産)に登録された。ペテルゴフ宮殿。

ベテルス〘Bettles〙米国アラスカ州北部にある村。ブルックス山脈の南麓にあり、北極圏の扉国立公園への観光拠点になっている。オーロラ観測の適地。

ペテルスブルク〘Petersburg〙サンクトペテルブルグのドイツ語名。

ペテルブルグ〘Peterburg〙サンクトペテルブルグの略称。

ヘテロ〘hetero〙《異なった、の意》一個体中に、対立遺伝子の両方を有すること。異型。⇔ホモ。

ペテロ〘Petros〙[?～64ころ]イエス=キリストの十二使徒中の第一人者。本名、シモン(Simon)。ガリラヤの漁師であったがイエスの弟子となり、特に信頼されてペテロ(岩、すなわち教会の礎石の意)とよばれ、天国の鍵を託されたという。イエスの死後、パレスチナ・小アジア・ローマで伝道し、ネロ帝の迫害により殉教したという。ローマ教会初代の教皇とされる。

ヘテロカップリング-はんのう【ヘテロカップリング反応】▶クロスカップリング反応

ヘテロカリオン〘heterokaryon〙同一細胞内に遺伝的に異なる単相の核が二つ以上共存している場合に、その細胞をいう。

ヘテロゴニー〘heterogony〙両性生殖と単為生殖を交互に行う世代交代。アリマキなどでみられる。

ヘテロジーニアス〘heterogeneous〙〔形動〕異種・異質であるさま。「一な要素の混在」

ヘテロジェナイティー〘heterogeneity〙異質性。異種性。異質なものが混在して競争したり協力し合ったりする状態。

ヘテロシス〘heterosis〙▶雑種強勢(ざっしゅきょうせい)

ヘテロセクシュアル〘heterosexual〙異性愛であること。異性愛者。ヘテロセクシャル。⇔ホモセクシュアル。

ヘテロ-せつごう【ヘテロ接合】《hetero-junction》異種の半導体をつなぐことにより新たな効果を生み出させる接合。ガリウム-砒素(ひそ)とガリウム-アルミニウム-砒素の接合が詳しく研究されている。

ヘテロ-せつごうがた【ヘテロ接合型】▶ヘテロ接合体

ヘテロ-せつごうたい【ヘテロ接合体】特定の対立遺伝子について、ヘテロの状態である個体。これを交配することにより次代にホモ接合体が分離してくる。異型接合体。ヘテロ接合型。異型接合型。

ヘテロダイン〘heterodyne〙周波数の変換方法の一。受信電波の周波数と、それに近い第2の周波数を発振器で発生させて受信電波と重ね、うなりを生じさせて第3の周波数を合成すること。検波や受信装置に利用。

ヘテロフォニー〘heterophony〙多声性を表す音楽用語。複数の声部が基本的には同一の旋律を、アレンジしながら、同時に進行するもの。

ペテン《中国語からか》うそをついて人をだますこと。また、その手段。類語 詐欺・かたり
ペテンに掛・ける　巧妙な手段で人をだます。「一・けて金をまきあげる」

ペテン-し【ペテン師】うまく人をだまして利益を得る悪者。詐欺師。

へど【▽反吐｜嘔=吐】一度食べて胃に入ったものを口から吐きもどすこと。また、その吐いたもの。「一を吐く」「顔を見るだけで一が出そうだ」
類語 嘔吐(おうと)・吐瀉(としゃ)・げろ

ベ-とう【▽別当】「べっとう」の促音の無表記。「さぶらひの一なる右京大夫召して」〈源・宿木〉

ベドウィン〘Bedouin〙アラビア半島を中心に中近東・北アフリカの砂漠や半砂漠に住むアラブ系遊牧民。ラクダを中心として羊・山羊(やぎ)を飼育する。

ペドーシスト〘pedorthist〙足を痛めた人などのために、それぞれの人に合わせた靴を作る処方靴士。

ベトコン〘Vietcong〙1960年に結成された南ベトナム解放民族戦線の俗称。➡ベトナム戦争

ペトシーン-こうえん【ペトシーン公園】《Petřínské sady》チェコ共和国の首都プラハの中心部、マラーストラナ地区にある公園。ブルタバ川西岸の丘の上に広がる。19世紀末にパリのエッフェル塔を模して建てられた高さ60メートルの展望台のほか、天文台、聖バブジネッ教会などがある。

べと-つ-く〔動カ五(四)〕べとべとする。べとべととくっ

つく。「汗で手が―・く」(類語)ねばつく・べたつく
ベトナム〖Vietnam〗インドシナ半島東部にある社会主義共和国。首都ハノイ。国土は南北に細長く、ホン川とメコン川の両デルタ地帯を主に、水田農業が行われる。北部は鉱物資源に富む。1802年、阮朝げんちょうのもとで統一されたが、87年以降フランスの保護領となった。第二次大戦中は日本が進駐。戦後の1945年、北部にホー＝チミンを首班とするベトナム民主共和国が独立を宣言し、フランスとの間にインドシナ戦争が勃発。54年のジュネーブ協定によって北緯17度線を境として南北に二分され、南部には55年にアメリカの支援によりベトナム共和国(南ベトナム)が成立。61年以降、アメリカおよび南ベトナム軍と北ベトナムおよび南ベトナム解放民族戦線との間にベトナム戦争が続いたが、76年に南北の統一が実現。人口8957万(2010)。(補説)「越南」とも書く。
ベトナム-ご【ベトナム語】ベトナムを中心にカンボジア・ラオスでも話されている言語。南アジア語族に属するとされるが、中国語と同じように孤立語的性格をもち、声調の区別をもつ。安南語。
ベトナム-せんそう【ベトナム戦争】ベトナムの統一をめぐる戦争。1960年に結成された南ベトナム解放民族戦線が、61年、北ベトナムの支援のもとに南ベトナム政府に対して本格的な抗争を開始し、69年には臨時革命政府を樹立。その間、63年にはアメリカが全面的に軍事介入したが、73年の和平協定により撤退。75年、サイゴンが陥落して南ベトナム政府は崩壊。翌76年、南北ベトナムの統一が実現した。第二次インドシナ戦争。➡インドシナ戦争
ヘドニズム〖hedonism〗快楽主義。享楽主義。
ベドノルツ〖Johannes Georg Bednorz〗[1950～]スイスの実験物理学者。ドイツの生まれ。IBMチューリヒ研究所でK＝A＝ミュラーの超伝導研究に参加、銅酸化物の高温超伝導を発見した。1987年、ミュラーとともにノーベル物理学賞受賞。
ベトヒャー-どおり【ベトヒャー通り】《Böttcherstraße》ドイツ北西部、ブレーメン州の州都、ブレーメンにある通り。旧市街の中心部、マルクト広場とウェーザー川を結ぶ。全長約100メートル。コーヒー豆で財を成したブレーメンの商人ルートウィヒ＝ロゼリウスが、1923年から31年にかけて、中世の町並みを再現するために造った。美術館、映画館、高級ブランド店、レストランなどが並ぶ目抜き通り。
べと-びょう【露＝菌病】ツユカビ科の藻菌の寄生によって生じる野菜や果樹の病害。ウリ・ブドウなどの葉が黄色になり、裏面にカビが綿毛のように広がって枯れていく。ろきんびょう。
ペドファイル〖pedophile〗子供を性的欲望の対象とする倒錯者。幼児性愛者。
ペドフィリア〖pedophilia〗変態性欲の一。異性小児を性交の対象にしようとするもの。
へと-へと〔形動〕非常に疲れて力がすっかり抜けてしまうさま。「―でもう歩けない」「―になる」
(類語)くたくた・ぐったり・奄奄えんえん
べと-べと ㊀〔副〕スル 物が粘りつくさま。「汗でからだが―(と)する」㊁〔形動〕㊀に同じ。「―な手でさわるな」㊀はベトベト、㊁はベトベト。
へど-みさき【辺戸岬】沖縄県、沖縄本島最北端にある岬。国頭くにがみ郡国頭村に属する。岬一面は平坦で、先端は高さ約10メートルの絶壁。晴天の日には北方海上約23キロの鹿児島県の与論島がのぞめる。突端に、昭和51年(1976)に建てられた祖国復帰闘争碑がある。沖縄海岸国定公園に含まれる。
ベトミン〖Vietminh〗《「ベトナム独立同盟」の略称》1941年、ホー＝チミンの提唱によりインドシナ共産党を中心として結成された民族統一戦線。対フランス独立戦争の中心的役割を果たし、51年にベトナム労働党に吸収・解消された。越盟。
へど-もど〔副〕スル どうしていいのかわからなくて、うろたえまごつくさま。「質問されて―する」
ペトラトゥロミウ-かいがん【ペトラトゥロミウ海岸】《Petra tou Romiou》キプロス南西部の海岸。ギリシャ語で「ギリシャの岩」を意味する。パフォスとレメソスの間に位置し、愛と美の女神アフロディテがここで生まれたという伝説で知られる。
ペトラルカ〖Francesco Petrarca〗[1304～1374]イタリアの詩人・人文主義者。ルネサンス期の代表的叙情詩人。恋人ラウラへの愛を歌った詩集「カンツォニエーレ」のほか、ラテン語の叙事詩「アフリカ」など。
ペトリオット〖Patriot〗➤パトリオット❷
ペトリ-ざら【ペトリ皿】《ペトリはドイツの細菌学者J.R.Petriから》「シャーレ」に同じ。
ベドリントン-テリア〖Bedlington terrier〗イギリス北東部ベドリントン地方原産の愛玩あいがん犬。一見羊のように見えるが、動作は機敏で活発。かつては石炭鉱山でネズミ捕り用として飼育された。頭部の幅は狭く、丸みを帯び、絹状の冠毛がある。耳は大きく垂れ、尾も垂れる。体重約10キロ、体高40センチほど。
ペトルーシュカ〖Pétrouchka〗ストラビンスキー作曲のバレエ音楽。一幕四場。ロシアバレエ団により、1911年パリで初演。
へどろ 河口・海岸・沼などの底に堆積たいせきしてできた柔らかな泥。特に、産業廃棄物や有機物などが堆積したもの。
ペトログラード〖Petrograd〗サンクトペテルブルグの旧称。1914年にドイツ語のペテルブルグをロシア語に改めたもの。
ペトログラード-ようさい【ペトログラード要塞】《Petrogradskaya krepost'》ペトロパブロフスク要塞の旧称。
ペトロザボーツク〖Petrozavodsk〗ロシア連邦北西部にあるカレリア共和国の首都。オネガ湖西岸に位置する港湾都市。機械・木材加工などの工業が盛ん。18世紀初頭、ピョートル1世が製鉄所を置いたことに起源する。18世紀後半、エカチェリーナ2世の時代に造られた新古典主義様式のアレクサンドルネフスキー聖堂や円形広場などがある。
ペトロ-チャイナ〖Petro China〗➤中国石油天然気
ペトロドボレツ〖Petrodvorets〗ロシア連邦の都市ペテルゴフの旧称。
ペトロニウス〖Gaius Petronius〗[?～66]古代ローマの作家。別名アルビテル(Arbiter)。ネロ帝に寵愛されたが、のちに陰謀の疑いで死を命じられた。断片が残る悪漢小説「サテュリコン」の作者とされる。
ペトロニウム〖Petronium〗トルコ南西部の町ボドルムの旧称。
ペトロバツ〖Petrovac〗モンテネグロ南西部の町。アドリア海に面する。ブドバリビエラの海岸保養地の一。全長600メートルの白い砂浜がある。
ペトロパブロフスキー-せいどう【ペトロパブロフスキー聖堂】《Petropavlovskiy sobor》➤ペトロパブロフスク聖堂
ペトロパブロフスク〖Petropavlovsk〗㊀カザフスタン共和国北部の都市ペトロパブルのロシア語名。西シベリア南部、イシム川に臨む。1752年要塞として建設された。鉄道交通の要地。㊁ペトロパブロフスクカムチャツキーの略称。
ペトロパブロフスク-カムチャツキー〖Petropavlovsk-Kamchatskiy〗ロシア連邦、カムチャツカ州の港湾都市。同州の州都。カムチャツカ半島東岸、アバチャ湾の奥に位置し、漁業基地として知られる。18世紀半ば、ベーリング率いる探検隊が要塞を築いたことに起源。冷戦時代は軍事拠点だったが、1999年に外国人の渡航が解禁された。
ペトロパブロフスク-せいどう【ペトロパブロフスク聖堂】《Petropavlovskiy sobor》㊀ロシア北西部の都市サンクトペテルブルグのペトロパブロフスク要塞にあるロシア正教会の大聖堂。18世紀初頭に建造。使徒ペトロとパウロを祭る。高さ122メートルの鐘楼があり、聖堂内にはピョートル1世からニコライ2世までの歴代皇帝および皇后らの多くが埋葬されている。ペトロパブロフスキー聖堂。㊁ロシア連邦、タタールスタン共和国の首都カザンにあるロシア正教会の大聖堂。カザンクレムリンの近隣に位置する。18世紀のピョートル1世のカザン訪問を記念して建造。ペトロパブロフスキー聖堂。
ペトロパブロフスク-ようさい【ペトロパブロフスク要塞】《Petropavlovskaya krepost'》ロシア連邦北西部の都市サンクトペテルブルグにある星型の城壁に囲まれた要塞。18世紀初頭、ピョートル1世が北方戦争でスウェーデンから奪った土地を防衛するために建造。実際には要塞でなく政治犯の収容所などに利用され、バクーニン、レーニン、ドストエフスキーらが収容されたことがある。中央のペトロパブロフスク聖堂にはピョートル1世以降の歴代皇帝および皇族の墓所がある。1914年から17年にかけて、ペトログラード要塞と呼ばれた。90年、「サンクトペテルブルグ歴史地区と関連建造物群」の名称で世界遺産(文化遺産)に登録。サンクトペテルブルグ要塞。
ペトロバラディン-ようさい【ペトロバラディン要塞】《Petrovaradinska tvrđava》セルビア北部の都市ノビサドにある要塞。市街東部、ドナウ川右岸の丘の上に位置する。17世紀末、オーストリア軍により建造され、「ドナウのジブラルタル」と称された。1716年、オイゲン公率いるオーストリア軍が同地においてオスマン帝国軍に勝利したことで知られる。現在は考古物、中世から近代にかけての武器、装飾品などを展示するノビサド博物館になっている。
ペドロよんせい-ひろば【ペドロ四世広場】《Praça de Pedro Ⅳ》➤ロシオ広場
ベトン〖フランス béton〗コンクリートのこと。
ペトン《中国語》中国江西省の景徳鎮窯で焼成する陶磁器用の土。転じて、陶器の素地土。
へな【粘＝土・×埴】粘土。また、水底にたまった粘土を多く含んだ黒い土。へなつち。
ベナーコ-こ【ベナーコ湖】《Lago di Benaco》➤ガルダ湖
へなし-ざき【艫作崎】青森県西部にある、日本海に突出した岬。突端の小山(椿山)は日本海側でのツバキの北限地。椿崎。
へなたり【甲＝香】➤貝香かいこう
へな-ちょこ【×埴×猪▽口】《へな土でつくった猪口の意》未熟な人や役に立たない人をあざけっていう語。「あんな―に何ができる」
ベナック-じょう【ベナック城】《Château de Baynac》フランス南西部、ペリゴール地方、ドルドーニュ県の村ベナックエカズナックにある城。12世紀にドルドーニュ川沿いの断崖の上に建造され、百年戦争ではフランス側の拠点になった。ドルドーニュ川の対岸には敵対関係にあったイングランド側のカステルノー城がある。ベイナック城。
へな-つち【▽粘土・×埴土】「へな」に同じ。
へな-ぶり 流行語などを取り入れて詠んだ新趣向の狂歌。明治37～38年(1904～1905)ころ流行した。「ひなぶり(夷曲)」をもじっていった語。
へな-へな ㊀〔副〕スル ❶手ごたえなく形のくずれるさま。また、容易にしなったり曲がったりするさま。「薄くて―(と)した板」❷気力や体力を失って弱々しくみえるさま。また、態度や意志などにしっかりしたところがないさま。「床に―と座り込む」「―(と)した頼りない男」㊁〔形動〕㊀に同じ。「―な帽子」「疲れきって―になる」㊀はヘナヘナ、㊁はヘナヘナ。
ベナベンテ〖Jacinto Benavente〗[1866～1954]スペインの劇作家。上品な風刺で貴族や上流社会の退廃・偽善を批判した作品が多い。1922年ノーベル文学賞受賞。作「作られた利害」など。
へ-なみ【▽辺波】岸べに打ち寄せる波。へつなみ。「沖つ波―立つとも我わが背子がみ舟の泊まり波立ためやも」〈万・二四七〉
へな・る【▽隔る】〔動ラ四〕へだたる。また、遠く離れている。「山川を中に―・りて遠くとも心を近く思ほせ我妹わぎも」〈万・三七六四〉
ペナルティー〖penalty〗罰則。処罰。また、罰金。違約金。「反則した選手に―を科す」「―をとられる」
ペナルティー-エリア〖penalty area〗サッカーで、

ゴールエリアの外側の長方形の区域。この中で守備側が反則を犯すと攻撃側にペナルティーキックが与えられる。➡ゴールエリア

ペナルティー-キック〖penalty kick〗ラグビー・サッカーなどで、相手側の反則に対する罰則として味方に与えられるキック。PK。

ペナルティー-ゴール〖penalty goal〗ラグビーで、ペナルティーキックのボールがゴールに入ること。

ペナルティー-トライ〖penalty try〗ラグビーで、守備側の反則行為がなければ攻撃側がトライできていたと審判が認めたとき、攻撃側に与えられるトライ。ゴールポスト中央直下にトライしたとみなされる。認定トライ。

ペナルティー-ボックス〖penalty box〗アイスホッケーで、リンクの横に設けられた、反則を犯したプレーヤーが罰則の時間が過ぎるまで座る席。

ベナレス〖Benares〗バラナシの旧称。

ベナン〖Benin〗アフリカ西部の共和国。ギニア湾に面する。首都ポルトノボ。17世紀からダオメー王国が栄えたが、19世紀後半にフランス領となり、1960年、ダオメー共和国として独立。75年にベナン人民共和国に、90年に現名に改称。やし油・綿花・カカオなどを産出。人口906万(2010)。ベニン。

ベナン-きょうかい【ベナン教会】(テンパル ベアナン)《Tempall Benain》アイルランド西部、ゴールウエー湾にあるアラン諸島の一つ、イニシュモア島の東部にある中世の教会跡。聖パトリックの従者である聖ベナンが創設した修道院に起源し、聖ベナンの小礼拝堂とも呼ばれる。現在残っている小礼拝堂は11世紀のものと考えられている。チャンピルバニン。テンパルビャノン。聖ベナン教会。

ペナント〖pennant〗❶細長い三角形の小旗。特に、大学や団体などの標章をつけたもの。❷優勝旗。多く、野球でいう。また転じて、優勝。「—を争う」

ペナン-とう【ペナン島】(ピナン)《Penang》マレーシア北西部、マラッカ海峡北部にある島。マレー半島と橋で結ばれる。中心都市ペナン(旧称ジョージタウン)は錫(すず)やゴムの輸出港。ピナン。(補説)「彼南」とも書く。

ペナント-レース〖pennant race〗プロ野球で、各リーグの優勝を争う公式戦。

べに【紅】❶紅色の顔料。ベニバナの花びらから製したもの。絵の具・染料・化粧品や食品の着色料などに用いる。❷紅色。くれない。❸口紅。また、ほお紅。「—をさす」「—を引いた唇」❹紅花のこと。
(類語)赤・真っ赤・赤色(せきしょく)・紅色(こうしょく)・紅(くれない)・真紅(しんく)・鮮紅(せんこう)・緋(ひ)・緋色・朱(しゅ)・朱(しゅ)色・丹(に)・茜(あかね)色・薔薇(ばら)色・小豆(あずき)色・臙脂(えんじ)・暗紅(あんこう)・唐紅(からくれない)・レッド・スカーレット・バーミリオン・マゼンタ・ローズ・ワインレッド
紅をさ・す ❶頬紅や口紅をつけて化粧する。❷頬が赤くなる。

ペニー〖penny〗英国の補助通貨単位。1ペニーは1ポンドの100分の1。複数形はペンス。(補説)2002年1月(銀行間取引は1999年1月)、EU(欧州連合)の単一通貨ユーロ導入以前は、アイルランドの補助貨幣通貨でもあった。

ペニーウエート〖pennyweight〗ヤード-ポンド法の貴金属・宝石用の質量単位。1ペニーウエートはトロイオンスの20分の1で、約1.555グラム。記号dwt

ペニー-オークション〖penny auction〗入札するたびに手数料がかかるネットオークションの一種。入札者が入札価格を決めるのではなく、1回の入札で1円や10円といった小額の単位で落札価格が自動的に引き上げられ、オークションの終了時間が延長される。入札回数が少ない場合は安価に商品を入手できるが、落札できなかった場合、支払った手数料は戻ってこない。普通のネットオークションと異なり、ゲーム性、ギャンブル性が高い。

べに-いた【紅板】江戸時代の携帯用の紅入れ。二つ折りの板に漆を塗り、紅を載せた。薄い箱形のものもある。装飾に技巧を凝らした。

べに-いろ【紅色】鮮やかな赤。くれない色。べに。こうしょく。

べに-え【紅絵】(ヱ)❶浮世絵版画で、墨摺(すみず)り絵に紅を主色として筆で彩色したもの。丹絵(たんえ)から発展した様式。❷紅摺(べにず)り絵のこと。

ベニエ〖(フランス) beignet〗小麦粉を卵黄・牛乳でとき、泡立てた卵白を加えた軽い衣をつけて魚貝類・野菜などを揚げたもの。➡フリッター

べに-おしろい【紅白=粉】❶べにとおしろい。べにやおしろい。❷べにやおしろいで化粧すること。「—の濃い人」「—は女のたしなみ」

べに-がい【紅貝】(ガヒ)ニッコウガイ科の二枚貝。浅海の砂地にすみ、殻長4センチくらい。貝殻は紅色、長卵形で後端は細長く伸びている。貝細工の材料。

べに-がえし【紅返し】(ガヘシ)➤もみがえし

べに-がく【紅額｜紅×萼】ガクアジサイの園芸品種。初夏に花が咲き、装飾花が白・水色から紅・紫赤色に変化する。

べに-がに【紅×蟹】アサヒガニの別名。

べに-かね【紅鉄=漿】紅とお歯黒。転じて、化粧。

べに-がら【紅殻】《ベンガラに当てた漢字「紅殻」を訓読みにした語》「ベンガラ」に同じ。「—格子」

べに-かわ【紅革｜紅皮】(カハ)紅色に染めた革。

べに-ぐま【紅×隈】歌舞伎の隈取りの一。油紅で赤く隈取るもの。荒事系の英雄や、おかしみのある敵役に用いる。筋隈・猿隈など。

べに-くりげ【紅×栗毛】馬の毛色の名。栗毛で赤みの強いもの。

べに-こ【紅粉】中国から渡来した紅。唐紅(とうべに)。

べに-ざけ【紅×鮭】サケ科の海水魚。全長約60センチ。体色は背側と各ひれが青黒色、腹側が銀白色。外洋を回遊し、秋、繁殖のため、上流に湖のある川を上る。このとき雌雄とも頭と尾びれのほかは鮮紅色の婚姻色を示す。北太平洋に広く分布。この陸封型がヒメマス。肉は紅色で美味。べにます。べに。

べにさし-ゆび【紅差(し)指】紅をつけるときに用いる指。くすりゆび。べにつけゆび。

べに-ざら【紅皿】化粧用の紅を塗りつけてある小皿。指先や筆で溶いて用いる。皿紅。

べにざら-かけざら【紅皿欠皿】継母(ままはは)説話の一。継子で美しい娘欠皿を、継母とその実子の醜い紅皿がいじめるが、結局、欠皿は高貴な人と結婚して幸福になる。「鉢かずき」「シンデレラ」など、同系統の説話が世界各地に分布。➡糠福米福(ぬかぶくこめぶく)

べに-しじみ【紅小=灰=蝶】シジミチョウ科の昆虫。翅(はね)の開張約3センチ。翅は光沢の強い橙赤色に数個の黒紋が散在。幼虫の食草はギシギシ・スイバなど。

べに-しだ【紅羊=歯】オシダ科の常緑の多年生のシダ。林下にみられ、根茎から束生する。葉柄は長く、黒褐色の鱗片(りんぺん)が密生。葉は長さ30センチ〜1メートルで、羽状に裂けており、裏面につく胞子嚢(ほうしのう)は若いときには赤い。

べに-したば【紅下×翅】ヤガ科の昆虫。翅(はね)の開張7センチくらい。前翅は灰色、後ろ翅は桃紅色で2個の黒い帯がある。幼虫はヤナギ類につく。

べに-しぼり【紅絞(り)】紅色の絞り染め。

べに-しょうが【紅生×姜】(シヤウガ)ショウガを、赤ジソや食紅を加えた梅酢に漬けたもの。

ペニシラミン〖penicillamine〗慢性関節リウマチに有効な抗炎症薬。

ペニシリン〖penicillin〗抗生物質の一。1928年、A=フレミングがアオカビ(学名ペニシリウム)から発見。アンピシリンなどの合成ペニシリンもある。ぶどう球菌・淋菌(りんきん)・梅毒スピロヘータ・肺炎双球菌などに有効。

ペニシリン-ショック〖penicillin shock〗ペニシリンの注射などにより、激しいアレルギーを起こし、ショック状態に陥ること。

ベニス〖Venice〗㊀ベネチアの英語名。㊁米国カリフォルニア州ロサンゼルス西部の地区。ビーチリゾートとして知られる。海岸沿いにサイクリングコースと歩道があり、路面店や大道芸人が集まる。

ペニス〖(ラテン) penis〗陰茎。男根。

ペニスコラ〖Peñíscola〗スペイン東部、バレンシア州にある地中海沿岸の町。海浜保養地。旧市街は海に突き出た小さな半島状の岩山の上に築かれ、14世紀にテンプル騎士団が建造したペニスコラ城がある。

ペニスコラ-じょう【ペニスコラ城】(ジヤウ)《Castillo de Peñíscola》スペイン東部、地中海沿岸の町ペニスコラの旧市街にある城。14世紀にテンプル騎士団により建造。アビニョンでローマ教皇に選出されたベネディクト13世(ルナ教皇)が改築し、居を構えた。

べに-すずめ【紅天=蛾】スズメガ科の昆虫。翅(はね)の開張6センチくらいで、全体に紅桃色。後ろ翅(ばね)の基部に黒紋がある。幼虫の食草はカワラマツバ・ホウセンカなど。

べに-すずめ【紅×雀】スズメ目カエデチョウ科の鳥。全長約10センチ。雄は全体に赤紅色で白点が散在し、雌は黄褐色。雌雄ともくちばしが赤い。南アジアの草原に分布。飼い鳥とされる。

ベニスのしょうにん【ベニスの商人】(シヤウニン)《原題、The Merchant of Venice》シェークスピアの喜劇。5幕。1596年ごろの作。ユダヤ人の高利貸しシャイロックからの借金を返済できないベニスの商人アントニオが、ポーシャの機知によって救われるまでを描く。

べにずり-え【紅×摺り絵】(ヱ)浮世絵版画で、墨版のほか紅・緑を主としたわずかな色数の色摺り木版画。江戸中期に始まり、のち錦絵(にしきえ)に発展した。紅絵(べにえ)ともよばれたが、今日では区別している。

ベニゼル-ひろば【ベニゼル広場】《Plateia Venizelou》ギリシャ南部、クレタ島の港湾都市イラクリオンにある広場。旧市街の中央広場。17世紀にベネチア人が造ったモロシニの噴水がある。

べに-ぞめ【紅染(め)】紅色に染めること。また、染めたもの。ベニバナで染めたものは本紅染めともいう。くれないぞめ。

べに-たけ【紅×茸】ベニタケ科ベニタケ属のキノコの総称。茎が太くて短く、傘は浅い漏斗状に開き、赤色のものが多い。大部分が無毒で、食用にされるものもある。ドクベニタケ・アイタケなど。(季 秋)「—を怖れてわれを怖れずや/三鬼」

べに-ちょく【紅×猪口】内側に紅を塗りつけた猪口形の容器。指先で溶いて唇に塗る。べにちょこ。

べにつけ-ゆび【紅付け指】くすりゆび。べにさしゆび。

べに-づる【紅鶴】フラミンゴの別名。

べに-てんぐたけ【紅天×狗×茸】テングタケ科のキノコ。有毒。夏から秋、深山の林内に生え、高さ10〜20センチ。傘は深紅色から橙黄色で、表面に白いいぼがある。柄は白く、途中に膜状のつばがあり、下端は膨れている。あかはえとり。

べに-どうだん【紅▽灯▽台】ツツジ科の落葉低木。山地に自生。輪生状に枝分かれし、枝先に葉がつく。夏の初め、釣鐘状の紅色の小花を総状に垂れてつける。本州・四国・九州に分布。庭園に植えられる。

べに-の-き【紅の木】ベニノキ科の半落葉性の小高木。樹皮は赤褐色。葉は大形の心臓形で、強光を避けて回転する性質がある。秋に紅色か白色の5弁花をつけ、実は三角状で刺が密生し、中に種子が数十個入っている。赤い仮種皮から食用染料をとる。西インド諸島の原産で、熱帯地方で栽培される。

べに-ばと【紅×鳩】ハト科の鳥。全長23センチくらい。雄はぶどう色で頭と尾が灰色。雌は淡褐色。アジア南東部から南西部にかけて分布。

べに-ばな【紅花】キク科の越年草。高さ約1メートル。葉は堅くてぎざぎざがあり、互生する。夏、アザミに似た頭状花が咲き、鮮黄色から赤色に変わる。花を乾かしたものを紅花(こうか)といい婦人薬とし、また口紅や染料の紅を作り、種子からは食用油をとる。エジプトの原産で、日本では山形が主産地。すえつむはな。くれのあい。べにのはな。サフラワー。(季 夏)「手を戦(そよ)がせて—を摘む娘かな/憲吉」

べにばな-いちご【紅花×苺】バラ科の落葉小低木。本州中部以北の高山に自生。高さ約1メートル。とげはなく、葉は倒卵形の3枚の小葉からなる羽状複葉。7月ごろ、紫紅色の花が開き、実は黄色く熟し、

食べられる。
べにばな-いんげん【紅花隠元】マメ科の蔓性の多年草。熱帯アメリカの原産で、温帯では一年草。葉は3枚の小葉からなる複葉。夏、朱赤色か白色の蝶形の花を総状につける。さやは線形で、種子はインゲンマメより大きい。日本には江戸時代に渡来。
ベニハンマド-ようさい【ベニハンマド要塞】《Beni Hammad》アルジェリア北部、高原地帯の山中にある要塞都市の遺跡。東アルジェリアを支配したハンマド朝の首都として、1007年に築かれた。全長7キロメートルに及ぶ城壁、エルバハール宮殿などの遺構が残る。1980年、世界遺産(文化遺産)に登録された。ベニハマッド要塞。
べに-ひ【紅×檜】ヒノキ科の常緑高木。材がヒノキより紅色となり、建築材に利用。台湾の原産。
ペニヒ〘ドイ Pfennig〙ドイツの旧補助通貨単位。1ペニヒは1マルクの100分の1に相当した。2002年1月(銀行間取引は1999年1月)、EU(欧州連合)の単一通貨ユーロ導入以降は廃止。
べに-ひかげ【紅日=陰=蝶】ジャノメチョウ科の昆虫。翅の開張約4.5センチ。翅は黒褐色で、前翅に数字の8のような橙紅色の紋がある。本州中部以北の高山や北海道の草原でみられ、幼虫の食草はスゲ類。
べに-ひわ【紅×鶸】アトリ科の鳥。全長13センチくらい。背面は褐色の縦斑があり、額が赤く、雄は胸も赤い。北半球北部で繁殖。日本では冬鳥。
べに-ふで【紅筆】口紅をつけるのに用いる筆。
べに-ましこ【紅▽猿子】アトリ科の鳥。全長約15センチ。雄は全体に紅色を帯びた褐色。雌は淡褐色。北海道・東北で繁殖、冬は南へ移動。
べに-ます【紅×鱒】ベニザケの別名。
ベニヤ〘veneer〙❶合板などを作るのに用いる、薄い板。❷「ベニヤ板」に同じ。
ベニヤ-いた【ベニヤ板】ベニヤ❶を数枚重ねて張り合わせた板。合板。
ベニン〘Benin〙▶ベナン
ペニン-さんみゃく【ペニン山脈】《Pennine》英国、イングランド中央部に南北に連なる山脈。最高点はクロスフェル山で、標高893メートル。石炭を産する。
ペニンシュラ〘peninsula｜Pen.〙《「ペニンスラ」とも》半島。
ベニントン〘Bennington〙米国バーモント州南西部の町。アメリカ独立革命におけるベニントンの戦いの舞台となった場所。戦いの記念碑や同州最古の教会がある。周辺にスキー場が多い。
へ-ぬし【▽戸主】❶大化の改新後、戸の法律上の責任者。こしゅ。❷平城京・平安京の宅地の最小区画の単位。1町を32等分したもの。
ベヌス〘Venus〙ルーマニア南東部、黒海に面する海岸保養地。マンガリアの北約3キロメートルに位置し、近隣のネプトゥン、オリンプ、ジュピテル、サトゥルヌとともに、同国有数の保養地群を形成する。
ベネウェントゥム〘Beneventum〙▶ベネベント
ベネシャン〘venetian〙《ベネチア風の意》毛・木綿などで織った繻子織物。布面には急角度の斜めの線が密にある。服地・コート地などに用いる。
ベネシャン-ブラインド〘Venetian blind〙▶ベネチアンブラインド
ベネシュ〘Edvard Beneš〙[1884〜1948]チェコスロバキアの政治家。第一次大戦中、国外で独立運動を指導し、独立後、外相・首相、1935年から大統領。38年のミュンヘン会談後、英国へ亡命。45年、再び大統領となるが、48年のチェコ革命により辞任。
ベネズエラ〘Venezuela〙《小ベネチアの意》南アメリカ北部、カリブ海に面する国。首都カラカス。1498年のコロンブスの到達以来スペイン領。1819年大コロンビア共和国の一員となったが、1930年に独立。石油の産出が大。正式名称ベネズエラ-ボリバル共和国。人口2722万(2010)。[補説]「委内瑞拉」とも書く。
ベネチア〘Venezia〙イタリア北東部、アドリア海に臨む港湾都市。市街地は約122の小島を約400の橋で結んだ水の都で、運河が176あり、ゴンドラによる交通が有名。サンマルコ大聖堂など歴史的な建物が多い。7世紀ころから貿易で発展。中世末に共和国を樹立、東地中海に多くの植民地を獲得して繁栄した。1866年イタリア王国に編入。ガラス・宝石・皮革などの工芸品を産する。1987年「ベネチアとその潟」の名称で世界遺産(文化遺産)に登録された。ベネツィア。英語名ベニス。
ベネチア-えいがさい【ベネチア映画祭】▶ベネチア国際映画祭
ベネチア-きゅうでん【ベネチア宮殿】《Palazzo Venezia》イタリアの首都ローマにある初期ルネサンス様式の宮殿。ベネチア広場に面する。15世紀半ば、後にローマ教皇パウルス2世となる枢機卿ピエトロ=バルボの館として建造。現名称は、16世紀半ばから18世紀末までベネチア共和国の大使館として使用されたことにちなむ。第二次大戦中、ムッソリーニが執務室を置き、バルコニーから広場の民衆に演説したことでも知られる。現在はルネサンス期を中心とする陶磁器、彫刻、タペストリー、武具などを展示する博物館、および図書館になっている。
ベネチア-こくさいえいがさい【ベネチア国際映画祭】イタリアの都市ベネチアで、毎年8月末から9月初めごろに開催される国際映画祭。1932年のベネチアビエンナーレに映画部門として設けられたものに始まる。最優秀作品に金獅子賞、最優秀監督には銀獅子賞が与えられる。カンヌ・ベルリンとともに世界三大映画祭とされる。
ベネチア-は【ベネチア派】ベネチアで栄えた美術の流派。特にルネサンス期および18世紀に、豊かな色彩と光の表現により感覚的、官能的な美を追求した画家たちをさすことが多い。ルネサンス期ではベリーニ父子・ジョルジョーネ・ティツィアーノ・ティントレット・ベロネーゼ、18世紀ではティエポロ・カナレットなどが代表的画家。
ベネチア-ビエンナーレ〘イタリ Biennale di Venezia〙イタリアの都市ベネチアで、2年に一度開催される国際的な美術展覧会。第1回は1895年で、以降は奇数年に開かれている。現代美術・建築・音楽・演劇などの部門があり、優れた芸術家や国別のパビリオンには金獅子賞が与えられる。➡ビエンナーレ
ベネチア-ひろば【ベネチア広場】《Piazza Venezia》イタリアの首都ローマの中心部にある広場。ベネチア宮殿とビットリオ=エマヌエレ2世記念堂に面する。コルソ通り、フォリインペリアーリ通り、プレビシート通りが接続するロータリーになっている。
ベネチアン-グラス〘Venetian glass〙《「ベネチアンガラス」とも》イタリアのベネチア産の装飾ガラス器。華麗また繊細な色彩やデザインで有名。1000年の歴史を持つ。また、ベネチア風の装飾ガラス器のこと。ベネチアガラス。
ベネチアン-ブラインド〘Venetian blind〙《Venetianは、ベネチア風の、の意》日よけブラインドの一。水平ルーバーの操作で日照量を調節する。
ベネット〘Enoch Arnold Bennett〙[1867〜1931]英国の小説家。写実主義的描写と英国風のユーモアで知られる。小説「老妻物語」など。
ベネディクト〘Benedict〙ベネディクトゥスの英語名。
ベネディクト〘Ruth Fulton Benedict〙[1887〜1948]米国の女性文化人類学者。文化とパーソナリティー研究で、個別文化の全体を類型学的に把握した。日本文化の研究書「菊と刀」で知られる。
ベネディクトゥス〘Benedictus〙[480ころ〜547ころ]イタリア中部、ヌルシア生まれの修道者。529年ごろモンテカッシーノにベネディクト修道院を設け、西方教会における修道院制を創始した。ヌルシアの聖ベネディクトゥス。英語名、ベネディクト。
ベネディクト-しゅうどうかい【ベネディクト修道会】ベネディクトゥス(英語名ベネディクト)の修道会規にもとづくカトリック教会の修道会の一。清貧・貞潔・従順を誓い、祈祷と労働を標語とし、中世以来、学術・美術・教育に大きな業績を残した。女子修道会もある。
ベネト〘Veneto〙イタリア北東部の州。ポー川などの下流域の穀倉地帯で、アドリア海の臨海部は広大なラグーナ(潟)が広がる。州都はベネチア。トレビーゾ県・パドバ県・ビチェンツァ県・ベッルーノ県・ベネチア県・ベローナ県・ロビーゴ県がある。
ペネトレーション-かかく【ペネトレーション価格】《penetration price》企業がシェアを拡大するために付ける低い価格。生産規模が拡大したときに初めて元がとれるような(低)価格のこと。浸透価格。
ペネトレーション-テスト〘penetration test〙▶侵入テスト
ペネトレーション-フォールト〘penetration fault〙バレーボールで、相手コートに侵入した場合の反則。オーバーネットやパッシングザセンターラインなど。
ベネフィット〘benefit〙利益。恩恵。また、慈善事業。「—コンサート」
ベネベント〘Benevento〙イタリア南部、カンパニア州の都市。サバト川とカローレ川の合流点に位置する。古代ローマ時代よりアッピア街道の要衝として栄え、6世紀から11世紀までランゴバルド人が支配するベネベント公国の都が置かれた。ローマ円形劇場やトラヤヌス帝の凱旋門などが残っている。紀元前275年、古代ギリシャのエピルスの王ピロスがローマ人に敗れた「ベネウェントゥムの戦い」の舞台になった。アーモンドが入ったヌガー菓子トッローネと、魔女を意味するリキュール酒ストレーガの産地として知られる。ラテン語名はベネウェントゥム。
ヘネラリーフェ〘Generalife〙スペイン南部の都市グラナダにある宮殿。14世紀、アルハンブラ宮殿の敷地外に夏の離宮として建造。シエラネバダ山脈の雪解け水を巧みに生かした噴水や水路を配しており、イスラム式庭園の傑作として知られる。1994年に「グラナダのアルハンブラ、ヘネラリーフェ、アルバイシン地区」の名称で世界遺産(文化遺産)に登録された。
ベネルクス〘Benelux〙ベルギー・オランダ(ネーデルラント)・ルクセンブルク3国の総称。1944年に関税同盟を結成。
ペネロペ〘Pēnelopē〙ギリシャ神話で、イタカ島の王オデュッセウスの妻。トロイア戦争に出征したまま音信の絶えた夫を、貞淑に20年待ち続けて再会した。この間、再婚を迫る多くの男たちに対して、夫の父の棺衣を織り上げてからと称し、昼間織った分を夜ほどいて、時をかせいだ。
へ-の-かっぱ【×屁の▽河▽童】なんとも思わないこと。するのがたやすいこと。「こんな仕事は—だ」
へ-の-こ【陰=核】❶睾丸。❷陰茎。
へ-の-じ【への字】❶「へ」の字の形をしていること。「口を—にする」❷《「お部屋様」の「へ」をとって符丁のようにいった語》正妻のこと。「めの字から—になるとつけ上がり」〈柳多留・二三〉
へのじ-なり【への字▽形】❶「へ」の字の形に曲がっていること。「口を—に結ぶ」❷《「一」の字を「へ」の字のように書くというところから》未熟で手ぎわの悪いこと。曲がりなり。「どうやらかうやら—に埒あけさせて」〈浮・一代男・五〉
べ-の-たみ【▽部の民】▶べみん(部民)
へ-の-ふだ【▽戸の札｜籍=帳】古代、良民の戸籍。へのふみた。へふだ。
へのへのもへじ　文字遊びの一。ひらがなの「へのへのもへじ」の7字を使って人の顔を描くもの。へへののもへじ。
ヘノポジ-ゆ【ヘノポジ油】《chenopodium oil》米国産のアリタソウからとれる精油。線虫・鉤虫などの駆虫薬として用いられた。副作用が強い。
ペパー〘pepper〙▶ペッパー
ペパーグラス〘peppergrass〙アブラナ科の野菜。西アジア原産。高さは約30センチ。葉には辛みがあり、サラダに用いられる。ガーデンクレス。
ヘバーデン-けっせつ【ヘバーデン結節】《Heberden's node》手指の第一関節にのみ生じる、変形性関節症の一種。骨が変形して関節が結節状にふく

らみ、指が動かしにくくなる。痛みを伴うことが多い。加齢に伴う症状で、中年期の女性に多く発症する。原因は不明。英国の医師W＝ヘバーデンが最初に報告したところからの名称。

ペパーミント〖peppermint〗❶ヨーロッパに産する西洋ハッカ。また、その葉などから得られる香料。❷ハッカを主原料としたリキュール。緑色のものが多い。➡薄荷

ヘパイストス〖Hēphaistos〗▶ヘファイストス

ヘパイストス-しんでん【ヘパイストス神殿】《Naos Ifaistou》▶ヘファイストス神殿

ベバシズマブ〖bevacizumab〗抗癌剤の一。血管新生阻害剤と呼ばれる分子標的治療薬の一種で、血管内皮細胞増殖因子(VEGF)の働きを抑制し、癌細胞に栄養を供給する血管の形成を阻害することで、腫瘍の増殖・転移を抑える。2004年、スイスの製薬会社ロシュと米国の製薬会社ジェネンテックが発売。日本では平成19年(2007)、ロシュグループの中外製薬が製造・販売を開始。加齢黄斑変性や網膜症などの血管新生疾患治療への応用も期待される。

ベバトロン〖bevatron〗陽子を約60億電子ボルトまで加速できる陽子シンクロトロン。米国カリフォルニア大学にある。

へばり-つ・く〔動カ五(四)〕❶べったりとはりつく。「松やにが手に―・く」❷ぴったりくっつく。そばにいて離れない。「子供が親に―・く」
(類語)付く・くっつく・ひっつく・こびりつく・付ける

ヘパリン〖heparin〗血液凝固を阻止する作用のある多糖類。肝臓や毛細血管の周辺の肥満細胞で生成され、血管壁に多く存在する。

へば・る〔動ラ五(四)〕❶へとへとになる。疲れはてる。へたばる。「暑さで―・る」「強行軍で―・ってしまう」❷ぴったりとくっつく。また、引っぱられるようにくっつく。「垂れた乳房を絹寒冷紗のゆかたの地が―・るほど突き出し」〈里見弴・今年竹〉
(類語)(❶)ばてる・くたばる・へたばる・参る

ベバン〖Aneurin Bevan〗［1897～1960］英国の政治家。労働党左派の指導者。アトリー労働党内閣の保健相・労働相を歴任、社会保障制度の充実に努めた。

へび【蛇】《「へみ」の音変化》有鱗目ヘビ亜目の爬虫類の総称。体は円筒形で細長く、四肢を欠く。全身うろこにおおわれ、腹部のうろこを起伏させながら体をくねらせて進む。舌は先が二つに分かれ、空気の振動やにおい、温度差を感じ取る。目は1枚の膜に覆われ、まぶたは固着していて動かない。卵生または卵胎生。カエル・ネズミ・小鳥や鳥の卵を捕り、丸飲みする。アオダイショウなど無毒のもの、マムシ・ハブなど有毒のものがある。南極を除く各大陸に広く分布するが、熱帯・亜熱帯に多い。一般に、執念深いなどとして人に嫌われるが、神の使いなどともされる。くちなわ。ながむし。かがち。(季 夏)「一逃げて我を見し眼の草に残る/虚子」

蛇に噛まれて朽縄に怖じる　《「朽縄」は、腐った縄》蛇に一度噛まれてからは腐った縄を見てもおびえる意で、一度の失敗に懲りて必要以上に用心深くなることのたとえ。羹に懲りて膾を吹く。

蛇に見込まれた蛙　逃げることも手向かうこともできず、体がすくんでしまうことのたとえ。蛇に逢うた蛙。

蛇の生殺し　一思いに殺さず、半死半生にして苦しめること。物事の決着をつけずにおいて苦しめることのたとえ。

ヘビー〖heavy〗〔名・形動〕❶重いこと。重量のあること。また、そのさま。「―な目方」❷程度のはなはだしいこと。激しいこと。厳しいこと。また、そのさま。「―な仕事」「―ドリンカー」❸馬力をかけること。スパート。「ラスト―」

ベビー〖baby〗❶赤ん坊。乳児。「―用品」❷小さくてかわいいもの。「―パール」❸かわいい女の子。いとしい女性。(類語)(❶)赤ん坊・赤ちゃん・赤子・みどりご・嬰児・乳児・乳飲み子

ベビー-カー《和 baby＋car》赤ん坊を腰かけた格好で乗せる乳母車。

ヘビー-きゅう【ヘビー級】《heavyweight》ボクシングなどの体重別階級の一つ。アマチュアボクシングの男子では81キロを超え91キロまで。女子は81キロ超、ジュニアは80キロ超。プロボクシングでは最重量の階級で200ポンド(90.72キロ)超。

ベビー-ゴルフ〖baby golf〗各ホールが100ヤード以内の短い距離で行うゴルフ。遊園地などでパターだけで遊ぶものをもいう。

ベビー-サークル《和 baby＋circle》乳幼児を安全に遊ばせておくための、組み立て式の囲い。(補説)英語ではplaypen。

ベビー-シッター〖baby-sitter〗親の留守の間雇われて子守をする人。

ヘビー-スモーカー〖heavy smoker〗タバコをたくさん吸う人。いつもタバコを手離さない人。

ベビー-ソープ〖baby soap〗乳児や幼児のためにつくられた石けん。香料などの添加物を控え、肌への刺激を少なくするよう考えられたものが多い。

ベビー-だんす【ベビー×箪×笥】❶小型の洋服だんす。❷乳幼児の衣服などをしまうためのたんす。

へび-いちご【蛇×苺】バラ科の多年草。原野や道端にみられ、茎は地をはい、節から新芽を出してふえる。葉は3枚の小葉からなる複葉で、長い柄をもつ。4～6月、黄色い5弁花をつけ、実は赤く熟し、食べられるが味は淡白。くちなわいちご。(季 夏)「田水満ち日いづる露に―/蛇笏」

ヘビー-デューティー〖heavy-duty〗〔名・形動〕激しい使用に耐えること。耐久性があること。また、そのさま。

ベビー-ドール〖baby doll〗❶無邪気でかわいらしい女性。❷フリルなどのついた腰までの丈のネグリジェ。

ペピーノ〖スペイン pepino〗ナス科の多年草。ペルー原産。黄色で紫色の斑紋のある卵形の果実がなる。果肉は甘く、生食する。

ベビー-バギー〖baby buggy〗赤ん坊が腰かけて乗る形式の乳母車。

ベビー-バスター〖baby buster〗米国で、第二次大戦後のベビーブームに続く出生率低下時代に生まれた人たち。あくせくと働かず、気ままに人生を楽しもうとする世代をいう。

ベビー-バスト〖baby bust〗《bustは、破壊・壊すの意》米国で、第二次大戦後の長期にわたるベビーブームの後に続く出生率低下の世代。

ベビー-フード〖baby food〗離乳食。乳児用の食品。特に、缶詰やパックなどで販売されている製品についていう。

ベビー-ブーマー〖baby boomer〗米国で、第二次大戦後のベビーブーム時代に生まれた人たち。この世代の成長過程で費やされた膨大な諸経費は米国に過剰消費の時代をもたらした。日本の団塊の世代をさしていうこともある。

ベビー-ブーム〖baby boom〗赤ん坊の出生率がとても高いこと。特に、日本で第二次大戦後子供の誕生が爆発的に増えた時期のこと。普通、昭和22年(1947)から24年ごろの第一次ベビーブームと、この世代が親になった同46年から49年ごろの第二次ベビーブームとを指す。➡団塊の世代 ➡団塊ジュニア

ベビー-フェース〖baby face〗❶童顔。❷プロレスリングで、善玉役のこと。➡ヒール

ベビー-ホテル《和 baby＋hotel》家庭の事情で乳幼児の保育ができないときの、子どもの一時あずかり施設。

ヘビー-メタル〖heavy metal〗1980年代に起こったハードロックの一スタイル。名称はリズムセクションに金属的な電子音を用いることに由来。ヘビメタ。

ヘビー-ユーザー〖heavy user〗大量消費者。消費社会において、特定の商品を最も多量に購買・利用する年齢層・世代・人種などをさす。新製品などの開発・販売に際し、有力な背景となる。

ベビー-リーフ〖baby leaf〗ホウレンソウ・ミズナ・レタスなどの葉菜類を、葉が若く柔らかいうちに収穫したもの。サラダなどに使用する。

ヘビー-ローテーション〖heavy rotation〗短い期間に何度も繰り返すこと。特に、ラジオ局などが、推薦曲を繰り返し放送することをいう。パワープレー。

ベビオン〖Bebhionn〗土星の第37衛星。2004年に発見。名の由来はケルト神話の神。非球形で平均直径は約6キロ。ベビォン。ベブヒオン。

へび-がい【蛇貝】ムカデガイ科の巻き貝の総称。貝殻は管状で、不規則に巻き、岩に固着する姿がとぐろを巻いた蛇に似る。日本近海ではオオヘビガイなどがみられる。

へび-がみ【蛇神】蛇の霊威をおそれ、蛇を神格化したもの。

へびがみ-つき【蛇神×憑き】蛇の霊にとりつかれた異常な精神状態。また、その人。

へびくい-わし【蛇×喰×鷲】タカ目ヘビクイワシ科の鳥。一科一種で、アフリカの特産。頭高約1メートル。足が著しく長く、草原を歩き回って蛇・トカゲ・昆虫や小獣を捕食する。後頭部に冠羽があり、これが羽根ペンを頭にさした中世ヨーロッパの書記官を連想させるところから、書記官鳥ともいう。

へび-くち【蛇口】❶ひもや綱の端を輪にした部分。❷轡の手綱を取り付ける輪の部分。

へび-ざ【蛇座】南天の星座。蛇遣い座により2分され、その西側に頭部、東側に尾部がある。頭部は7月中旬、尾部は8月中旬の午後8時ごろ南中する。学名 Serpens

ベヒスタン〖Behistūn〗イラン西部、ザグロス山脈中部の小村。ケルマンシャーの東方にある。ダリウス1世時代の浮き彫りと碑文の刻まれた岩山があり、楔形文字解読のもとになった。

へび-つかい【蛇遣い｜蛇使い】蛇を飼いならし、自在に扱って見せる人。また、その見世物。

へびつかい-ざ【蛇遣い座】赤道上の大星座の一。ヘルクレス座の南、天の川の西岸にあり、8月上旬の午後8時ごろ南中し、南の中天に見える。多数の球状星団がある。学名 Ophiuchus

へ-ひと【▽戸人｜食▽封】❶一戸に所属する人。家族。戸口。❷「封戸」に同じ。

へび-とんぼ【蛇蜻=蛉】脈翅目ヘビトンボ科の昆虫。体長4センチくらいで暗黄色。頭は大きくて扁平、大あごが発達している。4枚の翅は幅広く透明で、黄色紋が散在し、静止するときは背上で屋根形に畳む。幼虫は川の中にすみ、孫太郎虫とよばれる。

へび-の-きょうかい【蛇の教会】《Yılanlı Kilise》トルコ中央部、カッパドキア地方の町ギョレメにある岩窟教会。イスラム教徒による迫害を逃れてキリスト教徒が造ったもので、ギョレメ野外博物館の教会の一。馬に乗って大蛇と戦う聖ゲオルギウスらを描いたフレスコ画があり、教会の名の由来になっている。ユランル教会。ユランルキリセ。

へび-の-ねござ【蛇の寝御座】メシダ科の多年生のシダ。短い根茎から、長さ30～80センチの羽状複葉の葉を束生。胞子嚢群は葉の裏面につき、鉤形の包膜で覆われる。鉱山の跡地によく茂るので、かなくさともいう。

へび-のぼらず【蛇▽不▽登】メギ科の落葉小低木。本州中部の山野に生え、高さ50～70センチ。枝に鋭いとげがある。初夏、黄色の6弁花をつけ、実は赤く熟する。とりとまらず。こがねえんじゅ。

ペビバイト〖pebibyte｜PiB〗コンピューターで扱う情報量や記憶容量の単位の一。2^{50}(1125兆8999億684万2624)バイト。PiB。(補説)もとは2^{50}バイトを表す単位はペタバイト(PB)だったが、これが1000兆ちょうどの10^{15}バイトも意味するようになったため、前者だけを示す単位としてペビバイトが使われるようになった。

へび-むこいり【蛇婿入り】異類婚姻譚の一。蛇が男性に化けて娘の所に毎晩通って来るというもの。

ヘビ-メタ「ヘビーメタル」の略。

へ-ひり【×屁▽放り｜▽放×屁】屁をひること。また、そ

の人。へっぴり。
へひり‐むし【×屁▽放虫】捕らえると悪臭を放つゴミムシ類。特に、ミイデラゴミムシをいう。へっぴりむし。《季 秋》
ヘプ〖Cheb〗チェコ西部の都市。ボヘミア地方の最西端、ドイツとの国境に近く、オフジェ川に沿う。中世よりバイエルン地方とボヘミア地方を結ぶ中継点として栄え、中央ヨーロッパで最も古い歴史をもつ町の一。フス戦争や三十年戦争で大きな被害を受けた。現在は機械工業、ビール醸造が盛ん。旧市街にはシュパリーチェクと呼ばれるゴシック様式の建物が並ぶほか、ヘプ城、ヘプ博物館などがある。ドイツ語名エーガー、またはエゲル。
ヘファイステイオン〖Hephaisteion〗►ヘファイストス神殿
ヘファイストス〖Hēphaistos〗ギリシャ神話で、火と鍛冶の神。ゼウスとヘラ(またはヘラだけ)の子。醜男で、足が不自由とされる。ローマ神話のウルカヌスにあたる。ヘパイストス。
ヘファイストス‐しんでん【ヘファイストス神殿】《Naos Ifaistou》ギリシャの首都アテネの古代アゴラにあるドリス式の神殿。紀元前5世紀に建造され、古代ギリシャの神殿の中で最も保存状態が良いものの一。ギリシャ神話の火と鍛冶の神ヘファイストス(イフェスティオ)を祭る。アテナイ王テセウスのレリーフが多数施されているため、中世以来テセウスの神殿(テセイオンまたはテッシオン)と呼ばれた。7世紀から19世紀まではギリシャ正教の教会として使われた。ヘパイストス神殿。イフェスティオ神殿。ヘファイステイオン。
ヘプ‐じょう【ヘプ城】《Chebský hrad》チェコ西部の都市ヘプにある城跡。12世紀後半、神聖ローマ皇帝フリードリヒ1世の時代にロマネスク様式の城として建造。続いてゴシック様式の礼拝堂が建てられた。
ペプシン〖pepsin〗胃液に含まれるたんぱく質分解酵素。前駆体のペプシノーゲンとして分泌され、胃液中の塩酸により活性化されたもの。たんぱく質をプロテオースないしペプトンの段階まで消化する。
へ‐ふだ【▽戸札】►へのふだ
ヘプタ〖ギリシャ hepta〗数の7。
ヘプタスロン〖heptathlon〗「七種競技」に同じ。
ペプチダーゼ〖peptidase〗ペプチド結合を加水分解する酵素。特に、ペプチド鎖を末端から作用して切るエキソペプチダーゼをいう。
ペプチド〖peptide〗2個以上のアミノ酸のペプチド結合によってできた化合物。アミノ酸の数によって、2個ならジペプチド、3個ならトリペプチドといい、2～10個程度の少数ならオリゴペプチド、10～100個と多数ならポリペプチドという。
ペプチド‐けつごう【ペプチド結合】アミノ酸分子のアミノ基 $-NH_2$ と、他のアミノ酸のカルボキシル基 $-COOH$ とから、水1分子が取れて縮合してできる形 $-CONH-$ の結合。
ペプチド‐ホルモン〖peptide hormone〗ペプチド結合をもつホルモン。副腎皮質刺激ホルモン・プロラクチン・抗利尿ホルモン・インスリンなど。
ペプトン〖peptone〗たんぱく質がペプシンや熱・酸などによって分解されたときにできる、たんぱく質とアミノ酸との中間的な物質。さまざまな大きさのペプチドの混合物。
ベブヒオン〖Bebhionn〗►ベビオン
ヘブライ〖ギリシャ Hebraios〗《川の向こうから来た人の意》他民族がイスラエル民族をいう名称。また、古代イスラエル王国をさすこともある。➡イスラエル 補説「希伯来」とも書く。
ヘブライ‐ご【ヘブライ語】セム語族に属する言語。旧約聖書に用いられた古代ヘブライ語、もっぱら文字言語としてユダヤ教徒に使われた中期ヘブライ語のあと、19世紀末に日常語として復活したのが現代ヘブライ語で、これはイスラエルの公用語の一つ。
ヘブライズム〖Hebraism〗古代ヘブライ人の思想・文化。旧約聖書(ユダヤ教)および新約聖書の全体を含むキリスト教の精神を包含する語。ヘレニズムとともにヨーロッパ文化の二大源流とされる。
ヘブライ‐もじ【ヘブライ文字】アラム文字から漸次変化した文字で、現在の標準書体は1世紀末に確立したと推定される。字母の数は22個で、1字が1子音を表すが、うち4字は母音を表す場合もある。大文字と小文字の区別はなく、右から左へ横書きにする。
ペプラム〖peplum〗女性服の上着の、ウエストで切り替えて裾広がりにした部分。フレアなどを入れる。
ベフラムカレ〖Behramkale〗トルコ西部、エドミレット湾に面する村。村に隣接して、古代ギリシャ時代の学術都市アッソスの遺跡があり、円形劇場やアテナ神殿などが残っている。現在は海岸保養地。
ヘブリディーズ‐しょとう【ヘブリディーズ諸島】《Hebrides》英国スコットランド北西部の諸島。漁業や牧羊が行われる。
ペブル〖pebble〗《丸い小石の意》カーリングで、氷上につけられた小さな凹凸。ストーンの滑りをよくするためのもので、専用のじょうろで水をまいて作る。
ベブレン〖Thorstein Bunde Veblen〗[1857～1929]米国の経済学者・社会学者。経済制度の進化過程を追究・分析し、制度学派の創始者とされる。著「有閑階級の理論」「企業の理論」など。
ヘブン〖heaven〗天。天国。また、天空。
ヘプン〖Höfn〗►ホプン
ヘブンリー〖Heavenly〗米国カリフォルニア州とネバダ州にまたがるスキーリゾート。景勝地として知られるタホー湖を見下ろす場所にある。
へ‐へ〔感〕❶人をばかにして笑う声。「一、ざまあみろ」❷へつらって笑う声。「一、失敗したよ」
べべ 着物をいう幼児・女性語。「赤い一着たお人形」
べ‐へい‐れん【ベ平連】「ベトナムに平和を！市民連合」の略。昭和40年(1965)小田実・鶴見俊輔・開高健らを中心に結成。広範な市民の自発的参加を得て、街頭デモ・反戦広告・支援カンパなど多様な反戦運動を展開した。同49年に解散。
へ‐へえ〔感〕「へえ❶」に同じ。「一、そうでしたか」
ヘベシー〖Georg Hevesy〗[1885～1966]ハンガリーの物理化学者。第二次大戦でスウェーデンに亡命。放射性同位体を研究し、トレーサーとして用いる技術を開発。ハフニウムの発見者の一人。1943年ノーベル化学賞受賞。
へへののもへじ ►へのへのもへじ
ペヘレイ〖スペイン pejerrey〗《魚の王様の意》スズキ目トウゴロウイワシ科の淡水魚。全長約40センチ。全体に細長く、体側を銀色の帯が走る。南アメリカの原産で、日本には昭和41年(1966)アルゼンチンから移植され、養殖されている。美味。
へべれけ〔形動〕文〔ナリ〕酒にひどく酔って正体のないさま。「一になる」
類語 ぐでんぐでん・べろべろ・べろんべろん・れろれろ
ペペロミア〖ラテン Peperomia〗コショウ科ペペロミア属(サダソウ属)の多年草の総称。葉は心臓形で、白い縞模様のものなどがある。花は円筒形の花穂につく。熱帯アメリカなどに産し、観葉植物とされる。
ペペロンチーノ〖イタリア peperoncino〗❶唐辛子。❷唐辛子・ニンニクをオリーブオイルで炒めてスパゲッティをからめた料理。アーリオ‐オリオ‐ペペロンチーノ。
へぼ〔名・形動〕❶技術や技芸が劣ること。また、そのさま。「一な将棋」「一侍」❷野菜・果物の出来の悪いこと。また、そのさま。「一うり」「一かぼちゃ」
類語 (❶)下手・拙劣・拙悪・稚拙・未熟・無器用・下手くそ・からっ下手・拙い・まずい・たどたどしい
へぼ‐がや【へぼ×榧】イヌガヤの別名。
ヘボン〖James Curtis Hepburn〗[1815～1911]米国の宣教師・医師。日本名、平文。安政6年(1859)来日し、神奈川で医療と伝道に従事するかたわら、和英辞典「和英語林集成」を編集、ヘボン式ローマ字を創始。また、新・旧約聖書を和訳し刊行。明治25年(1892)帰国。
ヘボンしき‐ローマじつづりかた【ヘボン式ローマ字×綴り方】日本語を書き表すためのローマ字のつづり方の一。明治18年(1885)に羅馬字会が定めたつづり方をヘボンが同19年の「和英語林集成第三版」に採用し一般化したもの。➡ローマ字綴り
へま〔名・形動〕❶気のきかないこと。間のぬけていること。また、そのさま。「一なやつ」「一な応答」❷手抜かりをすること。処置を誤ること。失敗。「とんだ一をやる」類語 ぽか・どじ・失敗・失策・過失・過誤・失態・不覚・粗相・しくじり・間違い・ミス・エラー
へ‐まさ・る【経勝る｜経▽優る】〔動ラ四〕時日がたつにつれて次第にすぐれていく。「昔よりもあまた一・りておぼさるれば」〈源・朝顔〉
ヘマタイト〖hematite〗►赤鉄鉱
ヘマトクリット〖hematocrit〗血液中に占める赤血球の容積の割合。凝固を阻止した血液を毛細管に入れて遠心分離器にかけ、沈降した血球層の高さを見るなどの測定法があり、値は百分率で示す。赤血球容積。
へまむし‐にゅうどう【ヘマムシ入道】文字遊戯の一。片仮名のヘマムシの4文字で頭部横顔を、草書の入道の2字でからだを書き表したもの。
へまむしょ‐にゅうどう【ヘマムショ入道】「ヘマムシ入道」の横顔に、耳にあたる片仮名のヨを加えたもの。
へみ【▽蛇】「へび(蛇)」に同じ。「四つの一五つの鬼の集まれる穢き身をば」〈仏足石歌〉
へみ【×椐】ヤブデマリの別名。
べ‐み〔連語〕《推量の助動詞「べし」の語幹「べ」＋接尾語「み」》…しそうなので。…はずであろうから。多く「ぬべみ」の形で用いる。「いた泣かば人知りぬ一」〈允恭紀・歌謡〉「佐保山のははその紅葉ちりぬ一夜さへ見よと照らす月影」〈古今・秋下〉補説 上代に多くみられ、中古には和歌にのみ例がある。
ペミカン〖pemmican〗乾燥肉を粉末にして脂肪や果実と混ぜて固めたもの。保存食・携帯食として用いられる。もとはアメリカ先住民の食糧。
ヘミセルロース〖hemicellulose〗多糖類の一種。植物繊維から抽出される。セルロースと構造上の関係はない。擬繊維素。
べ‐みん【▽部民】部に所属する民。べのたみ。ぶみん。➡部
ヘミングウェイ〖Ernest Miller Hemingway〗[1899～1961]米国の小説家。「ロストジェネレーション(失われた世代)」の代表作家で、死と隣り合わせの現実に敢然と立ち向かう人間の姿を描く。1954年ノーベル文学賞受賞。作「日はまた昇る」「武器よさらば」「誰がために鐘は鳴る」「老人と海」など。
ヘム〖hem〗衣服や布の端を折り返した、へり。袖口、スカートの裾、上着の縁など。
ヘム〖heme〗鉄とポルフィリンとの錯塩。たんぱく質のグロビンと結合してヘモグロビンとなり、その色素部分に相当し、酸素の担体となる。
ベム〖BEM〗《bug-eyes monster》通俗的なSFに登場する、複眼でグロテスクな異星人。
ヘムステッチ〖hemstitch〗洋裁や手芸で、布端のほつれの始末や装飾のためにする透かしかがり。ハンカチやテーブルクロスなどに応用。ヘムかがり。
ヘムト〖HEMT〗《high electron mobility transistor》高電子移動度トランジスタ。ガリウムヒ素とアルミニウム・ガリウムヒ素を重ね合わせると、その接合面に発生する電子が高速で移動する性質を利用した半導体素子。
ヘムライン〖hemline〗スカート・ドレス・コートなどの裾の縁線。また、その形のデザインのこと。
へ‐めぐ・る【経巡る｜▽歴▽回る｜経▽回る】〔動ラ五(四)〕あちこちをまわって歩く。方々を旅行してまわる。遍歴する。「諸国を一・る」
ヘメロカリス〖ラテン Hemerocallis〗ユリ科ワスレナグサ属の多年草。東アジアに10種ほどあり、一部は食用や観賞用に利用される。狭義には交配により作出された同属の園芸品種をさす。デイリリー。ヤブカンゾウ。
ヘモグロビン〖hemoglobin〗脊椎動物の赤血球

へ

中に含まれる、たんぱく質のグロビンと鉄を含む色素ヘムとが結合した色素たんぱく質。呼吸器官から入った酸素と結合してオキシヘモグロビンとなり、体内の各組織に運ぶ働きをする。一酸化炭素とは酸素以上に結合しやすい。血色素けっしきそ。

ヘモシアニン〖hemocyanin〗軟体動物や甲殻類の血液中に含まれる、銅を含む色素たんぱく質。酸素と結合すると無色から青色になり、酸素を運ぶ働きをする。血青素けっせいそ。

ヘモフィリア〖hemophilia〗「血友病」に同じ。

ヘモロイド〖hemorrhoid〗「痔じ」に同じ。

へ-や【部屋】❶家の中をいくつかに仕切ったそれぞれの空間。座敷。室。間ま。「子供の―」❷ホテル・アパートなどで、宿泊したり生活したりするための一区画。「この宿でいちばん高い―」「―予約する」❸「相撲部屋すもうべや」の略。❹江戸時代、諸大名の江戸屋敷で、中間ちゅうげん・小者こものなどの詰め所。❺殿中で、宮仕えの女の居間。局つぼね。(類語)房ぼう・間ま・室しつ
(…へや)(べや)相部屋・空き部屋・行灯あんどん部屋・牛部屋・大部屋・男部屋・女部屋・監獄部屋・子供部屋・小部屋・御用部屋・書生部屋・女中部屋・相撲部屋・鮹たこ部屋・供部屋・寝部屋・用部屋

ヘヤ〖hair〗▶ヘア

へや-おや【部屋親】江戸時代、部屋子へやご❷を召し使った奥女中。

へや-がしら【部屋頭】❶各相撲部屋の中で、現役を引退して部屋に入り、後進の指導や世話をする者。若者頭。❷江戸時代、諸大名の江戸屋敷に出入りする小者こものや人足などの長。

へ-やかた【×舳屋形】船のへさきに設けた屋形。「舟を浮かべ―に垣楯かきたてかきたりければ」〈盛衰記・四二〉

へや-がた【部屋方】「部屋子へやご❷」に同じ。

へや-ぎ【部屋着】室内で着る、くつろげる衣服。

へや-ご【部屋子】❶部屋住みの人。親がかりの人。❷江戸時代、大名屋敷で御殿女中に召し使われた少女。部屋方へやかた。❸武家屋敷の奉公人の部屋にいる食客。❹若い歌舞伎役者で、親方のもとに預けられて修業中の者。

へや-しゅう【部屋衆】室町幕府の職名。将軍の寝所の宿直をする役。将軍の一族の者が交代で勤めた。御部屋衆。

ベヤズット-ジャーミー〖Beyazıt Camii〗▶ベヤズットモスク

ベヤズット-とう【ベヤズット塔】タウ《Beyazıt Kulesi》トルコ北西部の都市イスタンブールにある塔。高さ50メートル。イスタンブール大学の構内、ベヤズット広場に建つ。1828年、オスマン帝国のスルターン、マフムト2世により火事の監視塔として建造。1926年に石造の塔に改築された。ベヤズットジャーミー。

ベヤズット-モスク〖Beyazıt Mosque〗トルコ北西部の都市イスタンブールの旧市街、ベヤズット地区にあるイスラム寺院。16世紀初頭、オスマン帝国のスルターン、ベヤズット2世により建造。直径17メートル、高さ44メートルのドームをもつ。ベヤズットジャーミー。

へや-ずみ【部屋住み】家督相続前の嫡男。また、次男以下で分家・独立をせず、親または兄の家にとどまっている者。

へや-もち【部屋持(ち)】❶自分専用の部屋を持つこと。また、その人。❷《「部屋持ち女郎」の略》江戸吉原の遊郭で、自分の部屋を持つ女郎。座敷持ちの下位で、揚げ代は昼夜一分いちぶから二分。

へや-わり【部屋割(り)】〔名〕スル　集団で宿泊などするときの部屋の割り当てをすること。

ペヨーテ〖peyote〗サボテン科の観葉植物。北アメリカ南部原産。古くから知られた向精神性植物で、幻覚作用をもつ一種のアルカロイドを含む。学名ロフォフォラウィリアムシイ(Lophophora williamsii)。烏羽玉うばたま。

ベヨネーズ-れつがん【ベヨネーズ列岩】伊豆諸島、青ヶ島の南約60キロにある岩礁群。明神礁を火口丘とする海底火山のカルデラの縁。弘化3年(1846)フランス軍艦ベヨネーズ(Bayonnaise)が発見。

へら【×箆】❶竹・木・象牙ぞうげ・金属などを細長く薄く平らに削り、先端を少しとがらせた道具。布や紙に折り目や印をつけ、または物を練ったり塗ったりするのに用いる。❷「箆鮒へらぶな」の略。「―釣り」
箆を使・う《箆は塗るのにもはがすのにも使用するところから》どちらつかずのあいまいな言い逃れをする。

へら【×鐴】《「箆へら」と同語源》唐鋤からすきの刃先の後方にあって、突起した部分。掘り起こした土を砕くはたらきをする。唐鋤の耳。

ヘラ〖Hērā〗ギリシャ神話で、オリンポスの最高女神。クロノスとレアとの娘で、ゼウスの姉にして妻。女性の結婚生活を守る神とされ、嫉妬しっと深く、夫の愛人やその子を迫害。ローマ神話のユノーにあたる。

べら【▽遍羅・▽倍▽良】スズキ目ベラ科の海水魚の総称。小形のものが多く、背びれは体に沿って長い。雌雄で色彩の異なるものがある。温・熱帯海の沿岸の浅海にすむ。キュウセン・ササノハベラ・ニシキベラ・ホンソメワケベラなど。(季 夏)

ぺら　❶折ったりとじたりしない1枚のままの印刷物。ぺらいち。「―のちらし」❷《「半ぺら」の略》200字詰めの原稿用紙。「―で八枚」❸紙幣。「―だにあれば四海みな、同朋町の芸者巻まき」〈逍遥・当世書生気質〉

ペラ〖Pella〗㊀ギリシャ北部、マケドニア地方の町。テッサロニキの北西約40キロメートル、ローディアス川沿いに位置する。紀元前5世紀にマケドニア王国の首都が置かれた。紀元前2世紀、古代ローマ帝国に征服され、その後地震の被害により衰退。アレクサンドロスおよび父フィリッポス2世の生地。20世紀の発掘調査により、紀元前3世紀頃の柱やモザイクの床が発見された。㊁▶タバカットファハル

ヘラート〖Herāt〗アフガニスタン北西部の商業都市。交通の要地にあり、アレクサンドロス大王が建設。15世紀にはチムール帝国の首都となった。

ヘライオン〖Heraion〗▶ヘラ神殿

ぺら-いち【ぺら一】「ぺら❶」に同じ。「―の企画書」

ベラウ〖Belau〗▶パラオ

へら-おおばこ【×箆大葉子】へらおほばこ　オオバコ科の多年草。高さ30〜60センチ。葉は根生し、へら形。夏、花茎を直立し、小花を穂状につける。花は下から上へと開いてゆき、白か紫色の雄しべが突き出る。ヨーロッパの原産で、日本には幕末ごろ渡来し、帰化。

へら-おもだか【×箆沢=瀉・×箆面高】オモダカ科の多年草。沢地や水田に生え、根元から長い柄のあるへら形の葉を多数出す。夏から秋、花茎を伸ばし、枝を総状に出して白い小花を輪生する。

ペラギウス〖Pelagius〗[354〜420ころ]イギリスの修道士・神学者。自由意志という人間の能力を強調し、原罪を否定。アウグスティヌスらの批判を受けて、416年に異端とされた。著「パウロ書簡注解」。

ペラグラ〖イタリア pellagra〗ニコチン酸の欠乏から起こる、皮膚・消化器・精神の障害を主症状とする病気。

ヘラクリオン〖Heraklion〗▶イラクリオン

ベラクルス〖Veracruz〗メキシコ東部、メキシコ湾に面する港湾都市。同国最大の貿易港。石油工業が盛ん。1519年、コルテスによって建設された。

ヘラクレイトス〖Hērakleitos〗[前540ころ〜前480ころ]古代ギリシャの哲学者。万物は「ある」ものではなく、反対物の対立と調和によって不断に「なる」ものであり、その根源は火であると主張した。その学説は、万物流転説とよばれる。

ヘラクレス〖Hēraklēs〗㊀ギリシャ神話で、最大の英雄。ゼウスとアンフィトリュオンの妻アルクメネとの子。ゼウスの妻ヘラの激しい嫉妬しっとにより、幼時から種々の迫害を受けた。ライオン・ヒドラ・怪鳥退治など、アルゴス王エウリュステウスに命じられた12の難題解決は特に有名。死後、天上に迎えられて神になったという。ヘルクレス。㊁(Hercules)大阪証券取引所(大証)が平成14年(2002)に開設した新興企業向けの株式市場。ニッポン・ニュー・マーケットヘラクレスの略称。同12年に大証とナスダックなどが提携して開設した新興企業向けの株式市場「ナスダック・ジャパン」を改称したもの。22年10月ジャスダック・NEOと市場統合、新「ジャスダック」となった。➡新興市場

ヘラクレス-の-とう【ヘラクレスの塔】タフ《Torre de Hércules》スペイン北西部、ガリシア州の港湾都市ラ・コルーニャにある灯台。2世紀に古代ローマ人が建造。18世紀に改築されて現在の姿になった。今も使用されている最古の灯台として知られる。2009年、世界遺産(文化遺産)に登録。エルクレスの塔。

ペラ-ごろ《「オペラごろつき」の略》大正末期、オペラに熱中して女優を追い回したり劇場に出入りしたりした青年。(補説)「ごろ」は「ジゴロ」の略とも。

へら-さぎ【×箆×鷺】トキ科の鳥。全長86センチくらい。全身白色で、くちばしがへら状。ユーラシア大陸に分布。冬、主に九州に少数が渡来。近縁のクロツラヘラサギはまれな冬鳥。

へら-じか【×箆鹿】シカ科の哺乳類。シカ類中最大で、肩高2メートルを超える。角は平たく手のひら状に広がり、上唇がラクダのように垂れている。ユーラシアおよび北アメリカ大陸の北部に分布し、中国では駝鹿だじかとよばれ、時にシフゾウと混同される。ヨーロッパではエルク、アメリカではムースとよばれる。おおじか。

へらし-め【減らし目】編み物の目数を減らすこと。二目に一度、三目に一度などという。俗に「へし目」という。㊥増ましし目。

ヘラ-しんでん【ヘラ神殿】《Heraion》㊀ギリシャ、エーゲ海南東部、ドデカネス諸島のサモス島にある古代遺跡。同島南東部の港町ピタゴリオンの西方約6キロメートルに位置する。ギリシャ神話の最高女神ヘラの誕生の地とされ、古くからヘラ信仰が盛んだった。紀元前8世紀頃に最初の神殿が建造され、紀元前6世紀に僭主ポリクラテスにより大神殿の造営が進められたが、未完に終わった。現在は巨大な1本の円柱といくつかの遺構があるのみとなっている。1992年に「サモス島のピタゴリオンとヘラ神殿」の名で世界遺産(文化遺産)に登録された。イレオ。ヘライオン。㊁ギリシャ、ペロポネソス半島北西部、ゼウスの神域として知られるオリンピアにある神殿跡。ギリシャ神話の最高女神ヘラを祭った。紀元前7世紀に建造され、同国最古の神殿の一つとして知られる。

ヘラス〖ギリシャ Hellas〗㊀ギリシャのテッサリアに住んだ部族名。また、その居住地名。㊁ギリシャ全土を古代ギリシャ人がよんだ名称。現在でもギリシャの意味で文語として用いられる。➡エラザ

へら・す【減らす】〔動サ五(四)〕❶物の数・量を少なくする。減じる。「負担を―・す」「体重を―・す」㊥増やす/増す。❷人をけなす。人をへこませる。「人ヲ―・ス」〈日葡〉(可能)へらせる
(類語)減る・減ずる・減少する・約つづめる

へらず-ぐち【減らず口】《いくらしゃべっても口はへらない、の意から》自分勝手なへ理屈を言いたてること。強がりや負けおしみを言うこと。また、その言葉。「―をたたく」(類語)憎まれ口

ベラスケス〖Diego Rodríguez de Silva y Velázquez〗[1599〜1660]スペインの画家。近代絵画の先駆をなす主知的な色彩法と深い人間観察により、肖像画を多く残した。作「女官たち」など。

ヘラストラウ-こうえん【ヘラストラウ公園】コウヱン《Parcul Herăstrău》ルーマニアの首都ブカレストの北部にある公園。1930年代に市民の憩いの場として開設。人工湖のヘラストラウ湖や日本庭園のほか、同国各地の民家を集めた農村博物館がある。

へら-だい【×箆台】裁縫で、箆付けをするときに布をのせる台。

べら-つ・く〔動カ四〕❶べらべらしゃべる。「何―・いてゐめさる」〈浄・猿丸太夫鹿巻毫〉❷ぶらぶらゆれる。「牛の尾も―・きゃ遅い」〈浄・振袖始〉❸のろのろする。手間どる。「牛より―・く野良仕事」〈浄・応神天皇〉

へら-つけ【×箆付け】裁縫で、縫うときの目印として、あらかじめ布にへらでしるしをつけること。

ベラト〖Berat〗アルバニア中南部の都市。オスム川沿いに位置する。オスマン帝国時代に造られた石造りの家並みで知られ、2008年に同国南部の都市ジロ

カストラとともに世界遺産(文化遺産)に登録された。
ベラドンナ〖belladonna〗ナス科の多年草。花は暗紫色。全体にアルカロイドのヒヨスチアミンを含み有毒。葉と根を鎮痙(ちんけい)剤・鎮痛薬や散瞳剤に用いる。西アジア・ヨーロッパに分布。名はイタリア語で美女の意で、目をぱっちりさせるために用いられたことから。
べらなり〔助動〕〔○|○|べらなり|べらなる|べらなれ|○〕《推量の助動詞「べし」の語幹「べ」＋接尾語「ら」＋断定の助動詞「なり」》活用語の終止形、ラ変型活用は連体形に付く。状態の推量を表す。…ようだ。…ように思われる。「なきとむる花しなければ鶯もはてはものうくなりぬべらなり」〈古今・春下〉【補説】平安初期には訓点語として用いられ、中期には歌語として盛んに用いられた。連用形の例は少ない。
へら-の-き【×箆の木】シナノキ科の落葉高木。山地に自生。樹皮は灰褐色で縦に裂ける。葉はゆがんだ長卵形。7月ごろ、淡黄色の花を集散状につけ、花序の柄にへら状の苞葉(ほうよう)をもつ。
へら-ぶな【×箆×鮒】ゲンゴロウブナ、また、その飼養品種のカワチブナの俗称。へら。
へら-へいとう【▽平平等|▽平▽等平等】〔形動ナリ〕《「平等」を「へら」と読み「平等(びょうどう)」と重ねたものか》すべて一様であるさま。いっしょくた。「なりったけ一にやっつける」〈柳多留・一六〉
へら-へら ㊀〔副〕スル ❶だらしなくあいまいに笑うさま。「―(と)笑っている場合ではない」「―(と)した態度にむかつく」❷軽々しくよくしゃべるさま。「―(と)お追従を言う」❸紙や布などが薄く腰の弱いさま。「―(と)した画用紙」㊁〔形動〕㊀❸に同じ。「―な下敷き」【アク】㊀はヘラヘラ、㊁はヘラヘラ。
べら-べら ㊀〔副〕スル ❶立て続けに勢いよくしゃべるさま。「―(と)まくしたてる」❷布などが薄くて張りのないさま。「―(と)した安物の生地」❸悠長なさま。「此半兵衛は蔵に―何していやる」〈浄・宵庚申〉㊁〔形動〕㊀❷に同じ。「―なカーテン」【アク】㊀はベラベラ、㊁はベラベラ。【類語】ぺらぺら・滔滔(とうとう)
ぺら-ぺら ㊀〔副〕スル ❶軽々しくよくしゃべるさま。「人の秘密を―(と)話してしまう」❷外国語をよどみなく自由に話すさま。「英語で―(と)答える」❸続けざまに紙をめくるさま。「―(と)ページをくる」❹紙や布が薄くて弱いさま。「こんな―した紙では困る」㊁〔形動〕❶㊀❷に同じ。「彼は英語のほかにスペイン語も―だ」❷㊀❹に同じ。「安っぽい―な生地」【アク】㊀はペラペラ、㊁はペラペラ。【類語】べらべら・滔滔(とうとう)
べら-ぼう〔名・形動〕❶程度がひどいこと。はなはだしいこと。また、そのさま。「今日は―に寒い」「―な値上がり」❷普通では考えられないようなばかげていること。また、そのさま。「そんな―な要求はのめない」❸人をののしっていう語。たわけ。ばか。「何をぬかすか、この―が」【補説】語源は、寛文(1661〜1673)末年ごろ、見世物で評判になった、全身真っ黒で頭はとがり、目は赤く丸く、あごが猿のような奇人「便乱坊(べらぼう)」「可坊(べくぼう)」からという。「箆棒」は当て字。【類語】(❶❷)ものすごい・むちゃくちゃ・すさまじい・度外れ・桁(けた)外れ・桁(けた)違い・極度・異常・法外・途方もない・途轍(とてつ)もない
べらぼう-め【べらぼう▽奴】〔感〕相手をののしっていう語。「あたりまえだ、―」
ペラマ-どうくつ【ペラマ洞窟】《Spilaio Peramatos》ギリシャ北西部、エピロス地方の町ペラマにある洞窟。イオアニナの北西郊外に位置。1940年に発見され、全長約1キロでバルカン半島有数の規模をもつ。
ベラミ〖(フランス) Bel-Ami〗モーパッサンの長編小説。1885年刊。才能もない美貌(びぼう)の青年デュロアが、女を利用して栄達していくようすを描いた、自然主義小説の典型的作品。
ベラム〖vellum〗子牛・子羊などの皮をなめして作った上質の皮紙。現在はおもに表紙の材料として用いるが、古くは上等の写本用紙としても用いられた。
ベラルーシ〖Belarus'〗ヨーロッパ東部の共和国。ロシア連邦とポーランドとの間にある。首都ミンスク。1991年、ソ連邦解体に伴い独立。機械・化学工業が盛ん。人口961万(2010)。白ロシア。
ペラルゴニウム〖(ラテン) Pelargonium〗フウロソウ科ペラルゴニウム属(テンジクアオイ属)の植物の総称。多年草または低木。観賞用に栽培されるものは、ゼラニウムとよばれる。
ヘラルド〖herald〗報道者。先駆者。
へら-わたし【×箆渡し】姑(しゅうとめ)が嫁に家政をまかせること。杓子(しゃくし)渡し。
ペラン〖Jean-Baptiste Perrin〗[1870〜1942]フランスの物理化学者。ブラウン運動を観測し、モル分子数を測定して分子の存在を実証した。1926年ノーベル物理学賞受賞。
ベランジェ〖Pierre Jean de Béranger〗[1780〜1857]フランスの詩人。シャンソン作家として民衆の人気を集めた。作「古い旗」「老兵士」など。
ベランダ〖veranda〗建物に外接して張り出した広縁。【季 夏】【類語】バルコニー・テラス
べらん-めえ ㊀〔感〕《「べらぼうめ」の音変化》江戸っ子が相手をののしっていう語。「―、くやしかったらやってみろ」㊁〔名〕江戸っ子。「あの男も―に似て居ますね」〈漱石・坊っちゃん〉
べらんめえ-くちょう【べらんめえ口調】東京下町の職人などの間で用いられた威勢のいい言葉の調子。べらんめえ言葉。
へり【減り】へること。少なくなること。また、減った分量・かさ。「インクの―が激しい」
へり【▽縁】❶池・穴などに接したすぐそば。そのものに入るすぐ手前をさす。「崖(がけ)の―に立つ」「川―の道」❷もののはし。ふち。「机の―で肘(ひじ)をうつ」「船―」❸❷につけた飾り。特に、畳の長いほうの両端をつつんだ布。➡ふち(縁)【用法】
【類語】隅・角・端・縁(ふち)・際(きわ)・隅っこ・端っこ
ヘリ「ヘリコプター」の略。「救援の―を飛ばす」
ベリア〖Velia〗イタリア南部、カンパニア州にある古代ギリシャ、ローマ時代の都市遺跡。紀元前6世紀にギリシャ人により古代都市エレア(ラテン語名ウェリア)が建設され、城壁や城門、塔などの遺跡がある。1998年、「パエストゥムとベリアの古代遺跡群を含むチレントとディアノ渓谷国立公園とパドゥーラのカルトジオ修道院」として、世界遺産(文化遺産)に登録された。ペストゥム。
ベリア〖Veroia〗ギリシャ北部、マケドニア地方の都市。古代名ベロイア。テッサロニキの西方約70キロメートル、ベルミオ山の麓に位置する。紀元前4世紀以降、古代マケドニア王国の重要な都市として発展。紀元1世紀に使徒パウロが伝道の途中で立ち寄ったことで知られる。14世紀にオスマン帝国に征服され、1912年よりギリシャ領。
ベリー〖berry〗ブルーベリー・ストロベリー・ラズベリー・クランベリーなどの総称。また、ミカン・ブドウなど、果肉の柔らかい水分の多い果実の総称。液果。
ベリー〖very〗他の外来語の上に付いて、非常に、はなはだ、の意を添える。「―グッド」「―ハッピー」
ペリー〖Matthew Calbraith Perry〗[1794〜1858]米国の海軍軍人。東インド艦隊司令長官として、嘉永6年(1853)軍艦4隻を率いて浦賀に来航。日本に開国をせまり、翌年再び来航、日米和親条約を締結した。著「日本遠征記」。ペルリ。
ベリーキー-ノブゴロド〖Veliky Novgorod〗ロシア連邦の都市ノブゴロドの正称。
へり-いし【▽縁石】➡えんせき(縁石)
ベリー-ショート《和 very＋short》美容用語で、ショートカットの中でも特に短くカットした髪形。
ベリーズ〖Belize〗中央アメリカ、カリブ海に面する国。首都ベルモパン。英国領から1981年独立。英連邦加盟国。主産業は農林業で、砂糖・柑橘(かんきつ)類・マホガニー材などを産する。人口31万(2010)。
ベリーズ-シティー〖Belize City〗中央アメリカ、ベリーズの東部の都市。旧首都。現在、ベリーズ州の州都。国際空港がある。
ベリー-セット《和 berry＋set》果物を食べるための盛り皿・取り皿・フォークなどが一揃いになったもの。
ベリー-ダンス〖belly dance〗女性が腹部の筋肉の動きを強調する、アラビア風の扇情的な踊り。
ベリーニ〖Bellini〗イタリア、ベネチア派の画家一家。父ヤコポ(Jacopo[1400ころ〜1470ころ])と二人の息子、兄ジェンティーレ(Gentile[1429ころ〜1507])および弟ジョバンニ(Giovanni[1430ころ〜1516])。父は同派の始祖とされ、兄は肖像画にすぐれ、弟は同派の画風を確立した。
ベリールアンメール-とう【ベリールアンメール島】《Belle-Île-en-Mer》フランス西部、モルビアン県、ブルターニュ半島南沖の大西洋にある島。「美しい島」を意味し、海浜保養地として知られる。主な町はルパレ、ソーゾン、バニョール、ロクマリア。本土のキブロンと定期航路で結ばれる。先史時代のメンヒルや、16世紀に建造された城塞がある。ベリール島。ベルイル島。ベルイルアンメール島。
ベリール-とう【ベリール島】《Belle-Île》➡ベリールアンメール島
ベリー-ロール〖belly roll〗走り高跳びの跳び方の一。バー(横木)の上で腹ばいになるように回転しながら跳び越える方法。ストラドルジャンプ。
ヘリウム〖helium〗希ガス元素の一。無色・無臭の、水素に次いで軽い気体。沸点は低く、セ氏マイナス268.9度。化学的には不活性で、他の元素と化合物をつくらない。宇宙での存在は水素に次いで多く、大気中にわずかに含まれる。気球用ガス・極低温用寒剤などに利用。太陽紅炎のスペクトル線から発見され、名は太陽の意のギリシャ語にちなむ。元素記号He　原子番号2。原子量4.003。
ヘリウムネオン-レーザー〖Helium Neon laser〗ヘリウムとネオンの低圧混合ガスを用いる気体レーザー。1960年、米国ベル研究所で開発された。ガスの主成分はヘリウムで、15パーセント以下の割合でネオンを含む。主波長633ナノメートルの赤色光を発する。バーコードリーダー、レーザープリンター、レーザーポインターなど、さまざまな用途で利用される。
ペリエ〖(フランス) Perrier〗フランス産の、炭酸含有のミネラルウオーターの商標名。フランスのラングドック地方ヴェルジェーズの鉱泉開発会社の名から。
ベリオ〖Luciano Berio〗[1925〜2003]イタリアの作曲家。電子音楽などの作品を残し、イタリアの前衛音楽界をリードした。作「セクエンツァ」シリーズ、「シンフォニア」など。
ペリオ〖Paul Pelliot〗[1878〜1945]フランスの東洋学者。1906〜1909年、中央アジアを踏査、敦煌(とんこう)の千仏洞から多数の文書・遺物を発見。著「敦煌千仏洞」。
ペリオイコイ〖(ギリシャ) perioikoi〗古代ギリシャ、スパルタの半自由民。完全市民とヘイロタイとの中間。参政権はなかったが共同体の自治は認められ、従軍の義務を負った。農業を主に、商業・手工業に従事。
ヘリオス〖Hēlios〗ギリシャ神話で、太陽の神。毎日、4頭立ての馬車で天空を東から西に横切り、夜の間に黄金の杯で大洋オケアノスを航海して、東に戻ると考えられていた。
ヘリオスコープ〖helioscope〗太陽を単色光で肉眼観測する分光装置。スペクトロヘリオスコープ。
ヘリオスタット〖heliostat〗太陽の光を平面鏡で反射させて一定の方向に送る装置。
ヘリオスフィア〖Heliosphere〗➡太陽圏
ヘリオトロープ〖heliotrope〗❶ムラサキ科の小低木。葉は楕円形で先がとがる。春から夏にかけて、強い芳香のある紫または白色の小花を総状につける。また、園芸上は同科ヘリオトロピウム属(キダチルリソウ属)の数種をさし、花が紫色のニオイムラサキなどがある。ペルーの原産で、花から香油をとり、また観賞用に栽培。木立瑠璃草(きだちるりそう)。香水草。【季 春】❷❶の花から製した香料・香水。❸➡血石
ヘリオトロピン〖heliotropin〗➡ピペロナール
ヘリオポーズ〖Heliopause〗太陽から噴き出す太陽風とそれに伴う磁場が、銀河系の星間物質とその磁場にぶつかって形成する境界面。その境界の内

側の空間、すなわち太陽風の影響が及ぼされる範囲を太陽圏という。

ヘリオメーター〖heliometer〗太陽の光球の視直径を精密に測定する装置。太陽儀。

ベリ-カード《verification cardから》海外放送を受信し、その内容(周波数・時間帯・番組・受信状態など)を発信した放送局に報告すると送ってくるカード。受信確認証。

ヘリカル-ギア〖helical gear〗▶斜歯歯車

へり-がわ【▽縁革】革または布製品などのふちにつける帯状の革。

ペリカン〖pelican〗ペリカン目ペリカン科の鳥の総称。大形の水鳥で、シロペリカン・カッショクペリカン・モモイロペリカンなどがある。くちばしは長く、下くちばしに大きな袋をもつ。袋は伸縮でき、網のように用いて魚を捕る。温・熱帯地方に分布。

ベリキエ-ルーキ〖Velikie Luki〗ロシア連邦北西部、プスコフ州の都市。ロバチ川沿いに位置し、ベラルーシとの国境に近い。13世紀にノブゴロド公国のクレムリン(城塞)が築かれ、15世紀にモスクワ大公国に併合。20世紀初頭に鉄道が開通し、工業都市として発展した。

ベリキ-プレスラフ〖Veliki Preslav〗ブルガリア北東部の町。シュメンの南西約20キロメートルに位置する。第一次ブルガリア帝国時代に首都が置かれ、プレスラフと呼ばれた。

ペリグー〖Périgueux〗フランス南西部、ドルドーニュ県の都市。同県の県都で、ドルドーニュ川の支流イル川沿いにある。フォアグラ、トリュフの産地。古代ローマ時代よりペリゴール地方の中心地で、後に司教座が置かれた。3世紀の城壁や円形闘技場、12世紀に建てられたロマノビザンチン様式のサンフロン大聖堂をはじめ、歴史的建造物が数多く残っている。1998年、「フランスのサンティアゴ-デ-コンポステラの巡礼路」の一部として、世界遺産(文化遺産)に登録。

へり-くだ・る【▽謙る・▽遜る】〔動ラ五(四)〕相手を敬って自分を控えめにする。謙遜する。卑下する。「―・ったものの言い方」

(類語)謙遜する・卑下する・謙譲する・敬譲する

へ-りくつ【×屁理屈】まるですじの通らない理屈。道理に合わない理屈。「―を並べる」「―をこねる」

(類語)理屈・小理屈・詭弁・こじつけ・空理・空論

ペリクレス〖Periklēs〗[前495ころ～前429]古代ギリシャ、アテネの政治家。諸改革を行って民主政治を完成し、ペリクレス時代とよばれる黄金時代を現出した。

ヘリケ〖Helike〗木星の第45衛星。2003年に発見。名の由来はギリシャ神話のニンフ。非球形で平均直径は4キロ。

ヘリコイド〖helicoid〗❶螺旋体。螺旋面。❷カメラのレンズを鏡胴の螺旋溝によって前後に移動させる機構。

ベリコ-タルノボ〖Veliko Tarnovo〗ブルガリア中北部の都市。旧称タルノボ。1965年に「大」を意味する「ベリコ」を冠した現名称になった。ヤントラ川の曲流部に位置する。12世紀末から14世紀末にかけて、第二次ブルガリア帝国の首都として栄えた。民族復興様式の建物をはじめとする歴史的建造物が数多く残っている。ブルガリア独立期の作家・詩人ペトコ＝スラベイコフの生地でもある。

ヘリコバクター-ピロリ〖Helicobacter pylori〗胃の幽門部にすむ一種の細菌。ウレアーゼをもち尿素を分解して酸性環境でも生息できる。胃潰瘍・十二指腸潰瘍の原因菌として注目される。1983年オーストラリアの医師B＝J＝マーシャルが発見。ピロリ菌。

ヘリコプター〖helicopter〗主翼・推進機をもたず、機体上方の大きな回転翼によって浮力・推進力を得る形式の航空機。回転翼の取り付け角を制御して上下・前後・左右に飛行し、空中停止もできる。滑走路も不要であるが、速度は遅い。ヘリ。

ヘリ-コミューター《和 helicopter＋commuter(郊外通勤者)から》ヘリコプターによる乗客の定期輸送。日本では、シティエアリンク社が昭和63～平成3年(1988～1991)に成田・羽田間の輸送を行った。➡コミューター航空

ヘリコン-さん【ヘリコン山】《Helikōn》ギリシャ中部、ボイオティア地方にある連山。最高峰は標高1748メートル。詩と音楽の女神ミューズを祭るアガニッペとヒッポクレーネという二つの泉がある。

ヘリ-サイン《ヘリはヘリコプターの略》公共施設の屋上に書かれた施設名などの表示。災害時に、ヘリコプターで救助や物資運搬をする際の目印となる。

ベリサリウス〖Belisarius〗[500ころ～565]東ローマ帝国の将軍。ユスティニアヌス1世に仕え、対ペルシア戦争やアフリカのバンダル征服、また、東ゴート征服に活躍。ベリサリオス。

へり-じ【▽縁地】畳などのへりに用いる布地。

ペリジー〖perigee〗▶近地点

ペリシテ-びと【ペリシテ人】《Philistines》古代パレスチナの民族。前13～前12世紀ごろパレスチナに侵入し建国。鉄器をもち好戦的でイスラエル民族を圧迫した。パレスチナの地名はかれらに由来する。前4世紀後半、アレクサンドロス大王に攻略され、以後史上から消える。フィリスティン。

ベリジャー〖veliger〗軟体動物の二枚貝・巻き貝の幼生の一型。トロコフォラから変態し、頭部に繊毛をもつ面盤がある。背の殻腺から貝殻を分泌し、成長すると海底に移り、変態して成体となる。

ヘリシャトル《helicopter shuttleから》ヘリコプターによる特定区間の往復輸送。

ペリショール-じょう【ペリショール城】《Castelul Peliṣor》ルーマニア中央部の町シナイアにある城。19世紀後半から20世紀初頭にかけて、ルーマニア王カロル1世の狩猟用の城として建造。中世ドイツ風の木組み造りの外観で、アールヌーボー様式の室内装飾が施されている。ペリショル城。

ヘリ-スキー《helicopter skiから》スキーで、リフトのない所や高い山にヘリコプターに乗って着陸し、そこから滑降すること。

ペリスコープ〖periscope〗潜望鏡。

へり-だか【減り高】❶ある量から減少しただけの分量。へり分。❷歩合算で、元高よりある歩合だけ減少した分量。

べり-た・つ〔動タ下二〕しゃべりたてる。べらべらしゃべる。「たった一人で―・つる」〈浄・油地獄〉

ペリッサ〖Perissa〗ギリシャ南東部、エーゲ海に浮かぶティラ島(サントリーニ島)の南東岸にある町。火山に起因する黒砂の海岸が広がり、カマリと並ぶ同島の代表的な海水浴場として知られる。

ヘリティッジ〖heritage〗▶ヘリテージ

ヘリテージ〖heritage〗《「ヘリティッジ」とも》遺産。継承物。また、伝統。伝承。

ヘリテージ-カラー《和 heritage＋color》伝統色。

ペリドット〖peridot〗橄欖石のうち、暗緑色で透明なもの。宝石として珍重される。

ペリトモレノ-ひょうが【ペリトモレノ氷河】《Glaciar Perito Moreno》アルゼンチン南部、パタゴニア地方の氷河。世界遺産に登録されたロスグラシアレス国立公園にある。全長約35キロメートル。

へり-とり【▽縁取り】❶物のふちにへりをつけること。また、へりをつけたもの。「―をした草履」❷花びらで、周辺だけ色の違っているもの。

へり-ど・る【▽縁取る】〔動ラ五(四)〕《「へりとる」とも》へりとりをする。ふちどる。「鏡の周を白い砂と青い松とで―・って」〈風葉・恋ざめ〉

へり-ぬり【▽縁塗(り)】❶物のへりを塗ること。また、そのもの。❷「縁塗烏帽子」の略。

へりぬり-えぼし【▽縁塗×烏▽帽子】へりに普通より漆を濃く塗った烏帽子。へんぬりえぼし。

ヘリパッド〖helipad〗ヘリコプターの簡易発着場。ヘリポートほど大掛かりではない施設で、ビルの屋上に設置するものなどにもいう。

ペリパトス-がくは【ペリパトス学派】《ギリシャ peripatos》▶逍遥学派

ベリファイ〖verify〗❶事実であることを証明・確認すること。❷データに誤りがないかを検査すること。一般に、コンピューターの記録メディアに書き込んだデータやプログラムのソースコードに対する検査を指す。

ペリフェラル〖peripheral〗▶周辺装置

ペリブレプトス-しゅうどういん【ペリブレプトス修道院】《Perivleptos》ギリシャ、ペロポネソス半島南部の廃墟の町ミストラにあるギリシャ正教の修道院。14世紀にビザンチン様式で建造。「聖体礼儀」をはじめとするフレスコ画の傑作が残る。

ベリベリ〖beriberi〗脚気。

ヘリポート〖heliport〗ヘリコプターの離発着場。ヘリコプターは垂直に離着陸できるため、滑走路がない。

ヘリボーン〖heliborne〗ヘリコプターで地上戦闘部隊を空輸して行う空中挺進作戦。

ベリリウム〖beryllium〗金属元素の一。単体は銀白色の軽金属。硬くてもろいが、高温で展性・延性がある。天然には緑柱石(ベリル)として産出。有毒で、粉塵の吸入により肺の障害が起こる。軽合金材料、原子炉の減速材などに利用。元素記号Be　原子番号4。原子量9.012。

ベリル〖beryl〗▶緑柱石

ヘリング〖herring〗「鰊」に同じ。

ベリンスキー〖Vissarion Grigor'evich Belinskiy〗[1811～1848]ロシアの文芸批評家。ロシアにおけるリアリズム文学理論を確立し、のちのロシア文学の黄金時代を導いた。著「一八四七年のロシア文学概観」「ゴーゴリへの手紙」など。

ベリンダ〖Belinda〗天王星の第14衛星。1986年にボイジャー2号の接近によって発見された。名の由来はポープの「髪盗人」の登場人物。天王星に10番目に近い軌道を公転する。非球形で平均直径は約80キロ。平均表面温度はセ氏マイナス209度以下。

ベリンツォーナ〖Bellinzona〗スイス南部、ティチーノ州の都市。同州の州都。古代ローマの時代より、イタリアからのアルプス越えの要衝であり、戦略上重要な地として発展。13世紀から15世紀にかけて建造された旧市街にある三つの城、カステルグランデ、モンテベッロ城、サッソコルバロ城は、2000年に「ベリンツォーナ旧市街にある三つの城、要塞及び城壁群」の名称で世界遺産(文化遺産)に登録された。

ヘリンボーン〖herringbone〗V字形を縦横に連続させた文様。また、その織物。ニシン(herring)の骨に見立てて名づけられたもの。杉綾織。

ヘル《ドイ Mohärの略》縦糸に粗質の梳毛糸、横糸に紡毛糸を用いて織った交織サージ。学生服・作業服などに用いられる。ローサージ。

ヘル〖hell〗地獄。

ヘル〖ドイ Herr〗男性に対する敬称。旦那。殿方。姓または姓名の前に付けても用いる。

へる【経る・▽歴る】〔動ハ下一〕〔文〕ふ〔ハ下二〕❶時日が過ぎる。時がたつ。「二〇年の歳月をへて工事が完成した」❷その場所を通る。通過する。経由する。「アメリカをへてヨーロッパへ行く」❸ある定まった過程・道筋を通る。「委員会の審議を**へる**」「多くの困難をへて成功した」

(類語)過ぎる・経つ・移る・過ぎ去る・過ぎ行く・通る

へ・る【減る】〔動ラ五(四)〕❶数・量・程度などが少なくなる。とぼしくなる。「収入が―・る」「水かさが―・る」⇔増える/増す。❷すりへる。摩耗する。「タイヤが―・る」「靴が―・る」❸(「腹が減る」の形で)空腹である。「腹が―・っては戦はできぬ」❹(打消しの語を伴って用いる)気おくれする。ひるむ。臆する。「口の―・らない若僧だ」「祐慶は少しも―・らず」〈盛衰記・五〉(類語)(❶)減ずる・減少する・減らす・約める/(❸)空く

へる【×綜る】〔動ハ下一〕〔文〕ふ〔ハ下二〕縦糸を、織る長さにそろえて機にかける。「二十五六の櫛巻の細君が、頻りにそれをへて居た」〈花袋・田舎教師〉

へ・る【▽謙る】〔動ラ四〕へりくだる。謙遜する。「かかる事は多くこそ候はらめと、―・りもおかず言ひければ」〈著聞集・一一〉

ベル〖bell〗❶鐘や鈴。特に、教会の鐘。「カウー」「ハ

ンドー」「ウエディングー」❷呼び鈴。電鈴。通報・警報に用いる。「玄関の―を鳴らす」「電話の―」「非常―」❸打楽器の一。長さの異なる多数の金属管を槌で打ち鳴らす。(類語)鈴・呼び鈴・チャイム・ブザー

ベル〘Alexander Graham Bell〙[1847～1922]米国の発明家。英国生まれ。父とともに聾唖者の教育に従事。1876年に磁石式電話を発明し、ベル電話会社を設立した。科学雑誌「サイエンス」を創刊。

ベル〘Andrew Bell〙[1753～1838]英国の教育家。助教法を創始し、初等教育の普及に貢献した。

ベル〘Heinrich Böll〙[1917～1985]ドイツの小説家。第二次大戦後、ドイツの戦後文学の指導的作家となった。反ファシズム・反軍国主義を表明。1972年ノーベル文学賞受賞。作「列車は定時に発車した」「アダムよ、おまえはどこにいた」など。

ベルイマン〘Ingmar Bergman〙[1918～2007]スウェーデンの映画監督・舞台演出家。神の沈黙、愛と憎悪、生と死などをモチーフに名作を発表。作「野いちご」「叫びとささやき」「ファニーとアレクサンデル」。

ベルイルアンメール-とう【ベルイルアンメール島】フランス《Belle-Île-en-Mer》▶ベリールアンメール島

ベルイル-とう【ベルイル島】フランス《Belle-Île》▶ベリールアンメール島

ペルー〘Peru〙南アメリカ北西部、太平洋岸の共和国。首都リマ。アンデス山脈が縦貫し、鉱物資源が豊富。13世紀以来インカ帝国が栄えたが、1533年スペイン領となる。1821年独立を宣言、24年完全独立。住民はケチュア族のインディオ、およびメスチゾが多い。南アメリカで最初に日本人移民が入った国。人口2991万(2010)。(補説)「秘露」とも書く。

ペルージア〘Perugia〙イタリア中部、ウンブリア州の都市。同州の州都。エトルリア人が築いた町に起源する。12世紀に自治都市になり、13世紀にペルージア大学が創設された。今もなお、中世の城塞都市の面影が色濃く残っている。毎年夏にジャズの音楽祭が催される。画家ペルジーノをはじめウンブリア派の絵画を所蔵するウンブリア国立美術館(プリオリ宮殿)がある。ペルージャ。

ペルージア-だいせいどう【ペルージア大聖堂】イタリア《Duomo di Perugia》イタリア中部、ウンブリア州の都市ペルージアにあるゴシック様式の大聖堂。14世紀半ばから15世紀末にかけて建造された。十一月四日広場に面する部分には、ペルージア初のルネサンス建築とされるロッジア(開廊)とアーチが見られる。聖母マリアの結婚指輪が聖遺物として祭られる。聖堂付属の美術館はルカ＝シニョレリやバルトロメオ＝カポラーリなどの作品を所蔵。

ペルージャ〘Perugia〙▶ペルージア

ペルージャ-だいせいどう【ペルージャ大聖堂】イタリア《Duomo di Perugia》▶ペルージア大聖堂

ペルージュ〘Pérouges〙フランス東部、ローヌ-アルプ地方、アン県の町。リヨンの北東約30キロメートルに位置する。中世に織物業やワイン生産で発展したが、19世紀以降、幹線道路や鉄道が通らず衰退。現在は中世の面影を色濃く残す観光地。

ベルーハ-さん【ベルーハ山】《Beluha》中国・モンゴル・シベリアにまたがるアルタイ山脈最高峰の山。標高4506メートル。ロシアとカザフスタンの国境をなすカトゥン山地に属する。アルタイ自然保護区、カトゥン自然保護区、ウコク高原、テレツコエ湖を含む地域が、1998年に「アルタイのゴールデンマウンテン」の名称で世界遺産(自然遺産)に登録された。ブラハ山。

ベル-エポック〘フランス Belle Époque〙《良き時代の意》フランスで、パリを中心に新しい文化・芸術が栄えた19世紀末から20世紀初頭にかけての時代。

ペルガ〘Perga〙小アジアにあった古代都市。トルコ語名ペルゲ。現在のトルコ南西部の都市アンタリヤの東約15キロメートル、アクス川沿いに位置する。古代ローマ帝国時代、植民地パンフィリア地方の中心都市として栄えた。聖パウロが最初に布教の地に選び、小アジアにおける原始キリスト教の拠点となった。アクロポリスの丘には神殿や城壁のほか、東ローマ帝国時代の教会跡などが残っている。

ベルガマ〘Bergama〙トルコ西部の都市。紀元前3世紀から前2世紀にかけて、ペルガモン王国の首都として栄え、アクロポリスのアテナ神殿、トラヤヌス神殿、劇場のほか、アスクレピオン、クズルアウルなどの遺跡が残っている。同地で発掘されたヘレニズム期の出土品を展示するベルガマ博物館があるが、「ゼウスの大祭壇」などの重要なコレクションは、現在ドイツのペルガモン博物館が所蔵。

ベルガモ〘Bergamo〙イタリア北部、ロンバルディア州の都市。オロビエアルプス山脈の南麓、ロンバルディア平野の端に位置。丘の上にある旧市街ベルガモアルタ、19世紀に造られた新市街ベルガモバッサからなる。16世紀より伝統的な絹織物業で知られ、19世紀以降は機械、化学、食品などの諸工業が発展。旧市街には、ロンバルディア-ルネサンスの傑作とされるコッレオーニ礼拝堂、12世紀創建のサンタマリアマッジョーレ教会をはじめとする歴史的建造物が残る。

ベルガモット〘bergamot〙ミカン科の常緑低木。花は白い。果皮から、オーデコロンなどの香料の原料とする油をとる。主産地はイタリア。

ペルガモン〘Pergamon〙小アジア北西部スミルナ(現在のイズミル)の北方にあった古代都市。前3～前2世紀ペルガモン王国の首都。ヘレニズム文化の中心地の一。現在のトルコの都市ベルガマ。

ベル-カント〘イタリア bel canto〙《美しい歌の意》イタリアで18世紀に成立した歌唱法。滑らかで柔らかな声の響きを強調するもの。

ベルギー〘オランダ België‖フランス Belgique〙ヨーロッパ北西部、北海に面する立憲王国。首都ブリュッセル。石炭に恵まれて鉄鋼業が発達。酪農も行われる。1830年オランダから独立。北部のフランドル地域ではオランダ語系のフラマン語、南部のワロニー地域ではフランス語系のワロン語が用いられ、2か国語とも公用語とする。人口1042万(2010)。ベルヒエ。ベルジック。(補説)「白耳義」とも書く。

ベルギナ〘Vergina〙ギリシャ北部の町。19世紀に、この町の近くでマケドニア王国の最初の首都エゲスの遺跡が発見された。モザイク模様を多用した宮殿と300を超す古墳群が発見されたが、そのうちの一つはフィリッポス2世のものとされる。1996年に「ベルギナの古代遺跡」として世界遺産(文化遺産)に登録。

ベルギリウス〘Vergilius〙▶ウェルギリウス

ベルク〘Alban Berg〙[1885～1935]オーストリアの作曲家。シェーンベルク・ウェーベルンと並ぶ十二音音楽の代表者で、叙情的な音楽を残した。作品にオペラ「ボツェック」、弦楽四重奏曲「叙情組曲」など。

ペルクーナス-の-いえ【ペルクーナスの家】リトアニア《Perkūno namas》リトアニア中央部の都市カウナスの旧市街にある赤煉瓦造りのゴシック様式の建物。15世紀にハンザ同盟の商人により建造され、16世紀にイエズス会の手に渡った。元はキリスト教受容以前の雷神ペルクーナスの神殿があった場所とされる。現在は図書館として使用されている。

ベルクール-ひろば【ベルクール広場】《Place Bellecour》フランス南東部の都市リヨンの中心部、ローヌ川とソーヌ川に挟まれた旧市街にある広場。ヨーロッパ最大の広場の一。中央にルイ14世、南西隅に作家サン＝テグジュペリの像がある。1998年、「リヨン歴史地区」として旧市街の教会、広場、庭園とともに、世界遺産(文化遺産)に登録された。

ベルク-きょうかい【ベルク教会】ドイツ《Bergkirche》オーストリア東部、ブルゲンラント州の都市、アイゼンシュタットにある教会。作曲家ハイドンの墓所として知られ、ハイドン教会とも称される。

ベルクシュルント〘ドイツ Bergschrund〙氷河または雪渓と山腹との間にできたすきま。シュルント。

ベルクソン〘Henri Bergson〙[1859～1941]フランスの哲学者。近代の自然科学的・機械的思考方法を克服、内的認識・哲学的直観の優位を説き、生命の流動性を重視する生の哲学を主張。1928年ノーベル文学賞受賞。著「創造的進化」「道徳と宗教の二源泉」。

ベルグマン-の-きそく【ベルグマンの規則】同種の恒温動物では、寒冷地にすむ個体のほうが温暖地にすむものより大形となる傾向がある現象。体重が増加しても表面積の割合は少なくてすみ、体熱の発散を防ぐことができることからとされる。1847年にベルグマン(C.Bergmann)により明らかにされた。ベルグマンの法則。

ベルグマン-の-ほうそく【ベルグマンの法則】▶ベルグマンの規則

ベルグラ〘フランス verglas〙登山で、岩肌に一面に張った薄氷。

ベルグラード〘Belgrade〙ベオグラードの英語名。

ヘルクラネウム〘Herculaneum〙▶エルコラーノ

ヘルクレス〘Hercules〙ヘラクレスのラテン語名。

ヘルクレス-ざ【ヘルクレス座】北天の大星座。琴座の西にあり、8月上旬の午後8時ごろ南中し、天頂近くに見える。明るい星はないが、球状星団M13がある。名称はギリシャ神話のヘラクレスにちなむ。

ベルクロ〘Velcro〙マジックテープの一種。2枚のナイロンテープのうち1枚には鉤状の微小な突起があり、もう1枚には無数の輪が密生しているので、これらを合わせることにより、相互にかみ合って密着するようになっている。耐久力があり用途も広い。商標名。

ペルゲ〘Perge〙古代都市ペルガのトルコ語名。

ベルゲニア〘ラテン bergenia〙ユキノシタ科の多年草。ヒマラヤ原産。葉は大きくて丸く、常緑。根茎は太い。早春に桃色の花を穂状につける。

ベルゲルミル〘Bergelmir〙土星の第38衛星。2004年に発見。名の由来は北欧神話の巨人。非球形で平均直径は約6キロ。

ベルゲン〘Bergen〙ノルウェー南西部の港湾都市。もとハンザ同盟都市。造船・機械などの工業が発達し、漁業も盛ん。

ベルコール〘Vercors〙[1902～1991]フランスの小説家。本名、ジャン＝ブリュレル(Jean Bruller)。挿絵画家であったが、第二次大戦中、対独抵抗文学の母体となった「深夜叢書」を刊行。小説「海の沈黙」はその第1巻。

ヘルゴラント-とう【ヘルゴラント島】ドイツ《Helgoland》ドイツ北西部、北海に浮かぶ小島。保養地。デンマーク領・イギリス領を経て、1890年ドイツ領。

ペルゴレージ〘Giovanni Battista Pergolesi〙[1710～1736]イタリアの作曲家。代表作の幕間劇「奥様になった女中」はオペラブッファの先駆とされる。

ベルサーチ〘Gianni Versace〙[1946～1997]イタリアの服飾デザイナー。1978年に独立し、自身の名を冠したブランドを創立。80年代にはジョルジオ＝アルマーニ、ジャンフランコ＝フェレとともにミラノを代表するデザイナーとなる。97年、暴漢により射殺された。

ベルサイユ〘Versailles〙フランス、パリの南西約20キロにある都市。ベルサイユ宮殿がある。

ベルサイユ-きゅうでん【ベルサイユ宮殿】《Palais de Versailles》ベルサイユにある宮殿。ルイ13世の別荘をルイ14世が拡張、その後も増改築を重ねた。豪華な建築物と広大な庭園は、17、8世紀フランスのバロック建築・美術の集大成といわれ、その後の多くの宮殿に模倣されている。1979年、世界遺産(文化遺産)に登録された。

ベルサイユ-じょうやく【ベルサイユ条約】フランス 1919年6月、連合国とドイツとの間で締結された第一次大戦の戦後処理のための講和条約。ベルサイユ宮殿で調印。ドイツは全植民地と本土の10パーセント以上を失い、軍備の制限を受け、多額の賠償金を課せられた。また、同時に国際連盟規約なども定めた。

ベルサイユ-たいせい【ベルサイユ体制】ベルサイユ条約を中心とする一連の講和条約によって成立した、第一次大戦後の国際秩序。イギリス・フランス両国の主導の下に国際連盟がその秩序維持に当たり、対ドイツ制裁や反ソ反共体制の構築を行う一方、国際協調を推進したが、世界恐慌やナチス政権の成

立などによって崩壊した。

ペルシア〖Persia〗イランの旧称。アケメネス朝を始め、セレウコス朝・パルティア帝国・ササン朝の時代を経て、7世紀にアラブの支配下に入り、イスラム化した。9世紀以降、サマン朝・セルジューク・トルコ・イル-ハン国・チムール帝国・サファビー朝・カジャール朝などが興亡し、1925年に成立したパフラビー朝が国号をイランと改称。ペルシャ。補説「波斯」とも書く。

ペルシア-がわ【ペルシア革】▶ハルシャ革

ペルシア-ご【ペルシア語】インド-ヨーロッパ語族のイラン語派に属する言語。イランを中心に、アフガニスタン・タジキスタンなどで話されている。近代ペルシア語は楔形文字による碑文を残した古代ペルシア語の流れをくむが、文字や語彙の上でアラビア語の影響を強く受けている。

ペルシア-せんそう【ペルシア戦争】前492〜前449年、ギリシャとペルシア帝国との間で行われた戦争。ペルシアは四度にわたってギリシャに侵攻、前480年にはアテネを占領したが、サラミスの海戦に大敗し、翌年プラタイアイの戦いにも敗れ、前449年の和議で正式に終結した。

ペルシア-ていこく【ペルシア帝国】古代ペルシアのアケメネス朝の帝国(前550〜前330)。ダレイオス1世の時にオリエントを統一、ギリシャ遠征(ペルシア戦争)に失敗、アレクサンドロス大王の東征により滅亡。➡アケメネス朝

ペルシア-ねこ【ペルシア猫】家猫の一品種。中近東原産のものを英国で改良。体はずんぐりし、毛が長く、顔が横に広い。性格は温和。

ペルシア-わん【ペルシア湾】アラビア半島とイランに囲まれた湾。東はホルムズ海峡でオマーン湾・アラビア海に通じる。湾岸および海底は石油・天然ガスに富む。アラビア湾。

ヘルシー〖healthy〗〔形動〕健康によいさま。健康に役立つさま。「一な食事」「一フード」

ベル-じっけん【ベル実験】《Belle experiment》高エネルギー加速器研究機構にある衝突型加速器、Bファクトリーで行われる実験。2000年代にCP対称性の破れを説明する小林益川理論が精密に検証され、平成20年(2008)に小林誠と益川敏英はノーベル物理学賞を受賞した。

ヘルシニア-ぞうざんうんどう【ヘルシニア造山運動】《Hercynia》▶バリスカン造山運動

ペルシャ〖Persia〗▶ペルシア

ベルジャーエフ〖Nikolay Aleksandrovich Berdyaev〗[1874〜1948]ロシアの思想家。宗教的実存主義の立場から精神の自由を基軸に、宗教・歴史哲学を展開したが、ロシア革命後パリに亡命。著「歴史の意味」「自己認識」など。

ペルシュロン〖フランス percheron〗馬の一品種。フランス、パリ西方のペルシュ地方の原産。体はがっしりとし、輓馬として世界中に普及。

ヘルシンオア〖Helsingør〗▶ヘルシングア

ヘルシンキ〖Helsinki〗フィンランド共和国の首都。バルト海の支湾フィンランド湾に面する港湾都市。機械・造船・繊維などの工業が盛ん。スウェーデン語名、ヘルシングフォルス。人口、行政区57万(2008)。

ヘルシンキ-せんげん【ヘルシンキ宣言】1975年、フィンランドの首都ヘルシンキで開催されたCSCE(全欧安保協力会議)で調印された合意文書の通称。ヨーロッパ各国の主権の尊重、経済・科学技術分野での協力、人権と基本的自由の尊重などを内容とする。

ヘルシンキ-だいせいどう【ヘルシンキ大聖堂】《Helsingin Tuomiokirkko》フィンランドの首都、ヘルシンキにある大聖堂。福音ルーテル派の総本山。1852年に完成。カルル=エンゲルにより設計され、後にエルンスト=ロールマンが手掛けた。

ヘルシングア〖Helsingør〗デンマーク、シェラン島北部にある港湾都市。同島とスウェーデンとの間にあるエアスン海峡の最狭部に位置し、15世紀から19世紀にかけて通行税の徴収で栄えた。商業、工業、醸造業が盛ん。世界遺産(文化遺産)に登録されたクロンボー城がある。ヘルシンゲア。ヘルシンオア。

ヘルシンボリ〖Helsingborg〗スウェーデン南部、スコーネ地方の港湾都市。イョーレ海峡の対岸にデンマークの都市、ヘルシングアがある。1675年から79年にかけてデンマークとスウェーデンの間で行われたスコーネ戦争で、町の大部分が廃墟になった。14世紀後半から15世紀に築かれたシェールナンの城跡と塔が残っている。

ヘルス〖health〗健康。「メンタル一」

ベルスーズ〖フランス berceuse〗子守歌。通常、器楽用小品に、この名が付される。

ヘルス-キーパー《和 health＋keeper》企業内で、従業員の健康管理や疲労回復のためにマッサージ・はり・灸などを行う理療士。近年、導入する企業が増加している。

ヘルス-クラブ〖health club〗「フィットネスクラブ」に同じ。

ヘルス-ケア〖health care〗健康管理。

ヘルスケア-トレーナー《和 health care＋trainer》アスレチッククラブやスポーツクラブなどに属し、体力維持や増強をめざす会員個々人の能力に合った運動メニューの作成と指導を行う人。健康管理士。補説英語ではfitness trainer。

ヘルス-センター《和 health＋center》保養・レクリエーションの施設を整えてある娯楽場。補説英語のhealth centerは保健所をさす。

ヘルス-メーター《和 health＋meter》一般家庭用の小型で簡易な体重計の呼称。

ペルセウス〖Perseus〗ギリシャ神話の英雄。ゼウスとアルゴス王アクリシオスの娘ダナエとの子。怪物の魔女メドゥサを退治し、その帰途、エチオピアの王女アンドロメダを海の怪竜から救って妻とした。

ペルセウス-ざ【ペルセウス座】北天の星座の一。アンドロメダ座の東にあり、1月上旬の午後8時ごろ南中し、天頂近くに見える。β星アルゴルは食変光星。毎年8月10日前後に流星群が見られる。名称はギリシャ神話のペルセウスにちなむ。

ペルセウスざ-りゅうせいぐん【ペルセウス座流星群】ペルセウス座のγ星付近を輻射点とする流星群。7月20日頃から8月20日頃にかけて見られ、8月12日前後に出現のピーク(極大日)となる。母天体は公転周期133年のスイフトタットル彗星。四分儀座流星群、双子座流星群とともに、毎年多くの流星が安定して出現する三大流星群の一つとして知られる。ペルセウス座γ流星群。

ベルセーリウス〖Berzelius〗▶ベルツェリウス

ペルセフォネ〖Persephonē〗ギリシャ神話で、冥府の女王。ゼウスとデメテルの娘で、単にコレ(娘)ともよばれる。野で花を摘んでいたところを冥府の王ハデスに誘拐され、その妃となった。ローマ神話のプロセルピナにあたる。ペルセポネ。

ペルセポネ〖Persephonē〗▶ペルセフォネ

ペルセポリス〖Persepolis〗ペルシアのダレイオス1世の建設したアケメネス朝の首都。前330年、アレクサンドロス大王によって破壊された。現在のイラン南西部シーラーズ市の近郊に遺跡が残る。

ペルソナ〖ラテン persona〗《「ペルソーナ」とも。仮面・役柄の意》❶人。人格。❷キリスト教で、三位一体論に用いられる概念。本質において唯一の神が父と子と聖霊という三つの存在様式をもつことを意味する。位格。位。格身。➡三位一体 ❸劇・小説などの登場人物。また、文学作品の語り手。❹心理学で、外界へ適応するために必要な、社会的・表面的人格。❺美術で、人体・人体像。❻商品開発の際に設定する架空の人格。名前・年齢・性別・趣味・住所などから始め、細部に至る人物像を作りだし、その人格に感情移入することで、ユーザビリティーに優れた製品・商品の開発に結びつける。

ペルソナ-グラータ〖ラテン persona grata〗《好ましい人物の意》相手国が外交官に対して示す受け入れ承認。⇔ペルソナノングラータ。

ペルソナ-ノン-グラータ〖ラテン persona non grata〗《好ましくない人物の意》派遣された外交使節または外交官に準じた人物に対して、受け入れ国が好ましくないと判断した場合、派遣国にその旨を通告する語。⇔ペルソナグラータ。

ヘルダー〖Johann Gottfried von Herder〗[1744〜1803]ドイツの哲学者・文学者。自然、感情、民族的個性の尊重を説き、シュトゥルム-ウント-ドラング運動に影響を与えた。著「新ドイツ文学断想」「言語の起源についての論考」「人類歴史哲学考」など。

ヘルダー-きょうかい【ヘルダー教会】ドイツ中部、チューリンゲン州の都市、ワイマールにある教会の通称。正式名称は「聖ペーターとパウル市教会」。通称は、18世紀の思想家で神学者のヨハン=ゴトフリート=ヘルダーの名にちなむ。1498年から1500年にかけてゴシック様式で建造、18世紀にバロック様式に改築された。クラナッハ父子による祭壇画が有名。市内のドイツ古典主義文化に関する建築物や公園とともに、1998年、「古典主義の都ワイマール」の名称で世界遺産(文化遺産)に登録。

ヘルダーリン〖Johann Christian Friedrich Hölderlin〗[1770〜1843]ドイツの詩人。古代ギリシャ的な美と調和を理想とし、格調高い多くの叙情詩を作った。ほかに小説「ヒュペーリオン」など。

ベルダン〖Verdun〗フランス北東部の都市。ミューズ川沿いにある。ベルダン条約の締結地。第一次大戦中の1916年、ドイツ軍をフランス軍が破った激戦地。要塞が残る。

ベルダン-じょうやく【ベルダン条約】843年、フランク王ルイ1世の死後、ロタール・ルイ2世・シャルル2世の三子がベルダンに集まり、遺領を3分することを決めた条約。フランス・ドイツ・イタリア3国の形成の出発点となった。

ヘルツ〖ドイツ Hertz〗Hz〗国際単位系(SI)の振動数(周波数)の単位。1ヘルツは1秒に1回の振動数。記号Hz。H=R=ヘルツの名にちなむ。

ヘルツ〖Heinrich Rudolf Hertz〗[1857〜1894]ドイツの物理学者。電磁波の存在を実験で確認し、マクスウェルの電磁波理論を証明した。運動体の力学研究でも有名。著「力学原理」など。

ベルツ〖Erwin von Bälz〗[1849〜1913]ドイツの医学者。明治9年(1876)東京医学校(のちの東京大学医学部)教師に迎えられて来日。日本の伝染病・寄生虫病を研究し、公衆衛生の向上や伝染病の予防に貢献した。1905年帰国。著「ベルツ日記」。

ペルツ〖Max Ferdinand Perutz〗[1914〜2002]英国の生化学者。オーストリア生まれ。X線回折によってヘモグロビンの三次元構造を明らかにした。1962年ノーベル化学賞受賞。

ヘルツェグ-ノビ〖Herceg Novi〗モンテネグロ西部の都市。アドリア海東岸、コトル湾の入口、標高1894メートルのオリェン山の麓に位置する。14世紀にボスニア王トブルトコ1世が築いた要塞に起源する。戦略上の要地であるため、続いてオスマン帝国、ベネチア共和国の支配下に置かれた。城壁に囲まれた旧市街には中世の街並みが残されている。海岸保養地として知られるほか、近郊には鉱泉地が多い。

ヘルツェゴビナ〖Herzegovina〗ボスニア-ヘルツェゴビナ共和国南西部の地域。中心都市モスタル。

ベルツェリウス〖Jöns Jacob Berzelius〗[1779〜1848]スウェーデンの化学者。元素の化学記号を用いる表示法を提唱。また、化合物の電気的二元論を唱えた。ベリセーリウス。

ヘルツシュプルング-ラッセル-ず【ヘルツシュプルングラッセル図】横軸に恒星のスペクトル型、縦軸に絶対光度をとった図上に星を点で表したもの。恒星の分類や進化の研究に利用される。1905年にデンマークのヘルツシュプルング(E.Hertzsprung)が星の光度と色との関係を発見、1913年に米国のラッセル(H.N.Russell)が図を発表した。HR図。

ベルツ-すい【ベルツ水】皮膚の荒れ止め用化粧

水。グリセリン・アルコール・水酸化カリウムを主成分とする。凍傷初期の塗布剤。ベルツの処方による名。

ヘルツル〖Theodor Herzl〗[1860～1904]オーストリアのユダヤ人ジャーナリスト。1897年、バーゼルで第1回シオニスト会議を開催、シオニズム運動を発足させた。著「ユダヤ人国家」など。

ベルディ〖Giuseppe Verdi〗[1813～1901]イタリアの作曲家。イタリア近代オペラの完成者。作品に「リゴレット」「椿姫」「アイーダ」など。

ペルディータ〖Perdita〗天王星の第25衛星。1986年にボイジャー2号に撮影されたが気付かれず、2003年にハッブル宇宙望遠鏡で発見された。名の由来はシェークスピアの「冬物語」の登場人物。非球形で平均直径は約40キロ。平均表面温度はセ氏マイナス209度以下。ペルディタ。

ペルティエ-こうか【ペルティエ効果】ﾌﾗﾝｽ 異種の金属の接触点に電流が流れると、接触点でジュール熱以外に熱の発生または吸収が起こる現象。電流の向きを変えると熱の発生と吸収とが逆になる。1834年フランスの物理学者ペルティエ(J.C.Peltier)が発見。

ペルディド-さん【ペルディド山】《Perdido》▶ペルデュ山

ペルテス-びょう【ペルテス病】ﾄﾞｲﾂ 大腿骨骨頭が壊死を起こし、扁平になる病気。腰の関節の痛み、跛行などの症状がみられ、男児に多い。名はドイツの整形外科医ペルテス(G.C.Perthes)にちなむ。若年性変形性骨軟骨炎。

ベルテッド〖belted〗ファッションで、ベルトで締めた、ベルトのある、などの意を表す。「―ジャケット」「―パンツ」

ベルデ-ていすう【ベルデ定数】ファラデー効果において、光の通過距離L、磁界の強さHとすると、偏光面の回転角θは、θ=γLHと表される。このときの比例定数γをベルデ定数という。反磁性体の場合は正、常磁性体の場合は負となる。ベルデの定数。

ベルテポルフィン〖verteporfin〗加齢黄斑変性症の治療薬として用いられる光感受性物質。商品名ビスダイン。静脈から投与し、薬剤が脈絡膜の新生血管に到達した時にレーザーを照射し、新生血管を退縮させる。

ペルデュ-さん【ペルデュ山】《Perdu》フランス・スペイン両国にまたがるピレネー山脈中央の山。ペルデュはフランス語名で、スペインではペルディド山と呼ばれる。標高3352メートル。この山を中心とした一帯は、スペイン側はオルデサ国立公園、フランス側はピレネー国立公園に指定されている。1997年「ピレネー山脈のペルデュ山」として世界遺産(複合遺産)に登録され、また、99年には指定範囲が拡大された。

ベルト〖belt〗❶胴部に締める帯。帯革。バンド。「安全―」❷二つの車に掛け渡して、回転を伝えたり物をのせて移動させたりするための帯状のもの。調べ革。調べ帯。「ファン―」❸帯状をしている地域。ベルト地帯。「グリーン―」「太平洋―地帯」(類語)バンド

ベルト〖ﾄﾞｲﾂ Die Welt〗ドイツの日刊紙の一つ。1946年にイギリス占領下のハンブルクで同国軍により創刊。現在の本社はベルリンにある。発行元が大衆紙の「ビルト」と同じ。部数は約21万部(2010年)。

ベルト-きでんき【ベルト起電機】《belt generator》球形の絶縁電極にベルトで電荷を運んでため、数百万ボルトの高電圧を得る装置。原子核実験で荷電粒子の加速用に用いられる。バンデグラーフ起電機。

ベルト-ぐるま【ベルト車】ベルト伝動に用いられる、ベルトを掛ける車。プーリー。調べ車。

ベルト-コンベアー〖belt conveyor〗▶ベルトコンベヤー

ベルト-コンベヤー〖belt conveyor〗ベルト車にベルトを輪状に掛けて回転させ、その上に物品をのせて連続的に運搬する装置。土砂・石炭の運搬、組立工場の部品移動に用いる。ベルトコンベアー。

ベルト-でんどう【ベルト伝動】二つのベルト車にベルトを掛けて、車とベルトとの摩擦によって動力を伝達すること。

ベルト-ドライブ〖belt drive〗レコードプレーヤーのターンテーブルの駆動方式で、モーターとターンテーブルをゴムベルトで直接連結して回転させるもの。➡ダイレクトドライブ

ベル-とも【ベル友】《Pocket Bell＋友達から》ポケットベルでメッセージを交換する友達。1990年代半ばに流行した言葉。

ベルトライド-かごうぶつ【ベルトライド化合物】ﾌﾗﾝｽ ▶不定比化合物

ベルトラムカ〖Bertramka〗チェコ共和国の首都プラハにある邸宅。17世紀に貴族の別荘として建造、18世紀に現在見られる新古典様式の建物に改築された。モーツァルトが滞在し、オペラ「ドンジョバンニ」を作曲したことで知られる。

ベルトラン〖Aloysius Bertrand〗[1807～1841]フランスの詩人。近代散文詩の創始者とされる。肺結核のために早世したが、死後に出版された散文詩「夜のガスパール」はボードレールなどに影響を与えた。

ベルトリド-かごうぶつ【ベルトリド化合物】ﾌﾗﾝｽ ▶不定比化合物

ベルトロ〖Pierre Eugène Marcelin Berthelot〗[1827～1907]フランスの化学者。有機化合物の合成を研究し、反応速度と反応熱の関係を論じて、熱化学を開拓。晩年は錬金術文献を研究。

ペルトン-すいしゃ【ペルトン水車】高所から導いた水を噴出させ、羽根車の椀状のバケットに当てて回転させる形式の発電用水車。高落差に用いる。1870年に米国の技師ペルトン(L.A.Pelton)が考案。

ベルナー-アルプス〖Berner Alps〗▶ベルナーオーバーラント

ベルナー-アルペン〖Berner Alpen〗▶ベルナーオーバーラント

ベルナー-オーバーラント〖Berner Oberland〗ヨーロッパアルプスの山群の一。スイス中西部、ベルン州南部の高地帯である中部アルプスを構成する。最高峰は標高4274メートルのフィンスターアールホルン。アイガー、メンヒ、ユングフラウなどのアルプスの名峰を擁する。ベルナーアルペン。ベルナーアルプス。ベルニーズアルプス。ベルンアルプス。

ベルナール〖Bernard de Clairvaux〗[1091～1153]中世フランスの修道士。シトー会に入り、のちクレルボーに大修道院を創設。

ベルナール〖Claude Bernard〗[1813～1878]フランスの生理学者。膵液の消化作用、肝臓のグリコーゲン生成作用の発見、神経による血管運動の解明など、多くの業績がある。著「実験医学序説」など。

ベルナール〖Sarah Bernhardt〗[1844～1923]フランスの女優。コメディー-フランセーズに専属、のち「椿姫」「トスカ」などを演じて世界的名声を博した。

ベルナッツァ〖Vernazza〗イタリア北西部、リグリア州の漁村。ポルトベネーレの北西にある五つの村チンクエテッレの一。小さな湾を囲む斜面に14世紀建造のサンタマルガリータ教会をはじめ、中世の面影を残す建物が並ぶ。1997年に「ポルトベネーレ、チンクエテッレ及び小島群(パルマリア、ティーノ及びティネット島)」として世界遺産(文化遺産)に登録された。

ベルナノス〖Georges Bernanos〗[1888～1948]フランスの小説家。カトリックの立場から、人間の内なる聖性と悪魔性との激しい相克を描いた。作「悪魔の陽の下に」「田舎司祭の日記」など。

ペルナンブコ〖Pernambuco〗ブラジル北東部にある州。16世紀から他地域にさきがけてポルトガルによる植民が始まる。一時、オランダ領となるが旧に復す。19世紀のブラジル独立後は中央政府にたびたび反乱を起こした。フェルナンド-デ-ノローニャ諸島やオリンダなど観光資源が多い。州都はレシフェ。

ヘルニア〖ﾗﾃﾝ hernia〗体内の臓器が、あるべき部位から逸脱した状態。腹部の内臓に多くみられ、腹壁に生じた裂け目から腹膜に包まれたまま腹腔外に脱出する。鼠蹊ヘルニア・臍ヘルニアや椎間板ヘルニアなどがある。

ベルニーズ-アルプス〖Bernese Alps〗▶ベルナーオーバーラント

ベルニーニ〖Giovanni Lorenzo Bernini〗[1598～1680]イタリアの彫刻家・建築家。バロック様式の形成に影響を与えた。作「聖女テレジアの法悦」。

ペルニク〖Pernik〗ブルガリア西部の都市。首都ソフィアの南西約30キロメートル、ストルマ川沿いのペルニク渓谷に位置する。19世紀末に炭鉱が見つかり、20世紀以降重工業で発展。共産党時代の1949年から62年まで、第二次大戦後間もなく同国首相を務めた共産党指導者ゲオルギ=ディミトロフの名から、ディミトロボと呼ばれた。第一次ブルガリア帝国時代の11世紀に築かれたクラクラ公の要塞跡、文化宮殿、炭鉱博物館などがある。

ベルニゲローデ〖Wernigerode〗▶ウェルニゲローデ

ベルニゲローデ-じょう【ベルニゲローデ城】ﾄﾞｲﾂ《Schloß Wernigerode》▶ウェルニゲローデ城

ベルヌ〖Jules Verne〗[1828～1905]フランスの小説家。近代空想科学小説の先駆者とされる。作「月世界旅行」「海底二万里」「八十日間世界一周」など。

ベルヌーイ〖Bernoulli〗㊀(Jakob ～)[1654～1705]スイスの数学者。弟ヨハンとともに微積分学の成立に貢献、微分方程式の求積法などを発展させた。死後出版された「推論術」には大数の法則やベルヌーイ数が含まれ、確率論の実質的な出発をなす。㊁(Johann ～)[1667～1748]スイスの数学者。㊀の弟。兄から数学を学び、ともに最速降下線問題・懸垂線問題などを解き、微積分学の成立に貢献。講義録「無限小解析」は世界最初の微積分学の体系。㊂(Daniel ～)[1700～1782]スイスの物理学者・数学者。㊁の次男。父とともに流体力学を確立、ベルヌーイの定理を発表。弦の振動を数学的に研究し、関数概念の確立や熱伝導論に道を開いた。

ベルヌーイ-の-ていり【ベルヌーイの定理】粘性のない流体の定常流では、流線に沿って単位面積当たりのエネルギー保存の法則が成り立つという定理。流速・圧力・密度・高さの関係式で表される。1738年にD=ベルヌーイが発表。

ベルヌ-じょうやく【ベルヌ条約】ﾌﾗﾝｽ《Berneはベルンのフランス語名》1886年、スイスのベルンで締結された、著作権を国際的に保護するための条約。日本は1899年(明治32)に加盟。万国著作権保護同盟条約。

ベルネ〖Ludwig Börne〗[1786～1837]ドイツの評論家。ユダヤ系。パリの七月革命を取材して報告し、後のドイツ三月革命に影響を与えた。著「パリだより」「フランス人ぎらいのメンツェル」。

ヘルパー〖helper〗手助けする人。特に、家事の手伝いをする人。また、老人やからだの不自由な人の世話をする人。「ホーム―」

ヘルパー-アプリケーション〖helper application〗ウェブページの閲覧ソフト、ブラウザーが対応していない形式のファイルを表示させるためのソフト。ブラウザーの一機能として組み込まれるのではなく独立したソフトとして機能している。

ベルハーレン〖Émile Verhaeren〗[1855～1916]ベルギーの詩人。象徴主義から出発し、社会主義の影響を受けて、人類の進歩を謳歌する力強い作品を発表。詩集「黒い炬火」「触手ある都市」など。

ベル-パエーゼ〖ｲﾀﾘｱ Bel Paese〗《美しい土地の意》イタリア北部産の柔らかいチーズ。商標名。

ヘルバルト〖Johann Friedrich Herbart〗[1776～1841]ドイツの哲学者・教育学者。教育の目的を倫理学に、方法を心理学に求めて、科学的な教育学を樹立。段階的教授課程論を提唱。著「教育学講義綱要」など。

ヘルパンギーナ〖herpangina〗ウイルスによって起こる咽頭炎の一種。高熱と咽頭粘膜の発疹が特徴。乳幼児に多いが、特別な治療をしなくても1週間ほどで治癒する。

ヘル-はんとう【ヘル半島】ポーランド《Mierzeja Helska》ポーランド北部、バルト海のグダニスク湾にある半島。グダニスクの北方に位置し、全長約35キロの細長い砂州でできている。海岸保養地として知られる。

ベルビエ〖Verbier〗スイス南西部、バレー州の山岳リゾート。同国最大級のスキー場がある。モンブラン、グランコンバンなどの4000メートル級の山々を望む展望地、モンフォールまでゴンドラで結ばれる。毎夏開催されるベルビエ音楽祭が有名。

ベルヒテスガーデン〖Berchtesgaden〗ドイツ南部、バイエルン州の町。オーストリアとの国境に近いドイツアルプスの山中に位置する観光保養地。アドルフ＝ヒトラーの山荘が置かれたことで知られる。

ペルピニャン〖Perpignan〗フランス南部の都市。ピレネー山脈の東端付近にあり、13〜14世紀、マジョルカ王国の首都。ワインやオリーブの集散地。

ヘルプ〖help〗❶助けること。援助。❷助手。❸コンピューターの操作画面上において、アプリケーションソフトなどの使い方をユーザーに説明する機能。

ベルファスト〖Belfast〗英国、北アイルランド東部の港湾・工業都市。同地方の中心地。麻織物・造船・機械などの工業が盛ん。

ベルファスト-だいせいどう【ベルファスト大聖堂】イギリス《Belfast Cathedral》英国、北アイルランド東部の都市ベルファスト中心部にあるアイルランド国教会の大聖堂。19世紀末に着工され、1981年に完成した。アイルランドロマネスク様式の傑作とされる。聖パトリックの布教1500年を記念したモザイク壁画がある。聖アン大聖堂。セントアン大聖堂。

ヘルプデスク〖helpdesk〗パソコンやソフトウエアの使用方法やトラブルに関する問い合わせに対応する企業内の業務部門。社外に委託する場合もある。

ヘルプライン〖helpline〗❶電話やインターネットによる相談窓口。❷コンプライアンスのための窓口。企業で違反や不正などがあった際に、内部者が外部に通報・相談できる窓口。

ベルフラワー〖bellflower〗キキョウ科ホタルブクロ属(Campanula)の植物の英語名。花の形が西洋の鐘に似ているところから。

ヘルブルン-きゅうでん【ヘルブルン宮殿】《Schloß Hellbrunn》オーストリア中部の都市、ザルツブルクの南郊にある宮殿。17世紀初め、ザルツブルク大司教マルクス＝ジティクス＝フォン＝ホーエネムスが夏の離宮として建造。さまざまな仕掛けを施した噴水があることで有名。旧市街を中心とする他の歴史的建造物も含め、1996年に「ザルツブルク市街の歴史地区」として世界遺産(文化遺産)に登録。

ヘルペス〖herpes〗皮膚に小水疱(しょうすいほう)が群れをなして生じる状態。ヘルペスウイルスの感染によって起こり、口唇や陰部にできる単純性疱疹(たんじゅんせいほうしん)や帯状疱疹(たいじょうほうしん)がある。疱疹。

ヘルペスウイルス〖herpesvirus〗ウイルスの一。ヘルペス(疱疹(ほうしん))を引き起こす単純ヘルペスウイルスのほか、サイトメガロウイルスやEBウイルス、コイに感染する鯉ヘルペスウイルスなどがある。

ヘルベチア〖Helvetia〗ローマ時代のスイスの呼び名。4か国語が公用語であるスイスでは切手などにこの国号を共通使用している。➡スイス

ベルベッティーン〖velveteen〗綿でつくられたビロードのこと。俗に「別珍」といわれる。

ベルベット〖velvet〗ビロードの異称。日本では主として絹製のものをさすことが多い。

ベルベデーレ-きゅうでん【ベルベデーレ宮殿】《Schloß Belvedere》オーストリアの首都、ウィーンの中心部にある宮殿。ハプスブルク家に仕えた名将、オイゲン公の夏の離宮として、ルーカス＝フォン＝ヒルデブラントの設計により、1714年から23年にかけて建造された。現在、美術史美術館に次いで同国第2の規模を誇る美術館になっている。

ベルベデーレ-ようさい【ベルベデーレ要塞】イタリア《Forte Belvedere》イタリア中部、トスカーナ州の都市フィレンツェにある要塞。16世紀末、ピッティ宮殿の防備のため、メディチ家のフェルディナンド1世により建造された。フィレンツェ市街を一望にできるため、観光名所として知られる。

ベルベル-ご【ベルベル語】《Berber》アルジェリアやモロッコなどエジプト以西の北アフリカ一帯で用いられている言語。多くの下位言語・方言に分かれる。

ベルベル-じょう【ベルベル城】スペイン《Castell de Bellver》スペイン東部、マリョルカ島西岸の港湾都市パルマにある城。名称は「眺めのよい城」を意味し、市街西方の丘の上にあるためパルマ湾と市街を一望できる。要塞として建造されたが、マリョルカ王の夏の離宮になった。18、19世紀には監獄として使用。

ベルベル-じん【ベルベル人】《Berber》北アフリカに広く居住する先住民族。ベルベル語を話す。7世紀以降イスラム化、アラブ化が進んだ。ベルベルの名称はギリシャ語の「バルバロイ(＝ギリシャ世界の外に住む文明化されていない人の意)」に由来する。自称は、高貴な出の人間、自由人の意のアマジグ(複数形イマジゲン)。

ペルボウラリスク〖Pervoural'sk〗ロシア連邦中部、ウラル地方、スベルドロフスク州の都市。チュソバヤ川とシャイタンカ川の合流点に位置する。18世紀前半に製鉄所が建設。旧ソ連時代に工業都市として発展した。

ベルボーイ〖bellboy〗ホテルの玄関で、客の荷物の世話をする男性。ポーター。

ベル-ボトム〖bell bottom〗ひざから下の部分にフレアを入れた、裾広がりのズボンの型。「―パンツ」

ベルホヤンスク〖Verkhoyansk〗ロシア連邦東部、サハ共和国の町。ヤナ川沿いにあり河港、空港を有す。北極圏内に位置する。オイミャコンと並ぶ北半球の寒極として知られ、1892年にセ氏零下67.8度を記録。帝政ロシア時代は政治犯の流刑地だった。

ベル-マーク　ベルマーク教育助成財団の協賛企業の商品などに付けられた鐘のマーク。PTA・大学・生涯学習グループなどごとに集めて財団に送付すると、1点につき1円として、協力企業の学用品などを1割引きで購入できる。割引きぶんは財団への寄付となり、僻地や開発途上国・災害被災地などの学校への援助資金となる。昭和35年(1960)発足。

ベルマーレ〖Bellmare〗▶湘南ベルマーレ

ベルマーレ-ひらつか【ベルマーレ平塚】▶湘南ベルマーレ

ベル-まひ【ベル麻×痺】《Bell's palsy》顔面神経麻痺の一種。不完全な麻痺で、顔の片側が突然ゆがむ。

ヘルマンシュタット〖Hermannstadt〗ルーマニア中央部の都市シビウのドイツ語名。

ヘルマンとドロテーア《原題、ドイツ Hermann und Dorothea》ゲーテの叙事詩。1797年刊。ドイツの青年ヘルマンとフランスの難民ドロテーアとの恋愛を、フランス革命を背景に描いたもの。

ペルミ〖Perm'〗ロシア連邦、ペルミ地方の都市。ウラル山脈西麓、ボルガ川支流のカマ川に臨む工業都市であり、シベリア鉄道が通る交通の要地。旧称モロトフ。地質年代を表すペルム紀(二畳紀)の名称は同地にちなむ。

ベルミチェッリ〖イタリア vermicelli〗パスタの一種で、最も細い棒状のもの。スープや、その他スパゲッティと同じように用いる。バーミセリ。

ヘルミペ〖Hermippe〗木星の第30衛星。2001年に発見。名の由来はギリシャ神話のゼウスの愛人。非球形で平均直径は約9キロ。ヘルミッペ。

ペルム-き【ペルム紀】▶二畳紀(にじょうき)

ヘルムズリー〖Helmsley〗英国イングランド北東部、ノースヨークシャー州の町。ライ川に沿う。ノースヨークムーアズ国立公園の内陸の観光拠点の一。中世の面影を残す街並みや12世紀のヘルムズリー城のほか、近郊には14世紀初めに建造されたリーボウ修道院がある。ヘルムスリー。

ヘルムズリー-じょう【ヘルムズリー城】イギリス《Helmsley Castle》英国イングランド北東部、ノースヨークシャー州の町ヘルムズリーにある城。12世紀初め、スコットランドに対する防備のために木造の城砦として建造。12世紀に濠に囲まれた石造の城に改築。ピューリタン革命のイングランド内戦における国王派と議会派の戦いが行われた。現在は外壁の一部のみが残っている。ヘルムスリー城。

ヘルムホルツ〖Hermann Ludwig Ferdinand von Helmholtz〗[1821〜1894]ドイツの生理学者・物理学者。エネルギー保存の法則の体系化、神経の刺激伝導速度の測定、検眼鏡の発明、聴覚の共鳴説や色覚の三色説の提唱のほか、広い分野に功績を残した。

ヘルムホルツ-コイル〖Helmholtz coil〗半径rの二つの円形コイルを距離rだけ離して平行かつ同軸に置いたもの。二つのコイルに同方向の電流を流すと、中心付近の空間に一様な磁場を発生させることができる。

ヘルメス〖Hermēs〗ギリシャ神話で、オリンポスの十二神の一。ゼウスとアトラスの娘マイアとの子。神々の使者を務めるほか、富と幸運の神で、商業・発明・盗人・旅行者などの守護神。ローマ神話のメルクリウス(マーキュリー)にあたる。

ヘルメス-もんじょ【ヘルメス文書】《ラテン Corpus Hermeticum》ヘレニズム時代にエジプトを中心に流布された文書群。グノーシス主義をはじめとして、この時代の宗教・哲学・科学思想のほとんどすべてを含んでいる。

ベル-メタル〖bell metal〗錫(すず)20〜25パーセントを含む銅合金。教会の鐘に鋳造するとよい音色を出すところから付いた名。鐘銅(しょうどう)。

ヘルメット〖helmet〗❶頭部を危険から守るための、金属やプラスチック製などの兜(かぶと)形の帽子。❷暑さを防ぐための布張りの帽子。トーピー。〔類語〕鉄兜

ペル-メル〖pall-mall〗古くヨーロッパで行われた打球戯。クロッケーの前身といわれ、標的目がけて杖(つえ)で球を打ち、標的に当たるまでの打数で勝敗を競った。元来は、フランスで、羊飼いの杖でボールを打つ遊び。

ペル-メル〖Pall Mall〗英国の首都ロンドン中心部、ウエストミンスターにある街路。セントジェームズパークの北側、トラファルガー広場とセントジェームズ宮殿を結ぶ。チャールズ2世がペルメルという古い球技を楽しんだ場所に由来する。

ベルモット〖フランス vermouth〗ぶどう酒にニガヨモギなどの成分を加えたリキュール。辛口(フレンチ)と甘口(イタリアン)があり、食前酒やカクテルとする。

ベルモパン〖Belmopan〗中央アメリカ、ベリーズの首都。1970年、ベリーズシティーから同地に首都移転。政府省庁が集まる政治の中心地。

ペルリ〖Perry〗▶ペリー

ベルリオーズ〖Louis Hector Berlioz〗[1803〜1869]フランスの作曲家。標題音楽の先駆者で、ロマン主義運動を推進した。作品に「幻想交響曲」「ロメオとジュリエット」「ファウストの劫罰(ごうばつ)」など。

ベルリッツ-ていえん【ベルリッツ庭園】ドイツ《Wörlitzer Gartenreich》▶デッサウベルリッツ庭園王国

ベルリン〖Berlin〗ドイツ連邦共和国の首都。同国北東部に位置する。13世紀にブランデンブルク辺境伯によって建設され、18世紀以来プロイセン王国・ドイツ帝国・ワイマール共和国・ナチス-ドイツの首都。第二次大戦後は東西に分割され、東ベルリンは東ドイツの首都、西ベルリンは西ドイツの一州となった。1961年、東ドイツにより東西ベルリン境界に壁(ベルリンの壁)が構築されたが、1989年に撤去され、翌年東西が統合。人口、行政区343万(2008)。〔補説〕「伯林」とも書く。行政区画上、単独で連邦州を構成するため、ベルリン特別市、ベルリン州ともいう。

ベルリン-あお【ベルリン青】〘名〙紺青(こんじょう)。ベルリンブルー。

ベルリン-えいがさい【ベルリン映画祭】ドイツ ▶ベルリン国際映画祭

ベルリン-かいぎ【ベルリン会議】ドイツ　1878年、ベ

ルリンで開かれたヨーロッパ諸国の国際会議。ロシア-トルコ戦争に勝ったロシアのバルカン進出を恐れるイギリス・オーストリアとロシアとの利害対立をビスマルクが調停にあたったもの。

ベルリン-こくさいえいがさい【ベルリン国際映画祭】ドイツの都市ベルリンで毎年2月に開催される国際映画祭。第1回は1951年に西ベルリンで開かれた。最高賞は金熊賞。社会派の作品を採り上げることが多い。カンヌ・ベネチアとともに世界三大映画祭とされる。ベルリン映画祭。

ベルリン-だいがく【ベルリン大学】ベルリンにある国立大学。1809年プロイセン国王フリードリヒ=ウィルヘルム3世の勅令により、フンボルトらが設立。初代学長はフィヒテ。大学の自治制度を実現し、近代の大学のモデルとされた。第二次大戦後、ドイツ民主共和国(東ドイツ)政府の管理下にフンボルト大学と改称。一方、多くの教授や学生が西ベルリンに移り、1948年ベルリン自由大学を開校。90年の東西ドイツ統一後も両校とも別個に存続している。

ベルリン-だいせいどう【ベルリン大聖堂】《Berliner Dom》ドイツの首都、ベルリンにある大聖堂。1905年、ドイツ皇帝ウィルヘルム2世により改築された。ホーエンツォレルン家の墓所がある。

ベルリン-の-かべ【ベルリンの壁】第二次大戦後にベルリンが東西に分割された際に造られた、西ベルリンを囲む壁。西ドイツへの人民の流出を防ぐため、東ドイツが1961年に構築。89年11月9日、東ドイツで出国の自由化が発表されたのを機に、東西の市民によって壊され、撤去された。

ベルリンローマ-すうじく【ベルリンローマ枢軸】1936年、ナチス-ドイツとファシスト-イタリアとの間に成立した提携・協力体制。のち、日独伊三国同盟へと発展。ムッソリーニが「両国を枢軸としてヨーロッパの国際関係は転回する」と述べたことによる。

ベルルスコーニ〖Silvio Berlusconi〗［1936～ ］イタリアの政治家。第74代、第79代、第81代首相。建設業やテレビ局経営などで成功。1994年にフォルツァ-イタリアを結成し下院議員に当選。同年に首相となった。新自由主義を標榜し、イラク戦争などで米国に協力した。2011年11月退任。

ベルレーヌ〖Paul-Marie Verlaine〗［1844～1896］フランスの詩人。象徴主義の代表者。音楽性豊かな詩法を確立。詩集「艶なる宴」「言葉のない恋歌」「叡知」。

ベルン〖Bern〗スイス連邦の首都。ライン川の支流アーレ川に沿い、橋によって新旧市街を結ぶ。精密機械工業が盛ん。UPU(万国郵便連合)の本部がある。旧市街は、1983年、世界遺産(文化遺産)に登録。人口、行政区12万、都市圏35万(2008)。ベルヌ。

ベルン-アルプス〖Bern Alps〗►ベルナーオーバーラント

ベルンカステル-クース〖Bernkastel-Kues〗ドイツ西部、ラインラント-プファルツ州、モーゼル川沿いの町。13世紀に建造されたランツフート城や木組み造りの民家をはじめ、歴史的建造物が数多く残っている。モーゼルワインの産地として知られる。

ベルンシュタイン〖Eduard Bernstein〗［1850～1932］ドイツの社会主義者。社会民主党右派の理論的指導者。革命を否定し議会政治による社会民主主義の実現を目ざす修正主義理論を展開した。

ベルンハイム〖Ernst Bernheim〗［1850～1942］ドイツの歴史学者。史学方法論に関する研究で有名。著「歴史学方法教本」「歴史学入門」など。

ペレアスとメリザンド《原題、Pelléas et Mélisande》メーテルリンクの戯曲。5幕。1893年初演。恋に陥った王妃メリザンドと王弟ペレアスの悲劇を描く。ドビュッシー・シェーンベルク・シベリウスらがこの戯曲に基づいた曲を作曲している。

ベレー〖béret〗丸く平らな縁なしの帽子。フェルトやビロードなどで作る。ベレー帽。

ヘレーネ〖Helene〗►ヘレネ

ペレー-の-け【ペレーの毛】《Pele's hair》►火山毛

ペレー-の-なみだ【ペレーの涙】《Pele's tears》►火山涙

ペレシュ-じょう【ペレシュ城】《Castelul Peleş》ルーマニア中央部の町シナイアにあるドイツルネサンス様式の宮殿。19世紀後半、ルーマニア王カロル1世が王室の夏の離宮として建造。同国で最も壮麗な城と称される。城内は博物館としてカロル1世が収集した絵画、彫刻、宝飾品、武具などを展示する。

ペレシュマルティ-ひろば【ペレシュマルティ広場】《Vörösmarty tér》ハンガリーの首都ブダペストにある広場。バーツィ通りの北側入口に位置する。中央には広場の名称の由来になった、19世紀に活躍した同国を代表するロマン主義詩人ベレシュマルティ=ミハーイの像がある。ブルシュマルティ広場。

ヘレス〖Jerez de la Frontera〗スペイン南西部、アンダルシア州の都市。正式名称ヘレス-デ-ラ-フロンテラ。シェリー酒の原産地として知られる。イスラム時代に建造されたアルカサル(王宮)、王立馬術学校、モスクを改築した大聖堂などがある。

ペレス-ガルドス〖Benito Pérez Galdós〗［1843～1920］スペインの小説家。19世紀スペイン写実主義の代表者の一人。共和派代議士として専制政治に対抗したことでも知られる。著作に、19世紀のスペイン史を描いた歴史小説「国民挿話」などがある。「トリスターナ」「ナサリン」はブニュエルによって映画化。

ヘレス-デ-ラ-フロンテラ〖Jerez de la Frontera〗►ヘレス

ペレストロイカ〖Perestroyka〗《再編・立て直しの意》ソ連のゴルバチョフ政権が1986年以降推進した改革政策のスローガンの一。

ベレズニキ〖Berezniki〗ロシア連邦中部、ウラル地方、ペルミ州の都市。1933年までの旧称ウソリエソリカムスコエ。カマ川沿いに位置し、河港を有す。カリウム、マグネシウムなどの鉱山があり、1930年代以降、肥料やソーダを製造する化学工業が発展した。

ペレスラブリ-ザレスキー〖Pereslavl'-Zalesskiy〗ロシア連邦西部、ヤロスラブリ州の町。モスクワの北東約140キロ、プレシチェーボ湖南東岸に位置する。「黄金の環」と呼ばれるモスクワ北東近郊の観光都市の一つ。12世紀半ば、ユーリー=ドルゴルーキーが要塞を築き、14世紀初頭までペレスラブリ公国の首都が置かれた。13世紀にモンゴル帝国の侵略を受け、14世紀初頭にモスクワ公国に併合された。ピョートル1世が少年時代に自前のボートを艦隊と称して湖に浮かべて遊んだことから、のちのロシア海軍の発祥地とされる。ゴリツキー修道院やスパソプレオブラジェンスキー教会などの歴史的建造物があるほか、18世紀から19世紀にかけての古い街並みが残っている。

ペレタイジング〖pelletizing〗貧鉱や粉鉱を粉末にし、結合剤で固めて球状にする処理法。

ペレット〖pellet〗《小球の意》❶注射によって皮下などに植え込む小さな錠剤。植え込み錠。❷小さい銃弾。❸塊状にした飼料。魚の養殖などで用い、分離しにくいため水質を汚すことが少ない。モイストペレット。❹銑鉄などの原料とする微粉状の鉱石を固めた小粒。特に、原子炉の燃料となる二酸化ウランなどの粉末を焼き固めたもの(燃料ペレット)。また、成形加工原料としてのプラスチックの小球。❺燃料にするために廃材・間伐材を固めたもの。木質ペレット。❻フクロウなどが、消化できない骨・羽・毛などをまとめて吐き出したかたまり。ペリット。

ベレトルジニー-きゅうでん【ベレトルジニー宮殿】《Veletržní Palác》チェコ共和国の首都プラハにある建物。1925年から29年にかけて、オルドジフ=ティルとヨゼフ=フックスの設計により見本市会場として建造。プラハにおける代表的な機能主義建築の一つ。現在は国立美術館の一部門として、近現代絵画、彫刻作品を展示。

ヘレニズム〖Hellenism〗《ギリシャ風の意》❶古代ギリシャの文化・思想。人間中心的な合理的精神を基盤とし、ヘブライズムとともに西洋文明の二大源流となった。❷東方文化との融合から超民族的普遍的性格をもつようになったギリシャ文化。アレクサンドロス大王の東征からプトレマイオス朝の滅亡までの約300年間の時代をさし、ギリシャ・マケドニアを中心にアレクサンドロスの東征地域に形成された。

ヘレネ〖Helenē〗㊀ギリシャ神話で、絶世の美女。ゼウスとレダとの娘。スパルタ王メネラオスの妻となっていたが、トロイアの王子パリスに誘拐されたことから、トロイア戦争が起こった。ヘレン。ヘレーネ。㊁(Helene)土星の第12衛星。1980年に発見。名は㊀に由来。土星とディオーネが形成するラグランジュポイントのうち、ディオーネの公転方向前側に位置する。後ろ側付近にはポリデューシスがある。非球形で平均直径は約32キロ。ヘレーネ。

ヘレネス〖Hellēnes〗古代ギリシャ人の自称。➡バルバロイ

ヘレフォード〖Hereford〗家畜の牛の一品種。英国南西部のヘレフォード州の原産。肉用種。体は赤褐色で頭から腹にかけて白い。

ペレルマン〖Grigoriy Yakovlevich Perel'man〗［1966～ ］ロシアの数学者。2003年に幾何化予想およびポアンカレ予想の証明に成功。06年にフィールズ賞の受賞を辞退。

ベレン〖Belém〗ブラジル北東部、パラー川下流の港湾都市。パラー州の州都。アマゾン川流域の物資の集散地として商業が盛ん。人口、行政区142万(2008)。ベレム。

ベレン〖Belém〗ポルトガルの首都リスボンの一地区。中心部よりテジョ川に沿って西方約6キロメートルに位置する。正式名称はサンタマリア-デ-ベレン。世界遺産に登録されたジェロニモス修道院、ベレンの塔など大航海時代ゆかりの建造物のほか、美術館、博物館が多い。バスコ=ダ=ガマがインド航路を発見した時の出港地として知られる。

ヘレンキームゼー-じょう【ヘレンキームゼー城】《Schloß Herrenchiemsee》ドイツ南部、バイエルン州の町、プリーンにあるバイエルン王ルートウィヒ2世の城。景勝地として知られるキーム湖にあるヘレン島に、1878年から86年にかけて建造されたが、ルートウィヒ2世の死により、完成には至らなかった。フランスのルイ14世に心酔していたため、ベルサイユ宮殿を模している。

ヘレン-ケラー〖Helen Adams Keller〗►ケラー

ヘレンド〖Herend〗ハンガリー中西部の町。ベスプレームの西郊に位置する。世界的に有名な陶磁器メーカー、ヘレンドの本社がある。

ベレン-の-とう【ベレンの塔】《Torre de Belém》ポルトガルの首都リスボンの南西部、ベレン地区にある塔。16世紀、テジョ川の船の出入りを監視するため要塞として建造された。大航海時代の栄華を反映した建築・芸術様式であるマヌエル様式の傑作として知られ、1983年、ジェロニモス修道院とともに世界遺産(文化遺産)に登録された。

ヘレンハウゼン-おうきゅうていえん【ヘレンハウゼン王宮庭園】《Herrenhäuser Gärten》ドイツ中北部、ニーダーザクセン州の州都、ハノーバーにある、17世紀に造営されたバロック庭園。大庭園、ベルク庭園、ゲオルゲン庭園、ベルフェン庭園の四つの庭園で構成され、ハノーバー王家の霊廟がある。ハノーバーゆかりの作曲家、ヘンデルの「水上の音楽」の演奏会が毎年開かれる。ヘレンホイザー王宮庭園。

ヘレンホイザー-おうきゅうていえん【ヘレンホイザー王宮庭園】《Herrenhäuser Gärten》►ヘレンハウゼン王宮庭園

へ-ろ【辺ろ】ほとり。あたり。「妹をこそ相見に来しか眉引きの横山—の猪ししなす思へる」〈万・三五三一〉

べろ　❶舌。「—を出す」❷❶に似た形のもの。「靴の—」〔類語〕舌・タン

ベロア〖velour〗毛足が長く柔らかで光沢のある織物。コート・帽子などに用いる。

ベロイア〖Beroia〗ギリシャの都市ベリアの古代名。

ヘロイン〖heroin〗麻薬の一。ジアセチルモルヒネの

通称。白色の粉末で、苦味がある。モルヒネより鎮痛作用が強く、副作用や習慣性も強い。法により製造・所持・売買・使用が禁止されている。

ベロー〘Saul Bellow〙[1915〜2005]米国の小説家。カナダ生まれ。ユダヤ系。現代米国文学を代表する小説家の一人。1976年ノーベル文学賞受賞。小説「宙ぶらりんの男」「その日をつかめ」「ハーツォグ」など。

ペロー〘Charles Perrault〙[1628〜1703]フランスの詩人・童話作家。「青ひげ」「長靴をはいた猫」「サンドリヨン(シンデレラ)」などの民間説話を集めた「童話集」で有名。また、古代の作家に対する近代の作家の優越性を主張し、新旧論争のきっかけをつくった。

ベロー-シファカ〘verreaux' sifaka〙シファカの一種。マダガスカル島に分布。頭胴長39〜48センチ、体重3.5〜4.3キロ。体毛は白く、顔と頭頂部が黒い。昼行性で樹上にすむ。

ベローズ〘bellows〙蛇腹。カメラの蛇腹装置。

ヘローナ〘Gerona〙▶ジローナ

ベローナ〘Verona〙イタリア北東部の商工業都市。古来、交通の要地。古代ローマの円形劇場がある。シェークスピアの悲劇「ロミオとジュリエット」の舞台としても知られる。2000年、世界遺産(文化遺産)に登録。

ベロ-オリゾンテ〘Belo Horizonte〙《美しい地平線の意》ブラジル南東部の高原にある工業都市。市街は放射状に建設され、1897年よりミナス-ジェライス州の州都。人口、都市圏243万(2008)。ベロ-オリゾンチ。

ベログラドチック〘Belogradchik〙ブルガリア北西部、バルカン山脈北麓の町。ビディンの南約50キロ、セルビアとの国境近くに位置する。周辺には砂岩や石灰岩の浸食で形成された奇岩群が広がり、天然の岩壁を利用したベログラドチック要塞がある。

ベログラドチック-ようさい【ベログラドチック要塞】《Belogradchiska krepost》ブルガリア北西部、バルカン山脈北麓の町ベログラドチックにある、天然の岩壁を利用した要塞。砂岩や石灰岩の浸食で形成された奇岩群の中、古代ローマ時代より砦が築かれ、14世紀にビディン王国のイバン=スラツィミル王により要塞化された。

ベロゴルスク〘Belogorsk〙ロシア連邦東部、アムール州の都市。ゼヤ川の支流トミ川沿いに位置する。シベリア鉄道の支線の分岐点。ゼヤブレヤ平野の農業地帯に位置し、食品加工業などが盛ん。

ペロタ〘pelota〙素手やグローブ・ラケットを使ってボールを壁に打ち合うスポーツ。正面の壁にボールを打ち、跳ね返ってくるボールを相手がワンバウンド以内で打ち、これを交互に続ける。バスク地方を中心にスペイン・フランスなどで行われる。

ベロタクシー〘VELOTAXI〙《Veloはドイツ語で自転車の意》自転車タクシーの一種。後部に二人乗りの座席を取り付け、上部を屋根で覆った三輪自転車を使用する。市街地などでの近距離の運送を目的とする。1997年にドイツで始められた。商標名。

ペロッ〘インドネシア pélog〙▶ペロッグ

ベロッキオ〘Andrea del Verrocchio〙[1435ころ〜1488]イタリアの彫刻家・金工家・画家。写実的な作品を残した。ブロンズ像「コレオーニ将軍騎馬像」など。

ペロッグ〘インドネシア pélog〙《「ペロッ」とも》インドネシア音楽で用いられる音列名。1オクターブに7つの音があるが、その中から主として5音を使う五音音階が基本。

ヘロット〘helot〙▶ヘイロタイ

ぺろっ-と〔副〕❶瞬間的に大きく舌を出すさま。人をからかうときや照れ隠しのしぐさにいう。ぺろり。「—舌を出す」❷舌をちょっと出して口のまわりなどをなめるさま。ぺろり。「—唇をなめる癖がある」❸食べ物を短時間に余さず食べてしまうさま。ぺろり。「御馳走を—平らげる」❹薄いものが一気にはがれるさま。ぺろり。「皮が—むけた」

ヘロデ〘Herod〙[前73ころ〜前4]ユダヤの王。在位、前37〜前4。キリスト誕生当時専制君主として君臨、ヘレニズム文化に心酔し、エルサレム神殿を再建。猜疑心が強く、妻子や縁者を殺害。キリストを除くためベツレヘムの幼児を虐殺したといわれる。

ヘロドアティクス-おんがくどう【ヘロドアティクス音楽堂】《Herod Atticus Odeon》▶イロドアティコス音楽堂

ベロ-どくそ【ベロ毒素】《vero toxin》食中毒を起こす腸管出血性大腸菌(O-157など)が産出する毒素。腎臓を障害し、溶血性尿毒症症候群を発症させる。

ベロどくそさんせいせい-だいちょうきん【ベロ毒素産生性大腸菌】▶腸管出血性大腸菌

ヘロドトス〘Hērodotos〙前5世紀の古代ギリシャの歴史家。小アジアの生まれ。オリエントを広く旅行し、その見聞に基づき、ペルシア戦争を中心にした「歴史」を著述、「歴史の父」とよばれる。生没年未詳。

ベロナール〘Veronal〙バルビタールの商標名。

ベロニーテ〘ドイツ Belonite〙▶火山岩尖

ベロニカ〘Veronica〙イエス=キリストが十字架を負って刑場に向かう途中、顔をぬぐう布をささげたという伝説上の聖女。イエスはその布に面影を写して返したと伝える。また、イエスの顔を写した布。

ベロネーゼ〘Paolo Veronese〙[1528〜1588]イタリアの画家。ベネチア派。豊麗な装飾画を多く描いた。

ペロピオン〘Pelopion〙ギリシャ、ペロポネソス半島北西部、ゼウスの神域として知られるオリンピアにある遺跡。ギリシャ神話の英雄でオリンピックの創始者とされるペロプスに関わりある建物と考えられている。

ペロピダス〘Pelopidās〙[前410ころ〜前364]古代ギリシャのテーベの将軍。エパミノンダスとともに、テーベの富国強兵に努め、スパルタを破って覇権を樹立した。

へろ-へろ ㊀〔副〕弱々しく威力のないさま。「—と倒れかかる」㊁〔形動〕㊀に同じ。「—な投球」

べろ-べろ ㊀〔副〕❶舌を出して、しきりに物をなめるさま。「手を—(と)なめる」❷火が勢いよく燃えるさま。「焔の赤い舌が—と長く立った」〈長塚・土〉❸やわらかいさま。「臓腑は丁度斯う大風呂敷の包のように—したままで」〈藤村・破戒〉㊁〔形動〕❶酔ってろれつが回らないさま。正体がないほどに、ひどく酒に酔ったさま。べろんべろん。「飲みすぎて—になる」❷薄っぺらなさま。「—の薄羽織を着て」〈漱石・道草〉 アクセント㊀はベロベロ、㊁はベロベロ。 類語(㊁❶)ぐでんぐでん・べろんべろん・へべれけ・れろれろ

ぺろ-ぺろ ㊀〔副〕❶舌で物をなめまわすさま。「皿を—(と)なめる」❷舌のよく動くさま。ぺらぺら。「—と読んで聞かせました」〈藤村・千曲川のスケッチ〉❸いかにもうまそうに次々と食べるさま。「—(と)平らげる」❹小さな炎をあげながら燃えるさま。「竈の火の—と燃え上るのを見た」〈長塚・土〉㊁〔形動〕薄っぺらなさま。「—のスフの国民服」〈野間・真空地帯〉 アクセント㊀はペロペロ、㊁はペロペロ。

べろべろ-の-かみ【べろべろの神】江戸時代の遊戯の一。ある行為をだれがしたのか不明なとき、それを占い当てる方法。一同が輪形に座った中で、先を曲げたこよりを両手に挟んでぐるぐる回し、それの止まった先を本人とするもの。

へろへろ-や【へろへろ矢】勢いのない矢。「清盛などが—は物の数にてや候ふべき」〈保元・上〉

ベロボ〘Belovo〙ロシア連邦中部、ケメロボ州の都市。イニヤ川と支流バチャト川沿いに位置。クズバス炭田の主要な採炭地の一。亜鉛の精錬で知られる。

ペロポネソス〘Peloponnesos〙ギリシャ南部の半島。島状をなすが、コリント地峡により本土とつながる。前8〜前5世紀にスパルタなどの都市国家が栄え、東ローマ帝国時代にはモレアとよばれた。オリーブ油・柑橘類などを産する。

ペロポネソス-せんそう【ペロポネソス戦争】前431〜前404年、アテネを中心とするデロス同盟とスパルタを中心とするペロポネソス同盟との間に行われた戦争。ペルシアの援助を受けたスパルタ側の勝利に終わったが、戦争による痛手から、ギリシャ全体が衰退に向かった。

ぺろり〔副〕「ぺろっと」に同じ。「—(と)舌を出す」「—(と)上唇をなめる」「—(と)平らげる」

ベロルシア〘Belorussiya〙ベラルーシの旧称。

ペロン〘Juan Domingo Perón〙[1895〜1974]アルゼンチンの軍人・大統領。在任1946〜1955、1973〜1974。民族主義と労働者保護を基幹とした国家社会主義的独裁政治を推進。

ヘロン-の-こうしき【ヘロンの公式】三角形の面積Sを3辺の長さa・b・cから求める公式。3辺の和の半分をsとすると、$S^2=s(s-a)(s-b)(s-c)$で与えられる。古代ギリシャの数学者・技術者ヘロン(Heron)によるが、ニュートンが再発見した。

べろん-べろん〔形動〕ひどく酔ってろれつが回らないさま。酒にひどく酔って、正体のなくなったさま。ぐでんぐでん。「—に酔う」
類語 ぐでんぐでん・べろべろ・へべれけ・れろれろ

へん【辺】❶漠然と、それに近い場所や位置。あたり。付近。「その—を散歩する」❷漠然とした事柄。「その—の事情はわからない」❸およその程度。くらい。「その—で勘弁しろ」❹はて。限り。「一望、—なし」❺数学で、等号・不等号の両側にある項。❻幾何学で、角・多角形・多面体などをつくっている各線分または半直線。❼囲碁で、隅を除いた、5〜4線あたりより外側の部分。「上—」「左—」 ➡漢「へん(辺)」
類語 辺り・周辺・近辺・四辺・周囲・まわり・近く・付近・界隈・近傍・一帯

へん【▽版】朝廷の儀式のとき、参列者の位置を示すため、目印として置かれた木の板。

へん【変】㊀〔名〕❶事態が移り変わること。変化すること。「不意に風雨の—に出逢うことも」〈鉄腸・雪中梅〉❷急に異常な事態の起こること。また、その事態。「承久の—」「万一の—に備える」❸音楽で、本来の音より半音低いことを示す語。フラット。⇔嬰。㊁〔形動〕区(ナリ)❶普通と違っているさま。ようすがおかしいさま。「—な服装」「車の調子が—だ」❷思いがけないさま。「事件は—な方向に発展した」 ➡漢「へん(変)」 類語(㊀❷)事変・有事/(㊁❶)異常・異様・奇異・異・奇妙・妙・面妖・不思議・不可解・不審・不自然・奇怪・奇態・風変わり・変ちくりん・変てこ・変てこりん・けったい・おかしい

へん【偏】❶漢字の構成部位の名称の一。左右の組み合わせからなる漢字の左側の部分。字形によって「亻(にんべん)」「氵(さんずい)」などと呼ぶ。⇔旁。❷かたよっていること。公正でないこと。「用捨—無し、弛張時あり、明王の士を撰ぶ徳なり」〈太平記・一九〉 ➡漢「へん(偏)」

へん【編/×篇】㊀〔名〕❶首尾の整っている詩文。❷書物・文章や演劇などの部分け。「後の—で言及する」「青春—」❸いくつかの文章を集めて1冊の本にすること。編纂。「国語学会—」㊁〔接尾〕助数詞。上にくる語によっては「ぺん」となる。❶詩歌・文章、また書物などを数えるのに用いる。「詩二—」❷書物を内容からいくつかに部分けしたとき、その部分の数、あるいは順序を示すのに用いる。「浮雲第二—」 ➡漢「へん(編・篇)」

へん〔感〕相手を見下したり、勝ち誇ったりする気持ちで発する声。「—、どうだ、まいったか」

へん【片】〔接尾〕助数詞。物の切れはし、花びらなどを数えるのに用いる。上にくる語によっては「ぺん」となる。「二、三—の花びら」 ➡漢「へん(片)」

へん【遍】〔接尾〕助数詞。動作・作用の回数を数えるのに用いる。上にくる語によっては「べん」「ぺん」となる。「二—も当番がまわってきた」 ➡漢「へん(遍)」

べん【弁/×辨】❶物事の区別を見分けること。「上下の—」❷物事を十分に理解すること。わきまえ。「是非の—」❸▶弁官 ➡漢「べん(弁)」

べん【弁/×瓣】❶花びら。また、その数をかぞえる語。「五—の花」❷管の途中や両端にあって、流体の遮断や流量の調整などのため、開閉できる装置。バルブ。「—を開く」❸心臓などにある弁膜。❹ウリの実のなかご。 ➡漢「べん(弁)」

べん【弁/×辯】❶ものの言いよう。話のしかた。「—

の立つ人」❷話。言葉で言い表すこと。「社長就任の―」「入社の―」❸その地方の言葉づかい。「大阪―」➔漢「べん(弁)」[類語]弁舌・物言い・言い回し・口

弁が立・つ　話し方がうまい。雄弁である。「政治家だけあってさすがに―・つ」

弁を弄(ろう)・する　かってなことを言いたてる。へりくつを言う。「―・して言い逃れる」

べん【便】❶都合がよいこと。「交通の―がいい」❷大便と小便。特に大便。➔漢「べん(便)」[類語](❶)便利/(❷)うんこ・うんち・大便・糞(くそ)・ばば・糞(ふん)・糞便・人糞

ベン〘Gottfried Benn〙[1886～1956]ドイツの詩人・医師。表現主義から出発し、のち現代的ニヒリズムを芸術至上主義の立場で克服しようとした。詩集「死体公示所(モルグ)」「静学的詩集」、自伝「二重生活」。

べん【遍】〔接尾〕「へん(遍)」に同じ。「何―聞いても覚えられない」「三―回って煙草にしょ」

ペン〘pen〙❶インキをつけ、字や絵をかく洋風の筆記具。金属や鳥の羽軸で作る。また、万年筆やボールペンなどの総称。❷文章を書くこと。文筆活動。また広く、言論活動。「―で生活する」

ペンは剣(けん)よりも強し　思想や文学の力は武力よりも大きな力をもつ。

ペンを折・る　執筆活動を中止する。

ペンを執(と)・る　手紙や文章を書く。執筆する。「新しい小説を書こうと―・る」

ペン〘Arthur Penn〙[1922～2010]米国の映画監督・舞台演出家。ヘレン=ケラーを描いた「奇跡の人」は、舞台と映画の双方で成功を収めた。「俺たちに明日(あす)はない」は、ニューシネマの代表的な作品とされる。他の監督作に「小さな巨人」など。アーサー=ペン。

ぺん【片】〔接尾〕「へん(片)」に同じ。「一―の雲」

ぺん【遍】〔接尾〕「へん(遍)」に同じ。「一―お会いしたかったのです」「読書百―意おのずから通ず」

ぺん【編|×篇】〔接尾〕「へん(編・篇)㊂」に同じ。「三―からなる歌曲」「浮世床全三―」

へん-あい【偏愛】〔名〕スル　ある物や人だけをかたよって愛すること。また、その愛情。「末娘を―する」

へん-あつ【変圧】〔名〕スル　圧力、特に電圧を変えること。

へんあつ-き【変圧器】電磁誘導の作用によって交流電流の電圧を変える装置。トランス。

へん-い【▽版位】ヰ　版(へん)にしるされた順位。へん。はんい。

へん-い【変位】ヰ〔名〕スル　物体の位置が変化すること。また、その変化した位置。物理学では、位置の変化を表すベクトルをいう。「電気―」

へん-い【変異】〔名〕スル　❶平常と変わったことが起こること。異変。❷同種の生物個体間に形態的、生理的な差異が現れること。環境の影響による遺伝しない個体変異と、遺伝する突然変異とに分けられる。[類語]異変・病変・変化・変態

へん-い【変移】〔名〕スル　移り変わること。変遷。「世界情勢は―しつつある」[類語]変わる・変化・変転

へん-い【偏×倚|偏依】〔名〕スル　❶一方へかたよること。「其の一方に―するが如きことあらず」〈陸羯南・国民論派〉❷数値・位置・方向などの一定基準や平均値などのかたより。偏差。

べん-い【便衣】中国で、日常用いた、丈が短く袖の細い服。ふだん着。平服。

べん-い【便意】大小便、特に大便がしたい気持ち。「―をもよおす」

へん-いき【変域】ヰキ　変数が取り得る値の範囲。関数で定義されている範囲。定義域。

へんい-きごう【変位記号】ヘンヰキガウ　►変化記号

べんい-たい【便衣隊】その地方の住民と区別できない服装で敵地に入り、謀略・ゲリラ活動を行う部隊。日中戦争のとき、中国軍によって組織された。

へんい-でんりゅう【変位電流】ヘンヰデンリウ　電束の時間的変化に伴って流れると想定した電流。マクスウェルが電磁場の理論において導入。電束電流。

へん-うん【片雲】一片のちぎれ雲。

漢字項目　へん

片　[学]6　[音]ヘン(呉)(漢)　[訓]かた、ひら、ペンス‖㊀〈ヘン〉①二つのうちの一方。「片務・片麻痺(へんまひ)」②薄く小さな切れ端。「片雲/花片・砕片・紙片・切片・雪片・断片・肉片・破片・薄片・木片」③わずか。少し。「片時・片言隻句」㊁〈かた〉「片側・片言(かたこと)・片隅・片方」

辺〔邊〕　[学]4　[音]ヘン(呉)(漢)　[訓]あたり、べ、へ、ほとり‖㊀〈ヘン〉①中央から隔たった所。国境。果て。「辺境・辺塞(へんさい)・辺地/広大無辺」②ある物を中心としてその付近。あたり。「縁辺・海辺・机辺・近辺・口辺・周辺・身辺・水辺・那辺(なへん)・炉辺」③幾何学で、多角形の一つの線分。「斜辺・底辺・等辺・四辺形」④数学で、等号や不等号の左右にある数・式。「右辺・左辺」㊁〈べ〉「海辺(うみべ)・上辺(うわべ)・岸辺・野辺・浜辺」

返　[学]3　[音]ヘン(慣)　[訓]かえす、かえる‖①もとの方に戻る。かえる。「返路/往返」②もとに戻す。かえす。「返還・返却・返金・返済・返事・返信・返品・返礼/不返」③はねかえる。反射する。「返景・返照」[名付]のぶ

×扁　[音]ヘン(呉)(漢)‖①薄くて平たい。「扁額・扁形・扁平/側扁」②小さい。「扁舟」

変〔變〕　[学]4　[音]ヘン(呉)(漢)　[訓]かわる、かえる‖①それまでとは別の状態になる。かわる。かえる。「変化・変革・変形・変更・変色・変身・変遷・変動/一変・応変・激変・神変・千変・転変・豹変(ひょうへん)・不変」②突然起こる異常な出来事。「変乱/異変・凶変・事変・政変・大変・天変地異」③普通でない。「変死・変人」④音楽で、本位音より半音低い音。「変音・変記号」

偏　[音]ヘン(呉)(漢)　[訓]かたよる、ひとえに‖①本筋や中心からそれている。かたよる。「偏屈・偏見・偏向・偏差・偏在・偏食・偏重・偏頗(へんぱ)/不偏」②(「褊(へん)」と通用)土地や度量が狭い。「偏狭」③漢字の組み立てで、左側の部分。「偏旁(へんぼう)/人偏(にんべん)」[名付]つら・とも・ゆき

×貶　[音]ヘン(呉)(漢)　[訓]けなす、おとしめる‖①相手を悪く言う。けなす。「毀誉褒貶(きよほうへん)」②身分や地位を落とす。「貶斥(へんせき)・貶謫(へんたく)・貶黜(へんちゅつ)」

遍　[音]ヘン(呉)(漢)　[訓]あまねし‖①全体に行き渡る。あまねく。「遍在・遍満・遍歴・遍路/普遍・満遍(まんべん)」②回数を示す語。「百万遍」[難読]遍羅(べら)

人篇　[音]ヘン(呉)(漢)‖①一まとまりの詩歌や文章。「篇什(へんじゅう)・篇章/詩篇・短篇・長篇」②書物の部分け。「篇次・篇目/前篇・後篇・続篇」③詩文を数える語。「千篇一律」[補説]「編」を代用字とすることがある。人名用漢字表(戸籍法)の字体は「篇」。

編　[学]5　[音]ヘン(呉)(漢)　[訓]あむ‖①糸でとじて書物を作る。文章を集めて書物に仕立てる。「編纂(へんさん)・編者・編集・編著/共編・新編」②組み合わせてまとまった形に仕立てる。「編曲・編成・編制・編隊・編入/改編・再編」③書物のとじ糸。「韋編(いへん)」④(「篇」の代用字)一まとまりの文章。書物。また、書物の部分け。「佳編・詩編・前編・続編・短編・長編・雄編」⑤(「篇」の代用字)詩文を数える語。「千編一律」[名付]つら・よし

×翩　[音]ヘン(呉)(漢)‖ひらひらとひるがえる。「翩翩(へんぺん)・翩翻(へんぽん)」

×騙　[音]ヘン(呉)(漢)　[訓]だます、かたる‖だます。「騙詐・騙取」

漢字項目　べん

弁〔辨〕〔辯〕〔瓣〕　[学]5　[音]ベン(呉)　[訓]わきまえる‖①是非・善悪を区別する。わきまえる。「弁別/思弁」②けじめをつけて処理する。「弁済・弁償/勘弁・支弁・自弁」③弁当。「駅弁・腰弁(こしべん)」④理屈を立てて話す。「弁解・弁護・弁難・弁明・弁論/抗弁・陳弁・答弁・論弁」⑤理屈を立てた議論。また、しゃべること。ものの言いぶり。「弁舌/詭弁(きべん)・口弁・多弁・駄弁・訥弁(とつべん)・熱弁・能弁・雄弁」⑥独特のしゃべり方。方言。「東北弁」⑦花びら。「花弁(かべん)・単弁・離弁花」⑧管の出入り口にあって流体の出入を調節する花びら状のもの。「弁膜/安全弁・僧帽弁」⑨ずきん状の冠。「武弁」⑩(「辨」の代用字)事を処理する。事務をさばく。「合弁・買弁」⑪(「辮」の代用字)糸などを編む。「弁髪」[補説]本来①～③は「辨」、④～⑥は「辯」、⑦⑧は「瓣」と書いた。[名付]さだ・ただ・なか・のぶ・わけ [難読]花弁(はなびら)

便　[学]4　[音]ベン(呉)　ビン(慣)　[訓]たより、すなわち‖㊀〈ベン〉①障りなく事が運ぶ。都合がよい。「便益・便宜・便法・便覧・便利/簡便・軽便・至便・不便・方便・利便」②くつろぐ。ふだんの。「便衣・便殿・便服」③通じ。大小便。「便器・便所・便通・便秘/検便・軟便・緑便」④口先がうまい。「便佞(べんねい)」㊁〈ビン〉①障りなく事が運ぶ。都合がよい。「便宜/音便・穏便」②都合のよい機会。「便乗」③たより。手紙。「便箋(びんせん)/後便(こうびん)・先便」④交通や通信の手だて。「急便・幸便・船便(せんびん・ふなびん)・郵便・航空便・定期便」[名付]やす

×眄　[音]ベン(漢)‖①流し目で見る。「流眄」②わき見をする。「右顧左眄(うこさべん)」

勉〔勉〕　[学]3　[音]ベン(漢)　[訓]つとめる‖無理に力を出してはげむ。つとめる。「勉学・勉強・勉励/勤勉」[名付]かつ・すすむ・つとむ・まさる・ます・やす

人娩　[音]ベン(漢)　[訓]うむ‖子供を生む。出産する。「分娩」

人鞭　[音]ベン(慣)　[訓]むち、むちうつ‖①むち。「鞭声/教鞭」②むちうつ。「鞭撻(べんたつ)/先鞭」③むち状のもの。「鞭虫・鞭毛」

へん-えい【片影】❶わずかに見えた、ものの姿。「水平線上に敵艦の―を認める」❷人物の性格などの一面。「故人の―を見る思い」

へん-えき【変易】〔名〕スル　変わること。また、変えること。へんやく。「その形は復(ま)た―することがない」〈有島・惜みなく愛は奪ふ〉

べん-えき【便益】便宜と利益。都合がよく利益のあること。「土地利用の―を与える」
[類語]利益・利・便宜・実利・メリット・得る所

べんえん【弁円|辨円】ベンヱン　►円爾(えんに)

へんえん-けい【×扁円形】ヘンヱン　長円形。

へんおん-せい【変温性】ヘンヲン　外気温によって体温が変化する性質。➔変温動物

へんおん-どうぶつ【変温動物】ヘンヲン　体温調節機能がなく、外界の温度に応じて体温が変化する動物。哺乳類・鳥類を除くすべての動物が含まれる。冷血動物。➔恒温動物

へん-か【返歌】人から贈られたり、言いかけられたりした歌に対する返答の歌。返し歌。

へん-か【変化】―クワ〔名〕スル　❶ある状態や性質などが他の状態や性質に変わること。「時代の―についていけない」「―に富む生活」「気温が急激に―する」❷文法で、単語の語形が人称・数・格などに応じて変わること。「動詞の語尾が―する」[類語](❶)変動・変転・変移・変遷・推移・転化・転変・変性・変質・変換

べん-か【卞和】―クワ　中国、春秋時代の楚(そ)の人。山中で得た宝玉の原石を楚の厲王(れいおう)に献じたが信じてもらえず左足を切られ、次の武王のときにも献じたが、ただの石だとして右足を切られた。文王が位につき、これを磨かせると、はたして玉であったので、この玉を「和氏(かし)の璧(たま)」と称した。のち、趙(ちょう)の恵文王がこの玉を得たが、秦の昭王が15の城と交換したいと言っ

たので、「連城の璧」とも称された。
べん-が【汴河】中国、黄河と淮河を結ぶ運河。隋の煬帝が開いた。通済渠。
ペン-が【ペン画】ペンで描いた絵。
へん-かい【辺海】❶陸地の近くの海。近辺の海。近海。❷遠い所の海。国土のはての海。
へん-かい【遍界|×徧界】仏語。全宇宙。また、法身の功徳が一切の世界にあまねく行きわたること。また、その世界。法界。
へん-がい【辺涯】遠いはて。辺際。
へん-がい【変改】〔名〕スル《「へんかい」とも》❶変えて改めること。また、変わり改まること。改変。「云った言葉を一することは出来ねえから」〈菊池寛・入れ札〉❷約束を破ること。「一なら手付損にその茄子ひとつ置かんせ」〈滑・浮世風呂・四〉
べん-かい【弁解|×辯解】〔名〕スル 言い訳をすること。言いひらき。「一しても遅い」「一がましい」
(類語)言い訳・弁明・釈明・申し訳・言い開き・申し開き・言い逃れ・言い抜け・逃げ口上
ヘン-カイ-パン〔ギリシャ hen kai pan〕《一にして全、の意》世界のすべてが神であるという汎神論の世界観を表す語。古代ギリシャの哲学者クセノファネスが最初に用いた。
へん-がえ【変換え|変替え】〔名〕スル「へんがい(変改)」の音変化。「お前との約束を一するのも」〈紅葉・金色夜叉〉
へんか-きごう【変化記号】音楽で、ある音を上げ、または下げることを示す記号の総称。嬰記号・変記号など。変位記号。
へんか-きゅう【変化球】❶野球で、投手の投球が打者の近くで曲がったり、急に落ちたりするもの。また、その球。➡直球❶ ❷(比喩的に)策略を用いて物事を行うこと。「首相の答弁は一でね。裏がある」➡直球❷
へん-かく【変革】〔名〕スル 変えて新しいものにすること。また、変わって新しいものになること。改革。「認識の一を迫る」「制度を一する」(類語)改革・改変・革命・改造・改新・維新・クーデター・世直し
へん-かく【変格】❶本来の規則や形式に合っていないこと。変則。❷「変格活用」の略。(類語)変則・破格
へん-かく【偏角】❶複素数を複素平面上の点で表すとき、動径と実軸とのなす角。❷磁石の針が指す南北の線と、地球の実際上の南北の線すなわち子午線とのなす角。方位角。「一儀」❸プリズムによる光の屈折における、入射光線と射出光線のなす角。プリズムの頂角と屈折率によって異なる。
へん-かく【偏格】漢詩の律詩・絶句で、五言では初句の第2字が平字で起こされるもの。七言では初句の第2字が仄字で起こされるもの。⇔正格。
へん-がく【×扁額】門戸や室内などに掲げる横に長い額。横額。
へん-がく【変額】金額が変動すること。一定でない金額。
べん-がく【勉学】〔名〕スル 学問に励むこと。勉強。「一にいそしむ」「親もとを離れて一する」(類語)学習・勉強・学業・学問・研鑽・勤学・研学・修業
へんかく-かつよう【変格活用】国文法で、動詞の活用形式の一種。正格活用に対し、比較的不規則に語形変化するもの。口語でカ行(来る)・サ行(する)の2種、文語でカ行(来く)・サ行(す・おはす)・ナ行(死ぬ・去いぬ)・ラ行(あり・居をり・はべり・いまそかり)の4種がある。⇔正格活用。
へんかく-けい【偏角計】地球の偏角を測定する計器。
へんがく-ねんきん【変額年金】「変額年金保険」の略。
へんがく-ねんきんほけん【変額年金保険】保険会社が一時払い保険料から費用などを差し引いた積立金を特別勘定に組み入れて運用する年金保険。特別勘定には株式型や債権型投資信託などがあり、この運用実績に応じて、死亡給付金、解約払戻金、年金の額が変動し、運用終了時に積立金が元本割れする危険もある。投資型年金保険。➡定額年金保険
へんがく-ほけん【変額保険】生命保険の一種。払い込まれた保険料の運用実績に応じて満期保険金や解約返戻金の額が変動するもの。死亡保険金について最低保証がある。➡定額保険
ベンガジ〔Benghazi〕リビア北東部、地中海に面する港湾都市。キレナイカ地方の中心地。製油・食品加工業などが盛ん。
へんか-そしき【変化組織】平織り・斜文織り・繻子織りを基礎として変化させた織物組織。魚子織りなど。
ベンガラ〔オランダ Bengala〕❶《インドのベンガル地方で産出したところから》赤色顔料の一。主成分は酸化鉄(Ⅲ)で、着色力が強い。塗料・油絵の具や、ガラス・金属の研磨剤などに用いる。また、その色。べにがら。❷「ベンガラ縞」の略。(補説)「弁柄」「紅殻」とも書く。
ベンガラ-いと【ベンガラ糸】江戸時代にベンガル地方から舶来した木綿糸。
ベンガラ-じま【ベンガラ×縞】縦糸が絹、横糸が木綿の褐色や紫色を帯びた縞織物。ベンガル地方で織られ、江戸時代にオランダ人がもたらした。
ベンガラ-つむぎ【ベンガラ×紬】ベンガラ縞の紬。
ベンガラ-ぬり【ベンガラ塗(り)】ベンガラを塗ること。また、塗った物。
ベンガル〔Bengal〕インド半島北東部、ガンジス川下流域を主とする地方。東部はバングラデシュ領、西部はインド領の西ベンガル州からなる。地味が肥え、米・ジュートを産する。16世紀ごろは絹布・綿布の産地として知られた。
ベンガルール〔Bengaluru〕インド南部、デカン高原にある工業都市。カルナータカ州の州都。人口、都市圏430万(2001)。旧称バンガロール。
ベンガル-タイガー〔Bengal tiger〕ネコ科の哺乳類。トラの亜種で、インド半島に分布する。毛はやや短く、地色が鮮やかな赤褐色、黒色の幅広い縞模様がある。絶滅危惧種に指定。ベンガル虎。
ベンガル-とら【ベンガル虎】►ベンガルタイガー
ベンガルぶんかつ-れい【ベンガル分割令】1905年、イギリスのインド総督カーゾンが発した法令。反英民族運動を分裂させる目的で、ベンガル州をイスラム教徒多住地域とヒンズー教徒多住地域とに二分したが、逆に反英闘争を激化させ、11年に廃止。
ベンガル-ぼだいじゅ【ベンガル×菩×提樹】クワ科の常緑高木。高さ20〜30メートル。樹皮は灰白色。幹から気根を出して地面に達し、林のようになる。葉は楕円形。実はイチジクに似て赤く、食用。ヒマラヤやインドの原産。バンヤン樹。
ベンガル-やまねこ【ベンガル山猫】ネコ科の哺乳類。体色は赤褐色に虎斑のような紋がある。朝鮮半島から中国・東南アジア・インドに分布。
ベンガル-わん【ベンガル湾】インド洋北東部、セイロン島・インド半島・アンダマン諸島・ニコバル諸島に囲まれる海域。
へん-かん【片簡】文書の切れはし。また、ちょっとした書き物。断簡。
へん-かん【返還】〔名〕スル もとに戻すこと。持ち主に返すこと。「優勝旗を一する」「領土一」
(類語)返却・還付・返上・返品
へん-かん【返簡|返×翰】返事の手紙。返書。
へん-かん【変換】〔名〕スル ❶入れ変わること。また、変えること。「交流を直流に一する」「仮名を漢字に一する」❷数学で、点を他の点に移したり、式を他の式に変えたり、座標を取り替えたりすること。
(類語)転換・変更・置換・チェンジ・変える・置き換える
へん-がん【片岩】►結晶片岩
べん-かん【弁官|×辨官】律令制で、太政官に属し、文書事務や、諸官司・諸国との連絡などをつかさどった官。左弁官と右弁官に分かれ、それぞれ大弁・中弁・少弁が置かれ、その下に大史・少史があった。おおともい。おおともいのつかさ。弁。
べんかん【弁韓】古代朝鮮の三韓の一。朝鮮半島南部にあった12国からなる部族国家の総称。また、その種族・居住地域名。現在の慶尚南道西南部にあたる。のちに加羅(任那)となり、6世紀に新羅に併合された。弁辰。
べん-かん【×冕冠】天皇や皇太子が大儀の際に着用した冠。上部に冕板とよばれる長方形の板状のものをのせ、その前後に5色の珠玉を連ねた糸状の飾りを垂らした。玉冠。冕。
べんかん-の-くだしぶみ【弁官下文】► 官宣旨
へん-き【偏奇】〔名・形動〕奇抜で偏りがあること。一風変わっていること。また、そのさま。「一な思想」「一趣味」
へん-き【偏×諱】貴人などの二字名の中の一方の字。また、その二字名の一方の字を忌み避けること。
偏諱を賜う 将軍や大名が、功績のあった臣や元服する者に自分の名の一字を与える。
へん-ぎ【×騙欺】〔名〕スル《「へんき」とも》だましあざむくこと。欺騙。欺瞞。「他人を一して、我為めに動作せしむる如きは」〈菊池大麓訳・修辞及華文〉
べん-き【便器】大小便を受ける器。便所のものや、おまる・おかわなど。
べん-ぎ【便宜】❶ある目的や必要なものにとって好都合なこと。便利がよいこと。「資金調達の一を得る」❷特別なはからい。そのときに適したやり方。「一をはかる」「一上、代行を置く」❸音信。たより。「娘方より便りあらず、其方の方へは一ありしや」〈浮・曲三味線・六〉(類語)便・利便・便益・都合・好都合・便利
ペンキ《オランダ pekから》ペイント。特に油ペイント。
へんき-かん【偏奇館】麻布にあった永井荷風の住居。木造2階建ての洋館で、大正9年(1920)より居住していたが、昭和20年(1945)東京大空襲により焼失。(補説)ペンキ塗り洋館であることをもじって、荷風自らが命名。
へん-きごう【変記号】音楽で、変化記号の一。ある音を半音下げるための♭の記号。フラット。➡嬰記号
べんぎ-しゅぎ【便宜主義】根本的な処置を考えないで、その時の都合によって物事を処理する態度。御都合主義。
べんぎ-ずほう【便宜図法】方位図法・円錐図法・円筒図法であらわれる距離・面積・角・形などが、目的に応じて正しく表現できるように変形した図法。エイトフ図法・ボンヌ図法・メルカトル図法など。
べんぎ-ちせきせん【便宜置籍船】船主が船籍を、税金や船員の資格・労働条件などの面で有利な外国に登録している船。置籍国はリベリア・パナマなどが多く、船主の国籍では米国・ギリシャ・日本など、船種ではタンカーが多い。
べんぎ-てき【便宜的】〔形動〕その場の都合がよいようにとりあえず物事を処理するさま。間に合わせ。「一な処置をとる」「一手段」
へん-きゃく【返却】〔名〕スル 借りたものや預かったものを持ち主に返すこと。「借用した資料を一する」
(類語)返還・返品・還付・返上
へん-きゅう【×扁球】回転楕円体のうち、楕円の短軸を回転軸としてできる立体。
へん-きゅう【変宮】中国・日本音楽の階名の一。五声の宮より半音低い音。➡七声
ベンキュー〔BenQ〕台湾の電気機器メーカー。1984年、明碁電脳の社名で設立。2001年にブランド名BenQを発表し、翌年に現在の社名に改称された。液晶ディスプレー、イメージスキャナーでは世界有数のシェアをもつ。明基電通股份有限公司。
へん-きょう【辺境|辺×疆】中央から遠く離れた地帯。国ざかい。国境。
(類語)僻地・僻陬・辺土・辺地・辺陬・奥地
へん-きょう【偏狂】「偏執狂」に同じ。
へん-きょう【偏狭|×褊狭】〔名・形動〕❶自分だけの狭い考えにとらわれること。度量の小さいこと。また、そのさま。狭量。「一な考え方」「一な性格」❷土地などがせまいこと。また、そのさま。狭小。「一な領

土」(派生)へんきょうさ〔名〕(類語)狭量・固陋ころう・不寛容

へん-きょう【偏境】ヘンキヤウ 都から遠く離れた、へんぴな土地。片田舎。

べん-きょう【勉強】ベンキヤウ〔名〕スル ❶学問や技芸などを学ぶこと。「徹夜で―する」「音楽を―する」❷物事に精を出すこと。努力すること。「何時までもこんな事に―するでもなし」〈福沢・福翁自伝〉❸経験を積むこと。「今度の仕事はいい―になった」❹商人が商品を値引きして安く売ること。「思い切って―しておきます」(類語)(❶)学習・勉学・学業・研鑽けんさん・勤学・研修・研学・修学・修業しゅぎょう・修業しゅうぎょう・修練・習練・稽古けいこ・復習/(❷)勉励・精励・精進しょうじん・出精/(❹)値引き・おまけ・奉仕・サービス・負ける・泣く・色を付ける

へん-きょく【変局】ふだんと異なった局面。非常の事態。「―に対処する」

へん-きょく【偏曲】〔名・形動〕考え方や性格などが、一方にかたよりねじけていること。また、そのさま。偏屈。「寛弘にして―ならざる人とならんことを勉むべし」〈中村訳・西国立志編〉

へん-きょく【編曲】〔名〕スル ある楽曲を、他の楽器や演奏形態に適するように改編すること。アレンジ。「ジャズ風に―する」

へんきょく-けん【編曲権】著作権の一。音楽の楽曲を、原曲から他の形式の楽曲に編集する権利。

へんきょく-てん【変曲点】曲線の、上に凸の状態と上に凹の状態との変わり目の点。この点で引いた接線に対し、曲線の一方と他方は異なる側にある。

へん-きん【返金】〔名〕スル 借りていた金銭を返すこと。「早急に―します」(類語)返済・弁済・払い戻し

ペンギン〘penguin〙ペンギン目ペンギン科の鳥の総称。体色はふつう背面が黒、腹面が白で、脚が短く、直立して歩く。翼はひれ状で飛ぶことはできず、巧みに泳ぎ、魚や動物プランクトン、イカなどを捕食する。南半球に分布し、南極・亜南極の沿海に多く、ガラパゴスペンギンが最北。最大種はエンペラーペンギン。人鳥じんちょう。

へん-ぐう【片隅】かたすみ。すみ。

へん-ぐう【辺隅】都から遠く離れた土地。片田舎。「懸隔りたる―はさておき」〈岡部啓五郎・開化評林〉

へん-くつ【偏屈｜偏窟】〔名・形動〕性質がかたくなで、素直でないこと。ひねくれていること。また、そのさま。「―な人」(派生)へんくつさ〔名〕(類語)狷介けんかい・固陋ころう・へそ曲がり・つむじ曲がり・気むずかしい

ペン-クラブ〘P.E.N.Club〙「国際ペンクラブ」「日本ペンクラブ」の略称。

ベングリオン〘David Ben-Gurion〙［1886～1973］イスラエルの政治家。ポーランドの生まれ。パレスチナ労働党書記長・世界シオニスト機関委員長などを歴任。1948年、イスラエル共和国の独立を宣言し、初代首相兼国防相に就任した。

へん-げ【変化】〔名〕スル ❶神仏などが本来の形を変えて種々の姿を現すこと。また、その現れたもの。権化ごんげ。❷動物などが姿を変えて現れること。また、そのもの。化け物。「妖怪ようかい―」❸人がその姿・形を次々に変えること。「七―」

へん-けい【返景】夕日の照り返し。夕照。返照。

へん-けい【×扁形】平たい形。扁平な形。

へん-けい【変形】〔名〕スル 形や状態が変わること。また、変えること。その変わって生じたものにもいう。「熱で―する」「関節が―する」(類語)変容・変態・変異・変成・変貌・歪ゆがむ・歪ひずむ・ひしゃげる・ひん曲がる

へん-けい【変型】型が標準のものと変わっていること。「A4判―」

べんけい【弁慶｜辨慶】(一)［?～1189］鎌倉初期の僧。幼名、鬼若。号、武蔵坊むさしぼう。義経記・吾妻鏡・平家物語などによれば、熊野の別当の子で、兄頼朝と不和になり奥州に落ちる源義経に従い、安宅あたかの関での難を救い、衣川の戦で全身に矢を受けて立ちながら息絶えたと伝えられる。能・歌舞伎・浄瑠璃などに英雄豪傑として描かれる。(二)❶強い者。また、強がる者。「内―」「陰―」❷《弁慶が七つ道具を背負った姿、また、衣川の合戦で、体中に矢を射立てられて立ち往生した姿から》道具の名。㋐竹筒に多くの穴をあけたもので、うちわや台所道具をさしておくもの。㋑わらを束ね、筒状にしたものを棒の先につけて、風車や柄につけた飴あめなどをさし、売り歩いたもの。❸大尽客の取り巻き。幇間ほうかん。「勘六貴様も―に連れて行く」〈浄・歌祭文〉❹「弁慶縞」の略。

弁慶の立ち往生たちおうじょう 《弁慶が大長刀おおなぎなたをつえにして立ったまま死んだというところから》進退きわまってどうにもならないことのたとえ。

弁慶の泣き所なきどころ ❶《弁慶ほどの豪傑でも痛がって泣く急所の意》向こうずね。❷強い者の、最も弱い所。ただ一つの弱点。

べんけい【汴京】中国河南省の都市、開封かいほうの古称。

べん-けい【×鞭刑】鞭むちで打つ刑。笞刑ちけい。

べんけい-がに【弁慶×蟹】イワガニ科の甲殻類。海岸の湿地にすみ、甲幅約3センチ。アカテガニに似るが、はさみと甲の前半が橙赤色で、目の後方に突起がある。本州中部以南に分布。

へんけい-きん【変形菌】▶粘菌ねんきん

へんけい-けん【変形権】著作権の一。写真を絵画にする、絵画を彫刻にするなど、著作物の表現形式を変更する権利。

べんけい-じま【弁慶×縞】縞柄の一。紺と浅葱あさぎ、紺と茶などの2種の色糸を縦横の両方に使って、碁盤目の格子縞に織ったもの。弁慶格子。

べんけい-じょうし【弁慶上使】ジヤウシ 浄瑠璃「御所桜堀川夜討」の三段目切きりの通称。義経の正室京の君の首受け取りの上使となった弁慶が、初めて会ったわが娘の信夫しのぶを身代わりとする苦衷を描く。

へんけいせい-こかんせつしょう【変形性股関節症】コクワンセツシヤウ 股関節の軟骨が摩耗・変形し、痛み・運動障害をきたす疾患。日本では、先天性股関節脱臼や臼蓋形成不全、外傷などが原因となって、40～50歳の女性に発症することが多い。運動療法・薬物療法のほかに、自分の骨を移植する骨切り術や、人工股関節手術などの治療法がある。

べんけいせい-じゅつ【弁形成術】心臓弁膜症の外科的治療法の一つ。患者自身の弁を修復して機能を回復する。弁形成術が困難な場合は弁置換術を行い人工弁を移植する。

べんけい-そう【弁慶草】ザウ ベンケイソウ科の多年草。山地に生え、高さ約50センチ。葉は対生し、楕円形で厚く、白みを帯びる。夏から秋、淡紅色の小花が多数集まって咲く。ベンケイソウ科の双子葉植物は約1500種がオーストラリアを除く全世界に分布。多肉性の草本が多く、キリンソウ・タコノアシなども含まれる。いきぐさ。(季 秋)

へんけい-たい【変形体】変形菌の栄養体。粘液アメーバが多数接合して、細胞壁のない原形質の塊となったもの。アメーバ運動を行い、形を変えながら移動する。

へんけい-どうぶつ【×扁形動物】動物界の一門。体は背腹に扁平で楕円形または細長く、左右相称で、体節構造はない。体表は繊毛またはクチクラで覆われる。循環器・呼吸器・骨格を欠き、多くは肛門もない。渦虫うずむし類・吸虫類・条虫類の3綱に分けられる。

へんけい-ぶんぽう【変形文法】ブンパフ ▶生成せいせい文法

へんけい-よう【変形葉】エフ 特殊な作用を営むように形態の変化した葉。貯蔵葉・葉針・捕虫葉・胞子葉・巻きひげなど。変態葉。

べんけい-よみ【弁慶読み】▶ぎなた読み

へんげ-しん【変化身】仏語。仏が衆生を救うために、姿を変えて現した身。

へん-げつ【片月】かたわれ月。弓張り月。弦月。

へんげ-もの【変化物】歌舞伎舞踊の一種で、いくつかの小品舞踊を同一外題で統一し、同じ踊り手が次々に早替わりで踊り分けるもの。変化舞踊。

ベンゲラ〘Benguela〙アフリカのアンゴラ西部にある港湾都市。大西洋に面し、コンゴ民主共和国のシャバ州と結ぶ鉄道が通る。18世紀に奴隷貿易が行われ、多くはブラジルに送られた。

へん-けん【偏見】かたよった見方・考え方。ある集団や個人に対して、客観的な根拠なしにいだかれる非好意的な先入観や判断。「―を持つ」「人種的―」(類語)僻目ひがめ・僻見へきけん・先入観・先入見・先入主

へん-げん【片言】❶わずかな言葉。ちょっともらした言葉。片語。「―もゆるがせにしない」❷一方の人の言葉。片方の言い分。

へん-げん【変幻】たちまち現れたり消えたりすること。出没・変化の素早いこと。「―きわまりない行動」

へんげん-じざい【変幻自在】〔名・形動〕思うままに姿を変えて、現れ消えること。また、そのさま。「―な怪盗」

へんげん-しゅつぼつ【変幻出没】〔名〕スル 自在に姿を変えたり、出没したりすること。「彼の眼の前に始終―した」〈谷崎・異端者の悲しみ〉

へんげん-せきご【片言隻語】ほんのちょっとした言葉。片言隻句。一言半句。「―も漏らさず書き留める」

へんげん-せっく【片言隻句】セキク「片言隻語せきご」に同じ。「先生のお話は―さえも忘れがたい」

へん-こ【×扁×壺】胴が扁平な壺つぼ形の容器。古代から世界各地に見られ、酒壺などにされた。

へん-こ【偏固】〔名・形動ナリ〕心がかたよって、頑固なこと。また、そのさま。偏屈。「ただ無智無分別にして正直―のものなり」〈奥の細道〉

へん-こ【偏枯】〔名・形動ナリ〕❶半身不随であること。❷一方にかたよって融通がきかないこと。また、そのさま。「若し理学を以て之を命ずるときは、則気象―」〈童子問・中〉

へん-ご【片語】「片言へんげん❶」に同じ。

べん-ご【弁護｜×辯護】〔名〕スル その人の利益になるように主張して助けること。また、その人に代わって事情をよく説明してかばうこと。「非難の矢面に立たされた友人を―する」「自己―」(類語)代弁・代言・抗弁・庇かばい立て・弁ずる

へん-こう【変更】カウ〔名〕スル 決められた物事などを変えること。「計画を―する」(類語)改変・変改・更改・改定・転換・変える・改める

へん-こう【偏光】クワウ 光波の振動方向の分布が一様でなく、つねに一定の平面に限られている光。振動方向が一直線上に限られる直線偏光、円や楕円を描く円偏光・楕円偏光がある。自然光は反射すると偏光になる。(対)自然光。

へん-こう【偏向】カウ〔名〕スル ❶考え方がかたよっていること。また、その傾向。「―した教育」「保守主義的―」❷電子線に電界や磁界をかけ、進行方向を変化させること。ブラウン管などに応用。「―コイル」

へん-こう【偏好】カウ 好みがかたよっていること。また、その好み。

べん-こう【弁口｜×辯口】口のきき方。また、口先のうまいこと。「彼女の名前を聞いた刹那の健三は、すぐその―に思い到った」〈漱石・道草〉

べん-こう【弁巧｜×辯巧】カウ 物言いの巧みなこと。口先のうまいこと。「―にまどわされる」

へんこう-かく【偏光角】ヘンクワウ 自然光が屈折率を異にする物質の境界面に入射した時に、その反射光が偏光成分のみになる入射角。1815年、英国の科学者D＝ブルースターが発見したため、ブルースター角ともいう。

へんこう-き【偏光器】ヘンクワウ 偏光子と検光子を組み合わせた装置の総称。偏光板や偏光プリズムを組み合わせ、偏光の観察や測定に利用される。偏光顕微鏡も含まれる。

へんこう-けい【偏光計】ヘンクワウ 偏光を利用して、旋光性をもつ物質の旋光度を測定する装置。検糖計はこの一種。旋光計。偏光器。ポラリメーター。

へんこう-けんびきょう【偏光顕微鏡】ヘンクワウケンビキヤウ 偏光を利用して、試料の光学的性質を調べる顕微鏡。上下2枚の偏光板の間に回転載物台があり、下から光を当てて観察する。岩石や鉱物の薄片を調べるのに用いられ、岩石顕微鏡・鉱物顕微鏡ともいう。

へんこう-し【偏光子】ヘンクワウ 自然光を偏光に変える素子。偏光プリズム・偏光板など。

へんこう-せい【変光星】ヘンクワウ 明るさが変わる恒星。連星が互いに他を隠すために変光する食変光星と、恒星自体の膨張収縮による脈動変光星とがある。変光の周期は数時間から数年まであり、また、不規則なものもある。

へんこう-ニコル【偏光ニコル】ヘンクワウ ▻ニコルのプリズム

へんこう-ばん【偏光板】ヘンクワウ 光を偏光させたり、偏光を検出したりするのに用いる薄板。

へんこう-フィルター【偏光フィルター】ヘンクワウ 光を偏光させたり、偏光を検出したりするフィルター。

へんこう-フィルム【偏光フィルム】ヘンクワウ 一定方向に振動する光だけを透過させるフィルム。液晶ディスプレーなどに使用される。

へんこう-プリズム【偏光プリズム】ヘンクワウ 光を偏光させたり、偏光を検出したりするプリズム。ニコルのプリズムなど。

へんこう-めん【偏光面】ヘンクワウ 電磁波の進行方向とその磁界の振動方向を含む面。

へんこう-りょく【偏向力】ヘンカウ ▻コリオリの力(ちから)

へん-こく【辺国】辺境の国。へんぴな土地。

へん-こく【偏国】都から遠く離れた地方。辺土。

べんご-し【弁護士】当事者その他の関係人の依頼または官公署の委嘱によって、訴訟に関する行為その他一般の法律事務を行うことを職務とする者。一定の資格を持ち、日本弁護士連合会に備えた弁護士名簿に登録されなければならない。➡弁護人
(類語)弁護人・代言人・三百代言

べんごし-かい【弁護士会】クワイ 弁護士の品位を保持し、弁護士事務の改善・進歩を図るため、弁護士の指導・連絡および監督に関する事務を行う法人。地方裁判所の管轄区域ごとに設立される。全国の弁護士会は、日本弁護士連合会を設立する。

べんごしひようとうたんぽ-とくやく【弁護士費用等担保特約】自動車保険における特約の一つ。こちらに賠償責任がない被害事故にあった場合、相手方との示談交渉を弁護士に依頼する場合や、調停・民事裁判になった場合に必要な弁護士費用を補償する。弁護士費用等補償特約。

べんごしひようとうほしょう-とくやく【弁護士費用等補償特約】ベンゴシヒヨウトウホシヤウー ▻弁護士費用等担保特約

べんごし-ほう【弁護士法】ハフ 弁護士の使命・職務・資格・登録・権利義務などのほか、弁護士会および懲戒に関する事項を規定している法律。昭和24年(1949)施行。

へん-こつ【返骨】〔名〕スル ペットなど動物の葬儀を行う専門業者が、火葬にした骨を飼い主に返すこと。

べんご-にん【弁護人】刑事訴訟において、被疑者・被告人の利益を保護することを任務とする者。原則として弁護士の中から選任されるが、裁判所の許可を得て弁護士でない者(特別弁護人)を選任する場合もある。

へん-さ【偏差】❶標準となる数値・位置・方向などからのかたより。また、その程度。振れ。偏倚(へんい)。❷統計などで、個々の数値と平均値との差。「標準―」

へん-さ【×騙詐】かたりだますこと。「一百出人を殺し財を奪うも」〈田口・日本開化小史〉

べん-ざ【弁座┊×瓣座】止め弁などで、流量調節のために上下する弁を受ける側の部分。

べん-ざ【便座┊便×坐】洋式便器の腰かける部分。

ペンザ〘Penza〙ロシア連邦西部、ペンザ州の都市。同州の州都。ペンザ川とスラ川の合流点に位置する。17世紀にロシア南東部を守る要塞が築かれたことに起源し、18世紀には穀物をはじめとする交易の拠点になった。プガチョフの乱の際には蜂起軍に占領された。ロシア革命後、機械工業、食品工業などが発展。演出家メイエルホリドの生地。

へん-さい【辺塞】都から遠く離れた国境の地。辺境。また、その地を守るとりで。

へん-さい【辺際】《「へんざい」とも》はて。限り。「死ぬるもの数十人、馬牛の類―を知らず」〈方丈記〉

へん-さい【返済】〔名〕スル 借りた金や物を相手に返すこと。「毎月一定額を―する」「ローンの―」
(類語)返金・返却・返納・弁済・償還・償却・消却・日済(ひなし)・完済・皆済・既済・済(な)す・済(な)し崩す

へん-さい【変災】事変や天災から受ける災難。
(類語)天災・人災・震災・戦災

へん-ざい【辺材】木材で、心材を取り囲む淡い色の部分。心材に比べて軟らかい。白太(しらた)。

へん-ざい【偏在】〔名〕スル あるところにだけかたよって存在すること。「人口が都市部に―する」

へん-ざい【遍在】〔名〕スル 広くあちこちにゆきわたって存在すること。「全国に―する民話」

べん-さい【弁才┊×辯才】《「べんざい」とも》能弁の才能。巧みに話す能力。「―にたける」

べん-さい【弁済┊×辨済】〔名〕スル ❶借りたものを相手に返すこと。❷債務者または第三者が、債務の内容である給付を実現して債権を消滅させること。「債務を―する」➡履行 (類語)返済・返納・返金・償還

へんさい-し【辺塞詩】中国唐代の詩で、辺境地帯の風土や自然をうたったもの。西域の諸民族との抗争が増えた盛唐期に、高適・岑参(しんじん)・王昌齢などがこの分野に特色を発揮し、辺塞詩人といわれた。

べんざい-てん【弁才天┊弁財天┊辯才天┊辨財天】《梵 Sarasvatiの訳》インド神話で、河川の女神。音楽・弁舌・財福・智慧の徳があり、吉祥天とともに信仰された。仏教・ヒンズー教に取り入れられ、ふつう琵琶(びわ)を弾く天女の姿で表される。また、日本では財福の神として弁財天と書かれるようになり、七福神の一として信仰される。弁天。べざいてん。

べんさい-るい【弁×鰓類┊×瓣×鰓類】二枚貝の類。弁状のえらをもつのでいう。

ペン-さき【ペン先】ペン❶の先端。また、ペン軸の先に取り付けて文字などを書く、金属製の部品。

ペンサコーラ〘Pensacola〙米国フロリダ州北西部、メキシコ湾に面する港湾都市。観光・保養地としても知られる。1900年前後のイギリス植民地時代の街並みを再現した野外博物館、ヒストリックペンサコーラビレッジや、ガルフアイランズ国立海浜公園がある。

べん-ざし【弁指し┊×辨指し】近世、九州などの漁村で、村の庄屋に相当する役人。また、漁労組織の指揮をとる者。

へんさ-ち【偏差値】学力などの検査結果が、集団の平均値からどの程度へだたっているかを示す数値。偏差❷を10倍し、それを標準偏差で割って50を加えた数として示されるのがふつう。

へん-さつ【返札】返事の手紙。返書。返信。「翌日―とおぼしくて」〈盛衰記・二〉

ベンサム〘Jeremy Bentham〙[1748〜1832]英国の法学者・哲学者。功利主義の主唱者。個人の行為の判断基準が幸福の追求にあるのと同様に、社会の目的は「最大多数の最大幸福」の実現にあると説いた。著「道徳と立法の原理序説」など。ベンタム。

へん-さん【返×盞】「返杯(へんぱい)」に同じ。

へん-さん【偏×衫┊×褊×衫】《「へんざん」とも》僧衣の一。両袖を備えた上半身をおおう法衣。下半身に裙子(くん)をつける。転じて、僧衣。

へん-さん【編×纂】〔名〕スル いろいろの材料を集め、整理・加筆などして書物にまとめること。編修。「辞書を―する」(類語)編集・編修・編著・撰(せん)・新編

へん-ざん【×貶×竄】官位を下げて遠方へ流すこと。貶謫(へんたく)。貶流(へんる)。

ペンザンス〘Penzance〙英国イングランド南西端、コーンウォール州の都市。コーンウォール半島の先端、マウント湾に面し、同国屈指の海岸保養地として知られる。シリー諸島への連絡航路がある。

へん-し【片志】ちょっとしたこころざし。また、自分の志をへりくだっていう語。寸志。微志。

へん-し【片紙】紙の切れはし。紙きれ。紙片。

へん-し【返詞】返答の言葉。

へん-し【変死】〔名〕スル 事故死・他殺・自殺など、ふつうでない死に方で死ぬこと。「密室で―する」「―体」(類語)怪死・惨死・横死

へん-し【偏私】公平でないこと。えこひいき。

へん-じ【片時】《古くは「へんし」》ちょっとの間。わずかな時間。かたとき。「―も心が休まらない」

へん-じ【辺地】ヂ ❶仏語。阿弥陀仏の本願に疑いをいだきながら極楽往生を願った者の生まれる所。極楽浄土の辺界の地。❷中央から遠く離れた土地。インド・中国から見た日本など。「無比の誓願をおこして、―の異域に侍り」〈平家・一〇〉

へん-じ【返事┊返辞】〔名〕スル ❶呼びかけに対して答える言葉。答え。返答。「大きな声で―する」❷返答の手紙。返信。返書。「諾否の―が届く」
(用法)**返事・返答**――「速やかに誠意のある返事(返答)を期待する」ではともに用いられる。◆「返事」は呼びかけや問いかけに対する答えから、手紙・質問・依頼・招待などへの答えまで広く用いられる。「気のない返事」「返事はすぐ書いた方がいい」「読者の質問に返事を出す」◆「返答」は、特に質問・要求などに対する答えで、改まった感じが強い。「返答につまる」「あいまいな返答では納得できない」◆類似の語に「回答」がある。「回答」は公的な質問・要求などに対して文書または口頭で正式に答えること。「アンケートに回答する」「会社側の回答には不満だ」
(類語)答え・返答・応答・受け答え・相槌(あいづち)・反応・返し

へん-じ【変事】ふつうでない出来事。思いがけない事件。異変。「―が起こる」(類語)珍事・椿事(ちんじ)・異変・ハプニング・急難・事変・大変・天変・天変地異

へん-じ【編次】〔名〕スル 順序を追って編集すること。また、編集されたものの順序。「窩蘊(ウオーウン)これを―せしに、十年余を歴(へ)たり」〈中村訳・西国立志編〉

べん-し【弁士┊×辯士】❶話し方のじょうずな人。「彼はなかなかの―だ」❷演説や講演などをする人。❸無声映画の上映の際、映画の進行につれてその説明をする人。活弁(かつべん)。

べん-じ【弁事┊×辨事】❶事務を取り扱うこと。また、その人。❷禅寺での職位の一。首座(しゅそ)に侍して雑務を行う者。ばんず。❸明治元年(1868)太政官の総裁局に置かれ庶務に従事した職員の称。

べん-しき【弁識┊×辨識】〔名〕スル 物事の道理を理解すること。わきまえ知ること。「分明に―せられたり」〈鴎外訳・即興詩人〉

ペン-じく【ペン軸】ヂク ペン先を取り付けるための棒状の柄。ペンホルダー。

へんししゃみっそう-ざい【変死者密葬罪】ヘンシシヤミツサウー 死因が不明な者を、検視の手続きを取らずに葬る罪。刑法第192条が禁じ、10万円以下の罰金または科料に処せられる。

べんじ-た・てる【弁じ立てる】〔動タ下一〕一方的に話をする。まくしたてる。「縁日の手品師の口調でべらべら―・てます」〈谷崎・幇間〉

へん-しつ【変質】〔名〕スル ❶物質や物事の性質が変わること。「この薬品は空気に触れると―する」❷ふつうとは違う病的な性質や性格。
(類語)変化・変容・変成・転化

へん-しつ【偏執】「へんしゅう(偏執)」に同じ。

べん-しつ【便室】❶休息所。控室。❷便所。厠(かわや)。

へんしつ-しゃ【変質者】性格・性質に異常があって、正常の人とは異なっている人。特に、性的に異常な人。性格異常者。

へん-じゃ【編者】《「へんしゃ」とも》書物などを編集する人。編纂(へんさん)者。編集者。「現代詩集の―」
(類語)撰者(せんじゃ)・アンソロジスト

べん-しゃ【弁者┊×辯者】《「べんじゃ」とも》弁舌の巧みな人。能弁家。「あの国野と云う男は中々の―で」〈鉄腸・雪中梅〉

へんじゃく【扁鵲】中国、戦国時代の伝説的名医。渤海郡(河北省)の人。姓は秦、名は越人。長桑君に学んで禁方の術を受け、虢(かく)の太子の急病を救ったという。耆婆(ぎば)と並び称される。転じて、名医をいう。

ベンジャミン〘benjamin〙❶アンソクコウノキの別名。また、その樹脂。❷クワ科イチジク属の小高木の一種、ベンジャミンゴムノキのこと。インドなどの原産で、観葉植物とする。

へん-しゅ【変種】❶基本的には同類であるが、どこかが違っているようなもの。変わり種。❷生物分類で、種の基準標本との形態的差異があり、地理的に分布の異なる個体群。植物で用い、種名または亜種名の次に var.(varietas) と記す。
(類語)変わり種・バリアント・バラエティー

へん-しゅ【編首┊篇首】1編の詩文の初めの部分。また、1巻の書物の初め。冒頭。

へん-しゅ【騙取】〔名〕スル 人をだまして金品などを取ること。かたり取ること。詐取。「贅沢品ぜいたくひんなど窃盗強奪―するに」〈露伴・新浦島〉

へん-しゅう【扁舟】小さな舟。小舟。

へん-しゅう【偏執】〔名〕スル《古く「へんじゅう」とも》❶かたよった考えをかたくなに守って他の意見に耳をかさないこと。へんしつ。「自説に―する」❷他をねたましく思うこと。「扨さては何者ぞ―を起こし害せしか」〈浄・出世景清〉
(類語)固執・頓着とんちゃく・執着・執心・拘泥こうでい・こだわり

へん-しゅう【編修】〔名〕スル 材料を集めて書物、特に史書をまとめ上げること。「国史を―する」
(類語)編集・編纂へんさん・編著・撰せん・新編

へん-しゅう【編集┊編輯】〔名〕スル 一定の方針に従って資料を整理し、新聞・雑誌・書物などにまとめること。また、撮影済みのフィルムやテープを映画などにまとめること。また、その仕事。「週刊誌を―する」「ビデオテープを―する」(類語)編修・編纂へんさん・撰せん

へん-じゅう【篇什】《「什」は十で、「詩経」の「雅」と「頌しょう」とが十編で1巻としたところから》詩を集めたもの。詩編。

へんしゅう-きょう【偏執狂】一つの事に異常に執着し、病的な態度を示す人。モノマニア。偏狂。へんしつきょう。(類語)モノマニア・パラノイア

へんしゅう-きょく【編集局】出版社や新聞社などで、編集の業務を行う局。

へんしゅう-けん【編集権】新聞・雑誌・書籍などの編集方針を決定し、それを実施して一切の管理を行う権限。

ペン-しゅうじ【ペン習字】ペンで行う習字。

へんしゅう-ちょう【編集長】編集作業のすべてを統轄する責任者。

へんしゅう-ちょさくけん【編集著作権】複数の著作物の選択または配列によって創作性をもつ編集物を編集した者に認められる著作権。効力は全体についてだけ存在し、編集物の部分を構成する個々の著作物の著作権には及ばない。

へんしゅう-にん【編集人】編集の責任者。編集の名義人。

へんしゅう-びょう【偏執病】▶パラノイア

へんしゅう-プロダクション【編集プロダクション】出版社・広告代理店などからの委託で、書籍・雑誌の編集・校正・企画・取材・執筆業務などを行う会社。編プロ。

へん-じゅつ【編述】〔名〕スル 文章をつづりまとめること。「文学史を―する」

べん-しゅつ【娩出】〔名〕スル 胎児を産み出すこと。「―陣痛」

へん-しょ【返書】〔名〕スル 返事の手紙。返信。「彼れ必ず―して曰ん」〈織田訳・花柳春話〉(類語)返信・返事

べん-じょ【便所】大小便をするために設けられた場所。雪隠せっちん。厠かわや。はばかり。手洗い。トイレ。
(類語)手洗い・洗面所・化粧室・トイレット・トイレ・WC・御不浄・憚はばかり・雪隠・手水場ちょうずば・お手水ちょうず・厠・後架こうか・西浄せいじょう・東司とうす・レストルーム・ラバトリー

へん-しょう【返抄】奈良・平安時代、官司に文書や物資・金銭を提出または納入したときに交付される受取状。

へん-しょう【返章】返事の手紙。返書。

へん-しょう【返照】〔名〕スル ❶光が照りかえすこと。照り返し。「まぶしい砂の―」❷夕日の光。夕映え。❸《「反照」とも書く》仏語。真実の自己に照らして内省すること。「其意味を―する遑いとまがなかった」〈漱石・明暗〉(類語)反照・照り返し・反射

へん-しょう【変症】〔名〕スル 病症が変化すること。また、その病状。「脳膜炎に―するかも知れない」〈森田草平・煤煙〉

へん-しょう【変称】名称を変えること。また、その変えた名称。

へん-しょう【編章┊篇章】詩文の、編と章。転じて、詩文、文章。また、書物。

へん-しょう【編鐘】古代中国の打楽器の一。音高の異なるいくつかの銅製の鐘を枠につるしたもので、鐘の数は不定。

へん-じょう【辺城】辺境を守る城。

へん-じょう【返上】〔名〕スル 返すことを、相手をうやまい、へりくだっていう語。また、一般に、返すこと。または、受け取らないこと。「タイトルを―する」「休日を―して働く」「ちゃんと金が出来るからすぐに―する」〈福沢・福翁自伝〉

へん-じょう【返状】返答の書状。返書。

へん-じょう【変成┊変生】別の姿に変わること。仏の功徳によって生まれ変わること。また、その生まれ変わったもの。へんせい。「彼婦人あのおんなは裾張蛇すそはりへびの―だろう」〈二葉亭・浮雲〉

へん-じょう【変状】普通とは異なった状態。

へんじょう【遍昭┊遍照】[816～890]平安前期の僧・歌人。六歌仙・三十六歌仙の一人。俗名、良岑宗貞よしみねのむねさだ。桓武天皇の孫。良岑安世の子。素性そせいの父。仁明天皇に仕えたが、天皇の崩御により出家。京都山科やましなの花山に元慶寺を創建。歌は古今集などに収録。家集に「遍昭集」がある。花山僧正。

へん-じょう【遍照】〔名〕スル《「へんしょう」とも》あたりくまなく照らすこと。特に、仏の法身ほっしんの光明があまねく世界を照らすこと。

べん-しょう【弁証┊辯証┊辨証】〔名〕スル 弁論によって証明すること。また、是非・善悪を弁別して証明すること。「ショペンハウエルの―したる仏法の教理」〈上田敏訳・海潮音〉

べん-しょう【弁償┊辨償】〔名〕スル 人に与えた損害を、金銭または物品によって埋め合わせすること。「割った窓ガラスを―する」(類語)賠償・補償・報償・代償・償つぐない・贖あがない・埋め合わせ

へんじょう-か【編上靴】《「あみあげぐつ」を音読みにした語》旧陸軍の兵用の軍靴。

へんじょう-こんごう【遍照金剛】㊀密教で、大日如来の名。光明があまねく照らし、金剛のように不滅であるところからいう。㊁空海のこと。

へんじょう-しゃなぶつ【遍照遮那仏】毘盧遮那びるしゃな仏の異称。

へんじょう-なんし【変成男子】仏語。仏の功徳によって女子が男子に生まれ変わること。女子には五障があって成仏じょうぶつが困難なので、男身を得て成仏する。

へんじょう-にょらい【遍照如来】大日如来の異称。

べんしょう-ほう【弁証法】《ギリシャ dialektikē；ドイツ Dialektik》対話・弁論の技術の意。ソクラテスやプラトンでは、事物の本質を概念的に把握するための方法とされ、アリストテレスでは、真の命題からの論証的推理から区別され、確からしい前提からの推論を意味した。カントは、理性が不可避的に陥る錯覚として、仮象の論理の意に用いた。ヘーゲルは、思考と存在を貫く運動・発展の論理ととらえたが、その本質は思考(概念)の自己展開にある。概念が自己内に含む矛盾を止揚して高次の段階へ至るという論理構造は、一般には正・反・合、定立・反定立・総合という三段階で説明されている。また、マルクスやエンゲルスは、唯物論の立場から、自然・社会・歴史の運動・発展の論理ととらえた。

べんしょうほう-しんがく【弁証法神学】《ドイツ dialektische Theologie》第一次大戦後、ドイツ・スイスを中心にK＝バルト・ブルンナー・ブルトマンらによって唱えられ、思想界に大きな影響を与えたキリスト教神学運動。神の超越性と人間の認識的な限界、すなわち神と人との断絶を主張し、両者の弁証法的関係から信仰が始まると説いた。危機神学。

べんしょうほうてき-ゆいぶつろん【弁証法的唯物論】《ドイツ dialektischer Materialismus》マルクスとエンゲルスが1840年代にヘーゲルの弁証法とフォイエルバッハの唯物論を批判的に摂取して創始し、レーニン・毛沢東らが進展させた哲学説。自然・社会・歴史の発展過程を、物質的なものの弁証法的発展としてとらえた。唯物弁証法。

べんしょうほうてき-ろんりがく【弁証法的論理学】《ドイツ dialektische Logik》形式論理学に対し、ヘーゲルおよびマルクス主義における論理学。客観的実在および思考の弁証法的な運動・発展の法則を対象とする。

へん-しょく【変色】〔名〕スル 色が変わること。また、色を変えること。「写真が―する」(類語)色変わり

へん-しょく【偏食】〔名〕スル 好き嫌いが激しく、特定の食品だけを食べること。「肉ばかり―する」
(類語)食わず嫌い・食べず嫌い・好き嫌い

ペンション〖pension〗小さいホテル形式の民宿。
(類語)宿・宿屋・旅館・ホテル・民宿・ガストホフ

へん-じる【変じる】〔動ザ上一〕「へん(変)ずる」(サ変)の上一段化。「方針を―・じる」

べん-じる【弁じる┊辨じる】〔動ザ上一〕「べん(弁・辨)ずる」(サ変)の上一段化。「理非を―・じる」

べん-じる【弁じる┊辯じる】〔動ザ上一〕「べん(弁・辯)ずる」(サ変)の上一段化。「滔々とうとうと―・じる」

べん-じる【便じる】〔動ザ上一〕「べん(便)ずる」(サ変)の上一段化。「彼に頼めば用が―・じる」

ペンシル〖pencil〗鉛筆。「シャープ―」

ベンジルアデニン〖benzyl adenine〗植物生長調節物質の一種。分枝・珠芽・基芽などの発生を促進し、ブドウの花振るいを抑え、球根の休眠打破などの作用ももつ。BA。

ベンジル-アルコール〖benzyl alcohol〗芳香族アルコールの最も簡単なもの。芳香を有する無色の液体。アカシアの花精油中に含まれ、ジャスミンにはエステルとして含まれる。化粧品・石鹸せっけん用香料や局所麻酔薬などに用いる。化学式$C_6H_5CH_2OH$

ペンシル-ストライプ〖pencil stripe〗鉛筆で描いた線のような縞模様。「―のスーツ」

ペンシル-ビル《和 pencil＋buildingから》狭い土地に建てる細長いビル。

ペンシルベニア〖Pennsylvania〗《ペンの森の意。「ペンシルバニア」とも》米国東部の州。州都ハリスバーグ。17世紀に英国のウィリアム＝ペンが植民地として建設。独立13州の一で、フィラデルフィアは独立宣言公布の地。鉱物資源に恵まれ、ピッツバーグを中心に鉄鋼業が盛ん。農業も行われる。➡表「アメリカ合衆国」

へん-しん【返信】〔名〕スル 返事の手紙や通信を送ること。また、その手紙・通信。「友人からのメールに―する」㊥往信。
(類語)返書・返事・レス

へん-しん【返進】〔名〕スル お返しすること。返上。

へん-しん【変心】〔名〕スル 考えが変わること。心変わり。「金に目がくらんで―する」(類語)心変わり・気移り・心移り・気変わり・変節・豹変ひょうへん・変わり身

へん-しん【変身】〔名〕スル 他のものに姿を変えること。別の姿・ようすになること。「人間が鬼に―する話」「ダイエットに励んでスリムに―する」
(類語)変化へんげ・化身けしん・変貌・変態・変異・変容・様変わり・面変わり・イメージチェンジ

へんしん【変身】《原題、ドイツ Die Verwandlung》カフカの小説。1915年刊。巨大な毒虫に変身した主人公の悲劇を通して、現代人の孤独と不安を描く。

へん-しん【変針】〔名〕スル 針路を変えること。方向・方針を変えること。「南南西に―する」

へん-しん【偏心】❶中心からかたよっていること。❷心がかたよっていること。また、その心。〈書言字考節用集〉

へん-しん【遍身】からだじゅう。全身。〈和英語林集成〉

へん-じん【変人┊偏人】言動や性格に普通の人と

は変わったところのある人。変わり者。「奇人―」
(類語)変わり者・奇人・変物・天の邪鬼じゃく

ベンジン〘benzine〙▶石油ベンジン

へんしん-きこう【偏心機構】円の中心点とずれた所に回転の中心のある偏心輪を用い、連結棒を取り付けた外輪をはめ、偏心輪の回転運動を連結棒の往復運動に変える動力伝達装置。

べんしん-ろん【弁神論】《theodicy》世界における悪の存在が、世界の創造者である全能な神の善性と矛盾するものではないことを弁明しようとする神の弁護論。ライプニッツが初めて用いた語で、著書「弁神論」において体系的に論じた。神義論。

ベン-ず【ベン図】ヅ 集合の関係をわかりやすくするため、全体集合を長方形で、部分集合を円で表した図。英国の論理学者ベン(J.Venn)が創始。

ペンス〘pence〙ペニーの複数形。

ベンズアルデヒド〘benzaldehyde〙芳香族アルデヒドの最も簡単なもの。芳香をもつ無色の液体。モモ・アンズの種子などに含まれ、苦扁桃きょうにん油の主成分。石鹸せっけんなどの香料に使用。化学式C_6H_5CHO

へん-すい【辺垂｜辺×陲】国の果て。辺境。辺陬へんすう。

へん-すう【辺×陬】「辺垂」に同じ。「―の地」

へん-すう【変数】❶数学で、数量を一つの文字で表すとき、一定の範囲にわたって任意の値をとり得る文字。x・y・zを用いることが多い。⇔定数。❷《variable》コンピューターのプログラムで、数値や文字列などのデータを保持する仕組み。または、保持するデータの属性や利用目的に応じて与えられた、固有の文字や名称。保持したデータが適用される範囲により、ローカル変数とグローバル変数に分けられる。

ベン-ずしき【ベン図式】ヅシキ《Venn diagram》▶ベン図

へん-ずつう【偏頭痛｜片頭痛】ヅツウ 頭の片側に生じる、発作性のずきんずきんと脈打つような激しい頭痛。嘔吐おうとを伴うこともある。へんとうつう。

へん・する【偏する】〔動サ変〕図へん・す〔サ変〕ある一方にだけかたよる。「考え方が極端に―・する」

へん・する【×貶する】〔動サ変〕図へん・す〔サ変〕❶人を悪く言う。けなす。そしる。「宋史の伝はこれを―・するに過ぎている嫌がある」〈露伴・連環記〉❷身分や地位などを落とし下げる。左遷する。「潮州に―・せられたる時には」〈福沢・文明論之概略〉

へん・ずる【変ずる】〔動サ変〕図へん・ず〔サ変〕❶変わる。改まる。変化する。「心が―・ずる」❷変える。改める。変更する。「約束を―・ずる」❸変わって他の姿になる。化身けしんする。「仏などの―・じ給へるとなむおぼゆる」〈浜松・二〉(類語)変わる・変える・化する・動く・移る・移ろう・転ずる・化ける

べん・する【便する】〔動サ変〕図べん・す〔サ変〕便利なようにする。役だてる。「今後の用に―・する」

べん・ずる【弁ずる｜×辨ずる】〔動サ変〕図べん・ず〔サ変〕❶物事をわきまえる。区別する。「物事の善悪を―・ずる」❷物事を処理する。取り計らう。すませる。「商用を―・ずる」「資金を―・ずる」❸解決する。ととのう。すむ。「事が―・ずる」

べん・ずる【弁ずる｜×辯ずる】〔動サ変〕図べん・ず〔サ変〕❶言う。述べる。話す。「一席―・ずる」❷弁明する。弁解する。「父の名誉のために―・ずる」

べん・ずる【便ずる】〔動サ変〕図べん・ず〔サ変〕用が足りる。また、用を足す。「黙っていては用が―・ずるはずがない」

へん-せい【変生】▶へんじょう(変生)

へん-せい【変成】〔名〕スル 形が変わってでき上がること。また、形を変えてつくること。

へん-せい【変性】〔名〕スル ❶性質などが変わること。また、その変わった性質。「倫理の情は度々の経験を積んで―せる私利心なり」〈田口・日本開化小史〉❷たんぱく質のアミノ酸配列はそのままで、立体構造が変化すること。熱などの物理的あるいは化学的刺激によって起こり、ふつう生物的な活性は低下する。また、核酸の二本鎖の水素結合が切れ、一本鎖になること。❸細胞の代謝障害によって、異常物質が産生されたり形態的に変化したりすること。(類語)変質・変化

へん-せい【偏性】かたよった性質。「薬―ならざれば、毒を攻るに足らざる」〈榊原芳野編・文芸類纂〉

へん-せい【編成】〔名〕スル 個々のものを集めて組織的なまとまりとすること。「番組を―する」「予算―」「十両―の列車」(類語)編制・組織・構成・組み立て・組む

へん-せい【編制】〔名〕スル 個々別々のものを集めて団体を組織すること。特に、軍隊を組織すること。「大隊を―する」(類語)編成・組織

へん-せい【編製】〔名〕スル 戸籍などを新しくつくること。「婚姻により新戸籍を―する」

べん-せい【×鞭声】馬にむち打つ音。むちの音。「―粛粛しゅくしゅく夜河を過わたる」〈山陽詩鈔〉

へんせい-アルコール【変性アルコール】工業用アルコールを飲用に転用されないよう、エチルアルコールに少量のメチルアルコールなどを加えたもの。

へんせい-がん【変成岩】堆積たいせき岩や火成岩が変成作用を受けてできた岩石。圧砕岩・片麻岩・ホルンフェルスなどがある。

へんせい-き【変成器】電圧や電流の値を調整する装置。弱電流回路で使われる変圧器をさすこともある。

へんせい-き【変声期】声変わりが起こる時期。また、その年ごろ。

へんせい-ざい【変性剤】工業原料を嗜好品しこうひんなどに転用されないために加える毒性や臭気のある物質。工業塩に加えるタールなど。

へんせい-さよう【変成作用】地下深部で、既存の岩石が温度や圧力の上昇によって変化し、鉱物組成や組織の違う岩石になること。この変化は大部分が固体の状態のままで起きる。広域変成作用・接触変成作用などがある。

へんせい-ふう【偏西風】中緯度地方の上空を取り巻いて一年じゅう西から東に吹く風。南北両半球にあり、上空ほど速度を増し、圏界面付近では、その中に幅が狭く風速の特に大きいジェット気流が形成される。

へん-せき【×貶斥】官位を下げて退けること。「未だ―せらるるに至らず」〈東海散士・佳人之奇遇〉

へん-せき【編籍】戸籍をつくること。

へん-せつ【変節】〔名〕スル 節義を変えること。信念・主義・主張などを変えること。「馬鈴薯党でのちに牛肉党に―したのだ」〈独歩・牛肉と馬鈴薯〉
(類語)変心・豹変ひょうへん・変わり身・転向・転身

へん-せつ【変説】自分の主張や意見を変えること。

べん-ぜつ【弁舌｜×辯舌】ものを言うこと。また、ものの言い方。話しぶり。「―をふるう」
(類語)物言い・弁・口舌・口・話術・話芸
弁舌さわやか 話しぶりがよどみなく、すらすらと快いさま。

べん-せつ【弁説｜×辨説｜×辯説】〔名〕スル 物事の道理を説き明かすこと。「一々近接なる適例を列挙し、丁寧反復して―せり」〈逍遥・内地雑居未来之夢〉

へんせつ-かん【変節漢】節義を変えた男。軽蔑けいべつして言う。

へん-せん【変遷】〔名〕スル 時の流れとともに移り変わること。「歌もまた時代につれて―する」
(類語)推移・変動・変転・流転・変移・転変・移り変わり・変化・歴史・沿革・道程・歴程・足跡そくせき・歩み・年輪

へん-せん【×貶遷】「貶謫へんたく」に同じ。

ベンゼン〘benzene〙最も基本的な芳香族炭化水素。特有の芳香をもつ無色、揮発性の液体。水に溶けにくいが有機溶媒には溶ける。タールの分別蒸留などで得られ、有毒。化学薬品の基礎物質となり、燃料などにも用いられる。分子式C_6H_6で、亀甲きっこう形の構造をしている。ベンゾール。

ベンゼン-かん【ベンゼン環】クワン ベンゼンなどの芳香族化合物に含まれる、6個の炭素原子からなる正六角形の構造。炭素の六員環。略記法では、炭素および水素原子を省略して示す。ベンゼン核。

ベンゼンスルホン-さん【ベンゼンスルホン酸】《benzenesulfonic acid》代表的なスルホン酸。ベンゼンを濃硫酸と熱して得られる無色の結晶。潮解性があり、水・エタノールに溶ける。アルカリと融解するとフェノールが得られる。芳香族化合物の合成原料。化学式$C_6H_5SO_3H$

へん-そ【編組】❶組み合わせること。❷木綿糸・絹糸などを細かく組み合わせて編み、電線絶縁のおおいとしたもの。❸作戦配置上、いくつかの部隊を組み合わせること。

べん-そ【弁×疏｜×辯×疏】〔名〕スル 言いわけをすること。弁解。「自分の事のように心で―した」〈有島・或る女〉

へん-そう【返送】〔名〕スル 物を送り主や持ち主に送り返すこと。「小包で―する」
(類語)回送・逆送・返還・返却・返品

へん-そう【変奏】〔名〕スル 音楽で、ある主題をいろいろな技法によって形を変えて表すこと。

へん-そう【変相】ザウ ❶姿・顔かたちが変わること。また、その変わったようす。❷極楽や地獄のありさま、また仏教説話などを絵解き風に描いた仏画。浄土変相・地獄変など。変相図。❸電流の相の数を変えること。

へん-そう【変装】ザウ〔名〕スル 別人にみせかけるために、風貌ふうぼうや服装などを変えること。また、その変えた姿。「かつらとサングラスで―する」(類語)扮装ふんそう・仮装・百面相・化ける・やつす・なりすます

へん-ぞう【変造】ザウ〔名〕スル すでにある物を加工して、その形・内容などを変えること。特に、通貨や文書などの内容を変えること。「小切手を―する」

へんそう-きょく【変奏曲】主題といくつかの変奏からなる楽曲。バリエーション。

へんそう-ず【変相図】ヘンザウヅ「変相❷」に同じ。

ベンゾール〘ドイツ Benzol〙▶ベンゼン

へん-そく【辺側】かたわら。ほとり。ふち。

へん-そく【変則】〔名・形動〕普通の規則・規定・方法にはずれていること。また、そのさま。「―な(の)やり方」「―的」(類語)変格・破格・番外・異例・イレギュラー

へん-そく【変速】〔名〕スル 速度を変えること。特に、変速装置を操作して速度を変えること。「坂道にかかったので―する」

へんそく-そうち【変速装置】サウチ ある回転数の原動軸から従動軸の回転数に変換する装置。歯車式・段車式・電動機式・流体式などがある。

ベンゾピレン〘benzopyrene〙5個のベンゼン環が縮合した芳香族炭化水素。黄色の結晶。コールタールやタバコの煙、自動車の排気ガスなどに含まれ、発癌はつがん性がある。化学式$C_{20}H_{12}$ ベンツピレン。ベンゾ[a]ピレン。

ペンタ〘ギリシャ penta〙数の5。

ベンダー〘vendor〙❶売り主。売り手。また、販売会社。特に、OA機器・ソフトウエアなどの販売納入業者。システムの開発会社をさすこともある。❷▶ベンディングマシン

ヘンダーソン-とう【ヘンダーソン島】タウ《Henderson》南太平洋のポリネシア東端、ピトケアン諸島にある無人島。面積37平方キロの島内には動植物の固有種(植物10種、陸鳥4種、昆虫・カタツムリの種の半数)が多く確認され、隔絶された島という環境そのものが、生命の進化や自然淘汰の研究対象となっている。1988年、世界遺産(自然遺産)に登録。

ベンダー-テスト〘vendor test〙公的機関に納入する情報システムに対する品質保証テスト。ベンダー(システム開発側)が行う。

へん-たい【変体】普通の形や体裁と違っていること。体裁を変えること。また、その形や体裁。

へん-たい【変態】〔名〕スル ❶形や状態を変えること。また、その形や状態。❷普通の状態と違うこと。異常な、または病的な状態。「お品は身体に―を来したことを」〈長塚・土〉❸性的倒錯があって、性行動が普通とは変わっている状態。変態性欲。❹動物で、幼生から成体になる過程で形態を変えること。おたまじゃくしがカエルに、蛹さなぎがチョウになるなど。❺植物で、根・茎・葉などが本来の形から変化し、著しく異なる

形態をとること。葉がとげとなるなど。❻同じ化学組成で物理的性質の異なる物質の状態。温度変化などによって生じることが多い。単体の場合には同素体という。転位。(類語)変異

へん-たい【編隊】飛行機などが隊形を組むこと。また、その隊形。「五機が—を組む」

へんたい-がな【変体仮名】平仮名の一。現在普通に用いられている平仮名とは異なる字体の仮名。特に、明治33年(1900)、小学校令施行規則で採り上げられた平仮名以外の異体の仮名。

へんたい-かんぶん【変体漢文】日本語を漢文に倣って主に漢字だけでつづった文。正規の漢文にはない用字・語彙・語法を含む。平安時代以降、公私の記録や男子の日記・書簡などの文体として発達。

へんたい-てん【変態点】物質が変態する一点の温度と圧力。転移点。

べんたい-ぶん【×駢体文】▶四六文しろく

へんたい-ホルモン【変態ホルモン】動物の変態を促すホルモン。カエルでは甲状腺ホルモン、昆虫では前胸腺ホルモンなど。

へんたい-よう【変態葉】ヘンタイエフ「変形葉へんけいよう」に同じ。

へん-たく【×貶×謫】官位を下げて遠方の地に移すこと。配流はいる。貶遷へんせん。

ペンタクロロフェノール〘pentachlorophenol〙フェノールに5原子の塩素が結合した物質。白色粉末結晶。殺菌剤・除草剤などに用いられる。PCP。

ペンタゴン〘Pentagon〙《五角形の意》米国の国防総省の通称。建物が正五角形であるのでいう。

ペンタゾシン〘pentazocine〙作用の強力な鎮痛薬の一種。白色の結晶性粉末。モルヒネなどの麻薬に拮抗きっこう作用があるが、これ自体にも軽度の習慣性がある。

べん-たつ【×鞭×撻】〔名〕スル ❶むちで打ってこらしめること。❷努力するように励ますこと。「御指導御—のほどお願い申しあげます」「人民は国の智徳の為に—せられて」〈福沢・文明論之概略〉(類語)督励・指導

ペン-タッチ〘pen touch〙コンピューターの入力方法の一つ。タブレットにペン状の道具で触れると、タブレットがその位置の座標の信号を出力する方式。

べんたつ-や【便達屋】「便利屋」に同じ。

ペンタプリズム〘pentaprism〙一眼レフカメラのファインダー系に組み込まれた屋根形の五角八面体のプリズム。これを使うと上下・左右とも正立したファインダー像が眼高位置で見られる。五角プリズム。

ベンタム〘Bentham〙▶ベンサム

へん-たん【偏×袒】《「へんだん」とも》片肌を脱ぐこと。「天竺てんじくは—して合掌するを礼として」〈翁の文〉

ペンタン〘pentane〙炭素数が5個のメタン系炭化水素。香りのある無色、揮発性の液体。石油に含まれ、3種の異性体がある。溶剤などに使用。分子式 C_5H_{12}

へんたん-うけん【偏×袒右肩】❶仏語。僧が相手に恭敬の意を表す袈裟けさの着方で、右肩を肩脱ぎにし、左肩のみを覆うこと。古代インドの王に対する礼法に由来する。❷片肌脱ぎになること。「一の湯上りに浴衣姿」〈滑・浮世風呂・前〉

ペンダント〘pendant〙❶装身具の一。鎖やひもなどで首から胸に下げる形式の飾りもの。また、垂れ下がる形の耳飾りやブローチ。❷天井や軒などから吊り下げる形の照明器具。

へん-ち【辺地】都会から離れた土地。僻地へきち。
(類語)僻地・僻陬へきすう・辺土・辺境・辺陬へんすう・奥地・田舎

へん-ち【変▽徴】中国・日本音楽の階名の一。五声の徴より半音低い音。

べん-ち【弁知】【×辨×智】〔名〕スル わきまえ知ること。思慮分別のあること。「已に道義をしも—したれば」〈逍遥・小説神髄〉

べん-ち【×胼×胝】《「へんち」とも》「たこ(胼胝)」に同じ。

べん-ち【×鞭×笞】〔名〕スル むち。むちで打つこと。「—して之を懲したるに」〈永峰秀樹訳・暴夜物語〉

ベンチ〘bench〙❶簡単な造りの長い腰掛け。「公園の—」❷野球場などで、監督・コーチ・選手などの控え席。転じて、監督・コーチのこと。「—から指示が出る」➡ダッグアウト (類語)腰掛け・ロハ台・縁台・長椅子

ベンチを暖・める 試合に出場せず補欠としてベンチにすわる。「負傷してシーズン後半は—・めた」

ペンチ《pinchersから》針金を切ったり曲げたりする手工具。はさみに似た形で、先が厚く、内側にぎざぎざがある。

ベンチ-ウオーマー〘benchwarmer〙《ベンチを暖める人の意》出場機会が少なく、ベンチで待機していることが多い補欠選手。

べんちかん-じゅつ【弁置換術】ベンチカンジュツ 心臓弁膜症の外科的治療法の一つ。変性した弁を切除し、人工弁(機械弁・生体弁)を設置する。➡弁形成術

へん-ちき【変ちき】〔名・形動〕「へんてこ」に同じ。「御前も余程よっぽど—な女だ」〈蘆花・不如帰〉

へんちきょうちょう-しせつ【辺地共聴施設】ヘンチキョウチョウシセツ 山間部や離島といった地理的要因により、テレビ放送などの電波を受信できない地域に設けられた共同アンテナや受信設備のこと。地域住民による共聴組合が設置する。従来のアナログ放送から地上デジタルテレビ放送への移行に際し、施設のデジタル化などの動きに対して行政による支援が進んでいる。辺地共同受信施設。

へんちきょうどうじゅしん-しせつ【辺地共同受信施設】▶辺地共聴施設

へんちき-りん【変ちきりん】〔名・形動〕「へんてこりん」に同じ。「愈いよいよ—な事を言う」〈漱石・吾輩は猫である〉

へんちく-りん【変ちくりん】〔名・形動〕「へんてこ」に同じ。「—な髪形をしている」

ベンチ-シート〘bench seat〙自動車の、左右に分離されていない一体の前座席。

べんち-たい【×胼×胝体】脳梁のうりょうのこと。

へん-ちつ【×貶×黜】〔名〕スル 「へんちゅつ(貶黜)」の慣用読み。「此年前さきに—せられた抽斎の次男矢嶋優善は」〈鴎外・渋江抽斎〉

へん-ちつ【×篇×帙】❶書物をおおう帙。❷書物。書籍。「—をひもとく」

ベンチ-テスト〘bench test〙▶ベンチマークテスト

ベンチ-プレス〘bench press〙パワーリフティングで、ベンチにあおむけに横たわり、両手でバーベルを胸につけ、腕を伸ばしバーベルを上げる種目。

ベンチ-マーク〘bench mark〙《基準点の意》❶測量における水準点。❷投資商品の収益率や、特定の銘柄の騰落率を比較・評価するための指標。多く、平均株価や指標銘柄の騰落率を用いる。❸コンピューターのハードウエアおよびソフトウエアの動作速度を調整・評価するための基準。❹他社の優れたところを学び、それを基準にして自らの業務や経営を改善する手法。

ベンチマーク-テスト〘bench mark test〙同種の製品の性能を比較するためのテスト。ベンチマークを用いて評価する。コンピューターのハードウエアやソフトウエアの性能検査に用いられる。ベンチテスト。

ベンチャー〘venture〙冒険。冒険的な企て。また、投機。

ベンチャー-きぎょう【ベンチャー企業】ーキゲフ 新技術・新事業を開発し、事業として発足させた企業。

ベンチャー-キャピタリスト〘venture capitalist〙ベンチャービジネスが発行する株式への投資を行い、資金を提供すると同時に、経営コンサルティングを行う個人。

ベンチャー-キャピタル〘venture capital〙ベンチャービジネスが発行する株式への投資などによって資金を提供する企業または機関。株式の上場による値上がり益を主たる収益源とする。VC。

ベンチャー-ビジネス〘venture business〙高度な知識や新技術を軸に、革新的、創造的な経営を展開している知識集約型の小企業。VB。

ベンチャー-ファンド〘venture fund〙成長力の高い未公開企業へ集中して投資する基金。欧米の投資信託業界で普及している。日本では平成13年(2001)大阪証券取引所が投資法人向けの「ベンチャーファンド市場」を開設した。

べん-ちゃら 口先だけのお世辞を言って相手におもねること。おべんちゃら。「—を言う」(類語)世辞・阿諛あゆ・追従ついしょう・おべっか・ごますり・社交辞令

ベンチャラー〘venturer〙冒険者。冒険家。

ベンチャロン〘タイ benčaroŋ〙シャムで愛好された華麗な五彩陶器。18世紀半ばごろから19世紀半ばにかけて、清しんから輸出されたものとされる。

べん-ちゅう【×鞭虫】線虫綱鞭虫科に分類される袋形動物の総称。体は鞭むち状で、体長3〜5センチ。人間のほか犬・羊などの盲腸に寄生する。

へん-ちゅつ【×貶×黜】〔名〕スル 官位を下げて、しりぞけること。貶斥へんせき。へんちつ。

ベンチュリ-こうか【ベンチュリ効果】ーカウクワ 流体力学の効果の一。流体の流れの断面積を狭めて流速を増加させると、圧力が低い部分が作り出される現象のこと。流量を一定にした場合のベルヌーイの定理から導かれる。流量を測定するベンチュリメーター、エンジンのキャブレター、霧吹きなどに応用されている。イタリアの物理学者G=B=ベンチュリに由来。

ベンチュリ-メーター〘Venturi meter〙流量を測定する装置の一。管の途中に狭い部分を設け、流体の圧力差の測定から流量を求める。イタリアの物理学者G=B=ベンチュリが創案。ベンチュリ計。

へん-ちょ【編著】書物を編集し、その一部を著作すること。また、その書物。
(類語)編述・撰・撰述・編纂へんさん・編集・編修・共著

へん-ちょう【変調】ーテウ〔名〕スル ❶調子が変わること。調子を変えること。また、その調子。❷調子が狂うこと。また、その調子。「からだに—をきたす」❸電信・電話・テレビなどの搬送波の振幅・周波数・パルスや位相を信号波で変化させること。❹楽曲の調子を変えること。移調。(類語)失調・乱調・不調・不順・低調

へん-ちょう【偏重】〔名〕スル 物事の一面だけを重んじること。「学力を—する教育」

べんちょう【弁長】【辨長】ベンチャウ[1162〜1238]鎌倉前期の浄土宗の僧。浄土宗鎮西派の祖。筑前の人。字あざなは弁阿。号、聖光坊。比叡山で天台宗を学ぶ。のち、法然の弟子となり、九州に念仏を広めた。鎮西上人。

ベンチレーション〘ventilation〙風通し。通気。通風。換気。

ベンチレーター〘ventilator〙❶換気のための装置。通風機。送風機。❷自発呼吸のできない症状をもつ人が使用する人工呼吸器。小型化され、装着して外出もできるものもある。

ベンツ〘vent〙上着・コートの、背の中心や脇の裾にある切れ込み。布の重なりがあることがスリットと違う。馬乗り。ベント。「センター—」

へん-つう【変通】〔名〕スル その場その時に応じて、自由自在に変化・適応してゆくこと。

べん-つう【便通】大便が出ること。「—がない」
(類語)通じ・排便・脱糞だっぷん・快便

へん-つぎ【偏継ぎ】文字遊戯の一。漢字の旁つくりを示して、これに種々の偏を付けた文字を次々と考えさせ、行き詰まると負けになるもの。一説に「偏突き」の意で、詩句の中などの漢字の旁を見せて、その偏を当てさせるものという。「手まり、—などやうの事どもを、思ひ思ひにしつつ」〈増鏡・内野の雪〉

へん-つ・ぐ【偏継ぐ】(動ガ四)偏継ぎをする。「宮の女房—・がせ給ひし」〈公任集・詞書〉

ベンツピルス〘Ventspils〙ラトビア北西部、クルゼメ地方の都市。ベンタ川河口に位置する。リボニア帯剣騎士団が建てたベンツピルス城を中心に発展。14世紀にハンザ同盟に加わり、17世紀に造船業が隆盛した。バルト海に臨む不凍港を擁し、同国を代表する原油・鉱物資源の貿易港。

ベンツピルス-じょう【ベンツピルス城】ージャウ《Ventspils pils》ラトビア北西部の都市ベンツピルスにある城。13世紀に建造。リボニア帯剣騎士団の城の中で最も保存状態が良いものの一つ。現在は19世紀当

時の状態に復元され、ベンツピルスとクールラント公国の歴史に関する博物館になっている。

ベンツピレン〖ドイツ Benzpyren〗▶ベンゾピレン

ペンティアム〖Pentium〗米国インテル社が開発した32ビットマイクロプロセッサーの製品名。

ペンティクトン〖Penticton〗カナダ、ブリティッシュコロンビア州南部の都市、ケロウナの南約50キロにあるリゾート地。オカナガンワインルートの観光拠点の一。

ベンティミーリア〖Ventimiglia〗イタリア北西部、リグリア州の町。フランスとの国境に位置し、マントンに接する。リビエラ海岸西部の海岸保養地の一。古代ローマ時代の円形劇場の遺跡やジェノア大学が管理するハンブリー植物園がある。

ペンティメント〖pentimento〗絵画で、重ね塗りされたり、修正されたりして見えなくなった元の画像が透けて見えるようになること。

ペンディング〖pending〗未解決の状態にとどまること。保留すること。「この問題は―にする」

ベンディング-マシン〖vending machine〗飲料などの自動販売機。ベンダー。

へん-てこ【変×梃】〔名・形動〕奇妙なさま。変なさま。また、そのようなもの。へんちき。へんちくりん。へんてこりん。「―な建物」「―な理屈をこねる」
〘類語〙変・異様・異形(いぎょう)・異常・奇妙・奇嬌・奇抜・風変わり・変ちくりん・変てこりん・妙ちくりん

ペンテコステ〖ギリシャ pentēkostē〗《50日目の意》❶ユダヤ教の三大祭の一。過ぎ越しの祭から7週過ぎた50日目にあたり、穀物の収穫と神から律法を受けたことを感謝する祭り。五旬節。➡仮庵(かりいお)の祭 ➡過ぎ越しの祭 ❷キリスト教では、聖霊降臨日。〘季 夏〙

へんてこ-りん【変×梃りん】〔名・形動〕《「りん」は口拍子で添えた語》「へんてこ」に同じ。「―な格好」

ペンテシレイア〖Penthesileia〗ギリシャ神話で、アマゾン族の女王。トロイア戦争でトロイア方に加勢したが、アキレウスに殺された。

へん-てつ【変哲】〔名・形動〕普通と変わっていること。違っていること。また、そのさま。「悪く横柄な癖に時々―に丁寧なり」〈鏡花・日本橋〉
変哲もな・い　特に取り立てて言うほどのこともない。平凡である。「何の―・い小さな店」

へん-てつ【×褊×綴・×褊×裰】▶へんとつ(褊綴)

ヘンデル〖Georg Friedrich Händel〗[1685～1759]ドイツの作曲家。イギリスで後半生を送った。後期バロック音楽の大家で、はじめオペラ、のちオラトリオに大作を残した。作品にオラトリオ「メサイア」、オペラ「ジュリアス＝シーザー」、管弦楽曲「水上の音楽」。

へん-てん【変転】〔名〕(スル)状態・情勢が移り、変化してゆくこと。「めまぐるしく―する世相」〘類語〙推移・変遷・変動・流転・変移・転変・移り変わり・変化・変わる

へん-でん【返電】返事の電報・電信。

べん-てん【弁天・×辯天・×辨天】❶「弁才天」の略。❷《❶から転じて》美しい女性。〘類語〙天女・天人

べん-でん【便殿】貴人の休息のために設けた御殿。または、部屋。びんでん。

ベンデン〖Wenden〗ラトビア、ビゼメ地方の町ツェーシスのドイツ語名。

べんてん-こぞう【弁天小僧】歌舞伎狂言「青砥稿花紅彩画(あおとぞうしはなのにしきえ)」の登場人物。白浪五人男の一人。女装して悪事を働く。弁天小僧菊之助。

べんてん-じま【弁天島】静岡県、浜名湖南部にある島。大小七つの島からなる。保養・観光地。弁天神社・弁天島温泉がある。

へんでん-しょ【変電所】発電所から送られてきた電力を変圧器によって必要な電圧に昇降し、消費地に送り出す施設。

ベンデン-じょう【ベンデン城】(ニジャウ)《Wendenburg》ラトビアにあるツェーシス城のドイツ語名。

べんてん-むすめ【弁天娘】弁才天のように器量のいい娘。

ヘント〖Gent〗ベルギー北西部の商工業都市。中世、毛織物工業により繁栄。現在は鉄鋼・繊維工業が盛ん。園芸地帯を控え、花祭りが行われる。歴史的建物が多い。フランス語名ガン。ゲント。

へん-ど【辺土】❶都から遠く離れた土地。片田舎。辺地。❷都の近辺の地。近郊。「―においては比良、横川(よかわ)、如意が岳」〈謡・鞍馬天狗〉
〘類語〙僻地(へきち)・僻陬(へきすう)・辺地・辺境・辺陬(へんすう)・奥地

ベント〖bent〗「ベント芝」の略。「―グリーン」

ベンド〖bend〗❶曲がっていること。特に、河川や道路などの湾曲。❷スキー板などの反り。

ベンド〖Bend〗米国オレゴン州中部の都市。観光・保養地。バッチェラー山に同州有数のスキーリゾートがある。

へん-とう【返答】(―タフ)〔名〕(スル)問いに対して答えること。また、その答え。返事。「―に窮する」「手紙で―する」➡返事〘用法〙
〘類語〙答え・返事・受け答え・応答・回答・即答・確答

へん-とう【×扁桃】(―タウ)❶アーモンドの別名。❷咽頭(いんとう)の粘膜にあるリンパ節の集合体。アーモンドの種子に似た形をしている。口を開けたとき両側に見える口蓋(こうがい)扁桃、舌の付け根にある舌扁桃などがあり、細菌・ウイルスの侵入を防ぐ働きをする。

へん-どう【変動】〔名〕(スル)事態に動きがあって、変化すること。「激しく―する社会」〘類語〙変化・推移・変転・流動・変移・転変・変遷・移り変わり・変わる・動く

べん-とう【弁当】(―タウ)❶外出先で食べるために持っていく食べ物。「手―」❷料理店などで出す、主食と副食を箱などに詰めたもの。「幕の内―」〘類語〙旅籠(はたご)・折り詰め・御重(おじゅう)・糧食・行動食・レーション・ランチ
弁当を使(つか)・う　弁当を食べる。「早めに―・う」

へんとう-えん【×扁桃炎】(ヘンタウ―)扁桃、特に口蓋扁桃の炎症。溶連菌・肺炎菌・インフルエンザ菌の感染によるものが多く、赤くはれてのどが痛み、発熱する。扁桃腺炎。

へんどう-かわせそうばせい【変動為-替相場制】(―かはせサウばセイ)外国為替相場を固定しないで市場の需給による変動に任せる制度。変動相場制。フロート制。➡固定為替相場制

へん-どうかんすう【偏導関数】(―ダウクワンスウ)多くの変数をもつ関数を、そのうちの一つの変数に着目し、他はこの変数の関数と見なすときの、この変数に関する導関数。

へんどう-きんり【変動金利】住宅ローンなどの融資商品や、個人向け国債や定期預金などの資産運用商品で、適用される金利が、実勢金利を反映して変動するもの。➡固定金利

へんとう-せん【×扁桃腺】(ヘンタウ―)扁桃、特に口蓋扁桃のこと。➡扁桃

へんどう-そうばせい【変動相場制】(―サウばセイ)▶変動為替相場制(へんどうかわせそうばせい)

へん-とうつう【偏頭痛・片頭痛】▶へんずつう

べんとう-ばこ【弁当箱】(ベンタウ―)弁当を入れて持ち運ぶ器。〘類語〙ランチボックス

へんどう-ひ【変動費】一定の生産能力のもとで、操業度の変動に応じて一定期間における総額が増減する原価要素。直接材料費・超過勤務手当・燃料費・水道料など。可変費。➡固定費

へんとう-ひだい【×扁桃肥大】(ヘンタウ―)扁桃が異常に大きくなった状態。はれてのどが狭くなり、ひどくなると呼吸困難や嚥下(えんげ)・発声障害などを起こす場合もある。扁桃腺肥大。

へんとう-ふう【偏東風】極地方の地上付近と低緯度地帯にみられる東から西に吹く風。南北両半球にあり、前者は極偏東風、後者は貿易風または赤道偏東風とよばれる。

べんとう-もち【弁当持(ち)】(ベンタウ―)❶弁当を持参すること。また、その人。腰弁。❷他人の弁当を持って付き従う人。転じて、ある人に付き従って機嫌をうかがう人。

へんとう-ゆ【×扁桃油】(ヘンタウ―)アーモンドの種子からとった油。黄白色で香気があり、薬用や石鹸(せっけん)製造などに用いる。

へんどう-りつきさい【変動利付債】利率が一定期間ごとに市場実勢金利に連動して変化する債券。➡確定利付債

ペントース〖pentose〗炭素原子5個をもつ単糖類の総称。多糖類や配糖体として生物界に広く分布。リボースなど。五炭糖。分子式$C_5H_{10}O_5$

べん-どく【便毒】横根(よこね)❷のこと。

ベント-グラス〖bent grass〗▶ベント芝

ベント-しば【ベント芝】《bent grass》ヨーロッパ原産の芝の一種。ゴルフ場によく植えられる。ベントグラス。

ベントス〖benthos〗底生生物。プランクトンなどに対していう。

ペントタール〖Pentothal〗チオペンタールナトリウムの別名。速効性の静脈麻酔薬として用いられる。作用は強力だが、持続時間は極めて短い。自白剤として利用されるといわれる。

へん-とつ【×褊×綴・×褊×裰】褊衫(へんさん)と直裰(じきとつ)とを折衷した羽織のような僧衣。脇裾を15センチほど縫っていない。空也堂の鉢叩(はちたた)きが着たが、江戸時代には医師などが着用。へんてつ。

ベントナイト〖bentonite〗粘土の一種。モンモリロナイトを主成分とし、水を加えると膨れ、陽イオン交換性がある。鋳型の結合剤、ボーリング用泥水の調整剤、客土などに利用。

ペントハウス〖penthouse〗アパートや高層建築の最上階のテラス付き高級住宅。また、機械室や階段部屋などに使われる屋上家屋。

ヘンドリックス〖Jimi Hendrix〗[1942～1970]米国のロックギター奏者・歌手。本名、ジェームズ＝マーシャル＝ヘンドリックス(James Marshall Hendrix)。1960年代に出現した最も革命的なロックギタリストといわれ、その激しい演奏スタイルはロック界に大きな影響を残した。ジミヘン。

ベンドレ〖bendre〗西アフリカのモシ族が用いる打楽器。大きな球形の瓢箪(ひょうたん)の上部を切り取って革をかぶせて革ひもで締め、中に鉄の輪を多数通した枝を入れる。トーキングドラムとしても使用され、その奏者をもベンドレとよぶ。➡トーキングドラム

ヘンナ〖henna〗▶指甲花(しこうか)

へん-な・い【偏無い・×篇無い】〔形〕〘文〙へんな・し〔ク〕《中世語・近世語》つまらない。甲斐がない。「吹けども―・い物は尺八ぢゃ」〈閑吟集〉

ペンナイフ〖penknife〗小さなナイフ。羽根ペンなどの先を削るのに用いた。

べん-なん【弁難・×辯難】〔名〕(スル)言葉を用いて非難すること。論難。「府下及び地方の新聞紙までも…互に―攻撃し」〈鉄腸・花間鶯〉

へん-に【▽版位】(―ニ)「へんい」の連声(れんじょう)。

へん-に【変に】〔副〕普通とはだいぶ違っているさま。奇妙に。不思議に。「―気を回す」

へん-にゃく【変▽易】(―ヤク)「へんやく(変易)」の連声(れんじょう)。

へん-にゅう【編入】(―ニフ)〔名〕(スル)すでにできている組織や団体の中に途中から組み入れること。「町が隣の市に―される」「―試験」

ペンネ〖イタリア penne〗イタリアのパスタの一種。両端を斜めにカットした、ペン先のような形のマカロニ。

べん-ねい【便×佞】口先は巧みだが、心に誠実さのないこと。また、その人。「阿諛―の所為なるべしと申し候」〈鷗外・興津弥五右衛門の遺書〉

ペン-ネーム〖pen name〗文章を書くときに用いる本名以外の名。筆名。
〘類語〙筆名・雅号・号・変名・ハンドルネーム

へんねし《「へんねじ」とも》ねたむこと。嫉妬。「外の船頭共が―にて様々の噂をする」〈伎・桑名屋徳蔵〉

ベンネビス-さん【ベンネビス山】《Ben Nevis》英国スコットランド西部、グランピアン山脈の西部にある山。イギリス諸島の最高峰。標高は1344メートル。登山の拠点は北西麓の町フォートウィリアム。年間を通し、トレッキングやスキーを楽しむ観光客が訪れる。

へん-ねん【編年】歴史的事実を、年月の順を追って編むこと。

へんねん-し【編年史】編年体で書かれた歴史。
〘類語〙歴史・通史・年代記・ヒストリー・クロニクル

へんねん-たい【編年体】歴史記述の形式の一。

年月の順を追って事実の発生・発展を記述するもの。中国の「春秋」に始まる。➡紀伝体きでんたい
へん-のう【返納】ヘンナフ〔名〕スル 金や物を元の所や持ち主に返して納めること。「借用品を—する」
へんのう-ゆ【片脳油】ヘンナウ― 樟脳しょうのう油から樟脳をとった残りを精製して得られる白色の油。芳香をもち揮発性で、防臭剤・殺虫剤や塗料の溶剤に用いる。樟脳白油。
べん-の-ないし【弁内侍|辨内侍】鎌倉中期の女流歌人。藤原信実の娘。後深草天皇に仕えた。のち、出家。著「弁内侍日記」。後深草院弁内侍。生没年未詳。
べんのないしにっき【弁内侍日記】弁内侍の日記。2巻。寛元4～建長4年(1246～52)の間の宮中の行事を、和歌を交えながら記したもの。後深草院弁内侍集。
へんぱ【偏波】電磁波の振動方向の分布が一様でなく、一定の方向に限られている電磁波。電磁波が光の場合を特に偏光という。
へん-ぱ【偏×頗】〔名・形動〕《「へんば」とも》かたよっていて不公平なこと。また、そのさま。「少し—な僻論であると私には思われた」〈寅彦・自由画稿〉
へん-ばい【▽反×閇|返×閉|▽反陪】❶「禹歩うほ❶」に同じ。❷❶からきたもので、日本芸能の特殊な足の踏み方。「翁おきな」「三番叟さんばそう」の呪術的な足づかいや「道成寺」の乱拍子など。
へん-ぱい【返杯|返×盃】〔名〕スル さされた杯の酒を飲んで相手にさし返すこと。返盞へんさん。
へん-ぱい【変敗】〔名〕スル 食品の色や味が変わってしまって食用には適さなくなること。➡消費期限
べん-ばく【弁×駁|×辯×駁】〔名〕スル《「べんぱく」とも》他人の説の誤りを突いて論じ、攻撃すること。反駁はんばく。「論敵を—する」類語 論駁ろんばく・反駁・駁論・駁する
べん-ぱつ【弁髪|×辮髪】北方アジア諸民族の間で行われた男子の髪形。清国を建てた満州民族の場合、頭の周囲の髪をそり、中央に残した髪を編んで後ろへ長く垂らしたもの。清朝は漢民族にこれを強制した。中華民国になって廃止。
ペン-パル〖pen pal〗「ペンフレンド」に同じ。
ベン-バルベン〖Ben Bulben〗アイルランド北西部、スライゴー州にある岩山。標高526メートル。頂上部が平らでテーブルのような形状をしている。スライゴー近郊の村ドラムクリフの北方に位置する。ケルト人の神話やアイルランド文芸復興運動に貢献した詩人・劇作家ウィリアム＝イェーツの作品に登場することで知られる。ベンブルベン。
へん-び【編尾|×篇尾】編の終わりの部分。編末。
へん-ぴ【辺×鄙】〔名・形動〕都会から離れていて不便なこと。また、そのさま。「—な(の)地」類語 僻遠へきえん・遠陬えんすう・田舎びる・鄙ひなびる・草深い・人跡まれ
べん-ぴ【便秘】〔名〕スル 健康時に比べて排便の回数・量が著しく減り、便が滞る状態。ふんづまり。秘結。「生活が不規則で—しがちだ」
へん-びぶん【偏微分】偏導関数の一つの変数のみを変化させて関数の変化率を求めること。また、その値。
へんびぶん-ほうていしき【偏微分方程式】ヘンビブンハウテイシキ 偏導関数を含む微分方程式。これに対し、導関数だけを含むものを常微分方程式という。
へん-ぴん【返品】〔名〕スル いったん仕入れた、または買った品物を返すこと。また、その品物。「傷物を—する」「—の山」類語 返還・返却・返送・還付
へん-ぷ【返付】〔名〕スル もとの持ち主に返すこと。「書類を—する」「—金」
ヘンプ〖hemp〗麻。大麻たいま。
べん-ぶ【×抃舞】〔名〕スル 喜びのあまり、手を打って踊ること。「鮮やかな燄に変化した自己の感情の前に—したのは彼女であった」〈漱石・明暗〉
べん-ぷう【便風】►びんぷう(便風)
へん-ぷく【辺幅】❶布地などのへり。❷まわりから見たようす。外見。うわべ。
辺幅を飾・る 外見を飾る。見えを張る。辺幅を修飾する。「—・らない人」
へん-ぷく【×蝙×蝠】コウモリのこと。
べん-ぷく【便服】ふだん着。平服。便衣。
べん-ぷく【便腹】肥え太った腹。たいこ腹。
べん-ぷく【×冕服】貴人が着用する礼装用の冠と衣服。冕冠と礼服。
へん-ぶつ【変物|偏物】普通の人とは変わったところのある人。変人。また、偏屈な人。
類語 奇人・変人・変わり者・変わり種
ベン-ブルベン〖Ben Bulben〗►ベンバルベン
ペン-フレンド〖pen friend〗文通によって結ばれている友達。文通仲間。ペンパル。
へん-プロ【編プロ】「編集プロダクション」の略。
へん-ぶん【変文】中国唐代、仏教経典の内容を絵解きした変相図へんそうずをもとに語る際の台本。散文と韻文とをまじえて平易に説く。20世紀になって敦煌とんこうから発見された。
べん-ぶん【×駢文】►四六文しろくぶん
へん-ぺい【×扁平】〔名・形動〕凹凸が少なく、ひらべったいこと。また、そのさま。「—な顔」類語 平たい
べん-ぺい【便×嬖】❶こびへつらって人の機嫌をとること。❷主君などに寵愛されること。
へんぺい-コンジローム【×扁平コンジローム】梅毒の第2期に陰部・肛門や乳房の下などに生じる赤く平らな盛り上がり。接触による感染源となる。
へんぺい-そく【×扁平足】足の裏が平たく、土踏まずがほとんどみられない足。
へんぺい-りつ【×扁平率】地球のような回転楕円体が、球に比べてどの程度扁平であるかを表す量。赤道半径と極半径との差を、赤道半径で割った値で示す。
へん-ぺき【偏×僻】〔名・形動〕❶かたよること。心がひねくれていること。また、そのさま。「—な人」「空想に—し写実に拘泥する者は」〈子規・俳諧大要〉❷都から離れた片田舎。「—の地」
ベンベキュラ-とう【ベンベキュラ島】―タウ《Isle of Benbecula》英国スコットランド北西岸、アウターヘブリディーズ諸島の島。同島を挟み、ノースウイスト島、サウスウイスト島の3島が橋でつながっている。空港があり、スコットランド本土のグラスゴー、バラ島、ルイス島のストーノウェイと空路で結ばれる。英国陸軍・空軍の基地がある。
べん-べつ【弁別|×辨別】〔名〕スル 物事の違いをはっきりと見分けること。識別。「理非を—する」
類語 識別・判別・区別・鑑別・見分ける
べんべつ-いき【弁別×閾】―ヰキ 心理学で、同種の刺激を変化させたとき、その相違を感知できる最小の刺激差。最小可知差異。丁度可知差異。
べん-べら 薄っぺらの、また安っぽい絹の衣服。「—を一枚着たる寒さかな/漱石」
ベン-ベラ〖Ahmad Ben Bella〗[1918～2012]アルジェリアの政治家。独立運動を指導し、独立の翌1963年アルジェリア民主人民共和国初代大統領に就任。65年のクーデターで失脚。ベン＝ベッラ。
ベンベルグ〖ドイツ Bemberg〗ドイツのベンベルグ社の特許製法による人絹生地の商標名。銅アンモニアレーヨン。下着類などに使用。
へん-べん【返弁|返×辨】返すこと。返済。弁済。
へん-ぺん【片片】〔ト・タル〕文〔形動タリ〕❶きれぎれになっているさま。また、その一片が軽くひるがえるさま。「一葉の小舟—として、忽ち去り」〈独歩・愛弟通信〉❷取るに足りないさま。「新聞の号外の投げ与える—たる事実を題にして」〈鴎外・灰燼〉
へん-ぺん【×翩×翩】〔ト・タル〕文〔形動タリ〕❶軽くひるがえるさま。「衣を—と翻して」〈谷崎・魔術師〉❷軽々しく落ち着かないさま。「何うかして—たる軽薄才子になりたい」〈漱石・彼岸過迄〉
べん-べん【便便】〔ト・タル〕文〔形動タリ〕❶何もせずにいたずらに時を過ごすさま。「—と日を送る」❷だらだらとやたらに長いさま。「何時迄も、—と喋舌しゃべっているのは」〈漱石・道草〉❸太って腹が出ているさま。太鼓腹であるさま。「安禄山風の腹—として」〈蘆花・不如帰〉❹弁舌のすぐれているさま。〈文明本節用集〉
ぺん-ぺん 一〔副〕三味線の音を表す語。「三味線を—(と)鳴らす」二〔名〕三味線のこと。
ぺんぺん-ぐさ【ぺんぺん草】ナズナの別名。実の形が三味線のばちに似ているのでいう。季 春
ぺんぺん草が生・える 家や土地が荒れ果てているようすをいう。「—・えた庭」
べんべん-だらり【便便だらり】〔副〕だらだらといたずらに時間を過ごすさま。のんべんだらり。「—(と)日を送る」
へん-ぼいん【変母音】►ウムラウト
へん-ぼう【辺防】―バウ 辺境の防備。国境の防備。
へん-ぼう【変貌】―バウ〔名〕スル 姿やようすが変わること。「畑が住宅地にすっかり—する」「—を遂げる」
類語 変容・様変わり・面変わり・変身・イメージチェンジ
へん-ぼう【偏×旁】―バウ 漢字の偏と旁つくり。
へん-ぽう【返報】〔名〕スル ❶人がしてくれたことに対してむくいること。また、むくいるための行為や金品。返礼。「受けた親切に—する」❷恨みに対して仕返しをすること。また、その仕返し。「侮辱に対して—する」❸返事の知らせ。返信。類語 (❶)返礼・報恩・恩返し・見返り/(❷)仕返し・報復・復讐ふくしゅう・お返し・しっぺ返し・お礼参り・敵討ち・仇討あだうち・雪辱・リベンジ
へん-ぽう【変報】変事の知らせ。
べん-ぽう【便法】―パフ ❶物事をするのに便利な方法。「上達の—などはない、練習のみだ」❷一時しのぎの便宜上の手段。「—を講じる」
類語 (❶)早道・近道・王道・名案・良策/(❷)方便・苦肉の策
へん-ぼう-かん-きゃく【偏×旁冠脚】ヘンバウクワン― 漢字の偏と旁つくりと冠かんむりと脚あし。漢字の4種の構成部分。
へんぽう-じきょう【変法自強】ヘンパフジキャウ 中国、清朝末期の政治改革運動。康有為・梁啓超らが中心になり、議会政治を基礎とする立憲君主制の樹立をめざした。光緒帝の支持を受けたが、西太后ら保守派の弾圧(戊戌ぼじゅつの政変)によって失敗した。
ペンホルダー〖penholder〗❶ペン軸。❷「ペンホルダーグリップ」の略。
ペンホルダー-グリップ〖penholder grip〗卓球で、ラケットをペンを持つように握る持ち方。➡シェークハンドグリップ
へん-ぽん【返本】〔名〕スル 書店が仕入れた本を出版社などへ返すこと。また、その本。「版元に—する」
へん-ぽん【×翩翻】〔ト・タル〕文〔形動タリ〕旗などが風にゆれ動くさま。「—とひるがえる日章旗」
へんま-がん【片麻岩】変成岩の一。広域変成作用でできた、粗い縞しま状構造をもつ岩石。鉱物組成は花崗岩かこうがんに似たものが多く、石英・長石・雲母・角閃石などからなる。
べん-まく【弁膜|×瓣膜】心臓や血管・リンパ管の内部にある、血液やリンパの逆流を防ぐためのひだ状の膜。弁。
べんまく-しょう【弁膜症】―シヤウ ►心臓弁膜症
へん-まひ【片麻×痺】上肢および下肢の、左右どちらかの側だけが麻痺した状態。大脳皮質から頸髄けいずいまでの障害によって生じ、脳出血などの場合、首から上は反対側に麻痺が起こる。半身不随。かたまひ。
へん-まん【遍満】〔名〕スル 広くいっぱいにいきわたること。「苦痛が全身に—して」〈谷崎・乳野物語〉
ペンマンシップ〖penmanship〗英習字。運筆。また、その習字帳。
へん-み【変味】〔名〕スル 味が変わること。また、変わった味。
へん-みょう【変名】―ミヤウ〔名〕スル ►へんめい(変名)
へんみ-よう【辺見庸】[1944～]ジャーナリスト・小説家。宮城の生まれ。本名、秀逸。共同通信社に入社、外信部の記者となる。勤務のかたわら書き上げた「自動起床装置」で芥川賞受賞。退職後本格的な執筆活動に入る。他に小説「赤い橋の下のぬるい水」、ノンフィクション「もの食う人びと」など。
へん-みん【辺民】片田舎の住民。
へん-む【片務】契約当事者の一方だけが義務を負

うこと。⇔双務。
べんむ-かん【弁務官┊×辨務官】クヮン保護国・植民地などに派遣され、政治・外交の指導や事務の処理に当たる官吏。
へんむ-けいやく【片務契約】契約当事者の一方だけが債務を負担する契約。贈与・使用貸借など。⇔双務契約。
へんむ-じょうやく【片務条約】ヘンムデウヤク当事国・機関の一方だけが義務を負う条約。
へん-めい【変名】〔名〕スル 本名を隠して別の名を称すること。また、その名。へんみょう。
べん-めい【弁明┊×辯明┊×辨明】〔名〕スル ❶事情などを説明してはっきりさせること。「事のやむなきを―する」❷他人の非難などに対して、言い開きをすること。「―の余地がない」「失言を―する」(類語)釈明・言い開き・申し開き・陳弁・弁解・申し訳・言い訳
へん-めん【片面】片方の面。かためん。
へん-めん【変面】中国の古典劇に伝わる、一瞬で面を変える演技。仕掛けは門外不出とされる。四川省の「川劇」の変面が有名。変臉。
べん-もう【便×蒙】《童蒙に便ならしめる意から》初学者にわかりやすいように書いた書物。手引書。
べん-もう【×鞭毛】細胞の原形質表面にある糸状の突起で、繊毛より数が少なく、長くて運動性をもつ小器官。ある種の細菌や鞭毛虫類、藻類・菌類の遊走子・配偶子、精子などにみられる。
べんもう-うんどう【×鞭毛運動】鞭毛による運動。細菌では螺旋形の鞭毛を回転させ、精子では鞭毛自体を屈曲させて、推進する。
べんもう-そうるい【×鞭毛藻類】ベンマウサウルイ鞭毛をもつ、主に単細胞の藻類の総称。
べんもう-ちゅう【×鞭毛虫】原生動物の一綱。一亜門とされることもある。単細胞で、1本以上の鞭毛をもつ。色素体をもつ植物性鞭毛虫と、もたない動物性鞭毛虫とに分けられ、植物性のものは植物として分類されることもある。ヤコウチュウ・ミドリムシなど、プランクトンとして広く分布し、寄生する種もある。
へん-もく【編目┊×篇目】文章の編や章につける題目。また、その表題。
へん-やく【変▽易】《連声で「へんにゃく」とも》❶「へんえき(変易)」に同じ。❷「変易生死」の略。
へん-やく【変約】〔名〕スル 約束を変えること。また、約束をまもらないこと。違約。
へんやく-しょうじ【変▽易生死】シャウジ仏語。聖者が迷いの世界を離れて、輪廻を超えた仏果に至るまでに受ける生死。➡分段生死
ベンヤミン〖Walter Benjamin〗[1892～1940]ドイツの思想家・評論家。ユダヤ神秘思想とマルクス主義とを背景とする独得の思想を展開し、神秘的洞察力に満ちた多くのエッセイを書いた。1933年ナチスに追われてフランスに亡命、さらに追われてピレネー山中で自殺。著「ドイツ悲劇の根源」など。
へん-ゆう【辺×邑】イフ片田舎の村。また、国境の村。
べん-よ【×篾×輿】竹を編んでつくった輿。四つ手かご、山かごの類。竹輿。
へん-よう【辺要】エウ辺境の要害。国境の要地。
へん-よう【変容】〔名〕スル 姿や形が変わること。姿や形を変えること。「街がめまぐるしく―する」(類語)変貌・様変わり・面変わり・変身・イメージチェンジ
へん-よう【変様】ヤウ〔名〕スル 物のようすが変わること。「人々の暮らしが―する」
ベンラート-じょう【ベンラート城】ジヤウ《Schloß Benrath》ドイツ中西部、ノルトライン-ウェストファーレン州の州都、デュッセルドルフ近郊にある後期バロック様式の城。1773年、プファルツ選帝侯カール＝テオドールの離宮として建造。
ペンライト〖penlight〗ペンのような形をした小型の、細長い懐中電灯。
へん-らん【変乱】事変で世の中が乱れること。
べん-らん【便覧】物事の内容を知るのに便利で調べやすいように編集した本。多くは小型版。ハンドブック。びんらん。「学生―」「国語―」(類語)要覧
へん-り【片理】針状・柱状や板状の鉱物が一定方向に配列する岩石の構造。結晶片岩に特徴的にみられ、岩石は薄く平行に割れやすい。片状構造。
べん-り【弁理┊×辨理】〔名〕スル 物事を判別して適切に処理すること。「文書印契の事を―しけり」〈中村訳・西国立志編〉
べん-り【便利】〔名・形動〕❶目的を果たすのに都合のよいこと。あることをするのに重宝で、役に立つこと。また、そのさま。「生活するのに―な所」「―な調理器具」「地下鉄ができて―になった」❷あることをする都合やぐあい。「買い物の―が悪い」❸大小便。通じ。「大小の―の不浄を出して」〈今昔・一・四〉(派生)べんりさ〔名〕(類語)(❶)重宝・有用・有益・簡便・軽便・好都合・至便/(❷)便・利便・便宜
ヘンリー〖henry〗国際単位系(SI)のインダクタンスの単位。1ヘンリーは、1秒間に1アンペアの割合で変化する電流が流れるときに、1ボルトの起電力を生ずる閉回路のインダクタンス。名称はJ＝ヘンリーにちなむ。記号H
ヘンリー〖Henry〗英国王。㊀(2世)[1133～1189]在位1154～1189。プランタジネット朝の始祖。フランスに広大な土地を領有。行政裁判制度の確立などにより、イギリス封建王政の最盛期を築いた。㊁(7世)[1457～1509]在位1485～1509。チューダー朝の始祖。薔薇戦争でリチャード3世を破って即位。封建貴族を抑圧し、王権の強化と国内秩序の維持に努め、絶対王政の基礎を固めた。㊂(8世)[1491～1547]在位1509～1547。㊁の次男。アン＝ブリンとの結婚問題を契機に、首長令によりイギリス国教会を設立し、ローマ教会から独立。また、修道院を解散。王権の強化に努め、絶対王政を発展させた。
ヘンリー〖Henry〗《Henry the Navigator》[1394～1460]ポルトガルの王子。ジョアン1世の三男。アフリカ西海岸の探検隊の派遣・航海を奨励し、のちのポルトガルの海上発展に寄与した。ヘンリー航海王子。エンリケ。
ヘンリー〖Joseph Henry〗[1797～1878]米国の物理学者。ファラデーとは独立に電磁誘導を発見。自己誘導の発見、電磁式電信機や電流計の発明、太陽黒点の熱放射の観測など業績が多い。
ヘンリー〖Patrick Henry〗[1736～1799]米国独立革命の指導者。印紙条令の反対運動で知られ、「自由か、しからずんば死を与えよ」の演説で英本国との開戦を主張。独立後は、中央集権主義的合衆国憲法に反対する反フェデラリストに属した。
ヘンリー〖William Henry〗[1774～1836]英国の化学者。気体の溶解度に関するヘンリーの法則を発見。主著「化学入門」はオランダ重訳本を通して宇田川榕庵の「舎密開宗」の底本となった。
ヘンリー-オン-テムズ〖Henley-on-Thames〗英国イングランド中南部、オックスフォードシャー州の町。テムズ川の北側に位置し、18世紀末建造のヘンリー橋が架かる。毎年7月に開催されるヨーロッパ最古のボートレース、ヘンリーロイヤルレガッタで有名。ボートレースの歴史を紹介する博物館がある。
ヘンリー-ネック〖Henley neck〗丸首の変形デザインの一種で、丸首に短い前立てが付き、ボタン留めされたもの。ロンドンのテームズ河畔のヘンリーで毎年行われるボートレース、ロイヤルヘンリーレガッタの選手のユニホームの形から。
ヘンリー-の-ほうそく【ヘンリーの法則】ハフソク一定温度で一定量の液体に溶ける気体の質量は、圧力に比例するという法則。1803年W＝ヘンリーが発見。
へんり-きょうせい【片利共生】片方の生物のみが利益を受け、他方には利害がないと考えられる共生。カクレウオとフジナマコの場合など。
べんり-こうし【弁理公使】外交使節の第3の階級。公使に次ぎ、代理公使の上位。現在ではほとんど用いられていない。
べんり-し【弁理士】特許・実用新案・意匠・商標に関して、特許庁などに対する手続きの代理や鑑定などの事務を行うことを職業とする者。弁理士法に定める資格を持ち、弁理士登録簿に登録されなければならない。
べん-りつ【×駢立】〔名〕スル《「へんりつ」とも》並び立つこと。「万国と―するの功を奏すること」〈西村茂樹・明六雑誌四三〉
べんり-や【便利屋】伝言・配達や品物の調達などの雑用を手軽く引き受けるのを職業とする者。
へん-りゅう【偏流】リウ航空機や船舶が、気流や海流によって予定の航路から横方向に流されること。
べん-りゅう【×冕×旒】リウ冕冠の前後に垂らす、珠玉を連ねた糸状の飾り。
へん-りょう【変量】リヤウ統計で、異なる値をとり得る量。調査対象の性質を数値で表したもの。
へん-りん【片×鱗】❶1枚のうろこ。❷多くの中のほんの少しの部分。一端。「―をうかがわせる」
片鱗を示・す　ちらりと、学識や才能などの一部を現す。「豊かな知識の―・す」
ペンリン-じょう【ペンリン城】ジヤウ《Penrhyn Castle》英国ウェールズ北西部の町バンゴールの東郊にある城。19世紀にスレートと砂糖貿易で財をなした実業家ジョージ＝ドーキンズ＝ペナントがノルマン朝時代の城を改築。現在はナショナルトラストが管理運営し、産業鉄道博物館、人形博物館などがある。
ヘンルーダ〖オランダ wijnruit〗ミカン科の多年草。高さ約1メートル。葉は羽状に細かく裂けていて、強い匂いがある。初夏、黄色い花が咲く。南ヨーロッパの原産で、香草。日本には明治初年に渡来。芸香。
へん-れい【返礼】〔名〕スル ❶人から受けた礼・贈り物に対して行為や品物で報いること。また、その行為や品物。「地酒を贈って―する」❷仕返しをすること。また、その仕返し。意趣返し。返報。
(類語)お礼・お返し・謝礼・恩返し・見返り・報いる
へん-れい【返戻】〔名〕スル 返したりもどしたりすること。返却。「借用した文献を―する」
べん-れい【勉励】〔名〕スル つとめはげむこと。一所懸命に努力すること。「学業に―する」「刻苦―」
(類語)精励・奮励・精進・勉強・励む・勤しむ
へんれい-きん【返戻金】(生命保険、積立保険などの)契約が満期になったとき、また、契約を解除したときに戻ってくる金。それぞれ満期返戻金、解約返戻金ともいう。
べんれい-たい【×駢×儷体】▶四六文
へん-れき【遍歴】〔名〕スル ❶広く各地を巡り歩くこと。「諸国を―する」❷いろいろな経験を重ねること。「アルバイト―」「男性―」(類語)巡歴・歴遊・行脚・遊行・流浪・漂泊・さすらい・放浪
へん-ろ【遍路】祈願のために、四国の弘法大師の霊場八十八箇所などを巡り歩くこと。また、その人。「お―さん」(季 春)「道のべに阿波の―の墓あはれ／虚子」(類語)巡礼・巡拝・行脚・杖を曳く
ペンローズ-タイル〖Penrose tile〗周期性はないが、高い秩序性をもつタイル張りのパターンの一。1974年に英国の物理学者R＝ペンローズが考案。鋭角と鈍角がそれぞれ72、108度、および36、144度の2種類の菱形により平面を埋め尽くすことできる。このような非周期的な平面充填を3次元に拡張したものとして、結晶学の分野で準結晶の存在が知られる。
へんろ-すがた【遍路姿】遍路をするときの服装。白木綿の衣服に菅笠・手っ甲・脚絆・草鞋をつけ、頭陀袋をかけて、手に数珠・鈴・金剛杖などを持つ。
べん-ろん【弁論┊×辯論】〔名〕スル ❶大勢の前で、意見を述べること。「壇上で―する」「―大会」❷互いに論じ合うこと。また、その議論。❸法律用語。㋐民事訴訟法上、訴訟当事者の陳述。➡口頭弁論 ㋑刑事訴訟法上、公判手続きのこと。特に、公判期日における訴訟関係人の陳述。➡最終弁論
(類語)演説・弁舌・論弁・熱弁・論戦・議論・ディベート
べんろん-しゅぎ【弁論主義】民事訴訟法上、訴訟の解決または審理の資料の収集を当事者の権能かつ責任であるとする主義。刑事訴訟法では当事者主義ともいう。

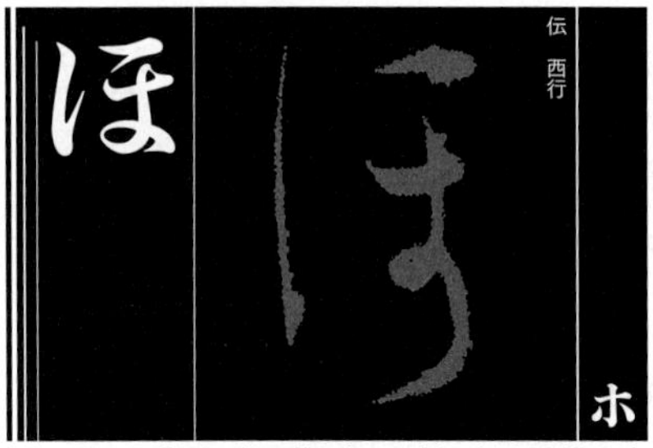

ほ ❶五十音図ハ行の第5音。咽頭の無声摩擦子音[h]と母音[o]とから成る音節。[ho] ❷平仮名「ほ」は「保」の草体から。片仮名「ホ」は「保」の末4画から。
(補説)(1)「ほ」は、古くは両唇の無声摩擦子音[ɸ]と母音[o]とから成る音節[ɸo]であり、さらに奈良時代以前には[po]であったかともいわれる。室町時代末までは[ɸo]であったが、江戸時代に入り[ho]となった。(2)「ほ」は、平安時代半ば以後、語中語尾では、一般に[wo]と混同し、室町時代末まで[wo]と発音されたが、江戸時代に入り[o]と発音されるようになった。これらは歴史的仮名遣いでは「ほ」と書くが、現代仮名遣いではすべて「お」と書く。

ほ【ホ】 洋楽の音名の一で、日本音名の第3音。

ほ【火】 火(ひ)。多く他の語に付いて複合語をつくる。「―かげ」「―なか」「―や」「伊邪那美(いざなみ)の神は―の神を産みしに因りて」〈古事記・上〉

ほ【帆】 ❶帆柱に高く張り、風を受けて船を進ませる船具。張る方向により横帆(おうはん)と縦帆(じゅうはん)がある。セール。「風に―をはらませる」「順風に―を上げる」 ❷紋所の名。❶を図案化したもの。

ほ【▽秀】《「穂(ほ)」と同語源》❶外形が人目につきやすく突き出ていること。また、そのもの。「杉の―」「見渡せば明石の浦に燭(とも)す火の―にそ出でぬる妹に恋ふらく」〈万・三二六〉 ❷内容が他よりすぐれていること。また、そのもの。「百千足(ももちだ)る家庭(やには)も見ゆ国の―も見ゆ」〈記・中・歌謡〉

ほ【歩】 ㊀〔名〕❶歩くこと。また、その足の運び方。「―を合わせる」「―を急がせる」 ❷物事が進んでいくこと。物事の進行。「着々と開発の―を進める」 ㊁〔接尾〕助数詞。歩くときの足を運ぶ回数を数えるのに用いる。上にくる語によっては「ぽ」となる。「一―(ぽ)前進、二―後退」 ➔漢「ほ(歩)」 (類語)歩み・歩行・足

ほ【保】 ❶律令制における末端の行政組織。5戸を一組として構成され、治安・納税の連帯責任を負った。五保。❷平安京の条坊制の一単位。4町で1保とし、また、4保で1坊とした。❸平安末期から中世を通じての、荘・郷と並ぶ国衙(こくが)領内の行政区画の一単位。ほう。❹❶が手本とした古代中国における隣保組織。一定戸数で構成され、連帯責任を負う。 ➔漢「ほ(保)」

ほ【哺】 口中に食物をふくむこと。また、その食物。 ➔漢「ほ(哺)」

哺を吐・く 食事中であっても口中の食物を出して、待ちかねていたように人を迎える。「あれお帰りと―・くなどは」〈紅葉・二人女房〉 ➔握髪吐哺(あくはつとほ)

ほ【▽畝】 中国の田地面積の単位。周代に6尺四方を1歩(ぶ)、100歩を1畝とし、秦以後は240歩を1畝とした。日本の畝(せ)とは別。 ➔漢「ほ(畝)」

ほ【舗┊×鋪】 ㊀〔名〕みせ。店舗。「―を構える」 ㊁〔接尾〕助数詞。地図など、畳みものの本を数えるのに用いる。上に来る語によっては「ぽ」となる。「江戸の古図二―」 ➔漢「ほ(舗)」

ほ【穂】 ❶《「秀(ほ)」と同語源》稲・麦やススキなどの花序。長い茎の先に花や実が群がりついたもの。特に、稲のものをいう。❷槍・筆など、とがっている物の先の部分。「筆の―」 ➔槍 ❸接ぎ木・挿し木に使う芽のついた小枝。挿し穂。接ぎ穂。
(…語)稲穂・刈り穂・挿し穂・垂り穂・接ぎ穂・出穂・波の穂・抜き穂・初穂・瑞(みず)穂 (ぼ)粟穂稗穂(あわぼひえぼ)・落ち穂・黒穂・笹(さき)穂・蔓(つる)穂・糠(ぬか)穂・穭(ひつじ)穂

穂に出(い)・ず ❶穂先に実を結ぶ。「―・でたる田を、人多く見さわぐは、稲刈るなりけり」〈枕・二二七〉 ❷外に現れて人目につくようになる。「―・でぬもの思ふらししのすすき招くたもとの露しげくして」〈源・宿木〉

穂に穂が咲・く 稲がよく実る。「五穀つくりもせぬ野山にはへて、―・き実りければ」〈黄・孔子縞〉

ほ【▽百】〔語素〕「や(八)」「い(五)」など、数を表す語の下に付いて何百の意を表す。現代では「やお(八百)」「いお(五百)」などのように、「お」と発音する。

ぼ 「ほ」の濁音。両唇破裂音の有声子音[b]と母音[o]とから成る音節。[bo]

ぼ【×戊】 十干の第五。つちのえ。 ➔漢「ぼ(戊)」

ぼ【簿】 物事を記録しておくため、紙をとじた冊子。帳面。帳簿。「家計―」 ➔漢「ぼ(簿)」

ぽ 「ほ」の半濁音。両唇破裂音の無声子音[p]と母音[o]とから成る音節。[po]

ポ 活字の大きさを表す「ポイント」の略。「九―」

ぽ〔接尾〕▶っぽ〔接尾〕

ぽ【歩】〔接尾〕「ほ(歩)㊁」に同じ。「五十―百―」

ぽ【舗┊×鋪】〔接尾〕「ほ(舗)㊁」に同じ。

ボア〖boa〗❶有鱗(ゆうりん)目ボア科の蛇。全長約4メートル。無毒。胴は太く、灰褐色に暗褐色の斑紋がある。卵胎生。熱帯アメリカに分布。同科にはアナコンダなども含まれ、主に熱帯に分布。❷毛皮や羽毛で作った、柔らかい女性用襟巻き。また、コートの裏や襟・袖口につけたり、敷布などに使う毛足の長い織物。

ボア〖bore〗▶海嘯(かいしょう)❷

ぼ-あい【暮×靄】 夕暮れにたちこめるもや。夕靄(せきあい)。晩靄(ばんあい)。「―の中に富士の薄く出て居るところと」〈花袋・田舎教師〉

ボアエルデュー〖François Adrien Boieldieu〗[1775〜1834]フランスの作曲家。オペラコミックの作曲で活躍。作「パリのジャン」「白衣の婦人」など。ボイエルデュー。

ほ-あし【帆足┊帆脚】 和船で、帆を張ったときに、その下端を船上に結びとめる綱。

ボア-シーツ〖boa sheet〗毛皮に似せて織った布地で作った敷布。

漢字項目　ほ

【▽布】▶ふ

人**甫** 音ホ(慣)　フ(呉)(漢)　訓はじめ、はじめて‖①男子の美称。「尼甫(じほ)(=孔子のこと)」②物事の始まり。「衆甫」③広く大きい。「甫田」 (名付)かみ・すけ・とし・なみ・のり・まさ・み・もと・よし

歩〔步〕 (学)2　音ホ(漢)　**ブ**(呉)　**フ**(慣)　訓**あるく、あゆむ**‖㊀〈ホ〉①あるく。あゆむ。足の運び。「歩行・歩調・歩道/闊歩(かっぽ)・牛歩・競歩・散歩・譲歩・酔歩・速歩・徒歩・独歩・漫歩・遊歩・五十歩百歩」②物事の進み方。程度や段階。「初歩・進歩・退歩・地歩」㊁〈ブ〉割合。率。「歩合(ぶあい)/日歩(ひぶ)」㊂〈フ〉将棋の駒の一。「歩兵(ふひょう)/二歩」 (名付)すすむ

保 (学)5　音**ホ**(慣)　ホウ(呉)(漢)　訓**たもつ**、やすんずる‖①養い育てる。おもりをする。「保育・保母」②大切に守る。「保安・保健・保護・保身」③しっかりと持ち続ける。たもつ。「保温・保持・保守・保存・保有/確保・留保」④請け合う。「保険・保釈・保証・保障/担保」⑤雇われ人。「酒保」⑥隣組。「隣保」⑦「保険」の略。「健保・国保・生保」 (名付)お・まもる・もち・もり・やす・やすし・より (難読)日保(も)ち・保(も)ち合い

哺 音**ホ**(漢)‖①口に含んだ食物。「反哺・握髪吐哺」②食物を口に入れて養う。「哺育・哺乳」

人**圃** 音ホ(漢)‖囲いをした畑。菜園。「圃場/園圃・花圃・田圃(でんぽ)・農圃・薬圃」 (難読)田圃(たんぼ)

捕 音**ホ**(漢)　ブ(呉)　訓**とらえる、とらわれる、とる、つかまえる、つかまる**‖①とらえる。つかまえる。「捕獲・捕鯨・捕手・捕捉(ほそく)・捕縛・捕虜/拿捕(だほ)・逮捕」②「捕手」の略。「捕逸」 (難読)追捕(ついぶ)

▽**浦** 音ホ(漢)　訓**うら**‖㊀〈ホ〉水際。海辺。「曲浦」㊁〈うら〉「浦風/津津浦浦」

▽**畝** 音ホ(慣)　訓せ、**うね**‖㊀〈ホ〉畑のうね。「田畝(でんぽ)」㊁〈せ〉田畑の面積の単位。一反の10分の1。「畝歩(せぶ)」㊂〈うね〉「畝織/平畝」

補 (学)6　音**ホ**(漢)　フ(呉)　訓**おぎなう**‖①欠けた所をつぎ足してうめる。足りない所をおぎなう。「補遺・補完・補給・補強・補欠・補修・補充・補助・補償・補正・補足・補塡(ほてん)/増補」②空いたポストをうめる。官職を授ける。「補任/候補・転補」③ある官職に就く前の役柄。「警部補・判事補」④(「輔(ほ)」の代用字)そばで力を添えて助ける。「補佐・補導」 (名付)さだ・すけ・たすく (難読)補陀落(ふだらく)

人**葡** 音ホ(漢)　ブ(呉)‖①ポルトガル。「日葡(にっぽ)」②果樹の名。「葡萄(ぶどう)」 (難読)葡萄牙(ポルトガル)

人**蒲** 音ホ(漢)　ブ(呉)　フ(唐)　訓がま‖㊀〈ホ〉①草の名。ガマ。「蒲葦(ほい)」②木の名。カワヤナギ。「蒲柳」③ばくちを打つ。「樗蒲(ちょぼ)」㊁〈ブ〉草の名。「菖蒲(しょうぶ)」㊂〈フ〉敷物。「蒲団(ふとん)」 (難読)菖蒲(あやめ)・蒲焼(かばやき)・蒲鉾(かまぼこ)・蒲公英(たんぽぽ)

人**輔** 音ホ(慣)　訓たすける、すけ‖①そばに寄り添って助ける。「輔佐・輔助・輔弼(ほひつ)/匡輔(きょうほ)」②ほお骨。「唇歯輔車」 (補説)「補」を代用字とすることがある。 (名付)たすく・たすけ

舗 音**ホ**(漢)　訓しく‖①びっしりと敷きのべる。「舗装・舗道」②商品を並べて売る所。店。「茶舗・店舗・本舗・老舗(ろうほ)」 (補説)①は「鋪(ほ)」と通用。 (難読)老舗(しにせ)

漢字項目　ぼ

【模】▶も

人**戊** 音ボ(慣)　訓つちのえ‖①十干の第五。つちのえ。「戊戌(ぼじゅつ)・戊申・戊辰」②順位で、第五位。「戊夜」

母 (学)2　音**ボ**(慣)　モ(呉)　訓**はは**‖㊀〈ボ〉①はは。「母子・母性・母体・母胎・母堂・母乳/異母・義母・慈母・実母・生母・聖母・祖母・尊母・悲母・父母・養母・老母」②父母の姉妹。「叔母・伯母」③母のような存在。「寮母」④年老いた女。「漂母」⑤(「姆(ぼ)」と通用)母親に代わって子供を育てる女。うば。おもり。「乳母(にゅうぼ)・保母」⑥物の出てくる所。育った所。もとになるもの。「母音(ぼいん)・母型・母校・母国・母船/酵母・字母・酒母・分母」㊁〈モ〉はは。「悲母・父母(ぶも)・鬼子母神(きしもじん)」㊂〈はは〉「母上・母親」 (難読)乳母(うば・めのと)・祖母(おおば)・母(かあ)さん・小母(おば)・伯母(おば)・叔母(おば)・御祖母(おばあ)さん・母屋(おもや)・雲母(きらら)・水母(くらげ)・母衣(ほろ)

人**牡** 音ボ(慣)　訓おす‖獣や鳥のおす。「牡馬(ぼば)/牝牡(ひんぼ)」 (難読)牡蠣(かき・ぼれい)・牡丹餅(ぼたもち)

×**拇** 音ボ(慣)　訓おやゆび‖手および足の親指。「拇印・拇指(ぼし)」 (補説)「拇」は異体字。

募 音**ボ**(漢)　訓**つのる**‖広く一般から求める。つのる。「募金・募集/応募・急募・公募・召募・増募・徴募」

墓 (学)5　音**ボ**(漢)　訓**はか**‖㊀〈ボ〉死体を葬る所。はか。「墓域・墓穴・墓参・墓誌・墓所・墓前・墓地・墓碑・墓標/展墓・墳墓・陵墓」㊁〈はか〉「墓石・墓場」

慕 音**ボ**(漢)　訓**したう**‖ひかれて思いを寄せる。したう。「慕情/愛慕・敬慕・思慕・追慕・恋慕」 (名付)もと

暮 (学)6　音**ボ**(漢)　訓**くれる、くらす**‖①日が西に隠れて暗くなる。夕方になる。ゆうぐれ。「暮景・暮色/旦暮・朝暮・日暮・薄暮」②一つの時期が終わりになる。終わりの時期。「暮春・暮年/歳暮(せいぼ・さいぼ)」 (難読)野暮(やぼ)

簿 音**ボ**(慣)‖書き付けをした薄い竹のふだ。帳面。「簿記/原簿・帳簿・名簿・点鬼簿」

ほあし-ばんり【帆足万里】[1778〜1852]江戸後期の儒学者・理学者。豊後(ぶんご)の人。字(あざな)は鵬卿。通称、里吉。西欧近世科学を移入し、三浦梅園の説を発展させた。また、豊後日出(ひじ)藩家老として藩政を改革。著「窮理通」「東潜夫論」など。

ボアズ〖Franz Boas〗[1858〜1942]米国の文化人類学者。ドイツ生まれ。米国人類学の父と称される。カナダのエスキモーや、北米北西海岸のネイティブアメリカン調査・研究した。科学的人類学を唱えて進化主義的人類学を批判した。著「クワキウトル民族誌」など。

ポアズ〖poise〗CGS単位系の粘度の単位。1ポアズは1ダイン秒毎平方センチメートル。名称はフランスの物理学者ポアズイユ(J.L.Poiseuille)にちなむ。記号P

ポアズイユ-の-ほうそく【ポアズイユの法則】(ハフソク)細い円管を流れる流体の量に関する法則。単位時間当たりに流れる流体の体積は、管の半径の4乗および間の両端の圧力差に比例し、管の長さおよび流体の粘性に反比例するというもの。19世紀にドイツのG＝ハーゲン、フランスのJ＝ポアズイユにより別々に見出された。ハーゲン-ポアズイユの法則。

ボアズカレ〖Boğazkale〗トルコの首都アンカラの東約150キロメートルに位置する村。紀元前17世紀から前13世紀頃にかけてヒッタイト帝国の首都ハットゥシャとして栄えた。ボアズキョイ。ボガズキョイ。

ボアズキョイ〖Boğazköy〗▶ボアズカレ

ボアソナード〖Gustave Émile Boissonade〗[1825〜1910]フランスの法学者。明治6年(1873)日本政府の招きで来日し、法学教育・法典編纂に当たり、刑法・民法を起草。同38年に帰国。著「日本民法草案」。

ポアソン〖(フランス) poisson〗《「ポワソン」とも》魚。魚肉。

ポアソン〖Siméon Denis Poisson〗[1781〜1840]フランスの数学者・物理学者。定積分・微分方程式論を研究。変分法・確率論など幅広い分野で業績をあげ、また数学を熱力学・電磁場論などの物理学に応用した。電位などのポテンシャルを記述するポアソン方程式をはじめ、確率論でポアソン分布(ポアソン過程)、熱力学でポアソンの法則、弾性論でポアソン比などを導き出した。

ポアソン-かてい【ポアソン過程】(クワテイ)ランダムに発生する事象を、確率変数を用いて記述したもの。確率過程の一つ。故障・災害の発生、店舗への来客、電話の着信、タクシーの待ち時間などの事象のモデル化に用いられる。

ポアソン-の-ほうそく【ポアソンの法則】(ハフソク)熱力学の法則の一。理想気体を断熱変化させたとき、圧力Pと体積Vの間に、PV^{γ}が一定という関係式が成り立つ。γは比熱比。

ポアソン-ひ【ポアソン比】弾性体を引き伸ばしたとき、または押し縮めたとき、その力の方向の伸びまたは縮みと、垂直方向の縮みまたは伸びとの比。1826年にフランスの物理学者ポアソンが導入。

ポアチエ〖Poitiers〗フランス中西部、ビエンヌ県の都市。同県の県都で、クラン川沿いに位置する。古くからポアツー地方の行政、文化、商業の中心として発展。8世紀にフランク王国がイスラム勢力を破ったツールポアチエの戦いや、14世紀の百年戦争においてイギリス軍がフランス軍を破ったポアチエの戦いなどで知られる。4世紀のサンジャン洗礼堂、12世紀のノートルダム-ド-ラ-グランド教会をはじめ、ポアツーロマネスク様式の歴史的建造物が多く、15世紀創設のポアチエ大学がある。ポワティエ。

ボア-ビスタ〖Boa Vista〗ブラジル北部、ホライマ州の州都。アマゾン川の支流ブランコ川の河畔に位置する。金とダイヤモンドの産出で知られる同州の中心地として発展。

ほ-あん【保安】安全を保つこと。また、社会の安寧秩序を保つこと。(類語)公安・治安

ポアンカレ〖Poincaré〗㊀(Jules Henri 〜)[1854〜1912]フランスの数学者・天文学者・物理学者。微分方程式・関数論や天体力学などの研究で功績があるほか、実用主義(プラグマティズム)に対して科学のための科学思想を主張。著「科学と仮説」「科学の価値」「科学と方法」など。㊁(Raymond Nicolas Landry 〜)[1860〜1934]フランスの政治家。㊀のいとこ。蔵相・外相・首相を歴任後、大統領。在任1913〜1920。軍備拡大と三国協商の強化により第一次大戦を勝利に導いた。戦後も首相となり、1923年にはルールを占領、26〜29年には挙国一致内閣を率いて財政危機を克服した。

ポアンカレ-よそう【ポアンカレ予想】(ヨサウ)フランスの数学者ポアンカレが提起した予測で、「単連結な三次元閉多様体は三次元球面S^3に同相である」というもの。ミレニアム問題の一。1904年に発表されて以来未解決であったが、2003年にロシアの数学者グレゴリー＝ペレルマンが証明した。

ほあん-かん【保安官】(クワン)▶シェリフ

ほあん-けいさつ【保安警察】警察の活動のうち、社会公共の安全と秩序維持を目的とする活動。➡行政警察

ほあん-じょうれい【保安条例】(デウレイ)明治20年(1887)政府が自由民権運動を弾圧するために発した法令。これにより、尾崎行雄・中江兆民ら民権派570人が東京から追放された。同31年に廃止。

ほあん-しょぶん【保安処分】犯罪者の社会的危険性を除去するため、刑罰に代え、またその補充のためになされる保護・矯正・治療・教育などの処分。

ほあん-たい【保安隊】警察予備隊を改編したもの。昭和27年(1952)に設置。同29年、自衛隊に改編。

ほあん-ちょう【保安庁】(チャウ)❶保安隊と海上警備隊を総括した機関。保安庁法により、総理府の外局として昭和27年(1952)設置。同29年防衛庁に、平成19年(2007)防衛省に改組。❷「海上保安庁」の略称。

ポアント〖(フランス) pointes〗バレエで、つま先立ちの姿勢。ポワント。

ほあん-よういん【保安要員】(エウヰン)工場・事業所などで、保安維持・災害防止の業務に従事する人。

ほあん-りん【保安林】森林法に基づき、水源の涵養(かんよう)、砂防、風水害などの予防、魚付き、風致保存などのために保存の必要があるとして農林水産大臣および知事が指定した森林。

ほ-い【布衣】❶庶民着用の衣服。また、官服に対して、平服。転じて、平民のこと。「流石(さすが)に淮西(わいせい)の一一より起って」〈露伴・運命〉❷狩衣(かりぎぬ)のこと。初め布製、平安時代以後は狩衣一般、特に無文の狩衣をさした。また、それを着る六位以下の身分の者。❸江戸時代、武士の大紋に次ぐ4番目の礼服。また、それを着る御目見(おめみえ)以上の身分の者。

ほ-い【本意】《「ほんい」の撥音の無表記》本来の望み。本当の考え。「かの世にても、いま一度あひ見むと思ふ一侍れば」〈宇津保・忠こそ〉

ほ-い【補遺】(ヰ)もれたりした事柄をあとからおぎない加えること。また、そのもの。「全集の一編」
(類語)拾遺・追補・増補・余録・雑纂(ざっさん)・補巻

ほい〔感〕❶物を担いだり、動かしたり、手渡したりするときの掛け声。「えっさ一さっさ」❷気安く引き受けるときに発する声。「一きた、どっこい」❸失敗や落ち度に気づいたときに発する語。「そんなら俺が矢ではなかったか。一」〈伎・小袖曽我〉❹軽く応答するときに発する語。「『あい、まだ遣ひやせん』『一、あの儘(まま)か』」〈滑・浮世床・初〉

ぽ-い〔接尾〕▶っぽい

ボイアルド〖Matteo Maria Boiardo〗[1441〜1494]イタリアの詩人。騎士道物語詩「恋するオルランド」(未完)の著者。

ホイール〖wheel〗❶車の輪。車輪。❷ラグビーで、ボールをスクラムの中にキープしたまま、スクラムを回転させること。❸▶スクロールホイール

ホイール-キャップ〖wheel cap〗自動車の車輪取り付け部の外側を覆う皿状の覆い。締め付けボルトを保護し、装飾も兼ねる。

ホイール-クレーン〖wheel crane〗ゴムタイヤで自走する移動式クレーンで、1つの運転室で道路走行とクレーン操作の両方を行うもの。道路運送車両法では特殊自動車(9ナンバー)に分類される。➡ラフテレーンクレーン

ホイールベース〖wheelbase〗前車輪軸と後車輪軸との間の距離。軸距。

ホイール-マウス〖wheel mouse〗マウスの一。左右のボタンの間に円盤状の入力装置(スクロールホイール)があり、円盤を指先で回転させることによってスクロール操作などを容易に行うことができる。

ホイール-ロック〖wheel lock〗自動車の走行中に強いブレーキを作動させたとき、車輪の回転が停止すること。

ポイエニレ-イゼイ〖Poienile Izei〗ルーマニア北部、マラムレシュ地方の村。17世紀初頭に建造された二重式の屋根をもつ聖パラスケバ教会があり、ロシアの女性聖人パラスケバを祭る。1999年に「マラムレシュ地方の木造聖堂群」の一つとして世界遺産(文化遺産)に登録された。

ボイオティア〖Voiotia〗ギリシャ中部の地方。中心都市レバディア。前447年にテーベを中心に都市同盟のボイオティア同盟を結成。

ほい-かご【ほい駕籠】❶江戸時代、辻待(つじま)ちや駅路を往来した粗末な駕籠。辻駕籠。❷正月10日の大阪今宮戎(えびす)神社の祭礼などに芸娼妓が乗って参詣する駕籠。宝恵駕籠(ほえかご)。(季 新年)「一を出る裾こぼれ粉雪ちる/圭岳」

ぼ-いき【墓域】(ヰキ)墓所である区域。墓地。

ほ-いく【保育】〔名〕(スル)❶乳幼児を保護し、育てること。❷乳幼児の心身の正常な発達のために、幼稚園・保育所などで行われる養護を含んだ教育作用。「三年一」(類語)育児・扶育・養育・愛育・傅育(ふいく)・哺育

ほ-いく【哺育┊保育】〔名〕(スル)動物の親が、乳を飲ませたり、食物を与えたりして、子を育てること。

ほいく-えん【保育園】(ヱン)保育所の通称。

ほいく-き【保育器】未熟児や異常のある乳児を収容し、温度などを最適な条件にして保育する装置。

ほいく-し【保育士】保育所・養護施設などの児童福祉施設で児童の保育に当たる職員。男女ともにいう。

ほいく-しょ【保育所】児童福祉法による児童福祉施設の一。保護者が労働・疾病などのために保育できない学齢以前の乳幼児を、保護者の委託を受けて保育する施設。保育園。

ボイ-けいこく【ボイ渓谷】《Boí》スペイン北部ピレネー山脈にある渓谷。山中でイスラム勢力の支配が及ばなかったため、中世のキリスト教建築物が数多く残る。11世紀から12世紀にかけて建てられた初期ロマネスク様式の聖堂は、2000年に「ボイ渓谷のカタルーニャ風ロマネスク様式教会群」として世界遺産(文化遺産)に登録された。

ホイコーロー【回鍋肉】《中国語》中国の四川料理の一。豚バラ肉とキャベツ、長ネギなどを炒(いた)め合わせ、豆板醤(トウバンジャン)と甜麺醤(テンメンジャン)とで味を付けたもの。ホイコウロウ。

ボイコット〖boycott〗〔名〕(スル)❶組織的、集団的にある商品を買わずに、取引を拒絶すること。不買同盟。❷団結して特定の人を排斥したり、会合や運動などに参加しないこと。「投票を一する」(補説)1880年ごろのアイルランドで、小作人から排斥された土地差配人ボイコット大尉の名に由来。
(類語)排斥・拒否・峻拒(しゅんきょ)・排撃・不買

ボイジャー〖Voyager〗《旅人の意》米国の無人の木星・土星探査機。1977年に2号、次いで1号が打ち上げられ、79年に木星のリングと衛星を、80年、81年に土星のリングと衛星を、86年に天王星のリングと衛星などを撮影。さらに89年に海王星の北極冠なども観測し、太陽系研究に貢献した。

ホイジンガ〖Johan Huizinga〗[1872〜1945]オランダの歴史家。精神史との関連を考察し、文化史研究に新生面を開いた。著「中世の秋」「ホモ-ルーデンス」など。ホイジンハ。

ボイス〖voice〗❶声。音声。❷文法で、動詞の態。

ボイス-エックスエムエル〖VoiceXML〗《voice extensible markup language》▶ブイ-エックスエムエル(VXML)

ボイス-オーバー〖voice-over〗テレビや映画で、画面に現れないで解説や語りを行う人の声。

ボイスオーバー-アイピー【ボイスオーバーIP】《voice over IP》▶ブイ-オー-アイ-ピー(VoIP)

ボイスオーバー-エーティーエム【ボイスオーバーATM】《voice over ATM》▶ブイ-オー-エー-ティー-エム(VoATM)

ボイスオーバー-エフアール【ボイスオーバーFR】《voice over FR》▶ブイ-オー-エフ-アール(VoFR)

ボイスオーバー-ディーエスエル【ボイスオーバーDSL】《voice over DSL》▶ブイ-オー-ディー-エス-エル(VoDSL)

ボイス-オブ-アメリカ〖Voice of America〗▶ブイ-オー-エー(VOA)

ボイス-チャット〖voice chat〗コンピューターネットワーク上で、二人以上の相手と音声によるメッセージをリアルタイムでやり取りするシステム。または、そのサービスのこと。チャットと異なり、キーボードなどによる文字入力が必要ないため、オンラインゲームの利用者同士によるコミュニケーションなどに利用される。スカイプはこの一種。

ぽい-すて【ぽい捨て】〔名〕^(スル) ごみ、特に空き缶やタバコの吸い殻、菓子の袋などを道ばたに捨てること。「―防止条例」

ホイスト〖hoist〗荷物の上げ下ろしや運搬に用いる小型の巻き上げ装置。

ホイスト〖whist〗トランプゲームの一。ナポレオンに似て、二人ずつ組んで、四人でする遊び。

ボイス-トレーナー《和 voice＋trainer》発声に関する理論や腹式呼吸法などを用いた実地訓練を指導する発声訓練士。

ボイス-トレーニング《和 voice＋training》発声訓練。声楽家・俳優など、発声が重要なポイントになる職業の人が行う声のトレーニング方法。

ボイスナビゲーション-システム〖voice navigation system〗自動車用のナビゲーションシステムで、音声により進路を指示するもの。

ボイス-パーカッション〖voice percussion〗ドラムやシンバルなどパーカッション(打楽器)の音を、声や息の出し方でまねること。➡ヒューマンビートボックス

ホイスパーリング-シーエム〖whispering CM〗ささやきコマーシャル。ささやくようにメッセージを語りかけ、聞き耳をたてさせることを狙ったコマーシャル。

ボイスバロット-の-ほうそく【ボイスバロットの法則】^(ハウソク) 風を背にして立つとき、低気圧の中心が北半球では左手前方に、南半球では右手前方にあるという法則。1857年にオランダの物理学者・気象学者ボイス＝バロット(C.H.D.Buys-Ballot)が提唱。

ボイス-メール〖voice mail〗音声によるメッセージを一時的に事業者のシステム内に蓄えることによって、それを一斉に転送したり、任意の時間に電話で聞いたりできるサービス。また、そのメッセージ。

ボイス-メールボックス〖voice mailbox〗▶ボイスメール

ぽい-する〔動サ変〕《擬態語の「ぽいと」から》「ひょいと投げ捨てる」の意の幼児語。「ばっちいから―・しましょうね」

ボイス-レコーダー〖voice recorder〗航空機の操縦室内の音声や管制塔との交信をエンドレステープに記録する装置。搭載が義務づけられており、事故発生の場合に原因調査の重要資料となる。コックピットボイスレコーダー。CVR(cockpit voice recorder)。➡ブラックボックス ➡フライトレコーダー

ボイスン〖Boysun〗ウズベキスタン南部、スルハンダリヤ州の一地域。ジャンダ織や羊毛の生地に刺繍^(ししゅう)を施したカシタギラムの産地。シャーマニズムやゾロアスター教に由来する儀式や独特な祭りなどが残っており、2001年に無形文化遺産に登録された。

ポイズン〖poison〗毒。毒薬。

ポイズン-ピル〖poison pill〗株の買い占めによる会社の乗っ取りを防ぐための対抗策の一。既存の株主に対して、時価以下で新株を購入できる新株予約権をあらかじめ発行しておき、敵対的買収者が一定の議決権割合を取得した際に、新株を発行して乗っ取りを企てた相手側の持つ株の比率を下げるもの。毒薬条項。

ぼい-だ・す【▽追ひ出す】^(ぼひ)〔動サ四〕追い出す。たたき出す。「あんでもさう言って―・してしまへちゃあ」〈滑・続膝栗毛・一一〉

ほ-いつ【捕逸】〔名〕^(スル) 野球で、パスボールのこと。

ホイッグ-とう【ホイッグ党】^(タウ)《Whig》英国の政党。1680年ごろ、都市の商工業者や中産階級を基盤に形成され、議会の権利や民権の尊重を主張、トーリー党と対立しつつ議会政治を発展させた。1830年代から自由党と改称、近代的政党に脱皮した。

ホイッスラー〖James Abbott McNeill Whistler〗[1834〜1903]米国の画家。主に英国で活躍。印象派と浮世絵版画の影響を受けつつ、淡彩の風景画・肖像画を多く描いた。エッチングにもすぐれる。ホイスラー。

ホイッスル〖whistle〗❶笛。特に、競技の合図に審判の鳴らす笛。❷汽笛。警笛。

ホイットニー〖Eli Whitney〗[1765〜1825]米国の発明家。綿繰り機を発明し、米国南部の綿花栽培の増大に貢献。のち小銃の製造で、互換性部分を作ることによる大量生産の方式を採用し、また、フライス盤を発明した。

ホイットニー〖Whitney〗米国カリフォルニア州南東部にある、シエラネバダ山脈の主峰。標高4418メートル。アラスカ州を除いた米国の最高峰。

ホイットニー〖William Dwight Whitney〗[1827〜1894]米国の言語学者・サンスクリット学者。著「言語とその研究」「言語の生命と成長」「梵語文典」など。

ホイットビー〖Whitby〗▶ウィットビー

ホイットビー-しゅうどういん【ホイットビー修道院】^(シウダウヰン)《Whitby Abbey》▶ウィットビー修道院

ホイットマン〖Walt Whitman〗[1819〜1892]米国の詩人。自由な形式で、強烈な自我意識、民主主義精神、同胞愛、肉体の賛美をうたった。詩集「草の葉」、論文「民主主義の展望」など。

ホイットリー-ベイ〖Whiteley Bay〗▶ウィットリーベイ

ホイップ〖whip〗〔名〕^(スル) 卵白や生クリームを泡立てること。また、その泡立てたもの。

ほ-いっぽ【歩一歩】〔副〕一歩一歩進むさま。少しずつ目標に近づくさま。「―(と)優勝に近づく」
(類語)段段・次第に・次第次第に・徐徐に・漸次^(ぜん)・一歩一歩・着着^(ちゃく)・日に日に・日増しに

ほい-と【▽陪▽堂｜乞＝食｜乞＝児】《「ほいとう(陪堂)」の音変化》❶こじき。❷いそうろう。食客。

ボイド〖void〗宇宙空間で銀河がほとんど存在しない領域。1億光年以上のスケールをもつ。宇宙の中で銀河は一様に分布せず、宇宙の大規模構造と呼ばれる巨大な泡状の構造が見られ、その泡の内部に相当する。また、泡の膜面に相当する部分はグレートウォールと呼ばれ、多数の銀河が壁状に分布する。宇宙空洞。超空洞。

ぽい-と〔副〕無造作に投げるさま。ひょいと放るさま。「口にあめ玉を―ほうりこむ」「吸い殻を―捨てる」

ほい-とう【▽陪▽堂】^(タウ)《「ほいどう」とも。「ほい(陪)」は唐音》❶禅宗で、僧堂の外で食事のもてなし(陪食^(ばいしょく))を受けること。また、その食べ物。❷禅宗で、僧の飯米をつかさどること。また、その僧や飯米。❸他人に食事を施すこと。また、その食事・飯米。「今夜一夜の―たべ」〈幸若・烏帽子折〉❹物ごいをすること。また、その人。こじき。ものもらい。ほいと。「ここかしこ、―しけれども、くれざりければ」〈仮・仁勢物語・下〉

ほい-な・い【▽本意無い】〔形〕(文)ほいな・し〔ク〕❶思うようにならなくて残念である。「―・う帰りしが今年になってようよう暇を得て」〈露伴・椀久物語〉「―・き事なれば、いとうたて物憂くおぼえて」〈落窪・四〉❷期待が外れて物たりない。「下らざりければ、上下―・き事に思ひてぞありける」〈平家・一〇〉

ぼい-の・す【▽追ひ乗す】^(ぼひ)〔動サ下二〕追いたてるようにして乗せる。無理に乗せる。「梅の木の立て場から、とうどう我等^(わっち)を―・せて」〈滑・膝栗毛・二〉

ホイヘンス〖Christiaan Huygens〗[1629〜1695]オランダの物理学者。望遠鏡を改良・自作し、土星の環を発見。振り子の力学を確立し、振り子時計を発明。光学で多くの業績があり、反射・屈折に関するホイヘンスの原理を発表し、光の波動論を導いた。

ホイヘンス-の-げんり【ホイヘンスの原理】前進する波面の各点から出る小さな無数の球面波が重なり合って、次の波面を作るという原理。1678年にホイヘンスが発表。

ほい-ほい ㊀〔感〕❶物を担いだり、牛・馬などを追ったりするときの、調子を取る掛け声。❷人を呼ぶときに発する語。「呼ばはってみう。―、太郎冠者」〈続狂言記・狐塚〉㊁〔副〕^(スル) ❶気安く誘いに応じたり、物事を引き受けたりするさま。「呼ばれればー(と)出かけていく」❷その人の意向に逆らったり、機嫌をそこなったりしないように扱うさま。「みんなが―するからいい気になっている」

ぼい-まく・る【▽追ひ×捲る】^(ぼひ)〔動ラ四〕追い散らす。追っぱらう。「清七めを―・ったは、こなたになびいて貰ひたさ」〈浄・浪花鑑〉

ほいやり〔副〕やさしくおだやかなさま。「母―と笑顔して」〈浄・宵庚申〉

ぼいやり〔副〕「ぼんやり」に同じ。「富士も―と見える」〈蘆花・自然と人生〉

ボイラー〖boiler〗燃料を燃焼させ、その熱エネルギーによって水などを密閉器内で加熱し、高温・高圧の蒸気を得る装置。その蒸気を加熱器や蒸気タービンに送り、発電・動力や暖房に利用。汽缶。

ボイラー-マン〖boiler man〗ボイラーをたく人。かまたき。

ホイリゲ〖^(ドイツ) Heurige〗ワインの新酒。また、ウィーン郊外にある、ワインの新酒を供する酒場。

ホイル〖foil〗箔^(はく)。特に、アルミ箔のこと。

ボイル〖boil〗〔名〕^(スル) ゆでること。液体を沸騰させること。「―した卵」

ボイル〖Boyle〗アイルランド中央部、ロスコモン州の町。ガラ湖とキー湖の間、ボイル川沿いに位置する。土壌豊かな農業地帯の中心地。12世紀創設のボイル修道院、18世紀の貴族の館キングハウスなどの歴史的建造物がある。

ボイル〖Robert Boyle〗[1627〜1691]英国の物理学者・化学者。空気ポンプを製作してさまざまな実験を行い、ボイルの法則を発見し、燃焼における空気の役割を研究。また、化学実験の基本的な方法を確立。神学上の研究も行った。著「懐疑的な化学者」など。

ボイル〖voile〗縒^(よ)りの強い糸で織った目の粗い薄地の織物。夏の女性・子供服やシャツ地に用いる。

ボイルシャルル-の-ほうそく【ボイルシャルルの法則】^(ハウソク) ボイルの法則とシャルルの法則とを組み合わせたもの。気体の体積は圧力に反比例し、絶対温度に比例するという法則。ボイル-ゲイリュサックの法則。

ボイル-しゅうどういん【ボイル修道院】^(シウダウヰン)《Boyle Abbey》アイルランド中央部、ロスコモン州の町ボイルにあるシトー派の修道院跡。12世紀に創設。17世紀半ばにクロムウェル軍の侵攻を受けた。同国に残る中世のキリスト教建築の中で、最も保存状態が良いことで知られる。

ボイルド〖boiled〗多く複合語の形で用い、食物をゆでた、煮た、の意を表す。「―ポテト」

ボイルド-エッグ〖boiled egg〗ゆで卵。

ボイル-の-ほうそく【ボイルの法則】^(ハウソク) 一定温度における気体の体積は、その圧力に反比例するという法則。1660年にボイルが発見。76年にE＝マリ

ほ

オットが独立して再発見したため、マリオットの法則ともいう。
ボイル-ゆ【ボイル油】乾性油の亜麻仁油あまに・大豆油などに乾燥剤を加えて煮沸し、乾燥性を高めた油。ペイント・印刷インクなどに用いる。
ほい-ろ【×焙炉】《「ほい(焙)」は唐音》❶製茶用の乾燥炉。もとは木の枠に厚手の和紙を張ったもので、蒸した茶の葉を炭火で乾燥させながら揉もんだ。(季春)「家毎に一の匂ふ狭山かな/虚子」❷製パン工程で生地を発酵させるときに用いる保温装置。
ほ-いん【保因】遺伝病の原因となる遺伝子を持っていること。➡保因者
ぼ-いん【×戊×寅】干支えとの15番目。つちのえとら。
ぼ-いん【母音】言語音の最小単位である単音の分類の一。呼気が口腔や咽頭での閉鎖や狭めをうけずに流れ出る音。口の開きや舌の位置、口蓋帆による鼻腔への通路の開閉などによって音色が変わる。一般に有声音。現代日本語では、ア・イ・ウ・エ・オの五つ。⇔子音。
ぼ-いん【×拇印】親指の腹に墨や朱肉をつけて、印鑑の代わりに押すもの。法律上や取引上、印鑑のないときの代用にすることができる。爪印。
(類語)爪印・爪判・手押おし・血判
ぼいん ㊀〔副〕勢いよくなぐったり、投げたり、けったりするさま。「一と一発くらわす」㊁〔名〕俗に、女性の大きな乳房をいう語。
ボイン-けいこく【ボイン渓谷】《Boyne》アイルランドの首都ダブリンの北40キロにあるボイン川流域の渓谷。前3000年頃に築かれた石室墓と40基を越える古墳からなる大古墳群で知られる。なかでもニューグレンジの石室墓はハート形で、直径90、高さ11メートルの巨大なもの。1993年「ボイン渓谷の遺跡群」として世界遺産(文化遺産)に登録。➡ブルーナボーニャ
ぼいん-こうたい【母音交替】ᵍᵒᵘᵗᵃⁱ インド-ヨーロッパ諸語の特徴の一つで、文法機能や品詞の変化に応じ、同一語根や接尾辞における母音が別の母音と規則的に交替すること。例えば、英語のsing, sang, sungの類。アプラウト。
ぼいん-さんかくけい【母音三角形】母音の図式的分類の一方法。母音を発音する際、口の開き、舌の位置の相違によって生じる音色の相違を三角形に配置して示したもの。
ほいん-しゃ【保因者】劣性遺伝病の原因となる遺伝子を持っているが発症していない人。(補説)保因者は、一対いっつい(2本)の染色体の一方に病気の原因となる遺伝子を持つ。常染色体劣性遺伝の場合、正常な染色体が1本あれば発症せず保因者となる。X染色体劣性遺伝(伴性劣性遺伝)の場合、病気の原因となるX染色体(X')を1本だけ持つ女性(XX')は発症せず保因者となるが、男性(X'Y)は正常なX染色体がないため必ず発症する。
ポインセチア〖ラテ Poinsettia〗トウダイグサ科の常緑低木。高さ2〜3メートル。葉は卵状楕円形で、濃緑色。枝先に、朱紅色の苞ほうをもつ小花が集まって咲く。苞が淡黄色などの品種もある。メキシコの原産で、温室で栽培し、鉢植えなどにする。猩猩木しょうじょうぼく。(季冬)「小書窠も一を得て聖夜/風生」
ポインター〖pointer〗犬の一品種。英国原産の代表的な中形猟犬。短毛、垂れ耳で、白地に橙・黒などの斑がある。獲物をかぎ当てると立ち止まり、獲物の方向に鼻先を向けて指し示す姿勢をとる。
ぼいん-ちょうわ【母音調和】ᶜʰᵒᵘʷᵃ 一つの語形の中に現れる母音の配列に一定の共存の法則が認められる現象。例えば、トルコ語で、一語の中には、前舌母音、または後舌母音だけしか現れないが、このような事例を母音調和という。古代日本語にも、母音調和とみられる現象の残存が認められる。
ポインティング-スティック〖pointing stick〗コンピューターの入力装置、ポインティングデバイスの一。キーボード中央部に配された小さな突起状のボタンを、指先で傾けることで操作する。主としてノートパソコンに採用され、ポイントスティック、トラックポイント、スティックポイントなど、メーカーによりさまざまな呼称が使われる。スティック型ポインティングデバイス。
ポインティング-デバイス〖pointing device〗コンピューターのディスプレー上での位置指定の指示をするための装置。マウスやトラックボール、トラックパッドなどがある。
ポインティング-ベクトル〖Poynting's vector〗電磁波のエネルギーの流れを表すベクトル。その大きさは、電磁波の進行方向に垂直な単位面積を単位時間に通過するエネルギーに等しい。イギリスの物理学者ポインティングによって導入された。
ポイント〖point〗❶点。箇所。「スターティングー」「バッティングー」❷要点。肝所かんどこ。「一を押さえる」「チェックー」❸点数。㋐スポーツ競技などで、得点。「一をかせぐ」㋑物品を購入した際などに付与される点数。他の商品を購入するときに利用できる。「一をためる」「住宅エコー」❹鉄道線路の分岐点に設ける転轍てんてつ機。「一を切り替える」❺釣りで、魚が集まり、釣れる所。❻活字の大きさの単位。1ポイントは0.3514ミリ。ポ。❼小数点。コンマ。「一一秒の差で敗れる」❽百分率で表された二つ以上の数値の差をいう語。例えば、失業率2.1パーセントが数年後に2.4パーセントになった場合、0.3ポイント上がったという。❾➤尖頭器せんとうき
(類語)(❷)要点・要所・キーポイント・急所・つぼ・力点・重点/(❸)点・得点・スコア・カウント
ポイント-アンド-フィギュア〖point and figure〗株価の方向転換や長期的な傾向を判断するための非時系列チャート。
ポイント-オブ-ビュー〖point of view〗観点。見地。立脚点。
ポイント-カード《和 point＋card》小売店が客に発行するカードで、買い物をした金額をポイントに換算してためておき、そのポイント分の金額を値引きするなどのサービスを提供するもの。➡ポイントサービス
ポイント-ガード〖point guard〗バスケットボールのポジションの一つ。チームの中心として指示を出し、ゲームを組み立てる。リードガード。PG。
ポイント-かつじ【ポイント活字】ᵏᵃᵗˢᵘʲⁱ ポイントを大きさの単位とする活字。ポイント数が2倍になれば活字の一辺が2倍で面積が4倍になる。
ポイント-ゲッター〖point getter〗団体競技の球技で、チーム内で最も得点能力の高い選手。
ポイント-サービス《和 point＋service》小売店などで行われるサービスの一。買い物やサービスを利用した金額をポイントに換算し、それに応じて値引きをしたり景品と交換したりするもの。➡ポイントカード
ポイント-メーク《point make-upから》ある一点を目立たせるための化粧法。部分化粧。
ポイント-レース〖points race〗自転車競技の種目の一つ。競技場に設定されたポイントラインを通過した際の順位に従って得点を与えられ、完走後の総得点で順位を決める。
ほう【方】ᴴᵒᵘ ❶方向。方角。方位。「西の一」「駅の一へ歩く」「声のする一を見る」「九州の一に行く」❷部門・分野を漠然と指す語。その方面。また、指し示すものをあいまいにするために使う語。「将来音楽の一へ進みたい」「その一では有名な人だ」「父は防衛省の一に勤めています」「近ごろおうちの一はいかがですか」「薬の効果の一はいかがなものでしょう」❸二つ以上あるもののうちの一つをとりあげてさす語。「黒い一が好きだ」「もっと味を濃くした一がいい」「こちらの一が悪かった」❹どちらかといえばこちらだという部類。「性質は臆病な一だ」❺物のやり方。しかた。方法。また、処方。「あの場合ああでも為しなければ一が付かないんだもの」〈漱石・門〉❻正方形の一辺の長さ・距離を示す語。「一100里」「一三間ばかりの狭き法廷」〈木下尚江・良人の自白〉(補説)❷から派生して、表現をあいまいするためやぼかすために付ける、意味のない語としても用いる。「お料理のほうをお持ちしました」「お荷物のほう、お預かりします」。1990年代半ばくらいから若者の間にはやりだした。多用する話し方を「ほう弁」という。➡とか ➡的 ➡漢「ほう(方)」
ほう【法】㊀(ᴴᵒᵘ)❶現象や事象などがそれに従って生起し、進展するきまり。法則。「自然には自然の一がある」❷社会秩序を維持するために、その社会の構成員の行為の基準として存立している規範の体系。裁判において適用され、国家の強制力を伴う。法律。「一のもとの平等」「民事訴訟一」❸集団生活において、その秩序を維持するために必要とされる規範。おきて。しきたり。道徳や慣習など。「一にはずれたやり方」❹物事をする定まったやり方。正しいしかた・方法。「一にかなった筆使い」「そんなばかな一はない」❺珠算で、乗数。または、除数。➡実 ❻インド-ヨーロッパ語で、文の内容に対する話し手の心的態度の相違が、動詞の語形変化の上に現れたもの。直説法・接続法・希求法・命令法・条件法など。叙法。㊁(ᴴᵒᵘ)《梵 dharmaの訳。達磨・曇摩と音写。保持するものの意》仏語。❶永遠普遍の真理。❷法則。規準。❸有形・無形の一切の存在。また、その本体。❹仏の教え。仏法。また、それを記した経典。❺祈祷きとう。また、その儀式。「一を修する」➡漢「ほう(法)」(類語)のり・決まり・掟おきて・法則・法律・法規・ルール・ロー
ほう【▽保】「ほ(保)❸」に同じ。➡漢「ほ(保)」
ほう【封】諸侯・大名の領地。封地。封土。「忠広が一を除かれた時、伝左衛門とその子の源左衛門とが流浪した」〈鴎外・阿部一族〉➡漢「ふう(封)」
ほう【×苞】ᴴᵒᵘ 花あるいは花序の付け根に出る葉。芽やつぼみを覆って花を保護する。うろこ状や花びら状となるものもある。包葉。
ほう【砲】ᴴᵒᵘ 大砲。大筒おおづつ。火砲。「五門の一が火を噴く」➡漢「ほう(砲)」
ほう【×袍】ᴴᵒᵘ ❶公家の装束の盤領まるえりの上衣。束帯や衣冠などに用いる位階相当の色による位袍と、位色によらない雑袍とがあり、また、文官用の縫腋ほうえきの袍と武官・幼年用の闕腋けってきの袍の2種がある。うえのきぬ。❷上衣。➡漢「ほう(袍)」
ほう【報】❶知らせ。通知。報告。「危篤の一を受ける」❷行為に応じて受けるむくい。応報。返礼。「前の世に福の因を殖ゑずして此の世に貧しき一を得たり」〈今昔・一二・一五〉➡漢「ほう(報)」
(類語)知らせ・通知・一報・報告・告知・連絡・通報
ほう【×鋒】刃物の先のとがった部分。きっさき。また、刀。つるぎ。「未だ他に対して一を争いしものに非ず」〈福沢・学問のすゝめ〉➡漢「ほう(鋒)」
ほう【×鵬】想像上の大鳥。翼の長さ3000里、一度はばたけば9万里を飛ぶという。おおとり。➡漢「ほう(鵬)」
ほう〔感〕驚いたり感心したりするときなどに発する語。「一、そんなに大きかったかね」
ぼう【坊】ᴮᵒᵘ ㊀〔名〕❶㋐僧の住居。僧房。房。転じて、僧侶。「師の一」㋑寺社が信者のために設けた宿泊所。宿坊。❷幼い男の子に対する愛称。また、その自称。「一をつれて散歩に行く」❸奈良・平安時代の都城の行政区画の一単位。平安京では、東西南北の大路に囲まれた区域。1坊は4保で4町四方。また、その大路をいう。❹皇太子の居所。東宮坊とうぐうぼう。また、皇太子をいう。東宮。㊁〔接尾〕❶人名に付いて、親しみや軽いあざけりの意を表す。「お花一」「けん一」❷人の様態を表す語に付いて、そういう人である意を表す。「暴れん一」「けちん一」❸僧侶の通称や坊号などの下に添えて用いる。「武蔵一弁慶」「法界一」➡漢「ぼう(坊)」
ぼう【房】ᴮᵒᵘ ❶部屋。小部屋。❷僧の住む所。坊。❸二十八宿の一。東方の第四宿。蠍さそり座の頭部にある四星をさす。そいぼし。房宿。➡漢「ぼう(房)」
ぼう【×昴】ᴮᵒᵘ 二十八宿の一。西方の第四宿。散開星団プレアデスをさす。すばる。むつらぼし。昴宿。
ぼう【某】㊀〔名〕その人物の名前、その場所・時などが不明であるか、またはわざと示さない場合に代わりに用いる語。「田中一の手紙」「一作曲家」「一大学」「一年一月」㊁〔代〕一人称の人代名詞。男性が自分

【封】▶ふう

【▽傍】▶ぼう

方 [学]2 [音]**ホウ**(ハウ)[呉][漢] [訓]**かた**、まさに ‖ [一]〈ホウ〉①起点から上下左右などに向かう直線の向き。「方位・方角・方向・方針・方方(ほうぼう)・方面/一方・下方・快方・後方・左方・四方・諸方・西方・前方・双方・他方・当方・南方・八方・両方」②中心から四方に伸び出た土地。ある範囲の地域。「方外・方言/遠方・地方」③上下左右の直線で組み立てた形。四角。「方円・方形・方丈・方眼紙/正方形・前方後円・直方体」④まっすぐできちんとしている。「方正」⑤ちょうどその時点にあたる。まさに。「方今」⑥やり方。「方策・方式・方便・方法」⑦特殊な技術。薬の調合法や医術。「方士・方術/医方・漢方・処方・秘方・薬局方」[補説]歴史的仮名遣いを「ハウ」とするが、四角や医方の意の場合は「ホウ」とする説も有力である。[二]〈かた(がた)〉「裏方・大方・親方・上方・里方・一方・味方・目方・夕方」[名付]あたる・お・しげ・すけ・たか・ただし・たもつ・つね・なみ・のり・ふさ・まさ・まさし・み・みち・やす・より [難読]貴方(あなた)・吉方(えほう)・彼方(かなた)・彼方(あなた)・彼方(あちら)・彼方(あっち)・此方(こなた)・此方(こちら)・此方(こっち)・蘇方(すおう)・其方(そなた)・其方(そちら)・其方(そっち)・何方(どなた)・何方(どちら)・何方(どっち)・方舟(はこぶね)

包 [学]4 [音]**ホウ**(ハウ)[漢] [訓]**つつむ**、くるむ ‖ ①中の物をつつみこむ。つつみ。「包囲・包装・包蔵・包皮・包容/空包・梱包(こんぽう)・内包・薬包」②一まとめにする。ひっくるめる。「包括・包含」③(「庖」の代用字)料理。料理人。「包丁」[名付]かた・かつ・かぬ・かね・しげ・ふさ [難読]包子(パオズ)

×**呆** [音]ホウ(ハウ)[漢] ボウ(バウ)[慣] [訓]あきれる ‖ [一]〈ホウ〉愚か。ばか。「阿呆(あほう)・痴呆」[二]〈ボウ〉ぼんやりするさま。「呆然」[難読]呆気(あっけ)

×**彷** [音]ホウ(ハウ)[漢] [訓]さまよう ‖ ①あてもなくさまよい歩く。「彷徨(ほうこう)」②よく似ている。「彷彿(ほうふつ)」

×**抛** [音]ホウ(ハウ)[漢] [訓]なげうつ ‖ ほうり投げる。「抛棄・抛擲(ほうてき)・抛物線」[補説]「放」を代用字とすることがある。

芳 [音]**ホウ**(ハウ)[呉][漢] [訓]**かんばしい** ‖ ①香りが発散する。よい香り。「芳紀・芳香・芳醇(ほうじゅん)」②花。「衆芳」③よい評判。「遺芳」④相手の物事に冠して敬意を表す語。「芳恩・芳志・芳書・芳名」[名付]か・かおる・かんばし・はな・ふさ・みち・もと・よし [難読]蘇芳(すおう)

邦 [音]**ホウ**(ハウ)[漢] [訓]くに ‖ ①国家。国土。「邦家・邦国/異邦・万邦・本邦・盟邦・友邦・隣邦・連邦」②わが国の。日本の。「邦貨・邦画・邦楽・邦人・邦訳」

奉 [音]**ホウ**[漢] **ブ**[呉] [訓]**たてまつる** ‖ [一]〈ホウ〉①ささげ持って差し上げる。ささげる。「奉呈・奉納・奉幣」②うやうやしく押しいただく。「奉戴(ほうたい)/遵奉・信奉」③上からの命を謹んで受ける。「奉職・奉勅」④目上に仕える。「奉公・奉仕」⑤目上や貴人に対して謹んで事をする意を表す語。「奉賀・奉還・奉迎・奉伺・奉祝・奉答・奉読・奉拝」[二]〈ブ〉謹んで受ける。仕える。「奉行/供奉(ぐぶ)」[名付]うけ・とも・な・よし

宝〔寶〕 [学]6 [音]**ホウ**[呉][漢] [訓]**たから** ‖ [一]〈ホウ〉①貴重な物。たから。「宝玉・宝庫・宝石・宝物/家宝・国宝・財宝・三宝・至宝・七宝・珍宝・通宝・秘宝・仏宝・名宝」②宝物として大切にする。尊い。「宝鑑・宝剣・宝典/重宝(ちょうほう)」③天子に関する物事を尊んでいう語。「宝算・宝祚(ほうそ)」[二]〈たから(だから)〉「宝船・宝物/子宝」[補説]「寶」は異体字。[名付]かね・たか・たかし・たけ・とみ・とも・みち・よし [難読]擬宝珠(ぎぼし)

×**庖** [音]ホウ(ハウ)[漢] ‖ ①台所。「庖厨(ほうちゅう)」②料理。また、料理人。「庖丁」

抱 [音]**ホウ**(ハウ)[漢] [訓]**だく、いだく、かかえる** ‖ ①腕をまわしてかかえこむ。だく。「抱合・抱擁・抱卵/介抱」②心の中に思いをいだく。「抱懐・抱負」③(「捧」の代用字)両手で持ちあげるようにしてかかえる。「抱腹絶倒」[名付]もち

放 [学]3 [音]**ホウ**(ハウ)[呉][漢] [訓]**はなす、はなつ、はなれる、ほうる** ‖ ①外に向けて出す。はなつ。「放火・放散・放射・放出・放送・放逐・放電・放流/追放」②束縛を解いて自由にする。「放免/開放・解放・釈放」③思うままにする。ほうっておく。「放言・放縦(ほうしょう・ほうじゅう)・放置・放蕩(ほうとう)・放任・放漫/豪放・粗放・奔放」④(「抛(ほう)」の代用字)ほうり投げる。「放棄・放物線」[名付]ゆき・ゆく

人**朋**〔朋〕 [音]ホウ[漢] [訓]とも ‖ ①友だち。「朋輩(ほうばい)・朋友/同朋(どうほう)」②ぐるになった仲間。「朋党」

法 [学]4 [音]**ホウ**(ハフ)[漢] **ホウ**(ホフ)[呉] **ハッ**[慣] **ホッ**[慣] [訓]のり、のっとる、フラン ‖ [一]〈ホウ〉(歴史的仮名遣いはハフ)①おきて。定め。秩序を維持するための規範。「法案・法学・法規・法人・法制・法則・法治・法廷・法典・法律・法令/悪法・違法・刑法・憲法・合法・国法・司法・適法・不法・民法・無法・理法・自然法」②ある決まったやり方。一定の手順。「法式/加法・技法・剣法・作法(さほう・さくほう)・算法・手法・寸法・製法・戦法・筆法・文法・兵法・便法・方法・魔法・療法・礼法・論法」③「法学」「法科」の略。「法博・法文」[二]〈ホウ〉(歴史的仮名遣いはホフ)①仏教で、真理。仏の教え。「法会(ほうえ)・法灯・法話/護法・正法(しょうぼう)・説法・伝法・仏法・妙法」②仏教で、存在・現象。「諸法・滅法・一切法」③死者を弔うこと。「法事・法要」④仏教で、加持祈祷などの儀式。「修法(しゅほう)・呪法(じゅほう)」[三]〈ハッ〉おきて。「法度(はっと)」[四]〈ホッ〉一切の存在。真理。「法界・法華・法身・法体」[補説]「ハッ」「ホッ」は入声(にっしょう)音ハフ・ホフの変化したもの。[名付]かず・つね・はかる [難読]法螺(ほら)

泡 [音]**ホウ**(ハウ)[漢] [訓]**あわ**、あぶく ‖ [一]〈ホウ〉空気を包んだ水の玉。あわ。「泡影・泡沫(ほうまつ)/気泡・水泡・発泡」[二]〈あわ〉「泡盛(あわもり)・泡雪/一泡」[難読]泡銭(あぶくぜに)・泡沫(うたかた)・水泡(みなわ)

胞 [音]**ホウ**(ハウ)[漢] ‖ ①胎児を包む膜。「胞衣(ほうい)」②母の胎内。「同胞(どうほう)」③膜に包まれた、生物体の組織。「胞子/液胞・気胞・細胞」[難読]胞衣(えな)・同胞(はらから)

倣 [音]**ホウ**(ハウ)[呉][漢] [訓]**ならう** ‖ まねる。ならう。「模倣」[名付]より

俸 [音]**ホウ**[漢] ‖ 官庁からいただく手当。給料。「俸給・俸禄(ほうろく)/月俸・減俸・号俸・増俸・年俸・本俸」

峰 [音]**ホウ**[漢] フ[呉] [訓]**みね** ‖ 高い山。「危峰・群峰・孤峰・高峰・主峰・秀峰・名峰・雄峰・霊峰・連峰」[補説]「峯」は異体字。人名用漢字。[名付]お・たか・たかし・ね [難読]入峰(にゅうぶ)

×**疱** [音]ホウ(ハウ)[漢] ‖ 皮膚にできる水泡状のでき物。「疱疹(ほうしん)・疱瘡(ほうそう)/水疱・膿疱(のうほう)」

砲 [音]**ホウ**(ハウ)[漢] ‖ 弾丸をはじき出す仕掛けの武器。つつ。おおづつ。「砲火・砲丸・砲撃・砲術・砲弾/火砲・艦砲・空砲・号砲・山砲・主砲・銃砲・祝砲・大砲・弔砲・鉄砲・発砲・礼砲」

×**袍** [音]ホウ(ハウ)[漢] ‖ ①綿を包み入れた衣服。「縕袍(おんぽう・うんぽう)」②すっぽりとからだを包む上着。外衣。「戦袍」③束帯の上着。うえのきぬ。「位袍・黄袍(おうほう)」[難読]縕袍(どてら)

人**逢** [音]ホウ[漢] [訓]あう ‖ 思いがけず出会う。「逢着/遭逢」[補説]人名用漢字表(戸籍法)の字体は「逢」。[難読]逢瀬(おうせ)

崩 [音]**ホウ**[呉][漢] [訓]**くずれる、くずす** ‖ ①くずれる。くずれおちる。「崩壊・崩落/潰崩(かいほう)・土崩瓦解(どほうがかい)」②天子・天皇が死ぬ。「崩御・崩殂(ほうそ)」[難読]雪崩(なだれ)

人**捧** [音]ホウ[漢] [訓]ささげる ‖ ①両手でささげ持つ。「捧持・捧呈・捧読」②両手で持ちあげるようにしてかかえる。「捧腹」

×**烹** [音]ホウ(ハウ)[漢] [訓]にる ‖ 煮る。「烹炊/割烹」

×**烽** [音]ホウ[漢] [訓]のろし、とぶひ ‖ のろし。「烽煙・烽火/燧烽(すいほう)」[難読]烽火(のろし)

訪 [学]6 [音]**ホウ**(ハウ)[呉][漢] [訓]**おとずれる、たずねる**、とう ‖ ①あちこち出向いて探し求める。「訪古/採訪・探訪(たんぼう)」②人のもとをたずねる。おとずれる。「訪欧・訪客・訪問/往訪・再訪・来訪・歴訪」[名付]こと・み・みる

報 [学]5 [音]**ホウ**[呉][漢] [訓]**むくいる**、しらせる、しらせ ‖ ①人がした事に対し、それ相当のお返しをする。むくいる。むくい。「報恩・報国・報酬・報復/応報・果報・業報(ごうほう)・返報」②告げ知らせる。知らせ。「報告・報知・報道/会報・官報・凶報・警報・広報・時報・詳報・情報・速報・通報・電報・日報・予報・朗報」[名付]お・つぐ

×**堡** [音]ホウ[呉][漢] ホ[慣] [訓]とりで ‖ 土や石で築いた小城。「堡塞(ほうさい)・堡塁(ほうるい)/城堡(じょうほう)・橋頭堡(きょうとうほ)」

×**幇** [音]ホウ(ハウ)[呉][漢] ‖ わきから助ける。「幇間・幇助」[補説]「幫」は本字。[難読]青幇(チンパン)・紅幇(ホンパン)

人**萌** [音]ホウ(ハウ)[慣] [訓]もえる、きざす、きざし ‖ 草の芽が出はじめる。物事が起こりはじめる。きざす。きざし。「萌芽・萌生」[補説]「萠」は俗字。人名用漢字。[名付]め・めぐみ・めぐむ・めみ・もえ [難読]萌黄(もえぎ)・萌葱(もえぎ)

×**硼** [音]ホウ(ハウ)[漢] ‖ 化学元素の名。硼素。「硼砂(ほうしゃ)・硼酸」

蜂 [音]**ホウ**[漢] [訓]**はち** ‖ [一]〈ホウ〉昆虫の名。ハチ。「蜂窩(ほうか)・蜂起/養蜂」[二]〈はち(ばち)〉「蜂蜜(はちみつ)/熊蜂(くまばち)・蜜蜂・女王蜂」

豊〔豐〕 [学]5 [音]**ホウ**[漢] **ブ**[慣] [訓]**ゆたか** ‖ ①たっぷりとある。ゆたか。ふくよか。「豊艶(ほうえん)・豊頬(ほうきょう)・豊潤・豊富・豊満」②作物がよく実る。「豊作・豊穣(ほうじょう)・豊年」③ゆたかにする。「豊胸術」④豊臣(とよとみ)氏。「豊太閤(ほうたいこう)/織豊時代」⑤豊(とよ)の国。「豊州/筑豊(ちくほう)」[名付]あつ・かた・て・と・とよ・のぼる・ひろ・ひろし・みのる・もり・ゆた・よし [難読]豊前(ぶぜん)・豊後(ぶんご)

飽 [音]**ホウ**(ハウ)[漢] [訓]**あきる、あかす** ‖ ①あきるほど食べる。「飽食・飽満」②十分に満たされる。「飽和」[名付]あき・あきら・あく

人**蓬** [音]ホウ[漢] [訓]よもぎ ‖ ①草の名。砂漠地帯に生え、風に吹かれると根が抜けて転がり飛ぶ草。「転蓬・飛蓬」②草の名。ヨモギの一種。「蓬屋・蓬矢」③くしゃくしゃに乱れるさま。「蓬頭・蓬髪」④仙人のすみか。蓬莱(ほうらい)山。「蓬壺(ほうこ)・蓬島」[補説]人名用漢字表(戸籍法)の字体は「蓬」。[難読]蓬生(よもぎう)

人**鳳** [音]ホウ[漢] [訓]おおとり ‖ ①聖人が世に出たときに現れるという想像上の瑞鳥。鳳凰(ほうおう)の雄。「瑞鳳・白鳳」②優れた人物。「鳳児・鳳雛(ほうすう)」③天子に関する物事に冠する語。「鳳駕(ほうが)・鳳闕(ほうけつ)・鳳城」④相手に敬意を示す語。「鳳声」[名付]たか [難読]鳳蝶(あげはちょう)

褒〔襃〕 [音]**ホウ**[呉][漢] [訓]**ほめる** ‖ よい行いをほめたたえる。「褒詞・褒章・褒賞・褒美・褒貶(ほうへん)/過褒」[補説]「襃」は異体字。

漢字項目 ほう-2

人**鋒** [音]ホウ[漢] [訓]ほこ、ほこさき‖①刃物の先端。ほこさき。「鋒鋩(ほうぼう)/鋭鋒・機鋒」②軍隊の先陣。「先鋒」③物事の鋭い勢い。「鋭鋒・舌鋒・筆鋒・論鋒」

縫 [音]**ホウ**[漢] [訓]**ぬう**‖①ぬう。「縫合・縫製/裁縫・弥縫(びほう)」②縫い目。「天衣無縫」[名付]ぬい

人**鵬** [音]ホウ[漢] [訓]おおとり‖想像上の大鳥。「鵬程・鵬図・鵬翼/大鵬」[名付]とも・ゆき

漢字項目 ぼう

【▽矛】▶む
【妄】▶もう
【×呆】▶ほう

亡 [学]6 [音]**ボウ**(バウ)[漢] **モウ**(マウ)[呉] [訓]**ない**、ほろびる、ほろぼす‖㊀〈ボウ〉①存在していたものがなくなる。「亡国・亡失/興亡・焼亡・衰亡・存亡・滅亡」②死ぬ。「亡妻・亡父・亡霊/死亡・未亡人」③その場から逃げて姿を隠す。「亡命・亡羊/逃亡・流亡」㊁〈モウ〉死ぬ。「亡者」

乏 [音]**ボウ**(ボフ)[呉] [訓]**とぼしい**‖必要な物が足りない。とぼしい。「窮乏・欠乏・困乏・耐乏・貧乏」

人**卯** [音]ボウ(バウ)[漢] [訓]う‖十二支の四番目。う。「己卯(きぼう)・丁卯(ていぼう)」[補説]「夘」は異体字。[名付]あきら・しげ・しげる [難読]卯木(うつぎ)・卯月(うづき)

忙 [音]**ボウ**(バウ)[漢] [訓]**いそがしい**、せわしい‖せわしくて落ち着けない。いそがしい。「忙殺/怱忙(そうぼう)・多忙・繁忙」

坊 [音]**ボウ**(バウ)[呉] **ボッ**[慣]‖①方形にくぎられた町の区域。市街。まち。「坊間・坊市」②住居。へや。特に、僧の住まい。「坊主/教坊・酒坊・宿坊・僧坊・本坊」③僧。「御坊(ごぼう)」④そういう人であることを表す語。「風来坊」[難読]坊(ぼっ)ちゃん

妨 [音]**ボウ**(バウ)[慣] [訓]**さまたげる**‖じゃまをする。さまたげる。「妨害/押妨」

忘 [学]6 [音]**ボウ**(バウ)[漢] [訓]**わすれる**‖記憶がなくなる。わすれる。「忘恩・忘我・忘却・忘年会/健忘・備忘録」

×**芒** [音]ボウ(バウ)[漢] [訓]のぎ、すすき‖①稲などの穀物の実の先端にある針状の突起。のぎ。「芒種」②物の細くとがった先端。「光芒」

防 [学]5 [音]**ボウ**(バウ)[呉] [訓]**ふせぐ**、つつみ‖①ふせぐ。くいとめる。「防衛・防寒・防御・防止・防戦・防毒・防犯・防備/警防・攻防・消防・予防」②侵入をおさえるための備え。「海防・国防・辺防」③水があふれるのをくいとめる土手。「堤防」④周防(すおう)国。「防州・防長」[名付]ふせ [難読]防人(さきもり)・周防(すおう)

房 [音]**ボウ**(バウ)[呉] ホウ(ハウ)[漢] [訓]**ふさ**‖㊀〈ボウ〉①母家の両わきの小部屋。広く、部屋。住まい。「房室/官房・監房・空房・工房・茶房(さぼう)・山房・書房・僧房・暖房・厨房(ちゅうぼう)・同房・独房・女房(にょうぼう)・文房・冷房」②夫婦の寝室。夫婦の交わり。「房事・房中術/閨房(けいぼう)」③部屋のような空間に仕切られたもの。「子房・心房・蜂房(ほうぼう)」④安房(あわ)国。「房州・房総」㊁〈ふさ(ぶさ)〉「玉房・乳房(ちぶさ)・花房・一房」[難読]阿房(あほう)

肪 [音]**ボウ**(バウ)[呉] [訓]あぶら‖動物体のこってりしたあぶら。「脂肪」

某 [音]**ボウ**[漢] [訓]それがし、なにがし‖人や物の名、場所・時などがわからないとき、または、わざと隠すときに添える語。「某国・某氏・某所・某女・某地・某年・某某/何某(なにぼう)」[名付]いろ [難読]誰某(だれそれ)・何某(なにがし)

冒 [音]**ボウ**[漢] [訓]**おかす**‖①むやみに突き進む。物事を押し切ってする。おかす。「冒険・冒涜(ぼうとく)/感冒」②上に覆いかぶさる。「冒頭」

人**茅** [音]ボウ(バウ)[漢] [訓]かや、ち、ちがや‖①イネ科の草の名。チガヤ。「茅茨(ぼうし)」②かやぶきの。粗末な。「茅屋・茅舎・茅門」[難読]茅萱(ちがや)・白茅(ちがや)・茅渟鯛(ちぬだい)・茅花(つばな)・茅蜩(ひぐらし)

剖 [音]**ボウ**[慣] ホウ[漢]‖㊀〈ボウ〉刃物で切り開く。「剖検/解剖」㊁〈ホウ〉解き分ける。分かれ開ける。「剖析・剖判」

×**旁** [音]ボウ(バウ)[呉] [訓]かたわら、つくり、かたがた‖①そば。かたわら。「旁若無人」②漢字の組み立てで、右側の部分。つくり。「偏旁冠脚」③広く行き渡る。「旁引/博引旁証」[補説]①は「傍」と通用する。

紡 [音]**ボウ**(バウ)[慣] [訓]**つむぐ**‖繊維をより合わせて糸を作る。つむぐ。「紡車・紡織・紡錘・紡績・紡毛/混紡」[名付]つむ

×**茫** [音]ボウ(バウ)[漢]‖①遠くはるかに広がるさま。「茫漠・茫茫・茫洋/蒼茫(そうぼう)・渺茫(びょうぼう)」②ぼんやりしてうつろなさま。「茫然」

望 [学]4 [音]**ボウ**(バウ)[漢] **モウ**(マウ)[呉] [訓]**のぞむ**、もち‖㊀〈ボウ〉①遠方を見渡す。「望遠・望郷・望見・望楼/一望・遠望・観望・仰望・眺望・展望」②まちのぞむ。願う。のぞみ。「望外/渇望・願望・希望・志望・失望・嘱望・切望・絶望・羨望(せんぼう)・待望・熱望・野望・有望・要望・欲望」③人々に期待されること。よい評判。名声。「威望・才望・衆望・信望・人望・声望・徳望・名望」④満月。「望月(ぼうげつ)・望日/既望」㊁〈モウ〉のぞむ。のぞみ。「懇望・所望・大望・本望」[名付]のぞみ・まどか・み [難読]望月(もちづき)

人**眸** [音]ボウ[漢] [訓]ひとみ‖ひとみ。「眸子/双眸・明眸」

傍 [音]**ボウ**(バウ)[呉] ホウ(ハウ)[漢] [訓]**かたわら**、そば、わき‖①そば。かたわら。「傍観・傍訓・傍線・傍聴・傍若無人/近傍・路傍」②主たるものから外れること。「傍系・傍証・傍流」[名付]かた [難読]傍惚(おかぼ)れ・傍目(おかめ)・傍目(はため)・傍輩(ほうばい)・傍視(わきみ)

帽 [音]**ボウ**[漢] モウ[呉]‖頭にかぶる物。「帽子・帽章/角帽・学帽・制帽・脱帽・無帽・礼帽・弊衣破帽」[難読]烏帽子(えぼし)・帽子(もうす)・帽額(もこう)

棒 [学]6 [音]**ボウ**[呉]‖①細長い木や金属。「棒術/相棒(あいぼう)・片棒・金棒(かなぼう)・警棒・棍棒(こんぼう)・心棒・打棒・痛棒・鉄棒・綿棒・麺棒(めんぼう)・針小棒大・用心棒」②棒で打つ。「棒喝」③まっすぐに描いた線。「棒線」④一本調子であるさま。「棒暗記」[難読]箆棒(べらぼう)・棒手振(ぼてふ)り

貿 [学]5 [音]**ボウ**[漢]‖取引をして利益を求める。「貿易」

×**榜** [音]ボウ(バウ)[慣]‖立て札や額にしるして示す。立て札。「榜札/標榜」

×**膀** [音]ボウ(バウ)[呉]‖袋状の身体器官。六腑の一。「膀胱(ぼうこう)」

貌 [音]**ボウ**(バウ)[漢] [訓]かたち‖①顔だち。容姿。「外貌・顔貌(がんぼう)・形貌・相貌・体貌・美貌・風貌・面貌・容貌」②物のすがた。外観。「概貌・全貌・変貌」[補説]「皃」は異体字。[難読]顔貌(かおかたち)

暴 [学]5 [音]**ボウ**[呉] **バク**[慣] [訓]**あばく、あばれる**‖㊀〈ボウ〉①手荒に振る舞う。激しく荒々しい。「暴悪・暴虐・暴挙・暴君・暴言・暴行・暴動・暴風・暴力・暴戻/横暴・凶暴・狂暴・粗暴・乱暴」②度を過ごす。「暴飲・暴食・暴利」③だしぬけに。にわかに。「暴発・暴落」④素手で打ちかかる。「暴虎馮河(ぼうこひょうが)」㊁〈バク〉①日光にさらす。「一暴十寒(いちばくじっかん)」②むき出しにする。あばく。「暴露」[補説]㊁は「曝(ばく)」と通用する。

膨 [音]**ボウ**(バウ)[慣] [訓]**ふくらむ、ふくれる**‖ぱんぱんに張ってふくれる。「膨大・膨脹」

謀 [音]**ボウ**[漢] **ム**[呉] [訓]**はかる**、たばかる、はかりごと‖㊀〈ボウ〉①あれこれと手段を講ずる。計画する。はかりごと。「謀将・謀臣/遠謀・権謀・参謀・深謀・知謀・無謀」②人知れず悪事をたくらむ。たばかる。よからぬたくらみ。「謀議・謀計・謀殺・謀書・謀略/陰謀・共謀・詐謀・策謀・通謀・密謀・首謀者」㊁〈ム〉たくらむ。「謀反(むほん)」[名付]こと・のぶ

×**謗** [音]ボウ(バウ)[慣] ホウ(ハウ)[呉][漢] [訓]そしる‖悪口を言う。そしる。「謗法(ほうぼう)/讒謗(ざんぼう)・誹謗(ひぼう)」

をへりくだっていう。わたくし。それがし。「―稽首敬白」〈明衡往来〉➔漢「ぼう(某)」[類語]誰それ・誰誰・誰がし・なにがし・それがし・某氏・何某

ぼう【望】バウ 地球が太陽と月との間にあり、月と太陽の黄経の差が180度になる時。また、その時の月。満月。また、陰暦の15日。➔漢「ぼう(望)」

ぼう【帽】頭にかぶるもの。帽子。「鳥打ち―」「―を脱いで礼をするような」〈鷗外・雁〉➔漢「ぼう(帽)」

ぼう【棒】❶まっすぐで細長い木・竹や金属製のものなど。「―でたたく」「天秤(てんびん)―」❷棒術。また、棒術に使う長さ6尺(約1.8メートル)ほどの丸いカシの木。「―の使い手」❸音楽の指揮棒。「―を振る」❹まっすぐ引いた太い線。「不要な字句を―で消す」❺疲れなどで足の筋肉や関節の自由がきかなくなること。「足が―になる」➔漢「ぼう(棒)」
[類語]棍棒(こんぼう)・棒切れ・竿(さお)・杖・スティック・ポール・バー

棒に振・る それまで積み重ねてきたものを無にしてしまう。「地位を―・る」

棒ほど願って針ほど叶(かな)う 人の望みや願いが、なかなか達せられないというたとえ。

棒を引・く まっすぐの線を引く。また、帳消しにする。棒引きにする。「いままで御用立したものは綺麗にここで―・く」〈万太郎・春泥〉

ぼ-う【暮雨】夕ぐれに降る雨。

ぼう【暴】〔名・形動〕激しく荒々しいこと。不法なこと。無謀なこと。また、そのさま。「今じゃア、まさかあんな―な事はできないワイ」〈逍遥・当世書生気質〉➔漢「ぼう(暴)」

暴を以(もっ)て暴に易(か)う ❶《「史記」伯夷伝から》一つの暴力を除くために、別の暴力を用いる。その無益なことをいう言葉。❷暴力に対しては暴力で立ち向かう。

ボウ〖bow〗《「ボー」とも》❶弓。弓形。❷蝶結び。また、蝶結びにしたもの。❸「ボウタイ」の略。

ぼ・う【▽追ふ】ぼふ〔動ハ四〕おう。おいかける。「往(い)なずば早う―・ひ往なせ」〈浄・浪花鑑〉

ぼう【×茫】バウ〔ト・タル〕文〔形動タリ〕❶広々としているさま。「洞庭湖はただ白く―として空と水の境が無く」〈太宰・竹青〉❷ぼんやりとしているさま。「その意味―として知るべからざりけり」〈中村訳・西国立志編〉➔漢「ぼう(茫)」[類語]茫茫・茫漠・茫洋・ぼんやり

ぼう-あきない【棒商い】―あきなひ 天秤棒(てんびんぼう)で商品を担いで売り歩くこと。また、その人。棒手(ぼて)振り。

ぼう-あく【暴悪】〔名・形動〕乱暴で道理を無視していること。また、そのさま。「―な振る舞い」

ぼう-あげ【棒上げ】〔名〕スル 相場が一本調子で上がり続けること。⇔棒下げ。

ぼう-あつ【防×遏】バウ―〔名〕スル 侵入や拡大などを、防ぎとめること。防止。「経済社会全体を攪乱(かくらん)するを―するが第一の任務だ」〈魯庵・社会百面相〉

ぼう-あつ【暴圧】〔名〕スル 力ずくで無理に押さえつけること。「デモ隊を―する」
[類語]抑圧・弾圧・制圧・威圧・強圧・圧迫・圧制

ぼう-あつ【膨圧】バウ― 主に植物で、細胞壁を通して出入りする溶液が、細胞の内外で平衡状態であるときの外へ膨らむ圧力。吸水量よりも蒸散量が多いときはこの圧力が下がり、植物はしおれる。

ぼうあつ-うんどう【膨圧運動】バウアツ― 膨圧によって起こる植物の運動。葉の気孔の開閉や、オジギソウの葉の就眠運動、ハエジゴクの葉が虫を捕らえる運動

など。

ほう-あん【方案】ハウ 方法についての考え。「改正の―を立つることは」〈鉄腸・雪中梅〉

ほう-あん【奉安】〔名〕スル 尊いものをつつしんで安置すること。「神璽を―する」

ほう-あん【法案】ハフ 法律の案文。法律案。
(類語)原案・文安・草案・議案

ほうあん【保安】平安後期、鳥羽天皇・崇徳天皇の時の年号。1120年4月10日～1124年4月3日。

ぼう-あんき【棒暗記】〔名〕スル 文章を、意味や内容に関係なく、そのまま覚えること。「年表を―する」
(類語)暗記・丸暗記・そら覚え

ほうあん-でん【奉安殿】第二次大戦中まで、各学校で御真影や教育勅語などを収めていた建物。

ほう-い【方位】ハウヰ ❶ある方向が、基準の方向に対してどのようであるかの関係を表したもの。通常は子午線の方向を北・南、これに直角に交わる方向に東・西を定めた4方位を基準とし、その中間を北東・北西・南東・南西として加え八方位に、さらにその中間に北北東・南南西などをとり16方位に、さらに細分して32方位にして示す。古くは12の方向に分けて十二支を配し、北を子ね、北東を丑寅うしとらなどとよんだ。天文・測地学では、方位角を用いて表す。❷各方角に陰陽・五行ごぎょう・十二支・八卦はっけなどを配し、それぞれに吉凶があるとする民間信仰。恵方えほう・金神こんじん・鬼門などの俗信を生んだ。「―を見る」
(類語)方向・方角・方・向き

ほう-い【包囲】ハウヰ〔名〕スル 周りを取り囲むこと。「警官が犯人を―する」「緊急―網」
(類語)囲い・囲み・囲繞いじょう・囲繞いにょう・遠巻き

ほう-い【▽布衣】「ほい(布衣)」に同じ。

ほう-い【芳意】ハウ 相手を敬って、その心づかいをいう語。芳志。芳情。

ほう-い【宝位】ヰ 天子の位。宝祚ほうそ。

ほう-い【法衣】ホフ ►ほうえ(法衣)

ほう-い【法位】ホフヰ ❶仏語。諸法の安住する位。真如しんにょのこと。❷僧位。

ほう-い【法威】ホフヰ 仏語。仏法の威力。

ほう-い【胞衣】ハウ「えな(胞衣)」に同じ。

ほうい〔感〕遠くにいる人に呼びかけるときの声。

ぼう-い【防×已】バウ ツヅラフジなどの根茎や茎を乾燥したもの。漢方でリウマチなどの鎮痛薬とする。

ぼう-い【暴威】ヰ 荒々しい勢い。乱暴な威勢。「台風が―をふるう」

ほうい-かいぼう【法医解剖】ハフ 法医学上の目的のために行う解剖。司法解剖と行政解剖とがある。

ほうい-かく【方位角】ハウヰ 観測者の立つ位置を通る子午線と、ある天体を通る垂直圏とがなす角。天文学では南を零度として西回りに、測地学では北を零度として東回りに測る。

ほう-いがく【法医学】ハフ 法律の運用の際に重要な事項について、医学的に研究・鑑定・解釈などをする応用医学の一分科。死因・死亡時刻・血液型・親子鑑定などを扱う。法律医学。裁判医学。

ほう-いき【邦域】ハウヰキ 一国の範囲・領分。〈日葡〉

ほう-いき【法域】ハフヰキ ❶法令の効力が及ぶ地域的範囲。❷法の規定事項の範囲。また、その適用範囲。

ほう-いき【封域】ヰキ ❶土を盛り上げて境としたもの。❷大名・諸侯の領地内。また、その境。封境。

ほうい-けん【放医研】ハウイ「放射線医学総合研究所」の略称。

ほうい-じしゃく【方位磁石】ハウヰ ►磁気コンパス

ほうい-じしん【方位磁針】ハウヰ ►磁気コンパス

ほうい-ずほう【方位図法】ハウヰヅハフ 地図投影法の一。地球上の一点で接する平面に、経線・緯線を投影する図法の総称。接点から各地点に至る最短距離が直線で示され、各地の方位が正しく表される。心射図法・平射図法・正射図法・正距方位図法・ランベルト正積図法など。

ほう-いつ【放逸｜放×佚】ハウ〔名・形動〕❶勝手気ままに振る舞うこと。生活態度に節度がないこと。また、そのさま。「―な生活をする」❷手荒く乱暴なこと。また、そのさま。「さらば―に当たれとて、糾問せられ」〈義経記・六〉(派生)ほういつさ〔名〕

ほうい-はじめ【▽布衣始め】天皇が退位し、太上天皇の尊号を受けた後、烏帽子えぼし・狩衣かりぎぬを初めて着用する儀式。

ほう-いみ【方忌(み)】ハウ ►かたいみ

ほうい-もう【包囲網】ハウヰマウ 人や組織・国などの動きを封じるために、組織だって周りを取り囲むこと。「―を張る」「―を突破する」

ほうい-りょうしすう【方位量子数】ハウヰリヤウシスウ 原子内における、電子の軌道角運動量の大きさを特徴づける量子数。方位量子数lは0または正の整数で表され、主量子数をnとすると、上限はn－1となる。

ほう-いん【芳韻】ハウヰン 相手を敬って、その漢詩や、その韻字をいう語。

ほう-いん【宝印】仏語。❶宝塔や宝珠などに真言を刻んだり、方形や円形の中に卍まんじなどを刻んだもの。❷三宝のうちの、法宝。❸仏・菩薩ぼさつの印契の美称。❹「牛王宝印ごおうほういん」の略。

ほう-いん【法印】ホフ ❶仏語。仏教を外道から区別し、仏教が真実であることを示す標識。三法印など。❷《「法印大和尚位」の略》僧位の最上位。僧綱そうごうの僧正に相当。この下に法眼ほうげん・法橋ほっきょうがあった。❸中世以降、僧に準じて医師・絵師・儒者・仏師・連歌師などに対して与えられた称号。❹山伏や祈祷師きとうしの異称。

ぼう-いん【×旁引】バウ 広く例を引用すること。広く考証すること。博引旁証。

ぼう-いん【暴飲】〔名〕スル 酒を度を過ごして飲むこと。「―して肝臓をこわす」「―暴食」
(類語)深酒・飲み過ぎ・がぶ飲み・鯨飲・牛飲・痛飲

ぼう-いん【謀印】にせの印をつくること。また、にせの印。

ボウイング〖bowing〗《「ボーイング」とも》擦弦楽器をひくときの弓の技法。運弓法。

ぼういん-ぼうしょく【暴飲暴食】〔名〕スル 度を過ごして飲食すること。むやみに飲んだり食べたりすること。「―して体をこわす」

ほう-う【法宇】ホフ てら。寺院。

ほう-う【法雨】ホフ 仏語。仏の慈悲が衆生しゅじょうをあまねく救うことを、雨が万物を潤すことにたとえた語。のりのあめ。

ぼう-う【暴雨】激しく降る雨。

ぼう-うき【棒浮き】「浮桿ふかん」に同じ。

ぼううけ-あみ【棒受け網】敷き網の一。漁船の側面から、方形、または箕み状の網を竹などの棒に付けて張り出しておき、集魚灯や撒まき餌によって魚を誘導して、網の手前側の綱を引き上げてすくいとる。サンマ・アジ・サバ漁などに用いる。ぼけあみ。

ぼううずまき-ぎんが【棒渦巻(き)銀河】ボウウヅマキ 形による銀河の分類の一。恒星が密集した中心核を貫く棒状部分の両端から、渦巻きの腕が伸びるもの。

ぼううずまき-せいうん【棒渦巻(き)星雲】ボウウヅマキ ►棒渦巻き銀河

ほう-うん【宝運】天子の運命。

ほう-え【法会】ホフヱ 経典を読誦どくじゅし、講説する催し。また、死者の追善供養を営む行事。
(類語)仏事・法事・法要・会式えしき

ほう-え【法▽衣】ホフ 僧尼の着用する衣服。もとは戒律に定められた五条などの袈裟けさをいったが、日本ではさらにこの下に着用するものをも含めて総称する。法服。衣ころも。ほうい。(類語)袈裟・僧衣・墨染め

ほう-え【胞▽衣】ハウ「えな(胞衣)」に同じ。

ほう-えい【芳詠】ハウ 相手を敬って、その詩歌をいう語。玉詠。芳吟。

ほうえい【宝永】江戸前期、東山天皇・中御門なかみかど天皇の時の年号。1704年3月13日～1711年4月25日。

ほう-えい【放映】ハウ〔名〕スル テレビで放送すること。特に、映画フィルムをテレビ放送すること。「未公開作品を―する」

ほう-えい【泡影】ハウ 水のあわと物のかげ。はかない物事をたとえていう語。ほうよう。

ぼう-えい【防衛】バウヱイ〔名〕スル 他からの攻撃に対して、防ぎ守ること。「祖国を―する」「タイトルを―する」「正当―」(類語)防護・防御・守備・固守・死守・守る

ぼうえい-いかだいがっこう【防衛医科大学校】バウヱイイクワダイガクカウ 防衛省の付属機関の一。医師の幹部自衛官を養成する大学校。昭和48年(1973)当時の防衛庁の付属機関として設置。埼玉県所沢市にある。

ぼうえい-きせい【防衛機制】バウヱイ 心理学で、不快・欲求不満や葛藤かっとうなどから無意識に自分を守ろうとして働く適応のしかたのこと。補償・合理化・投射・昇華などがある。適応機制。防衛機構。

ほうえい-きんぎん【宝永金銀】江戸幕府が宝永年間に鋳造した金貨・銀貨の総称。金貨は小判・一分判金、銀貨は宝字銀・永字銀・三宝銀および正徳年間(1711～1716)鋳造の四宝銀を含む。

ぼうえいけいかく-の-たいこう【防衛計画の大綱】バウヱイケイクワク ►防衛大綱

ほうえい-けん【放映権】ハウエイ スポーツ大会や試合などをテレビで独占的に放送できる権利。主催者に莫大な権利料を支払う。

ほうえい-ざん【宝永山】富士山の南東斜面にある側火山。標高2702メートル。宝永4年(1707)の爆発で形成。

ほうえい-じしん【宝永地震】ヂシン 宝永4年(1707)10月4日に発生した、日本の歴史上最大級の地震。マグニチュードは8.6と推測される。遠州灘えんしゅうなだ沖と紀伊半島沖を震源とする二つの大地震が同時に発生したと考えられ、東海道・伊勢湾・紀伊半島が最も大きな被害を受けた。死者約2万人。家屋倒壊約6万戸、流失約2万戸といわれる。

ぼうえいしせつ-ちょう【防衛施設庁】バウヱイシセツチャウ 平成19年(2007)1月防衛省の発足に伴い設置された外局。自衛隊の施設の取得・管理、建設工事の実施、条約に基づく外国軍隊の駐留に伴う行政事務などを行う。同年9月法律の改正に伴い防衛省に統合。

ぼうえい-しゅつどう【防衛出動】バウヱイ 外部からの武力攻撃やそのおそれのある場合に、内閣総理大臣の命令により、自衛隊が防衛のために出動すること。国会の承認が必要。

ぼうえい-しょう【防衛相】バウヱイシヤウ 防衛大臣のこと。

ぼうえい-しょう【防衛省】バウヱイシヤウ 国の行政機関の一。自衛隊の管理・運営を任務とし、統合幕僚監部のほか陸上・海上・航空の各幕僚監部などを置き、付属機関に防衛研究所・防衛大学校などを設ける。平成19年(2007)に防衛庁を改組して発足。

ぼうえいしょうせっち-ほう【防衛省設置法】バウヱイシヤウセツチハフ 防衛省の設置および同省が自衛隊の管理・運営等を任務とすることなどを定めた法律。昭和29年(1954)に「防衛庁設置法」の名称で公布・施行。防衛庁が防衛省に移行したのに伴い、平成18年(2006)に現在の名称に改められた。自衛隊法と共に、防衛二法と称される。

ぼうえい-せん【防衛戦】バウヱイ ❶外部の攻撃から守るための戦い。「国土―」❷ボクシングや囲碁・将棋などで、チャンピオンがタイトルをかけて挑戦者と対戦すること。「王座―」

ぼうえい-だいがっこう【防衛大学校】バウヱイダイガクカウ 防衛省の付属機関の一。幹部自衛官の養成を行う教育機関で、神奈川県横須賀市にある。昭和27年(1952)保安大学校として発足、同29年に改称。防大。

ぼうえい-たいこう【防衛大綱】バウヱイ《「防衛計画の大綱」の略称》日本の防衛力のあり方、具体的な整備目標などについての基本方針。内閣の安全保障会議などの検討を経て閣議で決定する。第1次大綱は昭和51年(1976)に決定、平成7年(1995)に見直し。その後の国際情勢の変化により同16年に改定。従来の専守防衛に、大規模な災害等各種の事態への対応、より安定した安全保障環境の構築が加わった。同22年の改定では、中国の海洋進出や国際テロなどの事態に機動的に対応できる動的防衛力構築の方針が示された。

ぼうえい-だいじん【防衛大臣】バウヱイ 国務大臣の

一。防衛省の長。防衛相。

ぼうえい‐ちょう【防衛庁】バウヱイチャウ 内閣府の外局の一で、自衛隊の管理・運営を任務とした行政機関。国務大臣を長官とし、陸上・海上・航空の各幕僚監部、統合幕僚会議などを置いた。付属機関に防衛研究所・防衛大学校など。昭和29年(1954)保安庁を改組して設置。平成19年(2007)防衛省に改組。

ほうえい‐つうほう【宝永通宝】江戸幕府が、宝永5年(1708)から翌年にかけて発行した銅貨。1枚が並銭10文相当とされたため十文銭といわれ、また、大型であったため大銭ともよばれた。

ぼうえい‐にほう【防衛二法】バウヱイニハフ 自衛隊法と防衛省設置法(旧称、防衛庁設置法)の総称。

ぼうえい‐ひみつ【防衛秘密】バウヱイ 日本における防衛上の秘密情報の分類の一。平成13年(2001)の自衛隊法改正によって定められたもので、防衛省・自衛隊の保有する情報が対象。防衛上、特に秘匿する必要があるものを「防衛秘密」、それ以外の秘密情報を「省秘」とよぶ。防衛秘密を故意に漏洩した者は5年以下の懲役に処せられる。➡特別防衛秘密

ぼうえい‐りょく【防衛力】バウヱイ 国家が自国を防衛する能力。軍事力のうち、予防的なものも含めた他国への攻撃力を除いたもの。「―を強化する」〔補説〕日本の自衛隊は専守防衛の兵力であるため、その全ての能力が防衛力にあたる。

ほう‐えき【法益】ハフ 法によって保護される利益。狭義には、刑法で保護される社会生活上の利益。保護法益。

ほう‐えき【縫×腋】❶衣服の両わきの下を縫い合わせておくこと。また、そのもの。⇔闕腋(けってき)。❷「縫腋の袍(ほう)」の略。

ぼう‐えき【防疫】バウ 感染症(伝染病)の発生・流行を予防すること。感染症患者の早期発見・隔離、消毒や媒介動物の駆除、予防接種などを行う。➡検疫〔類語〕検疫・水際作戦

ぼう‐えき【貿易】〔名〕スル ❶国際間の商品の取引。輸出と輸入の総称。❷互いに財貨を交換して取引を行うこと。交易。〔類語〕(❶)通商・交易・取引・互市(ごし)・輸出入・外国貿易・国際貿易・トレード

ぼうえき‐いそんど【貿易依存度】一国の経済が貿易に依存している度合いを示す指標。国民総生産または国民所得に対する輸出額・輸入額の比率で表す。

ぼうえきがい‐しゅうし【貿易外収支】ボウエキグワイシウシ 商品貿易以外の国際収支。運輸・保険・旅行・投資などのサービス取引に伴って生じる収支。

ぼうえき‐かん【防疫官】バウエキクワン 植物や動物の検疫を行う農林水産技官。国家公務員。植物防疫官は、植物防疫法に基づいて、空港・港湾などに設置された植物防疫所で、家畜防疫官は、家畜伝染病予防法に基づいて、空港・港湾などに設置された動物検疫所で、それぞれ検疫業務を行う。

ぼうえき‐ぎん【貿易銀】明治4年(1871)の新貨条例によって発行された貿易決済用の1円銀貨。

ぼうえき‐ぎんこう【貿易銀行】ギンカウ 貿易金融を主要業務とする銀行。かつての東京銀行や国際協力銀行など。

ぼうえき‐きんゆう【貿易金融】商品の輸出入取引に必要な資金の融通。輸出金融・輸入金融・現地金融に大別できる。

ぼうえき‐じゆうか【貿易自由化】イウクワ 関税や輸入数量制限などの非関税障壁を緩和・撤廃し、貿易面での国際間の交流を自由にすること。

ぼうえきじゆうか‐こうしょう【貿易自由化交渉】ボウエキジイウクワカウセフ 2国間または多国間で、関税を下げたり輸入制限を撤廃したりして自由な貿易を行うための交渉。

ぼうえき‐しゅうし【貿易収支】シウシ 一国の輸出と輸入の差額。日本では「国際収支統計」の貿易収支(決済ベース)と、「貿易統計」の輸出入額から算出されるもの(通関ベース)がある。〔補説〕財務省が毎月発表する「貿易統計」は税関を通過した貨物を集計の対象とし、税関に提出された諸報告書を資料として作成される。輸出は運賃・保険料を含まないFOB価格、輸入は運賃・保険料を含むCIF価格で計上される。一方、日本銀行と財務省が共同で毎月発表する「国際収支統計」の貿易収支では、一般商品のほかに、加工用財貨、船舶や航空機など動産の修理費、輸送手段用に調達した燃料や備品、非貨幣用金なども取引の範囲に含まれる。貿易統計のデータを基礎資料として、IMFが定めたマニュアルに準拠して作成されるが、税関を通過したかどうかにかかわらず、所有権が移転した時点で取引を認識し、輸出入ともFOB価格で計上される。なお、昭和41年(1966)にIMF方式の国際収支統計が導入される以前は、日本銀行が毎月発表していた「外国為替統計」に基づいて外国為替の受取・支払の差額で貿易収支(為替ベース)が算出されていた。

ぼうえき‐しょう【貿易商】シャウ 商品の輸出入を営業とする個人、または会社。貿易業者。

ぼうえき‐じょうけん【貿易条件】デウケン ➡交易条件

ぼうえき‐じり【貿易尻】貿易収支の帳尻。輸出入の決算額。

ぼうえき‐てがた【貿易手形】商品の輸出入に要する資金を調達するために振り出される手形。

ぼうえき‐とうけい【貿易統計】日本の貿易に関する統計。税関に提出される輸出申告書や輸入申告書などをもとに作成され、財務省が月次で公表する。通関統計。

ほうえき‐の‐ほう【縫×腋の×袍】ハウ 両わきの下を縫い合わせて裾に襴(らん)をつけた袍。天皇・文官および四位以上の武官が着用した。闕腋(けってき)の袍に対していう。まつわしのうえのきぬ。縫腋。

ぼうえき‐ふう【貿易風】緯度30度付近にある亜熱帯高気圧帯から赤道に向かって吹くほぼ定常的な偏東風。北半球では北東の風、南半球では南東の風となり、海洋上で特に顕著。恒信風。

ぼうえき‐ほけん【貿易保険】貿易保険法に基づき、外国貿易・海外投資などの対外取引で、通常の保険では救済できない危険から輸出業者・輸入業者・仲介貿易業者・融資銀行などを保護し、その損失の塡補(てんぽ)を目的として政府が引き受ける保険。平成13年(2001)より独立行政法人日本貿易保険が引き受け実務を実施、同17年より民間の参入が開始された。

ぼうえき‐まさつ【貿易摩擦】貿易不均衡をめぐって関係国間で発生する紛争。通商摩擦。

ほう‐えつ【法悦】ホフ ❶仏の教えを聞き、それを信じることによって心にわく喜び。法喜。❷うっとりとするような喜び。エクスタシー。「―にひたる」

ほう‐えん【方円】ハウヱン ❶四角と丸。方形と円形。「水は―の器に従う」❷兵法で、陣立ての一。敵が鋒矢(ほうし)の備えで突撃してきたとき、それを包みこんで討つようにした円形の陣形。

ほう‐えん【芳縁】ハウ よい因縁(いんねん)。めでたい縁。「先世の―も浅からずや思ひ知られけん」〈平家・三〉

ほう‐えん【法×筵】ホフ 仏法を説く所。法会・説法の席。法(のり)の筵(むしろ)。

ほう‐えん【法縁】ホフ ❶仏法に会う縁。仏縁。❷法を縁とする慈悲。

ほうえん【保延】平安後期、崇徳天皇の時の年号。1135年4月27日～1141年7月10日。

ほう‐えん【砲煙｜砲×烟】ハウ 大砲を発射するときに出る煙。〔類語〕硝煙

ほう‐えん【×烽煙｜×烽×烟】のろしの煙。のろし。

ほう‐えん【豊艶】〔名・形動〕ふくよかで美しいこと。また、そのさま。「一な女をばいつの時代にも当世風とするならば」〈荷風・雨瀟瀟〉

ぼう‐えん【望遠】バウヱン 遠方のものを見ること。

ぼうえん‐きょう【望遠鏡】バウヱンキャウ 遠くにある物体を拡大して見るため、レンズや反射鏡を組み合わせて筒にはめこんだ光学器械。屈折望遠鏡・反射望遠鏡などがある。

ぼうえんきょう‐ざ【望遠鏡座】バウヱンキャウ 南天の星座の一。9月上旬の午後8時ごろ南中し、南の地平線上に一部姿を出しているが、明るい星はない。学名 ラテ Telescopium

ほうえん‐こう【方鉛鉱】ハウエンクワウ 硫化鉛を主成分とする鉱物。鉛灰色で金属光沢がある。ふつう正六面体の結晶をなし、鉛の最も重要な鉱石鉱物。

ぼうえん‐せっしゃ【望遠接写】バウヱン ➡テレマクロ

ほうえん‐だんう【砲煙弾雨】ハウエン 砲煙と激しく飛んでくる弾丸。戦闘の激しいようすをいう。

ぼうえん‐レンズ【望遠レンズ】バウヱン 遠方の物体を拡大して撮影するための写真レンズ。標準レンズより焦点距離が長く、画角は狭くて、ふつう40度以下。

ほう‐おう【法王】ホフワウ ❶仏法の王。❷天平神護2年(766)称徳天皇が道鏡に授けた称号。法皇。❸➡教皇(きょうこう)

ほう‐おう【法皇】ホフワウ《「太上法皇」の略》仏門に入った太上天皇の呼称。

ほう‐おう【訪欧】ハウ〔名〕スル ヨーロッパを訪れること。

ほう‐おう【×鳳×凰】ホウワウ ❶古代中国で、麟(りん)・亀・竜とともに四瑞として尊ばれた想像上の霊鳥。体は、前は麟(りん)、後ろは鹿(しか)、頸(くび)は蛇、尾は魚、背は亀、あごは燕(つばめ)、くちばしは鶏に似るといわれる。羽が5色で、梧桐(ごどう)に宿り、竹の実を食べ、醴泉(れいせん)を飲むと伝えられ、聖徳の天子の兆しとして世に現れるとされる。鳳は雄、凰は雌という。❷紋所の名。❶を図案化したもの。鳳凰丸や桐に鳳凰などがある。

ぼう‐おう【暴横】バウワウ〔名・形動〕乱暴でわがままなこと。また、そのさま。横暴。「其挙動常に―にして」〈竜渓・経国美談〉

ほうおう‐ざ【×鳳×凰座】ホウワウ 天の川の中にある、南天の大星座。12月上旬の午後8時ごろ南中し、南の地平線近くに見える。学名 ラテ Phoenix

ほうおう‐ざん【鳳凰山】ホウワウ「鳳凰三山」に同じ。

ほうおう‐さんざん【鳳凰三山】ホウワウ 山梨県北西部、赤石山脈北部の山群。標高2841メートルの観音ヶ岳、2765メートルの薬師ヶ岳、2740メートルの地蔵ヶ岳の総称。全山が花崗岩からなり、険しい山となっている。古くから信仰登山が行われてきたが、一般登山者も多い。東側を糸魚川(いといがわ)静岡構造線が走る。南アルプス国立公園に属する。鳳凰山。

ほうおう‐ちく【×鳳×凰竹】ホウワウ ホウライチクの変種。幹は叢生して枝が密生し、葉は小さい。庭園などに植える。鳳尾竹(ほうびちく)。南京竹(ナンキンだけ)。

ほうおう‐ちょう【法王庁】ホフワウチャウ ➡教皇庁(きょうこうちょう)

ほうおうていせつ【法王帝説】ホフワウテイセツ ➡上宮聖徳法王帝説(じょうぐうしょうとくほうおうていせつ)

ほうおう‐どう【鳳凰堂】ホウワウダウ 京都府宇治市にある平等院の阿弥陀堂の別称。中堂・左右翼廊・尾廊からなり、鳳凰が翼を広げた形に似るところからこの名がある。本尊の阿弥陀如来像は、平安後期の定朝作。国宝。

ほうおう‐ぼく【×鳳×凰木】ホウワウ マメ科の常緑高木。上部で枝を横に広げ、樹形は傘状。葉は羽状複葉。夏、多数の赤色の5弁花が散房状について咲く。マダガスカル島の原産。熱帯地方で街路樹とする。

ほうおう‐まる【×鳳×凰丸】ホウワウ 紋所の名。鳳凰を丸く図案化したもの。鳳凰の丸。

ほうおう‐もん【×鳳×凰文】ホウワウ 鳳凰を文様化したもの。古来、瑞祥文(ずいしょうもん)として装飾・絵画などに用いられる。

ほうおう‐りょう【法王領】ホフワウリャウ ➡教皇領(きょうこうりょう)

ほう‐おく【×蓬屋】❶屋根を蓬(よもぎ)でふいた家。草ぶきの家。❷みすぼらしい家。あばらや。また、自分の家をへりくだっていう語。

ぼう‐おく【×茅屋】バウヲク ❶草ぶきの屋根の家。❷みすぼらしい家。あばらや。また、自分の家をへりくだっていう語。

ぼうおくみ‐だち【棒×衽裁ち】着物の衽を長方形に裁つ基本的な裁ち方。棒裁ち。普通裁ち。

ぼう‐おし【棒押し】丈夫な棒の両端を持って互いに押し合う遊び。

ほう‐おん【方音】ハウ その地方特有の発音。方言における発音。

ほう‐おん【芳恩】ハウ 相手を敬って、その人から受け

た恩をいう語。御恩。類語恩・恩義・高恩・厚恩
ほう-おん【法音】ホフ 説法や読経の声。
ほう-おん【法恩】ホフ 仏語。四恩の一。三宝の恩。
ほう-おん【報恩】❶恩にむくいること。恩返し。❷仏・祖師などの恩に感じて仏事・布施などを行うこと。
ぼう-おん【忘恩】バウ 恩を忘れること。恩知らず。
ぼう-おん【防音】バウ〔名〕スル 外部の音が室内に入るのを防ぎ、また室内の音が外に漏れるのを防ぐこと。「二重ドアで―する」「―装置」
ほうおん-こう【報恩講】仏教各宗派で、毎年宗祖への報恩のために営む法会。浄土真宗では親鸞の忌日を最終日とする7日間、東本願寺では陰暦11月21～28日、西本願寺では陽暦1月9～16日に営む。御七夜。御正忌。お講。(季冬)
ほうおん-じ【報恩寺】㊀青森県弘前市にある天台宗の寺。山号は一輪山。開創は明暦2年(1656)。開山は本好。開基は津軽信政。歴代津軽藩主の菩提寺。㊁岩手県盛岡市にある曹洞宗の寺。山号は瑞鳩峰山。室町前期、通山長徹を開山として柏崎で開創。開基は南部守行。慶長4年(1599)現在地に移転。江戸時代には南部領内の寺院を統轄。
ほう-か【包×裹】ハウクワ〔名〕スル つつむこと。くるむこと。「遂にその法子を―して」〈中村訳・西国立志編〉
ほう-か【▽半靴】ハウクワ《「はんか」の音変化》靴の沓から靴帯を除いて簡略化したもの。略儀の際の乗馬用の履物。はんぐつ。
ほう-か【邦家】ハウ 国。国家。特に、自分の国。
ほう-か【邦貨】ハウクワ 日本の貨幣。
ほう-か【放下】ハウ〔名〕スル ❶投げ捨てること。ほうげ。「机の上の物を取っては、またすぐに―しなどしていた」〈鷗外・魚玄機〉❷一切を捨て去ること。ほうげ。「生命をさえ―し終ろうとしたほどだったが」〈山本有三・波〉❸田楽から転化した大道芸。品玉・輪鼓などの曲芸や手品を演じ、小切子を鳴らしながら小歌などをうたったもの。室町中期に発生、明治以後、名称は絶えたが、その一部は寄席芸・民俗芸能として今日に伝わる。
ほう-か【放火】ハウクワ〔名〕スル 火事を起こす目的で、火をつけること。付け火。火付け。
ほう-か【放過】ハウクワ〔名〕スル そのままうち捨てておくこと。手をつけないでおくこと。
ほう-か【放歌】ハウ〔名〕スル あたりかまわず大声で歌をうたうこと。「酔余―してはばからず」「―高吟」
類語高歌・放吟・高吟
ほう-か【放課】ハウクワ 定められた1日の課業の終わること。「―の鐘が中学の方に当ってあわただしく響いた」〈木下尚江・良人の自白〉
ほう-か【法科】ハフクワ ❶法律に関する学科。❷大学の法学部。
ほう-か【法家】ハフ ❶法律学者。法律家。❷中国、戦国時代の諸子百家の一。法による厳格な政治を行い、君主の権力を強化し、富国強兵をはかろうとする政治思想。また、その説を説く学者。申不害・商鞅から韓非によって大成された。
ほう-か【法貨】ハフクワ《「法定貨幣」の略》法律によって強制通用力を与えられた貨幣。
ほう-か【砲火】ハウクワ 火砲を発射したときに出る火。また、発射した砲弾。「―を浴びせる」「十字―」
類語砲撃・砲弾・銃火・十字砲火・集中砲火
砲火を交・える 互いに発砲し合う。戦闘状態にある。「国境線で―・える」
ほう-か【砲架】ハウ 砲身をのせる台。
ほう-か【×烽火】ホウクワ のろし。のろしの火。
ほう-か【蜂×窩】ホウクワ ハチの巣。蜂房。
ほう-が【邦画】ハウグワ ❶日本の絵画。日本画。❷日本映画。⇔洋画。
ほう-が【奉加】〔名〕スル ❶神仏に金品を寄進すること。また、その金品。「本堂修復の瓦代を―する」❷金品を与えること。また、その金品。寄付。
ほう-が【奉賀】〔名〕スル つつしんでお祝いを言うこと。「新年を―する」類語奉祝・恭賀・謹賀・慶賀・慶祝

ほう-が【宝×駕】天子の乗り物。鳳駕。
ほう-が【×萌芽】ハウ〔名〕スル ❶草木の芽のもえ出ること。また、その芽。めばえ。❷新しい物事が起こりはじめること。また、物事の起こるきざし。「自立心の―」
類語芽吹き・芽生え・きざし
ほう-が【×鳳×駕】天子の乗り物。宝駕。鳳輦。
ぼう-か【防火】バウクワ 火災の起こるのを防ぐこと。また、引火や延焼を防ぐこと。「―設備」「―訓練」
ぼう-が【忘我】バウ 夢中になって、我を忘れること。心を奪われうっとりすること。「―の境に入る」類語没我・無我・夢中・陶酔・恍惚・無我夢中・エクスタシー
ほう-かい【×彷×徊】ハウクワイ〔名〕スル あてどもなく歩き回ること。彷徨。徘徊。
ほう-かい【抱懐】ハウクワイ〔名〕スル ある考えを心にもつこと。また、その考え。「野心を―して近づく」
ほう-かい【法海】ホフ 仏語。仏法の広大なことを、海にたとえていう語。のりのうみ。
ほう-かい【法界】ホフ ❶「ほっかい(法界)」に同じ。❷自分と何の縁故もない人。「―の男ぢゃと思へば済むと」〈浄・重井筒〉❸父母の命日などに無料で奉仕したり施しをすること。「橋立の供養に人の群衆して施餓鬼の飯は―のため」〈鷹筑波・四〉❹「法界悋気」の略。「―ではなけれど、あの男めにあったら女房をもたせて置くさへ腹たつに」〈浮・懐硯・三〉
ほう-かい【崩壊｜崩潰】クワイ〔名〕スル ❶くずれてしまうこと。こわれてしまうこと。「地震で建物が―する」「家庭の―」❷放射性原子核が放射線を出して他の種類の原子に変化する現象。放出される放射線により、α崩壊・β崩壊・γ崩壊という。壊変。❸素粒子が自然に他の素粒子に変化すること。
類語倒壊・崩落・瓦解・崩れる
ほう-がい【方外】ハウグワイ《「方」は地域・世間の意》❶区域の外。また、国の外。外国。「―の地」❷人の守るべき道からはずれていること。❸俗世の外に身を置くこと。また、そのような人。僧・画工・医者など。「僧は既に―の士、何ぞ煩はしく宴宮に入らむ」〈懐風藻〉
ほう-がい【宝蓋】《「ほうかい」とも》仏像の頭上にかざす天蓋の美称。
ほう-がい【法外】ハフグワイ〔名・形動〕❶法にはずれていること。❷普通に考えられる程度をはるかに越えていること。また、そのさま。「―な利息」
類語余り・度外れ・桁外れ・桁違い・極度・異常・箆棒・途方もない・途轍もない
ほう-がい【×蓬×艾】ヨモギのこと。
ぼう-がい【妨害｜妨×碍｜妨×礙】バウ〔名〕スル 邪魔をすること。「議事の進行を―する」「営業―」
類語邪魔・邪魔だて・阻害・障害
ぼう-がい【望外】バウグワイ〔名・形動〕望んでいた以上によい結果であること。また、そのさま。思いのほか。「―な(の)幸せ」「―な(の)出世」類語思いのほか・案外・慮外・存外・意外・予想外・なかなか
ほうがい-くみあい【法外組合】ハフグワイくみあひ ►アウトサイダー❸
ほうかい-けいれつ【崩壊系列】ホウクワイ 放射性崩壊を繰り返すことでつくられる、一連の放射性核種の系列。天然放射性核種の崩壊系列としてウラン系列、アクチニウム系列、トリウム系列があり、人工放射性核種としてネプツニウム系列がある。放射性崩壊系列。壊変系列。
ぼうがい-ざい【妨害罪】バウガイ 人の正当な行為や受益を妨害する罪。往来妨害罪・公務執行妨害罪・業務妨害罪など。
ほうかい-じ【宝戒寺】神奈川県鎌倉市にある天台宗の寺。山号は、金竜山。正しくは円頓宝戒寺。建武2年(1335)足利尊氏が後醍醐天皇の命により北条一族の菩提を弔うために創建。重文の歓喜天立像・地蔵菩薩像などがある。
ほうかい-じ【法界寺】ホフカイ 京都市伏見区にある真言宗醍醐派の別格本山。山号は、東光山。通称、日野薬師・乳薬師。弘仁13年(822)日野家宗が別荘を寺としたもので、開山は最澄。永承6年(1051)日野資業が堂宇を建立、戦国期に衰退するが、親鸞

誕生の地として江戸時代に復興された。寺宝には、浄土教建築の遺構とされる阿弥陀堂(国宝)、阿弥陀如来坐像(国宝)、薬師如来立像(重文)がある。
ほうかいしゃく-がく【法解釈学】ハフカイシャク 実定法の意味をその適用にかなうように論理的、体系的に解き明かす学問。解釈法学。
ほうかい-せき【方解石】ハウカイ 炭酸カルシウムからなる鉱物。無色ないし白色でガラス光沢がある。種々の結晶形をしているが、塊状のことも多い。三方晶系。劈開は完全で、複屈折が著しい。特に無色透明のものを氷州石とよぶ。カルサイト。
ほうがい-の-とも【方外の友】ハウグワイ 世俗のつきあいを越えた、心からの友。
ほうかい-ぶし【法界節】ホフカイ 俗曲の一種。清楽の「九連環」の囃子詞「不開」をもとに長崎で発生、明治23～24年(1890～91)ごろに全国に流布した。長崎節。⇒法界屋
ほうかいぼう【法界坊】ホフカイバウ 歌舞伎狂言「隅田川続俤」の通称。
ほうかい-むえん【法界無縁】ホフカイ 仏語。仏の慈悲が、すべての人々に対して無差別平等であること。ほっかいむえん。
ほうかい-や【法界屋】ホフカイ ❶巷間芸能の一。編み笠に白袴の書生が、月琴を伴奏に法界節を歌って歩くもの。明治の中ごろ、全国で行われた。❷❶の流れを引く巷間芸能。印半纏に腹掛け・ももひきという服装で、琴・三味線・胡弓・尺八・太鼓などを合奏しながら盛り場や花街を流し、唄を歌うもの。明治末期に大阪を中心に流行。
ほうかい-りんき【法界×悋気】ホフカイ 自分に関係のないことに嫉妬すること。おかやき。「―、瞋恚の怒り綱切れて、鎖め兼ねたる折節」〈浄・鑓の権三〉
ほうが-きん【奉加金】❶奉加の金銭。寺社に寄進した金。❷寄付金。
ほう-かく【訪客】ハウ 訪れて来る客。訪問客。ほうきゃく。「―を告げる小間使が」〈芥川・手巾〉類語客・客人・来客・来訪者・訪問者・賓客・来賓・まろうど・ゲスト
ほう-かく【×蓬客】ヨモギが風に吹かれて飛ぶように、あちらこちらさすらい歩く旅人。
ほう-かく【×鳳閣】❶りっぱな楼閣。宝閣。❷中務省の唐名。
ほう-がく【方角】ハウ ❶ある地点をもとにして、東西南北で表した方向。「北の―」❷吉凶にかかわる方位。「―が悪い」❸そのもののある方向。「火事は家の―だ」❹考え方の方向。見当。「違った―から考えてみる」❺事をする方法。やり方。てだて。「和解させる―が立たない」⇒方向 用法
類語方向・方位・方・向き
ほう-がく【邦楽】ハウ ❶洋楽に対して、日本の伝統的スタイルに基づく音楽の総称。雅楽・声明・平曲・能楽・三味線音楽・箏曲・琵琶楽・尺八楽・民謡など。和楽。日本音楽。⇔洋楽。❷狭義には、❶のうち、特に江戸時代の音楽。三味線音楽・箏曲・尺八楽などをさし、雅楽・声明・能楽や民謡を含めない。❸ポピュラー音楽で、日本人が作曲した楽曲。
ほう-がく【放学】ハウ ❶「放課」に同じ。「日曜日の―と雖も」〈川井景一・横浜新誌〉❷「放校」に同じ。
ほう-がく【法学】ハフ 法に関する学問。法解釈学・法哲学・法社会学・法史学・比較法学などを含む。狭義には、法解釈学をさす。法律学。
ほうかくきく-きょう【方格規×矩鏡】ハウカクキクキャウ 漢代から魏・晋代にかけて盛行した鏡の一。中央の鈕を方格(方形の区画)が囲み、その外側にT・L・V字形の文様がある。この文様を定規とコンパスに見立てての名称で、四神や十二支を配したものが多い。TLV鏡。
ほうかく-じ【鳳閣寺】奈良県吉野郡黒滝村にある真言宗鳳閣寺派の本山。山号は、百螺山。開創は寛平7年(895)。開山は聖宝。修験道の根本道場であった。鳥栖寺。
ほうがく-ちがい【方角違い】ハウガクちがひ ❶方角が違うこと。方向違い。「帰り道とは―だ」❷見当が違ってい

ること。見当違い。「―のことを言う」

ほうがく-びけし【方角火消し】江戸時代の大名火消しの一。明暦3年(1657)の江戸大火のあと、12家の大名を3隊に分けて江戸城の防火にあたらせたもの。

ほうか-ご【放課後】学校でその日の授業が終わったあと。

ほうかご-がくしゅう【放課後学習】公立の小中学校で放課後の時間を利用して児童・生徒に補習を行うこと。教職経験者や教育学部の学生などが講師を務める場合が多いが、大手進学塾と提携して塾講師を派遣する自治体もある。

ほうかご-じどうクラブ【放課後児童クラブ】▶学童保育

ほうか-ざい【放火罪】火を放って建造物などを焼く罪。現住建造物等放火罪・非現住建造物等放火罪・建造物等以外放火罪などがある。➡失火罪

ぼうか-ざい【防火剤】不燃焼性または吸湿性をもつ薬剤。硼酸ナトリウム・炭酸マグネシウムなど。布の防火加工や防火塗料に用いる。

ほうか-し【放下師】江戸時代に現れた、放下❸を行う俗体の者。放下つかい。

ぼうか-し【防×鴨河使｜防河使】平安初期に設置された令外の官。京都鴨川の堤防修築の事をつかさどった。

ほうかしき-えん【蜂×窩織炎】▶蜂巣織炎

ぼうか-じゅ【防火樹】火災の延焼を防ぐため、家屋などの周囲に植える木。イチョウ・サンゴジュ・カシ・シイ・ユズリハなど。

ほうが-じょう【奉加状】奉加する金品に添えて寺社に差し出す文書。

ぼうか-じょうやく【望厦条約】1844年、マカオ郊外の望厦村で清国と米国との間で調印された修好通商条約。

ぼう-がしら【棒頭】❶駕籠かき人足のかしら。❷一般に、人足のかしら。「―のように頑丈なからだで」〈多喜二・蟹工船〉

ぼうか-すいそう【防火水槽】消火用の水をためておく容器。小火対策程度の小さなものから、消防車に水を提供する、地下に設置した大型のものまである。

ぼうか-せん【防火線】火災の延焼を防ぐために設けられる細長い空地。防火帯。

ほうか-そう【放下僧】《「ほうかぞう」とも》室町中期以後に現れた、放下❸を行う僧形の芸能者。田楽法師の系統をひく。ほうげそう。◆曲名別項。

ほうかぞう【放下僧】謡曲。四番目物。牧野小次郎が禅僧の兄とともに放下僧のいでたちで芸を披露し、親の敵の利根信俊に近づいて仇を討つ。

ほうか-だいがくいん【法科大学院】大学法学部の大学院の一つ。裁判官・検察官・弁護士など法曹の養成を目的とし、「法科大学院の教育と司法試験等との連携等に関する法律」により設置される。法曹需要が増加すると思われた時代背景のもと、司法制度改革の一環として平成16年(2004)に開設。2ないし3年間の教育を修了後、司法試験を受験することができる。(補説)米国のロースクール(law school)を範とした。主に大学の法学部卒業者を対象とした既修者コースと、他学部卒業者を対象とした未修者コースがあり、前者は2年間、後者は3年間の教育が行われる。正式名は法務研究科や法学研究科など大学によりさまざま。

ほうかだて-そうば【邦貨建相場】▶支払勘定建相場

ぼうか-ちいき【防火地域】都市計画法で定められた地域地区の一つ。市街地における火災の危険を防除するため、建築物を耐火構造にするなどの義務づけがある。防火地区。

ほうが-ちょう【奉加帳】❶勧進に応じて奉加する金品の目録や寄進者の氏名を記入する帳面。寄進帳。❷寄付を求めるときに回して、金額と氏名を記入する帳面。

ほう-かつ【包括】〔名〕スル 全体をひっくるめてまとめること。「諸問題を―して扱う」「すべてを―した概念」(類語)一括・一纏め・一括り・総括・統括・総合・統合・統一・集約・集成

ほうかつ-いぞう【包括遺贈】〔名〕スル 財産を特定せずに、遺産の全部またはその一部分を一括して与える遺贈。➡特定遺贈

ほうかつ-ざいさん【包括財産】財産を構成する権利義務のすべてを包括して一つとして扱う場合の財産。相続財産など。

ほうかつ-しょうけい【包括承継】相続・会社合併などで、他人の権利義務を一括して承継すること。➡特定承継

ほうかつ-せいとう【包括政党】国民各層の支持を受ける政党。幅広い階層からの支持を獲得するために総花的な綱領を掲げた政党。キャッチオールパーティー。

ほうかつ-せきにんしゅぎ【包括責任主義】保険会社が、免責事項に該当しない限りあるゆる危険により生じた損害について責任を負うという危険負担原則。➡列挙責任主義

ほうかつ-てき【包括的】〔形動〕すべてをひっくるめているさま。総括的。「―な論述」

ほうかつてき-かくじっけんきんしじょうやく【包括的核実験禁止条約】▶シー-ティー-ビー-ティー(CTBT)

ほうかつてきかくじっけんきんしじょうやく-きかん【包括的核実験禁止条約機関】▶シー-ティー-ビー-ティー-オー(CTBTO)

ほうかつ-りえき【包括利益】企業会計で、純利益に長期にわたって保有する株式の評価益、金融商品の評価益などを加えたもの。

ぼう-が-つる【坊ガツル】大分県南西部、竹田市にある湿原。九重火山群の主峰・久住山と大船山の間の山岳地域(標高1000～1270メートル)の小盆地床に形成されている。国内最大級の中間湿原(面積0.53平方キロメートル)。阿蘇くじゅう国立公園特別保護地区・同特別地域に含まれる。平成17年(2005)タデ原湿原とともにラムサール条約に登録。

ぼうか-とりょう【防火塗料】燃えにくい材料を混合してあり、引火や燃焼を困難にする塗料。珪酸アルカリ・ポリ塩化ビニルなどが材料に用いられる。耐火ペイント。

ぼう-がね【坊がね】《「がね」は接尾語》将来、東宮に就くべき候補者。皇太子候補。「―を、一人にもあらず二人まで」〈宇津保・蔵開中〉

ぼうか-ふ【防火布】熱に強く燃えにくい布。不燃性の繊維で作ったり、防火剤を塗布または固着させたりした布。

ぼうか-へき【防火壁】火災の延焼を防ぐために設ける耐火構造の壁。

ボウ-カラー〖bow collar〗襟ぐりに長めのバンドカラーがつき、前で蝶結びする襟のこと。

ほうが-りん【×萌芽林】地表近くで木を伐採し、切り株からの萌芽を生長させた林。萌芽後に手入れして枝を適度に切り、幹となる枝を残す。

ぼうか-りん【防火林】森林や家屋などの周囲に、火災の延焼を防ぐために設ける樹林帯。火に強い常緑広葉樹・落葉広葉樹などを植える。

ほう-かん【芳×翰】他人を敬って、その人の手紙をいう語。芳書。貴翰。尊翰。(類語)御状・御書・懇書・貴書・貴翰・貴札・芳書・芳信・芳墨・尊書・尊翰・台翰・朶雲

ほう-かん【奉還】〔名〕スル 天皇にお返し申し上げること。返し奉ること。「大政を―する」

ほう-かん【宝冠】❶宝石で飾った冠。❷仏像の冠。頭全体にのせるものと額前面だけを覆うものとがある。大日如来の五智宝冠など。❸五智宝冠または八葉蓮華をかたどった、山伏・修行者の着用したかぶり物。法冠。(類語)冠・王冠・栄冠・月桂冠

ほう-かん【宝鑑】❶宝物の鏡。尊い鏡。宝鏡。❷模範。手本。また、手本となることを記載した実用的な書物。「家庭―」

ほう-かん【放還】〔名〕スル 許してかえすこと。釈放。

ほう-かん【法官】司法の役人。裁判官。

ほう-かん【砲艦】❶海岸・河川の警備に用いられる喫水の浅い小艦。❷大砲を積んだ艦。

ほう-かん【訪韓】〔名〕スル 韓国を訪れること。「首相が―する」

ほう-かん【×幇間】《「幇」は、たすける意》宴席などで客の機嫌をとり、酒宴の興を助けるのを職業とする男。太鼓持ち。男芸者。

ほうかん【豊干】▶ぶかん(豊干)

ほう-かん【×鳳管】笙の異称。

ほう-がん【方眼】規則正しく真四角に区切ったます目。

ほう-がん【包含】〔名〕スル つつみこみ、中にふくんでいること。「幾多の問題を―する」(類語)含む・抱える・蔵する・宿す・孕む・内包・内含・内在・内蔵・含有

ほう-がん【▽判官】《「はんがん」の音変化》㊀四等官の第三等官。特に、衛府の尉であって検非違使を兼ねる者。➡判官 ㊁《検非違使の尉であったところから》源義経の通称。

ほう-がん【芳顔】美しい顔。また、他人を敬って、その顔をいう語。尊顔。「―を拝する」

ほう-がん【砲丸】❶大砲のたま。砲弾。❷陸上競技の砲丸投げに用いる金属球。男子用7.26キロ以上(高校男子用は6キロ以上)、女子用4キロ以上。

ほう-がん【砲眼】砲塔・城壁などに設けた、砲弾を発射するための穴。砲門。

ほう-がん【×鳳眼】鳳凰の目。また、人相学で、鳳凰の目のように眦の深い人相。貴相とされる。

ぼう-かん【坊官】❶春宮坊の職員の総称。❷門跡家などに仕え、事務に当たった在俗の僧。剃髪し法衣を着るが、肉食妻帯し、帯刀を許された。殿上法師。房官。

ぼう-かん【坊間】町の中。市中。また、世間。「―の取り沙汰によれば」

ぼう-かん【防寒】寒さをふせぐこと。「―対策」(類語)耐寒・寒さしのぎ

ぼう-かん【傍観】〔名〕スル 手を出さずに、ただそばで見ていること。その物事に関係のない立場で見ていること。「争いを―する」「―者的な態度」

ぼう-かん【暴漢】乱暴をはたらく男。(類語)暴れ者・暴れん坊・暴徒・無法者・荒くれ者

ボウ-ガン〖bow gun〗《「ボーガン」とも》石弓の一種。銃に弓を水平にとりつけた形をしており、引き金をひいて矢を発射する。

ぼうかん-ぐ【防寒具】寒さを防ぐための衣類・道具。

ほうかん-げきたく【抱関撃×柝】門番と夜回り。身分の低い役人のこと。「―辞す可からざる今の場合」〈蘆花・思出の記〉

ほうかん-じ【法観寺】京都市東山区にある臨済宗建仁寺派の寺。山号は、霊応山。聖徳太子の創建と伝えられる。永享12年(1440)建造の八坂の塔とよばれる五重の塔がある。八坂寺。

ほうがん-し【方眼紙】直角に交わる縦横の直線を等間隔にひいた用紙。グラフ・統計・見取図などを描くのに用いる。セクションペーパー。

ほうかん-しょう【宝冠章】女性に授与される勲章の一。明治21年(1888)制定。宝冠大綬章、宝冠牡丹章、宝冠白蝶章、宝冠藤花章、宝冠杏葉章、宝冠波光章の6等級がある。(補説)制定時は、旭日章が男性、宝冠章が女性を対象とした勲章だったが、平成15年(2003)より男女ともに旭日章の対象となった。そのため現在では、宝冠章は皇室の女性や外国人への儀礼叙勲など特別な事例にのみに適用される。

ほうがん-だい【▽判官代】❶院の庁に仕えた事務官。五位・六位の者を任じた。❷平安時代以

降、国衙(こくが)領・荘園の現地にあって、土地の管理や年貢の徴収などをつかさどった職。

ほうがんてき-ろんりわ【包含的論理和】ハウガンテキー《inclusive OR》論理演算の一で、論理和のこと。二つの命題pとqの両方が「真」であっても成り立つ。どちらか一方の命題が「真」であるときだけ成り立つ排他的論理和との違いを明示する際に用いられる。インクルーシブオア。IOR。

ほうがん-なげ【砲丸投げ】ハウグワンー 陸上競技で、投擲(とうてき)種目の一。直径2.135メートルのサークル内から片手で所定の重さの砲丸❷を投げ、その投げた距離を競う競技。➔表

ぼうかん-の-しょ【坊間の書】バウカンー 世間の多くの人が読んでいる書物。通俗書。

ほうがん-びいき【▽判官×贔×屓】ハウグワンー 悲劇的英雄、判官源義経に同情する気持ち。転じて、弱者・敗者に同情し声援する感情をいう。

ほうがん-もの【▽判官物】ハウグワンー 謡曲・幸若舞曲・浄瑠璃・歌舞伎などで、義経伝説に取材した作品。謡曲「船弁慶」「安宅」、浄瑠璃「鬼一法眼三略巻」「義経千本桜」、歌舞伎「勧進帳」など。

ほうき【伯耆】はうき 旧国名の一。山陰道に属し、鳥取県の中西部にあたる。伯州。

ほう-き【芳紀】ハウー 女性の若く美しいころ。年ごろを迎えた女性の年齢。「一まさに一八歳」
(類語)娘盛り・女盛り・妙齢・年ごろ

ほう-き【邦畿】ハウー 都に近い天子直轄の土地。畿内(きない)。京畿(けいき)。

ほうき【宝亀】奈良時代、光仁天皇の時の年号。770年10月1日〜781年1月1日。

ほう-き【宝器】尊い器物。大切な宝物。

ほう-き【放棄┊×抛棄】ハウー〔名〕スル ❶投げ捨ててかえりみないこと。「責任を一する」❷自分の権利・資格などを捨てて行使しないこと。「権利を一する」
(類語)放擲(ほうてき)・棄却・遺棄・棄権・辞退

ほう-き【法規】ハフー 法律と規則。特に、その中で国民の権利・義務にかかわるもの。「一に照らす」「交通一」(類語)法令・法律・法・規則・ロー・ルール

ほう-き【法喜】ホフー「法悦(ほうえつ)」に同じ。

ほう-き【法器】ホフー ❶仏語。仏法を受け入れる素質。仏道修行に耐えられる能力。また、それをもつ人。❷仏事に用いる道具。仏具。法具。

ほう-き【蜂起】〔名〕スル ハチが巣から一斉に飛びたつように、大勢が一時に暴動・反乱などの行動を起こすこと。「悪政に抗して人民が一する」「武装一」

ほう-き【豊▽肌】ふくよかなはだ。「紅臉一、美なる玉の如く姿態梟梟」〈東海散士・佳人之奇遇〉

ほうき【×箒┊×帚】はうき《「ははき」の音変化》ちりやごみなどをはく掃除道具。竹の枝・シュロ・ホウキギ・わらなどで作る。
(…語)(ぼうき)草箒・毛箒・荒神(こうじん)箒・高野(こうや)箒・座箒・棕櫚(しゅろ)箒・竹箒・茶箒・手箒・羽(はね)箒・羽(は)箒・葉箒・目箒・蕨(わらび)箒・藁(わら)箒

ほう-ぎ【方技】ハウー 方士の行う技術。医術・占星・不老不死などの術。

ぼう-き【紡機】バウー「紡績機械」の略。

ぼう-き【×耄期】《「耄」は70歳。また、80歳、90歳。「期」は100歳》おいぼれること。ぼけること。また、その年齢。老齢。

ぼう-き【望気】バウー 雲気を見て吉凶を占うこと。

ぼう-き【×榜木】バウー 土地の境界を標示する木。榜示木(ぼうじぎ)。分木(ぶんぎ)。

ぼう-き【×謗毀】バウー〔名〕スル けなすこと。そしること。「一を受る事は、免かるべからず」〈中村訳・自由之理〉

ぼう-ぎ【妄議】バウー 筋のとおらない、でたらめな議論をすること。また、その議論。

ぼう-ぎ【謀議】〔名〕スル 計画し相談すること。特に、犯罪の計画・方法などを相談すること。「政府の転覆を一する」「共同一」
(類語)陰謀・密謀・共謀・策謀・策略・謀略・謀計

ほうき-がみ【×箒神】はうきー 箒に宿る神。安産の守り神とされ、産婦の腹を箒でなでたり、足許に箒を逆さに立てたりする。

[砲丸投げ] 砲丸投げの世界記録・日本記録				(2012年8月現在)
		記録	更新日	選手名(国籍)
世界記録	男子	23.12メートル	1990年5月20日	ランディ＝バーンズ(米国)
	女子	22.63メートル	1987年6月7日	ナタリア＝リソフスカヤ(ソビエト連邦)
日本記録	男子	18.64メートル	2009年10月5日	山田壮太郎
	女子	18.22メートル	2004年4月18日	森千夏

ほうき-ぎ【×箒木】はうきー アカザ科の一年草。高さ約1メートル。茎は堅く細く、下部から多数分枝し、緑色でのち赤色になり、葉は互生する。夏から秋、淡緑色の小花を穂状につける。実は小さく平たい球形で、漢方で地膚子(じふし)とよび利尿薬に、また、とんぶりとよび食用にする。中国の原産。干して草箒(くさぼうき)を作る。ほうきぐさ。ははきぎ。

ほうき-ぐさ【×箒草】はうきー ホウキギの別名。(季 夏)

ほうき-さいりょう【法規裁量】ハフキサイリヤウ 行政庁のなす判断や行為が、法規によって拘束されていること。羈束(きそく)裁量。

ほうき-ざや【×箒×鞘】はうきー《草箒(くさぼうき)に似るところから》毛皮でこしらえた尻鞘(しりざや)。

ほうき-じ【法起寺】ホフキー ▶ほっきじ(法起寺)

ほうき-じあい【放棄試合】ハウキじあひ ▶没収(ぼっしゅう)試合

ほうき-たけ【×箒×茸】はうきー ホウキタケ科のキノコ。高さ約15センチ。上部がサンゴ状に多くの枝に分かれ、全体に白く、先端だけ淡紫色。秋に広葉樹林内に生え、食用。ねずみたけ。

ほうき-ふじ【伯耆富士】はうきー 大山(だいせん)の別称。

ほうき-ぼし【×箒星】はうきー 彗星(すいせい)のこと。

ほうき-むし【×箒虫】はうきー ホウキムシ綱ホウキムシ科の触手動物。海岸の砂中にすみ、体長約10センチ。体は細長い円筒状で前端に触手があり、形が箒を思わせる。ムラサキハナギンチャクの管の中にも共生する。ホウキムシ綱には海底の岩上に付着するヒメホウキムシなども含まれる。

ほうき-め【×箒目】はうきー 箒で地面を掃いたあとにできた模様。

ほうき-めいれい【法規命令】ハフキー 行政機関の発する命令で、法規としての実質を有するもの。日本国憲法のもとでは、委任命令だけがこの性質をもつ。

ほう-きゃく【放却┊×抛却】ハウー〔名〕スル うちすてておくこと。「考えを一してしまわねばならぬ」〈内村・後世への最大遺物〉

ほう-きゃく【訪客】ハウー ▶ほうかく(訪客)

ぼう-きゃく【忘却】バウー〔名〕スル すっかり忘れてしまうこと。忘れ去ること。「一のかなた」「一し得ないできごと」(類語)忘れる・忘失・失念・物忘れ・ど忘れ

ぼう-ぎゃく【暴虐】〔名・形動〕むごいことをして人を苦しめること。また、そのさま。「一の限りを尽くす」「一な政治」(派生)ぼうぎゃくさ〔名〕(類語)暴戻・残虐・残忍・残酷・凶悪・悪逆・無道・非道・苛虐・苛酷

ぼう-ぎゃく【謀逆】謀反(むほん)をたくらむこと。

ほう-きゅう【俸給】ーキフ ❶給料。サラリー。❷国家公務員に支給される、諸手当を除いた基本的給与。

ほう-ぎゅう【×犎牛】ーギウ コブウシの別名。

ぼう-ぎゅう【×犛牛┊×旄牛】ーギウ ヤクの別名。

ほうきゅうせいかつ-しゃ【俸給生活者】ホウキフセイクワツー 俸給によって生計をたてる人。サラリーマン。

ほう-ぎょ【崩御】〔名〕スル 天皇・皇后・皇太后・太皇太后を敬ってその死をいう語。昔は上皇・法皇にもいった。(類語)薨去(こうきょ)・卒去・お隠れ

ほう-ぎょ【×鮑魚】ハウー 塩漬けにした魚。また、その臭いもの。

鮑魚の肆(いちぐら)に入(い)るが如(ごと)し　塩漬けの臭い魚を売る店に入るとそのにおいがしみつくように、悪い仲間とつきあっているとそれに染まってしまう。

ぼう-きょ【妄挙】バウー ▶もうきょ(妄挙)

ぼう-きょ【暴挙】❶乱暴な振る舞い。不法な行動。無謀な企て。「暗殺という一に出る」❷暴動。「熊本の一は頓に平定したれど」〈染崎延房・近世紀聞〉
(類語)乱暴・狼藉(ろうぜき)・無法・乱行(らんぎょう)・蛮行(ばんこう)・暴状・暴行・愚挙・愚行・腕力沙汰(ざた)

ぼう-ぎょ【防御┊防×禦】バウー〔名〕スル 敵の攻撃などを防ぎ守ること。「攻撃は最大の一」「敵の猛攻を一する」(類語)防衛・防護・守備・守り・ディフェンス

ほう-きょう【方鏡】ハウキヤウ 古代の方形の鏡。特に中国唐代に盛行した正方形・長方形の銅鏡。

ほう-きょう【方響】ハウキヤウ 古代中国・日本の打楽器の一。音律の異なる小さい鉄板16枚を上下二段の架につるし、2本の桴(ばち)で打つもの。日本には奈良時代に唐楽の楽器として伝わり、正倉院に鉄板9枚が遺存する。方磬(ほうけい)。

ほう-きょう【包▽茎】ハウキヤウ ▶ほうけい(包茎)

ほう-きょう【法橋】ホフケウ ❶仏語。仏の教えを、人を彼岸に渡す橋にたとえていう語。法(のり)の橋。❷▶ほっきょう(法橋)

ほう-きょう【封境┊封×疆】ーキヤウ くにざかい。国境。「粟散諸王の、その一に自在を得る」〈十善法語・一〉

ほう-きょう【豊凶】豊作と凶作。また、豊年と凶年。「一を占う」

ほう-きょう【豊胸】女性のふっくらとした豊かな胸。豊乳。「一術」

ほう-きょう【豊▽頰】ーケフ ふっくらとした美しいほお。「一の佳人」

ほう-ぎょう【方形】ハウギヤウ・【宝形】ホウギヤウ ❶寺院の堂塔の頂を飾る露盤・宝珠など。❷「方形造り」の略。

ぼう-きょう【防共】バウー 共産主義の侵入・拡大を防ぎとめること。「一協定」

ぼう-きょう【望郷】バウキヤウ 故郷をなつかしく思いやること。懐郷。思郷。「一の念にかられる」

ほうきょういん-とう【宝×篋印塔】ホウケフインタフ 宝篋印経にある陀羅尼を書いて納めた塔。日本ではふつう石塔婆の形式の名称とし、方形の石を、下から基壇・基礎・塔身・笠・相輪と積み上げ、笠の四隅に飾りの突起があるものをいう。のちには供養塔・墓碑塔として建てられた。

ほうぎょう-づくり【方形造(り)】ハウギヤウー 屋根の形式の一。隅棟(すみむね)がすべて屋根の頂点に集まるもの。正方形平面の建物に多く、寺院では頂部に露盤・宝珠などをのせる。

ほうきょう-にん【奉教人】ホウケウー 近世初頭のキリスト教信者の呼称。

ほう-ぎょく【宝玉】貴重な玉。宝石。宝珠。「一をちりばめた王冠」

ぼうぎょ-りつ【防御率】バウギヨー 野球で、投手が1試合(9イニング)平均何点の自責点で抑えたかを示す率。自責点の合計に9を掛け、それを投球回数で割ったもので、数値は小さいほど成績がよい。

ほうき-りゅう【▽伯×耆流】はうきリウ 剣道の一派。片山伯耆守久安(ひさやす)が慶長年間(1596〜1615)に創始。居合抜きを特技とする。片山流。

ぼう-きれ【棒切れ】《「ぼうぎれ」とも》棒のきれはし。短い棒。(類語)木切れ・棒・スティック

ほう-きん【方金】ハウー 方形の金貨。江戸時代の一分金・二分金・一朱金などをいう。

ほう-きん【砲金】ハウー 銅と錫(すず)、あるいは銅と錫・亜鉛との合金。青銅の一種。鋳造性がよく、強くて耐食性に富み、軸受けなどに用いる。古く錫10パーセント程度のものが大砲の鋳造に使用されたところからの名。ガンメタル。

ほう-ぎん【芳吟】ハウー 他人を敬って、その詩歌または吟唱をいう語。芳詠。玉吟。

ほう-ぎん【放吟】ハウー〔名〕スル あたりかまわず大声で詩歌をうたうこと。「酔歩一する」「高歌一」
(類語)放歌・高歌・高吟

ぼう-きん【傍近】バウー 近い所。近所。近辺。「伯拉温(ブラオン)は、土維徳(トウイード)(＝川ノ名)の一に住しけり」〈中村訳・西国立志編〉

ぼう-ぎん【棒銀】将棋の居飛車戦法の一つで、銀の協力を得て飛車先から突破をねらう指し方。

ほうきん-に【法均尼】ホフキンー 和気広虫(わけのひろむし)の法名。

ほう-く【法▽鼓】ホフ ►ほっく(法鼓)

ほう・く【×惚く】〔動カ下二〕「ほうける」の文語形。

ほう-ぐ【▽反▽故┊▽反▽古】「ほご(反故)」に同じ。「さすが積もりにける—なれば、多くて」〈右京大夫集・詞書〉

ほう-ぐ【法具】ホフ 仏事に使う道具。仏具。法器。

ぼう-ぐ【防具】バウ 危険を防止するため身につける道具。特に、剣道・フェンシングなどの、面・胴・小手その類。剣道での正式名は剣道具。

ぼう-ぐい【棒×杙┊棒×杭】ぐひ《「ぼうくい」とも》棒状の木のくい。

ほう-くう【法空】ホフ ►ほっくう(法空)

ぼう-くう【防空】バウ 航空機やミサイルによる空中からの攻撃を防ぐこと。〔類語〕対空

ぼうくう-えんしゅう【防空演習】バウクウエンシフ 空中からの攻撃にそなえて行う実地訓練。

ぼうくう-ごう【防空×壕】バウクウガウ 空襲のときに避難するため、地中に造る穴や構築物。

ぼうくう-しきべつけん【防空識別圏】バウクウ 領空に進入してくる航空機の識別・位置の確認・飛行指示などを行うため、各国がその領空の外側に設定している一定の空域。ADIZ(air defense identification zone)。

ぼうくう-ずきん【防空頭巾】バウクウヅキン 第二次大戦中、空襲などのときに飛来物や落下物から頭部を保護するために頭にかぶった綿入れの頭巾。

ほう-ぐみ【方組み】ハウ 薬を調合する方法。また、それを書いたもの。処方。処方箋。「長者丸といへる妙薬の—、伝へ申すべし」〈浮・永代蔵・三〉

ぼう-ぐみ【棒組(み)】❶印刷の組版で、字詰め・行間だけを指定どおりにし、ページや体裁に関係なく続けて組むこと。➡本組❶ ❷一つの駕籠を一緒にかつぐ相手。また、組んで物事をする相手。相棒。仲間。「奴等は—だな、と彼は即座にそう思った」〈佐藤春夫・田園の憂鬱〉

ぼうぐみ-きゃく【棒組み客】何人か連れになっている遊び客。「五七度も見くらべて、くたぶるる足の—は」〈浮・一代女・五〉

ぼう-グラフ【棒グラフ】統計で、数量の大きさを棒状の線の長さで表したグラフ。線グラフ。

ぼう-くん【亡君】バウ 死亡した主君。先君。

ぼう-くん【傍訓】バウ 漢字のわきにつける読みがな。振りがな。ルビ。

ぼう-くん【暴君】❶人民を苦しめる暴虐な君主。❷ひとり横暴に振る舞う者。「家では—ぶりを発揮する」

ほうぐんほうかい-しょうこうぐん【蜂群崩壊症候群】ホウグンホウクワイシヤウコウグン 飼育されているミツバチが突然、大量に姿を消す現象。巣箱には孵化した幼虫や食料が残され、女王バチと羽化直後の働きバチがわずかに残っている場合が多い。巣箱の周囲では死骸は発見されない。2006年に米国で問題化し、欧州などでも同様の事例が報告されているが、原因は解明されていない。CCD(colony collapse disorder)。〔補説〕日本でも同時期に養蜂場でミツバチが大量死する事例が相次いで発生しているが、巣箱の周辺でミツバチの死骸が発見され、死亡が確認されていることから、蜂群崩壊症候群とは異なる現象と考えられる。日本での大量死の原因として、ミツバチに寄生するダニやネオニコチノイド系殺虫剤の影響が有力視されている。

ぼうくんほうばつ-ろん【暴君放伐論】バウクンハウバツ—《ラテン monarchomachia》人民は暴君に服従する義務はなく、その殺害も許されるとする主張・思想。16世紀後半、フランスにおける宗教的対立の中から、主にユグノーによって主張された。モナルコマキ。

ぼうくん-りゅう【暴君竜】►ティラノサウルス

ほう-け【法家】ハフ 法律に関する学問を伝える家。また、その家の人。明法家。ほっけ。

ほう-げ【放下】ハウ〔名〕スル ❶仏語。禅宗で、一切の執着を捨て去ること。「一切を—し尽して」〈漱石・行人〉❷「ほうか❶❷」に同じ。「ヒトヲ—スル」〈日葡〉

ぼう-げ【妨×碍┊妨×礙】バウ〔名〕スル 「妨害」に同じ。「両人の談を—し去て」〈織田訳・花柳春話〉

ぼうけ-あみ【棒▽受網】►ぼううけあみ

ほう-けい【方形】ハウ 四角形。「—の器」〔類語〕四角・四角形・四辺形・角形・升形・正方形・長方形・矩形・スクエア

ほう-けい【方×磬】ハウ 方響の異称。

ほう-けい【包茎】ハウ 成人の陰茎の亀頭が包皮で覆われたままである状態。皮かぶり。ほうきょう。

ほう-けい【宝×髻】❶仏像で、菩薩が頭上に結んでいるもとどり。❷奈良時代、律令制で五位以上の女子が礼服のときに頭上に結んだ理髪の様式。また、髪の髻に挿す金銀珠玉の髪飾りもいう。

ほう-けい【法系】❶(ハフ) 法律の発生・継受に着目して分けられる法の系統。ローマ法系・英米法系・大陸法系など。❷(ホフ) 仏教の各宗派の系統。

ほう-げい【奉迎】〔名〕スル 身分の高い人をお迎えすること。「大王父子を—したのである」〈木下尚江・良人の自白〉〔類語〕歓迎・迎賓・迎える

ぼう-けい【亡兄】バウ 死んだ兄。

ぼう-けい【忘形】バウ ❶自己を超越して、無為自然の道を悟ること。❷容姿・地位など形式的なものを問題にしないこと。隔てのないこと。「—の友」

忘形の交わり 《「唐書」孟郊伝から》身分や貧富などを問題にしない交わり。隔てのない交わり。

ぼう-けい【傍系】バウ ❶親族関係で、直系に対して、共同の始祖を通じてつながる系統。⇔直系。❷直系から分かれ出た系統。「—の販売会社」⇔直系。❸主流からはずれている系統のもの。「—の作家」〔類語〕分家・分流・分派・分かれ・支流・傍流・末家・末流

ぼう-けい【謀計】はかりごと。相手をだます計略。謀略。「—をめぐらす」〔類語〕謀略・策略・計略・機略・はかりごと・企み・術策・権謀・陰謀・奸策・詭計

ぼうけい-いんぞく【傍系姻族】バウケイ 自分の配偶者の傍系血族および自分の傍系血族の配偶者。

ぼうけい-がいしゃ【傍系会社】バウケイグワイシヤ ある企業の系列下にある会社で、子会社ほどには支配権の及ばないもの。

ぼうけい-けつぞく【傍系血族】バウケイ 同じ始祖から分かれ出た血族。兄弟姉妹・おじ・おば・甥・姪・いとこなど。

ほうけい-こつ【方形骨】ハウケイ ►方骨

ほうけいしゅうこう-ぼ【方形周溝墓】ハウケイシウコウ— 周囲に方形の溝をめぐらせた盛り土の墓。日本では1辺10メートル前後のものが多い。弥生時代、数人から二十数人を葬った家族墓と、一人だけを葬ったものとがある。

ぼうけい-しん【傍系親】バウケイ 親族のうち、傍系の関係にある者。兄弟姉妹やいとこ同士など。

ぼうけい-しんぞく【傍系親族】バウケイ 傍系血族および傍系姻族の総称。特に六親等内の傍系血族および三親等内の傍系姻族。

ぼうけい-そんぞく【傍系尊属】バウケイ 傍系血族のうち、自分より上の世代にある者。おじ・おばなど。

ぼうけい-ひぞく【傍系卑属】バウケイ 傍系血族のうち、自分より下の世代にある者。甥・姪など。

ほう-げき【砲撃】ハウ〔名〕スル 砲弾で攻撃すること。「海上から—する」➡爆撃

ぼう-げき【▽矛×戟】《「矛」は長柄のほこ、「戟」は矛にかぎ形の刃をつけたほこ》ほこ。「万死を—の下に免るることを得たり」〈東海散士・佳人之奇遇〉

ぼう-けし【棒消し】記された文字などの上に棒線を引いて消すこと。棒引き。帳消し。

ほうげ-そう【放下僧】ハウゲ ►ほうかそう(放下僧)

ほうけ-だ・つ【×蓬け▽起つ】〔動タ五(四)〕髪の毛や草などがほつれ乱れて伸びきる。「彼女は—・った髪をかぶって」〈秋声・仮装人物〉

ほう-けつ【×鳳×闕】《中国の漢代、宮門の左右にある高殿に銅製の鳳凰を飾ったところから》王宮の門。また、宮城・皇居の異称。禁闕。鳳城。

ほう-げつ【×萌×蘖】ハウ 芽生えとひこばえ。種子から生じた芽と切り株から生じた芽。

ぼう-げつ【乏月】ボフ 陰暦4月の異称。前年にとれた穀物が尽きて、その年の穀物がまだ実らない時節。

ぼう-げつ【某月】ある月。その月が不明の場合、また明示したくない場合に用いる。「—某日」

ぼう-げつ【望月】バウ 陰暦十五夜の月。満月。もちづき。

ほうけ-づ・く【法気付く】ホフケ〔動カ四〕仏くさくなる。抹香くさくなる。「吉祥天女を思ひかけむとすれば—・き」〈源・帚木〉

ほうけ-もの【×惚け者】ほうけている者。ぼんやり者。うすのろ。

ほう・ける【×惚ける┊×耄ける┊×呆ける】〔動カ下一〕図ほう・く〔カ下二〕❶知覚のにぶった状態になる。ぼんやりする。ぼける。「起きぬけの—・けた顔」「病み—・ける」❷(ふつう「蓬ける」と書く)草や髪の毛などが、ほつれ乱れる。けば立って乱れる。「雨に—・けた雑草の中に」〈三重吉・小鳥の巣〉❸動詞の連用形に付いて、そのことに夢中になる意を表す。「遊び—・ける」〔類語〕ぼける・うつける・痴れる・とろける

ほう-けん【奉献】〔名〕スル 社寺、貴人などに、物をたてまつること。「貢ぎ物を—する」〔類語〕奉納・献納・寄進

ほう-けん【宝剣】❶宝物として大切に所蔵する剣。尊い剣。❷三種の神器の一。草薙の剣。「神璽を脇に挟み、—を腰にさし」〈平家・一一〉

ほう-けん【法剣】ホフ 仏語。仏の教えが煩悩を断ち切ることを、剣にたとえていう語。

ほう-けん【法×眷】ホフ ►はっけん(法眷)

ほう-けん【法権】ハフ 国際法上、一国が外国人に対して有する民事・刑事の裁判権。「治外—」

ほう-けん【封建】《封土を分けて諸侯を建てるの意》天子・皇帝・国王などが、直轄領以外の土地を諸侯に分け与え、領有・統治させること。また、そのような制度。

ほう-げん【方言】ハウ ❶一定の地域社会に行われる言語。一つの国語が地域によって別々な発達をなし、音韻・文法・語彙などの上で相違のあるいくつかの言語圏に分かれたとき、それぞれの地域の言語体系をいう。九州方言、琉球方言など。❷共通語・標準語に対して、ある地方で用いられる特有の言葉。俚言。❸特定の階層に用いられる独自の言葉。隠語・俗語の類。〔類語〕俚言・国言葉・なまり

ほう-げん【放言】ハウ〔名〕スル 他への影響などを考えずに、思ったままを口に出すこと。無責任な発言。「—して世の顰蹙を買う」「—癖のある大臣」〔類語〕妄言・出任せ・暴言・失言

ほう-げん【法言】ハフ ㊀手本となる言葉。従うべき言葉。㊁「揚子法言」の略。

ほう-げん【法眼】ホフ ❶仏語。五眼の一。諸法を見る智慧の眼。菩薩のもつ、衆生を済度するための諸事象の真相を知るという眼。❷《「法眼和尚位」の略》法印に次ぐ僧位。僧綱の僧都に相当。❸中世以後、僧に準じて医師・絵師・仏師・連歌師などに与えられた称号。

ほう-げん【法源】ハフ 法の淵源。成文法・慣習法などの法の存在形式、神意・民意などの法の存在根拠、神・国家・君主・人民などの法を制定する力など。一般には、裁判などの根拠となりうる法形式をさす。

ほう-げん【法×諺】ハフ 法の性質や運用に関することわざ。「悪法も法なり」「疑わしきは罰せず」など。

ほう-げん【法験】ホフ 仏法の霊験。修法によってあらわれる効験。

ほうげん【保元】平安後期、後白河天皇・二条天皇の時の年号。1156年4月27日〜1159年4月20日。ほげん。

ぼう-けん【冒険】〔名〕スル 危険な状態になることを承知の上で、あえて行うこと。成功するかどうか成否が確かでないことを、あえてやってみること。「前途に多くの—が待ち受ける」「—してみる価値がある」「—者」「—心」〔類語〕挑戦・アドベンチャー・アバンチュール

ぼう-けん【剖検】〔名〕スル 解剖して調べること。病理解剖を行うこと。「変死体を—する」

ぼう-けん【望見】バウ〔名〕スル 遠くから眺め見ること。「白銀の秀峰を—する」

ぼう-げん【妄言】バウ ►もうげん(妄言)

ぼう-げん【暴言】礼を失した乱暴な言葉。無礼で、むちゃな発言。「逆上して―を吐く」
(類語)放言・失言・妄言・出任せ

ぼう-げん【▽謗言】バウ 誹謗(ひぼう)する言葉。悪口。

ほうげん-くかく【方言区画】ハウゲン クワク 方言の差異により地域を区分したもの。日本では、本土方言と琉球方言に二大別し、前者を本州方言と九州方言とに分け、さらにそれぞれを細別する。

ほう-げんごがく【法言語学】ハフ 司法の場で使用される言語について研究する学問。言語学の立場から、証言や証拠の鑑定・分析などを行う。社会言語学の一分野。

ほうけん-じだい【封建時代】封建制度が国家や社会の基盤となっていた時代。一般に、日本では鎌倉時代から明治維新までの武家政治の時代をさし、ヨーロッパでは6世紀ごろから15世紀末ごろまでをさす。また、漠然と中世全体をいう場合もある。

ほうけん-しゃかい【封建社会】フウケン クワイ 封建制度を基盤として成立している社会。歴史的には古代の奴隷制社会と近代の資本主義社会の中間に位置する。

ほうげん-しゅうけんろん【方言周圏論】ハウゲンシウケンロン ある言語現象が中央から周辺地域に広まっていく過程は波紋のそれに類似していると考え、波紋の周辺にあたる方言圏のあちこちにかつて中央で使われた共通の古い形がみられると説く論。柳田国男の「蝸牛考(かぎゅうこう)」によって提唱された方言学の理論の一。

ほうけん-しゅぎ【封建主義】封土の授与を基礎として封建領主とその臣下との間に成立する主従関係。また、その関係が社会構造の基本であるとする主張。

ぼうけん-しょうせつ【冒険小説】―セウセツ 主人公の冒険を主内容とした娯楽小説。

ほうけん-せい【封建制】「封建制度」に同じ。

ほうけん-せいど【封建制度】❶天子がその領土を諸侯に与え、さらに諸侯はそれを臣下に分与して、各自にその領内の政治を行わせる制度。中国で周代に行われた。➡郡県制 ❷中世社会の基本的な支配形態。封土の給与とその代償としての忠勤奉仕を基礎として成立する、国王・領主・家臣の間の主従関係に基づく統治制度。また、領主が生産者である農民を身分的に支配する社会経済制度。

ほうげん-ちず【方言地図】ハウゲンチヅ 言語地図の一。ある言語事象の方言的変異などを表したもの。

ほうけん-ちだい【封建地代】封建社会で、領主が農民から経済外的強制によって取り上げる地代。労働地代(賦役)・生産物地代・貨幣地代の三形態がある。

ほうけん-てき【封建的】(形動)封建制度特有の性質をもっているさま。一般に、上下関係を重視し、個人の自由や権利を認めないさまをいう。「―な考え方」「―な企業体質」

ほうげん-の-らん【保元の乱】保元元年(1156)京都に起こった内乱。皇室では皇位継承に関して不満を持つ崇徳上皇と後白河天皇とが、摂関家では藤原頼長と忠通とが対立し、崇徳・頼長側は源為義・平忠正の軍を招き、後白河・忠通側は源義朝・平清盛の軍を招いて交戦したが、崇徳側が敗れ、上皇は讃岐(さぬき)に流された。貴族の無力化と武士の実力を示した事件で、武士の政界進出を促した。

ほうげん-ふだ【方言札】ハウゲン― 標準語教育推進のため、小中学校で方言を話した生徒に罰として首から下げさせた木札。かまぼこ板くらいで「方言札」と墨書した札を、方言を話した他の生徒が見つかるまで下げさせるなどした。各地にあるが、特に標準語教育が厳しかった沖縄では、明治40年(1907)ころから昭和35年(1950)ころまで用いられた。

ほうげんものがたり【保元物語】鎌倉時代の軍記物語。3巻。作者未詳。承久年間(1219～1222)ごろまでに成立か。源為朝の活躍を中心に、保元の乱のいきさつを和漢混交文で描いたもの。

ぼう-げんれい【房玄齢】バウ― [578～648]中国、唐初の政治家。斉州・臨淄(りんし)(山東省)の人。字(あざな)は喬。太宗に仕えて15年にわたり宰相を務め、杜如晦(とじょかい)らとともに貞観の治の基礎をつくった。文章家としても知られ、「晋書」の撰にもたずさわった。

ほう-こ【▽布×袴】❶布製の括(くく)り袴(ばかま)。裾口の括り緒から指貫(さしぬき)の袴ともいう。❷束帯の表袴(うえのはかま)・大口袴の代わりに指貫・下袴を用いた服装。束帯に次ぐ礼装で、朝儀以外の内々の式などに着用した。

ほう-こ【▽母子】ハウ ハハコグサの別名。

ほう-こ【宝庫】❶宝物を納めておく蔵。❷資源などを多量に産出するところ。また、貴重なものを多く含んでいるもの。「民話は方言の―だ」

ほう-こ【封戸】➤ふこ(封戸)

ほう-こ【×這子】ハフ― ❶はうことができるようになった乳児。❷はっている赤ん坊の姿に作った縫いぐるみの人形。幼児の魔よけとして用いられた。あまがつ。はいはい人形。

ほう-こ【×蓬戸】《草を編んで作った戸の意》粗末で貧しい家。「八条の―、六波羅の蓮府」〈盛衰記・三二〉

ほう-こ【蓬壺】㊀《形が壺(つぼ)に似ているところから》蓬莱山(ほうらいさん)の異称。㊁内裏や上皇の御所のたとえ。「治承の聖代―に赴き」〈明月記・承元二年〉

ほう-ご【▽反▽故・▽反▽古】「ほご(反故)」に同じ。「残し置かじと思ふ―など」〈徒然・二九〉

ほう-ご【邦語】ハウ ❶日本語。「―訳」❷自分の国の言葉。自国語。「各々その―を以て訳せり」〈中村訳・西国立志編〉(類語)母語・母国語・国語

ほう-ご【放語】ハウ〔名〕スル「放言(ほうげん)」に同じ。「安閑逸居、大言―して世の中を渡り」〈福沢・福翁百話〉

ほう-ご【法語】ホフ ❶仏の教えを説いた語句・文章。❷祖師・高僧などが仏法の要義を平易に説いた文章。和文体(仮名法語)と漢文体とがある。

ぼう-こ【房戸】バウ 律令制における戸の呼称の一。郷戸の中に含まれる10人前後の小家族。

ボウ-こ【ボウ湖】《Bow Lake》カナダ、アルバータ州南西部、バンフ国立公園にある氷河湖。カナディアンロッキーを縦断するアイスフィールドパークウエー沿いにある。

ぼう-こ【×茫×乎】バウ―〔ト・タル〕〔文〕〔形動タリ〕広々としているさま。ぼんやりとしてつかみどころのないさま。「今やこの―たる海辺は」〈荷風・地獄の花〉

ぼう-ご【妄語】バウ「妄言(ぼうげん)」に同じ。

ぼう-ご【防護】バウ〔名〕スル 危害の及ぶのを防ぎ守ること。「紫外線から肌を―する化粧品」「―壁」
(類語)防衛・防御・保護・ガード・プロテクト

ぼう-ご【×旁午】バウ〔名〕スル 縦横に入り乱れること。また、往来の激しいこと。「其間に―する玄鳥(つばめ)の声朗(ほがら)かに」〈紅葉・金色夜叉〉

ほう-こう【方向】ハウカウ ❶物が向いたり、進んだりする方。向き。方角。「北の―を指す」「右の―から風が吹く」「進行―」❷気持ちや行動の向かうところ。めざすところ。方針。「将来の―を決める」「妥協の―で話し合いがまとまる」

(用法)方向・方角――「県庁の方向(方角)に火の手が上がった」のように、向きの意では相通じて用いる。◆「方向」は上下左右などに向いたり進んだりする向きで、特に東西南北を基準にはしない。「右の方向へハンドルを切れ」「方向転換」「x軸の負の方向」◆「方角」はある地点を基準にした東西南北の向き。「艮(うしとら)の方角を鬼門という」◆類似の語の「方位」は東西南北を基準として位置づけた向きで、専門用語として多く用いる。「羅針盤で方位を確かめる」「方位計」
(類語)方角・方位・方・向き

ほう-こう【×彷×徨・×仿×偟】ハウクワウ〔名〕スル 当てもなく歩き回ること。さまようこと。「晩秋の野を―する」
(類語)うろつく・さすらう・さまよう・ほっつく・ぶらつく・徘徊(はいかい)・散策・散歩・そぞろ歩き・逍遥(しょうよう)・流浪・放浪・漂泊・流離・漂流・浮浪・右往左往

ほう-こう【芳香】ハウカウ かぐわしい香り。「―を放つ」
(類語)香・香り・香気・アロマ・フレグランス

ほう-こう【×咆×哮】ハウカウ〔名〕スル 猛獣などが、ほえたけること。また、その声。「虎(とら)が―する」
(類語)鳴く・吠える・哮(たけ)る・唸(うな)る・嘯(うそぶ)く・遠吠えする

ほう-こう【奉公】〔名〕スル ❶他人の家に雇われて、その家事・家業に従事すること。「行儀見習いとして―する」❷国家や朝廷のために一身をささげて働くこと。「滅私―」❸封建社会で、主家に対する従者の奉仕義務。主家からの恩に対して、家臣が軍事義務で奉仕すること。❹主家に対して功績があること。忠義であること。「いかが頸(くび)をば斬るべき。さしもの―の者であるものを」〈平家・一一〉

ほう-こう【奉行】―カウ〔名〕スル 命令を受けて執行すること。ぶぎょう。

ほう-こう【放光】ハウクワウ〔名〕スル ❶光をはなつこと。❷仏がからだや白毫(びゃくごう)から光をはなつこと。

ほう-こう【放校】ハウカウ〔名〕スル 校則に違反した学生・生徒を学校の籍から除くこと。「素行不良の学生を―する」「―処分」(類語)放学・除籍・退学・退校・中退

ほう-こう【放×曠】ハウクワウ 物事にこだわらず、心のおもむくままに振る舞うこと。「こうやって観海寺の石段を登るのは随縁―の方針である」〈漱石・草枕〉

ほう-こう【封侯】諸侯に封じること。また、封土を与えられて諸侯の列に連なること。

ほう-こう【砲口】ハウ― 砲身の先端の弾丸が出る口。
(類語)砲門・筒先・銃口

ほう-こう【砲×腔】ハウカウ 砲身内部の空洞部分。

ほう-こう【砲×熕】ハウ―《「熕」はおおづつの意》大砲。

ほう-こう【報効】―カウ 功を立てて恩にむくいること。「久年の御恩に対し、一日の―をも遂げず」〈樗牛・滝口入道〉

ほう-ごう【×咆号】ハウガウ〔名〕スル「咆哮(ほうこう)」に同じ。

ほう-ごう【宝号】―ガウ 仏・菩薩(ぼさつ)の名。

ほう-ごう【抱合】ハウガフ〔名〕スル ❶だきあうこと。❷生体内の有害物質が、肝臓などで、グリシンなどと結合して無毒化されること。❸「化合(かごう)」に同じ。

ほう-ごう【法号】ホフガウ ❶仏門に入った者に授けられる名。法名。❷僧が死者におくる名。戒名。法名。

ほう-ごう【縫合】―ガフ〔名〕スル ❶縫い合わせること。特に、外科手術で外傷などで切断された患部を縫い合わせること。「切開した傷口を―する」❷頭蓋骨(とうがいこつ)を構成する骨が、鋸歯(きょし)状の縁を互いにかみ合わせて連結しているもの。

ぼう-こう【×膀×胱】バウクワウ 骨盤内にあり、腎臓(じんぞう)でつくられ尿管を経て運ばれる尿を一時たくわえておく筋性の袋状の器官。尿は前方に続く尿道を経て体外に排出される。

ぼう-こう【暴行】―カウ〔名〕スル ❶乱暴な行為。不正な行い。「其一の寛厳は立君独裁の―に異ならずと雖も」〈福沢・文明論之概略〉❷暴力を用いて人身に危害を加えること。「―を加える」「通行人に―する」❸力ずくで女性を犯すこと。強姦(ごうかん)。
(類語)(❶・❷)暴状・暴挙・凶行・乱行・蛮行・悪行・乱暴・狼藉(ろうぜき)/(❸)強姦・レイプ・凌辱(りょうじょく)・手ごめ

ぼうこう-えん【×膀×胱炎】バウクワウ― 膀胱の粘膜の炎症。主に細菌の感染によって起こり、女性に多い。尿が近くなり、排尿時に痛みがある。

ほうこう-おんち【方向音痴】ハウカウ― 方向に関する感覚のにぶいこと。また、その人。

ほうこう-かまい【奉公構い】―かまひ 江戸時代、武士に科された刑罰の一。主家先から奉公を差し止められ、追放されるもの。

ぼうこう-がん【×膀×胱×癌】バウクワウ― 膀胱の粘膜に発生する癌。血尿がみられる。アニリン系染料・ベンジンなどを扱う職業やヘビースモーカーに発生率が高いといわれる。

ぼうこう-きょう【×膀×胱鏡】バウクワウキャウ 尿道口から挿入し、膀胱内を観察する内視鏡。

ほうこう-きん【縫工筋】大腿(だいたい)前部にある細長い伸筋。骨盤の上部から起こり、斜めに内側に下り、脛骨(けいこつ)につく。両脚を組むときに働き、学名では服の仕立て屋の筋を意味し、縫匠筋(ほうしょうきん)ともいう。

ほうこう-けいすう【方向係数】ハウカウ― 直線の方向を表す係数。直線の方程式 $y=ax+b$ における a をいい、直線が x 軸となす角の正接に相当する。傾き。

ぼうこう-けっせき【×膀×胱結石】バウクワウ― 膀胱内にみ

ほ

られる結石。腎結石が流れてきて尿道から排出されないものも含まれる。排尿痛や血尿がみられ、排尿がとぎれたりする。

ほうごう-ご【抱合語】言語の類型的分類の一。さまざまな要素を連ねて、内容的には文に匹敵するような長い単語を形成しうる言語。エスキモー語やアメリカインディアン諸語など。輯合語。

ほうこう-ざい【芳香剤】芳香があって気分をさわやかにする薬剤。

ぼうこう-ざい【暴行罪】人の身体に、傷害に達しない程度の物理的な暴力を加える罪。刑法第208条が禁じ、2年以下の懲役もしくは30万円以下の罰金、または拘留もしくは科料に処せられる。➡傷害罪

ほうこう-じ【方広寺】㊀京都市東山区にある天台宗の寺。天正17年(1589)豊臣秀吉が奈良東大寺大仏を模して創建。開山は木食応其。大仏と大仏殿は焼失し、現在は本堂・大黒天堂・大鐘楼が残る。豊臣家滅亡のきっかけとなった「国家安康」の銘を記した釣鐘で有名。通称、大仏殿。㊁静岡県浜松市北区にある臨済宗方広寺派の大本山。山号は、深奥山。奥山朝藤が寺地を寄進し、元中元年=至徳元年(1384)に創建。開山は無文元選。防火に霊験ある半僧坊大権現が祭られる。奥山半僧坊。

ほうこう-じ【法興寺】飛鳥寺の異称。

ほうこう-じ【蜂岡寺】広隆寺の異称。

ほうこう-しじき【方向指示器】自動車の前後の両端につけ、車の曲がる方向を表示する装置。

ほう-こうじゅ【方孝孺】[1357〜1402]中国、明初の朱子学者。寧海(浙江省)の人。字は希直・希古。号、遜志斎。正学先生と称された。恵帝に仕え、王道政治を説き、燕王(のちの永楽帝)に反抗し、一族・弟子とともに死刑に処せられた。著「遜志斎集」。

ほうこう-せい【方向性】ある物事や人物に、目指すところや向かうところがあるようす。「話し合いの—を示す」

ほうこうぞく-かごうぶつ【芳香族化合物】分子内にベンゼン環を含む有機化合物の総称。最初に発見されたものが芳香をもっていたのでいう。一般に、酸化還元反応を受け付けにくく、置換反応を起こしやすい性質をもつ。

ほうこうぞく-たんかすいそ【芳香族炭化水素】ベンゼン環を含む炭化水素の総称。ベンゼン・トルエン・キシレンなど。アレーン。➡アリール基

ほうこう-だ【方向×舵】飛行機の左右方向を調整する可動翼。ふつう垂直安定板の後方に取り付けられる。

ほうこう-たんちき【方向探知器】電波の進行してくる方向を測定し、その発信地を探知する装置。指向性の強い受信アンテナを用いる。

ほうこう-てんかん【方向転換】〔名〕スル ❶進む向きをかえること。「車を—する」❷方針をかえること。「時流に乗って—する」

ほうこう-にん【奉公人】❶他人の家に雇われてその家事・家業に従事する者。下男・下女のほか、商家における丁稚・手代、武家における仲間・小者など。❷主君に仕える武士。

ほうこうにん-やど【奉公人宿】奉公人を周旋することを業とした店。奉公人の保証人にもなった。奉公人口入れ所。

ほうこう-へんい【×彷×徨変異】►個体変異

ほうこう-ゆ【芳香油】►精油

ほうこう-よげん【方向余弦】解析幾何学で、直線の方向を示す数。直線が三次元の直交座標において各座標軸となす角の余弦(コサイン)のこと。

ぼうこう-りゅう【×膀×胱×瘤】►骨盤臓器脱

ほう-こく【邦国】くに。国家。また、諸国。「四方の—をして隙の以て乗ずべきなからしめ」〈雪嶺・偽悪醜日本人〉

ほう-こく【封国】土地を諸侯に分け与えること。また、その土地。「須加是南王—の後、離居相見ざること既に十星霜を経たれば」〈永峰秀樹訳・暴夜物語〉

ほう-こく【報告】〔名〕スル 告げ知らせること。特に、ある任務を与えられた者が、その経過や結果などを述べること。また、その内容。「出張の—」「事件の顛末を—する」「研究の中間—」(類語)レポート・通知・報道

ほう-こく【報国】国恩にむくいること。「—の志」

ぼう-こく【亡国】❶国をほろぼすこと。「—の輩」❷ほろびた国。また、国がほろびること。「—の民」「—の危機に瀕する」

亡国の音 《「礼記」楽記から》滅亡した国の音楽。また、亡国の運命を暗示するかのような、みだらで哀れな音調の音楽。亡国の声。

ぼう-こく【坊刻】民間で出版すること。また、その書物。

ぼう-こく【某国】ある国。国名が不明であったり、国名を伏せたりする場合に用いる。「—のスパイ」

ほうこく-ぶんがく【報告文学】►ルポルタージュ❷

ぼうこくれい-じけん【防穀令事件】1889年(明治22)、朝鮮咸鏡道で凶作を理由に出された穀類輸出禁止令に対し、日本の貿易商が大打撃を受けたとして、日本政府が賠償などを朝鮮に要求した事件。93年に朝鮮政府は賠償金を支払った。

ほうこ-しょとう【澎湖諸島】►ポンフー諸島

ほう-こつ【方骨】頭蓋骨の一。下顎骨に接続する小さい硬骨。硬骨魚以上でみられ、哺乳類では砧骨となっている。方形骨。

ぼうこ-ひょうが【暴虎×馮河】《「論語」述而から》トラに素手で立ち向かい、黄河を徒歩で渡ること。血気にはやり無謀なことをすることのたとえ。「—の勇」

ほうごろう【×鳳五郎】ダチョウの別名。江戸時代、オランダ語struis vogel(ダチョウ)のvogel(鳥)の部分のなまったもの。

ほう-こん【方今】まさに今。ただ今。また、このごろ。現今。副詞的にも用いる。「—目撃する所の勢に由て」〈福沢・学問のすゝめ〉(類語)現在・現下・現今

ほう-こん【芳魂】❶花の精。「暴風樹を抜く、—辱るに由なし」〈竜渓・経国美談〉❷美人の魂。また、魂の美称。「—を泥土に委して」〈露伴・運命〉

ほう-ごん【放言】「ほうげん(放言)」に同じ。「極まりなき—しつと」〈徒然・一〇六〉

ぼう-こん【亡魂】死んだ人の魂。また、成仏できずに迷っている霊魂。幽霊。亡霊。(類語)亡霊・霊・幽霊・霊魂・幽魂・魂魄・死霊・怨霊

ほうこんごう-いん【法金剛院】京都市右京区にある律宗の寺。山号は、五位山。承和年間(834〜848)に清原夏野の山荘を寺とし、双丘寺と称したのに始まる。のち、大治5年(1130)待賢門院が再興、法金剛院と改めた。建立当時の阿弥陀如来坐像は藤原時代末期の代表作。

ほうごん-じ【宝厳寺】㊀滋賀県長浜市の竹生島にある真言宗豊山派の寺。山号は、巌金山。西国三十三所第30番札所。神亀元年(724)行基が勅願により弁才天を祭って創建したと伝える。伏見城の遺構である唐門(国宝)・観音堂(重文)がある。広島の厳島、神奈川の江の島とともに日本三弁天の一。竹生島弁天。竹生島観音。㊁愛媛県松山市にある時宗の寺。山号は、豊国山。開創は天智天皇5年(665)と伝えられ、初め天台宗。時宗の開祖一遍の誕生地。

ほう-さ【蓬左】熱田神宮を蓬莱宮と称したところから、それに向かって左、すなわち北の一帯。熱田から名古屋城のある辺りにかけての地域をさす。

ほう-ざ【宝座】宝物で飾った座。特に、蓮華の花にかたどられた仏・菩薩の座。蓮華座。

ほう-ざ【法座】❶仏のすわる座。❷説法をする僧のすわる座。法席。❸説法を聞く集まりの座。

ほう-ざ【砲座】砲を据える台座。

ぼう-さ【防砂】山地・海岸・河岸などで、土砂の崩壊や流出を防ぐこと。また、砂の飛来を防ぐこと。砂防。

ぼう-ざ【▽病▽者】《「ぼうさ」とも》病人。「—のことを思う給へあつかひ侍るほどに」〈源・夕顔〉

ほう-さい【包×柴】粗朶で砂利を包み、棕櫚縄などを堅く巻いたもの。護岸工事などに用いる。

ほうさい【泡斎】泡斎念仏のこと。また、狂ったように踊り回るところから狂人のことをいう。

ほう-さい【報×賽｜報祭】祈願が成就したお礼に神仏に参拝すること。お礼参り。

ほう-さい【×堡塞｜×堡×砦】要所に設けた敵を防ぐための小城やとりで。堡塁。

ほう-ざい【方剤】薬剤を調合すること。また、その方法や、調合した薬剤。

ぼう-さい【亡妻】死んだ妻。なき妻。

ぼう-さい【防災】台風・地震・火事などの災害を防ぐこと。「—訓練」

ぼう-さい【防塞｜防×寨】敵の攻撃や侵入を防ぐために設けられた、とりでや柵。(類語)とりで・要塞・堡塁・塁・土塁・トーチカ・塹壕・バリケード

ぼう-ざい【防材】船舶の運航を遮断するため、鉄鎖などでつないで水路に敷設する大きな材木。

ぼうさいきしょう-じょうほう【防災気象情報】気象庁が発表する気象・地震・津波・火山などに関する情報。気象警報・注意報、地震情報、天気予報、紫外線情報など多岐にわたる。

ぼうさい-ぎょうせいむせん【防災行政無線】防災無線の一。災害時、都道府県や市区町村が住民に情報を提供するための無線通信システム。(補説)市区町村では、動作確認を兼ねて、毎日定時にチャイムなどの放送を行うものが多い。

ぼうさい-きょうてい【防災協定】大地震・大洪水などのとき、物資や人の援助を受けられるよう、自治体が他の自治体や民間企業と結ぶ救援協定。

ぼうさい-し【防災士】地域の防災意識の啓発、防災力の向上に努め、災害発生時には避難誘導・救助にあたる人。日本防災士機構の認定する民間資格。平成15年(2003)認定開始。

ぼうさい-ずきん【防災頭巾】地震などの災害の際、頭部を守るためにかぶる頭巾。防空頭巾と同類。

ほうさい-ねんぶつ【泡斎念仏】念仏踊りの一種。江戸初期、常陸の僧泡斎が、寺院修理の勧進のために江戸市中で始めたもの。数人一団となって、造花を笠に挿し、太鼓・鉦を鳴らし、踊り狂いながら家々を回って銭を乞い歩いた。

ぼう-さいぼう【棒細胞】►桿状体

ぼうさい-むせん【防災無線】災害時に、住民にいち早く情報を伝達するための無線通信システム。内閣府を中心に省庁や公共機関などで構成される中央防災無線、消防庁を中心とする消防防災無線、都道府県や市町村で構成される防災行政無線などがある。

ぼう-さき【棒先】❶棒の先端。❷駕籠を担ぐ棒の先端。ぼうばな。また、駕籠の前を担ぐ者。先棒。「輿の—しっかと掴み」〈浄・日本武尊〉

棒先を切・る 人に頼まれた買い物などの代金のうわまえを取る。棒先を撥ねる。「交際いや仕入れ代価の—・る金で」〈岡本かの子・生々流転〉

ほう-さく【方策】❶はかりごと。計略。また、手段。方法。「—を立てる」「事故防止の—がない」❷《「方」は木の板、「策」は竹簡。中国で古代、紙の代わりに用いたところから》文書。記録。(類語)策・手段・方法・手・手だて・打つ手・対策・対応策・善後策

ほう-さく【封冊】王侯に封じる旨を記した詔書。

ほう-さく【豊作】作物がよく実って収穫が多いこと。満作。(季 秋)(対)凶作/不作。(類語)満作・豊熟・豊穣

ぼう-さく【謀策】はかりごと。謀略。謀計。

ほうさく-ききん【豊作飢×饉】「豊作貧乏」に同じ。

ほうさく-びんぼう【豊作貧乏】豊作のため農作物の価格が下落し、かえって農家が困窮すること。豊作飢饉。➡大漁貧乏

ぼう-さげ【棒下げ】〔名〕スル 相場が一本調子に下落を続けること。「株価が—する」(対)棒上げ。

ぼう-さだめ【坊定め】東宮を定めること。立太子。「—のことにやあらむ」〈宇津保・国譲下〉

ほう-さつ【芳札】他人を敬って、その手紙をいう

語。芳翰。

ぼう-さつ【忙殺】〔名〕スル《「殺」は意味を強めるために添えたもの》多忙なこと。仕事などに追われること。「雑務に一される」類語 多忙・多用・多事・繁忙・繁多・繁用・奔走・てんてこ舞い・きりきり舞い

ぼう-さつ【謀殺】〔名〕スル あらかじめ計画して人を殺すこと。「保険金目当てに一する」⇨故殺
類語 故殺・殺人・殺害・暗殺

ぼうさ-てい【防砂堤】漂砂による河口の閉塞や港内の埋没を防ぐため、海岸などから突出させて築く構造物。

ぼう-ざとう【棒砂糖】《「ぼうさとう」とも》ざらめ砂糖を棒状に固めたもの。

ほうさ-ぶんこ【蓬左文庫】尾張徳川家の文庫。名古屋市東区にあり、藩主徳川義直の集書や藩校明倫堂の蔵書などを所蔵。現在、名古屋市が保管。

ぼう-ざや【棒×鞘】《「ぼうさや」とも》❶刀の丸鞘。また、その刀。❷反りのない刀の鞘。また、その刀。

ぼうさ-りん【防砂林】▶砂防林

ほう-さん【奉賛｜奉×讃】〔名〕スル 社寺などの仕事につつしんで賛助すること。「例祭を一する」

ほう-さん【宝算】天子を敬って、その年齢をいう語。聖寿。宝寿。

ほう-さん【放参】❶禅寺で、夜の参禅から修行僧を放免すること。❷夜に看経することは。

ほう-さん【放散】〔名〕スル《古くは「ほうざん」とも》❶外側へ広く散らばること。また、広く散らすこと。「痛みが一する」「異臭を一する」❷気持ちを発散させること。また、感情が発散すること。「恨みもいきどおりも一する」❸▶適応放散 類語 発散・拡散・散布

ほう-さん【×硼酸】硼素のオキソ酸。無色・無臭のうろこ状結晶。水溶液は弱酸性で弱い殺菌力があり、うがい・洗眼などに用いられた。ガラス・琺瑯・顔料などの原料とする。化学式H_3BO_3

ぼう-さん【坊さん】❶僧を親しみ敬っていう語。❷男の子供を親しんでいう語。類語（❶）僧・僧侶・坊主・御坊・お寺さん・僧家・沙門・法師・出家・比丘

ぼうさん【房山】中国、北京市南西部の区名。雲居寺および経文の刻まれた石室がある。

ほう-さんぎ【法参議】天平神護2年（766）称徳天皇が道鏡を法王に任じたとき、山階寺の基真に与えた官職。参議に準じる職。

ほう-さんしょう【法三章】《「史記」高祖本紀から》漢の高祖が秦を滅ぼした後、秦の始皇帝の定めた厳しい法律を廃し、殺人・傷害・窃盗だけを罰するとした3か条の法律。転じて、法律を簡略でゆるやかなものとし、法治万能主義を排すること。

ほうさん-だんご【×硼酸団子】米ぬかを練ったものやジャガイモをつぶしたものなどに硼酸を加えて作った団子。ゴキブリの駆除に用いる。

ほうさん-ちゅう【放散虫】肉質綱の原生動物の総称。すべて海産で浮遊生活をし、6億年前から生息。大きさは40マイクロメートルから数ミリで、体は球状・円盤状・円錐状など。多くは珪酸や硫酸ストロンチウムを成分とする骨針や孔のあいた殻をもち、多数の糸状の偽足を放射状に出す。

ほうさんちゅう-なんでい【放散虫軟泥】主に放散虫の遺体が堆積してできた珪質軟泥。太平洋・インド洋などの深海底に分布。

ほうさん-なんこう【×硼酸軟×膏】白色軟膏に硼酸の粉末を加えて作った白色ないし淡灰黄色の軟膏。やけど・ただれ・皮膚病などに用いたが、硼酸の副作用のため製造中止。

ほうさん-めん【×硼酸綿】硼酸の水溶液をしみこませた綿。傷口の消毒などに用いた。

ほう-し【方士】《「ほうじ」とも》中国古代において、神仙の術を身につけた者。方術の士。道士。

ほう-し【芳志】他人を敬って、その親切な心づかいをいう語。芳心。芳情。「御一を賜る」
類語 芳情・芳心・厚志・厚情・厚意・情け

ほう-し【芳紙】他人を敬って、その手紙をいう語。芳翰。芳札。芳書。

ほう-し【奉仕】〔名〕スル《古くは「ほうじ」とも》❶神仏・主君・師などに、つつしんでつかえること。「神に一する」❷利害を離れて国家や社会などのために尽くすこと。「社会に一する」❸商人が品物を安く売ること。「特価で御一しております」「一品」
類語（❷）奉公・献身・貢献・寄与・サービス・ボランティア／（❸）値引き・おまけ・勉強・サービス

ほう-し【奉伺】〔名〕スル 目上の人の機嫌をおうかがい申し上げること。

ほう-し【奉×祀｜奉×祠】〔名〕スル 神仏・祖霊などをまつること。「先祖の霊を一する」

ほう-し【▽拍子】《「はくし」の音変化》❶ひょうし。また、ひょうしをとること。「一たがはず、上手めきたり」〈源・紅葉賀〉❷「笏拍子」の略。「あるかぎりの人、一あはせて遊び給ふ」〈宇津保・俊蔭〉

ほう-し【放氏】不都合なことを行った氏人を、その所属する氏から追放し、氏人としての資格を奪うこと。平安末期から中世にかけて、藤原氏の氏寺の興福寺がたびたび行った。

ほう-し【放恣｜放×肆】〔名・形動〕気ままでしまりのないこと。勝手でだらしのないこと。また、そのさま。「一な日々を送る」「生活が一に流れる」

ほう-し【放資】〔名〕スル 利益を見込んで資本を投じること。投資。「海外未開地の新事業に一する方がもうけが多い」〈河上肇・貧乏物語〉

ほう-し【法師】❶仏法によく通じ、人々を導く師となる者。また一般に、僧。出家。ほっし。❷俗人で僧形をした者。「琵琶一」「田楽一」❸《昔、男の子は頭髪をそっていたところから》男の子。「いつかまた一が母にあひたけの、乱れ心や狂ふらん」〈虎明狂・法師が母〉❹名詞に添えて「人」の意を表す。多く「ぼうし」と濁る。「一寸一」「影一」類語 僧・僧侶・坊主・坊さん・御坊・お寺さん・和尚・僧家・沙門・出家・比丘

法師の櫛貯え《毛の無い僧侶が櫛を集めることから》不似合いなことをすることのたとえ。法師の櫛工。

ほう-し【法嗣】師から仏法の奥義を受け継いだ者。禅宗では「はっす」という。

ほう-し【胞子】シダ植物・コケ植物・藻類・菌類などに形成され、単独で新個体となりうる細胞。ふつう単細胞で、有性生殖後にできるものや、無性器官内にできるもの、栄養体の一部が分裂してできるものなどがある。芽胞。

ほう-し【×蓬矢】蓬で作った矢。邪気を除くまじないとして用いる。

ほう-し【褒詞】ほめたたえる言葉。褒辞。

ほう-し【×鋒矢】兵法で、陣立ての一。足軽を「∧」の形に並べ、その後ろに騎馬武者を「一」の字を縦にした形にそろえ、機をみて足軽が左右に開き、騎馬武者が突進するもの。

ほう-じ【邦字】日本の文字。漢字とかな。国字。「一新聞」類語 国字・和字・仮名・漢字

ほう-じ【奉侍】〔名〕スル 貴人のそばにいてその人のためにつくすこと。「君命是れ聴て一心之に一するを」〈加藤弘之・国体新論〉

ほうじ【宝治】鎌倉時代、後深草天皇の時の年号。1247年2月28日～1249年3月18日。

ほう-じ【宝璽】天子の印璽。御璽。玉璽。

ほう-じ【抱持】〔名〕スル いだき持つこと。「王を一し、遂に殺さる」〈東海散士・佳人之奇遇〉

ほう-じ【法事】死者の追善供養のために行う仏事。特に、四十九日まで7日目ごとに行うものや年忌をいうことが多い。法要。類語 仏事・法要・法会・会式

ほう-じ【▽保持】〔名〕スル ▶ほじ(保持)

ほう-じ【封事】▶ふうじ(封事)

ほう-じ【×捧持】〔名〕スル ささげて持つこと。「遺影を一する」

ほう-じ【報時】標準時刻を知らせること。日本では、情報通信研究機構が標準電波や電話回線、インターネットのNTPサーバーなどを利用して日本標準時を供給している。

ほう-じ【×牓示｜×牓×爾】《「ぼうじ」とも》❶領地・領田の境界を示すために、くいや石柱などを立てること。また、その立てたもの。❷馬場の仕切り。❸庭の築垣。

ほう-じ【×鳳字】《「世説新語」簡傲から》「鳳」の字を二つに分けると「凡」「鳥」となるところから、才能のない平凡な人物をあざけっていう語。

ほう-じ【×鳳児】「鳳雛」に同じ。

ほう-じ【褒姒】中国、周の幽王の后。褒の国の人が献じたところからの名。幽王はなかなか笑わない后を笑わせるために平時にたびたび烽火を上げて諸侯を参集させた。のちに、申侯が犬戎とともに周を攻めたとき、烽火を上げたが諸侯は集まらず、幽王は殺され、褒姒は捕虜になったという。

ほう-じ【褒辞】ほめたたえる言葉。褒詞。

ぼう-し【亡子】死んだ子。なき子。

ぼう-し【亡姉】死んだ姉。なき姉。

ぼう-し【亡師】死んだ先生。なき師。

ぼう-し【坊市】まち。市街。

ぼう-し【防止】〔名〕スル 防ぎとめること。「少年の非行を一する」類語 予防・阻止・抑止・抑制

ぼう-し【某氏】ある人。名前が不明な場合や名前をふせる場合などに用いる。類語 誰それ・誰誰・なにがし・誰がし・それがし・某・何某

ぼう-し【某紙】ある新聞。名称が不明な場合や名称をふせる場合などに用いる。

ぼう-し【某誌】ある雑誌。名称が不明な場合や名称をふせる場合などに用いる。

ぼう-し【×茅▽茨】チガヤとイバラ。また、それでふいた粗末な屋根や粗末な家。「一煙に籠もって夜の月朦朧たり」〈太平記・二七〉

茅茨剪らず采椽削らず《帝堯が、宮殿の屋根をふいたカヤの先端を切りそろえず、垂木は丸太のままで削らなかったという「韓非子」五蠹の故事から》宮殿、また住居などの質素なさまをいう。

ぼう-し【紡糸】糸をつむぐこと。また、その糸。

ぼう-し【×眸子】ひとみ。瞳子。「群集の一、均しく訝しげに小門の方に向えり」〈木下尚江・火の柱〉

ぼう-し【傍視】〔名〕スル かたわらで見ていること。傍観。傍見。「民の塗炭に苦しむを今更一するに忍びず」〈染崎延房・近世紀聞〉

ぼう-し【帽子】❶寒暑やほこり・直射日光などを防ぎ、また身なりを整えるために頭にかぶるもの。❷綿帽子などの女性のかぶりもの。❸「野郎帽子」の略。❹「烏帽子」の略。❺物の頭部にかぶせるもの。❻「鋩子」に同じ。類語 被り物・笠・頭巾・冠・ハット・キャップ・シャッポ

ぼう-し【暴死】急に死ぬこと。頓死。

ぼう-し【×鋩子】刀剣の切っ先の刃文。刀工の技量が最もよくあらわれるところで、これにより時代や流派の特徴を知ることができる。帽子。

ぼう-し【謀士】はかりごとをめぐらす人。計略にたくみな人。策士。

ぼう-じ【亡児】死んだ子。なき子。

ぼう-じ【防磁】音響・映像機器などの磁性体をもつ部品が必要以上に磁化されることを防ぐこと。

ぼう-じ【×庖仕】台所で水くみ・炊事などをする使用人。「若党二人、草履取りに一の飯焚きなり」〈合・女房形気・一〉

ぼう-じ【房事】閨房での行為。性交。

ほうし-うた【法師歌｜法師唄】《もと盲目の法師が作曲し、歌ったことから》地歌・上方歌の異称。

ほうし-おんせん【法師温泉】群馬県北西部、利根郡みなかみ町にある温泉。泉質は単純温泉・硫酸塩泉。弘法大師の開湯と伝える。

ほうし-がえり【法師▽還り】僧になった人が再び俗人にかえること。還俗。「一と人や見るらん」〈犬筑波集・春〉

ほうし-がく【法史学】過去の法制度、慣行および法観念、法思想などを研究する学問。法制史学。

ほうじ-かっせん【宝治合戦】宝治元年（1247）三浦泰村が北条時頼と戦って敗れた事件。三浦氏一族が自害して滅亡したことから、北条氏の独裁体

ほ

制が確立した。三浦氏の乱。

ほうしがはは【法師ヶ母】狂言。亭主が酒に酔った勢いで女房を離縁するが、女房は実家へ帰る途中に、「法師(子供)が母恋しや」と狂乱の夫と会い、よりを戻す。

ぼうし-かぶと【帽子×兜】眉庇もつけない粗末な鉢の兜。

ほう-しき【方式】ある一定のやり方。定まった形式・手続き。「入札の―を決める」「所定の―に従う」「仮名漢字変換―」(類語)仕方・遣り方・方法・手法・形式・型・手続き・メソッド

ほう-しき【法式】儀式・礼儀などのきまり。作法。「―にかなった茶会」

ほうじ-ぎん【宝字銀】宝字丁銀および宝字豆板銀のこと。

ほうじ-ぐい【×牓示×杭】境界に立てた標柱。さかいぐい。

ぼう-じしゃく【棒磁石】棒状をした磁石。

ほうし-しょくぶつ【胞子植物】►隠花植物

ほうじ-しんごう【報時信号】❶天文台が標準時を知らせるために、標準電波にのせて発信する無線信号。❷正確な時刻を通報する方法。音・光などを用いる。

ほうし-ぜみ【法師×蟬】ツクツクボウシの別名。(季 秋)

ほうし-たい【胞子体】世代交代を行う植物で、胞子をつくる無性世代の個体。造胞体。⇒配偶体

ほうじ-ちゃ【×焙じ茶】二番茶以後の硬い葉と茎を強火で焙じた茶。

ほうし-ちゅう【胞子虫】胞子虫綱の原生動物の総称。寄生性で、栄養は体表を通して宿主から摂取。分裂による無性生殖のほか、有性生殖も行って新宿主への感染型の胞子を形成する。マラリア病原虫・グレガリナ・ピロプラズマなど。

ほうじ-ちょうぎん【宝字丁銀】江戸幕府が宝永3年(1706)から発行した宝永丁銀の俗称。表面に「宝」の極印が打たれている。⇒宝永金銀 ⇒丁銀

ほうし-ちょうだ【封×豕長蛇】《「春秋左伝」定公四年から》大きな猪と長い蛇。貪欲で残忍な人のたとえ。

ぼう-しつ【亡失】〔名〕スル 失いなくすこと。また、うせてなくなること。「証券を―する」

(類語)紛失・遺失・喪失・消失

ぼう-しつ【亡室】死んだ妻。亡妻。

ぼう-しつ【忘失】〔名〕スル ❶すっかり忘れてしまうこと。忘却。「先方の名前を―する」❷忘れてなくすこと。「書類を―する」

(類語)忘れる・忘却・失念・物忘れ・ど忘れ

ぼう-しつ【防湿】湿気を防ぐこと。湿気から守ること。

ぼう-しつ【房室】❶へや。室房。❷夫婦の寝室。また、寝室でのまじわり。房事。❸門跡家で僧房の事務を扱う者。坊官。房官。❹植物の子房の、胚珠の入っている部分。胞。❺心臓の心房と心室。

ぼう-しつ【冒疾・×媢嫉】〔名〕スル ねたみにくむこと。「真に羨まれ且つ或は―されて居るのだ」〈露伴・不安〉

ぼう-じつ【某日】ある日。どの日か不明な場合や日付を伏せる場合などに用いる。「某月―」

(類語)ある日・一日・一日

ぼう-じつ【望日】陰暦15日。もちのひ。

ぼうしつかいきせい-ひんぱく【房室回帰性頻拍】►WPW症候群

ぼうしつ-けっせつ【房室結節】心臓の拍動を起こす刺激伝導系の一。右心房の冠静脈の開口部よりやや右にある特殊な心筋。洞結節からの刺激を受けて、下方のヒス束に伝える。洞結節に障害があると代わって自動的に興奮し、刺激を伝える。

ぼうしつけっせつかいきせい-ひんぱく【房室結節回帰性頻拍】発作性上室性頻拍の一種。房室結節が2本の伝導路で形成されている場合、心筋を動かす電気刺激が房室結節内で旋回することにより、頻拍が発生する。カテーテルアブレーションによって伝導路の一つを焼灼することで根治が可能。(補説)電気刺激を心房から心室へ伝える房室結節は、通常、1本の伝導路で形成されているが、伝導速度の異なる二つの伝導路がある場合、一方の伝導路で電気刺激が心房から心室へ伝わると同時に、もう一方の伝導路では心室から心房へ戻る状態になると、2本の伝導路内を電気刺激が旋回することになり、頻拍の原因となる。

ぼうしつ-ざい【防湿剤】乾燥剤のこと。

ぼうしつ-ブロック【房室ブロック】心臓を拍動させる電気刺激が、心房から心室に伝わりにくくなる障害。リウマチ熱・冠動脈硬化・急性心筋梗塞・心筋症などによる刺激伝導系の器質的病変が主な原因。心拍数が低下し、めまい・失神・息切れ・疲れやすいなどの症状が起こる。重症の場合、ペースメーカーによる治療が必要となることがある。AV(atrioventricular)ブロック。

ぼうしつ-べん【房室弁】心房と心室の境にある弁。左房室弁を僧帽弁・二尖弁、右房室弁を三尖弁ともよぶ。

ほうし-のう【胞子×嚢】胞子を内部に生じる袋状の生殖器官。成熟すると破れて胞子を散布する。シダ植物の葉の裏面やコケ植物の蒴にみられる。

ほうしのう-ぐん【胞子×嚢群】シダ植物で、胞子嚢が数個以上集まったもの。胞子葉の裏面や縁に生じる。嚢堆。

ぼうし-ばな【帽子花】ツユクサの別名。

ぼうし-ばり【帽子針】江戸時代、女性が用いた、布や綿帽子を留めるための針。

ぼうしばり【棒縛】㊀狂言。主人が、留守中に酒を盗み飲みする太郎冠者の両手首を棒に縛りつけ、次郎冠者を後ろ手に縛って外出すると、二人は縛られたまま工夫して酒を飲み、うたい舞う。㊁(棒しばり)歌舞伎舞踊。長唄。岡村柿紅作詞。大正5年(1916)東京市村座初演。㊀をもとにした松羽目物。

ぼう-じま【棒×縞】太い縦縞の模様。また、その模様の衣服。「―のお召し」

ほうし-まさり【法師勝り】法師となってから、人柄が俗人のときよりまさってくること。「なかなか―したる人になむ侍りける」〈源・若紫〉

ほうじ-まめいたぎん【宝字豆板銀】江戸幕府が宝永3年(1706)から発行した豆板銀の俗称。表面に「宝」字の極印が打たれている。

ほうし-むしゃ【法師武者】僧形の武士。僧兵。

ほう-しゃ【×抛射】投げとばすこと。なげうつこと。

ほう-しゃ【奉謝】お礼を申しあげること。

ほう-しゃ【放射】〔名〕スル ❶一点からまっすぐ四方八方へ出すこと。また、四方八方へひろがり出ること。「中心から―する車の輻」❷物体が電磁波または粒子線の形でエネルギーを放出すること。また、その電磁波または粒子線。輻射。

ほう-しゃ【放赦】罪をゆるし、釈放すること。「すべての罪の―の宣告は」〈三重吉・小鳥の巣〉

ほう-しゃ【砲車】砲架に車輪をつけたもの。

ほう-しゃ【報謝】〔名〕スル ❶恩に報い、徳に感謝すること。物を贈るなどして報いること。「恵みの大地に―する」「―の念を表す」❷神仏の恩に感謝し報いること。報恩のために金品を寄進したり、善行を積んだりすること。❸仏事を行った僧に布施を与えること。西国巡礼者などに物を与えること。(類語)報恩・報徳

ほう-しゃ【×硼砂】硼酸のナトリウム塩。塩湖の蒸発残留物中に産する。白色の柱状結晶で、単斜晶系。強熱すると溶融して、ガラス状になる。ガラス原料や釉・鑞付け助剤などに用いる。化学式 $Na_2B_4O_7 \cdot 10H_2O$

ぼう-しゃ【坊舎】《「ぼうじゃ」とも》寺院内の僧の住む建物。僧房。

ぼう-しゃ【房舎】部屋と家。また、家屋。

ぼう-しゃ【×茅舎】かやぶきの家。茅屋。「―の藁床の上に」〈嘉村・秋立つまで〉

ぼう-しゃ【紡車】糸をつむぐ車。糸繰り車。

ぼう-しゃ【暴×瀉】激しい下痢。また、激しい下痢を伴う流行病。「二十二になった年の夏、―で亡くなった」〈鴎外・安井夫人〉

ほうしゃ-あつ【放射圧】電磁波が物体に当たって吸収または反射されるとき、物体面が受ける圧力。輻射圧。

ほうしゃ-エネルギー【放射エネルギー】電磁波のエネルギー。進行方向に垂直な単位面積を、単位時間に通過するエネルギーとして定義する。その向きと大きさは、電場と磁場のベクトルの外積であるポインティングベクトルで与えられる。

ほうしゃ-か【放射化】放射能をもたない同位体に放射線を照射し、放射性同位体にすること。放射化分析や医療・工業分野で利用される。一方、原子力発電所を稼働し続けると部品や設備が放射化され放射性廃棄物になるため、廃炉・解体・処分が困難であるという問題も抱えている。

ほう-しゃかいがく【法社会学】法を他の社会現象との関連において考察し、法の機能・構造などを社会学的な方法・理論により経験科学的に研究しようとする学問。

ほうしゃ-かがく【放射化学】放射性元素や放射性核種の定量・分析・生成や分離・精製などを研究する化学の一分野。

ほうしゃか-ぶんせき【放射化分析】試料を荷電粒子や中性子あるいは放射線で衝撃し、生じた放射性核種の人工放射能を測定して、試料中の元素の検出・定量を行う分析法。試料を破壊せずに分析でき、検出感度が高い。

ほうしゃきゅう-はんのう【×硼砂球反応】硼砂の粉末を白金線につけて熱し、無色のガラス球を作り、これに金属塩を付着させて再び溶融すると、その金属特有の色が現れる反応。金属の定性分析に用いられる。

ほうしゃ-ぎり【放射霧】夜間の放射冷却によって地表に接する空気が冷却されてできる霧。風の弱い、よく晴れた日の早朝に発生しやすい。輻射霧。

ほう-しゃく【封爵】諸侯に封じて、官爵を授けること。また、その領地と官爵。

ほう-じゃく【蜂=雀=蛾|鳳=雀=蛾】スズメガ科の昆虫。翅の開張約4.5センチ。前翅は灰褐色、後ろ翅は黄褐色。昼飛性で、ツリガネソウなど筒状の花に集まり、ハチドリのように停空して蜜を吸う。幼虫の食草はカワラマツバ・アカネなど。

ほうしゃく-じ【宝積寺】京都府乙訓郡大山崎町にある真言宗智山派の寺。山号は、天王山。神亀4年(727)聖武天皇の勅願により、行基の開創と伝える。板絵着色神像などを蔵する。通称、宝寺。

ぼうじゃく-ぶじん【傍若無人|×旁若無人】〔名・形動〕《「傍らに人無きが若し」の意》人のことなどまるで気にかけず、自分勝手に振る舞うこと。また、そのさま。「―な態度に腹が立つ」

(類語)野放図・わがまま・横着・横柄・勝手・身勝手・得手勝手・手前勝手・自分勝手・自己本位・好き放題・好き勝手・気随・気まま・ほしいまま・恣意的・利己的・エゴイスチック

ほうしゃ-けい【放射計】放射の強さやエネルギー・照度などを測定する装置。ラジオメーター。輻射計。

ほうしゃ-こう【放射光】►シンクロトロン放射

ほうしゃ-じょう【放射状】一点を中心に四方八方へ伸び出た形。輻射状。「―に広がる道路」

ほうしゃじょう-とざん【放射状登山】ベースキャンプを設けて、周囲の山を次々に登る登山法。

ほうしゃ-スペクトル【放射スペクトル】►発光スペクトル

ほうしゃ-せい【放射性】物質が放射能をもつこと。また、その性質。

ほうしゃせい-かくしゅ【放射性核種】放射能をもつ核種。自然に放射線を放出して崩壊し、他の原子核に変わる原子核。ウラン系列・アクチニウム系列などに属し自然界に存在する天然放射性核種と、原子炉や加速器で作られる人工放射性核種とが

ある。
ほうしゃせい-げんし【放射性原子】▶放射性元素
ほうしゃせい-げんそ【放射性元素】放射能をもつ元素。原子核が不安定で、自発的に放射線を放出して崩壊する。天然に存在するカリウム・ラジウムなどのほか、人工的に作られるアインスタイニウム・ノーベリウムなどがある。狭義には、安定同位体をもっていないウランなどをいう。単一原子をさす場合は放射性核種という。放射性原子。
ほうしゃせい-こうかぶつ【放射性降下物】核爆発実験や原子力発電所の事故などにより放出されて上層大気中に拡散し、地上に降下してくる放射性物質。フォールアウト。
ほうしゃせい-しじやく【放射性指示薬】ある物質の移動や変化を追跡するために使われるトレーサーのうち、放射性同位体を用いたもの。放射性トレーサー。ラジオトレーサー。
ほうしゃせい-たんそ【放射性炭素】炭素の放射性同位体。質量数11と14の同位体があり、炭素11の半減期は約20分、炭素14の半減期は約5730年。通常、炭素14を指し、放射性炭素年代測定に利用される。
ほうしゃせいたんそ-ねんだいそくていほう【放射性炭素年代測定法】炭素の放射性同位体14(^{14}C)を用いて行う考古学試料などの年代測定法。大気中に一定の濃度で含まれる炭素14が生物体にほぼ同濃度で取り込まれ、生物体が死ぬと、その半減期に従って減り続けるので、試料中の炭素14の量を調べると、その生物の生存年代がわかる。炭素年代測定法。炭素14年代測定法。炭素14法。C14法。C14年代測定法。ラジオカーボンデーティング。カーボンデーティング。
ほうしゃせい-どういかく【放射性同位核】▶放射性同位体
ほうしゃせい-どういげんそ【放射性同位元素】▶放射性同位体
ほうしゃせい-どういたい【放射性同位体】ある元素の同位体のうち、放射能をもつもの。天然に存在するほか、核反応を利用して人工的に作られ、すべての元素について知られている。ラジオアイソトープ(radioisotope)。RI。放射性同位元素。放射性同位核。
ほうしゃせい-トレーサー【放射性トレーサー】▶放射性指示薬
ほうしゃせい-はいえん【放射性肺炎】肺癌などの治療に放射線を照射したことが原因で起こる肺の炎症。呼吸困難などの症状がみられる。放射線性肺炎。
ほうしゃせい-はいきぶつ【放射性廃棄物】原子力施設や使用済み核燃料の再処理工場などで発生する、放射性物質を含む廃棄物。核分裂生成物のほか、放射能に汚染された衣類・器具・水や、閉鎖施設そのものも含まれる。
ほうしゃせい-はんちょう【放射性反跳】放射性元素が放射線を放ち、放射線と反対方向に反跳すること。その速度と方向は運動量保存の法則に従い、反跳を受けた原子を反跳原子という。ニュートリノの存在は、電子捕獲に伴う原子核の反跳によって確かめられた。
ほうしゃせい-ぶっしつ【放射性物質】放射線を出す物質。放射能をもつ原子核(放射性核種)を含む物質を指す。【補説】原子炉の核燃料や医療分野の放射線療法などに利用される。また、核爆発や原子力発電所の事故などで放出された場合、外部被曝や内部被曝により人体に悪影響を与えるおそれがある。
ほうしゃせい-ほうかい【放射性崩壊】放射性の原子の原子核が、自然に粒子や電磁波を放出して、他の原子核に変わる現象。
ほうしゃせい-ほうかいけいれつ【放射性崩壊系列】▶崩壊系列
ほうしゃせい-ほかく【放射性捕獲】原子核に1個または複数個の粒子が吸収されて、より重い原子核になる核反応。光核反応の逆過程であり、捕獲によってγ線(光子)が放出される。中性子捕獲、陽子捕獲などがある。
ほうしゃせい-ようそ【放射性▽沃素】ヨウ素の放射性同位体。ヨウ素129やヨウ素131など。核医学検査で放射性トレーサーとして用いられる。原子力災害で大量の放射性ヨウ素が放出され、人間の体内に取り込まれた場合、甲状腺に蓄積し癌などの疾患を誘発するおそれがある。⇒安定沃素剤
ほうしゃ-せん【×拋射線】▶放物線
ほうしゃ-せん【放射線】❶ある一点を中心に放射状にひろがっている線。❷放射性物質から放出されるα線・β線・γ線の総称。広くは、X線・中性子線・宇宙線なども含めて、すべての電磁波および粒子線をいう。輻射線。
ほうしゃせんいがく-そうごうけんきゅうじょ【放射線医学総合研究所】放射線と人の健康に関する総合的な研究開発に取り組む日本の研究機関。文部科学省所管の独立行政法人。放射線の医学利用(重粒子線癌治療、MRIやPETなどの分子イメージング)の促進、放射線防護・緊急被曝医療の研究などを行う。昭和32年(1957)発足。本部は千葉市。放医研。NIRS(National Institute of Radiological Sciences)。
ほうしゃせん-か【放射線科】X線などの放射線を用いて診断・治療を行う医療の一分野。
ほうしゃせんか-い【放射線科医】放射線科を専門とする医師。
ほうしゃせん-かがく【放射線化学】放射線を物質に照射したとき起こる化学変化やその利用法を研究する化学の一分野。
ほうしゃせんかんり-てちょう【放射線管理手帳】原子力発電所や再処理施設などの原子力施設で作業に従事する人が所持する手帳。放射線従事者中央登録センターが主体となり運営する、放射線管理手帳制度のもと交付される。身分証明や被曝線量の管理などが目的。
ほうしゃせん-ぎし【放射線技師】《「診療放射線技師」の略称》病院などでX線撮影・MRI検査・CT検査・放射線治療などを担当する技師。国家資格。
ほうしゃせん-きょようりょう【放射線許容量】人体に対する放射線の許容量。放射線被曝の防護については線量当量限度が用いられている。
ほうしゃせん-さっきん【放射線殺菌】電子線やγ線を照射して行う殺菌法。
ほうしゃせん-じゅうごう【放射線重合】X線・γ線・電子線などの放射線の照射によって引き起こされる重合反応。常温・常圧でも起こるので、各種の高分子化合物の製造に利用。
ほうしゃせん-しょうがい【放射線障害】放射線の被曝によって健康な生体に起こる障害。造血器・生殖器・腸管・皮膚が障害を受けやすい。
ほうしゃせん-せいぶつがく【放射線生物学】紫外線・X線や中性子線などの放射線が生物個体あるいは組織・細胞・分子などに及ぼす作用を研究する科学分野。
ほうしゃせん-たい【放射線帯】▶バンアレン帯
ほうしゃせん-たんしょう【放射線探傷】X線・γ線・β線などを材料に照射し、内部の欠陥などを調べる方法。透過放射線をフィルムや蛍光板に受け、その強度分布から判断する。
ほうしゃせん-でんち【放射線電池】▶原子力電池
ほうしゃせん-ぶんかい【放射線分解】放射線の影響により物質中の分子が分解すること。γ線の照射により水が水素や過酸化水素を生成するなど。
ほうしゃせん-りょう【放射線量】物体に照射された放射線の量。⇒線量
ほうしゃせんりょう-けい【放射線量計】▶線量計
ほうしゃせん-りょうほう【放射線療法】放射線を患部に照射して治療する方法。癌などを対象に、X線・γ線・電子線・中性子線・アイソトープ(放射性同位体)などが用いられ、体外から照射したり、病巣内に密封小線源を挿入・刺入して照射したりする。
ほうしゃ-そうしょう【放射相称】生物体の中心軸を通る相称面が3個以上あること。桜の花やヒトデなどにみられる。
ほうしゃそうしょう-か【放射相称花】花被が放射相称に配列している花。梅・キキョウなど多くのものにみられる。輻状相称花。輻射花。
ほうしゃ-そく【放射束】単位面積を単位時間内に通過する放射のエネルギーを測った量。単位はワット。観測者の目に感ずる可視光線の量を測る光束(単位はルーメン)とは異なり、電磁波のエネルギー全体を対象とする。
ほうしゃ-そしき【放射組織】植物の維管束内を、木部・篩部を貫いて放射方向に水平に走る組織。形成層から作られ、柔細胞からなる。養分の通道などの役をするといわれる。射出髄。
ほうしゃ-ちょう【放射長】荷電粒子が制動放射などをして減速する際、エネルギーが1/e(eは自然対数の底)に減少するまでに通過する平均距離。
ほうしゃ-てん【放射点】▶輻射点
ほうしゃ-でんねつ【放射伝熱】▶熱放射
ほうしゃ-とうきゅう【放射等級】▶輻射等級
ほうしゃ-ねつ【放射熱】ある物体から放出され、他の物体に吸収されてその温度上昇に使われる熱エネルギー。効果は可視光線・紫外線よりも赤外線に著しい。輻射熱。
ほうしゃ-ねんだい【放射年代】▶絶対年代
ほうしゃ-のう【放射能】放射線を出す性質、または能力。ある種の原子核は自発的に壊れてα線、β線、γ線などの放射線を放出し、別の安定な原子核に変化する。この性質を放射能、また放射能を持つ原子核を放射性核種という。放射能の強さはベクレルという単位で表される。【補説】一般的には、「放射能を浴びる」「放射能漏れ」のように、放射線や放射性物質の意味と混同して用いられることが多い。物理学的には、放射能は原子核の性質、放射線は放射性核種が放出する高エネルギーの粒子または電磁波、放射性物質は放射線を放つ物質を意味し、それぞれ明確に区別される。
ほうしゃのう-おせん【放射能汚染】水爆や核実験、原子力施設などから放出される放射性物質によって、環境や生体・器物が不必要な放射線を受け、汚されること。
ほうしゃのう-せん【放射能泉】泉質の一。ラジウムやラドンなどの放射性元素を多く含む温泉。代謝機能を促進し、高血圧症・婦人病などに効く。
ほうしゃのう-りょう【放射能量】放射能の強さ。単位にベクレルを用いて表す。
ほうしゃ-へいこう【放射平衡】❶ある物体において、放射によるエネルギーの流出と流入とが釣り合っている状態。❷放射性元素の崩壊の系列で、新しく生じる核種の生成速度と消滅速度とが釣り合っていること。輻射平衡。放射能平衡。
ほうしゃ-ほう【放射法】平板測量の一方法。1か所に平板を置き、方向と距離だけを測って縮図を作るもの。
ほうしゃ-れいきゃく【放射冷却】晴れて風のない夜などに、地表面から熱が放出されて温度が下がり、地表近くの大地の気温も下がる現象。放射霧や遅霜、逆転層などの原因になる。
ほう-しゅ【法主】仏語。❶法門の主、すなわち仏。ほっしゅ。ほっす。❷仏法を説く人。仏や維摩居士などをさす。ほっしゅ。ほっす。❸法会の主宰者である僧。ほっしゅ。ほっす。❹一宗派の長。ほっし

ほ

ゅ。ほっす。
ほう-しゅ【砲手】火砲を発射する役目の兵士。
ほう-じゅ【宝珠】《「ほうしゅ」とも》❶宝玉。❷「宝珠の玉」に同じ。❸「如意宝珠」に同じ。❹塔の相輪の一部で、水煙の上にのせる飾り。
ぼう-しゅ【芒種】二十四節気の一。太陽の黄経が75度の時。6月6日ごろ。稲・麦など芒のぎをもつ穀物の種をまく時期とされていた。(季 夏)「伊賀山や一の雲の不啻ただならず/圭岳」
ぼう-しゅ【防守】〔名〕スル 防ぎ守ること。防御。「外敵の侵犯を一する」
ぼう-しゅ【謀主】中心となって策謀をめぐらす人。首謀者。「造反の一とみなされる人物」
ぼう-じゅ【傍受】〔名〕スル 無線通信を、交信の相手でない者が受信すること。「機密の通信を一する」
ほう-しゅう【報酬】労務または物の使用の対価として給付される金銭・物品など。「一を支払う」
(類語)手当て・賃金・給与・謝礼・ギャラ
ほう-しゅう【報讐】〔名〕スル 仕返しをすること。復讐。報仇。「舟を顛覆てんぷくさせて見事に一し」〈太宰・竹青〉
ほう-じゅう【放縦】〔名・形動〕何の規律もなく勝手にしたいことをすること。また、そのさま。放恣ほうし。放埒ほうらつ。ほうしょう。「一な生き方」(派生)ほうじゅうさ〔名〕(類語)放埒・放恣・放逸・放漫
ぼう-しゅう【防州】周防すおう国の異称。
ぼう-しゅう【防臭】悪臭や異臭を消すこと。また、それらが他のものに移るのを防ぐこと。(類語)消臭
ぼう-しゅう【防銹】さびが発生したり広がったりするのを防ぐこと。
ぼう-しゅう【房州】安房あわ国の異称。
ぼう-じゅう【防獣】イノシシやシカ、ネズミなどの動物による害を防ぐこと。「一フェンス」
ぼうしゅう-いし【房州石】千葉県、房総地方から産する石材。白色の凝灰質砂岩で、鋸山のこぎりやま産のものが有名。土木・建築に用いられる。
ぼうしゅう-ざい【防臭剤】悪臭や異臭を減じ、または消すのに用いる薬剤。活性炭・葉緑素など臭気を吸収するものや、石炭酸・樟脳油しょうのうゆ・芳香油など強い香気で臭気をうち消すものがある。臭気止め。
ぼうしゅう-ずな【房州砂】千葉県館山たてやま市北条付近から産出する磨き砂。器具の研磨に用い、塗料材にもする。
ぼうしゅう-とりょう【防銹塗料】金属にさびが出るのを防ぐために塗る塗料。鉛丹・酸化鉄などの顔料を含むものやワニス・エナメルなど。さび止め塗料。
ぼうしゅう-ぼら【房州法螺】フジツガイ科の巻き貝。房総半島以南の潮間帯にすむ。形はホラガイに似て、殻高22センチくらいあり、ふたは革質。ウニやヒトデを捕食。卵嚢らんのうは橙色で乳頭状をし、とっくりほおずきとよばれる。肉は食用。
ほうじゅ-がしら【宝珠頭】▶擬宝珠ぎぼうし❶
ほう-しゅく【奉祝】〔名〕スル つつしんでお祝いをすること。「御即位を一する」「一行事」
(類語)奉賀・恭賀・謹賀・慶賀・慶祝
ほう-じゅく【法粥】禅寺で、朝食にとるかゆ。
ほう-じゅく【豊熟】〔名〕スル 穀物が豊かに実ること。「一した稲穂」(類語)豊作・満作・豊穣
ぼう-しゅく【防縮】織物などの縮むのを防ぐこと。
ほう-しゅくが【鮑叔牙】中国、春秋時代の斉せいの政治家。斉の桓公に仕え、友人の管仲を宰相に推薦して、桓公の覇道を達成させた。「管鮑かんぽうの交わり」の故事で知られる。生没年未詳。
ぼうしゅく-かこう【防縮加工】織物などが洗濯などで縮むのを防ぐための加工。樹脂加工やサンフォライズ加工などがある。
ほう-しゅつ【抛出】〔名〕スル なげ出すこと。ほうり出すこと。
ほう-しゅつ【放出】〔名〕スル ❶吹き出すこと。また、あふれ出ること。「熱を一する」「エネルギーを光にかえて一する」❷蓄えていたものを外部に出すこと。持っているものを手放すこと。「戦力外の選手を一する」「冬物衣料の大一」「一物資」(類語)排出・噴出・流出
ほう-しゅつ【迸出】〔名〕スル ほとばしり出ること。へいしゅつ。「傍らに清泉一するものあるを見出し」〈永峰秀樹訳・暴夜物語〉
ほう-じゅつ【方術】❶方法。手段。「別の一を講じる」❷わざ。技術。「卓抜な一」❸不老不死の術や医術・易占など、方士の行う術。法術。
ほう-じゅつ【法術】❶法律を実際に運用すること。❷法律によって国を治める術。法家の術。❸「方術❸」に同じ。❹手段。方法。「これすなはち坐禅の一なり」〈正法眼蔵・坐禅儀〉
ほう-じゅつ【砲術】火砲を操作する術。
ぼう-しゅつ【傍出|旁出】わきから出ること。横に出ていること。
ぼう-じゅつ【棒術】武芸の一。樫かしなどの棒を用いて身を守り、敵を攻撃する術。長さ6尺(約180センチ)の間棒けんぼうまたは長さ3尺の半棒とよばれる丸木の棒が用いられた。杖術じょうじゅつもこの一種。棒。
ほうしゅつ-スペクトル【放出スペクトル】▶発光スペクトル
ほうじゅ-の-たま【宝珠の玉】頭部がとがり、その左右両側から火炎が燃え上がっている状態にかたどった玉。如意宝珠を表したもの。
ほう-しゅん【芳春】花の盛りの春。春の美称。
ほう-じゅん【芳潤】〔名・形動ナリ〕香り高くうるおいのあること。また、そのさま。「文は漢魏の一に漱すすいで」〈太平記・一二〉
ほう-じゅん【芳醇|芳純】〔名・形動〕香りが高く味のよいこと。また、そのさま。多く、酒にいう。「一な銘酒」(派生)ほうじゅんさ〔名〕
ほう-じゅん【豊潤】〔名・形動〕豊かで、うるおいのあること。また、そのさま。「一な土地」「一な音色」(派生)ほうじゅんさ〔名〕
ぼう-じゅん【防楯】砲手を敵弾から守り防ぐための鋼板のたて。
ぼう-じゅん【茅盾】[1896～1981]中国の作家。浙江せっこう省桐郷県の人。本名、沈徳鴻しんとくこう。字あざなは雁冰がんぴょう。写実主義を唱え、「蝕」三部作、「子夜」などを発表。中華人民共和国成立後は政務院文化部長・作家協会主席を歴任した。マオトゥン。
ぼう-じゅん【膨潤】物質が溶媒を吸収して体積を増加する現象。ゼラチンが水を含んで膨らむなど。
ほう-しょ【方所|方処】方向と場所。「我国四周大海、外賊の来る一なし」〈公議所日誌・一二〉
ほう-しょ【芳書】他人を敬って、その手紙をいう語。芳翰ほうかん。「一拝受いたしました」
(類語)御状ごじょう・御書ごしょ・懇書・貴書・貴翰きかん・貴札きさつ・芳信・芳翰ほうかん・芳墨・尊書・尊翰そんかん・台翰たいかん・朶雲だうん
ほう-しょ【奉書】❶古文書の形式の一。主人の意を受けて従者が下達する文書。天皇・上皇・公卿の意を受けた場合はそれぞれ綸旨・院宣・御教書みぎょうしょとよばれた。❷「奉書紙」の略。❸「奉書足袋たび」の略。❹「奉書紬つむぎ」の略。
ほう-しょ【法書】❶書の手本となる筆跡。また、法帖ほうじょうのこと。❷法律関係の書。
ほう-しょ【苞苴】❶わらなどを束ねて、野菜・魚などの食品を包んだもの。つと。あらまき。❷みやげもの。❸賄賂わいろ。音物いんもつ。「人人各私権を張り、一官に行われ」〈久米邦武・米欧回覧実記〉
ほう-しょ【報書】知らせるための手紙。また、返書。「至急の一を送り来れり」〈竜渓・経国美談〉
ほう-じょ【幇助】〔名〕スル ❶手を貸すこと。手助け。援助。「国外から脱出を一する」❷他人の犯罪行為を容易にするため、有形・無形の方法で助力すること。「自殺一」(類語)手助け・助力・助勢・加勢・助太刀すけだち・力添え・協力・援助・応援・支援・後押し・バックアップ・フォロー・助ける・助すけける・手伝う・守もり立てる・力を貸す・手を貸す・肩を貸す
ぼう-しょ【防暑】暑さを防ぐこと。「一服」
(類語)耐熱・避暑
ぼう-しょ【某所|某処】ある所。その場所が不明な場合や、明示したくない場合に用いる。
ぼう-しょ【謀書】文書を偽造すること。また、その文書。「進まらせし証状は、一たることも分明なるをや」〈折たく柴の記・下〉
ぼう-じょ【防除】〔名〕スル ❶対策をたてて予防し、災害を取り除くこと。「高潮の被害を一する」❷農作物の病害・虫害を防ぎ除くこと。「害虫一」
ほう-しょう【奉唱】謹んでとなえ歌うこと。
ほうしょう【宝生】㊀能楽師の姓の一。観阿弥清次の長兄の芸名、宝生大夫から来ているという。シテ方とワキ方にこの姓がある。㊁「宝生流」または「宝生座」の略。
ほう-しょう【放笑】〔名〕スル 大きな声で笑うこと。「其愚を一せずんば」〈利光鶴松・政党評判記〉
ほう-しょう【放縦】〔名・形動〕「ほうじゅう(放縦)」に同じ。「一な人は小さいものをつまずかすことをおそれないのだ」〈倉田・出家とその弟子〉
ほう-しょう【法性】▶ほっしょう(法性)
ほう-しょう【法相】法務大臣のこと。
ほう-しょう【報奨】〔名〕スル 努力や行為にむくいてさらにはげますこと。「転作を一する」「一金」
(類語)奨励・勧奨・報労・報賞・褒美
ほう-しょう【報賞】〔名〕スル 功をたたえ、それにむくいること。また、そのしるしとして与える金品など。「功績を一する」
ほう-しょう【報償】〔名〕スル ❶与えた損害をつぐなうこと。弁償。「国費で一する」「一金」❷仕返し。報復。
ほう-しょう【鳳笙】笙の美称。外観が羽を休めた鳳凰ほうおうの姿に似ているところからいう。
ほう-しょう【褒称】〔名〕スル ほめたたえること。称賛。「古今の賢人が一する名著」
ほう-しょう【褒章】栄典の一。ある分野において、りっぱな行い、功績のあった人を表彰するために国から与えられる記章。紅綬こうじゅ(人命救助)・緑綬(徳行卓越)・藍綬らんじゅ(公益・教育など)・紺綬(公益のための私財寄付)・黄綬(業務精励)・紫綬(文化功労)の6種が定められている。➡叙勲じょくん (類語)勲章・位階
ほう-しょう【褒賞】〔名〕スル すぐれた行為や作品などをほめたたえること。また、そのしるしとして与える金品。褒美。「一を授与する」「善行が認められて一される」
ほうし-よう【胞子葉】組織の一部から胞子をつくる葉。シダ植物にみられるものをいうが、広くは種子植物の心皮・雄しべなども含まれる。実葉。芽胞葉。➡栄養葉
ほう-じょう【方丈】㊀❶1辺が1丈(約3メートル)の正方形。1丈四方。また、その広さの部屋。「一の間」❷維摩ゆいま経の主人公である維摩の、1丈四方の居室。転じて、禅寺で、住職の居室。寺の住持。また、住職の称。㊁古代中国に起こった神仙思想による三神山の一。東方海上にあり、不死の薬を持った仙人が住むという。
ほうじょう【北条】愛媛県北部にあった市。高縄山がある。鹿峰瓦かぶとがわらの産地。平成17年(2005)1月に中島町とともに松山市に編入。➡松山
ほうじょう【北条】㊀姓氏の一。㊁鎌倉幕府の執権家。桓武平氏の流れで、平貞盛の後裔時家のとき、伊豆北条に住んで北条と称した。時政が源頼朝の幕府創業を助け、のち、執権として数代にわたり幕府の最高実力者となった。㊂小田原を根拠地に関東を支配した戦国大名。伊勢新九郎長氏(早雲)を祖とし、氏直のとき豊臣秀吉の小田原攻めで滅亡。後北条氏。
ほう-じょう【芳情】他人を敬って、その思いやりの心をいう語。芳志。芳心。「御一感謝致します」
(類語)芳心・芳志・厚志・厚情・厚意・情け
ほう-じょう【奉上】❶貴人や目上の人にさし上げること。また、書状のあて名に添える語。❷主君に忠実に仕えること。「其一の忠亦万国に敻絶し」〈吉岡徳明・開化本論〉
ほう-じょう【放生】捕らえた魚や鳥を放してやること。

ほう-じょう【法条】ハフデウ ❶おきて。規則。規定。❷法律の条文。法令の条項。

ほう-じょう【法×帖】ハフデフ 書の手本とすべき古人の筆跡を石・木に刻して拓本にとり、折り本に仕立てたもの。広義には真跡・模写、碑文の拓本などを折り本にしたものも含む。墨帖。墨本。

ほう-じょう【法城】ホフジヤウ 仏法が堅固であり諸悪を防ぐことを、城にたとえていう語。法の城。

ほう-じょう【法場】ホフヂヤウ 仏法を修行する場所。寺。

ほう-じょう【豊壌】ホウジヤウ〔名・形動〕土地が肥えていること。また、その土地や、そのさま。「我村落の美なる…そして一なるを祝福して後」〈独歩・帰去来〉

ほう-じょう【豊×穣】ホウジヤウ〔名・形動〕穀物がみのりゆたかなこと。また、そのさま。「五穀一を祈る」「一な(の)秋」(類語)豊作・満作・豊熟

ほう-じょう【豊×饒】ホウゼウ〔名・形動〕土地が肥沃で作物がよく実ること。また、そのさま。ほうにょう。「一な(の)大地」(派生)ほうじょうさ〔名〕
(類語)肥沃・豊沃・豊潤

ほう-じょう【×鳳城】ホウジヤウ ❶《中国の漢代、門に銅製の鳳凰を飾ったところから》宮城。皇居。禁裡。❷都。都城。帝京。

ほう-じょう【褒状】ホウジヤウ 行為・業績などをほめることを記した文書。賞状。(類語)賞状・賞表・感状

ぼう-しょう【乏少】ボフセウ〔名・形動〕とぼしいこと。十分でなく足りないこと。また、そのさま。ぼくしょう。「一な知識」

ぼう-しょう【×芒硝】バウセウ 硫酸ナトリウムの一〇水和物のこと。化学式$Na_2SO_4 \cdot 10H_2O$　または、硫酸マグネシウムの七水和物のこと。化学式$MgSO_4 \cdot 7H_2O$　漢方で緩下・利尿薬などに用いる。

ぼう-しょう【冒称】〔名〕スル 勝手に他の姓や名称をなのること。「耶蘇の門徒と一し」〈中村訳・自由之理〉

ぼう-しょう【傍生】バウシヤウ 仏語。からだを横にして生きる生き物、すなわち畜生。

ぼう-しょう【傍証】バウ—〔名〕スル 間接的な証拠。直接の証拠とはならないが、その証明を補強するのに役立つ証拠。「一を固める」「絵のタッチが二人の師弟関係を一している」(類語)間接証拠・状況証拠

ぼう-しょう【帽章】バウシヤウ 帽子につける記章。

ぼう-じょう【亡状】バウジヤウ《よい行状がない意》無礼な振る舞い。無法な行為。「一を極める」

ぼう-じょう【坊城】バウジヤウ 都城で坊ごとにその周囲にめぐらした垣。

ぼう-じょう【棒状】バウジヤウ 棒のような形。

ぼう-じょう【暴状】バウジヤウ 無法で乱暴なありさま。「見過ごせない一」(類語)乱暴・狼藉・無法・乱行・蛮行・暴挙・暴行・暴力

ほうじょう-あきとき【北条顕時】ホウデウ［1248～1301］鎌倉中期の武将。実時の子。父の志を継ぎ、金沢文庫を隆盛にした。金沢顕時。

ほうしょう-あらた【宝生新】ホウシヤウ ▶ほうしょうしん(宝生新)

ほうしょう-いん【宝生院】ホウシヤウヰン 真福寺の院号。

ほうじょう-いん【放生院】ハウジヤウヰン 京都府宇治市にある真言律宗の寺。山号は、雨宝山。正しくは放生院常光寺。推古天皇12年(604)聖徳太子の願いにより秦河勝の創建と伝えられる。境内に宇治橋断碑がある。通称、橋寺。

ほうじょう-うじつな【北条氏綱】ホウデウウヂツナ［1486～1541］戦国時代の武将。早雲の子。伊豆・相模・武蔵・下総などを征圧。小田原城下の商業発展を図り、後北条氏の基礎を確立した。

ほうじょう-うじなお【北条氏直】ホウデウウヂナホ［1562～1591］戦国時代の武将。氏政の長男。織田信長の没後、徳川家康と対立したが和睦。のち豊臣秀吉に小田原城を包囲攻撃され、降伏して高野山に追放。

ほうじょう-うじなが【北条氏長】ホウデウウヂナガ［1609～1670］江戸前期の旗本・軍学者。幕府大目付、安房守。北条流兵学の祖。後北条氏の出身で、軍学を小幡景憲に学ぶ。オランダ流攻城法を学んだことや、江戸地図を作成したことでも知られる。著作に「兵法雄鑑」「士鑑用法」など。

ほうじょう-うじまさ【北条氏政】ホウデウウヂマサ［1538～1590］戦国時代の武将。氏康の長男。武田信玄・上杉謙信の攻防に連携・対抗しつつ領土を確保した。晩年、豊臣秀吉に小田原城を包囲され、敗れて自刃。

ほうじょう-うじやす【北条氏康】ホウデウウヂヤス［1515～1571］戦国時代の武将。氏綱の長男。上杉憲政・古河公方足利晴氏を破り、武田・今川両氏と結んで関東進攻を図る上杉謙信に対抗し、後北条氏の最盛期を招いた。検地の実施や伝馬制度の整備など、領国経営に尽力した。

ほうじょう-え【放生会】ハウジヤウヱ 供養のため、捕らえた生き物を池や野に放してやる法会。殺生戒に基づくもので、奈良時代より行われ、陰暦8月15日の八幡宮の祭りに催され、石清水八幡宮のものが有名。(季 秋)

ほうじょう-かてい【北条霞亭】ホウデウ［1780～1823］江戸後期の漢詩人。志摩の人。名は譲。字は子譲・景陽。霞亭は号。京都で皆川淇園に、江戸で亀田鵬斎に学ぶ。備後の菅茶山に招かれ廉塾の塾頭、次いで福山藩藩儒となる。著作に「霞亭摘藁」「霞亭渉筆」など。

ほうじょうき【方丈記】ハウヂヤウキ 鎌倉前期の随筆。1巻。鴨長明著。建暦2年(1212)成立。仏教的無常観を基調に、大風・飢饉などの不安な世情や、日野山に閑居した方丈の庵での閑寂な生活を、簡明な和漢混交文で描く。

ほうじょう-きたい【胞状奇胎】ハウジヤウ— 胎盤の一部となる絨毛膜の組織が、異常増殖して多数のブドウ状の嚢胞になり、胎児は死亡し流産となる妊娠異常。のちに絨毛癌を続発することがある。葡萄状鬼胎。葡萄子。奇胎。

ほうじょう-きょうごう【法条競合】ハフデウキヤウガフ 一つの犯罪行為が外観上数個の刑罰法規に当てはまるが、実質的にはその一つだけが適用されること。

ほうじょうくだいき【北条九代記】ホウデウクダイキ ㊀鎌倉末期の歴史書。2巻。著者未詳。寿永2～元弘2＝正慶元年(1183～1332)の鎌倉幕府関係の重要事件などを編年体で記したもの。㊁江戸前期の雑史書。12巻。浅井了意著という。延宝3年(1675)刊。北条執権9代の事跡を物語ふうに記したもの。

ほうじょうくだいめいかのいさおし【北条九代名家功】ホウデウクダイメイカノイサヲシ 歌舞伎狂言。時代物。3巻。河竹黙阿弥作。明治17年(1884)東京猿若座初演。北条家の滅亡を中心に脚色した活歴物。上の巻の「高時」だけが上演され、新歌舞伎十八番の一となっている。

ほうしょう-くろう【宝生九郎】ホウシヤウクラウ 能楽師。シテ方宝生流家元の芸名。16世知栄［1837～1917］が有名で、維新後の能楽復興に尽力。明治三名人の一人。

ほうしょう-ざ【宝生座】ホウシヤウ— 大和猿楽四座の一。もと外山座。明治以降は宝生流という。

ほうじょう-さねとき【北条実時】ホウデウ［1224～1276］鎌倉中期の武将。義時の孫。引付衆・評定衆を歴任して、執権を補佐。学問を好み、書籍を書写・収集して、晩年に建てた武蔵国金沢の称名寺に保管。蔵書は子孫によって一層拡充され、金沢文庫となった。金沢実時。称名寺殿。

ほうしょう-じ【法勝寺】ホフシヤウ— ▶ほっしょうじ(法勝寺)

ほうじょう-し【北条市】ホウデウ— ▶北条

ほうじょう-じ【法成寺】ホフジヤウ— 京都市上京区にあった寺。治安2年(1022)に藤原道長が創建し、荒神口より北、寺町より東にあったと推定される。広壮な規模を誇ったが、のち、火災にあい、南北朝初期に廃絶。通称、京極御堂、御堂。

ほうじょう-しげとき【北条重時】ホウデウ［1198～1261］鎌倉前期の武将。義時の三男。六波羅探題・連署を歴任して、執権北条時頼を補佐。のち出家。彼の残した「北条重時家訓」は、後世の武家家訓のもととなった。極楽寺殿。

ほうじょう-じたて【法×帖仕立て】ハフデフ— 法帖のような折り本の仕立て方。1枚ずつ表を内側にして縦二つに折ったものを重ね、裏面の端をはり合わせてつないだもの。

ほう-じょうじゅ【法成就】ホフジヤウジユ 仏語。密教で、修法による効験があらわれたこと。

ほう-しょうしょう【彭紹升】ハウセウシヨウ［1740～1796］中国、清初の在家仏教者。長州(江蘇省)の人。在家としての戒に従って厳格な生活をした。諸宗の融合と儒・仏・道三教の調和を主張し、念仏を信仰した。著「一乗決疑論」「華厳念仏三昧論」など。

ほうしょう-しん【宝生新】ホウシヤウ—［1870～1944］能楽師。ワキ方下掛宝生流10世宗家。名は「あらた」とも。東京の生まれ。明治・大正・昭和にわたって活躍、名人とうたわれた。

ほうじょう-そううん【北条早雲】ホウデウサウウン［1432～1519］室町後期の武将。後北条氏の祖。初め伊勢新九郎長氏と称し、出家して早雲庵宗瑞と号。駿河の今川氏のもとにいたが、のち、伊豆韮山に移り、次いで小田原に進出。伊豆・相模を治め、後北条氏5代の基礎を築いた。

ほうじょう-たかとき【北条高時】ホウデウ［1303～1333］鎌倉幕府第14代執権。在職1316～1326。若年で執権となったため政治を乱し、正中の変・元弘の変を招いた。のち、新田義貞に鎌倉を攻められて一族とともに自刃した。

ほうじょう-たみお【北条民雄】ホウデウ—［1914～1937］小説家。ソウルの生まれ。ハンセン病患者として入院した最初の夜の経験をもとにした小説「いのちの初夜」で知られる。

ほうじょう-だんすい【北条団水】ホウデウ—［1663～1711］江戸前期の俳人・浮世草子作者。京都の人。井原西鶴の門人で、師の遺稿を刊行した。俳書「秋津しま」「俳諧団袋」、浮世草子「色道大鼓」「日本新永代蔵」など。

ほうじょう-ち【放生池】ハウジヤウ— 捕らえた魚類などを放してやるために設けた池。➡放生会

ほうじょう-でん【放生田】ハウジヤウ— 平安時代、収穫を放生会の費用にあてるため諸国に置かれた不輸租田。

ほうじょう-ときふさ【北条時房】ホウデウ［1175～1240］鎌倉前期の武将。時政の三男。義時の弟。承久の乱に北条泰時とともに上洛し、鎮定に当たった。のち、鎌倉に帰り、泰時を助けて執権政治の基礎を固めた。

ほうじょう-ときまさ【北条時政】ホウデウ［1138～1215］鎌倉幕府初代執権。在職1203～1205。源頼朝の妻政子の父。通称、四郎。頼朝の挙兵を助け、鎌倉幕府創業に貢献。頼朝死後、2代将軍頼家を謀殺して実朝を擁立、初代執権として幕政の実権を握ったが、のち、実朝を除く計画が失敗して引退した。

ほうじょう-ときむね【北条時宗】ホウデウ［1251～1284］鎌倉幕府第8代執権。在職1268～1284。時頼の長男。通称、相模太郎。元寇に際して強硬策をとり、文永の役・弘安の役でこれを撃退。禅を信仰し、中国宋より無学祖元を招き、円覚寺を建立した。

ほうじょう-ときゆき【北条時行】ホウデウ［?～1353］南北朝時代の武将。高時の子。鎌倉幕府の滅亡後、信濃にのがれ、建武政権に抗して挙兵。一時鎌倉を回復したが、足利尊氏に敗れた(中先代の乱)。のち、南朝に属して新田義興らに従い、再度鎌倉を占領したが、敗れて斬られた。

ほうじょう-ときより【北条時頼】ホウデウ［1227～1263］鎌倉幕府第5代執権。在職1246～1256。泰時の孫。法名、道崇。豪族三浦一族を滅ぼし、執権北条氏の権力を確立。執権を辞してから出家。禅を信仰し、中国宋より蘭渓道隆を招き、建長寺を建立。仁政と諸国遍歴の伝説がある。最明寺殿。

ほうしょう-にょらい【宝生如来】ホウシヤウ— 五智の如来の一。大日如来に備わる平等性智から出たもので、金剛界曼荼羅の南方の月輪の中尊。肌は金色で、一切の財宝をつかさどるという。宝生仏。

ほうしょう-ひ【報償費】ホウシヤウ— ❶地方公共団体などの会計処理で使用される勘定科目の一つ。報償

金・謝礼金・褒賞金・報奨金・賞賜金・買上金・賞金、および記念品等の物品購入代金の支払いなどを計上するために使用される。❷内閣官房報償費(官房機密費)・外務省報償費(外交機密費)・捜査報償費などのこと。

ほうじょう-ひでじ【北条秀司】[1902〜1996]劇作家。大阪の生まれ。本名、飯野秀二。岡本綺堂に師事。新派・新国劇・歌舞伎などの商業演劇の脚本を数多く執筆。作「閣下」「王将」「霧の音」「建礼門院」など。昭和62年(1987)文化功労者。

ほうじょう-ぼう【宝城坊】神奈川県伊勢原市日向にある高野山真言宗の寺。行基の開創と伝える日向山霊山寺の十二僧坊の一。日向薬師。

ほうじょう-まさこ【北条政子】[1157〜1225]源頼朝の正室。頼家・実朝の母。時政の長女。頼朝の死後尼となり、初め頼家、のち実朝を将軍としてその後見となった。実朝暗殺後は京都から九条頼経を4代将軍に迎え、執権政治を確立して尼将軍といわれた。平政子。

ほうじょう-まさむら【北条政村】[1205〜1273]鎌倉幕府7代執権。義時の子。評定衆・連署などを経て文永元年(1264)執権となる。時宗に執権職を譲った後は再び連署となり、時宗を補佐した。和歌にも優れ「新勅撰和歌集」などに37首を残す。

ほうじょう-やすとき【北条泰時】[1183〜1242]鎌倉幕府第3代執権。在職1224〜1242。義時の長男。通称、江馬太郎。承久の乱に上洛して鎮定に当たり、六波羅探題として乱後の処理にあたった。父の死後執権となり、評定衆の設置、御成敗式目の制定など、御家人中心の武家政治の確立に努めた。

ほうじょう-よしとき【北条義時】[1163〜1224]鎌倉幕府第2代執権。在職1205〜1224。時政の次男。通称、江馬小四郎。父時政の失脚後、執権となり、和田義盛を滅ぼして侍所別当を兼ねた。姉政子と協力して承久の乱を鎮圧し、幕府権力を安定させ、北条氏の執権政治を固めた。

ほうしょう-りゅう【宝生流】❶能のシテ方の流派の一。大和猿楽の外山座の流れで、幕末までは宝生座といった。流祖は宝生蓮阿弥といわれるが未詳。❷能のワキ方の流派の一。徳川家光の命で、春藤流の金春権七祐玄が宝生座付きとなって創流。2世新之丞のとき宝生を名のった。ワキ宝生。下掛宝生流。❸能の大鼓方の流派の一。宝生錬三郎派ともいわれ、岡山を中心に活動していたが、昭和61年(1986)観世流となった。

ほうじょう-りゅう【北条流】江戸初期、小幡景憲の門人北条氏長が創始した軍学の流派。

ほうしょ-がみ【奉書紙】《奉書に用いたところから》コウゾを原料とする和紙。しわがなく純白で上質。色奉書・紋奉書などの変種もある。越前奉書が有名。

ほう-しょく【奉職】〔名〕スル 公職につくこと。「教諭として母校に一する」

ほう-しょく【宝飾】宝石や貴金属などをあしらった装飾。「一品」「一デザイナー」

ほう-しょく【飽食】〔名〕スル ❶あきるほど腹いっぱい食べること。❷食べたいだけ食べられて、食物に不自由しないこと。日常生活に不自由がないこと。「一の時代」

ぼう-しょく【防食|防×蝕】金属の腐食を防ぐこと。「一塗料」〔類語〕防腐・防錆

ぼう-しょく【紡織】糸をつむぐことと、布を織ること。「一機」

ぼう-しょく【望×蜀】《「後漢書」岑彭伝の「人足るを知らざるを苦しみ、既に隴を平らげて、復た蜀を望む」から》一つの望みがかなうと、さらにその先を望むこと。人間の欲望には限りがなく、満足を知らないことのたとえ。隴を得て蜀を望む。「一の嘆」

ぼう-しょく【暴食】〔名〕スル むやみにたくさん食べること。「暴飲一する」〔類語〕過食・大食・鯨飲馬食

ぼうしょく-ざい【防食剤】金属の腐食を防ぐ薬剤。さびどめ。ペンキ・油・黒鉛など。

ほうしょく-だんい【飽食暖衣】〔名〕スル「暖衣飽食」に同じ。「一して安穏に暮らす」

ほうしょく-ひん【宝飾品】宝石や貴金属などで装飾した品。ジュエリー。

ほうしょ-せん【奉書船】江戸初期、幕府によって特別に認可された海外渡航船。寛永8年(1631)以後、海外渡航の船は朱印状のほかに老中の奉書を必要とした。同12年鎖国のため廃止。

ほうしょ-たび【奉書足-袋】奉書紙で作った足袋。元禄(1688〜1704)ごろ、江戸吉原に通う遊客が暑中や雨中などに1回限りのものとしてはいた。

ほうしょ-づつみ【奉書包み】奉書紙に包むこと。また、そのもの。

ほうしょ-つむぎ【奉書×紬】《奉書紙のように純白であるところから》羽二重に似た良質の紬。福井・石川県から産出。紋付などに用いた。

ほうじょ-はん【×幇助犯】▶従犯

ほう-じる【奉じる】〔動ザ上一〕「ほう(奉)ずる」(サ変)の上一段化。「命を一・じる」「職を一・じる」

ほう-じる【崩じる】〔動ザ上一〕「ほう(崩)ずる」(サ変)の上一段化。「皇帝が一・じる」

ほう-じる【報じる】〔動ザ上一〕「ほう(報)ずる」(サ変)の上一段化。「テレビが異変を一・じる」「恨みを一・じる」

ほう-じる【×焙じる】〔動ザ上一〕「ほう(焙)ずる」(サ変)の上一段化。「茶を一・じる」

ほう-しん【方針】❶方位を示す磁石の針。磁針。❷めざす方向。物事や計画を実行する上の、おおよその方向。「一を決める」「一を誤る」「教育一」〔類語〕指針・方行・針路・路線・指標・目標

ほう-しん【芳心】❶他人を敬って、その親切な心をいう語。芳志。芳情。「御一かたじけなく存じます」❷他人に親切をつくすこと。「重盛出仕の度毎に一せられける」〈古活字本平治・中〉

ほう-しん【芳×辰】❶よい日。よい時。吉日。❷かぐわしい春の時節。

ほう-しん【芳信】❶他人を敬って、その手紙をいう語。❷花の咲いたという便り。花信。〔類語〕御状・御書・懇書・貴書・貴翰・貴札・芳書・芳翰・芳墨・尊書・尊翰・台翰・朶雲

ほう-しん【放心】〔名〕スル ❶心を奪われたりして、魂が抜けたようにぼんやりすること。「あまりの出来事に一して立ちつくす」「一状態」❷気にかけないこと。心配ごとを心から払いのけること。放念。「どうぞ御一ください」〔類語〕喪心・自失・虚脱・うつろ・茫然自失

ほう-しん【法身】▶ほっしん(法身)

ほう-しん【×疱×疹】▶ヘルペス

ほう-しん【砲身】大砲の弾丸を込める薬室と砲弾の通る腔綫のある円筒の部分。

ほう-じん【方陣】❶兵士を方形に並べた陣の配置。方形の陣形。「一を敷く」❷数字を縦横に同数だけ並べ、その縦・横・斜めのいずれの行の和も同じ数になるようにしたもの。縦横に並べる数字の個数により三方陣・四方陣・八方陣などという。魔方陣。

ほう-じん【邦人】❶自国の人。❷日本人。また、外国にいる日本人。「一居留地」

ほう-じん【×庖人】料理人。くりやびと。「只一の肉味を調するに異ならず」〈太平記・二〇〉

ほう-じん【法人】自然人以外のもので、法律上の権利義務の主体とされるもの。一定の目的のために結合した人の集団や財産について権利能力(法人格)が認められる。公法人と私法人、社団法人と財団法人、営利法人と公益法人・中間法人・NPO法人などに分けられる。⇔自然人。〔類語〕団体・組織・結社・組合・連盟・協会・ユニオン・ソサエティー・アソシエーション

ほう-じん【封人】国境を守る役人。「一の家を見かけて舎を求む」〈奥の細道〉

ほう-じん【砲陣】主として大砲を並べた陣地。

ほう-じん【報身】仏語。仏の三身の一。菩薩であったときに願を立て、修行を積んだ報いとして得た仏身。

ぼう-しん【亡心】亡霊。「恐ろしや、おことは誰ぞ。小竹田男の一とや」〈謡・求塚〉

ぼう-しん【亡臣】他国へ逃亡した臣。

ぼう-しん【亡親】死んだ親。なき親。

ぼう-しん【妄信】〔名〕スル「もうしん(妄信)」に同じ。「或は正夢でありはしまいかなどと、一が起りますのサ」〈逍遥・当世書生気質〉

ぼう-しん【望診】漢方で、四診の一。顔色・舌の色・肌のつや・肉付きなどを目で見て診察する方法。

ぼう-しん【傍心】傍接円の中心。三角形の一つの内角の二等分線と他の二つの内角に隣接する外角の二等分線との交点。

ぼう-しん【傍親】傍系の親族。

ぼう-しん【謀臣】はかりごとをめぐらす臣。計略に巧みな家来。

ぼう-じん【防人】❶中国唐代に辺境の防備にあたった兵。❷「さきもり」に同じ。

ぼう-じん【防×塵】ちり、ほこりの入るのを防ぐこと。「一マスク」

ぼう-じん【傍人】そばにいる人。また、そばにいるだけで、直接の関係がない人。「何処の芸妓かと一に聞けば」〈魯庵・社会百面相〉

ほうしんえんぎ【封神演義】中国、明代の小説。作者は諸説がある。妲己に惑わされる暴君紂王と、姜子牙(太公望)を軍師に迎えた文王・武王の争いに仙人らが参加する。封神伝。封神榜。

ほうじん-かく【法人格】法律上の人格。権利・義務の主体となることのできる資格。自然人と法人に認められる。

ほうじん-かぶぬし【法人株主】法人として株式会社の株主になっているもの。親会社・金融機関・取引先事業会社などが多く、日本では持株比率において個人株主を大きく上回る。

ほうじんきぎょう-けいきよそくちょうさ【法人企業景気予測調査】内閣府と財務省が共同で四半期ごとに実施する調査。「判断調査」では、企業経営者に自社の景況感や売上高、需要等に関する推移と見通しを尋ねる。回答者は良化・不変・悪化・不明に相当する4つの選択肢から選び、「良化」から「悪化」を引いて指数化する。「計数調査」では、売上高、設備投資等の実績や見通しを実数で尋ね、サンプリング調査として、母集団の推計値を算出する。

ほうじん-じぎょうぜい【法人事業税】法人の事業者に対して都道府県が課す事業税。

ぼうじん-しつ【防×塵室】▶クリーンルーム

ほうじん-しょとく【法人所得】法人企業が一定期間に得た所得。益金から損金を差し引いた金額。

ほうじん-ぜい【法人税】法人の所得などに対して課される国税。

ほうじんぜい-ほう【法人税法】法人税について定めた法律。昭和15年(1940)に所得税法から独立。平成10年(1998)以降、企業活動の国際化・IT化などの変化に対応するため、企業再編成税制や連結納税制度の導入など法人税法の改正が頻繁に行われている。➡租税法

ほうしん-たん【豊心丹】奈良の西大寺で製造して売り出した気つけ薬。西大寺。

ほうじん-なり【法人成り】個人企業が、実体はほとんど変更せずに法人格を取得して株式会社などの法人になること。

ほう-しんのう【法親王】出家したのちに、親王宣下を受けた皇子。ほっしんのう。

ほうじん-ぶつ【報身仏】仏語。報身の仏。阿弥陀仏・薬師仏のように願を成就して仏身を得た仏。

ほうじん-りょうばつ【法人両罰】法律に違反した行為のあった場合、実行した個人だけでなく、所属する法人やその代表者にも責任があるとして一定の罰(多くは罰金刑)を科すること。➡両罰規定

ほう-ず【方図】限度。際限。「意久地の無いにも一が有ったもんだ」〈二葉亭・浮雲〉➡野放図

方図がな・い 際限がない。「一・い征服欲」

ホウズ〖Hawes〗英国イングランド北部、ノースヨーク

シャー州の町。ヨークシャーデールズ国立公園の観光拠点の一。ウーア川に沿い、エイスガスの滝に近い。ウェンズリーデールチーズの産地としても知られる。

ぼう-ず【坊主】バウ ❶寺坊の主ぬしである僧。寺院で一坊を構えた僧をさしていった。❷一般に、僧。室町時代以後に行われるようになった称。❸髪の毛のない頭。また、毛をそったり短く刈ったりした頭。「負けたら―になる」「丸―」❹表面を覆っているべきものがないさま。「山が―になる」「植木が―になる」❺《昔、男児が頭髪をそる習慣があったところから》男の子を親しんだり、あざけったりして呼ぶ語。「―を連れて買い物に行く」「―、よくやったな」❻釣りで、まったく釣れないこと。おでこ。「―に終わる」❼「茶坊主」の略。❽「奥坊主」「表坊主」「数寄屋坊主」の略。❾《形状の類似から》花札の薄すすき(月)の20点札。❿他の語の下に付いて複合語をつくる。㋐男の子への親しみの意を表す。「いたずら―」「やんちゃ―」㋑あざけりやからかいの意を表す。「三日―」

[類語]（❶❷）僧・僧侶・坊さん・御坊・お寺さん・僧家・沙門・法師・出家・比丘／（❺）坊や・坊ちゃん

坊主憎けりゃ袈裟けさまで憎い　その人を憎むあまり、その人に関係のあるものすべてが憎くなるというたとえ。

坊主の鉢巻き　❶《坊主の鉢巻きはすべり落ちるので、耳で受けとめるというところから》聞いて知っているということのしゃれ。❷しまりがないということ、また、できないということのたとえ。

坊主丸儲まるもうけ　僧侶は元手がいらないので、収入の全部がもうけになるということ。

ぼう・ず【亡ず】バウ〔動サ変〕❶ほろびる。滅亡する。「王法つきんとては仏法まづ―・ず」〈平家・二〉❷死ぬ。「その父―・じて、母存せり」〈今昔・九・一〉

ぼう・ず【×謗ず】バウ〔動サ変〕《「ほうず」とも》そしる。悪く言う。「人を―・じ法を―・ず」〈平家・五〉

ぼうず-あたま【坊主頭】バウズ 坊主のように髪をそった、また短く刈った頭。[類語]丸坊主・いがぐり頭

ほう-すい【方×錐】ハウ ❶刃が四角な錐きり。四つ目錐。❷「方錐形」の略。

ほう-すい【放水】ハウ〔名〕スル ❶ダムや川などの水を導き流すこと。❷ホースなどから水を勢いよく出すこと。「消防車が―する」[類語]導水

ほう-すい【法水】ホフ 仏法が衆生の煩悩ぼんのうを洗い清めるのを、水にたとえていう語。法雨。ほっすい。

ほう-すい【×烹炊】ハウ 煮たきすること。

ほう-すい【豊水】水量がゆたかなこと。「―期」

ぼう-すい【防水】バウ〔名〕スル ❶水がしみこむのを防ぐこと。水が入ったりしみこんだりしないように処理・加工すること。「ダスターコートを―する」❷水の流入を防ぐこと。「―対策」

[類語]耐水・撥水はっすい・ウオータープルーフ

ぼう-すい【房水】バウ 眼球の角膜と虹彩こうさいとの間、および虹彩と水晶体との間を満たす液。眼圧を一定に保ち、角膜・水晶体に栄養補給を行う。眼房水。

ぼう-すい【紡×錘】バウ 糸をつむぐとき、その糸を巻きつける心棒。錘つむ。

ぼうすい-かくしつ【防水隔室】バウスイ 艦船内で、浸水を防ぐため、水密隔壁や鉄甲板で囲んだ船室。

ぼうすい-かくへき【防水隔壁】バウスイ ▶水密すいみつ隔壁

ぼうすい-かこう【防水加工】バウスイ〔名〕スル 織物・皮革・紙などに水がしみこむのを防ぐ加工を施すこと。「―された靴」

ぼうすい-ぎ【防水着】バウスイ 雨や水を防ぐために着る、防水加工をした衣類。雨ガッパ・レインコートなど。

ほうすい-クロラール【抱水クロラール】ハウスイ 最初に発見された睡眠薬。クロラールに水を化合させて製した無色の結晶。直腸麻酔に用いられる。

ほうすい-けい【方×錐形】ハウスイ 底面が正方形である角錐。

ぼうすい-けい【紡×錘形】バウスイ 紡錘に似た形。円柱状でまん中が太く、両端がしだいに細くなる形。

ぼうすい-ざい【防水剤】バウスイ 水の浸透を防ぐために、布・紙などに塗る薬剤。ゴム・ビニル系樹脂・シリコン・パラフィン蝋ろうなど。

ぼうすい-し【防水紙】バウスイ 防水性をもたせた紙。パラフィン紙など。

ぼうすい-たい【紡×錘体】バウスイ 細胞の有糸分裂の中期から終期にかけて現れ、染色体の極への移動に関与する繊維性の構造。両極と赤道面に並ぶ染色体とを結ぶものと、両極間を結ぶものとからなり、紡錘形をなす。

ぼうすい-ちゅう【紡×錘虫】バウスイ 有孔虫目の一群の原生動物。海底にすみ、石炭紀・二畳紀に栄えた。一般に体は紡錘形で、大きさは数ミリから約2.5センチ。石灰質の殻をもち、内部は多くの殻室に分かれる。重要な示準化石。フズリナ。

ぼうすいちゅう-せっかいがん【紡×錘虫石灰岩】バウスイチウセキクワイガン 紡錘虫の化石を含む、古生代後期の石灰岩。フズリナ石灰岩。

ぼうすい-ふ【防水布】バウスイ 防水加工した布。

ほうすい-ほう【放水法】ハウスイハフ 河川の氾濫を防ぐため、新たに水路を設けて増水のときに放水する方法。

ほうすい-ろ【放水路】ハウスイ 河川の氾濫を防ぐなどのため、河川の途中から海などに向けて造った水路。また、水力発電所から排出される水を河川などへ放流するための水路。

ほう-すう【方数】ハウ 自然数を2乗した数。平方数。

ほう-すう【×鳳×雛】鳳凰ほうおうのひな。転じて、将来すぐれた人物になることが期待される少年。鳳児。麒麟児きりんじ。「伏竜―」

ぼうず-えり【坊主襟】バウズ ❶小袖の襟を折らずに、三角形にして着ること。「無理に作った―の、其寐姿」〈二葉亭・其面影〉❷襟足が短いこと、または襟足の短い首すじ。「―でいいから、生地の儘ままでおけばいいことよ」〈滑・浮世床・初〉

ぼうず-おち【坊主落ち】バウズ 僧が堕落して還俗げんぞくすること。また、その人。「私むすこは―。ろくに生へそろはぬ物」〈浄・女護島〉

ぼうず-がえり【坊主▽還り】バウズガヘリ 僧が再び俗人にかえること。還俗げんぞくすること。また、その人。法師がえり。「清吉といふ―さ」〈伎・小袖曽我〉

ぼうず-ガッパ【坊主ガッパ】バウズ 江戸時代、桐油紙とうゆしで作った袖なしの雨ガッパ。オランダ人のカッパをまねたもの。➡カッパ

ぼうず-かむろ【坊主×禿】バウズ 江戸時代、遊女に使われていた幼いかむろ。前髪と両耳のあたりだけ毛を残した芥子けし坊主にしていたところからいう。

ぼうず-がり【坊主刈(り)】バウズ 頭髪全体を、坊主のようにごく短く刈ること。また、その頭。

ほう-ずき【酸=漿｜鬼=灯】ほほずき ▶ほおずき [補説]仮名で「ほうずき」と書くのは誤り。

ぼうず-くさ・い【坊主臭い】バウズ〔形〕文ばうずくさ・し〔ク〕すること、考えることなどに仏教的なくさみがある。抹香臭い。「話が―・くなる」

ほう-すけ【×呆助】ハウ 「あほう」を略して人名のようにいった語。おろかもの。「赤シャツは腑抜けの―だと云ったら」〈漱石・坊っちゃん〉

ぼうず-ごろし【坊主殺し】バウズ 僧を誘惑して堕落させること。僧相手の売春婦、または男娼。「中寺町、小橋の―」〈浮・一代男・二〉

ぼう-ずし【棒×鮨】細長い木枠にすし飯と具を重ねて入れ、押してつくった鮨。巻き簀すで巻き固めることもある。具にはサバ・サケ・マス・アナゴ・アユなどを使う。

ぼうず-ふで【坊主筆】バウズ 穂先のすりきれた筆。ちびた筆。禿筆とくひつ。

ぼうず-まくら【坊主枕】バウズ 「括くくり枕」に同じ。

ぼうず-むぎ【坊主麦】バウズ ハダカムギの別名。

ぼうず-めくり【坊主×捲り】バウズ 百人一首の読み札にかかれた絵を用いてする遊戯。裏返しにつみ重ねた札を各自が順に1枚ずつ取って手もとに置き、坊主の絵を引いたときは手持ちの札をすべて場に出し、姫の札を引いたときは場の札を全部自分のものとし、最後に手もとの札の数の多い者を勝ちとする。

ぼうず-もち【坊主持ち】バウズ 同行者の荷物を一人で持ち、道で坊主に会うたびに持ち役を交代すること。

ぼうず-やま【坊主山】バウズ 樹木の生えていない山。はげ山。

ぼうず-よみ【坊主読み】バウズ 僧侶が経を読むような調子で、意味のわからないまま文字だけを読むこと。また、その読み方。

ほう・ずる【奉ずる】〔動サ変〕文ほう・ず〔サ変〕❶高貴な人にさしあげる。たてまつる。「御前で舞を―・ずる」❷うやうやしくうける。承る。「君命を―・ずる」❸うやうやしく持つ。ささげる。「校旗を―・ずる」❹つつしんで勤める。「職を―・ずる」[類語]奉る・差し上げる・捧げる・進ずる・呈する・献ずる・供える

ほう・ずる【封ずる】〔動サ変〕文ほう・ず〔サ変〕領地を与えて大名に取り立てる。領主とする。「五万石の大名に―・ずる」

ほう・ずる【崩ずる】〔動サ変〕文ほう・ず〔サ変〕天子・天皇・皇后・皇太后・太皇太后などが亡くなる。おかくれになる。崩御ほうぎょする。「昭和天皇が―・ずる」

[類語]薨こうずる・卒する・寂する

ほう・ずる【報ずる】〔動サ変〕文ほう・ず〔サ変〕❶むくいる。かえす。「人の恩に―・ずる」「恨みを―・ずる」❷知らせる。告げ伝える。「新聞の―・ずるところによると」「時を―・ずる」

[類語]知らせる・告げる・伝える・教える・報道する・報知する・伝達する・通知する・連絡する

ほう・ずる【×焙ずる】ハウ〔動サ変〕文はう・ず〔サ変〕火であぶって焦がしぎみにし、湿気を取り去る。「茶を―・ずる」[類語]あぶる・いる・ローストする

ぼう・ずる【忘ずる】バウ〔動サ変〕文ばう・ず〔サ変〕❶わすれる。忘却する。「故郷―・じがたし」❷（「前後を忘ずる」「思いに亡ずる」などの形で）正気を失う。われを忘れる。「前後を失ひ、思ひに―・じ果ててぞ居たりける」〈流布本曽我・七〉

ぼうず-わん【坊主×椀】バウズ 糸底のない椀。

ほう-すん【方寸】ハウ ❶1寸(約3センチ)四方。ごくわずかな広さをいう。「―の地」❷《「蜀志」諸葛亮伝から。昔、心臓の大きさは1寸四方と考えられていたことによる》胸の中。心。「万事―の中にある」

ほう-せ【法施】ホフ 仏語。❶三施の一。人に仏法を説いて聞かせること。ほっせ。❷仏などに向かって経を読み、法文を唱えること。ほっせ。

ほう-せい【方正】ハウ〔名・形動〕行いや心の持ち方の正しいこと。また、そのさま。「品行―な(の)人」

[類語]真面目・正直・実直・誠実・律儀

ほう-せい【芳声】ハウ よい評判。名声。

ほう-せい【法制】ホフ ❶法律と制度。また、法律の制度。❷一定の法体系に属する諸制度。

[類語]法規・法令・法律・ロー・法政・法治

ほう-せい【法政】ホフ ❶法律と政治。❷法律の運用に関する政治。

ほう-せい【砲声】ハウ 大砲を発射する音。

[類語]銃声・筒音・爆音

ほう-せい【×萌生】ハウ〔名〕スル 草木がもえ出ること。転じて、物事が起こり始まること。「これに倣ならわんと思う志また―す」〈中村訳・西国立志編〉

ほう-せい【×鳳声】❶鳳凰ほうおうの鳴き声。転じて、貴人の声。❷他人を敬って、その伝言・音信をいう語。

ほう-せい【縫製】〔名〕スル 縫い合わせて衣服などを作ること。「紳士服を―する」「―工場」[類語]仕立て・テーラー・裁縫・縫う・縫い上げる・仕立てる

ぼう-せい【×昴星】バウ ▶昴すばる

ぼう-せい【暴政】人民を苦しめる暴虐な政治。

[類語]虐政・苛政・圧政・悪政

ぼうせい-きょう【×仿製鏡】バウセイキャウ 弥生・古墳時代に中国鏡を模倣して日本で作った銅鏡。➡舶載はくさい鏡

ほうせい-きょく【法制局】ハフセイ 国会で制定される法律の立案・審査、および法制に関する調査や研究を行う機関。内閣と衆議院・参議院に置かれる。

ぼうせい-ぐ【防声具】バウセイ 戒具の一。ゴム製のマスクで口全体とあごの部分を覆い、大声を出せないようにするもの。[補説]使用された人が窒息死する事故が起こったため一時使用が控えられたが、安全性が確保されたとして現在では使用が認められている。

ほうせい-し【法制史】法制の歴史。また、それを研究する学問。

ほうせい-しんぎかい【法制審議会】法務大臣の諮問に応じて、民事・刑事法その他法務に関する基本的な事項について調査・審議する法務省の付属機関。

ほうせい-だいがく【法政大学】東京都千代田区に本部がある私立大学。東京法学社、東京法学校、和仏法律学校を経て、大正9年(1920)旧制大学となり、昭和24年(1949)新制大学に移行。

ほうせいどう-きさんじ【朋誠堂喜三二】[1735〜1813]江戸後期の戯作者・狂歌師。本名、平沢常富。通称、平格。狂名、手柄岡持。秋田藩士佐竹氏の江戸留守居役。恋川春町とともに黄表紙の作風を確立。黄表紙「文武二道万石通」、洒落本「当世風俗通」。

ほう-せき【宝石】産出量が少なく、高硬度で、美しい光彩をもち、装飾用としての価値が高い非金属鉱物。ダイヤモンド・エメラルド・サファイア・ルビーなど。

ほう-せき【法席】❶「法座❷」に同じ。❷禅僧が修行僧を指導育成する場。

ぼう-せき【紡績】〔名〕スル ❶《古くは「ほうせき」とも》糸をつむぐこと。動植物などの繊維を処理・加工して糸にすること。❷「紡績糸」の略。

ぼうせき-いと【紡績糸】綿花・羊毛・麻・絹などの繊維を紡績加工してつくった糸。特に、機械紡績による片撚りの綿糸。

ぼうせき-きかい【紡績機械】紡績糸をつくる機械の総称。

ぼうせき-けんし【紡績絹糸】くず繭や生糸のくずなどを原料とし、紡績加工してつくった絹糸。絹紡糸。

ぼうせき-こうぎょう【紡績工業】生糸・綿糸・麻糸・毛糸や人絹・化学繊維などの精製・紡績を行う工業。

ぼうせき-せん【紡績腺】▶出糸腺

ぼうせき-つむぎ【紡績×紬】縦糸に綿糸、横糸に紡績絹糸を用いた紬風の交ぜ織物。絣柄が多い。

ぼうせき-とっき【紡績突起】▶出糸突起

ぼうせき-めんし【紡績綿糸】紡績機械でつむいだ綿糸。

ほう-せつ【包摂】〔名〕スル ❶一定の範囲の中につつみ込むこと。「知識はその中に一されている」〈倉田・愛と認識との出発〉❷論理学で、ある概念が、より一般的な概念につつみこまれること。特殊が普遍に従属する関係。例えば、動物という概念は生物という概念に包摂される。類語 内包・包含・内含・包蔵

ほう-せつ【抱接】雌雄両個体が体を接して生殖口を近付け、雌が産んだ卵に雄がただちに精液をかける行為。カエルなどにみられる。

ぼう-せつ【妄説】「もうせつ(妄説)」に同じ。「俗に父を種と云い母を腹と云うは一なり」〈福沢・福翁自伝〉

ぼう-せつ【防雪】雪による害を防ぐこと。

ぼう-せつ【暴説】道理に合わない乱暴な言説。暴論。「浮浪の徒一を唱え」〈染崎延房・近世紀聞〉

ぼうせつ-えん【傍接円】三角形の一辺と他の二辺の延長線とに接する円。

ほうせつ-かごうぶつ【包接化合物】▶クラスレート化合物

ぼうせつ-りん【防雪林】吹雪や雪崩などによる被害を防ぐため、鉄道線路・道路などに沿って設けられる林。杉・ヒノキ・カラマツなどが植えられる。

ほう-せん【邦船】日本の船。日本国籍の船。

ほう-せん【奉遷】〔名〕スル 神体などをよそへ移すこと。「神座を一する」

ほう-せん【法線】曲線上の一点において、その点での接線に垂直な直線。また、曲面上の一点で、その点での接平面に垂直な直線。

ほう-せん【砲戦】〔名〕スル 火砲を撃ち合って戦うこと。砲撃戦。「港内の敵艦が陸上の陸兵と一致し居る者と見えて」〈独歩・愛弟通信〉

ほう-せん【×烹鮮】《「老子」六十章の「大国を治むるは小鮮を烹るがごとし」から。小魚を調理するとき細々と手を加えないのと同じように、政治もおおらかにするものだという意》政治を行うこと。

ほう-ぜん【宝前】神仏の前を尊んでいう語。ひろまえ。

ほう-ぜん【封禅】中国古代に天子の行った天と地の祭り。山上に土壇をつくって天を祭り、山の下で地を祓い清めて山川を祭った。

ぼう-せん【防染】布の一部に糊などを付着させて染液がしみこむのを防ぎ、他の部分を染色して模様をあらわす方法。

ぼう-せん【防戦】〔名〕スル 相手の攻撃を防いで戦うこと。「全軍一丸となって一する」

ぼう-せん【傍線】文や語の横に強調・注意などのために引く線。サイドライン。類語 アンダーライン

ぼう-せん【棒線】棒のようにまっすぐに引いた線。

ぼう-ぜん【×呆然】〔ト・タル〕図〔形動タリ〕❶あっけにとられているさま。「意外な成り行きに一とする」❷気抜けしてぼんやりしているさま。「ひとり残され一と立ちつくす」類語 唖然・茫然・茫然自失

ぼう-ぜん【×厖然・×尨然】〔ト・タル〕図〔形動タリ〕たいへん大きいさま。「一たる大冊」〈秋水・兆民先生〉

ぼう-ぜん【×茫然】〔ト・タル〕図〔形動タリ〕❶漠然としてつかみどころのないさま。「一とした前途」「必要あることを弁ぜず…一たる論を主張するは」〈鉄腸・花間鶯〉❷「呆然」に同じ。「物に見惚れて一たる他国者の」〈魯文・高橋阿伝夜叉譚〉

ぼう-ぜん【×惘然】〔ト・タル〕図〔形動タリ〕「呆然」に同じ。「頓には其の一たるより覚むるを得ざるなりき」〈紅葉・金色夜叉〉

ほうせん-おうりょく【法線応力】応力の面に垂直な成分。面の両側から押し合う方向にはたらく場合は圧力、引っ張り合う方向にはたらく場合は張力という。

ほうせん-か【×鳳仙花】ツリフネソウ科の一年草。高さ約60センチ。葉は長楕円形で互生する。夏から秋、葉のわきに花を横向きにつけ、色は赤・桃・白色や絞りなど。実は熟すと破れて種子を飛散する。インド・中国の原産で、日本には古く渡来。花びらをもみつぶして爪を染めたことから爪紅・つまくれないともよぶ。(季 秋)「降り足らぬ砂地の雨や一/久女」

ほうせん-かそくど【法線加速度】質点の加速度をその軌道の法線方向に分解した成分。曲率半径をR、速さをvとすると、大きさはv^2/Rで表される。向心加速度。➡接線加速度

ほうせん-きん【放線菌】カビのように分岐した糸状の細胞や菌糸を生じる細菌。土壌中に広く分布し、動植物に寄生するものもある。抗生物質を産生するストレプトミセスや病原性をもつアクチノミセス・マイコバクテリウムなどがある。

ほうせんきん-しょう【放線菌症】嫌気性の放線菌のアクチノミセスによって起こる病気。首・胸・腹などに板状のしこりができ、化膿して瘻孔を生じ、菌塊を含む膿汁を排出する。抗生物質が有効。アクチノミコーゼ。

ほうせん-し【奉遷使】伊勢神宮などの遷宮の際に、神座奉遷のことをつかさどる勅使。遷宮使。

ほうぜん-じ【法善寺】大阪市中央区にある浄土宗の寺。通称は千日寺。その北側露地を法善寺横丁といい、歓楽街。

ほうせんじ-かご【宝泉寺×駕▽籠】辻駕籠(町駕籠)の最上等のもの。富豪の市民や小身の大名が用い、多くは裃着用の際に乗った。

ぼうぜん-じしつ【×茫然自失】〔名〕スル あっけにとられて、我を忘れてしまうさま。「香港から出した手紙を読んで一するの他はなかった」〈藤村・新生〉

ほうせん-ちゅう【方×尖柱】▶オベリスク

ぼうせん-もう【防潜網】港湾の出入り口などに設置する、潜水艦の侵入防止用の網。

ほう-そ【宝×祚】天子の位。皇位。

ほうそ【×柞】「ははそ」の音変化。〈和玉篇〉

ほう-そ【彭祖】中国古代の伝説上の人物。顓頊の玄孫で、殷の末時に七百余歳で壮健であり、のち、西方に去ったといわれる。長寿の代表的人物。

ほう-そ【×硼素】硼素族元素の一。黒褐色の硬い固体。常温では安定で、化学的性質は珪素に似る。多数の同素体が知られ、天然には硼酸などとして存在する。高純度のものはp型半導体などに使用。元素記号B　原子番号5。原子量10.81。

ほう-そう【方相】❶仏語。仏道修行の場を、河川・樹木・道路を利用し、あるいは四辺に石を立てたり木を植えたりして、四角に区画して結界すること。❷「方相氏」の略。

ほう-そう【包装】〔名〕スル ❶物品を包むこと。また、そのうわづつみ。「商品を一する」「一紙」❷荷造りすること。「一がゆるむ」
類語 荷造り・荷拵え・梱包・パッキング・包み・包む・上包み・覆い・カバー・被覆

ほう-そう【芳草】よいかおりのする草。また、春の草。

ほう-そう【奉送】〔名〕スル 身分の高い人をお見送りすること。

ほう-そう【放送】〔名〕スル 特定または不特定の受信者に向けて、無線・有線などの電気通信技術を用いて、映像・音声・文字などの情報を同時的に送信すること。放送法では「公衆によって直接受信されることを目的とする電気通信の送信」と定義している。「海外に向けて一する」「FM—」「車内—」補説 放送のデジタル化や情報通信ネットワークのブロードバンド化の進展に伴い、インターネットを利用したテレビ放送(IPTV)、携帯端末向けのワンセグ放送、CATV事業者によるインターネット接続サービスなど、通信と放送を融合・連携させたサービスが実現されている。
類語 公共放送・民間放送・ローカル放送・国際放送・CATV・衛星放送・地上デジタルテレビ放送・インターネット放送

ほう-そう【法相】▶ほっそう(法相)

ほう-そう【法曹】法律事務に従事する人。特に、裁判官・検察官・弁護士などをいう。

ほう-そう【×疱×瘡】痘瘡の異称。種痘やその痕をもいう。

ほう-そう【蜂巣】ハチの巣。蜂房。

ほう-そう【×蓬窓】蓬の生い茂った所に面した窓。転じて、貧しい粗末な家。

ほう-ぞう【包蔵】〔名〕スル 内部にもっていること。内にかくしてもつこと。「最小なものでも無限を一し」〈寅彦・ルクレチウスと科学〉類語 含む・含有・包含・内含・内包・仕舞う・仕舞い込む・蔵する

ほう-ぞう【宝蔵】❶貴重な物品として大切に納めておくこと。❷宝物を納めておく蔵。宝庫。❸経典を納めておく建物。経蔵。❹仏語。仏の教え。

ほう-ぞう【法蔵】㊀仏語。仏陀が説いた教え。また、それを記した経典。仏法蔵。㊁「法蔵比丘」の略。

ほうぞう【法蔵】[643〜712]中国、唐代の僧。華厳宗の第三祖。長安の人。師の智儼の没後に出家し、「華厳経」などの経典の翻訳に参加。華厳教学の大成者で、事実上の開祖。著「華厳経探玄記」。賢首大師。

ぼう-そう【妄想】〔名〕スル「もうそう(妄想)」に同じ。「昨日の一を憶出して」〈二葉亭訳・片恋〉

ぼう-そう【房総】㊀安房・上総・下総の総称。特に、安房と上総をいう。現在の千葉県。㊁「房総半島」の略。

ぼう-そう【暴走】〔名〕スル ❶常軌や規則を無視して乱暴に走ること。「オートバイを一させる」❷運転者のいない車両が走りだすこと。また、走っている乗り物が制御できない状態になること。「無人電車が一する」「ハンドルが壊れて車が一する」❸周囲の状況や他の人の思惑を考えずに勝手にどんどん事を進めること。❹野球で、走者が無謀な走塁をすること。❺コンピューターが異常な動作を始めて、制御できなくなること。

ぼう-ぞう【×烹雑】《「ほうぞう」とも》雑煮。また、

雑煮餅をいう女房詞。
ほうぞういん-りゅう【宝蔵院流】ホウザウ キンリウ 槍術の一派。奈良興福寺に属する宝蔵院の僧、胤栄いんえいが開祖。鎌槍を用いるので鎌宝蔵院流ともいう。
ほうそう-え【×疱×瘡絵】ハウサウ ヱ 疱瘡よけのまじないに貼はった赤摺ずりの錦絵。鍾馗しょうき・鎮西八郎為朝・桃太郎などが描かれた。
ほうそう-えいせい【放送衛星】ハウソウ エイセイ 静止軌道に打ち上げられ、テレビなどの地上放送局からの電波を中継・増幅し、地上へ送り返す人工衛星。BS。
ほうそう-かい【法曹界】ハフサウ 法律に関係する人の社会。
ほうそう-がみ【×疱×瘡神】ハウサウ 1祈ると疱瘡を免れたり、軽減してくれたりするとされた神。2疱瘡をもたらすという悪神。
ほうそう-きしゃ【放送記者】ハウソウ 放送局で、ニュースの取材を担当する者。
ぼうそう-きゅうりょう【房総丘陵】バウソウキウリョウ 千葉県、房総半島の中南部に広がる低山性の丘陵。西は富津市南部から東は九十九里平野の大網白里町を結ぶ線以南をいう。地形は険しいが、最高峰は愛宕あたご山(標高408メートル)で、ほかに清澄きよすみ山(標高377メートル)・鹿野かの山(標高379メートル)・鋸のこぎり山(標高329メートル)など300メートル級の山である。
ほうそう-きょく【放送局】ハウソウ ラジオ・テレビの放送を業務として行う施設。
ほうそうきんし-ようご【放送禁止用語】ハウソウ キンシ 特定の人を差別する、不快感を与える、卑猥であるなどの理由で、テレビ局・ラジオ局が使用を自主規制している言葉。
ほうそう-げ【宝相華】ホウサウ 唐草文様の一種。唐草に、架空の5弁花の植物を組み合わせた空想的な花文。中国では唐代、日本では奈良・平安時代に装飾文様として盛んに用いられた。宝相華文。
ほうそう-げき【放送劇】ハウソウ ラジオで放送する劇。ラジオドラマ。
ほうそう-さっか【放送作家】ハウソウ サクカ ラジオ・テレビ番組の放送台本を書くことを職業とする人。
ほうそう-さんしゃ【法曹三者】ハフサウ 裁判官、検察官、弁護士のこと。
ほうそう-し【方相氏】ハウサウ《もと中国周代の官名》宮中で、追儺ついなのとき悪鬼を追い払う役。黄金四つ目の仮面をかぶり、黒い衣に朱の裳もを着、矛と盾を持ち、内裏の4門を回って鬼を追い出した。
ほうそうしき-えん【蜂巣織炎】ホウサウシキ 皮膚の傷から連鎖球菌・ぶどう球菌などが皮下の疎性の結合組織に感染し化膿かのうする急性の炎症。病変が広がりやすく、赤くはれ上がって痛む。フレグモーネ。蜂窩織炎ほうかしきえん。
ほうぞう-すいりょく【包蔵水力】ハウザウ ある河川水系がもっている、発電用水資源として利用の可能な水量。
ぼうそう-ぞく【暴走族】オートバイや自動車を乗り回し、危険な走行や騒音で人々に迷惑をかける者の集団。
ほうそう-だいがく【放送大学】ハウソウ ラジオ・テレビの視聴や通信教材・スクーリングによって高等教育を行う大学。英国で1971年に開校されたオープンユニバーシティー(公開大学)が始まり。日本には昭和56年(1981)に設立された放送大学学園がある。当初は特殊法人であったが、平成15年(2003)設置形態が変更され、特別な学校法人に移行した。本部は千葉市。
ぼうそう-はんとう【房総半島】バウソウ 関東地方南東部の半島。特に、房総丘陵を中心とする南部をいう。西は東京湾、東は太平洋に面する。
ほうぞう-びく【法蔵比丘】ホフザウ 阿弥陀如来の、過去世で世自在王仏のもとで出家し修行していたときの名。法蔵菩薩。法蔵。
ほうそう-ほう【放送法】ハウソウ ハフ 放送事業の健全な発達を図るために必要な事項を定めている法律。放送番組の編集、日本放送協会の業務・組織、民間放送事業者の認定・登録や業務などについて規定する。電波法とともに昭和25年(1950)施行。**補説**平成23年(2011)の改正時に有線ラジオ放送法・有線テレビジョン放送法・電気通信役務利用放送法を統合。

【棒高跳び】棒高跳びの世界記録・日本記録　(2012年8月現在)

		記録	更新日	選手名(国籍)
世界記録	男子	6.14メートル	1994年7月31日	セルゲイ=ブブカ(ウクライナ)
	女子	5.06メートル	2009年8月28日	エレーナ=イシンバエワ(ロシア)
日本記録	男子	5.83メートル	2005年5月3日	澤野大地
	女子	4.40メートル	2012年6月9日	我孫子智美

ほうそう-めんきょ【放送免許】ハウソウ 放送局を開設する業者が、電波法に基づいて、総務省から与えられる免許のこと。開設の目的、事業計画、放送区域、希望する周波数などを記して申請する。審査は主に放送設備に関して行われ、放送内容等は免許交付とは別に放送法などで規定される。電波法では、外国人が議決権の保有などを通じて放送局を支配することに一定の制限を設けている。
ほうそう-もう【放送網】ハウソウ ►ネットワーク1
ほうそう-もちかぶがいしゃ【放送持(ち)株会社】ハウソウもちかぶグワイシヤ 放送免許を持つ複数の放送局を傘下に持つ純粋持株会社。平成9年(1997)独占禁止法の改正により、複数の放送事業者の所有・支配を禁止する「マスメディア集中排除原則」(総務省)の規制が緩和され、放送事業の持株会社化が可能になった。また、平成19年(2007)に成立(翌年施行)した改正放送法によって認定放送持株会社の設立が認められた。
ほうそうりんり-きこう【放送倫理機構】ハウソウ リンリ 「放送倫理番組向上機構」の略称。
ほうそうりんり-きほんこうりょう【放送倫理基本綱領】ハウソウリンリキ ホンカウリヤウ 日本民間放送連盟(民放連)と日本放送協会(NHK)が定めた放送に関する倫理規定。平成8年(1996)制定。放送の社会的影響の大きさを自覚し、公正を保持し、品位ある表現を心がけること、自主的・自律的な姿勢を堅持し、取材・制作の過程を適正に保つこと、民間放送の経営基盤を支える広告の内容にも細心の注意を払うことなどを掲げている。
ほうそうりんりけんしょう-いいんかい【放送倫理検証委員会】ハウソウリンリケン ショウヰキンクワイ 放送倫理・番組向上機構(BPO)を構成する委員会の一。放送番組の倫理・質を向上させるため、取材や制作のあり方や番組の内容に関する問題について審議する。不適切な番組が放送された場合は勧告・見解を公表し、放送事業者に再発防止策の提出を求める。**補説**平成19年(2007)に発覚したテレビの健康情報番組でのデータ捏造問題をきっかけに、有識者と放送事業者が合同で協議していた放送番組委員会に代わって、有識者のみで構成される放送倫理検証委員会が設置された。
ほうそうりんりばんぐみこうじょう-きこう【放送倫理・番組向上機構】ハウソウリンリバン ぐみカウジヤウ NHK(日本放送協会)と民間放送局が共同で設置した、放送局から独立した第三者機関。平成15年(2003)7月発足。言論と表現の自由を確保しながら、視聴者の基本的人権を擁護するため、放送への苦情や放送倫理上の問題に第三者の立場から迅速・的確に対応することを目的とする。視聴者の苦情・意見をもとに、問題点を放送局に指摘して改善を要望する。放送局は改善策を含めた対策を委員会に提出し、委員会はそれを公表する。下部組織に、放送倫理検証委員会、放送と人権等権利に関する委員会、放送と青少年に関する委員会がある。罰則はない。略称BPO(Broadcasting Ethics and Program Improvement Organization)。放送倫理機構。
ほう-そく【方則】ハウ 規則。法則。方法。
ほう-そく【法則】ハフ 1守らなければならない決まり。規則。おきて。「—を守る」2一定の条件下で、事物の間に成立する普遍的、必然的関係。また、それを言い表したもの。「遺伝の—」「因果の—」**類語**定律
ほう-ぞく【邦俗】ハウ 国の風俗・習慣。国風。
ぼう-ぞくバウ〔形動ナリ〕《「凡俗ぼんぞく」あるいは「放俗」の字音からという》無作法なさま。「人多く見る時なむ、透きたるもの着るは—におぼゆる」〈源・蜻蛉〉
ホウダ【Gouda】►ゴーダ
ぼう-だ【×滂×沱】バウ〔ト・タル〕図〔形動タリ〕1雨の降りしきるさま。「唯猛雨の—たるを聞くのみ」〈織田訳・花柳春話〉2涙がとめどもなく流れ出るさま。「涙—として禁ぜず」〈秋水・兆民先生〉3汗・水などが激しく流れ落ちるさま。「馬背の流汗—として掬すべく」〈鏡花・義血侠血〉
ほう-たい【包帯|×繃帯】ハウ 傷口などを保護するために巻く、ガーゼや晒木綿さらしもめんなどの細長い布。
ほう-たい【奉対】お答え申しあげること。奉答。
ほう-たい【奉戴】〔名〕スル つつしんでいただくこと。貴人を上にいただくこと。
ほう-たい【法体】ホフ ►ほったい(法体)
ほう-だい【邦題】ハウ 外国の作品につけた日本語の題名。
ほう-だい【放題|▽傍題】ハウ〔名・形動ナリ〕1常軌を逸していること。自由勝手にふるまうこと。また、そのさま。放埒ほうらつ。「躊躇ちゅうちょふかと思へばやがて行ずるは—なことぞ」〈百丈清規抄・四〉2育ちや品位などがいやしいこと。また、そのさま。〈日葡〉
ほう-だい【砲台】ハウ 大砲を据えつけた構築物。
ほう-だい【放題】ハウ〔接尾〕名詞、形容動詞の語幹、動詞の連用形、助動詞「たい」などに付いて、ある動作を思いのまま、勝手気ままに行うことを表す。また、ある作用・状態が進むのをそのままにしておくことなどの意を表す。「勝手—」「食べ—」「言いたい—」「ひげを伸び—にしておく」
ボウ-タイ【bow tie】《「ボータイ」とも》蝶ネクタイ。
ぼう-だい【傍題】バウ《古くは「ほうだい」か》1主な標題に添えて補足的につけられた題。副題。サブタイトル。2和歌・連歌・俳諧で、題として主に詠むべきものからはずれて、他のものを詠むこと。病やまいとして嫌う。「明月の題を得て、中秋の月を作せば—ならん」〈去来抄・故実〉**類語**(1)副題・サブタイトル
ぼう-だい【膨大】バウ 一〔名〕スル ふくれて大きくなること。「国家予算が—する」二〔形動〕図〔ナリ〕「厖大ぼうだい」に同じ。「—な費用」**派生**ぼうだいさ〔名〕
類語甚大・莫大・絶大・多大
ぼう-だい【×厖大|×尨大】バウ〔形動〕図〔ナリ〕形・内容などが、非常に大きいさま。また、きわめて数量の多いさま。膨大。「—な人員を投入する」「損害は—になった」**派生**ぼうだいさ〔名〕
ぼう-たいぎゃく【謀大逆】律の八虐の一。山陵・皇居を破壊しようと謀ること。
ほう-たいこう【豊太閤】ータイカフ 豊臣秀吉の敬称。
ぼう-たおし【棒倒し】ーたふ 運動会で行う競技の一。二組に分かれ、それぞれの陣地に高い棒を立て、先に相手の棒を倒したほうを勝ちとする。
ぼう-たかとび【棒高跳び】陸上競技で、跳躍競技の一。ポール(棒)をもって一定の距離を助走し、ポールを支えにしてバー(横木)を跳び越えて、その高さを競うもの。ポールジャンプ。➡表
ほう-たく【芳×躅】ハウ《「躅」は足跡の意》先人の業績・事跡をたたえていう語。よい行跡。ほうちょく。
ほう-たく【宝×鐸】►ほうちゃく(宝鐸)
ほう-たく【豊沢】〔名・形動〕ゆたかなめぐみ。ゆたかにうるおっていること。また、そのさま。「沃野の—なるは」〈織田訳・花柳春話〉
ぼう-だち【棒立ち】1棒のようにまっすぐに突っ立っていること。「驚きのあまり—になる」2馬などが前脚を上げて後脚だけで立ち上がること。**類語**直立
ぼう-だち【棒裁ち】►棒衽ぼうおくみ裁ち
ほうだつ-ざん【宝達山】石川県、能登半島の基部にほぼ南北に続く宝達丘陵の主峰。標高637メートル。江戸時代には金を産出。

ほ

ほう‐だて【方立】ハウ ❶門などに、扉を受けるために両側に立てる小柱または細長い板。ほこだち。❷牛車の箱の前後の出入り口の左右に設けた手形のついた木。ほこだち。❸箙の下の方の鏃を差し込む箱の部分。❹高欄の端に突き出て反っている木。❺方法をたてること。「国ノオサメカタノ―」〈和英語林集成〉
ぼう‐だま【棒球】野球で、投手が投げた、ヒットの打ちやすい威力のない直球。
ぼう‐だら【棒×鱈】真鱈を三枚におろして素干しにしたもの。〈季 春〉
ほう‐たん【宝丹】江戸末期に売り出された、赤褐色の湿潤性粉末の気つけ薬。
ほう‐たん【放胆】ハウ〔名・形動〕きわめて大胆であること。また、そのさま。「―な行動」「―な離れ業」派生 ほうたんさ〔名〕
類語 大胆・不敵・豪胆・豪放・磊落
ほうたん【鳳潭】[1654～1738]江戸中期の華厳宗の僧。顕密の諸宗を究め、さらに南都に学び、華厳宗の再興に力を尽くした。著「華厳五教章匡真鈔」。芳潭。
ほう‐たん【×鋒端】ほこさき。
ほう‐だん【放談】ハウ〔名〕スル 言いたいことを遠慮なく話すこと。また、その話。「時局について―する」類語 おしゃべり・無駄話・雑談・よもやま話・世間話・駄弁
ほう‐だん【法談】ホフ 仏法の要義を説き聞かせること。また、その談話。説法。
ほう‐だん【法壇】ハフ 裁判所の法廷で、一番奥にある裁判官や裁判員の着席する所。被告や弁護人などの席よりも一段高くなっている。
ほう‐だん【砲弾】ハウ 火砲用の弾丸。基本的に弾体・炸薬・信管・弾帯からなり、目的により榴弾・徹甲弾・照明弾・焼夷弾・ガス弾などがある。類語 弾丸・銃弾・鉄砲玉・砲丸・散弾・実弾・凶弾・流れ弾
ぼう‐たん【妄誕】バウ〔名・形動〕言うことに根拠のないこと。また、その話。もうたん。「敢えて―無稽をとがめず」〈逍遥・小説神髄〉
ぼう‐たん【×牡丹】❶「ぼたん(牡丹)❶」に同じ。〈季 夏〉「―やしろがねの猫こがねの蝶／蕪村」❷「ぼたん(牡丹)❸」に同じ。❸御所の女中の小袖。練貫の地に、金銀の箔で模様を描くかまたは縫い取りをして、赤い裏をつけたもの。
ぼう‐たん【棒炭】棒状に作ったたどん。
ぼう‐だん【妄断】バウ〔名〕スル はっきりした根拠もなく断定すること。誤った判断を下すこと。また、その判断。もうだん。「知るべからざる神為に係るものと―せり」〈尺振八訳・斯氏教育論〉
ぼう‐だん【妄談】バウ 根拠のない、でたらめな話。もうだん。「竜宮乙姫の虚誕、地獄天狗の―」〈増山守正・西京繁昌記〉
ぼう‐だん【防弾】バウ 銃弾の貫通を防ぐこと。
ぼうだん‐ガラス【防弾ガラス】バウダン 強化ガラスを何枚か重ね、その間を合成樹脂のフィルムで接着し、防弾性能をもたせたもの。
ぼうだん‐チョッキ【防弾チョッキ】バウダン 銃弾から胸や腹部を保護するよう、鋼板や特殊な合成繊維でつくられた胴着。
ほうたん‐ぶん【放胆文】ハウタン 漢文で、修辞上の規則などにとらわれず、大胆に思いきって表現した文章。中国宋末の謝枋得が「文章軌範」で文章を分類したものの一つ。⇔小心文。
ほう‐ち【放置】ハウ〔名〕スル そのままにしてほうっておくこと。所かまわず置きっぱなしにしておくこと。「問題を未解決のままに―する」「―自転車」類語 野放し
ほう‐ち【法治】ハフ 法律に基づいて国を治めること。また、その政治。
ほう‐ち【封地】諸侯に封ぜられた土地。大名などの領地。封土。
ほう‐ち【報知】〔名〕スル 知らせること。また、その知らせ。通知。「急を―する」「火災―機」
ほう‐ち【×鳳池】❶宮中の池の美称。❷中書省の異称。
ぼう‐ち【某地】ある土地。ある地方。地名が不明な場合や明示を避けるときに用いる。
ぼう‐ちぎり【棒千切り｜棒乳切り】「棒千切り木」の略。「喧嘩すぎての―」
ぼうちぎり‐き【棒千切り木】物を担ったり、振ったりするのに適当な棒。喧嘩などに使う棍棒。ぼうちぎり。ぼうちぎれ。「隣家の旅籠屋ども、―にて駆けつけ」〈浄・丹波与作〉
ほう‐ちく【放逐】ハウ〔名〕スル その場所や組織から追い払うこと。追放。「業界から―する」類語 追放・駆逐・駆除・撃退・掃討・パージ・レッドパージ
ほうち‐こっか【法治国家】ハフチコクカ 国民の意思によって制定された法律に基づいて国政が行われることを原則とする国家。法治国。⇒警察国家
ほうち‐しゅぎ【法治主義】ハフチ ❶人の善性に期待せず、徳治主義を排して、法律の厳格な適用によって人民を統治しようとする主張。韓非子やホッブスなどの説が代表。❷絶対君主の支配を否定し、国家権力の行使は議会の制定した法律に基づかねばならないとする近代市民国家の政治原理。
ほうち‐しんぶん【報知新聞】日本の日刊新聞の一。明治5年(1872)創刊の「郵便報知新聞」が前身で、同27年に改題。昭和17年(1942)読売新聞に合併。同21年に復刊。同25年からスポーツ・芸能専門紙となった。
ほう‐ちつ【俸秩】職務に対して給与される米や金銭。ふち。俸禄。
ほうち‐ぼう【穂打ち棒】穀類のくず穂をたたいて残りの穀粒を落とす棒。
ほう‐ちゃく【宝×鐸】❶堂塔の軒の四隅などに、飾りとしてつるす大形の風鈴。風鐸。ほうたく。❷銅鐸の美称。ほうたく。
ほう‐ちゃく【×逢着】〔名〕スル 出あうこと。出くわすこと。行きあたること。「難問に―する」
類語 遭遇・際会・会う・出会う・出くわす・行き合う・巡り合う・出会し・邂逅・鉢合わせ・来合わせる・再会・一期一会
ほうちゃく‐そう【宝×鐸草】サウ ユリ科の多年草。山地の林の中に生え、高さ約50センチ。葉は長楕円形。5月ごろ、緑白色の筒状の花を下向きにつけ、あまり開かない。〈季 夏〉
ほう‐ちゅう【方柱】ハウ 四角の柱。角柱。
ほう‐ちゅう【×庖×厨】ハウ 台所。くりや。「小さな―に行って…ソップを温めて」〈有島・或る女〉
ほう‐ちゅう【訪中】ハウ〔名〕スル 中国を訪れること。「―日程」
ぼう‐ちゅう【忙中】バウ 忙しい最中。
忙中閑あり　忙しい中にも、わずかなひまはあるものである。
ぼう‐ちゅう【坊中】バウ《「ぼうぢゅう」とも》❶町の中。まちなか。「―に経行して」〈盛衰記・二八〉❷僧坊の中。寺の中。「ここの―かしこの在家に引き入り」〈太平記・三六〉
ぼう‐ちゅう【防虫】バウ 衣料や書籍などに虫のつくのを防ぐこと。
ぼう‐ちゅう【房中】バウ ❶部屋の中。❷閨房の中。
ぼう‐ちゅう【傍注｜×旁×註】バウ 本文のわきに書き添えた注釈。
ぼうちゅう‐ざい【防虫剤】バウチュウ 害虫がつくのを防ぐ薬剤。ナフタリン・樟脳など。
ほう‐ちょう【包丁｜×庖丁】ハウチャウ ❶料理に使用する刃物。出刃包丁・刺身包丁・薄刃包丁などがある。包丁刀。❷一般に薄刃の刃物の称。畳包丁・紙切り包丁・裁縫用の裁ち包丁など。❸料理をすること。料理。割烹。「―始め」「折ふし御坊は、見事なる鯉を―して御座ある」〈咄・きのふはけふ・上〉❹「包丁人」の略。類語(❶❷) 薄刃・菜切り・出刃
ほう‐ちょう【放鳥】ハウテウ〔名〕スル ❶繁殖のために、野鳥のひなを人工的に育ててから放すこと。また、生態調査などのために、捕らえた鳥に目印などをつけて放すこと。❷放生会や葬式などの際、供養や功徳のために、捕らえていた鳥を逃がしてやること。また、その鳥。放ち鳥。
ぼう‐ちょう【坊庁】バウチャウ 春宮坊の役所。
ぼう‐ちょう【防長】バウチャウ 周防国と長門国。現在の山口県。
ぼう‐ちょう【防鳥】バウテウ 鳥による害を防ぐこと。「―ネット」
ぼう‐ちょう【防潮】バウテウ 津波や高潮などの害を防ぐこと。
ぼう‐ちょう【防×諜】バウテフ 敵の諜報活動を防ぐこと。
ぼう‐ちょう【傍聴】バウチャウ〔名〕スル 会議・討論・公判などを、許可を受けて、そのかたわらで静かに聞くこと。「議会を―する」「―席」類語 聴講
ぼう‐ちょう【膨張｜膨×脹】バウチャウ〔名〕スル ❶ふくれあがること。❷規模が広がって大きくなること。また、数量が増大すること。「都市が―する」「予算が―する」❸物体の長さまたは体積が増大すること。「熱―」類語 伸張・伸展・拡大・拡張・展開・拡充・増幅・成長・発展・伸びる・広がる
ぼうちょう‐うちゅう【膨張宇宙】バウチャウウチウ 宇宙は膨張しつつあるという説。銀河がその距離に比例する速さで我々から遠ざかっているという観測事実に基づく。ハッブルにより展開された。
ほうちょう‐がたな【包丁刀】ハウチャウ「包丁❶」に同じ。
ぼうちょう‐けい【膨張計】バウチャウ 物質の膨張率を測定する装置。
ほうちょう‐し【包丁師】ハウチャウ「包丁人」に同じ。
ほうちょう‐じゃ【包丁者】ハウチャウ「包丁人」に同じ。「園の別当入道は、双なき―なり」〈徒然・二三一〉
ぼうちょう‐てい【防潮堤】バウテウ 大波や高潮などを防ぐために築く堤防。
ほうちょう‐どう【×庖丁道】ハウチャウダウ 料理に関するきまり・作法。四条流および大草流の流儀が有名。
ほうちょう‐にん【包丁人】ハウチャウ 料理人。また、料理の名人。包丁師。包丁者。
ぼうちょう‐ネット【防鳥ネット】バウテウ 鳥がその場所に入り込まないように張り巡らす網。農作物の食害防止や、野鳥から鶏舎への病原菌・ウイルス感染防止などに使用される。
ぼうちょう‐べん【膨張弁】バウチャウ ❶蒸気機関で、蒸気を有効に使うために調節する弁。❷冷凍機で、凝縮された冷媒液を膨張気化させて低圧・低温にする弁。
ぼうちょう‐りつ【膨張率】バウチャウ 物体の温度を1度上げたときの、体積の増加率または長さの伸び率。体膨張率と線膨張率がある。
ぼうちょう‐りん【防潮林】バウテウ 潮風や高潮などの被害を防ぐため、海岸近くに設ける林。塩分に強いクロマツ・アカマツ・イヌマキなどを植える。
ほう‐ちょく【奉勅】〔名〕スル 勅命を奉じること。
ほう‐づえ【方×杖】ハウづゑ 建築で、垂直材と水平材とが交わる所に、補強のために入れる斜めの材。頬杖。
ぼう‐つき【棒突き】六尺棒を突きながら、社寺の境内や辻番所などを警護すること。また、その番人。「そろひの看板着たる―の男ども」〈滑・膝栗毛・八〉
ぼうっ‐と〔副〕スル ❶物がぼやけて見えるさま。「島影が―かすんで見える」❷意識が正常でなく、ぼんやりしているさま。「―していて大事なことを忘れた」❸明るさや色あいなどがかすかに感じられるさま。ほんのり。「東の空が―赤らんできた」❹音をたてて燃え上がるさま。「―火の手が上がる」類語 ぼんやり・ぼそっと・ぼけっと・ぼっと・ぼさっと・ぼさぼさ・ぼうっと
ぽうっ‐と〔副〕スル ❶意識がぼんやりするさま。「―して聴きほれる」「暑さで頭が―する」❷ほのかに明るくなったり、赤みがさしたりするさま。「―顔を赤くする」類語 ぼんやり・ぼうっと・ぼそっと・ぼけっと・ぼっと・ぼさっと・ぼさぼさ・きょとん・ぽかん
ぼう‐て【貿手】「貿易手形」の略。
ほう‐てい【方程】ハウ 中国の数学書「九章算術」の一章。多元一次方程式の解法を内容とする。
ほう‐てい【奉呈】〔名〕スル つつしんで貴人にさしあげること。献上。「親書を―する」
ほう‐てい【法廷】ハフ 裁判の行われる場所。ふつう、裁判所またはその支部にある。

ほう-てい【法弟】ホフ　仏法修行の上での弟子。
ほう-てい【法定】ハフ　法令によって定められていること。また、その事物。「一金利」「一手続き」
ほう-てい【×捧呈】〔名〕スル　ささげ持ってうやうやしく差し出すこと。敬意を示して物を贈ること。
ほう-てい【×鵬程】《鵬(おおとり)の飛んでいく道のりの意から》遠いはるかな道のり。「蒸気船に身を託して、万里の一を渡らんには」〈逍遥・内地雑居未来之夢〉
ぼう-てい【亡弟】バウ　死んだ弟。なき弟。
ほうてい-いけん【法廷意見】ハフテイ　►多数意見
ほうてい-が【法廷画】ハフテイグワ　法廷内部を描いた絵。特に、裁判中の被告などの様子を描いたもの。(補説)日本では法廷内の写真撮影が事実上禁止とされているため、便宜的に使用される。
ほうていがい-ふくり【法定外福利】ハフテイグワイ　福利厚生のうち、法律で義務付けられた法定福利以外に、企業が任意で実施するもの。交通費・住宅手当の支給、社宅の提供、法定健康診断以外の健診、育児支援、医療施設・社員食堂・レクリエーション施設の設置など、企業によってさまざまな施策・制度がある。
ほうていがい-もくてきぜい【法定外目的税】ハフテイグワイ　国の法律「地方税法」に定められた税目以外に、地方自治体が特定の目的に使用するために条例で設定する税。総務大臣の同意を必要とする。産廃税など。(補説)平成12年(2000)施行の地方分権一括法により可能になった。
ほうてい-かじつ【法定果実】ハフテイクワジツ　物の使用の対価として生じる金銭その他の物。利息・賃料・地代など。⇒天然果実
ほうてい-かへい【法定貨幣】ハフテイクワヘイ　►法貨
ほうてい-かんさ【法定監査】ハフテイ　法律に基づき公認会計士・監査法人が行う会計監査。資本金5億円以上または負債200億円以上の株式会社を対象とする会社法監査、株式を上場している会社や日本証券業協会に株式を登録している会社を対象とする金融商品取引法監査のほか、労働組合監査・学校法人監査などがある。⇒任意監査
ほうてい-きかん【法定期間】ハフテイ　訴訟法上、法令によって定められている期間。
ほうてい-きんり【法定金利】ハフテイ　金銭消費貸借契約における法律で定められた利息の上限。原則として利息制限法の上限金利が適用される。
ほうてい-けい【法定刑】ハフテイ　刑罰法令において、各罪に対応して規定されている刑。⇒処断刑　⇒宣告刑
ほうてい-けいさつけん【法廷警察権】ハフテイ　法廷における秩序を維持するために、裁判官に与えられている強制力を行使する権利。必要と認めるときは警察官の派出を要求することもできる。
ほうてい-けつぞく【法定血族】ハフテイ　本来の血のつながりはないが、法律上血族として取り扱われる者。養子と養親およびその血族との間に認められる。準血族。⇒自然血族
ほうてい-こうけん【法定後見】ハフテイ　成年後見制度の一。精神上の障害があり判断能力が不十分なために、財産管理や契約などの手続きが困難な者に対し、家庭裁判所の審判によって行為の代理または補助をする者が選任される。本人の判断能力の程度に応じて、後見・保佐・補助のいずれかに分けられる。⇒任意後見　(補説)民法では、後見は「精神上の障害により事理を弁識する能力を欠く常況にある者」、保佐は「精神上の障害により事理を弁識する能力が著しく不十分である者」、補助は「精神上の障害により事理を弁識する能力が不十分である者」を対象としている。禁治産制度における禁治産は後見、準禁治産は保佐に近いが、準禁治産に含まれていた、浪費・借財をする者については保佐に該当しない。
ほうてい-こうこく【法定公告】ハフテイ　株式会社が自社の経営に関する重要な事柄、合併、解散、決算、減資、新株発行、配当・株式分割の基準日などについて、官報か日刊新聞またはウェブサイトなどに掲載すること。また、その記事。商法・会社法・民法等で規定。
ほうてい-こうしん【法定更新】ハフテイカウシン　借地・借家の契約について、賃貸物件を貸し主が自己使用するなどの正当な事由がない限り、貸し主は契約の更新を拒絶できず、自動的に契約が更新されるとする、借地借家法の規定。⇒定期借家権　⇒定期借地権
ほうてい-こようしょうがいしゃすう【法定雇用障害者数】ハフテイコヨウシヤウガイシヤスウ　障害者雇用促進法に基づいて、民間企業・国・地方公共団体に雇用が義務付けられている障害者の人数。⇒障害者雇用率
ほうてい-こようりつ【法定雇用率】ハフテイ　►障害者雇用率
ほうてい-しき【方程式】ハウテイ　❶未知数を含み、その未知数が特定の値をとるときだけに成立する等式。この特定の値を解または根という。❷(比喩的に)問題を解決するための方法。解答を得るための決まったやり方。「先行逃げ切りが勝利の一」「不動産投資、成功の一」
ほうてい-じゅたくじむ【法定受託事務】ハフテイ　地方自治体が処理する事務のうち、国または都道府県が法令によって自治体に委託する事務。国が本来果たすべき役割にかかわる事務を都道府県・市町村・特別区が受託する第1号法定受託事務と、都道府県が本来果たすべき役割にかかわる事務を市町村・特別区が受託する第2号法定受託事務に分類される。国政選挙・戸籍・旅券交付などの事務は第1号法定受託事務、地方選挙にかかわる事務などは第2号法定受託事務にあたる。国は、許可・認可・承認・代執行・是正要求などの強い関与を行うことが認められている。(補説)平成12年(2000)の地方自治法改正により機関委任事務が廃止され、地方自治体の事務は法定受託事務と自治事務に再編された。
ほうてい-じゅんびきん【法定準備金】ハフテイ　株式会社において、資本欠損の塡補(てんぽ)を目的として、法律の規定によって積み立てを強制されている準備金。源泉により、資本準備金と利益準備金に分かれる。⇒任意積立金
ほうていしょうこ-しゅぎ【法定証拠主義】ハフテイショウコ　裁判での事実認定を行う際に、裁判官の証拠の評価において法律による判断基準を設けるという考え方。⇒自由心証主義
ほうてい-せいさん【法定清算】ハフテイ　清算人により、法定の手続きによって行われる清算方法。株式会社・公益法人などでは破産・合併の場合を除き、法定清算が強制される。⇒任意清算
ほうてい-せんきょひよう【法定選挙費用】ハフテイ　公職選挙法によって定められた選挙運動費用の最高限度額。
ほうてい-だいり【法定代理】ハフテイ　本人の意思によるのではなく、法律の規定に基づいて代理権が生じる場合の代理。未成年者に対する親権者の代理など。また、その代理人を法定代理人という。⇒任意代理
ほうていちつじょいじ-ほう【法廷秩序維持法】ハフテイチツジョヰヂハフ《「法廷等の秩序維持に関する法律」の略称》民主社会における法の権威を確保するため、法廷等の秩序を維持し、裁判の威信を保持することを目的として制定された法律。昭和27年(1952)施行。法廷内外で、裁判官の命令・措置に従わず、暴言・暴行・喧騒その他の不穏当な言動で裁判所の職務の執行を妨害したり、裁判の威信を著しく傷つけた者は、20日以下の監置または3万円以下の過料に処される。
ほうてい-つうやく【法廷通訳】ハフテイ　日本語を理解できない外国人が被告人や証人となる刑事裁判で通訳を行う人。通訳が必要な事件ごとに、裁判所が選任する。資格試験はなく、地方裁判所で面接を受け、適任と認められると、通訳人候補者として名簿に登録される。
ほうてい-でんせんびょう【法定伝染病】ハフテイデンセンビヤウ　❶家畜伝染病予防法で指定されている家畜伝染病の通称。監視伝染病の一。家畜法定伝染病。❷伝染病予防法で定められていた悪性の伝染病(伝染性感染症)。同法では、医師の届け出義務、患者の隔離と強制入院、消毒などが規定されていたが、平成11年(1999)の伝染病予防法廃止、感染症予防法の施行に伴い、人の場合はこの呼称は使用されなくなった。
ほうてい-とうそう【法廷闘争】ハフテイトウサウ　►公判闘争
ほうてい-とくひょうすう【法定得票数】ハフテイトクヘウスウ　公職選挙法で定められた、当選人となるために必要な最小限度の得票数。これに達しない候補者は定員内に入っていても当選人になれない。
ほうてい-はん【法定犯】ハフテイ　行政上の目的のために定められた法規に違反する犯罪。行政犯。⇒自然犯
ほうてい-ひか【法定比価】ハフテイ　金銀複本位制度において、法律で定めた金と銀との交換比率。
ほうてい-ふくり【法定福利】ハフテイ　法律で企業に義務付けられている福利厚生のこと。雇用保険・労災保険・健康保険・厚生年金保険・介護保険などの社会保険料のほか、業務災害・通勤災害後3日間の休業を補償する労働基準法上の休業補償、児童手当や児童育成事業の財源となる児童手当拠出金などがこれにあたる。⇒法定外福利
ほうていぶじょく-ざい【法廷侮辱罪】ハフテイブジョク　法廷の秩序を維持するための裁判所の命令や措置に違反したり、暴言・暴行を行ったりして、裁判所の権威を傷つける罪。昭和27年(1952)制定の「法廷等の秩序維持に関する法律」が適用される。
ほうてい-へいか【法定平価】ハフテイ　►金平価(きんへいか)
ほうてい-りそく【法定利息】ハフテイ　法律の規定によって発生する利息。⇒約定(やくじょう)利息
ほうてい-りりつ【法定利率】ハフテイ　法律によって定められている利率。民法では年5分、商法では年6分。利率の約定(やくじょう)のない場合および法定利息に適用される。⇒約定利率
ほう-てき【放×擲・×抛×擲】ハウ〔名〕スル　投げ出すこと。捨ててかえりみないこと。「学業を一する」
(類語)放棄・遺棄・棄権
ほう-てき【法敵】ホフ　仏法に敵対するもの。仏敵。
ほう-てき【法的】ハフ〔形動〕法律に関係するさま。法律の立場にたつさま。法律的。「一な措置」「一な問題」「一根拠」
ほうてき-せいり【法的整理】ハフテキ　裁判所が関与しながら法的手続きによって債権債務を処理する手続き。法人の場合、民事再生法、会社更生法に基づいて事業の継続を図る再建型の手続きと、会社法の特別清算や破産法に基づいて会社を解体する清算型の手続きがある。⇒私的整理
ほうてき-のうしはんてい【法的脳死判定】ハフテキナウシ　脳死者からの臓器移植を行おうとする場合に、臓器移植法に基づいて、臓器提供者となる患者について、脳幹を含む脳の全ての機能が不可逆的に停止した状態となったことを確認する手続き。深昏睡(痛み刺激に対し全く反応しない状態、または痛み刺激に対して開眼・発語・運動しない状態)、瞳孔の散大・固定、脳幹反射の喪失、平坦脳波を確認し、最後に無呼吸テストを行い自発呼吸の消失を確認する。判定は、臓器移植に関与しない脳死判定経験のある2名の医師が行う。深昏睡・無呼吸を来し、原疾患が確実に診断されていて、回復の可能性が全くない症例であることを前提とし、急性薬物中毒・低体温・代謝障害など脳死と類似した状態になる症例や生後12週未満の乳児などの場合は除外される。⇒臨床的脳死診断
ほう-てつがく【法哲学】ハフ　法の理想・理念・本質などを明らかにして、法の究極にあるものを考察する学問。法理学。法律哲学。
ぼう-てふり【棒手振り】「ぼてふり」に同じ。「出替り時までは、わづかの一なりとも致されよ」〈浮・二十不孝・五〉
ほう-テラス【法テラス】ハフ　「日本司法支援センター」の愛称。
ほうてん【奉天】中国、遼寧(りょうねい)省の省都瀋陽(しんよう)の

旧称。
ほう-てん【奉×奠】〔名〕スル　つつしんで供えること。「神前に玉串たまぐしを一する」類語献ずる・供える・捧げる・奉る・差し上げる・貢ぐ・奉ずる
ほう-てん【宝典】❶貴重な書物。❷実際に役立つ知識を集めた書物。「育児一」
ほう-てん【法典】ハフ ❶守るべき事柄を体系的に記述したもの。おきて。「ハムラビー」❷各分野ごとに体系的に組織された成文法。日本の六法など。
類語法律・法・のり・法度・法網
ほう-でん【宝殿】❶神宝や奉納品を入れておく建物。宝物殿。❷神をまつる建物。神殿。
ほう-でん【放電】ハウ〔名〕スル ❶電気を放出すること。❷帯電体が電荷を失うこと。⇔充電。❸絶縁体である気体などに、高電圧がかかると電流が流れる現象。アーク放電・グロー放電など。
ぼう-てん【傍点|×旁点】バウ ❶強調したり、注意をうながしたりするために、文字のわきに打つ点。❷漢文・漢詩で、漢字のわきにつける訓点や声点しょうてん。
ぼう-でん【妨電】バウ 無線電信で、発信された電波が他の電磁波などにより妨げられること。
ほうでん-かん【放電管】ハウデンクワン 管内に不活性ガスや水銀蒸気などを封入し、電極間に放電を起こさせる電子管。光源や整流に用いる。蛍光灯・ネオン管・水銀灯など。
ほうてん-じけん【奉天事件】▶張作霖爆殺事件ちょうさくりんばくさつじけん
ほうでん-とう【放電灯】ハウデン 気体中の放電による発光を利用した電灯。放電管の一種。装飾・広告などに使用。
ほうてん-の-かいせん【奉天の会戦】クワイセン 明治38年(1905)3月、日本軍とロシア軍が奉天で行った会戦。日露戦争における最大規模の陸戦で、日本が勝利した。
ほうてん-は【奉天派】中国、民国時代の軍閥の一。張作霖を首領とし、日本の支援を受けて東三省を支配。国民革命軍の北伐と張作霖の後を継いだ張学良の国民政府参加によって消滅した。
ほうでん-ばこ【放電箱】ハウデン 荷電粒子の飛跡を検出する装置。ネオンとヘリウム、またはアルゴンなどの不活性ガスを箱の中に封入し、高い電圧をかけた二つの電極で挟みこんだもの。荷電粒子の進路に沿って放電が生じるため、その飛跡を観測することができる。昭和34年(1959)に福井崇時と宮本重徳が発明。主に宇宙線の観測に用いられる。スパークチェンバー。
ほう-と【方斗】ハウ 十文字に組まれた肘木ひじきをその交点で受ける方形平面の斗ます。
ほう-と【方途】ハウ 進むべき道。物事を実現・解決するための方法。「一を見いだす」
類語仕方・方法・遣やり方・仕振り・仕様しよう・遣やり様よう・方式・流儀・遣やり口・伝て・致し方・手段・手口・メソッド・機軸・定石・てだて・術・方便・術計
ほう-と〔副〕❶ため息をつくさま。「一大きく息をつく」❷ほのかに明るくなったり、顔に赤みがさしたりするさま。「一心が明るくなった」〈康成・招魂祭一景〉❸勢いよく物を投げたり、突いたりするさま。「轅ながえ一うちおろすを」〈枕・二五〉
ほう-ど【方土】ハウ くに。地方。
ほう-ど【邦土】ハウ 一国の領土。国土。
ほう-ど【封土】❶封建君主が、その家臣に領地として分かち与えた土地。❷「ふうど(封土)」に同じ。
ほう-ど【報土】仏語。報身仏ほうじんぶつが住む浄土。
ほう-ど〔副〕まったく。ほとほと。「某それがしさへ、一迷惑いたすことでござる」〈虎寛狂・止動方角〉
ぼう-と【暴徒】徒党を組んで乱暴をはたらく者。暴動を起こした者ども。「群衆が一と化す」
類語暴れ者・暴れん坊・暴漢
ぼう-と〔副〕スル「ぼうっと」に同じ。「何だか一夢の様な中にも」〈蘆花・自然と人生〉
ぼう-ど【暴怒】あらあらしくいかること。激怒。「父の一に対する自己の反動」〈漱石・それから〉
ほうとう【包頭】パオトウ 中国、内モンゴル自治区西部の工業都市。黄河中流の北岸に位置し、交通の要地。製鉄・製鋼業が行われる。人口、行政区167万(2000)。パオトウ。
ほう-とう【奉灯】〔名〕スル 神仏の前にともしびを供えること。また、そのともしび。「神前に一する」
ほう-とう【奉答】タフ〔名〕スル つつしんで答えること。「御下問に一する」
ほう-とう【宝刀】タウ 宝物として大切にしている刀。「伝家の一」類語刀・剣けん・剣つるぎ・刀剣・太刀・大刀たち・大刀だいとう・名刀・軍刀・牛刀・日本刀・青竜刀
ほう-とう【宝灯】神前・仏前にともす灯火。みあかし。
ほう-とう【宝塔】タフ ❶仏塔の美称。❷仏塔で、円筒形の塔身に方形の屋根をのせ、その上に相輪を立てたもの。多宝塔に対していう。
ほう-とう【放×蕩】ハウタウ〔名・形動〕スル 思うままに振る舞うこと。特に、酒や女遊びにふけること。また、そのさま。「一な息子」「一したあげく身代を潰す」
類語道楽・遊蕩・淫蕩・遊び・遊興・遊楽・豪遊・清遊
ほう-とう【×朋党】タウ ❶主義や利害を共通にする仲間。徒党。❷中国で、宮廷内の官僚が結んだ政治的党派。宋代、王安石らの新法党と司馬光らの旧法党、明代の東林党などがその典型的な例。
ほう-とう【法灯】ホフ ❶仏法がこの世の闇やみを照らすことを灯火にたとえていう語。のりのともしび。❷高徳の僧。最高位の僧。❸仏前に供える灯火。
ほう-とう【法統】ホフ 仏法の伝統。また、仏法の系統。「一を継ぐ」
ほう-とう【砲塔】ハウタフ 軍艦や要塞などで、砲・砲手などを攻撃から防護するための、厚い鋼鉄製の囲い。
ほう-とう【報答】タフ〔名〕スル ❶答えること。返答。❷むくいること。恩や恨みを返すこと。返報。
ほう-とう【×蓬頭】蓬よもぎのように、ぼうぼうに伸びた頭髪。おどろがみ。
類語乱れ髪・寝乱れ髪・蓬髪・さんばら髪
ほう-とう【×餺×飥】ハウタウ《「はくたく」の音変化》❶小麦粉を練り、平たくのばして細く切った食品。これが現在のうどんになったという。❷手打ちうどんと、カボチャ・シイタケなどの野菜を味噌で煮込んだもの。山梨などの郷土料理。
ほう-どう【方等】ハウ《梵 vaipulyaの訳。方広とも訳す。方正にして平等の意。音写は毘仏略》仏語。❶大乗の教え。また、大乗経典。❷「方等経」に同じ。❸「方等時」に同じ。
ほう-どう【宝×幢】法幢ほうどうの美称。
ほう-どう【法×幢】ホフ ❶仏法のこと。仏法を、敵を圧倒する猛将の幢(旗ほこ)にたとえていう。❷禅宗で、説法があることを知らせるために立てる幟のぼり。
ほう-どう【砲銅】ハウ ▶砲金ほうきん
ほう-どう【報道】ダウ〔名〕スル ❶告げ知らせること。また、その内容。報知。「松村から手紙が来て、容易ならぬ事件を一した」〈蘆花・思出の記〉❷新聞・ラジオ・テレビなどを通して、社会の出来事などを広く一般に知らせること。また、その知らせ。ニュース。「一の自由」
ぼう-とう【冒頭】❶文章・談話のはじめの部分。「手紙の一」❷物事のはじめの部分。「交渉が一から難航する」類語枕・文頭・書き出し・はじめ
ぼう-とう【暴投】〔名〕スル ❶野球で、投手が捕手のとれない球を投げること。ワイルドピッチ。❷野球で、野手が捕球できない球を投げること。悪送球。
ぼう-とう【暴騰】〔名〕スル 物価・株価などが急激に大幅に上がること。「地価が一する」⇔暴落。
類語騰貴・値上がり・値上げ・急騰・高騰
ぼう-どう【妄動】バウ〔名〕スル ▶もうどう(妄動)
ぼう-どう【暴動】群集が暴徒となって騒動を起こし、社会の安寧を乱すこと。類語騒擾そうじょう・擾乱・革命
ほうとうおき-の-たたかい【豊島沖の戦い】ホウタウおきのたたかひ 明治27年(1894)日本と清国の艦隊が朝鮮豊島沖で行った海戦。日清戦争の発端となった。
ほうどう-きかん【報道機関】ホウダウキクワン 新聞社・放送局など、社会の出来事を広く知らせることを目的とする組織。
ほうどう-きょう【方等経】ハウドウキャウ ❶十二分経の一。仏法の広大な深意を宣明したもの。❷大乗経典の総称。❸方等時に説かれたとされる経典。維摩ゆいま経・勝鬘しょうまん経など。
ほうどう-きょうてい【報道協定】ホウダウケフテイ 新聞・テレビ・ラジオなどの報道機関が、ある事件などの取材・報道にあたり、人命尊重や人権侵害防止などの観点から、その取材方法や報道形態に自主的な制限を加えること。また、その協定。
ほうとう-こうめん【×蓬頭×垢面】ひどく乱れた頭髪とあかで汚れた顔。なりふりに無頓着でうすぎたないこと。「一の老書生風」〈魯庵・社会百面相〉
ほうとう-じ【宝塔寺】ホウタフ 京都市伏見区にある日蓮宗の寺。山号は、深草山じんそうざん。昌泰2年(899)藤原時平の創立で、初め極楽寺と称し真言宗に属したが、のち、日像により法華道場となった。天正18年(1590)日銀によって中興され、現寺号に改称。総門・多宝塔は室町時代の建築。
ほうどう-じ【方等時】ハウドウ 天台宗で説く五時ごじの第三。釈迦が小乗経に次いで一般大乗経を説いた時期。
ほうどう-じ【法幢寺】ホフドウ 北海道松前郡松前町にある曹洞宗の寺。山号は、大洞山。開創は延徳2年(1490)。開山は天室宗源。天文15年(1546)蠣崎かきざき義広が再興、以来、松前氏の菩提寺として栄えた。
ほうどう-じん【報道陣】ホウダウヂン 報道機関が取材・報道のために派遣する記者・カメラマンなどの一団。
ほうどう-せいめい【報道声明】ホウダウ ❶国・機関・個人などが報道向けに出す声明のこと。❷特に、国連安全保障理事会による問題対応策の一つ。当事国に自制を求めるなど、事態の改善を促す声明を報道向けに発表する。採択には全理事国の合意が必要だが、拘束力はなく、非公式な意思表明とされ、重要度は安保理決議や議長声明よりも低い。
ほうとう-せんばん【砲塔旋盤】ハウタフ ▶タレット旋盤
ぼうとう-ちんじゅつ【冒頭陳述】刑事訴訟で、証拠調べのはじめに、検察官が証拠によって証明しようとする事実を明らかにする陳述。そのあとで、被告人側も同様のことができる。
ほうとう-の-たき【方等の滝】ハウトウ《「ほうどうのたき」とも》日光市の中禅寺湖の近くにある滝の一。般若滝と並ぶ。
ほうとう-は【法灯派】ホフトウ 禅宗二十四流の一。和歌山県日高郡由良町の臨済宗興国寺の開山、法灯国師を祖とする。由良ゆら門徒。はっとうは。
ほうどう-ひがい【報道被害】ホウダウ ▶メディアスクラム
ほう-とく【芳×牘】ハウ 他人を敬って、その手紙をいう語。芳翰ほうかん。
ほうとく【宝徳】室町中期、後花園天皇の時の年号。1449年7月28日～1452年7月25日。
ほう-とく【報徳】受けた徳や恩義にむくいること。報恩。
ほう-どく【奉読】〔名〕スル つつしんで読むこと。「勅語を一する」
ほう-どく【×捧読】〔名〕スル 目の前に高くささげ持って読むこと。「誓詞を一する」
ぼう-とく【亡匿】バウ〔名〕スル のがれかくれること。
ぼう-とく【冒×涜】〔名・形動〕スル 神聖なもの、清浄なものをおかし、けがすこと。「神を一する」「附近に人が居るのを知ると、ハッとしてその一な口を緘とざんだ」〈菊池寛・忠直卿行状記〉類語涜職・涜神
ぼう-どく【防毒】バウ 毒、特に有毒ガスの害を防ぐこと。「一マスク」
ほう-とくかい【彭徳懐】ハウトクワイ［1898～1974］中国の軍人。湖南省湘潭しょうたん県の人。1928年共産党に入党、紅軍に参加し、抗日戦では八路軍副総司令。朝鮮戦争では中国人民義勇軍総司令を務めた。国務院副総理・国防相などの職にあったが、毛沢東の批判を受けて65年解任された。78年、名誉回復。ポン=トーホアイ。
ほうとくき【報徳記】二宮尊徳の伝記。8巻。富田高慶著。安政3年(1856)成立、翌年改訂。尊徳の思

想と業績を詳述し、最も信頼できる資料とされる。
ほうとく-きょう【報徳教】道徳と経済の二つを基盤として富国安民を説く二宮尊徳の教え。
ほうとく-しほう【報徳仕法】江戸後期、二宮尊徳によって説かれた、節約・貯蓄を中心とする農民の生活指導などを通じて農業経営のたてなおしと農村復興をはかる方法。尊徳仕法。
ほうとく-しゃ【報徳社】二宮尊徳の思想を実践して、農村の更生をはかる結社。一種の農村信用組合運動の性格をもち、天保14年(1843)小田原報徳社の結成に始まる。
ぼうどく-マスク【防毒マスク】►ガスマスク
ぼうどく-めん【防毒面】►ガスマスク
ぼう-ない【坊内】僧坊のうち。
ぼう-ない【房内】❶部屋の中。❷閨房けいぼうの中。
ほう-なん【法難】仏教の教団や教徒が、その反対者、特に時の権力者から受ける迫害。仏法の受難。
ほう-に【法×爾】仏語。❶真理にのっとって本来あるがままであること。あるがままの姿。自然じねん。法然ほうねん。❷浄土真宗で、自力を捨て、阿弥陀仏の願力のままに計らわれていること。法然ほうねん。
ほう-にち【訪日】〔名〕スル 外国の要人などが日本を訪問すること。「各国首脳が―する」(類語)来日・来朝
ほう-にゅう【豊乳】「豊胸」に同じ。
ほう-にょう【放尿】〔名〕スル 小便をすること。
ほう-にょう【豊×饒】〔名・形動〕►ほうじょう(豊饒)
ぼう-にょう【乏尿】排泄する尿量が著しく少ない状態。1日400ミリリットルが目安とされ、急性腎炎・ネフローゼ症候群・脱水・ショックなどでみられる。
ほう-にん【放任】〔名〕スル 干渉しないで、したいようにさせること。「子供を―する」「汚職を―する」(類語)放置・野放し・捨て置く・差し置く・置き去り
ほうにん-しゅぎ【放任主義】❶自由気ままにやらせて、干渉しない主義。「―の教育」❷倫理学で、善悪の区別を厳格につけない寛容的な立場。❸人間の主体的活動を重視する自由主義神学の一傾向。特にキリスト教における中立的立場。広教主義。
ぼう-ね【棒根】まっすぐ下に伸びている草木の根。
ぼう-ねじ【棒▽捻じ】向かい合った二人が棒の両端を持ち、反対にねじり合う遊び。ぼうねじり。
ボウネス〖Bowness〗英国イングランド北西部、カンブリア州の町。正式名称はボウネスオンウィンダミア。隣接するウィンダミアと共に湖水地方南部の観光拠点として知られる。イングランド最大の湖であるウィンダミア湖の湖畔に位置し、フェリーや観光船の発着地がある。
ボウネス-オン-ウィンダミア〖Bowness-on-Windermere〗►ボウネス
ほう-ねつ【放熱】〔名〕スル 熱を放散すること。「―板」
ほうねつ-き【放熱器】内燃機関や暖房器具などで、熱を外部に放出する装置。ラジエーター。
ほうねつ-ばん【放熱板】►ヒートシンク
ほう-ねん【芳年】若いときの年月。青春。
ほう-ねん【芳念】他人を敬って、その考えをいう語。お考え。芳慮。
ほう-ねん【放念】〔名〕スル 気にかけないこと。心配しないこと。放心。「どうぞ御―ください」
ほう-ねん【法然】「法爾ほうに」に同じ。
ほうねん【法然】[1133〜1212]平安末期の浄土宗の僧。美作みまさかの人。諱いみなは源空。比叡山の黒谷で天台および諸宗を学び、安元元年(1175)称名念仏に専念する立場を確立し浄土宗を開いた。洛東吉水よしみずに草庵を結んで布教し、信者の増加に伴って迫害され、一時讃岐さぬきに流されたが、後に許されて京に戻り、東山で入寂。勅諡号ちょくしごうは円光大師。著「選択本願念仏集」など。黒谷上人。吉水上人。➡御忌ぎょき❷
ほう-ねん【豊年】穀物、特に、稲の豊作の年。(季秋)⊖凶年。
ぼう-ねん【忘年】❶年末に、その1年にあった苦労を忘れること。年忘れ。(季冬)❷相手との年齢の違いを忘れること。「―の交わり」
ほうねん-あたま【法然頭】《法然の頭の形に似ているところから》頂がくぼんでいる頭。
ほうねん-いん【法然院】京都市左京区にある単立宗教法人の寺。もと浄土宗捨世派本山。山号は、善気山。正式には本山獅子谷法然院。法然が弟子住蓮・安楽とともに六時礼讃を修した所で、その後荒廃していたが、延宝8年(1680)知恩院の第38世万無が再興した。万無寺。
ほうねん-えび【豊年×蝦】ホウネンエビ科の甲殻類。エビのような形をし、体長2センチほどで殻をもたない。背を下にし、11対ある脚を動かして泳ぐ。6月ごろ水田にみられ、大発生すると豊年の前兆といわれる。豊年虫。
ほうねん-おどり【豊年踊(り)】農村で、その年の豊作を祈願または感謝する踊りの総称。
ぼうねん-かい【忘年会】年末に、その1年の苦労を忘れるために行う宴会。(季冬)
ほうねん-き【法然忌】法然上人の忌日に行う法会ほうえ。(季春)➡御忌ぎょき
ほうねんしょうにん-えでん【法然上人絵伝】法然上人の生涯の行状を描いた伝記絵。絵巻や掛幅などに系統を異にする多様の作品がある。特に、鎌倉末期ごろに作られた絵巻「法然上人行状絵図」48巻(知恩院蔵)はそれ以前のものを集大成したもので、法然・浄土宗・知恩院の三位一体の関係を明らかにしている。
ぼうねん-の-とも【忘年の友】相手の才能や学問を敬愛し、年齢の差を忘れて親しく交わる友人。忘年の交わり。
ほうねん-まんさく【豊年満作】稲などの作物が豊かに実り、収穫の非常に多いこと。
ほう-のう【奉納】〔名〕スル 神仏に喜んで納めてもらうために物品を供えたり、その前で芸能・競技などを行ったりすること。「絵馬を―する」「神楽かぐらを―する」(類語)献納・寄進・奉献
ほうのう-か【奉納歌】神仏に奉納するために詠んだ和歌。
ほうのう-じあい【奉納試合】神仏に奉納するために、社寺の境内で催す武道の試合。
ほうのう-ずもう【奉納相-撲】神仏に奉納するために、社寺の境内で催す相撲。
ほうのう-てぬぐい【奉納手拭い】社寺の手洗い鉢のところなどに奉納して下げておく手拭い。
ほうのせいしん【法の精神】《原題、フランス De l'esprit des lois》モンテスキュー著。1748年刊。諸国の法律制度を、自然的・社会的条件と関連づけて考察し、特にイギリス憲法を称賛、立法・行政・司法三権の分立を主張した政治思想書。万法精理。
ぼう-の-つ【坊津】鹿児島県南さつま市の地名。古くは三津さんしんの一として海外貿易の要地。遣唐使船の発着地。カツオ漁やポンカン栽培が盛ん。
ほうのもと-の-びょうどう【法の下の平等】国民の平等権を保障し、国家が国民を不合理に差別してはならないとする、憲法の基本理念の一つ。日本国憲法では、14条1項に「すべて国民は、法の下に平等であつて、人種、信条、性別、社会的身分又は門地により、政治的、経済的又は社会的関係において、差別されない」と定めている。自由権・社会権などとともに基本的人権を構成する重要な権利の一つ。(補説)国政選挙で議員一人あたりの有権者数が選挙区によって異なるため1票の価値に差が生じるのは法の下の平等に反するとする「一票の格差」訴訟では、衆議院で約3倍、参議院で約6倍以上の格差が生じた場合に違憲とする判決が出ているが、選挙そのものが無効とされた例はない。また、「国籍法違憲訴訟」では、日本人の父と外国人の母の間に生まれ、生後認知された非嫡出子(婚外子)に国籍取得を認めていなかった国籍法3条1項について、最高裁判所が憲法14条1項に違反するとの判決を下し、同法は平成20年(2008)12月に改正されている。
ほう-はい【奉拝】〔名〕スル つつしんで拝むこと。(類語)礼拝・跪拝きはい・遥拝ようはい・再拝・拝礼
ほう-はい【胞×胚】動物の発生過程で、卵割が終わってから原腸形成が開始されるまでの時期の胚。割球に囲まれて内部に腔所ができるが、卵黄の多いものでは腔所が狭まり、できないものもある。続いて嚢胚のうはいとなる。
ほう-はい【×澎×湃】【×彭×湃】【×滂×湃】〔ト・タル〕文〔形動タリ〕❶水がみなぎり逆巻くさま。「―たる波浪」❷物事が盛んな勢いでわき起こるさま。「新時代の気運が―として起こる」(類語)盛ん
ほう-ばい【×朋×輩】・【▽傍×輩】同じ主人に仕えたり、同じ先生についたりしている仲間。また、同じくらいの身分・年齢の友。同輩。(補説)「朋」は当て字。(類語)同輩・同僚・仲間・同志・同人・友・メート・同士・常連・一味・一派・徒党・味方・輪林かんりん・盟友・同腹
ほうはい-ぶし【ホーハイ節】青森県津軽地方の民謡。盆踊り歌としてうたわれる。「ホーハイ」という囃子詞はやしことばの「ホー」だけを裏声でうたうのが特徴。
ほう-はく【方伯】中国の周代に、地方の諸侯を統率した大諸侯。
ほう-はく【法博】「法学博士」の略。
ほう-はく【×磅×礴】【×旁×礴】【×旁×魄】〔名〕スル《「ぼうはく」とも》❶混じり合って一つになること。「何事も両極が―して」〈岡本かの子・生々流転〉❷広がり満ちること。満ちふさがること。「常に彼の中に―する芸術的感興に」〈芥川・戯作三昧〉
ぼう-はく【傍白】演劇で、相手役には聞こえず観客だけに知らせるかたちでしゃべるせりふ。内心のつぶやきなどを表す。わきぜりふ。
ぼう-ばく【×茫×漠】〔ト・タル〕文〔形動タリ〕❶広々としてとりとめのないさま。「―たる砂漠地帯」❷はっきりしないさま。「―とした話」(類語)ぼんやり
ほうはく-しん【方伯神】陰陽道おんようどうで方位をつかさどるという神。この神がいる方角を忌み避ける。
ぼう-はち【亡八】【忘八】《仁・義・礼・智・忠・信・孝・悌ていの八つの徳目のすべてを失った者の意から》郭くるわ通いをすること。また、その者。転じて、遊女屋。また、その主人。
ほう-はつ【×萌発】草木の芽が出はじめること。また一般に、物事が起こり始めること。
ほう-はつ【×蓬髪】蓬よもぎのようにぼうぼうに伸びた髪。「弊衣へいい―」(類語)乱れ髪・寝乱れ髪・さんばら髪・蓬頭
ほう-ばつ【放伐】中国における易姓えきせい革命観に基づく君主交代の一形式。君主が徳を失って悪政を行ったとき、他の者が武力で追放し、代わりにその位に就くこと。➡禅譲ぜんじょう
ぼう-はつ【暴発】〔名〕スル ❶内にこもっていたものにこらえきれず、にわかに過激な行動を起こすこと。「不平分子が―する」❷不注意などから、ピストルや小銃が誤って発射されること。「猟銃が―する」
ぼうは-てい【防波堤】❶外海からの波浪を防ぎ、港内を静穏に保つために築く突堤。❷よくない影響の及ぶのを防ぐもの。「親が子供の―となる」
ぼう-ばな【棒鼻】【棒▽端】《「ぼうはな」とも》❶棒のはし。棒の先。❷《宿場の境界には棒杭が立っていたところから》宿駅のはずれ。「街道の―の或る家には」〈鉄腸・花間鶯〉
ぼう-ばり【棒針】先がとがった棒状の編み針。編み棒。
ぼうばり-あみ【棒針編み】棒針を用いる、手編みの代表的な編み方。一方の棒針にかかっている糸の輪を、もう一方の棒針で引き出して編む。
ボウバレー-パークウエー〖Bow Valley Parkway〗カナダ、アルバータ州南西部の旧国道1A号線の別称。バンフとルイーズ湖を結ぶカナディアンロッキーの代表的な観光ルートとして知られる。
ほう-はん【芳飯】【×苞飯】器に盛った飯に煮物の具を一面にのせたもの。もとは僧家の料理で、細かく切った野菜や乾物を味付けして飯にのせ、汁をかけた。法飯ほうはん。

ぼう-はん【防犯】バウ 犯罪を防ぐこと。「一ベル」
ぼう-はん【謀判】官印や私印を偽造または盗用すること。また、その判。
ぼう-はん【謀×叛】▶むほん(謀反)
ぼうはんたてもの-ぶひん【防犯建物部品】バウハンタテモノ 国土交通省・経済産業省・警察庁などの関係省庁と業界団体との合同会議で定めた認定基準に適合する、防犯性能の高い扉・窓・錠・シャッターなど。不審者の侵入を5分間防ぐなどの条件をクリアする必要がある。合格した製品にはCPマークを付ける。
ほう-ひ【包皮】ハウ ❶表面を包む皮。「種子の一」❷陰茎の亀頭部を覆う薄い皮膚。
ほう-ひ【包被】ハウ〔名〕スル 包みおおうこと。また、包み。
ほう-ひ【芳×菲】ハウ 草花のよいにおいがすること。また、草花が美しく咲きにおっていること。
ほう-ひ【放×屁】ハウ〔名〕スル おならをすること。
ほう-び【×鳳尾】鳳凰(ほうおう)の尾。また、そのような形のもの。
ほう-び【褒美】❶ほめて与える金品。褒賞。「一をとらせる」❷ほめること。褒賞。「あまり及ばぬ風体(ふうてい)のみなれば、又諸人の一欠けたり」〈花伝・五〉(類語)賞品
ぼう-び【防備】バウ〔名〕スル 外敵や災害を防ぐための備えをすること。また、その備え。「国境を一する」
ほう-びき【宝引き】室町時代から江戸時代にかけて、正月に行われた福引きの一種。数本の細い縄を束ねて、その中のどれかに橙(だいだい)の果実、または金銭などをつけておき、それを引きあてた者を勝ちとした。辻宝引き。
ぼう-びき【棒引き】〔名〕スル ❶線を引くこと。特に、線を引いて帳簿などの記載を消すこと。棒消し。❷貸借関係を終わりにすること。帳消し。「借金を一する」❸長音を表す書き方。「ああ」を「あー」と書く類。音引き。(類語)帳消し・相殺・御破算
ぼうびき-かなづかい【棒引き仮名遣い】―カナヅカヒ 長音を棒を引いて表す仮名遣い。例えば「学校」は「がっこー」となる。明治33年(1900)に制定され、小学校の教科書に採用されたが、同41年に廃止。
ほうびき-ぜに【宝引き銭】宝引きに賭(か)ける銭。
ほうびき-なわ【宝引き縄】―なは 宝引きに使用する細い縄。
ほうび-しょう【×鳳尾×蕉】―セウ ソテツの別名。
ほうび-ちく【×鳳尾竹】ホウオウチクの別名。
ほう-ひつ【×蓬×蓽】《「蓬戸蓽門」の略》蓬(よもぎ)で作った戸と蓽(いばら)で作った門。転じて、粗末な家。また、自分の家をへりくだっていう語。
ほうひ-ほんせん【豊肥本線】大分から阿蘇を経て熊本に至るJR線。全長148キロ。昭和3年(1928)全通。
ぼう-びや【棒火矢|棒火×箭】鉄製の筒に火薬を込めて発射した火矢。江戸時代に使用された。
ほう-びょう【宝×瓶】―ビヤウ ❶華瓶(けびょう)・水瓶(すいびょう)など瓶器の美称。❷密教で、灌頂(かんじょう)の水を入れる器。
ぼう-ひょう【妄評】バウヒヤウ〔名〕スル「もうひょう(妄評)」に同じ。「とんだ書生風の一にて」〈逍遥・当世書生気質〉
ぼう-ひょう【暴評】―ヒヤウ〔名〕スル 粗雑な批評をすること。また、その批評。
ぼうび-ろく【忘備録】バウビ―「備忘録(びぼうろく)」に同じ。
ほう-ふ【防府】ハウ 山口県南部の市。周防灘(すおうなだ)に面し、向島などの島を含む。もと周防国府があった。山陽道の宿駅として栄え、製塩業で発展。塩田跡は現在工業地帯となっている。人口11.7万(2010)。
ほう-ふ【抱負】ハウ 心の中にいだいている決意や志望。「一を語る」(類語)志・大志
ほう-ふ【豊富】〔名・形動〕豊かであること。ふんだんにあること。また、そのさま。「一な天然資源」「一な知識」(派生)ほうふさ〔名〕(類語)一杯・沢山・多く・多い・数数(かずかず)・多数・数多(あまた)・無数・多量・大量・あまた・十分
ほう-ぶ【邦舞】ハウ 日本舞踊。日舞。
ぼう-ふ【亡夫】バウ 死んだ夫。なき夫。
ぼう-ふ【亡父】バウ 死んだ父。なき父。先考。
ぼう-ふ【亡婦】バウ ❶死んだ婦人。❷死んだ妻。亡妻。
ぼう-ふ【防腐】バウ 微生物の増殖を抑えるなどして腐敗をふせぐこと。「一加工」
ぼう-ふ【暴富】急に金持ちになること。また、その人。にわか成金。
ぼう-ふう【防風】バウ ❶風を防ぐこと。風防。❷セリ科の多年草。高さ約80センチ。根は垂直に伸びて堅い。葉は羽状に細かく裂け、裂片は細長い。8、9月ごろ、白い小花を多数つける。中国などに分布。漢方で根を発汗・鎮痛薬に用いる。❸ハマボウフウの別名。(季 春)「かきわくる砂のぬくみや一摘む/久女」
ぼう-ふう【暴風】❶荒く激しい風。災害をもたらす強い風。あらし。❷風速が毎秒24.5〜28.4メートルで、風力階級10の風。また、風力階級10を全強風といい、11をさしていうこともある。
(類語)強風・大風・烈風
ぼうふう-う【暴風雨】激しい風を伴った雨。台風や発達した低気圧によって起こる。あらし。
(類語)嵐・雷雨
ぼうふうう-けいほう【暴風雨警報】平均風速がおおむね20メートルを超え、降雨・降雪を伴い、大きな災害が予想される場合に出される気象警報。
ぼうふう-せつ【暴風雪】激しい風を伴った降雪。
ぼうふう-りん【防風林】バウフウ― 風害を防ぐために耕地や海岸に設ける森林。カシ・クヌギや松などを植える。
ほう-ふく【法服】❶(ホフ)もと、法廷で、裁判官・検事・弁護士・裁判所書記が着用した制服。現在は、裁判官のみ着用が定められている。❷(ホフ)《「ほうぶく」とも》僧の法衣(ほうえ)。
ほう-ふく【×捧腹】ホウ・【抱腹】ハウ〔名・形動〕スル《「捧」は両手でかかえる意。「抱腹」と書くのは後の俗用》腹をかかえて大笑いすること。また、そのさま。「一すべき失態」「随分一な珍事が多いよ」〈逍遥・当世書生気質〉
ほう-ふく【報復】〔名〕スル ❶仕返しをすること。返報。「敵に一する」❷国際間で、ある国の不当な行為に対して、同様に不当な行為で報いること。「一措置」
(類語)仕返し・返報・復讐(ふくしゅう)・しっぺ返し・お礼参り・雪辱
ほうふく-かんぜい【報復関税】―クワンゼイ 自国の輸出品に対して相手国が不当に高い関税をかけた場合、その報復として相手国からの輸入品に対して高い関税をかけること。
ほうふく-じ【宝福寺】岡山県総社市にある臨済宗東福寺派の寺。山号は、井山。開創は貞永年間(1232〜1233)。開山は鈍庵で初め天台宗であった。雪舟が得度して相国寺に上るまで修行した寺。雪舟寺。
ほうふく-ぜっとう【×捧腹絶倒】ホウフクゼツタウ・【抱腹絶倒】ハウフクゼツタウ〔名〕スル 腹をかかえて、ひっくり返るほど大笑いをすること。「珍妙な話に一する」
(類語)笑い・呵呵(かか)大笑・哄笑(こうしょう)・爆笑・噴飯・大笑い・高笑い・笑い崩れる・笑い転(こ)ける・笑い転げる・吹き出す・腹の皮を捩(よ)る・腹の皮を縒(よ)る・腹を抱える・御中(おなか)を抱える・頤(おとがい)を解く
ぼうふ-ざい【防腐剤】バウフ― 微生物による物の腐敗を防ぐための薬剤。食品用のソルビン酸、繊維用のナフタリン、木材に塗布する鉱油、生物標本用のホルマリン・アルコールなど。
ほうふ-し【防府市】ハウフ― ▶防府
ぼうふ-せき【望夫石】バウフ― 中国、湖北省武昌の北の山の上にある岩。昔、貞女が戦争に出かける夫をこの山上で見送り、そのまま岩になったと伝える。
ほう-ふつ【×髣×髴|彷×彿】ハウ ━〔名〕スル ❶ありありと想像すること。よく似ているものを見て、そのものを思い浮かべること。「往時を一させる」「ミイラに因って埃及(エジプト)人を一する」〈漱石・吾輩は猫である〉❷ぼんやりしていること。「眸を凝らして海を望めば、一の間」〈鴎外訳・即興詩人〉━〔ト・タル〕文〔形動タリ〕❶ありありと想像するさま。目の当たりに見る思いをするさま。「郷里を一とする」「故人が一として現れる」❷ぼんやりしているさま。「彼が何物をか有しているのが、一として認められた様である」〈鴎外・青年〉❸よく似ているさま。「田の太夫の舞台顔に一たり」〈逍遥・当世書生気質〉(類語)(━❸)共通・通有・普遍・同一・一律・一つ・類似・相似・酷似・近似・似たり寄ったり・類縁・通ずる・通う・通底・軌(き)を一(いつ)にする
ほうぶつ-うんどう【放物運動|×抛物運動】ハウブツ― 空中に斜めに投げ上げた物体が、空気の抵抗がないものとすれば、重力の作用で放物線を描く運動。
ほうぶつしゅう【宝物集】ホウブツシフ 平安末期の仏教説話集。1巻・2巻・3巻・7巻の諸本が伝わる。平康頼著。治承年間(1177〜1181)ごろ成立。嵯峨の釈迦堂での会話の聞き書きの形式をとり、多くの説話を例に引きながら仏法を説いたもの。
ほうぶつ-せん【放物線|×抛物線】ハウブツ― 二次曲線の一。平面上で、一つの定直線gと定点Fとからの距離の等しい点Pの軌跡。定直線に垂直で定点を通る軸に対して対称となる。gを準線、Fを焦点という。直交座標を用いれば$y^2=ax$(aは定数)で表される。パラボラ。抛射線。
ほうぶつ-めん【放物面|×抛物面】ハウブツ― 二次曲面の一。直交座標で$z=ax^2+by^2$の方程式で表され、$ab<0$であれば双曲放物面、$ab>0$であれば楕円放物面、$a=b$であれば回転放物面となる。特に、回転放物面をいう。
ほうぶつめん-きょう【放物面鏡】ハウブツメンキヤウ 放物線を軸の周りに回転してできる回転放物面を反射面とした凹面鏡。焦点に光源を置くと平行光線が得られ、平行に入射する光線は焦点に集まる。サーチライト・パラボラアンテナなどに利用。
ほうふ-へいや【防府平野】ハウフ― 山口県中央南部、佐波(さば)川下流域に広がる県内最大の平野。周防(すおう)灘に面し、佐波川三角州の大半は近世の干拓によって形成された。穀倉地帯。佐波川西岸や平野の北東部に条里制遺構が見られる。
ぼう-ふら【孑=孑|孑=孑|棒×振】蚊の幼虫。水中にすみ、体は短い棒状で、くねくねと運動し浮き沈みする。ぼうふり。(季 夏)
ぼうぶら【南=瓜】《ポルトガル abóboraから》カボチャのこと。西日本でいう。
ぼうふら-おどり【孑=孑踊(り)】―をどり 踊りの振りの一種で、体をぼうふらのようにくねくねさせるこっけいなもの。歌舞伎舞踊や歌舞伎狂言の中で行われる。
ほうぶり【×葬り】はふり ほうむること。ほうむり。「死にたる人の一などえせぬをば」〈今昔・二九・一八〉
ぼう-ふり【孑=孑|孑=孑|棒振】「ぼうふら」に同じ。「一みたいに動きはじめ」〈中勘助・島守〉
ぼう-ふり【棒振り】❶棒を振ること。❷《指揮棒を振るところから》オーケストラの指揮者のこと。❸江戸時代、幕府の両番および大番が勤めた江戸市中の巡察。
ぼうふり-けんじゅつ【棒振り剣術】ただ棒を振りまわしているような下手な剣術。
ほうぶ-る【×葬る】はふる〔動ラ五(四)〕「ほうむる」に同じ。「生きて一・られる所だ」〈漱石・坑夫〉
ほう-ふん【方墳】ハウ 平面形が方形で、墳頂が平らな古墳。
ほう-ぶん【邦文】ハウ 日本の文字または文章。和文。
ほう-ぶん【法文】ハフ ❶法律・法令の文章。「一解釈」❷大学の法学部と文学部を合わせた称。
ほうぶん-タイプライター【邦文タイプライター】ハウブン―「和文タイプライター」に同じ。
ほう-へい【奉幣】〔名〕スル 神に幣帛(へいはく)をささげること。「社前に一する」
ほう-へい【法幣】ハフ ❶《「法定貨幣」の略》法貨。❷1935年に中国国民政府が行った幣制改革において、銀貨に代えて通貨として発行された法定紙幣。
ほう-へい【砲兵】ハウ 陸軍で、火砲を用いて敵を砲撃し、歩兵や戦車の行う戦闘の支援を任務とする兵。また、その兵科。
ほう-べい【訪米】ハウ〔名〕スル アメリカ合衆国を訪ねること。「貿易交渉のため一する」
ほうへい-きゅう【宝瓶宮】黄道十二宮の第11宮。水瓶(みずがめ)座に相当するが、歳差のため現在は山羊(やぎ)座の西境から水瓶座の西境にかけての位置に移って

いる。太陽は1月21日ごろこの宮に入る。

ほうへい-こうしょう【砲兵工×廠】日本の陸軍造兵廠の前身。

ほうへい-し【奉幣使】奉幣のため、陵墓・神社などに参向する使者。奉幣帛使。

ぼう-へき【防壁】外敵の侵入や風雨・火災の波及などを防ぐための壁。

ぼう-べに【棒紅】棒状の口紅。リップスティック。

ほう-へん【方偏】▶かたへん

ほう-へん【褒×貶】〔名〕スル ほめることとけなすこと。事のよしあしを言うこと。「毀誉—」「頻りに雷同して—すべし」〈逍遥・批評の標準〉

ほう-べん【方便】〔名・形動〕❶《梵 upāyaの訳。近づく意》仏語。人を真実の教えに導くため、仮にとる便宜的な手段。❷ある目的を達するための便宜上の手段。「うそも—」❸（多く「御方便」の形で）都合のよいさま。「でも、御—なものだ」〈藤村・新生〉
(類語)仕方・方法・遣り方・仕振り・仕様・遣り様・方式・流儀・遣り口・伝・致し方・手段・手口・メソッド・方途・機軸・定石・てだて・術・術計

ほう-べん【放▽免】「ほうめん（放免）❸」に同じ。「伊勢国へ率てまかりけるに、—両三人ぞ付けられたる」〈平家・五〉

ぼう-へん【謀▽反】▶むへん（謀反）

ほうべん-りき【方便力】仏語。仏・菩薩が衆生を導くのに臨機応変の手だてを用いる智慧の働き。

ぼう-ぼ【亡母】死んだ母。なき母。

ほう-ほう【方法】❶目標に達するための手段。目的を遂げるためのやり方。てだて。❷哲学で、真理に到達するための考えの進め方。➡手段(用法)
(類語)（❶）仕方・やり方・行き方・方途・方策・策・手段・手立て・手・術・法・手法・技法・手順・方式・仕様・致し方・手口・やり口・伝・機軸・定石・方便・術計・メソッド

ほう-ほう【方×袍】袈裟のこと。形が方形であるところからいう。

ほう-ほう【×蓬×蓬】〔ト・タル〕(文)〔形動タリ〕❶葉が生い茂るさま。また、髪やひげが伸びて乱れているさま。「—と延びた髪」〈大岡・野火〉❷蒸気や煙が勢いよく立ち上るさま。また、風が強く吹くさま。「シガーの煙の—として起る処」〈独歩・愛弟通信〉

ほう-ほう〔副〕物を続けざまに投げたり、打ったりする音や、そのさまを表す語。「五つ六つ、—と投げ入れなどする」〈枕・三〇六〉

ほう-ほう【×這ふ×這ふ】〔副〕❶はうような格好で進むさま。やっとのことで歩くさま。「この女、—登りけり」〈宇治拾遺・二〉❷やっとのことで。かろうじて。また、あわてて。「馬を捨てて、—逃ぐる者もあり」〈平家・八〉

ほう-ぼう【方方】いろいろな方面。あちこちの場所。副詞的にも用いる。「—から情報を集める」「—に火の手があがる」「—旅行する」(類語)隅隅・各地

ほう-ぼう【×鋒×鋩】❶刃物の切っ先。❷相手を追及する激しい気質・気性のたとえ。「基康が、その—を避けて、相手にしないので」〈菊池寛・俊寛〉

ほう-ぼう【×魴×鮄┊竹＝麦＝魚】カサゴ目ホウボウ科の海水魚。沿岸の海底にすみ、全長約40センチ。頭部が大きく、体は朱紅色。胸びれは大きく、内側は青緑色をし、前部の軟条3本が遊離しており、これで海底を歩行しながら餌の小エビなどを探す。浮き袋で発音する。冬から春にかけて特に美味。《季 冬》

ほう-ぼう【×謗法】❶仏法をそしり、真理をないがしろにすること。❷無理なこと。無理難題をいうこと。「—とは知りながら、頼みしことの恥づかしや」〈浄・八百屋お七〉

ぼう-ぼう【某某】だれだれ。名前が不明な場合や名前を伏せる場合などに用いる。「—を殺したと言っているではないか」〈芥川・侏儒の言葉〉

ぼう-ぼう【×茫×茫】〔ト・タル〕(文)〔形動タリ〕❶広々としてはるかなさま。「—とした大海原」「—たる砂漠」❷ぼんやりかすんではっきりしないさま。「—たる記憶」「—と暗路に物を探るごとく」〈露伴・五重塔〉❸草・髪などが伸びて乱れているさま。「—たる草むら」「髪の毛を—とさせる」❹波や風の音が激しいさま。「岸うつ浪も—たり」〈平家・一〇〉(類語)（❶）悠悠・渺渺・渺茫／（❷）ぼんやり／（❸）ぼさぼさ

ぼう-ぼう〔副〕火が盛んに燃える音を表す語。「たき火が—（と）燃えさかる」(類語)めらめら・炎炎・かっか

ぼうぼうがしら【茫々頭】狂言「菊の花」の大蔵流における名称。

ほうほうじょせつ【方法序説】《原題、フランス Discours de la méthode》哲学書。デカルト著。1637年刊。著者の哲学的自伝であるとともにスコラ学の権威に反対し、真理に到達するための方法的懐疑を述べたもの。

ほうほう-てき【方法的】〔形動〕方法に関するさま。「—な問題」

ほうほうてき-かいぎ【方法的懐疑】確固不動の真理に達するためにデカルトが用いた方法。偏見や謬見、あるいは真実らしく見えるが不確実なものなどをすべて疑うに足るものとして排し、この徹底した懐疑を通して「我思う、故に我在り」という哲学の第一原理に到達した。

ほうほう-の-てい【×這う×這うの体】今にもはい出さんばかりのようす。ひどく恥をかいたり、さんざんな目にあったりして、あわててその場を逃げ出すようすにいう。「—で退散する」

ほうほう-ろん【方法論】学問の研究方法そのものを論理的に考察し、真理を得るための妥当な方法を探求する分野。

ほう-ぼく【芳墨】❶よいかおりの墨。❷他人を敬って、その書状・筆跡をいう語。(類語)手紙・御状・御書・懇書・貴書・貴翰・貴札・芳書・芳信・芳翰・尊書・尊翰・台翰・朶雲

ほう-ぼく【放牧】〔名〕スル 馬・牛などの家畜を放し飼いにすること。「羊を—する」
(類語)放し飼い・野飼い・遊牧

ほうぼくし【抱朴子】㊀葛洪の号。㊁道教の教説書。内・外篇8巻72篇。㊀の著書。317年ごろ成立。神仙思想に道家の説や修行法を加えてまとめた内篇と、儒家の立場から政治・社会などを述べた外篇から成る。

ほうほけきょ〔副〕ウグイスの鳴き声を表す語。

ぼう-ほん【坊本】民間の書店から刊行する本。

ほうほん-はんし【報本反始】《「礼記」郊特牲の「本に報い、始めに反る」から》自然や祖先の恩恵に報いるという道徳観を示す語。日本では幕末より第二次大戦まで、祖先信仰と国家神道推進のため政府により盛んに鼓吹された。

ほう-ま【法馬】はかりの分銅。ほうば。

ほう-まい【俸米】俸禄として主君から与えられる米。扶持米。

ぼう-まい【亡妹】死んだ妹。なき妹。

ほう-まく【包膜┊胞膜】シダ植物で、胞子嚢群を覆って保護する薄い膜質の構造。

ほう-まつ【泡×沫】❶あわ。あぶく。「—消火剤」❷あわのようにはかないもの、問題にならないようなもののたとえ。「—会社」「—候補」

ほうまつ-こうほ【泡×沫候補】選挙において、当選する可能性が低いと見なされている候補者。

ほうまつ-むげん【泡×沫夢幻】水のあわと夢とまぼろし。はかないことのたとえ。「—の世」

ぼう-まゆ【×茫眉】・【棒眉】眉をそり、こめかみの下に墨でまっすぐ横に描いた眉。公卿などの若年の者が16歳未満で元服したときに描いた。

ほう-まん【放漫】〔名・形動〕でたらめで、しまりのないこと。やりっ放しでいい加減なこと。また、そのさま。「—な経営」(派生)ほうまんさ〔名〕(類語)散漫・ルーズ

ほう-まん【豊満】〔名・形動〕スル ❶豊かで十分にあること。豊かに満ちていること。また、そのさま。「—な音色の楽器」「彼の感情が常に—して居る事は」〈菊池寛・忠直卿行状記〉❷肉づきのよいこと。また、そのさま。「—な肉体」(派生)ほうまんさ〔名〕

ほう-まん【飽満】〔名〕スル《「ぼうまん」とも》あきるほど食べて満腹すること。また、十分に満ち足りていること。飽食。「その人たちが生に—して暮らすのはそれでいい」〈有島・生れ出づる悩み〉
(類語)満足・満悦・充足・自足・自得・会心・充足感・充実感・自己満足・本望・満ち足りる・心行く・堪能する・満喫する・安住する・安んずる・甘んずる・十分

ぼう-まん【暴慢】〔名・形動〕荒々しく自分勝手なこと。また、そのさま。「—な振る舞い」(類語)傲慢・不遜・倨傲・傲岸・驕慢・高慢・慢心

ぼう-まん【膨満】〔名〕スル いっぱいにふくれあがること。「腹が—する感じ」

ほう-まんだら【法×曼×荼羅】四種曼荼羅の一。仏・菩薩の悟りの境地を種子で表示した曼荼羅。種子曼荼羅。

ほう-み【芳味】こうばしい味。「山菜の—を味わう」

ほう-み【法味】❶仏法の深い味わいを、食物の美味にたとえていう語。❷読経などの儀式・法要。

ほう-みゃく【法脈】仏法を師から弟子へと伝える系脈。

ほう-みょう【法名】❶仏門に入って出家受戒のときに授けられる名。戒名。❷僧が死者におくる名。戒名。(類語)戒名・諡号・諱・贈り名・追号・霊位

ほう-みょう【法命】❶仏法の命脈。仏法の伝統。❷僧侶の寿命。❸「慧命❶」に同じ。

ほう-みょう【報命】仏語。過去の業の報いとして受けるこの世での命。定命。

ほうみょう-じ【法明寺】東京都豊島区にある日蓮宗の寺。山号は、威光山。弘仁元年(810)真言宗威光寺として開創。のち、日蓮の弟子日源が日蓮宗に改め、現寺号に改称。境外仏堂の鬼子母神堂は、現在も参詣者でにぎわう。雑司ヶ谷鬼子母神。

ぼう-みん【暴民】暴動を起こした人民。

ほう-む【法務】❶（ハフ）司法関係の事務。「—局」❷（ホフ）㋐仏法に関する事務。また、法会に関する事務。㋑僧綱所の長官。また、大寺で寺務を統括する僧職。

ほうむ-かん【法務官】❶旧日本陸海軍で法律に関する事務を担当した職員。文官で、軍法会議では検察官をつとめた。❷古代ローマの官名。執政官（コンスル）の正式な称号。のちには司法行政を担当した政務官の称。プラエトル。

ほうむ-きょく【法務局】法務省の地方支分部局の一。法務大臣の管理下に、民事・行政訴訟、戸籍・登記・供託・公証などの民事行政、および人権擁護に関する事務を分掌する。

ほうむ-しょう【法務省】国の行政機関の一。検察・行刑・恩赦・戸籍・人権擁護・出入国管理などに関する事務を担当する。外局に公安調査庁・公安審査委員会、その他法務局・検察庁などの機関が置かれる。明治4年(1871)に設置された司法省が、第二次大戦後、法務庁・法務府を経て昭和27年(1952)発足。

ほうむ-だいじん【法務大臣】国務大臣の一。法務省の長。法相。

ほうむり【葬り】葬ること。埋葬。葬送。「—をしてから雨にも逢わないので」〈左千夫・野菊の墓〉

ほうむり-さ・る【葬り去る】〔動ラ五(四)〕❶物事を、表面に現れないようにする。「事件を—・る」❷世間に出られないようにしてしまう。表舞台に出られなくする。「この業界から—・る」

ほうむ・る【葬る】〔動ラ五(四)〕《「ほうぶる」の音変化》❶死体・遺骨を墓所に納める。埋葬する。「ねんごろに—・る」❷不都合なことなどを、世間に知られないように隠してしまう。「真相を闇から闇に—・る」❸社会的立場などを失墜させる。「業界から—・られる」(可能)ほうむれる (類語)（❶）埋葬・埋骨・納骨

ほう-めい【芳名】❶相手を敬って、その姓名をいう語。お名前。「御—はかねてより承知いたしております」「—録」❷誉れのある名。よい評判。名声。「—を後世に残す」(類語)尊名・名前・高名・貴名

ほう-めい【芳命】相手を敬って、その命令をいう語。仰せ。

ほう-めい【芳×茗】ハウ メイ かおりのよい茶。よい茶。

ほう-めい【奉命】〔名〕スル 貴人から命令をうけたまわること。戴命たいめい。「彼輩何れも―して」〈染崎延房・近世紀聞〉

ほう-めい【報命】❶「復命」に同じ。❷「ほうみょう(報命)」に同じ。

ぼう-めい【亡命】バウ メイ〔名〕スル《「命」は名籍の意》❶政治的弾圧や思想の相違、宗教・人種的な理由による迫害を避けるために自国から外国へ逃れること。「反体制作家が隣国に―する」❷戸籍を抜けて姿をくらますこと。(類語)逃亡

ぼうめい-せいけん【亡命政権】バウメイ 戦争や革命によって国外に亡命した政府首脳が亡命先で組織した政権で、いくつかの国から正統な政府と承認されたもの。第二次大戦中ロンドンにあったポーランド政府やフランスのドゴール政府など。亡命政府。

ぼうめい-せいふ【亡命政府】バウメイ ►亡命政権

ほうめい-でん【豊明殿】現在の皇居内殿舎の一。饗宴場として用いられる。

ほう-めつ【法滅】ホフ 仏法が滅びること。正法・像法・末法の三時さんじを過ぎると仏法は滅亡するという。

ほう-めん【方面】ハウ ❶ある方向の地域。「東北―への列車」❷ある分野・領域。「その―に疎い」「各―の専門家」(類語)分野・世界・地域・区域・地区・地方・一円・一帯・地帯・界隈かいわい・土地・地ち・境域・境さかい・領域・エリア・ゾーン・境・区画

ほう-めん【放免】ハウ〔名〕スル ❶からだの拘束を解いて自由にすること。刑期を終えた者や、無罪とわかった被疑者・被告人を釈放すること。「無罪―」❷義務や職務などを解除すること。「幹事役から―される」❸検非違使けびいし庁に使われた下部しもべ。釈放された囚人で、犯罪人の捜索や護送などに当たった。ほうべん。(類語)釈放・保釈

ほうめん-いいん【方面委員】ハウメン ヰキン 民生委員の旧称。

ほうめん-たい【方面隊】ハウメン 陸上自衛隊の部隊の一。2〜4個の師団と直轄部隊とからなり、北部・東北・東部・中部・西部に配置されている。

ぼう-も【亡▽母】バウ ►ぼうぼ(亡母)

ボウモア〘Bowmore〙英国スコットランド西岸、インナーヘブリディーズ諸島のアイラ島の町。同島の中心地。18世紀創建の円形教会、アイラ島最古の歴史をもつモルトウイスキーの蒸留所、古くからの島の歴史を紹介する博物館がある。

ほう-もう【法網】ハフ マウ 法律という網。不正を行えば、法律で罰せられることを精密な網にたとえていう語。「巧みに―をくぐる」
(類語)法律・法典・法度・法のり・法ほう

ぼう-もう【紡毛】バウ ❶糸をつくるため、毛をつむぐこと。❷「紡毛糸」の略。

ぼうもう-おりもの【紡毛織物】バウモウ 紡毛糸または紡毛糸主体の混紡糸を用いて織った毛織物の総称。ツイード・フラノ・メルトン・ラシャなど。

ぼうもう-し【紡毛糸】バウモウ 羊などの比較的短い毛や再生毛などでつくった糸。毛羽けばが多く、縮絨しゅくじゅうしやすい。

ほう-もち【×捧▽物】「ほうもつ(捧物)」に同じ。「親王たちも、様々の―捧げて」〈源・賢木〉

ほう-もつ【宝物】たからもの。宝とされる物。

ほう-もつ【×捧物】神仏などにささげる物。ささげもの。ほうもち。「五の巻の―の日は、よろしき人よりはじめ」〈落窪・三〉

ほうもつ-でん【宝物殿】寺社などで宝物を納める建物。

ぼう-もり【坊守】バウ ❶寺院の番人。❷小寺の身分の低い僧。❸浄土真宗の僧の妻。

ほう-もん【法文】ホフ 経・論・釈など仏法を説き明かした文章。

ほう-もん【法門】ホフ《悟りに入る門の意》仏法。仏の教え。

ほう-もん【法問】ホフ 仏法について問答をすること。また、その問答。

ほう-もん【砲門】ハウ ❶砲身の弾丸が発射される口。砲口。❷「砲眼」に同じ。(類語)砲口・銃口
砲門を閉・じる 砲撃を終える。攻撃をやめる。
砲門を開・く 砲撃を開始する。攻撃を始める。

ほう-もん【訪問】ハウ〔名〕スル 人をたずねること。他人の家などをおとずれること。「友人宅を―する」「会社―」(類語)訪ねる・訪れる・訪とう・見舞う・伺う・お邪魔・訪おとなう・上がる・歴訪

ほう-もん【×蓬門】蓬よもぎでふいた門。草ぶきの門。転じて、隠者や貧者の質素な住居。また、自分の家をへりくだっていう語。

ぼう-もん【坊門】バウ ❶まちの門。❷平安京の区画で、二条大路以南の各坊を東西に貫通する3本の小路のうち中央のもの。❸囲碁で、本因坊の門下。

ぼう-もん【×茅門】バウ かやぶきの門。転じて、わびしい住居。また、自分の家をへりくだっていう語。

ほうもん-か【法文歌】ホフモン「法文の歌え」に同じ。

ほうもん-かいご【訪問介護】ハウモン 介護保険の居宅サービスの一。介護福祉士や訪問介護員(ホームヘルパー)が介護を必要とする高齢者の家を訪ねて身の回りの世話をする。ホームヘルプサービス。

ほうもんかいご-いん【訪問介護員】ハウモンカイゴヰン 介護保険制度において、訪問介護を行うことのできる有資格者。資格の取得には都道府県知事の指定する訪問介護員養成研修を修了する必要がある。ホームヘルパー。

ほうもん-かいとり【訪問買(い)取り】ハウモン カヒトリ 消費者の家庭や職場を業者が訪問して、貴金属など財物の鑑定と買い取りを行う方式。業者は、古物商許可証または行商従業者証の携帯が義務づけられる。

ほうもん-かんご【訪問看護】ハウモン 看護の必要な在宅の療養者を看護師・保健師あるいは理学療法士などが訪問し、主治医の指示に基づいて療養上の世話や必要な診療の補助を行うこと。

ほうもん-ぎ【訪問着】ハウモン 女性の略式礼装用の和服。絵羽模様の長着で、社交・訪問などに用いる。

ほうもん-の-うた【法文の歌】ホフモン 平安末期に行われた今様歌の分類の一。和讃の形式で、七・五(または八・五)の4句からなり、仏教の法文について詠んだ歌。ほうもんか。

ほうもん-はんばい【訪問販売】ハウモン 消費者の家庭や職場を販売員が訪問して商品を販売する方式。特定商取引法で規制されている。➡不招請勧誘

ほうもんはんばい-ほう【訪問販売法】ハウモンハンバイハフ「特定商取引法」の旧称。

ほうや【保谷】東京都中北部、武蔵野台地にあった市。平成13年(2001)田無市と合併して西東京市になる。➡西東京

ぼう-や【坊や】バウ《「や」は接尾語》❶幼い男の子を親しんでいう語。江戸時代は男女両方に用いた。❷世なれていない若い男を親しんで、または軽んじていう語。「いつまでたっても―で困る」
(類語)坊ちゃん・坊主・少年

ほう-やく【方薬】ハウ ❶薬剤を調合すること。調剤。「療術、一の事を聞き給ひ」〈蘭学事始〉❷《医療の心得がなく単に処方によって調合した薬の意から。一説に「方薬」は当て字とも》力もないのにいいかげんなことをすること。また、その人。「そこは利根りこんな者かと思へば、―なり」〈戴恩記〉

ほう-やく【邦訳】ハウ〔名〕スル 外国語で書かれた文章を日本語に訳すこと。また、訳したもの。和訳。「英語の論文を―する」

ほうや-し【保谷市】►保谷

ほう-ゆ【芳油】ハウ 台湾産のクスノキ科の常緑樹、芳樟ほうしょうを蒸留して得る無色の揮発性の液体。多量のリナロールと少量の樟脳しょうのうを含み、芳香がある。石鹸せっけんの香料とする。芳樟油。

ほう-ゆう【包有】ハウ イウ〔名〕スル 包みもつこと。内にもつこと。「ただ恋しいのは、万千子と共に―した、あの自然の理解の時代である」〈三重吉・小鳥の巣〉

ほう-ゆう【×朋友】ホウ イウ《「ぼうゆう」とも。「朋」は同門の友、「友」は同志の友》ともだち。友人。

ほう-ゆう【封×邑】ホウ イフ 封じられた領地。封地。

ぼう-ゆう【亡友】バウ イウ 死んだ友人。なき友。

ぼう-ゆう【×卯×酉】バウ イウ《「卯う」は東、「酉とり」は西の意》東と西。東西。

ぼう-ゆう【忘憂】バウ イウ ❶うれいを忘れること。うさばらし。❷「忘憂の物」に同じ。

ぼう-ゆう【暴勇】乱暴で向こう見ずなこと。あらあらしく強いこと。無鉄砲な勇気。

ほうゆう-かい【法友会】ハフイウクワイ ㊀地域・職域・出身サークルなどごとに活動する法政大学卒業生の同窓会。上部組織として法政大学校友連合会がある。㊁東京弁護士会に所属する弁護士による親睦・研究などのための任意団体。

ぼうゆう-せん【×卯×酉線】バウイウ 天球上で、天頂を通り子午線と直角に交わる大円。卯酉圏。

ぼうゆう-の-もの【忘憂の物】バウイウ《陶淵明「飲酒詩」から》酒のこと。

ほう-よ【方×輿】ハウ《地は方形で、万物を載せると考えたところから》大地。地球。坤輿こんよ。

ほう-よ【宝×輿】神仏・天子などの乗り物。

ほう-よ【豊予】豊後ぶんご国と伊予いよ国。

ほう-よ【×鳳×輿】「鳳輦ほうれん」に同じ。

ほう-よ【褒誉】ほめること。ほめたたえること。「勧懲小説にもおのずから二種の別あり。一を―といい、一を誹刺ひしという」〈逍遥・小説神髄〉

ほう-よう【包容】ハウ〔名〕スル ❶包み入れること。包み込んでいること。「その意志の中に―される自分の意志も」〈芥川・芋粥〉❷広い心で、相手を受け入れること。「一力のある人」

ほう-よう【包葉｜×苞葉】ハウ エフ ►苞ほう

ほう-よう【芳容】ハウ ❶美しい容姿。❷他人を敬って、その容貌をいう語。

ほう-よう【奉養】ヤウ 親など目上の人を養うこと。「―を尽くす」

ほう-よう【抱擁】ハウ〔名〕スル 親愛の情をもって、だきかかえること。だきしめて愛撫すること。「再会した息子を―する」(類語)抱える・抱だく・抱いだく・抱き合う

ほう-よう【放×鷹】ハウ 鷹狩たかがりをすること。

ほう-よう【法用】ホフ「法要❶」に同じ。

ほう-よう【法要】ホフ エウ ❶死者の追善などのために行う仏教の儀式。法事。法会。法用。「―を営む」❷四箇しかの法要など、法会における法式。❸仏法のかなめ。仏の教えの大切な要点。
(類語)仏事・法事・法会・会式

ほう-よう【蜂腰】エウ ❶女性の、ハチの腰のようにくびれた腰。❷漢詩の八病はちへいの一。五言詩の1句の第2字と第5字とが同じ平仄ひょうそくになっていること。また、五言詩・七言詩とも1句の第2字と第4字との平仄が同じになっていること。蜂腰病。

ほう-よう【褒揚】ヤウ ほめあげること。「未練の者をかく御―あること有り難きことなり」〈耳袋・四〉

ぼう-よう【亡羊】バウ ヤウ 逃げて見失った羊。
亡羊の嘆たん 《「列子」説符から》逃げた羊を追いかけたが、道が多くて、見失ってしまって嘆くこと。学問の道があまりに幅広いために、容易に真理をつかむことができないことのたとえ。また、あれかこれかと思案に暮れることのたとえ。多岐亡羊。

ぼう-よう【妄用】バウ みだりに用いること。むやみに使うこと。もうよう。

ぼう-よう【×茫洋｜×芒洋】バウ ヤウ〔ト・タル〕図〔形動タリ〕広々として限りのないさま。広くて見当のつかないさま。「―たる海原」「―とした人物」

ぼう-よう【望洋】バウ ヤウ〔ト・タル〕図〔形動タリ〕❶あまりに広々としているために見当のつかないさま。「―たる大河」❷遠くをながめるさま。「漫そぞろに―の心を生ず」〈童子問・中〉
望洋の嘆たん 偉大な人物や深遠な学問に対し、自分の力のなさを嘆くこと。

ほうよう-りょく【包容力】ハウヨウ 過ちや欠点なども含め、相手のさまざまな点を受け入れることができる心の広さ。「―の豊かな人」「―がない」

ほうよ-かいきょう【豊予海峡】カイケフ 大分県の関崎

(地蔵崎)と愛媛県の佐田岬とに挟まれ、豊後水道と伊予灘とを結ぶ海峡。潮流が速い。速吸瀬戸

ほう-よく【豊沃】〘名・形動〙土地が肥沃で作物のよく実ること。また、そのさま。「一な(の)地」 (類語)肥沃・豊饒

ほう-よく【×鵬翼】鵬の翼。転じて、飛行機の翼。また、飛行機。

ほうよ-しょとう【防予諸島】山口県と愛媛県の間に連なる諸島。周防大島諸島・熊毛群島・忽那諸島などの総称。北に安芸灘、南に伊予灘を分ける。一部は瀬戸内海国立公園に属する。名は旧国名の周防国の「防」と伊予国の「予」をとって付けられた。

ぼう-よみ【棒読み】〘名〙スル ❶文章を抑揚をつけずに一本調子に読みくだすこと。「せりふを一する」❷漢文を、返り点に従うことなく、音読すること。

ほう-ら【法×螺】「ほら(法螺)」に同じ。

ボウラー〖bowler〗ボウリングをする人。「プロー」

ほう-らい【奉礼】修験者。山伏。

ほうらい【蓬莱】㊀㊀中国の神仙思想に説かれる三神山の一。山東半島の東方海上にあり、不老不死の薬を持つ仙人が住む山と考えられていた。蓬莱山。蓬莱島。よもぎがしま。㊁富士山・熊野山など霊山・仙境の異称。㊂熱田神宮の異称。㊃台湾の異称。㊄邦楽の曲名。長唄・河東節・うた沢・地歌・箏曲などにある。㊁❶「蓬莱台」の略。❷「蓬莱飾り」の略。(季 新年)「一や上野の山と相対す/子規」

ほうらい-おり【×蓬×莱織】縦糸に濃淡2色または4色の糸、横糸に1色の絹糸を用いて浮き文様を織り出した織物。

ほうらい-かざり【×蓬×莱飾り】関西で、新年の祝儀の飾り物の一。三方の盤の上に白米を盛り、熨斗鮑・搗ち栗・昆布・野老・馬尾藻・橙・海老などを飾ったもの。江戸では食い積みと呼んだ。蓬莱山。

ほうらい-さん【蓬莱山】㊀㊀「蓬莱㊀㊀」に同じ。㊁「蓬莱㊀㊁」に同じ。㊁❶「蓬莱飾り」に同じ。❷「蓬莱台」に同じ。

ほうらい-じ【鳳来寺】愛知県新城市にある真言宗五智教団の大本山。山号は、煙巌山。開創は大宝3年(703)、開山は利修と伝える。

ほうらいじ-さん【鳳来寺山】愛知県新城市にある山。標高695メートル。鳳来寺がある。コノハズク(仏法僧)の生息地。

ほうらい-しだ【×蓬×莱羊=歯】ホウライシダ科の常緑シダ。高さ20〜30センチ。葉柄はつやのある黒褐色。葉は羽状に細かく分かれ、羽片はゆがんだ扇形で、先端に胞子嚢群がつく。亜熱帯から熱帯に広く分布。園芸用に栽培される。

ほうらい-だい【×蓬×莱台】❶蓬莱山をかたどって作った山形の台。その上に、松竹梅・鶴亀・翁と媼などを取り合わせて飾り、祝儀に用いるもの。蓬莱山。❷「蓬莱飾り」に同じ。

ほうらい-ちく【×蓬×莱竹】イネ科の竹。高さ約5メートル。節から多数の枝を出し、葉は先がとがり、枝の両側に並ぶ。中国からインドシナの原産で、暖地で栽培される。土用竹。

ほうらい-とう【蓬莱島】「蓬莱㊀㊀」に同じ。

ほうらい-の-しま【蓬莱島】「蓬莱㊀㊀」に同じ。「竜頭鷁首の舟に載せて、一をぞ求めける」〈太平記・二六〉

ほうらい-の-やま【蓬莱山】「蓬莱㊀㊀」に同じ。「人の見及ばぬ一」〈源・帚木〉

ほうらい-まい【×蓬×莱米】台湾で栽培された日本種の稲や、これをもとに改良された品種などからとれた米。

ほうらい-まめ【×蓬×莱豆】▶源氏豆

ほう-らく【放楽】「ほうらく(法楽)❸」に同じ。「何でも一つ視て一をしよう」〈二葉亭訳・あひゞき〉

ほう-らく【法楽】❶仏法を味わって楽しみを生じること。また、仏の教えを信受する喜び。釈迦が悟りを開いたのち1週間、自分の悟った法を回想して楽しんだことが原義。❷経を読誦したり、楽を奏し舞をまったりして神仏を楽しませること。また、和歌・芸能などを神仏に奉納すること。❸なぐさみ。楽しみ。放楽。「見るは一」❹見世物などが、無料であること。「一芝居」

ほう-らく【×炮×烙|×焙×烙】❶あぶり焼くこと。❷中国古代、殷の紂王の行った火あぶりの刑。炭火の上に油を塗った銅柱を渡し、その上を罪人に歩かせ、足を滑らさせて火中に落としたというもの。炮烙の刑。❸茶道で、灰を入れる器の総称。❹▶ほうろく(焙烙)

ほう-らく【崩落】〘名〙スル ❶くずれ落ちること。「石垣が一する」❷相場がくずれるように急激に下がること。「株価が一する」(類語)崩れる

ぼう-らく【暴落】〘名〙スル 物価・株価などが急激に大幅に下がること。「金相場が一する」⇔暴騰。(類語)低落・値崩れ・急落・下落・下がる

ほうらく-かかい【法楽歌会】神仏に奉納する和歌の会。

ほうらく-ずきん【×焙×烙頭巾】▶ほうろくずきん(焙烙頭巾)

ほうらく-せん【包絡線】《envelope》曲線群のすべてに接して、しかもその接点の軌跡となる曲線のこと。例えば、円は一点からの距離が一定な直線群の包絡線である。

ほうらく-のう【法楽能】神仏に奉納する能。

ほうらく-やき【豊楽焼】天保(1830〜1844)のころ、名古屋の陶工大喜豊助(号、自然翁豊楽)が始めた楽焼。外面に漆を塗って蒔絵を施したもの。豊助焼。とよらくやき。

ほうらく-れんが【法楽連歌】神仏に奉納する連歌。救済が北野神社の社頭で行った法楽千句など。

ほうらく-わか【法楽和歌】神仏に奉納する和歌。

ほう-らつ【放×埒】〘名・形動〙《馬が柵である埒からはなれ出る意》❶勝手気ままでしまりのないこと。また、そのさま。「一な文章」「一な行動をとる」❷身持ちの悪いこと。酒色にふけること。また、そのさま。「一の限りを尽くす」「夜ごと一な日を送る」(派生)ほうらつさ〘名〙(類語)放縦・放恣・放逸

ほう-らん【抱卵】〘名〙スル 親鳥が卵を抱えて温めること。「鶏が一する」

ほう-らん【放濫】〘名・形動〙勝手気ままであること。みだりに道理に背くこと。また、そのさま。「女の言葉遣いは…寧ろ一に走る嫌いがあった」〈荷風・濹東綺譚〉

ほう-らん【峰×巒】山の峰。また、山。「槍ヶ嶽蝶が岳など一重畳して」〈木下尚江・良人の自白〉

ぼう-らん【棒×蘭】ラン科の常緑多年草。樹幹に着生し、高さ10〜40センチ。葉は多肉の棒状。夏、微香のある淡緑色の花が咲き、唇弁は黒褐色を帯びる。紀伊半島以西の暖地に分布。

ぼう-らん【暴乱】荒々しい振る舞いをすること。荒れて乱れること。また、暴動。

ほう-り【方里】縦横各1里の面積。1里四方。

ほう-り【法吏】司法の官吏。司法官。

ほう-り【法理】❶(ホウ)法律の原理。❷(ホフ)仏法の理法。

ほう-り【×鳳×梨】パイナップルの漢名。

ぼう-り【忙裏|忙×裡】忙しい時。「帝都の中央一の忙急中の急なる境遇の」〈蘆花・自然と人生〉

ぼう-り【棒利】元金をなしくずしに返済するとき、利息だけは完済に至るまで元金全額に対する一定率を支払うもの。

ぼう-り【暴吏】人民をしいたげる非道な役人。

ぼう-り【暴利】❶正常な程度を超えた不当な利益。「一をむさぼる」❷法外に高い利息。

ほうり-がく【法理学】法の一般理論・基本原理を研究する学問。穂積陳重が最初に使った語。今日では法哲学とほぼ同義に用いられる。

ほう-りき【法力】❶仏法の威力。仏法の功徳の力。❷仏法を修行して得られた不思議な力。

ほうり-こ・む【放り込む】〘動マ五(四)〙投げて中に入れる。勢いよく、または無造作に入れる。「紙くずをごみ箱に一・む」「暴漢を留置場に一・む」

ほうり-だ・す【放り出す】〘動サ五(四)〙❶投げて外へ出す。勢いよく外へ出す。「窓からごみを一・す」「酔漢を店から一・す」❷投げるようにして置く。無造作に手からはなす。「小銭を机の上に一・す」❸途中でやめてしまう。また、手をつけずにそのままにしておく。「仕事を中途で一・す」❹人をすげなく除外する。追い出す。「居候を一・す」(類語)投げ出す

ほう-りつ【法律】❶(ハフ) ㋐社会秩序を維持するために強制される規範。法。㋑国会の議決を経て制定される法の一形式。❷(ホフ) ㋐仏陀の教えと定めたきまり。㋑仏が制定した戒律。小乗戒や大乗戒などをいう。(類語)(❶)法・法令・法規・法制・国法・公法・法典・法度・典範・条令・条規・法・ロー

ほうりつ-あん【法律案】法律として成立させるために国会に提出される原案。法案。

ほうりつ-か【法律家】法律の専門家。裁判官・弁護士・法律学者など。

ほうりつ-がく【法律学】▶法学

ほうりつ-こうい【法律行為】当事者が公権の効力の発生のために行う行為で、法律が公権としての効力の発生を認める行為。当事者の意思表示が不可欠。

ほうりつ-こうか【法律効果】一定の法律要件によって生じる権利義務。例えば、売買契約に基づいて生じる売り主の権利移転義務、買い主の代金支払義務など。

ほうりつ-こん【法律婚】一定の法律上の手続きを経て成立する婚姻。

ほうりつ-じむしょ【法律事務所】弁護士が法律に関する事務を取り扱う所。ローファーム。

ほうりつ-しん【法律審】訴訟事件で、事実審の行った裁判に対し、それが法令に違反するかどうかについて審判する上告審。➡事実審

ほうりつ-ふじょ【法律扶助】資力がないために正当な法律上の保護を十分に受けられない者を援助する社会的制度。無料法律相談、訴訟費用・弁護士報酬の立て替えなど。

ほうりつ-もんだい【法律問題】❶法律上の研究が必要な問題。❷訴訟事件の審判において、確定された事実についての法律の適用・解釈の問題。➡事実問題

ほうりつ-ようけん【法律要件】一定の権利義務を生じさせるのに必要とされる事実。契約・遺言・出生など。

ぼうり-とりしまりれい【暴利取締令】第一次大戦時の物価の暴騰に際し、買い占めや売り惜しみなどを抑制するために定められた農商務省令。大正6年(1917)公布。第二次大戦後、物価統制令に吸収された。

ほうり-な・げる【放り投げる】〘動ガ下一〙❶乱暴に、または無造作に投げる。「ぞうきんを一・げる」❷途中でやめる。「宿題を一・げて遊びに行く」

ほう-りゃく【方略】❶はかりごと。計略。また、手だて。❷古代の官吏登用試験の科目。律令制では秀才科の試験科目とされ、平安時代以後は、紀伝道の最終試験。

ほうりゃく【宝暦】▶ほうれき(宝暦)

ぼう-りゃく【暴×掠】〘名〙スル 暴力にうったえて奪い取ること。略奪。「亜細亜地方を一するを見て」〈兆民・三酔人経綸問答〉

ぼう-りゃく【謀略】人をあざむくようなはかりごと。「一をめぐらす」「敵の一に乗る」(類語)策略・計略・作戦・陰謀・はかりごと・企み・画策・策動・術策・権謀・謀計・奸策・詭計・深謀・遠謀・深慮・悪だくみ

ほう-りゅう【放流】〘名〙スル ❶せき止めた水を放出すること。「貯水池の水を一する」❷繁殖などのために、稚魚を川や湖に放すこと。「稚鮎を川に一す

る」❸追放すること。「蛮人の種子の分は残らずこの地を―せられしが」〈蘭学事始〉

ぼう-りゅう【傍流】❶本流から分かれた流れ。支流。❷主流からはずれた系統や流派。傍系。
(類語)分流・分かれ・支流・傍系・枝・門流・チェーン

ほうりゅう-じ【法隆寺】奈良県生駒郡斑鳩町にある聖徳宗の総本山。南都七大寺の一。もと法相宗。推古天皇15年(607)に聖徳太子が斑鳩宮のそばに建立したと伝えられ、天智天皇9年(670)焼失したが再建されたとみられている。現存する世界最古の木造建築で、伽藍は西院と東院に分かれ、金堂・五重の塔・講堂・南大門・中門・夢殿・回廊などほとんどの建物が国宝。また、釈迦三尊・薬師如来坐像・阿弥陀如来・百済観音・救世観音立像・玉虫厨子などの国宝のほか、絵画遺品や伎楽面・百万塔などの寺宝も多い。金堂の壁画は昭和24年(1949)の火災で焼失したが、のち復元。平成5年(1993)「法隆寺地域の仏教建造物」として世界遺産(文化遺産)に登録された。法隆学問寺。斑鳩寺。

ほう-りょ【芳慮】他人を敬って、その心や考えをいう語。芳念。

ぼう-りょ【亡虜】逃亡した捕虜。また、逃亡した者を卑しんでいう語。

ほう-りょう【方量】限度。限界。際限。きり。多く「方量もない」の形で用いられる。「いやおのれは、言はせておけば―もない」〈虎明狂・河原太郎〉

ほう-りょう【方領】❶直垂・素襖などのように、前身の左右の端につけた方形の襟。正面中央で合わせて着用する。かくえり。❷《御方の領の意》堂上家が局住みの勤仕をするとき、家領以外に受ける領地。

ほう-りょう【法量】仏像の大きさ。立高・座高を髪際から測り、丈六・半丈六・等身などとよぶ。

ほう-りょう【豊漁】魚などがたくさんとれること。大漁。「サンマの―」⇔凶漁。(類語)大漁

ほう-りょく【法力】法律の力。法律の効力。

ぼう-りょく【暴力】❶乱暴な力・行為。不当に使う腕力。「―を振るう」❷合法性や正当性を欠いた物理的な強制力。(類語)暴行・愚行・愚挙・非行・乱行・醜行・狼藉・蛮行・極道・乱暴・無法・暴状・暴挙・腕力沙汰・荒くれ・粗暴・凶暴・狂暴・猛悪・野蛮

ぼうりょく-かくめい【暴力革命】武力によって達成される革命。⇔平和革命。

ぼうりょくこういとう-しょばつほう【暴力行為等処罰法】《「暴力行為等処罰に関する法律」の通称》集団的・常習的な暴行・脅迫・器物損壊・面会強請、銃砲・刀剣による加重傷害などの犯罪の処罰について定めた法律。大正15年(1926)施行。暴力行為法。

ぼうりょくこうい-ほう【暴力行為法】▶暴力行為等処罰法

ぼうりょく-そうち【暴力装置】非合法な犯罪・暴力や、他国からの攻撃に対処するため、法に則った暴力行使が認められた組織・機関。主に警察や軍隊。また、それらを独占的に保持する国家のこと。(補説)社会学者のウェーバーが国家の本質として位置づけた言葉。

ぼうりょく-だん【暴力団】暴力や脅迫などによって、私的な目的を達成しようとする反社会的な行動集団。(類語)ならず者・ごろつき・地回り・やくざ・無頼漢・無法者・与太者・ごろ・ちんぴら

ほう-りん【宝輪】「九輪」に同じ。

ほうりん【法琳】[572～640]中国、唐代の僧。潁川(河南省)の人。道教の排仏論に対抗し、仏教の護法に努めた。晩年は道士の讒言により四川省に配流。

ほう-りん【法輪】《梵 dharma-cakraの訳》仏語。仏の教え。仏法が人間の迷いや悪を打ち破り追い払うのを、古代インドの戦車のような武器(輪)にたとえていったもの。➡転法輪

ボウリング〖bowling〗スポーツ競技の一。レーンとよばれる木製の床の端に立てた10本のピンを目がけてボールを転がし、倒したピンの数で得点を競い合う。

ほうりん-じ【法輪寺】㊀奈良県生駒郡斑鳩町にある聖徳宗の寺。山号は、妙見山。山背大兄王が、父聖徳太子の病気平癒祈願のため創建と伝える。もと法隆寺の末寺で、伽藍配置も法隆寺式。飛鳥様式の三重の塔は昭和19年(1944)落雷で焼失、のち再建。飛鳥時代の薬師如来坐像・虚空蔵菩薩像などが残る。三井寺。御井寺。法琳寺。法林寺。㊁京都市西京区にある真言宗五智教団の本山。山号は、智福山。和銅6年(713)元明天皇の勅願により行基の開創と伝える。十三参りの寺として有名。嵯峨虚空蔵。

ほう・る【放る|×抛る】〔動ラ五(四)〕❶遠くへ投げる。乱暴に、または無造作に投げる。「ボールを―・る」「新聞を―・ってよこす」❷途中でやめる。また、そのまま放置する。「勉強を―・って遊びに行く」「泣いても―・っておく」❸あきらめて放棄する。「試験を―・る」➡投げる(用法)(可能)ほうれる
(類語)投げる・投ずる・ほうり投げる・ほっぽる

ボウル〖bowl〗❶料理に用いる深い鉢。「サラダ―」❷アメリカンフットボールの競技場。「エール―」❸アメリカンフットボールで、特に組まれる大試合。「ローズ―」「スーパー―」

ほう-るい【方類】同じ種類。たぐい。

ほう-るい【法類】仏教で、同宗同派に属する僧、または、寺。

ほう-るい【砲塁】大砲を備えつけたとりで。

ほう-るい【×堡塁】敵の攻撃を防ぐために、石・土砂・コンクリートなどで構築された陣地。ほるい。
(類語)要塞・防塞・塁・土塁

ぼう-るい【防塁】外敵を防ぐためのとりで。

ボウル-ゲーム〖bowl game〗米国のカレッジフットボールで、シーズンの終了後、各地域で優秀な成績をあげた大学を招いて行われる試合。BCSナショナルチャンピオンシップゲーム、ローズボウル、シュガーボウル、フィエスタボウル、オレンジボウルの5つが特に有名。名称のボウルは、最も歴史の古いローズボウルが開催されるローズボウルスタジアムに由来。

ほう-れい【法令】❶法律と命令。また、条例や規則などを含めることもある。❷おきて。きまり。定め。
(類語)法規・法制・法例・法律・ロー

法令滋々彰かにして盗賊多く有り 《「老子」57章から》法律が完備すればするほど、法律の網の目をくぐる悪知恵が発達し、犯罪者が多くなる。

ほう-れい【法例】❶法律の適用に関する事項などについて定めた法律。明治31年(1898)施行。法律の施行期日、慣習法の効力、国際私法に関する規定からなるものであったが、平成18年(2006)全面改正され、「法の適用に関する通則法」となった。❷法典の中で、法律の適用関係を定めている部分。商法第1編第1章・刑法第1編第1章などの章名であったが、法改正により「通則」となっており、現在は「法例」という用語は使用されなくなりつつある。❸法律上のしきたり。従来のおきて。(類語)法規・法制・法令

ほう-れい【報礼】他人のしてくれたことにむくいる礼。また、そのための金品。謝礼。(類語)礼

ほう-れい【豊麗】〔名・形動〕豊かで美しいこと。また、そのさま。「その―なまなざしと」〈山本有三・生きとし生けるもの〉(類語)妖艶・艶麗・あでやか・婉然・妖美・綺麗・麗しい・美しい・秀麗・端麗・美麗・流麗・壮麗・見目好い・見目麗しい・端整・佳麗・艶美

ぼう-れい【亡霊】❶死者の魂。亡魂。また、幽霊。❷過去にはあったが、現在ではもはや存在していないもののたとえ。「軍国主義の―」(類語)幽霊

ぼう-れい【坊令】律令制で、京の四坊ごとに置かれた責任者。住民の有力者が充てられ、治安の維持などに当たった。

ぼう-れい【暴戾】〔名・形動〕荒々しく、道理に反する行いをすること。また、そのさま。「―な君主」

ほうれい-いけん【法令違憲】最高裁判所が、法令の全部または一部について違憲と判断すること。違憲とされた法令の廃止または改正は国会が行う。➡違憲立法審査権

ほうれい-じゅんしゅ【法令遵守|法令順守】▶コンプライアンス

ほうれい-しんさけん【法令審査権】▶違憲立法審査権

ほうれい-せん【法令線】人相学(観相学)で鼻唇溝のこと。(補説)語源未詳。中国の面相学では法令紋という。また、長寿のしるしとして豊齢線、豊麗線とも書く。

ほうれい-ぜんしょ【法令全書】詔書・法律・政令・条約などの各種の法令を月別に集録して独立行政法人国立印刷局が編集・発行しているもの。

ほうれい-もん【法令紋】「法令線」に同じ。

ほうれき【宝暦】江戸中期、桃園天皇・後桜町天皇の時の年号。1751年10月27日～1764年6月2日。ほうりゃく。

ほう-れき【×鳳暦】❶《「春秋左伝」昭公一七年による。鳳凰は天の時を知るというところから》暦。暦数。また、年号を尊んでいう語。「乾徳詔を降し、一すでに改まる」〈将門記〉❷天皇の治世の年数。また、天皇の年齢。「願はくは建立成就して、金闕―御願円満」〈平家・五〉

ほうれき-じけん【宝暦事件】宝暦8～9年(1758～1759)江戸幕府が、皇権回復を説く尊王論者の竹内式部らを処罰した事件。

ほう-れつ【芳烈】〔名・形動〕香気の強いこと。また、そのさま。「―な酒」

ほう-れつ【放列】❶(「砲列」とも書く)大砲を横に並べて、射撃できるようにした隊形。「一斉射撃の―を敷く」❷一定の目標に対してずらりと並んでいること。「カメラの―を敷く」

ほう-れん【×鳳×輦】屋形の上に金銅の鳳凰を飾った輿。天皇の晴れの儀式の行幸用のもの。鳳輿。鸞輿。転じて、天皇の乗り物の称。

ほう-れん-そう【報連相】企業活動を効率よく進めるための必須事項とされる、上司、同僚への、報告、連絡、相談の三つをまとめた語。

ほうれん-そう【×菠×薐草】アカザ科の一、二年草。根は赤みを帯びる。4、5月ごろ、とう立ちして黄緑色の花が穂状につく。雌雄異株。代表的な葉菜の一。品種が多く、葉に切れ込みのある東洋種とない西洋種とに分けられる。アジア西部の原産で、菠薐はネパールの地名、または、ペルシアのことという。日本には16世紀ごろ中国から東洋種が渡来し、明治時代に米国から西洋種も導入。(季 春)「しをらしや細茎赤き―/鬼城」

ほう-ろう【放浪】〔名〕(スル)あてもなくさまよい歩くこと。さすらい。「―の旅」「各地を―する」(類語)うろつく・さすらう・さまよう・出歩く・ほっつく・ほっつき歩く・ほっつき回る・徘徊・彷徨・流浪・漂泊・流離・漂流・浮浪

ほう-ろう【法×臘|法×﨟】僧尼の出家受戒後の年数。毎年、夏安居を終えると1歳を加える。夏臘。法歳。

ほう-ろう【報労】労苦にむくいること。また、その報酬。

ほう-ろう【×琺×瑯】さび止めや装飾のために金属器の表面に焼き付ける不透明なガラス質の釉。また、それを焼きつけた金属器。工業製品から家庭用品まで広く用いられる。装飾品は七宝焼きとよぶ。瀬戸引き。琺瑯引き。

ぼう-ろう【▽崩漏】子宮の内部がただれて出血することを漢方でいう。

ぼう-ろう【望楼】遠くを見渡すためのやぐら。
(類語)櫓・物見やぐら・火の見やぐら・灯台

ほうろう-きん【報労金】❶人の労にむくいるための金銭。❷遺失物法で、遺失物の拾得者に対して遺失者が支払う報酬。遺失物の価格の100分の5以上、100分の20以下。

ほうろう-しつ【×琺×瑯質】歯のエナメル質。

ほうろう-しゃ【放浪者】あてもなくさまよう人。
(類語)さすらいびと・バガボンド

ほうろう-びき【×琺×瑯引き】ハフラウ　琺瑯が焼き付けてあること。また、そのもの。

ほう-ろく【俸×禄】俸と禄。給与。知行ちぎょう・扶持ふち・切米きりまいなど。

ほう-ろく【×焙×烙｜×炮×烙】ハウ　素焼きの、平たい土鍋。茶や豆、塩などをいるのに用いる。また、胡麻ごまや茶をいる専用の器として、縁が内側にめくれて、柄のついた小型のものもある。ほうらく。

焙烙の一倍いちばい　《「一倍」は二倍の意》焙烙は割れやすいので、初めから破れるのを計算に入れて売価を倍にすること。掛け値をして売ること。

ほうろく-ずきん【×焙×烙頭巾】ハウラク　焙烙の形をした丸い頭巾。僧や老人が多く用いた。大黒頭巾。丸頭巾。ほうらくずきん。

ほうろく-びや【×炮録火矢｜×炮録火×箭】ハウロ　戦国時代の水軍が用いた火器。火薬をこめた銅製の弾丸を布で包んで漆を塗り、木筒や鋳筒から発射する。

ほうろく-むし【×焙×烙蒸(し)】ハウロ ►焙烙焼き

ほうろく-やき【×焙×烙焼(き)】ハウロ　二つ合わせた焙烙の中にマツタケ・鶏肉・魚・野菜などを入れ、蒸し焼きにした料理。焙烙蒸し。

ほうろく-わり【×焙×烙割り】ハウロ　❶厄除けのまじない。焙烙を高い所から落として割るもの。❷焙烙をかぶり目隠しをした者が二手に分かれて打ち合い、相手の焙烙を多く割ったほうを勝ちとする遊戯。

ほう-ろん【放論】ハウ　勝手気ままに議論すること。また、その議論。

ほう-ろん【法論】ホフ　仏教に関する議論。

ぼう-ろん【暴論】乱暴な議論・意見。「一を吐く」
(類語)愚論・曲論

ほう-わ【法話】ホフ　仏法に関する話。法談。

ほう-わ【飽和】ハウ〔名〕スル　❶含みもつことのできる最大限度に達して、それ以上余地のないこと。「一状態の交通事情」「光に一した僕の眼にはそこは真暗に見えた」〈有島・宣言〉❷ある条件のもとで、ある量が増加していき、それ以上増加しなくなる最大限に達した状態。❸やっていることに飽きがくること。疲労とは区別される。心的飽和。

ほうわ-かごうぶつ【飽和化合物】ハウワクワガフブツ　分子内の炭素原子間に二重結合や三重結合を含まず、すべて単結合からなり、炭素の原子価が満たされている有機化合物。メタン系炭化水素など。

ほうわ-じか【飽和磁化】ハウワ　磁界の強さを増しても、それ以上磁化が増大しない状態に達したときの磁化の強さ。

ほうわ-しぼうさん【飽和脂肪酸】ハウワシバウサン　炭素間の結合に二重結合を含まない脂肪酸。酢酸・パルミチン酸・ステアリン酸など。

ほうわ-じょうき【飽和蒸気】ハウ　同一物質の液体や固体と平衡状態で共存しているときの蒸気。

ほうわ-じょうきあつ【飽和蒸気圧】ハウ　飽和蒸気の圧力。一般に温度の上昇につれて高くなる。最大蒸気圧。

ほうわ-じんこう【飽和人口】ハウ　ある一定の地域で、これ以上は収容できない限度に達した人口。

ほうわ-たんかすいそ【飽和炭化水素】ハウワタンクワスイソ　二重結合や三重結合が含まれていない炭化水素。鎖式のメタン系炭化水素に属するエタン・プロパンなどと、環式のシクロパラフィンに属するシクロヘキサンなどがある。

ほうわ-ようえき【飽和溶液】ハウ　ある温度である量の溶媒に溶質を溶かしていき、それ以上溶けない状態に達した溶液。

ぼ-うん【暮雲】夕暮れの雲。夕雲。「日は蒼然たる一に包まれて落ち」〈蘆花・自然と人生〉

ホエー〖whey〗チーズを作るときに凝固した乳分を取り除いて残る透明な液。糖分とわずかのたんぱく質が含まれ、清涼飲料や製菓原料に利用する。乳清。ミルクホエー。

ホエール〖whale〗鯨。「一ウオッチング」

ホエール-ウオッチング〖whale watching〗船上や海辺の展望台などから行う趣味のクジラ観察。捕鯨禁止運動などに伴う自然愛護の精神からアメリカ西海岸を中心に興ったもの。バードウオッチングなどからの類推で作られた語。

ほ-えき【補益】〔名〕スル　不足をおぎない益を与えること。「血気ノ不足ヲ一スル」〈和英語林集成〉

ぼ-えき【母液】溶液中から、溶質の結晶したもの、または沈殿物を取り去った残りの液。

ぼえき-ほう【募役法】ハフ　中国宋代、王安石の新法の一。郷村の力役負担を軽くするため、賦役免除の代わりに徴収した免役銭・助役銭によって、希望者を募って力役にあてたもの。

ほえ-ざる【×吠猿】オマキザル科ホエザル属の哺乳類の総称。頭胴長約60センチ。のどにある袋が共鳴器となり、鳴き声が数キロ先まで聞こえる。中南米の熱帯林に分布。

ポエジー〖フランス poésie〗詩。詩情。ポエトリー。

ポエチック〖poetic〗►ポエティック

ほえ-つ・く【×吠え付く】〔動カ五(四)〕ほえながら迫る。ほえかかる。「犬に一・かれる」

ポエット〖poet〗詩人。

ほえ-づら【×吠え面】泣き顔。泣きっつら。

吠え面をかく　泣きっつらをする。べそをかく。「おぼえておけ、あとで一・くなよ」

ボエティウス〖Anicius Manlius Severinus Boethius〗[480ころ～524ころ]古代ローマ末期の哲学者。アテネに遊学し、プラトン・アリストテレスなどのギリシャ哲学をラテン語訳して中世に伝えた。また、キリスト教神学者・音楽理論家としても活躍。東ゴート王テオドリクスに信任されたが、のち、陰謀の嫌疑で殺害された。著「哲学の慰め」「音楽論」など。

ポエティック〖poetic〗〔形動〕《「ポエチック」とも》詩的な。詩的情緒豊かな。「一な映像作品」

ポエティックス〖poetics〗詩学。詩論。

ポエトリー〖poetry〗❶詩。詩歌。❷詩情。詩趣。

ポエニ-せんそう【ポエニ戦争】センサウ　《Poeniはローマ人がフェニキア人およびその植民市カルタゴを呼んだ名称》地中海の支配をめぐって前後3回にわたって行われたローマとカルタゴとの間の戦争。第1回(前264～前241)ではローマはシチリアを領土とし、第2回(前218～前201)ではハンニバルがカルタゴ軍を率いてイタリアに侵入、ローマ軍を撃破したが、北アフリカのザマでスキピオのローマ軍に敗れた。第3回(前149～前146)ではローマ軍がカルタゴを包囲して壊滅させ、地中海の覇権を確立した。

ポエム〖poem〗1編の詩。韻文作品。
(類語)詩・詩編・叙情詩・叙事詩・定型詩・自由詩・バラード・ソネット・新体詩・うた・詩歌・韻文・詩賦しふ・賦ふ・吟詠・バース

ほ・える【×吠える｜×吼える】〔動ア下一〕文ほ・ゆ〔ヤ下二〕❶獣などが大声で鳴く。「虎が一・える」❷風・波などが、荒れて大きな音を立てる。「荒海が一・える」❸わめく。どなる。「壇上で一・える」
(類語)鳴く・嘶いななく・囀さえずる・集すだく・咆哮ほうこうする・遠吠えする

ぼ-えん【墓園｜墓×苑】ヱン　墓地。霊園。

ぼ-えん【暮煙｜暮×烟】夕暮れに立つもや。夕もや。

ほお【▽朴｜厚=朴】ほほ　ホオノキの別名。(季 花=夏｜実=秋)「壺にして深山の一の花ひらく／秋桜子」

ほお【頰】ほほ　顔の両面、耳と鼻・口との間の柔らかい部分。ほほ。「一がこける」「一を赤らめる」
(類語)ほっぺた・ほっぺ・頰げた

頰が落・ちる　この上なく美味であることにいう。ほっぺたが落ちる。「一・ちそうなおいしさ」

頰が緩ゆる・む　うれしくなって、にこにこする。口元がゆるむ。「孫の顔を見ると、つい一・む」

頰は面つら　呼び方は違っても実質は同じだということ。ほおを顔。「はて、一、この銀かねを受け取りしだいやりませう」〈浄・氷の朔日〉

頰を染そ・める　恥ずかしくて顔を赤くする。「からかわれて一・める」

頰をつね・る　うれしいことがあったときなどに、夢でないことを確かめるためにする動作。「合格の知らせに思わず一・る」

頰を膨ふくらま・す　不平や不満の感情を顔に表す。ふくれっ面をする。「不満気に一・す」

ボー〖baud〗アナログ通信回線でのデータ通信における、変調速度の単位。1ボーは1秒に1回変調することを表す。モデムなどのデータ通信における転送速度(bps)とは異なる。1回変調で4ビットのデータを転送する場合、600ボーのモデムの転送速度は2400bpsとなる。

ボー〖bow〗►ボウ

ポー〖Edgar Allan Poe〗[1809～1849]米国の詩人・小説家。音楽的諧調を重視した耽美的な詩は、純粋詩の詩論とともに象徴派などに大きな影響を与えた。また、怪奇的、幻想的な短編小説を発表し、推理小説の開拓者ともされる。詩「大鴉おおがらす」、小説「アッシャー家の崩壊」「モルグ街の殺人」「黄金虫」「黒猫」など。

ポー〖Pau〗フランス南西部、ピレネーザトランチック県の都市。同県の県都。ピレネー山脈北麓、ガーブ-ド-ポー川沿いに位置する。天然ガスの採取、およびワイン生産が盛ん。ブルボン王朝の始祖アンリ4世の生地。観光保養地として知られ、市街地サーキットを使用した自動車レースが行われる。

ボーア〖Niels Henrik David Bohr〗[1885～1962]デンマークの理論物理学者。量子仮説の導入により原子構造を解明し、元素の周期律を説明。相補性原理の提唱など、原子物理学の進歩に貢献した。また原子力の国際管理を提言。1922年ノーベル物理学賞受賞。

ほお-あか【頰赤】ほほ　ホオジロ科の鳥。全長16センチくらい。全体に褐色で、ほおの部分が赤茶色。東アジアに分布。日本では山地の草原で繁殖する。しとど。(季 夏)

ボーア-じし【ボーア磁子】電子の磁気モーメントの基本単位。電気素量e、プランク定数h、電子の静止質量m_eとすると、ボーア磁子μ_Bは、$eh/4\pi m_e = 9.274 \times 10^{-24}$J/T(ジュール／テスラ)となる。1913年にN＝ボーアにより導出された。電子の磁気モーメントはボーア磁子を単位として、1の値をもつはずだが、実際にはボーア磁子よりも0.116パーセント大きい。この差は異常磁気モーメントと呼ばれ、繰り込み理論を導入した量子電磁力学により説明される。

ボーア-じん【ボーア人】《Boer》オランダ系の南アフリカ移民とその子孫。17世紀中ごろ、オランダ東インド会社のケープ植民地経営とともに移民。現在、南アフリカ共和国の白人の6割を占める。アフリカーナ。ブール人。ブーア人。

ボーア-せんそう【ボーア戦争】センサウ ►南ア戦争

ほお-あて【頰当て】ほほ　武具の一。あごからほおにかけて当てる防具。多くは鉄製で、革製のものを練頰ねりぼおという。面頰めんぼお・半頰はんぼお・猿頰さるぼおなどがある。

ボーア-はんけい【ボーア半径】古典的量子論から求められる水素原子の安定状態における半径。0.0528ナノメートル。原子の大きさの見当をつける値として使われたこともある。

ボーアル-とう【ボーアル島】タウ《Vágar》北部大西洋上に浮かぶデンマーク領フェロー諸島の島。主島ストレイモイ島の西側に位置し、海底トンネルで結ばれ、同諸島中唯一の空港がある。主な町はミズバーグル、ソルバーグル、サンダバーグル。バーガル島。

ボーイ〖boy〗❶男の子。少年。年若い男。(対)ガール。❷食堂やホテルなどで、飲食物の給仕や客の世話などをする男性。給仕。ウエーター。(類語)(❶)少年・男の子・男子・男児／(❷)給仕・ウエーター・ギャルソン

ボーイ-スカウト〖Boy Scouts〗1908年、英国の軍人ベーデンポウエルが創設した少年団体。少年の心身を鍛えて、国家・社会に役立つ善良な市民に育てることを目的として設立。のち、世界各国に広まった。日本では大正11年(1922)創設。

ボーイ-ソプラノ〖boy soprano〗ソプラノに似た音色・音域をもつ、変声期前の男子の声。

ボーイッシュ〖boyish〗〔形動〕女性の髪形・服装・挙動が少年のようであるさま。「―なスタイル」
ボーイ-ハント《和 boy＋hunt》女性が、遊び相手を求めて男性に近づくこと。
ボーイフレンド〖boyfriend〗女性にとっての男友達。
ボーイ-ミーツ-ガール〖boy-meets-girl〗お定まりのロマンス。紋切り型の恋愛物語。
ボーイング〖Boeing〗米国の航空機の製造会社。また、その開発・製造による大型爆撃機・旅客機。
ボーイング〖bowing〗►ボウイング
ほお-えまし・い【▽微笑ましい】〔形〕図ほほゑま・し〔シク〕►ほほえましい
ほお-えみ【▽微笑み】►ほほえみ
ほお-え・む【▽微笑む】〔動マ五(四)〕►ほほえむ
ホーエンザルツブルク-じょう【ホーエンザルツブルク城】《Festung Hohensalzburg》オーストリア中部の都市、ザルツブルクの旧市街南側の高台にある城。神聖ローマ皇帝ハインリヒ4世とローマ教皇グレゴリウス7世の間に起こった叙任権闘争の際、教皇派のザルツブルク大司教ゲープハルト1世が1077年に築いた要塞に始まる。度重なる増改築を経て、17世紀頃に現在の姿になった。旧市街を中心とする他の歴史的建造物も含め、1996年に「ザルツブルク市街の歴史地区」として世界遺産(文化遺産)に登録された。
ホーエンシュバンガウ-じょう【ホーエンシュバンガウ城】《Schloß Hohenschwangau》ドイツ南部、バイエルン州の都市、フュッセンの近郊にある城。バイエルン王マクシミリアン2世が、12世紀に建造された古城を改築。後にノイシュバンシュタイン城を築いた息子のルートウィヒ2世が幼少期を過ごした。中世の騎士伝説や白鳥を描いた壁画がある。ホーエンシュワンガウ城。
ホーエンチュービンゲン-じょう【ホーエンチュービンゲン城】《Schloß Hohentübingen》ドイツ南西部、バーデン-ビュルテンベルク州の大学都市、チュービンゲンにある城。11世紀に創建され、16世紀に現在見られるルネサンス様式の城館に改築。1812年にチュービンゲン大学の所有となり、現在は古代史博物館として公開されている。
ホーエンツォレルン-け【ホーエンツォレルン家】《Hohenzollern》ドイツの王家。南ドイツの小貴族であったが、1415年からブランデンブルク選帝侯。1701年から1918年までプロイセン王家、1871年以降はドイツ皇帝を兼ねた。
ホーエンツォレルン-じょう【ホーエンツォレルン城】《Burg Hohenzollern》ドイツ南西部、バーデン-ビュルテンベルク州の大学都市、チュービンゲンの近郊にある城。11世紀にホーエンツォレルン家の居城として創建。プロイセン王フリードリヒ＝ウィルヘルム4世により再建、1867年に完成した。
ポーカー〖poker〗トランプゲームの一。5枚の手札の組み合わせによる、役の強さで競うもの。駆け引きも勝負の重要な要素となる。
ポーカー-フェース〖poker face〗《ポーカーをするとき、手札を悟られまいと無表情を装うところから》表情を変えないこと。無表情な顔つき。類語 無表情
ほお-がえし【頰返し】口にほおばったものを舌で回してかむこと。「ホッホッと―に困じながらも、がつがつと喰う様の」〈二葉亭・小按摩〉
　頰返しが付か・ない　どうしようもない。なすすべがない。「もしものことがあった日にや、―・ねえ訳になりまさあ」〈漱石・草枕〉
ほお-がしわ【×朴×柏｜厚＝朴】ホオノキの古名。「我が背子が捧げて持てる―あたかも似るか青き蓋」〈万・四二〇四〉
ほお-かぶり【頰▽被り｜頰▽冠り】〔名〕スル ❶ほおを隠すように頭から手拭いなどをかぶること。ほおかむり。ほっかむり。《季 冬》「一渡舟の席の坐り沢ぶ/草田男」❷知っていながら知らないふりをして押し通すこと。ほおかむり。「選挙違反をしながら―してすます」
類語 (❷)知らんぷり・かまとと・とぼける・しらばくれる・そらとぼける・しらを切る
ほお-がまち【頰×輔】頰の形をつくっている骨格。また、頰のこと。
ほお-かむり【頰▽被り】〔名〕スル「ほおかぶり」に同じ。《季 冬》
ボーカリスト〖vocalist〗歌手。声楽家。
ボーカリゼーション〖vocalization〗《「ボーカライゼーション」とも》発声。また、発声法。
ボーカル〖vocal〗❶歌うこと。歌唱。声楽。❷「ボーカリスト」に同じ。
ボーカル-マイノリティー〖vocal minority〗政治的意見を積極的に表明する少数派。声の大きな少数者。↔サイレントマジョリティー。補説 攻撃的な態度で臨む「口うるさい少数派」は、ノイジーマイノリティー(noisy minority)と呼ばれる。
ポー-がわ【ポー川】《Po》イタリア北部を東流する川。アルプスのモンビーゾ山に源を発し、パダナ平野を流れてアドリア海に注ぐ。全長672キロ。
ボー-ガン〖bow gun〗►ボウガン
ボーキサイト〖bauxite〗アルミニウムの鉱石。水酸化アルミニウムが主成分で、酸化鉄や二酸化珪素も含む。名は、南フランスの産地ボー(Baux)地方の石の意。鉄礬土。
ホーキング〖Stephen William Hawking〗[1942～]英国の物理学者。20代で筋萎縮性側索硬化症にかかるも研究を続け、ビッグバンが宇宙の特異点であることの証明、ホーキング放射によるブラックホール蒸発の発見など、天体物理学の分野で活躍。
ホーキング-ふくしゃ【ホーキング×輻射】►ホーキング放射
ホーキング-ほうしゃ【ホーキング放射】《Hawking radiation》1974年に英国の物理学者S＝ホーキングが提唱した、ブラックホールからの熱的な放射。ブラックホール近傍の量子力学的な真空のゆらぎから粒子・反粒子が対生成し、一方がブラックホールに取り込まれ、もう一方がエネルギーをもったまま放出される。この放射は黒体放射とみなされ、放射の絶対温度Tはブラックホールの質量Mに反比例する。ブラックホールは放射によりエネルギーを失い、最終的に蒸発することが指摘されている。ホーキング輻射。
ホーク〖fork〗►フォーク
ホーク〖hawk〗鷹。
ボーク〖balk〗野球で、走者が塁にいるとき、投手が規則に違反する投球動作をすること。その場合、全走者に次の塁への進塁を許す。
ボーグ〖フランス vogue〗流行。人気。
ポーク〖James Knox Polk〗[1795～1849]米国の政治家。第11代大統領。在任1845～1849。テキサス併合をめぐる紛争からアメリカ-メキシコ戦争を起こし、ニューメキシコからカリフォルニアに至る広大な領土を獲得した。➡テーラー
ポーク〖pork〗豚肉。「―シチュー」「―ハム」
ポーク-カツレツ〖pork cutlet〗豚肉を用いたカツレツ。豚カツ。ポークカツ。
ホークス〖Hawks〗►福岡ソフトバンクホークス
ホークスヘッド〖Hawkshead〗英国イングランド北西部、カンブリア州の町。湖水地方の観光地の一。中世には羊毛の生産で栄えた。詩人ウィリアム＝ワーズワースと絵本作家ビアトリクス＝ポターのゆかりの地であり、二人の生涯と業績を紹介する博物館がある。
ポーク-ソテー〖pork sauté〗豚肉を塩・コショウなどで調味し、油で焼いた料理。
ポークチョップ〖porkchop〗《「ポークチャップ」とも》豚の骨つきロース肉。また、これを油で焼いた料理。トマトケチャップなどで味をつける。
ほお-げた【頰桁】❶ほおぼね。ほおがまち。「―を張る」❷ものを言うこと。多く非難の意をこめて用いる。「―に似ぬ腕なしめ」〈浄・手習鑑〉
　頰桁が過・ぎる　勝手なことを言いすぎる。「やあ京々とやかましい。―・ぎる」〈浄・万年草〉
　頰桁を叩・く　しゃべる。非難の意をこめた言い方。「法師ども、まだ―・くかと」〈浄・都の富士〉
ほおけ-だ・つ【×蓬け▽起つ】〔動タ五(四)〕►ほうけだつ
ほお・ける【×蓬ける】〔動カ下一〕図ほほ・く〔カ下二〕►ほうける❷
ボーゲル〖Ezra F. Vogel〗[1930～]米国の社会学者。日本および中国を研究し、ハーバード大学東アジア研究センター所長などを歴任。1979年に刊行した「ジャパン-アズ-ナンバーワン」は、ベストセラーとなった。クリントン㊀政権では東アジア担当国家情報官として活躍した。著作に「日本の新中間階級」など。
ボーゲン〖ドイツ Bogen〗スキーで、スキー板の後端を開いてV字形とし、速度を落としながら回転すること。制動回転。
ホーコーツ【火鍋子】《中国語》中国の寄せ鍋料理。また、その鍋をいう。鍋は中央に煙突があり、その中に炭火などを入れて鍋の中の材料をスープで煮て食べる。材料は肉・野菜・魚貝類など。
ポーザー〖poseur｜poser〗《気取り屋の意》スポーツなどで、道具やファッションばかりが一人前で実質の伴わない人。
ほお-ざし【頰刺(し)】塩をふるか濃い塩水に浸すかしたイワシを、鰓に竹串または、わらを通して連ね、干したもの。頰通し。《季 春》「朝の海照る―は指もて喰ふ/風生」
ポーシア〖Portia〗天王星の第12衛星。1986年にボイジャー2号の接近によって発見された。名の由来はシェークスピアの「ベニスの商人」のヒロイン。天王星に7番目に近い軌道を公転する。非球形で平均直径は約140キロ。平均表面温度はセ氏マイナス209度以下。ポーシャ。
ポージー-リング〖poesy ring｜posy ring〗《「ポジーリング」とも》内側に詩やメッセージを刻んだ指輪。ヨーロッパで13世紀から18世紀に行われていたといわれるが、近年日本でプレゼント用に流行している。
ポーシャ〖Portia〗►ポーシア
ボージュ-ひろば【ボージュ広場】《Place des Vosges》フランス、パリ中心部、セーヌ川右岸のマレー地区にある広場。1605年、アンリ4世により建設が始まり、7年後のルイ13世の時代に完成。広場の南北に位置する「王の館」「王妃の館」をはじめ、王侯貴族のための赤レンガ造りの建物が残る。完成当初はプラスロワイヤル(王の広場)と称されたが、フランス革命後に現在の名称に改称。
ボージョレ〖Beaujolais〗フランス中東部、中央高地の東の地方。リヨンの北部一帯をさす。ワインの産地。
ボージョレ-ヌーボー〖フランス Beaujolais nouveau〗《「ヌーボー」は新しいものという意味》その年の秋季に、フランスのボージョレで収穫されたブドウ(ガメイ種)で造られる赤ワインの新酒。醸造期間が数か月と短く、解禁日の11月第3木曜日を世界各地で愛好家が待ちわびる。
ポーション〖portion〗❶部分。また、割り当て。分け前。❷料理の一人前。一盛り。
ポーション〖potion〗薬の一回に飲む量。一服。
ほお-じろ【頰白｜黄＝道＝眉｜画＝眉＝鳥】スズメ目ホオジロ科の鳥。全長16センチくらい。全体に褐色で、腹部は赤みが強い。顔は黒く、目の上と下に白い線がある。東アジアに分布。日本では留鳥または漂鳥として低木林や川原にすむ。鳴き声は「一筆啓上つかまつりそろ」と聞きなされる。同科にはミヤマホオジロ・ホオアカ・カシラダカなども含まれる。《季 春》「―やそら解けしたる桑の枝/鬼城」
ほおじろ-がも【頰白×鴨】カモ科の鳥。全長47センチくらい。雄は頭部が緑黒色でほおに大きな白斑があり、背面は黒く腹面は白。雌は全体に褐色。日本では冬鳥として海岸などでみられる。
ほおじろ-ざめ【頰白×鮫】ネズミザメ科の海水魚。全長約8メートル。背面は青灰色で、下面と目の

後ろが白く、尾びれが三日月形をし、歯は鋭い。世界の温帯海の沿岸寄りの表層に分布。性質は凶暴で、舟などを襲うことがあり、人食いザメとよばれる。マンイーター。

ホース〖オランダ hoos〗ゴム・ビニールなどで作った、液体や気体などを送るための管。蛇管。

ホース〖horse〗馬。「ダークー」

ボース〖Satyendra Nath Bose〗[1894～1974]インドの物理学者。光量子に関する量子統計の方法を導出し、1924年アインシュタインに論文を送付。アインシュタインがこれを光子から気体分子に拡張して展開する端緒となった。

ボース〖Subhāsh Chandra Bose〗[1897～1945]インドの民族主義者。国民会議派の指導者の一人。第二次大戦開始とともに、ドイツ・日本などとの協力による反英・独立闘争を企図し、インド国民軍を組織して日本軍に協力したが失敗。飛行機事故で死亡。チャンドラ＝ボース。

ポーズ〖pause〗❶中止。休止。間^{ま}。❷休止符。❸録音・録画テープの回転を一時停止させること。

ポーズ〖pose〗❶姿勢。特に、絵画・彫刻のモデルなどのとる姿勢。また、彫像・画像に表現された姿勢。「要求された一をとる」❷気どった態度。また、見せかけの態度。「強気にみえるが、一にすぎない」
(類語)(❶)姿勢・体勢・構え・体位・居ずまい/(❷)格好・振り・身振り・所作・しぐさ・素振り・思わせ振り・風・様子・体・演技・ジェスチャー・アクション

ホース-アウト〖force-out〗►フォースアウト

ホース-オペラ〖horse opera〗西部劇。

ホース-ガーズ〖Horse Guards〗英国の首都ロンドン、ウエストミンスターのバンケティングハウスの前にある、18世紀に建造されたバロック様式の建物。建築家・造園家ウイリアム＝ケントの設計による。現在は近衛騎兵隊の本部が置かれている。

ほお-ずき【酸＝漿｜鬼＝灯】〘名〙❶ナス科の多年草。高さ60～90センチ。地下茎を伸ばして増える。葉は卵形で縁に粗いぎざぎざがある。6、7月ごろ淡黄白色の花が咲く。その後、萼^{がく}が大きくなって果実を包み、初秋、果実が熟して萼とともに赤く色づく。地下茎を漢方で鎮咳^{ちんがい}薬などにする。かがち。ぬかずき。(季 秋｜花＝夏)「一の相触れてこそ蝕ばめり/地蔵尊」❷子供が口に入れて舌で押し鳴らすもの。ホオズキの実から中の種子をもみ出してこしらえる。またテングニシなどの貝の卵嚢^{らんのう}を用いて作り、海ほおずきとよぶ。

ほおずき-いち【酸＝漿市】〘名〙四万六千日の縁日にあたる7月10日とその前日に東京の浅草寺^{せんそうじ}境内に立つ、ほおずきを売る市。(季 夏)

ほおずき-がい【酸＝漿貝】〘名〙腕足綱のうち、シャミセンガイ類を除く触手動物の総称。すべて海産。大きさは3～5センチ。外見は二枚貝に似るが、石灰質の殻は背腹にあり、膨らんだ卵形または長卵形で、殻の外に短い肉柄を出して岩などに固着する。化石としては古世代から知られる。

ほおずき-ぢょうちん【酸＝漿×提×灯】〘名〙赤い紙をはった小さな丸い提灯。商店の飾りなどに用いる。

ホースシューズ〖horseshoes〗馬の蹄鉄^{ていてつ}を地面に立てた杭^{くい}に向かって投げ、より近づけることを競うゲーム。

ホースパワー〖horsepower〗馬力。仕事率の単位。HP。

ボーズマン〖Bozeman〗米国モンタナ州南部の町。ロッキー山脈に囲まれ、イエローストーン国立公園やグレーシャー国立公園の玄関口として知られる。同州で発掘された恐竜化石を収蔵するロッキーズ博物館がある。

ホースラディッシュ〖horseradish〗ワサビダイコン。

ほお-ずり【頬擦り｜頬×摺り】〘名〙〔名〕スル 自分のほおを相手のほおにすりつけること。愛情を示すときのしぐさ。「赤ちゃんに一する」

ボース-りゅうし【ボース粒子】〘名〙素粒子のうち、スピンが零か正の整数である粒子。S＝N＝ボースが導出した量子統計に従う。物質を構成する粒子を相互媒介する。光子・π中間子、偶数個の核子からなる原子核など。ボソン。➡フェルミ粒子

ボースン〖boatswain〗❶船の甲板長。水夫長。❷親方。

ポーセリン〖porcelain〗《「ポースレン」「ポーセレン」とも》❶磁器。磁器製品。❷磁器製の入れ歯。

ポーゼン〖Posen〗ポズナニのドイツ語名。

ホーソン〖Nathaniel Hawthorne〗[1804～1864]米国の小説家。清教徒的立場から、罪悪と良心の問題を象徴的に描いた。作「緋文字」「七破風の屋敷」など。

ホーソン-こうか【ホーソン効果】〘名〙《Hawthorne effect》人は一般に注目されることを好み、特別な扱いを受けると、さらに効果を上げようとする傾向があること。(補説)ホーソンは米国イリノイ州シカゴ郊外にある工場の名。ここで行われた照明の明るさと生産性の関係とを調べる実験で観察された結果から導かれたもの。

ボーダー〖border〗❶へり。縁。端。❷国境。また、境界。「一ライン」❸布などのへりに施された装飾や模様。➡ボーダー柄

ポーター〖porter〗❶鉄道駅・空港・ホテルなどで客の荷物を運ぶ仕事をする人。❷登山で、荷を運ぶ仕事を専門にする人。(類語)赤帽・強力^{ごうりき}

ポーター-かせつ【ポーター仮説】環境規制と企業の国際競争力の関係に関する理論。米国の経営学者マイケル＝ポーターが1991年に発表。適切な環境規制が企業の効率化や技術革新を促し、規制を実施していない地域の企業よりも競争力の面で上回る可能性があることを指摘。環境規制が企業の負担になるとする従来の通説とは異なる見方を示した。

ボーダー-がら【ボーダー柄】服飾で、横縞柄のこと。ボーダー(ふち取りの模様)を繰り返してできる柄であることから。ボーダープリント。

ボーダーズ〖Borders〗►スコティッシュボーダーズ

ポーターハウス-ステーキ〖porterhouse steak〗サーロインを大きく切った最上のビーフステーキ。ポーターハウス。➡サーロイン

ボーダー-プリント〖border print〗►ボーダー柄

ボーダー-ライト〖border light〗舞台の上部に数列にわたってつるし、舞台全体に均一な照明を行う照明器具。

ボーダー-ライン〖border line〗境界線。物事の境のあたり。「合否の一にある」(類語)境・境界^{きょうかい}・境界線・境目^{さかいめ}・際^{きわ}・分かれ目・分界・臨界・閾^{いき}・地域

ボーダーライン-じんかくしょうがい【ボーダーライン人格障害】〘名〙《borderline personality disorder》►境界性パーソナリティー障害

ボーダーレス〖borderless〗境界がない、国境がない、などの意。「経済活動の一化が進む」

ボー-タイ〖bow tie〗►ボウタイ

ポータビリティ〖portability〗❶携帯できること。持ち運びができること。❷►移植性

ポータブル〖portable〗〔名・形動〕持ち運びのできる大きさ・重さであること。また、そのものや、そのさま。「一な仕様」「一テレビ」

ポータブル-オーディオプレーヤー〖portable audio player〗携帯型の音楽再生機器。「ウォークマン」などのヘッドホンステレオや、「iPod」などのデジタルオーディオプレーヤーなど。

ポータブル-コンピューター〖portable computer〗持ち運びのできる小型コンピューター。

ポータブル-トイレ〖portable toilet〗持ち運び可能な便所。

ポータブルナビゲーション-デバイス〖portable navigation device〗►ピー-エヌ-ディー(PND)

ポータル〖portal〗►ポータルサイト

ポータル-サイト〖portal site〗インターネットの入り口または玄関口に相当する、商用のウェブサイトのこと。サーチエンジンやリンク集、ニュース配信などのサービスを提供する。インターネットのブラウザーを起動した時、最初に閲覧されることを目的とし、広告や電子商取引から収入を得ている。インターネットポータルサイト。ポータル。ウェブポータル。

ホータン〖Khotan〗中国、新疆^{しんきょう}ウイグル自治区のオアシス都市。タクラマカン砂漠の南にある。漢代は于闐^{うてん}とよばれ、東西貿易で栄えた。コータン。(補説)「和闐」「和田」とも書く。

ボーダン〖Jean Bodin〗[1530～1596]フランスの政治学者・思想家。主権を国家の絶対的・永続的権力と考察。宗教戦争の渦中にあって、王権による政治的統一と平和の回復を唱えた。著「国家論」など。

ポーチ〖porch〗洋風建築で、玄関の外側に張り出した屋根つきの吹き抜き部分。車寄せ。(類語)玄関・門口・戸口・表口・門戸^{もんこ}・車寄せ・エントランス

ポーチ〖pouch〗化粧品や小物を入れる小さな袋。

ポーチド-エッグ〖poached egg〗熱湯の中に生卵を割り入れてゆでたもの。落とし卵。

ホー-チミン〖Ho Chi-Minh〗㊀[1890～1969]ベトナムの政治家。植民地解放の志を抱いてグエン＝アイコク(阮愛国)の名でフランスに滞在中、社会主義運動に参加。1920年フランス共産党の創設に参加後はソ連・中国で活動。1930年、インドシナ共産党を結成。1941年、ベトナム独立同盟(ベトミン)を組織し、第二次大戦中は抗日解放戦を指導。1945年にベトナム民主共和国の建国を宣言。初代大統領となり、インドシナ戦争・ベトナム戦争を戦い抜き、独自の社会主義建設を指導した。(補説)「胡志明」とも書く。㊁ベトナム南部の特別市。サイゴン川下流にある。メコン川デルタの米の集散地。旧称サイゴン。1975年まで南ベトナムの首都であったが、南北統一後にホー＝チミン初代大統領を記念して改称。人口、行政区593万、都市圏712万(2009)。

ポーチュラカ〖ラテン Portulaca〗スベリヒユ科スベリヒユ属の多年草。中南米原産。高さ約10センチで、クッション状になる。花は5弁で、赤・橙^{だいだい}・黄・桃・白色など多彩。

ほお-づえ【頬×杖】〘名〙❶肘^{ひじ}を突いて手のひらでほおを支えること。つらづえ。「一を突く」❷「方杖^{ほうづえ}」に同じ。

ボーツェン〖Bozen〗ボルツァーノのドイツ語名。

ポーツマス〖Portsmouth〗㊀英国イングランド南部の港湾都市。イギリス海峡に面し、英国海軍の根拠地。㊁米国ニューハンプシャー州南東部の港湾都市。大西洋に面し、商港・軍港として発展。1905年に日露戦争の講和条約が結ばれた地。

ポーツマス-じょうやく【ポーツマス条約】〘名〙明治38年(1905)日本とロシアとがアメリカのポーツマスで結んだ日露戦争の講和条約。日本は小村寿太郎、ロシアはウィッテを首席全権とし、韓国における日本の優越権の承認、関東州の租借権および長春・旅順間の鉄道の日本への譲渡、南樺太の日本への割譲などを決めた。

ボーデ〖Bodø〗ノルウェー北部海岸、サルトフィヨルドの湾口に位置する港湾都市。北極圏内にあるため、6月上旬から7月上旬まで白夜になる。高緯度のわりに冬季は温暖。タラ漁業の基地として知られる。第二次大戦の激戦地。

ボーデ〖Johann Elert Bode〗[1747～1826]ドイツの天文学者。ベルリン天文台に勤め、天文年表や星表を刊行した。「ボーデの法則」を紹介。

ボーディング-カード〖boarding card〗空港などで航空券の集札と引き替えに交付される搭乗券。航空会社名・便名・日付・等級・座席番号・行き先・旅客氏名などが記入される。搭乗口で確認される。

ボーディング-チケット〖boarding ticket〗旅客機の搭乗券。

ボーディングハウス〖boardinghouse〗長期滞在用の宿泊所。賄いつきの下宿屋。

ボーディング-ブリッジ《和 boarding＋bridge》空港で、直接乗客を機内に誘導するための可動式搭乗通路。搭乗橋。

ポーテージ-けいこく【ポーテージ渓谷】《Portage

Valley》米国アラスカ州南部、キーナイ半島の付け根、ターナゲン入江の最奥部にある渓谷。氷河の浸食作用でできたU字谷。

ボーデ-の-ほうそく【ボーデの法則】ゴウソク 太陽から惑星までの平均距離に関する経験的法則。太陽から水星までの距離を4とすると、その外側にある惑星までの距離は、順に、3の1倍・2倍・4倍・8倍・16倍などに4を加えた数字になるというもの。天王星までは近似的に成り立つ。ドイツの科学者ティティウス(J.D.Titius)が発見し、ボーデが世に広めた。ティティウス-ボーデの法則。

ホーデン〘ドイツ Hoden〙睾丸こうがん。

ボーデン-こ【ボーデン湖】《Bodensee》ドイツ・スイス・オーストリア国境にある湖。標高395メートルにあり、面積539平方キロメートル、水深276メートル。ライン川の上流部に位置する。コンスタンス湖。

ボート〘boat〙❶オールでこいで進む洋式の小舟。端艇たんてい。(季 夏) ❷船。汽船。「モーター—」「フェリー—」

ボード〘board〙❶板。「スケート—」❷建築材料とする加工した板。「耐火—」❸会議用の卓。また、テーブルを囲んでの会議。委員会。評議会。「スリーピングー」

ポート〘port〙❶港。波止場。「ヘリー」❷船の左舷さげん。また、取り舵かじ。⇔スターボート。❸コンピューターと周辺装置を接続するためのコネクターや端子。接続する機器に応じて「プリンターポート」、「モデムポート」、「ゲームポート」などと呼ばれる。(類語)(❶)港湾・船着き場・船泊まり・桟橋さんばし・埠頭ふとう・岸壁がんぺき・築港・海港・河港かこう・津つ・商港・漁港・軍港・ハーバー

ポート-アイランド《Port Island》神戸市中央区港島みなとじまの地区。面積436ヘクタールの人工島。昭和56年(1981)完成。高層住宅、コンテナ埠頭などがあり、新交通システムが導入された。

ポート-アントニオ〘Port Antonio〙西インド諸島、ジャマイカ北東部の町。観光客に人気がある美しい海岸があり、多くの映画で撮影地として使われた。

ボードイン〘Anthonius Bauduin〙[1822～1885]オランダの陸軍軍医。文久2年(1862)長崎養生所教官として来日。江戸に医学校創設の準備のため帰国後再来日し、明治2年(1869)大阪病院に勤務、大学東校でも教え、同3年帰国した。

ボードウオーク〘boardwalk〙板張りの遊歩道。多く、海岸・河岸沿いに設けられる。

ポート-オ-バスク〘Port-aux Basques〙カナダ東端、ニューファンドランド-ラブラドル州、ニューファンドランド島南西部の町。本土のノバスコシア州ノースシドニーを結ぶフェリーの発着港がある。

ポート-オブ-スペイン〘Port-of-Spain〙トリニダード-トバゴ共和国の首都。トリニダード島北西岸にある港湾都市。ラム酒製造が盛ん。

ボート-オリエンテーリング〘boat orienteering〙ボートやカヌーを使って行うオリエンテーリング。湖などの2キロから4キロのコースに設けた数か所のポストを、ボートをこぎながら回る。こぎ手とナビゲーターの二人一組で、ルールは陸上のものと同じ。

ボード-ゲーム〘board game〙チェス・オセロ・モノポリーなど、盤上で駒こまを動かして行うゲーム。

ボード-コンピューター〘board computer〙1枚の基板上に、CPU(中央処理装置)・メモリー・入出力ポートなどを搭載した小型のコンピューター。

ポート-サイド〘Port Said〙エジプト北東部、スエズ運河の地中海側にある港湾都市。米・綿花・塩の積み出し港。1859年に運河とともに建設された。

ポート-スキャン〘port scan〙コンピューターネットワークにおけるウェブサーバーの接続窓口にあたるポートにアクセスして、外部から利用可能かどうかを調べること。ネットワークセキュリティ上の脆弱性の調査に使われる。

ボードセーリング〘boardsailing〙▶ウインドサーフィン

ボートディール-ほうしき【ボートディール方式】ホウシキ《ボートディールは、bought deal》欧米市場で活発に行われている債券引き受け方式。主幹事証券会社と発行希望者の二者だけで発行条件を決める。事前買い受け方式。

ボート-デッキ〘boat deck〙船舶で、救命ボートなどを搭載する最上層の甲板。端艇甲板。

ボードニク-ひろば【ボードニク広場】《Vodnikov trg》スロベニアの首都リュブリャーナにある広場。リュブリャニツァ川の南側、竜の橋とリュブリャーナ大聖堂の間に位置する。18世紀後半から19世紀にかけて活躍した同国の詩人バレンティ=ボードニクの名にちなみ、広場中央に彼の立像がある。元は修道院や図書館などがあったが、19世紀末の地震で倒壊し、現在は青空市場に利用される。ボードニコフ広場。

ボードニコフ-ひろば【ボードニコフ広場】《Vodnikov trg》▶ボードニク広場

ボート-ネック〘boat neck〙セーターの襟ぐりのデザインの一種。舟の底の形のようになっているもの。

ポート-ハーディ〘Port Hardy〙カナダ、ブリティッシュコロンビア州、バンクーバー島北部の町。本土のプリンスルパートを結ぶ航路の発着港がある。同島北部のパルプ・製紙業の拠点となっている。

ポート-ばんごう【ポート番号】バンゴウ《port number》TCP/IPネットワークにおいて、IPアドレスの下位に設けられたサブアドレスと呼ばれる識別番号のこと。

ボート-ピープル〘boat people〙亡命・出稼ぎなどのため、小型船で国外に脱出する人々。特に、1975年のベトナム戦争終結以降、インドシナ諸国からの難民のこと。

ボードビリアン〘vaudevillian〙ボードビルを演じる芸人。軽演劇俳優。(類語)コメディアン

ボードビル〘フランス vaudeville〙歌と対話を交互に入れた通俗的な喜劇・舞踊・曲芸など。また、それらを取りまぜて演じる寄席の芸。

ポートフォリオ〘portfolio〙❶紙挟み。折りかばん。❷金融機関・機関投資家などが所有する各種の金融資産の一覧表。資産構成。❸安全性や収益性を考えた、有利な分散投資の組み合わせ。資産構成。ポートフォリオセレクション。➡ポートフォリオインシュアランス ❹作品集。画集。

ポートフォリオ-インシュアランス〘portfolio insurance〙株式などに投資する場合、コンピューターが最適のポートフォリオ(目録)を作成し、それに沿った運用を図るもの。株価が下がったときは、株式の組み込みを下げるので、下げが下げを呼び、暴落の原因になることも指摘されている。PI。

ポートフォリオ-セレクション〘portfolio selection〙「ポートフォリオ」❸に同じ。

ポート-ボール 球技の一。バスケットボールに似るが、1チーム7人で対戦し、エンドラインに置かれた台に立つゴールマンが味方のシュートをキャッチすることで得点となる。

ポートマギー〘Portmagee〙アイルランド南西部、ケリー州の港町。アイベラ半島を一周する観光ルート、ケリー周遊路の町の一。世界遺産(文化遺産)に登録された島スケリッグマイケル、および対岸のバレンティア島への玄関口として知られる。

ボートマッチ〘votematch〙《voteは投票、matchは調和する、の意》有権者が、自分と各政党の考え方がどれだけ一致しているかを測定することのできるサービス。インターネット上でアンケートに回答すると、自分の考え方に近い政党を知ることができる。

ボートマン〘boatman〙ボートの漕ぎ手。

ポートマントー〘portmanteau〙両開きタイプの大型旅行かばん。

ボード-メンバー〘board member〙取締役会の役員。

ポート-モレスビー〘Port Moresby〙パプアニューギニアの首都。ニューギニア島の南東岸にある港湾都市。商業が盛ん。人口、行政区25万(2000)。

ポート-ライナー《和 port＋liner》神戸新交通株式会社が昭和56年(1981)に、神戸港内の埋立地(ポートアイランド)と三宮駅を結ぶ輸送手段として開業した新交通システム。運転制御にコンピューターを導入した、完全自動化の近距離案内軌道輸送方式。

ポートラッシュ〘Portrush〙英国、北アイルランド北部、アントリム州の町。海岸保養地。世界遺産(自然遺産)に登録されたジャイアンツコーズウエーをはじめ、ダンルース城、ブッシュミルズ、キャリックアリードなどの観光地への拠点として知られる。

ポート-ラップ〘port lap〙ぶどう酒に砂糖を入れ熱い湯を注いだ飲み物。

ポートランド〘Portland〙米国オレゴン州北西部の河港都市。製材・製紙や造船業が行われる。バラ作りが盛んで、バラ祭りが開催される。人口、行政区56万(2008)。

ポートリー〘Portree〙英国スコットランド北西岸、インナーヘブリディーズ諸島の島、スカイ島の港町。同島の中心地であり、観光拠点としても知られる。スコットランドの土木技師トーマス=テルフォードが手がけた埠頭をもつ港や、島の歴史や文化を紹介する博物館がある。

ポート-リプリケーター〘port replicator〙ノートパソコンの機能を拡張するために、背面や底面に接続して利用する機器。周辺機器と接続するためのコネクターや端子などを備えている。ドライブや拡張スロットを備えた大型の機器はドッキングステーションと呼ばれる。

ボードリヤール〘Jean Baudrillard〙[1929～2007]フランスの社会学者。構造主義・記号論の影響下で記号としての「物」を考察し、現代消費社会を分析した。著「消費社会の神話と構造」「象徴交換と死」など。

ボートレース〘boatrace〙ボートを漕いで速度を争う競技。オリンピックではシングルスカルからエイトまでの8種目があり、ほかに日本だけのナックルフォアがある。レガッタ。(季 春)

ポートレート〘portrait〙❶肖像。肖像画。肖像写真。❷文章による人物描写。

ポートレート-モード〘portrait mode〙《portraitは肖像画の意》DTPや印刷業界などにおける、印刷用紙の向きの呼び方。長方形の用紙の短い辺を水平に、長い辺を垂直に配置する置き方をいう。縦置き。➡ランドスケープモード

ボードレール〘Charles-Pierre Baudelaire〙[1821～1867]フランスの詩人。象徴派の先駆者。詩集「悪の華」で近代人の孤独・苦悩をうたい、近代詩に革新をもたらした。ほかに散文詩「パリの憂鬱」、美術評論「ロマン派芸術」など。

ポート-ワイン〘port wine〙暗紫色を帯びた甘口のぶどう酒。本来は、発酵途中でブランデーを加え独特の甘みを残したポルトガル産のぶどう酒をいい、ポルト(英語読みでポート)港から輸出された。

ボートン-オン-ザ-ウオーター〘Bourton-on-the-Water〙英国イングランド南西部、グロスターシャー州の町。町の中心部をウインドラッシュ川が流れる。コッツウォルズ地方の代表的な観光地の一。古い家並みを9分の1の縮尺で再現したモデルビレッジや自動車博物館がある。

ボーナス〘bonus〙❶賞与。特別手当。期末手当。(季 冬) ❷株式の特別配当金。(類語)賞与・一時金

ホーニング〘horning〙機械工作で、油砥石を取り付けたホーンとよぶ工具を運動させ、円筒内面などを精密に研いで仕上げる方法。

ボーヌ〘Beaune〙フランス中東部、コート-ドール県の都市。同県の副県都。ブルゴーニュワインの中心地。1443年に建てられたオテルディユ(施療院)で、毎年11月に行われるワインのオークションが世界的に知られる。

ボーノ〘イタリア buono〙〘感〙おいしい。すばらしい。(補説)イタリア語の形容詞。日本語では単独で感動詞として用いることが多い。

ほお-の-き【▽朴の木｜厚=朴】ホホ ノキ モクレン科の落葉高木。日本特産。山林中に自生し、高さ約20メート

ル。葉は大形の倒卵形で、枝先に集まってつく。5、6月ごろ、黄白色の大形の花を開き、強い芳香を放つ。花びらはさじ状で6〜9枚ある。材は軟らかく、家具や下駄に利用。葉は食べ物を包むのに用いられた。ほお。ほおがしわ。

ほお-ば【▽朴歯】ほほ ホオノキの材で厚くつくった下駄の歯。また、その歯をつけた下駄。

ホーバークラフト〘hovercraft〙▶ホバークラフト

ほお-ば・る【頰張る】ほほ〘動ラ五(四)〙ほおがふくらむほど口にいっぱい食べものを入れる。また、そのようにして食べる。「まんじゅうを―・る」(類語)食べる

ポーピエット〘フランス paupiette〙肉の薄切りあるいは魚の薄い切り身で、野菜やひき肉などの具を巻いたもの。蒸したり揚げたりして仕上げる。

ほお-ひげ【頰×髯｜頰×髭】ほほ ほおのひげ。

ボーヒニ〘Bohinj〙《「ボーヒン」とも》スロベニア北西部、ゴレンスカ地方の町。ユリスケアルプスの谷間に位置し、風光明媚な観光地として知られるボーヒニ湖がある。1981年にトリグラフ国立公園に指定された。

ボーヒニ-こ【ボーヒニ湖】《Bohinjsko jezero》スロベニア北西部、ゴレンスカ地方の町ボーヒニにある氷河湖。ユリスケアルプスの谷間に位置し、風光明媚な観光地として知られる。一帯は1981年にトリグラフ国立公園に指定された。ボーヒン湖。

ホープ〘hope〙❶希望。期待。❷将来に望みをかけられている人。有望な新人。「新劇界の―」(類語)希望・望み・期待・光明（こうみょう）・曙光（しょこう）・光

ホープ〘HOPE〙《H-Ⅱ Orbiting Plane》宇宙開発事業団(現宇宙航空研究開発機構)が研究・開発を進めていた宇宙往還輸送機。H-Ⅱロケットにとりつけ、平成16年(2004)に飛行を目指していたが、宇宙往還輸送計画の見直しにより中断された。➡H-Ⅱロケット

ホープ〘Hope〙米国アラスカ州南部、キーナイ半島の付け根にある町。クック入江を挟んでアンカレジの対岸に位置する。釣りをはじめとするアウトドアレジャーが盛ん。

ポープ〘Alexander Pope〙[1688〜1744]英国の詩人。古典主義文学の代表者。ホメロスの翻訳でも知られる。作「愚者列伝」「人間論」など。

ポープ〘pope〙ローマ教皇。

ボーフォール-じょう【ボーフォール城】ジャウ《Château de Beaufort》ルクセンブルク大公国の北東部の町、ボーフォールにある城。13世紀初頭に建造。14世紀に大幅に改築され、大きな円塔がある現在の姿になった。

ホーフ-きょうかい【ホーフ教会】ケウクワイ《Hofkirche》スイス中部、ルツェルン州の州都、ルツェルンの旧市街にある教会。8世紀にベネディクト修道会修道院として建立。火災で焼失した後、1645年に再建された。同国屈指のルネサンス様式の建造物として知られる。

ほお-ぶくろ【頰袋｜頰×嚢】ほほ ニホンザル・ヒヒやリスなどのほおの内側にある、食物を一時ためておく袋状の部分。

ホーブゴーデン〘Hovgården〙スウェーデン、ストックホルム郊外のメーラレン湖内、アデルスユー島にあるバイキング時代の遺跡。9世紀から10世紀にかけて栄えたものとみられ、19世紀以降、王宮や王族の墳墓などが発掘されている。1993年、同時代の遺跡が発見されたビルカとともに「ビルカとホーブゴーデン」として世界遺産(文化遺産)に登録された。

ボーブナルグ〘Luc de Clapiers Vauvenargues〙[1715〜1747]フランスのモラリスト。生涯不遇であったが、独自の楽天主義の立場に立ち、人間の高貴な情熱と行動力を強調した。著「省察と箴言」など。

ホーフブルク-きゅうでん【ホーフブルク宮殿】《Hofburg》オーストリアの首都、ウィーンの旧市街中心部にある宮殿。1918年まで、約600年に渡るハプスブルク家歴代の神聖ローマ皇帝およびオーストリア皇帝の居城。現在は博物館、美術館、国立図書館、オーストリア連邦大統領公邸などがある。

ボーフム〘Bochum〙ドイツ西部、ノルトライン-ウェストファーレン州、ルール工業地帯を代表する工業都市。産業革命期に炭鉱の町として発展したが、1970年代に大部分の炭鉱が閉鎖。その後、自動車工業や金融業の誘致、大学の新設による再興が図られた。かつての炭鉱内部を体験できる鉱山博物館がある。

ボーベ〘Beauvais〙フランス北部、ピカルディー地方、オアーズ県の都市。同県の県都。テラン川沿いに位置し、交通の要衝として諸工業が発展。13世紀に着工されたゴシック様式のサンピエール大聖堂は完成すれば同国最大級といわれる。17世紀以来、ボーベ織と称される伝統手織が盛んで、国立ボーベ織工房がある。

ポー-へいげん【ポー平原】▶パダノベネタ平原

ほお-べた【頰▽辺】ほほ ほおのあたり。ほっぺた。

ほお-べに【頰紅】ほほ ほおにつけるべに。チーク。チークカラー。

ホーベル〘ドイツ Hobel〙採炭機械の一。移動しながら金属製の刃が炭層を切削し、石炭を運搬機の上に落とすようにしたもの。

ポーポイズ〘porpoise〙《ネズミイルカの意》航空機が着陸するとき、あるいは自動車・船舶が高速で走行・航行するときに、上下動を繰り返して制御不能になる状態。ネズミイルカが海面をジャンプしながら泳ぐようすに似ていることから名付けられた。

ホーボー〘hobo〙浮浪者。ルンペン。

ポーポー〘pawpaw〙バンレイシ科の落葉小高木。葉は長卵形。春、葉より先に紫褐色の花を開く。秋に、アケビのように円筒形の果実が2、3個ずつつき黄色に熟するが、裂けることはない。果肉に甘みと香りがある。北アメリカの原産。あけびがき。

ほお-ぼね【頰骨】ほほ ほおの上部に少し高く出ている骨。ほおげた。顴骨（かんこつ）。「―が張った顔」

ホーホフート〘Rolf Hochhuth〙[1931〜]ドイツの劇作家。ナチスの戦争犯罪を黙認したローマ教皇の責任を追及した演劇作品「神の代理人」で知られる。他に「兵士たち」「ゲリラ」「助産婦」など。

ボーボリ-ていえん【ボーボリ庭園】テイヱン《Giardino di Boboli》イタリア中部、トスカーナ州の都市フィレンツェにある庭園。アルノ川南岸に位置し、ピッティ宮殿に隣接する。16世紀半ば、メディチ家のコジモ1世により、妻エレオノーラのために買い取ったピッティ宮殿の隣に築造。典型的なイタリア式庭園として知られ、噴水、野外劇場、人工洞窟などがある。1982年、「フィレンツェ歴史地区」の一部として世界遺産(文化遺産)に登録された。

ボーボワール〘Simone de Beauvoir〙[1908〜1986]フランスの女流小説家・批評家。実存主義者で、サルトルの伴侶。小説「招かれた女」「他人の血」、評論「第二の性」、自伝「娘時代」など。

ホーマー〘homer〙「ホームラン」に同じ。

ホーマー〘Homer〙㊀ホメロスの英語名。㊁米国アラスカ州南西端、カチェマック湾に面する港町。キングサーモンやハリバット(オヒョウ)をはじめとする海釣りの拠点として知られる。

ホーマー-ビーコン〘homer beacon〙無指向性無線標識。この標識から発信された電波を受信することにより電波の到来方向が分かり、その発信源に到達・帰還できるところから名付けられた。二つの標識から発信された電波の到来方向から、現在位置を知ることもできる。

ボーマリス〘Beaumaris〙▶ビューマリス

ボーマリス-じょう【ボーマリス城】ジャウ《Beaumaris Castle》▶ビューマリス城

ボーマルシェ〘Pierre Augustin Caron de Beaumarchais〙[1732〜1799]フランスの劇作家。才気とユーモアと風刺に富む喜劇「セビリアの理髪師」「フィガロの結婚」で知られる。

ホーマン-きどう【ホーマン軌道】キダウ 同一面にある軌道半径が異なる二つの円軌道の間で、一方からもう一方に変更するための軌道。外側の軌道に内接し、内側の軌道に外接する楕円軌道であり、近地点(または近日点)と遠地点(または遠日点)の2か所で推力を与えることで変更できる。両軌道間を最も少ないエネルギーで移行する軌道として知られる。人工衛星を静止軌道にのせる際などに用いられるが、一般的に軌道面の変更を伴うため、厳密には同一面内で行われるホーマン軌道とは異なる。ホーマン遷移軌道。ホーマントランスファー軌道。

ホーマン-せんいきどう【ホーマン遷移軌道】センイキダウ ▶ホーマン軌道

ホーマン-てんいきどう【ホーマン転移軌道】テンイキダウ ▶ホーマン軌道

ホーマン-トランスファーきどう【ホーマントランスファー軌道】キダウ ▶ホーマン軌道

ボーマン-のう【ボーマン×嚢】ナウ 糸球体嚢（しきゅうたいのう）の異称。英国の眼科医で解剖・生理学者のボーマン(W.Bowman)が最初に記載したのでいう。

ホー-ミー〘モンゴル Khöömii〙歌い手が一人で2種類の声(普通の声と高い声)を同時に出す、モンゴル民謡特有の倍音唱法。口琴が併用される例も多い。➡喉歌（のどうた）

ホーミング〘homing〙❶帰巣性（きそうせい）。❷ミサイルの誘導方式の一。目標の発する熱線や電波などを探知して追尾する方式。自動追尾。

ホーム〘home〙❶家庭。家。「―バー」「マイ―」❷故郷。本国。また、本拠地。➡アウェー ❸人々を収容する施設。収容所・療養所など。「老人―」❹「ホームベース」の略。(類語)家庭・家（いえ）・うち・マイホーム・所帯・世帯・一家・家内・我が家・スイートホーム・ファミリー・家族・お宅・おうち・お家（いえ）・貴家（きか）

ホーム「プラットホーム」の略。「上りの―」

ホーム-アンテナ〘home antenna〙電波が届きにくい室内などで、携帯電話やPHSをつながりやすくするよう、電波強度を増幅させる装置。または、室内でテレビやラジオの放送を受信するためのアンテナを指す。

ホーム-アンド-アウェー〘home-and-away〙サッカー・野球などで、対戦するチームがそれぞれの本拠地で試合を行う形式。

ホーム-イン〔名〕スル《和 home＋in》野球で、走者が本塁に達し得点を挙げること。

ホーム-ウエア〘home wear〙家庭着のこと。また、家庭で着用するようなくつろいだカジュアルウエアをさす。

ホーム-ウエディング《和 home＋wedding》自宅で行う結婚式。

ホームエクイティー-ローン〘home equity loan〙米国で、土地の評価額をできるだけ実勢価格に近づけて、固定資産税と都市計画税の税率を引き上げ、その見返りとして、住民税・相続税などの税率を引き下げ、同時に税の支払いを助けるために、不動産を担保にして低利のローンが容易に借りられるようにした制度。

ホーム-エクスチェンジ〘home exchange〙バカンスの過ごし方として、他国の人との間で、一定の期間、互いに自宅を交換し合うこと。

ホーム-エコノミクス〘home economics〙家政学。また、家政科。

ホーム-エデュケーション〘home education〙▶ホームスクール

ホーム-エレベーター《和 home＋elevator》個人住宅用に設置される家族専用の垂直式昇降機。定員3名、昇降行程10メートル以下の構造のもの。

ホーム-オートメーション〘home automation〙家庭内にエレクトロニクス機器を導入して、種々の仕事を人間の代わりにさせること。室温のコントロールや防犯、ホームバンキングなど応用範囲は広い。HA。

ホーム-オフィス〘home office〙▶ソーホー(SOHO)(補説)英語でhome officeは、本社・本店・本局などの意味もある。

ホーム-グラウンド〘home ground〙❶野球で、そ

のチームが本拠地としている球場。❷慣れ親しんでいて十分に活躍できる場所や分野。「ドイツを—に声楽家として活躍している」
ホーム-クラフト《和 home＋craft》家庭内でも生かせる専門技術。
ホームグロウン-テロ〖homegrown terror〗欧米で生まれ育ち、民主主義の価値観を身につけた者が、過激な思想に共鳴し、自国で起こすテロ行為。
ホーム-ケア〖home care〗癌ガンの末期患者などを自宅に戻し、医師や看護師が定期的に訪問して治療・看護を行う医療制度。自宅で家族と過ごすことの精神的充足と、医療費節減の意味がある。在宅看護。
ホーム-ゲーム〖home game〗プロ野球・サッカーなどで、自チームの本拠とする競技場で行う試合。⇔アウェーゲーム
ホーム-コース〖home course〗ゴルフで、自分の所属するコース。勝手をよく知っている慣れたコース。
ホーム-コメディー《和 home＋comedy》テレビドラマなどで、家庭での日常的な出来事を題材にした喜劇。
ホーム-サーバー〖home server〗大容量の記憶装置を備え、家庭内LANなどのネットワークの中核となるサーバー。音楽、動画、写真などのデータを保存し、パソコンのほか、テレビ、デジタルオーディオプレーヤー、携帯型ゲーム機器などのデジタル家電とデータを共有して利用できる。また、インターネットを通じて出先から各コンテンツを利用できるものもある。
ホーム-シアター〖home theater〗家庭でビデオやDVD機器などで映画を鑑賞すること。また、そのための設備。
ホームシック《homesicknessから》故郷や家庭を懐かしみ、異常に恋しがる気持ち。郷愁。懐郷病。(類語)郷愁・ノスタルジア
ホーム-ショッピング《和 home＋shopping》テレビ・インターネット・カタログなどを通じて商品情報を確認し、電話・FAX・パソコンなどを用いて、自宅にいながら商品を注文するシステム。
ホームズ〖Sherlock Holmes〗コナン＝ドイルの一連の推理小説の主人公である私立探偵の名。
ホームスクーリング〖homeschooling〗►ホームスクール
ホーム-スクール〖homeschool〗学校に通わず、家庭を拠点として教育を受ける就学形態。ホームスクーリング。ホームエデュケーション。在宅教育。自宅学習。
ホーム-スチール《和 home＋steal》野球で、本塁への盗塁。本盗。
ホームステイ〖homestay〗留学生などが、その国の一般家庭に寄宿し、生活体験をする制度。
ホームストレッチ〖homestretch〗陸上競技場や競馬場などで、決勝線がある側の直線走路。ルール用語ではホームストレート。⇔バックストレッチ。
ホームスパン〖homespun〗手紡ぎの太い紡毛糸を用い、手織りにした素朴で野趣のある毛織物。また、これに似せて機械工程によって作った織物。洋服地などに用いる。
ホーム-セキュリティー《和 home＋security》住宅の防犯・安全をはかるため、センサーがガス漏れ、火災、かぎのかけ忘れ、侵入などを関知し、警備会社など緊急連絡先へ自動的に通報するシステム。
ホーム-セクション〖home section〗新聞・雑誌などの家庭欄。
ホーム-センター〖home center〗日曜大工用品を販売する店。その他にも園芸用品・手工芸用品・自動車用品など生活用品を幅広く揃えた店が多い。HC。
ホーム-ソーイング《和 home＋sewing》家庭で裁縫をすること。手作りの洋服を縫うこと。
ホーム-ソング《和 home＋song》家庭でだれもが気軽に歌ったり聴いたりして楽しめる歌曲。
ホーム-ターミナル〖home terminal〗家庭用のコンピューター端末機。家庭にいながら、さまざまな情報サービスを受ける基地としての役割を果たす。
ホームタウン〖hometown〗❶住んでいる町。また、ふるさとの町。❷プロスポーツチームなどの本拠地。
ホームタウン-デシジョン〖hometown decision〗プロボクシングなどで、地元の選手に有利な判定をすること。
ホーム-チーム〖home team〗プロ野球・サッカーなどで、その試合を行う球技場を本拠地とするチーム。
ホーム-ディーリング〖home dealing〗証券会社のコンピューターと家庭用端末装置を、通信回線を介して接続し、投資家が家庭で投資情報を得、株式や債券などの売買を行うネットワークシステム。
ホーム-デリバリー《home delivery serviceから》自宅への配達。
ホーム-テレホン《和 home＋telephone》1回線で数個の電話機を取り付けることができ、内線相互の通話もできる住宅用電話。
ホーム-ドア《和 platform＋door から》駅のプラットホームと線路の間に設けた壁の一部が開閉する方式の扉。車両の扉と連動して開閉するもので、乗客のホームへの転落事故を防ぐ。可動式ホーム柵。スクリーンドア。
ホーム-ドクター《和 home＋doctor》家族のかかりつけの医者。家庭医。(補説)英語ではfamily doctorという。
ホーム-ドラマ《和 home＋drama》家庭内の出来事を題材にした劇。
ホーム-トレード《和 home＋trade》自宅から電話やパソコンを使って株式などの売買を行うこと。在宅取引。
ホーム-ドレス《和 home＋dress》家庭内で着る実用的な婦人の洋服。家庭着。ハウスドレス。
ホーム-バー《和 home＋bar》住宅の居間や食堂の一角に設けた自家用のバー。(補説)英語では、bar at home などという。
ホーム-バース〖home birth〗子供を自分の家で産むこと。
ホーム-パーティー《和 home＋party》自宅で開くパーティー。(補説)英語ではa party at home。
ホーム-バス〖Home Bus〗将来、家庭の情報化が進むことを予想して旧通産省が規格を定めた、家庭内の各種信号線や動力線を一括して効率よく分配集信するシステム。HB。
ホーム-バンキング〖home banking〗家庭に銀行と通信できるコンピューター端末を置き、客が残高照会・振り込み依頼をしたり、銀行が投資などのサービスを行ったりするシステム。
ホーム-ピーエヌエー〖HomePNA〗《Home Phoneline Networking Alliance》一般家庭内に敷設されている内線電話回線を利用した家庭内LANの標準規格。または同規格を策定した団体を指す。HP-NA。
ホーム-ビジット〖home visit〗❶福祉相談員などが行う家庭訪問。❷外国人に家庭を訪問させ、日常の家庭生活をそのまま見せたり、家族ぐるみで交歓したりする制度。(補説)❷は日本語での用法。
ホーム-ビデオ〖home video〗❶家庭で映画などをビデオで鑑賞すること。DVDなど他のメディアを使った場合も含まれる。また、そのためのビデオやDVD機器。❷家庭内で楽しむために家族などを撮影したビデオ。また、その記録のための機材。
ホーム-ファーニシング〖home furnishing〗寝室・浴室・台所・食堂など生活全般に関する家具や設備を一括して取り付けること。
ホーム-フリージング《和 home＋freezing》家庭用の冷凍庫で食品や料理を凍結させて保存すること。
ホーム-プレート〖home plate〗►ホームベース
ホーム-プロジェクト〖home project〗プロジェクト-メソッドによる家庭科教育法。学校で学習した知識を身につけるために、生徒が一定の計画のもとに家庭内の作業を行うこと。
ホーム-ベーカリー《和 home＋bakery》家庭でパンを焼くための電化製品。小麦粉や水・酵母などを入れると、生地のねり合わせから発酵、焼き上げまでを自動で行う。
ホームページ〖homepage〗ウェブサイトのトップ(最上位)のページ。またはウェブページ自体の総称。本来は、ブラウザーを利用して閲覧する最初のウェブページのこと。HP。
ホーム-ベース〖home base〗野球で、本塁。ホームプレート。
ホーム-ヘルパー《和 home＋helper》日常生活に支障がある高齢者・障害者(児)・難病患者などの家庭に派遣されて、家事や世話をする人。特に介護保険法における有資格者である訪問介護員をいう。
ホームヘルプ-サービス〖home help service〗►訪問介護
ホーム-ポジション〖home position〗本来の位置。プリンターの電源投入時のヘッド位置、タッチタイピングをしはじめる時の指の位置など。
ホームメード〖homemade〗自家製であること。また、そのもの。手づくり。「—のクッキー」
ホームメード-インフレ《homemade inflationから》需要超過の発生や賃金コストの上昇など、国内要因による物価上昇のこと。これに対し、海外で発生し、貿易を通じて波及したケースを輸入インフレとよんでいる。
ホーム-ユース《和 home＋use》(業務用ではなく)一般家庭用の、家庭で使う、の意。「—のコピー機」
ホーム-ライナー《和 home＋liner》ラッシュ時などに運行される、長距離通勤・通学者向けの列車。定員制のため、切符を購入すれば必ず着席することができる。
ホーム-ラン〖home run〗野球で、本塁打。ホーマー。(類語)ヒット・安打・本塁打
ホームラン-ダービー〖homerun derby〗野球で1シーズン中のホームラン数を競い合うこと。
ホームランド〖homeland〗《母国の意》►バンツースタン
ホームルーム〖homeroom〗教科担任制をとる中学校・高等学校で、生活指導のために設けられる生徒の基礎的な生活集団。また、そのための部屋や特設時間。1920年代に米国の中等学校に発達し、日本へは第二次大戦後導入された。HR。
ホームルーム-かつどう【ホームルーム活動】カツドウ 高等学校の特別活動の一。ホームルームを単位として、学校生活の充実と向上をめざし、生徒が当面する諸課題への対応や健全な生活態度の育成にあたる教育活動。小・中学校では学級活動という。
ホームレス〖homeless〗住む家をもたない人。公園や駅・地下道などに住みついている人。浮浪者。
ホーム-ロイヤー《和 home＋lawyer》個人や家庭の法律問題の相談相手となる弁護士。毎月一定の顧問料を支払う、かかりつけの弁護士。顧問弁護士。(補説)和製英語「ホームドクター」からの造語。英語では、family lawyer という。
ホーム-ロボット〖home robot〗家庭の雑用を処理するためのロボット。見本市などに展示される例はあるが、まだ実用化の段階にはない。
ホームワーク〖homework〗宿題。また、自宅でする仕事。
ボーメ-ど【ボーメ度】液体の比重の単位。ボーメ比重計の目盛りとなっている。記号Bé 軽液用と重液用がある。
ボーメ-ひじゅうけい【ボーメ比重計】ヒジュウケイ 浮き秤ばかりの一。フランスの化学者ボーメ(A.Baumé)が1766年にアルコールの濃度を決定するために考案。
ボーメロ〖Vomero〗イタリア南部、カンパニア州の都市ナポリにある丘。または同市の一地区。ケーブルカーで市街中心部と結ばれる、ナポリ市街を一望にできる場所として知られる。サンテルモ城やサンマルティーノ修道院がある。
ほお-ゆが-む【頰×歪む】ほほ— ❺〔動マ四〕話が事実と異なって伝わる。「つきづきしくまねびなすには、

―・む事もあめればこそ」〈源・朝顔〉 ⊟〔動マ下二〕事実をたがえる。「朝顔奉り給ひし歌などを、少し―・めて語るも聞こゆ」〈源・帚木〉

ホーラ【和了】《中国語》マージャンで、上がること。自摸ツモによるものと、栄和ロンとがある。

ポーラ〖Pola〗プーラのイタリア語名。

ボーラー〖bowler〗「山高帽子」に同じ。イギリスの帽子業者ウィリアム=ボーラーによって初めて作られたことから。

ポーラー〖poral〗《「ポーラ」「ポーラル」とも》よりの強い梳毛糸そもうしで平織りにした毛織物。さらさらとした手触りで通気性がある。夏服地用。

ポーラー-タイ〖poler tie〗幅が非常に狭く、ほとんどひも状になった結び下げのネクタイのこと。スポーティーな感じが特徴。

ポーラー-メソッド〖polar method〗▶極地法きょくちほう

ポーラー-ルート〖polar route〗北極経由の航空路線。

ポーラログラフィー〖polarography〗試料の電解質溶液中に滴下する水銀を陰極、試料容器の下部に入れた水銀を陽極として電気分解を行い、電圧電流曲線を調べて定性・定量分析を行う方法。電解現象やその応用の研究に用いる。

ポーランド〖Poland〗ヨーロッパ東部の共和国。首都ワルシャワ。国土の大部分は平野で、鉱物資源も多く、農業・鉱工業が主産業。10世紀に国家が成立し、14～15世紀には大王国を形成。その後衰え、18世紀末に3回にわたりプロイセン・オーストリア・ロシアに領土を分割された。のち1918年独立。第二次大戦中はドイツ・ソ連に分割占領されたが独立を回復し、1952年に人民共和国、1989年には共和国となった。現在は住民の多くが西スラブ系ポーランド人でカトリック教徒。人口3846万(2010)。ポルスカ。(補説)「波蘭」とも書く。

ボーラン-とうげ【ボーラン峠】たうげ《Bolan》パキスタン中西部、ブラフーイ山脈にある峠。クェッタの南東方に位置し、古来西方からインドに入る要路。

ポーランド-かいろう【ポーランド回廊】―クワイラウ《Polish Corridor》1919年、ベルサイユ条約でドイツからポーランドに割譲された、西プロイセンとポーゼン北部地方の通称。ポーランドにバルト海への出口を与えるため、ドイツ領を分断して設けられた。その後ドイツ・ポーランド間の紛争の地となり、第二次大戦の起因となった。

ポーランド-ご【ポーランド語】インド-ヨーロッパ語族のスラブ語派に属する言語。ポーランドのほか、周辺諸国に話し手をもつ。

ポーランド-ぶんかつ【ポーランド分割】❶プロイセン・オーストリア・ロシアの3国が、1772年・93年・95年の三次にわたって行ったポーランドの分割・領有。第三次分割によってポーランド王国は消滅。❷第二次大戦開戦直後の1939年、ドイツ・ソ連が行ったポーランドの分割・領有。

ホーリー-オーク〖holly oak〗地中海沿岸に自生するブナ科コナラ属の常緑高木。秋からクリスマスにかけて、葉を材料に用いたフラワーアレンジメントに利用される。

ホーリー-とう【ホーリー島】―タウ《Holy Island》▶ホリー島

ホーリートリニティー-きょうかい【ホーリートリニティー教会】―ケウクワイ《Holy Trinity Church》英国イングランド中部、ウォーリックシャー州、劇作家ウィリアム=シェークスピアが生まれた町として知られるストラトフォードアポンエーボンにある教会。13世紀の創建。シェークスピアが洗礼を受け、死後埋葬された。

ホーリーホック〖hollyhock〗⊟「立葵」に同じ。⊟(Hollyhock)▶水戸ホーリーホック

ボーリウム〖bohrium〗7族に属する人工放射性元素。1976年、旧ソ連のグループが^{209}Biと^{54}Cuの反応などにより生成されることを報告したが、1981年ドイツ、ダルムシュタットの重イオン研究所(GSI)のグループにより実証された。質量数262の同位体がよく知られる。元素記号Bh　原子番号107。

ポーリッシュ〖polish〗オランダで改良された愛玩鶏あいがんけい用の鶏。体重は雄2.6キロ、雌2.2キロほど。頭上に顕著な毛冠を有するため、poll(髪を有する頭)から転じてpolishといわれたとされる。

ほおり-の-みこと【火遠理命】ほをり―彦火火出見尊ひこほほでみのみことの異称。

ボーリュー-シュルメール〖Beaulieu-sur-Mer〗フランス南東部、アルプ-マリチーム県の都市、ニースの東郊にある町。コートダジュールの観光保養地の一で、高級別荘地として知られる。古代ギリシャの邸宅を模したビラ-ケリロス(現在は博物館)をはじめ、20世紀初頭、ベルエポックの時代に建てられた別荘などがある。

ボーリング〖boring〗〔名〕スル ❶穴をあけること。穿孔せんこう。❷地質・鉱床調査などのために、地中に細く深い穴を掘ること。試錐しすい。試鑽しさん。
(類語)穿孔せんこう・鑽孔さんこう・パンチ・掘削

ボーリング〖bowling〗▶ボウリング

ポーリング〖Linus Carl Pauling〗[1901～1994]米国の物理化学者。量子力学を化学に応用し、化学結合について量子力学的共鳴の概念による説明に成功。たんぱく質の螺旋らせん構造、抗原抗体反応、ビタミンCの効用なども研究。第二次大戦後は原水爆禁止署名運動に献身した。1954年ノーベル化学賞、62年同平和賞を受賞。

ポーリング〖polling〗コンピューターネットワークにおける、要求確認技術の一。接続された複数の端末や通信機器に、何らかの通信要求や処理要求の有無を一つ一つ順番に確認する方式のこと。

ボーリング-マシン〖boring machine〗❶地中に細長い穴を掘るのに用いる掘削機械。綱につるしたビットを落下させ衝撃を与えて掘る方式や、先端にダイヤモンドなどをつけた鋼管を回転して掘る方式のものがある。❷中刳なかぐり盤。

ホール〖hall〗❶洋風建築物の入り口の広間。❷演劇・音楽会などの催しや集会などを行う広い場所。「コンサート―」「ダンス―」(類語)会館・公会堂・講堂

ホール〖hole〗❶穴。「ボタン―」❷ゴルフで、グリーン上に切られている目標の穴。❸ゴルフで、ティーからグリーン上のホールまでのプレーする区域。
(類語)穴ぼこ・窪み・穴・壕ごう

ホール〖whole〗まるごと。かたまり全部。「ケーキをワン―、食べてみたい」

ボール〖ball〗❶球形のもの。たま。「ミラー―」「メンチ―」❷球技に使う球。「サッカー―」❸野球で、投手の打者に対する投球でストライクと判定されなかったもの。「ツーストライク、ワン―」(類語)球・まり

ボール〖bowl〗▶ボウル

ボール〖John Ball〗[?～1381]英国の聖職者。1381年のワット=タイラーの乱の指導者で、「アダムが耕し、イブが紡いだとき、だれが領主であったか」という説教を行い領主制を批判。国王側に殺された。

ボール《boardから》ボール紙。「段―」

ポール〖pole〗❶細長い棒。さお。旗ざおや棒高跳び用の棒など。❷路面電車などの屋根の、架線から電気を取り入れるための棒状のもの。❸測量に用いる測桿そっかん。❹ヤード-ポンド法の長さの単位。1ポールは5.5ヤードで5.0292メートル。❺面積の単位。1ポールは30.25平方ヤードで25.29平方メートル。

ホール-アウト〖hole out〗ゴルフで、1ホールのプレーを終わること。

ボール-アンパイア〖ball umpire〗野球で、球審。主審。

ボール-イン-プレー〖ball in play〗球技で、試合が続行されている状態。⇔ボールデッド。

ホール-イン-ワン〖hole in one〗ゴルフで、ティーグラウンドからの第1打球がグリーン上のホールに入ること。

ボールウェイン-の-よじのしゅうそく【ボールウェインの四次の収束】―シジ―シウソク コンピューターで円周率を計算する際に用いられる反復計算アルゴリズムの一つ。1980年代にカナダのボールウェイン兄弟が発見した。計算を反復するごとに正しい値の桁数が4倍に増える。

ホール-オブ-フェーム〖Hall of Fame〗米国で、スポーツなど各界の功労者を顕彰するための殿堂。野球殿堂をはじめ、分野ごとにさまざまな殿堂が設けられている。(補説)英語で野球殿堂は、Baseball Hall of Fameという。

ボール-カウント〖ball count〗野球で、打席にいるその打者に対して投手が投げたストライクとボールの数。

ボール-がみ【ボール紙】砕木パルプ・わら・古紙などを原料として厚くすいた紙。紙質は堅く、腰が強い。板紙いたがみ。

ボール-キャリア〖ball-carrier〗アメリカンフットボールで、ボールを保持するプレーヤー。

ホール-こうか【ホール効果】―カウクワ《Hall effect》電流の流れている細長い金属板に垂直に磁界をかけると、電流と磁界の両方に垂直な方向に電位差が現れる現象。1879年に米国の物理学者ホールが発見した。

ホール-コンソート〖whole consort〗コンソートのうち、同種属の楽器のみで編成される合奏。⇒コンソート

ポール-ジャンプ〖pole jump〗棒高跳び。

ホールセール〖wholesale〗❶大量販売。量販。また、卸し。⇒リテール ❷機関投資家や企業を対象にした大口の金融業務。

ホールセール-クラブ〖wholesale club〗会員制の卸し・小売店で、価格が安いのが特徴。

ホールセール-バンキング〖wholesale banking〗企業を対象にした大口の金融業務。⇒リテールバンキング

ホール-そし【ホール素子】ホール効果を利用して磁場を検出する半導体素子。一般的にインジウムアンチモン(InSb)やゲルマニウムが使われる。

ポール-タックス〖poll tax〗所得などにかかわらずに一人ごとに均等に課せられる税。英国で1990年4月から93年末までコミュニティーチャージとして実施された。人頭税。

ホールディング〖holding〗❶球技などで、手・腕などで相手のプレーを妨害する反則行為。❷ボクシングで、両手または片手で相手の腕や上体を押さえ込む反則行為。❸▶キャッチボール❷

ボールディング〖Kenneth Ewart Boulding〗[1910～1993]米国の経済学者。英国生まれ。経済学を社会システム全体の中でとらえる観点を打ち出した。エコロジー論などにも業績をあげ、また平和運動にも取り組んだ。「宇宙船地球号」の概念を経済学に導入したことでも知られている。著「経済学を超えて」「経済分析」など。

ホールディング-カンパニー〖holding company〗▶持株会社

ボール-デッド〖ball dead〗球技で、プレーが一時停止すること。野球ではファウルボールやデッドボールが宣告された場合など。⇔ボールインプレー。

ホールド〖hold〗❶支えること。からだなどを一定の状態に保つこと。❷登山で、岩登りの際の手がかりや足がかり。

ボールト〖vault〗アーチの原理を利用し、煉瓦れんが・石などで造った曲面天井または屋根。穹窿きゅうりゅう。

ボールド〖bold〗欧文活字で、肉太の書体。ボールドフェース。「―体」

ボールド《blackboardの略》黒板。

ホールド-アップ〖hold up〗❶手向かいしない意志を示すために両手をあげること。また、それを命じる語。手をあげろ。❷強奪。強盗。

ボールドウィン〖James Arthur Baldwin〗[1924～1987]米国の小説家。個人的体験に基づきつつ現代人の普遍的問題を描き、黒人文学に新境地を開いた。作「山に登りて告げよ」「ジョバンニの部屋」「もう一つの国」など。

ボールドウィン〖Stanley Baldwin〗[1867～19

47]英国の政治家。保守党の指導者。1923年から37年まで三度首相を務め、社会・経済政策に尽力。

ポールとビルジニー《原題、フランス Paul et Virginie》サン=ピエールの長編小説。1787年刊。孤島の美しい自然のなかで育った純情可憐な少年ポールと少女ビルジニーの悲恋を描く。

ポールドフェース〖boldface〗▶ボールド(bold)

ボール-ばこ【ボール箱】ボール紙で作った箱。

ボール-ばん【ボール盤】《オランダ boor-bankまたはドイツ Bohrbankから》工作物をテーブル上に載せ、ドリルで垂直に穴をあける工作機械。穿孔機。

ボールビコント-じょう【ボールビコント城】《Château de Vaux-le-Vicomte》フランス中北部、セーヌ-エ-マルヌ県にあるバロック様式の城。17世紀、ルイ14世の財務長官だったニコラ=フーケにより建造。建築家のル=ボー、画家のル=ブラン、造園家のル=ノートルらが手がけた。

ホール-ピペット〖whole pipet〗中央部が太くなっているピペット。刻線が1本あり、そこまで吸い上げて測る。全容ピペット。

ボール-ベアリング〖ball bearing〗回転軸との間に金属球を入れ、その転がりによって摩擦を小さくする軸受け。球軸受け。

ボール-ペン《ball-point penから》軸の円錐形になっている先端に小さなボールがはめ込んであるペン。書くときこのボールが回転して、軸内から特殊インクが出て筆記される。

ボール-ボーイ〖ball boy〗野球場やテニスコートなどで、球を拾ったり、新しいボールを球審に持っていったりする少年。

ポール-ボールター〖pole-vaulter〗棒高跳び(ポールボールト)の選手。

ポール-ポジション〖pole position〗自動車やオートバイのレースのスタートで、最前列のいちばん内側の位置。予選で最もよい記録を出した車に与えられる。

ホール-ボディー-カウンター〖whole body counter〗人の体内に取り込まれた放射性物質の量を測定する装置。全身を対象に、人体から放出される放射線の量や種類を、体外から直接計測する。全身カウンター。全身測定装置。ヒューマンカウンター。WBC。(補説)ガラスバッジなどの個人線量計が外部被曝による放射線量を測定する計器であるのに対し、ホールボディーカウンターは個人の内部被曝線量を測定するもので、測定時に体内に存在する放射性物質の量を調べることができる。

ボールルーム〖ballroom〗ホテルなどの舞踏室・舞踏場。

ボールルーム-ダンス〖ballroom dance〗社交ダンス。

ポール-ロワイヤル〖Port-Royal〗1204年に創設されたフランスのシトー会女子修道院。17世紀、院長アンジェリック=アルノーによる改革後、ジャンセニスムの中心となった。ブルボン王朝の圧力により1709年に閉鎖。

ホールン〖Hoorn〗オランダ、ノルトホラント州、アイセル湖に面する港町。17世紀、オランダ東インド会社の支社が置かれた。当時の栄華をしのばせる建造物が多く残っている。町の中心のローデステーン広場に、東インド会社ゆかりの品々を所蔵する西フリジア博物館がある。

ボー-レート〖baud rate〗1秒間に何回、デジタルデータをアナログデータに変調したり戻したりできるかを示す値。変調速度。

ボーロ〖ポルトガル bolo〗小麦粉に鶏卵・砂糖などを加えて軽く焼いた、ポルトガル伝来の丸く小さい菓子。

ほ-おん【保温】〔名〕スル 温度を一定に保つこと。特に、温かさを保つこと。「室内を―する」「―材」

ホーン〖horn〗❶角笛。❷管楽器。❸警笛。クラクション。「自動車の―」❹▶ホルン

ぼ-おん【母音】▶ぼいん(母音)

ボーン〖bone〗骨。また、骨状のもの。

ポーン〖pawn〗チェスで、将棋の歩に当たる駒。

ぽおん〔副〕勢いよく、物を打ったり、蹴ったり、投げたりするさま。「―とボールを打ちかえす」

ホーン-スピーカー《horn type speakerから》メガホン型の音道がついたスピーカー。音響効率が高く、ホールや、大型システムに使われる。

ボーン-チャイナ〖bone china〗骨灰と磁土を混ぜて焼成した半透明乳白色の磁器。古くから英国で発達した。骨灰磁器。

ボーンヘッド〖bonehead〗《まぬけの意》野球などの競技で、判断の悪いまずいプレー。

ボーンホルム-とう【ボーンホルム島】《Bornholm》バルト海上にあるデンマーク領の島。スウェーデン最南部の南東沖約35キロメートルに位置する。中心地はレーネ。17世紀に2度、スウェーデン領になった。北欧最大規模といわれる中世の城跡ハマースフスや、窓を銃眼や砲台として使えるように設計された円形教会が残っている。

ホーン-みさき【ホーン岬】《Cape Horn》南アメリカ大陸最南端の岬。チリ領ウォラストン諸島中の小島にある。航海の難所。オルノス岬。

ほおん-ろうと【保温漏斗】溶液を高温に保ったまま濾過するための漏斗。外側をバーナーで加温した熱湯で温めたり、電熱を加えたりする方式があり、再結晶による物質の精製などに用いられる。熱漏斗。

ほか【外|他】❶その場所以外の所。よそ。他所。「どこか―を探す」「―へ行く」❷それ以外の人や物事。「―の人に頼む」「―に方法がない」❸その範囲をこえた部分。「思いの―困難だ」「想像の―の出来事」❹(下に打消しの語を伴って、助詞のように用いる)あるもの以外を否定する意を表す。「嫌ならやめる―ない」➡よりか ❺おもて。世間。外界。「世にしたがへば、心、―の塵に奪はれて」〈徒然・七五〉(補説)❹は、係助詞または、副助詞として扱うこともある。

(…句)色は思案の外・恋は思案の外・沙汰の外・四百四病の外

他でもな・い 大事であるのはまさにこのことであって、別のことではない。「―・い、例の話だが」

ぼ-か【簿価】《「帳簿価額」の略》企業会計において、会社が所有する資産の帳簿上の価額。一般には該当資産の取得原価をさす。

ぽか 囲碁や将棋で、考えられないような悪い手を打つこと。転じて、するはずのないばかばかしい失敗。「―をやらかす」(類語)どじ・へま・失敗・失策・過失・過誤・失態・不覚・粗相・しくじり・間違い・ミス・エラー

ホガース〖William Hogarth〗[1697～1764]英国の画家・版画家。風刺的、教訓的な風俗画を多く描いた。

ボガート〖Humphrey Bogart〗[1899～1957]米国の映画俳優。ハードボイルド映画で活躍、ボギーの愛称で親しまれた。出演作「マルタの鷹」「カサブランカ」「アフリカの女王」「必死の逃亡者」など。

ほか-い【外居|行=器】食物を入れて持ち運ぶ、木製でふた付きの容器。角形と丸形とがあり、木鉢・曲げ物製から精巧な漆蒔絵で反り足をつけたものまである。平安時代ころから用いられた。

ほかい【▽祝ひ|▽寿ひ】《後世は「ほがい」》❶言葉でいわうこと。また、祝い言。ことほぎ。〈黒本本節用集〉❷「乞児」の略。「―が詠ふ二首」〈万・三八八五・題詞〉

ぼ-がい【簿外】会計帳簿に記載されないこと。

ぼがい-さいむ【簿外債務】会計帳簿に計上されていない債務。債務の保証や係争中の訴訟による賠償義務などの偶発債務がその典型的な例。(補説)企業会計では偶発債務の内容・金額を貸借対照表に注記することが原則として義務づけられている。保証債務などの注記を行わなかったり、保有資産の含み損を隠すために損失を他の会社に移動する「飛ばし」などの行為によって、意図的に債務を隠す行為は粉飾決算とみなされる。

ぼがい-しさん【簿外資産】帳簿に記載されていない資産。

ほかい-びと【乞=児】家の戸口に立ち、祝いの言葉を唱えて物を乞い歩いた人。〈和名抄〉

ほがい-ほう【補外法】数学で、曲線上の二点とその二点で限られる域内のいくつかの点とが与えられているとき、域外の点の位置を求める方法。補間法を域外に適用したもの。外挿法。

ほか・う【▽祝ふ|▽寿ふ】〔動ハ四〕《動詞「ほ(祝)く」の未然形に反復継続の助動詞「ふ」の付いた語から。後世「ほがう」とも》よい結果が得られるように唱え、神に祈る。また、祝福する。ことほぐ。「松のにはかに枯れけるを―・ひて人々歌よみけるに」〈続詞花・賀・詞書〉

ぼか-かいけい【簿価会計】《「簿価」は帳簿価格の略》企業会計・法人税額の計算などにおいて、所有する金融資産を取得時の原価(簿価)で評価する会計。➡時価会計

ほ-がかり【帆掛(か)り】和船で、船体各部材の寸法を、帆の一反を単位として割り出していく方法。

ほ-かく【保革】❶保守と革新。「―の対立」❷皮革をよい状態に保つこと。「―油」

ほ-かく【捕獲】〔名〕スル ❶動物などを捕らえること。いけどること。「鹿を―する」❷国際法上、戦時に、交戦国の軍艦が敵国または中立違反の船舶を取り押さえること。海上捕獲。(類語)捕まえる・捕らえる・引っ捕らえる・取り押さえる・生け捕る・召し捕る・搦め取る・引っ括る・捕まえる・拿捕する・捕縛する・逮捕する・検束する・検挙する・挙げる・ぱくる・しょっぴく

ほ-かく【補角】二つの角の和が二直角になるときの、一方の角の他に対する称。このとき、これらの二つの角を互いに補角をなすという。

ぼ-かく【母核】細胞分裂をする前の細胞の核。分裂後のものを娘核とよぶのに対していう。

ほかく-しんけんしょ【捕獲審検所】交戦国が、海上における捕獲の効力の有無を確定するために設ける特別の裁判所。

ほ-かけ【帆掛(け)】❶船に帆を掛けること。❷「帆掛け船」の略。

ほ-かけ【穂掛(け)|穂懸(け)】❶稲の初穂を田の神・氏神などに供える行事。(季 秋)❷刈った稲を、稲架にかけること。

ほ-かげ【火影】❶火の光。灯火。「沖に―が見える」❷灯火に照らされてできる影。

ほ-かげ【帆影】遠くに見える船の帆。

ほかけ-ぶね【帆掛(け)船】帆をかけて走る船。帆ぶね。帆船。

ぼが-けんさ【母×蛾検査】蚕の微粒子病の母卵伝染を防ぐため、産卵を終えた母蛾をすりつぶし、顕微鏡で微粒子病の胞子の有無を検査すること。見つかればその母蛾の卵は焼却する。

ほか-ごころ【外心】他の人に向かう心。他に移る心。あだしごころ。「荒磯越しほか行く波の―我は思はじ恋ひて死ぬとも」〈万・二四三四〉

ほか-ざま【外様|外▽方】《「ほかさま」とも》ほかのほう。よそのほう。「念じて射むとすれども、―へ行きければ」〈竹取〉

ぼかし【×暈し】❶ぼかすこと。また、ぼかしたもの。「写真の―」❷日本画で、色を濃い部分からしだいに薄くしていく技法。隈取りの一種。

ぼかし-ぞめ【×暈し染(め)】色の境目が濃色から淡色に、または、その逆にと変化していくようにする染め方。また、そのように染めた物。着物の裾模様などに使われる。曙染め・裾濃など。

ぼかし-ぬい【×暈し縫い】刺繡で、針目の粗密や長短、または糸の色調によって、色の濃淡をぼかしてつける方法。

ほか・す【▽放す】〔動サ五(四)〕《「ほうか(放下)す」の音変化か》ほうりすてる。うちすてる。「画稿を掻集めて、長椅子の上へ―・して」〈二葉亭訳・片恋〉

ぼか・す【×暈す】〔動サ五(四)〕❶輪郭や色の濃淡の境目をきわだたせないで、ぼんやりさせる。「―・して描く」❷意味や内容をはっきり言わずぼんやりさせる。表現をあいまいにする。「肝心な点を―・して話

す」(可能)ぼかせる
ぼか-すか〔副〕何度も続けて打ったり、なぐったりするさま。ぽかぽか。「試合開始から―打たれる」
ボガズキョイ〖Bogazköy〗▶ボアズカレ
ボカス-デル-トーロ〖Bocas del Toro〗パナマ西部、カリブ海のアルミランテ湾にある島々の一、コロン島の都市。ボカス-デル-トーロ県の県都。国立海洋公園に指定されたバスティメントス島をはじめ、シュノーケリングやダイビングの盛んなリゾート地がある。
ほ-かぜ【帆風】❶船の進行方向に向かって吹く風。追い風。順風。❷時を得た勢い。はぶり。「近代、大神氏に―を取られて」〈著聞集・六〉
ぽかっ-と〔副〕❶頭などをなぐるさま。ぽかりと。ぽかんと。「頭を―やられる」❷急に穴があくさま。また、ある部分だけが抜けてなくなるさま。ぽっかりと。ぽかりと。ぽかんと。「一手があく」
ほか-と〔副〕❶大きく口をあけるさま。ぱくりと。「人くらひ犬…―食ふたり」〈咄・醒睡笑・一〉❷急にあることをするさま。また、突然ある状態になるさま。ぱっと。「酒を―こぼしたれば」〈咄・醒睡笑・五〉
ほか-なら◦ない【他ならない】〔連語〕❶(多く「…にほかならない」の形で)それ以外のものでは決してない。まさしくそうである。ほかならぬ。「彼の成功は努力の結果に―◦ない」❷他の人とは違っていて、特別な間柄にある。ほかならぬ。「―◦ない君の頼みでは断れない」
ほか-なら◦ぬ【他ならぬ】〔連語〕「ほかならない」に同じ。「人生は旅に―◦ぬ」「―◦ぬ君のことだ、なんとかしよう」
ほか-ばら【外腹】本妻以外の女性から生まれること。また、その子供。「大納言の―の娘を」〈源・少女〉
ほか-ほか【外外】〔名・形動ナリ〕❶そこ以外の別々の場所。「―にては同じ顔をうつしとりたると見ゆるを」〈源・藤裏葉〉❷別々に別れているさま。「月ごろか く―にて、渡り給ふこともをさをさなきやうに」〈源・若菜下〉
ほか-ほか ㊀〔副〕スル ❶心地よい暖かさを感じるさま。「少し歩くと背中が―(と)する」「―(と)した飯」❷急に、または力強く事を行うさま。「―トモノヲ言ウ」〈日葡〉❸不用意に事を行うさま。「その場に臨み、そのことにあづからざれば、―とは受けとられず」〈鶉衣・贈或人書〉㊁〔形動〕㊀❶に同じ。「―な焼きいも」アク㊀はホカホカ、㊁はホカホカ。(類語)(㊀❶)暖かい・あったか・暖か・温暖・生あたたかい・ぽかぽか・温和・温い・ぬくい・生ぬるい・ぬくぬく・ぬくもり・ほやほや
ほが-ほが 青森・秋田県で小正月に行う行事の一。大豆の皮、蕎麦殻などを家の周囲にまきながら唱え言をする。
ぽか-ぽか〔副〕スル ❶暖かく感じるさま。暖かくて気持ちのよいさま。「―(と)した日だまり」「からだが―(と)してくる」❷頭などを続けざまにたたく音や、そのさまを表す語。「―(と)なぐられる」(類語)(❶)暖かい・あったか・暖か・温暖・ほかほか・温和・温い・ぬくい・生ぬるい・ぬくぬく・ぬくもり・ほやほや
ポカホンタス〖Pocahontas〗[1595?～1617]米国バージニアの先住民ポーハタンの首長の娘。英国の植民地開拓者ジョン=スミスを処刑から救ったと伝えられる。後に洗礼を受けてキリスト教徒化。1614年に英国人ジョン=ロルフと結婚するが、渡英中に病死。
ほ-がみ【小=腹】したはら。「―さしつつ、ことききりきりと病む」〈伽・福富長者〉
ほか-め【外目】よそに目を移すこと。よそみ。「―せず見聞くけしきどもを見て」〈大鏡・時平〉
ほがら【朗ら】〔形動〕図〔ナリ〕「ほがらか」に同じ。「其間に旁午する玄鳥の声―に」〈紅葉・金色夜叉〉
ポカラ〖Pokhara〗ネパール中部の地名。アンナプルナ連山の南にあり、登山の基地。
ほがら-か【朗らか】〔形動〕図〔ナリ〕❶心にこだわりがなく、晴れ晴れとして明るいさま。「―な性格」「―に話す」❷明るく光るさま。日ざしが明るく、空が晴れわたっているさま。「―な春の日」「姿、秋の月の―に」〈後拾遺・序〉❸広く開けて明るいさま。「木蓮の枝はいくら重なっても、枝と枝の間は―に隙いている」〈漱石・草枕〉「心―に融ひ達る」〈霊異記・上〉❹あいまいさがなく、はっきりしているさま。「打ち忍び嘆きあかせばしののめの―にだに夢を見ぬかな」〈紫式部集〉
(派生)ほがらかさ〔名〕(類語)明朗・陽気・明るい・気さく
ほから-か・す【放らかす】〔動サ四〕かまわずにほうって置く。ほったらかす。「いぢむぢ言ふ人は―・いておかしゃんせ」〈浄・万年草〉
ほがら-ほがら【朗ら朗ら】〔副〕朝がしだいに明けて、明るくなっていくさま。「しののめの―と明けゆけばおのが後朝なるぞ悲しき」〈古今・恋三〉
ぽかり〔副〕❶頭などを強くたたく音や、そのさまを表す語。ぽかっと。ぽかん。「―とげんこつを食わされる」❷目や口などを開けるさま。また、ぼんやりしているさま。ぽかん。ぽっかり。「山頂に火口が―と開いている」「口を―と開けて立ち尽くす」❸穴などが急に開くさま。また、穴があいて空白な部分ができるさま。ぽかっと。ぽっかり。ぽかん。「心に―とすきまができる」(類語)(❷)ぼんやり・ぼうっと・ぼそっと・ぼけっと・ぼっと・ぼさっと・ぼさぼさ・ぼうっと・きょとん
ほ-かん【保管】〔名〕スル 物品を預かって、傷つけたり失ったりしないように保存・管理すること。「忘れ物を受付で―する」
(類語)保存・温存・管理・保全・保守・維持・管財・差配
ほ-かん【補完】〔名〕スル 不十分な部分を補って、完全なものにすること。「不備を―する」
ほ-かん【補巻】全集などで、内容を補足したり、欠落していた作品などを新たに加えたりする目的で出される巻。
ぼ-かん【母艦】航空機・潜水艦などの移動基地となり、兵器・燃料などの補給や兵員の休養などの設備をもつ軍艦。「航空―」
ぼ-がん【母岩】鉱床あるいは貫入岩体の周りの岩石。特定の鉱物を含む岩石。また、風化した土砂に対して、その元の岩石。
ぽかん〔副〕「ぽかり」に同じ。「うしろから―とやられた」「―として聞いている」「―と時間に穴があく」
ほかん-ざい【補完財】相互に補い合って欲望を満足させる財。パンとバター、ペンとインクなど。➡代替財
ほかんせい-げんり【補完性原理】▶サブシディアリティー
ほかん-ちりょう【補完治療】主となる治療法に、異なる治療法を組み合わせて補うこと。多く、抗生物質や手術などによる近代医療と、鍼灸や薬草などを用いる伝統医療を組み合わせることをいう。
ほかんばしょ-ほう【保管場所法】《「自動車の保管場所の確保等に関する法律」の略称》自動車の保有者等に自動車の保管場所を確保し、道路を自動車の保管場所として使用しないよう義務づけるとともに、自動車の駐車に関する規制を強化することにより、道路使用の適正化、道路における危険の防止および道路交通の円滑化を図ることを目的として定められた法律。昭和37年(1962)制定。車庫法。
ほかん-ほう【補間法】数学で、関数において、二つ以上の点での関数値が知られているとき、その間の任意の点に対する関数値あるいは近似値を求める方法。内挿法。➡補外法
ほかん-りょう【保管料】倉庫営業者が物品を保管する報酬として受け取る一定の料金。倉敷料。
ほ-き【補記】〔名〕スル 補って書き足すこと。また、その語や文章。「注を―する」
ほ-き【×蒲×葵】ビロウの漢名。
ぼ-き【簿記】会社・官庁・組合など経済主体の活動を一定の方法で帳簿に記録・計算し、一定の時点で総括して損益の発生や財産の増減を明らかにする技法。記帳方法によって単式簿記と複式簿記に分けられる。(類語)会計・書き入れる・書き込む・記入・記載・記帳・計理・経理・出納・帳付け
ぼ-ぎ【母儀】❶母たる者としての模範。❷ははぎみ。ははご。母堂。「関東より―大宮院にたづね申しけるに」〈神皇正統記・亀山院〉
ボギー〖Bogie〗「ハンフリー=ボガート」の愛称。
ボギー〖bogey〗ゴルフで、そのホールの基準打数より1打多い打数。2打数多い場合をダブルボギーという。
ボギー-しゃ【ボギー車】《bogie》二軸四輪などの台車二組の上に車体を載せた鉄道車両。各台車は別々に回転するため、線路のカーブを容易に通過できる。
ほき-うた【▽祝歌・▽寿歌】《後世は「ほぎうた」》祝ってうたう歌。「此は―の片歌なり」〈記・下〉
ぼきえことば【慕帰絵詞】絵巻。10巻。正平6=観応2年(1351)作。本覚寺3世覚如の伝記を描いたもので、覚如の子慈俊撰。絵は藤原隆昌・隆章、詞書は三条公忠ら。1、7巻のみ文明14年(1482)の補作で、絵は藤原久信、詞書は飛鳥井雅康。京都西本願寺蔵。慕帰絵。
ぼき-がく【簿記学】複式簿記の理論と技術を研究する学問。
ぼき-かた【簿記方】会社・銀行などで、簿記を担当する人。
ほき-くるお・す【▽祝き狂ほす】〔動サ四〕熱烈にさまざまに祝福する。踊り狂って祝う。「少名御神の神寿き―・し」〈記・中・歌謡〉
ほぎ-ごと【▽祝言・▽寿言・▽祝▽詞】祝って言う言葉。祝福の言葉。
ほぎ-ごと【▽祝事】祝いの行事。祝いごと。
ほき-じ【▽崖路】山腹などの険しい所にある道。がけ道。「吉野山―づたひに尋ね入りて花見し春はひと昔かも」〈山家集・上〉
ほき-だ・す【▽吐き出す】〔動サ五(四)〕「はきだす」の音変化。「ブドウの種を―・す」
ぼき-ぼき〔副〕堅くて太い物が続けざまに折れる音や、そのさまを表す語。「肋骨が―(と)折れる」
ぽき-ぽき〔副〕堅くて細い物が続けざまに折れる音や、そのさまを表す語。「枝を―(と)折って、火にくべる」「指を―(と)鳴らす」
ほき-もとお・す【▽祝き▽回す】〔動サ四〕踊り回って祝福する。「豊寿き―・し献り来し御酒そ」〈記・中・歌謡〉
ほ-きゃく【歩脚】❶節足動物の胸部または頭胸部につく脚のうち、歩行に用いられるもの。❷陸上動物の歩行に用いられる足。
ボキャブラリー〖vocabulary〗語彙。「―が貧困だ」
ほ-きゅう【×匍球】野球で、地面を低くころがる打球。ゴロ。グラウンダー。
ほ-きゅう【捕球】〔名〕スル 球を捕ること。特に野球で、投球・打球・送球を捕ること。「ライナーを―する」
ほ-きゅう【補給】〔名〕スル 足りなくなった分を補うこと。「ガソリンを―する」「栄養―」
(類語)補填・填補・穴埋め・増補・充填・拾遺・補遺
ほきゅう-きち【補給基地】物資を補給する根拠地。
ほきゅう-きん【補給金】国または地方公共団体が特定事業の助成のために事業会社に支給する補助金。
ほきゅうしえん-とくそほう【補給支援特措法】▶補給支援特別措置法
ほきゅうしえん-とくべつそちほう【補給支援特別措置法】《『テロ対策海上阻止活動に対する補給支援活動の実施に関する特別措置法』の通称》テロ対策特別措置法(テロ特措法)に代わるものとして平成20年(2008)1月に成立した法律。海上自衛隊をインド洋に派遣して、海上阻止活動に参加する国の艦船に対する給水・給油活動を再開するための時限立法(期限は1年)。テロ特措法にあった国会承認規定が削除されている。新テロ特措法。補給支援特措法。補給支援法。(補説)民主党㊃を中心とした野党が過半数を占める参議院で否決されたあと衆議院で再議決され、3分の2以上の賛成によって可決・成立した。この再議決による可決は昭和26年(1951)モーターボート競走法の成立以来。また、国会承認が削除され、国会へは実施計画の決定・変更を

報告するだけとなったことについて、シビリアンコントロール(文民統制)の観点から疑問視する声がある。平成20年(2008)12月ねじれ国会のもと、参議院で否決、衆議院の再議決で可決され、1年の延長が決まる。同22年1月、失効。民主党政権のもと、海上自衛隊に撤収命令が出され、8年に及んだ給油支援活動は終了した。

ほきゅうしえん-ほう【補給支援法】▶補給支援特別措置法

ほきゅう-せん【補給線】前線と後方の兵站基地とを結ぶ、兵員・弾薬・食糧などの補給のための交通路。

ほ-きょう【補強】〔名〕スル 弱い部分や足りないところを補って強くすること。「投手陣の―に力を入れる」「堤防を―する」(類語)強める・強化・増強・強まる

ぼきり〔副〕かたくて太いものが折れる音や、そのさまを表す語。ぼきん。「骨が―と折れる」

ぽきり〔副〕堅くて細い物が折れる音や、そのさまを表す語。ぽきん。「枯れ枝を―と折る」

ぼ-きん【募金】〔名〕スル 寄付金などをつのって集めること。「街頭で―する」「共同―」(類語)集金・カンパ

ぼきん〔副〕「ぼきり」に同じ。「枝を―と折る」

ぽきん〔副〕「ぽきり」に同じ。「茎を―と手折る」

ほきん-しゃ【保菌者】感染症の病原体を体内に保有しているが発病せず、感染源となり得る者。キャリア。(類語)キャリア

ほ-く【▽祝く|▽寿く】〔動カ四〕《後世は「ほぐ」》❶よい結果が得られるよう祝いの言葉を唱えて神に祈る。ことほぐ。「あしひきの山の木末の寄生取りて挿頭しつらくは千年―・くとぞ」〈万・四一三六〉❷相手をのろって神に祈る。「矢を取りて―・きてのたまはく」〈神代紀・下〉

ほ-く【×惚く|×呆く】《「ほぐ」とも》㊀〔動カ四〕知覚がにぶくなる。ぼんやりする。ぼける。「世にも―・きたることとそしり聞こゆ」〈源・常夏〉㊁〔動カ下二〕「ほける」の文語形。

ほ-ぐ【▽反▽故|▽反▽古】「ほご(反故)」に同じ。

ぼく【×卜】亀甲や獣骨を焼いて生じるひびの形により事の吉凶をうらなうこと。また一般に、うらなうこと。うらない。➡漢「ぼく(卜)」

ぼく【木】〔名・形動〕❶立ち木。樹木。❷年月を経て、ふしくれだった樹木の根や幹。築山などに用いる。「みごとな―」❸材木。転じて、木を材料にしたもの。木製。「―の煙草盆」❹気のきかないこと。また、そのさまや、そのような人。「―な野郎だとつもられるもお恥づかしいからね」〈滑・早変胸機関〉➡漢「ぼく(木)」

ぼく【僕】㊀〔名〕男の召使い。下男。㊁〔代〕❶一人称の人代名詞。男性が自分のことをさしていう語。対等またはそれ以下の人に対して用いる。「―んちにおいでよ」「君のほうが―より若い」(補説)現代では親しみのあるくだけた言い方として使われ、改まったときは「わたくし」を用いる。古くは「やつがれ」と読み、相手に対してへりくだる気持ちで用いられた。明治時代から、書生・学生が「ぼく」と読んで用いるようになった。❷小さい男の子に対して呼びかける語。「―のお名前は」➡漢「ぼく(僕)」(類語)おれ・わし・おいら・おら・あっし・こちとら・自分・私・私・吾人・余・我が輩・手前・不肖・小生・愚生・迂生

ぼ-く【×惚く|×暈く】〔動カ下二〕「ぼける」の文語形。

ほく-あ【北阿】《「阿」は「阿弗利加」の略》アフリカ大陸の北部。北アフリカ。

ほく-い【北緯】赤道から北の緯度。⇔南緯。

ほくい-さんじゅうはちどせん【北緯三十八度線】▶三十八度線

ぼく-えいこう【朴泳孝】[1861～1939]朝鮮、李朝末の政治家。金玉均らと独立党を形成。1884年甲申事変に失敗し、日本に亡命。94年、内務大臣。日韓併合後、侯爵・中枢院顧問官。パク=ヨンヒョ。

ほく-えつ【北越】越中と越後。富山県と新潟県の一部。特に、越後をさす。

ほくえつせっぷ【北越雪譜】江戸後期の随筆。2編7巻。鈴木牧之著。天保8～13年(1837～42)刊。越後の雪の観察記録を中心に、雪国の風俗・習慣などを記述。

ほく-えん【北燕】中国、五胡十六国の一。409年、後燕の武将馮跋が後燕を滅ぼして建国。都は竜城。436年、2世で北魏によって滅ぼされた。

ほく-えんどう【北円堂】奈良市の興福寺にある一堂。現在のものは鎌倉初期の再建で、南円堂と同じく八角円堂。本尊の木造弥勒菩薩座像は運慶の作。ともに国宝。

ほく-おう【北欧】ヨーロッパの北部地方。デンマーク・スウェーデン・ノルウェー・フィンランド・アイスランドの5か国をさすことが多い。北ヨーロッパ。

ほくおう-しんわ【北欧神話】北欧に伝えられている北ゲルマン人の神話および英雄伝説。エッダやサガに代表される。➡エッダ

ほく-が【北画】「北宗画」の略。

ぼく-か【墨家】▶ぼっか(墨家)

ぼく-が【墨画】水墨画。すみえ。

ほく-がく【北岳】中国の五岳の一、恒山の異称。

ほく-かん【北漢】中国、五代十国の一。後漢滅亡後の951年、一族の劉崇が山西に建国。都は晋陽。979年に宋に降りて、五代十国の分裂が終わる。

ほく-がん【北岸】北側の岸。

ほく-ぎ【北魏】▶魏㊂

ほくぎしょ【北魏書】▶魏書

ぼく-ぎゅう【牧牛】牛を放し飼いにすること。また、その牛。

ぼくぎゅう-りゅうば【木牛流馬】中国、蜀の諸葛亮の創案という、牛馬の形に似た機械仕掛けの兵器・食糧運搬車。もくぎゅうりゅうば。

ぼく-ぎん【墨銀】《「墨」は「墨西哥」の略》メキシコの8レアル銀貨。近世、欧米諸国から中国に流入し、東洋の貿易市場の通貨となった。

ぼく-ぐう【木偶】▶もくぐう(木偶)

ぼく-けい【墨刑】▶ぼっけい(墨刑)

ぼく-げき【木×屐】木で作った履物。木履。もくげき。

ほく-げん【北元】中国、明初に中国本土を追われモンゴルに退いた元の残存勢力の称。明の洪武帝による再三の攻撃により、1388年に滅亡した。

ほく-げん【北限】北方の限界。生物分布などについていう。「照葉樹林の―」

ぼく-こう【穆公】中国、春秋時代の秦の王。在位、前659～前621。春秋五覇の一人。百里奚らの賢臣を集めて国政を整え、富国強兵に努め、晋と西戎を討って領土を拡大、覇者となった。生没年未詳。

ボクサー〖boxer〗❶拳闘家。ボクシング選手。❷犬の一品種。ドイツの原産。ブルドッグの血をひく中形犬。毛は短く、主に淡黄色。顔はいかついが人懐こい。警察犬に用いるが、家庭犬としても人気がある。

ほくさい【北斎】▶葛飾北斎

ボクササイズ〖boxercise〗健康増進や持久力増強のために行う、ボクシングの練習メニューを採り入れた運動のこと。特に、シェープアップに効果があるとして女性の間で注目されている。

ぼく-さつ【撲殺】〔名〕スル なぐり殺すこと。(類語)絞殺・刺殺・射殺・銃殺・薬殺・毒殺・圧殺・扼殺・殴殺

ほくさぶんりゃく【北槎聞略】江戸後期の漂流記録書。11巻、付録1巻。桂川甫周編。寛政6年(1794)成立。天明2年(1782)大黒屋光太夫らの乗った船が遭難し、アリューシャン列島アムチトカ島に漂着してロシア人に救助され、10年後に帰国するまでのロシアでの見聞を記録したもの。

ほくざんしょう【北山抄】平安中期の有職書。10巻。藤原公任著。長和・寛仁年間(1012～1021)に成立。朝儀や政務の作法を記し、後世の有職故実の基準となった。

ほくし【北史】中国の二十四史の一。唐の李延寿撰。659年成立。北朝の魏・斉・周・隋の歴史を一つにまとめたもので、公正・詳密な記述で史料的価値が高い。本紀12巻、列伝88巻の全100巻。

ほくし【北枝】▶立花北枝

ほ-ぐし【火串】❶火をつけた松明を挟んで地に立てる木。夏の夜、これに鹿などの近寄るのを待って射取る。(季 夏)❷のろしの台の上に立て、柴などをかけるくい。

ぼく-し【牧師】《新約聖書で、キリストがみずからを羊を飼う牧者にたとえたところから》プロテスタント教会の聖職者。教会の礼拝・礼典を執行し、信徒の教育・指導、布教などにあたる。(類語)神父・司祭・司教

ぼくし【墨子】㊀中国、戦国時代初期の思想家。名は翟。墨家の祖。儒家の仁を差別愛であるとみなし、血縁によらない普遍的・無差別的博愛や反戦・平和を説いた。生没年未詳。㊁中国の思想書。現存53編。㊀およびその門人や後学の墨家が著した書。兼愛・非戦・節倹などの墨家的主張を述べたもので、他に論理学・自然科学・戦争技術についての記述もみられる。

ぼく-じ【×卜辞】中国の殷代、亀甲・獣骨に刻んだうらないの文字。➡甲骨文

ぼく-じ【墨字】墨で書いた文字。

ホクシア〖ラテ Fuchsia〗▶フクシア

ほぐし-おり【▽解し織(り)】絣織物の一種。整経した縦糸を横糸で粗く仮織りし、文様を捺染したのち、横糸を抜き去って本織りにしたもの。銘仙などに用いられる。

ほくし-じへん【北支事変】華北の盧溝橋事件に始まる日中戦争の当初、日本側が用いた呼称。

ぼく-じつ【×卜日】日の吉凶をうらなうこと。

ぼく-じつ【朴実|×樸実】〔名・形動〕飾り気がなく律気であること。また、そのさま。「―な人となり」

ホクシャ〖ラテ Fuchsia|オラ foksia〗▶フクシア

ぼく-しゃ【×卜者】うらないをする人。占師。卜人。

ぼく-しゃ【牧舎】牧場で、飼っている家畜を入れる建物。

ぼく-しゃ【牧者】牧場で、牛馬の番や世話をする人。牧人。

ほく-しゅ【北首】頭を北向きにして寝ること。北枕。「白河院は―に御寝なりけり」〈徒然・一三三〉

ぼく-しゅ【牧守】《古代中国で、州の長官を牧、郡の長官を守といったところから》地方の長官。

ぼく-しゅ【墨守】〔名〕スル《中国で、思想家の墨子が、宋の城を楚の攻撃から九度にわたって守ったという「墨子」公輸の故事から》自己の習慣や主張などを、かたく守って変えないこと。「旧説を―する」(類語)固守・固持・堅持・堅守・死守・守る

ほく-しゅう【北州】㊀「北国㊀❶」に同じ。㊁「北国㊁」に同じ。「―の遊び、嗚呼楽しいかな」〈洒・遊子方言〉

ほくしゅう【北州】清元。本名題「北州千歳寿」。大田蜀山人作詞、川口お直作曲。文政元年(1818)発表。江戸新吉原の四季の風物を歌ったもので、「梅の春」とともに祝儀物の代表作。

ほく-しゅう【北周】中国、南北朝時代の北朝の一。北魏の東西分裂後、西魏の宰相宇文泰の子の覚が恭帝の禅譲を受けて556年に建国。都は長安。第3代の武帝は北斉を併合したが、581年、隋によって滅ぼされた。後周。

ほく-しゅう【北宗】❶中国北部で行われた禅宗の一派。開祖は五祖弘忍の弟子の神秀。漸悟を旨とする。日本へは道璿が伝えた。北宗禅。➡南宗 ❷「北宗画」の略。

ほく-しゅう【北×洲】「北倶盧洲」の略。

ぼく-じゅう【墨汁】❶墨をすった汁。特に、すぐに使えるように製造した黒色の墨液。❷イカ・タコの体内にある黒い汁。

ほくしゅう-が【北宗画】中国絵画の系統の一。明代に董其昌らが南宗画に対して唱えたもので、唐の李思訓を祖とし、宋の馬遠・夏珪らを経て明代の浙派に至る職業画家の、山水画を主とする様式をいう。力強い描線が特色。日本の室町以後の水墨画に大きな影響を与えた。北画。

ほくしゅうしょ【北周書】▶周書

ぼくじゅう-のう【墨汁×嚢】イカ・タコの体内に

［ボクシング］プロボクシングの体重別階級

WBA(世界ボクシング協会)、WBC(世界ボクシング評議会)

階級	体重
アトム級＊1	102ポンド(46.27キロ)以下
ミニマム級＊2	105ポンド(47.63キロ)以下
ライトフライ級	108ポンド(48.99キロ)以下
フライ級	112ポンド(50.80キロ)以下
スーパーフライ級	115ポンド(52.16キロ)以下
バンタム級	118ポンド(53.42キロ)以下
スーパーバンタム級	122ポンド(55.34キロ)以下
フェザー級	126ポンド(57.15キロ)以下
スーパーフェザー級	130ポンド(58.97キロ)以下
ライト級	135ポンド(61.23キロ)以下
スーパーライト級	140ポンド(63.50キロ)以下
ウエルター級	147ポンド(66.68キロ)以下
スーパーウエルター級	154ポンド(69.85キロ)以下
ミドル級	160ポンド(72.58キロ)以下
スーパーミドル級	168ポンド(76.20キロ)以下
ライトヘビー級＊3	175ポンド(79.38キロ)以下
クルーザー級＊4	200ポンド(90.71キロ)以下
ヘビー級＊5	200ポンド(90.71キロ)超

＊1 WBC女子のみ。 ＊2 WBCではストロー級と呼ぶ。
＊3 WBAのみ。 ＊4 男子のみ。
＊5 WBA女子は175ポンド(79.38キロ)超、WBC女子は168ポンド(76.20キロ)超。

あり、分泌される墨汁を蓄える袋。

ぼく-しょ【墨書】〔名〕スル 墨で書くこと。また、その書いたもの。「座右の銘を―する」

ほく-じょう【北上】ホクジャウ〔名〕スル 北に向かって行くこと。北進。「台風が―する」⇔南下。

ぼく-しょう【木匠】ボクシャウ 大工。こだくみ。

ぼく-しょう【墨床】ボクシャウ すりかけの墨をのせておく台。墨台。

ぼく-しょう【墨象】ボクシャウ 前衛書道の異称。

ぼく-しょう【▽乏少】ボフセウ〔名・形動ナリ〕❶とぼしく少ないこと。また、そのさま。「所従なども―なりけり」〈平家・三〉❷貧乏なこと。また、そのさま。「―の藤太とて、いと貧しき者侍り」〈伽・福富長者〉

ぼく-じょう【×卜定】ボクヂャウ 吉凶をうらない定めること。ぼくてい。「国郡を―あって、抜穂の使ひを丹波の国へ下さる」〈太平記・二五〉

ぼく-じょう【牧場】ボクヂャウ 牛・馬・羊などの家畜を放牧する設備をもった場所。まきば。

ぼく-じょう【墨×帖】ボクデフ「法帖」に同じ。

ぼく-じょう【墨場】ボクヂャウ 文人や書家・画家などの集まる場所。また、その仲間。

ほくしょう-だいがく【北翔大学】ホクシヤウー 北海道江別市にある私立大学。平成9年(1997)の開設。同19年度より現校名に改称した。

ぼくじょうひっけい【墨場必携】ボクヂヤウヒッケイ 書家の便に供するために、古人の成句・詩歌などを集めて字数ごとに配列した書。市河米庵著。天保7年(1836)佐藤一斎の序がある。明治13年(1880)刊。

ぼく-しょく【墨色】書かれたものの、墨の色つや。また、墨のように黒い色。すみいろ。

ほく-しん【北×辰】❶《北天の星の意》北極星の異称。❷《北極星が多くの星の中心であるところから》皇居。また、天子。「一位高くして百官星のごとくに連なるといへども」〈太平記・二一〉

ほく-しん【北進】〔名〕スル 北へ向かって進むこと。北上。「国道沿いに―する」⇔南進。〔類語〕北上・南下

ぼく-しん【牧神】ギリシャ神話のパン、およびローマ神話のファウヌスのこと。いずれも山野と牧畜をつかさどる半人半獣の神。牧羊神。

ぼく-じん【×卜人】うらないをする人。卜者。

ぼく-じん【牧人】「牧者」に同じ。

ほくしん-いっとうりゅう【北×辰一刀流】ーイッタウリウ 剣術の一流派。幕末三剣士の一人千葉周作が、北辰夢想流と一刀流から創始したといわれる。

ボクシング〖boxing〗二人の競技者がロープを張って囲んだ四角の競技場(リング)で相対し、両手にグローブをはめて上半身を打ち合い、ノックアウトを目的に勝敗を争う競技。体重別の階級制。拳闘。➔表

ほくしん-ごんげん【北×辰権現】北極星を神格化した称号。神仏習合の流れで、造化の三神と習合した。北辰明神。北辰尊。

ほくしん-さい【北×辰祭】北極星をまつる祭り。古く、宮中などで盛んに行われた。

ほくしん-じへん【北清事変】▶義和団事件

ほぐ・す【▽解す】〔動サ五(四)〕❶結んだり縫ったりしてあるもの、また、もつれたものを、といて別々にする。ほどく。「古いセーターを―・す」「糸のもつれを―・す」❷こりかたまっているものをやわらかくする。「肩のこりを―・す」「緊張を―・す」❸食べ物のかたまっているものを細かに分けたり、かきまぜたりする。「魚の身を―・す」〔可能〕ほぐせる〔類語〕解く・ほどく

ぼく-すい【墨水】《隅田川の「すみ」に「墨」の字を当てたものから》隅田川の異称。

ぼく・する【×卜する】〔動サ変〕〔文〕ぼく・す〔サ変〕❶うらなう。うらなって、よしあしを判断する。「朝の晴は以て夕の雨を―・す可らず」〈福沢・文明論之概略〉❷うらなって定める。また、判断し定める。「ビヨンクウルに住居を―・して」〈藤村・新生〉

ぼく・する【牧する】〔動サ変〕〔文〕ぼく・す〔サ変〕❶家畜を飼ってふやす。「羊を―・するを以て業と為せしが」〈中村訳・西国立志編〉❷人民をやしないおさめる。「今の人民は鎌倉以来封建の君に―・せられたるものなれば」〈福沢・文明論之概略〉

ほく-せい【北西】北と西との中間にあたる方角。西北。

ほく-せい【北征】〔名〕スル 北方に行くこと、北方の敵を征伐すること。

ほく-せい【北斉】中国、南北朝時代の北朝の一。550年、東魏の実権者高洋(文宣帝)が孝静帝から帝位を奪って建国。都は鄴。577年、北周の武帝によって滅ぼされた。高斉。

ぼく-ぜい【×卜×筮】《「卜」は亀の甲、「筮」は筮竹を用いてうらなうこと》うらない。卜占。

ほくせいがくえん-だいがく【北星学園大学】ホクセイガクヱンー 札幌市にある私立大学。明治20年(1887)創設のスミス女学校を前身とし、昭和37年(1962)に開学。平成4年(1992)には大学院を設置した。

ぼく-せいき【朴正熙】▶パク＝チョンヒ

ほくせいしょ【北斉書】中国の二十四史の一。唐の太宗の勅により魏徴の総轄のもとに李百薬の撰。636年完成。北斉の歴史を記したもので、本紀8巻、列伝42巻の全50巻。現存本は後世補足されたもの。

ぼく-せき【木石】❶木と石。樹木と岩石。❷情を解さないもの、人間らしい感情のないもののたとえ。

ぼく-せき【墨跡｜墨×蹟】墨で書いたあと。筆跡。また特に、禅僧の筆跡。〔類語〕墨痕・字・書体・筆跡

ぼくせき-かん【木石漢】人情や男女間の情を解さない男。

ぼくせき-ちょう【木石腸】ーチャウ 人情や情趣を解さない心。

ぼく-せん【×卜占】うらなうこと。占卜。〔類語〕易・八卦

ほ-くそ【火×糞｜×熌】❶ろうそくの燃えがら。❷火口。

ぼく-そ【朴素】〔名・形動〕かざりけがなく、自然のままであること。また、そのさま。素朴。「荷蘭の質実―なる画風其ものの」〈蘆花・自然と人生〉

ほく-そう【北宋】▶宋㊂

ほく-そう【北×叟】北辺に住む老人。「淮南子」人間訓の「塞翁が馬」の故事の塞翁をいう。

ほく-そう【北総】下総の異称。上総を南総というのに対する。

ぼく-そう【牧草】ーサウ 家畜の飼料とする草。

ぼくそう-ひいく【牧草肥育】ボクサウー 肉牛を牧草だけで育てること。脂の少ない赤身の肉になる。グラスフェッド。➔穀物肥育

ほくそ-え・む【ほくそ笑む】ーヱむ〔動マ五(四)〕《「ほくそ」は「北叟」か》うまくいったことに満足して、一人ひそかに笑う。「してやったりと―・む」〔類語〕笑う

漢字項目　ほく

北　学2　[音]ホク(呉)(漢)　[訓]きた‖㊀〈ホク〉①きた。「北緯・北極・北国・北上・北西・北端・北部・北風・北方・北洋/極北・硯北・最北・朔北・南北」②背を向けて逃げる。「敗北」㊁〈きた〉「北風・北国・北半球」〔難読〕台北・北京・北叟笑む

漢字項目　ぼく

【目】▶もく

卜（人）　[音]ボク(慣)　[訓]うらなう‖①亀の甲を用いて吉凶を判断すること。一般に、うらない。うらなう。「卜辞・卜占/亀卜・筮卜・売卜」②選び定める。「卜居・卜宅」〔難読〕卜部

木　学1　[音]ボク(漢)　モク(呉)　[訓]き、こ‖㊀〈ボク〉①き。立ち木。「木石/花木・灌木・巨木・古木・枯木・香木・高木・雑木・神木・大木・低木・倒木・伐木・腐木・流木・霊木・老木」②木材。「木剣・木刀/坑木・土木・銘木・用木・肋木」③うわべを飾らない。「木訥・木強漢」㊁〈モク〉き。「木工・木材・木質・木製・木造・木馬・木皮/材木・撞木・樹木・草木」㊂〈き(ぎ)〉「木戸・木場/植木・草木・雑木・台木・苗木・生木・並木・版木」㊃〈こ〉「木陰・木立」〔名付〕しげ〔難読〕木通・馬酔木・卯木・空木・木耳・木豇豆・木霊・木末・木椎・木偶・木賊・接骨木・白膠木・合歓木・木瓜・木履・木天蓼・木乃伊・木菟・木槿・木綿・寄生木

朴　[音]ボク(呉)　[訓]ほお、えのき‖㊀〈ボク〉①飾り気がない。「朴実・朴直・朴訥/簡朴・質朴・純朴・淳朴・素朴」②木の名。カラホオノキ。「厚朴」〔補説〕①は「樸」と通用する。㊁〈ほお〉木の名。ホオノキ。「朴歯」〔名付〕すなお・なお〔難読〕厚朴

牧　学4　[音]ボク(漢)　[訓]まき‖㊀〈ボク〉①家畜を放し飼いにする。「牧歌・牧場・牧草・牧畜・牧童・牧羊/耕牧・放牧・遊牧」②人々を治め導く。「牧師・牧民」③役人。地方長官。「州牧」㊁〈まき〉「牧場」

睦　[音]ボク(漢)　[訓]むつむ、むつぶ、むつまじい‖人々が仲よく寄り合う。仲よくする。「親睦・和睦」〔名付〕あつし・ちか・ちかし・とき・とも・のぶ・まこと・む・むつ・むつみ・よし・よしみ〔難読〕睦月

僕　[音]ボク(呉)　[訓]しもべ‖男の召使い。下男。しもべ。「僕婢/家僕・下僕・公僕・従僕・臣僕・忠僕・奴僕・童僕・老僕」

墨〔墨〕　[音]ボク(漢)　[訓]すみ‖㊀〈ボク〉①書画に用いる黒の顔料。すみ。「墨痕・墨汁・墨跡/翰墨・古墨・筆墨・文墨・水墨画」②すみで書いたもの。「遺墨・断簡零墨」③ものを書く道具。「白墨」④いれずみ。いれずみの刑。「墨刑」⑤大工道具の一。すみなわ。「縄墨」⑥中国古代の思想家、墨子。「墨家・墨守」⑦隅田川のこと。「墨水・墨堤・墨東」⑧メキシコ。「日墨・米墨戦争」㊁〈すみ(ずみ)〉「墨絵/薄墨・靴墨・朱墨・眉墨」〔難読〕墨西哥

撲　[音]ボク(慣)　[訓]うつ、なぐる‖打ちたたく。なぐる。「撲殺・撲滅/打撲」〔難読〕相撲

×樸　[音]ボク(呉)‖ありのままで飾り気がない。「樸直/簡樸・質樸・淳樸・純樸・素樸」〔補説〕「朴」と通用する。原義は、切り出したままの木。〔難読〕樸樹

ほくそ-ずきん【×苧×屑頭巾】ーヅキン《「ほくそ」は「おくそ」の音変化》カラムシの茎を編んで作った頭巾。切妻の屋根に似た形で、頭部をおおうように深くかぶる。鷹匠や猟師などが用いた。山岡頭巾。からむし頭巾。おくそ頭巾。

ほくそ-わら・う【ほくそ笑ふ】ーわらふ〔動ハ四〕「ほくそえ

む」に同じ。「ともかくも御計ひに随ひ奉るべしとて、―・ひて出でられぬ」〈盛衰記・一二〉
ぼく-だい【墨台】▶墨床
ぼく-たく【木×鐸】❶古代中国で、法令などを広く人民に示すときに振り鳴らした、木の舌のついている大きな鈴。❷《「論語」八佾から》世の人を教え導く人。社会の指導者。「社会の―」
ほく-たん【北端】北のはし。「本州の―」
ほ-くち【火口】火打ち石で発火させた火を移し取るもの。麻やイチビの茎を焼いた炭、また茅花やパンヤに焔硝を加えたものが用いられた。火糞。
ほく-ち【北地】北の地方。北方の土地。また、北陸道の諸国。
ぼく-ち【×卜地】土地の吉凶をうらなうこと。また、土地を選定すること。「―の注意も亦深重ならず乎」〈服部誠一・東京新繁昌記〉
ぼく-ち【牧地】牧場のある土地。また、牧草地。
ぼく-ち【墨池】❶硯の、水や墨汁をためておくくぼんだ部分。硯の海。硯海。硯池。❷墨汁を入れておくつぼ。すみつぼ。
ほくち-がね【火口金】「火打金」に同じ。
ぼく-ちく【牧畜】馬・牛・羊などの家畜を飼育し繁殖させること。また、その産業。
ほく-ちょう【北朝】㊀中国の南北朝時代、華北に拠って興亡した北魏・西魏・東魏・北斉・北周の5王朝の総称。北周を継いだ隋が南朝の陳を滅ぼして南北を統一した。㊁日本の南北朝時代、延元元=建武3年(1336)足利氏が京都に擁立した持明院統の朝廷。光厳・光明・崇光・後光厳・後円融・後小松の各天皇が立ち、元中9=明徳3年(1392)南朝と合一した。
ぼく-ちょく【朴直¦×樸直】〔名・形動〕かざりけがなく正直なこと。すなおで素朴なこと。また、そのさま。「―な青年」(類語)正直
ぼく-てい【×卜定】▶ぼくじょう(卜定)
ぼく-てい【墨堤】隅田川の土手。
ほくてい-とごふ【北庭都護府】中国唐代、西突厥経略を目的として置かれた機関。702年に東部天山の北麓ビシバリクに設置、790年に、吐蕃により陥落。
ほく-てき【北×狄】古代中国人が、匈奴・鮮卑・韃靼など北方の異民族を卑しんで呼んだ語。➡西戎 ➡東夷 ➡南蛮
ぼく-てき【牧笛】牧童が家畜に合図するときに吹く笛。
ぼく-てき【墨翟】▶墨子
ほく-てん【北天】北の方の空。北半球の空。また、北国の空。㊥南天。
ほくてん-せん【北転船】操業海域を日本近海から北太平洋海域に転換した中型底引き網漁船の通称。昭和35年(1960)の漁業政策による。スケトウダラ・カレイなどを漁獲。北洋転換底引き網漁船。北洋転換船。
ほくでん-ぶっきょう【北伝仏教】▶北方仏教
ぼくでん-りゅう【×卜伝流】▶新当流
ほく-と【北斗】「北斗七星」の略。「泰山―」
ほくと【北斗】北海道南西部、渡島半島にある市。函館市に隣接し、セメント工業が盛ん。北海道での稲作発祥(江戸初期)の地。トラピスト修道院がある。平成18年(2006)2月に上磯町・大野町が合併して成立。人口4.8万(2010)。
ほくと【北杜】山梨県北西部にある市。秩父多摩甲斐国立公園、南アルプス国立公園、八ヶ岳中信高原国定公園に囲まれている。平成16年(2004)11月に明野村、須玉町、高根町、長坂町、大泉村、白州町、武川村が合併して成立。同18年に小淵沢町を編入。人口4.7万(2010)。
ほく-と【北都】平安京、すなわち京都の異称。奈良の南都(平城京)に対していう。北京。➡南都㊀
ほく-とう【北東】北と東との中間にあたる方角。東北。
ほく-どう【北堂】❶古代中国で、家の北側の堂。主婦の居室。❷母。また、他人の母の敬称。母堂。ははぎみ。❸大学寮の講堂の一。(類語)母
ぼく-とう【木刀】カシ・ビワなどの木を刀の形に削った棒。多く剣術の稽古用。木太刀。木剣。
ぼく-とう【×幞頭】律令制で、朝服に用いたかぶり物。中国唐代に士大夫などが着用した頭巾を模したもの。
ぼく-とう【濹東¦墨東】東京都墨田区の一帯。隅田川中流の東岸地域。
ぼく-どう【牧童】放牧の牛馬などの番や世話をする子供。また、牧場で家畜の世話をする者。
ぼくとう-が【木×蠹×蛾】ボクトウガ科の昆虫。翅の開張約5センチ。体は白く、翅に黒点が散在し、腹に黒色横帯がある。灯火に集まる。幼虫はナラ・クヌギなどの幹にトンネルを掘ってすむ。
ぼくとうきだん【濹東綺譚】永井荷風の小説。昭和12年(1937)発表。作家の「わたくし」こと大江匡と玉の井の娼婦お雪との交情を淡々と描く。
ほくとう-せき【北投石】鉛を含む重晶石の一種。淡褐色の温泉沈殿物として産し、台湾の台北の北方にある北投温泉で発見。
ほくとうみ-のぶよし【北勝海信芳】[1963～]力士。第61代横綱。北海道出身。本名、保志信芳。優勝8回。引退後、年寄八角。➡双羽黒光司(第60代横綱) ➡大乃国康(第62代横綱)
ほく-とく-ほう【北特法】「北方領土問題等解決促進特別措置法」略称。
ほくと-し【北斗市】▶北斗
ほくと-し【北杜市】▶北杜
ほくと-しちせい【北斗七星】北天にある大熊座の七つの星。ひしゃく(斗)の形に並ぶ。北半球の中緯度以北の地ではほとんど一年中見ることができ、北極星を探す指極星として、また一昼夜に一二方を指すところから時刻を計る星として古来親しまれてきた。ななつぼし。七曜星。北斗星。
ほくと-せい【北斗星】「北斗七星」に同じ。
ぼく-とつ【木×訥¦朴×訥】〔名・形動〕質朴で訥弁であること。かざりけがなく、口数が少ないこと。また、そのさま。「―な人柄」(派生)ぼくとつさ〔名〕
(類語)素朴・純朴・質朴・質実・真率
ぼくとつ-ぜんう【冒頓単于】[?～前174]中国、前漢のころの匈奴王。在位、前209～前174。父を殺して単于(君主)となり、東胡・月氏を破ってモンゴル高原を統一。漢の高祖を包囲して講和を約束させるなど、遊牧国家匈奴の全盛期を開いた。
ぼく-にょう【×支×繞¦×攵×繞】漢字の繞の一。「放」「敲」などの「攵」や「支」の称。とまた。
ぼくねん-じん【朴念仁】無口で愛想のない人。また、がんこで物の道理のわからない人。わからずや。(類語)分からず屋・唐変木・でくの坊
ぼく-ば【牧馬】㊀牧場で放牧されている馬。㊁平安時代の琵琶の名器。醍醐天皇御物。
ぼく-はい【木×牌】❶木の札。もくはい。❷木の位牌。もくはい。
ほく-ばつ【北伐】1926年から中国国民革命軍が北京の軍閥政府を打倒するために行った戦争。北伐軍総司令蔣介石の反共クーデターなどで中断されたが、28年、北京を占領し、中国を統一した。
ほ-くび【穂首】❶稲・麦などの穂の部分。❷槍の穂先の柄に接する部分。
ぼく-ひ【木皮】木の皮。樹皮。もくひ。
ぼく-ひ【僕×婢】下男と下女。召使い。
ぼく-ひつ【木筆】❶へら状の木の先端を細く割って筆としたもの。また、焼き筆のこと。もくひつ。❷読書のとき、文章中の文字をさし示すのに用いる道具。字指し。もくひつ。❸鉛筆の異称。
ぼく-ひつ【墨筆】❶墨と筆。また、墨をつけて書く筆。❷墨と筆を用いて書いたもの。
ほく-ぶ【北部】その地域の北よりの部分。
ぼく-ふ【牧夫】牧場で牛馬などの飼育をする男性。
ほく-ふう【北風】北から吹く風。きたかぜ。
ほくぶ-どうめい【北部同盟】《(伊)Lega Nord》イタリアの政党。北部の富が南部に再配分されているとの不満をもとに1991年に結党。一時は北部の独立を訴えたが支持を得られず、連邦制を目指す穏健路線に転じた。たびたび自由の人民などとの連立で与党となる。
ほく-べい【北米】北アメリカ。北アメリカ大陸。アメリカ合衆国をさすこともある。
ほくべい-こうくううちゅうぼうえいしれいぶ【北米航空宇宙防衛司令部】▶ノラド(NORAD)
ほくべい-じゆうぼうえききょうてい【北米自由貿易協定】▶ナフタ(NAFTA)
ほく-へん【北辺】北の果て。北のあたり。
ほ-くぼ【火×窪】いろりの中央の、火を燃やすところ。火の坪。ほどなか。
ほく-ぼう【北×邙】《北邙山が、後漢以来王侯公卿の墓地として知られるところから》墓地。埋葬場。
ほくぼう-の-けむり【北×邙の煙】火葬に付されること。死ぬこと。
ほくぼう-の-ちり【北×邙の×塵】《劉希夷「公子行」から》死んで、土に帰ること。
ほく-ほく〔副〕❶うれしさを隠しきれないさま。「商売繁盛で―している」❷焼いたりふかしたりした栗・芋などの、水分が少なくてやわらかいさま。ぼくぼく。「―した焼き芋」❸ゆっくりと歩くさま。「―とかすんで来るはどなたかな」〈一茶句稿消息〉
ぼく-ぼく〔副〕❶土などが乾いてやわらかく崩れそうなさま。「―(と)した土」❷「ほくほく❸」に同じ。「馬―我を絵に見る夏野かな」〈蕉翁句集〉
ぽく-ぽく〔副〕❶木魚などをたたく音を表す語。❷ゆっくり歩くさま。また、そのときの足音などを表す語。「駅まで―(と)歩く」❸「ほくほく❷」に同じ。「―(と)したゆで栗」
ほく-ほくせい【北北西】北と北西との中間の方角。
ほく-ほくとう【北北東】北と北東との中間の方角。
ぼく-ほん【墨本】▶法帖
ほ-ぐみ【穂組み】刈った稲穂を乾かすために、組んで積んだもの。「落ち穂を拾ひて―を造る」〈方丈記〉
ぼく-みん【牧民】人民を治めること。
ぼくみん-かん【牧民官】地方長官。
ほく-めい【北×溟¦北冥】北方の大海。北の海。
ぼく-めつ【撲滅】〔名〕スル 完全にうちほろぼすこと。根こそぎなくしてしまうこと。「白アリを―する」「伝染病を―する」
(類語)全滅・絶滅・壊滅・殲滅・根絶・根絶やし
ほく-めん【北面】〔名〕スル ❶北に面すること。北向き。「湖に―する山」❷《昔の中国で、君主は南に、臣下は北に面して座ったところから》臣下または弟子の座。また、臣下として主君につかえること。❸北面の武士の詰め所。❹「北面の武士」の略。
ほくめん-の-ぶし【北面の武士】院の御所の北面に詰め、院中の警備にあたった武士。白河上皇の時に設置され、院直属の武力として重きをなした。北面の侍。
ほくもん-の-たん【北門の嘆】《「詩経」邶風・北門から》仕官しても志を得ることができない嘆き。
ぼく-や【牧野】家畜の放牧や牧草の採取のための野原。
ぼく-や【僕×射】❶中国の官名。左右各1名が置かれる。秦代に始まり、唐・宋時代は宰相の任にあたった。❷左大臣・右大臣の唐名。
ほく-よう【北洋】❶北方の海。北海。❷中国で清末に外交・通商・防衛などのため、直隷(河北)・奉天(遼寧)・山東の三省を合わせて呼んだ称。直隷総督が北洋大臣を兼任して管轄した。
ぼく-よう【牧羊】〔名〕スル 羊を飼育すること。また、その羊。
ぼく-よう【牧養】〔名〕スル 牧場で家畜を飼育すること。
ほくよう-かんたい【北洋艦隊】中国、清代に李鴻章によって編制された海軍。威海衛に基地を置

き清国海軍の主力であったが、日清戦争で壊滅。

ほくよう-ぎょぎょう【北洋漁業】ホクヨウギョギョウ オホーツク海・ベーリング海などの北太平洋海域で操業する漁業。母船式サケマス漁業・母船式カニ漁業・母船式底引き網漁業など。

ほくよう-ぐんばつ【北洋軍閥】ホクヨウグンバツ 中国、民国時代初期に北京政府の実権を握った軍閥の総称。清末に北洋大臣袁世凱えんせいがいが組織した北洋新軍を基盤とした。袁の死後は安徽あんき派・直隷派と傍系の奉天派に分裂。

ぼくよう-けん【牧羊犬】ボクヨウケン 放牧中の羊の群れの番や誘導をする犬。コリー・シェパードなど。

ぼくようじょう【牧羊城】ボクヨウジョウ 中国、大連市の老鉄山北西麓にある古城跡。周末・漢初の遺物が多数出土。

ぼくよう-しん【牧羊神】ボクヨウシン「牧神ぼくしん」に同じ。

ほくようてんかん-せん【北洋転換船】ホクヨウテンカンセン ▶北転船

ほくようてんかん-そこびきあみぎょせん【北洋転換底引(き)網漁船】ホクヨウテンカンソコビキアミギョセン ▶北転船

ほ-くら【▽神▽庫|▽宝倉】《「ほ」は「秀」の意》❶神宝を納めておくくら。「一高しといへども、われよく一のために梯はしを造たてむ」〈垂仁紀〉❷小さな神殿。ほこら。「稲荷いなりの一に」〈拾遺・雑恋・詞書〉

ほくらく-しもん【北落師門】南の魚座のα星、フォーマルハウトの中国名。旧都長安の城の北門を指す。

ぼく-り【木履】《「ぼくり」とも》❶浅い木ぐつ。❷足をのせる木の台に鼻緒をつけた履物。下駄・足駄の類。❸「ぽっくり(木履)」に同じ。

ほく-りく【北陸】㊀「北陸地方」の略。㊁「北陸道」の略。

ほくりく-かいどう【北陸街道】ホクリクカイドウ 中山道なかせんどうの関ヶ原または鳥居本から分かれて琵琶湖東岸を北上、栃ノ木峠を越え、鯖江・福井を通り、大聖寺・小松・金沢を通り高岡・富山から海岸沿いに親不知おやしらずの難所を越えて直江津・柏崎を経て新潟に至る約500キロの街道。

ほくりくがくいん-だいがく【北陸学院大学】ホクリクガクインダイガク 石川県金沢市にある私立大学。平成20年(2008)の開設。

ほくりく-じどうしゃどう【北陸自動車道】ホクリクジドウシャドウ 新潟市と、富山・金沢・福井市を経て、滋賀県米原まいばら町とを結ぶ高速道路。

ほくりく-しんかんせん【北陸新幹線】東京から長野を経て日本海回りで大阪まで建設が計画されている新幹線。このうち長野まで(通称長野新幹線)が平成9年(1997)に開業。東京・高崎間は東北および上越新幹線の線路を使用。運行列車は「あさま」。高崎・長野間は全長117.4キロ。

▷**北陸(長野)新幹線の駅**
東京―上野―大宮―熊谷―本庄早稲田―高崎―安中榛名―軽井沢―佐久平―上田―長野―(飯山)―(上越／仮)―(糸魚川)―(新黒部／仮)―(富山)―(新高岡／仮)―(金沢)―(小松)―(加賀温泉)―(芦原温泉)―(福井)―(南越／仮)―(敦賀)
[注]括弧内は未開業、「仮」は仮称

ほくりくせんたんかがくぎじゅつ-だいがくいんだいがく【北陸先端科学技術大学院大学】ホクリクセンタンカガクギジュツダイガクインダイガク 石川県能美市にある国立大学院大学。平成2年(1990)の開設。

ほくりく-だいがく【北陸大学】石川県金沢市にある私立大学。昭和50年(1975)に開学した。

ほくりく-ちほう【北陸地方】ホクリクチホウ 中部地方の日本海沿いの地域。新潟・富山・石川・福井の4県。

ほくりく-どう【北陸道】ホクリクドウ 五畿七道の一。若狭・越前・加賀・能登・越中・越後・佐渡の7か国。また、この国々を結ぶ街道のこと。くぬがのみち。ほくろくどう。北国ほっこく。

ほくりく-トンネル【北陸トンネル】北陸本線の敦賀と南今庄との間にあるトンネル。全長13.87キロ。昭和37年(1962)完成。

ほくりく-ほんせん【北陸本線】滋賀県の米原まいばらから福井・金沢・富山を経て直江津に至るJR線。大正2年(1913)全通。全長353.9キロ。

ほく-りょう【北涼】ホクリョウ 中国、五胡十六国の一。397年、後涼の大守段業が匈奴の沮渠蒙遜そきょもうそんに擁立されて、甘粛北部に建国。401年、蒙遜は段業を殺して即位。439年、北魏に滅ぼされた。

ほくりょ-なんわ【北虜南×倭】15～16世紀、中国の明朝を悩ませた外敵、北から侵入したモンゴル族と、東南海岸を荒らした倭寇わこうの称。南倭北虜。

ほくりん-ぜんに【北林禅尼】阿仏尼あぶつにの別名。

ほぐ・る【▽解る】〔動ラ下二〕「ほぐれる」の文語形。

ほく-れい【北嶺】㊀比叡山。高野山を南山とよぶのに対する。➡南山㊀㊁ ㊁比叡山延暦寺。奈良の興福寺を南嶺または南都とよぶのに対する。➡南都㊁

ぼく-れい【僕隷】召使い。下男。下僕。しもべ。

ぼくれつ-じけん【朴烈事件】大正12年(1923)大逆罪容疑で逮捕された在日朝鮮人朴烈と、その妻の金子文子の処遇をめぐって起こった事件。死刑判決が若槻内閣によって無期に減刑されたが、獄中の怪写真が世間に配布されたことで、野党立憲政友会などが政府攻撃の材料とした。

ほぐ・れる【▽解れる】〔動ラ下一〕図ほぐ・る〔ラ下二〕❶もつれたり、固まったりしたものがとけはなれる。ほどける。「からまった糸が一・れる」❷緊張がとれてやわらぐ。「気持ちが一・れる」「体操でからだが一・れる」❸食物の固まりが細かくなる。「鮭の身が一・れる」❹信用取引で、売買の取組が減少する。特に買建玉かいだてぎょくの整理が進む。

ほくろ　シュンランの別名。

ほくろ【黒=子】皮膚にみられる黒褐色の斑で、母斑の一。周囲より隆起し、アズキ大までのものをいう。こくし。

ほくろく-どう【北陸道】ホクロクドウ ▶ほくりくどう(北陸道)

ポクロバナネルリ-きょうかい【ポクロバナネルリ教会】キョウカイ《Tserkov' Pokrova na Nerli》▶ポクロフナネルリ教会

ポクロフスカヤ-きょうかい【ポクロフスカヤ教会】キョウカイ《Pokrovskaya tserkov'》ロシア連邦北西部、カレリア共和国のオネガ湖に浮かぶキジ島にある木造の教会。18世紀半ばに建造。隣接するプレオブラジェンスカヤ教会とともに、釘を1本も使用しない木造建築として知られる。木片で葺ふかれた九つの玉ねぎ型のドームをもつ。19世紀半ばに建てられた鐘楼がある。1966年に島全体が国立野外博物館に指定され、1990年に「キジ島の木造教会建築」の名称で世界遺産(文化遺産)に登録された。

ポクロフスキー-だいせいどう【ポクロフスキー大聖堂】ダイセイドウ《Pokrovskiy sobor》聖ワシリー大聖堂の正称。

ポクロフスク〘Pokrovsk〙ロシア連邦の都市エンゲリスの旧称。

ポクロフナネルリ-きょうかい【ポクロフナネルリ教会】キョウカイ《Tserkov' Pokrova na Nerli》ロシア連邦西部の町ボゴリュボボにあるロシア正教会の教会。ボルガ川の支流クリャジマ川とネルリ川の合流点に位置する。12世紀にアンドレイ＝ボゴリュープスキーにより建造。外部の白壁は聖書などを題材としたさまざまな浮き彫りが施されている。1992年、ウラジーミルのウスペンスキー大聖堂や黄金の門とともに「ウラジーミルとスーズダリの白亜の建造物群」の名称で世界遺産(文化遺産)に登録された。ポクロバナネルリ教会。

ポグロム〘ロシア pogrom〙集団的で計画的な迫害・虐殺。特に19世紀後半から20世紀初頭にかけて、ロシアを中心に行われたユダヤ人の虐殺をいう。

ぼ-くん【×謨訓】国家の大計と後世の政治の手本となる教え。

ほ-け【火気】❶火の気。また、煙。「かまどには一吹きたてず」〈万・八九二〉❷湯気ゆげ。「一たつ早晩いつしかながらの雁の声/直治」〈西鶴大矢数・一〉

ほ-け【▽本家】「ほんけ」の撥音の無表記。「三日の夜は一、五日の夜は摂政殿より」〈栄花・さまざまの喜び〉

ぼ-け【木=瓜】バラ科の落葉低木。高さ約2メートル。枝にとげがあり、葉は楕円形で縁にぎざぎざがある。春、葉に先だって、紅・淡紅・白色や絞りの5弁の花が咲く。実は球状で夏に黄色に熟し、香りがある。中国の原産で、庭木にされる。ぼっか。もけ。(季 花=春 実=秋)「四阿あずまやや此処に春ゆく一二輪/水巴」

ぼけ【×惚け|×呆け|×暈け】❶ぼけること。また、その人。「時差一」「連休一」❷漫才で、つっこみに対して、とぼけた役を演じる者。ぼけ役。❸(暈け)カメラのレンズの被写界深度を意図的に浅くすることによって生じる効果。人物や花などの主たる被写体にのみピントを合わせ、背景から浮かび上がらせたり(後ぼけ)、手前にある物体をぼかして遠近感を強調したり(前ぼけ)することをいう。類語 恍惚こうこつ・耄碌もうろく

ぼけ-あみ【▽棒▽受網】▶ぼううけあみ

ほ-げい【捕鯨】鯨をとること。くじらとり。いさなとり。(季 冬)➡国際捕鯨取締条約

ぼ-けい【母系】❶母方の血筋をたどった系統。また、その系統に属すること。⇔父系。❷家系が母方の系統で相続されること。「一家族」⇔父系。

ぼ-けい【母型】活字を鋳造するときに、活字の字面じづらの突出部を形成するために用いる金属製の雌型。製作法により、打ち込み母型・彫刻母型・電鋳母型の3種がある。字母。

ぼ-けい【暮景】❶夕暮れのけしき。夕げしき。❷老境。晩年。類語 (❶)景色・山色さんしょく・水色すいしょく・白砂青松はくしゃせいしょう・野色やしょく・野景・柳暗花明りゅうあんかめい・春景・煙景・秋景・雪景・夕景せっけい・夕景ゆうけい・晩景・夜景

ぼ-けい【模型】▶もけい(模型)

ぼけい-しゃかい【母系社会】ボケイシャカイ 母親の系統によって家族・血縁集団が組織されている社会。父親は子に法的権利をもたず、地位の継承や財産の相続は、母の兄弟からその甥おいへと伝えられる。ふつう集団の統制権は男子にあり、母権制とは異なる。

ほげい-せん【捕鯨船】鯨を捕るための捕鯨砲などを備えた漁船。キャッチャーボート。(季 冬)

ほげい-ほう【捕鯨砲】ホゲイホウ 捕鯨船に取り付けた、鯨を捕獲するための砲。長い綱をつけた銛もりを発射する。

ぼけ-いろ【×惚け色】はっきりしない色。また、あせたりしてぼやけた色。

ほけ-きょう【法華経】ホケキョウ《梵 Saddharmapuṇḍarīka-sūtraの訳「妙法蓮華経」の略》大乗仏教の最も重要な経典の一。漢訳は、竺法護じくほうご訳10巻(正法華経)、鳩摩羅什くまらじゅう訳8巻、闍那崛多じゃなくった訳8巻(添品妙法蓮華経)の3種が現存するが、ふつう羅什訳をさす。28品からなり、譬喩を交えた文学的な表現で法華一乗の立場や永遠の生命としての仏陀を説く。天台宗・日蓮宗の所依しょえの経典。ほっけきょう。

ほけきょう-じ【法華経寺】ホケキョウジ 千葉県市川市にある日蓮宗の寺。もと日蓮宗四大本山の一。山号は、正中山。文応元年(1260)富木ときの常忍(日常)が自邸を寺とした法華寺に始まる。日蓮自筆の立正安国論・観心本尊抄(ともに国宝)を所蔵する。

ポケ-コン「ポケットコンピューター」の略。

ほけ-し・る【×惚け▽痴る】〔動ラ下二〕ぼけてぼんやりする。「物を思ひ沈み、いよいよ一・れてものし給ふ」〈源・真木柱〉

ほ-げた【帆桁】帆を張るために帆柱の上に横に渡した用材。帆柱上部に固定したものと、帆とともに上下するものとがある。

ほ-けつ【補欠|補×闕】❶欠けたり足りなくなったりした部分を補うこと。また、そのための予備の人員。「一で入学する」「一選手」❷薫物たきものの一種。沈香じんこう・丁字香ちょうじこう・甲香・鬱金香うこんこうなどを練り合わせたもの。類語 候補・代理

ぼ-けつ【墓穴】棺や骨壺を埋めるための穴。はかあな。類語 墓穴はかあな

墓穴を掘・る　身を滅ぼす原因を自分から作ることのたとえ。「策を弄して一・る」補説 この句の場合、「墓穴」を「はかあな」とは読まない。

ぼ-けつ【墓×碣】《「碣」は円形の石》墓のしるしに立てる石。墓石。

ほけ-づ・く【▽法気付く】〔動カ四〕「ほうけづく」に同

じ。「なまめかしき様かはり、—・き尊げになりて」〈浜松・二〉

ほけつ-せん【補欠選】「補欠選挙」の略。

ほけつ-せんきょ【補欠選挙】議員の欠員を補充するために臨時に行う選挙。繰り上げ補充ができない場合や欠員が一定数に達したときに行われる。補選。

ポケッタブル〖pocketable〗〘形動〙洋服のポケットに入るほど小型であるさま。「—なラジオ」

ぼけ-つち【×惚け土|×壚土】粘りけがなく草木の生育に適さない土。

ぼけっ-と〘副〙スル 何もしないで、ぼんやりしているさま。「—していないで手伝いぐらいしなさい」

類語ぼんやり・ぼうっと・ぼっと・ぼさっと・ぼうっと

ポケット〖pocket〗❶衣服などに縫いつけた袋状の小さな物入れ。隠し。❷形状が❶に似た、くぼみ。ビリヤードの球台の受け穴など。

ポケット-エディション《和 pocket＋edition》文庫判・新書判などの小型本。ポケット判。

ポケット-がた【ポケット型】ポケットに入るくらいの小さな型。懐中型。「—のカメラ」

ポケット-カメラ〖pocket camera〗110(ワンテン)判・ミノックス判・16ミリ判などのミニカメラの総称。

ポケット-コンピューター〖pocket computer〗携帯用の超小型コンピューター。本体と液晶ディスプレー・キーボードとが一体になっている。ポケコン。

ポケットチーフ《和 pocket＋handkerchiefから》実用的な用途のものではなく、スーツの胸ポケットを飾るためのハンカチーフ。シルク素材で作られたものが多い。

ポケット-ティッシュ〖pocket tissue〗ポケットや鞄に入れて持ち歩けるように、小さく包装したティッシュペーパー。

ポケット-テレビ《和 pocket　televisionから》扁平ブラウン管の開発で生まれた、薄型の超小型テレビ。現在は液晶ディスプレーを用いたポータブル液晶テレビが主流。

ポケット-パーク《和 pocket＋park》道路整備や交差点の改良によって生まれたスペースに、ベンチを置くなどして作った小さな公園。

ポケット-ピーシー【ポケットPC】《Pocket PC》米国マイクロソフト社が開発したPDA(携帯情報端末)、あるいはソフトウエアを含めた全体の規格のこと。➡ウインドウズモバイル

ポケット-ビリヤード〖pocket billiard〗「プール❺」に同じ。

ポケットブック〖pocketbook〗❶小型の本。❷手帳。

ポケット-ベル〖pocket bell〗ポケットに入る小型の無線受信端末。ポケベルとも略される。液晶画面に数字列や簡単な文字列などを表示でき、普通の電話機から呼び出してメッセージ文を送れるが、通話はできない。NTTが同サービスの商標をポケットベルとしていたため、これが広く使われるようになった。またNTTからサービスを受け継いだNTTドコモはクイックキャストに名称変更したが平成19年(2007)3月に同サービスを終了。一般名詞としてはページャーという。

ポケット-マネー〖pocket money〗小遣い銭。

ポケット-モンキー〖pocket monkey〗ポケットに入るような小形のサル。キヌザル科のマーモセット属・タマリン属のサルをさすことが多い。

ほけつ-ぼしゅう【補欠募集】定員に満たないとき、その不足を補うために行う募集。

ほけ-どう【ᵛ法華堂】「ほっけどう(法華堂)」に同じ。「かの人の四十九日忌、忍びて比叡の—にて」〈源・夕顔〉

ぼけ-なす【×惚け茄=子】❶外皮の色つやのあせたナス。❷ぼんやりした人をののしっていう語。

ほけ-びと【×惚け人】もうろくした人。「今はこよなき—にてぞありけむかし」〈源・若菜上〉

ポケ-ベル「ポケットベル」の略。

ほけほけ・し【×惚け×惚けし】〘形シク〙❶ひどくぼけている。「今はいと—・しうなり給ひたる人ばかりを頼みにてや」〈狭衣・三〉❷何かに心を奪われぼんやりしている。ぼうっとしている。「—・しうて、つくづくと伏し悩み給ふを」〈源・葵〉

ほ・ける【×惚ける|×呆ける】〘動カ下一〙図ほ・く〘カ下二〙《「ほげる」とも》❶「ほう(惚)ける❷」に同じ。「遊びに—・ける」「かの中納言は—・けて、妻にのみ従ひて」〈落窪・三〉❷「ぼ(惚)ける❷」に同じ。「夕もやに景色が—・けて見える」

ぼ・ける【×惚ける|×暈ける】〘動カ下一〙図ぼ・く〘カ下二〙《「ほける」から》❶頭の働きや知覚がにぶくなる。もうろくする。「年とともに—・けてきた」❷(暈ける)物の色や輪郭、また、物事の内容などがはっきりしない状態になる。ぼやける。「ピントが—・けている」「論点が—・ける」

ほ-けん【保健】健康を守り保つこと。類語静養・保養

ほ-けん【保険】火災・死亡など偶然に発生する事故によって生じる経済的不安に備えて、多数の者が掛け金を出し合い、それを資金として事故に遭遇した者に一定金額を給付する制度。生命保険・損害保険など。「—を掛ける」「—に入る」

保険を掛・ける ❶万一に備えて保険を契約する。❷うまくいかなかった時に備えて、別の手段を用意する。

ほげん【保元】▶ほうげん(保元)

ぼ-けん【母権】❶母親としての権利。❷母親が家族の成員に対して持っている権威・権力。

ほけん-い【保険医】❶健康保険などの加入者の診療に当たる医師または歯科医師。健康保険医。❷保険会社の委嘱によって、生命保険の契約のとき、被保険者の健康状態を診断する医師の通称。医務職員。社医。

ほけんいりょうけいえい-だいがく【保健医療経営大学】福岡県みやま市にある私立大学。平成20年(2008)に開学した、保健医療経営学部の単科大学。

ほけん-がいこういん【保険外交員】保険会社に所属し、家庭や会社などを回って契約の募集・勧誘などに従事する人。

ほけん-がいしゃ【保険会社】保険業を営む株式会社または相互会社。

ほけんがい-しんりょう【保険外診療】▶自由診療

ほけんがい-へいようりょうようひ【保険外併用療養費】混合診療禁止の原則を緩和する目的で、医療サービスを受ける際に、公的医療保険の支給対象にならない評価療養および選定療養で、同時に行われる基礎的診療部分について一般の保険診療と同様に保険から給付される費用。それ以外の特別料金部分については全額自己負担となる。国民の選択肢を拡げ、利便性を向上するという観点から、保険診療と保険外診療との併用を認めた制度で、平成18年(2006)健康保険法を改正し、特定療養費制度を再編して設置。

ほけん-かがく【保険価額】損害保険において、被保険者が被るおそれのある損害を金銭的に評価した額。保険事故の発生によって保険者が支払うべき金額の最高限度額を示す。

ほけん-かけきん【保険掛(け)金】保険加入者が、月掛けまたは年掛けなどの方法で払い込む保険料金。

ほけんかんとくしゃ-こくさいきこう【保険監督者国際機構】各国の保険監督当局によって構成される国際組織。国際的な監督基準の策定、新興市場国における保険制度確立の支援、他の金融監督機関との連携などを目的として1994年に発足。約140の国・地域から保険業に関する規制・監督当局が参加(2012年7月現在)。オブザーバーとして保険会社・業界団体なども参加する。IAIS(International Association of Insurance Supervisors)。

ほけんきのう-しょくひん【保健機能食品】特定保健用食品と栄養機能食品の総称。

ほけんぎょう-ほう【保険業法】保険業の健全で適切な運営と公正な保険募集の確保により保険契約者の保護を図ることを目的として制定された法律。保険会社の種類・組織運営・業務、保険契約者保護の仕組みなどについて規定する。平成7年(1995)に全面改正され、保険契約者等の保護を図るため、根拠法のない共済(無認可共済)を規制の対象とし、少額短期保険業制度を新設。また、保険会社の破綻に備えて、保険契約者保護機構の設立が規定された。

ほけん-きん【保険金】保険事故が生じたときに、契約に基づいて保険会社から支払われる金銭。損害保険では被保険者に、生命保険では保険金受取人に支払われる。

ほけん-きんがく【保険金額】保険契約において約定された金額。生命保険では給付額、損害保険では給付の最高限度額。

ほけんきんがくじどうふくげん-ほうしき【保険金額自動復元方式】自動車保険で、保険期間中に事故を起こして保険金が支払われても支払い限度額は減額されないで、自動的にもとの保険金額に復元される方式。支払い額が保険金額の一定割合以下の場合のみ復元するものと、保険金額の全額が支払われても復元するものとがある。自動復元。

ほけんきんしはらいよりょく-ひりつ【保険金支払余力比率】▶ソルベンシーマージン比率

ほけん-けいやく【保険契約】保険者が相手方(保険契約者)から保険料を受け取り、保険事故の発生に際して相手方または第三者に保険金を支払うことを約する契約。

ほけん-けいやくしゃ【保険契約者】保険契約の一方の当事者として、保険者に対し、保険料の支払い義務を負う者。

ほけんけいやくしゃほご-きこう【保険契約者保護機構】保険会社が破綻した場合に保険契約者を保護するための仕組みとして、保険業法に基づいて設立された法人。平成10年(1998)12月発足。破綻会社から保険契約を引き継ぐ救済保険会社に資金援助等を行う。国内で営業するすべての生命保険会社および損害保険会社は、それぞれ生命保険契約者保護機構・損害保険契約者保護機構への加入が義務づけられている。少額短期保険業者、再保険業務のみを行う保険会社、政令で定められた保険会社は加入義務がない。

ほけん-し【保健師】保健指導に当たる専門職。専門教育を受け、国家試験に合格して厚生労働大臣の免許を受けた人がなる。

ほけん-じこ【保険事故】保険契約において、保険の対象となる偶然な事故。

ほけん-しゃ【保険者】保険契約に基づいて、保険料を徴収し、保険事故の発生の際に保険金を支払う義務を負う者。⇔被保険者。

ほけん-じょ【保健所】地域の公衆衛生活動の中心となる公的機関。都道府県、政令指定都市および東京都の特別区が保健所法に基づいて設置し、医師・保健師などを置き、衛生思想の普及・向上、栄養の改善、衛生の指導、疾病の予防などを行う。昭和12年(1937)創設。

ほけん-しょうけん【保険証券】保険者が保険契約の成立とその内容を証明するために作成して、保険契約者に交付する証券。

ほけん-しんりょう【保険診療】国民健康保険や社会保険等の健康保険などの公的医療保険制度が適用される診療を受けること。➡自由診療

ぼけん-せい【母権制】家族や親族集団の支配権を女性がもっている社会制度。19世紀に、人類社会の進化史上で、家父長制または父権制に先行したと提唱されたが、その存在は否定されている。➡母系社会

ほけん-だいい【保険代位】損害保険で、保険会社が被保険者に保険金を支払ったとき、被保険者が有する権利を保険会社に移転させる制度。被保

険者が持つ家屋・家財などの所有権を移転する残存物代位と、第三者に対して持つ損害賠償請求権を移転する請求権代位とがある。被保険者が保険金と損害賠償金を二重取りする利得を防止するための制度。

ほけん-たいいく【保健体育】中学校・高等学校の教科の一。運動実技を行うとともに心身の発達過程や保健・衛生の知識を学び、健康な生活を営む態度や能力を養うことを目的とする。

ほけん-たいそう【保健体操】健康を保持・増進するために、だれにでも気軽にできる体操。ラジオ体操など。

ほけん-だいりてん【保険代理店】特定の保険会社のために、独立して保険契約の締結の代理または媒介を行う者。

ほけん-ちょうざい【保険調剤】保険医療を行う医師が発行する院外処方箋に基づいて、保険薬局において薬剤師が行う調剤のこと。

ほけんひきうけ-そんえき【保険引(き)受(け)損益】損害保険会社の本業である保険引受業務から発生する損益。保険契約者から支払われる保険料などの保険引受収益から、保険契約者に支払う保険金などの保険引受費用、および、保険引受に係る営業費及び一般管理費を差し引き、「その他収支」を合算して算出する。一般の企業の営業利益に近い。

ほけん-ふ【保健婦】女性保健師の旧称。➡保健師

ほけん-やく【保健薬】疲労回復や滋養強壮のために用いる薬。ビタミン剤の類。

ほけんやっきょく【保険薬局】健康保険を使って保険調剤業務を行う薬局。

ほけん-りょう【保険料】保険契約者が保険者に支払う料金。

ほけんりょう-りつ【保険料率】保険金額に対する保険料の割合。また、年金給付のもととなる保険料の全収入に占める割合。

ほこ【矛・鉾・戈・鋒・戟】❶両刃の剣に柄をつけた、刺突のための武器。青銅器時代・鉄器時代の代表的な武器で、日本では弥生時代に銅矛・鉄矛がある。のちには実用性を失い、呪力をもつものとして宗教儀礼の用具とされた。広く、攻撃用の武器のたとえとしても用いる。「一を向ける」❷弓の幹。弓幹。❸❶を立てた山車。特に京都祇園会の山鉾。ほこだし。《季 夏》「一処々にゆふ風そよぐ囃子かな/太祇」(類語)なぎなた・槍・盾

矛を収・める　争いや攻撃をやめる。「論難の一・める」

ほ-ご【反故・反古】❶書きそこなったりして不要になった紙。ほご紙。ほうご。ほぐ。❷役に立たなくなった物事。

(類語)解約・取り消す・キャンセル・破談・破約

反故に・する　❶無駄に捨てる。「コピー用紙を何枚も一・する」❷ないものとする。役に立たないものにする。「契約を一・する」

ほ-ご【保護】〔名〕スル ❶外からの危険・脅威・破壊などからかばい守ること。「傷口を一する」「森林を一する」❷応急の救護を要する理由のあるとき、警察署などに留め置くこと。「迷子を一する」(類語)庇護・愛護・擁護・防護・救護・援護・警護・守護・守る

ほ-ご【補語】❶《complement》英語・フランス語などの文法で、それだけでは完全な意味を表さない動詞の意をおぎなう語。"He is rich." "I make him happy." のrich, happyの類。❷日本語で、連用修飾語のうち、主として格助詞「に」「と」などを伴う語。「兄が弟に本を与える」の「弟に」の類。「を」を伴うものを目的語または客語というのに対する。

ぼ-ご【戊午】干支の55番目。つちのえうま。

ぼ-ご【母語】❶人が生まれて最初に習い覚えた言語。母国語。❷同じ系統に属する諸言語が共通の源とする言語。フランス語・イタリア語などに対するラテン語の類。祖語。(類語)母国語・邦語・国語

ポコ〖poco〗有機野菜宅配会社と生活協同組合連合会の生活クラブ生協連合会・グリーンコープ連合・パルシステム連合会が独自に定めたフードマイレージ表示。1ポコが$CO_2$100グラムに相当する。

ほご-あずかり【保護預(か)り】銀行・証券会社などが付随・付帯業務の一つとして顧客の依頼により、有価証券・貴金属などを保管すること。

ポコ-ア-ポコ〖(イタリア) poco a poco〗音楽で、速度標語に添える語。「少しずつ」の意。「ポコ-ア-ポコ-リタルダンド」などのように用いる。

ほ-こう【歩行】〔名〕スル歩いていくこと。「道路の右側を一する」

(類語)歩み・歩・足・徒歩・あんよ・歩く

ほ-こう【補講】〔名〕スル 一定の講義以外に、不足した内容や時間を補充するために行う講義。

ぼ-こう【母后】皇太后。ははきさき。

ぼ-こう【母校】その人が学んで卒業した学校。出身校。

ぼ-こう【母港】その船舶が本拠地としている港。また、出航してきた港。

ほこうえい【蒲公英】タンポポの漢名。漢方で全草を健胃・解熱・浄血・催乳薬などに用いる。

ほこう-き【歩行器】乳幼児や歩行の不自由な人がつかまりながら移動するための自助具。

ほこう-くんれんし【歩行訓練士】目の見えない人や見えにくい人が白杖を使うなどして安全に歩行できるように指導・支援する専門職の通称。点字やパソコンによるコミュニケーションや、調理・掃除・食事など日常生活に必要な動作・技能の指導なども行う。視覚障害生活訓練等指導者。視覚障害生活訓練指導員。(補説)公的資格制度はなく、国立障害者リハビリテーションセンター学院と厚生労働省の委託を受けた社会福祉法人日本ライトハウスが養成課程を設け、視覚障害リハビリテーション協会を加えた3団体が共同で認定試験を実施している。

ほこう-しゃ【歩行者】道路上を歩いている人。「一優先」

ほこうしゃ-てんごく【歩行者天国】車道の一区画を時間を区切って歩行者に開放し、自動車の通行を禁止する制度。また、その区域。ホコ天。

ほ-こうそ【補酵素】酵素に結合して、その活性の発現を触媒する低分子の有機化合物。例えば、ビタミンB群など。コエンチーム。コエンザイム。助酵素。

ほこう-ほう【保甲法】中国、北宋の王安石の新法の一。傭兵に代わる兵農一致政策で、10戸を保、5保を大保、10大保を都保とし、軍事訓練を施し、警防の任に当たらせた。保甲。

ボゴール〖Bogor〗インドネシア、ジャワ島西部の保養都市。ジャカルタの南に位置する。オランダ領時代にはバイテンゾルグ(無優境)と呼ばれ、総督府が所在した。1817年設立の広大な植物園がある。

ボゴール-せんげん【ボゴール宣言】《Bogor Declaration》1994年11月、ジャカルタ近効のボゴール宮殿で開催されたAPEC(アジア太平洋経済協力)首脳会議で採択されたアジア太平洋地域の貿易・投資自由化と経済協力に関する宣言。➡ボゴール目標

ボゴール-もくひょう【ボゴール目標】ボゴール宣言に盛り込まれた、APEC(アジア太平洋経済協力)地域の貿易・投資自由化に関する目標。同地域内の先進経済圏は2010年までに、新興経済圏は2020年までに、域内における貿易と投資の自由化を達成することを宣言した。

ほこ-がた【矛形・鉾形】葉の形で、矛の刃の形をしているもの。ミゾソバなどにみられる。

ほこ-がまえ【戈構え】漢字の構えの一。「戎」「戦」などの「戈」の称。ほこづくり。

ほご-かんさつ【保護観察】執行猶予・仮釈放などになった者、保護処分になった少年などを、保護司などに観察・補導させ、社会内でその改善・更生を図ることを目的とする制度。

ほごかんさつ-じょ【保護観察所】法務大臣の管理のもとに、地方裁判所の管轄区域ごとに置かれ、主に、保護観察の実施を行う機関。

ほご-かんぜい【保護関税】国内産業を保護する目的で、輸入品に課する関税。➡財政関税

ほこ-ぎ【矛木・架木】❶高欄のいちばん上に渡した横木。ふつう円形断面とする。❷鷹を止まらせる丁字形の木。たかほこ。

ぼ-こく【母国】自分の生まれ育った国。祖国。故国。

(用法)母国・祖国・故国――「四〇年ぶりに母国(祖国・故国)の土を踏んだ」のような場合はともに用いられる。◇「母国」は自分の生まれた国。主として外国に住んでいる人の立場で用いる。「母国語」「母国を愛する」◇「祖国」は祖先からずっと住んでいる自分の国。「祖国を守る」「祖国を捨てる」「祖国防衛」◇「故国」は自分の生まれた国、また、故郷の意で、その国や故郷を長いあいだ離れている人の言い方。「一五歳のとき故国を捨てて都会に出た」「故国で余生を送りたい」

(類語)祖国・故国・自国

ぼこく-ご【母国語】自分の国の言語。母語。

(類語)母語・邦語・国語・自国語

ほご-けんそく【保護検束】旧行政執行法により、警察官が、救護を要すると認められる者を保護するために行った検束。

ほご-こく【保護国】他の国家との条約に基づき、主権の一部を代行させることによって、その国から保護を受ける国。国際法上の半主権国に属する。保護を与える国を保護国という場合もあり、そのときは受ける国を被保護国という。(類語)属国・従属国・衛星国・植民地・自治領・属領・租界・居留地

ほご-コロイド【保護コロイド】疎水コロイドを安定化させるために加える親水コロイド。墨汁に加える膠、インクに加えるアラビアゴムなど。保護膠質。

ほご-さいぼう【保護細胞】►孔辺細胞

ほこ-さき【矛先・鉾先・鋒】❶矛の切っ先。❷攻撃。また、攻撃の方向。「非難の一を転じる」「批評の一が鈍る」

ほご-し【保護司】犯罪者などの改善・更生を助け、犯罪予防のための保護観察に当たる者。社会的信望などを有する民間人の中から法務大臣が委嘱する。

ほご-しせつ【保護施設】生活保護法に基づいて、生活困窮者を保護するために設けられている施設。

ほご-しゃ【保護者】未成年者などを保護する義務のある人。特に、その子供の親、または親に代わる者。

ほごしゃ-かい【保護者会】幼稚園・保育園、小・中・高校で、子供の成長について保護者と担任が協議する会。以前は「父兄会」「父母会」といった。➡PTA

ほご-しゅぎ【保護主義】保護貿易の立場に立ち、それを推進しようとする思想。保護貿易主義。

ほご-しょく【保護色】動物の隠蔽色の一種。外敵から身を守るため、あるいは獲物を待ち伏せるため、周囲から目立たなくする体色や模様。

ほご-しょぶん【保護処分】家庭裁判所の審判により、非行少年を善導するための処分。保護観察、児童自立支援施設または児童養護施設送致、少年院送致の三つがある。

ほご-す【解す】〔動サ五(四)〕「ほぐす」に同じ。「もつれた糸を一・す」(可能)ほごせる

ほこ-すぎ【矛杉・鉾杉】矛の形のように、まっすぐ伸びた杉。「何時の間も神さびけるか香具山の一が末にこけ生すまでに」〈万・二五九〉

ほご-せきにん【保護責任】老年者・幼年者・身体障害者・病者など保護を必要とする者の生命・身体を危険から守る責任。刑法218条で保護責任者に課せられている法律上の義務。要保護者を遺棄したり必要な保護を行わなかった場合、3か月以上、5年以下の懲役に処される。

ほご-せきにんしゃ【保護責任者】特定の人について保護する責任のある者。親権者・扶養義務者のほか、交通事故の加害者、被保護者と契約している保育士、雇用主など。(補説)無関係の第三者であっても、被保護者への保護を開始した者は保護責任者とみなされる。例えば、事故・災害などのけが人を引き取って搬送中の善意の一般人など。

ほごせきにんしゃいきとう-ざい【保護責任者遺棄等罪】保護責任者が、老人・幼児・障害者や保護の必要な傷病人を移送・隔離して保護のない状態にする罪。また、置き去り・無作為などで保護を与えない罪。刑法第218条が禁じ、3か月以上5年以下の懲役に処せられる。保護責任者遺棄罪。➡遺棄罪

ほごせきにんしゃいきとうちししょう-ざい【保護責任者遺棄等致死傷罪】遺棄等致死傷罪のうち、保護責任者による罪。保護責任者遺棄致死傷罪。保護責任者遺棄致死罪。保護責任者遺棄致傷罪。

ほご-せん【保護線】電線と電信電話線とが交差している地点で、危険を防ぐためにその間に張る鉄線。

ほこた【鉾田】茨城県中東部、鹿島灘に面する市。メロン・イチゴなどのほか、根みつばの栽培が盛ん。平成17年(2005)10月に旭村・鉾田町・大洋村が合併して成立。人口5.0万(2010)。

ボゴタ〖Bogotá〗コロンビア共和国の首都。同国中部、アンデス山中の標高2610メートルの高地に位置する。1538年スペイン人によって建設。人口、都市圏716万(2008)。1991年から2000年までサンタフェ-デ-ボゴタと称した。

ほこた-し【鉾田市】►鉾田

ほこ-だし【矛山-車｜×鉾山-車】屋台の上に矛を飾り立てた山車。ほこ。

ほこ-だし【矛出し｜×鉾出し】城壁などに、矛を突き出すために設けた穴。

ほこ-だち【×桙】❶「方立(ほうだて)❶」に同じ。❷「方立(ほうだて)❷」に同じ。

ほご-ちょう【保護鳥】法律によって捕獲を禁止されている鳥。現行法(鳥獣保護法)では猟鳥のほうを指定している。禁鳥。

ほこ-づくり【×戈×旁】「戈(ほこ)構え」に同じ。

ほこ-づくり【×殳×旁】漢字の旁(つくり)の一。「殴」「段」「殺」などの「殳」の称。るまた。

ほこ-てん【ほこ天】《「ホコ天」とも書く》「歩行者天国」の略。

ほこ-ぶすま【矛×衾｜×鋒×衾】敵に向かって、矛先をすきまなく並べて構えること。「鏃(やじり)を揃へ、一を作って攻め上る」〈浄・振袖始〉

ほこ-へん【矛偏】漢字の偏の一。「矜」などの「矛」の称。

ポコペン【不彀本】〘感〙《中国語。元値が切れる意》だめだ。話にならない。

ほご-ほうえき【保護法益】►法益

ほご-ぼうえき【保護貿易】国内産業の保護・育成を目的に、国家が対外貿易に統制を加え、保護関税や非関税障壁により、輸入に制限を課する貿易政策。➡自由貿易 ➡管理貿易

ほこ-ほこ〘副〙暖かくて気持ちのよいさま。ほかほか。「からだが一する」

ぼこ-ぼこ ㊀〘副〙❶中空のものをしきりにたたく音を表す語。「ドラム缶を一(と)たたく」❷水などが盛んにわき出たり泡だったりする音や、そのさまを表す語。「一(と)温泉がわき出る」❸でこぼこしているさま。くぼみや穴がたくさんあるさま。「穴が一(と)あいている」㊁〘形動〙❶㊀❸に同じ。「一な鍋」「大きな雹(ひょう)が降ってボンネットが一になる」❷俗に、ひどく殴るさま。何回も殴ったり蹴ったりするさま。「二人掛かりで一にされる」 ㊀はボコボコ、㊁はボコボコ。

ぽこ-ぽこ〘副〙❶中空のものがたてる軽い音を表す語。「空箱を一(と)たたいて遊ぶ」❷泡が次々と浮かび上がってくる音や、そのさまを表す語。「お湯が沸いて一(と)いってきた」❸くぼみや穴がたくさんあったり、でこぼこしているさま。「一(と)した金盥(かなだらい)」❹「ぽくぽく❷」に同じ。「膝を一あげて兵隊式に歩いていた」〈康成・童謡〉

ほこ-ぼし【×戈星｜×桙星】彗星(すいせい)の古称。一説に北斗七星の第七星である破軍星のこととももいう。「名おそろしきもの…ふさう雲、一」〈枕・一五三〉

ほご-めいれい【保護命令】配偶者からの暴力で生命・身体に重大な危害を受ける恐れのあるとき、被害者を保護するために裁判所が出す命令。被害者の申し立てによる。接近禁止命令と退去命令とがある。平成13年(2001)成立のDV防止法に基づく。補説 配偶者には元配偶者を含む。接近禁止命令は、被害者本人以外に、幼年の子や親族、被害者と社会的に密接な関係にある者をも対象とする。直接的暴力に加え、面会の要求、行動の監視、著しく粗野で乱暴な言動、電話・ファクシミリ・電子メールでの連絡、不快で嫌悪感をもたらす物や性的羞恥心を害する文書、図画の送付などにも制限が加えられる。

ほこ-ゆけ【矛行け｜弄=槍】矛をあやつって突くこと。「一矢刺して追ひ入るる時」〈記・中〉

ほこら【×祠｜叢=祠】《「ほくら(神庫)」の音変化》神を祭った小さなやしろ。類語 社(やしろ)・宮(みや)・鎮守(ちんじゅ)・祠堂

ほこら-か【×脹らか】〘形動ナリ〙ふっくらとしているさま。ふくよか。ふくらか。「御鬢茎(びんぐき)一に愛敬づきて」〈延慶本平家・二中〉

ほこら-か【誇らか】〘形動〙図〘ナリ〙得意そうなさま。誇らしげなさま。ほこりか。「一な顔で受賞のあいさつをする」類語 誇らしげ・揚揚・得得・得意

ほこら-か-す【誇らかす】〘動サ四〙得意そうなさまをする。誇らしげにする。「大きなる黒鞘巻を隠したる気もなく、指し一・したりけるが」〈盛衰記・一〉

ほこらし-い【誇らしい】〘形〙図ほこら・し〘シク〙得意で自慢したい気持ちである。「一・い顔つき」「選出されたことを一・く思う」派生 ほこらしげ〘形動〙ほこらしさ〘名〙類語 誇らか・揚揚・得得・自慢たらしい・得意

ほこり【×埃】❶粉のような細かいちり。「一がたまる」「一だらけの車」「砂一」❷数量や金銭のはした。余り。「二千貫目足らずの商ひに九貫目の一を取り」〈浄・万年草〉類語 ごみ・屑(くず)・塵・塵芥(ちりあくた)・塵芥(じんかい)・滓(おり)

ほこり【誇り】誇ること。名誉に感じること。また、その心。「一家の一」「一を傷つけられる」類語 プライド・名誉

ほこり-か【誇りか】〘形動〙図〘ナリ〙「ほこ(誇)らか」に同じ。「一種一な気持さえ感じながら」〈梶井・檸檬〉

ほこり-がお【誇り顔】得意げな顔つき。「一で話す」

ほこり-かずき【×埃▽被き】大納言小豆(だいなごんあずき)の別名。

ほこり-たけ【×埃×茸】ホコリタケ科のキノコ。夏から秋に山野の地上に生える。宝珠形で、初め白いがのち淡灰褐色になる。熟すと頂に穴が開いてほこりのように胞子が噴き出す。若いものは食用。きつねのちゃぶくろ。

ほこり-だに【×埃×蜱】ホコリダニ科のダニの総称。微小で体長0.1〜0.2ミリ。雄の最後対の脚は太く、はさみ形。栽培植物や貯蔵食品に発生するものが多い。

ほこりっ-ぽ-い【×埃っぽい】〘形〙ほこりが多い。ほこりでよごれている。「机の上が一・い」「一・い街」派生 ほこりっぽさ〘名〙

ほこり-はらい【×埃払い】ほこりを払うこと。また、その道具。ちりはらい。はたき。

ボゴリュボボ〖Bogolyubovo〗ロシア連邦西部、ウラジーミル州の町。州都ウラジーミルの北東約10キロメートル、ボルガ川の支流クリャジマ川とネルリ川の合流点に位置する。12世紀にアンドレイ=ボゴリューブスキーが居城を置き、ポクロフナネルリ教会を築いた。

ほご-りん【保護林】風致保存、学術上の参考、動植物の保護などの目的で、政府が伐採を禁止して保護している森林。

ほこ-る【誇る】〘動ラ五(四)〙❶すぐれていると思って得意になる。また、その気持ちを言葉や態度で人に示す。自慢する。「技(わざ)を一・る」❷誇示すべき状態にある。また、そのことを名誉に思う。「輝かしい実績を一・る」「長い歴史と文化を一・る都市」可能 ほこれる 類語 自慢・うぬぼれる・おのぼれる・思い上がる

ほご-れる【▽解れる】〘動ラ下一〙図ほご・る〘ラ下二〙「ほぐれる」に同じ。「体の節々の一・れるような慵(もの)い、だるい日が続く」〈谷崎・悪魔〉

ほころ-う【誇ろふ】〘動ハ四〙《動詞「ほこ(誇)る」の未然形「ほこら」に反復継続の助動詞「ふ」の付いた「ほこらふ」の音変化》得意になっている。誇りとしている。「我(あれ)を除(お)きて人はあらじとー・へど」〈万・八九二〉

ほころば-か-す【綻ばかす】〘動サ四〙「綻ばす」に同じ。「衣の頸(くび)を引き違へ引き違へし給ひければ、引き一・して」〈盛衰記・六〉

ほころば-す【綻ばす】〘動サ五(四)〙ほころびるようにする。ほころばせる。「顔を一・す」

ほころば-せる【綻ばせる】〘動サ下一〙「綻ばす」に同じ。「口元を一・せる」

ほころび【綻び】❶ほころびること。また、その部分。「一を縫う」❷几帳(きちょう)のかたびらの下の方などの、わざと縫い合わせてない部分。「几帳のかたびらの一より、御髪をかき出だし給へるが」〈源・手習〉

ほころ-びる【綻びる】〘動バ上一〙図ほころ・ぶ〘バ上二〙❶縫い目などがほどける。「袖口が一・びる」❷花の蕾(つぼみ)が少し開く。咲きかける。「梅が一・びる」❸表情がやわらぐ。笑顔になる。「思わず顔が一・びる」❹隠していた事柄や気持ちが隠しきれずに外へ現れる。「いかならむをりにか、その御心ばへ一・ぶべからむと」〈源・若菜上〉❺鳥が鳴く。さえずる。「かすみだに月と光とをへだてずはねぐらの鳥も一・びなまし」〈源・梅枝〉類語 破れる・ほつれる・擦り切れる

ほころ-ぶ【綻ぶ】㊀〘動バ五(四)〙「綻びる」に同じ。「つぼみが一・ぶ」「孫の顔を見て口元がつい一・ぶ」㊁〘動バ上二〙「ほころびる」の文語形。

ほ-さ【保佐】❶〘名〙スル 保護し、助けること。❷法律で、被保佐人の重要な法律行為を保佐人が助けること。➡法定後見

ほ-さ【補佐｜×輔佐】〘名〙スル 人をたすけて、その務めを果たさせること。また、その役にある人。「課長を一する」「大統領一官」類語 助ける・助(す)ける・手助け・助力・幇助(ほうじょ)・助勢・加勢・力添え・協力・援助・応援・支援・後押し・バックアップ・フォロー・補助

ほ-ざ【帆座】南天の大星座。4月上旬の午後8時ごろ南中。南天低く見え、天の川の中にある。アルゴ座を4分割したうちの一。学名(ラテン) Vela

ほ-さい【×輔祭】キリスト教会の職務の一。司祭や牧師に次ぐ聖職者の職務。また、派によっては信徒の職名。執事(しつじ)。

ほ-ざい【補剤】薬の調合の際、主薬の作用を増強したり副作用を防いだりするために入れる薬剤。

ぼ-さい【募債】〘名〙スル 公債・社債などの債券取得希望者を募集すること。

ぼ-ざい【母材】❶接合あるいは切断される金属材料。❷建築・土木などで、主要材料。特に、コンクリートにおけるセメント。

ほさか-かずし【保坂和志】[1956〜]小説家。山梨の生まれ。百貨店のコミュニティーカレッジに勤務ののち、文筆活動に入る。日常生活の一こまをリズミカルな文体で描いた「この人の閾(いき)」で芥川賞受賞。他に「草の上の朝食」「季節の記憶」など。

ほさか-まこと【保坂誠】[1910〜1996]実業家。清(しん)(中国)の生まれ。昭和25年(1950)後楽園スタヂアムに入社し、同53年社長に就任。同63年には日本初の多目的ドーム球場である東京ドームを建設。日本ボクシングコミッショナーも務めた。

ほ-さき【火先】炎の先端。「ろうそくの一」類語 炎・火・炎(ほのお)・火炎(かえん)・光炎(こうえん)・紅炎(こうえん)・火柱(ひばしら)

ほ-さき【穂先】❶植物の穂の先。「稲の一が出揃う」❷筆・釣り竿など、細長くとがっているものの先端。❸刀・槍などの先端。きっさき。❹空穂(うつぼ)の部分の名。矢を入れる筒の最下端の部分。

ほざき-しもつけ【穂咲下▽野】バラ科の落葉小低木。中部以北の山地に自生。長楕円形の葉が互生し、夏、淡紅色の小花を円錐状につける。

ほざき-の-ふさも【穂咲の▽総藻】アリノトウグサ科の水生の多年草。溝や池に生え、葉は茎の節に4枚ずつ輪生し、糸状に細かく裂けている。夏から秋にかけて、水上に穂を出して淡褐色の小花をつける。金魚藻。

ほ-さく【補作】一旦できあがったものに別の手を加え、よりよくすること。また、そのもの。

ほさ・く【▽祝く┊▽呪く】〔動カ四〕❶(祝く)祝いごとを述べる。ことほぐ。「則ち以もて神―・き―・きき」〈神代紀・上〉❷(呪く)祈って他人の不幸を願う。のろう。「火の中に投げ入れむとして―・きて曰く」〈北野本欽明紀〉

ほざ・く〔動カ五(四)〕❶他人がものを言うのをののしっていう語。ぬかす。「勝手なことを―・くな」❷動詞の連用形に付いて、他人の動作を卑しめののしっていう語。「盗み―・いたな」〈浄・天の網島〉(可能)ほざける (類語)ぬかす・言う・話す・しゃべる・語る・述べる・発言する・口を利く・口に出す・口にする・吐く・漏らす・口走る・うそぶく・言い出す (尊敬)おっしゃる・仰せられる・宣のたまう (謙譲)申し上げる・申す・言上ごんじょうする

ほ-さつ【捕殺】〔名〕スル とらえて殺すこと。「畑を荒らす動物を―する」

ほ-さつ【補殺】〔名〕スル 野球で、野手が捕った球をある塁に送り、走者の刺殺を助けること。アシスト。➡刺殺

ぼ-さつ【×菩×薩】《梵 bodhisattvaの音写「菩提薩埵ぼだいさった」の略。悟りを求める人の意》仏語。❶仏の位の次にあり、悟りを求め、衆生を救うために多くの修行を重ねる者。文殊もんじゅ・観音・弥勒みろく・勢至せいし・普賢ふげんなど。元来は釈迦の前生時代の称で、大乗仏教がおこると、将来仏になる者の意で用いられるようになった。❷昔、朝廷から高徳の僧に賜った称号。「行基ぎょうき―」❸本地垂迹ほんじすいじゃく説により、日本の神につけた尊号。「八幡大―」

ぼ-さつ【簿冊】とじてある本。帳面。帳簿。

ぼさつ-かい【×菩×薩戒】仏語。大乗の菩薩が受持する戒。悪をとどめ、善を修め、人々のために尽くすという三つの面をもつ。梵網ぼんもう経に説く十重禁戒・十八軽戒きょうかいなど。大乗戒。

ぼさつ-じょう【×菩×薩乗】仏語。三乗の一。自分が仏になるとともに、他をも悟りに至らせる教法。仏乗。大乗。

ぼさっ-と〔副〕スル 何もせずに、ぼんやりしているさま。「―立っていないであいさつしなさい」
(類語)ぼんやり・ぼうっと・ぼそっと・ぼけっと・ぼっと・ぼさぼさ・ぼうっと・きょとん・ぽかん

ぼさつ-どう【×菩×薩道】ダウ 仏語。❶菩薩としての修行。自利・利他を兼ね備えて行う悟りへの実践。❷大乗仏教のこと。

ホサナ〖hosanna〗《ヘブライ語で、救い給え、の意。「ホザンナ」「ホザナ」とも》イエス＝キリストがエルサレムに入ったとき、民衆が祝って挙げた叫び。神を賛える言葉として、典礼の中で歌われる。

ほさ-にん【保佐人】被保佐人について保佐をする人。被保佐人の行う財産上の重要な法律行為について同意権・取消権をもち、被保佐人より求められた特定の法律行為についての代理権をもつ。

ほさ-にん【補佐人┊×輔佐人】❶補佐する人。❷(補佐人)刑事訴訟法上、被告人と一定の身分関係にある者で、審級ごとに裁判所に届け出て被告人を補助し、その利益を保護する者。❸(輔佐人)民事訴訟法上、裁判所の許可を得て、当事者・訴訟代理人などに付き添って期日に出頭し、その陳述を補助する者。

ボサ-ノバ〖ポルト ガル bossa nova〗《新しい感覚の意》1950年代にブラジルで起こったポピュラー音楽。サンバがジャズの影響を受けてできたもの。

ぼさ-ぼさ ㊀〔副〕❶髪などの乱れているさま。「―(と)した頭を整える」❷すべきことをしないでぼんやりしているさま。「―(と)していると落第するぞ」㊁〔形動〕㊀❶に同じ。「―な頭」アクセント㊀はボサボサ、㊁はボサボサ。(類語)㊀(❶)ぼうぼう/(❷)ぼんやり・ぼうっと

ぼ-さん【墓参】〔名〕スル 墓に参ること。墓参り。「命日に―する」(季 秋)「―して直ちに海に浮びけり/虚子」(類語)墓参り

ぼ-さん【暮山】夕暮れの山。「静かに立ちて眺むれば、暮雲―の影落ちて」〈蘆花・自然と人生〉

ホザンナ〖hosanna〗➤ホサナ

ほし【干し┊▽乾し】干すこと。熱にあてて水分を取り除くこと。「―が足りない」

ほし【星】❶夜空に点々と小さく光っている天体。ふつう、天体のうち、太陽と地球と月を除いた恒星・惑星・彗星すいせい・星団あるいは星座をいう。狭義では恒星だけをさす場合もある。「満天の―」「―空」❷星の光っている形に似た印。星の形。「★」「☆」など。「三つ―のレストラン」「肩章の―」❸小さな点。また、斑点。「目に―ができる」❹《❶が運行するところから》歳月。「―移る」「―改める」❺相撲で、勝ち負けを示す白黒の丸いしるし。「大事な―を落とす」❻九星のうち、その人の生まれ年にあたるもの。また、その年々の運勢・吉凶。「―の巡り合わせ」❼兜かぶとの鉢はちに打ちつけてある鋲びょうの頭。その大小・形・位置などにより、大星・小星・角星・苛星いらぼしなどの称がある。❽碁盤の目のうちで、黒丸の打ってある所。全部で9か所。「一打ち」➡天元 ❾花形。スター。はなやかな代表者。「歌謡界の―」「我が社の希望の―」❿紋所の名。円形を❶に見立てていろいろに組み合わせたもの。三つ星や一文字に三つ星などがある。⓫大体の見当。目あて。目星。「ふとした―が附いて」〈鏡花・婦系図〉⓬犯人または容疑者。「―を追う」⓭神楽歌の分類名。御神楽みかぐらの終わり近くにうたわれる歌。(…星)(ぼし)相星・明あけ星・霰あられ星・一番星・追い星・織り姫星・勝ち星・綺羅きら星・金え星・銀星・黒星・白星・図星・出来星・流れ星・七つ星・糠ぬか星・彦ひこ星・一つ星・箒ほうき星・本星・負け星・三つ星・夫婦めおと星・目星 (類語)(❶)スター・恒星・惑星・星座・綺羅星/(❻)運命

星が割わ・れる 犯人が判明する。「アリバイが崩れて、―・れた」

星の如ごとくに列つらな・る 多くの人が威儀を正して居並ぶ。「実業界の大物が―・る」

星を挙・げる 犯人また犯罪容疑者を検挙する。「老刑事の執念が―・げた」

星を戴いただ・く 朝早く、まだ星のあるうちから働く。また、朝早くから夜遅くまで勤め励む。「―・いて仕事にいそしむ」

星を落お・とす 相撲で勝負に負ける。他の勝負事にも使う。「横綱が初日から―・す」

星を稼・ぐ 点数を稼ぐ。成績を上げる。「下位チームから―・ぐ」

星を数うる如ごとし 限りのないこと、また成功の見込みのないことのたとえ。

星を指・す 言い当てる。図星をさす。「是は何屋、彼は何処と一々―・したので」〈滑・七偏人・初〉

星を列つら・ぬ 高位高官が威儀を正して居並ぶさまをいう。

星を拾・う 相撲などで、ほとんど負けそうであった勝負に運よく勝つ。「相手の勇み足で―・う」

ほ-じ【保持】ヂ〔名〕スル ❶保ちつづけること。持ちつづけること。「タイトルを―する」❷心理学で、記憶痕跡が存続していること。一度記憶したことが潜在的に残っていること。把持はじ。(類語)維持・握る・押さえる・制する・掌握・確保・独占・占有・手中に収める

ほ-じ【×晡時】申さるの刻。現在の午後4時ごろ。また、日暮れ時。

ぼ-し【×戊子】干支えとの25番目。つちのえね。

ぼ-し【母子】母と子。「―ともに健康」(類語)親子・父子

ぼ-し【×拇指┊母指】おやゆび。(類語)親指・人差し指・中指・薬指・小指・食指・高高指・紅差し指

ぼ-し【墓誌】金石に死者の事跡などを記して墓中に納めたもの。また、墓石に死者の事跡などを記した文。

ぼ-し【暮歯】老年。晩年。

ポジ《「ポジティブ」の略》「ポジティブ㊁」に同じ。⇔ネガ

ほし-あい【星合ひ】ひあ 陰暦7月7日の夜、牽牛けんぎゅう・織女の二星が会うこと。(季 秋)「―や暁になる高灯籠」〈五元集〉

ほしあい-の-そら【星合ひの空】ほしあひ たなばたの夜の空。「秋の初風吹きぬれば、―をながめつつ」〈平家・一〉

ほし-あ・う【干し▽敢ふ┊▽乾し▽敢ふ】ふあ〔動ハ下二〕すっかり乾かす。「いみじう悲しきに、人々涙をえ―・へず」〈紫式部日記〉

ほし-あかり【星明(か)り】星の光によるほのかな明るさ。「―を頼りに夜道を行く」(類語)星影

ほし-あ・げる【干(し)上げる┊▽乾し上げる】〔動ガ下一〕図ほしあ・ぐ〔ガ下二〕❶乾かして水分をすっかりなくす。「天日で―・げる」❷食物や生活費を与えずに飢えさせる。「国の女房や子供を―・げて置いて」〈鷗外・雁〉❸飲みつくす。「樽酒を―・げる」

ほし-あしげ【星×葦毛】「連銭葦毛れんぜんあしげ」に同じ。

ほし-あわび【干し×鮑┊▽乾し×鮑】はあ アワビの肉を塩漬けし、煮て干したもの。中国料理の材料。

ほしい【×糒】ほし「ほしいい」の音変化。「水に浸した―や」〈菊池寛・俊寛〉

ほし・い【欲しい】〔形〕図ほ・し〔シク〕❶自分のものにしたい。手に入れたい。「果物が―・い」「返事が―・い」❷あることが望ましい。「政府の対応に柔軟さが―・い」❸(「…てほしい」の形で)そうしてもらいたい。「見せて―・い」「無事でいて―・い」(派生)ほしがる〔動ラ五〕ほしげ〔形動〕ほしさ〔名〕

ほし-いい【干し▽飯┊▽乾し▽飯┊×糒】ひい 蒸して乾燥させた保存用の飯。湯や水に浸して食べる。古くは旅の携行食。かれいい。かれい。ほしい。(季 夏)「―に日陰りて鮓はなれにけり/虚子」

ほし-いし【星石】「星屎ほしくそ」に同じ。

ほし-いと【星糸】飾り糸の一。一定の間隔をおいて玉がついたように撚り合わせたもの。

ボシーノ〖bosino〗素粒子物理学の超対称性理論から導かれる未知の超対称性粒子。スピンが零か正の整数であるボース粒子(ボソン)の超対称性パートナーの総称。フォティーノ、ウィーノ、ジーノ、グルイーノ、ニュートラリーノ、アクシーノなどがある。

ほしい-まま【▽縦┊▽恣┊×擅】〔形動〕図〔ナリ〕《「ほしきまま」の音変化》思いのままに振る舞うさま。自分のしたいようにするさま。「権力を―にする」「―な空想にひたる」(類語)勝手・わがまま・自分勝手・手前勝手・身勝手・得手勝手・好き勝手・気随・気任せ・奔放

ほし-いも【干し×藷┊▽乾し×藷】蒸したサツマイモを、薄く切って干したもの。乾燥いも。(季 秋)

ポジー-リング〖poesy ring┊posy ring〗➤ポージーリング

ほし-うお【干(し)魚┊▽乾し魚】うを 魚のひもの。干しざかな。ひうお。

ほし-うどん【干し×饂×飩┊▽乾し×饂×飩】干して、保存できるようにしたうどん。

ほし-うらない【星占い】うらなひ 星の運行・位置などによって、運勢や事の吉凶を占うこと。また、その術。占星術。

ほし-うり【干し×瓜┊▽乾し×瓜】干した瓜。瓜を縦割りにして種を取り、塩をつけて干したもの。(季 夏)「―や汐にながれしうつせ貝/暁台」

ポシェ〖フラ ンス pocher〗西洋料理で、ゆでること。

ポシェット〖フラ ンス pochette〗《小さなポケットの意》肩からさげる、長いひものついた小型のバッグ。

ほし-えび【干し海＝老┊▽乾し×蝦】エビを素干し、または煮干しにしたもの。

ほし-か【干し×鰯┊▽乾し×鰮】イワシを乾燥させて作った肥料。江戸後期からタバコ・綿などの栽培に用いられ、商品作物の生産拡大をもたらした。

ほし-がき【干(し)柿┊▽乾し柿】渋柿の皮をむいて天日で干し、甘くしたもの。干し方により、串柿くしがき・つるし柿・転柿ころがきなどとよぶ。(季 秋)

ほし-かげ【星鹿毛】馬の毛色で、鹿毛かげに白い斑点があるもの。

ほし-かげ【星影】星の光。星あかり。「―さやかな夜」(類語)星明かり

ぼしかさん-せいど【母子加算制度】生活保護を受給し、18歳以下の子を養育する単親家庭に、保護費を上乗せする制度。父子家庭も対象となる。自立促進などの観点から、平成21年(2009)3月末までに段階的に廃止され、代替措置として「ひとり親世帯就労促進費」が導入された。民主党政権により、同21

年12月から母子加算の支給が再開され、就労促進費は廃止された。
ほし-がた【星形|星型】星の輝きを図案化した形。ふつう、五つの突起をもつもの(☆の形)をいう。➡五芒星 ➡六芒星
ほしがた-きかん【星型機関】一つのクランク軸を中心に、シリンダーを放射状に配列した形式の内燃機関。空冷式で、中出力以上の航空機に使用。
ほしがた-せつぞく【星形接続|星型接続】▶スター型ネットワーク
ほし-かた·める【干(し)固める】〔動マ下一〕図ほしかた·む〔マ下二〕干してかたくする。「雨に逢った鹿皮を天日で—·めた様に」〈漱石·琴のそら音〉
ぼし-かてい【母子家庭】配偶者のいない母と未成年の子供を主な構成員とする家庭。母子世帯。
ほし-かぶと【星×兜|星×冑】❶鉢の鉄板のはぎ合わせの鋲頭(びょうがしら)を大きくこしらえ、眉庇(まびさし)·錣(しころ)などをつけた兜。❷紋所の名。❶を図案化したもの。
ほし-がらす【星×鴉】カラス科の鳥。全長約35センチ。全身褐色で多数の白い斑点がある。ユーラシア大陸に分布し、日本では高山の針葉樹林に生息。だけがらす。(季夏)「—風のあとまた水の音/六林男」
ほし-が·る【欲しがる】〔動ラ五(四)〕欲しそうな態度を取る。
ほし-がれい【干し×鰈|▽乾し×鰈】えらや内臓を取り去って干したカレイ。(季春)「—はららご共に焼けてけり/友二」
ほし-がれい【星×鰈】カレイ科の海水魚。全長約40センチ。体は楕円形。有眼側は暗褐色をし、ひれに黒い円斑が等間隔に並ぶ。美味。
ほしかわ-せいじ【星川清司】[1921〜2008]小説家·シナリオ作家。東京の生まれ。映画の脚本家として「眠狂四郎」シリーズなど時代劇·任侠ものを中心に娯楽作品を数多く手がけた。そのかたわら伝記小説などを執筆し、「小伝抄」で直木賞受賞。他に「夢小袖」「利休」「小村雪岱」など。
ぼし-かんせん【母子感染】母から胎児への感染。垂直感染。
ほしき-まま【▽縦|▽恣|×擅】〔形動ナリ〕「ほしいまま」に同じ。「巧みにして—なるは失のもとなり」〈徒然·一八七〉
ぼし-きゅう【×拇指球|母指球】足の裏、親指の付け根のふくらんだ部分。
ホジキン〖Alan Lloyd Hodgkin〗[1914〜1998]英国の生理学者。細胞膜のイオン機構を発見し、神経の興奮伝導のしくみを解明した。1963年、A=F=ハクスリー、J=C=エクルズとともにノーベル生理学医学賞を受賞。
ホジキン〖Dorothy Mary Crowfoot Hodgkin〗[1910〜1994]英国の化学者。エジプトの生まれ。X線回折法により、ペニシリン·インスリンなどの結晶たんぱく質の分子構造を解明した。1964年ノーベル化学賞受賞。
ホジキン-びょう【ホジキン病】悪性リンパ腫の一。頸部(けいぶ)リンパ節や脾臓(ひぞう)が腫(は)れ、造血臓器が系統的に侵される病気。英国の病理学者トーマス=ホジキン(Thomas Hodgkin)が初めて報告。悪性リンパ肉芽腫症。
ほし-く【星供】除災求福のために、七星·九曜·十二宮·二十八宿を供養する法会。本命星や当年星をまつる。真言寺院では正月·冬至·節分に行う。星祭り。
ほし-くさ【干(し)草|▽乾し草】刈り取って干した草。家畜の飼料などにする。(季夏)
ほし-くさ【星草】ホシクサ科の一年草。沼や水田に生え、高さ約10センチ。線形の葉が根ぎわから多数出る。秋、多数の花茎を伸ばし、卵球形の灰白色の穂をつけ、星をちりばめたようになる。みずたまそう。(季秋)
ほし-くず【星×屑】散らばって光る無数の星。「—をちりばめた夜空」
ほし-くそ【星×屎】隕石(いんせき)。ほしいし。「—。石なり、ほし石ともいふ」〈和訓栞〉
ほしぐち-どうぶつ【星口動物】動物界の一門。すべて海産。多くは体長2〜10センチ。体は円筒形で吻(ふん)部と胴部とに分かれ、吻には触手や突起があり、肛門は吻と胴との間に開く。ホシムシなど。
ほし-ぐり【干し×栗|▽乾し×栗】栗の実をゆで、皮をむいて干したもの。
ほじくり-かえ·す【×穿り返す】〔動サ五(四)〕❶ほじくってひっくりかえす。また、再びほじくる。「工事のたびに道路を—·す」❷済んだ事をまた取り上げて、追及する。「昔のことを—·す」
ほじくり-だ·す【×穿り出す】〔動サ五(四)〕❶ほじくって取り出す。「土の下から球根を—·す」❷隠されているものを、あばきたてる。「過去を—·す」
ほじく·る【×穿る】〔動ラ五(四)〕❶穴を掘るようにつつく。また、つつき回して中の物を出す。ほじる。「耳を—·る」「重箱の隅を—·る」❷隠されているわずかなものを、ことさらに追及する。ほじる。「欠点を—·る」(可能)ほじくれる (類語)(❶)えぐる·くりぬく/(❷)探る
ほしけいせい-りょういき【星形成領域】星間空間の分子雲の高密度領域が重力的に不安定になって収縮し、原始星が生まれつつある領域。中心部にガスや塵が集まって円盤状になり、双極分子流と呼ばれる激しい質量放出を伴う。
ぼし-けんこうてちょう【母子健康手帳】母子保健法に基づき、妊娠の届け出をした者に都道府県知事が交付する手帳。妊産婦や乳幼児の健康を保護する目的のもので、妊娠·出産の状況や、乳児の発育状態などを記録する。母子手帳。
ほし-こ【干し海=鼠|▽乾し海=鼠】「海参(いりこ)」に同じ。
ほし-ごい【星五位】ゴイサギの幼鳥。羽に白斑があるのでいう。
ほし-ころ·す【干(し)殺す|▽乾し殺す】〔動サ五(四)〕飢えさせて殺す。餓死させる。「家族を—·すつもりか」
ほし-ざお【干し×竿|干し×棹】洗濯物などを干すさお。ものほしざお。
ほし-ざめ【星×鮫】ドチザメ科の海水魚。全長約1.5メートル。体色は淡灰褐色で、背面と側面に小白点が散在する。海底近くにすみ、甲殻類や貝を食べる。卵胎生。上等のかまぼこ材料になる。
ほしし【×脯|▽乾▽肉】《「ほしじし」の音変化。「ほじし」とも》「ほしじし」に同じ。〈和名抄〉
ほし-じし【干し▽肉|▽乾し▽肉】乾燥させた鳥獣の肉。ほしし。ほしにく。〈新撰字鏡〉
ポジショナル-フォールト〖positional fault〗▶アウトオブポジション
ポジショニング〖positioning〗❶適当な場所に置くこと。位置を定めること。❷スポーツで、攻撃(守備)態勢での選手の適切な位置どり。❸競合関係にある商品·銘柄を特定の指標に従って座標空間上に位置づけること。指標としては消費者の知覚イメージ·価格·製品属性や使用者属性などが用いられる。➡リポジショニング
ポジション〖position〗❶位置。地位。部署。❷野球などで、守備位置。「—につく」❸「建玉(たてぎょく)」に同じ。(類語)(❶)地位·位置·ポスト·椅子·位·格·肩書き·役職·役付き·階級·身分·席·立場·立ち位置
ほし-じるし【星印】❶星形のしるし。「★」「☆」などのしるし。❷▶アステリスク
ほし-じろ【星白】❶鹿などの毛にある白い斑点。❷「星白の兜(かぶと)」の略。
ほしじろ-の-かぶと【星白の×兜】鉢の星の表面を銀で包んだ兜。
ほし-しんいち【星新一】[1926〜1997]小説家·SF作家。東京の生まれ。本名、親一。ショートショートの名手として知られ、1000編を超える作品を発表。「ボッコちゃん」「未来いそっぷ」「妄想銀行」「ノックの音が」など多くの短編集を残す。他に長編「夢魔の標的」、父を描いた伝記「人民は弱し官吏は強し」など。
ほし-ずな【星砂】有孔虫目に属する原生動物。また、その殻。直径1〜2ミリで、星形の突起のある石灰質の殻をもつ。熱帯性の珊瑚礁域にすみ、日本では八重山諸島に分布。
ほしずめ-の-まつり【▽鎮×火祭(り)】▶ちんかさい(鎮火祭)
ぼしせいかつしえん-しせつ【母子生活支援施設】児童福祉法による児童福祉施設の一。配偶者のない女子またはこれに準ずる事情にある女子とその児童を入所させて保護するとともに、これらの者の自立の促進のために、その生活を支援することを目的とする施設。
ぼし-せたい【母子世帯】「母子家庭」に同じ。
ほ-じそ【穂紫×蘇】紫蘇の穂の若いもの。刺し身のつまなどに用いる。
ほし-ぞら【星空】晴れて星がきらめいている空。
ポジターノ〖Positano〗イタリア南部、カンパニア州の町。世界遺産に登録されたアマルフィ海岸きっての高級リゾート地。切り立った断崖に囲まれ、急な斜面に家々が立ち並ぶ独特な街並みで知られる。
ほし-だいこん【干(し)大根|▽乾し大根】大根を干したもの。丸干し大根をさすことが多い。(季冬)「ものみな藍の岬端(はな)にして—/草田男」
ほしだから-がい【星宝貝】タカラガイ科の巻き貝。殻は卵球形で、殻高8センチくらい。背面は白地に黒褐色の斑点が散在し、腹面は白色。紀伊半島以南の暖海沿岸に分布。殻をカメオなどの材料にする。ほしだから。
ほし-だら【干し×鱈|▽乾し×鱈】「干鱈(ひだら)」に同じ。
ほ-しつ【保湿】〔名〕スル 乾燥し過ぎないように一定の湿度を保つこと。「肌を化粧水で—する」
ぼ-じつ【暮日】ひぐれ。日暮(ひぐ)れ。
ほし-づき【星月】馬の毛色の名の一。額の上に白い斑点のあるもの。月白(つきじろ)。月額(つきびたい)。星額(ほしびたい)。〈和名抄〉
ほしづき-の-うま【星月の馬】額の上に白い点のある馬。
ほし-づきよ【星月夜】❶晴れて星の光が月のように明るい夜。ほしづくよ。(季秋)「戸口まで送って出れば—/子規」❷主に謡曲で、「暗(くら)」と同音の「倉」を含むところから、「鎌倉」を導くために使われた修飾語。「—鎌倉山を朝立(あさだ)ちて」〈謡·調伏曽我〉
ほしづきよ-の-いど【星月夜の井戸】神奈川県鎌倉市にある井戸。昼間でも星の影が現れると伝えられる。
ポジックス〖POSIX〗《portable operating system interface》UNIXをベースとするオペレーティングシステムが最低限必要とする標準仕様のセット。アプリケーションソフトはこの仕様により、各社オペレーティングシステムとの互換性を確保できる。
ほし-づくよ【星▽月夜】「ほしづきよ」に同じ。
ポジティビズム〖positivism〗「実証主義」に同じ。
ポジティフ〖(ドイ) Positiv〗主に15〜18世紀に用いられた小型のパイプオルガンの一種。ただし、ポルタティフよりは大型で、携帯はできない。原則として、床または卓上に据えて奏する。➡ポルタティフ
ポジティブ〖positive〗■〔名〕写真で、肉眼で見た被写体と同じ明暗や色相で写っている画像。陽画。ポジ。(対)ネガティブ。■〔形動〕積極的であるさま。「—な生き方」「—に考える」(対)ネガティブ。
ポジティブ-アクション〖positive action〗積極的差別解消策。積極的差別是正措置。
ポジティブ-アプローチ〖positive approach〗商品の持つ長所·利点などを積極的に打ち出す広告表現の手法。(対)ネガティブアプローチ。
ポジティブ-シンキング〖positive thinking〗積極的、楽観的な考え方をすること。➡ネガティブシンキング
ポジティブ-フィルム〖positive film〗▶ポジティブ■
ポジティブ-リスト〖positive list〗❶原則として禁止されている中で、例外として許されるものを列挙した表。特に、輸入制限が原則のときに、例外として輸入自由の品目を列記したもの。輸入自由品目表。

⇔ネガティブリスト。❷食品衛生法に定められる、残留農薬等に関するポジティブリスト制度のこと。農薬・動物用医薬品・飼料添加物(農薬等という)などを対象に、その成分が一定基準を超えて残留する農作物・食品の、製造・輸入・販売を原則禁止する制度。約800の農薬等に基準値が設定され、この基準値を満たす農作物・食品だけが流通できる。食品衛生法の改正により平成18年(2006)に導入。[補説]❷で、残留基準のない農薬等には0.01ppm以下という一律基準が適用される。また、法改正以前は規制する農薬等を列挙するだけで、それ以外のものについての規定がない(ネガティブ)制度だった。

ポジティブリスト-せいど【ポジティブリスト制度】▶ポジティブリスト❷

ぼし-てちょう【母子手帳】「母子健康手帳」の略称。

ほし-とおる【星亨】[1850～1901]政治家。江戸の生まれ。自由党に入党。官吏侮辱罪や出版条例違反などの罪で入獄。衆議院議長となったが、反対派の策動で除名。のち、立憲政友会の結成に参加し、第四次伊藤内閣の逓相。東京市会議長在職中に暗殺された。

ほし-とり【星取り】勝ち負けの数を、白黒の星で示すこと。

ほし-どり【干し鳥｜▽乾し鳥】干した鳥の肉。「ひばりの—、これらを生けて囮(をとり)にて捕らばJ〈宇津保・藤原の君〉

ほしとり-ひょう【星取り表】相撲で、勝敗の数を白黒の星で記した表。

ポジトロニウム〖positronium〗電子とその反粒子である陽電子が、クーロン力で結合した状態。粒子・反粒子の組み合わせのため、短時間で対消滅を起こしてγ(ガンマ)線を放つ。電子と陽電子のスピンが平行状態にあるものをオルソポジトロニウム、反平行状態にあるものをパラポジトロニウムと呼び、前者は約1千万分の1秒、後者は約100億分の1秒で崩壊する。通常の原子との間に斥力がはたらき、物質中の原子間の空隙に留まる性質をもつ。この性質を利用して、寿命が長いオルソポジトロニウムを試料中に生成し、ナノメートルサイズの空隙を調べる手法が考案された。

ポジトロン〖positron〗陽電子(ようでんし)。

ポジトロン-シーティー【ポジトロンCT】《positron CT》▶ペット(PET)

ポジトロン-だんそうさつえいほう【ポジトロン断層撮影法】▶ペット(PET)

ポジトロンほうしゃ-だんそうさつえいほう【ポジトロン放射断層撮影法】▶ペット(PET)

ほし-な【干(し)菜｜▽乾し菜】「干葉(ひば)」に同じ。(季 冬)

ほしな-こういち【保科孝一】[1872～1955]国語学者。山形の生まれ。早くから漢字制限などを主張し、国語教育・国語問題・国語政策に尽力した。著「国語学精義」「新体国語学史」など。

ほしな-じる【干(し)菜汁】干菜を具とした汁。(季 冬)「冷腹を暖め了す—/虚子」

ほし-なまこ【干し海=鼠｜▽乾し海=鼠】「海参(いりこ)」に同じ。

ほしな-まさゆき【保科正之】[1611～1673]江戸前期の大名。徳川秀忠の庶子。信濃高遠(たかとお)藩主保科正光の養子。のち、会津23万石の領主となり、幼少の将軍家綱を補佐して幕政に参与。民生の安定、社会政策の実施に尽力。

ほし-にく【干(し)肉｜▽乾し肉】鳥獣の肉を乾燥させたもの。

ほし-ぬい【星×繍い】❶表に針目を出さずに返し針で留める縫い方。❷日本刺繍(ししゅう)で、生地の織り糸1本ずつに細い刺繍糸を巻きつける方法。

ぼし-ねんきん【母子年金】国民年金の給付の一。夫の死亡後、成年に満たない子と生計をともにしている妻に支給された年金。昭和61年(1986)の制度改正で、遺族基礎年金に移行した。

ほしのおうじさま【星の王子さま】《原題、フランス Le Petit Prince》サン=テグジュペリの童話。1943年刊。砂漠に不時着した飛行士とほかの星から来た王子との心の交流を、詩的な文体のうちにさまざまな寓意を交えて描く。

ほしの-おんせん【星野温泉】長野県軽井沢町の浅間山南東麓にある温泉。泉質は単純温泉・塩化物泉。

ほし-の-くらい【星の位】❶星の並び。星座。「紫宵の上には—おだやかに」〈保元・上〉❷《雲上人(うんじょうびと)を星にたとえて》三公。また、宮中に列する公卿・殿上人(てんじょうびと)をいう。星の宿り。「—は政(まつりごと)を助けしちぎりを忘れずして」〈新古今・仮名序〉

ほし-の-ちぎり【星の契り】牽牛(けんぎゅう)星と織女星の年に一度の契り。(季 秋)「大濤(おおなみ)のとどろと—かな/蛇笏」

ほしの-てつろう【星野哲郎】[1925～2010]作詞家。山口の生まれ。本姓、有近(ありちか)。雑誌に投稿した詞が「チャイナの波止場」としてレコード化され作詞家デビュー。その後、「黄色いサクランボ」「函館(はこだて)の女(ひと)」「アンコ椿(つばき)は恋の花」「三百六十五歩のマーチ」など、多くのヒット曲の作詞を手がけた。

ほし-の-はやし【星の林】星の多く集まっているのを林に見たてていう語。「天(あめ)の海に雲の波立ち月の舟—に漕ぎ隠る見ゆ」〈万・一〇六八〉

ほし-の-まぎれ【星の紛れ】星の光がおぼろに見えること。「ありあけの暁よりも憂(う)かりけり—の宵の別れは」〈拾遺愚草・下〉

ほし-の-まつり【星の祭(り)】「七夕(たなばた)」に同じ。

ほし-の-やどり【星の宿り】《「星宿(せいしゅく)」を訓読みにした語》❶星座。「天の原ふりさけみれば七夕の—に霧立ち渡る」〈新千載・秋上〉❷「星の位❷」に同じ。「—をふりすててひとり出でにし鷲(わし)の山」〈増鏡・おどろの下〉

ほしの-ゆきのぶ【星野之宣】[1954～]漫画家。北海道の生まれ。現実感のある描写でつづられた壮大なスケールのSF作品に定評があるほか、古代史をベースにした伝奇ものも手がける。代表作「宗像教授」シリーズ、「はるかなる朝」「ヤマタイカ」など。

ほし-のり【干し海=苔｜▽乾し海=苔】生ノリを刻み、紙漉(す)きの要領ですいて乾燥させたもの。

ほし-びたい【星額】「星月(ほしづき)」に同じ。

ポシビリティー〖possibility〗ありうべきこと。可能性。

ポジ-フィルム《positive filmから》▶ポジティブ❸

ほし-ぶどう【干し×葡×萄｜▽乾し×葡×萄】ブドウの実を干したもの。レーズン。

ポシブル〖possible〗〔形動〕可能なさま。ありうるさま。「—な企画に練り直す」

ぼし-ほけんほう【母子保健法】母性および乳幼児の健康の保持・増進のため、保健指導・健康診査・医療その他の措置について定めている法律。昭和41年(1966)施行。

ほし-ぼとけ【星仏】日曜・月曜・木曜・水曜・火曜・土曜・金曜・羅睺(らご)・計都(けいと)の九曜星(くようせい)を仏像のように刻んだもの。昔、陰暦12月13日にこれをまつった。ほしぶつ。

ほしぼとけ-まつり【星仏祭(り)】陰暦12月13日、星仏を買い求め、僧を招いてまつったこと。もと、新年に、宮中で星仏をまつった行事。

ほし-まだら【星▽斑】❶星を散らしたような斑点(はんてん)。❷牛馬などの毛色で、星のような斑点のあるもの。〈和名抄〉

ほし-まつり【星祭(り)】❶「星供(ほしく)」に同じ。❷「七夕(たなばた)」に同じ。(季 秋)「土佐が絵にあふのく人や—/支考」

ほし-まわり【星回り】人間の運命を左右するという星の巡り合わせ。運命。「—がよい人」

[類語]運命・運・運勢・命運・天運・天命・巡り合わせ・回り合わせ・命数・暦数・宿命・宿運・定め・時運・因縁

ほし-み【星見】星占い。また、その占い者。

ほしみ-ぐさ【星見草】菊の別名。

ほし-みせ【干(し)店｜▽乾し見世】露店。大道みせ。「—の出ている通を突切ると」〈秋声・足迹〉

ほし-む【欲しむ】❶〔動マ四〕欲しいと思う。欲しがる。「財(たから)を貪(むさぼ)りてもの—・むして」〈神功紀〉❷〔動マ下二〕欲しいと思わせる。欲しがらせる。「鉄(くろがね)等を海のほとりに積みて、—・め嗜(たしな)ましむ」〈斉明紀〉

ほし-むし【星虫】星口動物の総称。また、その一種。潮間帯の砂泥中にすむ。体は細長い円筒状で、体長約5センチ、淡黄褐色。先端の口の周縁に触手が並び、肛門は体の前部背面に開く。本州中部以南に分布。いけだほしむし。

ほし-め【星目｜星▽眼】目の角膜や結膜にできる粟粒(ぞくりゅう)大の白い斑点。また、それができる病気。

ぼし-めい【墓誌銘】墓誌の末尾に加える銘。

ほし-めがね【星眼-鏡】星を観測するための望遠鏡。

ほし-もの【干(し)物｜▽乾し物】日に干して乾かすこと。また、そのもの。特に、洗濯物にいう。

ほ-しゃ【×輔車】《ほお骨と歯ぐき。一説に、車の添え木と車》利害関係が密接で、互いに助け合うことの必要な関係にあるもの。「唇歯(しんし)—」

輔車相依(あいよ)る 《「春秋左伝」僖公五年から》互いに助け合って存在するたとえ。また、密接な関係にあって切り離せないたとえ。

ほ-しゃく【保釈】〔名〕(スル) 一定の保証金を納付させ、勾留(こうりゅう)中の被告人を一時釈放すること。刑事訴訟法に定める一定の場合を除いて、被告人・弁護人などの請求があれば裁判所は認めなければならない。また、裁判所が職権で行うこともある。

ほしゃく-きん【保釈金】保釈の保証として裁判所に納める金銭。

ほし-やっかだいがく【星薬科大学】東京都品川区にある私立大学。大正9年(1920)設立の星製薬商業学校に始まり、星薬学専門学校を経て、昭和25年(1950)新制大学として発足。

ホシャップ-じょう【ホシャップ城】《Hoşap kalesi》トルコ東部の村ホシャップにある城跡。バンの東約60キロメートル、ホシャップ川を見下ろす丘の上に建つ。オスマン帝国時代の17世紀半ば、クルド人領主により建造。城内には365の部屋、二つのイスラム寺院があったとされる。

ぼじゃ-ぼじゃ〔副〕❶小さな声で話し続けるさま。「なんだか—言われたが、いっこうわからぬ」〈康成・十六歳の日記〉❷顔や体つきが、ふっくらとしてかわいらしいさま。「うつぶく顔の—と目元けふげに品深し」〈浄・西王母〉

ポシャ・る〔動ラ五〕つぶれる。また、だめになる。「旅行の計画が—・る」[補説]「ポシャ」はシャッポ(帽子)を逆さ読みにした語という。[類語]壊れる・潰れる・破れる・破損する・毀損(きそん)する・損傷する・損壊する

ほ-しゅ【保守】〔名〕(スル) ❶正常な状態を保つこと。「休業時も機械を—する」「線路の—点検」❷旧来の風習・伝統・考え方などを重んじて守っていこうとすること。また、その立場。「—派」⇔革新。

[類語](❶)管理・保全・維持・保管・管財・差配

ほ-しゅ【捕手】野球で、投手の投球を受け、また、本塁を守る選手。キャッチャー。

ぼ-じゅ【母樹】植物栽培のもととなる種子や接穂(つぎほ)をとる樹木。

ほ-しゅう【補修】〔名〕(スル) 壊れたり、傷んだりした部分をつくろうこと。「壁画を—する」「—工事」[類語]直す

ほ-しゅう【補習】〔名〕(スル) 正規の学習以外に、学力を補うために授業をすること。また、その授業。「放課後に—する」

ほ-じゅう【補充】〔名〕(スル) 不足しているものを補うこと。「欠員を—する」[類語]付加・追加・補足・補う・カバー

ぼ-しゅう【募集】〔名〕(スル) 広く呼びかけて必要な人や物を集めること。「標語を—する」[類語]募る・求人

ぼ-しゅう【暮秋】❶秋の終わり。秋の暮れ。晩秋。(季 秋)「熟眠し—嘆ずることもなし/草城」❷陰暦9月の異称。[類語]晩秋

ほしゅう-か【補習科】一定の課程の修了者に、その学習内容をさらに深く習得させるために設けられる課程。

ぼしゅう-けいひ【募集経費】ボシ ユウ 保険会社の事業費のうち、保険の新規契約募集に際してかかる営業員経費や代理店手数料などの経費のこと。
ほ-しゅうごう【補集合】ホシュ ウゴウ ある集合*A*が全体集合*U*の部分集合であるとき、ある集合を全体集合から除いたあとの集合。余集合。
ほじゅう-さいばんいん【補充裁判員】ホジュウサ イバンイン 裁判員裁判において、裁判員が病気・事故等により途中で審理に参加できなくなった場合に備えて選任される裁判員。裁判員の職務を引き継げるよう、審理の最初から参加し、証拠の閲覧等も認められるが、裁判員にならない限り評議・評決で意見を述べることは原則的にできない。裁判所の判断で、補充裁判員が置かれない場合もある。
ぼしゅう-せつりつ【募集設立】ボシ ユウ 株式会社の設立に際し、株式総数の一部を発起人が引き受け、残りの株式を一般から株主を募集して設立すること。⇔発起設立。
ほじゅう-せんきょ【補充選挙】定員の不足を補充するために行う選挙。補欠選挙や再選挙など。
ぼ-しゅうだん【母集団】ボシュ ウダン 統計で、調査や観察の対象とする集団全体。標本を抽出するときのもとの集団。
ほじゅう-はんけつ【補充判決】民事訴訟で、裁判所が判決に脱漏があった部分について行う判決。追加判決。
ほじゅう-へい【補充兵】補充兵役に服する兵。
ほじゅう-へいえき【補充兵役】兵役の一。現役兵の欠員を補充し、また戦時の要員に充当するために、必要に応じて召集するもの。
ボシュエ〖Jacques Bénigne Bossuet〗[1627～1704]フランスの神学者・説教家・歴史家。イエズス会で学び、1670年にルイ14世の王子の教師、81年にモーの司教となる。王権神授説を説くとともに、フランス教会の自由を主張した。著「世界史論」など。
ほしゅ-ごうどう【保守合同】ホシュ ゴウドウ 昭和30年(1955)11月、自由党と日本民主党が合同して自由民主党という単一保守政党を結成したことをいう。左右社会党の統一がきっかけとなって実現し、以後の自民党による長期政権を生んだ。
ほしゅ-しゅぎ【保守主義】既成の思想や制度を尊重し維持するために、その変革に反対する政治的、社会的立場。⇔進歩主義。
ほしゅ-しんとう【保守新党】ホシュ シントウ 平成14年(2002)保守党の一部党員と民主党④離党者が結成した政党。同15年衆議院議員総選挙で惨敗したことにより解党し、自由民主党に合流。
ぼ-じゅつ【×戊×戌】干支えとの35番目。つちのえいぬ。
ぼじゅつ-の-せいへん【戊戌の政変】中国、清末の戊戌の年(1898年)清の光緒帝が康有為を登用して始めた変法自強運動に対して、西太后を中心とする保守派が反撃・弾圧した事件。光緒帝は幽閉され、反動政治が復活した。➡変法自強
ぼじゅつ-へんぽう【戊戌変法】ボジュツ ヘンポウ ▶変法自強
ほしゅ-てき【保守的】〔形動〕考え方や行動などに保守の傾向があるさま。「一な人」⇔進歩的/革新的。
ほしゅ-とう【保守党】ホシュ トウ ❶保守主義の立場をとる政党。❷㊀平成12年(2000)に自由党㊄の過半数の国会議員が離党して結成した政党。同党の自由民主党との連立政権離脱方針に反対し、政権に残留。同14年に解党し、一部議員が民主党④離党者と合流し保守新党を結成した。㊁英国の政党。労働党と並ぶ二大政党の一。1830年ごろトーリー党の後身として形成。当初は貴族・地主の、現在は産業資本の利益を代表する。
ほしゅ-ぼうりゅう【保守傍流】ホシュ ボウリュウ 自由民主党の派閥のうち、鳩山一郎が率いた日本民主党の流れをくむ勢力の系統。保守本流各派やマスコミなどによる呼称。清和政策研究会・志帥しすい会・近未来政治研究会・番町政策研究所がこれにあたる。➡保守本流 補説平成12年(2000)ごろまでの田中派・竹下派全盛期には実態上も「傍流」だったが、清和政策研究会の小泉純一郎政権以降はこの表現が当てはまらなくなっている。
ほしゅ-ほんりゅう【保守本流】ホシュ ホンリュウ 自由民主党の派閥のうち、吉田茂が率いた自由党㊂の流れをくむ勢力の系統。軽武装・経済重視の傾向が強い。平成研究会・宏池こうち会・為公いこう会がこれにあたり、長く党内の主流を占めた。➡保守傍流
ぼ-しゅん【暮春】❶春の終わり。春の暮れ。晩春。《季 春》❷陰暦3月の異称。類語晩春
ほ-じょ【補助|×輔助】❶〔名〕スル 不足しているところを補い助けること。また、その助けとなるもの。「生活費を一する」❷法律で、被補助人の重要な法律行為を補助人が助けること。➡法定後見
類語助ける・助すける・手伝う・手助け・助力・幇助ほうじょ・力添え・協力・援助・応援・支援・後押し・補佐
ぼ-しょ【墓所】墓のある場所。墓場。墓地。
ほ-しょう【歩×哨】ホセウ 軍隊で、警戒・監視の任に当たること。また、その兵。「一に立つ」類語哨兵・衛兵
ほ-しょう【歩障】ホシヤウ ❶竹・木などで枠を作り、布帛ふはくを張り巡らした囲い。目隠しとしたり、女性が外出時に身をおおいかくしたりするのに用いたもの。❷葬式の行列のとき、棺の左右をおおう布帛。
ほ-しょう【保証】〔名〕スル ❶間違いがない、大丈夫であると認め、責任をもつこと。「品質を一する」「彼の人柄については一する」❷債務者が債務を履行しない場合に、代わって債権者に債務を履行する義務を負うこと。「一責任」類語保障・約束・約やく・約定・契約・協約・協定・結約・盟約・誓約・確約・公約・口約
ほ-しょう【保障】ホシヤウ〔名〕スル ある状態がそこなわれることのないように、保護し守ること。「国家の安全を一する」「社会一」類語保証
ほ-しょう【×堡礁】ホセウ 島や陸地から少し離れて、海岸に平行して発達した珊瑚さんご礁。岸との間に、礁湖とよばれる潟かたがある。バリアリーフ。➡グレートバリアリーフ
ほ-しょう【補償】ホシヤウ〔名〕スル ❶損失を補って、つぐなうこと。特に、損害賠償として、財産や健康上の損失を金銭でつぐなうこと。「労働災害を一する」「公害一裁判」「一金」❷心理学で、身体的・精神的な原因によって劣等感をもつとき、それを補おうとする心の働き。アドラーの用語。類語賠償・弁償・代償・報償・償う
ほ-しょう【×輔相】ホシヤウ〔名〕スル ❶たすけること。補佐すること。「人道の作為は必天理自然の条理により之を裁成一すべし」〈阪谷素・明六雑誌三五〉❷諸大臣の上に立ち天子を助けて政治を行うこと。また、その人。宰相。
ほ-じょう【×圃場】ホヂヤウ はたけ。菜園。
ほ-じょう【捕縄】犯人の逮捕、囚人・刑事被告人・被疑者の連行などに用いるなわ。とりなわ。
ぼ-しょう【暮鐘】日暮れに寺で鳴らす鐘。また、その音。晩鐘。⇔暁鐘。
ぼ-じょう【慕情】ボジヤウ 慕わしく思う気持ち。特に、異性を恋い慕う気持ち。類語恋愛・愛恋あいれん・愛・恋情れんじょう・恋慕れんぼ・思慕しぼ・眷恋けんれん・色恋いろこい・恋・ラブ・ロマンス
ほしょう-かいしび【補償開始日】ホシヤウ カイシビ 保険期間の開始の日。保険が適用される最初の日。保険始期日。
ほしょうかくだいがた-じどうしゃほけん【補償拡大型自動車保険】ホシヤウクワクダイ ガタジドウシヤホケン 従来型の自動車保険に人身傷害保険を付加し、自身に過失があった場合も保険金が支払われるよう補償範囲を拡大したタイプの自動車保険。➡人身傷害保険
ほしょう-きん【保証金】❶将来の行為や結果について責任をもつことの証拠として提供する金銭。❷一定の債務の担保として債権者に交付する金銭。
ほしょう-こぎって【保証小切手】銀行から支払いが保証されている小切手。預金小切手のこと。
ほしょう-さいむ【保証債務】債務者が債務を履行しない場合、その債務者に代わって履行をする保証人の債務。
ほしょう-じゅんび【保証準備】中央銀行が銀行券発行の保証として保有する資産のうち、正貨準備以外のもの。国債・商業手形など。
ほしょう-しょ【保証書】保証の旨を記載した書面。
ほしょう-そち【保障措置】ホシヤウ ソチ ウランやプルトニウムが平和的利用から核兵器製造などの軍事的目的に転用されないことを確認するための措置。国際原子力機関(IAEA)の査察官が原子力施設に立ち入り、核物質計量を測定・記録して国やIAEAに報告し、必要に応じて国やIAEAの査察が実施される。このIAEAの査察を俗に「核査察」、査察官を「核査察官」という。日本は昭和51年(1976)核不拡散条約(NPT)を批准し、これによってIAEAとの間で協定を結んでIAEAの保障措置を受け入れることとなった。補説各国が申告した施設を対象とする「特定査察」、軍事不転用を確認するために定期的に実施する「通常査察」、申告内容が不十分な場合に当該国の同意を得て追加的に実施する「特別査察」がある。IAEAは未申告の施設に対しても特別査察を行うことができる。
ほしょう-つき【保証付(き)】品質などが保証されていること。「一年間一の製品」
ほしょう-てん【補償点】ホシヤウ テン 緑色植物で、呼吸と光合成による酸素と二酸化炭素との出入りが、完全に釣り合うときの光の照度。一般に陽生植物よりも陰生植物のほうが低く、弱い光を利用できる。光補償点。
ほしょう-にん【保証人】ある人の身元や債務などを保証する人。「一を立てる」補説一般の保証人は、催告の抗弁権(民法452条)と検索の抗弁権(同453条)を有する。➡連帯保証人
ほしょう-はっこう【保証発行】ホシヨウ ハツカウ 中央銀行が保証準備に基づいて銀行券を発行すること。
ほしょう-ほけん【保証保険】債務者が債務を履行しない場合に、債権者が被る損害を塡補てんぽする保険。債務者が保険契約者となり、債権者が被保険者となる。
ほ-しょうれい【蒲松齢】[1640～1715]中国、清代の文人。淄川しせん(山東省)の人。字あざなは留仙または剣臣。号、柳泉居士。怪異小説集「聊斎志異りょうさいしい」の著者。
ほじょ-かがくりょうほう【補助化学療法】ホジョクワガク レウハフ 癌がんの手術後に、転移や再発を防ぐ目的で補助的に行われる化学療法。
ほじょ-かへい【補助貨幣】ホジョクワ ヘイ 本位貨幣の補助として少額の取引に用いられる貨幣。補助貨。
ほじょ-きおくそうち【補助記憶装置】ホジョキオク サウチ コンピューターの主記憶装置の容量を補うための記憶装置。ハードディスクなどの磁気ディスクなどが用いられる。外部記憶装置。ストレージデバイス。ストレージ。
ほじょ-きかん【補助機関】ホジョ キクワン 行政官庁などに従属し、その意思決定を補助する機関。副大臣・政務官・事務次官・局長・部長・課長、副知事・副市町村長など。
ほじょ-きごう【補助記号】ホジョキ ガウ ▶補助符号ほじょふごう
ほじょ-きょうざい【補助教材】ホジョケウ ザイ ▶副教材
ほじょ-きん【補助金】❶不足を補うために出す金銭。❷国または地方公共団体が、特定の事業・産業や研究の育成・助長など行政上の目的・効果を達成するために、公共団体・企業・私人などに交付する金銭。補給金・助成金・奨励金・交付金などの名称がある。
ほじょきんてきせいか-ほう【補助金適正化法】ホジョキンテキ セイクワハフ《「補助金等に係る予算の執行の適正化に関する法律」の通称》補助金の不正受給や目的外使用を禁じた法律。昭和30年(1955)施行。不正な手段によって補助金を受給した場合、5年以下の懲役もしくは100万円以下の罰金に処せられる。適化法。補助金等適正化法。
ほ-しょく【捕食】〔名〕スル 生物が他の生物をとらえて食うこと。「野ネズミを一する鳥」
ほ-しょく【補色】二つの色を一定の割合で混合して、光の場合は白色、絵の具の場合は灰色になるとき、一方の色を他方の色に対していう語。例えば、赤と青緑。余色。類語反対色・余色

ほ-しょく【補植】〘名〙スル 造林などで、苗木が枯れて空地ができたとき、再び苗木を植えること。
ほ-しょく【補職】官公吏に具体的な職務の担当を命じること。また、その職務。
ぼ-しょく【暮色】夕暮れの薄暗い色合い。暮れかかったようす。「—が迫る」
ほしょく-しゃ【捕食者】他の動物をえさとして捕食する動物。
ぼしょく-そうぜん【暮色×蒼然】〘ト・タル〙図〘形動タリ〙夕暮れの薄暗いさま。「—たる街路」
ほしょく-てきおう【補色適応】海藻が、体色とは補色の関係にある波長の光を光合成のエネルギーとして利用するようになること。水深により赤・黄・緑・紫と順に波長域が吸収されるため、浅い所では緑藻、深くなるにつれ褐藻・紅藻が生育する。
ほじょ-けん【補助犬】《「身体障害者補助犬」の略》盲導犬・介助犬・聴導犬など、身体に障害のある人の生活を助ける犬。➡身体障害者補助犬法
ほじょ-さんか【補助参加】民事訴訟で、訴訟の結果に利害関係をもつ第三者が、係属中の訴訟に当事者の一方を補助するために参加すること。従参加。
ほじょ-じぎょう【補助事業】国の補助金を受け、地方自治体が主体となって行う公共事業のこと。国の直轄事業が国の主導で行われ、予算も国の負担分が3分の2程度を占めるのに対し、補助事業は地方自治体が主体となって国の政策に沿った事業を行う。補助事業の予算は、原則では国と地方の折半だが、地方の財政難などを受け、実際には相当部分を国側が負担する。
ほじょ-しょくひん【補助食品】「健康補助食品」「栄養補助食品」などの略。➡サプリメント
ほじょ-じんこうしんぞう【補助人工心臓】心不全に陥った心臓のポンプ機能を助け、全身に血液を循環させる装置。弱った心臓を休ませることで機能回復を図る、あるいは心臓移植まで生命を維持するなどの目的で一時的に利用される。患者の体外に設置するものと、体内に埋め込むものがある。(補説)患者の心臓を切除し、その代用として永久的に使用する人工心臓を「全置換型人工心臓」という。
ほじょ-せん【補助線】幾何学で、与えられた図形にはないが証明のために便宜的に描き加える線。
ほじょ-たんい【補助単位】❶実用の計量のために設ける、基本単位の整数倍また整数分の一の単位。ミリメートル・キログラムなど。補助計量単位。❷国際単位系(SI)で、基本単位のほかに設ける単位。平面角のラジアンと立体角のステラジアンがある。
ほじょ-ていり【補助定理】一つの定理を証明するために、補助として使う定理。補題。レンマ。
ほじょ-どうし【補助動詞】動詞が、本来の意味と独立性を失って、付属的な意味を添えるものとして用いられるもの。「私は日本人である」の「ある」、「風が吹いている」の「いる」、「本を読んでいらっしゃる」の「いらっしゃる」、「迎えに来てください」の「ください」など、断定・動作の様態・敬意などを示すものとして用いられる。
ほじょ-にん【補助人】被補助人について補助をする人。被補助人が選択した特定の法律行為について、「同意権と取消権」と「代理権」のどちらか一方、または双方が付与される。
ほじょ-ひ【補助費】国や地方公共団体が、特定の目的のために交付する無償の経費。
ほじょ-ふごう【補助符号】文章を書き表すとき、読解を正しく容易にするために文字とともに使う記号。句読点・かぎかっこ・疑問符・感嘆符など。補助記号。
ほじょ-ぼ【補助簿】簿記で、特定の取引または勘定についての明細を記録する帳簿。現金出納帳・仕入帳・売上帳など。➡主要簿
ほじょ-ようげん【補助用言】本来の意味を失って、付属的な意味を添える場合の用言。補助動詞のほか、「美しくない」の「ない」や「聞いてほしい」の「ほしい」を、補助形容詞ということもある。
ほじょ-よく【補助翼】飛行機の主翼の後縁部に取り付けた可動翼。これの上げ下げにより、機体を傾けたり、水平に維持したりする。エルロン。
ぼし-りょう【母子寮】児童福祉法による児童福祉施設の一。平成9年(1997)同法改正により母子生活支援施設と改称。
ほじ-りょく【保磁力】強磁性体の磁化を零にするために必要な逆向きの磁界の強さ。
ほじ・る【×穿る】〘動ラ五(四)〙❶つついて穴をあけたり、穴の中からかきだしたりする。ほじくる。「耳を—・る」❷細かいことまでとりあげて追及する。ほじくる。「聞かなくてもいい事を執っこく—・って聞くらしい」〈三重吉・小鳥の巣〉(可能)ほじれる
ほ-じるし【帆印】船の帆に入れた、所有者などを明示する印。
ほ-しん【保身】自分の地位・名誉・安全などを守ること。「—をはかる」「—の術」
ぼ-しん【×戊申】干支の45番目。つちのえさる。
ぼ-しん【×戊×辰】干支の5番目。つちのえたつ。
ぼしん-しょうしょ【戊申詔書】明治41年(1908)戊申の年に出された詔書。日露戦争後の個人主義・社会主義の盛行を戒め、国民に勤倹を求めた。
ぼしん-せんそう【戊辰戦争】慶応4年(1868)戊辰の年1月から翌年5月にかけて、維新政府軍と旧幕府派との間で行われた内戦。鳥羽・伏見の戦い、上野の彰義隊の戦い、会津戦争、箱館戦争などの総称。戊辰の役。
ぼしん-ぞう【母神像】物を生み出す神として、出産の能力をもつ女性をかたどった像。
ほ・す【干す|▽乾す】〘動サ五(四)〙❶水分・湿気を取り除くために、日光・風・火気などにあてる。かわかす。「洗濯物を—・す」「布団を—・す」❷中の水を全部除いてからにする。「井戸を—・す」「池を—・す」❸残ることなく飲みつくす。「杯を—・す」❹故意に仕事や役割を与えないでほうっておく。また、無視する。「役を—・される」❺涙をかわかす。泣くのをやめる。「うち語らひつつ、—・す世もなくて過ぐし給ふに」〈源・椎本〉❻飲食をしないで腹の中をからにする。「腹ヲ—・ス」〈日葡〉(可能)ほせる (類語)乾かす
ほ・す【歩す】〘動サ変〙❶あるく。あゆむ。「予がパルマの街頭を—・して」〈芥川・開化の殺人〉❷漢詩で、他人の詩の韻字を用いて詩を作る。次韻する。和韻する。
ボス〖boss〗❶親分。親玉。顔役。「政界の—」❷組織・部署の長。上司。「うちの—」❸車輪などで、軸の取り付けを補強するための円筒形の軸心部分。(類語)(❶)親方・親分・親玉・棟梁・首領・頭目・ドン
ボス〖Voss〗ノルウェー南西部の町。バングス湖に面する。オスロやベルゲンからのフィヨルド観光の中継地点にあたる。スキーリゾートとしても知られる。
ポス〖POS〗《point-of-sale》販売時点情報管理。スーパーマーケットなどのレジスターで、商品の販売と同時に商品名・数量・金額などをバーコードリーダーなどの自動読み取り方式で収集し、情報を多角的に分析して経営管理活動に役立てるシステム。ポスシステム。
ほ-すい【補水】〘名〙スル 体に必要な水分を補給すること。➡経口補水液
ぼ-すいせい【母×彗星】►母天体
ほ-すう【歩数】歩行の際の、足で踏む回数。
ほ-すう【歩×趨】歩くことと小走りに走ること。転じて、物事の進みぐあい。
ほ-すう【補数】和が一定の数Aになる二つの数があるとき、その一方の数を他方の数のAに対する補数という。コンピューターでは負の数を表現するのに用い、減算を加算に置き換えて行う。余数。
ぼ-すう【母数】❶歩合算で、元金のこと。❷媒介変数のこと。❸統計学で、母集団の特性を示す定数。
ほすう-けい【歩数計】歩行の際の振動によって、歩数を自動的に記録する装置。計歩器。
ほ-ずえ【穂末】穂の先端。ほさき。
ホスゲン〖ドイツ Phosgen〗一酸化炭素と塩素を反応させて得る、刺激臭のある無色の窒息性ガス。ポリウレタンなどの合成原料とする。毒性が強く、毒ガスとしても使用。化学式$COCl_2$　塩化カルボニル。
ポスコ〖POSCO〗韓国の製鉄会社。旧称、浦項総合製鉄。本社は同国東部の浦項市に所在。1968年に国営企業として設立。日本の資本・技術導入を受けて1973年より生産開始。2000年に完全民営化され、2002年に現名称になった。
ボスコレアーレ〖Boscoreale〗イタリア南部、カンパニア州の町。紀元79年のベスビオ火山の噴火によりポンペイやエルコラーノとともに埋没した古代ローマ時代の遺跡には、農作業やワイン醸造のための別荘と当時の様子を復元したブドウ畑がある。
ポス-システム【POSシステム】《POSは、point-of-sales system》►ポス(POS)
ボズジャ-とう【ボズジャ島】《Bozcaada》トルコ北西部の島。ギリシャ語名テネドス島。ダーダネルス海峡の入口付近に浮かぶ。第一次大戦後のセーブル条約によりギリシャ王国に割譲されたが、希土(ギリシャ・トルコ)戦争後の1923年よりトルコ領になった。ベネチア人が要塞として築いたものをオスマン帝国時代に拡張した城が残る。海岸保養地であり、ワインの生産も盛ん。ボズジャアダ島。
ホス-ジャンプ「ホップ-ステップ-アンド-ジャンプ」の略。
ほ-すすき【穂▽薄|穂×芒】穂の出ているススキ。(季 秋)「機関車に助手—を弄ぶ/誓子」
ほすせりのみこと【火酢芹命|火須勢理命】►火闌降命
ポスター〖poster〗広告・宣伝のための、図案・写真・文章などからなるはり紙。(類語)散らし・びら
ポスター-カラー〖poster color〗ポスターの図案制作などのために作られた水溶性の不透明絵の具。
ポスター-バリュー〖poster value〗ポスターの、広告・宣伝効果からみた評価。
ホスツ-ファイル【hostsファイル】《hosts file》システムファイルの一。TCP/IPなどのコンピューターネットワークにおけるIPアドレスとホストコンピューター名を対応させる情報を記述したファイル。
ポスティング〖posting〗❶《「投函する」の意》広告物を家々の郵便受けに配って歩くこと。ビラ配り。また、インターネットの掲示板などに投稿すること。そのメッセージ。❷簿記で、帳簿に転記すること。また、入札すること。
ホスティングがた-ブログサービス【ホスティング型ブログサービス】《hosting blog service》►ホスティングサービス
ホスティング-サービス〖hosting service〗電子メール、ウェブサイト、ブログなど、インターネットを利用する法人や個人に、サーバーの一部を間貸しするサービス。レンタルサーバー。
ポスティング-システム〖posting system〗《「入札制度」の意》日本の球団に所属するプロ野球選手が、米国メジャーリーグへ移籍するための制度の一。日本で所属する球団の許可を得た選手のみが対象となる。選手の獲得を望む米球団が移籍金額を入札し、選手の所属球団が受諾すると、米球団は選手との独占交渉権を獲得する。選手との契約が成立すると、米球団は選手を手放した球団に落札額を支払う。選手に移籍先を選ぶ自由はない。ポスティング制度。
ポス-データ〖POS data〗POSによって収集された商品情報。販売価格・地域・時間・時期など。
ホステス〖hostess〗❶パーティーなどで、客を接待する側の女主人。また、その役。❷バー・ナイトクラブなどで、接客する女性。❸テレビやラジオのワイド番組で、進行係をつとめる女性。❹スチュワーデス。エアホステス。(類語)ホスト
ホステラー〖hosteler〗❶ユースホステルなどの宿泊所の世話係。❷ユースホステルの利用者。
ホステル〖hostel〗❶簡易宿泊施設。❷「ユースホステル」の略。
ホスト〖host〗❶パーティーなどで、客を接待する側

の男主人。また一般に、接待する側や、接待役のこと。「サミットの━国」❷女性用のクラブなどで、接客する男性。「━クラブ」❸テレビ・ラジオのワイド番組などで、進行係をつとめる男性。❹「ホストコンピューター」の略。(類語)ホステス

ポスト〘post〙❶郵便差し出し箱。また、郵便受け。❷地位。役職。また、持ち場。部署。「重要な━に就く」「━を失う」❸支柱。杭。「ゴール━」❹証券取引所(金融商品取引所)で、上場銘柄を業種などで分類して売買を行うカウンター。(類語)(❷)地位・ポジション・椅子・位・格・肩書き・役職・役付き・身分・階級

ポスト〘post〙〔語素〕他の語の上に付いて、…以後、…のあと、の意を表す。「━冷戦」「━モダニズム」

ポスト-イット　一端に糊の着いた付箋。必要事項を書いて貼り付け、不要になれば本や用紙などを傷めることなくはがせる。色や大小、接着力の強弱など各種ある。商標名。

ポストイナ〘Postojna〙スロベニア南西部の町。周辺は中生代の石灰岩からなり、ポストイナ鍾乳洞は全長約22キロメートルを有し、ヨーロッパ最大級の鍾乳洞として知られる。イタリア語名ポストゥミア。

ポストイナ-しょうにゅうどう【ポストイナ×鍾乳洞】《Postojnska jama》スロベニア南西部の町ポストイナにある鍾乳洞。全長約22キロメートルというヨーロッパ最大級の鍾乳洞として知られる。一部、トロッコ電車で見学できるほか、1万人を収容できる空間があり、コンサートも開かれる。盲目の両生類ホライモリなどの貴重な生物が生息する。

ポストゥミア〘Postumia〙ポストイナのイタリア語名。

ボストーク〘ロシア Vostok〙《東の意》1961〜63年にソ連が打ち上げた一人乗り宇宙船。第1号はガガーリンを乗せて人類初の宇宙飛行に成功。第6号は女性初の宇宙飛行士テレシコワが搭乗。ウォストーク。

ポストカード〘postcard〙郵便はがき。

ポスト-きょうとぎていしょ【ポスト京都議定書】平成9年(1997)の京都議定書で定められた、温室効果ガス(CO_2、メタン、亜酸化窒素、フロン類3種)削減の第一約束期間(2008年〜2012年)以降の枠組み、および関連する諸問題のこと。国連気候変動枠組条約(UNFCCC)の第3回締約会議(COP3)で採択された京都議定書により、第一約束期間の終了7年前に検討を開始することが定められており、温暖化対策の第二約束期間における先進国の行動基準と目標設定、および温室効果ガス削減義務のない途上国の枠組設定などが主要な論点となっている。

ポスドク〘postdoc〙「ポストドクター」の略。

ホスト-クラブ《和 host＋club》男性の接客係が、女性客の相手をつとめる風俗営業店。

ホスト-コンピューター〘host computer〙コンピューターネットワークの中心的役割を担うコンピューター。「データベースの━に回線を接続する」

ポストシーズン〘postseason〙❶プロ野球で、選手は球団と2月1日から11月30日までの10か月間の契約を結ぶが、その契約期間以外の2か月間のこと。その間は試合やコーチによる指導が禁止される。❷野球・サッカー・アイスホッケーなどのリーグ戦で、レギュラーシーズン終了後に、各リーグあるいは前後期の成績上位チームが出場し、優勝者や順位を決定する試合を行う期間。

ポストスクリプト〘PostScript〙米国アドビシステムズ社が開発したページ記述言語。文字や図形などの高品位な印刷が可能。

ポストドク〘postdoc〙「ポストドクター」の略。

ポストドクター《postdoctoral fellow から》大学の博士課程終了の研究者。主に博士号取得後に任期を決めて大学の研究職に就いている人。博士研究員。ポスドク。ポストドク。

ホストネーション-サポート〘host nation support〙有事の際に来援する同盟軍を受け入れるために、装備補給・施設・輸送・労務提供などの体制を整えておくこと。受け入れ国支援。HNS。

ポスト-ノーマライゼーション〘post normalization〙高齢者や障害者を差別しないだけではなく、個々の要望に対応していくこと。ポストノーマリゼーション。➡ノーマライゼーション

ポストハーベスト〘post-harvest〙収穫後の農産物に、防かび・防腐・発芽防止などのため、農薬を散布すること。

ポスト-パンク〘post-punk〙パンクファッションに次いで生まれたパンクスタイルのこと。本来の過激なパンクではなく、表面的なスタイルのみを取り入れて、それを洗練させたもの。遊びの精神もある。

ポスト-パンデミック〘post-pandemic〙WHO(世界保健機関)が定義する、新型インフルエンザの世界的大流行(パンデミック)の状況を示す分類の一。パンデミックが終息に向かい、感染力が季節性インフルエンザと同等程度になった状態。

ホスト-ファミリー〘host family〙ホームステイの留学生を受け入れ、世話をする家族。

ポスト-プレー〘post play〙球技で、攻撃法の一。バスケットボールで、相手ゴールの近くに長身あるいはボールさばきのうまい選手を配置して、その選手にボールを集めて得点をねらうもの。また、サッカーで、相手ゴール前に位置する選手が、味方からのパスを受け、そこを起点に得点をねらうもの。

ポスト-ペイド《和 post(…のあと)＋paid》他の語に付いて、後払いであることを表す。「━サービス」「━SIMカード」⇔プリペイド。(補説)英語の postpaid は別の語で、郵便料金前払いの、の意。

ポストペイド-カード《和 post(…のあと)＋paid＋card》料金を後で支払う方式のカード。クレジットカード、SIMカードなど。⇔プリペイドカード。

ポストペット〘PostPet〙ソネットエンタテインメントによる電子メールソフト。ユーザーが選んだマスコットキャラクターがメールを運ぶという設定になっている。商標名。

ポストポリオ-しょうこうぐん【ポストポリオ症候群】《post-polio syndrome》ポリオ(急性灰白髄炎)にかかって回復してから10年以上たった後に生じる機能障害(筋力の低下、関節の痛みや変形などの症状)をいう。障害年金の支給対象となる。PPS。

ホスト-マザー〘host mother〙❶ホームステイ先の一家の母親。➡ホストファミリー ❷ ▶代理母

ポストマン〘postman〙郵便集配人。

ホスト-めい【ホスト名】コンピューターネットワークにおいて、人間が識別しやすいようにコンピューターに付けられた名前。ホストネーム。

ポストモダニズム〘postmodernism〙芸術・文化の諸分野で、モダニズム(近代主義)の行き詰まりを打開しようとする動向のこと。建築やデザインにおいては、装飾の比重が高まり、過去の様式が自由に取り入れられるところに特色がある。脱近代主義。➡モダニズム

ポストモダン〘postmodern〙近代を超えようとする芸術運動。近代の合理主義的傾向を否定する考え方。もともとは、機能主義・合理主義に対置する新しい建築、という意味の近代建築用語。➡ポストモダニズム

ボストン〘Boston〙米国マサチューセッツ州の州都。大西洋に面する港湾都市。ボストン大学・マサチューセッツ大学・ボストン美術館など教育文化施設が多く、アメリカ独立革命の史跡に富む。人口、行政区61万(2008)。

ボストン-コモン〘Boston Common〙米国マサチューセッツ州、ボストンの中心部にある公園。ピューリタン(清教徒)のための集会や演説に使われた、同国最古の都市公園として知られる。

ボストンちゃかい-じけん【ボストン茶会事件】1773年、英本国の制定した茶条例に反対するアメリカ植民地の急進派の人々が、ボストン港に入港した東インド会社の船を襲い、積荷の茶を海に捨てた事件。英国がアメリカ植民地に対する弾圧を強めたため、両者の対立は激しくなり、独立戦争の契機となった。➡アメリカ独立革命

ボストン-バッグ〘Boston bag〙《ボストン大学の学生が用いたところから》旅行用の手提げかばん。革または布製で中ほどが膨らみ、底は長方形。

ボストン-びじゅつかん【ボストン美術館】《Museum of Fine Arts, Boston》米国ボストンにある美術館。市民と個人収集家の協力により1876年開館。エジプト美術や印象派絵画を揃えるほか、浮世絵や刀剣など日本美術のコレクションで名高い。中国日本美術部長を岡倉天心が務めたこともある。

ボストン-マラソン〘Boston marathon〙ボストン陸上競技協会主催のマラソン大会。ホプキントン・ボストン間の片道コースで、毎年4月19日に開催。1897年創始。

ポズナニ〘Poznań〙ポーランド中西部の工業都市。バルタ川流域にあり、古くから交易の中心として発展。ドイツ語名、ポーゼン。人口、行政区56万(2007)。ポズナン。

ポズナニ-だいせいどう【ポズナニ大聖堂】《Katedra Poznańska》ポーランド中西部の都市ポズナニにある大聖堂。バルタ川の中洲に位置する。10世紀の創建で、同国最古の教会として知られる。第二次大戦で破壊されたが、戦後に復元。地下には初代ポーランド王ミェシュコ1世の墓所がある。ポズナン大聖堂。

ボスニア〘Bosnia〙ボスニア-ヘルツェゴビナ北部の地方。ボズナ。

ボスニア-ヘルツェゴビナ〘Bosnia and Herzegovina〙ヨーロッパ南東部、アドリア海に面する共和国。北部のボスニアと南部のヘルツェゴビナとからなる。首都サラエボ。15世紀以降オスマン帝国領。1908年オーストリア-ハンガリー帝国に併合され、第一次大戦の発端となるサラエボ事件が起きた。1946年ユーゴスラビアで共和国を形成。1992年、ユーゴスラビアの解体・再編に伴い独立。人口462万(2010)。ボズナ-ヘルツェゴビナ。

ボスニア-わん【ボスニア湾】《Bothnia》バルト海北部、スウェーデンとフィンランドとに挟まれる湾。冬季は氷結する。

ボズネセーニエ-きょうかい【ボズネセーニエ教会】《Tserkov' Vozneseniya》ロシア連邦の首都モスクワの南部、コローメンスコエ史跡公園にあるロシア正教会の教会。ロシア語で「主の昇天教会」を意味する。16世紀に後のイワン4世の誕生を祝して建造。同地の建物の中で最も古い。ビザンチン様式の影響を離れ、ロシア古来の建築技術を伝えるシャチョール(天幕型)と呼ばれる八角錐の木造の屋根をもつ。1994年に「コローメンスコエの主の昇天教会」の名称で世界遺産(文化遺産)に登録された。ボズネセニエ教会。

ホスピス〘hospice〙末期癌患者など死期の近い病人を対象に、延命処置を行わず、身体的苦痛を和らげ、精神的援助をして生を全うできるように医療を行う施設。1967年ロンドン郊外にできたものに始まるが、中世ヨーロッパの教会で病人や巡礼者を泊めたことが起源。➡ターミナルケア
(類語)病院・医院・診療所・療養所・サナトリウム・クリニック・産院

ホスピス-ケア〘hospice care〙ホスピスで提供される介護・看護。

ホスピタリズム〘hospitalism〙施設や病院で長期間生活することにより起こる、言語発達の遅れ・感情鈍磨・情緒不安定・依存性などの傾向。施設症。

ホスピタリティー〘hospitality〙❶心のこもったもてなし。手厚いもてなし。歓待。また、歓待の精神。❷ ▶異人歓待

ホスピタル〘hospital〙病院。総合病院。

ホスピタルクラウン〘hospitalclown〙「クリニクラウン」に同じ。(補説)米国の医師ハンター＝アダムス(通称パッチ＝アダムス)が1980年代に始めた活動が

きっかけとなり、広まったもの。

ホスファゲン〖phosphagen〗生体内、特に筋肉にあってエネルギーを供給・貯蔵する高エネルギー燐酸(りんさん)化合物の総称。クレアチン燐酸・アルギニン燐酸など。燐酸源。

ホスファターゼ〖phosphatase〗有機燐酸(りんさん)エステル・ポリ燐酸を加水分解する酵素の総称。フォスファターゼ。

ボスポラス-かいきょう【ボスポラス海峡】ーカイケフ《Bosporus》トルコ北西部にあり、黒海とマルマラ海とを結ぶ海峡。ダーダネルス海峡とともにヨーロッパとアジアの境界をなし、古くから軍事・交通の要地。

ボスポラス-ばし【ボスポラス橋】《Boğaziçi Köprüsü》トルコ北西部の都市イスタンブールにある橋。ボスポラス海峡に架かり、ヨーロッパ側のオルタキョイ地区とアジア側のベイレルベイ地区を結ぶ吊り橋で、全長1510メートル(中央支間長1074メートル)。1973年に完成。約5キロメートル北にあるファーティフスルターンメフメット橋(第二ボスポラス橋)に対し、第一ボスポラス橋ともいう。

ホスホリラーゼ〖phosphorylase〗でんぷん・グリコーゲンなどを加燐酸(かりんさん)分解する酵素の総称。フォスフォリラーゼ。

ホスホン-さん【ホスホン酸】《phosphonic acid》三塩化燐(さんえんかりん)または三酸化二燐を加水分解し、濃縮すると得られる無色の結晶。強い還元性がある。化学式$H_2[PHO_3]$　かつて、H_3PO_3と表され、誤って亜燐酸とよばれた。

ボスラ〖Bosra〗シリア南部、ヨルダン国境近くの都市。古くから交通の要地として栄え、ローマ帝国の支配下では都市計画に沿って多数の施設や道路などが作られた。玄武岩を使って建てられた円形劇場のほか、神殿、浴場などの遺跡が残る。1980年に「古代都市ボスラ」として世界遺産(文化遺産)に登録。

ほ・する【保する】〔動サ変〕文ほ・す〔サ変〕たもつ。守る。また、保証する。「安全は—・しがたい」

ほ・する【補する】〔動サ変〕文ほ・す〔サ変〕職務の担当を命じる。職に任じる。「次官に—・する」

ホスロー〖Khosrow〗(1世)[?〜579]ササン朝ペルシア第21代の王。在位531〜579。中央集権化を進めるとともに、エフタルを滅ぼしてその勢力を拡大。ササン朝の黄金時代を現出した。コスロー。

ほ-せい【補正】〔名〕スル ❶足りないところを補って、誤りを正すこと。❷誤差を除いて適正な値を求めること。「計測値を—する」「視度—」(類語)改正・変更・改定・正す・訂する・修正する・是正・規正・改善・改良・訂正・修訂・改訂・補訂・補綴(ほてい)する・手直し

ほ-せい【補整】〔名〕スル 足りないところを補って整えること。

ほ-ぜい【保税】関税の徴収が留保されている状態。

ほ-ぜい【×逋税】税金逃れをして納税しないこと。

ぼ-せい【母性】女性のもつ母親としての性質。母親として、自分の子供を守り育てようとする本能的特質。「—本能」「—保護」⇔父性。

ぼ-せい【墓制】墓のつくり方。通常、墓は一つであるが、埋め墓と詣り墓の二つをつくる両墓制もある。

ぼせい-あい【母性愛】母親としての子供に対する本能的な愛情。⇔父性愛。(類語)親心・父性愛

ぼせい-いでん【母性遺伝】ーヰデン 親の形質が卵細胞だけを通じて遺伝すること。精細胞は関与せず、母親の形質だけが子に伝わる。細胞質に含まれる遺伝子によって起こる細胞質遺伝と、遺伝子が母親の卵細胞で発現し、一代遅れて形質が表現型として現れる遅滞遺伝がある。

ほぜい-こうじょう【保税工場】ーコウヂヤウ 保税地域の一。外国貨物を保税のままで加工・改装・仕分けなどをすることができる工場。

ほぜい-せいど【保税制度】外国貨物を保税のままで運搬・蔵置(ぞうち)・加工・展示などができる制度。

ほぜい-そうこ【保税倉庫】ーサウコ 保税地域の一。外国貨物を保税のままで蔵置できる倉庫。蔵置期間は2年以内。

ほぜい-ちいき【保税地域】ーチヰキ 外国貨物を保税のままで運搬・蔵置・加工・展示などができる場所。指定保税地域・保税上屋(うわや)・保税倉庫・保税工場・保税展示場の5種がある。

ほせい-てんぷ【補整天府】置き時計などの部品で、温度変化による周期のくるいを防ぐため、膨張率の異なる2種の金属を合わせて作った天府。

ポセイドン〖Poseidōn〗ギリシャ神話で、海・地震・馬の神。クロノスとレアの子で、ゼウスの兄弟。三叉の戟(ほこ)を持ち、海洋を思いのままに制するとされた。ローマ神話のネプトゥーヌスにあたる。

ポセイドン〖POSEIDON〗《Pacific Orient Seismic Digital Observation Network》アジア・太平洋超高性能地震観測網計画。1980年代から進められているアジア・太平洋地区に広範に観測施設を設けて行う地震観測。

ポセイドン-しんでん【ポセイドン神殿】《Naos tou Poseidona》ギリシャ中東部、アッティカ半島南端のスニオン岬にあるドリス式の神殿。海神ポセイドンを祭る。紀元前5世紀半ば、アテネの政治家ペリクレスにより建造された。

ほせい-よさん【補正予算】国または地方公共団体の予算で、経費の不足を補うほか、予算作成後に生じた事由に基づき、追加・変更を行うために作成される予算。

ほ-せき【舗石┊×鋪石】道路に敷いてある石。敷き石。

ぼ-せき【墓石】墓標の石。はかいし。

ほ-せつ【補説】〔名〕スル 補って説明すること。また、その説明。「巻末で—する」

ぼ-せつ【暮雪】夕方に降る雪。また、夕暮れに見る雪景色。(季 冬)

ほぜ・る【×穿る】〔動ラ四〕「ほじる❶」に同じ。「田畑にむらがりては、麦を—・り、大根をつつき」〈鶉衣・鴉箴〉

ほ-せん【保線】列車の安全な運行のために、鉄道線路を保守・維持すること。また、その業務。「—工事」

ほ-せん【補箋】❶本紙に補い足す紙片。つけがみ。つけふだ。❷有価証券・証書で、記載する余白がなくなったときに補充のためにつける紙片。

ほ-せん【補選】「補欠選挙」の略。

ほ-ぜん【保全】〔名〕スル 保護して安全であるようにすること。「財産を—する」「環境—」(類語)管理・保守

ぼ-せん【母川】サケ・マスなどの遡河魚(そかぎょ)の生まれた川。

ぼ-せん【母船】遠洋漁業船団で、多くの小型漁船を率い、必要な物資を補給したり、漁獲物の処理・加工・保存などを行ったりする大型の船。親船。➡独航船(どっこうせん) (類語)本船・親船

ぼ-せん【母線】❶直線の移動によって柱面・錐面(すいめん)・回転面などの曲面ができるときの、おのおのの位置における直線。❷発電所や変電所で、電源から全電流を受け、外線に供給する幹線。

ぼ-ぜん【墓前】墓所のまえ。はかのまえ。

ぼせん-かいき【母川回帰】ークワイキ サケ・マスなどが海で成長したのち、産卵のために生まれた川へ帰ってくること。

ほぜんかんり-にん【保全管理人】ホゼンクワンリー 企業が会社更生法・民事再生法による再建や破産法による破産手続きを行う際に、裁判所が保全管理命令を出した場合、裁判所に選任されて企業の事業・財産を管理する者。通常は弁護士が選任される。

ほせん-く【保線区】保線の業務を行う現業機関。

ぼせんこく-しゅぎ【母川国主義】サケ・マスなどの公海を回遊する遡河魚について、母川を有する国が管理権をもつとする主張。

ぼせんしき-ぎょぎょう【母船式漁業】ーギヨゲフ 1隻の母船と多くの小型漁船とが船団を組んで行う漁業。カニやサケ・マス漁業などで行われる。

ほぜん-しょぶん【保全処分】権利の保全のため、その権利の確定または実現までの間、裁判所から命じられる暫定的処分。仮差し押さえ・仮処分など。

ほそ【細】《形容詞「ほそい」の語幹から》❶「細棹(ほそざお)」の略。❷「細糸」の略。❸「細引き」の略。❹釣りで、細い枝川。水温が高くなると本流からフナなどが入り込んでくる所。❺名詞・形容詞の上に付いて、複合語をつくる。㋐細い意を表す。「—首」「—長い」㋑幅が狭い意を表す。「—道」㋒かすかである、か弱い、の意を表す。「—声」「—腕」

ほぞ【×枘】《「臍(ほぞ)」と同語源。古くは「ほそ」》木材などを接合する際、一方の端部に作る突起。これを他方に作った枘穴(ほぞあな)に差し込んで合わせる。

ほぞ【×蔕】《「臍(ほぞ)」と同語源。古くは「ほそ」》果実のへた。〈文明本節用集〉

ほぞ【×臍】《古くは「ほそ」》❶へそ。❷決心。また、本心。➡臍を固める (類語)臍(へそ)

臍を固・める　決意を固める。覚悟を決める。「—・めて事に当たる」

臍を噬(か)・む　《「春秋左伝」荘公六年から。自分のへそをかもうとしても及ばないところから》後悔する。すでにどうにもならなくなったことを悔やむ。「あとで—・んでも遅い」

臍を決・める　「臍を固める」に同じ。「—・めて直談判にのぞむ」

ほぞ-あな【×枘穴┊×枘▽孔】枘を差し込むため、材の端部にあける穴。

ほそ-い【細×藺】ーゐ イグサ科の多年草。高さ約30センチ。イグサに似るが茎は細くて表面に縦のすじが多い。(季 夏)「水際まで蜘(くも)はひ下る—かな/虚子」

ほそ・い【細い】〔形〕文ほそ・し〔ク〕❶棒状のものの径が小さい。周囲が小さい。また、肢体などがやせている。「麺(めん)が—・い」「首まわりが—・い」「—・い腕」⇔太い。❷線状のものの幅が小さい。幅が狭い。「道が—・くなる」「—・い罫(けい)」「—・い目」⇔太い。❸量が少なく、勢いが弱い。「ガスの炎を—・くする」「食が—・い」「乳の出が—・い」❹声量が少ない。また、高く弱々しい声である。「—・い声で話す」⇔太い。❺気が小さい。また、繊細である。「神経が—・い」⇔太い。❻物事の規模が小さい。栄えていない。「商売が—・くなる」⇔太い。(派生)ほそさ〔名〕(類語)(❶)か細い・細(ほそ)やか・細細(ほそぼそ)・細め・細作り・華奢(きゃしゃ)・ほっそり・ひょろひょろ・ひょろり・スリム

細く長く　細々と長く続くさま。物事を地道に持続させるさまをいう。「—生きる」⇔太く短く。

ほそい-こうたく【細井広沢】ほそゐクワウタク［1658〜1735］江戸中期の儒学者・書家。遠江(とおとうみ)の人。名は知慎(ともちか)。朱子学・陽明学を修め、また、唐様書道を広めた。柳沢吉保に仕え、歴代天皇陵の修築に尽力。

ほそ-いと【細糸】❶細い糸。ほそ。❷紡績糸で、40番手より細い糸。

ほそい-へいしゅう【細井平洲】ほそゐヘイシウ［1728〜1801］江戸中期の儒学者。尾張の人。名は徳民。字(あざな)は世馨。米沢藩主上杉鷹山(うえすぎようざん)に招かれて藩校興譲館で教え、のち、尾張藩藩校明倫堂で藩内教化に努めた。著「嚶鳴館遺稿」「詩経古伝」など。

ほ-そう【舗装┊×鋪装】ーサウ〔名〕スル 耐久性を増すために、道路などの表面をアスファルトやセメントで敷き固めること。「駐車場を—する」「—道路」

ほそう-ぐ【補装具】ホサウー 身体の欠損部に装着する義肢と、機能を補助するために用いる装具との総称。義手・義足・車椅子・補聴器など。

ほそ-うで【細腕】❶細く弱々しい腕。❷かよわい力。弱い生活力。「女の—で一家を養う」

ぼそう-にち【母倉日】ボサウー 暦注の一。何事をするにもよいという吉日。

ほそ-え【細江】狭い入り江。「風吹けば波か立たむとさもらひに都太(つだ)の—に浦隠り居り」〈万・九四五〉

ほそ-えい【細×纓】➤さいえい(細纓)

ほそ-えぼし【細×烏▽帽子】武士のかぶった、頂の細長い柔らかな立(たて)烏帽子。細立(ほそだて)烏帽子。

ほぞ-おち【×臍落ち┊×蔕落ち】《古くは「ほそおち」》❶へその緒が落ちること。❷果実が熟して自然に落ちること。また、その果実。❸機が熟すること。また、物事が成就すること。「—するまで待ってはゐられぬ」〈浄・鎌倉実記〉❹納得がいくこと。得心。「段々の教

訓に—して、一生あの里へ参るまいとの起請文」〈浮・敗毒散・二〉

ほそ-おび【細帯】幅の狭い帯。

ほそ-おもて【細面】❶ほっそりとした顔。「—の美人」❷幅が狭いこと。「—の扇」

ほそ-がき【細書(き)】❶文字を肉細に書くこと。また、その文字。❷肉細に書くのに用いる筆記具。

ほそ-がね【細金】金銀の箔を細く切ったもの。仏画・仏像や衣服の模様などに用いる。

ほそかわ【細川】姓氏の一。清和源氏。鎌倉中期、足利義康の曽孫義季が三河国細川郷を領したのに始まる。嫡流は室町幕府の管領家となった。

ほそかわ-かつもと【細川勝元】[1430～1473]室町中期の武将。法名、竜安寺宗宝。再三、管領となり、応仁の乱では将軍足利義政を助けて東軍を率いて戦ったが、陣中に没した。禅宗を信仰し、京都に竜安寺を創建。

ほそかわ-がみ【細川紙】埼玉県比企郡小川町産の楮製の和紙。帳簿などに用いる。はじめ紀伊国細川村で産したところからの名称。

ほそかわ-ガラシャ【細川ガラシャ】[1563～1600]細川忠興の妻。明智光秀の娘。名は玉。ガラシャは洗礼名。高山右近の影響でキリスト教に改宗。関ヶ原の戦いに際し、石田三成に反抗して自殺。

ほそかわ-しげかた【細川重賢】[1720～1785]江戸中期の熊本藩主。倹約を奨励し、また、藩校時習館の開設や殖産事業に尽力して藩政の改革に努めた。

ほそかわ-すみもと【細川澄元】[1489～1520]室町後期の武将。政元の養子。家督相続をめぐり前将軍足利義稙を奉じる高国と争って近江・阿波へ逃れ、病没。

ほそかわ-たかくに【細川高国】[1484～1531]室町後期の武将。政元の養子。家督相続をめぐり澄元と対立。前将軍足利義稙を将軍職に復帰させ、管領となって幕政の実権を握った。のち、澄元の子晴元と三好元長に追われ、自刃。

ほそかわ-ただおき【細川忠興】[1563～1646]安土桃山・江戸初期の武将。幽斎の長男。織田信長・豊臣秀吉に仕えたが、関ヶ原の戦いでは徳川方につき、軍功によって豊前小倉城主。のち、剃髪して号を三斎、法名を宗立と称した。和歌をよくし、茶の湯は千利休門下七哲の一人。

ほそかわ-はるもと【細川晴元】[1514～1563]室町後期の武将。澄元の子。管領となったが、のち、家臣の三好長慶に追われ、剃髪して隠居。以後、管領家細川氏の権威は失墜した。

ほそかわ-まさもと【細川政元】[1466～1507]室町後期の武将。勝元の子。足利義澄を擁して将軍とし、管領となって幕政の実権を握った。養子とした澄之・澄元・高国の家督争いにまき込まれ、澄之派に暗殺された。

ほそかわ-もりひろ【細川護熙】[1938～　]政治家。東京の生まれ。旧熊本藩主細川家当主。新聞記者を経て昭和46年(1971)自民党から参議院議員に。同58年、熊本県知事。平成4年(1992)日本新党を結成し参院選に当選。翌年、衆院選に鞍替え出馬し当選。同党と新生党・社会党・公明党・民社党など8党派の連立政権首相となり自民党を下野させた。同6年、金銭スキャンダルに追われ首相を辞任。➡羽田孜

ほそかわ-ゆうさい【細川幽斎】[1534～1610]安土桃山時代の武将・歌人。名は藤孝。足利義晴・義輝・義昭に仕え、のち織田信長・豊臣秀吉・徳川家康に重用された。歌人としても有名で、三条西実枝から古今伝授を受けた。著「衆妙集」「詠歌大概抄」「百人一首抄」など。

ほそかわ-よりゆき【細川頼之】[1329～1392]南北朝時代の武将。室町幕府管領として足利義満を助け、幕政の安定をはかった。のち、一時失脚したが、中国・四国地方の平定に活躍して、再び幕政に参加。

ほ-そく【歩速】歩く速度。

ほ-そく【歩測】〔名〕スル 一定の歩幅で歩いて、その歩数で距離をはかること。「塀の長さを—する」

ほ-そく【捕捉】〔名〕スル とらえること。つかまえること。「賊を—する」「意図を—する」(類語)捕まえる・捕縛

ほ-そく【補足】〔名〕スル 不十分なところを付け足して、補うこと。「—して説明する」(類語)付加・追加・補充

ほ-そく【補則】法令の規定を補うために付け加えた規則。

ほそく-いでんし【補足遺伝子】対立しない遺伝子が二つ以上共存し、互いに補い合って一つの形質を表すときのそれぞれの遺伝子。

ほそ-ぐち【細口】《「ほそくち」とも》❶びんなどの口の細いもの。❷花器の口の細いもの。

ほそ-くび【細首】❶細い首。❷首をあざけっていう語。「小次郎が—打ち落とし」〈曽我・四〉

ほぞくり-がね【×臍繰り金】《「へそくり」の「へそ」を「臍」と解して「ほぞ」といったもの。「ほぞくりがね」とも》ひそかにためた金。へそくりがね。「二十余年に—十二貫五百目になしぬ」〈浮・永代蔵・一〉

ほそ-ごえ【細声】細く弱々しい声。かすかな声。「蚊の、—にわびしげに名のりて」〈枕・二八〉

ほそ-ごし【細腰】❶細い腰。特に、女性のしなやかな腰。❷腰の細くくびれた、帯をしめるあたり。

ほそ-ざお【細×棹】三味線の種類の一。棹の太さによって3種に分けたうちの最も細いもの。音量も小さい。長唄・小唄などに用いる。➡中棹 ➡太棹

ほぞ-さし【×枘差】枘を枘穴に差し込んで部材を接合すること。

ほそ-じ【細字】肉の細い文字。⇔太字。

ほそ-じょうふ【細上布】沖縄県宮古島・八重山諸島で産する、カラムシの糸で織った麻織物。

ほそ-すかし【細透かし】細い透かし彫り。

ほそだ-えいし【細田栄之】[1756～1829]江戸後期の浮世絵師。江戸の人。本名、時富。旗本の出身で、狩野典信に師事。のち浮世絵を手がけ、鳥文斎と号して一派をなした。全身像の優美な美人画が特徴。

ほそ-だち【細太-刀】❶柄・鞘ともに細くこしらえた太刀。❷飾り太刀を簡略化して作った、儀仗用の細い太刀。

ほそ-たてえぼし【細立×烏▽帽子】▶細烏帽子

ほぞち【×臍▽落】《「ほぞおち」の音変化か。古くは「ほそち」「ほそぢ」とも》❶「ほぞおち❶」に同じ。「さもあらばあれ大和心し賢くは—につけてあらすばかりぞ」〈後拾遺・雑六〉❷(ふつう「熟瓜」と書く)よく熟した真桑瓜。〈名義抄〉

ほ-そつ【歩卒】徒歩で従軍する兵士。歩兵。足軽。

ほそ-づくり【細作り】❶細く作ること。また、そのもの。「—の刀」❷からだが細くきゃしゃなこと。また、そのからだ。「—の人」(類語)細い・か細い・きゃしゃ・弱い

ぼそっ-と〔副〕❶小声でつぶやくように言うさま。「—返事をする」❷何もしないでぼんやりしているさま。ぼさっと。「—立っている」(類語)(❶)ぼそぼそ・ぼつりぼつり/(❷)ぼんやり・ぼうっと・ぼけっと・ぼさっと

ほそ-どの【細殿】❶殿舎の廂の間で、細長いもの。仕切りをして、女房などの居室として使用した。❷殿舎から殿舎へ渡る廊。渡り廊下。

ほそ-なが【細長】〔名・形動〕❶細くて長いこと。また、そのさま。「—な(の)眉」❷貴族の女性の衣服。身幅が狭く、丈が長いもの。袿に似ているが大領がない。多く若い女性が袿の上に重ねて着た。❸貴族の子供の衣服。水干に似て、盤領で頸上から垂れた長い飾りひもがある。

ほそ-なが・い【細長い】〔形〕文ほそなが・し〔ク〕❶細くて長い。「—・い土地」❷細々と長く続くさま。「—・く商売する」

ほそぬた-うなぎ【細▽沼田×鰻】ヌタウナギ科の魚。全長約50センチ。体は細長く、暗藍紫色。相模湾や駿河湾の深海にすむ。メクラウナギとよばれていたが、日本魚類学会が平成19年(2007)1月に改名した。

ほそ-ぬの【細布】❶幅の狭い布。奥州の特産であった。「一生の願ひに—の赤ふんどし一筋ほしや」〈浮・織留・六〉❷「細布衣」の略。「十七八は棹に干いた—」〈虎寛狂・節分〉

ほそぬの-ごろも【細布衣】細布❶で作った衣服。「袖狭き—」〈謡・鉢木〉

ほそ-ね【細根】❶細い根。❷「細根大根」の略。

ほそね-だいこん【細根大根】ダイコンの一品種。根が細く、葉も小さい。秦野大根。野大根。

ほぞ-の-お【×臍の緒】《古くは「ほぞのお」》❶へその緒。臍帯。❷生まれた子のへその緒を竹刀で切る儀式。また、その役目の人。「御—は殿の上、御乳つけは橘の三位」〈紫式部日記〉

ほそ-はぎ【細×脛】細いすね。やせた肉付きの悪い脚。「—の力を試さんとかちよりぞ行く」〈鹿島紀行〉

ほそ-びき【細引き】❶麻などを縒って作った細い縄。細引き縄。「荷物に—をかける」❷刺し身などで、身を細長く切ったもの。

ほそびき-あみ【細引き網】❶細引き縄で編んだ漁網。❷江戸時代、罪人を護送する駕籠に、逃亡を防ぐため上からかけた網。

ほそ-び・く【細引く】〔動カ四〕魚肉や菜類を細く切る。「油揚の—・いたのが二切れさ」〈滑・浮世風呂・三〉

ほそ-びつ【細×櫃】細長い小形の唐櫃。

ほそ-ぼそ【細細】〔副〕❶非常に細いさま。また、細く弱々しいさま。「—とした声」❷かろうじて続いているさま。また、やっとのことで維持するさま。「—と山道が続く」「年金で—と生活する」(類語)細い

ぼそ-ぼそ　㊀〔副〕スル ❶低く小さい声で話すさま。「—(と)つぶやく」❷食物の水分がぬけて食べにくいさま。「—(と)した冷や飯」㊁〔形動〕㊀❷に同じ。「—なパン」　㊀❶はボソボソ、❷はボソボソ。(類語)ぼそっと

ほそ-まき【細巻(き)】細く巻くこと。また、そのもの。タバコやのり巻きにいう。

ほそ-まゆ【細眉】細長い眉。三日月形の眉。細眉毛。

ほそ-み【細み】蕉風俳諧の根本理念の一。作者の心が対象にかすかに深く入り込んでとらえる美、およびそれが繊細微妙に表現される句境。➡寂 ➡撓り ➡軽み

ほそ-み【細身】つくりのきゃしゃなこと。普通より細く作ってあること。また、そのもの。「—のスラックス」「—の女性」(類語)痩身・痩躯・やせっぽち・やせぎす

ほそ-みち【細道】幅の狭い道。こみち。(類語)小路

ほそみ-づくり【細身造(り)】刀身および柄・鞘を細くつくること。また、その刀。

ほそ・む【細む】〔動マ下二〕「ほそめる」の文語形。

ほそ-め【細め】〔名・形動〕いくらか細いこと。また、そのさま。「—に切る」「—な(の)糸」⇔太め。(類語)細い

ほそ-め【細目】❶細く開いた目。薄目。「—を開けて見る」❷細くした織り目や編み目。(類語)薄目

ほそ-め【細海=布】《「め」は食用となる海藻の総称》ホソメコンブの別名。

ほそめ-こんぶ【細海=布昆布】コンブの一種。葉は幅が狭く、北海道南部から三陸沿岸にかけて分布。

ほそ・める【細める】〔動マ下一〕文ほそ・む〔マ下二〕❶細くする。「目を—・めて喜ぶ」❷声・灯火などの量や勢いを小さく弱くする。「ガスを—・める」

ほそ-もの【細物】❶細い物。❷素麺をいう女房詞。❸細身の太刀。❹黄金。金銭。「路銭ほど—を持って参った」〈虎明狂・磁石〉❺細糸で織った布。「紅の—なる羅絹の袖ほのめき」〈浮・懐硯・二〉

ほそ-やか【細やか】〔形動ナリ〕❶ほっそりとしているさま。ほそらか。「容体—になまめかしう」〈宇津保・楼上下〉❷声が小さく弱々しいさま。「声—にて面やせにたるといふうたを」〈かげろふ・中〉(類語)細い

ほそ-や・ぐ【細やぐ】〔動ガ四〕細くなる。やせる。「肥えたりし人の、すこし—・ぎたるに」〈源・宿木〉

ほそ-らか【細らか】〔形動ナリ〕「ほそやか」に同じ。「—なるをのこ、随身など見えぬべきが」〈能因本枕・六一〉

ほそり【細り】「細り節」の略。

ほそり-ぶし【細り節】《ほそぼそとした節の意》江戸

初期の流行歌。大和の壺坂で、御詠歌を母体として発生したという。哀調を帯びた曲節をもつ。

ほそ・る【細る】〔動ラ五(四)〕❶しだいに細くなる。「かつお節が―・る」「池―・りて流るるあたりに」〈蘆花・思出の記〉❷やせて細くなる。「心配で身も―・る思いだ」❸力・勢いなどが弱くなる。「声が―・る」「食が―・る」(類語)痩せる・痩せ細る・痩ける・痩せこける・窶れる・憔悴する・ほっそりする

ほそ-わた【細▽腸】❶胎盤。〈和英語林集成〉❷小腸のこと。〈和名抄〉

ほ-ぞん【▽本尊】「ほんぞん(本尊)」に同じ。「この誓願寺の御―は」〈仮・竹斎・上〉

ほ-ぞん【保存】〔名〕スル そのままの状態に保っておくこと。「文化財を―する」「永久―」(類語)温存・保管

ボソン〖boson〗▶ボース粒子

ほぞん-かけたか〔副〕ホトトギスの鳴き声を表す語。

ほぞん-けつ【保存血】凝固を防ぐ薬剤を入れて低温で保存する輸血用の血液。約21日間有効。保存血液。

ほぞん-こうい【保存行為】管理行為の一。財産の価値を現状のまま維持する行為。家屋の修繕など。

ほぞん-しょく【保存食】❶長期間保管できる食品。缶詰め・レトルト食品・乾物・塩漬け・佃煮など。❷給食施設などで、食中毒などが発生したときに原因を調査するために保管する食品。原材料、調理品ともセ氏零下20度以下で14日以上保管する。

ほぞん-りょうほう【保存療法】病巣の摘出や手術を行わない治療法の総称。対症療法を中心に行われる。

ほた【×榾・榾=柮】《「ほだ」とも》炉やかまどでたくたきぎ。小枝や木切れなど。(季 冬)「おとろへや―折りかねる膝頭/一茶」

ホタ〖スペイン jota〗スペインの民謡。また、その舞踊。北東部のアラゴン地方で始まり、各地で行われる。速い三拍子のリズムで、ギター・カスタネットなどを伴奏に踊る。

ほ-だ【捕▽拿】〔名〕スル とらえること。拿捕。「黒人を―することの案件起れり」〈中村訳・西国立志編〉

ほだ【×絆】「ほだし❸」に同じ。「縄に掛かり、足へ―をはめて居る」〈伎・四千両〉

ほ-だ【穂田】秋になり、稲の穂が出そろった田。「秋の田の―を雁がね暗けくに夜のほどろにも鳴き渡るかも」〈万・一五三九〉

ぼた　炭鉱で選炭したあとの廃石や質の悪い石炭。特に九州地方を中心に用いられる語。

ポター〖Helen Beatrix Potter〗[1866〜1943]英国の児童文学者。友人の子供に宛てた絵入りの手紙が、1902年に「ピーターラビットのおはなし」として出版される。その後もウサギやリスなどを主人公とする童話を多く作った。

ほた-あかり【×榾明(か)り】ほたを燃やした火の光。(季 冬)「したたむる旅の日記や―/虚子」

ポタージュ〖フランス potage〗スープ。特に、とろみをつけた濃い不透明のスープ。(類語)スープ・コンソメ

ほ-たい【補体】血清中に存在するグロブリン系のたんぱく質。抗原と抗体との複合体や病原微生物に結合すると活性化し、抗体の働きを補助したり溶菌作用などを現したりする。熱により活性を失う。

ほ-だい【補題】▶補助定理

ぼ-たい【母体】❶母親のからだ。「―の保護」❷発展してきたものの、もとになるもの。「運動の―となる市民団体」

ぼ-たい【母胎】❶母親の胎内。❷物事を生みだす基盤となるもの。「懐疑こそ知識の―である」

ぼだい【×菩▽提】《梵 bodhiの音写。智・道・覚と訳す》仏語。❶煩悩を断ち切って悟りの境地に達すること。また、悟りの智恵。❷死後の冥福。

菩提を弔・う　死者の冥福を祈って供養を行う。「亡き父の―・う」

ぼだい-こう【×菩▽提講】極楽往生を求めて法華経を講説・讃嘆する法会。

ぼだい-ごえ【×菩▽提声】菩提を求めて一心に念仏を唱える声。「殿上人の―もあやにくくなるまで聞こえたり」〈栄花・さまざまの喜び〉

ぼだい-さった【×菩▽提×薩×埵】「菩薩」に同じ。

ぼだい-し【×菩▽提子】テンジクボダイジュの実。淡黒色で丸くて香りが強く、数珠を作る。(季 秋)「―を紅絹の糸につなぎけり/青々」

ぼだい-じ【×菩▽提寺】先祖代々の墓や位牌をおき、菩提を弔う寺。檀那寺。菩提所。

ぼだい-じゅ【×菩▽提樹】❶《梵 bodhidrumaの音写》クワ科のテンジクボダイジュの別名。釈迦がその下で悟りを開いたとされ、原産地インドでは無憂樹・沙羅双樹とともに三大聖木とされる。❷シナノキ科の落葉高木。葉は三角状卵形で、裏面は白い。夏、香りのある淡黄色の小花を下向きにつけ、実は球形で堅い。中国の原産で、寺院で❶の代用として植える。同属別種にシューベルトの歌曲名として知られるリンデンバウム(セイヨウボダイジュ)がある。(季 花=夏 実=秋)「一の実を拾ひをる女人かな/虚子」❸禅宗で、悟りのこと。

ぼだい-しょ【×菩▽提所】「菩提寺」に同じ。

ぼだい-しん【×菩▽提心】仏語。悟りを求めようとする心。大乗では利他を強調し、悟りを求めるとともに世の人を救おうとする心をいう。

ぼだい-ず【×菩▽提▽樹】❶「ぼだいじゅ(菩提樹)」に同じ。「黄金の数珠箱に、―のをなむ入れさせ給ひたりける」〈落窪・三〉❷「菩提子」に同じ。「―の数珠具したるたたなど」〈宇津保・国譲中〉

ぼだい-せんな【菩提僊那】《梵 Bodhisenaの音写》[704〜760]奈良時代のインド僧。文殊菩薩を慕って中国に渡り、天平8年(736)遣唐使の要請で来日。東大寺大仏開眼供養の導師を務めた。婆羅門僧正。

ぼたいたいじ-しゅうちゅうちりょうしつ【母体胎児集中治療室】▶エム-エフ-アイ-シー-ユー(MFICU)

ぼだい-だるま【菩提達磨】《梵 Bodhidharmaの音写》[?〜528]中国禅宗の始祖。インドのバラモンの出身。6世紀初め中国に入り、各地で禅を教えた。少林寺で面壁九年の座禅をしたといわれる。梁武帝との禅問答や、弟子慧可が断臂により誠を示した伝説などで有名。円覚大師。達磨大師。達摩。

ぼたいほご-ほう【母体保護法】母体の健康と生命を保護することを目的とし、不妊手術・人工妊娠中絶などについて規定する法律。平成8年(1996)優生保護法を改正・改題して成立。改正時、旧法の条文から優生思想に基づく部分の削除、優生手術から不妊手術への言い換えなどがなされた。

ぼだい-もん【×菩▽提門】❶仏語。密教で、四門の一。菩提の門、すなわち悟りのこと。❷葬場四門のうち、西方の門。

ほたえ-じに【ほたえ死に】ふざけた行いをしたあげくに死ぬこと。「栄耀が余ってこなた衆が―めさるるを」〈浄・卯月の潤色〉

ほた・える〔動ア下一〕図ほた・ゆ〔ヤ下二〕《近世上方語。「ほだえる」とも》❶ふざける。じゃれる。たわむれる。「おれも―・えよう、と同じく尻をつめりにかかれば」〈滑・膝栗毛・五〉❷あまえる。つけあがる。「栄耀栄花に―・え過ごし」〈浄・浪花鑑〉

ほた-おり【保多織】香川県で産する綿織物。縦横にガス糸を用い、碁盤の目のように織ったもの。夏の着物地などに用いる。讃岐上布。

ほたか-じんじゃ【穂高神社】長野県安曇野市にある神社。祭神は、穂高見命・綿津見命・瓊瓊杵尊。上高地に奥宮がある。

ほたか-だけ【穂高岳】長野・岐阜県境にある高山群。飛騨山脈の最高峰、奥穂高岳3190メートルをはじめ、北穂高岳3100メートル、涸沢岳3103メートル、前穂高岳3090メートル、西穂高岳2909メートルが連なる。

ほたか-やま【武尊山】群馬県北部にある円錐状火山。標高2158メートル。南東麓にスキー場がある。

ほ-たき【火×焚｜火▽焼】「御火焚」に同じ。

ほた-ぎ【×榾木】《「ほだぎ」とも》❶「榾」に同じ。❷シイタケを栽培するときに、種菌をつける原木。シイ・クリ・クヌギなどの幹を用いる。

ほた-くい【×榾×杙】❶燃え尽きずに残った木。〈名語記〉❷「榾」に同じ。〈易林本節用集〉

ほださ・る【×絆さる】〔動ラ下二〕「ほだされる」の文語形。

ほださ・れる【×絆される】〔動ラ下一〕図ほださ・る〔ラ下二〕《動詞「ほだす」の受身の形から》❶情に引きつけられて、心や行動の自由が縛られる。「けなげな気持ちに―・れる」❷身体の自由を束縛される。「出仕にまぎれ、政務に―・れ」〈平家・一〇〉(類語)身につまされる・同情する・共感する

ほだし【×絆し】❶人の心や行動の自由を縛るもの。自由をさまたげるもの。「義理人情の―」❷馬の足をつなぎとめるための縄。ふもだし。❸手かせや足かせ。ほだ。「弟の弥若は―の足に抱きつき」〈浄・出世景清〉

ポタシウム〖potassium〗カリウムの英語名。

ほだ・す【×絆す】〔動サ四〕❶つなぎとめる。〈新撰字鏡〉❷自由を束縛する。「羇客とかけば、羇は、―・すなり」〈中華若木詩抄・中〉➡ほだされる

ほ-だち【穂立ち】稲の穂が出ること。また、その稲穂。「我が蒔ける早稲田の―作りたる縵そ見つつ偲はせ我が背」〈万・一六二四〉

ほ-だつ【×逋脱】〔名〕スル ❶追及などを逃れること。❷租税を逃れること。脱税。「関税を―する」

ほ-たで【穂×蓼】タデの、花穂が出たもの。タデの花。(季 秋)「甲斐がねや―の上を塩車/蕪村」

ほたて-がい【帆立貝】イタヤガイ科の二枚貝。浅海に多く、殻長約20センチ。貝殻は円形に近い扇形で、殻頂は耳状に広がる。殻表に放射肋があり、左殻はやや平らで赤褐色、右殻はやや膨らみ白色。殻を帆のように立てて進むといわれるが、実際は殻を激しく開閉し水を噴射させて移動する。東北・北海道に分布。食用。特に大きな貝柱は珍重され、養殖もされる。うみおうぎ。(季 夏)

ほだ・てる【×攪てる】〔動タ下一〕❶火などをかきたてる。「火入の灰を埒無く―・てた」〈露伴・付焼刃〉❷ほこりなどをたてる。「小女のは掃除するのじゃなくて、埃を―・てて行くのだから」〈二葉亭・平凡〉❸かきまぜる。かきまわす。「素湯に塩―・てをったやうな」〈滑・大師めぐり〉

ほ-だな【帆棚】和船で、帆柱を立て帆の操作を行う場所。

ボタニカきょう【菩多尼訶経】《ラテン botanicaは植物学の意》江戸後期の学術書。1冊。宇田川榕庵著。文政5年(1822)刊。日本で初めての組織だった植物学書で、経のように折本式になっている。

ボタニカル-アート〖botanical art〗植物細密画。草花を科学的に精確に描出する。

ほた-び【×榾火】《「ほだび」とも》「焚き火」に同じ。(季 冬)「子宝がきやらきやら笑ふ―かな/一茶」

ほた-ほた〔副〕❶機嫌よくうれしそうなさま。「母親は―として茶を進めながら」〈一葉・十三夜〉❷しずくや花などが続いて落ちるさま。「―としずくがたれるのを」〈中勘助・銀の匙〉

ぼた-ぼた〔副〕❶大粒の液体が続いてしたたり落ちる音や、そのさまを表す語。「―(と)雨漏りがする」❷動きがもたつくさま。「霜解の泥がくっついて、それが―と足の運びを鈍くして居る」〈長塚・土〉

ぽた-ぽた〔副〕しずくが次々に落ちる音や、そのさまを表す語。「―(と)汗がしたたる」(類語)ぽとぽと・たらたら・ぼたぼた・ぼとぼと・だらだら

ぼた-もち【×牡▽丹餅】❶「御萩」に同じ。❷丸くて大きい顔の不器量な女性をあざけっていう語。「―とぬかしたと下女いきどほり」〈柳多留・五〉

ぼた-やま【ぼた山】炭鉱で、ぼたを積み上げた山。

ほた・ゆ〔動ヤ下二〕「ほたえる」の文語形。

ぼた-ゆき【×牡▽丹雪】「ぼたんゆき」に同じ。

ポタラ-きゅう【ポタラ宮】《Potala 観音菩薩の住む補陀落山の意から》チベット、ラサ市北西のマルポ

リ(赤い山)の上にあるダライ＝ラマの宮殿。17世紀中ごろ第5代ダライ＝ラマによって建設され、以後、宗教・政治の中心となった。1994年、世界遺産(文化遺産)に登録。以降、「ラサのポタラ宮歴史地区」として、付近のジョカン寺が2000年に、離宮ノルブリンカが2001年に追加登録された。

ほ-だり【秀罇】酒を入れる、銚子・瓶子の類。「水そそく臣の嬢子ほだり取らすも」〈記・下・歌謡〉

ぽたり〔副〕❶水滴などが落ちる音や、そのさまを表す語。「大粒の涙が―と落ちる」❷木の実などが落ちる音や、そのさまを表す語。「柿の実が―と落ちる」

ポタリング〖pottering〗ぶらぶらすること。特に、自転車に乗って目的地も定めず気ままに散歩すること。

ほたる【蛍】㊀甲虫目ホタル科の昆虫の総称。ゲンジボタル・ヘイケボタル・ヒメボタルなど。一般に体は楕円形で軟弱、全体に黒色で胸の部分が赤い。腹部に発光器をもち、暗い所では青白い光を放つことで知られるが、ほとんど光らない種も多い。幼虫は水生のものと陸生のものとがある。くさのむし。なつむし。《季 夏》「狩衣の袖の裏這ふ―かな/蕪村」㊁源氏物語第25巻の巻名。光源氏36歳。源氏の物語論、玉鬘をめぐる人々の動きなどを描く。

蛍の光窓の雪　《貧乏で油が買えず、晋の車胤は蛍を集めてその光で読書をし、また、孫康は窓の雪明かりで勉強したという、「晋書」車胤伝の故事から》苦学すること。蛍雪。

蛍二十日に蝉三日　蛍と蝉の盛りが短いこと。物事の盛りの短いことのたとえ。

ほたる-い【蛍藺】カヤツリグサ科の一年草。溝や湿地に生え、高さ約50センチ。葉は鞘状。夏から秋、茎状の苞をもつ穂を出す。

ほたる-いか【蛍烏賊】ホタルイカモドキ科のイカ。胴長約6センチくらい。全身に多数の発光器をもち発光する。日本特産で、富山県では5月ごろ産卵のため海岸近くまで押し寄せ、群遊海面は特別天然記念物。食用。まついか。こいか。《季 春》「川水を恋ふとはあはれ―/素十」

ほたる-いし【蛍石】弗化カルシウムを主成分とする鉱物。無色であるが、不純物を含み着色していることが多い。光沢のある結晶。立方晶系。加熱により燐光を、紫外線の照射により蛍光を発する。水に不溶。弗素の原料や特殊ガラス・製鉄用融剤などに使用。フローライト。

ほたる-が【蛍蛾】マダラガ科の昆虫。翅の開張約5センチ。前翅は黒色で白い帯があり、特有の匂いをもつ。夏の日中、ひらひら飛ぶ。幼虫はヒサカキ・マサキの葉を食べる。

ほたる-がい【蛍貝】マクラガイ科の巻き貝。潮間帯にすみ、殻高2センチほどの砲弾形。殻は光沢が強く、栗色のすじがある。干潟をはい回って二枚貝の稚貝を食べる。

ほたる-かご【蛍籠】蛍を入れておくかご。《季 夏》「ことのほか蒸す夜となりぬ―/万太郎」

ほたる-かずら【蛍葛】ムラサキ科の多年草。日当たりのよい山野に自生。高さ約20センチで、長楕円形の葉を互生。全体に粗い毛がある。春、茎頂にるり色の5弁花を開く。花後、基部から横にはう枝を出し、新株を生じる。るりそう。ほたるそう。《季 夏》

ほたる-がっせん【蛍合戦】交尾のために多くの蛍が入り乱れて飛ぶこと。《季 夏》

ほたる-がり【蛍狩(り)】夏の夕べ、水辺などで蛍を追って捕らえる遊び。《季 夏》「提灯を借りて帰りぬ―/虚子」

ほたる-ぐさ【蛍草】ツユクサの別名。《季 秋》

ほたる-さいこ【蛍柴胡】セリ科の多年草。山野の日の当たる所に生え、高さ1〜1.5メートル。葉はへら形で、基部は茎を包む。秋、淡黄色の小花を散形状につける。ほたるそう。だいさいこ。《季 夏》

ほたる-そう【蛍草】❶ホタルサイコの別名。《季 夏》「―のそのやさしさへ歩みをり/楸邨」❷ホタルカズラの別名。

ほたる-ぞく【蛍族】《夜に小さな灯がともることから》室内での喫煙が許されないために、ベランダや庭に出てタバコをすう人。〘補説〙平成元年(1989)ごろからの語。

ほたる-で【蛍手】磁器の素地を透かし彫りにし、その箇所に釉を充填して焼き上げたもの。光を通して文様が浮き上がる。中国、明代におこった。

ほたる-なす【蛍なす】〔枕〕蛍の光のほのかなようにの意から、「ほのかに」にかかる。「―ほのかに聞きて」〈万・三三四四〉

ほたるのひかり【蛍の光】スコットランド民謡「Auld lang syne(過ぎし日)」による歌曲。明治14年(1881)文部省編の「小学唱歌集」に掲載された。日本語の作詞者は不明。別れの歌として卒業式などで歌われる。

ほたる-び【蛍火】❶蛍の発する光。《季 夏》「―や疾風のごとき母の脈/波郷」❷小さく残っている炭火。「―大事そうに挟み上げて」〈一葉・われから〉

ほたる-ぶくろ【蛍袋】キキョウ科の多年草。山野に生え、高さ30〜80センチ。長卵形の葉が互生する。6、7月ごろ、白または淡紅紫色の釣鐘形の花を下向きに開く。名は、花に蛍を入れて遊んだからとも、花が提灯(火垂る袋)に似るからともいう。つりがねそう。《季 夏》「宵月を―の花で指す/草田男」

ほ-だわら【穂俵】「馬尾藻」に同じ。《季 新年》「―を捜す鼠も嘉例かな/石鼎」

ぼ-たん【牡丹】❶ボタン科の落葉低木。高さ1〜2メートル。葉は大きく、羽状複葉で、互生する。5月ごろ、白・紅・紫・黄色などの大形の花が咲く。花びらは5〜8枚あるが、重弁や二段咲きなどさまざまな園芸品種があり、寒牡丹もある。根皮を漢方で女性の浄血薬などに用いる。中国の原産で、古くから栽培。花の王とよばれ、二十日草・深見草・名取草などの異称もある。ぼうたん。《季 夏》「一散りてうちかさなりぬ二三片/蕪村」❷紋所の名。❶の花や葉・枝などを図案化したもの。種類が多い。❸襲の色目の名。表は白、裏は紅梅。女房の衣では、表は薄い蘇芳、裏は白。ぼうたん。❹《「獅子」に牡丹」の「獅子」を「猪」にとりなしていう》イノシシの肉。

牡丹に唐獅子　牡丹に獅子を配した図柄。また、取り合わせのよいもののたとえ。獅子に牡丹。

ボタン〖ポルトガル botão ┊ 英 button〗【釦┊鈕】❶衣類の合わせ目などに用いるもの。他の一方に設けた穴やループをくぐらせて留める。装飾を兼ねることが多い。❷指で押して機械類を作動させるための小さい突起物。❸コンピューターのデスクトップ画面上で、ある特定の命令や処理を選択したり、実行させる時にクリックする領域。機械類のボタンを模したもの。

ボタンの掛け違い　対処の方法を誤り、そのことが原因であとから不都合が生じたり、双方の間で食い違いが生じたりすること。

ボタンを掛け違・える　対処の方法を誤り、そのことが原因であとから不都合や食い違いが生じる。

ぼたん-いろ【牡丹色】紫がかった濃紅色。

ぼたん-えび【牡丹海老┊牡丹蝦】十脚目タラバエビ科のエビ。日本固有種で、北海道の内浦湾から高知県の土佐湾にかけて分布。体長約20センチで、濃い黄赤色に赤色の斑点がある。食用。

ぼたんか-しょうはく【牡丹花肖柏】[1443〜1527]室町中期の連歌師・歌人。公家の中院通淳の子。別号、夢庵・弄花軒。和歌を飛鳥井雅親に学び、連歌を宗祇に師事して古今伝授を受けた。宗祇・宗長と吟じた「水無瀬三吟百韻」は有名。家集「春夢草」、著「伊勢物語肖聞抄」など。

ぼたん-からくさ【牡丹唐草】唐草に牡丹の花と葉を配した模様。

ぼたん-きょう【牡丹杏】ハタンキョウの別名。

ぼたん-こう【牡丹江】㊀中国東北地区の吉林省・黒竜江省を流れる川。牡丹嶺に源を発して北流し、依蘭で松花江に注ぐ。長さ725キロ。ムータンチアン。㊁中国、黒竜江省南東部、牡丹江中流に臨む工業都市。鉄道交通の要地。人口、行政区101万(2000)。ムータンチアン。

ぼたん-ざくら【牡丹桜】サトザクラの別名。

ボタン-せんそう【ボタン戦争】ミサイルなどの操作ボタンを押すだけで始まる、または、終わるような形態の戦争。軍事技術の高度化や核兵器の発達などによって生じる。

ボタン-ダウン〖button-down〗シャツの襟先をボタンで身頃に留めてある襟。ボタンダウンカラー。

ボタンダウン-カラー〖button-down collar〗➡ボタンダウン

ぼたん-たまご【牡丹卵】熱した油の中に鶏卵を割り落とした料理。黄身の周りに白身が広がってボタンの花に似る。

ぼたん-づる【牡丹蔓】キンポウゲ科の落葉性の蔓植物。原野に生え、茎は木質化し、淡褐色のはがれやすい皮がある。葉はボタンに似る。夏、乳白色の花が多数咲く。えみぐさ。

ボタン-でんち【ボタン電池】ボタンの形をした小型の電池。アルカリ電池・リチウム電池・酸化銀電池などがあり、腕時計やカメラをはじめさまざまな用途に用いられる。ボタン型電池。

ぼたんどうろう【牡丹灯籠】人情噺「怪談牡丹灯籠」、およびそれに基づく歌舞伎狂言などの通称。

ぼたん-なべ【牡丹鍋】イノシシの肉を野菜・豆腐などと味噌で煮る鍋料理。猪鍋。《季 冬》「枯枝の網の目に星―/静塔」

ぼたん-ばけ【牡丹刷毛】毛が張り開いた化粧用のはけ。おしろいやほお紅をつけるのに使う。

ぼたん-ぼうふう【牡丹防風】セリ科の多年草。海岸に生え、高さ約1メートル。茎は太く、枝分かれし、葉はボタンに似る。夏、白い小花が集まって開く。若葉は食用。

ボタンホール〖buttonhole〗ボタンをはめるための穴。ボタン穴。

ぼたん-やり【牡丹槍】先端に綿や毛を布で丸く包んでつけた、練習用の槍。たんぽやり。

ぼたん-ゆき【牡丹雪】雪の結晶が多数付着し合い、大きな雪片となって降る雪。ボタンの花びらのように降るからとも、ぼたぼたした雪の意からともいう。綿雪。ぼた雪。《季 春》「過ぎゆきし指や瞼や―/楸邨」〘類語〙綿雪・べた雪・淡雪・細雪・風花

ぼ-ち【墓地】死者を葬って墓を建てる区域。墓場。

ぽち ㊀〔名〕❶小さい点。また、小さい突起。ちょぼ。ぽつ。ぽっち。「字の横に―を打つ」❷(関西地方で)雇い人や芸者への、心づけ。祝儀。チップ。㊁〔接尾〕➡ぽっち〔接尾〕〘類語〙点

ホチキス〖Hotchkiss〗➡ホッチキス

ぽち-ぶくろ【ぽち袋】心づけ・お年玉などを入れる小さな紙袋。祝儀袋。

ほち-ほち〔副〕❶一つずつ順を追って行うさま。「物語り仕まつるを、かたへにて―書き付くれば」〈浮・万金丹・序〉❷静かでしんみりとしているさま。「あとへ残り、―話をしてゐる」〈洒・遊子方言〉❸軽く物をはじく音を表す語。「算盤の玉を―物思ひ」〈若の浦〉

ぼち-ぼち ㊀〔副〕❶ゆっくり物事にとりかかるさま。また、ある事態に近づくさま。そろそろ。「一出かけよう」「一昼だ」❷水滴などが続けて落ちる音や、そのさまを表す語。〈日葡〉❸小さなものが散らばってあるさま。「―ぼちと斑があるのさ」〈滑・浮世風呂・二〉❹小声で話すさま。特に、男女が仲むつまじく話すさま。「息子は薄舞がしめつけて―と契ってゐる」〈洒・遊僊窟烟之花〉㊁〔名〕「ぽちぽち㊀❷」に同じ。「背中に―がある」㊂〔形動ナリ〕男女の仲がむつまじいさま。「―で居ながらいい加減になんしよ」〈洒・二筋道〉〘アク〙㊀㊁はボチボチ、㊂はボチボチ。

ぽち-ぽち ㊀〔副〕❶「ぼちぼち㊀❶」に同じ。「一食事にしようか」「―売り切れになりそうだ」❷「ぼちぼち㊀❷」に同じ。「雨垂れが―(と)落ちる」❸「ぼちぼち㊀❸」に同じ。「―(と)黒点がある」❹「ほちほち❶」に同じ。「―と拾ひ読みする梅ごよみ花の香かほれごひいきの風」〈人・梅児誉美・初〉㊁〔名〕❶しるしに打つ二つ以上の点。てんてん。「強調したい箇所に―を打つ」❷ちらばっている小さい点。てんてん。「口のまわりに―ができた」〘アク〙㊀はポチポチ、㊁はポチポチ。

ぼちゃ-ぼちゃ〔副〕スル ❶大きく水が揺れ動く音や、そのさまを表す語。「風呂の湯を―(と)かき回す」❷「ぽちゃぽちゃ❷」に同じ。「色白の肉づきの―した、目元などに愛嬌のあるお芳は」〈秋声・爛〉
ぽちゃ-ぽちゃ〔副〕スル ❶水がはねたり、揺れ動いたりするときの音や、そのさまを表す語。「―(と)音をさせて洗い物をする」❷顔やからだつきがふっくらと愛らしいさま。「―(と)よく太った赤ん坊」
ぼちゃん〔副〕比較的大きくて重いものが水に落ちる音や、そのさまを表す語。「―と海に飛び込む」
ぽちゃん〔副〕比較的小さくて軽いものが水に落ちる音や、そのさまを表す語。「魚が―と跳ねる」
ほ-ちゅう【捕虫】虫を捕らえること。
ほ-ちゅう【補注|補×註】注釈や説明の不足しているところを補うために加えた注記。
ほちゅう-あみ【捕虫網】昆虫採集に用いる網。口に輪をつけた寒冷紗や蚊帳地の袋を、長い棒の先に取り付けたもの。《季 夏》「一ふる子に馴れて牧の馬/風生」
ほちゅう-よう【捕虫葉】エフ 食虫植物の、虫を捕らえるように発達した葉。形はさまざまで、モウセンゴケでは腺毛せんもうをもち、ウツボカズラでは袋状をしている。
ほ-ちょう【歩調】テウ ❶歩くときの調子。特に大勢で歩くときの足どり。足並み。「―を速める」「―をとる」❷大勢で行動するときのお互いのそろいぐあい。足並み。「仕事の―を合わせる」
ほちょう-き【補聴器】ホチャウ 難聴者が聴力を補うために用いる、音声を拡大増幅する装置。
ぽち-る〔動ラ五〕《「ぽち」はボタンを押す音。「ポチる」とも書く》ウェブサイト上のストアで購入ボタンを押す、という意味の俗語。ボタンを押して購入する。「前から欲しかったアプリを―・ってしまった」
ぼつ【没】■〔名〕❶(「歿」とも書く)死ぬこと。「昭和三年―」❷《「没書」の略》原稿などを採用しないこと。「投書を―にする」■〔接頭〕名詞に付いて、それがない意を表す。「―個性」「―交渉」「―趣味」➡漢「ぼつ(没)」〔類語〕■(1)卒・寂/(2)駄目・おじゃん・台無し
ぽつ 小さい点。ぽち。ちょぼ。〔類語〕点
ほつ-い【発意】〔名〕スル ❶「はつい(発意)」に同じ。「業界再編を―する」❷「発心ほっしん」に同じ。
ぼつ-いぎ【没意義】意義のないこと。無意義。
ほ-つ-え【▽上▽枝|▽秀つ▽枝】《「つ」は「の」の意の格助詞》上の方の枝。⇔下枝しずえ。「わが園の梅の―に鶯うぐいすのねになきぬべき恋もするかな」〈古今・恋一〉
ほつ-が【発×駕】駕籠かごで出発すること。転じて、貴人の出発すること。はつが。「君は明日五つの御―」〈浄・会稽山〉
ぼっ-か【木×瓜】ボククワ「ぼけ」に同じ。
ぼっ-か【▽歩荷】荷物を背負って山越えをすること。特に、山小屋などに荷上げをすること。また、それを職業とする人。「一道」《季 夏》
ぼっ-か【牧歌】ボク ❶牧童などのうたう歌。❷牧人や農民などの生活を主題とした詩歌。田園詩。パストラル。
ぼっ-か【墨家】ボク 中国古代の諸子百家の一。墨子ぼくしの説いた学説を奉じ、兼愛の倫理を説く。➡墨子
ぼつ-が【没我】物事に熱中して我を忘れること。無私無欲になること。「一の境地」〔類語〕無我夢中・忘我
ほっ-かい【北海】ホク ■北方の海。北洋。■《North Sea》英国とオランダ・ドイツ・デンマーク・ノルウェーなどとに囲まれる海域。大部分が大陸棚で、漁場が多く、石油・天然ガスを産する。
ほっ-かい【北界】ホク 動物地理区の三界の一。アジア・ヨーロッパ・アフリカ・北アメリカ大陸を含む地域。全北区と旧熱帯区に分けられる。
ほっ-かい【法界】仏語。❶意識の対象となるすべてのもの。❷因果の理に支配される万有の総体。全宇宙。❸一切の現象の本質的な姿。真如しんにょ。実相。
ぼっ-かい【渤海】■中国北東部にある海域。山東半島と遼東半島に囲まれ、黄海との境に廟東群島がある。黄河が注ぐ。ボーハイ。■8～10世紀、中国東北地方を中心に、沿海州から朝鮮半島北部にわたり栄えた国。698年、ツングース系靺鞨まっかつ族の首長大祚栄が建国。唐の制度・文物を摂取し、仏教を保護。日本とも国交があったが、926年契丹に滅ぼされた。
ほっかい-えび【北海海=老】ホッカイ タラバエビ科の甲殻類。浅海にすむ体長約15センチのエビ。体に数本の淡緑色の縦縞がある。北海道以北に分布。
ほっかい-えんぎ【法界縁起】仏語。一切の現象が絶えず因縁によって生起すること。華厳宗で説く世界観。無尽縁起。一乗縁起。
ぼっかい-がく【×渤海楽】奈良時代に渤海国から伝来した楽舞。平安初期に高麗楽こまがくに編入された。「綾切あやきり」「古鳥蘇ことりそ」などがこの系統とされる。
ほっかいがくえん-だいがく【北海学園大学】ホクカイガクエン 札幌市豊平区に本部がある私立大学。明治18年(1885)設立の北海英語学校に始まり、昭和27年(1952)新制大学として発足。
ほっかい-じ【法界寺】➤ほうかいじ(法界寺)
ほっかい-しょうかだいがく【北海商科大学】ホクカイシャウクワダイガク 札幌市にある私立大学。昭和52年(1977)に、北海学園北見大学として開設。平成18年(2006)北見市から札幌市に移転し、現校名に改称した。
ほっかいどう【北海道】ホクカイダウ 日本列島の四大島の一。また、その付属島を含む地域。太平洋・オホーツク海・日本海に囲まれ、宗谷海峡を隔ててサハリン(樺太からふと)と、津軽海峡を隔てて本州と対する。古くからアイヌが居住。行政上9の総合振興局と5の振興局に分かれ、道庁所在地は札幌市。もと蝦夷地えぞちと称し、江戸初期に松前藩が置かれ、幕末には幕府の直轄領となり箱館を開港。明治2年(1869)北海道と改称、開拓使が置かれた。同19年北海道庁を設け、昭和21年(1946)地方自治体となる。北洋漁業の基地。大規模な畑作や酪農が行われる。人口550.7万(2010)。
ほっかいどう-いぬ【北海道犬】ホクカイダウ 日本犬の一。北海道で熊狩りに用いられた。体高約50センチ。被毛は厚く、耳がやや小さい。アイヌ犬。
ほっかいどう-いりょうだいがく【北海道医療大学】ホクカイダウイレウダイガク 北海道石狩郡当別町に本部のある私立大学。昭和49年(1974)東日本学園大学として設立。平成6年(1994)現在の校名に改称した。
ほっかいどう-かいはつちょう【北海道開発庁】ホクカイダウカイハツチャウ 北海道の総合的開発に関する調査・立案、事業の実施に関する事務を担当した総理府の外局。昭和25年(1950)設置、平成13年(2001)国土交通省に統合された。
ほっかいどう-きゅうどじんほごほう【北海道旧土人保護法】ホクカイダウキウドジンホゴハフ 明治32年(1899)日本政府がアイヌ民族保護を名目に制定した法律。土地を給付して農耕民族化を進め、日本民族との同化を推し進めた。平成9年(1997)廃止。➡アイヌ文化振興法
ほっかいどう-きょういくだいがく【北海道教育大学】ホクカイダウケウイクダイガク 札幌市北区に本部がある国立大学法人。北海道内の各師範学校・青年師範学校を統合し、昭和24年(1949)北海道学芸大学として発足。同41年現校名に改称。平成16年(2004)国立大学法人となる。札幌・函館・旭川・釧路・岩見沢にキャンパスがある。
ほっかいどう-こうぎょうだいがく【北海道工業大学】ホクカイダウコウゲフダイガク 札幌市にある私立大学。昭和42年(1967)に開学した。
ほっかいどう-じょうほうだいがく【北海道情報大学】ホクカイダウジャウホウダイガク 北海道江別市にある私立大学。電子開発学園を母体として、平成元年(1989)に開学した。
ほっかいどう-しんかんせん【北海道新幹線】ホクカイダウ 青森市と札幌市を結ぶ計画の新幹線。昭和48年(1973)に全国新幹線鉄道整備法により整備計画が決定した。2015年度に新青森・新函館間が、2020年度に全線が開業予定。〔補説〕**北海道新幹線の駅**：(東北新幹線から直通)―(新青森)―(奥津軽/仮)―(木古内)―(新函館/仮)―(新八雲/仮)―(長万部)―(倶知安)―(新小樽/仮)―(札幌)　※全線未開業、「仮」は仮称。

漢字項目 ほっ
【法】➤ほう

漢字項目 ほつ
【発】➤はつ

漢字項目 ぼつ
没 音ボツ(漢)　モツ(呉) ‖ ①深く沈みこむ。隠れて見えなくなる。「没落/陥没・出没・水没・沈没・日没・覆没・埋没・神出鬼没」②物事に深くうちこむ。「没頭・没入」③(「歿」と通用)死ぬ。「没後・没年/死没・陣没・生没・戦没・病没」④なくなる。なくする。「没我・没却・没収」〔難読〕没法子メーファーズ・没義道もぎどう・没分暁漢わからずや
×歿 音ボツ(漢) ‖ 死ぬ。「歿年/戦歿・病歿」〔補説〕「没」と通用する。
勃 音ボツ(慣) ‖ ①物事が急に起こる。「勃起・勃興・勃然・勃発」②盛んにわき起こるさま。「勃勃/鬱勃うつぼつ」〔難読〕勃牙利ブルガリア

ほっかいどう-じんぐう【北海道神宮】ホクカイダウ 札幌市中央区にある神社。旧官幣大社。祭神は大国魂神・大那牟遅神おおなむちのかみ・少彦名神・明治天皇。明治4年(1871)札幌神社として創建、昭和39年(1964)現名に改称。
ほっかいどう-しんぶん【北海道新聞】ホクカイダウ 北海道新聞社が発行する日刊ブロック紙。明治20年(1887)創刊の北海新聞など11紙が昭和17年(1942)に統合して発刊。本社は札幌。ほぼ道内のみで読まれるが、発行地域が広大で部数も大きいため県紙でなくブロック紙とされる。発行部数は約113万部(平成24年上期平均)。
ほっかいどう-だいがく【北海道大学】ホクカイダウ 札幌市北区に本部がある国立大学法人。明治9年(1876)創設の札幌農学校を起源とする。東北帝国大学農科大学を経て、大正7年(1918)旧制の北海道帝国大学となり、昭和24年(1949)予科・専門部・函館水産専門学校などを統合して新制大学に移行。平成16年(2004)国立大学法人となる。
ほっかいどう-ちょう【北海道庁】ホクカイダウチャウ 北海道の知事が事務を処理する役所。札幌市にある。道庁。
ほっかいどうとうほうおき-じしん【北海道東方沖地震】ホクカイダウトウハウおきヂシン 平成6年(1994)10月4日に発生し、北海道東部に被害を及ぼした地震。震源は北海道根室半島沖。マグニチュード8.2。釧路市と厚岸町で震度6を観測した。震源に近い択捉えとろふ島は、地震と津波で大きな被害を受けた。
ほっかいどうなんせいおき-じしん【北海道南西沖地震】ホクカイダウナンセイおきヂシン 平成5年(1993)7月12日、北海道の奥尻おくしり島付近で発生したマグニチュード7.8の地震。奥尻島を中心に津波による大きな被害を受けた。死者202人。
ほっかいどう-にっぽんハムファイターズ【北海道日本ハムファイターズ】ホクカイダウ プロ野球球団の一。パシフィックリーグに所属し、フランチャイズは北海道。昭和21年(1946)、セネタースとして発足。のち、東急フライヤーズ→急映フライヤーズ→東急フライヤーズ→東映フライヤーズ→日拓ホームフライヤーズ→日本ハムファイターズと改称、平成16年(2004)から現在の名称となる。
ほっかいどう-ぶんきょうだいがく【北海道文教大学】ホクカイダウブンケウダイガク 北海道恵庭市にある私立大学。平成11年(1999)に開学した。
ほっかいどう-やっかだいがく【北海道薬科大学】ホクカイダウヤククワダイガク 北海道小樽市にある私立大学。昭和49年(1974)に開学した。
ほっかいバルトかい-うんが【北海バルト海運河】ホクカイ ➤ノルト-オストゼー運河
ほっかい-ぼんうた【北海盆唄】ホクカイ 北海道の民謡。積丹しゃこたん半島を中心にうたわれる盆踊り歌。常磐炭坑節の影響を受けているとも、越後の盆踊り歌が入ったものともいわれる。

ほっかい-みさき【北海岬】青森県下北半島の西南端にある岬。平舘海峡をへだてて津軽半島が見える。ニホンザルの生息北限地。

ほっかい-ゆでん【北海油田】北海の海底油田。1960年に発見され、イギリス・ノルウェーなどの周辺諸国が開発。

ぼっかい-わん【渤海湾】渤海西部の湾。北は灤河河口、南は黄河河口を結ぶ線より奥をいう。

ほっ-かく【北郭】《江戸城の北方にあったところから》江戸の新吉原遊郭。北里。北州。北国。

ぼっ-かく【墨客】書画をよくする人。ぼっきゃく。「文人—」〔類語〕絵描き・画家・画工・絵師・画伯

ぼっ-か・ける【▽追っ掛ける】〔動カ下一〕図ぼっか・く〔カ下二〕《近世語》「おっかける」の音変化。「—・けてぶちのめさうか」〈滑・膝栗毛・五〉

ボッカチオ〖Giovanni Boccaccio〗[1313〜1375]イタリアの作家・人文学者。ルネサンス期の代表的作家の一人で、短編小説集「デカメロン」は近代散文小説の先駆とされる。ほかに、小説「フィローコロ」など。ボッカッチョ。

ぼっか-てき【牧歌的】〔形動〕牧歌のように素朴で叙情的なさま。「—な風景」

ほっ-かむり【▽頰っ▽被り】〔名〕スル「ほおかぶり」に同じ。「手ぬぐいで—する」

ほっかり〔副〕❶心地よい暖かみのあるさま。「—(と)暖かい焼きいも」❷ほんのり明るいさま。ぽっかり。「—(と)明かりがともる」❸突然であるさま。不意に現れるさま。ぽっかり。「記憶の底から—と浮んで来た」〈花袋・一兵卒の銃殺〉❹うかつであるさま。うっかり。「御遊興の最中なれば—とも行かれず」〈浄・浪花鑑〉❺口や穴が大きくあいているさま。また、口を大きくあけて食いつくさま。「いとしらしいお顔や。—と食ひ付きたい」〈浄・孕常盤〉

ぼっかり〔副〕❶「ほっかり❸」に同じ。「わたしが女房に下さりませと—言へば」〈浄・源頼家源実朝鎌倉三代記〉❷「ほっかり❺」に同じ。「小じたたるう仕かけたら、—と食ひつついて」〈浄・阿波鳴渡〉

ぽっかり〔副〕❶口・目・穴などが大きくあいているさま。「ほら穴が—(と)口をあけている」❷「ほっかり❷」に同じ。「障子に—(と)灯がともる」❸「ほっかり❸」に同じ。「太陽が雲間に—(と)顔を出す」❹軽く浮かんでいるさま。「空に雲が—(と)浮かぶ」

ほづ-がわ【保津川】京都府を流れる桂川中流の称。亀岡市から京都市嵐山付近までをいう。保津峡がある。

ほっ-かん【北韓】朝鮮民主主義人民共和国の支配地域についての、大韓民国政府による呼び名。プッカン。➡南朝鮮

ほつ-がん【発願】〔名〕スル ❶神仏に願をかけること。立願。願かけ。「病気平癒を—する」❷仏語。誓願を起こすこと。悟りを求める心や、人々を救おうという心を起こすこと。〔類語〕願う・祈り・祈念・祈祷・加持・黙祷・祈願・誓願・立願・願掛け・代願

ぼっ-かん【没官】❶官職を取り上げること。❷►もっかん(没官)

ほつがん-もん【発願文】「願文❷」に同じ。

ほっ-き【発起|発企】〔名〕スル ❶思いたって事を始めること。「自分が—し、…村のために始めた道路愛護会の」〈島木健作・続生活の探求〉❷仏語。㋐悟りを求める心を起こすこと。発心。㋑「倶舎論」などで、迷いが起こること。❸あきらめること。我を折ること。「神様のお御意で一致した」〈浄・今宮の心中〉

ほつ-ぎ【発議】〔名〕スル「はつぎ(発議)」に同じ。「改革案を—する」〔類語〕提案・動議・提言・提起・発案

ぼっ-き【勃起】〔名〕スル ❶力強くむくむくと起こり立つこと。❷陰茎が海綿体の充血により大きく硬くなること。勃起中枢は仙髄と大脳皮質にある。

ほつき-あ・ぐ〔動ガ下二〕金を全部つぎこむ。入れあげる。「博奕ばくちに傾城狂ひに一跡(=全財産)を—・げ」〈仮・浮世物語・三〉

ほつき-ある・く【ほつき歩く】〔動カ五(四)〕あてもなくあちらこちらと歩く。ほっつきあるく。「夜通し—・く」

ほっき-がい【北寄貝】ウバガイの別名。

ぼっききのう-しょうがい【勃起機能障害】►勃起不全

ほっき-じ【法起寺】奈良県生駒郡斑鳩町にある聖徳宗の寺。山背大兄王が、聖徳太子の岡本宮を寺としたもの。法隆寺式の伽藍配置で、三重の塔は国宝。平成5年(1993)「法隆寺地域の仏教建造物」として世界遺産(文化遺産)に登録された。岡本寺。池後寺。池後尼寺。ほうきじ。

ぼっき-しょうがい【勃起障害】►勃起不全

ほっき-せつりつ【発起設立】株式会社の設立に際し、発行する株式総数を発起人が引き受けて会社を設立すること。⇔募集設立。

ほっき-にん【発起人】❶思いたって事を始める人。発起者。❷株式会社の設立を企画して、定款に署名した者。

ぼっき-ふぜん【勃起不全】陰茎の勃起が不十分で性行為のできない状態。勃起機能障害。勃起障害。ED(Erectile Dysfunction)。〔補説〕性的不能の意味のインポテンツが人格を否定するニュアンスがあることから、それに代わって用いられるようになってきた。

ぼっ-きゃく【没却】〔名〕スル 無視すること。念頭におかないこと。「自我を—する」

ぼっ-きゃく【墨客】►ぼっかく(墨客)

ぼっ-きょ【×卜居】土地を占って住居を決めること。また、土地を選んで住居を定めること。〔類語〕住む・住まう・住み着く・暮らす・住する・寓する・居着く・居住する・在住する・現住する・定住する

ほっ-きょう【北京】「北都」に同じ。

ほっ-きょう【法橋】❶《「法橋上人位」の略》僧位の第三位。法眼に次ぐ。僧綱の律師に相当し、五位に準ぜられた。❷中世以後、医師・仏師・絵師・連歌師などに僧位に準じて与えられた称号。

ほづ-きょう【保津峡】保津川の渓谷。川下りで知られる景勝地。

ぼっ-きょう【木強】〔名・形動〕かざりけがなく一徹であること。また、そのさま。武骨。「—な老爺」

ぼっきょう-かん【木強漢】一徹な男。武骨な男。

ほっ-きょく【北曲】中国、北方系の歌曲、およびそれに基づく戯曲。金代に成立、元代に盛行し、元曲とよばれたが、明代に南曲におされて衰微。

ほっ-きょく【北極】㊀❶地軸が北半球で地表と交わる点。北緯90度の地点。北極点。❷地軸の延長線が北側で天球と交わる点。天の北極。❸地磁気の北の極。北磁極。❹北極星。また、北天の高所にあって動かないということから、天子の位。「紫宸し—の高きに座して」〈太平記・三〉㊁北極地方および北極圏の略称。

ほっきょく-あく【北極亜区】動物地理区の一。全北区に属し、北極海を取り巻く地域やカムチャツカ・グリーンランドを含む。トナカイ・ホッキョクグマ・レミングなどが特徴。

ほっきょく-かい【北極海】北極点を中心に北アメリカ大陸とユーラシア大陸とに囲まれる海域。ほとんど凍結し、夏季は多少海面が見られる。北氷洋。

ほっきょく-ぎつね【北極×狐】食肉目イヌ科の哺乳類。北極周辺のツンドラ地帯にすむ。体長約60センチ、尾長35センチ。夏毛は灰褐色、冬毛は白色または淡青灰色に変わるので、白狐・青狐ともよばれる。

ほっきょく-きょうかい【北極教会】《Ishavskatedralen》ノルウェー北部の港湾都市、トロムソにある教会の通称。正式名称はトロムスダーレン教会。同国の建築家、ヤン＝インゲ＝ホービがオーロラをモチーフにして設計し、1965年に建造された。ヨーロッパ最大級のステンドグラスがあることで知られる。

ほっきょく-きょり【北極距離】天の北極から時圏に沿って測った天体までの角度。現在は赤緯を用いて表す。

ほっきょく-ぐま【北極熊】食肉目クマ科の哺乳類。北極圏およびその周辺にすむ。首が比較的長く、頭胴長約2.4メートル。毛は幼時には真っ白であるが、成獣になると黄色みを帯びる。手足が大きく、泳ぎがうまい。アザラシや魚を主食とする。しろくま。

ほっきょく-けん【北極圏】北緯66度33分の緯線、またはそれより北の地域。太陽が終日、地平線下に沈まない日と現れない日とが1年に1日以上あり、その日数は北極に近づくほど多くなる。⇔南極圏。

ほっきょくけんのとびら-こくりつこうえん【北極圏の扉国立公園】《Gates of the Arctic National Park and Preserve》米国アラスカ州北部にある国立公園。公園全体が北極圏の中にあり、北米最北のブルックス山脈の一部からなる。公園の名称は、1929年に自然保護活動家で作家のボブ＝マーシャルが同地を探検した際、コユークク川を挟む二つの岩山を「北極圏の扉」と呼んだことから。カリブー、ムース、ハイイログマなどの大型哺乳動物が生息する。隣接するノアタック自然保護地域と合わせ、全米最大の連続する自然保護地域を形成。

ほっきょく-しんどう【北極振動】北極と北半球中緯度地域の気圧が相反する傾向で変動する現象。北極の気圧が平年よりも高く、中緯度地域の気圧が平年より低い場合(負の北極振動)、北極から中緯度地域に強い寒気が南下しやすくなる。一方、北極の気圧が平年より低く、中緯度地域の気圧が平年より高い場合(正の北極振動)、中緯度地域に流れ込む寒気は弱まる。AO(Arctic Oscillation)。北半球環状モード。➡南極振動

ほっきょく-せい【北極星】小熊座のα星。天の北極近くに輝き、北の方角の目印になる。光度は2.0等で、連星。距離は400光年。ポラリス。北辰。

ほっきょく-てん【北極点】地軸の北端、北緯90度の地点。

ぽっきり ㊀〔副〕堅い物などが不意に折れる音や、そのさまを表す語。「鉛筆の芯が—(と)折れる」㊁〔接尾〕数量を表す語に付いて、ちょうどそれだけと限定する意を表す。「一〇〇〇円—しかない」

ほっ-く【法×鼓】❶仏法。仏法を説くことを、戦闘での進軍の太鼓にたとえ、法鼓をたたくという。❷禅寺の法堂の北東隅に備える太鼓。

ほっ-く【発句】❶短歌の最初の句。初5文字、または第1・2句。のちには上の句。❷連歌・連句の第1句。五・七・五の17音からなる句。立句。➡挙句 ❸❷が独立した短詩形として単独で作られたもの。俳句。❹せり市で、最初の付け値。「八十両といふ—から安ければ、負けぬ負けぬ」〈浄・浪花鑑〉

ホック〖hook〗洋服などにつける留め金。ふつう、鉤状または丸形のものをいう。
〔類語〕ボタン・フック・スナップ・こはぜ

ほつ・く〔動カ四〕❶あちこち歩き回る。うろつく。ほっつく。「泣きっ面をして—・きゃあがるから」〈洒・駅舎三友〉❷金銭を浪費する。使い果たす。「親父が金を—・くゆゑ」〈浮・親仁形気・三〉

ほっく-あわせ【発句合(わ)せ】歌合わせにならい、参会者が左右から発句を出して、判者がその優劣を定めるもの。元禄(1688〜1704)ごろに流行。句合わせ。

ほっ-くう【法空】仏語。すべてのものは因縁によって仮に存在し、実体がないこと。ほうくう。

ほっくぎょう【法句経】《パーリ Dhamma-pada 真理の言葉の意》原始仏教の経典の一。原典は423編よりなる韻文形式の詩集。成立は古く、漢訳に維祇難等訳2巻などがある。

ボックス〖box〗❶箱。「ギフト—」❷劇場・喫茶店などの、仕切り席。「—シート」❸公衆電話・交番など、箱型の小さな建物。「電話—」❹野球で、打者やコーチャーの立つ定位置。「コーチャーズ—」❺《box calfの略》子牛のなめし革。靴などに用いる。❻ダンスで、四角形を描くように足を運ぶステップ。

ボックス-カメラ〖box camera〗箱形カメラ。特に簡単な機構で箱の形をしているカメラをさす。

ボックス-けん【ボックス圏】株式などが、ある期間に騰落を繰り返している価格帯。値動きが箱に閉じ

こめられているように見えるところからいう。

ボックスけん-そうば【ボックス圏相場】株式などがボックス圏の内側で取引されている状態。売買の材料に乏しく、積極的な上値追いも底割れも起こらない状態。ボックス相場。レンジ相場。

ボックス-コート〘box coat〙❶全体が直線的で箱のような感じのコート。❷御者の着た厚地の長コート。

ボックス-シート〘box seat〙劇場や運動競技場などの、ボックスの中の座席。桟敷席。

ボックス-スパナ〘box spanner〙箱スパナ。

ボックス-プリーツ〘box pleat〙プリーツの一種。箱ひだのことで、折り目が裏で突き合わせるようになっている。

ボック-の-ほうだい【ボックの砲台】《Casemates du Bock》ルクセンブルク大公国の首都、ルクセンブルクの旧市街にある地下要塞跡。旧市街を流れるアルゼット川を見下ろす急峻な断崖に、18世紀頃にオーストリア軍によって造られた。なお、城塞都市としての旧市街全体は、1994年に「ルクセンブルク市：その古い町並みと要塞群」の名称で、世界遺産(文化遺産)に登録された。

ぽっ-くり【木履】《「ぼくり」の音変化》女児用の駒下駄の一。厚い台の底をくりぬき、後ろを丸く、前部を前のめりにし、漆を塗ったもの。〔類語〕下駄・足駄

ぽっくり〔副〕❶物がもろく折れるさま。「木が—(と)折れる」❷人が突然に死ぬさま。「あの若さで—(と)いくとは」❸柔らかくふくらんでいるさま。「木の芽が—(と)ふくらむ」❹馬がゆっくり歩く音や、そのさまを表す語。「お馬の親子は—、—歩く」

ぽっくり-びょう【ぽっくり病】壮健な青年期の男性が、夜間に突然うめき声を発して急死する病気。心臓などに異常は認められず、原因は不明。

ほっくる-しゅう【北倶盧洲】《梵uttarākuruの訳》須弥山をめぐる4州の一。北方にあって、他の3州よりすぐれ、ここに生まれた者は千年の寿命を保つという。鬱単越。北洲。

ほっ-け【北家】藤原氏四家の一。不比等の二男房前を祖とする。四家のうち最も栄えた。のちの摂関家の系統。

ほっ-け【法華】❶「法華宗」の略。❷「法華経」に同じ。

ほっけ【𩸽】アイナメ科の海水魚。全長約40センチ。体は細長く、尾びれの後縁が深く二またに分かれている。体色は灰褐色に暗色の不規則な横帯がある。東北・北海道の沿岸に産する。食用。〔季 春〕

ポッケ《「ポケット」の略》ポケットをいう幼児語。

ぼっ-けい【墨刑】古代中国の五刑の一。額や腕などに入れ墨をするもの。ぼく。

ほっけ-いちじょう【法華一乗】仏語。法華経に説かれる一乗の教え。一乗には、声聞・縁覚の二乗および菩薩を加えた三乗の実践法がいずれも融合されているということ。

ほっけ-いっき【法華一揆】戦国時代、京都の町衆を中心とする法華宗(日蓮宗)徒によって起こされた一揆。幕府・大名や一向宗徒と衝突、山科本願寺を焼き払うなどして勢力を張ったが、天文5年(1536)の天文法華の乱で衰えた。

ほっけ-え【法華会】法華経を講説する法会。法華八講・法華十講などがある。東大寺・興福寺のものや比叡山延暦寺の霜月会などが有名。

ホッケー〘hockey〙11人編成の2チームが相対し、各自が木製のスティックでボールを打ち、相手ゴールに入れて得点を競う競技。前・後半35分ずつ行う。フィールドホッケー。

ほっけ-きょう【法華経】▶ほけきょう(法華経)

ほっけげんぎ【法華玄義】中国、隋代の仏教書。天台智顗が講述し、灌頂が筆録。20巻。法華三大部の一とされ、妙法蓮華経という経題の奥深い意義を論じたもの。妙法蓮華経玄義。玄義。

ほっけ-さんだいぶ【法華三大部】▶三大部❶

ほっけ-ざんまい【法華三昧】《「ほっけさんまい」とも》仏語。法華経を通して真理に悟入する方法。天台宗で、法華経・観普賢経によって真理を観ずること。また、その境地に達するために法華経などを音読すること。

ほっけ-じ【法華寺】奈良市にある真言律宗の尼寺。天平年間(729～749)光明皇后が父藤原不比等の邸宅を寺として、総国分寺の東大寺に対し、総国分尼寺として開いたもの。本堂は慶長6年(1601)豊臣秀頼の再建。本尊十一面観音立像は平安初期の作で国宝。法華滅罪之寺。氷室御所。

ほっけ-しちゆ【法華七喩】法華経に説かれる七つの比喩。火宅喩(譬喩品)・窮子喩(信解品)・薬草喩(薬草喩品)・化城喩(化城喩品)・衣珠喩(五百弟子授記品)・髻珠喩(安楽行品)・医子喩(寿量品)。

ほっけ-じっこう【法華十講】法華経8巻を8座とし、開経の無量義経1巻、結経の観普賢経1巻を加えて10座とし、これを1日1座の10日、または朝夕2座の5日間に分けて講じること。

ほっけ-しゅう【法華宗】《法華経をよりどころとするところから》❶古く、天台宗の異称。❷日蓮宗の俗称。また、その流派のうち、本門流・真門流・陣門流の総称。

ほっけ-しんとう【法華神道】日蓮(法華)宗で説かれる神道説。三十番神を法華経の守護神とする天台宗の信仰をとりいれて室町時代に成立。吉田神道の影響が大きい。

ほっけ-せんぼう【法華懺法】法華経を読誦して罪障を懺悔し、後生善所を願う法要。天台宗の重要な儀式で、略式のものは日常行われる。

ほっ-けつ【北闕】《「闕」は宮城の門の意》❶皇居の北の正門。❷宮城。皇居。宮中。内裏。

ほっけ-どう【法華堂】㊀❶法華三昧を行う堂。法華三昧堂。三昧堂。❷皇家・貴人の納骨堂。㊁奈良の東大寺にある堂舎の一。国宝。本堂は奈良時代、礼堂は鎌倉時代の建立で、毎年陰暦3月に法華会が行われるので三月堂ともいい、本尊にちなんで羂索堂ともいう。本尊の不空羂索観音をはじめ、多くの天平時代の仏像を安置。

ほっけ-ねはんじ【法華涅槃時】天台宗で説く五時の第五。釈迦の説法を生涯にわたって五つに分けたうちの最後の時。般若経開説から入寂に至る8年間をさし、法華経と、入滅に際し涅槃経を説いた時期。

ほっけ-はっこう【法華八講】法華経8巻を8座に分け、ふつう1日に朝夕2座講じて4日間で完了する法会。八講会。八講。

ほっけ-ほう【法華法】法華経を転読して安全息災などを祈る修法。

ほっけ-まんだら【法華曼荼羅】❶密教で法華法を修する際に本尊として用いる曼荼羅図。中央の宝塔内に釈迦・多宝の二仏を、周囲に菩薩・声聞・明王・諸天などを配したもの。❷法華経の説法の会座を描いた図。

ほっけめつざい-の-てら【法華滅罪之寺】▶法華寺

ほっけもんぐ【法華文句】中国、隋代の仏教書。智顗が講説し、灌頂が筆録。20巻。法華三大部の一。法華経の経文の各句を注釈したもの。妙法蓮華経文句。文句。

ボッケリーニ〘Luigi Boccherini〙[1743～1805]イタリアの作曲家。古典派室内楽曲の様式を確立した。作品に「チェロ協奏曲」など。

ほっ-けん【北絹・黄絹】《「ほっ(黄)」は唐音》室町時代に中国の東京から渡来した、黄繭の糸で織った薄い平絹。ほっけんつむぎ。

ほっ-けん【法眷】▶はっけん(法眷)

ほっけん【法顕】中国、東晋時代の僧。平陽(山西省)の人。399年、60余歳で仏典を求めて陸路インドに行き、14年後に海路帰国。その紀行「仏国記」は、当時のインド・中央アジアの状況を伝える重要資料。摩訶僧祇律や大般泥洹経などを漢訳。生没年未詳。

ぼっ-けん【木剣】木で刀剣の形に作ったもの。木刀。木太刀。

ほっけんでん【法顕伝】▶仏国記

ほつ-ご【発語】「はつご(発語)」に同じ。

ぼつ-ご【没後・歿後】人が死んでからのち。死後。「一五〇年」⇔没前。

ほっ-こう【北光】オーロラのこと。

ほっ-こう【北郊】北の方の郊外。

ぼっ-こう【勃興】〔名〕スル にわかに勢力を得て盛んになること。「新国家が—する」〔類語〕興る・ふるう・盛る

ぼっ-こう【墨香】すみのかおり。

ぼつ-こうしょう【没交渉】〔名・形動〕《「ぼっこうしょう」とも》交渉がないこと。かかわりをもたないこと。また、そのさま。無関係。「世間とは—な生活を送る」

ほっ-こく【北国】㊀❶北方の国。北方の土地。きたぐに。北州。❷北陸道の諸国。「越前の国よりはじめて—の勢そろへて上るべし」〈平治・中〉㊁《江戸城の北にあったところから》新吉原遊郭の異称。品川の「南国」に対している。北。北州。「あしたは—へいき山(＝遊女)とおでかけなさりませ」〈黄・栄花夢〉

ほっこく-あかえび【北国赤海老】タラバエビ科の甲殻類。体長12センチくらいのエビで、全身赤色。富山県以北の日本海に産し、刺身やすし種にする。あまえび。

ほっこく-かいせん【北国廻船】江戸時代、蝦夷地や東北・北陸地方と大坂・兵庫などを西廻り航路で結んだ廻船。主に北国の海産物を上方で売却し、塩・酒・雑貨などを仕入れて北国で売却した。北前船。

ほっこく-かいどう【北国街道】北陸街道と中山道をつなぐ街道。中山道の信濃追分から小諸・上田・高田を経て北陸街道の直江津に至る間で、江戸と佐渡を結ぶ重要な脇街道であった。

ほっこく-ぶね【北国船】中世末期から江戸中期にかけ、日本海海域で活躍した大型廻船。平底で船首がまるく、舷側に垣立がない。順風でないときは櫂で漕いだ。のち、帆走性能や経済性に優れる弁才船にとってかわられた。どんぐり船。北前船。

ぼっ-こつ【卜骨】亀甲・獣骨などを焼いて、その割れ目の形で吉凶を占う方法。古くから中国などで行われ、日本でも弥生時代には行われた。

ぼっ-こ-む〔動マ五(四)〕❶刀などを無造作に差す。「一尺余りの小脇差を腰に—・み」〈蘆花・自然と人生〉❷打ち込む。また、踏み込む。「博雅の三位が庵とはこれならめ。—・んで討ち取れ」〈浄・蝉丸〉

ほっこり ㊀〔副〕❶いかにも暖かそうなさま。ほかほか。「—と暖かい綿入れ」❷ふくよかなさま。「—とした風だったけが、今ぢゃあ痩せおとろへなんして」〈洒・婦足髷〉❸つやがあって鮮やかなさま。「庭の紅葉さへ—とした色がないわい」〈古今集遠鏡・五〉㊁〔名〕ふかしたさつま芋。「一買うて喰うてござるも」〈滑・膝栗毛・八〉

ほつ-ごん【発言】「はつげん(発言)」に同じ。「只今—いたすでござる」〈伎・上野初花〉

ぼっ-こん【墨痕】筆で書いた墨の跡。筆の跡。墨跡。「—鮮やかに記す」「—淋漓」〔類語〕墨跡

ほっ-さ【発作】〔名〕スル 病気の症状が急激に起こること。ふつう短時間でおさまる。「右膝に疾を得て、時々—しければ」〈中村訳・西国立志編〉

ほっさせいじょうしつせい-ひんぱく【発作性上室性頻拍】心房・洞結節・房室接合部など心室以外の組織から発生する頻拍の総称。房室結節回帰性頻拍・房室回帰性頻拍(WPW症候群)・心房頻拍など。心拍数が毎分200前後に上昇し、動悸や胸部の違和感・不快感などがしばらく続いた後、突然止まる。長時間続くと鬱血性心不全を起こす場合がある。上室性頻拍症。PSVT(paroxysmal supraventricular tachycardia)。

ほっさ-てき【発作的】〔形動〕激しい症状が突然に起こるさま。転じて、突然ある行動に出るさま。「—に笑いだす」

ほっ-し【法師】▶ほうし(法師)

ほっ-し【法嗣】▶ほうし(法嗣)

ホッジェンビル〖Hodgenville〗米国ケンタッキー州中央部の町。第16代大統領、エイブラハム＝リンカーンの出身地。リンカーン生誕地国立史跡をはじめ、ゆかりの場所が多い。

ぼつじ-かん【没字漢】文字を知らない人。

ほつし-もめん【▽解し木綿】「綿撒糸めんさし」に同じ。

ほっ-しゅ【法主】▶ほうしゅ(法主)

ぼっ-しゅ【没取】〔名〕スル ❶財産などを取り上げること。❷一定の物の所有権を剝奪はくだつして国庫に帰属させる各種の行政処分。

ボッシュ〖Hieronymus Bosch〗［1450ころ～1516］オランダ、フランドル派の画家。奇怪な空想と鋭い写実とが結びついた特異な画風で知られる。ボス。

ポッシュ〖posh〗〔形動〕上流階級らしいさま。気取ったさま。また、庶民的でないさま。

ぼっ-しゅう【没収】ボシュ〔名〕スル ❶強制的に取り上げること。❷刑法上の付加刑。犯罪行為に関連した物の所有権を取り上げて国家の所有に移すこと。 類語 接収・押収・召し上げる

ぼっしゅう-じあい【没収試合】ボッシュウジアイ 野球で、一方のチームが試合の続行を拒否するなどの規則違反のために、球審が試合終了を宣告し、過失のないチームに9対0で勝ちを与える試合。放棄試合。

ぼつ-しゅみ【没趣味】〔名・形動〕趣味のないこと。おもむきに乏しいこと。また、そのさま。「仕事オンリーの—な(の)人間」 類語 無味

ぼっ-しょ【没書】送ってきた原稿などを採用しないこと。また、その原稿など。没。

ほっ-しょう【法性】ホシャウ 仏語。すべての存在や現象の真の本性。万有の本体。真如。実相。法界。ほうしょう。

ぼつ-じょう【没上】ボシャウ 漢字2字からなる熟語で、下の語の上の一音を省いて発音すること。例えば「河内(かわうち)」を「かわち」とするなど。

ほっしょう-じ【法性寺】ホシャウジ 京都市東山区にある浄土宗西山禅林寺派の寺。山号は、大悲山。延長3年(925)藤原忠平の創建。開山は天台座主法性房尊意。中世以後廃絶したが、明治になって尼寺として再興。本尊は日本には珍しい三面千手とよばれる千手観音立像で、国宝。

ほっしょう-じ【法勝寺】京都市左京区にあった寺。六勝寺りくしょうじの一。承暦元年(1077)白河天皇の勅願で創建。金堂・経蔵・鐘蔵・講堂・薬師堂・常行堂・阿弥陀堂などの大伽藍があり、六勝寺中最大の寺であったが、鎌倉時代以後衰退、天正18年(1590)比叡山坂本の西教寺に併合された。

ぼつ-じょうしき【没常識】ボツジャウシキ〔名・形動〕常識がないこと。また、そのさま。非常識。「—な行為」

ほっしょうじ-りゅう【法性寺流】ホッシャウジリウ 和様書道の流派の一。法性寺殿とよばれた藤原忠通に始まる。藤原行成の書風に力強さを加えたもので、武家社会で広く行われた。

ほっしょう-しん【法性身】ホッシャウ 仏語。❶仏陀ぶつだの肉体に対して、その悟った真如の法を本性とする色も形もない仏。法性法身。❷「法身ほっしん」に同じ。

ぼっしょく-し【没食子】▶もっしょくし(没食子)

ほっしり〔副〕❶矢が的などを射抜く音や、そのさまを表す語。「こなたの目を—と射貫くところであった」〈和泉流狂・千鳥〉❷静かにたたずむさま。しみじみと物を思うさま。「欄干に立ちつくして、そなたの空を—と」〈浄・用明天王〉

ほっ-しん【法身】❶《梵 dharma-kāyaの訳》仏語。仏の三身の一。永遠不滅の真理そのもの。理法としての仏。法性身ほっしょうしん。❷法体となった身。僧侶の身。

ほっ-しん【発心】〔名〕スル ❶仏語。悟りを得ようとする心を起こすこと。菩提心ぼだいしんを起こすこと。仏門に入ること。発菩提心。発起。発意。❷物事を始めようと思い立つこと。「—して勉学に励む」

ほっ-しん【発×疹】皮膚や粘膜に現れる色や形の病的変化。麻疹はしか・風疹ふうしん・水痘すいとうなどでみられる。はっしん。 類語 吹き出物・蕁麻疹じんましん・面皰にきび

ほっしんしゅう【発心集】ホッシンシフ 鎌倉時代の仏教説話集。3巻または8巻。鴨長明著。建保4年(1216)以前の成立とされるが未詳。発心譚・遁世譚・往生譚・霊験談などを集めたもの。

ほっしん-せっぽう【法身説法】ホッシンセッポフ 仏語。真理としての法そのものが説法しているということ。密教で、大日如来が法身のままで説法すること。また、その説法。

ほっしん-チフス【発×疹チフス】リケッチアの一種プロワツェキイがシラミの媒介により感染して起こる感染症。10～14日間の潜伏期ののち発症し、高熱や全身に細かな発疹が出て、意識混濁・うわごとなどの脳症状を示す。感染症予防法の四類感染症の一。かつてヨーロッパでは戦争や飢饉ききん時に流行をみることが多かった。はっしんチフス。

ほっしん-ねつ【発×疹熱】リケッチアの一種チフイが感染して起こる感染症。ネズミのノミが媒介する。発疹チフスに似て発熱・発疹がみられるが、症状は軽い。はっしんねつ。

ほっ-しんのう【法親王】ホシンワウ ▶ほうしんのう(法親王)

ほっしん-ぶつ【法身仏】法身である仏。仏そのもの。

ほっ-す【▽払子】《唐音》獣毛や麻などを束ねて柄をつけたもの。もとインドで蚊・ハエやちりを払うのに用いたが、のち法具となって、中国の禅宗では僧が説法時に威儀を正すのに用いるようになり、日本でも真宗以外の高僧が用いる。

ほっ-す【法主】「ほうしゅ(法主)」に同じ。

ほつ・す【▽解す】〔動サ五(四)〕《「ほづす」とも》とく。ほどく。ほぐす。「磯風鬢びんを—・し吹く」〈露伴・日ぐらし物語〉

ほっ-すう【法数】仏教の教義を、数によって分類・解説したもの。四諦したい・六波羅蜜ろくはらみつ・十二因縁など。

ほっす-がい【▽払子貝】ガヒ 六放海綿綱ホッスガイ科の海綿動物。体は10～15センチのコップ状。下につく長い硅質けいしつの柄で海底に固着する。相模湾や駿河湾の深海底に分布。

ほっ・する【欲する】〔動サ変〕文ほっ・す〔サ変〕《「ほりす」の音変化》❶欲しいと思う。願う。望む。「平和を—・しない者はいない」「おのれの—・するところに従う」❷(動詞の未然形に付いて「…んとほっす」の形で)㋐…しようとする。「人に勝たんと—・する者は必ず先ずみずから勝つ」㋑…しそうになる。「日まさに暮れんと—・す」 類語 希望・願う・求める・希こいねがう・望む・念ずる・念願する・願望する・希求する・庶幾しょきする・切望する・切願する・熱望する・熱願する・思う

ぼっ・する【没する】〔動サ変〕文ぼっ・す〔サ変〕❶沈んだり埋もれたりして見えなくなる。また、沈めたり埋めたりして隠す。「太陽が山の端はに—・する」「姿を暗闇に—・する」❷(「歿する」とも書く)死ぬ。「異郷に—・する」❸なくする。また、無視する。「自我を—・する」「功を—・する」❹所有物を取り上げる。没収する。「資格を—・する」 類語 (❶)沈む・沈没・沈める・沈下・沈降・沈殿／(❷)亡くなる・逝く・果てる・くたばる・みまかる・瞑する・隠れる・死ぬ

ほっ-せ【法施】▶ほうせ(法施)

ぼっ-せい【没世】❶一生を終わること。死ぬこと。❷一生を終えるまでの間。終生。一生。❸世が終わるまでの間。永久。永世。

ほっ-せき【発赤】〔名〕スル 皮膚や粘膜の一部が充血して赤くなること。炎症などによって起こる。はっせき。

ぼつ-ぜん【没前】【×歿前】死ぬ前。生前。⇔没後。

ぼつ-ぜん【勃然】〔ト・タル〕文〔形動タリ〕❶急に、勢いよく起こるさま。「—として雄心がきざす」❷顔色を変えて怒るさま。「—として色をなす」❸思いがけないさま。突然。「韓湘—として傍らにあり」〈太平記・一〉

ぼっせん-びょうほう【没線描法】ベウハフ 日本画の技法の一。輪郭を線で明瞭にかき表さないもの。

ほっ-そう【法相】サウ 仏語。❶一切の存在の差別しゃべつの姿。万象のありさま。❷「法相宗」の略。

ほっそう-しゅう【法相宗】ホッサウ 中国十三宗・日本南都六宗の一。瑜伽師地論ゆがしじろん・成唯識論じょうゆいしきろんなどを根本典籍とし、万有は識すなわち心の働きによるものとして、存在するものの相を究明する宗派。玄奘げんじょうの弟子、基きが初祖。日本には白雉はくち4年(653)道昭が初めて伝え、平安時代まで貴族の支持を受けた。現在、奈良の興福寺・薬師寺を大本山とする。唯識宗。慈恩宗。

ほっ-そく【発足】〔名〕スル ❶組織や機構などが設けられ、活動を始めること。はっそく。「米価審議会が—する」❷出発すること。はっそく。「力無く故土こに向けて—する」〈太宰・竹青〉 類語 発会・生まれる・誕生

ほっそり〔副〕スル 細くてすらりとしているさま。「—(とし)た手足」 類語 ひょろひょろ・ひょろり・細い・痩せる・細る・痩やせ細る・痩こける・スリムになる・スマートになる

ほっ-たい【法体】仏語。❶法の本体。宇宙万物の実体。❷浄土教で、阿弥陀の名号や念仏のこと。❸僧侶の姿になること。また、その姿。僧体。

ぼった・い〔接尾〕《形容詞型活用文ぼった・し(ク活)》形容詞の語幹や動詞の連用形に付いて、いかにもそういう状態である、そういう感じであるなどの意を表す。「厚—・い」「腫はれ—・い」

ほったい-しょうぞく【法体装束】ホッタイシャウゾク 僧侶の装束。僧服。

ほったい-の-たき【法体の滝】秋田県南西部、山形県境近くにある滝。鳥海山の東麓を流れる子吉川の上流、赤沢川にある瀑布。落差57.4メートル、長さ100メートル。県の名勝・天然記念物に指定されている。鳥海国定公園に属し、夏はキャンプ地としてにぎわう。名の由来は、昔、地元の村を法体の空海が訪れたとき、不動明王が現れたため空海が滝に拝礼したということによる。

ぼっ-たくり《「ぼっ」は「ぼる」(暴利)から》法外な料金を取ること。力ずくで奪い取ること。ぶったくり。

ぼっ-たく・る〔動ラ五(四)〕《「ぼっ」は「ぼる」(暴利)から》法外な料金を取る。むりやり奪い取る。ぶったくる。「ビール1杯で2万円も—・られた」

ほっ-たて【掘っ建て】【掘っ立て】《「ほりたて」の音変化》土台を置かず、柱を直接土中に埋め込んで立てること。「—柱」

ほったて-ごや【掘っ建て小屋】【掘っ立て小屋】柱を直接土中に埋めて建てた小屋。また、簡単につくった粗末な家。

ぼっ-た・てる【▽追っ立てる】〔動タ下一〕文ぼった・つ〔タ下二〕❶追いたてる。「百千万の獣を—・て—・て」〈浄・出世景清〉❷勢いよく立てる。おったてる。「尻を—・てて、此の廓さとに通ふこと繁きが故なり」〈洒・通言総籬〉

ほった-まさとし【堀田正俊】［1634～1684］江戸前期の政治家。下総しもうさ古河こが藩主。将軍徳川綱吉擁立に功をあげて大老となったが、殿中で若年寄の稲葉正休まさやすに刺殺された。

ほった-まさよし【堀田正睦】［1810～1864］江戸末期の幕府の老中。下総しもうさ佐倉藩主。ハリスと日米通商交渉に当たり、また、将軍継嗣問題で一橋慶喜を支持したが、井伊直弼の大老就任で罷免された。

ポツダム〖Potsdam〗ドイツ東部、ベルリンの南西にある工業都市。17世紀以来プロイセン王室の居城地となり、サンスーシ宮など多くの離宮・別荘が残る。

ポツダム-かいだん【ポツダム会談】クヮイダン 1945年7月17日～8月2日、ポツダムで、米のトルーマン・英のチャーチル(途中からアトリー)・ソ連のスターリンが、ヨーロッパにおける第二次大戦の戦後処理や日本の降伏条件などを協議した会談。➡ポツダム宣言

ポツダム-せんげん【ポツダム宣言】1945年(昭和20年)7月26日、ポツダムで、米・英・中(のちにソ連も参加)が発した対日共同宣言。日本に降伏を勧告し、戦後の対日処理方針を表明したもの。軍国主義の除去・領土の限定・武装解除・戦争犯罪人の処罰・日本の民主化・連合国による占領などを規定。日本政府ははじめ拒否したが、原子爆弾の投下、ソ連の参戦を経て8月14日これを受諾した。➡太平洋戦争

ポツダム-ひろば【ポツダム広場】《Potsdamer Platz》ドイツの首都、ベルリンにある広場。1920年代から30年代にかけて、金融機関や企業が集まるベルリンきっての繁華街だったが、第二次大戦で徹底的に破壊され、戦後は東西ベルリンを分断する壁(ベルリンの壁)がつくられた。東西ドイツ統一後再開発が始まり、オフィスビル、商業施設、映画館などが建てられ、新たな中心地となった。

ポツダム-めいれい【ポツダム命令】昭和20年(1945)9月20日の緊急勅令「ポツダム宣言の受諾に伴ひ発する命令に関する件」に基づいて発せられた命令のこと。連合国最高司令官の命令を実施するためで、勅令・閣令・省令(日本国憲法施行後は政令・府令・省令)の3種があった。

ほった-やいち【堀田弥一】[1909～2011]登山家。富山の生まれ。昭和11年(1936)、立教大登山隊の隊長として北インドの未踏峰ナンダコートに挑み、日本人初のヒマラヤ登頂に成功した。著作に「ヒマラヤ初登頂」など。

ほった-よしえ【堀田善衛】(ーよしゑ)[1918～1998]小説家。富山の生まれ。上海に渡るが、敗戦後中国国民党宣伝部に徴用される。帰国後、本格的に作家活動に入り、「広場の孤独」「漢奸(かんかん)」で芥川賞受賞。「いちばん遅くやってきた戦後派」と称される。他に「方丈記私記」「ゴヤ」など。

ほったら-かし　ほったらかすこと。「約束を―にする」

ほったら-か・す〘動サ五(四)〙かまわずにそのままにしておく。うっちゃっておく。ほっぽらかす。「家業を―・して遊びほうける」「脱いだ服を―・す」
(類語)うっちゃらかす・うっちゃる・打ち捨てる・閑却

ぽったり〘副〙「ぽたり」を強めていう語。「熟したカキが―(と)落ちる」

ほっ-たん【発端】《端緒を発(ひら)く意》❶物事の始まり。事の起こり。「事件の―」❷心の底。心底。「―ヨリ科(とが)送リヲスル」〈日葡〉(類語)起こり・はじめ・始まり・元(もと)・端緒・濫觴(らんしょう)・嚆矢(こうし)・権輿(けんよ)・起源・根源・源

ぽっち　小さな点。また、小さな点のようなつまみ。ぽっち。「―をつまむ」

ぽっち　㊀〘名〙小さな突起。小さな点。ぼっち。ぽち。「―を押す」㊁〘接尾〙指示代名詞や数量を表す語に付いて、それだけの数量しかない意を表す。上の語との間に促音が入って、「っぽっち」の形で用いることが多い。「たった一〇〇円―」「これっ―」「それっ―の土地」

ホッチキス〘Hotchkiss〙紙とじ器の一。取っ手を強く握ると、コの字形の針金が押し出されて紙がとじ合わされる。ホチキス。

ボッチャ〘Boccia〙重度の脳性麻痺者や運動機能に障害をもつ者向けのスポーツ。赤・青のカラーボールを投げたり転がしたりして、白いジャックボール(目標球)にいかに近づけるかを競う競技。パラリンピックの正式種目。

ぽっちゃり〘副〙(スル)ふっくらとして愛らしいさま。「―(と)した女性」

ぼっ-ちゃん【坊ちゃん】❶他人の男の子を敬っていう語。「―はお元気ですか」❷大事に育てられて、世事にうとい男性。「苦労知らずの―」➡御(お)坊ちゃん
(類語)(❶)坊や・坊主/(❷)御曹司・若旦那・令息・ぼんぼん

ぼっちゃん【坊っちゃん】夏目漱石の小説。明治39年(1906)発表。東京から四国の松山に赴任した中学教師「坊っちゃん」の、痛快な正義感あふれる行動を軽妙に描く。

ぼっちゃん-がり【坊ちゃん刈(り)】男児の髪形で、前髪を切りそろえ、側頭部と後頭部を短く刈ったもの。

ぼっちゃん-そだち【坊ちゃん育ち】大事に育てられて、世事にうといこと。また、そのような男性。
(類語)世間知らず・お嬢様育ち

ボッチョーニ〘Umberto Boccioni〙[1882～1916]イタリアの彫刻家・画家。1912年に「未来派彫刻の技術宣言」を発表、未来派の代表者の一人として活躍した。作「空間の中の連続するユニークな形態」など。

ほっ-ちらか・す【▽放っ散らかす】〘動サ五(四)〙投げ散らかす。また、物事をやりっぱなしにする。「ビスケットの食余(くひあまり)が―・して」〈紅葉・多情多恨〉

ぽっちり〘副〙❶数量や程度が非常にわずかであるさま。ほんの少し。「ほんの―しか食べない」「肌に―(と)赤い斑点ができる」❷目を見開くさま。ぱっちり。「眠りし眼を―と開き」〈人・梅美婦禰・初〉

ほ-づつ【火筒】銃砲。

ほ-づつ【帆筒】和船で、帆柱の受け柱。筒。

ポッツォーリ〘Pozzuoli〙イタリア南部、カンパニア州の都市。ナポリ西郊に広がる火山性のカルデラ盆地、フレグレイ平野に位置し、ナポリ湾に面する。イスキア島やプロチダ島と航路で結ばれる。ナポリを中心とする臨海工業地帯に含まれ、漁業も盛ん。紀元前6世紀に古代ギリシャの町が築かれ、続いて古代ローマの支配下に置かれ海洋交易の拠点として栄えた。今も古代ローマ時代の円形劇場、浴場、神殿などの遺跡がある。

ほっつき-ある・く【ほっつき歩く】〘動カ五(四)〙「ほつきあるく」の音変化。「繁華街を―・く」
(類語)うろつく・さすらう・さまよう・出歩く・ほっつく・ほっつき回る・ぶらつく・徘徊(はいかい)・彷徨(ほうこう)・低回

ほっつき-まわ・る【ほっつき回る】(ーまはる)〘動ラ五(四)〙《「ほつきまわる」の音変化》あちこち歩き回る。うろつきまわる。「仲間と夜の街を―・る」(類語)うろつく・さすらう・さまよう・出歩く・ほっつく・ほっつき歩く・ぶらつく・徘徊(はいかい)・彷徨(ほうこう)・低回・流浪・放浪

ほっ-つ・く〘動カ五(四)〙《「ほつく」の音変化》当てもなくあちこち歩き回る。うろつく。「どこを―・いていたのか」(類語)歩く・うろつく・さすらう・さまよう・出歩く・ほっつき歩く・ほっつき回る・ぶらつく・徘徊(はいかい)・彷徨(ほうこう)

ほ-つつじ【穂躑=躅】ツツジ科の落葉低木。山地に自生。葉は菱状倒卵形。7、8月ごろ、枝先に穂状に淡紅白色の小花を多数つける。やまぼうき。

ぽっつり〘副〙「ぽつり」を強めていう語。「大粒の雨が―(と)ほおに当たる」「―(と)弱音をもらす」

ほ-つ-て【▽最つ手¦▽秀つ手】《「つ」は「の」の意の格助詞》すぐれた腕前。りっぱな技術。上手。「壱岐(ゆき)の海人(あま)の―の占部(うらへ)をかた焼きて」〈万・三六九四〉

ほっ-てい【発程】〘名〙(スル)▶はってい(発程)

ボッティチェリ〘Sandro Botticelli〙[1444ころ～1510]イタリアの画家。フィレンツェ派。流麗な描線を特色とする。作「春」「ビーナスの誕生」など。ボッティチェルリ。

ぼつ-でき【没溺】❶水中に落ちておぼれること。❷物事におぼれ、熱中すること。

ほって-と〘副〙十分に。たっぷりと。「身共も口で―もてないて戻さう」〈虎明狂・鱸庖丁〉

ほって-も〘副〙どうしても。到底。あとに打消しの語を伴って用いる。「おれと行くといふと、―早く帰られぬ」〈洒・遊子方言〉

ぽってり〘副〙(スル)❶肉付きの豊かなさま。「―(と)したほお」❷大きくふくらんで重そうに感じられるさま。「着ぶくれて―(と)したからだ」❸厚ぼったく盛り上がっているさま。「―(と)墨を含んだ筆」

ぼってり〘副〙(スル)❶ふっくらと肥えていて愛らしいさま。「―した娘の膝を叩いて」〈鏡花・婦系図〉❷厚くふくらんでいるさま。「―(と)した唇」

ぼつ-でん【没田】官に没収された田地。

ホッテントット〘Hottentot〙▶コイ族

ほっ-と【発途】出発すること。門出。はっと。「京師を―なす頃迄は」〈染崎延房・近世紀聞〉

ホット〘hot〙〘名・形動〙❶熱いこと。また、そのさま。特に、飲食物などの熱くしたものにいう。「コーヒーを―で飲む」「―ミルク」⇔コールド。❷ごく新しいこと。生々しいこと。また、そのさま。「―な話題」❸強烈なさま。激しいさま。「―な論戦」(類語)新しい

ほっ-と〘副〙(スル)❶大きく息を吐くさま。ためいきをつくさま。「―息を吐く」❷緊張がとけて、安心するさま。「―胸をなでおろす」「大役を終えて―した」❸持て余して嫌けがさすさま。「こっちの釜は物を懸けると、穴があくので―した」〈伎・幼稚子敵討〉

ボット〘bot〙コンピューターで、人の代わりに自動的に実行するプログラムの総称。元はロボットの略称。コンピューターウイルスの一種で、悪意ある攻撃者による指令を、外部から自由に実行できるようにするプログラムや、サーチエンジンのデータベースを作成する専用ソフトウエアであるサーチボットなどがある。ほかに、オンラインゲームをプレーヤーの代わりに自動的に操作するプログラムも意味する。

ぼっ-と〘副〙(スル)❶火が音をたてて燃え立つさま。「ストーブに―火がつく」❷ぼんやりしているさま。ぼうっと。「―した顔で立っている」

ポット〘pot〙❶コーヒー・紅茶などを入れる、注入口のついた壺形の容器。「ティー―」❷魔法瓶。❸賭け金。懸賞金。ポーカーで1回の賭け金。

ぽっ-と〘副〙(スル)❶突然に物事が現れるさま。「考えが―浮かぶ」❷急に明るくなったり、赤くなったりするさま。「電灯が―つく」「―ほおを染める」❸ぼんやりしているさま。ぽうっと。「―して見ている」

ホット-アトム〘hot atom〙▶反跳原子

ほっ-とう【法灯】▶ほうとう(法灯)

ほっ-とう【発頭】〘名〙(スル)❶先に立って物事を企てること。「西光が陰謀を―した為めであるかのような」〈菊池寛・俊寛〉❷「発頭人」の略。

ぼっ-とう【没頭】〘名〙(スル)一つの事に熱中して他を顧みないこと。「事業に―する」(類語)打ち込む・没入

ホット-ウイスキー〘hot whisky〙ウイスキーを熱い湯で割り、丁子・レモンなどで香気をつけた飲み物。

ホット-ウオー〘hot war〙武力による戦争。熱い戦争。⇔コールドウオー。

ほっとう-にん【発頭人】先に立って物事を企てた人。張本人。「喧嘩をするたびごとに…私が―にさせられた」〈犀星・幼年時代〉

ホット-エア〘hot air〙京都議定書によって定められた、各国の温室効果ガス排出権の余剰分。旧ソ連や東欧諸国などの生産活動の低迷が続く国々で、削減目標とされる排出量に達していない場合の、その余裕分。(補説)原義は空手形・でまかせの意。排出権の余剰分は各国間での売買が認められている。そのため、排出権を購入することで数値上の目標だけを達成し、削減努力をしなくなる国が出るおそれのあることから、このように呼ばれる。

ホットエア-バルーン〘hot-air balloon〙「熱気球」に同じ。

ホット-カーペット《和 hot＋carpet》絨毯(じゅうたん)型をした暖房具。主に電気を熱源とする。

ホット-カーラー〘hot-curler〙電熱で温めた後、毛髪を巻いてカールさせるプラスチック製の器具。

ホット-キー〘hot key〙▶ショートカットキー

ポッドキャスティング〘podcasting〙インターネット上で公開されている音声データをソフトウエアで収集し、携帯型のデジタルオーディオプレーヤーで聴取する一連のシステム。米国アップル社が提供するiTunesやiPodなどを利用する。

ポッドキャスト〘podcast〙▶ポッドキャスティング

ほっと・く〘動カ五〙《「ほっておく」の音変化》そのままにしておく。「僕のことは―・いてくれ」(可能)**ほっとける**

ホット-ケーキ〘hot cake〙小麦粉にベーキングパウダー・卵・牛乳・砂糖などを加え、鉄板で丸く平たく焼いた洋菓子。バターやシロップを塗って食べる。

ホット-ケーブ〘hot cave〙ホットラボのうち中心的な施設で、比較的高い放射能をもつ物質を処理する施設部分。ここからホットセルに分かれる。➡ホットラボ ➡ホットセル

ホット-コーナー〘hot corner〙《強烈な打球が最も多く飛んでくるところから》野球で、三塁のこと。

ホット-コーヒー〘hot coffee〙熱湯でいれたコーヒー。アイスコーヒーに対していう語。

ホット-サンドイッチ〘hot sandwich〙オーブンで焼いたり、衣をつけて油で揚げたりして、温かい状態で食べるサンドイッチ。

ホット-ジャズ〘hot jazz〙ジャズで、即興演奏を主

体に、熱狂的に演奏するもの。

ホット-シュー〖hot shoe〗ストロボのシンクロ接点を有し、コードを接続せず、差し込んだだけで発光させることができるカメラの付属品取り付け部。

ホットショット〖hotshot〗敏腕家。やり手。有能な人。

ホット-スタート〖hot start〗▶ウオームブート

ホット-スタンバイ〖hot standby〗コンピューターやネットワークシステムの障害対策の手法の一。同じ構成のシステムを2セット以上用意し、主システムとともに予備システムも作動させて待機状態とする。主システムに障害が生じた場合、速やかに予備システムへ処理を受け継ぐ。ホットスペア。➡コールドスタンバイ

ホット-スプリングス〖Hot Springs〗米国アーカンソー州中央部の観光・保養地。温泉地として古くから知られる。19世紀に造られたバスハウスと呼ばれる湯治場が現在も残っている。47の源泉が湧き出すホットスプリングスマウンテン南西部斜面が国立公園に指定されている。

ホット-スペア〖hot spare〗▶ホットスタンバイ

ホット-スポット〖hot spot〗❶紛争地域。また、危険な場所。犯罪の多発地帯。「空き巣の―」❷人気のある場所。現在、注目されている施設や場所。流行の盛り場。❸マントル内部の特別な高温部。マグマを発生しつづけ、その上で火山活動が起きていると考えられる場所。ハワイ島はその典型。❹原子力発電所の爆発事故の際に、点状に生じる放射能汚染の激しい地域。❺(hotspot)無線LANに接続してインターネットを利用できるサービス。また、それを提供する場所。主に大都市圏の駅、ホテル、喫茶店、ファーストフード店などに設置されている。ホットスポットサービス。無線LANホットスポット。❻機械の内部などにある熱だまり。❼(hotspot)生物多様性が高いにもかかわらず、破壊の危機に瀕している地域。1988年に英国の生物学者ノーマン=マイヤーズが提唱。生態系保全活動に取り組む国際NPOのコンサベーションインターナショナルが、熱帯アンデス、スンダランド(マレー半島・スマトラ・ジャワ・カリマンタン島など)、イランのアナトリア高原、アフリカの角(アフリカ半島東端)など34か所を生物多様性ホットスポットとして発表。日本列島もその一つに含まれている。

ホットスポット-サービス〖hotspot service〗▶ホットスポット

ホット-スワッピング〖hot swapping〗▶ホットプラグ

ホット-スワップ〖hot swap〗▶ホットプラグ

ホット-セル〖hot cell〗ホットラボに設置された、放射線が漏れないようにした放射性物質取り扱い場所。操作はマニピュレーターを使って外部より行う。➡ホットラボ ➡ホットケーブ

ホット-ソース〖hot sauce〗トウガラシをきかせた辛味の強い食卓用ソース。タバスコはその代表。

ホット-ダークマター〖hot dark matter〗▶熱い暗黒物質

ホット-タイプ〖hot type〗印刷で、鉛活字の組み版から取った紙型に、熱で溶かした鉛を流し込んで印刷版を作る方式。

ホット-タブ〖hot tub〗湯を満たした大型のふろ桶おけ。米国で、友人同士などが一緒に入って、話をしたり、くつろぎの場として利用されている。

ポット-チーズ〖pot cheese〗「カテージチーズ」に同じ。

ホット-チョコレート〖hot chocolate〗温めたミルクにチョコレートを溶かした飲み物。ココア。ショコラショー。

ぽっと-で【ぽっと出】田舎から初めて都会へ出て来たこと。また、その人。「―の若者」

ホット-ドッグ〖hot dog〗細長いパンに切れ目を入れ、熱いソーセージなどを挟んだもの。

ポット-なえ【ポット苗】ナエ プラスチック製の容器で栽培した植物の苗。

ホット-ニュース〖hot news〗最も新しいニュース。現場から送られたばかりの生々しい報道。

ボット-ネット〖bot net〗悪意ある攻撃者によりボットと呼ばれるコンピューターウイルスの一種を送り込まれたコンピューターで構成されるネットワーク。外部から攻撃者による指令を受けて、さまざまなコンピューター犯罪や迷惑行為に悪用される。利用者が気づかないままウイルスに感染したゾンビパソコンで構成されるため、ゾンビクラスターともいう。

ホット-パーティクル〖hot particle〗放射能をもった粒子。

ホット-バルーン〖hot balloon〗「熱気球」に同じ。

ホット-パンツ〖hot pants〗股下またがきわめて短い女性用のショートパンツ。

ホット-ブート〖hot boot〗▶ウオームブート

ホット-プラグ〖hot plug〗コンピューターの電源を入れたまま、周辺機器を装着すること。ホットスワップ。

ホット-プルーム〖hot plume〗《「plume」は、もくもく上がる煙の意》地球内部、地殻と核の間のマントル内部に発生する上昇流。移動は億年単位という。地殻に達し地上に噴き出すと火山になる。➡プルームテクトニクス ➡コールドプルーム

ホット-プレート〖hot plate〗電気で鉄板を加熱して肉・野菜などを焼く家庭電気製品。

ホット-マネー〖hot money〗国際金融市場間を移動する不安定な短期資金。金利差や為替相場の変動による差益を求める投機的なものと、通貨不安などから逃れる逃避的なものとがある。

ポットマム〖potmum〗草丈を低く調整した菊を、鉢植えに仕立てたもの。秋咲きのもので行う。

ホットメール〖Hotmail〗▶ウインドウズライブホットメール

ホット-モック《hot mock-upから》「ホットモックアップ」の略。

ホット-モックアップ〖hot mock-up〗ある程度、実物と同じ動作を試すことのできる実物大模型。ホットモック。➡モックアップ

ホット-ライン〖hot line〗❶2か国の政府首脳が緊急時に直接対話できるように設置された直通の通信線。キューバ危機回避後の1963年、ワシントンのホワイトハウスとモスクワのクレムリンとの間に設けられたのが最初。❷緊急用の直通電話線。また、身の上相談などのために設けられた電話線。❸相手と直接接触するための手段。

ポットラック〖potluck〗ありあわせの料理。また、ありあわせの料理や持ち寄りの料理で開く気軽なパーティー。

ホット-ラボ《hot laboratoryから》強い放射線を出す放射性物質を取り扱う施設。遮蔽しゃへい・遠隔操作装置・放射線防護などの設備がある。RI実験室。

ホット-ラボラトリー〖hot laboratory〗▶ホットラボ

ほっとり〔副〕❶きっぱり。すっかり。「是で―根性直せ」〈浄・千本桜〉❷飽きて嫌になるさま。ほとほと。「絵馬も―見飽いてしまひ」〈浄・彦山権現〉

ぼっとり〔副〕❶重い物が静かに落ちるさま。「枝の雪が―(と)落ちる」❷顔やからだつきがふっくらとして色気のあるさま。「―と下脹しもぶくれに肉つきたる頤おとがいの愛くるしう」〈風葉・亀甲鶴〉❸立ち居振る舞いがしとやかであどけなく、初々しいさま。「十六くらいと見えて―やさがた」〈洒・寸南破良意〉

ホット-リスタート〖hot restart〗▶ウオームブート

ホット-リスト〖hot list〗人気のあるウェブサイトなどを一覧にしたもの。また、ブックマークのこと。

ホット-リブート〖hot reboot〗▶ウオームブート

ぼっとり-もの【ぼっとり者】初々しく愛らしい女性。また、ふっくらしてかわいい女性。「花を飾るはこの家の娘、嫁入り盛りの―と」〈浄・浪花鑑〉

ホット-ロッド〖hot rod〗米国の若者たちが中古車の部品を寄せ集めて手作りした、主として加速力を競い合う高性能車。この車を用いて4分の1マイルの出足を競うドラッグレースがあり、公道を走れるストリートロッド、形の奇抜さを競うファニーカー、レース専用のドラッグスターなど多様化している。

ほ-づな【帆綱】帆の上げ下ろしなどに用いる綱。

ぼつ-にち【没日】陰陽道おんようどうで、一切の事に凶であるという日。もつにち。

ぼつ-にゅう【没入】ボツ〔名〕スル ❶沈み入ること。もつにゅう。「水中に―する」❷一つのことに心を打ち込むこと。没頭。もつにゅう。「仕事に―する」❸官府に取り上げること。没収。もつにゅう。〔類語〕専念・専心・傾注

ほつ-ねつ【発熱】〔名〕スル ▶はつねつ(発熱)

ぼつ-ねん【没年|×歿年】❶死んだときの年次。⇔生年。❷死んだときの年齢。享年きょうねん。行年ぎょうねん。

ぽつねん〔副〕ひとりだけで何もせず寂しそうにしているさま。「―としてひとりたたずむ」〔類語〕しょんぼり

ホッパー〖Dennis Hopper〗[1936～2010]米国の俳優・映画監督。ジェームズ=ディーン主演の「理由なき反抗」で、俳優として映画デビュー。監督・脚本・主演をつとめた「イージーライダー」は、ニューシネマの代表的な作品とされる。他の出演作に「ブルーベルベット」など。デニス=ホッパー。

ホッパー〖hopper〗セメント・砂利・土などを一時貯蔵する漏斗状の装置。下部にはき出し口がある。

ポッパー〖Karl Raimund Popper〗[1902～1994]オーストリア生まれの英国の哲学者。科学方法論を「反証可能性」の理論によって展開。また、漸次的な社会工学の理念を提起した。著「科学的発見の論理」「歴史主義の貧困」など。ポパー。

ぼっ-ぱつ【勃発】〔名〕スル 事件などが突然に起こること。「内乱が―する」〔類語〕出来・突発・起こる・起きる

ボッパルト〖Boppard〗ドイツ西部、ラインラント-プファルツ州の都市。ライン川沿いに位置し、ワイン生産が盛ん。古代ローマ時代の要塞跡、13世紀のトリーア選帝侯の城砦、14世紀のカルメル会修道士教会など、歴史的建造物が数多く残っている。

ほっぴょう-よう【北氷洋】ホクヒョウヨウ 北極海の異称。

ホッビング-マシン〖hobbing machine〗▶ホブ盤

ホップ〖オランダ hop〗クワ科の蔓性つるせいの多年草。葉は卵形で3～5裂し、長い柄で対生する。雌雄異株で、夏に開花。雌花は淡緑色の苞ほうに包まれ、多数集まって松かさ状に、垂れる。苞の基部に分泌腺をもち、これに苦味があり、健胃剤やビールに利用。ヨーロッパに分布し、日本へは明治時代に導入〔季 秋〕

ホップ〖hop〗〔名〕スル ❶跳ぶこと。はねること。❷三段跳びの第一段目の跳躍。❸野球で、投手の投げた球が打者の手もとで浮上すること。「内角高めに―する」

ボップ〖bob〗▶ボブ

ボップ〖Franz Bopp〗[1791～1867]ドイツの言語学者。サンスクリット語とギリシャ語・ラテン語・ペルシア語・ゲルマン語の文法を比較し、印欧語比較文法の基礎を確立。著「印欧語比較文法」など。

ポップ〖pop〗多く複合語の形で用い、はじけること、飛び出ること、の意を表す。

ポップ〖pop〗〔名・形動〕❶大衆向きであるさま。また、時代に合ってしゃれているさま。「―なファッション」❷ポップアートの。ポップアート風の。「―な感覚の色彩」「―な映像」❸ポップス。また、ポップス調であるさま。「―な旋律」

ポップ〖POP〗《post office protocol》▶ポップスリー(POP3)

ポップ〖P.O.P.〗《point-of-purchase》店頭。購買時点。➡ポップ広告

ポップ-アート〖pop art〗漫画・ポスターなどマスメディアに登場する図像を素材に取り入れた前衛美術。1960年代、米国を中心に広まった。

ポップ-アップ〖pop-up〗〔名〕スル ❶ぽんと飛び上がること。飛び出ること。「―型の広告」❷衛星や飛行物体が急により高い軌道や高度に移動すること。旧ソ連のキラー衛星コスモスがこの方法で標的衛星に接近したことから、米国側が名付けたもの。

ポップアップ-アド〖pop-up ad〗▶ポップアップ広告

ポップアップ-キラー〖pop-up killer〗▶ポップアップブロック

ポップアップ-こうこく【ポップアップ広告】ｸﾜｳｺｸ《pop-up advertising》インターネット広告の一。ウェブページにアクセスした時、自動的にウインドーが開いて表示される広告。ポップアップアド。⇒ポップアップブロック

ポップアップ-ブロック《pop-up blockingから》ウェブページにアクセスした時、自動的にウインドーが開いて表示されるポップアップ広告を遮断する機能。ポップアップキラー。

ポップアップ-メニュー〖pop-up menu〗コンピューターのディスプレーにおいて、マウスのポインターなどの任意の位置に飛び出して表示される操作項目の一覧。

ぼつ-ふうりゅう【没風流】ﾌｳﾘｳ〔名・形動〕風流を解さないこと。また、そのさま。「一な堅物」

ホップ-カウント〖hop count〗▶ホップ数

ポップ-カルチャー〖pop culture〗大衆文化。

ポップ-こうこく【ポップ広告】ｸﾜｳｺｸ 小売店の店頭に置いたり、商品につけたりする広告。ポスターや価格カード、店内のディスプレーなど。購買時点広告。ピーオーピー広告。⇒ポップ(P.O.P.)

ポップコーン〖popcorn〗トウモロコシの実をいってはじけさせ、塩味をつけた菓子。

ポップ-サーバー【POPサーバー】《POP server》電子メールをパソコンにダウンロードする時に利用されるサーバー。SMTPサーバーと併せて、単にメールサーバーとも呼ぶ。

ホッブズ〖Thomas Hobbes〗[1588～1679]英国の哲学者・政治思想家。自然主義・唯物論・唯名論の立場に立つ。政治論では、社会の自然状態を「万人の万人に対する闘い」ととらえ、人間は、相互に契約を結んで一つの意志に服従する必要があり、ここに国家と主権が成立するとし、絶対君主制を擁護した。著「リバイアサン」「哲学原論」など。

ポップス〖pops〗▶ポピュラーミュージック

ホップ-すう【ホップ数】《hop count》データ通信において、送り先のサーバーにデータが到達するまでに経由したルーターの総数のこと。この数が大きいほど、通信品質が低下する。

ホップ-ステップ-アンド-ジャンプ〖hop step and jump〗▶三段跳び

ポップ-スリー〖POP3〗《post office protocol version 3》電子メールを保存しているメールサーバーから、メールを受信するためのプロトコル。

ポップ-フライ〖pop fly〗野球で、内野へ上がった小飛球。

ポップ-ミュージック〖pop music〗一般に広く聴かれている軽音楽。ポップス。

ポップ-ライター《和 P.O.P.＋writer》ポップ広告をイラストなどを用いて描く人。

ポップ-ワード《和 pop＋word》特別な意味をもたせずに、音と調子の軽妙さを楽しむ言葉。

ぼつ-ぶんぎょう【没分暁】ﾌﾞﾝｹﾞｳ〔名・形動〕道理のわからないこと。物わかりの悪いこと。また、そのさま。「渠(かれ)の一を笑いて」〈鏡花・義血侠血〉

ぼつぶんぎょう-かん【没分暁漢】ﾎﾞﾂﾌﾞﾝｹﾞｳ ものの道理がわからない男。わからずや。

ほっ-ぺ【▽頬っぺ】ほっぺたをいう幼児語。「リンゴのような赤い一」〔類語〕頰・ほっぺた・頰げた

ほっ-ぺた【▽頬っ▽辺】《「ほおべた」の音変化》ほおのあたり。また、ほお。〔類語〕頰・ほっぺ・頰げた

頰っ辺が落・ちる　たいへんおいしいことを表す言葉。ほおが落ちる。「一・ちそうな料理」

ホッベマ〖Meindert Hobbema〗[1638～1709]オランダの画家。静かな田園風景を好んで描いた。作「ミッデルハルニスの並木道」など。

ポッペルスドルフ-じょう【ポッペルスドルフ城】ｼﾞﾔｳ《Poppelsdorfer Schloß》ドイツ西部の都市、ボンにある城館。1715年、ケルン選帝侯の宮殿として建造。後にドイツ後期バロックを代表する建築家、バルタザール＝ノイマンが改築。現在はボン大学の鉱物学博物館と植物園になっている。

ぽっぽ《「ほっぽ」とも》ふところ。また、ふところぐあい。「一が暖かい」

ぽっぽ　㊀〔副〕ｽﾙ ❶湯気・炎・煙などが盛んにたちのぼるさま。「一と湯気が立つ」「汽車がしゅっしゅっ一と走る」❷からだが熱くなるさま。ほてるさま。「恥ずかしくて顔が一(と)する」❸ハトの鳴き声を表す語。㊁〔名〕❶汽車をいう幼児語。汽車ぽっぽ。❷ハトをいう幼児語。はとぽっぽ。

ほっ-ぽう【北方】ﾎｸﾊﾟｳ 北の方。北の方面。⇔南方。

ほっぽう-げんかいせん【北方限界線】ﾎｸﾊﾟｳ 黄海上に設けられた韓国と北朝鮮の軍事境界線。朝鮮戦争終結後、1953年に在韓国連軍が北朝鮮と交渉せずに設定した経緯があるため、北朝鮮は公式には認めていない。1999年9月、北朝鮮は北方限界線の南側に新たな海上軍事境界線を設定し、北方限界線の撤廃を主張。付近の海域では、韓国の境界警備艦艇と北朝鮮の漁船警護艦艇などがたびたび衝突し、銃撃戦も起きている。NLL(northern limit line)。

ほっぽう-せんそう【北方戦争】ﾎｸﾊﾟｳｾﾝｻｳ 1700～1721年、バルト海の支配権をめぐって、デンマーク・プロイセンなどと結んだロシアとスウェーデンとの間で行われた戦争。当初はスウェーデンが優勢であったが、ポルタバの戦いを転機にピョートル大帝のロシアが勝利をおさめ、21年のニスタット条約でバルト海東岸を獲得、強国の地位を得た。大北方戦争。

ほっぽう-ぶっきょう【北方仏教】ﾎｸﾊﾟｳﾌﾞｯｹｳ 中央アジア・チベット・モンゴル・中国・朝鮮半島・日本などの仏教。梵語(ぼんご)仏典あるいはその翻訳仏典が行われ、大乗仏教を主とする。北伝仏教。⇒南方仏教

ほっぽう-よんとう【北方四島】ﾎｸﾊﾟｳﾖﾝﾀｳ ロシア連邦と日本との間でその帰属が問題となっている、歯舞(はぼまい)群島・色丹(しこたん)島・国後(くなしり)島・択捉(えとろふ)島のこと。⇒北方領土

ほっぽう-りょうど【北方領土】ﾎｸﾊﾟｳﾘﾔｳﾄﾞ 第二次大戦後ソ連の統治下になり、ロシア連邦と日本との間でその帰属が問題となっている地域。一般に歯舞(はぼまい)群島・色丹(しこたん)島および南千島の国後(くなしり)島・択捉(えとろふ)島をさす。

ほっぽうりょうど-とくそほう【北方領土特措法】ﾎｸﾊﾟｳﾘﾔｳﾄﾞﾄｸｿﾊﾌ「北方領土問題等解決促進特別措置法」の略称。

ほっぽうりょうどもんだいとうかいけつそくしん-とくべつそちほう【北方領土問題等解決促進特別措置法】ﾎｸﾊﾟｳﾘﾔｳﾄﾞﾓﾝﾀﾞｲﾄｳｶｲｹﾂｿｸｼﾝﾄｸﾍﾞﾂｿﾁﾊﾌ 北方領土問題等について国民の関心を高め、交流事業、元居住者への援護、隣接地域の振興等に関する計画を推進するために制定された法律。昭和58年(1983)施行。平成21年(2009)の改正で、北方領土を「わが国固有の領土である」と明記。北方領土の法的位置づけを初めて明確に示した。北方領土特措法。北特法。

ほっぽ-おんせん【発哺温泉】ﾊﾂﾎﾟｦﾝｾﾝ 長野県下高井郡山ノ内町にある温泉。志賀高原北部に位置する。泉質は単純温泉・硫黄泉など。

ほつ-ほつ〔副〕少しずつゆっくりと物事をするさま。ぼつぼつ。「急ぎでもなければ、身どもが一細工に一いたすによって」〈続狂言記・六地蔵〉

ぼつ-ぼつ【勃勃】〔ト・タル〕図〔形動タリ〕物事が勢いよくわき起こるさま。「一たる勇気」「雄心一として禁ずる能わずだ」〈魯庵・社会百面相〉〔類語〕盛ん

ぼつ-ぼつ　㊀〔副〕❶小さい点や穴が散らばっているさま。「紙に一(と)穴をあける」❷物事が徐々に進行するさま。また、ゆっくりと物事にとりかかるさま。ぼちぼち。「一(と)帰ろう」「一(と)人が集まってくる」❸雨の降りはじめるさま。「一(と)降ってきた」㊁〔名〕散在している点や穴。つぶつぶ。「からだ中に一ができる」アク㊀はボツボツ、㊁はボツボツ。

ぽつ-ぽつ　㊀〔副〕❶物があちこちに少しずつあるさま。「一(と)人家が散らばっている」❷物事が少しずつ行われるさま。また、物事を少しずつゆっくり行うさま。「一(と)注文が来ている」「一(と)語る」❸少しずつ雨が降りはじめるさま。「雨が一(と)降ってきた」㊁〔名〕点々とあるもの。「葉っぱに白い一がある」アク㊀はポツポツ、㊁はポツポツ。〔類語〕㊀(❶)ちらほら・ぱらぱら／(❸)しょぼしょぼ・しとしと・ぱらぱら・ばらばら

ほっぽら-か・す〔動サ五〕「ほったらかす」に同じ。「仕事を一・して出掛ける」〔可能〕ほっぽらかせる

ほっぽり-だ・す【ほっぽり出す】〔動サ五(四)〕❶勢いよくほうり出す。「荷物を一・す」❷無造作にうち捨てる。「勉強を一・して遊び歩く」

ほっぽ・る〔動ラ五〕❶勢いよくほうる。ほうり投げる。「帽子を一・る」❷そのままにして捨てておく。「約束を一・って帰る」〔可能〕ほっぽれる

ほ-つ-ま【▽秀真】神代文字の一。48の表音文字で、明治時代、国学者の落合直澄が示したもの。

ほつみさき-じ【最御崎寺】高知県室戸市にある真言宗豊山派の寺。山号は、室戸山。四国八十八箇所第24番札所。大同2年(807)空海の開創と伝える。室町初期、足利尊氏(あしかがたかうじ)が土佐の安国寺とし、江戸時代には藩主山内氏が再興した。東寺(ひがしでら)。

ほづみ-しげとお【穂積重遠】ｼｹﾞﾄﾎ[1883～1951]法学者。東京の生まれ。陳重(のぶしげ)の長男。東大教授。身分法の研究に業績を残した。第二次大戦後、最高裁判所判事。著「親族法」「相続法」など。

ほづみ-のぶしげ【穂積陳重】[1856～1926]法学者。愛媛の生まれ。八束(やつか)の兄。重遠(しげとお)の父。東大教授。イギリス法を移入。法典調査会委員として民法を起草した。のち枢密院議長。著「法律進化論」など。

ほづみ-みはる【穂積驚】[1912～1980]小説家・劇作家。長崎の生まれ。本名、森健二。大衆演劇の一座で役者となった後執筆生活に入る。娯楽性の強い時代小説を数多く発表した。「勝烏(かちがらす)」で直木賞受賞。他に「風の中の唄」「壮士一代」など。

ほづみ-やつか【穂積八束】[1860～1912]法学者。愛媛の生まれ。陳重(のぶしげ)の弟。東大教授。君権絶対主義の立場から民法の実施に反対。また、美濃部達吉の天皇機関説を攻撃。著「憲法大意」など。

ぼつ-めつ【没滅】〔名〕ｽﾙ 滅びてなくなること。また、滅ぼすこと。

ぼつ-らく【没落】〔名〕ｽﾙ ❶栄えていたものが衰えること。「一した貴族」❷城や陣地などが敵の手に落ちること。陥落。「六波羅(ろくはら)一して」〈太平記・一〇〉〔類語〕落ちぶれる・零落・凋落(ちょうらく)・転落・落魄(らくはく)

ぽつり〔副〕❶雨やしずくが一つ落ちるさま。ぽつん。「雨粒が一と顔に当たる」❷点や穴などが一つだけできるさま。ぽつん。「虫に刺されて一と赤くなる」❸それだけ孤立しているさま。ぽつん。「雲が一つ一と浮かんでいる」❹一言だけつぶやくように言うさま。ぽつん。「一と感想をもらす」❺物が途中で切れるさま。ぷつり。ぽつん。「ひもが一と切れる」

ぼつ-りそう【没理想】ﾘｻｳ 理想や主観を捨てて現実を客観的に観察し、描写しようとすること。また、その立場。

ぼつりそう-ろんそう【没理想論争】ﾎﾞﾂﾘｻｳﾛﾝｻｳ 明治24年(1891)から翌年にかけて、坪内逍遥と森鷗外との間で行われた文学論争。逍遥の没理想に対して、鷗外は理想なくして文学なしと応酬した。

ボツリヌス-きん【ボツリヌス菌】《botulinus》クロストリジウム属の細菌の一。グラム陽性の嫌気性の桿菌(かんきん)で、鞭毛(べんもう)をもつ。汚染されたソーセージ・缶詰や魚貝の塩漬けなどで繁殖し、強い外毒素を産生する。中毒すると死亡率は高い。

ぽつり-ぽつり〔副〕❶雨やしずくが間をおいて落ちるさま。「一(と)降りだす」❷物事がとぎれとぎれに行われるさま。「一(と)心境を語る」

ぼつ-りょう【没了】ﾚｳ〔名〕ｽﾙ ❶すっかり沈むこと。また、すっかり沈めること。❷まったくなくすること。「何時しか戦時殺伐の気を一致し候」〈独歩・愛弟通信〉

ほつ・る【▽解る】〔動ラ下二〕「ほつれる」の文語形。

ほつれ【▽解れ】ほつれること。また、ほつれたもの。「鬢(びん)の一をなで上げる」

ほつれ-げ【▽解れ毛】ほつれている髪の毛。ほつれがみ。

ほつ・れる【▽解れる】〔動ラ下一〕図ほつ・る〔ラ下二〕縫い目・編み目などがほどける。また、まとめてある糸や髪などの端が乱れる。「セーターの袖口が一・れる」「髪が一・れる」(類語)ほどける・綻びる

ほつ-ろ【発露】犯した罪を隠さず告白すること。「五体を地に投げ、一啼泣ていきゅうし給ひしかば」〈平家・一〇〉

ホッロークー〘Hollókő〙《「ホッローケー」とも》ハンガリー北部の村。スロバキアとの国境に近いチェルハート山地の谷間に位置する。かつてモンゴル人の襲来から逃れてカスピ海沿岸から移住したトルコ系クマン人の末裔、パローツと呼ばれる少数民族が住んでいる。石灰の壁に木製の瓦を葺いたパローツ様式と呼ばれる伝統的な民家が残っており、1987年に世界遺産(文化遺産)に登録された。

ホッローケー〘Hollókő〙►ホッロークー

ボッロメオ-しょとう【ボッロメオ諸島】ニシヨタウ《Isole Borromee》イタリアとスイスにまたがるマッジョーレ湖に浮かぶ島々。名称はミラノの貴族ボッロメオ家が所有だったことに由来する。ボッロメオ家の宮殿があるベッラ島、マッジョーレ湖最大の島であるマードレ島、現在は同家の所有から外れたペスカトーリ島という三つの島々、および二つの小島で構成される。湖畔に面する町ストレーザとバベーノから遊覧船が出ている。

ボツワナ〘Botswana〙アフリカ南部の共和国。首都ハボローネ。内陸国で、中部・南部はカラハリ砂漠。牧畜や鉱業が盛ん。1885年以来英国の保護領となり、ベチュアナランドと呼ばれた。1966年独立。人口203万(2010)。

ぽつん〔副〕「ぽつり」に同じ。「額に一とほくろがある」「一と水滴が顔にあたる」

ほて　❶腹。また、腹が出ていること。「やあ、一がくねるわい」〈浄・孕常盤〉❷わらを棒状に束ねて巻き固めたもの。「一を射たり、破魔射たり」〈田植草紙〉

ほ-て【帆手】帆を帆桁に結びつける綱。一説に、帆に張る布。「追い風の吹きぬるときは行く船の一打ちてこそうれしかりけれ」〈土佐〉

ほ-て【▽最手】相撲すまいの節会で、相撲人すまいびと中の最高位。また、その人。ほつて。

ほで　相手の手・腕、また腕前を卑しめていう語。「一にも合はぬ太刀三昧ざんまい」〈浄・根元曽我〉

ぼて　❶「張りぼて」の略。❷「腹ぼて」の略。

ほてい【布袋】[?～916]中国、唐末の禅僧。名は契此かいし。半裸で太鼓腹を出し、日用品を入れた袋と杖つえを持ち、市中を歩いて吉凶や天気を占ったという。弥勒みろくの化身ともいわれ、日本では七福神の一人とされ、また、詩画の題材とされる。

ほてい【保定】中国、河北省中部の商業都市。交通路の要衝で、農産物の集散地。清代には直隷総督の治所だった。パオティン。

ほ-てい【補訂】〔名〕スル 著作物に部分的な補いをしたり、訂正を加えたりすること。「百科事典を一する」「一版」(類語)直す・改める・正す・訂する・修正する・是正・規正・改善・改良・改正・補正・訂正・修訂・改訂

ほ-てい【補×綴】〔名〕スル ❶破れなどを繕いつづること。転じて手を加えて不足などを補い、よくすること。ほてつ。「論文を一する」❷古人・先人などの字句をつづり合わせて詩文を作ること。ほてつ。

ほてい-あおい【▽布▽袋×葵】ほてい ミズアオイ科の水生の多年草。多数のひげ根が水中に垂れ、葉は卵形で、葉柄の基部が大きく膨らみ、浮き袋の役をして水面に浮かぶ。夏、花茎を水上に出し、淡紫色の花を総状につける。南アメリカの原産で、明治中期に渡来し、暖地の池などに野生化。ウオーターヒヤシンス。布袋草。(季 夏)

ボディー〘body〙❶からだ。身体。特に、胴体の部分。❷自動車・列車・航空機・機械などの本体。車体。「車の一」⇒シャーシー ❸洋裁で、人台じんだいのこと。ドレスフォーム。❹ボクシングで、腹部。(類語)身体・体たい・肉体・身・肉塊・ししむら・骨身・体軀たいく・図体ずうたい

ボディー-アート〘body art〙観念的な美術から離れて、作者自身の行動あるいは観客まで含んだ造形表現をしようとする美術運動。肉体の動きそのものを美術と考える立場からの作品。

ボディーガード〘bodyguard〙要人などの身辺に付き添い、その身の安全を守る人。護衛。

ボディー-ケア〘body care〙からだの手入れをすること。食事・運動・ストレス解消などによってからだの健康を保つこと。また、体形を整えたり、スキンケアを施したりすること。

ボディー-コピー〘body copy〙広告文の主文章。見出しに対していう。

ボディー-コンシャス〘body conscious〙►ボディコン

ボディー-コントロール〘body control〙自分自身のからだの体勢を制御すること。多く、スポーツでいう。「抜群の一でディフェンダーを抜き去る」

ボディー-シャンプー〘body shampoo〙髪でなく、からだ全体の洗浄用に使うシャンプー。

ボディースーツ〘bodysuit〙女性用の下着で、バスト・ウエスト・ヒップの部分をひとつながりにしたもの。体型を整えるために用いる。

ボディー-スキャナー〘body scanner〙衣服の内側に不審物を隠し持っていないか確認する装置。ミリ波・テラ波などの電磁波を身体に照射するアクティブタイプと、人体が発する電磁波を検知するパッシブタイプがあり、金属探知機では発見できない化学物質なども検知できる。各国の空港などで導入や実証実験が進められている。

ボディー-ソープ〘body soap〙体を洗うための石けん。洗い上がりの爽快感や保湿性、香りなどに特徴をもたせたものが多い。

ボディーソニック〘bodysonic〙いすに座って音楽を聴きながら、その振動をも全身に伝えて心身をリラックスさせるシステム。ベッドマットにスピーカーと音の振動を伝える装置が組み込まれている。体感音響装置。

ボディー-チェック《和 body＋check》危険物の所持を調べるため、直接身体に手を触れて検査すること。(補説)英語ではsecurity check

ボディー-ビル《body-building の略》鉄亜鈴・エキスパンダーなどを用いて筋力を強化し、たくましいからだをつくるために行う運動。ボディービルディング。

ボディー-ピロー〘body pillow〙足で挟み抱きついて寝る方式の枕。抱き枕。

ボティーフ-きょうかい【ボティーフ教会】ケウクワイ《Votivkirche》オーストリアの首都、ウィーンの中心部にあるネオゴシック様式の教会。1853年、暗殺未遂に見舞われたオーストリア皇帝フランツ=ヨーゼフ1世が無傷で生還したことを神に感謝し、後のメキシコ皇帝となる弟のマクシミリアン1世の呼びかけで、1856年から1879年にかけて建造された。設計はウィーン大学を手掛けたことで知られる建築家、ハインリヒ=フォン=フェルステル。

ボディー-ブリーファー〘body briefer〙キャミソールなどのトップスと下ばきがつながった形の肌着。ボディースーツと異なり、体型補正の機能がないものをいうことが多い。

ボディー-ブロー〘body blow〙ボクシングで、腹部を打つこと。また、そのパンチ。

ボディー-ペインティング〘body painting〙肉体に彩色すること。特に1960年代の「ハプニング」の一環として、しばしば行われた。⇒ハプニング

ボディーボード〘bodyboard〙長さ約1メートル、幅約50センチのウレタン製の板の上に腹ばいになり、波に乗って楽しむスポーツ。また、その板。

ボディーマス-インデックス〘body mass index〙►体格指数

ボディー-ライン〘body line〙❶からだの輪郭を示す線。❷車などの外型を示す線。

ボディー-ランゲージ〘body language〙音声によらず、身振りや手まね、顔の表情などで相手に意思を伝えること。また、その方法。身体言語。

ボディー-レリーフ〘body relief〙服にドレープやギャザーなどで装飾を加えて表面に凹凸を作り、浮き彫り効果を与えたもの。ボディーコンシャスとは反対の考え方で、からだを覆い隠し、その上に装飾を加えることによって女らしさを強調しようというもの。

ボディー-ローション〘body lotion〙からだの手入れをするための化粧水のこと。

ボディ-コン《body conscious の略。肉体を意識する意》女性の胸のふくらみや腰のくびれなどの線を生かしたファッション。からだにぴったりそわせたスーツやワンピースなど。

ほてい-そう【▽布▽袋草】サウ ❶ホテイアオイの別名。(季 夏)「一月の面を流れ過ぐ／蓼汀」❷クマガイソウの別名。

ほてい-ちく【▽布▽袋竹】イネ科の竹。高さ10メートルに達し、茎の下部は節間が詰まって膨らむ。葉は細長い。杖つえや釣りざおの材とし、膨らみ部の手持ちがよい。竹の子は食用。五三竹ごさんちく。人面竹。

ポディトゥ-きょうかい【ポディトゥ教会】ケウクワイ《Panagia tis Podithou》キプロス中西部、トロードス山脈の中腹、ガラタ村にある教会。16世紀初頭に修道院付属教会として建造。ルネサンス様式とビザンチン様式が融合した独特な作風のフレスコ画が残っていることで知られる。1985年に「トロードス地方の壁画聖堂群」の名称で世界遺産(文化遺産)に登録。

ほてい-ばら【▽布▽袋腹】布袋のように太って前に突き出ている腹。

ぼてい-ふり【▽棒▽手振り】「ぼてふり」に同じ。「松の内もも立ちで来る一」〈柳多留・一〇〉

ほてい-らん【▽布▽袋×蘭】ラン科の多年草。高山の針葉樹林下にまれに生える。高さ約10センチ。1本の茎と、1枚の紫色斑のある卵形の葉を出す。5、6月ごろ、紅紫色の花を1個横向きに開く。唇弁は膨らみ、距きょは2裂している。つりふねらん。

ぼて-かつら【ぼて×鬘】《「ぼてかづら」とも》紙で作った張り子の鬘。俄にわか・茶番狂言などに用いた。

ほて-くろし・い〔形〕図ほてくろ・し〔シク〕《近世語》❶みっともない。腹黒い。「一・い事さらしたな」〈滑・膝栗毛・六〉❷しつっこくいやらしい。「ああ。一・し。放さんせ」〈浄・薩摩歌〉

ポデスタ-きゅうでん【ポデスタ宮殿】《Palazzo del Podestà》イタリア北東部、エミリアロマーニャ州の都市ボローニャにある宮殿。マッジョーレ広場に面する。12世紀半ばに建造。神聖ローマ帝国が任命した行政長官の館として使われた。ボローニャが神聖ローマ帝国に対抗するロンバルディア同盟に加わって自治都市になり、行政長官を追放してからは、市民が選出した首長の館になった。

ほ-てつ【補×綴】〔名〕スル ❶►ほてい(補綴) ❷歯の欠損を義歯・金属冠などで補い、機能を修復すること。

ほてっ-ぱら【ほてっ腹】〔名・形動〕《近世語》❶肥満して張り出た腹。また、その人。「その一くり抜いてやらんものと」〈浄・双生隅田川〉❷馬子まごが馬をののしっていう語。「けたいの悪い一めと鞭むちを打ち」〈浄・西王母〉❸腹がよじれるほどおかしいこと。また、そのさま。笑止千万。「あの時代は一な事がいけえことござえましたよ」〈滑・浮世風呂・四〉

ほで-てんごうテンガウ《「ほで」は腕・手の意。「ほててんごう」とも》悪ふざけ。いたずら。ほててんご。「一の貧乏神、何もかもほつきあげ」〈浄・丹波与作〉

ポテト〘potato〙❶じゃがいも。ばれいしょ。「マッシュー」「一サラダ」❷《「スイートポテト」の略》さつまいも。

ポテト-サラダ〘potato salad〙ジャガイモを使ったサラダ。多く、ジャガイモをゆでてつぶしたものに、細かく刻んだ野菜やハムなどを混ぜ、マヨネーズで味付けしたものをいう。

ポテト-チップス〘potato chips〙ジャガイモを薄く切って油で揚げ、塩などで味をつけた食品。

ホテ-トル《ホテル＋トルコぶろ(ソープランドの旧称)から》ホテルで待つ客に女性を送り届ける売春商法の一つ。業者が電話を受けつけて、女性がホテル内の客の部屋を訪ねる形式のもの。

ぼて-ふり【▽棒手振り】《「ぼうてふり」の音変化》

魚・青物などを、てんびん棒でかついで売り歩くこと。また、その人。棒商い。振り売り。ぼていふり。

ぼて-ぼて ■〔副〕ｽﾙ いかにも厚ぼったくて重そうな感じのするさま。「一(と)肉のついた腹」「一した厚地のコート」■〔形動〕■に同じ。「一に着ぶくれる」 ㊎■はボテボテ、■はボテボテ。

ほ-てり【火照り】【▽熱り】❶顔が熱くなること。また、怒りや恥のために顔の赤くなること。❷夕焼けで空が赤くなること。「山の端に一せぬ夜は室の浦に明日は日和と出づる船人」〈新撰六帖・三〉

ホテリエ〔ﾌﾗﾝｽ hôtelier〕❶ホテルの経営者。ホテルの支配人。❷ホテルの従業員。㊎補説フランス語の発音は「オテリエ」。

ほでり-の-みこと【火照命】瓊瓊杵尊ににぎのみことの子。母は木花開耶姫このはなのさくやびめ。海幸彦の名で知られる。隼人阿多君はやとあたのきみの祖。書紀では火闌降命ほのすそりのみこと。➡海幸山幸

ホテル〔hotel〕旅館。特に、洋式の宿泊施設。
類語宿・旅館・宿屋・民宿・ペンション・木賃宿・旅籠はたご

ほ-て・る【火照る】【▽熱る】〔動ラ五(四)〕顔やからだが熱を帯びて熱くなる。また、顔が赤くなる。「熱でからだが一・る」「恥ずかしさに顔が一・る」
類語熱する・あたたまる・あたためる

ホテルマン〔hotelman〕❶ホテルの経営者。ホテルの支配人。❷ホテルで働く人の総称。補説❷は日本語での用法。

ぼて-れん 妊娠して腹のふくれていること。また、その女性。「一ぢゃと腹さすり」〈浄・万年草〉

ほて-わき【▽最手脇】相撲すまいの節で、最手の次位。また、その人。今の関脇にあたる。助手すけ。

ほ-てん【補塡】〔名〕ｽﾙ 不足・欠損部分を補って埋めること。塡補。「赤字を一する」類語塡補・穴埋め・充塡

ポテンシオメーター〔potentiometer〕回路中の二点間の電位差を精密に測定する装置。電位差計。

ポテンシャリティー〔potentiality〕潜在する力。可能性。潜在能力。

ポテンシャル〔potential〕❶潜在的な力。可能性としての力。「事故の一を予測する」❷重力場の中にある粒子がもつ位置エネルギーを、位置の関数で表したスカラー量。❸►電位

ポテンシャル-エネルギー〔potential energy〕位置エネルギー。

ぼ-てんたい【母天体】流星群の元となる物質を放出する天体。彗星、または最近まで彗星だった小惑星(彗星小惑星遷移天体)の軌道が地球の軌道と交差する場合に、流星群として観測される。また、母天体が回帰または通過した直後は通常より活発な流星群となる傾向がある。母天体が彗星の場合、母彗星ともいう。

ポテンツ〔ﾄﾞｲﾂ Potenz〕能力。力。特に、男性の性的能力。精力。

ぽてん-ヒット 野球で、内野と外野との間にぽとんと落ちる安打。テキサスヒット。

ほと【▽陰】❶女性の陰部。女陰。「一を衝つきて死にき」〈記・上〉❷山間のくぼんだところ。「御陵は畝火山の御み一にあり」〈記・中〉

ほ-ど【火▽床】❶いろりの中央にある火をたくくぼんだ所。❷鍛造用の簡単な炉。

ほ-ど【歩度】❶歩く速度や歩幅ほはばの程度。「一を速める」❷►時計歩度

ほど【程】❶物事・動作・状態の程度や段階。「年の一は二十はたち前後」「実力の一はわからない」「身の一をわきまえる」❷許される範囲内の程度。ちょうどよい程度。「ふざけるにも一がある」「何事も一を過ごさないようにしろ」❸ある広がりをもった時間。㋐ある程度の時間。間ま。「一もなく帰ってきた」「一を経て返事が届いた」㋑おおよその時間・時刻。ころ。おり。「夕暮れの一に家を出る」「手のあいた一をみて連絡します」❹(「…のほど」の形で)断定を避け、表現をやわらげるのに用いる。「御自愛の一を祈ります」「詳細の一は、お問い合わせください」❺ある広がりを持った空間。㋐おおよその距離・道のり。「明石あかしの浦は、ただはひ渡る一なれば」〈源・須磨〉㋑おおよその広さ・面積。「一なくものはかなき住まひを」〈源・夕顔〉㋒おおよその場所。あたり。「中御門京極なかのみかどきょうごくの一より、大きなる辻風つじかぜ起こりて」〈方丈記〉

程こそあれ …するとすぐに。…するや否や。「ここかしこに取り付く一、落ち重なり落ち重なりつかみつく」〈保元・下〉

程経て しばらくして。「一合格の通知が届いた」

ほど【▽塊｜塊＝芋】ホドイモの別名。

ほど【程】〔副助〕(名詞、名詞的な語、活用語の連体形などに付く)❶多く、数量を表す語や、「いか(如何)」「どれ」などの語に付いて、おおよその分量・程度を表す。…くらい。「一週間一旅行する」「どれ一眠ったろうか」「五丁一も往いたら」〈滑・浮世床・初〉❷ある事柄をあげることによって、動作や状態の程度を表す。…くらい。「二人は驚く一似ている」「ワガ母一ノ慳貪けんどん第一ナ者ワ世ニアルマジイ」〈天草本伊曽保・母と子〉❸打消しの意を表す語と呼応して、程度を比較する基準を表す。…くらい。「きのう一暑くはない」「彼一正直な人はいない」「東国の武士一恐ろしかりけるものはなし」〈平家・九〉❹(多く「…ば…ほど」の形で)一方の程度が高まるのに比例して、他方の事柄・状態が一層高まる意を表す。…につれて一層。「読めば読む一面白くなる」❺限度を表す。…だけ。「ほしい一飲みて」〈四河入海・二五〉補説名詞「ほど(程)」から転じたもので、中世以降になって助詞として用いられるようになった。❷は多く、動作や状態の程度がはなはだしいことを表す。➡ほどに〔連語〕■

ほど-あい【程合(い)】ほどあひ ちょうどよい程度。ころあい。「一をみて話を切り出す」「一の湯加減」
類語適当・適切・適正・適確・至当・妥当・穏当・相応・好適・頃ころ合い・手頃てごろ・適う・適する・合う・沿う

ホトアラ【赫図阿拉】中国、遼寧省瀋陽東方の興京老城の旧名。清朝発祥の地。

ほど-いも【▽塊芋】マメ科の蔓性つるせいの多年草。山野に自生し、葉は3〜5枚の小葉からなる羽状複葉。夏、黄緑色の小花を総状につけ、広線形の豆果ができる。塊根を食用にする。ほど。ふど。

ほ-どう【歩道】ﾎﾀﾞｳ 人が歩くように車道と区別して設けた道。人道。「横断一」➡車道 類語人道

ほ-どう【補導】【×輔導】ﾎﾀﾞｳ〔名〕ｽﾙ 正しい方向へ教え導くこと。特に、非行を防ぐために青少年を正しい方向に助け導くこと。「非行少年を一する」
類語教導・善導・唱導・指導

ほ-どう【舗道】【×鋪道】ﾎﾀﾞｳ 舗装した道路。舗装道路。ペーブメント。類語道みち・通り・往来・道路・車道・街路・街道・往還・通路・路上・路面・ロード・ルート

ぼ-どう【母堂】ﾎﾞﾀﾞｳ 他人の母を敬っていう語。母君。母上。類語母君・母御・母

ほどう-きょう【歩道橋】ﾎﾀﾞｳｹｳ 歩行者の道路横断用に設けた橋。類語陸橋・ガード・跨線橋こせんきょう

ほどう-しょぶん【補導処分】ﾎﾀﾞｳ 売春防止法に基づき、売春勧誘などの罪を犯した満20歳以上の女子で、懲役・禁錮の刑の執行を猶予される者を婦人補導院に収容し、生活指導・職業補導・医療を行う処分。

ほとおり【▽熱り】ほとほり ❶熱気を発すること。また、その熱気。「一を避りて居たるときに」〈神代紀・下〉❷「ほとぼり❶」に同じ。「早玉の緒も切れ果てて…、一ばかりにて」〈浄・堀川夜討〉❸「ほとぼり❷」に同じ。「泰衡退治の奥州御陣、一冷めぬ武士ども」〈浄・扇八景〉

ほとおり-ぼし【ほとおり星】ほとほり 二十八宿の一、星宿せいしゅくの和名。➡星せい

ホトール〔HOTOL〕《horizontal takeoff and landing》滑走路を利用して水平に打ち上げる単段式スペースプレーン。英国が21世紀初頭の打ち上げを目指して研究したが、1988年、計画を断念。

ほとお・る【▽熱る】ほとほる〔動ラ四〕❶熱を発する。熱くなる。また、ほてる。ほとぼる。「胸一・りて、堪へ忍びがたし」〈沙石集・五本〉❷腹を立てる。怒る。「さるべきこともなきを一・りいで給ふ」〈枕・一六二〉

ほどがや【保土ケ谷】横浜市の区名。もと東海道の宿場町。

ほどがや-く【保土ケ谷区】►保土ケ谷

ほとぎ【▽缶】《古くは「ほとき」》❶昔、水などを入れた瓦製の器。胴が太く口が小さい。「一を打って舞ひ給ふ」〈太平記・二六〉❷湯殿で、産湯うぶゆを使うのに用いたかめ。「御湯参る。…取り入れつつ、むめて御一に入る」〈栄花・初花〉

ほとぎ-へん【▽缶偏】漢字の偏の一。「缺(欠)」「罎」「罐」などの「缶」の称。

ほどき-もの【▽解き物】着物などの縫い糸をほどくこと。また、その着物など。ときもの。

ほど・く【▽解く】■〔動カ五(四)〕❶結んだり、縫ったり、もつれたりしたものをときはなす。とく。「荷物を一・く」「着物を一・いて洗い張りする」「からんだ糸を一・く」❷迷いや疑いをはらす。正しく判断する。「日頃は道理を聞き一・き給はざりける」〈沙石集・三〉❸神仏にかけた願がんがかなったとき、お礼参りをしてかけた願をとく。「王子王子の御前にて宿願を一・き候ふべし」〈義経記・三〉➡解ﾄﾞく 用法 可能ほどける ■〔動カ下二〕「ほどける」の文語形。類語解く・ほぐす

ホドグラフ〔hodograph〕動点の速度ベクトルの矢印を定点から書くとき、その先端の描く曲線。等速円運動では円となる。速度円。

ホトクロミズム〔photochromism〕►フォトクロミズム

ほと-け【仏】《「ぶつ(仏)」の音変化した「ほと」に、目に見える形の意の「け」の付いた語で、仏の形、仏像が原義かという》❶仏語。悟りを得た者。仏陀ぶっだ。特に、釈迦しゃかのこと。「一の慈悲にすがる」❷仏像。また、仏の画像。「一を刻む」❸死者。また、その霊。「一になる」「一が浮かばれない」❹温厚で慈悲心の深い人をたとえていう語。❺仏法。「一の御験しるしはかやうにこそと」〈栄花・初花〉❻仏事を営むこと。「明後日あさて、一にいと善き日なり」〈栄花・本の雫〉
(…)(ぼとけ)新にい仏・生き仏・石仏・板仏・懸け仏・木仏・外法げほう仏・骨こつ仏・小仏・新しん仏・杉仏・摺すり仏・立ち仏・土仏・流れ仏・撫なで仏・新に仏・濡ぬれ仏・寝仏・喉のど仏・野仏・星仏・守り仏・無縁仏・雪仏・笑い仏

仏造って魂たましい入れず 物事をほとんど仕上げながら、肝心な最後の仕上げが抜け落ちていることのたとえ。仏造って眼まなこを入れず。

仏の顔も三度 《いかに温和な仏でも、顔を三度もなでられると腹を立てるの意から》どんなに慈悲深い人でも、無法なことをたびたびされると怒ること。

仏の光より金かねの光 仏のありがたさよりも金銭の威力のほうが強い。人の心が金銭に引かれがちであることのたとえ。

仏も昔は凡夫なり 仏ももとはごく普通の人間であったのだから、修行を積めばだれでも仏となることができるということ。

ほとけ-いし【仏石】中国・九州地方の一部で、墓碑または埋葬地の上に置いておく石。

ほとけ-いじり【仏▽弄り】ほとけいぢり「ほとけなぶり」に同じ。

ほとけ-おろし【仏降ろし】東北地方北部で、葬式ののち、巫女みこを頼んで死者の口寄せをすること。仏のみちあけ。

ほとけ-が-うら【仏ヶ浦】青森県下北半島の西部にある海岸。白緑色の凝灰岩が2キロメートルにわたって連なり、風浪の浸食作用で仏像などに似た岩石ができたことからこの名がついた。

ほとけ-がお【仏顔】ほとけがほ ❶仏のように柔和な顔つき。やさしい顔。❷死人の顔。「開けて見せたる一」〈浄・井筒業平〉

ほとけ-ぎ【仏気】慈悲深い心。ほとけごころ。

ほとけ-くさ・い【仏臭い】〔形〕文ほとけくさ・し〔ク〕仏教的な感じである。坊主くさい。抹香くさい。「一・い名前」「一・いことばかり言う」

ほとけ-ごころ【仏心】仏のように慈悲深い心。ぶっしん。「一を出す」

ほとけ-ごぜん【仏御前】平家物語の登場人物。京都の白拍子。祇王ぎおうにかわって平清盛の寵愛ちょうあいを受けたが、祇王のあとを追って尼となった。

ほとけ-さま【仏様】❶仏を敬っていう語。❷仏像や

仏壇。「一にお供えをする」❸死んだ人。死人。
ほとけ-しょう【仏性】シャウ 仏のように情け深い性質。慈悲深い生まれつき。「一の人」
ほとけ-だおし【仏倒し】ダフシ 仏像が倒れるように、直立の姿勢のままで倒れること。「大事の傷ﾞなればたまり得ず、一にかっぱと臥し」〈浄・聖徳太子〉
ほとけ-づくり【仏造り】仏像を造ること。また、それを業とする人。仏工。仏師。
ほとけ-なぶり【仏×嬲り】道楽半分に仏事を行うこと。仏いじり。仏せせり。「世にすることなき姑ﾄﾒの一の朝起きに」〈鶉衣・朝寝辞〉
ほとけ-ぬま【仏沼】青森県東部、小川原湖の北東岸にある草原湿地。周囲7キロメートル、面積2.2平方キロメートルの低層湿原。ガン・カモ類の重要な生息地。平成17年(2005)ラムサール条約に登録された。
ほとけ-の-ごき【仏の御器】《仏に供える椀ﾜﾝはふつう金椀ｶﾅﾜﾝであるところから》「かなわない」の意の「かなわん」にかけたしゃれ。「ここな亭主の口というたら、とっとかなはん、一ぢゃ」〈滑・浮世床・初〉
ほとけ-の-ざ【仏の座】❶春の七草の一。タビラコのこと。《季 新年》❷シソ科の越年草。路傍に生え、高さ約20センチ。葉は半円形で縁に浅いぎざぎざがあり、2枚が相対してつく。4、5月ごろ、葉の付け根に、筒状唇形の紫紅色の花を数個ずつつける。つぼみ状の閉鎖花もある。三階草ｻﾝｶﾞｲｸﾞｻ。かすみそう。
ほとけ-の-しょうがつ【仏の正月】シャウグヮツ 正月の三が日を避けて、仏壇に雑煮を供え、または墓参りをすること。正月16日または18日ごろにする地方が多いが、四国地方では、新仏ﾆｲﾎﾞﾄｹの正月として12月初めの辰ﾀﾂ・巳ﾐあるいは巳ﾐ・午ｳﾏの日に行い、辰巳正月・巳正月・巳午正月などともいう。《季 新年》
ほとけ-まつり【仏祭(り)】仏を供養すること。仏事。法会。
ほど・ける【▽解ける】〔動カ下一〕図ほど・く〔カ下二〕❶結んだり、縫ったり、もつれたりしたものがとけて離れる。とける。「帯が一・ける」❷気持ちが和らぐ。うちとける。「緊張が一・ける」(類語)ほつれる・綻びる
ほどこし【施し】恵み与えること。また、そのもの。布施ﾌｾ。施与。「一を受ける」「一を乞う」
ほどこし-ぐすり【施し薬】恵み与える薬。せやく。
ほどこし-まい【施し米】恵み与える米。せまい。
ほどこし-もの【施し物】恵み与えるもの。せもつ。
ほどこ・す【施す】〔動サ五(四)〕❶恵まれない人に物質的な援助を与える。あわれみの気持ちで、人が困っている状態を助けるような行為をする。恵み与える。「難民に食糧を一・す」「医療を一・す」「恩恵を一・す」❷飾りや補いのために何かを付け加える。「細工を一・す」「花木に油かすを一・す」「撥水加工を一・したスーツ」❸効果・影響を期待して、事を行う。「策を一・す」❹事態を改善するようなことを行う。「一・すすべもない」❺(「面目をほどこす」の形で)あることを立派になしとげて高い評価を保つ。「仕事を成功させて面目を一・す」❻広く行きわたらせる。「いよいよ頼朝、権を一・して」〈増鏡・新島守〉❼種などを蒔ﾏく。「八十木種ﾔｿｺﾀﾞﾈに、皆能く一・し生ｵﾌうとのたまふ」〈神代紀・上〉(可能)ほどこせる
(類語)与える・授ける・恵む・やる・あげる・差し上げる・くれる・くださる・賜る・供する・供与・提供・授与・恵与・行う
ポドゴリツァ〖Podgorica〗モンテネグロ共和国の首都。ユーゴスラビアの一部だった1946年にチトー大統領にちなみチトーグラードと改称されたが、91年現名称に復した。人口、行政区14万、都市圏17万(2003)。
ほどこ・る【▽延る｜×播る】〔動ラ四〕行き渡る。延び広がる。「たとへば小火ｾｳｸﾜの山野を焼きて、村邑ｿﾝｲﾌに一・るがごとし」〈欽明紀〉
ポトシ〖Potosí〗ボリビア南部の鉱業都市。標高約3900メートルの高地にある。1545年のセロリコ銀山の発見以来、莫大な量の銀を産出して繁栄した。現在は錫ｽｽﾞなどを採掘。1987年セロリコ銀山を含めて世界遺産(文化遺産)に登録された。
ポトス〖pothos〗オウゴンカズラの別名。
ポドゾル〖ロシア podzol〗《灰色の土の意》湿潤気候の亜寒帯の針葉樹林下に発達する土壌。表層は酸性腐植の浸潤により塩基・鉄・アルミニウムを失って灰白色の漂白層となり、下層はこれらの物質が沈殿して褐色の緻密ﾁﾐﾂな集積層となる。シベリア・アラスカなどに分布し、日本でも北海道にみられる。灰白土。
ほど-ちか・い【程近い】〔形〕図ほどちか・し〔ク〕距離・時間などの隔たりが少ない。「駅に一・い所」「理想に一・いものになる」⇔程遠い。
(類語)近い・間近・じき・間近い・すぐ・至近・指呼ｼｺの間ｶﾝ・咫尺ｼｾｷの間・目睫ﾓｸｼｮｳの間・目と鼻の先・ついそこ
ほど-つら【百=部】《「ほどづら」とも》ビャクブの別名。
ほど-とお・い【程遠い】トホイ〔形〕図ほどとほ・し〔ク〕距離・時間などの隔たりが大きい。「家から一・からぬ所」「現実には一・いプラン」⇔程近い。
ほととぎす　㊀(ホトトギス)俳句雑誌。明治30年(1897)松山で創刊。正岡子規主宰。翌年東京に移して高浜虚子が編集。日本派の機関誌として、写生を主唱し、近代俳壇に大きな影響を与えた。現在も続刊。㊁(不如帰)徳冨蘆花ﾛｶの小説。明治31～32年(1898～99)発表。海軍少尉川島武男と妻浪子との純粋な愛情が、封建的家族制度の中で壊されていく悲劇を描いた家庭小説。
ほととぎす【時=鳥｜子=規｜杜=鵑｜不=如=帰｜郭=公】㊀〔名〕❶カッコウ科の鳥。全長28センチくらい。全体に灰色で、胸から腹に横斑がある。アジア東部で繁殖し、冬は東南アジアに渡る。日本には初夏に渡来。キョキョキョキョと鋭く鳴き、「てっぺんかけたか」「ほぞんかけたか」「特許許可局」などと聞きなし、夜に鳴くこともある。自分の巣をもたず、ウグイス・ミソサザイなどの巣に托卵する。古くから春のウグイス、秋の雁ｶﾘとともに和歌に詠まれ、また冥土に往来する鳥ともいわれた。別名が多く、文目鳥ｱﾔﾒﾄﾞﾘ・妹背鳥ｲﾓｾﾄﾞﾘ・黄昏鳥ﾀｿｶﾞﾚﾄﾞﾘ・偶鳥ﾀﾏｻｶﾄﾞﾘ・卯月鳥ｳﾂﾞｷﾄﾞﾘ・早苗鳥・勧農鳥ｶﾝﾉｳﾁｮｳ・魂迎鳥ﾀﾏﾑｶｴﾄﾞﾘ・死出田長ｼﾃﾞﾉﾀｵｻなどがある。杜宇ﾄｳ。蜀魂ｼｮｯｺﾝ。しき。とけん。《季 夏》「一大竹藪をもる月夜/芭蕉」❷(「杜鵑草」「油点草」などと書く)ユリ科の多年草。本州以南の山野に自生。高さ約60センチ。茎はやや斜めに伸び、葉は長楕円形で先がとがり、基部は茎を抱く。9月ごろ、6弁花を上向きに開く。花びらは白地に紫の斑が散り、❶の胸模様を思わせる。《季 秋》㊁〔枕〕ホトトギスが飛ぶ意から、「飛ぶ」「とば」にかかる。「一飛幡ﾄﾊﾞﾀの浦に」〈万・三一六五〉
ほととぎす-がい【杜=鵑貝】ガヒ イガイ科の二枚貝。潮間帯などの細砂泥底に群生。殻は長卵形で、殻長約3センチ。殻表は黒紫色から黄緑色をし、ホトトギスの羽色を思わせる。
ほととぎすだてのききがき【早苗鳥伊達聞書】歌舞伎狂言。時代物。6幕。河竹黙阿弥作。明治9年(1876)東京新富座初演。伊達騒動を実録風に脚色したもの。実録先代萩。
ホトトロピー〖phototropy〗▶フォトクロミズム
ほど-なく【程無く】〔副〕時があまりたたないうちに。まもなく。「建物は一完成する」(類語)間もなく・おっつけ・今に・遠からず・近く・じき・もう・やがて・そろそろ
ほど-な・し【程無し】〔形ク〕❶距離が小さい。また、高くない。「海も浅し山も一・しわが恋を何によそへて君に言はまし」〈拾遺・恋一〉❷広さがない。狭い。「一・き所なれば、君もやがて聞き給ふ」〈源・若紫〉❸時をへだてない。すぐである。「一生一・しといへども、一日暮らしがたし」〈平家・三〉❹年がゆかない。若い。「一・き御身に、さる恐ろしきことをし給へれば」〈源・若菜上〉❺身分が取るに足りない。いやしい。「わが恋はみくらの山にうつしてむ一・き身には置き所なし」〈古今六帖・二〉
ほどに【程に】〔接助〕《連語「ほどに」㊀から》理由・原因を表す。…ので。…だから。「今日は天気もよい一遊山に行かうと思ふが」〈虎明狂・若菜〉(補説)中世末、順接確定条件を表す「ば」に代わり、一語の接続助詞として発達した。
ほど-に【程に】〔連語〕㊀《名詞「ほど」＋格助詞「に」》時間的経過を表す。…するうちに。…すると。「さて、年ごろ経る一、女、親なくたよりなくなるままに」〈伊勢・二三〉㊁《副助詞「ほど」＋格助詞「に」》…するにつれて、ますます。「飲む一、元気になる」➡ほど〔副助〕❹
ほと-ばし・る【×迸る】〔動ラ五(四)〕《古くは「ほとはしる」「ほどはしる」とも》❶勢いよく飛び散る。また、激しく流れ出る。噴き出る。「鮮血が一・る」「蛇口から水が一・る」❷とびあがる。おどりあがる。「吾子ｱｺが王、喜び一・りて」〈神功紀〉(類語)飛び散る・跳ねる
ほと・びる【▽潤びる】〔動バ上一〕図ほと・ぶ〔バ上二〕水けを含んでふくれる。ふやける。「干した貝が水に一・びるように」〈鴎外・山椒大夫〉
ほと・ぶ【▽潤ぶ】〔動バ上二〕「ほとびる」の文語形。
ポトフ〖フランス pot-au-feu〗《火に掛けた鍋の意》大きく切った肉や野菜に香草を加えて煮込んだ、フランスの素朴な家庭料理。
ほと-ほと　㊀〔副〕戸などをたたく音や、斧ｵﾉで木を切る音などを表す語。「父が一と扉をたたいて」〈康成・青い海黒い海〉「宮造る飛騨の匠の手斧ﾃｵﾉ音一しかるめをも見しかな」〈拾遺・雑恋〉㊁〔名〕(中国地方で)小正月の夜、若者や子供が、蓑笠ﾐﾉｶｻや頭巾ｽﾞｷﾝをつけて家々の門を訪れ、「ほとほと」と唱えて餅ﾓﾁや祝儀などをもらう行事。ことこと。かせどり。《季 新年》「一の裸に蓑を着たりけり/冬葉」
ほと-ほと【×殆｜▽幾】〔副〕❶困り果てた、また、うんざりした気持ちを表す語。まったく。つくづく。「弟には一手を焼いている」❷ほとんど。「或いは稗史体と一相類似するものあり」〈逍遥・小説神髄〉❸すんでのことで。あやうく。「帰り来ｹる人来たれりと言ひしかば一死にき君かと思ひて」〈万・三七七二〉
ほど-ほど【程程】❶度が過ぎないで、ちょうどよい加減であること。適度。適当。「酒も一にしろ」❷身分の程度。分際。「一につけて、装束、人のありさまいみじくととのへたり」〈源・葵〉(類語)適当
ぼと-ぼと〔副〕液体が続けざまにしたたり落ちる音や、そのさまを表す語。「水が床に一(と)落ちる」
ぽと-ぽと〔副〕液体が続けざまに落ちる音や、そのさまを表す語。「汗を一(と)たらす」(類語)ぽたぽた・たらたら・ぼたぼた・ぼとぼと・だらだら・はらはら
ほとほと・し【×殆し｜▽幾し】〔形シク〕❶ほとんどそうなるところである。「漕げども漕げどもしりへ退ｼﾘｿﾞきに退きて一・しく打ちはめつべし」〈土佐〉❷もう少しで死ぬところである。「小さくて病して一・しかりけるに」〈宇津保・藤原の君〉❸危険が迫っている。「乱り心地いと堪へがたうて、まかでむ空も一・しうこそ侍りぬべけれ」〈源・藤裏葉〉
ほどほど・し【程程し】〔形シク〕時がたって久しい。「なげきこる人入る山の斧ｵﾉの柄の一・しくもなりにけるかな」〈拾遺・恋四〉
ほとぼり【▽熱り｜余=熱】❶さめきらずに残っている熱。余熱。「かまどに一が残る」❷高ぶった感情や興奮などのなごり。「いまだ一のさめやらぬ面持ち」❸事件などがおさまったのち、しばらく残っている世間の関心。「一がさめるまで謹慎する」(類語)熱・温熱・火熱ﾎﾒﾘ・炎熱・焦熱・熱気・温気ｳﾝｷ・熱いきれ・熱ぼり・余熱
ほとぼ・る【▽熱る】〔動ラ五(四)〕熱を発する。熱くなる。「火箸ワマダー・ッテイル」〈和英語林集成〉
ポトマック-がわ【ポトマック川】ガハ《Potomac》米国東部、アパラチア山脈中に源を発し、東に流れてチェサピーク湾に注ぐ川。全長約460キロ。中流北岸にワシントンが位置する。
ポトマック-こうえん【ポトマック公園】コウヱン《Potomac Park》米国の首都ワシントンの中心部のナショナルモールにある公園。ポトマック川に面し、タイダルベイズンを挟むように西ポトマック公園、東ポトマック公園がある。1912年に日本が贈った桜の並木がある。
ボトミング〖bottoming〗自動車のサスペンションのスプリングが、悪路や急制動・急カーブなどでいっぱいに縮んで底を突く現象。
ボトム〖bottom〗❶下部。底。❷ズボン・スカートなど、下半身に着ける衣服。⇔トップ。
ボトム-アウト〖bottom out〗相場などがもう下が

らないところまで下がること。底入れ。
ボトム-アップ〖bottom up〗下からの意見を吸い上げて全体をまとめていく管理方式。⇔トップダウン。
ボトムアップ-アプローチ〖bottom-up approach〗投資信託などの株式によるポートフォリオ運用等において、個別銘柄の調査・分析というミクロ経済の視点に基づいて投資先を選別する手法。⇔トップダウンアプローチ。
ボトム-イン《和 bottom＋in》シャツなどの裾を、スカートやズボンなどの中に入れ込む着こなし。
ボトム-クオーク〖bottom quark〗第3世代に属するクオークで、電荷が－1/3eのもの。小林益川模型により予言され、すでに発見されている。➡トップクオーク ➡小林益川理論
ボトムス〖bottoms〗下半身に着る服。⇔トップス。
ボトム-フィッシング〖bottom fishing〗ルアーを水底で動かして魚を誘う釣り。
ほど-むら【程村】和紙の一種。コウゾの繊維で製し、西の内紙と同質で、厚いもの。もと、包み紙として用い、現在は書画写真版印刷・証書・手形などに使用する。下野国程村(栃木県那須烏山市下境)の原産。➡西の内紙
ボトム-ライン〖bottom line〗企業の税引き後当期純利益。
ほと-め・く〔動カ四〕ほとほとと音を立てる。「障子などもごほめかしう—・くこそしるけれ」〈枕・二八〉
ボトモニウム〖bottomonium〗ボトムクオークとその反クオークからなる素粒子。中間子の一種。Υ粒子が知られる。
ほど-よ・い【程▽好い】〔形〕図ほどよ・し〔ク〕ちょうどよい程度である。また、都合がよい。「—・い味つけ」「—・くその場に行きあわせる」〘類語〙良い・好ましい・好もしい・申し分ない・好個・絶好・最適
ホドラー〖Ferdinand Hodler〗[1853〜1918]スイスの画家。輪郭線を強調した平面的構図で観念的、象徴的な世界を描き、表現主義の先駆者とされる。
ボトラー〖bottler〗清涼飲料や酒類などを瓶に詰める会社。
ほどらい【程らひ】《「ほどあい」の音変化か》程度。ぐあい。「引出物の—など定めて」〈著聞集・一六〉
ポトラッチ〖potlatch〗《元来は消費・贈与の意》北アメリカ太平洋岸のインディアン社会に広くみられる、威信と名誉をかけた贈答慣行。主催者は盛大な宴会を開き、客に蓄積してきた財物を惜しみなくふるまって自らの地位と財力を誇示し、客もその名誉にかけて他の機会にそれ以上のもてなしをする。
ほとり【▽辺|▽畔】❶その付近。近辺。あたり。そば。「道の—」「子供の身の—の世話から言っても」〈藤村・新生〉❷海や川・池などの水際。きわ。「川の—を散歩する」❸はし。はずれ。辺際。「—の土いまだ清まらず」〈神武紀〉❹側近の者。また、縁故の者。縁辺。「人ひとりを思ひかしづき給はむ故は、—までも匂ふ例こそあれ」〈源・真木柱〉〘類語〙端・側
ほとり【▽熱り】熱くなること。熱を帯びること。また、熱。「—ヲ冷マス」〈和英語林集成〉〘類語〙熱・温熱・火熱・炎熱・焦熱・熱気・温気・熱れ・ほとぼり・余熱
ぽとり〔副〕しずく、または小さな物が落ちる音や、そのさまを表す語。「涙が—と落ちる」
ボトリオコッカス〖Botryococcus〗淡水性の緑藻の一種。光合成により二酸化炭素を吸収し、重油とほぼ同じ性質を持つ炭化水素を生産する。バイオ燃料の原料として注目されている。
ポドリスク〖Podol'sk〗ロシア連邦西部、モスクワ州の都市。首都モスクワの南郊、モスクワ川の支流パフラ川沿いに位置する。鉄道開通後のロシア革命前に米国シンガーミシンの工場が建設。革命後も同国有数の工業都市の一つとして発展した。
ほとり-ば・む【▽辺ばむ】〔動マ四〕❶端近くである。「廊など—・みたらむに住ませたてまつらむも」〈源・東屋〉❷浅はかな振る舞いをする。「さやうの—・みたらむふるまひ、すべきにもあらず」〈源・東屋〉
ボトリング〖bottling〗瓶詰め。瓶詰めの工程。
ほと・る【▽熱る】〔動ラ五(四)〕熱くなる。熱を帯びる。ほてる。「頭ガー・ル」〈和英語林集成〉
ボトル〖bottle〗瓶。特に、洋酒の瓶。「ワイン—」
ボトル-キープ《和 bottle＋keep》酒場でウイスキーなどの酒を瓶ごと買って、来店するたびに飲めるように保管しておいてもらうこと。
ボトル-クーラー〖bottle cooler〗❶瓶(ボトル)などを冷やしておくための容器や装置。➡ワインクーラー❶ ❷冷たい飲料水の瓶などを持ち運ぶための、保冷機能のある袋。
ボトル-シップ〖bottle ship〗洋酒などの瓶の中に、模型の船・帆船を作った装飾品。
ボトルネック〖bottleneck〗《瓶の首が狭いところから》仕事の進行の妨げとなるもの。コンピューターやネットワークの高速化などの性能向上を阻む要因。難関。隘路。ネック。
ボトルネック-インフレ《bottleneck inflationから》生産要素(労働力・土地・資本)の一部が不足すること、すなわち隘路(ボトルネック)が生じることで、生産が需要に追いつかず、物価が上昇すること。
ボトル-マン〖bottle-man〗安物、あるいはにせのワインの瓶をわざと人にぶつかって落として割り、弁償金を要求する詐欺師。
ボドルム〖Bodrum〗トルコ南西部の港町。エーゲ海に面し、同国有数の海岸保養地として知られる。紀元前11世紀に古代ギリシャ人が築いた植民都市ハリカルナッソスに起源し、古代世界七不思議の一つ、マウソロス霊廟があった。15世紀にロードス島の聖ヨハネ騎士団がボドルム城(聖ペテロ城)を築いてから、ペトロニウムの名で知られた。
ボドルム-じょう【ボドルム城】《Bodrum Kalesi》トルコ南西部の港町ボドルムにある城塞。15世紀にロードス島を拠点とするヨハネ騎士団により建造。古代世界の七不思議の一つに数えられたマウソロス霊廟の石材を使用したとされる。16世紀にオスマン帝国の支配下となり、その軍事的役割を失った。現在は沈没船博物館になっており、復元された沈没船や積み荷などを展示している。聖ペテロ城。
ほどろ ワラビの穂が伸びすぎてほうけたもの。また、ワラビのこと。「なほざりに焼き捨てし野の早蕨は折る人なくて—とやなる」〈山家集・上〉
ほど-ろ【程ろ】❶夜の明けるころ。「夜の—出でつつ来らく度まねくなれば我が胸切り焼くごとし」〈万・七五五〉❷ほど。頃。「夜の—に参りて、ただにやは」〈宇津保・蔵開下〉
ほどろ〔形動ナリ〕雪などがはらはらと降るさま。また、うっすらと雪が積もるさま。はだら。「我が背子を今か今かと出で見れば沫雪降れり庭も—に」〈万・二三二三〉
ポトロ-ひろば【ポトロ広場】《Plaza del Potro》スペイン南部の都市コルドバの旧市街にある広場。15世紀に子馬(ポトロ)の像が置かれてから、この名が付いた。周囲にはドン=キホーテにも登場する旅籠屋ポトロのほか、県立美術館、フリオロメロ-デ-トーレス美術館がある。
ほどろ-ほどろ〔形動ナリ〕「ほどろ」を重ねて強調した語。「沫雪の—に降り敷けば奈良の都し思ほゆるかも」〈万・一六三九〉
ほとんど【×殆ど|▽幾ど】《「ほとほと」の音変化》㊀〔名〕大多数。大部分。「在庫の—を売りきる」㊁〔副〕❶全部とはいえないが、それに近い程度に。おおかた。大部分。「病気は—治った」❷もう少しのところで。すんでのことに。「—気を失うところだった」❸切実であるさま。「十に一つもおぼつかなしと案じ続くる程に、—心細くて」〈おらが春〉〘類語〙大部分・大方・大抵
ボナ〖VONA〗《vehicle of new age》自動運転中量軌道交通機関。千葉県佐倉市のユーカリが丘線に採用されているモノレールシステム。
ボナール〖Pierre Bonnard〗[1867〜1947]フランスの画家。身近な生活情景に材を取り、色彩それ自体の美を追求した。
ほ-なか【火中】火の中。火の燃える中。「さねさし相模の小野に燃ゆる火の—に立ちて問ひし君はも」〈記・中・歌謡〉
ほ-なが【穂長】❶ウラジロの別名。❷槍の穂先の長いもの。❸5月の田植えの際に飯を炊くたきぎ。普通のたきぎよりも長い。東海・近畿地方でいう。
ボナ-セーラ〖イタリア buona sera〗〔感〕こんばんは。
ボナパルチスム〖フランス Bonapartisme〗フランスのナポレオン3世ルイ=ボナパルトの統治に代表される政治形態。保守的な農民や中間階級を基盤とし、ブルジョワジーとプロレタリアとの勢力均衡の上に立って行われる、近代的な独裁政治。
ボナパルティスム〖フランス Bonapartisme〗►ボナパルチスム
ポナペ-とう【ポナペ島】《Ponape》西太平洋、ミクロネシア連邦東部の火山島。北部に同国首都コロニアがある。コプラ・かつお節・砂糖を産する。
ボナベントゥラ〖Bonaventura〗[1221〜1274]中世イタリアの神学者・スコラ哲学者。フランチェスコ修道会総長。アウグスティヌス主義の伝統を継承した神秘主義者。著「魂の神への道程」など。
ほ-なみ【穂波】稲・麦などの出そろった穂が風になびいて波のように見えるもの。
ほ-なみ【穂並(み)】稲・麦などの穂が出そろっていること。また、その穂。
ボナン〖インドネシア bonang〗ジャワのガムランで用いられる旋律打楽器。10〜14個の中央部に突起のある壺形ゴングを木枠に2列に並べ、先端をひもで巻いた一対の桴で、その突起を打つ。音域によって、大中小の3種がある。➡ガムラン
ボナンザ〖bonanza〗《スペイン語で、繁栄の意》掘り当てた豊富な鉱脈。思いがけない幸運。
ボナンザグラム〖bonanzagram〗《大当たり表の意》クイズの一。文章の空白部分に正しい文字や言葉を当てはめるもの。
ボナンパック-いせき【ボナンパック遺跡】《Bonampak》メキシコ東南部、チアパス州のグアテマラ国境付近にあるマヤ文明の遺跡。紀元800年頃に描かれた彩色壁画がある。
ぼに【▽盆】《「ぼん」の撥音「ん」を「に」と表記したもの》❶盂蘭盆。ぼん。「十五、六日になりぬれば、—などするほどになりにけり」〈かげろふ・上〉❷盆の供養の布施物。「御—どもは例の数候ふや」〈宇津保・内侍督〉
ポニー〖pony〗小形の馬。ふつう体高約140センチ以下をいう。英国のシェトランドポニーなど。
ポニー-テール〖ponytail〗女性の髪形の一。髪を後頭部に高く束ね、ポニーのしっぽのように垂らすもの。
ボニート〖Bonito〗ブラジル中西部、マトグロッソ-ド-スル州の町。ミランダ川上流域の水源地や洞窟、自然公園をめぐるエコツアーの拠点となっている。
ボニナイト〖boninite〗斜長石を含まないガラス質の安山岩。隕石に含まれる単斜エンスタタイト(単斜頑火輝石)を含む特殊な岩石。小笠原諸島の父島・智島に大規模な露頭が存在する。海洋プレートが沈み込んで弧状列島が形成された時期にできたものと考えられる。無人岩。
ボニファシオ〖Bonifacio〗地中海西部にあるフランス領の島、コルシカ島の最南端の町。断崖絶壁の上の城塞内部につくられた旧市街で知られる。
ボニファチウス〖Bonifatius〗(8世)[1235ころ〜1303]ローマ教皇。在位1294〜1303。イタリア人。教皇権の絶対的優位を主張した最後の教皇。フランス王フィリップ4世と争ったが、1303年にアナーニで捕囚の身となり、のち憤死。
ほ-にゅう【哺乳】乳を飲ませて子を育てること。「—瓶」〘類語〙授乳
ぼ-にゅう【母乳】母親の乳。「—で育てる」
ぼにゅう-えいよう【母乳栄養】新生児・乳児を母乳で育てること。特に、母乳だけで育てる完全母乳のこと。➡混合栄養 ➡人工栄養
ぼにゅうえいよう-じ【母乳栄養児】母乳で育てられた新生児・乳児。特に、母乳だけで育てられた完全母乳栄養児のこと。➡混合栄養児 ➡人工栄養児

ほにゅう-き【哺乳期】生まれてから離乳期までの、乳を主食としている時期。乳児期。

ほにゅう-どうぶつ【哺乳動物】▶哺乳類

ほにゅう-るい【哺乳類】哺乳綱の脊椎動物の総称。皮膚に毛を生じ、汗腺・乳腺などがあり、子を乳で育てる。肺呼吸をし、鳥類とともに恒温動物で、心臓は完全に二心房二心室の四つに区画される。大脳半球が大きく発達。単孔類以外は胎生。中生代三畳紀の後期に爬虫類から分かれ、新生代に急速に繁栄。現生種は有袋・食虫・翼手・霊長・食肉・クジラ・偶蹄・奇蹄・長鼻・齧歯・ウサギなど約4300種に分類。

ほ-にん【補任】〔名〕スル 官に任じて職務に就かせること。ぶにん。

ホニングスボーグ〖Honningsvåg〗ノルウェー北部、マゲロイ島の町。同島の中心地。ヨーロッパ最北端の地、ノールカップ岬への観光拠点として知られる。本土とはノールカップトンネルという全長約7キロメートルの海底トンネルで結ばれる。

ほ-ぬの【帆布】船の帆に用いる厚い布。はんぷ。

ほね【骨】㊀〔名〕❶脊椎動物の内骨格を構成する構造物。膠質および石灰質を成分とし、骨組織・骨髄・軟骨組織・骨膜からなり、体の支持・運動や内臓の保護、骨髄での血球生成などの働きをする。ふつうは硬骨をさし、膠質だけのものを軟骨という。こつ。❷建造物・器物などの形体を形づくって全体を支える材料。「傘の―」「障子の―」❸組織や物事などの中心となるもの。また、人。中核。核心。「会の―になる人」❹何事にも屈しない強い気力。気骨。「―のある人」❺遺骨。また、死ぬこと。㊁〔名・形動〕困難であること。骨が折れること。また、そのさま。「最後まで読むのはなかなか―だ」(類語)骨格・骨組み・骨子・大枠・あらまし・大筋・大要・枠組み・アウトライン (下接語)馬の骨・河骨・塗り骨・一骨(ぼね)肋骨・鰓骨・大骨・親骨・貝殻骨・傘骨・燕骨・気骨・首骨・腰骨・子骨・小骨・根性骨・繋ぎ骨・筋骨・背骨・土性骨・喉骨・膝骨・平骨・頬骨・無駄骨・屋台骨

骨が折・れる 労力がいる。困難である。「内容を理解するのに―・れる」

骨が舎利になっても たとえ死んでも。どんな苦労があっても。「―、うぬらに夫人を渡さうかいやい」〈伎・商往来〉

骨と皮 ひどくやせているさまをいう。「大病して―になる」

骨に刻・む 深く心にとどめて決して忘れない。肝に銘じる。「父の教訓を―・む」

骨に沁・みる 骨までしみるほど強く感じる。骨身に沁みる。「―・みる寒さ」「親切が―・みる」

骨に徹・する 「骨に沁みる」に同じ。

骨にな・る 死んで遺骨になる。死ぬ。「―・って故国に帰る」

骨の髄まで からだの最も中心のところまで。徹底して。「―性根が腐っている」

骨までしゃぶ・る 欲を満たすために、相手から徹底的に引き出す。「悪徳高利貸しに―・られる」

骨を埋・める そこで一生を終える。また、ある事に一生をささげる。「―・める覚悟で赴任する」

骨を惜し・む 労苦を嫌って怠ける。骨を盗む。「―・まず働く」

骨を折・る 苦労する。力を尽くす。また、いとわないで人の世話をする。「友人の再就職に―・る」

骨を刺・す 寒さや痛さを強く感じる。「―・す寒気」

骨を抜・く 性根をなくさせる。「女に―・かれて言いなりになる」

骨を盗・む ❶「骨を惜しむ」に同じ。❷ひとの苦労を無にする。「いづれもの骨も盗まず、酒手ほどはおませう」〈浄・浦島年代記〉

骨を拾・う ❶遺骨を拾い収める。「戦友の―・う」❷死後のめんどうをみる。転じて、他人の後始末をする。「―・ってやるから思い切ってやってみろ」

ほね-あぶら【骨油】「こつゆ(骨油)」に同じ。

ほね-おしみ【骨惜しみ】〔名〕スル 苦労するのを嫌がって、怠けること。「―してあまり働かない」

ほね-おり【骨折り】❶苦労すること。精を出して働くこと。努力。「お―に感謝します」❷仕事に対する報酬。「さらば―にこれをそなたへ呑まさう」〈虎寛狂・棒縛〉(類語)労・辛労・労力・ひとほね・小骨・苦労・労苦・苦心・腐心・辛苦・心労・煩労・艱苦・艱難・苦難・辛酸・ひと苦労

ほねおり-ぞん【骨折り損】せっかくの苦労がむだになること。「―に終わる」

骨折り損の草臥れ儲け 苦労しても、疲れるだけで、少しも成果が上がらないこと。

ほね-お・る【骨折る】〔動ラ五(四)〕大いに労をとる。尽力する。骨を折る。「会社の再建に―・る」(類語)努める・いそしむ・苦労・骨折り・労う・労苦・苦心・腐心・辛苦・辛労・心労・煩労・艱苦・艱難・苦難・辛酸・ひと苦労・難儀する・てこずる・労する・心を砕く

ほね-がい【骨貝】アッキガイ科の巻き貝。浅海の砂泥底にすみ、殻高約15センチ。貝殻は卵形で下端が長く伸び、三方向に魚の骨状に細い突起が縦に並ぶ。房総以南の暖海に分布。形の特異さから観賞用にされる。

ほね-がき【骨書(き)】絵の輪郭をかくこと。また、その線。

ほね-がらみ【骨絡み】❶梅毒や結核が全身に及び、骨がうずくようになること。また、その症状。骨うずき。❷悪い状態から容易に抜け出せないこと。

ほねかわ【骨皮】狂言。寺を譲ることにした住持が、後継者の新発意に檀那あしらいの大事なことを教えるが、うまくいかずに二人で口論となる。古称「骨皮新発意」。

ほねかわ-すじえもん【骨皮筋▽右▽衛門】骨と皮と筋しかないぐらい非常にやせていることを、人名めかしてからかっていう語。

ほね-きり【骨切り】❶骨を切ること。❷ハモなどの小骨の多い魚に、細かく包丁を入れること。

ほね-ぐみ【骨組(み)】❶からだの骨の組み立て。骨格。「―のがっしりしたからだ」❷建造物・機械などの基礎的な構造の部分。❸物事の根本となる仕組み。「論文の―を考える」(類語)(❶)骨格・骨柄・形骸/(❷)構造・造り・組み立て・仕組み・成り立ち・構成・編成・組成・組織・機構・機序・機制・体制・体系・結構・コンストラクション・システム・メカニズム/(❸)骨格・骨子・骨・大枠・あらまし・大筋・大要・枠組み・アウトライン・フレーム・大局・大綱・目安

ほね-しごと【骨仕事】からだを使ってする仕事。骨の折れる仕事。力仕事。骨業。

ほね-しば【骨×柴】小枝や葉を取り去った柴。「―の刈られながらも木の芽かな/凡兆」〈猿蓑〉

ほね-しょうがつ【骨正月】西日本で、二十日正月のこと。魚の骨まで食べ尽くすことからの称。(季 新年)「ものがたき―の老母かな/虚子」

ほね-だ・つ【骨立つ】〔動タ五(四)〕からだがやせて、骨がごつごつと目立ってくる。「背中がなんとなく―・っていて」〈寅彦・子猫〉

ほね-ちがい【骨違い】骨が関節から外れること。脱臼。

ほね-つき【骨付(き)】❶骨組みのようす。骨格。❷骨がついていること。また、その肉。❸魚を二枚におろしたとき、背骨のついているほうの身。

ほね-つぎ【骨接ぎ｜骨継ぎ】骨折や脱臼などを治療すること。また、それを職業とする人。接骨。整骨。➡柔道整復師

ほねっ-ぷし【骨っ節】《「ほねぶし」の音変化》❶骨の関節。ほねぶし。❷何事にも屈しない強い意志。気骨。気概。「―のある男だ」(類語)意欲・気概・気骨

ほねっ-ぽ・い【骨っぽい】〔形〕❶魚肉などに小骨が多い。「―・い魚」❷やせてごつごつと骨ばっている。「―・い手」❸しっかりしていて手ごわい。気骨がある。「―・い若者」(派生)ほねっぽさ〔名〕

ほね-なし【骨無し】❶身体を支える骨がないかのように、姿勢を保てないこと。❷意志・信念などがないこと。また、その人。

ほね-ぬき【骨抜き】❶調理で、魚や鳥などの骨を取り除くこと。❷意見・計画などの肝心な部分を除き去ること。「議案を―にする」❸気骨や節操などをなくさせること。「供応を受けて―にされる」

ほね-ばなれ【骨離れ】料理した魚などの骨が、身から離れるぐあい。身離れ。「―のいい魚」

ほね-ば・る【骨張る】〔動ラ五(四)〕❶骨が出てごつごつしている。「―・った顔」❷意地を張る。かどが立つほど主張する。「―・った物言い」

ほね-ぶし【骨節】「ほねっぷし」に同じ。「―の痛んで寝られなえ晩なんか」〈芥川・一塊の土〉

ほね-ぶと【骨太】〔名・形動〕❶骨が太いこと。骨格のがっしりしていること。また、そのさま。「―な(の)からだ」⇔骨細。❷基本や根幹がしっかりしていること。構成などが荒削りだが、がっしりとしていること。また、そのさま。「―の改革案」「―のドラマ」

ほねぶと-の-ほうしん【骨太の方針】平成13年(2001)から同21年にかけて、政府が毎年発表した経済財政に関する基本方針の通称。正式名称は「経済財政運営と構造改革に関する基本方針」(同19年以降は「経済財政改革の基本方針」)。経済財政諮問会議の答申を受け、6〜7月に閣議決定を経て策定された。予算編成過程を財務省(旧大蔵省)主導から内閣主導に転換する役割を果たしたが、同21年8月の政権交代に伴い、同方針を策定していた経済財政諮問会議が廃止された。

ほね-へん【骨偏】漢字の偏の一。「骸」「髑」などの「骨」の称。

ほね-ぼそ【骨細】〔名・形動〕骨が細いこと。体格がほっそりしてきゃしゃなこと。また、そのさま。「芝居に出て来る若旦那そのままにきゃしゃで―なのがあり」〈谷崎・春琴抄〉⇔骨太。

ほね-み【骨身】骨と肉。また、からだ。全身。(類語)体・身・体・身体・肉体・体躯・図体・肢体・五体・全身・満身・総身・総身・人身・人体・生体・ボディー・肉塊・ししむら

骨身に応・える 全身に強く感じる。また、心に強く感じる。骨身に沁みる。「寒さが―・える」「忠告が―・えた」

骨身に沁・みる 「骨身に応える」に同じ。

骨身を惜しまず 苦労をいとわず。「―働く」

骨身を削・る 体がやせ細るほどに努力し苦労する。「―・って働く」

ほね-やすみ【骨休み】〔名〕スル「骨休め」に同じ。「二人で呑気に―でもやりますかな」〈宮島資夫・金〉

ほね-やすめ【骨休め】〔名〕スル からだを休めて疲れをいやすこと。ほねやすみ。「温泉で―する」(類語)息抜き・気保養・気晴らし・休む・休らう・憩う・くつろぐ・休息する・休憩する・休養する

ほね-わざ【骨業】「骨仕事」に同じ。

ぼ-ねん【暮年】老いた時。晩年。「漸く―になって世を遁れ」〈露伴・連環記〉

ほの【×仄】〔接頭〕動詞や形容詞などに付いて、かすかに知覚される、わずかに知覚される、などの意を表す。「―知る」「―暗い」

ほの-あかる・い【×仄明るい】〔形〕〔文〕ほのあかる・し〔ク〕ほんのりと明るい。「広い縁側が―・く見えるなかに」〈漱石・文鳥〉

ほの-あ・く【×仄開く】〔動カ下二〕ちょっと開ける。「片端―・けて見るに」〈増鏡・おどろの下〉

ほ-の-お【炎｜×焔】《「火の穂」の意》❶気体が燃焼したときの、熱と光を発している部分。液体・固体では、燃焼によって一部が気化し、反応している。ふつう最下部の炎心、輝きの強い内炎、その外にあり完全燃焼している外炎の三つに分けられ、温度は外炎内側で最も高い。火炎。「真っ赤な―が上がる」❷ねたみ・怒り・恋情など、心中に燃え立つ激しい感情をたとえていう語。ほむら。「嫉妬の―に狂う」(類語)(❶)火・炎・火炎・光炎・紅炎・火柱・火先

ほのお-スペクトル【炎スペクトル】▶炎光スペ

クトル

ほの-か【×仄か┊×側か】〔形動〕図〔ナリ〕❶わずかにそれと認められるさま。かすか。「—に見える人影」「—な残月の光」「花の香りが—にただよう」❷心や意識がぼんやりしているさま。かすか。「—に記憶している」「—な恋心」❸量や程度がわずかなさま。「—な期待を寄せる」「—にも軒端の荻を結ばずは露のかごとを何にかけまし」〈源・夕顔〉〔類語〕かすか・ほんのり

ほの-き・く【×仄聞く】〔動カ四〕かすかに聞く。「—・けど、よくはえ知らぬは」〈宇治拾遺・三〉

ほの-ぐら・い【×仄暗い】〔形〕図ほのぐら・し〔ク〕ほのかに暗い。光が弱くてうす暗い。「—・いろうそくの光」〔派生〕ほのぐらさ〔名〕〔類語〕暗い・薄暗い・小暗い

ほの-ぐれ【×仄暮れ】日のわずかに暮れかかったころ。夕ぐれ。

ほ-の-け【火の気】ひのけ。また、けむり。「伊勢志摩の海人の刀禰らが焚く—」〈神楽・湯立歌〉

ほ-の-じ【ほの字】《「ほれる」の語頭字「ほ」から》惚れること。「彼は受付の女性に—らしい」

ほの-じろ・い【×仄白い】〔形〕図ほのじろ・し〔ク〕ほのかに白い。かすかに白い。「闇に—・い顔が浮かぶ」〔派生〕ほのじろさ〔名〕

ほのすそり-の-みこと【火闌降命】▶火照命

ボノボ〖bonobo〗哺乳綱霊長目ショウジョウ科の動物、ピグミーチンパンジーの別名。チンパンジーに似るが、やや小形で別種。アフリカ、ザイール川左岸の湿地の森林に分布する。

ほの-ぼの【×仄×仄】㊀〔副〕スル ❶かすかに明るくなるさま。「東の空が—としてくる」❷ほんのり心の暖かさなどが感じられるさま。「—(と)した母子の情愛」❸わずかに聞いたり知ったりするさま。「かく、ささめき嘆き給ふと、—あやしがる」〈源・夕顔〉㊁〔名〕夜明け方。「未だ—の程に主上出でて南面におはします」〈続古事談・一〉

ほのぼの-あけ【×仄×仄明け】夜がほんのり明けること。また、その時刻。

ほのぼの・し【×仄×仄し】〔形シク〕いかにもほのかである。かすかではっきりしない。「耳—・しく、傍らなる人に問ひ聞きて」〈源・手習〉

ほの-み・える【×仄見える】〔動ア下一〕図ほのみ・ゆ〔ヤ下二〕かすかに見える。ほのかに見える。「杉林は焦げ茶色の暗さのうちに、もの明るさが—・えていた」〈康成・春景色〉

ほの-めか・す【×仄めかす】〔動サ五(四)〕❶それとなく言葉や態度に表して示す。におわせる。「不承知の意向を—・す」❷もてはやす。「世になべて—・す作者を第一の人と申し侍らんや」〈ささめごと〉

ほの-め・く【×仄めく】〔動カ五(四)〕❶ほのかに見える。かすかに目にとまる。「霧の中に姿が—・く」❷ほのかに香る。「風に—・く花の匂い」❸それとなく言葉や態度に表れる。「人のよさが—・いている」❹ちょっと顔を出す。「思ひもかけず—・きちらりと寄る。ちょっと顔を出す。」「思ひもかけず—・き給ふめりし」〈夜の寝覚・三〉〔類語〕ぼやける・ぼかす

ホノルル〖Honolulu〗米国ハワイ州の州都。ハワイ諸島のオアフ島南東部にある観光・保養都市。太平洋航路・空路の要地。海水浴場ワイキキ海岸があり、北西郊にパールハーバーがある。

ほ-ば【×圃場】▶ほじょう(圃場)

ぼ-ば【×牡馬】おすの馬。おす馬。㊥牝馬。

ポパー〖Karl Raimund Popper〗▶ポッパー

ホバークラフト〖hovercraft〗船体の下部から高圧空気を水面に噴出してエアクッションを作り、船体を浮揚させて高速で走行する乗り物。水陸両用に利用される。英国ホバークラフト社が最初に開発した。商標名。エアカー。エアクッションカー。

ポバール〖poval〗▶ポリビニルアルコール

ポパイ〖Popeye〗米国の漫画の主人公。1929年に短編漫画に船員の姿で登場、人気を博した。危機に際してホウレンソウを食べると怪力を発揮し、敵役の巨漢ブルートから恋人のオリーブを守る。

ほ-ばく【捕縛】〔名〕スル とらえてしばること。「犯人を—する」〔類語〕捕まえる・捕る・捕らえる・引っ捕らえる・取り押さえる・生け捕る・召し捕る・搦め取る・引っ括くる・捕まえる・捕獲する・拿捕する・逮捕する・検束する・検挙する・挙げる・ぱくる・しょっぴく

ほ-ばしら【帆柱┊×檣】帆船の、帆を張るための柱。マスト。

ほばしら-だち【帆柱立ち】まっすぐ立つこと。「—につっ立ちしはただ木像の如くなり」〈浄・松風村雨〉

ほ-はつが【穂発芽】収穫前の穂に実った種子から芽が出てしまう現象。降雨などの気象条件によって小麦・米・トウモロコシなどに見られ、収穫減や品質低下の原因となる。対策として、降雨期の前に収穫できる早熟種や、休眠性が強く吸水しても発芽しにくい遺伝子を持つ品種の育種が行われている。

ホパテンさん-カルシウム【ホパテン酸カルシウム】《calcium hopantenate》脳代謝賦活・精神症状改善剤としてかつて使用された薬剤。昭和53年(1978)に認可され、軽い精神発達遅滞や脳血管性認知症の治療薬として用いられたが、深刻な副作用が報告され、実際には効果がほとんどないことが明らかになり、使用されなくなった。

ほ-はば【歩幅】歩くときに一歩で進む距離。

ほば-ほう【保馬法】中国、北宋の王安石の新法の一。軍馬の不足を補うため、民間に馬と馬料を与えて飼育させ、平時の使役を許し、戦時に徴発した。

ほ-ばら【×鰾┊×膘】魚のうきぶくろ。〈和名抄〉

ほ-ばらみ【穂×孕み】稲・麦などの穂が出る前に、穂を包んでいる部分がふくらむこと。

ボバリーふじん【ボバリー夫人】《原題、フランス Madame Bovary》フロベールの長編小説。1857年刊。田舎医者の妻エンマ＝ボバリーが、凡庸な夫との単調な日常生活にあきたらず、夢想のはけ口を情事に求めた末ついに自殺するまでを描く。フランス写実主義文学の代表的作品。

ボバリスム〖フランス bovarysme〗《「ボバリズム」とも》フランスの作家フロベールの小説「ボバリー夫人」の主人公のように、現実と夢との不釣り合いから幻影を抱く精神状態。

ホバリング〖hovering〗ヘリコプターなどが、空中で停止飛行すること。

ぼ-はん【母斑】皮膚の一部に生じる色や形の異常。胎生期の皮膚形成過程で生じ、生涯のさまざまな時期に現れる。あざ・ほくろの多くが含まれる。

ぼ-はん【墓畔】墓のほとり。墓のそば。「—のさまよいを楽しむようになったことや」〈藤村・家〉

ポハン-そうごうせいてつ【浦項総合製鉄】▶ポスコ

ほ-ひ【補肥】作物の生育過程で与える肥料。追肥。おいごえ。

ぼ-ひ【墓碑】死者の戒名・俗名・事績・没年月日などを刻んで墓標として建てる石。はかいし。〔類語〕墓石・石碑・墓標・墓碣

ホビー〖hobby〗趣味。道楽。

ポピー〖poppy〗ヒナゲシの別名。また、広くケシ類をいう。

ポピー-オイル〖poppy oil〗ケシの種子からとれる油。油絵の具を製造するときにも、また絵の具を溶くときにも用いる乾性油。

ホビー-クラフト《和 hobby＋craft》趣味の工作。趣味の工芸。

ポピー-シード〖poppy seed〗ケシの成熟した果実から取る種子。焼くと香ばしく、パン・クッキー・焼き菓子などの飾りに用いる。

ホビージネス《和 hobby＋businessから》ホビーすなわち趣味がそのまま仕事になること。仕事と直結した趣味。

ほびき-あみ【帆引き網】帆に受ける風の力を利用して網を引く漁法。

ほびこ・る【蔓＝延る】〔動ラ四〕いっぱいにひろがる。はびこる。「この見ゆる雲—・りてとの曇り雨も降らぬか心足らひに」〈万・四一二三〉

ほ-ひつ【補筆】〔名〕スル 書画・文章などに、補って書き加えること。加筆。「草稿に—する」

ほ-ひつ【×輔×弼┊補×弼】〔名〕スル ❶天子の国政を輔佐すること。❷明治憲法下で、国務大臣・宮内大臣・内大臣が天皇の権能行使に対して助言すること。

ぼひ-めい【墓碑銘】墓碑に刻んだ、死者の経歴や事績などについての文章。墓銘。

ポピュラー〖popular〗〔名・形動〕❶一般によく知られていること。人気のあること。また、そのさま。「—な雑誌」「—な作家」❷ありふれていること。また、そのさま。「犬では—な病気」❸「ポピュラーソング」または「ポピュラーミュージック」の略。

ポピュラー-おんがく【ポピュラー音楽】▶ポピュラーミュージック

ポピュラー-サイエンス〖popular science〗科学を、専門学術用語を用いず、一般大衆に理解できる平易な言葉や例で説明したもの。通俗科学。

ポピュラー-ソング〖popular song〗大衆的な歌曲。流行歌。また特に、洋風の流行歌。

ポピュラー-ペーパー〖popular paper〗▶大衆紙

ポピュラー-ミュージック〖popular music〗ジャズ・ロック・ハワイアン・シャンソン・カンツォーネなど、クラシック音楽以外の大衆音楽の総称。軽音楽。ポピュラー音楽。ポップス。

ポピュラリティー〖popularity〗大衆性。流行。評判。人気。

ポピュリスト〖populist〗❶ポピュリズムの信奉者。➡ポピュリズム ❷(Populist)米国の人民党党員。

ポピュリスム〖フランス populisme〗1930年ころ、フランスで興った文学運動。庶民の生活を平易な文体で忠実に描こうとした。ダビが代表的。民衆主義。

ポピュリズム〖populism〗❶(Populism)19世紀末に米国に起こった農民を中心とする社会改革運動。人民党を結成し、政治の民主化や景気対策を要求した。❷一般に、労働者・貧農・都市中間層などの人民諸階級に対する所得再分配、政治的権利の拡大を唱える主義。❸大衆に迎合しようとする態度。大衆迎合主義。

ポピュレーション〖population〗❶住民の数。人口。❷統計学で、母集団。❸生態学で、個体群。

ぼ-ひょう【墓標┊墓表】❶墓石の裏などに、死者の俗名・没年、墓を建立した人などを記した文。❷埋葬箇所に建てる目印の石や木の柱。はかじるし。

ほひろ-か〔形動ナリ〕はびこりひろがっているさま。ほしいままに振る舞うさま。「道鏡もいまだ—に参り仕うまつらざりしかば」〈水鏡〉

ボビン〖bobbin〗❶ミシンの下糸を巻く糸巻き。❷紡織用具の一。糸を巻いて整理する筒状または棒状のもの。❸電線を巻いてコイルを作る筒。陶器など絶縁性のものを用いる。

ぽぴん「ぽんぴん」に同じ。ぽっぴん。

ボビン-レース〖bobbin lace〗4本の糸を単位とし、要所要所をピンで止めながら糸をねじったり、交差したりして組み合わせて作る、透かし模様のレースのこと。16世紀ごろベルギーやイタリアで盛んに作られていた。糸を何十本も使うので、その糸を巻き付けておくためのボビンからの名。

ほ-ふ【保父】保育所・養護施設(現在の児童養護施設)などの児童福祉施設で、児童の保育にあたる男子職員の俗称。昭和52年(1977)児童福祉法施行令によってこの呼称が認められ、平成10年(1998)同施行令改正によって男女とも保育士となった。

ほ-ぶ【歩武】❶足のはこび。足取り。「彼等は漫なる—を以て歩み」〈独歩・愛弟通信〉❷《「歩」は6尺または6尺4寸、「武」は「歩」の半分の意》わずかの距離。咫尺。

ホブ〖hob〗円筒の外周に刃を螺旋状に設けた回転刃物。ホブ盤に取り付けて使う。

ボブ〖bob〗《「ボッブ」とも》女性の髪形の一。襟首から下に達しない長さで切りそろえたもの。

ボブキャット〖bobcat〗ネコ科の哺乳類。体長70〜100センチ、尾は10〜18センチと短く、体色は淡褐色から赤褐色。耳の先端に長い房毛がある。北アメリカに分布し、鳥・アナウサギ・シマリスなどを捕食する。あかおおやまねこ。

ほ-ふく【×匍×匐|×蒲伏】〔名〕スル 腹ばいになって、手と足ではうこと。「―しながら敵陣に近づく」
ほふく-けい【×匍×匐茎】地面をはって伸びる蔓状の茎。サツマイモ・イチゴなどにみられる。匐枝。ストロン。
ほふく-ぜんしん【×匍×匐前進】〔名〕スル 腕や足を使いながら腹ばいで前進すること。
ホフジ-ハウス〖Höfði〗アイスランドの首都レイキャビクにある迎賓館。20世紀初頭にフランス領事館として建造。1986年、アメリカのレーガン大統領と旧ソ連のゴルバチョフ書記長が、東西冷戦終結の契機となった歴史的な会談を行った場所として知られる。
ボブスレー〖bobsleigh〗氷でできた急カーブのコースを鋼鉄製のそりで滑降する競技。二人乗り・四人乗りがあり冬季オリンピック種目の一。
ホブソン〖John Atkinson Hobson〗[1858～1940]英国の経済学者。富の分配の不平等によって過少消費・過剰貯蓄がもたらされると説き、資本主義を批判。また、帝国主義の分析や景気変動理論に貢献した。著「帝国主義論」「近代資本主義発達史論」など。
ほ-ぶね【帆船】帆掛け船。はんせん。
ホブ-ばん【ホブ盤】ホブを用いて歯車などの歯切りをする工作機械。ホビングマシン。
ホフブロイハウス〖Hofbräuhaus〗ドイツ南部、バイエルン州の州都、ミュンヘン旧市街の中心部にあるビアホール。1589年、王宮内に造られたウィッテルスバッハ王家の醸造所に由来する。
ホフマン〖Albert Hofmann〗[1906～2008]スイスの化学者。幻覚剤LSDの開発で知られる。マジックマッシュルームの幻覚性成分の特定にも成功した。
ホフマン〖August Wilhelm von Hofmann〗[1818～1892]ドイツの有機化学者。コールタールからアニリンを発見するなど、タール染料工業の基礎を築いた。また、アリル化合物やホルムアルデヒドなどの研究でも業績をあげた。
ホフマン〖Ernst Theodor Amadeus Hoffmann〗[1776～1822]ドイツの小説家。判事兼作家の生活を送り、怪奇的、幻想的な作品を書いた。絵画・音楽にもすぐれた。作「黄金の壺」「悪魔の霊液」「牡猫ムルの人生観」など。
ホフマン〖Johann Joseph Hoffmann〗[1805～1878]ドイツの東洋語学者。シーボルトの助手として日本語を研究する一方、中国人について中国語を学んだ。ライデン大学の日本語教授となる。著「日本文典」など。
ホフマンしき-けいさんほう【ホフマン式計算法】無利息債権の弁済期到来前にその現在価額を算定する計算方法の一。自動車保険の対人賠償事故に関して逸失利益を算出する場合などにも用いられる。ドイツの医学統計学者ホフマン(F.L.Hoffmann)が考案。ホフマン方式。
ホフマンスタール〖Hugo von Hofmannsthal〗[1874～1929]オーストリアの詩人・劇作家。新ロマン主義の代表的作家で、繊細・典雅な作風を示した。韻文劇「痴人と死」、オペラ台本「薔薇の騎士」、小説「影のない女」など。
ホフマン-ほうしき【ホフマン方式】▶ホフマン式計算法
ポプラ〖poplar〗ヤナギ科の落葉高木。高さ約20メートル。幹は直立し、枝は短くて垂直方向に伸び、葉は菱状卵形で縁にぎざぎざがある。雌雄異株。北ヨーロッパの原産。街路樹や庭園樹に用いられ、北海道大学にある並木は有名で、明治36年(1903)に植えられたという。広くは同科ヤマナラシ属の樹木をいう。西洋はこやなぎ。
ほ-ふり《「保振」から》「証券保管振替機構」の通称。
ポ-プリ〖フランス pot-pourri〗芳香のある種々の草花を乾燥させたもの。また、それを入れた容器。
ポプリン〖poplin〗木綿・絹・毛などを用い、横に細いうねを織り出した柔軟で光沢のある平織物。ワイシャツ・婦人子供服・カーテンなどに用いる。
ほふ・る【×屠る】〔動ラ五(四)〕❶からだを切りさく。また、きり殺す。「獲物を―・る」❷敵を破る。打ち負かす。「対戦相手を軽く―・る」[可能]ほふれる
[類語]倒す・破る・討つ・討ち果たす・なぎ倒す・打ち破る・打ち負かす・打ち取る・下す・やっつける・打倒する・ノックアウトする
ポブレー-しゅうどういん【ポブレー修道院】《Monasterio de Poblet》スペイン北東部、カタルーニャ州にある修道院。12世紀、イスラム勢力からのカタルーニャ奪回を記念して建てられたもの。のち、アラゴン国王の墓所ともなった。1991年、世界遺産(文化遺産)に登録された。ポブレ修道院。ポブレット修道院。
ホプン〖Höfn〗《「ヘプン」とも》アイスランド南東部の港町。天然の良港を擁し、テナガエビ、タラ漁が盛ん。同国南東部で唯一の居住地であり、周囲100キロメートルには村落が存在しない。バトナヨークトル氷河を中心とするバトナヨークトル国立公園への観光拠点として知られる。
ほ-へ【火×瓮|標=火】《「ほべ」とも》瓮の中でたく火の意か。上代、油火のほかに室内の照明とした。
ボベ〖Daniel Bovet〗[1907～1992]イタリアの生理学者。スイスの生まれ。神経伝達物質を研究。筋との伝達を遮断するクラレ様物質の合成の研究により、1957年ノーベル生理学医学賞受賞。
ほ-へい【歩兵】❶徒歩で戦う兵。雑兵。❷陸軍で、小銃・機関銃・擲弾筒などの小火器を装備し、徒歩で戦闘を行う兵。また、その兵科。
ぼ-へい【募兵】〔名〕スル 兵士を募集すること。「市民軍を―する」
ホペイロ〖ポルトガル roupeiro〗プロサッカーチームで、選手の使用するスパイクシューズ・ユニホーム・ボールなど用具の整備をする係。用具係。
ボベツ〖Bovec〗スロベニア北西部、ユリスケアルプスにある町。イタリアとの国境に近い。トリグラフ国立公園内の観光拠点として、またスキーリゾートとして知られる。
ほべつ-うんじょう【帆別運上】江戸時代、廻船に対し、帆の反数に応じて賦課された雑税。
ボヘミア〖Bohemia〗チェコ西部の地方。スデーティ山地・エルツ山地・ボヘミアの森に囲まれ、盆地をなす。農地と地下資源に恵まれ、機械・ガラス工業も盛ん。モラバを含めたチェコ全域を指すこともある。中心都市プラハ。ドイツ語名ベーメン。
ボヘミア-ガラス〖Bohemian glass〗ボヘミアでソーダ灰の代わりに木灰を使って作られるカリ-ガラス。クリスタルガラスとして知られる。
ボヘミアン〖Bohemian〗《ボヘミアに住む人の意》❶ジプシーの異称。❷社会の規範にとらわれず、自由で放浪的な生活をする人。
ほ-べん【×蒲×鞭】ガマの穂のむち。中国漢代の甲陽の太子劉寛が罪人を打つのに用い、辱めを与えるだけで痛くなかったところから、寛大な政治をいう。
ぽぺん「ぽんぴん」に同じ。ぽぺん。ぽっぺん。
ほ-ほ【歩歩】一歩一歩。ひとあしごとに。「如何に―予を死地に駆逐したるか」〈芥川・開化の殺人〉
ほほ【頰】▶ほお(頰)
ほほ【▽懐】ふところ。懐中。「文を受け取り―に入れ」〈仮・竹斎・上〉
ほほ〔感〕❶女性などが、軽く上品に笑う声。「―、おかしな方ね」❷「ほほう」に同じ。
ほ-ぼ【保母|保×姆】保育所・養護施設(現在の児童養護施設)などの児童福祉施設で、児童の保育にあたる女子職員の俗称。正式名称は男女とも保育士。
ほぼ【▽略|▽粗】〔副〕全部あるいは完全にではないが、それに近い状態であるさま。だいたい。おおよそ。「物価が一二倍になる」「一満点の出来」
ぼぼ 女陰のこと。
ほほう〔感〕相手の言うことに感心したり、驚いたりするときに発する声。「―、それはおめでたい」
ほ-ぼう【捕亡】逃げる者や罪人をとらえること。また、その役。「―を遣わして渠を拘引做さんとするにぞ」〈染崎延房・近世紀聞〉
ぼ-ほう【母法】法の継受が行われた場合に、その模範・根源となる他国または他民族の法。⇔子法。
ほほ-えまし・い【微=笑ましい|頰笑ましい】〔形〕[文]ほほゑま・し〔シク〕思わず微笑したくなるさま。ほおえましい。「―・い親子の姿」[派生]ほほえましさ〔名〕
ほほ-えみ【微=笑み|頰笑み】にっこりと笑うこと。また、その笑い。微笑。ほおえみ。「―をたたえる」
[類語]笑い・笑み・微笑・朗笑・一笑・破顔一笑・スマイル
ほほ-え・む【微=笑む|頰笑む】〔動マ五(四)〕❶声をたてずににっこり笑う。微笑する。ほおえむ。「―・んだ顔」❷花のつぼみが少し開く。ほころびる。ほおえむ。「梅の花が―・みはじめる」
[類語]笑う・笑む・にこつく・目を細める・相好を崩す
ポポカテペトル〖Popocatepetl〗メキシコのメキシコシティーの南東にある火山。標高5426メートル。山腹にある修道院が、1994年、「ポポカテペトル山腹の16世紀初頭の修道院群」の名称で世界遺産(文化遺産)に登録された。
ぼ-ぼく【墓木】墓上に植える木。
墓木已に拱す 《「左伝」僖公三二年から》墓に植えた木が一抱えもあるほどの太さに成長している。死後長い年月が経った意に、また、相手を死にぞこないとののしる言葉として用いる。
ほぼく-どう【舗木道】木を煉瓦状に作ったもので舗装した道路。
ホホバ-オイル〖jojoba oil〗ツゲ科の常緑低木、ホホバの種子からとった油分。髪を手入れする化粧品などに使われる。
ほほ-ぼね【頰骨】▶ほおぼね
ほほま・る【▽含まる】〔動ラ四〕花や葉が開かないでいる。「千葉の野の児手柏の―・れどあやにかなしみ置きて高来ぬ」〈万・四三八七〉
ほほ・む【▽含む】㊀〔動マ四〕花がつぼみのままでいる。ふふむ。〈新撰字鏡〉㊁〔動マ下二〕ふくむようにする。ふくめる。「ほととぎす鳴かぬ嘆きの杜に来ていとども声を―・めつるかな」〈散木集・二〉
ポホリェ〖Pohorje〗スロベニア北東部の都市マリボルの南西に広がる高原地帯。面積約1000平方キロメートル。スキーリゾートとして知られるほか、原生林や湿地帯、湖などがあり、ハイキングに訪れる観光客が多い。
ほほ-ろ・ぐ【▽散ぐ】〔動ガ下二〕かたまりをほぐしくずす。ばらばらにする。「名香、蜜をかくし―・げて、たき匂はしたる」〈源・鈴虫〉
ポポロ-ひろば【ポポロ広場】《Piazza del Popolo》イタリアの首都ローマにある広場。1820年、ジュゼッペ=バラディエールの設計により造られた。中央にローマ皇帝オクタビアヌスがエジプトから持ち帰ったという紀元13世紀のオベリスク(高さ24メートル)が立っている。ポポロ門、サンタマリア-デル-ポポロ教会、およびコルソ通りを挟んで双子教会(サンタマリア-ディ-モンテサント教会、サンタマリア-デイ-ミラーコリ教会)に面する。
ポポロ-もん【ポポロ門】《Porta del Popolo》イタリアの首都ローマにあるポポロ広場の北側の門。かつてのローマの玄関口であり、税関の役目も果たした。3世紀に造られ、17世紀にベルニーニによるバロック様式の装飾が施された。
ボマー-ジャケット〖bomber jacket〗▶ボンバージャケット
ホマーテ〖ドイツ Homate〗火砕丘のこと。火山を形態によって分類したときの、臼状火山。
ポマード〖pomade〗男性の整髪用の練り香油。
ほまえ-せん【帆前船】風の力を利用して進む洋式帆船。幕末期に和式帆船に対していった。
ほ-まち【帆待ち】❶江戸時代、運賃積み船の船乗りが契約以外の荷物の運送で内密の収入を得ること。また、その収入。ほまちがね。❷(「外持」「私持」などとも当てて書く)臨時に入る個人的な収入。また、個人的にひそかにたくわえた金。へそくり。ほまちがね。「死んでくりゃるなと―を母は出し」〈川傍柳〉

ほまち-だ【ほまち田】《「外持田」「私持田」などとも当てて書く》内職に耕していて、小作料を取られない田。
ポマト〖pomato〗細胞融合によってジャガイモとトマトから作られた植物。細胞融合の初期の研究成果であるが、実も芋も小さく実用にはなっていない。
ほまれ【誉れ】誇りとするに足る事柄。また、よいという評判を得ること。名誉。「秀才の一が高い」
(類語)名誉・栄冠・栄光・栄誉・光栄・栄えはえ・光輝・栄名・声誉・名声・名聞・美名・盛名・令名
ポマンダー〖pomander〗香り玉。におい玉。室内や自動車の内部を、良い香りで満たすために用いられる。昔は、疫病よけや防臭のために、細かい穴のあいた金属製の小箱に入れて携帯した。
ほ-みず【穂水】ゴミ 稲の穂が出る時期に必要な水。
ホミニゼーション〖hominization〗人間の進化の過程で継続的に変化してきた諸現象。脳の発達、言語の使用、手足の完全な機能分化、歯の退縮、あごの縮小などがあげられる。ヒト化。
ほ・む【褒む｜▽誉む】〔動マ下二〕「ほめる」の文語形。
ほ・む【▽踏む】〔動マ四〕「ふむ」に同じ。「大虚おおぞらを一・みて、御諸山みもろのやまに登ります」〈崇神紀〉
ほ-むき【穂向き】稲の穂がなびき向かうこと。また、その穂。「秋の田の一の寄れる片寄りに君に寄りなな言痛こちたくありとも」〈万・一一四〉
ほ-むぎ【穂麦】穂の出た麦。麦の穂。(季 夏)「いざともに一くらはん草枕/芭蕉」
ほ-むけ【穂向け】穂を一方になびき向かわせること。また、その穂。「秋風の末吹きなびくすすき野の一に残る月の影かな」〈夫木・一三〉
ほ-むしろ【帆×筵】船の帆として用いたむしろ。
ほむすび-の-かみ【火結神｜火産霊神】▶迦具土神かぐつちのかみ
ほむた【×鞆】《「ほむだ」とも》「とも(鞆)」に同じ。「上古の時の俗ひと、鞆を号ひてーといふ」〈応神紀〉
ホムペ《俗語》「ホームページ」の略。特に、携帯電話向けのホームページ(ウェブサイト)作成サービスを指す。あらかじめ用意された雛形を使い、簡単に作成・公開できる。プロフ、リアルとともに、主に中高生を中心に普及。
ほ-むら【▽炎｜×焔】《「火ほ群むら」の意》❶ほのお。火炎。「燃え盛るー」❷ねたみ・怒りなどの激しい感情や欲望で燃えたつ心をたとえていう語。「劣情のー」「瞋恚しんいのー」(類語)火・炎ほのお・火炎かえん・光炎こうえん・紅炎こうえん・火柱ひばしら・火先ほさき
ほめ【褒め｜▽誉め】ほめること。「子ー」「べたー」
ぼ-めい【墓銘】墓石にしるした文章や字句。墓碑銘。
ホメイニ〖Rūhallah al-Mousavi Khomynī〗[1902～1989]イランの宗教家。イスラム教シーア派の指導者。1964年、国外に追放されたが、79年のイラン革命の成功とともに帰国、イラン-イスラム共和国の最高指導者となった。
ホメオーシス〖homeosis〗主に節足動物で、ある体節が他の体節の構造を示す現象。昆虫の触角の再生で歩脚が生じるなど。相同異質形成。
ホメオスターシス〖homeostasis〗《同一の状態の意》生体が外的および内的環境の変化を受けても、生理状態などを常に一定範囲内に調整し、恒常性を保つこと。また、その能力。神経やホルモンの働きによる。米国の生理学者キャノンが提唱。ホメオスタシス。
ホメオスタシス〖homeostasis〗▶ホメオスターシス
ホメオティック-いでんし【ホメオティック遺伝子】ーイデンシ《homeotic gene》昆虫などの体節の器官形成に関与する遺伝子。
ホメオパシー〖homeopathy〗「ホメオパチー」に同じ。
ホメオパチー〖(オランダ) homoeopathie｜(ドイツ) Homöopathie〗《「ホメオパティー」とも》病症と同様の症状を起こす薬を用いて病気を治療しようとする方法。例えば、下痢に下剤を処方したりする。19世紀初めの民間療法。ホメオパシー。
ホメオパティー〖(オランダ) homoeopathie｜(ドイツ) Homöopathie〗▶ホメオパチー
ほ-め・く【▽熱く】〔動カ四〕《「火ほめく」の意》❶ほてる。熱くなる。「まだ湯上がりの顔ー・く」〈浄・五人兄弟〉❷男女が情事をする。「そちらで早うー・けー・けと言はれて」〈浄・金短冊〉
ほ-め・く【×轟く】〔動カ四〕とどろく。ざわざわ音をたてる。〈新撰字鏡〉
ほめ-ことば【褒め言葉｜▽誉め▽詞】❶ほめる言葉。賛辞。❷歌舞伎で、客席から舞台の役者をほめる言葉。江戸時代には上演途中で、決められた観客が花道へ上がり、ひいき役者をほめる形式があった。(類語)賛辞・賞詞・賞辞・頌詞しょうし・頌辞しょうじ
ほめ-ごろし【褒め殺し】いやみになるほどほめ立てること。必要以上にほめちぎることで、かえって相手をひやかしたりけなしたりすること。
ほめ-そや・す【褒め▽称す】〔動サ五(四)〕しきりにほめる。ほめちぎる。「口々にー・す」
(類語)褒める・褒めたてる・褒めちぎる・もてはやす・たたえる・愛めでる・嘉よみする・褒めたたえる・賞する・称する・賛する・持ち上げる・称賛する・称美する・称揚する・推賞する・嘉賞かしょうする
ほめ-たた・える【褒め▽称える】ーたたへる〔動ア下一〕図ほめたた・ふ〔ハ下二〕大いにほめる。称賛する。「完成までの意志と努力をー・える」
(類語)褒める・たたえる・愛めでる・嘉よみする・賞する・称する・賛する・持て囃はやす・持ち上げる・称賛する・称美する・称揚する・推賞する・嘉賞かしょうする
ほめ-た・てる【褒め立てる】〔動タ下一〕図ほめた・つ〔タ下二〕盛んにほめる。ほめちぎる。「日本一の名人だとー・てる」(類語)褒める・褒めちぎる・褒めそやす・もてはやす・たたえる・愛めでる・嘉よみする・褒めたたえる・賞する・称する・賛する・持ち上げる・称賛する・称美する・称揚する・推賞する・嘉賞かしょうする
ほめ-ちぎ・る【褒めちぎる】〔動ラ五(四)〕これ以上はほめようがないというまでに、ほめる。絶賛する。「口をきわめてー・る」
(類語)褒める・褒めたてる・褒めそやす・もてはやす・たたえる・愛めでる・嘉よみする・褒めたたえる・賞する・称する・賛する・持ち上げる・称賛する・称美する・称揚する・推賞する・嘉賞かしょうする
ほめ-な・す【褒めなす】〔動サ四〕とりたててほめる。「己が好む方にーすこそ、その人の日頃の本意にもあらずやと覚ゆれ」〈徒然・一四三〉
ほめ-ののし・る【褒め×喧る】〔動ラ四〕口々に大いにほめる。「この句ことなる秀句にて、世の人ー・りけり」〈著聞集・四〉
ほめ-もの【褒め物｜褒め者】多くの人からほめられる物や人。
ポメラニア〖Pomerania〗バルト海沿岸のポーランドおよびドイツ東部の地方。ポーランド語名ポモジェ、ドイツ語名ポンメルン。
ポメラニアン〖Pomeranian〗犬の一品種。ポメラニア地方の原産のスピッツ系小形犬。吻ふんがとがり、耳は立つ。毛は豊かで長く、橙・黒色など。愛玩用に飼育される。
ほ・める【褒める｜▽誉める】〔動マ下一〕図ほ・む〔マ下二〕❶人のしたこと・行いをすぐれていると評価して、そのことを言う。たたえる。「勇気ある行動をー・める」「手放しでー・める」「あまりー・めた話ではない」(対)そしる/けなす。❷祝う。ことほぐ。「真木柱まきばしらー・めて造れる殿のごといませ母刀自面変おめかはりせず」〈万・四三四二〉
(類語)(❶)たたえる・愛めでる・嘉よみする・褒めたたえる・賞する・称する・賛する・持て囃はやす・持ち上げる・称賛する・称美する・称揚する・推賞する・嘉賞かしょうする
ホメロス〖Homēros〗古代ギリシャの詩人。前8世紀ごろの人で、叙事詩「イリアス」「オデュッセイア」の作者とされるが、諸説があり、定かでない。ホーマー。生没年未詳。
ホモ〖homo〗《同じ、の意》❶同一細胞内に同一の遺伝子が対になって存在すること。一組の対立形質をAとaで表すと、AAかaaの遺伝子型となる。同型。(対)ヘテロ。❷《homosexualの略》同性愛者。ふつう、男性にいう。
ホモ〖(ラテン) Homo〗霊長目ヒト科ホモ属に分類される哺乳類の総称。人類。
ホモ-エコノミカス〖(ラテン) Homo œconomicus〗▶経済人けいざいじん
ホモ-エコノミクス〖(ラテン) Homo œconomicus〗▶経済人けいざいじん
ホモ-エレクトゥス〖(ラテン) Homo erectus〗《直立する人の意》人類のうち原人、すなわちジャワ原人(ピテカントロプス)や北京原人など、更新世中期、約60万～30万年前の人々をさす学名。
ホモ-カップリングはんのう【ホモカップリング反応】ーハンオウ 同じ構造をもつ二つの分子を結合させて一つの分子にする化学反応。カップリング反応の一種。
ホモ-ぎゅうにゅう【ホモ牛乳】ーギウニュウ《ホモはhomogenizeの略》人工的に脂肪球を均質化させた牛乳。消化がよい。➡ホモジナイズ
ホモサッサスプリングス-しゅうりつやせいどうぶつこうえん【ホモサッサスプリングス州立野生動物公園】ーシウリツヤセイドウブツコウヱン《Homosassa Springs Wildlife State Park》米国フロリダ州中部、フロリダ半島西岸にある州立公園。一年を通じて水温の安定したホモサッサ川上流の湧水にマナティーが集まることで知られる。
ホモ-サピエンス〖(ラテン) Homo sapiens〗《賢い人の意》❶人類のうち、旧人すなわちネアンデルタール人以降現代人までを含む学名。かつては、新人以降をさす呼び名だった。➡ホモサピエンス-サピエンス ❷人間観の一。他の動物に比べ、人間の本質は理性を有することにあるとする考え。知性人。➡ホモファベル (類語)人間・人ひと・人類・人倫・万物の霊長・考える葦あし・米の虫・人物・人士・仁じん・者もの
ホモ-サピエンス-サピエンス〖(ラテン) Homo sapiens sapiens〗人類のうち新人、すなわちクロマニョン人以降現代人までをさす学名。分類上の属名・種名に亜種名を加えたもの。
ほ-もじ【ほ文字】「干ほし飯いい」をいう女房詞。
ホモジーニアス〖homogeneous〗▶ホモジニアス
ホモジナイズ〖homogenize〗〔名〕スル 均質化すること。特に、細胞などを人工的に均質化すること。
ホモジニアス〖homogeneous〗〔形動〕《「ホモジーニアス」とも》同種であるさま。同質であるさま。均質であるさま。「一な集団」
ホモセクシャル〖homosexual〗▶ホモセクシュアル
ホモセクシュアリティー〖homosexuality〗同性愛。ふつう、男性間のものをいう。
ホモセクシュアル〖homosexual〗〔名・形動〕同性愛を好むさま。また、その人。ふつう、男性にいう。ホモセクシャル。(対)ヘテロセクシュアル。
ホモ-せつごうがた【ホモ接合型】ーセツガフがた ▶ホモ接合体
ホモ-せつごうたい【ホモ接合体】ーセツガフタイ 遺伝子型がホモの状態にある個体。同型接合体。ホモ接合型。同型接合型。
ポモドーロ〖(イタリア) pomodoro〗トマトのこと。
ポモナ-とう【ポモナ島】ータウ《Pomona》▶メーンランド島
ホモニム〖homonym〗同音異義語。同音語。
ホモ-ハビリス〖(ラテン) Homo habilis〗《能力のある人の意》1964年、東アフリカで発見された200万～150万年前の人類化石。アウストラロピテクスと同じころに生き、脳は発達していて原人に近いというが、これを否定する説もある。
ホモ-ファベル〖(ラテン) Homo faber〗《工作する人の意》人間観の一。物を作る道具を製作することに、他の動物から区別される人間の本質的規定があるとする考え。ホモサピエンスに対する用語。
ホモフォニー〖homophony〗ある声部が主旋律

をなし、他の声部が和声的に伴奏する様式の音楽。単声音楽。➡ポリフォニー ➡モノフォニー

ホモ-ポリティクス〖ラテン Homo politicus〗政治的人間。言語による対話・説得・交渉など、政治的才能に優れた人。政治的駆け引きにたけた人間。アリストテレスが、「人間らしい人間はポリス(都市国家)的動物である」として用いたのが起源。

ほ-もめん【帆木綿】帆布用の厚地で丈夫な綿布。

ポモリエ〖Pomorie〗ブルガリア東部、黒海に面する町。ブルガスの北東約20キロメートルに位置する。古代ギリシャの植民地アンヒアロスに起源する。紀元前1世紀に古代ローマの支配下になり、要塞化が進められ、海上交易の拠点として栄えた。トラキア人の墳墓、民族復興期の木造建築などが残るほか、海岸保養地として知られる。ワインの生産が盛ん。

ホモ-ルーデンス〖ラテン Homo ludens〗《遊ぶ人の意》人間観の一。遊ぶことに人間の本質的機能を認める立場から人間を規定した言葉。オランダの歴史家ホイジンガが提唱した。

ホモロゲーション〖homologation〗《承認の意》自動車レースに出場する車両の分類・規格などについての公認審査のこと。

ホモロサイン-ずほう【ホモロサイン図法】ヅハフ《homolo-sine》グード図法の別名。

ホモロジー〖homology〗異種の生物間に成り立つ形態的に等しい構造関係。例として、鳥の翼とコウモリの翼手があげられる。相同。相同性。

ほ-や【火屋¦火▽舎】❶ランプやガス灯などの火をおおうガラス製の筒。「—がすすける」❷香炉や手あぶりなどの上をおおうふた。❸火葬場。「もう此方も追付け—へ行く体」〈浄・廿四孝〉

ほや【海=鞘】尾索綱ホヤ目の原索動物の総称。海産で汽水にも生息し、単体、または群体をつくる。単体のものは球形ないし卵形で、岩や海草に固着。体は被嚢ひのうで覆われ、入水孔と出水孔とが開く。幼生はオタマジャクシ形をし、尾部に脊索せきさくをもち、自由に泳ぐ。マボヤ・アカボヤなどは食用。(季 夏)「酒に一火の気なき炉に顔寄せあひ/桂郎」(補説)その形状から「海のパイナップル」と比喩的に呼ばれる。

ほや【寄=生】ヤドリギの古名。「伏し柴に宿れる—のおのれのみときはかきはに物をこそ思へ」〈散木集・九〉

ほ-や【穂屋】ススキの穂で屋根を葺いた家。「尾花ふく—のめぐりの一村にしばしさとある秋のみさ山」〈玉葉集・雑一〉

ぼや【小=火】大きくならないうちに消し止めた火事。小さな火事。「—を出す」「—騒ぎ」
(類語)火事・火災・火難・出火・失火・炎上・大火・自火・近火・急火・怪火・不審火び・祝融しゅくゆう・回禄かいろく

ぼ-や【×戊夜】五夜ごやの一。およそ今の午前3時または4時から2時間をいう。寅とらの刻。五更ごこう。

ぼ-や【暮夜】夜になった時。また、夜。夜分。
(類語)夜・夜よ・小夜さよ・夜よさり・宵よい・晩・夜間・夜中やちゅう・夜分やぶん・夜陰やいん・夜半よわ・夜中よなか・夜半やはん・ナイト

ぼやか・す〔動サ五(四)〕あいまいにする。ぼんやりさせる。ぼかす。「話の核心を—・す」

ぼやき　ぼやくこと。また、その言葉。「—が出る」
(類語)世迷い言・愚痴・繰り言・怨言・文句・不平

ほ-やく【補薬】漢方で、体力を補うために用いる薬。おぎないぐすり。

ぼや・く〔動カ五(四)〕ぶつぶつ不平や泣き言を言う。「仕事がきついと—・く」(類語)愚痴る・こぼす

ほ-やけ【火焼け】❶火事。火災。「日々夜々の—の処多し」〈天智紀〉❷火に焼けたようなあざ。〈日葡〉

ほやけ-じぞう【火焼け地蔵】ヂザウ　やけどの治癒や火伏せに御利益ごりやくがあるという地蔵。

ぼや・ける〔動カ下一〕はっきりとしなくなる。ぼんやりとする。ぼける。「論点が—・ける」
(類語)ほのめく・ぼかす・かすむ・おぼろげ・不明瞭

ほや・す【×吼やす】〔動サ四〕泣かせる。「憐みの懐に赤子を—・し」〈浄・貧人太平記〉

ぼやっ-と〔副〕スル ❶物の形や色などがぼやけて見えるさま。ぼんやり。「相手の顔が—してはっきり見えない」❷記憶などの中味が不確かなさま。ぼんやり。「あの日のことは—しか思い出せない」❸注意が散漫で、間のぬけたように見えるさま。ぼんやり。「—つっ立ったまま動かない」(類語)ぼんやり

ボヤナ-きょうかい【ボヤナ教会】ケウクワイ《Boyanska tsarkva》ブルガリアの首都ソフィアの南西約8キロメートル、ビトシャ山麓にあるブルガリア正教会の教会。11世紀頃の創建とされ、以降、13世紀と19世紀に増築された三つの聖堂からなる。中央部の聖パンテレイモン聖堂に残るフレスコ画は東ヨーロッパにおける中世キリスト教美術の傑作として知られ、1979年に世界遺産(文化遺産)に登録された。

ほや-ほや　㊀〔副〕❶炎や湯気などの立ちのぼるさま。「—と煙けむの立つ莨きせるの」〈小杉天外・初すがた〉❷柔らかくあたたかそうなさま。「春風の—と吹くに」〈玉塵抄・三〉❸声を出さず、にこやかに笑うさま。ほくほく。「入道殿障子も御簾も引きのけ—笑顔」〈浄・女護島〉
㊁〔形動〕❶でき上がったばかりで、柔らかく湯気の立っているさま。「—な肉まん」❷その状態になったばかりであるさま。「—な一年生」「新婚—」(アクセント)㊀はホヤホヤ、㊁はホヤホヤ。(類語)あったか・あたたかい・温暖・ほかほか・ぽかぽか・温和・優しい・温ぬくい・ぬくい・ぬくぬく・ぬくもり

ぼや-ぼや　㊀〔副〕スル ❶注意が散漫でぼんやりしているさま。「—(と)しないでさっさと荷物を運べ」❷髪などが、伸びて乱れているさま。ぼうぼう。「—した頭髪を」〈花袋・一兵卒の銃殺〉❸炎や湯気などが盛んにたちのぼるさま。「つい—と燃やして」〈浄・太功記〉㊁〔形動〕㊀❷に同じ。「断髪がすっかり伸びて—になったつわりの女房は」〈石川達三・蒼氓〉(アクセント)㊀はボヤボヤ、㊁はボヤボヤ。(類語)ぼんやり

ほ・ゆ【×吠ゆ¦×吼ゆ】〔動ヤ下二〕「ほえる」の文語形。

ほ-ゆう【保有】イウ〔名〕スル 自分のものとして持っていること。「株式を—する」(類語)有する・所有・所持

ほ-ゆう【保×佑¦保右】イウ〔名〕スル 助けること。「朽腐の枝と枯敗の根とを—せず」〈西周・明六雑誌一二〉

ほゆう-まい【保有米】ホイウ 農家が自家用に保有する米。自家保有米。

ほよ【寄=生】ヤドリギの古名。「あしひきの山の木末こぬれの—取りてかざしつらくは千年ちとせ寿ほくとぞ」〈万・四一三六〉

ほ-よう【保養】ヤウ〔名〕スル ❶からだを休ませて健康を養うこと。養生すること。「山の温泉で—する」「—地」❷心をなぐさめ楽しむこと。「目の—になる」
(類語)静養・養生・療養・保健・闘病

ぼよう【慕容】古代北アジア遊牧民族の鮮卑の一部族。3世紀ごろから中国東北部に移住、4世紀初めには強盛となり、前燕・後燕・西燕・南燕などを建国。

ほよう-じょ【保養所】ホヤウ 保養のために設けられた施設。

ほ-よく【×輔翼】〔名〕スル 助けること。補佐。扶翼。「朝廷を—し奉るのほかはない」〈藤村・夜明け前〉

ほ-ら【▽法×螺】㊀〔名〕❶「法螺貝」の略。❷大げさに言うこと。でたらめを言うこと。また、その話。㊁〔形動ナリ〕利益が意外に多いさま。「これを思ふに、—なる金銀まうくる故なり」〈浮・永代蔵・四〉(類語)嘘・偽り・そら・嘘っぱち・嘘八百・虚偽・偽善・まことしやか・二枚舌・はったり・虚・虚言・虚辞・そら言・そら音
法螺を吹・く　❶法螺貝を吹き鳴らす。❷大げさなでたらめを言ったり、大きなことを言ったりする。「口から出まかせの—・く」

ほら【洞】がけ・岩・大木などにできた、中のうつろな穴。ほらあな。「木の—」(類語)洞穴どうけつ・洞穴ほらあな・洞窟・岩窟・石窟・岩屋・山窟・鍾乳洞しょうにゅうどう

ホラ〖Chora〗ギリシャ南東部、エーゲ海に浮かぶナクソス島の北西岸に位置する港町。同島の中心地。アポロン神を祭った神殿跡ポルタラ、ベネチア支配時代の13世紀から16世紀半ばにかけて築かれた城塞などが残っている。通称ナクソス。

ほら〔感〕何かを指し示して、相手の注意をひくときに発する声。「—、見て」「—、言ったとおりだろ」

ぼら【×鯔¦×鰡】スズキ目ボラ科の海水魚。体は円筒形でやや側扁し、全長約80センチ。背面が灰青色、腹面は銀白色。胃壁は肥厚し、俗にへそという。幼魚期を内湾や淡水で過ごし、外海に出て成熟・産卵する。出世魚の一で、一般に3センチくらいをハク、5〜10センチをオボコ・スバシリ、20センチくらいをイナ、30〜40センチをボラ、50センチ以上をトドとよぶ。温・熱帯に分布し、日本では関東以南に多い。食用。卵巣の塩干しをからすみという。(季 秋)「岸釣や波立てすぎし—の列/秋桜子」

ボラ〖bora〗山の斜面を吹き下りる冷たい風。(補説)本来はクロアチアのダルマチア地方でアドリア海に吹き下りる北東風のこと。

ポラ「ポラロイド」の略。

ホラー〖horror〗恐怖。戦慄せんりつ。「—映画」

ホラー-えいが【ホラー映画】エイグワ《horror picture》ショック・恐怖・戦慄をねらった映画。スリラー映画・オカルト映画と重なりあう部分が多い。

ホラーサーン〖Khurāsān〗▶ホラサーン

ボラード〖bollard〗▶係船柱

ほら-あな【洞穴】洞ほら。どうけつ。(類語)洞穴どうけつ・洞・洞窟・岩窟・石窟・岩屋・山窟・鍾乳洞しょうにゅうどう

ほら-いもり【洞井守】ゐもり 有尾目ホライモリ科の両生類。全長約25センチ。体は細長く四肢は小さい。アドリア海北岸地域に分布。石灰洞の地下水にすみ、目は見えず、紅色の外えらを終生もつ。オルム。

ほら-がい【▽法×螺貝¦吹=螺¦梭=尾=螺】ガヒ ❶フジツガイ科の巻き貝。日本産の巻き貝では最大で、殻高30センチ以上になる。貝殻は紡錘形で厚く、殻口が広い。表面は黄褐色の地に黒褐色などの半月斑が並び、光沢がある。ヒトデ類を餌とする。紀伊半島以南の暖海に広く分布。肉は食用。ほら。❷❶の殻頂を削って穴をあけ、簡単な吹き口をつけたもの。修験者が山中で猛獣を追い払うために吹いたほか、法会や戦陣における合図などに用いた。ほら。

ほら-が-とうげ【洞ヶ峠】タウゲ ㊀京都府八幡市と大阪府枚方ひらかた市との境にある峠。標高約70メートル。天正10年(1582)の山崎の戦いで、明智光秀が軍を進め、筒井順慶つついじゅんけいに加勢を求めたところ、順慶は兵を動かさなかったが、のちに、ここで戦いを観望し、有利なほうに味方しようとしたと誤って伝えられた。㊁《㊀の筒井順慶の故事から》有利なほうにつこうと形勢をうかがうこと。日和見ひよりみ。「—をきめ込む」

ほら-ぐち【洞口】茶室などで、床の間の脇壁に設けた開口部。床脇を広くみせるためのもの。縁ふちを壁土で塗りめぐらし、上部は半円形とする。

ホラサーン〖Khurāsān〗《太陽の昇る国の意》イラン東部からヒンズークシ山脈以南に至る地方名。中央アジアとイランを結ぶ要地で、アレクサンドロス大王に征服されて以来、数々の国の領土となった。現在はイラン・アフガニスタン・トルクメニスタンに分属。フラサーン。コラサーン。

ホラショビツェ〖Holašovice〗チェコ南部、南ボヘミア地方の村。地域特有のバロック様式で建てられた家屋や礼拝堂は、18世紀から19世紀にかけてのもので、1998年に「ホラショビツェの歴史地区」として世界遺産(文化遺産)に登録された。ホラショビッツェ。

ホラズム〖Khorezm〗中央アジアのアムダリア下流域の古称。中央アジア古代文明の一中心地。現在はウズベキスタン・トルクメニスタンに所属。コラズム。フワーリズム。(補説)「花剌子模」とも書く。

ホラズム-ちょう【ホラズム朝】テウ ホラズム地方に興ったトルコ系イスラム王朝。1077年、セルジューク-トルコから独立。13世紀初頭には、イラン・アフガニスタンを支配する強国となったが、モンゴルの侵入を受け、1231年に滅亡。

ほらだんしゃく【法螺男爵】冒険心に富んだほら好きの、実在の人物ミュンヒハウゼン男爵の体験談から生まれた冒険譚の主人公。1785年、ドイツ人E=ラスペが民間伝承の17編を集成して英語で出版。翌年、A=ビュルガーが13編を加えてドイツ語で翻案出版し、嘘物語の古典的名著となった。

ホラティウス〖Quintus Horatius Flaccus〗［前65〜前8］古代ローマの詩人。その著「詩論」は後世に大きな影響を与えた。作「風刺詩」「書簡詩」など。

ボラティリティー〖volatility〗《不安定・変動の意》株式などの価格の変動率・変動性。特定の銘柄や商品の値動きの大きさについても、時期による相場全体の値動きの大きさについてもいう。これが大きいと、利益を上げやすい反面、損失の可能性も高まる。

ほら-どこ【洞床】茶室の床の間の一様式。床の前面の間口より床内が広く、洞を思わせるような床。

ボラ-バイト《「ボランティア」と「アルバイト」を合わせた造語》学生など若者が農家・牧場・旅館などで繁忙期に短期間働くこと。目的は未経験の仕事を体験し、土地の人々と知り合い視野を広げることにあるので、賃金は低い。食事・宿舎は雇い主が用意する。(補説)ボラバイトをする人をボラバイターという。2000年前後に始まるか。

ボラピューク〖ﾄﾞｲﾂ Volapük〗国際語として作られた人工語の一つ。ドイツのシュライエルが1879年に発表した。

ほら-ふき【▽法×螺吹き】大げさでたらめを言ったり、大言を吐いたりする人。

ほら-ほら〔副〕❶炎などがかすかに揺れ動くさま。ゆらゆら。「灯影の―と覚束なくも漂いつつ」〈紅葉・不言不語〉❷着物の裾がちらちらとひるがえるさま。ひらひら。「裾も一踏みかへす」〈浄・先代萩〉❸ある状況が少しずつ現れるさま。ちらほら。「塢ﾂﾞの桜も―と咲き初めたるよし」〈人・清談若緑・初〉

ほら-ほら【洞洞】〔副〕中がうつろで広いさま。「内は―、外ﾄはすぶすぶ」〈記・上〉

ポラリス〖Polaris〗❶北極星。❷米国が世界で初めて開発した潜水艦発射用の中距離弾道弾。

ポラリゼーション〖polarization〗分裂すること。分極化すること。

ポラリメーター〖polarimeter〗▶偏光計

ポラロイド〖Polaroid〗「ポラロイドカメラ」の略。また、それで撮った写真。

ポラロイド-カメラ〖Polaroid Land Camera〗ポジフィルム・印画紙・現像処理剤や感光乳剤を一体とした特殊フィルムを用い、撮影後すぐに写真が得られるカメラ。商標名。(補説)「インスタントカメラ」などと言い換える。

ボランタリー〖voluntary〗〔形動〕自発的であるさま。任意であるさま。自由意志から出た。「市民の―な活動をまとめる組織」

ボランタリー-チェーン〖voluntary chain〗任意連鎖店。複数の小売店が独立性を保ちながら、共同で仕入れ・宣伝・配送などを行うための組織。

ボランタリズム〖voluntarism〗公共・福祉のためにする個人の自発的な協力。通常、無償で行う。

ボランチ〖ﾎﾟﾙﾄｶﾞﾙ volante〗《自動車などのハンドルの意》サッカーで、中盤で相手の攻撃の芽を摘み、深い位置からゲームを組み立てるポジション。また、そのプレーヤー。⇒ディフェンシブハーフ

ボランティア〖volunteer〗《志願者の意》自主的に社会事業などに参加し、無償の奉仕活動をする人。「―で日本語を教える」「―精神」
(類語)社会奉仕・支援・篤志・サービス

ボランティアかつどう-ほけん【ボランティア活動保険】ｸﾜﾂﾄﾞｳ 日本国内におけるボランティア活動中で、ボランティア自身のけがや、他人の身体・財物に損害を与えた場合の賠償責任などを塡補する団体保険。ボランティア個人を被保険者とし、全国社会福祉協議会が一括して損害保険会社と契約する。

ホラント〖Holland〗オランダ西部の地方。独立以来、政治・経済・文化の中心となってきたためオランダ全土をさすこともある。現在は、ノルト(北)ホラントとゾイト(南)ホラントの2州に分けられる。(補説)日本語での呼称「オランダ」の語源となった。

ポランニー〖Polanyi〗㊀(Karl 〜)［1886〜1964］ハンガリー生まれの経済学者。主として米国で活躍。物資の交換形態として互酬・再分配・交換の3様式を摘出し、市場社会と非市場社会に考察を加えて経済人類学を体系化した。著「大転換」「経済と文明」など。㊁(Michael 〜)［1891〜1976］ハンガリー生まれの物理化学者・哲学者。㊀の弟。主として英米で活躍し、結晶構造などの研究を行った。哲学に転向したのちは、暗黙知の提唱など独自の理論を展開。著「暗黙知の次元」「個人的知識」など。

ほ-り【捕吏】罪人をめしとる役人。とりて。とりかた。

ほり【堀／×濠／×壕】❶土地を掘って水を通した所。掘り割り。❷敵の侵入を防ぐために、城の周囲を掘って水をたたえた所。(類語)外堀・内堀

ほり【彫り】❶彫ること。また、彫ったぐあい。「巧みな―」❷彫ったような凹凸ｵｳﾄﾂ。「―の深い顔」

ポリ〖poly〗❶「ポリエチレン」の略。「―バケツ」「―袋」❷他の語の上に付いて複合語をつくり、複数の、の意を表す。特に化学では重合体の意を表す。「―ウレタン」「―ガミー」

ポリ「ポリス」「ポリスマン」の略。

ほり-あきら【堀晃】［1944〜］SF作家。兵庫の生まれ。高校時代から筒井康隆主宰のSF同人誌「NULL」などに参加、創作をはじめる。短編「イカルスの翼」でデビュー。「太陽風交点」で日本SF大賞受賞。他に「恐怖省」「バビロニア・ウェーブ」「地球環」など。

ポリアクリルさん-ナトリウム【ポリアクリル酸ナトリウム】吸水性高分子の一つ。アクリル酸、アクリル酸塩などを共重合させることで合成する。高分子が形作る網目構造の中に多数の水分子を取り込んでゲル状にする性質をもつ。

ポリアクリロニトリル〖polyacrylonitrile〗アクリロニトリルの付加重合などによって得られる高分子化合物。軟化点が高く、繊維としてすぐれた性質をもち、アクリル繊維などの主成分。PAN。

ほり-あげ【彫(り)上げ】❶彫刻・印刻などで、模様・文字を高く、地を低く彫ること。浮き彫り。❷彫り終えること。

ほり-あ・げる【彫(り)上げる】〔動ガ下一〕図ほりあ・ぐ〔ガ下二〕❶彫り終える。「出品作品を―・げる」❷浮き彫りに彫る。「葡萄の模様を―・げる」

ポリアセタール〖polyacetal〗アセタール結合$-OCR_2O-$(Rはアルキル基)をもつ重合体の総称。アルデヒド類の重合によって得られ、ポリオキシメチレンなどがあり、アセタール樹脂の主成分。エンジニアリングプラスチックとして用いられる。

ポリアセタール-じゅし【ポリアセタール樹脂】《polyacetal resin》エンジニアリングプラスチックの一種。ホルムアルデヒドやトリオキサンの重合により得られる樹脂。熱可塑性で、耐熱性・耐摩耗性などがすぐれている。

ポリアセチレン〖polyacetylene〗アセチレンの重合物で炭素二重結合と一重結合が交互に並んだ高分子物質。沃素ﾖｳｿなどを加えると、電気を通す。

ほり-あ・てる【掘(り)当てる】〔動タ下一〕図ほりあ・つ〔タ下二〕❶掘っていって埋まっているものを捜し当てる。「温泉を―・てる」❷隠れていたものを見つけ出す。「有望な新人歌手を―・てる」

ポリアミド〖polyamide〗アミド結合$-CO-NH-$によって重合した高分子化合物の総称。紡糸して合成繊維ナイロンを作る。

ポリアンサス〖polyanthus〗▶プリムラポリアンサ

ポリアンドリー〖polyandry〗一妻多夫。⇒ポリガミー

ホリー〖holy〗多く複合語の形で用い、神聖な、清らかな、などの意を表す。「―ナイト」「―マザー(＝聖母マリア)」

ほり-いけ【掘(り)池】掘って作った人工の池。

ポリイソプレン-ゴム《和 polyisoprene＋gom(ｵﾗﾝﾀﾞ)》イソプレンの重合体。天然ゴムと同じ立体構造をもつ合成天然ゴム。⇒ステレオゴム

ほり-いど【掘(り)井戸】ﾎﾘ 地面を掘り下げて作った井戸。掘り井。

ホリー-とう【ホリー島】ﾀｳ《Holy Island》英国ウェールズ北西部の島。アングルシー島の西に位置し、鉄道・道路橋が架かる。主な町はホリーヘッドでアイルランド島とは定期航路で結ばれ、玄関口として知られる。新石器時代の立石群や墳墓遺跡のほか、西部にはアングルシー島も含め周辺で最も高いホリーヘッド山(標高220メートル)がある。ホリーヘッド島という別称・古称をもつ。ホーリー島。

ボリーバル〖Simón Bolívar〗［1783〜1830］南アメリカ独立運動の指導者。カラカスの生まれ。スペイン軍と戦い、ベネズエラ・コロンビア・エクアドルを解放し、大コロンビア共和国を樹立。さらにペルー・ボリビアの解放に成功。1826年、スペイン系独立諸国の連帯を目的とした国際会議をパナマに開催。

ポリープ〖polyp〗❶▶ポリプ❷皮膚や粘膜の表面に、キノコ状に盛り上がるはれもの。米粒大から親指大で、球・楕円・卵形など。炎症性と良性腫瘍ｼｭﾖｳ性とがあり、まれに悪性腫瘍に変化する。茸腫ｼﾞｮｳｼｭ。

ホリーヘッド〖Holyhead〗英国ウェールズ北西部、ホリー島の港町。アイルランド島とは定期航路で結ばれ、玄関口として知られる。町の中心に古代ローマ時代の砦に起源する6世紀創建のセントキビ教会がある。

ホリーヘッド-とう【ホリーヘッド島】ﾀｳ《Holyhead Island》▶ホリー島

ホリールード-きゅうでん【ホリールード宮殿】《Palace of Holyrood》▶ホリールードハウス宮殿

ホリールード-きょうかい【ホリールード教会】ｹｳｸﾜｲ《Church of the Holy Rude》英国スコットランド中部の都市スターリングにあるゴシック様式の教会。12世紀、デビッド1世の時代に創建されたが火災で焼失し、14世紀から16世紀にかけて再建。スコットランド王ジェームズ6世(イングランド王ジェームズ1世)の戴冠式が行われたことでも知られる。

ホリールード-こうえん【ホリールード公園】ｺｳｴﾝ《Holyrood Park》英国スコットランドの首都エジンバラ、ホリールードハウス宮殿の南東部に広がる公園。王室のかつての狩猟場だった場所で、面積は約260ヘクタール。「アーサー王の玉座」と呼ばれる高さ251メートルの岩山がある。

ホリールード-じいん【ホリールード寺院】ｼﾞｲﾝ《Holyrood Abbey》▶ホリールード修道院

ホリールード-しゅうどういん【ホリールード修道院】ｼｳﾀﾞｳｷﾝ《Holyrood Abbey》英国スコットランドの首都エジンバラにあるアウグスティヌス派の修道院跡。旧市街のロイヤルマイル東端に位置し、ホリールードハウス宮殿に隣接する。12世紀、デビッド1世により創建。スコットランドの王族の戴冠式や結婚式が行われたほか、デビッド2世、ジェームズ2世らが埋葬されている。ホリールード寺院。

ホリールードハウス-きゅうでん【ホリールードハウス宮殿】《The Palace of Holyroodhouse》英国スコットランドの首都エジンバラにある宮殿。旧市街のロイヤルマイル東端に位置する。12世紀にデビッド1世が建てたホリールード修道院のゲストハウスを前身とする。16世紀初め、ジェームズ4世が王室の宮殿として建造した。スコットランド女王メアリー＝スチュアートの部屋や、歴代の王の肖像画を陳列するかつての大宴会場などがある。現在も英国王室の宮殿として利用されている。ホリールード宮殿。

ほり-う・う【掘り植う】〔動ワ下二〕草木を掘り取ってきて、他の所に植える。「花の木も今は―・ゑじ春立てば移ろふ色に人ならひけり」〈古今・春下〉

ほりうち-けいぞう【堀内敬三】ｹｲｻﾞｳ［1897〜1983］音楽評論家。東京の生まれ。ラジオの音楽番組などを通して洋楽の普及に尽力。著「音楽五十年史」など。

ほりうち-つねお【堀内恒夫】ﾂﾈｵ［1948〜］プロ野球選手・監督。山梨の生まれ。昭和40年(1965)巨人に入団。ルーキーで開幕から13連勝を含む16勝(2敗)をあげ、最優秀防御率・最高勝率・沢村賞・新人王を獲得。以後、13年連続2桁勝利を挙げ、巨人V9時代のエースとして活躍した。通算203勝。引退後は、同球団のコーチ・監督を務めた。

ほりうち-は【堀内派】自由民主党の派閥の一。宏池ｺｳ会分裂時の一方の平成13年(2001)から同17

年における通称。森喜朗内閣不信任案に賛成の姿勢を見せた加藤紘一に反発したメンバーが結成。会長は堀内光雄。➡古賀派

ボリウッド〘Bollywood〙インド映画の制作中心地であるムンバイの俗称。(補説)娯楽映画を多く作成していること、また、制作本数・観客動員数ともに世界トップクラスであることから、ムンバイの旧称ボンベイ(Bombay)の頭文字と、米国映画の中心地であるハリウッド(Hollywood)を組み合わせてつけられた。

ポリウレタン〘polyurethane〙ウレタン結合 –NHCOO– によって重合した高分子化合物の総称。合成ゴム・合成繊維などとして利用。また、発泡させて作るウレタンフォームはマットレスなどに用いる。

ほり-え【堀江】掘って水を通した人工の川。疏水。

ポリエーテル〘polyether〙エーテル結合 –C–O–C– を主鎖にもつ鎖状高分子の総称。水溶性の高分子として、界面活性剤・乳化剤・粘結剤などに用いられる。また、耐油性・耐薬品性に優れたものが多い。

ほりえ-けんいち【堀江謙一】[1938～]探険家。大阪の生まれ。昭和37年(1962)、小型ヨットのマーメイド号で日本人初の太平洋単独横断に成功、同49年には単独・無寄港で世界一周を達成。著作に「太平洋ひとりぼっち」など。

ポリエステル〘polyester〙エステル結合 –CO–O– をもつ高分子化合物の総称。エチレングリコールとテレフタル酸との縮重合によって得られるエチレンテレフタラートが代表的で、合成繊維テトロンなどが作られる。合成樹脂には、不飽和ポリエステル樹脂・アルキド樹脂などがある。

ポリエステル-フィルム〘polyester film〙ポリエステルの薄膜。エステル結合を含む高分子化合物。多価アルコールと多塩基酸の重縮合により得られる。磁気テープなどに用いられる。

ポリエチレン〘polyethylene〙エチレンの付加重合によって得られる高分子化合物。代表的な熱可塑性樹脂で、半透明の可燃性の固体。燃やすと溶けてぽたぽたと落ちる。袋・容器などに多用。PE。

ほりえ-としゆき【堀江敏幸】[1964～]小説家・フランス文学者。岐阜の生まれ。「熊の敷石」で芥川賞受賞。評論や翻訳書も多い。他に「おぱらばん」「雪沼とその周辺」など。

ポリエン〘polyene〙分子内に多数の二重結合をもつ炭化水素。弾性ゴムなど。二重結合が共役しているものは共役ポリエンという。

ポリ-えんかビニリデン【ポリ塩化ビニリデン】《polyvinyliden chloride》塩化ビニリデンの重合体。加熱成型が困難で、塩化ビニルと共重合させたものが合成繊維・フィルムなどに用いられ、耐久性・強度は大きい。商品にサラン・クレハロンなどがある。

ポリ-えんかビニル【ポリ塩化ビニル】《polyvinyl chloride》塩化ビニルの重合体。塩化ビニル樹脂の主成分。

ポリ-えんかビフェニル【ポリ塩化ビフェニル】▶ピー-シー-ビー(PCB)

ポリオ〘polio〙▶急性灰白髄炎(きゅうせいかいはくずいえん)

ほり-おこ・す【掘(り)起(こ)す】〔動サ五(四)〕❶掘って土を返す。開墾する。「畑を―・す」❷掘って外に出す。「球根を―・す」❸今まで隠れていた物事などを、見つけ出す。「町の歴史を―・す」

ほりお-よしはる【堀尾吉晴】[1543～1611]安土桃山時代の武将。尾張の人。名は可晴とも書く。豊臣秀吉に仕えて、慶長3年(1598)三中老の一人となった。関ヶ原の戦いでは徳川方。松江城を築城。

ポリカーボネート〘polycarbonate〙炭酸エステル結合 –O–R–O–CO–(Rはアルキル基)をもつ高分子化合物。熱可塑性樹脂の一。二価フェノールとホスゲンなどとの反応によって作られ、無色透明で、強度は金属なみで耐衝撃性が大きい。ヘルメット・機械部品・コンパクトディスクなどに用いる。

ほり-かえ・す【掘(り)返す】〔動サ五(四)〕❶掘って下の土を上に出す。「田を―・す」❷前に埋めた所を再び掘る。「道路を―・す」❸一度結着のついた事柄をむし返して問題にする。「過去を―・す」

ポリガミー〘polygamy〙一夫多妻。複婚。一妻多夫にもいう。➡ポリアンドリー ➡モノガミー

ほり-かわ【堀川|堀河】㊀京都市街のほぼ中央を南流する川。北区大宮で賀茂川から分流し、南区上鳥羽付近で鴨川に注ぐ。㊁浄瑠璃「近頃河原達引(ちかごろかわらのたてひき)」の通称。

ほりかわ-いん【堀川院】藤原基経の邸。京都堀川の東にあった。のち、円融天皇・堀河天皇の里内裏として使われた。

ほりかわ-がく【堀川学】《伊藤仁斎が京都堀川の古義堂で提唱・教授したところから》古義学の異称。

ほりかわ-じゅく【堀川塾】江戸時代、伊藤仁斎が京都堀川のほとりの自邸に開いた私塾。古義堂。

ほりかわ-てんのう【堀河天皇】[1079～1107]第73代の天皇。在位1086～1107。白河天皇の第2皇子。名は善仁(たるひと)。即位当初は白河上皇の院政期であったが、長じて政務に精励し、末代の聖王と称された。

ほりかわなみのつづみ【堀川波鼓】浄瑠璃。世話物。3巻。近松門左衛門作。宝永4年(1707)大坂竹本座初演というが未詳。不義を犯したお種を、夫小倉彦九郎はやむなく自害させ、京都の堀川で女敵(めがたき)を討つ。近松三姦通物の一。

ほりかわひゃくしゅ【堀河百首】平安後期の歌集。長治2年(1105)ごろ成立か。堀河天皇の時、藤原公実(きんざね)・源俊頼・源国信らを中心に、当時の代表的歌人の大江匡房(まさふさ)・藤原基俊ら16人が詠んだ百題による百首歌の集成。後代の組題百首の規範とされ、重んじられた。堀河院御時(おおんとき)百首和歌。

ほり-き【×塹|×壍|×隍】城の周囲にめぐらした堀。「―を隔て橋を引きてけり」〈今昔・一六・二〇〉

ほり-きょうあん【堀杏庵】[1585～1642]江戸初期の儒学者。近江(おうみ)の人。名は正意(まさおき)。儒学を藤原惺窩(ふじわらせいか)に学んだ。寛永8年(1631)より尾張藩儒官、のち、幕命で「寛永諸家系図伝」を編纂(へんさん)。

ほり-きり【堀切(り)】地面を掘って切り通した水路。

ほりぐち-だいがく【堀口大学】[1892～1981]詩人・フランス文学者。東京の生まれ。大正期の象徴詩に知性と官能美を加え、フランス近代詩の翻訳も多い。文化勲章受章。詩集「月光とピエロ」「砂の枕」「人間の歌」、訳詩集「月下の一群」など。

ほり-くび【掘り×頸】地中に生き埋めにして首を切り落とす刑。「鋸(のこぎり)にてや切るべき。―にやすべき」〈平家・一一〉

ポリグラフ〘polygraph〙血圧・脈拍・呼吸・心電図などいくつもの生体現象を同時に測定・記録し、その変動を観察するのに用いる装置。多用途監視装置。

ポリクリ《(ドイツ) Poliklinikから》大学病院で医学生が行う外来実習。さまざまな疾患の多くの患者を診察する。

ポリグロット〘polyglot〙多言語に通じている人。多言語使用者。

ポリクロロプレン〘polychloroprene〙クロロプレンの重合体。合成ゴムの一で、耐油性・耐熱性・耐老化性・耐オゾン性にすぐれ、油用ホース・パッキング・ベルトなどに用いられる。商標名はネオプレン。

ほりこし-くぼう【堀越公方】伊豆堀越にあった室町幕府の東国支配機関。また、その長である足利政知の称。鎌倉公方足利成氏が幕府に背いて下総(しもうさ)の古河(こが)に移ったのち、将軍義政は弟政知を下向させたが鎌倉に入れず、ここにとどまって成氏に対抗した。延徳3年(1491)あとを継いだ子の茶々丸が北条早雲に攻められ滅亡。

ほりこし-ごしょ【堀越御所】堀越公方の邸宅。また、堀越公方その人。

ほり-ごたつ【掘り×炬×燵|掘り▽火×燵】床を切って炉を設け、櫓(やぐら)をおいたこたつ。切りごたつ。

ほり-こみ【彫(り)込み】彫刻・印刻などで、地を残して、文字・模様を凹形に彫り込むこと。また、その彫り込んだ部分。

ほり-こ・む【彫(り)込む】〔動マ五(四)〕表面をきざんで、文字や図形などをしるす。「碑に銘を―・む」

ほり-こ・む【掘(り)込む】〔動マ五(四)〕深く掘っていく。「固い地盤を崩して―・む」

ポリゴン〘polygon〙多角形。三次元のコンピューターグラフィックスにおける立体形状を表現するために使われる多角形を指すことが多い。物体表面を小さい多角形(主に三角形)に分割し、その位置や角度、模様、質感などの見え方を個々に計算して三次元画像を描画する。

ポリゴン-ミラー〘polygon mirror〙《polygonは多角形の意》高精度のデジタル複写機やレーザープリンターに搭載される回転多面鏡。1分間に数万回という高速で回転し、半導体レーザーからのレーザー光線を反射して感光ドラムに転送する。製造にはきわめて精密な鏡面加工技術を要する。

ポリ-さくさんビニル【ポリ酢酸ビニル】酢酸ビニルの重合体。主にポリビニルアルコールの原料。

ほり-さげ【掘(り)下げ】掘り下げること。「地盤軟弱な地にしては―が浅い」「事実の―が足りない」

ほり-さ・げる【掘(り)下げる】〔動ガ下一〕(文)ほりさ・ぐ〔ガ下二〕❶下へ深く掘る。「井戸を―・げる」❷深く調べたり考えたりする。「問題をもっと―・げてとらえるべきだ」

ほり-し【彫(り)師】「彫物師(ほりものし)」に同じ。

ボリジ〘borage〙ムラサキ科の一年草で、ハーブの一種。茎葉は全体が粗い毛で覆われている。葉は生のままサラダに混ぜたり、青い花はケーキの飾りや砂糖菓子に利用する。

ポリシー〘policy〙政策。策略。また、事を行う際の方針。「行動に―がない」(類語)政策・綱領・大本・国策

ポリシー-イヤー-ベーシス〘policy year basis〙損害保険の損害率算出の一方法で、保険料合計に対する、発生した保険金の比率。ある年度に引き受けた保険契約の保険料合計で、その契約に対して発生した保険金を除して算出する。引受年度別計算。

ポリシー-ミックス〘policy mix〙経済成長と安定、国際収支改善など複数の目標を同時に実現するために、財政・金融政策など、経済政策手段を組み合わせ一体化運営をすること。相互に衝突あるいは矛盾することが多いいくつかの政策を一体化して調整することで、それぞれの目標の同時達成をねらう。その時々の最適なポリシーミックスを選択するのが政策当局の課題。

ポリシー-ユニット〘Policy Unit〙主に民間から登用された経済・財務・教育などの専門家で構成され、首相直属の組織として政策の立案に携わる機関。官僚政治に対抗する役割を果たす。1974年に英国の首相ウィルソンが創設。サッチャー・ブレア政権時代に機能が強化された。平成21年(2009)の政権交代に伴い日本の民主党(四)政権が内閣府に設置した国家戦略室のモデルとされる。

ポリジーン〘polygene〙身長・多収穫性といった量的に計測できる形質について、発現に関与する多数の遺伝子群の個々の遺伝子。また、その遺伝子群。

ボリシェビキ〘(ロシア) Bol'sheviki〙《多数派の意。「ボルシェビキ」とも》1903年にロシア社会民主労働党が二派に分裂したとき、レーニンの率いた左翼の多数派。ソ連共産党の前身。➡メンシェビキ

ボリシェビズム〘Bolshevism〙《「ボルシェビズム」とも》レーニンが主導したボリシェビキの思想的、政治的立場。レーニン主義。

ボリショイ-げきじょう【ボリショイ劇場】《(ロシア) Bol'shoyは大きい意》モスクワにあるロシアの国立劇場の通称。1776年に創立。専属のバレエ団・合唱団・楽団などをもつ。

ボリ-じょう【ボリ城】《Bory vár》ハンガリー中西部の都市セーケシュフェヘールバールにある中世風の城。建築家ボリ=イェヌーの設計により、20世紀前半に建造。画家、彫刻家でもあったボリの作品を展示している。

ほり・す【▽欲す】〔動サ変〕そうありたいと願う。望

む。ほっする。「恋ひつつも後も逢はむと思へこそ己が命を長く—・すれ」〈万・二八六八〉

ポリス〖police〗❶警察。警官隊。❷警官。巡査。

ポリス〖ｷﾞﾘｼｬ polis〗古代ギリシャの都市国家。前9世紀ごろ、氏族社会から貴族制への移行の過程に成立。ヘレニズム時代に消滅。

ポリス〖Polis〗キプロス北西部の町。アカマス半島の基部に位置する。近隣に、美と愛の女神アフロディティが水浴びをしたという泉や、手つかずの自然が残るアカマス自然遊歩道などがある。

ポリス-こうえん【ボリス公園】ｺｳｴﾝ《Borisova gradina》ブルガリアの首都ソフィアにある公園。市内で最も古く最も有名な公園として知られる。元はブルガリア王国の国王ボリス3世のために造られた庭園であり、共産党時代には自由公園と呼ばれていた。

ポリス-ゴドノフ〖Boris Fyodorovich Godunov〗[1552ころ〜1605]ロシア皇帝。在位1598〜1605。タタール貴族の出身で、フョードル1世の死によるリューリク朝の断絶で即位。農奴制の強化やシベリア植民などを推進した。プーシキンの劇詩やムソルグスキーの歌劇などの主人公としても有名。

ポリスチレン〖polystyrene〗スチレンの付加重合によって得られる高分子化合物。無色透明の熱可塑性樹脂。電気絶縁性が高い。高周波絶縁材料・各種容器に、また発泡スチロールとして断熱材・緩衝材などに使用。スチロール樹脂。スチレン樹脂。

ホリスティック〖holistic〗〘形動〙全体的。包括的。「—な医療」

ポリス-ボックス《和 police＋box》交番。

ポリスマン〖policeman〗警察官。巡査。

ポリセイズム〖polytheism〗「多神教」に同じ。⇔モノセイズム。

ポリセントリズム〖polycentrism〗国際共産主義運動の中心をソ連一国に限定せず、各国の共産党の自主路線を尊重し、複数であるべきだとする考え方。スターリン死後の1956年、イタリア共産党のトリアッティが提唱。多中心主義。多極主義。

ホリゾンタル〖horizontal〗〘形動〙水平であるさま。「—ストライプ(＝横縞)」

ホリゾント〖ﾄﾞｲﾂ Horizont〗近代の劇場で、舞台奥に設けられたねずみ色の壁または幕。主に、空などの背景を照明効果で表現するためのもの。

ホリゾント-ライト〖horizont light〗舞台奥に置かれたホリゾントを照明する器具。

ほり-だし【掘(り)出し】❶掘り出すこと。❷「掘り出し物」の略。

ほりだし-もの【掘(り)出し物】思いがけなく手に入った珍しい物。また、思いがけなく安い値段で手に入れた物。「古書展で—を見つけた」

ほり-だ・す【▽放り出す】〘動サ四〙「ほうりだす」の音変化。「綿の代まで相添へて、投げ出す、—・す」〈浄・博多小女郎〉

ほり-だ・す【掘(り)出す】〘動サ五(四)〙❶地を掘って中の物を取り出す。「遺跡を—・す」❷思いがけず珍しい物や安くてよい物を手に入れる。「古書展で稀覯本(きこうぼん)を—・す」

ほり-たつお【堀辰雄】ﾀﾂｵ[1904〜1953]小説家。東京の生まれ。芥川竜之介に師事。フランス文学、特に心理主義的手法の影響を受け、知性と叙情の融合した独自の世界を築いた。作「聖家族」「風立ちぬ」「菜穂子」「美しい村」など。

ほり-たて【掘り立て】「ほったて」に同じ。「—ノ家」〈日葡〉

ポリ-タンク《polyethylene tank から》ポリエチレン製の、液体などを入れる大型容器。

ポリツィアーノ〖Angelo Poliziano〗[1454〜1494]イタリアの詩人・人文主義者。プラトン哲学者フィチーノの弟子。メディチ家の家庭教師として活躍。晩年は古典籍の評釈などに努めた。詩「騎馬槍試合のスタンツェ」、詩劇「オルフェオ物語」など。

ホリック〖holic〗〘語素〙他の語の下に付いて、中毒、あるいは中毒のようになっている、の意を表す。「ワーカー—」「アルコー—(＝アルコール中毒)」

ほり-つ・ける【彫(り)付ける】〘動カ下一〙文ほりつ・く〘カ下二〙彫って文字・形などを刻みつける。「イニシアルを—・けた指輪」

ポリッシャー〖polisher〗❶研磨粉。❷部品表面を磨いて光沢を出すための手工具。❸床などを洗い、磨く電動式の機具。

ポリッシュ〖polish〗❶磨いてつやを出すこと。❷「ネイルポリッシュ」の略。

ほり-づり【堀釣(り)】釣り堀で釣りをすること。

ポリティカル-コレクトネス〖political correctness〗人種・宗教・性別などの違いによる偏見や差別を含まない中立的な表現や用語を用いること。米国で、差別や偏見のない表現は政治的に妥当である、という意味で使われるようになった。黒人をアフリカ系アメリカ人、メリークリスマスをハッピーホリデーズ、ビジネスマンをビジネスパーソンと表現する。日本語でも、看護婦・看護士を看護師、保母を保育士などと表現するように改められたことが、これに相当する。言葉の問題にとどまらず、社会から偏見や差別をなくすことを意味する場合もある。政治的妥当性。PC。

ポリティクス〖politics〗《「ポリティックス」とも》政治学。政治活動。政治。また、政治的な駆け引き。「ワンフレーズ—」

ポリティシャン〖politician〗政治家。また、私利や党利を追求する政治屋。

ポリデウケス〖Polydeuces〗▶ポリデューシス

ホリデー〖Billie Holiday〗[1915〜1959]米国のジャズ歌手。本名、エリノラ=フェイガン(Eleanora Fagan)。1930年代に登場し、情感をこめた独自の歌唱スタイルで多くの名唱を残した。代表作は「奇妙な果実」。

ホリデー〖holiday〗休日。祭日。〔類語〕休暇・バカンス

ポリデキストロース〖polydextrose〗ぶどう糖を消化吸収しにくい形に変えた物質。水に溶けやすいため、食物繊維として健康飲料に使用される。

ポリテクニズム〖ﾛｼｱ politekhnizm〗総合技術教育。

ポリデューシス〖Polydeuces〗土星の第34衛星。2004年に発見。名の由来はギリシャ神話の神。土星とディオーネが形成するラグランジュポイントのうち、ディオーネの公転方向後ろ側付近に位置する。前側にはヘレネがある。非球形で平均直径は約3.5キロ。ポリデウケス。

ホリドール〖ﾄﾞｲﾂ Folidol〗パラチオンの商標名。

ほり-どめ【堀留(め)】堀・溝などの、掘り進めていって止めた地点。

ほり-ぬき【掘(り)抜き】❶掘り抜くこと。❷「掘り抜き井戸」の略。

ほりぬき-いど【掘(り)抜(き)井戸】ｲﾄﾞ 地下の不透水層に達するまで深く掘って、その下の被圧地下水を湧き出させる井戸。

ほり-ぬ・く【彫り▽貫く】〘動カ五(四)〙石や木をくりぬいて穴をあける。「門扉に家紋を—・く」

ほり-ぬ・く【掘(り)抜く】〘動カ五(四)〙土を掘りぬいて穴をあける。「山腹を—・く」

ポリヌクレオチド〖polynucleotide〗ヌクレオチドが直鎖状に重合した高分子化合物。天然には核酸があり、人工的に合成したものは核酸の基礎研究に用いられる。

ほり-ぬり【彫(り)塗(り)】日本画の彩色技法の一。初めに引いた描線を塗りつぶさないように線を避けて彩色するもの。

ポリネシア〖Polynesia〗太平洋上のハワイ・ニュージーランド・イースター島を結ぶ三角形の中に位置する島々の総称。ほぼ180度経線より東の区域。ハワイ諸島・サモア諸島などがある。

ポリネシア-ごは【ポリネシア語派】マレー-ポリネシア語族の一語派。ハワイからニュージーランドにかけての太平洋諸島で話されており、ハワイ語・サモア語・トンガ語などを含む。

ほり-の-うち【堀の内】中世、領主が家屋敷の周囲に手作りの田を所有し、そのまわりを堀で囲んだ地域。のちに、城下町のうち、堀を周囲にめぐらした中の町をもいう。

ほりのうち【堀ノ内】東京都杉並区東部の地名。日蓮宗妙法寺の門前町として発達。

ほり-ばくすい【堀麦水】[1718〜1783]江戸中期の俳人。加賀金沢の人。名は、堀長。俳諧中興運動において、貞享(じょうきょう)蕉風を唱導した。編著に「新みなし栗」「慶安太平記」など。

ポリ-バケツ　ポリエチレン製のバケツ。商標名。〔補説〕「プラスチック製バケツ」などと言い換える。

ほり-ばた【堀端】堀のほとり。堀の岸。

ボリビア〖Bolivia〗南アメリカ中部にある共和国。首都はスクレであるが、政府はラパスにある。アンデス山脈が西部を占める内陸国で、錫(すず)・石油などの鉱物を産出。古くはインカ帝国の一部。1535年スペイン領となったが、1825年独立。国名は独立運動を指導したボリーバルにちなむ。2009年3月、国名をボリビア共和国からボリビア多民族国に改称。人口995万(2010)。〔補説〕「暮利比亜」とも書く。

ポリビオス〖Polybios〗[前203ころ〜前120ころ]古代ギリシャの歴史家。ローマ元老院の嫌疑を受けてローマに抑留中、小スキピオの恩顧を受け、歴史を研究。政体循環史観による大著「歴史」40巻を残した。

ポリビニール-アルコール〖polyvinyl alcohol〗▶ポリビニルアルコール

ポリビニル-アルコール〖polyvinyl alcohol〗ポリ酢酸ビニルを鹸化(けんか)して得られる無色の粉末。水溶性の熱可塑性樹脂。水溶性の包装材料や接着剤・乳化剤などに用い、合成繊維ビニロンの原料。ポバール。PVA。

ポリプ〖polyp〗❶腔腸(こうちょう)動物の二つの基本型の一。固着生活をし、体は管状・杯状で上端に口が開き、周縁の触手を使って餌を取る。無性生殖を行い、単独のものと群体をつくるものとがある。種によってはクラゲを形成する。❷▶ポリープ

ポリフェノール〖polyphenol〗芳香族炭化水素の2個以上の水素がヒドロキシル基で置換された化合物。赤ワインやある種の植物の葉に豊富に含まれており、抗動脈硬化作用や抗アレルギー作用があるとされる。多価フェノール。

ポリフォニー〖polyphony〗複数の声部からなり、それぞれの声部が、旋律線の横の流れを主張しながら、対等の立場でからみあっていく様式の音楽。複音楽。多声音楽。⇒ホモフォニー ⇒モノフォニー

ポリフォニック〖polyphonic〗〘形動〙❶音楽で、多声部の。❷多層的、重層的なさま。「—な群像小説」

ポリ-ぶくろ【ポリ袋】ポリエチレンまたはポリプロピレン製の袋。透明性、耐水性にすぐれ、食品の包装や運搬資材、レジ袋、ごみ袋など用途が広い。⇒ビニール袋

ポリブタジエン〖polybutadiene〗ブタジエンの重合体。合成ゴムの一。構造の違いから3種がある。耐摩耗性・耐寒性にすぐれたものはタイヤ・ベルトなどに用い、また熱可塑性(ねつかそせい)樹脂を加えるなどして機械部品や包装用フィルムなどに用いる。

ポリプロピレン〖polypropylene〗プロピレンの付加重合によって得られる高分子化合物。軽く、折り曲げに強く、透明性・電気絶縁性・耐薬品性にすぐれる。合成樹脂・合成繊維に用いられる。PP。

ポリペクトミー〖polypectomy〗ポリープの切除術。内視鏡を使って高周波電流で焼き切る。

ポリペプチド〖polypeptide〗多数のアミノ酸がペプチド結合により重合したもの。⇒ペプチド

ほりべ-やすべえ【堀部安兵衛】ﾔｽﾍﾞｴ[1670〜1703]赤穂義士の一人。本姓は中山。名は武庸(たけつね)。高田馬場の決闘で武勇をあげ、赤穂藩士堀部弥兵衛の養子となった。

ほりべ-やへえ【堀部弥兵衛】ﾔﾍｴ[1627〜1703]赤穂義士の一人。名は金丸。娘婿の安兵衛とともに吉良邸の討ち入りに参加。

ポリポーシス〘polyposis〙一定部位の粘膜面に無数のポリープが一面に広がって発生する疾患。消化管、特に大腸粘膜に発生することが多く、血便や腹痛をきたし、癌(がん)化することも少なくない。家族性大腸ポリポーシスは、思春期前後に発病し、結腸粘膜に沿って生じる、悪性化傾向の高い多発性腺腫(せんしゅ)性ポリープ。ポリープ症。

ポリ-ボックス「ポリスボックス」をいう俗語。

ポリ-ポット《和 poly＋pot》育苗用の塩化ビニール製の植木鉢。

ぽり-ぽり〔副〕❶つめでひっかく音や、そのさまを表す語。「頭を—(と)かく」❷固いものをかみくだく音や、そのさまを表す語。「あめを—(と)かむ」

ぽり-ぽり〔副〕「ぼりぼり」よりやや軽い感じを表す語。「漬物を—(と)食べる」

ボリホルム〘Borgholm〙スウェーデン南部、バルト海にあるエーランド島の港湾都市。同島の中心地。12世紀から13世紀にかけて造られたボリホルム城の城跡や王室の狩場だったことを記念する石碑がある。

ポリマー〘polymer〙重合体(じゅうごうたい)。

ポリマー-アロイ〘polymer alloy〙複数の高分子が混合または化学結合した多成分系の高分子の総称。耐熱性・耐摩耗性・強度などに優れたエンジニアリングプラスチックなどに利用される。

ほり-め【彫(り)目】のみ・彫刻刀などで彫った跡。

ポリメーター〘polymeter〙毛髪湿度計の一種。10本くらいの束にした毛髪を用い、湿度に応じて伸縮すると指針が動く仕組みになっている。

ほり-めぐら・す【掘り▽回らす】〔動サ五(四)〕とりまくように周囲を掘る。また、四方八方に向けて掘る。「四方に堀を—・す」「—・された地下壕」

ポリメラーゼ〘polymerase〙単量体を結合させて重合体を合成する酵素。DNAポリメラーゼ、RNAポリメラーゼ、でんぷん合成酵素など。

ポリモーフィックがた-ウイルス【ポリモーフィック型ウイルス】《polymorphic virus》►ミューテーション型ウイルス

ほり-もの【彫(り)物】❶彫刻をすること。また、その技術。彫刻。❷「入れ墨❶」に同じ。
［類語］(❶)彫刻・彫塑・篆刻(てんこく)

ほりもの-し【彫(り)物師】彫刻を業とする人。また、刺青を業とする人。ほりし。

ポリモルフがた-ウイルス【ポリモルフ型ウイルス】《polymorph virus》►ミューテーション型ウイルス

ぼり-や　不当な利益をむさぼる人や店。「金子(かね)と釣替(つりかえ)でなければ議案を通さないという—だから」〈魯庵・社会百面相〉［補説］「暴利屋」と当てて書く。

ほ-りゅう【保留】ニリウ〔名〕スル ❶そのまま保ちとどめておくこと。とめておくこと。「指名権を—する」❷その場で決定しないで延ばしておくこと。「回答を—する」「態度を—する」［類語］留保・棚上げ

ほ-りゅう【補流】ニリウ 海水が移動したあとへ、他の場所の海水が補充する形で動いてできる流れ。

ほ-りゅう【×蒲柳】ニリウ ❶カワヤナギの別名。❷《カワヤナギの葉が秋になるとすぐに落ちるところから》体質がひ弱なこと。「—の御身体時節柄殊に摂生第一に希望致し候」〈荷風・雨瀟瀟〉

ポリューション〘pollution〙汚染。特に、公害による汚染。環境破壊。

ほりゅう-の-しつ【×蒲柳の質】ホリウ からだが弱く病気にかかりやすい体質。［類語］多病・病弱

ボリューム〘volume〙❶分量。量。かさ。「—たっぷりの料理」❷量感。「髪に—をつける」❸音量。声量。vol.と略記する。「ラジオの—を上げる」❹書物の巻。冊。vol.と略記する。❺コンピューターの外部記憶装置の領域。［類語］数(かず)・数(すう)・数量・量・分量

ボリューム-しょうひん【ボリューム商品】ニシヤウヒン 大量生産による量販店用商品。

ボリューム-ゾーン〘volume zone〙量をたくさん売る一般的な商品の価格帯のこと。価格は安くなければいけないが、同時に高い感性も必要となり、高感度・低価格商品が中心となっている。

ボリューム-ラベル〘volume label〙ハードディスクを識別するために付ける名前。パーティションごとに名付けることもできる。

ボリューム-レシオ〘volume ratio〙株価上昇日の出来高の合計を、株価下落日の出来高合計で割って百分率で示したもの。

ポリュクレイトス〘Polykleitos〙古代ギリシャの彫刻家。前5世紀に活躍。人体の均整美を追求し、理論書「カノン(規範)」を著した。生没年未詳。

ほ-りょ【捕虜】戦争などで敵に捕らえられた人。とりこ。俘虜(ふりょ)。［類語］俘虜・虜囚・とりこ・人質

ポリ-ようき【ポリ容器】ポリエチレンまたはポリプロピレン製の容器。耐水性、耐薬品性などにすぐれる。

ほ-りょく【補力】写真現像で、ネガの画像が淡い場合に、薬液の処理を施して修正すること。⇔減力。

ポリリズム〘polyrhythm〙音楽で、声部(パート)により異なるリズムが同時に演奏されること。

ほり-わり【掘(り)割(り)┊堀割】地面を掘ってつくった水路。ほり。［類語］水路・疎水・運河

ボリンジャー-バンド〘bollinger bands〙テクニカル分析の方法の一。チャート上で、移動平均線の上下に標準偏差の値の線を引いて作成する。上下の線は、その内側に値が収まる確率が高いことを示すので、値が線を越えることを、内向きに反転するサインとする。［補説］1980年代にアメリカの投資家、ジョン＝ボリンジャーが開発。株式や為替の変動予測に使われている。

ほ・る【▽放る┊×抛る】〔動ラ五(四)〕《「ほうる」の音変化》❶捨ててそのままにする。「やりかけで—・っておく」「うわさなんて—・っておけ」❷投げる。「やら腹立ちに門口へ—・れば」〈浄・歌祭文〉

ほ・る【彫る】〔動ラ五(四)〕《「掘る」と同語源》❶木・石・金属などに文字や模様・絵などを刻み込む。また、木や石などを削って像を作る。彫刻する。「墓碑に名前を—・る」「仏像を—・る」❷入れ墨をする。「背中に倶梨伽羅(くりから)を—・る」［可能］ほれる ［類語］削る・そぐ

ほ・る【×惚る】〔動ラ下二〕「ほ(惚)れる」の文語形。

ほ・る【掘る】㊀〔動ラ五(四)〕❶地面に穴をあける。「トンネルを—・る」「井戸を—・る」❷地面に埋まっているものを取り出す。「芋を—・る」［可能］ほれる ㊁〔動ラ下二〕「ほ(掘)れる」の文語形。［類語］穿(うが)つ

ほ・る【▽欲る】〔動ラ四〕願い望む。ほしがる。欲する。「夕されぱひぐらし来鳴く生駒山越えてそ我(あ)が来る妹が目を—・り」〈万・三五八九〉

ボル〘Bol〙クロアチア南部、アドリア海に浮かぶブラチ島の町。同国屈指の美しさを誇るズラトニラトという海岸があり、数多くの観光客が訪れる。

ぼ・る〔動ラ五〕《名詞「暴利(ぼうり)」の動詞化》不当な料金を取って、利益をむさぼる。「飲み屋で—・られた」

ほ-るい【×堡塁】►ほうるい(堡塁)

ボルウォイ-とう【ボルウォイ島】ニタウ《Borðoy》北部大西洋上に浮かぶデンマーク領フェロー諸島北東部の島。同諸島中で2番目に大きい町クラクスビークがある。2006年に西側のエストゥロイ島との間に海中トンネルが開通した。

ポルカ〘polka〙ボヘミア起源の、二拍子の活発な舞踏および舞曲。1830年ごろ起こり、欧米に広まった。

ボルガ-がわ【ボルガ川】ニがは《Volga》ロシア連邦西部を流れる大河。モスクワ北西のバルダイ丘陵に源を発し、東流ののち南流してカスピ海に注ぐ。全長3690キロメートル。運河・水路によって黒海・バルト海・白海とも結ばれる。

ポルカ-ドット〘polka dot〙水玉模様の一種で、ごく普通の大きさのもの。ポルカドットより大きな水玉をコインドット、小さなものをピンドットという。

ボルガドン-うんが【ボルガドン運河】《Volgo-Donskoy Sudohodnïy Kanal》ロシア連邦南西部、ボルゴグラード付近にあり、ボルガ川とドン川とを結ぶ閘門式(こうもんしき)運河。延長101キロメートル。1952年完成。これにより黒海とアゾフ海を経てカスピ海とが連絡。

ボルガ-の-ふなうた【ボルガの舟唄】ロシア民謡。作曲者未詳。本来は、ボルガ川をさかのぼる船の綱を引いた人たちの労働歌。

ボルクタ〘Vorkuta〙ロシア連邦北西部、コミ共和国の都市。ウラル山脈西部、ボルクタ川沿いにあり、北極圏に位置する。1930年代に強制収容所が置かれ、ペチョラ炭田の主要な採炭地の一つになった。

ホルクハイマー〘Max Horkheimer〙[1895～1973]ドイツの哲学者。フランクフルト学派の指導者。米国に亡命し、第二次大戦後、帰国。批判理論によって伝統的理論を批判。著「啓蒙の弁証法」(アドルノとの共著)「批判的理論」「道具的理性批判」など。

ボルゲーゼ-こうえん【ボルゲーゼ公園】ニコウエン《Villa Borghese》イタリアの首都ローマにある公園。ローマ教皇パウルス5世を輩出したシエナ出身の貴族、ボルゲーゼ家の別荘および庭園だった所で、17世紀に枢機卿(すうきけい)シピオーネ＝ボルゲーゼの命によりフランスの建築家ファン＝ザイスの設計で造られた。面積0.06平方キロメートルの敷地に、ボルゲーゼ美術館、国立近代美術館、ビラジュリア博物館、動物園、乗馬場などがある。

ボルケナウ〘Franz Borkenau〙[1900～1957]ドイツの社会思想史学者・政治学者。ドイツ共産党やコミンテルンなどで活動し、ナチス政権成立後は英国に亡命した。著「封建的世界像から市民的世界像へ」「スペインの戦場」など。

ポルコ〘イタリア porco〙豚。また、豚肉。

ボルゴグラード〘Volgograd〙ロシア連邦南西部、ボルガ川下流の工業都市。ボルゴグラード州の州都で、交通の中心。1925年にツァリツィンからスターリングラードに改称し、さらに1961年現名に改称。第二次大戦のスターリングラード攻防戦の激戦地として知られ、市街やボルガ川を望むママエフの丘には、戦没者の慰霊のための記念碑などがある。人口、行政区98万、都市圏102万(2008)。

ボルサ-きゅうでん【ボルサ宮殿】《Palácio da Bolsa》ポルトガル北西部の港湾都市ポルトの旧市街にある新古典様式の建物。同国初の鉄筋建造物の一として19世紀に建てられた。市の商業組合、裁判所、証券取引所として使われた。現在は商工会議所の事務所になっている。アルハンブラ宮殿を模した「アラブの間」が有名。1996年、ポルト大聖堂、クレリゴス教会、サンフランシスコ教会などとともに、「ポルトの歴史地区」の名称で世界遺産(文化遺産)に登録された。

ボルサリーノ〘Borsalino〙イタリアの有名な帽子会社。また、その会社製の帽子。

ボルジア〘Cesare Borgia〙[1475～1507]イタリア-ルネサンス時代の専制君主。枢機卿からロマーニャ公となり、権謀術数をもって支配領域を拡大したが、父教皇の死とともに失脚。マキャベリの「君主論」に叙述される。

ボルシェビキ〘ロシア Bol'sheviki〙►ボリシェビキ

ボルシェビズム〘Bolshevism〙►ボリシェビズム

ボルシスキー〘Volzhskiy〙►ボルジュスキー

ボルシチ〘ロシア borshch〙ロシア料理で代表的なスープ。肉・野菜を長時間煮込んで、赤いビート(火焔菜)を入れて作り、サワークリームをかける。

ボルジュスキー〘Volzhskiy〙《「ボルシスキー」とも》ロシア連邦南西部、ボルゴグラード州の都市。ボルガ川下流部、州都ボルゴグラードの対岸に位置する。1950年代、水力発電所の工事に伴い集落が形成された。化学コンビナートが建設され、工業都市として発展した。

ホルシュタイン〘Holstein〙ドイツ北部、シュレースウィヒ-ホルシュタイン州の南半部。もとデンマーク支配下のホルシュタイン公国で、1866年にプロイセンに併合。

ホルス〘Horus〙古代エジプトの男神。オシリスとイシスの子。鷹(たか)の姿で表され、太陽・天空の神として崇拝された。

ホルスター〘holster〙拳銃をつり下げるための革ケース。

ホルスタイン〘ドイツ Holstein〙家畜の牛の一品種。オランダのフリースラント地方およびドイツのホル

シュタイン地方の原産の乳牛。毛色は白と黒の斑。乳量が多い。日本で最も多く飼育。

ホルステン-もん【ホルステン門】《Holstentor》ドイツ北部の都市、リューベックの旧市街にある15世紀に建造された城門。内部は市の歴史博物館になっている。旧市街の市庁舎、聖マリエン教会とともに、1987年、「リューベックのハンザ同盟都市」として世界遺産(文化遺産)に登録された。

ホルスト〖Gustav Holst〗[1874～1934]英国の作曲家。代表作の管弦楽組曲「惑星」のほか、東洋を題材とした作品も残している。

ボルゾイ〖ロシア borzoy〗《すばやい意》犬の一品種。ロシアの原産。体高約75センチ。顔が細長く、体つきはほっそりして脚が長い。毛は絹糸状の巻き毛で、白に黒などの斑がある。元来はオオカミ猟犬であるが、家庭犬として人気が高い。

ボルタ〖Alessandro Volta〗[1745～1827]イタリアの物理学者。静電気を研究し、電気盆・蓄電器・検電器などを考案。ガルバーニ電気を検討し、接触電位差によることを発見。定常電流を得るボルタ電池を発明した。

ホルダー〖holder〗❶支えたり固定したりして使用に便利なようにしたもの。「キー―」「ペン―」❷保持者。保有者。「レコード―」

ボルダー〖boulder〗丸い大きな石。特に、フリークライミングでいう。

ポルダー〖オランダ・英 polder〗オランダで浅海や沼沢地を干拓して造成した低地。アイセル湖周辺に多く、牧草地に利用。

ポルターガイスト〖ドイツ Poltergeist〗家の中で、物を動かしたり大きな音を立てたりする霊。心霊研究などでいわれる。

ホルター-しんでんず【ホルター心電図】―シンデンヅ《Holter electrocardiographic monitoring》小型の携帯型心電計で記録した日常生活中の長時間連続記録心電図。一過性の不整脈や心筋虚血の診断に有効である。

ホルター-トップ〖halter top〗《「ホールタートップ」とも》ひも、または身頃(みごろ)から続いた布で首につるしたネックラインを特徴とする服の総称。肩や腕、背中が露出するデザインで、イブニングドレスや水着に多い。ホルターネック。

ホルターネック〖halterneck〗《「ホールターネック」とも》「ホルタートップ」に同じ。

ポルタティフ〖ドイツ Portativ〗主に、12～15世紀に用いられた小型のパイプオルガンの一種。ひざにのせるか、あるいは首からつるすかして楽器を保持し、左手でふいごを動かして右手で鍵(キー)を操作する。➡ポジティフ

ボルタ-でんち【ボルタ電池】希硫酸の溶液に、銅を正極、亜鉛を負極として入れた電池。1800年ごろボルタが発明。また、化学電池をさすこともある。

ポルタ-ニグラ〖Porta Nigra〗ドイツ西部の歴史都市、トリーアにあるローマ時代の遺跡。2世紀末に建造された城門。「黒い門」を意味する。1986年、「トリーアのローマ遺跡群、聖ペテロ大聖堂、聖母マリア教会」として世界遺産(文化遺産)に登録された。

ボルタ-の-ほうそく【ボルタの法則】―ハフソク 2種類の金属を接触させた場合と、別の金属を挟んで直列につなげた場合では、その両端に生じる電位差は等しいという法則。イタリアのアレサンドロ=ボルタが発見。

ポルタバ〖Poltava〗ウクライナ中部の工業都市。交通の要地。北方戦争中の1709年、ピョートル大帝率いるロシア軍がカール12世のスウェーデン軍を破った所。

ボルタメーター〖voltameter〗電気分解の際に、陰極に析出した物質の質量を測って、流れた総電気量を測定する装置。クーロメーター。電解電流計。電量計。

ポルタメント〖イタリア portamento〗声楽や弦鳴楽器演奏などで、ある音から次の音への移行を、途中にある音を経過させながら滑らかに行う技法。

ボルダリング〖bouldering〗フリークライミングで、確保用具を用いずに、巨石や小岩壁を登ること。➡ロッククライミング

ポルタレグレ〖Portalegre〗ポルトガル東部の町。スペインとの国境に近く、サンマメーデ山脈の麓に位置する。古くから戦略上の要衝として知られ、13世紀にポルトガル王ディニス1世が城を築いた。その後タペストリーなどの織物産業で発展。詩人ジョゼ=レジオゆかりの地であり、長年暮らした家が現在博物館になっている。

ポルチーニ〖イタリア porcini〗イタリアで好まれている代表的なきのこ。肉厚で香りがよい。

ボルツァーノ〖Bernhard Bolzano〗[1781～1848]オーストリアの哲学者・数学者。ドイツ観念論に反対し、客観主義的論理学を樹立。フッサールなどに影響を与えた。著「知識学」「無限の逆説」など。

ボルツァーノ〖Bolzano〗イタリア北東部、南チロル地方の中心都市。ドロミティ山地の西側、アディジェ渓谷に位置し、イザルコ川とその支流タルベラ川の合流点に近い。オーストリア、スイスを結ぶ交通の要地であり、中世には市が開かれ商業の拠点として栄えた。第一次大戦後よりイタリア領。ドイツ語名ボーツェン。

ポルックス〖ラテン Pollux〗双子(ふたご)座のβ(ベータ)星。赤みを帯びた巨星。光度は1.1等で、α(アルファ)星カストルよりも明るい。距離35光年。

ボルツマン〖Ludwig Boltzmann〗[1844～1906]オーストリアの理論物理学者。気体分子運動論を研究し、エントロピーの増大は単なる力学的法則ではなく確率的法則であることを明らかにして、統計力学の基礎を作った。

ボルツマン-ていすう【ボルツマン定数】ボルツマンが導入した普遍定数の一。気体定数をアボガドロ数で割った値。$1.3806488\times10^{-23}J\cdot K^{-1}$ 分子の運動エネルギーと絶対温度との関係を示す尺度と考えられ、エントロピーの式の比例定数でもある。記号k

ホルティ〖Horthy Miklós〗[1868～1957]ハンガリーの政治家。1919年のハンガリー革命を鎮圧し、以後は独裁者として君臨した。第二次大戦には枢軸側に参加したが、44年に対ソ接近を図り失脚。戦後はポルトガルに亡命した。

ポルティアーノ-しんでん【ボルティアーノ神殿】《Tempio Voltiano》イタリア北西部、ロンバルディア州の都市コモにある新古典主義様式の建物。コモ湖に面する。電池の発明で知られるイタリアの物理学者アレサンドロ=ボルタの没後100年を記念し、1927年に建造された。現在はボルタの遺品や発明品などを展示する博物館として公開されている。

ボルティモア〖Baltimore〗米国メリーランド州のチェサピーク湾奥に位置する港湾都市。鉄鋼・造船などの工業が盛んなほか、文化・教育の中心地。人口、行政区64万(2008)。

ボルテージ〖voltage〗❶電圧。❷熱気。内にこもる力。「演説の―があがる」

ボルテール〖Voltaire〗[1694～1778]フランスの小説家・啓蒙思想家。本名、フランソワ=マリ=アルーエ(François-Marie Arouet)。百科全書派の一人で、理性と自由を掲げて専制政治と教会を批判、狂信や不正裁判と激しく闘った。著「哲学書簡」、論文集「哲学辞典」、小説「カンディード」など。

ボルテックス〖vortex〗渦。渦巻き。渦巻き形。

ボルテッラ〖Volterra〗イタリア中部、トスカーナ州の町。チェチーナ渓谷とエーラ渓谷に挟まれた台地に位置する。紀元前6世紀にはすでにエトルリアの主要都市ベラトゥリがあり、古代ローマ時代以降も塩や銅などの鉱物資源の交易で栄えた。12世紀末に自治都市となり、15世紀にフィレンツェに支配された。エトルリア時代に築かれた城門、古代ローマの劇場跡のほか、プリオリ宮殿、ブオンパレンティの塔状住宅、大聖堂をはじめ、12世紀から13世紀にかけての中世の歴史的建造物が残っている。

ホルテンシウス-ほう【ホルテンシウス法】―ハフ 前287年、ローマの独裁官ホルテンシウス(Q.Hortensius)が提案して成立させた法律。平民会で議決された法案は、元老院の承認がなくても全市民を拘束する法となることを定め、貴族と平民の身分闘争を終結させた。

ホルト《「ホルトガル」の略》ポルトガルのこと。

ボルト〖bolt〗❶直径の比較的大きな雄ねじ。ナットと組み合わせ、鉄材などの締め付けや固定に用いる。❷登山で、ザイルを固定する支点とするために岩壁に打ちこむ釘状の用具。埋込みボルト。

ボルト〖volt〗国際単位系(SI)の電圧・起電力の単位。1ボルトは1アンペアの電流が流れる1オームの抵抗の導線での両端の電位の差。名称は物理学者ボルタにちなむ。記号V

ポルト〖Pôrto〗ポルトガル北西部の港湾都市。ドゥーロ川河口に位置する。ポートワインの積み出し港として発展。1996年、旧市街が「ポルトの歴史地区」の名称で世界遺産(文化遺産)に登録された。オポルト。

ポルト-アッズッロ〖Porto Azzurro〗イタリア中部、トスカーナ州の沖合、リグリア海に浮かぶエルバ島東部の町。モーラ湾奥の天然の良港であり、スペイン軍が築いた二つの要塞がある。

ポルト-アレグレ〖Pôrto Alegre〗ブラジル南部、リオ-グランデ-ド-スル州の州都。大西洋岸にあるパトス湖の北岸に位置する。人口、行政区143万(2008)。

ポルドイ-とうげ【ポルドイ峠】―たうげ《Passo Pordoi》イタリア北部、南チロル地方のドロミティ山地にある峠。標高2239メートル。セッラ山群とマルモラーダ山群の間に位置する。

ボルドー〖Bordeaux〗㊀フランス南西部、ビスケー湾に注ぐガロンヌ川下流にある河港都市。ローマ時代から商港として栄え、ぶどう酒の集散地・輸出港。フランス革命時代はジロンド派の根拠地。㊁❶ボルドー産のワイン。❷赤ワインのような赤紫色。

ボルドー-えき【ボルドー液】硫酸銅の溶液と生石灰の溶液とを混合した果樹・野菜の殺菌剤。19世紀末にボルドー地方でブドウに初めて使用。

ポルトープランス〖Port-au-Prince〗ハイチ共和国の首都。イスパニョーラ島西部の港湾都市。コーヒーやマホガニー細工を産出。人口、行政区88万、都市圏230万(2009)。

ポルトガル〖Portugal〗ヨーロッパ南西部、イベリア半島西部にある共和国。首都リスボン。前2世紀、ローマの属州となり、ルシタニアと呼ばれた。1143年に王国を建設、15、6世紀には東洋貿易で栄え、ブラジル・アフリカなどに多くの植民地を獲得。日本とは室町末期から江戸初期にかけて通交があり、多くの文化的影響を与えた。1910年革命によって共和国となったが、74年までは独裁体制が続いた。人口1074万(2010)。補説「葡萄牙」とも書く。

ポルトガル-ご【ポルトガル語】ロマンス諸語の一。ポルトガルおよびブラジルの公用語。カステラ・カルタ・カッパなど日本語にも古い借用語が多い。

ポルトサント-とう【ポルトサント島】―タウ《Porto Santo》北アフリカのモロッコ西方、大西洋上にあるポルトガル領マデイラ諸島の島。主島マデイラ島の北東約50キロメートルに位置する。主な町はポルトサント。島の南側には9キロメートルに及ぶ砂浜の海岸があり、マリンスポーツが盛ん。

ポルト-セグーロ〖Porto Seguro〗《ポルトガル語で安全な港の意》ブラジル東部、バイア州の港湾都市。1500年、ポルトガル人ペドロ=カブラルが初めて上陸した場所とされ、ブラジル発祥の地として知られる。16～17世紀に建てられた歴史的建造物が多い。

ホルト-そう【ホルト草】―サウ トウダイグサ科の越年草。高さ約70センチ。葉は細長く、十字状に対生。茎・葉を切ると乳液が出る。夏、多数の雄花と1個の雌花とをつける。果実は球形。種子を漢方で続随子(ぞくずいし)といい、利尿薬とする。有毒。ヨーロッパの原産。

ポルト-だいせいどう【ポルト大聖堂】―ダイセイダウ《Sé do Porto》ポルトガル北西部の港湾都市ポルトの旧市街にある大聖堂。12世紀に建造され、13世紀に完

成。増改築が繰り返され、ロマネスク、ゴシック、バロックなどさまざまな建築様式が混在する。1996年、クレリゴス教会、ボルサ宮殿、サンフランシスコ教会などがある旧市街が「ポルトの歴史地区」の名称で世界遺産(文化遺産)に登録された。

ポルト-チェルボ〖Porto Cervo〗イタリア半島の西方、サルデーニャ島、サルデーニャ自治州の港町。同島北東部に位置し、高級リゾート地コスタズメラルダ(エメラルド海岸)の中心地として知られる。

ホルト-の-き【ホルトの木】❶ホルトノキ科の常緑高木。暖地に自生。葉は狭長楕円形で滑らか。6月ごろ、白い小花が総状につく。実は冬に熟し、黒青色。樹皮を染料にする。もがし。❷オリーブの別名。

ポルト-ノボ〖Porto Novo〗西アフリカ、ベナン共和国の首都。ギニア湾岸にある潟湖に臨む港湾都市。人口、行政区23万(2000)。

ホルトバージ-こくりつこうえん【ホルトバージ国立公園】《Hortobágyi Nemzeti Park》ハンガリー東部にある国立公園。中央ヨーロッパ最大の牧草地であるプスタと呼ばれる大平原と湿地帯が広がり、2000年以上にわたり伝統的な土地利用が続けられている。1999年に世界遺産(文化遺産)に登録。

ポルトフィーノ〖Portofino〗イタリア北西部、リグリア州の町。リビエラ海岸東部(リビエラ-ディ-レバンテ)の海岸保養地の一。19世紀末から英国をはじめとする各国の貴族の別荘が建てられた。ポルトフィーノ半島の突端の深い入り江に位置し、港周辺には色彩豊かな建物が並ぶ。12世紀創建のサンジョルジョ教会、15世紀に要塞として建造されたブラウン城などがある。

ポルトフェッライオ〖Portoferraio〗イタリア中部、トスカーナ州の沖合、リグリア海に浮かぶエルバ島北部の町。天然の良港があり、島内で最も人口が多い。メディチ家などが築いた城塞のほか、流刑にあったナポレオンが暮らした家がある。

ポルトベネーレ〖Portovenere〗イタリア半島の西の付け根にある城砦の町。中世にゴシック様式のサンピエトロ聖堂が建築されたほか、詩人バイロンに愛された地としても有名。この町の北西にはチンクエテッレと呼ばれる風光明媚な五つの村があり、沖合には美しい小島群が点在する。1997年に「ポルトベネーレ、チンクエテッレ及び小島群(パルマリア、ティーノ及びティネット島)」として世界遺産(文化遺産)に登録された。

ボルト-メーター〖volt meter〗電圧計。

ポルトラーノ〖ｲﾀﾘｱ portolano〗13世紀ごろ、イタリアで作成された地中海・黒海を中心とした海図。海岸線や島などが今日の海図同様に描かれている。

ポルトランド-セメント〖Portland cement〗石灰石・粘土などを回転炉で焼き、少量の石膏を加えて粉末にした、最も普通のセメント。英国ポートランド島から産する石灰岩に似るのでこの名がある。

ポルトロージュ〖Portorož〗《スロベニア語でバラの港の意》スロベニア南西部、アドリア海沿岸の町。同国屈指の海岸保養地として知られる。

ポルト-わん【ポルト湾】《Golfe de Porto》地中海西部にあるフランス領の島、コルシカ島の西部にある湾。風光明媚な入り江や赤い花崗岩の奇岩群で知られ、1983年、「ピアナのカランケ、ジロラッタ湾、スカンドラ自然保護区を含むポルト湾」の名称で世界遺産(自然遺産)に登録された。

ボルトン-しゅうどういん【ボルトン修道院】《Bolton Abbey》英国イングランド北部、ノースヨークシャー州の町スキップトンの郊外にある修道院跡。12世紀にアウグスティヌス会の修道院として創建。16世紀にヘンリー8世の修道院解散令により閉鎖された。風景画家ターナーや詩人ワーズワースの作品の題材になったことで知られる。

ホルニー-ひろば【ホルニー広場】《Horní náměstí》チェコ東部、モラバ地方の都市オロモウツの旧市街中心部にある広場。18世紀に造られたバロック様式の聖三位一体碑があり、2000年に「オロモウツの聖三位一体柱」として世界遺産(文化遺産)に登録された。ほかにヘラクレスの噴水があるほか、15世紀建造で仕掛け時計をもつ市庁舎に面する。

ボルネオ-とう【ボルネオ島】《Borneo》マレー諸島中の最大の島。世界第三の大島で、面積約74万平方キロメートル。南部はもとオランダ領で、現在はインドネシア領カリマンタン州、北部はもとイギリス領で、現在はマレーシア領サラワク州・サバ州とブルネイ-ダルサラーム国領。東南アジア有数の石油資源がある。

ポルノ〖porno〗「ポルノグラフィー」の略。

ポルノグラフィー〖pornography〗性行為の描写を売り物にした読み物・絵画・写真・映画など。ポルノ。

ポルノ-ショップ〖porno shop〗さまざまな性具・ポルノグラフィーなどを売る店。

ホルバイン〖Hans Holbein〗[1497～1543]ドイツの画家。同名の画家である父に対し、小ハンスともよばれる。デューラーと並ぶドイツ-ルネサンスの代表的画家で、肖像画を得意とした。

ボルバキア〖Wolbachia〗昆虫類、クモ・ダニ類、フィラリア線虫などの細胞内に寄生する共生細菌。宿主の卵細胞の細胞質を通じて母性遺伝する。(補説)ボルバキアは宿主の生殖を操作することが知られている。感染したメスが単為生殖を行う、感染したオスと感染していないメスが交配すると受精卵が発育しない、感染したオスの個体がメス化する、感染したオスだけが死亡する、などの生殖異常を引き起こして感染したメスを増加させる。

ホルバハ〖Holbach〗▶ドルバック

ボルビック〖Volvic〗フランス中南部、オーベルニュ地方、ピュイ-ド-ドーム県の都市クレルモンフェランの北郊にある町。シェヌ-ド-ピュイ火山群最高峰、ピュイ-ド-ドーム山の麓に位置し、鉱泉が豊かに湧出する。同名のミネラルウオーターの本社工場がある。

ボルビリス〖Volubilis〗モロッコ北部にある同国最大のローマ遺跡。紀元40年ごろローマの属州となり、3世紀末まで繁栄したといわれる。カラカラ帝の凱旋門・神殿・モザイク画などが残る。1997年、「ボルビリスの古代遺跡」の名称で世界遺産(文化遺産)に登録された。ヴォルビリス。

ポルフィリン〖porphyrin〗窒素原子を1個含む五員環の環式化合物が、さらに4個環状に結合した構造を骨格とする化合物の総称。配位子として錯体を作り、中心原子が鉄のヘモグロビン、コバルトのシアノコバラミン、マグネシウムのクロロフィルなど、動植物の生理に重要なものが多い。

ポルフィリン-しょう【ポルフィリン症】赤血球に含まれるヘムを合成するために必要な酵素が欠損しているため、中間代謝物のポルフィリンが骨髄・肝臓・血液・皮膚などに蓄積し、光過敏症や精神症状を引き起こす病気。欠損する酵素の種類によって症状が異なり、主に皮膚に障害を起こす皮膚型ポルフィリン症と、腹痛などの腹部症状や手足のしびれ・麻痺などの神経症状を起こす急性ポルフィリン症に大きく分けられる。光力学的作用をもつポルフィリンが蓄積すると日光の紫外線などで皮膚が損傷を受けるため、患者は黒い頭巾や衣服で全身を覆うなどして、日光を浴びないようにする必要がある。➡骨髄性プロトポルフィリン症 ➡急性間欠性ポルフィリン症

ポルフュリオス〖Porphyrios〗[232ころ～304ころ]新プラトン学派の哲学者。シリアの生まれ。プロティノスの弟子で、師の思想の普及に努めた。また、著「アリストテレスのカテゴリー論入門」はスコラ学に影響を及ぼした。

ホルベア〖Ludvig Holberg〗[1684～1754]デンマーク・ノルウェーの小説家・歴史家。ノルウェーで生まれ、おもにデンマークで活躍した。北欧啓蒙主義の代表者の一人で、北欧のモリエールと称された。大学では歴史やラテン語などを講じた。著作に風刺喜劇「産室」「丘のイェッペ」、風刺小説「ニルス=クリムの地下旅行記」など。

ボルヘス〖Jorge Luis Borges〗[1899～1986]アルゼンチンの詩人・小説家。該博な知識に基づく幻想的作風で知られる。詩集「ブエノスアイレスの熱狂」、短編集「伝奇集」「エル=アレフ(不死の人)」など。

ボルボックス〖ﾗﾃﾝ Volvox〗植物性鞭毛虫類の原生動物。または、ボルボックス科の緑藻として分類される。淡水産の代表的なプランクトンで、2本の鞭毛をもつ単細胞が多数集まり、球状で中空の群体をつくる。おおひげまわり。

ポル-ポト〖Pol Pot〗[1925?～1998]カンボジアの政治家・軍人。本名サロト=サル。1976年4月から79年1月まで首相。クメールルージュの最高指導者として過激な共産主義革命を試みた。反対派とみなされて虐殺された国民は100万人を超えるといわれるが、正確な数字は不詳。

ボルホフ〖Volkhov〗ロシア連邦北西部、レニングラード州の都市。ラドガ湖に注ぐボルホフ川沿いに位置し、河港を有す。1926年に水力発電所が建設され、同国初のアルミニウム工場が立地。40年までの旧称ボルホフストロイ。

ボルホフストロイ〖Volkhovstroy〗ロシア連邦の都市ボルホフの旧称。

ホルマリン〖formalin〗ホルムアルデヒドの約40パーセント水溶液。還元性が強い。写真乾板・化学薬品の製造、殺菌消毒・防腐剤などに利用。

ホルミウム〖holmium〗希土類元素のランタノイドの一。1879年にクレーベが発見し、故郷ストックホルムの古称Holmiaにちなんで命名。元素記号Ho 原子番号67。原子量164.9。

ホルムアルデヒド〖formaldehyde〗《「フォルムアルデヒド」とも》刺激臭のある無色の気体。メチルアルコールを酸化して得られる。水によく溶け、約40パーセントの水溶液はホルマリンと呼ばれる。ベークライトなどの合成樹脂の原料として重要。化学式HCHO メタナール。

ボルムシ-とう【ボルムシ島】《Vormsi》エストニア西部、バルト海にある島。ヒーウマー島と本土の間に位置する。主な町はフロ。第二次大戦まで主にスウェーデン系住民が居住。石灰岩でできた平坦な地形であり、西エストニア半島生物保護区に指定されている。沿岸地域の湿地にはオオヤマネコ、オジロワシなどの希少な野生生物が生息する。

ボルムス〖Worms〗▶ウォルムス

ホルムズ-かいきょう【ホルムズ海峡】《Hormuz》ペルシア湾とオマーン湾とを結ぶ海峡。北岸はイラン、南岸はオマーン国。原油輸送の要衝。

ホルムスク〖Kholmsk〗ロシア連邦、サハリン(樺太)南西岸、間宮海峡に臨む港湾都市。木材加工・水産加工業が盛ん。1945年(昭和20)以前の日本領時代には真岡とよばれ、製紙工場があった。ロシア本土の都市ワニノや北海道の小樽と定期航路で結ばれる。

ボルムス-だいせいどう【ボルムス大聖堂】《Wormser Dom》▶ウォルムス大聖堂

ボルムラ〖Bormla〗コスピークワの旧称。バームラ。

ホルモン〖ﾄﾞｲﾂ Hormon〗生体内の内分泌腺で生成され、血液中に分泌されて運ばれ、特定の器官にのみ作用する微量の化学物質。成分はたんぱく質・ポリペプチド・フェノール誘導体・ステロイドなど。

ホルモン-ざい【ホルモン剤】ホルモンを医薬用の製剤にしたもの。化学合成もされる。分泌機能に障害のある場合に用いられる。抗炎症・免疫抑制作用をもつものもある。

ホルモン-じゅようたい【ホルモン受容体】ホルモンの標的器官の細胞膜上や細胞質内にあってホルモン分子と特異的に結合する化学物質。ホルモンレセプター。

ホルモンほうしゅつ-いんし【ホルモン放出因子】脳の視床下部で生成され、脳下垂体前葉ホルモンの放出を促進する化学物質。

ホルモンほじゅう-りょうほう【ホルモン補充療法】▶エッチ-アール-ティー(HRT)

ホルモン-やき【ホルモン焼(き)】豚などの臓物を

焼いたもの。

ホルン〘ドイツ Horn〙❶角笛。❷金管楽器の一。先端はアサガオ状で、丸く巻いた管に音高を調節する3ないし4個のバルブがある。柔らかく豊かな音色が特徴。フレンチホルン。ホーン。

ホルンフェルス〘ドイツ Hornfels〙変成岩の一。泥岩・粘板岩などが接触変成作用を受けてできる、暗黒色で硬く緻密な岩石。

ほれ〔感〕「ほら」に同じ。「一、しっかり持ちな」

ぼ-れい【×牡×蠣】カキの貝殻。漢方で収斂・鎮静薬などに用いる。

ほれい-しゃ【保冷車】冷却装置を備えず、荷台を低温に保つ構造にしたトラック。生鮮食料品・冷凍食品などの輸送に用いる。

ボレー〘volley〙テニスで、相手の打ったボールが地面に落ちる前に直接打ち返す打法。

ボレー-キック〘volley kick〙サッカーで、ボールが地面に落ちないうちに蹴ること。

ほれ-ぐすり【×惚れ薬】❶相手に恋慕の情を起こさせるという薬。媚薬。イモリの黒焼きなど。❷《だれもがそれを恋い慕うところから》金銭。

ほれ-こ・む【×惚れ込む】〔動マ五(四)〕すっかりほれる。深く好意を抱く。「人柄に一・む」

ホレズ-しゅうどういん【ホレズ修道院】《Mănăstirea Horezu》ルーマニア中南部の町ホレズにあるルーマニア正教会の修道院。17世紀末、領主だったワラキア公コンスタンティン＝ブルンコベアヌにより創設。公の名を冠するブルンコベネスク様式と呼ばれるルーマニア独自の建築様式で知られ、ギリシャ十字型の主聖堂に四つの聖堂を配する。1993年に世界遺産(文化遺産)に登録された。

ポレッチ〘Poreč〙《「ポレチュ」とも》クロアチア西部の都市。イストラ半島西岸に位置する。紀元前2世紀より古代ローマ帝国の植民地が置かれ、イストラ半島の政治的な中心地として栄えた。東ローマ帝国、ベネチア共和国、オーストリア-ハンガリー帝国の支配を受けた。1997年に世界遺産(文化遺産)に登録されたエウフラシウス聖堂をはじめ、さまざまな時代の歴史的建造物が残っている。イタリア語名パレンツォ。

ほれっ-ぽ・い【×惚れっぽい】〔形〕簡単にほれる傾向がある。ほれやすい。「一・い性格」

ポレボイ〘Boris Nikolaevich Polevoy〙[1908〜1981]ソ連の小説家・ジャーナリスト。作「真実の人間の物語」「荒れた岸辺にて」など。

ポレボイ〘Nikolay Alekseevich Polevoy〙[1796〜1846]ロシアの小説家・ジャーナリスト・歴史家。ロシアにおけるロマン主義および近代文芸批評の発展に寄与した。小説「アバドンナ」、歴史書「ロシア国民史」など。

ほれ-ぼれ【×惚れ×惚れ】〔副〕スル ❶すっかり心を奪われて、うっとりするさま。「一(と)するような美人」❷放心したさま。ぼんやり。「苔路のむしろに倒れ臥し、一として明かさせ給ふ」〈伽・のせ猿〉

ほれぼれ・し【×惚れ×惚れし】〔形シク〕❶何かに心を奪われてぼんやりしている。「夜昼おぼし嘆くに、一・しきまで、御顔もすこし面痩せ給ひにたり」〈源・若菜下〉❷老いぼれている。「一・しくなられたる人、残り少なくおぼえ給ひ」〈宇津保・楼上上〉

ポレミカル〘polemical〙〔形動〕議論好きであるさま。論争好きであるさま。

ポレミック〘polemic〙論争。論戦。また、論客。

ほれ-もの【×耄れ者】愚か者。間抜け。「さてさて、そちどもは一や」〈咄・醒睡笑・二〉

ほ・れる【×惚れる┆×恍れる┆×耄れる】〔動ラ下一〕図ほ・る〔ラ下二〕❶異性に心惹かれ夢中になる。恋い慕う。「女に一・れる」❷人物や物事の魅力にとりつかれ、心を奪われる。心酔する。「心意気に一・れる」❸(「聞く」「見る」など動詞の連用形に付いて)そのことに心を惹かれて夢中になる。うっとりする。「美声に聞き一・れる」❹ぼんやりする。放心する。「空をあふぎて一・れてゐ給へる」〈落窪・三〉❺年老いてぼける。老いぼれる。「いとどものも思ひ給へられず、一・れはべりてなむ、うつぶし臥してはべる」〈源・蜻蛉〉

類語 (❶)愛する・恋する・好く・見初める・焦がれる・思う・慕う・愛慕する・思慕する・恋慕する

惚れた腫れた 恋に夢中になっていることを強めていう言葉。また、からかっていう言葉。

惚れた目には痘痕も靨 ►痘痕も靨

惚れた欲目 惚れた相手を実際以上によく思ってしまうこと。

惚れて通えば千里も一里 惚れた相手の所に通うのであれば、遠い道のりも短く感じられるということ。

ほ・れる【掘れる】〔動ラ下一〕図ほ・る〔ラ下二〕❶土地などに穴・くぼみができる。「雨垂れで軒下の地面が一・れる」❷地面がくぼんで、植物の根などが露出する。「根が一・れる」

ボレロ〘スペイン bolero〙❶スペインの民族舞踊および舞曲。4分の3拍子、中庸の速度で、カスタネットでリズムをとることが多い。1780年ごろ成立したという。❷前が開いた、ウエストまでの短い上着。

ポレンタ〘イタリア polenta〙北イタリアを代表する食べ物で、トウモロコシの粉を火にかけて湯や出し汁で練り上げたもの。かつてはパン代わりに食べたが、現在は料理の付け合わせに用いられる。

ほろ【保呂】「保呂羽」の略。「一の風切矧いだる矢負はせて」〈平家・四〉

ほろ【×幌┆母=衣】❶(幌)風雨・日光・ほこりなどを防ぐため車にかけるおおい。「荷台に一をかける」❷母衣蚊帳に用いる布。❸(母衣)鎧の背につけて流れ矢を防ぎ、また存在を示す標識にした幅の広い布。平安末期には大形になって装飾化し、室町時代からは中に竹かごを入れ袋状にするのが例となった。

ほろ〔副〕❶涙の落ちるさま。ほろり。「一と泣いたる可愛さ」〈浄・女護島〉❷キジ・ホトトギスなどの鳴く声を表す語。ほろろ。「いづれ山路のほととぎす、一と鳴いたをいつ忘れう」〈浄・吉野忠信〉

ほろ〔接頭〕名詞や形容詞に付いて、少し、なんとなく、などの意を表す。「一酔い」「一にがい」

ぼろ【×梵▽論┆暮露】半僧半俗の物乞いの一種。鎌倉末期に発生。室町時代には尺八を吹いて物を乞う薦僧が現れ、のちの虚無僧はこの流れという。梵論字。梵論梵論。

類語 雲水・旅僧・行脚僧・虚無僧・山伏・雲衲・普化僧・薦僧・行者・修験者・遍路

ぼろ【襤=褸】《擬態語「ぼろぼろ」から出た語》❶使い古しの布。ぼろきれ。「一で靴を磨く」❷着古して破れた衣服。また、つぎだらけの衣服。「一を着る」❸隠していた都合の悪い点。また、失敗。「一を隠す」❹破れたり、こわれたりしているもの。また、役に立たなくなったもの。「一くず」「一家」

類語 (❶❷)粗衣・弊衣・つづれ・襤褸/(❸)デメリット・あら・欠点

襤褸が出る 隠していた欠点が現れる。「意外なことから一が出る」

襤褸を出・す 隠していた欠点を見せてしまう。「しゃべりすぎて一・す」

ぼろ〔接頭〕《形容詞「ぼろい」の語幹から》動詞の連用形から変化した名詞に付いて、程度のはなはだしい意を表す。「一儲け」「一負け」

ポロ〘polo〙乗馬競技の一。4人編成の2チームで、馬上からT字形のスティックで木製のボールを相手側のゴールに入れ合って得点を競う。ポロー。

ぼろ-あい【襤=褸藍】染料の一。藍染めの古い布を苛性ソーダなどを加えて煮沸し、還元してとった藍。

ぼろ・い〔形〕❶元手や労力にくらべて、利益がはなはだ多い。楽で、もうけが多い。「一・い商売」❷《「ぼろ(襤褸)」の形容詞化》古くなって傷んでいる。ぼろっちい。「一・い車」派生 ぼろさ〔名〕

ぼろいし-やま【双石山】宮崎県南東部、宮崎市南部にある山。鰐戸山地最北端に位置する。標高509メートル。南東部には加江田渓谷が流れ、国指定天然記念物の照葉樹自然林が残されている。県自然休養林にも指定されている。ハイキング・キャンプ場としてにぎわう。名の由来は、砂岩層の表面が風化してぼろぼろと欠落することから。

ぼろ-いち【襤=褸市】古着・古物を近在の人々が持ち寄って売買する市。

ほ-ろう【歩廊】❶2列の柱の間につくった通路。回廊。❷プラットホームのこと。「汽車は一を離れ」〈志賀・鳥取〉

ほろ-うち【母=衣打(ち)】(「保呂打ち」とも書く)キジやヤマドリなどが翼を激しくはばたかせ、音を立てること。➡ドラミング ➡けんもほろろ

ボローニャ〘Bologna〙イタリア北東部の都市。アペニン山脈北麓にある。12世紀ころ商業・学術都市として栄え、歴史的建造物が多い。

ボローニャ-ソーセージ〘Bologna sausage〙子牛肉、豚の脂などから作る大形のスモークソーセージ。

ボローニャ-だいがく【ボローニャ大学】イタリアのボローニャにある国立大学。ヨーロッパ中世大学の原型となった最古の大学で、1158年神聖ローマ帝国皇帝から法学研究を主とする大学として公認された。のち、総合大学に発展。

ボローニャ-の-しゃとう【ボローニャの斜塔】《Torri di Bologna》イタリア北東部の都市ボローニャにある塔の通称。旧市街中心部、ポルタラベニャーナ広場にある2本の塔を指す。約97メートルのアジネッリの塔と、約48メートルで傾きが大きいガリゼンダの塔からなる。いずれも神聖ローマ皇帝派の貴族により教皇派に対抗して建てられたもの。

ぼろ-かす【襤=褸×滓】❶ぼろきれやかすのように価値のないもの。❷さんざんに悪く評価すること。ぼろくそ。「一に言われる」

ほろ-がや【母=衣蚊-帳┆×幌蚊-帳】竹や針金などを骨にし、ほろのように作った幼児用の小さな蚊帳。(季 夏)「むら雨や一の子に風とどく/一茶」

ほろ-ぎたな・し【ほろ汚し】〔形ク〕なんとなく汚い。うすぎたない。「生き身をすぐに写しては、興のさめて一・く、恐気の立つものなり」〈難波土産〉

ぼろ-きれ【襤=褸切れ】《「ぼろぎれ」とも》ぼろの切れはし。ぼろ。「一のように捨て去る」

ほろ-ぐし【母=衣串】室町時代以降、母衣の中に入れた籠。風にふくらんだ形にするためのもの。

ぼろ-くそ【襤=褸×糞】〔名・形動〕ひどく劣っていること。まったく価値のないこと。また、そのようなものとしてののしるさま。「一にけなす」

ボログダ〘Vologda〙ロシア連邦西部、ボログダ州の都市。同州の州都。同国有数の古都であり、12世紀半ばにノブゴロド公国の年代記に登場する。15世紀初めにモスクワ大公国に併合。16世紀から17世紀にかけて、交易の要地として栄え、ロシア革命後、工業都市になった。クレムリン(城塞)、聖ソフィア大聖堂などの歴史的建造物が残っている。

ホログラフィー〘holography〙物体に光を当てたその反射光に、同じ光源の光を別の角度から干渉させてできる回折像を感光材料に記録し、これにさらに別の光を当てて物体の立体像を再生する光学技術。レーザー光線を用いることが多い。

ホログラフィック-メモリー〘holographic memory〙光学的な方法でデータを記録する光メモリーの一種。参照光と、物体からの反射光の干渉縞を記憶媒体に記録する。

ホログラム〘hologram〙レーザー光線を使って立体画像を記録したフィルム。立体画像を再生するには、当初はレーザー光が必要だったが、現在では通常の光で再生できるものもあり、クレジットカードや商品パッケージに使用されている。

ぼろ・ける【襤=褸ける】〔動カ下一〕❶古くなってぼろぼろになる。「崖の下の、一・けた低い藁家に」〈三重吉・小鳥の巣〉❷落ちぶれる。また、老いぼれる。〈和英語林集成〉

ホロ-こうそ【ホロ酵素】《holoenzyme》たんぱく質成分のほかに活性に必須な非たんぱく質成分を含み、これらすべてが結合している酵素。たんぱく質部分のみを示すアポ酵素に対する語。

ホロコースト〖holocaust〗大虐殺。とくに、ナチスによるユダヤ人の大虐殺。

ホロゴン〖Hologon〗ドイツ、カールツァイス社製の写真用超広角レンズの商標名。

ほろさ 少しも。「この寺は我死なば…荒れて人一も無くなりなんとす」〈今昔・一九・二三〉

ほろ-し【痞=子】皮膚に小さいつぶつぶのできる瘡。ほろせ。

ボロジノ〖Borodino〗ロシア連邦西部、モスクワ州の村。1812年にロシア軍とナポレオン1世率いるフランス軍が戦ったボロジノの戦いの舞台として知られる。当時の古戦場は広大な範囲にわたって保全され、戦史博物館や記念碑がある。

ポロ-シャツ〖polo shirt〗《ポロ競技に着たところから》半袖・襟つきの、頭からかぶって着るシャツ。

ぽろしり-だけ【幌尻岳】《「ほろしりだけ」とも》北海道中南部、日高山脈にある山。標高2053メートルで、日高山脈の最高峰。堆積岩・変成岩などからなる。

ボロス〖Volos〗ギリシャ中部、テッサリア地方の港湾都市。同国第三の商業港がある。テッサリア地方の農産物の集散地であるほか、周辺には工業地帯が広がっている。19世紀末から20世紀前半にかけて、都市計画に基づいて建てられた新古典主義様式の建物や工場が多い。

ポロス〖Poros〗ギリシャ南部、サロニコス湾に浮かぶポロス島の港町。同島を構成するスフェリア島の西岸に位置し、ピレエウスや対岸のペロポネソス半島の町ガラタスとフェリーで結ばれる。ポセイドン神殿などからの出土品を展示する考古学博物館がある。

ホロスコープ〖horoscope〗西洋の占星術。また、それに用いる十二宮図。生まれた月日によって12の星座に分けて、運勢を占う。

ポロス-とう【ポロス島】《Poros》ギリシャ南部、サロニコス湾の島。サロニコス諸島に属し、ペロポネソス半島に最も近い。島は狭い水路で隔てられたカラブリア島とスフェリア島の二つの島からなる。主な町はポロス。紀元前6世紀のポセイドン神殿やビザンチン様式の宗教画が見られるゾードホスピギ修道院が残る。

ほろせ【痞=子】「ほろし」に同じ。

ポロ-セーター〖polo sweater〗襟にポロシャツのデザインを取り入れたセーター。

ポロック〖Jackson Pollock〗[1912〜1956]米国の画家。抽象表現主義の代表的画家で、床に平らに置かれたカンバスに絵の具を滴らせて画面を構成する手法はアクションペインティングの代名詞ともなった。

ポロックカントリー-こうえん【ポロックカントリー公園】《Pollok Country Park》英国スコットランド西岸の都市グラスゴーにある公園。スペイン絵画の優れたコレクションで知られるポロックハウス、古代エジプトやギリシャの考古物、中国や日本の美術品を所蔵するバレルコレクションなどの美術館がある。

ほろ-つけ【母=衣付】母衣をつけるために、兜の四天の鋲の下の穴から出した輪状のひも。

ほろっ-と〔副〕スル 涙などが一滴こぼれ落ちるさま。ほろりと。「悲しい話に一させられる」

ぽろっ-と〔副〕❶粒状の物がひとつぶ落ちるさま。ぽろりと。「一涙をこぼす」❷物の一部が欠け落ちるさま。また、うっかり取り落とすさま。ぽろりと。「虫歯が一欠ける」「一秘密を漏らす」

ボロディン〖Aleksandr Porfir'evich Borodin〗[1833〜1887]ロシアの作曲家・化学者。ロシア国民楽派の五人組の一人で、強い東洋的色彩を特徴とした。作品に、交響詩「中央アジアの草原にて」、オペラ「イーゴリ公」などがある。

ぼろ-とじ【襤=褸×綴じ】❶ぼろを縫い合わせること。また、その衣服。❷つまらない針仕事。

ポロナイスク〖Poronaysk〗ロシア連邦、サハリン州(樺太)中部の町。テルペニヤ湾(多来加湾)に注ぐポロナイ川河口部に位置する。近郊にはウィルタ、ニブヒなどの少数民族も居住。1945年(昭和20)以前の日本領時代には敷香とよばれ、当時は日本最北の町だった。第48代横綱、大鵬幸喜の生地。

ほろ-に〔副〕散り乱れるさま。ばらばら。「天雲を一踏みあだし鳴る神も今日にまさりて恐けめやも」〈万・四二三五〉

ボロニア〖ラテン Boronia〗オーストラリア固有のミカン科の低木。約90〜100種あり、そのうちの数種が日本で観賞用に栽培される。

ポロニウム〖polonium〗酸素族に属し、放射性元素の一。単体は銀色の軟らかい金属。1898年キュリー夫人が発見し、生国ポーランドにちなみ命名。質量数210がα線源として用いられる。元素記号Po 原子番号84。

ほろ-にが・い【ほろ苦い】〔形〕文ほろにが・し〔ク〕ちょっと苦みがある。なんとなく苦い。「一・い味わい」「一・い初恋の思い出」派生ほろにがさ〔名〕

ホロニック〖holonic〗〔形動〕個々には異質な要素が集合しているにもかかわらず、全体としては調和がとれているさま。

ホロニック-パス〖holonic path〗全体と個が総合的な調和を図っていく道筋。また、そのような方法論。

ホロニック-マネージメント〖holonic management〗組織と個人が有機的に結びつき、全体も個も生かすような経営。生物は個々の細胞が自主的に活動して独自の機能を発揮する一方で、そうした個が調和して全体を構成する。これを企業組織のあり方にあてはめたもの。ホロン経営。

ポロネーズ〖フランス polonaise〗ポーランドの舞踏および舞曲。4分の3拍子、中庸の速度で、力強いリズムが特徴。

ボロネーゼ〖Bolognese〗イタリアの都市ボローニャの。ボローニャ風の。「スパゲッティー(ミートソーススパゲッティ)」

ポロ-ねぎ【ポロ×葱】▶ポワロ

ボロネジ〖Voronezh〗ロシア連邦西部、ドン川支流のボロネジ川に臨む河港都市。機械・化学工業が発達し、原子力センターがある。第二次大戦の激戦地。人口、行政区84万(2008)。

ボロネツ-しゅうどういん【ボロネツ修道院】《Mănăstirea Voroneț》ルーマニア北東部の村ボロネツにある修道院。15世紀末、モルドバ公国のシュテファン大公により建造。外壁には16世紀半ばに描かれた「最後の審判」をはじめ、青を基調とした色鮮やかなフレスコ画が残っている。1993年に「モルドバ地方の教会群」の一つとして世界遺産(文化遺産)に登録された。

ほろ-ば【保呂羽】鳥の両翼の下の羽。タカのそれは矢羽として珍重。

ほろ-ばしゃ【×幌馬車】幌を掛けた馬車。

ほろ-びき【母=衣引き】馬上で母衣を長く後ろに垂らし、これをなびかせ地面に着かないように走る馬術。

ボロビツカヤ-とう【ボロビツカヤ塔】《Borovitskaya bashnya》モスクワの中心部、クレムリンにある塔。高さ約54メートル。15世紀末、イタリアの建築家ソラリの設計で建造。突端部にはロシア革命20周年を記念してルビー製の赤い星が付けられた。トロイツカヤ塔とともに一般者の通用門として利用される。

ホロビッツ〖Vladimir Horowitz〗[1904〜1989]ロシア生まれの米国のピアニスト。卓越した技巧と情緒豊かな演奏で知られる。

ほろ・びる【滅びる|▽亡びる】〔動バ上一〕文ほろ・ぶ〔バ上二〕❶なくなる。絶える。滅亡する。「国が一・びる」❷すたれる。衰亡する。「いと異様に、一・びて侍るなれば」〈枕・一八五〉❸死ぬ。「其の人の一・びたらば其の国はあきなん」〈平家・一〉

類語 滅亡・衰亡・破滅

ほろ・ぶ【滅ぶ|▽亡ぶ】㊀〔動バ五(四)〕「滅びる」に同じ。「美しい自然が一・ぶ」㊁〔動バ上二〕「ほろびる」の文語形。

ボロブドゥール〖Borobudur〗インドネシアのジャワ島中部にある仏教遺跡。9層の段台の上に塔を載せたもので、初層の一辺は約120メートル、全高は35メートル。壁面の浮き彫りや小塔の仏像彫刻はグプタ様式で、8〜9世紀の造営と推定される。1814年、密林中から発見され、1991年「ボロブドゥール寺院遺跡群」の名称で世界遺産(文化遺産)に登録された。

ほろぼ・す【滅ぼす|▽亡ぼす】〔動サ五(四)〕滅びるようにする。滅亡させる。また、台無しにする。「国を一・す」「酒で身を一・す」可能ほろぼせる

類語 絶やす

ほろ-ほろ〔副〕❶葉や花、涙などが静かにこぼれ落ちるさま。はらはら。「山吹の花びらが一と散る」「一(と)涙を流す」❷山鳥などの鳴く声を表す語。「山鳥が一(と)鳴く」❸力を入れなくても、ばらばらになるさま。「口の中で一(と)崩れる」❹大勢の人が出て行くさま。「修法の壇こぼちて一と出づるに」〈源・夕霧〉❺物が裂け破れるさま。「綻びは一と絶えぬ」〈源・紅葉賀〉❻歯でかんで食べる音を表す語。「栗などやうのものにや、一と食ふも」〈源・宿木〉

類語 ぽろぽろ・ぽたぽた・ぽとぽと・たらたら・ぼろぼろ・ぼたぼた・ぼとぼと・だらだら・はらはら

ぼろ-ぼろ【×梵×論×梵×論|暮露暮露】「ぼろ(梵論)」に同じ。「一多く集まりて、九品の念仏を申しけるに」〈徒然・一一五〉

ぼろ-ぼろ ㊀〔副〕スル ❶粒状の物がこぼれ落ちるさま。「飯粒を一(と)こぼす」「大粒の涙を一(と)こぼす」❷もろく崩れたり、砕けたりするさま。「この岩はすぐ一(と)砕ける」❸水分や粘りけがなく、ばらばらになっているさま。「一(と)した冷や飯」❹知られていなかった事実が次々と表に出るさま。「余罪が一出てくる」㊁〔形動〕❶ひどくいたんでいるさま。「一な本」「一な社屋」❷水分がなく、ばらばらであるさま。「乾いて一になったパン」❸心身とも疲れきっているさま。「身も心も一だ」アクセント㊀はボロボロ、㊁はボロボロ。

ぽろ-ぽろ ㊀〔副〕スル「ぼろぼろ㊀」よりやや軽い感じを表す語。「涙を一(と)こぼす」「悪事が一(と)露見する」㊁〔形動〕もろく砕けるさま。「可い加減冷めて一になった御飯に」〈近松秋江・別れたる妻に送る手紙〉アクセント㊀はポロポロ、㊁はポロポロ。

類語 ほろほろ・ぽたぽた・ぽとぽと・たらたら・ぼろぼろ・ぼたぼた・ぼとぼと・だらだら・はらはら

ほろほろ-ちょう【ほろほろ鳥|珠=鶏】キジ目ホロホロチョウ科の鳥。全長約55センチ。体は丸く、黒に白の斑があり、顔・首は裸出して青い。尾は短く、けづめはない。家禽化され、食用。同科に7種があり、すべてアフリカのサハラ砂漠以南に分布。

ぼろぼろ-の-き【ぼろぼろの木】ボロボロノキ科の落葉小高木。山地に生え、細枝は折れやすく、冬には落ちてしまう。葉は卵形で先がとがる。春、黄色の花をつけ、実はやや楕円形。材はもろい。九州に分布。

ぼろ-まけ【ぼろ負け】〔名〕スル ひどく負けること。「打たれっぱなしで一する」

ほろ-みそ【▽法▽論味×噌】焼き味噌にゴマ・麻の実・クルミ・サンショウなどを切りまぜて乾燥したなめ味噌。

法論味噌売りの夕立 《乾燥した法論味噌は湿気を嫌うところから》物がいたむのを気づかうことのたとえ。

ほろむい-そう【×幌▽向草】ホロムイソウ科の多年草。高層湿原に生える。葉は半円柱状で細長く、7月ごろ緑色の小花を数個つける。北海道石狩の幌向で最初に発見された。えぞぜきしょう。ほりそう。

ほろ-むしゃ【母=衣武者】鎧の背に母衣をつけた武者。母衣懸け武者。

ボロメーター〖bolometer〗温度上昇によって抵抗が変化する物質を利用して、赤外線などの放射エネルギーを測定する装置。

ぼろ-もうけ【ぼろ×儲け】〔名〕スル 元手や労力の割に多大の利益を得ること。「相場で一する」

ぼろ-や【襤=褸屋】❶ぼろを売買する職業。また、その店。❷(「襤褸家」とも書く)老朽化していたんでいる家。

ほろ-よい【▽微酔い】酒を飲んでいくらか酔いが出ていること。類語 微酔・生酔い・陶酔

ほろよい-きげん【▽微酔い機嫌】ほんのり酒

に酔って気持ちのよいこと。

ほろり〔副〕ｽﾙ ❶葉や花が散り落ちるさま。「枯れ葉が―と落ちる」❷涙が一滴落ちるさま。「―(と)涙がこぼれる」❸涙が出そうになるほど心が打たれるさま。「―とさせられる話」❹少し酒に酔うさま。「一杯の酒に―とする」❺(かたまり状のものが)触れただけで柔らかく崩れるさま。「口の中で―とほぐれる」
(類語)ぽろり・ぽつり・ぽたり

ぽろり〔副〕❶粒状の物が一つ落ちるさま。「葉の先から露が―と落ちる」❷うっかり取り落としたり、もろく取れたりするさま。「野手が―と落球する」「歯が―と抜ける」❸不用意に口にするさま。「―と愚痴をこぼす」

ほろろ〔副〕キジやヤマドリなどの鳴く声を表す語。ほろほろ。「春の野のしげき草葉の妻恋ひに飛び立つきじの―とぞ鳴く」〈古今・雑体〉

ほろろを打・つ キジやヤマドリなどが鳴いて羽ばたきする。ほろろを掛く。「きぎす鳴く春の大野を見渡せば早蕨(さわらび)あさりほろろうつなり」〈為忠集〉

ホロン〔holon〕《(ギリシャ) holosから》部分でありながら全体としての機能・性質をもち、全体と調和して機能する単位。生物における器官など。1967年にA=ケストラーが提唱。全体子。

ボロン〔boron〕❶硼素(ほうそ)。❷タングステンの極細線に硼素を付着させた物質。強度・剛性にすぐれ、航空機の可動翼や水平安定板、ゴルフのシャフト、釣りざおなどに使用。

ホロン-けいえい【ホロン経営】「ホロニックマネージメント」に同じ。

ぼろん-じ【×梵論字|×梵論師】「ぼろ(梵論)」に同じ。

ボロン-シャフト〔boron shaft〕カーボン繊維にボロンを組みこんだ材料で作ったゴルフシャフト。軽さに粘り強さを加えたもの。

ボロン-ロッド《boron fiber rodから》カーボン繊維とボロン繊維で作った釣り竿。軽量で弾性率が高く、ぶれが少ない。

ホワイ〔why〕理由。原因。

ホワイエ〔(フランス) foyer〕庁舎・病院などの、出入りの激しい建物の玄関・出入り口近くに広くとられる広間。客だまり。

ホワイ-ダニット〔whydunit〕《Why done it?の略。「なぜおこなったか」の意》犯行に至った動機の解明を重視した推理小説。➡フーダニット ➡ハウダニット

ホワイト〔white〕❶白。白色。❷白色の絵の具。❸白色人種。白人。
(類語)白・白色(はくしょく)・白妙(しろたえ)・純白・雪白(せっぱく)・雪色(せっしょく)・乳色(ちいろ)・乳白色(にゅうはくしょく)・ミルク色・灰白色(かいはくしょく)・象牙色(ぞうげいろ)・オフホワイト・アイボリー・真っ白

ホワイトアウト〔whiteout〕積雪のある冬山などで、雪雲がガス状に立ちこめ、視界全体が真っ白になって空間と地面との見分けがつかなくなる現象。

ホワイト-アスパラガス〔white asparagus〕発芽時に土寄せをして茎を白く軟化したアスパラガス。

ホワイト-アフリカ〔White Africa〕サハラ砂漠より南を指すブラックアフリカに対する語。北アフリカ。

ホワイト-ウオーター〔white water〕急流・滝壺(たきつぼ)などで、白く泡立った水。また、そのような箇所。波が砕けてできる白い泡。

ホワイト-ガソリン〔white gasoline〕工業用無着色ガソリン。溶剤・洗浄剤、ランタンなどの燃料などに使う。ベンジンもその一種。

ホワイト-カラー〔white-collar〕《白い襟のワイシャツを着ているところから》雇用従業員のうち、知的・技術的労働や事務・販売の仕事についている者。➡ブルーカラー (類語)会社員・サラリーマン・勤め人・勤労者・労働者・ビジネスマン・グレーカラー

ホワイトカラー-エグゼンプション〔white-collar exemption〕▶自律的労働時間制度

ホワイト-クローバー〔white clover〕「白詰草(しろつめくさ)」のこと。

ホワイト-ゴールド〔white gold〕白金の代用とする、金に白金・パラジウム・銀・ニッケル・銅・亜鉛などを加えた銀白色の合金。装飾品や歯科材料に用いる。模造白金。

ホワイト-サポテ〔white sapote〕カリフォルニア・フロリダなどで栽培されているミカン科の果実。果皮は黄緑色、果肉は白色で、少しやわらかくなったころ食べる。

ホワイト-さんち【ホワイト山地】《White Mountains》米国ニューハンプシャー州北部の山地。アパラチア山脈の支脈の一。景勝地として知られ、ホワイトマウンテン国立森林公園、フランコニアノッチ州立公園、ワシントン山、フルーム渓谷などがある。スキー場も多い。ホワイトマウンテンズ。

ホワイト-シチュー〔white stew〕肉や野菜などにホワイトソースを加えて煮込んだシチュー。

ホワイト-シャツ〔white shirt〕「ワイシャツ」に同じ。

ホワイト-シンドローム〔white syndrome〕サンゴに発生する病害の一つ。サンゴの組織が帯状に白く壊死する。直径2メートルのテーブルサンゴが数か月から1年で死滅するといわれる。感染症の一種と考えられているが、原因は特定されていない。同じようにサンゴが白くなる白化現象の場合、上昇した海水温が平常の状態に戻り共生する褐虫藻がサンゴの体内に戻ると回復するが、ホワイトシンドロームにかかったサンゴは壊死し回復しない。

ホワイト-スペース〔white space〕❶広告原稿で、レイアウト上の効果をねらった空白部分。❷組版で、文字と文字の間に入れる空白。❸利用できるにもかかわらず、使われていない周波数の帯域。テレビやラジオなどが特定の地域でのみ放送されていて、他地域ではその帯域が空いている状態や、放送終了後の深夜に帯域が空く状態をいう。テレビ放送波の干渉を避けるために設けられていたが、地上波テレビ放送のデジタル化によって電波干渉が軽減されることや、混信を回避するための技術が実用化されたことなどから、ホワイトスペースの活用が可能になった。米国ではIT企業が主導し、ホワイトスペースを利用した無線ブロードバンドによるインターネット接続サービスが開始されている。日本では平成24年(2012)にホワイトスペースを利用したエリア放送が開始された。未利用周波数帯域。

ホワイト-ソース〔white sauce〕小麦粉をバターで焦がさずにいため、牛乳でのばして香辛料を加えた白色のソース。

ホワイト-タイ〔white tie〕❶燕尾服(えんびふく)着用の際に付ける白い蝶(ちょう)タイ。❷(❶から)燕尾服。➡ブラックタイ

ホワイト-チョコレート〔white chocolate〕白い色のチョコレート。カカオ豆からとったカカオバターに、ミルクと砂糖を加えてつくる。

ホワイト-デー《(和)white＋day》バレンタインデーの贈り物のお返しとして、男性から女性へキャンデーなどを贈る日。3月14日。

ホワイト-ナイト〔white knight〕敵対的買収を仕掛けられた会社が、自社に友好的な関係をもつ他の会社に買収してもらうことを依頼する場合に、そのような友好的な会社をいう。助けに現れる「白馬の騎士」にたとえたもの。

ホワイトニング〔whitening〕白くすること。特に、化粧品などでしみやそばかすを予防・回復して、肌を白くすること。美白。また、歯を白くすること。「―ローション」

ホワイト-ノイズ〔white noise〕あらゆる周波数成分を同等に含む雑音。白色雑音。➡ピンクノイズ
(補説)「ホワイト」は、光が、すべての周波数成分を同等に含むと白色になることから。

ホワイト-ハウス〔White House〕米国の大統領官邸。首都ワシントンのペンシルベニア通り1600番地にある。名称は、その白色の外観に由来。白亜館。転じて、米国政府をいうこともある。

ホワイト-バランス〔white balance〕デジタルカメラやビデオカメラが搭載する、色調補正の機能。太陽光、白熱灯、蛍光灯、フラッシュなど異なる光源の下で変化する白色を、適確な白さに写せるように色調を補正する。カメラが自動的に調整するオートホワイトバランス、あらかじめ光源ごとに調整された設定を選択するプリセットホワイトバランス、ユーザーが手動で設定するマニュアルホワイトバランスなどがある。

ホワイトバランス-ブラケティング〔white balance bracketing〕デジタルカメラの機能の一。一度の撮影で、設定したホワイトバランスと、少しずつ異なるホワイトバランスの、複数枚の画像を記録する。ホワイトバランスの設定に迷う場合や、異なる複数の光源下での撮影などに使用される。

ホワイト-ビール〔white veal〕牛乳や代用乳のみで育てた子牛の肉。通常の牛肉に比べ色が淡く、乳の風味がある。

ホワイト-ペーパー〔white paper〕「白書」に同じ。
(補説)イギリスでは、国会または政府の報告書をブルーブック(青書)というが、外交の実情を報告する文書に白い表紙を使ったことから、ブルーブックより簡単な報告書をホワイトペーパーと呼ぶようになった。

ホワイトヘッド〔Alfred North Whitehead〕[1861～1947]英国の数学者・哲学者。B=ラッセルとともに記号論理学を確立。数学の論理的基礎、物理学の哲学的基礎を考察。その後、有機体の概念を中核とする形而上学を展開。著「過程と実在」、共著「数学原理」など。

ホワイトホース〔Whitehorse〕カナダ、ユーコン準州南西部の都市。同州の州都。20世紀初頭に金の集散地として発展。ユーコン川に面し、アラスカと結ぶ鉄道の起点でもある。

ホワイト-ボード〔white board〕白板。フェルトペンなどを用いて、黒板と同じように使う。

ホワイトホール〔Whitehall〕英国ロンドン、ウエストミンスター地区の通りの名。トラファルガー広場から国会議事堂に至る街路で、官庁街となっている。転じて、英国政府。また、その政策。

ホワイト-ホール〔white hole〕ブラックホールとは逆に、物質を放出するだけで、その内部には入り込めない天体。一般相対性理論から理論的に予想されているが、実在はまだ確認されていない。

ホワイト-ボックス〔white box〕大手メーカーなどの既製品ではなく、パソコン販売店が汎用部品を組み合わせて独自に作成・販売する製品。一般に、同程度の性能をもつ既製品に比べ安価なことが多い。

ホワイトボックス-テスト〔white box test〕プログラムのテスト手法の一。内部構造に着目してテストし、プログラマーの意図通り、内部の整合性が実現されているかを調査すること。➡ブラックボックステスト

ホワイト-マウンテンズ〔White Mountains〕▶ホワイト山地

ホワイト-ミート〔white meat〕子牛・ウサギ・鶏などの白色系の肉。ツナ缶(ビンナガマグロの油漬け)をホワイトミートと呼ぶこともある。

ホワイト-メタル〔white metal〕錫(すず)または鉛を主成分とする軸受け合金の総称。バビットメタルなど。広く、活字合金・ダイカスト合金・はんだ・洋銀などを含めていうこともある。

ホワイト-リカー《(和)white＋liquor》▶甲類焼酎

ホワイト-リスト〔white list〕白表。ブラックリストに対して、「好ましいもののリスト」として多方面に用いられる。よい図書や映画のリストなど。

ポワソン〔(フランス) poisson〕▶ポアソン

ほ-わた【穂綿|穂×絮】綿の代用にした、チガヤ・アシなどの穂。

ポワチエ〔Poitiers〕▶ポアチエ

ポワティエ〔Poitiers〕▶ポアチエ

ポワブル-ロゼ〔(フランス) poivre rose〕《「ポアブルロゼ」とも》「ピンクペッパー」に同じ。

ポワレ〔(フランス) poêler〕❶蒸し焼きにすること。❷フライパンを使って調理すること。

ポワロ〔(フランス) poireau〕ネギの一種。軸は太くて短い。白い部分は食用にする。ゆでてサラダやマリネ・スープなどに用いる。ポロ葱。

ボワロー〘Nicolas Boileau〙[1636〜1711]フランスの詩人・批評家。フランスにおける古典主義文学理論の確立者。詩集「風刺詩集」、詩論「詩法」など。ボアロー。

ホワンチュー【黄酒】《中国語》➡おうしゅ(黄酒)

ほん【本】㊀〔名〕❶書物。書籍。「―を読む」「―の虫」「美術の―」❷台本。脚本。「―読み」❸模範とすべきもの。手本。「手習いの―とする」「行儀作法の―になる」❹もととなるもの。主となるもの。根本。また、本分。「学業を―とする」❺本当であること。真実。「冗談ではなし、―の事」〈露件・一刹那〉㊁〔接頭〕名詞に付く。❶今、現に問題にしているもの、当面のものであることを表す。この。「―議案」「―大会」❷それがいま話している自分にかかわるものであることを表す。「―大臣としては」❸きょうの。本日の。「―未明」㊂〔接尾〕助数詞。漢語の数詞に付く。上に来る語によっては「ぼん」「ぽん」となる。❶長い物、棒状のものなどを数えるのに用いる。「鉛筆五―」「二―の道路」❷剣道や柔道などで、技(わざ)の数を数えるのに用いる。「二―を先取する」❸映画の作品の数を数えるのに用いる。「主演作五―」➡漢「ほん(本)」
[類語](㊀❶)書物・書籍・図書・書冊・冊子・書巻・典籍・書(しょ)・ふみ・著作・著書・巻・文献・ブック

ほん【▽品】㊀〔名〕❶古代の中国で、官人に与えられていた位階。❷日本で、親王・内親王に与えられた位階。一品から四品まであり、無位の者は無品(むほん)とよばれた。品位(ほんい)。❸日本で、位階の異称。㊁〔接尾〕上に来る語によっては「ぼん」「ぽん」となる。❶仏教で、極楽往生する者の能力や性質などを等級に分ける語。上中下に分け、さらに、それぞれを上中下に分ける。➡九品(くほん)❷仏典の中の編や章に当たるもの。「方便―」➡漢「ひん(品)」

ホン　JIS(ジス)に定める騒音計で指示される、騒音の大きさの単位。人間の耳で聞きうる最小限の音を零ホンとし、最大可聴音を130ホンとする。日本だけで使用。➡フォン

ぼん【凡】〔名・形動〕ごく普通であること。ありふれていること。また、そのさま。平凡。「―ならざる才能」➡漢「ぼん(凡)」

ぼん【▽坊】《「ぼう」の音変化》❶僧侶。「―さん」❷(主に西日本で)男の子を丁寧に、また親しみを込めて呼ぶ語。江戸中期までは男児・女児どちらにも用いた。ぼうや。ぼっちゃん。

ぼん【盆】《「盂蘭盆(うらぼん)」の略》❶盂蘭盆のこと。お盆。(季 秋)「御仏は淋しき―とおぼすらん/一茶」❷盂蘭盆の供物・布施。「七月十五日に―を奉りし女」〈今昔・二四・四九〉➡漢「ぼん(盆)」
[類語]盂蘭盆(うらぼん)・精霊会(しょうりょうえ)・新盆(にいぼん)・旧盆・霊祭り

盆と正月が一緒に来たよう　うれしいことが重なること、また非常に忙しいことのたとえ。

ぼん【盆】❶物をのせて運ぶのに用いる縁の浅い平たい器。❷丁半ばくちで、壺を伏せる所。盆茣蓙(ぼんござ)。また、ばくち場。賭場。「―を開く」❸平たい鉢形の瓦器。「覆水(ふくすい)―に返らず」❹家。宿。また、席。特に、男女密会の席。「逝(ゆ)かなうにも―はなし」〈浄・歌祭文〉➡漢「ぼん(盆)」

盆を覆(くつがえ)す　雨の激しく降るようすをたとえていう。盆を傾ける。

盆を翻(ひるがえ)す　「盆を覆(くつがえ)す」に同じ。

ぼん【×梵】《梵 brahmanの音写から》❶インドのバラモン教における最高原理。世界創造の根本原理。ブラフマン。❷梵天。❶を神格化したもの。仏教に取り入れられ、守護神の一つとなった。❸清浄・神聖なもの。➡漢「ぼん(梵)」

ボン〘フランス bon〙多く複合語の形で用い、よい、うまい、などの意を表す。「―サンス」「―ボワイヤージュ」

ボン〘Bonn〙ドイツ西部の都市。ライン川中流にある。12世紀から選帝侯ケルン大司教の居住地。ベートーベンの生家がある。1949〜1990年は西ドイツの首都。人口、行政区32万(2010)。

ぼん【本】〔接尾〕「ほん(本)㊂」に同じ。「三―立ての映画」

ぼん【▽品】〔接尾〕「ほん(品)㊁」に同じ。「三―成就」

ポン【碰】《中国語》マージャンで、刻子(コーツ)を作るのに必要な牌(パイ)を他家が捨てたとき、「ポン」と言ってその牌をもらうこと。対(トイ)。

ぽん【本】〔接尾〕「ほん(本)㊂」に同じ。「一―勝負」「バラを一〇―買う」

ぽん【▽品】〔接尾〕「ほん(品)㊁」に同じ。「法華経二十八―」

ほん-あい【本藍】人造藍に対し、天然の藍。

ほんあみ【本阿弥】㊀姓氏の一。室町初期に始まる刀剣鑑定の家柄。㊁《㊀から転じて》鑑定家。目利(めき)き。「覚えあらば兜(かぶと)の―、目利(めきき)目利きと」〈浄・忠臣蔵〉

ほんあみ-こうえつ【本阿弥光悦】[1558〜1637]桃山時代から江戸初期の芸術家。京都の人。号、太虚庵・自得斎など。刀剣鑑定の名家である本阿弥家の分家に生まれる。書・陶芸・漆芸などにすぐれ、元和元年(1615)徳川家康より洛北の鷹ヶ峰の地を賜り、芸術村を営んだ。書は寛永の三筆の一人で、光悦流の始祖。陶芸・漆芸でも光悦楽焼・光悦蒔絵(まきえ)の創始者として一家をなした。

ほん-あん【本案】❶この案件。この議案。❷民事訴訟上、訴えの本旨である請求。また、その手続きの主目的または中心をなす事項。

ほん-あん【翻案】〔名〕(スル)既存の事柄の趣旨を生かして作りかえること。特に小説・戯曲などで、原作の筋や内容をもとに改作すること。また、そのもの。「舞台を日本に置き替えて―する」
[類語]改作・焼き直し・潤色

ほんあん-けん【翻案権】著作権の一。著作物を翻案する権利。

ほんあん-はんけつ【本案判決】民事訴訟で、訴えによる請求の当否について判断する判決。➡訴訟判決

ほん-い【反胃】食べたものをすぐ吐いてしまうような状態。

ほん-い【本位】❶判断や行動をするときの基本となるもの。「人物―で採用する」「自己―の生き方」❷貨幣制度の基準。「金―制度」❸もとの地位・位階。「―に復する」[類語]基準・尺度・物差し・目安・拠(よ)り所・規準・標準・水準・レベル・定規

ほん-い【本意】❶本当の気持ち。本心。真意。「―をただす」❷もとからの考え。本来の意志。本懐。本望。「―を遂げる」❸和歌・連歌・俳諧で、物の本質・あり方・情趣。物の美的本性。
[類語](❶)真意・本心・本音・下心・魂胆

ほん-い【▽品位】➡品(ほん)㊀❷

ほん-い【翻意】〔名〕(スル)決意をひるがえすこと。「―を促す」「ぎりぎりになって―する」

ホンイーソー【混一色】《中国語》マージャンで、字牌(ツーパイ)と一種類の数牌(シューパイ)で上がったもの。

ほんい-おん【本位音】音楽で、本位記号により変化記号が取り消され、もとにもどされた音。

ほんい-か【本位貨】「本位貨幣」の略。

ほんい-かへい【本位貨幣】一国の貨幣制度の基準となる貨幣。1930年代以前に採られていた金本位制度のもとでは金貨。

ほんい-きごう【本位記号】音楽で、変化記号を取り消し、もとの音に戻すための♮の記号。ナチュラル。

ぼん-いち【盆市】盂蘭盆(うらぼん)の行事に必要な物品や盆花を売る臨時の市。陰暦7月12日夜から13日朝にかけて開かれた。草市。花市。

ほん-いつ【奔逸】〔名〕(スル)❶非常に速く走ること。また、走りのがれること。「馬車左右より―して」〈中井弘・航海新説〉❷思いのままに行動すること。「俗勢の―を止むるに在るのみ」〈福沢・福翁百話〉

ほん-いん【本員】議員・委員などが自分をさしていう語。

ほん-いん【本院】❶主となる院。分院に対していう。❷この院。❸上皇または法皇が同時に二人以上ある場合、その中の第一の人。新院・中院に対していう。一の院。「父の帝をば、今は―と申す」〈増鏡・おどろの下〉㊗❶はホンイン、❷はホンイン。

ほん-いん【翻印】「翻刻(ほんこく)」に同じ。

ほんいんぼう【本因坊】❶囲碁の一流派。碁所四家の筆頭。安土桃山時代の本因坊算砂(さんさ)を祖とし、21世秀哉(しゅうさい)まで継承。❷昭和14年(1939)以後、囲碁の専門棋士による選手権の優勝者に与えられる称号。

ほんいんぼう-さんさ【本因坊算砂】[1558〜1623]安土桃山・江戸初期の僧・囲碁棋士。京都の人。本因坊家の始祖。本姓、加納。幼名、与三郎。日海と称し、寂光寺の塔頭(たっちゅう)本因坊に住んだ。若年から碁・将棋の達人で、織田信長・豊臣秀吉・徳川家康に仕えた。最初の名人碁所(ごどころ)。

ほんいんぼう-しゅうさい【本因坊秀哉】[1874〜1940]囲碁棋士。東京の生まれ。本名、田村保寿。19世本因坊秀栄の門下に入り、21世本因坊を継いで秀哉と号した。本因坊の名跡を開放して実力時代への門を開き、最後の世襲制囲碁名人となった。

ほんいんぼう-せん【本因坊戦】囲碁の七大タイトル戦の一。昭和15年(1940)創設。タイトル保持者とリーグ戦優勝者が七番勝負で決勝戦を行い、勝者が本因坊の称号を手にする。連続10期以上タイトルを獲得した棋士は現役で、連続5期または通算10期獲得した棋士は現役で60歳以上に達したときまたは引退時に、名誉本因坊を名乗ることができる。

ほんいんぼう-どうさく【本因坊道策】[1645〜1702]江戸前期の囲碁棋士。石見(いわみ)の人。3世本因坊道悦の門下に入り、4世本因坊を継いで、名人位に推される。碁聖と称され、布石理論や段位制を確立し、近代碁の始祖といわれる。

ほん-う【本有】《連声(れんじょう)で「ほんぬ」とも》仏語。❶本来的な存在。初めから有ること。❷四有(しう)の一。生まれてから死ぬまでの身。

ぼん-う【盆雨】水の入った容器をひっくり返したような雨。大雨。豪雨。

ぼん-うた【盆歌｜盆唄】「盆踊り歌」に同じ。

ほん-うば【本乳‐母】授乳を専門とする乳母。抱き乳母に対していう。「―、抱媼(だきうば)とて二人まで」〈浮・織留・六〉

ほん-え【本絵】狩野派・土佐派などの正統的な日本画。町絵・浮世絵に対していう。

ぼん-え【盆会】「盂蘭盆会(うらぼんえ)」に同じ。(季 秋)

ぼん-え【盆絵】「盆画(ぼんが)」に同じ。

ほん-えい【本営】総大将・総指揮官がいる陣営。本陣。「大―」[類語]本陣

ほん-えい【本影】光で物体を照らしたとき、物体に遮られて光が全く届かない部分の影。➡半影

ほん-えん【本縁】《連声(れんじょう)で「ほんねん」とも》事物の起こり。起源。由来。縁起。「仏神の―をうたふ」〈徒然・二二五〉

ぼん-おう【×梵王】「梵天㊀㊁」に同じ。

ほん-おく【本屋】主要な建物。母屋(おもや)。

ぼん-おくり【盆送り】盂蘭盆(うらぼん)の最後の日に、精霊(しょうりょう)を送り返し、供え物を辻・川・海などに捨てたり流したりする行事。精霊送り。送り盆。

ぼん-おどり【盆踊(り)】盂蘭盆(うらぼん)のころに老若男女が広場などに集まっておどる踊り。本来は盆に迎えた精霊(しょうりょう)を送り返す行事といわれる。(季 秋)「太鼓だけ少し下卑たり―/一茶」

ぼんおどり-うた【盆踊(り)歌｜盆踊(り)唄】民謡の分類の一。盆踊りにうたわれる歌。盆歌。

ホンオ-フェ《朝鮮語》ガンギエイ(ホンオ)の刺身。新鮮な魚肉をそのまま食べるものと、かめなどに入れて発酵させたものがある。発酵させたものは、エイ自身のもつ尿素などからアンモニアが生成されるため、強烈な臭気がある。木浦(モクポ)などの郷土料理。

ほん-おめし【本▽御召】《本絹の御召の意》縦糸・横糸とも絹糸を用いた御召縮緬(ちりめん)。➡新御召

ぼん-おん【×梵音】《連声(れんじょう)で「ぼんのん」とも》❶梵天の王の声。五種清浄の音を発するという。また、仏の音声。❷四箇(しか)の法要のとき、散華(さんげ)ののちに唱える偈頌(げじゅ)。❸読経の声。また、読経。❹仏教

の音楽。特に、声楽。❺梵語の発音。また、梵語。

ほん-か【本科】❶予科・別科・専攻科などに対し、その学校の本体をなす課程。「一生」❷この科。

ほん-か【本歌】❶古歌をもとに和歌・連歌を作った場合の、そのもとの歌。もとうた。❷本式の和歌。狂歌・俳諧などに対していう。「あまり一で退屈いたす時はなぐさみがてら俳諧歌をいたしますが」〈滑・浮世風呂・三〉

ぼん-が【盆画】彩色した砂や小石を使って、黒漆塗りの盆の上に山水などを描いた絵。盆絵。

ほん-かい【本会】❶本式の会。❷この会。⇨❶はホンカイ、❷はホンカイ。

ほん-かい【本懐】もとから抱いている願い。本来の希望。本意。本望。「一を遂げる」

ほん-かいぎ【本会議】❶委員会などの予備的な会議に対して、本式の会議。❷国会の両議院で、全議員で構成される会議。

ぼんが-いちにょ【×梵我一如】インドの哲学書ウパニシャッドに代表されるバラモンの根本思想で、宇宙の根本原理であるブラフマン(梵)と個人の本体であるアートマン(我)とは同一であるというもの。

ほん-かいどう【本街道¦本海道】江戸時代、脇街道に対して、五街道のこと。

ほん-かく【本格】〘名・形動〙本来の格式。もともとの方式。また、それに従っているさま。本式。「流儀の一にのっとる」「一な(の)床の間」「一派」

ほん-がく【本学】この学校。この大学。

ほん-がく【本覚】仏語。人間に本来等しく備わっている仏の悟り。本性としての悟り。

ぼん-かく【×梵閣】てら。寺院。梵刹。

ぼん-がく【×梵学】❶梵語についての学問。❷仏教についての学問。

ほんがく-じ【本覚寺】神奈川県鎌倉市にある日蓮宗の寺。山号は、妙厳山。開創は永享8年(1436)。開山は日出。佐渡流罪赦免後の日蓮が一時滞在した夷堂の跡と伝えられ、のち、身延山から日蓮の遺骨が分骨され、東身延と称する。

ほんかく-しょうせつ【本格小説】作者の身辺に題材を取った心境小説や私小説に対して、社会的現実を客観的に描く、作品自体が自立した小説。大正末期に中村武羅夫が提唱。

ほんかく-しょうちゅう【本格焼酎】⇨乙類焼酎

ほんかく-すいりしょうせつ【本格推理小説】推理小説で、複雑な犯罪トリックの解明や犯人捜しを中心にストーリーが展開されるもの。ハードボイルド・スパイ小説などに対していう。

ほんかく-てき【本格的】〘形動〙❶本来の格式・方式に従うさま。本式。「剣道を一に習う」❷本調子になるさま。「年明けから一に活動する」「一な暑さ」
〘類語〙正式・本式・正しい

ほん-がって【本勝手】❶床の間で、向かって左に本床、右に床脇棚があるもの。右勝手。⇔逆勝手。❷茶の湯で、客が主人の右手に座るかたちの茶席。また、その場合の点前。右勝手。⇔逆勝手。❸生け花で、客位が花に向かって右側にある花型。右勝手(池坊流では左勝手)。⇔逆勝手。

ほんか-どり【本歌取り】和歌・連歌などで、古歌の語句・趣向などを取り入れて作歌すること。新古今時代に盛んに行われた。藤原定家が「苦しくも降り来る雨か三輪の崎狭野の渡りに家もあらなくに」〈万・二六五〉を本歌として「駒とめて袖うちはらふかげもなしさののわたりの雪の夕暮れ」〈新古今・冬〉と詠んだ類。

ほん-がま【本窯】❶楽焼きの一派。長次郎を祖とする楽本家に属するもの。⇨脇窯 ❷陶磁器で、釉薬を施したのちに高火度で本焼きする窯。素焼き窯・錦窯などに対していう。

ぼん-がま【盆×竈】盂蘭盆の7月14日または15日に、屋外に竈を築き、煮たきをして共同飲食する子供の行事。〘季 秋〙

ほん-かれぶし【本枯(れ)節】《「ほんかれふし」とも》枯節の黴付けを3〜4回以上行ったものをいう。極上のかつお節とされる。⇨鰹節〘補説〙

ホン-がわ【ホン川】《Hong》ベトナム北部の川。中国雲南省の山地に源を発し、ハノイを経てトンキン湾に注ぐ。全長1200キロ。鉄分を含む水の色から、紅河ともよばれる。旧称ソンコイ川。

ほん-かわらぶき【本瓦×葺き】平瓦と丸瓦とを交互に組み合わせて並べる屋根の葺き方。また、その屋根。本葺き。

ほん-かん【本官】❶正式の官職。試補・雇などに対していう。❷兼官に対して、本来の官職。❸官職にある者が、職務上、自分をさしていう語。⇨❶❷はホンカン、❸はホンカン。

ほん-かん【本管】水道・ガス・下水などの、公道下に敷設された基となる太い管。

ほん-かん【本館】❶主となる建物。❷この館。⇨❶はホンカン、❷はホンカン。

ほん-がん【本貫】《「ほんかん」とも》律令制で、戸籍に記載された土地。転じて、本籍地。出身地。

ほん-がん【本願】❶本来の願い。本懐。「一を達成する」❷仏語。仏・菩薩が衆生を救済するために起こした誓願。阿弥陀仏の四十八願など。本誓。❸「本願主」の略。

ぼん-がん【凡眼】凡人の眼。平凡な眼識。

ポン-かん《「ポン」はインドの都市プーナ(Poona)から》ミカンの一品種。実はやや大きく、香りが強く甘い。インドの原産で、九州などで栽培。〘季 冬〙〘補説〙「椪柑」「凸柑」とも書く。

ほんがん-おうじょう【本願往生】阿弥陀仏の本願によって極楽浄土に生まれること。

ほんがん-じ【本願寺】㊀京都市下京区にある浄土真宗本願寺派の本山。山号は、竜谷山。通称、西本願寺。文永9年(1272)親鸞の娘覚信尼が、親鸞像を安置した御影堂を吉水に建てたのを起源とする。北陸・京都山科・大坂石山など各地を転々としたのち、天正19年(1591)豊臣秀吉から現寺地を寄進されて移転。慶長7年(1602)大谷派分立後は、本願寺派の本山として西国地方を主に末寺1万余寺を擁する。現存の堂宇は、元和3年(1617)焼失後に再建されたもの。国宝の飛雲閣は聚楽第からの移築、書院・唐門などは伏見城の遺構。寺宝に親鸞聖人影像・三十六人家集(以上国宝)など多数がある。平成6年(1994)「古都京都の文化財」の一つとして世界遺産(文化遺産)に登録された。本派本願寺。お西。⇨築地別院 ⇨津村別院 ㊁京都市下京区にある真宗大谷派の本山。通称、東本願寺。本願寺12世宗主となった教如が、豊臣秀吉により直ちに弟の准如に宗主を譲らされ、慶長7年(1602)に徳川家康から寺地を寄進されて創建。寺宝には、親鸞筆の「教行信証」(国宝)など多数。大谷派本願寺。お東。⇨大谷派

ほんがんじ-つきじべついん【本願寺築地別院】⇨築地別院

ほんがんじ-は【本願寺派】浄土真宗十派の一。京都の西本願寺を本山とする。本願寺第12世准如の時に東本願寺(大谷派)が別立して以来、両寺相並んで親鸞の法統を継承。

ほんがん-しゅ【本願主】寺院・仏像などを創立し、法会を執行する発起人。

ぼん-かんじん【盆勧進】盆竈に用いる食料を得るため、子供たちが家々をまわって米銭をもらい集めること。転じて、盆竈のこと。

ほん-き【本気】〘名・形動〙❶まじめな気持ち。真剣な気持ち。また、そのさま。「一を出す」「一で取り組む」❷めんこなどの子供の遊びで、勝てば相手の出したものを取れるというルール。ほんこ。
〘類語〙熱心・一心不乱・一心・一生懸命

本気にする　本当であると信じる。「作り話を一する」

本気になる　《軽い気持ちを改めて》真剣になる。「一って戦う」

ほん-ぎ【本紀】紀伝体の歴史で、帝王1代の事跡を記したもの。⇨世家 ⇨列伝

漢字項目　ほん

【反¦×叛】⇨はん
【▽品】⇨ひん

本　学1　音ホン(呉)(漢)　訓もと ‖ ㊀〈ホン〉①草木の根や茎。植物。「本草/草本・藤本・木本・禾本科」②物事の根源。もと。「本源・本質・本性・本能・本末/元本・基本・根本・資本・大本・張本・抜本」③中心となる部分。主となる。「本業・本社・本州・本宅・本店・本部・本論」④当の。この。わが。「本案・本官・本件・本日・本書・本人・本邦」⑤正式の。本当の。「本意・本妻・本式・本名・本物」⑥もとにすべきもの。てほん。「標本・見本」⑦書物。文書。「異本・絵本・刊本・脚本・原本・古本・写本・春本・正本・抄本・新本・製本・謄本・読本・配本・副本・返本・和本・単行本」㊁〈もと〉「大本・旗本」〘名付〙なり・はじめ

奔　音ホン(呉)(漢)　訓はしる ‖ ①勢いよく駆ける。はしる。「奔走・奔馬・奔放・奔流/狂奔・騰奔・東奔西走」②走って逃げる。「出奔」③男女が正しくない性関係を結ぶ。「淫奔」

翻〔飜〕　音ホン(呉)　訓ひるがえる、ひるがえす ‖ ①ひらひらする。ひるがえる。「翩翻」②他を意のままに動かす。「翻弄」③裏返しにする。急に変える。ひるがえす。「翻意・翻然」④対応するものと入れかえる。「翻案・翻刻・翻訳」〘補説〙「飜」は異体字。〘難読〙翻車魚・水翻・翻筋斗

漢字項目　ぼん

【▽犯¦煩】⇨はん

凡　音ボン(呉)　ハン(漢)　訓すべて、およそ ‖ ㊀〈ボン〉①全体を通じて。おしなべて。「凡百」②一般的で特に目立たない。普通。「凡作・凡人・凡打・凡退・凡夫・凡庸/超凡・非凡・平凡・平平凡凡」㊁〈ハン〉全体にわたるさま。あらまし。「凡例」〘名付〙ちか・つね・なみ
〘難読〙大凡

盆　音ボン(呉) ‖ ①口が大きく開いた浅い器。「盆景・盆栽・盆石」②くぼんだ形。「盆地/海盆」③食器などをのせて運ぶ平たい道具。「角盆・茶盆・丸盆」④盂蘭盆。「旧盆・新盆・初盆」

×**梵**　音ボン(呉) ‖ ①バラモン教の最高原理。ブラフマン。「梵天・梵我一如」②仏教に関する物事に付ける語。「梵妻・梵鐘・梵刹」③サンスクリット。「梵語・梵字・梵讃」〘難読〙梵論・梵論字

ほん-ぎ【本義】❶言葉の本来の意味。「一から転じた意味」❷根本となる重要な意義。「宗教の一」
〘類語〙意味・精神・意義・意・意味合い・旨・ニュアンス・語感・広義・狭義・義・概念・謂・こころ・語意

ぼん-き【凡器】仏語。仏の教えを理解していない人。凡夫。凡人。

ホンキートンク〖honky-tonk〗安酒場のことをいうアメリカ黒人の俗語。また、そこで演奏されるにぎやかなピアノ音楽。

ボン-きほんほう【ボン基本法】⇨ドイツ基本法

ほん-ぎまり【本決(ま)り¦本▽極まり】正式に決まること。「校舎の増築が一になる」〘類語〙確定・既定・所定・決定・決まり・画定・議決・決議・論決・評決・議定・取り決め・断・断案・決・裁決・裁定・決断

ほん-ぎゃく【×叛逆】「反逆」に同じ。

ほん-きゅう【本給】手当や賞与などを含まない基本の給与。基本給。本俸。〘類語〙本俸・基本給

ホンキュウ【虹口】中国上海市の地名。虹口公園に魯迅の墓がある。第二次大戦後まで日本人居住者が多かった。ホンコウ。

ほん-きょ【本拠】根本のよりどころとなる場所。根拠。「活動の一を大阪に置く」「一地」
〘類語〙拠点・根拠地・足場

ほん-ぎょう【本行】ゴギ ヤウ ❶仏語。悟りを得て仏となるためのもととなる修行。❷歌舞伎・邦楽・舞踊などで、能または狂言から移入した作に対する、原作の能・狂言。

ほん-ぎょう【本経】ゴギ ヤウ 根拠となるべき経文。「一の確かなるにつきて、この真言陀羅尼だらにをば申しつるなり」〈徒然・二二二〉

ほん-ぎょう【本業】ゴゲ 本来の職業。本職。⇔副業。
(類語)本職・本務

ぼん-きょう【凡境】ボキ ヤウ ❶仏語。凡夫ぼんぶの境界。迷いの境地。❷霊地に対し、普通の場所。ぼんけい。

ぼん-ぎょう【梵行】ボギ ヤウ 淫欲を断つ修行。また一般に、仏道の修行。

ほん-きょうげん【本狂言】ホンキ ヤウゲン 狂言のうち、一つの番組として独立して演じられるもの。

ぼん-きょうげん【盆狂言】ボンキ ヤウゲン 江戸時代の歌舞伎で、陰暦7、8月ごろに行われる興行。また、その狂言。多くは7月15日初日で、大立者は出演せず、怪談物やあだ討ち物が多い。

ほんぎょう-もの【本行物】ホンギ ヤウ 歌舞伎狂言の一系統で、題材を能や狂言から移入したもの。

ほんぎょう-やき【本業焼】ホンゲ フ 瀬戸で文化年間(1804～1818)に磁器の製造が始まり、それを新製焼とよんだのに対して、旧来の陶器をさす称。

ほん-きょく【本曲】❶尺八・胡弓などで、本来その楽器のために作られた曲。⇔外曲。❷この曲。㋐❶はホンキョク、❷はホンキョク。

ほん-きょく【本局】❶中心となる局。支局・分局などに対していう。❷この局。❸碁・将棋などで、この対局。㋐❶はホンキョク、❷❸はホンキョク。
(類語)本省・本庁・本署

ほん-きん【本金】❶まじりけのない金。純金。❷資本金。元金。❸陶磁器の金彩色に用いる、純金に近い絵の具。王水で化学的に抽出した金を膠液にかわで溶いて金泥とし、高火度で焼き付ける。

ほん-ぎん【本銀】❶純銀。❷元金もときん。資本金。「人、もし家裡に一を多く貯わうとも」〈中村訳・西国立志編〉

ぼん-きん【凡近】〘名・形動〙平凡で卑近なこと。また、そのさま。「事を一に取りて意を勧懲に発するに至れり」〈逍遥・小説神髄〉

ほん-ぐ【反▽故・反▽古】「ほご(反故)」に同じ。「人に紙、一など乞ひ集め」〈発心集〉

ぼん-く【盆供】盂蘭盆うらぼんにする供養。盆供養。また、その供物。

ぼん-ぐ【凡愚】平凡でおろかなこと。また、その人。「一の身」(類語)愚劣・迂愚うぐ・馬鹿

ほん-ぐう【本宮】神霊を他に分けて祭ったもとの神社。また特に、熊野本宮のこと。本社。もとみや。

ほんぐう-しだ【本宮羊＝歯】イノモトソウ科の常緑多年生のシダ。紀伊半島南部などで、山地の陰湿な場所に生え、葉は長さ約40センチの羽状複葉。

ほん-くじ【本▽公事】江戸時代、金公事かねくじ以外の訴訟。

ほん-くじ【本×籤・本×鬮】頼母子講たのもしこうなどで、掛け金の落札者を決めるくじ。一番の当たりくじ。

ほん-くにもち【本国持】江戸時代、国持ち大名のうち、実際に1か国以上を領有した前田・島津・毛利・池田など10家の大名。

ほん-ぐみ【本組(み)】❶活版印刷で、はじめ棒組にして校正を終えたものを、本式にページに組むこと。また、その組版。❷江戸時代、江戸の町火消しの組の名。四十八組の一。

ほん-ぐもり【本曇(り)】空一面に雲が広がった状態。雲量が9以上で、乱層雲・層雲・層積雲・積雲・積乱雲が他の雲より多い場合をいったが、現在の気象観測では使用しない。

ぼん-くよう【盆供養】ボンク ヤウ 「盆供ぼんく」に同じ。

ぼん-くら【盆暗】〘名・形動〙《もと、ばくちで盆の上の勝負に暗い意》ぼんやりしていて物事の見通しがきかないこと。また、そのような人や、そのさま。「一な係員」(類語)とんちき・やぼてん・馬鹿・阿呆あほう・魯鈍ろどん・愚鈍・無知・蒙昧もうまい・愚昧ぐまい・愚蒙ぐもう・暗愚・頑愚・愚か・薄のろ・まぬけ・とんま・たわけ

ぼん-くれ【盆暮れ】盂蘭盆うらぼんと歳暮。また、その時分。「一の付け届け」

ほん-ぐん【本軍】❶軍の本隊。❷この軍。㋐❶はホングン、❷はホングン。

ほん-け【本化】❶日蓮宗で、久遠実成くおんじつじょうの本地仏の教化きょうけ。❷法華宗、すなわち日蓮宗のこと。

ほん-け【本×卦】❶生まれた年の干支えと。❷「本卦還がえり」の略。❸その人の生まれた年の干支によって運命の吉凶を占うこと。

ほん-け【本家】❶一族の中心となる血筋の家。❷流派などで、そのおおもととなる家。家元。宗家。「観世流の一」❸分家の出たもとの家。⇔分家。❹妻の親のほうの家。里方。「三日の夜は一、五日の夜は摂政殿より」〈栄花・さまざまの喜び〉❺「本所ほんじょ❶」に同じ。(類語)宗家・家元・総本家

ぼん-げ【凡下】〘名・形動〙❶平凡で、すぐれたところのないこと。また、その人や、そのさま。「私は全く一な執着に駆られて」〈有島・惜みなく愛は奪ふ〉❷身分の卑しいこと。また、その人。❸中世、侍身分に属さない一般庶民の称。甲乙人。雑人ぞうにん。

ほんけ-あらそい【本家争い】ホンケアラ ソヒ どちらが本物であるか、正統であるか、直系であるかという争い。

ほん-けい【本刑】判決で言い渡される主刑。「未決勾留日数を一に算入する」

ほん-けい【本系】本当の血筋。本来の系統。

ほんけい【本渓】中国、遼寧りょうねい省東部の鉱工業都市。石炭・鉄の産地。旧称、本渓湖。人口、行政区98万(2000)。ペンシー。

ホンゲイ〘Hongay〙ベトナム北東部の港湾都市。トンキン湾の支湾アロン湾に面し、北西のホンゲイ炭田で産する良質の無煙炭を積み出す。ホンガイ。

ぼん-けい【盆景】❶盆栽に石などを置いて山水を写したもの。❷水盤の上に、土をこねて山や岩をつくり、色砂で海などを表し、自然の風景を写したもの。水盤盆景。❸箱庭のような小規模な風景。

ほんけ-がえり【本×卦▽還り・本×卦帰り】ホンケガ ヘリ 生まれた年の干支えとと同じ干支の年がくること。数え年で61歳になること。還暦。

ほん-げつ【本月】この月。今月。

ほんけ-ほんもと【本家本元】いちばんおおもとの家。また一般に、いちばんのおおもと。「たこ焼きの一は大阪だ」

ほん-けん【本件】❶主となる事件。警察が本来取り調べようとしている事件。別件に対していう。❷この件。この事柄。

ほん-けん【本拳】拳けんの一。二人が対座して、互いに数を言いながら5指を屈伸して出し、両方の出した指の数の合計を言い当てたほうを勝ちとする。

ほん-けん【本間】❶尺度の一。曲尺かねじゃくで、6尺すなわち約1.8メートルの長さ。❷和琴わごん・屏風びょうぶなどの、長さ6尺のもの。

ほん-けん【本絹】まじりけのない絹糸・絹織物。純絹。正絹しょうけん。

ほん-けん【本権】事実上の関係としての占有を法律上正当づける権利。所有権・地上権・賃借権など。

ほん-げん【本源】物事のおおもと。みなもと。根源。(類語)根本・大本おおもと・大根おおね・根ね・本もと・根元ねもと・根底・基底・根基・根幹・基本・本質・大本たいほん・根源

ほん-けんちく【本建築】一時しのぎでない、本格的な建築。「震災で破壊された文科教室の一が」〈高見・故旧忘れ得べき〉

ほんげんてき-ちくせき【本源的蓄積】封建社会が解体し、資本主義的生産様式が成立する前提条件としての資本と賃労働力が創出される歴史的過程。原始的蓄積。

ほん-げんぷく【本元服】半元服に対して、前髪を落として月代さかやきをそる正式の元服。➡元服

ほん-こ【本子】❶血を分けた本当の子。実子じつし。「わらはに一なければ」〈浄・用明天王〉❷歌舞伎若衆で、色子いろこに対して、舞台を主とする者。「耳すこし小さくて、一には仕立てがたし」〈浮・胸算用・四〉

ほん-ご【反▽故・反▽古】「ほご(反故)」に同じ。「証文などは一にまぎれて」〈都鄙問答・一〉

ぼん-ご【×梵語】サンスクリット語の異称。その起源が造物神ブラフマン(梵天)にあるというインドでの伝承に基づく、中国や日本での呼称。

ボンゴ〘bongo〙ウシ科の哺乳類。大形のレイヨウで体高約1.2メートル。体は赤褐色に十数本の白い横線があり、雌雄とも長くてねじれた角をもつ。アフリカの密林にすむ。

ボンゴ〘スペ イン bongó〙ラテン音楽で用いられる小形の太鼓。音高の異なる二つをつないだもので、股ももの間に挟み、手で打って鳴らす。

ほん-こう【本工】本採用の工員。

ほん-こう【本甲】ホンカフ 本物の鼈甲べっこう。

ほん-こう【本坑】ホンカウ 鉱山などで、中心となる坑道。

ほん-こう【本香】ホンカウ 香道で、試香こころみこうに出した香にさらに1種を加え、その中から2種以上を混ぜ、香りの違いを判別すること。➡試香 ➡聞き香

ほん-こう【本校】ホンカウ ❶本体となる学校。分校に対していう。❷この学校。当校。㋐❶はホンコウ、❷はホンコウ。

ほん-こう【本稿】ホンカウ ❶もとになる原稿。❷この原稿。㋐❶はホンコウ、❷はホンコウ。

ほん-ごう【本郷】ホンガウ ❶その人の生まれた土地。故郷。❷ある郷の一部で、最初に開けた土地。❸郡司の庁、また、郷役所のあった場所。

ほんごう【本郷】ホンガウ 東京都文京区南東部の地名。東京大学がある。もと東京市の区名。

ほんごう-しん【本郷新】ホンガウ［1905～1980］彫刻家。北海道の生まれ。高村光太郎に師事。新制作派協会彫刻部創設に参加。代表作に戦没学生記念像「わだつみのこえ」「氷雪の門」など。

ほんごう-そう【本郷草】ホンガウサウ ホンゴウソウ科の多年生の腐生植物。常緑樹林内に生え、高さ約5センチで紫色をし、葉は鱗片りんぺん状。7～10月、紫色の雄花と雌花とを総状につける。

ほん-こく【本石】江戸時代、年貢米のうち出目でめ分を除いた量。

ほん-こく【翻刻】〘名〙スル 写本・版本などを、原本どおりに活字に組むなどして新たに出版すること。「古鈔本を一する」(類語)復刊・再版・重版・復刻・再刊・影印

ほん-ごく【本国】❶その人の生まれ育った国。祖国。また、その人の国籍がある国。母国。❷植民地などに対して、その国本来の領土。「一から独立する」

ほんこく-じ【本圀寺】京都市山科区にある日蓮宗の寺。日蓮宗四大本山の一。山号は、大光山。日蓮が鎌倉松葉ヶ谷に創建した法華堂が前身で、興国6＝貞和元年(1345)京都に移築。天文5年(1536)天文法華の乱で焼失したが、のち復興、徳川光圀の帰依を得てそれまでの本国寺から現寺号に改めた。

ほんごく-ほう【本国法】ハフ その人が国籍をもつ国の法律。国際私法上、一つの準拠法とされる。

ぼん-ござ【盆×茣×蓙】丁半ばくちで、壺をふせる所に敷くござ。

ほん-ごし【本腰】物事を本気でしようとする姿勢。真剣な気構え。「一でとりかかる」

本腰を入・れる 本気になる。真剣になって取り組む。本腰を据える。「機構改革に一・れる」

ぼん-こつ【凡骨】平凡な才能や素質。また、その人。「一のなしうるわざではない」

ぽんこつ ❶自動車の解体。転じて、壊れかかった自動車。また一般に、使い古したり壊れたりしたもの。「一の機械」❷げんこつで殴ること。また、殴り殺すこと。「一をきめられてヨ」〈魯文・安愚楽鍋〉
(類語)廃品・廃物・廃棄物・屑鉄くずてつ・屑物

ぼん-ごや【盆小屋】盂蘭盆うらぼんのとき、竹や麦わらなどでつくって子供たちがこもる小屋。盆のあとで焼く。長崎県、徳島県などで行われていた。

ボンゴレ〘イタ リア vongole〙ボンゴラというアサリに似た二枚貝を使ったイタリア料理。「スパゲッティー」

ホンコン【香港】《Hong Kong》中国の特別行政

区。九竜半島と香港島および付属小島群からなる。香港島はアヘン戦争で1842年に、九竜市はアロー号事件で60年に英国に割譲され、その他の新界は99年間の期限で98年に租借。1984年の中英共同宣言にもとづき、97年中国に返還された。人口698万(2008)。シャンガン。ヒョンゴン。

ホンコン-かぜ【▽香▽港風-邪】1968年6月に香港で発生し、翌年にかけて世界中で流行したインフルエンザ。発生源となった香港では数週間で50万人が罹患りかんするなど、爆発的な流行をみせた。

ホンコン-シャツ【▽香▽港シャツ】夏用の半袖のワイシャツ。ネクタイを締めればワイシャツになり、外せばスポーツシャツ風に着られるもの。商標名。

ホンコン-フラワー【▽香▽港フラワー】ビニールやプラスチック製の安価な造花。

ほん-ざ【本座】❶もとからの座席。すわるべき本来の場所。❷大臣・納言・参議などが辞任後も前官の礼遇を得たこと。❸田楽や猿楽で、新しく成立した新座に対して、もとからあった座。

ほん-さい【本妻】正式の妻。正妻。〔類語〕正室

ほん-ざい【本才】実用的な才能・学問。芸能や儀式典礼に関する才能・学問。「一のかたがたのもの教へさせ給ひしに」〈源・絵合〉

ぼん-さい【凡才】平凡で、特にすぐれたところのない才能。また、そのような才能の人。

ぼん-さい【盆栽】観賞用に枝や幹に手を加え整えて育てた鉢植えの草木。樹形や仕立て方により、直幹・双幹・懸崖・根上り・寄せ植えなどの種類がある。

ぼん-さい【×梵妻】僧侶の妻。大黒だいこく。

ぼん-さく【凡作】平凡でつまらない作品。〔類語〕拙作・愚作・駄作

ぼん-さく【凡策】平凡なはかりごと。考えの足りない策略。

ぼん-さつ【×梵刹】►ぼんせつ(梵刹)

ほん-さば【本×鯖】マサバの別名。

ぼん-さま【▽坊様】《「ぼうさま」の音変化》❶僧を敬っていう語。ぼうさま。ぼんさん。「これ、一、おくたびれかして早い御寝なりやう」〈浮・御前義経記・四〉❷男の子を敬っていう語。「やっぱり一のやうに、おっつけ千五百石の若旦那」〈浄・歌祭文〉

ほんさろく【本佐録】江戸初期の政論書。1巻。本多佐渡守正信著とされるが未詳。2代将軍徳川秀忠の求めに応じて、政治をとる者の心得を7か条にして述べたもの。➡本多正信

ほん-ざん【本山】❶一宗一派の多くの末寺を統轄する寺院。格式により総本山・大本山などの区別もある。本寺。❷この寺。本寺。

ほん-ざん【奔×竄】〔名〕スル にげかくれること。「自ら甲兵を放棄して遠く一せしは」〈鉄腸・雪中梅〉

ぼん-さん【盆山】❶庭に石などを積み上げてつくった人工の山。❷箱庭や盆栽の上に自然の石や砂を用いてつくった山。

ぼんさん【盆山】狂言。ある男が盆山を盗みにはいると主人に見つけられ、犬や猿の鳴きまねをさせられたうえ鯛たいの鳴き声まで要求されて逃げ出す。

ぼん-さん【×梵×讃】仏・菩薩の徳をたたえる讃のうち、漢字で音写された梵語によるもの。梵語讃。➡漢讃 ➡和讃

ほんざん-じ【本山寺】岡山県久米郡美咲町にある天台宗の寺。山号は、岩間山。大宝元年(701)役行者えんのぎょうじゃ修行の地に頼観が開創と伝える。江戸時代には美作みまさかの天台宗触れ頭寺院。通称、岩間観音。

ほんざん-しゅう【本山衆】本山派の山伏。

ボン-サンス〖フランス bon sens〗正しい判断力。良識。

ほんざん-は【本山派】修験道の一派。山伏二流の一つで、天台宗の増誉を祖とし、京都聖護院しょうごいんを本山とする。聖護院派。➡当山派

ほん-し【本旨】本来の趣旨。本来の目的。「教育の一に反する発言」〔類語〕精神

ほん-し【本志】もとからの志。本意。本懐。

ほん-し【本師】仏語。❶根本の導師。特に、釈迦牟尼仏しゃかむにぶつのこと。❷僧となるとき、剃髪ていはつ・授戒にたずさわった師。

ほん-し【本紙】❶号外・付録などに対して、新聞の本体となる紙面。❷この新聞。

ほん-し【本誌】❶別冊や付録に対して、雑誌の本体となる部分。❷この雑誌。

ほん-じ【本地】チ ❶仏・菩薩ぼさつが人々を救うために神の姿となって現れた垂迹すいじゃく身に対して、その本来の仏・菩薩。本地仏。❷本来の姿。本体。「人はまことあり。一尋ねたるこそ、心ばへをかしけれ」〈堤・虫めづる姫君〉❸本性。本心。「酔ひても一忘れずとて」〈伽・酒呑童子〉❹漆器の下地で最も堅牢なもの。

ほん-じ【本字】❶仮名文字に対して、漢字。真名まな。❷略字・俗字などに対して、正体の漢字。正字。❸ある漢字のもととなった漢字。〔類語〕漢字・真名・国字・親字・簡体字・俗字

ほん-じ【本寺】❶「本山❶」に同じ。❷「本山❷」に同じ。❸寺の本堂。〔類語〕本山・総本山・大本山

ほん-じ【本辞】►旧辞きゅうじ

ほん-じ【翻字】〔名〕スル ある文字体系で書かれたものを、他の文字体系を使って書き換えること。「キリシタン文献を漢字カタカナまじりに一する」

ぼん-じ【×梵字】古代インドでサンスクリット語を書くのに用いたブラーフミー文字と、その系統の文字の総称。その起源は北セム系文字。➡悉曇しったん

ボン-ジェズス〖Santuário do Bom Jesus do Monte〗ポルトガル北部の都市ブラガ近郊の巡礼地。海抜400メートルの丘の上に、18世紀から19世紀にかけて建造された新古典様式の教会が建つ。

ほん-しき【本式】〔名・形動〕❶本来の正当な形式。本来の正しいやり方。また、そのさま。正式。「一な(の)礼装」❷間に合わせや遊びでなく、本格的であること。また、そのさま。「今日から一に勉強を始めよう」❸《「本式目」の略》連歌で、13世紀中ごろ、善阿ぜんあが制定したと伝えられる式目。新式に対していう。〔類語〕正式・本格的・本当

ほん-しけん【本試験】予備試験・臨時試験・模擬試験などに対して、主たる、あるいは本当の試験。

ほんじ-しん【本地身】ホンヂ 仏語。密教で、一切のよりどころとなる根本の法身。大日如来をいう。本地法身。

ほんじ-すいじゃく【本地垂×迹】ホンヂ 本地としての仏・菩薩ぼさつと、垂迹としての神。➡本地垂迹説

ほんじすいじゃく-せつ【本地垂×迹説】ホンヂスイジャク 仏・菩薩ぼさつを本地とし、神を衆生救済のための垂迹とする説。法華経・大日経に基づいて説かれたもの。日本では、平安時代から各地の神社の本地仏が確定し、神仏習合が進められたが、明治の神仏分離により衰退。

ほん-しつ【本質】❶物事の根本的な性質・要素。そのもの、本来の姿。「一に迫る」「一を見きわめる」❷哲学で、存在するものの基底・本性をなすもの。㋐偶有性に対立し、事物に内属する不変の性質。㋑実存に対立し、そのものの何であるかを規定し、その本性を構成するもの。❸論理学で、思惟の対象を定義する諸限定。類・種のごとき普遍をさす。➡実体 ➡属性 ➡本体

ほん-じつ【本日】この日。きょう。「一休業」〔類語〕今日・当日

ぼん-しつ【凡失】野球などで、つまらない失策。

ほんしつ-てき【本質的】〔形動〕物事の根本的な性質にかかわるさま。「一な問題に触れる」「両者は一に異なる」

ほんしつてき-ぞくせい【本質的属性】ある事物がそのものとして存在するために必要不可欠な性質。⇔偶有的属性。

ほんしびさん-せん【本四備讃線】JR瀬戸大橋線の正称。

ほんじ-ぶつ【本地仏】ホンヂ 本地垂迹すいじゃく説の流行に伴い、日本の神の本地とされた仏・菩薩ぼさつ。

ぼん-じまい【盆仕舞ひ】ボンじまひ 盆節季の支払いをすませて盆の準備をすること。「一一荷で直ねぎる鮨の魚／惟然」〈続猿蓑〉

ほん-しめじ【本湿地】ほんしめぢ シメジの別名。シメジの名でよばれる栽培ものの別種に対していう。

ほんじ-もの【本地物】ホンヂ 本地垂迹すいじゃく説の影響によって成立した御伽草子おとぎぞうし系統の小説・物語類。また、古浄瑠璃や説経節などで、神仏・社寺の縁起を説いたもの。

ほん-しゃ【本社】❶会社の業務を行う本拠となっている事業所。⇔支社。❷《古くは「ほんじゃ」》その神域内の中心となる神社。本宮。➡末社 ➡摂社 ❸この会社。また、この神社。当社。〔類語〕(❶)本店・本部・本舗／(❷)神社・社やしろ・宮みや・神殿・神廟しんびょう・社殿・廟宇びょうう・神宮・鎮守ちんじゅ・祠ほこら・大社・稲荷・八幡はちまん・祠堂しどう／(❸)社・小社・弊社

ほん-じゃく【本×迹】仏語。❶本地ほんじと垂迹すいじゃく。❷「本迹二門」に同じ。

ほんじゃく-にもん【本×迹二門】仏語。法華経ほけきょうの本門と迹門しゃくもん。同経の如来寿量品に釈迦しゃかの本迹が説かれていることにより、智顗ちぎが法華経の前半を迹門、後半を本門とした。

ぼんじゃり〔副〕❶柔和でおっとりしているさま。「男の身にて傾城のあどめもなく、一としたる事は」〈役者論語・あやめぐさ〉❷女性の、ふくよかで美しいさま。「一やはやは、ぼじゃぼじゃした此の手の内へ」〈浄・難波丸金鶏〉

ほん-しゅ【本主】《「ほんじゅ」とも》❶「本所ほんじょ❶」に同じ。「決断所にて一安堵を賜はれば」〈太平記・一二〉❷正式の所有者。「八幡大菩薩は日域朝廷の一」〈平家・七〉

ぼん-しゅ【凡手】❶平凡な腕前。また、その人。「一ではできないことだ」❷碁・将棋などで、つまらぬ手。「一を打つ」

ぼん-しゅ【凡主】平凡な主人・主君。

ほんしゅう【本州】ホンシウ 日本列島の中央にある最大の島。東は太平洋、西は日本海に面し、北は津軽海峡を挟んで北海道、南は瀬戸内海を挟んで四国・九州に対する。東北・関東・中部・近畿・中国の5地方に分けられる。

ほんしゅうしこく-れんらくきょう【本州四国連絡橋】ホンシウシコクレンラクケウ 瀬戸内海を横切って本州と四国とを結ぶ橋および道路の総称。日本高速道路保有・債務返済機構が保有し、本州四国連絡高速道路株式会社が管理運営する。東から順に神戸・鳴門間(神戸淡路鳴門自動車道)、児島・坂出間(瀬戸中央自動車道)、尾道・今治間(西瀬戸自動車道)の3ルートがある。このうち児島・坂出ルートは昭和63年(1988)瀬戸大橋が完成して全通。JR本四備讃線も通る。神戸・鳴門ルートは平成10年(1998)明石海峡大橋が完成して全面開通。尾道・今治ルートは同11年に開通し、瀬戸内しまなみ海道とも呼ばれる。本四連絡橋。

ほんしゅうしこくれんらくきょう-こうだん【本州四国連絡橋公団】ホンシウシコクレンラクケウコウダン 本州四国連絡橋公団法に基づいて、本州と四国の連絡橋に関連する道路・鉄道および関連施設の建設・管理を統括した特殊法人。昭和45年(1970)に設立され、それまで日本道路公団・日本鉄道建設公団が行ってきた業務を引き継いだ。平成17年(2005)民営化され、施設の管理運営・建設については、本州四国連絡高速道路株式会社が引き継いだ。➡道路関係四公団

ほんしゅうしこくれんらくこうそくどうろ-かぶしきがいしゃ【本州四国連絡高速道路株式会社】ホンシウシコクレンラクカウソクダウロカブシキグワイシャ《Honshu-Shikoku Bridge Expressway Company Limited》道路関係四公団の民営化に伴って成立した高速道路株式会社法及び日本道路公団等民営化関係法施行法に基づいて、平成17年(2005)10月に設立された特殊会社。本州四国連絡高速道路、本州四国連絡橋にかかる鉄道施設の改築・維持・修繕といった管理運営事業や、新規道路建設事業を行う。JB本四高速。➡日本道路公団〔補説〕道路施設や債務は独立行政法人日本高速道路保有・債務返済機構が保有する。会社は機構と協定を結んで施設を借り受け運営し、賃貸料を支払う上下分離方式が取られる。新規に建設した高速道路なども、施設と債務を機構が保有する。

ボンジュール〖フランス bonjour〗〔感〕おはよう。こんに

ちは。

ほん-しゅつ【奔出】〔名〕スル 勢いよくほとばしり出ること。「蒸気が―する」

ホンジュラス〖Honduras〗中央アメリカにある共和国。首都テグシガルパ。北部はカリブ海に面し、国土の大部分が高原。バナナ・コーヒーを産する。もとスペイン領から1821年に独立、23年中央アメリカ連邦に加わるが、38年分離独立。人口799万(2010)。オンドゥラス。

ぼんしゅん【梵舜】[1553～1632]江戸初期の神道家・僧侶。号、神竜院。吉田兼右の子。豊臣秀吉を祀る豊国神社創立に参画。のち、徳川家康を駿河久能山に祀る。神道の普及に貢献し、「梵舜日記」を残した。

ほん-しょ【本初】《「ほんじょ」とも》はじめ。もと。また、基本。「―の計画」

ほん-しょ【本書】《「ほんじょ」とも》❶主となる文書。添付文書・付録などに対していう。❷正式の文書。下書き・写しなどに対していう。❸基準となる本。原本。正本。❹この文書・書物。

ほん-しょ【本署】❶警察署・消防署などで、支署・分署などを統轄して、中心となる署。❷この署。
類語 本省・本庁・本局

ほん-じょ【本所】《「ほんしょ」とも》❶荘園の領主・領家の上位に位置する名目上の権利所有者。平安後期以降、領主が所領を守るために中央の権門勢家に土地を寄進することがあり、その寄進を受けた者をいう。本家。❷院を警護する武士の詰め所。武者所。「十三の年―へ参りたり」〈平家・一〇〉❸本来の居所。ほんぞ。「鳥羽院をもちて上皇御坐の―とは定められにけり」〈神皇正統記・白河〉

ほんじょ【本所】東京都墨田区南西部の地名。隅田川東岸に位置し、商工業地。もと東京市の区名。

ぼん-しょ【凡書】❶平凡な書物。つまらない本。❷平凡な筆跡。

ぼん-しょ【凡庶】ふつうの人。凡人。庶民。

ぼん-じょ【本女】日本女子大学の俗称。➡東女

ほん-しょう【本生】《「ほんじょう」とも》仏語。❶仏の過去世における菩薩行のこと。❷ ▶本生経

ほん-しょう【本性】❶《古くは「ほんじょう」とも》本来もっている性質。生まれながらの性質。ほんせい。「―をあらわす」❷本心。また、正気。「酔って―を失う」類語 地・生地・下地・地金

ほん-しょう【本省】❶管下の官庁を管轄する中央官庁。❷この省。類語 本庁・本局・本署

ほん-しょう【本証】訴訟法上、立証責任を負う当事者が、その事実を証明するために提出する証拠。⇔反証。

ほんじょう【本庄】埼玉県北部の市。利根川の南岸に位置する。近世は中山道の宿場町、明治以降は養蚕で栄えた。平成18年(2006)1月、児玉町と合併。人口8.2万(2010)。

ほん-じょう【本城】「本丸」に同じ。類語 根城

ほん-じょう【本▽荘|本×庄】ある荘で最初に開け、荘の発展の中心となった土地。本郷。

ほんじょう【本荘】秋田県南西部にあった市。日本海に面し、もと六郷氏の城下町。本荘米の産地。製材・塗り物などが盛ん。裸参りの行われる新山神社がある。平成17年(2005)に周辺7町と合併して由利本荘市となった。➡由利本荘

ぼん-しょう【凡小】〔名・形動〕平凡で器量の小さいこと。また、そのさま。「―な(の)作家」

ぼん-しょう【凡▽聖】《「ぼんじょう」とも》凡人と聖人。凡夫と聖者。

ぼん-しょう【×梵鐘】寺院で、鐘楼につり下げ、撞木でつき鳴らす鐘。音が大きいことから鯨鐘・洪鐘などともいう。類語 釣鐘・晩鐘

ぼん-じょう【凡常】〔名・形動〕平凡でありきたりであること。また、そのさま。「―な(の)人」

ぼんしょう-いちにょ【凡▽聖一如】仏語。凡人も聖人も本性においては平等同一であるということ。凡聖不二。

ほん-しょうがつ【本正月】正月の、1月1日から7日まで。また、陽暦の正月に対して、陰暦の正月。大正月。

ほんしょう-きょう【本生経】《梵 jātakaの訳》釈迦が前世で修めた菩薩行を集めた説話。十二分経の一。本生譚。ジャータカ。

ほんじょう-し【本庄市】▶本庄

ほんじょう-し【本荘市】▶本荘

ほんじょう-じ【本成寺】新潟県三条市にある法華宗陣門流の総本山。山号は、長久山。永仁5年(1297)日印の開山で、青蓮華寺と称したが、のち師の日朗を招いて初祖とし、本成寺と改め、本門三大秘法の根本道場とした。

ほんじょう-しげる【本庄繁】[1876～1945]陸軍軍人。兵庫の生まれ。大将、男爵。関東軍司令官、侍従武官長、枢密顧問官。満州事変勃発時の関東軍司令官で、満州国の建国にも関与した。敗戦後に自決。遺稿に「本庄日記」がある。

ほんじょうじ-は【本成寺派】日蓮宗の一派。明治31年(1898)法華宗と改称。現在は法華宗陣門流を称する。

ほん-じょうぞうしゅ【本醸造酒】日本酒で、醸造用アルコールの使用量が白米1トンあたり120リットル以下で、糖類を使用しない清酒。

ほんしょう-たん【本生×譚】▶本生経

ほんじょう-へいや【本荘平野】秋田県南西部、子吉川の下流域に広がる平野。北と東は笹森丘陵、南は鳥海山の山地によって境される。中心は由利本荘市。

ほん-しょく【本色】❶本来の色。もとの色。❷本来の性質。本領。「益もなき虚飾に時を費すは学生の―に非ず」〈福沢・福翁自伝〉

ほん-しょく【本職】❶その人が主とする職業。本業。「―は医者である作家」❷それを専門とする人。くろうと。「―に任せる」「―にはかなわない」❸官吏がその仕事の上で使う自称。本官。補❶❷はホンシヨク、❸はホンシヨク。類語 本業・本務

ほんしょ-しごせん【本初子午線】地球上の経度・時刻の基準となる、英国の旧グリニッジ天文台を通る子午線。ここを経度零とする。グリニッジ子午線。➡世界時

ボン-ジョルノ〖イタリア buon giorno〗〔感〕おはよう。こんにちは。

ほんし-れんらくきょう【本四連絡橋】▶本州四国連絡橋

ほん-しん【本心】《「ほんじん」とも》❶本当の心。真実の気持ち。「―を打ち明ける」❷本来あるべき正しい心。良心。「―に返る」❸たしかな心。正気。「酔って―を失う」❹本来の性質。うまれつき。「一曲がった釣針に」〈浄・川中島〉類語 真意・本意・本音・下心

ほん-しん【本震】ある場所である期間内に起きた一群の地震のうち、最も大きい地震。前震・余震に対していう。主震。

ほん-しん【×叛心】▶はんしん(叛心)

ほん-しん【翻身】❶身をひるがえすこと。❷仏語。迷いを転じてただちに悟ること。

ほん-じん【本陣】❶陣営で、総大将がいる場所。本営。❷江戸時代、街道の宿駅で、大名・公家・幕府役人などが宿泊した公的な旅宿。類語 本営

ぼん-しん【凡身】仏語。凡夫の身。

ぼん-じん【凡人】普通の人。ただの人。類語 凡夫

ほん-ず【本図】❶もととなる図。❷この図。補❶はホンズ、❷はホンズ。

ぼん-す【▽犯す】〔動サ変〕《「ぼんず」とも》戒律などをおかす。「いまだ禁戒を―・ぜず」〈平家・一〇〉

ポンス〖オランダ pons〗❶ダイダイのしぼり汁。ポン酢。❷飲み物のポンチのこと。

ポン-ず【ポン酢】《「ポンス」の音変化「ポンズ」の「ズ」に「酢」を当てたもの》「ポンス❶」に同じ。

ほん-すう【本数】❶助数詞「本」をもって、何本と数えるものの数。「電車の―が少ない」❷もとの数。

ほん-すじ【本筋】❶本来の筋道。また、正当な道理。「話を―に戻す」「頼むほうからあいさつに来るのが―だ」❷本来の血統や流派。類語 本道

ほん-ずもう【本相-撲】本場所の相撲。

ほん-ずり【本刷(り)】印刷で、校正刷りや試し刷りを経て、本式に印刷すること。また、その印刷物。

ほん-せい【本姓】❶本当の姓名。本名。❷もとの姓。生家の姓。旧姓。

ほん-せい【本性】「ほんしょう(本性)」に同じ。

ほん-せい【奔星】流れ星。流星。

ほん-ぜい【本税】付加税を課す基準となる税。

ほん-ぜい【本誓】仏・菩薩が立てた衆生済度の誓願。本願。

ほん-せいほん【本製本】製本様式の一。本の中身を糸綴じにして背を固め、化粧裁ちしたあと見返しをつけ、表紙でくるんで結合させたもの。表紙は本文より散り❷の分だけ大きくなる。➡仮製本

ほん-せき【本籍】その人の戸籍の所在場所。原籍。「―を移す」類語 戸籍・籍・原籍・国籍

ぼん-せき【盆石】❶黒漆塗りの盆の上に、数個の自然石や砂を配して自然の景観を表すもの。❷箱庭などに用いる自然石。

ほんせき-ち【本籍地】本籍の所在地。

ほん-せつ【本説】《古くは「ほんぜつ」とも》❶根拠となる確かな説。典拠。「この月、よろづの神達太神宮へ集まり給ふなどいふ説あれども、その―なし」〈徒然・二〇二〉❷和歌・連歌・俳諧・能楽で、1句・1詞章を作るときの典拠となる物語・詩文・故事などの本文。「脇の申楽には、いかにも―正しき事のしとやかなるが」〈花伝・三〉

ぼん-せつ【×梵刹】仏寺。てら。ぼんさつ。
類語 伽藍・寺・仏閣・寺院・仏家・仏寺・仏刹

ほん-セル【本セル】綿セルに対して、純毛のセル。

ボンゼルス〖Waldemar Bonsels〗[1881～1952]ドイツの小説家・詩人。童話「蜜蜂マーヤの冒険」など。

ほん-せん【本船】❶船団などの中心となる船。親船。もとぶね。❷この船。当船。類語 親船・母船

ほん-せん【本線】❶鉄道路線・送電線などの、主幹となる線。「東海道―」❷高速道路で、走行車線。

ほん-せん【本選】最終的な選考。予選に対していう。「コンクールの―に残る」

ほん-ぜん【本善】本来的な、善である性質。「俄に―の心に復りて」〈逍遥・当世書生気質〉

ほん-ぜん【本然】自然のままで人の手が加わっていないこと。もともとの姿であること。ほんねん。「自己―の姿」

ほん-ぜん【本膳】❶日本料理の正式の膳立てで、二の膳・三の膳などに対して、主となる膳。飯・汁・なます・煮物・香の物をつけて客の正面に据える。一の膳。❷「本膳料理」の略。

ほん-ぜん【翻然】〔ト・タル〕文〔形動タリ〕❶ひるがえるさま。また、ひるがえすさま。「―として話を転じる」❷急に心を改めるさま。「―として悟る」

ぼん-せん【凡戦】見るべきものがない、つまらない試合。

ほんせん-がえし【本銭返し】中世から近世にかけて行われた、買い戻し権留保付き不動産売買。一定年期の条件がつく場合も含めて、いったん売った不動産を買い戻すことができた。本物返し。本銀返し。

ほんせん-じ【本泉寺】石川県金沢市にある真宗大谷派の寺。山号は、松扉山。開創は嘉吉2年(1442)。開山は如乗。加賀一向一揆の拠点となった。

ほんぜん-の-せい【本然の性】中国宋代の儒学者が人間性について提起した学説の一。すべての人が平等に持っているとされる、天から与えられた自然の性。➡気質の性

ほんぜん-りょうり【本膳料理】正式の日本料理の膳立てで、冠婚葬祭に用いる儀式料理。本膳と、二の膳・三の膳などを加える。献立には一汁三菜・二汁七菜・三汁十一菜などもあるが、二汁五菜が一般的。

ほんせん-わたし【本船渡し】▶エフ-オー-ビー(FOB)

ほん-そ【本訴】民事訴訟で、反訴・訴訟参加などが行われる場合、その契機となった係属中の訴訟。

ほん-そ【奔▽走】「ほんそう(奔走)」の音変化。「民を憐むこと、初孫をお祖父じい祖母ばばの大事に―するより情深し」〈浮・宗匠気質〉

ほん-そう【本葬】ヂ《「本式の葬儀」の意》(密葬に対し)有名人の逝去に際し、多数の人々の弔問を受けるために大きな会場で挙行される大規模な葬式。主催は個人の属した会社や団体であることが多い。準備に時間がかかるため密葬と間を置くことがある。⇒仮葬かそう ⇒密葬 補説 近年社葬などによる「本葬」に代わって「偲ぶ会(お別れ会)」の行われることが多い。定まった形式はなく、服装も平服、挙行時間内に自由に参加など。主催は多く会社、団体など。

ほん-そう【奔走】〔名〕スル ❶忙しく走り回ること。物事が順調に運ぶようにあちこちかけまわって努力すること。「募金集めに―する」❷もてなすこと。饗応。馳走。「今宵限りの御―とりどり騒ぐばかりなり」〈浄・手習鑑〉❸大切にすること。かわいがること。「木ごとに花ぞ咲きにけるなどと―めさるるは」〈俳諧寺記〉
類語 奮闘・活躍・刻苦・精進・粉骨砕身・運動・活動・動き・行動・生動・蠢動しゅんどう・躍動・動く・動き回る・働く

ほん-ぞう【本草】ヂ ❶草木。植物。❷漢方で、薬用とする植物。薬草。また、薬用となる動植鉱物の総称。❸「本草学」の略。
類語 植物・草木そうもく・くさき・樹木じゅもく・緑みどり・プラント

ぼん-そう【凡走】〔名〕スル スポーツで、特にすぐれたところのない走り方をすること。

ぼん-そう【凡僧】❶《「ぼんぞう」とも》僧綱そうごうに次ぐ、あるいは僧綱に任ぜられていない、法師位の僧。❷凡庸な僧。

ぼん-そう【×梵僧】❶戒行を固く守る僧。また、一般に僧。❷インドの僧。

ほんぞう-か【本草家】ホンザウ 本草学にくわしい人。本草学者。

ほんぞう-がく【本草学】ホンザウ 中国古来の植物を中心とする薬物学。500年ころ陶弘景のまとめた「神農本草」が初期文献で、明の李時珍が「本草綱目」に集大成。日本には平安時代に伝わり、江戸時代に全盛となり、中国の薬物を日本産のものに当てる研究から博物学・物産学に発展した。

ほんそう-ご【奔走子】父母が大切にかわいがっている子。秘蔵っ子。「二人が中の―」〈浄・染模様妹背門松〉

ほんぞうこうもく【本草綱目】ホンザウカウモク 中国、明代の代表的な本草学研究書。52巻。李時珍著。1596年刊。動物・植物・鉱物約1900種について、名称・産地・形態・薬効・処方例などを記述し、歴代本草学を集大成したもの。

ほんぞうこうもくけいもう【本草綱目啓蒙】ホンザウカウモクケイモウ 江戸後期の本草学研究書。48巻。享和3年(1803)刊。小野蘭山の「本草綱目」についての口授「本草紀聞」を、孫と門人が整理したもの。引用に自説を加え、方言名も記している。

ほんぞうずふ【本草図譜】ホンザウヅフ 江戸後期の本草書。96巻。岩崎灌園著。文政11年(1828)刊。約2000種の植物を写生・彩色し、山草・湿草・毒草などに分類したもの。

ほんぞうわみょう【本草和名】ホンザウワミヤウ 平安時代の本草書。2巻。深根輔仁ふかねすけひと著。延喜18年(918)ごろ成立。本草約1025種の漢名に、別名・出典・音注・産地をつけ、万葉仮名で和名を注記したもの。

ほん-そく【本則】❶根本・標準になる規則。原則。たてまえ。❷法令の本体となる部分。⇔付則。
類語 規則・決まり・定め・規定・規程・条規・定則・規約・約束・規準・規矩準縄きくじゅんじょう・規律・ルール・コード・総則・通則・細則・付則・概則・おきて

ほん-ぞく【本属】❶本来、所属していること。「一の長」❷律令制で、その人の本籍の地の役所。また、その人の生まれ育った家や土地。

ぼん-ぞく【凡俗】〔名・形動〕❶ありふれていてとりえのないこと。また、その人や、そのさま。「―な(の)考えに流れる」❷煩悩ぼんのうにとらわれていること。また、その人。凡夫。「―の迷い」
類語 平凡・ありきたり・並・俗・ありふれる

ほんぞく-ちょうかん【本属長官】ーチャウクワン 旧制で、官吏の身分上・職務上の上官。現在の国家公務員法における所轄庁の長または任命権者がこれにあたる。

ほんそめわけ-べら【本染分▽遍羅】ベラ科の海水魚。全長12センチくらいで、目を通って体側を黒い線が走り、尾にかけて幅広になる。クエなど大形魚の口中にいる寄生虫を食べる。名は、細染分ほそそめわけの音変化による。ちごべら。

ボンソワール〘フランス bonsoir〙〔感〕こんばんは。

ほん-ぞん【本尊】❶寺院などで、礼拝の対象として安置される、最も主要な仏・菩薩ぼさつ像。画像・曼荼羅まんだら・名号などのこともある。❷身辺に常に持ち、その守護を祈る小形の仏・菩薩像。守り本尊。❸(多く「御本尊」の形で)その話題や事件の中心になる人。当人。本人。からかいの気持ちをこめていう。「当の御―だけ話題の外だ」

ほんだ【本多|本田】「本多髷まげ」の略。

ぼん-だ【凡打】〔名〕スル 野球で、ヒット・犠打にならない打撃をすること。また、その打撃や打球。「力んで―する」

ほん-たい【本体】《古くは「ほんだい」とも》❶そのものの本当の姿。正体。「―の得知れぬ、一種不思議な力に誘さそわれて」〈二葉亭・浮雲〉❷付属物を除いた、主になる部分。「カメラの―」「―価格」❸神社の神体。また、寺の本尊。❹哲学で、現象を超えて存在する恒存的なもの。もろもろの存在の根底にあるもの。理体。類語 本質・実体・主部・主体

ほん-たい【本隊】❶中心となる部隊。主力部隊。⇔支隊。❷この隊。

ほん-たい【本態】本当のようす。本来のありさま。「漸々ぜんぜん持前の―に復すると共に」〈漱石・吾輩は猫である〉

ほん-だい【本題】中心となる題目。話や議論の眼目となる事柄。「話を―に戻す」類語 話題・トピック・題目・論題・主題・テーマ・題材・問題・案件・件けん・一件・懸案・課題・論点・争点・プロブレム

ほん-だい【▽品題】経典の内容を分けた編・章に相当する品ほんの題名。

ぼん-たい【凡退】〔名〕スル 野球で、打者が安打または犠打を打てずに退くこと。「好機に―する」「三者―」

ほんたい-かかく【本体価格】表示されている商品の価格から税(消費税)となる金額を除いた、商品そのものの価格のこと。⇒消費税総額表示

ホンタイジ〘Hontaiji〙[1592〜1643]中国、清の第2代皇帝。在位1626〜1643。廟号は太宗。太祖ヌルハチの第8子。1636年、国号を後金から大清と改め、明の諸制度を採用するとともに八旗制を立てて国政を整備。また朝鮮・モンゴルを征し、明を圧迫して清朝の基礎を築いた。補説「皇太極」とも書く。

ほんだ-いしろう【本多猪四郎】ーヰシラウ[1911〜1993]映画監督。山形の生まれ。特殊撮影監督である円谷英二つぶらやえいじとのコンビで多くの怪獣映画を手がけ、ブームを巻き起こした。代表作「ゴジラ」「空の大怪獣ラドン」「モスラ」「マタンゴ」など。

ほんたい-せい【本態性】医学で、ある症状・疾患は存在するが、その原因が明らかでないものであること。

ほんたいせい-しんせん【本態性振戦】《「戦」は「顫」の書き換え》字を書いたり物を持ったりするときに手が震える症状。原因はストレスともされるが不詳。高齢者に多い。症状を軽減するためにベータ遮断薬が使われることがある。⇒振戦

ほんたい-ふう【本態風】能で、基本となる技。根本となる芸。

ほんたい-ろん【本体論】▶存在論

ほん-たく【本宅】別宅などに対して、日常住んでいる自分の家。本邸。

ほん-だく【本濁】連濁による濁音を新濁というのに対し、本来の濁音をいう。

ほんだ-こうたろう【本多光太郎】ークワウタラウ[1870〜1954]物理学者・冶金やきん学者。愛知の生まれ。東北大教授・同大学総長。金属材料を研究し、KS鋼・新KS鋼を発明。文化勲章受章。

ほんだ-しげつぐ【本多重次】[1529〜1596]安土桃山時代の武将。徳川家康の家臣。通称、作左衛門。勇猛で知られ、鬼作左おにさくざと称された。陣中から妻に送った「一筆啓上、火の用心、おせん泣かすな、馬肥やせ」の手紙は、簡潔な文面で有名。

ほんだ-しゅうご【本多秋五】ーシウ[1908〜2001]文芸評論家。愛知の生まれ。雑誌「近代文学」創刊に参加。創刊号巻頭で「芸術・歴史・人間」を発表。他に「転向文学論」「物語戦後文学史」「古い記憶の井戸」「志賀直哉」など。

ほんだ-せいろく【本多静六】[1866〜1952]林学者。埼玉の生まれ。東大教授。日本最初の林学博士。国立公園設立に尽力した。著「本多造林学」。

ほんだ-そういちろう【本田宗一郎】ーソウイチラウ[1906〜1991]技術者・企業家。静岡の生まれ。自動車修理工場に徒弟奉公したのち、昭和21年(1946)本田技術研究所を開設。同23年オートバイメーカー本田技研工業を創業した。

ほんだ-ただかつ【本多忠勝】[1548〜1610]江戸初期の大名。伊勢の桑名城主。三河の人。通称、平八郎。徳川家康に仕え、武勇をもって知られた。徳川四天王の一人。

ほん-だち【本裁ち】「大裁おおだち」に同じ。

ほん-たて【本立て】《「ほんだて」とも》机上などに書物を立てて並べる支えとするための道具。

ほん-たで【本×蓼】ヤナギタデの別名。

ほん-たていれ【本立て入れ】本気で意地を立てとおすこと。また、その意地。「五分でも引かぬといふは、―の江戸っ子のはらさ」〈滑・浮世床・初〉

ポンタ-デルガダ〘Ponta Delgada〙ポルトガル領アゾレス諸島の主島サンミゲル島の都市。同諸島の首府で、政治・経済・文化の中心地。国際空港もある。16世紀以降、帆船時代が終わる19世紀末まで航海の中継地として栄えた。

ほんだ-としあき【本多利明】[1743〜1821]江戸後期の経世家。越後の人。通称、三郎右衛門。江戸に出て、数学・天文学・蘭学などを学び、諸国を歴訪して見聞を広め、重商主義的立場から貿易振興による富国策を説いた。著「経世秘策」「西域物語」など。

ほん-だな【本▽店】「ほんてん(本店)❶」に同じ。

ほん-だな【本棚】書物をのせておく棚。書棚。
類語 書架・書棚・本箱・本立て

ぼん-だな【盆棚】「精霊棚しょうりょうだな」に同じ。《季 秋》「一や木の実かぐの実皆あはれ/才麿」

ポンタバン〘Pont-Aven〙フランス西部、ブルターニュ地方の村。19世紀末、ゴーギャン、エミール=ベルナール、シャルル=ラバルなど、後に「ポンタバン派」と呼ばれる画家たちが移り住んだことで知られる。ゴーギャンの「黄色いキリスト」に描かれた木像があるトレマロ礼拝堂や、同派の作品を展示する美術館がある。

ほんだ-ふう【本多風】「本多髷まげ❶」に同じ。

ポンタベン〘Pont-Aven〙▶ポンタバン

ほんだ-まげ【本多×髷】❶《本多忠勝の髪形から広まったという》江戸時代、明和・安永(1764〜1781)のころに流行した男子の髪形。中ぞりを大きく、髷を高くし、7分を前、3分を後ろにしてしばったもの。ほんだわげ。❷女性の髪形で、髷尻を高くしたもの。遊女などが結った。

ほんだ-まさずみ【本多正純】[1565〜1637]江戸初期の大名。宇都宮城主。三河の人。正信の長男。通称、弥八郎。父とともに徳川家康に信任され、幕府創業に活躍。家康の死後、将軍秀忠の怒りを受け、出羽に流された。

ほんだ-まさのぶ【本多正信】[1538〜1616]安土桃山・江戸初期の武将。三河の人。幼少より徳川家康に仕え、謀臣として活躍。のち、2代将軍秀忠の側近。「本佐録」の著者といわれるが未詳。

ぽんたろう【ぽん太郎】ぽんタラウ「ぽんつく」を人名にな

そらえた語。ぼんくら。間抜け。

ほん-だわら【馬=尾=藻┊神=馬=藻】(ほだわら) ホンダワラ科の褐藻。浅海底の岩に繁茂する。よく分枝し、長い葉をもち、米俵形の気胞を多くつける。食用、肥料用、また乾燥させて正月の飾り物にする。太平洋岸および新潟以南に分布。類似種が多い。ほだわら。(季 新年)「一黒髪のごと飾り終る/青邨」

ほん-たん【奔×湍】早瀬。急流。急湍。「船を駆って又一に躍り込む」〈漱石・虞美人草〉

ぼん-たん【▽文旦】《「ぶんたん」の音変化》ザボンの別名。

ぼんたん-づけ【▽文旦漬(け)】ザボンの果皮の砂糖漬。鹿児島県の郷土菓子。

ほん-ち【本地】❶この土地。当地。❷もとの土地。本国。「帰陣已後、一にて呼べるかたありつれど、これを受けず中国に蟄居したりけるが」〈色道大鏡・一五〉

ほん-ち【本知】もとからの知行所。本領。〈日葡〉

ほん-ち【奔×馳】〔名〕スル 走ること。奔走。「一し去る満村の馬車を目送するや」〈芥川・開化の殺人〉

ぼん-ち 関西地方で、男の子を親しんで呼ぶ語。また、若だんな。ぼんぼん。

ぼん-ち【凡知┊凡×智】平凡な知恵。並の才能。

ぼん-ち【盆地】周囲を山地によって囲まれた平地。成因により、浸食盆地・断層盆地などに分けられる。〔類語〕窪地(くぼち)・低地

ぼん-ち【盆池】庭などに作る小さな池。

ポンチ〘punch〙❶工作物に目印をつける道具。穴あけ加工をする箇所に打ち付けて、くぼみを作る。❷「ポンチ絵」の略。

ポンチ〘punch〙ブランデー・ラム酒などに果汁や砂糖・香料を加えた飲み物。ポンス。パンチ。

ポンチ-え【ポンチ絵】(ヱ) ❶風刺や寓意を込めた、こっけいな絵。漫画。❷概略図。構想図。製図の下書きとして作成するものや、イラストや図を使って概要をまとめた企画書などのこと。〔補説〕❶は、英国の風刺漫画雑誌「パンチ(Punch)」からとも、またはこれにならって文久2年(1862)ごろに英国人ワーグマンが横浜で発刊した漫画雑誌「ジャパン-パンチ(The Japan Punch)」からともいう。

ほん-ちゃ【本茶】《本場の茶の意》山城国栂尾(とがのお)で産した茶。室町初期以降は栂尾が荒廃したため、宇治茶をさすようになった。本の茶。⇔非茶。

ほん-ちゅう【本中】前相撲で、連勝の星二つを取って進む地位。さらに連勝の星二つを取れば新序へ進む。

ほん-ちゅう【本注】平安時代、明経(みょうぎょう)家が用いた五経・論語・孝経の注釈。漢代・魏代の古注で、鎌倉時代に用いられた宋代の新注と区別していう。

ほん-ちゅう【奔注】〔名〕スル 水が勢いよく流れ注ぐこと。「河流数十、四走一す」〈雪嶺・真善美日本人〉

ホンチュー【紅中】《中国語》マージャン牌(パイ)のうち、表面に赤く「中」と彫ってある牌。三元牌の一。チュン。

ポンチョ〘(スペイン) poncho〙❶南アメリカの袖なしの外衣。布の中央に穴をあけて頭を出し、前後に垂らして着る。❷❶に似せた袖なしのレーンコート。

ほん-ちょう【本庁】(－チヤウ) ❶支庁などに対して、中心になる官庁。➡中央官庁 ❷この庁。当庁。〔類語〕本省・本局・本署

ほん-ちょう【本朝】(－テウ) わが国の朝廷。転じて、わが国。⇔異朝。「一人皇の始め、神武天皇より」〈太平記・一〉〔類語〕本邦・日本・大和(やまと)・八洲国(やしまぐに)・大八洲(おおやしま)・秋津島・敷島・葦原(あしはら)の中つ国・豊葦原(とよあしはら)・瑞穂(みずほ)の国・和国(わこく)・日東・東海・扶桑(ふそう)・ジャパン・ジパング

ぼんちょう【凡兆】(ボンテウ) ►野沢凡兆(のざわぼんちょう)

ほんちょうおういんひじ【本朝桜陰比事】(ホンテウアウインヒジ) 浮世草子。5巻。井原西鶴作。元禄2年(1689)刊。中国の「棠陰(とういん)比事」に倣い、裁判を題材にした44話を収録。

ほんちょうぐんきこう【本朝軍器考】(ホンテウグンキカウ) 江戸中期の故実書。12巻。新井白石著。元文元年(1736)刊。古代からの武器の沿革・制度を、部類を立てて考証した書。

ほんちょうげつれい【本朝月令】(ホンテウゲツレイ) 平安中期の有職書。もと4巻または6巻。惟宗(これむね)公方著といわれるが未詳。和漢の書から引用し、年中の公事(くじ)の由来を述べたもの。原本は散逸し、1巻のみ残存。

ほんちょうこうそうでん【本朝高僧伝】(ホンテウカウソウデン) 江戸中期の仏教書。75巻。卍元師蛮(まんげんしばん)著。元禄15年(1702)成立。日本の各宗の高僧1600余人の伝記を収めたもの。

ほんちょうさんじきょう【本朝三字経】(ホンテウサンジキヤウ) 江戸時代の往来物。大橋玉著。嘉永6年(1853)刊。中国宋代の「三字経」にならい、日本の歴史的事実を3字1句で叙述したもの。三字経。

ほん-ちょうし【本調子】(－テウシ) ❶三味線の最も基本的な調弦法。第1弦と第2弦の間が完全4度、第2弦と第3弦の間が完全5度、第1弦と第3弦の間が完全8度をなすもの。また、それで演奏される調子。❷本来の調子。本当の調子。また、物事がうまく運ぶこと。「退院したがまだ一ではない」〔類語〕(❷)あんばい・加減・コンディション・呼吸・具合

ほんちょうしょじゃくもくろく【本朝書籍目録】(ホンテウショジャクモクロク) 鎌倉時代の図書目録。1巻。編者未詳。建治3～永仁2年(1277～1294)に成立か。日本の図書493部の書目を神事・帝紀・公事など20部門に分類、巻数などを記したもの。

ほんちょうしょっかん【本朝食鑑】(ホンテウショクカン) 江戸中期の本草書。12巻。人見必大著。元禄10年(1697)刊。「本草綱目」に依拠しながら検討を加え、魚貝類など庶民の日常食糧について解説したもの。

ほんちょうすいこでん【本朝水滸伝】(ホンテウスイコデン) 読本(よみほん)。前編10巻・後編15巻。建部綾足(たけべあやたり)作。前編は安永2年(1773)刊、後編は写本で伝わる。中国小説「水滸伝」を翻案した初期読本の代表作の一。

ほんちょうせいき【本朝世紀】(ホンテウセイキ) 平安後期の歴史書。藤原通憲編。六国史の続編として作られたが、編者の死で中絶。承平5年(935)から仁平3年(1153)までの20巻が残存。史官記。外記日記。

ほんちょうぞくもんずい【本朝続文粋】(ホンテウゾクモンズイ) 平安末期の漢詩文集。13巻。編者未詳。保延6年(1140)以後成立。「本朝文粋」に倣い、そのあとを受けて後一条天皇から崇徳天皇に至る約120年間の漢詩文約230編を集録。続本朝文粋。

ぼん-ぢょうちん【盆▽提▽灯】(－ヂヤウチン) 盂蘭盆(うらぼん)の供養につるすちょうちん。秋草やハスの花などを描いたものが多い。(季 秋)

ほんちょうつがん【本朝通鑑】(ホンテウツガン) 江戸前期の歴史書。310巻(正編40巻・続編230巻・前編3巻・提要など37巻)。林羅山とその子鵞峰(がほう)ら編。寛文10年(1670)成立。神代から慶長16年(1611)までの歴史を漢文編年体で記したもの。

ほんちょうにじゅうしこう【本朝廿四孝】(ホンテウニジフシカウ) 浄瑠璃。時代物。5段。近松半二ほか合作。明和3年(1766)大坂竹本座初演。「甲陽軍鑑」に取材し、中国の二十四孝の故事を配する。廿四孝。

ほんちょうにじゅうふこう【本朝二十不孝】(ホンテウニジフフカウ) 浮世草子。5巻。井原西鶴作。貞享3年(1686)刊。中国の二十四孝をもじって、日本での親不孝を題材とした20話を集めたもの。

ほんちょうもんずい【本朝文粋】(ホンテウモンズイ) 平安中期の漢詩文集。14巻。藤原明衡(ふじわらのあきひら)撰。康平年間(1058～1065)の成立か。嵯峨(さが)天皇から後一条天皇までの約200年間の漢詩文427編を、「文選(もんぜん)」に倣って39類に分類したもの。

ホンツァイタイ【紅菜薹】《中国語》アブラナ科の中国野菜。薹(とう)は赤く、春、黄色の小花を総状につける。つぼみのときの薹・若葉を食用とする。特有の粘りけがある。こうさいたい。

ポンツーン〘pontoon〙木・鉄・鉄筋コンクリートなどで造った箱船。浮き桟橋や小規模の人工島などに使われる。

ぽん-つく〔名・形動〕間の抜けていること。また、その人や、そのさま。ぼんくら。間抜け。

ほん-づくり【本造り】原料・材料を吟味し、手間をかけて造ること。また、その品。「一の清酒」

ぼん-つなひき【盆綱引き】盂蘭盆(うらぼん)に綱引きをする行事。茨城県霞ヶ浦周辺や九州に多い。勝負で豊凶を占う年占(としうら)ともされる。かずらひき。(季 秋)

ほん-つや【本通夜】通夜が2、3夜に及ぶ場合、葬送の前夜の通夜。➡仮通夜

ほん-つりがね【本釣(り)鐘】歌舞伎下座音楽の一。小形の釣鐘を撞木(しゅもく)で打つ鳴り物。また、その楽器。時刻を知らせるほか、すごみのある感じを表す。本釣り。

ほん-て【本手】❶本来の腕前。持ち前の技量。❷修業を積んだ腕前であること。また、その腕前。くろうと。「一の将棋指し」❸囲碁・将棋などの勝負事で、その局面での本筋の手。「ここでは歩(ふ)をつくのが一だ」❹《「ほんで」とも》㋐三味線や箏曲(そうきょく)などで、二つの異なった旋律で合奏するとき、基本の旋律。また、その演奏者。㋑三味線を高低2音で合奏するとき、高音を奏する上調子(うわぢょうし)に対して低音を奏する三味線。また、その演奏者。地(じ)調子。㋒三味線組歌で、本手組のこと。⇔破手(はで)。

ほん-てい【本邸】本宅。

ポンディシェリー〘Pondicherry〙インド南東部の港湾都市。コロマンデル海岸のチェンナイ南方にあり、政府直轄地。1672年にフランス領となり、1954年にインドに併合。ポンディチェリー。プドゥチェリー。

ボンディング〘bonding〙表面の生地の裏に他の生地や不織布、または薄いポリウレタンフォームを接着すること。服に仕立てるときに芯地(しんじ)や裏地が不要であり、腰の弱い生地も単独で使える効果がある。

ボンデージ〘bondage〙からだを締めつけたり縛ったりすること。また、性的興奮をおぼえるための拘束行為。

ボンデージ-ファッション〘bondage fashion〙からだを締めつけるコルセットや、からだにぴったりした皮革・ビニール製などの服。また、その服を着ること。

ポンテギ《朝鮮語》韓国料理の一。カイコのさなぎをゆで、塩や醤油などで味をつけたもの。

ほんて-ぐみ【本手組】三味線組歌で、最古の作とされる楽曲群。「琉球組」など7曲からなり、慶長～寛永年間(1596～1644)に石村・虎沢両検校(けんぎょう)が作曲したものという。野川流では表組。⇔破手(はで)組。

ポンテ-ベッキオ〘Ponte Vecchio〙►ベッキオ橋

ポン-デュ-ガール〘Pont du Gard〙►ガール橋

ポンデローザ-まつ【ポンデローザ松】《ponderosa pine》マツ科マツ属の高木。カナダ西部からアメリカ西部のカリフォルニアにかけて分布する。高さ50～60メートルに達する。木材として利用される。

ほん-てん【本天】《「天」はビロードに当てた「天鵞絨」の略》「本ビロード」に同じ。

ほん-てん【本店】❶営業の本拠となる店。営業所が複数あるとき、その主たる営業所をいう。⇔支店。❷この店。当店。〔読み〕❶はホンテン、❷はホンテン。〔類語〕本社・本部・本舗

ほん-でん【本田】❶苗代で育てた稲の苗を、本式に植えつける田。❷荘園制で、新開田に対して、もとからあった田。❸江戸時代、新田に対し、旧来の田。また、享保11年(1726)の新検地条目で、元禄年間(1688～1704)以前に検地され検地帳に記載された田。

ほん-でん【本伝】主となる伝記。

ほん-でん【本殿】❶神社で、祭神を安置する建物。古くは正殿・宝殿ともいった。❷清涼殿の異称。

ほん-でん【▽品田】親王・内親王に、品(ほん)によって朝廷から与えられた田地。品位田。

ぼん-てん【梵天】《梵 Brahmanの訳。「ぼんでん」とも》[一]㊀古代インドで世界の創造主、宇宙の根源とされたブラフマンを神格化したもの。仏教に取り入れられて仏法護持の神となった。色界の初禅天の王。十二天・八方天の一。ふつう本尊の左に侍立する形で表され、右の帝釈天(たいしゃくてん)と相対する。梵天王(ぼんてんのう)。大梵天王。㊁《「梵土天竺(ぼんどてんじく)」の略》インドの異称。[二]❶仏語。色界の初禅天。大梵天・梵輔天・梵衆天の三天からなり、特に大梵天をさす。淫欲を離れた清浄な天。❷修験者が祈祷に用いる幣束(へいそく)。❸大形

の御幣の一。長い竹や棒の先に、厚い和紙や白布を取り付けたもの。神の依代(よりしろ)を示す。(季 新年) ❹棒の先に幣束を何本もさしたもの。魔除けとして軒などにさした。❺延縄(はえなわ)・刺し網などの所在を示す目印とする浮標のこと。❻「梵天瓜」の略。

ぼんてん-うり【×梵天×瓜】マクワウリの別名。

ぼんてん-か【×梵天花】(ボンテン)アオイ科の多年草。低木状で、高さ約1メートル。全体が星状の毛に覆われる。葉は手のひら状に深く裂けていて、淡黄緑色の斑がある。秋、紅色の5弁花を開く。九州南部・沖縄などに分布。

ぼんてん-こく【×梵天国】㊀❶「梵天㊀❶」に同じ。❷《貞享・元禄のころ、浄瑠璃の終わりに祝言として㊀を語ったところから》物事の終わり。転じて、追い出されること。「既(すで)の事—になる処を」〈魯庵・破垣〉㊁室町時代の御伽草子。1巻。作者未詳。本地物。清水観音の申し子の中納言が、梵天王の姫と結婚して帝の難題を解決し、また奪われた姫を救い出す物語。のちに浄瑠璃・説経節としても語られた。

ぼんてん-のう【梵天王】(ワウ)色界の初禅天の王。梵天の支配者。梵天。

ほんと【本斗】ロシア連邦サハリン州(樺太)の都市ネベリスクの、日本領時代の名称。

ほん-と【本▽当】〔名・形動〕「ほんとう」の音変化。「うそじゃない、—だよ」「あいつは—に天才だ」

ほん-と【本途】❶本来の筋道。本来のこと。❷「本途物成」の略。

ほん-ど【本土】❶その国の主な国土。属国・離島などに対していう。❷その人の生まれ育った国。本国。「—に帰還する」❸仏土。浄土。(類語)本国・内地

ほんど【本渡】熊本県西部、天草(あまくさ)諸島にあった市。平成18年(2006)3月、周辺9市町と合併して天草市となる。➡天草㊀

ボンド〖bond〗❶証券。株券。債券。公社債。❷鉄道線路のレールの断ぎ目で、電気回路の保持のためにつなぐ電線。❸《Bond》接着剤の商標名。(補説)英語では、契約、保証、約束、きずなの意。

ぽん-と〔副〕❶勢いよく跳ねたり飛び出したりするさま。「シャンパンの栓を—抜く」❷ものを軽くたたくさま。「—背中をたたく」❸物を無造作に投げるさま。「石を—けとばす」❹気前よく金や物を差し出すさま。「—100万円寄付する」

ポンド〖pond〗池。沼。泉水。

ポンド〖(オランダ) pond ¦ 英 pound〗❶ヤード・ポンド法の質量の基本単位。常用ポンドは1ポンドが16オンスで約453.59237グラム。金銀・薬用のトロイポンドは1ポンドが12オンスで約373.24グラム。記号lb ❷《「パウンド」とも》㋐英国の通貨単位。1ポンドは100ペンス。ポンド-スターリング。記号は、£またはL。㋑エジプト・キプロス・シリアなどの通貨単位。(補説)❶は「封度」「听」「英听」、❷は「磅」とも書く。また、EU(欧州連合)のユーロ導入以前は、アイルランドの通貨単位でもあった。

ボンド-あつかい【ボンド扱い】(あつかひ)その国に持ち込むと課税される場合、保税倉庫に預け、出国の際受け取る取り扱い。税関で手数料を払い手続きする。

ほん-とう【本当】(タウ)〔名・形動〕❶偽りや見せかけでなく、実際にそうであること。また、そのさま。ほんと。「一見難しそうだが—は易しい」「うわさは—だ」❷本物であること。正しい姿であること。ほんと。「—の絹を使ったブラウス」「彼こそ—の英雄だ」❸本来の筋道であること。もともとの状態であること。また、そのさま。本途。ほんと。「からだがまだ—でない」「—なら先に行くところだ」❹(「本当に」の形で)はなはだしいこと、また心からそう思ったり感じたりしている気持ちを表す。ほんと。「—に惜しいことをした」
(類語)(❶)真(まこと)・真実・真個・真正・正真(しょうしん)・正真正銘・まこと・実(じつ)・実際・事実・現実・如実・リアル・真相・実情・実態・有りのまま・有り様(よう)/(❷❸)本物・本式・本格・正規・正式・本来/(❹)まことに・実(じつ)に・真(しん)に

ほん-とう【本島】(タウ)❶群島や列島の中で、中心となる島。「沖縄—」❷この島。

ほん-とう【奔騰】〔名〕(スル)非常な勢いであがること。「物価が—する」

ほん-どう【本堂】(ダウ)寺院で、伽藍(がらん)の中心をなす、本尊を安置する建物。禅宗の仏殿、浄土宗の御影堂、真宗の阿弥陀堂など。古くは金堂(こんどう)といった。

ほん-どう【本道】(ダウ)❶中心となる大きな道路。本街道。「—が不通になる」➡間道 ❷物事の正当な道筋。正道。本筋。「民主政治の—からはずれる」❸漢方で、内科のこと。「—、外科一代の名医数十人」〈太平記・二五〉(類語)(❶)街道・往還・道路/(❷)本筋

ぼんとう【梵灯】[1349～?]室町前期の連歌師。出雲の人。俗名、朝山師綱(もろつな)。足利義満に仕えたが、出家して各地を遊歴。連歌を二条良基に学び、その没後は連歌界の重鎮となった。著「梵灯庵袖下集」「梵灯連歌合(れんがあわせ)」「梵灯庵主返答書」など。

ぼんとうあん【梵灯庵】▶梵灯

ほん-どうし【本動詞】❶国文法で、補助動詞に対して、本来の意味で独立的に用いられた動詞。例えば、「読んでみる」の「みる」(補助動詞)に対し、「星を見る」の「見る」の類。❷英文法などで、助動詞に対して、一般の動詞。

ぼん-どうろう【盆灯籠】盂蘭盆(うらぼん)に、死者の供養のためにともす灯籠。(季 秋)

ボンド-がい【ボンド街】《Bond Street》▶ボンドストリート

ぼんとく-たで【ぼんとく×蓼】タデ科の一年草。水辺に生え、高さ約70センチ。茎は紅紫色で節が膨らむ。葉は広披針形で黒斑がある。秋、淡紅色の小花を穂状にまばらにつける。ヤナギタデに似るが、葉に辛味はないので「ぼんとく」(愚か者の意「ぼんつく」の音変化)の名がある。

ほん-どこ【本床】本式の床の間形式。床柱に面取りした角材を用い、床柱と床框(とこがまち)は共木で作り、床框は漆塗りとし床内部は畳敷きで、違い棚と付け書院とを設ける。

ほん-とさ【本土佐】❶高知県、特に土佐清水産の良質の鰹節(かつおぶし)。本土佐節。❷上質の土佐半紙。

ほん-とじ【本×綴じ】(とぢ)製本法の一。折り丁を一折りずつ手でとじる方法。

ほんど-し【本渡市】▶本渡

ほんど-じ【本土寺】千葉県松戸市にある日蓮宗の本山。山号は、長谷山。建治3年(1277)日蓮の信奉者曽谷教信が開いた法華堂に始まる。開山は日朗。江戸時代には不受不施派の拠点となった。

ボンド-し【ボンド紙】ペン書きに適した良質の用紙。小切手・証券類や高級事務用紙として使われる。

ポンド-スターリング〖pound sterling〗▶ポンド❷㋐

ボンド-ストリート〖Bond Street〗ロンドン中心部、ウエストミンスターにある街路。ロンドン有数の高級ショッピング街として知られ、高級ブティック、宝飾・貴金属店、骨董美術品店が並ぶ。オックスフォードストリートとピカデリーを結び、北側をニューボンドストリート、南側をオールドボンドストリートという。ボンド街。

ぽんと-ちょう【先斗町】(チャウ)京都市中京区、鴨川西岸の地名。もと祇園(ぎおん)と並ぶ花街。鴨川踊りの行われる歌舞練場がある。(補説)名は、ポルトガル語のカルタ用語で先端の意の「ポント」からという。

ポンド-テスト〖pond test〗釣り糸の欧米式の強度表示。1ポンドテストは重さ1ポンドの物までつるすことのできる引っ張り強さ。

ボンド-トレーダー〖bond trader〗金融機関において、債券の売買取引を担当する人。

ポントピダン〖Henrik Pontoppidan〗[1857～1943]デンマークの小説家。自然主義の立場から社会の虚偽や偽善を描いた。1917年ノーベル文学賞受賞。作「約束の土地」「幸福なペール」など。

ポンド-ブロック〖pound bloc〗▶スターリングブロック

ほん-とみ【本富】江戸時代、社寺が公式の許可を得て直接希望者に売った富くじ。➡影富(かげとみ)

ほんと-ものなり【本途物成】江戸時代、田畑に課せられた本年貢。➡小物成

ポントリャーギン〖Lev Semyonovich Pontryagin〗[1908～1988]ソ連の数学者。14歳のとき爆発事故で失明した。位相群・位相体やリー群の位相的研究など、位相幾何学の発展に貢献した。著「最適制御の数学的理論」「連続群論」など。

ポントルモ〖Pontormo〗[1494～1557ころ]イタリアの画家。本名、ヤコポ=カルッチ(Jacopo Carucci)。初期マニエリスムの代表者。

ポントレジーナ〖Pontresina〗スイス東部、グラウビュンデン州、サンモリッツ近郊の町。ベルニーナ急行の駅があり、ベルニーナアルプスの氷河観光の拠点として知られる。

ほん-なおし【本直し】(なほし)味醂(みりん)に焼酎などを加えた甘い酒。柳蔭(やなぎかげ)。直し味醂。直し。

ほん-なだい【本名題】歌舞伎・浄瑠璃などの正式な題名。通称・俗称に対していう。

ほん-なわ【本縄】(なは)罪人に縄をかけるとき、正式な方法で縛ること。また、その縄の掛け方。「もうこの上は了簡なしと、—に縛りあげ」〈浄・丹波与作〉

ほん-に【本に】〔副〕❶疑いなくある事態であるさま。本当に。まことに。なるほど。「—よう似ている」「—困ったことだ」❷ばくちで、持ち金を一度に全部かけるさま。ぽんと。「六拾目を—はり、一番にとられ」〈咄・御前男・四〉

ほん-にかい【本二階】中二階に対して、本来の二階。

ほん-にん【本人】❶その事に直接関係のある人。当事者。当人。「—に確かめる」「—次第」❷首領。張本人。「城の—平野将監入道」〈太平記・六〉

ぼん-にん【凡人】❶普通の人。ぼんじん。❷身分の低い人。並の家柄の人。「これ皆摂禄(せつろく)の臣の御子息、—にとりてはその例なし」〈平家・一〉

ぼん-にん【▽犯人】「はんにん(犯人)」に同じ。「—を笞(しもと)にて打つ時は」〈徒然・二〇四〉

ほん-ぬ【本有】(ヌ)「ほんう」の連声(れんじょう)。

ほん-ぬい【本縫い】(ぬひ)仮縫いに対して、仕上げるために縫うこと。

ボンヌ-ずほう【ボンヌ図法】(ヅハフ)地図投影法のうちの正積図法の一。円錐図法の中央経線だけを直線で残し、その他は曲線で、緯線はすべて等間隔の同心円の弧となる。中緯度地方の地図に用いる。1752年にフランスの地理学者ボンヌ(R.Bonne)が考案。

ポン-ヌフ〖Pont Neuf〗《フランス語で新しい橋の意》パリ市内を流れるセーヌ川に架かる橋。シテ島の西端を中継点として北岸と南岸をつなぐ。南側に五つ、北側に七つの石造りのアーチをもち、1604年に完成した。現存するものとしてはパリで最古の橋。

ボンヌフォワ〖Yves Bonnefoy〗[1923～]フランスの詩人。第二次大戦後のフランス現代詩を代表する一人。シュールレアリスムの影響を受けて詩作を始め、重層的な作品を残した。詩集「ドゥーブの動と不動について」、詩論集「ありうべからざるもの」など。ボヌフォア。

ほん-ぬり【本塗(り)】本式に塗ること。また、その塗り方。

ほん-ね【本音】❶本来の音色。本当の音色。❷本心からいう言葉。「—が出る」「—を吐く」
(類語)真意・本意・本心・下心・魂胆

ボンネット〖bonnet〗❶女性・子供用の帽子。頭頂から後ろにかけて深くかぶり、額を出して、あごの下でひもを結ぶもの。❷自動車の前部にあるエンジン部の覆い。

ボンネット-バス〖bonnet bus〗エンジンが前部にあって、ボンネットが突き出ているバス。

ほん-ねり【本練り】❶練り菓子や練り物などを、よく練り上げること。❷生糸を十分に練って、セリシンをほぼ完全に取り除くこと。また、その生糸。半練りに対していう。

ほん-ネル【本ネル】綿ネルに対して、フランネルのこと。

ほん-ねん【本年】ことし。当年。

ほん-ねん【本然】「ほんぜん(本然)」に同じ。「母がその子を手離したくない母性愛の—から」〈露伴・連環記〉

ほん-の【本の】〘連体〙次にくる言葉が取るに足りないものであることを表す語。まったくわずかの。「—一つ」「—名ばかり」「—少ししかない」

ほん-のう【本能】動物個体が、学習・条件反射や経験によらず、生得的にもつ行動様式。帰巣本能・防御本能・生殖本能など。

ぼん-のう【煩悩】ボンナウ《梵 kleśaの訳。苦悩・心痛の意》仏語。身心を悩まし苦しめ、煩わせ、けがす精神作用。貪とん・瞋じん・痴ちは根元的な煩悩として三毒という。染。結。垢く。「—にさいなまれる」「—を解脱する」

煩悩あれば菩提ぼだいあり　迷いがあるからこそ悟りを開くこともある。

煩悩即そく菩提ぼだい　仏語。煩悩にとらわれている姿も、その本体は真実不変の真如しんにょすなわち菩提(悟り)であって、煩悩と菩提は別のものではないということ。

煩悩の犬は追えども去らず　煩悩は人につきまとって、飼い犬がまといつくように離れない。

ぼんのう-さぎ【煩悩×鷺】ボンナウ ヨシゴイの別名。

ほんのうじ【本能寺】京都市中京区にある法華宗本門流の大本山。山号は、卯木山。開創は応永22年(1415)。開山は日隆。もと五条坊門にあり、本応寺と称したが、のちに改称。天文法華の乱、本能寺の変などで焼失、天正17年(1589)豊臣秀吉の命により現在地に移転。現在の建物は昭和3年(1928)建立。境内に織田信長の供養塔がある。

ほんのうじ-の-へん【本能寺の変】天正10年(1582)明智光秀が織田信長を京都本能寺に襲い、滅ぼした事件。羽柴秀吉の高松城攻撃を救援するため本能寺に止宿中であった信長を、先に増援を命じられて丹波亀山城にいた光秀が引き返して急襲し自害させた。

ほんのう-しゅぎ【本能主義】本能を満足させることが人生の目的であるとする考え方。

ぼんのう-じょく【煩悩▽濁】ボンナウヂョク 仏語。五濁の一。煩悩によって悪がはびこること。

ほんのう-てき【本能的】〘形動〙生まれつきその性質をもっているさま。また、本能のままに行動するさま。「—な行動」「—に危険を察知する」

ぼんのう-ま【煩悩魔】ボンナウ 仏語。四魔の一。煩悩は心身を惑わし悟りの妨げとなるので、魔にたとえていう。

ぼん-の-くぼ【盆の×窪】❶首の後ろの中央のくぼんだところ。❷江戸時代、小児の頭髪を首の後ろだけ少し残してそった髪形。

ほんのり〘副〙色・香・姿などが、かすかなさま。うっすら。ほのかに。「頬を—(と)赤める」「—(と)した梅の香り」〘類語〙かすか・ほのか

ほん-ば【本場】❶ある物事が本式に行われる場所。また、盛んに行われている所。「—のフランス料理」「—仕込み」❷ある物の本来の産地。また、主要・有名な産地。「ワインの—」❸取引所で、午前中の立ち会い。前場ぜんば。〘類語〙産地・原産地・主産地

ほん-ば【本葉】双葉のあとに出る葉。その植物の普通の形をした葉になる。

ほん-ば【奔馬】勢いよく走る馬。また、勢いの激しいことのたとえ。「—の勢い」

ほん-ぱ【奔波】❶激しく寄せる波。また、勢いよく流れる水。❷大勢が争うこと。「詞の足らぬ故に、景物にて飾りたてんと—するほどに」〈連理秘抄〉

ボンバー-ジャケット〘bomber jacket〙《bomberは、爆撃機の意》米軍の航空機の乗務員に支給された皮革製の上着。また、それをまねたデザインのもの。丈夫で保温性に富む。

ぼん-ばい【盆梅】盆栽に仕立てた梅。鉢植えの梅。〘季 春〙

ぼん-ばい【×梵▽唄】❶インドの詠法による歌唄。声明しょうみょう。❷四箇しかの法要の始まりに、仏徳をたたえる特定の偈頌げじゅを唱えること。

ほん-ばこ【本箱】書物を入れておく、棚の付いた箱形の家具。〘類語〙本棚・書架・書棚・本立

ほんぱ-しき【翻波式】平安前期の木彫りの仏像にみられる衣のひだの表現形式の一。大きいひだと小さいひだとを交互に表したもので、その断面が波の翻転するさまに似るところからついた名。

ぼん-はじめ【盆初め】「七日盆なぬかぼん」に同じ。

ほん-ばしょ【本場所】大相撲で、力士の地位・給金を決定する番付作成の基準となる正式の場所。もとは春(1月)・夏(5月)の2回であったが、現在は1月の初場所(東京)、3月の春場所(大阪)、5月の夏場所(東京)、7月の名古屋場所、9月の秋場所(東京)、11月の九州場所(福岡)と年に6回行われる。

ボンバックス〘bombax〙パンヤの別名。

ポンパドール〘Madame de Pompadour, Jeanne Antoinette Poisson〙㊀[1721〜1764]フランス国王ルイ15世の愛人。社交界では才知と美貌びぼうをもって知られ、宮廷入りしてからは政治上でも重要な地位を占めた。また芸術や文学などを厚く保護し、ボルテール・ディドロらと親交があった。通称、ポンパドール夫人。㊁(フランスpompadour)《㊀の髪形から》女性の髪形の一。前髪をあげて額を出し、全体にふくらみをもたせて後頭部でまとめたもの。

ぼん-ばな【盆花】盂蘭盆うらぼんに山野から取ってきて盆棚に飾る花。キキョウ・オミナエシなど地方によって違いがある。〘季 秋〙

ほん-はなみち【本花道】歌舞伎劇場で、舞台に向かって左の方(下手)にある常設の花道。右の方(上手)に仮設される仮花道に対していう。

ほんぱ-ほんがんじ【本派本願寺】ホンホングワンジ 西本願寺の異称。大谷派の本願寺に対していう。

ほんば-もの【本場物】本場でとれる品物。「—のブランデー」

ほん-ばら【本腹】本妻の腹に生まれること。また、その子。本妻腹。↔脇腹わきばら。

ポンバルこうしゃく-ひろば【ポンバル侯爵広場】《Praça de Marquês de Pombal》ポルトガルの首都リスボンの中央部にある広場。目抜き通りであるリベルダーデ通りの北西端に位置し、国王ジョゼ1世の宰相を務め同国の近代化を進めたポンバル侯爵の名を冠している。広場中央にはライオンを従えた侯爵の像がある。

ほん-ばん【本番】映画・テレビ・ラジオなどで、テストやリハーサルでなく、実際に撮影・放送・録音を行うこと。また一般に、練習でなく、本式に事を行うこと。「受験シーズンも—に入る」「ぶっつけ—」

ホンパン【紅幇】《中国語》中国、清・民国時代の秘密結社。哥老会かろうかい系。清末に揚子江流域一帯に勢力を広げ、辛亥しんがい革命に協力した。青幇チンパンと併称される。こうほう。

ぽん-びき【ぽん引き】《「ぽんひき」「ぽんぴき」とも》❶土地に不案内な人をだまし、金品を巻き上げること。また、その者。❷路上で売春宿の客引きをする者。❸株式街で、素人をだまし、いいかげんな株を売り付ける者。〘類語〙客引き・宿引き

ポンピドゥー〘Georges Pompidou〙[1911〜1974]フランスの政治家。1958年ドゴール内閣の官房長を務め、62年首相に就任。69年ドゴール退陣後の大統領選挙で当選し、大統領に就任。74年現職のまま病死。ポンピドー。➡ジスカールデスタン

ポンピドゥー-センター〘Centre Pompidou〙フランスのパリにある文化施設。1977年開館。国立近代美術館、図書館、工業的創造センターなどからなる。建物はイタリアのR=ピアノと英国のR=ロジャーズによる共同設計で、原色に塗られた配管設備を外壁に配置するなどの前衛的なデザインが特徴。正式名称は国立ジョルジュ=ポンピドゥー芸術・文化センター(Centre national d'art et de culture Georges Pompidou)。名称は、当時の大統領で発案者のポンピドゥーにちなむ。

ぼん-ぴゃく【凡百】《「ぼんびゃく」「ぼんひゃく」とも》いろいろのもの。かずかず。もろもろ。「—の職人をしのぐ腕前」

ほん-びゃくしょう【本百姓】ホンビャクシャウ 江戸時代、田畑・屋敷を持ち、年貢・諸役の負担者として検地帳に登録された農民。農耕のための用水権・入会いりあい権を持ち、近世村落の基本階層であった。高持百姓。➡水呑みみ百姓

ほん-ぴょう【本俵】ホンペウ 年貢や廻米の容量を決めるときに標準とする俵。標準量の米を入れた俵。

ほん-ビロード【本ビロード】縦横ともに絹糸で織ったビロード。本天。

ぽん-ぴん　ガラス製の玩具。底の薄いフラスコ形の瓶で、口に当てて吹くと、ぽんぴんと鳴るようにしたもの。ぽぺん。ぽぺん。ぽっぴん。ぽぴん。ぴんぽん。ビードロ。

ポンピング-ブレーキ《和 pumping＋brake》自動車で、緊急時にブレーキを強く踏み続けることによって起こる、車輪のロックなどを防ぐために、何回にもわたってブレーキを踏んだり離したりすること。

ほん-ぶ【本部】組織・団体などで、活動の中枢となるところ。また、その置かれてある場所。「捜査—」

ほん-ぷ【本譜】五線紙に書き表した正式の楽譜。五線譜。↔略譜。

ほん-ぷ【▽品▽封】親王・内親王に、品ほんに応じて賜った封戸ふこ。

ぼん-ぷ【凡夫】《「ぼんぶ」とも》❶《梵 pṛthag-janaの訳》仏語。愚かな人。仏教の教えを理解していない人。異生いしょう。❷平凡な人。普通の人。凡人。

ポンプ〘オランダpomp〙外部から機械的エネルギーを受け、流体に圧力を与えて送り出したり高所へ上げたりする装置。揚水・排水・圧縮などに用いられる。構造から渦巻きポンプ・軸流ポンプ・往復ジェットポンプなどに分ける。〘補説〙「喞筒」とも書く。

ポンフー-しょとう【澎湖諸島】ショタウ 中国南東部、台湾海峡にある諸島。台湾の澎湖県に所属し、澎湖・漁翁・白沙など90の島からなる。漁業やサツマイモ・ラッカセイ栽培が盛ん。1895年日本に割譲されたが、第二次大戦後に中国に返還。ほうこ諸島。

ほん-ぶき【本×葺き】「本瓦ほんがわら葺き」に同じ。

ほん-ぷく【本復】〘名〙スル《「ほんぶく」とも》❶病気が全快すること。「治療のかいあって—する」❷配流の地から自国に戻ること。また、前の地位や財産を回復すること。〘類語〙回復・快気・全治・全快・完治・治癒・平癒・根治・全癒・快癒

ポンプ-ざ【ポンプ座】南天の小星座。海蛇座の南にあり、4月中旬の午後8時ごろ南中する。学名ラテン Antlia

ほん-ぶし【本節】❶大形のカツオを三枚におろし、片身をさらに背・腹の二つに切り分けて作った上質の鰹節かつおぶし。背肉のほうを雄節おぶし・背節せぶし、腹肉のほうを雌節めぶし・腹節はらぶしという。➡亀節かめぶし ❷縦糸に絹紡糸、横糸に玉糸を使った節糸織り。❸正式の歌の節回し。❹浄瑠璃で、人形浄瑠璃創始期の作曲者滝野検校たきのけんぎょうの節付けとされる曲節。

ほん-ぶしん【本普請】間に合わせでない、本格的な建築。本建築。↔仮普請。

ほん-ぶたい【本舞台】❶歌舞伎の劇場で、花道・付け舞台などを除いた正面の舞台。もと、左右の大臣柱の間の三間を限った舞台をいった。❷地方の劇場の舞台に対して、中央の劇場の舞台。転じて、本式に事を行う晴れの場所。ひのき舞台。「—に臨む」

ほん-ぶつ【本仏】仏語。❶永遠の昔から悟りを開いている仏。本門の仏。❷一切の仏のうち、根本の仏。真宗では、阿弥陀仏。❸本尊のこと。

ほん-ぶとり【本太り｜本▽肥り】病的でなく、自然で健康的にふとっていること。

ぼん-ぶね【盆舟】「精霊舟しょうりょうぶね」に同じ。

ほん-ぶり【本降り】なかなかやみそうもない勢いで雨や雪が降ること。「昼過ぎから—になる」〘類語〙大降り・どしゃ降り

ほん-ぶん【本分】❶人が本来尽くすべきつとめ。「学生の—をわきまえる」❷そのものに本来備わっている性質。「絵を以て、絵の—以外なる事件の発展をさえ描こうと試みた」〈漱石・文学評論〉〘類語〙勤め・任にん・任務・義務・責任・責務・本務・使命・役目・役やく・役儀・分ぶ・職分・職責・責め・課業・日課

ほん-ぶん【本文】「ほんもん(本文)」に同じ。

ぼん-ぶん【×梵文】❶梵語で書かれた文章。❷梵字の経文。

ボンベ〖ドイツ Bombe〗高圧の気体や液体を貯蔵・運搬するための耐圧容器。「酸素━」「ガス━」

ポンペ〖Johannes Lydius Catherinus Pompe van Meerdervoort〗[1829〜1908]オランダの軍医。江戸幕府の海軍伝習所の医師として、安政4年(1857)来日。長崎養生所を設立し、医学教育を教授した。文久2年(1862)帰国。

ボンベイ〖Bombay〗ムンバイの旧称。補説「孟買」とも書く。

ポンペイ〖Pompeii〗イタリア南部、ナポリ近くにあった古代都市。前4世紀以来繁栄したが、79年のベズビオ火山の大噴火で埋没。1748年からの発掘によって、城壁・神殿・円形劇場・壁画などが発見され、ギリシャの影響が強い都市のようすが明らかにされた。同じく噴火により埋没した近郊のエルコラーノとトッレアヌンツィアータとともに、1997年、世界遺産(文化遺産)に登録された。

ポンペイウス〖Gnaeus Pompeius Magnus〗[前106〜前48]古代ローマの軍人・政治家。前60年にカエサル・クラッススとともに三頭政治を始めたが、クラッススの死後カエサルと対立。敗れて暗殺された。

ボンヘッファー〖Dietrich Bonhoeffer〗[1906〜1945]ドイツのプロテスタント神学者・牧師。反ナチの闘争・抵抗運動を続けて逮捕され、終戦直前に処刑された。獄中で残した多くの著作は、現代の教会と神学に大きな影響を与えている。

ほん-ぺん【本編|本×篇】❶書物などで、主体となる部分。正編。❷予告編に対して、実際に上映される映画のこと。❸テレビドラマに対して、劇場で公開される映画のこと。❹この編。

ほん-ぽ【本帆】和船の船体中央の帆柱に張る大きな帆。

ほん-ぽ【本×圃】苗床から苗を移して生育させる本式の畑。

ほん-ぽ【本舗】❶ある特定の商品を製造・販売するおおもとの店。❷自分の働いている、この店。当店。

ボンボ〖ポルトガル・スペイン bombo〗ブラジルのアンデス地方の筒形の大太鼓。木の胴に革を張り、革ひもで締めて、2本の桴(ばち)で奏する。

ほん-ぼう【本坊】バウ ❶末寺から本寺をいうときの呼び名。❷寺院で、住職の住む僧坊。「━において誹諧興行」〈奥の細道〉❸自分の住む坊。自坊。「験者たちは我が━にぞ帰りける」〈謡・道成寺〉

ほん-ぽう【本方】ハウ 漢方で、昔からきまっている調剤の方法。

ほん-ぽう【本邦】ハウ この国。我が国。「━初公開」類語本朝・日本・大和(やまと)・日の本・八洲国(やしまぐに)・大八洲(おおやしま)・秋津島・敷島・葦原(あしはら)の中つ国・豊葦原(とよあしはら)・瑞穂(みずほ)の国・和国(わこく)・日東・東海・扶桑(ふそう)・神州

ほん-ぽう【本法】ハフ ❶本体となる法律。❷この法律。

ほん-ぽう【本俸】手当などを含まない、基本の俸給。本給。類語本給・基本給

ほん-ぽう【奔放】ハウ〘名・形動〙常識や規範にとらわれないで、自分の思うままに振る舞うこと。また、そのさま。「━な生活」「━に育てる」「自由━」派生ほんぽうさ〘名〙類語勝手・わがまま・好き・自分勝手・手前勝手・身勝手・得手勝手・好き勝手・気随・気任せ・ほしいまま・自由・不羈(ふき)

ほんぽう-じ【本法寺】ホンポフ 京都市上京区にある日蓮宗の本山。山号は、叡昌山。開創は永享8年(1436)。開山は日親。天正15年(1587)豊臣秀吉寄進の現在地に移転。方丈の庭園は本阿弥光悦の造園と伝える。

ぽん-ぽこ ㊀〘副〙鼓などを打つ音や、そのさまを表す語。「━(と)腹鼓を打つ」㊁〘形動〙腹がふくれているさま。「食いすぎて腹が━になる」

ほんぽ-じとう【本補地頭】ヂトウ 鎌倉幕府により以前からの所職を安堵(あんど)された地頭。また、特に承久の乱以前からの地頭をさす。⇒新補地頭

ぼんぼり【雪=洞】❶灯をともす部分の周囲に紙または絹張りのおおいをつけた手燭(てしょく)・燭台。また、柄と台座をつけた小さい行灯(あんどん)。せっとう。❷茶炉などに用いる、紙張りのおおい。せっとう。❸近世の宮廷使用の扇で、中啓より上部の外側の開きがやや狭いもの。中浮(ちゅううき)。❹耳の垢(あか)をとる道具。柄をつけて頭部を羽で飾ったもの。

ぼんぼり-わた【ぼんぼり綿】薄く透けて見える綿帽子。「浴衣を仮の旅出立ち、━もひねくろしく」〈浄・女腹切〉

ボン-ボワイヤージュ〖フランス Bon voyage〗〘感〙よい御旅行を。旅立つ人へのあいさつにいう語。

ほん-ぽん【本本】《「ほんほん」とも》本当。真実。「そりゃ━でござんすか」〈浄・先代萩〉

ぼん-ぼん (関西地方で)良家の若い息子。若旦那。ぼんち。「━育ち」
類語御曹司・若旦那・坊ちゃん・令息

ボンボン〖フランス bonbon〗ブランデー・ウイスキー入りシロップなどをチョコレートなどで包み込んだ菓子。

ぼん-ぼん ㊀〘副〙❶鐘などが続けざまに鳴る音を表す語。「柱時計が━(と)時を打つ」❷勢いよく次々と物事が行われるさま。「荷物を━(と)投げ入れる」「新製品が━(と)売れる」㊁〘名〙「ぼんぼん時計」の略。

ポンポン〖pompon〗❶毛糸・羽毛などで作った玉房。帽子・靴・洋服などにつけて飾りとする。房飾り。❷チアガールなどが手に持って振る、応援用の大きな玉房。

ぽん-ぽん ㊀〘副〙❶続けざまに物を軽くたたく音や、そのさまを表す語。「つづみを━(と)鳴らす」❷続けざまに物が破裂する音を表す語。「ポップコーンが━(と)はじける」❸勢いよく次々と物事が行われるさま。「ビールの口を━(と)開ける」「気前よく━(と)人にやる」❹勢いよく続けざまに、または遠慮なくものを言うさま。「批判の言葉が━(と)出る」㊁〘形動〙腹などがいっぱいになってふくれるさま。「ごちそうでおなかが━になる」㊂〘名〙腹をいう幼児語。ぽんぽ。「━が痛くなる」アクセント㊀㊁はポンポン、㊂はポンポン。

ぽんぽん-じょうき【ぽんぽん蒸気】焼き玉エンジンを備えた小型船。走行するときエンジンからぽんぽんと音が出る。河川・沿海の運送船や漁船として使われる。ぽんぽん船。

ポンポン-ダリア〖pompon dahlia〗ダリアの一品種。花は小形で、舌状花が筒状で短く、全体に球状となる。赤や黄色など色の種類が多い。

ぼんぼん-どけい【ぼんぼん時-計】ぼんぼんと鳴って時刻を知らせる、大型の振り子時計。

ほん-ま【本真】〘名・形動〙(多く、西日本で)本当であること。また、そのさま。「━にがめつい」

ほん-ま【本馬】江戸時代、宿場に置いた駄馬の一。1駄として定められていた積荷量は40貫(約150キロ)または36貫(約135キロ)。⇒軽尻(からじり)

ほん-ま【本間】❶家屋の畳の大きさで、本式とされるもの。地方により異なる。❷邦楽で、基本的なリズム。❸謡曲で、文句の第1音が第1拍の半拍前からうたいだされるもの。❹江戸吉原で、座敷持ちの遊女がふだんいる部屋。「━へ入ってお休みなんし」〈洒・錦之裏〉

ほん-まきえ【本×蒔絵】ーマキヱ 消し粉蒔絵など簡単な技法による蒔絵に対して、本格的な蒔絵。

ほん-まく【本幕】❶能や狂言で、揚げ幕を2本のさおで上までいっぱいに、内側へはね上げること。シテ・ワキなどの出入りに用いる。⇒片幕 ⇒半幕 ❷歌舞伎の幕で、中央で二つに割って左右へ開ける引き幕。上方の大芝居に限って用いられた。⇒片幕 ❸歌舞伎で、幕の開閉の方式の一。拍子木を最初緩やかに打ちはじめ、しだいに早めに刻んで幕を引ききったところで一つ打つ。

ほん-まぐろ【本×鮪】クロマグロの別名。

ほんま-しろうさぶろう【本間四郎三郎】ーシラウサブラウ[1732〜1801]江戸中期の豪商。名は光丘。本間家3代目。庄内藩の酒田で事業に成功し、藩財政に関与。また、私財を投じて最上川の治水や天明の飢饉の救済を行った。

ほん-まつ【本末】❶物事の始めと終わり。❷物事の根本と枝葉。重要なこととささいでつまらないこと。「━を誤る」❸本山と末寺。

ほんまつ-てんとう【本末転倒】ーテンタウ〘名〙スル 根本的で重要なこととささいでつまらないことを取り違えること。「━もはなはだしい」「━した考え」類語思い違い・誤解・勘違い・心得違い・曲解・混同・取り違える

ほん-まつり【本祭(り)】1年おきまたは数年おきに行われる正式の祭礼。類語例祭・陰祭り・臨時祭

ぼん-まつり【盆祭(り)】「盂蘭盆(うらぼん)」に同じ。

ほん-まる【本丸】❶日本の城郭で、中心をなす一区画。城主の居所で、多く中央に天守(天守閣)を築き、周囲に堀を設ける。❷(比喩的に)物事の中心。最重要箇所。「政治改革の━と位置づける」類語重要・大事(だいじ)・大切・肝要・肝心・一丁目一番地

ほん-み【本身】竹光(たけみつ)などに対して、鉄でつくった本物の刀。真剣。

ほん-みかげ【本▽御影】神戸市御影付近から産する、淡紅色の長石を含む花崗岩(かこうがん)の石材名。

ほん-みず【本水】ーミヅ 歌舞伎の演出で、川・池・井戸などの場面に本物の水を使うこと。また、その水。一種の外連(けれん)演出で、夏芝居などに行われる。

ぼん-ミス【凡ミス】不注意による失敗。軽率でつまらないミス。「相手の━で勝ちを拾う」類語ケアレスミス

ぼん-みち【盆▽路】盂蘭盆(うらぼん)の精霊(しょうりょう)迎えのために、墓から家までの草を刈り、道を整えること。また、その道。東日本で多く行われ、期日はふつう7月1日。季秋

ほん-みょう【本名】ーミャウ 筆名・芸名・偽名などに対して、本当の名前。実名。ほんめい。類語実名

ほん-みょう【本命】ーミャウ 生まれた年の干支(えと)。ほんめい。

ほんみょう-じ【本妙寺】ホンメウ 熊本市にある日蓮宗の寺。山号は、発星山。天正13年(1585)加藤清正が大坂に創建。開山は日真。清正が肥後を領したとき熊本城内に移し、死後現在地に移転。清正公廟(びょう)がある。

ほんみょう-しょう【本命星】ホンミャウシャウ 陰陽道(おんようどう)で、九星のうち、その人の生年にあたる星。本命宿。

ほんみょう-てきさつ【本命的殺】ホンミャウ 陰陽道(おんようどう)で、本命星の反対の大凶の方角。この方角を避けて事を行わなければ災難が起こるとされる。

ほんみょう-にち【本命日】ホンミャウ 陰陽道(おんようどう)で、その人の生年によって、病気・災難に特に注意しなければならない日。

ほんみょう-ほっけしゅう【本妙法華宗】ホンメウ 日蓮宗の一派。日真を開祖、京都の本隆寺を本山とし、勝劣派の一。明治31年(1898)独立してこの名となったが、現在は法華宗真門流と称する。

ほん-む【本務】本来の任務。また、兼務している場合の、主たる職務。「━に精を出す」類語本業・本職・責任・務め・任(にん)・任務・義務・責務・使命・役目・役(やく)・役儀・分(ぶん)・本分・職分・職責・責め・課業・日課

ほん-むすび【本結び】「小間結(こまむす)び」に同じ。

ほんむね-づくり【本棟造(り)】民家形式で、板葺(いたぶ)き・切妻造り・妻入りが特色のもの。ふつう正面に下屋をつける。長野県中南部でみられる。

ほん-め【本目】❶囲碁で、完全な目。対欠け目。❷網目の結節の一つ。小間結(こまむす)びによる網目で、結び目がかさばらない。漁網に用いる。

ほん-めい【本名】▶ほんみょう(本名)

ほん-めい【本命】❶競馬・競輪などで、優勝の第1候補。「━馬」対穴馬。❷選挙戦などの最有力候補。「次期社長の━」❸俗に、その人にとっての第1候補。最も望んでいる対象。「━の大学に合格する」「━チョコ」❹▶ほんみょう(本命) 類語確実・正確・的確・明確・確か・はっきり・定か・明らか・明白・確・確固・確然・必至・必然・必定・最有翼・有力・鉄板

ほん-めい【奔命】主君の命を受けて奔走すること。転じて、忙しく活動すること。類語運動

奔命に疲・れる 忙しく活動して疲れ果てる。「いくら卒業したってこう━・れちゃ、少しも卒業の難有味(ありがたみ)はない」〈漱石・野分〉

ほんめい-チョコ【本命チョコ】バレンタインデーに、女性が本当に好きな男性に贈るチョコレート。➡義理チョコ

ほん-もう【本望】ホンマウ ❶本来の望み。もとから抱いている志。本懐。「—を遂げる」❷望みを達成して満足であること。「留学できるなら—だ」
類語 満足・自己満足・安住・満悦・充足・飽満・自足・自得・会心・充足感・充実感・満ち足りる

ぼんもう【梵網】ボンマウ「梵網経」の略。

ぼんもう-え【×梵網会】ボンマウヱ 梵網経を講読して冥福(めいふく)を祈る法会。日本では聖武天皇の生母追善のために行われたのが最初。

ぼんもう-きょう【梵網経】ボンマウキャウ 2巻。鳩摩羅什(くまらじゅう)訳と伝えられたが、5世紀ごろ中国での成立とみられる。下巻は十重禁戒・四十八軽戒(きょうかい)をあげて大乗戒を説き、戒本とされる。最澄がこれに基づいて比叡山に大乗戒壇を建てた。梵網経盧舎那仏説菩薩心地戒品第十。梵網菩薩戒経。

ぼんもう-ぼさつかい【×梵網×菩×薩戒】ボンマウ— 仏語。梵網経下巻に説かれる大乗戒。十重禁戒・四十八軽戒(きょうかい)のこと。

ほん-もと【本元】いちばんのもと。「本家—」
類語 始め・始まり・起こり・元(もと)・発端(ほったん)・端緒・濫觴(らんしょう)・嚆矢(こうし)・権輿(けんよ)・起源・根源・源・源流・物種・源泉

ほん-もの【本物】❶にせものや作りものでない、本当のもの。また、本当のこと。「—の真珠」「—の情報」❷見せかけでなく実質を備えていること。本格的であること。「彼の技量は—だ」類語 実物・本当

ほん-もん【本文】❶序文・跋文(ばつぶん)・注解・付録などに対して、書物の主たる内容をなす部分の文章。ほんぶん。❷注釈や訳文に対して、そのもととなる文章。原文。❸典拠となる古典などの文句。「心ばへある—うち書きなどして」〈紫式部日記〉

ほん-もん【本門】❶正門。表門。❷法華経28品(ほん)のうち、後半の従地涌出品から普賢菩薩勧発品までの14品。七字の題目への絶対帰依を説く。➡迹門(しゃくもん)

ほん-もん【本紋】その家の正式の紋章。表紋(おもてもん)。定紋(じょうもん)。

ほんもん-じ【本門寺】㊀東京都大田区にある日蓮宗の寺。日蓮宗四大本山の一。山号は、長栄山。文永11年(1274)池上宗仲の宅を寺としたのが始まりで、日蓮の命名。日蓮はここで入滅。池上本門寺。㊁静岡県富士宮市北山にある日蓮宗の霊跡寺院。山号は、富士山。永仁6年(1298)に日興が創建。富士門流の拠点。北山本門寺。㊂静岡県富士宮市西山にある日蓮宗系の単立宗教法人の寺。山号は、富士山。興国4=康永2年(1343)北山本門寺第2世の日代が当地に移り開創したもの。西山本門寺。

ほんもん-しゅう【本門宗】日蓮宗の流派の一。六老僧の一人、日興を祖とし、日尊を派祖とする。本山は京都市左京区の要法寺。現在は日蓮本宗と称する。

ほんもん-の-かいだん【本門の戒壇】日蓮宗の三大秘法の一。本門の本尊に帰依して、妙法蓮華経の五字を唱える受戒の場。形式上の戒壇を別に設けることはしない。

ほんもん-の-だいもく【本門の題目】日蓮宗の三大秘法の一。南無妙法蓮華経の七字の題目を唱えて、本尊に帰依(きえ)する心を表すこと。

ほんもん-の-ほんぞん【本門の本尊】日蓮宗の三大秘法の一。信心・唱題の対象としての、法華経の題目によって表された十界曼荼羅(じっかいまんだら)。

ほんもん-ひはん【本文批判】「本文批評」に同じ。

ほんもん-ひひょう【本文批評】—ヒヒヤウ 古典作品などの原典を復元するために、伝本どうしを比較したり語学的に検討したりすること。本文批判。テキストクリティック。

ほんもん-ほっけしゅう【本門法華宗】日蓮宗の一派。日隆を派祖とし、京都妙蓮寺を本山とする。昭和16年(1941)陣門流・真門流と合同して法華宗となったが、昭和25年(1950)独立。

ほん-や【本屋】❶書物を売る店。また、その業者。出版社をさすこともある。書店。❷映画業界などで、脚本・シナリオを書く人。台本作家。❸屋敷の中で主となる建物。母屋(おもや)。類語 (❶)書店・書房・書林・書肆(しょし)

ほんや-がくもん【本屋学問】書名だけは知っているが、その内容が身についていない、うわべだけの学問。外題(げだい)学問。

ほん-やく【本役】❶中世・近世、正規に決められた課役の全体。❷江戸時代、本百姓に課された役。

ほん-やく【翻訳】〔名〕スル ❶ある言語で表された文章を他の言語に置き換えて表すこと。また、その文章。「原文を—する」❷符号やわかりにくい言葉、特殊な言葉などを一般的な言葉に直すこと。「技術用語を—して説明する」❸細胞質内にあるリボゾーム上で、運搬RNA(リボ核酸)が、伝令RNAの遺伝情報としての塩基配列を読み取り、それに対応するアミノ酸を運んでたんぱく質に合成する過程。
類語 訳・訳出・訳する・適訳・名訳・抄訳・直訳・和訳・邦訳・完訳・全訳・誤訳・意訳

ほんやく-かた【翻訳方】江戸幕府の職名。安政年間(1854〜1860)に海軍所と外国奉行に設置され、外国語の翻訳にあたった。

ほんやく-けん【翻訳権】著作権の一。著作物を翻訳する権利。

ほんやく-ぶんがく【翻訳文学】自国語に翻訳された外国文学。

ほんやくみょうぎしゅう【翻訳名義集】ホンヤクミヤウギシフ 中国、宋代の梵漢辞典。7巻。南宋の法雲編。1143年成立。仏典の重要な梵語二千余語を64編に分類し、字義と出典を記したもの。20巻本もある。

ほんやく-もの【翻訳物】外国語の著作を、翻訳したもの。

ほんや-たいしょう【本屋大賞】—タイシャウ 新刊書を扱う全国の書店員が、もっとも客に薦めたいと思う小説を投票で選ぶ文学賞。投票資格をもつのは、アルバイトを含む現役の書店員のみ。第1回受賞作は平成16年(2004)小川洋子「博士の愛した数式」。

ぼんやり ㊀〔名〕気持ちが集中せず間が抜けていること。また、その人。㊁〔副〕スル ❶物の形や色などがはっきりせず、ぼやけて見えるさま。「島影が—(と)見える」❷事柄の内容などがはっきりしないさま。「記憶が—(と)している」❸元気がなく、気持ちが集中しないさま。「終日—(と)過ごす」❹気がきかず、間が抜けているさま。「—(と)して手伝おうともしない」類語 ㊁(❶❷)ぼうっと・茫(ぼう)と・ぼやっと・ぼけっと・もやもや・おぼろ・おぼろげ・不鮮明・不明瞭・朦朧(もうろう)・模糊(もこ)・茫漠(ぼうばく)・茫茫(ぼうぼう)・漠(ばく)・漠然(ばくぜん)/(❸❹)ぼうっと・ぽうっと・茫(ぼう)と・ぽかんと・ぼけっと・ぼやっと・ぼやぼや・ぼさっと・ぼさぼさ・ぼそっと

ほん-ゆう【本有】—イウ〔名〕スル 生まれながらに備えていること。固有。生得。

ポンユー【朋友】《中国語》友だち。

ほんゆう-かんねん【本有観念】ホンイウクワンネン ▶生得観念(せいとくかんねん)

ほんゆう-てき【本有的】ホンイウ—〔形動〕生まれながらに備わっているさま。生得的。「—な性質」

ほん-よう【本様】—ヤウ 基本的な様式。「これ即ち、能の—と心得べき事なり」〈花伝・六〉

ぼん-よう【凡庸】〔名・形動〕平凡でとりえのないこと。また、その人や、そのさま。「—な(の)人物」派生 ぼんようさ〔名〕類語 月並

ほん-よさん【本予算】国または地方公共団体の一会計年度の年間予算として当初に成立した予算。当初予算。➡補正予算 ➡暫定予算

ほん-よみ【本読み】❶本を読むこと。また、本を好んで読む人。読書家。❷演劇などで、けいこに入る前に、作者や演出家が出演者を集めて脚本を読んで聞かせること。また、出演者が脚本を読み合わせること。「—に入る」

ほん-らい【本来】(副詞的にも用いる)❶もともとそうであること。元来。「—の目的を考える」「人間は—感情の動物だ」❷それが当たり前であること。道理であること。「—向こうからあいさつに来るべきだ」
用法 **本来・元来**——「学校は本来(元来)知識を学ぶための施設である」のように、両語とも相通じて用いられる。◇「本来」には、正式にはとか、現状はそうでないが本当はといった意があり、「本来あってはいけないことだ」「本来、当事者間で解決すべき問題だ」などと使われる。◇「元来」は、はじめからそうであることを示す意がある。「元来病弱な体質なので」「元来日本人はこうした方面のことに疎かったようである」◇両語は「〜の」の形でも使うが、「本来の目的を見失う」「本来の所有者に返す」などは「元来」で置き換えられない。また、「本来なら(ば)」も「本来」だけの用法。「本来なら直接伺ってお願いすべきところですが」
類語 元来・もともと・大体・どだい・自体・そもそも

ほん-らい【奔雷】激しく鳴る雷。「—の音は屋瓦(かわら)紙障(しょうじ)を震うて」〈魯庵・社会百面相〉

ほんらい-くう【本来空】仏語。一切のものはもともと仮の存在であり、実体のないものであるということ。

ほんらい-じょうぶつ【本来成仏】—ジヤウブツ 仏語。この世のすべての人は本来そのまま仏であるということ。

ほんらい-の-めんもく【本来の面目】仏語。すべての人がもともと持っている自然のままの心性。禅宗でいう。

ほんらい-むいちもつ【本来無一物】仏語。事物はすべて本来空(くう)であるから、執着すべきものは何一つないということ。禅宗でいう。

ボンラッティ〖Bunratty〗▶バンラティ

ボンラッティ-じょう【ボンラッティ城】—ジヤウ《Bunratty Castle》▶バンラティ城

ほん-らん【本欄】❶新聞・雑誌などで、中心となる主な欄。❷この欄。

ほん-り【本利】元金と利子。元利。

ほん-りゅう【本流】—リウ ❶二つ以上の河川が合流しているとき、最も根幹をなす流れ。主流。⇔支流。❷中心をなす系統。主流。「保守—」類語 主流・直流

ほん-りゅう【奔流】—リウ 勢いの激しい流れ。「—にのまれる」類語 急流・激流・濁流・懸河

ぼん-りゅう【凡流】—リウ ❶月並みの流儀。❷平凡な門流。平凡な家柄。「鄙夫(ひふ)—の身なりし原質を」〈中村訳・西国立志編〉

ぼん-りょ【凡慮】平凡な考え。また、凡人の考えること。「—の及ばないところ」

ほん-りょう【本領】—リヤウ ❶その人の備えているすぐれた才能や特質。「—を発揮する」❷中世、開発以来代々領有している私領。

ほんりょう-あんど【本領安×堵】ホンリヤウ— 中世、本領の領有権をそのまま幕府や守護が認めたこと。安堵。

ほん-りょうがえ【本両替】—リヤウガヘ 江戸時代、主として金銀を取り扱った、信用・資力の大きな両替商。

ほん-るい【本塁】❶本拠となるとりでや場所。「敵の—を攻め落とす」❷野球で、一塁線と三塁線の交点の内側につくられた五角形の塁。走者が一・二・三塁を経て最後にここを踏むと1得点となる。ホームプレート。ホームベース。ホーム。

ほんるい-だ【本塁打】野球で、打者が各塁を経て本塁まで達することのできる安打。ホームラン。ホーマー。類語 ヒット・安打・ホームラン

ぼん-れい【盆礼】盆前に日ごろ世話になっている家に見舞いの品を贈ること。また、その贈り物。盆見舞い。(季 秋)

ほん-れき【本暦】略本暦・略暦などに対して、関係事項を省略しない基本となる暦。

ボンレス-ハム〖boneless ham〗豚のもも肉から骨を取り去って作ったハム。

ほん-ろう【翻弄】〔名〕スル 思うままにもてあそぶこと。手玉にとること。「運命に—される」類語 もてあそぶ

ほん-ろん【本論】❶議論・論文などの中心となる部分。「話が—に入る」❷この論。この論文・議論。

ほんわか〔副〕心がなごんで、気持ちのよいさま。「—(と)して暖かい」「—ムード」

ほん-わり【本割】大相撲で、取組表によって行われる取組。

ま　❶五十音図マ行の第1音。両唇鼻音の有声子音[m]と母音[a]とから成る音節。[ma] ❷平仮名「ま」は「末」の草体から。片仮名「マ」は「万」と「末」との初2画の混合からできたものといわれる。

ま【目】め。多く、複合語として用いる。「—のあたり」「—つげ」「—なじり」「—なざし」「—なかい」

ま【真】㊀〔名〕偽りがないこと。まこと。ほんとう。真実。㊁〔接頭〕名詞・動詞・形容詞・形容動詞などに付く。❶うそいつわりのない、本当の、などの意を表す。「—人間」「—正直」❷純粋である、まじりけがない、などの意を表す。「—水」「—新しい」❸正確にその状態にある意を表す。「—北」「—下」「—四角」❹動植物の名に付いて、その種の中での代表的なもの、標準的なものである意を表す。「—いわし」「—がも」「—竹」❺りっぱな、美しい、などの意を表す。「—玉」「—杭(くい)」

真に受・ける　言葉どおりに受け取る。「冗談を—・ける」

ま【馬】うま。「青の—放れば取りつなげ」〈催馬楽・青馬〉(補説)現代では、「絵馬」「馬屋(まや)」のように複合語として用いられる。

ま【間】㊀〔名〕❶物が並んでいるときの空間。あいだ。あい。すきま。「車と車との—を置く」❷家のひと区切りをなしている部屋。「次の—に控える」❸畳の大きさを表す名称。「京—」「江戸—」❹連続している事と事のあいだの時間。ひま。いとま。「食事をする—もない」❺話の中に適当にとる無言の時間。「話は—が大切だ」❻邦楽・舞踊・演劇などで、拍と拍、動作と動作、せりふとせりふなどのあいだの時間的間隔。転じて、リズムやテンポの意に用いる。「—をとる」「—を外す」❼ちょうどよい折。しおどき。ころあい。機会。「—を見計らう」❽その場のようす。その場のぐあい。❾家などの柱と柱との間。けん。「我は南の隅の—より格子叩きののしりて入りぬ」〈源・空蝉〉㊁〔接尾〕助数詞。❶部屋の数を数えるのに用いる。「六畳と四畳半の二(ふた)—」❷柱と柱のあいだを単位として数えるのに用いる。「勢多の橋をひと—ばかりこぼちて」〈更級〉❸建物や部屋の広さをいうのに用いる。㊀❷をもとにして、縦一間(ひとま)・横一間の広さを一間(ひとま)とする。「六—の客殿へ跳り出で」〈太平記・一〉❹障子の桟(さん)で囲まれた一区切りなど、一定の区切られた空間を数えるのに用いる。「明かり障子の破ればかりを…なほ一—づつ張られけるを」〈徒然・一八四〉

(…語)間(あい)の間・合間・空き間・雨(あま)間・生け間・伊勢(いせ)間・板の間・田舎間・居間・岩間・畝(うね)間・江戸間・応接間・大間・奥の間・落ち間・鏡の間・額の間・陰間・風(かざ)間・貸し間・株間・上(かみ)の間・客間・京間・切れ間・雲間・下段の間・格(ごう)間・木(こ)の間・小間・作間・狭(さ)間・鞘(さや)の間・三の間・潮間・借間・上段の間・透き間・絶え間・谷間・近間・茶の間・中京間・中(ちゅう)間・ちょんの間・束(つか)の間・次の間・露の間・手間・殿上の間・胴の間・時の間・床の間・土間・中の間・仲間・波間・日本間・寝間・狭(はざ)間・階隠(はしかくし)の間・梁(はり)間・晴れ間・半間・庇(ひさし)の間・一(ひと)間・昼間・広間・深間・仏間・不(ぶ)間・別間・本間・瞬く間・間間・雪間・洋間・欄間

(類語)合間・あいだ・距離・時間・間隔・隔たり・幅・間合い・インターバル

間がい・い　折がいい。いいタイミングである。運がいい。「ここで会えるとは—・いね」

間が抜・ける　❶調子が外れる。拍子抜けする。「—・けた音楽」❷大事なことが抜け落ちている。「—・けた話」

間が延(の)・びる　間隔があいて、物事にしまりがなくなる。間延びする。

間が持て◦ない　❶時間をもてあましてどうしたらよいかわからない。「待ち時間が長すぎて—◦ない」❷途切れがちの会話などを、うまくつなぐことができない。「無口な相手で—◦ない」(補説)文化庁が発表した平成22年度「国語に関する世論調査」では、本来の言い方である「間が**持てない**」を使う人が29.3パーセント、間違った言い方「間が**持たない**」を使う人が61.3パーセントという逆転した結果が出ている。

間が悪・い　❶きまりが悪い。ばつが悪い。「悪口の当人がそばにいて—・い思いをする」❷運が悪い。折が悪い。「—・いことに留守だった」

間を合わ・せる　❶その場を適当に処理する。「仮の回答で—・せる」❷音楽の拍子を合わせる。「頭をふって—・すこそをかし」〈浮・一代男・三〉

間を置・く　時間的または距離的に、間隔をあける。「—・いて各隊が出発する」

間を欠・く　役に立たない。用が足りない。「主人へつとめの—・かぬも」〈人・娘節用・三〉

間を配・る　間隔をとる。「—・ること等しき故に」〈徒然・二一九〉

間を持た・す　あいた時間や待っている時間を、何か別のことをして過ごす。「世間話で—・す」

ま【魔】《「魔羅(まら)」の略》❶仏教で、魔王。欲界第六天を支配する王。転じて、その仕業としての、悟りの妨げとなる煩悩(ぼんのう)・疑惑・懈怠(けだい)などのさわり。❷人の心を迷わし、悪に引き入れる悪霊。悪魔。「—を払う」❸悪い事がたびたび起こること。「—の踏切」「好事—多し」❹異常なほど、ある物事に執着する人。「電話—」「収集—」➔漢「ま(魔)」

(類語)鬼・化け物・お化け・妖怪・怪物・悪魔・通り魔

魔が差・す　悪魔が心に入りこんだように、一瞬判断や行動を誤る。出来心を起こす。「—・して人の財布に手をのばしてしまう」

ま【▽今】〔副〕《「いま」の音変化》さらに。もう。なお。「—一度見てから」〈虎明狂・抜殻〉

ま〔感〕「まあ㊁」に同じ。「おや、—、噂をすれば」〈二葉亭・浮雲〉

ま〔接尾〕名詞、形容詞の語幹、動詞の未然形、打消しの助動詞「ず」などに付いて、そのような状態である意を表す。多く「に」を伴って副詞句をつくる。「大和は国のまほら—」〈景行紀・歌謡〉「ぬばたまの夜見し君を明くる朝逢はず—にして今そ悔しき」〈万・三七六九〉

まあ　㊀〔副〕❶とりあえずするように勧めるさま。何はともあれ。まず。「話はあとにして、—一杯どうぞ」「—お掛けください」❷結果に自信を持てないが、一応してみるさま。とにかく。「ちょっと厄介だが—やってみるか」❸多少のためらいをもちながら、意見を述べるさま。「—やめたほうがいい」「—彼が勝つだろう」❹十分ではないが、一応はがまんできる程度であるさま。「—よくできたほうだ」㊁〔感〕驚きや意外な気持ちを表す語。あら。おや。「—、お久しぶり」「—、そうでしたか」「—、失礼ね」

ま-あい【間合(い)】(あひ)　❶隔たり。「—を詰める」❷適当な時機。ころあい。「—を見計らう」❸舞踊・音楽などで、調子や拍子の変化する間のわずかの時間。❹剣道で、向かい合った両者の隔たり。

(類語)間・距離・間隔・隔たり・幅・インターバル

ま-あか【真赤】純粋な赤。まっか。

マーカー〖marker〗❶しるしをつける人。また、しるしをつけるための筆記具。❷採点係。得点を記録する係。特にゴルフのストロークプレーで、スコアを記録する人。❸指標。位置標識。「腫瘍—」➔腫瘍マーカー

マーカー-ビーコン〖marker beacon〗計器着陸装置のうち、コースの直上に向けて電波を発射して航空機に上空通過を確認させ、滑走路の着陸進入端までの距離を知らせる装置。滑走路端から約300メートル・1000メートル・7000メートルの地点にそれぞれ内側・中央・外側無線位置標識が設置される。

漢字項目　ま

【馬】▶ば

麻　音マ(慣)　訓あさ、お‖㊀〈マ〉①草の名。アサ。「麻紙・麻布/大麻・白麻・快刀乱麻」②アサに似た草の名を表す語。「亜麻・黄麻(おうま)・胡麻(ごま)・蕁麻(じんま)・苧麻(ちょま)・蓖麻(ひま)」③しびれる。「麻酔・麻痺(まひ)・麻薬/鈍麻」(補説)③は「痲(ま)」と通用する。㊁〈あさ〉「麻糸・麻縄・麻布・麻袋」(名付)ぬさ (難読)莔麻(いちび)・蕁麻(いらくさ)・麻幹(おがら)・苧麻(からむし)・綱麻(つなそ)・麻疹(はしか)・麻雀(マージャン)・麻婆豆腐(マーボどうふ)・真麻(まお)

摩　音マ(呉)　訓する、さする、こする‖①こする。さする。触れる。「摩擦・摩滅/按摩(あんま)・肩摩・減摩・揣摩(しま)」②接触するほど近づく。迫る。「摩天楼」③梵語の音訳字。「摩訶(まか)・摩尼/護摩」(名付)きよ・なず

磨　音マ(呉)　訓みがく、する、とぐ‖①こすってみがく。「磨崖仏(まがいぶつ)/研磨」②すりへる。「磨滅/鈍磨・不磨」③学問や技芸を向上させようと励む。「練磨・切磋琢磨(せっさたくま)」(名付)おさむ・きよ (難読)達磨(だるま)・磨(と)ぎ汁

魔　音マ(呉)‖①人をまどわし、災いをもたらすもの。化け物。「魔手/色魔・睡魔・白魔・病魔・夢魔・妖魔(ようま)」②人を物事に熱中させるもの。「詩魔」③不思議な術。「魔法」④仏道修行を妨げる悪神。悟りの妨げ。梵語の音写「魔羅」の略。「魔王・魔道/悪魔・降魔(ごうま)・邪魔・天魔」⑤梵語の音訳字。「閻魔(えんま)・断末魔」

マーガリン〖margarine〗大豆油・綿実(めんじつ)油などを原料とし、食塩・乳化剤・香料・着色料などを練り合わせ、バター状に仕上げた食品。1869年にフランスで初めて製造。人造バター。

マーガレット〖Margaret〗天王星の第23衛星。2003年に発見された。名の由来はシェークスピア「空騒ぎ」の登場人物。天王星系の外側の衛星のほとんどが天王星の自転と逆向きに公転するのに対し、マーガレットのみが順行する。直径は20キロ前後と小さい。マルガレット。

マーガレット〖marguerite〗❶キク科の多年草。高さ約1メートル。茎は木質で、多数の枝が分かれる。葉は羽状に深く裂けていて互生する。夏、中央が黄色で周囲が白色の頭状花を開く。カナリア諸島の原産。八重咲きなどの品種もあり、観賞用。木春菊(もくしゅんぎく)。きだちカミルレ。(季 夏)「背負籠に—をのぞかせて/敏郎」❷《「マガレート」とも》明治18年(1885)ごろから昭和初期にかけて少女の間で流行した髪形。髪を後頭部で束ねてから三つ編みにし、大きく輪にしてリボンを掛けたもの。

マーカンティリズム〖mercantilism〗「重商主義」に同じ。

まあき-だいみょう【間明き大名】(ーダイミャウ)　縞柄(しまがら)の一。縞目の間隔の広い大名縞。

マーキュリー〖Mercury〗㊀ローマ神話の商売の神メルクリウスの英語名。➔ヘルメス ㊁水星。

マーキュロ「マーキュロクロム」の略。

マーキュロクロム〖mercurochrome〗消毒薬とした有機水銀化合物。青緑色ないし緑褐色の小片または粒で、においはない。通常2パーセントの水溶液とし、傷口に塗る。赤色を呈するところから俗に赤チンともいう。現在ほぼ製造中止。メルブロミン。

マーキロ「マーキュロクロム」の略。

マーキング〖marking〗〔名〕(スル)　❶しるしや標識をつけること。「ペンで—する」❷動物が、自分のなわばりなどを示すためにしるしをつけること。臭腺から出る分泌物をつける、ふんや尿を残す、爪あとをつけるなどの方法をとる。

マーク〖Mach〗《multiple asynchronously communication hosts》米国のカーネギーメロン大学が1985年に開発した分散処理型のオペレーティングシステム。UNIX(ユニックス)と互換性を持つ。

マーク〖MARC〗《machine-readable cataloging》

図書館のコンピューター読み取り可能目録法。

マーク〖mark〗〘名〙スル ❶しるし。記号。また、しるしをつけること。❷テストや競技の得点・成績の記録をつくること。「大会記録を―する」❸目をつけて注意すること。特定の対象に注目すること。「警察が容疑者として―する」「ノー―の選手」

(類語)印・記号・符号・目印・標識・指標・丸・ばつ・ペケ・略号・目盛り

マークアップ-げんご【マークアップ言語】《markup language》文書やデータのデザイン、レイアウト、論理構造、意味を記述するためのタグを文章中に配した記述言語。SGML、HTML、XMLなどがある。

マーク-シート《和 mark＋sheet》印刷された特定位置の記号や枠を塗りつぶし、マーク読み取り装置にかけてコンピューターに入力するための用紙。

マーク-センス《和 mark＋sense》マークシートを使って、正答の欄を塗りつぶさせ、コンピューターで採点するテスト方式。(補説)英語ではmark sensing

マーク-トウェーン〖Mark Twain〗[1835～1910]米国の小説家。本名、サミュエル＝ラングホーン＝クレメンズ(Samuel Langhorne Clemens)。ユーモアと社会風刺に満ちた作品で名を成すが、後年、ペシミスチックな作風に転じた。作「トム＝ソーヤーの冒険」「ハックルベリー＝フィンの冒険」など。

マーケ「マーケティング」の略。

マーケター〖marketer〗❶市場で売買する人。❷市場調査に基づいて商品開発・販売促進を行う人。

マーケット〖market〗❶食料品や日用品などを商う店が集まっている場所や建物。市場いち。「スーパー―」❷市場しじょう。「―を広げる」

(類語)市場・市・河岸かし・バザール・取引所・朝市・競り市・年の市・草市・蚤のみの市・バザー

マーケット-アナリシス〖market analysis〗市場の規模や特性・動向などを分析すること。既存の資料・統計データと市場調査データなどが分析に用いられる。市場分析。

マーケット-シェア〖market share〗市場占有率。

マーケット-セグメンテーション〖market segmentation〗顧客の年齢・嗜好しこう・所得・地域などによって市場を細分化し、顧客の特性に応じたマーケティングを行うこと。

マーケットバスケット-ほうしき【マーケットバスケット方式】ハウシキ《market basket method》理論生計費の算出のため、消費物資やサービスを物量で表示し、それで生活内容を示す方法。1923年にイギリス労働党が創案。日本では、賃上げ要求額を算定するために用いられた。全物量方式。

マーケット-プライス〖market price〗市場価格。

マーケット-メーカー〖market maker〗❶マーケットメークを行う証券会社。値決め業者。❷英国債の売買価格を投資家に提示して注文に応じることができる機関。イギリス中央銀行(イングランド銀行)が認定する。

マーケット-メーク〖market make〗証券会社が証券市場で特定の有価証券の銘柄の売り値および買い値を恒常的に発表し、その値段で売買注文に応じること。値付け業務。

マーケット-リーダー〖market leader〗周囲の人人の購買行動に影響力をもつ人。パーソナルインフルエンスの一形態。➡パーソナルインフルエンス

マーケット-リサーチ〖market research〗市場調査。

マーケティング〖marketing〗顧客ニーズを的確につかんで製品計画を立て、最も有利な販売経路を選ぶとともに、販売促進努力により、需要の増加と新たな市場開発を図る企業の諸活動。

マーケティング-エージェンシー〖marketing agency〗広告・プロモーション以外のマーケティング領域(商品開発・流通など)に関しても、得意先に参加・協力する広告会社。

マーケティング-コスト〖marketing cost〗マーケティング活動に必要な経費。広告費、販売促進費、販売人件費、販売管理費、輸送・保管費などから構成される。

マーケティング-コミュニケーション〖marketing communication〗マーケティング活動全体を通じて行われる企業・流通業者・消費者間の情報伝達活動。

マーケティング-ツール〖marketing tool〗マーケティング活動の中で企業が駆使できる手段。製品・価格・広告・販促・広報活動・流通経路など。マーケティングミックス変数。

マーケティング-マネージメント〖marketing management〗企業のマーケティング活動が効果的・効率的に遂行できるよう、総合的観点から管理すること。マーケティング管理。

マーケティング-ミックス〖marketing mix〗企業がターゲットに対し効果的にはたらきかけるために、マーケティング手段を有機的に組み合わせること。

マーケティング-リサーチ〖marketing research〗市場調査。

マーケティング-リサーチャー〖marketing researcher〗商品の開発・販売促進を目的に、市場の実態・動向を調査分析する専門家。

マーケティング-ローン〖marketing loan〗米国の農家に対する価格引下げに伴う損失補塡ほてん制度。

マーコット〖murcott〗柑橘かんきつ類の一種。果実は中果、球形ないし扁球形で青みがかったオレンジ色。果肉は黄金色で甘い。

マーサス-ビニヤード〖Martha's Vineyard〗米国マサチューセッツ州南東部、コッド岬の南方沖にある島。ニューイングランド地方有数の避暑地として知られ、歴代大統領や芸能人らの別荘がある。

ま-あじ【真×鰺】ヂ アジ科の海水魚。全長約40センチ。体は紡錘形で側扁し、体側を「ぜんご」とよぶ硬いうろこが1列走る。背面は暗緑色、腹面は銀色。北海道以南の沿岸域を群泳し、夏季に北上する。食用。あじ。

マージ〖merge〗〘名〙スル コンピューターで、複数のファイルを合わせて一つのファイルにすること。

マージナル〖marginal〗〘形動〙周辺にあるさま。境界にあるさま。また、限界であるさま。「―な位置に身を置く」「―コスト(＝限界費用)」

マージナル-コスト〖marginal cost〗►限界費用

マージナル-マン〖marginal man〗文化の異なる複数の集団に属し、そのいずれにも完全には所属することができず、それぞれの集団の境界にいる人。境界人。周辺人。

マージ-プログラム〖merge program〗ある規則にしたがって配列されているいくつかのデータ群をまとめて一つのデータ群にするプログラム。

マーシャラー〖marshaller〗空港や航空母艦などで、パドルやライトスティックを使って機長に合図を送り、航空機を誘導する人。➡マーシャリング

マーシャリング〖marshalling〗航空機のランプ(駐機場)発着時や牽引けんいん時に、地上係員が機長に合図をして航空機を誘導すること。その誘導を行う人をマーシャラーという。

マーシャル〖Alfred Marshall〗[1842～1924]英国の経済学者。古典学派を継承して限界分析の手法を導入、ケンブリッジ学派を創始。著「経済学原理」「産業貿易論」など。

マーシャル〖George Catlett Marshall〗[1880～1959]米国の軍人・政治家。第二次大戦中は陸軍参謀総長、戦後は国務長官。1953年ノーベル平和賞受賞。

マーシャル-アーツ〖martial arts〗武道・武術。特に、空手やカンフーなど東洋の格闘技をいう。

マーシャル-しょとう【マーシャル諸島】シヨタウ《Marshall》㊀太平洋中西部、ミクロネシア東部にある諸島。東側のラタック(ラダック)、西側のラリックの2諸島からなり、環礁かんしょうが多い。㊁㊀からなる共和国。首都マジュロ。1788年に英国のマーシャル船長らが来航。1899年にドイツ領、第一次大戦後は日本の委任統治領、第二次大戦後は米国の信託統治領を経て、1986年に独立。コプラを産する。正式名称、マーシャル諸島共和国。人口7万(2010)。

マーシャル-プラン〖Marshall Plan〗第二次大戦後、G＝C＝マーシャルの提案に基づき、1948年から51年まで実施された、欧州経済の復興を目的とする援助計画。西欧16か国は受け入れのためOEEC(欧州経済協力機構)を結成したが、ソ連と東欧諸国は不参加。正式名称は欧州復興計画。

マージャン【麻雀】《中国語》136個の牌パイを用いて行う室内遊戯。東トン(親役)・南ナン・西シャー・北ペイの場に着いた四人に各13個の牌を配し、各自がルールに従って牌の組み合わせを作って上がりを競うもの。中国で起こり、日本には明治末期に伝わった。

マーシュ〖フランス mâche〗オミナエシ科の一年草。ヨーロッパ原産。スプーンのような葉をサラダや料理の飾りに使う。

マージョラム〖marjoram〗シソ科の多年草。高さ約60センチ。全体に芳香がある。夏に紫または白色の小花を多数開く。茎葉をハーブとし、開花後は全草を香辛料として、肉料理やスープ・ソースなどに用いる。地中海地方の原産。マジョラム。マヨラナ。

マージン〖margin〗❶原価と売値との差額。利ざや。❷委託証拠金。❸ページの欄外。余白。

(類語)差益・利鞘りざや・利益・益・儲もうけ・利・収益・利潤・得・利得・利沢・黒字・得分・実益・益金・利金・純利・純益・ゲイン・プロフィット

マージン-とりひき【マージン取引】►信用取引

マース〖Mars〗㊀ローマ神話の軍神マルスの英語名。㊁火星。

マース-がわ【マース川】がは《Maas》フランス北東部のラングル高地に源を発し、ベルギー東部を北流し、オランダでライン川下流をなすワール川に合流して北海に注ぐ川。長さ950キロ。ムーズ川。ミューズ川。

マーストリヒト〖Maastricht〗オランダ南部、リンブルフ州の都市。同州の州都。マース川に沿い、古くから水陸交通の要衝として発展。聖セルファース教会、聖ヤンス教会、聖母教会をはじめ、中世の建造物が数多く残る。1991年、EU(欧州連合)の創設を定めたマーストリヒト条約が採択されたことで知られる。

マーストリヒト-じょうやく【マーストリヒト条約】デウヤク 1991年12月、オランダのマーストリヒトで開かれたEC(欧州共同体)首脳会議で合意、92年2月に調印された欧州連合条約の通称。ECの経済・政治統合の推進を目的として、EU(欧州連合)の創設、経済・通貨同盟の設定、共通の外交・安全保障政策、欧州市民権などを規定。のちにアムステルダム条約やニース条約へ発展した。93年11月発効。

マーゾニン〖merzonin〗水銀系殺菌消毒薬。白ないし淡黄色の結晶性粉末。チメロサール。

マーダー〖murder〗殺人。殺人罪。殺人事件。

ま-あたらし・い【真新しい】〘形〙図まあたら・し〘シク〙本当に新しい。まったく新しい。「―・いワイシャツ」

(派生)まあたらしさ〘名〙

(類語)新しい・最新・新た・目新しい・斬新・新奇・現代的・先端的・モダン・アップツーデート

マーチ〖march〗行進曲。「ミリタリー―」

マーチ〖March ¦ Mar.〗3月。

マーチ〖MARCH〗明治大学・青山学院大学・立教大学・中央大学・法政大学の総称。入試難易度が近い在京私大のアルファベット表記の頭文字をつなげたもの。

マーチャーシュ-きょうかい【マーチャーシュ教会】ケウクワイ《Mátyás templom》ハンガリーの首都ブダペストにある教会。正式名称は聖母マリア聖堂。ブダ城がある丘の上に位置する。13世紀半ば、ハンガリー王ベーラ4世により城とともに建造。15世紀にマーチャーシュ1世がゴシック様式に改築して鐘楼が加わり、のちに王の名を冠した現名称で呼ばれるようになった。16世紀のオスマン帝国時代にモスクとして使われたが、17世紀のハプスブルク家支配の下、再びカトリック教会になった。1987年、周辺地区とともに世界遺産(文化遺産)に登録、2002年に「ドナウ河岸、ブダ

城地区、アンドラーシ通りを含むブダペスト」として拡張登録された。マーチャーシュ聖堂。

マーチャンダイザー〖merchandiser〗一定範囲の商品につき、マーケティング・仕入れ・販売などの一切の権限をもつ商品担当者。

マーチャンダイジング〖merchandising〗消費者の欲求に適合するような商品を、適正な数量・価格で、適切な時期・場所に供給する企業活動。商品化計画。MD。

マーチャント〖merchant〗商人。

マーチャントアドベンチャラーズ-ホール〖Merchant Adventurers' Hall〗英国イングランド北東部の都市ヨークにある中世の商館。14世紀半ば、海外貿易で富を得た商工団体(ギルド)により建造された。

マーチャント-バンキング〖merchant banking〗英国で発達した銀行業務で、貿易金融のための手形引受を中心とする引き受け業務と、国内・海外の証券発行による資金調達を仲介する発行業務を併せ持つもの。

マーチャント-バンク〖merchant bank〗英国で発達した金融機関。伝統的な業務である手形引受および証券の発行・引受のほか、預金受入、貸付、投資顧問、リース、企業の合併・買収の仲介などを行う。

マーチョ【馬車】《中国語》馬車。

マーチング-バンド〖marching band〗演奏しながら行進する吹奏楽団。

マート〖mart〗市場。商業の中心地。

マードック〖James Murdoch〗[1856～1921]英国の日本研究家。明治22年(1889)来日。第一・第四高等学校などで教鞭をとる。主著「日本史」(全3巻)。

マードック〖Jean Iris Murdoch〗[1919～1999]英国の女流小説家。ユーモアと叙情性を併せ持つ作風で愛の不毛を描く。作「網の中」「鐘」など。

マードレ-とう【マードレ島】《Isola Madre》イタリアとスイスにまたがるマッジョーレ湖に浮かぶ島。ミラノの貴族ボッロメオ家が所有したボッロメオ諸島の中で面積が最も大きい。英国式庭園とルネサンス様式の宮殿がある。

ま-あなご【真穴子】アナゴ科の海水魚。砂泥底にすむ。全長約90センチ。体形はウナギに似て、目が大きい。側線は白点列となり、さらにその上方にも白点列がある。北海道南部から南に分布。美味。はかりめ。うみうなぎ。あなご。

マーブ〖MARV¦MaRV〗《maneuverable reentry vehicle》機動式再突入体。進路修正可能再突入体。大気圏に再突入する際、敵の迎撃弾をかわす軌道修正のできる弾道ミサイル。

マーブ〖MIRV〗《multiple independently targetable reentry vehicle》個別誘導複数目標再突入体。一つの弾道ミサイルが複数の核弾頭を積み、それぞれ別々の目標を攻撃できる弾道ミサイル。

マーフィー-の-ほうそく【マーフィーの法則】《Murphy's Law》間違う可能性のあることは必ず間違える、というような皮肉な経験則を法則として冗談めかしていったもの。元来は、米国のジョークで、マーフィーは、「いくつかの方法があって、一つが悲惨な結果に終わるものであるとき、人は必ずその方法を選ぶ」という"法則"を述べた米軍のエンジニアという。

マーブル〖marble〗❶大理石。❷書籍の小口・見返しなどに用いられる大理石模様。また、そのような模様をつけた洋紙。❸おはじきの石。

マーブル-プリント《和 marble+print》大理石模様の印刷・染め付け。

マーベラス〖marvelous〗〔形動〕驚くべきさま。感嘆すべきさま。奇跡的で素晴らしいさま。

マーボ-どうふ【麻婆豆腐】《「マーボ」は中国語。「マーボー豆腐」とも》中国の四川料理の一。豆腐とひき肉・ネギなどを、唐辛子や味噌を入れて炒め煮したもの。

まあ-まあ《「まあ」を重ねた語》㊀〔形動〕十分ではないが、一応は満足できるさま。「一な出来」「客の入りは一だ」㊁〔副〕❶㊀に同じ。「彼にしては一よくやった」❷とりあえずある事をするようにすすめるさま。まず。とにかく。「あいさつはあとにして、一お上がりください」㊂〔感〕❶驚きや意外な気持ちを表す語。あらあら。おやおや。「一、よくいらっしゃいました」「一、こんなことをして」❷相手を抑えなだめるときに用いる語。「一そう言うなよ」

マーマレード〖marmalade〗《「ママレード」とも》オレンジまたはナツミカン・レモンなどの果皮と果汁を、砂糖で煮詰めたゼリー状のジャム。

ま-あみ【真網】2艘の船で網漁をするとき、右方の船に積む袋網と右側の袖網。また、真網船。

まあみ-ぶね【真網船】真網を受け持つ船。左側を受け持つ逆網船に対し親船となる。

マーメイド〖mermaid〗人魚。

マーメイド-ライン〖mermaid line〗人魚を思わせるようなシルエットやデザインのこと。下半身にぴったりとフィットし、裾に尾ひれのようなフリルがある。

マーメード〖mermaid〗▶マーメイド

マーモセット〖marmoset〗霊長目マーモセット科(キヌザル科)の哺乳類の総称。小形の猿で、キヌザル・ライオンタマリンなどがあり、熱帯雨林に分布。

マーモット〖marmot〗リス科マーモット属の哺乳類の総称。ウサギ大でずんぐりし、褐色。日中活動する。地中や岩の間などに巣を作り、その出入り口に後肢で立ち、たたずむ習性がある。アルタイ地方に生息するタルバガンや北アメリカのウッドチャックなど。

マーラ〖スペイン mará〗テンジクネズミ科の哺乳類。南アメリカに分布。頭胴長70～80センチ。前・後肢や耳介が長く、草原のウサギともいわれる。

マーラー〖Gustav Mahler〗[1860～1911]オーストリアの作曲家・指揮者。後期ロマン派に属し、作品は標題的性質と色彩豊かな管弦楽法をもつ。作品に、9曲の交響曲のほか、歌曲「なき子をしのぶ歌」など。

マーライオン〖Merlion〗シンガポールにある、ライオンの頭部と魚の体をもつ彫像。高さ8.6メートル、重さ70トンで、口から噴水のように水を放出する。1972年に政府観光局のシンボルとして設置。ライオンは、11世紀にマレーシアの王族がシンガポールを再発見した際に見たという伝説から、魚の体は、同地にあった古代都市の名がテマセック(海の意)であったことにちなむ。

マーリア-バレーリア-ばし【マーリアバレーリア橋】《Mária Valéria híd》ハンガリー北部の都市エステルゴムを流れるドナウ川に架かる橋。全長約500メートルで、対岸にあるスロバキアの町シュトロボを結ぶ。名称はオーストリア-ハンガリー帝国の皇帝フランツ=ヨーゼフの三女マリー=バレリーにちなむ。19世紀末に建造。第二次大戦中に破壊されたが、2001年に再建された。

マーリア-マグドルナ-とう【マーリアマグドルナ塔】《Mária magdolna torony》ハンガリーの首都ブダペストにある塔。ブダ城がある丘の上に位置する。元は13世紀半ばに建造された教会の鐘楼だった。第二次大戦中にドイツ軍の攻撃を受けて教会は破壊され、現在は鐘楼のみが残っている。

マーリー〖Bob Marley〗[1945～1981]ジャマイカの歌手。英国人の父とジャマイカ人の母との間に生まれる。1970年代にジャマイカの音楽レゲエを開拓・完成させ、その音楽と思想を世界に広めた。ボブ=マーリー。

マーリン〖Merlin〗アーサー王伝説に登場する高徳の予言者・魔術師。王の即位や諸国平定を助けた。メルラン。

マール〖ドイツ Maar〗爆発的な噴火でできた火口。周囲に顕著な砕屑物の丘をもたず、しばしば火口に水をたたえる。男鹿半島の一ノ目潟・二ノ目潟など。

マールバハ〖Marbach〗ドイツ南西部、バーデン-ビュルテンベルク州の都市、シュトゥットガルト近郊の町。18世紀の劇作家シラーの出身地として知られる。シラー没後150周年を記念して設立されたドイツ文学史料館、シラー国立博物館がある。マールバッハ。

マールブランシュ〖Malebranche〗▶マルブランシュ

マールブルク〖Marburg〗ドイツ中西部の都市。1527年に創設されたドイツ最初のプロテスタント系大学がある。

マールブルク-がくは【マールブルク学派】新カント学派の一。カントの批判主義を論理主義的方向で展開し、数学・自然科学の基礎づけを試みた。代表者はコーエン・ナトルプ・カッシーラーなど。

マールブルグ-しゅっけつねつ【マールブルグ出血熱】《Marburg hemorrhagic fever》▶マールブルグ病

マールブルグ-びょう【マールブルグ病】《Marburg disease》ウイルス性出血熱の一。1967年にドイツのマールブルクなどでワクチン製造のためウガンダから輸入したアフリカミドリザルを扱った研究者ら31人が発症し、7人が死亡した。その後の発生では、コウモリ・齧歯類からの感染が疑われている。伝染力が強く致命率が高いため隔離治療が必要とされる国際伝染病の一つ。潜伏期間は3～10日。突発的に発症し、頭痛・筋肉痛・発熱に始まり、激しい嘔吐・下痢がみられ、発疹が全身に広がる。重症の場合、全身の器官に出血傾向が現れ、8～10日で死亡する場合がある。マールブルグ出血熱。マールブルグ熱。(補説)1998～2000年にはコンゴ民主共和国で発生し、149人の患者が確認され123人が死亡。2005年にはアンゴラで388人の発症が確認され324人が死亡した。

マーレライ〖ドイツ Malerei〗《絵・絵画の意》南ドイツやチロル地方の手芸の一種で家具や日用品を草花などの模様で飾る絵付けの手法。

マーロー〖Christopher Marlowe〗[1564～1593]英国の劇作家・詩人。無韻詩の用法を確立。シェークスピアに影響を与えた。戯曲「フォースタス博士」「タンバレン大王」など。

マーロー〖Marlow〗英国イングランド南東部、バッキンガムシャー州の町。テムズ川沿いに位置し、吊り橋のマーロー橋が有名。アイザック=ウォルトンが「釣魚大全」を書いた地として知られる。

マーワルディー〖al-Māwardī〗[974～1058]イスラム教シャーフィイー派の法学者・政治理論家。その著「統治論」によって古典的カリフ論を確立した。

まい【参】《用例は連用形のみで、上一段活用動詞か上二段活用動詞か不明》参上する。単独の用例はごく少なく「まいく(参来)」「まいむかう(参向)」など、複合動詞として用いられる。「山越え野行き都辺に一し我が背を」〈万・四一一六〉

まい【幣】謝礼として贈る物。また、神に供える物。まいない。「若ければ道行き知らじ一はせむしたへの使ひ負ひて通らせ」〈万・九〇五〉

まい【舞¦儛】❶日本の芸能における演者の動き方の一種。「舞」は「まわる」の意で、元来は地をするような足づかいで巡り回る旋回動作をいい、跳躍動作をさす「踊り」と区別される。特に古代から中世にかけての舞踊は舞の要素が濃く、舞踊一般を広く舞といっていた。一般には、神楽・舞楽・白拍子・曲舞・幸若舞・能・地唄舞などの舞踊をいう。❷能で、謡を伴わずに囃子の伴奏だけで行う舞踊部分。舞事。❸狂言で、謡や器楽に合わせて行う舞踊部分。❹幸若舞のこと。

(類語)踊り・舞踏・舞踊・ダンス

まい〔助動〕[○|○|まい|まい|まいけれ|○]五段活用動詞・助動詞「ます」の終止形、五段活用以外の動詞・助動詞「せる」「させる」「れる」「られる」「しめる」の未然形に付く。ただし、サ変では「せ」のほか「し」の形の未然形や、終止形「す」「する」にも付き、また、カ変は終止形「く」「くる」に付くこともある。❶打消しの推量の意を表す。…ないだろう。「よもや化物ではあるまい」〈漱石・草枕〉「我ホド不運ナ者ワマタモゴザルマイ」〈天草本伊曽保・パストルと狼〉❷打消しの意志の意を表す。…ないつもりだ。「何があっても泣くまいと決心した」「人は嫁するとも我は嫁せまい。我は貞女ぞ」〈毛詩抄・二〉❸禁止の意を表す。…てはいけない。「はずれたら笑うまいぞ」〈鴎外・

佐橋甚五郎〉「よい時分に迎へに行く程に、必ず物をいふまいぞ」〈虎寛狂・金津〉❹(「…まいか」の形で)勧誘・依頼の意を表す。「少しでもいいから寄付をしてくれまいか」「是はめでたい事ぢゃ程に、いざ囃し物をして戻るまいか」〈虎明狂・三本の柱〉❺(「…うと…まいと」などの形で)動作・作用を対比し、どちらも関係のない意を表す。「話そうと話すまいとぼくの自由だ」❻(現代語では多く「あろうことかあるまいことか」「なろうことかなるまいことか」の形で)否定するのが当然・適当である意を表す。…するべきではない。…するはずがない。「あろうことかあるまいことか、子を殺すなんて」「思いどおりになろうことかなるまいことか、しっかり考えてみろ」❼(「あるまいし」の形で)㋐打消しの意を伴った逆接条件を表す。…ないのに。「選手になれるわけでもあるまいし、よくおそくまでがんばるね」「身内でもあるまいし、よくそんなに面倒みられるね」㋑打消しの条件を伴った理由を表す。「もう子供ではあるまいし、自分のことは自分でやりなさい」「兄ではあるまいし、意見はいらぬもの」〈伎・傾城江戸桜〉❽(「…まいに」の形で)事実と反対を仮想する意を表す。「実の親だったらあんなしうちはしまいに」
補説 室町時代以降に用いられた語で、「まじ」の音便形「まじい」の音変化から、「べし」と「まじ」の意味的相関関係から、また「べい」と「まじい」との対比で「べしい」形とこの「まい」形が生じたとする説などがある。室町時代には、「まじけれ」の口語形として、「水の中では見えまいけれども詩人が言ひなすぞ」〈毛詩抄・二〉のように已然形「まいけれ」も生じた。現代語では、❶には「ないだろう」❷には「ないことにする」「のはよそう」などを用いるのが普通で、「まい」が用いられることは少なくなっている。

まい【毎】〔接頭〕繰り返される物事をいう名詞に付いて、そのたびごとの、の意を表す。「—時間」「—試合」 ➡漢「まい(毎)」

まい【枚】〔接尾〕助数詞。❶紙・板・皿などの薄く平たいものを数えるのに用いる。「二、三—の紙」❷原稿用紙の数を数えるのに用いる。ふつう400字詰めの原稿用紙を単位として数える。「五—ほどの随筆」❸魚を数えるのに用いる。「ヘラブナを三—釣り上げる」❹相撲で、その階級の人数を数えるのに用いる。「幕内を二—ふやす」❺相撲の番付で、席次を数えるのに用いる。「三—上がる」❻田や畑などの一区画を数えるのに用いる。「田一—を植える」❼浄瑠璃・長唄で、太夫や唄方の人数を数えるのに用いる。「二挺三—」❽近世の大判金・丁銀や近代の貨幣・銀貨など、貨幣の数を数えるのに用いる。「銀三拾—」❾駕籠舁の人数を数えるのに用いる。「大坂より四—肩は二十四匁の定まり」〈浮・諸艶大鑑・六〉 ➡漢「まい(枚)」

マイ〖my〗〔語素〕他の外来語の上に付いて、私の、私の所有する、の意を表す。「—ホーム」「—カー」

マイアーホーフェン〖Mayrhofen〗オーストリア、チロル州の観光保養地。ツィラータールの最奥に位置する。冬はスキー、夏はハイキングの観光客で賑う。

まい‐あが・る【舞(い)上(が)る】〔動ラ五(四)〕❶舞うようにして空中高くあがる。「ひばりが—・る」「ほこりが—・る」❷浮かれていい気になる。有頂天になる。「すっかり—・って、我を忘れる」
類語 躍り上がる・躍る・飛び上がる・跳ね上がる・小躍りする・飛び跳ねる・撥ね上げる・飛ぶ

まい‐あさ【毎朝】毎日の朝。「—散歩する」

まい‐あし【舞脚|×舛】漢字の脚の一。「舜」「舞」などの「舛」の称。

マイアミ〖Miami〗米国フロリダ州、フロリダ半島南東部の都市。気候が温暖で、ビスケーン湾を挟んで隣接するマイアミビーチ市とともに観光地・保養地として有名。人口、行政区41万(2008)。

まい‐いしょう【舞衣装|舞衣×裳】舞をまうときに着る衣装。まいぎぬ。

マイ‐ウエー〖my way〗我が道。自分なりの生き方や流儀。「ゴーイング—」

マイエンフェルト〖Maienfeld〗スイス東部、グラウビュンデン州の村。ヨハンナ=スピリの児童文学「ハイジ」の舞台になった地として知られる。

まい‐おう【×邁往】〔名〕スル ひたすら進むこと。邁進。「—の志ある人」〈中村訳・西国立志編〉

まい‐おうぎ【舞扇】舞をまうときに用いる扇。多くは、色彩の美しい大形の扇。

まい‐おさま・る【舞ひ納まる】〔動ラ四〕舞が終わる。また、事が落着する。「弥次郎兵衛がちゃらくらにやうやうと—・り」〈滑・膝栗毛・四〉

まい‐おさめ【舞(い)納め】❶舞い終わること。❷最後の舞をまうこと。また、その舞。「本日の—」❸歌舞伎で、1興行の終わり。千秋楽。また、1年間の興行の終わり。

まい‐おさ・める【舞(い)納める】〔動マ下一〕図まひをさ・む〔マ下二〕❶舞い終える。最後の舞をまう。「神楽を—・める」❷その場をうまく取りつくろう。「どう言うて—・めるぞ」〈浮・禁短気・五〉

マイオピア〖myopia〗了見が狭いこと。近視眼的であること。狭量。「—的な発想から抜け出す」

まい‐お・りる【舞(い)降りる】〔動ラ上一〕図まひお・る〔ラ上二〕舞いながらおりる。舞うように、ふわりとおりる。「ハンググライダーで—・りる」

ま‐いか【真烏=賊】❶スルメイカの別名。❷コウイカの別名。

まい‐か〔連語〕《打消し推量の助動詞「まい」の終止形(連体形)＋係助詞「か」》❶…ないだろうか。「成績が悪くて落ち込んでいるのではある—」❷相手の意向を尋ね、勧誘・依頼の意を表す。「一服させてくださいます—」

マイ‐カー《和 my＋car》自家用車。「—族」

マイカー‐きせい【マイカー規制】観光地や大都市で、バスやタクシー以外の自家用車の乗り入れを制限すること。

まい‐かい【毎回】繰り返しめぐってくる、そのたびごと。毎度。「—違う相手と現れる」
類語 毎度・毎次・度・都度

まい‐かい【×玫×瑰】❶バラ科の落葉低木。中国原産。茎はとげを持つ。5、6月ごろ、芳香のある白または紫紅色の八重の花が咲く。中国では花を乾燥させて茶や酒の香料にする。❷ハマナスの別名。❸中国に産する美しい赤色の石。

まいかい‐ゆ【×玫×瑰油】マイカイの花からとった芳香のある油。

マイカ‐コンデンサー〖mica condenser〗雲母(マイカ)を誘電体として用い、金属箔と重ねたコンデンサー。小型で誘電損失が少ない。

まい‐カッター【舞カッター】1枚の刃を軸に取り付けた簡単なフライス。

マイカナイト〖micanite〗人工雲母板。天然雲母では、大型のものは少なく高価なため、雲母の小片を膠着剤で貼り合わせて大型の板としたもの。

まい‐き【毎期】一定の期限のたびごと。期ごと。

まい‐ぎぬ【舞▽衣】❶舞をまうときに着る衣服。舞衣装。まいごろも。❷能装束の一。長絹に似て、脇から裾まで縫いとじてある広袖の単の上衣。女神や竜女などに用いる。

まい‐ぎね【舞い×杵】►轂竿

まい‐きゃく【埋却】〔名〕スル 地中などにうめること。また、うまること。「地中深く—する」「—処分」「—地」

まい‐きょ【枚挙】〔名〕スル いちいち数え上げること。一つ一つ数えたてること。
類語 列挙・カウント・数える・数え上げる・数え立てる
枚挙に遑がな・い たくさんありすぎて、いちいち数えきれない。「同種の事例は—・い」

まい‐きょう【埋経】後世に伝えるため、経文などを経筒に入れ、地中に埋めること。また、その経。

まい‐きょうげん【舞狂言】狂言で、夢幻能の形式を模し、亡霊の舞を1曲の中心とするもの。「楽阿弥」「通円」「祐善」など。仕舞狂言。

まい‐ぎょく【埋玉】《「晋書」庾亮伝から》英才や美人の死を惜しんでいう語。

まい‐ぎり【舞×錐】❶先端が三叉で矛状の錐。酒樽に飲み口の穴をあけるときなどに用いる。回し錐。轆轤錐。❷錐の柄に横板をゆるく取り付け、その両端に、柄の上部を通したひもを結びつけたもの。横板を上下することによってひもがねじれたりほどけたりして柄を回転させ、穴をあける。

マイク〖mike〗「マイクロホン」の略。

まい‐く【参来】〔動カ変〕貴所へ参上してくる。「板葺の黒木の屋根は山近し明日の日取りて持ちて—・こむ」〈万・七七九〉

マイク‐スケッチ《和 mike＋sketch》録音構成によるラジオ番組の一種。人物や風物を写生風に探訪し、軽妙な味わいをもつ小品的な番組。

まい‐ぐせ【舞▽曲】能の曲で、シテ(まれにツレなど)が謡に合わせて立って舞うもの。⇔居曲。補説 ふつう「舞グセ」と書く。

マイク‐ミキシング《microphone mixingから》音楽などの録音で、複数のマイクからの信号を取捨選択し、レベルを調節してバランスのとれた音に整えること。

まい‐くる・う【舞(い)狂う】〔動ワ五(ハ四)〕狂ったように激しく舞う。「木の葉が風に—・う」

まい‐ぐるま【舞車】祭礼のときに出す山車。

マイクロ〖micro〗❶《ギリシャ mikros kosmos(微小世界の意)から》国際単位系(SI)で、単位の上に付けて100万分の1(10^{-6})を表す語。記号μ 「—グラム」「—メートル」❷外来語の上について、微小な、小さい、の意を表す。「—フィルム」

マイクロウエーブ〖microwave〗マイクロ波。

マイクロ‐エーティーエックス〖microATX〗米国インテル社が発表したマザーボード規格の一。ATXの小型化を図ったもので、ミニタワー型PCに多く採用される。

マイクロ‐エスディー【マイクロSD】《microSD》 ►マイクロSDメモリーカード

マイクロ‐エスディーメモリーカード〖microSD memory card〗超小型メモリーカードの規格の一。SDメモリーカードの容積の1割程度で、携帯電話などに利用される。

マイクロエレクトロニクス〖microelectronics〗半導体電子素子の超微細化を目ざす技術を中心とする電子工学。ME。

マイクロカード〖microcard〗書籍などを縮小撮影して印画紙に焼き付けたもの。閲読するときはマイクロリーダーで拡大する。

マイクロカーネル〖microkernel〗オペレーティングシステムの中核部であるカーネルに、特に汎用性の高い基本機能だけをもたせて小型化したもの。

マイクロ‐かいせん【マイクロ回線】《microwave circuitから》かつて、テレビのネットワーク局間で番組や中継の送受信に使っていたマイクロ波による電波回線。平成18年(2006)に光ファイバーを用いたデジタル回線に置き換えられた。

マイクロ‐カセット《和 micro＋cassette》縦・横ともに通常のカセットテープの半分の大きさのカセット。主に、会議などの録音用に使われる。

マイクロカプセル〖microcapsule〗粒径数〜数百ミクロンの微小なカプセル剤。微細な物質を核としてゼラチンやポリビニルアルコールなどの高分子化合物で被覆したもの。膜に選択的な透過性があり、条件に応じて内包物を放出させる。

マイクロキュリー〖microcurie〗放射能の旧単位。キュリーの100万分の1にあたる。記号μCi

マイクロ‐グリッド〖micro grid〗《「小規模発電網」の意》電力を必要とする都市部などから離れた場所に作られる大規模、集中発電方式に対し、太陽光発電・風力発電・生物資源利用・燃料電池など小規模の発電施設を地域内に作って連結し、その電力需要をまかなおうという構想。建設費用が安価で、送電によるエネルギーロスが少ないなどのメリットがある。分散型電力網。分散型電源。

マイクロクレジット〖microcredit〗貧困層や資金力のない起業家を対象とした少額融資制度。一般の銀行から融資を受けられない人たちに無担保で事業資金を融資し、新規事業の立ち上げや事業の拡大を促進。貧困層が経済的に自立した生活を送れるよう支援することを目的とする。無償援助ではなく、返済義務のある融資を行うことによって、自助努力による貧困からの脱出を促す。バングラデシュの経済学者ムハマド＝ユヌスが考案・運営して成果を上げ、他の発展途上国にも広まった。創始者のユヌスは、2006年、ノーベル平和賞を受賞。マイクロファイナンス制度。

マイクロコンピューター〖microcomputer〗マイクロプロセッサーを主体とする小型のコンピューター。マイコン。

マイクロサージェリー〖microsurgery〗顕微鏡を使用して行う微細な手術。顕微外科。

マイクロスイッチ〖microswitch〗接点のわずかな動きでオン・オフするスイッチ。機械的信号を電気的な信号に変換する機能がある。工作機械、自動化機での位置検出に使用。周囲環境の悪い所で使用する封印されたリードスイッチもこの一種。

マイクロスコピック〖microscopic〗〔形動〕顕微鏡でしか見えないさま。微細な。微視的。「一な生物」⇔マクロスコピック。

マイクロセル〖microcell〗PHSで、基地局の半径数十メートルから数百メートル程度をカバーする通信エリア。携帯電話などのセル(通信エリア)に比べて範囲が狭いことから。➡セル❸

マイクロソフト〖Microsoft〗米国の世界最大手のコンピューター-ソフトウエア会社。1975年、ビル＝ゲイツとポール＝アレンにより設立。代表的な製品に、パソコン用オペレーティングシステム「Windows」シリーズ、ビジネス用アプリケーションソフト「Microsoft Office」、ブラウザーソフト「Internet Explorer」などがある。MS。

マイクロソフト-アイエムイー〖Microsoft IME〗《Microsoft input method editor》▶エムエス-アイエムイー

マイクロソフト-アクセス〖Microsoft Access〗▶マイクロソフトオフィスアクセス

マイクロソフト-エクセル〖Microsoft Excel〗▶マイクロソフトオフィスエクセル

マイクロソフト-オフィス〖Microsoft Office〗米国マイクロソフト社が販売するビジネス用アプリケーションソフト。ワープロ、表計算、プレゼンテーションなど、ビジネス分野で利用頻度の高いソフトウエアをひとつにまとめている。MSオフィス。

マイクロソフトオフィス-アクセス〖Microsoft Office Access〗米国マイクロソフト社が開発・販売するデータベースソフトの商標名。マイクロソフトアクセス。アクセス。

マイクロソフトオフィス-エクセル〖Microsoft Office Excel〗米国マイクロソフト社が開発・販売する表計算ソフトの商標名。マイクロソフトエクセル。エクセル。

マイクロソフトオフィス-パワーポイント〖Microsoft Office PowerPoint〗米国マイクロソフト社が開発・販売するプレゼンテーションソフトの商標名。マイクロソフトパワーポイント。パワーポイント。

マイクロソフトオフィス-プロジェクト〖Microsoft Office Project〗米国マイクロソフト社が開発・販売するプロジェクト管理ソフトの商標名。

マイクロソフトオフィス-ワード〖Microsoft Office Word〗米国マイクロソフト社が開発・販売するワープロソフトの商標名。マイクロソフトワード。ワード。

マイクロソフト-シルバーライト〖Microsoft Silverlight〗▶シルバーライト

マイクロソフト-ドットネット〖Microsoft .NET〗米国マイクロソフト社が2000年に発表したネットワークサービスのシステム基盤。ドットネット(.NET)。

マイクロソフト-パワーポイント〖Microsoft PowerPoint〗▶マイクロソフトオフィスパワーポイント

マイクロソフト-ワード〖Microsoft Word〗▶マイクロソフトオフィスワード

マイクロチップ〖microchip〗ひとまとまりの集積回路を、小型のシリコン単結晶基板の上に構成したもの。

マイクロドーズ-しけん【マイクロドーズ試験】《microdose study》超微量の新薬候補物質を人体に投与し、薬物動態(吸収・分布・代謝・排泄(はいせつ)の過程)を解析する手法。臨床試験(治験)を行う前に候補物質を絞り込むことで、開発期間を短縮することができる。MD試験。

マイクロドライブ〖microdrive〗コンパクトフラッシュと同じ大きさの超小型ハードディスク。米国IBM社が開発。

マイクロ-は【マイクロ波】波長が1メートル以下の電波の総称。極超短波・センチ波・ミリ波など。性質は光に似て直進性・指向性がよく、中継通信・レーダーなどに使用。

マイクロバースト〖microburst〗ダウンバーストのうち、地面にぶつかり向きを変えた突風の水平方向の広がりの直径が4キロメートル未満のもの。

マイクロバス〖microbus〗乗車定員が十数名の小型バス。

マイクロは-ちゃくりくそうち【マイクロ波着陸装置】《microwave landing system》マイクロ波を用いて航空機の着陸を誘導する装置。計器着陸装置よりも精度が高く、滑走路への進入コースが複数可能。MLS。

マイクロ-ビーティーエックス〖microBTX〗PC/AT互換機用のマザーボードの規格の一。米国インテル社が2003年に発表。BTX仕様で採用されている最大7個の拡張スロット数を4個に減らして小型化したもの。

マイクロ-ビッカース〖micro vickers〗▶微小硬さ

マイクロファイナンス〖microfinance〗低所得者向けの少額金融サービスのこと。少額融資(マイクロクレジット)を低利で行い貧困層の自立を支援した、グラミン銀行が典型例。貧困対策の側面を持つ、社会的金融の一つ。MF。

マイクロファイバー〖microfiber〗直径が1デニール以下の極細の合成繊維。吸水性・速乾性などに富む。断面が鋭角をもつ多角形で、微小な塵(ちり)をからめ取ることができるため、衣料品のほか清掃用クロスなどにも利用される。

マイクロファラッド〖microfarad〗国際単位系(SI)の静電容量の単位。1マイクロファラッドは100万分の1ファラッド。記号μF

マイクロフィッシュ〖microfiche〗マイクロフィルムの一。葉書大のカード状フィルムに、新聞紙約30ページ分の資料を縮写して配列したもの。

マイクロフィルム〖microfilm〗資料や文献を縮小撮影したフィルム。閲読する場合はマイクロリーダーで拡大するか、引き伸ばして焼き付けを行う。

マイクロ-フォーサーズ〖Micro Four Thirds〗オリンパスとパナソニックにより策定されたレンズ交換式デジタルカメラの共通規格。画像周辺部の解像度と周辺減光を改善したフォーサーズの拡張規格であり、レンズの取り付け口の縮小やフランジバックの短縮をはじめ、カメラ本体とレンズの小型軽量化を図っている。

マイクロフォン〖microphone〗▶マイクロホン

マイクロ-プリズム〖micro prism〗❶微細なプリズムを並べた、反射性に優れた素材。夜間や暗所での安全標示などに利用する。❷一眼レフカメラのフォーカシングスクリーンのうち、微細なプリズムを並べたもの。➡スプリットプリズム

マイクロブログ〖microblog〗インターネット上で、不特定多数の人に向けてごく短い文章を発信したり、また他の人の文章を読んだりすることができるサービスの総称。パソコンだけではなく、携帯電話などを使って更新できるものが多い。チャットのように、利用者同士がほぼリアルタイムでメッセージをやり取りすることもできる。代表的なサービスにツイッターがある。ミニブログ。つぶやきブログ。

漢字項目 **まい**

【米】▶べい
【▽売】▶ばい

毎〔每〕 [学]2　[音]**マイ**[呉]　[訓]ごと ‖ そのたびごと。「毎回・毎号・毎週・毎食・毎度・毎日・毎年・毎晩・毎毎」[名付]かず・つね [難読]事毎(ことごと)に・田毎(たごと)の月・日毎(ひごと)

妹 [学]2　[音]**マイ**[呉]　[訓]**いもうと**、いも ‖ いもうと。「義妹・愚妹・姉妹・実妹・従妹・弟妹・令妹」[難読]従姉妹(いとこ)・妹背(いもせ)・妹兄(いもせ)・兄妹(きょうだい)・十姉妹(じゅうしまつ)・吾妹(わぎも)

枚 [学]6　[音]**マイ**[呉]　バイ[漢] ‖ ㊀〈マイ〉紙・板・貨幣など薄く平たいもの。「枚挙・枚数/大枚」㊁〈バイ〉昔、夜討ちなどのとき、声を出さないように口にくわえた木片。「銜枚(かんばい)」[名付]かず・ひら・ふむ

昧 [音]**マイ**[呉]　[訓]くらい ‖ ①ほの暗い。「昧爽(まいそう)/曖昧(あいまい)・草昧」②道理がわからない。「愚昧・蒙昧(もうまい)」③梵語の音訳字。「三昧」

埋 [音]**マイ**[呉]　[訓]**うめる、うまる、うもれる**、いける、うずめる ‖ ①地中に入れ込む。うずめる。「埋骨・埋設・埋葬・埋蔵」②見えなくなる。うもれる。「埋伏・埋没」[名付]うめ [難読]埋(い)け火・埋(うず)み火

×**邁** [音]マイ[呉] ‖ ①どんどん進んで行く。「邁進」②他を越して先・上に出る。「英邁・高邁・豪邁・俊邁」

マイクロプログラム〖microprogram〗コンピューターの基本動作を定めている命令(マイクロ命令)で書かれたプログラム。ROMに組み込まれている場合もある。➡ファームウエア

マイクロプロセッサー〖microprocessor〗CPUの機能を、1個または数個程度の集積回路に収めたもの。CPUと同じ意味として使われることが多い。プロセッサー。MPU(micro-processing unit)。

マイクロ-フロッピー-ディスク〖micro floppy disk〗直径3.5インチのフロッピーディスク。

マイクロペイメント〖micropayment〗電子決済における少額の支払いを扱うサービスの総称。おおむね数円から数百円、数ドルの支払額を決済するものをいう。動画や音楽などのマルチメディアコンテンツの配信サービス、新聞や雑誌の記事ごとのオンライン購読サービスのほか、電子マネーなどで利用される。少額決済。少額課金。

マイクロ-ほうそうきょく【マイクロ放送局】《microstation》サービスエリアがわずかに100メートル程度のミニFM局。電波法の規制外にあり、大学のキャンパスや喫茶店などから独自の番組を放送できる。

マイクロホン〖microphone〗《「マイクロフォン」とも》音声を電気信号に変換する装置。電気信号にして拡声器で再生したり送信したりする。マイク。

マイクロマシン〖micromachine〗超小型の部品から構成される機械装置。半導体技術を応用して、超小型のモーターや駆動装置を作成し、血管の中に入って治療活動をするマイクロロボットを開発しようという試みがある。

マイクロ-ミニ〖micro mini〗ミニスカートの中でも特に短いもの。超ミニ。

マイクロメーター〖micrometer〗ねじの回転角に比例して得られる微小な長さを精密に測定する機械。外径を測る外側マイクロメーターでは、雌ねじを固定し測定物を挟んで雄ねじを回し、雄ねじの移動したピッチおよび円周を50等分してある目盛りを読む。測微計。測微尺。

マイクロメートル〖micrometer〗国際単位系(SI)の長さの単位。1マイクロメートルは100万分の1メートル、すなわち1000分の1ミリ。記号μm　ミクロン。

マイクロライト〖microlight〗超軽量動力機。一人または二人乗りの自重225キロ以下の航空機。1980年ころより造りはじめられたが、各国とも営業飛行

ま

は認めていない。

マイクロリーダー〖microreader〗マイクロフィルムやマイクロカードの画像を拡大して見るための映写装置。リーダー。

マイクロレンジング〖microlensing〗▶マイクロレンズ効果

マイクロレンズ〖microlens〗❶微細加工技術により形成した口径が数〜数百マイクロメートルの微小なレンズ。❷▶マイクロレンズアレイ

マイクロレンズ-アレイ〖microlens array〗マイクロレンズを格子状に並べたもの。デジタルカメラのイメージセンサー、液晶プロジェクター、光通信用のレーザーなどに用いられる。単にマイクロレンズともいう。

マイクロレンズ-こうか【マイクロレンズ効果】重力レンズの効果により、遠方の天体の見かけの明るさが増す現象。銀河より軽い、恒星程度の質量の天体が遠方の天体と地球の間を横切るときに起こる。変光星の光度変化と異なり、星の色味(スペクトル)が変化しないという特徴がある。このような現象が起こる確率は極めて低いため、銀河系の中心部やマゼラン雲など、星が高密度に分布する領域を観測する必要がある。冷たい暗黒物質の候補として我々の銀河近傍にもあると考えられた暗い小天体(MACHO)は、マイクロレンズ効果を探索することでその存在が確認された。また観測技術の向上により、地球程度の質量をもつ系外惑星の探査にも応用されている。重力マイクロレンズ効果。マイクロレンジング。

まい-げつ【毎月】月ごと。つきづき。まいつき。

まいげつしょう【毎月抄】鎌倉前期の歌論書。1巻。藤原定家著とされる。承久元年(1219)成立。ある貴人に答えた書簡体の歌論。和歌の十体を論じ、有心体を最も尊重している。定家卿消息。和歌庭訓。

マイケルソン〖Albert Abraham Michelson〗[1852〜1931]米国の物理学者。ドイツの生まれ。精密な二光線干渉計を発明、マイケルソン・モーリーの実験を行う。1907年ノーベル物理学賞受賞。

マイケルソンモーリー-の-じっけん【マイケルソンモーリーの実験】1887年にマイケルソンとモーリー(E.W.Morley)が行ったエーテル❷の存在についての実験。干渉計を用い、静止するエーテルと相対運動する地球とによる干渉縞の変化を見ようというもの。否定的結果を得て、特殊相対性理論に道を開いた。

まい-こ【毎戸】家ごと。いえいえ。「人民一、炎夏の季に至り候て」〈魯文・安愚楽鍋〉

まい-こ【舞子┊舞×妓】舞をまって酒席に興を添える少女。現在では、京都の祇園の舞子が有名。

まい-ご【迷子】《「まよいご」の音変化》道がわからなくなったり、連れにはぐれたりすること。また、その子供やその人。まよいご。

まいご-いし【迷子石】「漂石」に同じ。

まい-ごう【毎号】新聞・雑誌などの号ごと。各号。「一連載する」

マイコス〖MICOS〗《meteorological information comprehensive online service》気象情報提供サービス。気象庁のアデス(ADESS)とアメダス(AMeDAS)のデータから、気象に関する情報を提供するサービス。

まい-こつ【埋骨】〔名〕スル 死者の骨を土中に葬ること。「故郷の墓に一する」〔類語〕埋葬・納骨・葬る

まい-ごと【舞事】「舞❷」に同じ。

マイコトキシン〖mycotoxin〗コウジカビ・アオカビなどの真菌の代謝産物。人畜に摂取されると有害。アフラトキシンなど。黴毒。

まいこ-の-はま【舞子の浜】神戸市垂水区の明石海峡に面する海岸。東に須磨の浦があり、対岸に淡路島を望む。

まいご-ふだ【迷子札】迷子になったときの用心に、住所・氏名などを記してつけておく札。

マイコプラズマ〖mycoplasma〗ウイルスと細菌との中間に位置すると考えられる一群の微生物。細菌濾過器を通過し、細胞壁を欠く。病原性を示すものもある。

マイコプラズマ-はいえん【マイコプラズマ肺炎】肺炎マイコプラズマの感染によって起こる肺炎。流行性で、若年者に多い。頭痛・倦怠感・発熱がみられ、強い咳きが続く。

まい-こ・む【舞(い)込む】〔動マ五(四)〕❶舞うようにして入ってくる。「粉雪が部屋に一・む」❷思いもかけないものや人が、ひょっこり入りこむ。「幸運が一・む」「差出人不明の手紙が一・む」

マイ-コン「マイクロコンピューター」の略。

まい-さい【毎歳】毎年。としごと。

まいさか【舞阪】静岡県浜松市の地名。旧町名。浜名湖口の東岸に位置し、もと東海道の宿場町。ウナギの養殖が盛ん。弁天島があり、観光地。

まい-し【昧死】〔名〕スル 死をかえりみず、あえて申しあげること。中国で古来、上奏文に用いられる語。

まい-じ【毎次】そのたびごと。毎回。毎度。

まい-じ【毎時】1時間ごと。1時間当たり。「台風が一二〇キロの速度で進む」〔類語〕毎週・毎分・毎秒

まい-しゃ【昧者】おろかもの。愚者。

まい-しゅう【毎週】1週間ごと。週がかわるたび。「一メニューが変わる」「一金曜日に集まる」〔類語〕毎時・毎分・毎秒

まい-しょうぞく【舞装束】舞楽で、舞人・楽人の着る装束。

まい-しょく【毎食】食事ごと。食事のたび。「一野菜を食べる」

マイシリン〖mycillin〗ストレプトマイシンとペニシリンの複合剤である抗生物質。肺炎や腹膜炎の治療に用いられる。

まい-しん【×邁進】〔名〕スル 恐れることなく突き進むこと。「学問に一する」「勇往一」〔類語〕進む

マイシン ストレプトマイシンのこと。ストマイ。

まい-す【▽売▽僧】《唐音》❶僧でありながら物品の販売などをする堕落僧。また、僧をののしっていう語。えせぼうず。まいすぼうず。「腹を立てずは誠の出家でござらうず。もし腹を立てたならば一でござらうによりて」〈虎寛狂・腹立てず〉❷人をだます者。うそつき。また、うそ。「汝が様な一めは、かうして腹癒ようか」〈浄・浪花鑑〉

まい・す【参す】〔動サ下二〕《「まいらす」の音変化》❶「与える」「やる」の意の謙譲語。さしあげる。進上する。「君に一・せう、京絵描いたる扇を」〈田植草紙〉❷(補助動詞)動詞の連用形に付いて、その動作をしてさし上げる意を表す。…し申し上げる。「使者が聞くほどに、心得させ一・せうとて、足を踏むぞ」〈史記抄・淮陰伝〉〔補説〕本来は下二段活用であるが、「大后にいはせまいしたぞ」〈史記抄・竇田伝〉のように、のちにサ変にも活用した。

まい・ず【参▽出】〔動ダ下二〕《上一段活用動詞「まいる」に動詞「出ず」の付いた「まいいず」の音変化》参上する。「桜花咲きなむ時に山たづの迎へ一・でむ君が来まさば」〈万・九七一〉

まい-すう【枚数】紙や板などの数。「限られた一」

マイスール〖Mysuru〗▶マイソール

まいす-ざむらい【▽売▽僧侍】品格劣等な侍。不徳義な武士。武士をののしっていう語。「さまざまの讒言をする、ここな一めが」〈伎・毛抜〉

マイズ-しょとう【マイズ諸島】《Las Islas de las Maíz》▶コーン諸島

マイスター〖ドイ Meister〗❶巨匠。名人。❷ドイツで、徒弟制度による職人の最上位。親方。師匠。

マイスターシャーレ〖ドイ Meisterschale〗《Meister(チャンピオン)＋Schale(皿)から》サッカーで、ドイツブンデスリーガの優勝チームに与えられる優勝プレート。

マイスタージンガー〖ドイ Meistersinger〗15〜16世紀、ドイツで活躍した詩人兼音楽家。手工業者を中心とし、各都市に厳しい階級制からなる職能組合を作って名人芸を誇った。職匠歌人。工匠歌人。

マイスナー-こうか【マイスナー効果】超伝導の状態にある物質に外部から磁界を加えると、物質内部の磁束が零になる現象。超伝導体が完全な反磁性をもつことによる。このため、超伝導体に近づけた磁石は、磁力線をはじき返されて空中に浮く。1933年ドイツの物理学者マイスナー(W.Meissner)が発見。

マイスペース〖MySpace〗米国の代表的なSNS(ソーシャルネットワーキングサービス)の一。2003年設立のマイスペース社が運営。07年より日本語版サービスを開始。音声ファイルや動画ファイルを公開するサービスをいち早く手がけ、プロ・アマチュアを問わず多くのミュージシャンや音楽ファンらが参加したことで人気を集めた。

まい-すま・す【舞ひ澄ます】〔動サ四〕みごとに舞う。また、心落ちつけて静かに舞う。「心も及ばず一・したりければ」〈平家・一〉

まい-せき【毎夕】毎晩。夜ごと。まいゆう。「毎朝一ぼくぼく歩く当主廉蔵の」〈魯庵・社会百面相〉

まい-せつ【埋設】〔名〕スル 地中に埋めて設置すること。「下水道を一する」「電話線の一工事」〔類語〕敷設

マイゼル-シナゴーグ〖Maiselova synagoga〗チェコ共和国の首都プラハの中心部、旧市街のユダヤ人地区(ヨゼホフ)にあるシナゴーグ。16世紀後半、ユダヤ人地区の有力者モルデカイ＝マイゼルにより建造。元はルネサンス様式だったが、17世紀末の火災の後、バロック様式で再建。続いて19世紀末から20世紀初頭にかけてネオゴシック様式に改築された。現在はユダヤ人の歴史や学問に関する博物館として公開されている。

マイセン〖Meißen〗ドイツ南東部の都市。ドレスデンの北西にあり、エルベ川に臨む。磁器業が盛ん。

マイセン-じき【マイセン磁器】ドイツのマイセン産の磁器。欧州で最初の硬質磁器で、18世紀初頭以来、今日に至るまで名声を保つ。

まい-そう【昧爽】明け方のほの暗い時。昧旦。「翌朝の一には早くも、シゼロンの山中に隠れ入りけり」〈竜渓・経国美談〉

まい-そう【埋草】▶サイレージ

まい-そう【埋葬】〔名〕スル 死体または遺骨を土中に葬ること。「先祖代々の墓に一する」〔類語〕埋骨・納骨・葬る

まい-ぞう【埋蔵】〔名〕スル ❶地中に埋め隠すこと。また、埋もれ隠れていること。「一されていた小判」❷鉱物資源が地中に埋もれていること。「石油の一量」

まいそう-ぎれい【埋葬儀礼】死者を地中に葬る儀礼。死者の霊の安息を祈ったり、その祟りを鎮めたりするなどの意味をもつ。

まいぞう-きん【埋蔵金】❶権力者、富豪、盗賊などが地中に埋めて隠した金塊、金銀貨など。「武田信玄の一」❷国の各省庁が管理する特別会計の積立金や剰余金をいう。特に、財政融資資金特別会計と外国為替資金特別会計の積立金のこと。霞が関埋蔵金。〔補説〕❷は、平成19年(2007)、民主党の政権公約に対し、自民党が「根拠のない埋蔵金伝説」と批判したのに始まる。

まいぞう-ぶつ【埋蔵物】❶地中に埋もれている物。❷法律で、土地その他の物の中に埋蔵され、その所有者を容易に識別できない物。公告をしたのち、6か月以内に所有者が判明しない場合は、発見者が所有権を取得する。他人の物の中から発見した場合は、その他人と発見者が折半して取得する。

まいぞう-ぶんかざい【埋蔵文化財】土地に埋蔵されている文化財。文化財保護法により、所有者が判明しない場合は国庫に帰属し、発見者および土地の所有者には価格に相当する報償金が支給される。

マイソール〖Mysore〗インド、デカン高原南部にある古都市。王国を形成していたが、18世紀末反英戦争に敗れ、英国の支配下に入った。マイスール。

マイタイ〖ポリネ mai tai〗カクテルの一。ホワイトラムとホワイトキュラソーに、パイナップル・オレンジ・レモンなどの果汁を合わせたもの。

まい-たけ【舞×茸】サルノコシカケ科のキノコ。秋にクリ・ナラなどの大木の根元に生える。茎はよく分岐し、

多数の傘が重なり合って大きな塊状となり、表面は灰白色または暗褐色で裏面は白い。美味。《季 秋》

まい-た・つ【舞(い)立つ】〔動タ五(四)〕舞うようにして高く上がる。まいあがる。「白鳥が—・つ」「砂ぼこりが—・つ」

マイダネク-きょうせいしゅうようじょ【マイダネク強制収容所】《Majdanek Obóz koncentracyjny》ポーランド東部の都市ルブリンの近郊にある、ナチス-ドイツの強制収容所跡。アウシュビッツの強制収容所に次ぐ規模をもつ。第二次大戦中、ユダヤ人やロマなど約8万人が虐殺された。ルブリン強制収容所。

まい-たん【毎旦】まいあさ。朝ごと。毎朝。

まい-たん【昧旦】「昧爽」に同じ。

ま-いちもんじ【真一文字】〔名・形動〕❶一の字のようにまっすぐなこと。また、そのさま。一直線。「—に口を結ぶ」❷わき目も振らないこと。また、そのさま。「—に突き進む」

まい-ちょう【毎朝】朝ごと。まいあさ。

まいつ【麻逸】宋・元代の中国によるフィリピン諸島の呼称。特に、ルソン島・ミンドロ島をさした。

まい-つき【毎月】つきづき。月ごと。まいげつ。

まいっ-た【参った】〔感〕柔道などで、負けた者が合図に言う語。

まい-づる【舞鶴】❶舞っているツル。❷紋所の名。ツルが翼を広げた姿をかたどったもの。

まいづる【舞鶴】京都府北部、若狭湾に面する市。西舞鶴はもと田辺といい、京極・牧野氏の城下町、商港として発展。東舞鶴は旧海軍の軍港。第二次大戦直後は引き揚げ港となった。人口8.9万(2010)。

まいづる-し【舞鶴市】▶舞鶴

まいづる-そう【舞鶴草】ユリ科の多年草。高山の針葉樹林下に群生し、高さ10～25センチ。地表近くを横に伸びる地下茎から茎が出て、上方に2、3枚の心臓形の葉を互生する。5、6月ごろ、白い小花を総状につける。実は丸く、赤い。

まいづる-わん【舞鶴湾】京都府北部、若狭湾西部にある一支湾。西側の金ヶ岬と東側の博奕岬の間から南に人の字の形をした湾で、沿岸はリアス式海岸。湾中央部にある戸島によって東西二つの支湾に分かれる。湾口は最狭部で約1キロメートルしかないが、湾内は広く、水深も10～20メートルある。波が静かで、日本海沿岸では屈指の良港の一。東港はかつて軍港として、西港は江戸時代に西廻り航路で栄えた。重要港湾に指定されている。若狭湾国定公園に属する。

まい-て【▽況いて】〔副〕《「まして」の音変化》❶さらにいっそう。「なりのぼり給ふ年月に添へて、—いと世にあるかひあり」〈源・紅梅〉❷いわんや。なおさら。「—雁などのつらねたるが、いと小さく見ゆるはいとをかし」〈枕・一〉

まいで・く【参出来】〔動カ変〕貴所・貴人のもとにやって来る。参上してくる。「田道間守常世に渡り八矛持ち—・こし時」〈万・四一一一〉

マイ-てん【マイ転】株式や為替などで、保有するポジションの含み益が失われ、含み損の状態に悪化すること。マイナス転換。⇔プラ転。

マイト「ダイナマイト」の略。

まい-ど【毎度】❶同じ事が繰り返されること。そのたびごと。「遅刻は—のこととはいえ」❷(副詞的に用いて)いつも。「—ありがとうございます」
〘類語〙毎回・毎次・度・都度

まい-ど【舞(い)戸】開き戸。

まい-とし【毎年】「まいねん(毎年)」に同じ。

マイトネリウム〘meitnerium〙9族に属する人工放射性元素。1982年、ドイツ、ダルムシュタットの重イオン研究所(GSI)のグループが^{58}Feと^{209}Biの融合反応により^{266}Mtを生成した。他にアルファ崩壊系列中に質量数268の同位体が確認されている。オーストリアの物理学者リーゼ=マイトナーの名にちなむ。元素記号Mt　原子番号109。

まい-どの【舞殿】神社の境内に設けた、舞楽を行うための建物。神楽殿。

マイトマイシン〘mitomycin〙放線菌の一種から得られる抗生物質。3種の有効成分があり、マイトマイシンCは抗菌・抗癌性があるが副作用として骨髄障害を起こす。MMC。

マイナー〘minor〙〔名・形動〕❶小さいこと。少ないこと。あまり重要でないこと。また、そのさま。「—な映画」⇔メジャー。❷音楽で、短調。短音階。⇔メジャー。❸大学の副専攻科目。➡メジャーマイナー

マイナー-コード〘minor chord〙短音階の和音。⇔メジャーコード。

マイナー-チェンジ〘minor change〙小さな手直し。自動車などの部分的なモデルチェンジをいう。

マイナー-トランキライザー〘minor tranquilizer〙▶抗不安薬

マイナー-バージョンアップ〘minor version up〙コンピューターで、ハードウエア・ソフトウエアの性能や機能を小幅に改良・向上すること。明確な定義はないが、小さな変更を伴うバージョンアップを指すことが多い。リリースアップ。➡メジャーバージョンアップ

マイナー-ペナルティー〘minor penalty〙アイスホッケーの中で最も軽い罰則。選手は2分間の退場となり、その間交代選手の出場は認められないが、退場中に相手が得点をあげれば、その時点で罰則は解除され、出場できる。クロスチェッキング・トリッピング・ホールディングなどが主な対象となる。

マイナー-リーグ〘minor league〙米国のプロ野球で、メジャーリーグ傘下のリーグ。3A・2A・A・ルーキーの4階級に分かれる。小リーグ。

マイナー-レーベル〘minor label〙小規模のレコード会社の商標。また、その会社。⇔メジャーレーベル。

まい-ない【▽賄・▽賂】神への捧げ物や人に贈る金品。また、賄賂をいう。〘類語〙賄賂・袖の下・裏金・鼻薬・リベート・コミッション・贈賄・収賄

まい-な・う【▽賄ふ・▽賂ふ】〔動ハ四〕❶神に捧げ物をする。「是らの物を以て—・ひ給へ」〈仲哀紀〉❷贈り物をする。また、賄賂を贈る。「何ぞ使に—・ふ事あらんや」〈今昔・九・三四〉

マイナウ-とう【マイナウ島】《Insel Mainau》ドイツ南西部、スイスとの国境をなすボーデン湖の島。バーデン-ビュルテンベルク州の観光都市、コンスタンツの北約5キロメートルに位置する。熱帯植物が植えられた豪華な庭園や公園がある。スウェーデン王族、ベルナドッテ伯爵の財団が所有する。

マイナス〘minus〙〔名〕スル ❶減じること。差し引くこと。「—成長」⇔プラス。❷㋐減じることを表す符号。減号。「－」。⇔プラス。㋑負数を表す符号。負号。「－」。「温度が—になる」⇔プラス。❸よくないこと。また、悪い面。「—に評価する」「—思考」⇔プラス。❹不利であること。不利益。損失。「彼の死は大きな—だ」⇔プラス。❺赤字。欠損。⇔プラス。❻陰電気。また、その記号。「－」。「—極」⇔プラス。❼陰性。陰性反応。⇔プラス。〘類語〙引く・除く・割り引く・控除・差っ引く

マイナス-イオン《和 minus＋Ion(ﾄﾞｲ)》イオンの一種とされる物質。森林中や滝の水しぶきなどに多く含まれ、健康によいとされるが、科学的根拠はない。➡疑似科学 〘補説〙学術用語ではなく、統一された定義をもたない。陰イオンとは異なる。

マイナス-イメージ《和 minus＋image》世間一般が受ける好ましくない印象。⇔プラスイメージ。〘補説〙英語ではbad image

マイナス-カード《和 minus＋card》カードゲームでの不利な持ち札。転じて、弱み。弱点。

マイナス-シーリング《和 minus＋ceiling》予算の概算要求などにあたって、前年度より一定率を減じたものを要求限度とすること。➡ゼロシーリング

マイナス-しこう【マイナス思考】何かにつけて、どうせ失敗するさ、私はだめなんだなどと悪い方向に考えが向くこと。物事を否定的にとらえる考え方。⇔プラス思考。

マイナス-ドライバー《和 minus＋driver》ねじ回しの先がマイナス記号の形になっているものをいう。〘補説〙英語では、slotted screwdriver。

まい-にち【毎日】来る日も来る日も。日ごと。
〘類語〙日日・日日・連日・日ごと

まいにち-しんぶん【毎日新聞】毎日新聞社が発行する日本の代表的日刊新聞の一。同社の本社は東京都千代田区一ツ橋。明治9年(1876)創刊の「大阪日報」を、同21年「大阪毎日新聞」と改題。同44年「東京日日新聞」を買収して東京に進出。昭和18年(1943)題字を現紙名に統一。同52年に経営悪化から債務処理会社と新聞発行会社に分離。発行部数は約341万部(平成24年上期平均)。

まい-にん【舞人】「まいびと」に同じ。

まい-ねずみ【舞×鼠】中国産ハツカネズミの飼養変種。体色は白く、内耳の三半規管に異常があるので平衡がとれず、自分の尾を追うようにくるくると回る習性がある。こまねずみ。

マイネッケ〘Friedrich Meinecke〙[1862～1954]ドイツの歴史家。政治史と精神史の総合をめざした。著「歴史主義の成立」など。

まい-ねん【毎年】としごと。年々。まいとし。
〘類語〙毎年・連年・年年・年年歳

まい-の-て【舞の手】舞の所作。舞の手振り。

まい-のぼ・る【参上る】〔動ラ四〕貴所・都に上って行く。「—・る八十氏人の手向する恐の坂に」〈万・一〇二二〉

まいのほん【舞の本】幸若舞の詞章を記した本。今日、五十数番の曲を伝え、平家物語・義経記・曽我物語などと同素材のものが多い。古浄瑠璃に大きな影響を与えた。

マイノリティー〘minority〙少数。少数派。⇔マジョリティー。

まい-ば【舞(い)葉】茎についたまま枯れて赤くなったタバコの葉。

まい-はぎ【舞×萩】マメ科の小低木。高さ約80センチ。葉は3枚の長楕円形の小葉からなる複葉で、頂の小葉が長く、側小葉は温度と光線の加減で上下運動をする。秋、紅色がかった淡黄色の花を総状につける。熱帯アジアなどに分布。

まい-はだ【×槙肌・×槙▽皮】《「まきはだ」の音変化》ヒノキやコウヤマキの甘皮を砕いて繊維としたもの。舟や桶などの水漏れを防ぐために、材の合わせ目や継ぎ目に詰め込む。のみ。のめ。

まい-ばたらき【舞働き】❶能の舞事の一。笛に大鼓・小鼓・太鼓の囃子で激しく舞う。また、その囃子事。竜神・鬼・天狗などの舞。はたらき。❷狂言の舞事の一。夷や毘沙門などが舞う祝福の舞。また、その囃子事。はたらき。

マイ-バッグ《和 my＋bag》買った品物を入れるため消費者が持参する袋。買い物袋。エコバッグ。➡レジ袋

まい-ばやし【舞×囃子】能の略式演奏形式の一。1曲中の舞所をシテ一人が面・装束をつけず、紋服・袴のままで、地謡と囃子とによって舞うもの。⇔居囃子。

まいばら【米原】滋賀県北東部にある市。琵琶湖東岸から伊吹山地に広がる。太平洋側と日本海側とを結ぶ鉄道・道路交通の要地。平成17年(2005)2月に山東町、伊吹町、米原町が合併して成立。同年10月に近江町を編入。人口4.0万(2010)。

まいばら-し【米原市】▶米原

まい-ばん【毎晩】よごと。毎夜。「—よく眠れる」
〘類語〙毎夜・連夜・夜毎・夜な夜な

まい-びと【舞人】舞を舞う人。特に、舞楽を舞う人。ぶにん。まいにん。

まい-ひめ【舞姫】《古くは「まいびめ」か》❶舞を舞う女性。踊り子。ダンサー。❷五節の舞に出る少女。「五節は二十日に参る。侍従の宰相に、—の装束などつかはす」〈紫式部日記〉

まいひめ【舞姫】森鷗外の小説。明治23年(1890)発表。ドイツに留学した官吏太田豊太郎と踊り子エリスとの悲恋を通し、明治の青年の近代的自我の目覚めとその苦悩を描く。

まい-びょう【毎秒】1秒ごと。1秒当たり。

ま

(類語)毎週・毎時・毎分

マイ-ブーム《和 my＋boom》自分の中での流行。自分が現在集めているもの、興味をもっているものごとをいう。

まい-ふく【埋伏】〔名〕スル ❶うずもれ隠れること。また、うずめ隠すこと。❷隠れひそむこと。また、待ち伏せすること。「此処に―して、其過ぐるを待ち居たりしが」〈竜渓・経国美談〉

まい-ぶみ【▽巻文】巻物仕立てにされた文書。まきぶみ。➡枚文

まい-ぶり【舞振り】舞をまうようす。舞い方。

まい-ふん【毎分】1分ごと。1分当たり。

(類語)毎週・毎時・毎秒

マイ-ペース《和 my＋pace》自分に合った進度・方法。「―で勉強する」

マイ-ペン-ライ〔タイ mai pen rai〕〔感〕大丈夫です。気にしないで。どういたしまして。

マイ-ホーム《和 my＋home》❶自分の家庭。わが家。❷自分の持ち家。(類語)家・家庭・内・ホーム・所帯・世帯・一家・家内・我が家・スイートホーム・ファミリー・家族・お宅・おうち・お家・貴家

マイホーム-しゅぎ【マイホーム主義】仕事や社会よりも、もっぱら自分の家庭を大切にし、それを生きがいとする考え方。家庭第一主義。

マイボーム-せん【マイボーム腺】《Meibomian gland》まぶたの縁にある分泌腺。皮脂を分泌し、角膜の乾燥を防ぐ。マイボーム腺の機能低下はドライアイの原因の一つとされる。瞼板腺。

マイ-ボール《和 my＋ball》❶ラグビーなどの球技で、自分のチームが攻撃権を保持していること。自分たちがボールを持っている状態。❷野球などで、「自分が処理する」ことを意味する掛け声。❸ボウリングで、個人専用のボール。重量や指穴のつくりなどが自分の使いやすいように作られている。

まい-ぼつ【埋没】〔名〕スル ❶うずもれて見えなくなること。「地すべりで民家が―する」❷世の人に知られないこと。「野に―している逸材」❸没頭して他を顧みないこと。「研究に―する」

マイ-ボトル《和 my＋bottle》❶なじみの飲み屋で、料金を払って預けておく自分用の酒瓶。❷自分用の飲み物を入れて携帯する水筒のこと。ごみになる紙コップやペットボトルの使用を減らし、環境を守ろうという意識から利用が広がる。持参した容器でコーヒーなどを購入すると割引されるサービスもある。

まい-まい【毎毎】いつも。毎回。その度ごと。「汝達の先に立って騒ぐは―なれど」〈露伴・五重塔〉

まい-まい【舞舞】❶曲舞およびそれから派生した幸若舞の異称。❷カタツムリの別名。❸「舞舞虫」の略。(季 夏)「―の水の広さや花菖蒲/青邨」

まいまい-が【舞舞×蛾】ドクガ科のガ。翅の開張は雄が約5センチ、雌が8センチ。雄は翅が暗褐色で黒紋があり、昼間盛んに飛び回る。雌は灰白色で暗色紋がある。幼虫は糸でぶら下がるのでブランコ毛虫とよばれ、種々の木の葉を食べる害虫。

まいまい-かぶり【蝸=牛▽被|舞舞▽被】オサムシ科の甲虫。日本特産。体長6センチくらい。体は黒色で、頭部・前胸部が細長く、前翅は左右癒着し、後ろ翅は退化していて飛べない。歩くのは速い。成虫・幼虫とも地上にすみ、カタツムリを襲って殻の中に首を入れ肉を食べる。

マイマイチェン【買売城】アルタンブラクの旧中国名。

まいまい-つぶり【舞舞×螺】カタツムリの別名。まいまいつぶら。まいまいつぶろ。

まいまい-むし【舞舞虫】ミズスマシの別名。

ま-いみ【真忌(み)】祭祀の際、神事に携わる人が、荒忌みのあとで厳重に行う物忌み。致斎。

マイ-ミク▶マイミクシィ

マイ-ミクシィ〔my mixi〕mixi(ミクシィ)の機能の一。ユーザー同士が友人として登録しあうこと。また、その登録者。登録されたユーザーは、プロフィール画面に一覧として表示される。マイミク。

マイム〔mime〕「パントマイム」に同じ。

マイム〔MIME〕《multipurpose Internet mail extensions》電子メールで、文字のほか、画像や音声、動画などさまざまなデータを転送するための規格。

まい-もど・る【舞(い)戻る】〔動ラ五(四)〕もとの所にもどる。「古巣へ―・る」「故郷に―・る」

(類語)返る・なおる・戻る・よみがえる・復する・やり直す・やり返す・持ち直す・立ち返る・立ち直る

マイモニデス〔Maimonides〕[1135～1204]中世のユダヤ人神学者・哲学者・医師。スペインのコルドバの生まれ。カイロのユダヤ教団を指導し、中世ユダヤ教神学の合理的基礎づけを試みた。著「迷える人々の手引き」など。イブン=マイムーン。

まい-や【毎夜】「まいよ」に同じ。「―更けて帰れども」〈浮・一代男・六〉

マイヤー〔Conrad Ferdinand Meyer〕[1825～1898]スイスの詩人・小説家。叙事詩「フッテン最後の日々」、小説「ユルク=イェナッチュ」など。

マイヤー〔Julius Robert von Mayer〕[1814～1878]ドイツの医者・物理学者。血液の色の観察から運動と熱との関係に着想し、エネルギー保存の法則に到達。熱の仕事当量を計算した。

マイヤー〔Otto Mayer〕[1846～1924]ドイツの行政法学者。フランス行政法を研究し、実証主義的公法学に基づく行政法学の基礎を築いた。著「ドイツ行政法」など。

マイヤー-かたさ【マイヤー硬さ】工業材料をはじめとする物質の硬さ(硬度)の示し方の一。押し込み硬さの一種で、鋼球を試料表面に押し込み、できたくぼみの投影面積でその荷重を除した値で表す。単位はH_M。マイヤー硬度。

マイヤー-こうど【マイヤー硬度】▶マイヤー硬さ

マイヤー-の-かんけいしき【マイヤーの関係式】気体の定圧比熱と定積比熱の間の関係式。定圧比熱をC_p、定積比熱をC_vとすると、$C_p - C_v = R/M$で表される。ここでRは気体定数、Mは分子量である。ドイツの物理学者J=R=v=マイヤーにより導出された。

マイヤーひゃっかじてん【マイヤー百科事典】《原題、ドイ Meyers Lexikon》ブロックハウス百科事典と並ぶ、ドイツの代表的百科事典。ライプチヒの出版業者マイヤーが、1840～52年に初版を刊行。

マイヤー-フェルスター〔Wilhelm Meyer-Förster〕[1862～1934]ドイツの小説家・劇作家。自作の小説「カール=ハインリヒ」を脚色した戯曲「アルト-ハイデルベルク」で知られる。

マイヤーホーフ〔Otto Fritz Meyerhof〕[1884～1951]米国の生理化学者。ドイツ生まれ。ナチスに追われ渡米。筋肉における乳酸の生成などを研究し、筋収縮のエネルギーが解糖によって得られることを解明した。1922年ノーベル生理学医学賞受賞。

マイヤベーア〔Giacomo Meyerbeer〕[1791～1864]ドイツの作曲家。グランドオペラのジャンルを確立した。作「悪魔のロベール」「アフリカの女」など。マイヤーベーア。

まい-ゆう【毎夕】夕方ごと。まいせき。「一五時に鐘が鳴る」

まい-よ【毎夜】毎晩。まいや。「―星を観察する」

(類語)毎晩・連夜・夜毎・夜な夜な

マイヨ〔フランス maillot〕からだにぴったりと密着した服。海水着・レオタード・タンクトップ・タイツなど。

まい-よう【毎葉】葉・紙などの1枚ごと。各葉。

まいよう-し【枚葉紙】巻き取り紙を全判・半裁・四裁などの大きさに断裁した紙。

マイヨール〔Aristide Maillol〕[1861～1944]フランスの彫刻家。裸婦像の傑作を多く制作。作「地中海」など。

マイヨ-ジョンヌ〔フランス maillot jaune〕《「マイヨジョーヌ」とも》自転車競技のツールドフランスで、その日の時点で総合成績トップの選手が着る黄色いジャージー。

マイラー〔miler〕❶競馬で、1マイル(約1600メートル)前後の距離のレースを得意とする馬。❷マイレージサービスを積極的に利用している人。➡陸マイラー

マイライン〔MYLINE〕利用電話会社をあらかじめ登録し、特定の識別番号をダイヤルしなくても、その電話会社の回線を優先的に利用できるサービス。登録した通信会社のみ利用できる、電話会社固定サービス「マイラインプラス」もある。平成13年(2001)5月に導入された。NTTコミュニケーションズ・NTT東日本・NTT西日本・KDDI・ソフトバンクテレコムなどが参入している。

マイライン-プラス〔MYLINE PLUS〕利用電話会社をあらかじめ登録し、特定の識別番号をダイヤルしなくても、その電話会社の回線を優先的に利用できるサービス。マイラインと異なり、登録した電話会社以外を利用できない。

まいら-こ【舞▽良子】舞良戸などの表側に、横に等間隔に並べた細い桟。

まいら・す【参らす|▽進らす】〔動サ下二〕《連語「まいらす❷」の一語化》❶物などをすすめる意の謙譲語。さしあげる。「御台をだに―・せで、籠め奉りつるを」〈落窪・一〉❷(補助動詞)他の動詞の連用形に付いて、謙譲の意を表す。…申し上げる。お…する。「かくだに思ひ―・するもかしこしや」〈枕・一二八〉

まいら◦す【参らす|▽進らす】〔連語〕《動詞「まいる」の未然形＋使役の助動詞「す」》❶「行かせる」の謙譲語。参上させる。「急ぎ(生マレタ皇子ヲ)―◦せて御覧ずるに」〈源・桐壺〉❷「させる」「すすめさせる」の謙譲語。奉仕させる。差し上げさせる。「まじなひ加持など―◦せ給へど」〈源・若紫〉

まいらせ-そうろ・う【参らせ候ふ|▽進らせ候ふ】〔連語〕《動詞「まい(参)らす」の連用形＋補助動詞「そうろ(候)う」》❶さしあげます。「弟子で候ふ刑部房俊秀を―・ふ」〈平家・四〉❷(「まいらす」が補助動詞の場合)他の動詞の連用形に付いて用いる。㋐「まいらす」が謙譲の意を表し、それに丁寧の意が加わる。…してさし上げます。「院御所法住寺殿を守護し―・ふべし」〈平家・二〉㋑「まいらす」の謙譲の意が失われ、「そうろう」とともに丁寧の意を表す。…しております。…でございます。…します。「御行水はわき―・ふ」〈伽・鉢かづき〉

まいらせ-そろ【参らせ▽候】❶手紙。特に、恋文。「つれづれの外に―も書き」〈柳多留・二〇〉❷《草書でくずして書いた字がその姿に似ているところから》虚無僧。「父は子のために―で来る」〈柳多留・九五〉

まいらせ-そろ【参らせ▽候】〔連語〕《動詞「まいらす」の連用形＋補助動詞「そうろう」の音変化「そろ」》動詞の連用形に付いて、丁寧の意を表す。…ます。…ております。…てさしあげます。「一筆しめし―」

まいら-ど【舞▽良戸】書院造りの建具の一。框の間に板を張り、その表側に舞良子とよぶ桟を横に細かい間隔で入れた引き違い戸。

まいり【参り】❶社寺に参詣すること。また、その人。「宮―」「百度―」❷行くことの意の謙譲語。参上すること。特に、宮中へ行くこと。参内。「まれまれの御―なれば」〈源・真木柱〉

まいり-おんじょう【参▽入音声|参音声】雅楽で、楽人・舞人が所定の位置へ着くまでの間に奏する音楽。道楽の一種で、現在は久米舞・東遊びなどにみられる。⇔退出音声。

まいり-く【参り来】〔動カ変〕参上して来る。「何事も、人目にはばかりて、え―・こず」〈源・藤袴〉

まいり-げこう【参り下向】参上することと下向すること。また、神社や寺院に参詣すること。「寺道場へ―して」〈浮・胸算用・二〉

まいり-ばか【▽詣り墓|参り墓】両墓制で、実際に遺体を埋葬した墓とは別に、参詣するためにだけ設ける墓。空墓所。引き墓。➡埋め墓

まいり-もの【参り物】召し上がり物。「―なるべし、折敷に手づから取りて」〈源・玉鬘〉

マイリンゲン〔Meiringen〕スイス中部、ベルン州、ベルナーオーバーラントにある町。アルプス各地を結ぶ峠道にあたり、古くから交通の要衝として栄えた。

コナン=ドイルの推理小説の主人公、シャーロック=ホームズ終焉の地とされるライヒェンバッハ滝がある。

マイル〖mile〗【哩】❶ヤードポンド法の距離の単位。1マイルは1760ヤードで、約1.609キロメートル。記号mil ❷マイレージサービスにおいて、航空会社の路線や提携するホテル・商店などを利用した際に加算される点数。一定数たまると、各種サービスとの交換ができる。

まい・る【参る】〔動ラ五(四)〕《上一段活用動詞「まいる」に「い(入)る」の付いた「まいいる」の音変化で、貴人のもとに参入する意が原義》㊀❶「行く」の謙譲語で、行く先方を敬う。㋐神仏に詣でる。参詣する。「墓に―・る」㋑貴人のもとや貴所に参上する。宮中に出仕する。入内する。⇔罷出。「暁に御迎へに―・るべきよし申してなむまかで侍りぬる」〈源・夕顔〉❷主として会話に用い、聞き手に対し、「行く」「来る」を、へりくだる気持ちをこめて丁重に表現する丁寧語。㋐「行く・来る」の先方が聞き手のところの場合には、その先方を敬いながら、「行く・来る」を丁重にいう。「明日、お宅へ―・ります」「御当地に―・って、はじめて知りました」㋑単に「行く・来る」を丁重にいう場合。このときにも謙譲の気持ちは残るので、敬うべき人の動作には用いない。現在、「先生もまいられますか」のような言い方は適切でないとされる。「私の家に弟が―・るはずです」「列車が―・ります」「雨が降って―・りました」❸❷のへりくだる気持ちが失せて、「行く」を重々しくいう。「そう簡単には―・らぬぞ」「日本の王政維新のように旨く―・るか―・らぬか」〈福沢・福翁自伝〉㊁相手に優位を占められる、屈するの意に変化したもの。❶負ける。降参する。「どうだ、―・ったか」❷閉口する。よわる。困る。「今年の暑さには―・った」❸死ぬ。やや、卑しめて言う。「とうとうあいつも―・ったか」❹異性などに心を奪われる。「彼女に―・っている」㊂貴人のもとへ物などが行くところから、差し上げる意に変化したもの。❶貴人・上位者に対する下位者の行動についての謙譲語。㋐貴人に対して何かをさし上げる。献上する。「親王に、うまの頭大御酒―・る」〈伊勢・八二〉㋑貴人のために何かをしてさし上げる。奉仕する。「(源氏ノタメニ)加持など―・るほど」〈源・若紫〉㋒上位者に対して、この手紙をさし上げますの意で、男女ともに手紙の脇付に用いる語。終止形だけが用いられる。「母様―・る冠者丸と書いてあり」〈浄・嫗山姥〉❷奉仕を受ける貴人の動作そのものを表すように変化した尊敬語。㋐「食う」「飲む」の尊敬語。召し上がる。「心地もまことに苦しければ、ものもつゆばかり―・らず」〈源・総角〉㋑「する」の尊敬語。なさる。「大殿油短く―・りて御覧ずるに」〈源・梅枝〉(可能)まいれる

(類語)(㊀❶㋐)参拝する・お参りする/(㊀❷㋐)上がる・伺う・参ずる・参上する・拝趨する・お伺いする・お邪魔する・参じる・馳せ参じる・罷り出る・いらっしゃる・おいでになる/(㊁❶)恐れ入る・ギブアップする・兜を脱ぐ・シャッポを脱ぐ・一本取られる・敗れる・敗北する・敗退する・完敗する・惨敗する・大敗する・惜敗する・やられる・土がつく・一敗地にまみれる・屈する・伏する・屈服する・くじける・膝を屈する/(㊁❷)困り果てる・往生する・辟易する・めげる・へこたれる・音を上げる・へたばる・へばる・挫ける・おじける・屈する・砕ける

ま-いる【参る】〔動ワ上一〕貴人・高貴の人のもとへ行く意の謙譲語。参上する。上る。「岩根踏み山越え野行き都辺に―・ゐしわが背を」〈万・四一一六〉(補説)上代に、連用形「まゐ」のほか、「まいく」「まいず」「まいのぼる」など複合動詞の一部としての例がみられるだけなので、終止形が「まう」のワ行上二段活用とする説もある。

ま-いるか【真海豚】マイルカ科の哺乳類。全長約2メートル。体は紡錘形で、吻が長い。背は黒か暗褐色、胸部体側は黄白色をし、腹は白い。暖海に分布。

マイルストーン〖milestone〗❶里程標。❷画期的な出来事。「近代医学の―となる発見」

マイルド〖mild〗〔形動〕❶まろやかなさま。「―な味」「―な香り」❷物事の程度や人の性質・態度などが穏やかなさま。「―な効き目」「―な口調」

マイルド-リセッション〖mild recession〗軽い、あるいは緩やかな景気後退をいう。政府の不況対策やビルトインスタビライザーの作用、弾力的な財政政策の採用により、景気循環の波がしだいに小幅になり、景気下降・後退も軽微になる状態をいう。⇒ビルトインスタビライザー

マイレージ〖mileage¦milage〗《「マイレッジ」とも》❶マイル数。里程。一定時間内の走行マイル数。鉄道などのマイル当たり運賃、単位燃料当たりの走行距離、タイヤなどの耐用マイル数など。⇒マイル❶ ❷利益。有用性。使用量。恩恵。❸《mileage programの略》航空会社が自社路線の利用者に対して、搭乗距離の増加に応じてさまざまな恩典を与えるサービスプログラム。利用するごとにマイルと呼ばれるポイントが付与され、一定数たまると無料航空券などに引き換えができる。マイレージサービス。

マイレージ-サービス《和 mileage+service》「マイレージ❸」に同じ。

マイレージ-マラソン〖Mileage Marathon〗エコノミーラン(自動車の燃料節約競走)の最高峰で、シェル石油が各国でその国の権威ある自動車雑誌と提携して共催しているもの。世界記録は1リットルあたり2000キロを超えている。⇒エコノミーラン

マイレージ-メーター〖mileage meter〗自動車の走行距離計で、新車で走り始めてからの累計総走行距離を示すもの。⇔トリップメーター。

マイレッジ〖mileage¦milage〗▶マイレージ

マイロ〖milo〗飼料用の穀物。モロコシの一種。黄赤褐色の穀粒で、東アジア産のコーリャンと同種。

ま-いわい【間祝(い)|万祝(い)】❶意外な大漁があったとき、漁業主が漁師・関係者・知人などを招いて祝宴を開くこと。まんいわい。❷「間祝い着」の略。

まいわい-ぎ【間祝(い)着】間祝いに網主が漁師に贈る、鯛や鶴亀などの絵柄を染めつけた祝い着。羽織って着る。

ま-いわし【真×鰯】❶ニシン目ニシン科の海水魚。全長約20センチ。体は細長く、やや側扁する。背側は青緑色で、体側に1〜3列の黒点が並ぶ。植物プランクトンを主食とし、沿岸の表層を回遊する。食用、また養魚の餌とする。大きさにより、しらす・ひらご・小羽・中羽・大羽とよばれる。ななつぼし。いわし。❷カタクチイワシのこと。

マイン-がわ【マイン川】《Main》ドイツ南部を流れる、ライン川の支流。バイエルン州北部をほぼ西流し、マインツでライン川に注ぐ。長さ524キロ。古くから水運に利用され、中流域ではブドウ栽培が盛ん。

マイン-カンプ〖ドイツ Mein Kampf〗ヒトラーの著書「わが闘争」の原題。

マインツ〖Mainz〗ドイツ中西部、ラインラント-プファルツ州の州都。ライン川・マイン川の合流点に位置し、ローマ時代に起源を持つ商工業都市。ワインの集散地、グーテンベルクの生地としても有名。

マインツ-だいせいどう【マインツ大聖堂】《Mainzer Dom》ドイツ中西部、ラインラント-プファルツ州の州都、マインツの旧市街にある大聖堂。975年、マインツ大司教ウィリギスによりカテドラル(司教座聖堂)として造営開始。その後、度重なる増改築を経て、現在見られるロマネスク、ゴシック、バロック様式が混在する姿になった。

マインド〖mind〗❶心。精神。意識。「スポーツ―」❷好み。意向。(類語)精神

マインド-コントロール《和 mind+control》自分の感情を制御すること。また、他人の心を自分の意のままに操ること。例えば、宗教などが独自の手段によって信者の人格・精神を変革・統制すること。

マインド-シェア〖mind share〗特定のブランドまたは企業が、消費者の心の中でどの程度好ましい地位を得ているかを比率の形で示したもの。一位挙名率や純粋想起率などの知名度シェア、購入意向率やイメージ得点シェアなどが用いられる。

マインド-フィットネス《和 mind+fitness》フィットネスクラブなどの施設で行われている、各種の健康機器を使ってストレスを解消し、心身をリラックスさせるための処方。脳をリラックスさせてアルファ波を出させるボディーソニック、回転しながら波に乗っているような感覚を味わわせる浮遊感覚シミュレーターなどの機器がよく用いられる。

ま・う【×眩う】〔動ワ五(ハ四)〕《「舞う」と同語源》(ふつう「目がまう」の形で)めまいがする。目がまわる。「フラフラと眼が―・い気が遠くなって」〈鉄腸・南洋の大波瀾〉

ま・う【舞う】〔動ワ五(ハ四)〕❶音楽などに合わせて手足を動かし、ゆっくり回ったり、かろやかに移動したりする。「ひと差し―・う」「銀盤に―・うスケーター」❷円形を描くようにして空を飛ぶ。空中をただよい動く。「とんびが―・う」「紙ふぶきが―・う」「ほこりが―・う」❸くるくるまわる。「をかしく―・ふものは…平等院なる水車」〈梁塵秘抄・二〉❹あわただしく動きまわる。「きのふ今日雲のたち―・ひ隠ろふは花の林を憂しとなりけり」〈伊勢・六七〉❺畑の作物が枯れる。「茄子の枯るるをば、百姓みな―・ふといふなり」〈咄・醒睡笑・七〉(可能)まえる (補説)「踊る」が、本来、とびはねる意であるのに対し、「舞う」は地をするように旋回する意を本義とする。(類語)踊る・飛ぶ・翔る・天翔る・飛翔する・飛行する・高翔する・滑翔する・飛来する・滑空する

マウイ-とう【マウイ島】《Maui》米国、ハワイ諸島中第二の大島。ハレアカラ火山がある。パイナップル・サトウキビの栽培が盛ん。

ま-うえ【真上】まっすぐ上。すぐ上。直上。⇔真下。(類語)直上

ま-うけ【真受け】まに受けること。本当だと信じること。「正直な、―に受けて」〈二葉亭・浮雲〉

まうし〔助動〕[○|まうく・まうかり|まうし|まうき|まうけれ|○]動詞の未然形に付く。希望しない意を表す。…したくない。…するのがいやだ。「この君の御童姿、いと変へ**まうく**おぼせど」〈源・桐壺〉(補説)希望の助動詞「まほし」の反対の意を表す語で、「ま憂し」の意。希望の助動詞「まほし」が「ま欲し」と理解され、その類推として成立した。推量の助動詞「む」の未然形「ま」に接尾語「く」が付き、さらに、形容詞「憂し」が付いた「まくうし」の音変化とみる説もある。中古・中世の仮名文学を中心に用いられた。

マウス〖mouse¦ドイツ Maus〗❶欧州産ハツカネズミの飼養白変種。医学実験に用いる。❷コンピューターの入力装置の一。タバコ箱大で、机上を動かすことで画面のカーソルも移動し、上面にあるボタンを押して位置や選択肢を指定・入力する。下面に取り付けられたボールによりマウスの動きを検出する。発光部と受光部を備え、光学的に動きを検出する光学式マウスもある。名称の由来はケーブルを接続した形がネズミに似ているところから。

マウス〖mouth〗口。口腔。

マウスウオッシュ〖mouthwash〗口臭を防ぐために用いる、口内洗浄液。

マウス-カーソル〖mouse cursor〗▶マウスポインター

マウスツウマウス-ほう【マウスツウマウス法】《mouth-to-mouth resuscitation》人工呼吸法の一。救助者の口から患者の口へ直接息を吹き込む方法。

マウス-パッド〖mouse pad〗マウス❷を操作する際に、マウスボールの転がりを良くしたり、ほこりがつかないようにしたりするための下敷き。

マウスピース〖mouthpiece〗❶管楽器の吹き口。❷ボクシングなどで、競技者が口に入れて、口中や歯の損傷を防ぐための用具。❸口にはめて使う医療器具。胃カメラの挿入時にケーブルの損傷を防ぐものや、歯並びの矯正に使用するものなどがある。

マウス-ホイール〖mouse wheel〗▶スクロールホイール

マウス-ポインター〖mouse pointer〗コンピューターの操作画面において、入力端末のマウスが画面上で指し示している位置を表す記号。マウスカーソル。

マウス-ボタン〖mouse button〗コンピューターの入力装置マウスの上部に設けられたボタン。通常、1〜3個のボタンがあり、クリック、ダブルクリック、プレスなどの操作により、ディスプレー画面上での位置や選択肢を指定・入力する。

マウス-ユニット〖mouse unit〗毒性を表す単位。体重19〜21グラムのマウスを死亡させるのに必要な量を1マウスユニットと定める。

マウソロス-れいびょう【マウソロス霊廟】《Mausōleion》古代都市ハリカルナッソスにあった霊廟。現在のトルコ南西部の港町ボドルムに位置する。紀元前4世紀にカリア国のマウソロス王とその妻アルテミシアの墓所として、ギリシャ人建築家ピティオスとサティロスの設計で建造。高さ55メートルに及ぶ壮麗な建物として、古代世界の七不思議の一つに数えられた。12世紀の地震で崩壊し、15世紀にヨハネ騎士団が築いたボドルム城の石材として利用されたため、基壇部分のみが残っている。19世紀の発掘調査で発見されたマウソロスの像などの出土品は、現在、大英博物館に所蔵されている。

ま-うち【間内】部屋の中。室内。「一の障子をはずして」〈鴎外・大塩平八郎〉

マウデン〖Muiden〗▶ムイデン

マウデン-じょう【マウデン城】《Muiderslot》▶ムイデン城

ま-うと【真▽人】▶もうと

マウナ-ケア〖Mauna Kea〗ハワイ島北部にある楯状火山。ハワイ諸島の最高峰。標高4205メートル。

マウナ-ロア〖Mauna Loa〗ハワイ島南部にある、活動中の楯状火山。標高4170メートル。東にキラウエアがある。

マウマウ〖Mau Mau〗1950年代、東アフリカのイギリス領ケニアで、反英民族解放闘争を行った秘密結社。先住民のキクユ族を中心に結成され、「白人の奪った土地を我らに返せ」をスローガンとした。

ま-うら【真裏】すぐ裏。ましろ。

マウリヤ-ちょう【マウリヤ朝】《Maurya》古代インド、マガダ国に興った王朝。前317年ごろ、チャンドラグプタがナンダ朝を滅ぼして建設。都はパータリプトラ。第3代アショカ王のころ全盛期となり、インド史上最初の統一国家を築いたが、王の没後急速に衰え、前180年ごろスンガに滅ぼされた。仏教を全インドとその周辺に広めた。孔雀王朝。

マウルブロン-しゅうどういん【マウルブロン修道院】《Kloster Maulbronn》ドイツ南西部、バーデン-ビュルテンベルク州の町、マウルブロンにある修道院。シュトゥットガルトの北西約25キロメートルに位置する。1147年に建造。同国最古のシトー派修道院として知られる。16世紀半ばにプロテスタントの神学校になり、フリードリヒ=ヘルダーリン、ヘルマン=ヘッセらが学び、ヘッセの小説「知と愛」の舞台になった。1993年、世界遺産(文化遺産)に登録された。

マウンティング〖mounting〗多くの哺乳類の雄が交尾のときにとる、ほかのものに馬乗りになる行動。サルでは固体間の優位性を誇示するためにも行う。背乗り。

マウンテン〖mountain｜Mt.〗山。また、山形のもの。マウント。

マウンテン-ゴリラ〖mountain gorilla〗ゴリラの一亜種。アフリカのコンゴ民主共和国東部からウガンダ・ルワンダにまたがる山地林に生息。毛色は黒い。

マウンテン-スロープ〖mountain slopes〗山の斜面。山腹。

マウンテン-バイク〖mountain bike〗野山などを走るための頑丈なつくりの自転車。1970年代に米国で登場し世界的に広まった。太いタイヤ、1本棒のハンドル、手元操作の切り替えレバーなどが特徴。MTB。

マウンテン-フライト〖mountain flight〗そびえ立つ大山脈を機上から眺める観光飛行。特に、エベレスト、カンチェンジュンガなどヒマラヤ山脈の観光飛行。

マウンテン-ボード〖mountain board〗スノーボードに似た板の前後にゴムタイヤを4個つけたもの。斜面を滑走して遊ぶ。

マウンテン-ミュージック〖mountain music〗フィドル・バンジョー・マンドリンにギターとベースを加えたカントリー音楽の一種。元来、カントリー音楽が山の多いケンタッキーが発祥のため、こう呼ばれるようになった。ブルーグラスとほぼ同義。

マウント〖mount〗〔名〕スル ❶台座などに物を載せること。また、その台座。「エンジンを後部に一する」❷レンズ交換のできるカメラの、レンズを固定する部分。❸写真などをはる台紙や、スライドの枠。❹コンピューターに周辺装置を認識させ、操作可能な状態にすること。周辺装置を切り離すことをアンマウントという。❺「マウンテン」に同じ。Mt.と略記する。

マウンド〖mound〗❶土を盛り上げた所。小丘。また、土手。❷野球で、投手が投球に際して立つ、ダイヤモンド中央の小高くなっている所。

マウント-ウエザー〖Mount Weather〗米国バージニア州にある米国連邦施設名。核戦争に備えた地下都市で、核戦争が始まると政府要人他、各界の代表が集結して事態に対応するといわれる。

マウント-スチュワート〖Mount Stewart〗英国、北アイルランド東部、ダウン州にある邸宅と庭園。ストラングフォード湖に臨む。18世紀にリネン製造で財を成したロンドンデリー侯爵スチュワート家により建造。20世紀初頭、第7代侯爵夫人によりフォーマルガーデンと称される広大な庭園が整備された。現在はナショナルトラストが管理している。

マウント-ドラ〖Mount Dora〗米国フロリダ州、オーランド郊外の北西部にある町。アンティークショップが多いことで知られる。

マウント-バーノン〖Mount Vernon〗米国バージニア州北部の都市、アレクサンドリア近郊の地名。初代大統領ジョージ=ワシントンの邸宅と墓所がある。

マウント-フッド〖Mount Hood〗▶フッド山

マウントラシュモア-こくりつきねんぶつ【マウントラシュモア国立記念物】《Mount Rushmore National Memorial》▶ラシュモア山国立記念物

マウントレーニア-こくりつこうえん【マウントレーニア国立公園】《Mount Rainier National Park》▶レーニア山国立公園

マウントロブソン-しゅうりつこうえん【マウントロブソン州立公園】《Mount Robson Provincial Park》▶ロブソン山州立公園

まえ【前】■〔名〕《「目ま方へ」の意》❶普通の状態で顔または視線の向いている方向。おもて。前方。「まっすぐ一を向く」⇔後ろ。❷他人のいるところ。面前。「子供の一でそんなことは話すな」❸建物などの正面。表の方。「駅の一の大通り」「像の一で記念写真をとる」⇔後ろ。❹その事柄に対した時の状況。「新企画の一に立ちはだかる難問」「厳格な規則の一には手も足も出なかった」❺連続するものの初めの部分。さき。「行列の一を歩く」「一から八番目の席につく」⇔後ろ。❻㋐ある時点より前。「三〇分ほど一に電話があった」㋑以前。むかし。「一に会ったことがある」「一のことを持ち出す」❼順序の先のほう。「一からの約束」「一のページ」❽身体の正面の部分。また、陰部。「一をはだける」「一を隠す」❾前歴。特に、前科。「一がある」❿正面の庭。前庭。「ひとりしていかにせましとわびつればそよとも一の荻ぞこたふる」〈大和・一四八〉⓫神の御身。神を直接指すのを避けて付ける語。「能く我が一を治めば」〈記・上〉⓬神・貴人を敬っていう語。「御一にも、えさはあらじとおぼしめしたり」〈枕・八七〉⓭「前神」の略。「社一百九十八所…一一百六座」〈延喜式・四時祭上〉⓮連歌・俳諧で、前句のこと。「この一出でて、座中暫く付けあぐみたり」〈去来抄・先師評〉⓯女性の名の下に付いて、尊敬の意を表す。「千手の一」〈平家・一〇〉■〔接尾〕❶名詞や動詞の連用形などに付いて、それに相当する分量や部分などを表す。「五人一」「分け一」❷名詞に付いて、その属性・機能などを強調する意を表す。「男一」「腕一」

〔下接語〕朝飯前・当たり前・言い前・板前・一人前・一丁前・居前・後ろ前・腕前・上前・江戸前・男前・落とし前・御前・御前・片前・気前・切り前・口前・小前・差し前・下前・自前・錠前・新前・足し前・出し前・立ち前・立て前・点前・建前・手前・出前・戸前・取り前・名前・鉢前・半人前・左前・人前・昼前・前前・真ん前・右前・向こう前・目の前・持ち前・厄前・両前・分け前・業前・割り前

〔類語〕先・何時ぞか・ある時・いつぞや・かつて・以前・前前・かねて・かねがね・昔・元・旧・前ぜん・先

前を跋み後ろに疐く《韓愈「進学解」から》老いた狼が前へ進めば、のどの下に垂れた皮肉を踏みつけ、後ろに退けば、尾につまずく。進退ともに窮し、自由にならないことのたとえ。

まえ-あがり【前上(が)り】物の前部が、後部よりも上がっていること。⇔前下がり。

まえ-あき【前開き｜前明き】上着の襟ぐりなど、衣服の前面にあきがあること。「一のスカート」

まえ-あし【前足｜前脚｜前▽肢】❶獣類の前方の両足。❷足を前後に開いたときの、前の方の足。

まえ-いし【前石】役石の一。蹲踞や石灯籠の前に据える石。

まえ-いた【前板】❶牛車の前後の入り口に横に掛け渡した板。踏み板。❷鎧の前腰にある草摺。揺糸の板。❸▶帯板❷

まえ-いわい【前祝(い)】あるめでたい事が起こると見越して前もって祝うこと。「一に一杯やる」

まえ-うしろ【前後ろ】❶物事の前と後ろ。前後。❷前後の位置があべこべなこと。逆。うしろまえ。「セーターを一に着る」〔類語〕前後・後先・後ろ前

まえ-うた【前歌｜前唄】❶中心となる歌い手が出場する前に歌う歌手。❷地歌や箏曲で、手事の前に演奏される歌の部分。⇔後歌。

まえ-うち【前打ち】当事者が発表する前に、報道機関が調査して公表すること。特に、検察が極秘にしている捜査対象や捜査状況、逮捕や強制捜査がいつ行われるかなどを公にすること。「一報道」〔補説〕報道機関側から見れば特ダネであるが、証拠隠滅などの悪影響があるところから、捜査当局は前打ち報道には批判的である。

まえ-うり【前売り】〔名〕スル 切符や入場券などを、使用当日よりも前に売ること。また、その券。「利用日の一か月前から一する」

まえ-お【前緒】履物の前壺にすげる緒。

まえ-おき【前置き】〔名〕スル ❶文章や談話などで、本題に入る前に述べること。また、その言葉。「事情を一してから話し始める」❷立花の役枝の一。水際に挿す草木。⇒七つ道具

〔類語〕(❶)自序・序・序文・はしがき・前書き・序言・緒言・序章・前付け・前文・プロローグ

まえお-は【前尾派】自由民主党の派閥の一。宏池会の昭和40年(1965)から同46年における通称。会長は前尾繁三郎。⇒大平派

まえ-おび【前帯】❶帯を前で結ぶこと。また、その帯。江戸時代、既婚の女性などが多く用いた。前結び。⇒後ろ帯 ❷近世の上方で、まゆをそり、歯を黒く染めた年増。「女郎も若きは気に入らず、一こなすと自慢顔」〈洒・遊客年々考〉

まえ-かがみ【前▽屈み】からだを前方へかがめること。まえこごみ。「一でする作業」〔類語〕前屈・屈伸

まえ-がき【前書(き)】〔名〕スル 本文に入る前に簡単に書き添えること。また、その文章。序文。端書き。序。⇔後書き。〔類語〕序・序文・はしがき・自序・序言・緒言・序章・前付け・前置き・前文・プロローグ

まえ-かけ【前掛(け)】衣服の前面、特に腰から下を覆うひも付きの布。エプロン。前垂れ。〔類語〕エプロン・前垂れ・割烹着・上っ張り

まえ-がし【前貸し】〔名〕スル 賃金などを支払うべき期日より前に貸し与えること。先貸し。「給料を一する」⇔前借り。

まえ-がしら【前頭】相撲で、小結の次位、十両の上位。定数はないが、通例東西15人前後で、その第1位を前頭筆頭といい、以下前頭何枚目と数える。

まえ-かた【前方】まへ ㊀〘名〙❶ある位置よりも前。㋐前後や序列の、先の方。前側の方。「一の来賓席」「一後ろ方と、ことども分きて、一は賀茂に参り」〈栄花・歌合〉㋑前の方向。ぜんぽう。「一に見える山」❷ある時点より過去。副詞的にも用いる。㋐以前。先ごろ。「定刻より一に着く」「一拝見致いたことがござる」〈虎寛狂・比丘貞〉㋑事前。あらかじめ。「一から承知していた」㊁〘名・形動ナリ〙❶時代遅れなこと。また、そのさま。「中古は衆生一にして」〈浮・禁短気・三〉❷不慣れなこと。また、そのさま。未熟。「一なる買ひ手どもは、女郎に思はれんとて」〈浮・禁短気・一〉❸控えめであること。また、そのさま。「調子に乗りても、物は一に言ふべし」〈浮・禁短気・二〉

まえ-かど【前▽廉】まへ《前の時点の意。副詞的にも用いる》❶以前。先ほど。まえかた。「一お屋敷に御奉公申しました、おかちと申す者」〈浄・浪花鑑〉❷事前。前もって。まえかた。「それは一から習うておいてござる」〈虎明狂・麻生〉

まえ-がみ【前神】まへ 二座以上の神を祭った神社で、主神以外の神のこと。

まえ-がみ【前髪】まへ ❶額の上部の頭髪。「一を垂らす」❷女子または元服前の男子の額の上の髪を別に束ねたもの。向こう髪。❸前髪姿の男子。元服していない少年。「一あまた召しよせられ」〈浮・男色大鑑・二〉

まえがみ-だて【前髪立て】まへがみ ❶男子が前髪を立てていること。元服前であること。また、その人。前髪立ち。「一の時分よりおそば近う召し仕はれ」〈浄・手習鑑〉❷前髪を高く張り出すために、髪の中に入れておく鯨の骨で作った道具。「かうがい、さし櫛、一」〈浮・好色盛衰記〉

まえ-がり【前借り】まへ〘名〙スル 賃金などを受け取るべき期日より前に借りること。先借り。ぜんしゃく。「手間賃を一する」⇔前貸し。

まえかわ-やすお【前川康男】まへかはやすを［1921～2002］児童文学作家。東京の生まれ。学徒出陣し、中国で終戦。戦争や国家の問題を問う「ヤン」「魔神の海」を発表。「かわいそうな自動車の話」で野間児童文芸賞を受賞。他に「奇跡クラブ」「おかあさんの生まれた家」など。平成3年(1991)紫綬褒章受章。

まえかわ-レポート【前川レポート】まへかは《「国際協調のための経済構造調整研究会報告書」の通称》中曽根内閣の私的諮問機関として設けられた同研究会が、昭和61年(1986)に提出。内需主導型の経済成長、輸出入・産業構造の抜本的転換、金融資本市場の自由化・国際化の推進、およびマル優などの貯蓄優遇税制の抜本的見直しなどを提言した。研究会の座長が前川春雄元日銀総裁だったことから「前川レポート」と呼ばれる。前川リポート。〔補説〕昭和60年(1985)のプラザ合意後、円高が急速に進行したにもかかわらず、日本は依然として巨額の貿易黒字を計上し、欧米諸国との間で経済摩擦が生じていた。前川レポートは日本に市場開放と内需拡大を迫る米国など諸外国の外圧に対応する内容となっていたが、内需を刺激するための金融緩和策が国内のマネーサプライを急増させ、バブル経済を生む結果となった。

まえ-かんじょう【前勘定】まへカンヂャウ 代金を前もって支払うこと。前払い。

まえ-きょうげん【前狂言】まへキャウゲン ❶歌舞伎で、脇狂言のこと。❷京坂の歌舞伎で、一番目狂言の称。

まえ-ぎり【前×桐】まへ 箪笥などで、前部の板だけに桐材が使ってあること。また、そのもの。総桐などに対していう。

まえ-きん【前金】まへ ❶品物を受け取る前に代金を支払うこと。前払いすること。また、その代金。ぜんきん。⇔後金。❷手付金。内金。まえがね。〔類語〕先払い・前払い・即金

まえ-ぎんちゃく【前巾着】まへ《「まえきんちゃく」とも》「前提げ」に同じ。「お物師が縫うてくれし一に」〈浮・一代男・一〉

まえ-く【前句】まへ ❶連歌・俳諧で、付句の前に位置する句。❷「前句付け」の略。

まえく-づけ【前句付(け)】まへ 雑俳の一。出題された七・七の短句(前句)に五・七・五の長句(付句)をつけるもの。元禄(1688～1704)ごろから庶民の間に流行、のちの川柳の母体となる。例えば「美事なりけり美事なりけり」に「要ぎは残してさっと海に落ち」とつける類。

まえ-げい【前芸】まへ 本芸に入る前に小手調べとして演じるちょっとした芸。

まえ-げいき【前景気】まへ 事の始まる前の人気・評判。「一をあおる」

まえ-こうじょう【前口上】まへコウジャウ 実演・実技などの始まる前に述べる口上。また、本題に入る前に述べる言葉。まえおき。「一が長い」

まえ-こぐち【前小口】まへ 書物の、背の反対側の部分。小口。➡小口❷

まえ-こごみ【前▽屈み】まへ「まえかがみ」に同じ。

まえ-こさく【前小作】まへ 小作米を前納する契約でする小作。

まえ-ごし【前腰】まへ 袴の前側のひもの、腹に当たる部分。⇔後ろ腰。

まえ-さがり【前下(が)り】まへ ❶物の前部が、後部よりも下がっていること。⇔前上がり。❷婦人服で、前身頃の背丈の基礎線より下がっている部分。❸和服で、羽織やコートの前身丈を脇から襟付けに向かって斜めに下げて長くすること。また、その寸法。

まえ-さき【前先】まへ 将来。また、将来を見抜くこと。「道具諸色は売ってしまひ、金にして内を出て来たは、こりゃ是一といふものぢゃ」〈伎・韓人漢文〉

まえ-さげ【前提げ】まへ 巾着などの上にひも通しをつけ、帯革をつけて前腰にさげるもの。安永(1772～1781)のころ、京坂地方で流行した。前巾着。

まえ-ざし【前挿(し)｜前差(し)】まへ 女の髷の前の方に挿すかんざし。

まえ-さばき【前×捌き】まへ ❶相撲で立ち合いの時、先手を取るため相手の手をしぼり、いなすなどして、有利な体勢をつくること。❷主要な事柄を順調に進めるため、あらかじめ行う処理。事前処理。下準備。「審議会提出には一が必要だ」
〔類語〕準備・下準備・下ごしらえ・用意・根回し

まえじた-ぼいん【前舌母音】まへじた ►ぜんぜつぼいん(前舌母音)

まえ-じて【前仕手】まへ《「まえして」とも。ふつう「前ジテ」と書く》能または狂言で、前後二場からなる曲の中入りより前に出るシテ。⇔後の仕手。

まえじま-ひそか【前島密】まへじま［1835～1919］官僚・政治家。越後の生まれ。郵便制度の調査のため渡英、帰国後、官営の郵便事業を創始。「郵便」「切手」などの名称を定めた。国字改良論者としても知られる。

まえ-しりえ【前▽後】まへしりへ 前方と後方。また、勝負事などで、右方と左方。「上の女房一と装束き分けたり」〈源・絵合〉

まえ-すそ【前裾】まへ 着物やスカートの下のへりで、前方の部分。

まえ-すだれ【前×簾】まへ 牛車などの前面にかけるすだれ。

マエストーソ〖イタリア maestoso〗音楽で、発想標語の一。荘厳に、堂々として、の意。

マエストロ〖イタリア maestro〗❶芸術の大家。巨匠。❷大音楽家。名指揮者。人の名に冠して敬称としても用いる。

マエス-ホウ〖Maes Howe〗►メイズホウ

まえ-ずもう【前相×撲】まへずまふ 各相撲部屋に入門した新弟子が番付外でとる相撲。待ったなしの飛び付き相撲で、2連勝して一つの勝ち星となり、勝ち星を二つあげれば本中に進む。

まえ-そで【前袖】まへ 牛車・輿などの前方の出入り口の左右に張り出した部分。

まえだ-えうん【前田慧雲】まへだ［1857～1930］仏教学者。三重の生まれ。東洋大学・竜谷大学の学長を勤める。「大日本続蔵経」を刊行した。著「本願寺派学事史」など。

まえ-だおし【前倒し】まへだふし〘名〙スル 予定の時期を繰り上げて予算を使ったり、計画を実施したりすること。「公共事業費を一して景気の回復をはかる」

まえだ-かんじ【前田寛治】まへだクワンヂ［1896～1930］洋画家。鳥取の生まれ。フランスに留学し、クールベやアングルに傾倒。独自の写実主義を目ざしたが、しだいに主観表現に向かった。

まえだ-げんい【前田玄以】まへだ［1539～1602］安土桃山時代の武将。美濃の人。名は宗向。初め比叡山の僧。のち、織田信忠・信雄、次いで豊臣秀吉に仕え、丹波亀山5万石を封ぜられ、さらに五奉行の一人となった。

まえだこう-ひろいちろう【前田河広一郎】まへだかうひろイチラウ［1888～1957］小説家。宮城の生まれ。徳冨蘆花に師事。小説「三等客船」で注目され、「種蒔く人」「文芸戦線」同人のプロレタリア作家として活躍。他に「赤い馬車」「大暴風雨時代」など。

まえだ-せいそん【前田青邨】まへだ［1885～1977］日本画家。岐阜の生まれ。本名、廉造。大和絵・琳派の技法を独自に消化し、清新・豊麗な画風を確立した。文化勲章受章。

まえ-だち【前立ち】まへ ❶前に立っているもの。特に、厨子などの中の本尊の前に安置される仏像。❷世間に対する名義上、表面に立てる人。まえだて。「揚巻の一白酒の粕兵衛といふ者」〈伎・助六〉

まえだ-つなのり【前田綱紀】まへだ［1643～1724］江戸前期の大名。加賀藩第5代藩主。幼名、犬千代。藩政改革に尽力。また、学を好み、木下順庵を招き、図書の収集・保存・編纂にも努めて尊経閣文庫の基礎を築いた。

まえ-だて【前立】まへ ❶「前立物」の略。❷「まえだち❷」に同じ。

まえだて-もの【前立物】まへだて 兜の前部につける立物の一。鍬形・半月・天衝・高角などの。前立。

まえだ-としいえ【前田利家】まへだとしいへ［1538～1599］安土桃山時代の武将。加賀藩主前田氏の祖。尾張の人。幼名、犬千代。織田信長に従い、各地で戦功をたてた。のち、豊臣秀吉に仕え、五大老の一人として、秀頼の後見を託された。

まえだ-なつかげ【前田夏蔭】まへだ［1793～1864］江戸後期の国学者。江戸の人。通称、健助。号、鶯園。清水浜臣に国学を学ぶ。「蝦夷志料」を編集するが完成を見ずに没。

まえだま-かいてんしき【前玉回転式】まへだまクワイテンシキ ►フロントフォーカシング

まえだやま-えいごろう【前田山英五郎】まへだやまエイゴラウ［1914～1971］力士。第39代横綱。愛媛県出身。本名、萩森金松。優勝1回。引退後、年寄高砂。ハワイ巡業の実現など大相撲の国際化につとめ、初の外国人関取高見山を育てた。➡照国万蔵(第38代横綱) ➡東富士欽壱(第40代横綱)

まえだ-ゆうぐれ【前田夕暮】まへだゆふぐれ［1883～1951］歌人。神奈川の生まれ。本名、洋造。尾上柴舟に師事。「詩歌」を創刊して、明星派に対抗。自然主義短歌といわれる牧水・夕暮時代を現出した。のち、自由律短歌を提唱。歌集「収穫」「生くる日に」「原生林」など。

まえだ-よういち【前田陽一】まへだヤウイチ［1934～1998］映画監督。兵庫の生まれ。「にっぽんぱらだいす」で監督デビュー。風俗喜劇の名匠渋谷実の影響を受け、喜劇映画を量産した。代表作「喜劇・あゝ軍歌」「神様のくれた赤ん坊」など。

まえだ-りゅう【前田流】まへだリウ 平曲の流派の一。江戸初期に前田検校(のちに総検校)が創始。京都を中心とした波多野流に対し、主に江戸・名古屋で行われた。現行の平曲はすべて前田流。

まえ-だれ【前垂れ】まへ ❶「前掛け」に同じ。❷旋盤の往復台の主要部分。側面が垂れた形をし、内部に送り装置を収め、表面にハンドルなどを備える。エプロン。

まえだれ-がけ【前垂れ掛(け)】まへだれ ❶前垂れ❶を掛けていること。また、その姿。「兄の民助は一のまま」〈藤村・春〉❷商家に奉公している者。

ま

まえだれ-かずき【前垂れ▽被き】まへだれかづき《前垂れをかぶって雨をしのぐ意から》陰暦3月・9月の奉公人出替わりのころ降る雨。「一の雨に泪なみだこぼすを見るやうな」〈浮・織留・五〉

まえ-つ-きみ【公＝卿¦×卿¦大＝夫】まへ《「前つ君」の意》天皇の御前に仕える人を尊敬していう語。また、朝廷に仕える高官・侍臣の総称。「島山に照れる橘たちばなうずに刺し仕へ奉るは一たち」〈万・四二七六〉

まえ-づけ【前付(け)】まへ 書籍・雑誌の本文の前に添える、扉・口絵・序文・端書き・目次など。⇔後付け。〔類語〕自序・序・序文・はしがき・前書き・序言・緒言・序章・前置き・前文・プロローグ

まえ-つぼ【前×壺】まへ 下駄などの、鼻緒の前緒をすげる穴。また、その前緒。

まえ-どおり【前通り】まへどほり〔名・形動〕これまでと同じ状態であること。また、そのさま。副詞的にも用いる。「一の顔ぶれ」「費用は一割り勘でいこう」

まえ-のめり【前のめり】まへ ❶前方に倒れそうに傾くこと。「急停車で一になる」❷積極的に物事に取り組むこと。前向き。「一の生き方を評価する」❸準備不足で、性急に物事を行うこと。せっかちすぎるようす。「新政権の施政方針は一に過ぎる」「当確の早さを競う一な報道」〔補説〕❷❸は従来にない用法。

まえ-の-よ【前の世】まへ「ぜんせ(前世)」に同じ。

まえの-りょうたく【前野良沢】まへのりやうたく［1723〜1803］江戸中期の蘭学者・医者。名は達。豊前ぶぜん中津藩医。青木昆陽に師事してオランダ語を学ぶ。杉田玄白らとのオランダ語版「ターヘル-アナトミア」(解体新書)の翻訳で指導的役割を果たした。

まえ-ば【前歯】まへ ❶口の中の前面に並んだ上下4枚ずつの歯。切歯せっし。門歯。⇔奥歯。❷下駄などの、前方の歯。

まえばし【前橋】まへ 群馬県中南部の市。県庁所在地。もと厩橋うまやばしといい、酒井・松平氏の城下町。江戸から大正時代、絹織物業で栄えた。平成16年(2004)に大胡おおご町・宮城村・粕川村を、同21年に富士見村を編入。人口34.0万(2010)。

まえばし-こうかだいがく【前橋工科大学】まへばしこうくわダイガク 前橋市にある公立大学。前橋市立工業短期大学を母体として、平成9年(1997)に開学した単科大学。

まえばし-し【前橋市】まへばし ▶前橋

まえ-はば【前幅】まへ 和裁で、前身頃まえみごろの幅。また、その寸法。着物では脇縫目わきぬいめから衽おくみつけまで、ジュバン・羽織では襟つけまでの幅。

まえ-ばらい【前払い】まへばらひ〔名〕スル 前もって代金・借料・給料などを支払うこと。さきばらい。「工事費の一部を一する」「料金一」⇔後払い。〔類語〕前金・即金

まえばらいしきしょうひょう-きせいほう【前払式証票規制法】まへばらひシキショウヘウキセイハフ ▶前払式証票法

まえばらいしきしょうひょう-ほう【前払式証票法】まへばらひシキショウヘウハフ《「前払式証票の規制等に関する法律」の通称》商品券やプリペイドカードといった前払式証票の発行者の登録を義務づけ、その業務の適正な運営と前払式証票購入者の利益保護を目的として定めた法律。平成2年(1990)施行。同22年、資金決済法の施行に伴い廃止。前払式証票規制法。プリカ法。〔補説〕この法律でいう「前払式証票」とは、金額を記載した証票(電磁的な記録を含む)や、数量を記載した証票(電磁的な記録を含む)のことで、前者には商品券・ギフト券・テレホンカード・お米券・図書券などがあり、後者にはビール券などがある。電子マネーのうちICカード型のSuica・PASMO・楽天Edyなども含まれる。また、乗車券・航空券・入場券などはこの法律の規制を受けない。資金決済法では「前払式支払手段」と総称される。

まえばら-いっせい【前原一誠】まへばら［1834〜1876］幕末・明治初期の尊王攘夷派志士・政治家。長州藩士。前名、佐世八十郎。吉田松陰の門人で倒幕運動に参加。明治維新後、参議などを歴任したが明治政府の方針に不満を持ち辞職、萩の乱を起こし、敗れて処刑された。

まえ-ばり【前張(り)】まへ ❶袷あわせの袴はかまで、前を張り出させたもの。親王・摂家せっけなどの元服前の少年が着用した。❷裸体で演技をする俳優が陰部などをかくすためにはりつけるもの。

まえばり-の-おおくち【前張の大口】まへばりのおほくち ▶さいばりのおおくち

まえばる【前原】まへ 福岡県北西部にあった市。近世、宿場町・市場町として発展。平成22年(2010)に二丈町・志摩町と合併して糸島市になった。

まえばる-し【前原市】まへばる ▶前原

まえ-び【前日】まへ 当日の前の日。ぜんじつ。「開店の一」

まえ-びき【前引(き)】まへ ❶利子など後日支払われるべき分を前もって差し引くこと。❷客の前に引出物を出しておくこと。また、その引出物。「また一の置物をしけるに」〈太平記・三三〉

まえ-びき【前×挽き】まへ 一人用の縦挽たてびきの大鋸おおのこぎり。近世初頭より明治時代まで製材に用いられた。

まえ-びき【前弾き】まへ 邦楽のうちの、弦楽器を伴奏とする声楽曲において、歌の始まる前に弾かれる楽器だけの部分。前奏。

まえ-びけ【前引け】まへ ▶ぜんびけ(前引け)〔補説〕「まえびけ」と読むのは誤り。

まえ-ひょうばん【前評判】まへヒャウバン ある物事が行われる前の評判。「一どおりの活躍」

まえ-びろ【前広】まへ 以前。前々。多く「に」を伴って副詞的に用いる。「一に手形せうために呼びにやった」〈浄・女腹切〉

まえ-ピン【前ピン】まへ 写真で、ピント(焦点)が被写体より手前にずれていること。⇔後ろピン。

まえ-ぶね【前船】まへ《「まえふね」とも》江戸時代から明治時代にかけての歌舞伎劇場の観客席で、2階正面桟敷の前面に張り出して作られた席(引船ひきふね)の最前列。本船ほんぶね。

まえ-ぶり【前振り】まへ 元服前の男子の、前髪をつけた姿。「あったら一を惜しきは常の人ごころ」〈浮・伝来記・八〉

まえ-ぶれ【前触れ】まへ〔名〕スル ❶前もって知らせること。事前に通告すること。さきぶれ。「一してから訪ねる」❷何か事が起こるのを予想させるような出来事。前兆。「大噴火の一」〔類語〕予告・予報

まえ-ぼけ【前×暈け】まへ 写真で、被写体に焦点を合わせた時に前景がぼけること。また、そのぼけを効果的に利用すること。➡後暈け

まえ-まえ【前前】まへまへ ずっと前。かねて。以前。「一からの約束」「一から気になっている」〔類語〕以前・かつて・かねて・かねがね・前に・ある時・いつぞや・昔

まえ-み【前身】まへ「前身頃まえみごろ」の略。

まえ-みごろ【前身頃】まへ 衣服の身頃のうち、前の部分。まえみ。⇔後ろ身頃。

まえ-みつ【前×褌】まへ 相撲で、まわしを締めたとき体の前面で横になっている部分。前まわし。

まえ-むき【前向き】まへ ❶正面に向くこと。前方に向くこと。まむき。「一に座る」⇔後ろ向き。❷物事に対する姿勢が積極的、建設的であること。「一に考える」⇔後ろ向き。

まえ-むすび【前結び】まへ 帯などを前で結ぶこと。また、その結んだもの。➡後ろ結び

まえ-もうし【前申し】まへまうし 主君の前でものを申しあげること。取り次ぐこと。また、その人。「この一も、あまりたはぶれにくくいとほしと思ひて」〈源・竹河〉

まえ-もって【前▽以て】まへ〔副〕あらかじめ。かねてから。「一準備する」「一承諾を得ておく」

まえ-やく【前厄】まへ 厄年やくどしの前の年。厄年に次いで慎むべき年とされる。⇔後厄あとやく。

まえ-わ【前輪】まへ ❶前の方の車輪。❷鞍橋くらぼねの前部の山形に高くなっている部分。

まえ-わたし【前渡し】まへ〔名〕スル ❶賃金や品物などを期日より前に渡すこと。「代金を一する」❷手付金。てつけ。

まえ-わたり【前渡り】まへ ❶前を素通りすること。「さすがに、つらき人の御一の待たるるも、心弱しや」〈源・葵〉❷ある人をさしおいて昇進すること。「左大弁の一まかりならぬものなり」〈宇津保・国譲上〉❸人の前を体裁をつくろって通っていくこと。「あだめくものは一して通る」〈仮・尤の双紙〉

ま-えん【魔縁】悪魔が人の心を迷わせること。また、その悪魔。「われらが、念仏して居たるを妨げんとて、一の来たるにてぞあるらん」〈平家・一〉

ま-お【真▽麻¦真×苧¦苧＝麻】まを カラムシの別名。また、その茎の繊維から製した麻糸。

ま-おう【麻黄】マワウ マオウ科の常緑小低木。高さ30〜70センチ。茎は緑色で、外観はトクサに似る。葉は白い鱗片りんぺん状で、対生。雌雄異株。夏、小さな卵形の花穂をつける。地上茎を漢方で発汗・解熱・鎮咳ちんがい・利尿薬に用いる。中国北部・モンゴルに分布。

ま-おう【魔王】マワウ ❶仏道修行や善事を行おうとする気持ちを妨げる天魔の王。欲界の第六天の王。❷人に災いを与えたり、悪の道に陥れたりする魔物。

まおうたい-かんぼ【馬王堆漢墓】マワウタイ 中国湖南省長沙市郊外の馬王堆にある前漢初期の墳墓。1972年から3基の墳墓が発掘され、木槨もっかく墓から、初代軑侯たいこう利蒼とその妻子とみられる三人の遺体が発見された。特に、夫人の遺体の保存状態は良好で注目を浴びた。また、帛画・帛書・漆器・楽器・玉器など、多数の副葬品も出土。

まおか【真岡】まをか ロシア連邦サハリン州(樺太)の都市ホルムスクの、日本領時代の名称。

マオ-カラー〖Mao collar〗《Maoは、毛沢東のこと》襟型の一種で、中国の人民服にみられるような立ち襟のこと。学生服の詰め襟もこれにあたる。

まお-ごも【真小▽薦】まを こも。一説に、カラムシで作ったこも。「人言ひとごとの繁きによりて一の同おやじ枕は我はまかじやも」〈万・三四六四〉

まお-・す【▽申す】まをす〔動サ四〕「もうす」の古形。「たらちねの母に一・して時も過ぎ月も経ぬれば」〈万・三六八八〉「天飛ぶや鳥にもがもや都まで送り一・して飛び帰るもの」〈万・八七六〉

マオタイ-しゅ【茅台酒】《「マオタイ」は中国語》▶マオタイチュー

マオタイ-チュー【茅台酒】《中国語》中国貴州省茅台から産する銘酒。コーリャンを主原料に麹子きょくしという麹こうじを用いて造る蒸留酒で、香りが高く、アルコール分は53パーセント。

マオ-ツォトン【毛沢東】▶もうたくとう(毛沢東)

ま-おとこ【間男¦▽密男】まをとこ〔名〕スル 夫のある女が他の男と肉体関係をもつこと。また、その相手の男。「女房に一されて逃げられた」〔類語〕情夫・間夫・紐ひも

ま-おもて【真面¦真表】真向かい。真正面。

まお-らん【真▽麻×蘭】まを ユリ科の常緑多年草。高さ約1.5メートル。長い剣状の葉が根際から出て、夏、花茎を伸ばして暗黄赤色の花を多数つける。ニュージーランドの原産で、葉から繊維をとる。ニュージーランドあさ。ニュー西蘭らん。

マオリ-ぞく【マオリ族】《Maori》ニュージーランドの先住民。ポリネシア系に属し、ポリネシア語系のマオリ語を用いる。他島からの移住民とされ、定住後は農業を主とするようになった。主に北島に居住。

まか【摩×訶】《梵 mahāの音写。大・多・勝の意》仏語。優れていること。大きいこと。偉大なこと。他の語や人名の上に付いて美称として用いることも多い。「一毘盧遮那びるしゃな」

まが【▽禍】《「曲まる」と同語源》よくないこと。悪いこと。わざわい。「その一を直さむとして」〈記・上〉

マカートニー〖George Macartney〗［1737〜1806］英国の政治家・外交官。英国最初の使節として清国に派遣され、1793年乾隆けんりゅう帝に謁見、英清貿易の拡大などを求めたが、成功しなかった。

マカーム〖アラビア maqām¦トルコ makam〗アラブ・トルコおよびその影響圏の音楽用語。音階あるいは旋法を意味するが、特定の旋律型をさしたり、また、そのマカームに基づく音楽の様式そのものをさすこともある。

ま-かい【真×櫂】船の両舷にそろった櫂。また一説に、櫂の美称。「布勢ふせの海に小舟をぶねつら並なめ一掛けい漕ぎ巡れば」〈万・四一八七〉

ま-かい【魔界】悪魔のいる世界。
まがい【▽紛い｜▽擬い】まが ❶見分けのつかないほどよく似せてあること。また、そのもの。まがいもの。名詞の下に付いても用いられる。「一の真珠」「詐欺一の手口」❷(多く「まがいもない」の形で)まちがいないこと。「一もなく彼の筆跡だ」❸入り乱れること。「あしひきの山下光るもみぢ葉の散りの一は今日にもあるかも」〈万・三七〇〇〉❹あやまち。過失。「手の一、足の一」〈祝詞・大殿祭〉類語似非・偽物・偽・贋物・偽物・まがい物・もどき・まやかし
ま-がい【磨崖｜摩崖】自然の懸崖または大石の表面を磨いて、文字・画像などを陰刻または浮き彫りにしたもの。
まがい-おり【▽紛い織(り)】まがひ 他の原料を用いて本物に似せて織ること。また、その織物。特に、近世前期、京都の西陣で唐織をまねた帯地。
まがい-ぶつ【磨崖仏｜摩崖仏】自然の懸崖または大石に仏像を彫刻したもの。インド・中国に多く、日本では平安時代に製作された大分県臼杵・栃木県大谷のものが有名。➡臼杵石仏 ➡大谷の石仏
まがい-もの【▽紛い物｜▽擬い物】まがひ 本物と見分けがつかないほど、よく似せてつくってある物。にせもの。模造品。イミテーション。「一のダイヤ」「一をつかまされる」類語偽物・偽・えせ・贋物・偽物・まがい・もどき・まやかし
まが・う【▽紛う】まがふ ㊀〔動ワ五(ハ四)〕❶他のものとよく似ていてとりちがえる。現在では連体形のみが用いられ、一般には「まごう」と発音されることが多い。「海かと一・うばかりの大湖」❷入り乱れる。「梅の花散り一・ひたる岡辺にはうぐひす鳴くも春かたまけて」〈万・八三八〉㊁〔動ハ下二〕「まがえる」の文語形。類語紛れる・紛らす・似る・似寄る・似つく・似通う・通う・相通ずる・類する・類似する・相似する・近似する・酷似する・肖似する・あやかる
　紛う方な・い　まちがえようがない。確かである。「一・い母の声」
まが・える【▽紛える】まがへる〔動ア下一〕図まが・ふ〔ハ下二〕❶他のものとよく似ていてとりちがえさせる。「道ゆく悪太郎の悪戯と一・えてなるべし」〈一葉・十三夜〉❷まぜて区別がつかなくさせる。入り乱れさせる。「花は雪雪は花にぞ一・へつる鶯だにも鳴かぬ春に て」〈栄花・本の雫〉
まか-えん【摩×訶×衍】《梵 mahāyānaの音写》「大乗❶」に同じ。
マカオ〘Macao｜Macau〙《澳門》中国広東省の南部にある特別行政区。珠江河口西岸のマカオ半島とタイパ島・コロアン島からなる。古く日本では阿媽港・天川とよんだ。1557年にポルトガルが居住権を得て東洋貿易の根拠地とし、1887年に清朝から割譲。1999年末に中国に返還された。人口、行政区55万(2008)。アオメン。オウムン。
ま-がお【真顔】まがほ まじめな顔つき。真剣な面もち。「急に一になる」
まか-かしょう【摩訶迦葉】まかかせふ《梵 Mahā-Kāśyapaの音写》迦葉の尊称。大迦葉。
まが-かみ【▽禍神】災いをなす神。邪神。悪神。
まか-から【摩訶迦羅】《梵 Mahākālaの音写》大黒天。
ま-がき【真牡＝蠣】イタボガキ科の二枚貝。内湾の潮間帯の岩に、左殻で付着。殻幅約10センチ。食用。広島湾・松島湾などで養殖される。かき。
ま-がき【×籬】❶竹や柴などで目を粗く編んだ垣根。ませ。ませがき。❷遊郭で、遊女屋の入り口の土間と店の上がり口との間の格子戸。❸「籬節」の略。
まがき-がい【×籬貝】がひ スイショウガイ科の巻き貝。房総半島以南の潮間帯にすむ。貝殻は倒円錐形で、殻径約5センチ。殻表に黒褐色の縦斑がある。肉は食用、殻は貝細工の材料。
まがき-ぶし【×籬節】江戸時代、明暦・万治(1655〜1661)のころの流行歌。大坂新町の遊女まがきが始めたという。
まがき-へいくろう【曲垣平九郎】へいくらう 江戸初期の馬術家。名は盛澄。高松藩士のとき、将軍徳川家光の命で、愛宕山上の梅花を折りに乗馬のまま石段を上下したことにより有名。生没年未詳。
ま-かげ【目陰｜目×蔭】❶遠くを見るとき、光線を遮るために、手を額にかざすこと。「腿の…、一なんどして」〈盛衰記・一三〉❷疑わしく思うような目つきをすること。「気色ばみたる御一こそわづらはしけれ」〈源・東屋〉
まが-ごと【▽禍事｜▽禍言】《「まがこと」とも》凶事。災難。また、不吉な言葉。「天のまがつひといふ神の言はむ一に」〈祝詞・御門祭〉
ま-かごや【真鹿▽児矢】古代の矢の名。一説に狩猟用の矢で、シカ・イノシシなどを射るのに用いたという。「はじ弓を手握り持たし一を手挟み添へて」〈万・四四六五〉
ま-かごゆみ【真鹿▽児弓】古代の弓の名。「真鹿児矢」を射るのに用いたという。「天の一、天のはは矢を天の若日子に賜ひて」〈記・上〉
ま-かじ【真×楫】まかぢ 左右にそろった櫓。一説に、櫓の美称。「桜皮巻き作れる舟に一貫き」〈万・九四二〉
　真楫繁貫・く　船に左右そろった櫂をたくさん取り付ける。「大船に一・き海原を漕ぎ出て渡る月人をとこ」〈万・三六一一〉
ま-がし【間貸し】〔名〕スル 代金を取って部屋を貸すこと。「二階を一する」㊉間借り。
まかしかん【摩訶止観】マカシクワン 中国、隋代の仏教書。10巻。智顗の教説を弟子の灌頂が筆録。594年成立。天台三大部の一。天台宗の修行法である観心を体系的に説いたもの。天台摩訶止観。天台止観。止観。
ま-かじき【真×梶木｜真旗＝魚】まかぢき スズキ目マカジキ科の海水魚。全長約3メートル。体は側扁し、黒紫青色の地に青色の横帯が十数本走る。太平洋の温帯から亜熱帯にかけて分布。刺身などにする。かじき。
まかしょ ㊀江戸時代、白頭巾に白衣を着け、寒参りの代行をするといって江戸市中を巡り歩いた願人坊主。子供に天神像を刷った紙を撒いたので、子供らが「まかしょ、まかしょ」とはやしたことからの名という。㊁歌舞伎舞踊。長唄。本名題「寒行雪姿見」。2世桜田治助作詞、2世杵屋佐吉作曲。文政3年(1820)江戸中村座初演。㊀の風俗を舞踊化したもの。
ま-がしら【目頭】「めがしら」に同じ。「目の薬ぢやと申すが、一にさし候ふか」〈咄・きのふはけふ・上〉
マガジン〘magazine〙❶雑誌。❷フィルムを巻き取って収める円筒形の容器。パトローネと異なり、フィルムをつめかえて反復使用できる。❸連発銃の弾倉。
マガジン-ラック〘magazine rack〙雑誌・新聞などを一時入れておく入れ物。
まか・す【▽引す｜×漑す】〔動サ下二〕田や池などに水を引く。「春日野より流れ出でたる水を寺の内に一・せ入れて」〈今昔・一二・二一〉
まか・す【任す｜▽委す】㊀〔動サ五(四)〕「任せる」に同じ。「この仕事は君に一・す」㊁〔動サ下二〕「まかせる」の文語形。
まか・す【負かす】〔動サ五(四)〕勝負などで相手を負けさせる。「ライバルを一・す」可能まかせる
類語痛め付ける・やっつける
ま-かず【間数】部屋の数。室数。
まか・ず【▽罷▽出】まかづ〔動ダ下二〕《「まかりいず」の音変化》❶貴人の所や貴所から退出する。㊉参る。「藤壺の宮、なやみ給ふことありて一・で給へり」〈源・若紫〉❷会話に用いて、話し手の「出る」動作を、聞き手に対しへりくだり丁重にいう。丁寧語とする説もある。用例は少なく、使用者も一部の男性か僧に限られる。「老いかがまりて、室の外にも一・でず」〈源・若紫〉❸物などを、貴所から下げる。「御格子まゐり、おほとなぶら一・でなどすれば」〈讃岐典侍日記・上〉
まかせ【任せ】〔語素〕名詞の下に付いて、そのものに任せきりであることを表す。「力一」「人一」
ま-かぜ【魔風】悪魔が吹かせ、人を誘う風。
まかぜこいかぜ【魔風恋風】まかぜこひかぜ 小杉天外の小説。明治36年(1903)発表。女学生萩原初野と友人の婚約者夏本東吾をめぐる悲恋を中心に、当時の男女学生の風俗を描く。
まか・せる【任せる｜▽委せる】〔動サ下一〕図まか・す〔サ下二〕❶仕事などを他にゆだね、その自由にさせる。「経営を一・せる」❷相手の好きなようにさせる。「御想像に一・せます」「身を一・せる」❸そのままにしておく。ほうっておく。「髪の毛が乱れるに一・せる」「成り行きに一・せる」❹(「…にまかせて」の形で)自然の勢いのままにする。「口に一・せてでたらめをいう」「足に一・せて歩く」❺従う。「然ればすなはち先例に一・せて」〈平家・四〉類語委ねる・預ける・頼む・託する・寄託する・預託する・信託する・委託する・委任する・付託する・言付ける・嘱する・依託する・委嘱する・依嘱する・嘱託する・やってもらう
マガダ〘Magadha〙インドのガンジス川中流域、現在のビハール州南部の古称。また、同地方に興った古代王国。前6〜前5世紀から栄え、ガンジス川流域を支配。仏教・ジャイナ教が発祥。前4世紀に興ったマウリヤ朝のアショカ王は全インドを統一。補説「摩訶陀」「摩伽陀」「摩掲陀」とも書く。
まか-たち【侍＝女｜侍＝婢】《「まかだち」とも》貴人に付き従う女。腰元。「豊玉毘売の一」〈記・上〉
まが-たま【曲玉｜▽勾玉】コンマ形に湾曲した弥生・古墳時代の装飾用の玉。丸い部分の貫通孔にひもを通して首飾りとした。瑪瑙・翡翠・水晶・琥珀・ガラスなどで作った。獣類の歯牙に孔をあけたものに起源をもつといわれ、縄文時代にも不整形のものがある。
マガダン〘Magadan〙ロシア連邦東部、マガダン州の港湾都市。同州の州都。オホーツク海のナガエバ湾に面し、5月から12月まで利用できるナガエボ港がある。造船業、機械工業が盛ん。
ま-か・つ【目勝つ】〔動タ四〕気おくれせずにらみつけて圧倒する。「八十万の神あり。みな一・ちて相問ふことを得ず」〈神代紀・下〉
まかつ-きゅう【磨×羯宮】黄道十二宮の第10宮。山羊座に相当したが、歳差により春分点が移動したため、現在は大部分が射手座の中にある。太陽は12月22日〜1月21日ごろこの宮にある。
マカッサル〘Makassar〙インドネシア、スラウェシ島の都市。1971年から99年までの間ウジュン-パンダンと称した。
マカッサル-かいきょう【マカッサル海峡】カイケフ インドネシアのカリマンタン(ボルネオ)島とスラウェシ島との間の海峡。生物分布の境界線のウォーレス線が通る。
まがっ-た【曲(が)った】〔連体〕「曲る❺」に同じ。「一根性を叩き直す」
まが-つ-ひ【▽禍津日】「禍津日神」の略。
まがつひ-の-かみ【▽禍津日神】災害・凶事などを引き起こす神。伊弉諾尊が黄泉の国から帰ってみそぎをしたとき、その汚れから生まれ出た神という。
まかで-おんじょう【▽退出音声｜▽罷出音声】オンジヤウ 雅楽で、楽人・舞人が退出するときに演奏される音楽。舞楽の会では「長慶子」が演奏される。㊉参入音声。
マカデミア-ナッツ〘macadamia nut〙オーストラリア原産のヤマモガシ科の植物の一種からとれる種子。脂肪が多く、煎って菓子にする。
ま-かな【真×鉋】鉋の美称。
ま-がな【真仮名】漢字を、国語音を書き表すためにそのままの字形で用いたもの。万葉仮名。
まかない【賄い】まかなひ ❶食事や宴の用意をすること。また、下宿・寮などで作って出す食事や、それを作る役目の人。「寮の一」❷料理人が自分たちの食事のために、あり合わせの材料で作る料理。最近は「まかない料理」と称する、手の込んだ料理を出す店もある。❸給仕をすること。また、その人。「御髪あげ参りて、蔵人ども、御一の髪あげて参らするほどは」〈枕・一〇四〉❹間に合わせること。「当座一に金とるだましの空誓文」〈浄・氷の朔日〉❺費用を出すこと。「一切わたしらが一で」〈人・梅児誉美・三〉

まかない‐かた【賄い方】まかなひ ❶食事の用意をする人。❷江戸幕府の職名。江戸城内の台所へ食料品を供給する役。

まかない‐ぎんみやく【賄吟味役】まかなひ 江戸幕府の職名。賄方から出す一切の食料品を検査する役。

まかない‐つき【賄い付き】まかなひ 下宿・寮などで、食事も付いていること。「—の下宿」

まかない‐りょうり【賄い料理】まかなひれうり 飲食店で、従業員の食事のために、あり合わせの材料で作る料理。まかない。

まかな・う【賄う】まかなふ〔動ワ五(ハ四)〕❶費用・人手などを用意する。ととのえる。「寄付で費用を—・う」❷食事をととのえて出す。「夕食を—・う」❸事を処理する。切り盛りする。「親からの仕送りで—・う」❹とりはからう。とりしきる。「疎略なき様に—・ふべし」〈浄・娥歌かるた〉[可能]まかなえる [類語]やりくり・切り盛り・金繰り・工面・都合・捻出・算段・繰り合わせ・融通

ま‐かな・し【真▽愛し｜真悲し】〔形シク〕たいへんいとしい。いじらしい。「うちひさす宮に行く児こを—・しみ留むれば苦しやればすべなし」〈万・五三二〉

まがな‐すきがな【間がな隙がな】〔副〕《「がな」はもと助詞で、漠然と示す意を表す。特定しない「間」「隙」の意から》ひまさえあればいつでも。しょっちゅう。ひっきりなしに。「嫂あによめが—種々いろいろなことを言うので」〈左千夫・野菊の墓〉

まかな‐もち【真×鉋持ち】〔枕〕鉋かなで弓を削る意から、地名の「弓削ゆげ」にかかる。「—弓削の川原の埋れ木の顕はるましじきことにあらなくに」〈万・一三八五〉

ま‐がね【真金】《古くは「まかね」》鉄。くろがね。「さみだれにとくる—をみがきつつてるひと見ゆるます鏡かな」〈能因集・下〉

まがね‐ふく【真金吹く】〔枕〕鉄鉱を鋳て吹き分ける意から、鉄の産地であった「吉備きび」「丹生にふ」にかかる。「—丹生のま朱そほの色に出て言はなくのみそ我あが恋ふらくは」〈万・三五六〇〉

まか‐ふしぎ【摩×訶不思議】〔名・形動〕非常に不思議なこと。また、そのさま。「なんとも—な事件だ」[類語]不思議・怪異・妙・奇妙・奇怪・奇異・怪奇・不可思議・面妖・奇天烈きてれつ・けったい

ま‐かぶら【×眶】目の周囲。また、まぶた。まなかぶら。「色は…青白にて、—くぼく」〈宇治拾遺・一一〉

まがまが‐し・い【▽禍▽禍しい】〔形〕図まがまが・し〔シク〕❶悪いことが起こりそうである。不吉である。「—・い出来事」❷いまいましい。好ましくない。「いと—・しき筋にも思ひ寄り給ひけるかな」〈源・藤袴〉❸いかにももっともらしい。「—・しいあの嘘わいの」〈浄・油地獄〉[派生]まがまがしさ〔名〕

まか‐まんじゅしゃげ【摩×訶×曼珠▽沙華】天上に咲くという赤い大きな蓮華れんげ。

まか‐まんだらげ【摩×訶×曼×陀羅華】天上に咲くという白い大きな蓮華れんげ。

ま‐かみ【真神】《「まがみ」とも》オオカミの古名。万葉集に「大口の真神の原」(一六三六・三二六八)とあり、地名の「真神原」に「大口の」が掛かっているところから推定される語。オオカミを畏怖して神と呼んだもの。

まかみ‐の‐はら【真神原】奈良県高市郡明日香村の飛鳥あすか寺付近一帯の古称。

ま‐がも【真×鴨】カモ科の鳥。全長約60センチ。雄は青首あおくびともよばれ、頭部が濃緑色で、白い首輪があり、胸が栗色、くちばしは黄色。雌は全体に黄褐色。北日本で繁殖しているが、冬鳥としても池・湖に渡来。アヒルの原種。

まかやき【陵=苕】ノウゼンカズラの古名。〈本草和名〉

まがよ・う【▽紛よふ】まがよふ〔動ハ四〕物にまぎれてはっきりしないさまである。「離まなくは何をしるしに思はまし月に—・ふ白菊の花」〈山家集・上〉

まかり【▽罷り】❶貴人の前や貴所から退くこと。退出。❷貴人の食膳しょくぜんを取り下げること。また、その膳部。おさがり。「御—に候ふ人は、御—たべ候ひなんとて」〈宇治拾遺・九〉

まがり【曲(が)り｜▽勾り】❶曲がっていること。また、曲がっている所・状態。「道の—にさしかかる」「列の—を正す」❷「曲がり尺がね」の略。❸馬の手綱の中ほどの部分。[類語]迂曲うきょく・湾曲・カーブ・七曲がり・九十九折つづらおり

ま‐がり【間借り】〔名〕スル 代金を払って他人の家の一室を借りること。「親類の家に—する」[対]間貸し。

まがり【×鋺】水や食物を入れる器。椀や柄杓ひしゃくの類。「主殿司とのもりづかさ、土器かわらけを奉りければ、—を参らせよとて」〈徒然・一〇〇〉

まかり‐あ・う【▽罷り×逢ふ｜▽罷り合ふ】まかりあふ〔動ハ四〕「逢う」「合う」の謙譲語。「—・はむと言ひし人に」〈相模集・詞書〉

まかり‐あか・る【▽罷り▽散る】〔動ラ下二〕「分散する」「退散する」の意の謙譲語。「いみじうみぞれ降る夜、これかれ—・るる所にて」〈源・帚木〉

まかり‐あ・り【▽罷り在り】〔動ラ変〕「ある」「おる」の意の丁寧語。あります。おります。「お長屋に逗留とうりういたし—・る大坂の住人」〈浄・宵庚申〉

まかり‐い・ず【▽罷り▽出づ】まかりいづ〔動ダ下二〕「い(出)ず」の謙譲語で、上位者の許しを得て出る意が原義。❶貴所や貴人などの所から引き下がる。退出する。「梅壺より雨にぬれて、人の—・づるを見て」〈伊勢・一二一〉❷会話に用いて、話し手側の「出る」動作を、聞き手に対しへりくだって丁重にいう。出てまいります。「かかる仰言おほせごとにて、(山カラ)—・で侍りにし」〈源・手習〉[補説]狂言の名乗りで用いられる「かやうに罷り出でたるは、洛中にすまひ仕る勾当こうとうでござある」〈虎清狂・猿座頭〉のような例は、御免をこうむって出るの気持ちから、「出る」を改まっていう丁寧語として用いられたものとみられる。

まかり‐い・る【▽罷り入る】〔動ラ四〕「入る」の謙譲語。「はや—・れとのたまふ」〈宇津保・蔵開上〉

マカリオス〖Makarios〗(3世)[1913～1977]キプロスの宗教家・政治家。第二次大戦後キプロスの民族独立運動を指導、1960年独立とともに初代大統領に就任。

まがり‐かど【曲(が)り角】❶道などの曲がっている所。道などの折れ曲がっている角。「この先の—で折れる」❷新しい状態などに変わる、変わりめ。転機。「運命の—」[類語](❶)十字路・四つ辻つじ・四つ角・三叉路さんさろ・丁字路・追分・交差点/(❷)一転機・分かれ目・分岐点・転機・角を

まがり‐がね【曲(が)り▽尺｜曲(が)り金】「曲尺かねじゃく」に同じ。

まかり‐かよ・う【▽罷り通ふ】まかりかよふ〔動ハ四〕「行き通う」の意の謙譲語。通ってまいります。「また同じころ、—・ひし所は、人も立ちまさり」〈源・帚木〉

まがり‐くね・る【曲(が)りくねる】〔動ラ五(四)〕くねくねと曲がる。「—・った道路」[類語]折れ曲がる・くねる・うねる・蛇行

まかり‐こ・す【▽罷り越す】〔動サ五(四)〕「越す」(行く、来るの意)の謙譲語。参上する。参る。「仰せによりただ今—・しました」

まかり‐じ【▽罷り路｜▽罷り▽道】まかりぢ 死んだ人の通って行く道。死出の道。冥途の道。よみじ。「楽浪ささなみの志賀津しがつの児らが—の川瀬の道を見ればさぶしも」〈万・二一八〉

まかり‐ちが・う【▽罷り違う】まかりちがふ〔動ワ五(ハ四)〕「罷まかり間違う」に同じ。「—・えば国会議員になった夢でも見るという時勢に」〈蘆花・思出の記〉

まかり‐・でる【▽罷り出る】〔動ダ下一〕図まかり・づ〔ダ下二〕《「まかりいず」の音変化》❶「出る」の謙譲語。退出する。「御前を—・でる」❷人前に出る。出てくる。現代語では、多く「あつかましい」という非難の気持ちを含む。「臆面おくめんもなく—・でる」[類語]参る・参上・参じる・馳はせ参じる・いらっしゃる・おいでになる・行く

まかり‐とお・る【▽罷り通る】まかりとほる〔動ラ五(四)〕❶「通る」「通用する」を強めていう語。わがもの顔で通る。堂々と通用する。「あんなことが—・るとは世も末だ」❷「通る」の謙譲語。通り行く。「二階に居るか下座敷か—・るとつっと入る」〈浄・油地獄〉

まがり‐なり【曲(が)り▽形】曲がった形。また、物事の状態が不完全であること。

まがりなり‐にも【曲(が)り▽形にも】〔副〕不完全ながら。どうにかこうにか。「——家のあるじだ」

まかり‐な・る【▽罷り成る】〔動ラ四〕「成る」の謙譲語。ある状態にいたる。「僧法師にも—・り、なき御跡を訪とひ奉らん」〈古活字本平治・下〉

罷り成ならぬ 「成らぬ」を強めていう。いけない。断固許さない。「夜間の通行は—・ぬ」

まかり‐のぼ・る【▽罷り上る｜▽罷り登る】〔動ラ四〕「のぼる」の謙譲語。❶登る。「昨日、山へ—・りにけり」〈源・夕顔〉❷上京する。「伊勢の斎宮さいくうにまかりわたりよりて侍りける人に」〈後拾遺・恋三・詞書〉❸参上する。「この月は神事じんじがちなるほどにて、いづれの御方も—・らせ給はず」〈夜の寝覚・三〉

まかり‐まちが・う【▽罷り間違う】まかりまちがふ〔動ワ五(ハ四)〕「間違う」を強めていう語。ふつう、仮定の形で、万が一間違うと大変なことになるという気持ちでいう。「—・えば大惨事になるところだ」

まがり‐みち【曲(が)り道｜曲(が)り▽路】曲がっている道。

まがり‐め【曲(が)り目】曲がっている所・点。

まかり‐もうし【▽罷り申し】まうし ❶大宰府・国司などの地方官が任地に赴任するとき、参内して暇乞いとまごいをすること。「古き例ためしをたづねて、—の儀あり」〈神皇正統記・後醍醐〉❷いとまごい。「暁出で立つとて、—しければ」〈古今・離別・詞書〉

まかり‐もう・す【▽罷り申す】まうす〔動サ四〕いとまごいをする。「君も…神に—・し給ふ」〈源・須磨〉

まがり‐もちい【×糫▽餅｜▽環▽餅】もちひ 唐菓子の一。米・麦の粉をこねて細く引き伸ばし、ひねって輪のようにして、油で揚げたもの。まがり。〈新撰字鏡〉

まがり‐や【曲(が)り屋】民家の形式の一。平面がL字形をし、突出部が広い厩うまやとなっているもの。岩手県に多い。

まかり‐よ・る【▽罷り寄る】〔動ラ四〕「寄る」の謙譲語。立ち寄る。「見つけ侍りて—・りて侍りしに」〈宇津保・吹上上〉

まか・る【負かる】〔動ラ五(四)〕負けることができる。「これ以上は一円も—・らない」

まか・る【▽罷る】〔動ラ四〕《「ま(任)く」に対し、支配者の命によって行動するのが原義》❶命じられて、都から地方へ行く。「我が背子しけだし—・らば白たへの袖を振らさね見つつ偲しのはむ」〈万・三七二五〉❷お許しをいただいて、貴人のもとから、退去する。「さて我は最早もはや—・るべきが、いずくよりか出ずべき」〈鷗外訳・即興詩人〉「憶良らは今は—・らむ」〈万・三三七〉❸《去ってあの世へ行く意から》「死ぬ」の謙譲語。みまかる。「—・るにおよんで気いき絶ゆる際」〈神代紀・上〉❹(平安時代以降、勅撰集などの詞書や改まった気持ちの会話・消息に用いる)主として話し手側の「行く」の意を、聞き手に対してかしこまり丁重に言う。まいります。[対]詣まうで来く。「人のもとに—・れりける夜」〈古今・秋上・詞書〉「久しく(女ノモトヘ)—・らざりしころ」〈源・帚木〉❺他の動詞の上に付いて複合語をつくる。㋐《お許しを得て行動する気持ちから》謙譲・丁重の意を表す。「—・り越す」「—・り出る」㋑《御免をこうむって勝手にやらせてもらう気持ちから》その動詞の表す動作・作用を強める意を表す。「—・り通る」「—・り間違う」

まが・る【曲(が)る】〔動ラ五(四)〕❶まっすぐなものが弓形・くの字形などになる。「雪の重みで竹が—・る」「背中が—・る」❷道の方向が変わる。「土手の手前で道が—・っている」❸進行する向きを変える。「次の角を左に—・る」❹正しい位置や方向からそれる。傾く。ゆがむ。「ネクタイが—・っている」❺(「まがった」「まがっている」の形で)性質や考えなどが正しくない。すなおでない。「心の—・っている人」「—・ったことはきらいだ」❻衰える。「身代が—・る」[可能]まがれる [類語](❶)折れ曲がる・屈曲する・屈折する・曲折する・湾曲する・反る・たわむ・しなう・たわわ/(❷❸)折れる・右折する・左折する・カーブする/(❺)ねじける

マカルスカ〖Makarska〗クロアチア南部、アドリア海に面する町。海岸保養地として知られるマカルスカ

海岸の中心地。背後に同国第2の標高を誇るビオコボ山がそびえる。

まがれい【真×鰈】カレイ科の海水魚。全長約40センチ。体は楕円形で平たく、口は小さい。両眼は体の右側にある。有眼側は淡褐色で、無眼側には黄色の帯がある。北日本に多く、美味。くちぼそ。

マガレート〖marguerite〗▶マーガレット❷

マカレンコ〖Anton Semyonovich Makarenko〗[1888〜1939]ソ連の教育家・作家。革命後、浮浪児などの再教育の経験から出発し、教育の原理として集団主義教育論を展開。著「愛と規律の家庭教育」など。

マカロニ〖フランス・英 macaroni〗《イタ maccheroniから》イタリアの代表的なパスタ。小麦粉を温湯で固く練り、円筒に入れて突き出し、切って乾燥したもの。管状のほか糸状や貝殻形・花形などのものもある。

マカロニ-ウエスタン《和 macaroni＋western》イタリア製の西部劇。刺激的な活劇場面を強調して人気を得た。(補説)英語ではspaghetti western。

マカロニ-グラタン〖フランス macaroni au gratin〗マカロニを用いたグラタン。ふつう、ゆでたマカロニと鶏肉・玉ねぎをいためて味付けし、ホワイトソースであえ、粉チーズを振りかけて天火で焼く。

マカロフ〖Stepan Osipovich Makarov〗[1849〜1904]ロシアの提督。砕氷船イェルマークを設計し北氷洋遠征を行った。日露戦争に際し、太平洋艦隊司令長官となり、旅順港外で戦死。

マカロン〖フランス macaron〗▶マコロン

ま-かわ【▽眼皮】目をおおう皮。まぶた。「一らいたく黒み落ち入りて」〈源・紅葉賀〉

まがわ-し【▽紛はし】〔形シク〕《動詞「まがう」の形容詞化》見分けがつけにくい。まぎらわしい。「一しや花吸ふ蜂の往き還り/園風」〈猿蓑〉

まがわ-す【▽紛はす】〔動サ四〕まがうようにする。まぎらわしくする。「おく霜の染め一・せる菊の花いづれをもとの色とかは見む」〈貫之集〉

ま-がん【真×雁】カモ科の鳥。全長72センチくらい。全体に灰褐色、くちばしが桃色で額が白い。ユーラシア・北アメリカ北部で繁殖。日本には冬鳥として渡来し、ガンでは最も数が多い。かり。(季 秋)

まかん-ず【▽罷ん▽出】〔動ダ下二〕《「まかりいず」の音変化》「まかず」に同じ。「急なる事に一・でたれば」〈源・手習〉

ま-かんむり【麻冠】「麻垂れ」に同じ。

まき　本家・分家の関係をもつ家同士をよぶ呼び名。同族。一族。東日本に多くみられる。まけ。

まき【▽任】「まけ(任)」に同じ。「大君の一のまにまに取り持ちて仕ふる国の」〈万・四一一六〉

まき【牧】《「馬城」の意。「城」は物を収めておく所》牛・馬などを放し飼いにする場所。牧場。まきば。

まき【巻(き)】㊀〔名〕❶巻くこと。また、巻いた程度。「ぜんまいの一が弱い」❷書画の巻物。また、その区分。冊子になったものの区分にもいう。「源氏物語の若菜の一を読む」❸俳諧の付合を長く続けたもの。また、その書き物。❹「茅巻」を略していう女房詞。㊁〔接尾〕助数詞。❶巻いた回数を数えるのに用いる。「二一巻く」❷巻き物や書物の数を数えるのに用いる。「すべて千歌、二十一、名づけて古今和歌集といふ」〈古今・仮名序〉

ま-き【真木・×槇・×柀】❶イヌマキ・コウヤマキの別名。❷《「ま」は美称。りっぱな木の意》良材となる木。杉・檜などの。「奥山の一の板戸を押し開きしゑや出で来ね後は何せむ」〈万・二五一九〉

真木立つ山　杉・檜などが生い茂っている山。「さびしさはその色としもなかりけり一の秋の夕暮」〈新古今・秋上〉

まき【▽薪】燃料にするために適当な大きさに切って乾燥させた木。たきぎ。「一をくべる」「一割り」(類語)薪

マキ〖フランス maquis〗《コルシカ島の叢林の意。犯罪者がよくそこに隠れたことから》第二次大戦中、ドイツ占領軍に抵抗したフランスの左翼系地下組織。

ま-ぎ【間木】《「まき」とも》長押の上などに設けた棚のようなもの。「数珠も一に打ち上げなど、らうがはしきに」〈かげろふ・中〉

マキアート〖イタリア macchiato〗《「マッキアート」とも》「カフェマキアート」の略。

まき-あが・る【巻(き)上(が)る】〔動ラ五(四)〕❶巻いて上にあがる。「蔓が一・る」❷舞うように上にあがる。「ほこりが一・る」❸巻き終わる。「毛糸の玉が一・る」

まき-あげ【巻(き)上げ・×捲き上げ・巻(き)揚げ】巻きあげること。また、巻きあげたもの。

まきあげ-き【巻(き)上げ機】▶ウインチ

まきあげ-ほう【巻(き)上げ法】土器成形法の一。ひも状にした粘土を巻き上げて形作る法。➡輪積み法

まき-あ・げる【巻(き)上げる・×捲き上げる・巻(き)揚げる】〔動ガ下一〕図まきあ・ぐ〔ガ下二〕❶巻いて上へあげる。「帆を一・げる」「釣り糸を一・げる」❷くるくる舞うように上へあげる。「つむじ風がほこりを一・げる」❸おどしたり、だましたりして奪い取る。「金を一・げられる」❹巻き終える。終わりまで巻く。「糸を一巻き一・げる」(類語)ゆする・ふんだくる

まき-あし【巻(き)足】❶紀州流の水泳術で、立ち泳ぎの足の使い方。下肢を、膝を中心にして交互に外から内へ回して浮力をつけるやり方。❷文楽人形の型で、左右の足を交互に外から回してゆったりと足を運ぶ歩き方。

マキアベリ〖Machiavelli〗▶マキャベリ

マキアベリズム〖Machiavellism〗▶マキャベリズム

まき-あみ【巻(き)網・▽旋網】魚群を網で取り巻き、その囲みを狭め網裾を締めて捕る漁法。また、その網。巾着網など。操作する船の数により、二艘巻き・一艘巻きがある。

まき-ありつね【槇有恒】[1894〜1989]登山家。宮城の生まれ。大正10年(1921)アイガー東山稜初登攀に成功、昭和31年(1956)には隊長としてマナスル初登頂に成功した。著「山行」「マナスル登頂記」など。

まき-いし【×蒔石】茶室の庭などに、まき散らしたように所々に置く石。

まき-いずみ【真木和泉】[1813〜1864]幕末の尊攘派志士。筑後の人。本名、保臣。水戸藩の藩政改革、寺田屋事件、七卿落ちなどに参加。長州兵とともに上洛し、蛤御門の変に敗れて自刃した。

まき-い・る【巻(き)入る・×捲き入る】〔動ラ下二〕巻いて中に入れる。巻き込む。「汝が船を海底に一・れんと思ふ」〈今昔・四・一三〉

まき-え【×蒔絵】器物の表面に漆で文様を描き、金・銀などの金属粉や色粉を蒔きつけて付着させる、日本独自の漆工芸。奈良時代に始まる。技法上から平蒔絵・研ぎ出し蒔絵・高蒔絵に大別され、文様以外の地の装飾法である地蒔きには、沃懸地・平目地・塵地・梨子地などがある。

まき-え【×撒き餌・×播き餌】❶餌をまいて与えること。❷魚や小鳥などを寄せ集めるために、餌をまくこと。また、その餌。寄せ餌。❸転じて、人々を誘惑するために広くばらまく金品。「補助金を一にして票を集める」

まき-えい【巻×纓】▶けんえい(巻纓)

まきえ-ふん【×蒔絵粉】蒔絵に用いる金・銀・銅・錫などの粉。平目粉・梨子地粉・平粉・丸粉・鑢粉など。

まき-おこ・す【巻(き)起(こ)す・×捲き起(こ)す】〔動サ五(四)〕❶風などが巻くように吹き上げる。「砂ぼこりを一・す」❷思いがけないことをひきおこす。「センセーションを一・す」

まき-おこ・る【巻(き)起(こ)る・×捲き起(こ)る】〔動ラ五(四)〕❶うずを巻くようにして立ちのぼる。「黒雲が一・る」❷多くのものが一時に激しく盛んになる。わきおこる。「拍手が一・る」

まき-おとし【巻(き)落(と)し】相撲のきまり手の一。まわしをとらず、差し手で相手のからだを抱きかかえ、巻きこむようにしてひねり倒す技。

まき-おび【巻(き)帯】帯を結ばないで、腰に巻きつけておくこと。また、その帯。

まき-がい【巻(き)貝】腹足綱の軟体動物の総称。特にそのうち、背側に螺旋状に巻いた殻をもつものをさすが、殻が退化して皿状や板状になったものもある。前鰓類のサザエ・タニシ・アッキガイなど、後鰓類のウミウシ・キセワタガイなど、有肺類のカタツムリなどに分けられる。

まき-かえ【巻(き)替え】相撲で、相手の差し手の中に手を入れ、自分の有利な体勢にすること。

まき-かえし【巻(き)返し・×捲き返し】❶劣勢から、態勢を立て直して反撃すること。「一をはかる」「一に出る」❷小枠などに巻いてある糸を、さらに他の小枠に巻きとってその張りの力を一定させること。❸巻棒に巻いた織物を他の巻棒に移すこと。また、折り畳んだ織物を巻棒に正しく巻くこと。

まき-かえ・す【巻(き)返す・×捲き返す】〔動サ五(四)〕❶巻いて、もとの状態へ戻す。「巻き尺を一・す」❷劣勢から、勢いを取り戻して反撃する。「土壇場で一・す」

まき-がまえ【×冂構え】「冏構え」に同じ。

まき-がみ【巻(き)紙】❶半切紙を横に長く継ぎ合わせて巻いたもの。毛筆で手紙を書くのに使う。❷物を巻いて包むのに使う紙。「タバコの一」

まき-がみ【巻(き)髪】❶束ねた頭髪をぐるぐる巻いて留めること。また、その髪。❷馬のたてがみを束ね結ぶこと。また、そのたてがみ。

まき-がり【巻(き)狩(り)】狩り場を四方から囲み、その中に獣を追い込んで捕らえる狩りの方法。

まき-ぎぬ【巻き絹】軸に巻いた絹の反物。「唐錦十反、一五十疋、広蓋に積ませ」〈伽・鉢かづき〉

まきぎぬ【巻絹】謡曲。四番目物。金春以外の各流。都から熊野に巻き絹を運ぶ使者が、途中音無の天神で歌を手向けていて遅参すると、天神が巫女に乗り移り、使者を許すように言って、神楽を舞う。

まき-きゃはん【巻(き)脚×絆】《「まきぎゃはん」とも》脚絆の一。小幅の長い布で、足首からひざ下まで脚を巻き上げるもの。ゲートル。

まきぐち-つねさぶろう【牧口常三郎】[1871〜1944]教育家・宗教家。新潟の生まれ。昭和3年(1928)日蓮正宗に入信し、同5年に弟子の戸田城聖と創価教育学会(のちの創価学会)を設立。同18年、治安維持法違反・不敬罪などで検挙され、翌年獄死。

まき-ぐも【巻(き)雲・×捲き雲】▶けんうん(巻雲)

まき-げ【巻(き)毛】頭髪などの、渦状に巻いた毛。

まき-ごえ【×蒔き肥】種子をまくときに施す肥料。

まき-こ・む【巻(き)込む・×捲き込む】〔動マ五(四)〕❶巻いて中へ入れる。「機械に一・まれる」❷ある人間関係や事態に引き入れる。巻き添えにする。「無関係な他人を一・む」「内紛に一・まれる」(類語)引き入れる・引き込む・抱き込む

まき-ごめ【×蒔き米】神仏に詣でたとき、神前・仏前にまいて手向ける米。

まき-さく【真木割く・真木▽栄く】〔枕〕木をさいた割れ目を「ひ」というところから、「檜」にかかる。「一檜の御門」〈記・下・歌謡〉

まき-ざっぱ【▽薪雑把】「まきざっぽう」に同じ。

まき-ざっぽう【▽薪雑▽把】薪にするために切ったり割ったりした木切れ。まきざっぱ。

マキシ〖maxi〗洋装で、コート・スカートなどが、くるぶしに届くほどの長い丈であること。マキシ丈。「一ドレス」

まき-じ【×蒔地】漆器の下地の一。素地に直接漆を塗り、地の粉・砥粉などを蒔いて付着させ、下地とするもの。

まき-じく【巻(き)軸】軸をつけて巻けるようにした書画。巻き物。

マキシ-シングル〖maxi single〗直径が12センチのCDに、シングル盤相当の曲数をおさめたもの。

まき-じた【巻(き)舌】❶舌の先を巻くようにして勢いよく話すこと。また、その口調。江戸っ子に特有のもの。べらんめえ口調。「一でまくしたてる」❷「切り口上❶」に同じ。「亭主慇懃にかしこまり、手をつき、一の口上にて」〈咄・露がはなし・三〉

ま

マキシ‐たけ【マキシ丈】▶マキシ
マキシマム〖maximum¦max.〗❶最大。最大限。極限。「計測値はその―に達した」⇔ミニマム。❷数学で、極大。極大値。⇔ミニマム。
[類語]最高・最大・最多・最大限・レコード
マキシミン‐せんりゃく【マキシミン戦略】《maximin principle》ゲーム理論の用語。最悪の場合に手に入る利益が最大になるものを選択すること。
マキシム〖maxim〗格言。金言。箴言しんげん。
マキシモビッチ〖Karl Ivanovich Maksimovich〗[1827～1891]ロシアの植物学者。アムール川地方などの植物を調査。日本にも1861年(文久元)から約3年間滞在した。マクシモビチ。
まき‐じゃく【巻(き)尺】容器に巻き込んでおき、使用時に引き出して用いるテープ状の物差し。布製・紙製・金属製などがある。
まき‐スカート【巻(き)スカート】腰に巻きつけてはくスカート。ラップスカート。
まき‐ずし【巻き×鮨】海苔のりや薄焼き玉子、板状にしたとろろ昆布で、具を芯にして鮨飯を巻いたもの。細巻き・太巻きや伊達だて巻き・磯いそ巻きなどがある。巻き物。
まき‐すなご【×蒔き砂子】絵画・工芸品などで、金銀の粉をまきつけたもの。
まき‐するめ【巻き×鯣】巻いて輪切りにしたするめ。婚礼のときなどに、酒のさかなとして形式的に出す祝儀物。
まき‐せん【巻(き)線¦×捲き線】コイルのこと。
まき‐せん【×蒔き銭¦×撒き銭】❶神詣かみもうでの際、特に伊勢神宮の参拝者が諸宮を巡拝する際に、蒔まき米の代わりにまいて手向ける銭。多くは鳩目銭はとめぜにを用いた。❷こじきなどに投げ与える銭。❸棟上げなどの際、施工主が祝いとして参列者にまく銭。
まき‐ぞい【巻(き)添い】ぞひ「まきぞえ(巻き添え)」の音変化。
まき‐ぞえ【巻(き)添え】ぞへ❶他人の起こした事件に引き込まれて損害をこうむること。掛かり合い。ひきあい。そばづえ。「―を食う」「隣の火事の―になる」❷質物を入れるとき、要求金額に対する担保の不足を補うために添える品。「―が要るならば、わしが繻子しゅすの帯もあり」〈浄・反魂香〉[類語]とばっちり・そばづえ・累・後腐れ・影響・刺激・煽あおり・作用・響く・差し響く・跳ね返る・祟たたる・災いする・反響・反映・反応・反動・反作用・波紋・余波・皺寄しわよせ
まき‐そで【巻袖】和服の袖形の一。広袖の袖口を残し、下部を三角に折って仕立てたもの。仕事着・はんてんなどに用いる。三角袖。捻ねじ袖。
まき‐ぞめ【巻(き)染(め)】絞り染めの一。絹または布を巻き、その上を細いひもで固く巻いて染色し、ひもで巻いた部分を白く残した染め方。
ま‐きた【真北】正しく北にあたる方角。正北。
まき‐タバコ【巻(き)タバコ】巻き固めて細い棒の形にしたタバコ。紙巻と葉巻がある。
まき‐だる【巻き×樽】酒樽の一。蕨縄わらびなわで巻いたもので、進物用とする。
まき‐ちら・す【×撒き散らす】〔動サ五(四)〕あたり一面に広がるようにまく。また、あちらこちらに広める。「悪臭を―・す」「うわさを―・す」[類語]ばらまく・ふりまく
まき‐つ・く【巻(き)付く】㊀〔動カ五(四)〕他の物のまわりに絡んでつく。ぐるぐる巻いてつく。「ヘチマのつるが支柱に―・く」「綱がスクリューに―・く」㊁〔動カ下二〕「まきつける」の文語形。[類語]絡む・絡まる・絡み付く・絡み合う・まつわる・まつわり付く・まとい付く・もつれる・こんがらかる・纏繞てんじょうする
まき‐つけ【×蒔き付け】作物の種をまくこと。
まき‐つ・ける【巻(き)付ける】〔動カ下一〕図まきつ・く〔カ下二〕他の物のまわりに絡んでつくようにする。ぐるぐる巻いてつける。「ロープをからだに―・ける」[類語]絡める・巻く
まき‐つ・ける【×蒔き付ける】〔動カ下一〕図まきつ・く〔カ下二〕作物の種をまく。「麦を―・ける」
まき‐づめ【巻(き)爪】爪の両端が丸まって肉に食い込んでしまったもの。多くは足の親指にでき、細菌が感染して化膿して痛んだり、水虫にかかったりする。深爪や、先の細くとがった靴を履くことなどにより起こりやすい。
まき‐と【巻斗】肘木ひじきの上に用いる小さい斗ます。上の肘木や桁けたなどを一方向のみ支えるもの。
まき‐どう【満奇洞】岡山県中西部、カルスト台地の阿哲台にある鍾乳洞。洞口の高さ4メートル、幅1.5メートル、洞内の総延長約450メートル、最大幅25メートル。中に「夢の宮殿」と呼ばれる地底湖がある。県指定天然記念物、高梁たかはし川上流県立自然公園特別区域。名の由来は、歌人与謝野晶子が「奇に満ちた洞」と詠んだことから。
まき‐とり【巻(き)取り】❶巻き取ること。❷「巻き取り紙」の略。
まきとり‐がみ【巻(き)取り紙】抄紙機から帯状に出てくる紙を一定量巻き取ったもの。新聞・雑誌など大量の印刷に使う。まきとりし。
まき‐と・る【巻(き)取る】〔動ラ五(四)〕巻いて別のものに移し取る。「たこ糸を木片へ―・る」
まき‐なおし【×蒔き直し】なほし❶種をもう一度まくこと。❷物事を初めからやり直すこと。「新規―」
[類語]再出発
まき‐ぬ【×纏き▽寝¦▽枕き▽寝】〔動ナ下二〕互いに手を枕にして寝る。共寝する。「現うつには更にもえ言はず夢にだに妹がたもとを―・ぬとし見ば」〈万・七八四〉
まきの‐えいいち【牧野英一】[1878～1970]刑法学者。岐阜の生まれ。主観主義的な刑法理論を展開、応報刑主義を批判して教育刑主義を唱えた。文化勲章受章。著「日本刑法」「刑法研究」など。
まきのお【槙尾】まきのを 京都市右京区北部の地名。清滝川に沿う紅葉の名所で、高尾(高雄)・栂尾とがのおとともに三尾さんびとよばれる。西明寺がある。
まきの‐しげる【牧野茂】[1928～1984]プロ野球選手・コーチ。香川の生まれ。昭和27年(1952)名古屋軍(現中日)に入団。選手としては大きな活躍はなかったが、同36年川上哲治に招かれ巨人軍のコーチとなり、9年連続日本一に貢献した。
まきの‐しょうぞう【牧野省三】シャウザウ[1878～1929]映画監督・製作者。京都の生まれ。尾上松之助主演の時代劇映画で成功したのち、マキノ映画製作所を設立。
まきの‐しんいち【牧野信一】[1896～1936]小説家。神奈川の生まれ。私小説「父を売る子」で登場。のち、幻想的作風に転じた。他に「ゼーロン」「鬼涙村きなだむら」など。
まきの‐しんけん【牧野伸顕】▶まきののぶあき(牧野伸顕)
まき‐の‐つまで【真木の×嬬手】杉・ヒノキなど、良質の建材となる角材。「泉の川に持ち越せる―を百もも足らず筏いかだに作り」〈万・五〇〉
まきの‐とみたろう【牧野富太郎】トミタラウ[1862～1957]植物分類学者。高知の生まれ。小学校中退、独学で植物学を研究。日本各地の植物を採集して歩き、多数の新種を発見・命名。すぐれた植物図を描き、植物採集会を指導するなど知識の普及にも尽力した。文化勲章受章。著「日本植物志図篇」「日本植物図鑑」など。
まきの‐なおたか【牧野直隆】なほたか[1910～2006]野球選手・高野連会長。鹿児島の生まれ。慶大野球部で主将を務め、卒業後、都市対抗野球でも活躍。審判員を務めたのをきっかけに高校野球に携わり、昭和56年(1981)4代目の日本高等学校野球連盟会長に就任。
まきの‐のぶあき【牧野伸顕】[1861～1949]政治家。鹿児島の生まれ。名は「しんけん」とも。大久保利通の次男。文相・外相・内大臣などを歴任。二・二六事件で襲撃され、以後引退。
まき‐の‐はら【牧ノ原】静岡県中南部、大井川下流西岸の台地。明治初期の士族の入植以来、茶の産地。
まきのはら【牧之原】静岡県中西部にある市。駿河湾に臨み、西部の牧之原台地からの斜面で茶栽培が盛ん。平成17年(2005)10月に相良町・榛原はいばら町が合併して成立。人口4.9万(2010)。
まきのはら‐し【牧之原市】▶牧之原
まきの‐まさひろ【マキノ雅広】[1908～1993]映画監督。京都の生まれ。本名、牧野正唯まさただ。日本映画の父といわれる牧野省三の長男。幼少のころから俳優として活躍。のちに監督となる。戦前・戦後を通じてリアルな時代劇の佳作を世に送り出した。代表作「浪人街」シリーズ、「殺陣師たて段平」「次郎長三国志」シリーズなど。何度か改名しており、雅広は、正博・雅弘・雅裕と書いたこともあった。
まき‐ば【牧場】牛・馬・羊などの家畜を放し飼いにする場所。まき。ぼくじょう。
まき‐ば【巻(き)葉】芭蕉ばしょう・蓮はすなどの生えたばかりの葉の、まだ開かずに巻いているもの。
まき‐ばい【×蒔き灰】ばひ 茶の湯で、炭点前の際に炉中の灰や炭の上にまく灰。灰を番茶で湿したもの。
まき‐はしょり【巻き▽端▽折り】《「まきばしょり」とも》着物の裾をまくり上げてはしょること。また、そのかっこう。「―で強勢がうせいに尻しりがならんだは」〈滑・膝栗毛・初〉
まき‐ばしら【真木柱¦×槙柱】㊀〔名〕檜ひのきや杉で作った柱。「―作る杣人そまびといささめに仮廬かりほのためと作りけめやも」〈万・一三五五〉㊁(真木柱)源氏物語第31巻の巻名。鬚黒ひげくろ大将が玉鬘を愛人としたために起こる家庭内の紛争を描く。また、鬚黒大将の娘の名。㊂〔枕〕真木柱は太いものであるところから、「太し」にかかる。「―太き心はありしかどこの我あが心鎮しづめかねつも」〈万・一九〇〉
まき‐はだ【×槙肌】▶まいはだ
まき‐ばた【牧畑】《「まきはた」とも》区画を分けて耕作と放牧とを交互にする畑。地力を維持でき、ふつう4年周期の輪作を行う。
まきはた‐やま【巻機山】新潟県南魚沼市と群馬県利根郡みなかみ町の境にある山。標高1967メートル。名の由来は、古くから機はた織りの神をまつる山から。
ま‐きび【真×黍】トウモロコシの別名。
まき‐ひげ【巻き×鬚】植物の茎や葉が変形して細長くなり、他に巻きつく働きをするもの。ブドウの茎、エンドウの小葉、サルトリイバラの托葉たくようなど。
まき‐びん【巻×鬢】江戸時代の男性の髪形の一。鬢の髪を下からかき上げて、月代さかやきのきわで巻き込み、文金ぶんきん風に前に出して髷まげに結ったもの。
まき‐ふう【巻(き)封】上包みを用いずに、書状の紙を巻いて紙の端を裏へ折り返し、のりで封じたもの。
まき‐ぶえ【牧笛】牧童の吹く笛。ぼくてき。
まき‐ふで【巻(き)筆】❶芯しんを立てて紙を巻き、その周囲に毛を植えて穂を作った筆。❷色糸などで軸を巻いて装飾した筆。
まき‐ほん【巻(き)本】巻き物にした本。巻子本かんすぼん。
まき‐みず【×撒き水】みづ 水をまくこと。また、その水。散水。撒水さっすい。
まき‐みやこ【牧美也子】[1935～]漫画家。兵庫の生まれ。夫は同じく漫画家の松本零士れいじ。少女漫画を中心にキャリアをスタート、その後はレディースコミックに重点を移し、大胆な描写で話題を呼ぶ。代表作「源氏物語」「緋紋の女」「悪女聖書バイブル」など。
まきむく‐やま【巻向山¦纏向山】奈良県桜井市にある山。標高567メートル。南東に長谷寺はせでらがある。
まき‐め【巻き目】紙などを巻いて、巻きおえた端。また、巻いた箇所。「いとほそく巻きて結びたる、―はこまごまとくぼみたるに」〈枕・二九四〉
まき‐も・つ【巻き持つ¦×纏き持つ】〔動タ四〕手に巻きつけて持つ。「我あが恋ふる君玉ならば手に―・ちて」〈万・一五〇〉
まき‐もど・す【巻(き)戻す】〔動サ五(四)〕巻いて元の状態にもどす。巻き返す。「フィルムを―・す」
まき‐もの【巻(き)物】❶書画などをかいた横に長い紙を表装し、軸に巻いたもの。巻き軸。❷「巻子本かんすぼん」に同じ。❸軸に巻いた反物。❹「巻き鮨」に同じ
まき‐もめん【巻(き)木綿】傷口などに巻きつける

木綿。包帯にする木綿。

ま-ぎゃく【真逆】〔名・形動〕《「逆」を強調した俗語》まったく逆であること。正反対なこと。また、そのさま。「前作とは性格が―の人物を演じる」

マキャベリ〖Niccolò di Bernardo Machiavelli〗［1469～1527］イタリアの外交官・政治理論家。政治をキリスト教的倫理から解放し、近代政治学・史学の祖とされる。著「君主論」「ローマ史論」「フィレンツェ史」「戦術論」など。マキャベッリ。マキアベリ。

マキャベリスト〖Machiavellist〗マキャベリズムを信奉する人。マキアベリスト。

マキャベリズム〖Machiavellism〗《「マキアベリズム」とも》❶マキャベリが「君主論」の中で述べた政治思想。15～16世紀のイタリアを背景に、君主の現実主義的な統治を主張し、政治目的のためにはいかなる反道徳的な手段も許されると説いた。❷目的のためには権勢ずくで手段を選ばないやり方。権謀術数主義。

ま-きゅう【魔球】マキウ 球技で、相手を惑わせる特別な変化球。

ま-きょう【魔境】マキャウ ❶悪魔や魔物の住む世界。魔界。❷どんな危険がひそむかわからない人跡まれな地域。「神秘の―を探る」❸遊里や賭博場など、人を誘惑して逃れられなくさせる場所。魔窟。「歓楽の―に入り込む」

ま-ぎょう【ま行｜マ行】マギャウ 五十音図の第7行。ま・み・む・め・も。

まぎら【紛ら】まぎらわすこと。ごまかし。「えてあんな事で―を食はされるものぢゃ」〈伎・桑名屋徳蔵〉

まぎら-かし【紛らかし】九州地方で、嫁入りの際に嫁につき添っていく未婚の女性をいう。花嫁と同じ礼装で宴席に並ぶ。嫁紛らかし。添い嫁。

まぎら-か-す【紛らかす】〔動サ五(四)〕「紛らす」に同じ。「寂しさを―・す」

まぎら-す【紛らす】〔動サ五(四)〕関心を他に移すなどして、そのことがわからなくなるようにする。ごまかす。また、気持ちを他に向けてふさいだ気分などを晴らす。まぎらわす。「姿を人込みに―・す」「気を―・す」「退屈を―・す」〔可能〕まぎらせる

まぎら-せる【紛らせる】〔動サ下一〕「紛らす」に同じ。「恋の悩みをスポーツで―・せる」

マキラドーラ-ゾーン〖Maquiladora zone〗メキシコの保税加工工場制度。1966年に北部地域の工場化、雇用の促進のために作られた制度。この制度を使えば原材料の輸入関税がゼロとなるなどの優遇措置を受けられる。

まぎらわし【紛らはし】まぎらはし まぎれるようにすること。関心などを他に移すようにすること。「御心の―には、さしも驚かせ給ふばかり聞こえなれはべらば」〈源・橋姫〉

まぎらわし-い【紛らわしい】まぎらはし〔形〕〔文〕まぎらは・し〔シク〕《古くは「まきらはし」》❶似ていて区別がつきにくい。「本物と―・いレプリカ」「―・い名前」❷まぶしい。まばゆい。「上野安蘇まぐはしまとに朝日さし―・しもなありつつ見れば」〈万・三四〇七〉❸気持ちがまぎれるようである。「おのづからうちたゆみ、―・しくてなむ、過ぐし来るを」〈源・橋姫〉❹めまぐるしく多忙である。「わが身も―・しき事あれば、えこそ助け奉るまじけれ」〈仮・伊曽保・下〉〔派生〕まぎらわしげ〔形動〕まぎらわしさ〔名〕

まぎらわ-す【紛らわす】まぎらはす〔動サ五(四)〕「紛らす」に同じ。「水で空腹を―・す」

ま-ぎり【間切り】❶区切ること。区切り。❷もと、琉球の行政区画。数村からなり、琉球処分以後も存続したが、明治40年(1907)廃止。

まぎり-ばしり【間切り走り】向かい風のときの帆船の走り方。斜め前方から風を受けるように、左右に交互に帆面を向けながらジグザグに前進する。

まき-りょうこ【巻菱湖】［1777～1843］江戸後期の書家。越後の人。名は大任、字は致遠。唐の欧陽詢などの書を学び、端正で明快な書風は菱湖流と呼ばれて明治初期まで広く流行。幕末の三筆の一人。

まぎ-る【紛る】〔動ラ下二〕「まぎれる」の文語形。

ま-ぎ-る【間切る】〔動ラ五(四)〕波間を切って船を進める。また、間切り走りで帆船を進める。「帆ヲ―・ッテ走ル」〈和英語林集成〉

まぎれ【紛れ】❶ある事につけこんで、また、事の勢いで何かをすること。「怒った―に外の芸者を買いはしまいか」〈荷風・腕くらべ〉❷他に入りまじって区別がつかなくなること。「山かぜに桜ふきまき乱れなむ花の―に立ちとまるべく」〈古今・離別〉❸他の事に心を奪われること。「今年は―多くて過ぐし給ふ」〈源・若菜下〉❹心情を表す形容詞の語幹、動詞の連用形に付いて、その心情に駆られて分別を失うさまを表す。「に」を伴って副詞的に用いることが多い。…のあまり。「苦し―にうそをつく」「腹立ち―」

紛れもな・い　きわめて明白である。まちがえようがない。「―・い事実」

まぎれ-あり-く【紛れ▽歩く】〔動カ四〕❶しのび歩く。「心もや慰むと立ち出でて―・き給ふ」〈源・少女〉❷人々の間にまじって歩きまわる。「小姫君は…、こなたかなた―・かせ給ふ」〈栄花・初花〉

まぎれ-こ-む【紛れ込む】〔動マ五(四)〕❶まちがって入り込む。「よその郵便物が―・む」❷いつのまにか他の物の中に入り込む。混雑をうまく利用して入り込む。「雑踏の中に―・んで姿を消す」

〔類語〕隠れる・潜む・忍ぶ・伏す・潜る・紛れる・逃げ込む・潜伏する・隠伏する・韜晦する・身を隠す・身を潜める・人目を盗む

まぎれ-どころ【紛れ所】見分けにくいところ。「あさましきまで―なき御顔つきを」〈源・紅葉賀〉

まぎ-れる【紛れる】〔動ラ下一〕〔文〕まぎ・る〔ラ下二〕❶入りまじって区別がつかなくなる。また、はっきりしなくなる。「人込みに―・れて見失う」「勝負の行方が―・れてくる」❷似通っていて見分けがつかなくなる。「―・れやすい色」❸他と見分けのつかない状況などをうまく利用する。混乱などに乗じる。「騒ぎに―・れて盗みを働く」「夜陰に―・れて逃げる」❹他に心が奪われて、本来行うべきことがおろそかになる。「多忙に―・れて返事が遅れる」❺他に心が移って、悲しみなどを忘れる。「気が―・れる」❻他に差し障りがある。「舞も見たけれども、けふは―・るる事いできたり」〈平家・一〉〔類語〕まがう・紛らす・隠れる・潜む・忍ぶ・伏す・潜る・紛れ込む・逃げ込む・潜伏する・隠伏する・韜晦する・身を隠す・身を潜める・人目を盗む

ま-ぎわ【真際｜間際】まぎは ❶物事がまさに行われようとするとき。寸前。「出発―に電話がくる」❷境界に接する直前の部分。「がけの―まで家が建つ」

〔類語〕直前・寸前・目前・瀬戸際・間近

まき-わら【巻き×藁】稲のわらを巻いて束ねたもの。弓術練習の的、また空手道で突きの稽古など、武術練習の道具に用いられる。

まき-わり【▽薪割(り)】薪を燃やしやすい大きさに割ること。また、それに用いる刃物。

ま-く《推量の助動詞「む」のク語法。上代語》…だろうこと。…しようとすること。「もみち葉の過ぎ―惜しみ思ふどち遊ぶ今宵は明けずもあらぬか」〈万・一五九一〉

まく【幕】㊀〔名〕❶布を縫い合わせるなどして作り、仕切りや隔て、また装飾として垂らしたりめぐらしたりするもの。「―を張る」「紅白の―」❷劇場などで、舞台の前面に垂らし、舞台と客席とを仕切る布。「―を下ろす」❸演劇で、幕❷を開けてから閉じるまでのひとまとまりの場面。脚本全体の大きな段落。幕の開閉を伴わない小段落を場というのに対する。「最初の―の通行人役を演じる」❹演劇で、幕❷を引いてある場面を終わりにすること。「見得を切って―にする」❺場面。場合。「君などの出る―ではない」❻物事の終わり。「騒動もこれで―となる」❼相撲で、幕内。「―下」㊁〔接尾〕助数詞。演劇の一段落を数えるのに用いる。「二―三場」「一―物」→〔漢〕「まく(幕)」

〔類語〕㊀(2)暗幕・天幕・幔幕・垂れ幕／㊀(3)場・場面・シーン・カット・一齣・ショット／㊀(4)(6)終わり・おしまい・終了・終結・終焉・終末・果てし・幕切れ・閉幕・打ち止め・ちょん・完・了・ジエンド・終い・最後・最終・結末・結び・締め括り・結尾・末尾・掉尾・掉尾・終局・終幕・大詰め・土壇場・どん詰まり・末・ラスト・エンディング・フィニッシュ・フィナーレ

漢字項目　まく

幕　〔学6〕〔音〕マク〔呉〕　バク〔漢〕‖ ㊀〈マク〉①中を隠すために張る布。覆いの布。「暗幕・煙幕・除幕・段幕・天幕・幔幕」②演劇や映画で使う垂れ布。また、演劇の場面の区切り。「開幕・銀幕・字幕・終幕・序幕・閉幕」③相撲の幕内。「入幕」㊁〈バク〉①覆いの布。天幕。「幕営／帷幕」②天幕を張った本陣。「幕舎・幕僚」③将軍が政治を行う所。「幕臣・幕政・幕府・幕吏」④「幕府」の略。特に、江戸幕府。「幕末／佐幕・討幕」

膜　〔音〕マク〔呉〕‖ ①体内の器官を覆い、また仕切る薄い皮。「角膜・隔膜・鼓膜・粘膜・脳膜・皮膜・腹膜・肋膜」②物の表面を覆う薄い皮。「被膜・半透膜」

幕が上・がる　「幕が開く」に同じ。「就職戦線の―・がる」

幕が開・く　幕が開いて、芝居などが始まる。転じて、物事が始まる。幕が上がる。「大会の―・く」

幕が下・りる　芝居などが終わって、垂れ幕がさがる。転じて、物事が終わりになる。「主犯の逮捕で事件の―・りる」

幕にな・る　芝居などが終わり、幕がしまる。転じて、物事が終わる。「大会は盛況のうちに―・る」

幕を開・ける　幕を開けて、芝居などを始める。転じて、物事を始める。物事が始まりになる。幕を上げる。幕を切る。「ペナントレースが―・ける」

幕を上・げる　「幕を開ける」に同じ。

幕を下ろ・す　「幕を閉じる」に同じ。「暑かった夏の季節が―・す」

幕を切って落と・す　はなばなしく物事を始める。また、はじめて公開する。「全国縦断コンサートツアーの―・す」「秘仏の―・す」

幕を切・る　「幕を開ける」に同じ。「汚職摘発の本格捜査が―・る」

幕を閉・じる　芝居などを終えて、幕をしめる。転じて、物事が終わる。また、物事を終える。幕を下ろす。幕を引く。「長年の内戦がようやく―・じた」

幕を引・く　「幕を閉じる」に同じ。「江戸幕府は一五代将軍で―・いた」

まく【膜】❶物の表面を覆う薄い皮。❷生物体の臓器・組織を覆い、また隔てている薄い平面状の細胞層。→〔漢〕「まく(膜)」〔類語〕粘膜

ま・く【▽任く｜▽罷く】㊀〔動カ下二〕《支配者が命令して行動させる意》❶官職に任じる。また、任命して派遣する。「まつろはぬ国を治めと皇子ながら―・け給へば」〈万・一九九〉❷命じて退去させる。「時に皇孫、姉は醜しとおぼして、召さずして―・け給ふ」〈神代紀・下〉㊁〔動カ四〕㊀に同じ。「大君の遠の朝廷のみかどと―・き給ふ官のまにま」〈万・四一一三〉〔補説〕四段「まき」は万葉仮名表記「麻気」を誤読したところから生じたとする説がある。

ま・く【▽枕く｜▽婚く｜×纏く】〔動カ四〕❶枕にする。枕にして寝る。「かくばかり恋ひつつあらずは高山の岩根し―・きて死なましものを」〈万・八六〉❷《「まぐ」とも》女性と共寝する。抱いて寝る。また、妻とする。「秋萩の妻を―・かむと」〈万・一七六一〉

ま・く【巻く｜×捲く】〔動カ五(四)〕❶物のまわりに、ゆるみのないようにからみつける。「包帯を―・く」「グリップにテープを―・く」❷長い物・平らな物を、その一端を軸にするように丸める。「反物を―・く」「紙を筒状に―・く」❸渦巻き状にする。また、渦巻き状になる。「蛇がとぐろを―・く」「朝顔のつるが―・く」❹ねじ・ぜんまいなどをねじり回して締める。「ぜんまいを―・く」「竜頭を―・く」❺物を、それについている綱や鎖を軸にからませて、持ち上げる。「錨を―・く」❻まわりを取り囲む。包み込む。「煙に―・かれる」❼連歌・俳諧の付合をする。「歌仙を―・く」❽登山で、ルートの途中にある難所を避け、迂回して登る。また、そのように道がついている。「大滝を―・いて沢筋

をつめる」「頂上を—・く道」❾(「舌をまく」の形で)言葉も出ないほど驚いたり、感心したりする。「子供ながらも巧みな演奏に舌を—・く」❿(「管(くだ)をまく」の形で)酒に酔って、とりとめのないこと、不平などを繰り返し言う。「飲んではくだを—・いてばかりいる」⓫(「証文をまく」の形で)借りをなしにする。「丁度いいから証文位はきれいに—・いてやろうかと思っているんだ」〈荷風・腕くらべ〉⓬呼吸が荒くなる。「息ガ—・ク」〈日葡〉[可能]まける [類語]絡める・巻き付ける

[…句]くだを巻く・煙(けむ)に巻く・舌を巻く・尻尾(しっぽ)を巻く・面(つら)に似せてへそを巻く・蜷局(とぐろ)を巻く・長い物には巻かれよ・螺子(ねじ)を巻く・旗を巻く

ま・く【負く】〘動カ下二〙「まける」の文語形。

ま・く【▽設く】〘動カ下二〙❶前もって用意する。設ける。「頂髪(たぎふさ)の中より、—・けし弦を採り出して」〈記・中〉❷その時節を待ちうける。また、待ちうけた時節になる。「磯の間(ま)ゆ激(たぎ)つ山川絶えずあらばまたも相見む秋かた—・けて」〈万・三六一九〉

ま・く【×蒔く┊×播く】〘動カ五(四)〙❶植物の種子を畑などに散らす。また、土に散らし埋める。「もみを—・く」❷(「種をまく」の形で比喩(ひゆ)的に用いて)物事の原因をつくる。「騒動の種を—・く」「自分で—・いた種」❸蒔絵(まきえ)をつくる。「流水の文様を—・いた文箱(ふばこ)」[可能]まける

蒔かぬ種(たね)は生えぬ　何もしないではよい結果は得られないことのたとえ。

ま・く【×撒く】〘動カ五(四)〙《「蒔(ま)く」と同語源》❶広い範囲に細かく振るようにして散らす。散布する。ばらまく。「玄関先に水を—・く」「塩を—・いて土俵に上がる」❷散らして、大勢に行き渡らせる。「びらを—・く」❸話などを周囲に広める。「うわさを—・く」❹連れの者などの目をくらまし、故意にはぐれる。「尾行を—・く」[可能]まける

マグ〖mug〗❶取っ手の付いた円筒形の茶碗。マグカップ。「ビアー」❷力と加速度によって定義される質量の単位。一重量キログラムの力で毎秒毎秒1メートルの加速度を生じる質量。工学質量単位。

ま・ぐ【曲ぐ┊×枉ぐ】〘動ガ下二〙「まげる」の文語形。

ま・ぐ【▽求ぐ┊×覓ぐ】〘動ガ四〙求める。尋ねる。「速須佐之男命(はやすさのをのみこと)、宮つくるべき所を出雲の国に—・ぎ給ひき」〈記・上〉

まく-あい【幕▽間】(—あひ) 演劇で、一幕が終わって、次の一幕が始まるまでの間。舞台に幕が下りている間。[補説]「まくま」とは読まない。

まくあい-げき【幕▽間劇】(マクあひ—) 演劇で、長い劇の間に挟んで演じる小喜劇。本筋と関係なく、重苦しい気分を緩和するためのもの。

まく-あき【幕開き┊幕明き】❶芝居で、幕のあくこと。また、その場面。開幕。「芝居の—を待つ」[⇔]幕切れ。❷物事の始まり。まくあけ。「行楽シーズンの—」[類語]開始・開幕・始まる

まく-あけ【幕開け】「幕開き」に同じ。「球宴の—」

まく-いた【幕板】机の脚の間や板塀の上方などにある横に長い板。

まく-うち【幕内】❶《江戸時代、将軍の相撲上覧のときに上級の力士が幔幕(まんまく)の中に座を与えられたところから》相撲で、番付の第一段に名が記される前頭以上の力士。幕の内。❷劇場で、舞台の幕より内側。劇場の表側に対する楽屋。また、楽屋に働く頭取・俳優・大道具・小道具・衣装・床山など。

マグ-カップ《和 mug＋cup》「マグ❶」に同じ。

まく-ぎれ【幕切れ】❶芝居で、一段落がついて幕がしまること。また、その場面。閉幕。まく。[⇔]幕開き。❷物事の終わり。終結。「あっけない—となった試合」[類語]けり・最後・おしまい・終了・終焉(しゅうえん)・終末・果てし・打ち止め・ちょん・完(かん)・了(りょう)・ジエンド・終(しま)い・最終・結末・結び・締め括(くく)り・結尾・末尾・掉尾(とうび)・掉尾(ちょうび)・終局・終幕・大詰め・土壇場(どたんば)・どん詰まり・末(すえ)・ラスト・エンディング・フィニッシュ・フィナーレ

まく-ぎわ【幕際】(—ぎは) ❶能舞台で、橋懸かりまたは鏡の間の揚げ幕に接する所。❷芝居などで、幕が下りようとしている時。終演間際。

まく-ぐし【幕串】幕を張るために土に打ちこんで立てる細い柱。幕柱。幕杭(まくぐい)。

まく-こうぞう【膜構造】(—コウザウ) 天幕のような膜で覆う建築構造。骨組みに膜を張った骨組み膜構造、支柱間に張るケーブルに膜をつった吊膜(つりまく)、空気圧で膜または袋を膨らませた空気膜構造など。

まく-こつ【膜骨】繊維性の結合組織内に、直接に骨組織が形成されてできる骨。頭骨の一部にみられる。結合組織骨。被蓋骨(ひがいこつ)。

まく-ことば【幕▽詞】武士が軍陣に用いた忌み詞。幕を張ることを場合に応じて言い分けたもの。味方のは「打つ」、敵の場合は「引く」、船には「走らかす」、座敷・桟敷などには「囲う」といった類。

ま-くさ【真草】草の美称。特に、屋根をふくのに用いる草をいう。「—刈る荒野にはあれど黄葉(もみちば)の過ぎにし君が形見とそ来し」〈万・四七〉

ま-ぐさ【×秣┊馬草】《古くは「まくさ」》牛や馬の飼料とする草。飼葉(かいば)。[類語]牧草・干し草・餌(え)・餌(えさ)

ま-ぐさ【×楣┊目草】窓・出入り口などの上に渡した横木。

マグサイサイ〖Ramón Magsaysay〗[1907～1957]フィリピンの政治家。第二次大戦中、抗日ゲリラを指導。戦後、国防相となり、1953年からは大統領。

マグサイサイ-しょう【マグサイサイ賞】(—シャウ) アジア地域で社会に貢献した個人や団体に贈られる賞。フィリピンの元大統領マグサイサイにちなみ、1957年に創設。アジアのノーベル賞と称される。

まぐさ-いし【×楣石】窓・出入り口の上に水平に渡した石。

まぐさ-おけ【×秣×桶】(—をけ) 秣を入れる桶。飼葉桶。

まぐさ-きり【×秣切り】秣を細かく刻む器具。

まぐさしき-こうぞう【×楣式構造】(—コウザウ) 垂直な支柱とそれに支えられた横木を基本とする建築構造。柱と梁(はり)を組み合わせる日本建築や、古代ギリシャ建築にみられる。➡拱式(きょうしき)構造

まぐさ-ば【×秣場】秣を刈り取る草地。特に、一定地域の農民が共同で使用した草地。

ま-くし【真×櫛】櫛の美称。「か黒し髪を—もちここにかき垂れ取り束(つか)ね上げても巻きみ」〈万・三七九一〉

まくし-あ・げる【×捲し上げる】〘動ガ下一〙[文]まくしあ・ぐ〘ガ下二〙上の方へ引き上げる。まくり上げる。「袖を—・げる」

マクジェン〖Macugen〗加齢黄斑変性症の治療薬「ペガプタニブナトリウム」の商品名。

まくし-か・ける【×捲し掛ける】〘動カ下一〙[文]まくしか・く〘カ下二〙「捲し立てる」に同じ。「さあ何とで御座んすと袂を捉らえて—・くる勢い」〈一葉・たけくらべ〉

まく-した【幕下】相撲で、力士の地位の一。十両の次位、三段目の上位。昔は幕内に入らない者を総称したが、現在は、番付の二段目に名を書かれる力士のうち十両を除く者。

まくし-だ・す【×捲し出す】〘動サ四〙追い立てる。追い出す。「下部(しもべ)どもに言ひ付け、きゃつを早う—・せ」〈浄・盛衰記〉

まくし-た・てる【×捲し立てる】〘動タ下一〙[文]まくした・つ〘タ下二〙勢いよく続けざまにしゃべる。「日ごろの不満を一息に—・てる」

[類語]言いまくる・言い募る・言い尽くす

まく-しつ【膜質】膜のような性質。また、そのような性質のもの。

マクシマム〖maximum〗▶マキシマム

マクシミリアン〖Maximilian〗(1世)[1459～1519]神聖ローマ皇帝。在位1493～1519。婚姻政策によってハプスブルク家領を広げ、同家興隆の基礎を築いた。スイス諸州の独立を承認。

マクシム〖maxim〗▶マキシム

まく-じょう【膜状】(—ジャウ) 膜のようであること。膜のような状態。「—の組織」

まく-じり【幕尻】相撲で、幕内の最下位。前頭の末尾の地位。また、その力士。

まくし-るい【膜×翅類】膜翅目の昆虫の総称。膜質の二対の翅(はね)をもつが、無翅のものもある。胸部と腹部との間がくびれない広腰亜目と、くびれる細腰亜目とに大別される。前者にはキバチ・ハバチなどが含まれ、幼虫は主に植物食。後者にはアリ・ヒメバチ・ミツバチなどが含まれ、幼虫は主に肉食で、雌の産卵管が毒針に変化しているものや、寄生・家族生活をするものもある。

ま-くず【真葛】葛の美称。「—延(は)ふ夏野の繁くかく恋ひばまこと我が命常ならめやも」〈万・一九八五〉

マクスウェル〖James Clerk Maxwell〗[1831～1879]英国の物理学者。ファラデーの電磁場の理論を完成させて基本方程式を導き出し、光の電磁理論の基礎を築いた。著「熱の理論」「電気磁気論」など。

マクスウェル〖maxwell〗CGS電磁単位系の磁束の単位。1マクスウェルは1億分の1ウェーバ。1平方センチに1マクスウェルがあるときを1ガウスという。J＝C＝マクスウェルの名にちなむ。記号Mx

マクスウェル-の-あくま【マクスウェルの悪魔】マクスウェルが1871年に著した「熱の理論」の中に登場させた架空の魔物。気体を入れた容器内の隔壁にある小さな戸の張り番をし、そこで速度の大きい分子と小さい分子とを選り分けて通過させると、隔壁の両側で温度差を生じさせることができるというもの。熱力学の第二法則が多くの分子のかかわる統計的法則であることを示すのに用いた。マクスウェルの魔物。➡熱力学の法則

マクスウェル-の-でんじりろん【マクスウェルの電磁理論】ファラデーの電磁場の理論をマクスウェルが四つの微分方程式にまとめた古典電磁気学の理論。この理論から電磁波の存在が予言され、光が電磁波であることが導かれた。

マクスウェル-の-ほうていしき【マクスウェルの方程式】(—ハウテイシキ) 電磁場の時間的・空間的変化を記述する基本的な方程式。ファラデーの電磁誘導の法則を表す式、電流の磁気作用についてのアンペールの法則を一般化して表す式、電場および磁場についてのガウスの法則を表す式の四つの微分方程式からなる。マクスウェルが1864年に提出。電磁方程式。

マクスウェル-の-まもの【マクスウェルの魔物】▶マクスウェルの悪魔

まくず-が-はら【真葛原】京都市東山区北部の円山公園の辺り一帯の称。

まくず-はら【真葛原】葛の一面に生えている原。「—なびく秋風吹くごとに阿太(あた)の大野の萩の花散る」〈万・二〇九六〉

まくず-やき【真葛焼】幕末に、京都の真葛原(まくずがはら)で宮川長造が焼き始めた陶磁器。明治4年(1871)四男の宮川香山が横浜の太田町に移窯、太田焼ともいう。

ま-ぐそ【馬×糞】馬のくそ。ばふん。

まく-そと【幕外】歌舞伎の演出で、幕が引かれたあと、その外側、主に花道で続けて演技を行うこと。

まく-だまり【幕×溜まり】劇場で、開けた引き幕をためておく場所。舞台の上手(かみて)・下手(しもて)にある。

ま-くだり【真下り】❶京都で、御所の反対方向である南へまっすぐに行くこと。「馬の息のあらん限りと、東の河原を—に」〈保元・中〉❷高い所からまっすぐに下ること。「長刀(なぎなた)うちふり、—に喚(おめ)いてかかる」〈義経記・三〉

マグダレナ-きゅうでん【マグダレナ宮殿】《Palacio de La Magdalena》スペイン、カンタブリア州の港湾都市サンタンデールにある宮殿。20世紀初頭スペイン王アルフォンソ13世の夏の離宮として、市街地東部のマグダレナ半島に建造された。

ま-ぐち【間口】❶土地・家屋などの正面の幅。表口。「—二間(にけん)の店」[⇔]奥行き。❷研究・事業などの領域。「商売の—を広げる」「—の広い学者」[類語]奥行き

ま-くつ【魔窟】❶悪魔の住んでいる場所。魔境。❷悪事を働く人間の集まる場所、特に売春や麻薬売買などの行われる場所。

まく-づかえ【幕▽支へ】(—づかへ) 芝居で、何かの差し障りがあって幕の開かないこと。「—と見える」〈滑・浮世床・二〉

マクデブルク〖Magdeburg〗ドイツ中東部の商工業都市。エルベ川西岸にあり、水運の要衝。中世は

ハンザ同盟に所属。

マクデブルク-の-はんきゅう【マクデブルクの半球】1657年にマクデブルク市長で物理学者のゲーリケが行った、大気圧の存在を示す実験。2個の金属製の半球を密着させ、内部の空気を抜いて真空にし、これを左右8頭ずつの馬に引かせ、容易に引き離せないことを示した。

まく-でん【幕電】電光の一種。遠雷により、夜空の一部が明るく見える現象。また、雲内放電により、電光は雲に隠れて雲全体が光って見える現象。

まく-でんい【膜電位】半透膜によって隔てられた溶液の間に発生する電位差。特に、選択透過性のある原形質膜に包まれる細胞の内外での電位差。

マクドナルド〖Claude Maxwell Macdonald〗[1852～1915]英国の外交官。1896年駐清(中国)公使となり、義和団事件で活躍、日本の出兵を勧めた。のち駐日大使。

マクドナルド〖James Ramsay MacDonald〗[1866～1937]英国の政治家。1924年、最初の労働党内閣を組閣。29年再度首相となったが世界恐慌に直面し、財政政策に党の支持を得られず辞職。31年、保守党・自由党と連立で挙国一致内閣をつくったため、党から除名された。

マクドナルド〖Ross Macdonald〗[1915～1983]米国の推理小説家。本名はケネス＝ミラー(Kenneth Millar)。ハメットやチャンドラーのハードボイルドを継承する簡潔で力強い文体で、社会の闇や人間の心理を巧みに描いた。私立探偵リュー＝アーチャーを主人公とする一連の作品や「青いジャングル」などで知られる。妻のマーガレット＝ミラー(Margaret Millar)も推理小説家。

マクドナルド-きょうだい【マクドナルド兄弟】米国の企業家。モーリス＝マクドナルド(Maurice McDonald[1902～1971])とリチャード＝マクドナルド(Richard McDonald[1909～1998])の兄弟。1940年、カリフォルニア州サンバーナーディノでドライブスルー形式のバーベキューレストランを開店。迅速に効率よく商品を提供するための調理工程やセルフサービスによる販売方式を考案し、世界的なハンバーガーチェーン店の基礎を築いた。

マグナ-カルタ〖Magna Carta〗1215年、イングランド王ジョンが封建貴族たちに強制されて承認、調印した文書。前文と63条からなり、国王の徴税権の制限、法による支配などを明文化し、王権を制限、封建貴族の特権を再確認したもの。権利請願・権利章典とともに英国立憲制の発展に重要な役割を果たした。大憲章。

ま-くなぎ《古くは「まぐなき」とも》❶小さな羽虫。ヌカカの類。また、ユスリカやガガンボダマシの類。(季夏)「一の阿鼻叫喚をふりかぶる/三鬼」❷まばたき。目くばせ。「一つくらせて(＝タダ目クバセダケデ)さし置かせけり」〈源・明石〉

まく-なし【幕無し】絶え間のないこと。ひっきりないこと。「のべつ一」「お愛でたいだの、御結構だのと一に愛相を浴せ懸けて」〈風葉・青春〉

マグナム〖magnum〗普通の弾丸より火薬量が多く、威力のある弾丸。また、それを用いる大型拳銃。

マグニチュード〖magnitude〗地震そのものの規模を表す尺度。また、その数値。通常、震央から100キロ離れた地点にある標準地震計の最大振幅をミクロン単位で測り、その常用対数で表す。マグニチュードが1増加すると、エネルギーは約30倍増加する。震度とは異なる。記号M　➡モーメントマグニチュード　➡地震モーメント　(補説)M8以上の大地震は巨大地震ともいう。➡表

マグニトゴルスク〖Magnitogorsk〗ロシア連邦、ウラル山脈南部の東麓にある重工業都市。鉄鋼・金属・セメント・ガラス工業が発展。

マクニン〖Macnin〗海藻マクリに含まれる海人酸から製した回虫駆虫剤の商標名。

マグヌス-こうか【マグヌス効果】流体中を回転しながら進む物体に対して、流れと直角の方向に流体から力が作用する現象。ドイツのマグヌス(H.G.Magnus)が砲弾についてこの現象を研究した。

マグネサイト〖magnesite〗►菱苦土石

マグネシア〖magnesia〗酸化マグネシウム。

マグネシウム〖magnesium〗金属元素の一。単体は銀白色で軽く、展延性に富む金属。リボン状・粉末状にしたものは閃光を発して燃える。菱苦土石・苦灰石などに含まれ、地殻中に広く分布し、海水中にはナトリウムに次いで多く存在。動植物体では重要な構成成分の一。工業的には塩化マグネシウムの電気分解などで還元して得る。写真撮影のフラッシュ、純金属製造用の還元剤や軽合金に利用。元素記号Mg　原子番号12。原子量24.31。

マグネシウム-ごうきん【マグネシウム合金】マグネシウムを主体とする軽合金。エレクトロンが代表的。実用合金では最も軽く、航空機・自動車部品などに使用。

マグネタイト〖magnetite〗►磁鉄鉱

マグネチック〖magnetic〗多く複合語の形で用い、磁気を帯びた、磁石の、の意を表す。「一テープ」

マグネチック-コンパス〖magnetic compass〗►磁気コンパス

マグネチック-スピーカー〖magnetic speaker〗永久磁石を利用して音声電流を音にかえるスピーカーの総称。

マグネチック-テープ〖magnetic tape〗磁性体を塗布したテープ。カセットやVTRのテープのこと。

マグネット〖magnet〗磁石。また、磁気。

マグネット-こう【マグネット鋼】►磁石鋼

マグネットダイオード〖magnetodiode〗ダイオードの一。磁場の強さ、向きによりダイオード内を流れる電流の大きさ、通路がホール効果により変化するので磁場の強さの検出、磁場によるスイッチとして用いられる。ソニーが開発。

マグネトロン〖magnetron〗円筒形の陽極の中心軸に陰極を置き、軸方向に強い磁界を加えてマイクロ波を発振させる二極真空管。電子レンジ・レーダーなどに使用。磁電管。(補説)昭和2年(1927)に日本で強力なマイクロ波を発生させる分割陽極型マグネトロンが初めて開発されたが、その後は欧米で改良が進められ、軍用レーダー・電子レンジなどとして実用化された。

まく-の-うち【幕の内】❶芝居で、まだ次の幕のあかないうち。幕間。❷「幕の内弁当」の略。❸「まくうち❶」に同じ。

まくのうち-べんとう【幕の内弁当】俵形の握り飯とおかずとを詰め合わせた弁当。芝居の幕間に食べるものとして考案され、現在では最も一般的な弁当になっているもの。

マグノックス-ろ【マグノックス炉】《magnox reactor》炭酸ガスを冷却材にした原子力発電用ガス冷却炉。核燃料の天然ウランをマグネシウム合金で被覆していることからの名。

マグノリア〖ラテ Magnolia〗モクレン科モクレン属の植物の総称。アジア・北米原産。芳香があり観賞用。

マグノン〖magnon〗スピン波を第2量子化することによって考えられる粒子。

ま-くば・る【間配る】〔動ラ五(四)〕間をあけて配る。分けて配置する。「芸妓がずらりと一・られて」〈木下尚江・良人の自白〉

マクファーソン-ストラット〖Macpherson strut〗自動車の前輪独立懸架の一型式。キングピン(前車軸と車輪を固定するピン)がそのまま上方に延びて、伸縮するストラット(柱)状になっているもの。スプリングはストラットの周囲にコイルを巻くのが普通だが、トーションバー(ねじり棒ばね)やエアスプリングのものもある。

まく-へいこう【膜平衡】半透膜などを隔てて、コロイド電解質あるいは高分子電解質の溶液が低分子電解質と接するときに成り立つ平衡。イオン交換膜や生体膜でみられ、膜の両側で電位差を生じる。英国の物理化学者ドナン(F.G.Donnan)が研究したところから、ドナンの膜平衡ともいう。

まく-へき【膜壁】仕切りとなる膜質のもの。

マクベス〖Macbeth〗シェークスピアの四大悲劇の一。5幕。1604～06年作。スコットランドの武将マクベスは魔女の予言と妻の教唆で野心をつのらせ、王ダンカンを暗殺して王位を奪うが、のちに王の遺児らに倒されるまでを描く。

[マグニチュード] 地震の大きさとマグニチュード

地震の大きさ	マグニチュード
極微小地震	M1未満
微小地震	M1以上、M3未満
小地震	M3以上、M5未満
中地震	M5以上、M7未満
大地震	M7以上

注:M8以上の大地震は巨大地震ともいう

まくべつ-へいや【幕別平野】北海道北部、宗谷丘陵西側にある平野。中心は稚内市。海岸部には砂丘がある。

まく-へん【膜片】膜の一部分が切り離されたもの。

まく-ほ・し〔連語〕《推量の助動詞「む」のク語法「まく」＋形容詞「ほ(欲)し」。上代語》願望の意を表す。…したい。…することを願う。「あしひきの山に生ひたる菅の根のねもころ見一・しき君かも」〈万・五八〇〉➡まほし

まく-ま【幕間】「まくあい(幕間)」の誤読。

マグマ〖magma〗❶地下に存在する高温で溶融状態の物質。冷却・固結すれば火成岩になる。岩漿。❷積もり積もった不平不満。また、危険な要素や動き。「若手議員から執行部に対する一が噴き出す」「金利上昇という一がたまりつつある」

マグマ-だまり【マグマ×溜まり】地下の、多量のマグマがたまっている所。多くは火山の直下数キロの所にあると考えられている。

マクマホン-せんげん【マクマホン宣言】►フサイン-マクマホン協定

まく-み【幕見】劇場で、一幕ごとの料金を払って芝居を見ること。また、その場所。一幕見。

マクミラン〖Edwin Mattison McMillan〗[1907～1991]米国の物理学者。サイクロトロンの開発に従事。超ウラン元素ネプツニウムを発見。シンクロトロンの原理も発見し、製作した。1951年、G＝T＝シーボーグとともにノーベル化学賞受賞。

マクミラン〖Maurice Harold Macmillan〗[1894～1986]英国の政治家。1957年、保守党内閣の首相となり、英国の威信回復と東西冷戦の緩和に努めた。63年辞任。政界引退後は出版社マクミランの会長。

まくめい-がっき【膜鳴楽器】強く張った膜状のものの振動によって音を発する楽器の総称。大部分はたたいて音を出す太鼓の類。

まく-めいろ【膜迷路】内耳の骨迷路の中にある、ほぼ同じ形をした膜性の管。中はリンパ液で満たされている。膜性迷路。膜質迷路。

まく-も【×莫▽目¦×莫×牟】古代の管楽器の一。高麗楽・百済楽に用いられたが、実体は未詳。篳篥の一種ともいう。

まく-もうぞう【×莫妄想】禅家の語。妄想することなかれ。悟りを得るためには思惟分別する心を放棄せよということ。

まく-や【幕屋】❶幕を張りめぐらした小屋。❷能などの楽屋。幕で舞台と区切られている。

まく-ゆ【幕湯】温泉などで、貴人の入浴の際、他との混浴を避けるために、浴場の一部に幕を張ること。また、その浴場。「おっと承知の一に浴いる」〈滑・浮世風呂・三〉

まくら【枕】❶寝るときに頭をのせる寝具。「一が変わると眠れない」「氷一」「ひざ一」❷寝ている頭の方。また、頭のある方角。「東を一に寝る」❸寝ること。宿ること。「旅一」❹長い物を横たえるとき、下に置いてその支えとするもの。「一木」❺物事のたね。よりどころ。「歌一」❻話の前置き。落語などで、本題に入る前の短い話。「時局風刺を一に振る」❼地歌・箏曲で、手事の導入部分。また、義太夫節で、一段の導入部分。(類語)(❻)冒頭・文頭・書き出し

(…語)埃枕・石枕・初枕・歌枕・腕枕・帯枕・籠枕・梶枕・仮枕・北枕・木枕・伽羅の枕・空気枕・括り枕・草枕・香枕・氷枕・小枕・袖枕・高枕・蛸の枕・旅枕・手枕・手枕・長枕・波枕・新枕・箱枕・箸枕・初枕・膝枕・肘枕・船底枕・坊主枕・水枕・夢枕

枕浮・く　涙で枕が浮く。枕が浮くほどに、寝ながらひどく泣く。「涙落つとも覚えぬに、―・くばかりになりにけり」〈源・須磨〉
枕が上がら◦ない　病気が治らず床から起き上がれない。「倒れてから半年たっても―◦ない」
枕片去かたさ・る　枕を床の片側に寄せて寝る。また、枕の片側をあけて寝る。上代、夫や恋人を待って一人で寝るようすをいう。「ここだくに思ひけめかもしきたへの―・る夢に見え来し」〈万・六三三〉
枕定・む　❶寝るときに、頭にする方向を定める。枕の向きによって恋人の夢が見られるとされた。「夕されぱわが身のみこそ悲しけれいづれの方に―・めむ」〈後撰・恋三〉❷男女が一緒に寝る。共寝する。「思ひのままに―・めて語らんものを」〈浮・五人女・三〉❸遊里で、相手の女性を定める。「それに―・めんといふを聞きて」〈浮・一代男・五〉
枕と枕ま・く　枕にして寝る。「沖つ波来寄する荒磯ありをしきたへの―・きて寝なせる君かも」〈万・二二二〉
枕に就つ・く　床に就く。寝る。「安堵して既に―・かんとする頃」〈染崎延房・近世紀聞〉
枕枕ま・く　枕として寝る。「道の後しり古波陀嬢子こはだをとめを神の如ごと聞こえしかども相―・く」〈記・中・歌謡〉
枕結・ぶ　草を結んで枕にする。旅寝する。「行末はいまいくよとか磐代いはしろの岡のかやねに―・ばむ」〈新古今・羇旅〉
枕を重・ねる　男女がたびたび一緒に寝る。情交を重ねる。「人目を忍んで―・ねる」
枕を交わ・す　男女が共に寝る。「―・した仲」
枕を欹そば・てる　枕から頭を上げ、耳を澄まして聞く。「隣室のひそひそ話に―・てる」
枕を高く◦する　《戦国策」魏策から》安心して寝る。また、安心して暮らす。「資金繰りがついてようやく―◦して眠れる」
枕を並・べる　❶並んで寝る。「親子三人―・べる」❷大勢の人がそろって同じことをする。特に、同じ場所で倒れる。「―・べて落選する」
枕を濡ぬら・す　つらさや悲しさのあまり寝床の中で涙を流す。「失恋に―・す」
枕を割・る　苦心する。考え悩む。「異病をわずらひ、医者に―・らすことなり」〈浮・娘気質・二〉
まくら-あて【枕当て】「枕カバー」に同じ。
まくら-いし【枕石】川原や浜から持ち帰って、死者の枕もとに置く石。埋葬ののち、戒名を書いて墓の上に置いたりする。
マクラウド-ゲージ〖McLeod gauge〗▶マクラウド真空計
マクラウド-しんくうけい【マクラウド真空計】代表的な真空計の一。1874年、H=マクラウドが考案。真空に近い低圧力の気体を圧縮し、その圧力と圧縮率をガラス管に入った水銀柱の高さで測定することで、元の気体の圧力を求める。測定範囲は1万分の1～100パスカル程度。マクラウドゲージ。
まくら-え【枕絵】ヱ男女の秘戯を描いた絵。春画。笑い絵。
まくら-えいぎょう【枕営業】ヱイゲフ販売員などが、契約成立の交換条件として顧客と性的関係を結ぶこと。
まくら-がい【枕貝】ガヒマクラガイ科の巻き貝。本州中部以南の浅海の砂泥底にすむ。貝殻は円筒形で、殻高4センチくらい。殻表は滑らかで光沢があり、淡褐色の地に黒褐色の稲妻模様が走る。
まくら-がえし【枕返し】ガヘシ❶枕の向きを変えること。特に、人が死んだとき、北枕に変えること。❷木枕を多く重ねて手でささげ、自由にもてあそぶ曲芸。
まくら-かご【枕籠】昆虫飼育器の一。枕形の金網製の籠で、下半分を水中に浸し、水生の幼虫などの飼育に用いる。
まくら-がたな【枕刀】寝るとき枕もとに置く護身用の刀。枕太刀。
まくら-がね【枕金】❶遊女を身受けするときの手付金。まくらきん。❷芸者が客に身をまかせるときに受け取る契約金。まくらきん。
まくら-カバー【枕カバー】枕の汚れを防ぐために、上に掛けるもの。枕当て。
まくら-がみ【枕上】「枕元」に同じ。
まくら-がみ【枕神】夢枕に立つ神。夢の中に現れて神託を告げる神。
まくら-がみ【枕紙】❶寝るとき枕もとに置く紙。❷木枕の上の小枕をおおって汚れを防ぐ紙。
まくら-がや【枕蚊帳】子供の枕もとを覆うのに用いる小さな蚊帳。
まくら-ぎ【枕木】鉄道のレールの下に横に敷き並べる部材。レールを固定して軌間を一定に保つとともに、鉄道車両の荷重を道床に分散させる働きをする。古くは木材が用いられたが、現在はPSコンクリート製が多い。
まくら-ぎょう【枕経】ギヤウ死者の枕もとで終夜読経どきやうすること。特に、納棺前に経をあげること。
まくら-きん【枕金】「まくらがね」に同じ。
まくら・く【枕く】〔動カ四〕《「まくら」の動詞化》枕とする。「大伴の高師の浜の松が根を―・き寝ぬれど家し偲しのはゆ」〈万・六六〉
まくら-げいしゃ【枕芸者】❶芸でつとめずに、売春を主とする芸者。不見転みずてん。❷枕さがしをする芸者。「弁天お照と名の高い、―の旅稼ぎ」〈伎・島衛月白浪〉
まくら-ごと【枕言】❶いつも口ぐせのようにいう言葉。「やまと言の葉をも、もろこしの詩をも、ただその筋をぞ、―にせさせ給ふ」〈源・桐壺〉❷序詞。また、枕詞。「歌の―などといふは」〈落書露顕〉
まくら-ことば【枕詞｜枕言葉】❶昔の歌文、特に和歌に用いられる修辞法の一。一定の語句に冠してこれを修飾し、または語調を整える言葉。普通は5音、まれに3音・4音などのものもある。「あしひきの」「たらちねの」「ひさかたの」など。冠辞。❷前置きの言葉。❸寝物語。枕物語。「二つならべて―ぢゃ」〈西鶴大矢数〉
まくら-さがし【枕探し】旅客の寝ている間に、その枕もとに置いてある金品を盗み取ること。また、その者。邯鄲師かんたんし。
まくらざき【枕崎】鹿児島県、薩摩さつま半島南部の市。東シナ海に臨み、漁業の基地。かつお節を特産。人口2.4万(2010)。
まくらざき-し【枕崎市】▶枕崎
まくらざき-たいふう【枕崎台風】昭和20年(1945)9月17日、枕崎付近に上陸した大型台風。九州を縦断し、広島付近から日本海へ進んだ。最低気圧916.6ヘクトパスカル。広島県を中心に、全国の死者・行方不明者は3756名に達した。
まくらじし【枕獅子】歌舞伎舞踊。長唄。本名題「英獅子乱曲はなぶさししのらんぎよく」。寛保2年(1742)江戸市村座初演。石橋物しやつきようものの一。前ジテは傾城姿で手獅子を持って踊り、後ジテは牡丹笠をつけて狂いになる。
まくらじどう【枕慈童】㊀謡曲。四番目物。観世流では「菊慈童」。魏の文帝の家臣が酈県山てつけんざんを訪ねると、周の穆王ぼくわうに仕えた慈童と名のる人物が現れ、不老不死の菊の露の酒を勧める。㊁謡曲。四番目物。観世流。㊀とワキと時代が異なる類曲。
まくらじょう-ようがん【枕状溶岩】マクラジヤウ楕円体や円筒形溶岩の塊が積み重なったもの。玄武岩質の溶岩が水中に流れ出て急冷されたときにできる。俵状溶岩。
まくら・する【枕する】〔動サ変〕図まくら・す〔サ変〕枕を用いる。また、枕として寝る。「幾人の貧しい旅人がその上に―・して眠ったか」〈藤村・春〉
(類語)寝る・臥ふす・臥ふせる・横たわる・寝転ぶ・寝転がる・寝そべる・横臥おうがする・安臥あんがする・仰臥ぎようがする・伏臥ふくがする・側臥そくがする・横になる
まくら-ぞい【枕添ひ】ゾヒ添い寝をすること。また、その相手。「女は夫を―といひ、男は妻を―といふのす」〈滑・浮世床・二〉
まくら-ぞうし【枕草紙】ザウシ《「まくらそうし」とも》❶身辺に置いて、日々の見聞や思いついたことなどを書き留めておく綴じ本形式の雑記帳。❷春画の本。また、春本。
まくら-だち【枕太-刀】「枕刀まくらがたな」に同じ。
まくら-だんご【枕団子】死者の枕もとに供える団子。
まくら-づく【枕付く】〔枕〕枕をつけて寝る意から「妻屋つまや」にかかる。「家に行きていかにか我あがせむ―妻屋さぶしく思ほゆべしも」〈万・七九五〉
まくら-づくえ【枕机】死者の枕もとに据えて供物などを載せる机。
まくら-どけい【枕時-計】枕もとに置く時計。目覚まし時計など。
まくら-なおし【枕直し】ナホシ産婦の床上げの祝い。普通は産後3週間目。
まくらのそうし【枕草子】マクラノサウシ平安中期の随筆。清少納言作。長保2年(1000)ころの成立とされる。作者が一条天皇の中宮定子ていしに仕えていたころの宮仕えの体験などを、日記・類聚るいじゆ・随想などの形で記し、人生や自然、外界の事物の断面を鋭敏な感覚で描く。源氏物語と並ぶ平安女流文学の双璧さうへきとされる。
まくらのそうし-えまき【枕草子絵巻】マクラノサウシヱマキ鎌倉後期の絵巻。1巻。枕草子の一部を繊細な白描で描く。絵・詞書ことばがき各七段が現存。
まくらのそうししゅんしょしょう【枕草子春曙抄】マクラノサウシシユンシヨセウ枕草子の注釈書。12巻。北村季吟著。延宝2年(1674)成立。本文に傍注・頭注・校合・考証などを付したもの。
まくら-ばこ【枕箱】❶箱形の木枕。箱枕。❷枕を入れておく箱。ふつう5個または10個を入れる。
まくら-ひき【枕引き】1個の木枕を両側から二人が指先でつまんで引き合う遊戯。
まくら-びょうぶ【枕屛風】ビヤウブ風よけなどに枕もとに立てる背の低い屛風。(季冬)
まくら-べ【枕辺】《古くは「まくらへ」とも》枕のあたり。枕もと。
まくら-ぼん【枕本】❶半紙を縦に二つ切りにし、それを袋綴ふくろとじにした横長の本。❷「枕草紙❷」に同じ。
マクラメ〖フランス macramé〗▶マクラメレース
まくら-めし【枕飯】死者の枕もとに供える飯。
マクラメ-レース《和 macramé(フランス)+lace》《マクラメはもとアラビア語で飾り房の意》手芸の一。ひもや糸などを結び合わせながらいろいろな幾何学的模様を作るもの。袋物やベルト・テーブルクロスなどに応用。マクラメ。
まくら-もと【枕元｜枕許】寝ている人の枕のあたり。枕頭ちんとう。まくらがみ。まくらべ。(類語)枕上・枕頭・夢枕
まくら-ものがたり【枕物語】寝物語のこと。「女郎しどけなくゆたかに、外の男と同じ―」〈浮・諸艶大鑑・五〉
まくらものぐるい【枕物狂】マクラモノグルヒ狂言。祖父が若い娘に恋をし、枕をつけた笹を持って狂乱するので、孫が娘を連れてくる。
まくら-やり【枕槍｜枕鑓】枕もとに置いておく護身用の槍。「女中手々てんでに―、長刀なぎなたにて引っ包み、囲ひ防げば」〈浄・反魂香〉
まくり【海人草｜海仁草】フジマツモ科の紅藻。暖海の岩礁に着生し、高さ5～25センチ。体は不規則に枝分かれし、剛毛状の小枝で覆われる。海人酸かいにんさんを含有し、煎せんじ汁を回虫駆除薬とする。かいにんそう。
まくり【捲り】❶まくること。めくり上げること。「腕―」❷屛風びようぶ・ふすまなどにはってあった書画をはがしたもの。また、表装しないでおいてある書画。❸競輪で、外側からコースの傾斜を利して激しく追い込む走法。
マクリ〖Makri〗トルコ南西部の町フェティエのギリシャ語名。
まくり-あ・げる【捲り上げる】〔動ガ下一〕図まくりあ・ぐ〔ガ下二〕❶まくって上にあげる。「袖を―・げる」❷高い方へ追い立てる。「敵三千余騎をはるかの峰へ―・げ」〈太平記・一四〉
マクリームーア-りっせき【マクリームーア立石】《Machrie Moor Standing Stone》英国スコットランド南西部、アラン島にある先史時代の巨石遺跡群。大小6つの立石、環状列石、石塚がある。同島の西部に位置し、紀元前4000年頃のものとされる。マッフレームーア立石。
まくり-ぎり【捲り切り】切りまくること。「大勢一度に

切り入れば、心得たりと長吉が、段平物(だんびらもの)の—」〈浄・双蝶蝶〉

まくり-だ・す【×捲り出す】〔動サ四〕追い出す。「—・して大坂の地は踏ませぬ」〈浄・曽根崎〉

まくり-た・つ【×捲り立つ】〔動タ下二〕激しく追い立てる。「打ち伏せ、なぎ伏せ、—・て」〈浄・国性爺〉

マグリット〖René Magritte〗[1898～1967]ベルギーのシュールレアリスムの画家。日常的事物やイメージを超現実的に組み合わせ、詩的な幻想空間を描いた。

まくり-で【×捲り手】腕まくり。袖まくり。「袖ふれば露こぼれけり秋の野は—にてぞ行くべかりける」〈後拾遺・秋上〉

まくり-のみ【×捲り飲み】立て続けに飲むこと。飲みまくること。「酒盛りにかくれなき一騎当千の御肴(さかな)、磯打つ波の—」〈浄・女楠〉

マクリントック〖Barbara McClintock〗[1902～1992]米国の遺伝学者。トウモロコシの研究からトランスポゾンの存在を発見、その分析を通じて細胞遺伝学に先駆的業績を残した。1983年ノーベル生理学医学賞受賞。

まく・る【×捲る】[一]〔動ラ五(四)〕❶物の端を外側へ巻きながら上へあげる。「裾を—・る」❷おおっているものや重なっているものをはがす。めくる。「布団を—・る」❸追い立てる。「後ろから激しく—・られる」❹(動詞の連用形に付いて)ずっとその動作を続ける。盛んに…する。「書き—・る」「走り—・る」(可能)まくれる [二]〔動ラ下二〕「まくれる」の文語形。➡捲(まく)る

ま-ぐ・る【×眩る】〔動ラ下二〕目がくらむ。目がくらんで倒れる。「頭を荒う打ちて、—・れ入りて臥(ふ)せりけりとか」〈宇治拾遺・一〉

マクルーハン〖Marshall McLuhan〗[1911～1980]カナダの英文学者・文明批評家。メディアの印刷物からテレビ・コンピューターなど電子工学的媒体への移行と、それによる人間の感覚や社会への影響などを論じた。著「メディアの理解」など。

まぐれ【▽紛れ】偶然の好運にめぐまれること。まぐれあたり。「—でトップになる」

まぐれ-あたり【▽紛れ当(た)り|▽紛れ▽中り】偶然に当たること。「—のホームラン」「—の企画」

まぐれ-ざいわい【▽紛れ幸い】(さいはひ) 偶然に得られた幸福。僥倖(ぎょうこう)。

マグレブ〖Maghreb〗《アラビア語で西の意》アフリカ北西部のモロッコ・アルジェリア・チュニジアの地域の称。リビアを含むこともある。かつてはスペインも含めてよばれた。

マグレブ〖MAGLEV〗《magnetic levitation propulsion system》磁気浮上鉄道。いわゆるリニアモーターカーのこと。

まく・れる【×捲れる】〔動ラ下一〕図まく・る〔ラ下二〕物の端が外側に巻いたように上がる。めくれる。「スカートが—・れる」

まぐ・れる【▽紛れる】〔動ラ下一〕図まぐ・る〔ラ下二〕道に迷う。「山なんぞは越さねえで爰(ここ)まで—・れてきたのだあ」〈魯文・西洋道中膝栗毛〉

マクロ〖macro〗〔名・形動〕❶巨大であること。巨視的であること。また、そのさま。「—な展望」⇔ミクロ。❷パソコンで、複雑な操作の手順をあらかじめ登録しておき、必要なときに簡単に実行させる機能。マクロ機能。(類語)(❶)巨大・ジャンボ・過大

まぐろ【×鮪】スズキ目サバ科マグロ属の海水魚の総称。クロマグロ・キハダ・メバチ・ビンナガなど。体は大形で紡錘形をし、背面は青黒色、腹面は銀白色。外洋を回遊し、体側の赤色筋(血合(ちあい))が発達している。刺身・鮨種(すしだね)などにする。(季 冬)

マクロ-ウイルス〖macro virus〗ワープロソフトや表計算ソフトなどで使われるマクロファイルを介して感染するタイプのコンピューターウイルス。マクロ感染型ウイルス。

マクロ-エンジニアリング〖macroengineering〗例えば、宇宙開発のように、極めて規模の大きなプロジェクトを計画、推進する技術。

マクロかんせんがた-ウイルス【マクロ感染型ウイルス】《macro infection type virus》➤マクロウイルス

マクロ-きのう【マクロ機能】《Macro Function》➤マクロ❷

マクロ-けいざいがく【マクロ経済学】国民所得・投資・消費・貯蓄などの集計値概念を駆使して経済全体を分析する経済学。巨視的経済学。⇔ミクロ経済学。

マクロけいざい-スライド【マクロ経済スライド】少子高齢化により現役世代の比率が減少する中で公的年金制度を持続可能にするため、年金給付額を抑制する仕組み。物価や現役世代の賃金が上昇した場合も、平均余命が延びていることや年金の被保険者(負担者)の減少を理由に、給付額の伸びを低く抑える。平成16年(2004)の年金改正で導入された。

マクロ-げんご【マクロ言語】《macro language》パソコンの操作手順をあらかじめ記述するための言語。ワープロソフトや表計算ソフトなどで繰り返し行う作業を自動的に処理するために使用する。手順を記述したファイルをマクロファイルという。

マクロコスモス〖(ドイ) Makrokosmos〗大宇宙。➡ミクロコスモス

マクロ-さつえい【マクロ撮影】《macro photography》➤接写

マクロスコピック〖macroscopic〗〔形動〕巨視的であるさま。⇔マイクロスコピック。

マクロバースト〖macroburst〗➤ダウンバースト

マクロビオティック〖(フラ) macrobiotique〗《長寿法の意》玄米、野菜、海藻などを中心に摂取する食事法。

マクロビジョン〖macrovision〗DVDやVHSのビデオソフトなどに採用されている著作権保護技術の一。また、同技術を開発した米国の企業の名称。対応する再生機器では正常に再生できるが、録画装置に接続して再生すると画像が乱れ、コピーができない仕組みになっている。

マクロファージ〖macrophage〗動物体のすべての組織に存在するアメーバ状の大形細胞。細菌や異物を取り込んで消化するとともに、その抗原としての情報をT細胞などに伝える。大食細胞。➡抗原提示細胞

マクロ-ファイル〖macro file〗パソコンの操作手順をあらかじめ記述したファイル。ワープロソフトや表計算ソフトなどで繰り返し行う作業を自動的に処理するために作成する。ファイルの作成方法には、ユーザーが実行した操作手順をそのまま記録する「実操作記憶型」とマクロ言語で操作コマンドを記述する「マクロ記述型」の二通りある。

マクロ-ぶんせき【マクロ分析】《macro-analysis》国民所得・物価水準などの経済全体にかかわる数量の分析・統合により経済社会全体の動きに法則性を見いだそうとする理論。巨視的分析。⇔ミクロ分析。

マクロメディア-フラッシュ〖Macromedia Flash〗➤フラッシュ(Flash)

マクロ-レンズ〖macro lens〗接写に用いる写真撮影用レンズ。

ま-ぐわ【馬×鍬】(ぐは) 牛や馬にひかせて水田の土をかきならす農具。長さ1メートルほどの横の柄に、刃を櫛(くし)状に取り付けたもの。うまぐわ。

ま-ぐわい【目▽合ひ】(ぐはひ) ❶目と目とを見合わせて愛情を通わせること。めくばせ。「出で見て、すなはち見感(め)でて、—して」〈記・上〉❷男女の交接。性交。「みとの—せむ」〈記・上〉

まくわ-うり【真桑×瓜】(まくは) ウリ科の蔓性(つるせい)の一年草。茎は地をはい、葉は手のひら状に浅く裂けている。夏、黄色の花が咲く。果実は楕円形で、黄・緑色などの縞模様があり、甘く、食用。漢方では未熟果の蔕(へた)を乾燥し、催吐(さいと)薬に用いる。インドの原産。古くから世界各地で栽培され、日本では美濃国真桑村(岐阜県本巣市)産が有名であったところからの名という。甜瓜(てんか)。あじうり。あまうり。まくわ。(季 夏)「吹井戸やぼこりぼこりと—／漱石」

ま-ぐわ・し【目▽細し】(ぐはし)〔形シク〕見て美しい。見た目にりっぱである。「うちひさす大宮仕へ朝日なす—・しも夕日なすうらぐはしも」〈万・三二三四〉

ま-ぐん【魔軍】悪魔の軍勢。仏道を妨げる一切の悪事のたとえにいう。

ま-け【目気|×眚|×瞙】眼病の一。そこひ。〈日葡〉

まけ【▽任】《動詞「ま(任)く」の連用形から》任命すること。任命して差し遣わすこと。「もののふの臣(おみ)の壮士(をとこ)は大君の—のまにまに聞くといふものそ」〈万・三六九九〉

まけ【負け】❶まけること。敗北。⇔勝ち。❷値段を安くすること。また、その代わりのもの。➡お負け ❸名詞に付いて、その事柄において他に圧倒される、それに値しない、などの意を表す。「気力—」「根—」「位(くらい)—」「名前—」

(類語)敗北・劣敗・連敗・力負け・一敗・敗退・惜敗

負けが込・む 負けた回数が多くなる。「今場所は不調で—・む」

まげ【×髷】髪を頭頂に束ね、髻(もとどり)を結ったものを折り返したり曲げたりした部分。また、そのような髪形全体をさす。関西では「わげ」という。

マゲイ〖maguey〗リュウゼツラン科の多肉質の植物。メキシコの蒸留酒テキーラやメスカルの原料。

まげ-いお【曲げ×庵】(いほ) 曲がって倒れかけた小さな家。「伏せ廬(いほ)の—の内に」〈万・八九二〉

まけ-いくさ【負け戦|負け▽軍】戦いに負けること。また、負けると決まっている戦い。敗戦。⇔勝ち戦。(類語)敗戦

まけいしゅら【摩醯首羅】《(梵) Maheśvaraの音写》大自在天(だいじざいてん)。

まけ-いぬ【負け犬】けんかに負け、しっぽを巻いて逃げる犬。敗残者のたとえにいう。「—の遠吠え」

まけ-いろ【負け色】戦いに負けそうなようす。敗色(はいしょく)。「—が濃くなる」⇔勝ち色。(類語)敗色・敗勢

まげおうりょく-ど【曲げ応力度】曲げモーメントを受ける物体の、軸方向と直角の断面に生じる応力の度合い。梁(はり)などが曲げられたときに、凸側には引っ張りの、凹側には圧縮の応力が生じる度合い。

まけ-おしみ【負け惜しみ】(をしみ) 自分の負けや失敗をすなおに認めないで強情をはること。「—を言う」

まげ-かけ【×髷掛(け)】日本髪で、女髷の根元にかける髪飾りの一。絹や縮緬(ちりめん)のほか、江戸末期には縮緬風の和紙が用いられた。髷結(ゆ)わい。手絡(てがら)。

まけ-かた【負け方】❶負けるまでの過程。「—がよくない」❷《「まけがた」とも》負けたほう。敗北した側。「宰相中将は—にて、音なくまかで給ひにけるを」〈源・匂宮〉

まげ-がた【×髷形|×髷型】女性が髷を結うとき、形を整えるために髷の中に入れる紙製の芯(しん)。髷入れ。

まけ-かち【負け勝ち】負けることと、勝つこと。かちまけ。「上と下の病人に—のあるのも仕方がなく」〈秋声・縮図〉

まげ-き【曲げ木】❶木を曲げること。また、曲げた木。❷「曲げ木細工」の略。

まげき-ざいく【曲げ木細工】木材に熱・蒸気・圧力などを加えて曲げ、家具などを作ること。また、そうして作った製品。

まけ-ぎらい【負け嫌い】(ぎらひ)〔名・形動〕「負けず嫌い」に同じ。「—な(の)性分」

まけ-ぐせ【負け癖】勝負事で、負けることが習慣になってしまうこと。「—がつく」

まけ-ぐみ【負(け)組】勝負事で負けたり、事業などで失敗した者。人生の競争に敗れた者。➡勝ち組

まけ-こし【負け越し】負け越すこと。「二場所連続して—になる」⇔勝ち越し。

まけ-こ・す【負け越す】〔動サ五(四)〕負けた回数が勝った回数より多くなる。また、相手の得点より下回る。「先場所に続いて—・す」⇔勝ち越す。

まげ-こ・む【曲げ込む】〔動マ五(四)〕品物を質入れする。「細君の著替を一枚質屋に—・ませて」〈虚子・俳諧師〉

まげ-しけん【曲げ試験】板状や棒状の材料を曲げて、その強度を調べる試験。

まけじ-ごころ【負けじ心】「負けじ魂」に同じ。

まけじ-だましい【負けじ魂】ごだま しい 負けまいと奮いたつ気持ち。まけじごころ。「―を発揮する」類語闘魂

まけず-おとらず【負けず劣らず】〔副〕互いに優劣がつけにくいさま。「―努力する」「―の腕前」

まけず-ぎらい【負けず嫌い】らぎ〔名・形動〕《「負け嫌い」「負けじ魂」などの混同からか》他人に負けることを嫌う勝気な性質であること。また、そのさま。まけぎらい。「―な(の)人」類語勝ち気・きかん気・負けん気・強気・向こう意気・鼻っ柱・鼻っぱし・気丈

まけ-ずもう【負け相-撲】ずま 負けた相撲。また、負けるなりゆきの相撲。「―を拾う」

まけ-そな・う【▽設け備ふ】なふ〔動ハ下二〕前もって用意する。準備する。「是に御室みむろうたげせむと言ひとよみて、食をし物を―・へき」〈記・中〉

マケット〘フランス maquette〙模型。特に、彫刻の試作のための雛型ひながた。「―審査」

まけっ-ぱなし【負けっ放し】ずっと負け続けていること。「このチームには去年から―だ」

まけっ-ぷり【負けっ振り】負けたときのようすや態度。負け方。「―がひどすぎる」

まげ-て【曲げて┊×枉げて】〔副〕道理や意志に反して行動するさま。無理を承知で頼むときに使う。是が非でも。「そこをどうか―御承諾ください」

類語是非・どうぞ・どうか・願わくは・なにとぞ・なんとか・ぜひとも・ひとつ・くれぐれも

まけ-とうしゅ【負け投手】野球で、自分が投げているときにリードされてそのまま負けるか、同点やリードしている状態でリリーフして逆転されて負けるかしたときの投手。敗戦投手。⇔勝ち投手。

マケドニア〘Macedonia〙㊀バルカン半島中部の地域。前7世紀後半、ドリス人系の王朝が成立。前4世紀にフィリッポス2世・アレクサンドロス大王父子の時代に最盛期を迎え、ギリシャ・ペルシアを征服して大帝国を建設したが、前148年ローマに敗れ、その属州となった。4世紀末以降、東ローマ帝国領・トルコ領などになり、国境紛争も続いた。㊁バルカン半島中部の共和国。首都スコピエ。1945年、ユーゴスラビアを構成する共和国の一となったが、91年にその解体再編に伴い独立。人口207万(2010)。

マケドニア-ひろば【マケドニア広場】《Ploštad Makedonija》マケドニアの首都スコピエの中心広場。ユーゴスラビアからの独立が初代大統領により宣言された場所として知られる。

まけ-ばくち【負け博▽打┊負け博=奕】博打で負けること。また、負けた博打。

負け博打のしこり打ち　《「しこり打ち」は、熱中して打つこと》博打というものは、負ければ負けるほどますます熱中して打つものだ。

まけ-ばら【負け腹】負けておこること。「先日の合戦に―を立て」〈太平記・六〉

まけ-ぼし【負け星】相撲の勝負の表に、負けたほうにつける黒い丸。黒星。転じて、勝負に負けることにもいう。「―がかさむ」⇔勝ち星。

マケマケ〘Makemake〙準惑星の一つ。太陽系外縁天体の冥王星型天体に属す。2005年、アメリカの研究チームが発見し、08年に準惑星に分類された。名の由来はイースター島の神話の神。冥王星より外側の軌道を公転し、直径は冥王星よりやや小さいと思われる。

まけ-みぞ【×儲け溝】池の水があふれたとき、その水を流すために用意してある溝。「葦鴨あしがものすだく池水溢はふるとも―の方へに我越えめやも」〈万・二八三三〉

まげ-モーメント【曲げモーメント】物体の断面に生じる応力のモーメント。部材に曲げを生じさせる偶力。

まげ-もの【曲げ物】❶檜ひのき・杉などの薄い板を円筒形に曲げ、桜や樺かばの皮でとじ合わせ、これに底をつけて作った容器。わげもの。❷質種しちぐさ。質草しちぐさ。

まげ-もの【×髷物】髷を結っていた時代に取材した小説・演劇・映画など。時代物。ちょんまげもの。

まげ-ゆわい【×髷結わい】ゆわい 髷を結んで束ねること。また、髷を結んで飾る布切れ。髷掛け。

ま・ける【負ける】〔動カ下一〕図ま・く〔カ下二〕❶相手と戦ったり争ったりした結果、力の劣った立場になる。敗れる。「試合に―・ける」「賭けに―・ける」⇔勝つ。❷他と比べて劣る。圧倒される。劣勢である。「腕力では誰にも―・けない」「―・けずにやり返す」⇔勝つ。❸欲望や働きかけなどを抑えることができなくなる。また、悪い条件や困難な状態を切り抜けられなくなる。「誘惑に―・ける」「夏の暑さに―・ける」「相手の熱意に―・ける」⇔勝つ。❹金銭を失う。損をする。「パチンコで五千円―・ける」⇔勝つ。❺薬品や漆うるしなどにかぶれる。「かみそりに―・ける」❻値段を安くする。また、おまけとして付ける。「売れ残りを―・けて売る」「一個―・けてもらう」❼相手に従う。ゆずる。「火に焼かむに、焼けずはこそまことならめと思ひて、人の言ふことにも―・けめ」〈竹取〉類語(❶)参る・敗北する・敗退する・完敗する・惨敗する・大敗する・惜敗する・やられる・土がつく・一敗地にまみれる・屈する・伏ふくする・屈服する・くじける・膝ひざを屈する/(❷)輸する・見劣りする・引けを取る・一籌いっちゅうを輸する・遅れを取る/(❻)値引きする・おまけする・勉強する・奉仕する・サービスする・泣く・色を付ける

負けるが勝ち　一時は相手に勝ちを譲り、しいて争わないのが、結局は勝利をもたらすということ。

ま・げる【曲げる】〔動ガ下一〕図ま・ぐ〔ガ下二〕❶まっすぐな物などを弓形にする。まがった状態にする。たわめる。「針金を―・げる」「腰を―・げる」❷傾ける。傾斜させる。「首を―・げる」❸(「枉げる」とも書く)本来の主義・考え・希望などをむりに変える。「信念を―・げる」❹(「枉げる」とも書く)道理・事実などを意図的にゆがめる。「法を―・げる」「事実を―・げた報道」❺《「質」と同音の「七」の字の第2画を曲げるところから》質に入れる。「時計を―・げる」類語ねじる・ひねる・よじる・ねじれる・よじれる・たわめる

一句己を枉まげる・駕がを枉げる・冠かんむりを曲げる・旋毛つむじを曲げる・肘ひじを曲げる・臍へそを曲げる

マゲル-どおり【マゲル通り】どおり《Bulevardul Magheru》ルーマニアの首都ブカレストの中心部にある目抜き通り。ロマーナ広場と大学広場を結ぶ。名称は革命家ゲオルゲ=マゲルにちなむ。

マゲロイ-とう【マゲロイ島】タウ《Magerøya》ノルウェー北部の島。ヨーロッパ最北端の地として知られる、クニブシェロデン岬とノールカップ岬がある。島の中心地はホニングスボーグ。本土とは海底トンネルで結ばれる。

まけ-わざ【負け▽態】勝負事で、負けたほうが勝ったほうに賭け物を出したり、供応したりすること。「二日ばかりありて、中将―し給へり」〈源・賢木〉

まけん-き【負けん気】《「まけぬき」の音変化》負けたくないと思う気持ち。「―が強い」

類語きかん気・勝ち気・強気・向こう意気・鼻っ柱・鼻っぱし・負けず嫌い・気丈

まけん-し【磨研紙】かみやすり。サンドペーパー。

まけん-しょう【負けん性】シャウ 人に負けることのきらいな気性。

ま-こ【真子】❶魚類の腹にある卵。白子しらこに対していう。❷妻子を親しみ、いつくしんでいう語。「大君の命みことかしこみ愛うつくしけ―が手離かれ島伝ひ行く」〈万・四四一四〉

ま-こ【麻×姑】《「まご」とも》㊀中国の伝説上の仙女。後漢のころ姑余山で仙道を修め、鳥のように爪つめが長く、それで痒かゆいところを掻かいてもらうと、とても気持ちがよかったという。㊁「孫の手」に同じ。

麻姑痒かゆきを掻かく　物事の行き届くことのたとえ。麻姑を倩やとうて痒きを掻く。麻姑掻痒まこそうよう。

麻姑を倩やとうて痒かゆきを掻かく　《麻姑にかゆい所をかいてもらうと、気持ちがいいことから》物事が思いのままになること、また、思いどおりに事が運ぶことのたとえ。麻姑掻痒まこそうよう。

ま-ご【孫】《「うまご」の音変化》❶子の子。❷もとのものから間を一つ隔てること。また、そのような関係。「―弟子」「―引き」類語内孫・外孫・初孫はつまご・初孫ういまご

孫は子こよりもかわいい　孫は自分の子ども以上にかわいい。祖父母が孫を甚だしくかわいがることをいう。

ま-ご【馬子】馬をひいて人や荷物を運ぶことを職業とした人。うまかた。うまおい。

馬子にも衣装いしょう　つまらぬ者でも外形を飾るとりっぱに見えることのたとえ。

馬子に縕袍どてら　馬子には粗末な着物が似合いだ。分相応であることのたとえ。

ま-ごい【真×鯉】ごひ 種本来の色彩とうろこをもつコイのこと。体色は黒っぽい。

まご・う【▽紛う】まがふ〔動ワ五(ハ四)〕▶まがう

まこういんきょう【磨光韻鏡】マクワウヰンキヤウ 江戸中期の音韻書。2巻。文雄もんのう著。延享元年(1744)刊。中国の音韻図「韻鏡」の研究書で、その構成原理を校訂図示し、使用法と音韻一般を解説したもの。

まご-うけ【孫請け】下請けの仕事を、さらに別の会社が下請けすること。

まご-うた【馬子唄】民謡の分類の一。馬子や博労ばくろうが馬をひきながらうたう歌。馬方うまかた唄。馬方節。

まこう-ほう【麻向法】マカウハフ「麻薬及び向精神薬取締法」の略称。

マコーミック〘Cyrus Hall McCormick〙[1809〜1884]米国の発明家。刈り入れ機械を発明して企業を設立し、大手の農機具メーカーに発展させた。

マコーレー〘Thomas Babington Macaulay〙[1800〜1859]英国の政治家・歴史家。ホイッグ党下院議員、のち、インド最高会議議員。インドの法制改革に尽力した。著「英国史」など。マコーリー。

まご-がいしゃ【孫会社】グワイシャ ある会社の子会社の子会社。

まご-かぶ【孫株】株式会社が新株を発行して増資したのち、最初の決算期までに再度の増資を行って発行した株式。

まこ-がれい【真子×鰈】ごがれひ カレイ科の海水魚。全長約35センチ。マガレイに似るが、両眼の間にうろこがあり、有眼側は茶褐色で不明瞭な斑紋が散在し、無眼側は一様に白い。南日本に多く、美味。東京でマコ、関西でマガレイ、大分県日出ひじ町では城下鰈しろしたがれいとよぶ。

まご-こ【孫子】❶孫と子。❷子孫。後裔こうえい。「―の代まで栄える」類語子孫・末裔・後裔

ま-ごころ【真心】真実の心。偽りや飾りのない心。誠意。「―のこもった贈り物」「―を尽くす」

類語誠意・実・真情・誠・誠心・丹款・赤心・赤誠

マゴサ〘Mağusa〙キプロス北部の町ファマグスタのトルコ語名。

まご-さく【孫作】小作人が地主から借りている田畑を又借りして耕作すること。

まご-じゃくし【孫×杓子】マンネンタケ科のキノコ。針葉樹林内に生え、マンネンタケに似るが、全体に黒くて漆を塗ったような光沢があり、茎が長い。

まごじろう【孫次郎】ラウ 能面の一。主として鬘物かずらものに用いる、艶麗な若い女面。金剛孫次郎が亡妻の面影を写して打ったと伝えられる。

まこ-そうよう【麻×姑×搔×痒】サウヤウ ▶麻姑痒かゆきを掻かく

まご-そだて【孫育て】親に代わって祖父母が乳幼児・児童の世話をすること。共働き夫婦や一人親を補助するために行われる。補説団塊の世代が定年を迎えた平成17年(2005)ごろから増加。日本助産師会が主催する孫育て講座もある。

まご-だき【孫抱き】新しく生まれた子の七夜あるいは宮参りの日に行う祝い。この日に母親の里方の祖母が初めて孫を抱く風習がある。

まご-だな【孫▽店】母屋にさしかけてつくった店。「―に夫婦暮しで住む伴蔵と申す者」〈円朝・怪談牡丹灯籠〉

まごたろう-むし【孫太郎虫】ラウ ヘビトンボの幼虫。川の底や石の間にすみ、体は円筒状で、体長4〜5センチ。腹部は柔らかく両側にえらが総状に並ぶ。民間で小児の疳かんの薬にした。ざざむし。季夏

まご-つ・く〔動カ五(四)〕迷ってうろうろする。うろたえる。まごまごする。「大きな駅で―・く」類語あわて

る・うろたえる・面食らう・狼狽(ろうばい)・周章・騒ぐ

まご-でし【孫弟子】弟子の弟子。又弟子。

ま-こと【誠¦▽真¦▽実】《真(ま)事(こと)(言(こと))」の意》㊀〘名〙❶本当のこと。うそ・偽りのないこと。「うそから出た―」「―の武士」❷誠実で偽りのない心。すなおでまじめな心。「―の情」「―を尽くす」❸歌論・俳論用語。作品に現れる作者の真情・真実性。㊁〘副〙本当に。実に。「―済まん次第じゃが」〈有島・カインの末裔〉㊂〘感〙話の間に気づいたことを言い出すとき、忘れていたのを思い出したとき、別の話題に転じるときなどに発する語。ほんとうにまあ。そうそう。まことや。「―、人知れず心ひとつに思ひ給へあまること侍れ」〈狭衣・四〉〘類語〙(㊀❶)真理・真実・実・現実・事実・本当・真相・実情・実態・実際・有りのまま・有り様(よう)/(㊀❷)真心・誠意・実・真情・誠心

まこと-がお【▽実顔】(がほ) まことしやかな顔つき。まことしがお。まがお。「寺にねて―なる月見かな」〈鹿島紀行〉

まこと-し【▽真し¦▽実し】〘形シク〙《「まこと」の形容詞化》❶真実に見えるさま。本当だ。「―・しくとりなし言はれむ音聞きの」〈夜の寝覚・一〉❷本格的である。正統である。「ありたきことは、―・しき文の道」〈徒然・一〉

まことし-がお【▽実し顔】(がほ)「まことがお」に同じ。「わざと御伴をば申すまじく候と―に成りて言ひければ」〈太平記・一一〉

まことし-やか【▽真しやか】〘形動〙図〘ナリ〙いかにも本当らしく見せるさま。「―に作り話をする」〘類語〙偽り・嘘(うそ)・法螺(ほら)・そら・嘘っぱち・嘘八百・虚偽・偽善・二枚舌・はったり・虚・虚言・虚辞・そら言・そら音

ま-ことと・う【真事問ふ¦真言問ふ】(こととふ)〘動ハ四〙物を言う。口をきく。「この御子(みこ)、八拳鬚(やつかひげ)胸のさきに至るまで―・はず」〈記・中〉

まこと-に【誠に¦▽真に¦▽実に】㊀〘副〙まちがいなくある事態であるさま。じつに。本当に。「―彼女は美しい」「―ありがとうございます」㊁〘感〙「まこと㊂」に同じ。「―雪少しうち散りて、折節とり集めて、さることやは候ひしとよ」〈大鏡・道長下〉

〘類語〙本当に・実に・まさに・まさしく・事実・真実・実際・真に・とても・非常・全く・大層・大変・極めて・至って・甚(はなは)だ・頗(すこぶ)る・至極(しごく)・極(ご)く・いとも・大いに・いたく・ひどく・恐ろしく・すごく・ものすごく・滅法(めっぽう)

まこと-の-はな【▽真の花】能で、鍛錬と工夫の末に得た、芸の真実の面白さ。㊉時分の花。

まこと-の-ひと【▽真の人】❶真理を悟った人。しんじん。「一は、智もなく、徳もなく、功もなく、名もなし」〈徒然・三八〉❷実在する人間。「毘沙門天に、然らん者、一人給へと申ししに依りて、一をば給はで、眷属(けんぞく)を給へるなり」〈今昔・一二・三四〉

まこと-の-みち【▽真の道】❶仏の道。仏道。「浮世をいとひ、―に入らせ給へども」〈平家・灌頂〉❷本来あるべき道。本来守るべき道。「大むねすなほにおだしく侍らん、―なるべし」〈ささめごと〉

まこと-や【▽実や】〘感〙「まこと㊂」に同じ。「―、導師のさかづきのついでに」〈源・幻〉

まご-の-て【孫の手】《「麻姑(まこ)の手」の意》長さ30〜60センチの竹または木の棒の先端を人の手首から先の形に作ったもの。背中をかくのに使用。➡麻姑(まこ)

まご-ばり【孫針¦孫×鉤】船釣りに用いる仕掛けで、釣り針の下につける小形の針。上の針にかからなかった魚を引っかけるためのもの。

まご-びき【孫引き】〘名〙(スル) 直接に原典から引くのではなく、他の本に引用された文章をそのまま用いること。「論文の引例をそのまま―する」

〘類語〙引用・クオーテーション・引き合い

まご-びさし【孫×庇¦孫×廂】寝殿造りなどで、母屋から出ている庇の外側に、さらに継いで添えた庇。またびさし。

まご-まご〘副〙(スル) まごつくさま。うろたえるさま。「道がわからずー(と)した」

〘用法〙まごまご・うろうろ――「東京駅で新幹線ホームがわからずまごまご(うろうろ)してしまった」「妻は不意の来客にまごまご(うろうろ)してしまった」などのように、うろたえる意では相通じて用いられる。◆「まごまご」は、どうしたらよいかわからず、困惑しているようすを表し、「突然、スピーチの指名を受け、まごまごしてしまった」「財布が見つからず、まごまごした」「まごまごしていると、また留年だぞ」など、いろいろな状態に使える。◆「うろうろ」は動き回ったり歩き回ったりするさまを表す。「変な男が家のまわりをうろうろしている」「時間があったので、盛り場をうろうろした」のように用いる。

〘類語〙どぎまぎ・おたおた・うろうろ・うろちょろ・どぎどぎ・そわそわ・もじもじ・もぞもぞ

まご-まめ【孫豆】インゲンマメの別名。

まご-むすめ【孫娘】孫にあたる女子。子の娘。

まごめ【馬籠】岐阜県中津川市の地名。北にある妻籠(つまご)とともに中山道の宿場町として繁栄。島崎藤村の「夜明け前」の舞台。

ま-こも【真×菰¦真▽薦】イネ科の多年草。沼地に群生し、高さ約2メートル。葉は長くて幅広い。初秋、上方に雌花穂、下方に雄花穂を円錐状につける。茎・葉でござを編み、種子と若芽は食用。また黒穂菌(くろほきん)がついて竹の子状となった茎を菰角(こもづの)などといい、食用にする。はなかつみ。かつみぐさ。ふししば。こも。こま。(季 夏¦花=秋)

まこも-かる【真×菰刈る】〘枕〙マコモの多い地である「大野川原(おほのがはら)」「淀(よど)」などにかかる。「―淀の沢水」〈古今・恋二〉

まこも-ずみ【真×菰墨】マコモの茎に黒穂菌が寄生して生じた菰角(こもづの)が、熟して黒くなったもの。お歯黒などに用いた。➡菰角

まごらか【摩睺羅伽】《梵 Mahoragaの音写》人身蛇首の神。仏教では八部衆の一。摩睺羅王(まごらおう)。

マコロン〘フランス macaron〙卵白を泡立てて砂糖や粉末にしたアーモンドを入れ、絞り袋を使って半球状に絞り出し、焼き上げた洋菓子。マカロン。

ま-ごんどう【真×巨頭】ゴンドウクジラ科の哺乳類。大形のイルカで、頭部は丸く、吻(ふん)はない。太平洋・インド洋・大西洋に広く分布。ごんどうくじら。

ま-こんぶ【真昆布】コンブ科の褐藻。北海道南部から三陸地方にかけての沿岸に分布し、長さ2〜4メートル。葉は肉厚で、食用コンブ中最も上質とされ、だし取りや佃煮・とろろ昆布などに用いる。

まさ【正】〘名・形動〙確かなこと。正しいこと。また、そのさま。「法印様はほんに見通しであり、―な事を言ひなんすから」〈人・恩愛二葉草〉➡正(まさ)に

まさ【×柾】《「正(まさ)」と同語源》❶「柾目」の略。「―の下駄」❷「柾目紙」の略。

マサ〘スペイン masa〙ゆでたトウモロコシをひいて、こねた生地。メキシコで、主食料の原材料となり、代表的なトルティーヤは、薄いせんべい状にのばして焼いたもの。

マザー〘mother〙❶母。母親。❷カトリック教会の女子修道院長。

マザー-インダストリー〘mother industry〙新しい産業分野を開発、育成する産業。かつて軍需産業が多くの民生産業を生んだのもその一つ。無数の部品、関連・周辺機器産業の裾野(すその)を広げた自動車・航空機・コンピューターなどのほか、最近では電気通信産業もこれに数えられている。

マザー-カントリー〘mother country〙祖国。母国。

マザー-グース〘Mother Goose〙《がちょうおばさんの意》英国の伝承童謡の総称。ロンドンの出版業者ジョン=ニューベリーが1765年ごろ刊行した「マザー=グースのメロディー」に由来する名称。子守歌・物語歌・早口言葉・ナンセンス歌などを含む。

マザーこうじょう-せい【マザー工場制】(マザーコウヂヤウセイ) メーカーが国外に工場を設立して事業を拡大していく際、それを支援するための高い技術力・開発力・マネージメント力・投資判断力などを備えた工場。マザー工場は本国に置かれることが多い。現地に適した技術を提供し、技術者・管理者を派遣して支援する。

マザー-コンプレックス《和 mother＋complex》自分の行為を自分で決定できず、母親に固着し、いつまでも支配されている心的傾向。母親に最高の価値をおき、愛の対象にも母親に似た女性を選ぶとされる。転じて、乳離れのできていない男性のことをもいう。マザコン。

マザーシップトン-どうくつ【マザーシップトン洞窟】《Mother Shipton's Cave》英国イングランド北部、ノースヨークシャー州の町ハロゲート近郊のニエズバラにある洞窟。17世紀にはすでに名所として知られ、英国最古の観光地といわれる。名称の由来は、スペインとのアルマダ戦争やロンドン大火を的中させたという予言者マザー=シップトンの生誕地であることによる。

マザーズ【Mothers】《Market of the highgrowth and emerging stocks》東京証券取引所が平成11年(1999)11月11日に開設した、新興企業向けの株式市場。既存の市場よりも基準は緩やかで、成長力があれば上場が可能という特徴がある。マザーズ市場。東証マザーズ。➡新興市場

マザーズ-バッグ〘mother's bag〙赤ん坊を連れて外出する母親が使いやすいように考えられたバッグ。トートバッグ型やショルダーバッグ型などがある。

マザー-テレサ〘Mother Teresa〙[1910〜1997]カトリックの修道女。マケドニアの生まれ。幼名アグネス=ゴンジャ=ボヤージュ。1950年「神の愛の宣教者会」を設立。病人や瀕死の人々の保護、孤児救済の施設を、カルカッタ(現コルカタ)をはじめ世界各地に設立。79年ノーベル平和賞受賞。

マザー-ファクトリー〘mother factory〙いくつかの工場の中で、中心的役割を果たす工場。

マザーボード〘motherboard〙CPUや主記憶装置など主要な部品を装着したパソコンの心臓部ともいえるボード。メーンボード。

マサーラ〘ヒンディー masala〙▶マサラ

マサイ-ぞく【マサイ族】《Masai》アフリカ、ケニア南部からタンザニア北部にかけて住む、マサイ語を話す諸部族の総称。狭義には、そのうちウシやヤギを飼う牧畜マサイ族をさす。

まさ-う【×坐さふ】(まさふ)〘連語〙《動詞「ます」に補助動詞「あ(合)う」の付いた「ましあう」の音変化。一説に「ふ」は反復継続の助動詞とも》複数の人が、いらっしゃる。ずっと…していらっしゃる。「さかしき臣等(おみたち)の世をかさねて仕へまつり―・へること」〈続紀・宣命・詔五二〉

ま-さお【真▽青】(さを)〘名・形動ナリ〙「まっさお」に同じ。「色―になりて恐れたる気色なり」〈発心集・四〉

まさおか【政岡】(まさをか)「伽羅先代萩(めいぼくせんだいはぎ)」など、歌舞伎・浄瑠璃などの伊達騒動物の登場人物。わが子に毒味をさせて、幼君を守ろうとする忠義の乳母。伊達政宗の側室三沢初子がモデルという。

まさおか-しき【正岡子規】(まさをか) [1867〜1902]俳人・歌人。愛媛の生まれ。本名、常規(つねのり)。別号、獺祭書屋(だっさいしょおく)主人・竹の里人。俳句革新に着手し、俳誌「ホトトギス」により活動。また、「歌よみに与ふる書」で和歌改革を主張。写生文も提唱した。門下に高浜虚子・伊藤左千夫などを輩出。句集「寒山落木」、歌集「竹の里歌」、俳論「俳諧大要」など。➡日本派 ➡根岸短歌会 〘補説〙忌日となる9月19日は、子規忌のほか獺祭忌(だっさいき)、糸瓜忌(へちまき)ともいう。

まさ-か㊀〘名〙❶今まさに物事が目の前に迫っていること。予期しない緊急の事態にあること。「―の場合に役立てる」❷目前のとき。さしあたっての今。「梓弓(あづさゆみ)末は寄り寝む―こそ人目を多み汝(な)を端に置けれ」〈万・三四九〇〉㊁〘副〙❶(あとに打消しや反語の表現を伴って)㋐打消しの推量を強める。よもや。「―彼が来るとは思わなかった」「この難問を解ける者は―あるまい」㋑ある事がとうてい不可能だという気持ちを表す。とても。どうしても。「病気の彼に出て来いとは―言えない」❷その状態であることを肯定して強調するさま。まさしく。ほんとうに。「―影口が耳に入ると厭なものサ」〈二葉亭・浮雲〉〘補説〙「真逆」とも当てて書く。

〘用法〙まさか・よもや――「まさか(よもや)オリンピックに出られるとは思わなかった」「まさか(よもや)私を疑っているわけではないだろうね」のように、両語ともに、

そんなことはあるはずがないという気持ちを強める表現で、打消しを伴って用いられる。◆「まさか」は「まさかの時に備えて貯金する」のように名詞としても使うが、「よもや」に名詞用法はない。また、容易に信じられない気持ちを感動詞的に表す用法もある。「『この辞書を五十円で売ろうか』『まさか』」、この場合には「よもや」は使えない。◆「よもや」は「まさか」より古風な言い方で、改まった感じの語。「あの約束をよもやお忘れではないでしょう」「この家がよもや地震で倒壊することはあるまい」
〔類語〕よもや・万万

マザカ〖Mazaka〗トルコ中部の都市カイセリの古代名。

ま-さかき【真×榊｜真▽賢木】榊。神事に用いる木。

ま-さかさま【真逆様】〔名・形動ナリ〕「まっさかさま」に同じ。「―のくせ事をもぞ引き出だし候」〈著聞集・一六〉

まさかど【将門】㊀▶平将門 ㊁歌舞伎舞踊「忍夜恋曲者」の通称。

まさかどき【将門記】▶しょうもんき(将門記)

まさか-に〔副〕❶「まさか㊁❶㋑」に同じ。「―それはできなかった」〈志賀・暗夜行路〉❷「まさか㊁❷」に同じ。「借金を踏んじゃ善くない位の事は―心得ています」〈漱石・彼岸過迄〉

まさか-の-とき【まさかの時】事が目前に迫っていてどうすることもできない時。急を要する時。万一の場合。「―に備える」

ま-さかり【真盛り】「まっさかり」に同じ。「山里は今を春の―である」〈木下尚江・良人の自白〉

まさかり【×鉞】❶伐木用大形の斧。古くは武器・刑具にも用いられた。❷紋所の名。❶を図案化したもの。〔類語〕斧・鉈・手斧・手斧

マサガン〖Mazagan〗▶アルジャジーダ

まさ-き【×柾｜正木】ニシキギ科の常緑低木。海岸近くの山地に自生し、高さ約3メートル。枝は緑色。葉は楕円形で質が厚く光沢がある。初夏に白緑色の小花を多数つけ、秋に赤い実を結ぶ。生け垣に用いる。〔季 実=秋〕「―の実籬のうちも砂白く／風生」

ま-さきく【真▽幸く】〔副〕無事に。つつがなく。「我が命し―あらばまたも見む志賀の大津に寄する白波」〈万・二八八〉

まざき-じんざぶろう【真崎甚三郎】[1876〜1956]軍人。陸軍大将。佐賀の生まれ。陸軍士官学校長・教育総監を歴任。皇道派の中心人物で、二・二六事件では関与を問われ起訴されたが無罪となった。

まさき-の-かずら【真×拆の▽葛】テイカカズラ、またはツルマサキの古名という。上代、神事に用いられた。「み山にはあられ降るらし外山なる―色づきにけり」〈古今・神遊びの歌〉

まさき-ひろし【正木ひろし】[1896〜1975]弁護士。東京の生まれ。本名、昊。第二次大戦中、個人雑誌「近きより」を刊行し、軍国日本を批判。戦後も人道主義の立場から三鷹事件などの弁護を担当。

まさきよ【正清】[1665〜1730]江戸中期の刀工。薩摩の人。本名、宮原清右衛門。将軍徳川吉宗のために刀を鍛えた功によって主水正を受領、その作に一葉葵を刻することを許された。

まさき-りゅう【正木流】薙刀術の流派の一。美濃大垣藩の武士正木太郎太夫俊光(利充)の創始。

まさぐり-もの【▽弄り物】もてあそびもの。なぐさみもの。「かぐや姫の物語の絵にかきたるをぞ、時々の―にし給ふ」〈源・蓬生〉

ま-さぐ・る【▽弄る】〔動ラ五(四)〕手先であちこち探す。指先でいじる。もてあそぶ。「バッグの中を―・る」「数珠を―・る」〔類語〕ひねくる・いじくる・探る

ま-さご【真▽砂】細かい砂。まなご。いさご。「浜の―の数ほどもある事例」〔類語〕砂・白砂

まさご-じ【真▽砂路】真砂を敷いた道。真砂の中の道。

マザ-コン「マザーコンプレックス」の略。

まさ-ざま【勝様】〔形動ナリ〕すぐれているさま。他よりもまさっているさま。まさりざま。「この姫君に殿教へきこえ給へりければ、―に今少し今めかしさ添ひて弾かせ給ふ」〈栄花・見果てぬ夢〉

まさ-ざま【増様】〔形動ナリ〕程度が一層はなはだしいさま。「あまりさへ疫癘うちそひて―にあとかたなし」〈方丈記〉

まさ・し【正し】〔形シク〕❶事実のとおりである。本当だ。「かく恋ひむものとは我も思ひにき心のうらぞ―・しかりける」〈古今・恋四〉❷確かだ。確実だ。「―・しう在位の時、さやうの事は後代のそしりなるべしとて」〈平家・六〉❸間違いなくそのものである。「―・しい太上法皇の王子を討ち奉るだにあるに」〈平家・四〉➡正しく

まさしく【正しく】〔副〕《形容詞「まさし」の連用形から》まちがいなく。まさに。「あの声の持ち主は―彼だ」「それは―本物だ」〔類語〕即ち・本当

まさしげ-りゅう【正▽成流】▶楠木流

まさし-に【正しに】〔副〕はっきり。確かに。「大舟の津守が占に告らむとは―知りて我が二人寝し」〈万・一〇九〉

まさず-こ【▽美▽児】語義未詳。美しい娘またはいとしい子を親しんでよぶ語か。「沖へには小舟連らくくろざやの―吾妹国へ下らす」〈記・下・歌謡〉

マサチューセッツ〖Massachusetts〗米国北東部の州。州都ボストン。大西洋に面し、1629年に清教徒の入植によって建設され、独立13州の一。➡表アメリカ合衆国

マサチューセッツ-こうかだいがく【マサチューセッツ工科大学】《Massachusetts Institute of Technology》マサチューセッツ州ケンブリッジにある私立大学。1865年開校。理工学系大学として発足、現在は人文・社会科学系の学部も持つ総合大学。略称、MIT。

ま-さつ【摩擦】〔名〕スル ❶物と物とがすれ合うこと。また、こすり合わせること。「肌を―して暖をとる」「乾布―」❷人間の社会関係で、二者の間に意見や感情の食い違いによって起こる、不一致・不和・抵抗・紛争など。軋轢。「貿易―」❸互いに接触している二つの物体のうち、一方が運動しようとするとき、または運動しつつあるとき、その接触面に運動を妨げようとする力が働く現象。また、その力。相対速度により運動摩擦・静止摩擦に、運動状態により滑り摩擦・転がり摩擦などに分けられる。
〔類語〕もめ事・トラブル・ごたごた・騒ぎ・悶着・いざこざ・どさくさ・波乱・小競り合い・喧嘩・問題

まさつ-おん【摩擦音】肺から口腔を通って出る呼気が、声門・咽頭・口腔内の調音器官のどこかで狭められて生じる音。[s][ʃ][z][ʒ]などの音。

まさつかくはん-せつごう【摩擦×攪×拌接合】金属接合技術の一つ。金属の接合部に高速回転軸を挿入して摩擦熱を生じさせ、熱により軟化した部分を攪拌し、金属を塑性流動化させて接合する。金属を溶かさない固相接合で、金属組織が微細化強化されるため、熱で金属を溶かして接合する従来の溶接技術で生じる金属のゆがみや強度劣化などのリスクが抑えられる。1991年に英国溶接接合研究所(TWI)で発明された技術。航空・鉄道分野などで実用化されている。FSW(friction stir welding)。

まさつ-クラッチ【摩擦クラッチ】主軸と従動軸との接触面の摩擦を利用して、動力の断続を伝達する軸継ぎ手。円板クラッチなど。

まさつ-ぐるま【摩擦車】主車輪と従車輪との接触面の摩擦によって、動力を伝達する装置。円筒摩擦車など。

まさつ-けいすう【摩擦係数】二つの物体の接触面に働く摩擦力と、接触面に垂直に作用する圧力との比。同じ組み合わせの物体では一般に、静止摩擦・滑り摩擦・転がり摩擦の順に小さい値となる。

まさつ-そんしつ【摩擦損失】運動する物体の摩擦によって、運動エネルギーの一部が熱となって失われること。

まさ-つち【真砂土】花崗岩が風化してできた砂。粒子の大きさはさまざま。庭土、園芸用のほか、粘土分の多いものは床の間の化粧壁に使う。まさど。真砂。

マサッチョ〖Masaccio〗[1401〜1428ころ]イタリアの画家。フィレンツェ派。迫真的な人体描写、明暗による量感表現、空間構成への透視図法の活用などにより、初期ルネサンスの絵画様式を確立。

まさつ-つぎて【摩擦継(ぎ)手】主軸と従動軸との接触面の摩擦によって動力を伝達する継ぎ手。

まさつ-ていこう【摩擦抵抗】粘性をもつ流体内を動く物体に働く抵抗のうち、物体の表面に沿って動く流体によって受ける摩擦力の流れの方向への成分の総和。粘性抵抗。

まさつてき-しつぎょう【摩擦的失業】企業が求めるスキル、求職者が希望する労働条件など、企業と求職者の双方が、相手側の求める条件を正確に把握していないことによって起こる失業。構造的失業と合わせてミスマッチ失業という。

まさつ-でんき【摩擦電気】異なる二つの物質を摩擦すると生じる正・負の電気。エボナイトと毛皮とを摩擦したときに、エボナイトには負の、毛皮には正の電気を生じるなど。

まさつね【正恒】平安中期の刀工。備前の人。古備前を代表する名工で、佐々木高綱が宇治川の合戦で使った名刀「縄切正恒」の作者。生没年未詳。

まさつね【政常】[1536〜1619]安土桃山・江戸初期の刀工。美濃の人。初名、兼常。相模守を受領し、政常と改名。尾州徳川家の家臣となった。短刀にすぐれる。

まさつ-ねつ【摩擦熱】摩擦によって発生する熱。正確には相対的に運動している物質間にはたらく動摩擦により、運動エネルギーの一部が失われ、熱として散逸する。マッチの発火や自動車などのブレーキをはじめ、固体間だけではなく、宇宙船の大気圏再突入時など、空気抵抗によっても発生する。

まさつ-の-ほうそく【摩擦の法則】二つの物体の接触面の方向にはたらく摩擦力に関する経験法則。1699年頃、イタリアのG=アモントンが発見、1781年にフランスのC=A=クーロンにより確かめられた。摩擦力は接触面に加わる垂直の荷重に比例し、接地面積や相対速度の大小によらず一定であるとした。アモントンの法則。クーロンの摩擦の法則。

まさつ-はっこう【摩擦発光】▶摩擦ルミネセンス

まさつ-ブレーキ【摩擦ブレーキ】摩擦を利用して運動エネルギーを熱に変えて失わせ、制動する装置。回転体にブレーキシューを押しつけ、摩擦で減速・停止させる。

まさつ-りょく【摩擦力】ある物体が他の物体と接触しながら運動するとき、その接触面に生じる運動を妨げようとする力。

まさつ-ルミネセンス【摩擦ルミネセンス】ルミネセンスの一種。物体を摩擦したり、砕いたり、歪ませたりするなど、物理的な力を加えたときに光を放出する現象。また、その光。トライボルミネセンス。摩擦発光。

まさで-に【正でに】〔副〕《「で」は状態・方法の意の「て(手)」》本当に。真実に。「武蔵野に占部かた焼き―も告らぬ君が名占に出にけり」〈万・三三七四〉

マサトラン〖Mazatlán〗メキシコ、シナロア州にある太平洋岸の港湾都市。同国の代表的な貿易港がある。リゾート地としても世界的に知られる。

まさな-ごと【正無事】たわいもないこと。たわむれごと。冗談事。「ただ人にておはしましし時、―せさせ給ひしを」〈徒然・一七六〉

まさ-な・し【正無し】〔形ク〕《「予想される通常の状態ではない」の意を表す語》❶好ましくない。みっともない。ぐあいが悪い。「声高になのたまひそ…、いと―・し」〈竹取〉❷よろしくない。いけない。「何をか奉らむ、まめまめしき物は―・かりなむ」〈更級〉❸普通でない。尋常でない。「いとかう―・きまで、いにしへの墨書きの上手ども跡をくらうなしつべかめるは」〈源・絵合〉

まさ-に【正に】〔副〕❶ある事が確かな事実であるさま。まちがいなく。本当に。「事実は―予言のとおり

だった」❷実現・継続の時点を強調するさま。ちょうど。あたかも。「彼は―車から降りた瞬間、凶弾に倒れた」❸《漢文訓読から起こった用法》㋐(「当に」とも書く。「まさに…べし」などの形で)当然あることをしなければならないさま。ぜひとも。「学生たる者―学問に励むべきだ」㋑(「将に」とも書く)(「まさに…せんとする」などの形で)ある事が実現しそうだという気持ちを表す語。今にも。「飛行機が―飛び立とうとしている」❹(主に、あとに反語表現を伴って)どうして…しようか。「あやしかりつるほどのあやまりを、―人の思ひとがめじや」〈源・紅葉賀〉［類語］本当

ま-さば【真×鯖】サバ科の海水魚。全長約50センチ。体は紡錘形でわずかに側扁する。背側は青緑の地に黒色の流紋があり、腹側は銀白色。大群をなして沿岸の表層を回遊する。秋に特に美味。ひらさば。ほんさば。さば。

まさひで【正秀】[1750～1825]江戸後期の刀工。出羽の人。本名、川部儀八郎。号、水心子。江戸に出て、鎌倉末期から南北朝時代の刀を理想とする復古刀論を唱えた。著「刀剣実用論」など。

まさ-ぶき【×柾×葺き】台形にした柿板(こけらいた)の厚みのあるほうを下に羽重ねにして屋根を葺くこと。

まさ-ぼん【麻沙本】中国の刊本の名。南宋から明代にかけて、福建省建陽県の麻沙で出版されたが、誤刻が多く、誤りの多い本の代名詞となった。

まざ-まざ〔副〕❶まるで目の前にあるかのようにはっきりとしているさま。ありあり。「あのときの事が―とまぶたに浮かぶ」❷ある事を確かな事実として、身にしみて感じるさま。はっきり。つくづく。「自分の力不足を―(と)思い知らされる」「現実の厳しさを―(と)見せつけられる」❸まことしやかに。巧みに。うまうまと。「知れてある年を―と五つ隠されし」〈浮・二十不孝・一〉［類語］明らか・はっきり・ありあり・さやか・定か・くっきり・確(しか)と・際(きわ)やか・鮮やか・明瞭(めいりょう)・鮮明・分明・顕著・顕然・歴然・歴歴・瞭然(りょうぜん)・亮然(りょうぜん)・判然・画然(かくぜん)・截然(せつぜん)

まざまざ-し・い〔形〕［文］まざまざ・し〔シク〕《「まさまさしい」とも》❶いかにも真実らしい。しらじらしい。「風俗の謬写とは…当時代にはあらざりける風習なんどを―・く物語の脚色(しくみ)に加うることなり」〈逍遥・小説神髄〉❷ありありと目に見えるようである。「―・い夢を見ました」〈浄・薩摩歌〉

まさむね【正宗】㊀▶岡崎正宗(おかざきまさむね)　㊁❶㊀の鍛造になる刀。また、一般に名刀。転じて、よく切れるもののたとえに用いられる。❷清酒の銘柄。天保年間(1830～1844)灘(なだ)の酒造家山邑(やまむら)氏が名づけたもの。

まさむね-はくちょう【正宗白鳥】(―ハクテウ)[1879～1962]小説家・劇作家・評論家。岡山の生まれ。本名、忠夫。自然主義作家として、虚無的人生観を客観的に描いた。文化勲章受章。小説「何処へ」「泥人形」、戯曲「安土の春」、評論「作家論」など。

まさ-め【正目｜正▽眼】自分の目でじかに見ること。まのあたり。「和魂(にぎみたま)荒魂兼ねそなわる健全な人の姿を今の―に視よとも言い」〈藤村・夜明け前〉

まさ-め【×柾目｜正目】木を中心を通って縦断したときの面にみられる、樹心に平行してまっすぐな木目(もくめ)。また、その材木。⇔板目(いため)。

まさめ-がみ【×柾目紙｜正目紙】❶コウゾを原料として漉(す)いた厚手の白い和紙。漉き目が柾目のようにまっすぐに通る。主に錦絵(にしきえ)を刷るのに用いられた。❷桐(きり)・杉などの柾目の木材を紙のように薄く削ったもの。箱類の化粧貼(ば)りなどに用いる。

ま-さやか【真▽明か｜真▽清か】〔形動ナリ〕はっきりしているさま。さやか。「色深く背なが衣は染めましをみ坂給(たら)ばー―に見む」〈万・四四二四〉

まさ-ゆめ【正夢】事実と一致する夢。将来、それが現実になる夢。⇔逆夢(さかゆめ)。

マサラ〖ヒンディー masala〗《「マサーラ」とも》インドなどで用いる混合香辛料。各種の香辛料やハーブを混合したもので、カレー料理の調味やミルクティーに入れる。ガラムマサラは20数種も混合したものをいう。

マサラ-ムービー《和 masala＋movie　マサラはインドなどで用いられる混合香辛料》インドで制作される娯楽映画の通称。➡ボリウッド

マザラン〖Jules Mazarin〗[1602～1661]フランスの政治家。イタリア生まれ。1643年に宰相となり、対外的にはウエストファリア条約を有利に運び、対内的にはフロンドの乱を鎮圧してブルボン王朝の権勢を高め、フランス絶対王政の基礎を確立した。

まさり【勝り｜▽優り】まさること。他にくらべてすぐれていること。「男―の力持ち」

まさり-おとり【勝り劣り｜▽優り劣り】まさることとおとること。優劣。

まさり-がお【▽優り顔｜勝り顔】(―がほ)まさっているという顔つき。得意そうな顔。自慢顔。「あな、―な。さるものぞ、やもめにはなるてふ」〈かげろふ・中〉

マサリク〖Tomáš Garrigue Masaryk〗[1850～1937]チェコスロバキアの政治家・哲学者。チェコ民族独立運動を指導。第一次大戦後、チェコスロバキア共和国初代大統領(在任1918～1935)に就任、建国の父とよばれた。

まさり-ぐさ【▽優り草｜勝り草】菊の古名。寛平の菊合わせの歌に「すべらぎの万代(よろづよ)までにまさりぐさたまひし種を植ゑし菊なり」と詠まれたところからいう。「なほ喜びは―の、菊の杯、とりどりに」〈謡・邯鄲〉

まさり-ざま【▽優り様｜勝り様】〔名・形動ナリ〕他よりまさっていること。すぐれていること。また、そのさま。まさりぎみ。まさざま。「父大臣(おとど)にも、―にこそあめれ」〈源・藤裏葉〉

まざり-もの【混ざり物｜交ざり物】まざって入っている物。夾雑物(きょうざつぶつ)。まじりもの。

マザリング〖mothering〗母親が幼児に示す愛情行動。頬(ほお)ずりしたり、あやしたりすること。

ま-さる【真猿】サルの古名。多く「勝(ま)さる」に掛けていう。「大和なる姿の池にうきざるの―を君が影をこそ見れ」〈相如集〉

まさ・る【勝る｜▽優る】〔動ラ五(四)〕《「増さる」と同語源》❶他と比べて価値や能力などが上である。すぐれる。ひいでる。「実力において―・る」「これに―・る喜びはない」❷他のものよりも程度が上である。「聞きしに―・る美人」❸身分・地位などが上である。「先だちてより言ひける男は官―・りて」〈平中・一〉

［類語］立ち勝る・凌(しの)ぐ・凌駕(りょうが)・長ける

勝るとも劣(おと)ら◦ない　それ以上ではあっても劣っていることはない。互角またはそれ以上である。「入選作に―◦ない出来映え」

まさ・る【増さる】〔動ラ五(四)〕数量や程度などがしだいに多くなる。ふえる。「川の水かさが―・る」

まざ・る【混ざる｜交ざる｜▽雑ざる】〔動ラ五(四)〕性質の異なるものが中に入り込む。まじる。「酒に水が―・る」「カシミアの―・ったウール地」［類語］交錯・混合・混じる・混交・雑多・まぜこぜ・ちゃんぽん・折衷

マサン【馬山】大韓民国南部、慶尚南道昌原市の地区名。鎮海湾の湾奥にあり、繊維などの工業が盛ん。独立した市だったが2010年に昌原市に編入。ばさん。

ま-し【麻糸】麻の繊維から作った糸。あさいと。

ま-し【麻紙】麻布または麻の繊維を原料として漉(す)いた紙。古代、写経などに用いられた。

まし【▽猿】サルの古名。ましら。「よもすがら嘆きあかせばあか月に―の一声聞くぞ悲しき」〈右京大夫集〉

まし【増し】㊀〔名〕❶ますこと。ふえること。「少し急ぎの事でもあり―(＝割増料)は上げようほどに」〈一葉・十三夜〉❷割合・数量・期間などを表す語に付いて、その分だけふえることを示す。「二割―の売り上げ」㊁〔形動〕［文］〔ナリ〕どちらかといえば他よりすぐれているさま。まさっているさま。「もう少し―な案はないか」「これでもないより―だ」

まし【×汝】〔代〕二人称の人代名詞。みまし。いまし。おまえ。「―は、え知らじ」〈宇津保・俊蔭〉

まし〔助動〕［(ませ)ましか｜○｜まし｜まし｜ましか｜○］動詞・助動詞の未然形に付く。❶反実仮想を表す。㋐多く上に「ませば」「ましかば」「せば」などを伴って、事実に反する状態を仮定し、それに基づく想像を表す。もし…だったら…だろう。「草枕旅行く君と知らませば岸の埴生(はにふ)ににほはさましを」〈万・六九〉㋑事実とは反対の状態を想像して希望する意を表す。もし…ならよかったのに。「思ひけむ人をぞともに思はましまさしやむくひなかりけりやは」〈古今・雑体〉❷上に疑問語を伴って、疑いためらう気持ちを含む意志を表す。…しようかしら。…したものだろうか。「これになにを書かまし」〈枕・三一九〉「あな恋し行きてや見まし津の国の今もありてふ浦の初島」〈後撰・恋三〉❸推量・決意を表す。…だろう。…う(よう)。「やがて失(う)せぬる人にてこそあらましか」〈宇津保・俊蔭〉「飛騨たくみほめてつくれる真木柱たてし心は動かざらまし」〈賀茂翁家集〉［補説］未然形「ませ」「ましか」は「ば」を伴って、「ませば」「ましかば」の形で用いられるが、「ませ」は主に奈良時代に用いられ、平安時代以降は和歌以外には用いられなくなる。また、已然形「ましか」は、ほとんど係助詞「こそ」の結びとして用いられる。❸は主として中世以降、擬古文などで「む」と同じ意味で使われる用法である。

まし〔助動〕▶ませ〔助動〕

ま-じ【真▽風】南または南西の風。まぜ。まじの風。多く西日本でいう。［季 夏］

まじ【×蠱】「蠱物(まじもの)」に同じ。

まじ〔形動〕《「まじめ」の略》本気であるさま。本当であるさま。「―な話」「―、うざい」➡がち［類語］まじめ・真剣

まじ〔助動〕［まじから・まじく・まじかり｜まじ｜まじき・まじかる｜まじけれ｜○］《上代語「まじじ」の音変化》活用語の終止形に付く。ただし、ラ変型活用語には連体形に付く。❶打消しの推量の意を表す。…ないだろう。…ないに違いない。「唐(から)の物は、薬のほかは、なくとも事欠くまじ」〈徒然・一二〇〉❷打消しの意志の意を表す。…ないつもりだ。…するつもりはない。「ゆめゆめ粗略(そら)を存ずまじう候」〈平家・七〉❸否定されることが当然であることを表す。…するはずがない。…ないのが当然だ。「いとあるまじきことと思ひ離れにしを」〈源・葵〉❹不可能の推量の意を表す。…できそうもない。…できないようだ。「げにえ堪ふまじく泣い給ふ」〈源・桐壺〉❺不適当・禁止の意を表す。…しないほうがよい。…てはならない。…するな。「警官としてあるまじき行為だ」「後世を思はん者は、湛汰瓶(じんだがめ)一つも持つまじきことなり」〈徒然・九八〉［補説］「まじ」は「べし」の打消しと考えられる。平安時代以降、漢文訓読文の「べからず」に対して、和文では「まじ」が用いられたが、中世、連体形「まじき」のイ音便形「まじい」が現れ、新しく生じた「まい」に押されてしだいに衰えた。現代語では、❺の意で「あるまじき」という形で用いるだけである。

まじい　打消し推量の助動詞「まじ」の連体形「まじき」のイ音便。「さては、なんぢにあうては名乗るまじいぞ」〈平家・九〉［補説］「まじい」は中世語で、連体形だけでなく終止形としても用いられる。

マシーソ-グアヤーネス〖Macizo Guayanes〗▶ギアナ高地

マシーニング-センター〖machining center〗▶マシニングセンター

マシーン〖machine〗▶マシン

まじ・う【交ふ｜▽雑ふ】(まじふ)〔動ハ下二〕「まじえる」の文語形。

マジェラン〖Ferdinand Magellan〗▶マゼラン

まじ・える【交える｜▽雑える】(まじへる)〔動ア下一〕［文］まじ・ふ〔ハ下二〕❶つけ加えて一つにする。加え入れる。「学生を―・えて討論する」「身ぶりを―・えて話す」「私情を―・えない仕事上の付き合い」❷入りこませる。組み合わせる。「ひざを―・えて語り合う」❸互いにやり合う。やりとりする。「砲火を―・える」「言葉を―・える」［補説］室町時代以降はヤ行にも活用した。➡交ゆ［類語］交わす・差し交わす

［…句］干戈(かんか)を交える・語を交える・膝(ひざ)を交える・兵刃(へいじん)を交える・砲火を交える

ま-しお【真塩】(―しほ)煮つめて、苦塩(にがり)を除いた上等の塩。

ま-しお【真潮】(―しほ)❶大きな潮の流れ。特に黒潮を指すことがある。⇔逆潮(さかしお)。❷しお。うしお。潮水。「―くむ庵(いほ)の浜舟とま朽ちて波路晴れせぬ五月雨(さみだれ)

の空〈万代・三〉
ま-しかく【真四角】〔名・形動〕正方形であること。また、そのさま。「紙を―に切る」「―な板」
マジカル〘magical〙〔形動〕魔術的。不思議なさま。魅力的。「―なミュージカル」
まし-き【磨糸機】紡績の工程で、糸を摩擦して太さのむらをなくしたり、毛羽を取ってつやを出したりするのに用いる機械。
ま-じきり【間仕切り】部屋の仕切り。「―のカーテン」
まじ-くじ〔副〕《「ましくし」とも》しきりにまばたきをしたり、目を動かしたりするさま。まじくら。「そばに臥したる侍、―したる頭を持ち上げ」〈浄・川中島〉
まじく-な・う〔動ハ四〕❶まじないをかける。「おめい茶釜を―・ったか」〈人・寒紅丑日待〉❷とりつくろう。ごまかす。「これにて諸事―・ふはなんと忠心者でござりませう」〈伎・絵本合法衢〉
ましぐら【驀=地】〔形動ナリ〕「まっしぐら」に同じ。「―に打って出でたり」〈太平記・九〉
まじ-くら〔副〕「まじくじ」に同じ。「うちふしたれども、―と寝入りもやらず」〈滑・続膝栗毛・一二〉
まじくら〔接尾〕名詞に付いて、…とともに、…を交えて、の意を表す。「かかる所へ九平次は悪口仲間二、三人、座頭―、どっと来たり」〈浄・曽根崎〉
ましけ-さんち【増毛山地】北海道中西部にある山地。西は日本海に臨み、100メートル前後の海食崖が続く。標高1492メートルの暑寒別岳があり、その東側中腹には雨竜沼湿原がある。
ましこ【益子】栃木県南東部、芳賀郡の地名。益子焼の産地。
まし-こ【▽猿子】スズメ目アトリ科のマシコ属などの鳥の総称。スズメに似た大きさ・体形で、一般に雄は赤色をしている。日本ではベニマシコ・ハギマシコ・ギンザンマシコが繁殖し、アカマシコ・オオマシコが冬鳥として少数渡来。ましこどり。《季 秋》
ましこ-まち【益子町】▶益子
ましこ-やき【▽益子焼】栃木県益子町から産する陶器。嘉永6年(1853)頃、大塚啓三郎の創始という。初めは日用雑器を焼いたが、大正末期に浜田庄司が独自の作風を始め、現在は民芸陶器として知られる。
まじ-こ・る【×蠱る】〔動ラ四〕邪悪な力に引き入れられる。「悪事に―・り」〈祝詞・御門祭〉
マジ-コン　家庭用ゲーム機や携帯型ゲーム向けのROMカートリッジやカードに収められたゲームソフトを複製したり、その複製をゲーム機で利用したりする機器の総称。㊟名称は、台湾の企業が開発した、任天堂のゲームソフトを複製する機器「スーパーマジコン」(「マジコン」はマジックコンピューターの略とされる)に由来する。複製は、私的なバックアップの範囲であれば認められるが、営利を目的として行えば違法コピーとなる。
ましじ〔助動〕[○|○|○|ましじき|ましじけれ|○]「まじ」に同じ。活用語の終止形に付く。「堀江越え遠き里まで送り来ける君が心は忘らゆましじ」〈万・四四八二〉㊟「ましじ」は上代語で、推量の助動詞「まし」に打消し推量の助動詞「じ」の付いたものという。
マジシャン〘magician〙手品師。魔術師。
ま-した【真下】まっすぐ下。ちょうど下。直下。「塔の上から―を見る」㊀真上。㊫直下
まし-だか【増し高】増加分。増し分。
ました-ながもり【増田長盛】[1545〜1615]安土桃山時代の武将。尾張の人。豊臣秀吉に仕え、五奉行の一人。大和郡山城主。関ヶ原の戦いには西軍に属したが参戦せず、戦後高野山に追放。のち、武蔵岩槻に流され、豊臣家滅亡後自刃した。
まじ-ち【▽貧×鉤】持ち主が貧しくなるように呪いを込めた釣り針。「この鉤はおぼ鉤、すす鉤、―、うる鉤、と言ひて後手に賜へ」〈記・上〉
マジック〘magic〙❶魔法。妖術。❷奇術。手品。❸まやかし。トリック。❹「マジックインキ」の略。商標名。❺「マジックナンバー」の略。❻名詞の上に付いて、不思議な力のある、の意を表す。「―パワー」
マジック-インキ〘Magic Ink〙フェルトペンのこと。「マジック」とともに商標名。㊟「油性マーキングペン」などと言い換える。
マジックゲート〘MagicGate〙音楽などのデジタルデータの不正利用を防止する目的で、1999年にソニーが開発した著作権の保護管理技術。同社開発の小型メモリーカード、メモリースティックに採用されている。MG。
マジック-テープ〘Magic Tape〙鉤状とパイル状の表面を持つ2枚一組からなり、重ね合わせて留めるテープ。商標名。㊟「面ファスナー」「ワンタッチテープ」などと言い換える。
マジック-ナンバー〘magic number〙プロ野球などのリーグ戦の終盤で、2位のチームが残り試合に全勝した場合に、首位のチームがあと何勝すれば優勝できるかを示す数。
マジック-ハンド《和 magic＋hand》▶マニピュレーター
マジック-マウス〘Magic Mouse〙2009年に米国アップル社が発表した、マルチタッチ機能を搭載したマウス。マウスの上部表面にiPhoneやiPod touchのようなタッチパネルを備え、指先で表面をなぞることでスクロールなどの操作をすることができる。
マジック-マウンテン〘Magic Mountain〙米国カリフォルニア州ロサンゼルス郊外、バレンシアにある遊園地。ジェットコースターをはじめとする、スピードや無重力のスリルを味わうアトラクションが数多くある。
マジック-マッシュルーム〘magic mushroom〙シロシビンやシロシンなどの幻覚性成分を含む数種のキノコ。日本をはじめ多くの国では、これらのキノコに含まれる幻覚物質を麻薬に指定している。
マジック-ミラー《和 magic＋mirror》明るい側を見るときには透けて見えるが、明るい側からは反射のために見えないガラス。板ガラスに銀や錫をめっきして半透明にしたもの。マジックガラス。
マジック-ワード〘magic word〙《魔法の言葉の意》宣伝や説得などに効果のある言葉。殺し文句。㊟日本語での用法。英語では、相手に願いを聞いてもらいたいときの“please.”のことを指す。
まし-て【▽況して｜増して】〔副〕❶前の場合でさえそうなのだから、この場合はもちろんそうだという気持ちを表す語。なおさら。いわんや。「大人でも大変なのだから、―子供には無理だ」❷いっそう。さらに。もっと。「瓜食めば子ども思ほゆ栗食めば―偲はゆ」〈万・八〇二〉㊫なおさら・いわんや
ま-しとど【真×鵐】《古くは「ましとと」》「しとど」に同じ。「あめつつ、千鳥、―、など開ける利目」〈記・中・歌謡〉
まじ-ない【▽呪い】神仏その他不可思議なものの威力を借りて、災いや病気などを起こしたり、また除いたりする術。「人前でもあがらないお―」㊫魔法・魔術・妖術・幻術・呪術
まじない-うた【▽呪い歌】陰陽師や祈祷師が祈祷の場を清めるために唱える歌。また、福を呼び込み、災いや魔物を避けるために唱える歌。例えば、火除けの歌「霜柱氷のはりに雪のけた雨のたるきに露のふき草」の類。
まじない-し【▽呪い師】まじないを業とする人。
まじ-な・う【▽呪う】〔動ワ五(ハ四)〕❶災いや病気を避けるために神仏などに祈る。「日照りが続かぬよう―・ってもらう」❷相手の死を願って神仏などに祈る。「彦人の皇子の像と竹田の皇子の像とを作りて―・ふ」〈用明紀〉❸祈って病気を治療する。「去年の夏も世におこりて、人々―・ひわづらひしを」〈源・若紫〉
マシニング-センター〘machining center〙多数の工具を備え、これらの着脱を自動的に行って、各種の切削加工を行う数値制御工作機械。MC。
マジノ-せん【マジノ線】フランスが対ドイツ防衛線として国境に構築した要塞線。当時の陸相マジノ(A.Maginot)の建議により1927〜36年の間に建設されたが、40年にドイツ軍に突破された。➡ジークフリート線
ま-しば【真×柴】柴の美称。「―かる小野の細道跡たえて深くも雪のなりにけるかな」〈千載・冬〉
ましば-に【真×屡に】〔副〕たびたび。しばしば。「あしひきの山かづらかげ―も得難きかげを置きや枯らさむ」〈万・三五七三〉
マジパン〘marzipan〙アーモンドをすりつぶし、砂糖などを混ぜて半固形状にしたもの。色づけしていろいろな形を作り、ケーキの飾りとしたり、表面に広げたりして利用する。
まじ-まじ〔副〕❶目を離さないで一心に見つめるさま。じっと。「我が子の寝顔を―と見つめる」❷なかなか寝つけずにいるさま。また、寝つけないまま、しきりにまばたきをするさま。「目は冴えて、―して居たが」〈鏡花・高野聖〉❸気遅れして、はっきりした言動がとれないでいるさま。もじもじ。「豊崎が元気を殺がれて―としているを見」〈魯庵・社会百面相〉❹物に動じないで平然としているさま。しゃあしゃあ。ぬけぬけ。「その美しいしやっ面で―と嘘をぬかすか」〈人・梅児誉美・後〉
まし-ま・す【▽在す｜×坐す】〔動サ五(四)〕《動詞「ます」の連用形＋補助動詞「ます」から。「在す」より一層敬意が加わる》❶「在る」「居る」の意の尊敬語。いらっしゃる。おいでになられる。おわします。「天に―・す神よ」「あはれ、仏も―・さず、聖もいまさざる間に」〈三宝絵・下・序〉❷物がある意の尊敬語。おありになる。「御所には法皇をはじめまゐらせて、公卿殿上人…立てぬ願も―・さず」〈平家・九〉❸(補助動詞)㋐(形容詞・形容動詞の連用形、断定の助動詞「なり」の連用形「に」などに付く)「だ」「である」の意の尊敬語。…でいらっしゃる。「未だ位にもつき給はずして、姫宮にて―・しける時に」〈今昔・一一・一八〉㋑(動詞の連用形に付く)「てある」「ている」の意の尊敬語。…ていらっしゃる。「御念仏の声やうやう弱らせ―・しければ」〈平家・灌頂〉㊫居る・居る・居合わせる・控える・存在(尊敬)いらっしゃる・おられる・おいでになる・おわす・おわします・ある
まじま-りこう【真島利行】[1874〜1962]化学者。京都の生まれ。東北大教授・阪大総長。漆のほか紫根・烏頭などの成分構造を究明。文化勲章受章。
マシマロ〘marshmallow〙▶マシュマロ
ま-しみず【真清水】清水の美称。澄んだ湧き水。《季 夏》「―にあやうき橋を涼かな/太祇」
まし-みず【増し水】❶水が増すこと。また、増した水。ぞうすい。❷水を足して増量すること。
まし-め【増し目】編物で、編み目をふやすこと。㊀減らし目。
まじ-め【真-面-目】〔名・形動〕《「まじ」は「まじまじ」の「まじ」と同じか》❶うそやいいかげんなところがなく、真剣であること。本気であること。また、そのさま。「―な顔」「―に話をする」❷真心のあること。誠実であること。また、そのさま。「―な人柄」「―に暮らす」㊣まじめさ〔名〕㊫大まじめ・几帳面・生まじめ・くそまじめ・忠実・愚直・四角四面
まじめ-くさ・る【真-面-目腐る】〔動ラ五(四)〕大まじめなようすをする。いかにもまじめな態度をとる。「―・った顔つき」「冗談を―・って言う」
まじ-もの【×蠱物】❶まじないをしてのろうこと。また、その術。まじ。「畜仆し、―する罪」〈祝詞・六月晦大祓〉❷人を惑わすもの。魔性のもの。「これらの―らを捉んは何の難き事にもあらじ」〈読・雨月・蛇性の婬〉
マジャール-じん【マジャール人】《Magyar》現在のハンガリー人の自称。原住地はウラル山脈からボルガ河流域地方で、9世紀末ごろ現在地に移り、定住。言語はウラル語族のフィン-ウゴル語派に属する。
ま-しゃく【間尺】❶建築物などの寸法。❷損得の計算。利害の割合。
　間尺に合わ◦ない　割に合わない。損になる。「―・ない商売」
マジャパヒト-ちょう【マジャパヒト朝】《Majapahit》13世紀末から16世紀初頭まで、インドネシアのジャワを中心に存続したヒンドゥー教王朝。シンガサーリ朝の王族ラーデン＝ビジャヤが、元の侵略を撃退して建国。首都はマジャパヒト。1518年、ジャワ北

部のイスラム土侯ﾄﾞに滅ぼされた。
ま-しゅ【魔手】悪魔の手。心を惑わしたり危害を加えたりして人を破滅に導く手段をたとえていった語。「殺人鬼の—がのびる」
まじ・ゆ【交ゆ¦▽雑ゆ】〘動ヤ下二〙《「まじ(交)う」が中世以降ヤ行に転じて用いられた語。終止形は「交ゆる」となる例が多い》「交える」に同じ。「白人一種の新色を立つる所に、黒人派を—・ゆるとの咎ﾄｶﾞ」〈浮・禁短気・三〉
ましゅう-こ【摩周湖】ﾏｼｭｳ 北海道東部、川上郡弟子屈ﾃｼｶｶﾞ町にあるカルデラ湖。湖岸は絶壁をなし、出入りする川がない。透明度が高いこと、霧が多いことで有名。面積19.2平方キロメートル。最大深度211.4メートル。湖面標高351メートル。
ま-じゅつ【魔術】❶人の心を惑わす不思議な術。魔法。「—をかける」「言葉の—」❷手品。特に、大がかりな仕掛けを用いるものにいう。
(類語)魔法・妖術・幻術・呪術・まじない
まじゅつ-し【魔術師】❶魔術❶を行う人。魔法使い。❷手品師。
マシュマロ〖marshmallow〗《「マシマロ」とも》ゼラチン液に泡立てた卵白や砂糖・香料などをまぜて固めた洋菓子。ふわりとした風味がある。本来はアオイ科のマシュマロ(ウスベニタチアオイ)の根からとった粘液を用いて作られた。フランス語ではギモーブ。
マジュロ〖Majuro〗マーシャル諸島共和国の首都。ラタック(ラダック)諸島南部のマジュロ島にある。
ま-しょ【魔所¦魔処】❶魔物が住むと考えられた所。山城の鞍馬ｸﾗﾏの僧正谷、大和の大峰などが有名。❷災害や凶事などがしばしば起こる場所。
ま-じょ【魔女】ﾏﾁﾞｮ ❶ヨーロッパの俗信で、悪霊と交わって魔力を得た女性。その超自然的能力により、人間に対して悪事を働き教会に対して害を与えると考えられた。ウイッチ。❷悪魔のような女。また、男性の心を惑わす、あやしい魅力をもつ女性。❸普通の人にはない、特別にすぐれた能力をもつ女性。「東洋の—」
ま-しょう【魔性】ﾏｼｬｳ 悪魔のような、人を惑わす性質。また、それをもっていること。「—の者」
ま-しょう【魔障】ﾏｼｬｳ 仏語。仏道の修行の妨げをなすもの。また、悪魔。
ましょ・うﾏｾｳ〘連語〙《丁寧の助動詞「ます」の未然形＋推量の助動詞「う」》❶推量の意を丁寧に表す。「東京地方は午後から雨となり—・う」❷勧誘の意を丁寧に表す。「一緒に行き—・う」「みなさん静かにし—・う」❸意志を丁寧に表す。「今日はわたしが参り—・う」(補説)くだけた会話では「ましょ」となることもある。❶は話し言葉ではあまり用いられない。
ま-じょう【真情】ﾏｼﾞｬｳ〘名・形動〙誠実なこと。堅実なこと。また、そのさま。「客ｷｬｸ心小さく、其れ故—にして仕損じ少なし」〈浮・母親容気〉
ま-しょうじき【真正直】ﾏｼｬｳｼﾞｷ〘名・形動〙少しもうそのないこと。本当に正直なこと。また、そのさま。まっしょうじき。「—な性格」「—に答える」
(類語)正直・馬鹿正直・善良
ま-しょうめん【真正面】ﾏｼｬｳﾒﾝ ❶まっすぐ正面を向いていること。また、その方向。まっしょうめん。「—に山が見える」❷物事にまともに相対すること。まっしょうめん。「難問に—から取り組む」(類語)正面・向こう
まじょう-もの【真情者】ﾏｼﾞｬｳ 誠意のある人。正直な人。「さもしい気は微塵ﾐｼﾞﾝもなく、—の孝行者」〈浄・鑓の権三〉
マショー〖Guillaume de Machaut〗［1300ころ〜1377］フランスの作曲家・詩人。14世紀アルスノバ最大の音楽家。作品にミサ曲「ノートルダム-ミサ」、長詩「真実物語」など。
まじょ-がり【魔女狩(り)】ﾏﾁﾞｮ ❶13世紀から18世紀にかけて、ヨーロッパの国家とキリスト教会によって行われた異端迫害。魔女として告発された者を宗教裁判にかけ、多くを火刑とした。カトリック・プロテスタントを問わず17世紀が頂点。❷権力者や多数派が、思想や宗教、信条などを異にする者を、迫害の対象に仕立てて排斥すること。
マジョラナ-りゅうし【マジョラナ粒子】ﾘｳｼ ▶マヨラナ粒子
マジョラム〖marjoram〗▶マージョラム
マジョリカ〖majolica〗15世紀末から16世紀にかけてイタリアで発達した陶器。錫ｽｽﾞを含有する白色不透明の釉ｳﾜｸﾞｽﾘを施し、色釉ｲﾛｸﾞｽﾘで絵付けしたもの。もとになる陶器がスペインからマジョルカ島を経てイタリアに輸入されたところからの名。マヨリカ。
マジョリティー〖majority〗大多数。過半数。多数派。「サイレント—」(対)マイノリティー。
マジョルカ-とう【マジョルカ島】ﾀｳ ▶マリョルカ島
マジョルク-おうきゅう【マジョルク王宮】ﾜｳｷｳ《Palais des Rois de Majorque》フランス南部の都市、ペルピニャンの旧市街を見下ろす高台にある城。13世紀にマリョルカ(マジョルカ)王国の首都だった同地にジャイメ1世の宮殿として建造。17世紀、ルイ14世に仕えた築城家でもある軍人ボーバンにより城壁が強化された。
ましら【▽猿】猿の別名。「大きな体躯ﾀｲｸを—のように軽くもてあつかって」〈有島・或る女〉
まじらい【交じらひ】ﾏｼﾞﾗﾋ まじわり。つきあい。交際。「—もせず、宮の御もとへも参らず」〈宇津保・あて宮〉
まじら・う【交じらふ】ﾏｼﾞﾗﾌ〘動ハ四〙《動詞「まじる」の未然形＋反復継続の助動詞「ふ」から》❶まじる。まじりあう。「楠ｸｽの木は木立多かる所にもことに—・ひたてらず」〈枕・四〇〉❷交際する。「御心ばへのたぐひなきを頼みにて、—・ひ給ふ」〈源・桐壺〉
ま-しらが【真白髪】まっ白な髪。「なびき寝し我が黒髪の—になりなむ極み新代ｱﾗﾖにともにあらむと」〈万・四八一〉
ま-じり【×眦¦目尻】❶めじり。まなじり。「いと腹悪ｱｼしげに、—ひき上げたり」〈源・行幸〉❷目つき。「ゆるされぬ御心ばへあるさまに、御—を見奉り侍りて」〈源・柏木〉
まじり【混じり¦交じり¦▽雑じり】❶まじること。また、まじったもの。「漢字仮名—の文」「白髪ｼﾗｶﾞ—の頭」❷「おまじり」に同じ。
まじり-け【混じり気¦▽雑じり気】種類や質の違ったものがまじっていること。「—のない天然の結晶」
まじり-げ【混じり毛¦▽雑じり毛】さまざまの色の毛のまじること。また、その毛。
まじり-だね【混じり種¦▽雑じり種】異種の種のまじっていること。また、そうして生じたもの。雑種。
まじり-まじり〘副〙❶「まじまじ❶」に同じ。「—(と)見入る」❷「まじまじ❸」に同じ。「潮合を失い、—思慮の無い顔をして」〈二葉亭・浮雲〉❸「まじまじ❷」に同じ。「馬屋の隅に…寝させて置きましたれば、—と致いてをりまする」〈虎寛狂・骨皮〉
まじり-みせ【交じり見世】《揚げ代一分ﾌﾞ以上の遊女のほかに、二朱の遊女をも置いたところから》江戸時代の新吉原で、大籬ｵｵﾏｶﾞｷにつぐ格式の店。店の構えは小さい。はんまがき。
まじり-もの【混じり物¦▽雑じり物】まじっているもの。まざりもの。「—のない純米酒」
まじ・る【混じる¦交じる¦▽雑じる】〘動ラ五(四)〙❶ある物の中に種類や性質の異なる別のものがはいり込む。まざる。「黄の—・った緑色」「麦の—・った御飯」「髪に白いものが—・る」❷グループに加わる。仲間にはいる。交際する。「子供たちに—・って遊ぶ」❸分け入る。山野などにはいりこむ。「野山に—・りて竹を取りつつ」〈竹取〉(類語)交錯・混合・混ざる・混交・雑多・まぜこぜ・ちゃんぽん・折衷
ま-しろ【真白】〘名・形動〙「まっしろ」に同じ。「—な手の戦くのが、雪の乱るるようであった」〈鏡花・婦系図〉
ま-しろ・い【真白い】〘形〙(文)ましろ・し〔ク〕本当に白い。純白である。「夕月がまだ—・く夕焼の空にかかっている頃から」〈荷風・すみだ川〉
ま-じろぎ【▽瞬ぎ】《古くは「まじろき」とも》まばたき。めばたき。「—ひとつせず見つめる」
ま-じろ・ぐ【▽瞬ぐ】〘動ガ五(四)〙《古くは「まじろく」とも》まばたきをする。またたく。「少しも—・がずにじっと聞き入る」(類語)瞬ﾏﾀﾀﾞく・瞬ﾏﾀﾀく・しばたたく
まじ-わざ【×蠱業¦×蠱▽事】まじものの術。人をのろうまじない。呪詛ｼﾞｭｿ。「その—する陰陽師ｵﾝﾐｬｳｼﾞのいはく」〈宇治拾遺・一〇〉
まじわり【交わり】ﾏｼﾞﾊﾘ ❶つきあい。交際。「—をもつ」「水魚の—」❷交合。性交。❸▶共通集合 (類語)(❶)人付き合い・社交・交友・行き来・旧交・国交・国際
まじわ・る【交わる】ﾏｼﾞﾊﾙ〘動ラ五(四)〙❶行きあう。互いに交差する。「国道と県道とが—・る所」❷つきあう。交際する。「友と親しく—・る」「朱に—・れば赤くなる」❸交合する。性交する。「男女が—・る」❹数学で、線と線、線と面、面と面などが、ある点を共有する。また、二つ以上の集合が共通の要素をもつ。「二直線が—・る」❺互いにまじりあう。入り乱れる。「色々—・り輝けり」〈栄花・音楽〉❻分け入る。また、まぎれ入って、身を隠す。「世を遁ﾉｶﾞれて、山林に—・るは」〈方丈記〉(可能)まじわれる
(類語)交差・クロス・筋交い・打ち違い・立体交差
ま-しん【麻×疹】「はしか(麻疹)」に同じ。(季 春)
マシン〖machine〗《「マシーン」とも》❶機械。「ティーチング—」「スロット—」❷自動車。オートバイ。特に、レース用のものにいう。(類語)(❶)機械・機器・機具・器具・利器・装置・機関・からくり・仕掛け・メカニズム
ま-じん【魔神】《「ましん」とも》災いを起こす神。魔の神。悪魔。
マシン-ガン〖machine gun〗機関銃のこと。
マシン-ご【マシン語】▶機械語
マシン-ゆ【マシン油】粘度が並程度で、一般機械の軸受や車軸に用いられる潤滑油。
ま・す〘動サ下二〙「ませる」の文語形。
ます【×枡¦升¦×桝¦▽斗】❶液体や穀物などの分量をはかる容器。木製または金属製で、方形や円筒形のものがある。「—で米をはかる」「一升ｼｮｳ—」「五合—」❷❶ではかった量。ますめ。「—が足りない」❸劇場・相撲場などで、方形に仕切った観客席。一枡の定員は四〜七人。仕切り枡。枡席。❹(斗)「枡形ﾏｽｶﾞﾀ❷」に同じ。❺紋所の名。枡❶の形を図案化したもの。(補説)「枡」「桝」は国字。
枡で量ﾊｶるほどある　非常に多くの量があることのたとえ。
ます【×鱒】サケ科の魚で「マス」とつく名のものの称。特に、サクラマス・カラフトマスをいう。また、釣りではニジマスをさすこともある。(季 春)「一生ｱれて斑雪ﾊﾀﾞﾚぞ汀ﾅｷﾞさなせりける/波郷」
マス〖mass〗❶集まり。集団。「—ゲーム」❷大量。多数。「—プロダクション」❸大衆。群衆。「—メディア」「—デモクラシー」❹「マッス❶」に同じ。(類語)(❸)大衆・民衆・公衆・民ﾀﾐ・庶民・平民・常民・人民・市民・勤労者・生活者・一般人・市井ｼｾｲ人・世人ｾｼﾞﾝ・俗衆・群衆
マス「マスターベーション」の略。
ま・す【▽申す】〘動サ四〙動詞「もうす」の音変化。または、「う」の無表記か。「—の御子敦仁の親王と—・しけるぞ」〈栄花・月の宴〉「世を忍ぶお身なれば一所には置き—・されず」〈浄・手習鑑〉
ま・す【▽在す¦×坐す】〘動サ四〙❶「ある」「いる」の意の尊敬語。いらっしゃる。おいでになる。「大君は千歳に—・さむ白雲も三船の山に絶ゆる日あらめや」〈万・二四三〉❷「行く」「来ｸる」の意の尊敬語。いらっしゃる。おいでになる。「我が背子が国へ—・しなばほととぎす鳴かむ五月ｻﾂｷはさぶしけむかも」〈万・三九九六〉❸(補助動詞)他の動詞の連用形に付いて、「ある」「いる」の意を敬っていう語。お…になる。…ていらっしゃる。「人の植うる田は植ゑ—・さず今更に国別れして我ｱﾚはいかにせむ」〈万・三七四六〉
ま・す【増す¦▽益す】〘動サ五(四)〙❶数量や程度が大きくなる。(対)減る。㋐多くなる。ふえる。「体重が—・す」㋑高まる。進む。「秋になると食欲が—・す」「不安が—・す」㋒(「…にもまして」の形で)あるものよりも、もっと程度が上であることを表す。「前にも—・して元気になる」❷数量や程度を大きくする。(対)減らす。㋐加える。また、加えて大きくする。ふやす。「人員を—・す」「紅葉が渓谷の景観を—・す」㋑高める。伸ばす。進める。「興味を—・す」「親しみを—・す」㋒すぐれるようにする。まさらせる。「待てと言ふに散らでし

とまるものならば何を桜に思ひ―・さまし〈古今・春下〉
(可能)ませる
(類語)増やす・増える・溜まる・溜める・高まる・高める
(用法)ます・ふやす――「権力が増す」「人気が増す」「水かさが増す」のように、「増す」が「が」をともなう場合は、物の量・程度が多くなる意で用いる。◆「速度を増す」「明るさを増す」「人手を増す」と「増す」が「を」をとる場合、物の量・程度を多くする意で用いる。◆「ふやす」は「貯金をふやす」「文庫の本をふやす」のように「を」をとる用法だけで、物の数・量を多くする意に使う。◆類似の語の「ふえる」は、「町の人口がふえた」「体重が五キロふえた」と「が」をともない、具体的な物の数・量が多くなる意に用いる。

ます〔助動〕[ませ・ましょ|まし|ます|ます|(ますれ)|ませ・まし]動詞、助動詞「れる」「られる」「せる」「させる」の連用形に付く。❶丁寧語として、聞き手に対する敬意を表す。「山登りに行って来**まし**た」「何かお手伝いすることがあり**ます**か」「使いの者を伺わせ**ます**」➡ませ ❷謙譲語として、動作の及ぶ相手に対する敬意を表す。「其上馬には子細が御ざる、かたってきかせ**ませう**」〈虎明狂・牛馬〉(補説)室町時代以降の語で、古くは未然形に「まさ」、終止・連体形に「まする」、命令形に「ませい」が用いられることもある。その成立については、「座×す」「申す」「おはす」を起源とする説があるが、「まゐらす→まらする→まるする→まっする→まっす→ます」と変化したものを本流とみる説が有力である。仮定形「ますれ」はほとんど用いられず、代わって「ますなら」が多く使われる。命令形「ませ」「まし」は、「どうぞお入りくださいませ」「お早くお召し上がりくださいまし」のように、敬語動詞にしか付かない。「ます」を含んでいる文体を敬体とよび、常体の「だ・である体(調)」に対し、「です」とともに「です・ます体(調)」とよばれる。

ま・ず【混ず｜交ず｜▽雑ず】〔動ザ下二〕「まぜる」の文語形。

まず【▽先ず】〔副〕❶はじめに。最初に。「一下ごしらえをして、その後料理する」❷とりあえず。ともかく。何はともあれ。「これで――安心だ」「――休みしよう」❸ある程度の確信をもって判断や見通しを述べるときに用いる。おおよそ。多分。「この調子だと―大丈夫だろう」「―助かるまい」❹(下に否定的な表現を伴って)どうにも。いかにも。「―心も得ぬことなれば」〈今昔・二八・七〉
(類語)(❶)始め・最初・第一・一次・原初・嚆矢・手始め・事始め・優先・一番/(❸)大抵/(❹)迚も

ます-あみ【×枡網｜升網】建て網の一。魚を誘導する垣網、多角形に立て回す身網と、その角に取り付ける袋網からなり、支柱などで固定する。袋網だけ船に引き上げて漁獲物を取り込む。

ま-すい【麻酔｜×痲酔】一時的に神経機能を低下させて、痛みの感覚をはじめ知覚や意識を失わせること。外科手術の場合、また一般に痛みを除く目的で行われ、全身麻酔と局所麻酔とがある。麻酔薬のほか、冷却・鍼などの刺激も利用される。「―をかける」「―から醒める」

ま-すい【魔酔】〔名〕スル ある事に熱中して酔うこと。また、陶酔させること。「沸騰せんばかりの世上の戦争熱も最早や、彼等を―するの力あらず」〈木下尚江・火の柱〉

まず・い【不＝味い】〔形〕図まづ・し〔ク〕❶味が悪い。うまくない。「冷めると料理が―・くなる」「こんな―・いものが食えるか」⇔うまい。❷(「拙い」とも書く)下手だ。つたない。「―・い絵」⇔うまい。❸醜い。みっともない。「―・い顔」❹ぐあいが悪い。不都合である。「話を聞かれると―・い」⇔うまい。(派生)まずさ〔名〕(類語)下手・つたない・へぼ・下手くそ・からっ下手・稚拙・拙劣・拙悪・未熟・幼稚・不細工・無器用・不得手・不得意・たどたどしい

ますい-い【麻酔医】➤麻酔科医

ますい-か【麻酔科】麻酔を専門とする医療の分野。手術の際の麻酔のほか、痛みのある病気の診断・治療も扱う。

ますいか-い【麻酔科医】麻酔科を専門とする医師。麻酔医。

ます-いし【×枡石｜升石】枡のような四角形の石。

ますい-やく【麻酔薬】麻酔に用いる薬剤。全身麻酔では吸入麻酔に笑気・ハロタン・エーテル、静脈麻酔にバルビツール酸化合物、局所麻酔ではコカイン・プロカイン・リドカインなどが用いられる。

マスウーディ〖al-Mas'ūdī〗[896ころ～956]アラブの歴史家・地理学者。バグダッド生まれ。ジャワからインド・西アジア・東アフリカまでを旅行し、「黄金の牧場と宝石の鉱山」など多くの著作を残した。

ます-うり【×枡売り｜升売り】酒・油・醤油・穀類などを枡ではかって売ること。はかりうり。

ま-すお【真×赭】《「まそお」の音変化》「まそお(真赭)❷」に同じ。「―のすすき、まそほのすすきなどいふ事あり」〈徒然・一八八〉

ます-おとし【×枡落(と)し｜升落(と)し】ネズミを捕らえる仕掛け。ふせた枡を棒で支え、下に餌を置いて、ネズミが触れると、枡が落ちて閉じ込められるようにしたもの。

ます-おり【×枡織(り)｜升織(り)】➤蜂巣織

マスカーニ〖Pietro Mascagni〗[1863～1945]イタリアの作曲家。写実主義オペラを確立。作品にオペラ「カバレリアルスチカーナ」など。

ます-かがみ【真▽澄鏡｜▽十▽寸鏡】「まそかがみ」に同じ。「ゆく年の惜しくもあるかな―見る影さへに暮れぬと思へば」〈古今・冬〉

ますかがみ【増鏡】南北朝時代の歴史物語。17巻。増補本もある。著者は二条良基説が有力。応安年間(1368～1375)に成立か。治承4年(1180)後鳥羽天皇誕生から元弘3＝正慶2年(1333)後醍醐天皇還幸までの歴史を編年体で記したもの。四鏡の一。

ます-かき【×枡×掻き｜升×掻き】「とかき」に同じ。

ます-かけ【×枡掛(け)｜升掛(け)】❶「枡掻き」に同じ。❷「枡掛け筋」の略。

ますかけ-すじ【×枡掛(け)筋】手のひらの中央を横に貫いた手の筋。長寿の相といわれる。ますかけ。

マス-カスタマイゼーション〖mass customization〗高付加価値製品を顧客ごとに受注して、しかも大量生産品並みの低価格で提供するシステム。

ます-がた【×枡形｜升形｜▽斗形】❶枡のような四角な形。「―の模様」❷(斗形)寺院建築などで、肘木と交互に組み合わせて斗栱を構成する、平面が正方形または長方形の材。大斗・方斗・巻斗などがある。ます。と。❸城の一の門と二の門との間にある方形の広場。出陣の際、兵の集まる所。侵入した敵軍の動きをさまたげる効果もある。
(類語)(❶)四角・四角形・四辺形・方形・角形・正方形・長方形・矩形

ますがた-ぼん【×枡形本】正方形または正方形に近い形の本。洋書では横が縦の4分の3以上のもの、和書では美濃紙の4分の1または6分の1の大きさの小形の本。角形本。

マスカット〖Masqat〗オマーンの首都。アラビア半島東部、オマーン湾に臨む港湾都市。古くからの海上貿易の要地で、ナツメヤシ・真珠などを輸出。

マスカット〖muscat〗ブドウの一品種。実は大粒で緑色をし、香りがある。ヨーロッパの原産。(季 秋)

マスカラ〖mascara〗まつげを濃く長く見せるためにつける化粧品。

マス-カルチャー〖mass culture〗大衆文化。マスコミ文化。

マスカルポーネ〖イタリア mascarpone〗➤マスカルポーネチーズ

マスカルポーネ-チーズ〖mascarpone cheese〗イタリア原産の、製造過程で熟成を行わないクリーム状のチーズ。レモン汁やココア粉末などをかけて食べたり、ケーキに用いたりする。特にティラミスには欠かせない。(補説)イタリア語では、単にmascarpone

マスカレード〖masquerade〗仮面舞踏会。仮装大会。仮装。

ますかわ-としひで【益川敏英】[1940～]物理学者。愛知の生まれ。昭和48年(1973)、小林誠と共同で「小林益川理論」を発表。基本粒子クオークが6種類以上存在すれば、宇宙の成り立ちにかかわる「CP対称性の破れ」の現象を理論的に説明できることを示した。平成13年(2001)文化功労者。同20年、ノーベル物理学賞受賞。同年、文化勲章受章。

マスキー《muskellungeから》北米産の淡水魚で、全長約2.5メートル。釣りの対象として人気がある。

マスキー-ほう【マスキー法】1970年に米国で制定された、自動車の排気ガスを規制する法律の通称。上院議員マスキー(E.S.Muskie)が法案を提出。

マスキュラン〖フランス masculin〗➤マスキュリン

マスキュリン〖フランス masculin〗《男性的な、男の、の意》ファッションで、女性がベーシックな男物を取り入れること。

マスキング〖masking〗〔名〕スル ❶覆い隠すこと。包み込むこと。❷悪臭などを、他のよい香りや別の強いにおいで包み隠すこと。❸コンピューターのグラフィックソフトの機能の一。描画などの作業したくない領域を指定し、保護すること。

マスキング-テープ〖masking tape〗ペンキなどを塗る際に、ペンキがはみ出すのを防ぐために塗装箇所の周囲にはるテープ。

マスク〖mask〗❶面。仮面。❷鼻・口を覆うガーゼ製などの衛生用具。(季 冬)「口紅のなじみし―かくるなり/万太郎」❸野球の捕手・球審、フェンシングの選手などが顔面につける防具。❹防毒面。❺顔だち。容貌。「甘い―」❻映画や写真で、撮影・焼き付け・引き伸ばしのとき、遮光のために付ける不透明な枠や覆い。印画紙の周辺や不要部分に用いる。❼➤マスキング

ま-すぐ【真▽直ぐ】〔名・形動〕「まっすぐ」に同じ。「林を貫きて―に通う路あり」〈独歩・わかれ〉

ます-ぐみ【×枡組(み)｜升組(み)｜▽斗組(み)】❶障子・欄間などの骨組みを方形に組むこと。また、その組んだもの。❷「斗栱」に同じ。

マスクメロン〖muskmelon〗メロンの一品種。果実の表面に網目模様がある。香りがよいところから、マスク(麝香)の名がある。温室で栽培。ネットメロン。あみメロン。(季 夏)

マスクラット〖muskrat〗ネズミ科の哺乳類。体長25～35センチ、尾長18～28センチ。体は暗褐色で、後ろ足に水かきをもち、肛門近くに麝香臭を放つ腺がある。岸辺にすみ、巣穴の出入り口は水中に作る。北アメリカに分布。日本では毛皮獣として飼育されていたものが野生化。においねずみ。

マスク-ロム〖mask ROM〗コンピューターの読み出し専用の半導体記憶装置(ROM)のうち、製造時に情報が書き込まれ、その後、内容の変更ができないもの。電子辞書や組み込みシステムのファームウエアなどに利用される。

ま-すげ【真×菅】菅の美称。「一生ふる山下水に宿る夜は月さへ草の庵をぞさす」〈千載・雑上〉

マス-ゲーム《和 mass＋game》多人数が一団となって行う各種の体操やダンス。集団体操。団体遊戯。

マスコット〖mascot〗幸運をもたらすお守りとして身近に置いて大切にする物。多くは人形や小動物。また、企業やイベントなどのシンボルとなるキャラクター。「大会の―」「―ガール」「球団―」

マス-コミ「マスコミュニケーション」の略。

マス-コミュニケーション〖mass communication〗新聞・雑誌・ラジオ・テレビ・映画などのマスメディアによって、不特定多数の人々に対して大量の情報が伝達されること。また、その媒体であるマスメディア。大衆伝達。マスコミ。

マス-コンサンプション〖mass consumption〗大量販売。

ます-ざ【×枡座｜升座】江戸時代、江戸および京都で幕府から特許を得て公定枡を製作・専売した所。

ます-ざけ【×枡酒｜升酒】枡に盛った酒。また、枡に盛って売る酒。

まずし・い【貧しい】〔形〕図まづ・し〔シク〕❶財産や金銭がとぼしく、生活が苦しい。貧乏である。「暮ら

しが―・い」「―・い家に生まれる」❷量・質ともに劣っている。粗末である。貧弱である。乏しい。「―・い食卓」「想像力の―・い人」「―・い経験」❸満たされていない。「心の―・い人」(派生)まずしげ〔形動〕まずしさ〔名〕(類語)貧乏・乏しい・極貧・赤貧・清貧・じり貧・貧寒・貧・貧する

マスジッド〘アラビア masjid〙《「跪拝(きはい)する所」の意》「モスク」に同じ。マスジド。

マス-セールス〘mass sales〙大量販売。

ます-せき【×枡席｜升席】▶枡(ます)❸

ますだ【益田】島根県西部、日本海に面する市。高津川下流域を占める。石見(いわみ)地方西部の商業の中心地。万福寺・医光寺両庭園などがある。人口5.0万(2010)。

マズダ〘Mazdā〙▶アフラ＝マズダー

マスター〘master〙〔名〕(スル) ❶師匠。親方。❷集団の責任者。長。「バンド―」「コンサート―」❸経営者。主人。特に、バー・喫茶店などの主人、または支配人。❹学位の一。修士。❺物事に熟達すること。習得すること。「中国語を―する」❻「原盤」❷に同じ。❼多く複合語の形で用い、元になるもの、基本となるもの、の意を表す。「―テープ」❽コンピューターなどで、基本または中心となる装置。主装置。⇔スレーブ。(類語)(❸)店主・主人・あるじ・おやじ/(❺)覚える・学ぶ・学習する・習得する・会得する・体得する・つかむ・のみこむ・身に付ける

マズダー〘Mazdā〙▶アフラ＝マズダー

マスター-アーキテクト〘master architect〙建物と景観との融合をはかり、住みやすく美しい町作りの基本計画を担当する建築家。

マスター-オブ-アーツ〘Master of Arts〙英国・米国などの大学で、文科系の学科の修了者に与えられる学位。日本の文学修士に当たる。M.A.

マスター-キー〘master key〙異なったいくつもの錠を開けることができる合い鍵。親鍵。

マスター-コース〘master course〙大学院の修士課程。

マスターズ〘Masters〙世界各国の有力選手を招待して、毎年米国のオーガスタで行われるゴルフ競技会。1934年創設。全米オープン、全米プロゴルフ選手権、全英オープンとともに世界四大競技会の一。マスターズトーナメント。

マスター-ステーション〘master station〙「キーステーション」に同じ。

マスターズ-トーナメント〘The Masters Tournament〙▶マスターズ

マスターズ-ほうこく【マスターズ報告】《Masters' report》米国のW＝マスターズとV＝ジョンソンによる性行動における男女の性反応の生理的研究報告で、「女性の性反応」「人間の性反応」がある。

マスター-テープ〘master tape〙音楽録音複製品のもとになる音源テープ。映像その他にもいう。マスター。MT。

マスタード〘mustard〙ヨーロッパ産のカラシナ。また、その種子を粉にした調味用の芥子(からし)。洋芥子。

マスタード-ガス〘mustard gas〙▶イペリット

マスタード-ソース〘mustard sauce〙マスタードを加えて風味を利かせたソース。魚貝・肉料理に用いる。

マスターピース〘masterpiece〙傑作。名作。マスターワーク。

マスター-ファイル〘master file〙コンピューターで、基本データを収めたファイル。

マスター-ブートレコード〘master boot record〙パソコンの起動時に最初に読み込まれるハードディスクの一番先頭にある部分。略称はMBR。

マスター-プラン〘master plan〙基本計画。基本設計。

マスターベーション〘masturbation〙自慰。手淫(しゅいん)。オナニー。マス。

マスター-レンズ〘master lens〙複数のレンズを使用するカメラにおける、主となる撮影レンズ。

マスターワーク〘masterwork〙「マスターピース」に同じ。

ます-たけ【×鱒×茸】サルノコシカケ科のキノコ。ツガ・モミなどの針葉樹の枯れ木の幹に生える。傘は半円形か扇形で、重なり合い、朱紅色か朱黄色。

ますだ-こうぞう【升田幸三】(カウザウ)[1918〜1991]将棋棋士。広島の生まれ。昭和32年(1957)名人位を獲得、王将・九段と併せて3タイトルを独占。独特の風貌と鋭い棋風により人気を博した。

ますだ-し【益田市】▶益田

ますだ-たかし【益田孝】[1848〜1938]実業家。新潟の生まれ。号、鈍翁。大蔵省造幣権頭を経て三井物産に転じ、三井財閥発展の基礎を築いた。美術品の収集家としても知られる。

ますだ-ときさだ【益田時貞】▶天草四郎(あまくさしろう)

ますだ-としお【舛田利雄】[1927〜]映画監督。兵庫の生まれ。石原裕次郎や小林旭主演のアクション作品を多く手がける。代表作「錆(さ)びたナイフ」「完全な遊戯」「赤いハンカチ」「二百三高地」など。

ますだ-ながもり【増田長盛】▶ましたながもり

マスタバ〘mastaba〙古代エジプトの墳墓。地下の墓室の上に、長方形で台状の建造物を石積みで築いたもの。個人のもので、古王国時代から中王国時代に盛んに営まれた。

マスタリング〘mastering〙〔名〕(スル) ビデオテープ、映画フィルム、DVD、CD、レコードの原盤❷を作成のために、画像・音声を編集すること。編集して原盤を作成すること。

マスタング〘mustang〙▶ムスタング

マスチフ〘mastiff〙犬の一品種。チベットの原産で、英国で改良。大形で体はたくましく、耳は垂れる。毛は短く、淡黄褐色や虎毛で、鼻先などが黒い。古くから護身犬・猟犬や闘犬に用いられる。

ます-づか【▽斗▽束｜×枡▽束】▶とづか(斗束)

マス-デモクラシー〘mass democracy〙▶大衆民主主義

マスト〘オランダ mast〙船の帆柱。本来は帆を張るための柱であるが、現在では信号旗・航海灯・レーダーアンテナなどを取り付けたり荷役デリックなどに用いたりする柱状の構造物をいう。

マスト〘must〙〔名・形動〕《英語で「…せねばならない」の意の助動詞から》俗に、絶対に必要であること。欠かせないこと。また、そのさま。「―アイテム」「―な一品」

マスト-アイテム《和 must＋item》欠かせないもの。絶対に必要なもの。必需品。

マスト-さいぼう【マスト細胞】(サイバウ)《mastocyte》▶肥満(ひまん)細胞

マストドン〘mastodon〙長鼻目の化石象の一。新生代後半に世界各地に広く生息し、中新世中期から鮮新世にかけて繁栄した。体高1.8〜3メートル。体には褐色の毛が生え、上あご・下あごとも牙(きば)がある。

ますとみ-おんせん【増富温泉】(ヲンセン)山梨県北杜(ほくと)市にある温泉。金峰山(きんぷさん)山麓に位置する。泉質は放射能泉で、ラジウムの含有が大。

マス-ナンバー〘mass number〙「質量数」に同じ。

マスネー〘Jules Massenet〙[1842〜1912]フランスの作曲家。叙情性に富むオペラを多く作曲した。作品に「マノン」「ウェルテル」「タイス」など。

ます-の-すけ【×鱒×之▽介】サケ科の海水魚。全長はふつう約1メートルであるが、2メートルに達するものもある。体色は黒みがかり、黒色斑点が散在。北太平洋に分布し、大きな河川を遡(さかのぼ)って産卵するが、数は多くない。美味。キングサーモン。(季 春)

ます-のみ【×枡飲み｜升×呑み】枡に盛った酒を、じかに飲むこと。

まず-は【▽先ずは】(まづ)〔副〕「まず」を強めていう語。「それで―まちがいない」「―お知らせまで」

マス-ファッション〘mass fashion〙一般化し、大衆化したファッションのこと。また、機械で大量生産された既製服のこともいう。

マス-プロ「マスプロダクション」の略。「―大学」

マス-プロダクション〘mass production〙大量生産。特に、規格製品の量産にいう。マスプロ。

マス-プロダクツ《和 mass＋products》量産品。大量生産システムによって作られた製品。

ますほ-ざんこう【増穂残口】[1655〜1742]江戸中期の神道家・国学者。豊後(ぶんご)の人。僧から還俗後、京都に出て神職となり、著述・講釈によって通俗神道を広めた。著「神路の天引草」「艶道通鑑」など。

マス-マガジン〘mass magazine〙広く一般の読者を対象に、大量に発行される雑誌。

ます-ます【▽益｜▽益▽益】〔副〕《動詞「ま(増)す」を重ねた語》程度が一層はなはだしくなるさま。いよいよ。「風雨は―激しくなる」「老いて―盛んだ」(類語)更に・もっと・一層・いよいよ・より・も少し・もう少し・ずっと・余計・なお・なおさら・一段と・弥(いや)が上に

まず-まず【▽先ず▽先ず】(まづまづ)〔副〕❶「まず」を強めていう語。「―こちらへ」❷完全ではないが、一応許容できるさま。まあまあ。「―何とかやり終えた」「―の出来だ」(類語)中中

ま-すみ【真隅】建築で、平面図で桁行(けたゆき)に対して隅木(すみき)が45度の角度をなしていること。

ま-すみ【真澄み】非常によく澄んでいること。まそみ。「―の空」「手慣るれどあふぎぞつらき我が背子が―の色をかくすと思へば」〈永久百首〉

ますみ-かとう【十寸見河東】河東節の太夫・家元名。初世[1684〜1725]は江戸の人で、通称天満屋藤十郎。江戸半太夫に浄瑠璃を学び、のち河東節を創始。

ますみず-こうげん【桝水高原】(ますみづカウゲン)鳥取県西部、大山(だいせん)の山麓西側に広がる高原。標高500〜600メートル。西伯(さいはく)郡伯耆(ほうき)町にあり、大山観光の拠点の一。日本海・弓ヶ浜を眺望できる。キャンプ場・スキー場としても賑わう。大山隠岐(おき)国立公園に属する。

ますみだ-じんじゃ【真清田神社】愛知県一宮市にある神社。祭神は天火明命(あめのほあかりのみこと)。尾張国一の宮。

ますみ-の-かがみ【真澄の鏡】非常によく澄んでいる鏡。まそみかがみ。「左の御手を以て―を取り給ふときに」〈神代紀・上〉

ますむら-やすぞう【増村保造】(ザウ)[1924〜1986]映画監督。山梨の生まれ。昭和27年(1952)ローマの映画実験センターへ留学。帰国後「くちづけ」で監督デビュー。代表作「偽大学生」「刺青(いれずみ)」「曽根崎心中」など。

ます-め【×枡目｜升目】❶枡ではかった量。「―をごまかす」❷枡の形に区切ってあるもの。「原稿用紙の―を埋める」

まずめ 日の出・日の入りの前後。釣りにもっともよい時間。「朝―」「夕―」

まずめ-づり【まずめ釣(り)】早朝や夕方の釣り。魚の食いがよい。

マス-メディア〘mass media〙マスコミュニケーションの媒体。新聞・雑誌・テレビ・ラジオなど。大衆媒体。

マスメディア-しゅうちゅうはいじょげんそく【マスメディア集中排除原則】(シフチュウハイヂョゲンソク)特定の事業者が多数の放送局を支配することを制限する規則。放送法・電波法に明記された、「放送をすることができる機会をできるだけ多くの者に対し確保することにより、放送による表現の自由ができるだけ多くの者によって享有されるようにする」ことを目的とする。放送メディアの多様化や経営環境の変化などに伴い、規制の緩和が進められている。⇒クロスメディア所有

まず-もって【▽先ず▽以て】(まづ)〔副〕何はさておき。とにもかくにも。「―めでたいことだ」

ますら【▽益▽荒】《「増す」に接尾語「ら」の付いた語》神や男性の雄々しくりっぱなようすをいう語。また、そのような神や男性。「越(こし)を治めに出(い)でて来し―我すら」〈万・三九六九〉

ますら-お【▽益▽荒▽男｜丈＝夫】(を) ❶りっぱな男。勇気のある強い男。ますらたけお。ますらおのこ。「屈せずして待つが―の事なりと言う」〈鴎外訳・即興詩人〉⇔手弱女(たおやめ)。❷武人。兵士。「大伴(おほとも)の氏と名に負へる―の伴」〈万・四四六五〉❸狩人。猟師。〈日葡〉(類語)男・男性・男子・野郎・雄・男児・おのこ・壮丁(そうてい)・

ま

壮夫・士・丈夫・紳士・殿方・ジェントルマン

ますらお-の【▽益▽荒▽男の｜丈=夫の】〔枕〕ますらおが常に手結をつける意から、「たゆひ」にかかる。「一手結が浦に海人娘子」〈万・三六六〉

ますら-おのこ【▽益▽荒▽男子】「ますらお」に同じ。「嘆きつつ一の恋ふれこそ我が結ふ髪の漬ちて濡れけれ」〈万・一一八〉

ますらお-ぶり【▽益▽荒▽男振り｜丈=夫▽風】男性的でおおらかな歌風。賀茂真淵らの歌人たちが和歌の理想と考え、万葉集の歌の中にこれが見いだされると説いたもの。古今集以後の「たおやめぶり」に対していう。

ますら-かみ【▽益▽荒神】男性的で勇ましい神。「あが御子、一の御子にまさば、亡せし弓矢いで来」〈出雲国風土記〉

ますら-たけお【▽益▽荒▽猛▽男】勇気のある強い男。ますらお。「大久米の一を先に立て」〈万・四四六五〉

ますする　丁寧の助動詞「ます」の古い終止・連体形。「振り返ってみまするに、数々の山を乗り越えてまいりました」「其奴を逃しまするなと声かけられておどろく〈藤兵衛〉」〈人・梅児誉美・四〉[補説]現代語では、仮定形「ますれ」とともにその使用は限られ、形式ばった堅苦しい表現に用いられるだけである。

ま・する【摩する】〔動サ変〕[文]ま・す〔サ変〕❶こする。みがく。「奮然立ち上がって更に一・する腕の無念さ」〈一葉・うもれ木〉❷ある線にすれすれになるほど近づく。迫る。接近する。「先人の塁を一・する」「天を一・する超高層建築物」

まず・る【不=味る】〔動ラ五(四)〕《形容詞「まずい」を動詞化した俗語。多く「まずった」の形で》失敗する。どじを踏む。「ちぇ、一・ったかな」

マズルカ〔ポーランド mazurka〕ポーランドの農民から起こった舞踏および舞曲。三拍子で第2拍または第3拍にアクセントをもつ。

ませ〔名・形動〕《動詞「ませる」の連用形から》年齢の割におとなびていること。また、そのさまや、そのような人。早熟。「女は一な物ではあり」〈一葉・十三夜〉➡おませ

ま-せ【馬▽柵】❶放牧場などの柵。❷馬小屋の入口の横棒。ませぼう。

ま-せ【×籬｜×笆｜間▽狭】❶《「間狭」の意か》「籬垣」❶に同じ。❷劇場の枡の仕切り。

ませ〔助動〕《丁寧の助動詞「ます」の命令形》❶丁寧の気持ちを込めて、相手にある動作を要求する意を表す。「どうかお許しくださいませ」❷丁寧の気持ちを込めて挨拶する意を表す。「ごめんくださいませ」[補説]❶❷とも「いらっしゃる」「くださる」「なさる」などの尊敬語に付いて用いられる。また、「まし」となることもある。

まぜ【混ぜ｜交ぜ｜▽雑ぜ】❶まぜること。また、まぜるもの。❷馬の飼料。〈日葡〉

まぜ〔接尾〕数量を表す名詞に付いて、時間的、空間的にそれだけの間隔をおくことの意を表す。多く「に」を伴って副詞的に用いる。…おき。「二、三日一に召すぞかし」〈大鏡・道長上〉「通らぬ札を一枚一に拵へて」〈太平記・三三〉

まぜ-あわ・せる【混ぜ合(わ)せる｜交ぜ合(わ)せる】〔動サ下一〕[文]まぜあは・す〔サ下二〕別々のものをまぜて一緒にする。「具を一・せて炊く」
[類語]混ぜる・かき混ぜる・取り混ぜる

ませい《丁寧の助動詞「ます」の命令形》❶尊敬の意を伴い、控え目な命令を表す。「さあお輿に召しませい」〈浄・丹波与作〉❷尊大の意を伴った命令を表す。「泊りの衆は寝ませい」〈浄・曽根崎〉

マセイオ〔Maceió〕ブラジル北東部の港湾都市。アラゴアス州の州都。砂糖・タバコ・綿花などの農産物の積み出し港として発展。海岸沿いは観光・保養地として人気がある。

ませい-せっき【磨製石器】磨いて仕上げた石器。日本では縄文時代・弥生時代に一般化し、用途によって打製石器と作り分けている。

まぜ-おり【交ぜ織(り)】2種以上の異なった糸をまぜて織ること。また、その織物。交織。

まぜ-かえ・す【混ぜ返す｜▽雑ぜ返す】〔動サ五(四)〕❶何回もひっくりかえしてまぜる。まぜっかえす。「御飯に酢を入れて一・す」❷わきから口出ししたり、ちゃかしたりして人の話を混乱させる。まぜっかえす。「茶々を入れて話を一・す」

ませ-がき【×籬垣】❶竹・柴などを粗く編んでつくった低い垣。ませ。まがき。❷柴などを両方から当てて杭の見えないように結った垣。

まぜ-がき【交ぜ書き｜混ぜ書き】〔名〕スル　もともとは漢字で書いていた熟語の一部を仮名で書くこと。「憂鬱」を「憂うつ」、「混沌」を「混とん」と書く類。[補説]昭和21年(1946)制定の当用漢字表で、使える漢字を制限したための処置。

まぜ-がわ【馬瀬川】岐阜県中東部を流れる川。飛騨川第一の支流。高山市南部の西ウレ峠の南方に源を発して南流し、下呂市金山町で飛騨川に注ぐ。長さ76キロ。上流の渓谷は紅葉の名所。アユ釣りの川としても知られる。

ませ-ごし【×籬越し】❶籬垣を越えて事をすること。「一に麦はむ駒のはるばるに及ばぬ恋も我はするかな」〈古今六帖・二〉❷籬垣を越えて品物を授受すること。一説に、麦菓子のことと。「これ、一にさぶらふ、とて参らせたれば」〈枕・二三九〉

まぜ-こぜ〔名・形動〕いろいろな種類のものを無秩序に取りまぜること。また、そのさま。ごちゃまぜ。「一に本を並べる」「話を一にするな」[類語]混合・混じる・混ざる・混交・雑多・交錯・ちゃんぽん・折衷

まぜ-ごはん【混ぜ御飯】下煮をして味付けした肉や野菜を、炊き上がった飯にまぜ合わせたもの。

まぜっ-かえし【混ぜっ返し｜▽雑ぜっ返し】まぜっかえすこと。特に、わきから口出しをして人の話を混乱させること。まぜかえし。「一を言う」

まぜっ-かえ・す【混ぜっ返す｜▽雑ぜっ返す】〔動サ五(四)〕「まぜかえす」に同じ。「鍋の中の材料を一・す」「口を挟んで話を一・す」

ませ-なんだ〔連語〕《丁寧の助動詞「ます」の未然形＋過去の打消しを表す助動詞「なんだ」》…ませんでした。「此家へ参り一◦なんだでございましょうか」〈鏡花・高野聖〉

まぜ-もの【混ぜ物｜交ぜ物】まぜてある物。まぜ入れた物。「一のない純粋の蜂蜜」

マゼラン〔Ferdinand Magellan〕《「マジェラン」とも》[1480ころ～1521]ポルトガルの航海者。西回り航路によりモルッカ諸島に至って香料を得る計画を進言し、スペイン王の勅許を得て、1519年に5隻の船団を率いて出航。南アメリカ南端でマゼラン海峡を発見し、さらに大海原に出てこれを太平洋と命名して横断。フィリピン諸島に達したが、マクタン島の首長ラプラプと戦い落命。残った1隻が22年にスペインに帰着して初の世界一周を成し遂げた。ポルトガル語名マガリャンイス。

マゼラン-うん【マゼラン雲】南天に見える棒渦巻き銀河。旗魚座の大マゼラン雲と巨嘴鳥座の小マゼラン雲とがあり、ともに銀河系の伴銀河で、三連銀河を形成している。明るさは全天随一とされるが、日本からは見えない。マゼランが発見。マゼラン星雲。

マゼラン-かいきょう【マゼラン海峡】南アメリカ大陸南端とフエゴ島との間の海峡。最狭部の幅3キロ。1520年にマゼランが通過。フィヨルド状をなし、風も強く、航行の難所。マガリャネス海峡。

マゼラン-せいうん【マゼラン星雲】►マゼラン雲

マゼラン-ペンギン〔Magellanic penguin〕マゼラン海峡、フォークランド諸島にすむ中形種のペンギン。全長約70センチ。目の上から喉にかけて白い帯があり、また胸部に馬蹄状の二黒帯がある。

マセル〔Maseru〕アフリカ南部、レソト王国の首都。同国西部の高原に位置する。

ま・せる〔動サ下一〕[文]ま・す〔サ下二〕年齢の割におとなびる。「子供のくせに一・せた口をきく」
[類語]大人びる・ひねる・分別くさい

ま・ぜる【混ぜる｜交ぜる｜▽雑ぜる】〔動ザ下一〕[文]ま・ず〔ザ下二〕❶あるものの中に別のものを加えて一つにする。また、数種のものを一緒にする。混合する。「ウイスキーに水を一・ぜる」「白と黒を一・ぜてグレーにする」❷かきまぜる。攪拌する。「スプーンでよく一・ぜる」❸口を出す。言葉をかわす。「聞きにくきことうち一・ずまじく、はたあめるを」〈源・宿木〉
[類語]かき混ぜる・混ぜ合わせる・取り混ぜる

ま-ぜわもの【真世話物】►生世話物

ませ◦ん〔連語〕㊀《丁寧の助動詞「ます」の未然形＋打消しの助動詞「ぬ(ん)」》丁寧な打消しの表現。「雨はまだ降っており一◦ん」[補説]現代語では、「ませんでした」が「ません」の過去の意を表すが、近世江戸語では「ましなんだ」「ませなんだ」の形もあり、また、後には「ませんかった」「ませんだった」の形もみられる。㊁《丁寧の助動詞「ます」の未然形＋推量の助動詞「む」の音変化「ん」。近世語》連語「ましょう」に同じ。「山の井といふ女郎、私かけてあげ一◦んと、杉柄杓とりて」〈浮・色三味線・三〉

ません-か〔連語〕《「か」は終助詞》疑問・確認・勧誘などの意を丁寧な気持ちをこめて表す。「お茶でも召し上がり一」

マゼンタ〔magenta〕紫を帯びた紅色。印刷インキなどの三原色の一。フクシン。
[類語]赤・真っ赤・赤色・紅色・紅・紅・真紅・鮮紅・緋・緋色・朱・朱色・丹・茜色・薔薇色・小豆色・臙脂・暗紅・唐紅・レッド・スカーレット・バーミリオン・ローズ・ワインレッド

ません-でし◦た〔連語〕《「ません」＋丁寧の助動詞「です」の連用形＋過去の助動詞「た」》丁寧な打消しの意を表す「ません」の過去表現。「昨夜は一睡もし一◦た」

ま-そ【真▽麻】麻の美称。

マゾ「マゾヒスト」「マゾヒズム」の略。⇔サド。

ま-そお【真×赭】❶赤い色の土。また、硫化水銀の古名とも。そお。「ま金吹く丹生の一の色に出て言はなくのみそ我が恋ふらくは」〈万・三五六〇〉❷赤い色。ますお。「花すすき月の光にまがはまし深き一の色に染めずは」〈山家集・上〉

まそ-かがみ【真▽澄鏡｜真▽十鏡】《「まそ」は「ますみ」の音変化、または、ととのっているものの意という》㊀〔名〕鏡をほめていう語。立派な鏡、また、よく澄んだ鏡。「一手に取り持ちて朝な朝な見れども君は飽くこともなし」〈万・二五〇二〉㊁〔枕〕鏡のありさま・働きや置き場所などいろいろな意でかかる。❶「見る」にかかる。「一見ぬ日時なくあらましものを」〈万・四二二一〉❷「懸く」にかかる。「一かけて偲へとまつり出す」〈万・三七六五〉❸「床」にかかる。「一床の辺去らず」〈万・二五〇一〉❹「磨ぐ」にかかる。「一磨ぎし心を許してば」〈万・六七三〉❺「清し」にかかる。「一清き月夜に」〈万・一五〇七〉❻「照る」にかかる。「一照れる月夜も闇のみに見つ」〈万・二八一一〉❼「面影」にかかる。「一面影去らず」〈万・二六三四〉❽鏡に蓋があるところから、「ふた」にかかる。「一二上山に」〈万・四一九二〉

まそが-よし【真×菅よし】〔枕〕類音の「そが」にかかる。ますがよし。ますげよし。「一宗我の川原に鳴く千鳥」〈万・三〇八七〉

ま-そっと〔副〕もう少し。もうちょっと。もそっと。「一小さい声で」〈浄・釈迦如来〉

マゾッホ〔Masoch〕►ザッヘル=マゾッホ

ま-そで【真袖】左右の袖。両袖。「一もち床打ち払ひ君待つと居りし間に月傾きぬ」〈万・二六六七〉

マゾヒスティック〔masochistic〕〔形動〕マゾヒズムの性向をもつさま。被虐的。「一な快感を覚える」⇔サディスティック。

マゾヒスト〔masochist〕マゾヒズムの傾向をもつ人。⇔サディスト。

マゾヒズム〔masochism〕相手から精神的、肉体的苦痛を与えられることによって性的満足を得る異常性欲。オーストリアの小説家ザッヘル=マゾッホの名からの語。被虐性愛。マゾ。⇔サディズム。

ま-そほ【真×赭】▶まそお

まそみ-かがみ【真▽澄鏡】「ますみのかがみ」に同じ。「たらちねの母が形見と我が持てる一に」〈万・三三一四〉

まそ-むら【真▽麻群】麻の密生した所。「上野安蘇のま一かき抱き寝れど飽かぬをあどか我がせむ」〈万・三四〇四〉

まそ-ゆう【真▽麻木=綿】麻を原料とした木綿。「三輪山の山辺一短木綿かくのみゆゑに長くと思ひき」〈万・一五七〉

ま-そん【摩損|磨損】〔名〕スル 摩擦によって減ること。すりへること。「ゴムのパッキングが一する」

類語 痛む・傷つく・損ずる・損傷する・毀損する・汚損する・損耗する・腐る

また【股|×胯|×叉】❶一つのもとから二つ以上に分かれている所。また、そうなっているもの。「木の一」「二一ソケット」❷胴から足が分かれている所。また、ズボン・パンツなどのその部分にもいう。類語 股ぐら

股に掛・ける　諸方を歩き回る。各地を飛び歩く。「世界を一・けて活躍する」補説「股に駆ける」と書くのは誤り。

また【摩×哆|摩多】《梵 mātṛの音写》梵語の母韻の称。➡悉曇

また【又|×亦|▽復】㊀〔副〕❶前にあったことがもう一度繰り返されるさま。ふたたび。「あした一来ます」「いつか一お話を聞かせてください」「一失敗した」❷ほかのものと同じ状態にあるさま。ひとしく。同じく。「息子も一父親と同様、学者だ」❸そのものと別であるさま。「忙しいから一にしてくれ」「一の機会」❹さらに別の事柄がつけ加わるさま。その上に。「秋は一収穫の季節でもある」❺驚きや疑問の気持ちを表す。まったく。それにしても。「一えらい失敗をしたものだ」「一なんときれいな花だ」㊁〔接〕❶事柄を並列・列挙するときに用いる。ならびに。「彼は、英語もドイツ語も、一フランス語も話せる」❷さらに別の事柄をつけ加えるときに用いる。その上。「おもしろいだけでなく、一役に立つ」「医者であり、一文学者でもある」❸並列・列挙した事柄のうち、どれを選択してもいいときに用いる。あるいは。または。「行ってもいいし、一行かなくてもいい」㊂〔接頭〕名詞に付いて、間接である意を表す。「一聞き」「一貸し」

類語 再び・重ねて・再度・更に

又と無・い　〔連語〕二度と同じことは起こらないだろう。同じようなものは他にないだろう。「一・い好機を生かす」「一・い人材を得る」➡又と

まだ【▽未だ】㊀〔形動〕文〔ナリ〕❶その時点までに実現していないさま。「食事の一な人は早く済ませなさい」❷ましなさま。「磊落に母親に物をいったりするは一な事」〈二葉亭・浮雲〉❸いまだに未熟であるさま。また、物わかりの悪いさま。「ほんに年に似合はぬ一な事をいはしゃるわいの」〈浄・嫩軍記〉㊁〔副〕《「いまだ」の音変化》❶(打消しの語を伴って)ある事柄がその時点までに実現していないさま。「一帰らない」「一できていない」❷期待されるべき状態になっていないさま。「独立には一早過ぎる」「今は一五月だ」❸前からの状態がその時まで続いているさま。「一雨が降っている」「一寝ている」❹残りがあるさま。また、余地のあるさま。さらに。「一言いたいことがある」「期日まで一日数がある」❺時間・日数が少ししかたっていないさま。たった。「父が死んで一一年だ」❻十分ではないが、他にくらべればよいほうだという気持ちを表す。どちらかといえば。まだしも。「寒いのは一我慢できる」「退くよりは進むほうが一ましだ」類語 ㊁(❶❷❸)いまだ・いまだに・今もって・今なお・なお・なおも・依然・相変わらず・矢張り・やっぱり・なおかつ・今のところ・今に至るも/㊁(❹)もっと・更に・なお・もう

マター〔matter〕《原義は問題・事柄の意》俗に、人名や役職などの後について、それらが管理すべき問題であることを表す。「総理一」「人事一」

また-あとげつ【▽復後月】先々月。

マタイ〔Matthaios〕イエス=キリストの十二使徒の一人。ローマの収税吏だったが、イエスの弟子となった。「マタイによる福音書」の著者とされる。マタイオス。マテオ。

また-い【▽全い】〔形〕文また・し〔ク〕❶完全である。欠けたところがない。まったい。「一・き衣のごと服しき」〈記・中〉❷無事である。まったい。「わが命の一・けむかぎり忘れめやいや日にけには思ひますとも」〈万・五九五〉❸正直である。律義である。「人に侮らるる物…余り一・き人」〈仮・犬枕〉❹穏和である。おとなしい。「一・い顔してつとめる狼あり」〈洒・浪花色八卦〉

ま-だい【真×鯛】タイ科の海水魚。沿岸の底層にすみ、全長約90センチ。体は楕円形で側扁し、赤色で体側に青色の小点が散在し尾びれ後縁は黒い。祝い膳に用いられる。おおだい。たい。

ま-だい【間代】部屋を借りる代金。部屋代。

マタイじゅなんきょく【マタイ受難曲】《原題、(ドイ)Matthäuspassion》「マタイによる福音書」のキリスト受難物語に基づく音楽作品。バッハ作曲のものが有名。

マタイ-でん【マタイ伝】▶マタイによる福音書

また-いとこ【又従=兄=弟|又従=姉=妹】父母のいとこの子。はとこ。ふたいとこ。類語 いとこ・はとこ

マタイによるふくいんしょ【マタイによる福音書】新約聖書、四福音書の巻頭書。1世紀末ごろ書かれたと推定され、イエスの系図・誕生物語から、山上の垂訓を始めとする教え、受難と復活に至る生涯を記す。イエスを旧約聖書の預言の完成者、すなわちメシア(救世主)とする叙述が特徴。マタイ福音書。マタイ伝。➡マタイ ➡福音書

また-うけ【又請け】❶「下請け」に同じ。❷保証人の保証人になること。「一ニ立ツ」〈和英語林集成〉

また-うつし【▽復写し】〔名〕スル 写し取ったものを、さらに写し取ること。転写。

また-うり【又売り】〔名〕スル 買った物を、さらに他の人に売ること。転売。「古本を一する」

また-おい【又×甥】甥の子。

また-がし【又貸し】〔名〕スル 借りた物を、さらに人に貸すこと。転貸。「人の本を一する」⇔又借り。

類語 転貸・転貸し・サブリース

マダガスカル〔Madagascar〕㊀アフリカ大陸の南東方、インド洋にある大島。中央を南北に高い山が連なる。動植物には固有種が多い。面積58.7万平方キロメートル。マラガシー。㊁マダガスカル島を占める共和国。首都アンタナナリボ。1960年にフランスから独立。コーヒー・バニラ・タバコなどを産出。住民はマレー系ホバ族が多い。人口2128万(2010)。

マダガスカル-とう【マダガスカル島】▶マダガスカル㊀

また-がみ【股上】ズボン・袴などの、股の分かれ目より上の部分。また、その丈。⇔股下。

また-がり【又借り】〔名〕スル 人が借りた物を、さらに借りること。転借。「兄から一した本」⇔又貸し。類語 転借

またが・る【×跨がる】〔動ラ五(四)〕❶またを広げて両足で挟むようにして乗る。「自転車に一・る」❷時間的、空間的に一方から他方におよぶ。わたる。ひろがる。「五年に一・る大事業」「この山は二県に一・っている」「吾妻橋は隅田川に一・っている」可能 またがれる 類語 またぐ

またぎ　東北・北越、特に秋田地方の山間に住む猟師の一団。狩猟中は山言葉を使い、頭目の指揮下に古来の伝統を守って生活する。まとぎ。やまだち。

また-ぎ【×叉木|股木】❶ふたまたになっている木。❷(股木)生け花で用いる、股の形をした花配り。

まだき《「未だし」と関連ある語か》ある時点に十分達していない時。早い時期。副詞的に用いられることが多い。「朝一」「恋すてふわが名は一立ちにけり人知れずこそ思ひそめしか」〈拾遺・恋一〉

またぎ-がた【×叉木形】有職文様の一。唐花の丸文を直線的に単純化した形。叉木の形に似ているとして名づけられたもの。

また-ぎき【又聞き】〔名〕スル 伝え聞くこと。間接的に聞くこと。「うわさを一する」類語 聞き伝え・伝聞・人づて・仄聞・風の便り・口コミ

また-・ぐ【▽急ぐ|▽速ぐ】〔動ガ四〕待ちかねて急ぐ。はやる。「いつしかと一・ぐ心をはぎにあげて天の河原を今日や渡らむ」〈古今・雑体〉

また・ぐ【×跨ぐ】㊀〔動ガ五(四)〕❶足を開いて物の上を越える。「水たまりを一・ぐ」❷かけ渡す。またがる。「谷を一・ぐつり橋」可能 またげる ㊁〔動ガ下二〕「またげる」の文語形。

類語 越える・越す・過ぎる・渡る・通り越す・越境する・踏み越える・超す・追い越す・追い抜く・行き過ぎる

また-ぐら【股▽座|×胯▽座】両ももの間。股間。また。「一をくぐる」類語 股

またぐら-ごうやく【股▽座×膏薬】「内股膏薬」に同じ。

また-ぐわ【股×鍬】土を掘り起こす部分が2本以上に分かれている鍬。くまでぐわ。

ま-だけ【真竹】《「またけ」とも》イネ科の竹。高さ約20メートル。茎は太く、節に環状の突起が二つある。節から枝が2本出て、5、6枚の葉が手のひら状につく。夏に出る竹の子を食用とし、やや苦味があり、皮は平滑で黒い斑紋がある。茎を竹刀・弓・尺八・物差しや建材に利用。中国の原産。にがたけ。からたけ。かわたけ。

また-げらい【又家来】家来の、そのまた家来。陪臣。またもの。

また・げる【×跨げる】〔動ガ下一〕文また・ぐ〔ガ下二〕足を広げ、またがるようにする。またぐ。「川ヲ一・ゲル」〈和英語林集成〉「(夢に)西大寺と東大寺とを一・げて立ちたりと見て」〈宇治拾遺・一〉

ま-だこ【真×蛸|真章=魚】マダコ科のタコ。沿岸の岩場などにすみ、全長約60センチ。8本の腕は長さがほぼ等しく、体色は紫褐色であるが周囲の色によって変化する。食用。

また-ご・える【×胯越える|×跨越える】〔動ア下一〕文またご・ゆ〔ヤ下二〕またいで物を越える。一方から他方へ移行する。またぐ。「つい延々に月を一・えて了ったが」〈里見弴・大道無門〉

また-こさく【又小作】地主から借りた小作地を、さらに他人に貸して小作させること。また、それを借りて小作すること。また、その人。

まだ・し【▽未だし】〔形シク〕《副詞「まだ」の形容詞化》❶まだその時期に達していない。「花盛りは一・しきほどなれど」〈源・少女〉❷まだ準備が整わない。不十分だ。「文やり給ひつや。一・しくは、かう書きてやり給へ」〈落窪・二〉❸未熟である。「琴、笛など習ふ。又さこそは一・しき程は」〈枕・一五八〉

また-した【股下】ズボン・袴などの、股の分かれ目から裾口までの部分。また、その丈。⇔股上。

また-しち【又質】《「またじち」とも》質取り主が質に取った物を、さらに他に質入れすること。

またして-も【又しても】〔副〕繰り返されるさま。またまた。またもや。「一優勝を逸してしまった」

まだし-も【▽未だしも】〔副〕「まだ㊁❻」を強めた言い方。よくもないがそれでも。「一人や二人なら一、一〇人も来るとは」

まだ・す【▽遣す】〔動サ四〕《「まい(参)る」の連用形に「いだす」の付いた「まいいだす」の音変化か》使いを差し出す。差し上げる。「使ひを一・して天の神に白す」〈神代紀・上〉

また-ずれ【股擦れ】股の内側が歩くたびにこすれて、皮膚がすりむけること。また、その患部。

また-ぞろ【又▽候】〔副〕《副詞「また」に「そうろう」が付いた「またぞうろう」の音変化》同じようなことがもう一度繰り返されるさま。あきれた気持ちや一種のおかしみを込めていう。またしても。またもや。「一遊びの虫が騒ぎだす」

ま-たたき【瞬き】〔名〕スル《古くは「まだたき」とも》❶またたくこと。まばたき。「一する間」「一もせずに見入る」❷光がちらちら明滅すること。「星の一」

ま-たた・く【瞬く】〔動カ五(四)〕《「目叩く」の意。古くは「まだたく」とも》❶まぶたを瞬間的に開けたり閉じたりする。まばたく。「しきりに目を一・く」❷光がちらちらする。光が明滅する。「沖にいさり火が一・く」「一・く星」❸《灯火が消えそうに明滅するさまから》な

んとか生き長らえている。「冥途ぢのほだしに持てわづらひ聞こえてなむ―き侍る」〈源・玉鬘〉

(類語)瞬まばたく・まじろぐ・しばたたく・光る・輝く・煌きらめく・閃ひらめく・照る・照り輝く・照り映はえる・照り付ける・きらつく・ぎらつく・発光する・一閃いっせんする・反照する

瞬く内うち 「瞬く間ま」に同じ。

瞬く間ま まばたくほどのごく短い間。瞬時。瞬間。「それは―の出来事だった」「―に時がたつ」

また-だのみ【又頼み】〔名〕スル 人を介して頼むこと。「―したままでは埒らちがあかない」

またたび【木=天=蓼】マタタビ科の落葉性の蔓植物つるしょく。山地に自生。葉は広卵形で互生し、上部につく葉は白変する。夏、梅に似た白い花を下向きにつけ、なつうめともいう。実は長楕円形で先がとがり、黄色に熟す。実を塩漬けや果実酒に用い、漢方では実の虫こぶを鎮痛薬にする。また、猫が好み、特有の興奮をもたらすマタタビラクトンを含有。同じ科にはサルナシ・キウイフルーツなども含まれる。(季 花=夏｜実=秋)「―や花散る岩のたまり水/麦南」

また-たび【股旅】博徒ばく・芸人などが諸国を股にかけて旅をして歩くこと。

またたび-げいしゃ【股旅芸者】旅をして稼ぎ歩く芸者。旅芸者。

またたび-もの【股旅物】小説・演劇・映画などで、各地を流れ歩く博徒などを主人公にして義理人情の世界を描いたもの。昭和初頭から使われるようになった語。

また-でし【又弟子】弟子の弟子。まごでし。

また-と【又と】〔副〕(あとに打消しの語を伴って) ❶同じような事態はもう起こらないだろうという気持ちを表す語。二度とふたたび。「彼らとは―会うことはないだろう」❷同じような事物は、ほかにはないだろうという気持ちを表す語。めったに。「―ないチャンス」「あんな美人は―いまい」

マタドール〘スペイン matador〙スペインの闘牛で、牛に止とどめを刺す主役の闘牛士。➡トレアドール ➡ピカドール

また-どなり【又隣】1軒置いた隣。隣の隣。

また-な・い【又無い】〔形〕文またな・し〔ク〕二つとない。並ぶものがない。これ以上のものはない。「彼奴はなおわたしを―・い友と信じ」〈独歩・女難〉

ま-だに【真×蜱】マダニ科のダニの総称。ダニ類中最大で、体長1.5～8ミリ。体は扁平であるが、吸血後は膨らんで1センチ以上にもなり、満腹するまで離れない。多くの哺乳類に寄生し、人につくこともある。

マタニティー〘maternity〙❶母性。❷妊婦。また、妊娠期間。「―スイミング」❸「マタニティードレス」の略。

マタニティー-スイミング〘maternity swimming〙妊婦が健康と安産のために行う水泳。妊婦水泳。

マタニティー-ドレス〘maternity dress〙妊婦用のドレス。腰回り・胸回りが自由に調節でき、全体がゆったり作られている。

マタニティー-ビクス《和 maternity＋aerobicsから》妊婦向けエアロビクス。

マタニティー-ブルー〘maternity blue〙出産直後の女性が陥りやすい不眠・ふさぎこみなどの一過性のうつ状態。

マタニティー-マーク《和 maternity＋mark》妊婦であることを示すマーク。キーホルダーなどの形で身につける。妊娠初期などで、外見からは妊婦かどうかが判断しにくい女性に対しても、周囲の人が座席を譲るなどの配慮がしやすいように考えられたもの。妊娠マーク。

また-ね【又寝】一度目を覚ましてから、ふたたび眠ること。

また-の-あした【又の▽朝】翌朝。あくる朝。「その日は暮らして、―に大宮に参り給ふ」〈源・蜻蛉〉

また-の-とし【又の年】翌年。あくる年。「―の正月むつきに」〈伊勢・四〉

また-の-な【又の名】別の名。一名。「源為朝は―を鎮西八郎という」

また-の-ひ【又の日】❶別の日。後日。「お目にかかれる―を楽しみにしています」❷翌日。「―、小君召したれば」〈源・帚木〉

また-の-よ【又の世】来世。後世ごせ。またの生しょう。「後の世のため―のため」〈仏足石歌〉

また-の-よ【又の夜】翌日の夜。翌晩。「この法事し給ひて―」〈源・夕顔〉

また-は【又は】〔接〕似通った二つ以上の事柄のうち、どれか一つを選ぶときに用いる語。あるいは。もしくは。「ペン―ボールペンで記入のこと」「雪―みぞれでしょう」➡或あるいは (用法)

(用法)または・もしくは――「本人または(もしくは)代理の者に限る」などと相通じて用いられるが、「もしくは」は文章語的であらたまった言い方である。◆「家庭裁判所は、証人を尋問し、又は鑑定、通訳若しくは翻訳を命ずることができる」(少年法)、「汚染し、若しくはき損された郵便切手又は料額印面の汚染し、若しくはき損された郵便葉書」(郵便法)のように、法令用語としては、選択される語句に段階が二つあるとき、「または」は大きな段階に用いられ、小さい段階には「もしくは」が用いられる。

(類語)もしくは・あるいは・ないし・それとも

マタ-ハリ〘Mata Hari〙[1876～1917] パリのムーラン-ルージュで人気を集めたオランダ系のダンサー。第一次大戦中、ドイツのスパイとしてフランス軍に逮捕され、銃殺された。マタ=ハリは芸名で、マレー語で太陽の意。以後、女スパイの代名詞となった。

また-び【股火】火鉢・行火あんかなどにまたがるようにしてあたること。

ま-たび【真旅】本当の旅。長期の旅行。「旅とへど―になりぬ家の妹もが着せし衣に垢あかつきにかり」〈万・四三八八〉

また-びさし【又×廂｜又×庇】「孫廂まごびさし」に同じ。

また-ひばち【股火鉢】火鉢にまたがるようにしてあたること。

また-ぶり【杈=椏】叉またになった木の枝。「―に、山橘やまたちばなつくりてつらぬき添へたる枝に」〈源・浮舟〉

またへい【又平】㊀➡吃又平どもまたへい ㊁文楽人形の首かしらの一。吃又平からきた名称。純朴で、お人好しの滑稽役に用いる。

ま-たま【真玉】玉の美称。「―なす吾あが思もふ妹」〈記・下・歌謡〉

マダマ-きゅうでん【マダマ宮殿】《Palazzo Madama》イタリア北西部、ピエモンテ州の都市トリノにある宮殿。トリノ王宮とともにカステッロ広場に面する。古代ローマ時代の砦があった場所に、14世紀にアカイア家の宮殿が建てられ、16世紀にファサードが完成。17世紀にサボイア公国ビットリオ=アメデオ1世の未亡人で後に摂政を務めたマリー=クリスティーヌの居城になった。現在は中世ピエモンテ地方の美術工芸や家具調度品を展示する博物館になっている。1997年、「サボイア王家の王宮群」の名称で世界遺産(文化遺産)に登録された。

また-また【又又｜▽復▽復】〔副〕「また」を重ねて強めた言い方。またもや。「―失敗に終わる」

まだ-まだ〔副〕まだるっこく感じられるさま。ぐずぐず。だらだら。のんべんだらりん。「―ながらへ、臆病者、腰抜けと指さされんは」〈浄・嫗山姥〉

まだ-まだ【▽未だ▽未だ】〔副〕《「まだ」を重ねて、強めた言い方》❶いまだに。いまでも。「春は―来ない」「――人立ちできない」❷もっと。さらに。「これから―寒くなる」

またま-つく【真玉付く】〔枕〕玉をつける緒の意から、「を」と同音を含む「をちこち」「をち」にかかる。「―をちこち兼ねて言ことは言へど逢ひてのちこそ悔いにはありといへ」〈万・六七四〉

またま-で【真玉手】手の美称。「―玉手さし枕まき」〈記・上・歌謡〉

また-みる【×俣海=松】《茎が多数に分岐しているところから》海松みるの別名。

またみる-の【×俣海=松の】〔枕〕同音の繰り返しで、「また」にかかる。「―また行き帰り」〈万・三三〇一〉

マダム〘フランス madame〙❶既婚女性に対する敬称。夫人。奥様。姓または姓名の前に付けても用いる。「有閑―」❷バー・喫茶店などの女主人。

(類語)(❶)ミセス・夫人/(❷)おかみ・女将・ママ

マダム-キラー《和 madam＋killer》既婚女性たちをとりこにする魅力的な男性。

マダム-バタフライ〘Madame Butterfly〙➤蝶々夫人ちょうちょうふじん

また-めがね【股眼-鏡】上体を前に折って自分のまたの間から後方をのぞくこと。「天の橋立を―で眺める」

また-も【又も】〔副〕副詞「また」を強めた言い方。またしても。重ねてまた。「―三振に終わる」

また-もの【又者】将軍・大名などに直属していない家来。又家来。陪臣。「―の某なにがし、御前の恐れ」〈浄・忠臣蔵〉

またも-や【又もや】〔副〕「またも」に疑問・詠嘆の意を添えた語。「―台風が本土を襲った」

またよし-えいき【又吉栄喜】[1947～] 小説家。沖縄の生まれ。浦添市役所勤務のかたわら小説を発表。沖縄の精神風土をあつかった作品が多い。「豚の報い」で芥川賞受賞。他に「海の微睡まどろみ」「鯨岩」「巡査の首」など。

マタラ〘Matala〙ギリシャ南部、クレタ島の村。同島南岸、イラクリオンの南西約75キロメートルに位置する。先史時代の洞窟住居跡が残る。クレタ(ミノア)文明時代には古代都市パイストスの港があった。現在は海岸保養地として知られる。

ま-だら【真×鱈】タラ科の海水魚。全長約80センチ。体は紡錘形で前半部が太く、全体にやや側扁する。背びれ3基、しりびれ2基をもち、背側は不定形の褐色斑があり、腹側は白い。北太平洋から日本海にかけて産し、冬が旬。ほんだら。たら。

まだら【▽斑】〔名・形動〕❶違った色が所々にまじっていたり、色に濃淡があったりすること。また、そのものや、そのさま。ぶち。「黒と白の―な(の)猫」❷(比喩的に)ある現象が現れたり、現れなかったりすること。はっきりした部分とそうでない部分があること。また、そのさま。「時間の経過とともに記憶が―になる」➡まだら呆け (類語)斑ぶち・斑点・ぶち

まだら-うま【▽斑馬】シマウマの別名。

まだら-うり【▽斑×瓜】マクワウリの一品種。果皮に黄色い斑紋がある。

まだらお-こうげん【斑尾高原】まだらおこうげん 長野県北部、新潟県境に近い斑尾山(標高1382メートル)の東麓に広がる高原。ペンション村のほか、テニスコート・スキー場などの施設があるリゾート地。

まだら-か【▽斑か】〔形動ナリ〕まだらのはっきり分かれて見えるさま。「霞、低岫の紅を―にし、池、汎煙の翠りを映にす」〈大慈恩寺三蔵法師伝承徳三年点〉

まだら-ぐも【▽斑雲】巻積雲の俗称。雲の濃淡と空の色がまだらを成して広がる。

まだら-ぐも【▽斑蜘=蛛】ジョロウグモの別名。

まだら-じま【馬渡島】佐賀県西北部、壱岐いき水道に臨む県内最大の島。唐津市に属する。全体が玄武岩におおわれた台地。面積4.1平方キロ、周囲約12キロ、最高点は238メートル。東松浦半島最北端の波戸はど岬から西北西7キロの地点に位置する。

まだら-じん【摩多羅神】㊀天台宗で、常行三昧堂じょうぎょうざんまいどうの守護神。また、玄旨帰命壇げんしきみょうだんの本尊。最澄・円仁が唐から帰国の際に出現して守護したと伝えられる。㊁京都市右京区太秦うずまさの広隆寺の牛祭りの祭神。(季 秋)「里の子も覚えて所―/太祇」

まだら-ちょう【▽斑×蝶】テフ 鱗翅りん目マダラチョウ科の昆虫の総称。中形から大形で、翅はねは丸みを帯び、さまざまな斑紋があり、後ろ翅には突起がない。アサギマダラ・オオゴマダラなど。

マダラ-の-きしぞう【マダラの騎士像】ーキシザウ《Madarski konnik》ブルガリア北東部の都市シュメンの東約18キロメートルの断崖にある、巨大な浮き彫りによる騎士像。高さ100メートル近くの断崖の地上から約23メートル付近に刻まれたもの。中世ギリシャ語による碑文から、8世紀から9世紀頃の第一次ブルガリア

帝国時代に制作された、伝説の騎士テルベル＝ハーンをモデルにした像であると考えられている。1979年に世界遺産(文化遺産)に登録された。

まだら‐ぶすま【▽斑×衾】まだら模様の夜具。「寸戸人の―に綿さはだ入りなましもの妹が小床に」〈万・三三五四〉

まだら‐ぼけ【▽斑×惚け┊▽斑×呆け】俗に、認知症の初期に見られる状態のこと。症状の現れ方にむらがあり、ある症状が時によって出たり出なかったり、ある能力は明らかに障害があるが他の能力は正常であったりする状態。例えば、記憶障害はあるのに話し方は常人と変わらないなど。➡脳血管性認知症

まだら‐まく【▽斑幕┊▽斑×幔】一幅ごとに色の違った布を縫い合わせた幕。

まだら‐ゆき【▽斑雪】まだらに降り積もった雪。また、まだらに消え残る雪。

ま‐だる・い【間▽怠い】〔形〕文まだる・し〔ク〕まのびしたり、手際が悪かったりして、じれったい。「―・い口調でしゃべる」(派生)まだるさ〔名〕(類語)遅い・のろい・のろくさい・まだるっこい・とろい・緩慢・緩徐・遅緩・スロー・スローモー・遅遅・のろのろ・そろそろ・ゆっくり

まだる‐こ・い【間▽怠こい】〔形〕文まだるこ・し〔ク〕「まだるっこい」に同じ。「煎じて飲むは―・いで」〈鏡花・婦系図〉

まだる‐こし・い【間▽怠こしい】〔形〕「まだるっこい」に同じ。「竹杖をつく間も―・そうに急いで逃げてしまいました」〈芥川・竜〉

まだるっ‐こ・い【間▽怠っこい】〔形〕《「まだるこい」の音変化》「まだるい」を強めていう語。動作がにぶく感じられて、じれったい。手際が悪く、歯がゆい。まだるこしい。まだるっこしい。「―・いやり方」(派生)まだるっこさ〔名〕(類語)もどかしい・苛立たしい・じれったい・歯がゆい・回りくどい・遅い・のろい・のろくさい・まだるい・とろい・緩慢・緩徐・遅緩・スロー・スローモー・遅遅・のろのろ・そろそろ・ゆっくり

まだるっ‐こし・い【間▽怠っこしい】〔形〕「まだるっこい」に同じ。「―・い言い回し」

ま‐だれ【麻垂れ】漢字の垂れの一。「広」「床」などの「广」の称。まかんむり。

まだんのしゃしゅ【魔弾の射手】《原題、(ドイツ)Der Freischütz》ウェーバー作曲のオペラ。3幕。1821年ベルリンで初演。ロマン派オペラの先駆的作品で、「序曲」「狩人の合唱」が特に有名。

まち【▽区】刀剣の、刀身の部分と茎との境目。刃の方を刃区、峰の方を棟区という。

まち【町┊街】❶住宅や商店が多く人口が密集している所。都会。「―に住む」❷(「街」とも書く)商店の並ぶにぎやかな場所。市街。「―をぶらつく」❸地方公共団体の一。市と村の中間に位する。➡ちょう(町)❹市や区を構成する小区画。❺田の区画。区画されてある田。❻人家が密集し、道路で分かれた一区域。「中宮の御旧き宮のほとりを、四―を占めて造らせ給ふ」〈源・少女〉❼物を商う店の集まった場所。市場。「帷を脱ぎて童子に与へて―に魚を買ひに遣りつ」〈今昔・一二・三五〉❽宮殿または邸宅内の一区画。「姫君のおはします―は…さまことに造りみがき」〈夜の寝覚・五〉(類語)タウン・市井・巷
(下接語)市場町・稲荷町・色町・裏町・雄町・片側町・片町・上の町・傾城町・下町・下の町・宿場町・城下町・竹屋町・谷町・寺町・唐人町・鳥居前町・西の町・南京町・二の町・日本人町・日本町・花街・袋町・港町・門前町・屋形町・屋敷町・横町

町には事なかれ　自分の周囲には何事も起こらないほうがよいということ。町には事なかれ。

まち【待┊祭】きまった日に人々が集まり、忌みのためにこもって一夜を明かすこと。また、その行事。まつり。「甲子―」「二十六夜―」

まち【待ち】❶待つこと。待っている状態。「信号―」「―時間」❷あらかじめ仕入れて客の買うのを待つ商品。出来合いの品物。❸昔の狩りで、高い木のまたに横木を設け、その上にいて下を通る鹿を射ること。まちぎ。「鹿を射ければ…山に行きにけり。―といふ事をなんなしける」〈今昔・二七・二二〉

まち【×襠】❶衣服や袋物などの布幅にゆとりを持たせるために補う布。袴の内股や羽織の脇の間などに入れる。❷かばん・ランドセル・財布などの側面で、厚みになる部分。口の開閉に伴って、その部分の革や布が折れ曲がったり伸びたりするものもある。

まち‐あい【待(ち)合(い)】❶待ち合わせること。また、その場所。❷男女が密会すること。❸茶の湯で、茶会での客どうしの待ち合わせや亭主の迎え付けを待つのに使う場所。寄り付き。❹「待合茶屋」の略。❺「待合室」の略。

まちあい‐あそび【待合遊び】待合茶屋に芸者を呼んで遊興すること。

まちあい‐しつ【待合室】駅や病院などで、時間や順番がくるのを待つ部屋。

まちあい‐せいじ【待合政治】政治家たちが、待合茶屋の宴席を借りて政治上の裏工作などを密議すること。

まちあい‐ぢゃや【待合茶屋】待ち合わせや会合のために席を貸すことを業とした茶屋。明治以降は、主として客と芸者に席を貸して遊興させる所。

まち‐あか・す【待(ち)明かす】〔動サ五(四)〕来る人を待ちながら、夜を明かす。また、非常に長く待つ。「まんじりともせず一晩―・す」

まち‐あぐ・ねる【待ち×倦ねる】〔動ナ下一〕「まちあぐむ」に同じ。「―・ねた通知がやっと来た」

まち‐あぐ・む【待ち×倦む】〔動マ五(四)〕うんざりするほど長く待つ。待ちわびる。「便りを―・む」(類語)待ち望む・待ち焦がれる・待ち遠しい

まち‐あずけ【町預け】江戸時代、幕府の命令で、罪人の身柄を名主・月行事・家主・五人組などに預け、監禁させたこと。町内預け。

まち‐あみ【待(ち)網】水中や水底に張り、魚が入るのを待ってすくいとる網。置き網。

まち‐あわ・す【待(ち)合(わ)す】㊀〔動サ五(四)〕「待ち合わせる」に同じ。「友人と駅で―・す」㊁〔動サ下二〕「まちあわせる」の文語形。

まち‐あわせ【待(ち)合(わ)せ】待ち合わせること。「―の場所」「―時間」

まち‐あわ・せる【待(ち)合(わ)せる】〔動サ下一〕文まちあは・す〔サ下二〕前もって場所と時間とを決めておいて、そこで相手の来るのを待つ。「喫茶店で―・せる」「特急の通過を―・せる」

まち‐い【町医】町医者。

まち‐いしゃ【町医者】❶個人で開業している医者。開業医。❷江戸時代、御殿医などに対して、市中で開業していた医者。町医師。

まち‐い・ず【待ち▽出づ】〔動ダ下二〕出て来るのを待つ。待ち受けて会う。「今来むと言ひしばかりに長月のありあけの月を―・でつるかな」〈古今・恋四〉

まちいり‐のう【町入能】江戸時代、将軍宣下・婚礼・誕生などの重大な祝い事の際の式能に、江戸の町人の陪観を許したもの。江戸城本丸大書院の南庭で、式能の1日目に二交代で五千余人に見せた。

まち‐う【待ち得】〔動ア下二〕待って手に入れる。「優曇華の花―・えたる心地して」〈源・若紫〉

まち‐うけ【待(ち)受け】❶待ち受けること。「検査を受くべき覚悟にて稍―の用意せり」〈染崎延房・近世紀聞〉❷「待ち受け画面」の略。

まちうけ‐がめん【待(ち)受け画面】携帯電話で、電源を入れたあと、操作する前の待機中にディスプレーに表示される画面。機種によっては、壁紙・アニメーションなどの背景画像のほか、時計・カレンダー・ニュース速報・天気予報・メモ書きなど、さまざまなものを表示できる。待ち受け。

まち‐う・ける【待(ち)受ける】〔動カ下一〕文まちう・く〔カ下二〕来ることを予期して待つ。心構えをして待つ。「敵を―・ける」「吉報を―・ける」(類語)待つ・待ち構える・迎える

まち‐うたい【待(ち)謡】能で、中入り後、後ジテの登場を待つ間にワキのうたう謡。形式は拍子に合う上歌。また、その詞章。

マチエール【(フランス)matière】❶材料。素材。材質。❷美術で、絵画の絵肌、彫刻の質感など、作品における材質的効果。また、表現されたもの固有の材質感。(類語)材・料・資材・原料・マテリアル

まち‐えし【町絵師】近世、幕府・諸大名などに召し抱えられていた御用絵師に対して、町にあって絵をかくことを職業とした絵師。

まち‐おくり【町送り】江戸時代、行路病者などを、町内の自身番や宿役人などが世話して、順に隣の町や宿へ送り届けること。宿送り。ちょうおくり。

ま‐ぢか【間近】〔名・形動〕間近いこと。また、そのさま。「駅に―な住居」「正月が―に迫る」(類語)近い・程近い・目前・直前・寸前・そば・間近い・じき・すぐ・至近・指呼の間・咫尺の間・目睫の間・目と鼻の先・ついそこ

ま‐ちがい【間違い】❶真実と違うこと。誤り。まちがえ。「―を正す」❷しくじり。過失。あやまち。まちがえ。「―がないか確かめる」❸異常な出来事。事故。まちがえ。「途中で何か―でもなければよいが」❹情事、特に分別のない男女の関係についていう。まちがえ。「若い男女が―を起こす」(類語)過ち・誤り・錯誤・誤謬・失敗・失策・過失・過誤・失態・不覚・粗相・しくじり・へま・どじ・ぽか・ミス・エラー

ま‐ぢか・い【間近い】〔形〕文まぢか・し〔ク〕時間的・空間的に隔たりが少ない。「今日は富士山が―・く見える」「結婚式も―・い」(類語)直・近い・程近い・間近・すぐ・至近・指呼の間・咫尺の間・目睫の間・目と鼻の先・ついそこ

まち‐がいしょ【町会所】❶江戸時代、町内の用務のために町役人などが寄り合った所。❷江戸時代、七分積み金の事務を取り扱うため、江戸浅草向柳原に設けられた会所。

ま‐ちが・う【間違う】㊀〔動ワ五(ハ四)〕❶あるべき状態や結果と異なる。違う。「―・った考え方」「この手紙は住所が―・っている」❷「間違える❶」に同じ。「勘定を―・う」「一人が―・うと全体に影響する」❸「間違える❷」に同じ。「誰かが―・って渡した書類」「約束の日時を―・う」❹(「まちがっても」の形で、あとに打消しの語を伴って)どんなことがあっても。決して。「―・っても他言してはいけない」㊁〔動ハ下二〕「まちがえる」の文語形。(類語)誤る・間違える・違える

ま‐ちがえ【間違え】「間違い」に同じ。

ま‐ちが・える【間違える】〔動ア下一〕文まちが・ふ〔ハ下二〕❶しそこなう。失敗する。しくじる。まちがう。「計算を―・える」❷他のものと取り違える。まちがう。「人の傘と―・える」「道を―・える」
(用法)まちがえる・あやまる――「計算を間違える(誤る)」のように、やりそこなうの意では相通じて用いられる。◇「間違える」には本来選ぶべきものを取り違えて他のものを選ぶ意がある。「右折するところを間違えて左折した」◇「誤る」は、正しい方法・方向を選ばずに、よくない方法・方向を選ぶ意がある。そこから道理・正道からそれる、ふみはずすの意が生じる。「ふとしたきっかけで人生を誤る」「身を誤って罪を犯す」◇「道を間違える」は、直進するか、右折するか、左折するかを選びそこなうだけだが、「道を誤る」は生き方の問題になる。
(類語)誤る・間違う・違える

まち‐がお【待(ち)顔】待っているような顔つきやそぶり。また、そのさま。「―に入り口を見つづける」「人―」

まち‐か・く【待ち懸く】〔動カ下二〕待ち受ける。待ち構える。「軍の寄り来べき道々に、おのおの四、五騎ばかり楯を突きて―・けさす」〈今昔・二五・五〉

まち‐かご【町×駕▽籠】「辻駕籠」に同じ。

まち‐かた【町方】町のほう。村方・地方などに対して、町の人や家をいう。

まち‐がて‐に【待ちがてに】〔連語〕《「まちかてに」とも》待ちきれずに。「馬並めて行かまし里を―我がせし春を」〈万・九四八〉➡かてに

まち‐かど【街角┊町角】❶町の通りの曲がりかど。「―の交番」❷街頭。「―の風景」(類語)街頭・かど

まちかど-けいきょうかん【街角景況感】ケイキョウカン ► 景気ウオッチャー調査

まち-かね【待(ち)兼ね】❶待ちわびていること。「長いことお―です」❷《「来ぬか、来ぬか」と待ち兼ねる意から》小糠こぬかをいう女房詞。

まちかね-やま【待兼山】大阪府豊中市北部にある山。千里丘陵の西端に位置し、池田市・箕面みのお市にもかかる。〔歌枕〕「来ぬ人を―の呼子鳥同じ心にあはれとぞ聞く」〈詞花・春〉〔補説〕現在は大阪大学豊中キャンパスがある。

まち-か・ねる【待(ち)兼ねる】〔動ナ下一〕〔文〕まちか・ぬ〔ナ下二〕待つ時間が長くて待っているのに耐えられなくなる。まちわびる。「―・ねて先に帰ってしまった」「出発の日を今か今かと―・ねる」

まち-かま・える【待(ち)構える】カマエル〔動ア下一〕〔文〕まちかま・ふ〔ハ下二〕用意をして待っている。待ち設ける。「機会を―・える」「報道陣が―・える」〔類語〕待つ・待ち受ける

まち-ぎ【町着│街着】町を歩いたり、買い物に出たりするときの衣服。外出着。タウンウエア。〔類語〕晴れ着・よそゆき・一張羅

まち-きど【町木戸】江戸の町々に警備のために設けられていた木戸。夜は閉ざされた。

まち-ぎみ【公=卿│×卿】《「まうちぎみ」の音変化》「まえつきみ」に同じ。「時に一の―有り、進んで曰く」〈景行紀〉

まち-ぎみ【町君】夜間、辻に立って客を誘った遊女。辻君つじぎみ。

まち-ぎょうれつ【待(ち)行列】ギャウレツ ►キュー(queue)

まち-きん【街金】高利の小口金融業者のうち、特定地域で小規模に営んでいる業者のこと。➡サラ金

ま-ちく【麻竹】イネ科の竹。高さ20～30メートル。枝は直角に出て、葉は長楕円形。竹の子はメンマといい、食用。インドやミャンマーに産する。

まち-くたび・れる【待ち草=臥れる】〔動ラ下一〕〔文〕まちくたび・る〔ラ下二〕長い間待って疲れる。「―・れて眠ってしまった」

まち-ぐみ【町組】中世末、京都などの都市で、町衆ちょうしゅうがつくっていた自治組織。

まち-くら・す【待(ち)暮(ら)す】〔動サ五(四)〕待ちながら日を過ごす。長い間待つ。毎日待ちつづける。「連絡の電話を連日―・した」

まち-げいしゃ【町芸者】郭くるわ芸者に対して、町中に住む芸者。

まち-こうば【町工場】町なかにある小さな工場。

まち-ごえ【待(ち)肥】種まきや移植をする前に、生長しやすいようにあらかじめ施しておく肥料。

まち-こが・れる【待(ち)焦がれる】〔動ラ下一〕〔文〕まちこが・る〔ラ下二〕強く待ち望む。今か今かと一心に待つ。「息子の帰省を―・れる」〔類語〕待ち望む・待ちあぐむ・待ちわびる・待ち遠しい

まち-ごま【待(ち)駒】将棋で、相手の王将の逃げ道を予測して、先にその道をふさぐように自分の駒を打っておくこと。また、その駒。

まちこ-まき【真知子巻(き)】ショールを頭にかぶり端を首に巻くスタイル。昭和28年(1953)公開の映画「君の名は」の主人公真知子のスタイルから流行した。

まち-ざけ【待ち酒】訪ねて来る人に飲ませようと、あらかじめ造っておく酒。「君がため醸かみし―安やすの野にひとりや飲まむ友なしにして」〈万・五五五〉

まち-じかん【待(ち)時間】めざす物事を待ち受ける時間。「診察までの―」

まち-しゅう【町衆】❶町の住民。町内の人々。❷►ちょうしゅう(町衆)

まち-じゅう【町中│街中】ヂュウ ❶町の全部。町全体。❷町の人々全部。

まち-じょろう【待ち女郎】ヂョラウ 婚礼のとき、戸口で花嫁を待ちうけて中へ導き、付き添って世話をする女性。待ち女房。「姫君の祝言には、―に頼まうと」〈浄・反魂香〉

マチス〖Henri Matisse〗[1869～1954]フランスの画家。フォービスムの代表的画家として活躍。のち、色彩・フォルム・描線の単純化・装飾化によって独自の絵画空間を構築し、現代美術に多大の影響を与えた。マティス。

まち-すぐ・す【待ち過ぐす】〔動サ四〕長い間待ちつづける。待ちながら月日を送る。「年ごろ―・し聞こえ給へるも」〈源・澪標〉

まち-すじ【町筋│街筋】スヂ 町の中を通っている道。町の通り。「―を練り歩く」〔類語〕川筋

マチスモ〖machismo〗《「マチズモ」とも。ラテンアメリカで賛美される「男らしい男」を意味するスペイン語のmachoから》男っぽさ。誇示された力。

マチズモ〖machismo〗►マチスモ

まち-そだち【町育ち】町家で育つこと。町なかで育つこと。また、その人。都会育ち。

まちだ【町田】東京都南部の市。多摩丘陵東部にあり、住宅都市として発展。人口42.7万(2010)。

まち-だい【町代】江戸時代、京都の町役人。管内の町年寄を率いて、町内を取り締まった。ちょうだい。

まち-だか【×襠高】「襠高袴まちだかばかま」の略。

まちだ-かしょう【町田佳声】カシャウ[1888～1981]邦楽・民謡研究家。群馬の生まれ。本名、嘉章よしあき。全国の民謡を録音・採集し、楽譜化した「日本民謡大観」を編纂へんさん。また、「ちゃっきり節」ほかを作曲した。

まちだか-ばかま【×襠高×袴】男子が羽織とともに正装に用いる、襠を高く仕立てた袴。

まちだ-こう【町田康】カウ[1962～]小説家・詩人・ミュージシャン。大阪の生まれ。本名、康やすし。町田町蔵まちぞうの名でパンクバンドのボーカルとして活動。のち俳優・文筆など活躍の場を広げる。「きれぎれ」で芥川賞受賞。他に小説「くっすん大黒」「権現の踊り子」「告白」、詩集「供花くげ」「土間の四十八滝」など。

まちだ-し【町田市】►町田

まちだ-ちゅうじ【町田忠治】チュウヂ[1863～1946]政治家。秋田の生まれ。「朝野新聞」「郵便報知新聞」記者を経て東洋経済新報社を創立。のち、政界に入り、農相・商工相などを歴任。昭和20年(1945)日本進歩党を結成、総裁となったが、翌年公職追放により引退。

まち-つ・ける【待(ち)付ける】〔動カ下一〕〔文〕まちつ・く〔カ下二〕❶待つことになれる。「いつも―・けているので少しくらい平気だ」❷待って、その人またはその事に会う。まちうける。「近衛の御門に出で立ちて、―・けて乗りて」〈大和・一〇一〉

ま-ちっと〔副〕《「まちと」の音変化》いますこし。もうすこし。「謀反ノ起コリヲ―オ語リアレ」〈天草本平家・一〉

まち-どうじょう【町道場】ダウヂャウ 市中にある剣道・柔道などの道場。

まち-どうしん【町同心】江戸町奉行配下の同心。町方同心。

まち-どお【待(ち)遠】ドホ〔形動〕〔文〕〔ナリ〕待ち遠しいさま。「お―さま」「夜の白むのが―でならぬ」〈鏡花・高野聖〉

まち-どお・い【待(ち)遠い】ドホい〔形〕〔文〕まちどほ・し〔ク〕「まちどおしい」に同じ。「また共棲の時を―・い心地もする」〈蘆花・思出の記〉

まちどお-し・い【待(ち)遠しい】マチドホ〔形〕〔文〕まちどほ・し〔シク〕《「まちどお」の形容詞化》待っていてもなかなか来ず、早く来るようにと願っているさま。「お正月の来るのが―・い」「入学式が―・い」〔派生〕**まちどおしがる**〔動ラ五〕**まちどおしげ**〔形動〕**まちどおしさ**〔名〕〔類語〕待ち望む・待ちあぐむ・待ちわびる・待ち焦がれる

まち-どころ【町所】「ちょうどころ(町所)」に同じ。「―の知れた野郎なら、賊でも連れて来なさい」〈浮・世間猿〉

まち-どしより【町年寄】江戸時代の町役人。江戸では町奉行に属し、奉行所のお触れ・指令の伝達、町内の収税、町名主の監督などに当たった。大坂の惣年寄そうどしよりに相当する。

まち-と・る【待ち取る】〔動ラ四〕❶待ち受けて捕らえる。「赤き猪いこの山にあり。故かれ、我共に追ひ下しなば、汝なむ―・れ」〈記・上〉❷待ち受ける。待ち構える。「馬にて急ぎ着きぬ。入道―・り、喜びかしこまり聞こゆることかぎりなし」〈源・澪標〉

まち-なか【町中│街中】住宅や商店が集まっている所。

まちなし-ばかま【×襠無し×袴】襠のない、スカート状の袴。明治中ごろに女学生が着用していたが、のちには男子も略式に用いた。行灯袴あんどんばかま。

まち-なぬし【町名主】江戸時代、町の支配に当たった町役人。地域により町年寄・町代・肝煎きもいりなども称した。江戸の場合、町年寄の下に、数町から十数町に一人の町名主が置かれていた。

まち-なみ【町並(み)│街並(み)】❶町に家々が立ち並んでいるようす。「整然とした―」❷軒を並べている家々。町内の家ごと。「―に出る葬礼には是非なく鳥辺山におくりて」〈浮・永代蔵・二〉❸町筋と並行していること。「表口五間半、裏行き―二十間」〈浄・卯月の紅葉〉

まち-にょうぼう【町女房】ニョウバウ 町家の女性。町方の女性。素人しろうと女。「気のつくこと、―はまたあるまじき粋すいさまなり」〈浮・五人女・一〉

まち-にん【町人】「ちょうにん(町人)」に同じ。「鞘なき守り刀を添へて捨てけるを、―拾ひ養育して」〈伽・和泉式部〉

マチネー〖フランス matinée〗演劇・音楽会などで、昼間の興行。➡ソワレ❸

まち-のぞ・む【待(ち)望む】〔動マ五(四)〕今か今かと心待ちにする。期待して待つ。「朗報を―・む」〔類語〕待ちあぐむ・待ちわびる・待ち焦がれる・待ち遠しい

まち-のみ【街飲み│町飲み】《若者言葉》街の居酒屋などで開く飲み会。⬄宅飲み。

まち-のり【町乗り│街乗り】自動車・オートバイ・自転車などを、町の中で乗ること。また、その用途に向いている型であること。「―自転車」

まち-ば【町場】人家や商店などが多く、町になっているところ。市街地。「―に出る」

まち-はずれ【町外れ│街外れ】ハヅレ 町の家並みが終わろうとする辺り。町の外れ。

まち-ばり【待(ち)針】裁縫で、縫い合わせる布をとめたり、縫い止まりのしるしとして刺したりする針。頭に糸を通す穴がなく、プラスチックの玉などがつけてある。小町針。

まち-はん【町版】民間の本屋などで出版した本。坊刻本。

まち-びきゃく【町飛脚】江戸時代、民間経営の飛脚。幕府の許可を受けて寛文3年(1663)に開業。主に江戸・大坂・京都を中心に全国に普及した。

まち-びけし【町火消し】江戸時代、町人が自治的に設けた消防組織。江戸では町奉行の管理下に、いろは47組(のち、48組)があった。➡定火消じょうびけし ➡大名火消し

まち-びと【待(ち)人】来るのを待たれている人。待っている相手。「―来たらず」

まち-ふう【町風】町家特有の風俗。町家ふう。まちのふう。「請け出すといふその日より、衣裳をもみな―に」〈浄・淀鯉〉

まち-ぶぎょう【町奉行】ブギャウ 江戸幕府の職名。寺社奉行・勘定奉行とともに三奉行の一。老中に属し、江戸の町方の行政・司法・警察など民政全般をつかさどった。京都・大坂・駿府すんぷなどにもあったが、単に町奉行といえば江戸のものをさし、他は、地名を冠して称した。➡江戸町奉行

まち-ぶせ【待(ち)伏せ】〔名〕スル まちぶせること。「先回りして―する」

まち-ぶ・せる【待(ち)伏せる】〔動サ下一〕〔文〕まちぶ・す〔サ下二〕不意を襲うために、めざす相手の来るのを隠れて待つ。「―・せて捕まえる」

まち-ぶれ【町触れ】江戸時代、幕府や大名が町中へ法令を触れること。また、その法令。

まち-ぼうけ【待ち×惚け】待っている相手がついに来ないこと。まちぼけ。

待ち惚けを食わ・す　待ち合わせの約束を守らず、人をむだに待たせる。「昼過ぎまで―・された」

まち-ぼけ【待ち×惚け】「まちぼうけ」に同じ。「昌造

は一を喰わされた」〈里見弴・安城家の兄弟〉

まち-ぼり【町彫(り)】江戸時代の装剣金具で、将軍家・大名家の御用を務めた後藤家の家彫りに対し、それ以外の在野の金工が彫ったもの。また、その流派の総称。横谷宗珉よこやそうみんに始まる。

まち-まち【▽区▽区】〘名・形動〙物事や意見などが、それぞれ異なっていること。また、そのさま。さまざま。「一な(の)服装」「各人が一に意見を述べる」
類語 不ぞろい・ちぐはぐ

まち-まわり【町回り┊町×廻り】ーまはり ❶芝居の興行で、役者などがあいさつや宣伝のために町中を回ること。❷江戸時代、町飛脚が金銭や書状の集配のために町を回り歩いたこと。

まちむら-は【町村派】自由民主党の派閥の一。清和政策研究会の平成18年(2006)以降の通称。会長は町村信孝のぶたか。

まち-もうけ【待(ち)設け】ーまうけ 準備をして待つこと。

まち-もう-ける【待(ち)設ける】ーまうける〘動カ下一〙図まちまう・く〘カ下二〙❶準備をして待つ。まちうける。「来客を一・ける」❷そうなることを願う。期待する。「昇給を一・ける」

まち-もの【待ち物】出来合いの品物。〈日葡〉

まち-や【町家┊町屋】❶町の中の家。特に、商家。ちょうか。「一に育つ」❷町なか。町。「一は空地なし。いかにも広き所に住みたや」〈咄・醒睡笑・七〉

まち-やく【町役】❶町人に課せられた諸役。金銭的負担と労務的負担とがあり、町が負担した。❷「町役人」の略。ちょうやく。

まち-やくにん【町役人】江戸時代、身分は町人で、町奉行の支配下に、都市の民政をつかさどった役人の称。名称は都市によって異なった。町名主・町年寄・町代の類。町役。ちょうやくにん。

まち-やくば【町役場】町の行政事務を取り扱う役所。ちょうやくば。

まち-やしき【町屋敷】❶町にある屋敷。❷江戸時代、町人の住む屋敷。町奉行の支配下にあった。

まち-やっこ【町▽奴】江戸初期、旗本奴に対抗して、はでな服装で江戸市中を横行した町人出身の侠客。男伊達おとこだて。➡旗本奴

マチュア〘mature〙〘形動〙❶成熟したさま。円熟したさま。大人の。「一な魅力をもつ女優」❷(果物などが)熟したさま。(ぶどう酒やチーズなどが)熟成したさま。

ま-ちゅうこ【真中古】瀬戸焼の2代目藤四郎基通が焼成したと伝える茶入れ類。釉うわぐすりは柿黒。口造りが華奢きゃしゃで、糸切りが荒い。

マチュ-ピチュ〘Machu Picchu〙ペルー南部、クスコ県にあるインカ帝国の都市遺跡。標高約2400メートルにあり、周囲を断崖や急峻な山で囲まれていたため、スペイン人による破壊を免れた。インカの建築様式や都市構造を知る上で、考古学的に価値をもつ。1983年に「マチュ-ピチュの歴史保護区」の名で世界遺産(複合遺産)に登録された。

まち-よりき【町与力】江戸時代、町奉行の支配下にあり、同心を指揮して、町奉行の事務の分掌、江戸市中の警戒・保安および犯罪者の逮捕などに当たった者。

まち-わた-る【待(ち)渡る】〘動ラ五(四)〙長い間待つ。「今度こそは!と一・ったが」〈花袋・蒲団〉

まち-わ-びる【待ち×侘びる】〘動バ上一〙図まちわ・ぶ〘バ上二〙気をもみながら待ち続け、心が疲れる。「春を一・びる」類語 待ち望む・待ちあぐむ・待ち焦がれる・待ち遠しい

まち-わり【町割(り)】町を設けるために土地を区画すること。町の区画。

マチン【馬銭】《中国語》フジウツギ科の常緑高木。葉は卵形でつやがある。緑白色の花が枝の先に集まって咲く。実は丸く、黄橙色に熟し、種子に猛毒アルカロイドのストリキニーネを含む。インド・ビルマ・タイなどに分布。ホミカ。

まっ【真っ】〘接頭〙《接頭語「ま」の下に促音の挿入されたもの》名詞・形容詞・形容動詞などに付いて、語勢を強める。「一ただ中」「一ぱだか」「一白い」「一正直」補説「ま(真)」が摩擦音([s][f]などの音)、破裂音([p][t][k]などの音)を語頭にもつ語に続く時の形。

まつ【末】❶終わり。すえ。「三月の一」「世紀一」❷粉こ。粉末。「薬ヲ一ニスル」〈和英語林集成〉➡漢「まつ(末)」

まつ【松】❶マツ科マツ属の常緑高木の総称。明るく乾燥した地に生え、樹皮はひび割れするものが多い。葉は針状で、ふつうアカマツ・クロマツなどでは2本、ゴヨウマツ・チョウセンゴヨウ・ハイマツなどでは5本が束になって出る。春、球状の雌花と雄花とがつき、黄色い花粉が風に飛ぶ。果実は松かさとよばれ、多数の硬い鱗片りんぺんからなる。種子は食用。材は薪炭・松明たいまつ・建築・パルプなどに広く用いられ、また松脂まつやにをとる。竹・梅あるいは鶴とともにめでたい取り合わせとされ、正月の門松にする。翁草・千代見草・常盤草ときわぐさなど異称も多い。(季 花=春┊落葉=夏)「線香の灰やこぼれて一の花/蕪村」❷門松かどまつ。また、門松を飾っている期間。「一が取れる」「一の内」❸松明たいまつ。「月のない晩だったから、私は一などお持たせするように言いつけた」〈堀辰雄・ほととぎす〉❹紋所の名。松の幹・枝・葉または松かさを図案化したもの。❺遊女の最高の位。松の位。「この子は一に極めて」〈浮・武家義理・四〉❻マツタケをいう女房詞。補説和歌では「待つ」と掛けて用いられる。「立ち別れいなばの山の峰におふるまつとし聞かば今かへりこむ」〈古今・離別〉
下接語 相生あいおいの松・赤松・アメリカ松・磯いその松・一の松・市松・美し松・海松・蝦夷えぞ松・老い松・拝み松・雄お松・鏡の松・笠かさ松・飾り松・門かど松・傘からかさ松・唐松・ぐい松・黒松・腰掛け松・小松・五葉松・下がり松・曝さされ松・三蓋さんがい松・三の松・霜降り松・磯馴そなれ松・朝鮮松・椴とど松・鳥総とぶさ松・二の松・子ねの日の松・這はい松・柱松・姫松・米べい松・見越しの松・夫婦めおと松・雌め松・琉球りゅうきゅう松・若松

ま-つ【待つ】〘動ワ五(四)〙❶物事・人・時が来るのを予期し、願い望みながら、それまでの時間を過ごす。また、用意して備える。「回復を一・つ」「駅で友だちを一・つ」「日の出を一・つ」「楽屋で出番を一・つ」❷しようとする動作を途中でやめる。普通、相手に要求する形で用いる。「ちょっと、一・ちなさい」❸相手の反応や態度がわかるまで静観する。「むこうの出方を一・って対処する」❹(「俟つ」とも書く)それを頼りにしてまかせる。望みを託する。期待する。「良識に一・つ」「手腕に一・つ」❺(「俟つ」とも書く)(「…をまたない」の形で)…するまでもない。その必要がない。「言を一・たない」可能 まてる
一句 縁と浮き世は末を待て・河清を俟まつ・果報は寝て待て・言を俟たない・子こ養わんと欲すれども親待たず・歳月人を待たず・人事を尽くして天命を待つ・時は人を待たず・時を待つ・百年河清を俟つ・待ちに待った・論を俟たない
類語 待ち構える・待ち受ける・控える

待ちに待った　非常に長い間期待しながら待ちつづけた。「一日がついにやってきた」

待つうちが花　物事は、結果を予想して待っているうちが最も楽しみであるということ。

待てど暮らせど　いくら長く待っても期待している事が実現しないさまを表す。あとに打消しの語を伴って副詞的に用いる。「一たよりが来ない」

待てば海路の響きあり「待てば海路の日和あり」の誤り。

待てば海路の日和ひよりあり　待っていれば、海の静かないい日和がやってくる。「待てば甘露の日和あり」の言い方を変えたもので、意味は同じ。

待てば甘露の日和ひよりあり　待っていれば、甘露が降ってくるような日和もある。あせらずにじっくりと待っていれば、やがてよい機会がめぐってくる。

マツァーラ-デル-バッロ〘Mazara del Vallo〙イタリア南部、シチリア島の港町。同島西部、マツァーロ川の河口に位置する。漁業が盛ん。アラブ文化の影響が色濃く残る建物が多い。1998年にシチリア海峡の海底から引き揚げられた、古代ギリシャの「踊るサテュロス」像を所蔵する博物館がある。

まつ-い【末位】ーゐ いちばん下の地位。末席。

漢字項目 **まつ**

末　学4　音マツ呉　バツ漢　訓すえ、うら、うれ‖㊀〈マツ〉①物の端の方。物事の終わりの方。最後。果て。すえ。「末裔まつえい・末期まっき・まつご・末日・末梢まっしょう・末端・末尾・末葉/巻末・期末・結末・月末・毫末ごうまつ・歳末・始末・終末・週末・端末・顛末てんまつ・年末・幕末・文末・本末」②中心的でないこと。主要でない。とるにたりない。「末学・末席・末節・末輩/瑣末さまつ・粗末」③小さく細かいもの。「粉末」㊁〈バツ〉①すえ。終わり。「末子・末孫・末弟」②主要でない。下位。「末席」補説㊁の語例の「末」は「マツ」とも読む。㊂〈すえ(ずえ)〉「末広/月末・野末・葉末・場末」名付 とめ・とも・ひで・ひろし・ほず・ま　難読 末枯うらがれ・末生うらなり・木末こぬれ

抹　音マツ呉‖①さっとなする。こすりつける。「一抹」②塗りつぶす。「抹殺・抹消/塗抹」③すりつぶして粉にする。「抹香・抹茶」

沫　人　音マツ　訓あわ‖①飛び散る水の粒。しぶき。「飛沫ひまつ」②水のあわ。「水沫すいまつ・泡沫ほうまつ」難読 沫雪あわゆき・泡沫うたかた・飛沫しぶき・水沫みなわ

茉　人　音マツ呉　マ慣‖「茉莉まつり」はモクセイ科の香りのよい木。「茉莉花まつりか」

まつい-いわね【松井石根】まつゐいはね［1878～1948］軍人。陸軍大将。愛知の生まれ。日中戦争で上海派遣軍司令官・中支方面軍司令官などを歴任。戦後、極東国際軍事裁判で南京大虐殺の責任者とされ、絞首刑になった。

まつ-いか【松烏=賊】ホタルイカの別名。また、スルメイカをいうこともある。

まつい-かんじ【松井簡治】まつゐ―［1863～1945］国語・国文学者。千葉の生まれ。本姓、宮内。東京文理大教授。上田万年と「大日本国語辞典」を編纂へんさん。

まつい-けさこ【松井今朝子】まつゐ―［1953～　］小説家。京都の生まれ。はじめ歌舞伎の脚本、評論などを手がける。「吉原手引草」で直木賞受賞。他に「東洲しゃらくさし」「仲蔵狂乱」「似せ者」など。

まつい-げんすい【松井源水】まつゐ―大道芸人・香具師やし。元祖玄長は越中の薬売り。延宝・天和(1673～1684)のころ、4世源水が江戸に出て以来、代々浅草を本拠に居合い抜き・曲独楽きょくごまなどを行いながら歯薬などを販売した。

まつい-しょうおう【松居松翁】まつゐしようおう［1870～1933］劇作家。宮城の生まれ。本名、真玄まさる。初め松葉と号した。初世市川左団次のために戯曲「悪源太」を書き、以後、新歌舞伎や外国戯曲の翻案作などで活躍。著「団州百話」「劇壇今昔」など。

まつい-すまこ【松井須磨子】まつゐ―［1886～1919］女優。長野の生まれ。本名、小林正子。文芸協会演劇研究所に入り、「人形の家」のノラで脚光を浴びた。のち島村抱月と芸術座を組織し、「復活」「サロメ」「カルメン」などを主演して人気を博した。抱月の死後、あとを追って自殺。

まついだ【松井田】まつゐ―群馬県安中市の地名。旧町名。もと中山道の宿場町。ベントナイトを産する。平成18年(2006)安中市と合併。

まつうら【松浦】長崎県、北松浦半島北部にある市。玄界灘に臨む。炭鉱の町として栄えたが、現在は閉山し、漁業や繊維・機械工業が行われる。平成18年(2006)1月、福島町・鷹島町と合併。人口2.5万(2010)。補説古くは「まつら」で、肥前国の郡名。現在の佐賀県と長崎県の北部の一帯をさした。

まつうら-がた【松浦潟】佐賀県、唐津湾の虹の松原の沿岸一帯の称。まつらがた。

まつうら-し【松浦市】▶松浦

まつうら-しげのぶ【松浦鎮信】▶まつらしげのぶ

まつうら-せいざん【松浦静山】▶まつらせいざん

まつうら-たけしろう【松浦武四郎】―たけしらう［1818～1888］江戸末期の探検家。伊勢の人。名は弘ひろし。幼時より諸国を巡歴し、特に蝦夷えぞ地に関心を持ち、しばしば訪れて多数の紀行文や地図を残した。著

「蝦夷日誌」など。

まつうら-ひさき【松浦寿輝】[1954〜]詩人・小説家・フランス文学者。東京の生まれ。詩作、文学評論、映画評論など幅広く活躍。「花腐し」で芥川賞受賞。「知の庭園」で芸術選奨。他に詩集「冬の本」、評論「エッフェル塔試論」「折口信夫論」など。

まつえ【松江】島根県北東部の市。県庁所在地。宍道湖、中海にはさまれる。近世は松平氏の城下町。八雲塗・瑪瑙の細工を特産。平成17年(2005)3月、八束郡7町村と合併、同23年8月東出雲町を編入。人口20.6万(2012)。

まつ-えい【末×裔】末の血統。子孫。後裔。末孫。ばつえい。「王家の—」(類語)子孫・後裔・孫子

まつえ-し【松江市】▶松江

まつえ-しげより【松江重頼】[1602〜1680]江戸初期の俳人。京都の人。別号、維舟。通称、大文字屋治右衛門。松永貞徳の門人。談林俳諧に影響を与えた。編著「犬子集」「毛吹草」「佐夜中山集」など。

まつえ-じょう【松江城】島根県松江市にある城。慶長16年(1611)堀尾吉晴が築城。のち、京極氏・松平氏の居城。現存の天守閣は、下見板張りの古い様式をとどめる。千鳥城。

まつえ-へいや【松江平野】島根県北東部、松江市に広がる平野。宍道湖と中海にはさまれた東西・南北とも約10キロメートルの低地帯。市街地部分は沖積地で、その中央部を大橋川が流れている。

まつおうまる【松王丸】浄瑠璃「菅原伝授手習鑑」の登場人物。梅王丸の弟、桜丸の兄で、藤原時平の舎人。菅丞相(菅原道真)への報恩のため、その子秀才の身代わりに自分の子の小太郎を差し出す。

まつおか-えいきゅう【松岡映丘】[1881〜1938]日本画家。兵庫の生まれ。本名、輝夫。柳田国男の弟。新興大和絵運動を展開し、大和絵の復興・刷新に努めた。

まつおか-こまきち【松岡駒吉】[1888〜1958]労働運動家・政治家。鳥取の生まれ。日本労働総同盟会長、社会民衆党・社会大衆党中央委員、第二次大戦後は日本労働組合総同盟会長、衆議院議長を歴任。

まつおか-じょあん【松岡恕庵】[1668〜1746]江戸中期の本草学者。京都の人。名は玄達。恕庵は通称。山崎闇斎・伊藤仁斎に儒学を、稲生若水に本草学を学んだ。著「用薬須知」「千金方薬註」など。

まつおか-ようすけ【松岡洋右】[1880〜1946]外交官・政治家。山口の生まれ。オレゴン大学卒業。国際連盟特別総会に首席全権として出席し、脱退を宣言。満鉄総裁を経て、第二次近衛内閣の外相となり、日独伊三国同盟・日ソ中立条約を締結。第二次大戦後、A級戦犯として起訴されたが病没。

まつお-こうざん【松尾鉱山】岩手県北西部、八幡平市にあった硫黄・硫化鉄鉱山。日本一の産出量を誇ったが、昭和47年(1972)閉山。

まつ-おさめ【松納め】❶正月の門松やしめ飾りを取り払うこと。松倒し。松下ろし。松送り。松引き。松直し。(季 新年)「此門や後れ先だつ—/虚子」❷正月祭事の締めくくりの日。正月送り。

まつお-じ【松尾寺】金剛輪寺の通称。

まつお-でら【松尾寺】㊀大阪府和泉市にある天台宗の寺。山号は、阿弥陀山。弘文元年(672)役の小角が創立、のち、泰澄が中興したと伝える。境内に一ノ谷の戦いの戦死者をまつった首堂がある。松尾観音。㊁奈良県大和郡山市にある真言宗の寺。山号は、補陀落山。舎人親王の発願により、養老2年(718)永業の開創と伝える。中世以後修験道の寺として栄え、また、江戸時代以降厄除け観音として信仰されている。

まつお-ばしょう【松尾芭蕉】[1644〜1694]江戸前期の俳人。伊賀の人。名は宗房。芭蕉は俳号。別号、桃青・風羅坊など。藤堂良忠(俳号、蝉吟)に仕えて俳諧を学び、京都で北村季吟に師事。のち、江戸に下り、深川の芭蕉庵に住み、談林風の俳諧を脱却して、蕉風を確立。各地を旅して発句や紀行文を残し、旅先の大坂で病没。その句の多くは「俳諧七部集」に収められている。紀行に「野ざらし紀行」「笈の小文」「更科紀行」「奥の細道」、日記に「嵯峨日記」など。(補説)忌日となる陰暦10月12日は、芭蕉忌のほか時雨忌、翁忌、桃青忌ともいう。

まつ-おろし【松下ろし】「松納め」に同じ。

マッカ〖Makkah〗メッカのアラビア語名。

まっ-か【真っ赤】〘名・形動〙❶非常に赤いこと。充血して赤いこと。また、そのさま。「—な花」「西の空が—だ」「—になって怒る」「目を—にする」❷全くそうであるさま。まるっきり。「—なにせ物」

(類語)赤・赤色・紅色・紅・紅花・真紅・鮮紅・緋・緋色・朱・朱色・丹・茜色・薔薇色・小豆色・臙脂・暗紅色・唐紅・レッド・スカーレット・バーミリオン・マゼンタ・ローズ・ワインレッド

真っ赤な嘘　まぎれもないうそ。全くのうそ。

マッカーサー〖Douglas MacArthur〗[1880〜1964]米国の陸軍軍人・元帥。太平洋戦争開戦時、米国極東軍司令官。のち、西南太平洋方面連合軍総司令官として対日反攻を指揮。戦後は日本占領連合国軍最高司令官となり、民主化政策をとった。朝鮮戦争に際して強硬策を主張し、トルーマン大統領により解任。➡GHQ

マッカーサー-げんすい【マッカーサー元帥】▶マッカーサー

マッカーシズム〖McCarthyism〗米国共和党上院議員J＝R＝マッカーシーを中心に米国内で行われた反共運動。1950年から共産主義者に対する過激かつ狂信的な攻撃・追放が行われたが、54年マッカーシーが上院の査問決議で失脚するとともに衰退。

マッカートニー〖Paul McCartney〗[1942〜]英国のロックシンガー。もとビートルズのメンバーで、おもにベースとボーカルを担当。「イエスタデイ」「ヘイ・ジュード」「レット・イット・ビー」など、数多くのヒット曲を生み出した。1970年のビートルズ解散後はソロ活動のほか、ウイングスの中心メンバーとして活躍。ビートルズ解散後の代表作に「バンド・オン・ザ・ラン」など。➡ビートルズ

まっ-かいさま【真っ▽返様】〘名・形動ナリ〙「まっかえさま」の音変化。「徳兵衛めがうせ、—に言ふとても、必ずまことにしやるなや」〈浄・曽根崎〉

まつ-が-え【松が▽枝】松の木の枝。「一の地に着くまで降る雪を見ずてや妹が隠り居るらむ」〈万・四四三九〉

まっ-かえさま【真っ返様】〘名・形動ナリ〙前後・表裏などがまったく反対であること。また、そのさま。まっかいさま。「某先へ駆け抜けて、—に言上し」〈浄・会稽山〉

まつかえ-の【松×柏の】〘枕〙松・カシワが常緑で樹齢久しいところから、「栄ゆ」にかかる。「—栄えいまさね貴き我が君」〈万・四一六九〉

まつ-がえり【松▽反り】〘枕〙「しひ」にかかる。かかり方未詳。「—しひてあれやは三栗の中上り来ぬ麻呂といふ奴」〈万・一七八三〉

まっ-かく【抹▽額】▶まっこう(抹額)

まつ-がく【末学】❶重要でない枝葉末節の学問。❷未熟な学問。また、未熟な学者。後進の学者。❸学者が自分をへりくだっていう語。

まつ-かげ【松陰｜松影】❶松の木かげ。❷松の木の水面などに映った姿。「一の清き浜辺に玉敷かば君来まさむか清き浜辺に」〈万・四二七一〉

まつ-かさ【松×笠｜松×毬】❶松の木の実。まつぼっくり。まつふぐり。➡球果 ❷紋所の名。❶を図案化したもの。

まつかさ-うお【松×毬魚】キンメダイ目マツカサウオ科の海水魚。全長約15センチ。体は楕円形で側扁し、黄色。うろこは強大で黒く縁どられ、松かさ状を呈する。下あごに発光バクテリアの共生する器官をもち、発光する。本州中部以南に分布。

まつがさき【松ヶ崎】京都市左京区の地名。高野川の西に位置する。(歌枕)「千歳ふる—には群れゐつつ田鶴さへあそぶ心あるらし」〈拾遺・神楽歌〉

まつ-がさね【松重｜松▽襲】❶襲の色目の名。表は萌葱、裏は紫。中陪を加えるときは香色。❷浅葱の無垢をいう女房詞。

まつ-かざり【松飾り】正月に家の門口に飾り立てる松。かどまつ。(季 新年)(類語)門松・注連飾り

まっかせ【▽任せ】〘感〙《「まかせ」の音変化》まかせておけの意で、何かを請け合って発する掛け声。心得た。よしきた。「取ったと掛かるを、—とかいくぐり」〈浄・忠臣蔵〉

まつ-かぜ【松風】❶松に吹く風。松籟。❷茶の湯で、釜の湯の煮え立つ音。❸和菓子の一。小麦粉に砂糖を加えて溶き、平たく焼いて、表に砂糖液を塗りケシ粒やゴマを散らしたもの。

まつかぜ【松風】㊀謡曲。三番目物。観阿弥作、世阿弥改作。古今集などに取材。昔、在原行平に恋をした須磨の海女の姉妹、松風と村雨の霊が現れ、思い出を語って狂おしく舞う。㊁箏曲。山田流。初世中能島松声・3世山木大賀が明治初年ごろ作曲。宇和島の伊達家から島原の松平家へ嫁した姫君が、夫に死別後、思い出を箏歌にしたもの。㊂源氏物語第18巻の巻名。光源氏31歳。明石の上が上洛、源氏は明石の上を訪問し、紫の上がそれを嫉妬することなどを描く。

まつかぜ-そう【松風草】ミカン科の多年草。山地に生え、高さ約60センチ。葉は倒卵形の小葉からなる羽状複葉で、匂いがある。秋、白い小花を円錐状につける。

まつかぜ-つき【松風月】陰暦6月の異称。

まつかぜ-もの【松風物】浄瑠璃・歌舞伎・歌謡などで、謡曲「松風」に取材した作品。義太夫節「松風村雨束帯鑑」、長唄「汐汲」、清元節「今様須磨の写絵」など。

まつかた-コレクション【松方コレクション】実業家松方幸次郎が、主に第一次大戦中に欧州で収集した美術品。散逸・消失したものも多いが、現在、浮世絵約8000点が東京国立博物館に、ロダンの彫刻や印象派の絵画などが国立西洋美術館に収蔵されている。

まつかた-さぶろう【松方三郎】[1899〜1973]登山家。東京の生まれ。正義の一三男。日本山岳会会長・日本山岳協会会長を歴任。昭和45年(1970)隊長として日本人によるエベレスト初登頂を成功させた。著「アルプス記」「遠き近き」など。

まつかた-まさお【松方正雄】[1868〜1942]実業家。鹿児島の生まれ。正義の四男。米国で教育を受け、帰国後は関西財界で活躍。昭和10年(1935)大阪野球倶楽部(現阪神)の初代会長に就任。プロ野球の発展に貢献した。

まつかた-まさよし【松方正義】[1835〜1924]政治家。鹿児島の生まれ。明治14年(1881)大蔵卿となり、紙幣整理などのデフレ政策を実施。蔵相・首相を歴任。日本銀行創設、金本位制度の実施など、財政制度の確立に寄与。

まっかつ【×靺×鞨】中国、隋・唐の時代に、中国東北部から朝鮮半島北部に住んでいたツングース系諸族の中国側からの呼び名。七部に分かれ、その一部である粟末部は、渤海国を建国。黒水部はその支配下に入らず、のちに女真と称された。勿吉。

まっかっ-か【真っ赤っ赤】〘名・形動〙「真っ赤❶」を強めていう語。「夕空が—に染まる」

まつ-が-ね【松が根】松の木の根。「大伴の高師の浜の—を枕き寝れど家し偲はゆ」〈万・六六〉

まつがね-の【松が根の】〘枕〙❶「松」と同音の「待つ」にかかる。「一待つこと遠み天伝ふ」〈万・三二五八〉❷松の根が長くのびるところから、「絶ゆることなく」にかかる。「一絶ゆることなくあをによし奈良の都に」〈万・四二六六〉

まつ-がみ【松紙】松葉色に染めた紙。「青紙、—」〈宇津保・あて宮〉

マッカム〖Makkum〗オランダ北部、フリースラント州、アイセル湖に面する町。デルフトに並ぶ陶器の町として知られる。1594年創業の王立陶器工房があ

り、マッカム焼の製作が行われている。

マッカリ《朝鮮語から》米・粟などを原料として、朝鮮半島で造られる濁り酒。マッコリ。

まつ-かれは【松枯＝葉＝蛾】カレハガ科のガ。雌は翅の開張8センチくらいあり、暗褐色で白い横線をもつものが多い。雄は小形で赤褐色や黒褐色・灰褐色など変異がある。夏に発生し、灯火に飛来する。幼虫は松の大害虫で、松毛虫とよばれる。

まつ-かわ【松皮】❶松の樹皮。❷「松皮疱瘡」の略。❸「松皮菱」の略。

まつかわ-うら【松川浦】福島県北東部にある潟湖。長さ7キロメートル、幅1.5キロメートル、水深5.5メートル。太平洋岸にあり、ノリ・アサリの養殖が行われる。潮干狩り・釣り・海水浴場などとしてにぎわう。風景美を誇り、県立自然公園に指定されている。

まつかわ-がみ【松皮紙】❶檀紙の異称。❷►松葉紙

まつかわ-じけん【松川事件】昭和24年（1949)東北本線松川駅付近で起こった列車転覆事件。国鉄および東芝松川工場の人員整理に反対する労組員・共産党員の犯行とされ、一審・二審は有罪となったが、のち裁判への疑問が高まるなか、被告の自白の虚構が判明。同38年、最高裁で無罪が確定した。

まつかわ-びし【松皮×菱】《松の樹皮の割れに似るところから》❶紋所の名。大きい菱の上下に、小さい菱を重ね合わせた形のもの。❷文様の名。大小の菱形を連続させたもの。

まつかわ-ぼうそう【松皮×疱×瘡】《かさぶたが重なって、松の皮のようになるところから》悪性の疱瘡。

まっ-かん【末巻】最後の1巻。すえのまき。

まっ-き【末期】ある物事の末の時期。終わりに近いころ。「戦争の—」「平安—」（類語）終期・晩期

まつ-ぎ【末技】❶重要でない枝葉末節のわざ。末梢的な技芸。❷未熟なわざ。つたないわざ。

ま-づき【真×搗き┊真×舂き】水に浸して軽くついた麦を日に干し、もう一度水に浸して、再びつくこと。また、そのもの。「—にして二俵まで今日も運ばせ」〈浮・一代男・七〉

まつき-けんじろう【松木謙治郎】［1909～1986］プロ野球選手・監督。福井の生まれ。明大で一塁手として活躍後、昭和11年(1936)大阪タイガース(現阪神)に入団、首位打者を獲得するなどして同球団の黄金時代を築く。戦後は監督となり、多くの名打者を育てた。

まっき-てき【末期的】〔形動〕終末・滅亡直前のように、救いがたく悪いさま。「—な様相を呈する」

まっ-きゃく【末客】茶席で、一座の客の中のいちばん末席に座る客。茶碗の取り次ぎや待合その他の後始末など、その日の茶会を円滑に進める役を担う。お詰。詰。おまつ。

マッキン〖mackin〗古い服飾用語で、ズボンの裾の折り返しのこと。今はカフスという。

マッキントッシュ〖Charles Rennie Mackintosh〗［1868～1928］英国の建築家・デザイナー。独自のアールヌーボー様式を確立し、ゼツェシオンなどにも大きな影響を与えた。晩年は水彩画に専心。

マッキントッシュ〖Macintosh〗米国アップル社が1984年から開発・販売しているパソコンのブランド名。略称、マック。

マッキントッシュ-きょうかい【マッキントッシュ教会】《The Mackintosh Church》►クイーンズクロス教会

マッキンリー〖McKinley〗米国アラスカ州中南部にある火山。アラスカ山脈の主峰で、北アメリカ大陸の最高峰。標高6194メートル。デナリ国立公園の中心。

マッキンリー〖William McKinley〗［1843～1901］米国の政治家。第25代大統領。在任1897～1901。共和党。アメリカ-スペイン戦争、ハワイ併合、中国の門戸開放政策などを進めたが、在任中に無政府主義者に暗殺された。➡ルーズベルト㊀

まっきん-る【末金×鏤】奈良時代の漆工芸の技法の一。器物に漆を塗った上に金・銀のやすり粉を蒔いて文様を表し、さらに漆を塗って研ぎ出す。のちの研ぎ出し蒔絵にあたるもので、遺品に正倉院の「金銀鈿荘唐大刀」がある。

マック〖Mac〗►マッキントッシュ(Macintosh)

マック〖MAC〗《marginal abatement cost》►限界削減費用

マック-アドレス【MACアドレス】《MAC address, media access control address》イーサネットに接続するすべての機器がもつ固有のID番号。

マックイーン〖Alexander Mcqueen〗［1969～2010］英国の服飾デザイナー。1992年にブランド「アレキサンダー-マックイーン」を立ち上げてデビュー。ジバンシーのデザイナーに起用されるなど、ファッション界の第一線で活躍した。アレキサンダー＝マックイーン。

マックイーン〖Steve McQueen〗［1930～1980］米国の映画俳優。アクターズスタジオなどで演技を学び、「傷だらけの栄光」で映画デビュー。「荒野の七人」「大脱走」などで人気を集め、主に1960年代から1970年代にかけて、アクションスターとして活躍した。他の出演作に「ブリット」「パピヨン」「タワーリング-インフェルノ」など。スティーブ＝マックイーン。

まつくい-むし【松食虫┊松×喰虫】松の樹皮と材部の間を食い進むなどして枯死させる害虫。キクイムシ・ゾウムシ類をさすことが多いが、マツノザイセンチュウによる被害が大きい。松の葉を食い荒らす松毛虫などをいうこともある。

マック-オーエス〖Mac OS〗米国アップル社が同社のパソコン、マッキントッシュ用に開発したオペレーティングシステムのシリーズ名。他社のパソコンにライセンス供与が行われていた時期もあった。2001年3月より基本設計を一新した、UNIX互換のBSDをベースとするMac OS Xを販売している。

マックオーエス-テン〖Mac OS X〗UNIX互換のBSDをベースとするオペレーティングシステムのシリーズ名。米国アップル社が同社のパソコン、マッキントッシュ用に開発し、2001年3月より販売。「ジャガー」「タイガー」「レパード」などのネコ科の猛獣の名が、コードネームや製品名としてバージョン別に付けられている。

マックス〖max〗《maximumの略》最大。最大限。極限。「容量が—に達する」

マック-ディー〖MACD〗《moving average convergence divergence》株式や為替の相場をテクニカル分析するためのチャートの一つ。長期・短期の移動平均の差を波動として表現したグラフを用いる。移動平均収束拡散法。移動平均収束発散法。

マックノート-すいせい【マックノート×彗星】2006年8月、オーストラリアのロバート＝マックノートが発見した非周期彗星。2007年1月に近日点を通過した際には白昼に肉眼で見えるほど増光し、1965年の池谷関彗星以来最も明るい彗星になった。

マックブック〖MacBook〗米国アップル社が2006年に発表したノート型パソコンのシリーズ名。従来のiBookの後継として開発。米国インテル社のCPUを初めて採用。高性能の上位機種MacBook Pro、軽量薄型のMacBook Airがある。

マックブック-エア〖MacBook Air〗米国アップル社が2008年に発表したノート型パソコンのシリーズ名。MacBookの軽量薄型モデルとして開発。ハードディスクの代わりにSSDを搭載。光学ドライブをもたないため、DVDやCDを利用する際には、ネットワーク経由で他のパソコンのディスクドライブを借用する。

マックブック-プロ〖MacBook Pro〗米国アップル社が2006年に発表したノート型パソコンのシリーズ名。MacBookの上位機種に位置づけられ、米国インテル社のCPUを初めて採用。13、15、17インチの液晶ディスプレーを搭載するモデルがある。

マック-プロ〖Mac Pro〗米国アップル社が開発したワークステーションのシリーズ名。同社のPower Macシリーズの後継にあたる。CPUに米国インテル社のXeonを搭載。

まつ-ぐみ【松茱＝萸┊松胡＝頽＝子】ヤドリギ科の半寄生性の常緑低木。アカマツ・モミなどの枝に寄生。葉は革質で細く小さい。7月ごろ、深紅色の花をつけ、実は丸く、翌春に赤く熟し、グミに似る。

まっ-くら【真っ暗】〔名・形動〕❶まったく暗いこと。また、そのさま。「—な夜道」「停電で街が—になる」❷まったく見通しがたたず希望のないこと。また、そのさま。「お先—」❸「真っ黒❹」に同じ。「可愛いとなると舐殺しかねない程—になって可愛がる」〈宮本・貧しき人々の群〉

まっ-くらがり【真っ暗がり】まっくらなこと。また、その所。「—を手探りで進む」

まっくら-さんぼう【真っ暗三宝】〔副〕めちゃくちゃに。「—狼狽えて」〈滑・続膝栗毛・一〇〉

まつくら-しげまさ【松倉重政】［?～1630］江戸初期の大名。大坂の陣ののち、肥前島原藩主。キリシタンを弾圧、島原天草一揆の原因をつくった。

まっ-くらやみ【真っ暗闇】〔名・形動〕まったくのくらやみであること。また、そのさま。「—な(の)地下道」（類語）暗闇・暗がり・闇

マックレーカー〖muckraker〗《肥やしをかき集める熊手の意》政治家や公務員などの不正や醜聞をあさり、暴露して書きたてる記者。

まっ-くろ【真っ黒】〔名・形動〕❶純粋に黒いこと。また、そのさま。「—な(の)髪」❷日焼け、雪焼けなどで肌が黒いこと。また、そのさま。「海水浴帰りの—な(の)顔」❸汚れて黒ずんでいること。また、そのさま。「あかじみた—な(の)手」❹いちずになること。また、そのさま。「—に惚れ込むと」〈蘆花・思出の記〉（類語）黒色・漆黒・黒

まっくろ・い【真っ黒い】〔形〕まっくろである。「—い墨」「—く日焼けする」

まっくろ-け【真っ黒け】〔形動〕図〔ナリ〕非常に黒いさま。「焦げて—な(の)サンマ」（類語）黒い・黒黒・黒ずむ・どす黒い・浅黒い・色黒

マックロス-ハウス〖Muckross House〗アイルランド南西部、ケリー州の都市キラーニー近郊にあるチューダー朝様式の邸宅。キラーニー国立公園内にあり、二つの湖に挟まれたマックロス半島に位置する。19世紀半ば、政治家ヘンリー＝アーサー＝ハーバートの邸宅として、スコットランドの建築家ウィリアム＝バーンの設計で建造された。

まっ-け【末家】本家から血縁の最も離れた分家。

ま-つ-げ【×睫┊×睫毛】《「目つ毛」の意》まぶたの縁に生えている毛。「つけ—」「逆さ—」

睫を濡ら・す　だまされないように用心する。眉に唾をつける。「狐や化かしぬと—・して居たりけり」〈浄・蝉丸〉

睫を読ま・れる　❶《狐にまつげを数えられると化かされるという俗信から》だまされる。化かされる。「女は化け物、姫路のおさかべ狐もかへって眉毛よまるべし」〈浮・五人女・一〉❷《まつげは自分のものなのに、自分では数えられないところから》自分では気づかずに、他人にいいようにされる。ばかにされる。「親仁めに—・れて」〈浮・曲三味線・一〉

まつ-げい【末芸】重要でない技芸。末技。

まつ-けむし【松毛虫】マツカレハの幼虫。成熟した幼虫は7センチほどにもなり、黒褐色の地に橙色や銀色の鱗片があり、背面に藍黒色の毒毛の束をもつ。松の葉を食べる大害虫。

マッケンジー〖Mackenzie〗カナダ北西部を流れる川。ロッキー山脈に源を発し、グレートスレーブ湖を経て北極海に注ぐ。全長4240キロ。狭義には、同湖から下流をいう。1789年に英国の探検家A＝マッケンジーが到達。

マッケンジー-がわ【マッケンジー川】►マッケンジー

まつ-ご【末期】人の死のうとする時。死に際。臨終。「—の言葉」（類語）いまわ・死に際・往生際・死に目・断末魔・臨終・終焉

まっ-こう【末項】最後の項。終わりの条項。

まっ-こう【抹香┊末香】シキミの葉・皮を粉末にして作った香。仏前の焼香に用いる。古くはジンコウ

とセンダンとの粉末。

まっ-こう【抹▽額・末▽額】マツカウ《「まっかく」の音変化》古代、冠のへりに紅の絹で鉢巻きをして後ろで結んだもの。下級の武官が用いた。もこう。

まっ-こう【真っ向】マツカウ《「まっかく(抹額)」の音変化で「真っ向」は当て字か》❶ま正面。「―から打ちかかる」❷額のまん中。「刀を―に振りかざす」❸(「真っ甲」とも書く)兜かぶとの鉢の正面。「甲かぶとの―打ち割られ」〈平家・一一〉類語 正面・真ん前・向かい・真正面

まっ-こう【真っ×斯う】マツカウ〔副〕まさしくこのよう。まったくこう。「此の画を―かかうとて」〈四河入海・一二〉

まっこう-くさ・い【抹香臭い】マツカウ〔形〕文まっかうくさ・し〔ク〕抹香のにおいがする。転じて、いかにも仏教に関係があるような感じだ。「―・い話題」

まっこう-くじら【抹香鯨】マツカウくぢら クジラ目マッコウクジラ科の哺乳類。ハクジラでは最大で全長19メートルに達し、前頭部は巨大。全身黒いが、年をとるにつれて白っぽくなる。世界中の海を回遊。餌はイカと底生魚で、2000メートルの深海に潜ることができる。まれに大腸からとれる異物は、香料の竜涎香りゅうぜんこうとして珍重される。

まつご-の-みず【末期の水】ミヅ 臨終の際に、その人の口にふくませる水。死に水。

まつご-ようし【末期養子】ヤウシ 江戸時代、後嗣のない武家が一家の断絶を避けるため危篤状態になってから急に願い出る養子。急養子。

マッコリ ▶マッカリ

まつ-ざ【末座】末席。下座しもざ。「―に控える」
類語 下座しもざ・下座げざ・末席・下もと・下手

マッサージ〖massage〗〔名〕スル 主に手で、皮膚や筋肉をさすったり、もんだり、たたいたりして刺激を与え、新陳代謝をよくし、機能を回復させて治療を図ること。「全身を―する」

まっ-さいちゅう【真っ最中】今がちょうど盛りであること。まっ盛り。「夫婦げんかの―」
類語 最中さいちゅう・最中さなか・真っ只中・たけなわ・真っ盛り

まっ-さお【真っ青】マツさを〔名・形動〕❶純粋に青いこと。また、そのさま。「―な湖」❷血の気がひいて顔色が悪いこと。青ざめること。また、そのさま。「ショックで―になる」類語 青・青色せいしょく・藍あい・青藍せいらん・紺青こんじょう・紺碧こんぺき・群青ぐんじょう・紺・瑠璃るり色・縹はなだ・花色・露草色・納戸色・浅葱あさぎ・水色・空色・ブルー・インジゴ・コバルト・シアン・ウルトラマリン・マリンブルー・スカイブルー

まつさか【松坂】❶越後を中心に東北地方に分布する祝い歌。土地により松坂節・荷方にかた節・謙良けんりょう節などとよばれる。❷北陸から九州地方まで広く分布する盆踊り歌。❶が広まって変化したものとも、伊勢の古市で行われた伊勢節が広まったものともいう。松坂音頭。松坂踊り。

まつさか【松阪】三重県中部、伊勢湾に臨む市。もと紀州藩城代の城下町で、参宮・熊野・和歌山の三街道が集まる宿場町、また伊勢商人の根拠地として繁栄。松阪牛の産地。本居宣長旧宅などがある。人口16.8万(2010)。補説 古くは「松坂」と書いた。

まつさか-うし【松▽阪牛】三重県松阪市を中心とする地域で最も長くかつ最終的に肥育された黒毛和種の未経産雌牛の牛肉で、一定の基準に適合したもの。銘柄牛肉の一。日本三大和牛の一。

まつさか-おどり【松坂踊(り)】をどり ▶松坂❷

まっ-さかさま【真っ逆様】〔名・形動〕全くさかさまであること。また、そのさま。「頭から―に落ちる」

まつさか-し【松阪市】▶松阪

まつさか-もめん【松坂木綿】松阪付近から産出する木綿織物。縞木綿が主で、元禄(1688～1704)ころから伊勢神宮参拝の土産物として全国に普及した。

まっ-さかり【真っ盛り】〔名・形動〕今がちょうど盛りであること。また、そのさま。「桜の花の―な(の)時分」「夏の―」
類語 最中さいちゅう・最中さなか・真っ只中・真っ最中・たけなわ

まっ-さき【真っ先】〔名・形動〕いちばん初めであること。また、そのさま。「―に駆けつける」類語 のっけ・いの一番・一番・第一・最初・初発・先頭・トップ・初め・一次・原初・嚆矢こうし・手始め・事始め・まず・優先

まつざき-こうどう【松崎慊堂】カウダウ［1771～1844］江戸後期の儒学者。肥後の人。名は密・復。字あざなは明復。別号、益城。江戸に出て林述斎に朱子学を学び、のち、遠江とおとうみ掛川藩の教授。蛮社の獄では門弟渡辺崋山の赦免運動に尽力。日記に「慊堂日暦」がある。

まっ-さつ【抹殺】〔名〕スル ❶事実・存在などを認めず、無視すること。消し去ること。葬り去ること。「社会から―される」❷こすって消してしまうこと。「墨で五字―する」類語 消去・隠滅・抹消・消却・消す

マッサ-マリッティマ〖Massa Marittima〗イタリア中部、トスカーナ州の町。古くから鉄、銅、水銀などの鉱物資源に恵まれ、13世紀に自治都市になった。14世紀にシエナの支配下に置かれ、16世紀にトスカーナ公国に併合された。マッサマリッティマ大聖堂、ポデスタ宮殿、サンタゴスティーノ教会など、中世の面影を残す歴史的建造物が多い。毎年5月と8月に、中世より続く伝統的な石弓競技が行われる。

マッサマリッティマ-だいせいどう【マッサマリッティマ大聖堂】ダイセイダウ《Duomo di Massa Marittima》イタリア中部、トスカーナ州の町マッサマリッティマにある大聖堂。正式名称はサンチェルボーネ大聖堂。守護聖人チェルボーネを祭る。12世紀から13世紀にかけてピサ-ロマネスク様式で建造された。内部には聖チェルボーネの石棺やシエナ派の画家ドゥッチョによる祭壇画がある。

まっ-さら【真っ▽新】〔名・形動〕全く新しいこと。まだ全然使っていないこと。また、そのさま。「―な(の)背広」

まつざわ-びょういん【松沢病院】まつざはビヤウヰン 東京都世田谷区上北沢(旧東京府荏原郡松沢村)にある都立の精神科病院。明治12年(1879)上野で東京府癲狂てんきょう院として発足、のち巣鴨病院となり、大正8年(1919)松沢村に移転し改称。

まっ-し【末子】最後に生まれた子。すえっこ。ばっし。㊥長子。

まつ-じ【末寺】本山の支配下にある寺。

まっしぐら【驀＝地】〔副〕《古くは「まっしくら」か》激しい勢いで目標に向かって突き進むさま。いっさんに。「ゴールめざして―に走る」「出世街道を―に進む」

まっし-そうぞく【末子相続】サウゾク 末子が単独で財産や地位を相続すること。西日本の農漁村や中央アジア・モンゴルの遊牧民などにみられる。ばっしそうぞく。

まつした-けんりん【松下見林】［1637～1703］江戸前期の儒医・国学者。大坂の人。名は慶・秀明。号、西峯山人。和漢の学に精通し、「三代実録」を校訂出版。著「異称日本伝」など。

まつした-こうのすけ【松下幸之助】カウのすけ［1894～1989］経営者。和歌山の生まれ。大正7年(1918)改良ソケットを考案して独立し、家庭用の電気器具製作所を創業。昭和10年(1935)松下電器産業(現在のパナソニック)に改組以後、家庭電化製品の大メーカーに育てた。またPHP研究所や政経塾を設立。

まつした-せいけいじゅく【松下政経塾】松下幸之助が昭和54年(1979)に設立した私塾。指導者の育成を目的とし、国会議員や企業経営者など政財界に多くの人材を輩出している。本部は神奈川県茅ヶ崎市。全寮制による研修を通じて政治・経営の理念を自修自得させる。

まつした-ぜんに【松下禅尼】北条時氏の妻。経時・時頼らの母。安達景盛の娘。手ずから障子の切り張りをして、子の時頼に質素倹約の手本を示したという徒然草にみえる逸事で有名。生没年未詳。

まつした-だいざぶろう【松下大三郎】ダイザブラウ［1878～1935］国語学者。静岡の生まれ。国学院大教授。語辞の分類法など、文法研究に独自の理論体系を確立した。編著「改撰標準日本文法」「標準日本口語法」「国歌大観」など。

まつ-じつ【末日】終わりの日。最後の日。特に、ある月の最終日。「期限の―」「三月―」

まつしま【松島】宮城県中部、松島湾一帯の景勝地。海食により奇観を呈する大小260余の島があり、松が茂る。日本三景の一。大高森おおたかもり・富山とみやま・扇谷おうぎがやつ山・多聞山たもんさんからの眺望がすぐれ、松島四大観と称される。瑞巌寺ずいがんじ・五大堂・塩竈しおがま神社・観瀾かんらん亭などがある。歌枕「―や雄島の磯にあさりせし海人あまの袖こそかくは濡れしか」〈後拾遺・恋四〉

まつしま-みょうじん【松島明神】ミヤウジン 宮城県宮城郡松島町にある紫神社の通称。祭神は天御中主神。旧称、村崎むらさき明神。俗称、紫明神。

まつしま-や【松島屋】歌舞伎俳優の屋号。7世以後の片岡仁左衛門、およびその一門が用いる。

まつしま-わん【松島湾】宮城県中部にある、仙台湾の支湾。松島丘陵の東部が沈降して形成され、島が多い。水深は浅く、カキ・ノリの養殖が盛ん。

マッシモ-きゅうでん【マッシモ宮殿】《Palazzo Massimo》イタリアの首都ローマにある宮殿。共和国広場とテルミニ駅の間に位置する。現在はローマ国立博物館の主な展示施設の一つとして、紀元前2世紀から紀元4世紀にかけての彫刻などを所蔵。近隣にある古代ローマ時代のディオクレチアヌス帝浴場跡が国立博物館の展示施設として使われていたが、20世紀末に老朽化を理由として、同宮殿とアルテンプス宮殿に所蔵品が移された。マッシモ宮。

まっ-しゃ【末社】❶本社に付属し、その支配を受ける小神社。摂社に次ぐ格式を有し、本社の祭神や由緒に深い関係をもつ。えだみや。❷《客をいう大尽だいじんを大神にかけて本社にたとえ、それを取り巻くものの意》遊里で客の取り持ちをする者。たいこもち。「榊原という旦那が五六人の―を従え」〈谷崎・幇間〉
類語 社やしろ・宮みや・神殿・神廟しんびょう・社殿・廟宇びょうう・神宮・鎮守ちんじゅ・祠ほこら・大社・稲荷・八幡・本社・摂社・祠堂

マッシャー〖masher〗ゆでた芋類やその他の野菜をつぶす器具。

マッシャー〖musher〗犬ぞりの御者。

マッシュ〖mash〗ゆでたり煮たりした野菜を、つぶして裏ごしにすること。また、そのもの。

マッシュ〖MASH〗《mobile army surgical hospital》米陸軍の、移動外科病院。

マッシュアップ〖mashup〗❶音楽で、二つ以上の曲を合成して一つの曲にする技法。❷インターネットを通じて提供される複数のウェブサービスやコンテンツを組み合わせて、あたかも単一のウェブサービスとして提供すること。具体例として、複数のオンラインショップが提供する価格情報を一元的に比較したり、地図検索サービスと店舗情報を組み合わせて提供したりするサービスなどが挙げられる。

マッシュ-ポテト《mashed potatoesから》ゆでたジャガイモをつぶしたもの、または裏ごしにしたもの。牛乳・バター・塩・香辛料などで味をつけて、料理の付け合わせにしたり、コロッケ材料などにしたりする。

マッシュルーム〖mushroom〗❶きのこ。❷ハラタケ科のキノコ。堆肥たいひに生え、傘は白く、初め半球形で、のち大きく開き、直径約10センチ。茎は太く、上部に膜状のつばがある。傘が開く前のものを種々の料理に使い、広く栽培される。西洋まつたけ。つくりたけ。シャンピニオン。

マッシュルーム-カット〖mushroom-cut〗マッシュルーム❷の形に似た髪形。1960年代後半若者の間で流行。

まっ-しょ【末書】原本を祖述した本。また、その注釈書。「四書の―」

まつ-じょ【末女】ヂョ すえの娘。ばつじょ。

まっ-しょう【末×梢】セウ ❶木の枝の先。こずえ。❷物のはし。末端。転じて、取るに足らないこと。「―にとらわれ根本を見失う」

まっ-しょう【抹消】セウ〔名〕スル 塗りつぶして消すこと。記載事項を消すこと。「登録を―する」
類語 消去・隠滅・抹殺・消却・消す

まっ-しょうじき【真っ正直】シヤウヂキ〔名・形動〕「ましょうじき」に同じ。「―な生き方」

まっしょうしんけい-けい【末×梢神経系】マッセウシンケイ 神経系のうち、中枢神経系から出て、体表や体内の諸器官に分布する神経の総称。求心性神経系と遠

心性神経系とに分けられ、また感覚神経・運動神経・自律神経に大別される。(類語)神経

まっしょう-てき【末×梢的】〘形動〙本質から外れているさま。瑣末で取るに足りないさま。「—な問題にこだわる」

まっしょう-とうき【抹消登記】既存の登記の抹消を目的とする登記。登記原因が無効な場合、登記された権利が消滅した場合などに行われる。

まっ-しょうめん【真っ正面】「ましょうめん」に同じ。「堂々と—から乗り込む」

マッジョーレ-こ【マッジョーレ湖】《Maggiore》イタリアとスイスにまたがる湖。南北に細長く、氷河作用により形成。気候が温和で、湖岸にはロカルノなどの保養・観光地がある。マジョレ湖。

マッジョーレ-ひろば【マッジョーレ広場】《Piazza Maggiore》イタリア北東部の都市ボローニャの中心部にある広場。周囲をサンペトロニオ聖堂、中世に建てられた市庁舎、ポデスタ宮殿、エンツォ王宮殿に囲まれる。中央にはジャン＝ボローニャが彫刻を手がけた海神ネプチューンの噴水がある。

まっ-しろ【真っ白】〘名・形動〙❶純粋に白いこと。また、そのさま。純白。「—な雲」❷(比喩的に)そこに何もないこと。空白であること。「頭の中が—になる」「定年を迎えスケジュール表が—だ」❸混じりもののないこと。純粋・無垢であること。「—な気持ちで事に当たる」(類語)白・白色・白妙・純白・雪白・雪色・乳色・乳白色・ミルク色・灰白色・象牙色・ホワイト・オフホワイト・アイボリー

まつしろ【松代】長野市南東部の地名。近世は真田氏の城下町。旧文武学校・佐久間象山邸跡などがある。

まっ-しろ・い【真っ白い】〘形〙非常に白い。純白である。「—・い歯」

まつしろ-ぐんぱつじしん【松代群発地震】昭和40年(1965)8月から長野市松代を中心に発生した群発地震。終息した同45年末までに松代で有感地震6万2821回を数え、建物の損壊、地割れ、大量の湧水と地すべり、地盤の隆起などがあった。

まっしろ-け【真っ白け】〘形動〙図〘ナリ〙非常に白いさま。「おしろいで—な(の)顔」

まっ-しん【真っ芯｜真っ心】物のまったくの中心。「バットの—に当てる」

マッス〘フランス masse〙❶《塊の意》絵画・彫刻・建築作品において、全体の中で一つのまとまりとして把握される部分。また、空間の中でひとかたまりとして把握される全体。❷ ▶マス(mass)

まつ-すぎ【松過ぎ】正月、松飾りを取り払ったあと。松の内が過ぎたころ。7日過ぎ、また15日過ぎをいう。(季 新年)「—のはやくも今日といふ日かな/万太郎」➡松の内

まっ-すぐ【真っ▽直ぐ】〘名・形動〙❶少しも曲がることのないこと。また、そのさま。「—な(の)線」「—に歩く」❷寄り道などしないで、直接に目的に向かうこと。また、そのさま。「家へ—に帰る」❸かくしだてのないさま。正直。「—な性格」(類語)正直

マッスル〘muscle〙筋肉。また、筋力。

まっ・する〘動サ下二・動サ変〙《「まらする」の音変化》補助動詞として、動詞の連用形に付いて用いられる。❶謙譲の意を表す。…してあげる。「おお、知りやらずは、教へて—・せう」〈狂言記・鹿狩〉❷丁寧の意を表す。…ます。「いや耳が、も、ちぎれ—・する」〈虎清狂・蟹山伏〉

まっ・する【抹する】〘動サ変〙図まっ・す〘サ変〙❶こすりつける。また、塗りつける。「丹砂を以て面を—・し」〈竜渓・経国美談〉❷こすってなくす。また、塗りつぶす。「暮靄郭を—・して銀燭星を点じ」〈服部誠一・東京新繁昌記〉❸こすって粉にする。「薬ヲ—・スル」〈日葡〉

まっ-せ【末世】❶仏教で、末法の世。釈迦入滅後の仏法の衰えた世。❷のちの世。後世。❸道義のすたれた世の中。まっせい。「人心の荒廃した—」(類語)末の世・濁世

マッセー〘フランス massé〙ビリヤードで、キューを立てて突く方法。

まっ-せき【末席】最下位の座席。また、その地位。下座。末座。ばっせき。「—に名を連ねる」(類語)下座・下座・末座・下・下手

末席を汚・す 集まりなどに出席したり仲間に加わったりすることを、へりくだっていう言い方。「選考委員の—・す」(補説)この句の場合、「汚す」を「よごす」とは読まない。

まつせ-せいせい【松瀬青々】[1869〜1937]俳人。大阪の生まれ。本名、弥三郎。正岡子規の門人。関西俳壇に重きをなした。句集「妻木」「鳥の巣」など。

まっ-せつ【末節】❶物事の本質的でない部分。「枝葉—」❷晩年。晩節。(類語)(❶)端・些事・小事・枝葉・細事・枝葉末節

まつ-ぜみ【松×蝉】ハルゼミの別名。(季 春)「珊々と—の声揃ひたる/虚子」

まっ-そん【末孫】すえの子孫。血筋の末。ばっそん。

マッソン〘André Masson〙[1896〜1987]フランスのシュールレアリスムの画家。オートマティスムの手法を取り、内面の世界を夢幻的、呪術的に描いた。

まっ-た【待った】❶碁・将棋などで、相手の仕掛けてきた手を待ってもらったり、相撲で立ち合いを待ってもらったりすること。また、そのときにいう語。「—を掛ける」❷進行を一時止めること。「開発計画に—がかかる」

まった【▽又】〘接〙「また」を強めていう語。そのうえ。さらに。「—あのさぶが身の上を言うて聞かさう」〈虎寛狂・夷毘沙門〉

マツダ〘Mazdā〙▶アフラ＝マズダー

マッターホルン〘Matterhorn〙ヨーロッパのアルプス山脈中の高峰。スイスとイタリアとの国境に位置し、標高4477メートル。山頂は氷食により鋭い四角錐をなす。1865年英国のウィンパーらが初登頂。登山基地はスイス側のツェルマット。フランス語名モンセルバン。イタリア語名モンテチェルビノ。マッターホーン。

まった・い【全い】〘形〙図まった・し〘ク〙《「またし」の音変化》❶完全である。完璧である。「親子の愛を—・くして美しい家族的生活をする」〈漱石・吾輩は猫である〉❷安全である。無事である。「—・きを得る」(類語)完全・完璧・万全・十全・両全・満点・金甌無欠・完全無欠・百パーセント・パーフェクト・全く・文句なし・間然する所がない

まつ-だい【末大】末端の方が大きいこと。

末大必ず折る 《「春秋左伝」昭公一一年から》枝葉が大きすぎると、幹が折れる。下の者の勢力が強大になると、上の者は必ず滅びることのたとえ。

まつ-だい【末代】❶死んでからのちの世。後世。「—までの恥」❷道義の衰えた末の世。末世。「かやうの事、—ざまには何となき事にてあるにこそ」〈愚管抄・二〉(類語)後世・後代

まつだい-もの【末代物】末代までも使用できる堅牢なもの。

まっ-たいら【真っ平ら】〘名・形動〙全くたいらなこと。また、そのさま。「波一つなく—な海面」

まつだいら-かたもり【松平容保】[1835〜1893]幕末の会津藩主。京都守護職となって公武合体に尽力し、尊攘急進派の長州藩を一掃したが、鳥羽伏見の戦いに敗れて江戸へ逃れた。会津戦争で討幕軍に抗戦したが降伏、のち許されて東照宮宮司となった。

まつだいら-さだのぶ【松平定信】[1759〜1829]江戸後期の大名。田安宗武の七男。陸奥白河藩主松平定邦の養子。号、楽翁。天明7年(1787)老中首座となり、寛政の改革を断行。著「花月双紙」「宇下人言」など。

まつだいら-しゅんがく【松平春嶽】▶松平慶永

まつだいら-ただなお【松平忠直】[1595〜1650]江戸初期の大名。越前福井藩主。結城秀康の長男。大坂の陣での論功を不満として反逆的言動をとり、豊後に配流された。

まつだいら-のぶつな【松平信綱】[1596〜1662]江戸初期の大名。武蔵川越藩主。将軍徳川家光・家綱に仕え、島原天草一揆・由井正雪の乱・明暦の大火などを処理。伊豆守だったので「知恵伊豆」と称された。

まつだいら-はるさと【松平治郷】[1751〜1818]江戸後期の大名。出雲松江藩主。号、不昧。藩政の改革に尽力。また、茶人として石州流不昧派を興した。著「贅言」など。

まつだいら-ふまい【松平不昧】▶松平治郷

まつだいら-よしなが【松平慶永】[1828〜1890]幕末の大名。越前福井藩主。号、春嶽。日米修好通商条約の締結では勅許を得ることを主張、将軍継嗣問題では一橋慶喜を推したため大老井伊直弼と対立、隠居・謹慎を命ぜられた。井伊暗殺ののち許され、公武合体に尽力。維新後は議定・民部卿・大蔵卿を歴任。

まつだ-うきふね【松田浮舟】江戸初期の手品師。水芸を得意とした。生没年未詳。

まったく【全く】〘副〙《形容詞「まったい」の連用形から》❶完全にその状態になっているさま。すっかり。「—新しい企画」「回復の希望は—絶たれた」❷打消しの語を伴って、完全な否定の意を表す。決して。全然。「彼は事件とは—関係がない」「—話にならない」❸ある事実・判断を強調する気持ちを表す。本当に。実に。「今日は—寒い」「—けしからん話だ」「—君の言う通りだよ」❹(「まったくだ」「まったくです」などの形で)話し言葉で、相手の言葉を受けて、それを強く肯定または否定する意を表す。「『腹が立つといったら、殴りたい気分だよ』『—だね』(肯定)」「『旅行の準備はできたかね』『—ですよ』(否定)」❺(「まったくの」の形で)話題になっていることについて、その通りの、文字通りの、嘘偽りなしなどの意を表す。「抜けているといったら、—の抜け作さ」「料理については—の素人だ」
(類語)(❶)完全に・全面的に・百パーセント・完璧・万全・十全・両全・満点・金甌無欠・完全無欠・パーフェクト・全まつい・文句なし・間然する所がない/(❷)全然・一向・まるきり・まるで・皆目・からきし・さっぱり・とんと・ちっとも・少しも・いささかも・何ら・毫も・微塵も・毛頭・露・更更・一向に・一切・まるっきり/(❸)実に・本当に・まことに・何とも・実以て

まったく-の-ところ【全くの所】〘副〙「まったく」を強めた言い方。実際のところ。「勝敗は—わからない」

まったく-もって【全く▽以て】〘副〙「まったく」を強めた言い方。本当に。実に。「—迷惑な話だ」

まつ-たけ【松×茸】キシメジ科のキノコ。秋、主にアカマツ林に生え、輪状に並んで出る。傘の表面は茶色、裏面は灰白色で、初め半球形から平らに開き、直径約10センチ。独特の芳香があり、食用キノコ中の最上のものとして珍重される。日本・朝鮮半島などに分布。(季 秋)「—を貰うてばかりたうべけり/梓月」

まつだ-こうへい【松田耕平】[1922〜2002]実業家。広島の生まれ。昭和45年(1970)東洋工業(マツダの前身)の社長に就任、プロ野球球団広島東洋カープのオーナーとなる。米国メジャーリーグに学び、海外キャンプや外国人監督の起用などの改革を進め、チームを初優勝へと導いた。

まつだ-ごんろく【松田権六】[1896〜1986]漆芸家。石川の生まれ。蒔絵にすぐれた。また、日光東照宮や中尊寺金色堂などの修復に従事。文化勲章受章。

まっ-ただなか【真っ▽直中｜真っ×只中】❶まんまんなか。中心。「敵の—に切り込む」❷真っ最中。まっ盛り。「けんかの—」(類語)最中・最中・たけなわ

まった-なし【待った無し】碁・将棋・相撲などの勝負事で、「待った」ができないこと。転じて、少しの猶予もないこと。「この勝負は—だ」「—の催促」

まつたに-みよこ【松谷みよ子】[1926〜]児童文学作家・民話研究家。東京の生まれ。本名、美代子。坪田譲治に師事。「龍の子太郎」で国際アンデルセン賞優良賞受賞、「ちいさいモモちゃん」で野間児童文芸賞受賞。他に「モモちゃん」シリーズ、「オバケちゃん」シリーズ、「ふたりのイーダ」など。

まつだ-ぶんこうどう【松田文耕堂】江戸中期の浄瑠璃作者。大坂の人。通称、和吉。近松門左衛門に師事し、竹本座で活躍。「鬼一法眼三略巻」「壇浦兜軍記」「ひらかな盛衰記」など合作が多い。生没年未詳。

まつだ-みちお【松田道雄】[1908〜1998]医師・評論家。茨城の生まれ。昭和22年(1947)京都に小児科を開設、同42年、診療をやめて執筆に専念。診療の経験を生かして執筆した「育児の百科」がベストセラーとなる。

まったり〔副〕スル ❶味わいがおだやかで、こくのあるさま。「―(と)した味」❷ゆったりとしているさま。のんびりと落ち着いた気分であるさま。また、だらだらしているさま。「家人と休暇を―(と)過ごす」「ドラマが―(と)進行する」❸人柄が穏やかなさま。「―(と)した人で人望があります」

マッダレーナ-しょとう【マッダレーナ諸島】《Arcipelago della Maddalena》イタリア半島の西方、サルデーニャ島の北東部、ティレニア海にある諸島。マッダレーナ島、カプレーラ島、スパルジ島、サントステファノ島、ラッツォリ島、ブデッリ島、サンタマリア島などで構成され、マッダレーナ諸島国立公園に指定されている。ラマッダレーナ諸島。

まっ-たん【末端】❶物のはしの部分。「枝の―」❷組織などの中央から最も遠い部分。「意図を―にまで徹底させる」〘類語〙先・先端・突端・頭・末・先っぽ・ヘッド・はし・端・突先・突端・一端

まつ-だん【末段】文章・物語などの最終部分。

まったん-かかく【末端価格】生産者価格・卸売価格に対して、商品の流通経路における末端の価格。小売価格。

まったんひだい-しょう【末端肥大症】▶先端巨大症

マッチ〘match〙軸木につけた頭薬を摩擦によって発火させる道具。塩素酸カリウム・ガラス粉・硫黄などからなる頭薬を、マッチ箱の側面に塗布した赤燐・硫化アンチモンなどからなる側薬にこすりつける安全マッチが普通。赤燐か黄燐を頭薬とし、壁・靴などにこすりつけるだけで発火するものもあるが、現在は製造禁止。〘補説〙「燐寸」とも書く。

マッチ〘match〙〔名〕スル ❶試合。勝負。競技。「タイトル―」「リターン―」❷調和がとれること。適合すること。「内容に―した外観」〘類語〙(❶)試合・ゲーム・予選・メーンイベント・公式戦／(❷)調和

ま-つち【真土】耕作に適した良質の土壌。

マッチ-ザ-ハッチ〘match the hatch〙フライフィッシングで、湖沼や川で水生昆虫の羽化(ハッチ)が始まって魚が追う時期に、その昆虫に似せた擬餌針で魚を釣ること。

マッチ-ばこ【マッチ箱】マッチ棒を入れている紙製の小箱。小さくて安っぽい箱状のもののたとえにも使う。「―のような家」

マッチ-プレー〘match play〙ゴルフで、ホールごとに勝負を決めていく対人競技。勝ったホール数が残りのホール数を上回ったときに競技は終わる。▶ストロークプレー

マッチ-ペナルティー〘match penalty〙アイスホッケーで、相手選手をわざと蹴ったり、けがをさせたり、または殴り合いを始めたりした選手に対する罰則。該当選手は残り時間はもちろん、以後の試合についても連盟会長の許可があるまで出場停止となる。

マッチ-ポイント〘match point〙卓球・テニスなどで、試合を決める最後の一点。

マッチ-ポンプ《和 match＋pomp(オランダ)》自分で問題やもめごとを起こしておいてから収拾を持ちかけ、何らかの報酬を受け取ろうとすること。また、その人。マッチで火を付けてポンプで消火するという二役を一人でこなす意。

マッチメーカー〘matchmaker〙ボクシングなどの試合で、対戦の段取りなどを決める人。

まっ-ちゃ【抹茶】茶の新芽を摘んで精製した葉茶を、臼でひいて粉末にしたもの。主として茶の湯に用い、濃い茶と薄茶とがある。碾き茶。散茶。

まっちゃ-いろ【抹茶色】抹茶のような色。柔らかい黄緑色。

まつち-やま【真土山┊待乳山】㊀奈良県五條市と和歌山県橋本市との境にある山。吉野川(紀ノ川)北岸にある。〘歌枕〙㊁東京都台東区浅草にある小丘。隅田川西岸に位置し、聖天宮がある。㊂〔枕〕同音の「待つ」にかかる。「一待つらむ妹を」〈万・三一五四〉

マッチョ〘macho〙男らしいこと。男らしさ。また、筋肉美を誇る男性。「―マン」

マッチョ〘MACHO〙《massive compact halo object》光などの電磁波を放出または反射しているが、非常に暗くて小さいため、直接観測することが困難な天体の総称。銀河の回転運動の観測から、銀河のハローに存在すると考えられ、褐色矮星、惑星、中性子星、白色矮星などが候補に挙げられている。一部のMACHOについては、重力レンズ効果を利用した観測から、その存在が確認され、太陽の質量の10分の1から同程度と見積もられている。宇宙の大半の質量を占めていると考えられる暗黒物質のうち、質量エネルギーに比べ運動エネルギーが小さい冷たい暗黒物質の一種とされる。

マッチョイズム《和 macho＋-ism》男っぽさを誇示すること。▶マチスモ

マッチョ-マン〘macho man〙力強くて男っぽい男。マッチョ。

マッチング〘matching〙❶種類の異なったものを組み合わせること。❷複数のデータをつき合わせて照合すること。

マッチング-きょしゅつ【マッチング拠出】確定拠出年金制度で、事業主が掛け金を拠出する企業型年金に従業員が追加拠出したり、従業員が拠出する個人型年金に事業主が追加拠出すること。〘補説〙米国の401k制度は従業員の個人拠出に事業主が上乗せするマッチング拠出を認めている。日本では平成24年(2012)1月から企業型の確定拠出年金に従業員が上乗せ拠出することが認められた。

マッツィーニ〘Giuseppe Mazzini〙[1805〜1872]イタリアの革命家・思想家。亡命地マルセイユで青年イタリア党を結成し、イタリア統一共和国を目標に活躍。立憲君主制による統一後は労働運動に献身。

まっ-てい【末弟】すえの弟。ばってい。

マッテゾン〘Johann Mattheson〙[1681〜1764]ドイツの作曲家・音楽理論家。ヘンデルの最初の伝記を書いた。著「完全なる楽長」など。

マット〘mat〙❶玄関や部屋の入り口などに置く靴ふき・足ふきの敷物。❷床や廊下などに敷く敷物。また、花瓶・灰皿・飾り物などの下敷き。❸器械運動に用いる厚い敷物。❹レスリングや柔道で、競技場に敷く安全のための敷物。❺ボクシングで、リング内の床。「一発で―に沈める」

マット〘MAT〙《missile anti-tank》対戦車ミサイル。

マット〘matte〙〔形動〕光沢のないさま。つや消しにしたさま。「―な仕上がりの口紅」

まっと〔副〕もっと。もう少し。「何故あお愛様は―内のお嬢様を冷かさぬか」〈堺利彦・蝶くらべ〉

マッド〘MAD〙《mutual assured destruction》相互確証破壊。核による先制攻撃を受けても、その敵国に報復して絶対的な損害を与えることができる核戦力を保持することによって、核攻撃を抑止するという米ソ冷戦時代の核戦略構想。

マッド〘MAD〙《magnetic anomaly detector》磁気探知装置。潜水艦の存在によって生じる、地球の磁力線の乱れを利用して、潜水艦の位置を探る装置。

マッド〘MADD〙《Mothers Against Drunk Driving》飲酒運転根絶を目指す母親の会。飲酒運転事故が増加し大きな社会問題になっている米国で結成された全国的組織。1980年設立。本部はテキサス州アービング。98年に日本でもMADD Japanが設立されている。

まつど【松戸】千葉県北西部の市。住宅・商業都市。水戸街道の宿場町、江戸川水運の河港として発達。人口48.5万(2010)。

まっとう【松任】石川県中部にあった市。金沢平野中央に位置する早場米の産地。また、金沢市に隣接し、宅地化が進展。平成17年(2005)に石川郡7町村と合併して白山市となった。▶白山

まっとう【全う】〔形動〕〔文〕〔ナリ〕《形容詞「まったい」の連用形の音変化》まともなさま。まじめなさま。「―な人生」「―なやり方」〘補説〙「真っ当」とも当てて書く。〘派生〙まっとうさ〔名〕〘類語〙まとも

まっとう-し【松任市】▶松任

まっとう・する【全うする】〔動サ変〕〔文〕まったう・す〔サ変〕《「まったくする」の音変化》完全に果たす。完全に終わらせる。「本分を―・する」「天寿を―・する」〘類語〙果たす・遂げる・成し遂げる

マット-カラー〘matte color〙媒剤に樹脂を用いた、光沢のない絵の具。ポスターカラーなど。

マット-グロッソ〘Mato Grosso〙《深い森の意》ブラジル中部にある州。当初はスペイン領だったが、17世紀にポルトガルが獲得。南西部にはパンタナールの湿地、北部にはセルバの密林が広がる。州都はクイアバ。

マット-グロッソ-ド-スル〘Mato Grosso do Sul〙《南の深い森の意》ブラジル南西部にある州。1977年にマット-グロッソ州の南半分が分離して成立。北西部にはパンタナールの湿原が広がる。牧畜業が盛ん。州都はカンポ-グランデ。

マッド-サイエンティスト〘mad scientist〙SF作品などに登場する、常軌を逸した天才科学者。利己的な欲望・目的を遂げるために科学を悪用したり、研究に没頭するあまり倫理を逸脱したりして、奇想天外な発明を行い、恐怖や混乱を引き起こす。

マット-し【マット紙】《matte paper》光沢のない印刷用紙。紙の表面につや消しのためのコーティングが施されている。無光沢紙。

まつど-し【松戸市】▶松戸

マットレス〘mattress〙敷き布団の下やベッドなどに用いる厚い敷物。

まつ-な【松菜】アカザ科の一年草。海岸の砂地に生え、高さ約1メートルにもなる。よく分枝し、葉は線形で密に互生する。夏から秋、葉の付け根に緑色の小花をつける。若芽は食用。

まつなが【松永】広島県福山市の地名。旧松永市。江戸初期に塩田が開かれて発展。下駄を特産。

まつなが-せきご【松永尺五】[1592〜1657]江戸初期の儒学者。京都の人。貞徳の子。名は昌三。字は遐年。藤原惺窩の高弟。京都に講習堂を開き、門下から木下順庵・貝原益軒らを出した。著「彝倫抄」「四書事文実録」など。

まつなが-ていとく【松永貞徳】[1571〜1653]江戸初期の俳人・歌人・歌学者。京都の人。尺五の父。名は勝熊。別号、長頭丸・逍遊軒など。和歌を細川幽斎に、連歌を里村紹巴に学ぶ。貞門俳諧の祖。門下から北村季吟らを輩出。歌集「逍遊愚抄」、俳諧式目書「御傘」など。

まつなが-ひさひで【松永久秀】[1510〜1577]戦国時代の武将。初め三好長慶に仕えたが、奈良に多聞城を築いて主家を滅ぼし、将軍足利義輝を殺して東大寺大仏殿を焼いた。織田信長の入京に際して降伏したが、のち背いて敗死。

まつなが-やすざえもん【松永安左衛門】[1875〜1971]実業家。長崎の生まれ。九州水力電気・東邦電力を創業。第二次大戦後、電力事業の地域ブロック別民営化などに活躍し、「電力の鬼」と称された。茶人としても知られる。

まつなが-れいいち【松永怜一】[1931〜　]野球監督・指導者。福岡の生まれ。高校野球、法大野球部で活躍後、昭和40年(1965)法大の監督に就任。東京六大学リーグで6回の優勝を果たした。同59年ロサンゼルス五輪で野球の全日本チーム監督を務め、金メダルを獲得。のちアマチュア野球界の要職を歴任し、その発展に尽くした。

まつなが‐わふう【松永和風】長唄唄方。㊀(3世)[1839～1916]清元の節回しを取り入れた芸風で、好評を博した。「和楓」の字を用いた。㊁(4世)[1874～1962]美声と独特の節回しで、昭和初期に一世を風靡ふうびした。

まつ‐なみき【松並木】道路の両側などに、1列に松の木が植えてあるもの。

まつ‐なん【末男】すえの息子。ばつなん。

まつね‐とうようじょう【松根東洋城】とうやうじやう[1878～1964]俳人。東京の生まれ。本名、豊次郎。夏目漱石に師事し、「ホトトギス」に参加。のち俳誌「渋柿」を創刊・主宰し、人間修業としての俳句を主張した。著「俳諧道」「黛」など。

まつ‐ねん【末年】❶人生またはある時代の終わりのころ。また、最後の年。ばつねん。「昭和の―」❷すえの世。後世。ばつねん。

まつ‐の‐うち【松の内】正月の松飾りを立てておく期間。元日から7日、また15日まで。注連しめの内。(季 新年)「子を持たぬ身のつれづれや―／荷風」

(類語)三が日・正月・一月・新年・新春・初春しょしゅん・はつはる・孟春もうしゅん・春はる・年始・年初・睦月むつき・陽春

まつのお‐たいしゃ【松尾大社】まつのを― 京都市西京区にある神社。旧官幣大社。祭神は大山咋神おおやまくいのかみ・市杵島姫命いちきしまひめのみこと。大宝元年(701)秦都理はたのとりの創建といわれ、平安京守護の神社。酒造の神として信仰される。

まつのおちば【松の落葉】㊀江戸中期の歌謡集。6巻。宝永7年(1710)刊。「松の葉」にもれた歌を収録した「落葉集おちばしゅう」を増補・改訂したもの。㊁江戸後期の随筆。4巻。藤井高尚著。天保3年(1832)刊。神道・国史・国語・国文に関する考証などを記したもの。

まつのお‐でら【松尾寺】まつのを― 京都府舞鶴市にある真言宗醍醐派の寺。山号は、青葉山。西国三十三所第29番札所。開創は、寺伝によれば慶雲年間(704～708)、唐僧威光の開山。本尊は馬頭観音で、養老年間(717～724)に泰澄が奥院を開いた。現在の本堂は細川幽斎の再建。絹本着色の普賢延命像は国宝。

まつのお‐やま【松尾山】まつのを― 京都市西京区にある松尾大社の裏山。標高223メートル。(歌枕)「ちはやぶる―の影みれば今日ぞ千歳の始めなりける」〈後拾遺・神祇〉

まつ‐の‐かど【松の門】松飾りのしてある門。(季 新年)

まつ‐の‐くらい【松の位】―くらゐ《秦の始皇帝が雨宿りをした松を大夫たいふに封じたという故事から》❶大夫(五位の官)の異称。❷江戸時代、遊女の最高の地位。大夫職たゆうしょく。

まつ‐の‐けぶり【松の煙】❶松をたく煙。❷松明たいまつの煙。「―のたなびきて」〈枕・一四二〉

まつ‐の‐こえ【松の声】―こゑ 松風の音。松籟しょうらい。「陰にとて立ちかくるれば唐衣ぬれぬ雨降る―かな」〈新古今・雑中〉

まつ‐の‐こけ【松の蘿｜松の苔】サルオガセの古名。〈和名抄〉

まつ‐の‐ことのは【松の言の葉】《古今集・仮名序に「松の葉の散りうせずして」とあるところから》和歌のこと。「住吉の―変はらずは神代にかへれ敷島の道」〈新千載・神祇〉

まつのざい‐せんちゅう【松の材線虫】線虫の一種。体長約1ミリ。マツノマダラカミキリによって媒介され、そのかみ傷から材中に侵入して繁殖し、松枯れを起こす。材中でカミキリの幼虫が羽化すると体内に移り、運ばれる。日本には米国から渡来。

まつ‐の‐と【松の戸】松の木や枝で作った板戸または編み戸。松の下陰にある戸。まつのとざし。まつのとびら。まつのとぼそ。「山深み春ともしらぬ―に絶えだえかかる雪の玉水」〈新古今・春上〉

まつ‐の‐は【松の葉】❶松の木の葉。まつば。❷贈り物の上包みなどに、粗末な品物の意を表すためにしるす語。寸志。「ほんの手土産、―ぢゃと思うて下され」〈伎・助六〉

まつのは【松の葉】江戸中期の歌謡集。5巻。秀松軒しゅうしょうけん編。元禄16年(1703)刊。当時の上方で伝承・演奏されていた三味線歌曲の歌詞を分類・集成したもの。

まつのは‐の【松の葉の】〔枕〕松の葉が常緑であるところから、「いつとも分かぬ」「散りうせず」「久し」などにかかる。「―いつとも分かぬ恋もするかな」〈古今・恋一〉

まつ‐の‐ま【松の間】江戸城中の外様とざま大名の詰め所。大廊下とのしきりの襖ふすまに、狩野探幽の筆による松の絵が描かれていた。

まつのまだら‐かみきり【松の斑天牛】カミキリムシ科の昆虫。体長3センチくらい。前翅まえばねに黒と白の斑がある。成虫は5～9月に出現し、松の枯れ枝に産卵。幼虫は松の材部を食害する。また成虫はマツノザイセンチュウを媒介。本州以南に分布。

まつのみどり【松の緑】㊀長唄。杵屋六翁(4世六三郎)が、娘の改名披露の祝賀曲として作曲。天保11～安政2年(1840～1855)の成立。素踊りとしても用いられる。㊁うた沢。仮名垣魯文作詞、哥沢土佐太夫作曲。芝派だけの祝儀曲。「松寿千年」とも。

まつのやひっき【松屋筆記】江戸後期の随筆。120巻。小山田与清おやまだともきよ著。明治41年(1908)刊。文化末年(1818)から弘化2年(1845)ころまでの約30年間にわたり、古今の書物の記事を抜き書きし、考証・論評などを加えたもの。

まつ‐の‐ゆき【松の雪】❶松に降り積もった雪。❷襲かさねの色目の名。表は白、裏は青。柳襲やなぎがさね。

まつ‐の‐よわい【松の齢】―よはひ《松の生命の長い年数の意から》長く久しい年齢。長寿。「住む人もすぎゆく我も住吉の―と祈らざらめや」〈経信集〉

まつ‐のり【松海苔】ムカデノリ科の紅藻。満潮線近くの岩上に生え、高さ約5センチ。基部は円柱状で先のほうは平たく、二またによく分枝する。本州中部以南に分布。食用。(季 春)

まつのろうか‐にんじょうじけん【松之廊下刃傷事件】まつのラウカニンジヤウジケン 元禄14年(1701)3月14日、京都から下向した勅使の接待役を命じられていた播磨国(兵庫県)赤穂の藩主、浅野内匠頭長矩ながのりが江戸城松之大廊下で高家吉良上野介義央よしなかに斬りつけ傷を負わせた事件。取り押さえられた浅野長矩は田村家にお預けとなり、即日切腹を命じられ浅野家は断絶した。(補説)この事件は「忠臣蔵」として脚色上演されて人気を呼び、その後も小説、映画などの題材となった。なぜ浅野が吉良を斬ったか、理由ははっきりしない。浅野からの付け届けがなかったので吉良がいじめたというのは俗説。

マッハ〘Ernst Mach〙(人)[1838～1916]オーストリアの物理学者・哲学者。波動や超音速について研究し、マッハ数の概念を導入。ニュートン力学の時間・空間などの概念を批判的に検討。また実証主義的経験批判論を展開してその先駆者となった。著「力学の展開」「感覚の分析」「認識と誤謬ごびゅう」など。(名) ▶マッハ数

まつ‐ば【松葉】❶松の木の葉。❷紋所の名。松の葉を図案化したもの。❸「松葉色」の略。「青色の―上の衣の柳がさね着」〈宇津保・吹上上〉

まっ‐ぱ【末派】❶末の流派。末流。特に、芸術・宗教などの末の流派。❷「末輩」に同じ。

まっ‐ぱい【末輩】仲間の末に連なる者。地位・技量などの劣った者。末派。

まつば‐いろ【松葉色】深緑色。ふかみどり。

(類語)緑・緑色りょくしょく・翠緑すいりょく・深緑しんりょく・草色くさいろ・萌葱もえぎ色・柳色・利休色・オリーブ色・グリーン・エメラルド・エメラルドグリーン・黄緑・深緑・浅緑

まつば‐かき【松葉搔き】落葉などをかき集めたり、土をかきならしたりするのに用いる道具。木こ の葉搔き。

まつば‐がに【松葉蟹】❶イソオウギガニ科のカニ。浅海にすみ、甲は丸みのある四角形で、甲幅13センチくらい。全体に黄褐色。甲の縁と脚に太いとげが多数ある。本州中部以南に産し、食用。❷ズワイガニの別名。鳥取・島根地方でいう。(季 冬)

まつば‐がみ【松葉紙】松葉のような形をした細かいものを漉すき込んだ紙。松皮紙。

まつば‐かんざし【松葉簪】松葉の形を模した二またのかんざし。

まつば‐ぎく【松葉菊】ツルナ科の常緑多年草。茎は地をはい、枝分かれし、針状の多肉質の葉を対生する。夏に紅紫色の菊に似た花が咲き、花びらは細くて光沢がある。南アフリカの原産。花壇などに植える。サボテンぎく。(季 夏)

マッハ‐しゅぎ【マッハ主義】19世紀末、マッハに始まる実証主義的認識論の立場。物質も精神も感覚的要素の複合であると主張。のちの論理実証主義の確立に影響を及ぼした。

マッハ‐すう【マッハ数】流体中の物体の速さの音速に対する比。航空機やロケットなどの速度を示すのに用いる。マッハ数1は音速と等しい速さで、秒速約340メートル、時速約1225キロメートル。記号M マッハ。

まっ‐ぱだか【真っ裸】〔名・形動〕からだに何もまとっていないこと。また、そのさま。まるはだか。すっぱだか。「―な(の)子供」「―で泳ぐ」(季 夏)「―に字を書く墨をたっぷりと／誓子」(類語)裸

まつば‐づえ【松葉杖】―づゑ 足の不自由な人が用いる杖。上辺が松葉のように二またになっているもの。

まつば‐にんじん【松葉人参】アマ科の一年草。山地に生え、高さ約50センチ。葉は線形で互生する。夏、淡紫色の小花を多数開く。まつばなでしこ。

まつば‐ぼたん【松葉牡丹】スベリヒユ科の一年草。茎は地をはい、多数の枝に分かれ、紅色を帯びる。葉は細くて肉厚。夏、紅・黄・白色などの5弁花を朝に開き、昼ごろにしぼむ。ブラジル原産で、花壇などに植えられ、八重咲きの品種もある。ポーチュラカ。アメリカぐさ。(季 夏)「おのづから―に道はあり／虚子」

まつ‐ばめ【松羽目】《松を描いた羽目板の意》歌舞伎の大道具の一。能舞台を模して、正面に老松、左右の袖に竹を描いた羽目板模様の張り物。

まつばめ‐もの【松羽目物】歌舞伎舞踊の一系統で、能・狂言の表現様式を模したもの。舞台の背景に松羽目を用いるのでいう。「勧進帳」「身替座禅」など。

まつ‐ばやし【松林】松の木の林。

まつ‐ばやし【松囃子｜松拍子】❶室町時代に盛行した初春の祝福芸。声聞師しょうもじなどの専業芸人のほか、村人・町人・侍などが、幕府や諸邸を回って種々の芸能を演じ、祝い言を述べたもの。現在も民俗芸能として九州に残る。❷江戸時代、正月2日(のち3日)の夜、幕府で諸侯を殿中に召して行った謡初うたいぞめの儀式。町家もこれに倣った。(季 新年)「音曲や声のはつはな―／重頼」

まつばやし‐けいげつ【松林桂月】[1876～1963]日本画家。山口の生まれ。本名、篤。日本南画院会長。野口幽谷に師事、南宗画の正系を継いで、その近代化に尽くした。代表作に「春宵花影」など。昭和33年(1958)文化勲章受章。

まつば‐ゆり【松葉百合】アマナの別名。

まつ‐ばら【松原】松の多く生えている原。

まつばら【松原】大阪府中部の市。大阪市の南、堺市の東に隣接する住宅地。古代は難波と大和とを結ぶ竹内たけのうち・長尾両街道の要地。人口12.4万(2010)。

まつばら‐し【松原市】▶松原

まつば‐らん【松葉蘭】マツバラン科の常緑多年生のシダ。暖地の樹上・岩上などに着生。高さ10～30センチ。茎は三角柱で、上部で枝分かれを繰り返し、ほうき状になる。葉は鱗片りんぺん状。枝の上に球形の胞子嚢ほうしのうが点在し、熟すと黄色の胞子を出す。ははきらん。

まつ‐び【末尾】ものの最後。終わり。「文章の―」

(類語)おしまい・終了・終結・終焉しゅうえん・終末・果てし・幕切れ・閉幕・幕・打ち止め・ちょん・完かん・了りょう・ジエンド・終しまい・最終・結末・結び・締め括くくり・結尾・掉尾とうび・掉尾ちょうび・終局・終幕・大詰め・土壇場どたんば・どん詰まり・末すえ・ラスト・エンディング・フィニッシュ・フィナーレ

まっ‐ぴつ【末筆】文章、特に手紙の末尾にしるす文句。「―ながら、奥様によろしく」

〔類語〕後書き・後記・跋ばつ・跋文・奥書・後付け・奥付

まっ-ぴら【真っ平】〔形動〕図〔ナリ〕《「まひら」の音変化。語幹を副詞的にも用いる》❶ただひたすらに願うさま。ひとえに。「一許されい」「一にいやと言ふとも入り参らする」〈仮・仁勢物語・下〉❷《「真っ平御免」の略》全くいやだ。絶対にしたくない。「同情は一だ」〔類語〕うんざり・げんなり・飽き飽き・懲り懲り・飽きる・倦うむ・倦怠けんたい・食傷・退屈・鼻に付く・辟易へきえき・閉口

まっぴら-ごめん【真っ平御免】〔連語〕❶全くいやであること。まっぴら。「お説教は一だ」❷許しを請うときの言葉。「何卒どうぞ一なすって、向後屹きっと気を着けまする」〈鏡花・夜行巡査〉❸人を訪ねたり辞去したりするときのあいさつの言葉。「もし、一ねえ」〈滑・七偏人・五〉

まっ-ぴるま【真っ昼間】昼のさなか。ひるひなか。「一から酒を飲むとは何事だ」〔類語〕真昼・白昼・昼

マッピング〖mapping〗〔名〕スル ❶地図を作ること。❷染色体上の遺伝子の位置関係を、組み換え価をもとに決めること。地図作製。❸コンピューターグラフィックスの三次元画像で物体表面にさまざまな効果を施し質感を高めること。テクスチャーマッピング、バンプマッピングなどがある。❹コンピューターで扱われる文字や記号について、個々の文字コードとフォント(書体データ)との対応付けをすること。フォントマッピング。

マップ〖map〗地図。「ロードー」

マップ〖MAP〗《manufacturing automation protocol》生産を自動化するための工場ネットワークの通信制御手順。工場内の全てのコンピューターやロボットなどを通信ネットワークで結び、設計から製造、搬出までを一元的に管理する総合生産システムを構築するための通信規格として、米国のゼネラルモーターズ社が1980年に提唱。関係企業に呼びかけ、規格の統一を目指したが、結局実現にはいたらなかった。

マップ〖MAP〗《Military Assistance Program》米国の軍事援助計画。相互安全保障法(MSA)協定に基づき、相手国に軍需品を無償供与する計画。

まっ-ぷく【末伏】三伏の一。立秋後の、初めての庚かのえの日。〔季 夏〕➡初伏 ➡中伏

まつ-ふぐり【松陰＝囊｜松×毬】まつかさ。まつぼっくり。〔季 秋〕

まつ-ぶさ【松房】マツブサ科の落葉性の蔓つる植物。葉は広楕円形。ふつう雌雄異株。6月ごろ、淡黄色の小花が下向きに咲き、藍黒色の丸い実が房状にできる。つるを傷つけると松の匂いがする。

ま-つぶさ【真▽具】〔形動ナリ〕整いそろっているさま。十分なさま。「ぬばたまの黒き御衣みけしを一に取り装よそひ」〈記・上・歌謡〉

まっ-ぷたつ【真っ二つ】きっちりと半分にすること。また、半分になること。「りんごを一に切る」「意見が一に分かれる」

マップ-マッチング〖map matching〗カーナビゲーションシステムの機能の一。GPS衛星による緯度・経度情報の誤差を、コンピューターが内蔵する地図情報と照らし合わせて補正することをいう。

マップ-ランプ〖map lamp〗自動車の運転席などについている地図などを見るための小灯。

マッフレームーア-りっせき【マッフレームーア立石】《Machrie Moor Standing Stone》➡マクリームーア立石

まつ-ぶん【末文】❶文章の終わりの部分。❷手紙文の終わりに書く形式的な文章。「まずはお願いまで」「右取り急ぎ御礼まで」などの類。〔類語〕文末・結び・巻末

マッヘ〖ドイツ Mache〗空気・温泉水などに含まれるラジウムやエマナチオンの濃度の単位。1リットルの空気・温泉水などが電離作用で0.001静電単位の電流を流すとき、1マッヘという。オーストリアの物理学者H＝マッヘの名にちなむ。

まつ・べる【×纏べる｜▽集べる】〔動バ下一〕図まつ・ぶ〔バ下二〕一つにまとめる。一つところに集める。「沓くつ見一・べて腰につけ」〈浄・丹波与作〉

ま-つぼ【真×壺】葉茶壺の一種。ルソン壺のうち、肩や胴に銘のないもの。

まっ-ぽう【末法】マッポウ 仏語。仏法の行われる時期を三つに分けた三時のうち、最後の退廃期。釈迦しゃかの入滅後、正法しょうぼう・像法ぞうぼうを経たあとの1万年間。教えが説かれるだけで修行する者もなく、悟りを開く者のいない時期とされる。末法時。「一の世」

まっぽう-しそう【末法思想】マッポウシサウ 仏教の歴史観の一。末法に入ると仏教が衰えるとする思想。日本では、平安後期から鎌倉時代にかけて流行。平安末期の説によれば、永承7年(1052)に末法の世を迎えるとした。

まっぽうとうみょうき【末法灯明記】マッポウトウミャウキ 平安時代の仏教書。1巻。延暦20年(801)最澄著と伝えるが疑わしい。末法には無戒名の僧こそが世の灯として尊ばれねばならないと主張したもの。

まつ-ぼっくり【松×毬｜松陰＝囊】《「まつふぐり」の音変化》「松笠まつかさ」に同じ。

まつ-ほど【松▽塊】サルノコシカケ科のブクリョウの古名。〈和名抄〉

まつほ-の-うら【松帆の浦】淡路島北端の松帆崎の海岸。明石海峡に臨む景勝地。まつおのうら。〔歌枕〕「来ぬ人を一の夕なぎに焼くや藻塩の身もこがれつつ」〈新勅撰・恋三〉

まつ-まい【末妹】すえの妹。ばつまい。

まつまえ【松前】マツマヘ 北海道南西端部の地名。江戸時代は松前氏の城下町で、蝦夷えぞ経営の中心となった。福山城(松前城)がある。コンブ・イカ・ホッケなどを産する。

まつまえ-おいわけ【松前追分】マツマヘオヒワケ ➡江差追分えさしおいわけ

まつまえ-おおしま【松前大島】マツマヘオホシマ 北海道南西部、松前町にある島。渡島おしま大島。➡大島㊀㊄

まつまえ-じょう【松前城】マツマヘジャウ 北海道南西部、松前郡松前町にある平城ひらじろ。日本最北の城で、三層の白い天守閣があり高さ30メートル。松前氏の居城だった。福山城。

まつまえ-ちょう【松前町】マツマヘチャウ ➡松前

まつまえ-づけ【松前漬(け)】マツマヘ 細切りのするめと昆布にニンジンや数の子を加え、醤油とみりんで漬け込んだもの。

まつまえ-はんとう【松前半島】マツマヘハンタウ 北海道、渡島おしま半島の南西部をなす半島。津軽海峡と日本海に面する。

まつまえ-ぶぎょう【松前奉行】マツマヘブギャウ 江戸幕府の職名。遠国おんごく奉行の一。老中に属し、蝦夷えぞ地の民政・警備・開拓・鎮撫ちんぶに当たった。文化4年(1807)従来の箱館奉行を改称したもの。まもなく蝦夷地を松前藩に返すとともに廃止されたが、安政元年(1854)箱館奉行として復活。

まつ-むかえ【松迎え】マツムカヘ 正月の門松などに用いる松を山から切ってくること。〔季 冬〕「谷山に子どもの声すー／澄雄」

まつ-むし【松虫】❶直翅ちょくし目マツムシ科の昆虫。コオロギ類の一種。体長2センチくらい、淡褐色で、触角が長い。雌は錐きり状の長い産卵管をもつ。雄は発音器のある幅広い翅はねをもち、ススキなどの根際で夜にチンチロリンと鳴く。成虫は8〜11月にみられ、本州以南に分布。〔季 秋〕「人は寝て籠の一啼きいでぬ／子規」❷歌舞伎の下座音楽に用いる楽器。小形の伏せ鉦がねで、大小一組で使うことが多い。巡礼の出入りや寂しい寺院の場面などに用いる。❸スズムシの古名。平安時代には名称が入れかわっていた。また、「松」を「待つ」に言い掛けて、和歌などにうたわれている。「秋の野に人一の声すなり我かとゆきていざとぶらはむ」〈古今・秋上〉

まつむし【松虫】謡曲。四番目物。古今集などに取材。マツムシの声を慕って草むらで死んだ男の霊が友人恋しさに現れて、虫の音に興じて舞をまう。

まつむし-がい【松虫貝】ガヒ タモトガイ科の巻き貝。潮間帯の海藻の間などにすむ。貝殻は紡錘形で、殻高2センチほど。殻表は滑らかで、白に褐色の網目模様がある。本州以南に分布。

まつむし-そう【松虫草｜山＝蘿＝蔔】サウ マツムシソウ科の多年草。高原の草地に生え、高さ60〜90センチ。羽状に裂けている葉が対生する。8〜10月、紫色の頭状花を開く。周囲の小花は唇状に5裂し、中央のものは筒状。〔季 秋〕「一霧きらひながらに花明り／友二」

まつむら-えいこ【松村栄子】[1961〜]小説家。静岡の生まれ。本姓、朝比奈。出版社などの勤務を経て創作活動に入る。「至高聖所(アバトーン)」で芥川賞受賞。他に「僕はかぐや姫」「紫の砂漠」「詩人の夢」など。

まつむら-けいぶん【松村景文】[1779〜1843]江戸後期の画家。京都の人。松村月渓の異母弟。優麗な花鳥画にすぐれ、月渓の後継者として四条派の発展に貢献した。代表作に「花鳥図襖」など。呉景文。

まつむら-げっけい【松村月渓】[1752〜1811]江戸後期の画家・俳人。京都の人。名は豊昌。のち画姓を呉、画名を春しゅんとし、呉春と称した。四条派の祖。与謝蕪村に南画を、円山応挙に写生画を学び、両者を折衷して詩趣に富む花鳥画・風景画を描いた。

まつむら-けんぞう【松村謙三】ケンザウ [1883〜1971]政治家。富山の生まれ。新聞記者を経て衆議院議員。第二次大戦後、農相として農地改革に着手した。日中国交正常化に尽力。

まつむら-しょうねん【松村松年】[1872〜1960]昆虫学者。兵庫の生まれ。和名の整理をするなど、日本の近代昆虫学の基礎を築いた。著「日本昆虫学」など。

まつむら-じんぞう【松村任三】ジンザウ [1856〜1928]植物学者。茨城の生まれ。東大教授。ドイツに留学して植物分類学を研究、日本の植物の分類に貢献。著「日本植物名彙」「帝国植物名鑑」など。

まつ-も【松藻】❶マツモ科の褐藻。潮間帯の岩上に群生する。長さ約20センチ。茎に多数の短い枝が出て、松の新芽のような形になる。北海道・東北地方に、冬・春にみられ、食用。〔季 冬〕❷マツモ科の多年生の水草。池沼の水中に生える。長さ20〜80センチ。茎は細長く、細かく裂けている葉が節ごとに輪生し。夏、葉のわきに淡紅色の小花を1個ずつつける。よく金魚鉢などに入れる。金魚藻。〔季 夏〕

まつもと【松本】長野県中部の市。松本盆地の商工業の中心。電機・食品・繊維工業などが行われる。古くは信濃国府の地。近世は石川・戸田氏らの城下町。松本城・旧開智学校や浅間あさま温泉がある。東部の美ヶ原、西部の上高地かみこうちなど観光資源が豊富。平成17年(2005)に近隣4村を、平成22年(2010)に波田町を編入。人口24.3万(2010)。

まつもと-けいどう【松本奎堂】ケイダウ [1831〜1863]幕末の尊攘派の志士。三河の人。通称、謙三郎。昌平坂学問所に学び、のち大坂に家塾を開いた。中山忠光らと天誅組を組織して大和に挙兵したが、8月18日の政変で賊名を受けて敗死。

まつもと-こうしろう【松本幸四郎】カウシラウ 歌舞伎俳優。屋号、高麗屋こうらいや。㊀(初世)[1674〜1730]下総しもうさの人。実事・荒事に長じた。㊁(5世)[1764〜1838]江戸の人。実悪に長じ、古今無双・三都随一といわれた名優。俗に、鼻高幸四郎ともよばれた。㊂(7世)[1870〜1949]三重の生まれ。11世市川団十郎・8世松本幸四郎・2世尾上松緑の父。時代物・舞踊・新作にすぐれ、当たり役の「勧進帳」の弁慶は有名。㊃(8世)[1910〜1982]7世の次男。東京の生まれ。時代物を得意とし、晩年は初世松本白鸚はくおうを名のった。文化勲章受章。

まつもと-し【松本市】➡松本

まつもと-じいちろう【松本治一郎】ヂイチラウ [1887〜1966]社会運動家・政治家。福岡の生まれ。水平社運動に参加し、大正14年(1925)全国水平社委員長、のち社会大衆党から衆議院議員に当選。第二次大戦後、部落解放全国委員会(のちの部落解放同盟)委員長・参議院議員・初代参議院副議長・日中友好協会会長などを務め、部落解放運動・平和運動を指導。

まつもと-しかだいがく【松本歯科大学】シクワダイガク 長野県塩尻市にある私立大学。昭和47年(1972)に開

学した、歯学部の単科大学。

まつもと-しゅんすけ【松本竣介】[1912～1948]洋画家。東京の生まれ。中学生時代に聴力を失いながら、清澄な叙情のもとに、孤独な心象を託した都会風景を描いた。

まつもと-じょう【松本城】ージヤウ 長野県松本市にある旧松本藩の城。永正元年(1504)小笠原氏の一族島立貞永が築城、深志城と称した。のち、松本城と改称。天正18年(1590)入城した石川数正が現存の天守閣を含む城を造り、その子康長がさらに整備して完成。天守閣は国宝。

まつもと-せいちょう【松本清張】ーセイチヤウ [1909～1992]小説家。福岡の生まれ。本名、清張(きよはる)。犯罪の動機を重視し、背後にある現代社会の仕組みを描き出した推理小説「点と線」「ゼロの焦点」などで、社会派推理小説という新分野を開拓。時代小説・ノンフィクション・古代史論考などの分野でも活躍。他に「日本の黒い霧」「砂の器」など多数。

まつもと-だいがく【松本大学】長野県松本市にある私立大学。平成14年(2002)に開学した。

まつもと-ながし【松本長】[1877～1935]能楽師。シテ方宝生流。静岡の生まれ。16世宝生九郎に師事、野口兼資(のぐちかねすけ)とともに宝生(ほうしょう)流の双璧(そうへき)とうたわれた。

まつもと-ぼんち【松本盆地】長野県中西部の断層盆地。大町・松本・塩尻の各市がある。高瀬川・梓(あずさ)川・奈良井川などが形成する扇状地が発達。安曇(あずみ)平。松本平。

まつもと-りょうじゅん【松本良順】ーリヤウジユン [1832～1907]西洋医学者。江戸の人。字(あざな)は子良。号は蘭疇(らんちゅう)。佐藤泰然の次男。幕命により長崎でポンペに学び、江戸に戻ってから医学所頭取。のち明治新政府の初代陸軍軍医総監を務めた。

まつもと-れいじ【松本零士】[1938～]漫画家。福岡の生まれ。本名、晟(あきら)。妻は同じく漫画家の牧美也子。さまざまなジャンルを手がけるが、特に壮大なスケールで宇宙を描いたSF作品で絶大な人気を集め、空前のブームを巻き起こした。代表作「宇宙戦艦ヤマト」「銀河鉄道999(スリーナイン)」「男おいどん」など。

まつも-むし【松藻虫】半翅(はんし)目マツモムシ科の昆虫。体長13ミリくらい。池沼にすみ、体は背面が盛り上がって流線形をし、灰黄色に黒色紋があり、水中では微毛のため銀色に光る。後脚は長くオール状。あおむけになって泳ぎ、小昆虫を捕食。成虫は尾部を水上に出して呼吸する。手でつかむと刺され、かなり痛い。(季 夏)

まつ-やに【松▽脂】松などの幹の傷口から分泌される樹脂。特有の匂いがあり、無色ないし淡黄色の液体であるが、揮発成分を失うと固化する。テレビン油を含み、水蒸気蒸留によって除去するとロジンが得られる。松膏(しょうこう)。

まつやに-あぶら【松▽脂油】▶テレビン油

まつやに-せっけん【松▽脂石×鹸】ーセキケン 松脂に苛性ソーダ水溶液を加えてつくったせっけん。害虫の防除剤の付着補助剤とする。

まつやに-ろうそく【松▽脂×蝋×燭】ーラフソク 昔、笹(ささ)の葉に松脂を包んで棒状にし、蝋燭の代わりにしたもの。

まつ-やま【松山】松の生い茂っている山。

まつやま【松山】愛媛県中部の市。瀬戸内海の伊予灘に臨む。県庁所在地。化学工業が盛んで、また、伊予絣(がすり)を特産。もと松平(久松)氏の城下町。松山城や道後(どうご)温泉・奥道後温泉がある。正岡子規・高浜虚子の生地。人口51.7万(2010)。

まつやま【松山】岡山県高梁(たかはし)市の旧称。➡高梁

まつやまかがみ【松山鏡】謡曲。五番目物。観世・金剛・喜多流。鏡に映る自分を亡母の面影と思って慕う少女の功力(くりき)により、母は生前の罪科が許されて成仏する。

まつやま-がすり【松山×絣】▶伊予絣(いよがすり)

まつやま-くうこう【松山空港】ークウカウ 愛媛県松山市にある空港。国管理空港の一。昭和35年(1960)開港。同18年につくられた旧日本海軍航空基地を前身とする。➡拠点空港

まつやま-し【松山市】▶松山

まつやましののめ-じょしだいがく【松山東雲女子大学】ーヂヨシダイガク 愛媛県松山市にある私立大学。明治19年(1886)に創立された松山女学校を源流として、平成4年(1992)に設立。人文科学部の単科大学。

まつやま-じょう【松山城】ージヤウ ㊀愛媛県松山市にある旧松山藩の城。慶長7年(1602)から同19年にかけて加藤嘉明が築城。蒲生氏に続いて松平(久松)氏が在城。のち、天守閣は焼失したが再建。勝山城。伊予松山城。㊁岡山県高梁(たかはし)市にある旧備中(びっちゅう)松山藩の城。仁治元年(1240)創築。江戸時代に入り、代官小堀政一が修築。天守閣が現存。高梁城。備中松山城。

まつやま-ぜんぞう【松山善三】ーゼンザウ [1925～]脚本家・映画監督。兵庫の生まれ。川島雄三監督「接吻泥棒」、渋谷実監督「好人好日」などの脚本を手がけたのち、「名もなく貧しく美しく」で監督デビュー。代表作は、農村で生きる強い女性の姿を追った「母」、松谷みよ子原作のメルヘン「ふたりのイーダ」など。

まつやま-だいがく【松山大学】愛媛県松山市にある私立大学。大正12年(1923)設立の松山高等商業学校を母体に、松山経済専門学校を経て、昭和24年(1949)松山商科大学として発足。平成元年(1989)現校名に改称。

まつやま-へいや【松山平野】愛媛県中央部に広がる沖積平野。南と東は砂岩からなる山地、北は花崗(かこう)岩からなる高縄山地。面積100平方キロメートルで、県最大の穀倉地帯。山麓の斜面ではミカン・ナシの栽培が盛ん。平野北東部の勝山(かつやま)(標高131メートル)に松山城があり、その南側に松山市の市街地が広がっている。道後(どうご)平野。

まつゆき-そう【待雪草】ーサウ スノードロップの別名。(季 春)

まつ-よい【待宵】ーよひ ❶《翌日の十五夜の月を待つ宵の意》陰暦8月14日の夜。小望月(こもちづき)。(季 秋)「―を終(つひ)に雨来し梢かな/句仏」❷来るはずの人を待つ宵。「―のふけゆく鐘の声きけばあかぬ別れの鳥はものかは」〈新古今・恋三〉

まつよい-ぐさ【待宵草】まつよひー アカバナ科マツヨイグサ属の多年草。高さ50～80センチ。茎は直立し、葉は線形で白い脈が目立ち、互生する。夏、黄色い4弁花をつけ、夕方開き、翌朝しぼんで黄赤色になる。南アメリカの原産で、日本には江戸末期に渡来。同属には、大形のオオマツヨイグサ、小形のコマツヨイグサ、葉脈が赤みを帯びるメマツヨイグサなどもあるが、いずれも帰化植物で、河原や荒れ地にみられ、花は黄色。よく、花が白いツキミソウと混称される。よいまちぐさ。(季 夏)「―河原の果に落ちこむ日/鬼城」

まつ-よう【末葉】ーエフ ❶ある時代の終わりごろ。末期。「二〇世紀の―」❷物事の大事でない部分。「生産者の責任はやはり―たるを免れぬ」〈河上肇・貧乏物語〉❸子孫。末裔(まつえい)。ばつよう。「上総国の御家人高滝と聞こえしものの―にて」〈折たく柴の記・上〉

まつら【松浦】佐賀県と長崎県の北部、松浦(まつうら)地方の古称。末羅。末盧。

まつら・う【▽服ふ｜▽順ふ】まつらふ〔連語〕《動詞「まつ(奉)る」の未然形＋反復継続の助動詞「ふ」。上代語》従う。服従する。「這ふ虫も大君に―・ふ」〈雄略紀・歌謡〉

まつら-がた【松浦潟】「まつうらがた」に同じ。

まつら-さよひめ【松浦佐用姫】伝説上の人物で、肥前の松浦に住んでいたという女性。任那(みまな)救援途中の大伴金村の子狭手比古(さでひこ)と契り、離別のとき、領布振(ひれふり)の峰(鏡山)から領布を振って別れを惜しみ、そのまま石になったという。万葉集などにみえる。

まつら-しげのぶ【松浦鎮信】[1549～1614]江戸初期の武将。肥前平戸藩主。豊臣秀吉の九州征伐および文禄の役・慶長の役に従い、関ヶ原の戦いでは東軍に参加。また、オランダ船の平戸誘致に成功し、平戸貿易はその最盛期を迎えた。

まつら-せいざん【松浦静山】[1760～1841]江戸後期の大名。肥前平戸藩主。名は清。藩政改革に尽力し、藩校維新館を設立するなど学問を奨励した。随筆「甲子夜話(かっしやわ)」の著作がある。

まつら-とう【松▽浦党】ータウ 中世、松浦地方に割拠し、九州北西部に勢力をもった武士団。平安時代以来、嵯峨源氏の子孫を称する一族が土着し、南北朝時代以降は同族団的結合を強め、異姓の諸氏も組み入れた。

まつらのみやものがたり【松浦宮物語】鎌倉初期の物語。3巻。作者は藤原定家とされるが未詳。12世紀末の成立か。弁少将橘氏忠が恋人と別れて唐に渡り、皇帝の妹や后などと契りを交わすという伝奇的、幻想的な物語。

まつら-ぶね【松▽浦船】松浦地方でつくった船。「さ夜ふけて堀江漕ぐなる―梶の音高し水脈(みを)速みかも」〈万・一一四三〉

まつ-り【末利】つまらない利益。特に、農業に対して、商工業の利益をいう。転じて、商工業。

まつり【祭(り)】❶神仏・祖先をまつること。また、その儀式。特定の日を選んで、身を清め、供物をささげて祈願・感謝・慰霊などを行う。祭祀(さいし)。祭礼。俳諧では特に夏祭をさす。(季 夏)「宵に睡(ね)て又目の醒(さ)めし―かな/草田男」❷特に、京都賀茂神社の葵(あおい)祭。❸記念・祝賀・商売・宣伝などのために行うもよおしもの。「港―」「着物―」❹江戸の日枝(ひえ)山王神社と神田明神の二大祭りのこと。「―には御かしなさいと暑気見廻」〈柳多留・一八〉❺男女の性交。「仲人は宵の程、もはや―が渡ったと」〈浄・八百屋お七〉➡御祭(おまつり)

(…語)秋祭り・悪態祭り・後の祭り・暴れ祭り・甘酒祭り・磯(いそ)祭り・牛神祭り・浦祭り・裏祭り・恵比須(えびす)祭り・押し合い祭り・御(お)田植え祭り・御船祭り・陰祭り・風(かざ)祭り・風の神祭り・竈(かま)祭り・神祭り・川獺(かわうそ)祭り・甲子(きのえね)祭り・首祭り・熊(くま)祭り・暗闇(くらやみ)祭り・喧嘩(けんか)祭り・荒神祭り・蚕玉(こだま)祭り・事祭り・地曳(じびき)き祭り・地祭り・霜月祭り・精霊(しょうりょう)祭り・七夕祭り・鎮魂(たましずめ)の祭り・霊(たま)祭り・血祭り・月並みの祭り・辻(つじ)祭り・天気祭り・祈年(としごい)の祭り・夏祭り・裸祭り・花祭り・春祭り・雛(ひな)祭り・火祭り・鞴(ふいご)祭り・星祭り・本祭り・盆祭り・御霊(みたま)上祭り・水口(みなくち)祭り・雪祭り・宵祭り・夜祭り・夜宮祭り・臨時の祭り

(類語)祭礼・祭典・祭儀・祭祀(さいし)・栄典・祝典・祝儀・大祭・大儀・大礼・大典・典礼・盛儀・儀式・式典

まつり-あ・げる【祭り上げる】〔動ガ下一〕❶尊いものとしてあがめる。「学問の神様として―・げる」❷周囲の人たちが運動して、いやおうなしに高い地位に就かせる。「委員長に―・げる」❸おだてあげて特別な処遇と思わせる。「功績者に―・げる」

まつり-か【×茉×莉花】ークワ モクセイ科ジャスミン属の常緑小低木。高さ1.5～3メートル。葉は広卵形でつやがあり、脈が目立つ。夏、白い花をつけ、強い芳香を放つが、翌日には落ちる。インドの原産で、温室で栽培され、香料をとる。茉莉。(季 夏)「―を拾ひたる手もまた匂ふ/楸邨」

まつり-ぐけ【×纏り×絎】洋裁で、布端を始末する技法。裏に折った折り山から針を出し、表地の織り糸をわずかにすくい、縫い目が表に目立たないように縫い付けていく方法。和裁では、折り山をしっかり押さえたいときに用いる。まつり縫い。

まつり-ご・つ【▽政つ】〔動タ四〕《「まつりごと」の動詞化》❶政治を行う。政務を執る。「左大臣のおとど、世の中を―・ち」〈宇津保・国譲下〉❷世話を焼く。指図する。「やもめなる男の許(もと)にやもめなる女の来り居て、おして家の事ども―・ちてありければ」〈今昔・二六・五〉

まつり-ごと【政】《「祭り事」の意。上代では祭政一致であったところから》国の主権者がその領土・人民を統治すること。政治。政道。「―を執る」「―が乱れる」

(類語)政治・国事・行政・施政・政策・国政・政事・政道・万機(ばんき)・経世・経国・経綸(けいりん)・治国・治世・統治・治政・為政(いせい)

政を為(な)すは猶(なお)沐(もく)するがごとし 《「韓非子」六反から》政治をするのは髪の毛を洗うようなもので、少しは抜け毛があっても、よい毛を生やすためには必

要である。少数の悪人を罰するのは、多数の良民を安泰にするためだというたとえ。

まつりごと-どの【政殿｜▽庁】政治を行う役所。政庁。〈和名抄〉

まつりごと-はじめ【政始】平安時代、毎年正月吉日を選んで、公卿以下が太政官庁または外記庁に出て、その年の政事を初めて行う朝廷の儀式。

まつりごと-びと【政人｜判=官】《「まつりごとひと」とも》「ほうがん(判官)❶」に同じ。「紀伊の一、神南備の種松」〈宇津保・吹上上〉

まつり-こ・む【祭り込む】〔動マ五(四)〕❶尊いものとしてある場所に安置して祭る。「先祖代々の墓の中に新仏を一・むからであろう」〈漱石・趣味の遺伝〉❷名目だけの地位につけて、ていよく遠ざける。「足下のような好色漢はあのよな窮屈会に一・んで置かぬと」〈魯庵・破垣〉❸「祭り上げる❷」に同じ。「伊藤博文が枢密院議長に一・まれて」〈有吉・紀ノ川〉

まつり-だ・す【▽奉り出す】〔動サ四〕献上する。差し上げる。「まそ鏡かけて偲へと一・す形見のものを人に示すな」〈万・三七六五〉

まつり-づき【祭(り)月】その土地の主要な祭りのある月。特に、賀茂祭の行われる陰暦4月(卯月)をさす。

まつり-ぬい【×纏り縫い】❶「纏り絎」に同じ。❷(「纏り繡い」とも書く)日本刺繡で、表現する線の太さを表すための、返し縫いなどの針の刺し方。

まつり-の-かえさ【祭の帰さ】賀茂祭の翌日、斎王が上社から紫野の斎院に帰ること。また、その行列。「見ものは、臨時の祭。行幸。一。御賀茂詣で」〈枕・二一九〉

まつり-の-じもく【祭の除目】臨時の除目の一。賀茂祭の際、供奉の官を任ずるもの。

まつり-の-つかい【祭の使ひ】賀茂祭などに、朝廷が奉幣のために遣わす使者。「殿より一出で立ち給ふ」〈宇津保・祭の使〉

まつり-の-にわ【祭りの▽場】祭りを行う場所。祭壇。

まつり-ばやし【祭り×囃子】神社の祭礼の際に、山車や屋台の上などで行われる囃子。多く太鼓・笛を主にして、鉦をあしらう。(季 夏)

まつり-はらえ【祭り×祓え】陰陽師が、病気平癒の祈願のために行うおはらい。

まつり-や【祭り屋】神・祖先の霊をまつるための建物。廟。「蘇我大臣蝦夷、己が祖の一を葛城の高宮に立てて」〈皇極紀〉

まつ-りゅう【末流】❶川の下流。❷末の世。❸血筋の末。子孫。ばつりゅう。「源氏の一」❹芸能・技芸などの流派の末。また、末端の小さな分派。末派。ばつりゅう。「堂上歌学の一をくむ」

まつ・る【▽奉る】〔動ラ四〕《「祭る」と同語源》❶「やる」「おくる」の謙譲語。尊者に献上する。差し上げる。「秋つ葉ににほへる衣我は着じ君に一・らば夜も着るがね」〈万・二三〇四〉❷(その動作を受ける尊者を主として)「飲む」「食う」の尊敬語。召し上がる。「やすみしし我ご大君は平らけく長く坐して豊御酒一・る」〈続紀・聖武・歌謡〉❸(補助動詞)謙譲の意を表す。…申し上げる。「仏の御法を護り一・り尊み一・るは」〈続紀宣命〉

まつ・る【祭る｜×祀る】〔動ラ五(四)〕❶儀式をととのえて神霊をなぐさめ、また、祈願する。「先祖のみ霊を一・る」「死者を一・る」❷神としてあがめ、一定の場所に安置する。「菅原道真を一・ってある神社」❸上位にすえて尊ぶ。「微妙な、奥ゆかしい礼儀が、自然と忍を上に一・る結果に」〈横光・家族会議〉(可能)まつれる

まつ・る【×纏る】〔動ラ五(四)〕まつりぐけをする。まつり縫いをする。「スカートの裾を一・る」(可能)まつれる (類語)縫う・綴る・綴じる・縢る・絎ける・仕付ける・裁縫する・縫製する・縫い込む

まつ-ろ【末路】❶道の終わり。❷一生の最後。晩年。ばつろ。「人生の一」❸盛りを過ぎて衰え果てた状態。なれのはて。ばつろ。「英雄が哀れな一をたどる」

まつろ・う【▽服ふ｜▽順ふ】㊀〔動ハ四〕《「まつらう」の音変化》服従する。従う。「大君に一・ふものと定まれる官にしあれば」〈万・四二一四〉㊁〔動ハ下二〕服従させる。従わせる。「もののふの八十伴の緒を一・への向けのまにまに」〈万・四〇九四〉

まつわし-の-うえのきぬ【縫=腋の×袍】「ほうえき(縫腋)のほう(袍)」に同じ。〈和名抄〉

まつわ・す【×纏はす】〔動サ四〕❶まつわるようにする。離れないようにする。「いみじう睦び一・しきこえ給ふ」〈源・若紫〉❷気に入りの者や愛する者などを絶えず身近にいさせる。「おぼえいとやむごとなく、上衆めかしけれど、わりなく一・させ給ふあまりに」〈源・桐壺〉

まつわり-つ・く【×纏わり付く】〔動カ五(四)〕❶からみついて離れない。まとわりつく。「ぬれたスカートが足に一・く」❷そばにいて離れない。いつもつきまとっている。まとわりつく。「子供が母親に一・く」「助けを求める声が耳に一・く」(類語)付きまとう・まつわる・まとい付く・絡む・絡まる・巻き付く・もつれる・こんがらかる・纏繞する・絡み付く・絡み合う

まつわ・る【×纏わる】㊀〔動ラ五(四)〕❶からみつく。「足に着物のすそが一・る」❷そばについていて離れない。つきまとう。「捨て猫が一・る」「彼の捨てぜりふがいつまでも脳裏に一・る」❸付随する。関連する。「星に一・る物語」㊁〔動ラ下二〕❶㊀❶に同じ。「枝どもも濡れ一・れつきて」〈枕・二七八〉❷㊀❷に同じ。「心地よげに見え給ひし北の方も思ひ一・れてなむおはすめる」〈落窪・二〉
(類語)㊀(❶❷)付きまとう・まとい付く・まつわり付く・絡む・絡まる・巻き付く・もつれる・こんがらかる・纏繞する・絡み付く・絡み合う／㊀(❸)関係・関連・連関・連係・相関・関与・交渉・係わり・繋がり・結び付き・掛かり合い・引っ掛かり・絡み・関する・係わる・係る・係う・与る

ま-て【真手】両手。「御手洗に若菜すすぎて宮人の一にささげて御戸開くめる」〈山家集・下〉

まて【馬=刀｜馬=蛤｜×蟶】マテガイの別名。(季 春)「面白や一の居る穴居らぬ穴／子規」

まて〔形動ナリ〕実直なさま。ていねいなさま。まてい。「黄鳥の一にまはるや組屋敷」〈一茶発句集〉

まで【▽詣で】動詞「まう(詣)づ」の未然・連用形「まうで」の音変化。「つねに一まほしうなりて」〈枕・三三〉➡詣でる

まで【×迄】㊀〔副助〕名詞、活用語の連体形、一部の助詞などに付く。❶動作・事柄の及ぶ距離的、時間的な限度・範囲・到達点を表す。「ここ一来れば安心だ」「明日一待ってください」「東京から大阪一三時間かかる」「堀江越え遠き里一送り来ける君が心は忘らゆましじ」〈万・四四八二〉❷動作・事柄の及ぶ程度を表す。…ほど。…くらいに。「そんなに一ぼくのことを思ってくれるのか」「作法、世に珍しき一、もてかしづき聞こえ給へり」〈源・桐壺〉❸動作・事柄がもうそれ以上には及ばず、それに限られる意を表す。…だけ。「気に入らなければ断る一さ」「念のために聞いてみた一だ」「タダ出陣ノトキ、貝ヲ吹クコト、コレ家ノ役ナレバ勤ムル一ヂャ」〈天草本伊曽保・陣頭の貝吹き〉❹極端な例をあげて、他の場合を言外に推測させる意を表す。…さえ。「子供に一ばかにされる」「実の親に一見放される」「賤しの男も一、おのが顔のならむさまをば知らで笑みさかえたり」〈源・葵〉㊁〔終助〕確認・強調を表す。…ね。…よ。…ぞ。「私がまゐって呼び返いて来う一」〈虎明狂・乞聟〉(補説)㊁を格助詞と扱う説もある。また、㊀❸は、多く断定の意を表す語を伴って文末に用いられるが、「まずはお礼まで」のように断定の助動詞を伴わないで用いることもある。㊁は㊀❸の用法が転じたものと考えられ、中世末から近世にかけて用いられた。

マティーニ〖martini〗カクテルの一。ジンとベルモットを合わせてオリーブの実を添え、レモンの皮を絞って香りをつける。マルティーニ。

マディソン〖James Madison〗[1751〜1836]米国の政治家。第4代大統領。在任1809〜1817。大統領在任時に英国に宣戦布告し、米英戦争に踏み切った。ジョン=ジェー、アレクサンダー=ハミルトンとともに、アメリカ合衆国憲法の解説書「ザ-フェデラリスト」を執筆したことでも知られる。➡モンロー

マデイラ-しょとう【マデイラ諸島】《Madeira》北アフリカのモロッコ西方、大西洋上にある諸島。ポルトガル領。主島はマデイラ島で、中心都市フンシャルがある。観光・保養地。ブドウの栽培が盛んでワインを産する。➡マデイラ島

マデイラ-とう【マデイラ島】《Ilha da Madeira》北アフリカのモロッコ西方、大西洋上にあるポルトガル領マデイラ諸島の主島。中心都市はフンシャル。同諸島の人口の大部分が居住する。デザートワインの一種、マデイラ酒の産地。年間を通して気候が温暖なため国際的な観光保養地としても知られる。島の中心にそびえるルイボ-デ-サンタナ山(標高1861メートル)には、氷河期以前の植生をとどめた月桂樹などの照葉樹林(ラウリシルバ)が広がる。1999年に「マデイラ諸島のラウリシルバ」として世界遺産(自然遺産)に登録された。

マテーラ〖Matera〗南イタリア、ナポリの東250キロメートルにある都市。グラビナ渓谷にある、サッシと呼ばれる洞窟住居で知られる。住居は新石器時代に始まるとされ、8〜13世紀にはキリスト教の修道士が住み着き、130余の洞窟聖堂を建築した。一時衰退してスラム化したが、近年復興が進んでいる。1993年に「マテーラの洞窟住居」として世界遺産(文化遺産)に登録された。

マテーラ-だいせいどう【マテーラ大聖堂】《Cattedrale di Matera》イタリア南部の都市マテーラにある大聖堂。典型的なプーリア-ロマネスク様式の建築物として知られる。サッシと呼ばれる洞窟住居があるサッソバリサーノ、サッソカベオーゾ両地区の間に位置する。13世紀後半に建造。大きなバラ窓を配したファサード、高さ52メートルの鐘楼があり、内部には18世紀の改修によりバロック様式の装飾が施され、一部に建造当初のフレスコ画が残っている。

マテオ〖Matteo〗マタイのイタリア名。

マテオ-リッチ〖Matteo Ricci〗[1552〜1610]イタリアのイエズス会宣教師。明末の中国に渡り布教に努め、徐光啓ら多くの知識人を改宗させた。また、西洋学術を紹介し、中国最初の世界地図「坤輿万国全図」を作る。著訳に「幾何原本」「天主実義」など。中国名、利瑪竇。

まて-がい【馬=刀貝｜馬=蛤貝｜×蟶貝】マテガイ科の二枚貝。内湾の干潟に多く、砂泥に垂直に穴を掘ってすむ。貝殻は細長い円筒状となり、殻長12センチくらい。前端から足、後端から出入水管が出る。食用。かみそりがい。まて。(季 春)

まて-がた【▽両手肩】両方の手と両方の肩。一説に、マテガイが砂にもぐってできる跡とも。「一にかきつむ海人の藻塩草けぶりはいかに立つぞとや君」〈斎宮女御集〉

ま-てき【魔笛】魔法の笛。魔力のある笛。

まてき【魔笛】《原題、ドイ Die Zauberflöte》モーツァルト作曲のオペラ。2幕。1791年ウィーンで初演。王子タミーノが魔法の笛を携えて夜の女王の娘パミーナを救い出し、彼女と結ばれるまでの物語。

まで・く【▽詣で来】〔動カ変〕「もうでく」に同じ。「右の大殿よりいと恐しきことの聞こえ一・来しに」〈源・夕顔〉

まて-しばし【待て▽暫し】㊀〔連語〕「しばらく待て」の意。他人の行動を抑制したり、自分の行為を少しの間押しとどめて考えなおすときにいう語。「一と思案する」㊁〔名〕ミノカサゴの別名。

待て暫しがな・い 気が短い。思い込むと待っていられない。「一・い人」

マテ-ちゃ【マテ茶】《スペ mate》モチノキ科の常緑高木マテチャノキの葉を乾燥させて粉末にした茶。タンニン・カフェインや芳香油を含む。南アメリカで古くから飲用される。パラグアイ茶。

ま-てつがい【真手▽番｜真手▽結】平安時代、近衛府の舎人が大内裏の馬場で行った本番の騎射競技。➡荒手番 ➡手番

まで-に【×迄に】〔連語〕《副助詞「まで」＋格助詞

「に」》❶動作・作用の至り及ぶ限度・範囲を表す。…に至るまで。…まで。「月末—書きあげよう」「我が紐を妹(いも)が手もちて結八(ゆふや)川またかへり見む万代(よろづよ)—」〈万・一一一四〉❷動作・作用の至り及ぶ程度を表す。…ほど。…くらいに。「完膚(かんぷ)なき—たたきのめす」「あさぼらけ有明(ありあけ)の月と見る—吉野の里に降れる白雪」〈古今・冬〉❸動作・作用がそれ以上には及ばない意を表す。「御礼のしるし—持参いたしました」(補説)「に」を間投助詞とする説もあるが、用法は「まで」に同じ。

までのこうじ【万里小路】(までのこうぢ) 京都市を南北にはしる柳馬場(やなぎのばんば)通りの古称。

まてば-がし【まてば×樫】マテバシイの別名。

まてば-しい【まてば▽椎】(しひ) ブナ科の常緑高木。九州以南の海岸近くに生え、高さ約10メートル。葉は長倒卵形で厚く、裏面は褐色。6月ごろ、雄花穂と雌花穂とを上向きにつける。実はどんぐりで、あく抜きをせずに食べられる。防風林・都市緑化樹にも用いられる。さつまじい。まてばがし。まてがし。

マテ-ハン「マテリアルハンドリング」の略。

マテハン-きき【マテハン機器】品物の積み上げ・積み降ろし・運搬などを目的とする専用機械類。マテリアルハンドリング機器。

まで-も【×迄も】〔連語〕《副助詞「まで」＋係助詞「も」》❶…にしても。…であっても。「成功しない—、もう一度試してみたい」「用ゐさせ給はぬ—、…この由(よし)を告げ申し侍らむとて」〈源・明石〉❷…する必要はない。…には及ばない。「ことわる—なく、すでに了解ずみの事柄だ」「これは申す—なけれども」〈虎明狂・目近籠骨〉(補説)❶は打消しの語に付き、❷は下に打消しの語を伴う。

マテリアリズム〖materialism〗❶►唯物論 ❷►物質主義

マテリアル〖material〗❶材料。原料。❷生地。素材。(類語)素材・材(ざい)・料(りょう)・資材・原料・マチエール

マテリアル-ハンドリング〖material handling〗運搬管理。物流において、輸送を除く、荷役・包装・保管などの機能を合理化し、経済性を高めるために計画し、組織し、統制すること。マテハン。

マテリアルハンドリング-きき【マテリアルハンドリング機器】「マテハン機器」に同じ。

マデリウペラフィタクラーロル-けいこく【マデリウペラフィタクラーロル渓谷】《Madriu-Perafita-Claror》アンドラの南東部にある渓谷。ピレネーの標高3000メートル級の峰々に抱かれ、三つの集落が牧畜や農業を営んでいる。石造りの放牧地の宿舎や、鉄の精錬所跡などが残され、その暮らしぶりは700年以上にわたって変わらない伝統的なもの。2004年に、世界遺産(文化遺産)に登録された。

マデロ〖Francisco Indalecio Madero〗[1873〜1913]メキシコの政治家。1910年、国民の武装蜂起を呼びかけてメキシコ革命を開始させ、翌年大統領に就任したが、右派のクーデターで暗殺された。

まてん-ろう【摩天楼】《skyscraper》先端が天をもこするかと思われるほどの高層建築。摩天閣。

まと【的】❶弓や銃砲などの発射の練習の目標にする道具。円形・方形など各種あるが、普通は中央に黒点を描いてある。標的。「—をねらう」❷㋐物事をするときの目標・対象。めあて。「非難の—になる」「受験校の—を絞る」㋑物事の核心。「—をそれた質問」❸紋所の名。❶を図案化したもの。

　的が立・つ　罰(ばち)が当たる。「この罰(ばち)たった一つでも、行く先に—・つ」〈浄・天の網島〉

　的を・射(い)る　うまく目標に当てる。転じて、うまく要点をつかむ。「—・射た批評」(補説)「当を得る(道理にかなっている)」との混同で、「的を得る」とするのは誤り。文化庁が発表した平成15年度「国語に関する世論調査」では、本来の言い方である「的を射る」を使う人が38.8パーセント、間違った言い方「的を得る」を使う人が54.3パーセントという逆転した結果が出ている。

ま-と【真×砥】刃物を研ぐとき、仕上げに使うきめのごく細かい砥石。

ま-ど【窓・×窗・×牖】《「ま(目)と(門)」の意》❶部屋の採光・通風などのために壁や屋根の一部にあけてある穴。ガラスや障子などで外界と仕切る。❷山稜(さんりょう)の一部が深いV字形に切れ込んで低くなった所。越中でいう。きれっと。❸株式などのチャートで、連続する蝋燭足の値幅が重ならずに空いた、価格の隙間。急騰・急落の局面で現れる。➡窓埋め

(…語)煽(あお)り窓・明かり窓・揚げ窓・曰(いわ)く窓・臆病(おくびょう)窓・織部窓・回転窓・隠し窓・風(かざ)窓・飾り窓・火灯(かとう)窓・ガラス窓・北窓・狐(きつね)窓・切り窓・櫛形(くしがた)窓・格子窓・小窓・色紙窓・下地窓・書院窓・高窓・陳列窓・突き上げ窓・出窓・天窓・二重窓・覗(のぞ)き窓・掃き出し窓・嵌(は)め殺し窓・張り出し窓・引き窓・肘(ひじ)掛け窓・聖(ひじり)窓・開き窓・船窓・フランス窓・学びの窓・丸窓・虫籠(むしこ)窓・武者窓・無双窓・物見窓・指窓・横窓・鎧(よろい)窓・連子(れんじ)窓・連双(れんそう)窓

まど-あかり【窓明(か)り】窓から差し込む光。また、窓から漏れる光。

まと-い【的射】的を置いて矢を射ること。

まとい【×纏】(まとひ) ❶まとうこと。また、まとうもの。❷馬印の一種。さおの頭に飾りをつけ、その下に馬簾(ばれん)を垂らしたもの。❸江戸時代、❷にならって町火消しの各組のしるしとしたもの。

まど-い【▽団居・▽円居】(ゐ)〔名〕(スル)《古くは「まとい」》❶人々がまるく居並ぶこと。車座(くるまざ)になること。「心協(かな)う同志安らかに—して食う甘さ」〈露伴・風流仏〉❷1か所に集まり会すること。特に親しい者どうしが集まって楽しむこと。団欒(だんらん)。「三人の—して杯を取り遣りする様子」〈鉄腸・花間鶯〉(類語)会議・会・会合・集会・寄り合い・ミーティング・座談会・集い・集まり・団欒(だんらん)

まどい【惑い】(まどひ) まどうこと。まよい。「心の—を振り払う」

まどい-あ・う【惑ひ合ふ】(まどひあふ)〔動ハ四〕互いに迷う。途方にくれる。迷い合う。「穴をくじり、かひばみ—・へり」〈竹取〉

まどい-あり・く【惑ひ▽歩く】(まどひ)〔動カ四〕道に迷ってさまよう。途方にくれてあてもなくさまよう。「昔、男、武蔵の国まで—・きけり」〈伊勢・一〇〉

まどい-い・ず【惑ひ出づ】(まどひいづ)〔動ダ下二〕あわてて退出する。「—・でて乗りはてて」〈枕・二七八〉

まどい-い・る【惑ひ入る】(まどひ)〔動ラ四〕あわてて中にはいる。あわててからだを引っ込める。「さすがに人に見えじと—・るほどに」〈枕・二八〉

まどい-く【惑ひ来】(まどひく)〔動カ変〕あわててやって来る。「泣く泣く告げたりければ、—・来たりけれど」〈伊勢・四五〉

まとい-つ・く【×纏い付く】(まとひ)〔動カ五(四)〕からみつく。まつわりつく。「子供が母親に—・く」(類語)付きまとう・まつわる・まつわり付く・絡む・絡まる・纏繞(てんじょう)する・絡み付く・絡み合う

まどい-ばし【惑い箸】(まどひ) 嫌い箸の一。食事の際、どのおかずをとろうかと、箸をあちこちに向けること。迷い箸。

まどい-ふため・く【惑ひふためく】(まどひ)〔動カ四〕うろたえて騒ぐ。「大なるくそとびの羽折れたる、土に落ちて—・くを」〈宇治拾遺・二〉

まとい-もち【×纏持(ち)】(まとひ) 町火消しの各組の中で、纏❸を持つ役の者。火事場では消し口の要路に立った。

まどい-もの【惑ひ者】(まどひ) ❶落ち着き所のない者。浮浪人。「君の御出家候ひなば、御内(みうち)の上下、皆—になりなんず」〈平家・二〉❷人の道から外れた者。「古今、あまたの—、或いは傾城(けいせい)を刺し殺して」〈仮・浮世物語・一〉

まど・いる【▽円居る・▽団居る】(まどゐる)〔動ワ上一〕集まってまるく居並ぶ。団欒(だんらん)する。「春ながら年はくれつつよろづ世を君と—・ゐる物も思はじ」〈宇津保・吹上上〉

まと・う【×纏う・▽絡う】(まとふ)〔動ワ五(ハ四)〕❶身につける。着る。「ドレスを身に—・う」「ぼろを—・う」❷からまる。巻きつく。また、からみつかせる。「矢の孔(あな)刀の疵(きず)ある白骨、収むる人もなければ、苔に—・はれて」〈太平記・九〉(可能)まとえる (類語)着る・はく・かぶる・羽織る・着込む・着こなす・突っかける・着ける・着(ちゃく)する・着用する・引っ掛ける・身ごしらえする・身仕舞いする・装(よそお)う・召す・召される・お召しになる

ま-どう【魔道】(だう) ❶悪の世界。悪魔のようなやり方。邪道。❷仏語。欲界のうち、悪魔の住む世界。

まど・う【惑う】(まどふ)〔動ワ五(ハ四)〕《上代は「まとう」》❶どうしたらよいか判断に苦しむ。「さて何と言ったものやら、有繋(さすが)に—・ったのである」〈紅葉・多情多恨〉❷道や方向がわからなくなる。まよう。「知らない街角で—・う」❸悪いことに心が奪われる。「誘惑に—・う」❹うろたえる。あわてる。「格子上げらるる音を聞きて、いかならむと驚き—・ひて」〈落窪・一〉❺(動詞の連用形に付いて)ひどく…する。「思い—・う」「踏み—・う」「いかに思ほし—・ふらむ」〈落窪・一〉(類語)迷う・戸惑う・迷わす・惑わす

まど・う【▽償ふ】(まどふ)〔動ハ四〕弁償する。つぐなう。「お金は後日こしらへて—・ってしまひます」〈人・英対暖語・初〉

まとう-だい【▽的×鯛】(だひ) マトウダイ目マトウダイ科の海水魚。泥底にすみ、全長約50センチ。体は卵円形で著しく側扁し、背びれの棘条(きょくじょう)が発達。全体に暗灰色で、体側中央部に円形の黒色斑があり、的を思わせる。本州以南に分布。食用。まとだい。

まとうど【▽全▽人】(またうど)❶〔名〕《欠点のない完全な人の意から》正直者。律義者。「聟(むこ)殿は—ぢゃと聞いたが」〈虎寛狂・音曲聟〉❷〔形動ナリ〕ばかなさま。ぬけているさま。とんま。「—な犬ふみつけて猫の恋／芭蕉」〈茶の草子〉

まど-うめ【窓埋め】株式などが、チャートに空いた窓にあたる価格帯で取引されること。窓の原因となった急騰・急落の相場が落ち着いてきたことを示すといわれる。

マドゥローダム〖Madurodam〗オランダ、ゾイトホラント州の都市、ハーグにあるテーマパーク。オランダ国内の代表的な観光名所や建造物を25分の1に縮小した模型を展示する。スキポール空港、ロッテルダム港、運河、風車などがある。

ま-どお【間遠】(どほ)〔形動〕〔文〕〔ナリ〕❶間隔が、時間的または空間的に離れているさま。「いつしか行き来も—になった」「—に立っている七、八軒の家の前を」〈露伴・観画談〉❷織り目や編み目、結び目が粗いさま。「須磨のあまの塩焼衣をさを荒み—にあれや君が来まさぬ」〈古今・恋五〉

ま-どお・い【間遠い】(どほい)〔形〕〔文〕まどほ・し〔ク〕❶時間的・空間的に離れている。「汽笛が—・く聞こえる」❷まわりくどい。まわり遠い。「さういふ—・い詮議(せんぎ)より」〈伎・幼稚子敵討〉(派生)まどおさ〔名〕(類語)遥か・遥遥

まど-か【▽円か】〔形動〕〔文〕〔ナリ〕《古くは「まとか」とも》❶まるいさま。「—な月」❷穏やかなさま。円満なさま。「甘やかな太陽が—な昼の夢のように輝いて」〈中勘助・鳥の物語〉(派生)まどかさ〔名〕(類語)丸い・まろい・丸っこい・真ん丸・円(まど)やか・円(つぶ)ら・円形・球形

まど-がい【窓貝】(がひ) マドガイ科の二枚貝。熱帯の浅海の泥底にすむ。殻長8センチくらい。貝殻は円形で、右の殻は平らで薄く、白色半透明なので、古くは中国で窓ガラスのように用いられた。フィリピンでは風鈴・モビールなどの細工物を作る。

まど-かけ【窓掛(け)】窓に掛ける布。カーテン。

まど-ガラス【窓ガラス】窓にはめてあるガラス。また、窓用の板ガラス。

まと-かわ【的皮】(かは) 日本の弓術で、的の後ろに張る布や皮。

まど-ぎ【窓木】幹が途中で二つに分かれ、上の方で再び一つになり、窓のようになっている木。山の神がすむ木として、伐採などが忌まれる。

まど-ぎわ【窓際】(ぎは) 窓に近いあたり。窓のそば。

まどぎわ-ぞく【窓際族】(まどぎは) 会社で第一線のポストからはずされ、閑職に追いやられた中高年サラリーマン。

まと-ぐし【的串】日本の弓術で、的をかけたり、はさんだりするための柱。

まど-ぐち【窓口】❶官庁・郵便局・銀行・駅などで、

外来者に応対し、金銭や書類の受け渡しなどの事務を執る所。❷外部との折衝を役。「文化交流の—」類語受付・帳場・フロント・インフォメーション

まどぐち-きせい【窓口規制】日本銀行が取引先の金融機関に対し、顧客の貸出増加額を適正と認める範囲内にとどめるよう指導すること。窓口指導。

まどぐち-はんばい【窓口販売】企業の窓口で客に直接商品を売ること。特に、銀行や郵便局の窓口で各種貯蓄型の保険商品や投資信託、国債などを販売すること。窓販。

マト-グロッソ〖Mato Grosso〗《大灌木林の意》ブラジル中西部の州。北東部は高原の大草原で、南西部は大湿原。1979年にマトグロッソ-ド-スル州を分離。

マトグロッソ-こうげん【マトグロッソ高原】マトグロッソ州北東部に広がる高原。

ま-どころ【▽政所】「まんどころ」の撥音の無表記。「盆のこと、年ごろは—にものしつるも」〈かげろふ・中〉

ま-どころ【間所】部屋。室。「—とてもなきままに、…かやうに親の所にていたす訳にて候へば」〈浄・堀川波鼓〉

まど-し【▽貧し】〔形シク〕❶貧乏である。まずしい。「あはれ、身—しくして、子多く持ちたる人もがな」〈太平記・三八〉❷不十分である。「財多ければ、身を守るに—し」〈徒然・三八〉

まど-だい【窓台】窓建具の下枠を受ける水平材。また、窓建具の下枠。

まど-の-うち【窓の▽中】❶女がまだ若く深窓の中に養われていること。また、窓から離れた奥深い部屋。「生ひ先こもれる—なる程は」〈源・帚木〉❷部屋の内側。「光明院の—に、寝るともなく覚むるともなく」〈風流志道軒伝〉

まど-の-ほたる【窓の蛍】勉学・学問に励むこと。苦学することのたとえ。➡蛍雪「—をむつび、枝の雪をならし給ふ志の」〈源・少女〉

まど-の-ゆき【窓の雪】勉学に励むこと、苦学することのたとえ。➡蛍雪

まと-ば【的場】❶的をかけ、弓・鉄砲などを練習する場所。射場。弓場。❷❶で、的をかけてある所。

まと-はじめ【的始め】武家で、年頭または弓場新造の際に初めて射技を試みること。また、その儀式。弓始め。弓場始め。

まと-はずれ【的外れ】〔名・形動〕《矢が的をはずれる意から》大事な点をはずしていること。見当違いなこと。また、そのさま。「—な返答」「その非難は—だ」

まど-はん【窓販】「窓口販売」の略。

まと-び【▽万▽灯火】➡百八炬火

まと-ぶぎょう【的奉行】的始めのとき、矢数を記録する役。

まど-ふた【窓蓋】屋根に設けた突き上げ窓の戸。

まど-べ【窓辺】窓のそば。窓の近く。「—に立つ」

マトボ〖Matobo〗ジンバブエ南西部の都市ブラワヨの南西約40キロメートルにある丘陵地帯。花崗岩質の奇岩地形で、洞窟や岩肌には古代の壁画が残されている。この丘陵を含む周辺地域は1904年に国立公園に指定。2003年「マトボの丘群」の名で世界遺産(文化遺産)に登録された。

まと-まえ【的前】射術練習のため、的に向かって弓を射ること。

まとまり【×纏まり】まとまること。また、その状態。「話の—がつかない」「—のないグループ」

まとま・る【×纏まる】〔動ラ五(四)〕❶ばらばらのものが統一のとれたひとかたまりになる。「引っ越し荷物が—・る」「—・った金額」❷物事の筋道が立って整う。「計画が—・る」「考えが—・る」❸決まりがつく。互いの意志を一致させる。「交渉が—・る」「縁談が—・る」類語片付く・折り合う・締め括る・纏める・固まる・決まる・出来る・譲歩する・妥協する・歩み寄る

まと・む【×纏む】〔動マ下二〕「まとめる」の文語形。

まとめ【×纏め】まとめること。また、まとめたもの。「—の段階に入る」

まとめ-がい【×纏め買い】〔名〕スル たくさんのものを一度に買うこと。「週に一度、食料品を—する」

まとめ-やく【×纏め役】物事をまとめる役目。また、その役目の人。「人員の—」

まと・める【×纏める】〔動マ下一〕文まと・む〔マ下二〕❶ばらばらのものを集めてひとかたまりのものにする。「作文を—・めて本にする」「一年分—・めて払い込む」❷物事の筋道を立てて整える。「アイデアを—・める」❸決まりをつける。互いの意志を一致させる。「紛争を—・める」「商談を—・める」類語練る・折り合う・片付く・纏まる・締め括る・折れる・譲歩する

ま-とも【正=面｜▽真▽面】〔名・形動〕《「真つ面」の意》❶まっすぐに向かい合うこと。正しく向かい合うこと。また、そのさま。真正面。「—に風を受ける」「—に相手の顔を見る」❷策略や駆け引きをしないこと。また、そのさま。「—に戦ってはとても勝てない」❸まじめなこと。正当であること。また、そのさま。「—な人間になりたい」「これは—な金だ」派生まともさ〔名〕

ま-とも【真×艫】❶船の、船尾正面。❷船尾正面に受ける風。「この風—でござる」〈浮・五人女・一〉

マドモアゼル〖フランス mademoiselle〗未婚女性に対する敬称。令嬢。お嬢さん。姓または姓名の前に付けても用いる。類語ミス・嬢・ミズ・ハイミス・老嬢

まと-や【的矢】❶的と矢。❷的を射るのに用いる矢。けいこ用と、儀礼の行事用とがある。

まと-や【的屋】料金を払って弓を射る遊びをする所。矢場。

まど-やか【▽円やか】〔形動〕文〔ナリ〕《古くは「まとやか」とも》「まどか」に同じ。「—な幸多き夢は破れた」〈宮島資夫・金〉

まとや-わん【的矢湾】三重県、志摩半島東部のリアス式の湾。天然の良港で、古くから避難港として利用された。真珠やカキの養殖が盛ん。

まと-ゆみ【的弓】❶的を射るための弓。❷的をかけて射る弓術。

マドラー〖muddler〗飲み物をかき混ぜる棒状の道具。

マドラサ〖アラビア madrasah〗《「メドレセ」とも》イスラム世界で、神学・法学などの高等教育を授ける学校。

マドラス〖Madras〗チェンナイの旧称。

マドラス-チェック〖madras check〗インドのマドラス(現チェンナイ)地方産の、大柄格子縞の綿織物。

マトラッセ〖フランス matelassé〗布面に刺し子風の浮き模様のある織物のこと。表裏2枚の生地を別糸で接合したように織ったもので、表と裏が縫い合わされた部分はへこみ、その他はふくらんでいるのが特徴。

ま-とり【真鳥】鳥。また、鷲のようにりっぱな鳥。

ま-どり【間取り】部屋の配置。各室の位置。「—の悪い家」「—図」

マドリード〖Madrid〗スペインの首都。また同市をかかえる県・自治州の名称でもある。同国中央部、標高約650メートルの高原にある。15世紀末に統一王国ができて以来の首都。王宮・プラド美術館などがある。人口、行政区321万(2008)。マドリッド。

マドリード-おうきゅう【マドリード王宮】《Palacio Real de Madrid》スペインの首都、マドリードにあるスペイン国王の宮殿。9世紀にイスラム教徒の城塞があったが、11世紀にスペインが奪回し王の居城とした。1734年に火災で焼失し、フェリペ5世の命により1764年に現在の建物が再建。1931年まで歴代王族が住んでいた。現在は迎賓館として公式行事などに使われる。スペイン王宮。オリエンテ宮。

マドリガーレ〖イタリア madrigale〗「マドリガル」に同じ。

マドリガル〖madrigal〗❶14世紀にイタリアで栄えた牧歌的叙情短詩。また、それにつけられた2～3声部の歌曲。マドリガーレ。❷16世紀以降、イタリアで発達した多声世俗歌曲。のち、イギリスにも伝えられて独自の発展をみた。マドリガーレ。

マトリクス〖matrix〗➡マトリックス

マトリクス-りきがく【マトリクス力学】《matrix dynamics》➡行列力学

まとり-すむ【真鳥住む】〔枕〕鷲が棲んでいたところから、「うなでの社」にかかる。「一雲梯の社の神し知らさむ」〈万・三一〇〇〉

マトリックス〖matrix〗❶母体。また、基盤。❷母型。原型。❸➡行列❸

マトリックス-りきがく【マトリックス力学】➡行列力学。

マドリッド〖Madrid〗➡マドリード

まとり-ば【真鳥羽】矢羽に用いる鷲の羽。真羽。

マトリョーシカ〖ロシア matryoshka〗ロシアの郷土玩具。木製の人形で、胴体が上下に分割できるようになっている。中に同じように分割できる人形が複数入れ子式に入っている。女性の絵が描かれているものが一般的。マトリョーシカ人形。

マドレーヌ〖フランス madeleine〗小麦粉・砂糖・バター・卵を混ぜて、型に流し入れて焼いた洋菓子。

マドレーヌ-しょとう【マドレーヌ諸島】《Îles de la Madeleine》カナダ、ケベック州東部、セントローレンス湾にある12の島々からなる諸島。主島マドレーヌ島は、さらに砂州でつながる六つの島からなる。タテゴトアザラシが流氷の上で出産、子育てをすることで知られる。

マドレーヌ-ぶんか【マドレーヌ文化】ヨーロッパ後期旧石器時代最後の文化。フランス、ドルドーニュ地方のマドレーヌ(Madeleine)岩陰遺跡にちなんで命名。主としてフランス・スペインに分布し、ラスコーやアルタミラなどの洞窟壁画が有名。

まどろ-こ・い〔形〕「まどろっこい」に同じ。「長口上を少し—・そうに聞いているらしかったが」〈有島・星座〉

まどろ-こし・い〔形〕「まどろっこい」に同じ。「—・い話し合い」

マドロス〖オランダ matroos〗水夫。船乗り。船員。類語海員・船員・船乗り・水夫・クルー・セーラー・乗組員

マドロス-パイプ《和 matroos(オランダ)＋pipe》火皿の大きいパイプ。船員が用いたことからいう。

まどろっ-こ・い〔形〕することがのろいので、いらいらするさま。まどろこい。まどろこしい。まどろっこしい。「—・くて見ていられない」派生まどろっこさ〔名〕

まどろっ-こし・い〔形〕「まどろっこい」に同じ。「もうロじゃ—・い、眼の眩る様な奴を鼻梁にがんとくれて」〈有島・かんかん虫〉

ま-どろみ【微=睡】まどろむこと。

ま-どろ・む【微=睡む】〔動マ五(四)〕❶少しの間うとうとする。「しばし—・む」❷眠る。寝入る。「まだ夜深さうな程に、—・まう」〈虎明狂・鍋八撥〉類語寝る・ひと眠り・ひと寝入り・一睡・転寝・仮寝・仮睡・仮眠

まどわ-か・す【惑はかす】〔動サ四〕「惑わす」に同じ。「年ごろ知らで—・しつるも、わが罪にあらず」〈宇津保・俊蔭〉

まど-わく【窓枠】窓の周囲の枠。

まとわし-の-うえのきぬ【縫=腋の×袍】➡ほうえき(縫腋)のほう(袍)

まとわ・す【×纏わす】〔動サ五(四)〕❶まとうようにする。「からだに薄布を—・す」❷絶えずそばを離れないでつきまとわせる。「この殿をば父そぞとて、むつまじう—・し奉り給ふ」〈宇津保・楼上上〉

まどわ・す【惑わす】〔動サ五(四)〕❶判断や考えなどを混乱させる。「巧妙な手口で人を—・す」❷だます。あざむく。「誇大広告で消費者を—・す」❸まぎれてわからないようにする。見失う。「幼き人—・したり」〈源・夕顔〉

まとわり-つ・く【×纏わり付く】〔動カ五(四)〕❶「まつわりつく❶」に同じ。「物干し竿にシャツが—・く」❷「まつわりつく❷」に同じ。「足元に子犬が—・く」

まとわ・る【×纏わる】㊀〔動ラ五(四)〕❶「まつわる㊀❷」に同じ。「犬ののそのそと近づき来て踵の臭い嗅ぎに—・るも」〈露伴・いさなとり〉❷「まつわる㊀❶」に同じ。「五六尺ばかりなる蛇—・りて、口さしつけて臥したり」〈沙石集・七〉㊁〔動ラ下二〕❶「まつわる㊀❶」に同じ。「裾ども取り広げ、紐どもの—・れたりける」〈狭衣・一〉❷「まつわる㊀❷」に同じ。「(猫ハ)姉おとどの中につと—・れて」〈更級〉

マトン〖mutton〗羊の肉。➡ラム

マドンナ〖イタリア Madonna〗❶聖母マリア。また、幼い

キリストを抱いた聖母像。❷多くの男性のあこがれの対象となる女性。(類語)美人・佳人・美女・麗人・別嬪・シャン・名花・小町・色女・大和撫子・美少女

マドンナデッラコスタ-きょうかい【マドンナデッラコスタ教会】《Santuario della Madonna della Costa》イタリア北西部、リグリア州の都市サンレモにあるバロック様式の教会。旧市街を見下ろす丘の上に位置する。17世紀に建造された。

マドンナデッリドリス-きょうかい【マドンナデッリドリス教会】《Chiesa della Madonna dell'Idris》➡サンタマリア-デ-イドリス教会

マドンナデッレラクリメせいじょ-きねんどう【マドンナデッレラクリメ聖所記念堂】《Santuario della Madonna delle Lacrime》イタリア南部、シチリア島、シチリア自治州の都市シラクサにある教会。高さ約90メートルの角錐の形をした近代的な建物で、1953年に聖母マリア像が涙を流したという奇跡にちなんで建てられた。マドンニーナ聖堂。涙の聖母教会。

マドンニーナ-せいどう【マドンニーナ聖堂】《Santuario della Madonnina》➡マドンナ-デッレ-ラクリメ聖所記念堂

ま-な【真名|真▽字】❶《仮名に対して真の字の意》漢字。まんな。「俗に稗史と呼ならわせし一まじりの半紙本は」〈逍遥・小説神髄〉❷漢字の楷書。「草にも一にも、さまざまめづらしきさまに書きまぜ給へり」〈源・葵〉(類語)漢字・本字・国字・親字・俗字

ま-な【真▽魚】❶食用の魚。❷「真魚の祝い」の略。「一院の御所にて一きこしめす」〈増鏡・さしぐし〉

マナ〖mana〗原始宗教に広くみられる、超自然的で畏敬の対象となる非人格的な力。生物・無生物を問わず転移・伝染して力を発揮するとされる。メラネシア起源の語で、1891年に英国の人類学者R=H=コドリントンが創唱。

マナ〖manna〗モーセに率いられてエジプトを脱出したイスラエル民族が、荒野を放浪中、神から奇跡的に与えられたという食物。旧約聖書「出エジプト記」16章に述べられている。マンナ。

まな【×勿|×莫】〔副〕漢文訓読で「…することまな」の形で、…するな、…してはならぬ、の意を表す。和文では単独で「いけない」と制止する意を表す。「望はくは死ぎりて後に人を労たらしむることー」〈岩崎本皇極紀〉「それをーともとり隠さで」〈枕・一五二〉

まな【▽愛|▽真】〔接頭〕人を表す名詞に付いて、非常にかわいがっている、大切に愛し育てている、などの意を表す。「一弟子」「一娘」

マナー〖manner〗態度。礼儀。礼儀作法。「一のいい人」「テーブルー」(類語)礼儀・エチケット・作法・行儀

マナー-ハウス〖manor house〗荘園領主の邸館。本来は塔などのような防備設備をもたない住宅を指すが、田園地帯の主要な民家を指すこともある。

マナイズム〖manaism〗マナという超自然的呪力の観念を基礎とする未開宗教の形態。➡マナ(mana)

まな-いた【×俎板|×俎】《「真魚板」の意》包丁で切る際に下に置く板や台。

俎板に載・せる 議論や批評の対象として取り上げる。俎上に載せる。「新人の作品を一・せる」

俎板の魚 「俎板の鯉」に同じ。

俎板の鯉 《俎板の上の、料理されるのを待つ鯉の意から》相手の意向や運命にまかせるよりほかに方法のない状態のたとえ。俎板の魚。俎上の魚。

まないた-ぎ【×俎板木】水門の戸を上下させるために取り付けた框。

マナウス〖Manaus〗ブラジル北部、アマゾナス州の州都。アマゾン川に合流するネグロ川の北岸にある河港都市。外航船の入る自由港で、商業の中心。19世紀後半からゴムの集荷地として発展。人口、行政区171万(2008)。

ま-なお【真直】〔形動ナリ〕正しく偽りのないさま。心のまっすぐなさま。「豊国の企救の浜辺の砂地まなごーにしあらば何か嘆かむ」〈万・一三九三〉

ま-なか【真中】物事の中心・中央。また、物事をしているさなか。まんなか。〈和英語林集成〉

まな-か【真名鹿】鹿の美称。「一の皮を全剝ぎて」〈神代紀・上〉

ま-なか【間中|間半】京間の一間の半分。また、半畳の畳やむしろ。

ま-な-かい【▽目交ひ|▽眼▽間】《「目の交い」の意》目の先。目の前。「いづくより来たりしものそーにもとなかかりて安眠しなさぬ」〈万・八〇二〉

まな-がき【真名書(き)|真▽字書(き)】漢字で書くこと。また、漢字で書いたもの。(対)仮名書き。

まな-がつお【真▽魚×鰹|×鯧】スズキ目マナガツオ科の海水魚。全長約50センチ。体は菱状の卵円形で側扁し、うろこは小さくてはげやすい。体色は蒼灰白色。外洋性であるが産卵期には内湾に入る。本州中部以南に分布。美味。(季 冬)

ま-な-かぶら【×眶】「まかぶら」に同じ。「小男の一を痛く突きたりければ」〈今昔・二九・三〇〉

まなが・る〔動ラ四〕手足をさしかわす。一説に、かわいがる意ともいう。「栲綱の白き腕素手抱き手抱きー・り」〈記・上・歌謡〉

マナグア〖Managua〗中央アメリカ、ニカラグア共和国の首都。マナグア湖の南岸にある。農産物の集散地。人口、行政区97万(2008)。

まな-ぐい【真▽魚食ひ|真▽魚×咋】魚を料理すること。また、その料理。「天の一献る」〈記・上〉

ま-な-こ【眼】《「目の子」の意》❶目。目玉。「どんぐりー」「寝ぼけー」❷物事の本質などを見通す力。「小説に勧懲の徳なきにあらで、読者に読書の一なきのみ」〈逍遥・小説神髄〉❸黒目。「その雷虺虺きめき、一赫赫かく」〈雄略紀〉❹見える範囲。視界。「月のすむ空はほかにもかはらぬを一に余る広沢の影」〈六百番歌合・秋〉(類語)目・アイ

眼高・し 世間から重くみられている。「忠度は文武二道を受け給ひて世上に一・し」〈謡・忠度〉

まな-ご【▽真▽砂】こまかい砂。まさご。「八百日行く浜の一も我が恋にあにまさらじか沖つ島守」〈万・五九六〉

まな-ご【▽愛子】最愛の子。いとしご。愛児。「自分の一二人が、一度に流行チブスに襲われたときの」〈徳永・太陽のない街〉

まなこ-い【眼居】物を見るときの目のようす。目つき。まなざし。「一なども、うたてよろづになつかしからねど」〈枕・四一〉

まなご-つち【▽真▽砂▽地】こまかい砂の土地。砂地。まなごじ。「紫の名高の浦の一袖のみ触れて寝ずかなりなむ」〈万・一三九二〉

まな-ごよみ【真名暦|真▽字暦】漢字で書いた暦。仮名暦に対していう。

ま-な-ざし【▽眼差(し)|▽目指(し)】目つき。目の表情。視線。「熱い一を向ける」「疑わしい一」

ま-な-し【間無し】〔形ク〕❶すきまがない。「灯台一・く立て」〈宇津保・祭の使〉❷絶え間がない。間断ない。「ぬき乱る人こそあるらし白玉の一・くも散るか袖のせばきに」〈伊勢・八七〉❸時間をおかない。すぐである。「一・く元のごとくに」〈浮・一代男・二〉

まなし-かたま【▽無▽目堅間|▽無▽目▽籠】目を細かくかたく編んだ竹かご。上代の舟の一種ともいう。めなしかたま。「乃ちーを作りて彦火火出見尊を籠の中にいれ」〈神代紀・下〉

まな-しき【×末那識】《「末那」は、梵manasの音写》仏語。唯識説でいう八識のうちの第七識。我に執着して存在の根拠となる心の働き。意識がなくなった状態にも存在し、迷いの根源とされる。

まな-じょ【真名序】和書の、漢文で書いた序文。「古今集一」➡仮名序

ま-な-じり【×眦|×眥】《「目の後」の意。古くは「まなしり」》目じり。「一をつり上げる」(類語)目もと・目頭・眼

眦を決・する 目を大きく見開く。怒ったり、決意したりするさま。眦を裂く。「一・して立ち向かう」(補説)「目尻を決する」とするのは誤り。

マナスル〖Manaslu〗《サンスクリットで霊魂の土地の意》ネパール中北部、ヒマラヤ山脈の高峰。標高8163メートル。1956年日本の登山隊が初登頂。

まなせ-どうさん【曲直瀬道三】[1507～1594]室町後期・安土桃山時代の医者。京都の人。名は正盛。字は一渓。足利学校に学び、田代三喜に中国医学を学んで、日本医学中興の祖とされる。将軍足利義輝や豊臣秀吉らの信任を受け、正親町天皇から翠竹院の号を与えられた。著「啓迪集」など。

ま-なつ【真夏】夏のまっさかり。盛夏。(季 夏)

まなつのよのゆめ【真夏の夜の夢】㊀《原題 A Midsummer Night's Dream》シェークスピアの喜劇。5幕。1595年ごろの作。アテネ郊外の森を舞台に、恋人たちと職人たちが妖精の魔法に操られて繰り広げる夢幻劇。㊁《原題、ドイ Ein Sommernachtstraum》㊀の付帯音楽。メンデルスゾーン作曲。1843年作。序曲と12の曲からなり、特に第8曲の「結婚行進曲」は広く知られる。

まなつ-び【真夏日】最高気温がセ氏30度以上の日。➡猛暑日 ➡夏日

まな-づる【▽真鶴|真名鶴】ツル科の鳥。タンチョウよりやや小さい。体が灰色で、頭頸部が白く、顔は裸出して赤い。脚は暗赤色。シベリア・中国北部で繁殖し、主に日本で越冬。鹿児島県出水市の渡来地では特別天然記念物。たづる。

まなづる-みさき【真鶴岬】神奈川県南西部、相模湾に突出する岬。箱根火山の溶岩流で形成され、台地状をなす。

マナティー〖manatee〗海牛目マナティー科の哺乳類の総称。大西洋の湾やその周辺の大河川にすみ、全長約3メートル。前肢はひれ状、後肢は退化。尾はうちわ状のひれとなり、上下にあおいで泳ぐ。水草などを食べる。3種があり、分類上はゾウの近縁。

まな-でし【▽愛弟子】特に期待を寄せ、かわいがっている弟子。(類語)教え子・弟子・門弟・門人・門下・門下生・高弟・生徒

まな-の-いわい【真▽魚の祝(い)】「真魚始め」に同じ。

まな-ばし【真▽魚箸】魚や鳥を料理するときに使う、柄のついた長い木または鉄製の箸。

まな-はじめ【真▽魚始め】子供に生後初めて魚肉を食べさせる儀式。古くは3歳、室町時代には生後101日目、江戸時代には120日目に行った。真魚の祝い。➡食い初め

まな-ばしら【鶺=鴒】セキレイの古名。「ももしきの大宮人はうづらとり領巾取り掛けて一尾行き合へ」〈記・下・歌謡〉

まな-ばん【真▽南蛮|▽真盤】インド東海岸のマラバル産の香木の名。

まなび【学び】❶学ぶこと。学問。修業。❷まね。「御一をたがはず申しけるなり」〈古活字本平治・上〉(類語)学問・学業・勉学・勉強・研鑽・研究・学究

まなび-の-その【学びの園】「学びの庭」に同じ。

まなび-の-にわ【学びの庭】学園。学校。(類語)学校・学園・学院・学窓・学舎・学び舎・学堂・塾・教えの庭・学府・スクール (尊敬)貴校・御校

まなび-の-まど【学びの窓】学校。学舎。学窓。

まなび-の-みち【学びの道】学問の道。修学の道。

まなび-や【学び▽舎】学問をする所。学校。また、校舎。(類語)学校・スクール・学院・学園・学府・学窓・学舎・学堂・教えの庭・学びの庭 (尊敬)貴校・御校

まな・ぶ【学ぶ】《「まねぶ」と同語源》㊀〔動バ五(四)〕❶勉強する。学問をする。「大学で心理学を一・ぶ」「同じ学校で一・んだ仲間」❷教えを受けたり見習ったりして、知識や技芸を身につける。習得する。「よく一・びよく遊べ」❸経験することによって知る。「苦労して人間のすばらしさを一・んだ」❹まねをする。「五月に雨の声を一・ぶらむもあはれなり」〈枕・四〇〉(可能)まなべる ㊁〔動バ上二〕《「まねぶ」が和文体に多いのに対して、漢文訓読体に多く見られる》㊀に同じ。「僧多かれど、一・ぶる所少し」〈三宝絵・下〉

(類語)㊁(❶❷)勉強する・勉学する・学習する・学修する・専修する・修業(しゅぎょう)する・修業(しゅうぎょう)する・修める・習う・習得する・教わる・修する/(❸)知る・理解する・体得する・会得する・習得する・覚える・身に付ける・学習する・つかむ・のみこむ・マスターする

学ばざれば牆(かき)に面す 《『書経』周官から》学問をしなければ、塀に向かって立ったようで、前方が見えず進むことができない。

学びて思わざれば則(すなわ)ち罔(くら)し 《『論語』為政から》教えを受けただけで、みずから思索しなければ、真理には到達できない。

学びて時に之(これ)を習う亦(また)説(よろこ)ばしからずや 《「論語」学而から》学んだことを、時に応じて反復し、理解を深める、これもまた楽しいことではないか。

学ぶに如(し)かず 《『論語』衛霊公から》物の道理を知るには、漠然と思索するより学問して古人の言行を学ぶことが第一である。

マナプールズ-こくりつこうえん【マナプールズ国立公園】《Mana Pools》ジンバブエ北部、ザンベジ高地のザンビア谷の一部にある国立公園。ザンベジ川の中流に広がる草原と森林地帯で、ゾウやサバンナシマウマなどの大型哺乳類・草食動物が集まるほか、絶滅の危機に瀕したナイルワニの貴重な生息地として知られる。1984年、隣接するサピサファリ地域、チュウォールサファリ地域とともに、世界遺産(自然遺産)に登録された。

ま-な-ぶた【×瞼】《「目(ま)の蓋(ふた)」の意》まぶた。「波羅門の作れる小田を食(は)む烏(からす)—腫れて幡桙(はたほこ)に居り」〈万・三八五六〉

まな-ぶみ【真名文｜真▽字文】漢字で書きしるした文。漢文。㊀仮名文。

まなべ-あきかつ【間部詮勝】[1802〜1884]江戸後期の大名。越前鯖江(さばえ)藩主。大老井伊直弼(なおすけ)に起用され、老中となり、日米修好通商条約の締結、将軍継嗣問題に当たった。のち井伊と対立して罷免された。

まなべ-あきふさ【間部詮房】[1667〜1720]江戸中期の側用人(そばようにん)。6代将軍徳川家宣の寵愛を受け、小姓から上野(こうずけ)高崎5万石の城主に昇進。新井白石とともに正徳の治を指導した。

まなべ-ひろし【真鍋博】[1932〜2000]イラストレーター。愛媛の生まれ。未来社会の風景を微細かつ幾何学的なタッチで描き、SF小説の挿絵などで広く親しまれた。また、さまざまな博覧会の美術を担当するなど、幅広い活躍をみせた。

まな-ぼん【真名本｜真▽字本】漢字だけで書かれた本。➡仮名本

まな-むすめ【▽愛娘】かわいがっている娘。(類語)愛児・愛し子・愛息・秘蔵っ子・寵児(ちょうじ)

マナリズム〖mannerism〗►マンネリズム

マナローラ〖Manarola〗イタリア北西部、リグリア州の漁村。ポルトベネーレの北西にある五つの村チンクエテッレの一。古くから漁業とワイン生産が盛ん。海に迫る急な斜面に色彩豊かな家々が並ぶ。1997年に「ポルトベネーレ、チンクエテッレ及び小島群(パルマリア、ティーノ及びティネット島)」として世界遺産(文化遺産)に登録された。

まに【摩尼】《梵 maṇiの音写。珠・宝・如意(にょい)と訳す》❶珠玉の総称。摩尼珠。❷竜王の脳中から出て、望みをすべてかなえるという珠玉。如意宝珠。

マニ〖Mani〗[216〜277]マニ教の開祖。ペルシア人でバビロニア生まれ。24歳のとき啓示を受けてマニ教を創始。自らを光明界からの聖なる預言者としたが、ゾロアスター教から迫害を受け、処刑された。

マニア〖mania〗ある物事に熱中している人。「カメラ—」「オーディオ—」(類語)愛好家・好事家・中毒・虫

ま-に-あい【間に合い】❶「間に合わせ」に同じ。❷でまかせ。ごまかし。「妻は医者の—の気休めをすっかり信じて」〈寅彦・どんぐり〉❸「間に合い紙」の略。

まにあい-がみ【間に合い紙】幅が半間(約91センチ)ある、ふすま・屏風(びょうぶ)用の鳥の子紙。古来、兵庫県西宮市名塩の特産品。

まにあい-ことば【間に合ひ言葉】その場のがれの出まかせの言葉。「問ひ詰められて、—」〈浄・博多小女郎〉

ま-に-あ-う【間に合う】〔動ワ五(ハ四)〕❶役に立つ。その場の用が足りる。「まだこの靴で—・う」「コップがなくても茶碗で—・う」❷物が十分である。足りる。「酒はいま—・っている」❸きまった時間に遅れない。「今から行けば列車に—・う」(類語)足りる・間に合わせる・済む・収まる・事足りる・遣(や)り繰る

マニアック〖maniac〗〔形動〕ある事に極端に熱中しているさま。「—な音楽の趣味」

ま-に-あわ-す【間に合(わ)す】㊀〔動サ五(四)〕「間に合わせる」に同じ。「借りて—・そう」㊁〔動サ下二〕「まにあわせる」の文語形。

ま-に-あわせ【間に合(わ)せ】その場をしのぐこと。また、仮にその用に充てるもの。まにあい。「—の材料で料理する」(類語)その場逃れ・その場しのぎ・当座逃れ・当座しのぎ・一時逃れ・一時しのぎ・糊塗(こと)・仮・有り合わせ・姑息

ま-に-あわ-せる【間に合(わ)せる】〔動サ下一〕図まにあは・す〔サ下二〕❶一定の時刻までに物事を完了して遅れさせないようにする。「時間までに必ず—・せる」❷代わりの物でその場の役に立てる。一時都合する。「夕食は駅弁で—・せる」

マニエール〖フランス manière〗方法。流儀。特に、文学・美術などで、作者固有の表現方法。

マニエラ〖イタリア maniera〗《手法の意》芸術家の手法。

マニエリスム〖フランス maniérisme〗ルネサンスからバロックへの移行期に興った、絵画を中心とする芸術様式。社会的な混乱による精神的危機を反映し、錯綜(さくそう)した空間構成、非現実的な色彩法、幻想的寓意(ぐうい)性など、極度の技巧性・作為性を特色とする。ポントルモ・ティントレット・エル=グレコなどが代表的画家。マニエリズモ。

マニエリズモ〖イタリア manierismo〗►マニエリスム

マニキュア〖manicure〗❶手の爪(つめ)の手入れ・化粧。形を整えて甘皮を除き、磨いてつやを出したりエナメル液などをつけたりする。爪化粧。美爪(びそう)術。➡ペディキュア ❷❶に用いるエナメル液。

マニキュアリスト〖manicurist〗マニキュア師。美爪(びそう)術師。

マニ-きょう【マニ教】《Mani》3世紀にペルシアのマニが創唱した宗教。ゾロアスター教を母体とし、キリスト教・仏教の諸要素を取り入れて、光(善)と闇(やみ)(悪)の二元論的世界観を根本に、禁欲的実践による救済を説く。4世紀を最盛期として西アジア・ローマ帝国に広まり、6世紀以後はペルシア東部からチベット・中国(唐)など東方に広まったが、13〜14世紀に急速に衰えた。中国では摩尼祆教(まにけんきょう)とよばれた。(補説)「摩尼教」とも書く。

ま-にし【真西】❶正しく西にあたる方角。ちょうど西。❷❶の方から吹く風。

まに-しゅ【摩尼珠】「摩尼❶」に同じ。

マニッシュ〖mannish〗〔形動〕女性の服装などが、男性的であるさま。「—なスタイル」

マニトバ〖Manitoba〗カナダ中部の州。州都ウィニペグ。平原地帯にあり、氷河湖が多い。小麦、特にパン用小麦の大産地。

マニピュレーター〖manipulator〗離れた所で操作して人間の手と似た動作をさせ、手作業の代行に用いる装置。マジックハンド。

マニピュレート〖manipulate〗《「マニュプレート」とも》操縦すること。操作すること。また、帳簿などを改ざんすること。

マニフィカト〖ラテン Magnificat〗《「マニフィカート」とも》新約聖書「ルカによる福音書」第1章のマリア賛歌から歌詞をとったキリスト教聖歌。また、多声楽曲としても多くの作曲家の作品があり、特にバッハのものが有名。

マニフェスト〖manifesto〗《「宣言(書)」「声明(書)」の意》❶国政選挙では政党が、地方選挙では候補者が政権獲得後に実施する政策を具体的に挙げ、実施時期と予算措置について明確に有権者に提示した文書。政権公約。政策宣言。➡選挙公約 (補説)平成15年(2003)の公職選挙法の改正で、選挙期間中にマニフェストを配布できることになった。❷「アメリカ独立宣言」「共産党宣言」などの政策宣言のこと。

マニフェスト-デスティニー〖Manifest Destiny〗《明白な運命の意》1840年代、アメリカ合衆国の西方への領土拡張を正当化するために使用されたスローガン。

マニプリ〖Manipuri〗インド東部、マニプル(Manipur)地方に伝承される舞踊。題材としてはクリシュナとラーダの物語が多い。

まに-ほうでん【摩尼宝殿】摩尼珠で造られた宮殿。兜率天(とそつてん)にある弥勒菩薩(みろくぼさつ)の居所。

マニホールド〖manifold〗多シリンダー機関の吸気管をひとまとめにしたものや、油圧や空気圧回路の配管をひとまとめにしたものなど。多岐管。また、数学では多様体。

まに-ま【▽随｜随=意】他の意志や事態の成り行きに従うさま。「大君の命の—ますらをの心を持ちてあり巡り」〈万・四三三一〉

まにま-に【▽随に】〔連語〕《「に」は格助詞》❶他人の意志や事態の成り行きに任せて行動するさま。ままに。まにま。「波の—漂う」❷ある事柄が、他の事柄の進行とともに行われるさま。…につれて。…とともに。「松風の寒き—年をへてひとり臥すらむ君をこそ思へ」〈宇津保・国譲下〉

マニュアル〖manual〗❶機械・道具・アプリケーションなどの使用説明書。取扱説明書。手引き書。❷作業の手順などを体系的にまとめた冊子の類。❸操作などが、手動式であること。「—車」(類語)入門書

マニュアル-しぼり【マニュアル絞り】カメラで撮影する際、撮影者が意図する絞り値を手動でセットする方式。手動絞り。➡自動絞り

マニュアル-しゃ【マニュアル車】►MT車

マニュアル-トランスミッション〖manual transmission〗►エム-ティー(MT)

マニュアル-フォーカス〖manual focus〗カメラやビデオカメラなどで、撮影者が手動で焦点(フォーカス)を合わせること。またはその方式。MF。➡オートフォーカス ➡フルタイムマニュアルフォーカス

マニュアル-ホワイトバランス〖manual white balance〗►ホワイトバランス

マニュア-ローダ〖manure loader〗堆肥(たいひ)積み込み用の機械。トラクターの前に装着され、フォーク状のショベルがついている。

マニュスクリプト〖manuscript〗手書きされた文書。手稿。稿本。写本。

マニュファクチャー〖manufacture〗►マニュファクチュア

マニュファクチュア〖manufacture〗産業革命によって機械制大工業が出現する以前に行われた最初の資本主義的生産形態。分業に基づく協業という特色をもつ。工場制手工業。マニュファクチャー。

マニュプレート〖manipulate〗►マニピュレート

マニラ〖Manila〗フィリピン共和国の首都。ルソン島南西部のマニラ湾に臨む港湾都市。1571年にスペインのレガスピが建設し、東洋交易の拠点として繁栄。独立後の1948年に郊外のケソンシティに首都の座を譲ったが、1975年にケソンシティとともに隣接地を併合して大マニラを構成。人口、行政区158万(2000)。

マニラ-あさ【マニラ麻】バショウ科の多年草。高さ約7メートルに達する。バナナに似るが、葉は幅が狭くて密生してつく。茎は地下茎で、地上のものは葉鞘(ようしょう)が重なり合った偽茎。上が雄花、下が雌花からなる穂をつける。葉柄の繊維は強く軽くて耐水性があり、船舶用ロープなどにする。フィリピン諸島の原産。

マニラ-し【マニラ紙】マニラ麻を原料として製造した淡褐色の強力紙。荷札・包装紙などに用いる。現在では化学パルプを原料とする。

マニラ-ロープ〘Manila rope〙マニラ麻で作った綱。耐水・耐久性に富み、船舶用として重要。

まにわ【真庭】岡山県北部にある市。岡山市に至る旭川の原流域。美作三湯の一つ湯原温泉がある。平成17年(2005)3月に北房町・勝山町・落合町・湯原町・久世町・美甘村・川上村・八束村・中和村が合併して成立。人口4.9万(2010)。

まにわ-し【真庭市】▶真庭

まにわ-ねんりゅう【馬庭念流】剣術の一流派。江戸初期、上野国馬庭村の樋口又七郎定次が念流7世の友松六左衛門氏宗(清三入道偽庵)から念流を学んで創始。樋口念流。

マニング-や【マニング屋】《マニングは、manning》船などに乗組員を斡旋する業者。特に、もぐりの斡旋業者。

ま-にんげん【真人間】まじめで正しい生き方をしている人間。まともな人。「更生して—になる」

ま・ぬ【真▽似】〔動ナ下二〕「まねる」の文語形。

マヌー-こくりつこうえん【マヌー国立公園】《Parque Nacional del Manú》ペルー南東部、ブラジル、ボリビア国境近くにある国立公園。アマゾン川源流の一つ、マヌー川流域にあり、貴重な野生動植物の宝庫として知られる。1987年、世界遺産(自然遺産)に登録された。

マヌーバー〘maneuver〙作戦。策略。術策。

マヌエルアントニオ-こくりつこうえん【マヌエルアントニオ国立公園】《Parque Nacional Manuel Antonio》コスタリカの太平洋岸、プンタレナス県にある国立公園。首都サンホセから南に約160キロメートルに位置する。イグアナやナマケモノが生息する熱帯雨林やサンゴ礁が広がる海岸がある。

マヌエル-ようしき【マヌエル様式】16世紀初めのポルトガルの建築様式の一。ゴシック式の影響を受け、大航海時代の繁栄を思わせる壮麗な作風が特徴。ジェロニモス修道院やベレンの塔に代表される。名称は、ポルトガル王マヌエル1世にちなむ。

まぬが・れる【免れる】〔動ラ下一〕図まぬが・る〔ラ下二〕《「まぬかれる」とも》身に受けては好ましくないことから逃れる。また、避けてそれにかかわらない。「戦火を—・れる」「責任を—・れる」(類語)逃げる・逃れる

免れて恥なし　法の目を逃れているのをよいことにして、悪事を恥じようとしない。

マヌカン〘フランス mannequin〙「マネキン❷」に同じ。

マヌカン-ピス〘Manneken-Pis〙▶小便小僧

ま-ぬ・く【間抜く】〔動カ四〕間のものを抜き取る。「かれこれ—・きゆくほどに」〈徒然・一三七〉

ま-ぬけ【間抜け】〔名・形動〕❶おろかなこと。また、そのさま。人をののしるときにも用いる。「—な(の)人」「あの—め」❷見当はずれなこと。手ぬかりのあること。また、そのさま。「—な答えをする」(類語)馬鹿・魯鈍・愚鈍・無知・蒙昧・愚昧・愚蒙・暗愚・頑愚・愚か・薄のろ・盆暗・あほう・たわけ・とんま・馬鹿者・馬鹿野郎・馬鹿たれ・与太郎・抜け作・おたんこなす・おたんちん・あんぽんたん・べらぼう

マヌティウス〘Aldus Manutius〙[1449〜1515]イタリアの古典学者・印刷業者。ギリシャ古典の印刷・保存を志し、ベネチアに印刷所を設立して多数の古典を刊行。ルネサンス運動に貢献した。またアルドという今日のイタリックのモデルも作った。

マヌ-ほうてん【マヌ法典】《原題、梵 Manusmṛti「マヌ」は人類の祖の意》前2世紀ごろ、バラモン教徒の規範としてまとめられた法典。12章から成り、諸儀礼・日々の行事・カースト義務などを定めている。長くインド人の生活規範となり、東南アジアの諸法典の基礎ともなった。

まぬらる〔連語〕ひどくしかられる意で、上代能登方言かという。「梯立の熊来酒屋に—奴わし」〈万・三八七九〉(補説)「ま」は接頭語、「ぬらる」は、動詞「の(罵)る」に受身の助動詞「る」の付いた「のらる」の音変化かという。

ま-ぬる・い【間▽緩い】〔形〕図まぬる・し〔ク〕することが遅くて、間に合わない。手間どって、役に立たない。まのろい。「—・イコトデ金ガモウカラヌ」〈和英語林集成〉

まね【真▽似】〔名〕スル ❶まねること。また、形だけ似た動作をすること。模倣。「ボールを投げる—をする」「アメリカ映画の—をする」❷行動。ふるまい。「ばかな—はよせ」(類語)模倣・模擬・人まね・猿まね

マネ〘Édouard Manet〙[1832〜1883]フランスの画家。明るい色彩と平面的な構図で都会感覚あふれる絵を描き、印象派の誕生に大きな影響を与えた。作「草上の食事」「オランピア」など。

マネー〘money〙金銭。お金。また、資金。「ポケット—」「金融市場の—の流れ」

マネー-イリュージョン〘money illusion〙名目金額の動向を実質金額の動向とみなして行動すること。

マネー-ゲーム〘money game〙高金利や高配当を目当てに資金を投機的に運用すること。

マネー-サプライ〘money supply〙通貨供給量。金融機関・中央政府以外の一般企業・個人・地方公共団体などが保有する通貨量。日銀から金融機関に供給される資金はマネーベースという。➡マネーストック (補説)郵政民営化や金融商品の多様化などによる環境の変化に対応するため、日本銀行は従来の「マネーサプライ統計」を見直し、集計対象や指標の定義を改定。平成20年(2008)6月から名称を「マネーストック統計」に変更した。マネーサプライ統計では「M2＋CD」(現金通貨・要求払預金・定期性預金・外貨預金・非居住者預金にCD(譲渡性預金)を加えたもの)が代表的な指標とされていたが、マネーストック統計では「M3」(現金通貨・預金通貨・準通貨・CDの合計)が代表的な指標として使用されている。

マネージ〘manage〙〔名〕スル 物事をとりまとめること。支配・経営すること。「ホテルを—する」

マネージド-フロート《managed floating of exchangeから》フロート制のもとで、通貨当局によって管理された為替相場のこと。相場の乱高下で貿易取引がやりにくいといった理由で中央銀行が相場に介入する場合が多いが、度を過ぎるとダーティーとされる。

マネージ-ひろば【マネージ広場】《Manezhnaya ploshchad'》ロシア連邦の首都モスクワの中心部、クレムリンの北側に位置する広場。トベルスカヤ通りの起点。「マネージ」とは乗馬、調馬を意味し、現名称はかつて調馬場があったことに由来する。噴水や花壇が整備され、モスクワ大学旧館、考古学博物館がある。

マネージメント〘management〙❶経営などの管理をすること。❷経営者。管理者。「トップ—」(類語)管理・監理・監督・統轄・総轄・管轄・管掌・掌理・主管・所管・取り締まり・分轄・直轄・所轄・支配

マネージメント-コントラクト〘management contract〙《コントラクトは「契約」の意》ホテルの所有者が運営を専門業者に委託する方式。管理運営受託方式。MC方式。

マネージメント-サイクル〘management cycle〙経営とは、計画・組織・指令・調整・統制の五つの機能の循環したものであるとされており、この循環過程をいう。統制の結果、判明した諸事実が再び計画に反映され、五つの過程が繰り返される。

マネージメント-バイアウト〘management buyout〙▶エム-ビー-オー(MBO)

マネージャー〘manager〙❶支配人。管理人。「ホテルの—」「フロアー—」❷運動部などで、チームの庶務・会計などの世話をする人。「ボート部の—」❸芸能人について、仕事の交渉や世話にあたる人。

マネー-ストック〘money stock〙金融機関から経済全体に供給されている通貨の総量。一般企業・個人・地方公共団体・地方公営企業など、金融機関や中央政府を除く経済主体が保有する通貨量の残高。➡マネーストック統計

マネーストック-とうけい【マネーストック統計】金融機関から経済全体に供給されている通貨の総量(マネーストック)を示す統計。一般企業・個人・地方公共団体・地方公営企業など、金融機関や中央政府を除く経済主体が保有する通貨量の残高を集計したもの。日本銀行が月次集計し、対象月の翌月に速報を、翌々月に確報を公表している。(補説)郵政民営化や金融商品の多様化などによる環境の変化に対応するため、日本銀行は従来の「マネーサプライ統計」を見直し、集計対象や指標の定義を改定。平成20年(2008)6月から名称を「マネーストック統計」に変更し、「M1」「M2」「M3」「広義流動性」の4種類の指標を公表している。代表的な指標はM3。一般論として、マネーストックと景気動向には相関関係があるとされ、日銀が金融調節の判断材料として利用している(マネーストックが増加しインフレが懸念される場合は政策金利を引き上げ、マネーストックが減少し景気後退が懸念される場合は政策金利を引き下げる)。以前のマネーサプライ統計では「M1」「M2＋CD」「M3＋CD」「広義流動性」の4種類の指標が使用され、M2＋CDが代表的な指標とされていた。旧M2＋CDは新M2にほぼ対応するが、新しいマネーストック統計では、民営化されたゆうちょ銀行の他、農業協同組合・信用組合などが発行する金融商品まで含めたM3が代表的な指標となっている。証券会社・短資会社および非居住者の保有通貨は集計対象から除外された。集計対象が最も広い広義流動性では、少数の投資家を対象とする私募投資信託や銀行が発行する普通社債なども集計対象に加えられている。

マネーセンター-バンク〘money center bank〙全国に店舗を所有する大手金融機関。

マネー-ビル《money buildingから。「ボディービル」をまねて作られた語》株式・債券などによる、利殖の道。財産づくり。

マネー-フロー〘money-flow〙資金循環。

マネーフロー-ひょう【マネーフロー表】《money flow table》国民経済における通貨および信用の流れ(資金循環)を、経済部門別・取引項目別に整理した統計表。金融取引表と金融資産負債残高表から構成される。資金循環表。

マネーフロー-ぶんせき【マネーフロー分析】資金循環分析。国民経済における貨幣の流れには、財貨・サービスなど実物取引に伴うものと、預金・有価証券・債権・債務などの金融取引に伴うものとの二つの流れがある。これらの貨幣の流れを実物および金融取引の両面からとらえ、両者の関連を明らかにすることを目的にした分析をいう。米国の経済学者M＝A＝コープランドによって開発された。

マネー-マーケット〘money market〙コール・手形市場のような、金融機関相互間において資金の貸借が行われる市場や現先市場、CD(譲渡性預金)市場などの総称。短期金融市場。

マネーマーケット-ファンド〘money market fund〙▶エム-エム-エフ(MMF)

マネーマネージメント-ファンド〘money management fund〙▶エム-エム-エフ(MMF)

マネーリザーブ-ファンド〘money reserve fund〙▶エム-アール-エフ(MRF)

マネー-ローンダリング〘money laundering〙《「マネーロンダリング」とも》不正取引で得た資金や企業の隠し資金を、金融機関との取引や口座間を移動させることによって資金の出所や流れを分からなくすること。資金洗浄。

まねき【招き】❶招くこと。招待。招聘。「お—にあずかる」❷烏帽子の正面の部分名。立烏帽子では前の上部の突き出た部分、折烏帽子では正面の三角状の部分。❸近世、幟や指物の竿先につけた細長い小旗。❹江戸時代、芝居小屋などの木戸口で出演者の名を読み上げたり、声色を使ったりして客を招いた者。また、その役。❺「招き看板」に同じ。❻船から他の船や陸に合図のために掲げる標識。

まね-き【招木｜機＝躡】織機の道具の一。足の親

指で踏んで綜絖を上下させる板。

まねき-かんばん【招き看板】❶《歌舞伎劇場で、見物客を招き寄せるために出すところから》江戸で、所作事などの舞台の場面を人物を切り出しにして表したもの。また、当たり的に大入り札をつけたもの。櫓の下などに掲げた。釣り看板。❷京坂で、庵看板のこと。

まねき-づくり【招き造(り)】切妻造りで、屋根の一方の流れが長く、他方が短いもの。

まねき-ねこ【招き猫】すわって右または左の前足を上げ、人を招く格好をした猫の置き物。顧客や財宝を招くという縁起から客商売の家で飾る。

まねき-よ・せる【招き寄せる】〔動サ下一〕図まねきよ・す〔サ下二〕合図して近寄らせる。呼んで近づける。「店員を―・せる」

マネキン〖mannequin〗❶流行服などを着せて店に並べる等身大の人形。マネキン人形。❷服飾品や化粧品などを自分で使って人に見せ、その品を宣伝する売り子。マネキンガール。マヌカン。

マネキン-ガール《和 mannequin＋girl》「マネキン❷」に同じ。

まね・く【招く】〔動カ五(四)〕❶合図をして人を呼び寄せる。「手を振って―・く」❷客として来るように誘う。招待する。「歓迎会に―・かれる」❸ある目的のために、礼をつくして来てもらう。また、しかるべき地位を用意して、人に来てもらう。招聘する。「作家を―・いて講演会を開く」「ゲストに―・く」「教授として―・く」❹好ましくない事態を引き起こす。もたらす。「惨事を―・く」「誤解を―・く」〔可能〕まねける

〔類語〕(❶)呼ぶ・呼び寄せる・差し招く・手招きする/(❷)招待する・呼ぶ・招ずる・請ずる・迎える・誘う・誘う/(❸)招聘する・招致する・招請する・聘する・招集する・召集する/(❹)もたらす・持ち来す・来す・引き起こす・生む・将来する・招来する・誘発する・惹起する

招かれざる客 歓迎されない客。迷惑な客。

マネケン-ピス〖Manneken-Pis〗▶小便小僧

まね-ごと【真▽似事】❶まねてすること。物まね。❷本格的でなく、物まね程度に行う物事。多く、相手にへりくだっていう。「素人が商売の―をする」

まね・し【▽多し】〔形ク〕数が多い。たび重なるさま。「矢形尾の鷹を手にすゑ三島野に狩らぬ日―・く月そ経にける」〈万・四〇一二〉

マネタイズ〖monetize〗〔名〕スル 無収益のサービスを収益を生み出すサービスにすること。無料のネットサービスを収益化させること。無償コンテンツの有料化や広告収入モデルの確立など。〔補説〕原義は、通貨基準を定める、貨幣を鋳造する、の意。

マネタイゼーション〖monetization〗❶貨幣を発行すること。❷資源や資産などを現金化すること。特に、中央銀行が通貨を増発して国債を引き受けることにより、政府の財政赤字を解消すること。国の財政支出拡大とマネタイゼーションを組み合わせて行うことで、景気浮揚とデフレ脱却の効果が見込めるとの意見もあるが、通貨の信認が低下し、極端なインフレを招くなどの副作用も懸念される。

マネタリー-ベース〖monetary base〗▶ハイパワードマネー

マネタリスト〖monetarist〗通貨供給や金利操作などの金融政策の重要性を主張する経済学者。主唱者は経済学者ミルトン=フリードマンらで、マネタリストの考え方は「新貨幣数量説」とも呼ばれる。ケインズ学派とは立場を異にし、1980年代の金融政策に大きく影響を与えた。通貨主義者。

マネタリズム〖monetarism〗ケインズ経済学に基づく裁量的経済政策に反対し、市場機構の作用に信頼をおき、貨幣増加率の固定化を主張する政策的立場。フリードマンに代表される。

マネット〖MANET〗《mobile ad hoc network》▶モバイルアドホックネットワーク

まねび【▽学び】まねていうこと。まねること。「妍き少女の巴里―の粧したる」〈鴎外・舞姫〉

まねび-いだ・す【▽学び▽出だす】〔動サ四〕見聞したことを、それらしく語り出す。「さてありぬべき方をばつくろひて―・すに」〈源・帚木〉

まねび-た・つ【▽学び立つ】〔動タ下二〕見聞したことを言い述べる。言い立てる。「磨きまし給へる御方々のありさま、―・てむも言の葉足るまじくなむ」〈源・初音〉

まね・ぶ【▽学ぶ】〔動バ四〕《「まなぶ」と同語源》❶まねをする。まねをしていう。「鸚鵡、かねて聞きしことある大隊長のこと葉を―・びしなりけり」〈鴎外・文づかひ〉「みどりごの絶えず―・ぶもく」〈かげろふ・上〉❷見たこと聞いたことをそのまま人に語る。「この夢合ふまで、また人に―・ぶな」〈源・若紫〉❸教えを受けて身につける。習得する。「琴、はたまして、さらに―・ぶ人なくなりにたりとか」〈源・若菜下〉

ま・ねる【真▽似る】〔動ナ下一〕図ま・ぬ〔ナ下二〕他の人や物に似せる。まねをする。模倣する。「父親の口ぶりを―・ねる」「文体を―・ねる」〔類語〕見習う・倣う

まの【真野】㊀新潟県、佐渡島南西部の地名。真野湾の東岸にある。佐渡国分寺跡や順徳上皇火葬塚などがある。㊁滋賀県大津市北部の地名。琵琶湖最狭部の西岸にある。〔歌枕〕「吹き下ろす比良山風や寒からむ―の浦人衣うつなり」〈続後撰・秋下〉

ま-の-あたり《「目の辺り」の意か。「目の当たり」とも書く》㊀〔名〕❶目のすぐ前。眼前。「災害のあとを―に見る」❷疑う余地のない事がら。事実。「地獄極楽破滅せんは―なるに」〈根無草・一〉㊁〔副〕❶ある事態を目前にしているさま。実際に。「燃えさかる猛火を―見て、声も出ない」❷相手にじかに接するさま。したしく。「仏の前にありて―この経を聞きしに」〈今昔・七・二〉

まのが・る【▽免る】〔動ラ下二〕《「まのかる」とも》「まぬがれる」に同じ。「悪しき身―・れむ」〈宇津保・俊蔭〉

ま-のし とりすました表情をすること。一説に、目伸しの意で目を見張ること。「聖、―をして」〈宇治拾遺・一〉

ま-の-じゅういっぷん【魔の十一分】▶クリティカルイレブンミニッツ

ま-の-て【魔の手】害悪を与える手。ましゅ。「―が伸びる」

まの-の-いりえ【真野の入江】滋賀県大津市堅田町真野の、真野川が琵琶湖に注ぐ所にあった入り江。〔歌枕〕「鶉鳴く―の浜風に尾花なみよる秋の夕暮」〈金葉・秋〉

まの-の-かやはら【真野の萱原】福島県南相馬市鹿島地区の、真野川沿いの地。〔歌枕〕「陸奥の―遠けども面影にして見ゆといふものを」〈万・三九六〉

ま-のび【間延び】〔名〕スル 間があくこと。転じて、どことなく締まりのないこと。「―した動作」「―した話し方」

マノボグンダ-サンフローリス-こくりつこうえん【マノボグンダサンフローリス国立公園】《Manovo-Gounda St Floris》中央アフリカ共和国北部にある国立公園。アウク川に沿った草原地帯、サバンナ地帯、ボンゴ高原の山岳地帯からなり、多くの大型哺乳類・鳥類が生息する。1988年、世界遺産(自然遺産)に登録されたが、ゾウやサイなどの密猟が跡を絶たず、1997年に危機遺産リストに登録された。

ま-の-まえ【▽眼の前】めのまえ。がんぜん。「げにーに、ゆゆしきさまにて死なんを見んよりは」〈宇治拾遺・一〇〉

マノメーター〖manometer〗管や容器内の流体の圧力を測定する器具。圧力計。

まのやま【魔の山】《原題、ドイ Der Zauberberg》トマス=マンの長編小説。1924年刊。青年ハンス=カストルプが、スイスのサナトリウムで7年間の療養生活を送る間にさまざまな思想や性格の持ち主と出会い、精神的成長を遂げていく。

ま-のろ・い【間▽鈍い】〔形〕図まのろ・し〔ク〕「まぬるい」に同じ。「鋸の音薪割る音など、総てが如何にも、又―・くおぼろかな色を帯んで聞える」〈左千夫・告げびと〉

マノン-レスコー《原題、フラ L'Histoire du chevalier des Grieux et de Manon Lescaut》プレボーの小説。1731年刊。名家の青年デ=グリューの、奔放な美貌の女マノンへの宿命的な恋を描く。

マハートマー〖ヒンディー mahātmā〗▶マハトマ

マハーバーラタ〖梵 Mahābhārata〗古代インドの大叙事詩。18編、10万頌。口伝であったバラタ族の二王族間の戦いの物語が、4世紀ごろにまとめられたものという。神話・伝説・宗教・哲学・法律・道徳などに関する多数の挿話を収める。〔補説〕「摩訶婆羅多」とも書く。

マハービーラ〖梵 Mahāvīra〗《偉大な英雄の意》〔前444ころ～前372ころ〕ジャイナ教の開祖。本名はバルダマーナ。釈迦とほぼ同時代の人。インド北部ビハールに生まれ、30歳で出家、12年間の苦行ののち大悟を得た。ジナ(勝者の意)ともいう。

マハーラージャ〖maharaja〗▶マハラジャ

ま-ばしら【間柱】柱と柱との間に立てる小さい柱。壁下地を構成する木摺りなどを取り付けるために立てる。

ま-はぜ【真×鯊】ハゼ科の海水魚。河口域の砂泥地にすみ、全長約25センチ。体色は砂色で不明瞭な暗色斑がある。春にトンネル状の巣を作り産卵する。釣りの対象。美味。はぜ。

ま-はた【真羽太】スズキ科の海水魚。沿岸の岩礁の間にすむ。全長約90センチ。体は長楕円形で側扁し、口が大きい。体色は紫がかった灰褐色で7本の暗褐色の横帯があるが、成魚になると不明瞭になる。本州中部以南に分布。食用。

ま-はだか【真裸】〔名・形動〕「まっぱだか」に同じ。「―かと思われる薄色の肉襦袢に」〈荷風・ふらんす物語〉

ま-ばたき【▽瞬き】〔名〕スル まぶたを閉じて、またすぐ開くこと。またたき。「せわしく―する」

ま-ばた・く【▽瞬く】〔動カ五(四)〕まばたきをする。またたく。「―・いて合図する」〔派生〕まばたける

〔類語〕瞬く・まじろぐ・しばたたく

マハトマ〖ヒンディー mahātmā〗《偉大なる聖人の意。「マハートマー」とも》インド民族運動の指導者M=K=ガンジーに慣用的に使われる称号。

ま-はに【真赤=土｜真×埴】はにの美称。「大和の宇陀の―のさ丹つかばそこもか人の我を言なさむ」〈万・一三七六〉

ま-ばゆ・い【目▽映ゆい｜×眩い】〔形〕図まばゆ・し〔ク〕❶光が明るすぎて、まともに見られない。まぶしい。「―・い朝の光」❷まともに見られないほどきらびやかで美しい。「―・いばかりの宮殿」❸恥ずかしい。てれくさい。「親、はらから許して、ひたぶるに迎へ据ゑたらん、いと―・かりぬべし」〈徒然・二四〇〉❹度が過ぎていて、見ていられない。「しばしばまかり馴るるには、少し―・く」〈源・帚木〉〔派生〕まばゆがる〔動ラ五〕まばゆげ〔形動〕まばゆさ〔名〕〔類語〕眩しい

まばら【▽疎ら｜×疏ら】〔形動〕図〔ナリ〕❶物が少なくて、間がすいているさま。すきまのあいているさま。「人通りも―な住宅街」❷順序だっていないさま。ばらばらであるさま。「わづか二百騎あまりに打ちなされ、沖へ―にざっと引く」〈幸若・屋島軍〉〔類語〕散在・点在・過疎

マハラジャ〖maharaja〗《「マハーラージャ」とも》インドの土侯国の王侯の尊称。

まばら-だるき【▽疎垂木｜▽疎×椽】間隔をまばらに並べた垂木。また、そのような配置。あばらだるき。㊥繁垂木。

ま-はり【真×榛】榛の美称。「住吉の遠里小野の―もち摺れる衣の盛り過ぎ行く」〈万・一一五六〉

ま-ば・る【×瞻る】〔動ラ四〕《「目*張る」の意》目を大きく開いてよく見る。注視する。「この御足跡を―・りまつれば」〈仏足石歌〉

ま-ひ【真日】日の美称。「あぜといへかさ寝に逢はなくに―暮れて夕なは来なに明けぬしだ来る」〈万・三四六一〉

ま-ひ【麻×痺｜×痲×痺】〔名〕スル ❶しびれて感覚がなくなること。しびれ。「あまりの冷たさに指先が―する」❷通常のはたらきや動きが停止すること。「大雪で交通が―状態だ」「彼の良心は―している」❸脳・

神経や筋肉が働かなくなって、運動機能や精神作用・知覚機能が失われること。(類語)痺れる・攣る

ま-び【間日】❶あいまの日。ひまの日。❷瘧の症状のない日。「瘧かしらとは熱に―がある故信一も考えた」〈滝井・無限抱擁〉❸暦で、八専のうち癸丑・丙辰・戊午・壬戌の4日の称。

ま-ひがし【真東】正しく東にあたる方角。

ま-びき【目引き】目のようす。また、目で合図して相手に知らせること。めくばせ。「女房どもも、みな御前の―にしたがひて」〈著聞集・八〉

ま-びき【間引き】〔名〕スル ❶農作物をまびくこと。うろぬき。「コマツナを―する」❷口べらしのため、嬰児を殺すこと。❸本来あるべきものを省くこと。「―運転」

まびき-うんてん【間引き運転】電車やバスなどが、運行予定の一部を取りやめ、一時的に本数を少なく運転すること。

まびき-な【間引き菜】間引いた若菜。つまみ菜。(季 秋)「―やそそぎ上たる鴨の水/嘯山」

ま-び・く【間引く】〔動カ五(四)〕❶野菜などを十分に生育させるために、間を隔てて抜いて、まばらにする。うろぬく。「ダイコンを―・く」❷口べらしのため、嬰児を殺す。❸本来あるべきものを省く。「電車を―・いて運転する」(可能)まびける (類語)省く・はしょる

ま-びさし【▽眉×庇│目×庇】❶兜の鉢の、前方に庇のように出て、ひたいをおおう部分。❷学生帽・鳥打ち帽などの庇。❸窓の上の小さい庇。

ま-びしゃく【馬▽柄×杓】馬に水を与える柄杓。

まひせい-ちほう【麻×痺性痴×呆】→進行麻痺

ま-ひと【真人】天武天皇が制定した八色の姓の第一位。皇族出身の者に授けられた。まっと。

ま-ひとごと【真人言】まったくの他人のうわさ。ひとごと。「松が浦にさわゑ浦立ち―思ほすなもろ我が思もほのすも」〈万・三五五二〉

マヒマヒ〖mahimahi〗ハワイでシイラのことをいう。高級魚として扱われている。

ま-びょうし【間拍子】《「まひょうし」とも》❶物事の行きがかり。その時のはずみ。「―の悪いときはしかたがない」❷日本音楽で、周期的に反復される強弱の拍子。また、リズムをいう。

ま-ひら【真平】〔形動ナリ〕❶まったいらであるさま。ぺちゃんこ。「蛙ども―にひしげて死にたりけり」〈宇治拾遺・一一〉❷まったく平凡であるさま。「定家の家の集を御覧候へ。ただ―なる歌はさらに無きなり」〈正徹物語・上〉

ま-ひる【真昼】昼の最中。正午ごろ。白昼。

まひる-さんち【真昼山地】岩手県中西部、秋田県にまたがる山地。標高1000メートル級の山々が連なり、真昼岳(標高1060メートル)が主峰で、和賀岳(標高1440メートル)が最高峰。

ま-びろ・く【真広く】〔動カ下二〕しまりなくひろげる。衣服をはだけてくつろいだ姿をする。「指貫直衣などを引き下げて―・けて出で来たり」〈宇津保・蔵開上〉

まびろけ-すがた【真広け姿】くつろいで、衣服をはだけて着ている姿。しどけない姿。「―もをかしう見ゆ」〈枕・一九一〉

ま-ひわ【真×鶸】アトリ科の鳥。全長12センチくらい。体色は緑黄色、胸・腰が黄色で、鶸色とよばれる。ユーラシア北部で繁殖し、日本では冬鳥。ひわ。

ま-ふ【麻布】麻糸で織った布。麻の布。あさぬの。

マフ〖MUF〗《material unaccounted for》一定期間内の核物質の行方不明量。

マフ〖muff〗毛皮や毛織物などを円筒状に作った防寒具。両端から手を入れて暖める。主に女性が用いる。(季 冬)

まぶ〔名・形動〕《近世語》❶仕事などがうまくいくこと。また、そのさま。「―な仕事があるゆゑに」〈伎・都鳥廓白浪〉❷美しいこと。また、そのさま。「面が―な子供はねえぜえ」〈洒・辰巳婦言〉❸真実であること。本物であること。また、そのさま。「うそをとよ、ほんの事を―」〈洒・品川楊枝〉

ま-ぶ【間夫】❶情夫。まおとこ。❷遊女の情夫。「白き手を出だして―を招き」〈仮・東海道名所記・一〉(類語)情夫・男・間男・紐

ま-ぶ【間府】鉱山で、鉱石を取るために掘った穴。坑道。

マブ〖MAB〗《Man and the Biosphere Programme》人間と生態圏計画。ユネスコが担当する環境問題の調査研究プロジェクト。マブ計画。

マブ〖Mab〗天王星の第26衛星。1986年にボイジャー2号に撮影されたが気付かれず、2003年にハッブル宇宙望遠鏡で発見された。名の由来はシェークスピア「ロミオとジュリエット」の登場人物。大きさは分かっていないが直径が10キロ前後と見られている。

まぶい(奄美・沖縄地方で)霊魂のこと。まぶり。

まぶ・い【×眩い】〔形〕《「まぶ」の形容詞化。近世語》❶容貌が美しい。「芸が能いときてゐるに、面が―・いといふもんだから」〈滑・浮世床・初〉❷仕事などがうまくいく。都合がよい。「どうろくが気をつければ、―・いけれど」〈洒・潮来婦誌〉

マフィア〖Mafia〗米国その他の国の大都市に暗躍する犯罪組織。イタリアのシチリア島で大地主層の圧政に反抗した農民集団を起源とし、密輸・賭博などの犯罪から政治や産業にまでも介入している。

マフィン〖muffin〗❶小麦粉に卵・牛乳・ベーキングパウダーなどを加え、カップ型に入れて焼いた菓子。❷→イングリッシュマフィン

ま-ふう【魔風】「まかぜ」に同じ。

マプート〖Maputo〗モザンビーク人民共和国の首都。同国南部、インド洋に臨む港湾都市。南アフリカ共和国トランスバール地方の金の積み出し港として栄えた。旧称ロレンソマルケスを独立時に改称。人口、行政区110万(2007)。

ま-ぶか【目深】〔形動〕文〔ナリ〕目が隠れるほど、帽子などを深くかぶるさま。めぶか。「パナマ帽を―にかぶる」

ま-ぶき【真吹き│間吹き】日本固有の製銅法の一。炉の中で溶解した銅の鈹に、炉の羽口から高圧風を吹き送って不純物の硫黄・鉄分を酸化させ、粗銅を回収する方法。真吹き法。

ま-ふぐ【真河=豚】フグ科の海水魚。全長約50センチ。体表面は滑らかで、背側は暗褐色、腹側は白く、体側を黄色線が走る。肉と精巣は無毒であるが、皮膚・腸に強毒、肝臓・卵巣に猛毒がある。食用。なめらふぐ。

まぶ-ぐるい【間夫狂ひ】遊女が情夫に夢中になること。「―をせず、心まめに客衆の気をとり」〈浮・禁短気・五〉

ま-ぶし【目伏し】目つき。まなざし。「この聖も、丈高やかに、―つべたましくて」〈源・柏木〉

ま-ぶし【射=翳】❶猟師が獲物を射るために、柴などを折って自分のからだを隠すもの。また、隠す場所。「―差す猟夫の笛の声ぞとも知らでや鹿の鳴き交はすらん」〈夫木・一二〉❷まちぶせすること。また、その伏兵。「椎の木三本小楯にとり、一の―には大見小藤太」〈曽我・一〉

ま-ぶし【×蔟│蚕=簿】蚕が繭を作るときの足場にするもの。ボール紙などを井桁に組んで区画したものが用いられ、一区画に一つの繭を作らせる。ぞく。

まぶし・い【×眩しい】〔形〕文まぶ・し〔シク〕❶光が強すぎて、まともに見にくい。まばゆい。「裸電球が―・い」❷まともに見ることがためらわれるほど美しい。また、尊い。「彼女の輝くばかりの笑顔が―・い」(派生)まぶしがる〔動ラ五〕まぶしげ〔形動〕まぶしさ〔名〕

まぶ・す【▽塗す】〔動サ五(四)〕粉などを全体に付着させる。一面に塗りつける。まぶる。「きな粉を餅に―・す」(可能)まぶせる

ま-ぶた【×瞼│目蓋】《目のふたの意》眼球をおおって開いたり閉じたりする皮膚。眼瞼。まなぶた。まぶち。「―が重くなる」

ま-ふたぎ【間▽塞ぎ】❶靫のふたの部分。❷刀剣の目貫の古称。

まぶ-だち《若者言葉》親友をいう俗語。(補説)「まぶ」は「本当」「真実」の意、「だち」は「ともだち」の略。的屋の隠語を不良少年が使い、一般に広がった語。→まぶ

ま-ふたつ【真二つ】ちょうど真ん中から二つになること。まっぷたつ。「―に割れる」

まぶた-の-はは【×瞼の母】記憶に残っている母のおもかげ。

ま-ぶち【目縁│×眶】目のふち。また、まぶた。「―をほんのり紅めて」〈木下尚江・良人の自白〉

マフディー-の-はんらん【マフディーの反乱】《アラビア Mahdīは救世主の意》1881年、みずからをマフディーと称するムハンマド=アフマドが、スーダンのイスラム教徒を率いて、外国支配からの解放・独立をめざして起こした反乱。98年、イギリス・エジプト連合軍により鎮圧された。

ま-ぶな【真×鮒】ギンブナの別名。また、近畿地方で、ゲンゴロウブナの別名。

まぶに【摩文仁】沖縄県糸満市の地名。第二次大戦末期の沖縄戦の激戦地。一帯は沖縄戦跡国定公園。

まふね-ゆたか【真船豊】[1902～1977]劇作家。福島の生まれ。戯曲「鼬」で注目され、久保田万太郎に師事。第二次大戦後は笑劇(ファルス)やラジオドラマに力を注いだ。他に「裸の町」「中橋公館」など。

ま-ふゆ【真冬】冬のさなか。(季 冬)

まふゆ-び【真冬日】1日の最高気温がセ氏零度未満の日。

マフラ〖Mafra〗ポルトガル西部の都市。大西洋に面し、リスボンの北西約30キロメートルに位置する。18世紀にポルトガル王ジョアン5世が建造したマフラ宮殿と狩猟のために造った公園がある。

マフラー〖muffler〗❶防寒用の細長い襟巻き。(季 冬)❷自動車・オートバイなどの排気音を小さくする装置。消音器。(類語)(❶)襟巻き・首巻き

マフラ-きゅうでん【マフラ宮殿】《Palácio Nacional de Mafra》ポルトガル西部の都市マフラにある宮殿。フランシスコ会の修道院を兼ねる。ポルトガル王ジョアン5世と妃マリア=アナが子供の誕生を祈願して修道院を建てることを神に誓約。その後王女バルバラを授かり1717年に建設が始まった。同国を代表するバロック建築として知られる。マフラ修道院。

マフラ-しゅうどういん【マフラ修道院】《Convento de Mafra》→マフラ宮殿

まぶ・る【▽守る】〔動ラ四〕「まぼる」の音変化。「わらはが顔をあいつに―・らせうと思うて」〈虎清狂・鏡男〉

まぶ・る【▽塗る】㊀〔動ラ五(四)〕「まぶす」に同じ。「あるへいの棒に肉桂の粉を―・ったもので」〈中勘助・銀の匙〉㊁〔動ラ下二〕「まぶれる」の文語形。

まぶ・れる【▽塗れる】〔動ラ下一〕文まぶ・る〔ラ下二〕「まみれる」に同じ。「鯰は乾いた庭の土に―・れて」〈長塚・土〉

マプングブエ〖Mapungubwe〗南アフリカ共和国北東部、ジンバブエ、ボツワナとの国境付近にある都市遺跡。13世紀に栄華を極めたマプングブエ王国の首都。鋭くそびえ立った丘の上に、宮殿や要塞の遺跡が残る。2003年「マプングブエの文化的景観」の名で世界遺産(文化遺産)に登録された。

まべ-がい【まべ貝】ウグイスガイ科の二枚貝。サンゴ礁などにみられ、烏帽子形で、殻長約15センチ。殻表は黒褐色、内面は青灰色で真珠光沢が強い。紀伊半島以南に分布し、半円真珠養殖の母貝に利用。

まべち-がわ【馬淵川】岩手県北部の葛巻町あたりの北上山地に源を発し、北流ののち北東に流れ、八戸市で太平洋に注ぐ川。長さ142キロ。

マペット〖mappet〗《marionette(操り人形)とpuppet(指人形)の合成語》中に手や腕を入れて操る人形。米国のテレビ番組「セサミストリート」で用いたもの。

ま-ほ【真帆】《「まぼ」とも》追い風を全面に受けて十分に張った帆。→片帆

ま-ほ【真▽秀│真▽面】〔名・形動ナリ〕❶よく整って十分なこと。完全なこと。また、そのさま。和歌では多く「真帆」に掛けて使われる。㊀偏。「しなてるや鳰の

の湖に漕ぐ舟の―ならねども逢ひ見しものを」〈源・早蕨〉❷正面から向きあうこと。また、そのさま。「いとほしとおぼせば、―にも向かひ給はず」〈源・初音〉❸正式であること。また、そのさま。「―のくはしき日記にはあらず」〈源・絵合〉❹直接であること。また、そのさま。うちつけ。「さすがに―にはあらで、そそのかしきこえて」〈源・真木柱〉

ま-ほう【魔法】人間の力ではなしえない不思議なことを行う術。魔術。妖術。(類語)幻術・呪術

ま-ほうじん【魔方陣】▶方陣❷

まほう-つかい【魔法使い｜魔法遣い】魔法を行う人。

まほう-びん【魔法瓶】保温または保冷に用いる容器。内外2層のガラスの間を真空にし、内壁を銀めっきして熱の伝導・放射・対流を防ぎ、中に入れたものの温度を長時間保たせる。ジャー。ポット。

マホーリー〘タイ máhorī〙タイ古典音楽の中でも大規模な合奏形態のこと。クルアンサーイとピーパートの両編成に、ソーサームサーイを加えたもの。

マホガニー〘mahogany〙センダン科の常緑大高木。高さ約30メートルになる。葉は羽状複葉。夏に黄緑色の花がつき、卵形の実を結ぶ。材は紅黒色で堅く、磨くと光沢が出るので家具材などにする。北アメリカのフロリダ・西インド諸島の原産。

まほし〔助動〕[まほしから｜まほしく・まほしかり｜まほし｜まほしき・まほしかる｜まほしけれ｜○]《「まくほし」の音変化》動詞、助動詞「す」「さす」「ぬ」の未然形に付く。❶話し手の希望の意を表す。…したい。「あはぬまでも、見に行か**まほしけれ**ど」〈宇治拾遺・六〉❷話し手以外の人の願望を表す。…たがっている。「すこしもかたちよしと聞きては、見**まほしう**する人どもなりければ、かぐや姫を見**まほしう**て」〈竹取〉❸(「あらまほし」の形で)他に対する希望や期待の意を表す。…あってほしい。「人は、かたち、ありさまのすぐれたらんこそ、あら**まほしかる**べけれ」〈徒然・一〉(補説)語幹相当部分に接尾語「がる」「げなり」の付いた「まほしがる」「まほしげなり」の形もある。「御供に我も我もと物ゆかしがりて、まう上ら**まほしがれ**ど」〈源・若菜下〉「ことしも心ちよげならむ所のかぎりせ**まほしげなる**わざにぞ見えける」〈かげろふ・中〉など。「まほし」は平安時代によく用いられたが、中世に入ると「たし」と交替するような形で、しだいに用いられなくなった。❸については、「望ましい」「理想的だ」の意の形容詞とみる説もある。

ま-ぼし【真星】的の中央の丸い点。

まぼし-い【×眩しい】〔形〕区まぼ・し〔シク〕「まぶしい」に同じ。「女の一人は―・いと見えて、団扇を額の所に翳をしている」〈漱石・三四郎〉

マホメット〘Mahomet〙▶ムハンマド

マホメット-きょう【マホメット教】イスラム教の俗称。主にヨーロッパで用いられた。

ま-ぼや【真海＝鞘】尾索類のホヤの一種。体は卵形で、体長約15センチ、赤橙色。表面は円錐状の突起で覆われ、下端の突起で岩などに付着する。北海道南部から南に分布。食用とし、三陸沿岸では養殖もされる。

まほ-ら すばらしい場所。まほらま。まほろば。「聞こし食す国の―ぞ」〈万・八〇〇〉

まぼら-う【▽守らふ】〔動ハ下二〕《動詞「まぼる」の未然形＋反復継続の助動詞「ふ」から》「まもらう㊀」に同じ。「中納言はかたちのいと美しげなる、―・へて居給へり」〈宇津保・国譲中〉「われらを討たんとて、こなたを―・へ」〈義経記・八〉

まほら-ま「まほら」に同じ。「大和は国の―畳なづく青垣山隠れる大和しうるはし」〈景行紀・歌謡〉

まぼ-る〔動ラ四〕食べる。また、むさぼり食う。「摘んだる菜を親や―・るらむ」〈土佐〉

まぼ-る【▽守る】〔動ラ四〕❶「まもる❶」に同じ。「この雪の山いみじう―・りて、わらはべなどに踏み散らさせず」〈枕・八七〉❷「まもる❹」に同じ。「そもそもかしこに―・りてものせむ、世の中、いとはかなければ」〈かげろふ・下〉

まぼろし【幻】㊀❶実際にはないのに、あるように見えるもの。また、まもなく消えるはかないもののたとえ。幻影。「死んだ母の―を見る」「―のようにはかない人生」❷その存在さえ疑わしいほど、珍しいもの。「―の名馬」❸幻術を行う人。「たづね行く―もがなつてにても魂のありかをそこと知るべく」〈源・桐壺〉㊁源氏物語第41巻の巻名。光源氏52歳。紫の上と死別後、その一周忌法要を済ました源氏は、出家の意向を固めて身辺の整理をする。(類語)幻影・幻視

まぼろし-の-よ【幻の世】幻のようにはかないこの世。「この身をば跡もさだめぬ―にあるものは思ふべしやは」〈公任集〉

まほろ-ば「まほら」に同じ。「大和は国の―畳なづく青垣山籠れる大和しうるはし」〈記・中・歌謡〉

まま【乳＝母】うば。めのと。「御前にまゐりて―の啓すれば」〈枕・三一四〉

まま【真間】千葉県市川市の地名。江戸川に注ぐ真間川沿いにあり、真間の手児奈の伝説地。

まま【▽崖】急な傾斜地。がけ。また、堤のくずれた所などもいう。「足柄の―の小菅の菅枕あぜか巻かさむ児ろせ手枕」〈万・三三六九〉

ま-ま【▽飯】めし。御飯。まんま。

まま【▽継】❶継母。また、継母であること。「心実はなしかかさんは―ざんす」〈柳多留・四一〉❷親子・兄弟・姉妹などの親族関係を表す名詞の上に付いて、親子の間に血のつながりがないという意や、兄弟姉妹の間に両親の片方だけを通しての血のつながりしかないという意を表す。「―母」「―子」「―兄」「―妹」

まま【×儘｜▽随｜▽任】《「まにま」の音変化》多く連体修飾語を受けて形式名詞的に用いられる。❶その状態に変化のないこと。それと同じ状態。「昔の―」「現状の―」「立った―の姿勢」❷(多く「ままになる」の形で用いる)思い通りの状態。自由。「意の―になる」「こう物価高だと買物も―にならない」❸成り行きにまかせること。古くは「…ともままよ」「…とままよ」などの形で用いられることが多い。「成すが―」「ナンデアロウトモー―ヨ」〈天草本伊曽保・狼と羊の譬〉❹(ふつう文字のかたわらに「ママ」と書く)論文・写本・校正などで、引用した原文・底本のとおりであることを示す語。➡い(意)のまま ➡ままならぬ ➡ままに ➡ままよ
(下接語)有りの儘・思いの儘・思う儘・着の身着の儘・気儘・心の儘・この儘・自儘・その儘・身儘・我が儘
儘にならぬが浮世の常 何事も思いどおりにならないのがこの世の常である。

ママ〘mamma｜mama〙❶母親。おかあさん。また、子供などが母親を呼ぶ語。⇔パパ。❷酒場などの女主人。マダム。(類語)(❶)お母さん・母上・おふくろ・母・母親・女親・お母さま・おっかあ・母じゃ人・母じゃ・阿母・慈母/(❷)おかみ・女将・マダム

ま-ま【間間】㊀〔副〕頻繁ではないが、時々現れるさま。時おり。「こういう失敗は―あるものだ」㊁〔名〕物と物とのあいだ。あいだあいだ。「―に皆一律を盗めるに」〈徒然・二一九〉(類語)折折・時時・時折・時たま

まま〔接助〕《名詞「まま(儘)」から》用言または助動詞の連体形に接続する。❶(多く完了の助動詞「た」に続けて「…たまま」の形で用いる)ある動作や状態が保たれた状況で、別の動作がなされる意を表す。「物音ひとつしない―、時は過ぎた」「テレビをつけた―、眠ってしまった」❷候文の手紙などに用いて、理由を説明する意を表す。…ので。…によって。「是非一度お目にかかりたき―、御都合の程お聞かせ願えれば幸甚に存じます」(補説)語源については、❶を「まま」の転、❷を「ままに」の転とする説もある。

ママイア〘Mamaia〙《「ママヤ」とも》ルーマニア南東部、黒海に面する海岸保養地。コンスタンツァの北部に隣接し、黒海とシトギュル湖に挟まれた細長い砂州上に位置する。約8キロメートルにわたって砂浜が広がり、海水浴や避寒を目的として数多くの観光客が訪れる。

ママエフ-クルガン〘Mamayev kurgan〙▶ママエフの丘

ママエフ-の-おか【ママエフの丘】《Mamayev kurgan》ロシア連邦南西部の都市ボルゴグラードにある丘。元はタタール人の墳丘だった場所で、現在は第二次大戦中のスターリングラード攻防戦に関する記念施設になっている。また、母なる祖国像があることで知られる。ママエフクルガン。

まま-おや【▽継親】血のつながらない親。継父、または継母。

まま-かり【▽飯借り】岡山近辺で、サッパの別名。また、その酢漬け。

ま-まき【真巻(き)｜細＝射】「真巻き弓」「真巻き矢」の略。

ままき-や【真巻(き)矢】真巻き弓に用いる矢。

ままき-ゆみ【真巻(き)弓】弓幹の木に竹を添えて作った弓。的弓として用いた。

まま-きょうだい【▽継兄弟】父または母の違う兄弟。腹違いの兄弟。

まま-こ【▽継子】❶自分の子で、血のつながりのない子。実子でない子。❷仲間はずれにされる者。のけ者。(類語)義子・養子・継子・連れ子

まま-こ【▽継粉】粉を水などでこねるとき、こなれないで粉末のまま固まった部分。だま。

ままこ-あつかい【▽継子扱い】〔名〕(スル) 他の者と区別して仲間はずれにすること。「文壇で―される作家」

ままこ-いじめ【▽継子▽苛め】継子をいじめること。

ママ-コート《和 mamma＋coat》母親が乳児を背負うときに用いるコート。身頃にゆとりをもたせてある。

ままこ-こんじょう【▽継子根性】人になつきにくいひがんだ根性。

ままこ-ざん【▽継子算】▶継子立て

ままこ-だて【▽継子立て】碁石でする遊戯。黒白の石それぞれ15個ずつ、合計30個をなんらかの順序で円形に並べ、あらかじめ定められた場所にある石を起点として10番目にあたる石を取り除き、順次10番目の石を取っていって、最後に一つ残った石を勝ちとするもの。白・黒を、それぞれ先妻の子と後妻の子に見立てたところからいう。継子算。

まま-ごと【▽飯事】子供が玩具を使って炊事や食事などのまねごとをする遊び。ままごと遊び。

ままこ-な【▽飯子菜】ゴマノハグサ科の半寄生性の一年草。山地に生え、高さ約50センチ。長卵形の葉が対生する。夏、紅紫色の唇形の花を総状につける。名は、若い種子が米粒に似るからとも、下唇に米粒状の白斑があるからともいう。

ままこ-の-しりぬぐい【▽継子の尻拭い】タデ科の一年草。野原に生える。茎はつる状に伸び、逆向きのとげで他に巻きつく。葉はほぼ三角形で、柄の基部に托葉がある。夏、小枝の先に、淡紅色の小花が集まってつく。

ままこ-ばなし【▽継子話】昔話の一系統で、継母の虐待による苦難を耐え忍んだ継子が最後に幸せになり、逆に継母とその実子とが不幸になるというもの。糠福米福・紅皿欠皿など多くの話が伝えられ、落窪物語などの文学作品にも取り入れられている。

まま-し-い【▽継しい】〔形〕区まま・し〔シク〕親子・兄弟などが血のつながっていない関係である。腹違いの間柄である。「―・い仲」

まま-せ【▽継▽兄】腹違いの兄。異母兄。「其の―当芸志美美命を殺せたまひき」〈記・中〉

まま-たき【▽飯×焚き｜▽飯炊き】飯をたくこと。また、雇われて飯をたく人。めしたき。

まま-ちち【▽継父】血のつながっていない父。けいふ。(類語)義父・養父・継父・舅・岳父・父

ママ-ちゃり《ママ用のちゃりんこの意。ちゃりんこは自転車をいう俗語》俗に、日常生活での利用を目的として作られた自転車のこと。安価で乗りやすく、荷物用のかごや幼児を乗せる椅子などが取り付けられるようになっている。➡シティーサイクル

まま-で【×儘で｜▽随で】〔連語〕《名詞「まま」＋格助詞「で」》…の状況で。「彼はびしょ濡れの―、立ちすくんでいた」(補説)多くは上に連体修飾語または、連体修飾句を伴って、接続助詞のように用いられる。

ママ-とも【ママ友】公園や遊び場、保育園や幼稚

園などで子供を通じて知り合った母親同士の付き合い。また、その間柄。
まま‐なら◦ない【×儘ならない】〔連語〕▶儘ならぬ
まま‐なら◦ぬ【×儘ならぬ】〔連語〕思いどおりにならない。ままならない。「―◦ぬこの世」「多忙でデートも―◦ぬ」
まま‐に【×儘に・▽随に】〔連語〕《名詞「まま」＋格助詞「に」》❶…のとおりに。…にまかせて。「感じた―描く」「気の向く―旅をする」❷…につれて。…とともに。「日が暮れゆく―気温が下がってくる」❸…ので。…ために。「いみじく心もとなき―等身に薬師仏を作りて」〈更級〉❹…と同時に。…するやいなや。「旗一流れ給はってさす―、その勢わづかに十六騎、みな白装束にて馳(は)せむかふ」〈平家・一一〉 補説 多く連体修飾語を受けて、接続助詞のように用いられる。
まま‐の‐かわ【×儘の皮】ぱ 仕方がなくて成りゆきにまかせる気持ちを表す語。もうどうなってもよい。ままよ。「あかね別れの鳥は―と、なげやりにする場所にもあらねば」〈浮・西鶴伝授車・五〉
まま‐の‐つぎはし【真間の継橋】千葉県市川市真間にあった継橋。歌枕「かき絶えし―踏み見れば隔てたる霞も晴れて迎へるがごと」〈千載・雑下〉
まま‐の‐てこな【真間手児奈】《「ままのてごな」とも》下総(しもうさ)国葛飾(かつしか)(千葉県市川市真間)に住んでいたという伝説上の女性。万葉集の山部赤人・高橋虫麻呂の歌によると、多くの男性の求婚にたえられず、真間の海に入水自殺したという。➡手児奈
まま‐はは【▽継母】血のつながっていない母。けいぼ。類語 義母・養母・継母・姑・母
まま‐むすこ【▽継息‐子】血のつながりのない息子。
まま‐むすめ【▽継娘】血のつながりのない娘。
ママヤ〖Mamaia〗▶ママイア
まま‐よ【×儘よ】〔感〕施すすべがなく、成り行きまかせにするときにいう語。なんとでもなれ。どうなろうと勝手にしろ。「―、とにかくやってみよう」
まま‐よめ【▽継嫁】血のつながりのない息子の嫁。継子の嫁。
ママレード〖marmalade〗▶マーマレード
ママン〖フランス maman〗お母さん。ママ。
ま‐み【目見】❶物を見る目つき。まなざし。「水の底を深く眺め入り給へる―の気色」〈狭衣・二〉❷目もと。「うち腫れたる―も、人に見えむが恥づかしきに」〈源・少女〉❸目。まなこ。ひとみ。「いといたう黒く垢づきて、―はおち入りたるやうに」〈読・雨月・浅茅が宿〉
まみ【▽眉】まゆ。まゆ毛。
まみ【×貒・▽猯】アナグマの別名。また、タヌキをいうこともある。
ま‐み【魔魅】人をたぶらかす魔物。また、邪悪な人のたとえ。「―とは人の虚言(そらごと)とのみ思い居しに」〈露伴・いさなとり〉
まみ‐あい【▽眉▽間・▽眉相】ぴ ❶みけん。「―にしわを寄せる」❷まゆ。「女郎の―は、立花にていはばひかへの様なる物なり」〈ひとりね・上〉
マミー〖mommy〗母親をいう幼児語。
マミー‐トラック〖mammy track〗キャリアウーマンとして生きるよりも、母親として生きる道を選ぶ女性の生き方。
ま‐みえ【目見え・▽見え】まみえること。謁見(えっけん)。「昨日―に来たる女は全くの田舎ものとも見えず」〈鉄腸・花間鶯〉
まみ‐え【▽眉】「眉毛(まゆげ)」に同じ。「細面に―の判然(はっきり)映る女である」〈漱石・それから〉
ま‐み・える【▽見える】〔動ア下一〕文まみ・ゆ〔ヤ下二〕《「みえる」は見られるの意で、相手から見られるというところから》❶「会う」の意の謙譲語。お目にかかる。「主君に―・える」❷顔を合わせる。対面する。「両雄相―・える」❸夫として仕える。「貞女は二夫に―・えず」類語 会う・対面する・面会する・会見する・お目にかかる・拝顔する・拝眉する・拝謁(はいえつ)する
まみ‐げ【▽眉毛】「まゆげ」に同じ。
まみ‐じろ【▽眉白】ヒタキ科ツグミ亜科の鳥。全長23センチくらい。雄は全身黒色で眉斑(びはん)が白い。雌は上面が褐色、下面に淡褐色の斑がある。日本では夏鳥で、山地の林で繁殖し、冬に南アジアへ渡る。まゆしろ。季夏
ま‐みず【真水】づ ❶塩分などのまじらない水。淡水。さみず。❷国の経済対策のうち、政府が直接負担する財政支出のこと。公共投資・減税など、同年度の経済成長率を直接押し上げる要素となるものを指す。真水ベースで対国内総生産(GDP)何パーセントの経済対策などと表す。➡事業規模 補説 ❷で、中小企業の資金繰り支援などの経済対策は、実際に支出されるかどうかわからないので全額は真水に含めない。公共事業のうち用地取得費などは新たな付加価値を生み出さないので真水に含めない。また、減税の場合、貯蓄に回る分は真水とはいえないとされる。❸大部分が直接企業の収益となる売上。また、現金のこと。類語 淡水
まみず‐くらげ【真水水=母】ぢ ヒドロ虫綱マミズクラゲ科の腔腸(こうちょう)動物。淡水にすむ。傘の直径約2センチで、縁に多数の触手がある。ポリプの世代は長さ約1ミリで、8〜10月に発生する。
まみちゃ‐じない【▽眉茶×鶍】《「しない」は大形のツグミ類の古名》スズメ目ヒタキ科ツグミ亜科の鳥。全長22センチくらい。上面は暗緑褐色で、腹と眉斑(びはん)が白く、雄は頭部が灰黒色。シベリアで繁殖し、日本では冬鳥。
ま‐みなみ【真南】正しく南にあたる方角。
まみや‐かいきょう【間宮海峡】カフ サハリン(樺太)とアジア大陸との間の海峡。文化6年(1809)間宮林蔵が発見し、シーボルトが命名。最狭部は幅7.3キロで、ロシアでは探検者の名からネベリスコイ水道とよぶ。冬季は凍結する。韃靼(だったん)海峡。タタール海峡。
まみや‐りんぞう【間宮林蔵】ザウ［1780〜1844］江戸後期の探検家。常陸(ひたち)の人。名は倫宗(ともむね)。伊能忠敬らに測量術を学び、幕命により樺太(サハリン)を調査。さらに海峡を渡って黒竜江下流を探検し、樺太が島であることを確認した。のち密貿易などの調査に従事し、シーボルト事件を密告。著「東韃紀行」「北蝦夷図説」など。
ま‐み・ゆ【▽見ゆ】〔動ヤ下二〕「まみえる」の文語形。
まみ・る【▽塗る】〔動ラ下二〕「まみれる」の文語形。
まみれ【▽塗れ】〔語素〕名詞の下に付いて、そのものが一面に汚らしい感じでついていることを表す。また、困った状態であることを表す。「垢(あか)―」「汗―」「ほこり―」「借金―」類語 みどろ・だらけ
まみ・れる【▽塗れる】〔動ラ下一〕文まみ・る〔ラ下二〕❶泥・汗などが一面にくっついて汚れる。「泥に―・れる」「汗に―・れる」➡一敗地に塗れる ❷問題を多く抱えて困った状態である。「汚名に―・る」
マム〖ma'am〗《madamの省略形》目上の女性に呼びかけたり答えたりするときに用いる語。奥様。お嬢様。「イエス、―」
ま‐むかい【真向(か)い】むかひ 正しく相対していること。正面。まんまえ。「―の家から火が出た」
ま‐むき【真向き】❶まっすぐに向かうこと。真正面。まむかい。「ある距離から妻と―に立ちました」〈志賀・范の犯罪〉❷正しい方向に向くこと。また、その向き。「船は―になって水の面に浮かび出た」〈有島・生れ出づる悩み〉❸船の船尾正面全体の呼称。真艫(まとも)。〈和漢船用集〉類語 正面
ま‐むぎ【真麦】小麦。〈和名抄〉
まむし《「まぶし」の音変化》京阪地方で、ウナギの蒲焼(かばやき)、また、うなぎどんぶりをいう語。
ま‐むし【×蝮】❶《「真虫」の意》クサリヘビ科の毒蛇。体長約70センチで、灰褐色の地に銭形の斑紋が並ぶ。頭は三角形で両ほおに毒腺をもち、敵が防衛範囲内に入ると毒牙を立てて飛びかかる。毒性は強いが注入量は少ない。卵胎生。くちばみ。はみ。日本まむし。季夏「曇天や―生き居る罎(びん)の中/竜之介」❷恐れきらわれる人をたとえていう。❸「まむし指」の略。
まむし‐ぐさ【×蝮草】サトイモ科の多年草。山地の樹下に生える。地下の球茎から、鳥の足状の複葉が2枚出る。雌雄異株。晩春、紫色か緑紫色の仏炎苞(ぶつえんほう)をもつ花穂をつける。へびのだいはち。季春
まむし‐ざけ【×蝮酒】生きたマムシを焼酎(しょうちゅう)に浸したもの。強壮剤とされる。季夏
まむし‐ゆび【×蝮指】先端の関節だけが、マムシが鎌首をもたげたように曲がる指。
ま‐むすび【真結び】ひもを打ち違えて結んでから、もう一度打ち返して結ぶこと。小間結び。
マムルーク〖アラビア Mamlūk〗《所有されるものの意》10世紀ころから西アジアの各地で増大したトルコ人を主とする軍隊奴隷のこと。
マムルーク‐ちょう【マムルーク朝】テウ《アラビア mamlūkは奴隷の意で、トルコ人などの白人奴隷のこと》エジプト・シリア・ヘジャズ地方を支配したトルコ系イスラム王朝。1250年、マムルークのイズッディン=アイバクがアイユーブ朝を滅ぼして創始。都はカイロ。東西の中継貿易などで繁栄したが、1517年にオスマントルコ軍に敗れ滅亡。
まむろ‐がわ【真室川】がは 山形県北部、最上(もがみ)郡の地名。最上川支流の鮭川および真室川が貫流。もと戸沢氏の城下町。製材・家具製造などが行われる。
まむろがわ‐おんど【真室川音頭】まむろがは 山形県の民謡。真室川町付近の酒盛り歌。明治末期から大正にかけて北海道・樺太方面で流行したナット節が、昭和の初めごろに真室川に入り変化したもの。
まむろがわ‐まち【真室川町】まむろがは ▶真室川
まめ【肉=刺】かたいものとこすれたため、手足などの皮膚にできる豆のような水ぶくれ。
まめ【豆・×荳・×菽】㊀〔名〕❶マメ科植物の種子。特にそのうち、食用にするものの総称。大豆(だいず)・小豆(あずき)・ササゲ・エンドウ・ソラマメ・インゲンマメ・ラッカセイなど。マメ科の双子葉植物は約1万3000種が寒帯から熱帯まで広く分布し、草本または木本。葉は複葉で、花は蝶形花が多い。果実は豆果で、莢(さや)の中に種子がある。種子は胚乳が発達せず、子葉が発達して大部分を占め、でんぷんや脂肪を蓄える。❷特に、大豆。「―かす」「―細工」❸女性の陰部。特に陰核をいう。❹料理に使う、豚・牛などの腎臓。㊁〔接頭〕名詞に付く。❶形や規模などが小さい意を表す。「―電球」「―台風」❷子供である意を表す。「―記者」
下接語 青豆・畦(あぜ)豆・煎(い)り豆・隠元豆・鶯(うぐいす)豆・鶉(うずら)豆・打ち豆・枝豆・阿多福(おたふく)豆・籬(かき)豆・カラバル豆・金時豆・黒豆・源氏豆・コーヒー豆・五目豆・砂糖豆・莢(さや)豆・三度豆・塩豆・白豆・底豆・空豆・狸(たぬき)豆・痰(たん)切り豆・血豆・蔓(つる)豆・年の豆・鉈(なた)豆・夏豆・南京(なんきん)豆・煮豆・羽団扇(はうちわ)豆・弾け豆・八升豆・雛(ひな)豆・富貴(ふき)豆・福豆・藤(ふじ)豆・味噌(みそ)豆・蜜(みつ)豆
豆を植えて稗(ひえ)　よい結果を得ようとして、期待外れに終わることのたとえ。
豆を煮るに萁(まめがら)をたく《魏の曹植(そうしょく)が兄の曹丕(そうひ)(文帝)から、七歩あゆむ間に詩を作らねば罰すると言われ、「まめがらは釜の下にあって燃え、豆は釜中(ふちゅう)にあって泣く、本これ同根より生ず」と歌ったという「世説新語」の故事から》兄弟・仲間どうしが傷つけ合うことのたとえ。
まめ【忠=実・▽実】〔名・形動〕❶労苦をいとわず物事にはげむこと。また、そのさま。勤勉。「―に帳簿をつける」「若いのに―な人だ」「筆―」❷からだのじょうぶなこと。また、そのさま。健康。たっしゃ。「―で暮らしております」「―なのが何より」❸まじめであること。また、そのさま。実直。本気。誠実。「いと―に、じちよう(=実用本位)にて、あだなる心なかりけり」〈伊勢・一〇三〉❹実際の役に立つこと。実用的であること。また、そのさま。「をかしきものは…君達に、―なるものは北の方にと」〈落窪・四〉類語 健康・丈夫・無病息災・無事・健勝・清勝・健(すこ)やか・壮健・健全・達者
まめ‐あぶら【豆油】❶大豆からとった油。だいず油。❷▶豆の豆汁(ご)
まめ‐いた【豆板】❶炒(い)った大豆や煮た小豆(あずき)などを、溶かした砂糖で平たく固めた菓子。❷「豆板銀」の略。
まめいた‐ぎん【豆板銀】江戸時代の銀貨の一。

目方が5匁もんめ(約19グラム)前後の称量貨幣で、丁銀ちょうぎんの補助として用いた。小粒こつぶ。粒銀つぶぎん。小玉銀。豆銀。

まめ-いり【豆煎り｜豆×炒り】❶大豆などの豆を煎ること。また、その煎った豆。いりまめ。❷豆・米・あられなどを煎って砂糖をまぶした菓子。

まめ-うち【豆打ち】「豆撒まめまき❷」に同じ。

まめえもん【豆右衛門】まめゑもん 江島其磧作「魂胆色遊懐男こんたんいろあそびふところおとこ」の主人公。芥子けし人形ほどの小男で、他人の懐に入って、魂の中に入り込み、好色の数々を経験する人物。のち他の浮世草子などにも登場する。豆男。

まめ-おとこ【豆男】をとこ ❶節分の豆まきをする男。年男としおとこ。❷からだの小さい男。❸《「忠実男まめおとこ」と同音であるところから》好色な小男。また、その男を主人公にした浮世草子類。

まめ-おとこ【忠=実男】をとこ ❶まめな男。誠実な男。❷風流を愛し色好みな男。好色な男。また、近世では、情夫の意に用いたり、在原業平をさしたりする。「御身になびきなば、二道かくる―、いやなりませぬと仰せけり」〈浄・大覚大僧正御伝記〉

まめ-がき【豆柿】シナノガキのうち、果実がやや大きくて球形のもの。柿渋を採取し、また甘柿の台木にする。(季 秋)

まめ-かす【豆×粕】大豆から油を絞りとった残りの粕。飼料や肥料にする。

まめ-がら【豆▽幹｜豆殻｜×萁】豆から実をとったあとのさや・枝・茎など。(季 秋)

まめ-ぎん【豆銀】「豆板銀まめいたぎん」に同じ。

まめ-こがね【豆黄=金=虫】コガネムシ科の昆虫。体長約1センチ、卵形で、光沢のある黒緑色。成虫は大豆・ブドウ・クリなど多種の植物の葉を食害する。幼虫は土中にすみ、根を食害。大正5年(1916)ごろ日本から北アメリカに侵入、大発生し、ジャパニーズビートル(Japanese beetle)とよばれる。

まめ-ごころ【忠=実心】まじめな心。誠実な心。「―もなまあくがるる心地す」〈源・野分〉

まめ-ごと【忠=実事】まじめなこと。真実なことがら。「―なども言ひあはせてゐ給へるに」〈枕・一三七〉

まめ-ごはん【豆御飯】▶豆飯

まめ-ざいく【豆細工】竹ひごを大豆に刺してつなぎ、いろいろな形を作る工作。

まめ-ざき【豆咲き】エンドウ・フジなどマメ科植物にみられる蝶形をしている花。

まめ-ざくら【豆桜】バラ科の落葉小高木。本州中部地方の山地に自生。葉は卵形で、縁に切れ込みがある。春、葉より先に淡紅色の小さい花が開き、6月ごろに黒紫色の実がなる。ふじざくら。

まめ-ざま【忠=実様】〔名・形動ナリ〕実直なこと。まじめなこと。また、そのさま。「かつはあやしき―をかくのたまふと」〈源・夕霧〉

まめ・し【忠=実し】〔形シク〕まめである。誠実である。勤勉である。「人がらも―・しく、いとねんごろに思ひきこえ給へれば」〈増鏡・草枕〉

まめ-じか【豆鹿】偶蹄ぐうてい目マメジカ科の哺乳類の総称。最小の有蹄類で、体高20～35センチ。背が丸く、角をもたない。南アジアと西アフリカに4種が知られる。ねずみじか。

まめし-げ【忠=実し気】〔形動ナリ〕❶まじめでたのもしいさま。「―なお姿をお目にかけなば」〈伎・貞操花鳥羽恋塚〉❷はりあいのあるさま。「世間で悪う歌はれて、―もなき浮世やと」〈浄・丹波与作〉

まめ-じどうしゃ【豆自動車】小型の自動車。また、児童の遊戯用の小さな自動車。

まめ-しぼり【豆絞(り)】紺地に白、または白地に紺で、豆粒のような丸い文様を表した絞り染め。手ぬぐいや浴衣に用いる。また、その模様をプリントした布。

まめぞう【豆蔵】まめざう ❶江戸時代、手品・曲芸やこっけいな物まねなどをして銭を乞うた大道芸人。❷軽薄なおしゃべりをする人をののしっていう語。❸非常にからだの小さい男をいう語。

まめ-ぞうむし【豆象虫】ざうむし 甲虫目マメゾウムシ科の昆虫の総称。体長は5ミリくらいで卵形をし、赤褐色から黒色。乾いた豆に産卵し、幼虫は内部に食い入る。アズキゾウムシ・インゲンゾウムシ・エンドウゾウムシなど。

まめ-そうめん【豆▽素麺】さうめん 春雨はるさめ❷の異称。

まめ-ぞめ【豆染(め)】青黒色の染め色。

まめ-だいこ【豆太鼓】柄のついた小さな紙張りの太鼓の玩具。両側から糸を出し、その先に豆をつけて、振れば鳴るようにしたもの。

まめ-たいふう【豆台風】ごく小型の台風。暴風区域の直径が100キロ程度以下のものをいう。

まめ-だおし【豆倒】だふし ヒルガオ科の一年生の寄生植物。畑などに生え、つる状の茎で他に巻きつき、葉はない。夏から秋、白い小花を群生する。種子を漢方で菟糸子としといい、強壮薬にする。大豆に寄生して害を与えることがある。

まめ-だ・つ【忠=実立つ】〔動タ五(四)〕本気になる。まじめになる。また、まじめなようにふるまう。「―・ちてわれに言えりしこと」〈鏡花・照葉狂言〉

まめ-たにし【豆田×螺】マメタニシ科の巻き貝。水田や沼などにすむ。貝殻は細長い円錐形で、殻高13ミリくらい。殻表は滑らかで淡黄褐色。本州・九州に分布する。肝吸虫の第1中間宿主。

まめ-だぬき【豆×狸】小さなタヌキ。

まめ-たん【豆炭】無煙炭の粉に木炭粉・コーライトなどをまぜ、粘結剤を加えて卵大の扁球形に練り固めた家庭用燃料。(季 冬)

まめ-タンク【豆タンク】❶軽装甲・軽武装の小型戦車の一種。現在は各国ともほとんど運用していない。豆戦車。❷転じて、小柄で、精力的・活動的な人。

まめ-ちしき【豆知識】ちょっとした知識。本筋からは外れているが、知っていると役に立つ話。

まめ-ちゃ【豆茶】カワラケツメイの茎や葉を陰干しして作る代用茶。

ま-めつ【摩滅｜磨滅】〔名〕スル すりへること。すれてなくなること。「靴底が―する」(類語)摩耗

まめ-つき【豆×搗き】《「まめづき」とも》黄な粉。〈和名抄〉

まめ-づた【豆×蔦】ウラボシ科の常緑多年生のシダ。山地の岩上や樹上に着生し、細い根茎がツタのようにはい、卵円形の厚い栄養葉をつける。胞子葉はへら形。まめごけ。いわまめ。

まめ-つぶ【豆粒】豆の粒。ごく小さいもののたとえに用いる。「下を走る車が―ほどに見える」

まめ-でっぽう【豆鉄砲】ぱう 豆を弾にして打ち出す、小さな竹製の玩具。

豆鉄砲を食った鳩はとのよう ▶鳩はとが豆鉄砲を食ったよう

まめ-でんきゅう【豆電球】でんきう 非常に小型の電球。懐中電灯などに用いる。

まめ-どり【豆鳥】イカルの別名。

まめ-なっとう【豆納豆】浜納豆に対して、普通の糸引き納豆。

まめ-にんぎょう【豆人形】にんぎやう ごく小さな人形。芥子けし人形。

まめ-のこ【豆の粉】黄な粉。〈日葡〉

まめ-のご【豆の豆=汁｜豆の▽油】大豆を水に浸し、石灰を加えてひいたものを布で漉こした液。豆腐の原料、染色の色止めや油絵の具の材料とする。

まめ-はんみょう【豆斑▽猫】はんめう ツチハンミョウ科の昆虫。体長2センチくらい。体は細く、黒色で、頭部は赤色。前翅ぜんしに灰白色の縦のすじがある。大豆・ナス・ジャガイモなどの害虫。幼虫はバッタ類の卵塊を食べる。成虫には人の皮膚に水ばれを生じさせるカンタリジンが含まれ、発泡剤などに利用。

まめ-びと【忠=実人】まじめな人。実直な人。「中納言はもとよりい と―にて」〈源・若菜上〉

まめへい-とう【豆平糖】たう 煎いり大豆を入れて作った棒状のあめ。京都の名物菓子。

まめ-へん【豆偏】漢字の偏の一。「豇こう(ササゲ)」「豌えん」などの「豆」の称。

まめ-ほん【豆本】きわめて小型の本の総称。外国では、好事家に珍重される。聖書などに多く、日本では江戸時代の芥子本けしぼん・袖珍本しゅうちんぼんなど。

まめ-ほんだ【豆本多】男子の髪形で、本多髷ほんだまげの一種。髪を少なくして髻もとどりを詰め、髷を小さく結ったもの。江戸後期に流行し、伊達だて男が好んで結った。

まめ-まき【豆×蒔き｜豆×撒き】❶豆の種子を畑にまくこと。❷(豆撒き)節分の夜、「福は内、鬼は外」と唱えながら豆をまくこと。豆打ち。(季 冬)「―やかりそめに住むひとの家/波郷」

まめまめ-し・い【忠=実忠=実しい】〔形〕文まめまめ・し〔シク〕❶ほね惜しみせずに、よく働くようすである。まじめで、よく努めている。「―・く働く」❷誠実である。実意がある。「あはれに―・しうのたまふを」〈宇津保・楼上下〉❸日常向きである。実用的である。「―・しき物はまさなかりなむ」〈更級〉(派生)まめまめしげ〔形動〕まめまめしさ〔名〕

まめ-まわし【豆回し】まはし イカルの別名。豆を口に含んで回しながら割る習性による名。(季 夏)

まめ-みそ【豆味×噌】蒸した大豆で作った豆麹まめこうじを用い、食塩水と合わせて熟成させた味噌。愛知県岡崎地方で産し、八丁味噌・三州味噌・三河味噌などの名でよばれる。

まめ-めいげつ【豆名月】陰暦九月十三夜の月。また、その夜の月見の行事。枝豆を供えるのでいう。栗名月。後のちの月。(季 秋)(類語)名残の月・芋名月

まめ-めし【豆飯】えんどう豆・大豆などを炊き込んだ飯。豆ごはん。(季 夏)

まめ-もち【豆餅】黒豆・赤えんどうなどの入った塩味の餅。

まめ-やか【忠=実やか】〔形動〕文〔ナリ〕❶まじめなさま。心がこもっているさま。また、注意が行きとどいているさま。「―に立ち働く」「―に差配する」❷本格的なさま。いいかげんでないさま。「雪いたう降りて―に積もりにけり」〈源・幻〉❸実用的なさま。「女は―なる物を引き出でけると」〈落窪・三〉(派生)まめやかさ〔名〕

まめ-やき【豆焼(き)】年占としうらの一種。節分に、いろりの熱い灰の上に豆を並べ、焼けぐあいからその年の作柄や月ごとの天候を占う呪法。豆占まめうら。

まめ-ランプ【豆ランプ】❶豆電球。❷小型の石油ランプ。

まめ-わざ【忠=実▽事】日常の用事。裁縫など実用的な仕事。「この頃御前の―に参りなどしてなむさぶらひける」〈栄花・御裳着〉

まめん-し【麻綿糸】麻と綿花をまぜてつむいだ紡績糸。

ま-もう【摩耗｜磨耗】〔名〕スル かたい材質の物が、すりへること。特に、機械の部品や道具にいう。「―した車軸を交換する」(類語)摩滅

ま-も-なく【間も無く】〔副〕時間がさしてたたないさま。ほどなく。じきに。「―幕が開く」「君が帰って、―彼が来た」(類語)程なく・おっつけ・今に・遠からず・近く・じき・もう・やがて・そろそろ・今にも

ま-もの【真物】ほんものであること。また、そのもの。「さながらの―のごとく見えしめんことを望み」〈逍遥・小説神髄〉

ま-もの【麻物｜×苧物】麻糸でよった綱。「―をふっつと踏みきれば」〈浄・女護島〉

ま-もの【魔物】魔性をもつもの。妖怪ようかい。変化へんげ。また、人をたぶらかすあやしい力をもつもの。

まもら・う【守らふ】まもらふ ㊀〔動ハ四〕《動詞「まもる」の未然形＋上代の反復継続の助動詞「ふ」から》じっと見つめている。見守りつづける。「伊那佐の山の木の間よもい行き―・ひ戦へば」〈記・中・歌謡〉㊁〔動ハ下二〕❶見つめる。「講師の顔をつと―・へたるこそ、その説くことの尊さもおぼゆれ」〈枕・三三〉❷守る。保護する。「まがふ方なく一つ所を―・へて」〈源・夕霧〉➡まぼらう

ま-もり【守り｜▽護り】❶守ること。守備。「―を固める」「国境の―」❷神仏の加護。❸「守り札」「守り袋」の略。❹紋所の名。守り札や守り袋を図案化したもの。(類語)加護・冥加みょうが・冥護みょうご・天恵

まもり-がたな【守り刀】身を守るためにいつも身につけている短刀。護身刀。

まもり-がみ【守り神】災難から自分を守ってくれる神。守護神。

まもり-づけ【守り付け】昔、戦場で、死を覚悟した者がその氏名を記して髻につけた木札。

まもり-ぬ・く【守り抜く】〔動カ五(四)〕最後まで守る。守りとおす。「継投策で一点を―・く」

まもり-ぶくろ【守り袋】守り札を入れて身につけておく袋。おまもり。

まもり-ふだ【守り札】神仏の力によって人を災難や病気から守るという札。社寺から受けて、身につけたり家にはったりする。護符。おまもり。おふだ。

まもり-ほんぞん【守り本尊】身の守りとして信仰する仏。また、その仏像。まもりぼとけ。

まもり-め【守り目】世話をしたり、守ったりする役目。また、その人。「一添へなど、ことごとしくし給ひける程に」〈源・蜻蛉〉

ま-も・る【守る｜護る】〔動ラ五(四)〕《「目守る」の意》❶侵されたり、害が及ばないように防ぐ。「犯罪から青少年を―・ろう」「身を―・る術」❷決めたことや規則に従う。「約束を―・る」「教えを―・る」❸相手の攻撃に備え、守備する。「ゴールを―・る」「外野を―・る」❹目を離さずに見る。みまもる。「庄兵衛は喜助の顔を―・りつつ」〈鷗外・高瀬舟〉❺様子を見定める。「近江の海波恐みと風―・り年はや経なむ漕ぐとはなしに」〈万・一三九〇〉(可能)まもれる (類語)(❶)庇う・保護する・擁護する・庇護する・守護する・防護する・ガードする・警護する・警衛する・護衛する／(❷)遵守する・厳守する・遵奉する・護持する・堅持する・固守する・固持する・墨守する・堅守する・死守する・遵法／(❸)防衛する・防御する・自衛する・守備する・固守する・死守する

マモン〖mammon〗▶マンモン

ま-や【真屋｜両下】棟の前後二面を葺きおろしにしたつくりの家。切妻造り。「葦火たく―のすみかは世の中をあくがれ出づる門出なりけり」〈詞花・雑下〉

ま-や【馬屋】❶馬を飼っておく建物。馬小屋。うまや。「寒さに顫えながら―の前に立たせられた」〈真山・南小泉村〉❷宿場。宿駅。駅。〈色葉字類抄〉

まや【摩耶】《梵 Māyā》釈迦牟尼の生母。カピラ城主浄飯王の妃。出産のため実家に帰る途中藍毘尼園で釈迦を生み、7日後に没したという。死後、忉利天に生まれたともされる。摩訶摩耶。摩耶夫人。生没年未詳。

マヤ〖maya〗▶マヤ族

まやかし　ごまかすこと。また、そのもの。いかさま。いんちき。「売り込みの言葉に―がある」(類語)似非・偽物・偽・贋物・偽物・まがい物・まがい・もどき

まやかし-もの【まやかし物】いんちきな品。にせもの。

まやか・す〔動サ五(四)〕ごまかしあざむく。だます。「見物人を―・す」

ま-やく【麻薬｜痲薬】中枢神経を麻痺させ、陶酔感を伴い、強い麻酔・鎮痛作用があるが、連用すると薬物依存を生じる物質。アヘンおよびそれより抽出されるモルヒネ・コデインやコカインなどの天然麻薬と、塩酸ペチジンなどの合成麻薬とがある。

まやくおよびこうせいしんやく-とりしまりほう【麻薬及び向精神薬取締法】麻薬・向精神薬の輸出入・製造・譲渡・所持などの取り締まりと、麻薬中毒者に対する措置などについて定めた法律。昭和28年(1953)施行。当初の名称は「麻薬取締法」であったが、平成2年(1990)に向精神薬を加えて改正され、現在の名称となった。薬物四法の一つ。麻向法。麻薬取締法。

まやく-こうせいしんやく【麻薬向精神薬】麻薬と向精神薬のこと。麻薬及び向精神薬取締法により取り扱いが厳しく規制されている。➡薬物四法

まやくたんち-けん【麻薬探知犬】税関で、麻薬を探知するよう訓練された犬。アグレッシブドッグとパッシブドッグの2種類があり、アグレッシブドッグは貨物の中の麻薬を探知し、引っかいて係員に知らせる。パッシブドッグは旅行者が身につけている麻薬を探知し、その場に座って知らせる。犬種はシェパード、ゴールデンレトリバーなどが使われる。日本では昭和54年(1979)から導入。

まやく-ちゅうどく【麻薬中毒】麻薬を繰り返し用い続けたために、精神的、身体的に依存するようになり、正常な生活が営めなくなった状態。

まやくとくれい-ほう【麻薬特例法】《「国際的な協力の下に規制薬物に係る不正行為を助長する行為等の防止を図るための麻薬及び向精神薬取締法等の特例等に関する法律」の通称》薬物犯罪により得た収益を没収することにより、規制薬物に関する不正行為を防止するために定められた法律。麻薬新条約の批准に必要な国内法整備のため、平成3年(1991)に制定された。➡薬物四法

まやく-とりしまりほう【麻薬取締法】「麻薬及び向精神薬取締法」の通称、旧称。

マヤコフスキー〖Vladimir Vladimirovich Mayakovskiy〗[1893～1930]ソ連の詩人。ロシア未来派の代表的詩人。革命的理想をうたいつつ風刺と内省、愛と苦悩の世界を展開した。ピストル自殺。長詩「ズボンをはいた雲」「ウラジーミル＝イリイチ＝レーニン」、詩劇「ミステリヤ-ブッフ」など。

まや-さん【摩耶山】兵庫県神戸市北区にある六甲山中の一峰。標高702メートル。中腹に釈迦の母、摩耶夫人を祭る忉利天上寺がある。

まや-し　人をだます者。いかさま師。「一を聟というては、此の姿が世間が恥づかしい」〈伎・天狗酒宴〉

マヤ-ぞく【マヤ族】《Maya》メキシコ南東部ユカタン半島からグアテマラ・ホンジュラス・エルサルバドルにかけて居住する民族集団。前4世紀ごろから農業を背景に興隆し、ピラミッド・神殿を建造し、象形文字を用い、天文・暦法を高度に発達させた。3～9世紀にかけて全盛。現在の人口は約二百万人。➡マヤ文明

マヤパン〖Mayapan〗メキシコ、ユカタン半島北西部の都市メリダの南東約40キロメートルにあるマヤ文明の遺跡。

まや-ぶにん【摩耶夫人】▶摩耶

マヤ-ぶんめい【マヤ文明】《Maya》中央アメリカのグアテマラからユカタン半島にかけての地域に、古代から栄えたマヤ族の都市文明。巨大なピラミッド神殿を築き、天文・暦・数学・壁面装飾・象形文字などが発達していた。紀元3世紀ころに興り、9世紀まで強い勢力があったが、その後衰退した。アルトゥン-ハ、ウシュマル、エズナ、カバー、シュナントニッチ、チチェン-イッツア、キリグア、コパン、コフンリッチ、ティカル、トゥルム、パレンケ、ボナンパック、マヤパンなど、数多くの遺跡が残る。

まやま-せいか【真山青果】[1878～1948]劇作家・小説家。宮城の生まれ。本名、彬。小栗風葉に師事し、自然主義作家として出発、のち劇作に転じ、多くの戯曲を発表。また、西鶴・馬琴などの考証にもすぐれた業績を残した。小説「南小泉村」、戯曲「玄朴と長英」「平将門」「元禄忠臣蔵」など。

まゆ【眉】《「まよ」の音変化》❶目の上に弓状に生えている毛。まゆげ。「一をひく」❷近世の烏帽子の前面下部の中央、とがったひだの下のやや出っぱった所。❸牛車の屋形の出入口上部にある軒。❹伊勢船造の箱型船首の装飾で、船首両側棚の下部に細長く眉状に黒く塗るもの。❺虹梁・破風板などの下縁につけた装飾的な彫り込み。断面がレ字形の欠き眉、S字状の出入り眉、浅い円弧状の薙ぎ眉などがある。(類語)眉毛

(下接語)糸眉・遠山の眉・描き眉・蛾眉・毛虫眉・地蔵眉・高眉・作り眉・殿上眉・八字眉・引き眉・棒眉・細眉・三日月眉・柳の眉・連山の眉

眉に迫・る　非常に近くなる。眼前に迫る。「頂上の岩が危く―・る」〈三重吉・山彦〉

眉に唾を塗・る　だまされないように用心する。眉に唾をつける。「うますぎる話には―・る」

眉に火がつ・く　危険が身に迫る。➡焦眉の急

眉を上・げる　眉をつり上げて怒りを顔に表す。「―・げて詰め寄る」

眉を落と・す　結婚して眉毛をそり落とす。転じて、結婚して妻となる。

眉を曇ら・す　心配ごとや不快な思いのために、顔をしかめる。眉をひそめる。

眉を顰・める　心配なことがあったり、また、他人の嫌な行為に不快を感じて顔をしかめる。眉根を寄せる。眉をしかめる。「醜態に周囲が―・める」

眉を開・く　心配事がなくなって、晴れやかな顔になる。愁眉を開く。「文三の決心を聞いてお政は漸く―・いて」〈二葉亭・浮雲〉

眉を読・む　顔の表情から、人の心を推しはかる。

まゆ【繭】《「まよ」の音変化》❶完全変態をする昆虫の幼虫が、中でさなぎとして休眠するため、口から糸状の粘質分泌物を出して作る覆い。砂粒・葉などを利用するものもある。❷蚕が口から糸をはいて作る殻状の覆い。白や黄色で、中央のややくびれた楕円形をしている。生糸の原料。(季 夏)「一干すや農鳥岳にとはの雪／辰之助」

まゆ-あい【眉間】眉と眉との間。みけん。「異形は手をのべ、百島が―を、割れてのけとはったと打つ」〈浄・用明天王〉

眉間の延びた奴　間の抜けた男をののしっていう語。「見た所が―でござるによって」〈虎寛狂・真奪〉

ま-ゆう【真木綿】木綿の美称。「蜷の腸か黒き髪に―もちあざさ結ひ垂れ」〈万・三二九五〉

まゆ・う【迷ふ｜紕ふ】〔動ハ四〕「まよう❻」に同じ。「白たへの袖は―・ひぬ吾妹子が家のあたりを止まず振りしに」〈万・二六〇九〉

まゆ-かき【繭搔き】できあがった繭を蔟から取る作業。(季 夏)

まゆ-がき【眉書(き)】眉の形を描くこと。また、それに用いる筆。まよがき。

まゆ-がしら【眉頭】眉の、眉間に近い部分。びとう。

まゆ-ぎわ【眉際】眉毛のはえぎわ。

まゆ-げ【眉毛】まゆ。また、そこに生えている毛。まみげ。(類語)眉

眉毛を読ま・れる　相手に心中を見すかされる。

まゆ-けんてい【繭検定】繭取引の公正を期すため、検定用に抽出した繭から実際に糸を繰って品質を判定すること。都府県の繭検定所で行う。

まゆ-ごもり【繭籠もり】蚕が繭の中にこもること。転じて、少女などが家の中にこもっているたとえ。まよごもり。「この事のわづらはしさにこそ、―も心苦しう思ひきこゆれ」〈源・常夏〉

まゆ-じり【眉尻】眉のこめかみに近い方。

まゆ-しろ【眉白】マミジロの別名。

ま-ゆすい【真結ひ】《上代東国方言》「まむすび」に同じ。「家の妹ろ我を偲ふらし―に結ひし紐の解くらく思へば」〈万・四四二七〉

まゆ-ずみ【眉墨｜黛】❶眉をかいたり形を整えたりするのに用いる化粧品。❷眉をかくこと。また、かいた眉。まゆがき。「一を引く」❸香の名。伽羅から製する。❹連なった山が遠くに眉のように見えること。「青柳の葛城山にかけて霞むなり山は緑の春の―」〈夫木・二〉

まゆ-だま【繭玉】柳などの枝に繭形にまるめた餅・団子などを数多くつけた、小正月の飾り物。繭の出来を豊かにする予祝という。現在は形式化したものが社寺の縁起物としても売られる。繭団子。まいだま。(季 新年)「一のことしの運のしだれける／万太郎」➡餅花

まゆ-だんご【繭団子】「繭玉」に同じ。

まゆ-づき【眉月】眉に似た細い月。新月のこと。びげつ。

まゆ-づくり【眉作り】《「まゆつくり」とも》眉墨で眉を描くこと。また、その道具。

まゆ-つば【眉唾】《眉に唾をつければ狐などに化かされないという言い伝えから》❶だまされないよう用心すること。❷「眉唾物」の略。

まゆつば-もの【眉唾物】だまされる心配のあるもの。真偽の確かでないもの。信用できないもの。「その情報は―だ」

まゆ-つぶし【眉潰し】眉を塗りつぶすこと。また、そ

の化粧料。鬢付油びんつけあぶらに砥粉とのこをまぜたもの。舞台化粧などで行う。

まゆ-とじめ【眉▽刀自女】成人になっても眉を落とさないでいる女性。「御馬草みまくさ取り飼へ一」〈催馬楽・眉刀自女〉

まゆ-なかば【眉半ば】眉が半分隠れるくらいに頭巾ずきんなどを深くかぶること。「頭巾ずきん一に責め」〈太平記・五〉

まゆ-ね【眉根】❶眉の根もと。眉毛の内側の方。まよね。「一を寄せる」❷まゆ。まよね。「雨降るといかでか人を待たざらむ誰たがためかける我が一ぞ」〈基俊集〉

眉根掻か・く　「まよねかく」に同じ。「一・き紐とき垂れて待ためやもし忘るや今宵と言ひてしものを」〈久安百首〉

まゆ-はき【眉掃き】おしろいをつけたあと、眉を払うのに用いる小さな刷毛はけ。眉刷毛まゆばけ。

まゆはき-ぐさ【眉掃草】❶ヒトリシズカの別名。❷ワタスゲの別名。

まゆ-はらい【眉払い】はらひ 昔、少女が成人したしるしとして眉毛を抜いたり剃そったりしたこと。また、その儀式。

まゆ-ひき【眉引き】「まよびき」に同じ。〈和英語林集成〉

ま-ゆみ【真弓】弓の美称。「弓といへば品なきものと梓弓一つき弓一品もなし」〈新勅撰・神祇〉

ま-ゆみ【×檀┊真弓】❶ニシキギ科の落葉低木。山野に生え、葉は楕円形で、対生。雌雄異株。初夏、緑白色の小花が集まって咲き、果実はほぼ四角形で、熟すと四つに裂けて赤い種子が現れる。古くは材で弓を作った。やまにしきぎ。かわくまつづら。《季 花=夏┊実=秋》❷(「檀弓」とも書く)マユミの木で作った弓。❸襲かさねの色目の名。表は蘇芳すおう、裏は黄。多く秋に用いる。

まゆむら-たく【眉村卓】[1934～]SF作家。大阪の生まれ。本名、村上卓児。未来の管理社会における組織と個人の葛藤を多く描く。「消滅の光輪」で泉鏡花文学賞受賞。他に「ねらわれた学園」「夕焼けの回転木馬」「時空ときの旅人」「引き潮のとき」など。

まゆん-がなし【真▽世がなし】《沖縄方言で、豊作・幸運の神の意》沖縄県石垣島の川平かびらで、陰暦9月の節祭りに来訪する神。青年たちが覆面をし、蓑みの・笠かさをつけてこの神に仮装し、家々を回る。

まよ【▽眉】「まゆ」の古形。「一のごと雲居に見ゆる阿波の山かけて漕ぐ舟泊まり知らずも」〈万・九九八〉

まよ【▽繭】「まゆ」の古形。「筑波嶺の新桑繭にひぐはまよの一の衣きぬはあれど君が御衣みけししあやに着欲しも」〈万・三三五〇〉

まよい【迷い┊×紕い】まよひ ❶迷うこと。心が乱れて判断がつかない状態。まどい。「行動に一を生じる」「一時の気の一」❷心が煩悩ぼんのうに乱され、悟りきれないこと。また、成仏の妨げとなる死者の執念。❸紛れること。紛れ。「霧の一はいと艶にぞ見えける」〈源・野分〉❹織物の糸や髪の毛が乱れること。ほつれ。「今年行く新島守が麻衣肩の一は誰たれか取り見む」〈万・一二六五〉

まよい-がみ【迷ひ神】まよひ「まよわしがみ」に同じ。「この辺には、一あんなる辺ぞかし」〈宇治拾遺・一三〉

まよい-ご【迷い子】まよひ「まいご」に同じ。

まよい-ばし【迷い箸】まよひ「惑まどい箸」に同じ。

まよい-ぼし【迷い星】まよひ 惑星のこと。

まよ-う【迷う┊×紕う】まよふ〔動ワ五(ハ四)〕《❼が原義で、のちに「まど(惑)う」と混同された》❶まぎれて、進むべき道や方向がわからなくなる。「山中で道に一・う」❷どうしたらよいか決断がつかない。「進学か就職かで一・う」「判断に一・う」❸心が乱れてよくない方向へ行く。欲望・誘惑に負ける。「色香に一・う」❹死者の霊が成仏できないでいる。「一・わず成仏して下さい」❺区別がつかなくなる。まぎれる。「霜を待つ籬まがきの菊の宵の闇に置きー・ふ色は山の端はの月」〈新古今・秋下〉❻秩序なくあちこちへ行ったり来たりする。「上の御局に参りちがふ気色どもしげくー・へば」〈源・花宴〉❼布の織糸が弱り、糸が乱れかたよる。「御褥しとねの少しー・ひたるつまより」〈源・若菜下〉

(類語)惑う・戸惑う・迷わす・惑わす

まよえる-ひつじ【迷える羊】「ストレイシープ(stray sheep)」の訳語。

マヨール-ひろば【マヨール広場】㊀《Plaza Mayor de Salamanca》スペイン西部、カスティーリャ-イ-レオン州の都市サラマンカの中心広場。18世紀にスペイン王フェリペ5世の命で、アルベルト=チュリゲラらにより造営。フェリペ5世をはじめ歴史上の人物の彫像があるアーケードに囲まれ、同国屈指の美しさで知られる。広場を含む旧市街全体が1988年に世界遺産(文化遺産)に登録された。㊁《Plaza Mayor de Madrid》スペインの首都、マドリードの中心部にある広場。スペイン王フェリペ3世により造営。17世紀に建造された4階建ての建物に囲まれ、中央にフェリペ3世の騎馬像がある。17世紀より2世紀にわたり集会場の役割を果たし、王家の儀礼のほか闘牛、祭り、宗教裁判の公開刑などが行われた。

まよ-がき【▽眉書き】「まゆがき」に同じ。「一濃こに書き垂れ逢はしし女をみな」〈記・中・歌謡〉

ま-よけ【魔▽除け】魔性のものを近づけないこと。また、そのために用いる呪まじない物。お守り。護符。

ま-よこ【真横】ちょうど横。また、水平。「主賓の一に座る」「一を向く」「柱を一に倒す」

まよ-ごもり【▽繭籠もり】「まゆごもり」に同じ。「たらちねの母が飼ふ蚕このーいぶせくもあるか妹いもに逢はずして」〈万・二九九一〉

マヨット-とう【マヨット島】タウ《Mayotte》アフリカ大陸とマダガスカル島の間にあるコモロ諸島の島。フランスの海外県。1975年コモロがフランスから独立する際、住民投票でマヨット島だけは独立反対派が多かったことからフランスが支配を継続。コモロは併合を求めている。人口23万(2010)。

ま-よなか【真夜中】夜の最も更けた時。深夜。

まよなか-の-つき【真夜中の月】《真夜中に出るところから》陰暦二十三夜の月。

まよ-ね【▽眉根】「まゆね」に同じ。「青柳あをやぎの細き一を笑ゑみ曲がり」〈万・四一九二〉

眉根掻か・く　眉がかゆくて掻く。恋しい人に会える前兆とされた。まゆねかく。「月立ちてただ三日月の一・き日け長く恋ひし君に逢へるかも」〈万・九九三〉

マヨネーズ〘フランス mayonnaise〙卵黄とサラダ油・酢・塩などをまぜ合わせて乳化させたソース。サラダ・揚げ物などに用いる。マヨネーズソース。

まよ-びき【▽眉引き】眉墨で眉をかくこと。また、かいた眉。まゆひき。「振り放さけて三日月見れば一目見し人の一思ほゆるかも」〈万・九九四〉

まよびき-の【▽眉引きの】〔枕〕低く平らな稜線のようすが眉の形に似るところから、「横山」にかかる。「妹いもをこそ相見に来こしか一横山辺へろの猪ししなす思へる」〈万・三五三一〉

マヨラナ〘ラテ majorana〙▶マージョラム

マヨラナ-りゅうし【マヨラナ粒子】リフシ 電荷を持たない中性のスピン1/2の粒子のうち、反粒子が自身と同じもの。1937年にイタリアのE=マヨラナが考案したが、実験的にはまだその存在が確認されていない。現在、岐阜県の神岡鉱山跡にある東北大学の実験装置KamLANDにおいて、ニュートリノがマヨラナ粒子であるかどうかについての検証が進められている。マジョラナ粒子。

マヨルカ-とう【マヨルカ島】タウ《Mallorca》▶マリョルカ島

まよわし-がみ【迷はし神】まよはし 人を迷わせるという神。まよいがみ。「心の臆れたるときは必ず一のおそふものぞ」〈読・雨月・吉備津の釜〉

まよわ-す【迷わす】まよはす〔動サ五(四)〕迷うようにする。まどわす。「流言に一・される」「人心を一・す」

まら【魔羅┊摩羅】《梵 māraの音写。障害・破壊・殺者の意》❶仏語。人の善事を妨げる悪神。魔王。欲界第六天の王。転じて、悟りの妨げとなる煩悩ぼんのうをいう。魔。❷《❶から転じたとも、排泄する意の「まる」の交替形ともいう》陰茎。

マラー〘Hevmann Joseph Muller〙[1890～1967]米国の遺伝学者。ショウジョウバエを材料に遺伝子の交叉現象を研究。また、X線による人工突然変異の誘発に成功。1946年ノーベル生理学医学賞受賞。

マラー〘Jean-Paul Marat〙[1743～1793]フランスの革命家。フランス革命にあたって「人民の友」紙を発刊し、民衆の運動を賞賛。国民公会議員に選出後は、山岳派の指導者として活躍。ジロンド派没落後、支持者の女性に刺殺された。

マラー-ストラナ〘Malá Strana〙チェコ共和国の首都プラハの中心部、ブルタバ川西岸の地区名。プラハ城の南側に広がり、小地区または城下町とも訳される。17世紀から18世紀にかけて貴族たちが多くの宮殿を建て、その多くが現在も政府の官庁や各国の大使館として利用されている。

マラーストラナ-ひろば【マラーストラナ広場】《Malostranské náměstí》チェコ共和国の首都プラハの中心部、マラーストラナ地区にある広場。城下町の市場として13世紀半ばに造られた。広場の中央に聖ミクラーシュ教会が建っているほか、西側には18世紀初頭に流行したペストの終焉しゅうえんを祈願して建てた聖三位一体の円柱があり、「ペストの円柱」と呼ばれる。

マラータ〘Marāṭha〙インド中部、デカン高原から西海岸に至るマハラシュトラ地方に居住する種族。ヒンズー教徒で、中世以来独立を保持し、1674年、シバージーがマラータ王国を建設してムガル帝国と対抗。18世紀中ごろからは諸侯の連合体であるマラータ同盟を形成し、北インドにも勢力を伸長。1775年以来、イギリスの東インド会社と三度の戦争(マラータ戦争)を行ったが敗れ、1818年にイギリスの支配下に入った。

マライ〘Malay〙▶マレー

マライ-しょとう【マライ諸島】シヨタウ ▶マレー諸島

マライ-はんとう【マライ半島】ハンタウ ▶マレー半島

マラウイ〘Malawi〙アフリカ南東部にある共和国。首都リロングウェ。南北に長い内陸国で、東部をマラウイ湖が占める。葉タバコ・茶・砂糖などを産する。1891年以来英国の保護領となり、ニアサランドとよばれたが、1964年に独立。英連邦の一。人口1545万(2010)。

マラウイ-こ【マラウイ湖】《Malawi》マラウイ、モザンビーク、タンザニアの国境にある南北に細長い湖。アフリカ大地溝帯の最南端に位置する。面積約3万平方キロメートル。別名ニアサ湖。

マラウイこ-こくりつこうえん【マラウイ湖国立公園】コクリツコウエン《Malawi》マラウイ東部、マラウイ湖南端のアフリカ唯一の湖上国立公園。面積94平方キロメートル。1984年、世界遺産(自然遺産)に登録された。➡マラウイ湖

マラガ〘Málaga〙スペイン南部、地中海に臨む港湾都市。保養地コスタ-デル-ソル(太陽の海岸)の中心地。ブドウ・オレンジなどの栽培が盛んで、ワインを産する。ピカソの生地。人口、行政区57万(2008)。

マラカイト〘malachite〙▶孔雀石くじゃくせき

マラカイト-グリーン〘malachite green〙塩基性染料の一。金属光沢のある青緑色の結晶。絹・羊毛・皮革を直接染色するが、日光・アルカリに弱い。

マラカイボ〘Maracaibo〙ベネズエラ北西部のマラカイボ湖北岸にある港湾都市。付近に油田が多く、石油精製工業が発達し、石油・コーヒーなどを輸出。人口、行政区189万(2009)。

マラカイボ-こ【マラカイボ湖】ベネズエラ北西部の湖。カリブ海と連なる汽水湖であるが、南部は淡水。油田地帯。面積1万3600平方キロメートル。

マラガシー-あく【マラガシー亜区】《Malagasyはマダガスカルの異称》動物地理区の一。旧熱帯区に属し、マダガスカル島およびセーシェル諸島など周辺の島々を含む地域。キツネザル・ユビザルが特徴。マダガスカル亜区。

マラカス〘スペイン maracas〙ラテン音楽で用いられる打楽器。ウリ科のマラカの実を乾燥させて中身をくり抜き、種子やビーズ玉などを入れたもの。両手に一つずつ持って振り鳴らす。

マラガ-だいせいどう【マラガ大聖堂】ダイセイダウ《Catedral de la Encarnación de Málaga》スペイン南部、

アンダルシア州の都市マラガにある大聖堂。カトリック両王の命により16世紀から18世紀にかけて建造され、ゴシック、ルネサンス、バロックなどさまざまな様式が混在する。正面右側の塔が未完成のまま現在に至った。アロンソ=カーノ、クラウディオ=コレーリョら17世紀スペインバロックの画家による宗教画がある。

マラゲーニャ〘スペイン malagueña〙スペインのマラガ地方に起こった舞踊および舞曲。三拍子でギター伴奏を伴う。

マラケシュ〘Marrakesh〙モロッコ中部の商業都市。農産物の集散地。1062年にムラービト朝の首都となり、中世にはイスラム世界の中心都市の一。古い王宮やモスクが残る旧市街は、1985年、世界遺産(文化遺産)に登録された。マラケシ。

マラシュ〘Maraş〙トルコ南東部の都市カフラマンマラシュの通称。

マラスキーノ〘イタリア maraschino〙イタリア産のリキュールの一。アドリア海に面する旧ユーゴスラビアのダルマチア地方に産するサクランボウを原料に造られる。

マラスキーノ-チェリー〘maraschino cherry〙本来は、マラスキーノに漬けたサクランボウのこと。現在は、紅・ピンク・黄色などに着色し、シロップ漬けにする。カクテルや製菓用。

まら・する〔動サ下二・サ変〕《「まいらす」の連体形「まいらする」の音変化》❶「やる」の意の謙譲語。差し上げる。「この金を―・せん」〈蒙求抄・八〉❷(補助動詞)動詞の連用形に付く。㋐謙譲の意を表す。お…いたす。…もうしあげる。「ともかくも頼み―・する」〈虎明狂・犬山伏〉㋑丁寧の意を表す。…ます。「ソレガシモ子供ヲ引キ具シテヤガテ参リ―・セウズル」〈天草本平家・二〉【補説】古くは下二段型、のち連用形「まらし」が生じ、サ変型の活用に移った。中世後期以降、❶の用法はみられなくなり、意味も近世以降、❷㋑がもっぱらとなる。また、❷の用法は「まっする」から「まする」「ます」となり、現代語の「ます」につながる。❷を助動詞とする説もある。

マラソン〘marathon〙❶陸上競技の一。長距離のロードレース。正式の距離は42.195キロ。また一般に、長距離競走・耐久競走にもいう。マラソン競走。【補説】前490年、ギリシャのアテネ軍が侵入したペルシア軍を撃破し、一人の兵士が戦場のマラトンからアテネまでの約40キロの距離を走り、戦勝を報じて死んだという故事に基づく。1924年以降、現行の距離となった。➡表 ❷長い時間を費やして物事を行うことのたとえ。「一外交」

[マラソン❶] マラソンの世界記録・日本記録 (2012年8月現在)

		記録	更新日	選手名(国籍)
世界記録	男子	2時間3分38秒	2011年9月25日	パトリック=マカウ(ケニア)
	女子	2時間15分25秒	2003年4月13日	ポーラ=ラドクリフ(英国)
日本記録	男子	2時間6分16秒	2002年10月13日	高岡寿成
	女子	2時間19分12秒	2005年9月25日	野口みずき

マラソン〘Marathon〙米国フロリダ州南部、フロリダキーズ諸島の中ほどにあるベイカーキーの中心地。

マラッカ〘Malacca〙マレーシア南西部、マラッカ海峡に面する港湾都市。15世紀初めマラッカ王国が建設されて以来、国際貿易港として繁栄。1511年にポルトガル領、のちオランダ領を経てイギリス領となった。城塞跡などがある。

マラッカ-かいきょう【マラッカ海峡】マレー半島とスマトラ島とに挟まれた海峡。太平洋および南シナ海とインド洋とを結び、古くから海運の要所。国際海峡の一。最狭部の幅は約65キロで、水深は浅く、島が多い。

マラッカ-はんとう【マラッカ半島】マレー半島の異称。

マラティア〘Malatya〙トルコ中東部の都市。ユーフラテス川上流部西岸、アナトリア高原に位置し、道路、鉄道交通の要衝。肥沃な農地が広がり、世界有数のアンズの産地として知られる。製糖業、織物工業も盛ん。ヒッタイト帝国以来の歴史を有する。マラテア。

マラトン〘Marathōn〙ギリシャのアテネの北東約40キロの海岸にある地名。前490年、アテネ軍が奇襲によって上陸したペルシア軍に大勝した古戦場として有名。マラソン。➡マラソン

マラニャン〘Maranhão〙ブラジル北東部にある州。経済が停滞し貧困に悩むが、貿易港の再開発も進む。州都はサン-ルイス。マラニョン。

マラハイド〘Malahide〙アイルランドの首都ダブリンの北郊にある港町。海岸保養地として知られる。ヘンリー2世のアイルランド遠征に伴った騎士リチャード=タルボットが同地を与えられ、荘園を置いたことに起源する。12世紀創建のマラハイド城、15世紀創建のセントシルベスター教会、タルボット植物園がある。

マラハイド-じょう【マラハイド城】《Malahide Castle》アイルランドの首都ダブリンの北郊の町マラハイドにある城。12世紀、ヘンリー2世のアイルランド遠征に伴った騎士リチャード=タルボットが同地を荘園とし、城砦と屋敷を兼ねた建物を建造。以降、1973年にミロ=タルボット卿が亡くなるまでタルボット一族が住んでいた。大広間にはタルボット家の肖像画や調度品などが展示されている。

マラバル-かいがん【マラバル海岸】《Malabar》インド南西部、アラビア海に面する海岸。パナジー・コージコード・コーチなどの港湾都市がある。ココナツ・コショウ・カルダモンなどの産地。

まら-ひと【▽客|▽賓】《「まら」は「まれ(稀)」の交替形》「まろうど」に同じ。「薬師は常のもあれど―の今の薬師貴かりけり賞だしかりけり」〈仏足石歌〉

マラマッド〘Bernard Malamud〙[1914～1986]米国の小説家。挫折や悲運のなかにあって、常に新たな生の可能性を求める人間の姿を描いた。長編「アシスタント」「修理屋」、短編集「魔法の樽」など。

マラム〘Malham〙英国イングランド北部、ノースヨークシャー州の小村。ヨークシャーデールズ国立公園の観光拠点の一。マラムコーブやゴルデールスカーなどの石灰岩でできた独特な地形が見られる。

マラム-コーブ〘Malham Cove〙英国イングランド北部、ノースヨークシャー州の小村マラムにある断崖。石灰岩の台地が弓なりに削り取られ、高さ80メートル、幅300メートルにわたる断崖をなしている。ヨークシャーデールズ国立公園の景勝地の一。

マラヤ〘Malaya〙マレー半島南部を中心とする地域。

マラヤ-れんぽう【マラヤ連邦】1948年、英国の保護領のマレー半島南部と直轄植民地のペナン・マラッカとで結成された連邦国家。57年独立、63年マレーシア連邦の一部となった。

マラヨポリネシア-ごぞく【マラヨポリネシア語族】➤マレー-ポリネシア語族

マラリア〘malaria〙マラリア病原虫が赤血球に寄生して起こる熱帯性の感染症。感染症予防法の4類感染症の一。ハマダラカの媒介により感染する。寒け・震え・高熱が主症状で、間欠的に繰り返す。発熱周期が一定し、48時間ごとに起こる三日熱マラリア・卵型マラリア、72時間ごとの四日熱マラリアと、周期が不規則で、心臓衰弱や脳症を起こして生命にかかわることもある熱帯熱マラリアの四つがある。

マラリア-びょうげんちゅう【マラリア病原虫】胞子虫綱コクシジウム目の原生動物の一群。マラリアの病原体。蚊の体内で胞子が形成され、媒介されて動物の赤血球内で分裂・繁殖する。熱帯・亜熱帯地方に広く分布し、人間には三日熱・卵型・四日熱・熱帯熱マラリアの病原虫が感染する。プラスモジウム。

マラリア-りょうほう【マラリア療法】毒性の比較的弱い三日熱マラリア病原虫を接種して行う発熱療法。梅毒治療などに用いられた。

マラルメ〘Stéphane Mallarmé〙[1842～1898]フランスの詩人。象徴派の代表者。ポー・ボードレールの影響を受け、独自の手法により純粋詩を追求。詩「エロディアード」「半獣神の午後」「骰子一擲」など。

マランタ〘ラテン Maranta〙クズウコン科の常緑多年草。熱帯アメリカ原産。観葉植物。楕円形の葉の表面に紫色の美しい模様がある。

まり【×毬|×鞠】❶遊びやスポーツに用いる球。ゴム製のほか、革製、綿をしんにして糸で巻いたものなどがある。ボール。「―をつく」「ゴム―」❷「けまり」に同じ。「さま悪しけれど―もをかし」〈枕・二一五〉

まり【×鋺|×椀】昔、水や酒などを盛った円い形の器。もい。「面を隠す大―に、そのすすむる酒を盛りき」〈記・下〉

マリ〘Mali〙アフリカ西部の共和国。北部をサハラ砂漠が占める内陸国。首都バマコ。13～15世紀マリ帝国として金・塩の交易で繁栄。1920年、フランス領スーダンとなったが、1960年に独立。綿花・ラッカセイなどを産する。正式名称、マリ共和国。人口1380万(2010)。

まり【▽余り】〔接尾〕「あまり四❷」に同じ。「七つぎの御代にまわへる百箇―十の翁の舞奉る」〈続後紀〉

マリア〘Malia〙ギリシャ南部、クレタ島の港町。同島北岸、イラクリオンの東方約30キロメートルに位置する。海岸保養地。郊外にクレタ文明時代の宮殿の遺跡があることで知られる。

マリア〘Maria〙イエスの母。新約聖書によれば、夫ヨセフと婚約中、天使ガブリエルの告知を受け、聖霊により処女懐胎し、イエスを産んだ。カトリック教会および東方正教会において聖母として崇拝される。聖母マリア。サンタ=マリア。

マリアージュ〘フランス mariage〙❶結婚。婚姻。婚礼。❷飲み物と料理の組み合わせが良いこと。特に、ワインと料理の組み合わせについていう。

マリアーンスケー-ラーズニェ〘Mariánské Lázně〙チェコ西部にある温泉保養都市。16世紀前半、修道僧により温泉が発見され、18世紀後半から療養に用いられた。鉄道の敷設に伴いラーゼニュスカーコロナーダをはじめとする温泉施設が造られた。カルロビバリなどとともにボヘミア地方有数の温泉保養地の一。ゲーテ、ショパン、カフカらが訪れたことで知られる。ドイツ語名、マリエンバート。

マリア-かんのん【マリア観音】江戸時代、隠れキリシタンが聖母マリアに擬してひそかに崇拝の対象とした観音像。像の一部に十字架を隠している例が多い。

マリアッチ〘スペイン mariachi〙メキシコで生まれた独得の編成の楽団、およびその音楽。数種のギター、バイオリン、それにトランペットが加わるのが標準的な編成。

マリア-テレサ〘Maria Theresa〙➤マリア=テレジア

マリア-テレジア〘Maria Theresia〙[1717～1780]オーストリアの君主。在位1740～1780。フランツ1世の妃。マリー=アントワネットの母。父カール6世の死後、ハプスブルク家の全領土を相続。オーストリア継承戦争・七年戦争以後、内政・軍政改革を成功させ、絶体主義体制の確立に尽力した。マリア=テレサ。

マリアナ-かいこう【マリアナ海溝】《Mariana》太平洋西部、マリアナ諸島の東側にある海溝。最深部はチャレンジャー海淵の1万920メートルで、世界最深。

マリアナ-しょとう【マリアナ諸島】西太平洋にある火山列島。ウラカス・サイパン・テニアン・ロタ・グアムなど15の島からなる。1668年にスペイン領、グアム島は1898年に米国領。他の島はドイツ領、日本の委任統治領を経て、米国信託統治領となり、1978年には自治領の北マリアナ連邦(人口8.2万=2006)を形成。

マリア-マグダレナ〘Maria Magdalena〙キリスト教の聖女。キリストが七つの悪霊を追い払って救った女性。キリストの復活の目撃者。祝日7月22日。マグダラのマリア。

マリアルイザ-どおり【マリアルイザ通り】《Bulevard Maria Luisa》ブルガリアの首都ソフィアの中心部にある通り。ソフィア中央駅から聖ネデリャ広場までを結び、ビトシャ通りと接続する。名称はブルガリア王フェルディナンド1世の妃マリア=ルイザに由来する。マリアルイーザ通り。

マリアルーズごう-じけん【マリアルーズ号事件】ｼﾞｹﾝ 明治5年(1872)ペルー船籍のマリアルーズ(Maria Luz)号が横浜に入港しているとき、同船から清ｼﾝの苦力ｸｰﾘｰが逃亡したことに端を発する日本・ペルー間の紛争。奴隷売買を不当とする日本側は苦力を釈放、それを不服とするペルーはロシア皇帝に仲裁裁判を求めたが、日本の主張が認められた。この事件をきっかけに日本国内の芸娼妓売買が問題化した。

マリアンヌ〖ﾌﾗﾝｽ Marianne〗フランス共和国を擬人化した人物像。米国のアンクルサム(Uncle Sam)、英国のジョンブル(John Bull)と同様、国や国民イメージを戯画化した人物像の一つ。

マリー〖marry〗為替リスクを回避するために、外貨建て債権・債務を組み合わせてバランスさせ、相殺してしまうこと。

マリー-アントワネット〖Marie-Antoinette〗[1755～1793]フランス王ルイ16世の妃。マリア=テレジアの四女。浪費癖と無思慮な行動で民衆の反感を買い、フランス革命の際、国外逃亡を企てたが失敗し、革命の敵として処刑された。

マリーアントワネット-ドレス〖Marie-Antoinette dress〗マリーアントワネットをイメージさせるドレス。コルセットで締めつけたウエスト、大きくえぐった胸元、パニエを入れて膨らませたミニ丈のスカート、リボンやバラの装飾が特徴。

マリーゴールド〖marigold〗キク科タゲテス属の一年草の英名。葉はコスモスに似て、夏、黄・橙・暗赤色などの花をつける。メキシコの原産。主に花壇に植えられる。

マリーシア〖ﾎﾟﾙﾄｶﾞﾙ malicia〗❶悪意。❷特にサッカーで、試合に勝つためのずる賢さをいう。

マリーナ〖marina〗ヨットやモーターボートの停泊所。クラブハウス・宿泊所・テニスコート・プールなどの施設も作られる。

マリーナ-ディ-カンポ〖Marina di Campo〗イタリア中部、トスカーナ州の沖合、リグリア海に浮かぶエルバ島南部の町。カンポ湾の奥に位置し、近隣に空港がある。同島で最も長い白い砂浜の海岸があり、海岸保養地として人気が高い。

マリーナ-デル-レイ〖Marina del Rey〗米国カリフォルニア州ロサンゼルス西部の地区。世界最大規模といわれるヨットハーバーがある。

マリーニ〖Marino Marini〗[1901～1980]イタリアの彫刻家。素朴な形態と躍動感あふれる表現を特色とし、肖像彫刻のほか、馬や騎馬像を好んで制作した。

マリーノ〖Giambattista Marino〗[1569～1625]イタリアの詩人。その奇想的、感覚的詩風はマリニズモとよばれ、17世紀イタリアのバロック文学を方向づけた。長編叙事詩「アドーネ」など。

マリーノ〖Marino〗イタリアの首都ローマ南東部、カステリロマーニ地方の町の一。アルバーノ湖というカルデラ湖の北西岸に面する。町の名を冠した白ワインの産地として有名。街中の噴水からワインが流れ出ることで知られるぶどう祭りは毎年10月に催され、多数の観光客が訪れる。

マリーン〖marine〗米国海兵隊員。➡マリン

マリーン-こ【マリーン湖】《Maligne Lake》カナダ、アルバータ州西部、ジャスパー国立公園にある湖。カナディアンロッキー最大の氷河湖で、同公園屈指の観光スポットとして知られる。

マリーンズ〖Marines〗▶千葉ロッテマリーンズ

マリインスキー-きゅうでん【マリインスキー宮殿】《Mariinskiy dvorets》ロシア連邦北西部、レニングラード州の都市サンクトペテルブルグにある宮殿。イサク聖堂の南側、モイカ川沿いに位置する。19世紀半ばに宮廷建築家アンドレイ=シュタケンシュナイダーの設計により新古典主義様式で建造された。かつては迎賓館や議事堂として利用され、旧ソ連崩壊後は同市の市議会が置かれる。マリンスキー宮殿。

マリウス〖Gaius Marius〗[前157ころ～前86]古代ローマの軍人・政治家。騎士身分から執政官となり、私兵をもってユグルタ戦争を平定。民衆派の首領として、閥族派のスラと対立した。

まり-うた【×毬歌┊×鞠歌】てまりをつくときにうたう歌。てまりうた。(季 新年)

まり-うち【×毬打ち】▶打毬ﾀﾞｷｭｳ

マリエ〖ﾌﾗﾝｽ marie〗婦人服のコレクションの最後を飾るウエディングドレスのこと。既存のウエディングドレスとは異なる、デザイナーの自由な発想に基づいたウエディングドレス。

マリ-エル〖Mariy El〗ロシア連邦にある21の共和国の1つ。モスクワの東約600キロメートル、ボルガ川東岸に位置する。基幹民族はフィン-ウゴル系のマリ人。首都はヨシカル-オラ。

マリエンバート〖Marienbad〗マリアーンスケーラーズニェのドイツ語名。

マリエン-ひろば【マリエン広場】《Marienplatz》ドイツ南部、バイエルン州の州都、ミュンヘンの旧市街中心部にある広場。同国最大の仕掛け時計で知られるネオゴシック様式の新市庁舎に面し、中央には三十年戦争によるスウェーデン占領からの解放を記念した聖マリア像がある。

マリエンブルク〖Marienburg〗マルボルクのドイツ語名。

マリエンブルク-じょう【マリエンブルク城】ｼﾞｮｳ《Ordensburg Marienburg》マルボルク城のドイツ語名。

マリエンベルク-ようさい【マリエンベルク要塞】ﾖｳｻｲ《Festung Marienberg》ドイツ中部、バイエルン州の都市、ビュルツブルクにある要塞。1253年から1719年まで大司教の居城兼要塞として使われた。8世紀に建てられたマリエン教会を中心に、13世紀初め頃から宮殿を拡張し、城壁や濠をめぐらして要塞化が図られた。

マリオット-の-ほうそく【マリオットの法則】ﾎｳｿｸ ▶ボイルの法則

マリオネット〖ﾌﾗﾝｽ marionnette〗糸でつるして操る人形。また、それを使う人形劇。操り人形。

ま-りき【魔力】▶まりょく(魔力)

マリク-シャー〖Malik Shāh〗[1054～1092]セルジューク朝第3代のスルターン。在位1072～1092。ニザール=アル=ムルクを宰相に登用して政治を安定させ、西アジア全域を支配、セルジューク朝の全盛期を現出した。

まり-ぐつ【×鞠×沓】蹴鞠ｹﾏﾘに用いるくつ。

マリ-グラード〖Mali grad〗《スロベニア語で小さな城の意》スロベニア中北部の都市カムニクの旧市街にある城。11世紀の創建とされ、13世紀にゴシック様式の外観をもつ礼拝堂が建造された。

マリケン〖Robert Sanderson Mulliken〗[1896～1986]米国の物理化学者。分子中の電子の状態を研究し、分子軌道法を創始した。また、電荷移動錯体の概念を提唱した。1966年ノーベル化学賞受賞。

まりこ【丸子】静岡市の地名。東海道五十三次の宿駅。とろろ汁が有名。古くは「鞠子」とも書いた。

まりし-てん【摩利支天】《梵 Marīciの音写。陽炎ｶｹﾞﾛｳの意》陽炎を神格化した女神。摩利支天経に説かれる。常に身を隠し、護身・得財・勝利などをつかさどる。日本では武士の守護神とされた。

マリス〖malice〗悪意。敵意。害意。

マリタン〖Jacques Maritain〗[1882～1973]フランスの哲学者。初めベルクソンの「生の哲学」に傾倒、カトリック入信後はネオ-トミズムの立場から近代思想を批判、実存主義的ヒューマニズムを提唱した。著「認識の諸段階」「キリスト教と民主主義」など。

まり-つき【×毬突き┊×鞠突き】まりをついて遊ぶこと。また、その遊び。

マリッジ〖marriage〗結婚。婚姻。婚礼。「―リング」「―カウンセラー」

マリッジ-ブルー《和 marriage＋blue》結婚を前にしての憂鬱ﾕｳｳﾂな精神状態。新生活への不安、結婚式の準備のわずらわしさ、許婚者との相性への疑問などから、不眠・食欲不振・過食などが起こる。女性に多いが男性もなるという。エンゲージブルー。ウエディングブルー。ウエディングベルブルー。

マリッジ-リング〖marriage ring〗「結婚指輪」に同じ。

まり-なげ【×毬投げ┊×鞠投げ】まりを投げ合って遊ぶこと。

マリニョーリ〖Giovanni de' Marignolli〗[1290ころ～1357]イタリアのフランチェスコ会宣教師。教皇ベネディクトゥス12世の命で、東方布教のため、陸路で中国に赴き、1342年、元の順帝に謁見。

マリネ〖ﾌﾗﾝｽ mariné〗生魚・生肉や揚げた魚などを、酢・塩・サラダオイル・ワインに香味野菜や香辛料を加えた汁に漬けること。また、その料理。

マリネード〖marinade〗マリネの漬け汁。漬け汁に魚や肉を漬けてマリネを作ることもいう。

マリネーラ〖ｽﾍﾟｲﾝ marinera〗8分の6および4分の3の混合拍子をとるペルーの民俗舞曲。以前はチレーナと呼ばれたが、1870年代にペルーの海軍(marina)をたたえる意味で、この名に改められた。

マリネッティ〖Emilio Filippo Tommaso Marinetti〗[1876～1944]イタリアの詩人。1909年「未来派宣言」を発表、未来派運動の指導者的役割を果たした。のち、ファシズムに同調。詩「老水夫」、小説「未来派人マファルカ」など。

マリノ〖ｽﾍﾟｲﾝ marino〗船乗り。また、水兵。

まり-の-かかり【×鞠の懸(か)り】▶懸かり❻

マリノス ▶横浜F・マリノス

マリノフスキー〖Bronislaw Kasper Malinowski〗[1884～1942]英国の文化人類学者。ポーランド生まれ。南太平洋トロブリアンド諸島での参与観察によって画期的な民族誌を著す。文化を統合体としてとらえ、機能主義の方向を開いた。著「西太平洋の遠洋航海者」「未開社会における犯罪と慣習」など。

マリファナ〖ｽﾍﾟｲﾝ marijuana〗大麻ﾀｲﾏの葉・茎・花から得られる、幻覚作用をもつ物質。タバコに入れて吸引する。ハシーシ。ハシッシュ。

マリボー〖Pierre Carlet de Chamblain de Marivaux〗[1688～1763]フランスの劇作家・小説家。巧みな心理分析と洗練された文体を特徴とする恋愛喜劇や小説を書いた。戯曲「愛と偶然との戯れ」、小説「マリアンヌの生涯」など。

マリボル〖Maribor〗スロベニア北東部にある同国第2の都市。ドラバ川沿いに位置する。古代ローマ時代に築かれた町に起源し、中世にはシュタイエルスカ地方の中心都市として栄えた。19世紀半ばにウィーンと鉄道で結ばれ、工業が発展した。神聖ローマ皇帝フリードリヒ3世が築いたマリボル城、12世紀創建のマリボル大聖堂など歴史的建造物が残っている。ワインの産地として有名。

マリボル-じょう【マリボル城】ｼﾞｮｳ《Mariborski grad》スロベニア北東部の都市マリボル旧市街中心部にある城。15世紀後半、神聖ローマ皇帝フリードリヒ3世により建造。以降、増改築が繰り返され、バロック様式の礼拝堂、ロココ様式の大階段などが造られた。現在は郷土の歴史や文化に関する博物館になっている。

マリボル-だいせいどう【マリボル大聖堂】ﾀﾞｲｾｲﾄﾞｳ《Stolna župnija Maribor》スロベニア北東部の都市マリボルにある大聖堂。12世紀にロマネスク様式で建造。14世紀から15世紀に改築されて、現在見られるゴシック様式の大聖堂になった。正式名称は洗礼者ヨハネ大聖堂。

まり-も【×毬藻】シオグサ科の緑藻。淡水にみられ、濃緑色の糸状体が絡んで球形をしている。昼は湖面に浮上し、夜は沈む。北海道の阿寒湖のものは特別天然記念物。近縁に青森県左京沼のヒメマリモ、山梨県山中湖・河口湖のフジマリモなどがある。

ま-りょく【魔力】人を惑われ、また引きつける不思議な力。まりき。類語 霊感・霊力・神通力

マリョルカ-とう【マリョルカ島】ﾀｳ《Mallorca》地中海西部、バレアレス諸島の主島。スペイン領。13世紀にマリョルカ王国が建国されたが、14世紀にアラゴン王国に合併。オリーブ・アーモンドなどを産する。中心都市パルマ。マジョルカ島。マヨルカ島。

マリン〖marine〗《「マリーン」とも》外来語の上に付い

て複合語をつくり、海の、海洋の、海上の、などの意を表す。「―ルック」「―タワー」

マリン-スノー〖marine snow〗海の表層から深海まで観察される、雪のように降るもの。不定形で壊れやすく、プランクトンの死体などが緩く結合したものといわれる。海雪。

マリン-スポーツ〖marine sports〗ヨット・サーフィン・スキューバダイビングなど、海で行うスポーツの総称。

マリンバ〖marimba〗アフリカ起源の木琴の一種。音板の下に円筒形の共鳴管を付けたもの。

マリン-ビーフ《和 marine＋beef》イワシなどの魚肉たんぱく質を乾燥させた粒状食品。昭和48年(1973)ころ、農林水産省水産研究所の鈴木たね子博士が開発。

マリン-ブルー〖marine blue〗やや緑色がかった濃い青色。(類語)青・真っ青・青色・藍・青藍・紺青・紺碧・群青・紺・瑠璃色・縹・花色

マリン-ペスト〖Marine Pests〗もともとその海域にはいなかった有害な外来海洋生物。プランクトン・バクテリア・卵・幼生など。(補説)積み荷を下ろした貨物船が安定を保つためにタンクに入れるバラスト水とともに運ばれる。

マリン-ランチング〖marine ranching〗生産を高める目的で、高度な資源培養を駆使した栽培漁業法の一つ。マグロをはじめとする大形回遊魚を人工漁礁などで飼育栽培する。海洋牧場。

マリン-ルック〖marine look〗海を感じさせる夏のファッションスタイル。海兵隊員のスタイルのこともいう。セーラーカラーのジャケット、セーラーパンツ、白地にブルーのストライプ柄などが代表的なもの。

マリン-レジャー〖marine leisure〗海で行うレジャーの総称。ヨット・サーフィン・潜水・釣りなど。

マリン-ロード《和 marine＋road》海の道。海路。海上交通路。(補説)英語では、sea route.

まる【丸¦円】《「まろ」の音変化》㊀〔名〕❶まるい形。円形。また、球形。「該当する項目を―で囲む」❷答案などに正解または合格・優良の評価の意味でつけるまるい印。「正しい答えに―をつける」「図画で三重―をもらう」❸㋐句点。文の終わりにつける「。」の符号。㋑半濁点。「ぱ」「ピ」などの「゜」の符号。❹数字の零を読み上げるときにいう語。「一―三―(＝一〇時三〇分)に到着」❺金銭のこと。会話で親指と人差し指とで輪をつくって示すこともある。❻㋐《甲羅が円形であるところから》主に関西で、スッポンのこと。「鯛と烏賊のつくり合せや、―の吸物に」〈里見弴・多情仏心〉㋑料理に使う骨付きのドジョウ。また関西で、ウナギのこと。❼城郭の内部。近世の城郭で内郭・外郭の外周をいい、その位置から本丸、二の丸、三の丸などと称する。「―の内」❽円形の紋所の名。円形単独のもののほか、薄の丸、鶴の丸など他の模様と組み合わせたものもある。❾完全で、欠けたところのないこと。また、全部を包含していること。まるごと。「リンゴを―のままかじる」「―に一夜さ添ひ果てず」〈浄・無間鐘〉❿㋐重さの単位。一丸は50斤で、約30キロ。㋑和紙を数える単位。一丸は、半紙では6締め、奉書紙では10束。⓫江戸の吉原遊郭で、遊女の揚代が倍額になる日。正月や節句の日など。丸の日。㊁〔接頭〕❶数詞に付いて、その数が欠けることなく満ちている意を表す。「―一日」「―一月」❷名詞に付いて、完全にその状態である、の意を表す。全体。そっくり。「―もうけ」「―焼け」㊂〔接尾〕《「まろ(麻呂)」から転じて》❶人名、特に稚児に用いる。「石童―」「牛若―」❷船の名に用いる。「海神―」❸刀・楽器その他の器物の名に用いる。「蜘蛛切―」❹犬や馬などの名に用いる。「常陸―」「木下―」
(…語)角丸・北の丸・黒丸・三の丸・樽丸・手丸・出丸・問丸・唐丸・胴丸・西の丸・二重丸・二の丸・日の丸・本丸・丸丸・真ん丸

まる【虎＝子】《動詞「放る」から》病人・幼児の大小便を受ける器。おまる。おかわ。

マル〖Louis Malle〗[1932～1995]フランスの映画監督。「死刑台のエレベーター」で監督デビューし、ヌーベルバーグの先駆者として注目を浴びる。他に「恋人たち」「地下鉄のザジ」「さよなら子供たち」など。

ま・る【▽放る】〔動ラ四〕大小便をする。排泄する。「屎―・り散らしき」〈記・上〉

まる-あき【丸明き】すっかりあいていること。「窓が―になっている」

まる-あらい【丸洗い】〔名〕スル ❶着物などをほどいたりせず、丸ごと洗うこと。⇔解き洗い。❷よごれた部分だけでなく、その物全体を洗うこと。
(類語)洗濯・洗い濯ぎ・浣衣・濯ぎ物・洗い物・クリーニング・洗浄

まる-あんき【丸暗記】〔名〕スル そっくりそのまま暗記すること。「教科書を―する」(類語)棒暗記・記憶

まる-あんどん【丸行▽灯】円筒形の行灯。まるあんど。

まる・い【丸い¦円い】〔形〕文まる・し〔ク〕❶円または球の形をしている。「地球は―・い」「目を―・くする」❷物に角がない。また、曲線を描いている。「面取りして柱のかどを―・くする」「背中が―・くなる」❸かどかどしくなく、穏やかである。円満である。「―・く納まる」「人柄が―・くなる」(派生)まるさ〔名〕まるみ〔名〕(類語)(❶)まろい・丸っこい・真ん丸・円やか・円か・円ら・円形・球形・球状・円盤状・輪形

丸い卵も切りようで四角 物事は、扱い方によって円満にもなり、角も立つというたとえ。

丸くとも一角あれ 性格が円満なのは結構であるが、それだけでなく少しはしっかりした部分、すなわち角立った面がほしい。

まる-いち【丸一】江戸の太神楽の家元の通称。紋に丸に一を用いるのでいう。また、太神楽のこと。

マルウエア〖malware〗コンピューターウイルスをはじめとする有害なソフトウエアの総称。悪意をもったソフトウエア。ワーム、スパイウエアに加え、はじめから犯罪目的で作られたクライムウエアなどを含む。

まる-うち【丸打ち】〔名〕スル ひもを断面が丸くなるように組むこと。またそのひも。➡平打ち

まる-うつし【丸写し】〔名〕スル そっくりそのまま書き写すこと。「参考書を―したレポート」

マルーン〖maroon〗黒みを帯びた赤茶色。えび茶色。栗色。

まる-えり【丸襟¦▽盤▽領】❶(丸襟)洋服で、襟先に丸みをもたせた襟。❷(盤領)袍・狩衣などの襟をまるく仕立てたもの。あげくび。ばんりょう。

まる-おび【丸帯】礼装用の女帯。広幅の帯地を二つ折りにして芯を入れ、縫い合わせたもの。広帯。

マルカ〖フィンランド markka〗フィンランドの旧通貨単位。1マルカは100ペニに相当した。2002年1月(銀行間取引は1999年1月)、EU(欧州連合)の単一通貨ユーロ導入以降は廃止。マルッカ。

マルカート〖イタリア marcato〗《印をつけた、の意》音楽で、通常、音の一つ一つをはっきりと奏すること。

まる-がお【丸顔¦円顔】まるみのある顔。まるい輪郭の顔。

まる-がかえ【丸抱え】❶芸者の経費一切を置屋が負担し、代わりにその稼ぎはすべて置屋が取ることで芸者を雇うこと。❷資金や生活費などの費用を全部出してやること。また、必要とするすべての面倒を見ること。「大企業が―で運営する」

まる-かがみ【円鏡】❶円形の鏡。❷鏡餅。

まるかし【丸かし¦▽塊】「まろかし」に同じ。〈日葡〉

まる-かじり【丸×齧り】〔名〕スル 果物などを切らずに、そのままかじること。まるかぶり。「トマトを―する」

まるかせ【丸かせ¦▽塊】《「まるがせ」とも》「丸かし」に同じ。「人にてはあらで、鉄の―をうみ給ひけり」〈曽我・四〉

まる-がた【円形¦円型¦丸形】まるい形。えんけい。

まる-がち【丸勝ち】すっかり勝つこと。完全に勝つこと。全勝。

まる-がっこ【丸括弧】文章表記中などで用いる(　)の記号。補足説明や省略可能などを表すのに用いる。パーレン。{　}を中括弧、[　]を大括弧というのに対して、小括弧ともいう。➡括弧

まる-ガッパ【丸ガッパ】袖がなく、裾の広いカッパ。衣服の上から引き回して着用する。回しガッパ。引き回し。

まる-かぶり【丸×齧り】〔名〕スル「まるかじり」に同じ。

まるがめ【丸亀】香川県北西部、瀬戸内海に面する市。塩飽諸島の本島・広島なども含む。もと京極氏の城下町、金毘羅参りの船着き場として発展。うちわを特産。人口11.0万(2010)。

まるがめ-し【丸亀市】▸丸亀

まるがめ-じょう【丸亀城】丸亀市にある城。慶長7年(1602)生駒親正が築城。天守閣のほか、大手門などが現存。亀山城。蓬莱城。

まる-かもじ【丸×髢】髢の一。昔、女官が平額を取りつけるために前頭部に丸めて添えたもの。

まる-がり【丸刈(り)】男性の頭髪の刈り方で、全体に短く刈り込むこと。また、その頭。坊主刈り。

マルガリータ〖margarita〗カクテルの一種。テキーラをベースに、ホワイトキュラソーまたはコアントローとレモンジュースを配合。塩を周囲につけたグラスに注ぐ。創作者の恋人の名前にちなむ。

マルガリータ-とう【マルガリータ島】《Isla de Margarita》ベネズエラ北部、カリブ海にある島。同国有数の観光・保養地として知られる。中心地はポルラマール。

まる-かわせ【丸為-替】荷為替手形の額面金額を商品代金の全額とした為替。

まる-がわら【丸瓦】半円筒形の瓦。本瓦葺きで平瓦と組み合わせて用いる。牡瓦。筒瓦。海鼠瓦。

まる-がんな【丸×鉋¦円×鉋】曲面を削るのに用いる鉋。台の下面が凹形をした内丸鉋は丸棒を作るのに、凸形の外丸鉋は丸溝を作るのに用いる。

まる-き【丸木】伐採して枝を払っただけの木材。丸太。「―のままいかだに組む」

まる-ぎこえ【丸聞こえ】そばにいる人に、すべて聞こえていること。聞かせるつもりのない音や話し声などが、筒抜けであるさま。「部屋での会話が、廊下に―だ」

マルキシスト〖Marxist〗マルクス主義の信奉者。マルクス主義者。マルキスト。

マルキシズム〖Marxism〗▸マルクス主義

マルキスト〖Marxist〗▸マルキシスト

マルギット-とう【マルギット島】《Margit-sziget》ハンガリーの首都ブダペストを流れるドナウ川の中にある島。長さ2.5キロメートル、幅500メートル。古代ローマ時代より「うさぎの島」と呼ばれ、現在のブダ地区との間に橋が架かっていた。13世紀にハンガリー王ベーラ4世の娘マルギットの名から現名称に改称。18世紀にハプスブルク家の公園として整備された。

マルギット-ばし【マルギット橋】《Margit híd》ハンガリーの首都ブダペストを流れるドナウ川に架かる橋。西岸のブダ地区と東岸のペスト地区を結び、中州にあるマルギット島の南端と接する。1870年代に建造。

マルキ-ド-サド〖Marquis de Sade〗《サド侯爵の意》フランスの小説家サドの通称。

まるき-ばし【丸木橋】丸木を渡しただけで橋としたもの。まろきばし。(類語)橋梁・釣り橋・反り橋・跳ね橋

まるき-ばしら【丸木柱】丸木のままの柱。

まるき-ぶね【丸木舟】1本の木の幹をくりぬいて造った船。くり舟。丸太舟。

まるき-ゆみ【丸木弓】丸材の木で作った弓。丸木の弓。

まる-きり【丸切り】〔副〕(多く、下に否定的な表現を伴って)全く。まるで。まるっきり。「―違っている」「―なっていない」(類語)全然・さっぱり・少しも・一向に・からきし・ちっとも・皆目・一切・いささかも・毛頭・更更

まる-ぎり【円×錐¦丸×錐】刃が半円形の錐。丸い穴をあけるのに用いる。通し錐。

マルク〖ドイツ Mark〗ドイツの旧通貨単位。1マルクは100ペニヒに相当した。2002年1月(銀行間取引は1999年1月)、EU(欧州連合)の単一通貨ユーロ導入以降は廃止。(補説)「馬克」とも書く。

マルクーゼ〖Herbert Marcuse〗[1898～1979] 米国の哲学者。ドイツ生まれ。ナチスの迫害を逃れて米国に亡命。マルクスとフロイトの研究を基礎に、現代産業社会の中で進む管理社会化を批判し、人間の解放を説いた。著「理性と革命」「エロス的文明」など。

まる-ぐけ【丸×絎】❶綿などを芯に入れて、ひもや帯を丸く棒状に仕上がるようにくけること。また、そのひもや帯。特に、帯締め。❷「丸絎帯」の略。

まるぐけ-おび【丸×絎帯】丸絎にした男帯。

マルクシアン〖Marxian〗マルクス主義者。マルクス主義学者。

マルクス〖Karl Heinrich Marx〗[1818～1883] ドイツの経済学者・哲学者・革命家。科学的社会主義の創始者。ヘーゲル左派として出発し、エンゲルスとともにドイツ古典哲学を批判的に摂取して弁証法的唯物論、史的唯物論の理論に到達。これを基礎に、イギリス古典経済学およびフランス社会主義の科学的、革命的伝統を継承して科学的社会主義を完成した。また、共産主義者同盟に参加、のち第一インターナショナルを創立した。著「哲学の貧困」「共産党宣言」「資本論」など。

マルクス-アウレリウス-アントニヌス〖Marcus Aurelius Antoninus〗[121～180] 古代ローマの皇帝。在位161～180。五賢帝の最後の皇帝。辺境諸種族との戦いに奔走する一方、ストア学派の哲学者としても知られ、哲人皇帝と称された。著「自省録」。

マルクス-きょうだい【マルクス兄弟】《Marx Brothers》米国の喜劇グループ。長男チコ(Chico[1891～1961])、次男ハーポ(Harpo[1893～1964])、三男グルーチョ(Groucho[1895～1977])、四男ガンモ(Gammo[1897～1977])、五男ゼッポ(Zeppo[1901～1979])の五人兄弟。ボードビリアンとして出発。1929年にガンモを除く四人で映画デビューし、のちゼッポが抜けて三人組として活躍。スラップスティックコメディーで人気を博した。出演作「我輩はカモである」「オペラは踊る」など。

マルクス-けいざいがく【マルクス経済学】マルクスによって創始された経済学の体系。古典学派を批判的に継承し、資本主義的生産様式を歴史的なものとして把握しながらその経済的運動法則を解明した。マル経。➡近代経済学

マルクス-しゅぎ【マルクス主義】マルクスおよびエンゲルスによって確立された思想体系。弁証法的唯物論・史的唯物論・マルクス経済学・階級闘争論・社会主義の理論などからなる。資本主義の発展法則を解明して、生産力と生産関係の矛盾から社会主義へ移行するのは必然的な結果であるとし、その社会変革は労働者階級によって実現されると説く。マルキシズム。➡科学的社会主義

マルクスブルク-じょう【マルクスブルク城】《Marksburg》ドイツ西部、ラインラント-プファルツ州の町、ブラウバッハの背後の山上にある城。ライン川中流域の古城の中で、唯一破壊を免れた城として知られ、13世紀頃の姿を留めている。

マルクスレーニン-しゅぎ【マルクスレーニン主義】レーニンにより、継承され、発展させられた帝国主義段階のマルクス主義。

まる-ぐち【丸ぐち】〔副〕まるごと。そっくり。「―にとらばやいかい餅つつじ」〈鷹筑波・五〉

マルクト-ひろば【マルクト広場】《Grote Markt》ベルギー北西部、西フランドル州の都市、ブルッヘ(ブリュージュ)の中心部にある広場。州庁舎、郵便局、鐘楼、聖血礼拝堂をはじめ、ゴシック様式の歴史的建造物が並び、2000年世界遺産(文化遺産)に登録された「ブリュージュの歴史地区」の中核を成す。

まる-くび【丸首】襟あきを、首まわりに沿って丸くくったもの。「―シャツ」

マルケ〖Albert Marquet〗[1875～1947] フランスの画家。フォービスムから出発し、のち穏やかな水辺の風景を多く描いた。

マルケ〖Marche〗イタリア中部にある州。東にアドリア海を臨む。大半は長く教皇領だったが1870年にイタリア王国に併合された。アスコリ-ピチェーノ県・アンコーナ県・フェルモ県・ペーザロ-エ-ウルビーノ県・マチェラータ県がある。州都はアンコーナ。

マル-けい【マル経】「マルクス経済学」の略。㊉近経。

まるけい-ゆうしせいど【丸経融資制度｜マル経融資制度】➡小規模事業者経営改善資金融資制度

マルケサス-しょとう【マルケサス諸島】《Marquesas》南太平洋、ポリネシア東部にある火山島群。12の島からなり、1842年以降フランス領。コプラ・バニラなどを産する。フランス語名マルキーズ諸島。〔補説〕この諸島のヒバ・オア島で1903年にゴーギャンが没した。

マルケルス-げきじょう【マルケルス劇場】《Teatro di Marcello》➡マルチェッロ劇場

マルケン-とう【マルケン島】《Marken》オランダのアイセル湖にある小島。1957年に堤防により陸続きとなった。民族衣装や跳ね橋の景観で知られる。

まる-こ【丸子】金魚の品種、蘭鋳の別名。

マルコ〖Markos〗新約聖書「マルコによる福音書」の著者とされる人物。エルサレムで生まれ、ペテロ・パウロに従い宣教活動をした。新約聖書には「マルコと呼ばれるヨハネ」と記されている。ヨハネはヘブライ語名。生没年未詳。

まる-こう【丸公】日中戦争下の価格等統制令および第二次大戦後の物価統制令による公定価格を示す㋙の表示。また、その公定価格。

まる-こうだい【丸香台】本床の畳敷きに生け花を置くときに花瓶の下に敷く丸い薄板。松・桜・桐などを用いる。

マルコーニ〖Guglielmo Marconi〗[1874～1937] イタリアの電気技術者。ヘルツの電磁波を応用して無線通信装置を1895年に発明し、無線会社を設立。1901年に大西洋を越えての通信に成功した。1909年、ノーベル物理学賞受賞。

まる-ごし【丸腰】武士などが腰に刀を差していないこと。無刀でいること。転じて、武器を全く持たないこと。むごし。「―で相手に立ち向かう」〔類語〕無腰

マルコス〖Ferdinand Edralin Marcos〗[1917～1989] フィリピンの政治家。大統領。在任1965～1986。1972年、戒厳令を布告して独裁体制を確立したが、1986年に失脚し、米国に亡命。

マルコ-でん【マルコ伝】➡マルコによる福音書

まる-ごてん【丸五点】俳諧で、宗匠が点をつけるとき、五点の代わりにつけた丸じるし。ただの五点より格が上とされた。輪五点。

まる-ごと【丸ごと】〔副〕分割したり変形したりしない、その形のまま。そっくり全部。まるのまま。「―ほおばる」「財産を―譲る」

マルコによるふくいんしょ【マルコによる福音書】新約聖書の四福音書中の一。マルコの著とされるが確証はない。福音書中最も古く、70年前後に書かれたと推定され、イエスの受難と復活までの生涯を簡潔に記している。マルコ福音書。マルコ伝。➡福音書

マルコフ〖Andrey Andreevich Markov〗[1856～1922] ロシアの数学者。チェビシェフの弟子。確率論・数理統計学に多くの業績を残し、「マルコフ過程」を創始した。また、20世紀初めのロシア自由運動に参加し、ツァーリ政府を批判した。著「確率論」など。

マルコ-ふくいんしょ【マルコ福音書】➡マルコによる福音書

マルコ-ポーロ〖Marco Polo〗[1254～1324] イタリアの旅行家。1271年陸路で中国に向かい、元の上都に到着。フビライに厚遇されて17年間滞在し、各地を旅行。95年に海路でベネチアに帰国。のちジェノバとの戦争で捕虜となり、獄中で「東方見聞録」を筆録させ、東洋事情をヨーロッパに紹介した。

マルコム-エックス〖Malcolm X〗[1925～1965] 米国の黒人解放運動指導者。強盗罪で服役し、獄中でブラックムスリムに入信、旧姓のリトル(Little)からエックス(X)へと改名した。釈放後は急進的な黒人分離主義を主張、「アフリカ系アメリカ人統一機構」を設立するなど大きな影響力を持ったが、演説中に暗殺された。

まる-さ【マル査】《「査察」の「査」を○で囲んだことから》国税庁の地方組織である国税局の査察部や査察官の通称。また、国税局が行う査察調査のこともいう。

まる-ざい【丸材】皮をはいだだけで、製材していない木材。丸太。

マルサシュロック〖M'Xlokk〗地中海中央部の島国、マルタ共和国の村。マルタ島南東部に位置し、天然の良港があり、古くから漁村として知られる。毎日曜に水産物の市場が開かれ、多くの人で賑わう。近年は海岸保養地としても知られる。

マルサス〖Thomas Robert Malthus〗[1766～1834] 英国の経済学者。「人口論」を発表。古典学派に属するが、地代論・恐慌論などの理論や政策ではリカードらと対立した。著「経済学原理」など。

マルサス-しゅぎ【マルサス主義】《Malthusianism》マルサスの唱えた人口と食糧の関係に関する学説。人口は幾何級数的に増えるが、食糧は算術級数的にしか増えないことから、この結果起こる貧困と悪徳は一種の人口抑制要因として働く自然現象であって資本主義経済の欠陥によるものではないとし、その対策として、結婚年齢の延期という道徳的抑制を推奨した。

まる-ざや【丸×鞘｜円×鞘】中世、軍陣用の肉厚の太刀を納めるためにこしらえた、断面が楕円形に近い鞘。➡平鞘

マルサラ〖Marsala〗イタリア南部、シチリア島、シチリア自治州の港湾都市。同島の最西端、リリベオ岬に近い。紀元前4世紀に古代カルタゴ人が築いた町に起源し、前3世紀に古代ローマの支配下に置かれた。マルサラ酒という酒精強化したデザートワインの産地として知られる。

マルサルフォルン〖Marsalforn〗地中海中央部の島国、マルタ共和国のゴゾ島にある町。同島北岸、マルサルフォルン湾に面する。ホテル、レストランなどが多く、南西岸のシュレンディとともに、海岸保養地として知られる。

まる-じ【丸字】「丸文字」に同じ。

まる-シー【丸C】《Cはcopyrightの頭文字》万国著作権条約により設定された、著作権の所有を表示する記号。©で表す。

マルシェ〖フランス marché〗市。市場。

マル-シップ《和 maru＋ship　maruは、日本船の名称に多い「…丸」から》日本船籍で、日本の船主が船体だけを外国船主に貸し出し、外国船員を乗り組ませて再び日本企業がチャーターする船。

マルシャウコフスカ-どおり【マルシャウコフスカ通り】《Ulica Marszałkowska》ポーランドの首都ワルシャワの中心市街を南北に貫く大通り。デパート、レストラン、ホテルなどが集まるワルシャワ随一の繁華街として知られる。

マルス〖Mars〗㊀ローマ神話で、戦いの神。ローマの建国者ロムルスとレムスの父。ギリシャ神話のアレスと同一視された。㊁火星のこと。マース。

マルス〖MARS〗《Multi-Access Reservation System》JRグループの座席予約システム。

まる-ずきん【丸頭巾】僧・老人などが用いた、上部を丸く作った頭巾。焙烙頭巾。大黒頭巾。

マルス-の-はら【マルスの原】《Marsovo pole》➡マルスの広場

マルス-の-ひろば【マルスの広場】《Marsovo pole》ロシア連邦北西部、レニングラード州の都市サンクトペテルブルグにある広場。名称は古代ローマの軍神マルスにちなむ。かつては練兵場として使われた。18世紀に活躍し、常勝不敗の将軍として知られるアレクサンドル＝スボロフの像が立つ。マルスの原。

マルセイエーズ〖Marseillaise〗➡ラ-マルセイエーズ

マルセイユ〖Marseille〗フランス南部、地中海に面

する港湾都市。前6世紀にギリシャの植民地マッサリアとして建設され、17世紀に自由港となって発展。フランス第一の貿易港で、造船・化学工業なども盛ん。人口、行政区86万(2008)。

マルセル〘Gabriel Marcel〙[1889～1973]フランスの哲学者。無神論的実存主義であるサルトルに対し、キリスト教的実存主義を展開。著「存在と所有」「形而上学日記」などのほか、戯曲も多く書いた。

マルセル-せっけん【マルセル石×鹸】—セキケン《「マルセル」はマルセイユから》オリーブ油などの植物油を原料とする中性石鹸。もとマルセイユ港から輸出したオリーブ油で作られた。水に溶けやすく、生糸の精練、絹・毛織物の洗濯などに用いる。絹練り石鹸。

まる-そう【丸走】《「マル走」とも書く。暴走族の「走」を丸で囲ったことから》暴走族のこと。警察関係での隠語。

まるぞこ-フラスコ【丸底フラスコ】底が球状のフラスコ。三角フラスコよりもひずみが少ないために温度や圧力の変化に強い。アルコールランプを使用するときや、液体を蒸留するときなどに多く用いられる。

まる-そで【丸袖】着物の袖形の一。袂(たもと)が丸くなっている袖。

まる-ぞめ【丸染(め)】衣服などをほどかないで、そのまま染めること。また、そのもの。

まる-ぞん【丸損】利益が全くなく、すっかり損をすること。

まる-た【丸太】❶皮をはいだだけの材木。丸材。まるたんぼう。❷(「丸田魚」とも書く)コイ科の魚。全長約50センチ。体形・体色はウグイによく似るが、婚姻色は腹側に1本のみ現れる。本州中部地方から北の河口域や内湾にすみ、産卵期に川を上って中流域で産卵する。食用。❸江戸時代、比丘尼(びくに)姿の売春婦を卑しんでいった語。「やかましい—めら、暮れに及んで何事ぢゃ」〈浄・女楠〉

マルタ〘Malta〙地中海中央部にあるマルタ島・ゴゾ島などからなる共和国。首都バレッタ。古くから地中海の重要拠点として各国の争奪の的となったが、1814年以来英国領となり、1964年に独立。繊維工業などが行われる。カトリック信徒が多い。2004年EU(欧州連合)に加盟。2008年1月からユーロを導入。人口41万(2010)。

マルターゼ〘maltase〙麦芽糖(マルトース)などをぶどう糖に加水分解する酵素。小腸などの消化液に含まれ、酵母に多く存在。

まるた-あらい【丸太洗い】—アラヒ 貯水池などの水のはけ口に、水底が掘れてしまうのを防ぐため、丸太を敷き並べたもの。

まる-だし【丸出し】隠すところなく、全部をさらけ出すこと。むきだし。「おしりを—にした赤ん坊」「お国なまり—でしゃべる」[類語]露出・裸出・裸

マルタ-とう【マルタ島】—タウ《Malta》地中海中央部の島国、マルタ共和国の主島。同国で最も大きく、首都バレッタがある。面積246平方キロメートル、最高点は標高240メートル程度。

マルタン〘Pierre Émile Martin〙[1824～1915]フランスの製鋼技術者。ジーメンスの蓄熱式反射炉の原理を利用して平炉製鋼法(ジーメンス-マルタン法)を発明、転炉法より炭素の少ない鋼鉄を得ることに成功した。

マルタン-デュ-ガール〘Roger Martin du Gard〙[1881～1958]フランスの小説家・劇作家。客観的手法によって、変動する歴史を背景に社会や個人の苦悩を描いた。1937年ノーベル文学賞受賞。小説「チボー家の人々」「ジャン=バロア」、戯曲「ルルー爺さんの遺言」など。

まるた-ん-ぼう【丸太ん棒】《「まるたのぼう」の音変化》「丸太❶」に同じ。「—のような腕」

マルチ〘multi〙〔形動〕数量や種類の多いさま。いくつかの要素が合わさっているさま。多く、他の語の上に付いて複合語をつくる。「—な機能をもつ電話機」「—カラー」「—人間」

マルチアーナ-マリーナ〘Marciana Marina〙イタリア中部、トスカーナ州の沖合、リグリア海に浮かぶエルバ島北西部の港町。12世紀にピサ共和国が港の防備のために建造した塔や、18世紀のサンタキアーラ教会などの歴史的建造物が残っている。ブドウの生産が盛ん。

マルチアングル〔形動〕《multiangularから》多角的。多方面にわたるさま。「—な事業展開」

マルチアンプ-システム《multiamplifier systemから》オーディオで、マルチウエースピーカーのそれぞれの音域を、専用のパワーアンプで駆動する方式。

マルチーズ〘Maltese〙犬の一品種。マルタ島の原産といわれる。小形で快活。白く長い直毛をもち、目・鼻は黒い。古くから愛玩犬として知られる。

マルチウインドー〘multiwindow〙コンピューターなどのディスプレーに複数のウインドーを出し、別々に情報を表示したり、作業を行ったりする方式。

マルチウエー〘multiway〙低音・中音・高音用など複数のスピーカーを組み合わせて構成する方式。スピーカーの数により2ウエー・3ウエーなどとよぶ。

マルチウエー-スピーカーシステム〘multiway speaker system〙オーディオで、音域をいくつかに分けて、それぞれに専用のスピーカーを使用する方式。ひずみが少なく、周波数特性も広くなる。

マルチ-エーアールコート【マルチARコート】《multi-layer anti-reflective coat》▶ARコート

マルチェッロ-げきじょう【マルチェッロ劇場】—ゲキヂヤウ《Teatro di Marcello》イタリアの首都ローマにある古代ローマ時代の劇場。カエサルが着工し、紀元11年にオクタビアヌス帝の時代に完成。1万5千人を収容する大劇場であり、コロセウム建設の手本となったとされる。マルケルス劇場。

マルチオーナーシップ-わりびき【マルチオーナーシップ割引】▶複数契約割引

マルチカルチュラリズム〘multiculturalism〙民族は、各自の文化と同様に、他民族の文化をも尊重すべきだという理念。西欧文化中心主義や、単一民族主義に対する概念。文化多元主義。多文化主義。

マルチキャスト〘multicast〙コンピューターのネットワーク内で、特定した複数のユーザーに対してデータを送信すること。➡ユニキャスト ➡ブロードキャスト

マルチ-キャリア〘multi-carrier〙《「マルチキャリアー」とも》音声、映像、データなどの情報を伝送する際、複数の搬送波に分割・変調して伝送する方式。代表的な変調方式としてTDMA、CDMAがある。➡シングルキャリア

マルチクライアント-アド〘multiclient ad〙異業種の複数企業の広告が一つの広告内で共存するような広告。

マルチクライアント-ほうしき【マルチクライアント方式】—ハウシキ 調査機関が研究を委託される際、複数の顧客から資金を集めて行う方式。

マルチコア-シーピーユー【マルチコアCPU】《multi-core CPU》▶マルチコアプロセッサー

マルチコア-プロセッサー〘multi-core processor〙複数のコア(演算回路の中核部分)を集積したマイクロプロセッサー。複数の異なる処理を独立して同時に実行できるため、総合的な実行効率が上がる。マルチコアCPU。➡デュアルコアプロセッサー ➡クアッドコアプロセッサー

マルチコーティング〘multicoating〙カメラや望遠鏡のレンズの表面に、反射防止のためのコーティングを何層も重ねて蒸着すること。光の透過率を高めたり、フレアやゴーストの原因となる内面反射を抑えたりする役割がある。

マルチ-しょうほう【マルチ商法】—シヤウハフ《multilevel marketing plan》販売会社に加盟している独立の販売員が新しい販売員をねずみ算式に増やしながら商品を販売する方法。販売員の勧誘に成功した者は昇進し、報奨金を得る。加盟者と消費者に被害が生じることがあるため、特定商取引法で勧誘方法や広告方法などについて厳しく規制される。連鎖販売取引。ネットワークビジネス。MLM(multilevel marketing)。下位の販売員を増やしていく図がピラミッド形に似ることから、ピラミッド商法ともいう。[補説]ねずみ算式に会員を増やしていく点で、違法であるねずみ講(無限連鎖講)と似るが、集めたお金を配当するだけのねずみ講とは商品を販売する点で区別される。

マルチスクリーン〘multiscreen〙映画やテレビで、異なる映像を同時に多数映し出す方式の画面。

マルチステップインデックスがた-ひかりファイバー【マルチステップインデックス型光ファイバー】《multistep index optical fiber》▶MI型光ファイバー

マルチスライス-シーティー【マルチスライスCT】《multi-slice CT》複数の検出器を備えたコンピューター断層撮影装置(CT)。1回の走査で複数の断層画像を撮影できるため、短時間で鮮明な画像が得られる。動きの激しい心臓も正確に撮影できるため、冠動脈の検査に使用されているほか、脳梗塞・脳動脈瘤などの脳疾患や肺疾患の検査などに幅広く活用されている。多列検出器CT。MDCT(multi-detector row CT)。MSCT。

マルチスレッド〘multithread〙アプリケーションソフトなどの一つのプロセスを複数のスレッド(処理単位)に分け、並行して処理すること。

マルチタスク〔名・形動〕《multitaskingから》❶二つ以上のプログラムを、1台のコンピューター内で見かけ上同時に実行すること。あるプログラムの入出力の待ち時間中に、他のプログラムを実行すること。プログラムの切り替え方により、プリエンプティブマルチタスクとノンプリエンプティブマルチタスクの二つの方式がある。マルチプログラミング。マルチプロセス。❷同時にいくつかの仕事をすること。また、そのさま。「—な法律家」「—な活動」

マルチ-タッチ〘multi-touch〙指先で触れて操作するタッチスクリーンやトラックパッドなどの入力システムの一。同時に複数の場所に触れると、それぞれの位置や動きをコンピューターが感知する仕組みで、画面の回転やピンチアウト(拡大)・ピンチイン(縮小)などの直感的な操作ができる。iPhoneやiPod touchが搭載するほか、パソコン向けのオペレーティングシステムWindows 7のユーザーインターフェースとして標準装備されている。

マルチ-タレント《和 multi＋talent》多方面にわたって才能を発揮するタレント。

マルチチャンネル〘multichannel〙▶多重通信(たじゅうつうしん)

マルチチュード〘multitude〙大勢。民衆。

マルチディスプレー〘multidisplay〙1台のコンピューターに複数のディスプレーを接続し、一つの画面として表示させること。また、その機能。接続するディスプレーの数に応じてビデオカードの追加が必要な場合もある。マルチモニター。➡デュアルディスプレー

マルチテクスチャー〘multitexture〙コンピューターグラフィックスの三次元画像で、物体表面の質感を表現する技法の一。複数のテクスチャーマッピングを重ねることにより、模様や質感を高める。

マルチトール〘maltitol〙甘味料の一種。でんぷんが原料の麦芽糖(マルトース=maltose)から作る。低カロリーで、ダイエットに用いる。

マルチドメスティック-マーケティング〘multi-domestic marketing〙国際マーケティングの一つの考え方。国際市場は異質な個々の国内市場から構成されるととらえ、各国ごとの市場実態に対応したきめ細かいマーケティングを行うべきだとする考え。➡グローバルマーケティング

マルチ-ドライブ〘multi drive〙▶DVDマルチドライブ

マルチトラック〘multitrack〙同時に幾系統もの音が録音できる録音機器。主に、プロ用に使われる。「二四チャンネル—レコーダー」

マルチバーシティー〘multiversity〙従来の大学(ユニバーシティー)の観念を超えるマンモス大学。

マルチパーティー-システム〘multiparty system〙複数政党制。多党制。
マルチパーパス〘multipurpose〙〔形動〕多目的の。万能の。「―のファミリーカー」
マルチパーパス-カー〘multipurpose car〙乗用にも、軽い荷物の輸送にも、レジャーにも使えるような多目的自動車。
マルチパーパス-システム〘multipurpose system〙多目的システム。
マルチパーパス-ポリシー〘multipurpose policy〙政治・経済・外交などさまざまな分野にわたる目標を同時に達成させようとする政策。
マルチバイト-もじ【マルチバイト文字】《multi-byte character》コンピューターの文字コード体系において、1文字が2バイト以上のデータで表される文字。漢字やひらがななど文字数が多い文字コード体系に用いられる。多バイト文字。
マルチパス〘multipath〙携帯電話やテレビなどの電波を利用する機器において、送信元からの電波が、建物や地形の影響により複数の経路を通って受信されること。多重波伝送路や遅延波ともいわれ、一般に通信の障害となる。
マルチパス-テクスチャー-ブレンディング〘multipass texture blending〙コンピューターグラフィックスの三次元画像で、物体表面の質感を表現するマルチテクスチャーの一。テクスチャーマッピングの枚数の分だけ繰り返し描画する。処理速度は遅いが汎用性が高い。
マルチパターン-そっこう【マルチパターン測光】ソククワウ《multipattern metering》►多分割測光
マルチハビテーション〘multihabitation〙一つの世帯が複数の住居をもち、必要に応じて住み分けること。複数地域居住。
マルチ-ピクチャー〘Multi-Picture〙デジタルカメラ向けのファイル形式の一。連写画像、パノラマ撮影画像、立体視用画像などのような複数画像のセットを、一つのファイルとして記録することができる。2009年、CIPA(カメラ映像機器工業会)により策定された。MP。
マルチ-ヒット〘multi hit〙野球で、一人の選手が1試合で複数のヒットを放つこと。
マルチファンクション-ターミナル〘multifunction terminal〙種々の作業を行うことができる性能をもつ多機能端末装置。
マルチブート〘multiboot〙1台のコンピューターに起動可能な複数のオペレーティングシステムをインストールすること。起動時にどのオペレーティングシステムを利用するかを選択できる。
マルチプライヤー〘multiplier〙❶乗算器。被乗数を乗数回分加算する装置。❷倍率器。高電圧を測定するために電圧と直列に入れる抵抗。
マルチ-フラッシュ《multiple flashから》複数個のフラッシュを同時に撮影に使うこと。
マルチプラットホーム〘multiplatform〙コンピューターのアプリケーションソフトが複数のオペレーティングシステムに対応していること。または、オペレーティングシステムが、複数のハードウエアに対応していること。クロスプラットホーム。
マルチブランド-ストラテジー〘multibrand strategy〙企業が一つの商品ラインの中で、複数の異なった銘柄を用いて販売する戦略。多銘柄戦略。
マルチプル〘multiple〙〔名・形動〕❶多様な。複合的な。また、多くのものからなるさま。「―な機能をもった時計」❷作家の指示のもとに量産された美術作品。一点制作の高価な作品にだけ芸術としての独創性を求めるのではなく、量産されることでより広く普及する作品にも固有の美を認めようとするもの。
マルチプル-アグリカルチュア〘multiple agriculture〙土地・労働力などを科学的に配分し、多種類の農作物を栽培する農業。多角経営農業。
マルチプル-アド〘multiple ad〙新聞・雑誌などで数ページにわたり掲載される同一広告主の広告。多ページ広告。マルチ広告。
マルチプル-チョイス〘multiple-choice〙いくつかの解答を示し、中から正しいと思うものを選び出させるテストの方式。多肢選択法。多項式選択法。マルチョイ。
マルチプログラミング〘multiprogramming〙►マルチタスク
マルチプログラム〘multiprogram〙カメラの自動露出機能の一。レンズの焦点距離も考慮して、適正な露出が得られるよう、絞りとシャッタースピードを調節する。現在のAEカメラの多くがこの機能をもつ。
マルチプロセス〘multiprocess〙►マルチタスク
マルチプロセッサー〘multiprocessor〙一つのコンピューターシステムが二つ以上のマイクロプロセッサーをもつもの。多重プロセッサー。➡SMP ➡ASMP
マルチプロセッシング〘multiprocessing〙1台のコンピューターやコンピューターネットワークによって、複数個のプログラムを並列に実行すること。また、マルチプロセッサーによる並列実行。多重プロセッシング。
マルチベンダー〘multivendor〙企業などでコンピューターシステムを構築する場合、単一のメーカーの製品を使うのではなく、複数のメーカーの製品を取り入れることをいう。➡シングルベンダー
マルチ-ボーダー《和 multi＋border》多色使いの縞(しま)柄・ボーダー柄のこと。
マルチポーラー-システム〘multipolar system〙かつてのような米国とソ連による二極支配ではなく、EU(欧州連合)や日本などが国際政治・経済に影響を与えている状態をさす語。多極構造。
マルチポスト〘multipost〙全く同じ文章を複数の電子掲示板(BBS)などに投稿すること。マナー違反とされる。マルチプルポスティング。
マルチボックス〘multibox〙イヤホーンを使って、観客の好みの言語で台詞(せりふ)が聞ける装置。外国人の客が多い劇場などにおかれる。
マルチメディア〘multimedia〙文字・動画・静止画・音声・グラフィックスなど、多様な表現を統合的に用いる情報媒体。また、パソコン・携帯電話・電話・ファクシミリ・コピーなど通信・情報機器の連係をもいう。情報のデジタル化によって可能になった。インターネットの分野では同様の意味でリッチメディアという表現がよく使われる。複合媒体。
マルチメディア-コンテンツ〘multimedia contents〙動画や音声・静止画データなどマルチメディアタイトルを作成するための素材の総称。
マルチモード-ひかりファイバー【マルチモード光ファイバー】《multimode optical fiber》光ファイバーのうち、光を通すコアが太いものを指す。低コストであるが、長距離・広帯域の通信には向かない。➡シングルモード光ファイバー
マルチモニター〘multimonitor〙►マルチディスプレー
マルチユーザー〘multiuser〙複数のユーザーが同時に異なった作業を行えるコンピューターシステム。
マル-チョイ「マルチプルチョイス」の略。
まる-ぢょうちん【丸▽提▽灯｜円▽提▽灯】ヂヤウチン《「まるちょうちん」とも》丸い形の提灯。
マルチライン-ほけんがいしゃ【マルチライン保険会社】ホケングワイシヤ 金融保証だけに特化されたモノライン保険会社に対して、災害や自動車事故保証などのさまざまな保険を扱う一般の保険会社のこと。
マルチラテラリズム〘multilateralism〙貿易について2国間でみるのではなく、多国間でみるべきだという考え方。多国間主義。
マルチラテラル〘multilateral〙〔形動〕多角的。多面的。多元的。多国間の。「―に問題解決をはかる」➡バイラテラル
マルチリヨ〘ポルトガル martirio〙《「マルティリオ」とも》キリシタン用語。殉教。
マルチリンガリズム〘multilingualism〙伝達の場面に応じて三つあるいはそれ以上の言語を使用すること。多言語使用。➡バイリンガリズム
マルチリンガル〘multilingual〙複数の言語を話すこと。また、多言語使用者。
マルチリンク-サスペンション〘multilink suspension〙後輪駆動の乗用車のリアサスペンション(後輪懸架)の型式の一。多くのリンク(アーム＝腕)が左右の車輪を支持しており、いかなる状況でも最善の車輪のジオメトリーが得られる。
マルチリンク-プロトコル〘multilink protocol〙複数の通信回線を同時に使い高速通信を行う技術。一般に、ISDN回線を2本使い、128kbpsで通信することをマルチリンクプロトコル接続(MP接続)と呼んでいる。
マルチング〘mulching〙栽培植物の保護、水分蒸発の防止、地温の確保などのため、畑や植え床などをわらやビニールで覆うこと。
まる-づか【円▽柄】断面が楕円形の刀のつか。
まる-づか【円塚｜丸塚】「円墳(えんぷん)」に同じ。
まるっ-きり【丸っ切り】〔副〕「まるきり」に同じ。「料理は―だめだ」「―手も足も出ない」
まる-づくし【丸尽(く)し】模様の一。円形をいくつも連ね、その中にいろは仮名や干支(えと)の文字などを入れたもの。近世初期、女性の衣服に用いられた。
まる-づくり【円作り｜丸作り】太刀で、鞘(さや)・柄(つか)とも断面が楕円形になるように作ったもの。
まる-づけ【丸漬(け)】切らずにまるごと漬物にすること。また、その漬物。
まるっ-こ・い【丸っこい】〔形〕丸みを帯びている。いかにも丸い。まるこい。「―・い字」派生まるっこさ〔名〕類語丸い・まろい・真ん丸・円(つぶ)やか・円(まど)か・円(つぶ)ら・円形・球形・球状・円盤状・輪形
まる-づと【丸×髱】女性の髪形の一。髪のたぼを丸くしたもので、江戸時代、奥女中が結った。
まる-つば【丸×鍔】刀の鍔で、丸形のもの。
まる-つぶれ【丸潰れ】❶完全につぶれること。「地震で家が―になる」❷すっかり失われること。「面目が―になる」「信用―」
まる-づめ【丸爪】琴爪の一。先端が丸くなっているもの。山田流で用いる。
まる-で【丸で】〔副〕❶違いがわからないほどあるものやある状態に類似しているさま。あたかも。さながら。「この惨状は―地獄だ」「―夢のよう」❷(下に否定的な意味の語を伴って)まさしくその状態であるさま。すっかり。まったく。「―だめだ」「兄弟だが―違う」類語(❶)ちょうど・あたかも・さながら／(❷)全く・全然・さっぱり・まるきり・少しも・一向に・からきし・ちっとも・皆目・一切・まるっきり・何ら・とんと・いささかも
マルティ〘José Martí〙[1853～1895]キューバの革命家・詩人。ラテンアメリカにおける近代詩の先駆者。独立運動を指導し、スペイン軍と戦って戦死。独立の父と称される。詩集「イスマエリーリョ」など。
マルティアリス〘Marcus Valerius Martialis〙[40ころ～104ころ]古代ローマの詩人。1500編以上に及ぶエピグラムで有名。
マルティーナ-フランカ〘Martina Franca〙イタリア南部、プーリア州の町。旧市街は17世紀から18世紀にかけて建てられたサンマルティーノ教会、ドゥカーレ宮殿、モトレーゼ館、グラッシ館をはじめ、バロック様式の華麗な装飾を施された建造物が多い。
マルティーニ〘イタリア martini〙「マティーニ」に同じ。
マルティーニ〘Simone Martini〙[1284ころ～1344]イタリアの画家。ゴシック様式に優美な装飾性、情緒的な表現を加え、シエナ派の画風を確立。作「聖告」など。
マルティニ〘Martigny〙スイス南西部、バレー州の都市。サンベルナール峠に近く交通の要衝として発展。商業が盛ん。円形劇場をはじめ、ローマ時代の遺跡が多数見つかっている。13世紀の城塞、バティア城をはじめ中世の面影を残す歴史的建造物も多い。ワインの産地としても知られる。
マルティニーク-とう【マルティニーク島】タウ《Martinique》西インド諸島東部、ウィンドワード諸島中部の火山島。フランス海外県の一。ドミニカ㊁の南、セ

ントルシアの北。中心都市フォール-ド-フランス。砂糖・ラム酒を産出。人口44万(2006)。マルティニク島。

マルティネ〖André Martinet〗[1908～1999]フランスの言語学者。プラハ学派の正統を受け継ぎ、機能言語学を提唱。著「一般言語学要理」など。

マルティリオ〖ポルトガル martirio〗▶マルチリヨ

マルディン〖Mardin〗トルコ南東部の都市。シリアとの国境付近に位置する。初期キリスト教時代にシリア正教徒が定住。7世紀半ばから12世紀初頭までアラブ人に支配され、続いて、セルジュークトルコ、アルトゥク朝、カラクユンル朝(黒羊朝)領、オスマン帝国領となった。シリア北部の平原を見下ろす岩山にあるため、古くから戦略上の要地とされる。アラブ風の街並みが残っていることで知られ、四十人教会やザファラン修道院など、シリア正教会の建造物も多い。

マルテのしゅき【マルテの手記】《原題、ドイツ Die Aufzeichnungen des Malte Laurids Brigge》リルケの小説。1910年刊。デンマーク生まれの青年マルテのパリでの手記の形式をとり、生の不安と孤独をつづる。

マル-デル-プラタ〖Mar del Plata〗アルゼンチン東部、大西洋岸に面する港湾都市。同国の代表的な観光・保養都市として知られる。

マルテンサイト〖martensite〗焼き入れをした鋼の組織名の一。オーステナイトを焼き入れした際に生じる針状または板状の組織形態をとる準安定相を指す。名称はドイツの冶金学者A=マルテンスにちなむ。原子相互の配置関係は変化せず、結晶格子が将棋倒しのように剪断変形することによって生じる。鋼以外の金属、合金、セラミックスにおける類似の組織変態もマルテンサイト変態と呼ぶ。形状記憶合金はマルテンサイト変態が加熱冷却に伴い可逆的に生じることを利用したものである。

マルテンサイト-へんたい【マルテンサイト変態】▶マルテンサイト

まる-てんじょう【丸天井┆円天井】テンジヤウ ❶半球形の天井。穹窿きゅうりゅう。ドーム。❷大空・青空をたとえていう語。

マルテンス-かたさ【マルテンス硬さ】工業材料をはじめとする物質の硬さ(硬度)の示し方の一。引っ掻き硬さの一種で、対面角90度のピラミッド形状のダイヤモンドを用い、試料表面に0.01ミリメートルの引っ掻き幅ができる時の荷重で表す。ドイツの冶金学者A=マルテンスが考案。マルテンス硬度。

マルテンス-こうど【マルテンス硬度】カウド▶マルテンス硬さ

マル-とう【マル島】タウ《Isle of Mull》英国スコットランド西岸、インナーヘブリディーズ諸島の島。主な町はトバモリーとクレイグニュア。デュアート城、トロセイ城などの歴史的建造物や豊かな自然景観があり、夏期を中心に観光客が多く訪れる。

マルドゥク〖Marduk〗バビロンの守護神。エヌマエリシュでは、ティアマートを殺して世界と人類をつくった創造神としてたたえられている。

マルトース〖maltose〗麦芽糖ばくがとう。

まる-どし【丸年】満で数えた年齢。数え年に対していう。満の年。

マルトフ〖L. Martov〗[1873～1923]ロシアの革命家。本名、ユーリー=オシポビチ=ツェデルバウム(Yuliy Osipovich Tsederbaum)。レーニンとともにロシア社会民主労働党の設立に活躍。のち、レーニンと対立し、メンシェビキの指導者となった。十月革命に反対してベルリンに亡命。

まる-とも【丸×鞆】石帯せきたいの銙かが円形のもの。また、その石帯。⇒巡方じゅんぽう

マルトラーナ-きょうかい【マルトラーナ教会】ケウクワイ《Chiesa della Martorana》イタリア南部、シチリア島、シチリア自治州の都市パレルモの旧市街にある教会。正式名称はサンタマリアデラミラーリオ教会(海軍提督の聖母マリア教会)。サンカタルド教会に隣接し、ベッリーニ広場に面する。12世紀半ば、ノルマン朝シチリア王国ルッジェーロ2世の時代の海軍提督ジョルジオ=ダンティオキアにより建てられた。16世紀から18世紀に何度も改修され、バロック様式のファサードがつくられた。内部は「ルッジェーロ2世に戴冠するキリスト」をはじめとする、ビザンチン様式のモザイクの傑作が残っている。ラマルトラーナ。

まる-どり【丸取り】〘名〙スル 残さずにすっかり取ること。「もうけを―する」

マルトンバーシャール〖Martonvásár〗ハンガリーの首都ブダペストの南西約30キロメートルにある町。作曲家ベートーベンが同地に滞在中、ピアノソナタ「熱情」を作曲したと伝えられる。また、ベートーベンと親交があった貴族ブルンスビック伯爵の離宮(ブルンスビック宮殿)があり、現在、その一部がベートーベン記念博物館として公開されている。

まる-なげ【丸投げ】〘名〙スル ❶(土木建設業界で)発注者から仕事を請け負った元請けが、下請けから手数料を取って仕事をそっくり譲ること。❷本来なら担当すべき業務をそっくり他者に任せること。「入試問題作成を予備校に―する」

まる-に【丸煮】魚や野菜を切らずに、丸ごと煮ること。また、その煮たもの。

マルヌ-の-たたかい【マルヌの戦い】たたかひ 第一次大戦初期の1914年9月、ベルギーを突破して北フランスに進攻したドイツ軍を、イギリス・フランス軍がパリ東方のマルヌ(Marne)川河畔で撃退した戦い。短期決戦を期したドイツ軍の計画はこのため挫折ざせつし、戦争は長期化した。

まる-ぬま【丸沼】群馬県北東部、日光白根山北麓にあるせき止め湖。大滝川上流部がせき止められてできた。上方に菅沼すげぬま、下方に丸沼が位置する。

まる-ね【丸根】鏃やじりの一種。軍陣の征矢尻そやじりに用いる。円い棒状の先端を平らにして刃をつけたもの。まろね。

まる-ね【丸寝】〘名〙スル《「まろね」の音変化》衣服を着たままで寝ること。「気づかれのした若い寡婦のようにしだらなく―している」〈有島・星座〉

まる-の-うち【丸の内】城郭の本丸の内部。また、城の外堀の内部。

まるのうち【丸の内】東京都千代田区の地名。皇居の東に位置する。東京駅があり、丸ビル・新丸ビルなどの立ち並ぶオフィス街。江戸城郭の内部なのでこの名があり、大名屋敷があった。

まる-のこ【丸×鋸】円形の鋼板の周囲に歯を刻んだ鋸のこぎり。丸鋸盤に取り付け、回転させて切断する。

まる-のみ【丸×呑み】〘名〙スル ❶かまないで、そのままの形でのみこむこと。「蛇が卵を―する」❷そっくり受け入れること。そのまま承諾すること。「申し入れを―することはできない」❸よく理解もしないで、そのまま記憶したり取り入れたりすること。うのみ。「話を―にする」

まる-のみ【丸×鑿┆円×鑿】刃の丸い鑿。丸い穴をあけるのに用いる。

まる-ば【丸葉┆円葉】円形の葉。丸みをおびている葉。

まる-ば【円刃┆丸刃】刃をつけてない刃物。また、刃の鋭くない刃物。まろば。

まるば-あさがお【丸葉朝顔】アサガホ ヒルガオ科の蔓性つるせいの一年草。葉は心臓形。夏、紅紫色などのらっぱ状の花を開く。熱帯アメリカの原産。

まるば-うつぎ【丸葉▽空木】ユキノシタ科の落葉低木。関東以西の山地に自生。葉は卵形で、両面に星状の毛がある。5、6月ごろ、白い5弁花が円錐状について咲く。

まる-はぎ【丸剝ぎ】残すところなくはぎ取ってしまうこと。丸裸にすること。

まるば-ぎしぎし【丸葉羊=蹄】タデ科の多年草。高山の湿地に生え、高さ約20センチ。葉は腎臓形で縁が波打ち、根際から多数出る。夏、緑色か紅緑色の小花を総状につける。実には翼がある。腎葉酸葉じんようすいば。

マルバシア〖Malvasia〗ギリシャの町モネンバシアの旧称。

まるばし-ちゅうや【丸橋忠弥】㊀[?～1651]江戸前期の浪人。出羽の人という。宝蔵院流の槍術にすぐれ、江戸に道場を開く。由井正雪と共謀して慶安の変を企てたが、事前に発覚して処刑された。㊁歌舞伎狂言「樟紀流花見幕張くすのきりゅうはなみのまくはり」の通称。

まる-ばしら【丸柱┆円柱】断面が円形の柱。

まる-はだか【丸裸】❶からだに何もつけていないこと。あかはだか。まっぱだか。すっぱだか。(季 夏) ❷自分のからだのほかは、全然所有物のないこと。無一物。「焼け出されて―になる」[類語]裸・無一文むいちもん・無一物むいちもつ・身み一つ・すってんてん・文無し・裸一貫

まる-はち【丸八】ヘゴ科の常緑の木生シダ。小笠原諸島の特産で、山の斜面に群生。高さ約5メートル。葉は大形の羽状複葉で、幹の頂に傘状につき、落葉跡が幹に逆「八」の字模様に残る。

まる-はなだ【円×縹】襲かさねの色目の名。表・裏とも縹色。

まる-はなばち【丸花蜂┆円花蜂】ミツバチ科マルハナバチ属の昆虫の総称。体長15～25ミリ。体はずんぐりし、長毛が密生する。花粉を媒介し、巣を地中に作って家族生活を営み、巣房は蜜蝋みつろうを分泌して球形や卵形に作られる。他のハチの巣へ寄生する種もある。クロマルハナバチ・トラマルハナバチ・オオマルハナバチなど。

まるば-の-き【丸葉の木】マンサク科の落葉低木。本州西部と四国の山地に自生。葉は卵円形で、秋に紅葉する。秋の終わりごろ、暗紅色の花をつけ、実は扁球形で翌年秋に暗褐色に熟す。べにまんさく。

まる-はば【丸幅】布の織り地のままの幅。

マルハバ〖アラビア marhaba〗〘感〙こんにちは。

まるば-はぎ【丸葉×萩】マメ科の落葉低木。日当たりのよい山野に生える。葉は楕円形の3枚の小葉からなる複葉。8～10月、紅紫色の蝶形の花を開く。萼がくは深く裂けていて、先が鋭くとがる。

まる-ばり【丸針】断面の丸い、普通の縫い針。

まる-ひ【丸秘】秘密書類であることを示す㊙のしるし。転じて、秘密にすべきこと。また、そのもの。「文書を―に扱う」「―情報」[類語]秘密・内密・内証ないしょう・内内ないない・隠密おんみつ・極秘ごくひ・厳秘げんぴ・機密・枢密すうみつ・天機

マルピーギ〖Marcello Malpighi〗[1628～1694]イタリアの解剖学者・医者。顕微鏡を使っての生物の微細構造の研究を創始し、毛細血管や腎小体、昆虫のマルピーギ管などを発見。植物の導管、蚕の変態、鶏の発生などの研究も行った。

マルピーギ-かん【マルピーギ管】クワン 昆虫類・多足類・クモ類の排出器官。腸管に開口する多数の小さい盲管からなる。

マルピーギ-しょうたい【マルピーギ小体】セウタイ ▶腎小体じんしょうたい

まる-びたい【丸額】びたひ 前髪の生えぎわを丸くそった額。江戸時代、年少の男女の額の形であったが、のちには成人した男性のそれにもなった。

マルビット〖ドイツ Marbit〗低カロリーの甘味料の一種。でんぷんを酵素でマルトース(麦芽糖)に変え、水素添加して作る。甘味は砂糖の80パーセント。

マルビナス-しょとう【マルビナス諸島】シヨタウ《Islas Malvinas》フォークランド諸島の異称。

まる-ひも【丸×紐】断面の丸い紐。

マルファン-しょうこうぐん【マルファン症候群】シヤウコウグン 身長が高く手足が細長いなどの骨格異常や、目の水晶体、心臓血管系の異常を主症状とする病気。常染色体の優性遺伝を示すが、詳しい原因は不明。フランスの小児科医マルファン(B.J.A.Marfan)が最初に蜘蛛肢くもしとして報告。

まる-ぶしゅかん【丸▽仏手×柑】ミカン科の常緑小高木。ブシュカンの日本在来種で、九州南部の海岸地帯で栽培。枝にとげがあり、葉は楕円形。花は薄紫色。果実は鮮黄色の広楕円形で冬に熟し、香りが強く、砂糖漬けとする。かぶち。

マルブランシュ〖Nicolas de Malebranche〗[1638～1715]フランスの哲学者・神父。アウグスチヌス神学とデカルト哲学を結合、機会原因論を唱え、す

べては、原形としての観念を神の中にもつと説いた。著「真理の探究」など。

まる-ふん【丸粉】蒔絵まきえ粉の一。金・銀・錫すずなどの粉を平らにのばして角を丸くしたもの。

マルベーリャ〖Marbella〗スペイン南部、アンダルシア州の都市。「美しい海」を意味する。地中海に面し、コスタ-デル-ソル有数の海岸保養地として知られる。旧市街のカスコアンティグオには、15世紀のサンティアゴ礼拝堂、16世紀のルネサンス様式の病院を改築したスペイン現代リトグラフ美術館など、歴史的建造物が多い。

マルベリー〖mulberry〗クワの実。また、クワの実のような暗紫色。

まる-ボイラー【丸ボイラー】内部に石炭をたく炉筒や煙管がある円筒形のボイラー。低圧・小容量の場合に使用。炉筒ボイラー・煙管ボイラーなど。

まる-ぼう【丸暴】《「マル暴」とも書く。暴力団の「暴」を丸で囲ったことから》暴力団のこと。また、暴力団対策を担当する警察内の組織や刑事のこと。警察関係での隠語。

まる-ぼうず【丸坊主】ボウズ ❶頭髪を全部短く刈ったり、そり落としたりした頭。❷山などの樹木がすっかりなくなること。(類語)坊主頭・いがぐり頭

まる-ぼし【丸干し】ダイコンや小形の魚などを、その形のままで干すこと。また、その干したもの。

まる-ぽちゃ【丸ぽちゃ】〔名・形動〕顔が丸く肉づいて、愛嬌あいきょうがあること。また、そのような顔つきや、そのさま。「—な(の)顔」

まる-ぼり【丸彫(り)】❶一塊の材料から像の全体を彫り出すこと。また、その彫刻。❷断面がU字形になるように彫ること。⇒薬研彫やげんぼり

マルボルク〖Malbork〗ポーランド北部の都市。ビスワ川下流の分流ノガト川に沿う。13世紀にドイツ騎士団(チュートン騎士団)の活動拠点として建造されたマルボルク城がある。ドイツ語名、マリエンブルク。

マルボルク-じょう【マルボルク城】ジャウ《Zamek w Malborku》ポーランド北部の都市マルボルクにあるゴシック様式の城。ノガト川に臨む。13世紀にドイツ騎士団(チュートン騎士団)の活動拠点として建造。第二次大戦中、ドイツ軍の攻撃を受け破壊されたが、戦後に復元。1997年、「マルボルクのドイツ騎士団の城」の名で世界遺産(文化遺産)に登録された。ドイツ語名、マリエンブルク城。

まる-ほん【丸本】❶省略・欠文などがなく、内容が全部そろっている書物。完本。⇒欠本 ⇒抄本 ⇒抜き本 ❷義太夫節の本で、一部分を抜粋した抜き本などに対し、1曲全部を1冊に収めた版本。院本。

まる-ぼん【丸盆|円盆】円形の盆。

まるほん-かぶき【丸本歌舞伎】▶義太夫狂言

まるほん-もの【丸本物】▶義太夫狂言

まる-まげ【丸×髷】❶女性の髪形の一。後頭部に楕円形のやや平たい髷をつけたもので、既婚者が結った。江戸初期の勝山髷かつやままげが原形。まるわげ。❷江戸時代の男性の髪形の一。本多髷の一種で、刷毛先の丸いもの。

まるま-こ-し【丸まこし】〔形ク〕❶いかにも丸々としている。まるまっこい。「白い—・い銀がようござります」〈浮・万金丹・四〉❷欠けているところがない。完全である。「—・き虚こくうなれば」〈浮・椀久二世〉

まるまっ-こ-い【丸まっこい】〔形〕「まるっこい」に同じ。「—・い顔」

まるまっ-ち-い【丸まっちい】〔形〕《「まるまるしい」の音変化》丸々としている。いかにも丸い。「—・い手」

まる-まど【丸窓|円窓】円形の窓。

マルマラ-かい【マルマラ海】《Marmara》トルコ北西部にある内海。バルカン半島と小アジアを隔てる。北東はボスポラス海峡を経て黒海に、南西はダーダネルス海峡を経てエーゲ海に通じる。

マルマリス〖Marmaris〗トルコ南西部の港町。古代名ピュスコス。エーゲ海のマルマリス湾最奥部に位置する。古代より海上交易の拠点として栄え、16世紀にオスマン帝国のスルターン、スレイマン1世が築いた城塞(現在は博物館)が残っている。海岸保養地として知られ、エーゲ海の遊覧船やギリシャ領ロードス島へのフェリー発着港がある。

まる-まる【丸丸】㊀〔名〕❶ある事物を伏せて暗示するときに用いる符号。「〇〇」と書く。❷二重の圏点。二重丸。❸団子だんごをいう女房詞。㊁〔副〕❶よく太っているさま。「—(と)した赤ん坊」❷ある数量や事柄の全体に及ぶさま。完全に。「一袋—残っている」「—二日かかる」❸全く。すっかり。「—損をする」

まる-ま-る【丸まる】〔動ラ五(四)〕丸くなる。「—・って寝る」「背中が—・る」

まる-みえ【丸見え】すっかり見えること。残らず見えること。「外から家の中が—だ」

まる-む【丸む】〔動マ下二〕「まるめる」の文語形。

まる-むぎ【丸麦】精白しただけで、押しつぶしてない丸い麦。

まるむね-づくり【円棟造(り)】唐門からもんなどの屋根の勾配こうばいを中高につくったもの。

マルメ〖Malmö〗スウェーデン南部、スコーネ地方の港湾都市。ストックホルム、イェーテボリに次ぐ同国第3の都市。造船、自動車などの工業が盛ん。イョーレ海峡の対岸にあるデンマークのコペンハーゲンとはオーレスン大橋で結ばれる。1434年に築造されたルネサンス様式の城塞、マルメ城がある。

まるめ-ごさ【丸め誤差】《rounding error》四捨五入や切り上げ、切り捨てにより生じる数値計算上の誤差のこと。二進法に基づくコンピューターによる数値計算の場合、この影響が顕著に現れる場合があるため、より正しい計算結果を得るためには、プログラムの工夫などが必要となる。

まるめ-こ-む【丸め込む】〔動マ五(四)〕❶物を丸めて中に入れる。「たんすにセーターを—・む」❷相手を自分の思うとおりに操る。まるめる。「言葉巧みに—・む」

マルメ-じょう【マルメ城】ジャウ《Malmöhus》スウェーデン南部、スコーネ地方の港湾都市、マルメにあるルネサンス様式の城。1434年に築造された城塞で、スカンジナビア半島最古のものとされる。過去にデンマーク王室の別荘や牢獄として利用された。現在は市立博物館、美術館、自然史博物館、水族館、熱帯植物園として公開されている。マルメヒュース。

マルメヒュース〖Malmöhus〗▶マルメ城

まる-める【丸める】〔動マ下一〕図まる・む〔マ下二〕❶丸い形にする。「紙を—・めて捨てる」❷頭髪をそる。剃髪ていはつする。「頭を—・めて脱俗する」❸他人を巧みに操る。言いくるめる。まるめこむ。「うまく—・めて味方に引き入れる」❹端数を切り上げたり、切り捨てたりして扱いやすい数にする。「100円未満を—・めて計算する」❺全体をひっくるめて一つにする。「樊噲が丸でこそ、天下は—・めて取られたれ」〈中華若木詩抄・下〉(類語)くるめる

マルメロ〖ポルトガル marmelo〗バラ科の落葉高木。葉は卵形で、裏面に灰白色の毛が密生。5月ごろ、白か淡紅色の5弁花を開き、洋梨状の黄色い実を結ぶ。実は香気があり甘酸っぱく、生食や砂糖漬けにする。イラン地方の原産で、日本には江戸時代に渡来。西洋カリン。(季 秋|花=春)「—にはや新雪の槍穂高/楸邨」(補説)「榲桲」「木瓜」とも書く。

マルメン-ごうきん【マルメン合金】ガフ 形状記憶合金のこと。マルテンサイト変態が加熱冷却に伴い可逆的に生じることを利用する。名称はマルテンサイトメモリーを略したもの。

まる-もうけ【丸×儲け】マウケ 元手がかからず、収入のすべてが、自分のもうけになること。丸得。

まる-もじ【丸文字】全体に丸みをおびた絵のような形の字体。漫画字。丸字。

まる-もち【丸持(ち)】《「まる」は金銭の意》金を持っている人。金持ち。金満家。「—後家の男めかけでもあろうかと」〈佐藤春夫・晶子曼陀羅〉

まる-もの【丸物|円物】❶全部完全にそろっているもの。❷演劇などの大道具のうち、本物のように立体的に作ったもの。平物ひらものに対していう。❸ひし形の板的まとに対して、円形の皮革製の的。❹《裏表がそろっているところから》小袖こそで。「小袖を—といふ事は端物に対していふなり」〈貞丈雑記・三〉❺《形が丸いところから》金銭の隠語。「とかく正味の—でなけりゃ夜が明けぬ」〈伎・韓人漢文〉

マルモラーダ-さん【マルモラーダ山】《Marmolada》イタリア北部、南チロル地方のドロミティ山地の最高峰。標高3342メートル。ドロミティ山地唯一の氷河がある。2009年、「ドロミティ」の名称で世界遺産(自然遺産)に登録された。

まる-やき【丸焼(き)】切らないで、まるごと焼くこと。また、その焼いたもの。「七面鳥の—」

まる-やけ【丸焼け】火事で、残らず焼けてしまうこと。全焼。「アパートが—になる」(類語)全焼・焼尽

まるや-さいいち【丸谷才一】[1925〜]小説家・英文学者。山形の生まれ。ジョイスの「ユリシーズ」の翻訳で注目される。「年の残り」で芥川賞受賞。他に「たった一人の反乱」「忠臣蔵とは何か」「樹影譚じゅえいたん」「輝く日の宮」など。芸術院会員。平成18年(2006)文化功労者。同23年文化勲章受章。

まるやま【丸山】長崎市の遊郭のあった所。遊里は江戸初期に始まり、京の島原、江戸の吉原、大坂の新町と並んで繁栄した。

まるやま-おうきょ【円山応挙】[1733〜1795]江戸中期の画家。円山派の祖。丹波の人。通称、主水もんど。初め石田幽汀に狩野派を学ぶ。のち眼鏡絵めがねえの制作などを通して西洋画の透視図法を学ぶ一方で中国の写生画を研究、写実性と日本の伝統的な装飾画様式を融合した新様式を確立した。

まるやま-かおる【丸山薫】カヲル[1899〜1974]詩人。大分の生まれ。詩誌「四季」の中核の一人として、浪漫的叙情詩に光彩を放った。詩集「帆・ランプ・鴎」「連れ去られた海」など。

まるやま-がわ【円山川】ガハ 兵庫県中央北部を流れる川。朝来あさご市生野町の円山(標高640メートル)付近に源を発して北流し、養父やぶ市・豊岡市を流れ日本海に注ぐ。長さ68キロ。流域の豊岡盆地は穀倉地帯。また、付近には天然記念物の玄武洞がある。平成24年(2012)、下流域とその周辺水田がラムサール条約に登録された。

まるやま-きょう【丸山教】ケウ 教派神道十三派の一。山岳信仰を中心とした教派。近世の丸山講を基盤に明治維新後伊藤六郎兵衛が教団化したもの。最初扶桑教の傘下に入り、次いで神道本局に属し、昭和21年(1946)神道大教から独立した。

まるやま-けんじ【丸山健二】[1943〜]小説家。長野の生まれ。「夏の流れ」で芥川賞受賞。結婚後、郷里長野に帰り、大自然の中で作家活動を展開する。他に「朝日のあたる家」「黒い海への訪問者」「ときめきに死す」「虹にじよ、冒涜ぼうとくの虹よ」など。

まるやま-こうえん【円山公園】コウヱン ㊀札幌市中央区の円山山麓の公園。円山動物園・球場があり、北海道神宮が隣接。㊁京都市東山区にある池泉回遊式の公園。八坂神社・高台寺・知恩院に接する。夜桜の名所。

まるやま-ごんだざえもん【丸山権太左衛門】ゴンダザヱモン[1713〜1749]江戸中期の力士。第3代横綱とされる。陸奥むつの人。寛延2年(1749)長崎巡業中に死去。⇒綾川五郎次(第2代横綱) ⇒谷風梶之助(第4代横綱)

まるやま-さだお【丸山定夫】サダヲ[1901〜1945]新劇俳優。愛媛の生まれ。築地小劇場に加わったが、分裂後は新築地劇団に参加。のち、徳川夢声らと苦楽座を結成、移動演劇隊を率いて広島巡演中に原爆死した。

まるやま-は【円山派】日本画の一派。円山応挙を祖として写実的様式を展開、日本画の近代化に貢献した。

まるやま-まさお【丸山真男】マサヲ[1914〜1996]政治思想史学者。大阪の生まれ。東大教授。昭和21年(1946)「超国家主義の論理と心理」を発表し、日本の超国家主義を分析。その後も日本型ファシズム

と天皇制国家などを論じ、第二次大戦後の民主主義思想を主導した。著「日本政治思想史研究」「現代政治の思想と行動」など。

まるやま‐ワクチン【丸山ワクチン】皮膚科医の丸山千里が結核患者に癌発生の少ないことに着目し、ヒト型結核菌から開発した癌治療用ワクチン。

まる‐ゆう【丸優・マル優】少額貯蓄非課税制度。貯蓄の奨励と社会保障の支援を目的とし、一定金額以下の貯蓄の利子を非課税扱いとするもの。昭和63年(1988)4月、高齢者などへの特例を残して廃止。平成18年(2006)以降は高齢者についても廃止され、現在は障害者などについてのみ非課税枠が認められている。

マルロー〖André Malraux〗[1901～1976]フランスの小説家・政治家。インドシナ・中国の革命運動、スペイン内戦、第二次大戦中の対独抵抗運動に参加。戦後はドゴール政権の情報相・文化相を歴任。小説「征服者」「王道」「人間の条件」「希望」など。

まる‐わげ【丸×髷】(1)「まるまげ」に同じ。(2)髪を丸く無造作に巻き上げた髪形。「毎日、髪かしら(=頭ノ髪)も自らすきて、—に結ひて」〈浮・永代蔵・二〉

まる‐わた【丸綿】綿帽子の一種。綿を広げて丸い形に作った、もと女性の外出用のかぶりもの。また、婚礼時にも花嫁が用いた。

まれ【×稀・▽希】〔形動〕文〔ナリ〕実現・存在することが非常に少ないさま。また、数少なくて珍しいさま。「ここでは、雪は—だ」「たぐい—な美人」
【類語】たま・たまさか・珍しい・貴重・得難い・稀有・異色・異彩・珍貴・珍稀
稀に見る　めったに見られない。数少なくめずらしい。「政界では—清廉潔白の人」

まれ〔連語〕《係助詞「も」にラ変動詞「あり」の命令形の付いた「もあれ」の音変化》…であっても。…でも。多く「…(に)まれ…(に)まれ」の形で用いる。「彫像師に—、画工に—、まず其工をなすにあたりて」〈逍遥・小説神髄〉「君てへば見—見ず—富士の峯のめづらしげなく燃ゆる我が恋」〈古今・恋四〉

ま‐れい【磨×礪】〔名〕スル　刃物などをとぎみがくこと。転じて、学問や技芸などにはげむこと。

マレイグ〖Mallaig〗英国スコットランド西部の港町。ニシン漁などの漁業が盛ん。西ハイランド鉄道の終着駅があり、スカイ島やヘブリディーズ諸島への玄関口として知られる。

マレー〖Malay〗東南アジアのマレー半島およびシンガポール島などの島々を含む地域。マライ。

マレー〖Marais〗フランス、パリ中心部、セーヌ川右岸の地区名。パリ第3・4区に属する。芸術・産業技術の専門図書館になっている15世紀末のサンス館、16世紀のカルナバレ博物館、17世紀の王侯貴族の館に囲まれたボージュ広場など、パリ最古の町並みが残っていることで知られる。マレ。

マレー〖David Murray〗[1830～1905]米国の教育者。明治6年(1873)文部省顧問として来日。学制改正の指導、東京大学の整備、女子師範学校の創設などに貢献した。モルレー。

マレー‐ご【マレー語】マレー‐ポリネシア語族のインドネシア語派に属する言語。マレーシア・インドネシアを中心に話されている。

マレーシア〖Malaysia〗マレー半島南部とボルネオ島北部からなる立憲君主国。首都クアラルンプール。英連邦の一員。元首は旧スルターン王家の互選による。マレー人・中国人・インド人の複合民族国家。もと英国領。1957年独立のマラヤ連邦が、63年シンガポールおよびボルネオ島のサバ・サラワクを加えてマレーシア連邦を形成。65年シンガポールが分離独立。天然ゴム・パームオイル・木材・錫・石油を産する。人口2827万(2010)。ムレイシャ。【補説】「馬来西亜」とも書く。

マレー‐しょとう【マレー諸島】アジア大陸とオーストラリア大陸との間にある、東南アジアの島々。スンダ列島・モルッカ諸島・フィリピン諸島からなる。ニューギニア島を含めることもある。東インド諸島。マライ諸島。

マレー‐じん【マレー人】マレー半島・マレー諸島一帯の住民で、マレー語を話す人々の総称。大部分がイスラム教徒。

マレー‐はんとう【マレー半島】インドシナ半島からさらに南に長くのびる半島。北部はタイ・ミャンマー領、南部はマレーシア領で、南にシンガポール島がある。古くから東西交通の要地。ゴムや鉄・錫を産する。マラッカ半島。マライ半島。

マレービチ〖Kazimir Severinovich Malevich〗[1878～1935]ソ連の画家。シュプレマティスム(絶対主義)を提唱し、幾何学的な形態で画面を構成。作「黒い正方形」「白の中の白」など。マレービッチ。

マレーポリネシア‐ごぞく【マレーポリネシア語族】北は台湾・ハワイから南はニュージーランド、東はイースター島から西はマダガスカル島まで、インド洋から太平洋にかけて分布する語族。インドネシア・メラネシア・ポリネシアの三つの語派に分けられる。アウストロネシア語族。オーストロネシア語族。南島語族。マラヨポリネシア語族。

マレット〖mallet〗木槌。ポロやクロッケーなどのスポーツで球を打つもの。また、マリンバやビブラフォンなどの打楽器を打つものについてもいう。

マレット‐ゴルフ《和 mallet＋golf》昭和56年(1981)に長野県で始まったミニゴルフの一種。ゲートボールのスティック(マレット)とボールを使用し、ルールはほぼゴルフと同じ。

まれ‐びと【▽客・▽賓・▽客▽人】《まれに来る人の意》(1)民俗学で、異郷から来訪する神をいう。人々の歓待を受けて帰ると考えられた。折口信夫の用語。(2)「まろうど」に同じ。「—の饗応なども」〈徒然・二三一〉

まれ‐まれ【×稀×稀】[一]〔形動〕文〔ナリ〕きわめてまれであるさま。「夜も十一時過と思われ、往来の人も—なり」〈逍遥・当世書生気質〉[二]〔副〕[一]に同じ。「猫殿の—おはいたるに、物よそへ」〈平家・八〉

まれ‐もの【×稀物】たぐいまれな品物。珍品。

まれ‐もの【×稀者】その道にかけてたぐいまれな人。「花の巷の—とは、其挙動にも知られたり」〈逍遥・当世書生気質〉

まれ‐ら【×稀ら】〔形動ナリ〕「まれ(稀)」に同じ。「—なる法を聞きつる道しあればうきをかぎりと思ひぬるかな」〈新勅撰・釈教〉

マレルブ〖François de Malherbe〗[1555～1628]フランスの宮廷詩人。古典主義作詩法の先駆者。フランス語の整理・純化に努めた。

マレンコフ〖Georgiy Maksimilianovich Malenkov〗[1902～1988]ソ連の政治家。1953年スターリンの死後、首相・党書記長となり、55年辞任。フルシチョフの追放を策して57年失脚。

まろ【▽丸・▽円】〔名・形動ナリ〕(1)まるいもの。また、まるいさま。「大きなる松の木などの二三尺にて—なる」〈枕・三〇六〉(2)丸々とふとっているさま。「—にうつくしく肥えたりし人の」〈源・宿木〉(3)まるまる全部。「秀歌を—ながら取られて侍るが」〈毎月抄〉(4)銭。「銭を—ともいふなり」〈塵添壒嚢抄〉(5)他の語の上に付いて複合語をつくり、ひとかたまりのままの、そのままの、などの意を表す。「紐解かず—寝をすればいぶせみと」〈万・四一一三〉

マロ〖Hector Malot〗[1830～1907]フランスの小説家・批評家。旅を通じて少年が成長する過程を描いた児童小説「家なき子」で知られる。

マロ〖Clément Marot〗[1496～1544]フランスの宮廷詩人。プロテスタンティズムに傾いて迫害を受けながら、書簡詩・風刺詩などに軽妙洒脱な詩才を示した。詩集「クレマンの青春」「地獄」など。

まろ【麻呂・×麿】[一]〔代〕一人称の人代名詞。平安時代以降に用いられた語。「—この歌の返しせむ」〈土佐〉[二]〔接尾〕(1)名詞や形容詞の語幹、その他の語に付いて、男子の名を構成するのに用いる。「人—」「清—」(2)動物や楽器などの器物の名に付いて、動物や器物の名称として用いる。「翁—」「さる—」【補説】「麿」は国字。

まろ‐い【▽丸い・▽円い】〔形〕文まろ・し〔ク〕《「まるい」の古形》「まるい」に同じ。「成ろうなら—・く納めたい葉山の了簡で」〈紅葉・多情多恨〉

まろうど【▽客・▽賓・▽客▽人】《「まらひと」の音変化。古くは「まろうと」》訪ねて来た人。きゃく。きゃくじん。「観兵の間に設けたる夕餉に急ぐ—、群立ちてここを過ぎぬ」〈鴎外・文づかひ〉【類語】客・客人・来客・訪客・来訪者・訪問者・賓客・来賓・ゲスト

まろうど‐い【▽客居・▽賓居】客を通す座敷。客間。応接間。「例の—の方におはするにつけても」〈源・早蕨〉

まろうど‐がみ【▽客神・▽客▽人神】他の地域から来訪し、その土地で信仰されるようになった神。きゃくじん。

まろうど‐ざね【▽客実・▽賓▽実】主たる客。正客。主賓。「左中弁藤原の良近といふをなむ—にて、その日はあるじまうけしたりける」〈伊勢・一〇一〉

マロー〖Mallow〗アイルランド南部、コーク州の町。ブラックウオーター川沿いに位置し、農産物の集散地、また鉄道の要衝として発展。19世紀前半には温泉保養地として知られ、当時の建物が現在も残る。

まろかし【▽丸かし・▽塊】《「まろがし」とも》丸めたもの。かたまり。まろかせ。「鉄の—をのまむ時には、天の甘露なにかせむとする」〈百座法談〉

まろか‐す【▽丸かす・▽円かす】〔動サ四〕《「まろがす」とも》まるめる。丸く固める。ひとかたまりにする。「カシラヲ—・ス」〈和英語林集成〉「物取り食ふ翁の形を御飯に—・して付据ゑて」〈宇津保・蔵開中〉

まろが‐す【▽転がす】〔動サ五(四)〕ころがす。「門口に立ちたる我を撞き—・し」〈鴎外訳・即興詩人〉

まろかせ【▽丸かせ・▽塊】「まろかし」の音変化。「切り口より焔の—」〈浄・嫗山姥〉

まろか‐る【▽丸かる・▽円かる】[一]〔動ラ下二〕《「まろがる」とも》丸く固まる。固まって一つになる。「陰陽分れざる時、—・れたること鶏子のごとく」〈神代紀・上〉「—・れたる御額髪ひきつくろひ給へど」〈源・朝顔〉[二]〔動ラ四〕[一]に同じ。「髪は—・りて枕のかたに抜けて落ちたり」〈雑談集・四〉

まろが‐る【▽転がる】〔動ラ五(四)〕ころがる。「—・りたる生簀の籠も」〈蘆花・自然と人生〉

まろ‐ぐ【▽丸ぐ・▽円ぐ】〔動ガ下二〕一つにまとめる。寄せ合わせる。「これを—・げて、みな買はん人もがなと思ひて」〈宇治拾遺・二〉

マロニエ〖フランス marronnier〗トチノキ科の落葉高木。樹皮は灰褐色で、葉は大きく、5～7枚の倒卵形の小葉からなる手のひら状の複葉。初夏、赤みがかった白色の花を円錐状につける。実の殻にはとげがある。バルカン半島の原産で、街路樹などにされる。うまぐり。西洋とちのき。(季 花＝夏)

まろ‐ね【▽丸寝】「まるね」に同じ。「我妹子し我を偲ふらし草枕旅の—に下紐解けぬ」〈万・三一四五〉

まろば‐か‐す【▽転ばかす】〔動サ四〕「まろばす」に同じ。「狐、射—・されて」〈宇治拾遺・三〉

まろば‐す【▽転ばす】〔動サ五(四)〕まろぶようにする。ころがす。まろがす。「その話は銀盤に玉を—・すように」〈中勘助・鳥の物語〉「猪に似たる大石を焼きて—・し落としき」〈記・上〉

まろび‐あ‐う【▽転び合ふ】〔動ハ四〕互いにころがる。ころがって寄りあう。「竹の葉におきゐる露の—・ひてぬるとはなしに立つ我が名かな」〈拾遺・恋二〉

まろ‐ぶ【▽転ぶ】〔動バ五(四)〕(1)ころがる。「犬のように—・びながら」〈有島・クララの出家〉(2)ひっくりかえる。倒れる。ころぶ。「地響して横様に—・びしが」〈紅葉・金色夜叉〉

まろ‐ぶし【▽丸×臥し】「丸寝」に同じ。「まどろむ間だになかりつる草の枕の—なれば」〈東関紀行〉

まろ‐ほや【▽丸寄＝生】寄生の形を丸く図案化した模様。

まろ‐む【▽丸む・▽円む】[一]〔動マ四〕丸くなる。まるまる。「袖口は—・み出でたる程」〈栄花・わかばえ〉[二]〔動マ下二〕「まろめる」の文語形。

まろ・める【▽丸める｜▽円める】〔動マ下一〕図まろ・む〔マ下二〕❶「まるめる❶」に同じ。〈和英語林集成〉❷「まるめる❷」に同じ。「何故その頭を―・め給いしぞと恨めしくもなりぬ」〈一葉・たけくらべ〉❸全体をそれでつくる。「たとひこがねを―・めたる馬なりとも」〈平家・四〉❹「まるめる❸」に同じ。「艶言ぜで―・めて浮薄うはでこねて」〈人・梅児誉美・初〉

まろ・や【▽丸屋】葦あしや茅かやなどで簡単に屋根を葺ふいた粗末な家。「屋は、―、あづま屋」〈枕・二八九〉

まろ・やか【▽円やか】〔形動〕図〔ナリ〕❶形がまるいさま。まるまるとしているさま。「―な山容」❷口あたりが柔らかいさま。味が穏やかなさま。「こくのある―な酒」(派生)まろやかさ〔名〕(類語)(❶)丸い・まろい・丸っこい・真ん丸・円まどか・円つぶら・円形・球形・球状・円盤状・輪形／(❷)まったり・マイルド・ソフト

まろ・らか【▽円らか】〔形動ナリ〕まるまるとしているさま。まろやか。「腕かひなをさし出でたるが―にをかしげなるほども」〈源・宿木〉

マロリー〖Thomas Malory〗[?～1471]英国の文人。アーサー王伝説を集大成した散文物語「アーサー王の死」を著し、近代英文学にも影響を与えた。

マロン〖フランス marron〗栗。また、栗色。

マロン・グラッセ〖フランス marrons glacés〗ゆでた栗を薄皮をむいてシロップ漬けにし、乾かした洋菓子。

マロン・は【マロン派】《Maronite》東方正教会の一派。7世紀以来、イスラム教徒の迫害に耐えてレバノン山中に隠れ住み、信仰を守った。19世紀にレバノン一帯に広がり、現在もレバノンの主要宗派の一つ。

まわし【回し｜×廻し】まはし ❶回すこと。回転させること。「皿―」「ねじ―」❷人や物、また物事を、順に移したり送ったりすること。「患者のたらい―」「返済を翌月―にする」「後―」❸からだに巻いたり、まとい着けたりするもの。㋐ふんどし。特に、力士が腰に着ける締め込み。㋑「化粧回し」に同じ。㋒「二重回し」に同じ。(季 冬)❹遊女が複数の客をかけもちでとること。❺金銭のやりくり。また、利益の上がるように金銭を運用すること。「米の売り様、金銀の―をだに心得たらば、召し抱へられん」〈仮・浮世物語・一〉❻会合などを輪番で行うこと。「言ひ合はせて随意講の―始まり」〈咄・醒睡笑・六〉❼上方で、私娼である白人はくじんの元締め。「元は牢人衆の娘御達とやら、と早僭ばしく詞残して、―が方へ走り行き」〈浮・禁短気・三〉❽「回し方」の略。「あっちらの大尽がやけを起こして、やり手や―を呼んで」〈黄・艶気樺焼〉(類語)褌ふんどし・下帯・締め込み

回しを取・る 遊女がかけもちで二人以上の客の相手をする。

まわし・いた【回し板】まはし 旋盤で、主軸にねじ込まれ、回し金を介して工作物を回す円板状の工具。

まわし・かた【回し方】まはし 遊里で、遊女や芸妓げいこの送り迎え、その他の雑事をする者。「―はたき火にあたり」〈洒・通言総籬〉

まわし・ガッパ【回しガッパ】まはし「丸ガッパ」に同じ。

まわし・がね【回し金】まはし 旋盤で、工作物の一端を取り付けるねじをもち、回し板と連絡して工作物を回転させる工具。ドッグ。

まわし・ぎり【回し×錐】まはし ❶▶轆轤錐ろくろぎり ❷▶舞錐まいぎり❶

まわし・のみ【回し飲み】まはし〔名〕スル 一つの器を順に回して飲むこと。「一本の缶ビールを―する」

まわし・ぶみ【回し文】まはし ▶かいぶん(回文)❶

まわし・もの【回し者】まはし 陣中などに忍び込んで、ひそかに内情を探る者。間者かんじゃ。スパイ。「敵の―」

まわし・よみ【回し読み】まはし〔名〕スル 手紙・資料などの文書や書籍を、数人で順繰りに回して読むこと。回覧。回読。「話題の恋愛小説を家族で―する」

まわ・す【回す｜×廻す】まはす〔動サ五(四)〕❶軸を中心にして、円を描くように動かす。回転させる。「腕を―・す」「プロペラを―・す」❷周囲を取り巻くようにする。めぐらす。「敷地に柵を―・す」❸順に送り渡す。「杯を―・す」「通知を―・す」❹人や物を必要とする場所へ移す。「総務から営業へ人員を―・す」「出先に車を―・す」「預金の一部を学費に―・す」❺その立場に置く。「敵に―・す」❻配慮などを行き渡らせる。「気を―・す」「手を―・す」❼利益を得るように金銭を運用する。「高利で―・す」❽㋐自分の意のままに人を使う。「あの女に―・さるる女郎いとしや」〈浮・好色盛衰記〉㋑遊里で、客が遊女や幇間ほうかんを思うままに従わせる。「太鼓持ちは、ある知恵を隠して、我より鈍い客に―・さるるがよし」〈浮・禁短気・三〉❾動詞の連用形に付いて、全体に…する、あちこち…する、また、さんざん…する、の意を表す。「いじくり―・す」「追っかけ―・す」「引っ張り―・す」(可能)まわせる

(…句)金かねを回す・切っ刃を回す・気を回す・手を回す・向こうに回す・目を回す・悪気わるぎを回す

(類語)(❶)巡らす・回転・転回・旋回／(❹)送る・遣る・送り出す・出す・発する・派する・差し向ける・差し遣わす・遣わす・差し回す・派遣する・差遣する

ま・わた【真綿】くず繭などを煮て引き伸ばして作った綿。じょうぶで軽く、保温力が大きい。防寒用衣類、紬糸つむぎいとの原料などに用いる。(季 冬)

真綿で首を締める 遠まわしにじわじわと責めたり痛めつけたりすることのたとえ。(補説)「綿で首を絞める」とするのは誤り。

真綿に針を包む うわべは優しいが、内心に悪意をもっていることのたとえ。

ま・わたし【間▽度し｜間渡し】壁の下地に組む木舞竹こまいだけを固定するため、柱と柱の間に横に渡す、やや太い竹や木材。

まわり【回り｜×廻り｜周り】まはり ㊀〔名〕❶(回り・廻り)まわること。まわり方。転じて、ものの働きぐあい。「モーターの―が悪い」「頭の―が早い」❷(ふつう「周り」と書く)㋐そのものの外側の縁の部分。また、その長さ。周囲。ぐるり。「湖の―に沿った道」㋑そのものを囲んでいる近くの部分。近辺。周辺。あたり。「口の―をふく」「―に迷惑をかける」❸(回り・廻り)一定の範囲を順にめぐること。「年始―」❹(回り・廻り)ある地点を経由したり、ある方向のコースをとったりすること。「常磐線―で仙台へ行く」「北―の航空便」❺(回り・廻り)遠くなるほうの道をとること。また、その道。回り道。遠回り。「―になるのを承知で、電車通りを行った」〈里見弴・安城家の兄弟〉❻(回り・廻り)及ぶこと。行き渡ること。「火の―を食い止める」「酒の―が早い」❼おかずをいう女房詞。飯のまわりに置いたところからいう。㊁〔接尾〕(回り・廻り)❶物事の大きさ・規模などを比較するとき、その程度を漠然と表すのに用いる。「一―小さいサイズ」「からだが一―大きくなった」❷長さを表す語に付いて、周囲の長さがそれだけあることを表す。「何処に何尺何寸―の松が何本あって」〈蘆花・思出の記〉❸助数詞。㋐まわる回数を表すのに用いる。「グラウンドを一―する」㋑十二支を年に当てることから、12年を1期として、年齢の差を表すのに用いる。「年が二―も違う夫婦」㋒祈願・服薬などで、7日を1期として数えるのに用いる。「三―分の薬」

(…語)足回り・田舎回り・居回り・内回り・馬回り・襟回り・大回り・金回り・空から回り・木回・首回り・腰回り・小回り・先回り・下回り・地じ回り・定廻じょうまわり・外回り・立ち回り・旅回り・近回り・月回り・手回り・胴回り・遠回り・得意回り・時計回り・どさ回り・年回り・供回り・泥棒回り・庭回り・根回り・年始回り・膝ひざ回り・一ひと回り・火回り・星回り・町回り・水回り・身の回り・見回り・胸回り・持ち回り・役回り・夜よ回り・利回り・礼回り

(類語)周囲・四囲・四周・ぐるり・四面・四辺・周辺・辺り・近辺・近く・付近・一円・一帯・界隈かいわい・近傍

まわり・あわせ【回り合(わ)せ】まはりあはせ 自然にやってくる運命。めぐりあわせ。(類語)巡り合わせ・星回り・運命・縁・運・命運・天命・宿命・定め・因縁

まわり・えん【回り縁】まはり 建物や部屋の周囲の二方以上にめぐらした縁側。

まわり・かいだん【回り階段】まはり 螺旋らせん状に回りながら上下する階段。

まわり・ぎ【回り気】まはり 気を回して心配したり疑ったりすること。「お前さんも余程よっぽど―の人だね」〈風葉・深川女房〉

まわり・くど・い【回りくどい】まはり〔形〕図まはりくど・し〔ク〕遠回しでわずらわしい。「―・い解説」

(類語)まだるっこい・まだるい・回り遠い・遠回し・迂遠うえん・煩瑣はんさ・七面倒・持って回る・じれったい

まわり・こんじょう【回り根性】まはりこんじやう 気を回して疑いやすい性質。「それとも知らず下郎の―」〈伎・幼稚子敵討〉

まわり・しょうぎ【回り将棋】まはりしやうぎ 将棋の駒を用いる遊びの一。各自が駒一つを将棋盤の一隅に置き、金将4枚を振り、その出方によって駒を進めて、早く上がったほうを勝ちとする。

まわり・すごろく【回り▽双六】まはり 振り出しから出発し、交互に賽さいを振ってその出た目の数だけ進み、早く上がることを競う遊戯。道中双六などの類。

まわり・ずみ【回り炭】まはり 茶道の七事式の一。炉中の下火をすっかり揚げて、主客ともに順々に炭をつぐ式法。炉のときだけに行う。

まわり・ぢえ【回り知恵】まはりぢゑ 浅はかな知恵。浅知恵。「これも女の―、許して下され」〈浄・油地獄〉

まわり・どうろう【回り灯籠】まはり 外枠に薄紙や布を張り、内側にいろいろな形を切り抜いた円筒を立て、中心にろうそくを立てた灯籠。ろうそくに火をともすと、その火気で円筒が回り、外枠に影絵が映って回転して見える。走馬灯そうまとう。(季 夏)

まわり・どお・い【回り遠い】まはりどほい〔形〕図まはりどほ・し〔ク〕❶遠回しでもどかしい。まわりくどい。「僕は―・い物の言いようをするのは厭だから」〈鷗外・灰燼〉❷遠回りである。「本道は―・し」〈浄・川中島〉

まわり・ばしご【回り×梯子】まはり 螺旋らせん階段のこと。

まわり・ばな【回り花】まはり 茶道の七事式の一。主客ともに順に花を生ける式法。

まわり・ばん【回り番】まはり ❶順番で務めに当たること。輪番。「―で宿直をする」❷見回りをする順番。また、その当番。「―につく」(類語)輪番・交番・代わり番・交代・入れ替わり・互たがい替わり・交互・隔番

まわり・ひざ【回り膝】まはり 正面を背にして座ったとき、左膝をつき、膝を軸にして、からだを回して正面を向くこと。

まわり・ぶたい【回り舞台】まはり 劇場の舞台で、中央の床を大きく円形に切り抜き、その部分を回転して場面転換させる装置。また、それを備えた舞台。歌舞伎舞台で発生した。

まわり・ぶち【回り縁】まはり 天井のまわりの壁と接する部分に取り付けた横木。天井回り縁。

まわり・みち【回り道｜回り▽路】まはり 遠回りして行くこと。遠回りになる道。迂路うろ。「―になるが確実な方法」(類語)遠回り・大回り・迂回・遠道とおみち・寄り道

まわり・もち【回り持(ち)】まはり ❶順番に受け持つこと。輪番。「議長を―にする」❷めぐりめぐって自分のものになること。「金は天下の―」

まわ・る【回る｜×廻る】まはる〔動ラ五(四)〕❶軸を中心にして円を描くように動く。回転する。「車輪が―・る」「地球は―・る」❷物の周囲に沿って、円を描くように移動する。「地球のまわりを月が―・る」「岬を―・る船」❸順々に決まった場所などをめぐる。「あいさつに―・る」「観光地を―・る」❹遠くなるほうの道をとる。迂回うかいする。「危険な沢筋を避けて稜線へ―・る」「急がば―・れ」❺寄り道をする。「外出のついでに先生のお宅へ―・る」❻物事が順に移る。「仕事が―・ってくる」「週単位で当番が―・る」❼それまでとは異なった立場に変わる。「賛成に―・る」「受け身に―・る」❽効力などが隅々まで及ぶ。また、配慮などが行き届く。「酔いが―・る」「手が―・る」「気が―・る」❾よく動く。よく働く。「舌が―・る」「頭が―・る」❿金銭の運用で利益が生じる。「月に三分で―・る」⓫《時計の針が円を描いて動くところから》ある時刻が過ぎる。「そろそろ三時を―・ろうとするところだ」⓬(「目が回る」の形で)めまいがする。「急に立ち上がって目が―・る」⓭金銭上のやりくりができる。「女房お民が手一つで、―・らぬ暮し常なれど」〈人・梅児誉美・四〉⓮遊里で、遊女などが客の気に入るようにふるまう。「さのみ物もつかはぬ男に―・りておもしろがるに」

〈浮・置土産・五〉⑮動詞の連用形に付いて、そのあたりを…する、あちこち…する意を表す。「のたうち―・る」「走り―・る」「逃げ―・る」(可能)まわれる

(用法)まわる・めぐる――「月をめでながら池を回る(巡る)」「名所を回る(巡る)」など、動く、移動するの意では相通じて用いられる。◆「回る」の方が多く使われ、意味の範囲も広い。「車が回る」のように、その物自体が回転する意では「巡る」を使わない。◆「巡る」は文章語的で、「寺の本堂を巡る回廊」のように、取り囲むの意、「規制緩和をめぐる議論」のように、…に関するの意は、「回る」にはない。

(類語)巡る・回転する・旋回する・経巡る・周回する

(一句)急がば回れ・裏へ回る・御鉢が回る・気が回る・首が回らない・米の飯とお天道様はどこへ行っても付いて回る・酒が回る・舌が回る・付きが回る・知恵が回る・付けが回る・手が後ろに回る・手が回る・目が回る・焼きが回る・呂律が回らない

回り回って　多くのところを次々に回っていって。「幹事役が―自分のところに来た」

回れ右　からだを右に回転させて真後ろに向きを変えること。また、それを命じる号令。行動・思想などの方向転換や後退のたとえにもいう。

まん【万】1000の10倍。また、非常に数の多いこと。よろず。➔表「位」➔漢「まん(万)」

まん【満】❶みちること。いっぱいになること。❷その年月をみたしていること。年齢などを数えるとき、実際に経過した年月でいうこと。「―で数える」「―二年」➔数え ➔足掛け ➔漢「まん(満)」

満は損を招く　物事は絶頂に達すれば、やがては衰えるものである。

満を持・する　弓を十分に引いて構える。転じて、準備を十分にして機会を待つ。「―・して登場する」

満を引・く　❶弓を十分に引き絞る。❷酒をなみなみとついだ杯をとって飲む。「ビールの―・くもの数を不知」〈鏡花・湯島詣〉

まん【▽間】《「ま(間)」の音変化》めぐりあわせ。運。「―よくば勝軍の場」〈浮・新色五巻書・一〉

まん【×幔】縦にだんだらの筋のある幕。幔幕。

まん【×饅】饅頭をいう女房詞。

マン〖man〗❶人。男性。「―ウオッチング」「―ツー―」❷名詞の下に付いて複合語をつくり、それを職業にしている人、それに関係している人、の意を表す。「ガードー」「銀行―」

マン〖MAN〗《metropolitan area network》一つの都市や町程度の広さをカバーするコンピューターネットワークのこと。LANとWANの中間の規模のもの。(補説)ネットワークを通信距離で分類すると、距離が近いものからPAN、LAN、MAN、WANとなる。

マン〖Mann〗㊀(Heinrich ～)[1871～1950]ドイツの小説家・批評家。㊁の兄。ナチス時代、フランス・米国亡命、反ファシズム闘争を展開した。作「ウンラート教授」「アンリ四世」など。㊁(Thomas ～)[1875～1955]ドイツの小説家。㊀の弟。ナチス政権成立後、米国に亡命、ヒューマニズムの立場からナチズム批判を続けた。生と精神との対立・調和の問題を追求し、1929年ノーベル文学賞受賞。作「ブッデンブローク家の人々」「トニオ=クレーゲル」「ベニスに死す」「魔の山」「ファウスト博士」など。トマス=マン。

まん【真ん】〔接頭〕《接頭語「ま」の下に撥音「ん」の挿入されたもの》名詞・形容詞や形容動詞の語幹に付いて、本当にそうである、完全にそうである、などの意を表す。「―中」「―丸」(補説)「ま(真)」がn音・m音を語頭にもつ語に続くときの形。

マン-イーター〖man-eater〗人食い。人を食うライオン・トラ・サメなどの動物。

まん-いち【万一】㊀〔名〕万の中に一つ。めったにないが、ごくまれにあること。まんがいち。「―に備える」㊁〔副〕めったにないことが起こるのを予測するさま。もしも。まんがいち。「―火事になったら、これを持って逃げろ」(類語)もしも・万が一・万万一

万一を頼・む　わずかの望みにすがる。運をあてにする。「―・んで受験する」

まん-いわい【▽間祝(い)｜万祝(い)】「まいわい」の音変化。

まん-いん【満引】〔名〕スル　満を引くこと。酒をなみなみとついだ杯を飲みほすこと。「―と息にグッと―して」〈魯庵・社会百面相〉

まん-いん【満員】定員に達すること。また、余地がないほど人がいっぱいにはいっていること。「―の聴衆」「―御礼」

マンインザミドル-こうげき【マンインザミドル攻撃】《man-in-the-middle attack》➤中間者攻撃

まん-えつ【満悦】〔名〕スル　心が満ち足りてよろこぶこと。「手厚いもてなしに―する」「―至極」

(類語)大喜び・喜悦・満足・欣快・愉快・悦に入る

まんえん【万延】江戸末期、孝明天皇の時の年号。1860年3月18日～1861年2月19日。

まん-えん【×蔓延｜×蔓×衍】〔名〕スル　つる草がのび広がること。病気や悪習などがいっぱいに広がること。「ペストが―する」(類語)はびこる・のさばる・広がる・跋扈・瀰漫・流行・猖獗・横行

まんえん-かへいかいちゅう【万延貨幣改鋳】万延元年(1860)に行われた、江戸幕府による改鋳政策。日米和親条約で部分的に自由化された交易により小判(金貨)が大量に流出したため、従来より金の含有量を落とした小判を鋳造したもの。このため、国内は激しいインフレーションに見舞われた。(補説)江戸末期の金銀の交換比が日本では1:5だったの対し、諸外国は1:15だったため、外国人は銀貨を日本に持ち込んで小判に換え、それを持ち出して売ると3倍の銀を得ることができた。

マン-オブ-ザ-イヤー〖man of the year〗ある分野での、その年の最大功労者。最も業績を上げた人。

まん-が【▽馬×鍬】《「まんぐわ」とも》「まぐわ」の音変化。

まん-が【漫画】❶単純・軽妙な筆致で描かれた、こっけい・誇張・風刺・ナンセンスなどを主とする絵。❷絵を連続させ、多くは台詞を伴って物語風にしたもの。「少女―」(類語)コミック・劇画・ポンチ絵

まん-かい【満会】無尽や頼母子講などの会期が終了すること。

まん-かい【満開】〔名〕スル　花が十分に開くこと。また、すべての花が開くこと。はなざかり。「公園の桜が―になる」(類語)咲きこぼれる・咲き誇る・咲き揃う・咲き乱れる・繚乱・百花繚乱

まん-が-いち【万が一】㊀〔名〕「まんいち㊀」に同じ。「―のときの心配をする」㊁〔副〕「まんいち㊁」に同じ。「―帰らなかったらあとを頼む」

まんが-か【漫画家】漫画を描くことを職業とする人。

まんが-きっさ【漫画喫茶】漫画本を多数そろえた喫茶店。特に、漫画を読むことを主目的とする喫茶店。多くは時間制で料金を支払う。パソコンを備えてインターネットも利用できるようにした店や、深夜営業の店もある。漫喫。

まん-がく【満額】要求や計画どおりの金額。「寄付が―に達する」「―回答」

まん-がち〔名・形動〕❶自分勝手であること。また、そのさま。われがち。「北條から乗込んだ客が、臥たり坐ったり―に席を占めて居る」〈風葉・恋ざめ〉❷気短であること。また、そのさま。「おまいさんも―な。明日のことになされませいな」〈滑・膝栗毛・八〉

マンガニン〖Manganin〗銅合金の一。銅、マンガン、ニッケルをそれぞれ84、12、4パーセント含み、鉄、ケイ素を微量に加えたもの。電気抵抗値の温度依存性が極めて小さく、標準抵抗器に用いられる。

まん-かぶ【満株】株式の申し込みが募集定数に達すること。

マンガリア〖Mangalia〗ルーマニア南東部、黒海に面する町。コンスタンツァの南約45キロメートルに位置する。紀元前6世紀に古代ギリシャ人が建設した植民都市カラティスに起源し、古代ローマ時代の遺跡も多く残されている。ネプトゥン、オリンプ、ジュピテル、アウロラ、ベヌス、サトゥルヌとともに、同国有数の保養地群を形成する。

漢字項目　まん

【×幡】➤はん

万〔萬〕　(学)2　(音)マン(呉)　バン(漢)　(訓)よろず‖㊀〈マン〉①数の名。千の一〇倍。「十万・数万」②数が非常に多いこと。「万病・万華鏡・万年筆／億万・巨万」㊁〈バン〉①数が非常に多いこと。すべて。「万国・万事・万全・万端・万難・万能・万民／千変万化」②決して。「万万」㊂〈よろず〉「万屋／八百万」(名付)かず・かつ・すすむ・たか・つむ・つもる(難読)万年青

満〔滿〕　(学)4　(音)マン(呉)　(訓)みちる、みたす‖①いっぱいになる。みちる。一定の数量や期限に達する。「満員・満期・満月・満水・満席・満点・満満・満了・満塁／干満・充満・肥満・未満」②十分に足りて欠けたところがない。「満悦・満喫・満足／円満・不満・豊満」③全体に行き渡る。全部の。「満座・満場・満身・満面」④「満州」の略。「満鉄・満蒙」(名付)あり・ます・まろ・みち・みつ・みつる(難読)満天星・満俺

慢　(音)マン(呉)‖①心がゆるんで締まりがない。「怠慢」②速度や進行がだらだらと遅い。「慢性／緩慢」③他をみくびっておごる。「慢心／我慢・驕慢・高慢・傲慢・自慢・侮慢・暴慢・増上慢」

漫　(音)マン(呉)　(訓)すずろ、そぞろ‖①一面に満ちて覆うさま。「漫漫／瀰漫・爛漫」②むやみに広がって締まりがない。「漫然／散漫・冗漫・放漫」③何とはなしに。気のむくまま。「漫画・漫談・漫筆・漫歩・漫遊」④外国語の音訳字。「浪漫」(名付)ひろ・みつ

人**蔓**　(音)マン(呉)　(訓)つる‖①のびて絡みつく草。つる草。「蔓生」②はびこる。「蔓延」(難読)蔓延る

×**瞞**　(音)マン(呉)‖事実をおおい隠してだます。「瞞着／欺瞞」

×**懣**　(音)マン(呉)　(訓)もだえる‖怒りにみちてもだえる。いきどおる。「憤懣」

まん-かん【満干】満潮と干潮。潮のみちひ。干満。

まん-がん【万巻】多くの巻物。多数の書物。

まん-がん【満願】❶仏語。願望が満たされること。❷期限を定めた神仏への祈願の日数が満ちること。結願。

マンガン〖ドイツ Mangan〗マンガン族元素の一。単体は銀白色の金属で、鉄より硬くてもろい。鉄に次いで広く分布し、主鉱石は軟マンガン鉱など。動植物体にも微量含まれ、発育・代謝に不可欠。合金添加剤や鋼の脱酸剤などに利用。元素記号Mn　原子番号25。原子量54.94。

マンガン【満貫】《中国語》マージャンで、上がりの点数が多くなりすぎないように一定の限度に制限した点数。ふつうマンガン・跳ねマンガン・倍マンガン・役マンガンなどがある。

マンガンクロム-こう【マンガンクロム鋼】マンガン鋼にさらにクロムを加えたもの。マンガン1.5パーセント、クロム0.5パーセント程度が含まれ、機械構造用材料として使用。

マンガン-こう【マンガン鋼】マンガンを含む合金鋼。含量の少ない低マンガン鋼は張力にすぐれ、高マンガン鋼は耐磨耗性にすぐれる。

まんかん-しょく【満艦飾】❶海軍礼式の一。祝祭日や観艦式などの際に、停泊中の軍艦が艦全体を信号旗・万国旗などで飾りたてること。❷身なりを盛んに飾りたてたり、物をいっぱいにつるしたりしたようすを❶にたとえていう語。「―のいで立ち」

マンガン-だんかい【マンガン団塊】深海底鉱物資源の一つ。水深4000メートル以上の深海底に広く分布する、マンガンを主成分とする黒褐色の扁球状のかたまり。鉄・ニッケル・コバルトなども含み、新たな資源として注目されている。マンガンノジュール。

まん-き【満期】期限が来ること。一定の期日に達すること。また、その時期。「保険が―になる」

まん-き【慢気】思い上がった気持ち。慢心。「―の萌(きざ)して頭(かしら)から何の詰らぬ者と」〈露伴・五重塔〉

まん-きつ【満喫】〔名〕(スル) ❶存分に飲み食いすること。「新鮮な魚介を―する」❷十分に楽しむこと。「釣りの醍醐(だいご)味を―する」(類語)堪能・満足・楽しむ・興ずる・享受・享楽・エンジョイ

まん-きつ【漫喫】「漫画喫茶」の略。

まんき-へんれいきん【満期返戻金】▶返戻金

まんきもどし-そうごうほけん【満期戻総合保険】(マンキモドシソウゴウホケン) 満期時に満期返戻金のある積立型損害保険。補償の内容は住宅総合保険や店舗総合保険とほぼ同じ。

まんきゃく-るい【×蔓脚類】▶つるあしるい

まん-ぎょう【万行】(マンギャウ) 仏教徒や修験者の修めるあらゆる行。

まん-きん【万金】多額の金銭。千金。ばんきん。「―に値する」「―を積む」

まん-きん【万×鈞】《「鈞」は重さの単位》非常に重いこと。ばんきん。「その一言には―の重みがある」

まん-ぎん【漫吟】詩歌を興のおもむくままに作ったり口ずさんだりすること。また、その詩歌。

マンギン-きょう【マンギン鏡】(キャウ) ▶マンギンミラー

まんきん-たん【万金丹】❶伊勢国、朝熊(あさま)山で製し、解毒・気付けなどの効果があるとされた薬の名。❷《❶に形が似ているところから》一分金の異称。「月掛かりの男、一　一角づつに定めて」〈浮・一代女・六〉

マンギン-ミラー〔Mangin mirror〕カセグレン望遠鏡やレフレックスレンズなどの反射光学系で、主鏡の背後にある裏面球面鏡。主鏡の球面収差を補正する役割ももつ。マンジャンミラー。マンジャン鏡。

まん-く【万句】❶連歌・俳諧の形式の一。百韻を百巻詠み重ねて1万句としたもの。❷「万句合(あわせ)」の略。

まんく-あわせ【万句合】(アハセ)《「月並(つきなみ)万句合」の略》雑俳で、選者が課題の前句の刷り物を配布して付句を募集し、勝句(かちく)(高点句)を半紙に印刷して発行したもの。宝暦(1751〜1764)から寛政(1789〜1801)ころまで行われ、初世川柳(せんりゅう)評の万句合は「誹風柳多留(はいふうやなぎだる)」の底本となった。

まん-くう【満×腔】「まんこう(満腔)」の誤読。

マングース〔mongoose〕ジャコウネコ科の哺乳類のうち、小形の一群の総称。アフリカ・インド・東南アジアに分布し、ネコイタチともいう。ふつうはインドマングースをさし、体長約45センチ、尾も同じくらい長く、灰褐色。インドからアラビア半島にかけて分布。夜間に活動し、ネズミ・蛇などを捕食する。明治末、沖縄にハブ退治のため移入された。

マンクス〔Manx〕家猫の一品種。英国マン島の原産で、尾を欠き、後ろ足が長いためウサギが跳ねるような歩き方をする。毛は短い。

マングローブ〔mangrove〕熱帯の海岸に森林をつくる、主にヒルギ科の常緑高木の総称。幹から気根・支柱根・呼吸根などを出し、実は母樹についたまま種子が発芽してから落下し、生育する。マレー地方に多く、琉球諸島などにもみられる。紅樹林。

まん-げい【漫芸】寄席などで演じるこっけいな芸。

まんげ-え【万▽花会】(ヱ) 多くの花を飾って供養する法会。

まんげ-きょう【万華鏡】(キャウ) 円筒の中にガラス板を三角柱に組み合わせ、色ガラス・セルロイド・色紙などの小片を入れ、回しながらのぞく玩具。小片が作り出す模様の変化を楽しむ。百色(ひゃくいろ)眼鏡。錦(にしき)眼鏡。カレードスコープ。ばんかきょう。

まん-げつ【満月】❶全面が輝いて円く見える月。月と太陽の黄経の差が180度になったときに起こる。十五夜の月。望(ぼう)。もちづき。(季 秋) ➡新月 ❷琵琶の部分の名。隠月(いんげつ)の異称。(類語)望月(もちづき)・望月(ぼうげつ)・望(もち)・望(もち)の月・明月・名月・フルムーン

まん-げん【万言】非常に多くの言葉。ばんげん。「―を費やしてもなお足りない」
(類語)多言・千言・千言万語・百万言

まん-げん【慢言】おごり高ぶって言うこと。また、その言葉。慢語。

まん-げん【漫言】〔名〕(スル) 深く考えないで発言すること。また、その言葉。そぞろごと。漫語。「一放語」「若(も)んじ―する勿れ」〈服部誠一・東京新繁昌記〉

まんげん-しばん【卍元師蛮】[1626〜1710]江戸前期の臨済宗の僧。相模の人。日本の僧の伝記の編纂を発願。三十余年諸国を歩いて資料を収集し、「延宝伝灯録」「本朝高僧伝」などを著した。

まん-こ【漫湖】沖縄県、沖縄本島南部にある干潟。那覇(なは)港を経て東シナ海に注ぐ国場(こくば)川の河口にある。約0.11平方キロメートルのマングローブの林が広がり、シギ・チドリや希少種のクロツラヘラサギが飛来。平成11年(1999)ラムサール条約に登録された。

まん-ご【慢語】「慢言(まんげん)」に同じ。

まん-ご【漫語】〔名〕(スル)「漫言(まんげん)」に同じ。「―する者あり、吾れ文学世界の一王なりと」〈透谷・時勢に感あり〉

まん-こう【満×腔】(カウ) からだじゅう。満身。「―の敬意を表する」(補説)「まんくう」と読むのは誤り。

まん-ごう【万×劫】(ゴフ) 仏語。1万劫のこと。きわめて長い年月。まごう。

まん-ごうがしゃ【万▽恒河▽沙】仏語。恒河(ガンジス川)の砂のように、無限に数の多いこと。恒河沙。恒沙。

まんごう-まつだい【万×劫末代】(マンゴフ) 仏語。万世の後。長い長い後の世。

マンゴー〔mango〕㊀ウルシ科の常緑高木。葉は長披針形で革質。黄白色の小花を群生し、中に大きな種子が1個はいった楕円形の実を結ぶ。果肉は黄や橙黄色をし、多汁で甘く、食用。インド・東南アジアの原産で、古くから果樹として栽培。㊁(Mango)米国マイクロソフト社が開発したスマートホン向けの実行環境、Windows Phone7.5のコードネーム。

まん-ごく【万石】知行などの、1万石。

まんごく-そうどう【万石騒動】(サウドウ) 江戸時代、安房(あわ)国の北条藩領で起こった百姓一揆。正徳元年(1711)同藩領1万石の惣百姓が年貢の減免などを要求して幕府へ越訴。代表の名主三人が処刑され、藩主の屋代氏も改易となった。

まんごく-どおし【万石通し｜万石×簁】(ドホシ) 千石通(せんごくどお)しのふるいの目を細かにした農具。

マンゴスチン〔mangosteen〕オトギリソウ科の常緑高木。葉は厚く、長楕円形。暗紅色の花を開く。実は熟すと赤紫色になる。外皮は堅く、中に種子を包む果肉が4〜8個入っている。果肉は白色で甘く、口中で溶けるような食味があり、果物の女王といわれる。マレー半島の原産といわれ、熱帯アジアで栽培。

まん-ざ【満座】❶人がその座いっぱいになっていること。また、その座にいる人すべて。「―の注目を集める」❷数日間にわたる法会・説法などの終わる最後の日。満願。❸連歌・連句で、百韻などの一巻(ひとまき)ができ上がり、会席が終わること。
(類語)満場・全会・一座・皆・誰(だれ)も・誰しも・誰も彼も・全員・総員・一同・一統・みんな・皆皆

マンサード-やね【マンサード屋根】《mansard roof》腰折れ屋根。17世紀のフランスの建築家マンサール(François Mansart)の考案とされたことによる名。

まんさい【満済】[1378〜1435]室町前期の真言宗の僧。京都の人。足利義満の猶子となり、醍醐寺座主(ざす)・東寺長者・准三后となった。足利義満・義持・義教の3代にわたって尊信が厚く、幕政の中枢に関与し、黒衣の宰相とよばれた。日記「満済准后日記」はこの時代の基本史料。まんぜい。

まん-さい【満載】〔名〕(スル) ❶人や荷物をいっぱいにのせること。「砂利を―したトラック」❷新聞・雑誌に、記事・読み物などをいっぱいのせること。「力作を―した増刊号」(類語)(❶)積載・山積み・過積載・過載

まん-ざい【万歳】❶万年。よろずよ。また、長寿や末長い繁栄を祝う言葉。ばんぜい。ばんざい。❷新年に家々を訪れて祝言を述べ、舞を演じる門付け芸人。また、その芸能。烏帽子(えぼし)に直垂(ひたたれ)または素襖(すおう)姿で扇を持った太夫(たゆう)と、大黒頭巾(だいこくずきん)にたっつけ姿で鼓を持った才蔵の二人一組が普通。千秋万歳(せんずまんざい)に始まる。のち、こっけいな掛け合いをする寄席の芸にもなった。太夫の出身地により三河万歳・尾張万歳・秋田万歳などがある。今日の漫才のもと。(季 新年)「山里は―おそし梅の花／芭蕉」

まん-ざい【漫才】二人の芸人がこっけいなことを言い合って、客を笑わす寄席演芸。万歳❷が現代化したもので、大正初期に大阪で起こった。初め「万才」と書き、のち形式も多種多様に発達。(類語)漫談・掛け合い万歳(まんざい)・掛け合い・お笑い・話芸・コント・ギャグ

まんざい-おうぎ【万歳扇】(アフギ) 万歳❷に用いる扇。転じて、粗末な扇。(季 新年)「丸盆にのせて―かな／冬葉」

まんさい-きっすいせん【満載喫水線】船舶の搭載量の限界を示す喫水線。船体中央部の両舷側に表示される。

まんざいきょうかしゅう【万載狂歌集】(マンザイキャウカシフ) 江戸後期の狂歌集。17巻2冊。四方赤良(よものあから)・朱楽菅江(あけらかんこう)編。天明3年(1783)刊。「千載和歌集」に倣い、古今の狂歌を集大成したもの。

まんざいらく【万歳楽】雅楽。唐楽。平調(ひょうじょう)で新楽の中曲。舞は四人または六人の文(ぶん)の舞。唐の則天武后の作とも、隋の煬帝(ようだい)の作ともいい、めでたい曲とされている。鳥歌万歳楽。ばんざいらく。

まんざ-おんせん【万座温泉】(ヲンセン) 群馬県吾妻郡嬬恋(つまごい)村の温泉。草津白根山の西の中腹にある。泉質は硫黄泉。

まん-さく【満作】❶穀物がよく実ること。豊作。「豊年―」❷マンサク科の落葉小高木。山地に生え、2、3月ごろ葉より先に、枝いっぱいに黄色い花が咲く。花びらは線状で4枚ある。葉は菱状円形か倒卵形で互生し、秋に黄葉。庭木にもする。(季 春)「―に滝のねむりのさめにけり／楸邨」(類語)豊作・豊熟・豊穣

まんさく-おどり【万作踊(り)】(ヲドリ) 関東一円に分布する民俗芸能。願人坊主(がんにんぼうず)などの芸能を取り入れて、江戸後期に発生。手踊り・段物・茶番・芝居などからなる。飴屋(あめや)踊り。中山踊り。小念仏。

まんざ-もう【万座毛】沖縄県、沖縄本島中央部東岸にある名護(なご)湾に突き出た岬。琉球(りゅうきゅう)石灰岩の段丘台地や海食崖(がい)が見られ、名護湾を一望できる景勝地。北の万座ビーチとともに沖縄海岸国定公園の中心。名の由来は、18世紀初頭、この地を訪れた琉球王尚敬(しょうけい)が「万人を座しめるに足る毛」と称えたことから。「毛」は沖縄ことばで「原っぱ」の意。

まんざら【満更】《語源未詳。「満更」は当て字》㊀〔副〕❶(否定的な表現のあとにさらに打消しの語を伴って)否定的な意味合いをやわらげたり、むしろ逆に肯定したりする気持ちを表す。必ずしも。「―捨てたものでもない」❷全く。ひたすら。「―の下手が造ったものとは異(ちが)う」〈露伴・太郎坊〉㊁〔形動〕《あとに来る否定的な意味の語を省略した形。近世語》まったく好ましくないさま。「いづれ―なことさね」〈黄・孔子縞〉
(類語)必ずしも・あながち

満更でもな・い　まったくだめだというわけではない。必ずしも悪くはない。また、かなりよい。「結果は―・い」「―・い顔付き」

まん-さん【満参】期限を定めて行った祈願がその期限に達すること。また、その日に参詣すること。

まん-さん【×蹣×跚】〔ト・タル〕図〔形動タリ〕よろよろと歩くさま。「酔漢漫(みだ)りに胡乱(うろん)の言辞を弄(ろう)して、―として墓に向う」〈漱石・吾輩は猫である〉

まん-ざん【満山】❶山全体。全山。「一紅葉に彩られる」❷寺全体。寺中の僧のすべて。「―の学僧」

まんざん-どうはく【卍山道白】(ダウハク) [1636〜1715]江戸前期の曹洞宗の僧。備後(びんご)の人。加賀大乗寺の月舟宗胡に師事。当時乱れていた法系嗣承を改めるために尽力。著「宗統復古志」など。復古道人。

まんじ【万治】(ヂ) 江戸前期、後西天皇の時の年号。1658年7月23日〜1661年4月25日。

まん-じ【×卍｜×卍字｜万字】❶インドのビシュヌ神の胸の旋毛を起源とする瑞兆の相。仏教に入り、仏の

胸など体に現れた吉祥の印の表象となった。日本では、仏教や寺院の記号・紋章・標識に用いる。❷紋所の名。❶を図案化したもの。左まんじ・右まんじなど。

マンシェット〖フランス manchette〗《袖口・カフスの意》❶料理で、骨付き肉の一方の端を巻く紙製の飾り。❷環状帯。血圧計とつながったゴムの袋の入った細長い布。上腕部に巻き、ゴムの袋に空気を送り込んで動脈を圧迫する。

まんじくずし-くみこ【卍崩し組子】マンジクヅシクミコ　卍の字をくずした形を、木材を組み合わせて、連続して作ったもの。法隆寺の金堂・五重塔・中門などの欄干らんかんにみられる。

まん-しつ【満室】❶すべての部屋がふさがって空きがないこと。❷その部屋をいっぱいにしていること。「四つの緒(=弦)は急霰の一時に来る如く一の空気を劈つんざいたが」〈魯庵・社会百面相〉

まんじ-ともえ【卍巴】マンジドモエ《「まんじどもえ」とも》卍や巴の模様のように、互いに追い合って入り乱れること。「敵味方が―と切り結ぶ」

まん-しゃ【満車】駐車場などに車がいっぱいで、それ以上は入れないこと。➡空車

マンジャン-きょう【マンジャン鏡】ーキャウ《Mangin mirror》▶マンギンミラー

マンジャン-ミラー〖Mangin mirror〗▶マンギンミラー

まんじゅ【万寿】平安中期、後一条天皇の時の年号。1024年7月13日～1028年7月25日。

まん-じゅ【満珠】「潮満しおみつ珠たま」に同じ。「竜宮城に宝とする干珠かんじゅ、―を借り召さる」〈太平記・三九〉➡干珠

まんしゅ-いん【曼殊院】ーヰン　京都市左京区にある天台宗の門跡寺院。延暦年間(782～806)最澄が比叡山に建立、東尾坊と称したのに始まる。明暦2年(1656)良尚法親王が現在地に造営。所蔵の絹本着色不動明王像・古今和歌集は国宝。竹内門跡。まんじゅいん。

まんしゅう【満州┊満洲】マンシウ　中国東北地方の旧称。遼寧・吉林・黒竜江の東北三省と内モンゴル自治区の一部にわたる。➡満州国

まん-じゅう【饅頭】ーヂュウ《「じゅう(頭)」は唐音》小麦粉などの粉をこねた皮であんを包み、蒸すか焼くかしてつくった菓子。そばまんじゅう・酒まんじゅうなど種類が多い。中国で諸葛孔明しょかつこうめいが創始したと伝えられ、日本では、14世紀に宋から渡来した林浄因がつくった奈良饅頭に始まるとされる。

まんじゅう-がさ【饅頭笠】マンヂュウ　頂が丸くて浅い、まんじゅうの形を思わせるようなかぶり笠。

まんじゅう-かなもの【饅頭金物】マンヂュウ　釘の頭を隠すために打つ半球形の装飾金物。乳金物ちかなもの。

まんじゅう-がに【饅頭蟹】マンヂュウ　オウギガニ科の一群のカニ。房総半島以南の浅海の岩礁にみられ、甲は横長の楕円形。甲の表面が滑らかなスベスベマンジュウガニは甲幅約5センチ、紫褐色で、有毒。

まんしゅうげんりゅうこう【満洲源流考】マンシウゲンリウカウ　中国の地理書。20巻。清の乾隆けんりゅう帝の勅命により阿桂らが撰。1778年成立。満州の地理・風俗などの古来の史伝を列挙、考証したもの。

まんしゅう-ご【満州語】マンシウ　満州族の言語。ツングース語に属し、豊富な文献をもつ。中国東北部の一部と中国新疆しんきょうウイグル自治区の一部で話される。

まんしゅう-こく【満州国】マンシウ　満州事変により中国東北地方を占領した日本が、1932年、清朝最後の皇帝溥儀ふぎ(宣統帝)を執政として建国した傀儡かいらい国家。首都は新京(今の長春)。34年に溥儀の皇帝即位によって帝国となり、45年、日本の第二次大戦敗北とともに消滅。

まんしゅうこく-きょうわかい【満州国協和会】マンシウコクケフワクワイ　1932年に結成された満州国の官制国民組織。満州国住民を会員とし、宣撫工作・社会教化にあたったが、のち、総力戦体制のなかでの人的、物的動員組織となった。45年、消滅。

まんしゅう-じへん【満州事変】マンシウ　1931年(昭和6)9月18日、奉天(今の瀋陽)郊外での柳条湖事件を契機に始まった、日本の中国東北部への侵略戦争。翌年満州国独立を宣言、さらに熱河省を占領、国民政府と塘沽タンクー停戦協定を締結して満州領有を既成事実化した。

まんしゅう-ぞく【満州族】マンシウ　中国東北地方の主要住民。ツングース系の民族で、かつて渤海ぼっかいを建てた靺鞨まっかつ、金を建てた女真、清を建てた女真族の後裔こうえい。17世紀、女真を統一した太祖ヌルハチが自らの民族名を改めたことによる名称。満族。

まんじゅう-はだ【饅頭肌】マンヂュウ　饅頭のように白くふっくらとした肌。「きさまの様な―が我等の好物」〈浄・大塔宮〉

まんしゅう-ぼうじゅうだいじけん【満州某重大事件】マンシウボウヂュウダイジケン▶張作霖ちょうさくりん爆殺事件

まんしゅう-もじ【満州文字】マンシウ　満州族が満州語の表記に用いてきた音素文字。清しんの太祖の時にモンゴル文字を応用することになり、2代太宗の時にこれらの文字に丸や点を付するなどの改良をして成立。

まんじゅうらく【万秋楽】マンジウラク　雅楽。唐楽。盤渉ばんしき調で新楽の大曲。林邑りんゆう楽の一。舞は六人または四人の文ぶんの舞。番舞つがいまいは地久ちきゅう。まんじゅらく。

まんしゅうり【満州里】マンシウリ▶マンチュリー

まんじゅ-さん【万寿山】中国、北京市北西郊の頤和園いわえんにある山。清の乾隆けんりゅう帝が母の寿を祝って名づけ、離宮を営んだ。景勝地。ワンショウシャン。

まんじゅ-じ【万寿寺】京都市東山区の東福寺内にある臨済宗の寺。山号は、京城山。永長2年(1097)白河上皇が皇女媞子の遺宮を仏寺として六条御堂と称したのに始まる。正嘉年間(1257～1259)に禅寺となり、万寿寺と改称。京都五山の第五位であったが、その後衰え、天正年間(1573～1592)東福寺山内に移った。

まんじゅしゃげ【曼珠沙華】❶《梵 mañjūṣaka の音写。如意花などと訳す》仏語。白色柔軟で、これを見る者はおのずから悪業を離れるという天界の花。❷ヒガンバナの別名。(季 秋)

まんじゅらく【万秋楽】▶まんじゅうらく(万秋楽)

まん-しょ【漫書】思いつくままにあれこれと書くこと。そぞろがき。

まん-しょう【満床】ーシャウ　病院で、入院用のベッドがすべて使われていて空きがないこと。

まん-じょう【満場】ーヂャウ　会場に満ちていること。会場全体。また、その場にいる人すべて。満堂。「―の拍手」(類語)満座・全会・一座・皆・誰だれも・誰しも・誰も彼も・全員・総員・一同・一統・みんな・皆皆

まんじょう-いっち【満場一致】マンヂャウ　その場にいるすべての人の意見が一致すること。「―で可決」

まんじょう-かんぼ【満城漢墓】マンジャウ　中国、河北省満城県にある前漢代の古墓。武帝の兄中山王の劉勝りゅうしょうとその妻の墓で、玉片を金糸で綴る金縷玉衣きんるぎょくいをまとった遺骸を出土。1968年に発掘。

マンション〖mansion〗《大邸宅の意》中高層の集合住宅。ふつう、分譲形式のものをいう。(類語)共同住宅・アパート・コーポラス・ハイツ・レジデンス

マンションかんりてきせいか-ほう【マンション管理適正化法】ークワンリテキセイクワハフ《「マンションの管理の適正化の推進に関する法律」の略称》マンション管理の適正化を目的として、マンション管理士制度や管理業者登録制度などを定めた法律。平成13年(2001)施行。

マンション-メーカー《和 mansion＋maker》❶マンションを建設・販売する業者。❷マンションの一室をオフィスにしているアパレルメーカー。

まんじり〔副〕❶ちょっと眠るさま。ふつう打消しの語を伴って用いる。「心配で一晩中―ともしない」❷じっくりと見つめるさま。じっと。まじまじ。「大きな二つの眼が…僕を―と見やって」〈有島・宣言〉❸何も手につかないでいるさま。「もう帰るか、もう帰るか、と待つ間を独ひとり―としていると」〈紅葉・多情多恨〉

まん-じる【慢じる】〔動ザ上一〕「まん(慢)ずる」(サ変)の上一段化。

まん-しん【満身】からだじゅう。全身。「―の力」(類語)全身・渾身こんしん・総身そうしん・総身そうみ・五体・肢体

まん-しん【慢心】〔名〕スル　おごり高ぶること。また、その心。自慢する気持ち。「―を戒める」「成功して―する」(類語)思い上がり・うぬぼれ・驕おごり・侮り・高括たかくくり・油断・夜郎自大・傲慢・高慢・不遜・倨傲きょごう・驕慢きょうまん

まんしん-そうい【満身創痍】ーサウイ　全身傷だらけであること。転じて、徹底的にいためつけられること。

マンス〖month〗月。ひと月。1か月間。

まん-ず【満ず】〔動サ変〕❶日限が満ちる。期限が来る。「其の七日に―・ずる夜」〈今昔・六・四六〉❷願い事などが満たされる。かなう。「我が願すでに―・ず」〈著聞集・一三〉❸すべてに及ぶ。欠けたところがなくなる。「累代繁栄四海に―・ぜし先代をば」〈太平記・二七〉

まん-すい【満水】水がいっぱいに満ちること。「タンクを―にする」

まん-すじ【万筋】ーすぢ　2本ずつ色の違った縦糸を配列して織り出した細い縦縞。

マンスフィールド〖Katherine Mansfield〗[1888～1923]英国の女流小説家。ニュージーランド生まれ。短編小説の名手として知られ、繊細な感受性をもって微妙な人間心理を描いた。作「園遊会」など。

マンスリー〖monthly〗毎月1回刊行される出版物。月刊雑誌。

マンスリー-クリア《和 monthly＋clear》クレジットカードの翌月ないし翌々月一括払い。

マンスリー-マンション《和 monthly＋mansion》1か月単位で賃貸するマンション。

まん-ずる【慢ずる】〔動サ変〕区まん・ず〔サ変〕おごり高ぶる。うぬぼれる。「自己の力量に―・じて皆んな増長して居る」〈漱石・吾輩は猫である〉

まんせい【満誓】奈良前期の僧・歌人。俗名、笠朝臣麻呂かさのあそんまろ。養老5年(721)出家し、元正天皇の命により筑紫の観世音寺を造立。大宰帥だざいのそちとなった大伴旅人と親交があり、沙弥さみ満誓・笠沙弥の名で万葉集にその歌がある。生没年未詳。

まん-せい【慢性】❶症状はあまりひどくないが、治りにくく、経過が長びく病気の性質・状態。(対)急性。❷望ましくない状態が長く続くこと。「―化した不景気」

まん-せい【蔓生】植物の茎がつるとなって生長すること。つるだち。

まん-せい【蔓菁】カブの別名。

まん-ぜい【満済】▶まんさい(満済)

まんせい-アルコールちゅうどく【慢性アルコール中毒】▶アルコール依存症

まんせいえんしょうせいだつずいせい-たはつこんしんけいえん【慢性炎症性脱髄性多発根神経炎】マンセイエンシャウセイダツズイセイ▶慢性炎症性脱髄性多発神経炎

まんせいえんしょうせいだつずいせい-たはつしんけいえん【慢性炎症性脱髄性多発神経炎】マンセイエンシャウセイダツズイセイ　手足の脱力・筋力低下が左右対称に起こる、神経疾患の一種。末梢神経で軸索を覆う髄鞘が障害されることによって起こる。自己免疫疾患の一種と考えられるが詳細な原因は不明。数か月にわたってゆっくりと進行する場合と、回復と再発を繰り返す場合がある。特定疾患(難病)の一つ。慢性炎症性脱髄性多発根神経炎。慢性炎症性脱髄性多発ニューロパチー。CIDP(Chronic Inflammatory Demyelinating Polyneuropathy)。➡ギランバレー症候群

まんせいえんしょうせいだつずいせい-たはつニューロパチー【慢性炎症性脱髄性多発ニューロパチー】マンセイエンシャウセイダツズイセイ▶慢性炎症性脱髄性多発神経炎

まんせい-かんせんしょう【慢性感染症】ーカンセンシャウ　発病後の症状の発現が徐々で、経過も緩慢な感染症。結核・ハンセン病・梅毒など。慢性伝染病。➡急性感染症

まんせいき-こうれいしゃ【慢性期高齢者】ーカウレイシャ

病状は安定しているが、治癒は困難な状態で、継続的な治療・看護・介護などを必要とする高齢者。

まんせいき-びょういん【慢性期病院】病状の安定している患者に対して長期間の入院医療を提供する病院。➡療養病床 ➡急性期病院

まんせい-こうまくがいけっしゅ【慢性硬膜外血腫】頭部を打撲してから数週間から数か月の間に、頭蓋骨と硬膜の間に血液が少しずつ溜まっていく病気。高齢者に多く見られる。➡硬膜外血腫 ➡急性硬膜外血腫 ➡慢性硬膜下血腫

まんせい-こうまくかけっしゅ【慢性硬膜下血腫】軽度の頭部打撲から数週間から数か月の間に、硬膜と脳の間に血液が溜まっていく病気。高齢者の男性に多い。外傷以外に、アルコールの多飲・動脈硬化などで発症する場合もある。血腫の増大にともなって、頭痛・体の片側の麻痺・言葉のもつれ・物忘れ・失禁などの症状が見られる。手術などにより血腫を除去すれば、一般的に予後は良好。➡硬膜下血腫 ➡急性硬膜下血腫

まんせい-こつずいせいはっけつびょう【慢性骨髄性白血病】慢性白血病の一つ。フィラデルフィア染色体とよばれる遺伝子突然変異により、造血幹細胞が無制限に増殖する。通常、中年以降に発症。主症状は極度の疲労感・寝汗・発熱。治療は急速な進行を抑えるための薬物療法が中心。1992年に開発されたグリベック(チロシンキナーゼ阻害薬)により長期生存率が大幅に改善している。CML(chronic myelogenous leukemia)。

まんせい-しっかん【慢性疾患】慢性の経過をたどる病気。糖尿病・高血圧症など。慢性病。➡急性疾患

まんせい-ちゅうじえん【慢性中耳炎】鼓膜に穴が開いたままの状態となり、細菌やウイルスが中耳に感染し、慢性的な炎症を起こす、中耳炎の一種。耳垂れや難聴などの症状がみられるが、多くの場合痛みはない。小児期に急性中耳炎が適切に治癒せず、鼓膜の穴が閉じずに残った場合に起こることが多い(慢性化膿性中耳炎)。他にも、鼓膜が陥没して中耳腔に癒着した場合(癒着性中耳炎)や、鼓膜の上皮が中耳内に入り込んで角化した場合(真珠腫性中耳炎)にも起こる。外耳道と中耳道を洗浄し、抗生物質の点耳薬などを用いて治療する。真珠腫がある場合は、放置すると骨を破壊し合併症を引き起こすおそれがあるため、手術により除去する。

まんせい-ちゅうどく【慢性中毒】薬毒物などの長期にわたる摂取によって徐々に生体機能に異常をきたす状態。麻薬・酒など薬物依存を生じることもあるが、有機溶剤を扱う職業病や、環境汚染による公害病もある。

まんせい-でんせんびょう【慢性伝染病】►慢性感染症

まんせい-びょう【慢性病】「慢性疾患」に同じ。

まんせいひろう-しょうこうぐん【慢性疲労症候群】長期にわたり疲労を中心に微熱・のどの痛み・リンパ節のはれ・筋力低下・頭痛・精神神経症状などが続く病気。1980年代に米国で報告されたが、原因はまだ不明。CFS(chronic fatigue syndrome)。

まんせいへいそくせい-はいしっかん【慢性閉塞性肺疾患】息切れや咳嗽・喀痰の増加などを主な症状とする進行性肺疾患の一つ。「肺の生活習慣病」とも言われ、喫煙などにより有害物質を長期にわたって吸入することにより引き起こされる肺の機能低下・慢性炎症。気道に生じた炎症や肺胞に生じた障害が原因となり、空気の吸入・呼出が困難となる。肺高血圧症や心不全などの合併症を起こす場合があり、重症化すると呼吸不全などに至る。慢性気管支炎や肺気腫と呼ばれていた病名を統合したもの。40歳以上の発症率が高く、WHO(世界保健機関)による世界の死亡原因としても上位に位置する。COPD(Chronic Obstructive Pulmonary Disease)。

マンセー〔感〕《朝鮮語》ばんざい。めでたいときやうれしいときに発する語。

まん-せき【満席】乗り物や劇場などの座席がすべてふさがること。

マンセル-ひょうしょくけい【マンセル表色系】米国の画家マンセル(A.H.Munsell[1858〜1918])が考案した色の表示法。色相・明度・彩度に従い、赤・黄・緑・青・紫色およびその中間色の計10色を基準にして組み立てたもの。

まん-せん【万線】印刷で、規則的に並んだ平行線の集まり。線の太さや間隔を調節することにより、濃淡を表現する。

まん-ぜん【万善】あらゆる善事。数多い善行。

まん-ぜん【漫然】〔ト・タル〕図〔形動タリ〕とりとめのないさま。ぼんやりとして心にとめないさま。「一と日を暮らす」「一と眺める」

まんぞう-くじ【万雑公事】平安中期以後、荘園・公領で賦課された年貢以外のさまざまな夫役や雑税の総称。14世紀以後は銭納も多かった。

マンゾーニ〘Alessandro Manzoni〙[1785〜1873]イタリアの詩人・小説家・劇作家。イタリアロマン派の代表者で、カトリック的理想と近代的精神とを統合した作品を書いた。歴史小説「婚約者」など。

まん-ぞく【満足】〔名・形動〕スル ❶心にかなって不平不満のないこと。心が満ち足りること。また、そのさま。「一な(の)ようす」「今の生活に一している」❷十分であること。申し分のないこと。また、そのさま。「一な答え」「料理も一にできない」❸数学で、ある条件を満たしていること。(派生)まんぞくげ〔形動〕まんぞくさ〔名〕(類語)(❶)満悦・充足・飽満・自足・自得・会心・充実感・本望・満ち足りる・心行く・堪能・満喫する・安住する・安んずる・甘んずる・悦に入る

まんぞく-かん【満足感】満ち足りたという感じ。

マンタ〘ラテ Manta〙オニイトマキエイの別名。

まん-だい【万代】►ばんだい(万代)

まんだいわかしゅう【万代和歌集】鎌倉中期の私撰和歌集。20巻。衣笠家良撰か。宝治2年(1248)成立。勅撰集にもれた歌約3800首を収めたもの。

まんだ-の-つつみ【茨田の堤】大阪府枚方市から守口市付近にかけての、淀川東岸に築かれた古代の堤防。仁徳天皇が造らせたといわれ、名称は古代の郡名に由来する。

まんだら【曼荼羅｜曼陀羅】《梵 maṇḍala の音写。本質を有するものの意》仏語。密教で、仏の悟りの境地である宇宙の真理を表す方法として、仏・菩薩などを体系的に配列して図示したもの。胎蔵界曼荼羅・金剛界曼荼羅・四種曼荼羅などがある。転じて、浄土の姿を図示したものなどにもいう。

まんだら-く【曼荼羅供】真言宗の最高の法会の一。両界曼荼羅を掲げ、その諸尊を供養するもの。

まんだらけ【曼陀羅華】《「まんだらげ」とも》❶《梵 māndārava の音写。天妙華・悦意華などと訳す》仏語。諸仏出現の時などに天から降り、色美しく芳香を放ち、見る人の心を楽しませるという花。❷チョウセンアサガオの別名。(季 夏)❸ムラサキケマンの別名。

まんだら-どう【曼荼羅堂】当麻寺の本堂の異称。当麻曼荼羅が安置されているのでこの名がある。単層寄せ棟造り本瓦葺きで、奈良末期に創建され、応保元年(1161)にほぼ現在の形となった。

マンダリン ❶(ポルト mandarim)中国清朝の高級官吏。❷(Mandarin)中国の公用語。官話。北京官話。❸(mandarin)中国原産のミカンの英名。果実の色が❶の服の色と似ているところから。

マンダリン-カラー〘mandarin collar〙中国清朝の官吏が着ていた服に見られるような幅の狭いまっすぐな立ち襟のこと。

マンダレー〘Mandalay〙ミャンマー中部、イラワジ川中流の東岸にある商工業都市。王宮跡など歴史的遺跡が多い。絹織物・金銀細工などの伝統工業も行われる。人口、行政区136万(2009)。

まん-タン【満タン】《「タン」は「タンク」の略》燃料や水などが容量の限度まで入っていること。「ガソリンを一にする」

まん-だん【漫談】〔名〕スル ❶くつろいだ気分でする、とりとめもない話。❷寄席演芸の一。軽妙な口調で、社会風俗・時事問題の風刺・批評なども取り入れて、聴衆を笑わせる話芸。大正末ごろ、トーキー映画の発達で職を失った活動写真の弁士らが始めた。「歌謡一」(類語)漫才・講談・講釈・バラエティー

まんだん-か【漫談家】❶漫談のうまい人。❷漫談を職業とする人。

まん-ち【満地】地面いっぱいに満ちていること。地上一面。「一皆な雪です」〈木下尚江・良人の自白〉

マンチェスター〘Manchester〙㊀英国イングランド北西部の工業都市。ランカシャー地方の経済・文化の中心地。中世以来羊毛工業が行われたが、産業革命を機に綿工業で飛躍的に発展。19世紀には自由主義・労働運動の中心ともなった。㊁米国バーモント州南部の町。避暑地として知られ、19世紀に第16代大統領リンカーンの家族が建てた別荘がある。

マンチェスター-がくは【マンチェスター学派】19世紀前半、マンチェスターを中心に経済的自由主義、特に自由貿易を主張して実践した一群の急進主義者。コブデン、ブライトを指導者として穀物条例を撤廃させた。

マンチェスター-テリア〘Manchester terrier〙英国のマンチェスターで、ネズミやウサギの捕殺競技用として作り出された犬。体高は約40センチ。

まん-ちゃく【瞞着】〔名〕スル ごまかすこと。だますこと。「世間の目を一する」

マンチュリー【満州里】中国、内モンゴル自治区北部の商業都市。ロシア連邦との国境近くにあり、浜州鉄道の終点で、シベリア鉄道と連絡する。畜産品の集散地。マンチョウリー。

まん-ちょう【満潮】潮が満ちて海水面が最も高くなる現象。ふつう1日に2回起こる。高潮。みちしお。㊥干潮。(類語)高潮・満ち潮・上げ潮・差し潮

まんちょうほう【万朝報】►よろずちょうほう

マンチョウリー〘Manzhouli〙►マンチュリー

マン-ツー-マン〘man-to-man〙一人に一人が対応すること。一対一。「一で指導する」

マンツーマン-ディフェンス〘man-to-man defense〙サッカーやバスケットボールなどで、各選手が自分のマークする相手を定めて行う防御法。➡ゾーンディフェンス

まん-てい【満廷】法廷・朝廷などに人が満ちていること。また、廷内のすべての人。「一粛然と控える」

まん-てい【満庭】庭全体に満ちていること。また、庭一面。庭いっぱい。「一の白露」

まんてい-おうが【万亭応賀】[1819〜1890]江戸末期・明治初期の戯作者。江戸の生まれ。本名、服部孝三郎。合巻「釈迦八相倭文庫」で戯作界に地位を確立、のち反動的な風刺作品を書いた。

マンテイカ〘スペイン manteca〙猪や豚などの脂肪。江戸時代、膏薬に加えたり、器機のさび止めに用いたりした。

マンデー〘Monday｜Mon.〙月曜日。

マンデート〘mandate〙委任された権限。

マンテーニャ〘Andrea Mantegna〙[1431〜1506]イタリアの画家。壮大な着想と厳格な写実で、北イタリア-ルネサンスを代表。

マンデス-フランス〘Pierre Mendès France〙[1907〜1982]フランスの政治家。急進社会党員。第二次大戦中はドゴールの自由フランス政府に参加。1954年首相となり、インドシナ戦争の休戦を実現。

まん-てつ【満鉄】「南満州鉄道」の略称。

マンデラ〘Nelson Rolihlahla Mandela〙[1918〜]南アフリカ共和国の黒人解放運動指導者・政治家。1990年、27年間の獄中生活ののち釈放され、翌年アフリカ民族会議(ANC)議長に就任。白人との協調路線をもとに白人単独支配を終結させ、94年に大統領に就任。93年ノーベル平和賞受賞。

マンデルブロ〘Benoît Mandelbrot〙[1924〜20

10]ポーランドのワルシャワ出身、ユダヤ系の数学者、経済学者。1936年、家族とともにフランスに移住。47年、エコールポリテクニークを卒業。その後、米国のカリフォルニア工科大学に学び、52年にパリ大学で数学の博士号を取得。58年、再び米国に移住し、IBMトーマス-J-ワトソン研究所に在籍、87年よりエール大学で教鞭を取った。70年代にフラクタル理論を提唱したことで知られる。

まん-てん【満天】空に満ちていること。また、空いっぱい。空一面。「一の星」

まん-てん【満点】❶規定の点数の最高点。また、それに達すること。「試験で一をとる」❷申し分のないこと。非難すべきところがないこと。「栄養一」
(類語)完全・完璧(かんぺき)・万全・十全・金甌無欠(きんおうむけつ)・完全無欠・百パーセント・パーフェクト・全(まった)い・文句なし・間然(かんぜん)する所がない

まん-てんか【満天下】この世に満ちていること。また、世の中全体。「一に知られる」

まんてん-せい【満天星】❶ドウダンツツジのこと。❷ハクチョウゲの別名。

まん-と【満都】みやこに満ちていること。また、みやこのすべての人。「一の耳目を集める」

マント〘フランス manteau〙衣服の上から羽織って着る、袖なしのゆったりした外衣。(季 冬)
(類語)外套(がいとう)・ケープ・インバネス・ポンチョ・鳶(とんび)・二重(にじゅう)回し・被布・合羽(カッパ)

まん-と【万と】〘副〙数量が多いさま。たくさん。どっさり。「この女郎衆も手は一しこんでござります」〈洒・四十八手〉

まん-ど【万度】❶1万回。よろずたび。❷「万度祓(まんどばらい)」の略。❸「万灯(まんどう)❷」に同じ。

マン-とう【マン島】《Isle of Man》英国イングランドとアイルランドとの間のアイリッシュ海にある島。英国の自治保護領。首都ダグラス。住民の多くはケルト族のマンクス人。独自通貨マンクスポンドを発行するが、英ポンドも通用する。気候が温暖で、保養地。国際オートバイレースが開かれる。人口8万(2010)。モナ島。

まん-どう【万灯】❶数多くの灯火。❷四角い枠に紙をはって箱形にし、「某社御祭礼・氏子中・子供中」などと書き、下に長い柄をつけてささげ持つもの。祭礼などに、中に灯火をともして担ぎ歩いたり飾ったりする。万度(まんど)。(季 秋)❸「万灯会(まんどうえ)」の略。

まん-どう【満堂】堂の中に満ちていること。また、堂の中にいるすべての人。満場。「一の聴衆」

まんどう-え【万灯会】多くの灯明をともして仏・菩薩(ぼさつ)を供養し、衆人の罪障を懺悔(さんげ)し、滅罪を祈願する法会。東大寺・薬師寺・高野山などのものが有名。万灯供養。(季 秋)

マントー【饅頭】《中国語》中国の蒸しパン。包子(パオズ)に対し、中に何も入れないものをいう。

マンドーラ〘イタリア mandola〙▶マンドラ

まんとく-じ【満徳寺】群馬県太田市にあった時宗の寺。開創は鎌倉時代。江戸時代には鎌倉の東慶寺とともに縁切り寺として知られた。明治時代に徳川家の庇護を失い廃寺。現在は資料館がある。

まん-どころ【▽政所】《政(まつりごと)を執り行う所の意》❶政庁。特に、検非違使(けびいし)の庁。❷平安時代以後、親王・摂政・関白・大臣などの家で、所領の事務や家政などを取り扱った所。❸荘園の現地で支配の実務を扱った所。❹㋐鎌倉幕府の政庁。財政や鎌倉市中の雑人の訴訟をつかさどった。㋑室町幕府の政庁。財政のほか、貸借・土地などの訴訟をもつかさどった。❺大社寺で、事務・雑務を取り扱った所。❻宮中で、女御(にょうご)に属した下級官吏。❼「北の政所」の略。「一の京に出で給ふといひて」〈今鏡・一〇〉❽最も重要なところ。頭分(かしらぶん)。首領。「そうじて神の一、出雲の国の大やしろ」〈滑・膝栗毛・三〉

マントネ〘Mentone〙▶マントン

マントバ〘Mantova〙イタリア北部、ロンバルディア州の都市。ポー川支流のミンチオ川をせき止めて造られた三つの人工湖に囲まれる。古代ローマ時代に栄え、中世にはロンバルディア同盟の自治都市となった。ゴンザーガ家の支配下において、多くの文人や芸術家を保護し、北イタリアにおけるルネサンス文化の中心地となった。ゴンザーガ家のドゥカーレ宮殿、テ宮殿などがあり、2008年に「マントバとサッビオネータ」の名称で世界遺産(文化遺産)に登録された。

まんど-ばらい【万度×祓】❶中臣(なかとみ)の祓(はらえ)の詞(ことば)を神前で何度も読み、穢(けが)れをはらい清めること。❷万度の祓をしたという祓串(はらえぐし)。近世、神職が家々に配り歩いた。

マント-ひひ【マント×狒×狒】オナガザル科の哺乳類。雄は体長約80センチで尾が長く、頭から肩にかけて灰白色の長毛があり、マントを着ているように見える。雌は小形で褐色。顔としりは肉紅色。アラビア・北アフリカの岩地に群れで暮らし、雑食性。

マントラ〘梵 mantra〙真言(しんごん)。

マンドラ〘イタリア mandola〙《「マンドーラ」とも》大型のマンドリン。

マンドリュー-ラ-ナプール〘Mandelieu-La Napoule〙フランス南東部、アルプ-マリチーム県の観光保養都市、カンヌの西郊の町。赤い岩肌の断崖が続く景勝地コルニッシュ-ド-レステレルに位置し、14世紀の要塞を改築したラ-ナプール城がある。毎年2月に春の到来を祝うミモザ祭が行われる。

マンドリル〘mandrill〙オナガザル科の哺乳類。西アフリカに分布する森林性のヒヒで、体長は雄で約80センチ、雌は小形で、尾は短い。雄は成熟すると、鼻筋と口の周囲が紅色、ほおが青色、ほおとあごの毛は黄色になる。

マンドリン〘mandolin〙撥弦楽器の一。胴はイチジクを縦に割ったような形で、2本ずつ対になった8本の弦を張り、鼈甲(べっこう)などの義甲で弾奏する。

マントル〘mantle〙❶地球内部の、地殻と核との間の層。地殻のすぐ下にあるモホロビチッチ不連続面から深さ2900キロまでの部分。体積は地球の約82パーセントを占め、橄欖岩(かんらんがん)質の固体と推定される。❷「ガスマントル」に同じ。

マントルたいりゅう-せつ【マントル対流説】マントル内にきわめて緩やかな熱対流が存在し、これが地殻運動の原動力になっているという説。1930年代に英国のA=ホームズらが造山運動や海嶺・海溝の形成、大陸移動などを説明するために提唱。

マントルピース〘mantelpiece〙暖炉の焚(た)き口の周辺部分。また、暖炉の上部の飾り棚。

マントン〘Menton〙フランス南東部、アルプ-マリチーム県の観光保養都市。コートダジュールの最東端、イタリア国境に接する。レモンやオリーブ、香水の生産が盛ん。毎年2月に催されるレモン祭が有名。高級ホテルやカジノのほか、ジャン=コクトー美術館がある。イタリア語名マントネ。

まん-な【▽真名・▽真▽字】「まな」の撥音添加。「一のすすみたる程に、仮名はしどけなき文字こそまじるめれ」〈源・梅枝〉

まん-なおし【▽間直し】❶不運を直して幸運にしようとする行い。縁起直し。験(げん)直し。❷不漁が続いたときに行う縁起直しのための行事。神社にこもったり盛大な酒宴をしたりする。験(げん)直し。

まん-なか【真ん中】《「まなか」の撥音添加》距離・場所・順序などで、ちょうど中央にあたるところ。中心。「町の一にある建物」「三人兄弟の一」
(類語)中心・中央・まん真ん中・ど真ん中・中間・あいだ

まんな-ぶみ【▽真名▽書】漢字で書かれた書物。「なでふ女が一は読む」〈紫式部日記〉

マンナン〘mannan〙単糖類の一種マンノースを主な構成成分とする多糖類。こんにゃく芋・海藻・ゾウゲヤシの実などに多く含まれる。食物繊維の一。

マンニトール〘mannitol〙糖アルコールの一種。白色で甘味のある水溶性の結晶。天然に広く存在し、食品ではコンブやキノコ類などに多く含まれる。また、食品添加物や医薬品にも利用される。

まん-にょう【万葉】「まんよう」の連声(れんじょう)。

まんにょう-がな【万葉仮名】▶まんようがな(万葉仮名)

まんにょうしゅう【万葉集】▶まんようしゅう(万葉集)

まん-にん【万人】多くの人。すべての人。ばんにん。「一の願い」

まんにん-むき【万人向き】だれにでも適すること。ばんにんむき。「一のスポーツ」

マンネリ「マンネリズム」の略。「一に陥る」「一化」

マンネリ-か【マンネリ化】〘名〙(スル)変わりばえのないものになること。また、そのようす。

マンネリズム〘mannerism〙手法が型にはまり、独創性や新鮮味がないこと。マンネリ。マナリズム。「一を脱する」(類語)千篇一律・同工異曲・ワンパターン

まん-ねん【万年】㊀〘名〙1万年。また、非常に長い年月。よろずよ。「鶴は千年、亀は一」㊁〘接頭〙名詞に付いて、いつまでも変わらず、その状態であるという意を表す。「一青年」「一補欠」

まんねん-がみ【万年紙】文字などを書いたあと、拭き取れば何回でも使えるようにした紙。厚紙に漆を塗って製する。まんねんし。

まんねん-ぐさ【万年草】❶ベンケイソウ科マンネングサ属の植物の総称。メノマンネングサ・オノマンネングサ・コモチマンネングサなどがあり、茎・葉が多肉で、黄色い小花をつける。いつまでぐさ。❷コウヤノマンネングサ科の蘚類。日陰地に生え、高さ約5センチ。茎の先のほうが羽状に分枝する。高野山に多く、土産物とされた。高野の万年苔。

まんねん-ごよみ【万年暦】《1年だけでなく、長年役立つ暦の意》開運・相性・日の吉凶などを記し集めた暦。永代暦。「一の合ふも不思議、合はぬもをかし」〈浮・永代蔵・五〉

まんねん-しんぞ【万年新▽造】いつまでも変わらず若々しい容姿の女性。まんねんしんぞう。「『おい、一』と云うと…心から嬉しいのを隠し切れなかったようである」〈鴎外・心中〉

まんねん-ず【万年酢】酒・酢・水を合わせて密封し、数十日でできる酢。日本で古くから行われ、使った分量だけ酒と水を加え、常に一定量にして蓄えて使用した。

まんねん-すぎ【万年杉】ヒカゲノカズラ科の常緑多年生のシダ。深山の樹下に生え、高さ約15センチ。根茎は長く地中をはう。地上茎は多数の枝に分かれて細かい葉を密生し、杉の小枝に似る。夏、円柱状の胞子嚢(ほうしのう)の穂をつける。

まんねん-せい【万年青】オモトの漢名。

まんねん-たけ【万年×茸】マンネンタケ科のキノコ。広葉樹の根元に生える。全体に漆を塗ったようなつやがあり、堅い。傘は腎臓形で黒褐色か赤褐色。茎は長く、傘と直角につく。縁起物として床飾りにする。桂芝(けいし)。霊芝。さいわいたけ。いわいだけ。

まんねん-つうほう【万年通宝】和同開珎(わどうかいちん)について、天平宝字4年(760)に鋳造発行された銅銭。皇朝十二銭の一。

まんねん-どこ【万年床】いつも布団を敷いたままの寝床。

まんねん-ひつ【万年筆】《fountain pen》ペン軸の中にインキを入れ、使用時にインキがペン先に伝わり出るようにした携帯用のペン。(補説)1884年、アメリカ人ウォーターマンが実用化に成功。万年筆の訳語を与えたのは内田魯庵(うちだろあん)というのが通説。

まんねん-ゆき【万年雪】雪線以上の高地で、一年中消失しない積雪。(類語)残雪・根雪・雪渓・氷河

まんねん-らん【万年×蘭】リュウゼツランの別名。

まん-ねんれい【満年齢】誕生日ごとに1歳を加えていく、年齢の数え方。ふつう、未満は切り捨てる。

まんねん-ろう【迷=迭=香】ローズマリーの別名。

まん-のう【万能】〘名・形動〙❶多くの技能。さまざまな能力。「一足って一心足らず」❷いろいろのことに巧みなこと。また、そのさま。ばんのう。「こなたは一な御方でござるに依って」〈虎寛狂・八幡の前〉❸農具の草削り、または馬鍬(まぐわ)のこと。

万能足(た)りて一心(いっしん)足(た)らず《「万能」は「ばんのう」と

も》あらゆる技芸に達しているが、肝心の心の修養が足りない。万能よりも一心が大切だという教え。
まんのう-いけ【満濃池】香川県仲多度郡まんのう町にある農業用溜め池。大宝年間(701～704)の築造で、弘仁12年(821)空海が修築。周囲約20キロ。
まんのう-こう【万能×膏】あらゆるはれもの、傷などに効くという膏薬。
まん-ば【漫罵】〔名〕スル むやみに相手をののしること。「衆人の面前で—される」類語罵倒・痛罵・面罵・嘲罵・冷罵・悪罵・面詰・ののしる・毒突く
まん-ぱ【万波】多くの波。また、広い海。ばんぱ。「千波—」
まん-ぱい【満杯｜満×盃】❶容器がいっぱいになること。「冷蔵庫は—だ」❷収容できる人員がいっぱいになること。予定した数量に達すること。「スタンドは—の盛況」類語充満・充溢・充実・満員・一杯
マンハイム〖Mannheim〗ドイツ南西部、ライン川に注ぐネッカー川の合流点に位置する河港都市。機械・光学機器工業や石油精製が盛ん。15世紀以来プファルツ選帝侯の本拠地として発展し、18世紀は音楽の一中心地でもあった。
マンハイム〖Karl Mannheim〗[1893～1947]ハンガリー生まれの社会学者。知識社会学を確立。また、時代の診断学として現代学を構想。ナチス政権成立後、英国に亡命。著「イデオロギーとユートピア」など。
まん-ばけん【万馬券】競馬で、100円につき1万円以上の払い戻しがある馬券。
まん-ぱち【万八】❶《万の中で真実なのはわずかに八つだけの意》うその多いこと。いつわり。千三つ。「いけ年を仕って何も—を極めるにや当りません」〈鏡花・註文帳〉❷酒の異称。「私は常々酒を好き候ふ故、日用の—と申し候」〈浄・当麻中将姫〉
マンハッタン〖Manhattan〗㊀ニューヨーク市の中心をなす区の一。東をイースト川、西をハドソン川、北をハーレム川に囲まれたマンハッタン島を占める。セントラルパーク・ブロードウエー・国際連合本部などがある。㊁カクテルの一。ウイスキーとベルモットに少量のビターズを混ぜたもの。
マンハッタン-けいかく【マンハッタン計画】第二次大戦中、米国で進められた原子爆弾の開発・製造計画。この結果、1945年7月、史上初の核実験が行われ、8月には広島・長崎に原子爆弾が投下された。
まんば-づる【万羽鶴】鹿児島県の出水平野で秋から春にかけ、1万羽以上のナベヅル・マナヅルが越冬のために飛来すること。国の特別天然記念物。
マンパワー〖manpower〗労働力。仕事などに投入できる人的資源。
マンパワー-ポリシー〖manpower policy〗人的資源開発政策。国民の能力・資質向上を通じて国家発展を図ろうとする政策。
まん-ばん【慢板】中国の近代音楽で、遅いリズムであること。また、そのような音楽。⇔快板。
まん-ぱん【満帆】帆をいっぱいに張ること。また、帆いっぱいに風をはらむこと。「順風—」
まん-び【満尾】連歌や連句の一巻を完了すること。転じて、物語などが完結すること。
まん-びき【万引き】〔名〕スル 買い物客を装い、商品をさがすふりをして盗むこと。また、その者。
類語窃盗・盗み・泥棒・掻っ払い
まん-ぴつ【漫筆】思いつくままに、とりとめもなく書き記すこと。また、その文章。漫録。
まんぴつ-が【漫筆画】特に目的もなく、なんとなく描いた画。
まん-びょう【万病】あらゆる病気。多くの病気。「風邪は—のもと」
まん-ぴょう【満票】選挙で、投票数の全部。また、一人が全部の票を得ること。「—を獲得する」
まん-ぴょう【漫評】思いつくまま、気楽に批評すること。とりとめのない批評。
まんびょう-えん【万病円】江戸時代にあった、万病に効果があるという丸薬。
マンフォード〖Lewis Mumford〗[1895～1990]米国の都市研究家・文明批評家。世界の都市の歴史を考察して現代の巨大都市の非人間性を批判したほか、技術論を軸とした幅広い文明批評を展開した。著「都市の文化」「歴史の都市 明日の都市」など。
まんぶ-きょう【万部経】追善や祈願などのために、万部の経典を読むこと。万部読経。万部。
まん-ぷく【万福】「ばんぷく(万福)」に同じ。「貴家の—を祈る」
まん-ぷく【満幅】❶幅・広さの全体。❷あるかぎり全部。すべて。全幅。「—の信頼をおく」
まん-ぷく【満腹】〔名〕スル ❶腹がいっぱいになること。飽腹。「—するまで食べる」「—感」⇔空腹。❷多く、「満腹の」の形で、心からの、満身の、などの意を表す。「—の敬意を表する」
類語腹一杯・飽食・たらふく・くちい
まんぷく-じ【万福寺】㊀京都府宇治市にある黄檗宗の大本山。山号は、黄檗山。開創は寛文元年(1661)。開山は明僧隠元隆琦。開基は徳川家綱。中国の黄檗山万福寺を模した明様式の伽藍配置で、寺宝に虎渓三笑図や一切経の版木などを蔵す。また、普茶料理を伝えていることでも知られる。㊁島根県益田市にある時宗の寺。山号は、清滝山。もと安福寺と称する天台宗の寺。文中3=応安7年(1374)現在地に移転、現寺号となった。池泉回遊式の庭園は雪舟作と伝える。
まんぷくじ-は【万福寺派】京都の万福寺を本山とする黄檗宗の異称。
まんぷく-ちょうじゃ【万福長者】非常に豊かな人。大金持ち。大福長者。
まん-ぶん【漫文】❶思いつくままに書いた、とりとめのない文章。❷滑稽・風刺を交えた、くだけた文章。
まんぶん-の-いち【万分の一】❶一万分した、その一。❷ほんの少し。ごくわずか。「御恩の—に報いる」
まん-べん【満遍】❶残るところがないこと。全体。❷禅宗で、平均・平等の意。
まんべん-な・い【満遍無い｜万遍無い】〔形〕文まんべんな・し〔ク〕行き渡らないところがない。すべてに等しく行き渡っている。くまない。「各学科とも—・く成績がいい」「—・く調べる」
マンボ〖スペイン mambo〗1940年代にキューバで興ったダンス音楽。ルンバにジャズの要素を取り入れたもので、ペレス=プラード楽団によって世界的に広まった。
まん-ぽ【漫歩】〔名〕スル あてもなくぶらぶら歩き回ること。そぞろあるき。「一日、秋の古都を—する」
類語散歩・散策・逍遥・ぶらつく・ほっつく
まん-ぼう【万法】仏語。物質的、精神的なすべての存在。また、それがもつ真理・法則。諸法。ばんぽう。
まん-ぼう【満×眸】見渡すかぎり。満目。「—の秋色蕭条として」〈二葉亭・浮雲〉
まんぼう【翻=車=魚】フグ目マンボウ科の海水魚。全長約3メートル。体は円形で側扁が著しく、尾びれを欠き、背びれ・しりびれがある。背側は暗灰色、腹部は白色。上下の歯は癒合してくちばし状で、クラゲなどを食べる。温・熱帯海の表層を単独で遊泳し、海面に横になって浮かぶこともある。著しい変態をし、幼期には長いとげをもつ。食用。うきぎ。
まんぼう-いちにょ【万法一如】仏語。すべてのものは本来その本性が空であって、帰するところは一体であるということ。
まんぽうざん-じけん【万宝山事件】1931年7月、中国東北部(旧満州)の長春近郊、万宝山で起こった朝鮮人農民と中国人農民の衝突事件。世界恐慌下、同地に移住した朝鮮人が水路工事を強行したことに対し、中国側が日本帝国主義の手先の行動として反発、襲撃が行われた。日本はこれを中国側の不法行為と宣伝、満州侵略気運の醸成に利用した。
マンホール〖manhole〗地下の下水管や共同溝などに路面から人が出入りできるように設けて、円形の蓋をした縦穴。
まんぽ-けい【万歩計】歩行時の体の振動を利用して歩数をはかる器具の商標名。補説「歩数計」などと言い換える。
マンボ-スタイル〖mambo style〗1950年代に流行したマンボ音楽のミュージシャンの服装にヒントを得たスタイル。細みのマンボズボンが代表的。
マンボ-ズボン 1950年代半ばに流行した、細みのズボン。マンボのバンドマンが着用したことからの名。
まん-ま【▽飯】めしをいう幼児語。まま。➡おまんま
まんま【×儘】「まま」の撥音添加。「散らかした—出かける」
まん-まえ【真ん前】そのまっすぐ前。真正面。「車は家の—に止まった」類語正面・目の前・面前・鼻先・眼前・目前・前面・向かい・真っ向・対面
まん-まく【×幔幕】式場や昔の軍陣などで、周囲に張り巡らす、横に長い幕。補説もと、布を縦に縫い合わせたものが幔、横に縫い合わせたものが幕。
マンマシン-インターフェース〖man-machine interface〗人間とコンピューターなどの機械との情報のやり取りを媒介するキーボード・マウス・ディスプレーなどの入出力装置。また、その仕組みや考え方を含めての称。ヒューマンインターフェース。
マンマシン-システム〖man-machine system〗人間と機械の調和を図り、それぞれの欠点を互いに補うように構成されたシステム。
まんま-と〔副〕《「うまうまと」の音変化》もののみごとにある事が成し遂げられるさま。首尾よく。うまく。「敵の計略に—ひっかかった」
マンマ-ミーア〖イタリア mamma mia!〗〔感〕《原義は「私のお母さん」》なんてこった。英語の“oh my God!”に相当する。
まん-まる【真ん丸｜真ん円】〔名・形動〕完全にまるいこと。ひずみ・ゆがみのない円形または球形。また、そのさま。「—な(の)お月さま」類語まろい・円やか・円か・円ら・円形・球形・球状・円盤状・輪形
まん-まる・い【真ん丸い｜真ん円い】〔形〕全くまるい。完全な円形または球形である。「—・い月」
まん-まん【満満】〔ト・タル〕文〔形動タリ〕満ちあふれているさま。満ち満ちているさま。「—と水をたたえたダム」「—たる自信」類語一杯
まん-まん【漫漫】〔ト・タル〕文〔形動タリ〕広々と果てしないさま。「—と広がる湖」「—たる大海」
まん-まん【万万】〔副〕❶種々さまざま。いろいろ。「たとひ—の事あるとも」〈幸若・和田酒盛〉❷すべて。一切。「—千世めが悪いになされませ」〈浄・宵庚申〉
まんまん-いち【万万一】〔副〕「まんいち」を強めた言い方。ひょっとして。ばんばんいつ。「—地震が起きても、備えは十分だ」
マンマンデ【慢慢的】〔形動〕《中国語》ゆっくりしたさま。のろいさま。「—な人」
まん-まんなか【真ん真ん中】「まんなか」を強めた言い方。どまんなか。「的の—に命中する」
まん-まんねん【万万年】「万年」を強めた言い方。「—の弥栄を祈る」
まん-めん【満面】顔じゅう。顔いっぱい。「—に笑みをたたえる」
満面朱を濺ぐ 怒って顔を真っ赤にする。
まん-もう【満蒙】もと満州および内蒙古の略称。
まんもう-かいたくだん【満×蒙開拓団】満州事変後、日本が満蒙地区に送りこんだ農業移民団。昭和7年(1932)に第一次移民が送り出され、同20年敗戦時には約32万人がいたといわれる。多くがソ連・満州国境地帯に入植し、中国人・朝鮮人の既耕地を収奪する結果となった。第二次大戦敗戦直前、ソ連の対日参戦で関東軍から置き去りにされ、多大な犠牲者を出した。満州農業移民。
まん-もく【満目】見わたすかぎり。目に見えるかぎり。「二百十日の風と雨と烟は—の草を埋め尽くして」〈漱石・二百十日〉
まんもく-しょうじょう【満目×蕭条】見渡すかぎりもの寂しいようす。
マンモグラフィー〖mammography〗乳癌などの乳腺疾患の診断に最も広く用いられている

画像診断法の一つ。乳房撮影(法)。
マンモス〖mammoth〗❶新生代第四紀の更新世後期に生息し、最終氷期に絶滅した象。ユーラシア大陸北部からアラスカ・カナダ東部にかけて化石が出土。インドゾウに近縁で、体高約3.5メートル、全身が30〜40センチの長い剛毛で覆われ、皮下脂肪が厚く、長く湾曲した牙をもつ。北海道では歯の化石が発見されており、シベリアからは凍結死体が発掘された。❷名詞の上に付いて接頭語的に用い、巨大な、大型の、などの意を表す。「一都市」「一タンカー」
マンモスケーブ-こくりつこうえん【マンモスケーブ国立公園】《Mammoth Cave National Park》米国ケンタッキー州中部にある国立公園。世界最長といわれる洞窟群がある。1981年、世界遺産(自然遺産)に登録された。90年、固有な洞窟生物群集の生息地として、国際生物圏保護区にも指定された。
マンモナイト〖mammonite〗▶マンモニスト
マンモニスト〖mammonist〗拝金主義者。マンモナイト。
マンモン〖mammon〗《新約聖書「マタイによる福音書」第6章の「汝ら神と富(マンモン)とに兼ね事ふること能わず」から》悪の源としての富や財貨。マモン。
まん-ゆう【漫遊】〘名〙スル 気の向くままに各地を回って旅すること。「諸国を一する」「一記」
[類語]周遊・回遊・遊覧・漫歩・散歩・散策・逍遥・巡歴・行脚・跋渉・ぶらつく・ほっつく
まん-よう【万葉】《連声で「まんにょう」とも》❶多くの木の葉。あらゆる草木の葉。❷万世。よろずよ。「成敗一統に帰し、大化一に伝はること」〈太平記・一四〉
まんよう【万葉】《連声で「まんにょう」とも》「万葉集」の略。
まんようい【万葉緯】江戸中期の編注書。20巻。今井似閑著。享保2年(1717)ごろ成立か。万葉集の注釈に役立つ古歌・古文を集め、注を施したもの。
まんよう-がな【万葉仮名】漢字の表す意味とは関係なく、漢字の音や訓をかりて国語の音を表記するのに用いた漢字。万葉集に多く用いられているので、この名がある。字音によるものとして、阿米(アメ・天)・久尓(クニ・国)・許己呂(ココロ・心)、訓によるものとして、名津蚊為(ナツカシ)・八間跡(ヤマト)・夏樫(ナツカシ)・牡鹿(シカ・助動詞)・喚雞(ツツ・助詞)などの類。なお、訓によるものには、十六(シシ、四四十六の意)・山上復有山(イヅ・出、「出」が「山」を二つ重ねた形になっているところから)などの複雑な使い方もある。なお、1字1音節によるものから、後にひらがな・かたかなが発生した。真仮名。まんにょうがな。
まんようこう【万葉考】江戸後期の万葉集の注釈書。10冊。賀茂真淵著。明和5〜天保6年(1768〜1835)刊。総論で万葉集の時代区分・歌人などを論じ、巻1・2・11・12・13・14の6巻を万葉集の原形として、これに注釈を施したもの。他の14巻については、のちに真淵の草稿本をもとに狛諸成が完成。万葉集考。
まんようしゅう【万葉集】奈良時代の歌集。20巻。大伴家持が現存の形に近いものにまとめたとされる。成立年未詳。短歌・長歌・旋頭歌・仏足石歌・連歌の五体で、歌数4500余首。仁徳天皇の皇后磐姫の作といわれる歌から、天平宝字3年(759)大伴家持の歌まで約400年にわたる全国各地、各階層の人の歌が収められる。東歌・防人歌などを含み、豊かな人間性を素朴・率直に表現した歌が多い。現存する最古の歌集で、万葉仮名を多く用いている。まんにょうしゅう。
まんようしゅうこう【万葉集考】「万葉考」の別名。
まんようしゅうこぎ【万葉集古義】江戸後期の万葉集の注釈書。141冊。鹿持雅澄著。文政10年(1827)ごろ成立、天保13年(1842)ごろまで加筆。万葉集本文の解釈を中心に、枕詞・人名・地名・歌格・語法など各方面の研究を集大成したもの。
まんようしゅうしょう【万葉集抄】㊀平安末期の万葉集の注釈書。1巻。藤原盛方著か。万葉集の短歌169首、長歌3首、旋頭歌1首に、簡単な注を片仮名で施したもの。㊁「万葉集註釈」の異称。
まんようしゅうたまのおごと【万葉集玉の小琴】江戸後期の万葉集の注釈書。2冊。本居宣長著。安永8年(1779)成立。天保9年(1838)刊。巻4までの歌を抄出して注釈を施す。賀茂真淵の「万葉考」を補説したもの。
まんようしゅうちゅうしゃく【万葉集註釈】鎌倉中期の万葉集の注釈書。10巻。仙覚著。文永6年(1269)成立。万葉集の本格的な注釈書として最初のもの。仙覚抄。万葉集抄。
まんようしゅうりゃくげ【万葉集略解】江戸後期の万葉集の注釈書。20巻30冊。橘千蔭著。寛政8〜文化9年(1796〜1812)刊。先人の説を集成した簡便な全注で、入門書として広く読まれた。
まんよう-しょくぶつ【万葉植物】万葉集に詠み込まれている植物。ハギ、ウメ、マツ、アシ、ナデシコ、オミナエシ、イネ、ウリなど約160種ある。
まんようだいしょうき【万葉代匠記】江戸前期の万葉集の注釈書。20巻。契沖著。徳川光圀の命により、天和3年(1683)着手。初稿本は元禄元年(1688)ごろ、精撰本は同3年成立。万葉集の全巻にわたり詳密な注を加えたもので、以後の万葉集研究の基礎となり、実証的研究書とされる。万葉集代匠記。
まんよう-ちょう【万葉調】万葉集の歌の特色をなす調べ。一般的には、現実生活における素朴な感動、強い実感を率直に表現し、格調は雄健でおおらか。五七調を主とし、短歌では二句切れ・四句切れが多い。賀茂真淵は「ますらおぶり」と称した。
マンリー〖manly〗〘形動〙❶男らしいさま。男性的。「一なロックミュージック」❷(女性が)男のようであるさま。男まさりであるさま。「一なファッション」
まん-りき【万力】《万人力の意から》❶工作物を挟んで締めつけ、固定させる工具。バイス。❷籾の脱穀に用いる農具。❸綱の一端に鉤をつけた船具。荷の上げ下ろしに用いる。鉤の緒。
まん-りょう【万両】ヤブコウジ科の常緑小低木。暖地の山林中に生え、高さ50センチ〜1メートル。葉は長楕円形で厚く、縁に波状のぎざぎざがある。夏、白い小花を散房状につけ、実は球形で赤く熟し、翌年春まで木に残る。正月にセンリョウなどとともに飾る。[季 冬]「一や使ふことなき上厠/風生」
まん-りょう【満了】〘名〙スル 一定の期間がすっかり終わること。「任期が一する」
[類語]満期・完了
まんりょう-ぶげん【万両分限】何万両もの財産を持っている富豪。大金持ち。「一でも、町人風情かあるいは功のない者は」〈滑・浮世床・二〉
まん-るい【満塁】野球で、一塁・二塁・三塁のすべてに走者がいること。フルベース。「一ホーマー」
まんるい-ホームラン【満塁ホームラン】野球で、塁のすべてに走者がいる状態のときに、打者がホームランを打つこと。グランドスラム。
マン-レイ〖Man Ray〗[1890〜1976]米国の写真家・美術家。ダダイスムの運動に参加。ソラリゼーションなどの写真技法を案出する一方、映画・オブジェなどでも多くの実験的作品を発表した。
まんれき【万暦】▶ばんれき(万暦)
まん-ろく【真ん▽陸】〘名・形動ナリ〙❶平らなこと。公平なこと。また、そのさま。「頭とはかしら、どっちへも傾かず、一ながよいさかいで直頭と申します」〈浄・手習鑑〉❷十分なこと。完全なこと。また、そのさま。「一な食らい物も出しゃあがらねえ」〈洒・寸南破良意〉
まん-ろく【漫録】何という目的もなく書き記すこと。また、書き記したもの。漫筆。

み ❶五十音図マ行の第2音。両唇鼻音の有声子音[m]と母音[i]とから成る音節。[mi] ❷平仮名「み」は「美」の草体から。片仮名「ミ」は「三」の全画から。
み【三】❶さん。みっつ。数を数えるときの語。「ひ、ふ、一、よ」❷さん。みっつ。名詞の上に付けて用いる。「一歳」
み【×巳】❶十二支の6番目。❷方角の名。南から東へ30度の方角。南南東。❸時刻の名。現在の午前10時ごろ。また、その前後の2時間。または、午前10時から正午までの2時間。❹❶にあたる年や日。❺陰暦4月の異称。
み【▽水】みず。他の語と複合した形で用いられる。「垂一」「一草」「一漬く」
み【▽曲・▽回・×廻】《動詞「み(回)る」の連用形から》川・海・道などのぐるっと回り込んだ地形。「浦み」「里み」「隈み」など、複合語として用いられる。
み【見】見ること。また、見える状態。多く、他の語と複合して用いられる。「姿一」「月一」「山見れば一のともしく川見れば一のさやけく」〈万・四三六〇〉
み【身】《「実」と同語源》㊀〘名〙❶生きている人間のからだ。身体。「茂みに一を隠す」「装飾品を一につける」❷わが身。自分自身。「一を犠牲にする」「だまっている方が一のためだぞ」「一の危険を感じる」❸自分が何かをやろうとする心。誠心。「勉強に一が入らない」❹地位。身分。立場。「一のほどをわきまえる」「家族を扶養する一」「他人の一になって考える」❺皮や骨に対し、食べられる部分。肉。「魚の一をむしる」「一の小さな蛤」❻容器の、ふたに対して物を入れる部分。また、ふた付きの鏡などで、ふたに対して、本体のほう。❼衣服の袖・襟・衽などを除き、胴体を覆う部分。身頃。❽刀の、鞘に収まっている刃の部分。刀身。❾木の、皮に包まれた部分。❿身ぶり。「少し案じる一ありてうなづき」〈咄・鹿の子餅〉㊁〘代〙❶一人称の人代名詞。わたし。それがし。中世・近世で用いられた上品でやや尊大な言い方。「一が申すやうは」〈伽・三人法師〉❷二人称の人代名詞。「お」「おん」に続けて用いられる。➡御身
[類語]体・身体・体・肉体・ボディー・肉塊・ししむら・骨身・体躯・図体・肢体・五体・全身・満身・総身・総身・人身・人体・生体
[下接語]赤身・当たり身・当て身・脂身・新身・生き身・入り身・浮き身・憂き身・受け身・後ろ身・打ち身・現し身・上身・大身・御身・御身・影身・片身・肩身・空身・変わり身・黄身・切り身・黒身・笹身・刺し身・差し身・下身・死に身・白身・親身・剝き身・捨て身・擂り身・総身・反り身・立ち身・作り身・中身・長身・生身・抜き身・裸身・肌身・半身・一つ身・人身・独り身・不死身・古身・細身・骨身・本身・前身・三つ身・剝身・四つ身・寄り身・我が身
身重・し 声望が高く、重んじられる。「いよいよ一・く勢ひそふ事かぎりなく」〈増鏡・新島守〉
身が黒・む ▶黒む㊀❷
身が入・る 一生懸命になる。真剣になる。「暑くて仕事に一・らない」
身が持た・ない 体力の限界を越える。健康を維持できない。「こう徹夜続きでは一・ない」
身から出た錆 《刀の錆は刀身から生じるところから》自分の犯した悪行の結果として自分自身が苦しむこと。自業自得。
身に余・る ❶処遇が自分の身分や業績を超えてよ

すぎる。過分である。身に過ぎる。「—・るお言葉」「—・る光栄」❷与えられた仕事や責任が自分の能力に比べて重すぎる。「—・る大役」
身に覚えがあ・る 自分自身、そのことをしたという記憶がある。「言われてみれば—・る」
身に覚えのな・い 自分自身そんなことをしたという記憶がない。「—・い濡れぎぬを着せられる」
身に染(し)・みる ❶しみじみと深く感じる。「人の優しさが—・みる」❷秋の冷気が強く感じられる。《季 秋》「—・むや亡妻の櫛(くし)を閨(ねや)に踏む/蕪村」
身に過・ぎる 「身に余る」に同じ。「—・ぎる果報」
身に付・く ❶自分の所有となる。自分のものとして持つ。「悪銭—・かず」❷知識・習慣・技術などが、自分自身のものとなる。「早寝早起きが—・く」
身に付・ける ❶着たり、はいたりする。また、からだにつけて持つ。「衣服を—・ける」「お守りを—・ける」❷知識・習慣・技術などを自分のものとする。体得する。習得する。「一芸を—・ける」
身につまさ・れる 他人の不幸などが、自分の境遇・立場と思い合わさって切実に感じられる。「—・れる苦労話」【補説】「身につままれる」とするのは誤り。
身にな・る ❶からだや心のためになる。その人の役に立つ。「食べたものが—・る」「知識が—・る」❷その人の立ち場に立って考える。「親の—・って心配する」❸心からその人のことを思う。和歌では多く草木の実にかける。「花すすき穂に出でやすき草なれば—・らむとは頼まれなくに」〈後撰・秋下〉
身の置き所がな・い その場にいられない。いたたまれない。「恥ずかしくて—・い」
身の熟(こな)し その場に適応したからだの動かし方。身ごなし。「優雅な—」「すばやい—」
身の振り方 将来の生活に関する方針。「退職後の—を考える」
身は身で通(とお)る ❶身分や貧富、賢愚に関わらず、人はそれぞれ身の程に応じて生きてゆくものである。❷人は結局、自分本位に生きてゆくものである。
身二つにな・る 妊婦が出産する。子供を産む。「初産の恐怖は絶えず胸を痛めて、何がなし一刻も早く—・れかしと」〈花袋・ネギ一束〉
身自ら厚くして薄く人を責むれば則(すなわ)ち怨(うら)みに遠ざかる 《「論語」衛霊公から》人は自己を責めるときはきびしく、他人の過失を責めるときは寛大であれば、怨みを受けることが少ない。
身も蓋(ふた)もな・い 言葉が露骨すぎて、潤いも含みもない。にべもない。「そう言っては—・い」
身も世もな・い 悲しみがひどく、自分のことも世間の手前も考えていられない。「—・く泣き伏す」
身を誤・る 間違った生き方をする。人生をふみはずす。「酒で—・る」
身を合わ・す 考えが一致して協力し合う。「君も人も—・せたりと言ふなるべし」〈古今・仮名序〉
身を入・れる 一生懸命にする。「—・れて受験勉強をする」
身を打・つ 身を滅ぼす。「恋に—・つ事もない」〈浄・女腹切〉
身を売・る ❶身の代金を受け取って、遊女や芸者になる。❷売春をする。
身を起こ・す 出世する。「貧困な境遇から—・して財を成す」
身を落と・す おちぶれる。身を沈める。「失意のうちに—・す」
身を躍(おど)ら・す ▶躍らす❸
身を固・める ❶結婚して家庭をもつ。「そろそろ君も—・めてはどうかね」❷しっかりと身支度をする。「防護服に—・める」
身を切ら・れる つらさや寒さが厳しくて、ひどくこたえる。「—・れる思いで離別する」
身を切・る ❶つらさや寒さが厳しく、からだを切るように感じられる。「—・るような寒さ」❷自分の金で払う。身銭を切る。「わっちが—・ったのは三会目の床花ぎりさ」〈洒・仮根草〉
身を砕(くだ)・く ❶大変な苦労・努力をする。身を粉(こ)にする。「—・いて研究にうち込む」❷ひどく悩み苦しむ。「命も堪ふまじく、—・きておぼし惑ふ」〈源・若菜下〉
身を削(けず)・る 大変な苦労をしたり、ひどく心を痛めたりする。骨身を削る。「—・る思いで経営をたてなおす」
身を焦(こ)が・す 激しく募る恋慕の情に、もだえ苦しむ。「かなわぬ恋に—・す」
身を粉(こ)にする 労力を惜しまず一心に仕事をする。「会社再建のため—・して働く」【補説】この句の場合、「粉」を「こな」とは読まない。
身を殺して仁(じん)を成す 《「論語」衛霊公から》自分の命を犠牲にしても仁道のために努力する。
身を沈・める ❶身投げをする。「海に—・める」❷落ちぶれた境遇になる。特に女が身売りをして遊女などになる。「苦界(くがい)に—・める」
身を持(じ)・する 生活態度を厳しく守り続ける。
身を知る雨 《「伊勢物語」一〇七の「数々に思ひ思はず問ひがたみ身を知る雨は降りぞまされる」による》自分の身の程を知る雨の意から、涙のこと。
身を捨ててこそ浮かぶ瀬もあれ 一身を犠牲にする覚悟で当たってこそ、窮地を脱し、物事を成就することができる。
身を捨・てる ❶一身を犠牲にする。「—・てる覚悟で事に当たる」❷出家する。「—・てむも惜しかるまじき齢(よはひ)」〈源・若菜下〉❸からだを投げ出す。ひれ伏すようにする。「—・てて額(ぬか)をつき」〈更級〉
身を立・てる ❶立身出世する。「—・て名を揚げる」❷生計を成りたたせる。「俳優として—・てる」
身を尽く・す 自分のすべてをそのために捧げる。一身を捧げる。和歌では多く「澪標(みをつくし)」にかけて用いる。「わびぬれば今はたおなじ難波なる—・しても逢はむとぞ思ふ」〈後撰・恋四〉
身を抓(つね)・む わが身をつねって人の痛さを知る。自分に引き比べて人に同情する。「ほどもなく消えぬる雪はかひもなし—・みてこそ哀れと思はめ」〈拾遺・恋一〉
身を挺(てい)・する 《「挺身(ていしん)」の訓読みから》身を投げ出して事を行う。また、率先して事に当たる。「おぼれかけている幼児を—・して救う」
身を投・ずる ❶身投げをする。「断崖から—・ずる」❷みずから進んで身を置いて熱中する。「政界に—・ずる」
身を投・げる ❶投身自殺をする。「屋上から—・げる」❷からだを投げ出すようにして速く走る。「狐、—・げて逃ぐれども」〈宇治拾遺・一〉❸物事に熱中する。「鞠に—・ぐる若君達」〈源・若菜上〉
身を引き締・める 緊張する。真剣になる。「—・めて難局に当たる」
身を退(ひ)・く これまでの地位などから離れる。引退する。「現役から—・く」
身を任・せる ❶相手の思うようにさせる。❷女性が相手の男性にからだを許す。
身を全(まっと)うして君に仕うるは忠臣の掟(おきて) からだを大事にし命を全うして、主君のために尽くすのが、忠臣として守るべき勤めであるということ。
身を持ち崩(くず)・す 品行が悪く、生活がだらしなくなる。「ばくちで—・す」
身を以(も)って ❶自分自身で。みずから。「—範を示す」❷からだ一つで。やっとのことで。「—難を逃れる」
身を焼(や)・く 恋慕や嫉妬などの激しい思いで、身もだえするほど苦しむ。身を焦がす。
身を寄・せる ある人の家に同居して世話になる。「叔父の家に—・せる」
み【味】 ㊀〔名〕舌の感覚の一つ。あじ。味覚。㊁〔接尾〕助数詞。飲食物や薬品などの種類を数えるのに用いる。「漢方薬三—」➡漢「み(味)」
み【実/▽子】《「身」と同語源》❶植物の種子・果実。みのり。「花が咲いて—がなる」❷汁の中に入っている肉や野菜の類。「味噌汁の—」❸内容。中身。「—のない議論」「花も—もある取り計らい」
【類語】果実・木の実
実が入(い)・る ❶果実がうれる。熟する。実がはいる。❷一生懸命になる。身が入る。「一番目より段々狂言に—・り」〈根無草〉
実もな・い 中身がない。内容がない。価値がない。
実を結・ぶ ❶植物の実がなる。❷努力の結果が現れ、成功する。「長年の苦労がついに—・んだ」
み【▽海】「うみ」の音変化。「淡海(あふみ)の—瀬田の渡りに潜(かづ)く鳥」〈神功紀・歌謡〉
み【▽神/▽霊】 霊。神霊。「山つみ」「わたつみ」など、複合語として用いられる。
み【▽箕】 農具の一。穀物を入れ、あおって、その中の殻・ごみをふるいわけるもの。ふじづる・柳・割り竹などで編んで作る。
ミ〖(イタリア)mi〗❶洋楽の階名の一。長音階の第3音、短音階の第5音。❷日本音名ホ音のイタリア音名。
み【▽御】〔接頭〕❶主として和語の名詞に付いて、それが神仏・天皇・貴人など、尊敬すべき人に属するものであることを示し、尊敬の意を添える。「—子」「—心」「—手」❷(「美」「深」とも書く)主として和語の名詞や地名に付いて、褒めたたえたり、語調をととのえたりするのに用いる。「—山」「—雪」「—吉野」
み〔接尾〕❶形容詞・形容動詞の語幹に付いて名詞をつくる。㋐そういう性質や状態、また、そういう感じを表す。「暖か—」「ありがた—」「新鮮—」㋑そういう状態の場所を表す。「深—にはまる」「茂—に入る」❷動詞または助動詞「ず」の連用形に付いて、並列された動作または状態が交互に繰り返される意を表す。「降り—降らず—」「このごろの日、照り—曇り—、いと春寒かる年とおぼえたり」〈かげろふ・下〉❸ク活用形容詞およびク活用形容詞型助動詞の語幹、シク活用形容詞およびシク活用形容詞型助動詞の終止形に付く。㋐「思う」「する」などの動詞を続けて、感情の内容を言い表す。「我妹子(わぎもこ)を相知らしめし人をこそ恋のまされば恨めし—思へ」〈万・四九四〉㋑中止法として、叙述の並列に用いる。「明日香の古き都は山高—川とほしろし」〈万・三二四〉㋒(多く上に名詞＋助詞「を」を伴って)原因・理由を表す。…が…なので。「須磨のあまの塩焼く煙(けぶり)風をいた—思はぬ方にたなびきにけり」〈古今・恋四〉【補説】❶㋐は、漢語の「味(み)」と混同して、「味」とも当てて書く。
み-あい【見合(い)】(みあひ)〔名〕(スル)❶見合うこと。また、その状態。「土俵上での—が続く」❷結婚の相手を求めて、男女が第三者を仲介として会うこと。「いい人がいれば—してもいい」「—写真」❸両方がうまくつりあっていること。対応すること。「収支の—がとれる」❹囲碁で、ほぼ同等の価値のある二つの方向への着点を双方が選択できる状態。❺隣接する住宅の窓が、それぞれ相手の方向に設けられていること。互いの生活空間が見えるため、設計上、嫌われる。
【類語】会見・対面・面会・面接・顔合わせ
みあい-けっこん【見合(い)結婚】(みあひ) 見合い❷で知り合った男女が結婚すること。「—で結ばれる」
み-あ・う【見合う】(みあふ)〔動ワ五(ハ四)〕❶互いに相手を見る。顔を見交わす。「二人はじっと—・った」❷つりあう。対応する。「仕事に—・った給料」❸皆で見る。大勢で見物する。「市をなして行きもやらで—・ひたり」〈宇治拾遺・一〉❹出くわす。その場に居合わせる。「はからざるに僧正に—・ひ奉りにけり」〈著聞集・二〉【類語】(❶)見合わせる・見交わす/(❷)釣り合う・似合う・そぐう・即する
み-あえ【▽御×饗】(みあへ) 飲食のもてなし。ごちそう。「一柱騰宮(あしひとつあがりのみや)を造りて—奉る」〈神武紀〉
み-あかし【▽御明かし/▽御▽灯/▽御灯＝明】 神仏に奉る灯火。おとうみょう。「—をあげる」
み-あかしぶみ【▽御▽証文】「証文(あかしぶみ)」を敬っていう語。
み-あがた【▽御▽県】 上代、天皇の食事に供える蔬菜(そさい)を栽培した朝廷の直轄地。
み-あがり【身上がり/身揚がり】 遊女が自分で抱え主に揚げ代を支払って休むこと。その日は休養をとったり、情人に会ったりした。「—の日はいさみたる

顔ぞよき〈色道大鏡・四〉
み‐あきら・む【見明らむ】〔動マ下二〕見て明らかにする。はっきりと見きわめる。「教門を―・めて、道心を発(おこ)したるゆゑなり」〈沙石集・一〇末〉
み‐あ・きる【見飽きる】〔動カ上一〕長く、また何度も見て、もう見る気がしなくなる。見るのがいやになる。「そんなものは―・きていて珍しくない」
み‐あ・げる【見上げる】〔動ガ下一〕文みあ・ぐ〔ガ下二〕❶下から上を見る。仰ぎ見る。「夜空を―・げる」「―・げるばかりの大男」❷りっぱであると感心する。「―・げた心がけだ」
み‐あさ・む【見浅む】〔動マ四〕見てびっくりする。見て意外だと思う。「隣里の人も―・み、いみじきことにうらやみけり」〈宇治拾遺・三〉
みあし‐まいり【御足参り】‥まゐり 貴人の足をもみさすること。按摩(あんま)をすること。「大殿籠(おほとのごも)るとて、右近を―に召す」〈源・玉鬘〉
ミアシャム【meerschaum】《「メアシャム」とも》海泡石(かいほうせき)のこと。
ミアス【Miass】ロシア連邦南西部、チェリャビンスク州の都市。ウラル山脈南部の東麓、ミアス川沿いに位置する。鉱山の町として開かれ、20世紀半ばより自動車工業が発展。
み‐あた・る【見当(た)る】〔動ラ五(四)〕さがしていたものが見つかる。「どこをさがしても―・らない」「奉公口ふたつ―・りぬ」〈一葉・花ごもり〉
み‐あつか・う【見扱ふ】‥あつかふ〔動ハ四〕❶世話をする。また、看病する。「みづからの上のもてなしは、また誰かは―・はむ」〈源・総角〉❷厄介な思いをする。手を焼く。「いと苦しと―・ひて」〈源・東屋〉
み‐あつ・む【見集む】〔動マ下二〕あれこれと広く見る。多くの事や物に接する。「とかく人を―・め給ふままに」〈狭衣・一〉
み‐あつめ【見集め】取り締まり。見張り。「後(あと)より清十郎、よろづの―に遣はしける」〈浮・五人女・一〉
み‐あて【見当て】❶行く方向の目印。目標。「ただ山を―に野路を辿り初めた」〈木下尚江・良人の自白〉❷先の予想。めど。けんとう。「先の―がないし」〈円朝・真景累ヶ淵〉
み‐あみ【身網】定置網の主となる部分で、垣網によって導かれた魚群を囲う袋状の網。囲い網。胴網。
み‐あやまり【見誤り】見あやまること。見まちがえること。「―のないよう注意する」
み‐あやま・る【見誤る】〔動ラ五(四)〕見方をまちがえる。「姉妹を―・る」「信号を―・る」
類語 見違える・見紛(まが)う・見損なう
み‐あらか【▽御▽舎｜▽御▽殿】宮殿を敬っていう語。大殿(おほとの)。ごてん。「―は高知らさむと」〈万・五〇〉
み‐あらわ・す【見▽顕す】‥あらはす〔動サ五(四)〕隠れている物事の実態を見つけ出す。また、あばき出す。見破る。「正体を―・す」
み‐あれ【▽御▽生れ｜▽御×阿▽礼】《「あれ」は生まれることの意》■神または貴人の誕生・来臨をいう語。ご生誕。ご来臨。■㊀▶賀茂(かも)の御生(みあれ) ㊁賀茂神社の異称。
みあれ‐ぎ【▽御×阿▽礼木】葵祭の前儀として行われる上賀茂神社の賀茂の御生(みあれ)と下賀茂神社の御蔭祭の際、神を迎えるために立てる榊(さかき)。季夏
みあれ‐の‐せんじ【▽御×阿▽礼の宣旨】賀茂の祭についての宣旨を賀茂の斎院に伝達する使いの女官。みあれのせじ。
みあれ‐まつり【御阿礼祭｜御生祭】▶賀茂(かも)の御生(みあれ)
み‐あわ・す【見合(わ)す】‥あはす■〔動サ五(四)〕「見合わせる」に同じ。「今回の計画は―・すことにした」■〔動サ下二〕「みあわせる」の文語形。
み‐あわせ【見合(わ)せ】‥あはせ❶互いに見ること。❷並べて比較すること。対照すること。「割註を添えましたからお―の上なおしながら御覧の程を願います」〈二葉亭訳・めぐりあひ〉❸実行に際してしばらくようすを見ること。「計画は―になる」
み‐あわ・せる【見合(わ)せる】‥あはせる〔動サ下一〕文みあは・す〔サ下二〕❶互いに見る。見交わす。「顔を―・せて笑う」❷あれこれと見比べる。対照する。「原簿と決算書を―・せる」❸事情を考慮し実行するのを差し控えてようすを見る。「今回は出席を―・せる」❹好機を待つ。また、好機に会う。「後(のち)は知らず、程なう世を―・せつるかな、と嬉しうて」〈栄花・見果てぬ夢〉類語 (❶)見合う・見交わす／(❸)控える
ミー【me】私。僕。「私に」「私を」の意の英語を転用したもの。「―を助けて」「―の車」
ミーアキャット【meercat】ジャコウネコ科の小形の哺乳類スリカタの別名。アフリカに分布。頭胴長約29センチ。小群で生活する。
ミーイズム【meism】自分の幸福や満足を求めるだけで他には関心を払わない考え方。自己中心主義。
み‐いくさ【▽御▽軍】天皇の軍隊の敬称。皇軍。「鶏(とり)が鳴く東(あづま)の国の―を召し給ひて」〈万・一九九〉
みいけ【三池】福岡県大牟田市の地名。もと立花氏の城下町。明治以後、炭鉱町として発展。有明海岸の三池港が石炭の積み出し港。
みいけ‐そうぎ【三池争議】‥サウギ 昭和34年(1959)から翌年にかけて、三井鉱山三池鉱業所の大量人員整理に反対して展開された労働争議。会社側の大量指名解雇に対し、組合側は全面ストで対抗したが、中労委の斡旋により会社案をのむ形で終結した。
みいけ‐たかし【三池崇史】［1960～　］映画監督。大阪の生まれ。時代劇・アクション・ホラーなど、さまざまなジャンルの作品を手がけ、海外からも高く評価される。代表作「カタクリ家の幸福」「荒ぶる魂たち」「着信アリ」「ゼブラーマン」など。
みいけ‐たんでん【三池炭田】福岡県大牟田市から熊本県荒尾市にまたがり、さらに有明海の海底下に広がる炭田。文明年間(1469～1487)から開発され、良質の瀝青(れきせい)炭を産出。三池藩、官営を経て、明治22年(1889)から三井が経営。平成9年（1997)閉山。
ミー‐ジェネレーション【me generation】自分中心の生活態度や考え方をもつ世代。➡X世代
み‐い・ず【見▽出づ】‥いづ〔動ダ下二〕❶見つける。発見する。「いかでかかる古代の物を―・で給ひつらむ」〈落窪・一〉❷内側から外を見る。「うちはを手まさぐりにして―・でて臥(ふ)したり」〈浜松・一〉
ミース‐ファン‐デル‐ローエ【Ludwig Mies van der Rohe】［1886～1969］ドイツ生まれの建築家。近代建築様式の代表者の一人で、鋼材・ガラスによる高層建築を提唱。バウハウスの最後の校長を務めたのち、米国に亡命。
み‐いだ・す【見▽出だす】〔動サ五(四)〕❶見つけ出す。発見する。「妥協点を―・す」「人材を―・す」❷内側から外の方を見る。「雪の降るを―・して」〈落窪・二〉❸目を見はる。「鍼立(はりたて)目を―・し、何事にむさと泣くまい、と誡しめ」〈咄・醒睡笑・二〉
みいちゃん‐はあちゃん　程度の低いことに夢中になったり、流行に左右されやすかったりする若い人たち。また、その人たちを軽蔑していう語。みいはあ族。みいはあ。補説「みよちゃん、はなちゃん」で女性の名前の代表としたとか、ド・レ・ミ・ハ(ファ)のミとハをいったものとかいわれる。
み‐いつ【▽御▽厳｜▽御稜=威】「厳(いつ)」を敬っていう語。天皇や神などの威光。「―津々浦々に及ぶ」
ミーティング【meeting】比較的少人数の集会。会合。「スタッフ―」「―ルーム」
類語 会・会合・会議・集会・寄り合い・集まり・集い
みい‐でら【三井寺｜御井寺】みゐ‐ ㊀滋賀県の園城寺(おんじょうじ)の異称。㊁奈良県にある法輪寺の異称。㊂(三井寺)謡曲。四番目物。さらわれたわが子を尋ねる母が、物狂いとなって近江(あふみ)の三井寺の鐘をつき、子との再会を果たす。
みいでら‐ごみむし【三井寺歩=行=虫】みゐでら‐ ホソクビゴミムシ科の昆虫。体長約1.5センチで、黄褐色の地に黒色紋がある。湿った石の下や草むらにすみ、雑食性。捕まえると肛門(こうもん)から淡黄色のガスを出す。へっぴりむし。三井寺はんみょう。

漢字項目　み

【▽弥 眉 ▽美 ▽微】▶び

未 学4 音ミ(呉) ビ(漢) 訓いまだ、いまだし、まだ、ひつじ ‖ ㊀〈ミ〉まだ…しない。「未婚・未遂・未然・未定・未満・未明・未来・未曽有(みぞう)・未亡人／前代未聞」㊁〈ビ〉十二支の八番目。ひつじ。「丁未(ていび)」

味 学3 音ミ(呉) ビ(漢) 訓あじ、あじわう ‖ ㊀〈ミ〉①食べ物のあじ。「味覚／甘味・苦味・五味・香味・酸味・滋味・珍味・美味・不味・風味・調味料」②漢方で、薬種。「加味・六味丸」③そのものに含まれる内容。おもむき。「意味・気味・興味・趣味・正味・情味・新味・地味(じみ)・俳味・妙味・涼味・無味乾燥」④あじをみる。内容をよく調べ、あじわってみる。「味得・味読／含味・玩味(がんみ)・吟味」㊁〈あじ〉「味見／大味・塩味」名付 うまし・ちか 難読 美味(うま)い・味酒(うまざけ)・三味線(しゃみせん)・不味(まず)い・味噌(みそ)・味醂(みりん)

魅 音ミ(呉) ‖ ①化け物。妖精。もののけ。「鬼魅・魔魅・魑魅魍魎(ちみもうりょう)」②心をひきつけて迷わす。「魅了・魅力・魅惑」難読 魑魅(すだま)

ミート【meat】牛・豚・羊などの食用肉。
ミート【meet】〔名〕スル 野球で、打撃の際、ボールをバットの芯(しん)でとらえること。「―することだけを心がける」「ジャスト―」
ミード【Margaret Mead】［1901～1978］米国の文化人類学者。南太平洋各地での現地調査を通して人格形成と文化との関連を研究し、男女の役割規定が文化によってなされることを示した。著「サモアの思春期」「男性と女性」など。
ミート‐ショップ【meat shop】「肉屋」に同じ。
ミート‐ソース【meat sauce】牛のひき肉にタマネギ・トマトピューレ・香辛料などを加え、煮込んで作ったソース。スパゲッティにかけることが多い。
ミート‐パイ【meat pie】ひき肉の具を包んで焼いたパイ。ミンチパイ。
ミート‐パッカー【meat-packer】食肉用の家畜の解体から、加工・卸売までを行う精肉業者。
ミートボール【meatball】ひき肉にタマネギのみじん切りなどを加えて練り、丸めて油で揚げるなどしたもの。肉だんご。ミンチボール。メンチボール。
ミート‐ローフ【meat loaf】ひき肉を調味し、型に入れるか、角パン形にまとめて蒸し焼きにした料理。切り分けて供する。
みい‐はあ〔名・形動〕《「みいちゃんはあちゃん」の略。ふつう「ミーハー」と書く》軽薄な、また、流行に左右されやすいこと。また、その人や、そのさま。「―な発想」「―向けの商品」
みいはあ‐ぞく【みいはあ族】▶みいちゃんはあちゃん
ミーバトン‐こ【ミーバトン湖】《Mývatn》アイスランド北部にある湖。アイスランド語で「蚊の湖」の意で、夏に現れる蚊の大群にちなむ。紀元前に周辺の火山から流れ出る溶岩が川を堰き止めたことにより形成された。湖の南部には溶岩と湖水の接触による大爆発でできた偽火口が多数見られる。ラムサール条約登録湿地であり、春から夏にかけて多くの水鳥が繁殖に訪れる。
ミーマーンサー‐がくは【ミーマーンサー学派】《梵 mīmāṃsāは思量・考究の意》インド六派哲学の一。開祖はジャイミニ。ベーダ聖典に絶対的権威を置き、祭祀の実行によって果報を得ると説いた。根本経典は「ミーマーンサー‐スートラ」。
ミイラ【ポルトガル mirra】人間や動物の死体が腐敗せずに原形に近い状態を保っているもの。土地や空気の乾燥・寒冷などによる天然のものと、宗教上の理由から遺体の保存を望み、種々の防腐・保存処置を施して作る人工のものとがある。エジプトをはじめ世界各地にみられる。補説「木乃伊」とも書く。「木乃伊」

は、ｵﾗﾝﾀﾞ mummie の漢訳で、没薬の意。
ミイラ取りがミイラになる 人を捜しに行った者がそのまま帰ってこないで、捜される立場になってしまう。また、人を説得に行った者が、かえって説得され、先方と同意見になってしまう。

み-いり【実入り】❶穀物などが実を結ぶこと。また、その実のはいりぐあい。「今年の稲は―がいい」❷収入。もうけ。「―の多い商売」
(類語)収入・儲(もう)け・稼ぎ・収益・入(い)り

ミーリング《milling machineから》「ミーリングマシン」の略。

ミーリング-マシン〘milling machine〙「フライス盤」に同じ。

ミール〘meal〙トウモロコシ・麦・豆などをひき割って粗い粉にしたもの。「コーン―」「オート―」

ミール〘ﾛｼｱ mir〙ロシアの農村共同体。古くから自治的機能をもち、長老の選出、租税・小作料などの負担の責任、耕地の定期割り替えなどを行った。1917年の革命で消滅。オプシチナ。

み-い・る【見入る|魅入る】㊀〘動ラ五(四)〙❶(見入る)気をつけて見る。じっと見つめる。また、見とれる。「合格者発表の掲示に―・る」❷外から中を見る。のぞき込む。「家ノ奥ヲ―・ル」〈和英語林集成〉❸(「魅入る」と書き、多く受身の形で用いる)執念ぶかくとりつく。たたる。「死霊に―・られる」㊁〘動ラ下二〙❶㊀❷に同じ。「こなたに几帳(きちゃう)立てたれど、側の方より―・るれば」〈落窪・一〉❷㊀❶に同じ。「何か来たるとも―・れねば」〈かげろふ・上〉❸面倒を見る。目をかける。「わらはべを、―・れらうたがりて」〈枕・二八〉❹㊀❸に同じ。「荒れたりし所に住みけむものの我に―・れけむ便りに」〈源・夕顔〉
(類語)見とれる・見ほれる・眺める・眺め入る・見る

ミール-うちゅうステーション【ミール宇宙ステーション】ｳﾁｭｳ ｽﾃｰｼｮﾝ《ﾛｼｱ mirは平和の意》1986年にソ連が、恒久的な有人宇宙ステーションとする目的で、無人で打ち上げた軌道科学宇宙ステーション。のち有人・無人の補給船・宇宙船と連絡し、宇宙飛行士の滞在期間の記録を更新している。

ミールダルス-ひょうが【ミールダルス氷河】《Mýrdalsjökull》▶ミールダルスヨークトル氷河

ミールダルスヨークトル-ひょうが【ミールダルスヨークトル氷河】《Mýrdalsjökull》アイスランド南部にある氷河。同国第4の規模をもつ。厚さ200メートルの氷河がカトラ火山の山頂を覆い、1918年の噴火の際に大洪水を起こした。ミールダルス氷河。

ミールヌイ〘Mirnïy〙ロシア連邦東部、サハ共和国の都市。レナ川支流ビリュイ川水系、イレリャフ川沿いに位置する。同国におけるダイヤモンド採掘の中心地。

ミールワーム〘mealworm〙ゴミムシダマシ科の甲虫、チャイロコメノゴミムシダマシの幼虫。小形動物のえさとして飼育される。

み-いれ【見入れ】《動詞「みいる」の連用形から》❶中をのぞき見ること。「―の程なく物はかなきすまひを」〈源・夕顔〉❷とりつくこと。執念をかけること。「面向不背の髪の結びぶり竜宮よりの―もあるべし」〈浮・男色大鑑・一〉❸外見。「みぢか羽織に長刀、…熊谷笠の―もよしや」〈風俗文選・去来誄〉

み-いわい【身祝(い)】ｲﾊﾋ その人の一身上の祝い。「娘の婚約の―を内輪でする」

ミーンズ〘means〙財力。資産。「―テスト」

ミウォシュ〘Czesław Miłosz〙[1911～2004]ポーランド生まれの詩人・小説家。フランスへ亡命したのち、1960年に米国へ移住、70年帰化。悲哀と幻滅をたたえた叙情詩が多い。80年ノーベル文学賞受賞。詩集「真昼の明かり」、評論「とらわれた魂」など。

み-うけ【身請け|身受け】〘名〙ｽﾙ 遊女などの身の代金や前借金などを代わって払い、その勤めから身を引かせること。落籍。

み-う・ける【見受ける】〘動カ下一〙図みう・く〘カ下二〙❶見かける。目にとまる。「会場では知った顔もちらほら―・けられた」❷見てとる。見て判断する。「相変わらず元気そうに―・けられた」
(類語)見掛ける・目撃する

み-うごき【身動き】〘名〙ｽﾙ ❶からだを動かすこと。身じろぎ。「満員で―することもできない」❷思いどおりに行動すること。「借金で―がとれない」
(類語)動作・身じろぎ

み-うしな・う【見失う】ｳｼﾅﾌ〘動ワ五(ハ四)〙今まで見ていたものの所在がわからなくなる。「人込みの中で友達を―・う」「目標を―・う」

み-うた【御歌】❶人の歌を敬っていう語。❷天皇・皇后・皇太后・皇太子などが作った歌。

み-うち【身内】❶からだの内部。また、からだじゅう。「―にしみわたる」❷ごく親しい血縁関係にある人。家族。親類。「―だけで祝う」❸同じ親分に属する子分。「暴力団の―どうしの抗争」
(類語)肉親・近親・係累・家族・一家・家内・家人・家(いえ)の人・親子・親兄弟・妻子・骨肉・血肉(けつにく)・身寄り・家累・家眷(かけん)・一家眷属(いっかけんぞく)・妻子眷属(さいしけんぞく)・一族

み-うち【御内】㊀〘名〙❶貴人の邸内。貴人の屋敷の内部。「侍ども、―に夜、討ちいったり、とて」〈平家・一二〉❷殿様。主君。主人。「一只今機嫌悪しく候と申しければ」〈義経記・七〉❸将軍の旗下に属する武士。「御曹司(おんざうし)の―にわれと思はん侍ども」〈保元・中〉❹譜代(ふだい)の武士。「―、外様(とざま)の勢四千余騎と注せり」〈太平記・三七〉❺家臣。家来。「―に召し抱へられし野夫(やぶ)医者のありけるが」〈仮・浮世物語・四〉㊁〘代〙二人称の人代名詞。軽い敬意をもって相手をいう語。あなた。「花を散らしつるは―でわたり候ふか」〈謡・雲林院〉

み-うちき【御袿|御打ち着】天皇が装束を着用または着かえること。一説に、天皇の髪を整えること。「上は―の人召して」〈源・紅葉賀〉

みうね【三嶺】《「さんれい」「みむね」とも》高知県と徳島県の県境、四国山地中央部にある山。高知県香美(かみ)市物部(ものべ)町と徳島県三好(みよし)市東祖谷(ひがしいや)の境に位置する。標高は1893メートルで、高知県の最高峰。付近一帯は原生林に近い状態で残されている。剣山国定公園に属する。

みうら【三浦】神奈川県三浦半島南端の市。中心の三崎は大規模な漁港。城ヶ島・油壺など観光地が多い。人口4.8万(2010)。

みうら-あんじん【三浦按針】[1564～1620]日本へ来た最初の英国人といわれるウィリアム＝アダムズ(William Adams)の日本名。オランダ船リーフデ号の水先案内人として慶長5年(1600)豊後(ぶんご)に漂着、外交顧問として徳川家康に仕え、相模三浦郡に所領を与えられた。

みうら-おり【三浦折り】ｦﾘ《多く「ミウラ折り」と書く》宇宙工学者の三浦公亮(こうりょう)が考案した平面の折りたたみ方。折り目は平行四辺形が連続した形になり、一方向に引くだけで開閉ができる。携帯用の地図や人工衛星の太陽電池パネルなどに利用される。商標名。

みうら-かいがん【三浦海岸】神奈川県三浦半島南東部にある海岸。弓状に約10キロメートルにわたって続く砂浜で、関東有数の海水浴場。浦賀水道をはさんで房総半島と面する。

みうら-きよひろ【三浦清宏】[1930～]小説家・アメリカ文学者。北海道の生まれ。米サンノゼ州立大学を卒業後、旅行会社などに勤務したのち、「長男の出家」で芥川賞受賞。他に「カリフォルニアの歌」「イギリスの霧の中へ」など。

みうら-けんや【三浦乾也】[1821～1889]江戸末期から明治初期の陶工。江戸の人。号、天禄堂。乾也焼を創始。また、破笠(はりつ)細工にもすぐれ、その手法を応用したかんざし・笄(こうがい)などの珠(たま)は乾也玉とよばれて人気を博した。船・ガラスなども製造。

みうら-ごろう【三浦梧楼】[1846～1926]軍人・政治家。山口の生まれ。広島鎮台司令長官として萩の乱を鎮圧。のち、朝鮮特命全権公使として閔妃(びんひ)殺害事件を起こした。晩年は山県有朋とともに政界の黒幕として活動。

みうら-し【三浦市】▶三浦

みうら-しゅもん【三浦朱門】[1926～]小説家。東京の生まれ。妻は作家曽野綾子。「第三の新人」の一人。「武蔵野インディアン」で芸術選奨。他に「箱庭」「望郷」など。昭和60年(1985)から翌年まで文化庁長官を務めた。芸術院会員。平成11年(1999)文化功労者。

みうら-しをん【三浦しをん】[1976～]小説家。東京の生まれ。自分自身の就職活動や少年少女の心理を題材にした作品で若い読者の支持を得る。「まほろ駅前多田便利軒」で直木賞受賞。他に「格闘する者に○(まる)」「むかしのはなし」「私が語りはじめた彼は」「舟を編む」など。

みうら-たまき【三浦環】[1884～1946]ソプラノ歌手。東京の生まれ。ロンドンでオペラ「蝶々夫人」に主演して成功し、以後オペラ歌手として世界的名声を得た。

みうら-ちょら【三浦樗良】[1729～1780]江戸中期の俳人。志摩鳥羽の人。通称、勘兵衛。別号、無為庵など。伊勢山田、のち京都に住む。蕪村らと親交を結び、中興俳壇の代表的俳人となった。編著「我庵(わがいお)」、句集「樗良発句集」。

みうら-てつお【三浦哲郎】[1931～2010]小説家。青森の生まれ。自らの学生結婚を基にした「忍ぶ川」で芥川賞受賞。また「白夜を旅する人々」で大仏次郎賞、「拳銃と十五の短篇」で野間文芸賞など、多くの文学賞を受賞している。芸術院会員。他に「じねんじょ」「みのむし」「ユタとふしぎな仲間たち」など。

みうらのおおすけこうばいたづな【三浦大助紅梅靮】ﾐｳﾗﾉｵｵｽｹｺｳﾊﾞｲﾀﾂﾞﾅ 浄瑠璃。時代物。五段。長谷川千四・文耕堂合作。享保15年(1730)大坂竹本座初演。特に三段目の切(きり)が有名で、歌舞伎では「石切梶原(いしきりかじわら)」の通称で上演される。

みうら-ばいえん【三浦梅園】ﾊﾞｲｴﾝ [1723～1789]江戸中期の思想家。豊後(ぶんご)の人。名は晋。天文・医学・哲学・歴史・宗教・政治・経済など多分野に通じ、独自の認識論と存在論によって宇宙・自然・人間を説明する条理の学を唱えた。著「玄語」「贅語(ぜいご)」「敢語」。

みうら-はんとう【三浦半島】ﾊﾝﾀｳ 神奈川県南東部の半島。東は東京湾、西は相模湾に面し、逗子市・葉山町・横須賀市・三浦市が占める。

みうら-ひろゆき【三浦周行】[1871～1931]歴史学者。島根の生まれ。東大史料編纂所編纂官、のち京大教授。政治史・社会史を実証的に研究。著「日本史の研究」「法制史の研究」。

みうら-やすむら【三浦泰村】[?～1247]鎌倉中期の武将。義村の子。通称、駿河次郎。鎌倉幕府評定衆。執権北条時頼とその外祖父安達景盛と対立し、鎌倉の法華堂に立てこもって戦ったが敗死。➡宝治合戦

みうら-よしあき【三浦義明】[1092～1180]平安後期の武将。相模の人。三浦郡の豪族で、源頼朝の挙兵に呼応して子の義澄らを遣わしたが、自らは平氏側の畠山重忠らに攻められ、衣笠城で戦死。

みうら-よしずみ【三浦義澄】[1127～1200]鎌倉初期の武将。義明の子。源頼朝の挙兵に参加し、壇ノ浦の戦いなど各地に転戦して鎌倉幕府の成立に尽力した。

みうら-よしむら【三浦義村】[?～1239]鎌倉前期の武将。義澄の子。父とともに平氏追討に武功をあげ、鎌倉幕府内で重きをなした。和田義盛の挙兵、承久の乱には北条氏を助け、信任されて評定衆に選ばれた。

み-うり【身売り】〘名〙ｽﾙ ❶身の代金と引き換えに、約束の一定期間を勤めること。多く、遊女・娼妓(しょうぎ)にいう。❷権利・施設などをそっくり他に売り渡すこと。「多額の借金のため工場を―する」

みえ【見え|見栄|見得】《動詞「みえる」の連用形から。「見栄」「見得」は当て字》❶見た目。外観。みば。「―を飾る」❷(見栄)見た目の姿を意識して、実際以上によく見せようとする態度。「―で英字新聞を

読む」❸(見得)歌舞伎の演技・演出の一。俳優が、感情の高揚した場面で、一瞬動きを停止して、にらむようにして一定のポーズをとること。

類語(❷)外聞・世間体・虚栄・虚飾・気取り

見栄も外聞も無・い　ある状態に陥って、人の目やうわさを考える余裕もない。

見得を切・る　❶役者が見得の所作をする。❷ことさらに自分の力を誇示するような態度・言動をする。また、いい所を見せようと無理をする。「よし、私が全部引き受けたと―・る」『それくらいのことは』と社長の前で―・った手前がある」

見栄を張・る　うわべを飾る。外観を繕う。「恋人の手前―・る」

み-え【三重】❶三つかさなっていること。また、そのもの。さんじゅう。❷3色の色糸で模様を織り出すこと。また、その織物。

みえ【三重】近畿地方東部の県。県庁所在地は津市。もとの伊勢・志摩・伊賀の3国と紀伊の一部。人口185.5万(2010)。

みえ-あ・う【見え˟逢ふ】〔動ハ四〕出会って見る。出会う。「うれしく―・ひたり」〈発心集〉

み-えい【˅御影】神仏・貴人などの肖像・影像・写真など。また、他人を敬ってその肖像などをいう語。

みえい-く【˅御影供】❶神仏や故人の絵像を祭って供養すること。❷真言宗で、空海の忌日の3月21日に、その絵像を供養する法会。みえく。〈季 春〉「―や人に埋もるる壬生朱雀/太祇」❸▶御会式 ❹柿本人麻呂の絵像を祭って和歌を講じる会。人麻呂影供。

みえい-どう【˅御影堂】㊀仏教寺院で、開山・宗祖などの御影を祭る堂。㊁京都五条橋西にあった新善光寺の異称。この寺の尼が作り出した扇が御影堂扇といわれ、近世では最上の扇とされ有名であったところから、その名がある。

みえ-かえ・る【見え返る】〔動ラ四〕繰り返し見える。いく度も見える。「ぬばたまの夜を長みかも我が背子が夢に夢にし―・るらむ」〈万・二八九〇〉

みえ-がくれ【見え隠れ】〔名〕スル ❶(「みえかくれ」とも)見えたり隠れたりすること。「車窓に―する海岸」❷建築部材で、隠れていて見えない所。

みえ-がさね【三重重ね｜三重˅襲】❶三重になっていること。また、そのもの。❷裏と表との間に中陪を入れて仕立てた衣服。「五位十人は、―の唐衣」〈源・宿木〉❸「三重襲の扇」の略。

みえがさね-の-おうぎ【三重˅襲の扇】檜扇の板数8枚を一組とし、それを三つ重ねたもの。女房が用いた。

みえ-かわ・す【見え交はす】〔動サ四〕互いに相手に見られる。見交わす。対面する。「対の上は、まほならねど―・し給ひて」〈源・若菜上〉

みえ-ぐる・し【見え苦し】〔形シク〕見られることで気がひける。見られるのが心苦しい。「すずろに―・しう、恥づかしくて」〈源・東屋〉

みえ-けん【三重県】▶三重

みえけんりつ-かんごだいがく【三重県立看護大学】三重県津市にある公立大学。平成9年(1997)に開学した、看護学部の単科大学。同13年に大学院を設置した。同21年公立大学法人となる。

みえ-しらが・う【見えしらがふ】〔動ハ四〕人目を引くように振る舞う。「つねに―・ひ歩く」〈枕・八七〉

みえ-す・く【見え透く】〔動カ五(四)〕❶底・中まで透いて見える。向こうまで透けて見える。「硝子越に彼方から―・くのを」〈鏡花・婦系図〉❷相手が、隠そうとしている考え・意図がよくわかる。「―・いたうそ」

みえ-だいがく【三重大学】三重県津市にある国立大学法人。三重農林専門学校・三重師範学校・三重青年師範学校を統合し、昭和24年(1949)新制大学として発足。同47年に三重県立大学を併合。平成16年(2004)国立大学法人となる。

みえ-だすき【三重˟襷】斜線を交差させた中に菱を入れ、さらにその中に花菱や四つ菱を入れた文様。

みえ-ちゅうきょうだいがく【三重中京大学】三重県松阪市にある私立大学。昭和57年(1982)に松阪大学として開学。平成17年(2005)に改称し、三重中京大学となる。同22年度より、学生の募集を停止。

みえっ-ぱり【見˅栄っ張り】〔名・形動〕みえを張ること。また、そのさまや、その人。みえ坊。「―な(の)やつ」

みえ-にく・い【見え˅難い】〔形〕図みえにく・し〔ク〕❶見にくい。よく見えない。「濃い霧がかかって向こう岸が―・い」❷会うのが恥ずかしい。「この人の御様の…恥づかしげに―・き気色も」〈源・総角〉

みえのうみ-つよし【三重ノ海剛司】[1948〜]力士。第57代横綱。三重県出身。本名、石山五郎。優勝3回。引退後、年寄武蔵川。武蔵丸らを育てた。➡若乃花幹司(第56代横綱) ➡千代の富士貢(第58代横綱)

みえ-ば・る【見˅栄張る】〔動ラ五(四)〕みえを張る。うわべを飾る。「何かと苦しく―・らなければいけないのですからね」〈太宰・十五年間〉

みえ-ぼう【見˅栄坊】〔名・形動〕みえを張る人。また、みえを張るさま。みえっぱり。「―な(の)男」

みえ-まが・う【見え˅紛ふ】〔動ハ四〕よく似ていて見まちがう。まぎらわしく見える。「海の色も空の緑に―・ひてをかし」〈栄花・松の下枝〉

みえ-みえ【見え見え】〔名・形動〕本心や意図が見え透いていること。また、そのさま。「―な(の)手」

ミエリン-しょう【ミエリン˟鞘】《myelin sheath》▶髄鞘

ミエリン-たんぱく【ミエリン˟蛋白】《myelin protein》神経線維を取り囲む膜を構成しているたんぱく質。

み・える【見える】〔動ア下一〕図み・ゆ〔ヤ下二〕❶目に映る。目で確認できる。「今夜は星も―・えない」❷見ることができる。「猫は暗やみでも―・える」❸判断される。見受けられる。そのように感じられる。「とても高校生に―・えない」「あのようすでは失敗したと―・える」「年より若く―・える」❹見つかる。「置いたはずの眼鏡が―・えない」❺「来る」の尊敬語。おいでになる。いらっしゃる。「先生が―・えました」❻人に見られる。世間に見られる。「すいたる名立ちて―・え騒がれ侍りしかば」〈宇津保・藤原の君〉❼人に会う。対面する。「―・えもせむ見もせむ人を朝ごとに起きては向かふかがみともがな」〈和泉式部集・上〉❽結婚する。夫婦として連れ添う。「女は男に―・ゆるにつけてこそ」〈源・若菜上〉

㊀句 魚の目に水見えず・餓鬼の目に水見えず・先が見える・鳶も居ずまいから鷹に見える・目に見えて・目に見える・山が見える

見えぬ国　《「ぬ」は打消しの助動詞》人目につかない国。他国。「この上は御命助け参らせん。何方へも―へ忍び候へ」〈伽・美人くらべ〉

みえる-か【見える化】〔名〕スル ❶「可視化」❶に同じ。「大気の流れを―する」❷(特に企業活動で)業務の流れを映像・グラフ・図表・数値化によってだれにも分かるように表すこと。問題の共有・改善に役立つとされる。可視化。「作業課程を―する」

ミエローマ〖myeloma〗骨髄腫。ミエローム。

ミエロパシー〖myelopathy〗癌などの悪性腫瘍にともなって起こる急性の脊髄障害。運動・知覚の麻痺を伴う。

みえ-わか・る【見え分かる】〔動ラ下二〕見分けられる。はっきり区別がつく。「女房の衣の色さへ―・るる月なれば」〈栄花・玉の飾り〉

みえ-わ・く【見え分く】〔動カ五(四)〕他と区別してはっきりそれと見える。見分けがつく。「海岸の景色も―・かぬほど」〈荷風・あめりか物語〉

みえ-わた・る【見え渡る】〔動ラ五(四)〕一面に見える。どこまでも見える。「広大な眺望が―・る」

み-お【˟澪｜水˭脈｜˅水尾】《「水の緒」の意》❶浅い湖や遠浅の海岸の水底に、水の流れによってできる溝。河川の流れ込む所にできやすく、小型船が航行できる水路となる。また、港口などで海底を掘って船を通りやすくした水路。❷船の通ったあとにできる跡。航跡。「遊覧船が―をひいてゆく」

みおう-きゅう【未央宮】▶びおうきゅう(未央宮)

み-おお・す【見˅果す】〔動サ下二〕終わりまで見届ける。見きわめる。「手(=筆跡)などこよなくまさりにけりと―・せ給ひて」〈源・明石〉

みお-ぎ【˟澪木】❶「澪標」に同じ。❷神事のとき、僧尼の入るのを禁じたしるしとして立てる木。

み-お・く【見置く】〔動カ四〕❶ようすなどを前もって見ておく。見定めておく。「少納言をはかばかしきものに―・き給へれば」〈源・須磨〉❷あとの方策を立てておく。「後ろやすく、―・きたてまつりてのち」〈狭衣・四〉❸見たままでそのままにする。「さる君を―・き奉りてこそえ行くまじけれ」〈枕・二四〇〉

みお-ぐい【˟澪˟杙｜˟澪˟杭】「澪標」に同じ。

み-おくり【見送り】❶見送ること。また、その人。「―を受ける」❷実行をさしひかえてようすを見ること。「昇格は―となる」❸野球で、打者が投球に対してバットを振らずにいること。「―の三振」❹相場のようすを眺めるだけで売買を手控えること。

類語 送別・壮行・歓送・目送

み-おく・る【見送る】〔動ラ五(四)〕❶遠ざかる物や人をその後方で眺める。「飛行機を―・る」「玄関先で客を―・る」❷訪れた人が帰るのにある場所までついていく。「ちょっとそこまで―・るよ」❸出発する人をその場所まで行って送る。「駅で友人を―・る」❹人が死ぬまで世話をする。「親を最期まで―・る」❺葬送する。「亡き母を―・る」❻やりすごす。さしひかえる。「バスを一台―・る」「好球を―・る」❼今、事を行うのは不利と考えて、そのままにしておく。「時期尚早で計画は―・られた」❽相場の見通しがつかないために売買を手控える。「新株の買いを―・る」

類語 送る・送り出す

ミオクローヌス〖myoclonus〗筋の一部、あるいは全体が、突発的に速い不随意収縮をくり返す状態。大脳・小脳・脊髄などの障害で生ずる。

ミオグロビン〖myoglobin〗筋肉に含まれる色素たんぱく質の一。ヘモグロビンよりも酸素と結合する力が強く、筋肉中に酸素を貯蔵する。

ミオグロビン-にょう【ミオグロビン尿】《myoglobinuria》挫傷や過激な運動によって破壊された筋細胞から流れ出たミオグロビンを含む尿。

み-おこ・す【見˅遣す】〔動サ下二〕こちらを見る。こちらに目を向ける。「うち―・せてつくづくとうちまもりて」〈かげろふ・上〉

み-おさめ【見収め｜見納め】見ることがそれで最後になること。「この世の―」

み-おし【˅水押し｜船˭首】▶みよし

み-おし【˅御˅食し】《「おし」は「食し物」の略》貴人が飲食すること。また、その飲食物。お食事。「―に進らしめ給ひき」〈豊後国風土記〉

みお-じるし【˟澪˟標】「みおつくし」に同じ。「広瀬川渡りの沖の―水嵩ぞ深き五月雨のころ」〈山家集・上〉

ミオシン〖myosin〗筋肉の筋原線維を構成する主要たんぱく質の一つで分子モーターの一種。分子が糸状につながった形(ミオシンフィラメント)で存在。分子の一部が酵素として働いてATP(アデノシン三燐酸)を分解し、そのときに得られるエネルギーでアクチンフィラメントと互いに滑り込んで重なり、筋収縮を生じさせる。また、筋肉以外の細胞にも存在し、細胞分裂などに重要な役割を果たしている。

みお-すじ【˟澪筋】川や海の中で船の通れる水路となっている深み。みおの道筋。みお。

みお-つくし【˟澪˟標】㊀❶《「澪つ串」で、「つ」は助詞「の」の意》澪にくいを並べて立て、船が往来するときの目印にするもの。和歌では「身を尽くし」にかけて用いることが多い。みおぎ。みおぐい。みおじるし。「かくとだに岩垣沼の―しる人なみにくづる袖かな」〈式子内親王集〉❷香の一。香味は少し辛く苦い。㊁源氏物語第14巻の巻名。光源氏28歳から29歳。冷泉帝の即位、源氏の内大臣昇進、明石の上の女児出産などを描く。

み-おとし【見落(と)し】見落とすこと。また、見落としたところ。「一に注意する」「検査に一がある」
(類語)見過ごし・見逃し・看過・目こぼし

み-おと・す【見落(と)す】〔動サ五(四)〕見ていながらそれに気づかずにいる。見もらす。見過ごす。「スクイズのサインを一・す」「問題の本質を一・す」
(類語)見過ごす・見逃す・見損なう

み-おと・す【見×貶す】〔動サ四〕軽蔑して見る。「かたちなども一・し給ふまじく」〈源・総角〉

み-おとり【見劣り】〔名〕スル ❶他のものと比較して劣っているように見えること。「一流店の品と比べても一しない」❷予想より劣って見えること。「まことかと見もてゆくに、一せぬやうはなくなむあるべき」〈源・帚木〉
(類語)遜色

みお-どり【×鳰鳥】カイツブリの古名。「一の潜き息づき」〈記・中・歌謡〉

み-おと・る【見劣る】〔動ラ四〕他のものより劣って見える。見劣りがする。「柳の朶の夕の気色、ねんもない絵などは一・りて」〈浮・男色大鑑・六〉

みおのせき【美保の関】►みほのせき

みおのまつ【三保の松】常磐津節。本名題「三保松富士晨明」。河竹黙阿弥作詞、6世岸沢式佐作曲。明治25年(1892)発表。駿河付近の名所をうたったもの。

みお-の-まつばら【三保の松原】►みほのまつばら

みお-びき【×澪引き｜水=脈引き】水先案内をすること。「堀江より一しつつみ舟さす賤男の伴は川の瀬申せ」〈万・四〇六一〉

みお-び・く【×澪引く｜水=脈引く】〔動カ四〕水脈に従って舟を漕いで行く。水先案内をする。「潮待ちて一・き行けば」〈万・三六二七〉

み-おぼえ【見覚え】以前に見た記憶があること。「その筆跡には一がある」(類語)記憶・覚え

み-おぼ・える【見覚える】〔動ア下一〕図みおぼ・ゆ〔ヤ下二〕❶前に見て記憶している。「あの顔はよく一・えている」❷目で見て覚える。「手つきを一・える」

み-おも【身重】妊娠していること。「一のからだ」
(類語)懐胎・妊娠・懐妊・受胎

み-おも【▽御▽母】母、または乳母を敬っていう語。「一を取り、大湯坐、若湯坐を定めて」〈記・中〉

み-おもい【▽御思ひ】天皇の喪に服する期間。諒闇。「皇太子一より出でまして」〈履中紀〉

み-およ・ぶ【見及ぶ】〔動バ四〕❶見ることができる。目に入る。「ただおろおろ一・びし物どもは、水鏡といふにや」〈増鏡・序〉❷見て知る。「十兵衛、今に妻のなきことを一・び」〈浮・武家義理・一〉

み-おり【三▽節】「三節の酒」の略。

みおり-の-まつり【三節の祭】伊勢神宮で行われる三つの大祭である、10月(もとは9月)の神嘗祭と、6月・12月の月次の祭の総称。三節祭。三時祭。

みおり-の-みき【三▽節の▽酒】正月の元日・7日・16日の三節会に供する酒。

み-おろ・す【見下ろす】〔動サ五(四)〕❶上方から下の方を見る。「山頂から平野を一・す」❷見さげる。あなどる。「人を一・した横柄な態度」
(類語)(❷)見下す・見下げる・侮る・見くびる

み-か【三日】❶三つの日数。3日間。みっか。「一ばかりありて漕ぎ帰り給ひぬ」〈竹取〉❷月の第3日。みっか。「三月の一は、うらうらとのどかに照りたる」〈枕・四〉❸ある事から3日目。特に婚礼・誕生などにいう。「(婚礼カラ)一にあたる夜、餅なむまゐると人々の聞こゆれば」〈源・総角〉

み-か【×甕】《「み」は接頭語あるいは水の意か。「か」は飲食物を盛る器の意》昔、主に酒を醸造するのに用いた大きなかめ。もたい。「一越しに我が手な取りそ」〈神楽・明星〉

ミガ〔MIGA〕《Multilateral Investment Guarantee Agency》多数国間投資保証機関。世界銀行グループの一。開発途上国などに設立した合弁会社が、戦争や国有化政策で被害を受けた場合に保証する世界銀行の下部組織機関。開発途上国への直接投資を促進することを目的に、1988年設立。

み-かい【未開】❶文化・文明がまだ十分に発達していないこと。「一の奥地」❷土地がまだ開拓されていないこと。「一の荒野」❸仕事や研究のある分野がまだ開拓されていないこと。「一の領域」❹花がまだ咲かないこと。「一のままのつぼみ」

み-かい【味解】〔名〕スル じっくりと趣を味わい、理解すること。「芭蕉の句を一する」

み-かいけつ【未解決】〔名・形動〕紛争や問題がまだ解決されていないこと。結論・解答の出ていないこと。また、そのさま。「一な(の)事件」

みかい-しゃかい【未開社会】❶現在も文明の外にある社会。文字をもたず、技術水準が低く、社会構造も単純で、伝統的規制が強いなどの特徴をもつ。❷古代文明発達以前の過去の社会。原始社会。

み-かいたく【未開拓】〔名・形動〕❶土地がまだ開拓されていないこと。また、そのさま。未開。「一の原野」❷仕事や研究がまだなされていないこと。また、そのさま。未開。「一な(の)分野」

み-かい-ち【未開地】❶文明がまだ行き渡らない土地・所。❷まだ開拓されていない自然のままの土地。

み-かいどう【実海×棠】バラ科の落葉高木。枝は細くて紫色をし、葉は長楕円形。4月ごろ、新葉と同時に、淡紅色の花が群生して咲く。実は球形で黄色に熟し、食べられる。中国の原産であるが、野生はない。長崎りんご。かいどうなし。

み-かいはつ【未開発】〔名・形動〕まだ開発されていないこと。また、そのさま。「一な(の)技術」

みかいほう-ぶらく【未解放部落】►被差別部落

み-かえし【見返し】❶書物の表紙と本文との間にあって、両者の接着を補強する2ページ大の紙。一方は表紙の内側に貼りつけ、もう一方は「遊び」といって、本文に接する。❷和装本で、表表紙の裏にはる紙または布。著者名・書名・発行所などを印刷したものが多い。❸洋裁で、襟ぐりや打ち合わせ・袖ぐり・袖口などの縁の始末に用いる布。多く共切れを用いる。

み-かえ・す【見返す】〔動サ五(四)〕❶後ろを振り向いて見る。振り返って見る。「一・す顔に涙があふれていた」❷一度見たものをもう一度見る。見直す。「答案用紙を一・す」❸相手からの視線に対して、それをはずさないように相手を見る。「こちらも負けずに相手の目を一・した」❹昔受けた侮りや辱めに対する仕返しとして、相手をしのぐ状態にある自分を誇示する。「えらくなって一・してやろう」

み-かえり【見返り】❶振り向いて後ろを見ること。「一美人」❷相手のしてくれたことにこたえて何かをすること。特に、保証・担保・代償として差し出すこと。また、そのもの。「一を期待する」

みかえり-しきん【見返り資金】第二次大戦後、米国の対日援助物資のドル価額に見合う円資金を特別に積み立て、通貨の安定と経済再建を主な目的として運用した財政資金。昭和24年(1949)から同28年にかけて、米国対日援助見返資金特別会計によって経理された。

みかえり-そう【見返草】シソ科の落葉低木。山地に群生し、高さ50センチ〜1メートル。葉は楕円形で対生し、裏面に毛が多い。9、10月ごろ、淡紅色の唇形の花を穂状につけ、長い濃紅紫色の雄しべが突き出す。いとかけそう。

みかえりたんぽつき-かしつけ【見返り担保付貸付】債務者の預金・有価証券・不動産などに対し、いつでも担保権を設定しうる状態で行う貸付。

みかえり-やなぎ【見返り柳】吉原遊郭の出入り口の大門にあった柳。朝帰りの客が、あとを振り返るあたりにあったところからいう。

ミカエル〔Michael〕カトリック教会における大天使の一。教会・信徒の守護者。ユダヤ教ではイスラエル民族の守護者。

み-かえ・る【見返る】〔動ラ五(四)〕❶振り向いて後ろを見る。みかえす。「一・ると遠く富士が望める」❷心にかける。めんどうをみる。「一・りて久しくものし給ひけるにも」〈今鏡・四〉
(類語)見返す・振り向く・振り返る

み-か・える【見変える｜見替える】〔動ア下一〕図みか・ふ〔ハ下二〕❶あるものを捨てて、他のものに心を移す。「小花さんを私に一・えるという筈はなけれど」〈鴎外・そめちがへ〉❷別の物のように見る。「とりとりに姿を一・へぬ」〈浮・諸国ばなし・二〉

み-かき【▽御垣】宮中や神社などの周囲の垣。「同じ一の内ながら変れること多くかなし」〈源・賢木〉

みがき【磨き｜▽研き】❶磨くこと。また、磨いて出した光沢。「床柱はまだまだ一が足りない」「靴一」「歯一」❷修練してよりすぐれたものにすること。「芸によりいっそうの一を加える」

磨きが掛か・る　磨いていっそう美しくなる。転じて、鍛錬の結果、よりすぐれたものになる。「投球術に一・る」

磨きを掛・ける　磨いていっそう美しくなるようにする。転じて、よりすぐれたものになるようにきたえる。「得意の英語に一・ける」

みがき-あ・げる【磨き上げる】〔動ガ下一〕図みがきあ・ぐ〔ガ下二〕❶磨いて仕上げをする。完全に磨く。「靴をピカピカに一・げる」❷鍛錬などで、よりすぐれた状態にする。「一・げられた職人の腕」

みかき-が-はら【▽御垣が原】❶宮中や貴人の邸宅の築垣あたりの野原。また、宮中や貴人の邸宅の庭。「風いと涼しく吹きて、一おもしろく侍りしかば」〈弁内侍日記〉❷吉野離宮に属する原。「霞たち雪も消えぬやみ吉野の一に若菜つみてむ」〈長秋詠藻〉

みがき-こ【磨き粉】物を磨くのに用いる粉。

みがき-ずな【磨き砂】金属製の器物を磨くのに用いる凝灰岩質の砂。歯磨き粉としても用いられた。

みがき-た・てる【磨き立てる】〔動タ下一〕図みがきた・つ〔タ下二〕❶念を入れて磨く。「一・てた床」❷美しく身なりをよそおう。「一・てて外出する」

みがき-にしん【身欠き×鰊】《「みかきにしん」とも》ニシンをえら・内臓などを取り去って三枚におろし、中骨を落として素干しにしたもの。古くは腹側部分も切り落とし、背肉だけを用いた。欠き割り。身欠き。(季 夏)

みがき-ぼん【磨き盆】7月7日または13日のこと。この日に仏具や食器を洗ったり磨いたりして、盂蘭盆迎えの準備をする。膳洗い。お磨き。

みがき-まるた【磨き丸太】樹皮をはがしたままの丸太を、表面を滑らかに磨き上げたもの。床柱・丸桁などに用いる。

みかき-もり【▽御垣守】宮中の諸門を警固する人。衛士。「とのへもる身の一」〈古今・雑体〉

み-かぎり【見限り】見限ること。少しも顔を見せなくなること。多く「おみかぎり」の形で用いる。「代替わりしてもあの店を一にはできない」

み-かぎ・る【見限る】〔動ラ五(四)〕見込みがないとしてあきらめる。見切りをつける。「会社を一・る」「医者にも一・られる」(類語)見捨てる・見放す・見切る

み-かく【味覚】味を感じる感覚。唾液に溶けた化学物質が主に舌を刺激することによって起こり、甘さ・酸っぱさ・塩辛さ・苦さを感じ取る。「一をそそる」「一の秋」(補説)近年、甘味、酸味、塩味、苦味と並んで「うまみ」が五つめの味とされる。

みが・く【磨く｜▽研く｜×琢く】〔動カ五(四)〕❶物の表面を研いでなめらかにする。「レンズを一・く」❷こすって汚れをとったり、つやを出したりする。「歯を一・く」「床を一・く」❸念入りに手入れをして美しくする。「肌を一・く」❹努力して学問や芸をますます上達させる。「腕を一・く」❺栄えを増す。光彩を加える。「対の上の御もてなしに一・かれて」〈源・若菜上〉(可能)みがける (類語)(❶)研ぐ/(❹)鍛える・練る・切磋琢磨・ブラッシュアップ

みかく-きかん【味覚器官】水に溶けた化学物質の刺激を感知する器官。脊椎動物では口の

中、特に舌に分布する味蕾(みらい)で、魚では体表などにもある。昆虫では口器のほか触角・肢端などにある。味覚器。味官。

み-かくし【見隠し】窓などの前をおおって内部が見えないようにしたもの。めかくし。

みかくし-べい【見隠し塀】外側から内部が見えないように立てた塀。風の通じるように板にすかしを設ける。

みかく-しんけい【味覚神経】味覚をつかさどる神経。舌の前部では顔面神経、後部では舌咽(ぜついん)神経、のどなどでは迷走神経が関与し、橋(きょう)・視床・大脳皮質の味覚野へと伝える。

み-かく・す【見隠す】〔動サ四〕見て見ぬふりをする。「女君、見給はぬやうなるを、せめて—・し給ふ御目尻(まじり)こそわづらはしけれ、とて」〈源・松風〉

みかく-どころ【味覚所┊味覚▽処】▶味所(あじどころ)

み-かくにん【未確認】〔名・形動〕まだ確認されていないこと。また、そのさま。「—な(の)情報」

みかくにん-ひこうぶったい【未確認飛行物体】(—ヒカウブッタイ) 正体不明の飛行物体・飛翔体。UFO(unidentified flying object)。〔補説〕一般に異星人が乗る飛行物体の意味で使われることが多いが、航空・軍事用語としては当局に把握されていない航空機や観測気球、他国からのミサイルなど広範にわたる。

み-かぐら【▽御神-楽】神楽を敬っていう語。特に宮中で行われる神楽をさす。➡神楽❶

み-がく・る【▽水隠る】〔動ラ下二〕水の中に隠れる。水の中にあって見えなくなる。「—・れてすだく蛙のもろ声に騒ぎぞわたる井手のうき草」〈今鏡・四〉

み-がく・る【見隠る】〔動ラ下二〕見えたり隠れたりする。「尻にさしさがりて、—・れ—・れ行くに」〈著聞集・一二〉

み-がく・る【身隠る】〔動ラ下二〕からだが物陰に隠れて見えなくなる。「とへかしなたまぐしのはに—・れてもずの草ぐきめぢならずとも」〈散木集・九〉

み-かけ【見掛け】外から見たようす。外側から見た印象。外見。外観。うわべ。「—にだまされる」「—はうまそうだ」〔類語〕外見(がいけん)・外見(そとみ)・見た目・外観・外面(がいめん)・外面(そとづら)・見場・見栄え・観(かん)・見てくれ・なりふり・格好・表面・皮相・上辺・表向き

見掛けによら◦ない 外見からだけではよくわからない。「—◦ず神経が細やかだ」

み-かげ【▽水陰】水におおわれた所。水のかげ。みがくれ。「岩そそく—に茂る菅の根の永くや袖をくたし果ててん」〈続後撰・恋三〉

み-かげ【▽御陰┊▽御×蔭】❶日を避けて陰となる所。転じて、御殿。「高知るや天(あめ)の—天知るや日の—」〈万・五二〉❷神・天皇から受けた恩恵。おかげ。庇護。「つくばねのこの面(も)かの面に蔭はあれど君が—にますかげはなし」〈古今・東歌〉❸頭に挿す鬘(かずら)。「品太(ほむだ)の天皇(すめらみこと)の—、この山に堕(お)ちき」〈播磨風土記〉

み-かげ【▽御影】❶神や貴人の霊魂。神霊。みたま。❷死んだ人の姿、または絵や肖像。みえい。

みかげ【御影】神戸市東灘区の地名。背後の六甲山地から花崗岩(かこうがん)を採石。海岸地域は酒造地。神功皇后が姿をうつして化粧した「沢の井」があるところからの名という。

みかげ-いし【▽御影石】❶神戸市の御影から産する花崗岩(かこうがん)の石材名。本御影。❷花崗岩の石材の通称。

みかけ-だおし【見掛け倒し】(—だふし)〔名・形動〕外見はすぐれているが、実質は劣っていること。また、そのさま。「—の臆病者」

みかけ-の-とうきゅう【見掛けの等級】(—トウキフ) ▶実視等級

みかげ-まつり【御蔭祭】賀茂(かも)の祭の前儀として、5月12日(もとは陰暦4月の中の午(うま)の日)に行われる下鴨神社の祭礼。比叡山麓の御蔭神社から神霊を本社に移す神事。

み-か・ける【見掛ける】〔動カ下一〕〔文〕みか・く〔カ下二〕目にとめる。「あの人はよく駅で—・ける」〔類語〕見受ける・目撃する・見る・目にする

み-かさ【三×笠】香の名。伽羅(きゃら)の一種。

みかさ【三笠】㊀北海道中央部の市。明治前期に石狩炭田で最古の幌内炭鉱が開発されて以来発展。桂沢湖がある。人口1.0万(2010)。㊁旧日本海軍の戦艦。日露戦争の日本海海戦で、連合艦隊旗艦として活躍。排水量約1万5000トン。現在は横須賀に固定保存されている。㊂「三笠山」の略。

み-かさ【▽水×嵩】みずかさ。水量。「吉野川—はさしもまさらじを青根をこすや花の白浪」〈千載・春上〉

みかさ-し【三笠市】▶三笠㊀

みかさ-づけ【三×笠付け】冠付(かむりづ)けの一。俳諧の選者が冠の5文字を3題出し、それぞれに七・五を付けさせ、3句一組みにして高点を競うもの。江戸時代、宝永(1704〜1711)ごろから行われた。

みかさ-の-みや【三笠宮】宮家の一。昭和10年(1935)大正天皇の第4皇子崇仁(たかひと)親王が創立。

みかさのみや-たかひと【三笠宮崇仁】[1915〜]大正天皇の第4皇子。幼名、澄宮(すみのみや)。昭和10年(1935)三笠宮家を創立。古代オリエント史を研究。

みかさ-やま【三笠山┊御蓋山】㊀奈良市の市街地の東にある春日(かすが)大社後方の山。若草山の南にあり、春日山の西峰をなす。標高282メートル。若草山をさしていうことも多い。みかさのやま。〔歌枕〕㊁《天皇の御(み)かさとしてそば近くで警衛にあたる意をかけて》近衛(このえ)の大将・中将・少将の異称。みかさのやま。

みか-しお【みか潮】(—しほ)〔枕〕「播磨(はりま)速待(はやまち)」にかかる。語義・かかり方未詳。「—播磨速待岩下す畏(かしこ)くとも吾(あれ)養はむ」〈仁徳紀・歌謡〉

み-かじめ【見ケ×〆】管理・監督すること。後見をすること。「—料」「父は死し、叔父仁介があとの—をしていたうえに」〈火野・黄金部落〉

みかじめ-りょう【見ケ×〆料】(—レウ) 暴力団が、縄張りとする繁華街の飲食店や風俗店などから取り立てる用心棒料。おしぼり代・観葉植物代・広告代などの名目で法外な金額を請求するものもいう。〔補説〕語源不詳。毎月3日に取り立てる、要求してから3日以内に払わないと締め上げる、「見ケ〆」と当て字して管理の意から、など諸説ある。

み-かじ・る【見×齧る】〔動ラ四〕ちらっと見る。うわべだけ見る。「隣りのやつ—・り」〈咄・鹿の子餅〉

みかずき【箕被】(みかつき) 狂言。連歌に明け暮れる夫に愛想をつかした妻が、離縁のしるしの箕を被(かず)いて出ていこうとすると、それを見て夫が発句を詠む。妻は脇句でみごとに応じて、仲直りする。

み-かた【見方】❶物を見る方法。「地図の—」❷ある立場からの物事の考え方。見解。みよう。「彼と私とでは—が異なる」〔類語〕見地・観点・着眼点・視点・視角・立場・見解・考え・意見

み-かた【味方┊▽御方┊身方】〔名〕スル《「かた」の敬称「御方」の意。「味方」「身方」は当て字》❶対立するものの中で、自分が属しているほう。また、自分を支持・応援してくれる人。「心強い—」⇔敵。❷対立するものの一方を支持したり、応援したりすること。「いつも女性に—する」❸天皇の軍勢。官軍。「—の軍おぢおそれ三たび退き返る」〈今昔・一一・一〉〔類語〕仲間・助っ人(と)・助太刀(すけだち)・友・盟友・同志・同腹・戦友・友軍

み-かた【▽御▽像┊▽御形】神体や仏像。おんすがた。「丈六の仏の—を造りまつる」〈欽明紀〉

みかた-が-はら【三方ヶ原】静岡県西部、浜名湖東岸に広がる洪積台地。天竜川の扇状地性平野が隆起運動によってできた。水源に乏しいため、明治維新後、旧幕臣が入植して茶園を開拓した。現在は、天竜川に水源をもつ秋葉ダムからの三方原用水を利用したミカン園や野菜栽培が盛ん。元亀3年(1572)、武田信玄軍と織田信長・徳川家康連合軍が戦った古戦場として有名。東方の磐田原(いわたはら)台地と対する。みかたはら。

みかた-ごこ【三方五湖】福井県西部、若狭湾岸にある五つの連続する湖。若狭湾国定公園内にあり、三方湖・水月(すいげつ)湖・菅(すが)湖・日向(ひるが)湖・久々子(くぐし)湖からなる。平成17年(2005)ラムサール条約に登録。

みかた-はら【三方原】▶三方ヶ原(みかたがはら)

み-がため【身固め】〔名〕スル《「みかため」とも》❶身じたくを整えること。「—して沢に入る」❷からだが丈夫になるように加持・祈祷(きとう)をすること。「晴明、少将をつといだきて、—をし」〈宇治拾遺・二〉

み-がち【身勝ち】〔名・形動ナリ〕自分にばかり都合のよいようにすること。また、そのさま。身勝手。自分勝手。「—に見えて見ぐるしく」〈浮・新可笑記〉

みか-づき【三日月】❶陰暦で3日の夜に出る細い弓形の月。また、その前後の、月齢の若い月。〔季 秋〕「—や膝へ影さす舟の中/太祇」❷「三日月形」に同じ。〔類語〕眉月・繊月・クレセント

みかづき-がた【三日月形】三日月のように弓なりに曲がっている形。みかづきなり。

みかづき-こ【三日月湖】▶河跡湖(かせきこ)

みかづき-なり【三日月▽形】「みかづきがた」に同じ。

みかづき-まゆ【三日月眉】三日月形の眉。黛(まゆずみ)で三日月形に描いた眉。

みかづき-も【三日月藻】ツヅミモ科ミカヅキモ属の緑藻の総称。約80種が知られる。淡水にみられる単細胞の藻類で、形は糸状か三日月状。

み-がって【身勝手】〔名・形動〕他人のことを考えず、自分の都合や利益だけを考えて行動すること。また、そのさまや、そのような態度。わがまま。「—な言い分」「—に行動する」〔類語〕勝手・わがまま・自分勝手・手前勝手・得手勝手・好き勝手・ほしいまま・自己中心・利己的・エゴイスチック

み-がてら【見がてら】〔連語〕《「がてら」は接続助詞》見ながら。見ついでに。「桜を—散歩する」

み-がてり【見がてり】〔連語〕《「がてり」は接続助詞》「見がてら」の古形。「山辺(やまのへ)の御井を—神風の伊勢娘子(いせをとめ)ども相見つるかも」〈万・八一〉

み-かど【▽御門┊▽帝】《「門(かど)」の尊敬語》❶天子・天皇の位。また、天皇の尊称。❷門。特に、皇居の門。「一日(ひとひ)には千度(ちたび)参りし東(ひむがし)の大き—を入りかてぬかも」〈万・一八六〉❸御殿。特に、皇居。「ひさかたの天見るごとく仰ぎ見し皇子(みこ)の—の荒れまく惜しも」〈万・一六八〉❹天子が政治を行うところ。朝廷。「万代(よろづよ)にいまし給ひて天の下奏し給はね—去らずて」〈万・八七九〉❺天子・天皇が治める国土・国家。「唐土(もろこし)にもわが—にも」〈源・須磨〉〔類語〕天皇・天子

みかど-あげは【▽帝揚羽】アゲハチョウ科のチョウ。翅(はね)の開張7センチくらい。翅は黒色地に淡い青色ないし黄色の縦帯があり、その外方や内方にも斑点列がある。日本南部に分布し、高知市のものは特別天然記念物。幼虫はオガタマノキの葉を食べる。

みかど-おがみ【▽御門拝み┊▽朝拝み】(—をがみ)「朝賀(ちょうが)」に同じ。「五年の春正月(むつき)の壬午(みずのえうま)の朔(ついたちのひ)に—す」〈孝徳紀〉

みかど-きじ【▽帝×雉】キジ科の鳥。雄は尾が長く、全長約90センチで、全体に青紫色。雌は褐色。台湾の森林にのみ分布し、20世紀に入って発見された。

みかど-の-つかさ【×闈▽司】「いし(闈司)」に同じ。

みかど-まいり【▽御門参り┊▽朝参り】(—まゐり) 朝廷に参ること。参内。参朝。「群卿(まへつきみたち)及び百寮(つかさ)、—することすでにおこたれり」〈舒明紀〉

みかど-まつり【▽御門祭】上代、皇居の門に入ってくる邪神を払うために、毎年6月・12月に行われた祭事。

みかど-もり【▽御門守】皇居の御門を守ること。また、その兵士。みかきもり。「—、寒げなるけはひ」〈源・朝顔〉

み-がね【身金】自分の金。身銭(みぜに)。「おめえも知ってるとほり、—といふぢゃあなし」〈洒・角鶏卵〉

み-か・ねる【見兼ねる】〔動ナ下一〕〔文〕みか・ぬ〔ナ下二〕❶平気で見ていることができない。「見るに—・ねる」「—・ねて忠告する」❷見ることができない。「家見れど家も—・ねて」〈万・一七四〇〉

みかのはら【瓶原】京都府南部、木津川市加茂町の地名。木津川の北岸に位置し、元明天皇の離宮、

聖武天皇の恭仁京が置かれた地。「甕原」「三日原」などとも書いた。

みか-の-もちい【三日の▽餅】平安時代、婚礼後3日目の夜に、妻の家で新郎・新婦に食べさせた祝い餅。また、その儀式。三日夜のもち。

みか-ばち【樹=蜂】キバチの古名。〈和名抄〉

み-が-ほ-し【見が欲し】〔形シク〕見たい。「橘の成れるその実はひた照りにいや—・しく」〈万・四一一一〉⇒がほし

ミカマイシン〖mikamycin〗抗生物質の一。ミカマイシンAおよびBの混合物。外用によりブドウ球菌や連鎖球菌による感染症の治療に用いられる。

み-がまえ【身構え】みがまえること。また、その姿勢。「防御の—をする」類語スタンバイ

み-がま・える【身構える】〔動ア下一〕文みがま・ふ〔ハ下二〕敵や迫りくるものに対し、いつでも対応できる姿勢をとる。また、用心しながら相手になる。「竹刀を持って—・える」「—・えて話を聞く」

み-かまぎ【▽御▽薪】《「御竈木」の意》❶律令時代、毎年正月15日に、百官が宮中に献上した薪。また、その献上の儀式。❷神社や寺院に奉納したり、そこでたいたりする薪。❸江戸時代、武家で正月15日に割った薪に墨で12本の線(閏年は13本)を書き、門の両側の柱に寄せ掛けて立てたもの。

みかみ-おときち【三上於菟吉】［1891～1944］小説家。埼玉の生まれ。長谷川時雨の夫。時代物の大衆小説を多く書いた。作「敵討日月双紙」「鴛鴦呪文」「雪之丞変化」など。

みかみ-さんじ【三上参次】［1865～1939］歴史学者。兵庫の生まれ。東大教授、史料編纂掛主任として「大日本史料」「大日本古文書」の刊行に従事。「明治天皇御紀」の編修を主宰。著「江戸時代史」など。

みかみ-じんじゃ【御上神社】滋賀県野洲市にある神社。旧官幣大社。もと三上山上にあったといわれ、祭神は天之御影命。

みかみ-やま【三上山】滋賀県南部の野洲市にある山。標高432メートル。俵藤太の大百足退治の伝説がある。近江富士。

みかみ-よしお【三上義夫】［1875～1950］数学史家。広島の生まれ。和算および日本と中国の数学史を研究。著「文化史より見たる日本の数学」「東西数学史」など。

み-かも【▽水×鴨】水に浮かぶカモ。一説に、「み」は接頭語でカモの美称とも。「はしきやし妹がありせば—なす二人並び居」〈万・四六六〉

みかよ-の-もち【三日夜の餅】▶三日の餅

み-がら【身柄】❶人間のからだそのもの。その人自身。「—を預かる」「被疑者の—を送検する」❷身分。身のほど。「—をわきまえる」

身柄を押さ・える　「身柄を取る」に同じ。

身柄を取・る　(警察関係で)被疑者を逮捕する。身柄を押さえる。身柄を確保する。

み-がる【身軽】〔名・形動〕❶動作が軽快であること。また、そのさま。「—に川を飛び越える」❷衣服・荷物などに余分なものがないこと。また、そのさま。「—な格好」❸責任・職務などから離れて、気楽であること。また、そのさま。「会長を辞して—になる」❹妊婦が出産して身が軽くなること。また、そのさま。「出産して—になる」派生みがるさ〔名〕

み-がる・い【身軽い】〔形〕文みがる・し〔ク〕❶動作が軽快である。敏捷である。「—・くボールをさばく」❷軽装である。「—・いいでたち」❸責任・職務などから離れて、気楽である。「—・い隠居生活」

みかわ【三河｜参河】旧国名の一。現在の愛知県東部。三州。

み-かわ【▽御▽溝】「御溝水」の略。

みか-わ【×甕】「みか(甕)」に同じ。「天の—に斎み籠りて」〈祝詞・出雲国造神賀詞〉

みかわ-じしん【三河地震】昭和20年(1945)1月13日、三河湾で発生したマグニチュード6.8の地震。軍需産業地域の直下で起こったため、規模の割に大きな被害が出た。死者2306人。家屋全壊7221戸。

みかわしま【三河島】東京都荒川区中央部の地域。旧町名。

みかわ-しゅう【三河衆】❶戦国時代、徳川家創業に貢献した三河出身の譜代の臣。❷江戸時代、三河国に知行所をもち、参勤交代を行って大名に準じた家柄のもの。

み-かわ・す【見交わす】〔動サ五(四)〕互いに見る。見合う。「目と目を—・す」類語見合う・見合わせる

みかわ-まんざい【三河万歳】愛知県三河地方を根拠地として、各地を回った正月の祝福芸。中啓を持った太夫と鼓を打つ才蔵が、家々を訪れて祝言を述べたり、こっけいな掛け合いをしたりするもの。西尾市と安城市に伝わる。(季新年)

みかわ-みず【▽御▽溝水】宮中の庭を流れる溝の水。

みかわものがたり【三河物語】江戸前期の自伝。3巻。大久保彦左衛門忠教著。元和8年(1622)成立。主家徳川氏と大久保一族の来歴を、子孫への教戒のために覚書ふうに記したもの。

みかわ-もめん【三河木綿】愛知県三河地方で産する、地厚でじょうぶな小幅白木綿。帯芯・印半纏・のれんなどに用いる。

みかわ-や【三河屋】歌舞伎俳優の市川団蔵、およびその一門の屋号。

みかわや-うど【▽御×廁▽人】《「みかわやびと」の音変化》宮中で、便所の清掃に従事した下級の女官。かわやびと。

み-がわり【身代(わ)り｜身替(わ)り】他人のかわりになること。また、その人。「人質の—になる」類語替え玉・形代・スケープゴート・ダミー

みがわりざぜん【身替座禅】歌舞伎舞踊。常磐津・長唄。新古演劇十種の一。岡村柿紅作詞、7世岸沢式佐・5世杵屋巳太郎作曲。明治43年(1910)東京市村座初演。狂言「花子」を舞踊化した松羽目物。

みかわ-わん【三河湾】愛知県南部の湾。渥美半島と知多半島とに囲まれ、渥美湾・知多湾に分かれる。ノリ・アサリの養殖が行われる。

みかわわん-こくていこうえん【三河湾国定公園】愛知県南部、三河湾岸と渥美・知多両半島、および湾内の佐久島・日間賀島などの島からなる国定公園。

み-かん【未刊】書物や雑誌などがまだ刊行されていないこと。⇔既刊。

み-かん【未完】まだ完全にはでき上がっていないこと。未完成。未完了。「—の大器」「—の小説」

み-かん【味官】味覚をつかさどる器官。

み-かん【▽蜜×柑】❶ミカン科ミカン属の常緑小高木。また、その実。暖地に産し、葉は長楕円形。初夏、白色の小さな5弁花をつけ、黄橙色の実を結ぶ。果樹として広く栽培され、ウンシュウミカン・キシュウミカンなど多くの品種がある。たちばな。こみかん。(季冬 花=夏)「—の香染みたる指を洗はずに/誓子」❷ミカン科の双子葉植物の総称。約900種が温帯から亜熱帯に分布し、主に木本で、樹皮や葉に油腺をもつ。ミカン・キンカン・カラタチなどの属を含むミカン亜科とサンショウ亜科とに分けられる。

みかん-いろ【▽蜜×柑色】ミカンの果皮のような色。鮮やかな明るい橙色。

みかん-かご【▽蜜×柑籠】❶ミカンの果実を盛る籠。❷《多く❶が用いられたところから》捨て子の入っている籠。また転じて、捨て子。「出てうせう汝元来—」〈柳多留・初〉

みかん-しゅ【▽蜜×柑酒】ミカンの果汁を発酵させて造った酒。また、ミカンの実を焼酎に漬けた酒。

みかんじょう-か【▽蜜×柑状果】多くの心皮からできている合成心皮が成熟した果実。外果皮は厚くて多数の油腺をもつ。中果皮は白くやわらかい海綿質。内果皮は薄い皮質の袋をつくり、その中に多数の毛が発達して液汁を含む。ミカン・オレンジなど。柑果。

み-かんせい【未完成】〔名・形動〕まだ完成していないこと。でき上がっていないさま。未完。類語未完・不完全・中途・中絶

みかんせいこうきょうきょく【未完成交響曲】《ドイ Unvollendete Symphonie》シューベルトの交響曲第8番の通称。1822年作曲。作曲者没後の65年ウィーンで初演。第2楽章まで完成、第3楽章が未完成のため、この名がある。

み-かんなぎ【▽御×巫】❶律令制で、神祇官に属し、神事に奉仕した女官。❷明治4年(1871)神祇省に置かれ、祭典に従事した女性の職。

みき【三木】兵庫県南部の市。室町時代には別所氏の城下町。江戸時代から金物業が発達し、大工道具・園芸用具などの製造が盛ん。平成17年(2005)10月、吉川町を編入。人口8.1万(2010)。

み-き【身木】和船の舵の軸木。

み-き【▽御▽酒｜神=酒】酒の美称。特に、神に供える酒。おみき。

み-き【幹】《「身木」の意という》❶植物の、木質化した茎。高木では主軸となり、枝を出す。❷物事の中心となる部分。「来年度の—となる企画」

みぎ【右】❶東に向いたとき南にあたる方。大部分の人が、食事のとき箸を持つ側。右方。「四つ角を—に曲がる」⇔左。❷右方の手。みぎて。「—を差して寄って出る」⇔左。❸左手より右手の利くこと。右利き。「—の速球派投手」⇔左。❹野球の右翼。ライト。「—越え本塁打」⇔左。❺保守的な思想傾向があること。右翼。「—寄りの党派」⇔左。❻二つを比べてすぐれている方。❼縦書きの文章でそれより前の部分、またはそれより前に記してある事柄。「—に述べたとおり」❽《御所から見て右側になるところから》京都の町で西側の部分。「—の京」❾歌合わせ・絵合わせなどで、右側の組。⇔左。❿官職を左右に分けたときの右方。昔、中国では右を上席とし、日本の官位制度の中では左を上位とした。「—の大臣」⇔左。類語右手・右側・右方・ライト・右翼

右から左　受け取った金品を、すぐまた他の人に渡して、手元にとどめおかないこと。「給料をもらっても—へなくなってしまう」補説ふつう、「左から右」と言うことはない。

右と言えば左　人の言うことにすべて反対すること。

右に出る　その人以上にすぐれている。「囲碁なら彼の—者はいない」

右に出る者がな・い　《古代中国で、右を上席にしたところから》その人よりもすぐれた人がいない。

右の耳から左の耳　右の耳から入ったことが左の耳からすぐ抜けていく。聞いたことを片っ端から忘れてしまうことのたとえ。籠耳。補説ふつう、「左の耳から右の耳」と言うことはない。

右は京道左は伊勢道　右は京都へ通じる東海道、左は伊勢の参宮道。関の追分が分岐点であるところから、初めはわずかな違いでも、後には非常に大きな差になることのたとえ。

右へ倣え　❶自分の右手にいる者にならえ。横隊の列などを整列させるときの号令。❷最初に行った人のまねをしたり追随したりすること。特に、無批判にそうする場合をいうことが多い。「部長に—してゴルフを始めた」補説「右へ習え」と書くのは誤り。

右も左も分から・ない　《その土地の地理がまったくわからないということから》その分野についてまったく知識がない。

みぎ-あがり【右上がり】❶左に比べて右が上がって見えるもの。❷文字の書き方で、水平ではなく右側をやや上げて書くこと。右肩上がり。❸《グラフの線で右に向かって上がっていく形から》どんどん数値が上がっていくこと。後になるほど状態がよくなること。右肩上がり。

みき-いと【幹糸】釣りの仕掛けで、何本かの鉤素を出すときの幹になる糸。

みぎ-うで【右腕】❶右がわの腕。うわん。❷最も信用し、頼みにしている部下。「社長が—と頼む人」類語片腕・手足・腹心・懐刀

みぎ-がき【右書(き)】文章を縦書きするとき、右から

左へと書くこと。

みぎかた-あがり【右肩上がり】❶《グラフの線で右に向かって上がっていく形から》後になるほど数値が大きくなること。後になるほど状態がよくなること。右上がり。「業績が―に伸びる」「―の成長率」⇒右肩下がり ❷文字の書き方で、水平ではなく右側をやや上げて書くこと。右上がり。⇒右肩下がり

みぎかた-さがり【右肩下がり】❶《グラフの線が右に向かって下がっていく形から》後になるほど数値が低くなること。後になるほど状態が悪くなること。右下がり。「不景気で売上は―だ」⇒右肩上がり ❷文字の書き方で、水平ではなく右側を下げて書くこと。右下がり。⇒右肩上がり

みぎ-かって【右勝手】►本勝手ほんがって

みぎ-がわ【右側】がわ 右の方の側。うそく。「―通行」
(類語)右・右手・右方・ライト

み-きき【見聞き】〔名〕スル 見たり、人から聞いたりすること。けんぶん。「―したことを本にする」
(類語)見聞・耳目

みぎ-きき【右利き】左手よりも右手のほうがよくきくこと。また、その人。

みき-きよし【三木清】[1897～1945]哲学者。兵庫の生まれ。京大卒。法大教授。西田幾多郎・波多野精一に学び、欧州に留学してハイデッガーに師事。帰国後、ヒューマニズムの立場から著作を続け、若い世代へ影響を与えた。昭和19年(1944)共産党員をかくまって検挙され、終戦直後獄死した。著「パスカルに於ける人間の研究」「哲学ノート」「人生論ノート」など。

み-き・く【見聞く】〔動カ五(四)〕見たり聞いたりする。見聞する。「いろいろ―・くに恐ろしい事件だ」

みぎ-クリック【右クリック】コンピューターのマウスの右ボタンをクリックすること。ウインドウズ系のコンピューターの場合、マウスのポインターの場所に、ポップアップメニューが表示される。

ミキサー〘mixer〙❶筒状の容器の底に取り付けた刃を小型モーターで回転し、果実・野菜などを細かく砕いてジュースにする電気器具。❷工業用原料を混合する機械。特に、コンクリートミキサー。❸放送局で、複数の音声や映像などを調整する装置。また、その操作をする人。

ミキサー-しゃ【ミキサー車】コンクリートを混合・攪拌かくはんしながら走行する自動車。トランシットミキサー。

みき-し【三木市】►三木

みぎし-こうたろう【三岸好太郎】こうたろう[1903～1934]洋画家。北海道の生まれ。独立美術協会創立会員。初期の素朴画風からフォービスム風に移り、晩年は詩的なシュールレアリスム画風へと向かった。

みぎし-せつこ【三岸節子】[1905～1999]洋画家。愛知の生まれ。女子美術学校卒。三岸好太郎の妻。女流画家協会を設立。情熱的な色彩、重厚で力強い画風で知られる。「梔子くちなし」で芸術選奨を受けた他、「さいたさいたさくらがさいた」「ヴェネチアの家」などの作品がある。平成6年(1994)文化功労者。

ミキシング〘mixing〙❶混合すること。混ぜ合わせること。「―グラス」❷放送や録音で、音声・音楽・音響効果などの二つ以上の信号を混合・調整し、より効果的な一つの信号出力にすること。

ミキシング-グラス〘mixing glass〙カクテルなどの材料を混ぜるのに用いる肉厚のグラス。

みぎ・する【右する】〔動サ変〕図みぎ・す〔サ変〕右の方へ行く。「―・せんか左せんかためらう」

みき-たく【三木卓】[1935～]小説家・詩人。東京の生まれ。本名、冨田三樹みき。「鶸ひわ」で芥川賞受賞。「小噺集」で芸術選奨。他に小説「震える舌」「路地」「裸足と貝殻」、詩集「東京午前三時」「わがキディ・ランド」など。児童文学・評論・翻訳など幅広く活躍。平成11年(1999)紫綬褒章受章。同19年芸術院恩賜賞。

みき-たけお【三木武夫】たけお[1907～1988]政治家。徳島の生まれ。昭和12年(1937)以来衆議院議員に連続当選。保守傍流ながら、金脈問題で退陣した田中角栄首相のあとを受けて同49年組閣、ロッキード事件の真相糾明を掲げたが、自民党内右派の反発で退陣。⇒福田赳夫

みき-たけじ【三木竹二】[1867～1908]劇評家。島根の生まれ。本名、森篤次郎。森鷗外の弟。雑誌「歌舞伎」を創刊・主宰。演劇評論、海外の演劇紹介などに活躍した。

みぎ-て【右手】❶右の方の手。❷右の方。右側。「―に見える建物」(類語)右・右側・右方・ライト

みぎ-どもえ【右巴】どもえ 紋所の名。巴の右巻きのもの。

みぎねじ-の-ほうそく【右螺子の法則】みぎねじのほうそく 直線状の電流がつくる磁場の向きは、電流の流れる方向を、時計回りに回す右ねじの進む方向にとれば、右ねじの回る向きに一致するという法則。

みぎ-の-うまづかさ【右馬寮】►うめりょう(右馬寮)

みぎ-の-うまのかみ【右馬頭】►うまのかみ

みぎ-の-おおいもうちぎみ【右大臣】みぎのおおいもうちぎみ►うだいじん(右大臣)

みぎ-の-おとど【右大臣】►うだいじん(右大臣)

みぎ-の-かた【右の方】❶二分したときの右側。また、右の組。❷相撲すまいの節せちで、相撲人すまいびとを左右に分けたときの右方。今の西方。「左の方にも―にも負くることなかりければ」〈今昔・二三・二三〉

みき-の-つかさ【造酒司】❶律令制で、宮内省に属し、酒・酢の醸造や、節会せちえの酒をつかさどった役所。さけのつかさ。ぞうしゅし。❷►酒司さかのつかさ❷

みぎ-の-つかさ【右の司】左右に分けられた諸司のうち、右の役所。右近衛府うこんえふ・右馬寮うまりょうなど。

みき-は【三木派】自由民主党にあった派閥の一。三木武夫ら改進党㊁出身者を中心に結成。自民党内では左派に位置づけられ、小派閥ながら田中派などの勢力と対抗した。⇒河本派

みぎ-ひだり【右左】❶右と左。右方と左方。さゆう。「―を見て横断する」「―に居並ぶ」❷右と左を取り違えること。「―に靴を履く」
(類語)(❷)反対・逆ぎゃく・逆様さかさま・逆さかさ・あべこべ・裏腹うらはら・裏返し・裏表うらおもて・上下うえした・後ろ前

みき-ぶきち【三木武吉】[1884～1956]政治家。香川の生まれ。衆議院議員を長く勤め、第二次大戦後は日本自由党の結成に参画。日本民主党を結成し、鳩山内閣の実現に尽力。のち、自由民主党の結成を推進。

みぎ-まえ【右前】まえ 左の衽おくみを上に出して和服を着ること。

みぎ-まき【右巻(き)】右の方へ巻くこと。時計の針の回り方と同様に巻いていること。

みぎ-まわり【右回り】まわり 右の方へ向かって回ること。時計の針の進む方向に回ること。

みぎ-むき【右向き】右の方へ向くこと。右の方に向いていること。

みきもと-こうきち【御木本幸吉】こうきち[1858～1954]実業家。三重の生まれ。養殖真珠の創始者。明治38年(1905)世界初の真円真珠の養殖に成功し、ミキモトパールとして世界各地に輸出、真珠王といわれた。

みぎ-よう【右様】よう 右に述べたとおりのようす。「―の事情を御賢察賜りたく候」

み-ぎょうしょ【御教書】みぎょうしょ 平安時代以後、三位以上の公卿または将軍の命を奉じてその部下が出した文書。本来は私的なものであったが、のち、公的な伝達文書として用いられるようになった。平安時代の摂関家御教書、鎌倉幕府の関東御教書、室町幕府の御判御教書などがある。教書。

みぎ-よつ【右四つ】相撲で、互いに右手を下手したてに組んだ体勢。

みぎ-より【右寄り】❶右側に寄った方。❷思想や言動が右翼的であること。

みぎ-より【右縒り】左から右へよりをかけること。また、そのようにしてよったもの。

みぎ-より【右より】〔副〕初めから。もとより。「―誠に討つべきと思へば」〈浮・伝来記・七〉

み-きり【見切り】みきること。見限ること。

見切り千両みきりせんりょう　相場格言の一つ。含み損の状態にある株式などは、反転を期待して保有し続けるのでなく、手放して損切りすべきだという教訓。⇒利食い千人力

見切りを付・ける　見込みがないと判断する。見限る。「自分の才能に―・ける」

みぎり【右】《「ひだり」に合わせて「みぎ」に「り」を添えた語か》「みぎ」に同じ。「夫人の―の脇より身の中に入り給ひぬ」〈今昔・一・一〉

み-ぎり【砌】《「水限みぎり」の意で、雨滴の落ちるきわ、また、そこを限るところからという》❶時節。おり。ころ。「暑さの―御身お大事に」「幼少の―」❷軒下や階下の石畳。「―に苔むしたり」〈宇治拾遺・一三〉❸庭。「―をめぐる山川も」〈太平記・三九〉❹ものごとのとり行われるところ。場所。「かの所は転妙法輪の跡、仏法長久の―なり」〈盛衰記・三九〉❺水ぎわ。水たまり。池。「―の中の円月を見て」〈性霊集・九〉

みきり-うり【見切り売り】所有している株式が値下がりした際に、回復の見込みがないとみて、損を承知で売ること。(類語)投げ売り・捨て売り・叩き売り・安売り・廉売・蔵浚くらざらえ・ダンピング・バーゲンセール

みきり-はっしゃ【見切り発車】〔名〕スル ❶電車やバスが満員になったり発車時刻が来たりしたために、乗客の全部が乗りきらないうちに発車すること。見切り発進。❷論議が十分に尽くされないままに、決定・実行すること。見切り発進。「議会の承認をえないまま―する」

みきり-はっしん【見切り発進】「見切り発車」に同じ。

みきり-ひん【見切り品】値段を非常に安くして売る売れ残りの商品。

み-き・る【見切る】〔動ラ五(四)〕❶ものをすっかり見てしまう。見終わる。「広いので一日で―・るのはむずかしい」❷見捨てる。見限る。見切りをつける。「不誠実な友人を―・る」❸売れそうもない商品を非常に安い値段で売る。投げ売りをする。「二束三文に―・って売る」❹よく見て判断する。状態を見きわめる。「知らぬ国にては、稼がれぬ事を―・って」〈浮・新永代蔵〉

み-ぎれい【身綺麗】〔形動〕図〔ナリ〕❶身の回りや身につけているものが清潔でさっぱりとしているさま。「―な人」「いつも―にしている」❷(比喩的に)他人にとやかく言われるような、やましいことのないさま。「清廉で―な人物」

みき-ろふう【三木露風】[1889～1964]詩人。兵庫の生まれ。本名、操。相馬御風・野口雨情らと早稲田詩社を結成。詩集「廃園」によって認められ、象徴派詩人として北原白秋とともに一時代を画した。他に「寂しき曙」「白き手の猟人」「幻の田園」など。

み-ぎわ【汀・渚・水際】ぎわ 海・湖などの水の、陸地と接している所。みずぎわ。なぎさ。

みぎわ-せん【汀線】みぎわせん►ていせん(汀線)

みぎわ-まさり【汀優り】みぎわまさり きわだってすぐれていること。水ぎわ立つこと。「―の力なり」〈曽我・一〉

み-きわめ【見極め】きわめ 見極めること。見通し。「最終的にどうなるか―がつかない」
(類語)見当・見通し・見込み・読み

み-きわ・める【見極める】みきわめる〔動マ下一〕図みきは・む〔マ下二〕❶十分に確認する。また、最後まで確認する。「彼の居場所を―・めてから戻る」「心底を―・める」❷物の真偽を十分検討したうえで、判定する。確かめる。「正体を―・める」「真相を―・めてから結論を出す」❸物事の奥底を知りつくす。深いところまで会得する。「芸道の奥義を―・める」
(類語)見定める・見据える・判断する

み-ぎん【砌】「みぎり」の音変化。「げにありがたき―かな」〈謡・草子洗小町〉

ミグ〘MiG〙《開発した技師ミコヤンとグレビッチの頭文字から》ソ連の代表的な戦闘機の総称。

み-くさ【三種】❶三つの種類。「―の宝物(＝神器)」「己が養へる―の虫を」〈記・下〉❷練り香の一。麻香・沈香じんこう・白檀びゃくだんを甘葛煎あまずらせんで練り、檳榔子

の皮を入れたもの。

み-くさ【▽水草】「みずくさ」に同じ。「古の古き堤は年深み池のなぎさに―生ひにけり」〈万・三七八〉

みくさ【▽御▽軍】「みいくさ」の音変化。「霰降り鹿島の神を祈りつつ皇―に我は来にしを」〈万・四三七〇〉

み-くじ【▽御×籤】神社や寺などで、参詣人が吉凶を判断するためにひくくじ。おみくじ。

み-ぐし【▽御▽髪】❶頭髪の敬称。おぐし。❷《「御首」「御頭」と当てて書く》首や頭の敬称。「―もたげて、見いだし給へり」〈源・夕顔〉

御髪下ろ・す　貴人が髪をそり落として仏門に入る。「花山寺におはしましつきて、―・させ給ひてのちにぞ」〈大鏡・花山院〉

みぐし-あげ【▽御▽髪上げ】❶貴人の髪を結うこと。また、そのことに奉仕する人。❷平安時代、宮中で12月の下の午の日に、天皇・東宮などの一年中の髪のくずを主殿寮で焼いた儀式。❸成人した女子が髪を初めて結うこと。また、その儀式。

ミクシィ〖mixi〗インターネットを利用したソーシャルネットワーキングサービス(SNS)の一。ブログ機能、メッセージ送受信機能、BBS(電子掲示板)機能などを有する。開始時はすでに登録しているユーザーからの招待を必要とする紹介制のサービスであったが、後に単独での新規登録も可能となった。

ミクシィ-アプリ【mixiアプリ】SNS(ソーシャルネットワーキングサービス)のミクシィが提供するソーシャルアプリケーション。ソーシャルゲームをはじめ、SNS内でのコミュニケーションを活性・促進する各種ツール、ビジネスや学習に役立つアプリケーションなどがある。また、アプリケーションが動作するAPIを公開し、個人が開発したアプリケーションを提供できるサービスもある。

みぐし-おろし【▽御▽髪下ろし】貴人が髪をそり落として仏門に入ること。

み-くしげ【▽御×櫛×笥｜▽御×匣】貴人を敬って、その化粧道具を入れる箱をいう語。「海神の神の命の―に貯ひ置きて」〈万・四二二〇〉

みくしげ-どの【▽御×匣殿｜▽御×櫛×笥殿】㊀❶内裏の貞観殿の中にあり、内蔵寮で調進する以外の天皇の衣服などの裁縫をする所。❷《「御匣殿の別当」の略》御匣殿の女官の長で、上﨟女房がなる。㊁貞観殿の異称。

み-くず【▽水×屑】水中のごみ。

水屑となる　水死する。「海底の―」

ミクスチュア〖mixture〗2種類以上のものをまぜ合わせたもの。また、混合物。

ミクスト-ダブルス〖mixed doubles〗《「ミックストダブルス」とも》▶混合ダブルス

ミクスト-メディア〖mixed media〗《「ミックストメディア」とも》❶多種の画材を用いて描いた絵。❷「マルチメディア」に同じ。

ミクスト-リアリティー〖mixed reality〗《「ミックストリアリティー」とも》「拡張現実感」に同じ。複合現実感。MR。

み-くずれ【身崩れ】〔名〕スル 肉のやわらかい魚を調理する際に、身の形がくずれること。「落としぶたをして―を防ぐ」

ミクソグラフィー〖mixography〗メキシコの画家タマヨが自ら命名した版画の技法。蝋で原型を作り、電気メッキで銅を付着させて版とする。

み-くだ・す【見下す】〔動サ五(四)〕❶下の方を見る。みおろす。「山の頂上から下界を―・す」❷相手をばかにして見る。あなどりみる。見さげる。「人を―・した態度」(類語)嘲る・見くびる・侮る・見下げる・蔑む・卑しめる・貶める

みくだり-はん【三▽行半｜三下り半】《三行半に書く習慣から》江戸時代、夫から妻への離縁状の俗称。転じて、離縁すること。「―を突きつける」
(類語)離縁状・去り状

み-くに【▽御国】❶国の敬称。「神の―へ召される」❷日本国。おくに。「―のためにがんばる」

みくに-あらそい【▽御国争ひ】皇位を争うこと。「主上、上皇の―に、夜うちなんどしかるべからず」〈保元・上〉

みくに-かいどう【三国街道】関東と越後を結ぶ江戸時代からの街道。ほぼ現在の国道17号にあたる。中山道の群馬県高崎から分かれ、三国峠を越えて長岡に至る。

みくに-ことば【▽御国言葉｜▽御国▽詞】日本語。漢語に対する、やまとことば。

みくにことばかつようしょう【御国詞活用抄】江戸中期の文法書。1巻。本居宣長著。天明2年(1782)ごろ成立。動詞・形容詞など活用語の語尾変化の型を五十音順に配列。語例が豊富で、のちの活用研究に資するところ大であった。

みくに-さんみゃく【三国山脈】新潟・群馬県境にある山脈。丹後山・谷川岳・三国山などがあり、最高峰は南部の白砂山で、標高2140メートル。

み-くにち【三九日】9月の9日・19日・29日の称。秋祭りがこのころに行われる。さんくにち。

みくに-とうげ【三国峠】群馬・新潟県境にある峠。標高1244メートル。三国街道の要地。現在は下のトンネルを国道17号が通る。

みくに-ぶし【三国節】福井県の民謡で、坂井市三国港近辺に伝わる盆踊り歌。宝暦11年(1761)三国神社建立の際の地固めの作業歌に始まるという。

みくに-ぶみ【▽御国文】❶日本の書物。国書。国典。❷日本の文章。国文。和文。

みくに-ぶり【▽御国▽風】❶日本の風習。❷日本の文学。

みくに-まなび【▽御国学び】日本の古典を研究する学問。国学。

みくに-やま【三国山】㊀群馬県北西部にある山。標高1636メートル。群馬県利根郡みなかみ町と新潟県南魚沼郡湯沢町の境、三国山脈の鞍部に位置する。三国峠の北約1キロメートル。㊁群馬県(旧上野)・埼玉県(旧武蔵国)・長野県(旧信濃国)の県境にある山。標高1834メートル。神流川と中津川の源流部にあたる。また、中津川・神流川・千曲川の分水界。名は、かつての三国にまたがることから。

みくに-ゆずり【▽御国譲り】天皇が位を皇太子に譲ること。譲位。「―の節会行はれて」〈徒然・二七〉

み-くび・る【見×縊る】〔動ラ五(四)〕軽視する。あなどる。見さげる。「ずいぶん人を―・ったやり方だ」(類語)嘲る・見下す・侮る・見下げる・蔑む・卑しめる・貶める

み-ぐま【▽水×隈】水流が岸に曲がり込んで入っている所。「み吉野の―が菅を編まなくに刈りのみ刈りて乱りてむとや」〈万・二八三七〉

ミグマ〖ギリシャ migma〗高温度の変成作用により岩石が部分的に溶融して生じた、固体と液体の混合物。

ミグマタイト〖migmatite〗変成岩と花崗岩質マグマとが混じり合ってできた片麻岩状の岩石。変成岩の一部が溶融してできたものもある。混成岩。

み-くまの【三熊野】熊野三社の異称。

み-くまり【▽水▽分り】《「水配り」の意》山から流れ出る水が分かれる所。「―に坐す皇神等の前に白さく」〈祝詞・祈年祭〉

みくまり-の-かみ【水分神】日本神話で、水の分配をつかさどる神。天水分神と国水分神があり、豊作の神として信仰された。

み-くら【▽御倉｜▽御蔵】❶官司や社寺の貴重物を納める倉。また、そこをつかさどる職員。❷内蔵寮の倉。また、そこをつかさどる職員。❸蔵人所の保管庫。また、そこに勤める下級役人。

み-くらい【▽御位】❶天皇の位。皇位。帝位。また、その位にあること。❷位を尊んでいう語。「程もなく、もとの―あらたまりて」〈源・明石〉

みくら-じま【御蔵島】伊豆七島の一。東京都三宅支庁御蔵島村をなす。中央に標高851メートルの御山があり、海岸は海食崖が発達。ツゲ材を産する。

み-くら・べる【見比べる｜見▽較べる】〔動バ下一〕図みくら・ぶ〔バ下二〕あれこれと見て、よしあし、ちがいを判ずる。「商品を―・べる」(類語)比べる

み-くり【実×栗｜三×稜草】ミクリ科の多年草。池沼などに生え、高さ約1メートル。葉は線形で長い。夏、球状の頭状花をつけ、枝の上部に雄花、下部に雌花がつく。実は先がとがり、基部が楔形をなすが、集合した形はクリのいがに似る。やがら。

み-くり【▽御×厨】「みくりや」の略。

みくり-なわ【三×稜草縄】ミクリが水に漂って、縄のようによれて見えるもの。「水錆ゐる浅沢沼の―苦しき世には住まれやはする」〈新千載・雑中〉

みくり-の-すだれ【三×稜草の×簾】ミクリの茎を裂いて干したものを編んで作ったすだれ。「―など、ことさらに昔のことをうつしたり」〈枕・九九〉

ミクリ-ミトロポリ-きょうかい【ミクリミトロポリ教会】《Mikri Mitropoli》▶アギオスエレフテリオス教会

み-くりや【▽御×厨】❶神社の境内にあって、神饌を調理する建物。特に、伊勢神宮・賀茂神社についていう。御供所。神饌所。❷古代・中世、皇室や伊勢神宮・賀茂神社などへ神饌の料を献納するために設けられた所領。

み-ぐるし・い【見苦しい】〔形〕図みぐる・し〔シク〕❶見た感じが不愉快である。みっともない。みにくい。「―・い身なり」「―・いまねはよしなさい」❷見るのに難渋する。見づらい。「目をいみじう煩ひ給ひて、よろづ治し尽させ給ひけれど、猶いと―・しく」〈栄花・玉の村菊〉(派生)みぐるしげ〔形動〕みぐるしさ〔名〕➡みっともない(用法)
(類語)みっともない・はしたない

み-くるべか・す【見▽転べかす】〔動サ四〕目をぎょろつかせて見回す。きょろきょろと見回す。「眼を車の輪のごとく―・して」〈宇津保・俊蔭〉

み-ぐるみ【身▽包み】からだにつけているもののすべて。着ているものの全部。「賊に―はがれる」

ミグレニン〖migrenin〗アンチピリン90パーセント・カフェイン9パーセント・枸櫞酸1パーセントを混合した薬剤。鎮痛作用があり、偏頭痛に用いた。

ミクロ〖ドイツ Mikro｜フランス micro〗㊀〔名〕ごく小さいこと。微小。極微。「―の世界」➡マイクロ　㊁〔形動〕《「ミクロスコピック」の略》微視的であるさま。「―に眺める」(⇔)マクロ。(類語)微小・微微

ミクロキスティス〖ラテン Microcystis〗藍藻類の微小藻。一つの細胞からなり、ふつう多数が集まって暮らす。アオコはこの藻が異常に増殖したもの。

ミクログラム〖フランス microgramme〗メートル法の重さの単位。1グラムの100万分の1。記号μg, γ

ミクロ-けいざいがく【ミクロ経済学】微視的経済学。家計の消費活動や企業の生産活動といった個別経済の分析から始まり、全体の分析に至る経済学。価格分析を中心とする。(⇔)マクロ経済学。

ミクロコスモス〖ドイツ Mikrokosmos〗小宇宙。➡マクロコスモス

ミクロスコピック〔形動〕「マイクロスコピック」に同じ。

ミクロゾーム〖microsome〗細胞原形質中の小さな粒。主に小胞体とリボゾームからなる。

ミクロトーム〖ドイツ Mikrotom〗顕微鏡で観察する動植物体の組織の切片を作成するための切断器械。数～数十マイクロメートル程度の薄さに切ることができる。

ミクロネシア〖Micronesia〗《小さい島々の意》㊀太平洋中西部の諸島群の総称。太平洋の島々を三大別したときの一。カロリン諸島・マーシャル諸島・ギルバート諸島などがある。第一次大戦後は日本の委任統治領となって南洋群島とよばれ、第二次大戦後は多くが米国信託統治領となった。1970年代以降、独立が進む。住民はカナカ・チャモロなど。㊁西太平洋、カロリン諸島中のヤップ・チューク(旧トラック)・ポンペイ・コスラエなどの島々からなる連邦国。首都はポンペイ島のパリキール。米国信託統治領から、1979年自治政府が発足し、86年独立。正式名称、ミクロネシア連邦。人口11万(2010)。

ミクロネシア-じん【ミクロネシア人】ミクロネシアの住民。ポリネシア人と同系統で、モンゴロイド的な傾向が強い。

ミクロフィルター〘ドイツ Mikrofilter〙目の細かいフィルター。通常は、孔径が3マイクロメートル以下のものをいう。

ミクロ-ぶんせき【ミクロ分析】《micro-analysis》価格分析の一。財・生産要素の各個別価格と需要・供給との関係を、主体的均衡・市場均衡とのかかわりにおいてとらえる分析。また、微視的分析ともいい、生産者や消費者の経済行動を分析する。⇔マクロ分析。

ミクロメーター〘ドイツ Mikrometer〙❶「マイクロメートル」に同じ。❷「マイクロメーター」に同じ。

ミクロン〘フランス micron〙メートル法の長さの単位。1ミクロンは1000分の1ミリで、1マイクロメートル。記号μ

み-け【三毛】白・黒・茶の3色のまじった毛色。また、その毛色の猫。

み-け【▽御▽食｜▽御×饌】神への供物。また、天皇の食事の料。「大一に仕へ奉るとをちこちにいざり釣りけり」〈万・四三六〇〉

みげ【×胘】❶牛・鹿・羊などの胃袋。塩辛などにした。「我が一はみ塩(=塩辛)のはやし」〈万・三八八五〉❷牛・鹿・羊などの糞。〈和名抄〉

み-けいけん【未経験】〔名・形動〕まだ経験していないこと。また、そのさま。「この仕事は一だ」

みけ-うた【▽御×饌歌】神饌を奉る祭に奏せられた神事歌謡。

ミケーネ〘Mykēnai〙ギリシャ、ペロポネソス半島東部アルゴリス平野にある古代都市遺跡。ミケーネ文明の中心だったが、ローマ時代に荒廃。1876年、シュリーマンにより発掘された。1999年、同じくシュリーマンが発掘したティリンスとともに世界遺産(文化遺産)に登録された。ミュケナイ。

ミケーネ-ぶんめい【ミケーネ文明】前16世紀から前12世紀にかけて、ミケーネを中心に栄えた、エーゲ文明後期の青銅器文明。北方からのアカイア人がクレタ文明の影響を受けて形成、ギリシャ文明の先駆をなしたが、ドリス人の侵入によって滅亡。シュリーマンによって再発見された。ミュケナイ文明。

み-けし【▽御▽衣】《「けし」は尊敬語「けす」の連用形から》貴人を敬って、その衣服をいう語。おめしもの。みぞ。おんぞ。「筑波嶺の新桑繭の衣はあれど君が一しあやに着欲しも」〈万・三三五〇〉

み-けつ【未決】❶まだ決定しないこと。「一書類」⇔既決。❷被告人の有罪か無罪かがまだ決まっていないこと。⇔既決。

みけ-つ-かみ【▽御▽食津神】❶食物をつかさどる神。大宜都比売神・保食神・宇迦御魂・豊受大神・若宇迦乃売神など。❷宇迦御魂、すなわち稲荷の神の異称。「三狐神」とも当て字したので、キツネにこじつけられる。

みけつ-かん【未決監】未決囚を拘禁する施設。拘置所や代用刑事施設(警察の留置施設)をいう。

みけ-つ-くに【▽御▽食つ国】天皇の食料を献上する国。「一志摩の海人ならし熊野の小舟に乗りて沖辺漕ぐ見ゆ」〈万・一〇三三〉

みけつ-こうりゅう【未決勾留】被疑者や被告人を勾留状の執行によって拘禁すること。勾留。

みけつ-しゅう【未決囚】勾留状によって拘禁されている被疑者・被告人。⇔既決囚。

みけ-つ-もの【▽御▽食つ物】天皇の食物。「擊きぐ所の一」〈雄略紀〉

みけ-どの【▽御×饌殿】神饌をととのえる殿舎。伊勢神宮では豊受大神宮内院にある。みけでん。

みけ-ねこ【三毛猫】白・黒・茶の3色の毛が入りまじった猫。雄にはほとんどいない。みけ。

みけ-びと【▽御▽食人】死者に供える食物を調理する役の人。

みけ-むかう【▽御▽食向かふ】〔枕〕「淡路」「城上」「南淵」「味原」などの地名にかかる。「一淡路の島に直向かふ」〈万・九四六〉補説 一説に、食膳で向かい合っている食物の中に粟・葱・蜷があることからという。

ミケランジェロ〘Michelangelo Buonarroti〙[1475〜1564]イタリアの彫刻家・画家・建築家・詩人。レオナルド=ダ=ビンチと並ぶルネサンスの巨匠。彫刻に「ピエタ」「ダビデ」「モーセ」など、絵画にシスティナ礼拝堂の天井画「創世記」および同正面壁画「最後の審判」などがあり、晩年はサンピエトロ大聖堂の設計を行った。

ミケランジェロ-ひろば【ミケランジェロ広場】《Piazzale Michelangelo》イタリア中部、トスカーナ州の都市フィレンツェにある広場。市街南東部、アルノ川を見下ろす丘の上に位置する。中央にミケランジェロのダビデ像(複製)がある。フィレンツェ市街を一望にできるため、観光名所として知られる。

み-けん【未見】まだ、見たり会ったりしたことがないこと。「一の資料」「一の人」

み-けん【眉間】眉と眉との間。額の中央。「一のしわ」類語 額・おでこ

みけん-じゃく【眉間尺】古代中国の説話中の勇士のあだ名。身長が高く、顔が大きく、両眉の間が1尺もあったところからいう。春秋時代の伍子胥や、刀剣の名工干将の子をいう。転じて、眉間の広いことや、その人。

みけん-の-ひかり【眉間の光】仏の眉間の白毫から放つ光。

みけんびゃくごう-そう【眉間白×毫相】仏の三十二相の一。眉間にある右巻きの白色の旋毛。光明を放つといい、仏像では水晶などをはめ込んで表す。

み-こ【巫＝女｜神＝子】❶神社に属し、神楽を舞ったり神事に奉仕して神職を補佐する女性。かんなぎ。❷祈祷・卜占や死者の口寄せをする女性。東北地方のいたこ、沖縄地方のゆたなどの類。ふじょ。「恐山の一」❸古代ギリシャや古代ローマにおいて神に仕え、神の意思を託宣した女性。類語 巫女・市子・いたこ・ゆた・口寄せ・かんなぎ・シャーマン

み-こ【▽美▽籠】籠の美称。「籠もよ一持ち」〈万・一〉

み-こ【▽御子｜皇＝子｜皇＝女｜親＝王】❶(御子)神の子。特に、イエス=キリストをさす。❷天皇の子。皇子・皇女。皇女は「ひめみこ」とも。「玉のをのこ一さへうまれ給ひぬ」〈源・桐壺〉❸天皇の子で、親王宣下を受けた者。しんのう。「今までこの君を一にもなさせ給はざりけるを」〈源・桐壺〉

み-ご【×稭｜稈＝心】藁の外側の葉や葉鞘を取り除いた茎の部分。わらしべ。

みこ-あいさ【巫＝女▽秋沙】カモ科アイサ属の鳥。全長44センチくらい。雄は全身ほぼ白色で、背や目先部分が黒く、俗にパンダガモともよぶ。雌は頭の上半分が褐色、下半分が白色で、背は灰褐色。ユーラシア大陸北部に分布し、日本では主に冬鳥。

みこうかい-かぶ【未公開株】証券取引所(金融商品取引所)で取引されていない株式。株式市場に公開されていない株。上場されていない株式。グリーンシート市場で一部が取引されている。非公開株。

みこうかいかぶ-とうし【未公開株投資】株式市場に株を公開していない企業に投資すること。平成9年(1997)未公開企業の株式の売買を行うグリーンシート市場が日本証券業協会に開設された。

み-こうし【▽御格子】格子を尊んでいう語。

御格子参・る　高貴な人の部屋の格子をあげる。または、おろす。「雪のいと高う降りたるを、例ならず、一・りて(=オオロシシタママデ)」〈枕・二九九〉

み-ごうしゃ【見巧者】〔名・形動〕芝居などによく通じていて、見方のじょうずなこと。また、その人や、そのさま。「一な(の)劇通」

み-こうのこ【▽御神の子】《「みかみのこ」の音変化》神に奉仕する少女。また、神楽を舞うみこ。みかんなぎ。「み神楽の日になりて…一四人さぶらふ」〈宇津保・嵯峨院〉

み-ごえ【実肥】植物の開花・結実などをよくする肥料。主に燐酸肥料をいう。

みこがみ-てんぜん【神子上典膳】▶小野忠明

み-こき【▽御▽国忌】「国忌」の敬称。「十一月の朔日ごろ一なるに、雪いたう降りたり」〈源・賢木〉

みこころ-を【▽御心を】〔枕〕《「を」は間投助詞》み心が広い、長い、よいの意から、「広田」「長田」「吉野」などの地名にかかる。一説に、み心を寄す意からとも。「一吉野の国の」〈万・三六〉

み-こし【見越し】❶隔てている物の上を越して見ること。❷将来を見通すこと。予測。「屋体骨が張って行けるという一がつかんことにや」〈秋声・新世帯〉

み-こし【▽御×輿｜神＝輿】❶神幸のとき、神霊の乗り物とされる輿。形は四角形・六角形・八角形などで、屋根に鳳凰・葱花などを飾り、台には2本の担ぎ棒をつける。しんよ。おみこし。(季 夏)❷(御輿)輿の敬称。特に、天皇の乗る輿。「ひんがしの門は四つ足になして、それより一は入らせ給ふ」〈枕・八〉

御輿を上・げる　(「輿」を「腰」にかけて)❶腰を上げる。立ち上がる。「話題も尽きたところで一・げる」❷仕事に取りかかる。「休憩を終えて一・げる」

御輿を担・ぐ　他人をおだて上げる。もちあげる。「一・いで会長に祭りあげる」

御輿を据・える　座り込んで動かない。ゆったりと構えて動こうとしない。「一・えて話し込む」

みこし-あらい【神＝輿洗い】祭礼の前後に神輿を洗い清める儀式。特に、京都八坂神社の祇園会の際に鴨川で行われるものをいう。(季 夏)

みこし-うり【見越し売り】「思惑売り」に同じ。

みこし-がい【見越し買い】「思惑買い」に同じ。

みこし-じ【三越路】越前・越中・越後の3国。また、この3国へ行く道。越路。「一の雪降る山を越えむ日は留まれる我をかけて偲はせ」〈万・一七八六〉補説 一説に、「み」は接頭語で「越路」の美称とも。

みこし-にゅうどう【見越し入道】化け物の一。巨大な坊主姿で、屏風の上などに現れ、見上げれば見上げるほど背が高くなり、また首が長くなるという。

みこし-の-まつ【見越しの松】塀ぎわにあって外から見えるようにした松の木。

みこし-ふり【神＝輿振り】《「みこしぶり」とも》❶祭礼のとき、担いだ神輿を威勢よく振り動かすこと。❷昔、比叡山延暦寺の僧徒が、朝廷に強訴するとき、日吉神社の神輿を先に立てて入京したこと。

みこし-やどり【神＝輿宿り｜神＝輿▽舎り】祭礼などのときに神輿を仮に安置する所。御旅所。また、神輿をしまっておく倉。

みこし-よせ【▽御×輿寄せ】貴人が輿に乗り降りするために、玄関口に張り出してつくった所。

み-ごしらえ【身×拵え】〔名〕スル 何かをするために服装を整えること。みじたく。「恥ずかしくないように一する」類語 身支度・身じまい・身繕い

み-こしろ【▽御子代】子代を敬っていう語。

み-こ・す【見越す】〔動サ五(四)〕❶隔てている物の上を越して見る。「畑を一・して海を望む」❷将来のことを推しはかる。今後を見通す。予測する。「値上がりを一・して買い占める」類語 見通す・推し量る・察する・感じ取る・予測・予想・予期

み-ごたえ【見応え】見るだけの価値があること。「一のある映画」

み-こと【▽尊｜▽命】《御言を発するお方の意から。また、「御事」の意とも》㊀〔名〕上代、神や人の呼び名の下につけた敬称。「…のみこと」の形で使う。「小碓の一」「恨めしき妹の一の」〈万・七九四〉㊁〔代〕二人称の人代名詞。㋐相手を敬っていう語。あなた。「一勝ちたらば国を分かちて知らしめん」〈今昔・一六・一八〉㋑相手を軽く見ていう語。おまえ。「そもそも、一、なすべき官物、その員あり」〈今昔・二〇・三六〉補説 古事記の表記では「命」に統一、日本書紀では、至って尊いお方には「尊」、それ以外には「命」と使い分けている。

み-こと【▽御言｜▽命】「言」を敬っていう語。神・天

皇・貴人などの言葉。おおせ。御命令。「八十神(やそがみ)の一以(も)ちて」〈記・上〉
み‐ごと【見事｜美事】《㊀が原義。「美事」は当て字》㊀〔形動〕図〔ナリ〕❶すばらしいさま。りっぱなさま。「バラが―に咲く」「―な床柱」❷巧みなさま。あざやか。「予想が―に的中した」「―な腕前」❸完全であるさま。すっかり。「ものの―に失敗した」「―な負けぶりだ」派生みごとさ〔名〕㊁〔副〕㊀に同じ。「―やり通した」㊂〔名〕みるべきこと。みるべき価値のあるもの。「―いとおそし。そのほどは桟敷不用なり」〈徒然・一三七〉類語立派・結構・素晴らしい・良い・素敵(すてき)・最高・絶妙・卓抜・秀逸・目覚ましい・輝かしい・妙(たえ)なる・えも言われぬ・上上・上乗
みこと‐のり【詔｜勅】《「御言宣(みことのり)」の意》❶天皇の言葉。仰せ言。大御言(おおみこと)。❷古文書の様式の一。天皇の命令を直接に下す文書。養老令の公式令(くしきりょう)には詔と勅の二つの様式が規定されている。
みこと‐もち【宰｜司】《天皇の御言(みこと)を持ち、政(まつりごと)を行う意》上代、勅を受けて任地に下り、政務をつかさどった官人。律令制の国司の前身。「山部連小楯(やまべのむらじをだて)を針間(はりま)の国の―に任(ま)けし時」〈記・下〉
み‐ごなし【身熟し】からだの動かし方。身のこなし。挙動。「―が軽い」類語こなし・物腰
ミコノス〘Mikonos〙ギリシャ南東部、エーゲ海にあるミコノス島の西岸にある港町。同島の玄関口であり、最も人口が多い。本土のピレウスや付近の島々とフェリーで結ばれる。白壁のパラポルティアニ教会、青い丸屋根をもつセントニコラス教会などがある。
ミコノス‐とう【ミコノス島】(タウ)《Mikonos》ギリシャ南東部、エーゲ海に浮かぶ島。キクラデス諸島の北東部に位置する。主な町は同島西岸の港町ミコノス。ワイン、チーズ、蜂蜜の生産が盛ん。古代にはアテネ同盟に属した。ベネチア共和国、オスマン帝国の支配の後、1822年よりギリシャ領。白壁の家や教会、粉ひき風車などがあり、同国屈指の国際的な観光地。
みこ‐の‐みこと【皇＝子の尊｜皇＝子の命】皇太子・皇子の尊称。「吾が大君―の天の下」〈万・一六七〉
みこ‐の‐みや【東＝宮｜春＝宮】皇太子。とうぐう。はるのみや。「―の帯刀(たちはき)に侍りけるを」〈古今・雑下・詞書〉
みこ‐ばら【皇＝女腹】皇女の腹から生まれること。また、その子。内親王の子。みやばら。「―にただ一人かしづき給ふ御女(むすめ)」〈源・桐壺〉
みこひだり‐け【御子左家】《藤原道長の六男長家が醍醐天皇の皇子、左大臣源兼明の邸宅を伝領したところから》平安末期から鎌倉初期にかけて、藤原俊成・定家・為家(ためいえ)3代を中心とする和歌師範家としての家系。為家の子為氏(ためうじ)・為教(ためのり)・為相(ためすけ)はそれぞれ二条・京極・冷泉(れいぜい)の三家に分立した。
みこ‐まい【巫＝女舞】(まひ)巫女による神楽の舞。太鼓・笛・銅拍子(どびょうし)などの伴奏で、鈴・榊(さかき)・笹・扇・幣束などを持って舞う。
み‐こみ【見込み】❶先行きの予想。あて。「来春卒業の―」「明日は晴れの―です」❷将来の可能性。「なかなか―のある男だ」「治る―のない病人」❸《茶席で茶碗拝見のとき、まず内部をのぞき込むところから》茶碗の内部の底のあたりのこと。❹建築で、部材の側面、奥行き。❺見たようす。外観。「―のやさしさ」〈浮・五人女・三〉類語見当・読み・見通し・予想・予測
みこみ‐ちがい【見込み違い】(ちがひ)予想の立て方をまちがえること。また、予想と違う結果になること。みこみはずれ。「―から赤字を出す」
みこみ‐はずれ【見込み外れ】(はづれ)「見込み違い」に同じ。
み‐こ・む【見込む】〔動マ五(四)〕❶あてにする。望みをかける。「値上がりを―・んで大量に仕入れる」「君を男と―・んで頼む」❷将来有望だと思う。「―・まれて養子になる」❸予想して勘定に入れる。「損失を―・む」❹ねらいをつけたものに執念深くとりつく。「蛇に―・まれたカエル」類語(❶)見積もる・当て込む
み‐こも【水×菰｜水薦】水中に生えるマコモ。「時しもあれ水の―をかりあげてほさでくたしつ五月雨の空」〈千載・夏〉
みこも‐かる【水薦刈る】〔枕〕水薦の多く生えている信濃の地で、それを刈り取る意で、「信濃(しなの)」にかかる。「―信濃の真弓我が引かば」〈万・九六〉➡みすずかる
み‐ごもり【水籠もり｜水隠り】《「みこもり」とも》❶水中に隠れること。「―に息づき余り速川の瀬には立つとも人に言はめやも」〈万・一三八四〉❷心に秘めていること。「人づてに知らせてしがな隠沼(かくれぬ)の―にのみ恋ひやわたらむ」〈新古今・恋一〉
み‐ごも・る【水籠もる】〔動ラ四〕《「みこもる」とも》水中にひそみ隠れる。転じて、心に秘めておく。「言ひ出でてもつひにとまらぬ水の泡を―・りてこそあるべかりけれ」〈宇津保・あて宮〉
み‐ごも・る【身籠もる｜妊る】〔動ラ五(四)〕❶妊娠する。はらむ。「妻が―・る」❷身をひそめて隠れる。「凩(こがらし)や―・る犬の眼に涙/蛾眉」〈俳諧新選〉類語孕(はら)む・宿す・妊娠する・懐妊する
みこ‐やどり【御子宿り】平安京内裏の日華門の東にあった神輿宿(みこしやどり)の称。皇太子の休憩所としたところからの名。
ミコヤン〘Anastas Ivanovich Mikoyan〙[1895〜1978]ソ連の政治家。第二次大戦前から経済閣僚として重きをなした。副首相・ソ連最高会議幹部会議長などを歴任。1965年引退。
みこ‐よせ【巫＝女寄せ】巫女が行う口寄せ。
み‐ごり【見懲り】見て懲りること。また、そのようにさせること。見せしめ。「軍神(いくさがみ)に祭りて人に―させよとて」〈太平記・六〉
み‐こ・る【見懲る】〔動ラ上二〕見て懲りる。「男ども―・りておぢわななき」〈落窪・二〉
み‐ごろ【見頃】見るのに最も適した時期。みどき。「桜は今が―だ」
み‐ごろ【身頃｜×裑】《「身衣(みごろも)」の略》衣服の、襟・袖・衽(おくみ)などを除いた、からだの前と後ろを覆う部分の総称。前身頃と後ろ身頃。
み‐ごろし【見殺し】他人が殺されるのや困っているのを見ていながら、救わないか、または救えずにほうっておくこと。「友人を―にする」
み‐こん【未婚】まだ結婚したことがないこと。結婚の経験がないこと。⇔既婚。➡非婚 類語独身・独り身
み‐こん【未墾】まだ開墾されていないこと。
ミサ〘ラテ missa〙❶ローマ‐カトリック教会で、イエス＝キリストの十字架上の犠牲を継承・再現する重要な祭儀。キリストの体と血であるパンとぶどう酒を、司祭の手をもって神に献(ささ)げ、信者もこれに参与し、キリストとともに神に自分を献げる。ミサ聖祭。➡聖体 ❷「ミサ曲」の略。補説「弥撒」とも書く。
み‐さい【未済】事がまだ済んでいないこと。特に、返済が済んでいないこと。「―の借金」⇔既済。
み‐さい【未裁】まだ決裁していないこと。「―の書類」⇔既裁。
み‐さい【×微細】〔名・形動ナリ〕「びさい(微細)」に同じ。〈日葡〉
み‐さい【見さい】〔連語〕《「さい」は助動詞「さる」の命令形「され」の音変化》見なさい。「あれ―沖にはかもめ磯(いそ)千鳥」〈毛吹草〉
み‐さいえ【御斎会】(ヱ)➡ごさいえ(御斎会)❶
ミサイル〘missile〙通常、軍事目的のため、爆発物を遠距離に放擲(ほうてき)するための飛翔(ひしょう)体。種々の誘導方式があり、使途により地対空・地対地・空対空など、到達距離により大陸間弾道ミサイル・中距離弾道ミサイル・短距離ミサイルなどに区分される。誘導弾。
ミサイルかんれんぎじゅつ‐ゆしゅつきせい【ミサイル関連技術輸出規制】➡ミサイル技術管理レジーム
ミサイルぎじゅつ‐かんりレジーム【ミサイル技術管理レジーム】《「大量破壊兵器の運搬手段であるミサイル及び関連汎用品・技術の輸出管理体制」の通称》核兵器などの大量破壊兵器を運搬可能なミサイルの拡散を防止するために設立された、国際的な輸出規制措置。1987年にG7の間で発足し、34か国が参加(2012年7月現在)。ミサイルや関連汎用品・技術の輸出に関するガイドラインや規制品目リストを定め、参加国は国内法令に基づき自主的に輸出の規制・管理を行う。ミサイル関連技術輸出規制。MTCR(missile technology control regime)。
ミサイル‐げいげきミサイル【ミサイル迎撃ミサイル】➡エー‐エム‐エム(AMM)
ミサイル‐サイト〘missile site〙ミサイル基地。
ミサイル‐ぼうえい【ミサイル防衛】(バウヱイ)➡エム‐ディー(MD)
ミサイル‐りょうほう【ミサイル療法】(レウハフ)抗体に制癌(せいがん)剤を結合させ、目標の癌細胞だけを選択的に破壊する治療法。
み‐さお【水×棹】(さを)《「みざお」とも》水底にさして、舟を操ったり、苫(とま)をかけたりするのに使うさお。
みさお【操】(みさを)〔名・形動〕《不変の美や気高さなどをいうのが原義》❶自分の意志や主義・主張を貫いて、誘惑や困難に負けないこと。節操。「信徒としての―」❷女性の貞操。「―の固い妻」❸上品で、みやびやかなこと。また、そのさま。「うとき人に見えば、おもてぶせにや思はむと憚り恥ぢて、―にもてつけて」〈源・帚木〉❹常に変わらないこと。また、そのさま。「深き山の本意(ほい)は、―になむ侍るべきを」〈源・東屋〉
類語貞操・貞節・貞淑
操を立・てる　❶志を変えない。節操を守る。❷女性が貞操を守り通す。「亡夫に―・てる」
操を守・る　節操を守る。また、女性が貞操を守る。「政治家としての―・る」
操を破・る　❶節操を曲げる。❷女性が自身の貞操をけがす。
みさお‐の‐き【操の木】(みさを)アカネ科の常緑低木。山地に生え、葉は長楕円形でつやがあり、対生。夏、黄色の花をつけ、黒い実を結ぶ。本州以西に分布。岩の間に生えても葉色が鮮やかで変わらないところからの名。
み‐さか【御坂】坂の美称。「足柄の―恐(かしこ)み曇り夜の我(あ)が下延(したば)へを言出(こちで)つるかも」〈万・三三七一〉
み‐さかい【見境】(さかひ)物事の見分け。善悪などの判別。識別。「前後の―もなく行動する」類語分別・区別・見分け・文目(あやめ)
み‐さか・う【見境ふ】(さかふ)〔動ハ下二〕見て区別する。はっきり見分ける。「敵、味方を―・へず、切りつ突きつするものなれば」〈甲陽軍鑑・四〇〉
みさか‐とうげ【三坂峠】(たうげ)愛媛県中部、松山市と上浮穴(かみうけな)郡久万(くま)高原町の境にある峠。標高720メートル。国道33号(土佐街道)の最高点で最大の難所。北側の三坂川(重信川水系)は瀬戸内海に、南側の久万川(仁淀(によど)川水系)は太平洋に注ぎ、その分水嶺となっている。松山平野・瀬戸内海の眺望がよい。冬季、付近はスキー場となる。
み‐さかり【真盛り｜方】〔名・形動ナリ〕《「みざかり」とも》ちょうどさかりであること。まっさかり。「豊玉姫、―に産(こ)むとき竜になりぬ」〈神代紀・下〉
みさき【三崎】神奈川県三浦市の地名。南にある城ヶ島が自然の防波堤をなし、漁港として発展。
み‐さき【岬｜崎】海や湖などに細長く突き出ている陸地。「―の灯台」類語半島・崎
み‐さき【御先｜御前】❶貴人などの先払い。前駆。❷神が使者として遣わす動物。カラス・キツネなど。❸変死人の霊魂。特に、西日本地方でいう。
みさき‐うま【岬馬｜御崎馬】宮崎県の都井(とい)岬付近で、半野生状態で生息する小形の馬。家畜の馬が放牧されて野生化したもの。天然記念物。都井馬。
みさき‐がらす【御先×烏】山の神の使者としてのカラス。また、墓前の供物に群がるところから邪霊の代表のようにもいわれる。
みさき‐じんく【三崎甚句】神奈川県の民謡で、三浦市三崎地方でうたわれる座敷歌。ハイヤ節の流れをくむ歌で、漁師相手の酒席でうたい広められた。
みさき‐み【岬回｜崎×廻】《「み」は、まわり、入り曲がった所の意》岬のまわり。また、岬の湾曲した所。「―の荒磯(ありそ)に寄する五百重(いほへ)波立ちても居ても我(あ)

が思へる君」〈万・五六八〉

ミサ-きょく【ミサ曲】ミサ典礼のための楽曲。キリエ(哀れみの賛歌)・グロリア(栄光の賛歌)・クレド(信仰告白)・サンクトゥス(感謝の賛歌)・アニュスデイ(平和の賛歌)の各曲より構成される。ミサ。

み-さ・く【見▽放く】〘動カ下二〙❶遠くを見る。はるかに眺める。「しばしばも━・けむ山を」〈万・一七〉❷見て、気持ちを晴らす。「語り放さけ━・くる人目ともしみと」〈万・四一五四〉

み-ざくら【実桜】❶桜の実。さくらんぼう。(季 夏)「━や立ちよる僧もなかりけり／蕪村」❷実をとるために栽培される桜。セイヨウミザクラなど。また、オウトウの別名。

みさげ-は・てる【見下げ果てる】〘動タ下一〙図みさげは・つ〘タ下二〙愛想がつきるほど軽蔑けいべつするに値する。「人の物を盗むなんて━・てた男だ」

み-さ・げる【見下げる】〘動ガ下一〙図みさ・ぐ〘ガ下二〙劣っているとして軽んじる。軽蔑する。「━・げた口のきき方をする」(類語)嘲あざける・見下す・見くびる・侮る・卑しめる・蔑む・貶おとしめる

みさご【×鶚┊雎=鳩】タカ科の鳥。全長約55センチ。上面は茶褐色で、頭と下面が白い。翼は細長く、短い冠羽をもつ。水辺にすみ、飛びながら魚を探し、水中に突入して足でつかみ取る。極地を除き世界中に分布。雎鳩しょきゅう。州鳥すどり。うおたか。

みさご-ずし【×鶚×鮨】ミサゴが捕って岩陰などに置いた魚に海水がかかって発酵し、酢に漬けたようになったもの。

みさご-ばら【×鶚腹】タカとかけ合わせてミサゴの腹に生まれた子。「この御鷹は━の鷹にて候」〈著聞集・二〇〉

みささ-おんせん【三朝温泉】ミササヲンセン 鳥取県中部、東伯郡三朝町にある温泉。泉質は塩化物泉・放射能泉などで、ラジウム含有量の多いことで有名。

み-ささぎ【陵】《古くは「みさざき」》天皇・皇后などの墓所。御陵。みはか。(類語)御陵・山陵・陵墓

ミサ-せいさい【ミサ聖祭】ミサのこと。

ミサ-ソレムニス〘ラテ misa solemnis〙カトリック教会で、司祭が助祭・副助祭を伴い、合唱つきで行う盛儀ミサ。荘厳ミサ。

み-さだめ【見定め】見定めること。見きわめ。「さっぱり━がつかない」

み-さだ・める【見定める】〘動マ下一〙図みさだ・む〘マ下二〙見て確かにそれと決める。見きわめる。「真偽のほどを━・める」
(類語)見極める・見据える・判断する

みさと【三郷】埼玉県南東部の市。江戸川と中川に挟まれ、江戸時代は早稲米地帯。現在は宅地化が進み、東京圏の住宅都市。人口13.1万(2010)。

み-さと【▽御里┊▽京】みやこ。京都。

みさと-し【三郷市】▶三郷

みさと-づかさ【▽京▽職】▶きょうしき(京職)

み-さび【▽水×銹┊▽水×錆】池などの水面に浮かぶ錆さびのようなもの。水渋みしぶ。「あさりせし水の━に閉ぢられてひしの浮き葉に蛙鳴くなり」〈千載・夏〉

み-さぶらい【▽御▽侍】ミサブラヒ 貴人を敬って、その従者をいう語。みさぶらいびと。「━御笠と申せ宮城野の木の下露は雨にまされり」〈古今・東歌〉

み-ざま【見様】はたから見たようす。外見。「など、このさまも、━も例ならぬ」〈落窪・一〉

み-ざま【身様】身のありさま。からだつき。「古めかしき御━にて立ち並び顔ならむも」〈源・若菜下〉

みさ-みさ〘副〙ひどくぬれているさま。びしょびしょ。「背中は紅の練単衣ねりひとえを水にぬらして着せたるやうに、━となりてありけるを」〈宇治拾遺・二〉

み-ざめ【見▽醒め】長く見ているうちに趣が薄れること。次第に見劣りがすること。「ああ云う派出はでな着物は、…遠くから見て、━がしない」〈漱石・野分〉

ミザリー〘misery〙みじめさ。悲惨。また、窮乏。

み-ざる【見猿】三猿さんえんの一。見まいとして両手で両眼をおおう猿の像。

見猿聞きか猿ざる言いわ猿ざる 両手でそれぞれ、両目・両耳・口をふさいだ3匹の猿の像。余計なことは見ない、聞かない、言わない、ということを表す。➡三猿さんえん

みさわ【三沢】みさは 青森県東部の市。東は太平洋、西は小川原湖に面する。米空軍・自衛隊の基地がある。人口4.1万(2010)。

みさわ-くうこう【三沢空港】ミサハクウカウ 青森県三沢市にある空港。設置・管理者は米軍で、国内では唯一、在日米軍、航空自衛隊、民間航空の三者が共用する。民間航空の運航は昭和27年(1952)から開始された。正式名称は三沢飛行場。

みさわ-し【三沢市】みさは ▶三沢

ミサンガ〘ポルトガル missanga〙手首に巻き付ける刺繍しゅう糸のお守り。リングが切れるまで付けていると願い事がかなうとされる。元来は、アフリカから連れてこられたブラジル人の装身具で、サッカー選手が付けているところから、Jリーグの人気とともに流行した。プロミスリング。

ミザントロープ〘フランス Le Misanthrope〙▶人間嫌い

みじか【短】㊀腰のあたりまでの丈の仕事着。腰切り。㊁形容詞「みじかい」の語幹。「━袖」「気━」

みじか-あみ【短編み】「細こま編み」に同じ。

みじか-い【短い】〘形〙図みじか・し〘ク〙❶端から端までの隔たりが小さい。「━・いスカート」「髪の毛が━・い」⇔長い。❷ある時点までの間隔が小さい。久しくない。「人生は━・い」「日が━・くなる」⇔長い。❸(「気が短い」の形で)短気だ。せわしい。「気が━・くてすぐどなる」⇔長い。❹位が低い。身分が卑しい。「身は沈み位━・くて人げなき」〈源・帚木〉❺思慮が浅い。劣っている。「おのれが━・き才をもて長物語のこの小冊」〈滑・浮世床・序〉(派生)みじかげ〘形動〙みじかさ〘名〙
(類語)(❶❷)短め・短小・寸足らず・寸詰まり・ショート

みじか-うた【短歌】「たんか(短歌)」に同じ。⇔長歌ながうた。

みじか-がたな【短刀】「たんとう(短刀)」に同じ。

みじか-め【短め】〘名・形動〙いくらか短いこと。普通より短いこと。また、そのさま。「━な(の)髪」

みじか-やか【短やか】〘形動ナリ〙いかにも短いさま。みじからか。「御格子を━にし渡して」〈栄花・鳥の舞〉

みじか-ゆう【短木=綿】ユフ 丈の短い木綿ゆう。「三輪山の山辺まそ木綿━かくのみゆゑに長くと思ひき」〈万・一五七〉

みじか-よ【短夜】短い夜。夜明けの早い夏の夜。たんや。(季 夏)「━や毛むしの上に露の玉／蕪村」

みじか-らか【短らか】〘形動ナリ〙「みじかやか」に同じ。「素絹そけんの衣の━なるに、白き大口ふくみくくみ」〈平家・二〉

ミシガン〘Michigan〙米国の五大湖地方にある州。州都ランシング。西はミシガン湖、北はスペリオル湖、東はヒューロン湖・エリー湖に面する。➡表「アメリカ合衆国」

ミシガン-こ【ミシガン湖】北アメリカの五大湖の一。南北に長い。ヒューロン湖とはマキナック水道によって、ミシシッピ川とは運河によって連絡する。面積5万8016平方キロメートル。最大深度281メートル。

みじ・く【▽拉く】〘動カ四〙細かく砕く。「某が━・かんと押っ取り振り上げ打つさかり」〈浄・舎利〉

み-じく・る【身▽動る】〘動ラ四〙身をもじる。からだを動かす。みじろぐ。「同じ所にも寝ず、━・り出づるを」〈能因本枕・一〇〇〉

ミシシッピ〘Mississippi〙米国南部、ミシシッピ川下流の東岸にある州。州都ジャクソン。綿花のほか大豆・トウモロコシなどを産し、畜産・工業も発展。➡表「アメリカ合衆国」

ミシシッピ-がわ【ミシシッピ川】がは《Mississippi》米国第一の大河。ミネソタ州のイタスカ湖に源を発して南流し、ミズーリ・オハイオ・テネシー・レッドなどの支流を合わせ、メキシコ湾に注ぐ。流域面積は国土の3分の1に及ぶ。全長約3780キロ、ミズーリ川原流からは約6210キロ。

ミシシッピ-デルタ〘Mississippi delta〙㊀ミシシッピ川下流のテネシー・アーカンソー・ミシシッピ・ルイジアナなどの各州にまたがる地域。アメリカ南部文化の中心として、ブルースやジャズなどの音楽をはぐくんだ。地理学的にはデルタ(三角州)ではない。㊁ミシシッピ川河口部がメキシコ湾に突き出た鳥趾状三角州。堆積した土砂が付近の海岸から半島のように伸び、その中心を分流しながら川が貫いている。

み-じたく【身支度┊身仕度】〘名〙スル 何かをするために身なりを整えること。みごしらえ。「外出用に━する」(類語)身拵ごしらえ・身繕い・出で立ち・旅装・旅支度

みし-と【▽緊と】〘副〙力を入れて何かをするさま。しかと。ひしと。「立ちながら衣きぬごしに━いだきて」〈著聞集・八〉

み-しね【▽御▽稲】稲いねの美称。「━つく女をみなのよさ」〈神楽・細波〉

みしはせ【粛=慎】▶しゅくしん(粛慎)

み-しぶ【▽水渋】「水銹みさび」に同じ。「衣手ころもでに━付くまで植ゑし田を」〈万・一六三四〉

み-しほ【▽御▽修▽法】《「みしゅほう」の音変化》❶国家または貴人が僧を呼んで密教の修法を行う、その法会。みずほう。❷▶後七日ごしちにちの御修法みしほ

みしま【三島】静岡県東部の市。古くは伊豆国の国府・国分寺の所在地、江戸時代は東海道の宿場町として繁栄。三嶋大社がある。富士・箱根・伊豆観光の玄関口。人口11.2万(2010)。

み-じまい【身仕舞(い)】ミジマヒ〘名〙スル 身なりをつくろうこと。また、化粧して美しく着飾ること。身支度みじたく。「━して出かける」(類語)身支度・身繕い・身拵ごしらえ

みしま-うし【見島牛】山口県萩市の見島で飼育されている日本古来の小型牛。室町時代に農耕・運搬用の役牛として利用されていた記録が残る。見島が離島であったため外国種と交配することなく、純粋な和牛として今日まで残った。昭和3年(1928)に「見島ウシ産地」として国の天然記念物に指定。毛色は黒褐色で雌雄とも角がある。体高は約1～1.2メートル。体重は約250～320キログラム。性質は温順。年間十数頭の雄が食用として出荷され、肉質は良く、脂肪交雑が多く筋繊維が細かい上質な霜降り肉が得られる。見島牛の雄とホルスタイン種の雌の一代雑種が「見蘭牛」の名前で生産されている。

みしま-え【三島江】㊀淀川下流の古称。大阪府高槻市南部から大阪市東淀川区東端あたりまでをいった。㊁大阪府高槻市南部、淀川沿いの地名。(歌枕)「━の入江のまこも雨ふればいとどしをれてかる人もなし」〈新古今・夏〉

みしま-おこぜ【三島×鰧┊三島虎=魚】をこぜ スズキ目ミシマオコゼ科の海水魚。泥底にすむ。全長約30センチ。頭と胴は太くて縦扁し、両眼は上面に、腹びれはのどの下にある。体色は灰色で、背側に褐色の網状紋がある。本州中部以南に分布。

みしま-ごよみ【三島暦】室町時代から江戸時代にかけて伊豆の三島神社(三嶋大社)が発行した仮名暦。江戸時代には幕府が伊豆・相模の2国にのみ頒布を許可した。

みしま-さいこ【三島×柴×胡】セリ科の多年草。山野に生え、高さ約60センチ。全体に細く、葉は広線形で互生する。秋、黄色い小花が集まって咲く。根を漢方で柴胡とよび解熱・消炎などに用い、生薬が三島で取引された。

みしま-し【三島市】▶三島

みしま-しょう【三島賞】ミシマシヤウ 三島由紀夫を記念して昭和63年(1988)に創設された文学賞。年に1回、小説・評論・詩歌・戯曲作品を対象として選考される。三島由紀夫賞。

みしま-たいしゃ【三嶋大社】静岡県三島市にある神社。旧官幣大社。主祭神は大山祇神おおやまつみのかみ・事代主命ことしろぬしのみこと。伊豆国一の宮。三島神社。

みしま-ちゅうしゅう【三島中洲】ミシマチウシウ［1830～1919］漢学者。備中びっちゅうの生まれ。名は毅つよし。東大教授・東宮侍講・宮中顧問官などを歴任。明治10年(1877)漢学塾二松学舎を創立した。著「詩書輯説」

「論学三百絶」「中洲文稿」など。

みしま-で【三島手】高麗茶碗の一。灰色の素地に細かい文様を縄状に型押しし、その部分に白土を象眼したのち透明な釉をかけて焼いたもの。この文様を三島暦の仮名に見立てての名称で、暦手ともいう。李朝前期を代表する焼き物で、種類も多い。三島。

みしま-の-たまがわ【三島の玉川】六玉川の一。摂津国三島郡三個牧村(大阪府高槻市三島江)付近の川。

みしま-みちつね【三島通庸】[1835〜1888]内務官僚。薩摩の生まれ。福島県令・栃木県令に在任中、地方開発を強行して、福島事件・加波山事件を起こし、自由党員を弾圧。のち、警視総監となり、保安条例を執行し、自由民権運動を弾圧した。

みしま-ゆきお【三島由紀夫】[1925〜1970]小説家・劇作家。東京の生まれ。本名、平岡公威。小説「仮面の告白」で作家としての地位を確立、以後、唯美的傾向と鋭い批評精神を特質とする作品を発表。割腹自殺。小説「金閣寺」「潮騒」「豊饒の海」、戯曲集「近代能楽集」など。

みしまゆきお-しょう【三島由紀夫賞】▶三島賞

みし-みし〔副〕スル ❶柱や床板などがきしんだりしなったりして出る音を表す語。ぎしぎし。みしりみしり。「歩くと床が—する」「家が—(と)音を立てる」❷物事を十分に行うさま。みっちり。「不法の者があれば会釈なく—遣付けて」〈福沢・福翁自伝〉❸荒々しく物を動かす音や、そのさまを表す語。「たてりたる物ども—と取り払ふ」〈かげろふ・中〉

みじ-め【惨め】〔形動〕〔文〕〔ナリ〕《「見じ目」の意》かわいそうで見るにしのびないさま。いたいたしいさま。「—な暮らし」「—に負ける」〔派生〕みじめさ〔名〕
〔類語〕悲惨・惨烈・凄惨・惨憺・暗澹・哀れ

みしゃ・ぐ〔動ガ四〕《「みじゃく」とも》押しつぶす。ひしゃぐ。「まあ一貫目が打っても、—・いでもないといの」〈浄・大経師〉

み-しゃれ【身×晒れ】万一約束を破ったときは、神仏の罰を受けて自分は髑髏となってもよいという意の誓いの語。みしゃり。「誓文、—といふ詞、この里のくせなりしが」〈浮・元禄大平記〉

み-しゅう【未収】金などをまだ徴収・収納していないこと。未収納。

み-しゅう【未修】大学などで、規定の学科や課程などを修めていないこと。特に、法科大学院への入学希望者について、法学部を卒業していないこと。未修得。⇔既修

み-しゅうがく【未就学】学齢に達していないこと。小学校入学前であること。「—児」

みしゅうきん-かんじょう【未収金勘定】簿記で、商品の売り上げなど企業の主たる営業取引によって発生する債権ではなく、不用になった備品の売却などの取引によって発生する債権を処理する勘定。⇔未払金勘定。

み-じゅく【未熟】〔名・形動〕❶果実・作物などがまだ十分に熟していないこと。また、そのさま。「—な梅の実」「実はまだ小さくて—だ」❷学問や技術などの経験・修練がまだ十分でないこと。また、そのさま。「—な技」「処理のしかたが—だ」〔派生〕みじゅくさ〔名〕
〔類語〕幼い・幼稚・若い・稚拙・子供っぽい・青い・青臭い・乳臭い・嘴が黄色い

みじゅく-じ【未熟児】出産予定日より早く生まれた子。胎外での生活力が弱く、保育器を利用する。一般に、出生時の体重が2500グラム未満をいい、1500グラム未満を極小未熟児(極低出生体重児)、1000グラム未満を超未熟児(超低出生体重児)ともいう。➡低出生体重児

みじゅくじ-もうまくしょう【未熟児網膜症】低出生体重児の網膜にもろくて弱い新生血管が生じることによって起こる疾患。自然治癒することが多いが、網膜に瘢痕ができ、重症になると網膜剝離を起こす場合がある。妊娠32週未満で出生した極低出生体重児に多く発症する。未熟網膜症。ROP (Retinopathy of prematurity)。

みじゅく-もうまくしょう【未熟網膜症】▶未熟児網膜症

ミシュコルツ〘Miskolc〙ハンガリー北東部の都市。ブダペスト、デブレツェンに次ぐ同国第三の都市で、北東部の中心地。18世紀に同国初の製鉄工場が建設され、第二次大戦後は旧ソ連を中心とするコメコン体制の下、コンビナート基地を擁する工業都市として発展。中世に建造されたディオーシュジュール城のほか、近郊には洞窟温泉で知られる村ミシュコルツタポルツァやハーモリ湖畔の避暑地リラフレドがある。

ミシュコルツ-タポルツァ〘Miskolc-tapolca〙ハンガリー北東部の都市ミシュコルツの南郊の地域名。中世より温泉地として知られ、全長約150メートルの洞窟の中にある温泉には多くの観光客が訪れる。

み-しゅほう【▽御修法】「みしほ(御修法)」に同じ。

ミシュラン〘フランス Michelin〙㊀フランスのタイヤメーカー。1889年、アンドレとエドゥアールのミシュラン兄弟が設立。㊁㊀の発行するガイドブック。赤の表紙のホテル・レストラン案内と、緑の表紙の観光案内がある。星の数で格付けを表すのが特徴。ミシュランガイド。ギドミシュラン。➡ギドルージュ ➡ギドベール

ミシュラン-ガイド〘Michelin Guide〙▶ミシュラン㊁

ミシュレ〘Jules Michelet〙[1798〜1874]フランスの歴史家。ロマン主義史学の代表者で、民衆を愛し、フランス革命の精神を擁護。ナポレオン3世によってコレージュ-ド-フランス教授の職から追放された。著「フランス史」「フランス革命史」など。

み-しょう【未生】まだ生まれないこと。まだこの世に生をうけないこと。

み-しょう【未詳】まだはっきりしないこと。まだつまびらかでないこと。「成立年代—の物語」
〔類語〕不詳・不明・未確認・未知・藪の中

み-しょう【実生】種子から発芽して生じた植物。挿し木・取り木に対していう。みばえ。

み-しょう【▽微笑】「びしょう(微笑)」に同じ。「拈華—」

み-しよう【未使用】〔名・形動〕まだ使用していないこと。また、そのさま。「—品」

み-じょう【身性｜身状】❶生まれついた性質。性分。❷身の上。❸品行。身もち。「その—を誰も好く言うものはなかった」〈秋声・あらくれ〉

みしょう-いぜん【未生以前】❶《「父母未生以前」の略》仏語。自我のない絶対無差別の境地。無我の境地。父母未生以前。❷生まれる以前。ずっと前。とっくの昔。「それは—で、今は挨拶きりぎりす」〈浄・丹波与作〉

み-しょうたい【▽御正体】《「みしょうだい」とも》御神体。また、神仏習合の考えによって神体である鏡に本地仏の像を示した鏡像または懸仏。

みしよう-とっきょ【未使用特許】▶休眠特許

みしょうにん-やく【未承認薬】欧米諸国では使用が承認されているが、日本では薬事承認されていない医薬品。➡適応外薬 ➡ドラッグラグ ➡未承認薬使用問題検討会議

みしょうにんやくしようもんだい-けんとうかいぎ【未承認薬使用問題検討会議】厚生労働省に設置された学識経験者による会議。欧米諸国では承認されているが日本では未承認の医薬品について、医療上の必要性を評価し、製薬企業に対して治験・承認申請等を早期に実施するよう要請を行う。ドラッグラグ問題改善策の一つとして、平成17年(2005)に設置された。

みしょう-りゅう【未生流】生け花の流派の一。文化年間(1804〜1818)未生斎山村一甫によって創始され、主として関西を中心に発展。

ミショー〘Henri Michaux〙[1899〜1984]フランスの詩人・画家。ベルギー生まれ。斬新な語法による幻想性のうちに、不安に満ちた内的世界を探究。また絵画では、アンフォルメルの先駆者とされる。詩集「ひだの中の人生」など。

み-しら・す【見知らす】㊀〔動サ四〕❶ひどい目にあわせる。思い知らせる。「腹の立つきほひロに、叔母をも知らいで—・した」〈浄・女腹切〉❷「する」「なす」の俗な言い方。やらかす。やっつける。「小半酒を冷にて—・し」〈浮・色三味線・二〉㊁〔動サ下二〕❶見てわかるようにさせる。「十有八変と筆太に—・せたるは、転宅の数をいへるか」〈滑・浮世床・初〉❷㊀❶に同じ。「手杖にてしたたか—・せ帰られける」〈洒・当世花街談義〉❸㊀❷に同じ。「お易いこと、めでたう一筆—・せう」〈浄・氷の朔日〉

み-しらず【身知らず】〔名・形動〕❶自分の身分や能力を考えないこと。また、そのさま。身のほど知らず。「—な(の)望み」❷からだを大切にしないこと。また、そのさま。「—な無茶をする」

みしら-ぬ【見知らぬ】〔連体〕見覚えがない。面識がない。「—隣人」「—ふり」

み-しり【見知り】❶見知っている人。面識のある人。「顔—」「—の村の衆に発見され」〈秋声・縮図〉❷見て知ること。見おぼえ。「その花は—があるが」〈虎明狂・若市〉

みしり〔副〕「みしみし❶」に同じ。「床が—と鳴る」

みしり-あい【見知り合(い)】互いに面識があること。また、その人。「—の仲」

みしり-お・く【見知り置く】〔動カ五(四)〕見て覚えておく。「よろしくお—・きください」

みしり-がお【見知り顔】見知っているような顔つき。「—であいさつを交わす」

みしり-ごし【見知り越し】以前から面識があること。「互いに—の仲」

みしり-みしり〔副〕「みしみし❶」に同じ。「階段が—(と)鳴る」

み-し・る【見知る】〔動ラ五(四)〕❶すでに見て知っている。見覚えがある。また、面識がある。「よく—・った人」❷見てその価値がわかる。「うち忍び用意し給へる御けはひいみじうなまめきて、—・らむ人にこそ見せめ」〈源・末摘花〉❸経験する。「—・り給はぬ世の憂さに」〈源・賢木〉

み-しるし【▽御▽璽】皇位を示すしるし。三種の神器。特に、玉。「天皇の—をたてまつる」〈允恭紀〉

み-じろぎ【身▽動ぎ】〔名〕スル《古くは「みじろき」か》身を動かすこと。みうごき。「—せず見つめる」

み-じろ・ぐ【身▽動ぐ】〔動ガ五(四)〕《古くは「みじろく」か》からだを少し動かす。身動きをする。「緊張のあまり—・ぐこともできない」

み-しん【未進】❶租・庸・調などの賦課物をまだ納めていないこと。また、その未納のもの。❷まだ果たしていない義務・約束。

ミシン《sewing machineから》❶布・紙・革などを縫い合わせたり、刺繡したりするのに使う機械。❷紙などの切り取り線上にあけた点線状の穴。

み-じん【▽微×塵】❶非常にこまかいちり。❷物が割れたりして、非常にこまかくなること。「茶碗が—に砕ける」「粉—」「木っ端—」❸(下に打消しの語を伴う)量や程度がごくわずかであること。「—の敵意もない」「—も違いがない」❹仏語。物質の最小単位である極微を中心に、上下四方の六方から極微が結合したきわめて小さい単位。転じて、非常に微細なもの。「善業は—ばかりも蓄へなし」〈平家・一〇〉
〔類語〕(❸)全然・全く・一向・さっぱり・まるきり・まるで・少しも・からきし・ちっとも・皆目・一切・まるっきり・何ら・とんと・いささかも・毫も・毛頭・露・更更

みじん-ぎり【▽微×塵切り】タマネギ・ニンニクなどの野菜をごくこまかく切ること。また、その切ったもの。
〔類語〕千切り・千六本・薄切り・輪切り・乱切り・ぶつ切り

みじん-こ【▽微×塵子｜水=蚤】鰓脚目ミジンコ科の甲殻類。浅い池や水田にすむプランクトンの一。体は卵形の殻に包まれ、体長約2ミリ。夏には雌の単為生殖によって増え、温度が下がってくると雄も生まれるようになり、両性生殖を行う。広くは、ケンミ

ジンコ・マルミジンコなども含めた総称。

みじん-こ【ˇ微ˣ塵粉】ミヂ 糯米もちごめを蒸して乾燥させ、ひいて粉にしたもの。落雁らくがんなどの菓子の材料。

みじん-こっぱい【ˇ微ˣ塵骨灰】ミヂン コッパイ 《「こっぱい」は「こはい(粉灰)」の音変化》微塵を強めていう語。こなみじん。こっぱみじん。➡骨灰こっぱい

みじん-じま【ˇ微ˣ塵ˣ縞】ミヂ 縦・横ともに2色の糸で交互に織ったこまかい格子縞。

みじん-ぼう【ˇ微ˣ塵棒】ミヂ 微塵粉を砂糖で煮固め、棒状にねじった駄菓子。

み-じんまく【身慎ˣ莫】❶身なりを整えること。みじたく。「はやく切あげて、脱しようと—をしている最中」〈魯文・安愚楽鍋〉❷自分のことをきちんと自分で行うこと。自分で生計を立てること。「自分の—もする代りに、病人の看護も…好くして来た方だ」〈秋声・足迹〉(補説)「みじまい(身仕舞)」と「みじたく(身支度)」の混交による語ともいう。

ミシン-め【ミシン目】❶布などをミシンで縫った糸の目。縫い目。❷切り離しやすいように、紙に入れた連続した小穴。「—を入れる」❸(比喩的に)一体であったものが、いくつかに割れる徴候。分裂の可能性。「党内に—が走る」
(類語)(❸)ひび割れ・ひび・割れ目・亀裂

みじん-りゅう【ˇ微ˣ塵流】ミヂン 剣道の流派の一。江戸初期に、諸岡一羽の門人根岸莵角とかくが江戸で創始したとされる。神道流の改称ともいう。

み-す【ˇ御ˣ簾】❶簾すを敬い、また、丁寧にいう語。すだれ。❷宮殿や神殿などに用いるすだれ。竹のひごを編み、平絹・綾・緞子どんすなどで縁をとった目の細かいもの。❸「御簾紙みすがみ」の略。

御簾を隔てて高座こうざを覗のぞく 意のままにならず、もどかしいたとえ。靴を隔ててかゆきをかく。

ミス〘MIS〙《management information system》経営情報システム。コンピューターを利用して経営情報を体系的に管理し、効率性を高めようというもの。

ミス〘miss〙〔名〕スル 誤ること。まちがえること。失敗。ミステーク。「捕球を—する」「計算—」
(類語)エラー・失敗・失策・過失・過誤・失態・不覚・粗相・しくじり・間違い・へま・どじ・ぽか

ミス〘Miss〙❶未婚女性の姓または姓名の前につける敬称。嬢じょう。❷〈miss〉未婚女性。独身の女性。「ハイ—」❸名詞の上に付けて、それを代表する美人として選ばれた未婚女性。美人コンテストなどの優勝者。「—ワールド」(類語)マドモワゼル・嬢・ミズ・オールドミス・ハイミス・老嬢

み・す【見す】■〔動サ四〕《動詞「み(見)る」の未然形＋尊敬の助動詞「す」からか》「見る」の尊敬語。ごらんになる。「やすみしし我が大君の—・し給ふ吉野の宮は」〈万・一〇〇五〉■〔動サ下二〕「みせる」の文語形。

みず ミヅ イラクサ科の多年草。高さ約40センチ。茎・葉は多汁でやわらかく、葉はやや菱形で縁にぎざぎざがある。9、10月ごろ、淡黄色の小花をつける。似ているアオミズやミズナ(ウワバミソウ)と混称されることもあり、ともに食用。

みず【水】ミヅ ❶水素と酸素との化合物。純粋なものは無色・無味・無臭で、常温で液体。1気圧ではセ氏零度で氷に、約100度(99.974度)の沸点で水蒸気になり、密度は4度で最大。他の物質に比べて比熱・融解熱・気化熱が大きく、さまざまな物質をよく溶かす。地球上に広く分布し、海洋・氷雪・湖沼・河川・地下水や大気中の水蒸気などとして存在し、自然界を循環する。動植物体の構成成分としても大きな割合を占め、生命に不可欠。化学式H_2O ❷湯などと区別して、温度の高くないもの。「—を飲む」「水道の—」❸洪水。大水。「—が出る」「—につかる」❹液状のもの。「ひざに—がたまる」❺相撲で力水ちからみずのこと。「—をつける」❻勝負が長引いたとき、一時中止させること。水入り。「—が入る」❼建築で、水平、または水平をあらわす線。❽遣水やりみず。池の水。「—の心ばへなどさる方にをかしくしなしたり」〈源・帚木〉
(一句)油に水・魚うおと水・蛙かえるの面つらに水・筐かたみの水・君きみは舟、臣は水・君子の交わりは淡きこと水の如ごとし・立て板に水・寝耳に水・焼け石に水

水があ・く ❶競泳・ボートレースなどで、一身長または一艇身以上の差がつく。❷競争する者どうしの間に差がつく。「他社との間に—・いた」

水が合わ◦ない その土地の環境になじめない。また転じて、組織などに適応できない。「新しい職場の—◦ない」

水が入は・る 相撲で、水入りになる。➡水入り

水清ければ魚うお棲すまず 水が清冽せいれつすぎるとかえって魚は住まないものだ。人格が清廉にすぎると、かえって人に親しまれないというたとえ。

水清ければ月宿る 水が澄んでいれば、月がきれいにうつる。心にけがれがなければ、神仏の恵みがあるというたとえ。

水積もりて魚うお聚あつまる 《「淮南子えなんじ」説山訓から》水量が豊かになると、魚が集まってくる。利益のある所に人が集まるたとえ。

水積もりて川を成す 《「説苑」建本から》水が集まって、ついには大きな川となる。小さなものでも集まれば大きくなるたとえ。

水と油 水と油が互いに溶け合わないように、性質が合わず、しっくり調和しないこと。油と水。油に水。

水とな・る 消えてなくなる。むだになる。だめになる。水になる。「苦労が—・る」

水流れて元の海に入いり月落ちて天を離れず 《「甲陽軍鑑」一二」から》水は流れても元の海に入るし、月は西に落ちても空から離れない。本性を離れることはできないというたとえ。

水濁にごれば則すなわち尾を掉ふるうの魚うお無し 《「鄧析子」無厚から》水が濁ると、泳ぎ回る魚はいない。政治が正しく行われないと、人民は自由で楽しい生活を送っていられないというたとえ。

水に◦する ❶むだにする。効果を失わせる。「金を—◦する」❷水に流す。「一切を—◦する」❸堕胎だたいする。「腹の子を—◦した娼妓も」〈洒・粋好伝夢枕〉

水に流・す 過去のいざこざなどを、すべてなかったことにする。「これまでのわだかまりを—・す」

水にな・る 消えうせる。むだになる。ふいになる。水となる。「努力が—・る」

水に慣・れる その土地の水を飲みなれる。転じて、その環境になれる。「プロの—・れる」

水に燃えたつ蛍ほたる 水の上を燃えんばかりに光りつつ飛ぶ蛍。「水」と「見ず」をかけ、「燃えたつ」に、感情が激しくわき上がる意をかけて、相手に会うことなく恋い焦がれることをいう。

水温ぬる・む 春になって寒さがゆるみ、池や川の水があたたかい感じになってくる。(季 春)「人影の映り去りたる—・む/虚子」

水の滴したたるよう 美男美女のみずみずしく魅力的であるさまの形容。「—ないい男」

水の流れと身みの行方ゆくえ 水の流れて行く先と、人の行く末とはどちらもはかり知ることができないということ。人生の定めがたいこと、前途がどうなるかわからないことのたとえ。水の流れと人の身。

水の低きに就つくが如ごとし 《「孟子」告子上から》水が低いほうに流れるように、自然のなりゆきは、止めようとしても止められないことのたとえ。また、ごく自然にそうなることのたとえ。

水は舟を載のせ又また舟を覆くつがえす 《「荀子」王制から》水は舟を浮かべるが、転覆させることもできる。同じものが役にも立てば害にもなること。また、臣下によって君主の盛衰の定まることをいう。

水は方円ほうえんの器うつわに随したがう 水は、容器の形によって、四角にも丸くもなる。人は、交友関係や環境によって、よくも悪くもなるというたとえ。

水も滴したたる みずみずしく魅力にあふれている。「一若衆姿」

水も溜たまらず 刀剣で鮮やかに切るさま。また、切れ味のよいさま。「—打ち落す」〈浄・手習鑑〉

水も漏らさぬ ❶警戒・防御などが厳重で完全なさま。「—警備」❷非常に親しいさま。「—仲」

水をあ・ける ❶水泳・ボートレースなどで、一身長または一艇身以上の差をつけて相手に先行する。「二位に大きく—・ける」❷競争相手を大きく引きはなす。

水を打ったよう その場にいる大勢の人々が静まりかえるさま。「場内が—になる」

水を得た魚うおのよう その人に合った場で生き生きと活躍するようすのたとえ。「職場が変わってからは—だ」

水を掛・ける 活発な動きに邪魔だてをしてだめにする。「議論に—・ける」

水をさ・す ❶水を加えて薄くする。「鍋に—・す」❷仲のいい者どうしや、うまく進行している事などに、わきから邪魔をする。「二人の仲に—・す」

水を向・ける ❶霊前に水を手向ける。❷相手の関心が自分の思う方向に向くように誘いをかける。「それとなく—・ける」

水を割・る 酒などに水を加えて濃度を薄める。

みず【針=孔¦針=眼】ミヅ 針の、糸を通す穴。めど。みぞ。

みず【ˣ瑞】ミヅ ❶みずみずしく美しいこと。若々しくうるわしいこと。「檜は以て—の宮をつくる材きとすべし」〈神代紀・上〉❷めでたいしるし。瑞祥ずいしょう。「皇軍みいくさの、鵄とびの—を得るに及びて」〈神武紀〉❸他の語の上に付いて、みずみずしい、清らかな、美しい、などの意を表す。「—枝え」「—垣」「—穂」

ミズ〘Ms.〙未婚・既婚に関係なく、女性の姓または姓名の前に付ける敬称。Miss(ミス)とMrs.(ミセス)の合成語。

みず-あおい【水ˣ葵¦雨=久=花】ミヅアフヒ ミズアオイ科の一年草。水田・沼などに自生し、高さ約30センチ。葉は心臓形で柄が長い。9、10月ごろ、紫青色の花を総状につけ、花びらは六つに裂けている。古くは葉を食用にし、栽培もされた。なぎ。(季 夏)

みず-あか【水ˣ垢】ミヅ 水に溶け込んでいた物質が分離して固まったもの。物に付着したり水中に浮遊したりする。みあか。

みず-あげ【水揚げ】ミヅ〔名〕スル ❶船の荷物を陸に移すこと。「荒天で—が遅れる」❷漁業の収穫。漁獲高。❸商売などの売り上げや稼ぎ高。「値上げ以来—が目減りする」❹生け花で、花材がよく水を吸うようにすること。水切りのほか、根元をつぶしたり、熱湯につけたり、火で焼いたりすることが多い。養花。➡深水ふかみず ➡湯揚げ ❺遊女・芸妓などが初めて客と接すること。(類語)(❸)売り上げ・売れ高・稼ぎ・益金

みず-あさぎ【水浅ˣ葱¦水浅黄】ミヅ ❶薄いあさぎ色。みず色。❷《❶の色をしていたところから》江戸時代の囚人服。「親分は—迄着た男」〈柳多留・四〉

みず-あし【水足¦水脚】ミヅ ❶河川などの水量の増減の速さ。水のさしひき。「速い—」❷浮かんでいる船の船底から水面までを垂直に測った長さ。喫水きっすい。「—が深い」

みず-あそび【水遊び】ミヅ ❶海・湖・川などの水に入って遊ぶこと。また、子供などが、水を使って遊ぶこと。(季 夏)「街の子や雨後の溜りの—/友二」❷遊女を揚げて遊ぶこと。「この美君をながめまゐらせ…、—の上盛り」〈浮・色三味線・一〉

みず-あたり【水ˇ中り】ミヅ〔名〕スル 生水なまみずを飲んで胃腸をこわし、下痢をすること。「井戸水で—する」(季 夏)「一いゆるや旅の朝涼み/青々」

みず-あび【水浴び】ミヅ〔名〕スル ❶水を浴びること。からだに水をかけること。水浴。「庭先で—する」❷泳ぐこと。水泳。(季 夏)

みず-あぶ【水ˣ虻】ミヅ ❶ミズアブ科の昆虫。体長約1.5センチ。体は黒色で太く、胸に銀毛があり、腹部両側に黄斑がある。幼虫は水生で、呼吸のための長い尾をもつ。❷双翅そうし目ミズアブ科の昆虫の総称。体は幅広く扁平で複眼が大きい。水辺に多くみられ、翅はねを重ねて止まる。幼虫は水生または陸生。

みず-あぶら【水油】ミヅ ❶液状の油の総称。頭髪用のつばき油・オリーブ油・ごま油など。❷なたね油などの灯油。

みず-あめ【水×飴】みづ 粘りけのある液状の飴。でんぷんを酸あるいは酵素で糖化させて作る。汁飴。

みず-あらい【水洗い】みづあらひ〔名〕スル 洗剤などを使わずに、水だけで洗うこと。「軽く―する」

みず-あらそい【水争い】みづあらそひ 田に引く水の配分について争うこと。水論。水喧嘩みずげんか。(季 夏)

み-すい【未遂】❶やりかけて、しとげないこと。「自殺―」❷犯罪の実行に着手したが、まだ成し遂げていないこと。⇔既遂。➡障害未遂 ➡中止未遂

みず-いか【水烏=賊】みづ アオリイカの別名。

みすい-ざい【未遂罪】犯罪が未遂でも、刑法に特にそれを罰する旨の規定があって罪となるもの。

みず-いと【水糸】みづ 建築工事などで、水平線を示すのに用いる糸。みずなわ。

みず-いも【水芋】みづ ❶サトイモ。水辺に栽培するものをいう。❷サツマイモで、水けが多く甘味の少ないもの。

みず-いらず【水入らず】みづ 内輪の者だけで集まっていること。「親子―の夕食」「夫婦―」

みす-いり【▽御×簾入り】昔、内親王が降嫁するとき、輿入れ以前に夫になる人が内親王の御所に一宿したこと。

みず-いり【水入り】みづ ❶水がはいっていること。また、そのもの。❷相撲で、取り組んで勝負がつかず長時間たったとき、勝負を一時中断して休ませ、力水ちからみずをつけさせて、前と同じ形に組んで取り直しをさせること。「―の大一番」❸歌舞伎の演出で、役者が本物の水につかること。特に「助六由縁江戸桜すけろくゆかりのえどざくら」で助六が用水桶おけの中に隠れる場面をいう。❹歌舞伎の鬘かつらで、毛髪に漆を塗って光沢を出したもの。水に濡れた状態を表す。❺船が水に入っている部分。喫水。

みずいり-ずいしょう【水入り水晶】みづいりズイシヤウ 内部に液体や気泡を含んでいる水晶。みずすいしょう。

みず-いれ【水入れ】みづ 水を入れる器。特に、硯すずりに注ぐ水を入れておくための小さな器。水滴。

みず-いろ【水色】みづ 薄い藍色。青色。あさぎ色。
(類語)空色・縹はなだ・浅葱あさぎ・スカイブルー・ライトブルー・ブルー

みず-いわい【水祝(い)】みづいはひ 婿入り・嫁入りの際に当人に水を掛けて祝う習俗。翌年の正月にもする。水掛け。水浴びせ。(季 新年)「鼻たれの男なりけり―/虚子」

みず-うけ【水受け】みづ ペルトン水車に多数取り付けられ、流れてくる水を受ける椀形の器具。バケット。

みす-うち【▽御×簾内】❶垂れ下がったみすの内側。❷人形浄瑠璃の劇場で、舞台上手上部のすだれの内側の狭い部屋。修業中の太夫たゆう・三味線弾きの演奏場所。転じて、未熟な義太夫語り。❸歌舞伎で、すだれの掛かった内部で浄瑠璃を語ること。上手上部のすだれの中で語る義太夫節など。

みず-うち【水打ち】みづ ❶水を打つこと。水をまくこと。❷和紙を湿らせて、墨のにじみを防ぐこと。❸歌舞伎の囃子はやしの一。幕開きで奴やっこが水を打っている場面に用いることが多いところからいう。

みず-うまや【水▽駅】みづ《「みづむまや」とも表記》❶水辺の宿場。船路の宿場。すいえき。❷街道の宿場。また、茶店。人が飲食したり馬に水を飲ませたりしたところからいう。❸平安時代の男踏歌おとこどうかで、踏歌の人々に簡略な接待をした所。すいえき。➡飯駅いいうまや ❹簡略なもてなし。また、それをする所。「昨夜よは、―をなむ、咎とがめ聞こゆめりし」〈源・竹河〉

みず-うみ【湖】みづ《「水海」の意》周囲を陸地で囲まれたくぼ地に水をたたえる水域。池や沼よりは大きく、沿岸植物の侵入できない深さのもので、ふつう最深部が5メートル以上をいう。
(類語)沢・沼・池・沼沢・湖沼・泥沼・潟

みず-うら【水▽占】みづ 水による占い。水の増減・清濁、また、水にもみ・豆などを落として沈みぐあいで占うなど、いろいろな方法がある。みずだめし。

みず-うり【水売り】みづ 江戸時代、夏に、砂糖・白玉団子を入れた冷水を売り歩いた商売。また、その人。

ミズーリ〖Missouri〗米国中部の州。州都ジェファーソンシティ。中心都市セントルイス。ミズーリ川が貫流する。➡表「アメリカ合衆国」

ミズーリ-がわ【ミズーリ川】がは 米国北西部のロッキー山脈に源を発し、北東流ののち南東に流れ、セントルイスの北でミシシッピ川に合流する川。全長3970キロ。高水期・渇水期の水位変化が激しい。

ミズーリ-ごう【ミズーリ号】ガウ 米海軍の戦艦。排水量4万5000トン。1945年9月2日、東京湾に停泊した同艦上で、太平洋戦争の降伏文書の調印式が行われた。

みず-え【水絵】みづゑ ❶水彩画。❷浮世絵版画の一。輪郭に墨線を使用せず、紅・黄・緑などの淡色のみの色版で摺すったもの。錦絵にしきえが誕生する前に流行。

みず-え【×瑞▽枝】みづ みずみずしい若い枝。「柳の―」「滝の上の三船の山に―さししじに生ひたるとがの木のいや継ぎ継ぎに」〈万・九〇七〉

みず-えのぐ【水絵の具】みづゑのグ 水で溶いて使う絵の具。水彩画に用いる。

み-す・える【見据える】みすうる〔動ア下一〕文みす・う〔ワ下二〕❶じっと見つめる。「相手を―・える」❷本質・真相などを見定める。「現実を―・える」
(類語)(❶)見つめる・見る/(❷)見極める・見定める

みず-お【水緒┆鐙=靼】みづを 馬具の名。鞍の腹から垂らして鐙あぶみをつる皮のひも。みずお革。力革ちからがわ。

みず-おおばこ【水大葉子】みづおほばこ トチカガミ科の一年草。川・水田などの水中に生える。葉はオオバコに似て、紫褐色。8～10月、花茎を水面に伸ばし、淡紅色を帯びた白色の3弁花を開く。(季 夏)

みずお-がね【水緒金┆鐙=靼▽鉄】みづを 水緒を受ける金具。鉸具頭かこがしら。

みず-おけ【水×桶】みづをけ 水を入れる桶。

みず-おしろい【水白=粉】みづ 液状のおしろい。

ミスオスト〖ノルウェー mysost〗ノルウェーの、ホエー(乳清)から作ったチーズ。

みず-おち【水落ち】みづ 水が流れ落ちること。また、その場所。

みず-おち【鳩=尾】みづ《「水落ち」の意》「みぞおち」に同じ。

みず-おと【水音】みづ 水の流れる音。また、水滴の落ちる音。

みず-およぎ【水泳ぎ】みづ すいえい。「弁天ぼりに―の折も」〈一葉・たけくらべ〉

みす-おり【▽美×簀織】簾すだれや襖ふすまを張るのに用いる紗しゃ。京都の西陣や福井・石川県などで産する。

みす-がい【▽御×簾貝】がひ ミスガイ科の巻き貝。潮間帯にみられ、貝殻は卵形で薄く、殻径4センチくらい。殻表は白色に茶褐色の横縞が多数ある。軟体は淡紅色で大きく、殻に入りきらない。房総半島以南に分布。

みず-かい【水飼い】みづかひ 家畜に水を与え飲ませること。「一場」

みず-がい【水貝】みづがひ 生のアワビを塩洗いして身を締め、角切りにして氷を入れた塩水に浮かせた料理。三杯酢などで食べる。(季 夏)

みず-か・う【水飼ふ】みづかふ〔動ハ四〕牛や馬に水を飲ませる。「さ檜隈ひのくま檜隈川に馬留め馬に―・へ我よそに見む」〈万・三〇九七〉

みず-かえ【水替え】みづかへ ❶桶や樽などにためてある水を入れかえること。❷井戸の古い水やごみをすっかりかい出して、掃除すること。井戸替え。

みず-かがみ【水鏡】みづ 水面に姿が映っていること。水面に顔や姿を映して見ること。

みずかがみ【水鏡】みづかがみ 鎌倉初期の歴史物語。3巻。中山忠親の著といわれる。成立年代未詳。神武天皇から仁明天皇までの約1500年間の歴史を編年体で記したもの。四鏡しきょうの一。

みず-かき【水×掻き┆×蹼】みづ 水鳥・カエル・カモノハシなどにみられる、足指の間にある薄い膜。皮膚のひだから形成されたもので、泳ぐときに水をかく。

みず-がき【×瑞垣┆×瑞×籬┆水垣】みづ《古くは「みずかき」》神社などの周囲に設けた垣根。また、神霊の宿ると考えられた山・森・木などの周囲に巡らした垣。玉垣。神垣。斎垣いがき。

みずがき-の【×瑞垣の】みづがき〔枕〕❶布留ふるの社の垣は古く久しい意から、「久し」にかかる。「―久しき時ゆ恋すれば」〈万・三二六二〉❷瑞垣に囲まれた神の意から、「神」にかかる。「―神の御代より篠の葉を」〈神楽・篠〉

みずがき-やま【瑞牆山】みづがき 山梨県北部、北杜ほくと市の長野県境近くにある山。標高2230メートル。黒雲母うんも花崗かこう岩からなり、山頂に巨岩がある。ふもとにツガの原生林、シラカバ・スズランの群落がある。秩父多摩甲斐国立公園に属する。

みず-かぎょう【水稼業】みづカゲフ 「水商売」に同じ。

みず-かけ【水掛(け)】みづ ❶水をかけること。❷「水祝い」に同じ。

みず-かげ【水陰】みづ 水辺の物陰。

みず-かげ【水影】みづ ❶水面に映る物の姿。また、姿を映している水面。❷水面の照り返し。

みずかげ-ぐさ【水陰草】みづかげ ❶水辺の物陰に生えた草。和歌では多く天の川をいう。「天の川―の秋風になびかふ見れば時は来にけり」〈万・二〇一三〉❷稲の古名。〈日葡〉

みずかけむこ【水掛聟】みづかけむこ 狂言。田畑の水争いで舅しゅうと聟がけんかになり、そこへ来た娘が夫の味方をして舅を倒す。

みずかけ-ろん【水掛(け)論】みづかけ 両者が互いに自説にこだわって、いつまでも争うこと。また、その議論。互いに自分の田に水を引こうと争うことからとも、水の掛け合いのように勝敗の決め手のない論争の意からともいう。(類語)押し問答

みず-かげん【水加減】みづ 料理などで、水を入れる分量の程度。水の入れぐあい。「炊飯の―」

みず-かさ【水×嵩】みづ 川・湖・池などの水の量。水量。みかさ。「雨で川の―が増す」

みず-がし【水菓子】みづグワシ 果物くだもの。
(類語)果物・フルーツ・果菜・デザート

み-すか・す【見透かす】〔動サ五(四)〕❶隔たったものをすかして見る。見とおす。「目をこらして暗やみの向こうを―・す」❷表面に出ていない物事の真相を見抜く。見破る。「相手に腹を―・される」
(類語)見通す・見え透く・透視する

みず-かね【水▽銀】みづ《後世は「みずがね」とも》「すいぎん(水銀)」に同じ。「節ごとに―の露すゑさせて」〈宇津保・国譲上〉

みずかね-の-かす【水▽銀の×滓】みづかね 「はらや」に同じ。〈和名抄〉

みず-かび【水×黴】みづ ミズカビ目の藻菌類の総称。水中で生活し、動植物の死体などに生え、毛状の菌糸体を伸ばす。

みず-かまきり【水蟷=螂】みづ タイコウチ科の昆虫。池沼のやや深くにすみ、体は細長く、体長約4.5センチ。腹端にほぼ同じ長さの呼吸管をもち、水面に出し呼吸する。前脚はカマキリに似て鎌状。肉食性。

みす-がみ【▽御×簾紙┆三×栖紙┆▽美×栖紙】奈良県吉野から産する和紙。コウゾを原料とする上質の薄様紙で、懐紙・表具用紙などとする。みす。

みず-がみ【水髪】みづ《「みずかみ」とも》油をつけず、水ばかりで結ったり整えたりした髪。

みず-がみしも【水上下┆水×裃】みづ 水色の上下かみしも。武士が切腹のときなどに着たもの。

みずかみ-つとむ【水上勉】みなかみ［1919～2004］小説家。福井の生まれ。幅広い題材と、弱者に向けられた温かいまなざしで数多くの作品を執筆し、昭和を代表する人気作家となった。人物評伝でも実力を発揮し、映像化された作品も多い。「雁がんの寺」で直木賞受賞。他に「飢餓海峡」「五番町夕霧楼」「一休」など。芸術院会員。平成10年(1998)文化功労者。

みず-がみなり【水雷┆水神鳴り】みづ 落ちても火を出さない雷。また、雨を伴う雷。⇔火雷ひがみなり。

みず-がめ【水▽瓶┆水×甕】みづ ❶飲み水などをたくわえておくための瓶。❷飲用水や工業・農業用水となる、湖やダムなどの貯水池や水源のたとえ。

みずがめ【水甕】みづがめ 短歌雑誌。大正3年(1914)4月、尾上柴舟を中心に創刊。

みずがめ-ざ【水▽瓶座】みづがめ 黄道十二星座の一。10月下旬の午後8時ごろ南中し、ペガスス座の南に見えるが、明るい星はほとんどない。学名 ラテ Aquarius

みず-がやつり【水蚊-帳釣│水蚊屋×吊】みづ カヤツリグサ科の多年草。水田や沼地に生え、高さ約70センチ。茎は三角柱で太く、葉は長い線形で数枚出る。秋に、3、4枚の苞をもつ茶褐色の穂をつける。

み-すがら【身すがら】❶所持品らしいものを何も持たないこと。身一つ。から身。「只一にと出で立ち侍るを」〈奥の細道〉❷独身で係累のないこと。「一の太兵衛と名を取った男」〈浄・天の網島〉

(類語)(❶)裸・無一文・無一物・身一つ・すってんてん・文無し・裸一貫・丸裸・おけら・素寒貧

みず-から【水辛】みづ 江戸時代の上方の菓子。昆布でサンショウの実を包んだもの。

み-ず-から【自ら】ごづ《「み(身)つから」の音変化。「つ」は「の」の意の助詞。身そのもの、の意》㊀〔名〕自分。自分自身。「彼は一の力で勝った」「一をかえりみる」㊁〔代〕一人称の人代名詞。多く、身分の高い女性が自分をさしていう。わたくし。「一は九重のうちに生ひ出で侍りて」〈源・少女〉㊂〔副〕ほかの人の力に頼らないで自分の力で行うさま。手ずから。自分で。「一あやまちを認める」「一命を絶つ」

自ら持じ・する　自分で自分を引きしめてくずれないようにする。「大事を前に一・する」

自ら直きの箭やを恃たまば百世ひゃくせい矢無からん　《「韓非子」顕学から》手を加えないで天然のままでまっすぐな矢ができるのを待っていたら、百代たっても矢は得られないだろう。生まれながらに完全な人はいないということ。

自ら卑ひくうすれば尚たかし　《「史記」商君伝から》自分のほうからへりくだった態度でいれば、自然に人から尊敬される。

自ら墓穴ぼけつを掘る　自分で自分を破滅に導く。

みず-からくり【水▽絡繰り│水機=関】みづ 水の落差を応用して人形を動かしたり、細い管から水を噴き出させたりする仕掛け。また、それを用いた見世物。江戸時代、大坂で考案された。(季 夏)「さびしさや一の水の音/白水郎」

みず-ガラス【水ガラス】みづ 二酸化珪素けいそと炭酸ナトリウムなどのアルカリとを融解して得られる珪酸アルカリの濃い水溶液。粘りけの強い無色透明の液体。ガラス・陶磁器の接合剤や接着剤・洗剤などに用い、また耐火セメント・シリカゲルの原料とする。

みず-がれ【水×涸れ】みづ〔名〕スル 日照り続きで、川・池・田・井戸などの水が干上がってしまうこと。

み-すぎ【身過ぎ】❶暮らしを立てていくこと。また、その手だて。なりわい。「一世過ぎ」❷身の境遇。「一ほど悲しいものはなきぞとよ」〈浄・女腹切〉

(類語)生活・暮らし・世渡り・渡世・処世・生計・活計・糊口ここう・口過ぎ・世過ぎ

みず-き【水木】みづ ミズキ科の落葉高木。山地に自生し、枝を横に伸ばす。葉は互生し、広楕円形で裏面はやや白い。5月ごろ、白い小花を散房状に密生してつけ、黒い実を結ぶ。根から水を吸い上げる力が強く、春には多量の水を含む。材は白く、こけしや盆・箸などに用いる。ミズキ科の双子葉植物は主に温帯に分布し、アメリカハナミズキ・ハナイカダ・アオキなども含まれる。くるまみずき。(季 花=夏│実=秋)「一咲き枝先にすぐ夕蛙/澄雄」

みず-き【水▽城】みづ 外敵を防ぐために設けた水堀。特に、天智天皇3年(664)大宰府を防備するために造られた土塁をいう。延長約1キロ、高さ約14メートルで、福岡県太宰府市に遺構が現存。

みずき【承=鞚】みづき ▶みずつき

みず-き【×瑞木】みづ みずみずしい若木。

みず-ぎ【水着】みづ 水泳のときに身につけるもの。海水着。(季 夏)

みずきかず【不見不聞】狂言「不聞座頭きかずざとう」の和泉いずみ流における名称。

みず-ききん【水飢×饉】みづ 日照り続きで、飲み水・灌漑かんがい用水などが極度に欠乏すること。

みず-ぎく【水菊】みづ キク科の多年草。山地の湿原に生え、高さ約30センチ。葉はへら形で互生する。夏から秋、黄色い頭状花を1個開く。

みずき-しげる【水木しげる】みづき [1922～]漫画家。大阪に生まれ、幼少時に鳥取県境港に移り育つ。本名、武良むら茂。妖怪漫画の第一人者として長年にわたって活躍。代表作「ゲゲゲの鬼太郎きたろう」では日本古来の民間伝承を描き、さまざまな地方の妖怪を紹介した。戦争体験を生かした「昭和史」でも知られる。他に「のんのんばあとオレ」「悪魔くん」「河童の三平」など。平成22年(2010)文化功労者。

ミスキャスト〖miscast〗演劇・映画などで、役の割り振りを誤ること。役柄に合わない配役。

みず-きょうげん【水狂言】みづきやうげん 涼感を出すために、本物の水を使った芝居や芸など。夏芝居で興行される。(季 夏)

みず-きり【水切り】みづ〔名〕スル ❶水分を取り去ること。また、そのための用具。「といだ米を一する」「一かご」❷小石を水面に水平方向に投げ、石が水の上をはねて飛ぶのを楽しむ遊戯。❸生け花で、水揚げの方法の一。空気が茎の中に入らないように花材を水中で切ること。❹茶道で、ひしゃくに湯または水をすくって運ぶとき、しずくが落ちないようにすること。❺建築で、窓台など突出する部分の下方につけておく溝。雨水が壁に伝わってくるのを防ぐ。❻「潮切しおきり」に同じ。(類語)脱水

みずき-りゅう【水木流】みづきりう 日本舞踊の流派の一。元禄期(1688～1704)の歌舞伎の名女方水木辰之助を流祖に、門弟の粂ふさが創始。代々女性が家元を継いだ。

みず-ぎわ【水際】みづぎは ❶水面が陸地と接している所。みぎわ。「一の植物」❷上陸する直前。「伝染病の侵入を一で防ぐ」(補説)島国ではなく、地続きの地域でも国内に入る直前のことを水際と言い表すことがある。❸物の、水面に接する所。また、船の喫水きっすい線。❹生け花で、花材が水面に接するところ。

(類語)波打ち際・渚なぎさ・磯

みずぎわ-さくせん【水際作戦】みづぎは 上陸してくる敵を水際で撃滅する作戦。転じて、病原菌・害虫・麻薬などが国内にはいり込むのを防ぐこと。水際対策。

みずぎわ-たいさく【水際対策】みづぎは ▶水際作戦

みずぎわ-だ・つ【水際立つ】みづぎは〔動タ五(四)〕ひときわ目立つ。あざやかにきわだつ。「一・った演技」

(類語)目立つ・引き立つ・際立つ・光る

みず-きん【水金】みづ ❶陶磁器の上絵の具の一。塩化金に硫黄・テレビン油などを加えた濃厚液。金彩色に用いる。金液。すいきん。❷湯水のように惜しげなく使う金銭。「濡事師は一は遣ひうちのこと」〈滑・八笑人・三〉❸賄賂わいろ。〈和英語林集成〉

み-ず・く【▽水漬く】づく〔動カ四〕▶みづく(水漬)

みず-ぐい【水×杙│水×杭】みづくひ ❶水の勢いをやわらげるために川岸に並べて打った杙。❷▶水尺すいしゃく

みず-くき【水茎】みづ《「みずぐき」とも》❶筆。❷筆跡。❸手紙。便り。「一の数積もれども」〈盛衰記・三八〉

(類語)筆跡・手跡・墨跡

みずくき-の【水茎の】みづくき〔枕〕❶同音の繰り返しで「水城みずき」にかかる。「ますらをと思へる吾れや一水城の上に涙拭のごはむ」〈万・九六八〉❷「岡をか」および同音の地名「岡」にかかる。「一岡の木の葉も色付きにけり」〈万・二一九三〉(補説)「水茎」は当て字で、「水漬く城き」の意ともいう。

みずくき-の-あと【水茎の跡】みづくき 書かれた文字。筆跡。手跡。「一も鮮やかな手紙」

(類語)字・書体・筆跡・手跡・墨跡・手て・筆の跡

みず-くさ【▽御×簾草】植物ガマの別名。

みず-くさ【水草】みづ 水中や水面に生える草。すいそう。みくさ。

みず-くさ・い【水臭い】みづ〔形〕図みづくさ・し〔ク〕❶水分が多くて味が薄い。水っぽい。「一・い酒」❷よそよそしい。他人行儀である。「婚約を隠すような一・いまねはよせ」(類語)よそよそしい・他人行儀・つれない

みず-ぐし【水×櫛】みづ 髪をすくために水をつけて用いる歯のあらい櫛。

み-すぐ・す【見過ぐす】〔動サ四〕❶「みすごす」に同じ。「思ひあてられ給へる御側目を一・さで」〈源・夕顔〉❷見ながら時や日を過ごす。また、世話をしながら過ごす。「親たちのいとことごとしう思ひまどはるるが心苦しさに、かかるほどを一・さむとてなむ」〈源・葵〉

みず-ぐすり【水薬】みづ 液状の飲み薬。医薬品を水に溶かして製したもの。すいやく。

みず-ぐち【水口】みづ《「みずくち」とも》❶水を引き入れたり、放出したりする口。みなくち。❷台所の水をくみ入れるための口。また、台所。「一のガラス戸に、日ざしがくっきりと」〈万太郎・露芝〉

みずくみ【水汲】みづくみ 狂言「御茶の水」の和泉いずみ流における名称。

みず-くみ【水×汲み】みづ ❶水をくむこと。また、その人。「一桶おけ」❷歌舞伎の小道具の一。黒の木綿で作ったかまぼこ形の烏帽子えぼし。雑兵の役に用いる。

みず-ぐ・む【水▽含む】みづ〔動マ四〕水けをふくむ。また、果物が熟しすぎる。熟うむ。「瓜を取りいでたりけるが、わろくなりて一・みたりければ」〈著聞集・一八〉

みず-ぐも【水蜘=蛛】みづ ❶ミズグモ科のクモ。体長約1.5センチ。水中生活をする特異なクモで、水草の間に網巣を張り、水面から体の毛に空気をつけて運び、空気の部屋を作る。ユーラシアに分布し、日本でも見つかっている。❷アメンボの別名。

みず-くらげ【水水=母】みづ ハチクラゲ綱ミズクラゲ科の腔腸こうちょう動物。日本近海で普通にみられ、大きなものは傘の直径が40センチにもなる。傘は乳白色の円盤状で、4個の紫褐色の生殖腺が透けて見え、四つ目クラゲともよぶ。大発生して火力発電所の取水口を詰まらせることがある。

みず-ぐるま【水車】みづ ❶「すいしゃ(水車)❶」に同じ。❷刀や槍を振り回すこと。激しく敵に襲いかかるようす。「一を回し、しだいしだいに攻め寄って」〈盛衰記・二二〉

みず-け【水気】みづ 物に含まれている水の量。水分。すいき。「一の多い果物」

(類語)湿気・湿り気・水分・湿度

みず-げい【水芸】みづ 水を用いる曲芸や手品。囃子はやしに合わせて、扇子や刀・衣服などの先から水を噴き出させるもの。細い管を通した仕掛けがしてあり、多く女性が演じる。(季 夏)

みず-げた【水下▽駄】みづ 深田や湿地に入るときに履く幅の広い下駄。大足おおあし。代踏しろふみ下駄。

みず-けむり【水煙】みづ ❶水面に立ちのぼる霧。「湖面に一が立ちこめる」❷水が細かく飛び散って煙のように見えるしぶき。飛沫ひまつ。すいえん。「滝つぼから一が立つ」(類語)水煙すいえん・しぶき・飛沫・水沫

みず-げんか【水×喧×嘩】みづげんくわ 日照りのときに、農民が互いに自分の田に多く水を引こうとして争うこと。水論。水争い。(季 夏)

みず-こ【水子│▽稚子】みづ《「みずご」とも》❶生まれてあまり日のたたない子。あかご。「一の顔を見入っていた」〈秋声・足迹〉❷胎児。特に、流産または堕胎した胎児。「一供養」

みずこい-どり【水恋鳥】みづこひ アカショウビンの別名。(季 夏)

みず-ごえ【水肥】みづ 液状の肥料。主として下肥しもごえを水で薄めたものをいう。液肥えきひ。すいひ。

みず-ごけ【水×蘚│水×苔】みづ ミズゴケ科の蘚せん類の総称。日本では約50種が知られ、高山や北日本の湿地に生え、長年の間に高層湿原をつくる。高さ5～15センチ、淡緑色で、茎から数本の枝が束生して葉をつける。葉は吸水力が大きく、園芸の保水材に利用し、ピートモスともいう。

みず-ごころ【水心】みづ ❶水泳の心得。❷「魚心うおごころあれば水心」の略。

水心あれば魚心うおごころ　《「魚心あれば水心」を逆にいったもの》「魚心あれば水心」に同じ。

み

みず-こし【水×漉し】❶「水嚢」に同じ。❷桶などの底に砂を盛り、あるいは布を張って水を濾過する器。❸茶道で、ひしゃくの底に晒しを張って水を漉すもの。

みずこ-じぞう【水子地蔵】水子❷を回向するために建てた地蔵菩薩像。水子の魂は地蔵の世話になるといわれる。

み-すご・す【見過ごす】〔動サ五(四)〕❶見ていながら気づかないでしまう。見落とす。「赤信号を―・す」❷見ていながら、特に問題にしないでそのままにしておく。見逃す。「不正を―・す」
(類語)見逃す・見落とす・見損なう・見失う

みず-こぼし【水▽翻し】建水のこと。

みず-ごり【水×垢離】「垢離」に同じ。

みず-ごろも【水衣】能装束の一。単の広袖で衽のある上衣。僧侶や尉・姥・男・女・子方などに広く用いる。

ミス-コン「ミスコンテスト」の略。「―荒らし」

ミス-コンテスト《和 miss＋contest》未婚女性を対象とした美人コンテスト。

みず-さいばい【水栽培】土壌を全く使わず、生長に必要な養分を溶かした水溶液で植物を育てること。水培養。水中培養。水耕。水耕法。水耕栽培。

みず-さかずき【水杯｜水×盃】二度と会えないかもしれない別れのときなどに、互いに杯に水を入れて飲み交わすこと。「―を交わして出陣する」

みず-さき【水先】❶水の流れて行く方向。❷船の進行方向。❸「水先案内」の略。

みずさき-あんない【水先案内】船舶が港を出入りするときや内海・運河などの水域を通航するとき、水路を安全に案内すること。また、その人。

みずさき-あんないにん【水先案内人】▶水先人

みずさき-く【水先区】水先案内に関する行政の便宜上、必要な海面に設定した区域。この区域内では水先人としての資格者だけが船舶を案内できる。

みずさき-せん【水先船】水先人を船舶まで送迎する船艇。パイロットボート。

みずさき-にん【水先人】一定の水先区で、船舶に乗り込んで水路を案内することを業務とする人。資格を要する。パイロット。水先案内人。

みずさき-ほう【水先法】水先人の資格・業務・監督および水先区などを定めている法律。明治32年(1899)制定、昭和24年(1949)旧法を廃して新たに制定。

みず-さし【水差(し)｜水指(し)】❶花器やコップなどに水を注ぎ入れる器物。注ぎ口の細いもの。❷(ふつう「水指」と書く)茶の湯で、点茶の際、釜に水を足したり、茶碗や茶筅をすすいだりするため、水をたくわえておく器。

みずさわ【水沢】岩手県南部、北上川沿岸にあった市。平成18年(2006)2月、江刺市・前沢町・胆沢町・衣川村と合併して奥州市となる。➡奥州

みずさわ-し【水沢市】▶水沢

み-すじ【三筋】❶三つの筋。3本の線。❷三味線。3筋の糸。

みず-し【水仕】台所で水仕事をすること。また、それをする下女。水仕女。「これが当れば、お前にだって―はさしちゃ置かん」〈秋声・足迹〉

み-ずし【▽御×厨子】❶厨子を敬っていう語。「唐の紙ども入れさせ給へる―開けさせ給ひて」〈源・賢木〉❷御厨子所に仕える女官。「これも―がいとほしがりてゆづりて侍るなり」〈枕・ニ七八〉

みずし-おとこ【水仕男】台所働きをする下男。「料理人―が鼾に」〈浮・妾気質〉

みず-しげん【水資源】農業・工業・発電などに利用しうる資源としての水。水の需要が急増し、新たな水源の開発が必要となっていわれはじめた。

みすじ-ごうし【三筋格子】格子縞の一種。縦・横に3本一組の縞模様を配列したもの。

みず-しごと【水仕事】台所仕事や洗濯などの、水を使ってする仕事。「―で手が荒れる」

みずし-だな【▽御×厨子棚】御厨子所にあった、食物を入れておく扉のついた棚。のちには美しい装飾を施して、身近に置き、器物・草子類など手回りの品を納めた。御厨子。

みすじ-ちょう【三▽条×蝶】タテハチョウ科のチョウ。翅の開張約6.5センチ。翅は黒色の地に3本の白斑列がある。5、6月ごろ山地にみられ、樹上を高く飛ぶことが多い。幼虫はカエデ類の葉を食べる。

みずし-どころ【▽御×厨子所】❶宮中で天皇の食事や節会の酒肴をつかさどった所。内膳司に属し、後涼殿の西廂にあった。❷食物を調ずる所。台所。「下衆どもも、皆はかばかしきは―などあるべかしき事どもを」〈源・手習〉

みすじ-の-いと【三筋の糸】「三筋❷」に同じ。

みず-しぶき【水▽繁吹｜水飛＝沫】激しい勢いで飛び散る水滴。しぶき。「―をあげて泳ぐ」
(類語)しぶき・飛沫・水沫

みずし-ぼうこう【水仕奉公】下女として奉公すること。

みずしま【水島】㊀岡山県倉敷市の地名。高梁川東岸にある。また、その南部沿岸の古称。源平水島合戦の地。㊁倉敷市南部の水島港を中心に臨海部に広がる工業地帯。昭和18年(1943)ごろから形成され、高梁川河口に埋立地が造成・整備された。

みずしま-さんいちろう【水島三一郎】[1899～1983]化学者。東京の生まれ。東大教授。デバイの双極子理論を実験によって立証。さらに双極子モーメントなどを研究し、分子内回転を中心とする構造化学を確立。文化勲章受章。

みずしま-しんじ【水島新司】[1939～　]漫画家。新潟の生まれ。野球を題材にした漫画における第一人者。野球に対する該博な知識と、個性豊かな人物、臨場感あふれるタッチで絶大な人気を集めた。代表作「ドカベン」「野球狂の詩」「あぶさん」など。

みすじ-まち【三筋町】京都の六条室町にあった遊郭。寛永18年(1641)島原に移転。また、その島原の異称。

みずしま-なだ【水島灘】岡山県南西部、倉敷市と香川県塩飽諸島の間にある海域。高梁川河口の海面は埋め立てられ水島臨海工業地域になっている。瀬戸内海国立公園に含まれる。

みずし-め【水仕女】台所で水仕事をする下女。みずし。みずしおんな。「そっと玄関へ上りたるゆえ、書生も―も心付かぬにやあらん」〈逍遥・妹と背かゞみ〉

みず-しめ【水締め】掘り返したり埋め立てたりした土地などに水をまいて地盤を固めること。

みず-しも【水霜】晩秋に、露が凍ってなかば霜になったもの。露霜。(季 秋)

みず-じゃく【水尺】出水の高さを測るため、目盛りを刻んで水中に立てておく標柱。みずぐい。

みず-ジャケット【水ジャケット】内燃機関や空気圧縮機のシリンダーおよびシリンダーヘッドを覆い、冷却水をためたり循環させたりする部分。水套。

ミスジャッジ〖misjudge〗スポーツで、審判が判定を誤ること。誤審。

みず-しょう【水性】❶水の性質。すいせい。❷五行を人の生年月日などに当てはめ、その水の性を受けて生まれているとすること。また、その人。❸女性の浮気な性質。「流石は川竹の―なる」〈逍遥・小説神髄〉

みず-しょうばい【水商売】料理屋・待合・酒場・バーなど、客に遊興させるのを目的とし、客の人気によって収入が動く、盛衰の激しい商売。水稼業。(類語)風俗営業

ミス-ショット《和 miss＋shot》ゴルフ・テニスなどで、球を意図通りに打つことに失敗すること。

みず-しらず【見ず知らず】今までに会ったことがなく、まったく知らないこと。「―の人」「―の土地」

み-すず【▽水×篶｜三×篶】スズタケの別名。

みすず-かる【▽水×篶刈る】〔枕〕篠竹が信濃に多く産することから、「信濃」にかかる。「―信濃ゆ甲斐ゆ遠長く」〈賀茂翁家集〉(補説)賀茂真淵が「水薦苅」を「水篶苅」の誤りとしたことによる語。➡みこもかる

みず-すぎ【水杉】ヒカゲノカズラ科の常緑多年生のシダ。暖地の湿った所に生え、高さ20～40センチ。茎は直立し、枝を多く出し、線形の葉が密生する。枝の先に、胞子嚢がやや下向きにつく。

みず-すじ【水筋】❶河川の流れ。川筋。❷地下水の流れる筋道。水脈。

みず-すまし【水澄｜豉＝豆＝虫】❶甲虫目ミズスマシ科の昆虫。川や池の水面をくるくる回って泳ぎ、体長7ミリくらい。背はやや膨らみ、長卵形で滑らかで、黒褐色。幼虫は水生で、成虫とともに肉食。まいまいむし。うずむし。(季 夏)「風浪に描く輪小さき―／悌二郎」❷アメンボの別名。(季 夏)

みず-せがき【水施餓鬼】水辺で行う施餓鬼。

みず-せっけん【水石×鹸】液状の石鹸。カリ石鹸の約15パーセント溶液が代表的。

みず-ぜめ【水攻め】❶川をせき止め、その水を敵の城の周囲に導入して孤立させること。❷敵の給水路を断ち、飲料水を欠乏させて苦しめること。

みず-ぜめ【水責め】拷問の一。あおむけに寝かせ、絶えず顔に水をかけたり、無理に水を飲ませたりして苦しめるもの。

みず-ぞうすい【水雑炊】❶水分の多い雑炊。❷(「水雑炊を食らわす」の形で)人を水中に投げ込むこと。

みず-た【水田】水をはった田。すいでん。

ミスター〖Mister｜Mr.〗❶男性の姓または姓名の前に付ける敬称。氏。❷地名や団体、職業、物事などの上に付けて、それを代表する男性。その分野で功績のある男性。「―社会部」「―年金」

みず-たき【水炊き】鍋料理の一。骨付き・皮付きの若鶏のぶつ切りを湯炊きし、ポン酢などのたれで食べるもの。もと博多の名物料理。薄切りの牛肉や豚肉を用いるものにもいう。

みず-だこ【水×蛸】マダコ科の頭足類。世界最大のタコで、全長約3メートル、体重約30キロになる。体表に細かいしわがあり、腕の間の膜は広い。東北地方以北と日本海のやや深い泥底にすむ。食用。

みず-だし【水出し】茶やコーヒーを水に入れ、時間をかけて抽出すること。タンニンが出ず、渋みが少ない。

みずだし-コーヒー【水出しコーヒー】水で入れたコーヒー。時間がかかるが、苦みが少なく味の濃いコーヒーになる。専用の器具もある。

ミス-タッチ《和 miss＋touch》ピアノ演奏などで弾き違えること。また、キーボードなどでの打ちまちがえ。

みず-たで【水×蓼】㊀〔名〕カワタデのこと。ヤナギタデの変種で、水中に生える。㊁〔枕〕穂状に花が咲くところから「穂」または地名の「穂積」にかかる。「みてぐらを奈良より出でて―穂積に至り」〈万・三二三〇〉

みず-だな【水棚】《「みずたな」とも》❶「閼伽棚」に同じ。❷盂蘭盆会に、無縁仏のために作る祭壇。餓鬼棚。❸台所で洗った皿などを置く棚。

みずたに-ふとう【水谷不倒】[1858～1943]国文学者。愛知の生まれ。本名、弓彦。東京専門学校卒。近世文学研究の先駆的存在。著作に「近世列伝体小説史」「草双紙と読本の研究」「絵入浄瑠璃史」など。

みずたに-やえこ【水谷八重子】[1905～1979]女優。東京の生まれ。本名、松野八重子。劇団新派の代表的な女優。花柳章太郎の死後、新派の指導者となった。主な舞台に「大尉の娘」「鹿鳴館」。

みず-タバコ【水タバコ】水パイプを使って吸うタバコ。専用の葉がある。中近東の喫煙法。

みず-たま【水玉】❶水滴が玉の形に丸くなったもの。飛び散る水滴・露のしずくなど。❷ガラス製の玉の中に水を入れたもの。少女のかんざしなどに用いる。(季 夏)❸「水玉模様」の略。

みず-たまうき【×瑞玉▽杯｜×瑞玉×盞】《「みず」も「たま」も美称》美しいりっぱなさかずき。「三重の子が捧がせる―に」〈記・下・歌謡〉

みずたま-そう【水玉草】❶アカバナ科の多年

草。山野の林下に生え、高さ40〜60センチ。茎の節がやや膨らみ、長卵形の葉が対生する。夏、白い小花を総状につけ、実はほぼ球形で、白い毛が密生する。❷ホシクサの別名。

みずたま-もよう【水玉模様】小さな円形を一面に散らした模様。みずたま。「一のネクタイ」

みず-たまり【水×溜まり】地上に雨水などがたまっている所。

みず-たまる【水×溜まる】〔枕〕水がたまる池の意で、「池」にかかる。転じて人名の「池田」にもかかる。「一池田の朝臣が鼻の上を掘れ」〈万・三八四一〉

みず-ため【水×溜め】水をためておく所。また、ためておくための容器。「畳一帖ほどの深い一の桝があった」〈志賀・暗夜行路〉

み-ず-ち【×蛟・×虬・×虯・×螭】《古くは「みつち」。「み」は水、「つ」は「の」、「ち」は霊の意》想像上の動物。蛇に似て長く、角と4本の足がある。水中にすみ、毒気を吐いて人を害するという。

みず-ちどり【水千鳥】ラン科の多年草。湿原に生え、高さ50〜70センチ。葉は線形でつやがあり、互生し、基部のものは茎を抱く。6、7月ごろ、細い距をもつ白い花を総状につけ、芳香があるのでジャコウチドリともいう。

みず-ぢゃや【水茶屋】《「みずちゃや」とも》江戸時代、道ばたや寺社の境内などで、茶などを飲ませて休息させた店。茶店。

みず-ちゅうどく【水中毒】抗利尿ホルモンの分泌過剰などのため、体内に水が過剰に停滞し、体液が薄められて浸透圧が低下した状態。

みず-ちょう【水帳】《「水帳」は「御図帳」の当て字》❶検地帳のこと。❷人別帳のこと。

みず-ぢょうし【水調子】《「みずちょうし」とも》三味線の弦をゆるく張り、調子を特に低くしたもの。

みず-つき【承=鞚・水付・七=寸】❶轡の部分の名。手綱の両端を結びつける轡の引き手。みずき。❷手綱の両端。

みず-つぎ【水×注ぎ】❶「水差し❶」に同じ。❷茶の湯で、水指に水を注ぐ器。

みず-つ-く【水漬く】〔動カ五(四)〕《「みずづく」とも》水がつく。水にひたる。みづく。「菖蒲など咲いていたほど一・いていた」〈秋声・縮図〉

みず-づけ【水漬け】❶水に漬けること。また、漬けたもの。❷「水飯」に同じ。

みずっ-ぱな【水っ×洟】水のように薄い鼻汁。みずばな。「一をすすりあげる」〔季 冬〕

みずっ-ぽ-い【水っぽい】〔形〕水けを含んでいる。水分が多くて味が薄い。「一・いカレー」〔派生〕みずっぽさ〔名〕〔類語〕水臭い

みず-て【水手】文字の尾を長く引いて、水の流れるように書く書き方。

ミスティー〔misty〕〔名・形動〕霧に包まれていること。また、そのさま。「一な高原の朝」

ミスティシズム〔mysticism〕「神秘主義」に同じ。

ミスティック〔mystic〕〔形動〕神秘的であるさま。神秘主義的。「一な雰囲気」

ミスティフィケーション〔mystification〕人を煙にまくこと。また、神秘化。

ミスティフィヨルド-こくていこうえん【ミスティフィヨルド国定公園】《Misty Fjords National Monument》米国アラスカ州南東部の都市、ケチカンの東約50キロにある国定公園。ハイイログマ、ムースをはじめとする野生動物がすむ。

ミスディレクション〔misdirection〕❶誤った指導。誤認に導く説明。❷手品や推理小説などで、観客や読者の注意を、手品の種や本筋からそらすこと。また、そのために用いるもの。

ミステーク〔mistake〕誤り。まちがい。ミス。

みず-でっぽう【水鉄砲】水を細長い筒の先から飛び出させる玩具。ピストル形・竹筒形などがある。〔季 夏〕「日に向けて高く上げ居る一/温亭」

ミステリアス〔mysterious〕〔形動〕神秘的なさま。不可解なさま。「一な殺人事件」

〔類語〕不思議・不可思議・摩訶不思議・不可解・奇妙・奇態・奇異・奇怪・幻怪・面妖・妙・変・異・謎・怪奇・怪異・神秘・霊妙・霊異・玄妙・あやかし

ミステリー〔mystery〕❶神秘的なこと。不可思議。謎。怪奇。「だれがやったか、それは今も一なのです」❷推理小説。❸秘跡劇。聖史劇。

〔類語〕(❶)神秘・超自然・謎・不思議・不可思議・摩訶不思議・不可解・怪・奇・怪奇・怪異・奇異・奇怪・幻怪・霊異・あやかし/(❷)推理小説・探偵小説・怪奇小説

ミステリー-ショッパー〔mystery shopper〕▶覆面調査員

ミステリオーソ〔イタ misterioso〕音楽で、発想標語の一。「神秘的に」の意。

み-す-てる【見捨てる・見×棄てる】〔動タ下一〕〔文〕みす・つ〔タ下二〕❶見ていながら、そのままにしておく。「怪我人を一・てて道を急ぐ」❷世話をしたり、関係を保ったりするのをやめる。見限る。「不行跡がたたって身内からも一・てられる」

〔類語〕見限る・見放す・見切る

みず-てん【×不×見転】❶花ガルタで状況も考えず、手当たりしだいに札を出すこと。転じて、後先を考えずに事を行うこと。「一で引っ越す」❷芸者などが、金しだいで見さかいなく誰にでもすぐに身をまかせること。また、その芸者。「一芸者」

みず-てんま【水伝馬】飲み水を運搬する船。みずぶね。水取り船。

ミスト〔mist〕❶霧。もや。❷霧状のもの。また、噴霧するもの。スプレー式の整髪料など。

みず-どうりょくけい【水動力計】軸に取り付けた1枚または数枚の円板を水中で回転させ、その抵抗によって動力を測定する計器。

ミスト-き【ミスト機】水や液剤、または粉剤を混ぜて、霧状にして送風で散布する機械。送風式噴霧機。

みず-とき【水溶き】片栗粉や白粉などの粉末を水で溶くこと。また、溶いたもの。「一片栗粉」

みずとき-かたくりこ【水溶き片×栗粉】片栗粉に倍量程度の水を加えて溶いたもの。料理にとろみをつけるのに用いる。

みず-とく-ほう【水特法】「水源地域対策特別措置法」の略称。

みず-どけい【水時-計】水のしたたりや流入・流出の量によって時刻をはかる時計。漏刻。

ミストラ〔Mystras〕ギリシャ南部、ペロポネソス半島南部にある廃墟の町。13世紀初頭に十字軍の砦が築かれたのが始まりで、東ローマ帝国の支配の下に14〜15世紀に最盛期を迎えた。山の斜面の最上部にカストロ(山城)、中腹にゴシック風の宮殿と邸宅、一番下に庶民の住宅や聖堂・修道院が建てられていた。ビザンチン文化を代表する都市であったがオスマン帝国によって廃墟と化した。1989年に、世界遺産(文化遺産)に登録された。ミストラス。

ミストラス〔Mystras〕▶ミストラ

みず-とらのお【水虎の尾】シソ科の多年草。湿地に生え、高さ30〜50センチ。茎は直立し、線形の葉を3、4枚輪生する。8〜10月、紫色の小花の短い穂をつける。

ミストラル〔フラ mistral〕フランスのローヌ川沿いに地中海に向かって吹き下ろす、冷たく乾燥した強い北風。冬から春にかけて生じる。

ミストラル〔Frédéric Mistral〕[1830〜1914]フランスの詩人。生地プロバンス地方の言語と文学の復興・刷新に貢献。1904年ノーベル文学賞受賞。叙事詩「ミレイユ」、近代プロバンス語辞典「フェリブリージュ宝典」など。

ミストラル〔Gabriela Mistral〕[1889〜1957]チリの女流詩人・外交官。自殺した恋人への愛を、詩作の過程で人類愛にまで昇華。1945年ノーベル文学賞受賞。詩集「荒廃」「愛情」「開墾」など。

みず-とり【水取り】❶水をくみ取ること。また、そのための用具。❷「お水取り」に同じ。〔季 春〕「一や氷の僧の沓の音/芭蕉」❸水をふき取る手ぬぐいをいう女房詞。

みず-とり【水鳥】水上または水辺で生活する鳥の総称。水禽。〔季 冬〕「一や百姓ながら弓矢取/蕪村」

みずとり-の【水鳥の】〔枕〕❶水鳥の一種である「鴨」および同音の「賀茂」にかかる。「一鴨の羽色の春山の」〈万・一四五一〉❷鴨の羽が青いところから、「青い」にかかる。「一青葉の山の色づく見れば」〈万・一五四三〉❸水鳥の動き・性状を表す「立つ」「浮き」などにかかる。「一発ちの急ぎに」〈万・四三三七〉

みずとり-ぶね【水取り船】飲み水を運搬する船。みずぶね。みずてんま。

ミストレス〔mistress〕❶主婦。女主人。❷情婦。

みず-とんぼ【水蜻=蛉】ラン科の多年草。湿地に生え、高さ30〜50センチ。葉は線形で2、3枚つく。9月ごろ、緑白色の花を総状につける。唇弁は三つに裂けて十字状をし、長い距が下に垂れる。

みず-な【水菜】❶キョウナの別名。〔季 春〕❷イラクサ科の一、二年草。山中の湿地に生え、高さ30〜60センチ。茎は紅色を帯び、葉はゆがんだ長楕円形で縁にぎざぎざがあり、先がとがる。茎は食用。うわばみそう。〔季 春〕

みず-ながれ【水流れ】火事を忌んでいった語。火災。「日々夜々、一のところ多し」〈天智紀〉

みずなぎ-どり【水×薙鳥】❶ミズナギドリ目ミズナギドリ科の海鳥の総称。上面が黒や灰色で腹部が白色のものが多い。翼は細長く、風を利用して水をなぐように滑空する。約60種があり、繁殖期以外は海洋で生活。オオミズナギドリ・シロハラミズナギドリなど。❷ミズナギドリ目の鳥の総称。アホウドリ・ミズナギドリ・ウミツバメ・モグリウミツバメの4科約100種がある。鼻孔が管状でくちばしの上面か側面に開いているため、管鼻類ともよばれた。全世界の海洋に分布。

みず-なし【水梨】ナシの一品種。果実に水分が多い。

みず-なぶり【水×嬲り】水をいじって遊ぶこと。水遊び。「一をなすってお嬉しがるはずだが」〈滑・浮世風呂・三〉

みず-なみ【水波】❶水面に立つ波。すいは。「池の一たちさわぎ」〈紫式部日記〉❷▶海部

みずなみ【瑞浪】岐阜県南東部の市。和食器および輸出向け洋食器を産出。人口4.0万(2010)。

みずなみ-し【瑞浪市】▶瑞浪

みず-なら【水×楢】ブナ科の落葉高木。山地に多く、高さ30メートルにも達し、樹枝は黒褐色で裂け目がある。葉は大きく、倒卵形で縁にぎざぎざがあり、柄はほとんどない。5月ごろ、雌花と尾状の雄花とをつける。実はどんぐり。材は建築・器具用。おおなら。

みず-なわ【水縄】❶「水糸」に同じ。❷検地用具の一。土地の面積を測るときに用いる縄。

みず-に【水煮】〔名〕スル 魚・野菜などを味付けせず、水だけ、または薄い塩水で煮ること。また、その煮たもの。「たけのこを一する」

みず-にら【水×韮】ミズニラ科の多年生のシダ。流水中や池に生え、ごく短い塊状の根茎が泥底中にあり、葉は線形でニラに似る。夏から秋にかけ、葉の基部に大胞子嚢と小胞子嚢をつける。

みず-ぬき【水抜き】〔名〕スル たまり水などを流し出すこと。また、その所。水の落とし口。

みず-の-あわ【水の泡】❶水面に浮かぶ泡。転じて、はかなく消えやすいもののたとえ。すいほう。❷努力・苦心がすべてむだになること。「苦労のかいもなく一となる」

みず-の-え【×壬】《「水の兄」の意》十干の9番目。じん。

みず-の-お【水の尾】海・川で、ある一定の水の流れのある所。船が通うのに適した水路となる。みお。「一について渡れや渡れやと」〈盛衰記・三五〉

みずのお-の-みかど【水尾帝】清和天皇の異称。

みず-の-かみ【水の神】水をつかさどる神。すいじん。

み

みずの-じゅうろうざえもん【水野十郎左衛門】[?〜1664]江戸初期の旗本。名は成之。3千石の家督を継いだが、旗本奴の頭目として無頼の生活を送り、町奴の幡随院長兵衛を殺害。のち、行状粗暴のかどで切腹させられた。

みずの-ただくに【水野忠邦】[1794〜1851]江戸後期の大名。唐津藩主から浜松藩主へ転封。大坂城代・京都所司代などを経て老中となる。将軍徳川家慶に信任され、天保の改革を断行したが、反対者が多くて失脚。

みず-の-て【水の手】❶城中などに飲用水を引き込む水路。また、その水を供給する場所。❷消火用の水。また、そのための水路。❸川・堀など、水の多い地域・地方。

みず-の-でばな【水の出▽端】《出水の出はじめの意から》最初は勢いが盛んであるが、じきに衰えることのたとえ。「気短かなれども、それは―のごとく、跡もなく御機嫌なほるなり」〈浮・一代女・四〉

みず-の-と【×癸】《「水の弟と」の意》十干の10番目。き。

みずのと-の-まつり【癸の祭】毎月癸の日に宮中の陰陽寮で行われた祭事。

みず-の-はな【水の花｜水の華】❶湖沼で植物プランクトンなどが異常に繁殖し、水面の色合いを変える現象。夏に多くみられる。➡青粉 ❷ハスの花。❸鮎や鱸をいう女房詞。

みずの-ひろのり【水野広徳】[1875〜1945]海軍軍人・軍事評論家。愛媛の生まれ。日露戦争の日本海海戦を描いた戦記「此一戦」で知られる。のちに人道的反戦思想に転じ、退役後は軍縮運動に尽力した。

みず-のみ【水飲み｜水×呑み】❶水を飲むこと。また、そのための器。「―場」❷「水呑み百姓」の略。

みずのみ-の-お【水×呑みの緒】鎧の袖の中の板の後方につけた緒。胴の総角に結びつけて袖が翻るのを押さえる。

みずのみ-びゃくしょう【水×呑み百姓】江戸時代、自分の田畑を持たず、検地帳に登録されない小作・日雇いなどの下層農民。貧しい農民。無高百姓。➡本百姓

みず-の-もち【水の餅】元日の朝、若水をくみにいくとき水神に供える餅。

みずの-りはち【水野利八】[1884〜1970]実業家。岐阜の生まれ。スポーツ用品の水野兄弟商会(現ミズノ)を創業。実業団野球大会、関西学生連合野球大会などを中心に各地でスポーツ大会を実施。スポーツ用品の改良・普及に尽力した。

みずの-れんたろう【水野錬太郎】[1868〜1949]官僚・政治家。秋田の生まれ。内務省を退官後、貴族院議員・内相・文相を歴任。

みず-の-わななき【水のわななき】冷や汗を流してふるえること。「―して汗にしとどにぬれてかがまり伏し給へれば」〈宇津保・蔵開下〉

みずは【罔=象】《古くは「みつは」》水の神。水の精霊。「水神―の女めを生む」〈神代紀・上〉

みず-は【×瑞歯｜▽稚歯】❶若々しく生命力のある歯。❷老人になってから再び生えた歯。長寿のしるしとして、めでたいこととされた。❸非常に年老いること。また、老人。「かまど守る―の嫗が庵いほよりはひいでの小田の早苗取る見よ」〈夫木・七〉

みず-ば【水場】❶登山で、飲み水の確保できる場所。「―を探す」❷野獣や野鳥が水を飲みに集まる水辺。❸土地が低く、すぐ水の出る所。「―の施主か、掘り抜き井戸の地主が、聞いてあきれらあ」〈洒・辰巳婦言〉

みず-パイプ【水パイプ】喫煙具の一。タバコの煙が水筒の中の水を通って吸い込まれるようにしたもの。ニコチン・タールが水に溶け、味が柔らかくなる。

みず-ばかり【水計り｜水▽準】▶水盛り

みず-ばかり【水×秤】液体の比重を測定する装置の一。天秤の一方の皿の下に鉤があり、それにおもりをつるして水中に沈め、アルキメデスの原理を利用して測る。

みず-はき【水吐き】❶流水やたまり水を流し出すこと。また、その所。❷「水捌け」に同じ。「―がよい土地」❸魚の頭のえらぶたの部分。

みずは-ぐ・む【×瑞歯▽含む】〔動マ四〕《瑞歯❷が生える意からか》非常に年をとる。みずはさす。「むばたまのわが黒髪はしらかはの―・むまでなりにけるかな」〈大和・一二六〉

みず-はけ【水×捌け】水の流れ去るぐあい。排水。みずはき。「―をよくする」

みず-はこべ【水繁=蔞】アワゴケ科の水生の一年草。水面下の葉は線形、水面上の葉は長楕円形。ほぼ一年じゅう、白い小花が咲き、花は2枚の苞と雌しべまたは雄しべからなる。

みずは-さ・す【×瑞歯さす】〔動サ四〕「瑞歯含むむ」に同じ。「―・す八十余りの老いの波くらげの骨に逢ふぞうれしき」〈今昔・一二・三三〉

みず-はじき【水▽弾き】空気の圧力を利用して水を遠くまで噴出させる仕掛けの機械。竜吐水・水鉄砲など。

みず-ばしょう【水×芭×蕉】サトイモ科の多年草。中部地方以北の湿原に群生。春の雪解けを待って、高さ約20センチの白い仏炎苞に包まれた穂を1本出す。花後、長楕円形の葉は長さ約80センチにもなる。(季 春)

みず-ばしら【水柱】水面から柱のように高く立ちのぼった水。すいちゅう。「―が立つ」

みず-はな【水▽端】《「みずばな」とも》❶水の出はじめのときや部分。また、水量の増す始め。〈和英語林集成〉❷物事の最初。出はじめ。はじまり。「先んずる敵には―に少し退きて」〈難太平記〉

みず-ばな【水×洟】「みずっぱな」に同じ。(季 冬)「―や鼻の先だけ暮れ残る/竜之介」

みず-ばなれ【水離れ｜水放れ】❶暖められて水が冷たくなくなること。「漸ようく―のした茶釜の湯を」〈長塚・土〉❷水面から離れること。また、水中から取り出すこと。「総じて鯉は―が大事ぢゃと申すに依って」〈虎寛狂・鱸庖丁〉❸親子・夫婦などが離れ離れになること。「つれなき―、立っても居てもあられねば」〈浄・八百屋お七〉❹大坂堂島の米市で、大引けの前に仲買人が立ち去ること。「早や追ひ立てる―」〈浄・盟約大石〉

みず-ばら【水腹】❶水を飲みすぎたときの腹ぐあい。❷水を飲んで空腹をしのぐこと。「―も一時ときもつ」

みずはら-しげる【水原茂】[1909〜1982]プロ野球選手・監督。香川の生まれ。高松商業、慶大で投手兼三塁手として活躍し、昭和11年(1936)巨人軍に入団。終戦後4年間のシベリア抑留生活を経て、同25年から巨人軍の監督となり、翌年から3年連続日本一。のち東映(現北海道日本ハム)・中日の監督を歴任。

みずはら-しゅうおうし【水原秋桜子】[1892〜1981]俳人。東京の生まれ。本名、豊。高浜虚子に師事。俳句雑誌「馬酔木」を主宰し、新興俳句を推進。句集「葛飾」「秋苑」「霜林」、評論「現代俳句論」。

みず-ばり【水張り】❶布地を、のりを使わず水にひたして板などに張りつけて乾かすこと。また、その布。❷水彩画などを描く際、あらかじめ用紙を湿らせて画板上に張ること。用紙を波打たせず、絵の具ののびをよくするために行う。

みず-ばれ【水腫れ】水けを内部に含んではれること。また、そのはれもの。みずぶくれ。

みず-ばん【水番】灌漑用水が盗まれるのを防ぐために見張りをすること。また、その人。(季 夏)

ミス-パンチ《和 miss＋punch》キーパンチのミス。キーを打ちそこなうこと。

みず-ひき【水引】❶細いこよりにのりをひいて乾かし固めたもの。進物用の包み紙などを結ぶのに用いる。ふつう数本を合わせて、中央から色を染め分ける。吉事の場合は紅と白、金と銀、金と赤など、凶事の場合は黒と白、藍と白などとする。(補説)結び目の形は目的によって使い分けられる。端を引くとほどけて結び直せる蝶結びは、出産・長寿など何度繰り返してもよい祝い事に、端を引いてもほどけない結び切りは、結婚・病気見舞い・弔事などの一度きりを願うものに用いる。鮑結び(淡路結び)は結び切りに準ずる。❷神前・仏前・御輿などの上部に横に張った金襴などの幕。❸「水引幕」の略。❹鎧の化粧板の下の紅白2色の綾の飾り。❺タデ科の多年草。山野に生え、高さ50〜80センチ。多少枝分かれし、葉は広楕円形で互生し、葉面に黒い斑紋がある。8〜10月、細長い穂を伸ばして赤い小花をまばらにつけ、実は卵形で褐色。みずひきぐさ。(季 花=秋)「―の花が暮るれば灯す庵/鬼城」❻貯水池などからの水の分配を支配する責任者。「―というのは、田に水を入れたり、堰き止めたりする役目をいうので」〈島木健作・生活の探求〉❼麻などを水にひたして皮をはぐこと。転じて、麻の繊維。「―の泡緒の糸の一筋に分けずよ君を思ふ心は」〈堀河百首〉(類語)(❶)熨斗

みずひき-がに【水引×蟹】十脚目ミズヒキガニ科のカニ。日本特産のカニで、本州以南の水深30〜100メートルの海底にすむ。甲長約1センチであるが、赤くて細長い歩脚を広げると20センチにもなる。

みずひき-まく【水引幕】劇場で、舞台最前部の上方に、間口いっぱいに横に張った細長い幕。また、相撲で、土俵の4本柱の上方に張った細長い幕。現在は吊り屋根につけている。

みず-びしゃく【水▽柄×杓】水を汲む柄杓。

みず-びたし【水浸し】すっかり水につかること。また、つけること。「床が―になる」

(類語)冠水・浸水・水没

ミスファイア〖misfire〗❶内燃機関における不着火あるいは不点火。❷(銃などの)不発。

みず-ぶき【水×蕗｜×芡】オニバスの別名。

みず-ぶくれ【水膨れ｜水×脹れ】❶皮下に水疱ができてふくれること。また、そのもの。みずばれ。「やけどの跡が―になる」❷水をたくさん含んでふくれていること。また、そのもの。「ぶよぶよと―のようなふとり方」

みず-ぶくろ【水袋】❶水を入れる袋。❷魚の浮き袋。

みず-ぶとり【水太り】〔名〕スル からだがぶくぶくに太っていること。「―した肥満児」

みず-ぶね【水船】❶飲料水を運ぶ船。水取り船。水伝馬。❷(「水槽」とも書く)㋐水をたくわえておく大きな桶。すいそう。「―の前に腰を据えて、しきりに水をかぶっている坊主頭」〈芥川・戯作三昧〉㋑生魚を入れておく容器。活船。「―に浮きてひれ振るいけ鯉の命まつまもせはしなの世や」〈新撰六帖・三〉

みず-ふぶき【水×蕗｜×芡】オニバスの別名。

ミスプリ「ミスプリント」の略。「―がある」

ミスプリント〖misprint〗誤植。ミスプリ。

みず-ふるい【水×篩】《「みずぶるい」とも》「水嚢❶」に同じ。〈和名抄〉

ミスプレー〖misplay〗スポーツで、失策すること。

みず-ぶろ【水風呂】沸かさないで、つめたい水のままの風呂。

みず-べ【水辺】川や池・沼などの、水のほとり。すいへん。「―の鳥」

みずへび-ざ【水蛇座】天の南極の近くにある小星座。12月下旬に南中するが、明るい星はなく、日本からは見えない。学名 Hydrus

みず-ほ【×瑞穂】みずみずしい稲の穂。

(類語)稲穂・初穂・垂り穂・落ち穂

みずほ【瑞穂】㊀名古屋市の区名。大曲輪貝塚があり、弥生後期の瑞穂遺跡があった。㊁岐阜県南西部の市。岐阜市と大垣市の間に位置する住宅都市。平成15年(2003)穂積町、巣南町が合併して成立。人口5.2万(2010)。

み-ずほう【▽御▽修法】▶みしほ(御修法)
みず-ぼうそう【水×疱×瘡】水痘のこと。
みずほ-く【瑞穂区】▶瑞穂
みずほ-し【瑞穂市】▶瑞穂
みずほ-の-くに【瑞穂の国】《瑞穂の実る国の意》日本の国の美称。「葦原の一」(類語)日本・大和・日の本・八洲国・大八洲・秋津島・敷島・葦原の中つ国・豊葦原・和国・日東・東海・扶桑・神州・本邦・本朝・ジャパン・ジパング
み-すぼらし・い〔形〕図みすぼら・し〔シク〕外見が貧弱である。身なりが見苦しい。「一・い建物」「一・い風体」(補説)「すぼらし」は動詞「窄る」の形容詞化。「身窄らしい」で、身がすぼまるさま、また「見窄らしい」で、すぼまるように見えるさまの意ともいう。(派生)みすぼらしげ〔形動〕みすぼらしさ〔名〕
(類語)貧弱・貧相・ちゃち・ぼろい
ミズマール〖アラビア mizmār〗エジプトでのスルナーイの呼び名。➡スルナーイ
みず-まき【水×撒き】土ぼこりなどが立たないように、地面に水をまくこと。また、その道具。(季 夏)
(類語)散水・打ち水
みずまき-ぐるま【水×撒き車】水をまく装置をつけた車。散水車。撒水車。
みず-まくら【水枕】ゴム製の、中に水や氷を入れて使う枕。発熱のときなどに、頭を冷やす。
みず-まし【水増し】〔名〕スル ❶水を加えて分量をふやすこと。「一して徳利の数を増やす」❷見かけの数や量をふやすこと。「定員を一して経費を計上する」「一予算」
(類語)上積み・嵩上げ・割増し・上乗せ・底上げ・加算
み-すま・す【見澄ます】〔動サ五(四)〕気をつけてよく見る。「あたりを一・して忍び込む」
みず-ます【水×枡｜水升】液体の量をはかる枡。多くは正方形のはこに柄をつけた形をしている。
ミスマッチ〖mismatch〗釣り合わないこと。また、釣り合わないものどうしを意図的に組み合わせること。「内容とデザインとの一」「一感覚」
ミスマッチ-うんよう【ミスマッチ運用】資金の運用と調達の期間を一致させない運用方法。
ミスマッチ-さい【ミスマッチ債】6か月物LIBOR(ロンドン銀行間取引金利)を基準として2か月に一度、金利を見直す変動利付債。1か月物LIBORで資金を調達して購入する投資家が多いのでこう呼ばれる。➡ミスマッチ運用
ミスマッチ-しつぎょう【ミスマッチ失業】企業の求人条件と求職者の条件が合わないためにおこる失業。失業者数と同数の求人件数があっても失業者が発生するのはこれによる。➡構造的失業 ➡摩擦的失業
みず-まり【水×椀】水などを入れる椀。
みず-まり【水×鞠】飛び散る水玉の大きなもの。「一さっと蹴させつつ、馬と馬とを馳せ並べて」〈盛衰記・三八〉
み-すまる【▽御▽統】上代、多くの玉を緒に貫いて輪とし、首にかけたり腕に巻いたりして飾りとしたもの。「弟棚機の項がせる玉の一」〈記・上・歌謡〉
みず-まわり【水回り】❶建物の中で、台所・浴室・便所など、水を使う場所。❷水田に水がよくまわっているかどうか見まわること。また、その人。
みすみ-がや【三隅蚊-帳】喪に際し、死者の足側の一隅をはずして、蚊帳の三隅だけを吊ること。平常は不吉だとして忌む。
みすみ-かん【三角寛】[1903〜1971]小説家。大分の生まれ。本名、三浦守。山窩族の研究でも知られ、小説「山窩血笑記」など多数発表。第二次大戦後は東京池袋で映画館の経営に専念。
みすみ-けんじ【三隅研次】[1921〜1975]映画監督。京都の生まれ。「丹下左膳 こけ猿の壺」で監督デビュー。勝新太郎主演「座頭市」シリーズや、若山富三郎主演「子連れ狼」シリーズなど、時代劇を多く手がける。他に「斬る」「無法松の一生」など。
みす-みす【見す見す】〔副〕《動詞「見す」を重ねた語》❶見ていながら、また事情がわかっていながら、それにふさわしい対応をしないさま。また、条件に恵まれながら、何もできずに終わってしまうさま。むざむざと。「宝の山に入りながら一手ぶらで帰るとは」❷(多く「目に見す見す」の形で)目の前に見ながら。見ているうちに。見る見る。「白妙の衣に似たる梅の花目に一衰ふるかな」〈宇津保・春日詣〉
みず-みず【×瑞×瑞｜水水】〔副〕スル 新鮮でつやがあるさま。生き生きしたさま。また、若々しいさま。「一した目でランプを瞶めていた」〈秋声・黴〉
みずみず-し・い【×瑞×瑞しい｜水水しい】〔形〕図みづみづ・し〔シク〕光沢があって若々しい。また、新鮮で生気がある。「一・い野菜」「一・い肌」「一・い感性」(派生)みずみずしさ〔名〕
(類語)新鮮・清新・新しい・若い・若若しい・若やか・ういういしい・いきいき・溌剌・フレッシュ
みすみ-そう【三▽角草】キンポウゲ科の多年草。山地の日陰に生え、高さ5〜10センチ。葉は根元から出て柄が長く、葉身は三つに裂けていてスハマソウに似るが、先端はとがる。早春、白い花びら状の萼をもつ花を開く。ゆきわりそう。
みず-みまい【水見舞(い)】台風・洪水などの水害にあったのを見舞うこと。(季 夏)「無花果の日にとぶ蠅や一/麦南」
みず-むけ【水向け】〔名〕スル ❶霊前に水を手向けること。❷水を向けること。相手が話し出すように誘いかけること。
みず-むし【水虫】❶白癬菌の一種が主に足の裏・手のひらや指の間に寄生して起こる皮膚病。小水疱ができたり、皮膚が白くふやけてむけたり、ただれたりし、かゆみが強い。汗疱状白癬。水瘡。(季 夏)❷㋐ミズムシ科の昆虫。池沼にすみ、体長約1センチ。体は暗黄色で、黒色の縞がある。㋑半翅目ミズムシ科の昆虫の総称。水生。体は長楕円形で背面は平たく、長くオール状の遊泳に適する脚をもつ。灯火にも飛来する。ふうせんむし。(季 夏)❸等脚目ミズムシ科の節足動物。池・溝・水田などにすむ。体形はワラジムシに似て、体長約1センチ、黒茶色で、七対の足がある。
みず-めがね【水眼-鏡】水中に潜るときに用いるめがね。水中眼鏡。ゴーグル。(季 夏)
みず-めし【水飯】「すいはん(水飯)」に同じ。
みず-もち【水餅】餅を水につけ、かびやひび割れを防いで保存すること。また、その餅。(季 冬)「一や渾沌として甕の中/石鼎」
みず-もの【水物】❶水・酒などの飲み物。❷水分を多く含んでいる食べ物。果物など。❸そのときの条件によって変わりやすく、予想しにくい物事。「選挙は一だ」❹華道で、水辺に育つ花の総称。
みず-もり【水盛｜▽準】細長い材に溝をつけて水を入れ、土台面などにのせて水平かどうかを測定すること。また、その器具。みずばかり。水準。
みず-もり【水漏り】「みずもれ」に同じ。
みず-もれ【水漏れ】〔名〕スル 水がもれること。みずもり。漏水。「浴槽が一する」
(類語)漏水・漏出・流出・雨漏り
みず-や【水屋】❶社寺で、参詣人が口をすすぎ手を洗い清める所。みたらし。❷茶の湯で、茶室の隅に設け、茶事の用意をととのえたり、使用後に茶器を洗ったりする所。水遣り。❸水を扱う所。台所。❹茶器・食器類を入れておく、たんすのような形の戸棚。茶だんす。❺飲み水を売り歩く人。また、夏、砂糖を入れた冷水を売る人。水売り。❻洪水などの際に使用される避難用家屋。
みず-やま【×瑞山】木々がみずみずしく美しい山。「畝傍のこの一は日の緯の大き御門に一と山さびいます」〈万・五二〉
みず-ようかん【水羊×羹】寒天を煮溶かし、小豆あん・砂糖を加えて混ぜ、容器に流し込んで冷やし固めた、水分の多い夏向きのようかん。(季 夏)
みず-よけ【水▽除け】水を防ぐための設備や道具。「消波用の一杭」
み-ずら【角=髪｜角=子｜×鬟｜×髻】上代の成人男子の髪の結い方。髪を頭の中央から左右に分け、両耳の辺りで先を輪にして緒で結んだもの。平安時代以後、主として少年の髪形となった。びんずら。びずら。
み-すり【み×摺り】衣に花・葉などで色を染めつけること。「雪そそぐ花の一の狩衣うち払へどもむら返りつつ」〈夫木・一八〉
ミスリード〖mislead〗〔名〕スル ❶人を誤った方向へ導くこと。誤解させること。❷新聞や雑誌などで見出しと記事とが大きく違うこと。
ミスル〖Mişr〗「エジプト」の現地での呼称。
み・する【魅する】〔動サ変〕図み・す〔サ変〕不思議な力で人の心をひきつける。「歌声に一・せられる」
ミス・る〔動ラ五〕《「ミス(miss)」の動詞化》ミスを犯す。失敗する。「肝心なところで一・った」
みず-ろう【水×牢】水びたしにした牢の中に罪人を入れて苦しめること。また、その牢屋。江戸時代、主に年貢未納者に課した。
みず-ろん【水論】「すいろん(水論)」に同じ。「村々一のありし時」〈浮・諸国ばなし・二〉
みずわかす-じんじゃ【水若酢神社】島根県隠岐郡隠岐の島町にある神社。主祭神は水若酢命。隠岐国一の宮。
みず-わらび【水×蕨】ミズワラビ科の一年生のシダ。水田や沼沢に生え、高さ20〜60センチ。胞子葉は羽状に裂け、裂片は細長く、縁に胞子嚢群をつける。栄養葉はそれより小形で、裂片は幅広い。
みず-わり【水割(り)】❶ウイスキーや焼酎を水で薄めること。また、そのもの。❷実質・内容を無視して量だけをふやすこと。みずまし。「一株」
みせ【店｜見世】《「見せ棚」の略から》❶商品を陳列して売る場所。商店。たな。「一を閉める」「一をもつ」❷江戸時代、妓楼で、遊女が通りかかる客を呼び入れる格子構えの座敷。また、その遊女。張見世。「二年も一を勤めしうちに、世のさまざま見およひ」〈浮・一代女・二〉
(一語)空き店・貸し店・角店・蔵店・小店・新店・大道店・茶店・辻店・出店・床店・仲見世・軒店・初店・張り店・干し店・屋台店・夜店
(類語)商店・店屋・店舗・売店・屋台・ストア・ショップ
店を畳・む　商売をやめる。また、その日の営業を終える。店じまいをする。「一・んで国へ帰る」「八時に一・む」
店を張・る　❶商人が店を出す。「目抜き通りに一・る」❷遊郭で遊女が張見世に出て、客を待つ。
店を引・く　❶店をしまう。「いつもより早めに一・く」❷遊女が張見世に出ないで、勤めを休む。
店を広・げる　❶店舗を拡張する。また、商売を広げる。❷品物などを取り出して、そこらじゅうに並べる。「机の上いっぱいに一・げて仕事をする」
みせ-あきない【店商い｜見世商い】店を張って商売をすること。
みせ-あきんど【店▽商▽人｜見世▽商▽人】店を張って商売をする商人。みせあきゅうど。
み-せい【未成】まだでき上がっていないこと。未完成。「一線路を完成するが順序でしょう」〈魯庵・社会百面相〉
み-せいねん【未成年】まだ成年に達しないこと。また、その人。(類語)青少年・半人前
みせいねん-こうけんにん【未成年後見人】未成年者に親権者がいない場合や親権者が財産管理権を失った場合に、未成年者を保護・支援する後見人。家庭裁判所によって選任され、未成年者の財産管理や身上監護などを行う。➡成年後見人
みせいねん-しゃ【未成年者】満20歳に達しない者。民法上、制限行為能力者とされ、法律行為は原則として、親権者または後見人が法定代理人として代わって行う。本人が行う場合は、親権者または後見人の同意が必要となる。ただし、婚姻をすれば成年に達したものとみなされる。➡成年
みせいねんしゃりゃくしゅおよびゆうかい-ざい

み

【未成年者略取及び誘拐罪】ミセイネンシャリャクシュおよびユウカイザイ 未成年者を略取または誘拐する罪。刑法第224条が禁じ、3か月以上7年以下の懲役に処せられる。未成年者略取誘拐罪。未成年者略取罪。未成年者誘拐罪。
みせい-ひん【未成品】まだでき上がっていない品物。製作途中の品物。未完成品。
み-せいひん【未製品】仕上げや検査がまだ十分にされていない品物。粗製品。
みせ-うり【店売り｜見世売り】〔名〕スル 店で品物を売ること。店頭販売。「市価の半額で―する」
みせ-おんな【見世女】ヲンナ 客を呼ぶために店先に置いた看板娘。「またひとりは糸屋者、これも―にこしらへ」〈浮・一代女・五〉
みせ-がかり【店掛(か)り】店の構造。店構え。
みせ-かけ【見せ掛け】見せかけること。外見。うわべ。「強そうなのは―だけだ」「―の優しさにだまされる」
みせかけ-だいじん【見せ掛け大尽】金持ちのように見せかけること。また、その人。「さてこそ不審はるの日の、長ういらぬは―」〈浄・五枚羽子板〉
みせ-か・ける【見せ掛ける】〔動カ下一〕図みせか・く〔カ下二〕うわべを取りつくろって、実際はそうでないのにそれらしく見えるようにする。「ブランド品に―・けて高く売る」「金持ちらしく―・ける」
みせ-がね【見せ金】取引などで、相手の信用を得るために見せる金銭。みせきん。「―で釣る」
みせ-がまえ【店構え｜見世構え】ガマヘ 店の構え方。店の造作。また、店の大きさや規模。「堂々たる―」
みせ-ぎょく【見せ玉】相場操縦法の一。売買する意思がないのに大きな注文を出し、約定しそうになると取り消すやり方。自分に都合のよいように相場を動かすものとして禁止されている。
みせ-ぐち【店口】店の間口。「―が広い」
みせ-ぐら【店蔵】土蔵造りにした店。
みせ-けち【見せ▽消ち】《「けち」は動詞「け(消)つ」の連用形から》誤写・誤記の文字の訂正のしかたの一。写本などで、もとの文字が読めるように、傍点をつけたり、その字の上に細い線を引いたりするなどして、誤りであることを示す。
みせ-ごしらえ【店×拵え｜見世×拵え】ゴシラヘ 店のつくりぐあい。店の構え。店つき。「老舗らしい―」
みせ-さき【店先｜見世先】店の前。また、そのあたり。店頭。「―につき駐車お断り」「―渡し」
みせさし-どき【店▽鎖し時】店の戸をおろす時刻。夕方。みせさしごろ。みせさしじぶん。「うかうか話して、あれ―」〈浄・女腹切〉
みせ-ざや【見せ×鞘】腰刀の鞘を覆う布製の袋。鞘尻より長く作り、先を折り下げて用いる。提げ鞘。
みせ-ざらし【店×晒し】「棚晒たなざらし」に同じ。「ほこりをかぶった―の品」
みせ-じまい【店仕舞(い)｜見世仕舞(い)】ジマヒ〔名〕スル ❶店をたたんで廃業すること。商売をやめること。閉店。「営業不振で―する」↔店開き。❷その日の営業を終えて、店をしまうこと。閉店。「九時に―する」↔店開き。類語 閉店・看板・閉業・クローズ
みせ-しめ【見せしめ】《「しめ」は使役の助動詞「しむ」の連用形から》それにこりて、本人あるいは他の人が同じような悪いことをしないように厳しく罰して見せること。こらしめ。「―のために処罰する」
類語 こらしめ・懲罰・罰・仕置き・折檻せっかん
みせ-じょろう【見世女郎】ヂョラウ ❶上方の遊郭で、遊女の階級の下等のもの。店先の格子の中に座って客を引いた。端女郎はしじょろう。❷江戸吉原の遊郭で、張見世に出た女郎。
ミセス〖Mrs.〗《mistressの略》❶既婚女性の姓または姓名の前に付ける敬称。夫人。❷既婚の女性。夫人。奥様。類語 マダム・夫人
みせ-すががき【見世▽清×搔き】江戸吉原の遊郭で、遊女が店先に出て並ぶ合図に弾いた三味線。
みせ-ぜい【見せ勢】敵を欺くための見せかけの軍勢。「四条中納言隆資卿の偽って控へたる―に対して」〈太平記・二六〉
み-せせり【身せせり】《「みぜせり」とも》からだを小きざみに揺り動かすこと。「猿といふものは―をして鳴くものぢゃが」〈虎寛狂・柿山伏〉
みせ-だい【店台｜見世台】❶店で、代金を受け取ったり品物を渡したりする台。❷店先の商品を陳列しておく台。
みせ-だな【店棚｜見世棚】商品が見えるように並べてある棚。また、その棚のある店。
みせ-だま【見せ球】野球で、投手が決め球をより効果的にするために、打者に見せておく球。決め球となる速球の前に投げる変化球など。
み-せつ【未設】まだ敷設・設備していないこと。「―線」
みせ-つき【店付き｜見世付き】❶店のようす。店がまえ。❷店が付いていること。また、店に付属していること。「―の貸家」❸置屋の表に面した間に座って客を待つ下級の女郎。店付き女郎。「―ぢゃてて、ちと身なりあんぢょうして」〈滑・膝栗毛・八〉
みせ-つ・ける【見せ付ける】〔動カ下一〕図みせつ・く〔カ下二〕❶わざと人の目につくようにする。いやでも見えるようにする。「仲のよいのを―・ける」❷ひどい目にあわせる。「町人を―・け、百姓を威し」〈仮・浮世物語・三〉
類語 見せびらかす・ひけらかす・当てつける・振り回す・誇示する・示威する
ミゼット〖midget〗超小型のもの。「―カメラ」
みせ-どころ【見せ所】人に見せたい得意なところ。人が見て感心するような場面。「ここが腕の―」
類語 見せ場・正念場
み-ぜに【身銭】自分の金。自分の個人的な金銭。
身銭を切・る　自分の金で払う。自腹を切る。
みせ-ば【見せ場】芝居などで、役者が得意な芸を見せる場面。また一般に、見るだけの値打ちのある場面。「自分の―をつくる」
類語 正念場・見せ所・さわり・ハイライト・見所・山場
みせ-ばた【見せ旗】合戦などで、敵に大勢いるように見せかけるために立てる旗。
みせ-ばや【見せばや】ベンケイソウ科の多年草。岩上に生え、根茎から多数の茎が出て垂れ下がる。葉は多肉質で円形、3枚ずつ輪生。10月ごろ、茎の先に、淡紅色の小花が球状に集まって咲く。小豆島での自生が知られ、観賞用にする。たまのお。季 秋
みせ-ばん【店番｜見世番】〔名〕スル 店の番をすること。また、その人。「―を頼む」「代理で―する」
みせ-びらか・す【見せびらかす】〔動サ五(四)〕自慢らしく見せつける。誇示する。「札束を―・す」「新車を―・す」類語 見せつける・誇示する・ひけらかす・当てつける・振り回す
みせ-びらき【店開き｜見世開き】〔名〕スル ❶新しく店を開いて業務を始めること。開店。「駅前にデパートが―する」↔店仕舞い。❷店をあけてその日の営業を始めること。開店。「一〇時に―する」↔店仕舞い。類語 開店・オープン・始業
みせ-もの【見世物】❶珍しい物・奇術・曲芸などを見せて料金を取る興行。また、その出し物。「―小屋」❷人々から興味の対象として見られること。また、そのもの。「人々の―になる」類語 ショー・サーカス
みせ-や【店屋｜見世屋】商店。みせ。
類語 店・商店・店舗・売店・露店・屋台・ストア・ショップ
ミゼラブル〖miserable〗〘形動〙惨めで不幸なさま。
みせ-られる【魅せられる】〔連語〕《動詞「魅する」の未然形＋受け身の助動詞「られる」》不思議な力によって、心がひきつけられる。「大自然に―・られる」
ミセル〖micelle〗❶溶液中で、界面活性剤などの分子がある濃度以上になると、急に集合してつくるコロイド状の粒子。石鹸水せっけんすいなどでみられる。❷セルロースなどの高分子物質を構成する微結晶。
み・せる【見せる】〔動サ下一〕図み・す〔サ下二〕❶見えるようにする。人にわかるように示す。「人前に姿を―・せる」「定期券を―・せる」❷行動・態度・表情などに表して、そうであることを人にわからせる。「意地を―・せる」「関心を―・せる」「弱みを―・せる」❸経験させて、わからせる。「痛い目を―・せる」「憂き目を―・せる」❹ある状態やようすに見えるようにする。そのように見せかける。「年齢より若く―・せる」「故意を過失に―・せる」❺あるきざしが現れる。「景気がかげりを―・せる」❻診察・鑑定などをしてもらう。「子供を医者に―・せる」「茶器を目利きに―・せる」❼嫁がせる。結婚させる。「少将などいふほどの人に―・せむも」〈源・東屋〉❽ようすを調べさせる。検分させる。「跡なきことにはあらざめりとて、人をやりて―・するに」〈徒然・五〇〉❾(補助動詞)動詞の連用形に助詞「て」の付いた形に接続して用いる。㋐実際にその行為をして、人に示す。「歌って―・せる」「おどけて―・せる」㋑強い決意を表す。「必ず勝って―・せる」
(…句) 後ろを見せる・尾を見せる・顔を見せる・白い歯を見せる・泣きを見せる・抜く手も見せず・目に物見せる・目を見せる
類語 示す・呈する・表す・提示する・披露する・見せつける・さらけ出す
み-せん【味煎】甘葛あまずらの葉やつるの汁を煮詰めた甘味料。甘葛煎あまずらせん。
み-せん【弥山】㊀奈良県南部、大峰山中部の一峰。標高1895メートル。㊁広島県南西部、厳島いつくしまの最高峰。標高535メートル。モミ・ツガなどの原始林がある。
み-ぜん【未全】完全でないこと。十分でないこと。「開化―の国の如きは」〈加藤弘之・明六雑誌七〉
み-ぜん【未然】❶まだそうなっていないこと。まだそのことが起こらないこと。「事故を―に防ぐ」❷「未然形」の略。類語 未発・事前
みぜん-けい【未然形】国文法で、活用形の一。活用する語の語形変化のうち、口語で、助動詞「ない」「せる・させる」「れる・られる」「う・よう」を伴うときの形。文語では、「ず」「む」「す・さす」「しむ」「る・らる」などを伴うときの形。六活用形の第一におかれる。将然言。
み-そ【三▽十】数のさんじゅう。「―日か」「―路」
みそ【味×噌】❶調味料の一。大豆を蒸してつき砕き、麹こうじと塩を加えて発酵させたもの。原料の米麹・麦麹・豆麹の別により米味噌・麦味噌・豆味噌、色から赤味噌・白味噌など、味から甘味噌・辛味噌などに分けられる。❷カニやエビの殻の中にある、色や状態が❶に似ているもの。「かに―」❸自慢とする点。工夫・趣向をこらした点。「万一の場合、手動に切り換わるところが―だ」「手前―」❹弱者をあざけっていう語。「泣き―」「弱―」
味噌が腐・る　「糠味噌ぬかみそが腐る」に同じ。
味噌も糞くそも一緒　よいものも悪いものも同一に扱うことのたとえ。糞も味噌も一緒。
味噌を上・げる　自慢する。手前味噌を並べる。
味噌を擂す・る　おべっかを言う。へつらう。ごまをする。「上役に―・る」
味噌を付・ける　失敗する。また、失敗して面目を失う。「たった一度の不祥事で業績に―・ける」
み-そ【▽御▽衣】《後世「みぞ」とも》貴人を敬って、その衣服をいう語。おんぞ。「いと寒きに―一つ貸し給へ」〈大和・一六八〉
みぞ【針=孔】糸を通す針の穴。めど。
みぞ【溝】❶水を流すため、地面を細長く掘ったもの。「―にはまる」❷細長いくぼみ。「鴨居かもいの―」「レコードの―」❸人と人との間の意見・感情などのへだたり。「夫婦間の―が深まる」類語 (❶)どぶ・側溝・溝渠こうきょ・暗渠/(❸)隔り・ずれ・亀裂・ギャップ
みそ-あえ【味×噌▽和え｜味×噌×韲え】アヘ 魚肉・野菜などを味噌であえること。また、あえたもの。
みそ-あん【味×噌×餡】白餡に白味噌を加えたもの。柏餅などに用いる。
みぞ-いた【溝板】溝の上にかぶせた板。どぶ板。
みぞ-いちごつなぎ【溝×苺×繋】イネ科の越年草。溝の縁などの湿った所に生え、高さ約50センチ。葉は薄く、線形。5、6月ごろ、緑色の穂をつける。
み-そう【▽御荘】ミサウ 貴人を敬って、その荘園をいう語。「領じ給ふ―、御牧みまきよりはじめて」〈源・須磨〉
み-ぞう【未曽有】《「未いまだ曽かつて有らず」の意》❶今までに一度もなかったこと。また、非常に珍しいこと。

希有。みぞうう。「一の大地震」❷十二分経の一。仏・菩薩による奇跡を記した経典。
類語 前代未聞・空前・曠古・破天荒

みそ-うず【味×噌▽水|×糝】味噌を入れて煮た雑炊。「昨日の法師子の稲にてしたる御一」〈著聞集・一八〉

みぞ-うめ【溝埋め】天つ罪の一。田に水を引く溝を埋めてしまうこと。「畔放ち、一、屎戸」〈記・中〉

みぞ-おち【鳩=尾】胸の中央のへこんだ所。胸骨の剣状突起の下部。急所の一。きゅうび。みずおち。

みそ-か【三▽十日|×晦日】❶月の30番目の日。転じて、月の最後の日。つごもり。「一一月の一」❷30日の間。30日間。「ただ日の経ぬる数を…はつか、一と数ふれば」〈土佐〉

三十日に月が出る《陰暦で、月の末日には月が出ないところから》ありえないことのたとえ。

みそか【▽密か】〔形動ナリ〕人に知られないようにこっそりするさま。ひそか。「人にも知らせ給はで、一に花山寺におはしまして」〈大鏡・花山院〉
類語 秘か・秘密・内密・内証・内内・隠密

みぞ-がい【溝貝】❶マテガイ科の二枚貝。砂浜にすみ、貝殻は横長の長楕円形で、殻長3センチくらい。殻は薄紫色で、質が薄い。本州から九州にかけて分布。❷カラスガイの古名。一説にハマグリの殻の黒色のものという。「一といふものの大きなるが、口を開けてありけるを」〈今昔・二九・三五〉

みそか-お【▽密か×男】「みそかおとこ」に同じ。「一の首代なり」〈読・近世説美少年録・三〉

みそか-おとこ【▽密か男】忍んで人妻のもとへ通う男。また、夫のある女がそのような男をもつこと。密夫。間男。みそかお。「妻の一したりけるを見つけて」〈後撰・雑四・詞書〉

みぞ-かくし【溝隠】キキョウ科の多年草。田のあぜなどに生え、高さ約20センチ。茎は地をはって広がり、葉は小さい狭楕円形で互生する。6〜10月、紅紫色を帯びた白い小花が咲く。花びらは唇形であるが、5裂する。あぜむしろ。

みそ-かけ【▽御▽衣懸け】《「みぞかけ」とも》衣服などを掛けておく家具。衣桁。「練緒染緒の一にせむ」〈催馬楽・高砂〉

みそか-ごころ【▽密か心】人に隠しだてする心。ひそかな恋心。「一つきたる、ものの娘などは」〈源・蛍〉

みそか-ごと【▽密か事】❶秘密のこと。ないしょごと。「一して父母などに見られしに驚く小児に似たりき」〈鴎外訳・即興詩人〉❷男女がひそかに情を通じ合うこと。密通。「突然一を発き立てられたので」〈谷崎・少将滋幹の母〉類語 秘密・密事・秘事・隠し事・秘め事・内証事・秘中の秘

みそか-ぜち【×晦日節】中部地方などで、正月のみそかに新しく餅をついて神に供え、松の内に年始回りに行けなかった親類を訪問すること。晦日礼。

みそか-そば【三▽十日蕎=麦|×晦日蕎=麦】月の末日、特に大みそかに、細く長くの意を込めて食うそば。関西では、つごもりそば。(季 冬)「命ありともかくても一/風生」

みそ-カツ【味×噌カツ】豚カツに、豆味噌と出し汁や調味料を合わせて煮込んだ味噌だれをかけた料理。名古屋の名物。

みそか-ぬすびと【▽密か盗人】こそどろ。「一の、さるべきものの隈々に忍びて見るらむをば誰かは知る」〈枕・一二四〉

みぞ-がね【溝金】敷居の溝に、摩耗を防ぐためにはめ込む薄い金物。

みそか-ばらい【三▽十日払い|×晦日払い】その月の末日にまとめて支払いをすること。みそか勘定。

みそ-がゆ【味×噌×粥】味噌汁で煮たかゆ。

みぞ-がわ【溝川】水がいつも川のように流れている溝。「路を横切っている小さい一のところへ出る」〈三重吉・小鳥の巣〉

みそがわ-そう【味×噌川草】シソ科の多年草。深山の河原などに群生し、高さ60〜90センチ。茎は四角柱で枝分かれせず、葉は狭卵形で対生する。夏から秋、紫色の唇形の花をつけ、穂状をなす。木曽川源流の味噌川に多いところからの名。

みぞ-かんな【溝×鉋】鴨居・敷居の溝などを彫り削るのに用いる、のみ状の刃をつけた鉋。

み-そぎ【▽御▽衣木】神仏の像を作るのに用いる木材。「ちはやぶる香椎の宮のあや杉は神の一に立てるなりけり」〈新古今・神祇〉

み-そぎ【×禊】❶身に罪や穢れのある者、また神事に従事しようとする者が、川や海の水でからだを洗い清めること。❷陰暦6月晦日に、諸社で行う夏越の祓の行事。(季 夏)
類語 垢離・水垢離・沐浴・清め

みそぎ-がわ【×禊川】みそぎをする川。特に、夏越の祓の神事を行う川。(季 夏)

みそぎ-きょう【×禊教】神道十三派の一。井上正鉄を祖とし、明治初期に教団化。明治27年(1894)に一派独立。生活と密着した教義を有し、禊祓を重視する。

みそぎ-はらえ【×禊×祓】穢れを除く祓い清めの行事。

み-そ・ぐ【×禊ぐ】〔動ガ四〕《「み(身)そそ(濯)ぐ」の音変化かという》みそぎをする。「天の川原に出で立ちて一・ぎてましを」〈万・四二〇〉

みそ-くそ【味×噌×糞】〔形動〕「くそみそ」に同じ。「一にけなす」

みぞぐち-けんじ【溝口健二】[1898〜1956]映画監督。東京の生まれ。虐げられた女性の生き方を、独特のリアリズムの手法で描いた。作「祇園の姉妹」「西鶴一代女」「雨月物語」「近松物語」など。

みぞぐち-りゅう【溝口流】和様書道の流派の一。御家流の分派で、溝口荘司千谷を祖とする。

みそ-け【味×噌気】❶食物に含まれる味噌の味。また、その程度。❷手前味噌の気味があること。「日和見の一で傘を下げて出る」〈柳多留・初〉

みそ-ご・い〔形〕《近世語》しつこい。「一・い衣裳着たる厚鬢どもが」〈艶道通鑑・一〉

みぞ-ごい【溝五位】サギ科の鳥。全長約50センチ。体形はゴイサギに似るが、全体に赤褐色。繁殖地は日本だけで、夏に本州以南に渡来し、山林で営巣。夜ウォーウォーと陰気な声で鳴く。渓流や溝でサワガニなどを食べ、危険を感じるとくちばしを上に向けて直立不動の姿勢をとる。(季 夏)

みそ-こうじ【味×噌×麹】味噌の原料とする麹。

みぞ-こうじゅ【溝香×薷】シソ科の二年草。田のあぜなどに生え、高さ30〜70センチ。茎は四角柱。葉は対生し、長楕円形で表面にしわがある。5、6月ごろ、紫色の小さな唇形の花をつけ、穂をなす。ゆきみそう。

みそ-こし【味×噌×漉し】味噌をこして、かすを取り去るために使う道具。曲げ物の底に細かい網を張ったもの。みそこしざる。

み-そこない【見損ない】見損なうこと。見あやまること。「アンパイアの一」

み-そこな・う【見損なう】〔動ワ五(ハ四)〕❶見あやまる。見まちがう。「隣り合った番号と一・う」❷評価をあやまる。「君を一・っていたよ」「一・うな」❸見る機会をのがす。見落とす。見損じる。「話題の映画を一・う」類語 見誤る・見違える・見紛う・見損ずる

みそこなわ・す【見そこなはす】〔動サ四〕《尊敬の意の動詞「見す」の連用形「みし」と、「行う」に尊敬の助動詞「す」の付いた「おこなわす」とが複合したものの音変化》ごらんになる。みそなわす。「仏は六にあらねども六なりと一・す」〈法華義疏長保四年点〉

みそ-さざい【鷦=鷯】スズメ目ミソサザイ科の鳥。全長約10センチで日本産で最小の鳥の一。全体に濃い茶色で細かい黒斑がある。日本では漂鳥で、渓流沿いに多く、活発に動き回り、短い尾を立てる。春先に張りのある声でさえずる。かきちんない。みそっちょ。(季 冬)「夕暮の篠のそよぎや一/蓼太」

みそ-じ【三▽十|三▽十路】《古くは「みそち」》❶30歳。「一を越える」❷30。みそ。「一あまり二つの相八十種とそだれる人の踏みし跡どころ稀にもあるかも」〈仏足石歌〉

み-そしき【未組織】まだ組織されていないこと。

みそしき-ろうどうしゃ【未組織労働者】労働組合に加入していない労働者。また、所属する企業内に労働組合を持たない労働者。

みぞ-しだ【溝羊=歯】ヒメシダ科の多年生のシダ。山野の湿った所に生え、高さ30〜60センチ。全体に柔らかい。葉柄は長く褐色で、葉は羽状複葉。裏面の葉脈上に胞子嚢群をつける。

みそ-しる【味×噌汁】野菜・豆腐・海藻・貝などを実にして、だし汁に味噌を溶かした汁物。おみおつけ。
類語 おつけ・おみおつけ

みそ-すり【味×噌×擂り】❶擂り鉢で味噌をすること。大豆や麦の粒が残っているのをこなすために行う。❷おせじを言ってへつらうこと。また、その人。ごますり。❸「味噌擂り坊主」の略。

みそすり-ぼうず【味×噌×擂り坊主】寺で、炊事などの雑用をする下級の僧。転じて、僧をののしっていう語。

みそ-せんべい【味×噌煎餅】小麦粉・砂糖に味噌を加えてこね、両面を焼いたせんべい。

みぞ-そば【溝蕎=麦】タデ科の一年草。水辺に生え、高さ30〜50センチ。茎は少し枝分かれし、下向きのとげがある。葉は矛形で互生し、両面にとげと毛がある。8〜10月、淡紅色の小花が集まってつく。うしのひたい。(季 秋)

みそ-だま【味×噌玉】▶玉味噌

みそっ-かす【味×噌っ×滓】《「みそかす」の音変化》❶すった味噌をこしたかす。❷子供の遊びなどで、一人前に扱ってもらえない子供。みそっこ。

みそ-づけ【味×噌漬(け)】野菜・肉・魚などを味噌に漬けること。また、その漬物。「ゴボウの一」

みそっ-ぱ【味×噌っ歯】子供に多い、欠けて黒くなった歯。また、乳歯の虫歯。みそは。

ミソデンドロン〖Misodendron〗ミソデンドロン科の半寄生低木。南米の温帯に分布する。

みそな・う【見そなふ】〔動ハ四〕「みそなわす」に同じ。「法の舟さして行く身ぞもろもろの神も仏も我を一・へ」〈新古今・釈教〉

みそ-なおし【味×噌直】マメ科の小低木。山野に生え、高さ40〜90センチ。葉は3枚の長楕円形の小葉からなる複葉。8、9月に、白い小花を穂状につける。豆果は鉤状の毛があり、衣服につきやすい。茎葉を入れて味噌の味を直し、またわいた蛆を殺すのに用いるという。小槐花。うじくさ。みそくさ。

みそなわ・す【見そなはす】〔動サ四〕《「みそこなわす」の音変化》「見る」の尊敬語。ごらんになる。「磐戸を細めに開け一・す」〈神代紀・上〉

みそ-に【味×噌煮】味噌を入れて魚介類・肉・野菜を煮ること。また、その料理。味噌炊き。「鯖の一」

み-その【▽御園】園を尊んでいう語。「青々たる春の柳、一に種ゆることなかれ」〈読・雨月・菊花の約〉

み-そのう【▽御園▽生】園生を尊んでいう語。御苑。「後れ居て長恋せずは一の梅の花にもならましものを」〈万・八六四〉

みそ-のや【三▽十の×輻】輻が30本ある車輪。「一も少々折れにければ」〈太平記・二三〉

みそ-は【味×噌歯】「みそっぱ」に同じ。

みそ-はぎ【×禊×萩|×溝×萩】《「みぞはぎ」とも》ミソハギ科の多年草。山野の湿地に群生し、高さ約1メートル。茎は直立し、葉は広披針形で先がとがり、対生する。8、9月ごろ、紅紫色の小花を穂状につける。干して下痢止めの薬とし、また、盂蘭盆会に盆花とする。千屈菜。精霊花。みずかけぐさ。(季 秋)

みぞ-はこべ【溝繁=縷】ミゾハコベ科の一年草。水田などの湿地に生え、高さ3〜10センチ。茎は横にはって枝分かれする。葉は狭卵形で小さく、対生。6〜8月、淡紅色の小花をつける。実は球形。

みそ-ピーナツ【味×噌ピーナツ】▶ピーナツ味噌

み-そびつ【▽御▽衣×櫃】《「みぞびつ」とも》着物を入れる箱。「一あまた懸籠に入れて」〈源・総角〉

みそひと-もじ【三▽十一文字】《1首が仮名で31文字からなるところから》短歌のこと。和歌。
類語 短歌・和歌・大和歌

みそ-ひめ【▽御▽衣姫】衣につける姫糊(ひめのり)。「一のぬりたる。これいみじう、よろづの人の憎むなる物とて」〈枕・一四一〉

みぞ-ほおずき【溝酸=漿】ゴマノハグサ科の多年草。山野の水辺に生え、高さ10〜30センチ。葉は対生し、卵形。夏、黄色い花を開く。実はホオズキのように袋状に大きくなった萼(がく)に包まれる。

み-そぼらし・い〔形〕図みそぼら・し〔シク〕「みすぼらしい」の音変化。「例の一・いぼくぼくで出かけて」〈紅葉・二人女房〉

みそ-まめ【味×噌豆】❶大豆の別名。❷味噌にするためにやわらかくゆでた大豆。

みそ-みそ〔副〕❶細かくくずれるさま。ぐしゃぐしゃ。「あらゆる蛇、一口づつ噛(か)みて、一と噛みなして」〈沙石集・七〉❷勢いなどが弱まって静かになるさま。ひっそり。「初めの言葉に似もやらず一とこそなりにけれ」〈浄・信濃源氏〉

み-そ・める【見初める】〔動マ下一〕図みそ・む〔マ下二〕❶その異性を一目見て恋心をいだく。「友人の披露宴で一・めた女性」❷初めて見る。初めて会う。「尼上は、一・め奉り給ひにし後、片時、目放ち奉らず」〈夜の寝覚・四〉❸初めて男女の契りを結ぶ。「一・めつる契りばかりを捨てがたく」〈源・帚木〉
類語 惚(ほ)れる・一目惚れする

みそもじあまり-ひともじ【三▽十文字余り一文字】「みそひともじ」に同じ。「すさのをのみことよりぞ一はよみける」〈古今・仮名序〉

みそ-やき【味×噌焼(き)】魚や肉などの材料に味噌をつけて焼くこと。また、その料理。

みそ-やくにん【味×噌役人】「味噌用人」に同じ。「座頭の坊一を言ひ負かし」〈柳多留・二〉

みそ-ようにん【味×噌用人】江戸時代、旗本屋敷などの用人をあざけっていう語。味噌役人。「一はなめ過ぎた男なり」〈柳多留・三九〉

み-そら【身空】身の上。境遇。「若い一で苦労を重ねる」類語 身の上・境遇・境涯

み-そら【▽御空】空の美称。「一行く月の光にただ一目あひ見し人の夢にし見ゆる」〈万・七一〇〉

みそら-ひばり【美空ひばり】[1937〜1989]歌手。横浜の生まれ。本名、加藤和枝。9歳でデビュー、「リンゴ追分」「柔」「悲しい酒」などの演歌を中心に数多くのヒット曲を歌い続けた。没後、国民栄誉賞受賞。

みぞれ【×霙】❶雪が空中でとけかかって、雨とまじって降るもの。ひさめ。(季 冬)「淋(さび)しさの底ぬけて降る一かな/丈草」❷かき氷に蜜をかけたもの。
類語 雨・氷雨・雪・霰(あられ)・雹(ひょう)

みぞれ-あえ【×霙▽和え】大根おろしで和えた料理。

みぞれ-ざけ【×霙酒】「霰酒(あられざけ)」に同じ。

みぞれ-ず【×霙酢】「下ろし酢」に同じ。

みぞれ-だ・つ【×霙立つ】〔動タ四〕みぞれもようになる。「一・ちたる雨ののどやかに降るほどなり」〈和泉式部日記〉

みぞれ-なべ【×霙鍋】鍋料理の一。魚・肉や野菜などをだし汁で煮て、大根おろしを多く加えたもの。

み-そ・れる【見▽逸れる】〔動ラ下一〕図みそ・る〔ラ下二〕見てそれと気がつかないでいる。また、見当違いな見方をする。「人ヲ一・レル」〈和英語林集成〉➡御(お)見逸れ

みぞ・れる【×霙れる】〔動ラ下一〕図みぞ・る〔ラ下二〕《名詞「みぞれ」の動詞化》みぞれが降る。「夕方から一・れて寒くなる」

みぞろぎヘック-はんのう【溝呂木ヘック反応】▶ヘック反応

ミソロジー〖mythology〗神話。神話学。

み-そん・じる【見損じる】〔動ザ上一〕「みそんずる」(サ変)の上一段化。「話題の展覧会を一・じる」

み-そん・ずる【見損ずる】〔動サ変〕図みそん・ず〔サ変〕❶見あやまる。見まちがえる。「年齢を一・ずる」❷見るつもりだったものを見ないでしまう。見そこなう。「連続ドラマを一・ずる」

みた【三田】㊀東京都港区の地名。慶応義塾大学がある。㊁慶応義塾大学の通称。

み-た【▽御田|屯=田】❶神領の田。神田。❷上代、皇室の直轄領。❸律令制で、官司直属の直営田。

みだ【弥陀】「阿弥陀(あみだ)」の略。

みたい 助動詞「みたいだ」の語幹。文末に用いる。「そのしゃべり方は先生一」「まるで夢一」「馬鹿一」「ニューヨーク一」「喜んでる一」➡みたいだ

み-だい【▽御台】❶天皇や貴人を敬って、その食物をのせる台をいう語。「一などうち合はせで、いとかたはらいたしや」〈源・玉鬘〉❷天皇や貴人の食物のこと。御物(おもの)。「とかく紛らはして、一は参る」〈源・夕霧〉❸「御台盤所(みだいばんどころ)」の略。「なんぢが娘を国司の御一に参らせよ」〈伽・文正〉

み-たいけん【未体験】〔名・形動〕まだ体験していないこと。また、そのさま。「陶芸は一だ」

みたいだ〔助動〕[みたいだろ|みたいだっ・みたいで・みたいに|みたいだ|みたいな|みたいなら|○]《連語「みたようだ」の音変化》体言、活用語の連体形に付く。ただし、形容動詞には語幹に付く。❶ある事物のようすや内容が他の事物に似ている意を表す。「お寺**みたいな**建物」❷例示の意を表す。「君**みたいに**仕事熱心な社員は少ない」❸不確かな、または婉曲(えんきょく)な断定の意を表す。「外は雪が降っている**みたいだ**」➡みたいです 補説「ようだ」の口語的表現。くだけた会話などでは「雨**みたい**(よ)」のように語幹だけで文末に用いられることもある。

みたいです〔助動〕[みたいでしょ|みたいでし|みたいです|○|○|○]体言、活用語の連体形に付く。ただし、形容動詞には語幹に付く。「みたいだ」の丁寧な表現。❶ある事物のようすや内容が他の事物に似ている意を表す。「まるでわたしが叱(しか)られている**みたいでした**」❷不確かな、または、婉曲(えんきょく)な断定の意を表す。「雨が降ってきた**みたいですね**」

み-だいどころ【▽御台所】「御台盤所(みだいばんどころ)」の略。

み-だいばんどころ【▽御台盤所】大臣・大将・将軍などの妻を敬っていう語。御台所。御台。「花山院の左大臣殿の一にならせ給ひて」〈平家・一〉

み-たおし【見倒し】❶品物を安く見積もること。安く値切ること。「ほかさまならーもつけまするが」〈伎・音駒山守達源氏〉❷「見倒し屋」の略。「早く一を呼んで踏ませませう」〈黄・一粒万金談〉

みたおし-や【見倒し屋】古着・古道具・屑(くず)などの品物を、安く値踏みして買い取るのを職業とする人。「踏めるものは一へさづけて金にかへ」〈滑・膝栗毛・初〉

み-たお・す【見倒す】〔動サ四〕❶さげすんで見る。見さげる。「かうした仕掛けでなければ大尽が一・されぬ」〈咄・御前男・三〉❷思いきり安く値をつける。「その仕舞物を一・して」〈伎・覗機関〉

みたか【三鷹】東京都中部の市。江戸時代は将軍の鷹狩場があった。国際基督教大学・国立天文台があり、北の武蔵野市にまたがって井の頭公園がある。人口18.6万(2010)。

みた-かい【三田会】卒業年や地域・職域・出身サークルなどごとに活動する慶応義塾大学卒業生の同窓会。上部組織として慶応連合三田会がある。

みたか-し【三鷹市】▶三鷹

みたか-じけん【三鷹事件】昭和24年(1949)国鉄中央線三鷹駅構内で無人電車が暴走、脱線して死傷者を出した事件。人員整理に反対する国鉄労働組合などの計画的犯行として共産党員など組合員が起訴されたが、同30年に最高裁は非共産党員による単独犯行と判決を下した。

みだ-が-はら【弥陀ヶ原】富山県中新川(なかにいかわ)郡立山町にある高原。立山連峰の火山活動で西方に流れ出た溶岩によってできた台地。標高1500〜2000メートル。ハイマツ・高山植物の群落がある。国指定名勝・天然記念物の称名(しょうみょう)滝は、この台地の北端部分を浸食してできた。平成24年(2012)、大日平とともにラムサール条約に登録された。

みたくし〔代〕《近世江戸語》一人称の人代名詞。わたくし。「一も蚤(のみ)の頭を斧(おの)で割った程無念なとも存じて」〈浄・忠臣蔵〉

みたく-でも-な・い【見たくでもない】〔連語〕《近世後期の江戸語》❶見たくもない。「酒なざあ一・い」〈滑・浮世風呂・二〉❷みっともない。見るにたえない。「なまける奴に、ろくな事を考へ出した例がねえ。みたくでもねえ」〈滑・浮世風呂・前〉

み-たけ【身丈|身▽長】❶身の丈。身長。❷和服で、長着の身頃(みごろ)の長さ。肩山から裾までの丈。➡着丈 類語 (❶)丈・背・背(せい)・背丈(せたけ)・身の丈(たけ)・上背(うわぜい)・身長/(❷)着丈・背丈

み-たけ【御岳|御嶽】㊀奈良県吉野にある金峰山(きんぷせん)の別名。㊁東京都青梅(おうめ)市南西部にある山。標高929メートル。山頂に御嶽(みたけ)神社がある。㊂長野・岐阜県境にある御嶽(おんたけ)山、または御嶽(おんたけ)神社の別名。

みたけ-きょう【▽御×嶽教】▶おんたけきょう

みたけ-じんじゃ【御嶽神社】青梅市にある神社。祭神は櫛真知命(くしまちのみこと)ほか二神。火災・盗難除(よ)けの神として信仰される。

みだけ-ぜに【乱け銭】「乱し銭」に同じ。「その後かの男の袖より一を取り出し」〈浮・一代女・六〉

みたけ-そうじ【▽御岳▽精▽進】吉野の金峰山(きんぷせん)に参詣する人が、その前に50日から100日の間精進すること。「一にやあらむ、ただ翁びたる声に額づくぞ聞こゆる」〈源・夕顔〉

みたけ-まいり【▽御岳参り】❶吉野の金峰山(きんぷせん)に参詣すること。御峯詣り。❷長野県の御嶽(おんたけ)神社の奥宮へ参詣すること。❸巳・午の日に、京都稲荷(いなり)神社の稲荷山山頂にもうでること。

み-だし【見出し】❶新聞・雑誌などで、記事内容が一見してわかるように、文章の前に示す簡単な言葉。標題。タイトル。❷書籍・帳簿などの目次・索引。❸「見出し語」の略。「親一」「子一」❹多くの中からすぐれたものを見つけだすこと。「手前事は天理教祖様のお一にあずかりまして」〈志賀・暗夜行路〉
類語 標題・タイトル・ヘッディング・ヘッド・キャプション

みだし-ご【見出し語】辞書で項目として出し、太字などで見やすくし、一定の順序に配列した語。

みだし-ぜに【乱し銭】銭緡(ぜにさし)に通していない銭。ばら銭。みだけぜに。「座敷は一で山の如くぢゃ」〈狂言記・緡縄〉

み-だしなみ【身×嗜み】❶人に不快感を与えないように、言動や服装を整えること。また、その心掛け。「一に気を配る」❷身分・境遇に応じて身につけておくべき教養や技芸。「上に立つ者としての一」

みた・す〔動サ四〕「来る」「行く」の尊敬語。いらっしゃる。おいでになる。「火折尊(ほのおりのみこと)帰り一・して」〈神代紀・下〉

みた・す【満たす|▽充たす】〔動サ五(四)〕❶容器の中いっぱいに入れる。満ちるようにする。「コップに水を一・す」「腹を一・す」❷求められているものを実現してやり、満足させる。「条件を一・す」「要求を一・す」「一・されない思い」可能 みたせる

ミダス〖Midās〗ギリシャ神話で、小アジアのフリギアの王。強欲から、触れるものすべてが黄金となる願いをかなえられたが、食物まで黄金となり、空腹のあまり元に戻してもらった。また、パンとアポロンの音楽の競演を審判して、パンを勝利者としたため、アポロンにより耳をロバに変えられたという。

ミダス〖MIDAS〗《Missile Defense Alarm System》米国の弾道ミサイル早期警戒衛星。1960〜66年に12機が打ち上げられた。

みだ・す【乱す|×紊す】〔動サ五(四)〕ばらばらの状態にする。秩序をなくする。また、物事を平穏でなくする。「髪を一・す」「風紀を一・す」類語 掻(か)き乱す・掻き回す・崩す・揺さぶる・狂わせる・混乱・攪乱(かくらん)

み-だ・す【見出す】〔動サ五(四)〕❶見はじめる。「テレビを一・す」❷見いだす。見つけだす。「霧渓の撰んだ池田氏行状のあるのを一・した」〈鴎外・渋江抽斎〉

み-たち【▽御▽館】❶国府の庁。また、領主の役所。

「―に参りて申さんとて、走りて行きぬ」〈今昔・二五・一一〉❷領主。主君。「―も上様うえさまも、死出の山と申す道越えさせ給ひて」〈義経記・八〉

み‐たつ【未達】❶まだ達成しないこと。「目標額の―」❷学問などがまだ熟達していないこと。❸郵便物や電子メールがまだ届いていないこと。

み‐たて【見立て】❶見て選び定めること。選定。「妻の―によるネクタイ」❷病気を診断すること。また、その結果。「医者の―」「―違い」❸《❷から転じて》こうだろうと予測すること。「日経平均8000円割れはないというのが専門家の―だ」❹㋐あるものを、それと似た別のもので示すこと。「庭園に富士の―の山を築く」㋑俳諧で、あるものを他になぞらえて句をつくること。❺思いつき。また、趣向。「何をしたればとて商ひの相手はあり。珍しき―もがな」〈浮・永代蔵・三〉❻見送り。送別。「明日―に来ませう」〈浄・氷の朔日〉
(類語)(❷❸)診断・判断・所見・見解・評価・予測

み‐だて【見立て】《「みたて」とも》見た感じがよいこと。みばえ。「よろづに―なく」〈源・帚木〉

みたて‐え【見立絵】ヱ 物語や故事・説話などに取材しながら、人物・風俗や場面設定などを当世風にして描いた絵画。特に浮世絵に多い。

みたて‐がえ【見立て替へ】ガヘ 前に見立てたものを取りやめて、代わりに他のものを見立てること。特に、客が先に選んだ遊女をやめて、別の遊女を選ぶこと。「私が―にでも致すか」〈洒・南門鼠〉

みたて‐しんでん【見立新田】江戸時代、開墾可能な土地を見立て、許可をうけて開発された新田。幕府代官の見立てによる新田を代官見立新田という。

み‐た・てる【見立てる】〔動タ下一〕図みた・つ〔タ下二〕❶見て選び定める。選定する。「着物の柄を―・てる」❷病気を診断する。また、鑑定する。「医者が―・てたところでは軽傷らしい」「絵を―・てる」❸別のものになぞらえる。仮にそのものと見なす。「市街の中央を流れる川を京都の鴨川に―・てる」❹見送る。「赤駒が門出をしつつ出でかてにせしを―・てし家の児らはも」〈万・三五三四〉❺世話をする。後見する。「せめて三十二、三までとっくと―・て」〈浄・生玉心中〉❻軽く扱う。見くびる。「さても人を―・てるやつかな」〈浮・一代男・五〉
(類語)見なす・たとえる・なぞらえる・よそえる・擬する

みだ‐にょらい【弥陀如来】「阿弥陀如来」の略。

み‐だぬき【×貒×狸】アナグマの別名。

み‐たび【三度】❶3回。さんど。「―試みる」❷何度も。たびたび。

三度諫いさめて身を退ひく　《「礼記」曲礼下から》何度いさめても主君が聞き入れないときは、いさぎよく辞職する。

三度肘ひじを折って良医となる　《「春秋左伝」定公一三年から》医者は、何度も自分のひじを折り苦痛を経験して初めて良医となる。人は多くの困難を経て初めて円熟の境地に達するということ。

みだ‐ぶつ【弥陀仏】「阿弥陀仏」の略。

みたぶんがく【三田文学】文芸雑誌。明治43年(1910)5月、慶応義塾大学文学部の三田文学会の機関誌として、永井荷風らを中心に創刊。耽美的色彩が強く、自然主義文学系の「早稲田文学」と対立した。久保田万太郎・佐藤春夫・水上滝太郎・西脇順三郎らが輩出。断続しつつ現在に至る。

み‐たま【▽御霊｜▽御▽魂】❶神霊や祖霊を尊んでいう語。「先祖の―を祭る」❷霊威。「我あが主の―賜ひて春さらば奈良の都に召上めさげ給はね」〈万・八八二〉❸「御霊祭り」の略。「あさましう、―など見るにも」〈かげろふ・下〉(類語)神霊・祖霊・尊霊・精霊・霊魂・魂魄こんぱく・魂・霊・幽霊・亡霊・亡魂

みたま‐うつし【▽御霊移し｜▽御霊▽遷し】御霊代みたましろを他の場所へ移すこと。また、その儀式。

みた‐まさひろ【三田誠広】[1948〜]小説家。大阪の生まれ。編集者、フリーライターを経て文筆活動に入る。「僕って何」で芥川賞受賞。他に「いちご同盟」「地に火を放つ者」など。評論・随筆も多い。

みたま‐しろ【▽御霊代】神霊の代わりとして祭るもの。御神体。

みたま‐の‐ふゆ【恩＝頼｜恩＝賚】《「ふゆ」は「振ふゆ」または「殖ふゆ」の意という》神または天皇を敬って、その威力・恩恵・加護をいう語。「然るに聖帝ひじりのみかどの―に頼りて」〈垂仁紀〉

みたま‐の‐めし【▽御霊の飯】御霊祭りの供え物。丸く握った飯または餅もちを12、3個供える所が多い。みたまめし。にだま。

みたま‐ふり【▽御霊振り】➡鎮魂ちんこんの祭

みたま‐まつり【▽御霊祭(り)】暮れから正月にかけて行う、家々の先祖の霊を祭る行事。

みたま‐や【▽御霊屋】貴人の霊を祭ってある所。霊廟れいびょう。おたまや。

みたむ‐な・い【見たむない】〔形〕《「みとうもない」の音変化。中世語》見苦しい。みっともない。「汝に似たらば―・かろ」〈狂言記拾遺・八尾地蔵〉

みたむら‐えんぎょ【三田村鳶魚】[1870〜1952]随筆家・考証家。東京の生まれ。本名、玄竜。新聞記者などを経て、江戸の文学・演劇・風俗などの研究に専心。著「鳶魚随筆」「江戸百話」「江戸年中行事」など。

みた‐め【見た目】外から見たようす・感じ。「―には美しい」(類語)外見がいけん・外見そとみ・見かけ・外観・外面そとづら・外面がいめん・見てくれ・表面・上辺

み‐だめ【身▽為】身のため。自分の利益。〈和英語林集成〉

みため‐ねんれい【見た目年齢】顔つきや動作などの外見から推定した年齢。

み‐た‐や【▽御田屋】神領の田地を管理する人のいる小屋。「神奈備かむなびの清き―の垣内田かきつたの」〈万・三二二三〉

みた‐ようだ【見たようだ】ミタヤウ〔連語〕《動詞「みる」の連用形＋完了の助動詞「た」＋比況の助動詞「ようだ」》❶似たものとしてたとえる意を表す。「縛られては居ないが同心を―・ような者が付て脇屋が廊下を通って行った」〈福沢・福翁自伝〉「売薬屋の銅人形―・やうに看板にされたばかりも」〈滑・浮世風呂・三〉❷例として示す意を表す。「君―・ように叡山へ登るのに、若狭迄突き貫ける男は」〈漱石・虞美人草〉(補説)近世後期から明治期にかけては「…を見たようだ」の形で用いられたが、のちに「を」を伴わず、直接体言に付くようになった。この語が転じて「みたいだ」となる。➡見るようだ

みだら【淫ら｜×猥ら】〔形動〕図〔ナリ〕性に関してふまじめで、だらしのないさま。淫猥いんわい。「―な関係」(派生)みだらさ〔名〕(類語)みだりがわしい

み‐たらし【▽御手▽洗】❶神仏を拝む前に参拝者が手や口を洗い清める所。❷「御手洗会みたらしえ」の略。❸「御手洗川」の略。「この清川と申すは、羽黒権現の―なり」〈義経記・七〉

み‐たらし【▽御▽執らし｜御＝弓】「みとらし」の音変化。「天皇―を用ひて刺止さしとどめて」〈雄略紀〉

みたらし‐え【▽御手▽洗会】ヱ 京都の下鴨しもがも神社で行われる神事。毎年7月、土用の丑うしの日に、参拝者が社前の御手洗川に足をつけて無病息災を祈る。昔は6月20日から月末まで行われた。(季 夏)

みたらし‐がわ【▽御手▽洗川】ガハ 神社の近くを流れていて、参拝人が口をすすぎ手を洗い清める川。京都の下鴨しもがも神社のものが有名。

みたらし‐だんご【▽御手▽洗団子】米粉のだんごを串くしにさし、軽く焼いて砂糖醤油じょうゆをからめたもの。京都の下鴨しもがも神社の御手洗会みたらしえの時に茶屋で売られる。(季 夏)

みたらし‐まいり【▽御手▽洗参り】マヰリ 京都の下鴨しもがも神社の御手洗会みたらしえに参詣すること。納涼をかねて御手洗川に足をつけて、無病息災を祈る行事。昔は「糺ただすの涼み」といわれた。御手洗詣もうで。糺参り。

みたらし‐まつり【御手洗祭】京都の北野天満宮で、7月7日に行われる祭り。祭神菅原道真すがわらのみちざねの神前へ、神宝松風の硯すずりと梶かじの葉を供え、御手水おちょうずを献じる。北野御手水。

み‐たり【三▽人】さんにん。

みだり【乱り｜▽妄り｜×猥り｜▽濫り｜▽漫り】〔形動〕図〔ナリ〕《五段活用動詞「みだ(乱)る」の連用形から》❶秩序を無視するさま。自分勝手であるさま。「―に高山植物を採取する」❷軽率に、また、度を過ごして物事をするさま。むやみやたら。「―な言動は慎みなさい」「―に金を遣う」❸「みだら」に同じ。〈和英語林集成〉❹道理に反するさま。筋道が通らぬさま。「国の成敗―なるによりて」〈太平記・三八〉
(類語)やたら・むやみ・むやみやたら・しきり・無性に

乱りに与うるは物を溝壑こうがくに遺棄いきするに如しかず　《「説苑」立節から》理由もなく人に物を与えるのは、谷間の流れに捨てるのよりもよくないことである。孔子の孫の子思の言葉とされる。

みだり‐あし【乱り足｜乱り脚】疲れたり病気になったりしてふらふらする足。「御中道のほど、―こそ痛からめ」〈源・椎本〉

みだりあし‐の‐け【乱り脚の気】脚気かっけ。「―あがりて東西知らずなむ」〈宇津保・蔵開下〉

みだり‐がお【乱り顔】ガホ〔名・形動ナリ〕取り乱した顔つき。また、その顔つきであるさま。「いささか―なるを」〈源・蜻蛉〉

みだり‐がき【乱り書(き)】「乱れ書き」に同じ。

みだり‐かくびょう【乱り▽脚病】カクビヤウ 「乱り脚あしの気け」に同じ。「例もわづらひ侍る―というもの、ところせく起こり患ひ侍りて」〈源・若菜下〉

みだり‐かぜ【乱り風】風邪。「このごろ―をひきて」〈今昔・一九・三〉

みだり‐がまし・い【▽濫りがましい｜×猥りがましい】〔形〕図みだりがま・し〔シク〕「みだりがわしい」に同じ。「側へ参って―・い話をしかけますから」〈鉄腸・南洋の大波瀾〉(派生)みだりがましさ〔名〕

みだり‐がみ【乱り髪】「みだれがみ」に同じ。「あらはるるまでの―」〈浮・五人女・三〉

みだり‐がわし・い【▽濫りがわしい｜×猥りがわしい】ガハシイ〔形〕図みだりがは・し〔シク〕❶みだらである。好色でいやらしい。「―・い言葉」❷規律・礼儀・風紀などが乱れている。「いと、―・しき御有様どもかな」〈源・横笛〉❸整理されていなくて乱雑である。「臭き物どものならびゐたる、いみじう―・しうてなむ」〈落窪・一〉❹思慮・分別がなく乱暴である。「日頃は山門の大衆こそ―・しき訴へ仕つかまつるに」〈平家・四〉(派生)みだりがわしさ〔名〕(類語)みだら・いやらしい・いかがわしい

みだり‐ごこち【乱り心地】心を取り乱した状態。また、気分のすぐれない状態。病気。「―の悪しう侍れば、うつぶし臥して侍るや」〈源・夕顔〉

みだり‐ごと【乱り言｜▽漫り言】いいかげんなことをむやみにしゃべること。また、その言葉。「皆心にまかせたる―で」〈古道大意・下〉

みだ・る【乱る｜×紊る】㊀〔動ラ五(四)〕《「乱す」に先行して用いられたが、中世以降「乱す」にしだいに移行した》❶秩序をなくすようにする。整っているものを崩す。「議場を―・らんと企てしが」〈竜渓・経国美談〉❷ばらばらにする。散乱させる。「滝つ瀬に誰白玉を―・りけむ拾ふとせしに袖はひぢにき」〈後撰・雑三〉❸平静さをなくすようにする。「御物の怪などの…人の御心―・らむとて」〈源・御法〉㊁〔動ラ下二〕「みだれる」の文語形。

ミタル‐スチール〖Mittal Steel〗オランダ、ロッテルダムに本社を置く製鉄会社。1989年、インドの実業家ラクシュミー＝ミタルが設立。世界各国の製鉄会社を次々と買収して成長を続け、2006年にルクセンブルクのアルセロールと経営統合し、世界最大の製鉄会社アルセロールミタルの一部になった。ミッタルスチール。

みだれ【乱れ｜×紊れ】㊀❶まとまっていないこと。整っていないこと。「裾の―をなおす」「電波の―」❷秩序などが崩れること。「世の中の―」❸心が平静さを失って混乱すること。「心の―を静める」❹能の舞事まいごとの一。笛を主に、大鼓・小鼓・太鼓ではやす緩急の変化の激しい舞。「猩々しょうじょう」と「鷺さぎ」にあるが、曲も型も異なる。❺歌舞伎下座音楽の一。太鼓と能管による鳴り物。時代物の御殿の場で、局つぼねや姫な

どの女方の出入りに用いる。乱れの鳴り物。❻「乱れ焼き」の略。❼天候が悪くなること。「頭さし出づべくもあらぬ空の―に」〈源・明石〉❽《近世上方語》乞食こじきのこと。「ええ、―めが言ふやうなことぬかしけつかる」〈滑・膝栗毛・六〉㊁箏曲そうきょく。「乱輪舌みだれりんぜつ」の略称。純器楽曲の段物の一つで、八橋検校やつはしけんぎょう作曲と伝える。各段の拍数が不規則。

みだれ-あし【乱れ足】❶疲れたり酔ったりして、また、病気のためにしっかりしない足。みだりあし。「―は動かれず侍り」〈宇津保・楼上上〉❷足を縦横に激しく踏みしめること。また、その足取り。「―を踏み、人交ぜもせず、只ただ二人、火を散らしてぞ斬り合ひける」〈太平記・一七〉❸足並みのそろわないこと。また、足取りの乱れること。「天も花に酔ゑへるか雲の―／親重」〈犬子集〉

みだれ-お【乱れ尾】をﾞ 乱れた尾。みだりお。「庭つ鳥鶏かけの垂り尾の―の長き心も思ほえぬかも」〈万・一四一三〉

みだれ-お【乱れ▽麻】をﾞ もつれた麻糸。「思ひ乱れて―の麻笥をけを無みと」〈万・三二七二〉

みだれ-お【乱れ緒】をﾞ ❶乱れもつれたひも。❷衛府ゑふの官人が履いたわらじの一種。つま先の編み余りのわらを乱れたままにしたもの。みだれおのくつ。

みだれ-がき【乱れ書(き)】順序かまわず乱雑に書くこと。また、乱暴に書くこと。みだしがき。みだりがき。

みだれ-かご【乱れ籠】脱いだ衣服などを一時入れておく、浅い籠。

みだれがみ【みだれ髪】与謝野晶子の第1歌集。明治34年(1901)刊。奔放な情熱を歌い上げ、明治浪漫主義に大きな影響を与えた。

みだれ-がみ【乱れ髪】ばらばらに乱れた髪。また、ひどく形のくずれた髪。〔類語〕ざんばら髪・寝乱れ髪

みだれ-がわ・し【▽濫れがはし｜×猥れがはし】がはし〔形シク〕「みだりがわしい」に同じ。「―・しき事の出でまうで来にしかば」〈落窪・二〉

みだれ-ぐら【乱れ×鞍】馬の鞍で、前輪まえわ・後輪しずわに居木いぎを結びつけていないもの。

みだれ-ごい【乱れ恋】ごひ あれこれと思い乱れる恋。「山菅の―のみせしめつつ逢はぬ妹いもかも年は経につつ」〈万・二四七四〉

みだれ-ごこち【乱れ心地】「みだりごこち」に同じ。「―いとあやしう侍りて」〈大鏡・道兼〉

みだれ-ごと【乱れ言｜▽漫れ言】いいかげんな言葉。冗談。ざれごと。「えおぼすさまなる―もうちいでさせ給はで」〈源・真木柱〉

みだれ-ごと【乱れ事】入り乱れて騒がしいこと。「をさをさ、さまよく静かならぬ―なめれど」〈源・若菜上〉

みだれ-ざけ【乱れ酒】礼儀・作法などを忘れて飲酒すること。無礼講。「ことすぎて跡はやつして―」〈浮・一代男・七〉

みだれ-と・ぶ【乱れ飛ぶ】〔動バ五(四)〕多くのものがあちこちに飛び交う。「罵声が―・ぶ」
〔類語〕飛び交う・飛び違う

みだれ-ば【乱れ刃】日本刀の刃文はもんの一。乱れうねった刃文。⇒直刃すぐは

みだれ-ばこ【乱れ箱】❶畳んだ衣類や手回り品などを一時入れておく、漆塗りでふたのない浅い箱。❷くしけずった髪を入れるふたのない箱。❸香道で、香元の座の脇に置いて、種々の香道具を入れる箱。

みだれ-ばん【乱れ版】古い和漢書の版本で、同一書の中に活字版と木版など他の様式の版とが入り混じっているもの。

みだれ-やき【乱れ焼(き)】刃文はもんを乱れうねるように表し出す日本刀の焼き入れ方。

みだ・れる【乱れる｜×紊れる】〔動ラ下一〕図みだ・る〔ラ下二〕❶まとまりがなくなる。ばらばらになる。「髪が―・れる」「風に―・れて木の葉が舞う」❷本来なら整っているはずのものが崩れる。順序などがめちゃめちゃになる。「列が―・れる」「呼吸が―・れる」「ダイヤが―・れる」❸規律・けじめなどがなくなる。だらしなくなる。「風紀が―・れる」「生活が―・れる」❹心が平静でなくなる。思いまどう。「気持ちが―・れる」❺騒乱が起きたりして、平和でなくなる。「国が―・れる」「世が―・れる」
〔類語〕狂う・崩れる・荒れる・荒すさむ・混乱・荒廃

ミタンニ〘Mitanni〙前18世紀末、メソポタミア北部に建てられた王国。インド-ヨーロッパ語族が先住のフルリ人を支配して建国。都はワシュガンニ。前16世紀、オリエントで最強の国家となったが、前14世紀にヒッタイトに滅ぼされた。

み-ち【未知】まだ知らないこと。また、まだ知られていないこと。「―へのあこがれ」「―の分野」⇔既知。

みち【満ち】満ちること。「夕潮の―のとどみにみ舟子ふなこを率あどもひ立てて呼び立てて」〈万・一七八〇〉

み-ち【道｜▽路｜▽途｜▽径】《「御み路ち」の意》❶人・車・船などが、往来するように整備された所。通路。道路。また、航路。「―を横切る」「―が混む」「船の通う―」❷目的の場所に至る経路や、その途中。途上。「帰る―で土産を買う」「駅へ行く―で知人に会う」「―に迷う」❸目的地までの距離。道程。行程。「町までは約二キロの―」「遠い―」❹ある目的や結果に行きつく道すじ。「合格への―」「世界平和への―」「我が―を行く」❺物の道理。ことわり。また、人として踏まなければならないとされる行動の筋道。道徳。「―をあやまる」「人の―に背く」「―ならぬ恋」❻神仏の教え。特に、儒教・仏教などの教義。「法のりの―」「仏の―を説く」❼芸術・技芸などのそれぞれの分野。また、その精神真髄。「茶の―をきわめる」❽ある特定の分野。専門の方面。「その―の大家」「この―一筋」❾事を行うためにとるべき筋道。手だて。方法。手段。「救う―がない」
〔…句〕馳せた道・限りある道・荊棘けいきょくの道・敷島の道・善を責むるは朋友ほうゆうの道なり・終ついの道・武士もののふの道
〔類語〕(❶)通り・往来・道路・車道・街路・舗道ほどう・街道・往還・通路・路上・路面・ロード・ルート／(❸)道のり・道程・行程・旅程／(❺)道理・理り・理ことわり・道義・道徳・人道・公道

道が開あ・ける　進路ができる。解決の方法が見つかる。「外国人の就労に―・ける」

道狭せば・し　道が狭くて通りにくい。転じて、生きにくい。身の置き所がない。「判官都を遠近をちこちの、―・くならぬその先に、西国のかたへと志し」〈謡・船弁慶〉

道閉と・ず　行き来ができなくなる。「すべて―・ぢて、政まつりごとも絶えてなむ侍る」〈源・明石〉

道ならぬ　道徳・道理にはずれている。「―恋」

道の傍かたわらの碑ひの文ぶん　《後漢の孝女、曹娥そうがについて記した碑文が名文であったという故事から》すばらしい文章。名文。

道は小成しょうせいに隠れ言げんは栄華に隠る　《「荘子」斉物論から》生かじりの知識を振り回すから道の真理が隠れてわからなくなり、むやみに言葉を飾りたてるからその論旨が紛らわしくなる。

道も狭せに　道も狭くなるほどに。道いっぱいに。「吹く風をなこその関と思へども―散る山桜かな」〈千載・春下〉⇒狭せ

道を得うる者は助け多く道を失う者は助け寡すくなし　《「孟子」公孫丑下から》徳を体得した人は、自然に人民の協力も得られるが、道にそむいた人は援助協力も少なく、人心が離反する。

道を聞くこと百にして己おのれに若しく者莫なしと為なす　《「荘子」秋水から》道をわずか百ばかり聞いただけで、天下に自分以上の者はないと思い上がる。うぬぼれのはなはだしいことのたとえ。

道を切き・る　人との関係が途絶える。また、途中でさえぎる。

道を付・ける　❶通行できる道をこしらえる。「林の中に―・ける」❷ある方面に進む糸口をつくる。「国交回復の―・ける」

道を以もって欲を制すれば則すなわち楽しみて乱れず　《「礼記」楽記から》自分の欲望を道徳に照らして抑制すれば、安らかな心で迷うこともない。

みち【▽蜜】「みつ(蜜)」に同じ。「ひとつには―、ひとつには甘葛あまづら入れて」〈宇津保・蔵開上〉

みちあえ-の-まつり【道饗の祭】みちあへ 古代、6月と12月の2回、朝廷が京都の四隅の路上に八衢比古やちまたひこ・八衢比売やちまたひめ・久那斗くなどの三神を祭り、妖怪などの侵入を防いだ祭事。ちあえのまつり。

みち-あふ・れる【満ち×溢れる】〔動ラ下一〕図みちあふ・る〔ラ下二〕いっぱいになり、外にあふれる。また、あふれるばかりに満ちる。「笑顔が―・れる」

みち-あんない【道案内】〔名〕スル ❶道を知らない人を導いて連れていくこと。また、その人。「地元の人に―してもらう」❷道の方向や距離などを記して、道ばたに立てる木や石。道標。みちしるべ。〔類語〕案内・手引き・先導・嚮導きょうどう・露払い・先達せんだつ・ガイド

みち-いし【道石】道案内に立てた石。たていし。

みち-いと【道糸】釣りで、さお先から鉤素はりすをつなぐ所まで用いる糸。

みち-うら【道▽占】「辻占つじうら」に同じ。「心もとなく不審に覚えて、―とはんとて」〈沙石集・一〇本〉

みち-おしえ【道教｜▽路▽導】へしぇ ハンミョウの別名。あたかも道を教えるかのように、人の行く道の前方へと飛んで降りるところからいう。《季 夏》

みちお-しゅうすけ【道尾秀介】みちをしう [1975〜]小説家。兵庫の生まれ。平成16年(2004)「背の眼」でホラーサスペンス大賞特別賞を受賞し作家デビュー。「向日葵ひまわりの咲かない夏」「シャドウ」など推理小説を中心に執筆。「月と蟹かに」で直木賞受賞。

み-ぢか【身近】〔名・形動〕❶自分のからだの近くであること。また、その場所やそのさま。身辺。「愛読書をいつも―に置く」「危険が―に迫る」❷自分と深い関係にあること。また、そのさま。「―な問題をとりあげる」〔類語〕身辺・手近・手元・足元・卑近

みち-かい【道交ひ】がひ ❶道ですれちがうこと。「―にてだに、人か何ぞとだに御覧じわくべくもあらず」〈源・明石〉❷道を行き来すること。往来。「大路の―もいかがとのみわづらはしく」〈大鏡・師尹〉

み-ちがい【見違い】がひ みちがうこと。見あやまり。見まちがえ。見ちがえ。

み-ぢか・い【身近い】〔形〕図みぢか・し〔ク〕自分のからだのすぐ近くである。また、自分と深い関係にある。「小姓を―・く侍らせる」「自分に―・い人」

み-ちが・う【見違う】がふ ㊀〔動ワ五(ハ四)〕「見違える」に同じ。「―・うほど似ている」「数字を一桁けた―・う」㊁〔動ハ下二〕「みちがえる」の文語形。

み-ちがえ【見違え】がへ「見違い」に同じ。

み-ちが・える【見違える】がへる〔動ア下一〕図みちが・ふ〔ハ下二〕❶見て他のものと思う。みちがう。「―・えるほど立派になった」❷見方をまちがえる。見まちがえる。みちがう。「地図を―・えて迷う」
〔類語〕見誤る・見間違える・見紛まがう・見損なう

みち-がく【道楽】雅楽の演奏形式の一。行列をつくって歩きながら奏せられるもので、行幸・大葬・神幸などのときに行われる。

みち-かけ【満(ち)欠け｜×盈ち×虧け】月が丸くなることと欠けること。「月の―を観測する」

みちかぜ【三千風】▶大淀三千風おおよどみちかぜ

みち-きり【道切り】〔名〕スル ❶道をさえぎること。道路を横断すること。特に、貴人の行列などの前を横ぎること。❷悪霊や悪疫の侵入を防ぐためのまじないの習俗。村の入り口に注連縄しめなわを張ったり、大草鞋おおわらじを掛けたりする。つじしめ。

みち-くさ【道草】〔名〕スル ❶道ばたに生えている草。❷目的の所へ行き着く途中で、他の物事にかかわって時間を費やすこと。「お使い帰りに―する」

道草を食・う　馬が道端の草を食っていて、進行が遅れる。転じて、目的地へ行く途中で他のことに時間を費やす。途中で手間取る。「―・っていて帰ってこない」「在学中に病気で一年―・う」

みちくさ【道草】夏目漱石の小説。大正4年(1915)発表。大学教授である主人公健三が、世俗的社会に束縛され、孤独に生きるさまを描いた自伝的作品。

みち-しお【満(ち)潮】しほ 潮が満ちて、海面がしだいに上昇する現象。また、1日のうちで海水面が最も高くなるとき。上げ潮。まんちょう。⇔引き潮。

(類語)満潮・上げ潮・高潮こうちょう

みち-しき【道敷】道路に使用する敷地。道路敷。

みち-しば【道芝】❶道ばたに生えている芝草。また、雑草。「問ふ人も嵐吹きそふ秋は来て木の葉にうづむ宿の一」〈新古今・秋下〉❷道案内をすること。また、そのもの。「その程は宣旨の君ぞ、くはしうは、一にて知り給ひつれ」〈夜の寝覚・三〉

みち-じゅん【道順】進むべき道すじ。順路。

みち-しるべ【道▽標｜道▽導】❶道の方向や距離などを示す標識。道案内。どうひょう。❷物事の順序を教えて手引きの役をすること。また、その人や、そのもの。「人生の一」❸ハンミョウの別名。

(類語)道路標識・道標どうひょう・道案内

みち-すう【未知数】❶数学の方程式などで、値がまだわかっていない数。ふつうx・y・zなどで表す。「一を求める」⇔既知数。❷将来どうなるか、今は予想のつかないこと。「可能性は一だ」

みち-すがら【道すがら｜途=次】〔副〕道を行きながら。道の途中で。みちみち。「帰る一話を聞く」

みち-すじ【道筋】すじ ❶通っていく道。通り道。コース。「店は駅に行く一にある」❷思考・判断などの展開の順序。また、物事の道理。条理。すじみち。「考えの一を逆にたどってみる」(類語)(❶)通り道・経路・コース・ルート/(❷)筋・筋道・辻褄つじつま・理路・理屈・理り・理合りあい・道理・事理・条理・論理・ロジック

みち-た・りる【満(ち)足りる】〔動ラ上一〕不足がなく十分である。十分に満足する。「一・りた生活」

(類語)満足する・足る・充足する・心行く・堪能たんのうする・満喫する・満悦する

みち-つじ【道×辻】道が十字になっている所。十字路。ちまた。また、道ばた。

みち-つづき【道続き】道でつながっていること。同じ道に沿っていること。「駅はこの一にある」

みちつな-の-はは【道綱母】▶藤原道綱母ふじわらのみちつなのはは

みち-づら【道面｜道▽列】道のほとり。道すじ。途上。「一なる人の家にとどまりて」〈宇治拾遺・七〉

みち-づれ【道連れ】❶連れ立って行くこと。同行。また、その人。同行者。「よい一ができる」「旅は一世は情け」❷一緒に行動させること。同じ道をとらせること。「子を一に心中する」(類語)連れ・同行・同伴・同道

みち-てんごう【道てんがう】てんがう 道の途中でのいたずら。みちくさ。「道すがら千代様に行き合うて連れだってくる一」〈浄・手習鑑〉

みち-とおり【道通り】とおり 道を通ること。また、その人。「一が左近殿を、太夫買ひと言うたげな」〈浄・阿波鳴渡〉

みち-とせ【三千▽歳｜三千▽年】❶三千年。さんぜんねん。きわめて長い年月。❷「三千歳みちとせの桃」の略。

みちとせ【三千歳】歌舞伎舞踊。清元。本名題「忍逢春雪解しのびあうはるのゆきどけ」。河竹黙阿弥作詞、2世清元梅吉(清元お葉ともう)作曲。明治14年(1881)東京新富座上演の「天衣紛上野初花くもにまごううえののはつはな」の第6幕「大口寮座敷の場」に使われた狂言浄瑠璃。悪事がばれて高飛びしようとする片岡直次郎は、最後の別れをしようと、遊女三千歳のもとに忍んでくる。

みちとせ-の-もも【三千▽歳の桃｜三千▽年の桃】漢の武帝が西王母せいおうぼからもらったという、三千年に一度花が咲いて実を結ぶという不老長寿の桃。非常に珍しく、まためでたいもののたとえにもいう。西王母が桃。

みち-どめ【道止め】道路の往来をとめること。往来止め。通行止め。

みち-なか【道中】❶目的地へ行く経路の中途。途中。「一で引き返す」❷道路のまん中。路上。

みち-なり【道▽形】道路のまま。道筋に従うこと。「一に進む」

みち-の-えき【道の駅】全国の一般幹線道路に設けられた、長距離運転者向けの駐車場付き休憩施設。道路・地域の情報提供、地域の特産物の販売などもある。道路管理者と地域の自治体などが管理、運営する。平成5年(1993)第一回登録(103か所)。全国で987か所ある(平成24年3月現在)。

みち-の-おく【陸奥】「みちのく」に同じ。

みち-の-かみ【道の神】道路・行人の安全を守る神。塞さえの神。道祖神。

みち-の-き【道の記】旅行の日記。旅の記録。道中記。紀行。「或る年の旅行、一少し書けるよし物語あり」〈三冊子・黒双紙〉

みち-の-く【陸奥】《「みちのおく」の音変化》磐城いわき・岩代いわしろ・陸前・陸中・陸奥むつの5か国の古称。今の福島・宮城・岩手・青森の4県にほぼ相当する地域。みちのくに。おく。むつ。「筑紫なるにほふ児ゆゑに一の香取娘子かとりをとめの結ひし紐解く」〈万・三四二七〉

みちのく-がみ【陸=奥紙】陸奥産の檀紙。また、檀紙のこと。みちのくにがみ。

みち-の-くち【道の口】昔、都から下る道中の地方を二つまたは三つに分けたときの、最も都に近い地方。「播磨はりまを一として」〈記・中〉➡道の後しり ➡道の中

みち-の-くに【陸奥国】「みちのく」に同じ。「むかし、男、一にすずろに行きいたりにけり」〈伊勢・一四〉

みちのくに-がみ【陸=奥国紙】「みちのくがみ」に同じ。「一の畳紙たたうがみのほそやかなるが」〈枕・三六〉

みち-の-し【道の師】天武天皇が制定した八色やくさの姓かばねの第五位。技芸をもって仕える有力氏族に与えられるためのもの。実際に与えられた記録はない。

みち-の-しり【道の▽後｜道の尻】昔、都から下る道中の地方を二つまたは三つに分けたときの、最も都から遠い地方。「一深津島山しましくも君が目見ねば苦しかりけり」〈万・二四二三〉➡道の口 ➡道の中

みち-の-そら【道の空】道のなかば。途中。みちのそらじ。「かかる一にて、はふれぬべきにやあらむ」〈源・夕顔〉

みち-の-そらじ【道の空路】そらぢ 「道の空」に同じ。「夢のごと一に別れする君」〈万・三六九四〉

みち-の-なか【道の中】昔、都から下る道中の地方を三つに分けたときの、中ほどにある地方。「一(=越中国)国つみ神は旅行きもし知らぬ君を恵みたまはな」〈万・三九三〇〉➡道の口 ➡道の後しり

みち-の-べ【道の辺】道のほとり。道ばた。みちべ。

みち-の-ほど【道の程】❶道の距離。里程。「一遠くて」〈源・初音〉❷道の途中。道中。「一も四方よもの浦々見渡し給ひて」〈源・明石〉

みち-の-もの【道の者】❶一芸をきわめた者。その道の達人。「一の曲舞くせまひ音曲などのやうにはあるまじきなり」〈能作書〉❷室町時代以前、道中の宿駅にいた遊女。また転じて、遊女。「一は子を産まず」〈浮・身持談義〉

みち-のり【道▽程】ある地点から他の地点までの道の長さ。目的地までの道路の距離。どうてい。「駅まで五キロの一」「かなりの一がある」

(類語)道・道程・行程・路程・旅程・距離

みち-はか【道▽果｜道▽捗】道を行くはかどりぐあい。「一がいく」

みち-はずれ【道外れ】はづれ〔名・形動〕❶道筋からはずれること。また、その場所。❷物事の道理にはずれること。また、そのさま。「一な(の)ふるまい」

みち-ばた【道端】道路の端のあたり。道路のほとり。路傍。「一に車を止める」(類語)路傍・路頭・路肩

みち-ひ【満(ち)干】海水の満ちることと干ること。満潮と干潮。干満かんまん。「潮の一の差が大きい」

みち-び【道火】火薬を爆発させるための導火線。火縄。くちび。

みちびき　JAXAジャクサ(宇宙航空研究開発機構)による準天頂衛星システム初号機の愛称。平成22年(2010)9月、H-ⅡAロケットを使って打ち上げられた。複数の衛星を天頂方向に配し、ビル陰や山地の影響を受けない高精度のGPSサービスの提供を目指す。

みち-びき【導き】案内すること。指導を与えること。「天の一に従う」

(類語)案内・指導・手引き・指南・教導・引き回し

みちびき-びと【導き人】道案内をする人。案内者。「二人を客の一とす」〈推古紀〉

みち-び・く【導く】〔動カ五(四)〕❶道案内をする。案内して目的の所に連れていく。「車を迂回路に一・く」「客を席に一・く」❷正しい方向に手引きをする。指導する。「生徒を一・く」「神に一・かれる」❸物事がそうなるように働きかける。事柄をある方向へ動かす。「状況を有利に一・く」❹答えや結論を引き出す。「結論を一・く」「解決方法を一・く」❺男女の間を仲介する。手引きをする。「よに忘れず恋しくのみおぼえさせ給へるに、仏一・き給へるにこそありけれ」〈落窪・二〉(可能)みちびける

(類語)手引きする・案内する・誘導する・指導する・指南する・リードする・ガイドする

みちび-なわ【道火縄】なは 火薬の導火線。みちび。

みち-びらき【道開き】❶新しくつくった道路を初めて通ること。また、その開通式。❷障害になるものを除いて通れるようにすること。❸手引きをすること。案内。

みち-ぶしん【道普請】〔名〕スル 道路を直したり、建設したりすること。道路工事。道づくり。「博覧会に向けて一する」

みち-べ【道辺】道のほとり。道ばた。みちのべ。

みち-まどい【道惑ひ】まどひ 道にまようこと。「あな覚えず。なでふ一ぞ」〈宇津保・蔵開中〉

みち-みち【道道】㊀〔名〕❶複数の道。あの道この道。「一に非常線が張られる」❷学問・技芸などの、それぞれの分野。「一の専門家を集める」㊁〔副〕道を行きながら。道すがら。「帰る一考えた」

みち-みち・し【道道し】〔形シク〕道理にかなっている。学問的である。また、理屈っぽい。「おほやけに仕うまつるべき一・しきことを教へて」〈源・帚木〉

みちむら-りゅう【▽通村流】リウ 和様書道の流派の一。江戸前期の公卿で、世尊寺流の書をよくした中院なかのいん通村を祖とする。

みちもり【通盛】謡曲。二番目物。井阿弥いあみ作、世阿弥改作。平家物語などに取材。阿波の鳴門浦で読経する僧の前に、平通盛夫妻の霊が現れ、夫の戦死と妻の入水じゅすいのありさまを語る。

みち-もり【道守】道路や駅路を守る人。ちもり。「一の問はむ答へを言ひ遣らむ」〈万・五四三〉

み-ちゃく【未着】まだ到着しないこと。まだ届かないこと。「一品」

ミチューリン〖Ivan Vladimirovich Michurin〗[1855～1935]ソ連の果樹園芸家。ダーウィンの学説を指針に耐寒性品種の育成を研究。300種以上の品種を作り出した。

ミチューリンスク〖Michurinsk〗ロシア連邦西部、タムボフ州の都市。レスノイボロネジ川沿いに位置する。旧称コズロフ。1932年に果樹園芸家ミチューリンにちなんで現名称に改称された。17世紀にタタールの侵入を防ぐため築かれた要塞に起源する。黒土地帯にあり食品工業が盛ん。ネオビザンチン様式のボゴリューブスキー聖堂をはじめ、18世紀から19世紀にかけての歴史的建造物が残る。ミチュリンスク。

みち-ゆき【道行き】❶道を行くこと。また、旅をすること。❷舞楽で、舞人が楽屋を出て舞台上の所定の位置に着くまでの間。また、その間に奏する音楽。みちき。❸謡曲で、旅行の経過を内容とする平ノリの謡。ふつう上げ歌の形式をとる。1曲の最初のほうで、ワキの登場に用いることが多い。❹文体の一種。ある目的地にいく道中の光景や旅情などを、掛け詞・縁語などを用いて述べる韻文体の文章。軍記物語・謡曲・浄瑠璃などにみられる。道行き文。❺浄瑠璃や歌舞伎で、主として男女が連れ立って旅行などをする場面。また、その所作。駆け落ちや心中などの場合が多い。❻目的または終局に達するまでの事の経過。そこに至るまでの事情。いきさつ。「不可思議な現象に逢って其現象が学問上から考えて相当の説明がつくと云う一が」〈漱石・趣味の遺伝〉❼もと道中着に使われた、額縁状の小襟のついた襟明きの四角い和服用コート。現在では女物の、袷あわせの半コート、防水した単ひとえの長コートが最も一般的。道行きコート。道行きぶり。

みちゆき-うら【道行き▽占】「辻占つじうら❶」に同じ。「玉桙たまほこの一の占正うらまさに妹は逢はむと我に告のりつる」

み

〈万・二五〇七〉

みちゆき-ごろも【道行き衣】旅行のときに着る衣服。旅衣たびごろも。「春雨はいたくなふりそ旅人の━ぬれもこそすれ」〈金槐集〉

みちゆきたびじのはなむこ【道行旅路の花聟】みちゆきたびじのはなむこ 歌舞伎舞踊。清元。三升屋二三治作詞、清元栄次郎作曲。天保4年(1833)江戸河原崎座初演。「仮名手本忠臣蔵」三段目の「裏門の場」を舞踊化したもの。通称、落人おちうど。

みちゆき-づと【道行き×苞】旅行のみやげ。「をみなへし秋萩折れれ玉桙たまほこの━と乞はむ児がため」〈万・一五三四〉

みちゆき-びと【道行き人】道を行く人。旅をする人。「恋ひ死なば恋も死ねとや玉桙たまほこの━の言も告げなく」〈万・二三七〇〉

みちゆき-ぶり【道行き触り|道行き振り】❶「道行き❼」に同じ。❷旅の日記。紀行。旅行記。❸途上で行き合うこと。道中でゆきちがうこと。「春来れば雁かりかへるなり白雲の━にことやつてまし」〈古今・春上〉

みちゆき-もの【道行き物】歌舞伎舞踊の一系統で、道行きを扱ったもの。男女の心中の道行きのほか、一人・親子・主従のものもある。

み-ちょう【▽御帳】ミチャウ 貴人を敬って、その御座所の帳ちょうまたは帳台をいう語。「━の内に入り給ひて、胸をおさへて思ふに」〈源・夕顔〉

み-ちょうだい【▽御帳台】ミチャウダイ「帳台」の尊敬語。

みち-より【道寄り】〔名〕スル 途中でよそへ立ち寄ること。寄り道。「湯に行くにも━した」〈康成・雪国〉

み・ちる【満ちる|▽充ちる】〔動タ上一〕図み・つ〔タ上二〕❶一定の枠、空間や限界を越えそうになるほどいっぱいになる。あふれる。「会場は熱気に━・ちている」「香りが部屋に━・ちる」「危険に━・ちた戦線」❷ある感情・気持ちなどがいっぱいにゆきわたる。「希望に━・ちた青春」「敵意に━・ちる」❸整って欠けたところがなくなる。特に、満月になる。「月が━・ちる」⇔欠ける。❹海面の水位が最も高くなる。満潮になる。「潮が━・ちる」❺決められた期間・期限に達する。一定の期間が終わる。「任期が━・ちる」「月が━・ちて子供が生まれる」

類語 みなぎる・あふれる・こぼれる・充満する・横溢する

満つれば虧かく ▶月満つれば則すなわち虧かく

みちれ-な・い〔形〕図みちれな・し〔ク〕《中世・近世語》下品で卑しい。さもしい。「イカニ畜生ナー・イタヅラモノ」〈天草本伊曾保・イソポが生涯〉

みちわけ-いし【道分け石】方向・里程などの標識として、道路の分岐点などに立てられる石。

みち-わる【道悪】道で、ぬかったり歩きにくかったりするところ。「━を七八丁飯田町の河岸のほうへ歩いて」〈独歩・窮死〉

み-つ【三つ】❶数の名。二つの次、四つの前の数。さん。みっつ。❷3歳。❸㋐物の順序で、3番目。㋑昔の時刻で、一刻を四等分した第三。「丑━」

みつ【密】〔名・形動〕❶すきまがないこと。ぎっしりと詰まっていること。また、そのさま。「人口が━だ」「網の目を━にする」⇔疎そ。❷関係が深いこと。親しいこと。また、そのさま。「━な間柄」「連絡を━にする」❸きめこまかいこと。細部にわたって行き届いていること。また、そのさま。綿密。「━な計画」「━に調べ上げる」❹こっそりと人に知られないようにすること。また、そのさま。ひそか。秘密。「謀はかりごとは━なるをもってよしとす」❺「密教」の略。「顕に付け、━に付け、その悟りたやすからず」〈浄・大原問答〉➡漢「みつ(密)」

類語 綿密・緻密・細密・精密・詳密・厳密

みつ【御津】古代の難波なにわの港。官船の船着場として尊んでいう。難波の御津。「葦が散る難波の━に大舟にま櫂かいしじ貫き」〈万・四三三一〉

みつ【蜜】❶植物が分泌する甘味のある液。「花の━」❷蜂蜜はちみつのこと。❸糖蜜とうみつのこと。➡漢「みつ(蜜)」

みつ【×褌】《「三つ」から》相撲のまわしで、腰に巻いた部分と縦に股下をおおう部分とが交差する所。三つ結い。また、まわし・締め込みと同義にも用いる。「前━」「たて━」

み・つ【満つ|▽充つ】㊀〔動タ五(四)〕《打消しの語を伴って用いる》ある基準・数量まで達する。「定員に━・たない」「一〇歳に━・たない子」「意に━・たない」㊁〔動タ上二〕「みちる」の文語形。㊂〔動タ下二〕❶いっぱいにする。満たす。「玉敷かず君が悔いて言ふ堀江には玉敷き━・てて継ぎて通はむ」〈万・四〇五七〉❷望みなどをかなえる。満足させる。「その本尊、願ひ━・て給ふべくはこそ尊からめ」〈源・東屋〉❸決められた時期に達する。一定の期間を終える。「重き物忌みも既に━・てぬ」〈読・雨月・吉備津の釜〉

補説 ㊀は中世以降、「耳にみつる物は鳴り下る雷いかずちの音」〈盛衰記・七〉のように上二段にも活用し、更に上二段活用は上一段活用「みちる」に変化し、現在にいたる。また㊂は、下一段化せずに衰え、かわって「みたす」が用いられるようになった。

みつ-あい【三合ひ|三相】ミツアヒ 糸などを、3本よりあわせること。「我が持てる━に搓よれる糸もちて付けてましもの今ぞ悔しき」〈万・五一六〉

みつ-あおい【三つ×葵】ミツアフヒ「三つ葉葵」に同じ。

みつ-あし【三つ足|三脚】❶3本の足。また、3本足のもの。「━の燭台しょくだい」❷鼎かなえをいう女房詞。

みつ-あみ【三つ編み】3本のひもや、3束に分けた髪を一つに組み合わせて編むこと。また、その編み方や、そのように編んだ髪形。三つ組み。

みつ-あり【蜜×蟻】アリ科の昆虫。メキシコなどの砂漠地帯に分布。餌の得られる時期に、若い働きアリの弾力のある腹に蜜を詰め込み、貯蔵する習性がある。そのため球状にふくらんで歩行できず、巣室の天井からぶら下がる。みつつぼあり。

みつ-い【密意】仏語。深く隠されている本意。

みつい-ざいばつ【三井財閥】ミツヰ 明治以後、三井家によって形成された財閥。江戸時代の代表的な豪商であった三井家が明治前半に政商として発展。明治42年(1909)設立の持株会社三井合名会社を中心として金融・軽工業・商業・鉱山など広い部門にわたるコンツェルンを築いた。第二次大戦後、財閥解体の対象となった。

みつい-しんな【三井親和】ミツヰシンワ [1700〜1782]江戸中期の書家。信濃または江戸の人という。細井広沢に師事。篆書てんしょをよくし、寺社の額などで人気を博した。また、弓馬にもすぐれた。➡親和染

みつい-たかとし【三井高利】ミツヰ [1622〜1694]江戸前期の商人。伊勢の人。通称、八郎兵衛。江戸に越後屋の屋号で呉服店を開業し、現金掛値なしの新商法を始めた。また、両替店を開き、幕府の公金為替を引き受けるなどして急速に繁栄、豪商三井家の基礎を築いた。

みつ-いん【密印】仏語。❶仏・菩薩ぼさつの根本の誓いを示すため、両手の指で形づくるしるし。❷禅宗で、仏性を悟った確かな証拠。心印。仏心印。

みつ-うろこ【三つ×鱗】紋所の名。二つの三角形を並べて上に一つの三角形を重ねたもの。北条氏の紋所として有名。

みつ-うん【密雲】厚く重なった雲。

みつえ-しろ【▽御×杖代】ミツヱ 神や天皇の杖代わりとなって奉仕する者。特に、伊勢神宮の斎宮さいぐう、賀茂神社の斎院をいう。「━と定めてたてまつり給ふ事は」〈祝詞・斎内親王奉入時〉

みつ-えり【三つ襟】❶着物3枚をおのおのの襟が少し見えるように重ねて着ること。また、その着方。❷和服の背の上部で襟に縫い合わされる部分。

みつ-おうぎ【三つ扇】ミツアフギ 紋所の名。開いた3枚の扇を、要かなめを中心に丸く三方に並べたもの。

みつおか-あきら【光岡明】ミツヲカ [1932〜2004]小説家。熊本の生まれ。新聞社に勤務するかたわら執筆活動を行う。ルポルタージュを思わせる手法で、戦時中の人間心理や日常生活に潜むあやうさを描いて評価された。「機雷」で直木賞受賞。他に「草と草との距離」「いづくの蟹」など。

みつ-おしえ【蜜教】ミツヲシヘ キツツキ目ミツオシエ科の鳥の総称。アフリカ・南アジアに分布し、全長10〜20センチで羽色は地味。ノドグロミツオシエは、ミツアナグマ(ラーテル)や人間に鳴きかけてミツバチの巣に案内し、巣が壊されるのを待って幼虫や蜜蝋みつろうを食べる。他のキツツキ類に托卵たくらんする。

みつ-おり【三つ折り】ミツヲリ ❶三つに折ること。また、その折ったもの。❷「三つ折り絎ぐけ」に同じ。❸江戸時代の男子の髪形の一。元結・髷まげ・刷毛先はけさきと三つに折る形のもの。身分の低い者が結った。❹備中国産の和紙の一。障子紙とした。

みつおり-ぐけ【三つ折り×絎】ミツヲリ 和裁で、裁ち目がほつれないように、布の端を三つに折ってくける方法。三つ折り。

みっ-か【三日】《「みか」の音変化》❶月の第3の日。❷特に、正月3日。三が日の終わりの日。(季 新年)「━はや雲おほき日となりにけり/万太郎」❸日の数の三つ。3日間。また、ごくわずかな日数。

三日にあげず 間をおかず。非常にしげく。しばしば。「━電話してくる」

三日見ぬ間まの桜 《桜の花の散りやすいところから》世の中の移り変わりの早いことのたとえ。

みつ-が【密画】ミツグワ 細かいところまで綿密に描いた絵。細密画。

みっ-かい【密会】ミツクワイ〔名〕スル ひそかに会うこと。特に、男女が人目を忍んで会うこと。「━を重ねる」

類語 あいびき・忍び逢い・逢瀬おうせ

みつかいどう【水海道】ミツカイダウ 茨城県南西部にあった市。平成18年(2006)石下町を編入し常総市に改称。➡常総

みつかいどう-し【水海道市】ミツカイダウ ▶水海道

みつかけ-ぼし【みつかけ星】二十八宿の一、軫宿しんしゅくの和名。➡軫しん

みっか-コロリ【三日コロリ】《発病後3日でころりと死ぬ意から》コレラの俗称。

みつ-がさね【三つ重ね】重箱・杯・衣服などで、三つ重ねて一組みとしたもの。「━の酒杯」

みつ-がしら【三つ頭】刀の切っ先。「━より火を出いだして、鎬しのぎを削って戦ひしが」〈謡・烏帽子折〉

みつ-がしわ【三×柏|三×槲】ミツガシハ ❶リンドウ科の多年生の水草。ミツガシワ科とすることもある。山地の湿原に自生。太い根茎が横にはい、葉は3枚の小葉からなる複葉で厚く、柄が長い。夏、葉の間から約30センチの花茎を伸ばし、白い花を総状につける。花びらは五つに裂けていて内側に毛がある。葉は苦く、健胃薬に用いる。❷紋所の名。3枚のカシワの葉を葉柄を中心に三方に並べたもの。

みっか-てんか【三日天下】《明智光秀が織田信長を倒して天下をとってから、わずか13日後に豊臣秀吉に滅ぼされたところから。「みっかでんか」とも》きわめて短い間だけ権力を握ること。

みつ-かど【三つ角】❶三つのかど。❷道が三方に分かれている地点。三叉路。「━の交差点」

みっか-なえ【三日苗】ミツカナヘ 苗代から取って3日目の稲の苗。多くの地方で、田に植えるのを忌む。

みつ-がなえ【三つ×鼎】ミツガナヘ 鼎の足のように、三人が三方に対座すること。鼎座ていざ。かなえ座。みつかなわ。

みつ-かなわ【三つ▽鉄輪】❶紋所の名。三つの輪を図案化したもの。❷「三つ鼎かなえ」に同じ。「━でもう一度ここで言うて下さんせ」〈伎・幼稚子敵討〉

みっか-ねつ【三日熱】マラリアの一種。三日熱マラリア原虫の感染によるもので、発熱発作は48時間ごとに起こる。熱帯から温帯にみられ、日本でもかつてみられた。おこり。

みっか-ばしか【三日麻×疹】風疹ふうしんの俗称。

みっかび【三ヶ日】静岡県浜松市の地名。旧町名。浜名湖北岸にあり、観光拠点の一。ミカン栽培が盛ん。

みっかび-じん【三ヶ日人】昭和34年(1959)静岡県の三ヶ日町(現在は浜松市の一部)の石灰岩採石場で発見された化石人骨。すべて破片であるが、更新世後期の人類と考えられ、成人男性で身長150センチと推定される。

みっか-ぼうず【三日坊主】ミツカバウズ 物事に飽きやすく、

長続きしないこと。また、その人。「日記付けも—に終わる」

み-つか・る【見付かる】〘動ラ五(四)〙❶人の目にとまる。発見される。「いたずらが—・る」「虫歯が—・る」❷見つけることができる。捜し出せる。「捜し物が—・る」「言うべき言葉が—・らない」

み-つき【見付き】❶外から見たようす。見かけ。外観。「—の小さいホテルの入口があった」〈荷風・ふらんす物語〉❷「みつけ(見付)❷」に同じ。❸「みつけ(見付)❸」に同じ。「—の枝を折ると申すは余り心ない事ぢゃ」〈虎寛狂・花盗人〉

み-つぎ【見継ぎ】助勢や援助をすること。特に、経済的な援助をすること。仕送りすること。「母が方へ—を頼めば」〈浄・五人兄弟〉

み-つぎ【貢ぎ|▽御▽調|▽調】〘名〙スル《古くは「みつき」》❶支配下にある国や人民が服従のしるしとして君主に献上する物品。みつぎもの。❷「調(ちょう)❶」に同じ。

みつ-ぎ【密儀】特別の資格を持つ者だけが参加できる、または特殊な資格を与えるために行う秘密の儀式。未開人のイニシエーション、キリスト教のサクラメント、密教の加持・灌頂(かんじょう)の類。秘儀。

みつ-ぎ【密議】〘名〙スル 秘密の会議。「—をこらす」

ミッキー-マウス〘Mickey Mouse〙米国のディズニー漫画映画の主人公である雄のネズミの名。1928年デビュー。

ミツキェビッチ〘Adam Mickiewicz〙[1798～1855]ポーランドのロマン派の代表的詩人。独立運動に参加、多数の愛国詩を書いた。長編叙事詩「パン・タデウシュ」など。ミツキェービチ。

みつ-きっこう【三つ亀甲】文様・紋所の名。亀甲を三つ組み合わせたもの。三盛(みつもり)亀甲。

みつぎ-ぶね【貢ぎ船】貢ぎ物を運ぶ船。

みつぎ-もの【貢ぎ物|▽調物】支配者が税としてとりたてる物品。また、被支配者が献上する品物や金。みつぎ。「—をささげる」

みっ-きょう【密教】大日如来を本尊とする深遠秘密の教え。加持(かじ)・祈祷(きとう)を重んじる。7、8世紀ごろインドで起こり、唐代に中国に伝わり、日本には平安初期に空海・最澄によって伝えられ、貴族などに広く信仰された。空海の真言宗系を東密、最澄の天台宗系を台密とよぶ。⇔顕教(けんぎょう)。

みっきょう-びじゅつ【密教美術】密教の展開とともに生み出された造形美術。諸尊の画像・彫像や曼荼羅(まんだら)を主に、密教法具類、灌頂堂などの建築を含む。

みつぎり-ぼん【三つ切り本】美濃本(みのぼん)を横に三つに切った形の横長の和本。

みっ-く【密供】密教で諸尊を供養する修法。

み-つ・く【見付く】㊀〘動カ四〙見慣れる。見てなじむ。「さまかたちのめでたきを—・きなば、さりともおろかにはなどは、よも思ふ人あらじ」〈源・東屋〉㊁〘動カ下二〙「みつける」の文語形。

み-つ・ぐ【見継ぐ】〘動ガ四〙❶絶え間なく見つづける。見守る。「人さへや—・がずあらむ彦星の妻呼ぶ舟の近付き行くを」〈万・二〇七五〉❷世話をする。「死に残りたらば、—・ぎ奉れ」〈曽我・二〉❸助勢する。援助する。「君を—・ぎ参らせよ」〈義経記・五〉

み-つ・ぐ【貢ぐ】〘動ガ五(四)〙《「見継ぐ」と同語源》❶金や物を与えて助ける。金品を差し出して生活の面倒をみる。「愛人に—・ぐ」❷君主や支配者に金品を献上する。「領主に—・ぐ」可能みつげる
類語捧げる・献ずる・献上する・上納する

み-づ・く【▽水漬く】〘動カ四〙水につかる。水にひたる。「海行かば—・く屍(かばね)」〈万・四〇九四〉

ミックス〘MICS〙《Multiintegrated Cash Service》全国キャッシュサービス。銀行間オンライン提携網。業態の異なる銀行間でCD・ATMの相互利用を可能にするシステム。

ミックス〘mix〙〘名〙スル ❶混ぜ合わせること。また、組み合わせること。「緑と青を—した色」「—サンド」❷混ぜ合わせたもの。特に、粉や調味料が混ぜ合わせてあって、簡単に料理や菓子ができるようになったもの。「ホットケーキ—」「アイスクリーム—」❸「ミックスダブルス」の略。

み-つく・す【見尽(く)す】〘動サ五(四)〙全部に目を通す。最後まで見終わる。「一日かけて—・す」

ミックス-アンド-マッチ〘mix and match〙ファッションのコーディネーションの一つの方法で、服の感覚をある部分では合わせ、またある部分では違ったものにして、一つのスタイルにまとめ上げること。

ミックスダウン〘mixdown〙「トラックダウン」に同じ。

ミックス-ダブルス《和 mix＋doubles》「混合(こんごう)ダブルス」に同じ。

みつ-ぐそく【三つ具足】仏具のうち、仏前を飾る香炉・燭台(しょくだい)・花瓶(けびょう)の3種。ひとそろいとする。

みつ-くち【三つ口】口唇裂(こうしんれつ)の俗称。兎唇(としん)。

みつ-ぐみ【三つ組(み)】❶三つで一組みになっていること。また、そのもの。「—の布団」❷「三つ編み」に同じ。

みつくり-かきち【箕作佳吉】[1857～1909]動物学者。江戸の生まれ。阮甫(げんぽ)の孫。欧米で動物学を学び、帰国後に東京帝大で日本人初の動物学教授となる。三浦半島の三崎に日本最初の臨海実験所を設立。カメやナマコの研究で知られる。

みつくり-げんぱち【箕作元八】[1862～1919]歴史学者。岡山の生まれ。菊池大麓(だいろく)の弟。動物学を修めたが、のち歴史学に転じ、西洋史を研究。東大教授。著「西洋史講話」「フランス大革命史」。

みつくり-げんぽ【箕作阮甫】[1799～1863]江戸末期の蘭医。美作(みまさか)の人。名は虔儒(けんじゅ)。江戸で宇田川榛斎に蘭学を学び、幕府の天文方翻訳掛、のち蕃書調所(ばんしょしらべしょ)教授となった。種痘所の開設に参画。日米和親条約締結に参加。著訳「外科必読」「海上砲術全書」。

みつくり-の【三つ×栗の】〘枕〙いがの中にある三つの栗の実の中央のものの意から、「なか」にかかる。「—那賀(なか)に向かへる曝井(さらしゐ)の」〈万・一七四五〉

みつくり-りんしょう【箕作麟祥】[1846～1897]法学者。江戸の生まれ。阮甫(げんぽ)の孫。フランスに留学。帰国後、明治政府のもとで法律の起草と制定に尽力し、司法次官・行政裁判所長官などを歴任。

み-つくろい【見繕い】適当に選んでととのえること。「—の肴(さかな)」

み-づくろい【身繕い】〘名〙スル 身なりをととのえること。身支度をすること。「—して外出する」
類語身支度・身じまい・身拵(ごしら)え・おめかし・お洒落(しゃれ)・盛装・ドレスアップ

み-つくろ・う【見繕う】〘動ワ五(ハ四)〙❶適当に選んでととのえる。「あり合わせの中から一つ二つ—・って出す」❷よく見て判断する。見定める。見はからう。「あへて敵の体(てい)をも—・はざりける処に」〈古活字本平治・中〉類語見計らう

みつ-くわがた【三つ×鍬形】❶兜(かぶと)の前立物(まえだてもの)の一。鍬形の中央に剣の形を立てたもの。❷紋所の名。鍬形を三つ組み合わせたもの。

み-つけ【見付|見▽附】❶枡形(ますがた)をもつ城門の外側に面する部分。見張りの番兵を置いた。俗に江戸城には36見付があったといわれ、現在は四谷見付・赤坂見付などが呼称として残る。❷建築で、部材の正面。また、その幅。主に仕上げ材・化粧材についていう。みつき。❸すぐ向こうに見える所。すぐ目につく所。みつき。「あの—の松でござる」〈狂言記・富士松〉

みつけ【見付|見附】静岡県南西部、磐田(いわた)市の地名。東海道五十三次の宿駅として発展。住宅地。

みつけ【見附】新潟県中部の市。江戸時代にはつむぎの見附結城の産地として知られ、現在は化繊織物やニット生地を生産。人口4.2万(2010)。

みっ-けい【密契】秘密に結んだ約束。密約。

みっ-けい【密計】ひそかなはかりごと。秘密の計略。密謀。「謀反の—をめぐらす」

みつけ-し【見附市】▶見附

みつけ-じま【見附島】《「見付島」とも書く》石川県能登半島北部、珠洲(すず)市にある無人島。周囲400メートル、面積1150平方メートル、標高28メートル。島の形が軍艦に似ていることから軍艦島とも呼ばれ、能登外浦を代表する景勝地となっている。能登半島国定公園に属する。

漢字項目　みつ

密 学6 音ミツ(呉) 訓ひそか、みそか ‖ ①閉ざされて内部がわからない。人に知られない。ひそか。「密会・密教・密航・密告・密使・密室・密約・密輸／隠密(おんみつ)・機密・枢密・内密・秘密」②すきまがない。ぴったりとくっついている。関係が深い。「密集・密生・密着・密度・密閉・密林／過密・気密・緊密・親密・稠密(ちゅうみつ)」③細かく行き届いている。「厳密・細密・周密・精密・綿密」④密教。「顕密・台密・東密」名付たかし 難読含密(ガンミツ)

蜜 音ミツ(呉) ‖ ①はちみつ。甘い液汁。「蜜腺(みつせん)・蜜蜂(みつばち)・蜜蝋(みつろう)／餡蜜(あんみつ)・花蜜・糖蜜・水蜜桃」②はちみつのように甘い。「蜜月・蜜語」難読蜜柑(みかん)

みつけ-だ・す【見付け出す】〘動サ五(四)〙さがして見つける。見いだす。「適任者を—・す」

みつ-げつ【蜜月】《honeymoon》❶結婚して間もないころ。ハネムーン。❷親密な関係にあること。「両派の—時代」

みつげつ-りょこう【蜜月旅行】新婚旅行。ハネムーン。

みつけ-ばしら【見付柱】▶目付柱(めつけばしら)

み-つ・ける【見付ける】〘動カ下一〙文みつ・く〘カ下二〙❶発見する。見いだす。「落とし物を—・ける」「仕事を—・ける」❷いつも見ていてなれている。見なれる。「いつも—・けている景色」類語発見する・見いだす・見つけだす・探し出す・探し当てる・つきとめる

みつげん-しょくぶつ【蜜源植物】ミツバチに蜜をとらせるのに適する植物。レンゲソウ・クローバー・ソバ・アブラナ・ミカン・トチノキなど。

みつ-ご【三つ子|三つ▽児】❶1回の出産で生まれた三人の子供。❷3歳の子。転じて、幼い子。

三つ子の魂(たましい)百まで 幼いころの性格は、年をとっても変わらないということ。

みつ-ご【密語】〘名〙スル ❶ひそかに話すこと。また、その話。ひそひそ話。「耳に附きて—せし事といえども、漏らすことなく」〈中村訳・西国立志編〉❷仏語。㋐仏が真実を裏に秘めて説いた言葉や教え。密言。㋑密教の真言陀羅尼(だらに)。密言。類語ひそひそ話・内緒話

みつ-ご【蜜語】蜜のように甘い言葉。男女のむつごとをいう。「—を交わす」

みっ-こう【密行】〘名〙スル ❶人に気づかれないようにこっそりと歩くこと。しのび歩き。❷ひそかに目的地へ行くこと。「単身で—する」

みっ-こう【密航】〘名〙スル ❶正式な渡航手続きをとらずに外国へ航行すること。「船内に隠れて—する」❷規則を破って航海すること。「—船」

みっ-こく【密告】〘名〙スル 他人の行状などをこっそりと告げ知らせること。つげぐち。特に、ひそかに関係当局などに告発すること。「匿名で—する」
類語告げ口・たれ込み・告発・リーク・ちくる

みつ-ごん【密言】「密語(みつご)」に同じ。

みつごん-じょうど【密厳浄土】大日如来がいる浄土。大乗密厳経に説く、三密で荘厳された浄土で、密厳国・密厳仏国ともいう。真言宗では、このけがれた国土そのままが密厳仏国であると説く。

みつざき-けんぎょう【光崎検校】[?～1853ころ]江戸後期の地歌・箏曲(そうきょく)家。京都の人。箏曲の復興運動の先駆者。三味線とは合奏せず、箏だけで合奏・独奏する形式を発展させた。「五段砧」「秋風の曲」などを作曲。

みっ-さつ【密殺】〘名〙スル ひそかに殺すこと。特に、合法的でなく家畜を殺すこと。

みつ-ざとう【蜜砂糖】まだ精製してない黒色の液状の砂糖。

みっ-し【密旨】秘密の命令。

みっ-し【密使】秘密の任務をもって、ひそかにつかわされる使者。「一を立てる」(類語)特使・急使

みつ-じ【密事】秘密の事柄。ないしょごと。「一を明かす」「一が漏れる」(類語)秘密・秘事・秘め事・隠し事・密か事・内証事・秘中の秘

ミッシー〖missy〗若い娘。お嬢さん。また、ミスのような若さを志向する既婚女性についてもいう。

みっ-しつ【密室】❶締めきって外から人が入れない部屋。「一殺人」❷人に知られないようにした秘密の部屋。「地下の一に監禁される」

みっしゃく-こんごう【密迹金剛】執金剛神の異称。

みっ-しゅう【密宗】密教。特に、真言宗。⇔顕宗。

みっ-しゅう【密集】〔名〕スル　すきまもないほどぎっしりと集まること。「人家が一した地域」
(類語)集中・群集・蝟集・雲集・混雑・過密

みっしゅう-しがいち【密集市街地】老朽化した木造建築物が密集し、かつ道路や公園などの公共施設が十分に整備されていないため、火災・地震が発生した際に延焼防止・避難に必要な機能が確保されていない状況にある市街地。国土交通省が推進する住宅市街地総合整備事業により、整備・改善が図られている。

みっしゅう-ほう【密集法】《「密集市街地における防災街区の整備の促進に関する法律」の略称》密集市街地の防災に関する機能の確保と、土地の合理的かつ健全な利用を図ることを目的とした法律。老朽化した木造建築の密集した地区に対して、街区の整備・建物の建て替え・取り壊しなどに関する勧告・補助などを制度化し地区の防災力を高める。平成9年(1997)施行。密集市街地整備法。(補説)平成7年の阪神・淡路大震災で、密集市街地に大火災が発生したことにより制定された。

みつ-しゅっこく【密出国】〔名〕スル　正式な手続きをとらずに、ひそかにその国を抜け出すこと。「反政府活動家が一する」⇔密入国。

ミッシュ-メタル〖misch metal〗セリウム族希土類元素の混合物。合金用の添加物などに用いられる。

みっ-しょ【密書】秘密の書類・手紙。

みっ-しょう【密商】禁制や規約を犯してひそかに売買すること。また、その人。

みっ-しょう【密詔】内密に下された詔勅。

ミッション〖mission〗❶使節。また、使節団。「政府が一を派遣する」❷使命。重要な任務。「一を遂行する」❸キリスト教の、伝道。布教。宣教。また、伝道団体。伝道組織。❹「ミッションスクール」の略。❺「トランスミッション」の略。

ミッション-クリティカル〖mission critical〗銀行のオンラインシステムや電子商取引など、障害や中断が許されない基幹業務の情報システムを指す。

ミッション-スクール〖mission school〗❶キリスト教団体が布教を目的として設立した学校。❷キリスト教徒や教会が、その信仰に基づいて一般教育を行うために設立した学校。キリスト教主義学校。

ミッション-スペシャリスト〖mission specialist〗スペースシャトルと実験装置間の調整や船外活動をする科学者。搭乗専門技術者。MS。➡ペイロードスペシャリスト

みっしり〔副〕❶すきまなくいっぱい詰まっているさま。びっしり。「芝が一(と)生えそろう」❷一つのことを十分に行うさま。みっちり。「何卒一お叱言を仰しゃって」〈魯庵・破垣〉(類語)みっちり・しっかり・とっくり・びっしり・ぎっしり・ぎっちり

ミッシング〖missing〗欠けていること。失われていること。また、行方不明であること。

ミッシング-マス〖missing mass〗銀河の回転運動や銀河団内の銀河の運動から推定される質量と、光学的に観測できる質量との差。この差を生み出す正体は明らかになっていないが、暗黒物質と総称され、究明が進められている。見えない質量。見失われた質量。隠された質量(hidden mass)。➡暗黒物質

ミッシング-リンク〖missing link〗❶生物の進化・系統において、化石生物の存在が予測されるのに発見されていない間隙。系図を鎖に見立てていう。始祖鳥の発見は鳥類と爬虫類との間隙をつなぐ例。失われた環。❷《❶から転じて》分断された鉄道や(高速)道路のこと。「一を解消して経済の活性化を図る」

みつ-すい【蜜吸】スズメ目ミツスイ科の鳥の総称。全長10〜45センチ。色彩はさまざまであるが、派手なものが少なくない。多くはくちばしが細長く、舌はブラシ状をし、花蜜を好む。約170種がオーストラリア・ニューギニア・南太平洋の島々に分布。日本にはメグロがすむ。ハニーイーター。

みっ-せい【密生】〔名〕スル　草木などがすきまなく生えること。「熱帯植物が一している」
(類語)群生・叢生・混生・密集・密林

みつせ-がわ【三つ瀬川】三途の川のこと。「一渡らぬ先にいかで猶涙の水脈の泡と消えなむ」〈源・真木柱〉

みっ-せつ【密接】〔名・形動〕スル　❶すきまのないほどぴったりとくっついていること。「家々の一している辺り」❷深い関係にあること。また、そのさま。「両国は一な関係にある」(類語)近接・隣接・緊密・親密・親近

みっ-せん【密栓】〔名〕スル　かたく栓をすること。また、その栓。「一して冷所に置く」

みつ-せん【蜜腺】被子植物の、多量の糖を含む花蜜を分泌する腺。子房の基部など花の部分のほか、葉柄・托葉などにもみられる。蜜槽。

みっ-そ【密訴】〔名〕スル　他人の犯罪などを、ひそかに訴えること。「上司の横暴を一する」

みっ-そう【密奏】ひそかに奏上すること。密封した文書で奏上すること。また、その奏上。「兵乱疫癘あるべしと陰陽寮頻りに一す」〈太平記・二七〉

みっ-そう【密送】〔名〕スル　こっそり人に知られないように送り届けること。「個人名で一する」

みっ-そう【密葬】〔名〕スル　ひそかに死者を葬ること。特に、身内だけで内々に葬式をすること。また、その葬式。「親族だけで一する」➡本葬 (補説)本来は身内だけで簡単な葬儀を行い火葬も済ませること。後日、死亡通知を出し本葬を行う。著名人にこの形式を取ることが多い。しばしば家族・親族だけで営む家族葬と混同して用いられる。

みつ-そう【蜜槽】「蜜腺」に同じ。

みつ-ぞう【密造】〔名〕スル　法を犯してこっそりつくること。「拳銃を一する」「一酒」

みつ-ぞう【密蔵】❶ひそかにしまっておくこと。また、そのもの。秘蔵。❷密教の経典。

みつぞう-いん【密蔵院】愛知県春日井市にある天台宗の寺。山号は、医王山。寺号は、薬師寺。開創は、嘉暦3年(1328)。開山は、慈妙。栄西を祖とする葉上流の伝法灌頂道場、篠木談義所として尾張国天台宗の中心寺院であった。

みつ-ぞろい【三つ×揃い】三つで一組になっているもの。特に、上着・チョッキ・ズボンの三つがそろっている背広。スリーピース。

みつ-だ【密×陀】「密陀僧」の略。

みつだ-え【密×陀絵】❶奈良時代に中国から伝来し、平安初期まで盛行した絵画の技法。また、その絵。❶密陀の油で顔料を練って描いた一種の油絵。玉虫厨子の絵などにみられる。油画。❷膠に顔料をまぜて描いた上に密陀の油を塗って光沢を出した絵。正倉院御物などにみられる。油色。(補説)密陀絵の語が用いられたのは近世になってからで、当時は漆器の装飾についていったが、明治以降は古代の遺品に適用されるようになった。

みつだ-そう【密×陀僧】一酸化鉛のこと。ふつう黄色の粉末であるが、橙赤色のものもある。

みつただ【光忠】鎌倉中期、備前国長船の刀工。長船派の祖。作風は豪壮・華麗で、刃文は丁子乱。その作に織田信長が愛用した「燭台切光忠」などがある。生没年未詳。

みつ-たて【三立】矢羽の矧ぎ方の一。矢羽を箆の三方につけること。通常の征矢に用いる。

みつたに-くにしろう【満谷国四郎】[1874〜1936]洋画家。岡山の生まれ。太平洋画会の設立に参加。写実的な画風から出発し、晩年には平明な色面構成の装飾的画風を確立した。

みつだ-の-あぶら【密×陀の油】荏の油に密陀僧を加え、煮沸したもの。乾燥性が高く、油絵などに用いる。密陀僧油。

みつ-だん【密談】〔名〕スル　こっそり相談すること。また、その相談。「物陰で一する」

ミッチェル〖Margaret Mitchell〗[1900〜1949]米国の女流小説家。南北戦争を背景にした小説「風と共に去りぬ」で知られる。

ミッチェル〖Wesley Clair Mitchell〗[1874〜1948]米国の経済学者。制度学派の代表者の一人。景気循環の統計的研究を行った。著「景気循環」。

みっちゃ　天然痘のあと。あばた。

みっ-ちゃく【密着】〔名〕スル　❶ぴったりとつくこと。「生活に一した詩」「スターに一取材」❷写真で、印画紙を原板にくっつけて、原寸大に焼き付けること。また、その印画。べた焼き。
(類語)張り付く・へばりつく・付きまとう

みっ-ちょく【密勅】秘密の勅命。内々の勅旨。

みっちり〔副〕少しも手を抜かず十分に行うさま。みっしり。「一(と)腕をみがく」(類語)みっしり・十分・存分に・思うさま・良く・じっくり・しっかり・篤と・万万

みっ-つ【三つ】《「みつ」の音変化》❶数の名、二つの次、四つの前の数。さん。みつ。3個。❷3歳。

みっ-つう【密通】〔名〕スル　❶ひそかに通じ合うこと。また、ひそかに通知すること。「敵と一する」❷妻あるいは夫以外の異性と、隠れて情を通じること。私通。「不義一」(類語)内通・私通・姦通・姦淫・不義・不倫

みつづか-は【三塚派】自由民主党にあった派閥の一。清和会(のちの清和政策研究会)などの平成3年(1991)から同10年における通称。会長は三塚博。同6年に派閥政治批判を受けて解散したが、新政策研究会という別組織で、事実上派閥活動を続けた。➡森派

みつ-づけ【蜜漬(け)】蜜に漬けること。また、その食品。

みっつのじゅうじか-の-おか【三つの十字架の丘】《Trijų Kryžių kalnas》リトアニアの首都ビリニュスの旧市街東側にある丘。同地で殉教したフランチェスコ修道会の僧を悼むため、17世紀初めに木製の十字架が建てられた。その後、改修や撤去を経て、1916年にコンクリート製の記念碑が置かれたが、旧ソ連時代に破壊。89年に復元され、ビリニュスのシンボルとなっている。

みっ-てい【密偵】秘密・内情などをひそかに探ること。また、その人。間諜。スパイ。「一を放つ」
(類語)探偵・スパイ・間諜・間者・隠密・回し者

みつで-うらぼし【三手裏星】ウラボシ科の常緑多年生のシダ。岩上に生え、根茎は横に走り、葉柄は針金状でつやがある。葉は長さ5〜25センチで、三つに裂けているものや単葉状のものもあり、裏面に円形の胞子嚢群が並んでつく。うらぼし。

みつで-かえで【三手×楓】カエデ科の落葉中高木。深山に自生。葉は3枚の小葉からなる複葉。小葉は長楕円形で縁に粗いぎざぎざがあり、先がとがる。雌雄異株。春、黄色い花を穂状につける。

ミッテラン〖François Mitterrand〗[1916〜1996]フランスの政治家。マンデス＝フランス内閣の内相、社会党第一書記などを歴任ののち、大統領に就任。2期大統領を務めた。在任1981〜1995。➡シラク

ミッテルアラリン〖Mittelallalin〗スイス南西部、バレー州、ワリスアルプスのアラリンホルン山にある山稜。標高3500メートル。同国最高峰のドーム山をはじめ、ティッシュホルン、アルプフーベルを望む展望地として知られる。サース谷の町、サースフェーよりロープウエーと地下ケーブルカーで結ばれる。

ミッデルブルフ〖Middelburg〗オランダ南西部、ゼーラント州の都市。同州の州都。現在、本土と半島状につながるワルヘレン島に位置する。市庁舎、大

修道院をはじめ、14世紀から16世紀に建造された建物の多くが第二次大戦でドイツ軍により破壊され、戦後に再建。17世紀、オランダ東インド会社の支社が置かれた。ミデルブルグ。ミデルブルフ。

ミッテンバルト〖Mittenwald〗▶ミッテンワルト

ミッテンワルト〖Mittenwald〗ドイツ南部、バイエルン州の町。ドイツアルプスのふもと、オーストリアとの国境沿いに位置する。教会や民家の壁に描かれたフレスコ画や、バイオリン生産が盛んなことで知られる。ミッテンバルト。

ミット〖mitt〗野球で、捕手・一塁手が用いる、親指だけが分かれた革製の手袋。

みつ-と【三斗】斗栱の形式の一。大斗の上に肘木をのせ、その上に巻斗を三つ並べてのせたもの。平三斗。➡出三斗

みつ-ど【密度】❶粗密の度合い。単位体積・面積・長さあたりに、ある量が分布する割合。「人口の―が高い」❷物事の充実している度合い。「―の高い仕事」❸各種物理量の単位体積あたりの量。ふつう、質量についての密度を指す。単位にキログラム毎立方メートル(kg/m^3)、その他グラム毎リットル(g/l)など。体積密度。

ミッド-ウィルシャー〖Mid Wilshire〗米国カリフォルニア州ロサンゼルス北西部の地区。西海岸最大規模のロサンゼルスカウンティ美術館、同地のタールピッツ(天然石油の沼)から発見された化石を展示するページ博物館をはじめ、美術館、博物館が多い。

ミッドウェー〖Midway〗太平洋中部、ハワイ諸島の北西の日付変更線近くにある小島。米国領。米軍基地がある。1942年に沖合で日米両軍の海戦が行われ、太平洋戦争の戦局を連合軍優位に転換した。

みつ-どうぐ【三つ道具】ミツ三つ一組になった道具。❶江戸時代、罪人を捕らえるのに用いた、突棒・刺股・袖搦。❷拘禁に用いる、手かせ・足かせ・首かせ。❸懐中道具の、きり・小刀・はさみ。❹和船の、帆柱・帆桁・舵。また、帆柱の代わりに伝馬船を入れる場合も多い。❺農具の、鋤・鍬・鎌。❻鯛の頭部にある、鋤・鍬・鎌に似た3個の骨。

みつとうげ-やま【三ツ峠山】山梨県南東部にある山。標高1785メートル。山頂南側に高さ150メートルの岩壁があり、ロッククライミングの練習場として知られる。山頂が三つの峰に分かれるため「三峰山」とも呼ばれる。山頂からの富士山の眺望が有名。三ツ峠。

みつど-こうか【密度効果】単位空間あたりの個体群の密度が変化すると、発育速度・体重・生理的性質・増殖能力・生存率などが変化する現象。

ミッドシップ《midship engineから》自動車のエンジン取り付け位置の呼称の一種で、エンジンを車体の中央部に取り付けたもの。

ミッド-センチュリー〖mid-century〗《世紀半ばの意》1950年代に米国で生まれたデザインの潮流。近代主義の流れを受け、機能的でシンプルなデザインや、プラスチックなどの近未来を感じさせる素材を使った家具などに代表される。

ミッドタウン〖midtown〗山の手と下町の中間地域。住宅地区と商業地区の中間地区。

みつど-ちょうせつ【密度調節】一定空間あたりの個体数が上昇すると増加が抑制され、低下すると増加が促進される結果、個体数が平衡の水準で維持されること。

ミッドナイト〖midnight〗真夜中。

ミッドナイト-サン〖midnight sun〗真夜中の空にある太陽。白夜の太陽。北極圏・南極圏で夏季に見られる。

ミッドナイト-ブルー〖midnight blue〗ほとんど黒に近い青。濃い紺色。

ミッド-バンド〖mid band〗CATVで使われるテレビ放送のチャンネルのうち、C13からC22(映像周波数109.25メガヘルツから165.25メガヘルツ)を指す。

ミッドフィールダー〖midfielder〗サッカーで、フォワードとディフェンダーの間のポジション。また、そこで攻守両面の中継的役割をするプレーヤー。ハーフ。MF。➡司令塔

ミッドポイント〖midpoint〗最大値と最小値の間の中間値。

みっとも-い・い〔形〕体裁がよい。打消しの語を伴い、「みっともない」と同意に用いる。「はたから見て余り―・い者じゃない」〈漱石・吾輩は猫である〉

みつ-どもえ【三つ巴】❶三つのものが互いに対立して入り乱れること。「―になって争う」❷三人が向かい合って座ること。三つ鼎。❸紋所・文様の名。巴を三つ組み合わせて円形にしたもの。

みっとも-な・い〔形〕《「みとむない」の音変化》見た目にわるい。体裁がわるい。「―・いなり」「―・いまねはしないでくれ」[派生]みっともなさ〔名〕

[用法]みっともない・みぐるしい――「客の前で兄弟げんかをするなんてみっともない(見苦しい)」「前をはだけたみっともない(見苦しい)格好」「みっともない(見苦しい)行為」など、相手に不快感を与えるさまの意では相通じて用いられる。◆「三年も浪人して、また不合格ではみっともない」のように、人目に対して体裁が悪いという本人の気持ちをいう場合は「みっともない」が、「相手の逃げ腰の態度が、見ていて見苦しかった」のように、他人の行為などについていう場合は「見苦しい」がより適切。◆類似の語の「みにくい(醜い)」は、対象についての分析的な評価であって、より客観的である。「遺産をめぐるみにくい争い」「親友のみにくい心を知って絶望した」など。

[類語]見苦しい・はしたない・醜い

ミッドレベル-プロバイダー〖mid-level provider〗医師の監督下で診察・診断・治療などを行うことができる医療専門職の総称。ナースプラクティショナー(NP: 診療看護士)、フィジシャンアシスタント(PA)など。米国などで導入されているが、日本にはない職種。

みつな-がしわ【御綱柏】「三角柏」に同じ。

みつ-な・し【才無し】〔形ク〕才能がない。「寡人―・し、以て称ふに足らず」〈継体紀〉

みつな-の-すけ【御綱の次=官】平安時代、行幸のとき、鳳輦の綱を持つ役。多く近衛の中将・少将が当たった。

みつ-にゅうこく【密入国】〔名〕スル 正式な手続きをとらずに、ひそかにその国にはいり込むこと。「テロリストが―する」⇔密出国。

みつ-の-あさ【三つの朝】《年・月・日の三つの朝にあたるところから》元日の朝。元朝。さんちょう。(季新年)「我が門や松はふた木を―/蕪村」

みつの-かしわ【三角柏】《「みつのがしわ」「みづのかしわ」とも》❶神に供物をするときや豊明の節会のときに、酒や飯を盛り入れる木の葉。葉の先が三つあるいは五つに裂けたものでカクレミノの葉ともいう。みつながしわ。❷伊勢神宮で、三節の祭や柏流しの神事に用いるカシワの葉。

みつ-の-かわ【三つの川】「三途の川」に同じ。

みつ-の-くるま【三つの車】仏語。法華経譬喩品に説く、羊車・鹿車・牛車の3種の車。仏法のたとえ。➡三車

みつ-の-たから【三つの宝】❶三種の神器。「四つの海浪も治まるしるしとて―を身にぞ伝ふる」〈新葉・賀〉❷仏教で、仏・法・僧の三宝。「この寺やなほ世にこえて栄えまし―も伝へ来し法」〈菟玖波集・釈教〉

みつのたから-の-とり【三つの宝の鳥】ブッポウソウの別名。

みつ-の-とも【三つの友】「さんゆう(三友)❸」に同じ。「―にて、いま一種(=酒)や、(女ニハ)うたてあらむ」〈源・末摘花〉

みつ-の-みち【三つの道｜三つの途｜三つの径】❶天・地・人の総称。三才。「一顕分かれてよりこのかた」〈允恭紀〉❷「三途」を訓読みにした語。「天に生まるる人のあやしき―に帰るらむ一時に思ひなずらへて」〈源・松風〉❸「三径」を訓読みにした語。「寺に入りて見れば…、―さへわからざる中に」〈読・雨月・青頭巾〉

みつ-の-やま【三つの山】「熊野三山」に同じ。「―の参詣、事ゆゑなくとげ給ひしかば」〈平家・一〇〉

みつ-ば【三つ葉】❶葉が3枚あること。また、そのもの。❷セリ科の多年草。山野に自生し、高さ約50センチ。葉は3枚の小葉からなり、柄が長い。夏、とうが立ち白い小花を多数つける。香りがあり、若葉は食用。江戸中期から野菜として栽培され、糸ミツバ・根ミツバ・切りミツバなどが作られる。みつばぜり。(季春)

みつば-あおい【三つ葉葵】紋所の名。3枚のアオイの葉先が中心で出あうように組み合わせて図案化したもの。徳川氏などの紋所。三つ葵。葵巴。

みつば-あけび【三葉木=通｜三葉通=草】アケビ科の蔓性の落葉低木。葉は卵形の3枚の小葉からなる複葉。4月ごろ、黒紫色の雄花と雌花とをつける。実はアケビに似て、紫色に熟して裂け、白い果肉がのぞく。実は食用、つるはかごなどを作る。

みつ-ばい【密売】〔名〕スル 法律や規則を犯して、ひそかに売ること。「拳銃を―する」

[類語]故買・闇取引・闇流し・横流し・もぐり

みつ-ばいばい【密売買】〔名〕スル 法律や規則を犯して、ひそかに売買すること。「野生動物を―する」

みつば-うつぎ【三葉空木】ミツバウツギ科の落葉低木。山林中に自生。葉は対生し、先のとがった長卵形の3枚の小葉からなる。初夏、白い5弁花を円錐状につけ、花はあまり開かない。実は矢羽根形で薄い。若葉は食用になる。こめのき。

みつば-おうれん【三葉黄蓮】キンポウゲ科の常緑多年草。高山の樹下などに生える。葉は倒卵形の3枚の小葉からなる複葉。夏、高さ約10センチの花茎を伸ばし、白い花を1個開く。

みつば-がしわ【三つ葉柏】紋所の名。カシワの葉3枚を葉柄を中心に三方にひろげた形に図案化したもの。

みつばしら-とりい【三柱鳥居】春日鳥居を三つ、笠木が三角形をつくる形に組み合わせた特異な鳥居。京都市右京区太秦の木島神社の石鳥居など。みはしらとりい。

みつば-ぜり【三葉芹】ミツバの別名。(季春)「母の忌の目の中にほふ―/不死男」

みつ-ばち【蜜蜂】膜翅目ミツバチ科の、主にミツバチ属の昆虫の総称。体には毛が密生し、花粉や花蜜を集める。巣は蝋を分泌して作り、大きい。社会性昆虫として有名で、1匹の女王バチ、少数の雄バチ、多数の働きバチから構成される。蜂蜜・蜜蝋などを採取するためにふつう飼養されるのはセイヨウミツバチで、黄色地に黒色の縞模様がある。日本の野生種は黒色でやや小形。(季春)「一の出で入り出で入る巣箱古り/たかし」

みつばちマーヤのぼうけん【蜜蜂マーヤの冒険】《原題、ドイ Die Biene Maja und ihre Abenteuer》ボンゼルスの童話。1912年刊。自由にあこがれる蜜蜂のマーヤの、さまざまな冒険を描く。

みつば-つつじ【三葉躑=躅】ツツジ科の落葉低木。関東・中部地方の山地に自生。葉は菱形に近い卵形で、枝先に3枚ずつつく。4、5月ごろ、葉の出る前に紫色の漏斗状の花を横向きに開く。庭木にする。

みつば-の-そや【三つ羽の征矢】3枚の矢羽をつけた征矢。また、非常に速いことのたとえにもいう。三つ立ての征矢。「無間奈落にまっさかさまに落つる事、―よりいと早し」〈浄・蝉丸〉

みつば-よつば【三つば四つば】〔名・形動ナリ〕《軒端が三つも四つも重なっている意か》りっぱな建物がいく棟も建ち並んでいること。また、そのさま。「目もかがやくやうなる殿造りの、―なる中に」〈源・早蕨〉

ミッヒェルシュタット〖Michelstadt〗ドイツ中部、ヘッセン州、オーデンワルト山地にある町。1484年に建造された木組み造りの市庁舎をはじめ、中世の面影を残す歴史的建造物が多く残っている。

みつ-ひきりょう【三つ引き両】《「みつびきりょう」とも》文様・紋所の名。横に3本の線を引いたもの。家紋では輪の中に引く。

みつびし-ざいばつ【三×菱財閥】明治以後、岩崎弥太郎により築き上げられた財閥。政府の保護のもと海運業に従事、その後、銀行・造船・倉庫・鉱山・貿易などあらゆる産業部門へ進出し、明治26年(1893)設立の三菱合資会社を中心にコンツェルンを形成。第二次大戦後、財閥解体にあう。

みっ-ぷ【密夫】ひそかに人妻と情を通じる男。情夫。

みっ-ぷ【密婦】ひそかに夫以外の男と情を通じる女。情婦。

みっ-ぷう【密封】〔名〕スル すきまのないように、ぴったりと封をすること。「―して保存する」

ミップス〖MIPS〗《million instructions per second》コンピューターの処理能力を示す単位。1ミップスは1秒間に100万回の演算速度があることを表す。

みつ-ぶとん【三つ布団】3枚重ねの敷布団。江戸時代、最高位の遊女の用いたもの。江戸吉原では客が贈るものとされた。

みっ-ぺい【密閉】〔名〕スル すきまのないように、ぴったりと閉じること。「容器を―する」

み-つぼ【▽水▽泡】《「水つ粒」の意》水滴。水のあわ。「―なす仮れる身そとは知れれどもなほし願ひつ千年の命を」〈万・四四七〇〉

みつ-ぼう【密謀】秘密のはかりごと。密計。「会社乗っ取りの―をめぐらす」

みっ-ぽう【密法】ミツ 密教で行う修法。秘法。

みつ-ぼうえき【密貿易】法を犯してひそかに行う貿易。類語 闇取引・密輸・密輸出・密輸入

みつ-ぼし【三つ星】❶三つの星。また、その形のもの。❷オリオン座の中央部に一直線に並ぶ三つの星。からすき星。参しん。(季 冬)❸紋所の名。三つの円を山形に並べたもの。❹最高級のレストラン及びホテル。フランスのミシュラン社発行による旅行案内書のランク付けからいう。➡ミシュラン

みつ-また【三つ×叉｜三つ股】❶川・道路・木の枝・器物などが、3本に分かれていること。また、そのところや部分。「―のソケット」❷先端がY字形になった棒。物干しざおをかけたり、高い所の果実をとったりするのに用いる。さんまた。❸(ふつう「三椏」「三叉」と書く)ジンチョウゲ科の落葉低木。高さ約2メートル。枝はすべて3本に分かれ、長楕円形の葉が互生する。晩秋につぼみをつけ、翌年春、葉の出る前に、筒形の黄色の小花が球状に集まって咲く。樹皮の繊維は強く、和紙の原料とする。中国の原産。(季 花=春)「―の花雪片の飛べる中/青邨」

みつ-まと【三つ的】❶騎射で、馬場の埒らちに沿って3か所に的を立て、順次に射ること。主として流鏑馬やぶさめのことをいう。❷小的を三つ並べて歩立かちちで射ること。

みつ-まめ【蜜豆】賽さいの目に切った寒天に、ゆでた赤豌豆えんどうや求肥ぎゅうひ・果物などを加え、糖蜜をかけた食べ物。(季 夏)「―の寒天の稜かどの涼しさよ/青邨」

み-づまり【身詰まり】肩身が狭くなること。「終には独客となり、互ひに―となる」〈洒・四十八手〉

みつ-み【三つ身】4歳前後の子供用着物。身丈の3倍で前後の身頃みごろ・衽おくみを裁つのでいう。

みつ-みつ【密密】〔名・形動ナリ〕❶きわめて秘密なこと。また、そのさま。内々ないない。「今日―祝言あり」〈浄・反魂香〉❷配慮がこまやかであるさま。「工夫綿綿―にして発明せりと」〈三国伝記〉

みつ-みつし〔枕〕氏族名の「久米くめ」にかかる。「―久米の子らが」〈記・中・歌謡〉補説「御稜威みいつ」を重ねて形容詞化した語で、威勢がよい、勇猛であるの意から武をつかさどる家の久米氏をほめたたえたものか。

みつみね-さん【三峰山】埼玉県南西部、秩父山地の山。本来は標高1329メートルの妙法ヶ岳、1921メートルの白岩山、2017メートルの雲取山の総称だが、現在は三峯神社のある辺り、あるいは妙法ヶ岳をいう。

みつみね-じんじゃ【三峯神社】埼玉県秩父市にある神社。主祭神は伊弉諾尊いざなぎのみこと・伊弉冉尊いざなみのみこと。大口真神おおくちまかみ(狼)の神符は盗難除よけ・火除けとして有名。

みつ-め【三つ目】❶目が三つあること。また、そのもの。❷婚礼・誕生から3日目にあたること。また、その祝い。三つ目の祝い。❸穴が三つあること。また、そのもの。「―のかぶら矢鳴りやむ事なく」〈盛衰記・一三〉

みつめ-ぎり【三つ目×錐】刃が細長い三角錐すいの形をした錐。

みつめ-こぞう【三つ目小僧】目が三つあるという化け物。

み-つ・める【見詰める】〔動マ下一〕文みつ・む〔マ下二〕対象から目をそらさずにじっと見つづける。凝視する。「顔をじっと―・める」「現実を―・める」
類語 見守る・見据える・凝視する・熟視する・刮目かつもくする

みつ-もの【三つ物】❶武具で、鎧よろいの胴・袖・兜かぶとの称。❷騎射で、流鏑馬やぶさめ・笠懸かさがけ・犬追物いぬおうものの称。後世、流鏑馬の代わりに歩射ぶしゃを加えた。❸連歌・俳諧で、発句・脇句・第三の3句。早くからこの3句だけを詠むことが行われたが、近世以降、歳旦さいたんの祝いとして詠まれた。❹武家の奏者の所持する品物で、太刀・折り紙・状箱の称。❺料理で、口取り・刺し身・焼き魚、または、椀盛り・刺し身・甘煮の3品をいう。❻三つ身の着物のこと。❼《引き解いて、表・裏・中綿の三つに分けて売ったところから》古着のこと。「―を下女は値ばかり聞いてみる」〈柳多留・四〉

みつもの-や【三つ物屋】古着の行商人。「一下女におっぱだぬげ(=奮発シロ)と言ひ」〈柳多留・一二〉

み-つもり【見積(も)り】❶見積もること。また、その数字。「―を立てる」❷「見積書」の略。

みつもり-しょ【見積書】見積もりを記した書類。みつもりがき。

み-つも・る【見積(も)る】〔動ラ五(四)〕❶目分量や心づもりではかっておおよその見当をつける。目算する。「入場者数を―・る」❷工事や製品などの、原価・日数・経費などを前もって計算して出す。「経費を―・る」「工事を―・る」
類語 積もる・見込む・目算する・概算する

みつ-もん【三つ紋】背と両袖の後ろに一つずつ、計三つの紋をつけた和服。五つ紋に次ぐ礼装用。

みつ-やく【密約】〔名〕スル ひそかに契約・条約などを結ぶこと。また、その契約・条約。密契。「正式調印の前に相手方と―する」類語 内約・黙約・黙契・密契

みつやく-もんだい【密約問題】日本への核持ち込みや在日米軍の有事出撃などをめぐって日米間で密約が交わされていたとされる問題。鳩山由紀夫内閣の外務大臣岡田克也の指示により、平成21年(2009)9月から同22年3月にかけて、外務省の内部調査チームおよび有識者委員会による調査・検証作業が行われた。対象となったのは、(1)昭和35年(1960)1月の安保条約改定時の核持ち込み(➡核持ち込み密約❶)、(2)同じく安保条約改定時の朝鮮半島有事の際の戦闘作戦行動(➡朝鮮半島有事密約)、(3)昭和47年の沖縄返還時の有事の際の核持ち込み(➡沖縄返還密約❶)、(4)同じく原状回復補償費の肩代わり(➡沖縄返還密約❷)、に関する四つの密約。外務省に保存されていた日米安保関係のファイル2694冊、沖縄返還関係のファイル571冊、在米大使館に存在するファイル約400冊が精査されたほか、外部有識者委員会が独自に収集した資料、関係者へのインタビューなどをもとに検証が行われた。外務省の調査チームは、安保条約改定時の在日米軍の有事出撃についてのみ密約があったと認定。これに対して有識者委員会は、在日米軍の有事出撃について密約と断定したほか、安保条約改定時の核持ち込みと沖縄返還時の原状回復補償費肩代わりについては広義の密約が存在したと判断。沖縄返還時の核持ち込みについては、必ずしも密約とは言えないと結論づけた。同委員会は、事実の解明に必要な文書が発見されなかったり、文書の重要部分に不自然な欠落があったことなども指摘している。補説 他にもさまざまな密約の存在が明らかになっている。沖縄返還時の無利子預金密約は、日本政府が米国に対し、沖縄返還協定に明記された負担額を超える内容・額の負担を提供する約束をしていたというもの。米国の公文書公開によって明らかになり、平成22年(2010)3月に財務省が調査。日本政府と日銀は同11年までの25年間に合計1億ドル以上を米国ニューヨーク連邦準備銀行に預金。利子を受け取らず、運用益を米国側に提供していたことが判明した。また日米地位協定をめぐっては、日本政府が在日米軍に対して、重要案件以外の裁判権を放棄する密約を結んでいたことを示す記述を含む公文書が米国で発見されている。

みつ-ゆ【密輸】〔名〕スル 法を犯してひそかに輸出入すること。密輸出、または密輸入。密貿易。「麻薬を―する」「―品」
類語 闇取引・密貿易・密輸出・密輸入

みつ-ゆしゅつ【密輸出】〔名〕スル 法を犯してひそかに輸出すること。

みつ-ゆにゅう【密輸入】ニフ〔名〕スル 法を犯してひそかに輸入すること。

みつ-ゆび【三つ指】親指・人差し指・中指の3本の指。また、その3本の指を床について、ていねいに礼をすること。

三つ指をつ・く 三つ指を軽く床につけて、ていねいに礼をする。「―・いて迎える」

みつよ【光世】平安末期、筑後の刀工。典太てんたと称す。法名は元真。三池に住んだので、その一派を三池派という。作風は豪壮で、室町将軍家以来の重宝である「大典太」などの作がある。生没年未詳。

み-づら【見面】見たようす。みてくれ。みかけ。みば。「―がよくない」類語 見た目・見掛け・見てくれ・見場・外見がいけん・外見そとみ・体裁

ミッラージュ〖アラビア miʻrāj〗《元来は梯子の意》イスラム教で、預言者ムハンマドの天上飛行をさす。コーランに由来し、イスラム神秘家によって霊魂の浄化と神への接近を表す象徴として重要視される。ミーラージュ。

み-づら・い【見▽辛い】〔形〕文みづら・し〔ク〕❶見るのがむずかしい。見にくい。「光って字が―・い」❷見ているのがつらい。見るに耐えない。「金をめぐる争いは―・い」

みつ-りょう【密猟】レフ〔名〕スル 禁制を犯してひそかに狩猟すること。「鳥獣保護区で―する」

みつ-りょう【密漁】レフ〔名〕スル 禁制を犯してひそかに魚介類をとること。「他国の領海内で―する」

みつ-りん【密林】樹木などがすきまのないほど生い茂っている林。ジャングル。
類語 ジャングル・森・森林・樹海

みつ・る【×羸る】〔動ラ下二〕やつれる。疲れはてる。「かぐはしき花橘はなたちばなを玉に貫ぬき送らむ妹いもは―・れてもあるか」〈万・一九六七〉

みつ-ろう【蜜×蝋】ラフ ミツバチの巣を構成する蝋。働きバチの腹部の腺から分泌されたもので、主成分はパルミチン酸ミリシル。巣を加熱圧搾したり、湯で煮溶かしたりして採取する。精製したものは白色。つや出し剤・化粧品などに利用。

みつ-わ【三つ輪】❶紋所の名。三つの輪を少しずらして重ね合わせたもの。❷「三つ輪髷まげ」の略。

みつ-わ【密話】〔名〕スル 他人に聞かれないように、ひそひそと話すこと。また、その話。ないしょ話。

みつわ-まげ【三つ輪×髷】女性の髪形の一。髻もとどりの末を三つに分け、左右に輪を作り、他の一つを中央で結んだもの。江戸時代、女師匠や妾めかけなどが好んだ。

みつ-わり【三つ割(り)】❶物を三つに割ること。三つに分けること。また、そのもの。❷四斗樽しとだるの酒を3分した量。また、それを入れる樽。

み-て【見手】見る人。見物人。

ミティ〖MITI〗《Ministry of International Trade and Industry》通商産業省。平成14年(2001)からは、経済産業省(METI)。

み-てい【未定】まだ決まっていないこと。「日時は―です」⇔既定。類語 未決・ペンディング

ミディ〖midi〗洋装で、コート・スカートなどが、ふくらはぎの中ほどまでの丈であること。

ミディ〖MIDI〗《musical instrument digital interface》電子楽器やコンピューター間で演奏データなどをやりとりするインターフェース規格。

ミディアム〘medium〙❶媒介するもの。媒体。また、仲介者。❷中間。中位。「―サイズ」❸ビーフステーキの焼き方が、中位であること。ウエルダンとレアとの中間程度。❹生物の生息場所。生活環境。❺標本の保存液。細胞培養の栄養液。❻霊媒。「彼は―のレナアド夫人や…を通して」〈康成・抒情歌〉〔補説〕複数形は、mediums、または、media。➡メディア
〔類語〕中間・中位・中ほど・中(ちゅう)

ミディアム-ショット〘medium shot〙ポートレートや証明写真において、人物の上半身を撮影すること。➡バストショット ➡フルショット❷

ミディアムターム-ノート〘medium-term note〙中期手形。中期債券。

ミディアム-レア〘medium rare〙ステーキの焼きぐあいの一。半生焼き。レアとミディアムの中間の焼き方。

ミディ-うんが【ミディ運河】《Canal du Midi》フランス南部、地中海の港湾都市セートとガロンヌ川上流の都市ツールーズを結ぶ運河。全長240キロメートル。17世紀の徴税使ピエール=ポール=リケの発案により、国家事業として造営。19世紀に鉄道が開通するまで、地中海と大西洋を結ぶ大量輸送を担った。1996年、世界遺産(文化遺産)に登録された。

みてい-こう【未定稿】(ミテイカウ) まだ完全に仕上がっていない原稿。

み-ていねん【未丁年】「未成年(みせいねん)」に同じ。

ミディヤット〘Midyat〙トルコ南東部の町。マルディンの北東約50キロメートルに位置する。主にクルド人が居住するエステル地区と、シリア正教徒が居住する旧市街(エスキミディヤット)とに分かれている。南東郊外に4世紀末に創設されたシリア正教会最古の修道院、聖ガブリエル修道院がある。

ミティリーニ〘Mytilini〙ギリシャ、エーゲ海東部のレスボス島にある町。同島の中心都市。古代ギリシャのアイオリス人が築いた都市国家ミティレネがあった。町を見下ろす丘の上にベネチア共和国時代の城塞が残っている。

ミティリーニ-とう【ミティリーニ島】(タウ)《Mytilini》►レスボス島

ミディ-ルック〘middy look〙セーラーカラーのついたブラウス・ジャケット・ワンピースなどのことをいう。〔補説〕middyは、midshipmanの略で、海軍少尉候補生、また、海軍士官学校生徒のこと。転じて、セーラー服型ブラウスのこともいう。

み-てぐら【▽幣｜幣＝帛】《「御手座(みてくら)」の意という。「みてくら」とも》神に奉納する物の総称。布帛(ふはく)・紙・玉・兵器・貨幣・器物・獣類など。また、のちには御幣をもいう。幣束。幣帛(へいはく)。ぬさ。

みてぐら-を【▽幣を】〔枕〕みてぐらを神前に並べる意から、「奈良」にかかる。「―奈良より出でて」〈万・三二三〇〉

みて-くれ【見て▽呉れ】《「これを見てくれ」と見せびらかす意から》❶みかけ。外見。外観。体裁。「―のいい家具」「―ばかりで、中身はひどい」❷他人の目につくような言動・服装。「世に―をなす人、その世にはいと多かりけり」〈癇癖談〉〔類語〕見た目・見掛け・見場・外見(がいけん)・外見(そとみ)・外面(がいめん)・外面(そとづら)・外観・上面(うわつら)・上辺(うわべ)・表面・格好・体裁・体(てい)

み-てさき【三手先】斗栱(ときょう)の形式の一。柱から外方に斗組みが三段出ていて、三段目の斗で丸桁(がぎょう)を支えるもの。金堂(こんどう)や塔に用いられる。

みて-しろ【▽御手代】天皇などに代わって御幣(ごへい)を手に持ち、神事を行う者。また、幣(ぬさ)とするもの。「太襷(ふとだすき)をとりかけ、―にして、もってこの神を祭るは」〈神代紀・下〉

みて-と・る【見て取る】〔動ラ五(四)〕見てそれと知る。認める。また、見ただけで事情を感じ取る。見抜く。「状況が不利だと―・る」〔類語〕認める・察する・見取る・見抜く・見破る・看取する・看破する

ミデルブルグ〘Middelburg〙►ミッデルブルフ

ミデルブルフ〘Middelburg〙►ミッデルブルフ

み-と《「み」は接頭語。「と」は男性・女性の象徴部・陰部の意》陰部を敬っていう語。

みとあたわ・す 《「あたわす」は、交合する意の動詞「あたう」に尊敬の助動詞「す」が付いたもの》交合なさる。結婚なさる。「その八上比売(やがみひめ)は先のちぎりの如く―・しつ」〈記・上〉

みと【水戸】茨城県中部の市。県庁所在地。那珂(なか)川下流にあり、中世は佐竹氏の、江戸時代は徳川御三家の一つ水戸家の城下町。偕楽園・弘道館などの史跡がある。人口26.9万(2010)。水府。

み-と【▽水▽門｜▽水戸】❶水量調節のため水の取り入れ口に設ける門。すいもん。❷水の出入り口。内海と外海の境をなしている狭いところ。また、大河の河口。みなと。「この―をわたりぬ」〈土佐〉

み-とう【未到】(タウ) まだだれも到達・達成していないこと。「前人―の記録」

み-とう【未踏】(タフ) まだだれも足を踏み入れたことがないこと。「人跡―の雪原」

み-とう【味到】(タウ)〔名〕(スル) 内容を十分に味わい知ること。「お師匠様の三味線の妙音を、失明の後に始めて―した」〈谷崎・春琴抄〉

み-とう【▽御灯】►ごとう(御灯)

み-どう【▽御堂】(ダウ) 〔一〕❶寺院。また、仏像を安置した堂。❷キリスト教で、一般にカトリックの教会堂・修道院などをさす。聖堂。〔二〕法成寺(ほうじょうじ)の異称。また、それを建てたところから、藤原道長の通称。

みどう-かんぱく【御堂関白】(ミダウクワンパク) 藤原道長の通称。

みどうかんぱくき【御堂関白記】(ミダウクワンパクキ) 藤原道長の日記。原巻36巻。14巻の自筆本が現存。長徳4年(998)から治安元年(1021)までの公私の出来事を具注暦(ぐちゅうれき)に記したもの。当時の基本史料。

みどう-すじ【御堂筋】(ミダウすぢ) 大阪市北区梅田から中央区難波(なんば)まで南北に走る道路の呼び名。下を地下鉄御堂筋線が通り、ビジネス街。沿道に、北御堂(西本願寺別院)、南御堂(東本願寺別院)があることによる名。

みとう-も-な・い(みたう)〔形〕図みたうもな・し〔ク〕《「みたくもない」の音変化。中世・近世語》見たいとも思わない。みっともない。「おのれがやうな―・い面の役者が」〈滑・八笑人・四〉

み-とおし【見通し｜見▽透し】(みとほし) ❶《「みどおし」とも》初めから終わりまで見つづけること。「朝からテレビの―だ」❷さえぎるものがなく遠くまで見えること。また、その場所。「―のきく展望台」❸人の心や目に見えない内面の物事を見抜くこと。洞察。「何でもお―だ」❹物事のなりゆきや、将来のことを予測すること。「復旧の―がつかない」〔類語〕(❷)見晴らし・眺め・眺望・遠望・遠見/(❹)見当・読み・見込み・見極め

み-とお・す【見通す｜見▽透す】(みとほす)〔動サ五(四)〕❶初めから終わりまで休まずに見る。見つづける。「退屈な芝居を最後まで―・す」❷何にもさえぎられずに遠くまで一目に見る。「窓から富士山を―・す」❸人の心や目に見えない内面の物事を見抜く。「彼の意図を―・す」❹物事のなりゆきや、将来のことを予測する。「景気の動向を―・す」〔類語〕(❷)見渡す・見晴らす・見晴るかす・眺める・望む/(❸)見透かす・見透く・見抜く・見破る・察する・読む

みと-かいどう【水戸街道】(カイダウ) 江戸時代、江戸から松戸を経て水戸に至る街道。現在の国道6号にあたる。水戸道中。

みと-がく【▽水戸学】江戸時代、水戸藩主徳川光圀(みつくに)の「大日本史」編纂(へんさん)に端を発し、同藩で興隆した学派。儒学思想を中心に、国学・史学・神道を結合させたもの。皇室の尊厳を説き、幕末の尊王攘夷(そんのうじょうい)運動に多大の影響を与えた。

み-とが・める【見×咎める】〔動マ下一〕図みとが・む〔マ下二〕❶悪事や欠点などを見てそれを非難する。また、見て不審に思い問いただす。「管理人に―・められる」❷見つける。また、見てそれと知る。「お嬢さんのひとりが私を―・め」〈太宰・斜陽〉

み-どき【見時】見るのによい時期。見ごろ。「紅葉は今が―だ」

み-どきょう【▽御読経】(ミドキャウ) ❶読経を尊んでいう語。❷「季(き)の御読経」の略。

み-とく【味得】〔名〕(スル) よく味わって理解し、自分のものにすること。「芸術の醍醐味(だいごみ)を―する」

み-と・く【見解く】〔動カ四〕見て理解する。見てさとる。「かく例にもあらぬ鳥の跡のやうなればとみにも―・き給はで」〈源・夕霧〉

み-どく【未読】まだ読んでいないこと。「―のメールを開く」⇔既読。

み-どく【味読】〔名〕(スル) 内容や文章をよく味わいながら読むこと。「文学作品を―する」
〔類語〕精読・熟読・翫賞(がんしょう)・賞翫・玩味

みとく-さん【三徳山】鳥取県中央部、東伯(とうはく)郡三朝(みささ)町にある山。標高900メートル。古くから霊山として信仰され、山全体が名勝・史跡になっている。北麓には約1300年前に役(えん)の行者(ぎょうじゃ)の開基になるといわれる天台宗三仏(さんぶつ)寺があり、断崖絶壁の窪みに建てられた奥の院投入(なげいれ)堂は国宝に指定されている。かつては「美徳山」とも書いた。

みと-け【水戸家】徳川御三家の一。徳川家康の第11子頼房を祖とする。常陸(ひたち)国水戸に居城を置き、初め25万石、のち35万石となった。

みと-こうもん【水戸黄門】(クワウモン)《中納言(唐名が黄門)であったところから》徳川光圀(みつくに)の通称。

み-ところ【三所】三つの所。3か所。

み-どころ【見所｜見▽処】❶見るべきところ。見る価値のあるところ。また、見落としてはならない点。「この映画の―」❷今後を期待できる優れた点。将来性。「彼は―のある若者だ」❸見て判断のよりどころとする点。めじるし。「そこにはちっと―がござります」〈咄・無事志有意〉❹►けんじょ(見所)
〔類語〕美点・長所・特長・取り柄・売り・強み・身上・持ち味・本領・セールスポイント・見込み

みところ-ぜめ【三所攻め】相撲のきまり手の一。相手の両足と胸の3か所を同時に攻める技。足を掛け、残る足を取り、胸に頭をつけて浴びせ倒す。

みところ-どう【三所×籐】弓の籐の巻き方の一。上下の鏑籐(かぶらどう)および矢摺籐(やずりどう)の3か所を巻くこと。また、3か所ずつ寄せていくつか巻いたもの。

みところ-もの【三所物】刀剣の付属品である目貫(めぬき)・笄(こうがい)・小柄(こづか)の称。江戸時代、同じ意匠の揃(そろ)いが尊重され、後藤家彫は有名。

ミトコンドリア〘mitochondria〙《ギリシャ語で、糸と粒の意の合成語》すべての真核生物の細胞質中に存在する、糸状または顆粒(かりゅう)状の細胞小器官。内外二重の膜に包まれ、内部にクリスタとよばれるひだ状突起がある。呼吸およびエネルギー生成の場で、電子伝達系やトリカルボン酸回路などに関与する酵素群をもち、一連の反応によりATP(アデノシン三燐酸(さん))の合成を行う。細胞の核とは別にDNA(デオキシリボ核酸)をもち、独自に分裂によって増殖する。糸粒体。糸状体。コンドリオソーム。

ミトコンドリア-イブ〘mitochondrial eve〙イブの仮説で、現在の人類の母系祖先を遡っていったとき、最初にたどりつく、共通する一人の女性祖先のこと。〔補説〕現在の人類はミトコンドリアイブの遺伝子を受け継いではいるが、人類がその女性から始まったわけではない。ミトコンドリアイブの同時代には、他にも多くの女性が存在し、その一部の遺伝子は、途中で男系子孫を介しながら、現在まで受け継がれている。また、ミトコンドリアイブからさらに祖先を遡ることもできる。その母系祖先たちも現在の人類に共通する女性祖先のひとりであるが、その中で、現在の人類に最も近い世代の祖先が、いわゆるミトコンドリアイブである。また将来、ミトコンドリアイブにつながる複数の系統のどれかが途絶えた場合、現在ミトコンドリアイブとされている女性の次世代以降の女系子孫が新たにミトコンドリアイブとなる可能性もある。

みと-し【水戸市】►水戸

み-とし【▽御年】穀物、特に稲。また、稲作。「取り作らむ奥(おき)つ―を八束(やつか)穂の茂(いか)し穂に」〈祝詞・祈年祭〉

みとし-の-かみ【▽御年の神┊▽御▽歳の神】穀物の守護神。「一の子、其の田に至りて」〈古語拾遺〉

みと-じょう【水戸城】ージャウ 茨城県中央部、水戸市にあった平山城。建久年間(1190〜98)に大掾資幹だいじょうすけもとが築城したといわれる。中世は佐竹氏、関ヶ原の戦いの後は徳川御三家の一つ水戸家の居城となった。遺構として土塁・空壕がある。現在、城趾は官公庁・学校として利用されている。

みと-しろ【▽御戸代┊▽御▽刀代】《「みと」は「御処」で神有地の意かという》神にささげる稲を作る田。神田しんでん。「および一を増し給ふ」〈持統紀〉

ミトス〘ギリシャ mythos〙▶ミュトス

み-とせ【三▽年┊三▽歳】3か年。さんねん。

み-とど・ける【見届ける】〔動カ下一〕文みとど・く〔カ下二〕❶見て確かめる。確認する。「安全を一・けて横断する」❷物事の成り行きをしっかりと最後まで見る。「子の行く末を一・ける」

みと-の-まぐわいーまぐはひ 男女が交合すること。性交。「是の天の御柱を行き廻り逢ひて、一せむ」〈記・上〉

ミトハト-けんぽう【ミトハト憲法】ーケンパフ 1876年に公布されたオスマン帝国の憲法。宰相ミトハト＝パシャ(Midhat Pāshā)が起草。二院制議会・責任内閣制・言論の自由などを規定したが、翌77年、ロシア-トルコ戦争勃発を口実に停止された。ミドハト憲法。

みと-ホーリーホック【水戸ホーリーホック】日本プロサッカーリーグのクラブチームの一。ホームタウンは水戸市。平成2年(1990)発足の土浦市の実業団チームが水戸市のクラブチームと合併。同12年からJリーグに参加。補説「ホーリーホック(hollyhock)」は英語で立葵の意。

みと-ぼり【▽水戸彫】彫金の一派。元禄(1688〜1704)のころ、常陸ひたち国水戸の彫金工明石与太夫を祖とする。高肉彫りであったが、のちは魚子ななこを特色とする。

みと-まつり【▽水戸祭(り)】▶水口みなくち祭り

みとみ-くちは【三富朽葉】[1889〜1917]詩人。名は「きゅうよう」とも。長崎の生まれ。本名、義臣。フランス近代詩を研究、象徴詩や訳詩を発表した。犬吠埼いぬぼうさきで溺死。「三富朽葉詩集」がある。

みと・む【認む】〔動マ下二〕「みとめる」の文語形。

みとむ-な・い〔形〕文みとむな・し〔ク〕《中世・近世語》「みとうもない」の音変化。「狩りの門出に、一・いやつめが行きをる事ぢゃ」〈狂言記・鹿狩〉「貴公の形なりはあまり一・い」〈咄・聞上手〉

みとめ【認め】❶みとめること。❷「認め印」の略。❸見通し。予測。「先の一が付かなかった」〈二葉亭訳・片恋〉

みとめ-いん【認め印】❶個人の実印以外の印章。❷書類などの認証として押す印。検印。
類語 認め・三文判・私印・印鑑・印・判子

みと・める【認める】〔動マ下一〕文みと・む〔マ下二〕❶目にとめる。存在を知覚する。気づく。「人影を一・めた」「どこにも異常は一・められない」❷見て、また考えて確かにそうだと判断する。「有罪と一・める」「頭がよいと一・める」❸正しいとして、また、かまわないとして受け入れる。「自分の非を一・める」「試験に教科書の持ち込みを一・める」❹能力があると判断する。「世に一・められる」❺気をつけて見る。じっと見る。「五百の仏を心静かに一・めしに」〈浮・一代女・六〉 類語(❶)見る・目撃する・確認する・認知する・見て取る・見取る/(❷)見なす・判断する・判定する・認定する/(❸)受け入れる・承認する・承諾する・同意する・肯定する・是認する・容認する・認容する・許容する・許可する/(❹)買う・評価する・一目置く

み-ども【身共】〔代〕一人称の人代名詞。われ。わたし。対等、またはそれ以下の者に対して改まった感じで用いる。「一がよい所へやってしんぜう」〈虎清狂・猿座頭〉

みとも-な・い〔形〕文みともな・し〔ク〕「みとうもない」の音変化。「着物が大分汚れて、一・い始末であった」〈漱石・永日小品〉

みとよ【三豊】香川県西部にある市。稲作や野菜・茶などの生産が盛ん。平成18年(2006)1月、三豊郡7町が合併して成立。人口6.9万(2010)。

みとよ-し【三豊市】▶三豊

ミトラ〘梵 Mitra┊ペルシア Mithra〙古代インド・イランの、光・盟約・正義・友情の神。ローマ帝国の太陽神ミトラスや大乗仏教の弥勒菩薩みろくぼさつなどにもこの神名が反映している。

ミトラ-きょう【ミトラ教】ーケウ ▶ミトラス教

み-とらし【▽御執らし】手にお取りになるもの。また、弓の敬称。みたらし。「一の梓弓あずさゆみの弓の」〈万・三〉

ミトラス-きょう【ミトラス教】ーケウ《Mithras》ローマ帝国で紀元前1世紀から紀元後5世紀まで主として軍人を中心に流布した密儀宗教の一派。古代インド・イラン宗教の神ミトラから影響を受けて成立した太陽神ミトラスを崇拝した。

み-とり【見取り】❶見取ること。見て知ること。また、見て写し取ること。「一芸(＝見て覚えた芸)」❷(「看取り」とも書く)病人のそばにいて、いろいろと世話をすること。看病。また、その人の臨終に付き添うこと。「力こめて俊三の傍に一して居たが」〈木下尚江・良人の自白〉❸江戸時代、やせた土地や開発後間もない新田などで収穫が不安定な場合、石高をつけずに、坪刈りをして納米高を決めたこと。❹「見取り小作」の略。

みどり 群馬県東部にある市。南部に岩宿遺跡がある。市域は渡良瀬川に沿って南北に長く、東西を桐生市とその飛び地に挟まれている。平成18年(2006)3月に東あずま村・笠懸町・大間々町が合併して成立。人口5.2万(2010)。

み-どり【見取り】❶見て多くのものの中から選び取ること。「より取り一」❷歌舞伎・人形浄瑠璃で、通し狂言にせず、見所のある幕・段を選び集めて上演すること。宝暦(1751〜1764)ごろに始まり、歌舞伎で明治以後、人形浄瑠璃で昭和以後に主流となった。

みどり【緑┊×翠】《元来、新芽の意で、そこから色名に転じたといわれる》❶色の名。青と黄色の中間色。㋐草木の葉の色。また、草木。特に新緑のころのものをいう。「一面の一」(季 夏)「満目の一に坐る主かな/虚子」㋑海水のような深い藍色。碧へき。「一の大海原うなばら」㋒黒くつややかな色。多く毛髪にいう。➡緑の黒髪 ❷新芽。特に、松の新芽。若緑。松の芯。❸緑色の草木、植物。転じて、自然。「一豊かな土地」「一を守れ」類語(❶)緑色りょくしょく・翠緑すいりょく・深緑しんりょく・深緑ふかみどり・黄緑・浅緑・草色くさいろ・萌葱もえぎ色・柳色・松葉色・利休色・オリーブ色・グリーン・エメラルド・エメラルドグリーン/(❸)翠色すいしょく・青翠せいすい・万緑ばんりょく・新緑・青葉・若葉・植物・草木そうもく・草木くさき・樹木じゅもく・山川草木・自然・大自然・造化

みどり【緑】㊀さいたま市南東部の区名。さいたまスタジアムがある。㊁千葉市南部の区名。住宅地。土気とけ町は戦国時代、酒井氏の居城地。㊂横浜市北西部の区名。平成6年(1994)青葉区を分区、また、一部は港北区の一部と合わせ都築つづき区となる。㊃相模原市西部の区名。西部は丹沢山地、東部は橋本を中心に市街地が広がる。㊄名古屋市南東部の区名。大高おおだか緑地公園がある。

みどり-いし【緑石】イシサンゴ目ミドリイシ科の腔腸こうちょう動物。浅海の岩礁に付着して平板状の群体を形成し、サンゴ礁をつくる。同科にはエダミドリイシなども含まれ、造礁サンゴの主要群。日本では房総半島以南に分布。

みどり-かい【緑会】ークワイ 東京大学法学部の学生自治会。

みどり-がめ【緑亀】アメリカ産のヌマガメ科のアカミミガメなどの子ガメ。背甲が緑がかった色で斑紋が美しいが成長につれて色があせる。ペットとされる。

みどり-がわ【緑川】ーがは 熊本県中央部を流れる川。緑川水系の本流。熊本・宮崎両県の県境にある向坂むこうざか山(標高1684メートル)付近に源を発して西流し、宇土うと半島基部北側で島原湾に注ぐ。長さ約76キロ。支流は50以上を数える県下第2の川。上流にある緑川ダム(緑川ダム湖)は宇土半島・八代やつしろ平野北部の農業用水の供給を行っている。

みどり-く【緑区】▶緑

みどり-ご【緑▽児┊嬰＝児】《古くは「みどりこ」》生まれたばかりの赤ん坊。また、3歳くらいまでの幼児。類語 赤ん坊・赤ちゃん・赤子あかご・嬰児えいじ・乳児・乳飲み子・新生児・幼児・ベビー

みとり-こさく【見取り小作】江戸時代、年々の収穫を見て、その年の小作料を定める小作形態。

みどり-ざる【緑猿】サバンナモンキーのこと。体色が緑色がかっているのでいう。

みとり-ざん【見取り算】そろばんで、数字を見ながら計算すること。

みどり-し【みどり市】▶みどり

みどりしげん-きこう【緑資源機構】農林水産省所管の独立行政法人。平成15年(2003)特殊法人緑資源公団を解体して設立。同20年4月に解散。水源林造成事業、特定中山間保全整備事業、農用地総合整備事業及び緑資源幹線林道事業の一部は独立行政法人森林総合研究所(森林農地整備センター)に、海外農業開発事業は独立行政法人国際農林水産業研究センターに承継された。

みどりしげん-こうだん【緑資源公団】森林資源及び農業資源等の保全及び利用を図るために、森林開発公団、農用地開発公団を統合し平成11年(1999)に設立された農林水産省所管の特殊法人。同15年独立行政法人緑資源機構となる。

みどり-しじみ【緑小＝灰＝蝶】シジミチョウ科のチョウ。翅はねは雄では表面が緑色で外縁に黒色の帯があり、雌では黒褐色で前翅中央に紫色部分がある。幼虫はハンノキ類の新芽や若葉を食べる。ゼフィルスとよばれるものの一。

みとり-じょうぎ【見取り定規】ーヂャウギ 建築物の設計などの際に使う定規で、細い2本の物差しの端をねじで止め、開閉が自由になるようにしたもの。

みとり-ず【見取り図】ーヅ ❶地形・建物・器物などの形や配置をわかりやすく描いた略図。「現場付近の大まかな一」❷製図用器具を用いずに、手で描いた製図。スケッチ。

みどり-ナンバー【緑ナンバー】緑地に白色の文字で示されたナンバープレート。また、それをつけることから、業務用自動車のこと。

みどり-の-いと【緑の糸】緑色の柳の細い枝。「あをやぎの一をくり返しいくらばかりの春をへぬらむ」〈拾遺・賀〉

みどり-の-おばさん【緑のおばさん】ーをばさん《緑色の服装をしていたところから》小学校児童を交通事故から守るため、登・下校時に誘導する女性の通称。学童交通擁護員。

みどり-の-かくめい【緑の革命】1960年代に進められた稲・小麦などの多収量品種の開発と、その導入によってもたらされた開発途上国における農業技術の革新。

みどり-の-かみ【緑の髪】《「翠髪すいはつ」「緑髪りょくはつ」を訓読みにした語》つやのある美しい黒髪。緑の黒髪。

みどり-の-くろかみ【緑の黒髪】黒くつやのある女性の美しい髪。

みどり-の-ころも【緑の衣】緑色の衣服。六位の官人が朝服に着用した、深い縹色はなだいろの袍ほう。りょくい。

みどり-の-しゅうかん【緑の週間】ーシウカン 緑化推進を目的に毎年設けられる4月23〜29日の1週間。(季 春)

みどり-の-すず【緑の鈴】キク科の常緑の蔓植物つるしょくぶつ。葉は多肉で球状となり、細い茎に互生して連なる。花は小さく、白色。アフリカ南部に分布。吊り鉢などで楽しむ。グリーンネックレス。

みどり-の-そで【緑の袖】《六位の者が緑の衣ころもを着ていたところから》六位の異称。➡位階

みどり-の-とう【緑の党】ータウ 環境保護を主張する政党に多く使われる党名。1979年の西ドイツ(当時)を皮切りに、欧米を中心に各国で次々と結党された。多く、環境保護のほか反原発・女性解放などの主張も共通する。ドイツではその後、83年に連邦議会に

進出。98年に社会民主党との連立で与党となった。
みどり-の-ないじゅ【緑の内需】▶グリーンニューディール
みどり-の-はね【緑の羽根】国土緑化運動の一環として緑の週間に行われる募金運動。また、その献金者に協力のしるしとして渡す、緑に染めた羽根。(季 春)
みどり-の-ひ【みどりの日】国民の祝日の一。5月4日。もとは4月29日。自然に親しむとともにその恩恵に感謝し、豊かな心をはぐくむ日。平成元年(1989)に制定。
みどり-の-ほら【緑の洞】《仙人が住む洞の意から》上皇の御所。霞の洞。仙洞。「一、花香ばしきあした」〈新古今・仮名序〉
みどり-の-まどぐち【みどりの窓口】JRで特急券・座席指定券・寝台券などを予約・販売する駅の窓口。昭和39年(1964)新幹線開業時に開設。
ミドリフ〖midriff〗《横隔膜の意》横隔膜あたりまでの短い上着のこと。また、みぞおちのあたりが見えるほどの丈の海浜用のセパレーツ水着のこともいう。
みどり-むし【緑虫】鞭毛虫類の原生動物。また、ミドリムシ植物としても分類される。淡水に分布し、単細胞で体は長楕円形をし、体長0.3ミリほど。鞭毛をもち、運動するが、体内に細胞壁はなく、葉緑体を含んでいて光合成を行う。有機物の多い池沼で大発生し、水を緑色にする。ユーグレナ。
み-と・る【見取る】〔動ラ五(四)〕❶見て取る。見てはっきりとさとる。「彼我の実力の差を瞬時に―・る」❷(「看取る」とも書く)病人の世話をする。看病する。また、その人の臨終に付き添う。「重病の父を―・る」「母の最期を―・る」❸見て写し取る。「師によく似せ習ひ、―・りて、我が物になりて」〈至花道〉
(類語)(❶)認める・見て取る・見定める・確認する・認知する・認識する・看取する
ミドル〖middle〗❶中央。中部。また、中間の程度・段階や階級。多く複合語の形で用いる。❷「ミドルエージ」の略。「ナイスー」
ミドル-アイアン〖middle iron〗ゴルフのクラブで、4番から6番までのアイアンの総称。➡ショートアイアン ➡ロングアイアン
ミドルウエア〖middleware〗コンピューターで、オペレーティングシステムとアプリケーションソフトの中間的な性格をもち、オペレーティングシステムよりも具体的で高度な機能を提供するソフトウエア。
ミドル-エージ〖middle age〗中年。40歳から60歳ぐらいまでをさす。
ミドル-きゅう【ミドル級】《middleweight》ボクシングの体重別階級の一。アマチュアボクシングではライトヘビー級よりも軽くウエルター級よりも重い階級で、69キロを超え75キロまで。ジュニアではライトミドル級より一つ重い階級で、70キロを超え75キロまで。プロボクシングではスーパーミドル級とスーパーウエルター級の間で、154ポンド(69.85キロ)を超え160ポンド(72.58キロ)まで。
ミドル-クラス〖middle class〗中産階級。中間層。
ミドル-スクール〖middle school〗中学校。中等学校。
ミドルトン〖Midleton〗アイルランド南部、コーク州の町。コークの東約20キロメートル、ダンガーニ川沿いに位置する。12世紀から19世紀にかけて、シトー派修道院を中心に発展。アイリッシュウイスキーの名産地として知られる。
ミドル-ネーム〖middle name〗欧米での名前の呼称で、中間名をいう。Wolfgang Amadeus Mozartの場合、Wolfgangが個人名(ファーストネーム、またはクリスチャンネーム)、Amadeusが中間名(頭文字だけで表されることが多い)、Mozartが姓(ラストネーム、またはファミリーネーム)となる。
ミドル-ホール〖middle hole〗ゴルフで、ホールの距離に応じて定められた基準打数が4のホール。ミディアムホール。➡ショートホール ➡ロングホール
ミドル-マーカー〖middle marker〗計器着陸装置のうち、滑走路端から約1000メートルの地点に設置される上方向け電波発射装置。➡マーカービーコン
ミドル-マネージメント〖middle management〗中間管理者。トップマネージメント(最高管理者)の下に位置し、部門管理を担当している管理者。中間管理層・中間管理職などともいわれ、部長・課長などがこれに該当する。
ミドル-レディー《和 middle＋lady》中年の女性。ミディ。(補説)英語ではmiddle-aged woman。
み-と・れる【見×蕩れる｜見×惚れる】〔動ラ下一〕図みと・る〔ラ下二〕われを忘れて見つめる。心を奪われて見入る。見ほれる。「うっとりと―・れる」
(類語)見入る・見ほれる・眺める・眺め入る
みどろ〔接尾〕名詞に付いて、それにまみれた状態であることを表す。「汗―」「血―」(類語)まみれ・だらけ
みどろ・し〔形ク〕のろい。まだるい。「恋草をさし荷に積める舟なれば楫なも―・し心せよ波」〈散木集・八〉
ミトロポリス-だいせいどう【ミトロポリス大聖堂】《Mitropolitikos Naos Athinon》▶生神女福音大聖堂
ミトロポレオス-だいせいどう【ミトロポレオス大聖堂】《Mitropolitikos Naos Athinon》▶生神女福音大聖堂
ミトン〖mitten〗指を入れる部分が、親指だけが分かれて、他の指は一つにまとめられている手袋。
みな【皆】❶そこにいる人すべて。全員。また、あるもの全部。多くの人々に呼びかける語としても用いられる。みんな。「―が集まって相談する」「―が偽札だったわけではない」「―、こっち見て」❷(副詞的に用いて)残らず。ことごとく。すべて。みんな。「今回の不始末は―私の責任です」➡すべて(用法)
(類語)(❶)みんな・皆皆・全員・総員・一同・一統・満座・満場・誰も・誰も彼も／(❷)すべて・みんな・ことごとく・すっかり・そっくり・軒並み・残らず・根こそぎ・全部・万事・悉皆・何もかも
皆に・する　全部なくしてしまう。「御主人へ持って行く、一樽のお代を―・しました」〈鏡花・草迷宮〉
皆にな・す　「皆にする」に同じ。「我一代に―・しがたし」〈浮・五人女・五〉
皆にな・る　全部なくなる。尽きる。「水飯も鮎もすしも、―・りにけり」〈著聞集・一八〉
みな【×蜷】ニナの古名。〈和名抄〉
み-な-あい【▽水合ひ】《「な」は「の」の意の格助詞》水の流れの合するところ。みずあい。〈名義抄〉
み-な-うら【▽水▽占】《「な」は「の」の意の格助詞》川の水で吉凶を占うこと。「妹に逢はず久しくなりぬ饒石川清き瀬ごとに―延へてな」〈万・四〇二八〉
み-なおし【見直し】〔名〕スル 見直すこと。もう一度改めて見ること。「答案を―してから提出する」
みなおし-がい【見直し買い】人気のない株や悪材料によって売られていた株が、何かをきっかけにして見直され、買われること。また、割安感のある株式に買いが入ること。「決算発表を受けて―が入る」
み-なお・す【見直す】〔動サ五(四)〕❶もう一度改めて見る。また、その結果気づいた欠点を是正する。「提出前に作文を―・す」「仕事の進め方を―・す」❷それまでの認識を改める。「今回のことで新しい市長を―・した」❸病気や景気などが回復してよいほうに向かう。「八月の半ば過ぎになると、稲穂もよほど―・した」〈藤村・夜明け前〉(類語)(❶)見返す
み-なか【▽真中】まんなか。「こちごちの国の―ゆ出で立てる富士の高嶺は」〈万・三一九〉
み-なが・す【見流す】〔動サ五(四)〕見てそのままに捨てておく。見過ごす。「よく名も聞かぬものの品は、―・していくうちに」〈横光・家族会議〉
みなかた-くまぐす【南方熊楠】[1867～1941]生物学者・民俗学者。和歌山の生まれ。米国・英国に渡り、独学で動植物を研究し、各国語に精通。大英博物館に勤務し、論文などを執筆。帰国後は田辺市で粘菌の採集や民俗学の研究に没頭した。奇行の人として知られる。著「南方閑話」「南方随筆」「十二支考」など。
みなかみ　群馬県北部、利根郡の町名。利根川上流域を占める。平成17年(2005)月夜野町・水上町・新治村が合併して成立。谷川岳の登山口があり、温泉やスキー場が多い。
み-な-かみ【▽水上】《「な」は「の」の意の格助詞》❶水の流れてくる上の方。上流。川上。⇔水下。❷物事の起源。みなもと。「この度法の―成れば甲斐の身延へ参り」〈虎寛狂・宗論〉
み-な-かみ【▽水神】《「な」は「の」の意の格助詞》水をつかさどる神。すいじん。「―に祈るかひなく涙川うきても人をよそに見るかな」〈後撰・恋一〉
みなかみ-おんせん【水上温泉】群馬県のみなかみ町にある温泉。利根川渓谷に沿う。泉質は硫酸塩泉・単純温泉。
みなかみ-たきたろう【水上滝太郎】[1887～1940]小説家・評論家。東京の生まれ。本名、阿部章蔵。父の創立した生命保険会社に勤務するかたわら、「三田文学」などに作品を発表。小説「大阪」「大阪の宿」、評論・随筆集「貝殻追放」など。
みなかみ-つとむ【水上勉】▶みずかみつとむ(水上勉)
みな-が-みな【皆が皆】〔連語〕残らず全部。すべて。「一反対した」「一悪いというわけでもない」
み-ながら【身×乍ら】〔副〕われながら。「心弱さもいかなるべしとも―おぼえねば」〈右京大夫集・詞書〉
みな-がら【皆がら】〔副〕残らず。全部。そっくり。「紫のひともとゆゑに武蔵野の草は―あはれとぞ見る」〈古今・雑上〉
みながわ-きえん【皆川淇園】[1734～1807]江戸中期の儒学者。京都の人。名は愿。字は伯恭。漢字の字義と易学を研究し、開物学を提唱。また、漢詩文・書画をよくした。晩年、私塾弘道館をおこした。著「名疇」「易学開物」「易原」など。
みながわ-ひろこ【皆川博子】[1930～]小説家。朝鮮の生まれ。現代の青春の生態を活写した小説からスタートしたが、その後次々と領域を広げ、人間の中の見えない狂気を描き出した幻想小説などで人気を集める。「恋紅」で直木賞受賞。他に「薔薇忌」「死の泉」など。
みながわ-むつお【皆川睦雄】[1935～2005]プロ野球選手。山形の生まれ。昭和29年(1954)、南海(現福岡ソフトバンク)に入団。サイドスローから繰り出すスライダーを武器に活躍した。同43年には31勝、防御率1.61の成績をあげて、最多勝と最優秀防御率のタイトルを獲得。引退後は指導者としても活躍した。通算221勝。
みな-ぎら・う【▽水▽霧らふ】〔連語〕水しぶきが立ち続ける。「―・ふ沖つ小島に風をいたみ舟寄せかねつ心は思へど」〈万・一四〇一〉
みなぎら・う【×漲らふ】〔連語〕《動詞「みなぎ(漲)る」の未然形＋反復継続の助動詞「ふ」。上代語》水が満ちあふれている。「山のまの雪は消ざるを―・ふ川のそひには萌えにけるかも」〈万・一八四九〉
みなぎら・す【×漲らす】〔動サ五(四)〕みなぎるようにする。あふれさせる。「全身に闘志を―・す」
みなぎ・る【×漲る】〔動ラ五(四)〕❶水が満ちて、あふれるほど勢いが盛んになる。「雪どけ水が川面いっぱいに―・る」❷力や感情などがあふれるばかりにいっぱいになる。「―・る若さ」「意欲が―・る」
(類語)満ちる・あふれる・満ちあふれる
み-な-ぎわ【▽水際】《「な」は「の」の意の格助詞》みずぎわ。みぎわ。「舟競ふ堀江の川の―に来居つつ鳴くは都鳥かも」〈万・四四六二〉
み-な・ぐ【見▽和ぐ】〔動ガ上二〕見て心がなごむ。「思ひ延べ―・ぎし山に」〈万・四一七七〉
み-な-くち【▽水口】《「な」は「の」の意の格助詞》田に水を引き入れる口。みずぐち。
みなくち【水口】滋賀県南東部、甲賀市の地名。近世は加藤氏の城下町、東海道の宿場町。住宅地・工業地化が進む。
みなくち-ギセル【▽水口ギセル】もと近江水口の権兵衛吉久が豊臣秀吉の命で作ったキセル。青

銅製で、桐の紋や吉久の銘などが彫られていた。のち、これを模したものをもいう。

みなくち-きゅうりょう【水口丘陵】滋賀県南東部に広がる県下最大の丘陵。標高200〜230メートル。鈴鹿山脈の西側に位置し北の日野川、南の野洲川にはさまれ、比較的なだらかな丘が続く。

みなくち-ざいく【▽水口細工】滋賀県甲賀市の水口で産する、籐や葛のつるで作った笠・つづらなどの細工物。

みなくち-ばな【▽水口花】種をまいた苗代の水口に立てる木の枝。栗・ツツジ・山吹・椿などを立てて田の神の依代とする。

みなくち-まつり【▽水口祭(り)】苗代に種もみをまく日に、その水口で行う田の神祭り。神酒・焼き米などを供え、ツツジ・山吹・栗などの枝を挿す。苗代祭り。種蒔祭り。水戸祭り。(季 春)

みな-ぐれない【皆紅】全部紅色であること。「―の打ちたる桜の織物の表着に」〈栄花・根合〉

みなぐれない-の-おうぎ【皆紅の扇】地紙全体が紅色の扇。「―の日いだしたるを」〈平家・一一〉

み-なげ【身投げ】〔名〕スル みずから水中・火口などに飛び込んで死ぬこと。投身。「川に―する」
(類語)投身・入水・入水

みな-ごろし【皆殺し｜×鏖】ひとり残らず殺すこと。鏖殺。「一族を―にする」
(類語)鏖殺・殺戮・殲滅

みな-さま【皆様】その場にいる人、また、かかわりのある人全員を、敬意をもっていう語。多くの人々に呼びかける語としても用いられる。「―の御協力をお願いします」「―、御紹介いたします」

みな-さん【皆さん】「みなさま」のややくだけた言い方。「職場の―」「―お静かに」

み-なし【見×做し｜▽看×做し】❶みなすこと。仮にそうであると想定すること。❷そう思って見ること。気のせいでそう見えること。「―にやあらむ、屈しいたげに思へり」〈源・賢木〉

みなし-がわ【▽水無し川】■〔名〕水のない川。みなせがわ。転じて、天の川。「ひさかたの天つしるしと―隔てて置きし神代し恨めし」〈万・二〇〇七〉■〔枕〕水の流れの絶えた川の意から、「絶ゆ」にかかる。「―絶ゆといふことをありこすなゆめ」〈万・二七一二〉

みなし-ぐり【実無し×栗｜▽虚×栗】殻ばかりで、中に実のない栗。(季 秋)

みなしぐり【虚栗】江戸前期の俳諧撰集。2冊。宝井其角編。天和3年(1683)刊。芭蕉および蕉門のほか、貞門・談林に属する俳人の発句・歌仙などを収録。蕉風確立に至る過渡期の撰集。

みなし-ご【▽孤｜▽児｜▽孤】《「身無し子」で、「身」は身寄りの意か》死に別れたり捨てられたりして親のない子。こじ。(類語)孤児・親なし・捨て子

みなした-ふ【▽水下▽経】〔枕〕水の下を泳ぐ意から「魚」にかかる。「磐余の池の―魚も上に出て嘆く」〈継体紀・歌謡〉

みなし-はいとう【見×做し配当｜▽看×做し配当】本来の配当ではないが、税法上、配当とみなされて課税対象となる株式の無償交付。

みなし-ひけつ【見×做し否決｜▽看×做し否決】►六十日ルール

みなし-べんさい【見×做し弁済】貸金業法・利息制限法で、利息制限法の上限金利を超える金利を合法とした例外規定。債務者が上限金利を超える金額を任意に支払った場合、債務者は返還を請求できない。この規定が適用されれば、出資法の上限金利である29.2パーセントまでは合法と認められる。しかし、最高裁判所は「制限超過利息分は元金に充当される」「元金完済後に支払った制限超過利息分は返還を請求できる」「債務者が支払いを強制された場合は任意の支払いにはあたらない」など、債務者を保護する判断を示した。➡グレーゾーン金利
(補説)平成22年(2010)6月、出資法の上限金利が20パーセントに引き下げられ、みなし弁済制度は廃止された。利息制限法の上限金利(元本により15〜20パーセント)と出資法の上限金利(20パーセント)の間の金利での貸し付けは行政処分の対象となる。

みなしほうじん-かぜい【見×做し法人課税｜▽看×做し法人課税】不動産所得または事業所得を生じる事業を営む青色申告者に対し、その選択によって法人税の課税方式に類似した課税方式を認める制度。事業主報酬の額については給与所得控除を認め、これを差し引いた残額をみなし法人所得額として法人税率に相当する税率を適用する。

み-な-しも【▽水下】《「な」は「の」の意の格助詞》水の流れの下の方。下流。川しも。「山川の―なりし諸人も」〈拾遺・雑下〉↔水上。

み-なしろ【▽御名代】名代を敬っていう語。「大后石之日売命の―と為て、葛城部を定め」〈記・下〉

みなし-ろうどうじかん【見×做し労働時間｜▽看×做し労働時間】出張や外勤の営業など、事業場外での勤務で使用者の指揮監督の及ばない場合、実労働時間の長短にかかわらず、所定の労働時間を勤務したとみなすこと。労働基準法第38条に定める。

み-な-す【見×做す｜▽看×做す】〔動サ五(四)〕❶仮にそうと見る。そうでないものをそうとする。仮定する。「雪を花と―・す」❷判断してそうと決める。「返事のない者は欠席と―・す」❸法律で、ある事物と性質の異なる他の事物を、一定の法律関係について同一視し、同じ法律効果を生じさせる。「未成年者が婚姻すれば成年に達したと―・される」❹見とどける。「命長くて、なほ位高くなど―・し給へ」〈源・夕顔〉❺世話をして育てあげる。「人なみなみに―・したらむこそ嬉しからめ」〈源・総角〉
(類語)たとえる・なぞらえる・見たてる・擬する・認める

ミナス-ジェライス〖Minas Gerais〗《あらゆる鉱山の意》ブラジル南東部にある州。ブラジル高原にあり、鉄・マンガン・ボーキサイト・ダイヤモンドなど多種の鉱物資源に富む。古都オーロ-プレト(世界遺産)がある。州都はベロ-オリゾンテ。

みなせ【水無瀬】大阪府北東部、島本町広瀬の古称。後鳥羽上皇の離宮のあったところで、上皇を祭る水無瀬神宮がある。水無瀬の里。

みなせ-がわ【水無瀬川】大阪府北東部、三島郡島本町を流れ、淀川に合流する川。(歌枕)「見わたせば山もとかすむ―夕べは秋となに思ひけむ」〈新古今・春上〉

みなせ-がわ【▽水無瀬川】■〔名〕水のない川。また、川床だけあって水が地下を流れている川。みなしがわ。「うらぶれて物は思はじ―ありても水は行くといふものを」〈万・二八一七〉■〔枕〕地下を流れる川の意から、「下」にかかる。「恋にもぞ人は死にする―下ゆ我痩す月に日に異に」〈万・五九八〉

みなせさんぎん【水無瀬三吟】室町時代の連歌。1巻。長享2年(1488)、宗祇・肖柏・宗長の三人が水無瀬宮の法楽連歌として詠んだ三吟百韻。水無瀬三吟百韻。

みなせ-じんぐう【水無瀬神宮】大阪府島本町にある神社。旧官幣大社。祭神は後鳥羽天皇・土御門天皇・順徳天皇。後鳥羽上皇の離宮であった水無瀬殿の地に建てられた御影堂が起源で、室町中期に水無瀬宮の神号を賜る。明治6年(1873)神社形式となった。

み-な-そこ【▽水底】《「な」は「の」の意の格助詞》水の底。みずそこ。すいてい。「―に沈む」(類語)水底

みなそこ-ふ【▽水底▽経】〔枕〕語義・かかり方未詳。「臣」にかかる。「―臣の嬢子を」〈仁徳紀・歌謡〉

み-な-そそく【▽水注く】〔枕〕❶水がほとばしる「大水」、あるいは水が注ぎ入る「大海」の意から、同音の「臣」にかかる。「―臣の嬢子」〈記・下・歌謡〉❷水のほとばしる意から、勢いよく泳ぐ「しび」にかかる。「―鮪の若子を」〈武烈紀・歌謡〉

み-な-づき【▽水無月】陰暦6月の異称。田植えに多くの水を必要とする月の意という。(季 夏)「―の朝顔すずし朝の月/樗良」

みなづき-え【▽水無月会】最澄の忌日の6月4日に比叡山延暦寺で行われる法会。長講会。

みなづき-ばらえ【▽水無月×祓】「夏越しの祓」に同じ。みなづきばらい。

み-な-と【港｜▽湊】《「な」は「の」の意の格助詞。「水の門」の意》❶海が陸地に入り込んだ地形を利用したり、防波堤を築いたりして、船舶が安全に停泊できるようにした所。港湾。「船が―を出ていく」❷川・海などの水の出入り口。みと。「すみやかにこの―に往き、水をもちて汝が身を洗ひて」〈記・上〉❸行き着いてとどまる所。「暮れて行く春の―は知らねども霞におつる宇治の柴舟」〈新古今・春下〉
(類語)(❶)港湾・波止場・船着き場・船泊まり・桟橋・埠頭・岸壁・築港・海港・河港・津・ハーバー・ポート

みなと【港】㊀東京都の区名。東京港に臨む。江戸時代は武家屋敷・寺社地。赤坂・芝・麻布の旧3区が合併して成立。人口20.5万(2010)。㊁名古屋市の区名。名古屋港に臨む。㊂大阪市の区名。大阪港に臨む。

みなと-え【港江】港になっている入り江。「夕立のまだ過ぎやらぬ―の葦の葉そよぐ風の涼しさ」〈続古今・雑上〉

みなと-かぜ【港風】河口または港のあたりに吹く風。「葦辺には鶴がね鳴きて―寒く吹くらむ津乎の崎はも」〈万・三五二〉

みなと-がみ【×湊紙】《もと和泉国湊村で作られたところから》壁やふすまの腰張りなどに用いる粗製の鳥の子紙。

みなと-がわ【湊川】㊀神戸市の六甲山に源を発し、南流して兵庫区・中央区の境辺りで大阪湾に注いでいた川。明治時代に河道が変えられ、新湊川として長田区苅藻島の西で海に注ぐ。長さ12キロ。旧河道は新開地となった。㊁神戸市中央区の湊川神社付近の地。湊川の戦いの古戦場。

みなとがわ-じんじゃ【湊川神社】神戸市中央区にある神社。祭神は楠木正成ほか一族の将士。明治5年(1872)正成の墓のある地に創建。

みなとがわ-の-たたかい【湊川の戦い】延元元年=建武3年(1336)九州から東上した足利尊氏・直義の軍が、湊川で新田義貞・楠木正成らの軍を破った戦い。義貞は敗走、正成は戦死。

みなと-く【港区】►港

みなと-まち【港町】港を中心として発達した町。港のある町。

みな-ながら【皆×乍ら】〔副〕ことごとく。すべて。「一脱ぎおき給へる御ふすまなどやうのもの」〈源・蜻蛉〉

み-なぬか【三七日】人の死後21日目。また、その日に行う法事。さんしちにち。みなのか。

みな-の-がわ【男女川｜水無川】茨城県の筑波山に源を発し、南流して桜川に合流する川。(歌枕)「筑波嶺の峰より落つる―恋ぞつもりて淵となりける」〈後撰・恋三〉

みなのがわ-とうぞう【男女ノ川登三】[1903〜1971]力士。第34代横綱。茨城県出身。本名、坂田供次郎。優勝2回。➡武蔵山武(第33代横綱)
➡双葉山定次(第35代横綱)

みな-の-しゅう【皆の衆】多数の人を一括して指す語。また、多くの人に呼びかける語。みなさんがた。「―に聞いてもらいたいことがある」

みな-の-わた【×蜷の▽腸】〔枕〕「か黒し」にかかる。かかり方未詳。蜷の腸が黒いところからとも、焼いた肉が黒いところからともいう。「―か黒き髪に何時の間か霜の降りけむ」〈万・八〇四〉

みな-ひと【皆人】すべての人。あらゆる人。「―、乾飯のうへに涙おとしてほとびにけり」〈伊勢・九〉

みなぶち-の-しょうあん【南淵請安】飛鳥時代の学問僧。漢氏の出身。小野妹子に随行し、隋に留学。帰国後、中大兄皇子・中臣鎌足らに儒学を教授。みなみぶちのしょうあん。生没年未詳。

みなべ　和歌山県南西部、日高郡の地名。千里浜はウミガメの産卵地として知られる。

みなまた【水俣】熊本県南部、八代海に面する

市。明治後期から化学工業が盛ん。湯之児(ゆのこ)・湯出(ゆのつる)温泉がある。人口2.7万(2010)。

み-な-また【▽水▽派┊▽水×俣】《「な」は「の」の意の格助詞。「水(み)の叉(また)」の意》水の流れが分かれる所。

みなまた-し【水俣市】▶水俣

みなまた-びょう【▽水×俣病】(ービャウ) 有機水銀による中毒症。中枢神経が冒され、手足のしびれ、言語障害、目や耳の機能喪失を起こし、重症では死亡することもある。水俣市に昭和28年(1953)ごろから発生。チッソ水俣工場の廃水中に含まれるメチル水銀が海水を汚染し、魚介類に生物濃縮され、それを食べて人体内に入るのが原因。同43年に政府が公害病と認定。

みなまたびょうきゅうさい-とくべつそちほう【▽水×俣病救済特別措置法】(みなまたビャウキウサイトクベツソチハフ)《「水俣病被害者の救済及び水俣病問題の解決に関する特別措置法」の通称》水俣病問題の最終解決を目指して制定された法律。未認定患者への一時金・療養手当等の支給や、原因となった事業者(チッソ)の分社化等を定めた。平成21年(2009)施行。水俣病特措法。水俣病被害者救済特別措置法。

みなみ【南】❶太陽の出る方に向かって右の方角。みんなみ。「—に向いた部屋」⇔北。❷南風。はえ。(季 夏)「耳もとに波のわきたつ—かな/万太郎」

(類語)東・西・北

南に翔(かけ)り北に嚮(むか)えども寒温(かんうん)を秋雁(しゅうがん)に付け難(がた)し 《「和漢朗詠」下から》雁は秋には南にかけり、春には北に向かって飛ぶが、かの蘇武(そぶ)がしたように、暑さ寒さの音信をその雁に託すこともできない。余りに遠くて音信不通であることをいう。

みなみ【南】江戸城の南の、品川遊里の俗称。➡北 ➡東 ➡西

みなみ【南】㊀札幌市の区名。藻岩山・定山渓(じょうざんけい)温泉などがある。㊁さいたま市の区名。京浜東北線・埼京線・武蔵野線が通じる住宅地。㊂横浜市の区名。住宅地。㊃相模原市の区名。相模女子大学がある。㊄新潟市の区名。旧白根市・旧味方村・旧月潟村域を占める。㊅浜松市の区名。中田島砂丘がある。㊆名古屋市の区名。西部は工業地。㊇京都市の区名。下京区の南に位置し、東寺がある。工業地。㊈大阪市の商業中心地の一。南船場・島之内・道頓堀・難波新地(なんばしんち)・千日前などを含む地域。もと区名で、平成元年(1989)東区と合併して中央区となった。㊉堺市の区名。泉北(せんぼく)ニュータウンがある。⑪岡山市の区名。児島湾の干拓が行われた地域で、農業が盛ん。⑫広島市の区名。広島港に臨む。⑬福岡市の区名。住宅地。昭和57年(1982)一部を中央区に編入。⑭熊本市の区名。平成24年(2012)政令指定都市移行に伴い成立。

みなみ-アジア【南アジア】アジア大陸南部、インド半島を中心とする地域。インド・パキスタン・バングラデシュ・スリランカ・モルジブ・ネパール・ブータンの諸国の総称。アフガニスタンを含めることもある。

みなみアジア-ごぞく【南アジア語族】インドシナ半島のモン-クメール語族、インド半島に散在するムンダ諸語などからなる語族。アウストロアジア語族。オーストロアジア語族。

みなみアジアちいき-きょうりょくれんごう【南アジア地域協力連合】(みなみ—チヰキケフリョクレンガフ) ▶サーク(SAARC)

みなみあしがら【南足柄】神奈川県南西部の市。ミカン・クリなどを産し、写真フィルム工場の進出で発展。大雄山最乗寺(道了尊)がある。人口4.4万(2010)。

みなみあしがら-し【南足柄市】▶南足柄

みなみ-アフリカ【南アフリカ】▶南アフリカ共和国

みなみアフリカ-きょうわこく【南アフリカ共和国】アフリカ大陸南端部の共和国。行政上の首都はプレトリア、立法府はケープタウン、司法府はブルームフォンテーン。金・ダイヤモンド・ウランなどの世界的な産出国。1652年オランダがケープ植民地を開設して入植。1814年に英国領となり、のちトランスバール・オレンジ・ナタールが建国されたが、英国植民地に併合。1910年4州として統合し、自治領南アフリカ連邦が発足。61年英連邦を脱退して共和国となった。白人による有色人種差別・隔離政策(アパルトヘイト)をとったが、91年にその基幹法を撤廃。94年、全人種参加の選挙が行われ、国民統合政府が成立した。人口4911万(2010)。南ア。

みなみアフリカ-せんそう【南アフリカ戦争】(—センサウ) ▶南ア戦争

みなみアフリカ-れんぽう【南アフリカ連邦】(—レンパウ) 南アフリカ共和国の旧称。

みなみ-アメリカ【南アメリカ】六大州の一。アメリカ大陸の南半部および周辺諸島。パナマ地峡で北アメリカに連なる。西部をアンデス山脈が走り、北部をアマゾン川が東流する。コロンビア・ベネズエラ・ガイアナ・スリナム・エクアドル・ペルー・ボリビア・ブラジル・パラグアイ・ウルグアイ・アルゼンチン・チリの12か国とフランス領ギアナがある。南米。

みなみ-アルプス【南アルプス】赤石山脈の通称。

みなみアルプス【南アルプス】山梨県西部の市。釜無川西岸から赤石山脈までを占める。平成15年(2003)八田村、白根町、芦安村、若草町、櫛形町、甲西町の6町村が合併して成立。人口7.3万(2010)。

みなみアルプス-こくりつこうえん【南アルプス国立公園】(—コクリツコウヱン) 長野・山梨・静岡3県にまたがり、赤石山脈(南アルプス)を主要部とする国立公園。鋸(のこぎり)山から、北岳・赤石岳などを経て光(てかり)岳に及ぶ。ライチョウ・カモシカが生息。

みなみアルプス-し【南アルプス市】▶南アルプス

みなみあわじ【南あわじ】(みなみあはぢ) 兵庫県、淡路島南西部の市。鳴門海峡の渦潮観光の基地。平成17年(2005)1月に緑町、西淡(せいだん)町、三原町、南淡(なんだん)町が合併して成立。人口5.0万(2010)。

みなみあわじ-し【南あわじ市】(みなみあはぢ—) ▶南あわじ

みなみウイスト-とう【南ウイスト島】(—タウ) 《Isle of South Uist》▶サウスウイスト島

みなみうおぬま【南魚沼】(みなみうをぬま) 新潟県中南部にある市。コシヒカリの産地。平成16年(2004)11月に六日町、大和町が合併して成立。同17年10月に塩沢町を編入。人口6.2万(2010)。

みなみうおぬま-し【南魚沼市】(みなみうをぬま—) ▶南魚沼

みなみ-うけ【南受け】南に面していること。南向き。「此部屋は—で」〈虚子・三畳と四畳半〉

みなみ-オセチア【南オセチア】グルジア北部、カフカス山脈南麓のオセット人が多く住む地域。ロシア連邦の共和国で同族の北オセチアと接する。中心都市ツヒンバリ。「南オセチア共和国」としてグルジアからの独立とロシア連邦への加入を目指すが、2008年グルジアが侵攻。ロシア軍が南オセチアを支援してグルジアを攻撃した。

みなみ-おもて【南面】❶南に向いている方。南側。なんめん。❷貴人の邸宅の正殿。正客を迎え入れる所。「—におろして、母君も、とみにえ物ものたまはず」〈源・桐壺〉

みなみ-かいきせん【南回帰線】(—クワイキセン) 地球上の南緯23度26分の緯線。冬至の日に太陽がこの線の真上に来る。冬至線。

みなみ-がしら【南頭】牛馬などの頭を南に向けること。南に向かわせること。「一隊の近衛騎兵は—に馬を疾(はや)めて」〈紅葉・金色夜叉〉

みなみ-かぜ【南風】南から吹く風。特に、4月ごろから8月ごろにかけて吹く夏の季節風。なんぷう。みなみ。(季 夏)「向日葵(ひまはり)の葉にとぶ蠅や—/蛇笏」

みなみカルパチア-さんみゃく【南カルパチア山脈】《Carpații Meridionali》▶トランシルバニアアルプス

みなみ-がわ【南側】(—ガハ) 南に向いている部分。また、あるものの南に当たる所。「山の—の斜面」

みなみ-キプロス【南キプロス】キプロス共和国のこと。北キプロスに対していう。

みなみ-きゅうしゅう【南九州】(—キウシウ) 鹿児島県、薩摩半島南部の市。園芸農業や畜産業、また焼酎・仏壇の製造が盛ん。平成19年(2007)に頴娃町・知覧町・川辺町が合併して成立。人口3.9万(2010)。

みなみきゅうしゅう-し【南九州市】(みなみキウシウ—) ▶南九州

みなみきゅうしゅう-だいがく【南九州大学】(みなみキウシウ—) 宮崎市などにある私立大学。昭和42年(1967)の開設。

みなみ-く【南区】▶南

みなみ-ごち【南東＝風】《「こち」は東から吹く風》東南東からの風。

みなみ-ざ【南座】京都市東山区にある劇場。元和年間(1615〜1624)に京都で公許された七座の一。四条通の南側にあったことから、南座と称された。現在の建物は昭和4年(1929)に改築されたもの。毎年12月の顔見世興行は京都の名物。

みなみさつま【南さつま】鹿児島県、薩摩半島の南西部にある市。焼酎(しょうちゅう)醸造・製菓・水産加工業や農業が盛ん。平成17年(2005)11月、加世田(かせだ)市・笠沙(かささ)町・大浦町・坊津(ぼうのつ)町・金峰町が合併して成立。人口3.9万(2010)。

みなみさつま-し【南さつま市】▶南さつま

みなみさんりくきんかさん-こくていこうえん【南三陸金華山国定公園】(みなみサンリクキンクワサンコクテイコウヱン) 宮城県北東部のリアス式海岸を中心とする国定公園。歌津館崎(うたつだてさき)・牡鹿(おしか)半島・金華山などを含む。昭和54年(1979)指定。

みなみしな-かい【南支那海】太平洋西部の付属海の一。中国の南にあり、フィリピン諸島・ボルネオ島・インドシナ半島などに囲まれる海域。中国名、南海。南中国海。

みなみしまばら【南島原】長崎県島原半島南部にある市。島原天草一揆で籠城戦があった原城跡がある。そうめんの生産が盛ん。平成18年(2006)3月、南高来郡8町が合併して成立。人口5.0万(2010)。

みなみしまばら-し【南島原市】▶南島原

みなみじゅうじ-ざ【南十字座】(みなみジフジー) 南天の小星座。天の川の中にあり、α(アルファ)星とγ(ガンマ)星、β(ベータ)星とδ(デルタ)星を結ぶ線が十字形をつくるので有名。日本では那覇より南で見える。十字座。南十字星。学名(ラテン) Crux

みなみじゅうじ-せい【南十字星】(みなみジフジー) 南十字座の中で十字形をつくって輝く4個の星。

みなみ-スーダン【南スーダン】アフリカ北東部、白ナイル川上流域の共和国。首都ジュバ。2011年、スーダンの南部10州が住民投票により分離して独立。

みなみ・する【南する】〔動サ変〕文みなみ・す〔サ変〕南へ向かって行く。「地峡を過て、—・すれば、地勢俄に西南に広延して」〈竜渓・経国美談〉

みなみ-せきどうかいりゅう【南赤道海流】(—セキダウカイリウ) 南東貿易風によって生じ、南緯20度から北緯3度付近を赤道に沿って東から西へ流れる海流。

みなみそうま【南相馬】(みなみサウま) 福島県北東部の市。太平洋に面する。江戸時代には陸前浜街道が南北に通じていた。電気・精密機械などの工業が盛ん。雲雀ヶ原(ひばりがはら)で7月に相馬野馬追(のまおい)が行われる。平成18年(2006)1月、原町市・鹿島町・小高町が合併して成立。人口7.1万(2010)。

みなみそうま-し【南相馬市】(みなみサウま—) ▶南相馬

みなみ-だいとうじま【南大東島】大東諸島中の隆起環礁の島。沖縄本島の東方360キロにあり、沖縄県島尻郡南大東村をなす。サトウキビを産し、製糖が行われる。

みなみ-たいへいよう【南太平洋】(—タイヘイヤウ) 太平洋のうち、赤道以南の海域。

みなみ-ちしま【南千島】千島列島のうち、南の択捉(えとろふ)・国後(くなしり)・色丹(しこたん)・歯舞(はぼまい)などの島々。第二次大戦後、ソ連の統治下となったが、日本が返還を主張している。

みなみ-ちょうせん【南朝鮮】(—テウセン) 大韓民国の支配地域についての、朝鮮民主主義人民共和国政府

による呼び名。ナムチョソン。⇒北韓

みなみドイツ-しんぶん【南ドイツ新聞】《Süddeutsche Zeitung》ドイツの日刊紙の一。1945年にバイエルン州ミュンヘンで創刊。主に同州で読まれるが、全国で発行されている。ナチスの否定と左派的な論調が特徴。発行部数は約43万部(2010年)。SZ。

みなみ-どの【南殿】❶南向きの殿舎。正殿。みなみおもて。❷南六波羅探題のこと。⇒六波羅探題

みなみ-とりしま【南鳥島】西太平洋にある日本最東端の島。東京都小笠原村に属する。隆起サンゴ礁からなり、父島の南東1200キロに位置する。明治29年(1896)水谷新六が発見。気象観測地。古くからアホウドリの繁殖地。マーカス島。ウイーク島。

みな-みな【皆皆】「みな」を重ねて意味を強めた語。「—も賛成のよし」「—つつがなく暮らしおります」

みなみな-さま【皆皆様】〘代〙「みなさま」を強めた語。「—によろしくお伝えください」

みなみ-にほん【南日本】日本列島の南部の地域。九州と南西諸島。みなみにっぽん。

みなみ-の-うおざ【南の魚座】ーうをザ 南天の星座の一。水瓶みずがめ座の南にあり、10月中旬の午後8時ごろ南中する。αアルファ星フォーマルハウトは1.2等星であるが、他に明るい星はない。学名ラテン Piscis Austrinus

みなみ-の-かんむりざ【南の冠座】南天の小星座。射手座の南にある。8月下旬の午後8時ごろ南中するが、高度が低く、日本からは見えにくい。学名ラテン Corona Australis

みなみ-の-さんかくざ【南の三角座】南天の小星座。ケンタウルス座の南東にある。日本からはほとんど見えない。学名ラテン Triangulum Australe

みなみ-はんきゅう【南半球】ーハンキウ 地球を赤道で2分したときの南側の半球。赤道から南の部分。⇔北半球。

みなみはんきゅう-かんじょうモード【南半球環状モード】みなみハンキウクワンジヤウ― ►南極振動

みなみぶち-の-しょうあん【南淵請安】ーシヤウアン ►みなぶちのしょうあん(南淵請安)

みなみぼうそう【南房総】みなみバウソウ 千葉県南端にある市。漁業が盛んで、和田地区には関東唯一の捕鯨基地がある。館山市を取り囲むように形成され、同市とのつながりが深い。平成18年(2006)3月に富浦町・富山町・三芳村・白浜町・千倉町・丸山町・和田町が合併して成立。人口4.2万(2010)。

みなみぼうそう-こくていこうえん【南房総国定公園】みなみバウソウコクテイコウヱン 房総半島南部、太平洋側は太東崎たいとうざき、東京湾側は富津岬ふっつみさきより南の海岸線と、清澄山・鹿野山・鋸山などからなる国定公園。

みなみぼうそう-し【南房総市】みなみバウソウ― ►南房総

みなみ-まぐろ【南×鮪】サバ科の海水魚。全長約1.9メートル。背面は青黒色、腹面は銀白色でクロマグロに似る。南太平洋、インド洋、南大西洋など南半球の温帯域に分布。刺身やすし種として人気がある。インドまぐろ。

みなみ-まちぶぎょう【南町奉行】ーまちブギヤウ 江戸幕府の職名。江戸町奉行の一。北町奉行と1か月交代で、市中の民政全般をつかさどった。⇒町奉行

みなみ-まつり【南祭】陰暦3月中なかの午うまの日に行われた、京都石清水いわしみず八幡宮の臨時祭。賀茂神社の祭りを北祭というのに対していう。

みなみまんしゅう-てつどう【南満州鉄道】みなみマンシウテツダウ 日露戦争でロシアから獲得した南満州の鉄道とその付属事業を経営する半官半民の国策会社。明治39年(1906)設立。満州国創立後は満州国有となった鉄道全部を経営、他の産業部門にも進出し、日本の中国侵略の拠点となった。昭和20年(1945)中国が接収。満鉄。

みなみ-むき【南向き】南の方角に向いていること。南面。「—に立つ駅舎」

みなみむら-ばいけん【南村梅軒】室町後期の儒学者。周防すおうの人。天文年間(1532〜1555)の末、土佐に行き、吉良宣経きらのぶつねに仕えて朱子学を説いた。土佐南学の祖とされる。生没年未詳。

みなみ-ヨーロッパ【南ヨーロッパ】「南欧なんおう」に同じ。

みな-むすび【×蜷結び】「になむすび」に同じ。

み-な-も【▽水▽面】水の表面。すいめん。「—をわたる風」〘類語〙水面すいめん・水上

み-な-もと【源】《「な」は「の」の意の格助詞。「水みの元もと」の意》❶川の水などの流れ出るもと。水源。「この川は—を北アルプスに発する」❷物事の起こりはじめるもと。起源。根源。「諸悪の—」〘類語〙(❶)水源・源流/(❷)始まり・始め・起こり・起源・根源・源泉・源流・本元・濫觴らんしょう・元・発端・端緒・嚆矢こうし

みなもと【源】姓氏の一。皇族賜姓の一つで、弘仁5年(814)嵯峨天皇が諸皇子に源姓を賜って以来、清和源氏・村上源氏・宇多源氏をはじめ十余流の諸源氏が出た。そのうち、清和天皇の子貞純親王の流れである清和源氏が最も栄え、のちに嫡流の頼朝は鎌倉幕府を開いた。

みなもと-の-ありひと【源有仁】[1103〜1147]平安後期の公卿・歌人。後三条天皇の孫。源氏の姓を賜り、臣籍に降下、花園左大臣と称される。詩歌・書に通じた。日記「園槐記」、有職故実書「春玉秘抄」。

みなもと-の-いえなが【源家長】ーいへなが [?〜1234] 鎌倉初期の歌人。後鳥羽上皇に仕え、和歌所開闔かいこうとなり、新古今集の編集に当たった。著「源家長日記」は和歌史の貴重な資料。

みなもと-の-さねとも【源実朝】[1192〜1219]鎌倉幕府第3代将軍。頼朝の次男。母は北条政子。幼名、千幡。頼家のあとを継いで将軍となったが、実権は北条氏が握った。のち右大臣となり、鶴岡八幡宮で頼家の子公暁くぎょうに殺された。藤原定家に師事、万葉調の歌をよくし、家集「金槐和歌集」がある。

みなもと-の-しげゆき【源重之】[?〜1000ころ]平安中期の歌人。三十六歌仙の一人。清和天皇の皇子貞元親王の孫。相模権守さがみのごんのかみ。旅の歌を得意とし、また冷泉天皇の東宮時代に奉った百首は、現存する最古の百首歌として知られる。家集「重之集」がある。

みなもと-の-したごう【源順】ーしたがふ [911〜983]平安中期の歌人・学者。三十六歌仙の一人。和泉守・能登守。漢詩文・和歌にすぐれ、梨壺なしつぼの五人の一人として後撰集の撰進、万葉集の訓読にあたった。著「倭名類聚鈔」、家集「源順集」。

みなもと-の-たかあきら【源高明】[914〜982]平安中期の公卿。醍醐天皇の皇子。通称、西宮左大臣。源の姓を賜り、臣籍に降下。安和あんなの変で大宰権帥だざいのごんのそちに左遷。学を好み、有職故実に詳しかった。著「西宮記」。

みなもと-の-たかくに【源隆国】[1004〜1077]平安中期の公卿・文学者。高明の孫。通称、宇治大納言。皇后宮大夫・権大納言となり、後一条天皇から白河天皇まで5代に仕えた。説話集「宇治大納言物語」を編著したという。

みなもと-の-ためとも【源為朝】[1139〜1177]平安後期の武将。為義の八男。豪放な性格で、弓術に長じた。13歳の時九州へ追われ鎮西八郎と称し、九州を略取。保元の乱で父とともに崇徳上皇方となり、敗れて伊豆大島に流された。のち、狩野茂光に攻められて自殺。

みなもと-の-ためのり【源為憲】[?〜1011]平安中期の学者・文人。源順みなもとのしたごうに師事。漢詩をよくした。著「三宝絵詞」「口遊くちずさみ」「世俗諺文」。

みなもと-の-ためよし【源為義】[1096〜1156]平安後期の武将。祖父義家の養子となり、源氏の家督を継ぐ。六条堀河に住み、六条判官と称す。保元の乱で子為朝らを率いて崇徳上皇方となり、敗れて殺された。

みなもと-の-ちかゆき【源親行】鎌倉前期の歌学者。光行の子。法名、覚因。鎌倉幕府和歌所の奉行。父とともに源氏物語(河内本)を校訂し、完成させた。万葉集も校訂。著「原中最秘抄」など。生没年未詳。

みなもと-の-つねのぶ【源経信】[1016〜1097]平安後期の公卿・歌人。俊頼の父。桂大納言・帥そち大納言とよばれる。博識多芸で、詩歌・管弦に長じ、藤原公任きんとうと並んで三舟さんしゅうの才と称された。家集「大納言経信集」、歌論書「難後拾遺」、日記「帥記」。

みなもと-の-つねもと【源経基】[?〜961]平安中期の武将。清和天皇の皇子貞純親王の長子。六孫王と称された。藤原純友の乱鎮定に際し、小野好古に従って活躍。源の姓を賜って臣籍に降下、清和源氏の祖となった。

みなもと-の-とおる【源融】ーとほる [822〜895]平安前期の公卿。嵯峨天皇の皇子。源の姓を賜り、臣籍に降下。六条河原に邸宅を営み、河原左大臣とよばれた。宇治に営んだ別荘はのちに平等院となる。

みなもと-の-としより【源俊頼】[1055〜1129]平安後期の歌人。経信の子。俊恵しゅんえの父。自由清新な和歌によって高く評価され、保守派の藤原基俊と対立した。金葉集を撰進。家集「散木奇歌集」、歌学書「俊頼髄脳」。

みなもと-の-のりより【源範頼】[?〜1193]平安末期・鎌倉初期の武将。義朝の六男。通称、蒲冠者かばのかじゃ。兄頼朝の挙兵を助け、弟義経とともに源義仲や平氏追討に参加。のち、頼朝に追われ、伊豆修禅寺で殺された。

みなもと-の-ひろまさ【源博雅】[918?〜980]平安中期の雅楽家。醍醐天皇の皇子克明親王の子。博雅三位はくがのさんみと称される。雅楽に精通し、琴・琵琶・箏そう・笛などの名手。伝説的な逸話が多い。

みなもと-の-まこと【源信】[810〜868]平安前期の公卿。嵯峨天皇の皇子。通称、北辺きたのべ左大臣。源の姓を賜り、臣籍に降下。応天門の変で嫌疑を受けたが難を免れた。

みなもと-の-みちちか【源通親】►土御門通親

みなもと-の-みちとも【源通具】[1171〜1227]鎌倉初期の歌人。通親の子。藤原俊成の娘の夫。堀河大納言と称された。和歌所寄人よりゅうどで、新古今集の撰者の一人。

みなもと-の-みつなか【源満仲】[913〜997]平安中期の武将。経基の長男。鎮守府将軍。安和あんなの変で源高明を失脚させ、藤原氏に協力して地位を確立。摂津国多田に住んで、多田源氏を称した。多田満仲。

みなもと-の-みつゆき【源光行】[1163〜1244]鎌倉初期の学者。法名、寂因。和歌を藤原俊成に学ぶ。子の親行ちかゆきとともに源氏物語(河内本)を校訂。著「蒙求和歌」。

みなもと-の-もろふさ【源師房】[1008?〜1077]平安中期の公卿。村上天皇の皇子具平ともひら親王の子。源の姓を賜り、臣籍に降下。村上源氏の祖。土御門つちみかど右大臣と称された。のち太政大臣となったが、即日死去。詩文・和歌に長じた。著「叙位除目抄」、日記「土右記」。

みなもと-の-ゆきいえ【源行家】ーゆきいへ [?〜1186]平安末期の武将。為義の一〇男。通称、新宮十郎。以仁王もちひとおうの平氏討伐の令旨を受けて、各地の武士に伝達。義仲とともに入京、のち、頼朝と不和になった義経に協力し、和泉で頼朝の兵に殺された。

みなもと-の-よしいえ【源義家】ーよしいへ [1039〜1106]平安後期の武将。頼義の長男。通称、八幡太郎。前九年の役で父を助けて安倍氏を討ち、のち、陸奥守兼鎮守府将軍となり、後三年の役を鎮定。東国における源氏勢力の基盤をつくった。

みなもと-の-よしつね【源義経】[1159〜1189]平安末期・鎌倉初期の武将。義朝の九男。母は常盤ときわ御前。幼名、牛若丸。平治の乱後、鞍馬寺に入り、さらに奥州の藤原秀衡のもとに身を寄せた。兄頼朝の挙兵に応じて義仲を討ち、次いで平氏を一ノ谷・屋島・壇ノ浦に破って全滅させた。のち、頼朝と不和になり、反逆を企てたが、失敗して奥州に逃れた。秀衡の死後、その子泰衡に襲われ、衣川の館たてで自殺。悲劇の英雄として伝説化される。九郎判官。

みなもと-の-よしとも【源義朝】[1123〜1160]平安末期の武将。為義の長男。保元の乱で後白河天

皇方に味方して勝利をおさめ、敵方の父為義ら一族を滅ぼした。のち、藤原信頼と結んで平治の乱を起こしたが、敗れて尾張で殺された。

みなもと-の-よしなか【源義仲】[1154～1184]平安末期の武将。為義の孫。幼名、駒王丸。木曽山中で育ち、木曽冠者と称される。以仁王もちひとおうの平氏討伐の令旨を受けて、頼朝・行家に呼応して挙兵。平維盛を倶利伽羅峠で破り、京都に入って朝日将軍とよばれた。しかし後白河院と対立し、範頼・義経の追討を受け、近江おうみ国粟津で戦死。木曽義仲。

みなもと-の-よしひら【源義平】[1141～1160]平安末期の武将。義朝の長男。15歳で叔父義賢を倒して武名をあげ、悪源太と称された。平治の乱で父義朝に従って奮戦、敗れて美濃に逃れた。父の死後、京都に潜入して平清盛をねらったが、捕らえられて斬きられた。

みなもと-の-よしみつ【源義光】[1045～1127]平安後期の武将。頼義の三男。通称、新羅三郎しんらさぶろう。弓術に長じ、笙しょうをよくした。後三年の役に際し、官を辞して兄義家を助けて武功をあげた。

みなもと-の-よりいえ【源頼家】よりいへ[1182～1204]鎌倉幕府第2代将軍。頼朝の長男。母は北条政子。父の死後家督を継ぎ、征夷大将軍となった。北条氏の合議制による将軍権能の制限を嫌い、これを討とうとしたが失敗、伊豆の修禅寺に幽閉されて殺された。

みなもと-の-よりとも【源頼朝】[1147～1199]鎌倉幕府初代将軍。義朝の三男。平治の乱後、伊豆に流されたが、以仁王もちひとおうの平氏討伐の令旨を受けて挙兵。鎌倉を本拠に関東に勢力を伸ばし、弟範頼・義経を西上させて義仲を討ち、次いで一ノ谷・壇ノ浦などの戦いで平氏を滅ぼした。のち、義経追討を名目に守護・地頭設置の許可を得て武家政権の基礎を確立。建久3年(1192)征夷大将軍に任ぜられた。

みなもと-の-よりのぶ【源頼信】[968～1048]平安中期の武将。満仲の三男。鎮守府将軍。藤原道長に仕え、平忠常の乱を戦わずして鎮めて武名をあげた。

みなもと-の-よりまさ【源頼政】[1104～1180]平安末期の武将。通称、源三位げんざんみ入道。白河法皇・後白河天皇に仕え、保元・平治の乱に功をあげた。のち、以仁王もちひとおうと平氏追討を企てたが、事前に発覚して宇治平等院で自殺。和歌に長じ、家集に「源三位頼政卿集」がある。

みなもと-の-よりみつ【源頼光】[948～1021]平安中期の武将。満仲の長男。摂関家藤原氏と結び、左馬権頭となった。弓術にすぐれ、大江山の酒呑童子しゅてんどうじ退治の伝説で知られる。

みなもと-の-よりよし【源頼義】[988～1075]平安中期の武将。頼信の長男。平忠常の乱で父に従って戦功をあげ、前九年の役では鎮守府将軍として安倍氏を討ち、東国における源氏の勢力を強めた。

み-ならい【見習い】ならひ ❶見習うこと。「家事—」❷本務につくために、また、その資格を得るために、業務などを実地に見て習うこと。また、その人。「大工の—となる」「—期間」

みならい-しかん【見習い士官】ミナラヒシクワン 旧日本陸軍で、少尉に任官する前の一定期間、曹長の階級で、将校の勤務を見習う間の職名。

み-なら・う【見習う|見倣う】ならふ〘動ワ五(ハ四)〙人のすることを見て覚える。見て学ぶ。また、見てまねをする。「先輩を—・う」「よいところだけ—・いなさい」
類語 まねる・倣う・模倣する・踏襲する

み-なら・う【見慣らふ|見×馴らふ】ならふ〘動ハ四〙繰り返し見て、目になじんでいる。「—・ひ給はぬ幼き心地には、いとうれしくて」〈宇津保・楼上上〉

み-なら・す【見慣らす|見×馴らす】〘動サ四〙常に見させて目になれさせる。見なれるようにする。「さやうにても—・し奉らむと」〈源・常夏〉

み-なり【身▽形】❶衣服をつけた姿。また、その服装。「きちんとした—」「—を構わない」❷からだのかっこう。からだつき。「—はだつきの細やかに美しげなるに」〈源・胡蝶〉
類語 (❶)風采ふうさい・風体・服装・装い・形振なりふり・形姿なりかたち/(❷)なり・姿・恰好かっこう・恰幅かっぷく

み-な・る【▽水×馴る】〘動ラ下二〙水に浸りなれる。多く「見馴る」にかけて用いる。「朝なぎに棹さす淀の川をさも心解けては春ぞ—・るる」〈曽丹集〉

みなれ-ぎ【▽水×馴れ木】水に浸って十分に水になじんでいる木。「—に塩やくあまの程よりは煙の高きものをこそ思へ」〈相模集〉

みなれ-ごろも【身×馴れ衣】いつも身につけて着なれた衣服。「かたみにぞへ給ふべき—も、しほなれたれば」〈源・蓬生〉

みなれ-ざお【▽水×馴れ×棹】さを 水になじんで使いなれたさお。「大井川くだすいかだの—さしいづる物は涙なりけり」〈和泉式部集・上〉

ミナレット〘minaret〙モスクに付属する高い塔。そこから礼拝の時が告げられる。アラビア語ではマナーラ(manārah)といい、光または火をともす所の意。「光塔」と訳されることもある。

み-な・れる【見慣れる|見×馴れる】〘動ラ下一〙図みな・る〘ラ下二〙❶何度も見てよく知っている。「ラッシュアワーの—・れた光景」「—・れない顔」❷なれ親しむ。親しく交わる。「まだよくも—・れ給はぬに、幼き人をとどめ奉り給はむも」〈源・玉鬘〉

み-な-わ【▽水▽泡|▽水▽沫】《「みなあわ」の音変化。「な」は「の」の意の格助詞》水のあわ。はかないことのたとえにもいう。「—なすもろき命も栲縄たくなはの千尋にもがと願ひ暮しつ」〈万・九〇二〉

み-なわ【身縄|▽水縄】なは 和船で、帆桁の中央に結びつけ、帆柱の先端の滑車を通して船尾に引き、帆を上下させる縄。

みなわ-がくれ【▽水▽泡隠れ】水のあわの下に隠れて見えないこと。「見やま川こなたかなたの落ち合ひの—にめぐる流れ木」〈新撰六帖・二〉

みなわしゅう【美奈和集】シフ 森鴎外の作品集。明治25年(1892)刊。小説「うたかたの記」「舞姫」「文づかひ」などを収める。のち「水沫みなわ集」と改題。

みな-わた【▽背▽腸|皆▽腸】「せわた」に同じ。〈和名抄〉 補説「みな」は「背」を「皆」に読み誤ったものか。

ミニ〘mini〙㊀〘名〙洋装で、コート・スカートなどが、ひざより短い丈であること。「—スカート」㊁〘接頭〙名詞、特に外来語に付くことが多い。❶小さい、小型の、などの意を表す。「—カー」「—計算機」❷規模の小さい意を表す。「—コミ」「—国家」

ミニアチュア〘miniature〙❶「ミニアチュール」に同じ。❷「ミニチュア❶」に同じ。

ミニアチュール〘フランス miniature〙❶《朱色の顔料ミニウム(ラテン minium)を用いたところから》西洋中世の写本の装飾文字・挿絵・装飾画。❷緻密ちみつに描かれた小さな絵。装身具・箱などに描かれたものや油彩画の小形のものなど。細密画。微細画。

ミニアトゥルク〘Miniatürk〙トルコのイスタンブールにあるテーマパーク。ハリチ湾(金角湾)の奥付近に位置する。2003年に開設。アヤソフィア、ガラタ塔、カッパドキアなど、トルコ各地や近隣諸国の観光名所と歴史的建造物の縮小模型が展示されている。

ミニ-ウエー《和 mini＋way》路面を補修する道路と同一車線上に組み立て、交通渋滞の緩和をはかる立体道路式路面の仮称。従来の路面補修工事が、車線の変更や交通規制によって行われていたのに代わるもの。

ミニウム〘minium〙「鉛丹えんたん」に同じ。

ミニ-エスディー【ミニSD】《miniSD》▶ミニSDメモリーカード

ミニ-エスディーメモリーカード【ミニSDメモリーカード|miniSDメモリーカード】小型メモリーカードの規格の一。SDメモリーカードの容積の4割程度で、携帯電話などに利用される。

ミニ-エフエムきょく【ミニFM局】《ミニは、mini》微弱電波によるFM局。到達範囲は100メートル程度で、電波法の規制外にある。

ミニカー〘minicar〙❶小型の自動車。特に、軽自動車。❷模型自動車。ミニチュアカー。

ミニ-かぶ【ミニ株】《ミニは、mini「ミニ株式」の略》本来の取引単位以下での株式取引。

ミニ-カメラ「ミニチュアカメラ」の略。

み-にく・い【見▽難い】〘形〙図みにく・し〘ク〙見るのがむずかしい。よく見えない。見づらい。「字が小さくて—・い」

み-にく・い【醜い】〘形〙図みにく・し〘ク〙❶顔や姿かたちがよくない。「—・い姿」❷見て不快な感じがする。嫌な気持ちがする。見苦しい。「—・い争い」
派生 みにくげ〘形動〙 みにくさ〘名〙

みにく-やか【醜やか】〘形動ナリ〙いかにも醜い感じのするさま。「例は、ことに思ひ出でぬはらからの、—なるも、恋し」〈源・浮舟〉

ミニ-ゲーム《和 mini＋game》❶小型の遊戯道具。盤上で勝ち負けを競う。❷サッカーなどで、試合形式の練習。正規の人数より少ないチーム編成で行われる。

ミニ-コミ《和 mini＋communicationの略》特定の限られた範囲を対象として行われる情報の伝達方式。「マスコミ」の対語として作られた語。「—誌」

ミニコン「ミニコンピューター」の略。

ミニコンピューター〘minicomputer〙汎用コンピューターに比べて、構成を簡略化し、広い用途に応じられるように設計された小型のコンピューター。主に科学計算・制御・通信などの分野で使用。ミニコン。

ミニコンポ《minicomponentから》スピーカー・アンプ・プレーヤーなどがそれぞれ独立していて、机の上に置ける程度の小型のオーディオシステム。

ミニサイクル〘minicycle〙普通車より車輪が小さい自転車。小径車。

ミニ-サッカー〘mini soccer〙1チーム3～7人で行う小規模のサッカー。五人制はフットサルとして世界統一ルールがある。

ミニ-サンクチュアリ《和 mini＋sanctuary》日常生活の場に設けられた鳥の保護区域。

ミニ-シアター《和 mini＋theater》独自に選んだ映画を上映する映画館。規模が小さく、座席数300以下のものをいう場合が多い。単館劇場。

ミニ-シクラメン《和 mini＋cyclamen》サクラソウ科の球根植物。地中海沿岸原産。従来のシクラメンにくらべて、小形で耐寒性が強い。

みにしゅう【壬二集】シフ 鎌倉時代の私家集。3巻。藤原家隆作。寛元3年(1245)九条基家が家隆の詠草をもとに撰。六家集の一。玉吟集。

ミニ-しんかんせん【ミニ新幹線】車体が標準新幹線のものより小さい新幹線。軌道は、在来線の外側にもう1本敷く方式と、完全に新幹線規格に作り直す方式とがある。山形新幹線は後者。

ミニ-スーパー《和 mini＋supermarketから》小型スーパーマーケット。

ミニスカート〘miniskirt〙丈がひざより短いスカート。ミニ。

ミニ-スキー《和 mini＋ski》主に幼児が雪に慣れて遊ぶためのスキー板。多くプラスチック製で、エッジがないため止まりにくく、斜面での滑走には向かない。

ミニスター〘minister〙❶大臣。閣僚。❷公使。

ミニチュア〘miniature〙❶小型のもの。小さなもの。特に、精巧な小型模型。「—の飛行機」「東京の—版たる地方都市」❷「ミニアチュール」に同じ。
類語 模型・雛形ひながた・モデル

ミニチュア-カー〘miniature car〙自動車の小型模型。ミニカー。

ミニチュア-カメラ〘miniature camera〙フィルムが35ミリ以下の小型カメラ。

ミニチュア-チューブ〘miniature tube〙外囲器がガラスとなる電子管のうち、管の直径が8分の5～16分の13インチのものをいう。これより小さい電子管はサブミニチュアチューブという。MT管。

ミニチュア-ドッグ《和 miniature＋dog》小形犬。特に、アクセサリーのように扱われる愛玩あいがん犬。

ミニッツ-ステーキ〘minute steak〙牛肉を薄く切って手早く焼いたステーキ。

ミニット〘minute〙❶時間の単位の、分ふん。❷角度の単位の、分ふん。
ミニ-ディスク〘Mini Disc〙►エムディー
ミニ-トマト《和 mini＋tomato》トマトの小形品種の総称。実は直径2、3センチほどで、赤または黄色に熟し、サラダなどに用いる。
ミニ-ドリンク《和 mini＋drink》ビタミンや生薬などを成分とする、50ミリリットル以下の小型瓶入り保健・強壮剤。
ミニニューク〘mininuke〙戦術核兵器の一種。爆発威力と放射線放出量の程度を適当に制御できる超小型核兵器。
ミニバイク〘minibike〙エンジンの総排気量が50cc以下の原動機付き自転車。
ミニバス〘minibus〙近距離用の小型バス。
ミニ-パト《和 mini＋patrol carから》小型のパトロールカー。
ミニバン〘minivan〙乗用車のステーションワゴンの一種で、屋根を高くするなどして室内空間を広くとったものの通称。ふつう座席が3列のものをいう。
ミニ-ビーキャスカード【miniB-CASカード】《mini BS Conditional Access Systems Card》デジタル放送の限定受信のためのB-CASカードを小型化したもの。大きさはSIMカードとほぼ同じで、携帯電話や携帯型の受信機に差し込んで利用する。
ミニ-ピーシーアイ〘Mini PCI〙《mini peripheral component interconnect》ノートパソコンや携帯情報端末向けに小型化したPCIバスの規格。
ミニピル〘minipill〙経口避妊薬の一種。排卵を抑える。合成黄体ホルモンが主成分。
ミニ-フライきゅう【ミニフライ級】キフ《mini flyweight》プロボクシングのミニマム級の別称。ムエタイの体重別階級の一。
ミニ-プランツ《和 mini＋plants》観賞用の小形植物。
ミニ-ブログ〘mini blog〙►簡易ブログ
ミニ-フロッピーディスク〘mini floppy disk〙8インチのフロッピーディスクに対し容量・サイズともに小型化された、直径5.25インチのフロッピーディスク。
ミニマックス〘minimax〙❶数学で、ある一組の極大値の中の最小値。❷考えられる最大限の損失を最小限に抑えようとするゲームの手。
ミニマム〘minimum｜min.〙❶最小。最小限。最低限度。「作業に必要な―の日数」⇔マキシマム。❷数学で、極小きょくしょう。極小値。⇔マキシマム。
ミニマム-アクセス〘minimum access〙いかなる貿易品目にも最低限の輸入枠を義務的に設定するという考え方。最低限輸入義務。➡ミニマムアクセス米
ミニマムアクセス-まい【ミニマムアクセス米】《minimum accessは、最低限輸入義務の意》日本が高関税を課して輸入を制限する代わりに、最低限輸入しなければならない量の外国米。政府米として扱われる。平成5年(1993)ウルグアイ・ラウンド農業合意による。MA米。(補説)平成20年(2008)、ミニマムアクセス米の中で食用に適さないと判断された事故米の、食用としての転売が発覚して社会問題となった。
ミニマム-きゅう【ミニマム級】キフ《minimumweight》ボクシングなどの体重別階級の一。プロボクシングではライトフライ級よりも軽い階級で、105ポンド(47.63キロ)以下。女子には、さらに軽量のアトム級がある。団体によって呼称が異なり、ストロー級・ミニフライ級などとも呼ばれる。
ミニマリスト〘minimalist〙ミニマリズム、ミニマルアートの芸術家。
ミニマリズム〘minimalism〙❶「ミニマルアート」に同じ。❷1980年代米国の文学の一傾向。日常生活を抑えた筆致で淡々と描いた短編が多い。❸余分な飾りを完全に取りシンプルな機能に徹したシルエットを特徴とするファッション。また、そういう考え方。
ミニマル-アート〘minimal art〙1960年代に盛んになった造形芸術。芸術家の自己批判や芸術作品の非人称的外観、単純性を追究し、あらゆる装飾を取り払った「最小限の芸術」により自己表出を試みた。➡プライマリーストラクチャー
ミニマル-ミュージック〘minimal music〙1960年代後半に始められ、70年代に世界的に流行した現代音楽の一作法。短いパターンの反復と漸進的な変化を特徴とする。
ミニャール〘Pierre Mignard〙[1612〜1695]フランスの画家。宮廷首席画家となり、肖像画・歴史画・宗教画を多く残した。
ミニヤ-コンカ〘Minya Konka〙中国四川省中西部、大雪山脈の主峰。標高7556メートル。1932年米国登山隊が初登頂。貢嘎山コンガーシャン。
ミニュエット〘minuet〙►メヌエット
ミニ-ヨーロッパ〘Mini Europe〙ベルギーの首都、ブリュッセルにあるテーマパーク。EU(欧州連合)に加盟する各国の観光名所や街並みを、25分の1に縮尺したミニチュアが展示されている。
ミニョン〘Mignon〙㊀ゲーテの小説「ウィルヘルム＝マイスターの修業時代」の登場人物で、主人公に思いを寄せる可憐な少女。㊁トーマ作曲のオペラ。3幕。1866年初演。㊀に題材をとった作品で、第1幕で歌われる「君よ知るや南の国」が知られる。
ミニ-ラボ〘mini lab〙フィルムの現像、フィルムやデジタル写真データの焼き付け・引き伸ばしを行う小型の機械。また、それを備えた店舗。
ミニ-レター《和 mini＋letter》►郵便書簡
み-ぬ・く【見抜く】〔動カ五(四)〕奥底まで見とおす。表に現れない真実・本質を知る。「本心を―・く」
(類語)見破る・見て取る・見通す・看破する・看取する
み-ぬけ【身抜け】❶ある関係から身をひくこと。ある状態から身を抜け出させること。また、その言行。「御坊すこしも驚き給はず―のならぬ証拠あり」〈浮・好色盛衰記・五〉❷芸者・遊女などが身請けされて勤めをやめること。みぬき。「おれがおかげで―をして」〈人・梅児誉美・初〉
み-ぬま【ᵛ水沼】水をたたえた沼。「大君は神にしませば水鳥のすだく―を都と成しつ」〈万・四二六一〉
みぬま【見沼】さいたま市の区名。市域の北東部を占める。区名の由来となった見沼田圃は、江戸時代に見沼の干拓によってできた新田地区で、現在も貴重な緑地として残る。
みぬま-く【見沼区】►見沼
みね【美祢】山口県西部の市。近世は市場町、明治期から大嶺おおみね炭田の開発で発展した。石灰岩・大理石を産し、セメント工業が盛ん。平成20年(2008)に美東町・秋芳町と合併。人口2.9万(2010)。
み-ね【峰｜ˣ峯｜ˣ嶺】《「み」は接頭語。「ね」は山の頂。山を神域とみていう語》❶山の頂上。山頂。ね。「そびえ立つ―」❷物の高くなっている所。「雲の―」❸刀剣・刃物の背。棟むね。「包丁の―でたたく」❹櫛くしの背。❺烏帽子えぼしの頂上。(類語)(❶❷)頂・頂上・山頂・山嶺さんれい・山巓さんてん・天頂・てっぺん
み-ね【ᵛ御ˣ哭】声を立てて泣くこと。特に、葬儀のとき、弔意を表して声をあげて泣くこと。「ことごとくに喪服あさのみそを着て、三たび―奉る」〈天武紀〉
ミネアポリス〘Minneapolis〙米国ミネソタ州南東部の商工業都市。ミシシッピ川を隔ててセントポールと隣接し、双子都市を形成する。古くから製粉業が発達。人口、行政区38万(2008)。
みね-いり【峰入り】「大峰おおみね入り」の略。(季 夏)「一は宮も草鞋わらじの旅路かな／宗因」
みね-うち【峰打ち｜刀-背打ち】刀のみねで相手を打つこと。棟むね打ち。「―にする」
みね-かえで【峰ˣ楓】カヘデ カエデ科の落葉小高木。本州中部以北の高山に自生。葉は深く五つに裂けていて、縁に鋭いぎざぎざがあり、秋に紅葉する。雌雄異株。夏、赤みがかった黄色い花が咲く。
みねざき-こうとう【峰崎勾当】コウタウ 江戸後期の地歌・箏曲そうきょくの演奏家・作曲家。天明・寛政(1781〜1801)ごろに大坂で活躍。「雪」「袖香炉」「越後獅子」などの名曲を作曲した。生没年未詳。
みね-ざくら【峰桜｜ˣ嶺桜】バラ科の落葉小高木。本州中部以北の高山に自生し、葉は倒卵形で先が尾状にとがる。5、6月ごろ、葉と同時に淡紅色の5弁花を開き、黒い球形の実を結ぶ。たかねざくら。
みね-し【美祢市】►美祢
みね-ずおう【峰ˣ蘇ᵛ芳】ズハウ ツツジ科の常緑小低木。本州中部以北の高山に自生し、高さ約15センチ。幹は地をはって分枝し、長楕円形の小さい葉を密に対生する。7月ごろ、紅紫色の鐘状の花を開く。名の「蘇芳」はイチイの別名という。
ミネストローネ〘イタリア minestrone〙イタリアの野菜スープ。トマト・ポアロー・セロリ・ニンジン・パスタなど、具をたくさん入れて作る。
ミネソタ〘Minnesota〙米国中北部の州。州都セントポール。北はカナダ国境、東はスペリオル湖に接する。酪農が盛んで、鉄鉱石を産する。➡表「アメリカ合衆国」
みね-つづき【峰続き】峰と峰が連なっていること。「―の山塊」
みね-ばり【峰ˣ榛】ヨグソミネバリの別名。
みね-べ【峰辺】峰のあたり。「谷狭はさみ―に延はへる玉かづら延へてしあらば年に来こずとも」〈万・三〇六七〉
ミネラル〘mineral〙❶鉱物。無機物。❷栄養素としての無機質。カルシウム・ナトリウム・カリウム・マグネシウム・燐りん・硫黄・鉄などの無機塩類。ごく少量で生理機能に重要な作用をする。
ミネラル-ウオーター〘mineral water〙無機塩類を含む飲料水。一般には天然の鉱泉水や湧水をさすが、人工的に塩類を加えたものもある。鉱水。
ミネラル-コルチコイド〘mineral corticoid〙鉱質コルチコイド。
ミネルバ〘Minerva〙ローマ神話で、知恵・工芸・戦争の女神。ギリシャ神話のアテナと同一視される。
み-の【三ᵛ幅｜三ᵛ布】《「の」は布地の幅を表す単位》❶並幅の布3枚分の幅。また、その幅の布。❷「三幅布団みのぶとん」の略。
みの【美濃】[一]㊀旧国名の一。東山道に属し、現在の岐阜県南部。濃州のうしゅう。㊁岐阜県中南部の市。長良川と支流の板取川の流域にあり、古くから美濃紙の産地。人口2.3万(2010)。[二]「美濃紙」の略。
みの【ˣ蓑｜ˣ簑】茅かや・菅すげなどの茎や葉、また、わらなどを編んで作った雨具。肩からかけて身に着ける。
ミノ 朝鮮料理の焼き肉で、牛の第一胃。硬いため切れ込みを入れて供する。➡ガツ ➡蜂の巣 ➡センマイ ➡ギアラ
ミノア-ぶんめい【ミノア文明】《Minōa》クレタ文明の異称。クレタの伝説的な王ミノスにちなむ呼称。
み-のう【未納】ナフ 納入すべきものを、まだ納めていないこと。「料金―」⇔既納。(類語)未済・滞納・延納
み-の-うえ【身の上】ウヘ ❶その人にかかわること。また、その人の境遇。「不幸な―」「―を案じる」❷人間の運命。「―を占う」(類語)境遇・境涯・身空・身上しんじょう
みのうえ-そうだん【身の上相談】ミノウヘサウダン 一身上のことについて相談して助言を求めること。
みのうえ-ばなし【身の上話】ミノウヘ 生い立ち、境遇など一身上のことについての打ち明け話。
みのお【箕面】大阪府北西部の市。箕面滝・箕面山があり、市域の大部分が明治の森箕面国定公園となっている。滝安寺りゅうあんじ・勝尾寺がある。人口13.0万(2010)。
みのお-こくていこうえん【箕面国定公園】コクテイコウヱン ►明治の森箕面国定公園
みのお-し【箕面市】►箕面
みの-が【ˣ蓑ˣ蛾】鱗翅りんし目ミノガ科のガの総称。雄は主に黒褐色で翅はねをもち、よく飛ぶ。雌は翅が退化して蛆うじ状で、成虫になっても蓑の中で過ごし、雄の飛来を待って交尾・産卵する。幼虫はミノムシ。
みの-がい【ˣ蓑貝】ガヒ ミノガイ科の二枚貝。海岸の岩石に足糸で固着する。貝殻は卵円形で、殻長約8センチ。殻表は純白で太い放射状の肋ろくがあり、肋上に鱗片りんぺん状の突起が並ぶ。本州中部以南に分布。

みの-がこい【▽美▽濃囲い】―がこひ 将棋で、囲いの陣形の一。王将を飛車の定位置に移し、その左に銀将、その銀将の左下に金将、その金将の左上にもう1枚の金将を配する形。

みの-かさ【×蓑×笠】蓑と笠。また、それを着用した姿。

みの-かさご【×蓑×笠子】カサゴ目フサカサゴ科の海水魚。岩礁にすみ、全長約30センチ。体は淡紅色に黒褐色の横帯がある。胸びれ・背びれが非常に長く、大きく広げて泳ぐ。背びれのとげに毒をもち、刺されると激しく痛むので、手を触れるなということから「まてしばし」の別名がある。

み-のがし【見逃し┆見×遁し】見逃すこと。「黙って—にはできない」「—の三振」

み-のが・す【見逃す┆見×遁す】〔動サ五(四)〕❶見ていながら気づかないでそのままにする。見落とす。「わずかな失敗も—・さない」❷見ていながら、とがめない。大目に見る。「スピード違反を—・す」❸見ていながら、また知りながら対処することなくすます。「好球を—・す」「展覧会を—・す」
[類語](❶)見過ごす・見落とす・見損なう・見失う

みの-がみ【▽美▽濃紙】美濃(岐阜県)産の和紙の総称。奈良時代から優良品として知られ、書院紙・森下紙・天具帖(てんぐじょう)ほか種類も多いが、特に書院紙は有名で美濃紙の異称ともなった。直紙(じきし)。みの。

みの-がめ【×蓑亀】甲羅(こうら)に緑藻などが生えて、蓑を着ているように見えるイシガメ。昔から長寿のしるしとされ、文様などに描かれる。

みのかも【美濃加茂】岐阜県中南部の市。木曽川の渡船場、中山道の宿場町として発展。果樹栽培が盛ん。日本ライン下りの起点。人口5.5万(2010)。

みのかも-し【美濃加茂市】▶美濃加茂

み-の-かわ【身の皮】―かは ❶皮膚。「その一悉(ことごと)に風に吹きさかえき」〈記・上〉❷身につける衣服。「あるほどの—を日算用すまして」〈浮・一代女・五〉
身の皮を剝(は)・ぐ 着ている衣服を生活のために売る。「—・いでその日の米を得る」

み-のき【三軒】垂木(たるき)が三重に突き出ている軒。内側から地垂木(じだるき)、一の飛檐垂木(ひえんだるき)、二の飛檐垂木とよぶ。紫宸殿・興福寺北円堂などにみられる。

みの-ぎぬ【▽美▽濃絹】岐阜県で産する絹織物。

み-の-け【身の毛】からだに生えている毛。
身の毛がよだ・つ 恐怖のために、身の毛が逆立つ。ぞっとする。身の毛立つ。「—・つ陰惨な事件」
身の毛を詰・める ひどく恐ろしい目にあう。ひどく恐れる。「もはやお手うちになるかとぞんじて—・めてござる」〈虎明狂・二千石〉

みの-げ【×蓑毛】❶蓑に編んだ茅(かや)・菅(すげ)などが、毛のように垂れ下がっているもの。❷サギの首から垂れ下がっている蓑のような羽毛。「すごきかな鴨の川原の朝風に—乱れて鷺立てるめり」〈拾玉集・一〉

みのけ-だ・つ【身の毛立つ】〔動タ五(四)〕寒さや恐怖のために、からだの毛が逆立つ。身の毛がよだつ。「—・つような怖い話」

みの-ごい【×蓑五位】―ゴヰ ササゴイの別名。

みの-こう【×箕甲】―カフ 切妻(きりづま)屋根や入母屋(いりもや)屋根で、破風ぎわの曲面をなす部分。

み-の-こく【×巳の刻】❶昔の時刻の名。現在の午前10時ごろ。また、その前後の2時間。または、午前10時から正午までの2時間。みのとき。❷《1日の半ばである午(うま)の刻よりも前であるところから》事物のまだ新しいこと。また、そのもの。みのとき。「緋縅(ひおどし)の鎧(よろい)のまだ—なるを」〈太平記・七〉

みのこし-かいがん【見残し海岸】高知県南西部、土佐清水市にある海岸。千尋(ちひろ)岬南西端に位置する海食台地の景勝地。海底についた波のあとがそのまま埋もれて固まり化石になったような化石漣痕(れんこん)は200メートルにもおよび、国の天然記念物に指定されている。足摺(あしずり)宇和海国立公園、竜串(たつくし)海域公園に属する。名の由来は、この景勝地を弘法大師が見残したといわれることから。

み-のこ・す【見残す】〔動サ五(四)〕ある部分を見ないままで終わりにする。「—・した書類がある」

みの-ごめ【×蓑米】❶イネ科の多年草。湿地や水田に生え、高さ20〜70センチ。葉は細い線形で、5月ごろ穂をつける。小穂は熟すと落ちやすい。むつおれぐさ。❷イネ科の越年草。水田などに生え、高さ30〜50センチ。葉は広線形。春、円錐の穂をつけ、小穂は数の子に似る。かずのこぐさ。

み-の-さび【身の×錆】「身から出た錆(さび)」に同じ。「軽蔑の語気にて憎気に云わるるも我—と独おかしく」〈露伴・露団々〉

みの-し【美濃市】▶美濃㊀㊁

みの-じま【▽美▽濃×縞】岐阜県羽島地方で産出される綿または絹綿交織の縞織物。

みの-しゅう【▽美▽濃衆】江戸幕府の旗本で、交替寄合の一。美濃国に封地を与えられ、そこに在住した高木修理・高木図書助・高木大内蔵三家の総称。

み-の-しろ【身の代】❶「身の代金」に同じ。❷給金。「それ、当座の—」〈伎・韓人漢文〉

みのしろ-きん【身の代金】❶人質などと引きかえに渡す金。「—目当ての誘拐」❷人身売買の代金。

みのしろきんもくてきゆうかい-ざい【身代金目的誘拐罪】みのしろキンモクテキイウカイ― ▶身代金目的略取等罪

みのしろきんもくてきゆうかいよび-ざい【身代金目的誘拐予備罪】みのしろキンモクテキイウカイヨビ― ▶身代金目的略取等予備罪

みのしろきんもくてきりゃくしゅとう-ざい【身代金目的略取等罪】身の代金を得ることを目的として、人を略取・誘拐する罪。刑法第225条の2が禁じ、無期または3年以上の懲役に処せられる。身代金目的略取罪。身代金目的誘拐罪。身代金略取罪。身代金誘拐罪。

みのしろきんもくてきりゃくしゅとうよび-ざい【身代金目的略取等予備罪】身代金目的略取等罪にあたる行為の準備をする罪。刑法第228条の3が禁じ、2年以下の懲役に処せられる。ただし、実行に着手する前に自首した者は刑を減軽または免除される。身代金目的略取予備罪。身代金目的誘拐等予備罪。身代金目的誘拐予備罪。

みのしろ-ごろも【×蓑代衣】蓑のかわりに着る粗末な衣服。「山伏の—にゆづり給ひて」〈源・初音〉

ミノス〘Mīnōs〙ギリシャ神話で、クレタ島の王。ゼウスとエウロペの子。法を制定し、善政をしき、死後冥府の判官となった。ダイダロスに命じて迷宮を造らせ、妃の生んだ怪物ミノタウロスを閉じ込めた。

ミノタウロス〘Mīnōtauros〙ギリシャ神話で、半人半牛の怪物。ミノスの妃パシファエが、牡牛と交わって生んだ子。迷宮にひそみ、人身御供を受けていたが、テセウスに殺された。

み-の-たけ【身の丈┆身の▽長】❶せいの高さ。身長。背丈。また、自分の身長。「—二メートル余の大男」「—ほどに積もった雪」❷(多く「身の丈に合った」の形で)無理をせず、力相応に対処すること。分相応。「—に合った経営」「—に合わせた生活を送る」「—を超える過大な投資」「—外交」
[類語]身長・背(せ)・背(せい)・背丈・丈・身丈(みたけ)・上背(うわぜい)

ミノックス〘Minox〙ドイツ、ミノックス社が製造するポケットカメラの商標名。

み-の-て【×箕の手】《「みので」とも》❶武具の一。先に左右に突き出た形の金具を取り付けた指物。転風(てんぷ)。❷「箕の手形(なり)」の略。「敵を—に引き受け」〈浄・今川了俊〉

みのて-なり【×箕の手▽形】左右に出っ張った形。「繁昌の市は—に立つと申すが」〈狂言記・羯鼓炮碌〉

み-の-とき【×巳の時】❶「巳の刻❶」に同じ。❷「巳の刻❷」に同じ。「いまだ—とぞ見えし白星の兜(かぶと)」〈盛衰記・一五〉❸《❶が1日の半ばになろうとする時刻であるところから》物事の盛りのころ。「北条家弓矢—と輝き」〈甲陽軍鑑・一三〉

みののいえづと【美濃の家づと】みののいへづと 新古今集の注釈書。5巻。本居宣長著。寛政3年(1791)成立、同7年刊。新古今集から和歌696首を選んで文法的に注釈し、新注の先駆けとなったもの。

み-の-のち【身の後】死んだのち。死後。「—には金(こがね)をして北斗をささふとも」〈徒然・三八〉

みの-は【▽美▽濃派】蕉門の各務支考(かがみしこう)が美濃に興した俳諧の一派。俳風は平俗浅薄であったが、地方に大きな勢力を築いた。獅子門(ししもん)。美濃風。美濃流。

みの-ばり【×蓑貼り】襖(ふすま)などの下張りの一。紙の上部と中部だけのりづけをし、下部はのりづけしないで蓑のように重ねてはっていくもの。

みの-ばん【▽美▽濃判】美濃紙の大きさの型紙。半紙よりやや大きい。美濃紙判。

みのひ-の-せちえ【×巳の日の節会】―セチヱ 大嘗祭の時、巳の日に行われる主基(すき)の節会。饗宴を張り、国司から多米都物(ためつもの)・挿頭(かざし)・和琴などが献上された。

みのひ-の-はらえ【×巳の日の×祓】―はらへ 陰暦3月上の巳の日に、人形(ひとがた)に身のけがれなどを移して川や海に流し捨てた行事。上巳(じょうし)の祓。その名残が流し雛(びな)にみられる。みのひのはらい。(季 春)

みのぶ【身延】山梨県南西部、南巨摩(みなみこま)郡の地名。富士川が貫流。身延山久遠寺(くおんじ)の門前町。

み-の・ぶ【見延ぶ】〔動バ下二〕❶遠くを見る。「目を—・べて、此の僧をいかにも思ひたる気色もなくありける」〈今昔・二〇・三九〉❷流し目でじっと見る。「見返りたる目見(まみ)、いたう—・べたれど」〈源・紅葉賀〉

みの-ふう【▽美▽濃風】▶美濃派

みのぶ-さん【身延山】㊀山梨県南西部の山。標高1153メートル。日蓮宗総本山の久遠寺(くおんじ)がある。㊁久遠寺の山号、また通称。

みのぶさん-だいがく【身延山大学】山梨県南巨摩(みなみこま)郡身延町にある私立大学。平成7年(1995)に開設された、仏教学部の単科大学。

みのぶ-さんち【身延山地】山梨県南西部と静岡県北部の境に広がる山地。西側の赤石山脈、東側の富士川にはさまれた位置にある。主峰は山伏(標高2014メートル)、中心は身延山。

みのぶ-せん【身延線】静岡県の富士から富士宮・身延を経て甲府に至るJR線。長さ88.4キロ。昭和3年(1928)全通。

みのぶ-ちょう【身延町】―チヤウ ▶身延

みの-ぶとん【三▽幅布団】幅を三幅(みの)の大きさに作った布団。ふつう掛け布団は五幅(いつの)に作る。みの。

みのぶ-まいり【身延参り】―まゐり 身延山久遠寺に参詣すること。

みのべ-たつきち【美濃部達吉】[1873〜1948]憲法学者・行政法学者。兵庫の生まれ。東大教授。天皇機関説を唱え、君権絶対主義を唱える上杉慎吉と論争。昭和10年(1935)国体明徴問題で右翼・軍部に攻撃され、貴族院議員を辞任。著書「逐条憲法精義」「憲法撮要」などは発禁処分となった。

みのべ-りょうきち【美濃部亮吉】―リヤウキチ [1904〜1984]経済学者・政治家。東京の生まれ。達吉の長男。東京教育大教授。昭和42年(1967)東京都知事に革新統一候補として当選し、福祉政策・公害対策を進めた。のち、参議院議員。

みのぼし-だいこん【▽美▽濃干し大根】守口(もりぐち)大根を干したもの。美濃・尾張地方の名産。みのぼし。

み-の-ほど【身の程】自分の身分や能力などの程度。分際(ぶんざい)。「少しは—をわきまえたほうがいい」
[類語]分際・分限・分・身分・柄

みのほど-しらず【身の程知らず】〔名・形動〕自分の身分や能力などの程度をわきまえないこと。また、そのさまや、その人。「—な(の)要求」[類語]分不相応・僭越(せんえつ)・大それた・おこがましい・出過ぎる

みの-ぼり【▽美▽濃彫】美濃で室町時代から江戸時代の元禄年間(1688〜1704)ごろまで行われた彫金技法。また、その作品。刀装金具などが作られた。

みの-ぼん【▽美▽濃本】美濃紙を二つに折った大きさの和本。

み-の-まわり【身の回り】―まはり 衣類・装身具・文房具など、日常生活に必要なこまごまとした物。また、自分の周囲。身辺。そこから生じる雑用。「—の世話をす

る」「―を整える」

みのまわりひんたんぽ-とくやく【身の回り品担保特約】自動車保険における特約の一つ。車両保険が適用される事故を起こした際に、車両保険では補償対象外である車内・トランク内の身の回り品の損害を補償する。身の回り品とは、通常、日常生活で使うもので、個人が所有している物とされる。携行品損害担保特約。

みのみかわ-こうげん【美濃三河高原】岐阜県南東部の美濃高原と愛知県北東部の三河高原の総称。陶土が豊富で、陶磁器生産地として知られる。

みの-むし【×蓑虫】ミノガ科のガの幼虫。口から糸を出して小枝や葉の小片をつづり合わせ、筒状の巣を作ってすむ。雄は羽化して出るが、雌は一生をこの中で送る。同様の蓑状の巣を作るヒロズコガなどの幼虫を含めていうこともある。鬼の子。《季 秋》「―の音を聞きに来よ草の庵/芭蕉」

み-の-も【▽水の▽面】水の表面。すいめん。みなも。「―に映る月の影」

みの-もの【▽美▽濃物】美濃の刀工が鍛えた刀の総称。鎌倉末期から始まり、室町時代に最も栄えた。関物などが代表的。

みの-やき【▽美▽濃焼】美濃国の南東部、現在の岐阜県多治見市を中心に産する陶磁器。桃山時代に志野焼・織部焼・黄瀬戸などが焼造された。多治見焼。

み-のり【実り|×稔り】❶草木や穀物などが実を結ぶこと。「―の秋」「稲の―がいい」❷努力してよい結果を得ること。成果。「―ある研究」

類語 結実・成果・収穫

み-のり【▽御▽法】㊀❶仏法を尊んでいう語。❷法令を尊んでいう語。「商返し領すとの―あらばこそ吾が下衣返したまはめ」〈万・三八〇九〉㊁源氏物語第40巻の巻名。光源氏51歳。紫の上の法華経供養と、その死などを描く。

みのり-の-はな【▽御▽法の花】《「法華」の訓読みから》法華経。また、蓮の花。

み-の・る【実る|×稔る】〔動ラ五(四)〕《「実乗る」の意》❶草木や穀物などが実を結ぶ。また、実が熟する。「ミカンが―・る」❷努力が報いられて、成果があがる。「長年の苦労が―・る」

実るほど頭の下がる稲穂かな 稲の穂は実が入ると重くなって垂れ下がってくる。学徳が深まると、かえって他人に対し謙虚になることのたとえ。

ミノルカ〖Minorca〗鶏の一品種。ふつう全身黒色で、卵用種。原産地のミノルカ島から英国に輸入。

ミノルカ-とう【ミノルカ島】メノルカ島の英語名。

み-の-わた【三▽焦|三×膲】▶さんしょう(三焦)

み-ば【見場|見端】外から見たようす。外観。見かけ。「―は悪いが味のよいくだもの」類語 見た目・見掛け・見てくれ・ちょっと見・外観・外見・格好

み-はい【未配】配当や配給などがまだないこと。「―の株式」

ミハイロフ-きゅうでん【ミハイロフ宮殿】《Mikhaylovskiy dvorets》ロシア連邦北西部、レニングラード州の都市サンクトペテルブルグにある宮殿。19世紀初頭、パーベル1世が四男ミハイル＝パブロビッチのために建造。イタリアの建築家カルロ＝ロッシが設計し、ロシアにおける新古典主義建築の傑作と称される。現在はロシア美術館の本館として使われている。ミハイロフスキー宮殿。

ミハイロフ-じょう【ミハイロフ城】《Mikhaylovskiy zamok》ロシア連邦北西部、レニングラード州の都市サンクトペテルブルグにある宮殿。18世紀末から19世紀初頭にかけてパーベル1世の命により、イタリア人建築家の設計で建造された。四方がフランスの古典主義、イタリアのルネサンス様式、ゴシック様式など、それぞれ異なる建築様式のファサードをもつ。現在はロシア美術館の分館として使われている。ミハイロフスキー城。

ミハイロフスキー〖Nikolay Konstantinovich Mikhaylovskiy〗[1842〜1904]ロシアの思想家。ナロードニキ運動の代表的理論家として雑誌「祖国雑記」「ロシアの富」に多くの評論を執筆。著「進歩とは何か」など。

ミハイロフスキー-きゅうでん【ミハイロフスキー宮殿】《Mikhaylovskiy dvorets》▶ミハイロフ宮殿

ミハイロフスキー-じょう【ミハイロフスキー城】《Mikhaylovskiy zamok》▶ミハイロフ城

み-ばえ【見映え|見栄え】見た感じがよいこと。外観がよく見えること。「―のする衣装」

類語 見た目・見てくれ・見場・ちょっと見

み-ばえ【実生え】草木が種子から発芽して生育すること。また、その草木。みしょう。

み-ばえ【実×蠅|果＝実×蠅】双翅目ミバエ科の昆虫の総称。体長5、6ミリのものが多く、頭部は半球形をし、翅は透き通って斑紋のあるものが多い。幼虫は蛆で、果実や花・葉・茎などに食い入る。チチュウカイミバエ・ミカンコミバエ・ウリミバエなどが農業害虫として知られる。

みばえげんじみちのくにっき【莩源氏陸奥日記】歌舞伎狂言。時代物。一幕。河竹黙阿弥作。明治19年(1886)東京新富座初演。義経記に取材した活歴物で、のち新歌舞伎十八番に加えられた。通称「伊勢三郎」。

み-はか【▽御墓|▽陵】「みささぎ」に同じ。

み-はかし【▽御佩＝刀】貴人の佩刀を敬っていう語。みはかせ。「その―の先につける血」〈記・上〉

みはかし-を【▽御佩＝刀を】〔枕〕《「を」は間投助詞》「剣」と同音を含む地名「剣の池」にかかる。「―剣の池の蓮葉に」〈万・三二八九〉

み-はからい【見計らい】おおよその見当をつけること。考えて適当にきめること。見つくろい。

み-はから・う【見計らう】〔動ワ五(ハ四)〕❶時間などのおおよその見当をつける。「食事の済んだころを―・って訪れる」❷品物などを見て適当なものにきめる。見つくろう。「夕食の材料を―・う」類語 見繕う

み-はか・る【見計る】〔動ラ四〕計画する。たばかる。「そこたちの―・りてし給へるならむ」〈落窪・二〉

み-はぐ・る【見▽逸る】㊀〔動ラ五(四)〕見る機会をのがす。また、連れの人を見失う。「大切の人を―・っては一大事ですと」〈漱石・趣味の遺伝〉㊁〔動ラ下二〕「みはぐれる」の文語形。

み-はぐ・れる【見▽逸れる】〔動ラ下一〕図みはぐ・る〔ラ下二〕見失う。また、見そこなう。「愛する者の心を―・れる」〈里見弴・多情仏心〉

み-はし【▽御▽階】宮中・神社などの階段を尊んでいう語。特に紫宸殿の南階段。「中将、―にゐ給ひて」〈源・野分〉

みはし-の-さくら【▽御▽階の桜】左近の桜の異称。

みはし-の-たちばな【▽御▽階の×橘】右近の橘の異称。

み-はじめ【見始め】初めて見ること。また、そのもの。初見。

見始めの見納め 初めて見てそれが最後となること。生涯に一度しか見ないこと。

ミハス〖Mijas〗スペイン南部、アンダルシア州の町。地中海を一望する山腹に白壁の家並みが広がるミハスプエブロ、コスタ-デル-ソルの海岸保養地ミハスコスタという2区域に分けられる。16世紀前半にメルセス会修道士らが岩山を掘って造ったというラ-ペーニャ聖母礼拝堂がある。

み-はず・す【見外す】〔動サ五(四)〕見落とす。また、見あやまる。「目標を―・す」

み-はた【▽御旗】旗を敬っていう語。「錦の―」

み-はつ【未発】❶まだ起こらないこと。まだ外に現れないこと。「事件を―のうちに察する」❷まだ発表・発明・発見されないこと。「―の新見解」類語 未然

み-はっぴょう【未発表】まだ発表されていないこと。未公開。「―の作品」

み-は・てる【見果てる】〔動タ下一〕図みは・つ〔タ下二〕❶最後まで見る。見終わる。「―・てぬ夢を追う」❷最後まで世話をする。「我はさりとも心長く―・ててむと」〈源・末摘花〉

見果てぬ夢 ❶最後まで見終わらない夢。❷心残りなことや実現不可能なことのたとえ。「優勝は、―に終わった」

み-はな・す【見放す|見離す】〔動サ五(四)〕見切りをつけて従来の関係を断つ。見捨てる。見限る。「医者が―・した病人」「親友に―・される」

類語 見捨てる・見限る・見切る

み-はなだ【▽水×縹】薄い藍色。水色。「我におこせし―の絹の帯を」〈万・三七九一〉

み-はな・つ【見放つ】〔動タ四〕見放す。見捨てる。「いと、―・ちがたき御有様なるに」〈源・賢木〉

み-ばなれ【身離れ】調理した魚や肉が、骨から外れること。「―のよい煮魚」

み-はば【身幅】❶からだの横幅。❷衣服の身頃の幅。「―の狭い着物」❸人に対する面目。肩身。「肩縫ひ上げの―さへ、せまき娘の心根を」〈人・梅児誉美・初〉

みはま【美浜】㊀千葉市西部の区名。主に東京湾の埋立地からなり、幕張メッセがある。㊁福井県南西部、三方郡の地名。若狭湾に面し、原子力発電所がある。

みはま-く【美浜区】▶美浜㊀

みはま-ちょう【美浜町】▶美浜㊁

み-はや・す【見栄やす】〔動サ四〕見てもてはやす。見てほめたたえる。「紅梅の咲きいでたる匂ひなど―・す人もなきを」〈源・初音〉

みはら【三原】広島県南部、瀬戸内海に面する市。繊維・機械などの工業や商業が盛ん。小早川隆景の城下町となって発展。三原城跡や広島空港がある。人口10.0万(2010)。

みはら【美原】堺市の区名。鋳物師発祥の地とされる。

み-はらい【未払い】《「みばらい」とも》まだ支払っていないこと。「代金が―だ」㊥既払い。

みはらいきん-かんじょう【未払金勘定】簿記で、商品・原材料の仕入れなど企業の主たる営業取引によって発生する債務ではなく、備品の購入などの取引によって発生する債務を処理する勘定。㊥未収金勘定。

みはら-おさむ【三原脩】[1911〜1984]プロ野球選手・監督。香川の生まれ。高松中・早大で活躍後、昭和9年(1934)大日本東京野球倶楽部(現巨人)と契約し、プロ野球選手の第1号となる。引退後、巨人の監督に就任し戦後初優勝を果たした。のち西鉄(現埼玉西武)を3年連続日本一、大洋(現横浜DeNA)を初の日本一に導くなど、名采配で「魔術師」とよばれた。

みはら-く【美原区】▶美原

みはら-し【三原市】▶三原

み-はらし【見晴(ら)し】❶広く遠くまで見渡すこと。また、その景色。眺望。「霧もなく―がきく」「山頂からの―がいい」❷「見晴らし台」に同じ。

類語 眺め・見通し・眺望・展望・遠望・一望・風光・景色・パノラマ

みはらし-だい【見晴(ら)し台】景色を見渡すために高所に作った台。展望台。みはらし。

み-はら・す【見晴(ら)す】〔動サ五(四)〕広く遠くまで見渡す。「丘の上からかなたを―・す」類語 見渡す・見通す・見晴るかす・一望する・遠望する・眺望する

みはら-もの【三原物】備後国三原の刀工、正家一派の鍛えた刀。鎌倉・南北朝期のものを古三原、室町前期のものを三原、後期のものを貝三原という。

みはら-やっさぶし【三原やっさ節】広島県の民謡。三原市付近の盆踊り歌。九州のハイヤ節が伝わって変化したものという。

みはら-やま【三原山】東京都、伊豆諸島の大島にある複式成層火山。標高758メートル。噴煙などは御神火とよばれる。昭和61年(1986)に大噴火。

み-はり【見張り】見張ること。目を配って番をすること。また、その人。「―を立てる」「―番」

(類語)監視・番・立ち番・不寝番・ピケ

み-はる【三春】春の3か月。陰暦の1月・2月・3月。さんしゅん。

みはる【三春】福島県中東部、田村郡の地名。阿武隈あぶくま山地の西麓に位置する。もと秋田氏の城下町で、馬を産し、養蚕・タバコ栽培が盛んであった。

み-は・る【見張る】〘動ラ五(四)〙❶(「瞠る」とも書く)目を大きく開いて見る。「驚いて目を―・る」「目を―・るばかりの美人」❷注意深く目を配って監視する。「敵の行動を―・る」(類語)見開く・瞠目どうもくする・目を剝むく

み-はるか・す【見晴るかす|見×霽かす】〘動サ五(四)〙はるかに見渡す。見晴らす。「―・す大海原」

みはる-ごま【三春駒】❶三春地方に産した馬。洋種の馬が輸入されるまで、南部駒とともに全国に知られた。❷郷土玩具の一。三春地方に産する、彩色した木製の馬。

みはる-まち【三春町】▶三春

み-ばれ【身晴れ】身の潔白をはっきりさせること。身のあかしを立てること。「主君の言ひ訳我等が―」〈浄・国性爺〉

み-びいき【身×贔×屓】〘名〙スル 自分に関係のある人を特別にひいきすること。「―がすぎる」
(類語)ひいき・えこひいき・愛顧・肩入れ・判官びいき

み-ひしろ【▽御×樋代】神社で、神体を納める器を尊んでいう語。特に、伊勢神宮のものをいう。

みひつ-の-こい【未必の故意】犯罪事実の発生を積極的には意図しないが、自分の行為からそのような事実が発生するかもしれないと思いながら、あえて実行する場合の心理状態。➡故意

み-ひとつ【身一つ】自分のからだだけであること。また、自分ひとりだけであること。「―で上京する」
(類語)一人・単身・身すがら・空身からみ・裸一貫

み-びょう【未病】ミビヤウ 東洋医学において、検査を受けても異常が見つからず病気と診断されないが、健康ともいえない状態。放置すると病気になるだろうと予測される状態をいう場合が多い。

み-ひらき【見開き】書籍・雑誌を開いたとき、左右2ページが向き合っていること。また、その両ページ。「写真を―で入れる」

み-ひらき【身開き】身の潔白を証明すること。「折紙道具失うせたりと、家来は面々―に」〈浄・五枚羽子板〉

み-ひら・く【見開く】〘動カ五(四)〙目を大きくあける。「驚きのあまり目を―・く」
(類語)見張る・瞠目どうもくする・目を剝むく

み-ふ【▽御×封】《「みぶ」とも》封戸ふこを敬っていう語。「御位を去り、―などのとまるべきにもあらぬを」〈源・賢木〉

みぶ【壬生】京都市中京区の地名。友禅染めの染色工場が多い。壬生菜の産地。壬生寺がある。

みふ-うずら【三▽斑×鶉|三府×鶉】ミフうづら ツル目ミフウズラ科の鳥。全長約14センチで、ウズラに似る。足指は3本しかなく、雄が営巣・抱卵・育雛いくすうを行い、羽色は地味な褐色。雌のほうが羽色がはっきりしている。熱帯アジアに分布。日本では南西諸島に生息。

みぶ-がわ【三峰川】ミブがは 長野県中央南部を流れる川。天竜川最大の支流。赤石山脈の仙丈せんじょうヶ岳南西斜面に源を発し南流し、荒川を合わせてほぼフォッサマグナに沿って北流。さらに西に転じて伊那山地を横切り伊那市の南で天竜川に合流する。長さ57キロ。伊那山地から駿河に抜ける重要な交通路の一つだった。

みぶ-きょうげん【×壬▽生狂言】ミブキヤウゲン 京都市中京区の壬生寺で、毎年4月21日から29日までの大念仏会の期間中に行われる仮面劇。鰐口わにぐち・太鼓・笛の囃子はやしに合わせて終始無言で演じられる。約30曲を伝承。壬生大念仏。(季 春)

み-ぶくし【▽御▽掘串】「掘串ふくし」の美称。「籠こもよみ籠持ちふくしもよ―持ち」〈万・一〉

み-ぶし【身節】からだのふしぶし。「―がみりみり言うほど伸をする」〈秋声・新世帯〉

み-ふ・す【見伏す】〘動サ下二〙見届ける。見きわめる。「返す返す思ひ―・せて」〈宇治拾遺・三〉

み-ふだ【▽御▽簡】日給にっきゅうの簡ふだを尊んでいう語。「つひに―削られ、官つかさも取られて」〈源・須磨〉

みぶ-だいねんぶつ【×壬▽生大念仏】▶壬生狂言みぶきょうげん

みぶ-でら【壬生寺】京都市中京区にある律宗の別格本山。天平宝字5年(761)聖武天皇の勅願により鑑真がんじんが開山とされるが、実際は正暦2年(991)三井寺の快賢の造営という。壬生狂言が行われることで有名。心浄光院。宝幢三昧ほうどうざんまい院。壬生地蔵。

みぶ-な【×壬▽生菜】キョウナの一品種。葉はへら形で縁に切れ込みがなく、香気と辛味があり、漬物にする。京都市壬生地方で古くから栽培。(季 春)

み-ふなしろ【▽御船代】伊勢神宮で、御樋代みひしろを納める船形の器。

みふね-としろう【三船敏郎】ミフネトシラウ［1920〜1997］俳優。中国、青島チンタオの生まれ。黒沢明監督の「酔いどれ天使」に主演して、一躍スターとなる。以後、「羅生門らしょうもん」「七人の侍」「天国と地獄」など、黒沢作品に欠かせない俳優として活躍。「レッド-サン」「グラン-プリ」など、海外の作品にも数多く出演した。

みぶ-ねんぶつ【×壬▽生念仏】京都市中京区の壬生寺で、陰暦3月14日から10日間、現在は4月21日から29日まで行われる念仏法会。この間に壬生狂言が催される。壬生大念仏会え。(季 春)「うららかに妻のあくびや―/草城」

みぶ-の-ただみね【壬生忠岑】平安前期の歌人。三十六歌仙の一人。古今集の撰者の一人。温和で機知に富む歌風で知られる。著「和歌体十種」、家集「忠岑集」。生没年未詳。

みふみ-はじめ【▽御▽書始(め)】▶読書どくしょ始め

み-ふゆ【み冬】冬の美称。「―たつ初めの、定めなき空なれば」〈十六夜日記〉

み-ふゆ【三冬】冬の3か月。陰暦10月・11月・12月。さんとう。「かぞふるも―の後の冬なればいとど寒さのきはめ行くかな」〈夫木・一八〉

みふゆ-つぎ【み冬つぎ】〘枕〙冬に次いで春が来る意から、「春」にかかる。「―春は来たれど」〈万・三九〇一〉

みふゆ-づき【三冬月】陰暦12月の異称。(季 冬)

みぶ-よもぎ【×壬▽生×艾】キク科の多年草。高さ約1メートル。全体に白毛を密生し、葉は羽状に分裂。夏、淡黄緑色の花を総状につける。サントニンを含み、回虫駆除薬とする。ヨーロッパ原産で、日本では昭和5年(1930)ごろ京都の壬生で初めて栽培された。

ミフラーブ〖アラビア mihrāb〗モスク内部にある、カーバ神殿の方向にあたる側に作られた壁龕へきがん(壁のくぼみ)。この方向に向かって礼拝を行う。

み-ぶり【身振り】❶感情や意志を伝えるためのからだの動き。しぐさ。ジェスチャー。「―手振りで知らせる」❷身なり。いでたち。「大門口の茶屋にて―を直し」〈浮・一代男・七〉(類語)振り・所作・しぐさ・素振り・思わせ振り・ジェスチャー・アクション・ポーズ

みぶり-きょうげん【身振り狂言】ミブリキヤウゲン 歌舞伎で、せりふを言わず、浄瑠璃に合わせて身振りだけで演じる狂言。首振り芝居。身振り芝居。

みぶり-ご【身振り語】音声の代わりに身振り・手振り、また広義には目つきによって、意志や感情を相手に伝えること。

みぶり-し【身振り師】役者などの身振りをまねることが巧みな者。「浮世声色―と名に流れたる市川屋」〈新内・若木仇名草〉

み-ぶるい【身震い|身振るい】ミブルヒ〘名〙スル ❶からだを振り動かすこと。「犬が―して立ち上がった」❷寒さや恐ろしさなどのため、からだがふるえ動くこと。「戸外の冷気に接し―する」
(類語)胴震い・武者震い・戦慄せんりつ・震駭しんがい・震え

ミプロ〖MIPRO〗《Manufactured Imports and Investment Promotion Organization》対日貿易投資交流促進協会。諸外国の対日輸出を支援するため、展示会の開催協力、市場情報の提供などを行う経済産業省所管の財団法人。昭和53年(1978)製品輸入促進協会として設立。平成16年(2004)現在の名称に変更。

み-ぶん【未分】まだ分かれていないこと。「混沌こんとんとして―の状態」

み-ぶん【身分】❶ある集団・組織における、その人の地位・資格。「―を明かす」❷封建的社会における上下の序列。「―の違いを考える」❸境遇。身の上。やや皮肉をこめていう。「まったく気楽な御―だ」❹人の法律上の地位。民法では親族法上の夫・妻というような特定の地位をいう。
(類語)(❶)分ぶん・分限・分際・身の程・柄・立場・資格・格・地位・位くらい・階級・序列・職階・役職・肩書き・椅子・席次・座ざ・ポスト・ステータス・ポジション/(❷)貴賤きせん・尊卑・出自・家柄・家格・門地・階級

み-ぶんか【未分化】ミブンクワ いくつかの要素が一つに入りまじって、分かれていないこと。「―の社会形態」

みぶん-けん【身分権】夫と妻、親と子というような親族関係における地位に基づいて与えられる権利。親族権と同義に用いられるが、相続権を含んでいうこともある。

みぶん-しょうめいしょ【身分証明書】官庁・会社・学校などで、その人がその職員・社員・学生・生徒などであることを証明する文書。

みぶんせい-ぎかい【身分制議会】ミブンセイギクワイ 中世末以来のヨーロッパ諸国で、聖職者・貴族の代表に新しく特権的市民の代表を加えて構成した議会。課税審議権などを通して、しばしば王権を抑制したが、絶対主義の成立とともにその機能を失った。イギリスの模範議会、フランスの三部会など。等族議会。

みぶん-そうおう【身分相応】ミブンサウオウ〘名・形動〙身分に合っていること。また、そのさま。分相応。「―な暮らし」

みぶん-そうぞく【身分相続】ミブンサウゾク 人の身分上の地位の相続。民法旧規定の家督相続がこれにあたる。➡財産相続

みぶんなき-きょうはん【身分なき共犯】身分はないが、身分犯の犯行に加担した者。収賄罪や背任罪などの、公務員や幹部など一定の立場にあることが成立の必要条件となる犯罪も、共犯者と認められれば同様に処罰される。

みぶん-はん【身分犯】犯罪の成立要件または刑の加減事由として、行為者が一定の身分を持っていることが要求される罪。収賄罪・業務上横領罪・保護責任者遺棄等罪など。➡身分なき共犯

みぶん-ほう【身分法】ミブンハフ 私法関係のうち、家族的生活関係および身分関係に関する法。親族法と相続法の総称。現在は家族法の語を用いることが多い。➡財産法

み-へん【身偏】漢字の偏の一。「躯」「躬」などの「身」の称。

みぼう-じん【未亡人】ミバウジン《夫と共に死ぬべきなのに、まだ死なない人の意。元来、自称の語》夫に死別した女性。寡婦。後家。びぼうじん。
(類語)寡婦・後家・やもめ

み-ぼし【×箕星】二十八宿の一、箕宿きしゅくの和名。➡箕き

みほ-じんじゃ【美保神社】島根県松江市にある神社。祭神は事代主神ことしろぬしのかみ・美穂津姫命みほつひめのみこと。漁業・海上の守護神で、4月7日の青柴垣あおふしがき神事および12月3日の諸手船もろたぶね神事は有名。

み-ほとけ【▽御仏】仏を敬っていう語。「―の形となって、白毫光びゃくごうこうを放ったとある」〈芥川・邪宗門〉

みほ-の-きたうら【美保の北浦】島根県東部、松江市北東部の日本海に面した海岸。島根半島の北岸、東の地蔵崎から西の七類しちるい港までの約8キロメートルの海岸線をいう。洞窟や断崖絶壁、島々・小さな湾が連なる変化に富んだ景勝地。

みほのせき【美保関】島根県松江市の地名。島根半島の東端部にあり、古くは海関が置かれ、海上交通の要地。美保神社や、民謡関の五本松にちなむ公園がある。みおのせき。

みほのまつ【三保の松】▶みおのまつ

みほ-の-まつばら【三保の松原】静岡県静岡市清水区の、駿河湾に延びる砂嘴にある松原。富士山を望む景勝地として知られ、羽衣の松や御穂神社がある。
み-ぼめ【身褒め】自分で自分をほめること。自慢。「あまりなる御―かなと」〈春曙抄本枕・九〇〉
み-ほ・れる【見▽惚れる】〔動ラ下一〕図みほ・る〔ラ下二〕うっとりと見入る。ほれぼれと見る。見とれる。「あまりの美しさに―・れる」
(類語)見入る・見とれる・眺める・眺め入る
みぼろ-こ【御母衣湖】岐阜県西北部、庄川上流をせき止めてできた人造湖。昭和36年(1961)に完成した発電専用のロックフィルダムである御母衣ダムの貯水池。湖面標高760メートル、面積8.8平方キロメートル、総貯水量3億7000万立方メートル。西岸に白川街道が通じ、白川郷への観光ルートになっている。
みぼろ-ダム【御母衣ダム】岐阜県北西部、庄川上流にある発電専用ロックフィルダム。昭和36年(1961)完成。堰堤の高さ131メートル。
みほ-わん【美保湾】鳥取県・島根県の両県にまたがる湾。東岸の阿弥陀川から西岸の島根半島先端にある地蔵崎を結んだ線の内側。海岸には砂州の弓ヶ浜が広がり、北西部の境水道で中海や宍道湖に連なる。境港市の境港は島根半島によって北西季節風がさえぎられ、古くから良港として知られる。
み-ほん【見本】❶商品などの質や形状を買い手に知らせるために示す品。また、そのために作った物。サンプル。「実物―」「束―」❷具体的な例。手本。「使い方の―を示す」
(類語)例・標本・サンプル・モデル・手本
みほん-いち【見本市】商品の実物見本を展示・陳列し、紹介・宣伝しながら取引をする臨時市場。
みほん-ぐみ【見本組(み)】印刷で、紙面の体裁を見るため、原稿の一部を版に組んで見本とすること。また、その版で印刷したもの。組み見本。
みほん-ずり【見本刷(り)】正式に印刷する前に、見本として印刷すること。また、その印刷物。
みま【美馬】徳島県中北部にある市。吉野川中流域両岸を占める。北岸の脇町はうだつのある家屋が連なる町並みで有名。平成17年(2005)3月に脇町、美馬町、穴吹町、木屋平村が合併して成立。人口3.3万(2010)。
み-ま【▽御▽孫】貴人の孫や子孫を敬っていう語。「わが―の知らさむ食国」〈続紀宣命〉
み-ま【▽御馬】神・貴人などの乗る馬。また、美しくりっぱな馬。「人もねのうらぶれ居るに竜田山―近付かば忘らしなむか」〈万・八七七〉
み-まい【見舞(い)】❶病人や災難にあった人などを訪れて慰めたり、書面などで安否をたずねたりすること。また、その手紙や贈り物。「病人の―に行く」「暑中―」「火事―」「陣中―」❷見回ること。巡視。巡回。「今日は畠へ―に参らばやとぞんずる」〈虎明狂・竹の子〉❸訪ねること。訪問。「久しう―にもまゐらぬ程に、―に参らうと思うて出てをりやらします」〈虎明狂・鬼の継子〉(類語)慰安・慰問・慰労・慰藉
みまい-じょう【見舞(い)状】見舞いの手紙。
みまい-ひん【見舞(い)品】見舞いの気持ちを表して贈る品物。
み-ま・う【見舞う】〔動ワ五(ハ四)〕❶病人や災難にあった人などを訪れて慰める。また、書面などで安否をたずねる。「けがをした友人を―・う」❷望ましくない事が訪れる。災難などが襲う。「パンチを―・う」「台風に―・われる」❸見回る。巡視する。「この間何かと隙のなさに、田を―・ふ事もござらぬほどに」〈虎明狂・水掛聟〉❹訪問する。あいさつに行く。「二階に宰府の源様が来てござる、―・うたか」〈浄・博多小女郎〉
(類語)慰める・ねぎらう・慰問する・慰労する
み-まえ【▽御前】神仏や貴人の前。おまえ。
み-まが・う【見紛う】㊀〔動ワ五(ハ四)〕見まちがえる。見あやまる。「海かと―・う大湖」㊁〔動ハ下二〕㊀に同じ。「いづくともなく雪の降り置きたるに―・へられ」〈枕・四〇〉
(類語)見誤る・見違える・見間違える・見損なう
み-まかせ【身任せ】からだが自分の思うままになること。自由にふるまえること。「来二月には年も明き、―になる吾妻」〈浄・寿の門松〉
み-まか・る【身▽罷る】〔動ラ五(四)〕《身が現世から罷まかる意》死ぬ。特に、中古では、自己側の者の死の謙譲語。「安らかに―・る」「いもうとの―・りにける時よみける」〈古今・哀傷・詞書〉(類語)死ぬ・亡くなる・没する・果てる・瞑する・逝く・眠る
み-まき【▽御牧】牧を尊んでいう語。古代の朝廷の直轄牧場。甲斐・武蔵・信濃などの国々にあった。
み-まくさ《「まくさ」は真草か》稲のこと。「さみだれに裳すそぬらして植うる田を君が千年の―にせむ」〈栄花・御裳着〉
み-まくさ【▽御×秣|▽御馬草】秣を尊んでいう語。「この岡に草刈る童な然刈りそねありつつも君が来まさむ―にせむ」〈万・一二九一〉
みまさか【美作】㊀旧国名の一。現在の岡山県北東部。和銅6年(713)備前国から分国。作州。㊁岡山県北東部にある市。市南部を出雲街道が、北部を因幡街道が通り、江戸時代には出雲街道の土居、因幡街道の大原(古町)が宿場町として栄えた。美作三湯の一つ湯郷温泉がある。平成17年(2005)3月に勝田町、大原町、東粟倉村、美作町、作東町、英田町が合併して成立。人口3.1万(2010)。
みまさか-し【美作市】▶美作㊁
みまさか-だいがく【美作大学】岡山県津山市にある私立大学。昭和42年(1967)に美作女子大学として開学。平成15年(2003)男女共学化とともに現校名に改称した。生活科学部の単科大学。
み-まさり【見▽優り|見勝り】❶他のものよりすぐれて見えること。「同じ年頃の他の少年に思い比べては、―のする賢さで」〈藤村・爺〉❷前に見たときよりすぐれて見えること。また、予想よりすぐれて見えること。「かやうに奥まりたらむあたりの、―せむこそをかしかるべけれ」〈源・橋姫〉
み-まさ・る【見▽優る|見勝る】〔動ラ四〕❶予想よりすぐれて見える。「らうたげなる筋さへ添ひて―・りける事さへ口惜しう」〈狭衣・四〉❷他よりすぐれて見える。「その次の娘お夏、…風俗姉に―・りて」〈浮・二十不孝・三〉
みまし【味摩之】飛鳥時代、日本に伎楽を伝えたとされる百済の人。推古天皇20年(612)に渡来し、大和の桜井で少年たちに伎楽を教えたという。生没年未詳。
みま-し【美馬市】▶美馬
み-まし【▽御▽席|▽御▽座】貴人が座る席。また、そこに敷くもの。「天皇の―に置きて」〈顕宗紀〉
み-まし【×汝】〔代〕二人称の人代名詞。あなた。「―大臣の仕へ奉り来しさまは」〈続紀宣命〉
み-ます【三×枡|三升】❶大・中・小の三つの枡を入れ子にしたもの。いれこます。❷紋所の名。❶を上から見た形を図案化したもの。歌舞伎俳優市川団十郎の紋所。
ミマス〖Mimas〗土星の第1衛星。大型の衛星のうち、最も内側の軌道を回る。名の由来はギリシャ神話の巨人。1789年にF=W=ハーシェルが発見。その名にちなんだハーシェル-クレーターは直径130キロに達する。直径は約400キロ(地球の約0.03倍)。
み-ま・す【見増す】〔動サ四〕❶実際に見て評判・想像よりすぐれていると感じる。「滝口殿は聞きしより―・して覚ゆるものかな」〈曽我・一〉❷見た目に他よりまさっている。「太夫ありしが、それに―・すほどなる美形」〈浮・五人女・一〉
みます-ごうし【三×枡格子】三枡の形を連ねた格子縞。団十郎格子。
みまそ-が・り【▽在そがり|×坐そがり】〔動ラ変〕《「いまそがり」の音変化か。「みまそかり」とも》「在る」「居る」の尊敬語。いらっしゃる。「おほきおとどの栄華の盛りに―・りて」〈伊勢・一〇一〉
み-まち【×巳待ち】己巳の日の夜に行う弁才天の祭り。
み-まちがい【見間違い】見て他のものとまちがえること。見あやまり。見ちがい。誤認。みまちがえ。「時刻表の―をする」
み-まちが・う【見間違う】㊀〔動ワ五(ハ四)〕「見間違える」に同じ。「見知らぬ人を友人と―・う」㊁〔動ハ下二〕「みまちがえる」の文語形。
み-まちがえ【見間違え】「見間違い」に同じ。
み-まちが・える【見間違える】〔動ア下一〕図みまちが・ふ〔ハ下二〕見て他のものとまちがえる。見あやまる。見ちがえる。「休講の掲示を―・える」
みまな【任那】古代朝鮮半島南部にあった一小国家。朝鮮の史料には、金官加耶(金海)の別名として3回だけ現れる。日本書紀では「みまな」と読み、広義では朝鮮半島南部加耶をさす。6世紀半ば、新羅に併合された。にんな。
み-まね【見真▽似】見てまねること。「見よう―」
みま-の-みこと【▽御▽孫▽命|▽御▽孫▽尊】天照大神の子孫である天皇。「―、もし宝の国を得まくおぼさば」〈神功紀〉
み-まま【身▽儘|身▽随】〔名・形動ナリ〕身を拘束されず、思うままにふるまえること。特に、遊女が、年季があけたり身請けされたりして、自由の身となること。また、そのさま。「銀が四貫匁あれば、太夫様は―にならしゃますが」〈伎・壬生大念仏〉
み-まも・る【見守る】〔動ラ五(四)〕❶無事であるように注意しながら見る。また、なりゆきを気をつけながら見る。「子供の成長を―・る」「事業の発展を―・る」❷目を離さずにじっと見る。熟視する。凝視する。「かたずをのんで画面を―・る」(類語)見つめる・見据える・見澄ます・熟視する・凝視する
み-まや【▽御馬屋|▽御×厩】貴人を敬ってその厩をいう語。「今日もかも都なりせば見まく欲り西の―の外に立てらまし」〈万・三七七六〉
み-まわし【見回し|見×廻し】❶建築で、正面から側面への続き。同じ仕上げや形式がとられていることなどにいう。❷監督すること。「言付けも―も口は一つ目は二つ」〈浄・重井筒〉
み-まわ・す【見回す|見×廻す】〔動サ五(四)〕ぐるりとまわりを見る。「あたりを―・す」
(類語)見わたす・四顧する・見上げる・見下ろす・見返る
み-まわり【見回り|見×廻り】見回ること。また、その人。巡視。
(類語)巡視・巡回・巡邏・巡見・パトロール
みまわり-ぐみ【見×廻組】幕末、江戸幕府が治安の乱れた京都市中の警備のために設置した部隊。新撰組とともに京都守護職に属し、尊攘・討幕派の取り締まりにあたった。
み-まわ・る【見回る|見×廻る】〔動ラ五(四)〕警戒・監督などのため、あちこちを回って見て歩く。巡視する。「夜警がビルの中を―・る」
み-まん【未満】ある数に達していないこと。ある数を境に、ある数そのものは含めず、それより少ない数であること。「一〇円―は切り捨てる」「一八歳―の者」➡以下(用法)
(類語)以下・以内
みみ【耳】❶頭部の左右にあり、聴覚および平衡感覚をつかさどる器官。哺乳類では耳殻が張り出し、鳥類とともに外耳・中耳・内耳の3部分からなる。爬虫類・両生類では中耳・内耳があり、鼓膜が露出。魚類では内耳だけで、平衡器としての働きが大きい。「―まで真っ赤になる」❷聞く能力。聴力。また、聞くこと。聞こえること。「―がいい」「―に快い音楽」❸耳のように器物の両側についている部分。取っ手。「鍋の―」「水差しの―」❹織物や紙・食パンなどのふち・へり。「パンの―」「紙の―をそろえる」❺針の糸を通す穴。めど。「針の―」❻本製本の書籍で、背の両側のやや隆起した部分。❼兜の吹き返しの異称。❽大判・小判のふち。転じて、その枚数。「千両の小判―がかけてもならぬ」〈浄・傾城酒呑童子〉
(…語)兎耳・聞き耳・小耳・荒耳・地獄耳・空耳・垂れ耳・遠耳・寝耳・初耳・早耳・僻耳・福耳・袋耳

(類語)(❶)耳介・耳殻・耳朶・耳朶/(❹)端・縁・縁

耳驚・く　聞いてびっくりする。「物の音どもの、みな等しく―・き侍るは」〈源・若菜下〉

耳が痛・い　他人の言葉が自分の弱点をついていて、聞くのがつらい。「親友の忠告を聞くのは―・い」

耳が汚・れる　汚らわしいことや不快なことを聞いていやな気分になる。

耳が肥・える　音楽などを聞きこんでいくうちに、味わう能力が豊かになる。「―・えた聴衆」

耳が遠・い　耳がよく聞こえない。「年取って―・くなる」

耳が早・い　物音や世間のうわさなどを聞きつけるのが早い。「新聞記者は―・い」

耳順う年　《「論語」為政の「六十にして耳順う」から》60歳。耳順。

耳留ま・る　「耳とまる」に同じ。「あまりおどろおどろしき事と―・りける」〈源・東屋〉

耳留・む　「耳とむ」に同じ。「聞き置き給へる女なれば、ゆかしくて―・め給へるに」〈源・帚木〉

耳留ま・る　聞いて注意が向く。耳にとまる。「たちはき、落窪の君の上を語り聞こえければ、少将―・りて」〈落窪・一〉

耳留・む　注意して聞く。聞いて心にとめる。「何となく言の葉ごとに―・めて」〈右京大夫集〉

耳に当た・る　聞いて不愉快になる。「―・る陰口」

耳に入・れる　❶情報などを知らせる。「とりあえず―・れておく」❷聞いて知る。小耳にはさむ。「例会で―・れた話」

耳に掛・ける　►掛ける❽㋓

耳に釘　聞いている相手の急所をつくこと。「何心なくいふ詞、姫君の―、むっとしたる御顔付」〈浄・時頼記〉

耳に逆ら・う　聞いて不愉快に感じる。また、そういうことを言う。「忠言―・う」

耳に障・る　聞いて不愉快に感じる。また、耳にとまる。「―・る音」

耳に・する　聞く。耳に入ってくる。「気になる話を―・する」

耳に胼胝ができる　同じことを何度も聞かされて、嫌になる。「―・きるほど聞かされる」

耳に立・つ　聞こえて気になる。耳にとまる。「隣室のテレビの音が―・つ」

耳に付・く　音・声などが耳にとまって、気になる。「波の音が―・いて眠れない」

耳に留ま・る　聞こえてきて、それに注意が向く。また、聞いたことが気になって耳に残る。「捨てぜりふが―・る」

耳に留・める　注意して聞く。聞いて記憶に残す。「先輩のアドバイスを―・める」

耳に残・る　声や音が忘れられなくなる。「―・る映画音楽」

耳に入・る　聞こえる。物音・話・うわさなどが聞こえてくる。「隣席の会話がふと―・る」

耳に挟・む　ちらっと聞く。ふと耳に入る。小耳にはさむ。「妙なうわさを―・む」

耳に触・れる　►触れる❶㋒

耳の正月　おもしろい話や音楽などを聞いて楽しむこと。耳のごちそう。

耳を洗・う　《「史記索隠」伯夷伝の故事から》世俗の汚れたことを聞いた耳を洗い清める。世俗の栄達をきびしく拒否するたとえ。耳をすすぐ。

耳を疑・う　思いがけないことを聞き、聞き違いかと思う。聞いたことが信じられないことにいう。「突然の話で自分の―・った」

耳を打・つ　❶強く耳にひびく。「雨の音が―・つ」❷耳打ちをする。「たしかに見届けおいたゆゑ其方に今―・つ」〈浮・娘気質・三〉

耳を掩いて鐘を盗む　《「呂氏春秋」自知の故事から》鳴るのを人に聞かれまいとして自分の耳をふさいで鐘を盗む。良心に反する行為をしながら、そのことを考えないように努めること。また、自分の悪事を人に知られないようにしたと思っていても、知れ渡っているたとえ。耳を掩いて鈴を盗む。

耳を掩いて鈴を盗む　►耳を掩いて鐘を盗む

耳を貸・す　人のいうことを聞く。また、相談にのってやる。「忠告に―・そうとしない」

耳を傾・ける　注意して聞く。熱心に聞く。「老師の講話に―・ける」

耳を聞・く　うわさ・評判などが耳に入る。「中にらうたしと思ひし物をしも、出し立てて、かかる―・くこと」〈宇津保・蔵開下〉

耳を信じて目を疑・う　人の言ったことを信じて、自分の目で見たことは信じない。遠くのことをありがたがって近くのことを軽んじる。「―・ふは、俗の常の弊なり」〈平家・三〉

耳を濯・ぐ　「耳を洗う」に同じ。

耳を澄ま・す　聞こうとして注意を集中する。耳をそばだてる。「―・して鳥の声を聞く」

耳を欹・てる　「耳を澄ます」に同じ。「内緒話に―・てる」

耳を揃・える　《大判・小判の縁をそろえる意から》全額を不足なく用意する。「借金を―・えて返す」

耳を立・てる　聞こうとして注意を集中する。聞き耳を立てる。「隣席の会話に―・てる」

耳を潰・す　聞いても聞かないふりをする。「鸚鵡返しのあて言―・して」〈浄・浦島年代記〉

耳を劈・く　耳を突き破る。非常に大きな音のとどろくさまにいう。「爆音が―・く」

耳を塞・ぐ　強いて聞かないようにする。「悲惨なニュースに思わず―・ぐ」

み-み【身身】❶《「身身となる」の形で》身二つになること。出産すること。「舟のうちの住まひなれば静かに―と成らん時もいかがはせん」〈平家・九〉❷各自のからだ。その身その身。「おのが―につけたるたよりども思ひ出でて」〈源・蓬生〉

みみ-あか【耳×垢】耳の穴にたまる垢。みみくそ。じこう。(類語)耳糞・耳滓・耳垢

みみ-あたらし・い【耳新しい】〔形〕(文)みみあたら・し〔シク〕初めて聞くことである。初耳である。「―・い外来語」

みみ-あて【耳当て】防寒のために耳に当て、おおうもの。耳袋。

みみ-いか【耳烏=賊】ダンゴイカ科のイカ。沿岸にすみ、外套長は約5センチ。耳のような円形のひれをもつ。発光細菌が共生していて発光する。北海道南部から南に分布。食用。

みみ-いし【耳石】「袖石」に同じ。

みみ-いと【耳糸】織物の耳を織るときに縦糸として使う糸。

みみ-うち【耳打ち】〔名〕スル　相手の耳もとへ口を寄せてささやくこと。耳語。「物陰へ呼んで―する」(類語)耳こすり・耳語・ささやき・ひそひそ話

みみおり-ひょうし【耳折り表紙】製本で、薄表紙の場合、表紙のちりを大きくして小口に折り込むように仕立てたもの。

みみ-がい【耳貝】ミミガイ科の巻き貝。暖海の岩礁にすむ。貝殻はアワビに似た耳形で細長く、殻径約10センチ。殻表は褐色で滑らか。呼吸孔は管状にならず、5～7個ある。食用。

みみ-かき【耳×掻き】耳あかなどをとるための、先が小さなしゃくし形になった細い棒。

みみかき-ぐさ【耳×掻草】タヌキモ科の多年生の食虫植物。湿地に生え、高さ10～15センチ。細く白い地下茎が泥中を走り、捕虫袋がまばらにつく。葉は線形で地下茎から出る。8～10月、花茎を出して、黄色の花を数個つける。花後、萼が実を包み、耳掻き棒に似る。

みみ-かくし【耳隠し】女性の髪形の一。ウエーブをつけた毛髪で耳を覆い隠すようにし、後ろで小さくまとめた束髪。大正末期に流行。

みみ-がくもん【耳学問】自分で修得したものでなく、人から聞いて得た知識。聞きかじった知識。耳学。

みみ-かざり【耳飾り】耳につける装身具。耳たぶにはさんだり、ねじで留めたり、穴をあけてつるしたりする。耳輪。イヤリング。ピアス。

みみ-かしこ・し【耳賢し】〔形ク〕音などを聞き分ける力がすぐれている。耳が肥えている。「―・き人、ただならぬ唄なり、それを、と」〈浮・一代男・三〉

みみ-かす【耳×滓】耳垢。みみくそ。

みみ-がた・し【耳固し】〔形ク〕聴覚が鈍い。耳が遠い。「―・からぬ人のためには」〈源・常夏〉

みみ-がね【耳金】❶金属製の耳飾り。❷器物などの左右に突き出ている金具。

みみ-がわらけ【耳土=器】箸をのせるのに用いる、耳の形に似た焼き物の器。耳皿。〈日葡〉

みみ-きき【耳利き】うわさや秘密などを、いち早く聞き出したり探り出したりすること。「たとひ京中の―のためなりとも」〈盛衰記・一〉

みみ-き・く【耳聞く】〔動カ四〕耳が聞こえる。また、聞く能力がすぐれている。「―・かぬ者はえ聞かねども、光を尋ねて参り」〈栄花・御裳着〉

みみ-ぐけ【耳×絎】絎縫いの一。布の耳を裏に折り、針目を表に一目、裏に二目出してくけるもの。

みみ-くじり【耳×抉り】東北地方で、5月5日に牛尾菜や山芋を耳に当て、耳の穴をほるまねをする風習。耳がよく聞こえるようになるという。

みみ-くそ【耳×糞｜耳×屎】耳垢。みみかす。

ミミクリー〖mimicry〗動物の擬態の一。アブがハチの警戒色に似た色彩をもつ例などのように、目立つ色彩をまねることによって捕食者の攻撃を回避しようとする擬態。標識的擬態。

みみ-ぐるし・い【耳苦しい】〔形〕(文)みみぐる・し〔シク〕聞くにたえない。聞き苦しい。「お―・い話で恐縮です」

みみ-げ【耳毛】耳に生えた毛。特に、耳の外周や耳の中に生えた、見栄えの悪い毛。耳のむだ毛。

みみ-ごうしゃ【耳巧者】〔名・形動ナリ〕耳学問でいろいろなことを知っていること。また、その人や、そのさま。「よろづ上京と下京の違ひありと―なる人のいへり」〈浮・一代女・一〉

みみ-こすり【耳▽擦り】〔名〕スル❶人の耳もとで小声でささやくこと。耳打ち。「下女は暗い中で私に―するように」〈漱石・硝子戸の中〉❷あてつけを言うこと。あてこすり。「いろいろの―、はしたないこと聞きてはゐぬぞや」〈浄・歌祭文〉(類語)耳打ち・耳語

みみ-ざと・い【耳×聡い】〔形〕(文)みみざと・し〔ク〕❶聴覚が鋭い。「―・く不審な物音を聞きつける」❷情報などを聞きつけるのが早い。早耳である。「業界通だけあってさすがに―・い」

みみ-ざわり【耳触り】聞いたときの感じ・印象。「―のよい音楽」

みみ-ざわり【耳障り】〔名・形動〕聞いて気にさわったり、不快に感じたりすること。また、そのさま。「―な音」

みみ-しい【×聾｜耳×廃】耳が聞こえないこと。「我を―にせんとする如し」〈鷗外訳・即興詩人〉

みみ-じるし【耳印】共同牧場で、所有者の牛馬を見分けるため、耳につける切り傷。なめ切り。

みみず【蚯=蚓】貧毛綱の環形動物の総称。体は円筒形で細長く、多くの環節からなり、頭のほうに環帯とよぶ膨らみがある。陸生のものは地中にすみ、腐植土を食う。雌雄同体。魚釣りの餌に用い、また解熱剤とする。赤竜。きゅういん。めめず。(季 夏)

蚯蚓ののたくったよう　へたな筆跡のたとえにいう。「―な字」

みみず-がい【蚯=蚓貝】ミミズガイ科の巻き貝。暖海で海綿の中に埋もれて群生する。殻径8ミリくらい。貝殻は管状。房総半島以南に分布。

みみず-がき【蚯=蚓書き】みみずがはい回ったようなへたな文字の書き方。また、その文字。「姫宮、―にせさせ給へる」〈栄花・ゆふしで〉

みみ-ずく【木=菟｜鴟=鵂｜角=鴟】フクロウ科の鳥のうち、頭に耳のような羽毛をもつものの総称。オオコノハズクをさすことが多い。(季 冬)「―のほうと追はれて逃げにけり/鬼城」

みみ-ずく【耳×蝉】❶ミミズク科の昆虫。体長18ミリ

くらいで、暗褐色か赤褐色。胸部背面に耳状突起が一対あり、前から見ると鳥のミミズクに似る。リンゴ・ナラ・クヌギなどについて吸汁する。❷半翅目ミミズク科の昆虫の総称。頭部は幅広く葉状。オーストラリア・マレー地方に多く分布。

みみずのたわこと【みみずのたはこと】 徳冨蘆花の随筆集。大正2年(1913)刊。武蔵野での半農生活、自然の情趣の記録などを収める。

みみず-ばれ【蚯=蚓ˣ脹れ】皮膚をひっかくなどした傷が、細長く赤くはれること。また、その傷。

みみ-せせ【完=骨】耳の後ろにある小高い部分。また、その部分の骨。「いまだ―には昔の垢の名残も見え」〈浮・男色大鑑・三〉

みみ-そうだん【耳相談】互いに耳もとでひそひそと相談すること。

みみ-そしょう【耳訴訟】耳もとへ口を寄せて話すこと。耳打ち。「旦那へ―して」〈滑・続膝栗毛・一一〉

みみ-だた・し【耳立たし】〔形シク〕耳障りである。「―・しくおぼゆるままに」〈也哉抄〉

みみ-だ・つ【耳立つ】〔動タ五(四)〕《「みみたつ」とも》❶その音が特に耳につく。耳障りに聞こえる。「あまりに―・ちすぎて不愉快であった」〈寅彦・蓄音機〉❷聞いて心にとめる。耳にとまる。「さては人の―・つべきことにもあらず」〈夜の寝覚・一〉

みみ-たぶ【耳ˣ朶|耳ˣ埵】〔名・形動〕❶耳の下に垂れ下がったやわらかな部分。じだ。みみたぼ。みみたび。❷《❶の厚いのを福相とする俗説から》福運があること。また、そのさま。「ちっと―な当りがあるから」〈逍遥・当世書生気質〉

みみ-たぼ【耳ˣ朶|耳ˣ埵】「みみたぶ」の音変化。「―が火の如くかっと真紅になり」〈円朝・怪談牡丹灯籠〉

みみ-だま【耳玉】❶耳につけて飾りとする小さな玉。❷海女が潜水する際、耳に水が入らないように栓として用いる玉。

みみ-だらい【耳ˣ盥】左右に耳状の取っ手のついた小形のたらい。多く漆器で、鉄漿付けの際、口をすすぐのに用いた。➡角盥

みみ-だれ【耳垂れ】耳の穴から膿のような分泌物が出る状態。また、その分泌物。外耳・中耳の炎症でみられる。耳漏。

みみ-だんごう【耳談合】耳打ちをして話し合うこと。耳相談。「大事なきことを深くとりなし、―なんどをして」〈甲陽軍鑑・一三〉

みみ-ちか・し【耳近し】〔形ク〕《「みみぢかし」とも》❶すぐ近くに聞こえる。「松風いと―・う心細く聞こえて」〈更級〉❷聞きなれている。「仏の御教へをも―・きたとひにひきまぜ」〈源・橋姫〉

みみ-づか【耳塚】戦で首の代わりに切りとった敵兵の耳を埋めた塚。特に、文禄・慶長の役の際の京都東山方広寺大仏殿西のものが有名。

みみ-つき【耳付き】❶耳のかっこう・ようす。❷耳がついていること。また、そのもの。「―の鍋」

ミミック〖mimic〗❶他人の動作・言葉などを模倣すること。また、その人。❷パントマイムの役者、および作者。❸せりふ劇やオペラなどで、俳優の身振り・動作。特に、物まね動作。

ミミック〖MMIC〗《monolithic microwave integrated circuit》モノリシック(単一)マイクロ波集積回路。一個の基板上に構成されたガリウムヒ素集積回路。スーパーコンピューターなどに利用される。

みみっち・い〔形〕細かくて、けちくさい。しみったれている。「―・い料簡」派生みみっちさ〔名〕
類語けちくさい・細かい・渋い・しょっぱい・しみったれ・しわい・いじましい・せこい

みみ-どお・い【耳遠い】〔形〕文みみどほ・し〔ク〕❶聴覚が鈍い。耳がよく聞こえない。「年のせいで―・くなる」❷聞きなれない。聞いても理解できない。「専門的過ぎて―・い話」

みみ-と・し【耳▽疾し|耳ˣ聡し】〔形ク〕聴覚が鋭い。耳ざとい。「忍びやかに言ひけるを―・く聞きて」〈宇治拾遺・四〉

みみ-どしま【耳年▽増】聞きかじりの知識だけが豊富な若い女性。多く、性的な知識についていう。

みみな-ぐさ【耳菜草】ナデシコ科の越年草。道端に生え、高さ15〜25センチ。根元から枝分かれし、茎は暗紫色。茎・葉に毛がある。葉は卵形で、形をネズミの耳に見立ててこの名があるという。春から夏、白い5弁花を開く。若葉は食用。

みみなし-やま【耳成山】奈良県橿原市にある山。標高139メートル。大和三山の一。

みみ-なり【耳鳴り】実際には音がしていないのに、耳の奥で何かが鳴るように感じられること。頭部外傷・耳の病気・高血圧などの際に現れる。耳鳴。

みみ-なれ【耳慣れ|耳ˣ馴れ】耳なれていること。聞きなれていること。「―にて侍れば、今はじめて、いかにも物を思ひ侍らず」〈源・真木柱〉

みみ-な・れる【耳慣れる|耳ˣ馴れる】〔動ラ下一〕文みみな・る〔ラ下二〕たびたび聞いて珍しくなくなる。聞きなれる。「―・れない言葉」

みみ-ぬき【耳抜き】鼓膜の内側と外側に生じた圧力差を解消する方法。鼻を摘み、口を閉じた状態で、鼻から空気をはき出すようにすることで耳へ空気を送る。潜水中や航空機搭乗中などに、水圧や気圧の急激な変化によって、耳が痛くなったり、聴こえにくくなったりした場合に行う。唾を飲み込む、あくびをするように顎を大きく動かすなどの方法もある。

みみ-はさみ【耳挟み】女性が額髪の垂れ下がるのを耳に挟んで後方にやること。品位のないこととされた。「―をして惑ひおはす」〈宇津保・蔵開上〉

みみはさみ-がち【耳挟み勝ち】〔形動ナリ〕耳挟みをすることが多いさま。なりふりをかまわないさま。「―に美相なき家刀自の」〈源・帚木〉

みみ-ばや・い【耳早い】〔形〕文みみばや・し〔ク〕聞きつけるのが早い。早耳である。「―・い人」

みみ-はゆ・し【耳▽映ゆし】〔形ク〕聞くにたえない。「汝が罵りだて―・し」〈盛衰記・四二〉

みみ-はらい【耳払い】耳あかを払うのに用いる、鳥の柔らかい毛などを柄の先につけたもの。

みみ-ぶくろ【耳袋】防寒のために耳にかぶせる袋。耳当て。耳掛け。(季 冬)「聞くまじきことを聞かじと―/風生」

みみぶくろ【耳嚢|耳袋】江戸中期の随筆。10巻。根岸鎮衛著。佐渡奉行・勘定奉行・町奉行を務めた著者の見聞録で、未刊ながら写本で伝わる。

みみ-ふさぎ【耳塞ぎ】►みみふたぎ

みみ-ふたぎ【耳▽塞ぎ】同年齢の者が死んだとき、災厄が身にかかることを恐れて、餅で両耳をふさぐまねをし、唱え言をするまじない。地方により、鍋のふた・団子などでもする。みみふさぎ。みみふたげ。

みみ-ふ・る【耳▽旧る】〔動ラ上二〕聞きなれて珍しくなくなる。「興ある朝夕の遊びに―・り、目馴れ給ひけれ」〈源・若菜下〉

みみ-へん【耳偏】漢字の偏の一。「聴」「職」などの「耳」の称。

みみ-もと【耳元|耳▽許】耳の根元。また、耳のすぐそば。「―のほくろ」「―でささやく」

みみ-やす・し【耳安し|耳▽易し】〔形ク〕安心して聞いていられる。「かかれば―・く聞き給ひて」〈宇津保・国譲下〉

み-み・ゆ【見見ゆ】〔動ヤ下二〕見もし見られもする。あいまみえる。「―・えん事も今ばかりぞとおぼえれば」〈曽我・三〉

み-みょう【▽美妙】〔名・形動〕何とも言い表せないほど美しく、すぐれていること。また、そのさま。びみょう。「美術家の望む所は、偏えに―の感覚を与えて人を娯ましめんと」〈逍遥・小説神髄〉

み-みょう【▽微妙】〔名・形動〕趣深く繊細であること。また、そのさま。びみょう。「虚空はるかに―なる音楽がきこえ始めた」〈倉田・出家とその弟子〉

み-みょうと【三夫=婦】親・子・孫の3代の夫婦がそろっていること。めでたいこととされる。

みみ-より【耳寄り】〔名・形動〕聞く値打ちのあること。聞いて好ましい内容であること。また、そのさま。「―な(の)話」

みみ-わ【耳輪|耳▽環】耳たぶに下げる飾りの輪。イヤリング。

み-むき【見向き】振り向いてその方を見ること。また、そちらに心を向けること。「俗世間のことには―もしない」

み-む・く【見向く】〔動カ五(四)〕振り向いてその方を見る。また、そちらに心が向く。「声をかけられても―・こうともしない」

ミムド〖MIMD〗《multiple instruction/multiple data》複数のマイクロプロセッサーを搭載した並列コンピューターにおいて、複数のマイクロプロセッサーが異なるデータを並行して処理する方式。

み-むろ【▽御室】❶貴人の住まい。おむろ。「しひて―にまうでて拝み奉るに」〈伊勢・八三〉❷「御諸」に同じ。「神奈備の―の岸やくづるらむ竜田の川の水のにごれる」〈拾遺・物名〉

みむろとじ【三室戸寺】京都府宇治市にある単立(本山修験宗系)の寺。山号は明星山。西国三十三所第10番札所。宝亀年間(770〜780)光仁天皇の勅願により行表が開山、御室戸寺と称した。のち、花山・三条・白河3帝の離宮となり、三室戸寺と改称。三室堂。

みむろ-やま【三室山】㊀兵庫・鳥取県境にある山。標高1358メートル。山麓一帯はスキー場。㊁奈良県斑鳩町にある丘陵。竜田川の下流域に位置し、古来紅葉の名所。神奈備山。歌枕「影宿す月もしぐれて―秋風寒し葛の下露」〈新続古今・秋下〉

み-め【見目|眉目】❶顔立ち。容貌。❷見た感じ。「鶯はいと―も見苦し」〈枕・四一〉❸面目。ほまれ。「いかに若いとて二人の子の親。結構なばかり―ではない」〈浄・天の網島〉

見目より心 容貌の美しさよりも、心の美しさのほうが大切である。人は見目よりただ心。

み-め【▽御▽妻|▽妃】妃・女御など、身分の高い人の妻を敬っていう語。「忍び忍び、帝の―さへ過ち給ひて」〈源・須磨〉

み-めい【未明】まだ夜が明けきらない時分。びめい。類語明け方・朝まだき・暁・黎明・夜明け・曙・明け

みめ-うるわし・い【見目麗しい|眉目麗しい】〔形〕文みめうるは・し〔シク〕顔かたちが美しい。「―・いおとめ」類語見目よい・美しい・奇麗・端麗・佳麗・艶麗・美貌・明眸皓歯・眉目秀麗・端整

ミメーシス〖ギリシャ mīmēsis〗《「ミメシス」とも》❶芸術理論上の基本的概念の一。芸術における模倣。自然はイデア(事実の本質)の模倣である、とするプラトンの論や、模倣は人間の本来の性情から生ずるものであり、諸芸術は模倣の様式である、とするアリストテレスの説が源にある。❷他者の言語や動作を模倣して、そのものの性質などを如実に表そうとする修辞法。❸動物の擬態の一。尺取り虫が小枝に似せる例などのように目立たない色や行動をして捕食者の攻撃を回避する擬態。隠蔽的擬態。

みめ-かたち【見目形|眉目形】顔かたちと姿。容姿。みめすがた。「―のすぐれた人」
類語容姿・容貌・姿形・顔かたち・見目・ルックス

み-めぐら・す【見▽回らす】〔動サ四〕ぐるりと見まわす。「御方の勢を―・して」〈太平記・三九〉

みめぐり-じんじゃ【三囲神社】東京都墨田区にある神社。創建年未詳。祭神は倉稲魂命。江戸時代の俳人宝井其角が、「夕立や田を見めぐりの神ならば」の句を奉納したところ、たちまち雨が降ってひでりに悩む農民を助けたという伝説で有名。

み-めぐ・る【見巡る|見▽回る】〔動ラ五(四)〕見てまわる。「島のあちこちを―・る」

ミメシス〖ギリシャ mīmēsis〗►ミメーシス

み-め・ず【見▽愛づ】〔動ダ下二〕見て賞美する。すてきだと思って見る。「うち泣き給ふもあり、―・で給ふもあり」〈宇津保・蔵開中〉

みめ-よ・い【見目▽好い|眉目良い】〔形〕文みめよ・し〔ク〕顔だちが美しい。器量がいい。「―・い娘」

(類語)見目麗しい・美しい・奇麗・端麗・佳麗・艶麗・美貌びぼう・明眸皓歯めいぼうこうし・眉目秀麗・端整

みめ-よし【見目▽好し｜眉目▽好し】顔かたちのよい人。器量よし。「上京に一の心よしを持ている程に」〈虎寛狂・鈍太郎〉

みめ-わる【見目悪｜眉目悪】顔かたちの醜いこと。また、その人。「枕に汗のかかる一/一鉄」〈談林十百韻〉

み-もい【▽御▽水】《「もい」は、元来、水をいれる器の意》水。「飛鳥井は、一も寒し、とほめたるこそをかしけれ」〈枕・一六八〉

み-もう【味盲】特定の味についての味覚が先天的に欠如していること。大多数の人が感じるフェニルチオカルバミドおよび類似化合物の苦味を感じることができないこと。無味覚症。

ミモザ〖mimosa〗マメ科アカシア属とミモザ属(ネムリグサ属)の常緑高木の総称。花は黄色で球状に集まって咲く。主にオーストラリアに産し、観賞用に栽培。ギンヨウアカシアなど。(季 夏)「一咲き海かけて靄黄なりけり/秋桜子」

ミモザ-サラダ〖mimosa salad〗ゆで卵の卵黄を裏ごし、あるいはみじん切りにして、サラダの上に飾ったもの。卵黄の黄色をミモザの花に見たてた名称。

みもすそ-がわ【御裳濯川】伊勢神宮の内宮神域内を流れる五十鈴川いすずがわの異称。倭姫命やまとひめのみことがこの清流で裳を洗い清めたという故事による名。

み-もだえ【身×悶え】〘名〙スル 苦しみ、いらだちなどのため、からだをよじらせ動かすこと。「悲しみのあまり一して泣く」

み-もだ・える【身×悶える】〘動ア下一〙文みもだ・ゆ〘ヤ下二〙苦しさなどのためにからだをよじらせるように動かす。「激痛に一・える」

(類語)もがく・悶える・のたうつ・のたうちまわる・あがく

み-もち【身持(ち)】❶日常の身の処し方。異性との交際についていうことが多い。品行。「一が悪い」❷妊娠すること。「一になる」「一女」

(類語)(❶)品行・素行・行状・操行・行跡

み-もと【身元｜身▽許】❶その人の出生・出自・経歴などの事柄。素性すじょう。「一を調べる」❷一身上の事柄。「一を引き受ける」

(類語)(❶)素性・氏素性・出自・出身・生まれ・経歴

み-もと【▽御▽許】相手を敬って、そのそば近くをいう語。女性が手紙の脇付けに用いることもある。おもと。おんもと。「鈴木様一」「一に候はばやと」〈末灯鈔〉

みもと-きん【身元金】「身元保証金」に同じ。

みもとしんよう-ほけん【身元信用保険】従業員(被保証人)が、使用者のためにその業務を遂行するにあたり、または職務上の地位を利用して窃盗・強盗・詐欺・横領または背任の不誠実行為を行ったことにより使用者が被る損害を塡補する目的の保険。

みもと-ひきうけ【身元引(き)受け】雇われて働く者の身元について責任を負うこと。

みもと-ほしょう【身元保証】その人の一身上や資力などに関して請け合うこと。特に、雇用される者が将来雇い主に与えるかもしれない損害の賠償を第三者(身元保証人)が保証すること。

みもとほしょう-きん【身元保証金】身元保証のために担保として提供する金銭。身元金。

みもとほしょう-にん【身元保証人】身元保証を引き受ける人。

み-もの【見物】❶見るだけの値打ちのあるもの。見てすばらしいと感じるもの。「この対戦カードは一だ」❷見物すること。また、その人。「かの一の女房達」〈源・胡蝶〉

み-もの【実物】園芸や生け花の花材で、主に実を観賞の対象とする草木。花材ではナンテン・センリョウ・サンキライなど。➡花物 ➡葉物

ミモレ〖フラ mi-mollet〗着丈を表す語。日本では、主に女性用の服の、ひざの中ほどからひざ下くらいまでのものをいう。

ミモレット-チーズ〖mimolette cheese〗オランダ原産の、鮮やかなオレンジ色の半硬質チーズ。薄く切り、サンドイッチ・オードブルなどに用いる。

み-もろ【▽御▽諸｜三▽諸】神の降臨する場所。みむろ。「木綿ゆふかけて祭る一の神さびて斎いはふにはあらず人目多みこそ」〈万・一三七七〉

みもろ-つく【▽御▽諸つく】〘枕〙《「つく」は「築く」。一説に「斎いつく」》その山に神を祭る意から、「三輪山みわやま」「鹿背山かせやま」にかかる。「一三輪山見れば」〈万・一〇九五〉

み-もん【未聞】まだ聞いたことがないこと。「前代一」「一のふるまいである」〈中勘助・鳥の物語〉

み-や【宮】《「御み屋や」の意》❶神を祭る建物。神社。神宮。「一参り」「一前」❷皇居。御所。宮城きゅうじょう。「大津の一」❸皇族の御殿。また、皇族を敬っていう語。「后きさきの一」❹一家を立てた親王の称号。「高松の一」「一様」❺仏堂。寺。「仏の像を造ること既に訖をはりて、一に入ることを得ず」〈推古紀〉(類語)神社・社やしろ・神殿・神廟しんびょう・社殿・廟宇びょうう・神宮・鎮守ちんじゅ・祠ほこら・祠堂しどう・大社・稲荷・八幡・本社・摂社・末社

みや【宮】名古屋市熱田区の神戸ごうど町・伝馬てんま町付近の古称。熱田神宮の門前町、東海道五十三次の宿駅で、桑名への七里の渡しの乗船場があった。

みや-い【宮居】❶神が鎮座すること。また、その場所。神社。❷皇居。

みや-いり【宮入り】御輿みこしが渡御とぎょを終えて神社の境内に入ること。⇔宮出し。

みやいり-がい【宮入貝】カタヤマガイの別名。日本住血吸虫の中間宿主であることを発見した宮入慶之助にちなむ名。

みや-うつし【宮▽遷し｜宮移し】「遷宮せんぐう」に同じ。「神風や朝日の宮の一影のどかなる世にこそありけれ」〈金槐集〉

ミャオ-ぞく【ミャオ族】《Miao》中国の少数民族の一。貴州省を主に、南部の山地に広く居住し、一部はベトナム・ラオス・タイの北部に居住、メオ族とよばれる。農業を主とし、女性は刺繡ししゅうに長じている。苗びょう族。

みやお-とみこ【宮尾登美子】[1926～　]小説家。高知の生まれ。高知の花柳界で成長した体験を生かした自伝的作品で人気を集める。「一絃いちげんの琴」で直木賞受賞。他に「櫂かい」「序の舞」「クレオパトラ」など。平成21年(2009)文化功労者。

みや-おみな【宮▽女】宮廷に仕える女性。きゅうじょ。「うちひさす一さすたけの舎人壮士とねりをとこも忍ぶらひかへらひ見つつ」〈万・三七九一〉

みやがせ-こ【宮ヶ瀬湖】神奈川県北部、相模原市・愛甲郡愛川町・同清川村の3市町村にまたがる人造湖。相模川の支流中津川に造られた宮ヶ瀬ダムの貯水池。総貯水容量は約2億立方メートルで、芦ノ湖と同じくらいの多さ。横浜市・川崎市など県内の90パーセントの家庭に給水する。

みや-がた【宮方】❶宮側につく人々。❷南北朝時代の吉野方。⇔武家方。

みや-がた【宮型】「宮型霊柩車」の略。

みやがた-れいきゅうしゃ【宮型霊×柩車】大型乗用車の後部を改造し、神社仏寺のような構造物を乗せた霊柩車。棺は後部のドアから出し入れする。(補説)火葬場によっては、周辺住民への配慮から、外装の目立つ宮型霊柩車の乗り入れを断るところがある。

みや-がわ【宮川】㊀三重・奈良県境にある大台ヶ原山に源を発し、北東流して伊勢湾に注ぐ川。上流に大杉峡谷があり、下流域に伊勢神宮がある。長さ90.7キロ。㊁岐阜県、飛驒山地の川上岳かおれだけに源を発し、高山市を経て北へ流れる川。富山県境で高原川と合流して神通川となる。長さ76キロ。

みやがわ-こうざん【宮川香山】[1842～1916]陶芸家。京都の生まれ。横浜の太田町に築窯し、初めは薩摩ふうの錦手にしきで、のちに精巧な磁器を制作。➡真葛焼まくずやき

みやがわ-ちょう【宮川町】京都市東山区、鴨川東岸の四条から五条あたりまでの一帯。歓楽街。近世には石垣町ともよばれた。宮川筋。

みやがわ-ちょうしゅん【宮川長春】[1682～1752ころ]江戸中期の浮世絵師。宮川派の祖。尾張の人と伝える。通称、長左衛門。菱川師宣ひしかわもろのぶ・懐月堂安度かいげつどうあんどなどの影響を受け、肉筆画に専念、艶麗な美人画を描いた。

みやがわ-は【宮川派】浮世絵の流派の一。宮川長春を祖とし、江戸中期に活躍、勝川派に受け継がれた。

みや-ぎ【宮木】《「みやき」とも》❶宮殿・神殿を造営するための用材。「一引く泉の杣そまに立つ民の休む時なく恋ひ渡るかも」〈万・二六四五〉❷宮殿の樹木。「荒れにけり志賀の都の秋風に一人や月の一守もるらん」〈新葉・秋下〉

みやぎ【宮城】東北地方中部の県。太平洋に面する。県庁所在地は仙台市。もとの陸前の大部分と磐城いわきの一部にあたる。人口234.8万(2010)。

みやぎがくいん-じょしだいがく【宮城学院女子大学】仙台市青葉区にある私立大学。明治19年(1886)設立の宮城女学校に始まり、宮城学院女子専門学校を経て、昭和24年(1949)新制大学として発足。

みやぎ-きょういくだいがく【宮城教育大学】仙台市青葉区にある国立大学法人。昭和40年(1965)東北大学教育学部を受けつぐ形で設置。平成16年(2004)国立大学法人となる。

みやぎ-けん【宮城県】▶宮城

みやぎけんおき-じしん【宮城県沖地震】昭和53年(1978)6月12日、宮城県沖で発生したマグニチュード7.4の地震。宮城県を中心に、山崩れや道路損壊のほか、新興開発地での被害が目立った。

みやぎけんほくぶ-じしん【宮城県北部地震】宮城県北部を震源地とする地震。❶昭和37年(1962)4月30日に発生したマグニチュード6.5の地震。現登米とめ市を中心に、家屋倒壊のほか、道路・鉄道・橋などの交通網に被害を受けた。❷平成15年(2003)7月26日に発生したマグニチュード6.4の地震。宮城県の3町で震度6強、5町で震度6弱を観測。マグニチュード5.6の前震に始まり、本震後もマグニチュード5.1の余震が発生、大きな被害を及ぼした。

みやぎ-だいがく【宮城大学】宮城県大和町に本部のある公立大学。平成9年(1997)に開学した。同21年公立大学法人となる。

みやぎたに-まさみつ【宮城谷昌光】[1945～　]小説家。愛知の生まれ。本名、誠一。漢文への深い素養を生かし、古代中国を題材とした作品を多く発表している。「夏姫春秋」で直木賞受賞、「重耳ちょうじ」で芸術選奨受賞。他に「子産」「奇貨居くべし」など。平成18年(2006)紫綬褒章受章。

みやぎの【宮城野】仙台市の区名。市の東部を占める。平成元年(1989)成立。古くは野が広がり、萩はぎの名所として知られた。(歌枕)「一の露吹きむすぶ風の音に小萩がもとを思ひこそやれ」〈源・桐壺〉

みやぎの-く【宮城野区】▶宮城野

みやぎのしのぶ【宮城野信夫】浄瑠璃「碁太平記白石噺ごたいへいきしろいしばなし」の通称。

みやぎの-はぎ【宮城野×萩】マメ科の落葉低木。東北地方の山野に自生し、高さ約1.5メートル。枝先は垂れ、葉は楕円形の3枚の小葉からなる複葉。9月ごろ、紅紫色の蝶形の花が咲く。庭木にする。なつはぎ。

みやぎ-みちお【宮城道雄】[1894～1956]箏曲そうきょく演奏家・作曲家。兵庫の生まれ。7歳ごろ失明。尺八家吉田晴風らとともに新日本音楽運動を起こし、邦楽界の改新に努力。洋楽器との合奏などを試み、また、邦楽器の改良や発明にも尽くした。作「水の変態」「春の海」「越天楽変奏曲」など。

みやぎ-もり【宮木守】宮殿の庭木を守る人。「さざ波や近江の宮は名のみして霞たなびき一なし」〈拾遺・雑上〉

みやぎやま-ふくまつ【宮城山福松】[1895～1943]力士。第29代横綱。岩手県出身。本名、佐藤福松。大阪相撲で吉田司家から免許を受けた最後(4人目)の横綱。優勝6回。➡大錦大五郎(第28代横

綱) ➡西ノ海嘉治郎(第30代横綱)

みゃく【脈|×脉】❶動物の体内で血液が流通する管。血管。❷脈拍。「―が乱れる」❸《医師が患者の脈拍をみて病状を診断するところから》先の望み。見込み。「そうすれば又…―を取りかえす工夫もあるだろう」〈独歩・第三者〉❹ひとつづきになっているもの。筋道。「話の―をたどる」➡漢「みゃく(脈)」

(類語)(②)脈拍・脈動・パルス/(③)望み・見込み

脈が上が・る ❶脈拍が絶える。死ぬ。❷見込みがなくなる。希望が絶える。「六十ぢゃあ―・ったよのう」〈滑・浮世風呂・二〉

脈があ・る ❶脈拍が絶えず、命がある。❷見込みがある。希望がもてる。「あの話にはまだ―・る」

脈がな・い ❶脈拍が途絶えている。死んでいる。❷見込みがない。希望がもてない。「先方に打診してみたが―・さそうだ」

脈を取・る 脈拍を調べる。脈を見る。「患者の―・る」

脈を◦見る ❶「脈を取る」に同じ。「運動後に―◦見る」❷見込みがあるかどうか探る。「鎌を掛けて、それとなく―◦見る」

み-やく【未訳】まだ翻訳されていないこと。

みゃく-あつ【脈圧】最高血圧と最低血圧との差。

みゃく-う・つ【脈打つ|脈×搏つ】〔動タ五(四)〕❶心臓の鼓動に合わせて動脈が振動する。「規則的に―・つ」❷内部で力強く活動を続ける。「平和希求の精神が―・つ」

みゃく-かん【脈管】ミャククヮン ►みゃっかん(脈管)

みゃく-がん【脈岩】岩脈を構成する火成岩。半深成岩が多い。

みゃくかん-けい【脈管系】ミャククヮンケイ ►みゃっかんけい(脈管系)

みゃくし-るい【脈×翅類】アミメカゲロウ目(脈翅目)の昆虫の総称。柔軟なかむ口をもち、触角は長く、翅(はね)は膜質で脈が多い。翅脈の端が細く分かれる扁翅(へんし)亜目のクサカゲロウ・ウスバカゲロウ・ツノトンボ、翅が幅広の広翅亜目のヘビトンボ・センブリ、翅に縁紋のあるラクダムシ亜目に分かれる。完全変態。幼虫は水生または陸生で肉食性のものが多い。

みゃく-せき【脈石】鉱床や鉱石中に含まれている、有用ではない鉱物。

みやぐち-しづえ【宮口しづえ】[1907～1994]児童文学作家。長野の生まれ。木曽(きそ)馬籠(まごめ)の小学校教師を経て、同地の島崎藤村全集編纂室に勤務。作品は童話集「ミノスケのスキー帽」のほか、「ゲンと不動明王」「箱火ばちのおじいさん」など。「宮口しづえ童話全集」で赤い鳥文学賞受賞。

みゃく-づり【脈釣(り)】釣りで、浮きを使わず、道糸の変化、またはさお先への魚信などで釣る方法。

みゃく-どう【脈動】〔名〕スル ❶脈が打つこと。❷表面には現れないが、脈が打つように絶えず力強く動いていること。また、その動き。「―する新時代のメディア産業」❸地震以外の原因による、地殻の微弱な周期的震動。周期2～8秒のものが多く、海の波浪や低気圧・寒冷前線の通過などに伴って観測される。

みゃく-どう【脈道】ミャクダウ「脈管(みゃっかん)」に同じ。

みゃくどう-オーロラ【脈動オーロラ】数秒から数分程度の周期で脈打つように明滅するオーロラ。太陽風の高エネルギー電子と地磁気の磁力線の相互作用によって生じるコーラス波と強い相関をもつことが知られている。

みゃくどう-へんこうせい【脈動変光星】ミャクドウヘンクヮウセイ 恒星自身が規則的に膨張と収縮を繰り返すために、明るさが変化する星。➡変光星

みゃく-どころ【脈所】❶からだで、押さえると脈拍の感じられる所。手首の内側など。❷物事の重要な部分。急所。要所。「話の―を押さえる」

みゃくなし-びょう【脈無し病】ミャクナシビャウ 大動脈に炎症が起こり、内腔が狭くなって血液が流れにくくなるため、手などの脈が触れなくなる病気。眼底血圧の低下やめまい・高血圧などの症状もみられる。若い女性に多い。高安(たかやす)病。大動脈炎症候群。

みゃく-はく【脈拍|脈×搏】心臓が規則的に収縮して血液が押し出されるたびに動脈に伝わる周期的な運動。体表面近くを走る動脈、特に手首の親指側を走る橈骨(とうこつ)動脈に指で触れて知ることができ、成人で1分間60～100拍。脈。

みゃく-みゃく【脈脈】〔ト・タル〕図〔形動タリ〕長く続いて絶えないさま。また、力強く活動を続けているさま。「民族の伝統が―と息づいている」

(類語)綿綿・連綿・延延・長長(ながなが)・続続

みゃく-らく【脈絡】❶血管。脈。❷物事の一貫したつながり。筋道。「話に―がない」「説明に―をつける」(類語)筋道・筋・つながり・結びつき・関連・関係

みゃくらく-まく【脈絡膜】眼球壁を構成する薄膜の一。網膜と強膜との間にある。血管とメラニン色素に富み、眼球の栄養をつかさどり、瞳孔以外からの光を妨げて眼球内の暗さを一定にしている。

みゃくらくまく-えん【脈絡膜炎】脈絡膜の炎症。多くは、網膜に波及し脈絡網膜炎となり、虹彩毛様体炎を伴う。視力障害や飛蚊症(ひぶんしょう)などがみられる。

みゃく-りゅう【脈流】ミャクリウ 電流や流体が周期的に、方向は一定だが量を変える流れ。交流を整流した電流や信号電流などにみられる。

み-やけ【屯=倉|官=家】《「み」は接頭語。「やけ」は「やか(家・宅)」の音変化》❶大化前代における朝廷の直轄領および直轄の農業経営地。屯倉(とんそう)。「―を来目(くめ)の邑(むら)に興(た)つ」〈垂仁紀〉❷(官家)大和朝廷が朝鮮半島南部に置いたという官府。実体は不明。うちつみやけ。「百済の国は、日本国(やまとのくに)の―として、ありくること久し」〈雄略紀〉❸朝廷。「―の船の名、枯野は、伊豆の国の貢(たてまつ)れる船なり」〈応神紀〉

みや-け【宮家】❶親王・法親王・諸王・門跡などの家。❷皇族で、宮号を賜り一家を立てたもの。

みやげ【土-産】❶外出先や旅先で求め、家などに持ち帰る品物。❷他人の家を訪問するときに持っていく贈り物。手みやげ。「―に酒を持参する」❸迷惑なもらい物を冗談めかしていう語。「伝染病という、とんだ―をもって帰国した」

(類語)手みやげ・お持たせ・置きみやげ

みやけ-かほ【三宅花圃】ミヤケクワホ [1868～1943]歌人・小説家。東京の生まれ。本名、竜子。雪嶺の妻。中島歌子に和歌を学んだ。小説「藪(やぶ)の鶯(うぐいす)」「萩桔梗(はぎききょう)」など。

みやけ-かんらん【三宅観瀾】ミヤケクワンラン [1674～1718]江戸中期の儒学者。京都の人。名は緝明(しゅうめい)。浅見絅斎(あさみけいさい)・木下順庵に学び、徳川光圀(みつくに)に招かれて「大日本史」の編纂に協力した。のち、幕臣として活躍。著「中興鑑言」など。

みやけ-こっき【三宅克己】ミヤケコクキ [1874～1954]洋画家。徳島の生まれ。光風会の結成に参加。早くから水彩画に専念。

みやけ-ざか【三宅坂】東京都千代田区南西部、内堀通りの桜田門から半蔵門に至る坂。また、その一帯の称。江戸時代に三河田原藩三宅氏の藩邸があり、明治中期から陸軍省が置かれた。

みやけ-じま【三宅島】伊豆七島の一。東京都三宅支庁三宅村をなす。面積55平方キロメートルの火山島で、噴火の記録が多い。最高峰は雄山(おやま)で標高775メートル。近世は流刑地。椿油などを特産。

みやけ-しゅうたろう【三宅周太郎】ミヤケシウタラウ [1892～1967]演劇評論家。兵庫の生まれ。慶大卒。歌舞伎・文楽の劇評は、穏健・公平と評された。没後、芸術院恩賜賞。著作に「文楽の研究」「演劇巡礼」など。

みやけ-しょうさい【三宅尚斎】ミヤケシヤウサイ [1662～1741]江戸中期の儒学者。播磨(はりま)の人。名は重固。山崎闇斎に学び、佐藤直方・浅見絅斎(あさみけいさい)と並んで崎門(きもん)三傑の一人と称された。のち、京都に私塾を開いて多くの門人を擁した。著「黙識録」など。

みやけ-しょうざん【三宅嘯山】ミヤケセウザン [1718～1801]江戸中期の俳人・儒学者。京都の人。名は芳隆。字(あざな)は之元。別号、葎亭(りつてい)など。俳諧に長じ、炭太祇(たんたいぎ)・与謝蕪村(よさぶそん)らと交わり、独自の俳境を開いた。編著「俳諧古選」「俳諧新選」、漢詩「嘯山詩集」など。

みやけ-せつれい【三宅雪嶺】[1860～1945]思想家・評論家。石川の生まれ。本名、雄二郎。政教社を創立、雑誌「日本人」を創刊し、欧化主義と藩閥政治を批判。また、多数の社会時評・人生論などを発表した。文化勲章受章。著「我観小景」「真善美日本人」「同時代史」など。

みやけ-だいすけ【三宅大輔】[1893～1978]野球選手・監督。東京の生まれ。慶大の捕手として活躍。昭和9年(1934)メジャーリーグ選抜チームとの対戦では全日本チームの監督となり、翌年、大日本東京野球倶楽部(クラブ)(現巨人)の初代監督。戦後は野球評論に力を入れた。

みやげ-だんご【土-産団子】葬送の際、墓地に持参する団子。野辺送り団子。杉団子。

みやげ-ばなし【土-産話】旅先で見聞したことを語り聞かせる話。「―に話を咲かせる」

みやげ-もの【土-産物】みやげにする品物。

みやけ-よねきち【三宅米吉】[1860～1929]歴史学者・教育家。和歌山の生まれ。東京高等師範学校長・帝室博物館総長などを歴任。著「日本史学提要」「考古学研究」など。

みやこ【宮古】岩手県中東部、太平洋に面する市。三陸地方有数の港をもち、漁業・水産加工業のほか商工業も盛ん。平成17年(2005)田老町・新里村と合併。同22年川井村を編入。人口5.9万(2010)。

みや-こ【都】《「宮(みや)処(こ)」の意》❶皇居のある土地。「―を定める」「京の―」❷その国の中央政府の所在地。首都。首府。また一般に、人口が多く、政治・経済・文化などの中心となる繁華な土地。都会。「住めば―」❸何かを特徴としたり、何かが盛んに行われることで人が集まったりする都会。「音楽の―ウィーン」「水の―ベニス」❹天皇が仮の住居とする行宮(あんぐう)。「秋の野のみ草刈り葺(ふ)き宿れりし宇治の―の仮廬(かりいほ)し思ほゆ」〈万・七〉(類語)首都・首府・キャピタル

みやこ-あざみ【都×薊】キク科の多年草。山地に生え、高さ50～90センチ。葉は羽状に深く裂け、とげはない。秋、淡紅紫色の頭状花を多数つける。

みやこ-いっちゅう【都一中】►都太夫(みやこだゆう)一中

みやこ-いり【都入り】都にはいること。入京。

みや-ごう【宮号】ミヤガウ 宮の称号。一家を立てた親王が天皇から賜る称号。

みやこ-うつし【都▽遷し|都移し】都を他の土地に移すこと。遷都。「―とて下り給ひたれども」〈盛衰記・二四〉

みやこ-うつり【都▽遷り|都移り】都が他の土地へ移ること。遷都。「この日ごろ、―あるべしと聞こえしかども」〈平家・五〉

みやこ-おおじ【都大路】ミヤコオホヂ 都の大通り。都の幅広い主要な道路。

みやこ-おち【都落ち】〔名〕スル ❶都にいられなくなって、地方へ逃げ出すこと。「平家の―」❷都会、特に東京を離れて、地方へ転勤・転居などをすること。

みやこ-おどり【都踊(り)|都をどり】ミヤコヲドリ 京都祇園(ぎおん)の歌舞練場で毎年4月1日から30日まで催される、祇園の芸妓(げいこ)の踊り。明治5年(1872)に始まる。(季 春)「出を待てる―の妓(こ)がのぞく/素逝」

みやこ-がい【都貝】ミヤコガヒ ニシキガイの別名。

みやこ-がた【都方】都の方角。特に、京都の方。「これは―より出でたる僧にて候」〈謡・八島〉

みやこかた-ひと【都方人】都の方の人。都に住んでいる人。みやこびと。「去年(こぞ)の秋相見しまにま今日(けふ)見れば面(おも)やめづらし―」〈万・四一一七〉

みやこ-ぐさ【都草】マメ科の多年草。山野に生え、茎は細くて地をややはい、葉は3枚の楕円形の小葉と2枚の托葉とからなる複葉。春から夏にかけ、黄色い蝶形の花を開く。豆果は熟すと裂けて小さい豆を飛ばす。こがねぐさ。きれんげ。みやこばな。(季 夏)

みやこ-こしまき【都腰巻(き)】毛糸でメリヤス編みにした筒形の腰巻き。

みやこ-ざさ【都×笹】イネ科の植物。山地に群生し、高さ約1メートル。茎の節は膨らむ。葉は茎の先に数枚つき、質が薄く、冬に縁が白くなる。京都の比

叡山で発見された。

みやこ-し【宮古市】►宮古

みやこ-じ【都路】❶都の道。❷都へ行く道。「一を遠みか妹がこのころは祈ひて寝れど夢に見え来ぬ」〈万・七六七〉

みやこじ-ぶし【宮古路節】《宮古路豊後掾が創始したところから》豊後節の異称。

みやこじ-ぶんごのじょう【宮古路豊後掾】[1660?〜1740]江戸中期の浄瑠璃太夫。豊後節の始祖。京都の人。初世都太夫一中に学び、都国太夫半中と称したが、のち独立して宮古路と改め、一流をなした。江戸に出て豊後掾を受領、哀婉な語り口で人気を博したが、晩年、幕府の弾圧を受けた。

みやこ-じま【宮古島】㊀沖縄県、宮古諸島の主島。面積158平方キロメートル。宮古上布や黒砂糖の産地。㊁沖縄県、那覇市の南西290キロにある市。宮古島㊀・伊良部島などからなる。北部の池間島はカツオ漁の基地。平成17年(2005)10月、平良市・城辺町・下地町・上野村・伊良部町が合併して成立。人口5.2万(2010)。

みやこじま【都島】大阪市北東部の区名。北・西を淀川、南を寝屋川に囲まれる。工業地。

みやこじま-く【都島区】►都島

みやこじま-し【宮古島市】►宮古島㊁

みやこ-じょうふ【宮古上布】宮古島で産する麻織物。チョマを原料とした糸を手織りにした絣柄の着尺地。かつては薩摩上布とよばれていた。

みやこ-しょとう【宮古諸島】沖縄県、沖縄諸島と八重山諸島との間にある諸島。宮古島を主島に八つの島からなり、いずれも台地状。漁業やサトウキビ栽培が行われる。宮古列島。

みやこ-そだち【都育ち】都で育ったこと。また、その人。都会育ち。

みやこ-ぞめ【都染(め)】►京染め

みやこ-たなご【都×鱮】コイ科タナゴ亜科の淡水魚。全長6、7センチくらい。日本特産で、関東地方の水のきれいな小川や池に生息するが、絶滅に瀕している。天然記念物。

みやこだゆう-いっちゅう【都太夫一中】[1650〜1724]江戸前期の浄瑠璃太夫。初世。京都の人。本願寺派明福寺の住職。還俗して岡本文弥門下の都万太夫に浄瑠璃を学び、のち一中節を創始。以来一中節都派の家元名となっている。都一中。

みやこ-づめ【都詰(め)】将棋で、王将を盤の中央で詰めること。⇒雪隠詰め

みやこ-どり【都鳥】❶チドリ目ミヤコドリ科の鳥。全長約45センチ。頭と背が黒色、腹が白く、足とくちばしが赤い。日本では迷鳥とされるが飛来記録は少なくなく、春秋や冬に海岸でみられ、二枚貝をこじあけて食べる。みやこしぎ。❷ユリカモメの別名。古くから歌や物語に現れる。(季 冬)「嘴あかきあはれまづ見よ一/万太郎」❸ミヤコドリガイの別名。

みやこどり-がい【都鳥貝】ユキスズメガイ科の巻き貝。房総半島以南の潮間帯にみられ、貝殻は笠形で、殻径約1センチ。

みやこのじょう【都城】宮崎県南西部、都城盆地の大半を占める市。もと島津氏支藩の城下町。ラッキョウ・茶の産地。平成18年(2006)1月、山之口町・高城町・山田町・高崎町と合併。人口17.0万(2010)。

みやこのじょう-し【都城市】►都城

みやこのじょう-ぼんち【都城盆地】九州南東部にある盆地。中心は都城市。西を霧島火山群、東を鰐塚山地に限られ、霧の発生が多いのを利用して茶の栽培が行われる。

みやこのにしき【都の錦】[1675〜?]江戸中期の浮世草子作者。大坂の人。本名、宍戸光風。通称、与一。西沢一風の助力を得て、「元禄大平記」「沖津白波」などを発表した。

みやこ-のぼり【都上り】地方から都へ行くこと。上京。「この人はじめての一にせしとかや」〈浮・諸艶大鑑・三〉

みやこ-の-よしか【都良香】[834〜879]平安前期の漢詩人・漢学者。詩文に秀でて名声が高く、文章博士となった。漢文集「都氏文集」など。

みやこ-ばな【都花】ミヤコグサの別名。

みやこ-びと【都人】❶都に住んでいる人。都の人。「一とも覚えぬ事を仰せらるる」〈虎明狂・目近籠骨〉❷風雅な人。「父に似ずうまれつき一にて、手書き、歌や文このみ習ひ」〈読・春雨・死首の咲顔〉

みやこ・びる【都びる】〔動バ上一〕[文]みやこ・ぶ〔バ上二〕都らしくなる。都のものらしい感じになる。「女は妥らには余り多く見掛けぬ一・びた扮装である」〈魯庵・社会百面相〉

みやこ-ふう【都風】都会の風俗・習慣。「舞踏会や音楽会へも少し一が分って来たら連れて行こうよ」〈露伴・風流仏〉

みやこ-ぶし【都節】日本音楽の音階の名称。半音を含む五音音階のことで、主に江戸時代の都会に発達した音楽に用いられる。明治中期に上原六四郎が命名。陰旋法。⇒田舎節

みやこぶし-おんかい【都節音階】近世邦楽に多く用いられる五音音階。洋楽階名のミ・ファ・ラ・シ・ドの五つの音からなる。陰旋法とほぼ同義。

みやこ-べ【都辺┊都▽方】都の方向。都のあたり。「一に立つ日近付く飽くまでに相見て行かな恋ふる日多けむ」〈万・三九九九〉

みやこ-へんど【都辺土】都の周辺の地。「いや金若こそ狂乱して一を狂ひ廻るというた程に」〈虎明狂・金若〉

みやこ-ほこり【都誇り】都にいることで心がはやること。また、都の人であることを誇りに思うこと。「一にもやあらむ、からくして、あやしき歌ひねりいだせり」〈土佐〉

みやこ-ほとり【都▽辺り】❶都の近辺。「ある聖、一をいとふ心深くて」〈発心集〉❷都の近辺に住んでいて見聞が広いこと。「下臈なれども、一といふことなれば」〈大鏡・序〉

みやこ-まい【都舞】►大和舞❶

みや-ごもり【宮籠もり】祈願などのために神社にこもること。

みやこ-わすれ【都忘】ミヤマヨメナの栽培品種。4〜6月、中央が黄色で周囲が濃紫・紅・白色などの頭状花をつける。花壇などに植え、また切り花にする。野春菊。あずまぎく。(季 春)「紫の厚きを一とて/夜半」

みや-ざ【宮座】近畿地方を中心に中国・九州地方に多く見られる、神社祭祀の特定集団。氏子の中の一定の人々が中心になって氏神の祭祀を行う。

みやざき【宮崎】㊀九州地方南東部の県。日向灘に面する。もとの日向の大部分にあたる。人口113.5万(2010)。㊁宮崎県南東部の市。県庁所在地。宮崎平野南部の大淀川河口域に位置し、商業が発達。青島がある。平成18年(2006)田野町・佐土原町・高岡町を、同22年に清武町を編入。人口40.0万(2010)。

みやざき-いかだいがく【宮崎医科大学】宮崎県清武町(現宮崎市)にあった国立大学。昭和49年(1974)設置。平成15年(2003)宮崎大学と統合し、宮崎大学医学部となる。⇒宮崎大学

みやざき-いちさだ【宮崎市定】[1901〜1995]東洋史学者。長野の生まれ。京大教授・東洋史学会会長。中国を中心に広くアジア史全般を研究。「九品官人法の研究」で学士院賞受賞。他の著作に「科挙」「中国史」など。平成元年(1989)文化功労者。

みやざき-かんち【宮崎寒雉】[?〜1712]江戸中期の釜師。能登の人。名は義一。前田家の兵器や鳴物類を鋳造していたが、のち茶の湯釜を作った。子孫は代々寒雉を名のり、現在に至る。

みやざき-くうこう【宮崎空港】宮崎県宮崎市にある空港。国管理空港の一。昭和29年(1954)開港。昭和18年(1943)につくられた旧日本海軍の基地を前身とする。⇒拠点空港

みやざき-けん【宮崎県】►宮崎㊀

漢字項目　みゃく

脈　[学]4　[音]ミャク[呉]‖①血液の流れる管。「脈拍/気脈・静脈・動脈」②脈拍。「脈動/死脈・平脈」③漢方で、気血の通う道。つぼを結ぶすじ道。「督脈・任脈」④筋をなして連なり続くもの。「脈絡/一脈・金脈・語脈・鉱脈・山脈・支脈・水脈・文脈・命脈・葉脈・乱脈」⑤連なり続くさま。「脈脈」[補説]「脉」は異体字。[難読]水脈

みやざきけんりつ-かんごだいがく【宮崎県立看護大学】宮崎市にある公立大学。平成9年(1997)の開設。

みやざき-こうりつだいがく【宮崎公立大学】宮崎市にある公立大学。平成5年(1993)の開設。人文学部の単科大学。同19年公立大学法人となる。

みやざき-こくさいだいがく【宮崎国際大学】宮崎市にある私立大学。平成6年(1994)に開学した、国際教養学部の単科大学。

みやざき-こしょし【宮崎湖処子】[1864〜1922]詩人・小説家・評論家。筑前の生まれ。本名、八百吉。雑誌・新聞の記者を経て牧師となり、明治の叙情詩の開拓者といわれた。小説「帰省」「空屋」、詩集「湖処子詩集」など。

みやざき-さんぎょうけいえいだいがく【宮崎産業経営大学】宮崎市にある私立大学。昭和62年(1987)の開設。

みやざき-さんまい【宮崎三昧】[1859〜1919]小説家。江戸の生まれ。本名、璋蔵。新聞記者のかたわら、歴史小説を発表。作「嵯峨の尼物語」「桂姫」「塙団右衛門」など。

みやざき-し【宮崎市】►宮崎㊁

みやざき-じんぐう【宮崎神宮】宮崎市にある神社。旧官幣大社。祭神は神日本磐余彦尊(神武天皇)ほか二神。

みやざき-だいがく【宮崎大学】宮崎市にある国立大学法人。宮崎農林専門学校・宮崎師範学校・宮崎青年師範学校・宮崎県工業専門学校を統合し、昭和24年(1949)新制大学として発足。平成15年(2003)宮崎医科大学を統合し医学部とする。同16年国立大学法人となる。

みやざき-とうてん【宮崎滔天】[1871〜1922]中国革命の協力者。熊本の生まれ。本名、寅蔵。亡命中の孫文と知り合い、その革命運動を支援した。著「三十三年之夢」など。

みやざき-はやお【宮崎駿】[1941〜　]アニメーション作家・映画監督。東京の生まれ。日本のアニメーション界の第一人者として、国内外に絶大な影響を与える。昭和60年(1985)アニメ映画製作会社「スタジオジブリ」を創設。原作・脚本・監督を手がけた長編アニメ映画に「風の谷のナウシカ」「となりのトトロ」「もののけ姫」「千と千尋の神隠し」などがある。

みやざき-ぶんこ【宮崎文庫】三重県伊勢市にあった、伊勢神宮外宮祠官度会氏の文庫。慶安元年(1648)創設。明治末年に神宮文庫に合併。

みやざき-へいや【宮崎平野】宮崎県中部の沿岸にある平野。北は都農町から南は宮崎市青島あたりまでのびる。日向平野。

みやざき-やすさだ【宮崎安貞】[1623〜1697]江戸前期の農学者。安芸の人。筑前福岡藩に仕え、のち辞して農業を営み、西日本各地を巡って農業に関する見聞を収集。「農業全書」を著した。

みやざき-ゆうぜんさい【宮崎友禅斎】江戸中期の京都の絵師。尾形光琳の画風を学び、模様染めの下絵を描いた。友禅染の創始者といわれる。生没年未詳。宮崎友禅。

みや-さま【宮様】皇族を敬愛して呼ぶ語。

みやざわ-きいち【宮沢喜一】[1919〜2007]政治家。東京の生まれ。選挙区は広島。昭和17年(1942)大蔵省入省。サンフランシスコ講和会議などで活躍。同28年参議院議員当選。同42年衆議院議員に鞍替え。通産相・外相・蔵相を歴任し、平成3年(1991)首相に。同5年、自民党分裂で野党提出の内

閣不信任案が成立し衆議院解散。続く総選挙で大敗し退陣。自民党は結党以来初の下野。同10年から13年まで蔵相・財務相に再任。➡細川護熙
みやざわ-けんじ【宮沢賢治】[1896～1933]詩人・童話作家。岩手の生まれ。法華経に傾倒し、農学校教師・農業技師として農民生活の向上に尽くすかたわら、東北地方の自然と生活を題材に、詩や童話を書いた。詩集「春と修羅」、童話「風の又三郎」「銀河鉄道の夜」など。
みやざわ-としよし【宮沢俊義】[1899～1976]憲法学者。長野の生まれ。東大教授。自由主義的、合理主義的立場に立つ憲法理論で知られた。著「憲法」「日本国憲法」など。
みやざわ-は【宮沢派】自由民主党の派閥の一。宏池会の昭和61年(1986)から平成10年(1998)における通称。会長は宮沢喜一。➡加藤派
みや-じ【宮▽主】律令制で、神祇官に置かれ、宮中の神事をつかさどった職員。のちには斎院司にも置かれた。みやぬし。
みや-じ【宮仕】掃除などの雑役に従事した下級の社僧。「御裁許なくして、神人一射殺され」〈平家・一〉
みや-じ【宮地】➡みやち
みや-じ【宮路|宮▽道】❶宮殿に通う道。「はたこらが夜昼といはず行く道を我はことごと一にぞする」〈万・一九三〉❷神社に参る道。参道。「誓ひすぐなる神詣でで、一や絶えせざるらん」〈謡・伏見〉
みやしげ-だいこん【宮▽重大根】ダイコンの一品種。愛知県清須市宮重の原産。根の上部は地表に出て緑色となり、甘味がある。尾張大根。
みや-しばい【宮芝居】➡宮地芝居
みやじま【宮島】厳島の異称。また、広島県廿日市市の地名。平成24年(2012)、島南部の海岸部がラムサール条約に登録された。
みやじま-ざいく【宮島細工】広島県の宮島から産する、杓子など木製の細工物。
みやじま-ぬま【宮島沼】北海道中部、美唄市にある沼。水田に囲まれた約0.3平方キロメートルの湿地で、ガン・カモなどの渡り鳥が越冬する中継地となっている。平成14年(2002)ラムサール条約に登録された。
みや-しゅうじ【宮柊二】[1912～1986]歌人。新潟の生まれ。本名、肇。北原白秋に師事。清新な叙情を示す。歌誌「コスモス」を主宰。歌集「多く夜の歌」など。
み-やす・い【見▽易い】[形]文みやす・し[ク]❶見るのに苦労しない。見るのにぐあいがよい。「大きくて一・い活字」「テレビの一・い場所」❷筋道が立っていて、よく理解できる。わかりやすい。「一・い理屈」❸見た目の感じがよい。見苦しくない。「ありく者ども、一・からず呼びよせて」〈能因本枕・五三〉派生みやすさ[名]
みや-すずめ【宮×雀】❶神社や宮殿にすむ雀。「鶯やさながら梅の一」〈玉海集〉❷神社の案内をする下級の神官を卑しめていう語。「一声々に商ひ口をたたく」〈浮・胸算用・一〉❸神社の近くで、商売や物ごいをする人。「物ほしがりの一も」〈そのはまゆふ〉
みやす-どころ【▽御▽息所】《「みやすみどころ」の音変化。天皇の御休息所の意から》❶天皇の寝所に侍する宮女。女御・更衣、その他、広く天皇に寵せられた宮女の称。また一説に、皇子・皇女の母となった女御・更衣の称という。みやすんどころ。「六条の一」「上は、一の見ましかば、とおぼし出づるに」〈源・桐壺〉❷皇太子妃または親王妃の称。「二条の后、春宮の一と申しける時に」〈古今・物名・詞書〉
みやず-ひめ【宮簀媛】日本武尊の妃。尾張の豪族の娘。日本武尊は東征の帰途、媛を娶って草薙剣を預けた。尊の死後、媛はこの剣をまつって社を建て、熱田神宮の起源をなしたという。
みや-ずもう【宮相▽撲】祭礼の際など、神社の境内で奉納興行される相撲。季秋「べったりと人の生る木や一／一茶」
みやすん-どころ【▽御▽息所】「みやすどころ」に同じ。「在中将、内にさぶらふに、一の御方より」〈大和・一六二〉
みやぞの-ぶし【宮×薗節】薗八節の異称。2世薗八が宮薗鸞鳳軒と称したところからの名。
みや-だいく【宮大工】神社・仏寺・宮殿の建築・補修を専門とする大工。
みやたけ-がいこつ【宮武外骨】[1867～1955]ジャーナリスト・文化史家。香川の生まれ。本名、亀四郎。大阪で「滑稽新聞」を発行、風俗史・政治裏面史で多数の著作を残した。東大の明治新聞雑誌文庫主任として同文庫の充実に尽力。著「筆禍史」など。
みやたけ-さぶろう【宮武三郎】[1907～1956]プロ野球選手・評論家。香川の生まれ。昭和11年(1936)阪急(現オリックス)の創立に際し、29歳で入団。3年間の選手生活を経て、引退後は野球評論家。
みや-だし【宮出し】御輿が神社の境内から出ること。⇔宮入り。
みや-ち【宮地】《「みやぢ」とも》神社の境内。神地。社地。
みやち-しばい【宮地芝居】江戸時代、臨時に許可を受けて、社寺の境内で興行した小屋掛け芝居。種々の規制を受け、回り舞台・引き幕なども禁じられた。小芝居。宮芝居。
みやづ【宮津】京都府北西部、若狭湾に臨む市。もと京極・本庄氏らの城下町、西廻り航路の寄航地として栄えた。繊維・水産加工業が盛ん。天橋立がある。人口2.0万(2010)。
みや-づか・う【宮仕ふ】㊀[動ハ四]❶宮仕えをする。「歌よみ連歌して一・ひ給ひしに」〈平家・八〉❷奉公させて召し使う。「清水冠者に一・はせん」〈盛衰記・二八〉㊁[動ハ下二]❶宮殿の造営に奉仕する。「田跡川の滝を清みか古ゆ一・へけむ多芸の野の上に」〈万・一〇三五〉❷宮仕えをする。「下太友正といふ随身、幼くより一・へけり」〈著聞集・一六〉
みや-づかえ【宮仕え】[名]スル❶宮中に仕えること。宮廷に出仕すること。❷官庁・会社などに勤めること。「一するのも楽じゃない」「すまじきものは一」❸貴人に仕えること。「一する人々の出で集まりて、おのが君々の御ことめできこえ」〈枕・三〇三〉❹目上の人の身のまわりの世話をすること。給仕をすること。「誰かある、罷り出でて御僧に一申し候へ」〈謡・朝長〉
みやづかえ-どころ【宮仕へ所】宮仕えをする所。宮中などの奉公先。「家にても一にても、会はでありなむと思ふ人の来たるに」〈枕・二八〉
みやづかえ-びと【宮仕へ人】宮仕えをする人。特に、宮仕えをする女房。「一のもとに来などする男の、そこにて物食ふこそいとわろけれ」〈枕・一九六〉
みや-づかさ【宮▽司】《「みやつかさ」とも》❶中宮職・東宮坊のこと。また、その職員。❷神官。ぐうじ。
みゃっ-かん【脈管】生物の体内にあって体液を通すくだ。血管・リンパ管など。脈道。
みゃっかん-けい【脈管系】「循環系」に同じ。
み-やつくち【身八つ口】女物や子供物の和服の身頃のわき明き。また、その寸法。袖付け下からわき縫いまでの間。身八つ。八つ口。
みや-づくり【宮造り】《「みやつくり」とも》❶宮殿や神殿を造営すること。「出雲の国に一し給ひて」〈太平記・二五〉❷「宮大工」に同じ。「上野でも浅草でもお堂造りといふのぢゃあねえ。一といふのだ」〈伎・独道中五十三駅〉
みやつこ【▽造】《「御家つ子」の意か。「みやづこ」とも》古代の姓の一。中央にあって伴造として、それぞれ品部を統轄する地位にあった氏族にこの姓が多い。天武天皇の八色の姓制定にあたり、この姓の有力な氏族の多くは連姓を賜った。
み-やつこ【▽御▽奴】《「みやづこ」とも》朝廷に仕える召し使い。「ただしく浄き心をもちて、朝廷の一と仕へまつらしめむ」〈続紀宣命〉
みやつこ-ぎ【▽造木】ニワトコの古名。〈和名抄〉
みやづ-し【宮津市】➡宮津
みや-づとめ【宮勤め】「宮仕え」に同じ。「一勤めしめて」〈祝詞・大殿祭〉
みやづ-ぶし【宮津節】京都府の民謡。宮津市付近の酒盛り歌。元禄(1688～1704)のころから花柳界で歌われたものという。
みやづ-わん【宮津湾】京都府北部、丹後半島東南側にある湾。若狭湾西端にあり、南西の湾奥部では天橋立の砂嘴によって阿蘇海が形成されている。海岸美にすぐれ、丹後天橋立大江山国定公園に属する。
みや-で【宮出】宮中に出入りすること。宮中に出仕すること。「夢にだに見ざりしものをおほほしく一もするか佐日の隈廻を」〈万・一七五〉
みや-でら【宮寺】➡神宮寺
みやとこ-しつげん【宮床湿原】福島県南西部南会津町にある湿原。標高850メートルの湿原で、ミズバショウ・ザゼンソウ・ワタスゲ・ニッコウキスゲなど高山性植物が群生する。また、低層・中間・高層の各湿原の発達を1か所で観察できる貴重なところとなっている。県の自然環境保全地域に指定されている。
みや-どころ【宮所|宮▽処】❶皇居のある所。また、皇居。「藤原の一に幸す」〈万・五〇・左注〉❷神の鎮座する所。「松が根に浪こす浦の一いつすみよしとあとをたれけん」〈続後撰・神祇〉
みやと-じま【宮戸島】宮城県中部、松島湾入口にある島。およそ260の島が浮かぶ湾最大の島で、周囲12キロメートル、面積7.4平方キロメートル。標高106メートルの大高森からの眺望は壮観。カキ・ノリの養殖が盛ん。島の東端に嵯峨渓がある。
みや-ぬし【宮主】➡みやじ(宮主)
みやのうら-だけ【宮之浦岳】鹿児島県、屋久島の中央部にある山。標高1936メートルで、九州地方の最高峰。中腹に屋久杉、山頂には屋久笹が茂る。
みや-の-だいぶ【宮大夫】中宮職の長官。中宮大夫。
みや-の-め【宮×咩|宮▽売】平安時代以降、不吉を避け、幸福を祈願して、正月と12月の初午の日に、高皇産霊神以下6柱の神を祭ったこと。みやのめのまつり。
みや-の-わたし【宮の渡し】旧東海道の宮宿(現在の名古屋市熱田)から桑名宿へ渡る海上七里の渡し。七里の渡し。
みや-はじめ【宮始め】❶初めて后の地位に就くこと。立后。「一の作法、獅子、狛犬、大床子などもて参りて」〈能因本枕・九二〉❷初めて皇居や神社を造営すること。「夢の伏見の一」〈謡・伏見〉
みや-ばしら【宮柱】宮殿や神殿の柱。「うかの山の山本に底つ石根に一太知り」〈記・上〉
みや-ばら【宮腹】皇女の子として生まれること。また、その人。「一の中将は」〈源・帚木〉
みや-ばら【宮▽輩|宮×儕】宮といわれるかたがた。親王または内親王のかたがた。「女院、一などの屋あまたあるに」〈能因本枕・一七六〉
みやはら-あきお【宮原昭夫】[1932～　]小説家。神奈川の生まれ。予備校・学習塾の講師を経たのち、創作の道に入る。「誰かが触った」で芥川賞受賞。社会性の高い作風で知られるが、ユーモア小説も手がける。他に「石のニンフ達」「私小説家の私事」「あなたの町」など。
みやはら-きよし【宮原清】[1882～1963]実業家。長野の生まれ。慶大野球部の主将を経て、関西の実業界で活躍するかたわら全国選抜中等学校野球大会の選考委員長を務めた。昭和24年(1949)日本社会人野球協会(日本野球連盟の前身)の結成とともに初代会長に就任。アジア野球連盟会長を務めるなど、野球の国際的な発展に寄与した。
みやび【▽雅び】[名・形動]《動詞「みやぶ」の連用形から》❶上品で優美なこと。また、そのさま。風雅。優雅。「衣装に一を競う」「一な祭事」⇔俚び。❷宮廷風であること。都会風であること。また、そのさま。「あしひきの山にし居れば一なみ我がするわざをとがめたまふな」〈万・七二一〉❸風采のりっぱなこと。また、そのさま。「君は一いこよかにまします」〈仁徳紀〉
みやび-お【▽雅び▽男】風流を好む男。洗練された風雅な男性。「彼女が文書きちらし一の中にまじっ

て」〈佐藤春夫・晶子曼陀羅〉
みやび-か【▽雅びか】〘形動ナリ〙「みやびやか」に同じ。「わざとはなくて言ひ消つさま、─によしと聞き給ふ」〈源・松風〉
みやび-ごと【▽雅び言】上品な言葉。風流な言葉。がげん。「みなかに古への─の残れる事」〈玉勝間・七〉
みやび-ことば【▽雅び言葉】「雅び言」に同じ。
みや-びと【宮人】《古くは「みやひと」》❶宮中に仕える人。官人。「─もよろこびあへり」〈源・澪標〉❷神に仕える人。神官。「あれにましますー の」〈謡・道成寺〉
みやび-やか【▽雅びやか】〘形動〙〘文〙〘ナリ〙上品で優美なさま。風雅なさま。「─な舞」
〘類語〙優美・優雅・高雅・風雅・みやび
みや-・びる【▽雅びる】〘動バ上一〙〘文〙みや・ぶ〘バ上二〙優美な感じがする。みやびやかである。「─・びた庭園の趣」「梅の花夢に語らく─・びたる花と我思ふ酒に浮かべこそ」〈万・八五二〉
みや・ぶ【▽雅ぶ】〘動バ上二〙「みやびる」の文語形。
みや-ぶぎょう【宮奉行】江戸幕府の職名。老中に属し、静岡久能山の東照宮を警固した職。榊原氏の世襲。久能奉行。久能門番。
み-やぶ・る【見破る・▽看破る】〘動ラ五(四)〙たくらみや秘密などを見抜く。「正体を─・る」「陰謀を─・る」〘類語〙見抜く・見て取る・看破する
みやべ-きんご【宮部金吾】[1860〜1951]植物学者。江戸の生まれ。北大教授。北海道・千島・樺太(サハリン)の植物を調査・研究して、得撫・択捉両島間に植物分布の境界線が引けることを発見、のち宮部線と命名された。文化勲章受章。著「千島列島植物誌」など。
みやべ-ていぞう【宮部鼎蔵】[1820〜1864]幕末の尊攘派志士。肥後の人。吉田松陰の東北遊行に同行。京都にて討幕運動に活躍するが、池田屋で新撰組に襲われて自刃。
みやべ-みゆき【宮部みゆき】[1960〜]小説家。東京の生まれ。本姓、矢部。親しみやすい文体、身近な設定、巧みなストーリー展開で、推理・ミステリー・SF・時代小説など多彩な分野の作品を執筆。「理由」で直木賞、「模倣犯」で芸術選奨など、多数の文学賞を受賞している。他に「火車」「名もなき毒」「本所深川ふしぎ草紙」など。
みや-ぼり【宮彫(り)】神社・仏閣・宮殿などの欄間や柱などに施した彫刻。「─師」
みやま 福岡県南部にある市。平成19年(2007)1月、瀬高町・山川町・高田町が合併して成立。長茄子などの野菜や果実の生産が、海岸部では海苔の養殖が盛ん。人口4.1万人(2010)。
み-やま【▽深山】奥深い山。奥山。しんざん。
み-やま【▽御山】❶山を敬っていう語。おやま。❷墓を敬っていう語。みささぎ。「─にまうで給ひて」〈源・須磨〉
みやま-あけぼのそう【▽深山×曙草】リンドウ科の多年草。高山の岩地に生え、高さ約30センチ。茎は直立して、毛はない。葉は対生し、卵状楕円形。8月ごろ、暗紫色の花を総状につける。
みや-まいり【宮参り】〘名〙スル ❶神社に参拝すること。「家内安全を願って─する」❷子供が生まれてのち、初めて産土神に参拝すること。生後30日前後の場合が多い。産土参り。初宮参り。
みやま-うすゆきそう【▽深山薄雪草】キク科の多年草。本州北部の高山に自生し、高さ約15センチ。エーデルワイスに似て全体に白い綿毛を被り、葉は線形で互生。茎の上端の葉は輪状につき、その中央に黄色い頭状花を密につける。ひなうすゆきそう。
みやま-うずら【▽深山×鶉】ラン科の多年草。常緑で、山中の林内に生える。茎は白色を帯び、地をはう。葉は卵形で、葉面に白斑がある。夏、白色または淡紅色の花をつける。
みやまえ【宮前】神奈川県川崎市の区名。昭和57年(1982)高津区から分区。住宅地。
みやまえ-く【宮前区】▶宮前
みやま-おだまき【▽深山×苧▽環】キンポウゲ科の多年草。高山に自生。根茎から、長い柄のある葉が数枚出て、葉は複葉。夏、紫色の花を下向きに開く。オダマキの原種。
みやま-おろし【▽深山×颪】山奥から吹きおろしてくる激しい風。「吹きまよふ─に夢さめて」〈源・若紫〉
みやま-がく・る【▽深山隠る】〘動ラ四〙山に隠れて見えなくなる。「明日よりは─・りて見えずかもあらむ」〈記・下・歌謡〉
みやま-がくれ【▽深山隠れ】山奥深く隠れていること。また、山の深い所。「吹く風と谷の水としなかりせば─の花を見ましや」〈古今・春下〉
みやま-かたばみ【▽深山酢=漿=草】カタバミ科の多年草。山地に生え、葉は倒卵形の3枚の小葉からなる複葉。4、5月ごろ、白色に淡紫色のすじのある5弁花をつける。叡山かたばみ。
みやま-がまずみ【▽深山莢=蒾】スイカズラ科の落葉低木。山地に自生。葉は広倒卵形で、先は尾状にとがる。夏、白い小花が密生して咲き、丸く赤い実を結ぶ。
みやま-がらす【▽深山×鴉】カラス科の鳥。全長47センチくらい。全身黒色で、くちばしの基部は皮膚が裸出して灰白色。ユーラシア大陸に分布。日本では冬鳥として九州西部に渡来。やまがらす。
みやま-ぎ【▽深山木】奥深い山に生えている木。「─にねぐら定むるはこ鳥もいかでか花の色にあくべき」〈源・若菜上〉
みやま-きりしま【▽深山霧島】ツツジ科の常緑低木。九州の火山性の高い山に分布。枝は細かく分かれ、長楕円形の小さい葉を数枚ずつつける。5、6月ごろ、紅紫色の漏斗状の花を開く。庭木にする。
みやま-きんばい【▽深山金梅】バラ科の多年草。高山の湿地などに生え、高さ約10センチ。葉は3枚の小葉からなる複葉。7、8月ごろ、黄色の5弁花を開く。
みやま-ざくら【▽深山桜】❶バラ科の落葉高木。深山に生え、5月ごろ、若葉が出てから白い5弁花を総状につける。葉は長円形で先がとがる。しろざくら。❷深山に咲いている桜。「優曇華の花待ちえたる心地して─に目こそうつらね」〈源・若紫〉
みやま-し【みやま市】▶みやま
みやま-じ【▽深山路】深い山の中の道。「─に今朝や出でつる旅人の笠白妙に雪つもりつつ」〈経信集〉
みやま-しきみ【▽深山×樒】ミカン科の常緑低木。関東以西の山地に自生。高さ約50センチ。葉は長楕円形で先がとがり、枝先に集まってつく。雌雄異株で、4、5月ごろ、枝先に白い小花を円錐状につけ、紅色の実を結ぶ。につつじ。〘季 冬〙
みやまじし【御山獅子】地歌・箏曲。手事物。竹中墨子が作詞し、菊岡検校が三味線曲として作曲、八重崎検校が箏の手をつけたもの。伊勢神宮近くの名勝を四季に配し、太神楽の獅子舞を加えた曲。
みやま-しろちょう【▽深山白×蝶】シロチョウ科のチョウ。高山チョウの一。翅の開張6.4センチくらい。スジグロシロチョウに似るが、翅は半透明。幼虫はメギなどの葉を食べ、糸をはいて共同の巣を作って暮らす。
みやま-とべら【▽深山海=桐=花】マメ科の常緑小低木。関東以西の深山に生え、高さ30〜60センチ。葉は3枚の小葉からなる羽状複葉。小葉は楕円形で厚く、つやがある。初夏、白い花を総状につける。実は黒紫色に熟し、中に種子が1個ある。
みやま-はんのき【▽深山×榛の木】カバノキ科の落葉低木または高木。本州中部地方から北にみられ、高さ2〜10メートル。葉は楕円形で、縁に細かいぎざぎざがあり、裏面が粘つく。5、6月ごろ、尾状の雄花穂と短い円柱状の雌花穂とをつける。
みやま-びゃくしん【▽深山×柏×槇】イブキの変種。幹は地をはい、葉はうろこ状であるが、針状のものもまじる。雌雄異株。高山や北地の海岸などに生え、庭に植えることもある。古木をシンパクとよび、盆栽にする。
みやま-ほうそ【▽深山×柞】アワブキ科の落葉小高木。本州以西の山地に自生。葉は長卵形で、縁にぎざぎざがある。夏、黄色い小花を円錐状につけ、暗紫色の丸い実を結ぶ。
みやま-ほおじろ【▽深山頬白】ホオジロ科の鳥。全長16センチくらい。全体に褐色で、雄は頭が黒く眉・のどが黄色。冠羽がある。東アジアに分布。日本では主に冬鳥。
みやま-やなぎ【▽深山柳】ヤナギ科の落葉低木。本州中部以北の高山に自生。葉は楕円形で、裏面は白い。雌雄異株。6月ごろ、黄色の花穂をつけ、実は白い綿毛をかぶる。みねやなぎ。
みやま-よめな【▽深山嫁菜】キク科の多年草。山地に生え、高さ20〜60センチ。葉は卵形で縁に粗いぎざぎざがある。夏、中央が黄色で周囲が紫色か白色の頭状花を開く。栽培品種にミヤコワスレなどがある。
みやま-りんどう【▽深山▽竜▽胆】リンドウ科の多年草。本州中部以北の高山帯に自生し、高さ3〜10センチ。狭卵形の葉が対生し、上のものほど大きい。夏、濃い青紫色の筒状の花を上向きに開く。
みや-まんだら【宮×曼×荼羅】本地垂迹説から生まれた神道曼荼羅の一。神域や社殿などの景観を描いたもので、神社の縁起や霊験を説明するために作られた。春日曼荼羅・熊野曼荼羅などがある。
みや-みず【宮水】兵庫県の西宮市から神戸市にかけての旧海岸地帯で、井戸に湧出する水。酒造用水として良質で、古くから灘の酒に用いられる。
みや-めぐり【宮巡り】各地の神社を巡拝すること。また、ある神社の本社とそれに関係ある諸社を参拝して回ること。
みや-もうで【宮詣で】〘名〙スル 神社に参拝すること。「吉日を選んで─する」
みやもと-さぶろう【宮本三郎】[1905〜1974]洋画家。石川の生まれ。戦争記録画にすぐれ、第二次大戦後は二紀会を結成。晩年は舞妓・裸婦などを描いた。
みやもと-つねいち【宮本常一】[1907〜1981]民俗学者。山口の生まれ。教員のかたわら近畿民俗学会に参加。渋沢敬三に認められ、アチックミューゼアムソサエティ(現神奈川大学日本常民文化研究所)の研究所員となる。全国を旅して歩き、各地の生活・文化・経済を研究、独自の民俗学を確立。離島振興にも尽力した。著「忘れられた日本人」ほか。
みやもと-てる【宮本輝】[1947〜]小説家。兵庫の生まれ。本名、正仁。広告代理店勤務ののち文筆活動に入る。「蛍川」で芥川賞受賞。エッセイストとしても人気が高い。他に「泥の河」「道頓堀川」「優駿」「人間の幸福」「月光の東」など。
みやもと-むさし【宮本武蔵】[1584ころ〜1645]江戸初期の剣術家。播磨あるいは美作の人。名は玄信。号、二天。剣の修行のため諸国を巡り、二刀流を編み出し、二天流と称した。佐々木巌流との試合に勝ち、晩年は一時熊本藩主細川家に仕えた。水墨画にも長じた。著「五輪書」。
みやもと-ゆりこ【宮本百合子】[1899〜1951]小説家。東京の生まれ。本名、ユリ。旧姓、中条。18歳で「貧しき人々の群」を発表して注目され、のち、日本プロレタリア作家同盟に参加。再三検挙されながら抵抗の小説・評論を書き続け、第二次大戦後も民主主義文学運動に活躍。小説「伸子」「播州平野」「道標」など。
みや-もり【宮守】宮の番をすること。また、その人。神社の番人。
みや-もんぜき【宮門跡】門跡の一。法親王・入道親王が住職として居住した寺院。仁和寺・輪王寺・青蓮院・聖護院など。
み-やり【見▽遣り】遠くを眺めること。また、はるかに見渡される所。見わたし。「─なる山のあなたばかりに」〈かげろふ・中〉
み-や・る【見▽遣る】〘動ラ五(四)〙❶遠くを眺める。見渡す。「はるかかなたの空を─・る」❷視線をその方に向ける。「物音のする方を─・る」
〘類語〙眺める・望む・眺めやる・見る
みやわか【宮若】福岡県北部の市。福岡市・北九

州市の中間にあり、それぞれの都市圏に含まれる。平成18年(2006)2月に宮田町・若宮町が合併して成立。明治時代以降、炭鉱業が盛んだったが、つぎつぎと閉山した後は自動車・精密機器などの工場が立地。人口3.0万(2010)。

みやわか-し【宮若市】▶宮若

ミャンマー〖Myanmar〗インドシナ半島西部にある連邦国。首都ネーピードー。最大の都市はヤンゴン(旧称ラングーン)。米・チーク材・錫すずなどを産する。もとビルマ王国を、1897年に英国がインドに併合、1948年に独立。89年にビルマ連邦社会主義共和国名を、首都名とともに改称。ビルマ族が多く、小乗仏教が盛ん。山岳地帯に少数民族が住む。人口5341万(2010)。

み-ゆ【▽御湯】❶温泉。いでゆ。「一の上うへの木群こむらを見れば」〈万・三二二〉❷湯の敬称。おゆ。「うらやましほた木切りくべいかばかり一わかすらむ秋の山里」〈右京大夫集〉❸巫女みこが神前で熱湯にササの葉を浸し、身にふりかけて祈ること。湯だて。「幸を神に祈るとて、巫子祝部を召しあつめて一をたてまつる」〈読・雨月・吉備津の釜〉

み・ゆ【見ゆ】〔動ヤ下二〕「みえる」の文語形。

ミュアウッズ-こくていこうえん【ミュアウッズ国定公園】ニコクテイコウエン《Muir Woods National Monument》米国カリフォルニア州サンフランシスコにある国定公園。自然保護活動家ジョン＝ミュアにちなんで名付けられた。樹齢1000年以上、樹高100メートル以上のレッドウッド(セコイアメスギ)が見られる。

ミュー〖M｜μ｜mu〗❶〈M・μ〉ギリシャ語アルファベットの第12字。❷〈μ〉長さの単位ミクロンの記号。❸〈μ〉μ粒子の記号。

ミューオン〖muon〗▶ミュー(μ)粒子

ミュージアム〖museum〗博物館。また、美術館。

ミュージアム-グッズ〖museum goods〗美術館・博物館が販売する、所蔵作品のレプリカ(複製品)や、美術品をデザイン化したTシャツや小物類などのオリジナル商品。

ミュージアム-ショップ〖museum shop〗美術館・博物館の所蔵作品のレプリカや美術品をデザイン化したオリジナル商品を売る、館内に設けられた店。

ミュージカル〖musical〗米国で発達した、音楽・舞踊などの総合による演劇形式。19世紀後半にオペレッタなどの形式をもとに生まれ、20世紀前半に大きく発展した。

ミュージカル-ショー〖musical show〗音楽を主とし、他に踊り・寸劇などを盛りこんだ舞台演芸。

ミュージカル-ソー〖musical saw〗西洋鋸のこぎりを楽器として用いるもの。柄の部分を両ひざで挟み、左手で先端をおさえて反りぐあいを加減して音高をとり、バイオリンの弓でひく。

ミュージシャン〖musician〗音楽家。特に、ジャズやロックなどの演奏家をいうことが多い。

ミュージック〖music〗音楽。(類語)音楽・楽・楽曲・音曲・曲・歌舞・声楽・器楽・洋楽・邦楽・雅楽

ミュージック-コンクレート〖フランス musique concrète〗楽音のほか、人の声や騒音など自然界の音を電気的な操作などによって加工・構成し、録音テープなどにまとめた音楽。具体音楽。

ミュージック-セラピー〖music therapy〗音楽を使った治療。音楽(おもにクラシック)を病人に聞かせるほか、病人本人に歌わせたり、楽器を演奏させたりする。心身の緊張が発症や進行にかかわっている病気(高血圧など)の治療や認知症の改善に有効といわれる。音楽療法。

ミュージック-テープ〖music tape〗音楽を録音したテープ。

ミュージック-ビデオ〖music video〗音楽に映像をつけて編集したもの。特に、ポピュラーソングの宣伝のために制作されるものをいう。➡プロモーションビデオ

ミュージック-ホール〖music hall〗歌・踊り・寸劇・曲芸・奇術・ヌードショーなどを行う大衆演芸場。

ミューズ〖Muse〗ギリシャ神話で、文芸・学術・音楽・舞踏などをつかさどる女神ムーサの英語名。

ミューズ-ほうしき【MUSE方式】ハウシキ《multiple sub-nyquist sampling encoding》多重サブサンプル方式。高品質の画像情報を送り出すハイビジョンを、アナログ衛星放送などで放送できるようにするための帯域圧縮技術の方式。

ミューゼス-エー〖MUSES-A〗《Mu Space Engineering Satellite-A》▶ひてん

ミューゼス-シー〖MUSES-C〗《Mu Space Engineering Satellite-C》▶はやぶさ

ミューゼス-ビー〖MUSES-B〗《Mu Space Engineering Satellite-B》▶はるか

ミュータンス-きん【ミュータンス菌】《mutans streptococci》虫歯の原因菌。歯垢しこうや唾液だえき中のミュータンス菌の数と虫歯の発生率に相関がある。

ミュータント〖mutant〗突然変異の生じた個体や細胞。突然変異体。

ミューチュアル-ファンド〖mutual fund〗オープンエンド型投資信託の米国における通称。コーポレーション型とトラスト型がある。前者は投信が株式会社組織で経営され、会社が発行する株式を投資家が買う。後者は個々の投資家と経営者の間に信託契約が結ばれ、経営者自体が受託者となり、受託者が発行する受益証券を投資家が買う仕組みになっている。

ミュー-ちゅうかんし【ミュー中間子｜μ中間子】μ粒子のこと。1937年に宇宙線の中から発見され、当初は核力を仲介する中間子の一とみなされた。後に誤りであることがわかり、μ中間子という名称は現在使われない。

ミューティング〖muting〗❶音響再生用アンプにおいて、音量調整器を操作することなく、音量を下げること。❷放送を受信するチューナーで放送局を選局する際に、放送局のないところで発生する雑音を取り去る装置やスイッチ。

ミューテーション〖mutation〗突然変異。生物の遺伝形質が親の形質と異なって現れること。

ミューテーションがた-ウイルス【ミューテーション型ウイルス】《mutation virus》コンピューターウイルスの一。ファイルに感染するたび、自分自身のコードをランダムに暗号化させる特徴をもつ。ウイルス定義ファイルを利用して検知するという従来の手法では検出できないため、ウイルスの疑いがあるコードを仮想環境で実行し、その挙動から悪意あるウイルスであることを判別するという手法が用いられる。突然変異型コンピューターウイルス。ポリモーフィック型ウイルス。ポリモルフ型ウイルス。ミューテーション型コンピューターウイルス。

ミュート〖mute〗❶楽器の弱音器。❷テレビ・ステレオなどの消音装置。

ミュー-ニュートリノ〖mu neutrino｜μ-neutrino〗3種類あるニュートリノのうちの一。弱い相互作用に関与し、μミュー粒子と対になって現れる。μ粒子は崩壊すると反電子ニュートリノとμニュートリノを放出して電子に変化する。また、反μ粒子が崩壊すると電子ニュートリノと反μニュートリノを放出して陽電子に変化する。記号 ν_μ

ミュー-りゅうし【ミュー粒子｜μ粒子】リフシ 素粒子の一。質量は電子の約207倍で、電荷は正・負の2種、スピン半整数。崩壊して電子とニュートリノになる。記号μ　ミューオン。

ミュール〖mule〗❶騾馬らばのこと。❷紡績機械の精紡機。

ミュール〖フランス mule〗かかとの部分にベルトなどがついていない、つっかけて履くサンダル。ヘップサンダル。(補説)元来は、18世紀フランスの寝室などではく布製の室内履きのこと。

ミューレン〖Mürren〗スイス中部、ベルン州、ベルナーオーバーラントにある観光保養地。ラウターブルンネン谷の断崖の上に位置する。標高1650メートル。アイガー、メンヒ、ユングフラウを望む。

み-ゆき【行＝幸｜▽御▽幸】㊀行くことを敬っていう語。特に、天皇の外出をいう。行幸ぎょうこう。古くは、上皇・法皇・女院にもいったが、のちに御幸ごこうと音読して区別した。「群臣或は帝に勧むるに浙江に一するを以てするあり」〈露伴・運命〉「こちごちの花の盛りに見めさずともかにもかくにも君が一は今にしあるべし」〈万・一七四九〉㊁(行幸)源氏物語第29巻の巻名。光源氏36歳から37歳。冷泉帝の大原野行幸、玉鬘たまかずらの裳着もぎの行事などを描く。

み-ゆき【▽御雪｜▽深雪】❶雪の美称。❷深く降り積もった雪。(季 冬)

ミュケナイ〖Mykēnai〗▶ミケーネ

ミュジーク-コンクレート〖フランス musique concrète〗▶ミュージックコンクレート

ミュシャ〖Alfons Mucha〗[1860〜1939]チェコスロバキアの画家。女優サラ＝ベルナールのポスターを手がけたことで名声を得る。女性に花や流線を組み合わせた華麗なデザインで、アールヌーボーを代表する人物となった。チェコ語ではムハ。

ミュスタイア〖Müstair〗スイス東部、ミュスタイア渓谷の最奥にある町。9世紀頃のフレスコ画が見つかり、1983年に世界遺産(文化遺産)に登録されたザンクトヨハン修道院がある。ミュスタイル。

み-ゆず・る【見譲る】ユヅル〔動ラ四〕世話をするのを別な人に頼む。「また一・る人もなく心細げなる御ありさまどもを」〈源・椎本〉

ミュゼ〖フランス musée〗美術館。博物館。(補説)英語のmuseumにあたる。

ミュゼット〖フランス musette〗❶バグパイプの一種。ふいごで送風する方式で、17〜18世紀にフランスで流行した。❷牧歌風の三拍子の舞曲。

ミュッセ〖Alfred de Musset〗[1810〜1857]フランスの詩人・小説家・劇作家。感受性豊かなロマン派の叙情詩人で、女流作家ジョルジュ＝サンドとの恋愛は有名。詩集「スペインとイタリアの物語」、小説「世紀児の告白」、戯曲「戯れに恋はすまじ」など。

ミュトス〖ギリシャ mythos〗《語り伝えられるものの意。「ミトス」とも》自然・神々・英雄などについて民間に伝わる物語。伝説。伝承。神話。

みゆび-げら【三×趾啄＝木＝鳥】キツツキ科の鳥。全長約22センチで、足指は3本。上面が黒っぽく、背と腹は白い。雄は頭頂が黄色。北海道に少数が生息。

ミュラ〖Myra〗▶ミラ

ミュラー〖Friedrich Max Müller〗[1823〜1900]英国の言語学者・宗教学者。ドイツ生まれ。比較言語学の立場から宗教学・神話学の科学的方法論を唱え、「リグ-ベーダ全集」「東方聖典」などサンスクリット聖典を英訳・刊行。

ミュラー〖Johannes Peter Müller〗[1801〜1858]ドイツの生理・解剖学者。血液成分、分泌腺の働き、腫瘍しゅようの構造、生殖器官の発生など、広い分野の研究で、多くの業績がある。著「人体生理学便覧」。

ミュラー〖Paul Hermann Müller〗[1899〜1965]スイスの化学者。DDTに強い殺虫力があることを発見した。1948年ノーベル生理学医学賞受賞。

ミュラー〖Wilhelm Müller〗[1794〜1827]ドイツ-ロマン派の叙情詩人。作品「美しき水車小屋の娘」「冬の旅」は、シューベルトの作曲で知られる。

ミュラー-かん【ミュラー管】クワン 脊椎動物で、中腎ちゅうじんの発達に伴い、前腎輸管からウォルフ管とともに生じるか、または体腔壁から生じる管。雄では退化するが、雌では輸卵管となる。J＝P＝ミュラーが発見。

ミュルーズ〖Mulhouse〗フランス東部、オー-ラン県の工業都市。同県の副県都。19世紀に繊維工業で発展。道路、鉄道の要衝であり、現在は機械工業、自動車工業が盛ん。国立自動車博物館、フランス鉄道博物館などがある。ドイツ語名ミュルハウゼン。

み-ゆる・す【見▽赦す】〔動サ四〕とがめずにそのまま見逃す。「鬼なども我をば一・してむ」〈源・夕顔〉

ミュルダール〖Karl Gunnar Myrdal〗[1898〜1987]スウェーデンの経済学者。貨幣および経済変動理論の分野で先駆的業績をあげ、また経済的、社

会的、制度的諸現象の相互依存関係の分析を行った。1974年ノーベル経済学賞受賞。著「経済学説と政治的要素」「貨幣的均衡論」など。

ミュルハウゼン〖Mülhausen〗▶ミュルーズ

ミュロン〖Myrōn〗古代ギリシャの彫刻家。前5世紀に活躍。激しい運動の一瞬をとらえた「円盤投げ」などの作品で知られる。生没年未詳。ミロン。

ミュンスター〖Münster〗ドイツ西部の都市。9世紀初頭、フランク王国カール大帝により司教座が置かれ、13世紀にはハンザ同盟に加盟し発展。三十年戦争の和平条約であるウエストファリア条約の締結地の一。ウェストファーレン-ウィルヘルム大学があり、大学都市でもある。ザンクトパウルス大聖堂をはじめ歴史的建造物が多い。10年に一度、ミュンスター彫刻プロジェクトが開催されることでも知られる。

ミュンスター-ひろば【ミュンスター広場】《Münsterplatz》ドイツ西部の都市、ボンの旧市街にある広場。13世紀に建造されたロマネスク様式のミュンスター寺院に面している。同地出身の作曲家、ベートーベンの銅像がある。

ミュンツァー〖Thomas Münzer〗[1490ころ～1525]ドイツの宗教改革者、再洗礼派の神学者。ルター・フスらの影響を受けたが、のち、その急進思想のためルターと対立。共産主義的改革を主張し、ドイツ農民戦争を指導したが、敗れて斬首された。

ミュンデン〖Hann. Münden〗ドイツ中部の都市。正式名称はハノーバーシュ-ミュンデン。ハンミュンデンとも略称される。ウェラ川とフルダ川が合流しウェーザー川になる地点に位置し、中世より河川交通の要衝として発展。旧市街にはルネサンス様式の市庁舎、聖ブラジウス教会、赤煉瓦(れんが)屋根の木組み造りの民家など、歴史的建造物が数多く残る。18世紀に実在した「鉄ひげ」と呼ばれる医者にまつわる野外劇が毎年催される。メルヘン街道沿いの都市の一。

ミュンヘン〖München〗ドイツ南部の商工業都市。バイエルン州の州都。交通の要衝にあり、南ドイツの経済・文化の中心地。16世紀以来、バイエルン公国の首都として繁栄。光学・精密機械などの工業のほか、ビール醸造も盛ん。人口、行政区133万(2008)。

ミュンヘン-いっき【ミュンヘン一揆】1923年11月、ミュンヘンで起こったナチスのクーデター。ナチス政権の樹立を目ざしたが、軍隊に鎮圧され、ヒトラーは逮捕、ナチス党は解散させられた。

ミュンヘン-かいだん【ミュンヘン会談】ｸﾜｲﾀﾞﾝ 1938年、ミュンヘンで開かれたドイツ・イギリス・フランス・イタリアの首脳会談。ヒトラーの要求を入れてチェコスロバキアのズデーテン地方のドイツへの割譲を決めた。イギリス側の対独宥和(ゆうわ)政策の頂点を示すとされる。

み-よ【三世】前世(ぜんせ)・現世(げんぜ)・後世(ごせ)。さんぜ。「折りつればたぶさにけがる立てながら一の仏に花たてまつる」〈後撰・春下〉

み-よ【▽御代｜▽御世】天皇の治世。また、その在位期間。

み-よ・い【見▽好い｜見良い】〘形〙図みよ・し〘ク〙❶見た感じがよい。「夫婦げんかは―・いものではない」❷見やすい。「ここからのほうが―・い」

みょう【名】ﾐﾔｳ ❶「名田(みょうでん)」の略。❷「名代(みょうだい)」の略。「夫は所の―にさされて」〈虎寛狂・筑紫の奥〉➡漢「めい(名)」

みょう【妙】ﾒｳ〘名・形動〙❶いうにいわれぬほどすぐれていること。きわめてよいこと。また、そのさま。「演技の―」「自然の―」「言い得て―だ」❷不思議なこと。奇妙なこと。また、そのさま。「―な事件」「夜中に―な音がする」「―に憎めない人」❸《「妙」の字を分解すると「少女」となるところから》寺の囲い女。僧侶たちの間で用いた語。「庫裡(くり)から―が粗忽(そこつ)に出て言ひけるは」〈咄・醒睡笑・三〉➡漢「みょう(妙)」

類語 不思議・不可思議・摩訶(まか)不思議・奇妙・奇異・面妖(めんよう)・変・けったい・おかしい

みょう【明】ﾐﾔｳ ㊀〘名〙《梵 vidyāの訳》仏語。❶無明(むみょう)の闇を破り、真理を悟る智慧。❷密教の真言。㊁〘連体〙(日付・年月などで)その次の。「―四月二五日」「―一九九七年」➡漢「めい(明)」

み-よう【見様】ﾐﾔｳ 物を見る方法。みかた。「―によってはそうも考えられる」類語 見方・見地・見解

みょう-あさ【明朝】ﾐﾔｳ あすの朝。みょうちょう。

類語 明朝(みょうちょう)・明旦(みょうたん)・翌朝(よくあさ)・翌朝(よくちょう)・明くる朝

みょう-あん【妙案】ﾒｳ 非常によい考え。すばらしい思いつき。名案。「―が浮かぶ」

みょうあん-りゅう【明暗流】ﾐﾔｳｱﾝﾘｳ 尺八の流派名。広義には、普化(ふけ)宗の伝統を守り、古典本曲を伝承する諸派の総称。狭義には、普化宗の本寺である京都の明暗寺に伝承された尺八の芸系の通称。幕末から明治初期の明暗真法(しんぽう)流、明治中期以降の明暗対山(たいざん)流に受け継がれている。

みょううん-にょらい【妙雲如来】ﾒｳｳﾝ 密教で、竜猛(りゅうみょう)(竜樹)菩薩の本地である仏。妙雲相仏。

みょうえ【明恵】ﾐﾔｳｴ[1173～1232]鎌倉初期の僧。華厳宗中興の功労者。紀伊の人。諱(いみな)は高弁。栂尾(とがのお)山に高山寺を開き、華厳宗興隆の道場とした。また、宋から栄西が将来した茶の栽培でも知られる。著「摧邪輪(ざいじゃりん)」「華厳唯心義」など。

みょうえしょうにんいくん【明恵上人遺訓】ﾐﾔｳｴｼﾔｳﾆﾝｲｸﾝ 鎌倉時代の法語集。1巻。明恵の口述を弟子の高信が筆記。嘉禎4年(1238)成立。仏道修行の心構えや教戒など50余条を述べたもの。阿留辺幾夜宇和。

みょう-えつ【名謁】ﾐﾔｳ ▶名対面(なだいめん)❶

みょうえん【明円】ﾐﾔｳｴﾝ[?～1199]平安末期・鎌倉初期の円派の仏師。慶派の台頭した時期にあって、円派の伝統的な彫刻様式を伝えた。大覚寺の五大明王像などの作品がある。めいえん。

みょう-おう【明王】ﾐﾔｳﾜｳ ❶大日如来の命を奉じ、怒りの相を表し、悪魔を降伏(ごうぶく)して仏法を守護する諸尊。五大明王など。特に、不動明王をさす。❷智慧の王、すなわち真言(しんごん)のこと。

みょう-おう【冥応】ﾐﾔｳ 仏語。知らないうちに神仏が感応して加護や利益(りやく)を授けること。冥感。

みょうおう-いん【明王院】ﾐﾔｳﾜｳｲﾝ ㊀滋賀県大津市にある天台宗の寺。山号は、北嶺山。開創は貞観元年(859)。開山は相応。比叡山の回峰行者の参籠所となり、葛川修験道の拠点ともなった。㊁広島県福山市にある真言宗大覚寺派の寺。山号は、中道山。寺号は、円光寺。寺伝によれば、開創は大同2年(807)。開山は空海。初め常福寺と称し、江戸初期に本庄村の明王院と合併して現名に改称。

みょう-おん【妙音】ﾒｳ いうにいわれぬ美しい音声、また音楽。

みょう-おん【冥恩】ﾐﾔｳ 目に見えない神仏の恩恵。冥加(みょうが)。「これ天照大神の―なり」〈盛衰記・四〇〉

みょうおん-こう【妙音講】ﾒｳｵﾝ 妙音天を祭って供物を供え、琵琶(びわ)などを演奏した楽人たちの集会。

みょうおん-てん【妙音天】ﾒｳｵﾝ 弁才天(べんざいてん)の異称。

みょうおん-ぼさつ【妙音菩薩】ﾒｳｵﾝ 東方の一切浄光荘厳国に住み、霊鷲山(りょうじゅせん)に来て法華経を聴聞した菩薩。美しい声で十方(じっぽう)世界に教えを広めるという。

みょう-か【妙果】ﾒｳｸﾜ 仏語。善根功徳によって得られるすぐれた果報。仏果。

みょう-か【▽猛火】ﾐﾔｳｸﾜ 激しく燃え上がる火。もうか。「―はまさしう押しかけたり」〈平家・五〉

みょう-が【冥加】ﾐﾔｳ ❶気がつかないうちに授かっている神仏の加護・恩恵。また、思いがけない幸せ。冥助(みょうじょ)。冥利(みょうり)。「―を願う」「命―」❷神仏の加護・恩恵に対するお礼。「薬代を―のためにつかはしたし」〈浮・永代蔵・六〉❸「冥加金」の略。「この銀を…改めて尼御へ布施、せめて娘が―ぢゃわいのう」〈浄・歌祭文〉類語 加護・冥護・冥利・利益(りやく)

冥加無・し ❶神仏の冥加を受けられない。神仏に見放されている。「兄に向かって弓引かん事、―・きにあらずや」〈古活字本保元・中〉❷《「冥加なり」を強めた言い方として》冥加に余るさま。かたじけない。もったいない。「さやうに―・き事、何とてか申すぞ」〈伽・文正〉

【名｜命｜明｜冥】▶めい

【▽苗｜▽猫】▶びょう

妙 音ミョウ(メウ)呉　ビョウ(ベウ)漢　訓たえ‖
❶言うに言われぬほど美しい。「妙音/美妙」❷奥深く味がある。きわめて巧みである。「妙案・妙手・妙味・妙薬/軽妙・玄妙・巧妙・神妙(しんみょう)・(しんびょう)・精妙・絶妙・即妙・微妙・霊妙」❸うら若い。「妙齢」❹変わっている。不思議だ。「奇妙・珍妙」名付 ただ・たゆ

冥加に余・る 冥加が身に過ぎてありがたい。分に過ぎてもったいない。冥加に尽きる。「―・るもてなし」

冥加に尽・きる ❶神仏の加護から見放される。「―・きる悪事の数々」❷「冥加に余る」に同じ。

みょう-が【×茗荷】ﾒｳ《「めが(芽香)」の音変化という。「茗荷」は当て字》❶ショウガ科の多年草。地下茎が横に伸び、地上茎は高さ50センチ～1メートル。葉は長楕円形で、互生。夏から秋にかけ、地際に苞(ほう)が2列に重なって卵状の花穂をつけ、苞の間から淡黄色の3弁花を出す。全体に特有の香りがあり、茗荷の子とよぶ花穂や若芽を食用にし、栽培される。熱帯アジアの原産。めが。《季 子=夏 花=秋》「日は宙にしづかなるもの―の子/林火」❷紋所の名。ミョウガの芽や花を図案化したもの。❸おろかな人。❶をたくさん食べると物忘れするという俗説からいう。「大門を這入(はい)る―に出る生姜」〈柳多留・一二二〉

みょう-かい【冥界】ﾐﾔｳ 仏語。❶死後の世界。あの世。冥途(めいど)。めいかい。❷六道のうち、地獄・餓鬼・畜生の三悪道。特に、地獄道をさすことが多い。

みょうが-きん【冥加金】ﾐﾔｳｶﾞ ❶神仏の利益(りやく)にあずかろうとして、また、あずかったお礼として、社寺に奉納する金銭。冥加銭。❷江戸時代の雑税の一。商工業者などが営業免許や利権を得た代償として、利益の一部を幕府または領主に納めたもの。のちには、一定の率で課されることが多くなった。冥加銭。

みょう-かく【妙覚】ﾒｳ《「みょうがく」とも》仏語。❶真の悟り。仏の無上の悟り。❷菩薩(ぼさつ)の修行最後の位。菩薩の五十二位・四十二地の最上の位。

みょうがく【明覚】ﾐﾔｳｶﾞｸ[1056～?]平安後期の天台宗の僧。加賀の温泉寺に住し、悉曇(しったん)学・国語音韻などの研究にすぐれた業績を残した。著「悉曇大底」「梵字形音義(ぼんじぎょうおんぎ)」「悉曇要訣(しったんようけつ)」など。めいかく。

みょうかく-じ【妙覚寺】ﾒｳｶｸ ㊀京都市上京区にある日蓮宗の寺。山号は、具足山。開創は天授4=永和4年(1378)。開山は日実。開基は小野妙覚。四条大宮の妙覚の邸宅を寺としたのが始まりで、天正11年(1583)現在地に移転。近世初頭には不受不施派の拠点となった。㊁岡山市御津金川(みつかながわ)にある日蓮宗不受不施派の本山。山号は、竜華山。幕末以来、不受不施派の再興運動を続けてきた日正が、明治9年(1876)日像を開山として建立したもの。

みょうが-せん【冥加銭】ﾐﾔｳｶﾞ「冥加金」に同じ。「―は沢山に、お心持ちしだい」〈滑・膝栗毛・六〉

みょうか-ふう【妙花風】ﾒｳｸﾜ 能で、世阿弥が九段階に分けたうちの第一位(上三位の第一)の芸格。言葉で表せない最高至上の芸の極致。➡九位(くい)

みょう-かん【冥官】ﾐﾔｳｸﾜﾝ 冥界(めいかい)の官人。地獄の閻魔(えんま)の庁の役人。

みょう-かん【冥感】ﾐﾔｳ「冥応(みょうおう)」に同じ。「真実の―をきこしめすべく候」〈愚管抄・六〉

みょう-かん【冥鑑】ﾐﾔｳ「冥見(みょうけん)」に同じ。

みょう-き【妙機】ﾒｳ 仏語。すぐれた機根。「此世ならぬ霧の香をかぎあてた一瞬の―を」〈石川淳・普賢〉

みょう-ぎ【妙技】ﾒｳ すばらしいわざ。非常にみごとな技術。「柔道の―を競う」

類語 巧技・美技・好技・神技・絶技

みょうぎあらふねさくこうげん-こくていこうえん【妙義荒船佐久高原国定公園】ﾒｳｷﾞｱﾗﾌﾈｻｸｶｳｹﾞﾝｺｸﾃｲｺｳｴﾝ 群馬・長野両県にまたがり、山岳と高原を主とする国定公園。碓氷(うすい)峠・妙義山・荒船山・佐久高原・十石峠などからなる。

みょうき-あん【妙喜庵】ﾒｳｷ 京都府乙訓(おとくに)郡大山

崎町にある臨済宗東福寺派の寺。山号は、豊興山。明応年間(1492〜1501)ごろ、山崎宗鑑が結んだ待月庵が、のち、禅院となったもの。豊臣秀吉が千利休に建てさせたと伝えられる茶室、待庵は国宝。

みょうぎ-さん【妙義山】群馬県南西部の山。最高峰は金洞山で標高1104メートル。絶壁・奇岩・怪石に富む。上毛三山の一。

みょうぎしょう【名義抄】「類聚名義抄」の略称。

みょう-きょう【妙境】❶景色などのすぐれた土地。❷芸術・技芸などのきわめてすぐれた境地。

みょう-きょう【明鏡】❶曇りのない鏡。めいきょう。「鬼神に横道を正す一の宝なれ」〈謡・野守〉❷すぐれた手本。「一ヲテラス」〈日葡〉

みょう-ぎょう【妙行】仏語。❶正しい行為。❷すぐれた行法。

みょう-ぎょう【明経】論語・孝経などの経書を講究すること。めいけい。

みょうぎょう-じ【妙教寺】岡山市にある単立の寺。最上稲荷教の総本山。山号は、竜王山。開創は延暦年間(782〜806)と伝える。慶長6年(1601)日円が稲荷大明神を守護する寺として再興。

みょうぎょう-どう【明経道】律令制の大学寮での四道の一。論語・孝経などの経書を学ぶ学科。奈良中期に文章道・明法道が分立。平安以後は文章道に圧倒された。みょうぎょう。めいけいどう。

みょうぎょう-の-いえ【明経の家】明経道を専攻する家柄。平安中期以降、清原・中原両家および清原家の分家である船橋・伏原両家の世襲。

みょうぎょう-の-しょう【明経生】律令制の大学寮で、明経道を専攻する学生。

みょうぎょう-はかせ【明経博士】明経道の教官。平安中期以降、清原・中原両家の世襲。大学の博士。

みょう-く【妙句】すぐれてあじわいのある句。また、すぐれてよい言葉や表現。

みょうくう【明空】鎌倉後期の早歌の作詞・作曲者。「宴曲集」「拾菓集」などの撰者。天台宗の僧ともいう。生没年未詳。みょうぐう。めいくう。

みょう-けい【妙計】すぐれた計略。巧妙な計略。妙策。「一を案じる」

みょう-けん【妙見】「妙見菩薩」の略。

みょう-けん【冥見】人々の知らないところで、神仏が衆生を見守っていること。冥鑑。冥覧。

みょう-けん【冥顕】《「みょうげん」とも》冥界と顕界。死後の世界と現実の娑婆世界。「一につけてその恐れ少なからず候」〈平家・三〉

みょう-げん【明眼】仏語。物事の真実を明らかに見通せる心の眼。

みょうけん-こう【妙見講】妙見菩薩を信仰する日蓮宗信者の集まり。

みょうけん-さん【妙見山】大阪府北部の豊能郡能勢町・豊能町と兵庫県川西市との境にある山。標高660メートル。山頂に能勢妙見がある。

みょうけん-じ【妙顕寺】京都市上京区にある日蓮宗四大本山の一。山号は、具足山。元亨元年(1321)日像が創建。京都における日蓮宗最初の道場で、しばしば叡山に迫害された。

みょうげん-じ【妙源寺】愛知県岡崎市にある真宗高田派の寺。山号は、桑子山。正嘉2年(1258)親鸞の弟子の領主安藤信平が開創、明眼寺と称した。のち、徳川家康の保護を受け、妙源寺と改めた。

みょうけん-ぼさつ【妙見菩薩】北極星を神格化した菩薩。国土を守り、災難を除き、長寿をもたらすとされる。日本では、眼病平癒・安産・良縁のためにこの菩薩を本尊として行う修法があり、密教ならびに日蓮宗で祭祀。北辰菩薩。

みょう-ご【冥護】神仏がひそかに加護すること。神仏のまもり。類語 加護・冥加・守り・天恵

みょう-ご【明後】㊀〔連体〕(日付・年月などで)その次の次の。「一四月二二日」㊁〔語素〕年月など、時に関する名詞の上に付いて、その次の次の日時であることを表す。

みょう-こう【妙工】すぐれた細工。また、すぐれた腕の職人。「一の手になる仏像」

みょうこう【妙高】新潟県南西部にある市。南部は上信越高原国立公園に指定され、温泉やスキー場が多数ある。平成17年(2005)4月、新井市に妙高高原町、妙高村を編入し市名を変更。人口3.5万(2010)。

みょう-ごう【名号】仏・菩薩の名。これを聞いたり唱えたりすることに功徳があるとされる。特に、「阿弥陀仏」の4字、「南無阿弥陀仏」の6字をさす。「六字の一を唱える」「弥陀の一」

みょう-ごう【名香】仏に奉る香。仏前にたく香。「一の香などにほひ満ちたるに」〈源・若紫〉

みょう-ごう【冥合】〔名〕スル 知らず知らず一つになること。

みょうこう-こうげん【妙高高原】新潟県南西部、長野県境近くにある高原。妙高山の東斜面に広がり、標高は700〜1200メートル。赤倉・池ノ平・妙高などの温泉、別荘地がある。冬はスキー場としてにぎわう。上信越高原国立公園に属する。

みょうこう-ざん【妙高山】新潟県南西部にある火山。妙高連峰の主峰で、標高2454メートル。東麓に池ノ平・赤倉などの温泉がある。越後富士。

みょうこう-し【妙高市】►妙高

みょうこう-じ【妙興寺】愛知県一宮市にある臨済宗妙心寺派の寺。山号は、長島山。正平3=貞和4年(1348)滅宗宗興の創建。足利将軍家の祈願所、後光厳天皇の勅願寺として隆盛。

みょうこう-せん【妙高山】►須弥山

みょうこう-にん【妙好人】信仰心のあつい念仏の行者を称賛していう語。

みょうごき【名語記】鎌倉時代の辞書。経尊著。初稿6巻本は文永5年(1268)、増補10巻本は建治元年(1275)成立。当時の口語・俗語を音節数によって分類、いろは順に配列して問答体で語源を説明したもの。

みょうこく-じ【妙国寺】大阪府堺市にある日蓮宗の寺。山号は、広普山。永禄11年(1568)豪商油屋常言が堂舎を造営、子の仏心院日珖が開山。高麗から移植したという大ソテツがある。蘇鉄寺。

みょうご-にち【明後日】明日の次の日。あさって。「試験を一に延期する」

みょうご-ねん【明後年】来年の次の年。さらいねん。

みょうごん-じ【妙厳寺】愛知県豊川市にある豊川稲荷の正称。

みょう-さく【妙策】すぐれた策略。巧妙なはかりごと。妙計。妙算。「これ以上の一はあるまい」

みょう-さん【妙算】すぐれたはかりごと。妙策。「神籌一を運らす」〈魯庵・社会百面相〉

みょう-じ【名字】・【▽苗字】❶家の名。姓。家名。❷古代、氏と姓を総合した称。❸同一の氏から分かれ出て、その住む地名などにちなんで付けた名。源氏から出た新田・足利、平氏から出た千葉・梶原の類。
類語 氏・姓・姓氏・氏姓・家名・ファミリーネーム

みょうじ-あそん【名字▽朝▽臣】四位の者について、姓の朝臣の上に名を書くこと。「親房朝臣」の類。

みょうじ-ごめん【名字御免】江戸時代、農民や町人などの庶民が名字を名のることを許されたこと。

みょうじ-たいとう【名字帯刀】名字を名のり、太刀を帯びること。江戸時代は武士の特権であったが、のち、特に家柄や功労によって庶民に対しても許された。

みょうじ-はいりょう【名字拝領】主君の名字を賜り、自分の名字として名のること。

みょう-しゅ【名主】平安後期から中世にかけての名田所有者。領主に対して年貢・夫役などの負担の義務を負う一方、家族・所従・下人などに名田を耕作させた。

みょう-しゅ【妙手】❶たくみな技量。すぐれた腕前。また、その持ち主。「琴の一」❷碁・将棋で、他人には予想もできないうまい手。類語 巧手・手練・腕利き・凄腕・名手・名人・達人

みょう-しゅ【妙趣】すぐれたおもむき。非常にすばらしい味わい。妙味。「一に富む名園」

みょう-しゅ【冥衆】閻魔王や梵天など、人の目に見えない鬼神や諸天。また、冥界に住むもの、特に、地獄の鬼。

みょう-じゅう【命終】命が尽きること。死ぬこと。「一して叫喚地獄に堕ちたりと」〈今昔・二・四一〉

みょう-しゅん【明春】❶明年の春。来春。「一卒業の予定」❷来年の正月。新年。
類語 来春・来春

みょう-しょ【妙所‖妙処】きわめてすぐれた箇所。いうにいわれない味わいのあるところ。

みょう-じょ【冥助】神仏の目に見えない助け。冥加。「福徳の大神の一を受けているなどと」〈芥川・地獄変〉

みょう-しょう【明匠】►めいしょう(明匠)

みょう-じょう【明星】❶明るく輝く星。特に金星をいう。「明けの一」「宵の一」❷その分野で最もすぐれ、人気がある人。「楽壇の一」「歌の一」
類語 暁星・宵の明星・明けの明星・金星

みょうじょう【明星】詩歌雑誌。与謝野鉄幹主宰の新詩社の機関誌。第一次は明治33年(1900)4月創刊、同41年11月廃刊。浪漫主義に基づき、短歌の革新などに貢献。与謝野晶子・高村光太郎・石川啄木・木下杢太郎・吉井勇・北原白秋らが活躍。のち、二度復刊された。

みょうしょうごん-おう【妙荘厳王】菩薩の名。王であった時はバラモンの教えを信じていたが、夫人や二子の諫めによって法華経を聞き、仏法に帰依した。

みょうじょう-じ【妙成寺】石川県羽咋市にある日蓮宗の寺。山号は、金栄山。開創は永仁2年(1294)。開山は日像。加賀藩主前田氏の保護を得てから諸堂を整備。

みょうじょう-は【明星派】詩歌雑誌「明星」によった詩人・歌人の一派。芸術至上主義のもとに、明治30年代の浪漫主義を代表した。➡星菫派

みょう-じん【名神】延喜式に定められた神社の社格で、名神祭にあずかる神社。年代が古く、由緒が正しく、崇敬の顕著な大社を選んだもの。名神大社。

みょう-じん【明神】《「名神」から出た語か》神の尊称。神仏習合説による、仏教側からの神祇の称。「春日一」「大一」

みょうじん-さい【名神祭】国家に大事のある時、諸国の名神に臨時の奉幣使を遣わして祈願した祭り。

みょうしん-じ【妙心寺】京都市右京区にある臨済宗妙心寺派の大本山。山号は、正法山。花園上皇が延元2=建武4年(1337)離宮を禅寺とし、関山慧玄を招いて開山とした。応仁の乱で焼失したが雪江宗深が再興。伽藍配置は近世禅宗寺院の様式を示す貴重な例。国宝の梵鐘や大灯国師墨跡をはじめ、各塔頭にも多くの重要な書画・工芸品を蔵す。

みょうじん-しょう【明神礁】伊豆諸島南部の海底火山。青ヶ島の南58キロ、ベヨネーズ列岩の東9キロにある。昭和27年(1952)噴火して新島を形成し、漁船第十一明神丸が発見。翌年大爆発で水没。

みょうじん-とりい【明神鳥居】鳥居の形式の一。柱は亀腹の上に立って内側に傾き、笠木・島木の両端が上に反り、額束と楔のあるもの。最も普通にみられ、木造では朱塗りのものが多い。

みょう-せき【名跡】代々受け継がれていく家名。また、それを受け継ぐこと。「先代の一を継ぐ」

みょう-せき【名籍】名簿。または、戸籍簿。

みょう-せき【妙跡‖妙×蹟‖妙×迹】すぐれた筆

跡。妙筆。

みょう-せき【明夕】明日の夕方。明晩。〈日葡〉

みょう-ぜつ【妙絶】きわめてすぐれていること。非常に巧みなこと。絶妙。「絃弓を弾ずるを聴くに、一言わん方なかりければ」〈中村訳・西国立志編〉

みょうせん-じしょう【名詮自性】仏語。名がそのものの性質を表していること。

みょう-そう【妙想】すぐれた考え。妙案。「其気韻を高遠にし其一を清絶にし」〈逍遥・小説神髄〉

みょう-だい【名代】ある人の代わりを務めること。また、その人。代理。「父の一として出席する」

みょう-たん【明旦】明日の朝。明朝。

みょうちき-りん【妙ちきりん】〔形動〕《「りん」は口拍子で添えたもの》普通では考えられない、不思議なさま。奇妙なさま。へんてこりん。へんちくりん。みょうちき。「一な服装」「一な話だ」

みょう-ちょう【名帳】❶仏寺で、信者の名簿。檀家帳。また、過去帳のこと。❷融通念仏宗で、大念仏に加入した者の名を記した帳簿。

みょうちょう【妙超】►宗峰妙超

みょう-ちょう【明朝】明日の朝。明旦。みょうあさ。〖類語〗翌朝・翌朝・明くる朝・明旦

みょう-ちょう【冥帳】神社・仏閣に金銭や物品を奉納した人の名を記入する帳簿。

みょうちん【明珍】室町時代より続いた甲冑師の家名。明珍派とよばれ、関東で活躍したが、江戸時代には全国に分布、鐔・馬具なども製作した。

みょうちん-おり【明珍織】紋博多織の一種。紋様を繻子地の組織に織り出した厚地の両面織り地。夏の女性用の帯地に用いる。

みょうつう-じ【明通寺】福井県小浜市にある真言宗御室派の寺。山号は、棡山。大同元年(806)坂上田村麻呂の創建と伝える。鎌倉時代に建立の本堂・三重塔は国宝。中世の文書を多数所蔵する。

みょう-てい【妙諦】すぐれた真理。そのものの真価。神髄。みょうたい。「お金の有り難味の、その本来の一は」〈百閒・百鬼園随筆〉

みょうていもんどう【妙貞問答】江戸初期のキリシタンの教理書。3巻。ハビアン著。慶長10年(1605)成立。妙秀・幽貞という二人の尼僧の対話形式で、神道・儒教・仏教を批判し、キリスト教の教理を説く。

みょう-てん【妙典】《「みょうでん」とも》すぐれた教えを説いた経典。特に法華経をいう。「かの一乗一の御読誦もおこたらせ給はず」〈平家・六〉

みょう-でん【名田】平安後期から中世にかけて、荘園や国衙領の構成単位をなす田地。開墾・購入・押領などによって取得した田地に、取得者の名を冠して呼んだもの。名。➡名主

みょうと【夫▽婦｜▽妻▽夫｜▽女▽夫】《「めおと」の音変化》妻と夫。夫婦。めおと。

みょう-どう【冥道】❶「冥界」に同じ。❷冥界の諸仏や冥衆。「今日この御堂に影向し給ふらむ神明、一たちもきこしめせ」〈大鏡・道長下〉

みょうどう-く【冥道供】閻魔大王に罪の消滅と長寿を祈願する密教の供養法。

みょう-にち【明日】今日の次の日。あす。あした。「一また参ります」〖類語〗明日・明日・翌日・明くる日

みょう-ねん【明年】今年の次の年。来年。「一早々に着工する」〖類語〗来年・翌年・明くる年

みょうねん-ど【明年度】次の年度。来年度。「一の予算案」

みょうは【妙葩】►春屋妙葩

みょう-ばつ【冥罰】神仏が人知れず下す罰。天罰。「良秀の描いた神仏が、その良秀に一を当てられるとは」〈芥川・地獄変〉

みょう-ばん【明晩】明日の晩。

みょう-ばん【明×礬】カリウム・アンモニウム・ナトリウムなどの一価イオンの硫酸塩と、アルミニウム・クロム・鉄などの三価イオンの硫酸塩とが化合した複塩の総称。硫酸カリウムと硫酸アルミニウムとが化合したカリ明礬$KAl(SO_4)_2 \cdot 12H_2O$が古くから知られ、これをさすことが多い。いずれも正八面体の結晶をつくり、水に溶ける。媒染剤・皮なめし・製紙や浄水場の沈殿剤など用途が広い。

みょうばん-せき【明×礬石】カリウムとアルミニウムの含水硫酸塩鉱物。白色または灰・桃色で、ガラス光沢がある。六方晶系。火山岩が変質した所に多く、繊維状・塊状で産出する。カリ肥料の原料。

みょう-ひつ【妙筆】非常にすぐれた筆跡。また、その書画や文章。

みょう-ひん【妙品】❶非常にすぐれた作品。❷書画で、三品の一。神品に次ぐ品位。気韻に富むもの。

みょう-ぶ【名▽簿｜名符】古代・中世、官途に就いたり、弟子として入門したり、家人として従属したりする際、貴人・長上・師匠に身分証明として送る自分の姓名を記した名札。名付き。名書。二字。

みょう-ぶ【命婦】❶律令制で、五位以上の女官、また五位以上の官人の妻の称。前者を内命婦、後者を外命婦という。❷平安中期以降、中級の女官や中﨟の女房の称。「靫負の一」「威儀の一」❸中世、稲荷明神の使いとされる狐の異称。「気比宮の白鷺、稲荷山の一」〈太平記・三九〉

みょう-ふく【冥福】►めいふく(冥福)

みょう-ほう【妙法】❶(メウ)巧妙な手段。うまい方法。「奇手一」❷(メウ)言葉では言いつくせない、意味の深い教えである仏法。また、妙法蓮華経(法華経)のこと。

みょう-ぼう【明法】古代、律・令・格・式など法律を講究した学問。

みょうほう-いん【妙法院】京都市東山区にある天台宗の寺。山号は、南叡山。延暦年間(782～806)最澄の創建と伝える。もと比叡山にあり、後白河法皇が京都に移した。高倉天皇の皇子尊性法親王が入寺して以来門跡寺院。新日吉門跡。

みょうほう-げ【妙法×偈】仏のすぐれた教えを説いた偈。妙法の偈。

みょうほう-じ【妙法寺】東京都杉並区堀ノ内にある日蓮宗の寺。山号は、日円山。元和年間(1615～1624)に日逕が真言宗から日蓮宗に改め、「堀の内のお祖師様」として庶民の信仰を集めた。

みょうぼう-どう【明法道】律令制の大学寮での四道の一。律・令・格・式など法律学を学ぶ学科。奈良中期に明経道から独立して新設。

みょうぼう-はかせ【明法博士】明法道の教官。平安中期以降、坂上・中原両家の世襲となった。

みょうほうれんげ-きょう【妙法蓮華経】►法華経

みょうほっけ-じ【妙法華寺】静岡県三島市にある日蓮宗の寺。山号は、経王山。弘安7年(1284)日昭が鎌倉に創建。江戸初期に現在地に移転。

みょうほん-じ【妙本寺】神奈川県鎌倉市にある日蓮宗の寺。山号は、長興山。文応元年(1260)比企能本の建立。開山は日朗。池上本門寺と両山一首制をとるなど本門寺と深い関係にあった。➡本門寺㊀

みょうまん-じ【妙満寺】京都市左京区にある顕本法華宗の総本山。山号は、妙塔山。開創は弘和3=永徳3年(1383)。開山は日什。京都布教の中心寺院として発展。昭和43年(1968)現在地に移転。

みょう-み【妙味】❶なんとも言えない味わい。非常にすぐれた趣。醍醐味。「すぐれた作品のもつ一」❷いいところ。うまみ。「一のある商い」

みよう-みまね【見様見真▽似】人のするのを見て、そのまねをすること。「一でろくろを回す」

みょう-みょう【妙妙】〔形動タリ〕きわめてすぐれているさま。すばらしいさま。「徒らに弁を弄し一舌を動かして」〈利光鶴松・政党評判記〉

みょう-みょうごにち【明明後日】明後日の次の日。あさっての次の日。しあさって。

みょう-みょうごねん【明明後年】明後年の次の年。翌々年の次の年。

みょうみょう-ちょう【命命鳥】《梵 jīvam-jīvaka の訳。耆波耆波と音写》一つのからだに頭が二つあるという想像上の鳥。共命鳥。めいめいちょう。

みょう-もく【名目】❶「めいもく(名目)」に同じ。「一こそ大学ですけれども」〈魯庵・社会百面相〉❷習慣などによる読み癖。「射来」を「じゃらい」、「笏」を「シャク」などと読む類。名目読み。

みょうもく-よみ【名目読み】「名目❷」に同じ。

みょう-もん【名聞】〔名・形動〕❶名声が世間に広まること。世間での評判・名声。ほまれ。「一を求める」❷名声を求めて世間体をつくろうこと。また、そのさま。「この大将は…、一になどぞおはせし」〈大鏡・師尹〉

みょう-もん【妙文】❶すぐれた文章や言葉。❷霊妙な経典。特に、法華経。

みょうもん-は【妙聞派｜妙文派】平曲の流派の一。室町時代に八坂流の森沢城聞(法名妙聞)が始めたもの。城聞派。

みょうもん-りよう【名聞利養】仏語。名声と利得。名誉欲と財欲に駆り立てるもの。

みょう-や【明夜】明日の夜。明晩。

みょう-やく【妙薬】不思議によく効く薬。霊薬。転じて、非常に有効な解決策。「景気回復の一」〖類語〗霊薬・良薬・名薬・秘薬・特効薬

みょう-よう【妙用】不思議な作用。非常にすぐれた働き。「伝信機の一を知るべし」〈新聞雑誌四〉

みょう-らん【冥覧】「冥見」に同じ。「死後には一明らけく」〈浄・先代萩〉

みょう-り【名利】名誉と利益。また、それを求めようとする気持ち。めいり。「一を求める」

みょう-り【冥利】❶仏・菩薩が人知れず与える利益。❷知らず知らずの間に神仏から受ける利益や恩恵。また、善行の報いとして受ける幸福。「一がいい」❸ある立場にいることによって受ける恩恵。「役者一」「男一」❹職業や身分を表す語の下に付けて、それにかけて誓うという意を表す。「今は粉屋の孫右衛門、商ひ一、女房限ってこの文見せず」〈浄・天の網島〉〖類語〗冥加・冥護・冥助・加護・利益

冥利が悪・い　神仏の加護を受けられない。また、ありがたすぎて、ばちがあたる。「負債を返さないでは、余り一・いでないか」〈鏡花・化銀杏〉

冥利に尽・きる　その立場にいる者として、これ以上の幸せはないと思う。「教師として一・きる」

みょう-りょ【冥慮】神仏のおぼしめし。目に見えない神仏の心。「仏陀の一にそむくべからず」〈平家・二〉

みょう-れい【妙齢】《「妙」は若い意》若い年ごろ。特に、女性の若い年ごろ。妙年。「一の美人」〖類語〗娘盛り・女盛り・芳紀・年ごろ・若い

みょうれん-じ【妙蓮寺】京都市上京区にある本門法華宗の大本山。山号は、卯木山。開創は永仁年間(1293～1299)と伝える。開山は日像。天文法華の乱後、現在地へ移転。

ミヨー〖Darius Milhaud〗[1892～1974]フランスの作曲家。フランス六人組の一人。多調・ポリリズム(多リズム)の手法を使って広い分野の作品を残した。作品に、ピアノ曲「ブラジルへの郷愁」「スカラムシュ」、バレエ音楽「世界の創造」など。

ミヨー-ばし【ミヨー橋】《Viaduc de Millau》フランス南部、アベイロン県の都市、ミヨーの近郊のタルン川渓谷に架かる橋。2004年開通。全長が2460メートル、主塔の高さは343メートルあり、世界一の高さを誇る。設計はイギリスの建築家ノーマン=フォスター。

みよ-かし【見よかし】〔形動〕図〔ナリ〕《「かし」は間投助詞。「みよがし」とも》これを見よと言わんばかりに得意になって見せびらかすさま。これ見よがし。「一に横文字の本を持ち歩く」

みよかし-がお【見よかし顔】これを見よと言わんばかりの顔つき。見てほしそうな態度・表情。「一に桜子の花のよそ目もねたましや」〈謡・三山〉

みよし　愛知県中央部にある市。名古屋市・豊田市に挟まれベッドタウンとして発達するほか、自動車関

連の事業所や工場などが多数立地する。平成22年(2010)に三好町が市制施行して成立。人口6.0万(2010)。〘補説〙市名決定に際し、総務省は同じ市名を容認したが、先に市となっていた徳島県三好市が拒否したため平仮名表記となった。また同音の三次市が広島県にある。

みよし【三好】徳島県西端にある市。高知県から流れ込む吉野川の渓谷、大歩危・小歩危は交通の難所として知られる。平成18年(2006)3月に三野町・池田町・山城町・井川町・東祖谷山村・西祖谷山村が合併して成立。旧三野町部分は飛び地となっている。人口3.0万(2010)。

みよし【三次】広島県北部、三次盆地の中心をなす市。西城川・可愛川・馬洗川などが集まり、山陰・山陽を結ぶ交通の要地として発達。工業・商業が盛ん。西城川で鵜飼いが行われる。人口5.7万(2010)。

み-よし【▽水▽押し|×舳|船=首】《「みおし」の音変化》❶船首にある部材で、波を切る木。❷へさき。船首。

みよし-きょうぞう【三好京三】[1931〜2007]小説家。岩手の生まれ。本名、佐々木久雄。自らの教員体験を生かした作品や、郷里の東北を舞台にした小説を手がける。非行に走る娘とそれに振り回される家庭を描いた「子育てごっこ」でブームを巻き起こし、直木賞受賞。他に「分校日記」「いのちの歌」「満ち足りた飢え」など。

みよし-きよゆき【三善清行】[847〜918]平安前期の漢学者。文章博士兼大学頭。経史・詩文に通じ、上奏文の「革命勘文」「意見封事十二箇条」は有名。また、「延喜式」の編集に参加。著「藤原保則伝」など。

みよし-さんにんしゅう【三好三人衆】戦国末期、三好長慶の部下であった三好長逸・岩成友通・三好政康の三人をいう。長慶の死後、幼主義継を擁して専権を振るったが、義継の離反、織田信長の入京などにより衰退。

みよし-し【みよし市】▶みよし

みよし-し【三好市】▶三好

みよし-し【三次市】▶三次

みよし-じゅうろう【三好十郎】[1902〜1958]劇作家・詩人。佐賀の生まれ。プロレタリア劇作家として出発、のち転向して庶民の生活を題材に多くの戯曲を書いた。戯曲「斬られの仙太」「浮標」「炎の人」など。

みよし-しょうらく【三好松洛】江戸中期の浄瑠璃作者。伊予の人とも、大坂の人ともいう。竹本座の多くの浄瑠璃に作者として名を連ねている。竹田出雲・並木千柳らとの合作に「義経千本桜」「仮名手本忠臣蔵」「菅原伝授手習鑑」など。生没年未詳。

みよし-たつじ【三好達治】[1900〜1964]詩人。大阪の生まれ。「詩と詩論」に参加、のち堀辰雄らと「四季」を創刊。伝統詩を継承し、現代詩における純粋な叙情性を追求した。詩集「測量船」「南窗集」、詩論集「諷詠十二月」など。

みよし-とおる【三好徹】[1931〜　]小説家。東京の生まれ。本名、河上雄三。新聞記者を経て、社会派の推理小説やスパイ小説、時代小説などを精力的に執筆。「聖少女」で直木賞受賞。他に「風塵地帯」「チェ・ゲバラ伝」「天使」シリーズなど。

みよし-ながよし【三好長慶】[1523〜1564]戦国時代の武将。初め管領細川晴元の執事。将軍足利義輝を追放し、晴元を退けて権勢を振るったが、晩年は家臣の松永久秀に実権を握られた。連歌をよくした。

みよし-ぼんち【三次盆地】広島県北東部に広がる県内最大の盆地。中国山地と吉備高原の間に位置し標高は150〜450メートル、東西40キロメートル、南北25キロメートル。江の川水系の4河川による浸食でつくられた。開発の歴史が古く多くの古墳が発見されている。川筋を交通路として山陽と山陰が結ばれている。農業は米作が主。寒暑の差が大きい内陸性の気候で、秋の早朝に見られる霧は「霧の海」として有名。

みよし-まなぶ【三好学】[1862〜1939]植物学者。岐阜の生まれ。東大教授。ドイツに留学後、植物生理学・生態学を紹介。また、天然記念物の保護に尽力した。著「植物生態学」「日本植物景観」など。

みよし-やすのぶ【三善康信】[1140〜1221]鎌倉幕府初代問注所執事。法名、善信。母が源頼朝の乳母の妹であった関係から、伊豆に配流中の頼朝に京都の状況を報告。のち、鎌倉に招かれて問注所執事となった。

み-より【身寄り】身を寄せるところ。親類・縁者。「―のない老人」〘類語〙身内・親類・縁者・親族・家族・肉親・骨肉・血肉・係累・親兄弟・妻子

みら【×韮|×韭】ニラの古名。「みつみつし久米の子らが粟生にはか――本」〈記・中・歌謡〉

ミラ〖ラテ Mira〗《不思議なものの意》鯨座にある恒星。最初に発見された変光星で、代表的な長周期脈動変光星。色は赤く、332日の周期で2.0等から10.1等まで明るさが変わる。

ミラ〖Myra〗《「ミュラ」とも》小アジアにあった古代都市。現在のトルコ南西部の町カレに位置する。古代リキア王国の主要都市として栄えた。リキア最大級の円形劇場、アルテミス神殿などの遺跡が残っている。また、サンタクロースのモデルとして知られる聖ニコラウスの故地であり、墓の上に建てられたという聖ニコラウス教会の遺跡もある。

ミラー〖Arthur Miller〗[1915〜2005]米国の劇作家。現代社会に生きる人間の悲劇を描く。作「セールスマンの死」「るつぼ」など。

ミラー〖Glenn Miller〗[1904〜1944]米国のバンドリーダー・トロンボーン奏者。楽団を結成し、独特のミラー-サウンドを創始。「ムーンライト-セレナード」などで広い人気を得た。

ミラー〖Henry Miller〗[1891〜1980]米国の小説家。個性的、前衛的文体で性の世界を描き、人間性の解放と復権の問題を追求した。作「北回帰線」「南回帰線」「サクセス」など。

ミラー〖mirror〗鏡。反射鏡。「バック―」〘類語〙鏡・手鏡・姿見・鏡台・三面鏡

ミラー-アップ《mirror lock-upから》一眼レフカメラの機能の一。ミラー(反射鏡)が上がること。特に、シャッターを切る瞬間に生じる、カメラ内のミラー作動による振動を防ぐために、あらかじめミラーを上方に固定すること。ミラーロックアップ。

ミラー-えいせい【ミラー衛星】《mirror satellite》米国がSDI(戦略防衛構想)の一環として提案した軍事衛星。地上から送られたレーザー光線を反射させて敵の軍事衛星を破壊するための衛星。➡SDI

ミラー-サーバー〖mirror server〗ある特定のサーバーにアクセスが集中したり、何らかの障害が生じた場合、処理を代行するために同じ機能をもたせたサーバー。

ミラー-サイト〖mirror site〗インターネット上で、同じデータをもつ複製サイトのこと。アクセスの集中などによる障害を回避する役割がある。

ミラー-サングラス〖mirror sunglasses〗眼鏡の表面が鏡面反射するサングラス。

ミラージュ〖mirage〗蜃気楼。また、幻覚。

ミラー-ボール〖mirror ball〗ダンスホール・ディスコなどの天井からつり下げてある飾り玉。表面に小さな鏡が張ってあり、照明を浴びて光りながら回転する。

ミラーリング〖mirroring〗ハードディスクなどの記憶装置にデータを記録する際、同じ内容のデータを同時に複数の記憶装置に記録する方法。ある記憶装置が破損しても、別の記憶装置から同じデータを読み出すことができるため、信頼性の高いシステムとなる。➡レイド ➡ディスクアレイ

ミラー-レンズ〖mirror lens〗▶レフレックスレンズ

ミラー-ロックアップ〖mirror lock-up〗▶ミラーアップ

み-らい【未来】❶現在のあとに来る時。これから来る時。将来。「―に向けて羽ばたく」「―都市」❷仏語。三世の一。死後の世。来世。後世。未来世。❸主として西欧語の文法で、時制の一。過去・現在に対して、これから実現するものとして述べる場合の語法。動詞の語形変化で示される。➡将来〘用法〙
〘類語〙将来・前途・この先・行く先・行く末・先先・後後・末代

み-らい【味×蕾】脊椎動物の味覚器。主に舌の粘膜の乳頭に分布する、花の蕾状の器官。頂部の小孔から味の刺激を受け、味覚神経に伝える。味覚芽。

みらい-えいごう【未来永×劫】これから先、無限に長い年月にわたること。みらいようごう。「戦争の苦しみを―忘れない」

みらい-がく【未来学】未来をさまざまな角度から研究・推論しようとする学問の総称。

みらい-き【未来記】❶未来に起こることを予言した書。❷予言。〈和英語林集成〉❸《藤原定家作と伝える偽書「未来記」によくない風体の和歌の実例があるところから》和歌・連歌で、表現や趣向をこらしすぎて不自然になったもの。

みらいぎじゅつ-いさん【未来技術遺産】「重要科学技術史資料」の愛称。

みらい-しこう【未来志向】未来に目標を定め向かうこと。「幅広い分野で―の関係を築く」

みらい-ず【未来図】未来の姿。また、将来に実現を目指す計画。「日本の―」

みらい-せ【未来世】仏語。三世の一。死後に生まれ変わった世界。来世。後世。未来。

みらい-ぞう【未来像】未来にこうなるだろう、またこうなってほしいと想像する姿・あり方。ビジョン。「大学の―」

みらい-は【未来派】《futurism》20世紀初頭、イタリアに興った芸術運動。詩人マリネッティが首唱。伝統的な文化・芸術を排撃し、スピード・騒音など、機械文明のダイナミックな運動感覚の表現を重んじた。未来主義。

ミラウツィ-きょうかい【ミラウツィ教会】《Biserica Mirăuți》ルーマニア北東部の都市スチャバにある教会。14世紀の創建。16世紀までモルドバ公国の主教座が置かれ、モルドバ公の戴冠式が行われた。内部には「オリーブ山の祈祷者」をはじめとするフレスコ画が残されている。

ミラクル〖miracle〗奇跡。神わざ。「―ボール」

ミラノ〖Milano〗イタリア北部、ロンバルディア平原にある商工業都市。同国の経済の中心地。ローマ時代は帝国随一の商業地。のちミラノ公国の首都として繁栄。ミラノ大聖堂ほか、スカラ座など多くの文化的建造物が残る。人口、行政区130万(2008)。ミラン。

ミラノ-きじゅん【ミラノ基準】肝細胞癌に対して肝移植が適切か判断する基準の一つ。腫瘍が単発で直径5センチ以下、または3個以内で直径3センチ以下の場合、肝移植が適当としている。〘補説〙1996年にイタリアのミラノ国立癌研究所の研究チームが48例の脳死肝移植の結果をもとに発表。日本では平成16年(2004)から保険適用の基準として用いられ、生体肝移植にも適用されている。

ミラノ-コレクション〖Milano Collections〗イタリアの代表的なファッションデザイナーたちが参加するファッションショー。レディースは3月、10月、メンズは1月と7月に開催される。

ミラノ-だいせいどう【ミラノ大聖堂】《Duomo di Milano》イタリア北部、ロンバルディア州の都市ミラノにある大聖堂。初代ミラノ公ジャン=ガレアッツォ=ビスコンティの命により14世紀末に建設が始まり、19世紀初頭にファサードが作られ、完成まで約500年の歳月が費やされた。外部は135本の尖塔と2245体の聖人像の装飾が施され、後陣奥には新約聖書・旧約聖書・黙示録を描いたステンドグラスがある。同国最大のゴシック建築として知られる。

ミラノ-ちょくれい【ミラノ勅令】帝政ローマ中期の

313年、コンスタンティヌス1世とリキニウス帝がミラノで発したとされる、キリスト教徒の信教の自由を認めた勅令。増大しつつあるキリスト教徒の支持を得ようとしての政治的措置とされる。

みらのね-ぐさ【細=辛¦×韮の根草】ウスバサイシンの古名。〈和名抄〉

ミラベル-きゅうでん【ミラベル宮殿】《Schloß Mirabell》オーストリア中部の都市、ザルツブルクの新市街にある宮殿。ザルツブルク大司教ウォルフ=ディートリヒが愛人サロメ=アルトとその子供たちのため、ヨハン=ツッカリの設計で1606年に建造した。1818年の大火災の後、現在の姿に再建。隣接するミラベル庭園や、旧市街を中心とする他の歴史的建造物も含め、1996年に「ザルツブルク市街の歴史地区」として世界遺産(文化遺産)に登録された。

ミラベル-ていえん【ミラベル庭園】ーテイヱン《Mirabellgarten》オーストリア、ザルツブルクの新市街にある庭園。ミラベル宮殿に隣接する。建築家フィッシャー=フォン=エアラッハの設計で、園内にはギリシャ神話にちなむ彫刻が点在する。

ミラボー〘Honoré Gabriel Riqueti Mirabeau〙[1749～1791]フランスの政治家。1789年、三部会の第三身分代表となり、国民議会の成立に尽力。立憲君主制を主張、フランス革命初期の指導者となったが、革命の進展とともに市民の支持を失い、死後、宮廷との秘密取引も露見した。著「専制主義論」など。

ミラマーレ-じょう【ミラマーレ城】ージャウ《Castello di Miramare》イタリア北東部、フリウリベネチアジュリア自治州の都市トリエステにある白亜の城。海に臨む崖の上に建つ。オーストリア大公フェルディナンド=マクシミリアンにより19世紀に建造された。1955年より、ハプスブルク家由来の美術品や家具調度品を展示する歴史博物館として公開されている。

ミラン〘Milan〙ミラノの英語名。

ミランダ〘Miranda〙天王星の第5衛星。1948年に発見。名の由来はシェークスピアの「テンペスト」の主人公の娘。表面には明暗や起伏の全く異なる地域がつぎはぎのように見えるが、それは天王星による潮汐力や他の天体の衝突などが原因とされる。直径は約470キロ(地球の約0.04倍)。平均表面温度はセ氏マイナス187度以下。

ミリ〘フラ ンス milli〙《千の意の ラテ mille から》❶国際単位系(SI)で、単位の上に付けて1000分の1(10^{-3})を表す語。記号m　❷「ミリメートル」の略。

ミリアメートル-は【ミリアメートル波】►超長波

ミリオネア〘millionaire〙百万長者。大金持ち。

ミリオン〘million〙100万。

ミリオン-セラー〘million seller〙数が100万以上売れた商品。多く、書物やレコードにいう。

ミリガル〘milligal〙CGS単位系における加速度の単位。1ミリガルは1ガルの1000分の1。記号mGal ➡ガル

ミリカン〘Robert Andrews Millikan〙[1868～1953]米国の物理学者。油滴法を考案して電子の荷電量の精密な測定に成功。また、光電効果を実験的に証明した。紫外スペクトルの研究ではミリカン線を発見。1923年ノーベル物理学賞受賞。

ミリグラム〘フラ ンス milligramme〙【瓱】メートル法の重さの補助単位。1ミリグラムは1グラムの1000分の1。記号mg　(補説)「瓱」は国字。

ミリシア〘militia〙正規軍に対して国民兵・民兵をいう。

ミリタリー〘military〙❶軍。軍隊。❷複合語の形で用い、軍の、軍事上の、の意を表す。「一バランス」

ミリタリー-ジャーゴン〘military jargon〙軍事上の特殊な用語のこと。軍事隠語。

ミリタリー-テクノロジー〘military technology〙軍事技術。

ミリタリー-バランス〘The Military Balance〙英国の国防戦略研究所(IISS)が毎年刊行している世界各国の軍事力についての報告。

ミリタリー-マーチ〘military march〙軍隊行進曲。

ミリタリー-ルック〘military look〙軍隊風のファッションのこと。エポレット(肩章)、フラップポケットなどが特徴。1960年代に流行。

ミリタリスト〘militarist〙軍国主義者。

ミリタリズム〘militarism〙軍国主義。

み-りっこう【未立項】ーリツカウ 辞書や事典で、見出し語がないこと。立項されていないこと。

ミリ-テク「ミリタリーテクノロジー」の略。

ミリテッロ-イン-バル-ディ-カターニア〘Militello in Val di Catania〙イタリア南部、シチリア島の町。同島南東部、イブレイ山地の麓にあり、カターニアの南西約35キロに位置する。17世紀の大地震により大きな被害を受けたが、サンニコロ-サンティッシモ-サルバトーレ聖母教会、マドンナ-デッラ-カテナ教会をはじめ、その後の復興により建てられたバロック様式の建物が多く、同島南東部の八つの町とともに2002年に「バル-ディ-ノートの後期バロック様式の町々」の名称で世界遺産(文化遺産)に登録された。

ミリ-は【ミリ波】波長1～10ミリメートル、周波数30～300ギガヘルツの電波。電話中継・レーダー・電波望遠鏡などに利用。ミリメートル波。EHF。

ミリバール〘millibar〙圧力の単位。1バールの1000分の1。主に気圧を表すのに用いた。1ミリバールは1ヘクトパスカルに等しい。1気圧は1013ミリバール。記号mb

ミリミクロン〘フラ ンス millimicron〙メートル法の長さの単位。1ミリミクロンは1ミクロンの1000分の1、1ミリメートルの100万分の1。記号mμ　国際単位系(SI)ではナノメートルを用いる。

みり-みり〔副〕圧力を受けて柱や板などがきしんだり折れたりする音や、そのさまを表す語。めりめり。「一(と)音を立てて小屋がつぶれる」

ミリメートル〘フラ ンス millimètre〙【粍】国際単位系(SI)の長さの単位。1ミリメートルは1メートルの1000分の1。記号mm　ミリ。(補説)「粍」は国字。

ミリメートル-は【ミリメートル波】►ミリ波

ミリ-めし【ミリ飯】《「ミリ」は「ミリタリー(軍隊)」の略》「レーション❶」の俗な言い方。

ミリュー〘フラ ンス milieu〙❶真ん中。中間。❷環境。周囲。社会階層。

ミリューコフ〘Pavel Nikolaevich Milyukov〙[1859～1943]ロシアの政治家・歴史学者。1905年、立憲民主党(カデット)の創設に参加、自由主義派を指導。二月革命後に臨時政府外相となったが、ソビエト政権の成立で亡命。著「ロシア文化史概要」など。

み-りょう【未了】ーレウ まだ終わらないこと。「審議一となる」

未了の因(いん)　《蘇軾「寄子由詩」から》現世だけでは終わらず来世にも及ぶ前世の因縁。

み-りょう【魅了】ーレウ〔名〕(スル) 人の心をすっかりひきつけて、うっとりさせてしまうこと。「見る者の心を一する絵画」(類語)魅惑・蠱惑(こわく)・悩殺・骨抜き

みりよう-しゅうはすうたいいき【未利用周波数帯域】ーシウハスウタイヰキ ►ホワイト-スペース❸

み-りょく【魅力】人の心をひきつけて夢中にさせる力。「一のある人柄」「一的な笑顔」

(類語)美点・長所・特長・持ち味・味・価値・値うち・魔力・強み・売り・見どころ・チャーム・チャームポイント

ミリリットル〘フラ ンス millilitre〙【竓】メートル法の体積の単位。1ミリリットルは1リットルの1000分の1、1立方センチメートルにあたる。記号mL

み-りん【味×醂¦味×淋】焼酎(しょうちゅう)に蒸した糯米(もちごめ)を混ぜ、米麹(こうじ)を加えて糖化発酵させて造り、粕(かす)をしぼりとった黄色透明の酒。甘味があり、調味料・飲料として用いる。

ミリンダおうのとい【ミリンダ王の問】ーワウのとひ 紀元前2世紀後半に西北インドを支配したギリシャ人の王ミリンダ(Milinda。メナンドロスとも)と、仏教の論師ナーガセーナとの仏教の教理についての問答や、王が教えに帰依した始終を対話形式で述べた書。紀元1世紀前半までに成立。那先比丘経(なせんびくきょう)。

みりん-づけ【味×醂漬(け)】ウリ・ナス・ダイコンなどの野菜や魚肉を味醂の粕(かす)に漬けること。また、その食品。

みりん-ぼし【味×醂干し】イワシ・アジなどを開き、味醂・醤油・砂糖などを混ぜた液に浸してから干した食品。

みる【海=松¦水=松】❶ミル科の緑藻。干潮線から水深約30メートルの岩上に生え、高さ20～40センチ。体は丸ひも状で二またに分枝を繰り返し、扇状となる。食用。みるめ。みるぶさ。みるな。またみる。(季 春)「汐満ぬ雫うれしや籠の一/召波」❷「海松色(みるいろ)」に同じ。

ミル〘mil〙ヤード-ポンド法の長さの単位。1ミルは1000分の1インチで、0.0254ミリ。

ミル〘MIL〙《Military Specifications and Standard》米国軍用規格。MIL-STDとも。

ミル〘mill〙❶粉砕器。「コーヒーー」❷回転を利用した工作機械。「ローリングー」

ミル〘Mill〙㊀(James ～)[1773～1836]英国の哲学者・経済学者。ベンサムの功利主義を継承。著「英領インド史」「経済学綱要」。㊁(John Stuart ～)[1806～1873]英国の哲学者・経済学者。㊀の子。哲学では経験論を継承して帰納法を大成、ベンサムの功利主義を修正した。経済学ではスミス・リカードを継承し、古典派経済学の再編成を試みた。著「論理学体系」「経済学原理」「自由論」など。

みる【見る¦▽視る¦▽観る】〔動マ上一〕図〔マ上一〕❶目で事物の存在などをとらえる。視覚に入れる。眺める。「**みれ**ば**みる**ほど良い服」「星空を**みる**」❷見物・見学する。「映画を**みる**」❸(「看る」とも書く)そのことに当たる。取り扱う。世話をする。「事務を**みる**」「子供のめんどうを**みる**」❹調べる。たしかめる。「答案を**みる**」❺(「試る」とも書く)こころみる。ためす。「切れ味を**みる**」❻観察し、判断する。また、うらなう。評価する。「人を**みる**目がない」「運勢を**みる**」「しばらくようすを**みる**」❼(「診る」とも書く)診断する。「脈を**みる**」❽読んで知る。「新聞で**みた**」❾身に受ける。経験する。「痛い目を**みる**」❿(ふつう、前の内容を「と」でくくったものを受けて)見当をつける。そのように考える。理解する。「遭難したものと**みられる**」「一日の消費量を三千トンと**みて**」⓫夫婦になる。連れ添う。「さやうならむ人をこそ**みめ**」〈源・桐壺〉⓬(補助動詞)動詞の連用形に「て」を添えた形に付く。㋐「てみる」の形で、ためしに…する、とにかくそのことをする意を表す。「一口、味わって**みる**」「男もすなる日記といふものを、女もして**みむ**とてするなり」〈土佐〉㋑「てみると」「てみたら」「てみれば」などの形で、その結果、ある事実に気づいたり、その条件・立場が認められたりすることを表す。「踏みこんで**みる**ともぬけのからだった」「親として**みれ**ば、そう言わざるをえない」(類語)(❶)眺める・見遣る・目を遣る・目を呉(く)れる・見詰める・見入る・見据える・にらむ・凝視する・熟視する・注視する・注目する・見掛ける・目撃する・目にする・認める(尊敬)御覧になる(謙譲)拝見する・拝む/(❷)見物する・見学する・参観する・観覧する・観賞する・鑑賞する・観戦する/(❻)判断する・評価する

(…句)足を重ねて立ち目を側(そばだ)てて視(み)る・足元を見る・大目に見る・形(かた)を見る・眼下に見る・木を見て森を見ず・様(ざま)を見ろ・鹿(しか)を逐(お)う者は山を見ず・下目に見る・獣(じゅう)を逐(お)う者は目に太山を見ず・白い目で見る・盾(たて)の両面を見よ・縦から見ても横から見ても・血を見る・罪無くして配所の月を見る・時を見る・長い目で見る・泣きを見る・馬鹿(ばか)を見る・人には添うてみよ馬には乗ってみよ・日の目を見る・脈を見る・目八分(めはちぶ)に見る・面倒を見る・夢を見る・余所(よそ)に見る

見たところ　見たようすでは。外見では。「一元気そうだ」

見ての通(とお)**り**　見たとおり。見たまま。「一で、まったく勝負にならなかった」

見ては極楽(ごくらく)**住んでは地獄**(じごく)　はたで見たのと自分が実際に体験したのとでは大違いであること。

見て見ぬ振(ふ)**りをする**　実際には見ていたのだが、見ていなかったように振る舞うこと。また、とがめな

いで見逃してやること。「困っている人がいるのに、━ことはできない」

見ぬが花　物事はまだ見ないで、どんなだろうと想像しているうちがよいものであるということ。

見ぬ世の人　昔の人。古人。「━を友とするぞ、こよなうなぐさむわざなる」〈徒然・一三〉

見も知らぬ　一度も見たこともなく、まったく知らない。「━他人に助けられる」

見る影もな・い　見るに堪えない。まことにみすぼらしく、みじめである。「━・くやせ細る」

見ると聞くとは大違い　人から聞いて想像するのと、実際に見るのとでは、大変な相違がある。

見る所少なければ怪しむ所多し　《「牟子」から》見聞の狭い人は、何かにつけて驚き迷うことが多い。

見るに忍び・ない　あまりにも気の毒であったり、ひどい状態であったりして、見ているのが非常につらい。「━・ない惨状」

見るに堪え・ない　あまりにみじめで、まともに見られない。見るに忍びない。「━・ない光景」

見るに見兼・ねる　はたで見ていられない。見ていて安心できない。「━・ねて注意する」

見る間に　ちょっと見ている間に。見る見る。またたく間。「━走り去る」

見れば見るほど　よく見ると一段と。「━、本物そっくりだ」

見れば目の毒　見れば欲しくなってしまうから見ないほうがよいということ。

みる【×廻る｜▽回る】〔動マ上一〕曲がりめぐる。まわる。「うちみる島の崎々、かきみる磯の崎落ちず」〈記・上・歌謡〉

みる-いろ【海=松色｜水=松色】❶黒みがかった萌葱色。木賊色。みる。❷襲の色目の名。表は萌葱、裏は青。また、表は黒萌葱、裏は白。

ミルウォーキー〖Milwaukee〗米国ウィスコンシン州南東部の港湾都市。ミシガン湖西岸にある。金属・機械などの工業やビール醸造が盛ん。人口、行政区60万(2008)。

ミルカー〖milker〗搾乳機。

みる-がい【海=松貝｜水=松貝】ミルクイガイの別名。

みる-から【見るから】〔副〕ちょっと見ただけで、いかにもそういう感じがするさま。一目見て。「━うまそうな料理」「━に高級な品」

ミルキー〖milky〗〔形動〕ミルクでできているさま。また、色や形がミルクに似ているさま。「━な味わい」

ミルキー-ウエー〖Milky Way〗天の川のこと。

ミルキー-ハット〖milky hat〗布製で軽い中折れ帽子。乳白色など明るい色が多い。

ミルキング-アクション〖milking action〗ジョギングやウオーキングなどの下肢の運動で、下肢の静脈血を筋肉で圧迫して心臓に還流させること。心機能を強化させる。搾乳運動。

ミルク〖milk〗❶乳。特に、牛乳。❷練乳・粉乳などの、牛乳の加工品。

みるくい-がい【海=松食貝｜水=松食貝】バカガイ科の二枚貝。内湾の浅い泥底にすむ。貝殻は長卵形で、殻長14センチくらい。殻表は白色で、黒褐色の殻皮をかぶり、後端から太い水管を出す。名は、水管に海藻ミルが着生し、これを食べているように見えることによる。水管をすし種にする。みるがい。みるくい。

ミルク-いろ【ミルク色】乳白色。〈類語〉乳色・乳白色・象牙色・オフホワイト・アイボリー

ミルク-スタンド《和 milk＋stand》立ち飲み形式の牛乳の売店。駅の構内などにある。

ミルク-セーキ〖milk shake〗牛乳に砂糖・卵などを入れて強くかき回して作った飲物。

ミルク-ティー〖milk tea〗紅茶に牛乳を入れたもの。〈補説〉英語では、tea with milkとも。

ミルク-パン〖milk pan〗牛乳を沸かすための鍋。ふつう小型で、片手付き。

ミルク-フード《和 milk＋food》牛乳を原料とし、砂糖・でんぷん類・ビタミンなどを加えて粉末にした乳児用の食品。湯に溶かして飲ませる。

ミルク-プラント〖milk plant〗牛からしぼった原乳を集め、殺菌処理・加工や乳製品の製造などを行う施設。

ミルク-ホエー〖milk whey〗▶ホエー

ミルク-ホール《和 milk＋hall》牛乳やコーヒー・パン・ケーキなどを供した軽飲食店。明治末期から昭和初期にかけて流行した。

ミルズ〖Charles Wright Mills〗[1916〜1962]米国の社会学者。現代米国における強大な統治機構と大衆社会状況を批判的に分析。著「ホワイト-カラー」「パワー-エリート」など。

みる-ちゃ【海=松茶｜水=松茶】みる色を帯びた茶色。暗緑色をした茶色。

ミルテンベルク〖Miltenberg〗ドイツ中部の町。マイン川に面し、スペッサールの森とオーデンの森に囲まれる。旧市街には14世紀から16世紀にかけて建てられた木組み造りの歴史的建造物が数多く残り、その美しさから「マイン川の真珠」と称される。

ミルトン〖John Milton〗[1608〜1674]英国の詩人。ピューリタン革命に参加、言論の自由を主張し、共和政府に関与。王政復古後は、失明と孤独のうちに詩作に没頭した。叙事詩「失楽園」「復楽園」、劇詩「闘士サムソン」など。

ミルフィーユ〖フランス millefeuille〗《千枚の葉の意》パイ皮を重ね、その間にクリームなどを挟んだ菓子。

ミルボー〖Octave Mirbeau〗[1848〜1917]フランスの小説家・劇作家。ブルジョア社会を風刺・批判した作品を残した。小説「小間使いの日記」、戯曲「事業は事業」など。

みる-みる【見る見る】㊀〔副〕見ているうちに、ある事が急激に進行するさま。たちまち。見る間に。「火の手が━うちに一面に広がる」「━気温が上がっていく」㊁〔連語〕《動詞「みる」を重ねた語》(副詞的に用いて)見ているうちに。見ながらも。「年ごろ行くかたもなしと━、かく言ふよ」〈堤・はいずみ〉

みる-め【見る目】❶見たようす。見た感じ。「━も鮮やかな色」❷他人の目。他人のおもわく。「人の━が気になる」❸物事の真偽・優劣を見分ける力。眼力。眼識。「人を━がない」❹見ること。会うこと。「━に飽くは、まさなきことぞよ」〈源・紅葉賀〉

みる-め【海=松▽布｜水=松▽布】《「め」は海藻の意》海藻ミルのこと。和歌では多く「見る目」に掛けて用いる。「みつしほの流れひるまを会ひがたみ━の浦によるをこそ待て」〈古今・恋三〉

みるめ-かぐはな【見る目嗅ぐ鼻】❶地獄の閻魔の庁の人頭幢。幢の上に男女の首をのせたもので、亡者の善悪を判断するという。❷世間のうるさい耳目。「人目を忍べど━、少しも油断はならぬ」〈松翁道話・二〉

ミルモント-じょうさい【ミルモント城塞】《Millmount Fort》アイルランド東部、ラオース州の都市ドロヘダにある城塞。19世紀初頭、ナポレオンの侵攻に備えて英国海軍が築いた「マーテルロータワー」と呼ばれる要塞の一つ。元は12世紀にノルマン人が建てた城塞があった場所。アイルランド内戦で大きな被害を受けた。

みる-ようだ【見るようだ】〔連語〕《動詞「みる」の連体形＋比況の助動詞「ようだ」。近世江戸語》似たものとしてたとえる意を表す。「洗ひ粉の看板を━やうに、顔と手先ばかり白い女がゐらあ」〈滑・膝栗毛・初〉〈補説〉近世後期に「…を見るようだ」の形で用いられたが、「を」を伴わず、直接体言に付く形も見られる。➡見たようだ

ミルラ〖ラテン myrrha〗没薬。

ミルン〖Alan Alexander Milne〗[1882〜1956]英国の劇作家・小説家。ユーモアに富んだ明るい作風で知られ、喜劇「ドーバー街道」、童話「クマのプーさん」、推理小説「赤い館の秘密」など、多彩な活躍をみせた。

ミレー〖John Everett Millais〗[1829〜1896]英国の画家。ラファエル前派の結成に参加。のち、ロイヤルアカデミー会長。作「オフェーリア」など。ミレイ。

ミレー〖Jean-François Millet〗[1814〜1875]フランスの画家。バルビゾン派。敬虔な信仰心と情愛に満ちた表現で農村生活を描いた。作「落穂拾い」「晩鐘」「種まく人」など。

ミレット〖millet〗キビ・アワ・ヒエなどの雑穀類の総称。食料あるいは家畜の飼料として栽培される。

ミレッド〖mired〗色温度の逆数に10^6を掛けた数値。光源を色温度で考えると、色温度が高い場合は色差が小さく、低い場合は大きいため、色差が色温度によって異なる。この点ミレッドは、ミレッド差が同じであれば色差も同じになる。

ミレッド-ち【ミレッド値】《mired value》▶ミレッド

ミレトス〖Milētos〗小アジアにあったイオニア人の都市国家。トルコ西部、メンデレス川の河口付近に位置し、エーゲ海に面する港があったが、現在は土砂の堆積により約15キロメートル内陸に位置する。紀元前7世紀以降、黒海沿岸に多くの植民都市を建設。前6世紀にはタレス、アナクシマンドロスらミレトス学派を生み、文化の中心となった。前2世紀よりローマの属州。オスマン帝国時代に港として利用されたが後に放棄された。小アジア最大級の劇場、公衆浴場、アゴラなどの遺跡がある。

ミレトス-がくは【ミレトス学派】前6世紀、ミレトスに興ったギリシャ最初の哲学の学派。タレス・アナクシマンドロス・アナクシメネスが代表者。万物の根源を究明する一元論的自然哲学を唱えた。➡イオニア学派

ミレニアム〖millennium〗❶1000年。1000年間。千年紀。❷キリスト教で、キリストが再臨してこの世を統治するという1000年間。千年至福期。千年王国。

ミレニアム-かいはつもくひょう【ミレニアム開発目標】2000年9月にニューヨークで開催された国連ミレニアムサミットで採択された国連ミレニアム宣言などをもとにまとめられた国際社会が達成すべき目標。極度の貧困と飢餓の撲滅、普遍的な初等教育の達成、ジェンダーの平等の推進と女性の地位向上、幼児死亡率の引き下げ、妊産婦の健康状態の改善、HIV/エイズ・マラリアその他の疾病の蔓延防止、環境の持続可能性の確保、開発のためのグローバルパートナーシップの構築という八つの目標の各項目ごとに、2015年までに達成すべき具体的な数値目標が設定され、その実現を公約している。MDGs(Millennium Development Goals)。

ミレニアムけんしょう-もんだい【ミレニアム懸賞問題】▶ミレニアム問題

ミレニアムしょう-もんだい【ミレニアム賞問題】▶ミレニアム問題

ミレニアム-パーク〖Millennium Park〗米国イリノイ州、シカゴにある公園。2005年夏に開設。建築家フランク＝ゲーリーが設計した野外劇場、美術作家アニッシュ＝カプーアがデザインしたオブジェなどがある。

ミレニアム-ブリッジ〖Millennium Bridge〗英国の首都ロンドン中心部、テムズ川にかかる橋。西暦2000年を記念してロンドン市が行ったミレニアム事業の一環として建造。シティー地区のセントポール寺院付近とサウスバンクにあるテートモダンを結ぶ。

ミレニアム-もんだい【ミレニアム問題】2000年に米国のクレイ数学研究所が懸賞金を付けると発表した、数学上の七つの未解決問題。解決した者には、1問につき100万ドルの賞金が贈られる。ミレニアム懸賞問題。ミレニアム賞問題。〈補説〉P≠NP予想・ホッジ予想・ポアンカレ予想・リーマン予想・ヤンミルズ理論と質量ギャップ問題・ナビエストークス方程式の解の存在と滑らかさ・BSD予想の七つ。ポアンカレ予想はロシアのグレゴリー＝ペレルマンによって解決されたが、ペレルマンは賞金の受け取りを拒否している。

み・れる【見れる】〔動ラ下一〕見ることができる。上一段活用の「み(見)る」を可能動詞化したもの。「みられる」(「みる」の未然形＋可能の助動詞「られる」)が本来の言い方。

み-れん【未練】〔名・形動〕❶執心が残って思い切れないこと。あきらめきれないこと。また、そのさま。「一が残る」「過去に一はない」「一な気持ちを引きずる」❷熟練していないこと。また、そのさま。未熟。「船軍は一なるべし」〈盛衰記・四三〉 (派生)**みれんげ**〔形動〕 (類語)心残り・恋着・愛着・執着・執心・残り多い・名残り惜しい・後ろ髪を引かれる

みれん-がまし・い【未練がましい】〔形〕(文)みれんがま・し〔シク〕思い切りが悪い。あきらめが悪い。未練たらしい。「一・くぐちを言う」 (派生)**みれんがましさ**〔名〕

みれん-たらし・い【未練たらしい】〔形〕「未練がましい」に同じ。「なおも一・くうろつき廻った挙句」〈織田作之助・青春の逆説〉

みれん-みしゃく【未練未酌】同情したり斟酌(しんしゃく)したりすること。多く、打消しの語を伴って用いる。「二匹の馬を、一なく打ちのめしました」〈芥川・杜子春〉

未練未酌がな・い　非常に冷淡で、同情心も斟酌(しんしゃく)する心もない。

みれん-もの【未練者】あきらめの悪い者。未練がましい者。

ミロ〖Joan Miró〗[1893〜1983]スペインの画家。抽象的、記号的な形象と明るい色彩との調和により、天真爛漫(らんまん)で幻想的な画風を確立した。バレエの舞台装置・版画・彫刻・陶器などでも活躍。

みろく【弥勒】《梵 Maitreyaの音写。慈氏と訳す》㊀「弥勒菩薩」に同じ。㊁インド仏教の二大系統の一つ、瑜伽行(ゆがぎょう)派の祖。3〜4世紀、または4〜5世紀ごろの人という。般若の空思想を根底にし、瑜伽行をもって唯識説を立てた。生没年未詳。

みろく-え【▽弥×勒会】弥勒菩薩を祭る法会。

みろく-きょう【弥勒経】未来仏である弥勒菩薩について述べた経典の総称。特に、竺法護(じくほうご)訳「弥勒下生(げしょう)経」、鳩摩羅什(くまらじゅう)訳「弥勒大成仏経」、沮渠京声(そきょけいせい)訳「弥勒上生経」を弥勒三部経という。

みろく-さんえ【▽弥×勒三会】「竜華三会(りゅうげさんえ)」に同じ。

みろく-じそん【弥勒慈尊】弥勒菩薩の尊称。

みろく-の-よ【▽弥×勒の世】仏教で、弥勒菩薩がこの世にくだって衆生を救うとされる未来の世。

みろく-ぶつ【弥勒仏】弥勒菩薩のこと。仏となることが確定しているところからいう。

みろく-ぼさつ【弥勒菩薩】兜率天(とそつてん)の内院に住み、釈迦(しゃか)入滅から56億7000万年後の未来の世に仏となってこの世にくだり、衆生を救済するという菩薩。弥勒仏。

ミロス-とう【ミロス島】《Milos》ギリシャ南東部、エーゲ海にある島。キクラデス諸島の南西端に位置する。中心地はプラカ。黒曜石を豊富に産し、また、ギリシャ本土とクレタ島の間に位置したため、エーゲ文明の中心地として栄えた。1820年にミロのビーナスが発見されたことで有名。メロス島。ミロ島。

ミロ-とう【ミロ島】《Milo》▶ミロス島

ミロナイト〖mylonite〗▶圧砕岩(あっさいがん)

ミロ-の-ビーナス《フランス Vénus de Milo》古代ギリシャの大理石製のビーナス像。前130〜前120年ごろの作。1820年、エーゲ海のミロス(メロス)島で発見された。ルーブル美術館蔵。

ミロンガ〖スペイン milonga〗アルゼンチンの4分の2拍子の舞曲。19世紀後半にキューバから移入されたハバネラから生まれたという。のち、アルゼンチンタンゴにも取り入れられた。

ミロン-しやく【ミロン試薬】たんぱく質およびフェノール類の検出に用いられる試薬。水銀を濃硝酸に溶かして作ったもの。チロシンを含むたんぱく質溶液に加えて熱すると赤褐色を呈する。フランスのミロン(N.A.E.Millon)が1846年に発見。

みわ【三輪】㊀奈良県桜井市の地名。三輪山の西麓にあり、大神(おおみわ)神社の鳥居前町。三輪素麺(そうめん)の産地。㊁謡曲。四番目物。玄賓僧都(げんぴんそうず)が毎日庵を訪れる一人の女に衣を与えたが、三輪の神杉にその衣がかかっているというので行ってみると、三輪明神が現れて三輪の神話を語り、天の岩戸の神楽を舞う。

みわ【神＝酒┊御＝酒】神前に供える酒。みき。一説に、酒を醸造して神前に供えた瓶(かめ)のこととも。「泣沢(なきさは)の神社(もり)に一据ゑ祈れども我が大君は高日知らしぬ」〈万・二〇二〉

み-わく【魅惑】〔名〕スル 人の心をひきつけ、理性を失わせること。「聞く人を一する甘美な旋律」「一的な笑顔」 (類語)魅了・蠱惑(こわく)・骨抜き

み-わけ【見分け】見分けること。弁別。識別。「一がつかないほど似ている」 (類語)見境・判別・識別・文目(あやめ)

み-わ・ける【見分ける】〔動カ下一〕(文)みわ・く〔カ下二〕見て区別する。識別する。弁別する。「偽物と本物とを一・ける」 (類語)判別する・識別する・弁別する・区別する・鑑別する

みわ-じんじゃ【三輪神社】▶大神神社(おおみわじんじゃ)

みわ-しんとう【三輪神道】奈良県の大神(おおみわ)神社を中心に成立した神道の一派。鎌倉末期、三輪上人慶円が創唱したといわれ、室町時代に発達。両部神道思想から「日本書紀」神代巻を解釈し、天照大神・三輪大明神の同体説を唱え、民間にも広く普及した。

み-わす・れる【見忘れる】〔動ラ下一〕(文)みわす・る〔ラ下二〕❶以前に見たものや人の顔などを忘れて思い出せない。「卒業生の顔を一・れる」❷見るのを忘れる。「天気予報を一・れる」

み-わた【▽水▽曲】《「みわだ」とも》川の流れの曲がってよどんでいる所。「いづみ川水の一の柴漬(ふしづけ)にしば間の氷る冬は来にけり」〈千載・冬〉

み-わたし【見渡し】❶見渡すこと。遠く見渡せる所。また、見渡せる範囲。みはらし。「一のいい所」「一がきかない」❷連歌・俳諧で、一の折の裏と二の折の表のように、懐紙をひろげて見渡せる範囲。

み-わた・す【見渡す】〔動サ五(四)〕遠くまで広く眺める。広い範囲にわたって見る。「一・すかぎり雪の原」「全体を一・して力の配分を決める」 (類語)見晴らす・見晴るかす・眺める・望む・見回す

みわたす-かぎり【見渡す限り】目の届く範囲のすべて。「一の雄大な自然」

みわた-まさこ【三輪田真佐子】[1843〜1927]教育家。京都の生まれ。松山に明倫学舎、東京神田に翠松学舎を設立。明治35年(1902)翠松学舎を発展させ、三輪田高等女学校を創設。

みわ-どりい【三輪鳥居】明神(みょうじん)鳥居の左右に小さい鳥居を組み合わせた鳥居。奈良県桜井の大神(おおみわ)神社にみられる。三光(さんこう)鳥居。

みわ-やま【三輪山】奈良県桜井市北西部にある山。標高467メートル。古来信仰の山で、全山が大神(おおみわ)神社の神体。

みわやま-でんせつ【三輪山伝説】古事記にみえる、三輪山にまつわる神婚説話。活玉依毘売(いくたまよりびめ)のもとに夜ごと男が訪ねて姫は身ごもる。男の素性を怪しんだ両親は、姫に糸を通した針を男の衣の裾に刺させ、翌朝その糸をたどると三輪山の神社まで続いていて、男の正体が神であったと知るもの。

みん【旻】[?〜653]飛鳥(あすか)時代の学僧。遣隋使小野妹子に従い、中国に留学。帰国して大化の改新の際、高向玄理(たかむこのくろまろ)とともに国博士となり、官制などを立案。びん。

みん【明】中国の王朝の一。1368年、朱元璋(しゅげんしょう)(太祖洪武帝)が元を倒して建国。都は当初南京であったが、永楽帝の1421年、北京に遷都。南海諸国を経略、その勢威は一時アフリカ東岸にまで及んだ。中期以降は宦官(かんがん)の権力増大による内紛、北虜南倭(ほくりょなんわ)に苦しみ、1644年、李自成に国都を占領され、滅亡。➡漢「めい(明)」

みん【眠】蚕が脱皮の前に、摂食をやめて静止する状態。また、その期間。一眠・二眠・三眠と数え、ふつう四眠まである。➡漢「みん(眠)」

みん-い【民意】人民の意思。国民の意見。「一を反映した国政」

みんいっとうし【明一統志】▶大明一統志(だいみんいっとうし)

みん-えい【民営】民間で経営すること。「一鉄道」「一化」⇔官営。 (類語)私営・民業・民間

漢字項目　みん

【▽明】▶めい
【×愍┊×憫】▶びん

民　(学)4　(音)ミン(呉)　(訓)たみ ‖ ㊀〈ミン〉①権力や官位のない普通の人。一般の人々。たみ。「民意・民営・民家・民間・民芸・民主・民衆・民生・民俗・民族・民兵・民謡/官民・義民・国民・済民(さいみん・せいみん)・細民・四民・市民・住民・庶民・植民・人民・選民・町民・島民・難民・農民・万民・遊民」②「民間」の略。「民活・民放」㊁〈たみ〉「民草/国民」 (名付)ひと・み・みたみ・もと

眠　(音)ミン(慣)　(訓)ねむる、ねむい ‖ ねむる。ねむり。「安眠・永眠・仮眠・休眠・催眠・睡眠・惰眠・冬眠・不眠」

みんえい-か【民営化】〔名〕スル 国や地方公共団体が経営する企業・特殊法人などを民間会社や特殊会社にすること。

みんえい-ぼち【民営墓地】宗教法人や財団法人が経営する墓地。➡公営墓地 ➡寺院墓地 (補説)購入のための制約はほとんどなく、本人が生前に墓をつくることもできる。

みん-おく【民屋】一般の人々の住む家屋。民家。「台下多少の一あり、官舎あり」〈独歩・愛弟通信〉

みん-か【民家】一般の人々の住む家。 (類語)人家

みん-かい【民会】古代ギリシャや古代ローマなどの都市国家における国家意思の最高議決機関。18歳以上の市民男子全員で構成された。大移動以前のゲルマン民族の間にもみられた。

みん-がく【▽明楽】中国の明代の音楽が日本に伝来したもの。月琴・琵琶・竜笛・笙(しょう)・雲鑼(うんら)などの11種の楽器で伴奏する歌曲。寛永6年(1629)長崎に来た魏之琰(ぎしえん)が伝え、京都で流行したが、幕末には衰滅、その一部は清楽に吸収された。➡明清(みんしん)楽

みん-かつ【民活】「民間活力」の略。

みん-かん【民間】❶一般の人々の社会。世間一般の人々。「一に伝わる風習」❷公の機関に属さないこと。「一の企業」「一人」 (類語)(❶)社会・世間・世(よ)・世の中・巷間(こうかん)・市井(しせい)・江湖(こうこ)・天下・世俗・俗世・世界・世上・人中・浮き世/(❷)一般・私(わたくし)・私(し)・野(や)

みんかん-がいこう【民間外交】政府関係者によらず、民間人によって行われる外交。芸術・学術・スポーツなどによる親善外交などが中心となる。

みんかん-かつりょく【民間活力】民間企業の資金力や事業能力。民活。

みんかん-ぎいん【民間議員】総合科学技術会議など内閣府に設置された重要政策会議の議員のうち、民間有識者を指す。

みんかんきゅうよ-じったいとうけいちょうさ【民間給与実態統計調査】国税庁が民間の事業所を対象に毎年実施する、給与に関する標本統計調査。給与の実態を明らかにし、租税収入の見積もりや税制の資料に用いる。調査結果として、企業規模・業種・性別・年齢層・勤続年数等の区分ごとの給与分布などが示される。昭和24年(1949)開始。

みんかん-さい【民間債】民間企業が発行する債券。金融債と事業債とがある。➡公共債

みんかんしきんとう-かつようじぎょう【民間資金等活用事業】▶ピー-エフ-アイ(PFI)

みんかん-じん【民間人】世間一般の人々。また、公の機関に属さない人。あるいは、戦闘員・軍人でない人々。「無差別爆撃で一が多数死亡」

みんかん-しんこう【民間信仰】民間で行われている信仰。特定の教団組織や教理体系をもたず、生活・習俗と密着した信仰内容となっているのが特徴。

みんかん-せつわ【民間説話】民間に口伝えで伝承されてきた説話。民話。民譚(みんだん)。

みんかん-でんしょう【民間伝承】ほとんど文献に記されないで、古くから民間に伝承されてきた風

習・口碑・伝説・俗信・芸能などの総称。

みんかんとしかいはつすいしん-きこう【民間都市開発推進機構】「民間都市開発の推進に関する特別措置法」に基づいて、民間事業者等が行う都市開発事業を資金面などで支援・促進することを目的に設立された財団法人。昭和62年(1987)に設立。国土交通省が所管。MINTO機構。

みんかん-ふしゃ【民間×巫者】公的な祭祀をつかさどるのではなく、個人を相手に卜占などを行う巫者。沖縄のゆたなど。➡巫覡

みんかん-ほうそう【民間放送】民間資本で設立し、広告放送を収入源として運営される放送。商業放送。民放。➡公共放送

みんかん-やく【民間薬】医薬品として公認されていないが、民間で薬として使われているものの総称。

みんかんりゅうつう-まい【民間流通米】食糧法における区分の一つ。民間の生産者や生産団体が、自由な価格をつけて販売する米。➡政府米 補説 平成16年(2004)の法改正以前の「自主流通米」と「計画外流通米」に当たる。改正により計画流通米と計画外流通米の区分が廃止されたため、政府米以外の流通米はすべてこの区分となった。

みんかん-りょうほう【民間療法】民間に流布し、医師にかからないで行う経験的な療法。

みん-き【眠期】蚕が眠に入り、頭部をもたげて静止した状態にある時期。最も長いのは四眠の時で、およそ24時間。➡眠

みんき-そしゅん【明極楚俊】[1262〜1336]中国元代の臨済宗の僧。1330年(元徳2)来日し、摂津国に広厳寺を開き、建長寺・南禅寺・建仁寺に歴住した。勅号は仏日焔慧禅師。

みん-ぎょう【民業】一般の人の営む事業。民間事業。➡官業

ミンク〖mink〗イタチ科の哺乳類。体はイタチより大きく、テンより小さい。毛は暗褐色で長く、密生した柔毛がある。北アメリカの森林の水辺にすみ、泳ぎが巧みで、魚・ザリガニ・カエルなどを捕食。繁殖させやすいので、毛皮用に養殖される。野生型以外の毛色のものもあり、コート・ショールなどの素材にする。

みん-ぐ【民具】一般民衆が昔から日常生活に使ってきた道具・器具の総称。

ミンク-くじら【ミンク鯨】《minke whale》コイワシクジラの別名。ノルウェーの捕鯨船砲手の名から。

みん-げい【民芸】㊀一般民衆の生活の中から生まれた、素朴で郷土色の強い実用的な工芸。民衆的工芸。大正末期、日常生活器具類に美的な価値を見出そうと、いわゆる民芸運動を興した柳宗悦の造語。「一調の家具」㊁昭和22〜24年(1947〜49)の民衆芸術劇場を受け継いで、同25年に滝沢修・宇野重吉らによって結成された劇団。リアリズム演劇の確立を目ざし、創作劇や翻訳劇などを上演。正称は劇団民芸。類語 工芸・手工芸・郷土芸術

みんげい-ひん【民芸品】一般民衆の生活の中から生まれた、その地方独特の手工芸品。

みん-けん【民権】人民の権利。人民が政治に参加する権利。「自由一運動」「王室の虚威を減少して一を興起し」〈福沢・文明論之概略〉 類語 人権・参政権

みんけん-しゅぎ【民権主義】❶民権の伸長を目的とする主義。❷孫文の唱えた三民主義の一。➡三民主義

みんけん-とう【民権党】明治前期、民権を主張した党派。主に土佐の立志社に対して用いた称。

みんけん-ろん【民権論】個人や国民の自由・権利の確立こそが国権を確保するための前提であるとする思想。明治前期に唱えられたが、やがて国権論に圧倒された。

みん-こう【岷江】中国四川省北西部の岷山山脈に源を発して南流し、成都盆地を経て、宜賓で揚子江に注ぐ川。長さ793キロ。ミンチアン。びんこう。

みんごうにっそ【岷江入楚】安土桃山時代の源氏物語の注釈書。55巻。中院通勝著。慶長3年(1598)成立。諸注を集成し、三条西家の説や自説を加えたもの。みんごうじっそ。みんごうにゅうそ。

みん-こうゆうち【民公有地】国が所有する建物の敷地などとして、国や地方公共団体が民間の個人・法人から借り受けている土地。

ミンコー【明刻】《中国語》マージャンで、碰をして同じ牌3個をそろえたもの。

みんこく【民国】㊀「中華民国」の略。㊁中華民国での年号。1912年を元年とする。

みん-ごと【見ん事】〔副〕《「みごと」の音変化》「みごと」を強めて言う語。「一やってのける」

ミンコフスキー〖Hermann Minkowski〗[1864〜1909]ドイツの数学者。ロシアの生まれ。ドイツのゲッティンゲン大学教授。整数論に幾何学的概念を導入した。また、ミンコフスキー空間の考え方により、特殊相対性理論を数学的に基礎づけた。

みんし【明史】中国の二十四史の一。明代の歴史を記したもので、清の世宗の勅命により、張廷玉らが「明史稿」を原本にして撰。60年を費し、1739年成立。本紀24巻、志75巻、表13巻、列伝220巻、目録4巻の全336巻。二十四史中最大。

みん-じ【民事】私法上の法律関係から生じる現象、またはそれに関連する事柄。↔刑事。

みんじ-がいしゃ【民事会社】農林業・漁業・鉱業など、商行為以外の営利行為をなすことを目的とする会社。商法上、商事会社と同じ法的取り扱いを受けていたが、平成18年(2006)5月施行の会社法により、商行為は「会社がその事業としてする行為およびその事業のためにする行為」と規定され、民事会社という概念は廃止された。➡商事会社

みんしこう【明史稿】中国の史書。清の王鴻緒が勅命によって撰。1723年成立。本紀19巻、志77巻、表9巻、列伝205巻の全310巻で、本紀は未完。勅定を経ないため稿と称される。

みんじ-さいせい【民事再生】経営不振に陥った企業を倒産させずに事業の再生を図る、再建型の法的整理手続きの一つ。裁判所が関与しながら、民事再生法に基づいて債権債務を整理する。個人債務者を対象とする手続き(個人再生)もある。

みんじさいせい-ほう【民事再生法】経済的に窮境にある債務者とその債権者の民事上の権利関係を適切に調整し、債務者の事業・経済生活の再生を図ることを目的として制定された法律。再建型の倒産法の一。それまでの和議法に代わるものとして平成12年(2000)から施行された。和議法では支払不能や債務超過など実質的な経営破綻状態に陥らないと手続きを開始できなかったが、民事再生法ではより早い段階で迅速に再建手続きを進めることができる。会社更生法を適用した場合、経営者は経営権を失うが、民事再生法の場合、債務者である経営者が事業を継続しながら再建を図ることができる。

みんじ-さいばん【民事裁判】民事に関する事件を審理する裁判。➡刑事裁判

みんじ-じけん【民事事件】私人間の生活関係に関する事件で、民事訴訟の対象となるもの。➡刑事事件

みんじ-しっこう【民事執行】私法上の請求権および担保権を強制的に実現するための裁判上の手続き。民事執行法に規定。

みんじ-しっこうほう【民事執行法】民事執行について定めた法律。昭和54年(1979)民事訴訟法の強制執行の部分と競売法を統合して制定。

みんじ-せきにん【民事責任】他人の権利または利益を違法に侵害した者が、被害者に対して損害を賠償する私法上の責任。債務不履行の場合を含めることもある。➡刑事責任

みんじ-そしょう【民事訴訟】私人間に起きた生活関係に関する紛争を裁判所によって法律的、強制的に解決するための手続き。民訴。➡刑事訴訟

みんじ-そしょうほう【民事訴訟法】❶民事訴訟に関する法規の総称。❷民事訴訟の手続きを定めている法律。明治23年(1890)公布。大正15年(1926)大改正、昭和54年(1979)民事執行法の制定に伴い、強制執行の部分を削除。平成元年(1989)には仮差し押さえ・仮処分の部分が民事保全法として独立。

みんじ-ちょうていほう【民事調停法】民事上の紛争の調停に関する手続きを定めている法律。通則のほか、宅地建物・農事・商事・鉱害・交通・公害などの調停についての特則などを規定。昭和26年(1951)施行。

みんじ-ぶ【民事部】裁判所で民事事件を担当する部。➡刑事部

みんじ-ほう【民事法】民事裁判の基礎となる実体法と手続法の総称。民法・商法・民事訴訟法・人事訴訟手続法など。➡刑事法

みんじ-ほぜんほう【民事保全法】民事訴訟の本案の権利の実現を保全するための仮差し押さえおよび仮処分などについて定めている法律。平成元年(1989)制定、同3年施行。➡民事訴訟法

みん-しゃ【民社】旧制で、官幣社以外の神社、すなわち諸社の称。

みんしゃ-とう【民社党】日本社会党を離党した右派の西尾末広らが昭和35年(1960)に結成した政党。民主社会主義を理念とし、国民政党であることを唱える。旧称は民主社会党。同45年現名に改称。平成6年(1994)解党し、新進党に合流。

みん-しゅ【民主】❶その国の主権が国民にあること。❷人間の自由や平等を尊重すること。「一の精神」 類語 主権在民

みん-じゅ【民需】民間の需要。↔官需/軍需。

みん-しゅう【民衆】国家や社会を構成している多くの人々。世間一般の人々。庶民。大衆。「一の生活」 類語 大衆・公衆・庶民・平民・万民・人民・市民・公民・民・民草・蒼生・常民・一般人・世人・市井の人

みんしゅう-げいじゅつ【民衆芸術】民衆が作り出す、また、民衆のための芸術。日本では大正中期、大杉栄らによって論じられ、詩壇では白鳥省吾らの民衆詩派が台頭、プロレタリア文学の先駆となった。

みんしゅう-そしょう【民衆訴訟】国または公共団体の機関が法規に適合しない行為を行った場合、その是正を求める訴訟。選挙人である資格その他自己の法律上の利益にかかわらない資格で提起するもの。選挙訴訟・住民訴訟など。

みんしゅう-てき【民衆的】〔形動〕民衆に理解され、親しまれるさま。「一な政治家」

みんしゅ-か【民主化】〔名〕スル 考え方・制度などが民主的なものに変わっていくこと。また、そのように変えていくこと。「職場を一する」

みんしゅか-どうめい【民主化同盟】►民同

みんしゅ-カンボジア【民主カンボジア】►カンボジア

みん-しゅく【民宿】一般の民家が営業許可を得て営む宿泊施設。類語 宿・宿屋・旅館・ペンション

みんしゅ-こっか【民主国家】民主制をとる国家。主権が国民にある国家。民主国。

みんしゅ-しゃかいしゅぎ【民主社会主義】暴力革命や独裁を否定し、民主主義を通じて社会主義を実現しようとする思想・立場。議会主義・労使協調主義を説く。イギリスの労働党やドイツの社会民主党などによって唱えられた。

みんしゅ-じゆうとう【民主自由党】昭和23年(1948)日本自由党と同志クラブとが合同し、吉田茂を総裁として結成された保守政党。民自党。➡自由党㊂

みんしゅ-しゅぎ【民主主義】人民が権力を所有し行使する政治形態。古代ギリシャに始まり、17、18世紀の市民革命を経て成立した近代国家の主要な政治原理および政治形態となった。近代民主主義においては、国民主権・基本的人権・法の支配・権力の分立などが重要とされる。現代では政治形態だけでなく、広く一般に、人間の自由と平等を尊重する立場をいう。デモクラシー。

みんしゅしんぽ-とう【民主進歩党】台湾の政党。中国国民党独裁下の1986年に非合法に結党。

89年に合法化。当初は台湾独立を掲げ、国民党のみならず中国共産党からも敵視されるが徐々に穏健化。地方議会などで勢力を伸ばし、2000年の総統選挙で陳水扁が勝利し与党となる。民進党。

みんしゅ-せい【民主制】多数者が支配する政治形態。民衆の意思に従い政治が行われる政治体制。

みんしゅ-せいじ【民主政治】民主主義に基づいて行われる政治。

みんしゅ-てき【民主的】〘形動〙民主主義、または民主政治の趣旨にかなっているさま。「一な選出方法」

みんしゅてき-しゃかいしゅぎ【民主的社会主義】►社会民主主義

みんしゅ-とう【民主党】㊀昭和22年(1947)旧日本進歩党を中核として結成された政党。日本社会党・国民協同党と連立して片山・芦田内閣を組織したが、同25年、自由党と国民民主党とに分裂。㊁「日本民主党」の略称。㊂平成8年(1996)菅直人・鳩山由紀夫らが呼びかけ、新党さきがけ・社会民主党・新進党などからの離党者で結成した政党。同10年1月、新党友愛・国民の声・太陽党・フロムファイブ・民主改革連合とともに統一会派「民主友愛太陽国民連合」(民友連)を結成。4月に民友連の各党が合流して民主党㊃となった。旧民主党。㊃平成10年(1998)結成の政党。院内会派「民友連」に参加していた民主党㊂・新党友愛・民政党㊁・民主改革連合が合流してできた。同15年自由党㊄と合併。同21年の総選挙で自民党に圧勝して政権交代を果たし、鳩山由紀夫が首相となった。㊄共和党と並ぶ米国の二大政党の一。1828年にA=ジャクソンを当選させた民主共和党に始まる。南部の白人保守層の支持で発展したが、20世紀中盤からは労働者やマイノリティー寄りの政策に転換。東西海岸部や大都市圏を地盤とするようになった。ウィルソン・ルーズベルト㊁・トルーマン・ケネディ・ジョンソン・カーター・クリントン・オバマなどの大統領を輩出。

みんしゅとういつ-とう【民主統一党】英国、北アイルランドの地域政党。プロテスタント系住民らが1971年に結成。アルスター統一党と同様、英国との連合維持を主張するが、同党より強硬姿勢で支持を集める。

みん-しょ【民庶】世の中の一般の人々。庶民。

みん-じょう【民情】❶人民の心情。国民の気持ち。民心。「一を把握する」❷人民の実情。国民の生活状態。「一を視察する」

みん-しょく【眠食】〘名〙スル 眠ることと食べること。寝食。転じて、日常の生活をすること。起居。「其時塾に一する先進長者は」〈福沢・福翁自伝〉

みん-しん【民心】人民の心。国民の心情。「一が離れる」

みんしん-がく【▽明▽清楽】近世に中国から日本に伝来した俗楽。明楽と清楽とを総称したもので、清楽家が明楽をも演奏するようになり、この名称が起こった。日清戦争以後、急速に衰え、現在は長崎市でわずかに伝承されている。➡清楽 ➡明楽

みんしん-とう【民進党】「民主進歩党」の略称。

ミンスク〘Minsk〙ベラルーシ共和国の首都。モスクワとワルシャワとを結ぶ交通の要衝に位置する。12世紀以来ミンスク公国の首都として繁栄。自動車などの工業が盛ん。人口、行政区181万(2008)。

ミンストレル〘minstrel〙中世ヨーロッパの封建諸侯に仕えた職業的楽人。吟遊詩人。

ミンストレル-ショー〘minstrel show〙19世紀中ごろから、米国で黒人に扮した白人が歌・踊り・寸劇などを演じた大衆演芸。このショーを始めた劇団名にちなむ。

みんずり〘副〙《「瑞瑞」の「みず」から変化した語》若々しくみずみずしいさま。「一と見ゆる若木やはたち花/可頼」〈紅梅千句〉

みんずり〘副〙❶素直なさま。「一トシタ人」〈日葡〉❷味などがあっさりとしているさま。「一トシタ味ワイ」〈日葡〉

みん-せい【民生】人民の生活・生計。「一の安定を図る」

みん-せい【民政】❶文官による政治。「軍政から一への移管」⇔軍政。❷国民の幸福増進を目的とする政治。

みん-せい【眠性】蚕が孵化してから繭を作るまで、眠の状態を何回もつかという性質。ふつう四眠性であるが三眠性・五眠性もある。

みんせい-いいん【民生委員】社会福祉の増進に努めることを任務とし、要保護者の保護指導、地域住民の生活状況の把握、福祉施設の業務への協力などを行う民間の奉仕者。昭和23年(1948)制定の民生委員法に基づき設置。都道府県知事、指定都市および中核市の市長の推薦により厚生労働大臣が委嘱する。名誉職で、任期は3年。方面委員の後身。

みんせい-いてん【民生移転】国家が行っていた軍事事業や宇宙開発事業などを、民間企業が行うようにすること。

みんせい-しゅぎ【民生主義】孫文が唱えた三民主義の一。➡三民主義

みんせい-とう【民政党】㊀「立憲民政党」の略称。㊁平成10年(1998)1月に太陽党・国民の声・フロムファイブの3政党によって結成された政党。代表は羽田孜。同年4月、新党友愛・民主改革連合とともに民主党㊃に合流した。

みんせい-ぶ【民生部】道府県で、社会福祉・社会保障などに関する事務を担当する部局。東京都は民生局。

みん-せき【民籍】❶国籍。❷人民の戸籍。また、それを記した帳簿。

みん-せつ【民設】民間で設立すること。➡官設

みん-せん【民選】〘名〙スル 国民が選挙すること。⇔官選。〔類語〕公選・選挙・直接選挙・間接選挙・地方選挙・総選挙

みん-せん【▽明銭】中国、明代に鋳造された銭貨。室町時代、日本に大量に輸入され流通したが、江戸初期に幕府の寛永通宝発行により使用が禁止された。洪武銭・永楽銭・宣徳銭などがある。

みんせん-ぎいん【民選議員】国民が選挙によって選んだ議員。

みんせん-ぎいん【民選議院】国民が選出した議員で構成する議院。

みんせんぎいん-せつりつけんぱくしょ【民撰議院設立建白書】明治7年(1874)板垣退助・副島種臣らが藩閥専制を排し、民選議院の開設を求め、左院に提出した意見書。自由民権運動の端緒となった。

みん-そ【民訴】「民事訴訟」の略。

みん-ぞく【民俗】古くから民間に伝承してきた風俗・習慣。〔類語〕土俗・風俗・風習・習俗・ならわし

みん-ぞく【民族】言語・人種・文化・歴史的運命を共有し、同族意識によって結ばれた人々の集団。「騎馬一」「少数一」〔類語〕人種・種族・部族・ネーション

みんぞく-いしき【民族意識】ある民族に属しているという自覚。同じ民族の仲間という連帯感。

みんぞく-いしょう【民族衣装】その民族の独特の衣服。日本の着物、ベトナムのアオザイ、インドのサリーなど。

みんぞく-うんどう【民族運動】民族の独立や統一を達成しようとする各種の運動。➡民族解放運動

みんぞく-おんがく【民族音楽】世界の諸民族が独自に伝承してきた音楽。

みんぞく-かいほううんどう【民族解放運動】植民地・従属国などで、抑圧されている民族が、他民族・他国家の支配・干渉を排除して、民族の独立を実現しようとする運動。19世紀の欧米諸国に起こり、第二次大戦後のアジア・アフリカ諸国で広く行われた。また、一国内の少数民族が多数民族からの解放を求める運動についてもいう。

みんぞく-がく【民俗学】民間伝承の調査を通し、主として一般庶民の生活・文化の発展の歴史を研究する学問。英国に起こり、日本では柳田国男・折口信夫らにより体系づけられた。フォークロア。

みんぞく-がく【民族学】諸民族の文化の特質を歴史的に、あるいは他文化と比較して研究する学問。人類学の一部門。エスノロジー。

みんぞく-けい【民族系】他の力を借りず、その国またはその民族の力によるものであること。「一の自動車メーカー」「一資本」

みんぞく-げいのう【民俗芸能】民間の風俗・習慣・信仰に根ざして伝承されてきた芸能。祭礼・法会などに伴うものが多い。郷土芸能。

みんぞく-ごい【民俗語彙】民俗事象を表示する語彙。民俗資料の収集に際しては、特に名詞・形容詞が重視される。

みんぞく-こっか【民族国家】歴史的、文化的に形成された、民族を基盤としてつくられた近代国家。国民国家。

みんぞく-し【民族誌】特定の民族集団の文化・社会・環境など生きている世界についての具体的な記述。

みんぞくじけつ-しゅぎ【民族自決主義】各民族は、その政治体制や帰属をみずからの意志で決定する権利をもち、他の民族や国家による干渉を認めないとする思想や運動。第一次大戦後、アメリカのウィルソン大統領が提唱。第二次大戦後は植民地独立運動の指導原理となった。

みんぞく-しほん【民族資本】植民地・半植民地・従属国で、外国資本に対抗するその民族の資本。

みんぞく-しゅうきょう【民族宗教】特定の民族によってのみ担われる宗教。その民族の伝統や習慣と深く結びついて成立・存続する。ユダヤ民族のユダヤ教、日本の神道など。➡世界宗教

みんぞく-しゅぎ【民族主義】❶民族の存在・独立や利益また優越性を、確保または増進しようとする思想および運動。その極端な形は国家主義とよばれる。ナショナリズム。❷孫文が唱えた三民主義の一。➡三民主義

みんぞく-じょうか【民族浄化】《ethnic cleansingの訳語》複数の民族が住む地域で、特定の民族集団が武力を用いて他の民族集団を虐殺・迫害・追放して排除すること。民族の純粋化。エスニッククレンジング。〔補説〕1990年代に旧ユーゴスラビアの内戦の中で生まれた造語という。

みんぞく-せい【民族性】その民族に特有の性質。特に、その民族の宗教・習俗に根ざす感覚・感情的な面についていうことが多い。

みんぞく-せいしん【民族精神】❶一つの民族に共通な精神的特質。また、ある民族を精神的に統一する民族意識。❷ヘーゲル哲学で、世界史の各発展段階を代表する民族の精神的原理。

みんぞく-だいいどう【民族大移動】《ドイ Völkerwanderung》4〜6世紀、ヨーロッパで起こったゲルマン人の大移動。4世紀末、フン族の西進が東ゲルマンの東・西ゴートを圧迫して南下させたのに始まる。東ゲルマン人がイタリア・スペイン・アフリカなど広くローマ領内に移住・建国したが短命に終わったのに対して、西ゲルマン人は原住地からあまり離れず、その国家も長く存続。この大移動でヨーロッパの民族分布は大きく変わり、古代が終わり中世に入った。

みんぞく-てき【民族的】〘形動〙民族にかかわるさま。また、その民族に固有であるさま。「一な問題」

みんぞく-ぶんかざい【民俗文化財】文化財保護法上の文化財の一。衣食住・信仰・年中行事などに関する風俗慣習・民俗芸能およびこれに用いられる衣服・器具・家屋など。➡重要無形民俗文化財 ➡重要有形民俗文化財

ミンダナオ-とう【ミンダナオ島】《Mindanao》フィリピン諸島南部にある、フィリピン第2の大島。中心都市ダバオ。マニラ麻などを産する。西半部にはイスラム教徒が多い。面積約9万6000平方キロメートル。

みん-だん【民団】在日本大韓民国民団の略称。

みん-だん【民×譚】民間説話。民話。

みん-ち【民地】民有の土地。民有地。⇔官地。

ミンチ〖mince〗▶メンチ
ミンチ-パイ〖mince pie〗▶ミートパイ
ミンチ-ボール《和 mince＋ball》ミートボールのこと。
みんちょう【明兆】［1351ころ～1431］室町初期の画僧。淡路の人。字は吉山。号、破草鞋。東福寺の殿司となり、兆殿司ともよばれる。宋・元の画風を研究、肥痩のある墨線とやや暗い色調による力強い画風を確立し、多くの仏画や頂相を描いた。
みん-ちょう【明朝】㊀中国、明の朝廷。また、その時代。㊁「明朝体」に同じ。
みんちょう-たい【▽明朝体】《中国明代の木版本で使われたところから》活字書体の一。横の線が細く、縦の線が太い書体。日本の新聞・雑誌・書籍に普通に用いられる。明朝活字。
みんちょう-とじ【▽明朝×綴じ】《中国明代に盛んに採用されたところから》書籍の綴じ方の一。二つ折りにした紙を、折り目を左に袋綴じの要領で重ね、右側を糸で縛る方法。糸をかがる穴が四つあるので、四つ目綴じともいう。唐綴じ。
みんてい-けんぽう【民定憲法】国民主権の思想に基づき、国民が直接に、または国民から選挙された議会を通じて制定される憲法。民約憲法。➡協定憲法 ➡欽定憲法
みん-てき【▽明笛】明楽に用いる竹製の横笛。吹き口から先の頭部が長く、指孔は6個ある。清楽に使う清笛をも含めていうこともある。
みんでん-なす【民田茄＝子】山形県庄内地方特産の小粒の丸茄子。漬け物に向き、一夜漬け・辛子漬けが美味。
ミント〖mint〗薄荷。「―ティー」
みん-ど【民度】国民や住民の生活程度、また、経済力や文明の進歩の程度。「―が高い」
みん-とう【民党】帝国議会開設時、藩閥政府と対立した自由党・改進党などの政党の称。㊥吏党。
みん-どう【民同】《「民主化同盟」の略称》昭和22年(1947)の二・一ゼネスト後、左翼系組合内部で共産党の組合支配を批判して次々と結成された組合内分派。のち、総評の主流をなす。
みんと-きこう【MINTO機構】▶民間都市開発推進機構
みん-とく【民徳】人民の道徳・徳義。
みんな【▽皆】「みな」の撥音添加。「一人で―食べてしまう」「―、集まれ」➡みな(皆)
みんな-の-とう【みんなの党】平成21年(2009)に結成された保守政党。自民党所属だった衆議院議員渡辺喜美が官僚制度改革の停滞への不満から、同年1月に自民党を離党し、無所属議員らとともに8月に結成。同月の総選挙で5議席を獲得した。脱官僚・地方分権などを謳う。
みんなみ【▽南】「みなみ」の撥音添加。「―の遣戸のそばに」〈春曙抄本枕・四六〉
ミンネザング〖ドイ Minnesang〗《愛の歌の意》12世紀後半から14世紀にかけて、ドイツの宮廷で栄えた叙情詩。トルバドゥールの影響を受け、貴婦人に対する騎士の精神的、献身的愛を歌う。
ミンネジンガー〖ドイ Minnesinger〗▶ミンネゼンガー
ミンネゼンガー〖ドイ Minnesänger〗ミンネザングを作詩・作曲して歌う人。ミンネジンガー。
みん-ぱく【民博】「国立民族学博物館」の愛称。
ミンバル〖アラ minbar〗モスク内部にある説教壇。ミフラーブの脇に設けられる。
みん-ぶ【民部】❶古代中国の官名。後周代に設置され、人民の衆寡を計ることをつかさどった。唐代以降、戸部と改称された。❷「民部省」の略。
みん-ぷう【民風】一般民衆の風習。民間の風俗。
みんぶ-きょう【民部×卿】民部省の長官。
みんぶ-しょう【民部省】❶律令制で、太政官八省の一。諸国の戸口・戸籍・山川・道路・租税・賦役などに関する事務をつかさどった。たみのつかさ。❷明治2年(1869)に設置された中央官庁の一。土木・駅逓・鉱山・通商など民政関係の事務を取り扱った。同4年廃止、大蔵省に吸収。
みんぶしょう-さつ【民部省札】明治2年(1869)に民部省が発行した小額不換紙幣。同12年に廃止。省札。
みん-ぺい【民兵】民間人で編制した軍隊。また、その兵。
みんぺい-せい【民兵制】平時は一般の職業に従事している民間人が、戦時は軍隊を構成する制度。幹部だけは平時志願兵をもって組織する。スイスの兵役制度の類。
みんぺい-やき【×珉平焼】▶淡路焼
みん-ぼう【民望】❶人々の望み、願い。「―にそむく」❷世間の人望。衆望。「―を集める」
みん-ぽう【民放】「民間放送」の略。
みん-ぽう【民法】❶市民生活における市民相互の関係を規律する私法の一般法。❷民法典のこと。
みん-ぽう【民報】民間で発行する新聞。地名などを冠して新聞社名や紙名に使う。
みんぽう-きゅうきてい【民法旧規定】民法典のうち、昭和22年(1947)に全面改正される以前の親族・相続に関する規定。
みんぽう-てん【民法典】民法に関する基本的規定を定めた法典。総則・物権・債権・親族・相続の5編からなる。明治31年(1898)施行。その後、親族・相続編は昭和22年(1947)に全面改正された。
みんぽう-れん【民放連】「日本民間放送連盟」の略称。
みんぽん-しゅぎ【民本主義】大正時代、吉野作造が主唱した民主主義思想。主権在民を内包する民主主義とは区別し、政治の目的は民衆の利福にあり、政策の決定は民衆の意向に従うべきと主張した。その目標は政党内閣制と普通選挙とにあり、大正デモクラシーの指導理論となった。
みんみん-ぜみ【みんみん×蟬┊蛁＝蟟】セミ科の昆虫。体長は翅の先まで6センチくらいで、体は黒色の地に緑色の紋があり、翅は透明。夏、樹幹に止まり大声でミィーンミンミンと鳴く。幼虫は地中で6年間過ごす。みんみん。(季 夏)
みんやく-ろん【民約論】▶社会契約説
みん-ゆう【民有】民間の所有。私人または私法人の所有。私有。「―林」㊥官有。(類語)私有・民営
みんゆう-がっぺい【民由合併】平成15年(2003)に当時野党第1党の民主党㊃と自由党㊄が与党自民党に対抗する勢力の結集を目指して行った合併。衆参両院で合計200人超の議員を擁する一大勢力が誕生した。その後、民主党は郵政選挙で議席を減らしたが、同21年に政権交代を実現させた。
みんゆう-しゃ【民友社】明治20年(1887)徳富蘇峰が創立した出版社。雑誌「国民之友」を発刊、同23年「国民新聞」を創刊。初め平民主義を主張、のち国家主義的傾向に転じた。徳冨蘆花・竹越与三郎・山路愛山・国木田独歩らが参画。
みんゆう-ち【民有地】民間で所有する土地。私有地。
みん-よう【民謡】民衆の、労働・儀礼などの集団の場において自然に発生し、伝承されてきた歌謡。素朴な生活感情を反映し、地域性が強い。遊び歌・祝い歌・仕事歌・酒盛り歌・盆踊り歌などがある。広義には俗謡・新民謡なども含む。俚謡。
みんよう-おんかい【民謡音階】民謡やわらべ歌などに多く用いられる五音音階。洋楽階名のミ・ソ・ラ・シ・レの五つの音からなる。
みん-りょく【民力】民間の経済力や労働力。
みん-わ【民話】民衆の生活の中から生まれ、民衆によって口から口へと伝えられてきた説話。昔話・伝説など。民間説話。民譚。
(類語)民譚・民間説話・昔話・伝説・伝承・言い伝え・口碑・史話・説話・神話
みんわ-げき【民話劇】民話を素材にした劇。せりふに方言を取り入れるなど、素朴で生き生きとした庶民の生活・感情を描き、劇に仕立てたものが多い。

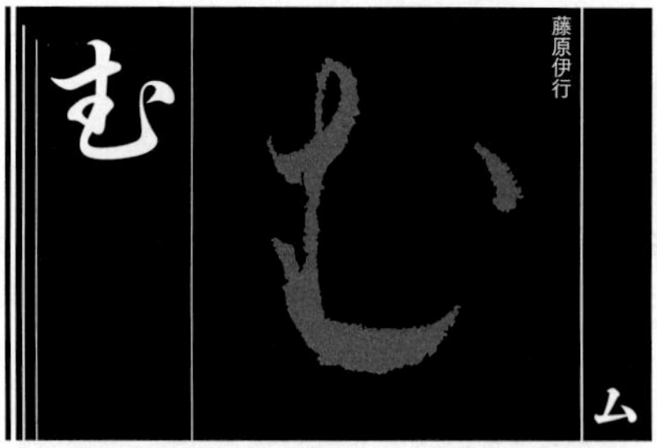

む ❶五十音図マ行の第3音。両唇鼻音の有声子音[m]と母音[u]とから成る音節。[mu] ❷平仮名「む」は「武」の草体から。片仮名「ム」は「牟」の初2画から。
む【六】❶ろく。むっつ。声を出して数をかぞえるときの語。「いつ、―、なな、や」❷ろく。むっつ。名詞の上に付けて用いる。「―月」「―尺」
む【▽身】「身」の古形。「身代わり」「身ざね」など、複合語として用いられる。
む【無┊×无】㊀〔名〕❶何もないこと。存在しないこと。「―から有を生ずる」㊥有。❷哲学の用語。㋐存在の否定・欠如。特定の存在がないこと。また、存在そのものがないこと。㋑一切の有無の対立を超え、それらの存立の基盤となる絶対的な無。❸禅宗で、経験・知識を得る以前の純粋な意識。「―の境地」㊁〔接頭〕名詞に付いて、そのものが存在しないこと、その状態がないことの意を表す。「―感覚」「―資格」「―届け」「―免許」➡漢「む(無)」(類語)空・烏有
　無に帰・する　もとの何もない状態にもどる。また、むだになる。「計画そのものが―・する」「長年の努力が―・する」
　無に・する　価値・意義を失わせる。むだにする。「せっかくの好意を―・する」
　無にな・る　何もならなくなる。むだになる。「今までの苦労が―・る」
む〔感〕❶力んだり、感心したり、また驚いたりしたときに口を結んで発する声。うん。むう。「―、すごい」「―、やるな」❷了解・同意を示す応答の声。うん。ふむ。「―といらへて立ちぬ」〈宇治拾遺・五〉
む〔助動〕［(ま)○｜む｜む｜め｜○］活用語の未然形に付く。❶推量・予想の意を表す。…だろう。「御岳精進にやあらむ、ただ翁びたる声に額づくぞ聞こゆる」〈源・夕顔〉❷意志・希望の意を表す。…う(よう)。…するつもりだ。「われこそ死なめとて泣きののしること、いと堪へがたげなり」〈竹取〉❸適当・当然の意を表す。…するのがよい。…するのが当然だ。「鳴り高し。鳴りやまむ」〈源・少女〉「さやうのもの、無くてありなん」〈徒然・一三九〉❹(主として「こそ…め」「なむや」の形で)勧誘・要求の意を表す。…してはどうか。…しないか。「忍びては参り給ひなむや」〈源・桐壺〉❺(主として連体形の用法で)婉曲に表現する意を表す。…のような。「身を治め国を保たん道もまたしかなり」〈徒然・一一〇〉❻(主として連体形の用法で)条件や仮定の意を表す。…ならば。…したら。「斎院より御文のさぶらはむには、いかでか急ぎあげ侍らざらむ」〈枕・八七〉
(補説)「む」は上代から近世まで広く用いられたが、平安時代以後「ん」とも書き、鎌倉時代以後は「う」にも変化した。なお、未然形「ま」は上代、「まく」の形だけに用いられた。➡めや〔連語〕
ムアーウィヤ〖Mu'āwiya〗［?～680］ウマイヤ朝の初代カリフ。在位661～680。シリア総督。海軍を創設し地中海に進出。第4代カリフのアリーと対決。アリー暗殺後カリフの位につき、ウマイヤ朝を創始。カリフの世襲制を確立した。
む-あい【無愛】〔名・形動〕❶仏語。愛執の心がないこと。❷「ぶあい(無愛)」に同じ。「木曽―に返事する様は」〈盛衰記・二八〉
む-あくふぞう【無悪不造】〔名・形動ナリ〕《「悪、造らざるなし」の意。「むあくぶぞう」とも》ほしいままに悪事をはたらくこと。また、そのさま。「昔…ひとり―なりし優婆塞ありき」〈百座法談〉

む-い【無位】位階をもたないこと。また、その人。無冠。「一無官」
む-い【無医】医者がいないこと。「一村」
む-い【無畏】仏語。おそれるところのないこと。特に、仏が法を説くときの何ものをもおそれない態度。4種あると説き、四無畏という。無所畏。
む-い【無為】〔名・形動〕❶何もしないでぶらぶらしていること。また、そのさま。「せっかくの休日を一に過ごす」「一な毎日」「一無策」❷自然のままに任せて、手を加えないこと。作為のないこと。また、そのさま。ぶい。「日頃忘れていたゆったりした一の歓喜が」〈宮本・伸子〉❸《梵 asaṃskṛtaの訳》仏語。人為的につくられたものでないもの。因果の関係を離れ、生滅変化しない永遠絶対の真実。真理。⇔有為。
〘類語〙(❶)拱手/(❷)無作為・自然・素朴・有るがまま・ナチュラル
無為に入・る　仏門に入る。出家する。「この身を捨てて一・らば」〈謡・高野物狂〉
無為にして化す　《「老子」57章から》支配者が人為を用いなければ、特別なことは何もしなくても、人民は自然に教化されて天下もよく治まる。
む-い【無意】意志のないこと。故意でないこと。また、意識のないこと。
ムイエット〘フランス mouillette〙《「ムエット」とも》❶細長いパン切れ。料理に添え、半熟卵などをつけて食べる。❷香りを試すために、香水などを少量しみ込ませた短冊状の紙。試香紙。匂い紙。
むい-か【六日】❶日の数の六つ。6日間。むゆか。❷月の第6の日。むゆか。❸正月6日。江戸時代には、朝五つ時より寺僧・社人・山伏などの登城参賀が行われた。〘季 新年〙「一はや睦月は古りぬ雨と風/鳴雪」
六日の菖蒲　《5月5日の節句の翌日の菖蒲の意から》時機に後れて役に立たない物事のたとえ。のちのあやめ。むいかのしょうぶ。「一十日の菊」
むいか-ぎり【六日▽限】江戸と大坂の間を片道6日で走った飛脚の称。六日飛脚。「無事とある状に落着く一」〈柳多留・七四〉
むいか-だれ【六日垂れ】《「たれ」は「剃り」の忌み詞》生後6日目に赤子のうぶ毛をそること。また、その風習。産毛剃り。「一の、…食ひ初めのと」〈浄・嵯峨天皇〉
むいか-としこし【六日年越し】正月7日を7日正月といい、その前夜を年越しとして祝うこと。〘季 新年〙「あたたかに一よき月夜/白水郎」
む-いき【無意気】〔名・形動ナリ〕❶無骨で強引なこと。また、そのさま。ぶいき。「一なる俄道心」〈咄・露がはなし・一〇〉❷(「無息」にかけて)一気に酒を飲むこと。また、そのさま。「山田屋で一杯一にぐいのみ」〈洒・広街一寸間遊〉
む-いぎ【無意義】〔名・形動〕意義のないこと。価値がなくつまらないこと。また、そのさま。無意味。「そんな一な死に方を」〈山本有三・同志の人々〉⇔有意義。
むいき-りき【無意気力】がむしゃらに出す力。ばかぢから。「どれに下地の一、これはどうぞと引きのくる」〈浄・寿の門松〉
む-いしき【無意識】〔名・形動〕❶意識がないこと。正気を失うこと。「一の状態が続く」❷自分のしていることに気づいていないこと。また、そのさま。「一に足が向く」❸精神分析学で、意識下の領域、種々の人間現象の背後にあって影響を与える混沌とした もの。催眠・自由連想・投影検査、麻酔などの薬物作用によってのみ表出が可能となる。潜在意識。
〘類語〙思わず・覚えず・思わず知らず・つい・知らず知らず・うっかり・何気なく・ひょっと
むいしき-てき【無意識的】〔形動〕意識しないさま。はっきりと自覚していないさま。「一な行動」
むい-しぜん【無為自然】作為がなく、自然のままであること。「無為」「自然」は共に「老子」にみられる語で、老子は、ことさらに知や欲をはたらかせず、自然に生きることをよしとした。
むい-せ【無畏施】仏語。三施の一。人におそれの念を起こさせないこと。恐怖心を取り除くこと。
む-いちぶつ【無一物】何もないこと。何も持っていないこと。むいちもつ。「戦争で一になった」
〘類語〙無一文・無一物・身一つ・身すがら・文無し・裸・裸一貫・丸裸・すってんてん・おけら・素寒貧
む-いちもつ【無一物】「むいちぶつ(無一物)」に同じ。
む-いちもん【無一文】金銭をまったく持っていないこと。一文なし。「遊び過ぎて一になる」
〘類語〙文無し・一文無し・無一物・丸裸・裸・おけら・すってんてん・素寒貧
ムイデン〘Muiden〙オランダ、ノルトホラント州の町。ホーイ湖に面する。13世紀に建造され、14世紀に再建されたムイデン城がある。マウデン。
ムイデン-じょう【ムイデン城】《Muiderslot》オランダ、ノルトホラント州の港町にある城。1280年頃、要塞として建造。1296年に破壊され、1370年に再建された。17世紀オランダの詩人、劇作家のピーテル=コルネリスゾーン=ホーフトが居住し、多くの芸術家が集まったことで知られる。マウデン城。
むい-としょく【無為徒食】〔名〕スル　なすべきことを何もしないでただ遊び暮らすこと。「貯金を頼りに一して日々を過ごす」
むい-ほう【無為法】仏語。生滅変化を離れた常住・絶対の存在。因縁の支配を受けない解脱の境地などにいう。
む-いみ【無意味】〔名・形動〕意味のないこと。価値なく、つまらないこと。また、そのさま。無意義。ナンセンス。「一な論争」〘派生〙むいみさ〔名〕
〘類語〙無意義・無用・無駄・無益・不毛・ナンセンス
む-いん【無韻】詩文で韻をふまないこと。
むいん-こうい【無因行為】財産上の出捐行為において、原因(契約など)が法律上無効であっても、それ自体は有効とされる行為。例えば手形行為で、売買代金として手形を交付したときは、たとえ売買が無効とされた場合でも、手形そのものの有効性には影響しない。⇔有因行為。
むいん-し【無韻詩】《blank verse》1行のうちに弱強のリズムが5回繰り返され、韻を踏まない詩形。16世紀に英国でおこった。シェークスピアの詩劇やミルトンの「失楽園」など。
むいん-しょうけん【無因証券】証券上の権利が証券の発行行為によって発生し、その行為の原因となった法律関係には影響を受けない有価証券。手形・小切手など。不要因証券。⇔要因証券。
むいん-の-し【無韻の詩】❶韻をふまない詩。「小説は一ともいふべく」〈逍遥・小説神髄〉❷無声の詩。絵画のこと。
むう【▽六】「む(六)」の音変化。「いつ、一、なな」
む-う【無有】無いことと有ること。有無。
むう〔感〕感心したり納得したりしたときなどに口を結んで発する声。うう。むむ。「一、これは参った」
ムーア〘George Edward Moore〙[1873～1958]英国の哲学者。分析哲学を提唱。新実在論を説き、倫理学上の善は直接的に自明な本有的価値であり、定義不可能とした。著「倫理学原理」など。
ムーア〘Henry Moore〙[1898～1986]英国の彫刻家。生命感あふれる、有機的形態の抽象彫刻を制作。
ムーア〘Thomas Moore〙[1779～1852]アイルランドの詩人。独立運動に参加、国民詩人として名声を博した。「アイルランド歌謡集」、長詩「ララ-ルーク」など。
ムーア-じん【ムーア人】《Moor》モロッコ・モーリタニアなどアフリカ北西部に住み、イスラム教徒でアラビア語を話す人々の称。本来はマグレブの先住民ベルベル人をさしたが、15世紀ごろからはイスラム教徒全般をさすようになった。モール人。モロ。
ムーア-の-ほうそく【ムーアの法則】《Moore's Law》「半導体の集積密度は18か月から24か月で倍増する」という経験則。米国の半導体メーカー、インテル社の創設者の一人、ゴードン=ムーアが提唱。
むう-げ【無▽憂華】▶むゆうげ(無憂華)

漢字項目　む

【武】▶ぶ
【謀】▶ぼう
矛　音ム(呉)　ボウ(漢)　訓ほこ‖㊀〈ム〉武器の一種。ほこ。「矛盾」㊁〈ボウ〉ほこ。「矛戟」㊂〈ほこ(ぼこ)〉「矛先/玉矛」〘名付〙たけ
務　学5　音ム(呉)　訓つとめる、つとまる‖力を尽くして当たるべき仕事や役目。つとめ。つとめる。「医務・義務・急務・業務・勤務・激務・兼務・公務・債務・雑務・残務・事務・執務・乗務・職務・世務・政務・責務・代務・任務・服務・双務契約」〘名付〙かね・ちか・つとむ・つよ・なか・みち
無　学4　音ム(呉)　ブ(漢)　訓ない、なみする‖㊀〈ム〉①存在しない。…がない。「無益・無休・無辜・無形・無効・無償・無上・無情・無職・無人・無線・無断・無名・無理・無料・無意味/有無・皆無・虚無・絶無」②…でない。…しない。「無数・無道・無量・無論」③ないがしろにする。なみする。「無視・無法」㊁〈ブ〉㊀①に同じ。「無事・無精・無難・無頼・無礼・無愛想/傍若無人」〘名付〙な・なし〘難読〙無花果・無言・無患子
夢　学5　音ム(呉)　訓ゆめ‖㊀〈ム〉ゆめ。「夢幻・夢想・夢中/悪夢・吉夢・残夢・春夢・酔夢・迷夢・霊夢・酔生夢死・白昼夢」㊁〈ゆめ〉「夢路・夢見/初夢・正夢」
霧　音ム(呉)　訓きり‖㊀〈ム〉①きり。「霧笛・霧氷/雲霧・煙霧・水霧・夕霧・濃霧・五里霧中」②きりのように集まり、または消えるさま。「霧集/雲散霧消」③きりのように散らばる水滴。「噴霧器」㊁〈きり(ぎり)〉「霧雨/朝霧・夕霧・夜霧」〘難読〙狭霧

ムーサ〘Mūsa〙▶ミューズ
ムージャン〘Mougins〙フランス南東部、カンヌ北郊の、丘の上にある町。ピカソが晩年を過ごした。11世紀に建てられたサンジャックルマジュール教会をはじめ、石造りの古い家並みが残っている。高級レストランが多いことでも知られる。
むう-じゅ【無▽憂樹】▶むゆうじゅ(無憂樹)
ムージル〘Robert Musil〙[1880～1942]オーストリアの小説家。第一次大戦前後のオーストリアの世相を描いた未完の大作「特性のない男」は、20世紀文学を代表する作品の一つに数えられる。ほかに、長編「若いテルレスの惑い」、短編「三人の女」など。
ムース〘moose〙アメリカで、ヘラジカのこと。
ムース〘mousse〙❶泡。また、泡状のもの。❷泡立たせた生クリームや卵白を用い、口当たりがふんわりして滑らかなように作った菓子や料理。
ムー-たいりく【ムー大陸】《Mu》太平洋にあったという伝説上の大陸。
むうちゅう-ろん【無宇宙論】宇宙あるいは世界の実在性を認めず、それを神や自我の様態または仮象と見なす思想。エレア学派やスピノザ・バークリーなどにみられる。無世界論。
ムーディー〘moody〙〔形動〕ムードのあるさま。「一な音楽」〘補説〙原義は不機嫌な、気むずかしい、の意。
ムーディーズ〘Moody's〙米国の投資顧問会社Moody's Iuvestors Serviceの略称で、企業を格付けする格付け機関の一つ。
ムート〘Mut〙エジプト神話で、主神アモン=ラーの妻。神々の母とされる。
ムード〘mood〙❶気分。情調。雰囲気。「独特な一がある」❷英文法で、法。
〘類語〙雰囲気・空気・佇まい・気分・気色・におい・感じ・様子・気配・アトモスフィア
ムードに乗・る　全体の流れや雰囲気に勢いづく。「一・って大勝する」
ムード-ミュージック〘mood music〙柔らかな音調で、聞く人を快くくつろいだ気分にさせる音楽。ムード音楽。
ムード-メーカー《和 mood＋maker》その場の雰囲

気を盛り上げる人。

ムートン〖フランス mouton〗羊の毛皮。

ムーニエ〖Emmanuel Mounier〗［1905〜1950］フランスのカトリック哲学者。「エスプリ」誌を創刊。キリスト教的実存主義・人格主義の立場から社会正義を主張。著「人格主義宣言」「人格主義とは何か」など。

ムーバ〖mova〗NTTドコモが提供する第二世代携帯電話(2G)サービスの名称。通信方式としてPDCを採用している。平成13年(2001)より第三世代携帯電話(3G)サービスとしてFOMAを提供開始。

ムービー〖movie〗映画。「カルト—」
[類語]映画・シネマ・キネマ

ムーブ〖move〗〔名〕スル ❶動くこと。動き。「トレンドの—を読む」❷デジタルデータを移動すること。ハードディスク、光ディスク、メモリーカードなどのデータを、ある記憶媒体から別の記憶媒体に、複製元のデータを消去しながら移動すること。➡コピーワンス ➡ダビング10

ムーブマン〖フランス mouvement〗「ムーブメント❸」に同じ。

ムーブメント〖movement〗❶政治上・社会上・芸術上などの、運動。❷時計などの動く部品。❸絵画・彫刻などに表現された躍動感。ムーブマン。❹音楽で、楽章。

ムーミン〖Moomin｜スウェーデン Mumin｜フィンランド Muumi〗フィンランドの童話作家トーベ=ヤンソンの小説シリーズ。また、それに登場する妖精の名。1945年刊行の「小さなトロールと大きな洪水」をはじめとする小説9作のほか、作者自身が作画も手がけた漫画作品などがある。

ムーミン-ワールド〖Muumimaailma〗フィンランド南西部の観光保養地、ナーンタリにあるテーマパーク。同国の作家、トーベ=ヤンソンの小説、漫画作品、ムーミンシリーズの世界を再現している。

ムームー〖ハワイ muumuu〗ハワイの女性が着る、はでな柄の、ゆったりした木綿のワンピース。日本では昭和36年(1961)ごろに夏の家庭着として登場。

ムーラ〖Mora〗スウェーデン中部、ダーラナ地方の中心都市。シリアン湖北岸に面する観光保養地。伝統文化が色濃く残っていることで知られる。クロスカントリーの世界大会バーサロペットの開催地。

ムーラン〖フランス moulin〗❶風車。風車小屋。❷氷河の円筒形の穴。

ムーラン-ルージュ〖フランス Moulin-Rouge〗《赤い風車の意》㊀パリのレビュー劇場。1889年にダンスホールとして開場、フレンチカンカンなどのショーで人気を博した。のちミュージックホールに変わり、1929年に映画館となった。現在、併設のダンスホールでレビューを上演。㊁昭和6年(1931)東京新宿に創設された軽演劇の劇団、またその劇場。都会風の風刺喜劇で学生・インテリ層に受けた。同26年に解散。

ムール-がい【ムール貝】ガヒ《フランス moule》ムラサキイガイの別名。フランス料理に用いられる。

ムーン〖moon〗天体の、月。

ムーンウオーク〖moonwalk〗❶月面歩行。地球の約6分の1の重力である月面で行う、浮遊したような歩き方。❷ストリートダンスの技法の一。歩いているような動作をしながら後ろ向きに移動するもの。

ムーンストーン〖moonstone〗▶月長石

ムーンフィッシュ〖moonfish〗形が月に似ているところから、マンボウなど円形の魚の称。

ムーンフェース〖moonface〗❶副腎皮質からのステロイドホルモンの過剰分泌や、ステロイド剤の過剰投与などにより起こる症状。顔が丸くなる。満月様顔貌。➡クッシング症候群 ❷丸顔。

ムーンライター〖moonlighter〗本業を終えてから、深夜から早朝にかけてアルバイトをする人。

ムーンライト〖moonlight〗月の光。月光。

ムーンライト-ジョブ《和 moonlight＋job》副業。アルバイト。[補説]英語のmoonlightには、「(夜間の)アルバイトをする、掛け持ちで仕事をする」の意味がある。➡ムーンライター

ムーンライト-ソナタ〖Moonlight Sonata〗▶月光ソナタ

む-え【無依】仏語。物事に執着したり、頼ったりしないこと。

むえい-とう【無影灯】影を生じないように工夫された照明器具。数個のハロゲン電球と反射板を配置したもの。手術室などで使用。

む-えき【無益】〔名・形動〕利益のないこと。むだなこと。また、そのさま。むやく。「—な殺生」「—な争いはやめよう」[対]有益。
[類語]無用・無効・無駄・不用・不要・不必要・余計・余分・蛇足・無くもがな・あらずもがな

ムエタイ〖タイ Muay Thai〗グローブをつけて裸足で行うタイ式のボクシング。パンチよりも、ひじによる攻撃や、ひざ・足でのキックに重点が置かれる。タイの国技。タイ式ボクシング。➡キックボクシング

ムエット〖フランス mouillette〗▶ムイエット

む-えん【無援】ヱン 助けのないこと。援助のないこと。「孤立—」

む-えん【無煙｜無×烟】煙が出ないこと。

む-えん【無塩】塩分を含まないこと。塩けのないこと。

む-えん【無縁】❶縁のないこと。関係のないこと。「我々とは—の出来事」❷地縁・血縁などの縁者がないこと。[対]有縁。❸仏語。㋐だれのためというような対象の区別がなく、すべて平等であること。絶対の慈悲の境地。㋑前世に仏・菩薩と因縁を結んでいないこと。救われる機縁のないこと。[対]有縁。

む-えん【夢×魘】恐ろしい夢にうなされること。

むえん-ガソリン【無鉛ガソリン】アンチノック剤に、大気汚染の原因となるテトラエチル鉛などの鉛化合物を加えていないガソリン。

むえん-かやく【無煙火薬】クワヤク 黒色火薬に比べて、発煙量が非常に少ない火薬。ニトロセルロース・ニトログリセリンなどを用いた火薬をいう。

むえん-しょうゆ【無塩×醤油】シヤウユ 食塩を含まない醤油。糖尿病・腎臓病などの患者に使用される。塩味は塩化カリウムや塩化アンモニウムによる。

むえん-しょく【無塩食】腎臓病などで用いる、食塩の使用量を極度に制限した食餌。

むえん-タバコ【無煙タバコ】火を付けず、煙を出さずに味わうタバコ。かぎタバコや噛みタバコなど。

むえん-たん【無煙炭】最も炭化度の進んだ石炭。揮発性物質や不純物が少なく、燃焼時に発煙しない。燃料や練炭・コークスの原料、電極・カーバイド原料などに使用。

むえん-づか【無縁塚】弔う縁者のない死者のための墓。万人塚。無縁塔。➡無縁墓

むえん-でら【無縁寺】無縁仏を弔うための寺。むえんじ。

むえん-のじひ【無縁の慈悲】一切平等に衆生を救おうとする、仏の慈悲心。

むえん-ばか【無縁墓】❶「無縁塚」に同じ。❷管理する縁故者のいなくなった墓。無縁墳墓。

むえん-バター【無塩バター】製造の際に食塩を加えないバター。ケーキなど菓子の材料に多く用いる。フレッシュバター。[補説]原料となる生乳に微量の塩分が含まれているため、厚生労働省の定める栄養表示基準では「食塩不使用バター」と表示される。

むえん-ふんぼ【無縁墳墓】法律で、管理する縁故者のいなくなった墓。墓の管理者に対して名乗り出るよう告示し、1年以内に申し出がなければ無縁とみなされる。無縁墓。

むえん-ほうかい【無縁法界】ホフカイ ❶仏語。法界のすべて。無差別平等の世界。❷縁もゆかりもないこと。また、その人。「—の客に身をまかすをもって」〈浮・禁短気・五〉❸でたらめ。「帳付けにそのまま—を書くなよと」〈浄・手習鑑〉

むえん-ぼち【無縁墓地】弔う縁者がいない死者のための墓地。

むえん-ぼとけ【無縁仏】弔ったり供養したりする縁者がいない死者。またその霊魂。

ムオッタス-ムラーユ〖Muottas Muragl〗スイス東部、サンモリッツ近郊にある展望地。標高2448メートル。ベルニーナアルプスとエンガディンの谷を一望できる。イタリア出身の画家、ジョバンニ=セガンティーニが晩年に過ごした山小屋がある。

む-おん【無音】音がしないこと。音が聞こえないこと。「—室」「—ピアノ」

むおん-あっしゅく【無音圧縮】《silence compression》インターネットなどのTCP/IPネットワーク上で音声通話を行うVoIPにおいて、発声していない無音部分のデータを送信せず、必要な帯域を節約する方法。VAD(voice activity detection)。

む-か【無価】❶値をはかることができないほど貴重なこと。むげ。「何物にも替えがたい—の家宝」❷代価を必要としないこと。ただであること。「襤褸を高く売って新しい反物を—で貰いたがるような」〈魯庵・社会百面相〉

む-か【無×瑕】きずのないこと。むきず。

む-が【無我】〔名・形動〕❶我欲・私心のないこと。無心であること。また、そのさま。「—の愛」「—の境地」「—ナ人」〈日葡〉❷《梵 anātmanの訳》仏語。万物に内在し常恒不変である実体などは存在しないということ。[類語]無私・無心・滅私・虚心

むが-あい【無我愛】我欲のない真の愛情。没我の愛。

ムガール-ていこく【ムガール帝国】▶ムガル帝国

むかい【向(か)い】むかひ ❶向き合っていること。正対すること。また、正面。「駅の—にある喫茶店」❷自分の家の正面にある家。また、その家の人。「お—の坊や」[類語]正面・真正面・向こう・対面

むかい【▽迎い】むかひ「むかえ」に同じ。「二人を—に来ていた」〈漱石・門〉

む-かい【霧海】広く一面に立ちこめた霧。霧の深さを海にたとえていう語。

む-がい【無害】〔名・形動〕害がないこと。悪い影響を及ぼさないこと。また、そのさま。「人間には—な成分」「人畜—」[対]有害。
[類語]安全・無毒・無難・安心・安全牌・大丈夫

む-がい【無涯】限りのないこと。はてしのないこと。「此種の文字は人間—の嗜好に供すべき者なれば」〈逍遥・小説神髄〉

む-がい【無蓋】ふた・おおい・屋根などがないこと。[対]有蓋。

むかい-あい【向(か)い合い】むかひあひ 向かい合うこと。むかいあわせ。「—に座る」

むかい-あ・う【向(か)い合う】むかひあふ〔動ワ五(ハ四)〕互いに相手の正面に向く。相対する。むきあう。「テーブルを挟んで—・う」
[類語]向かう・向き合う・相対する・対面する・正対する

むかい-あわ・す【向(か)い合(わ)す】むかひあはす ㊀〔動サ五(四)〕「向かい合わせる」に同じ。「席を—・す」㊁〔動サ下二〕「むかいあわせる」の文語形。

むかい-あわせ【向(か)い合(わ)せ】むかひあはせ 互いに正面を向いて、相対すること。「市役所と—にホテルが建つ」[類語]対向・対面・対座・相対・正対

むかい-あわ・せる【向(か)い合(わ)せる】むかひあはせる〔動サ下一〕[文]むかひあは・す〔サ下二〕互いに正面を向くようにする。向かい合うようにする。「顔を—・せる」

むかい-おに【向(か)い鬼】むかひ 日本の子供の遊戯で、鬼ごっこの一。二組に分かれて陣を作り、陣と陣との間の鬼につかまらないようにして、相手の陣に入りこむもの。

むがい-かしゃ【無蓋貨車】クワシヤ 屋根のない貨車。石炭や砂利を積む箱形のもの、コンテナ・乗用車を積む床面だけのものなどがある。

むかい-かぜ【向(か)い風】むかひ 進んでいく方向から吹いてくる風。向こう風。逆風。[対]追い風。

むかい-からもん【向(か)い唐門】むかひ 正面に唐破風のある妻入りの唐門。向こう唐門。

むかい-がわ【向(か)い側】むかひがは「むこうがわ」に同じ。「川の—」

むかい-ぎし【向(か)い岸】むかひ「むこうぎし」に同じ。

むかい-きょらい【向井去来】むかひ［1651〜1704］江戸前・中期の俳人。蕉門十哲の一人。長崎の人。名

は兼時。字あざは元淵。別号、落柿舎らくししゃ。京都嵯峨さがの落柿舎に住み、芭蕉に師事。野沢凡兆とともに「猿蓑さるみの」を編んだ。俳論書「旅寝論」「去来抄」など。

むかい‐ぐるわ【向(か)い▽郭】ムカヒ 城郭の虎口こぐちの向こうへ張り出した郭。

むかい‐ざ【向(か)い座】ムカヒ ❶向かい合って座ること。また、向かい合う形の座席。対座。❷ ►客座きゃくざ❷

むかい‐ざま【向かひ様】ムカヒ〔名・形動ナリ〕「向こう様」に同じ。「一に悪口するを」〈盛衰記・三〉

むかい‐しお【向(か)い潮】ムカヒしほ 船の進行方向と逆の方向に流れる潮流。

むかい‐だな【向(か)い棚】ムカヒ 床脇棚とこわきだなの一。棚が左右にあり、中央に間隔をあけて向かい合っているもの。

むがい‐つうこうけん【無害通航権】ムガイツウカウケン 外国船舶が、沿岸国の平和・秩序・安全を害さないかぎり、その国の領海を自由に通航できる権利。潜水艦の潜航は含まれない。⇨通過通航権

むかい‐づけ【向(か)い付け】ムカヒ 連句の付合つけあい手法の一。前句の趣向に対立する趣向で付句すること。⇨七名八体しちみょうはったい

むかい‐づち【向(か)い×槌】ムカヒ「相槌あいづち」に同じ。

むかい‐つぶて【向(か)い×礫】ムカヒ 小石や土を投げ合う子供の遊戯。石合戦。

むかい‐どなり【向(か)い隣】ムカヒ 通りなどを隔てて向かい合っている家。また、近隣。むこうどなり。

むかい‐ばら【向かひ腹｜▽当腹｜▽嫡腹】ムカヒ 正妻から生まれること。また、その子。「一の三郎君、十ばかりなるに」〈落窪・一〉

むかい‐び【向かひ火】ムカヒ ❶燃え進んでくる火の勢いを弱めるために、こちら側からも火をつけること。また、その火。「火を打ち出でて、一を著けて焼き退そけて」〈記・中〉❷怒る相手以上に怒ってみせて、相手の勢いをおさえること。「いとうしろめたき御心なりけりと、一つくれば」〈源・竹河〉❸敵陣のかがり火に対してたく火。「平家は生田森に陣を取って一を合す」〈盛衰記・三六〉

むかい‐め【嫡＝妻｜正＝妃】ムカヒ《「向かい女め」の意》正妻。本妻。「わが妻なが須世理毘売すせりびめを一として」〈記・上〉

むかい‐りゅう【向井流】ムカヰリウ 日本泳法の一流派。江戸初期に、幕府の船手奉行向井正綱が創始。敵前泳法として発展し、その後水練を目標とする泳法も加えられた。基本泳法は平泳ぎ・抜き手・肩差し・平水など、俗に御船手泳ぎともいう。

む‐かう【無何有】《「何有」は「何か有らむ」と読み、何物もない意。「むがう」とも》自然のままで何の作為もないこと。また、そのような状態。むかゆう。「唯昔の苦行者のように一の砂漠を家としている」〈芥川・侏儒の言葉〉

むか・う【向かう】むかふ ㊀〔動ワ五(ハ四)〕❶ある物・方向を正面に見るように位置する。顔やからだをその方向に向ける。「鏡に一・って化粧する」「舞台に一・って右側を上手という」❷相手とする。「親に一・って生意気な口をきく」❸ある方向をさして動いていく。㋐目的地を目差して進む。「会場へ一・う」「頂上に一・って歩き出す」㋑状態・時間がそれに近づく。「快方に一・う」「冬に一・う」「争議が解決の方向に一・う」❹はむかう。対抗する。「敢然として敵に一・う」❺相当する。匹敵する。「直ただに逢ひて見てばのみこそたまきはる命に一・ふ我あが恋やまめ」〈万・六七八〉 可能 むかえる ㊁〔動ハ下二〕向かうようにする。「母屋もやの御座に一・へて大臣おとどの御座あり」〈源・若菜上〉
類語 ㊀(❶)向く・向き合う・向かい合う・対する・相対あいたいする・正対せいたいする・面する・臨む・直面する・対峙たいじする／(❸)赴く・行く・進む・目差す・向ける／(❹)はむかう・立ち向かう・反抗する・対抗する・対する・挑む・かかる・突っかかる・ぶつかる

向かう鹿しかには矢が立たず 逃げないでこちらを向いている鹿に矢を射るようなむごいことはできない。素直な、また柔順な相手を攻撃する気にはなれないことのたとえ。

向かう所ところ敵てきなし 非常に強くて、どんな相手にも負けない。「連戦連勝、一だ」

むか・う【迎ふ】むかふ〔動ハ下二〕「むかえる」の文語形。

むかう‐の‐さと【無何有の▽郷】《「荘子」応帝王から》自然のままで、何の作為もない理想郷。むかゆうきょう。むかうのきょう。

むかえ【迎え】むかへ 来る人を迎えること。迎えに行くこと。また、その人。むかい。「一の車が来る」「一をやる」 類語 出迎え

むかえ‐い・れる【迎え入れる】むかへ〔動ラ下一〕文むかへい・る〔ラ下二〕❶来る人を迎えて中に入れる。「客間に一・れる」❷仲間として受け入れる。「転校生をあたたかく一・れる」 類語 迎える・招き入れる

むかえ‐う・つ【迎え撃つ】むかへ〔動タ五(四)〕攻め寄せてくる敵を待ちうけて戦う。「敵機を一・つ」「背水の陣で一・つ」 類語 迎撃する・邀撃ようげきする・要撃する

むかえ‐おんせん【迎え温泉】むかへヲンセン 湯治とうじをした翌年、また同じ温泉に湯治に行くこと。

むかえ‐かく【迎え角】むかへ 飛行機などの翼の前縁と後縁を結ぶ直線(翼弦)が、空気の流れの方向となす角度。迎え角が大きいほど揚力は大きいが、ある限度を超えると後方の気流が乱れ、失速の状態となる。

むかえ‐がね【迎え鐘】むかへ 精霊会しょうりょうえのとき、御霊みたまを迎えるために打ち鳴らす鐘。季 秋

むかえ‐ぐるま【迎え車】むかへ 人を出迎えるために用意された人力車や自動車。

むかえ‐こう【迎え講】むかへ 阿弥陀如来が死者を極楽に迎えるようすを儀式化した法会。

むかえ‐ざけ【迎え酒】むかへ 二日酔いの気分の悪いのを治すために飲む酒。

むかえ‐と・る【迎え取る】むかへ〔動ラ五(四)〕むかえて家に入れる。自分の家の一員として引き取る。「半途にして母を一・らんとするが如きであったなら」〈鷗外・渋江抽斎〉

むかえ‐の‐くも【迎えの雲】むかへ 臨終のとき、死者を迎えに阿弥陀如来が乗ってくるという、紫の雲。

むかえ‐び【迎え火】むかへ 盂蘭盆会うらぼんえに入る夕方、門前で麻幹おがらなどをたいて精霊を迎える火。門火かどび。季 秋「一やをりから絶えし人通り／万太郎」↔送り火。

むかえ‐びと【迎へ人】むかへ 迎えに来る人。迎えの人。「あやしく、日頃たびたび一を返し給ふかな」〈宇津保・内侍督〉

むかえ‐ぶね【迎へ船】むかへ 人を出迎えるための船。「我が舟は沖ゆな離さかり一片待ちがてり浦ゆ漕こぎあはむ」〈万・一二〇〇〉

むかえ‐ぼん【迎え盆】むかへ 盂蘭盆うらぼんで、祖先の霊を迎える日。また、その日の行事。↔送り盆。

むかえ‐みず【迎え水】むかへみづ 盂蘭盆うらぼんで、霊を迎える祭壇に供える水。

むかえ‐ゆ【迎へ湯】むかへ 産湯うぶゆを使わせるとき、相手役として産児を受け取ること。また、その役の人。「御一におりたち給へるも、いとあはれに」〈源・若菜上〉

むか・える【迎える｜×邀える】むかへる〔動ア下一〕文むか・ふ〔ハ下二〕《「向かう」と同語源》❶人の来るのを待ち受ける。「旧友を駅に一・える」「拍手で一・える」❷呼んで、来てもらう。呼びよせる。「医者を一・える」❸招いて仲間や家族に加え入れる。「会長に一・える」「養子を一・える」❹(確実にやってくる)ある時期や段階を目前にする。「還暦を一・える」「死を一・える」「正月を一・える」❺よしとして受け入れる。ごきげんをとる。「上司の意を一・える」❻相手の攻撃を待ち構えて防ぐ。「敵を一・える」 類語 (❶)待ち受ける・出迎える・歓迎する・奉迎する／(❸)迎え入れる・招く・聘へいする・招聘する／(❹)臨む・際する・直面する・当面する／(❻)迎え撃つ・迎撃する・邀撃ようげきする

むか‐か【無花果】ムクワクワ イチジクの漢名。

む‐がく【無学】〔名・形動〕❶学問・知識のないこと。また、そのさま。ぶがく。「一な自分を恥じる」❷仏語。煩悩を断ち尽くし、もはや学ぶべきもののない境地。阿羅漢果あらかんか。「一位」「一果」↔有学うがく。

むかく‐ぎゅう【無角牛】ムカクギウ 角のない牛の品種。肉牛・乳牛に多い。

むかく‐しゃ【無格社】旧制度で、社格のない神社。

むがく‐そげん【無学祖元】[1226～1286]鎌倉時代、南宋から渡来した臨済宗の僧。弘安2年(1279)北条時宗の招きで来日。建長寺に住し、円覚寺を開山。無学派・仏光派とよばれ、日本禅宗に大きな影響を与えた。諡号は、仏光国師・円満常照国師。

むがく‐どう【無学道】ダウ 三道の一。無学の位。

むがくめん‐かぶ【無額面株】株券に額面金額が記載されていない株式。発行価額を自由に決めることができる。無額面株式。⇨額面株

むがくめん‐かぶしき【無額面株式】►無額面株

むがく‐もんもう【無学文盲】ムガクモンマウ〔名・形動〕学問・知識がなく、文字が読めないこと。また、そのさまや、その人。「一な(の)輩やから」

むがく‐るい【無顎類】現生のヤツメウナギなど円口類と絶滅した翼甲類よくこうるいなどを含む魚類の一群。口は吸盤状で、あごはない。

むか‐ご【零＝余＝子】葉の付け根にできる、多肉で球状の芽。地上に落ちると根を出して、新しい個体となる。ヤマノイモでは茎、オニユリでは鱗片葉が変化してできる。鱗芽。珠芽。肉芽。ぬかご。季 秋「雨傘にこぼるる垣の一かな／犀星」

むかご‐いらくさ【零＝余＝子蕁＝麻】イラクサ科の多年草。山地に生え、高さ約60センチ。全体にとげ状の毛がある。葉の付け根にむかごができる。開花は夏。雌雄同株。

むか‐さ・く【向か▽離く】〔動カ下二〕はるか遠く離れている。「一・くる壱岐いきの渡りを目頬子めづらこ来到きたる」〈継体紀・歌謡〉 補説 用例の「むかさくる」を「壱岐」の枕詞とする説がある。

むかし【昔】❶時間的にさかのぼった過去の一時期・一時点。時間の隔たりの多少は問わずに用いるが、多く、遠い過去をいう。「一の話」「一のままの姿」「とっくの一」❷過去の10年を1期としてよぶ表し方。「十年ひと一」「ひと一前の事」❸故人。「五月二日は、一の母の忌日なり」〈右京大夫集・詞書〉❹前世。「さすが一の行ひの力に、関白の御子にてもおはするなるべし」〈今鏡・四〉 類語 (❶)過去・以前・在りし日・往年・往時・往日・旧時・昔日せきじつ・昔時せきじ・昔年せきねん・往昔おうせき・往古・古昔こせき・古いにしえ・古く・その上かみ・当時

昔取った杵柄きねづか 過去に鍛えた腕前。若いころに身につけた技能。「一で、泳ぎ方に無理がない」

昔の因果は皿の端はたを回めぐる今の因果は針の先を回る ずっと以前にしたことの報いはじっくりと時間をかけてやってくるが、たった今したばかりのことの報いはすぐに返ってくる。

昔の剣つるぎ今の菜刀ながたな 若いころには有能であった人も、年をとると役に立たなくなることのたとえ。古いものは今の役には立たないことのたとえ。

昔は肩で風を切り今は歩くに息を切る 以前は威勢がよかったが、今はまったく衰えてしまっている。

昔は昔今は今 昔と今は違うのであるから、昔がこうだから、今もこうあるべきであるというようなことは成り立たない。

むが・し〔形シク〕喜ばしい。うれしい。うむがし。「白玉の五百つ集ひを手に結びおこせむ海人あまは一・しくもあるか」〈万・四一〇五〉

むかし‐いま【昔今】昔と今。こんじゃく。「一の御物語に夜更けし行く」〈源・朝顔〉

むかし‐え【昔▽方】へ《「え」は方の意》過去の方。昔。いにしえ。むかしべ。「一や今も恋ひしきほととぎすふるさとにしも鳴きて来つらむ」〈古今・夏〉

むかしえ‐びと【昔▽方人】むかしへ「昔人むかしびと」に同じ。「ここに一の母、一日ひとひ、片時も忘れねば」〈土佐〉

むかし‐おとこ【昔男】をとこ《伊勢物語の多くの段が「昔、男ありけり」で始まっているところから》在原業平ありわらのなりひらをさす。「その業平は、その時だにも一といはれし身の」〈謡・井筒〉

むかし‐おぼ・ゆ【昔覚ゆ】〔動ヤ下二〕昔のようすがしのばれる。古風に思われる。「うちある調度も一・えて安らかなるこそ心にくしと見ゆれ」〈徒然・一〇〉

む

むかし-かたぎ【昔気=質┆昔堅気】〔名・形動〕古くから伝わるものを頑固に守り通そうとする気風であること。また、そのさま。「—な(の)職人」

むかし-がたり【昔語り】「昔話むかしばなし❶」に同じ。

むかし-こばん【昔小判】慶長小判に先立って鋳造された小判。額面などは墨書されていた。

むかし-ごよみ【昔暦】宣明暦せんみょうれきの異称。

むかし-ざま【昔様】昔のようす。昔のありさま。「—にても、かうまで遥けき野辺をわけ入り給へる心ざしなども」〈源・椎本〉

むかし-ぞめ【昔染め】ずっと以前に染めたもの。また、昔風の染め模様。「茜縁あかねべりの蚊屋かや、—のかづき」〈浮・五人女・二〉

む-かしつ【無過失】ムクワシツ 過失のないこと。

むかし-づくり【昔作り】❶古風な作り方。「殿の造り様、初めは古体の—なりしかば」〈栄花・浅緑〉❷古風な気質。昔かたぎ。「余所よその親のやうに—で堅いばかりなれば」〈浮・禁短気・三〉

むかしつせきにん-しゅぎ【無過失責任主義】ムクワシツセキニン 損害の発生について故意・過失がなくてもその賠償責任を負うという原則。鉱害・大気汚染・水質汚濁・原子力損害などについて適用される。➡過失責任主義

むかし-とかげ【昔蜥=蜴】ムカシトカゲ科の爬虫はちゅう類。全長約60センチ。中生代に栄えた喙頭かいとう類とよぶ一群の、唯一の現存種。背にたてがみ状に突起が並び、頭頂部に退化した第3の目をもつ。ニュージーランド北島に分布。

むかし-とんぼ【昔蜻=蛉】トンボ目ムカシトンボ科の昆虫。日本特産。体長約5センチ。体は黒色で黄斑があり、前翅ぜんしと後ろ翅は同形で、原始的な形を残す。幼虫は山間の渓流にすむ。

むかし-ながら【昔ˣ乍ら】〔副〕昔のままで少しも変わらないさま。「—の町並み」

むかし-なじみ【昔ˣ馴染み】❶ずっと以前に親しかった人。また、ずっと以前から親しくしている人。「—に出会う」「—の仲間がそろう」「女将おかみとは—だ」❷人に限らず、昔から親しくしているもの。かつて親しみを感じていたもの。「学生のころ住んだ町のラーメン屋で、—の味を楽しむ」類語 古馴染み・幼馴染み・旧友・旧知・旧識・故旧・故人

むかし-の-ひと【昔の人】❶「昔人むかしびと」に同じ。「—ものし給はましかば」〈源・橋姫〉❷昔、なれ親しんだ人。「五月まつ花橘の香をかげば—の袖の香ぞする」〈古今・夏〉

むかし-の-よ【昔の世】❶過去の世。往昔。「おぼろげの—のあたならぬ人は」〈源・若菜上〉❷生まれる以前の世。前世。「—ゆかしげなり」〈源・紅葉賀〉

むかし-ばなし【昔話┆昔ˣ噺】❶以前の出来事・経験などについての話。むかしがたり。むかしものがたり。「今ではすっかり—になった」❷民俗学で、口承文芸の一。子供に語って聞かせるたぐいの、空想的な世界を内容とする話。ふつう、「むかしむかし、ある所に」などの句で始まる。「桃太郎」「舌切り雀」「かちかち山」など。類語（❶）昔語り/（❷）おとぎ話・民話・説話・神話・伝説・言い伝え・口碑こうひ

むかし-びと【昔人】❶昔の人。古人。「—は、かくいちはやきみやびをなむしける」〈伊勢・一〉❷死んでしまった人。故人。「ほのかに聞こえ給ふ声ぞ、—にいとよくおぼえて」〈源・玉鬘〉❸年をとった人。老人。また、昔かたぎの人。「つれあひ五左衛門殿はにべもない—」〈浄・天の網島〉

むかし・ぶ【昔ぶ】〔動バ上二〕昔風になる。古めく。「深く—・びたらんかたは」〈十訓抄・八〉

むかし-ふう【昔風】〔名・形動〕昔を思わせるようす。また、古い様式。また、そのさま。古風。昔流。「—な(の)着物」類語 古風・古式・旧風・旧式・旧態依然・前近代的・時代遅れ・オールドファッション

むかし-べ【昔▽方】「むかしえ」に同じ。

むかし-むかし【昔昔】「昔」を強めていう語。昔話の出だしにも用いられる。「—の大昔」「—ある所に」

むかし-め・く【昔めく】〔動カ五(四)〕昔風である。古風な感じである。「—・いた柄の着物」

むかし-もの【昔物】昔、作ったもの。だいぶ以前に流行したもの。「矢張—だから柄合がらあいが今と違って締められまいよ」〈魯庵・社会百面相〉

むかし-もの【昔者】老人。また、昔かたぎの人。「今の若い者がわたしたちのような—の気ではだめです」〈藤村・家〉

むかし-ものがたり【昔物語】❶昔から伝わる物語。「継母の腹きたなき—も多かるを」〈源・蛍〉❷「昔話むかしばなし❶」に同じ。「この—は尽きすべくなむあらぬ」〈源・橋姫〉

む-かちょう【無化調】ムクワテウ 旨み調味料(化学調味料)を使わないこと。

むか-つき　むかつくこと。また、そのような気分。「興味本位の記事に—を禁じえない」

むか-つ・く〔動カ五(四)〕❶吐きけを催す。むかむかする。「車酔いで胸が—・く」❷腹が立つ。しゃくにさわる。「話を聞いただけで—・く」

むかっ-と〔副〕スル ❶急に怒り出すさま。「—して顔色を変える」❷急に吐き気を催すさま。「鼻をつく悪臭に、思わず—きた」類語 むかむか・かっと

むかっ-ぱら【向かっ腹】《「むかばら」の音変化》やりばのない怒り。どうしようもなく腹立たしい気分。むかばら。「—を立てる」「—が立つ」類語 中っ腹・やけっ腹

むかで【百=足┆蜈=蚣】唇脚綱の節足動物のうち、ゲジ類を除いたものの総称。体長0.5〜15センチ。体は細長く、多数の体節に分かれ、各体節に一対ずつ歩脚をもつ。口には鉤かぎ状の牙と毒腺とがある。落ち葉や土の中にすみ、小動物を捕食。大形のトビズムカデやアオズムカデにかまれると激痛がある。〔季 夏〕「一出づ海荒るる夜に堪へがたく/誓子」

むかで-のり【百=足海=苔】ムカデノリ科の紅藻。沿岸の岩上に生え、長さ20〜50センチで、平たいひも状の主軸の両側から多数の小枝を羽状に出す。

むか-と〔副〕「むかっと❶」に同じ。「私も一腹が立ちましたによって」〈虎寛狂・縄綯〉

むか-ば【向か歯】上の前歯。むこうば。ぬかば。「奥歯も—も殊に大きに生ひてぞ生まれけれ」〈義経記・三〉

むか-はぎ【向かˣ脛】「むこうずね」に同じ。「かの川の—過ぎて深からば渡らでただに帰るばかりぞ」〈拾遺・物名〉

むか-ばき【行=縢┆行=騰】遠行の外出・旅行・狩猟の際に両足の覆いとした布帛ふはくや毛皮の類。中世の武士は騎馬遠行の際の必需品とし、シカの皮を正式として腰から足先までを覆う長いものを着用した。現在も流鏑馬やぶさめの装束に使用。

むか-ばら【向か腹】「むかっぱら」に同じ。

むかひ-か【無花被花】ムクワヒクワ 花被のない花。ドクダミ・柳など。無被花。裸花らか。

むか-ぶ・す【向か伏す】〔動サ四〕はるか向こうに横たわる。「天雲の—・す国のもののふと」〈万・四四三〉

むか-むか〔副〕スル ❶心の奥底から怒りがこみ上げてくるさま。「勝手な言い分に、つい—(と)してくる」❷吐き気がして気持ちの悪いさま。「船酔いで胸が—(と)する」類語 むかっと・かっと・むしゃくしゃ

むが-むしん【無我無心】我欲やよこしまなところのない純粋な心。「—の小児の時から」〈独歩・牛肉と馬鈴薯〉

むが-むちゅう【無我夢中】何かに心を奪われ、われを忘れること。「—で逃げる」類語 夢中・没我・忘我

むか-もも【向か▽股】《左右向かい合うところから》両股りょうもも。「堅庭は—に踏みなづみ」〈記・上〉

む-かゆう【無何有】ムカイウ「むかう(無何有)」に同じ。

むかゆう-きょう【無何有郷】ムカイウキヤウ「むかう(無何有)の郷さと」に同じ。

むかりゅう-はっけっきゅう【無ˣ顆粒白血球】ムクワリフハクケツキウ 細胞内に顆粒が含まれていない白血球。リンパ球と単球のこと。➡顆粒白血球

ムガル-ていこく【ムガル帝国】《Mughal》インド史上、最大にして最後のイスラム帝国。1526年バーブルが建国。第3代アクバルは北インド全域を支配下に置き帝国の基礎を確立。第6代アウラングゼーブのとき最盛期を迎えた。その後、内乱、諸侯の自立、西欧勢力の進出などにより急速に衰退し、1858年、セポイの反乱を機にイギリスに滅ぼされた。ムガール帝国。

む-かわ【鵡川】むかわ 北海道中南部を流れる川。日高山脈の狩振岳(標高1323メートル)に源を発し、むかわ町で太平洋に注ぐ。河口の干潟は渡り鳥の中継地。長さ135キロ。

むがわせ-ゆしゅつ【無為-替輸出】ムがはせ 外国為替の取り組みを伴わない輸出。贈与品・救急品・商品見本など無償の輸出。

むがわせ-ゆにゅう【無為-替輸入】ムがはせユニフ 外国為替の取り組みを伴わない輸入。贈与品・救急品・商品見本など無償の輸入。

むかわりむかはり 1年または一月ひとつきがめぐって来ること。特に、最初の誕生日や一周忌のこと。「明日はその—(=一周忌)になるが、惜しい事をしました」〈浮・胸算用・一〉

む-かわり【▽身代はり┆▽質】むかはり みがわり。人質ひとじち。「百済くだらの王義慈、王子豊章を入れ奉りて—とす」〈舒明紀〉

むかわり-づき【むかはり月】むかはり 満1年にあたる月。「船出し給ひてより—はやたちにけれど」〈読・弓張月・後〉

むかわ・るむかはる〔動ラ四〕《動詞「向むかう」から派生した語。向き合う位置になる意》❶まわりまわって報いがくる。「いくほどもなく身の上に—・りにきと思へば」〈平家・二〉❷相当する。「田を作れば、この一段たんは、別人ひとの十町に—・りぬ」〈古本説話集・下〉

む-かん【無官】ムクワン 官職がないこと。「無位—」⇔有官ゆうかん。類語 無位・無冠・野・在野

む-かん【無冠】ムクワン ❶位のないこと。無位。❷スポーツなどのある分野で、1位でないこと。また、優勝していないこと。「—のまま引退する」

む-かん【無感】地震による揺れが人体に感じられないこと。⇔有感。

む-かんがえ【無考え】ムかんがへ〔名・形動〕深い考えや思慮のないこと。また、そのさま。「—な(の)行動」類語 愚か・馬鹿・浅薄せんぱく・浅はか・軽薄・短慮・軽率・軽はずみ・不見識

む-かんかく【無感覚】〔名・形動〕❶感覚がまひして、何も感じなくなった状態。また、そのさま。「寒さで手足が—になる」❷感受性が鈍く、あるいは慣れのせいで、感情の動きや気くばりのないこと。また、そのさま。「他人の苦しみに—な(の)人」類語 無関心・無頓着・無神経・鈍感

む-かんけい【無関係】ムクワンケイ〔名・形動〕関係がないこと。その事とかかわりがないこと。また、そのさま。「本題とは—な(の)話」類語 局外・無縁・没交渉

む-かんさ【無鑑査】鑑査が不要なこと。特に美術展覧会で、過去の入選実績などにより、鑑査なしで出品できること。また、その資格。

むかん-じしん【無感地震】ムカンヂシン 地震計には記録されるが、人体には感じない地震。震度零。

む-かんしょう【無干渉】ムカンセフ 干渉しないこと。不干渉。

む-かんじょう【無勘定】ムカンヂヤウ〔名・形動〕損得勘定を気にかけないこと。また、そのさま。「もとより一文おしみの百ぞんという—なもちまえながら」〈魯文・西洋道中膝栗毛〉

む-かんしん【無関心】ムクワンシン〔名・形動〕関心がないこと。興味を持たないこと。また、そのさま。「—を装う」「教育に—な(の)親」類語 無頓着・無視

む-かんどう【無感動】〔名・形動〕心を動かされないこと。また、そのさま。「—な(の)表情」

むかん-の-たいふ【無官の大夫】ムクワンの 位階が五位であって官職についていない者。むかんのたゆう。

むかん-の-たゆう【無官の▽大▽夫】ムクワンのタイフ ➤むかんのたいふ(無官の大夫)

むかん-の-ていおう【無冠の帝王】ムクワンのテイワウ ❶特別な地位や肩書きをもっていないが、実質的な実力を備えている人。❷スポーツなどのある分野で、第一人者の実力を有しながら、大きなタイトルを獲得できな

いでいる人。❸《権力に屈しないというところから》ジャーナリスト、中でも新聞記者が自負していう語。
むかん-ふもん【無関普門】［1212〜1291］鎌倉時代の臨済宗の僧。信濃の人。京に上り、円爾に師事。のち入宋して帰国後、東福寺3世を継いだ。また南禅寺を開山。諡号は仏心禅師・大明国師。
むき【向き】❶向いている方向・方角。「風の―」「北―の部屋」❷関心・希望などの向かう方面や傾向。また、それらの内容。「物事を楽観する―がある」「願いの―を伝える」❸人。おかた。「御希望の―はおいでください」❹適していること。似つかわしいこと。「―不―を考えて仕事を割り振る」「学生―の本」❺（「むきになる」の形で）つまらないことでも本気になること。「―になって怒る」
む-き【無季】❶俳諧で、季が一定していないこと。❷俳句で、季語を含まないこと。また、その句。
む-き【無記】仏語。❶釈迦が、他の諸宗派からの形而上学的な質問に答えを与えなかったこと。❷三性の一。善でも悪でもない中性的な性質。
む-き【無期】❶一定の期限がないこと。⇔有期。❷「無期懲役」の略。
む-き【無機】「無機化合物」「無機化学」などの略。⇔有機。
むぎ【麦】イネ科のオオムギ・コムギ・ライムギ・エンバクなどの総称。秋に芽が出て越冬し、夏に開花、結実する。古くから栽培され、食用・飼料として広く利用される。（季 夏）「行く駒の―に慰むやどりかな/芭蕉」
（一語）熱麦・一年麦・煎り麦・大麦・押し麦・烏麦・殻麦・切り麦・弘法麦・小麦・毒麦・生麦・裸麦・鳩麦・碾き割り麦・一粒の麦・冷や麦・平麦・穂麦・丸麦・ライ麦・割り麦
む-ぎ【無愧】〘名・形動〙《仏教では「むき」とも》悪事を働いても恥じないこと。また、その人や、そのさま。「―な卑屈な侮らるべき下劣な情念を」〈嘉村・崖の下〉
むき-あい【向き合い】向き合うこと。対座。対面。「―に座る」
むき-あ・う【向き合う】〘動ワ五(ハ四)〙互いに正面を見て対する。むかいあう。「―・って一礼する」
（類語）対する・相対する・正対する・面する・向かう
むぎ-あき【麦秋】「麦秋」を訓読みにした語。（季 夏）「―や狐ののかねぬ小百姓/蕪村」
むぎ-あと【麦跡】麦を刈り取ったあとの畑。また、刈り取ったあとに残った麦の株。
むぎ-いい【麦飯】「むぎめし」に同じ。
むき-イーエル【無機EL】硫化亜鉛などの無機物に電圧を加えると発光する現象。また、その技術あるいは発光体のこと。医療機器の表示部や液晶ディスプレーのバックライトなどに使用されている。無機エレクトロルミネセンス。IEL(inorganic electroluminescence)。➡エレクトロルミネセンス ➡有機EL
むき-イーエルディスプレー【無機ELディスプレー】《inorganic electroluminescence display》医療機器などのディスプレーに使われる薄型表示装置の一。蛍光体に電圧をかけると発光するエレクトロルミネセンス現象を利用する。蛍光体には無機物を使う。高輝度で低電力という特徴をもつが、蛍光体に有機物を使う有機ELディスプレーに比べ、カラー表示が技術的に難しい。➡無機EL
むぎ-うずら【麦鶉】麦がのびる3〜4月ごろのうずら。繁殖期で、鳴き声が高く、肉は美味。（季 春）
むぎ-うち【麦打ち】刈り取った麦の穂を、杵や殻竿で打って実を落とすこと。また、その殻竿。麦搗き。（季 夏）「―や哥も連なる姉妹/太祇」
むぎうち-うた【麦打ち歌】麦打ちのときに歌う仕事歌。日中の庭仕事なので、明るい歌詞が多い。
むぎ-うるし【麦漆】生漆に小麦粉をまぜたもの。陶磁器・漆器などの破損部の接着に用いる。
むき-えいよう【無機栄養】「独立栄養」に同じ。⇔有機栄養。
むき-えび【剝き蝦】小エビの頭・殻・尾を取り除いたむき身。また、干しエビの殻を取り除いたもの。
むき-エレクトロルミネセンス【無機エレクトロルミネセンス】《inorganic electroluminescence》➡無機EL
むき-えんき【無期延期】物事の実施を、予定した時期からいつと定めずに先に延ばすこと。
むき-えんるい【無機塩類】無機酸の水素原子を金属で置換した無機化合物。塩化ナトリウムなど。ミネラル。
むぎ-おし【麦押し】「麺棒」に同じ。
むぎ-おすき【麦押す木】「麺棒」に同じ。
むき-おん【無気音】[p][t][k]のような破裂音が気息を伴わないで発せられる音。⇔有気音。
むき-かがく【無機化学】無機化合物を研究対象とする化学の一分科。⇔有機化学。
むき-かごうぶつ【無機化合物】炭素を含まない化合物、および簡単な炭素化合物の酸化物・シアン化物・炭酸塩などの総称。⇔有機化合物。
むぎ-かす【麦滓】「麩」に同じ。〈和名抄〉
むぎ-かた【麦形｜捻頭】古代の菓子。小麦粉を練り、頭をねじった形にして揚げたもの。〈和名抄〉
むぎ-から【麦稈】《「むぎがら」とも》「麦藁」に同じ。〈和名抄〉
むぎ-かり【麦刈(り)】実った麦を刈り取ること。（季 夏）「―へ一本の畦食運ぶ/欣一」
むき-かわ・る【向き変(わ)る】〘動ラ五(四)〙向いていた方向を変えて、別の方向を向く。「こちらに―・ってあいさつする」
むき-がんりょう【無機顔料】無機化合物からなる顔料。ベンガラ・紺青・鉛丹・朱など。ペイントや絵の具の原料。
むぎ-きり【麦切り】大麦の粉を練ってのばし、短いうどんのように切ったもの。
むき-きんこ【無期禁錮｜無期禁固】無期刑の一。終身拘禁する禁錮刑。
むぎ-ぐわい【麦慈=姑】アマナの別名。
むき-けい【無期刑】終身拘禁を内容とする自由刑。無期懲役と無期禁錮の2種がある。10年を経過すると仮出獄を許されることがある。終身刑。⇔有期刑。
むぎけつけん-かぶ【無議決権株】議決権のない株式。優先株にのみ適用されるものであったが、平成14年(2002)の商法改正により、優先株に限らず発行が認められるようになった。
むき-げん【無期限】期限のないこと。期限を決めないこと。「―スト」
むぎ-こ【麦粉】麦をひいて粉にしたもの。特に、小麦粉。うどん粉。（類語）小麦粉・メリケン粉・うどん粉
む-ぎこう【無技巧】〘名・形動〙技巧をこらさず、自然のままであること。また、そのさま。「年輪を感じさせる―な(の)技巧」
むき-こうさい【無期公債】➡永久公債
むぎ-こうじ【麦麹】麦で作った麹。麦味噌の製造などに用いる。
むき-こうぶんし【無機高分子】炭素を含まない高分子の総称。ケイ素を骨格とする二酸化ケイ素(水晶、石英、瑪瑙)などが天然に産する。また、結合様式にはよらないため、ガラスや粘土、各種の無機塩類も含まれる。⇔有機高分子。
むぎ-こがし【麦焦(が)し】大麦を煎って粉にしたもの。砂糖をまぜてそのまま、または湯に溶いてから食べる。また落雁などの菓子の原料にする。はったい。はったい粉。香煎。煎り麦。（季 夏）
むぎ-こき【麦扱き】麦の穂をこき落とすこと。また、その道具。（季 夏）「僧の頭に―の音絶間なし/竜太」
むき-こきゅう【無気呼吸】酸素のない条件下で一連の酸化還元反応によって行われる呼吸。酵母や細菌の行うアルコール発酵・乳酸発酵や腐敗、動物の筋肉での解糖など。無酸素呼吸。
むぎ-ごはん【麦御飯】➡麦飯❶
むき-こよう【無期雇用】期間の定めのない雇用。一般に正社員の雇用契約をいう。➡有期雇用
むぎ-さく【麦作】麦を作ること。また、麦の収穫。
むき-さん【無機酸】炭素を除く非金属元素を成分とする酸。硫酸・硝酸・燐酸・塩酸など。ふつう炭酸も含める。鉱酸。⇔有機酸。
むき-しつ【無機質】無機物をつくる元素。またはそれらによってつくられる物質。➡ミネラル
むきじょう-でんしゃ【無軌条電車】➡トロリーバス
む-きず【無傷｜無疵】〘名・形動〙❶きずがないこと。また、そのさま。「―な(の)玉」❷罪・けがれ・失敗・負けなどがまったくないこと。また、そのさま。「―な(の)まま勝ち進む」
（類語）無事・恙無い・安泰・元気・ぴんぴん・ぴんしゃん
むぎ-すくい【麦抄い】ゆでたうどん・そばをすくい上げるざる。あげざる。〈和名抄〉
むぎ-た【麦田】❶麦を作っている田。❷稲の裏作に麦を作っている田。
むき-たけ【剝茸】キシメジ科のキノコ。秋に広葉樹の枯れ木などに生える。短い柄があり、傘は半円形で、直径5〜10センチ。淡黄褐色で表皮がはげやすい。皮をむいて食用にする。
むき-だし【剝き出し】〘名・形動〙❶おおわないで、あらわに出すこと。また、そのさま。「すねを―にする」❷あからさまであること。また、そのさま。露骨。「悪意の―な批評」「敵意を―にする」
（類語）露出・裸出・裸・丸出し・あらわ
むき-だ・す【剝き出す】〘動サ五(四)〙隠さず、そのまま外に出す。おおっているものを取りのぞいて、あらわにする。露出する。「歯を―・す」「闘志を―・して対戦する」
むぎ-ちゃ【麦茶】大麦を殻のついたまま煎ったもの。また、それを煎じた湯。香ばしく、夏に冷やして飲むことが多い。麦湯。（季 夏）
むき-ちょうえき【無期懲役】無期刑の一。終身拘禁する懲役刑。
むぎ-つき【麦搗き】「麦打ち」に同じ。（季 夏）「―やむしろまとひの俄雨/鬼貫」
むぎつき-うた【麦搗き歌】臼で麦をついて精白するときに歌う仕事歌。
むき-てき【無機的】〘形動〙生命力の感じられないさま。「電光掲示板の―な文字」
む-きどう【無軌道】〘名・形動〙❶軌道がないこと。「―電車」❷考え方や行動が常識はずれなこと。また、そのさま。「―な若者たち」「―な生活」
むぎ-とろ【麦薯=蕷】麦飯にとろろ汁をかけたもの。（季 秋）「―や櫟の枝のこまやかに/桂郎」
むき-なお・る【向き直る】〘動ラ五(四)〙からだを動かして、向きを変える。「声のした方へくるりと―・る」
むぎ-なでしこ【麦撫子】ナデシコ科の一年草。高さ約80センチ。全体に長い毛が密生し、葉は線形で対生する。5、6月ごろ、紫色の5弁花を開く。ヨーロッパの原産。観賞用。麦仙翁。
むぎ-なわ【麦索｜麦縄】❶「索餅」に同じ。〈和名抄〉❷素麺、または冷や麦のこと。「夏の頃ほひ、―多く出で来けるを」〈今昔・一九・二二〉
むぎ-ぬか【麦糠】「麩」に同じ。
ムギネ-さん【ムギネ酸】《mugineic acid》アミノ酸の一種。植物は、アルカリ性土壌では生育に必要な鉄を吸収できないが、イネ・ムギなどイネ科の植物は、根からムギネ酸を分泌し、これが土壌中の鉄イオン(三価鉄)と結びついて可溶性のキレート化合物が形成されるため、根から鉄分を吸収することができる。
むぎ-の-あき【麦の秋】「麦秋」を訓読みにした語。（季 夏）「青雲と白雲と耀り―/草城」
むぎ-ばたけ【麦畑】麦を栽培している畑。むぎはた。（季 夏）「つかみ合ふ子供のたけや―/去来」
むき-ひりょう【無機肥料】鉱物質の肥料。または動植物を焼いて得る無機質の肥料。チリ硝石・硫安・過燐酸石灰・草木灰など。
むぎ-ふ【麦生】麦の生えていること。また、その場所。（季 夏）「茫々と―つづけり胸の病/誓子」
むぎ-ぶえ【麦笛】麦の茎を切って、笛のように吹き鳴らすもの。むぎわらぶえ。（季 夏）「―や雨あがりたる垣のそと/秋桜子」

む

むき-ぶつ【無機物】水・空気・鉱物および無機化合物からなる物質。また、無機化合物のこと。
むぎ-ふみ【麦踏み】早春に麦の芽を足で踏みつける作業。霜柱を防いで根張りをよくし、また、麦が伸びすぎないようにするために行う。(季 春)「歩み来し人一をはじめけり/素十」
むき-ふんしゃ【無気噴射】ディーゼル機関で、燃焼室内へ燃料だけを加圧してノズルから噴射させる方法。
むぎ-ぼこり【麦×埃】麦打ちをするときに立つほこり。(季 夏)「一かかる童子の眠りかな/竜之介」
むぎ-まき【麦×蒔き┊麦×播き】❶麦の種をまくこと。(季 冬)「一や百まで生きる皃ばかり/蕪村」❷スズメ目ヒタキ科ヒタキ亜科の鳥。全長13センチくらい。雄は上面が黒く、目の後方と翼に白斑があり、胸が赤褐色。雌は上面が褐色、胸が淡赤褐色。日本では旅鳥として春と秋にみられる。こつばめ。
むき-み【▽剝き身】❶アサリやハマグリなどの貝類の殻を取り去った、中の肉。❷「剝き身隈ぐま」の略。
むきみ-ぐま【▽剝き身×隈】歌舞伎の隈取ぐまりの一。目頭から目尻にかけて、丸みをもたせて赤くぼかして隈取るもの。「対面」の曽我五郎や「助六」など、血気盛んな若者役に用いる。
むぎ-みそ【麦味×噌】麦麹むぎこうじと、大豆・食塩を原料として作る味噌。田舎いなか味噌。
むき-むき【向き向き】めいめいにさまざまな方向を向いていること。また、それぞれの好みの方向や適した方面。「一に応じて職種を選ぶ」
むき-むき〔副〕スル 筋肉が盛り上がっているさま。「一(と)した裸体」
む-きめい【無記名】自分の氏名を書かないこと。また、その方式。
むきめい-うらがき【無記名裏書】被裏書人の氏名を表示せずに、裏書人の署名だけをする裏書。白地式裏書。略式裏書。
むきめい-かぶけん【無記名株券】株主の氏名が券面に記載されていない株券。定款に定めがある場合に限って発行できる。➡記名株券
むきめい-さいけん【無記名債権】証券上に特定の権利者の氏名を表示せず、その正当な所持人に対して弁済する債権。商品券・乗車券・入場券など。
むきめい-しき【無記名式】証券や投票などに、その権利者の氏名を記入しない方式。➡記名式
むきめい-しょうけん【無記名証券】証券上に特定人を権利者として記載せず、その所持人を権利者と認める有価証券。持参人払い証券。
むきめい-ていきよきん【無記名定期預金】住所・氏名を秘匿し、取引に使用する印鑑を届け出るだけで契約される定期預金。特別定期預金。
むきめい-とうひょう【無記名投票】ヘウ 投票用紙に投票者の氏名を記入しないで行う投票。➡記名投票
むぎ-めし【麦飯】❶米に麦をまぜて炊いた飯。また、麦だけで炊いた飯。むぎいい。ばくはん。(季 夏)「一に痩せもせぬなり古男/鬼城」❷《吉原の遊女を米こめというのに対し、それより劣る意》江戸赤坂溜池周辺の私娼や娼家。転じて、下等な遊女。「ちっと一も、また薬食ひだはな」〈伎・絵本合法衢〉
麦飯で鯉こいを釣る　わずかな元手で大きな利益を得ることのたとえ。海老えびで鯛たいを釣る。
むぎ-もやし【麦×萌やし】▶麦芽ばくが
むぎや-ぶし【麦や節】富山県五箇山ごかやま地方の民謡。能登の輪島あたりの歌が伝わったものという。紋服・袴はかま・白だすき姿に菅笠を持った青年の軽快な踊りがつく。
むぎ-ゆ【麦湯】「麦茶」に同じ。(季 夏)「御仏の目鼻もなくて一かな/鬼城」
む-きゅう【無休】キウ 休まないこと。休日・休業のないこと。「年中一」
む-きゅう【無給】キフ 給料が支給されないこと。⇔有給。
む-きゅう【無窮】〔名・形動〕果てしないこと。また、そのさま。無限。永遠。「一な(の)天」
類語 無限・永久・永遠・とわ・永劫えいごう・恒久・悠久・無辺・無辺際・広大無辺
むきゅうか-いんせき【無球×顆×隕石】ムキウクワ-ヰンセキ ▶エイコンドライト
むきゅうりゅう-いんせき【無球粒×隕石】ムキウリフ-ヰンセキ ▶エイコンドライト
む-きょう【無興】▶不興ふきょう
む-きょう【夢境】ムキャウ 夢の中の世界。夢路ゆめじ。
む-ぎょう【無業】ゲフ 職業のないこと。無職。
類語 無職・失業・失職
む-きょういく【無教育】ケウイク〔名・形動〕教育を受けていないこと。学問や知識を身につけていないこと。また、そのさま。「一な(の)人」
むきょうかい-しゅぎ【無教会主義】ムケウクワイ- 内村鑑三の提唱したキリスト教の信仰と主張。教会の制度によらず、聖書のみを信仰のよりどころとする。塚本虎二・南原繁・矢内原忠雄らを輩出。
むきょう-しつ【無響室】ムキャウ- 音の反響が無視できるほど小さい特別の部屋。壁・床・天井に音を吸収する素材を内張りして、残響音を取り除いている。スピーカーやマイクロホンの音響測定、聴力の精密検査、機械が発する動作音の測定などに用いられる。
む-きょうそう【無競争】キャウサウ 競争する必要がないこと。一定の資格・権利を得るために、選抜試験・選挙・入札などによって争う必要のないこと。
む-きょうよう【無教養】ケウヤウ〔名・形動〕教養がそなわっていないこと。また、そのさま。「一な人」
む-きょか【無許可】許可が出ていないこと。公の機関に申請を出さず許可を取得していないこと。「一販売」「河川から一で取水する」
む-きょく【無極】〔名・形動〕❶果てがないこと。限りのないこと。また、そのさま。無窮。「造物主の徳広大一なりと雖」〈津田真道・明六雑誌二一〉❷電極または磁極が存在しないこと。❸人知を越えた果てしないところ。転じて、宇宙の根源のこと。❹中心となって主導するものがないこと。「世界経済は一国主導から一に移る」
むきょく-か【無極化】クワ〔名〕スル 事態の安定を保とうと強力に主導する中心がなくなること。「リーダー不在による政治の一を恐れる」補説 平成20年(2008)頃からの用語。
むきょくせい-ぶんし【無極性分子】分子内の結合に電気的な偏りがなく、電気双極子をもたない分子。二酸化炭素、四塩化炭素などがある。非極性分子。
むぎ-らくがん【麦落×雁】麦焦がしに砂糖・水飴みずあめを加えて作った落雁。(季 夏)
む-きりつ【無規律】〔名・形動〕規律のないこと。だらしのないこと。また、そのさま。「一な集団」
む-きりょく【無気力】〔名・形動〕何をする気力もないこと。やる気のないこと。また、そのさま。「一な(の)学生」
むきりょく-ずもう【無気力相×撲】-ずまふ 敢闘精神に欠ける相撲。本場所で監察委員会がチェックし、故意の場合は懲罰を科せられる。
むぎ-わら【麦×藁┊麦×稈】❶麦の穂を落としたあとの茎。屋根を葺ふいたり細工物の材料にしたりする。麦稈ばっかん。むぎから。(季 夏)「一の今日の日のいろ日の匂ひ/夕爾」❷「麦藁帽子」の略。
むぎわら-ぎく【麦×藁菊】キク科の一年草。高さ60〜90センチ。初夏から秋にかけて、つやのある黄・紅・白色などの総苞そうほうをもつ頭状花を開く。切り花やドライフラワーにする。オーストラリアの原産。ヘリクリサム。
むぎわら-ざいく【麦×藁細工】麦藁を種々の色に染めて、編んだり、箱などにはって模様をつけたりする細工。
むぎわら-さなだ【麦×藁▽真田】▶麦稈真田ばっかんさなだ
むぎわら-だい【麦×藁×鯛】-だひ 産卵後のマダイ。麦の穂が実るころに漁獲される。(季 夏)「草の戸に一の奢りかな/冬葉」
むぎわら-とんぼ【麦×藁×蜻＝蛉】シオカラトンボの雌。腹部が麦藁の色に似るところからいう。
むぎわら-ぶえ【麦×藁笛】「麦笛」に同じ。
むぎわら-ぶき【麦×藁×葺き】麦藁で屋根を葺ふくこと。また、その屋根。
むぎわら-ぼうし【麦×藁帽子】麦稈真田ばっかんさなだをとじつけて作った帽子。夏に日よけ用として用いる。麦藁帽。ストローハット。
む-きん【無菌】細菌のない状態。「一室」
むきん-どうぶつ【無菌動物】微生物や寄生虫のまったくいない状態の実験用動物。母胎内から手術で取り出すなどし、無菌環境で飼育して作る。特定の病原体について無菌である場合はSPF動物とよぶ。
むく【×尨】❶「尨毛むくげ」の略。❷「尨犬むくいぬ」の略。
むく【×椋】❶ムクノキのこと。また、その実。(季 実＝秋)❷ムクドリのこと。(季 秋)
む-く【無×垢】〔名・形動〕❶仏語。煩悩のけがれを離れて、清浄であること。❷けがれがなく純真なこと。うぶなこと。また、そのさま。「一な少女」❸金・銀などがまじりけのないこと。❹和服で、表裏同色の無地の共布で仕立てた長着。白無垢は婚礼衣装に、色無垢は略礼装に用いられる。
類語 清浄せいじょう・清浄しょうじょう・清潔・純潔・純真・純粋・純朴・純
むく【無＝患＝子】ムクロジのこと。また、その実。
む・く【向く】㊀〔動カ五(四)〕❶その方向に正面が位置するようにする。対する。面する。「上を一・く」「東に一・く」❷その方向を指し示す。「磁石の針は北を一・く」❸その方向・状態にかたむく。「気が一・く」「心は故郷に一・いている」❹適する。ふさわしい。「若者に一・いた仕事」可能 むける ㊁〔動カ下二〕「む(向)ける」の文語形。類語 向かう・向ける・面する・対する
む・く【▽剝く】㊀〔動カ五(四)〕皮・殻など表面・外側をおおっている物を取り去って中身を出す。「ミカンの皮を一・く」「目を一・く」「歯を一・く」➡剝はがす 用法 可能 むける ㊁〔動カ下二〕「む(剝)ける」の文語形。
類語 剝がす・剝ぐ・引き剝がす・剝ぎ取る・こそげる・へぐ・へがす
むくい【報い┊▽酬い】❶ある行為の結果として身にはね返ってくる事柄。善悪いずれについてもいうが、現在では悪い行為の結果についていうことが多い。「悪行の一」❷労苦に対するつぐない。報酬。「何の一も望まないで」〈木下順二・夕鶴〉❸前世の善悪の行為の結果が、現世で現れること。因縁によって果報を受けること。❹仕返し。返報。「海賊一せむといふなる事を思ふ上に」〈土佐〉類語 応報・業報・悪報・果報
むく-いぬ【×尨犬】むく毛の犬。毛のふさふさと垂れた犬。むく。
むく・いる【報いる┊▽酬いる】〔動ア上一〕図 むく・ゆ〔ヤ上二〕❶受けた事に対して、それに見合う行為を相手に行う。むくう。「恩に一・いる」「努力に一・いる」❷仕返しをする。むくう。「一矢を一・いる」
類語 返す・返礼する・報ずる・返報する・報復する
むく・う【報う┊▽酬う】むくふ〔動ワ五(ハ四)〕《「むくゆ」の音変化》「報いる」に同じ。「亡き師の恩に一・う」「一・われない一生」可能 むくえる
むく-え【無×垢▽衣】袈裟けさのこと。
むく-えのき【×椋×榎】ムクノキの別名。
むくげ【木＝槿┊×槿】アオイ科の落葉低木。高さ約3メートル。葉はほぼ卵形で、縁に粗いぎざぎざがある。夏から秋にかけて、紅紫色の5弁花が朝開き、夕方にしぼみ、次々と咲き続ける。中国・インドの原産。庭木などにし、花が白色や八重咲きなどの品種もある。はちす。きはちす。ゆうかげぐさ。あさがお。もくげ。(季 秋)「道のべの一は馬にくはれけり/芭蕉」
むく-げ【×尨毛】動物の、長くふさふさと垂れた毛。むく。「一の犬」
むく-げ【×毳】薄く生えた柔らかな毛。にこげ。うぶげ。「髪の生え際の一」
む-くせかい【無×垢世界】「法華経」提婆達多品に説く、沙伽羅しゃから竜王の娘の竜女が成仏した世界。南方無垢世界。
む-くち【無口】〔名・形動〕口数の少ないこと。おしゃ

べりでないこと。また、そのさまや、その人。寡黙。「一な(の)青年」[類語]寡黙・寡言かげん・無言・不言・黙然

むくつけ〔形動ナリ〕《形容詞「むくつけし」の語幹から》❶気味悪いさま。恐ろしいさま。「此の恐ろしき報ひをなんいふは、いと一なり」〈読・雨月・蛇性の婬〉❷無骨ぶこつであらあらしいさま。「雲駕くもかご馬士まごの一なる」〈滑・膝栗毛・三〉

むくつけ・し〔形ク〕❶無骨ぶこつである。無作法である。無風流である。現代語としては、「むくつけき大男」のように連体形だけが用いられる。「やれやれ一・き痩やせ法師の」〈仮・竹斎・上〉❷気味悪い。不気味である。「物の怪けのさまと見えたり。あさましく一・し」〈源・若菜下〉❸常軌を逸していて恐ろしい。「(強イ風ガ)物も見えず吹き迷はして、いと一・ければ」〈源・野分〉
[類語]むさい・むさ苦しい・野暮ったい・無粋

むくつけ-な・し〔形ク〕《「なし」は接尾語》「むくつけし」に同じ。「盗人なるべし…いと一・くおぼされて」〈発心集〉

むく-と〔副〕「むっくと」に同じ。「一起き上がる」

むく-どり【×椋鳥】❶㋐ムクドリ科の鳥。全長24センチくらい。くちばしと脚が橙黄色、背面は黒褐色で、顔に不規則な白斑があり、飛ぶと白い腰が目立つ。大群をつくり、リャーリャーと鳴く。昆虫や果実を食べる。日本では大部分が留鳥。白頭翁。むく。[季 秋]「一のこぼれ残りし梢かな/立子」㋑スズメ目ムクドリ科の鳥の総称。旧大陸に百数種が分布。コムクドリ・ホシムクドリなどや九官鳥が含まれる。❷田舎から都会に出て来た人をあざけっていう語。おのぼりさん。「町からは毎日毎日ポン引ぴきが一を引張って来る」〈漱石・坑夫〉

むく-の-き【×椋の木|×樸の▽樹】ニレ科の落葉高木。山地に生え、高さ約20メートル。葉は卵形で、縁にぎざぎざがある。5月ごろ、淡緑色の雄花と雌花とが群がり咲く。実は球形で黒く熟し、食べられる。関東以南に分布。材は器具などに、ざらざらする葉は物を磨くのに用いる。むくえのき。むく。

むくはら-でら【向原寺】奈良県高市郡明日香村にあった日本最初の寺。欽明天皇13年(552)百済くだらから献上された仏像を、蘇我稲目が小墾田おはりだの家、のち向原の家に安置して寺としたのに始まるという。推古天皇の時代に豊浦とゆらに移転、豊浦寺と称した。現在はその跡地に向原こうげん寺(広厳寺)がある。

むくみ【浮＝腫】むくむこと。また、むくんだもの。ふしゅ。「全身に一がくる」

むく・む【浮＝腫む】〔動マ五(四)〕体組織に余分な組織液がたまり、からだの全体、または一部分がはれたようになる。「顔が一・む」[類語]腫れる・腫脹しゅちょうする

むく-むく〔副〕スル ❶雲・煙・泡などが重なり合ってわき出るさま。「黒雲が一(と)出てくる」❷感情や考えが急に起こるさま。「好奇心が一(と)頭をもたげる」❸横たわっているものがうごめくさま。また、起き上がるさま。「寝ていた子供が一(と)起きた」❹柔らかくふくらんでいるさま。「一した赤ん坊」

むくむく・し〔形シク〕非常に恐ろしい。たいそう気味が悪い。「聞くに、いと一・しくをかし」〈更級〉

むく-め・く【×蠢く】〔動カ四〕虫などがむくむくと動く。また、虫のようにうごめく。「蓑虫のやうにてや一・き参らむ」〈宇津保・楼上上〉

むく・ゆ【報ゆ|▽酬ゆ】〔動ヤ上二〕「むくいる」の文語形。

む-くゆう【無功▽用】仏語。自然のままにあり、身・口・意の動作に意志的造作を加えないこと。

むぐら【土＝竜】モグラの別名。

むぐら【×葎】広い範囲にわたって生い茂る雑草。また、その茂み。カナムグラ・ヤエムグラなど。もぐら。[季 夏]「山賤やまがつのおとがひ閉る一かな/芭蕉」

むぐら-の-かど【×葎の門】葎の生い茂るにまかせた門。荒れはてた貧しい家をいう。むぐらがかど。「さびしくあばれたらむ一に」〈源・帚木〉

むぐら-の-やど【×葎の宿】葎の生い茂るにまかせた家。荒れはてた貧しい家。「思ひあらば一に寝もしなむ」〈伊勢・三〉

むぐら-ふ【×葎▽生】葎が生い茂っていること。また、その所。「いかならむ時にか妹いもを一の汚なきやどに入れいませてむ」〈万・七五九〉

むぐら-もち【土＝竜】モグラの別名。

むくり めくれて反ること。特に、建築で、上に向かって凸型にふくらんでいること。

むくり〔副〕「むっくり❷」に同じ。「一(と)身を起こす」

むぐり【▽潜り】❶「もぐり」に同じ。〈和英語林集成〉❷カイツブリの別名。

むくり-こくり【×蒙▽古▽高句▽麗】《蒙古来襲のとき、「蒙古むくり・高句麗こくりの鬼が来る」と言って恐れ、泣く子を黙らせるのに用いたところから》❶鬼。また、恐ろしいもののたとえ。「娘を持ったお方は御用心なされ。一が以てのほか精がつようなって」〈浄・用明天王〉❷無理非道のこと。「神国に生まれて神沙汰を停止とは、正真の一」〈浄・日本武尊〉

むくり-はふ【▽起り破風】上面が凸曲線をなす破風。⇔反そり破風。

むく・る【▽剝る】㊀〔動ラ五(四)〕はぐ。はがす。めくる。むく。「返事もしないで、まだ眼を一・って見せたから、此方こっちも腹が立って」〈漱石・坊っちゃん〉㊁〔動ラ下二〕「むくれる」の文語形。

むぐ・る【▽潜る】〔動ラ五(四)〕「もぐる」に同じ。「つみたる藁の中に一・りて」〈魯文・西洋道中膝栗毛〉

むく・れる【▽剝れる】〔動ラ下一〕図むく・る〔ラ下二〕❶怒ってむっとする。ふくれっつらをする。「一・れて答えない」❷自然とはがれる。むける。「桃折れば皮一・れけり花ながら/土髪」〈俳諧新選〉
[類語]ふくれる・むっとする・怒いかる・怒おこる・憤る

むくろ【×躯|▽骸|▽身】❶死体。なきがら。また、首のない胴体だけの死体。「冷たい一と化す」❷朽ちた木の幹。❸からだ。特に、胴体。「かしらは猿、一は狸たぬき、尾はくちなは」〈平家・四〉[類語]死体・死骸・遺体・遺骸・死屍しし・亡骸なきがら・屍しかばね・屍かばね

むくろ-ごめ【×躯×籠】からだごと。「一により給へと言ひたるを、五体ごめとなむ言ひつる」〈枕・一〇八〉

むくろ-じ【無＝患＝子】ムクロジ科の落葉高木。本州中部以西の山地に自生。高さ15メートル以上になる。葉は細長い小葉からなる羽状複葉。夏、雌花と雄花とが円錐状につく。実は球形で黄褐色に熟し、中の種子は黒色で堅く、羽根つきの羽根の玉に使う。果皮はサポニンを含み、泡立つので石鹸せっけんの代用とされた。むく。[季 秋]「雨の日の雨の一深大寺/麦人」

ムグンファ《朝鮮語》アオイ科の落葉低木ムクゲのこと。大韓民国の国花。[補説]「無窮花」とも書く。

むけ【向け|▽平け】❶(向け)他の語の下に付けて、送り先や対象を示す。「フランス一の輸出品」「子供一の絵本」❷従わせること。服従させること。こちらに向かせること。「もののふの八十伴緒やそとものをの緒をまつろへの一のまにまに」〈万・四〇九四〉

む-け【無×卦】陰陽道おんようどうで、生年の干支えとによる運勢の凶運を示す年まわり。この年まわりにあたると、凶事が5年続くという。⇒有卦うけ

む-げ【無下】〔名・形動ナリ〕❶まちがいなくそれであること。また、そのさま。「今は一の親ざまにもてなして扱ひ聞こえ給ふ」〈源・薄雲〉❷まったく問題にもならないこと。また、そのさま。論外。「一の末に参り給へりし入道の宮に」〈源・若菜上〉❸まったく劣っていること。どうしようもないこと。また、そのさま。「自害をもせで、尼公に属してかひなき命生きんと嘆くこそ一なれ」〈古活字本平治・下〉❹はなはだしく身分の低いこと。「一の者は手をすりて拝む」〈宇治拾遺・一一〉

無下に・する 捨てて顧みないでいる。すげなくする。だいなしにする。むだにする。「せっかくの好意を一・するのは心苦しい」

む-げ【無▽価】仏語。値のつけられないほどの高い価値があること。貴重なこと。

む-げ【無×碍|無×礙】〔名・形動〕妨げのないこと。何ものにも囚とらわれないこと。また、そのさま。「融通一」「一な、それ故、ひとしお魂にしみる哀感で」〈宮本・伸子〉

む-けい【無形】〔名・形動〕形として現れないこと。また、そのものや、そのさま。「有形一」「一なる情緒をしもいとつまびらかに写せしゆえなり」〈逍遥・小説神髄〉⇔有形。

む-けい【無稽】〔名・形動〕根拠がないこと。でたらめであること。また、そのさま。「それほど一な(の)議論でもあるまい」「荒唐一」

む-げい【無芸】〔名・形動〕身についた芸が何もないこと。また、そのさま。「いたって一な人」

む-けいかく【無計画】ムケイクワク〔名・形動〕はっきりした見通しも立てずに、事を行うこと。また、そのさま。「一な開発」

むけい-こていしさん【無形固定資産】固定資産のうち、物的な存在形態をもたない資産。特許権・借地権・商標権・実用新案権・意匠権・鉱業権などの法的権利と、企業の超過収益力を内容とする営業権の2種がある。

むけい-ざいさん【無形財産】物的な形を備えていない財産。著作権・特許権など。⇔有形財産。

むけい-しほん【無形資本】特殊な技能や専売権・著作権などのように無形財産からなる資本。⇔有形資本。

むげい-たいしょく【無芸大食】特にすぐれた才芸もなく、ただ大食いすること。また、そういう人をあざけっていう語。

むけい-の-わいろ【無形の賄賂】金銭や物品など有形物の授受をすることなく行われる賄賂。担保の提供、債務の弁済、地位の供与など。[補説]平成18年(2006)に発生した福島県発注工事をめぐる談合事件の第2審では、贈賄側が収賄側から土地を適正な価格で買い取る行為が、無形の賄賂(換金の利益)にあたるとの判断が示された。

むけいぶんかいさんほご-じょうやく【無形文化遺産保護条約】ムケイブンクワイサンホゴデウヤク《「無形文化遺産の保護に関する条約」の略称》世界各地の無形の伝統文化遺産を保護し、受け継ぐための条約。2003年ユネスコ総会で採択、06年4月発効。⇒無形文化遺産 [補説]有形の文化遺産・自然遺産・複合遺産を保護するために1972年に成立した世界遺産条約の無形文化遺産版といわれる。

むけい-ぶんかざい【無形文化財】ムケイブンクワザイ 演劇・音楽・工芸技術その他の日本の無形の文化的所産で、歴史上または芸術上価値の高いもの。そのうち特に重要なものを文部科学大臣が重要無形文化財として指定し、その保持者または保持団体を認定する。保持者を俗に人間国宝という。⇔有形文化財。

むけ-か・える【向け変える】ムケかへる〔動ア下一〕図むけか・ふ〔ハ下二〕それまでと異なる方向に向ける。「一・えたばかりの眼を又余所に移した」〈漱石・明暗〉

むげ-こう【無×碍光】ムゲクワウ 阿弥陀仏の発する十二光の一。何ものにも妨げられない救いの光明。

むけ-ぜっく【▽剝け節供】東日本で、6月1日のこと。歯固めの餅もちを食べ、歯や身体を強くする日とされる。この日にクワの木の下で蛇が皮を脱ぐといい、クワ畑に入るなという。衣きぬ脱ぎ朔日ついたち。

むげち-な・い〔形〕図むげちな・し〔ク〕《近世の東国方言か》むごい。不人情である。むげつけない。「一・く追ぼい出しましたが」〈滑・膝栗毛・発端〉

む-けつ【無欠】〔名・形動〕足りないところがないこと。欠点がないこと。「一な(の)人間」「完全一」

む-けつ【無血】血を流さないこと。また、戦争などの手段によらないこと。

む-げつ【無月】曇ったり降ったりして、月が見えないこと。特に中秋の名月についていう。[季 秋]「滑川なめりがわ海よりつづく一かな/万太郎」

むけつ-かいじょう【無血開城】ムケツカイジャウ〔名〕スル 戦闘を行わず、守り手が攻め手に城を明け渡すこと。

むけつ-かくめい【無血革命】平和的手段で達成される革命。また、企業などの組織で、元は対立していた者どうしの間で抗争を伴わずに権力が委譲されることのたとえ。

む-げっけい【無月経】性成熟期の女性で月経がない状態。18歳をすぎても初潮がない原発性無月経と、定期的にあった月経が3か月以上ない続発性無

月経がある。原発性無月経は染色体異常が原因の場合が多い。続発性無月経はストレス、過剰なダイエット、過度のスポーツなどによって起こる場合が多い。

むげつけ-な・い〔形〕図むげつけな・し〔ク〕《中世・近世語》「むげちない」に同じ。「どこの国にか―・い、帷子(かたびら)一つで追ひ出し」〈浮・乙女織〉

む-けっせき【無欠席】欠席したことがないこと。皆勤。また、欠席者が一人もいないこと。

むけつ-ちゅう【無血虫】血のない虫の意で、むごい人をののしっていう語。「貴様如き―が」〈紅葉・金色夜叉〉

むげ-な・い〔形〕図むげな・し〔ク〕《中世・近世語》薄情である。冷酷である。すげない。「―・い言分(いひぶん)して下んす」〈浄・淀鯉〉

むけ-なお・す【向け直す】ナホス〔動サ五(四)〕向きを変える。「テレビを正面に―・す」

むげ-に【無下に】〔副〕❶冷淡なさま。すげなく。そっけなく。「相手の懇願を―拒む」❷度外れなさま。むやみに。やたらに。「たれの子とも知れぬものを、―めでいつくしんで居ったげでござる」〈芥川・奉教人の死〉❸まったく。すっかり。「聞こえさせてもかひなき物ごりにこそ―くづほれにけれ」〈源・賢木〉❹(打消しの語を伴って)ちっとも。全然。「顔―知るまじき童(わらは)ひとりばかりぞ、率(ゐ)ておはしける」〈源・夕顔〉

む・ける【向ける】〔動カ下一〕図む・く〔カ下二〕❶その方向に正面が位置するようにする。ある方向を向かせる。「視線を―・ける」「背を―・ける」「マイクを―・ける」「怒りを他人に―・ける」❷その方向をめざす。「現地へ―・けて出発する」「母校に足を―・ける」❸ある目的・用途にそれをあてる。ふりあてる。ふりむける。「寄付金を人件費に―・ける」❹使いとして行かせる。さしむける。「使者を―・ける」❺たむける。ささげる。「幣(ぬさ)取り―・けてはや帰り来(こ)ね」〈万・六二〉❻従わせる。服従させる。「韓国(からくに)を―・け平(たひら)げて」〈万・八一三〉

(類語)回す・送る・遣(や)る・目指す・差し向ける

む・ける【▽剝ける】〔動カ下一〕図む・く〔カ下二〕表面・外側をおおっている物が取れたりはがれたりして中身が出る。「手の皮が―・ける」(類語)擦(す)り剝ける・剝(は)げる・剝(は)がれる・へげる・剝離(はくり)する・剝落(はくらく)する

む-けん【無間】《「むげん」とも》❶「無間地獄」の略。❷絶え間のないこと。

む-げん【無限】〔名・形動〕《infinity》数量や程度に限度がないこと。また、そのさま。インフィニティー。「―な(の)空間」「―に続く」⇔有限。

(類語)無数・無量・無限大・限りない・無窮(むきゅう)・無極・広大無辺・永遠・永久

む-げん【夢幻】ゆめとまぼろし。また、はかないことのたとえ。「―のこの世」

むげん-えん【無限遠】ーエン《infinity》写真撮影において、被写体の距離が非常に遠方にあること。ピントを合わせるには、レンズの距離目盛を∞(無限大)にする。

むげん-かじょ【無限花序】ークワジョ 花序の二大別の一。花が花軸の下部から上方へ順次咲いていくもの。穂状花序・総状花序・散形花序・頭状花序・散房花序・円錐花序などがある。総穂花序。⇔有限花序。

むげん-きどう【無限軌道】ーキダウ ▶キャタピラー

むげん-きゅうすう【無限級数】ーキフスウ 項の数が無限にある級数。

むげん-げき【夢幻劇】❶夢における人間生活を描いた戯曲。ストリンドベリの「ダマスクスへ」など。❷夢幻的な世界を題材とし、観客を夢幻の境地に誘い込むような戯曲。メーテルリンクの「青い鳥」など。

むげん-こうたい【無限後退】ある事柄を成立させている原因や条件を求めて、その原因の原因、また、その条件の条件というように限りなくさかのぼっていくこと。

むげん-じごく【無間地獄】ーヂゴク「阿鼻(あび)地獄」に同じ。

むげん-しゅうごう【無限集合】ーシフガフ 数学で、元の数が無限である集合。

むげん-しょう【無限小】ーセウ ❶限りなく小さいこと。❷数学で、変数が限りなく零に近づくこと。また、その変数。⇔無限大。

むげん-しょうすう【無限小数】ーセウスウ 数学で、小数点以下の桁(けた)数が限りなく続く小数。循環小数と循環しない小数とがあり、前者は有理数を、後者は無理数を表す。

むげん-すうれつ【無限数列】数学で、項の数が無限に多くある数列。

むげん-せきにん【無限責任】債務者の全財産で債務を支払うべき責任。⇔有限責任。

むげんせきにん-しゃいん【無限責任社員】ーシャヰン 会社の債務について、会社債権者に対し、直接に無限責任を負う社員。合名会社は無限責任社員だけで構成され、合資会社は無限責任社員と有限責任社員とによって構成される。➡有限責任社員

むげんせきにん-ちゅうかんほうじん【無限責任中間法人】ーチユウカンハフジン 旧中間法人法に基づく法人形態で、中間法人の一種。法人の債務について、法人の社員が無限連帯責任を負う点に特徴がある。一般社団・財団法人法の施行に伴い、中間法人法が廃止され、無限責任中間法人は一般社団法人へ移行した。

む-げんそく【無原則】〔名・形動〕原則がないこと。基本方針がはっきりしていないこと。また、そのさま。「―なやり方」

むげん-だい【無限大】〔名・形動〕❶限りなく大きいこと。「―な(の)宇宙」❷数学で、変数xの絶対値がどんな正の数よりも大きくなりうること。$x \to \infty$または$x \to -\infty$と表す。⇔無限小。(類語)最大・極大

むけん-だいり【無権代理】代理権を持たない者が代理人と称して法律行為をすること。

むけんちょう-そう【無見頂相】ムケンチヤウサウ 仏語。仏の三十二相の一。仏の頭頂部にある肉髻(にくけい)。だれも見ることのできないところからいう。無見頂。

むげん-てき【夢幻的】〔形動〕夢や幻のような感じのするさま。「ライトアップした―な夜景」

むけん-ならく【無間奈落】「無間地獄」に同じ。

むげん-のう【夢幻能】能で、主人公(シテ)が、神・霊・精など超自然的存在のもの。全体がワキの見た夢か幻であるという構成になっているところからいう。➡現在能

むけん-の-かね【無間の鐘】❶静岡県、佐夜の中山にあった曹洞宗の観音寺の鐘。この鐘をつくと現世では金持ちになるが、来世で無間地獄に落ちるという。❷歌舞伎・浄瑠璃の趣向の一つで、手水鉢(ちょうずばち)を❶になぞらえて打つもの。

むけん-の-そこ【無間の底】無間地獄の底。

むげん-ほうよう【夢幻泡▽影】ーハウヤウ 仏語。夢と幻と泡と影。人生のはかないことのたとえ。

むげんれんさ-こう【無限連鎖講】▶鼠講(ねずみこう)

むげんれんさこう-ぼうしほう【無限連鎖講防止法】ーバウシハフ ▶鼠講(ねずみこう)防止法

むこ【婿┊×聟┊×壻】❶結婚して妻の家系に入った男性。「―を取る」⇔嫁。❷娘の夫。娘むこ。女婿(じょせい)。⇔嫁。(類語)女婿・娘婿・入り婿・婿養子

む-こ【無×辜】《「辜」は罪の意》罪のないこと。また、その人。「家臣を擅(ほしいまま)に手刃するばかりでなく、―の良民を捕えて」〈菊池寛・忠直卿行状記〉(類語)無罪・無実

む-ご【無期】〔名・形動ナリ〕❶いつ終わるかわからないこと。また、そのさま。「此度(こたみ)の相撲(すまひ)の勝ち負けの定まらむこと、いと―なり」〈宇津保・内侍督〉❷長い時間にわたっていること。長期間であること。また、そのさま。「馬は留りて草食へば、それに随ひて―に立てり」〈今昔・一九・三〉

むご・い【▽惨い┊▽酷い】〔形〕図むご・し〔ク〕❶見るにたえないほど痛ましい。残酷である。「―・い死に方」❷思いやりがない。無慈悲である。「―・い言葉」(派生)むごさ〔名〕(類語)むごたらしい・ひどい・残酷・悲惨・凄惨(せいさん)・陰惨・無惨・痛ましい

むこ-いり【婿入り】〔名〕スル ❶結婚して妻の家の一員となること。また、その儀式。「ひとり娘の所へ―する」⇔嫁入り。❷結婚後、夫が妻の実家に初めて行くこと。また、その儀式。

むこいり-こん【婿入り婚】婚姻成立祝いを妻方であげ、以後、夫は妻方に住み込むか妻訪いの形で婚姻生活が営まれるもの。一定期間ののち夫方に移るので、一時的妻訪い婚ともいう。村内婚を基盤として、日本で古くから行われた。招婿(しょうせい)婚。➡嫁入(よめい)り婚

むこう【向こう】ムカフ ❶正面。前方。また、前方の比較的離れた場所。「―に見える山」「―にいる人を手招きする」❷㋐物を隔てた、あちらの方。「山の―の村」「通りの―」㋑距離を隔てた、あちらの方。目的とする地や、外国など。「―へ着いたら昼食だ」「―での生活が長い」❸相手。先方。「―が悪い」❹今後。これから先。「―三日間」❺㋐向こう正面❷のこと。㋑「向こう桟敷(さじき)」の略。㋒歌舞伎劇場で、花道への出入り口。(補説)動詞「むかう」の終止形・連体形の名詞化として、歴史的仮名遣いは「むかふ」とするが、連用形「むかい(むかひ)」のウ音便形とみて「むかう」とする説もある。(類語)(❶)向かい・真向かい・正面・真正面・前方・行く手・向こう側/(❷㋐)反対側・あちら・あっち・彼方(あなた)・彼方(かなた)・彼岸/(❸)相手・相手方・先方・先様/(❹)今後・以後・向後(こうご)・向後(きょうこう)・爾後(じご)・この先・これから・今から

向こうに回・す　相手として張り合う。敵とする。「専門家を―・して自説を通す」

向こうを張・る　張り合う。対抗する。「競争相手の―・って安売りする」

むこう【向日】ムカフ 京都府南部の市。丘陵は竹の子の産地。長岡京跡がある。人口5.4万(2010)。

む-こう【無功】《「むごう」とも》功績がないこと。手がらがないこと。

無功の師は君子は行(や)らず　《「塩鉄論」地広から》むだであると認められる場合には、君子は軍を動かさない。むだになると思われることはしないほうがよいというたとえ。

む-こう【無効】ーカウ〔名・形動〕❶ききめのないこと。効力を持たないこと。また、そのさま。「今回の投票では―な票が多い」「途中下車前途―」⇔有効。❷法律行為が当事者の意図した法律効果を生じないこと。例えば、遺言がその方式を欠くために無効となるなど。⇔有効。(類語)無駄・駄目・無意味

むこう-あわせ【向こう合(わ)せ】むかふあはせ ❶「向かい合わせ」に同じ。「三つ宛(ずつ)―に並んでいる小型な浴槽の外に」〈漱石・明暗〉❷釣りで、魚が餌に食いついて釣り針にかかってしまうこと。

むこう-いき【向こう意気】ムカフー 相手に対抗して張り合う気持ち。向こう気。「―が強い」(類語)負けん気・鼻っ柱・勝ち気・きかん気・強気・負けず嫌い

むこう-うけ【向こう受け】ムカフー 芝居で、向こう桟敷の観客の人気を得ること。転じて、広く一般の人気を得ること。「―をねらう」

むこう-がし【向こう河-岸】ムカフー 川の対岸。

むこう-かぜ【向こう風】ムカフー「向かい風」に同じ。

むこう-がみ【向こう髪】ムカフー「前髪(まえがみ)❷」に同じ。

むこう-からもん【向こう唐門】ムカフー ▶向かい唐門

むこう-がわ【向こう側】ムカフガハ ❶物を隔てたあちらの側。向かい側。「道路の―へ渡る」❷交渉・競争の相手。先方。「―と交渉する」(類語)向かい側・向こう・先方

むこう-ぎ【向こう気】ムカフー「向こう意気」に同じ。

むこう-ぎし【向こう岸】ムカフー 川・海峡・湾などの反対側の岸。対岸。向かい岸。(類語)川向こう・対岸・彼岸

むこう-きず【向こう傷┊向こう×疵】ムカフー 敵と戦って、からだの前面に受けた傷。⇔後ろ傷。

(類語)怪我(けが)・傷(きず)・手傷・生傷・古傷

むこう-ぎり【向こう切り】ムカフー 茶室で、炉を点前畳(てまえだたみ)の客畳寄りの隅に切ること。また、その炉。

むこう-こ【無口湖】流出する河川をもたない湖。カスピ海・死海など。内陸湖。

むこう-さじき【向こう桟敷】ムカフー 江戸時代から明治時代の劇場で、舞台から見て正面2階の桟敷。

むこう-ざま【向こう様】ムカフー〔名・形動〕《「むこうさま」と

も》面と向かうこと。また、そのさま。向かい様。「―に褒めたてる」
むこうさんげん-りょうどなり【向こう三軒両隣】自分の家の向かい側の3軒と左右の2軒の家。親しく交際する近くの家。
[類語]近隣・近所・四隣・隣近所・向かい隣
むこう-し【向日市】▶向日
むこうじま【向島】東京都墨田区の地名。もと東京市の区名。隅田川東岸に位置し、百花園・白鬚神社・三囲神社・長命寺などがある。
むこうじま-ひゃっかえん【向島百花園】東京都墨田区にある公園。文化元年(1804)、骨董商の佐原菊塢が、梅やススキなどの万葉植物を集めた庭園を開園。昭和13年(1938)東京市に寄贈され、同14年から公営公園となる。国の史跡および名勝。古くは花屋敷とも呼ばれた。
むこう-じょうちゅう【無×鉤条虫】条虫の一種。人間を終宿主とする寄生虫。体長4〜10メートル。頭部に鉤がない。四つの球状の吸盤で人の腸壁に吸いつき、障害を起こす。中間宿主はウシ。肉の生食により感染。かぎなしさなだ。
むこう-じょうめん【向こう正面】❶向かって正面の方角や場所。前面。❷芝居で、舞台から見て正面の客席。❸相撲場で、土俵の正面に対して南側の所。裏正面。
むこう-ずね【向こう×脛】すねの前面。むかはぎ。
む-こうたくし【無光沢紙】▶マット紙
むこうだ-くにこ【向田邦子】[1929〜1981]脚本家・小説家。東京の生まれ。脚本家として「七人の孫」「時間ですよ」など多数のヒット作を世に送り出す。その後、エッセー集や小説を発表し、人気を集めた。短編小説「花の名前」「かわうそ」「犬小屋」で直木賞受賞。他に「寺内貫太郎一家」「男どき女どき」、エッセー集「父の詫び状」など。
むこう-づくり【向こう造(り)】神社建築の様式の一。切妻屋根の妻の部分が正面に向いているもの。
むこう-づけ【向こう付け】❶会席料理で、膳の中央より向こう側につける刺身や酢の物などの料理。また、それを盛る器。❷相撲で、額を相手のあご、または胸につけ、相手の前まわしを引きつけた体勢。
むこう-づち【向こう×鎚】鍛冶で、主鍛冶の反対側に立っている助手が使う長柄の大づち。また、それを使う人。
むこうっ-つら【向こうっ面】「むこうづら❶」に同じ。「―を張りとばす」
むこう-づめ【向こう詰め】本膳料理で、本膳の向こう側に据える魚の姿焼き。
むこう-づら【向こう面】❶向かい合った相手の顔。転じて、顔。「すこし―がいいと、自惚れきって」〈魯文・安愚楽鍋〉❷敵方。相手方。「娘と―へまはり、きさまをつきだす相談さ」〈黄・御存商売物〉
むこう-どなり【向こう隣】「向かい隣」に同じ。
むこう-ば【向かふ歯】上の前歯。むかば。「―まばらにして」〈浮・一代女・一〉
むこう-はちまき【向こう鉢巻(き)】結び目が額の前にくるようにして締めた鉢巻き。⇔後ろ鉢巻き。
むこう-ばらい【向こう払い】「先払い❷」に同じ。
むこう-ぶんさん【無効分散】回遊性のない動物が海水に乗って分布地域を離れて流れてくること。「死滅回遊」の新しい名称。回遊先の地域・海域で季節の変化などから死滅するが、いずれ環境の変化から定着する可能性もあると考えて、現在の分散は「無効」と見る。➡死滅回遊魚
むこう-まえ【向こう前】人や家などが向かい合うこと。また、そうした関係にあること。
むこう-みず【向こう見ず】〔名・形動〕将来のことを考えずに行動すること。また、そのさまや、その人。「―な発言」[類語]無謀・無鉄砲・命知らず・猪突猛進
むこう-め【向こう目】向こう側に刻んである、竿秤の目盛り。また、その目盛りで量ること。⇔上目。
むこう-もち【向こう持ち】費用を相手方が負担すること。「旅費は―」
むこう-やま【向こう山】向かいにある山。正面に見える山。
むこう-よこちょう【向こう横町】通りの向こう側の横町。
むこ-がね【婿がね】婿にしようと思っている人。「この―に詠みておこせたりける」〈伊勢・一〇〉
むこ-がわ【武庫川】兵庫県東部、丹波高地に源を発し南流して尼崎・西宮市境で大阪湾に注ぐ川。長さ66キロ。
むこがわ-じょしだいがく【武庫川女子大学】兵庫県西宮市にある私立大学。昭和14年(1939)設立の武庫川高等女学校に始まり、武庫川女子専門学校を経て、同24年新制の武庫川学院女子大学となり、同33年現名に改称。
むこきゅう-テスト【無呼吸テスト】患者の自発呼吸の有無を調べるために、人工呼吸器を一時的に外すこと。脳死判定基準の一つ。血液内の二酸化炭素濃度が一定値を超えても自発呼吸がないことを確かめる。
む-こく【無告】《「書経」大禹謨から》苦しみを訴える相手のないこと。また、その人。
無告の民　苦しみを訴える相手のない人々。転じて、身寄りのない人。
む-こくせき【無国籍】どこの国籍ももたないこと。
むこ-ご【婿子】「婿」に同じ。「世にあらんものの―になして」〈平家・一〇〉
む-ごし【無腰】腰に刀を差していないこと。丸腰。
ムコ-たとうしょう【ムコ多糖症】遺伝的な先天性代謝異常症の一つ。遺伝子の異常により体内酵素の代謝機能が損なわれ、ムコ多糖が蓄積し、臓器の肥大や機能障害などの障害が生じる進行性の小児難病で、特定疾患に指定されている。細胞質のライソゾームにある加水分解酵素の先天的欠損により起こるライソゾーム病の一種で、ムコ多糖分解酵素の欠損により生じる。欠損する酵素により七つの型に分類される。骨髄移植による治療が行われてきたが、酵素補充療法が開発され、日本では平成24年(2012)現在、1・2・6型の治療薬の製造販売が承認されている。MPS(muco-polysaccharidosis)。
ムコ-たとうるい【ムコ多糖類】《「ムコ」は粘液類似物の意のムコイド(mucoid)から》粘液質の多糖類。糖質とアミノ酸やウロン酸、またはその硫酸エステルからなる。ヒアルロン酸・コンドロイチン硫酸・ヘパリンなどがある。
むご-たらし・い【▽惨たらしい┊▽酷たらしい】〔形〕文むごたら・し〔シク〕いかにもむごい。残酷である。むごらしい。「―・い戦場の写真」[派生]**むごたらしさ**〔名〕[類語]むごい・ひどい・悲惨・凄惨・痛ましい
むこ-とり【婿取り】《「むこどり」とも》娘に婿を迎えること。また、その儀式。
むことり-むすめ【婿取り娘】家をつぐために婿養子を迎える必要のある娘。
むこ-にげ【婿逃げ】初婿入りの宴の途中で、婿が黙って逃げ帰る風習。婿の食い逃げ。婿の尻逃げ。
むこ-の-とまり【武庫泊】兵庫県武庫川河口付近にあった古代の港。「住吉の得名津に立ちて見渡せば―ゆ出づる舟人」〈万・二八三〉
むこ-ひきでもの【婿引(き)出物】婚礼のときに舅から新郎へ贈る品物。むこひきで。
むこ-ぼし【婿星】彦星の異称。
むこ-まぎらかし【婿紛らかし】《どちらが婿だかまぎらわしい意》初婿入りの際に、婿に同行する同年輩の若者。添い婿。婿連れ。
むこ-ようし【婿養子】婿養子縁組みによって養子となった人。[類語]婿・女婿・入り婿・娘婿
むこようし-えんぐみ【婿養子縁組(み)】養子縁組みと同時に、養親の娘と婚姻をすること。
むご-らし・い【▽惨らしい┊▽酷らしい】〔形〕文むごら・し〔シク〕「むごたらしい」に同じ。「取って抑えて何者の仕業ぞ、―・き縄からげ」〈露伴・風流仏〉[派生]**むごらしさ**〔名〕
む-こん【無根】よりどころのないこと。根も葉もないこと。「―の風説」「事実―」
む-こん【夢魂】夢を見ている人のたましい。転じて、夢。「―幾度か故天に飛びし」〈独歩・愛弟通信〉
む-ごん【無言】❶物を言わないこと。「―でうなずく」「―電話」❷「無言の行」の略。
[類語]不言・無口・寡黙・寡言・黙然
むごん-か【無言歌】歌曲のスタイルをもった器楽曲。メンデルスゾーンのピアノ小曲集など。
むごん-げき【無言劇】▶パントマイム
むごん-の-きたく【無言の帰宅】遺体になって自分の家に帰ること。
むごん-の-ぎょう【無言の行】無言を保つことによって精神を整える修行。転じて、押し黙っていること。「何を聞いても―だ」
む-さ【武▽者】「むしゃ(武者)」に同じ。「―の城のおそろしきよしを語りけるなり」〈宇治拾遺・三〉
む-さ【無作】仏語。人為的な働きのないこと。自然のまま。無為。
む-さい【無才】〔名・形動〕才知のないこと。また、そのさま。むざえ。「―な(の)人」「無学―」
[類語]無能・不能・非才・不才・短才・凡才
む-さい【無妻】妻のないこと。また、その男性。独身。⇔有妻。
む-さい【無菜】食事に菜のないこと。副食物の少ないこと。
むさ・い〔形〕文むさ・し〔ク〕❶きたならしい。むさくるしい。「髪の毛が伸び過ぎて―・い」❷欲・意地が強く卑しい。下品だ。「心せばく、意地―・けれど」〈甲陽軍鑑・一三〉
む-ざい【無罪】❶罪がないこと。❷刑事裁判で、被告人の行為が罪にならないか、または犯罪が証明されないこと。また、その判決。「―放免」⇔有罪。
[類語]無辜・無実
むざい-がき【無財餓鬼】わずかの食物もない餓鬼。⇔有財餓鬼。
む-さいげん【無際限】〔名・形動〕際限がないこと。きりがないこと。また、そのさま。「―な欲望」
むさい-しょく【無彩色】色の三属性である色相・明度・彩度のうち明度だけをもつ黒・灰・白をいう。⇔有彩色。
む-ざえ【無▽才】「むさい(無才)」に同じ。
ムサカ〘ギリシャ mousaka┊トルコ musakka〙ギリシャ・トルコ・バルカン一帯で食べられる挽き肉と野菜の重ね焼き。
む-さく【無作】〔名・形動〕❶無骨なこと。❷作物ができないこと。また、そのさま。「―な年」
む-さく【無策】〔名・形動〕方策や対策をもっていないこと。見通し・計画がないこと。また、そのさま。「大気汚染に―な(の)行政」「無為―」
む-さくい【無作為】〔名・形動〕作為がないこと。偶然にまかせること。また、そのさま。「―に選び出す」
[類語]任意・ランダム・自由
むさくい-ちゅうしゅつほう【無作為抽出法】標本調査・統計調査などで、特別の意図を働かせずに母集団から標本を抜き出す方法。任意抽出法。ランダムサンプリング。
むさ-くさ　㊀〔副〕❶気持ちが沈んで晴れないさま。むしゃくしゃ。「気ガ―シテタマラナイ」〈和英語林集成〉❷毛などが乱れ生えているさま。もじゃもじゃ。「―としたお髭」〈浮・男色大鑑・七〉❸度を越してやたらに行うさま。むちゃくちゃ。「七草を―たたく朝かな／慶友」〈毛吹草〉㊁〔形動〕まったく常識をはずれているさま。でたらめ。むちゃくちゃ。「―ナコトヲ言ウ」〈日葡〉
むさ-くるし・い〔形〕文むさくる・し〔シク〕だらしなくてきたならしい。むさくろしい。「―・い服装」「―・い部屋の中」[補説]明治以降、「苦しい」と結びついて「むさ苦しい」と書くことが多くなった。[派生]**むさくるしさ**〔名〕
[類語]むさい・汚い・汚らしい・だらしない・見苦しい・みっともない
むさ-くろし・い〔形〕文むさくろ・し〔シク〕「むさくるしい」に同じ。「旅に汚れてはいるものの行者ほど―・く

はなかった」〈中勘助・鳥の物語〉

むささび【鼯=鼠|鼺=鼠】《古くは「むざさび」とも》リス科の哺乳類。リスに似て、体長約40センチ、尾長約35センチ。背面は灰褐色で、目の上からほおにかけ白帯がある。森林にすみ、夜行性。前後の足の間にある飛膜を広げて木から木へ滑空し、木の芽・実・葉を食べる。本州以南から朝鮮半島・中国に分布。のぶすま。おかずき。(季冬)「―や夜霧吹き入る手打蕎麦/秋桜子」

む-さし【六指】❶遊戯の一。二人が、縦横各9本の線を引いた盤上に、各3個の石を持って線上を進退させ、早く決勝線に自分の石を並べたものを勝ちとする。❷「十六六指(じゅうろくむさし)」に同じ。❸遊戯の一。地上に大路・小路を描き、銭を投げて勝負する。

むさし【武蔵】㊀旧国名の一。東海道に属し、現在の東京都と埼玉県のほぼ全域に神奈川県の東部を含めた地域。武州(ぶしゅう)。㊁旧日本海軍の戦艦。大和(やまと)と同型。昭和17年(1942)竣工。排水量6万9000トン。同19年フィリピン沖で米機の攻撃により沈没。

むさし-あぶみ【武▽蔵×鐙】❶サトイモ科の多年草。関東地方以西の海岸近くの林内にみられる。5月ごろ、仏炎苞(ぶつえんほう)に包まれた太い穂を出す。苞は上部が幅広く、鐙状をしている。❷武蔵の国で作られた鐙。鉾(さき)を用いないで、透かしを入れた鉄板にして先端に刺鉄(さすが)をつけ、直接に鉸具(かこ)をとしたもの。(補説)鐙の端に刺鉄を作りつけにするところから、和歌では「さすが」に、また、鐙は踏むところから「踏む」「文(ふみ)」にかけて用いられる。「むさしあぶみさすがにかけて頼むには問はぬもつらし問ふもうるさし」〈伊勢・一三〉

むさし-がすり【武▽蔵×絣】➡村山絣

むさしきゅうりょう-しんりんこうえん【武蔵丘陵森林公園】(ムサシキウリヨウシンリンコウヱン) 埼玉県中部にある国営公園。大部分が比企(ひき)郡滑川(なめがわ)町にある。明治百年記念事業の一環として昭和49年(1974)開園。

むさし-こうぎょうだいがく【武蔵工業大学】(ムサシコウゲフダイガク) ➡東京都市大学

むさし-しちとう【武蔵七党】(ムサシシチタウ) 平安末期から室町初期にかけて武蔵国に存在した同族武士団。丹治(たんじ)・私市(きさい)・児玉・猪股(いのまた)・西・横山・村山の七氏。

むさし-だいがく【武蔵大学】東京都練馬区の私立大学。大正10年(1921)設立の旧制武蔵高等学校に始まり、昭和24年(1949)新制大学として発足。

むさし-の【武蔵野】㊀東京都と埼玉県にまたがる洪積台地。南は多摩川から、北は川越市あたりまで広がる。古くは牧野、江戸時代から農業地に開発され、雑木林のある独特の風景で知られた。武蔵野台地。㊁東京都中部の市。住宅地として発展。中心は吉祥寺(きちじょうじ)。井の頭自然文化園がある。人口13.9万(2010)。

むさしの【武蔵野】国木田独歩の第1小説集。明治34年(1901)刊。秋から冬にかけての武蔵野の美しさなどを描いた短編17編を収録。

むさしの-おんがくだいがく【武蔵野音楽大学】東京都練馬区に本部のある私立大学。昭和4年(1929)設立の武蔵野音楽学校に始まり、同24年新制大学として発足。

むさしのがくいん-だいがく【武蔵野学院大学】(ムサシノガクヰンダイガク) 埼玉県狭山(さやま)市にある私立大学。平成16年(2004)に開学した、国際コミュニケーション学部の単科大学。

むさしの-し【武蔵野市】➡武蔵野㊁

むさしの-だいがく【武蔵野大学】東京都西東京市にある私立大学。昭和40年(1965)に武蔵野女子大学として開学。平成15年(2003)に現校名に改称。同16年に男女共学校となった。

むさしの-の-みささぎ【武蔵野陵】➡むさしのりょう(武蔵野陵)

むさしの-びじゅつだいがく【武蔵野美術大学】東京都小平市にある私立大学。昭和4年(1929)開学の帝国美術学校を源流として、同37年に開学。

むさしの-りょう【武蔵野陵】東京都八王子市にある昭和天皇陵。上円下方墳。むさしののみささぎ。➡武蔵陵墓地

むさし-ひら【武▽蔵平】東京都八王子市から産する絹の袴地(はかまじ)。八王子平。

むさしぼう-べんけい【武蔵坊弁慶】(ムサシバウ) ➡弁慶㊀

むさしまる-こうよう【武蔵丸光洋】(ムサシマル クワウヤウ)［1971〜 ］力士。第67代横綱。米国ハワイ州出身。生まれは米国領サモア。英語名、フィヤマル=ペニタニ。幕内49場所連続勝ち越しを記録。平成8年(1996)日本国籍を取得。同15年引退。優勝12回。➡若乃花勝(まさる)(第66代横綱) ➡朝青龍明徳(あさしょうりゅうあきのり)(第68代横綱)

むさしむらやま【武蔵村山】東京都中北部の市。工業地・住宅地化が進む。武蔵七党の一の村山党の根拠地。狭山茶・村山大島紬を特産。人口7.0万(2010)。

むさしむらやま-し【武蔵村山市】➡武蔵村山

むさしやま-たけし【武蔵山武】［1909〜1969］力士。第33代横綱。神奈川県出身。本名、横山武。優勝1回。➡玉錦三右衛門(たまにしきさんえもん)(第32代横綱) ➡男女ノ川登三(みなのがわとうぞう)(第34代横綱)

むさしりょう-ぼち【武蔵陵墓地】東京都八王子市にある皇室の墓地。大正天皇陵の多摩陵、貞明皇后陵の多摩東陵、昭和天皇陵の武蔵野陵、香淳皇后陵の武蔵野東陵がある。

む-さつ【無札】客が乗車券や乗船券、または入場券を持たないこと。「―乗車」

む-ざつ【無雑】〔名・形動〕まじりけのないこと。純粋なこと。また、そのさま。「徹頭徹尾純一にして―な態度を」〈倉田・愛と認識との出発〉

(類語)純粋・無垢(むく)・純然・醇乎(じゅんこ)

むさ-と〔副〕《「むざと」とも》❶軽率にことをするさま。うっかりと。「やいやい、―傍へな寄りおっそ」〈虎清狂・蟹山伏〉❷いいかげんにことをするさま。やたらに。「松茸(まつたけ)なども、―食ぶるは」〈咄・きのふはけふ・上〉❸取るに足りないさま。「―したる食物をつつしむべし」〈仮・東海道名所記・一〉

む-ざね【正=身|▽実】《「身(む)実(さね)」の意》そのもの。実体。正体。「形はわが子にて、―は神人(かみ)なり」〈景行紀〉

ムザブ【M'Zab】アルジェリアの首都アルジェの南約450キロメートル、サハラ砂漠北部の地方。中心地ガルダイアのほか、エルアーティフ、ブーヌーラなどの涸れ川(ワジ)にできたオアシス都市からなる。1982年「ムザブの谷」の名で世界遺産(文化遺産)に登録。

むさぶり-つ・く〔動カ四〕「むしゃぶりつく」に同じ。「この猿めが…取り付き―・き」〈虎清狂・猿座頭〉

む-さべつ【無差別】〔名・形動〕差別のないこと。同一のものとして扱うこと。また、そのさま。むしゃべつ。「―に攻撃する」(類語)一律・一様・平等・公平・同一

むさべつ-きゅう【無差別級】(ムサベツキフ) 柔道の試合で、体重に制限なく出場できる種目。オープンカテゴリー。

むさぼり-く・う【貪り食う】(クフ)〔動ワ五(ハ四)〕がつがつと食べる。

むさぼり-つ・く〔動カ四〕「むしゃぶりつく」に同じ。「三つ鉄輪(かなわ)で読んで見よ、と懐中へ―・く」〈浄・卯月の紅葉〉

むさ-ぼ・る【貪る】〔動ラ五(四)〕《「むさ」は「むさと」と同語源、「ぼる」は「欲(ほ)る」の意》❶飽きることなくほしがる。また、際限なくある行為を続ける。「暴利を―・る」「惰眠を―・る」❷がつがつ食べる。「残飯を―・る野良犬」(可能)むさぼれる

(類語)がっつく・欲張る・がつがつ

貪らざるを以(も)って宝と為(な)す 《「春秋左伝」襄公一五年などから。宋の子罕(しかん)が、宝玉を献上されたとき、それを受けずに答えた言葉》無欲であることを、自分の大切な宝と考える。

むさ-むさ〔副〕❶きたならしいさま。むさくるしいさま。「身を―ともつぞ。湯を浴びつなどもせぬぞ」〈蒙求抄・三〉❷ごちゃごちゃしているさま。「具足多く、―と俗なる連歌が付けにくきなり」〈九州問答〉❸毛などが多いさま。ぼうぼう。「色青く、面やせて、ひげ―生えたるが」〈仮・可笑記・四〉

むざ-むざ〔副〕価値あるものが無造作に失われるさま。やすやすと。「せっかくのチャンスを―失ってたまるか」「―(と)捨てるわけにはいかない」

む-さん【無産】❶定職がないこと。無職。❷財産や資産がないこと。⇔有産。❸「無産階級」の略。

む-さん【無算】〔名・形動〕❶計算のできないこと。「無筆―」❷数えきれないほど多いこと。また、そのさま。無数。多数。「スパルタの精兵は勿論、同盟兵の死傷―にして」〈竜渓・経国美談〉

む-さん【霧散】〔名〕(スル) 霧のようにあとかたもなく消えること。雲散霧消。「邪念が―する」

(類語)雲散霧消・霧消・消散・消滅・飛散・四散・離散

む-ざん【無残|無惨|無×慙|無×慚】〔名・形動〕❶(無慙・無慚)仏語。戒律を破って心に少しも恥じるところがないこと。「放逸―」「破戒―」❷残酷なこと。乱暴なこと。また、そのさま。「―な仕打ちをする」❸いたましいこと。あわれなこと。また、そのさま。「―な最期を遂げる」「見るも―な光景」(類語)残酷・凄惨(せいさん)・凄絶(せいぜつ)・惨烈・悲惨・陰惨・惨憺(さんたん)・酸鼻

む-さんあくしゅ【無三悪趣】仏語。極楽浄土に地獄・餓鬼・畜生の三つの悪道がないこと。阿弥陀仏の四十八願の第一。➡三悪趣

むさん-うんどう【無産運動】無産者の地位向上と解放をめざす運動。

むさん-かいきゅう【無産階級】(ムサンカイキフ) 生産手段を所有せず、労働で得た賃金で生活する階級。プロレタリアート。⇔有産階級。

(類語)労働者階級・プロレタリアート・プロレタリア

むさん-しゃ【無産者】無産階級に属する人。

むさんしゃ-しんぶん【無産者新聞】大正14年(1925)創刊の日本共産党の合法機関紙。佐野学・渡辺政之輔らが参加。相次ぐ弾圧で昭和7年(1932)廃刊、「赤旗(せっき)」に統合された。

むさん-しょう【無酸症】(ムサンシヤウ) 胃液中の塩酸が消失した状態。消化障害・下痢を起こしやすく、悪性貧血の原因にもなる。

むさん-せいとう【無産政党】(ムサンセイタウ) 労働者や貧農など無産階級の利益や意思を代表する政党。

む-さんそ【無酸素】❶高所登山で、酸素ボンベを使わないこと。「―登頂」❷酸素を消費しないこと。また、エネルギーの産出方法が酸素によらないこと。「―運動」

むさんそ-うんどう【無酸素運動】脂肪や糖質を使わずに、筋グリコーゲンやATP(アデノシン三燐酸)を一気にエネルギーに変えて行う運動。グリコーゲンは分解されて疲労物質である乳酸になる。発生するエネルギーは大きいが、持続しない。短・中距離競走・筋肉トレーニングなど。(補説)脂肪や糖質は酸素を消費してエネルギーに変換する。➡有酸素運動

むし【虫】❶人類・獣類・鳥類・魚貝類以外の小動物の総称。特に、昆虫をいう。❷美しい声で鳴く昆虫。スズムシ・マツムシなど。「―の音(ね)」(季秋)「鳴く―のただしく置ける間なりけり/万太郎」❸衣類や紙などを食い荒らす害虫。「セーターを―に食われる」「―干し」❹人間のからだに寄生する害虫。蠕形(ぜんけい)動物の回虫をいうことが多い。「―くだし」❺子供の体質が弱いために起こる種々の病気。「疳(かん)の―が起こる」「―をわずらう」❻人間の体内にいて、意識や心理状態を左右すると考えられていたもの。潜在する意識や、感情の動きをいう。「浮気の―が動き出す」❼一つの事に熱中する人。「本の―」「勉強の―」❽(❸にたとえて)愛人。情夫。隠し男。「小いやらしく―があるから」〈人・梅児誉美・三〉❾他の語と複合して、そのようなことをする人や、そのような性質の人をあざけっていう語。「泣き―」「弱―」

(一語)青虫・赤虫・油虫・稲(いな)虫・芋虫・蛆(うじ)虫・金食い虫・兜(かぶと)虫・髪切(かみきり)虫・かんかん虫・疳(かん)の虫・木食(きく)い虫・糞(くそ)虫・轡(くつわ)虫・毛虫・黄金(こがね)虫・米食い虫・米搗(こめつき)虫・米の虫・逆(さか)さ虫・真田(さなだ)虫・地虫・尺取虫・客(じゃく)虫・心(しん)食い虫・鈴虫・草履虫・玉虫・田虫・恙(つつが)虫・出出(でで)虫・でんでん虫・天道(てんとう)虫・点取り虫・毒虫・長虫・泣き虫・夏虫・南京(ナンキン)虫・苦(にが)虫・根切(ねきり)虫・野

虫・鋏虫・裸虫・羽虫・葉虫・腹の虫・火取り虫・紐虫・塞ぎの虫・船食虫・船虫・放屁虫・松食虫・松虫・水虫・蓑虫・雪虫・弱虫・綿虫
(類語)(❶)昆虫・虫けら/(❼)凝り性・鬼・中毒・マニア・フリーク・おたく
虫がい・い 自分の都合ばかり考えて他を顧みない。身がってである。「一・い考え」
虫が起こ・る ❶子供が腹痛を起こしたり神経質になって泣いたりする。❷欲望が生じる。「浮気の一・る」
虫が納ま・る 腹立ちが直る。平静な気分にもどる。「少々のわびでは一・らない」
虫が齧・る 腹痛が起こる。また、産気づいて陣痛が起こる。「枕も上がらぬほど虫でもかぶるか」〈浄・川中島〉
虫が嫌・う 「虫が好かない」に同じ。「東京へ出すのは、何故か一・うかして」〈鏡花・婦系図〉
虫が知ら・せる 前もって心に感じる。予感がする。「一・せたのか事故機に乗らずに済んだ」
虫が好か・ない なんとなく気にくわない。「あの客はどうも一・ない」
虫が付・く ❶衣類・書画などに害虫がつく。❷未婚の女性に愛人ができる。「大事な娘に一・く」
虫の居所が悪・い 機嫌が悪く、ちょっとしたことも気に障る状態にある。不機嫌である。「朝から一・い」
虫も殺さ・ない 虫さえも殺せないほどおとなしそうである。「一・ない顔で悪事を働く」
虫を起こ・す ❶子供が腹痛を起こしたり神経質になって泣いたりする。❷欲望を生じる。「なまけの一・す」
虫を抑・える ❶「虫を殺す」に同じ。❷欲望を抑えて我慢する。
虫を殺・す 怒りを抑えて我慢する。「一・して客に応対する」
虫を摩・る 「虫を殺す」に同じ。「売物だからなぐさまれても一・ってるけれど」〈滑・浮世風呂・四〉
虫を死な・す 「虫を殺す」に同じ。「何事も一・す胸の中」〈浄・桂川連理柵〉
むし【×帔】「枲の垂れ衣」の略。「いと苦しげにて、御一押しやりて」〈大鏡・兼通〉
むし【×苧|枲=麻】 植物カラムシのこと。「七夕に今日やかすらむ野辺ごとに乱れ織るなる一の衣も」〈右京大夫集〉
む-し【務歯】 ファスナーで、布テープなどに縫いつけられた歯。スライダーが上下することで、互いにかみ合ったり離れたりする部分。エレメント。
む-し【無死】 野球で、その回にまだアウトカウントが記録されていないこと。ノーダウン。ノーアウト。「一満塁」
む-し【無私】〔名・形動〕私的な感情にとらわれたり、利害の計算をしたりしないこと。私心がないこと。また、そのさま。「一な(の)態度で裁定する」「公平一」(類語)無我・無心・虚心・無欲・滅私
む-し【無始】 万象は因縁で成り立っていて、因をいくらさかのぼっても果てしがなく、始めがないこと。転じて、無限に遠い過去。大昔。「一よりこのかた生死に流転するは」〈宇治拾遺・一〉
む-し【無視】〔名〕スル 存在価値を認めないこと。また、あるものをないがごとくみなすこと。「人の気持ちを一する」「信号一」(類語)黙殺・度外視・軽視
む-し【夢死】 夢のようにはかなく一生を終わること。むなしく死んでいくこと。「酔生一」
むし【蒸(し)】 ❶蒸すこと。蒸したもの。「茶碗一」「酒一」❷味噌をいう女房詞。おむし。
む-じ【無地】 全体が同じ色で模様のないこと。「一のカーテン」「色一」(類語)無文・単色
む-じ【無字】 仏語。❶真理は文字に表せないということ。❷「無門関」の第一則の公案で、犬に仏性があるかとの問いに、趙州和尚が無とのみ答えたこと。
むし-あお【虫×襖】 襲の色目の名。表は青黒、裏は二藍または薄色。
むし-あつ・い【蒸(し)暑い】〔形〕〔文〕むしあつ・し〔ク〕風がなくて湿気が多く、むされるように暑い。「一・くて寝苦しい」(季 夏)(類語)暑い・暑苦しい
むし-あわせ【虫合(わ)せ】 ❶物合わせの一。いろいろの虫を持ち寄って、その鳴き声や姿の優劣を競う遊び。虫尽くし。(季 秋)❷歌合わせの一。左右に分かれて、それぞれ持ち寄った虫にちなむ歌を詠み、その優劣を競う遊び。
むし-いい【蒸し▽飯】 もち米を蒸したもの。こわめし。〈易林本節用集〉
ムジーク〔ロシア muzhik〕《「ムジック」とも》ロシア帝政時代の農民。
むし-いり【虫入り】 虫が冬眠のために地中に入ること。また、そのころに鳴る雷。
むし-うり【虫売り】 夏から秋のころ、ホタルやスズムシなどの虫を売ること。また、それを業とする人。(季 秋)「一の荷が映り居り潦/虚子」
むし-えらび【虫選び】 嵯峨野などへ行き、虫合わせのための虫をとって宮中へ奉ったこと。
むし-おくり【虫送り】 農作物、特に稲の害虫を追い払う呪術行事。たいまつをともしたり、実盛とよぶわら人形を担いだりして、鉦・太鼓をたたいてはやし、村境まで送って行く。稲虫送り。実盛送り。(季 夏)「狩野川に沿うてのぼるや一/虚子」
むし-おさえ【虫押(さ)え】 ❶子供の虫気の予防や治療をすること。また、その薬。❷空腹の一時しのぎに少し物を食べること。また、そのもの。
むし-かえし【蒸(し)返し】《「むしがえし」とも》蒸し返すこと。また、蒸し返したもの。「一の飯」「古い話の一をするな」
むし-かえ・す【蒸(し)返す】〔動サ五(四)〕❶一度蒸したものを再び蒸す。「赤飯を一・す」❷一度解決した事柄を再度問題にする。「議論を一・す」
むし-かがり【虫×篝】 夏、田畑の害虫を誘い寄せて焼き殺すためのかがり火。(季 夏)「虫焦げし火花美し一/虚子」
む-しかく【無資格】〔名・形動〕資格をもたないこと。また、そのさま。「一な(の)人」
む-じかく【無自覚】〔名・形動〕自分のすることについての自覚がないこと。また、そのさま。「一な(の)行動」
むし-かご【虫籠】 スズムシやホタルなどの虫を飼っておく小さなかご。むしこ。(季 秋)「一に酒吹きたかり誕生日/桂郎」
むし-がし【蒸(し)菓子】 蒸して作った和菓子。まんじゅう・蒸しようかんの類。
ムジカ-フィクタ〔ラテン musica ficta〕中世・ルネサンスの音楽で、楽譜上に表記されていない半音階的変化をさす。現代譜に訳す場合は音符の上か下に変化記号を付して表示する。
むし-がま【蒸(し)釜】 物を蒸すのに使用する釜。
むしかり スイカズラ科の落葉小高木。山地に生え、葉は大形の円形で先がとがる。4、5月ごろ、白い小花が集まって咲き、周辺に装飾花がある。実は丸く、赤く熟してから黒色に変わる。おおかめのき。
むし-がれい【虫×鰈】 カレイ科の海水魚。沿岸の砂泥底にすむ。全長約40センチ。体は卵円形。有眼側は暗褐色で、黒褐色の輪状紋が虫食い状に散在。干物などにする。みずがれい。
むし-がれい【蒸し×鰈】 カレイを塩水に浸し、蒸してから陰干しにしたもの。あぶって食べる。(季 春)「若狭には仏多くて一/澄雄」
む-しき【無識】 見識や知識のないこと。「肴の切身の値段になると…全く一であった」〈漱石・門〉
むし-き【蒸(し)器】 食べ物を蒸すための道具。蒸籠・御飯蒸しや蒸し鍋など。
むしき-かい【無色界】 仏語。三界の一。色界の上にあり、肉体・物質から離脱して、心の働きである受・想・行・識の四蘊だけからなる世界。さらに四天に分けられ、その最上の非想非非想天を有頂天ともいう。
むし-くい【虫食い|虫×喰い】 ❶虫が食うこと。また、そのあと。「一の古本」「一の葉」❷陶磁器の縁に表れた釉の小さな剝落のあと。虫が食ったあとに似る。釉が素地によく付着していないとできる。中国明代末期の古染め付けに多くみられ、茶人が賞玩した。❸スズメ目ヒタキ科ウグイス亜科のうち、一群の鳥の総称。日本ではセンダイムシクイ・メボソムシクイ・エゾムシクイ・イイジマムシクイが繁殖。羽色はいずれも暗緑色で白い眉斑があり、似ているが、さえずりが異なる。林にすみ昆虫やクモを主食とする。❹老いた鶯のこと。「夏、秋の末まで老い声に鳴きて、一など、ようもあらぬ者は」〈枕・四一〉
むしくい-ざん【虫食い算】 計算式の一部を空白にしておいて、その部分に数字を補って計算式を完成させる問題。
むし-く・う【虫食う】〔動ワ五(ハ四)〕「むしばむ」に同じ。「阿娑縛抄の三十巻ばかり一・い余せるを尋ね出し」〈露伴・新浦島〉
むし-ぐすり【虫薬】 ❶小児の腹痛・ひきつけを治す薬。むしおさえ。❷腹痛止めの薬。
むし-ぐすり【蒸(し)薬】 患部を蒸し温める薬。
むし-くだし【虫下し】 内服して、回虫などの寄生虫を体外へ出す薬。駆虫薬。
むし-くよう【虫供養】 10月10日ごろに、農作のために殺した虫の霊を慰めるための供養。
むしくり-あつ・し【蒸しくり暑し】〔形ク〕蒸し暑い。「はや夜中、一・う寝にくやと」〈浄・薩摩歌〉
むし-け【虫気】 ❶子供が寄生虫などによって腹痛・ひきつけ・かんしゃくなどを起こすこと。❷痛みを伴う腹の病気。腹の中にすむ三尸の虫によって起こると考えられた。「雨にうたれて、持病の一などが起りやしけん」〈逍遥・当世書生気質〉❸産気。陣痛。「当たる十月に一づき」〈咄・無事志有意〉
(類語)疳・癇・癪・さしこみ・癇癪
むし-けら【虫×螻】 虫類を卑しめていう語。また、小さくて取るに足りないものの意で、人をも卑しめていう。「一同然に扱われる」
むし-けん【虫拳】 拳の一。親指を蛙、人さし指を蛇、小指をナメクジに見立てて勝負を争うもの。蛙は蛇に、蛇はナメクジに、ナメクジは蛙に負ける。
む-しけん【無試験】 試験をしないこと。試験を受ける必要がないこと。「一で入学する」
むしけん-けんてい【無試験検定】 特定の資格がある者に対して、試験をしないで検定を受けた扱いをすること。
むし-こ【虫▽籠】 ❶虫かご。(季 秋)「乾きたる一の草やあら無沙汰/石波」❷「虫籠窓」の略。「源右衛門一より手を出だし」〈浄・堀川波鼓〉
む-じこ【無事故】 事故がないこと。また、事故を起こさないこと。「一無違反」
む-しこうごう【無始×曠×劫】 始めがわからないほどの遠い過去。「妻子といふものが、一よりこのかた生死に流転するきづなるがゆゑに」〈平家・一〇〉
むしこ-ごうし【虫▽籠格子】 虫かごのように目の細かい格子。
むし-こぶ【虫×瘤】 ►虫癭
むしこ-まど【虫▽籠窓】 虫籠格子を入れた窓。
む-しこんちゅう【無×翅昆虫】 無翅亜綱の昆虫の総称。本質的に翅をもたず、原始的で、無変態。トビムシ・カマアシムシ・シミなどが含まれる。無翅類。(対)有翅昆虫。
むし-さされ【虫刺され】 蚊や蚤・毛虫・蜂などの虫に刺されること。また、そのために起こる痛みやかゆみ、炎症などの症状。「一の薬を塗る」
むし-しぐれ【虫時-雨】 多くの虫がいっせいに鳴く声を時雨の音になぞらえていう語。(季 秋)
むし-ず【虫▽唾】 胃酸過多のため、胃から口に出てくる不快な酸っぱい液。(補説)「ず」を「酸」と考えて、歴史的仮名遣いを「むしず」とする説もある。
虫唾が走・る 胸がむかむかするほど不快である。「顔を見ただけで一・る」
むし-ずし【蒸し×鮨】 味つけをしたシイタケ・干瓢・焼きアナゴなどを刻んで鮨飯にまぜ、金糸玉子を上にのせて蒸した鮨。もとは関西で作られた。ぬくずし。ぬくめずし。(季 冬)「一や新派観に行く話など/時彦」

む

むし-そば【蒸し蕎=麦】ゆでたそばを冷水で洗い、さらに蒸したもの。むしそばきり。

むしだし-の-かみなり【虫出しの雷】《冬眠中の虫を穴から誘い出す雷の意》立春後、初めて鳴る雷。はつかみなり。むしだし。「残る物とて松の風さびしく、—響き渡り」〈浮・五人女・四〉(季 春)

む-じつ【無実】〔名・形動〕《古くは「むしつ」》❶事実がないこと。実質がないこと。「有名—」❷罪を犯していないのに、罪があるとされること。冤罪(えんざい)。「—の罪」「—を訴える」❸誠実さがないこと。また、そのさま。「破戒なれども比丘をば敬ひ、—なれども勧進をば奉加す」〈盛衰記・一八〉

ムジック〖ロシア muzhik〗▶ムジーク

むし-づくし【虫尽(く)し】❶和歌などに虫の名を並べて詠み込むこと。❷「虫合わせ❶」に同じ。

むし-とり【虫取り】虫を取ること。また、それを取る道具。

むしとり-すみれ【虫取×菫】タヌキモ科の多年生の食虫植物。高山の湿地に生え、高さ5〜15センチ。葉は根元から数枚出て長楕円形。葉の縁が内側に巻き込み、表面には粘液を分泌する腺毛が密にあり、虫を捕らえる。夏、花茎を伸ばし、紫色のスミレに似た花を開く。(季 夏)

むしとり-なでしこ【虫取×撫子】ナデシコ科の一年草。高さ約50センチ。葉は卵形で対生。5、6月ごろ、紅または白色の小花が多数咲く。茎の節から粘液を出すが、食虫植物ではない。南ヨーロッパの原産。こまちそう。はえとりなでしこ。(季 夏)

むじな【×狢┊×貉】❶アナグマの別名。(季 冬)「山がつや—しとめし一つだま/蛇笏」❷《毛色がアナグマに似ているところから混同して》タヌキのこと。(季 冬)❸《「同じ穴の狢」の略》同類の悪党。「—めらなぞと女房は寄せ付けず」〈柳多留・二七〉

むし-なべ【蒸(し)鍋】食物を蒸すのに使う鍋。ふつう二段重ねで、上鍋の底に多数の細かい穴がある。蒸し器。

むじな-へん【×豸偏】漢字の偏の一。「豹(ひょう)」「貂(てん)」「貉(むじな)」などの「豸」の称。

むじな-も【×狢藻】モウセンゴケ科の多年生の食虫植物。分布はまれで、沼や水田に浮かび、根はない。茎は長さ約20センチ。葉は数枚ずつ輪生し、虫が触れると二枚貝のように閉じて虫を捕らえる。夏、水面上に柄を伸ばし、淡緑色の5弁花を開くが1日でしぼむ。埼玉県羽生市の宝蔵寺沼のものは天然記念物。

むし-の-あいかた【虫の合方】(—あひかた)歌舞伎下座音楽の一。虫の声をうつした本調子の三味線曲。静かな秋の夜や寂しい野原の情景を表すときに用いる。

むし-の-いき【虫の息】弱り果てて、今にも絶えそうな呼吸。また、その状態。[類語]青息吐息

むし-の-くちやき【虫の口焼(き)】節分行事の一。夕刻に、イワシの頭、髪の毛、ネギなど臭気の強いものを焼きながら、害虫駆除の唱え言をする。

むし-の-しらせ【虫の知らせ】よくないことが起こりそうであると感じること。

むし-の-す【虫の巣】虫が食い荒らしたあとのような穴をたくさんつけて作った練り物の玉。緒締めなどにする。からふと玉。むしのす玉。

むし-の-たれぎぬ【×枲の垂れ▽衣┊虫の垂れ絹┊×帔】平安時代から鎌倉時代にかけて、中流女性の外出の際に、市女笠(いちめがさ)の周囲に苧麻(からむし)の繊維で織った薄い布を長く垂らしたもの。むし。むしたれ。

むし-の-ね【虫の音】㊀虫の鳴く声。特に、秋の虫にいう。(季 秋)「—に折々わたる嵐かな/青蘿」㊁地歌・箏曲(そうきょく)の曲名。明和・安永(1764〜1781)ごろ、藤尾勾当作曲。歌詞は謡曲「松虫」などにより、手事(てごと)に虫の声を表す旋律がある。松虫。

むし-ば【虫歯┊×齲歯】歯の硬い組織が、口腔内の細菌の作用による食べかすの発酵で溶解し、破壊される状態。また、その歯。虫食い歯。

むし-ば・む【虫▽食む┊×蝕む】〔動マ五(四)〕❶虫が食って形を損なう。むしくいになる。「—・んだような格子の柱に」〈三重吉・小鳥の巣〉❷病気などで、からだや精神を少しずつ損なう。「大気汚染が健康を—・む」「心が—・まれる」[類語]冒す・害する・損なう

むし-ばら【虫腹】寄生虫によって起こる腹痛。

むし-はらい【虫払い】(—はらひ)「虫干し」に同じ。(季 夏)「贋物(にせもの)のいく代めでたし—/几董」

むし-パン【蒸(し)パン】イーストかベーキングパウダーを入れた生地を蒸したパン。玄米パンなど。

む-じひ【無慈悲】〔名・形動〕思いやりの心がないこと。あわれみの心がないこと。また、そのさま。「—な(の)仕打ち」[類語]冷たい・冷ややか・冷淡・薄情・不人情・非人情・無情・非情・冷酷・冷血・酷薄・クール・心無い・血も涙も無い

むしひき-あぶ【虫引×虻】双翅(そうし)目ムシヒキアブ科の昆虫の総称。体にとげ状の毛が散在し、口吻(こうふん)は鋭く、刺すのに適する。枝葉の上で小昆虫を捕らえ、体液を吸う。シオヤアブ・アオメアブなど。

むし-ピン【虫ピン】昆虫を標本箱に固定するときなどに用いる針。

むし-ふうじ【虫封じ】子供に虫気(むしけ)が起こらないように、まじなうこと。また、そのための護符(ごふ)。

むし-ぶえ【虫笛】歌舞伎で、虫などの声を表す擬音用の笛。多く竹製で、小道具方が扱う。

むし-ぶすま【蒸し×衾】蒸すように暖かくて柔らかい夜具。一説に、「むし」は蚕の意で絹の夜具とも、また、苧麻(からむし)の繊維の布で作った夜具のことともいう。「—なごやが下に臥せれども妹(いも)とし寝ねば肌し寒しも」〈万・五二四〉

むし-ぶろ【蒸(し)風呂】四方を密閉し、湯気でからだを蒸し温める風呂。サウナ風呂など。かまぶろ。かまゆ。からぶろ。「—のような暑さ」

むし-ぶんれつ【無糸分裂】細胞分裂の際に核の中に紡錘体や染色体などが形成されることなく、核が単純にくびれて2分裂される分裂法。有糸分裂に対していい、変性した細胞の退行現象とされる。直接分裂。

むし-へん【虫偏】漢字の偏の一。「蚊」「蝶(ちょう)」などの「虫」の称。

むし-ぼし【虫干し】〔名〕スル　夏の土用や秋の晴天の日などに、書画・衣類・調度品などを陰干しして風を通し、虫の害やかびを防ぐこと。虫払い。土用干し。曝涼(ばくりょう)。(季 夏)「—や父の結城の我似合ふ/茅舎」[類語]陰干し・土用干し・夏干し・虫払い

むし-むし【蒸し蒸し】〔副〕スル　風がなくて湿度が高く、蒸し暑いさま。「—(と)して寝苦しい」[類語]むんむん・むっと

むし-むしゅう【無始無終】始めもなく、終わりもないこと。真理または輪廻(りんね)の無限性をいう語。

むし-むろ【蒸(し)室】麹(こうじ)をつくるために温度・湿度をあげて発酵しやすいようにした部屋。

むし-めがね【虫眼-鏡】❶小さい物体を拡大して見るために用いる、焦点距離の短い凸レンズ。拡大鏡。ルーペ。❷《相撲の番付表の下の方に小さく書かれるところから》序の口の力士。[類語]拡大鏡・ルーペ・天眼鏡

むし-もち【虫持(ち)】❶疳(かん)の虫を持っていること。また、それを持っている子供。❷癇癪(かんしゃく)持ち。

むし-もち【蒸(し)餅】蒸して作った餅菓子。〈日葡〉

むし-もの【蒸(し)物】❶蒸して作った料理。茶碗蒸しなど。❷蒸し菓子。

む-しゃ【武者】❶武芸に携わることを任務とする人。また、その集団。武士。むさ。「鎧(よろい)—」「坂東—」❷「武者所(むしゃどころ)」の略。[類語]武士(ぶし)・武士(もののふ)・侍

む-しゃ【無遮】仏語。寛容でさえぎることがないこと。制限や差別がないこと。

むしゃ-え【武者絵】(—ヱ)武者の姿や合戦のありさまを描いた絵。

むしゃ-え【無遮会】(—ヱ)貴賤・僧俗・上下・男女の区別なくだれにでも財施・法施を行う法会。無遮施。無遮大会(だいえ)。

むしゃ-おし【武者押し】武者が隊を組んで進んで行くこと。「旗御道具、小馬標、—の行列にて」〈武家名目抄・八〉

むしゃ-がえし【武者返し】(—がへし)武家屋敷で、表長屋の外溝の縁に一歩置きに立てた石。

むしゃ-がくし【武者隠し】書院造りの帳台構え、またはそれに続く部屋。警固の武者を控えさせたといわれる。

むし-やき【蒸(し)焼(き)】材料を容器などに密閉し、間接的に熱を加えて焼くこと。またそのように焼いたもの。「魚を—にする」

む-じゃき【無邪気】〔名・形動〕❶素直で悪気がないこと。いつわりや作為がないこと。また、そのさま。「—ないたずら」「質問に—に答える」❷あどけなくかわいらしいこと。また、そのさま。「赤ん坊の—な笑顔」❸思慮に欠けること。また、そのさま。「両親や教師は—にもこの事実を忘れている」〈芥川・侏儒の言葉〉[派生]むじゃきさ〔名〕

むしゃく【無錫】中国江蘇省南部の商工業都市。太湖北岸にあり、交通の要地。米・生糸などの集散地。繊維・機械・食品などの工業が盛ん。人口、行政区143万(2000)。ウーシー。

む-しゃく【無爵】爵位を持っていないこと。

む-じゃく【無着┊無▽著】(—ヂヤク)仏語。執着のないこと。無執(むしゅう)。

むじゃく【無着┊無著】(ムヂヤク)《梵 Asaṅgaの訳》[310〜390ころ]インドの大乗仏教の論師。世親の兄。ガンダーラの人。初め小乗の僧であったが、弥勒(みろく)から空観(くうかん)を学んで大乗に転じ、瑜伽(ゆが)行・唯識説を大成した。著「摂大乗論」「金剛般若論」「順中論」など。

むしゃ-くしゃ　㊀〔副〕スル ❶いらいらして気分が晴れないさま。「嫌なことばかりで—(と)する」❷頭髪やひげなどが乱れているさま。もじゃもじゃ。「—と垂れた白髪まじりの髪は」〈中勘助・犬〉㊁〔名〕気分が晴れないこと。また、その気分。「—を家の人にぶつける」[アクセント]㊀はムシャクシャ、㊁はムシャクシャ。[類語]かりかり・いらいら・じりじり・やきもき・むかむか

むしゃくしゃ-ばら【むしゃくしゃ腹】むしゃくしゃして腹立たしい気分。「這箇(こつち)も—で」〈紅葉・金色夜叉〉

むじゃく-どうちゅう【無着道忠】(ムヂヤクダウチユウ)[1653〜1744]江戸中期の臨済宗の僧。但馬(たじま)の人。別号、葆雨堂・照冰堂。妙心寺の竺印(ちくいん)に師事、広く教禅の学を修めた。妙心寺竜華院主。著「禅林象器箋」など。

むしゃ-くみ【武者組】昔の軍隊の編制法。武士集団の組織・指揮系統。

むしゃ-ことば【武者言葉┊武者▽詞】戦国時代、武士社会で使用された言葉。また、戦場で武士が使用した言葉。

むしゃ-じけん【霧社事件】昭和5年(1930)、日本統治下の台湾台中州霧社で、高山族が差別待遇や過酷な出役労働に抗して起こした反日武装蜂起事件。

むし-やしない【虫養い】(—やしなひ)《腹の虫に食物を与える意》空腹を一時的にしのぐこと。また、その食物。他の欲望についてもいう。虫押さえ。

むしゃ-しゅぎょう【武者修行】(—シユギヤウ)❶武士が武芸の修行のために諸国を巡って歩くこと。❷学問や技芸の修行のため、よその土地や外国へ行くこと。

むしゃ-ぞうし【武者草子】(—ザウシ)武者絵を綴(つづ)った草子。

むしゃ-ぞうり【武者草履】(—ザウリ)「武者草鞋(わらじ)」に同じ。

むしゃ-ぞろえ【武者×揃へ】(—ぞろへ)軍勢を整えること。せいぞろえ。「御出陣の—、味方を集むるふれ太鼓の」〈浄・五枚羽子板〉

むしゃ-だいしょう【武者大将】(—ダイシヤウ)戦国時代、戦場で武士を指揮する武家の職名。

むしゃ-だまり【武者×溜まり】軍勢の集合用に、城門の近くに設けられた広場。

むしゃ-どころ【武者所】❶院の御所を警備する武士の詰め所。また、その武士。❷建武政府が設置した京都の警備機関。新田氏一族を中心に64人の武士で構成。

むしゃ-にんぎょう【武者人形】(—ニンギヤウ)5月の端午(たんご)の節句に飾る武者姿の人形。兜(かぶと)人形。五月人形。(季 夏)

むしゃのこうじ-さねあつ【武者小路実篤】(ムシヤのこうぢ—)

［1885～1976］小説家・劇作家。東京の生まれ。トルストイに傾倒し、志賀直哉らと雑誌「白樺」を創刊。のち人道主義の実践場として「新しき村」を建設。文化勲章受章。小説「お目出たき人」「幸福者」「友情」「真理先生」、戯曲「人間万歳」など。

むしゃのこうじ-せんけ【武者小路千家】千家流茶道の分派の一。千宗旦の次男一翁宗守が、京都武者小路で官休庵1世を称したのに始まる。

むしゃ-ばしり【武者走り】❶城壁や城のまわりの土手の内側に設けた通路。また、天守閣の各層の外壁の内側に設けられた通路。❷軍船の舳から艫に通じる板縁。❸江戸初期の劇場の舞台の橋懸かり。

ムジャヒディン-ハルク〖ｱﾗﾋﾞｱ Mujahidhin Khalq〗《Mujahidhinは「イスラム聖戦を戦う者」の意》イスラム人民戦士機構。イランの反体制派武装組織。イラクに拠点を置き、フセイン政権時代にイスラム社会主義革命を唱えるイラクの支援を受け、イランへの越境攻撃を行うなどゲリラ活動を展開。フセイン政権の崩壊により、2003年5月、武装解除されイラクから追放された。

むしゃ-ぶぎょう【武者奉行】戦国時代、兵士を統率して軍の指揮をつかさどった役。

むしゃ-ぶり【武者振り】❶武士が鎧・兜をつけた雄々しい姿。❷武士にふさわしい態度や行動。

むしゃぶり-つ・く〔動カ五(四)〕《「むさぶりつく」の音変化》夢中でかじりつく。すがりついて、離れまいとする。「母親に―・いて泣く」〈補説〉「武者振り付く」とも当てて書く。〈類語〉しがみ付く・かじり付く・すがりつく・抱き付く・組み付く

むしゃ-ぶるい【武者震い｜武者振るい】〔名〕ｽﾙ 戦いや重大な場面に臨んで、興奮のためにからだが震えること。「スタートラインに立って、思わず―する」〈類語〉身震い・胴震い・戦慄

む-しゃべつ【無▽差別】〔名・形動〕「むさべつ(無差別)」に同じ。「流石に天道是非―といいがたけれど」〈一葉・やみ夜〉

むしゃ-まど【武者窓】武家屋敷で、表長屋の外壁に設けた、太い縦または横の格子の入った窓。武家窓。

むしゃ-むしゃ〔副〕❶勢い込んで食べるさま。また、無作法に食べるさま。「手づかみで―(と)食べる」❷毛などが乱れもつれているさま。もしゃもしゃ。「白い髯を―と生やして」〈漱石・草枕〉

むしゃ-りんどう【武▽佐▽竜▽胆】シソ科の多年草。本州中部以北の草原に自生。高さ15～40センチ。茎は四角柱で、葉は対生し、線形でつやがある。夏、紫色の唇形の花が咲く。

むしゃ-わらじ【武者草▽鞋】▶ごんず草鞋

む-しゅ【無主】所有者がないこと。また、主体となるものがないこと。

む-しゅう【無臭】においやくさみがないこと。「無味―の液体」

む-しゅう【無執】「無着」に同じ。

む-しゅう【無終】《古くは「むじゅう」》終わりのないこと。果てしのないこと。「―無限の道程をたどり行く旅人として」〈寅彦・相対性原理側面観〉

む-じゅう【無住】❶人が住んでいないこと。また特に、寺に住職がいないこと。また、その寺。「―の庵」「―の寺」❷仏語。心の中の一切の束縛を断ち切った、とらわれのない状態。

む-しゅうきょう【無宗教】一定の信仰を持たないこと。また、宗教そのものに無関心なこと。

むじゅう-どうぎょう【無住道暁】［1226～1312］鎌倉後期の臨済宗の僧。鎌倉の人。号、一円。天台・真言を学び、円爾に師事して臨済禅を修め、のち、尾張に長母寺を開山した。諡号は大円国師。著「沙石集」「雑談集」など。

む-じゅうりょう【無重量】人工衛星や自由落下する物体の内部などで、引力と慣性力が釣り合って、重さを感じなくなる現象。無重力状態。

む-じゅうりょく【無重力】▶無重量

むじゅうりょく-じょうたい【無重力状態】▶無重量

む-しゅぎ【無主義】主義主張を持たないこと。

む-しゅく【無宿】❶住む家がないこと。また、その人。やどなし。❷江戸時代、百姓・町人が駆け落ち・勘当などにより人別帳から名前をはずされること。また、その人。無籍。

むしゅく-もの【無宿者】無宿の人。やどなし。

むしゅく-ろう【無宿×牢】江戸時代、無宿の罪人を入れた牢。二間牢。

む-しゅび【無首尾】「不首尾」に同じ。

むしゅ-ふう【無主風】世阿弥の能楽論で、似せているだけで、自分のものとして体得しきっていない芸の段階。⇔有主風。

むしゅ-ぶつ【無主物】所有者のない物。

むしゅぶつ-せんせん【無主物先占】▶先占❷

む-しゅみ【無趣味】〔名・形動〕趣味をもたないこと。風流心のないこと。また、そのさま。無風流。没趣味。「―な(の)人」「―な(の)花瓶」

む-じゅん【矛盾｜矛×楯】〔名〕ｽﾙ ❶ほことたて。❷《昔、中国の楚の国で、矛と盾とを売っていた者が、「この矛はどんなかたい盾をも突き通すことができ、この盾はどんな矛でも突き通すことができない」と誇ったが、「それではお前の矛でお前の盾を突けばどうなるか」と尋ねられて答えることができなかったという「韓非子」難一の故事から》二つの物事がくいちがっていて、つじつまが合わないこと。自家撞着。「発言の―を突かれる」「二人の話が―する」❸論理学用語。㋐伝統的論理学で、二つの概念または命題が一定の事象を同一の観点から同時に、一方が肯定し他方が否定する場合の両者の関係。㋑命題論理学で、複合命題からなる論理式の各要素命題にいかなる真理値を与えても必ず偽となる式。❹ヘーゲル弁証法で、概念の発展に必要不可欠な契機。
〈類語〉(❷❸)撞着・自家撞着・齟齬・抵牾・二律背反・背反・背理・不整合・不一致・扞格・対立・相克 (―する)相反する・食い違う

むじゅん-がいねん【矛盾概念】論理学で、同一の類概念に属する概念のうち、互いに他を否定しあってその中間に第三者を入れる余地のない概念。例えば、色という類概念に属する白と非白。➡反対概念

むじゅん-げんり【矛盾原理】論理学で、思考の原理の一。「Aは非Aではない」または「いかなるものもAかつ非Aであることはできない」という形式で表される。同一原理の反面を表す。矛盾律。矛盾法。➡思考の原理

むじゅん-たいとう【矛盾対当】論理学で、対当関係の一。主語と述語とは同じであるが、量(全称・特称)と質(肯定・否定)とを異にする二つの判断の真偽関係。➡対当関係

むじゅん-りつ【矛盾律】▶矛盾原理

むじゅん-れいかく【矛盾冷覚】熱い湯の中に手を入れたときなどに、冷たいと感じること。皮膚にある温点と同時に冷点も刺激されたために起こると考えられている。

む-しょ 刑務所をいう俗語。「―帰り」〈補説〉監獄をいう「虫寄場」の略からとも、「刑務所」の略ともいう。

む-しょ【▽墓所】「ぼしょ(墓所)」に同じ。「―へ参り候」〈謡・定家〉

む-しょい【無所畏】「無畏」に同じ。

む-しょう【無生】仏語。生じることがないこと。生滅変化しないこと。また、生じたり変化したりする迷いを超えた絶対の真理、または悟り。

む-しょう【無床】(患者用の)ベッドがないこと。ベッドを置かないこと。「―診療所」➡有床

む-しょう【無性】㊀〔名〕仏語。❶《「無自性」の略》実体のないこと。❷《「無仏性」の略》仏性のないもの。悟りを開く素質のないもの。⇔有性。㊁〔名・形動ナリ〕分別のないこと。理性のないこと。また、そのさま。「朝精進をして、昼からは―になって」〈浮・三所世帯〉

む-しょう【無償】❶報酬のないこと。また、報酬を求めないこと。「―の奉仕」❷代金を払わないでいいこと。ただ。無料。「―で貸与する」⇔有償。

む-しょう【霧消】〔名〕ｽﾙ 霧が晴れるように消えてなくなること。「不安が―する」「雲散―」

む-しょう【霧鐘】濃霧のとき、船の遭難を防ぐために打ち鳴らす警鐘。

む-じょう【無上】〔名・形動〕この上もないこと。最もすぐれていること。また、そのさま。最上。「―な(の)喜び」「―な(の)幸せ」
〈類語〉最上・最高・至上・至高・一番・唯一無二

む-じょう【無状】❶取り上げるほどの善行や功績のないこと。❷無作法なこと。無礼。亡状。「ソノフルマイ甚ダ―」〈和英語林集成〉

む-じょう【無常】〔名・形動〕❶《梵 anityaの訳》仏語。この世の中の一切のものは常に生滅流転して、永遠不変のものはないということ。特に、人生のはかないこと。また、そのさま。「―な人の世」「諸行―」⇔常住。❷人の死。「―の来たる事は、水火の攻むるよりも速やかに」〈徒然・五九〉

む-じょう【無情】〔名・形動〕❶いつくしむ心がないこと。思いやりのないこと。また、そのさま。「―な(の)雨」「―に突き放す」❷仏語。精神や感情などの心の働きのないこと。また、そのもの。草木・瓦石・国土など。非情。「―の木石」「―成仏」➡有情
〈類語〉無慈悲・不人情・非人情・非情・薄情・酷薄・冷酷・冷血・冷淡・冷ややか

む-ようかん【蒸(し)羊×羹】小豆あんに砂糖・小麦粉などを加え、型に入れて蒸し上げた羊羹。

むじょう-かん【無常観】一切は無常であるとする、ものの見方。

むじょう-き【無常気】世の中をはかなく思う心。無常心。「ただ―でをかしうないと」〈浄・歌念仏〉

むしょう-けいやく【無償契約】贈与・使用貸借などのように、当事者の一方だけが給付(出捐)をする契約。⇔有償契約。

む-じょうけん【無条件】なんの条件もつけないこと。なんの制約もないこと。「―で賛成する」

むじょうけん-こうふく【無条件降伏】一切の条件をつけずに降伏すること。

むじょうけん-しげき【無条件刺激】唾液の分泌反射をもたらす食物のように、本来、特定の反射を引き起こす力をもった刺激のこと。

むじょうけん-はんしゃ【無条件反射】無条件刺激によって起こる、動物各種に生得の反射現象。脊髄反射・食餌反射など。反射。➡条件反射

むしょう-こう【無称光】❶阿弥陀仏の発する十二光の一。言葉で言い表せないほどすばらしい光明。❷無称光仏、すなわち阿弥陀仏のこと。

むじょう-こう【無常講】互いに掛け金を積んでおき、葬儀の費用に充てる互助組織。「よく聞けば死ぬるを急ぐ―」〈新増犬筑波集・上〉

むしょう-こうい【無償行為】対価を得ないで給付(出捐)をすることを内容とする法律行為。贈与・遺贈など。⇔有償行為。

むしょう-こうふ【無償交付】❶無料で引き渡すこと。❷新株を発行し、無償で株主に交付すること。

むじょう-ごころ【無常心】「無常気」に同じ。「浮き世の頼み涙にくれ、―や入相の鐘」〈浄・寿の門松〉

むじょう-しょ【無常所】墓場。墓地。「神明寺の辺に―設けて侍りけるが」〈拾遺・雑上・詞書〉

むじょう-しょうがく【無上正覚】仏語。最上の完全な悟り。阿耨多羅三藐三菩提。無上菩提。無上正等覚。

むじょう-しょうとうがく【無上正等覚】「無上正覚」に同じ。

むじょう-じんそく【無常迅速】仏語。人の世の移り変わりがきわめて速いこと。人の死が早く来ること。

むしょう-しんりょうじょ【無床診療所】入院施設のない診療所。➡有床診療所

むじょう-そん【無上尊】釈迦、または仏の尊称。

むじょう-どう【無上道】仏語。この上なくすぐれた道。仏道。最高の悟り。

むしょう-に【無性に】〔副〕❶ある感情が激しく起こるさま。むやみに。やたらに。「—腹が立つ」「—故郷が恋しい」❷あとさきを考えずにやみくもに行うさま。むやみに。やたらに。「—めでたがるまい」〈浄・反魂香〉

むしょう-にん【無生忍】《「無生法忍」の略。忍は認知の意》仏語。生じることも滅することもないという真理を認識すること。また、その真理を悟った安らぎ。

むじょう-の-かぜ【無常の風】人の生命を消滅させる無常の理法を、花を散らし灯火を消す風にたとえていう語。「—に誘はれ、ただいま冥土へ赴く」〈虎明狂・朝比奈〉

むじょう-の-かたき【無常の敵】死をたとえていう語。「—競ひ来たらざらんや」〈徒然・一三七〉

むじょう-ぼだい【無上菩提】「無上正覚」に同じ。

むじょう-めいほう【無上命法】▶定言的命令

むじょう-もん【無常門】葬礼の時にだけ用いる門。江戸時代の大名屋敷には必ず設けた。

む-しょく【無色】❶色がついていないこと。「—透明」⇔有色。❷特定の主義・党派にかたよらないこと。「—の立場」

む-しょく【無職】定まった職がないこと。
(類語)無業・失職・失業

むしょく-こうぶつ【無色鉱物】鉄やマグネシウムを含まず、無色か白色をしている造岩鉱物。石英・長石など。珪長質鉱物。

むし-よけ【虫除け】❶害虫が植物・紙・衣類などにつかないようにすること。また、その装置・薬品。❷害虫や毒蛇などの害を防ぐという神仏の守り札。

む-しょぞく【無所属】特定の団体や党派に所属していないこと。また、その人。「—の候補者」

む-しょとく【無所得】❶収入がないこと。所得税では、収入金額から必要経費および諸控除を差し引いた金額がゼロ以下であること。❷仏語。こだわりの心のないこと。また、そのような境地。⇔有所得。

むしり-ざかな【毟り魚】❶焼くなどした魚の身を細かにむしったもの。❷祝いの席などで、大きな魚を煮てそのまま大皿で出し、皆で取って食うもの。

むしり-と・る【毟り取る】〔動ラ五(四)〕引きちぎるようにして取る。また、強引に取る。「羽を—・る」「有り金を全部—・られる」

む-しりょく【無資力】資力がないこと。運用できる財産を持たないこと。

むし・る【毟る・挘る】〔動ラ五(四)〕❶つかんだりつまんだりして引き抜く。「草を—・る」「羽を—・る」「毛を—・る」❷肉や魚などの身をほぐす。「あぶった干鱈を—・って食べる」❸おどして、財産などをすべて奪いとる。「金を—・られる」❹綿などをちぎってふっくらとさせる。「絹、綿…皆賜はりて、ひきちらして—・りなどす」〈宇津保・国譲下〉(補説)「毟」「挘」は国字。(可能)むしれる

む-じるし【無印】❶しるしがついていないこと。❷《予想表に何のしるしもないところから》入賞する見込みのない競馬・競輪の馬や選手。「—の馬が来て大穴となる」

むしろ【筵・莚・蓆・席】❶藺・わらなどを編んで作った敷物。❷風流な会合などの席。えん。「うたげの—」(類語)茣蓙・薦・筵・敷物

むしろ【寧ろ】〔副〕二つを比べて、あれよりもこれを選ぶ、また、これのほうがよりよいという気持ちを表す。どちらかといえば。「休日は遊びに行くより—家で寝ていたい」➡却って(用法)
(類語)かえって・いっそ

寧ろ百夫の長と為るも一書生と作るに勝れり《楊烱「従軍行」から》一生を学問に費やすより、たとえ百人の長でも軍人になるほうがよい。逆説的に用いる言葉。

むしろ-うち【筵打ち】むしろを編むこと。また、それを職業とする人。

むしろ-おり【筵織(り)】❶「筵打ち」に同じ。❷横糸を特に太くして、むしろのように織った織物。

むしろ-がい【筵貝】ムシロガイ科の巻き貝。浅海の砂泥地にすむ。殻表に縦横の刻み目があり、むしろの編み目を思わせる。

むしろだ【席田】催馬楽の曲名。呂の曲。

むしろ-ど【筵戸】枠にむしろを張って作っただけの戸。

むしろ-ばた【筵旗】むしろを竹竿などに結びつけて旗としたもの。江戸時代、百姓一揆などに用いられた。

むしろ-ばり【筵張り】周囲をむしろで張ること。

むしろばり-の-くるま【筵張りの車】車の箱をむしろで張った粗末な牛車。「中納言は—に乗り給ふ」〈栄花・浦々の別〉

むしろ-びさし【筵庇】むしろで作った日よけの庇。「—に避けられし、日陰の千代が舅の家は」〈浄・宵庚申〉

むしろ-やぶり【筵破り】老年になって女遊びをすること。また、その人。「六十の—と一緒に情死するってのは」〈魯庵・社会百面相〉

む-しん【無心】㊀〔名・形動〕❶無邪気であること。また、そのさま。「—の勝利」「—な子供」❷意志・感情などの働きがないこと。「—の草木」❸仏語。㋐心の働きが休止していること。㋑一切の妄念を離れた心。⇔有心。❹和歌・連歌で、表現などのこっけい・卑俗をねらいとするもの。❺狂歌のこと。和歌を有心というのに対していう。❻思慮に欠けること。気が利かないこと。また、そのさま。「さること言はむ人、かへりて—ならむかし」〈枕・一三三〉❼情趣を解する心がないこと。また、そのさま。無風流。「—なる女房などの歌よみかけたる」〈無名抄〉❽思いやりのないこと。また、そのさま。無情。「—に心づきなくてやみなむと」〈源・帚木〉㊁〔名〕人に金品をねだること。「親に金を—する」(類語)無邪気・虚心・純粋

む-じん【無人】人のいないこと。人の住んでいないこと。むにん。(類語)留守・不在

む-じん【無尽】❶尽きるところがないこと。限りがないこと。「縦横—」❷口数を定めて加入者を集め、定期に一定額の掛け金を掛けさせ、一口ごとに抽籤または入札によって金品を給付するもの。➡頼母子講 (類語)無限・無尽蔵

むじん-えき【無人駅】職員の配置されていない駅。

むじん-がいしゃ【無尽会社】無尽を営業とする会社。昭和26年(1951)以降、ほとんど相互銀行に転換した。

むじん-きょう【無人境】人の住んでいない所。むにんきょう。

む-しんけい【無神経】〔名・形動〕❶感覚が鈍いこと。感じ方が弱いこと。また、そのさま。鈍感。「騒音に—な都会人」❷恥や外聞、他人の気持ちなどを気にしないこと。また、そのさま。「—な言葉」
(類語)鈍感・無感覚・無頓着

むじん-こう【無尽講】▶頼母子講

むしんこく-かさんぜい【無申告加算税】支払うべき税金について申告期限が過ぎてから申告した場合に、本来の税額に加算する形で課される税金のこと。付帯税の一つ。無申告による税逃れを防ぐ目的があり、自主的に期限後申告を行うと、税務署の調査を受けてから申告した場合や、税務署の決定により税額が確定した場合よりも加算税率が低くなる。

むじん-しつ【無塵室】▶クリーンルーム

むしん-しゅう【無心衆・無心宗】無心連歌や狂句を作る人たちの集まり。栗の本の衆。

むしん-しょじゃく【無心所着】和歌で、一句一句関連のないことをいい、まとまった意味をなさない歌。

む-しんじん【無信心】〔名・形動〕信仰心のないこと。また、そのさま。ぶしんじん。「—な人」

むじん-ぞう【無尽蔵】〔名・形動〕❶いくら取ってもなくならないこと。また、そのさま。「—な(の)太陽エネルギー」❷広くて、尽きることのない徳を包含する蔵。すなわち、仏法のこと。(類語)無尽・無限・底なし

むしん-たい【無心体】和歌・連歌で、機知を主とした、こっけい・卑俗な風体。むしんてい。⇔有心体。

むじん-たんさ【無人探査】高空、深海、宇宙などの有人探査が困難となる場所に、機器類だけを送り込んで探査を行うこと。

むじん-とう【無人島】人が住んでいない島。

むじん-とう【無尽灯】❶油皿の油が減ると自然に補給され、燃え続けるように作られた灯明台。❷仏の教えが次々と伝わって尽きないことを、一つの灯火が無数の灯火になることにたとえていう語。❸仏前などに昼夜分かたずともすあかり。長明灯。

むじん-ほきゅうき【無人補給機】▶エッチ-ティー-ブイ(HTV)

むしん-れんが【無心連歌】優雅な趣きを重んじる有心連歌に対して、無心体の連歌。栗の本。

むしん-ろん【無神論】❶神の存在を否定する立場。自然主義・唯物論・無神論的実存主義などがこれに属する。⇔有神論。❷人格神論(有神論)に対して、汎神論・理神論などをいう。

むしんろん-しゃ【無神論者】無神論を主張する人。神の存在を認めない人。

む・す【生す・産す】〔動サ五(四)〕生える。生じる。「苔の—・した墓石」

む・す【蒸す】〔動サ五(四)〕❶むし暑く感じられる。むしむしする。「密閉されて部屋の中が—・す」❷湯気を当てて熱を通す。ふかす。「芋を—・す」「冷めた御飯を—・す」❸賭博で、倍にする。「勝てば—・して十六貫」〈浄・丹波与作〉(可能)むせる
(類語)蒸らす・蒸れる

む・す【噎す】〔動サ下二〕「むせる」の文語形。

むず〔助動〕[○|○|むず(んず)|むずる(んずる)|むずれ(んずれ)|○]《推量の助動詞「む」に格助詞「と」が付き、さらにサ変動詞「す」の付いた「むとす」の音変化》活用語の未然形に付く。❶推量・予想の意を表す。…だろう。「只今もれ聞こえて、天下の大事に及び候ひなんず」〈平家・一〉「此の者世にあらば、…国土をも乱さんずる者なり」〈平治・上〉❷意志・意向・決意を表す。しよう。…するつもりだ。「われは、しかじかのことのありしかば、そこに建てむずるぞ」〈大鏡・道長上〉❸適当・当然の意を表す。…するのがよい。…するべきだ。「後の御孝養をこそ、よくよくせさせ給はんずれ」〈古活字本保元・中〉❹(主として連体形での用法)仮想・婉曲を表す。…としたら。…のような。「さる所へまからむずるも、いみじくも侍らず」〈竹取〉(補説)「む」とほぼ同様に、いくらか意味の強調された表現として用いられる。平安時代以降、主として会話文に用いられ、室町時代以降は「うず」に変化した。

む-すい【無水】❶水を含まないこと。水分がないこと。❷化学で、無水物であること。

むすい-あひさん【無水亜砒酸】硫砒鉄鉱を焼いて得られる三酸化二砒素の俗称。白色の粉末。猛毒。砒素化合物、特に農薬の原料とし、またガラスの清澄剤に用いられる。化学式As_2O_3

むすい-ありゅうさん【無水亜硫酸】二酸化硫黄の俗称。

むすい-ありんさん【無水亜燐酸】燐を不十分な酸素供給下で燃やすと得られる三酸化二燐の俗称。白色ろう状の固体。有毒。冷水と反応して亜燐酸(ホスホン酸)を生じる。化学式P_2O_3

むすい-アルコール【無水アルコール】水を含まないエチルアルコール。濃度が95パーセントのアルコールに生石灰を加えて脱水・蒸留すると得られる。

むすい-けいさん【無水珪酸】二酸化珪素の俗称。

むすい-さくさん【無水酢酸】酢酸2分子から水1分子が取れて縮合した形の化合物。刺激臭のある無色の液体。アセチルセルロースの製造や、アスピリンなどの合成原料として使用。化学式$(CH_3CO)_2O$ (補説)平成13年(2001)11月25日に改正・施行された「麻薬及び向精神薬取締法」で麻薬向精神薬原料の一つに指定されたため、無水酢酸を輸出入・製造・

譲渡する場合や、盗難・紛失などが判明した場合などは、厚生労働大臣あるいは都道府県知事に届け出なければならない。

むすい‐さん【無水酸】酸の化学式から水分子を除いた形で表せる化合物。水と反応して酸を作る酸化物。

むずい‐しんけい【無髄神経】神経線維で、軸索(じくさく)の周囲に髄鞘(ずいしょう)をもたないもの。神経鞘のあるものとないものとに分けられ、前者は末梢神経に、後者は中枢神経の灰白質にみられる。➡有髄神経

むすい‐たんさん【無水炭酸】二酸化炭素の俗称。

むすい‐なべ【無水鍋】ふた・鍋本体とも厚さ4ミリほどのアルミ合金製の鍋。素材の持つ水分を使った無水調理のほか、焼く、煮る、ゆでる、揚げるなど多用途に使える。〔補説〕昭和28年(1953)に開発された。

むすい‐ぶつ【無水物】無機化合物で、結晶水をもたない無水塩や、無水酸のこと。有機化合物では、酸無水物のこと。

むすい‐りゅうさん【無水硫酸】(―リウサン) 三酸化硫黄の俗称。

むすい‐りんさん【無水×燐酸】五酸化燐の俗称。

む‐すう【無数】〔名・形動〕数えきれないほど多いこと。また、そのさま。「―な(の)星」〔類語〕たくさん・多く・数数(かずかず)・多数・数多(あまた)・多量・大量

むず‐おれ【むず折れ】(―をれ) 急に気分が変わること。「大口舌の事は忘れて、―がして女郎を去(い)なす物でござる」〈浮・禁短気・五〉

むずかし・い【難しい】(むつか) 〔形〕〔文〕むづか・し〔シク〕《「むずかる(むつかる)」と同語源。「むつかしい」とも》❶理解や習得がしにくい。複雑でわかりにくい。難解である。「説明が―・い」「―・い文章」⇔易しい。❷解決するのが困難である。「―・い事件」「―・い注文」「―・い病気」⇔易しい。❸実現するのが不可能に近い。「生還は―・い」「登頂は―・い」⇔易しい。❹状況などが込み入っていて、対処するのがやっかいである。「立場が―・くなる」「事態を―・くする」❺人の扱いがめんどうである。「一緒に仕事をするのに―・い相手」「―・い年頃」❻好みなどがうるさい。「服装に―・い人」❼不機嫌である。「―・い顔をする」❽不愉快である。うっとうしい。「女君は、暑く―・しとて」〈源・若菜下〉❾むさくるしい。きたない。「かく―・しき所にのみ籠(こも)り侍れば」〈宇津保・吹上上〉❿気味が悪い。「あな―・しと思ひける心地皆さめて」〈源・夕顔〉

〔派生〕むずかしがる〔動ラ五〕むずかしげ〔形動〕むずかしさ〔名〕〔類語〕(1)分かりにくい・難解・詰屈(きっくつ)・晦渋(かいじゅう)・深遠・高度・ハイブロー・歯が立たない/(2)難(かた)い・困難・至難/(3)望み薄・無理・絶望的・期し難(がた)い/(4)ややこしい・煩わしい・煩雑・複雑・面倒・厄介・難儀・煩瑣(はんさ)・錯雑・錯綜(さくそう)

むずかし‐や【難し屋】(むつか)《「むつかしや」とも》いつもむっつりしていたり、理屈を言ったりして、扱いにくい人。

むず‐がゆ・い【むず×痒い】〔形〕〔文〕むずがゆ・し〔ク〕からだがむずむずするようにかゆい。「背中が―・い」〔派生〕むずがゆさ〔名〕

〔類語〕かゆい・こそばゆい・くすぐったい

ムスカリ〘ラテ Muscari〙ユリ科ムスカリ属の多年草の総称。地中海沿岸を中心に分布し、五十種ほどがある。ヒヤシンスに似て花茎を伸ばし、総状に花をつける。よく栽培されるのはアルメニアカム(ルリムスカリ)で、春に紫青色の釣鐘状の花が咲く。

ムスカリン〘muscarine〙アルカロイドの一種。ベニテングタケ、腐った魚肉などに含まれる有毒物質。

むずか・る【▽憤る】(むづか) 〔動ラ五(四)〕《「むずかしい(むつかしい)」と同語源。「むつかる」とも》❶子供の機嫌が悪く、泣いたりすねたりする。「赤ん坊が―・る」❷機嫌が悪くなる。ぶつぶつ小言をいう。「心知れる人々は、あな憎、例の御癖ぞ、と見たてまつり―・るめり」〈源・明石〉

〔類語〕ぐずる・ぐずつく・泣く・すねる・駄駄(だだ)を捏(こ)ねる

ムスク〘musk〙《「マスク」とも》麝香(じゃこう)。

むす‐こ【息‐子】【▽息】《「生(む)す子」の意》❶親にとって自分の子である男性。せがれ。「跡取り―」「どら―」⇔娘。❷陰茎の俗称。

〔一覧〕掛かり息子・生(き)息子・総領息子・道楽息子・どら息子・のら息子・一人息子・継(まま)息子・貰(もら)い息子

〔類語〕せがれ・こせがれ・子息・息男・愛息・令息・お坊っちゃん・ジュニア

ムスコビヤ〘オランダ Moskoviё〙《「モスコビヤ」とも》❶江戸時代、モスクワを呼んだ称。❷オランダ人がもたらした、モスクワ産のしぼのあるなめし革。巾着(きんちゃく)や胴乱(どうらん)などを作った。

ムスタファパシナ‐ジャミヤ〘Mustafa Pasina Dzamija〙マケドニアの首都スコピエにあるイスラム寺院。オスマン帝国に支配されて間もない15世紀末に、セリム1世に仕えた宰相ムスタファ＝パシャにより建造。同国で最も美しいイスラム建築の一として知られる。ムスタファパシャモスク。

ムスタファパシャ‐モスク〘Mustafa Pasha Mosque〙►ムスタファパシナジャミヤ

ムスタング〘mustang〙《「マスタング」とも》米国で、野生の状態で暮らしているやや小形の馬。スペイン人が放牧したものが野生化した。

ムスダン‐リ【舞水端里】朝鮮民主主義人民共和国、咸鏡北道(ハムギョンプクト)の町。日本海に突出した地形で、郊外にテポドンなどの弾道ミサイル発射基地がある。旧地名の「大浦洞(テポドン)」がミサイルの名の由来となった。

ムスチエ‐サントマリー〘Moustiers-Sainte-Marie〙フランス南東部、プロバンス地方の村。17世紀よりファイアンス焼の一種、ムスチエ焼の生産が盛ん。切り立った岩山が村の家並みに迫る独特の集落景観で知られる。ムスティエサントマリー。

むず‐つ・く〔動カ五(四)〕❶むずむずする。「下腹のあたりが―・く」❷もどかしく思う。「夜深くならぬ間と心―・けども」〈緑雨・かくれんぼ〉

むすっ‐と〔副〕(スル) 機嫌をそこねて口をきかないさま。ぶすっと。「何が気に入らないのか―している」

むず‐と〔副〕❶力をこめて、勢いよくするさま。むんずと。「相手の腕を―つかむ」「―組みつく」❷堂々と遠慮なくするさま。「忠信思ふ座敷に―居直り」〈義経記・五〉

むすば・る【結ばる】㊀〔動ラ五(四)〕❶糸・ひもなどが結んだ状態になる。「ロープが凍って―・らない」❷人とつながりができる。縁がつく。「此縁の―・らぬも縁なり」〈紅葉・不言不語〉㊁〔動ラ下二〕「むすばれる」の文語形。

むすば・れる【結ばれる】〔動ラ下一〕〔文〕むすば・る〔ラ下二〕❶結んだ状態にされる。しばられる。「くずれないように―・れた荷物」❷人とつながりができる。特に、結婚する。「幼なじみと―・れる」

〔類語〕(2)結婚する・縁付く・一緒になる

むす‐ひ【▽産▽霊】《「むす」は生じる、「ひ」は神霊の意。後世「むすび」とも》天地・万物を生み出す神霊。「皇産霊、此をば、みー と云ふ」〈神代紀・上〉

むすび【結び】❶ひも状のものを結ぶこと。また、結んだ部分。「―がゆるい」「男―」❷人と人とを関係づけること。縁を結ぶこと。「―の神」「縁―」❸文章や相撲の取り組みなどの、終わり。結末。「―の言葉」「―の大一番」❹握り飯。おむすび。❺係り結びで、係助詞に応じて語尾を変化させた文末の活用語。➡係り結び ❻►和集合(わしゅうごう)

〔類語〕結末・結尾・末尾・締め括(くく)り・終結・終わり・最後・おしまい・幕切れ・終幕・幕・打ち止め・終(しま)い・大詰め・土壇場(どたんば)・どん詰まり・末(すえ)・ラスト・エンディング・フィニッシュ・フィナーレ

むすび‐あわ・す【結び合(わ)す】(―あはす) ㊀〔動サ五(四)〕「結び合わせる」に同じ。「二本のロープを―・す」㊁〔動サ下二〕「むすびあわせる」の文語形。

むすび‐あわ・せる【結び合(わ)せる】(―あはせる)〔動サ下一〕〔文〕むすびあは・す〔サ下二〕物と物とを結んで一つにする。また、物事を関連づける。むすびあわす。「文化を経済と―・せて論じる」

〔類語〕繋(つな)ぐ・繋(つな)げる

むすび‐がみ【結び髪】女性の髪の結い方で、鬢(びん)や髱(たぼ)を出さず、頭の頂に巻き束ねるようにしたもの。

むすび‐かりがね【結び×雁】紋所の名。雁の両翼を結んだように交差させた形のもの。

むすび‐かりぎぬ【結び狩▽衣】狩衣の袖括(そでくく)りを飾り結びとして、造花の糸花などを加えたもの。若者用。

むすび‐きり【結び切り】❶ひもなどを結んだままにしておくこと。❷ひもなどをこま結びにすること。特に、水引きをこま結びにすること。➡水引❶

むすび‐こぶ【結び×瘤】►結び玉

むすび‐こんぶ【結び昆布】細く切った昆布を結んだもの。煮物や雑煮などに入れる。むすびこぶ。〔季 新年〕「杉箸ではさみし―かな/青々」

むすび‐さより【結び針＝魚】三枚におろしたサヨリの身を軽く結んだもの。ゆがいて椀種(わんだね)に用いる。

むすび‐じょう【結び状】(―ジャウ) 細く巻き畳んで、端または中ほどを折り結んだ書状。恋文や儀礼に用いられた。結び文(ぶみ)。

むすび‐たま【結び玉】ひもなどを結んだところにできるかたまり。結び瘤(こぶ)。

むすび‐つき【結び付き】あるものと他のものとのかかわり合い。また、つながり。「親と子の―」「―が深い」

〔類語〕関わり・繋(つな)がり・掛かり合い・引っ掛かり・絡み・関係・連絡・関連・連関・連係・相関

むすび‐つ・く【結び付く】㊀〔動カ五(四)〕❶結ばれて一つになる。ある目的などのために一緒になる。「両者が―・けば強大な勢力になる」❷関係ができる。関連する。つながる。「その話は前後が―・かない」「努力が成功に―・く」㊁〔動カ下二〕「むすびつける」の文語形。

むすび‐つ・ける【結び付ける】〔動カ下一〕〔文〕むすびつ・く〔カ下二〕❶結んで固定させる。ゆわえつける。「髪にリボンを―・ける」❷密接に関係づける。つながらせる。「愛情が二人を―・けている」

〔類語〕結ぶ・つなぐ・結わえ付ける・縛り付ける

むすび‐とうだい【結び灯台】3本の丸棒をひもで結び、上下を開いて立て、上に油皿を置いて火をともすもの。宮中での夜間公事などに際して用いられた。竹の灯火(ともしび)。

むすひ‐の‐かみ【▽産▽霊の神】天地・万物を生み出す神。「高天の原に成れる神の名は…次に神―」〈記・上〉

むすび‐の‐かみ【結びの神】《「産霊(むすひ)の神」の「むすひ」を、「結び」と関連づけたところから生じた語》男女の仲を取りもつ神。縁結びの神。転じて、仲人のこと。むすぶのかみ。

むすび‐ばな【結び花】糸を花の形に結んだもの。昔、衣服・調度などの装飾に用いられた。

むすび‐ひも【結び×紐】❶より合わせて作ったひも。❷衣服の合わせ目や箱の結び目につけられたひも。

むすび‐ぶくろ【結び袋】糸で編んだ袋。また、口をひもで結んで閉じる袋とも。「ぬさを―に入れてつかはすとて」〈拾遺・雑上・詞書〉

むすび‐ぶみ【結び文】「結び状」に同じ。

むすび‐まつ【結び松】行路の無事を祈ったり誓いを立てたりしたしるしに、松の小枝を結ぶこと。また、その松。「磐代(いはしろ)の野中に立てる―心も解けず古(いにしへ)思ほゆ」〈万・一四四〉

むすび‐め【結び目】ひもなどを結び合わせるところ。ゆいめ。

むす・ぶ【結ぶ】〔動バ五(四)〕❶ひもなど、細長いものを組んでつなぐ。また、結び目をつくる。「髪を―・ぶ」「包帯を―・ぶ」❷手の指をからませるなどして形をつくる。㋐(ふつう「掬ぶ」と書く)手のひらを組み合わせて水をすくう。「花を採り水を―・んでは」〈露伴・二日物語〉㋑仏教で、手の指でさまざまの形をつくる。「印(いん)を―・ぶ」❸開いたものを閉じる。「口をへの字に―・ぶ」「手を―・んだり開いたりする」❹互いに関係をつくる。㋐交わりを緊密にする。「親交を―・ぶ」「縁を―・ぶ」㋑同じ考えの者どうしが一緒になる。組む。「強い勢力と―・ぶ」「同盟を―・ぶ」㋒互いに約束する。「条約を―・ぶ」「契りを―・ぶ」❺二つの地点をつなぐ。連絡する。「本州と四国とを―・ぶ橋」「東

む

京と北京とを四時間で―・ぶ空路」❻まとめて形にする。また、まとまって形になる。❼㋐植物が実をつくる。結実する。みのる。「ぶどうがたわわに―・ぶ」㋑空中の水分などが固まる。結露する。「ハスの葉に露が―・ぶ」㋒結果が出る。「努力が実を―・ぶ」❽建物を構える。「庵(いお)を―・ぶ」❾文章などを終わりにする。締めくくる。「話を―・ぶ」❿係り結びで、文末の活用語を、上の係助詞に応じた活用形とする。「こそ」を受けて已然形とする類。⓫誓いや願いを込めて、草や木の枝の端などをつなぎ合わせる。「君が代も我が代も知るや磐代(いわしろ)の岡の草根をいざ―・びてな」〈万・一〇〉 可能むすべる

類語 結(ゆ)わえる・結(ゆ)う・縛る・括(くく)る・繋(つな)ぐ

一句 縁を結ぶ・同じ流れを掬(むす)ぶ・局(きょく)を結ぶ・草を結ぶ・口を結ぶ・綬(じゅ)を結ぶ・契りを結ぶ・手を結ぶ・実を結ぶ・夢を結ぶ

むすぶ-の-かみ【▽産▽霊の神】「むすびのかみ」の音変化。「君見れば―ぞ恨めしきつれなき人を何つくりけむ」〈拾遺・雑恋〉

むすぶ-の-かみ【結ぶの神】「結びの神」に同じ。「―の門番くらいの役は」〈木下尚江・良人の自白〉

むすぼお・る【結ぼほる】〔動ラ下二〕「むすぼれる」に同じ。「ほのめかす風につけても下荻のなかばは霜に―・れつつ」〈源・夕顔〉

むすぼ・る【結ぼる】〔動ラ下二〕「むすぼれる」の文語形。

むすぼ・れる【結ぼれる】〔動ラ下一〕文むすぼ・る〔ラ下二〕❶結ばれて解けにくくなる。「糸の―・れたように」〈中勘助・鳥の物語〉❷水分などが凝固・凝結する。「夫人の長い睫毛(まつげ)の先に幾粒かの露の玉が―・れて」〈谷崎・武州公秘話〉❸心にわだかまる。「日頃―・れて解けない胸中の疑問を」〈藤村・破戒〉❹関係をつくる。縁故になる。「相構へてこのゆかりに―・れんとぞしける」〈長門本平家・一〉

類語 (❸)わだかまる・塞ぐ・塞(ふさ)がる・沈む・滅入(めい)る・鬱(うっ)する・鬱屈(うっくつ)する・鬱結(うっけつ)する

むず-むず〔副〕スル ❶やる気にあふれ、落ち着かないさま。また、やりたいことができなくてもどかしく思うさま。うずうず。「腕が―する」「なかなか発言できなくて―する」❷虫などが細かくうごめくさま。また、そのような感触があって落ち着かないさま。「背中が―する」「鼻が―する」❸力を込めてするさま。むず。「かぶと引き寄せ…緒を―と結ひ」〈平治・中〉❹無造作にするさま。「袴のうらうへを荒らかに取りて、―と引き広げられて」〈著聞集・一六〉 類語 うずうず・やきもき

むす-め【娘】《「生(む)す女」の意》❶親にとって自分の子である女性。「―を嫁にやる」⇔息子。❷未婚の若い女性。おとめ。また、処女。きむすめ。「街を行く華やかな―たち」

類語 (❶)息女・子女(しじょ)・児女・お嬢さん・お嬢様・令嬢・箱入り娘・いとはん／(❷)女の子・女児・女子・少女・乙女・子女・ガール・ギャル

一語 悪戯(いたずら)娘・鬼娘・おぼこ娘・看板娘・生(き)娘・小町娘・小娘・総領娘・箱入り娘・花娘・一人娘・弁天娘・孫娘・愛(まな)娘・継(まま)娘・婿取り娘・貰(もら)い娘・山娘・雪娘

娘三人持てば身代(しんだい)潰(つぶ)す　娘の嫁入りには多額の費用がかかることのたとえ。

娘一人に婿(むこ)八人　一つの物事に希望者が非常に多いことのたとえ。

むすめ-かたぎ【娘気＝質】いかにも若い娘らしい気質。

むすめ-がち【娘勝ち】〔形動ナリ〕女の子の多いさま。「類ひろく、―にて所せかりければ」〈源・須磨〉

むすめ-ぎ【娘気】「娘心」に同じ。「嫌われたとしたらば、然ぞ―には悔しかろう」〈紅葉・多情多恨〉

むすめ-ぎだゆう【娘義太▽夫】ニダ 女性の義太夫語り。天保年間(1830～1844)から流行し、明治後半期に全盛。竹本綾之助・豊竹呂昇らが有名。➡女義太夫

むすめ-ぐみ【娘組】村落ごとに組織される未婚女子の集団。娘宿に集まって夜なべ仕事などをする。➡若者組

むすめ-ご【娘子】「娘(むすめ)」に同じ。「こなたには、おな上臈と言うて、―がござらうが」〈狂言記・貰聟〉

むすめ-ご【娘御】他人の娘の敬称。

むすめ-ごころ【娘心】若い女性らしい純情な心。乙女心。娘気。「感じやすい―」

むすめ-ざかり【娘盛り】若い女性として最も美しい年ごろ。類語 妙齢・芳紀・年ごろ・女盛り・若盛り

むすめどうじょうじ【娘道成寺】ムスメダウ ジャウジ 歌舞伎舞踊「京鹿子娘道成寺(きょうがのこむすめどうじょうじ)」の通称。

むすめ-ばら【娘腹】母とその娘の両方を妻にしたとき、娘のほうから生まれた子。「親腹の五宮をばいみじう愛しおぼし、―の六宮をば殊の外にぞおぼされける」〈栄花・初花〉

むすめひょうばんぜんあくかがみ【処女評判善悪鏡】ムスメヒヤウバン ゼンアクカガミ 歌舞伎狂言。世話物。5幕。河竹黙阿弥作。慶応元年(1865)江戸市村座初演。「雲霧五人男」を女に書き替えたもの。白浪五人女。

むすめ-ぶん【娘分】仮に娘として扱うこと。また、その人。特に遊里で、娘として預かり勤めに出す芸妓。

むすめ-むこ【娘婿】娘の夫。女婿(じょせい)。

類語 婿・女婿・入り婿・婿養子

むすめ-やど【娘宿】娘組の者が集まって、手仕事をしたり泊まったりする宿。めらし宿。➡若者宿

ムスリム〘アラビア muslim〙《神に帰依・服従した者の意》イスラム教徒のこと。ムスラマ。モスレム。➡イスラム教

ムスリム-どうほうだん【ムスリム同胞団】ドウハウ ダン 1928年、エジプトで結成されたイスラム教社会運動の団体。コーランを憲法とする国家の建設を主張。エジプト最大の政治団体となったが、ナセル狙撃事件を機に54年に解体。その後、70年代に組織を再建し、アラブ諸国で活動を続けている。

ムスリム-れんめい【ムスリム連盟】《All India Muslim League》1906年、インド国民会議派に対抗して結成された政治組織。ジンナーが総裁の47年、パキスタンの分離・独立を実現したが、のち衰退。全インド-ムスリム連盟。回教徒連盟。

ムスル-チャルシュス〘Mısır Çarşısı〙▶エジプシャンバザール

む-せい【無声】❶音声を出さないこと。また、出ないこと。「―慟哭(どうこく)」⇔有声。❷発音の際、声帯の振動を伴わないこと。⇔有声。

む-せい【無性】生物で、雌雄の区別がないこと。⇔有性。

む-せい【夢精】〔名〕スル 睡眠中に、夢によって性的興奮を感じ、射精すること。

む-ぜい【無税】税金がかからないこと。また、税金をかけないこと。⇔有税。

む-ぜい【無勢】〔名・形動〕▶ぶぜい(無勢)

むせい-えいが【無声映画】ムセイ エイグワ 音声・音響を伴わない、画像だけの映画。サイレント映画。⇔発声映画。類語 活動・活動写真・映画・シネマ・キネマ

むせい-おん【無声音】声帯の振動を伴わないで発する音。子音の[p][t][k][s][ts]など。母音も場合により無声になることがある。⇔有声音。

ムセイオン〘ギリシャ Mūseion〙《文芸・学問の神ミューズの聖所の意》古代ギリシャの学問研究所。特に、プトレマイオス1世がアレクサンドリアに設立した研究所が著名。地中海周辺諸国から多くの学者が招かれ、ヘレニズム時代の学芸の一中心地となった。前2世紀の内乱以降衰退したが、4世紀ごろまで存続したとみられる。

むせい-か【無声化】ムセイ クワ 通常は有声である音が無声音になる現象。例えば、「来た」というときの母音iは無声化しやすい。

むせい-が【無性芽】植物体の組織の一部または細胞が繁殖するための器官で、母体から離れて新個体となるもの。狭義にはコケ植物のものをいい、ゼニゴケでは葉状体の表面にできる無性芽器の中につくられる。広義には、むかごなども含めていう。

む-せいげん【無制限】〔名・形動〕制限がないこと。制限しないこと。また、そのさま。「―な人間の欲望」「人員を―に増やす」

むせいげん-ほうか【無制限法貨】ハフクワ 法律により、金額に制限なく強制通用力を与えられている貨幣。完全法貨。日本銀行券の類。

むせい-せいしょく【無性生殖】性と関係のない生殖の様式。分裂・出芽・胞子形成・栄養生殖など。⇔有性生殖。

むせい-せだい【無性世代】世代交代を行う生物で、無性生殖を行う世代。核相が複相である時期。⇔有性世代。

むせい-の-し【無声の詩】❶無韻の詩。❷《黄庭堅「次韻子瞻子由題憩寂図」から》絵画のこと。

む-せいふ【無政府】政府が存在しないこと。

むせいふ-しゅぎ【無政府主義】▶アナーキズム

むせいふしゅぎ-しゃ【無政府主義者】▶アナーキスト

むせいふ-じょうたい【無政府状態】ジヤウタイ 社会の秩序が乱れ、行政機関が全く機能しない状態。

むせい-ぶつ【無生物】石や水などのように、生命がなく生活機能をもたないもの。

むせい-ほうでん【無声放電】ハウデン 音の発生を伴わない放電の総称。コロナ放電、無電極放電など。

むせいやく-しゃ【無制約者】哲学で、他の何ものによっても制約されず、それ自身によって存立するもの。絶対者。

むせい-らん【無精卵】受精していない卵。

むせ-い・る【×噎せ入る｜▽咽せ入る】〔動ラ五(四)〕「むせびいる」に同じ。「奥さんは―・ってしまうのである」〈鷗外・金毘羅〉

ムゼウムスインゼル〘Museumsinsel〙▶博物館島

むせかい-ろん【無世界論】▶無宇宙論

むせ-かえ・る【×噎せ返る｜▽咽せ返る】カヘル〔動ラ五(四)〕❶ひどくむせる。「煙を吸い込んで―・る」❷「噎(むせ)び泣く」に同じ。「私はくやしく涙に―・りました」〈太宰・新釈諸国噺〉

む-せき【無籍】国籍・戸籍・学籍などをもたないこと。

むせきつい-どうぶつ【無脊椎動物】脊椎動物門を除くすべての動物の総称。動物界の大部分を占め、原索・棘皮(きょくひ)・触手・節足・環形・軟体・扁形・腔腸(こうちょう)・海綿などの動物門が含まれる。

む-せきにん【無責任】〔名・形動〕❶責任がないこと。「事故についての―を主張する」❷責任を自覚しないこと。責任感がないこと。また、そのさま。「―な発言」類語 不誠実・不実・不真面目・適当・いい加減・ぞんざい・投げ遣(や)り・でたらめ・ちゃらんぽらん・行き当たりばったり

むせき-もの【無籍者】国籍・戸籍のない人。

む-せっそう【無節操】ムセッサウ〔名・形動〕節操のないこと。また、そのさま。「―な振る舞いをする」

むせってん-じゅうでん【無接点充電】《contactless charging》▶非接触充電

むせってん-でんりょくきょうきゅう【無接点電力供給】デンリヨク キヨウキフ《contactless power supply》▶非接触電力伝送

むせってん-でんりょくでんそう【無接点電力伝送】《contactless power supply》▶非接触電力伝送

むせっ-ぽ・い【×噎せっぽい｜▽咽せっぽい】〔形〕異物がのどを刺激してむせやすい感じである。「ほこりが立って―・い」

むせび-い・る【×噎び入る｜▽咽び入る】〔動ラ五(四)〕激しく泣く。むせび泣く。むせいる。「ハンケチに顔を埋めて繁は―・る」〈風葉・青春〉

むせび-なき【×噎び泣き｜▽咽び泣き】むせび泣くこと。嗚咽(おえつ)。

むせび-な・く【×噎び泣く｜▽咽び泣く】〔動カ五(四)〕息が詰まるほど激しく泣く。声をのみこむようにして泣く。むせかえる。「―・くような汽笛」

類語 噎(む)せ返る・すすり泣く・歔欷(きょき)する・欷歔(ききょ)する・欷泣(ききゅう)する・嗚咽(おえつ)する・泣きじゃくる

むせ・ぶ【×噎ぶ｜▽咽ぶ】〔動バ五(四)〕《古くは「むせふ」》❶飲食物をのどに詰まらせたり、煙を吸い込

んだりして、息苦しくなる。また、そのようになってせきこむ。むせる。「たき火の煙に―・ぶ」❷こみ上げる感情で息が詰まる。また、息を詰まらせながら泣く。「感涙に―・ぶ」❸むせび泣くような声や音を立てる。「声はして雲路に―・ぶ郭公ほととぎす涙やそそく宵のむら雨」〈新古今・夏〉❹水の流れがつかえる。また、つかえて水音を立てる。「巌泉―・んで布をひき、嶺猿叫んで枝にあそぶ」〈平家・五〉

(類語)啜すすり上げる・噦しゃくり上げる・咳せき上げる・歔欷きょきする・嗚咽おえつする・涙に噎ぶ

む・せる【ˣ噎せる｜ᵛ咽せる】〔動サ下一〕図む・す〔サ下二〕❶飲食物や煙が気管にはいるなどして、息苦しくなったりせきこんだりする。むせぶ。「香水のかおりに―・せる」「急に水を飲んで―・せる」❷悲しみなどのために胸がふさがる。「言問はむよしのなければ心のみ―・せつつあるに」〈万・五四六〉(類語)噎せぶ・噎せ返る・咳き込む・咳き上げる・咳き入る

む-せん【無銭】❶金銭を持たないこと。また、金銭を支払わないこと。「―旅行」「―飲食」❷代金を払う必要がないこと。無料。「置いてくと言ふさかい―かと思うた」〈滑・浮世風呂・四〉

(類語)無料・無代・無賃・ただ・ろは

む-せん【無線】❶電線を架設しないこと。ワイヤレス。⇔有線。❷「無線電信」の略。❸「無線電話」の略。

むせん-アイシータグ【無線ICタグ】《wireless integrated circuit tag》▶ICタグ

むせん-アドホックネットワーク【無線アドホックネットワーク】《wireless ad hoc network》▶アドホックネットワーク

むせん-きょく【無線局】電波による情報伝送を目的とする無線設備、およびそれを操作する人を合わせたもの。

むせん-こうほう【無線航法】ニカウハフ▶電波航法

むせん-しっぽう【無線七宝】七宝焼きの技法の一。金属線による輪郭がなく、釉薬ゆうやくだけで文様を表すもの。➡有線七宝

むせん-しゅうは【無線周波】ニシウ▶電波

むせん-そうじゅう【無線操縦】ニサウジウ航空機・船舶・車両・ミサイルなどを、電波によって遠隔操縦すること。ラジオコントロール。ラジコン。

むせん-タグ【無線タグ】《wireless tag》▶ICタグ

むせん-つうしん【無線通信】電波を使って行う通信。送信機から送られた特定の周波数の電波を、直接または中継器を経て受信機で受け取る。無線電気通信。➡有線通信　➡移動体通信

むせん-でんきつうしん【無線電気通信】▶無線通信

むせん-でんしん【無線電信】電線を媒介とせず、電波を利用して符号で行う通信。無電。

むせん-でんりょくきょうきゅう【無線電力供給】ニデンリヨクキヨウキフ《wireless power supply》▶無線電力伝送

むせん-でんりょくでんそう【無線電力伝送】《wireless energy transfer》電源からの専用ケーブルなどを使わずに電力を伝送・供給する技術の総称。二つのコイルの一方に電流を流して磁力を発生させ、もう一方のコイルに電流が流れる電磁誘導方式、コイルとコンデンサーを組み合わせた共振回路を利用する磁界共鳴方式、電波を電力に変換する電波受信方式などがある。携帯電話、ノートパソコン、デジタルカメラや電気自動車などへの新たな充電方式として、実用化に向けた研究開発が進められている。また、ほぼ同義の非接触電力伝送は、金属接点やコネクターなどを介さず、比較的近距離での電力伝送を指すことが多い。無線電力供給。ワイヤレス電力供給。ワイヤレス電力伝送。

むせん-でんわ【無線電話】電線を媒介とせず、電波を利用した電話。携帯電話や自動車・列車電話として使用。

むせん-とじ【無線ˣ綴じ】ニトヂ製本様式の一。折り丁の背を針金や糸で綴じないで接着剤のみで接合する綴じ方。

むせん-ひょうしき【無線標識】ニヘウシキ一定の地点に置かれ、特定の方向性をもつ電波を発し、それを受信した航空機・船舶などに位置・方向を知らせる装置。ラジオビーコン。電波標識。

むせん-まい【無洗米】研がずにそのまま炊けるよう、糠ぬかを取り去った米。

むせん-マウス【無線マウス】《wireless mouse》▶ワイヤレスマウス

むせん-ラン【無線LAN】赤外線や電波による無線通信を利用したLAN。WLAN(wireless local area network)。

むせんラン-アクセスポイント【無線LANアクセスポイント】《wireless LAN access point》無線LANの接続を中継する機器。Wi-Fi機能をもつノートパソコン、スマートホン、携帯型ゲーム機などの端末を相互に接続したり、インターネットなどの外部のネットワークと中継したりする。無線LAN親機。無線LANブリッジ。ワイヤレスLANアクセスポイント。ワイヤレスアクセスポイント。Wi-Fiアクセスポイント。Wi-Fiブリッジ。

むせんラン-アダプター【無線LANアダプター】《wireless LAN adapter》パソコンなどに取り付け、無線LAN機能を追加するための拡張機器の総称。PCカード、USB、コンパクトフラッシュ、SDカードなど、さまざまなインターフェースに対応する機器がある。また近年は家庭用ゲーム機やデジタル家電での利用も普及している。ノートパソコン、PDA、スマートホンの中にはあらかじめ無線LAN機能を内蔵するものがある。無線LANカード。無線LAN子機。ワイヤレスLANアダプター。ワイヤレスLANカード。(補説)Wi-Fi(ワイファイ)が代表的なブランドであることから、Wi-Fiアダプター、Wi-Fiカード、Wi-Fiコネクターともいう。

むせんラン-おやき【無線LAN親機】《wireless LAN access point》▶無線LANアクセスポイント

むせんラン-カード【無線LANカード】《wireless LAN card》▶無線LANアダプター

むせんラン-こき【無線LAN子機】▶無線LANアダプター

むせんラン-ちゅうけいき【無線LAN中継機】《wireless LAN repeater》無線LANの電波が弱い場合に設置し、無線LANを利用できる範囲を拡大するための機器。無線LAN親機と無線LAN子機の間にある電波の障害物を避け、通信距離を延ばすことができる。電波を中継するだけであり、ルーター機能は搭載しない。

むせんラン-ブリッジ【無線LANブリッジ】《wireless LAN bridge》▶無線LANアクセスポイント

むせんラン-ホットスポット【無線LANホットスポット】▶ホットスポット❻

むせん-ワン【無線WAN】携帯電話またはPHSの広域パケット通信網を利用して、インターネットに常時接続する無線通信ネットワーク。WWAN(wireless wide area network)。ワイヤレスWAN。

む-そ【六ᵛ十】ろくじゅう。

む-そう【無双】ニサウ❶二つとないこと。並ぶものがないほどすぐれていること。無二。ぶそう。「―の大力」「天下―」❷衣服の表と裏を同一の布地で仕立てること。また、そのもの。夢想。❸相撲で、相手の差し手を抱え込み、手を相手の内股または外股に当てて反対側からひねり倒す技。内無双と外無双がある。「―を切る」(類語)無二・無比・無類

む-そう【無相】ニサウ仏語。❶姿・形のないこと。⇔有相うそう。❷一切の執着を離れた境地。仏道修行の三解脱門さんげだつもんの一。

む-そう【無想】ニサウ仏語。心に何も思わないこと。無心。

む-そう【夢相】ニサウ夢の吉凶をみること。また、それを業とする人。「卜部兼友うらべのかねともが―ありなんど聞こえき」〈愚管抄・五〉

む-そう【夢想】ニサウ〔名〕スル❶夢の中で思うこと。夢に見ること。「―だにしない歓迎を受ける」❷夢のようにあてもないことを想像すること。空想すること。「―家」❸「無双❷」に同じ。❹夢の中に神仏が現れて教えを示すこと。「殿下でんか御―の事ありて」〈著聞集・四〉

(類語)空想・想像・仮想・妄想・幻想

むそう-か【夢想家】ムサウ実現できそうもないことばかり考える人。

むそう-がわ【無双側｜夢想側】ムサウガハ懐中時計などで、両面に同じ作りのふたがあるもの。

むそう-きょく【夢想曲】ムサウ夢想的な趣のある器楽用の小曲。シューマンの「トロイメライ」が有名。

むそう-こくし【夢窓国師】ムサウ▶夢窓疎石むそうそせき

む-ぞうさ【無造作｜無雑作】ニザウ〔名・形動〕❶たやすいこと。また、そのさま。「頼みを―に引き受ける」❷技巧をこらさないこと。念入りでないこと。また、そのさま。「―な筆づかい」

(類語)簡単・手軽・気軽・安易・楽楽・やすやす・軽軽

むそう-そせき【夢窓疎石】ムサウ［1275～1351］南北朝時代の臨済宗の僧。伊勢の人。一山一寧・高峰顕日に師事。後醍醐天皇・足利尊氏らの篤信を受け、京都嵯峨に天竜寺を開山。天竜寺船による貿易を促し、また造園芸術を発展させた。門派は夢窓派といい、五山文学の最盛期をつくった。著「夢中問答集」「臨川寺家訓」「西山夜話」「夢窓国師語録」など。正覚国師。心宗国師。普済国師。夢窓国師。

むそう-ばおり【無双羽織｜夢想羽織】ムサウ表裏を同じ布地で仕立てた袷あわせ羽織。また、同じ布地を色変わりに染めて表と裏にした羽織。

むそう-まど【無双窓｜夢想窓】ムサウ無双連子れんじを取り付けた窓。

むそう-むねん【無想無念】ムサウ仏語。あらゆる想念を離れること。妄念のないこと。無念無想。

むそう-りねん【無相離念】ムサウ仏語。一切の念慮・妄念を離れること。

むそう-りゅう【夢想流】ムサウリウ江戸時代、御殿女中などの髪の結い方の一。笄こうがいを抜くと下げ髪になる。片はずし・下げ下地の類。

むそう-れんじ【無双連子｜夢想ˣ櫺子】ムサウ作り付けにした連子に、同様の連子のある引き戸を内側に重ね、引き戸を引くと両方のすきまが互い違いになって一面の板張りのようになるもの。

む-そく【無足】〔名・形動ナリ〕❶中・近世、主君に奉公しながら、領地を与えられないこと。また、その人や、そのさま。「―なる人一人も候はで」〈甲陽軍鑑・一三〉❷むだになること。むだであること。また、そのさま。「―ナ辛労ヲ致イタ」〈日葡〉

むそく-にん【無足人】❶無足❶である人。❷近世、準士分の上層農民。

むそく-るい【無足類】無足目の両生類の総称。外形はミミズに似て多数の体節状の輪がある。アシナシイモリとも。尾がないか、あっても短い。ほとんどは地中にいるが、水生のものもある。中南米とアジア・アフリカの熱帯地方に分布。はだかへび。

むそ-じ【六ᵛ十｜六ᵛ十路】ヂろくじゅう。また、60歳。60年。

む-そ-ち【無租地】地租を課さない土地。国有地・公有地など。

む-ぞり【無反り】刀身に反りがなく、まっすぐなこと。また、その刀。

ムソルグスキー〖Modest Petrovich Musorgskiy〗［1839～1881］ロシアの作曲家。国民楽派五人組の一人。ロシア国民音楽の創造に尽力。作品に、オペラ「ボリス゠ゴドノフ」、ピアノ組曲「展覧会の絵」など。

むた【ᵛ与｜ᵛ共】名詞または代名詞に格助詞「の」「が」が付いた形に接続して、…とともに、…のままに、の意の副詞句をつくる。「波の―か寄りかく寄る」〈万・一三一〉

むだ【無駄｜ᵛ徒】〔名・形動〕❶役に立たないこと。それをしただけのかいがないこと。また、そのさま。無益。「―な金を使う」「時間を―にする」❷「むだぐち」に同じ。「しゃれも―もいっかう言はず」〈滑・膝栗毛・初〉

(補説)「無駄」は当て字。

(類語)無益・無意味・徒あだ・徒労・駄目・くたびれもうけ

むだ-あし【無駄足｜ᵛ徒足】わざわざ行ってもなんの役にも立たないこと。「相手が留守のため―にな

る」「一を踏む」(類語)無駄骨・徒労・骨折り損

む-たい【無体|無代|無台】〔名・形動〕《古くは「むだい」とも》❶無理なこと。無法なこと。また、そのさま。「一を働く」「一な所業」❷(無体)形のないこと。無形。❸ないがしろにすること。おろそかにすること。また、そのさま。「仏法を一にし、逆罪を相招く」〈盛衰記・二四〉(類語)無理・無法・非道・無理無体

む-だい【無代】代価がいらないこと。無料。

む-だい【無題】❶作品に題がないこと。❷題を設けずに作った詩歌。題詠でない詩歌。

むたい-こう【無対光】ークヮウ 仏語。阿弥陀仏の発する十二光の一。他に比べようのないほどすぐれている光明。また、無対光仏のこと。

むたいこう-ぶつ【無対光仏】ムタイクヮウ 阿弥陀仏の異称。

むたい-ざいさんけん【無体財産権】▶知的財産権

むたい-さいばい【無袋栽培】生育途中の果実に袋掛けをしないで栽培すること。⇔有袋栽培。

むたい-ぶつ【無体物】法律で、音響・香気・電気・熱・光などのように、有形的存在でないもの。⇔有体物。

む-たか【無高】❶知行高ちぎょうだかが定まっていないこと。❷江戸時代、石高のない土地。また、田地を所有しない農民。

むだ-がき【無駄書(き)|▽徒書(き)】役にも立たない字や絵を慰みに書くこと。また、その書いたもの。いたずら書き。

むだ-がね【無駄金|▽徒金】使っただけの効果のない金。むだぜに。

む-だ-く【▽抱く】〔動カ四〕《「身む縮たく」の意か。「縮く」は手を使ってある動作をする意》だく。いだく。「上野かみつけ安蘇あそのま麻群そらかき一・き寝ぬれど飽かぬをあどか我あがせむ」〈万・三四〇四〉

むだ-ぐい【無駄食い|▽徒食い】ーぐひ〔名〕スル ❶必要以上に食うこと。間食をすること。「学校帰りに一する」❷働きもしないで食うだけであること。遊び暮らすこと。また、その人。としょく。「仕事にも就かずに一する」

むだ-ぐち【無駄口|▽徒口】❶つまらないおしゃべり。むだごと。「一をきく」❷言語遊戯の一。語呂によってもとの文句をもじっていうもの。「おそれ入谷いりやの鬼子母神」「驚き桃の木山椒の木」の類。(類語)贅言ぜいげん・無駄話・おしゃべり・駄弁・贅語ぜいご・冗語じょうご

無駄口を叩たた・く 無駄口を言う、の意を強めた言い方。「一・いてないで仕事をしろ」

むだ-げ【無駄毛|▽徒毛】美容や化粧の妨げになる、顔・襟足・腕・足などの毛。

むだ-ごと【無駄言|▽徒言】「無駄口」に同じ。「一を言う」

むだ-ごと【無駄事|▽徒事】役に立たないこと。無益な行い。

むだ-ごま【無駄駒|▽徒駒】将棋で、指しても役に立たない駒。

むだ-じに【無駄死に|▽徒死に】〔名〕スル 役に立たない死に方。無益の死。犬死に。(類語)犬死に・徒死

むだ-だま【無駄玉|▽徒玉】撃っても命中しない弾丸。転じて、注ぎ込んでも役に立たない資金。

むだ-づかい【無駄遣い|▽徒遣い】ーづかひ〔名〕スル 金銭などを、必要のないことや役に立たないことに使うこと。浪費。「デパートで一する」「石鹸せっけんの一」
(類語)浪費・濫費・散財・空費・徒費・冗費・不経済

むだ-ば【無駄歯】歯車で、かみ合わせの相手となる歯を順に変えて摩滅を平均化するために、1枚余計に加える歯。

むだ-ばな【無駄花|▽徒花】咲くだけで実を結ばない花。また、雌雄異花の植物の雄花。はなばなしい行動が成果につながらなかった場合のたとえにもいう。あだばな。「一人一を咲かせる」

むだ-ばなし【無駄話|▽徒話】役に立たないおしゃべり。雑談。(類語)おしゃべり・雑談・よもやま話・世間話・駄弁・余談

むだ-ばら【無駄腹|▽徒腹】無益の切腹。転じて、何の意味もない責任をとらされること。「一を切る」

むだ-ぼね【無駄骨|▽徒骨】「無駄骨折り」の略。「努力が一に終わる」「一を折る」

むだ-ぼねおり【無駄骨折り|▽徒骨折り】ーぼねをり 苦労したことがなんの役にも立たないこと。徒労。骨折り損。むだぼね。「長年の辛苦も一だった」
(類語)骨折り損・徒労・くたびれもうけ・無駄足

む-たまがわ【六玉川】ーたまがは ㊀古歌に詠まれた6か所の玉川の総称。⇒玉川 ㊁題材を㊀にとり、また歌詞に織り込んだ邦楽曲の題名または通称。㋐箏曲そうきょく。組歌。江戸中期、三橋検校作曲。㋑富本節。本名題「草枕露の玉歌和」。弘化3年(1846)ごろ、3世鳥羽屋里長作曲。㋒清元節。㋑を清元に移したもので、後半を4世清元延寿太夫が改編。㋓箏曲。山田流。明治初年、㋑を初世中能島松声が箏曲に移入。玉川。㋔長唄。本名題「六玉川琴柱ことじの鴈かり」。4世杵屋六三郎作曲。文政12年(1829)江戸河原崎座初演。

むたまがわ【武玉川】ムタマガハ 江戸中期の雑俳集。18編。15編まで慶紀逸けいきいつ、16編以下は2世紀逸編。寛延3〜安永5年(1750〜1776)刊。江戸の俳諧の高点付句を集めたもので、「誹風柳多留」などに影響を与えた。

むだ-めし【無駄飯|▽徒飯】働きもしないで食う飯。徒食。「一食い」

無駄飯を食・う 働きもしないでぶらぶら暮らす。「わが家に一・わせる余裕はない」

む-だん【無断】相手に断らないこと。承諾や許可を得ないこと。「一で借用する」「一外泊」
(類語)無届け・無許可

むだん-へんそくき【無段変速機】歯車を用いず、それ以外の機構によって変速比を連続的に変化させるトランスミッション。

む-たんぽ【無担保】担保を提供しないこと。また、担保をとらないこと。「一貸付」

むたんぽ-うらがき【無担保裏書】裏書人が手形または小切手上の担保責任を負わない旨を記載した裏書。

むたんぽコールレート-オーバーナイトもの【無担保コールレートオーバーナイト物】《O/N Call Rate》▶コールレート

むたんぽコールレート-よくじつもの【無担保コールレート翌日物】「無担保コールレートオーバーナイト物」に同じ。⇒コールレート

むたんぽ-しゃさい【無担保社債】社債を担保の有無で分類する場合に、担保が設定されていない社債を指す。現在は無担保社債が主流。社債が債務不履行になった場合、額面金額や利払いは保証されない。

む-ち【無知|無×智】〔名・形動〕知らないこと。知識がないこと。知恵のないこと。また、そのさま。「相手の一につけ込む」「一な人間」(類語)蒙昧もうまい・愚昧ぐまい・愚蒙ぐもう・暗愚あんぐ・無学・文盲・無教養・物知らず

無知の知 自らの無知を自覚することが真の認識に至る道であるとする、ソクラテスの真理探究への基本になる考え方。

む-ち【無恥】〔名・形動〕恥を恥と思わないこと。また、そのさま。恥知らず。「一な人」「厚顔一」
(類語)恥知らず・破廉恥・恥さらし

むち【▽貴】神や人を尊んでいう語。固有名詞の下に付けることが多い。「大日孁おおひるめ一」「大己貴おおなむち一」⇒大日孁貴おおひるめのむち ⇒大己貴神おおなむちのかみ

むち【×鞭|×笞|▽策】❶馬・牛などを打って進ませるために用いる革ひもや竹の棒。刑罰として人を打つ場合にも用いる。「一を当てる」「一を入れる」❷人に物を指し示すための細長い棒。❸人を励ましたり叱ったりするための言葉や行為。「愛の一」

鞭鐙あぶみを合わ・す 馬に乗って速く走らせるとき、鞭を当てると同時に鐙をあおる。「一・せて馳せ来たり」〈平家・七〉

鞭を揚あ・ぐ 鞭をふり上げて馬を速く走らせる。「一・げてぞ上り給ひける」〈曽我・二〉

鞭を呉く・れる むちで打つ、の意のぞんざいな言い方。「罰として一・れてやる」

むち-うち【×鞭打ち|×鞭ち】❶鞭で打つこと。❷江戸時代、拷問ごうもんの一。被疑者を後ろ手に縛り、左右の手首を両肩の下まで締め上げ、箒尻ほうきじりと呼ばれる拷問杖でたたくもの。❸「鞭打ち症」の略。

むちうち-しょう【×鞭打ち症】ーシヤウ 自動車の追突事故などによって、頭部が鞭の動きのように前後に過度の屈伸をし、首の組織に損傷を生じたために起こる症状。頭痛・肩凝り・手足のしびれ・めまい・耳鳴りなど。

むち-う・つ【×鞭打つ|×鞭つ】〔動タ五(四)〕❶鞭で打つ。鞭を当てる。「馬に一・つ」❷励まし、ふるいたたせる。「老骨に一・つ」

むち-かけ【×鞭懸(け)】神明造しんめいづくりの破風はふ板の上部の、左右から4本ずつ突き出した小さい木。小狭小舞。

む-ちく【無畜】家畜を持っていないこと。

む-ちつじょ【無秩序】〔名・形動〕秩序がないこと。また、そのさま。「一な集団」「一な配列」

むち-むち〔副〕スル 肉づきがよく、肌に張りがあるさま。むっちり。「一した太もも」

むち-も【×鞭藻】ムチモ科の褐藻。潮間帯などの岩に生え、ふたまた状に分枝を繰り返し、鞭のように細長く伸びる。中部地方の太平洋岸に多い。

むち-もうまい【無知×蒙昧】〔名・形動〕学問がなく、物事の道理を知らないこと。また、そのさま。「一な大衆」

むち-もんもう【無知文盲】ーモンマウ 学問・知識がなく、文字の読めないこと。また、その人。

むちゃ【無茶】〔名・形動〕❶筋道が立たず、道理に合わないこと。また、そのさま。「一を言う」「一な考え」❷程度がはなはだしいこと。度を越していること。また、そのさま。「一な飲酒」❸知識がないこと。また、そのさま。「生国はいづれ片田舎の者…江戸の事は一なり」〈滑・浮世床・初〉(補説)「無茶」は当て字。(類語)無理・無謀・理不尽・筋違い・でたらめ・滅茶苦茶めちゃくちゃ・無茶苦茶

むちゃ-くちゃ【無茶苦茶】〔名・形動〕「むちゃ」を強めていう語。「一を言うな」「一に暴れる」「一な値段」
(補説)「無茶苦茶」は当て字。
(類語)滅茶苦茶めちゃくちゃ・滅茶滅茶めちゃめちゃ

む-ちゃくりく【無着陸】航空機などが目的地に着くまで一度も着陸しないこと。

むちゃくりく-ひこう【無着陸飛行】ーヒカウ 無着陸で飛行すること。

む-ちゅう【夢中】〔名・形動〕❶物事に熱中して我を忘れること。また、そのさま。「一で本を読む」「競馬に一になる」「無我一」❷夢を見ている間。夢の中。「多数は猶安眠の一にあり」〈独歩・愛弟通信〉❸正気を失うこと。また、そのさま。「余りの嬉しさに…一な程でした」〈若松訳・小公子〉
(類語)無我夢中・一心不乱・熱中・没頭・没入

む-ちゅう【霧中】霧におおわれている中。霧の中。また転じて、手がかりがなく、見通しがつかないことのたとえ。

むちゅう-ごうかく【霧中号角】ーガウカク 霧中信号を送るため、手で鞴ふいごを動かすなどして継続音を発する装置。

むちゅう-しんごう【霧中信号】ーシンガウ 霧で視界が悪いとき、事故防止のために船舶や灯台から発する音響信号。

むちゅうもんどう【夢中問答】ムチュウモンダフ 南北朝時代の法語集。3巻。夢窓疎石著。興国5=康永3年(1344)刊。仏法の要義や禅の要諦と修行の用心を、足利直義に対する問答体として、通俗平易な和語で述べたもの。

むちゅうゆうこう-しょう【夢中遊行症】ムチュウイウカウシヤウ ▶夢遊病むゆうびょう

む-ちょう【無腸】ーチャウ ❶腹のすわっていないこと。節操のないこと。「一の男は薩長政府に取入って」〈蘆花・黒潮〉❷「無腸公子」の略。

むちょう-おんがく【無調音楽】ムテウ 調性の制約を

排除した音楽。20世紀初頭、シェーンベルクが意識的に用いた。➡十二音音楽 ➡調
むちょう-かん【無腸漢】 腹のすわっていない男。節操のない男。
むちょう-こうし【無腸公子】 カニのこと。画題に用いる。
む-ちん【無賃】賃金・料金を払わないこと。また、料金がいらないこと。「―で働く」「―乗車」
ムチン〘mucin〙ポリペプチドに無数の糖鎖が枝状に結合した糖たんぱく質の一種。唾液・胃液・涙など動物の粘膜の表面に分泌される粘液のほか、山芋・オクラ・昆布・なめこなどの植物や菌類などにも含まれている。糖鎖にはレクチンなどのたんぱく質を認識して結合する機能があり、多種多様な糖鎖をもつムチンは、ウイルスや細菌の表面にあるたんぱく質を認識・結合してその活動を弱めたり、粘液に取り込んで体外に排出する働きがある。
むつ 青森県北部、下北半島にある市。北は津軽海峡、南は大湊湾に面し、中央に恐山山地がある。もと大湊田名部市。大湊には海上自衛隊の基地がある。ホタテガイ養殖が盛ん。人口6.1万(2010)。
む-つ【六つ】❶数の名。ろく。むっつ。❷6歳。むっつ。❸昔の時刻の名。むつどき。㋐今の午前6時ごろ。明けむつ。㋑今の午後6時ごろ。暮れむつ。
(類語)一・二・三・四・五・六・七・八・九・十・百・千・万・億・兆・ゼロ・零・一つ・二つ・三つ・四つ・五つ・七つ・八つ・九つ・十
むつ【陸奥】㊀旧国名の一。現在の青森・岩手・宮城・福島の各県と秋田県の一部にあたる。明治元年(1868)陸奥・陸中・陸前・岩代・磐城の5国に分割後の陸奥は、現在の青森県と岩手県の一部にあたる。㊁►みちのく ㊂旧日本海軍の第二次大戦時の主力戦艦。大正10年(1921)竣工。改装後の排水量4万3580トン。
むつ【×鯥】スズキ目ムツ科の海水魚。深海にすみ、全長約60センチ。体は細長くて側扁し、目と口が大きく、全体に黒紫色。東北地方以南に産し、産卵期の冬が美味。卵巣もムツの子といって賞味。(季 冬)
む-つう【無痛】痛みを感じないこと。また、痛みを伴わないこと。
むつう-ぶんべん【無痛分×娩】陣痛の苦しみを取り除いたり軽減したりして分娩が行われること。麻酔薬を用いる方法や、呼吸法・弛緩法などの訓練により不安を除く方法がある。
むつかし・い【難しい】〔形〕文むつか・し〔シク〕►むずかしい
むつ-がたり【▽睦語り】むつまじく語り合うこと。むつごと。「埋み火のあたりに冬はまとゐして一することぞうれしき」〈堀河百首〉
ムッカハーベルマン-びょう【ムッカハーベルマン病】《Mucha-Habermann disease》皮膚病の一種で、急性痘瘡状苔癬状粃糠疹。赤い丘疹や小水疱が散在性に生ずる。比較的軽症。男の子に多い。
むつか・る【▽憤る】〔動ラ五(四)〕►むずかる
むつき【▽睦月】陰暦正月の異称。むつびづき。(季 春)「神の磴―の蝶を遊ばしむ/風生」
(類語)正月・一月・新年・新春・初春・初春・孟春・春・年始・年初・松の内・陽春
むつき【襁＝褓】❶幼児や病人の大小便を取るために、腰から下に当てておくもの。おしめ。おむつ。❷生まれたばかりの子に着せる衣。産着。「御衣、御一」〈栄花・初花〉❸ふんどし。「赤裸にて―をかき」〈盛衰記・一〇〉(類語)おしめ・おむつ
襁褓の内 産着をきていた時代。ごく幼いころ。「まだ―を出でざるにひとし」〈鴎外訳・即興詩人〉
むつ-ぎり【六つ切り】❶全体を六等分に切ること。また、その切ったもの。❷写真の印画紙の寸法の一。20.3×25.4センチの大きさ。六つ切り判。❸江戸時代、武家や寺院の門限が暮れ六つ(午後6時ごろ)であったこと。
ムック〘mook〙《magazineとbookの中間の意を表す造語》内容は単行本でありながら、発行方式や編集形態が雑誌のような出版物。雑誌風書籍。
むつ・く【▽憤く】〔動カ下二〕「むつける」の文語形。
むっく-と〔副〕急に勢いよく起き上がるさま。むくと。「叫び声に―起きる」
ムックリ アイヌの民族楽器。口琴の一種。細長い竹の板の中央に舌状の弁を切り出し、ひもを付けたもの。口にあててひもを引いて弁を振動させ、口腔内に共鳴させて奏する。
むっくり〔副〕スル ❶よく太っているさま。また、丸く盛り上がっているさま。「―(と)したからだつき」❷「むっくと」よりもやや緩慢な感じを表す語。むくり。「―(と)からだを起こす」
むつ・ける【▽憤ける】〔動カ下一〕文むつ・く〔カ下二〕❶機嫌を損ねる。いきどおる。「我思はずと妹―・けたり」〈新撰六帖・五〉❷からだが弱る。「なまぐさき風吹きかよひ、人の身にあたるといなや、―・ける程に草臥つきて」〈浮・武家義理・一〉
むつ-ごと【▽睦言】仲よく語り合う会話。特に、男女の寝室での語らい。「―を交わす」
むつごろう【×鯥五郎】ハゼ科の海水魚。全長約20センチ。目は頭頂部に突き出ていてよく動く。体色は暗緑色で、体側とひれに青色の斑点がある。日本では有明海と八代海に生息。皮膚呼吸もでき、泥上を胸びれではいまわったり、全身で跳ねたりして移動し、珪藻類を食う。かば焼きなどにして賞味。(季 春)
むつ-し【むつ市】►むつ
ムッシュー〘フランス monsieur〙男性に対する敬称。旦那。殿方。姓または姓名の前に付けても用いる。
ムッソリーニ〘Benito Mussolini〙[1883～1945]イタリアの政治家。社会党左派に属したが、第一次大戦で主戦論をとったため除名。戦後、ファシスタ党を結成し、1922年に独裁体制を樹立。エチオピアを侵略しアルバニアを併合、スペインの内乱ではフランコを援助し、ヒトラーと結び、40年に第二次大戦に突入した。43年の連合軍のイタリア上陸で失脚、のちパルチザンに北イタリアで処刑された。
ムッター〘ドイツ Mutter〙母。お母さん。
むっちり〔副〕スル「むちむち」に同じ。「―(と)したからだ」
むっ-つ【六つ】《「むつ」の音変化》❶ろく。むつ。数をかぞえるときにいう。❷6歳。
むっつり ㊀〔副〕スル 口数が少なく、愛想のないさま。「始終―(と)している」㊁〔名〕口数が少なく、愛想のないこと。また、その人。「あんな―は見たことがない」
むっつり-すけべい【むっつり助平】無関心のふりをしながら、実際は好色である人。むっつり助兵衛。
むっ-と〔副〕スル ❶怒りに表情をこわばらせるさま。「悪口に―する」「―した顔」❷熱気・においなどが急に強く感じられるさま。また、それによって息苦しく感じるさま。「悪臭が―鼻をつく」「人いきれで―する満員電車」
むつ-どき【六つ時】「六つ❸」に同じ。「明朝正―、御前において立ち合へと」〈浄・伊賀越〉
むつ-の-お【六つの緒】《弦が6本あるところから》和琴の異称。
むつ-の-ちまた【六つの×巷】「六道」に同じ。「待てしばし子を思ふ闇に迷ふらん―の道しるべせん」〈太平記・六〉
むつ-の-はな【六つの花】雪の異称。6弁の花のように結晶するところからいう。「おしなべて草木にかはる色もなし誰かは―と見るらん」〈廻国雑記〉
むつ-の-みち【六つの道】「六道」に同じ。「わが頼む七の社(＝日吉七社)のゆふだすきかけても―に帰すな」〈新古今・神祇〉
むつ-び【▽睦び】親しくすること。親しむこと。「君と我とが年頃の―、永く別るべし」〈今昔・一〇・三〉
むつび-づき【▽睦び月】「睦月」に同じ。「女冥加に叶うたのぢゃと思ふ内、早―」〈浄・先代萩〉
むつ・ぶ【▽睦ぶ】〔動バ上二〕「むつむ」に同じ。「明け暮れ―・びまほしう思ひけり」〈源・竹河〉
ムツヘタ〘Mtskheta〙グルジアの首都トビリシの北郊にある古都。前4世紀からイベリア王国の首都として栄え、4世紀にキリスト教を国教とし、5世紀には主教座が置かれて宗教都市として発展した。6世紀創建の聖ジュバリ聖堂、11世紀に再建されたスベティツホベリ大聖堂などが残る。1994年に「ムツヘタの文化財群」として世界遺産(文化遺産)に登録。
むつまじ・い【▽睦まじい】〔形〕文むつま・じ〔シク〕《動詞「むつむ」の形容詞化。古くは「むつまし」》❶仲がよい。親密である。特に、男女間の愛情がこまやかである。「夫婦仲も―・く暮らす」❷事物に愛着がある。心がひかれる。「春になる桜の枝はなにとなく花なけれども―・しきかな」〈山家集・中〉(派生)むつまじげ〔形動〕むつまじさ〔名〕(類語)親しい・近しい・心安い・気安い・親密・懇ろ・気が置けない
むつま-やか【▽睦まやか】〔形動〕文〔ナリ〕仲むつまじいさま。「―に語り合う」
むつみ-あ・う【▽睦み合う】〔動ワ五(ハ四)〕互いになれ親しむ。仲よくし合う。「―・った仲」
むつ・む【▽睦む】〔動マ五(四)〕仲よくする。親しみ合う。むつまじくする。むつぶ。「友と―・む」
むつ-むねみつ【陸奥宗光】[1844～1897]外交官・政治家。和歌山藩士伊達宗広の子。脱藩し、坂本竜馬の海援隊に入る。明治維新後、伊藤内閣の外相。条約改正や下関条約の締結に手腕を発揮。著「蹇蹇録」など。
むつ-ものがたり【▽睦物語】むつまじく語り合うこと。また、その話。むつがたり。
むつら-ぼし【六連星】昴の異称。肉眼では6個の星に見えるところからの名。
むつ・る【▽睦る】〔動ラ下二〕なれ親しむ。なつく。「小さき人はただ思ふ人に―・るるものなり」〈宇津保・楼上上〉
むつれ-じま【六連島】山口県下関市南部、響灘にある島。関門海峡の西口に位置し、航路の要所。雲母玄武岩があり、天然記念物。
むつわき【陸奥話記】平安中期の軍記物語。1巻。作者未詳。康平5年(1062)ごろ成立か。前九年の役の経過を漢文体で記した合戦記。将門記とともに軍記物語の先駆とされる。
むつ-わん【陸奥湾】青森県の下北半島と津軽半島に囲まれる湾。支湾の青森湾・野辺地湾・大湊湾があり、平館海峡によって津軽海峡とつながる。
む-て【無手】〔名・形動〕《「むで」とも》❶手に何も持っていないこと。また、そのさま。からて。素手。「暴漢と―で立ち合う」❷方策、技術などを持たずに、物事に当たること。また、そのさま。「交渉に―で臨む」❸何も得るところがないこと。また、そのさま。「―に帰るも本意なければ、せめてはちらと御目にかかり」〈浮・元禄大平記〉❹拳で、零(ゼロ)を表す握りこぶしを出すこと。「―と十とは打つもんぢゃあねえと」〈滑・浮世風呂・三〉
む-ていい【無定位】❶方向・位置・姿勢などの定まらないこと。❷測定機で、入力停止後も針がもとにもどらず、その時の測定値を指し示していること。
むていい-けんりゅうけい【無定位検流計】磁針が地磁気の作用を受けずにどの方向にも向き、任意の位置で停止するようにして、コイルに流れる微弱な電流を測定する検流計。磁気モーメントの等しい2本の磁針を反対向きに上下に並べ、水平につるして一方をコイル内に入れた構造をもつ。
むていぎ-ようご【無定義用語】基本的用語であり初めから意味がわかっているとして、定義しないで用いる語。ユークリッド幾何学での点・直線・平面の類。
む-ていけい【無定形】一定の形がないこと。形がきまっていないこと。「―星雲」
む-ていけい【無定型】一定の型がないこと。一つの型にあてはまらないこと。
むていけい-こうぶんし【無定形高分子】 ►非結晶性高分子
むていけい-たんか【無定型短歌】定型によらな

い短歌。自由律の短歌。
むていけい‐たんそ【無定形炭素】炭素の同素体の一。はっきりした結晶状態を示さない炭素。木炭・すす・コークスなど。
むていけい‐ぶっしつ【無定形物質】結晶状態にある物質に対し、非晶質状態にある物質のこと。硫黄や炭素の粉末、ガラスなど。無定形状態にあるものをアモルファスともよぶ。
む‐ていけん【無定見】〔名・形動〕しっかりした考え方や意見を持っていないこと。確固とした見識がないこと。また、そのさま。「一な政策」
む‐ていこう【無抵抗】テイカウ〔名・形動〕❶抵抗をしないこと。反抗しないこと。また、そのさま。「一な態度」❷抵抗がないこと。また、そのさま。「一導体」
むていこう‐しゅぎ【無抵抗主義】ムテイカウ 社会的不正・圧政などに対して、非暴力的手段によって抵抗する主義。トルストイ・ガンジーらが主張。非暴力主義。
む‐ていじ【無丁字】《一丁字もない意》字の読めない人。
むていしがた‐サーバー【無停止型サーバー】▶フォールトトレラントサーバー
むていし‐コンピューター【無停止コンピューター】《fault-tolerant computer》▶フォールトトレラントコンピューター
むていでん‐でんげんそうち【無停電電源装置】ーデンゲンソウチ ▶ユー・ピー・エス(UPS)
む‐ていとう【無抵当】テイタウ 金銭消費貸借などに際して、抵当権を設定しないこと。
ムディナ〘Mdina〙▶イムディーナ
むてかつ‐りゅう【無手勝流】ーリウ《剣豪の塚原卜伝つかはらぼくでんが、渡し船の中で真剣勝負を挑まれた時、州すに相手を先に上がらせ、自分はそのまま竿を突いて船を出し、「戦わずして勝つ、これが無手勝流」と、その血気を戒めたという故事から》❶卜伝流の異称。❷戦わずに勝つこと。力によらず策によって勝つこと。❸自分勝手なやり方。自己流。
む‐てき【無敵】〔名・形動〕非常に強くて敵対するものがないこと。対抗できるものがないこと。また、そのさま。「一な(の)猛将」「天下一」〖類語〗無双・無比・無頼
む‐てき【霧笛】濃霧などで視界不良のときに、衝突事故を防ぐために船舶や灯台などが鳴らす汽笛。きりぶえ。「一信号」
むてき‐かんたい【無敵艦隊】16世紀、フェリペ2世時代のスペイン艦隊の称。1588年、戦艦130隻をもってイギリス上陸作戦の途次、ドーバー海峡でイギリス艦隊に大敗を喫し、さらに帰途暴風雨にあって大半を失い、以後スペインの制海権は失われた。
むてっ‐ぽう【無鉄砲】ーパウ・【無▽手法】ーパウ〔名・形動〕《「むてんぽう(無点法)」、または「むてほう(無手法)」の音変化という。「無鉄砲」は当て字》是非や結果を考えずにむやみに行動すること。また、そのさまや、そのような人。むこうみず。「一な計画」「余程の一でなければ」〈福沢・福翁自伝〉
〖類語〗無謀・向こう見ず・命知らず・猪突ちょとつ猛進
ムデハル〘スペ mudéjar〙キリスト教徒によって再征服されたイスパニアに残留を許可されたイスラム教徒。また、キリスト教文化と融合して形成されたその建築様式。➡モサラベ
む‐てん【無点】㊀〔名〕❶漢文で、訓点がついていないこと。また、その漢文。❷詩・文章などに添削や評点が加えられていないこと。❸得点がないこと。㊁〔名・形動ナリ〕筋道が通らず、わけのわからないこと。無茶なこと。また、そのさま。「一ナコトヲ言ウ」〈日葡〉
む‐でん【無電】「無線電信」「無線電話」の略。
む‐てんか【無添加】着色料や防腐剤などを加えていないこと。
むでんきょく‐ほうでん【無電極放電】ーハウデン 内部に電極をもたない放電管に、外部から交流電圧をかけた際に生じる放電。
むでんちゅう‐か【無電柱化】ークワ〔名〕スル 電線を道路に埋めるなどして電柱をなくすこと。景観の向上、見通しがよくなることによる交通安全性の向上、災害時の電線切断、電柱倒壊、情報通信ネットワーク分断などによる被害軽減を目的とする。
むてん‐ぽう【無点法】ーパフ 訓点が付されていない漢文が読みにくいように、物事がはっきりとしていないこと。
むてんぽ‐はんばい【無店舗販売】店舗を用いない小売販売形態。通信販売、訪問販売、自動販売機による販売などの総称。
むてん‐ぼん【無点本】訓点のついていない漢籍。素本すほん。
む‐とう【無刀】ータウ 刀を帯びていないこと。まるごし。
む‐とう【無灯】暗いのに灯火をつけないこと。無灯火。「一の自転車」
む‐とう【無党】ータウ どの党にも属さないこと。
む‐とう【無糖】ータウ 糖分を含まないこと。「一果汁」
む‐どう【無道】ーダウ〔名・形動〕行いが人の道にそむいていること。道理にはずれていること。また、そのさま。非道。「目に余る一な仕打ち」「悪逆一」
〖類語〗非道・無法・外道・邪道・横道おうどう・無理・無体
むどうき‐しょうこうぐん【無動機症候群】ーシヤウコウグン 薬物乱用などによる精神障害の一。物事に対する興味・関心が薄れ、自発的な活動・思考の消失、注意力・集中力の低下、無気力、疲れやすいなどの抑鬱よくうつ状態を示す。情動異常、衝動異常を示すこともある。一般に、大麻摂取による大麻精神病の一とされ、摂取をやめた後も症状が継続する場合が多い。
むとう‐きよし【武藤清】[1903～1989]建築学者。茨城の生まれ。東大教授。耐震設計の実用化に貢献し、日本の超高層ビル時代を切り開いた。東京の霞が関ビルなどを設計。昭和58年(1983)文化勲章受章。
むとう‐さんじ【武藤山治】ーサンヂ[1867～1934]実業家・政治家。愛知の生まれ。鐘淵かねがふち紡績社長。のち、政界浄化を志して実業同志会を組織し、衆議院議員となる。「時事新報」社長。政界革新を主張し、暗殺された。
む‐どうしん【無道心】ーダウシン〔名・形動ナリ〕❶仏法を求める心がないこと。また、そのさま。「もとより一の者の名聞利養をむねとして」〈妻鏡〉❷道理にそむいたことをすること。また、そのさま。無慈悲。「面を赤めて言ひけるは、さても一なる気立てかな」〈仮・色物語〉
むとう‐は【無党派】ータウハ どの党派にも属していないこと。支持する政党のないこと。また、その人。無所属。「一層」
むとうは‐そう【無党派層】ムタウハ 支持する政党のない有権者。「一の支持を集める」
む‐とうひょう【無投票】ートウヘウ 投票なしで結果が出ること。「一当選」
むとう‐りゅう【無刀流】ムタウリウ 剣術で、山岡鉄舟が創始した一流派。勝敗よりも精神鍛錬を重視した。一刀正伝無刀流。
むどき‐ぶんか【無土器文化】ーブンクワ 日本の旧石器時代の文化の旧称。
む‐とく【無徳】〔名・形動〕❶徳のないこと。品位のないこと。また、そのさま。「一な(の)人」❷地位や財産がないこと。貧しいこと。また、そのさま。「かく一に侍れば、従ふ下人一人も侍らねば」〈宇津保・蔵開下〉❸見ばえのしないさま。みすぼらしいさま。「御前の桜、…雨の夜降りたるつとめて、いみじく一なり」〈枕・二七八〉❹何の役にも立たないさま。「水の上一なる今日の暑かはしさかな」〈源・常夏〉
む‐どく【無毒】毒のないこと。毒気を含んでいないこと。また、そのもの。「一無害」⇔有毒。
む‐とくしん【無得心】〔名・形動ナリ〕《「むどくしん」とも》❶得心しないこと。納得できないこと。また、そのさま。不得心。「異見言うても嘆いても、聞き入れ給はぬ一」〈浄・矢口渡〉❷道理や人情にそむくこと。また、そのさま。非道。不人情。「あの様な一な人もめったにないものぢゃ」〈松翁道話・初〉
む‐とくてん【無得点】得点がゼロであること。
む‐と・す〔連語〕《推量の助動詞「む」＋格助詞「と」＋サ変動詞「す」》「むず」に同じ。「いとはつらく見ゆれど、志はせー・す」〈土佐〉〖補説〗意志・意向を表す場合以外は「む」の強め。
む‐とどけ【無届(け)】事前の連絡や届け出がないこと。「一欠勤」「一集会」〖類語〗無断・無許可
む‐とんじゃく【無頓着】ートンヂヤク〔名・形動〕《「むとんちゃく」とも》少しも気にかけないこと。また、そのさま。「服装に一な人」〖類語〗平気・平然・恬然てんぜん・無関心・事ともせず・平ちゃら・平気の平左・何処どこ吹く風
む‐とんちゃく【無頓着】〔名・形動〕▶むとんじゃく(無頓着)
むな【▽空・▽虚】〔語素〕名詞の上に付いて、何もない、空虚である、の意を表す。「一手」「一言ごと」
むな【胸】〔語素〕他の語の上に付いて「むね(胸)」の意を表す。「一板」「一先」「一苦しい」
むな【棟】〔語素〕多く名詞の上に付いて「むね(棟)」の意を表す。「一木」「一札」
むな‐あて【胸当て】「むねあて」に同じ。
むなあて‐ぎり【胸当て×錐】工作物に直角に当たるように胸で上部を押さえて回転ハンドルを操作する錐。
むな‐いた【胸板】❶胸部の、板のように平らになっているところ。「一を撃ち抜く」❷鎧よろいの胴の最上部の、胸にあたる部分。〖類語〗胸・胸部・胸間きょうかん・胸元むなもと・胸先むなさき・バスト・チェスト
ムナイドラ‐しんでん【ムナイドラ神殿】《Mnajdra》▶イムナイドラ神殿
むな‐がい【胸×繋｜胸▽懸｜×鞅｜胸▽掛】《「むなかき」の音変化》馬具の一。鞍橋くらぼねを固定するために馬の胸から鞍橋の前輪まえわの四緒手しおでにかけて取り回す緒。胸懸け。➡三繋さんがい
むな‐かき【胸×繋｜胸▽懸｜×鞅｜胸▽掛】「むながい」に同じ。〈和名抄〉
むなかた【宗像】福岡県北部の市。北九州・福岡両市の中間に位置し、もと宿場町・市場町として栄えた。住宅地化が進んでいる。宗像大社がある。人口9.5万(2010)。
むなかた‐し【宗像市】▶宗像
むなかた‐しこう【棟方志功】[1903～1975]版画家。青森の生まれ。国際展で重ねて受賞。日本画の大作も多い。文化勲章受章。代表作「二菩薩釈迦十大弟子」など。
むなかた‐たいしゃ【宗像大社】福岡県宗像市にある神社。九州本土の田島にある辺津へつ宮、大島にある中津宮、沖ノ島にある沖津宮の総称。旧官幣大社。祭神は市杵島姫命いちきしまひめのみこと・湍津姫命たぎつひめのみこと・田霧姫命たきりびめのみこと(田心姫命たごりひめのみこと)。海上交通の守護神として有名。全国宗像神社の総本社。
むな‐かなもの【胸金物】鎧よろいの胸板に打つ金物。
むな‐がわら【棟瓦】ーがはら 屋根の棟をふくのに用いる瓦。熨斗のし瓦・雁振がんぶり瓦など。むねがわら。
むな‐かんじょう【胸勘定】ーカンヂヤウ〔名〕スル「胸算用むなざんよう」に同じ。
むな‐ぎ【棟木】棟に渡す横木。屋根の最上部に、桁行けたゆき方向に取り付ける横木。むねぎ。
むなぎ【×鰻】「うなぎ」の古形。「夏痩やせに良しといふものそ一捕り喫めせ」〈万・三八五三〉
むな‐くそ【胸×糞】胸を卑しめていう語。むねくそ。
胸糞が悪わる・い 胸がむかむかするほど不快である。いまいましい。「考えただけでも一・い」
むな‐ぐら【胸倉｜胸▽座】衣服の胸の部分。和服の左右の襟が重なる部分。「一をつかんで投げとばす」〖類語〗胸元むなもと・胸先むなさき・懐ふところ
胸倉を取・る 手を伸ばして相手の胸倉をつかむ。「一・ってこづきまわす」
むな‐ぐるし・い【胸苦しい】〔形〕文むなぐる・し〔シク〕胸が圧迫されるようで息苦しい。「一・い一夜を明かす」〖類語〗息苦しい・重苦しい・息詰まる
むな‐ぐるま【▽空車】《「むなくるま」とも》❶人や物を乗せていない車。からぐるま。「左府の御車を一にて法成寺へやらせられけり」〈著聞集・三〉❷車台だけで、屋根や屋形のない車。「雑役の一を持ちて牛の無きを見て」〈今昔・一一・二四〉

むな-ぐろ【胸黒】チドリ科の鳥。全長24センチくらい。夏羽は顔・胸・腹にかけて黒くなる。ユーラシア北部で繁殖。オーストラリアへ渡り、日本では春・秋に田などでみられる。あいぐろ。(季 冬)
むな-げ【胸毛】❶胸に生える毛。❷鳥の胸のあたりの羽毛うもう。
むな-ごと【▽空言┆▽虚言】《古くは「むなこと」》ほんとうでない言葉。うそ。そらごと。「浅茅原あさぢはら小野に標しめ結ひ—をいかなりと言ひて君をし待たむ」〈万・二四六六〉
むな-さき【胸先┆胸▽前】胸のみずおちのあたり。胸元むなもと。「—三寸に迫る」
(類語)胸元むなもと・胸・胸部・胸間きょうかん・バスト・チェスト
むな-さわぎ【胸騒ぎ】心配ごとや悪い予感などのために心が穏やかでないこと。「帰りが遅すぎるので—がする」(類語)気がかり・心がかり・不安・心配・懸念・危惧きぐ・危懼きく・疑懼ぎく・恐れ
むな-ざん【胸算】〔名〕スル「胸算用むなざんよう」の略。「これで米が幾許いくらか買えると—を弾いて」〈宙外・独行〉
むな-ざんよう【胸算用】〔名〕スル《「むなさんよう」とも》心の中で見積もりを立てること。胸勘定むなかんじょう。むなづもり。むなざん。むねざんよう。「謝恩セールの売り上げを—する」
(類語)懐勘定・胸積もり・見積もり・積もり・目算
むなし・い【▽空しい┆▽虚しい】〔形〕(文)むな・し〔シク〕❶空虚である。内容がない。「—・い言葉」❷無益である。むだである。かいがない。「—・く時が過ぎる」「奮闘—・く敗退する」❸かりそめである。はかない。「—・い世の中」❹(「己をむなしゅうする」などの形で)我欲・先入観などを捨てる。「心を—・くして対処する」➡己を虚しゅうする ❺事実無根である。根拠がない。「—・しき事にて人の御名やけがれむ」〈源・少女〉❻死んで魂がない。「跡の妻子共、今一度—・しき貌かたちをもさこそ見度く思ふらめとて」〈太平記・一六〉(派生)むなしさ〔名〕
(類語)うつろ・空虚・はかない・甲斐かいない
空しき骸から　なきがら。死骸。「恋しきにわびて魂まどひなば—の名にや残らむ」〈古今・恋二〉
空しきけぶり　火葬の煙。無常の煙。
空しき空そら　どこまでも果てしなく広がる空。大空。虚空こくう。「わが恋は—にみちぬらし思ひやれども行くかたもなし」〈古今・恋一〉
空しき名　実質を伴わない名声。虚名。浮き名。「秋風の—をも空に立つかな」〈宇津保・内侍督〉
空しき船　譲位した帝。上皇。君を船、臣を水にたとえていった語。「住吉の神はあはれと思ふらむ—をさして来たれば」〈後拾遺・雑四〉
空しくな・る　死ぬ。みまかる。むなしゅうなる。「手当てのかいなく—・る」
むな-そこ【胸底】心の奥底。心底。きょうてい。「悲しみを—に秘める」
むな-だか【胸高】〔名・形動〕帯などを胸のあたりに高く締めること。また、そのさま。「—に帯を締める」
むな-ぢ【胸乳】《「むなち」とも》乳房。「—をかき出で」〈記・上〉
むな-つき【胸突き】山坂の道の険しく急な所。
むなつき-はっちょう【胸突き八丁】ムナツキハッチャウ ❶富士登山で頂上までの8丁(約872メートル)の険しい道。転じて、急斜面の長い坂道。❷物事を成し遂げる過程で、いちばん苦しい正念場。「交渉は—にさしかかる」
むな-づくし【胸尽くし】「胸倉むなぐら」に同じ。「二つに一つの返答が聞きたいと—をひっつかむ」〈浄・嫗山姥〉
むな-づもり【胸積(も)り】「胸算用むなざんよう」に同じ。〈和英語林集成〉
むな-づわら・し【胸づはらし】ムナヅハラシ〔形シク〕心労のために胸がしめつけられるようである。「梅川いとど—・しく」〈浄・冥途の飛脚〉
むな-で【▽空手】手に何も持たないこと。また、手をこまねいて何もしないこと。素手すで。からて。「—に直ただに取りてむ」〈記・中〉
むな-ばせ【▽空×馳せ】《馳せたのがむだであったの意から》競馬くらべうまで負けること。「競馬をつかうまつりけるが、十度—をしたりけるを」〈著聞集・一六〉
むな-ひも【胸×紐】❶着物や羽織などの胸のあたりにつけてある紐。付け紐。むねひも。❷胸紐のついた着物を着る年ごろ。幼時。
むな-びれ【胸×鰭】魚類の胸にある一対のひれ。
むな-ふだ【棟札】棟上げのとき、工事の由緒・年月日・建築者・工匠などを記して、棟木に打ちつける札。むねふだ。
むな-ぼね【胸骨】胸の骨。きょうこつ。
むなもち-ばしら【棟持(ち)柱】神明造しんめいづくりで、両妻の側柱外にあって棟を支える柱。
むな-もと【胸元】胸のあたり。むなさき。「—の開いたドレス」(類語)胸・胸先むなさき・胸倉むなぐら・胸部・胸間きょうかん・バスト・チェスト
むな-もん【棟門】本柱を2本立てて棟を高く上げ、屋根を切妻造りにした平入りの門。寺院の塔頭たっちゅうや公家の邸宅などに用いた。むねもん。むねかど。
むな-やけ【胸焼け】「むねやけ」に同じ。
むな-わ・く【胸分く】〔動カ下二〕鹿などが草木を胸で押し分けて行く。「ますらをの呼び立てしかばさ雄鹿をしかの—・け行かむ秋野萩原」〈万・四三二〇〉
むな-わけ【胸分け】❶胸で草木などを押し分けること。むねわけ。「さ雄鹿の—にかも秋萩の散り過ぎにける盛りかも去いぬる」〈万・一五九九〉❷胸のはば。また、胸。「—の広き我妹わぎも」〈万・一七三八〉
むに【×牟尼】《梵 muniの音写。賢者・聖者の意。寂黙と訳す》㊀インドで、山林にあって沈黙の行をする人の称。㊁釈迦しゃかの尊称。釈迦牟尼。
む-に【無二】同じものが他に一つもないこと。並ぶものがないこと。「—の親友」
ムニエル【フランス meunière】《「ムニエール」とも》魚に小麦粉をまぶし、バターで両面を焼いた料理。
むにねん-うちはらいれい【無二念打払令】ムニネンウチハラヒレイ ➤異国船打払令いこくせんうちはらいれい
むに-むさん【無二無三】〔名・形動〕《「むにむざん」とも》❶わき目をふらずいちずになること。また、そのさま。ひたすら。「ゴールを目ざし、—に走る」❷仏語。法華経に説く、仏となる道はただ一つ一乗であり、二乗、三乗にはないということ。無二亦無三むにやくむさん。❸ただ一つしかないこと。二つとないこと。唯一。「東大寺と申すは、一閻浮提いちえんぶだい—の梵閣」〈盛衰記・二四〉
むにゃ-むにゃ〔副〕わけのわからない言葉を口の中でつぶやくさま。「—(と)言葉を濁す」
む-にょう【無尿】ムネウ 腎臓の機能障害や尿管の閉塞へいそくのため、膀胱ぼうこうに尿が送られず、尿が出なくなる状態。一般に1日尿量100ミリリットル以下をいう。
む-にん【無人】❶人が住んでいないこと。むじん。❷人手がないこと。ぶにん。
むにん-がん【無人岩】➤ボニナイト
む-にんしょ【無任所】特定の任務を持たないこと。
むにんしょ-だいじん【無任所大臣】国務大臣の中で、特定の行政事務を分担・管理しない大臣のこと。
むね【旨┆▽宗】❶中心となるもの。また、重要なもの。「安全を—とする」❷(旨)述べたことの中心。趣旨。趣意。「辞退する—を伝える」
(類語)主・主意・主旨・趣意・趣旨・意・意図
旨とする　主として重んじる。第一とする。「質素を—・して生活する」
むね【胸】❶首と腹との間の部分。哺乳類では横隔膜により腹部と仕切られ、肋骨ろっこつに囲まれて肺・心臓などが収まる。「—を張って歩く」❷心臓。「—をときめかす」❸肺。「排気ガスで—をやられる」❹胃。「—焼け」❺乳房。「—の豊かな女性」❻こころ。思い。心の中。「—のうちを明かす」「—をはずませる」「自分の—一つにおさめる」❼衣服の❶にあたる部分。「—ポケット」(類語)(❶)胸部・胸腔きょうこう・胸郭きょうかく・胸板むないた・胸間きょうかん・胸元むなもと・胸先むなさき・胸倉むなぐら・懐ふところ・バスト・チェスト/(❻)胸裏・胸中・胸間・胸底・胸奥きょうおう・胸臆きょうおく・肺腑はいふ・心ここ・心中・心裏・方寸・と胸
胸開あ・く　心が晴れ晴れする。気分がよくなる。「亡きあとまで、人の—・くまじかりける人の御おぼえかな」〈源・桐壺〉
胸痛・し　心が痛むようす。非常につらい。「—・き事なし給ひそ」〈竹取〉
胸が熱あつくな・る　感動がこみ上げてきて、胸がじいんとする。「—・って涙が溢れる」
胸が痛・む　心に苦痛を感じる。心配事などで苦しい思いをする。「難民の報道に—・む」
胸が一杯にな・る　悲しさやうれしさなどで心が満たされる。胸がつまる。「初優勝の感激で—・る」
胸が躍おど・る　期待や興奮で心が弾む。わくわくする。「旅行のことを考えると—・る」
胸が裂さ・ける　悲しみや憎しみなどで、胸が張り裂けるような苦痛を感じる。
胸が騒さわ・ぐ　不安や期待などで心が落ち着かない思いがする。むなさわぎがする。「身を案じて—・ぐ」
胸がす・く　心が晴れやかになる。すっとする。「—・く逆転ホームラン」
胸がつか・える　❶食べた物が食道につまる。❷悲しみや心配事などのために胸が圧迫されるように苦しくなる。「悲しい思い出に—・える」
胸が潰つぶ・れる　悲しみや驚きなどで、心がしめつけられる思いがする。「突然の悲報に—・れる」
胸がつま・る　心配や悲しみごとで感情が高ぶり、胸が苦しくなる。「—・り、言葉が出てこない」
胸が轟とどろ・く　心臓がどきどきする。心がときめく。「大試合を前に—・く」
胸が走る　➤走る⑫
胸が晴は・れる　わだかまりが消え、晴れ晴れとした気持ちになる。「言いたいことを言ったので、—・れる」
胸が塞ふさが・る　不安や心痛などで胸が詰まるように感じる。「暗いニュースに—・る」
胸が焼・ける　胃のあたりが熱く感じられる。胸焼けがする。「食べ過ぎで—・ける」
胸が悪・い　❶吐きけがする。❷むかむかするほど腹立たしい。「思い出すだけでも—・くなる」
胸焦が・る　苦しみもだえて胸が熱くなるように感じる。「をりをり人やりならぬ—・るる夕べもあらむと」〈源・帚木〉
胸潰つぶらわ・し　悲しみや苦しみで胸がつぶれそうである。「いと—・しくおぼさる」〈源・賢木〉
胸に当た・る　思い当たる。心に強く感じる。「夜中に魑魅魍魎ちみもうりょうに魘うなされたのも、思い出して、私は犇々ひしひしと—・った」〈鏡花・高野聖〉
胸に余・る　思いが積もりに積もってあふれるばかりになる。また、悩みすぎて心の整理や判断ができなくなる。「云い度き事は—・れば、互に出来るだけ歩あゆみを緩めて」〈小杉天外・魔風恋風〉
胸に一物いちもつ　口には出さないが心の中にたくらみを抱くこと。「—ありそうな面つら構え」
胸に浮か・ぶ　心に思い浮かぶ。ふと思いつく。「—・んだままを文章にする」
胸に描・く　想像してみる。思い浮かべる。「未来を—・く」
胸に納おさ・める　心の中に秘めて、口に出さない。胸に畳む。「事の真相を—・める」
胸に聞・く　心の中でよく考える。「そのわけは自分の—・いてみたらいい」
胸に刻・む　心にしっかりととどめる。「母の面影を—・む」
胸に釘くぎを打・つ　急所をつかれて心を痛める。「小路隠れの家出のと聞く度ごとに、この伯母が胸には釘を打つ如く」〈浄・卯月の紅葉〉
胸に応こた・える　心に強く感じる。痛切な思いが残る。胸にひびく。「何気ない一言が—・えた」
胸に迫・る　ある思いが強く押し寄せる。感動する。「万感ばんかん—・る」
胸に畳・む　心の中にしまっておく。胸に納める。「思い出を—・む」
胸に手を置・く　心を落ちつかせるために両手を胸にあてがう。じっくり思案する。「—・いて思い出して

ごらん」
胸に鎗を掛・ける ひどく心を痛めて悩む。「この—・け、肝を猛火で熬るやうな」〈浄・宵庚申〉
胸の痞えが下・りる 《「痞え」は、胸がふさがり苦しいこと》心の悩みや不満がなくなり、気持ちがすっきりする。「本当のことを打ち明けて、—・りる」
胸の隙あ・く 心が晴れやかになる。「思ひ結ぼほるる事ども、少しづつ語り聞こえ給ふぞ、こよなく—・く心地し給ふ」〈源・早蕨〉
胸拉・ぐ 「胸が潰れる」に同じ。「いかなる心地せむと、胸もひしげておぼゆ」〈源・総角〉
胸塞が・る 「胸がふさがる」に同じ。「ありがたきにもいとど—・る」〈源・帚木〉
胸を痛・める 心を悩ます。ひどく心配する。「友人の不幸に—・める」
胸を打・つ 強く感動させる。心を打つ。「勇敢な行動が人々の—・つ」
胸を躍ら・せる 喜びや興奮などで胸をわくわくさせる。「近づいた遠足に—・せる」
胸を貸・す 相撲で、上位の力士が下位の者にけいこの相手をしてやる。また、一般に実力のある者が下の者の練習の相手をしてやる。
胸を借・りる 相撲で、上位の力士にけいこの相手をしてもらう。また、一般に実力のある者に練習の相手をしてもらう。
胸を焦が・す あれこれと思いわずらう。思いがつのって切なくなる。「恋に—・す」
胸を摩・る 痛みや怒りを抑える。
胸を叩・く 相手の依頼をしっかりと引き受ける気持ちを表す動作。
胸を衝・く ❶心に衝撃を与える。ショックを受ける。「たわいのない冗談が—・く」❷さまざまな思いがつのる。「前途への不安が—・く」〔補説〕「胸をつつく」とするのは誤り。
胸を潰・す ❶驚く。ひどくびっくりする。❷ひどく思い悩む。「この憎き御心の止まぬに、ともすれば御—・し給ひつつ」〈源・賢木〉
胸を撫で下ろ・す 心配事が解決してほっとする。安心する。「娘の無事に—・す」
胸を張・る 胸をそらせて、自信のある様子をする。得意になる。「—・って故郷へ帰る」
胸を冷や・す 不安や危険を感じてぞっとする。肝を冷やす。「流石の鉄面皮すぎる悪婆といえども、争な—・さざらん」〈逍遥・当世書生気質〉
胸をふくらま・す 期待や喜びで胸がいっぱいになる。「希望に—・す」
むね【棟】 ㊀〔名〕❶㋐屋根の最も高い所。二つの屋根面が接合する部分。位置と構造により、大棟・降棟・隅棟などとよぶ。㋑棟木。❷牛車の屋形の上に、前後に渡した木。❸(「刀背」「鉦」とも書く)刀の峰。㊁〔接尾〕助数詞。家屋や建物などを数えるのに用いる。「三—倒壊」
むね-あげ【棟上げ】〔名〕スル 家を建てるとき、骨組みを組み立て、最上部に棟木を上げること。また、そのときに行う儀式。上棟。建前。
むねあげ-しき【棟上げ式】 ▶上棟式
むね-あて【胸当て】 ❶衣服の汚れを防ぐために胸に当てる布。胸掛け。❷胸のあたりをおおう鎧。❸江戸時代、火事装束の一。胸を保護するもの。
むね-うち【棟打ち｜刀=背打ち】「峰打ち」に同じ。「—を喰わせられた様な心持がする」〈漱石・琴のそら音〉
ムネーメ〖Mneme〗▶ムネメ
むね-かけ【胸掛(け)】「胸当て❶」に同じ。「洗い立の白い—をかけて」〈漱石・彼岸過迄〉
むね-かざり【棟飾り】 屋根の棟に取り付けた装飾。
むね-かど【棟門】「むなもん」に同じ。「—のゆゑゆゑしきが見ゆれば」〈とはずがたり・四〉
むね-がわら【棟瓦】「むながわら」に同じ。
むね-き【胸気】〔名・形動〕他人の言動が気にさわること。また、そのさま。不愉快。「余り—な事を云われるとぐうっと癪に触って」〈魯庵・くれの廿八日〉
むねきよ【宗清】 歌舞伎舞踊。常磐津節。本名題「恩愛瞶関守」。奈河本助作詞、3世岸沢式佐作曲。文政11年(1828)江戸市村座初演。木幡の関の関守弥平兵衛宗清は、常盤御前が清盛に従うことを条件に、連れていた三児を助ける。
むね-くそ【胸×糞】「むなくそ」に同じ。「そう云って葉子は—の悪いような顔付きをして見せた」〈有島・或る女〉
むね-さんずん【胸三寸】 胸の中。また、心の中にある考え。〔類語〕胸中・胸襟・胸懐・胸裏・胸臆・胸間・意中・念頭・襟懐・方寸・胸・思い・考え
胸三寸に納・める 心の中にしまい込んで、顔にも言葉にも出さないでいる。胸三寸に畳む。「何もかも—・めておく」
むね-ざんよう【胸算用】〔名〕スル《「むねさんよう」とも》「むなざんよう」に同じ。
むねたか-しんのう【宗尊親王】［1242～1274］鎌倉幕府第6代将軍。在職1252～1266。後嵯峨天皇の皇子。謀反の疑いで京に送還され、のち出家。歌集「柳葉和歌集」など。
むね-たたき【胸×叩き】 江戸時代、歳末に手で裸の胸をたたきながら、祝言を述べて銭を乞い歩いた門付け。
むねちか【宗近】 平安中期の刀工。京都三条に住み、三条小鍛冶と称す。現存する有銘作品は少ないが、「三日月宗近」などにより、優美な太刀姿で知られる。また、「小狐丸」の伝説は有名。生没年未詳。
むねっ-ち【無熱池】「無熱悩池」に同じ。
むね-つづき【棟続き】 棟が続くように家が並んでいること。
むねつのう-ち【無熱悩池】 阿耨達池の異称。
むね-と【▽宗と】 ㊀〔名〕(多く「宗徒」と当てて書く)集団の中のおもだった者。「—の若き内侍十余人」〈平家・二〉㊁〔副〕《主たるものとしての意から》❶おもに。主として。「家の作りやうは夏を—すべし」〈徒然・五五〉❷おもだって。大将として。「—あると見ゆる鬼、横座にゐたり」〈宇治拾遺・一〉
むねなが-しんのう【宗良親王】［1311～1385?］後醍醐天皇の皇子。名は「むねよし」とも。初め尊澄法親王と称し、天台座主となる。元弘の変に敗れて讃岐に配流。建武政権崩壊ののち還俗、南朝の中心として各地を転戦。「新葉和歌集」を撰集。家集に「李花集」がある。
むね-の-けむり【胸の煙】 胸の火が燃えるときに出る煙の意で、胸の中の激しい思い。また、その思いがかなえられない苦しみのたとえ。「袖の浪—は誰も見よ君が浮名のたつぞ悲しき」〈新勅撰・恋五〉
むね-の-せき【胸の関】 胸のふさがるのを関にたとえていう語。胸の関路。「—袖のみなととなりにけり思ふ心はひとつなれども」〈式子内親王集〉
むね-の-ひ【胸の火】 胸に燃える思い。恋慕や嫉妬などの、熱く苦しい思いを火にたとえていう語。
むね-の-ほのお【胸の炎】「胸の火」に同じ。
むね-の-まもり【胸の守り】 江戸時代、貴人の婚礼のとき、花嫁が白装束の上から胸に掛けて夫婦和合の印とした守り札。
むね-はしり【胸走り】「胸騒ぎ」に同じ。「かたはらいたしと思ひつつ、さすがに—するを」〈かげろふ・中〉
むねはしり-び【胸走り火】《「胸走り」と「走り火」とを重ねた語》胸騒ぎがして落ち着かない思いを、はじけ飛ぶ火にたとえていう語。「人に逢はむ月のなきには思ひおきて—に心焼けをり」〈古今・雑体〉
むね-はば【胸幅】 胸のはば。特に洋裁で、左右のそでのつけ根からつけ根までの間のはば。
むね-ふだ【棟札】「むなふだ」に同じ。
むねべつ-せん【棟別銭】 中世、家屋の棟数別に賦課された税。初めは寺社や朝廷の修造のために臨時に課されたが、室町中期以後はしだいに定期的なものになった。また、大名や荘園領主にも領内で課する者があった。むなべつせん。むねべちせん。
むね-まち【棟▽区】 刀身の棟と茎との境目。㊤刃区。
むね-まちぎみ【棟×梁▽臣】《家屋の棟木になぞらえて》国家の重要な臣下。むねとるまちきみ。「武内宿禰に命りて—となす」〈景行紀〉
むね-まわり【胸回り】 胸囲。〔類語〕胸囲・バスト
むねむね・し【▽宗▽宗し】〔形シク〕❶主となるべき力量がある。おもだっている。「家司などもー・しき人もなかりければ」〈源・橋姫〉❷しっかりしている。りっぱである。「あやしくうちよろぼひて、—・しからぬ軒のつまなどに」〈源・夕顔〉
ムネメ〖Mneme〗木星の第40衛星。他の多くの衛星とは逆方向に公転している。2003年に発見。名の由来はギリシャ神話のゼウスの娘。非球形で平均直径は2キロ。ムネーメ。
むね-やけ【胸焼け｜胸×灼け】 胃から突き上げてくる、焼けつくような感じや疼痛に似た感覚。嘈囃。むなやけ。
むねよし-しんのう【宗良親王】 ▶むねながしんのう(宗良親王)
むね-わけ【胸分け】「むなわけ」に同じ。「さを鹿の—にする秋の萩原」〈続後撰・秋上〉
むね-わり【棟割(り)】 ❶1棟の建物を壁で仕切って分割すること。❷「棟割り長屋」の略。
むねわり-ながや【棟割(り)長屋】 棟割りにして何世帯かが住めるようにした建物。
む-ねん【無念】〔名・形動〕❶仏語。妄念のないこと。迷いの心を離れて無我の境地に入り、何事も思わないこと。正念。㊤有念。❷くやしいこと。また、そのさま。「—な結果に終わる」「残念—」〔派生〕むねんがる〔動ラ五〕むねんさ〔名〕
〔類語〕悔しい・残念・心残り・遺憾・痛恨・心外
む-ねんきん【無年金】 70歳まで年金保険料を納付しても、受給要件を満たさないため、年金を受け取れないこと。➡低年金 〔補説〕日本では、国民年金・厚生年金・共済年金の保険料納付期間および保険料免除期間の合計が25年以上に達しないと、老齢年金の受給資格が得られない。平成19年(2007)の社会保険庁(当時)の調査で約118万人が無年金者になると推計された。この中には、年金記録の不備などで本来は受給資格がある人や、70歳までの間に国民年金に任意加入することで受給資格期間を満たす人も含まれる。
むねん-むそう【無念無想】 ❶仏語。一切の想念を離れること。無我の境地に入り、無心になること。❷しっかりした考えを持っていないこと。思慮のないこと。「—の下部ども」〈浄・百合若大臣〉
むねん-りゅう【無念流】《「神道無念流」の略称》剣術・居合術の流派の一。福井兵右衛門嘉平を祖とし、門人の戸賀崎熊太郎によって広まったとも、また、幕末の剣客斎藤弥九郎が教授したともいわれる。
む-のう【無能】〔名・形動〕能力や才能がないこと。役に立たないこと。また、その人や、そのようなさま。「—な指揮官」「—無策」㊤有能。
〔類語〕能無し・無才・無能力・不能
む-のうやく【無農薬】 植物を栽培する際に農薬を使わないこと。「—野菜」「—農法」
む-のうりょく【無能力】〔名・形動〕能力がないこと。何もできないこと。また、そのさま。「—な人」
〔類語〕無能・不能・無才・能無し
むのうりょく-しゃ【無能力者】 ❶能力のない者。何もできない人。❷民法上、単独では完全な法律行為のできない者。未成年者・禁治産者・準禁治産者をいった。平成12年(2000)民法の改正により、制限行為能力者に改められた。
む-は【無派】 どの派閥にも属さないこと。
ムハ〖Alfons Mucha〗▶ミュシャ
むば【×姥】「うば」に同じ。「百年の—と聞こえしは小町が果ての名なりけり」〈謡・関寺小町〉
む-はい【無配】「無配当」の略。「—株」㊤有配。
む-ばい【無媒】 ❶《「礼記」坊記から》なかだちがないこと。媒酌人のいないこと。❷《杜牧が「送隠者」の

中で、才があっても世に用いられない隠士をのべたところから》人里離れた寂しい所。
む-はいとう【無配当】利益配当のないこと。無配。
むはいにゅう-しゅし【無×胚乳種子】種子植物の種子で、胚乳が発生の初期にだけ生じ、成熟時には消滅するもの。養分は代わりに子葉に蓄える。ダイズなどのマメ科植物やクリなどにみられる。
むば・う【▽奪ふ】〔動ハ四〕「うばう」に同じ。「博打ばくち、京童部きやうわらべ、車一・ひたり」〈宇津保・藤原の君〉
むばたま-の【射＝干玉の】〔枕〕「ぬばたまの」の音変化。平安期以後の形。「一闇のうつつは」〈古今・恋三〉
むばつ-てき【無罰的】〔形動〕心理学で、欲求が満たされず思うようにならないとき、自分も他人も責めず、なんとかつじつまを合わせようとする傾向があるさま。「一な性向をもつ」➡外罰的 ➡内罰的
むばら【▽茨】「うばら」に同じ。「巌いはほの苔むし一這はひかかりたるなりけり」〈今昔・一三・一二〉
むはんどう-ほう【無反動砲】発射薬のガス圧を後方へ抜き、反動による砲身の後退をなくした火砲。歩兵が主として対戦車火器として使用。
ムハンマド〘Muḥammad〙[570ごろ～632]イスラム教の創唱者。メッカに生まれ、神アッラーの啓示を受けて伝道を始める。厳格な一神教を唱え、偶像を厳しく否定したため迫害を受け、622年にメジナに移り(ヒジュラ)、イスラム教団発展の基礎を確立。630年メッカ征服の後、勢力はアラビア半島全域に広まった。「マホメット」は訛なまり。
ムハンマド-アブドゥフ〘Muḥammad ʻAbduh〙[1849～1905]近代エジプトのイスラム改革思想家。アフガーニーの感化を受け民族主義運動に参加。合理主義的立場からイスラム改革に努力した。特にアズハル大学の機構・教育改革に貢献。
ムハンマド-アリー〘Muḥammad ʻAlī〙[1769～1849]近代エジプト、ムハンマド＝アリー朝の開祖。オスマン帝国のエジプト太守。在位1805～1848。マケドニア生まれ。エジプト国内を統一し、近代化に尽くす。1841年には太守の世襲権が承認され、事実上の独立を達成。メフメット＝アリー。
ムハンマド-イクバール〘Muḥammad Iqbāl〙[1877～1938]現代インド-ムスリムを代表する詩人・思想家。イスラム国家独立の構想をいだいた。パキスタン建国の思想的先駆者で、国家的詩人。
む-ひ【無比】〔名・形動〕他に比べるものがないこと。たぐいないこと。また、そのさま。無類。無双。無二。「当代一な(の)力士」「正確一」「痛快一」
(類語)無双・無類・無二
む-び【夢×寐】眠って夢を見ること。また、その間。「一にも忘れなかった情人との再会を」〈藤村・春〉
むひ-か【無被花】➤無花被花むかひか
む-ひつ【無筆】文字の読み書きができないこと。「手紙を書こうにも御存じの一だろう」〈漱石・道草〉
(類語)文盲
む-びゅう【無×謬】理論や判断にまちがいがないこと。「推論の一性」
む-ひょう【霧氷】気温が氷点下のとき、樹木や地物に、空気中の水蒸気や過冷却の水滴が吹きつけられて昇華または凍結してできる氷。生じ方により樹霜・樹氷・粗氷に分けられる。(季 冬)
む-びょう【無病】病気をしないこと。健康なこと。壮健。達者たつしや。
む-ひょうじょう【無表情】〔名・形動〕表情の変化にとぼしいこと。表情に表さないこと。また、そのさま。「一な(の)人」(類語)ポーカーフェース
むびょう-そくさい【無病息災】病気をしないで健康であること。(類語)健康・無事・健勝・清勝・壮健・丈夫じやうぶ・達者・元気・まめ・息災・矍鑠かくしやく
ムビラ〘mbira〙➤サンザ
むび-るい【無尾類】無尾目の両生類の総称。カエル類。おたまじゃくしには尾があるが、変態後に消失。四肢が生じ、特に後肢が発達して跳躍に適する。昆虫などの小動物を捕食。約2700種が知られ、熱帯地方を中心に分布。
む-ふう【無封】手紙などの封をしないこと。無緘むかん。
む-ふう【無風】❶風がないこと。❷波乱・混乱のないこと。他からの影響がなく平穏なこと。「一状態の相場」
むぶく-の-しょう【無服の×殤】7歳以下の者の死。礼において父母が喪に服することがないところからいう。
むぶつ-せかい【無仏世界】❶仏語。仏のいない世界。釈迦が入滅してから弥勒菩薩みろくぼさつが出現するまでの世界。この間は地蔵菩薩が衆生を救うという。❷仏教の及ばない土地。文化の及ばない土地。「一の孤島に生まれて」〈読・弓張月・後〉
ムフ-とう【ムフ島】《Muhu》エストニア西部、バルト海にある島。サーレマー島と本土の間に位置し、狭い水道で隔てられている。主な町はクイバストゥ。西部の村コグバには、18世紀から19世紀頃の民家が保存され、現在も村民が暮らしているムフ野外博物館がある。
むぶんぱいがた-とうししんたく【無分配型投資信託】投資信託で、収益分配金を定期的には受け取らないもの。運用期間中は投資家へ収益が分配されず、償還(満期時)または途中換金したときにまとめて分配される。保有期間中、分配金に税金がかからないため、効率的な運用が期待できる。➡分配型投資信託
む-ふんべつ【無分別】〔名・形動〕❶分別がないこと。思慮がなく軽率なこと。また、そのさま。「年がいもなく一なことを言う」❷仏語。物事を区別して考えないこと。また、妄想を離れていること。
(類語)不見識・無定見・浅慮・あさはか・軽薄
むふんべつ-ち【無分別×智】仏語。相対的な主観・客観の分別を離れた真実の智慧。識別・弁別する分別智に対して、それを超えた絶対的な智慧をいう。
むべ【郁＝子｜野＝木＝瓜】アケビ科の蔓性つるせいの常緑低木。山地に生え、葉は手のひら状の複葉。5月ごろ、雄花と雌花とをつける。実は熟しても裂けず、生食される。ときわあけび。うむべ。うべ。(季 秋｜花＝春)「一の門くぐりてつねのごと帰る／素逝」
むべ【▽宜｜▽諾】〔副〕「うべ」に同じ。「吹くからに秋の草木のしをるれば一山風をあらしといふらむ」〈古今・秋下〉
宜なるかな「うべなるかな」に同じ。
ムヘーレス-とう【ムヘーレス島】《Isla Mujeres》➤イスラ-ムヘーレス
むべむべ・し【▽宜▽宜し】〔形シク〕「うべうべし」に同じ。「一・しき所の前栽にはいとよし」〈枕・一六一〉
む-へん【無辺】〔名・形動〕広々として果てしないこと。また、そのさま。「一な(の)宇宙」「広大一」(類語)広大・無辺際・広大無辺・茫洋・渺茫びようぼう・渺渺びようびよう
む-へん【無偏】一方にかたよっていないこと。平等に広く行き渡ること。「一無党」
む-へん【謀×反】律の八虐の一。国家の転覆をはかること。ぼうへん。
むへん-こう【無辺光】❶仏語。阿弥陀仏の発する十二光の一。一切の世界をあまねく照らす光明。❷「無辺光仏」の略。❸勢至菩薩せいしぼさつの異称。
むへんこう-ぶつ【無辺光仏】阿弥陀仏の異称。
む-へんさい【無辺際】〔名・形動〕広大で果てのないこと。また、そのさま。無辺。「縹渺と一に拡がって居る海を」〈菊池寛・俊寛〉
(類語)広大・無辺・広大無辺・茫洋・渺茫びようぼう・渺渺びようびよう
むへん-せかい【無辺世界】❶仏語。無限の世界。虚空のこと。また、限りなく多く存在する仏の世界をいう。❷あてのない方向。とんでもない方向。「的のあたりにだに近く寄らず、一を射給へるに」〈大鏡・道長上〉
ムペンバ-こうか【ムペンバ効果】高温の湯が低温の水よりも早く凍結する現象。特殊な状況下で観察される現象で、必ず起こるわけではない。名称は、1960年代にこの現象を指摘したタンザニアの高校生の名前に由来。
むへん-ほうかい【無辺法界】仏語。広大無辺で無尽の諸法を包含する世界。
む-ほう【無法】〔名・形動〕❶法のないこと。法律があっても守られないこと。また、そのさま。「敗戦後の一な混乱状態」「一地帯」❷道理にはずれていること。乱暴なこと。また、そのさま。「一な要求」
(類語)無秩序・混乱・混沌こんとん・不法・非道・横道・横暴・無理・無体
む-ほう【霧砲】霧による視界不良のとき、船舶に灯台などの位置を知らせるために撃つ空砲。
む-ぼう【無帽】帽子をかぶっていないこと。
む-ぼう【無謀】〔名・形動〕結果に対する深い考えのないこと。また、そのさま。無茶。無鉄砲。「一な旅程」「一運転」(類語)無茶・無鉄砲・向こう見ず・命知らず
む-ほうしゅう【無報酬】報酬のないこと。報酬を受けないこと。「一で働く」
むほう-とう【無縫塔】➤卵塔らんとう
むほう-の-ほう【無法の法】《「伝灯録」から》特に法規を設けなくても、自然の中に法則が備わっているということ。
む-ぼうび【無防備】〔名・形動〕危険や災害に対する備えのないこと。また、そのさま。「一な敵の背後をつく」「大地震に対して一な(の)状態」
むぼうび-とし【無防備都市】敵に対する防御・抵抗を放棄した都市。国際法上、攻撃が禁止される。無防守都市。
むほう-もの【無法者】法や社会秩序を無視する者。乱暴者。(類語)ならず者・無頼漢・ごろつき・流れ者・アウトロー・与太者・ちんぴら・やくざ
むほう-やぶり【無法破り】非常に乱暴なこと。また、その人。「わがまま者の一」〈浄・百日曽我〉
むほけんしゃ-しょうがいほけん【無保険車傷害保険】対人賠償保険に加入していない自動車との事故により、死亡したりけがを負ったりして、十分な損害賠償を受けられないとき、相手の損害賠償責任の不足分について保険金が支払われる自動車保険。相手が対人賠償保険に加入していても保険金額が不十分な場合や、相手の保険金が何らかの理由でおりない場合などにも適用される。保険金額は対人賠償保険と同額で、対人賠償保険金額が無制限の場合は2億円が上限。
む-ほん【無▽品】《「むぼん」とも》親王で、品位ほんいをもたないこと。
む-ほん【謀反｜謀×叛】〔名〕スル ❶時の為政者に反逆すること。国家・朝廷・君主にそむいて兵を挙げること。律の八虐の規定では国家に対する反逆をいい、「謀叛」の字を用い、謀反むへん、謀大逆ぼうたいぎゃくに次いで3番目の重罪とされる。❷ひそかに計画して事を起こすこと。(類語)反乱・反逆・造反・不軌・クーデター
むほん-ぎ【謀反気】世間の風潮や人に対して反抗しがちな気質。「汝が痩せしからだはすべて一のかたまりなりといわれてしこと」〈啄木・一握の砂〉
むほん-しんのう【無▽品親王】品位ほんいをもたない親王。➡品位㊀❷
むほん-にん【謀反人】謀反を企てる人。
むま【▽今】「いま」に同じ。「篠塚しのづかの一や一やと待ちわびし君はむなしくなりぞしにける」〈大和・七〇〉
むま【▽馬】➤うま
む-ま【夢魔】夢の中に現れて人を苦しませる悪魔。転じて、不安や恐怖を感じさせる夢。
むま-き【▽牧｜▽馬▽城】➤うまき
むま-ご【▽孫】➤うまご
むま-や【▽馬屋｜×厩】➤うまや
む-み【無味】〔名・形動〕❶味がないこと。うまみがないこと。「一無臭」❷おもしろみがないこと。なんの風情もないこと。また、そのさま。「技巧だけが目立つ一な文章」(類語)無味乾燥・単調・平板・一本調子
むみ-かんそう【無味乾燥】〔名・形動〕おもしろみも風情もないこと。また、そのさま。「一な数字の羅列」

む-みょう【無明】ムミャウ《梵 avidyāの訳》仏語。邪見・俗念に妨げられて真理を悟ることができない無知。最も根本的な煩悩で、十二因縁の第一、三惑の一とされる。

むみょう-い【無名異】ムミャウイ ❶新潟県佐渡から産する、硫化鉄を多量に含む赤色の粘土。❷呉須ごすのこと。

むみょうい-やき【無名異焼】ムミャウイ 佐渡市相川で産する朱泥しゅでい系の陶器。弘化年間(1844～1848)ごろ、伊藤甚兵衛が無名異❶を陶土にまぜて焼いたのに始まる。

むみょう-えん【無名円】ムミャウヱン 江戸時代によく知られた打ち身や切り傷の薬。

むみょうしょう【無名抄】ムミャウセウ 鎌倉時代の歌論書。2巻。鴨長明著。建暦元年(1211)ごろの成立。和歌に関する故実、歌人の逸話・語録、詠歌の心得などを記した随筆風の書。

むみょう-じょうや【無明長夜】ムミャウヂャウヤ 仏語。無明ゆえに生死流転していくことを、長い夜にたとえていう語。

むみょう-せかい【無明世界】ムミャウ 仏語。無明による迷妄に支配された世界。煩悩にとらわれた迷いの世界。娑婆しゃば。

むみょうぞうし【無名草子】ムミャウザウシ 鎌倉時代の物語論書。1巻。著者は藤原俊成女説が有力。建久7～建仁2年(1196～1202)ごろの成立。物語・歌集・女流作家などをとりあげて批評したもの。

むみょう-の-さけ【無明の酒】ムミャウ 人間を惑わす煩悩を、正常な心を失わせる酒にたとえていう語。「—の酔ゑひ心」〈謡・紅葉狩〉

むみょう-の-ねむり【無明の眠り】ムミャウ 無明の境にさまようことを眠りにたとえていう語。

むみょう-の-やみ【無明の闇】ムミャウ 煩悩にとらわれ悟りえない心の状態を闇にたとえていう語。

む-む〔感〕❶物事に気づいたり納得したりしたとき、また感心したときに発する語。「—、なるほど」❷口をふさいでふくみ笑いをするときの声。「ただ—とうち笑ひていと口重げなるも」〈源・末摘花〉

むむき【×肫】鳥の五臓。ももげ。〈和名抄〉

むむじゅん-せい【無矛盾性】理論体系一般において、ある公理系内に相互に矛盾する公理が存在しないこと。また、そこからの命題の導出に論理的矛盾がないこと。整合性。

むめ【▽梅】►うめ

む-め【無目】敷居・鴨居かもいと同じ位置にあり、建具を入れる溝のない横木。

む-めい【無名】❶名がないこと。名がわからないこと。また、名を記さないこと。無記名。「—の手紙」「—投票」❷世間に名が知られていないこと。「—の新人」⇔有名。❸名目がたたないこと。「今度の隆盛らの動きは—の暴発であるから」〈藤村・夜明け前〉

む-めい【無銘】書画・刀剣・器物などに、製作者の名が記してないこと。「—の刀」⇔在銘。

むめい-けいやく【無名契約】法律によって名称・内容が規定されている典型契約(有名契約)以外の契約。非典型契約。➡典型契約

むめい-こつ【無名骨】寛骨かんこつの旧称。

むめい-し【無名氏】名前がわからない人。名前を記してない人。失名氏。「—による投稿」

むめい-し【無名指】くすりゆび。名無し指。

むめい-すう【無名数】単位の名称のつかない数。不名数。

むめい-せんし【無名戦士】名の知られていない兵士。「—の墓」

む-めんきょ【無免許】免許をもっていないこと。「—で営業する」「—運転」

む-めんもく【無面目】〔名・形動ナリ〕常識をわきまえないこと。また、そのさま。「啼なくと食はうのねねさんでも、—ちゃあねえはな」〈滑・浮世風呂・三〉

むもう-しょう【無毛症】ムマウシャウ 体毛、特に陰毛が欠如しているか発育不全である状態。

むも・る【▽埋る】〔動ラ下二〕►うもれる

む-もん【無文】❶衣服などに文様がないこと。無地。⇔有文うもん。❷和歌・連歌・俳諧で、表現が平淡なこと。また、そのような歌や句。⇔有文。「—なる歌のさはさはと詠みて」〈毎月抄〉❸能楽で、平淡な中に心をうつ味わいのあること。⇔有文。「無風—なれども、その位、にほひ、影添ふ」〈六輪一露之記注〉

む-もん【無紋】❶紋がついていないこと。衣服や調度などに紋がはいっていないこと。また、そのもの。⇔有紋うもん。❷能楽で、正しい作法にそわずに、その場に応じて演技・演出を変えること。⇔有紋。

むもん-えかい【無門慧開】ヱカイ［1183～1260］中国、南宋の臨済宗の僧。杭州良渚(浙江せっこう省)の人。月林師観に参じて「無字」の公案によって大悟し、その著「無門関」に第一則として収めた。勅号、仏眼禅師。

むもんかん【無門関】ムモンクワン 中国の仏教書。1巻。南宋の無門慧開えかい著。1228年成立。古来からの公案四十八則を選び、評釈などを加えたもの。悟りへの入門書として、禅宗で重視される。禅宗無門関。

むやい【×舫ひ|×纜ひ】むやひ「もやい」に同じ。「—するがまのほ縄の絶えばこそ蜑あまのはし舟ゆらも別れめ」〈堀河百首〉

むやい-ぶね【×舫ひ船】むやひ「もやいぶね」に同じ。「波岸も同じ憂き世の—」〈明日香井集〉

むや・う【×舫ふ|×纜ふ】むやふ〔動ハ四〕「もやう」に同じ。「水もせに紅葉の舟を—・ひつつにしき帆にかけて風そこぎ行く」〈夫木・三三〉

む-やく【無役】❶役目のないこと。「—の旗本」❷課役のないこと。無税。

む-やく【無益】〔名・形動〕「むえき(無益)」に同じ。「取次いでも—なれば」〈露伴・五重塔〉

むやくし・い【無益しい】〔形〕文むやく・し〔シク〕くやしい。腹立たしい。「あはは—・い、五十男の…爺様に好う思われたとて」〈露伴・椀久物語〉

む-やま【共=有山】(佐渡で)共有の山林。

むやみ【無闇|無▽暗】〔名・形動〕❶結果や是非を考えないで、いちずに物事をすること。また、そのさま。「—な約束はしない方がよい」「なぜそんな—をした」〈漱石・坊っちゃん〉❷物事の状態が度を超えて甚だしいさま。ひどい。「—に金がかかる」「—な大わらんじの片足を」〈柳田・山の人生〉【補説】「無闇」「無暗」は当て字。

【用法】むやみ・やたら——「夜はむやみに(やたらに)出歩かないほうがいい」「むやみな(やたらな)ことは言えない」「説明がむやみに(やたらに)長い」など、度が過ぎるようすの意では相通じて用いられる。◇「むやみ」は、善悪やあとさきを考えないで事を行う点に重点がある。「むやみに酒を勧めてはいけない」「むやみに進学しても意味はない」◇「やたら」は、理由やけじめもなく繰り返すようすをいう。「やたらに文句を言う」「やたらぺこぺこ頭を下げる候補者」◇類似の語に「無性に」があり、感情や欲求などが強くわき起こるようすに多く使われる。「最近、無性に故郷が恋しくなることがある」「汚職の報道に無性に腹が立つ」

【類語】やたら・むやみやたら・無性に・闇雲

むやみ-やたら【無闇矢×鱈】〔名・形動〕「むやみ」を強めた言い方。「—に練習しても効果がない」

むや-むや〔副〕嫉妬しっとに悩みもだえるさま。「—修羅を燃もやして」〈円朝・真景累ヶ淵〉

むゆう-げ【無憂華】ムイウ《梵 aśokaの訳。悲しみがない意。阿輸迦と音写》ムユウジュの花。インドの文学では瑞兆を表すのに用いられる。むうげ。

むゆう-じゅ【無憂樹】ムイウ マメ科の常緑高木。インドなどに産する。葉は羽状複葉で、若葉は紅色。4枚の萼がくが花びら状をし、黄から橙・赤色に変わる。摩耶夫人まやぶにんが藍毘尼園らんびにおんのこの樹下で釈迦を安産したところからの名。阿輸迦樹あしょかじゅ。むうじゅ。

むゆう-びょう【夢遊病】ムイウビャウ 睡眠の途中で起き上がってした動作を何も記憶していない病的症状。夢中遊行症。無遊症。

むゆ-か【▽六日】「むいか」に同じ。「帝みかどかくれさせ給ひて—といふに」〈今鏡・一〉

む-よう【無用】〔名・形動〕❶役に立たないこと。使い道のないこと。また、そのさま。無益。「—な(の)臓器はない」⇔有用。❷いらないこと。また、そのさま。不要。「ここでは遠慮は—です」「心配御—」「問答—」❸用事のないこと。「—の者立ち入るべからず」❹してはいけないということ。禁止。「立ち入り—」「開放—」「貼紙—」

【類語】無益・無駄・無意味・無価値・不用・不要・不必要・余計・余分・蛇足だそく

むよう-の-ちょうぶつ【無用の長物】ムヨウノチャウブツ あっても役に立つどころか、かえってじゃまになるもの。「かつての最新工場も今では—となった」

むよう-の-ひと【無用の人】働こうにも仕事がなく、世間からは役に立たないとして無視されている人。

むよう-の-よう【無用の用】《「荘子」人間世から》一見無用とされているものが、実は大切な役割を果たしていること。不用の用。「—をなす」

むようまく-るい【無羊膜類】ムヤウマク 脊椎動物のうち、羊膜を欠くもの。円口類・軟骨魚類・硬骨魚類・両生類が含まれる。水生、または陸生への移行状態に位置し、産卵は一般に水中で行われる。

むよう-らん【無葉×蘭】ムエフ ラン科の多年草。暖地の林内に生え、高さ約30センチ。地下の細長い根茎から地上茎が1～3本出る。葉緑素はなく、葉は退化して鱗片りんぺん状。初夏、茎の先に香りのある白い花を数個つける。

む-よく【無欲|無×慾】〔名・形動〕欲望がないこと。欲ばらないこと。また、そのさま。「—な(の)人」「—の勝利」「—恬淡てんたん」

むよ-ねはん【無余×涅×槃】仏語。煩悩を断ち、分別を離れ、肉体をも滅しつくした悟りの境地。生存の根源を残さない境地。⇔有余うよ涅槃。

むら【村】《「群むら」と同語源か。また、朝鮮語からとも》❶農業・林業・漁業などを営む人々が形成するある一定規模の集落。田舎で人家が集まっている所。むらざと。村落。❷最小の地方公共団体。そん。多くの都道府県で「むら」と読むが、「そん」と読む県もある。❸(名詞に付いて)その人々や物の集まっている所。「選手—」「テント—」【類語】集落・村落・村里・里

むら【▽斑】〔名・形動〕❶色の濃淡、物の厚薄などがあって一様でないこと。また、そのさま。まだら。「—なく塗る」「染め上がりに—な部分ができた」❷物事がそろわないこと。一定していないこと。また、そのさま。「製品の出来に—がある」「—な天候に予定が狂う」❸気が変わりやすいこと。また、そのさま。「—な性格」「—気き」

【類語】(❷)ばらつき・偏り・不揃ふぞろい・不均質・まちまち/(❸)移り気・多情・浮気・気まぐれ・むら気

むら【群|×叢|×簇】むらがっていること。また、そのもの。むれ。多く、他の名詞に付けて用いる。「—すずめ」「草—」

むら【▽匹|×疋】〔接尾〕助数詞。巻いた織物を数えるのに用いる。「くれはどりといふ綾をふた—包みてつかはしける」〈後撰・恋三・詞書〉

ムラー【mullah】イスラム僧。

むら-あずけ【村預け】ムラアヅケ 江戸時代、罪人を村役人に預け、一定期間監禁した刑罰。村置き。

ムラート【スペイン mulato】ラテンアメリカで、白人と黒人との混血者。

ムラーノ-とう【ムラーノ島】タウ《Murano》イタリア北東部の都市ベネチアの潟にある島。ベネチア本島の北東約1.5キロに位置し、マラーニ運河に沿う。ベネチアングラスの産地として有名。ベロネーゼ、ベリーニらの絵画があるサンピエトロマルティーレ教会、ビザンチン様式のサンティマリアエドナート教会がある。

む-らい【無礼】「ぶれい(無礼)」に同じ。「—の罪はゆるされなむや」〈源・常夏〉

む-らい【無頼】「ぶらい(無頼)」に同じ。「—ノ党」〈和英語林集成〉

むらい-げんさい【村井弦斎】むらゐ［1863～1927］小説家・ジャーナリスト。三河の生まれ。本名、寛。新聞小説や実用的読み物「食道楽」で人気を得た。小説

「小説家」「小猫」など。

むらい-ちょうあん【村井長庵】(むらいちょうあん) 歌舞伎狂言「勧善懲悪覗機関(かんぜんちょうあくのぞきからくり)」の通称。また、その主人公の極悪非道の医者。

むら-いり【村入り】他村から移住してきた家、また村内で新しく分家した家などが村の構成員として認められること。また、その手続き儀礼。

むら-うけ【村請】❶江戸時代、村役人を通じて村の共同責任で年貢・諸役などを上納させたこと。❷「村請新田(むらうけしんでん)」の略。

むらうけ-しんでん【村請新田】江戸時代、一村で請け負って開発した田。ふつう開発後3〜5年間は免租され、検地や石盛(こくもり)もゆるやかであった。

むらおか-つねつぐ【村岡典嗣】(むらおか) ［1884〜1946］思想史学者。東京の生まれ。東北大教授。日本思想史学の開拓者。著「本居宣長」「日本思想史研究」など。

むらおか-の-つぼね【村岡局】(むらおか) ［1786〜1873］幕末の勤王家。本名、津崎矩子(つざきのりこ)。尊王攘夷運動に加わり、西郷隆盛らを援助して京都町奉行に捕らえられる。京都北嵯峨の直指庵を再興。

むら-おくり【村送り】❶江戸時代、旅の病人などを村伝いに送り届けたこと。❷江戸時代、婚姻や養子縁組などにより、他村へ移籍すること。

むら-おさ【村▽長】(むらをさ) 一村を治める長。里長(さとおさ)。

むら-がえ【村替え】(むらがへ) 江戸時代、領地内の村を、他領の村と取り替えたこと。

むら-かがみ【村▽鑑】江戸時代、各村の田畑高・森林・家数・人口・牛馬数・租税など、村の概況を書いた帳簿。村明細帳。村鑑大概帳。

むらがき-のりまさ【村垣範正】［1813〜1880］江戸末期の幕臣。江戸の人。号、淡叟。安政元年(1854)ロシア使節プチャーチンと応対。のち、箱館奉行・外国奉行・神奈川奉行・遣米使節副使などを歴任。

むら-かた【村方】❶江戸時代、町方(まちかた)に対して、農村・漁村などの村をさす語。❷「村方三役(さんやく)」の略。

むらかた-さんやく【村方三役】▶地方三役(じかたさんやく)

むらかた-そうどう【村方騒動】(さうどう) 江戸中期から後期にかけて各地で頻発した農民の村政改革運動。村役人による年貢勘定の不正や、地位を利用した私欲などを糾弾し、領主に訴え出るなどした。小前(こまえ)騒動。

むらかみ【村上】新潟県北端の日本海に面する市。もと内藤氏の城下町。村上茶・村上堆朱(ついしゅ)の産地。瀬波(せなみ)温泉や磐舟柵(いわふねのさく)の古跡がある。平成20年(2008)に荒川町・神林村・朝日村・山北町と合併。人口6.6万(2010)。

むらかみ-かがく【村上華岳】(クワガク) ［1888〜1939］日本画家。大阪の生まれ。本名、震一。土田麦僊(ばくせん)らと国画創作協会を結成。

むらかみ-きじょう【村上鬼城】(キジャウ) ［1865〜1938］俳人。江戸の生まれ。本名、荘太郎。正岡子規・高浜虚子に師事して「ホトトギス」に参加。著「鬼城句集」「鬼城俳句俳論集」など。

むらかみ-げんじ【村上源氏】村上天皇の皇子具平(ともひら)親王の子師房(もろふさ)に始まる源氏の一流。堀川・久我(こが)・土御門(つちみかど)・中院(なかのいん)・岩倉・六条などの諸家に分かれ公家として栄えた。

むらかみ-げんぞう【村上元三】(ゲンザウ) ［1910〜2006］小説家・劇作家。朝鮮の生まれ。戦後まもなく、佐々木小次郎をテーマにした小説を新聞に連載し、異色の時代小説作家として注目を集めた。「上総風土記(かずさふどき)」で直木賞受賞。他に「松平長七郎江戸日記」「源義経」「水戸黄門」など。映像化された作品も多い。昭和49年(1974)紫綬褒章受章。

むらかみ-し【村上市】▶村上

むらかみ-すいぐん【村上水軍】中世、瀬戸内海で活躍した海賊衆。能島・因島などを根拠地とした村上氏一族を中心に、室町幕府や有力守護大名から海上警固を命じられるなどして勢威をふるった。

むらかみ-せんしょう【村上専精】(センシャウ) ［1851〜1929］仏教学者・真宗大谷派の僧。丹波の生まれ。東大教授・大谷大学学長。雑誌「仏教史林」を創刊、仏教の歴史的研究を提唱。大乗非仏説論を主張した。著「仏教統一論」「日本仏教史綱」など。

むらかみ-ついしゅ【村上▽堆朱】村上市から産する漆器。木彫りの素地(きじ)に漆を塗り、堆朱・堆黒などに似せたもの。

むらかみ-てんのう【村上天皇】(テンワウ) ［926〜967］第62代天皇。在位、946〜967。醍醐天皇の皇子。名は成明(なりあきら)。関白藤原忠平の死後は摂関を置かず親政を行い、後世「天暦の治」と称された。

むらかみ-なみろく【村上浪六】［1865〜1944］小説家。堺の生まれ。本名、信(まこと)。別号、ちぬの浦浪六。撥鬢(ばちびん)小説とよばれる通俗小説を多数発表した。作「三日月」「奴の小万」など。

むらかみ-はるき【村上春樹】［1949〜 ］小説家。京都の生まれ。処女小説「風の歌を聴け」でデビュー。「世界の終りとハードボイルド・ワンダーランド」で谷崎潤一郎賞受賞。「ノルウェイの森」は空前のベストセラーとなる。他に「羊をめぐる冒険」「ねじまき鳥クロニクル」「海辺のカフカ」など。平成18年(2006)フランツ・カフカ賞、フランク・オコナー国際短編賞を受賞するなど、海外でも高い評価を受けている。

むらかみ-ひでとし【村上英俊】［1811〜1890］幕末・明治前期のフランス語学者。下野(しもつけ)の生まれ。独学でフランス語を修得し、幕府の蕃書調所、維新後の家塾達理堂で教授・著訳に従事、フランス語研究の先駆的役割を果たした。著「三語便覧」「五方通語」「仏語明要」など。

むらかみ-ひら【村上平】村上市山辺里(さべり)で産する絹の袴地(はかまじ)。山辺里平。

むらかみ-みのる【村上実】［1906〜1999］野球監督。兵庫の生まれ。昭和7年(1932)阪急電鉄に入社、プロ野球球団阪急ブレーブス(現オリックス)の設立に大きく貢献し、監督も務めた。同25年にはパリーグ理事長に就任し、2リーグ制・フランチャイズ制・コミッショナー制の確立に尽力した。

むらかみ-よしてる【村上義光】［?〜1333］鎌倉末期の武将。信濃の人。通称、彦四郎。元弘の変で護良(もりよし)親王の身代わりとなり、吉野で自刃。

むらかみ-りゅう【村上龍】［1952〜 ］小説家。長崎の生まれ。本名、龍之助。米軍立川基地周辺に生きる若者の風俗を強烈に描いた「限りなく透明に近いブルー」で芥川賞受賞。江藤淳がサブカルチャー文学と評して論議を呼んだ。他に「コインロッカー・ベイビーズ」「愛と幻想のファシズム」「共生虫」「半島を出よ」など。

むら-がらす【群×烏｜群×鴉】群れをなしているカラス。「一塒(ひとねぐら)に帰る頃となれば」〈露伴・五重塔〉

むら-がり【群がり｜×叢がり｜×簇がり】むらがること。また、むらがっているもの。むれ。「蟻(あり)の一」

むらが・る【群がる｜×叢がる｜×簇がる】㊀〘動ラ五(四)〙たくさんのものが一つ所に寄り集まる。「サインを求めてファンが一・る」「鯉(こい)が餌(えさ)に一・る」㊁〘動ラ下二〙㊀に同じ。「蠅一・れて西に向ひて巨坂(おほさか)を飛び踰(こ)ゆ」〈斉明紀〉

(類語)集まる・集う・群れる・屯(たむろ)する・すだく・たかる・固まる・参集する・殺到する

むらかわ-とおる【村川透】(むらかは・とほる) ［1937〜 ］映画監督。山形の生まれ。本姓、高橋。「蘇える金狼」「野獣死すべし」など、松田優作主演のハードボイルド作品を監督。他に「白い指の戯れ」「最も危険な遊戯」など。テレビドラマ「探偵物語」「西部警察」「あぶない刑事(デカ)」などの監督としても知られる。

むら-き【▽斑気】〘名・形動〙《「むらぎ」とも》気分が変わりやすいこと。また、そのさま。「一な性格」

(類語)移り気・多情・浮気・気まぐれ・むら・飽き性

むら-ぎえ【▽斑消え】ところどころ消えること。まだらに消え残ること。「一の雪の間から芽を出す」

むら-ぎみ【村君｜漁＝父｜漁＝翁】漁民の長。「岩の根にかたおもむきに並み浮きてあはびをかづく海人の一」〈山家集・下〉

むら-ぎみ【×邑君】村の代表者。農民の長。「囚(よ)りて天邑(あまの)一を定む」〈神代紀・上〉

むら-ぎめ【村▽極め】室町後期から江戸時代、村民が協議してきめた規約。入会(いりあい)権・水利権や、風俗取り締まりなど村内の秩序維持に関することなどが規定された。村定め。村おきて。

むら-ぎも【群肝｜村肝】《「むらきも」とも》体内の臓腑(ぞうふ)。五臓六腑(ごぞうろっぷ)。

むらぎも-の【群肝の】〔枕〕心の働きは内臓の働きによると考えられたところから、「心」にかかる。「一心を痛み」〈万・五〉

むら-ぎ・ゆ【▽斑消ゆ】〘動ヤ下二〙ところどころ消える。まだらに消える。「嶺の雪一・えて、花かと見ゆる所もあり」〈平家・九〉

むら-ぐい【▽斑食い】(ぐひ) 毎回の食事量が一定でないこと。食べるときと食べないときの差があること。

むら-くさ【×叢草】むらがり生い繁っている草。「あはれしや野焼きにもれし峰のわの一かくれ雉子(きぎす)鳴くなり」〈永久百首〉

むら-くも【群雲｜×叢雲｜村雲】むらがり立つ雲。一群(ひとむら)れの雲。高積雲や層積雲のこと。「月に一花に風」(類語)羊雲・高積雲

むらくも-ごしょ【村雲御所】瑞竜寺(ずいりゅうじ)の異称。

むらくも-の-つるぎ【叢雲剣】天叢雲剣(あまのむらくものつるぎ)のこと。

むら-ご【▽斑濃｜×叢濃｜村濃】❶染め色の名。同じ色でところどころを濃淡にぼかして染め出したもの。❷「斑濃の威(おどし)」の略。

むらご-の-おどし【▽斑濃の▽威】(をどし) 鎧(よろい)の威の一。白地に左右、または上下の一隅を濃淡に威しまぜとしたもの。

むらさき【紫】❶ムラサキ科の多年草。山地に生え、高さ30〜60センチ。根は太く紫色。全体に毛が密生し、葉は披針形で互生する。6、7月ごろ、白い小花をつける。根は古くから染料に、また漢方で皮膚病や火傷に用いられてきた。みなしぐさ。ねむらさき。えどむらさき。むらさきそう。〘季 夏〙❷「紫色」の略。❸《色が紫色であるところから》醤油の異称。❹❶の根で染めた色。古代紫。❺イワシをいう女房詞。

(一語)青紫・赤紫・浅紫・今紫・薄紫・内紫・江戸紫・大紫・京紫・滅(けし)紫・古代紫・小紫・濃(こ)紫・蔓(つる)紫・深紫・藤(ふじ)紫・藪(やぶ)紫・若紫

紫の朱(あけ)を奪う《「論語」陽貨から》古代正色とされていた朱にかわり、孔子のころには間色である紫が好まれるようになったところから、まがいものが本物にとってかわり、その地位を奪うことのたとえ。また、似て非なるもののたとえ。

むらさき-いがい【紫▽貽貝】(いがひ) イガイ科の二枚貝。内湾の岩などに足糸(そくし)で付着する。殻長9センチくらい。イガイに似るが、殻頂は丸みを帯びる。ヨーロッパの原産で、日本には昭和初期に船底に付着して渡来。食用。ムール貝。淡菜。

むらさき-いろ【紫色】赤と青の中間の色。また、ムラサキの根で染めた色。

(類語)青紫・赤紫・薄紫・菫(すみれ)色・藤色

むらさき-うに【紫海＝胆】ナガウニ科のウニ。沿岸の岩礁にすみ、やや扁平な球状で殻径5〜7センチ。とげは長く、全体が暗赤紫色から黒紫色。本州中部以南から中国にかけて分布。外形が似て、本州北部から北海道にみられるのはキタムラサキウニで、オオバフンウニ科の別種。ともに食用。

むらさき-うまごやし【紫馬肥】アルファルファの別名。

むらさき-えもん【紫▽衛門】(ヱモン) 明治・大正のころ、女学生のこと。袴が紫色であったところから、中古の女流歌人赤染衛門の名をもじっていった。➡海老茶式部(えびちゃしきぶ)

むらさき-おどし【紫▽威】(をどし) 鎧(よろい)の威の一。紫色の組糸または革で威したもの。むらさきいとおどし。

むらさき-おもと【紫万＝年＝青】ツユクサ科の多年草。高さ約60センチ。茎は直立し、その先に長楕円形の厚い葉が多数つく。葉の裏面は紅紫色。夏、葉の付け根に、2枚の苞(ほう)をもつ白い小花をつける。メキシコ・西インド諸島の原産で、観葉植物とする。紫

錦蘭(しきん)。
むらさき-がい【紫貝】❶シオサザナミガイ科の二枚貝。浅海の泥底に穴を掘ってすむ。貝殻は長楕円形で、殻長7センチくらい。殻表、内面ともに紫色。相模湾以南に分布。❷ウチムラサキの別名。
むらさき-かたばみ【紫酢漿草】カタバミ科の多年草。地下の鱗茎(りんけい)は子球をつくってよく増える。カタバミより大形。夏、淡紅色の花を開く。南アメリカの原産で、江戸時代に渡来し帰化。
むらさき-がわ【紫革】赤紫色に染めた革。
むらさき-キャベツ【紫キャベツ】葉が赤紫色のキャベツ。サラダ・ピクルスなどに用いる。(季冬)
むらさき-けまん【紫華鬘】ケシ科の越年草。山野の日陰地に生え、高さ20〜50センチ。全体に柔らかく、葉は羽状に細かく裂けている。晩春、紅紫色の花を総状につける。花は筒状で先が唇形をし、距(きょ)をもつ。やぶけまん。まんだらけ。(季春)
むらさき-しきぶ【紫式部】クマツヅラ科の落葉低木。山野に生え、高さ約3メートル。葉は対生し、楕円形で裏面に黄色の点がある。6、7月ごろ、葉の付け根に淡紫色の小花を集散状につけ、秋に紫色の球形の実を結ぶ。近縁のコムラサキは小ぶりで実が密につき、庭木とされる。漢名、紫珠。みむらさき。(季秋)
むらさき-しきぶ【紫式部】[973ころ〜1014ころ]平安中期の女流作家。越前守藤原為時の娘。藤原宣孝と結婚し、夫の没後、「源氏物語」を書き始める。一条天皇の中宮彰子(しょうし)に仕え、藤原道長らに厚遇された。初めの女房名は藤式部。他に「紫式部日記」、家集「紫式部集」など。
むらさきしきぶにっき【紫式部日記】平安中期の日記。2巻。紫式部作。寛弘5年(1008)秋から同7年正月までの宮仕えの見聞・感想・批評などを仮名で記したもの。日記文と消息文とからなる。
むらさきしきぶにっきえまき【紫式部日記絵巻】鎌倉中期の絵巻。「紫式部日記」の本文を多少省略・変更した詞書(ことばがき)に、絵を施したもの。絵24段・詞書24段が残る。
むらさき-しじみ【紫小灰蝶】シジミチョウ科のチョウ。翅(はね)の開張約3.5センチ。翅の中央部が金属光沢のある紫色。花に来ることは少ない。幼虫はカシ類の新芽を食べ、成虫で越冬する。
むらさき-しめじ【紫湿地】キシメジ科のキノコ。秋に雑木林に輪を描いて生え、傘の直径は約10センチ。全体に紫色で、のちに汚黄色あるいは褐色になる。食用。
むらさき-ずいしょう【紫水晶】紫色の水晶。また、その色。紫石英(しせきえい)。アメシスト。アメジスト。
むらさき-すそご【紫裾濃】紫色を、上方は薄く下方になるにつれて濃くなるように染めたもの。
むらさき-だ・つ【紫立つ】〔動タ五(四)〕紫色を帯びる。紫がかる。「烽火(のろし)が—・って暗黒な空の中でぱっとはじけると」〈有島・生れ出づる悩み〉
むらさき-たび【紫足袋】紫色に染めた筒長の革足袋。同色の革ひもで結ぶ。多くは鹿革製で、室町時代から江戸初期に流行。主に女性の晴れ着に用いられた。
むらさき-つゆくさ【紫露草】ツユクサ科の多年草。高さ約50センチ。葉は広線形。春から夏にかけ、紫色の3弁花が朝に開き、午後しぼむ。北アメリカの原産で、庭などに栽培。また、雄しべの花糸(かし)は細胞が1列に並んで観察しやすいので、細胞学の実験に用いられる。
むらさき-におい【紫匂】❶上から下へ紫色をしだいに薄くした染め色。❷襲(かさね)の色目の名。上を濃い紫にして、下をしだいに薄くしたもの。❸鎧(よろい)の威(おどし)の一。紫色の糸で上部から下部へしだいに薄くなるように威したもの。
むらさきの【紫野】京都市北区の南部の地名。大徳寺・今宮神社がある。
むらさき-の【紫の】〔枕〕❶ムラサキの根で染めた色の美しいところから、「にほふ」にかかる。「—にほへる妹を憎くあらば」〈万・二一〉❷紫色が名高い色であったところから、地名「名高(なだか)」にかかる。「—名高の浦の砂地(まなご)」〈万・一三九二〉❸濃く染まる意から、「濃(こ)」と同音を含む地名「粉滷(こがた)」にかかる。「—粉滷の海にかづく鳥」〈万・三八七〇〉
むらさき-の-うえ【紫の上】源氏物語の女主人公の一人。式部卿宮の娘。藤壺の姪(めい)。光源氏に理想の女性として育てられ、葵(あおい)の上の没後、正妻となる。源氏在世中に病死。
むらさき-の-うすよう【紫の薄様】❶紫色に染めた薄い紙。❷襲(かさね)の色目の名。上から下へ紫色をしだいに薄くしたもの。女房の五衣(いつつぎぬ)では下の二領を白とする。
むらさき-の-くも【紫の雲】❶紫色の雲。めでたいしるしとされる雲。しうん。「君がため折れるかざしは—におとらぬ花のけしきか」〈源・宿木〉❷皇后の異称。「—のよそなる身なれども」〈後拾遺・賀〉
むらさき-の-くもじ【紫の雲路】《極楽には紫の雲がたなびいているというところから》極楽の空。「—にさそふ琴の音に憂き世をはらふ嶺の松風」〈新古今・釈教〉
むらさき-の-そで【紫の袖】四位以上の人が着用した袍(ほう)のこと。⇒位階
むらさき-の-ちり【紫の塵】《和漢朗詠集・上の「紫塵(しじん)の嫩(わか)き蕨(わらび)は人手を拳(にぎ)る」の「紫塵」の訓読み》ワラビの芽。「武蔵野のすぐろが中の下蕨まだうら若し—」〈長方集〉
むらさき-の-にわ【紫の庭】《宮城の意の紫微宮(しびきゅう)から》宮中の庭園。禁苑(きんえん)。「—ものどかにかすむ日の」〈秋篠月清集〉
むらさき-の-ほし【紫の星】紫微星(しびせい)のこと。天子にたとえられる。「日の光重ねて照れば—も二つに色やなるらむ」〈類従本伊勢集〉
むらさき-の-みや【紫の宮】《宮城の意の紫微宮から》中宮・皇后の異称。
むらさき-の-ゆかり【紫の縁】「草(くさ)の縁(ゆかり)」に同じ。「かの—尋ねとり給ひて」〈源・末摘花〉
むらさき-のり【紫海苔】アサクサノリの別名。
むらさき-はしどい【紫丁香花】ライラックの別名。
むらさき-ぼうし【紫帽子】❶歌舞伎の女方が前髪を剃(そ)ったあとにつけた紫縮緬(ちりめん)の布。❷❶をかぶった若衆。「中にも—が取り徳ぢゃ」〈浮・置土産・五〉
むらさき-ほこりかび【紫埃黴】ムラサキホコリカビ科の変形菌。朽ち木上などに群生する。変形体は白くアメーバ状で、成長すると表面から、柄をもつ暗紫褐色の円柱状の胞子嚢(ほうしのう)を多数出す。
むらさき-まい【紫米】▶黒米(くろごめ)❷
むら-ざと【村里】田舎で、人家の寄り集まっている所。村落。むら。(類語)里・人里・山里・村・村落
むら-さめ【群雨|叢雨|村雨】ひとしきり激しく降り、やんではまた降る雨。にわか雨。驟雨(しゅうう)。
(類語)俄(にわ)か雨・通り雨・夕立・時雨・驟雨・スコール
むらじ【連】❶古代の姓(かばね)の一。大和朝廷から神別(しんべつ)の氏族の首長に与えられた。臣(おみ)と並ぶ最高の家柄。連姓のうち有力者は大臣(おおおみ)とともに大連と称して政権を担当した。❷天武天皇が制定した八色(やくさ)の姓(かばね)の第七位。
むら-しぐれ【群時雨|叢時雨|村時雨】晩秋から初冬にかけて、ひとしきり降ってはやみ、やんでは降る小雨。(季冬)
むら-しば【叢柴】群がり生えた、小さな雑木。「御狩する片岡山の—に降るべかりけり今日の霰(あられ)は」〈拾玉集・一〉
むら-しばい【村芝居】村で興行する芝居。また、村で村人たちが演じる芝居。地芝居(じしばい)。田舎芝居。(季秋)
むら-しゃかい【村社会】❶有力者を中心に、上下関係の厳しい秩序を保ち、しきたりを守りながら、よそ者を受け入れようとしない排他的な村落。村の決まりに背くと「村八分」などの制裁がある。❷同類が集まり、ピラミッド型の序列の中で、頂点に立つ者の指示や判断に従って行動したり、利益の分配を図ったりするような閉鎖的な組織・社会を❶にたとえた語。談合組織・学界・政界・企業などに用いる。
むら・す【蒸らす】〔動サ五(四)〕炊き上がった御飯や料理がよく蒸れるようにする。「ふたを取る前によく—・す」
むら-すすき【叢薄】群がって生えているススキ。(季秋)「はるばると雲のかげりや—/暁台」
むら-すずめ【群雀】群れをなしているスズメ。
むら-ずもう【村相撲】祭礼などのとき、村人が集まって催す相撲。
むらせ-こうてい【村瀬栲亭】[1744〜1818]江戸後期の儒学者。京都の人。名は之熙(ゆきひろ)。字(あざな)は君績(くんせき)。栲亭は号。武田梅竜に古注学を学ぶ。秋田藩に仕えて藩政に関与。晩年は官職を辞して京都に戻った。博学で知られ、詩文ともに優れた。著作に「芸苑日渉」「栲亭稿」など。
むら-だか【村高】江戸時代、年貢・諸役負担の基準となった一村の田畑・屋敷などの総石高。
むらた-きよこ【村田喜代子】[1945〜]小説家。福岡の生まれ。初めシナリオを学び、のち作家活動に入る。黒沢明監督の映画「八月の狂詩曲(ラプソディー)」の原作となった「鍋の中」で芥川賞受賞。「龍秘御天歌(りゅうひぎょてんか)」で芸術選奨。他に「白い山」「望潮」など。
むら-たけ【群竹|叢竹】群がり生えている竹。「我がやどのいささ—吹く風の音のかそけきこの夕(ゆふへ)かも」〈万・四二九一〉
むらた-じゅう【村田銃】旧日本陸軍最初の制式小銃。明治13年(1880)に陸軍少将村田経芳(つねよし)が考案したもの。単発と連発とがある。
むらた-じゅこう【村田珠光】[1423〜1502]室町中期の茶人。大和の人。幼名は茂吉。一休宗純に参禅。禅院での茶の湯に点茶の本意を会得したといわれ、侘び茶を創始して茶道の開祖となった。
むらた-しんぱち【村田新八】[1836〜1877]薩摩藩士。西郷隆盛に従って国事に奔走。西南戦争では薩軍の大隊長として活躍し、城山で戦死した。
むら-たず【群田鶴】群がり集まっているツル。「—のやどれる枝と見るまでに松の緑も埋む白雪」〈恵慶集〉
むらた-せいふう【村田清風】[1783〜1855]江戸後期の長州藩士。藩主毛利敬親(たかちか)に登用されて藩政改革を推進し、兵制の改革、殖産興業を行い、長州藩興隆の基礎を築いた。むらたきよかぜ。⇒越荷方(こしにかた)
むら-だち【群立ち|叢立ち】むらだつこと。「立田山松の—なかりせばいづくかのこる緑ならまし」〈千載・秋下〉
むらた-ちょうじ【村田兆治】[1949〜]プロ野球選手。広島の生まれ。昭和43年(1968)東京オリオンズ(現千葉ロッテ)に入団。独特のフォームは「まさかり投法」と呼ばれ、エースとして活躍。通算215勝。
むら-だ・つ【群立つ|叢立つ】〔動タ五(四)〕❶一群になって立っている。群生する。むれだつ。「雑木交りに木深く—・って」〈風葉・青春〉❷群がって上へあがる。一群をなして飛び立つ。むれだつ。「—・ち急ぐ嵐雲(あらしぐも)」〈有島・生れ出づる悩み〉「群鳥の—・ち去なば」〈万・一七八五〉
むらた-はるみ【村田春海】[1746〜1811]江戸中・後期の歌人・国学者。江戸の人。号、琴後翁(ことじりのおきな)など。通称、平四郎。賀茂真淵に師事。仮名遣いの研究に詳しく、「新撰字鏡」を発見・紹介した。家集「琴後集」、著「歌がたり」「和学大概」など。
むらたま-の【群玉の】〔枕〕糸に通した多くの玉がくるくる回る意から、「枢(くる)」にかかる。「—くるにくぎ鎖(さ)し固めとし」〈万・四三九〇〉
むらた-みのる【村田実】[1894〜1937]映画監督・俳優。東京の生まれ。はじめ新劇界で活躍。小山内薫(おさないかおる)に師事。帰山教正(かえりやまのりまさ)の映画に出演したのち、小山内とともに松竹キネマに入社し「路上の霊魂」などを監督。他に「清作の妻」「街の手品師」「灰燼(かいじん)」など。
むら-ちどり【群千鳥】群がっている千鳥。(季冬)

「暁をまぎれて行くや―/暁台」

むら-ち・る【▽斑散る】〘動ラ四〙まばらに散る。「風吹けば空に―・る雲よりもうきて恋する人はまされり」〈忠岑集〉

ムラディエ〘Muradiye〙トルコ北西部の都市ブルサの市街北西部にある霊廟群。色彩豊かなタイルで装飾されたジェムスルターン廟をはじめ、オスマン帝国の歴代スルターンたちが眠る大小12の霊廟がある。ムラト2世が建造したムラディエモスクに隣接する。

むら-と【▽腎】腎臓の古称。〈和名抄〉

むら-どり【群鳥】《「むらとり」とも》群がり集まった鳥。

むらどり-の【群鳥の】〘枕〙群鳥が、朝ねぐらを飛び立つところから、「群立つ」「朝立つ」「立つ」などにかかる。「一群立ち去なば」〈万・一七八五〉「一立ちにしわが名」〈古今・恋三〉

むら-なえ【群苗】群がり生えている稲の苗。「上野佐野田の苗の―に事は定めつ今はいかにせも」〈万・三四一八〉〘補説〙一説に、「むらなえ」は「点苗」で、苗代からひと握りの苗を抜きとって、その本数によって吉凶を判断することという。

むら-にゅうよう【村入用】江戸時代、村役人の給料、紙・墨・筆代などの事務経費、道・橋・用水の普請費用など、村の運営上必要とする諸経費。村民に高割りや軒割りで割り当て徴収された。

むら-にんそく【村人足】公用のため、村に割り当てられ、駆り出された人足。

むらの-しろう【村野四郎】[1901〜1975]詩人。東京の生まれ。新即物主義による実験的作品を発表、のち存在の根源を重視する実存的な詩風を示した。詩集「体操詩集」「亡羊記」など。

むらの-とうご【村野藤吾】[1891〜1984]建築家。佐賀の生まれ。熟達した実務派として知られ、日本生命日比谷ビルなどを設計。文化勲章受章。

むら-はずれ【村外れ】村の中心から少し離れた所。

むら-はちぶ【村八分】❶江戸時代以降、村落で行われた私的制裁。村のおきてに従わない者に対し、村民全体が申し合わせて、その家と絶交すること。「はちぶ」については、火事と葬式の二つを例外とするところからとも、また「はずす」「はねのける」などと同義の語からともいう。❷仲間はずれにすること。

むら-ばらい【村払い】江戸時代、罪人をその村から追い払った刑罰。

むら-びと【村人】村の住民。村民。

ムラビヨフ〘Nikolay Nikolaevich Murav'yov-Amurskiy〙[1809〜1881]ロシアの軍人・政治家。1847年、東シベリア総督となり、アムール川地方を占領し、河口にニコライエフスク-ナ-アムーレを建設。また、58年、清と愛琿条約を結んでアムール川以北をロシア領とし、ロシアの極東進出に尽力した。

ムラビヨフアムールスキー-こうえん【ムラビヨフアムールスキー公園】《Kraevoy park imeni Murav'eva-Amurskogo》ロシア連邦南東部の都市ハバロフスクにある公園。アムール川に面する。19世紀半ばにロシアの極東進出を進めたニコライ＝ムラビヨフ＝アムールスキーの銅像が立つほか、国立極東博物館、極東美術館などがある。

ムラビヨフアムールスキー-どおり【ムラビヨフアムールスキー通り】《Ulitsa Murav'ova-Amurskogo》ロシア連邦南東部の都市ハバロフスクの目抜き通り。19世紀半ばにロシアの極東進出を進めたニコライ＝ムラビヨフ＝アムールスキーの名を冠する。レーニン広場と教会広場を東西に結ぶ。

むらまさ【村正】室町時代、伊勢の刀工。桑名郡千子に住み、千子派とも称された。利刃をもって名高い。徳川家で、村正の刀による不祥事が相次いだことから、妖刀伝説が生まれた。同名の刀工はほかに数人いる。生没年未詳。

むらまつ-しょうふう【村松梢風】[1889〜1961]小説家。静岡の生まれ。本名、義一。友視の祖父。考証的な人物評伝に独自性を発揮した。作「本朝画人伝」「近世名勝負物語」「残菊物語」など。

むらまつ-ともみ【村松友視】[1940〜　]小説家。東京の生まれ。梢風の孫。編集者を経て執筆活動に入る。プロレスや芸能人をテーマにした独特な語り口の小説で文壇に新風を吹き込む。「時代屋の女房」で直木賞受賞。他に「鎌倉のおばさん」、エッセー「私、プロレスの味方です」「アブサン物語」など。

むら-まつり【村祭(り)】村の祭り。秋祭り。〘季 秋〙

むら-むら【群群｜×叢×叢】〘副〙❶そこここまだらに群がっているさま。「彼方此方に―と立ち騈ぶ老松奇檜は」〈二葉亭・浮雲〉❷群れをなして移動したり集まったりするさま。「雉子鳩が、神代に島の湧いたように、―と寄せて来るので」〈鏡花・婦系図〉❸雲・煙などが勢いよく立ちのぼるさま。「―と湧きあがる雲」❹抑えがたい感情や思いがわき起こるさま。「―と闘志がわく」

むらむら・し【▽斑▽斑し】〘形シク〙色の濃淡が一様でない。転じて、心が揺れて定まらない。「つき草の移し心やいかならむ―・しくもなりかへるかな」〈馬内侍集〉

むら-めか・す【群めかす】〘動サ四〙群がる。群れをなす。「嵐に木の葉の散るごとく―・してぞ引きにける」〈義経記・六〉

むら-やく【村役】❶江戸時代、道・橋・用水・堤の普請など、村の維持・運営のために村民が負担した労役。❷村役人のこと。

むら-やくにん【村役人】江戸時代、村の行政をつかさどった役人の総称。➡地方三役

むら-やくば【村役場】地方公共団体としての村の行政事務を取り扱う役所。

むらやま【村山】㊀山形県中東部の市。最上川が貫流。農業が行われる。中心の楯岡はもと最上氏の城下町、羽州街道の宿場町。人口2.7万（2010）。㊁東京都中北部の地名。狭山丘陵の南側。現在は武蔵村山市。

むら-やま【群山】連なり続いている山々。多くの山々。ぐんざん。「大和には―あれどとりよろふ天の香具山」〈万・二〉

むらやま-おおしま【村山大島】東京都武蔵村山市付近で産する絣織物。大島紬を模したもの。村山大島紬。

むらやま-かいた【村山槐多】[1896〜1919]洋画家・詩人。横浜の生まれ。フォービスムの影響の強い画風で注目されたが、放浪中に夭折。遺稿集「槐多の歌へる」。

むらやま-がすり【村山×絣】東京都武蔵村山市付近で産した木綿絣。埼玉県所沢を集散地としたところから所沢絣とも。武蔵絣。

むらやま-さこん【村山左近】江戸前期の歌舞伎俳優。堺の人。寛永17年（1640）ごろ、江戸に下って村山座に出演、女方舞踊で一世を風靡した。生没年未詳。

むらやま-し【村山市】➤村山㊀

むらやま-だんわ【村山談話】平成7年（1995）8月15日に当時の首相村山富市が発表した「戦後50周年の終戦記念日にあたって」と題された談話。日本が第二次大戦中にアジア諸国で侵略や植民地支配を行ったことを認め、公式に謝罪したもの。日本の公式見解として歴代内閣に引き継がれている。

むらやま-とみいち【村山富市】[1924〜　]政治家。大分の生まれ。昭和47年（1972）日本社会党から衆議院議員初当選。細川連立政権が成立した翌年の平成5年（1993）党委員長に選ばれる。翌年、新生党などと対立が生じ連立離脱。羽田内閣を退陣に追い込むと、自民党との連立政権の首相に就任。社会党の首相は片山哲以来二人目。自衛隊容認など社会党の基本政策を転換。同8年の辞任後、党名を社会民主党に変更した。➡橋本龍太郎

むらやま-ともよし【村山知義】[1901〜1977]劇作家・演出家・小説家。東京の生まれ。前衛美術から演劇に転じ、プロレタリア演劇運動に参加。また新協劇団を結成、後進を育成した。戯曲「暴力団記」、小説「白夜」など。

むらやま-トラウマ【村山トラウマ】平成6年（1994）、日本社会党委員長村山富市が連立政権の首相に就任した際、政策協調のため、同党の政策を転換させたことなどから、求心力を失い、解党への道をたどったこと。〘補説〙所信表明演説で自衛隊合憲・日米安保堅持・原発容認などを表明。党内での十分な議論を経ずに同党の根幹にかかわる政策を180度転換させたことから、支持を失い、平成7年の第17回参議院通常選挙、および社会民主党として臨んだ同8年の第41回衆議院総選挙で大敗を喫し、野党第一党の座を失った。

むらやま-みのる【村山実】[1936〜1998]プロ野球選手・監督。兵庫の生まれ。関大で活躍後、昭和34年（1959）阪神に入団。1年目から最優秀防御率のタイトルを獲得。巨人の長嶋茂雄、王貞治両選手の好敵手として活躍し、2代目ミスタータイガースと呼ばれた。同45年の防御率0.98はセリーグ記録。引退後は同球団の監督を務めた。

むらやま-ゆか【村山由佳】[1964〜　]小説家・童話作家。東京の生まれ。童話作家として執筆活動を開始。恋愛小説を発表し若い女性の支持を得て、人気作家となった。「星々の舟」で直木賞受賞。他に「天使の卵（エンジェルス・エッグ）」「おいしいコーヒーのいれ方」シリーズなど。

むらやま-りょうへい【村山竜平】[1850〜1933]新聞経営者。三重の生まれ。明治14年（1881）大阪で「朝日新聞」を譲渡され、経営に専心。また、同31年、「東京朝日新聞」を創刊し、のちに東西の朝日を合併した。

む-り【無理】〘名・形動〙スル ❶物事の筋道が立たず道理に合わないこと。また、そのさま。「―を言われても困る」「怒るのも―はない」「―な言いがかり」❷実現するのがむずかしいこと。行いにくいこと。また、そのさま。「―を承知で、引き受ける」「―な要求をする」❸しいて行うこと。押しきってすること。また、そのさま。「もう―がきかない」「―に詰め込む」「あまり―するなよ」〘類語〙（❶）無体・理不尽・無茶・非理・不当・不条理・不合理・不自然・非合理/（❷）困難・不可能・実現不能・駄目・出来ない相談/（❸）無理矢理・強引に・押して・敢えて・たって

無理が通れば道理が引っ込む　道理に外れた事が幅をきかすようになると、正しい事が行われなくなる。

無理もな・い　もっともだ。当然である。「彼が怒るのも―・い」

む-り【夢×裡｜夢裏】夢の中。夢中。

ムリーリョ〘Bartolomé Esteban Murillo〙[1617〜1682]スペイン-バロックの代表的画家。セビーリャ派の指導的存在となり、聖母像などの宗教画や風俗画を描いた。ムリリョ。

ムリーンスカー-コロナーダ〘Mlýnská kolonáda〙チェコ西部の温泉保養都市カルロビバリにある温泉施設の一。1871年から10年かけて建築家ヨゼフ＝ジーテクの設計により建造され、ネオルネサンス様式の外観をもつ。

ムリェト-こくりつこうえん【ムリェト国立公園】《Nacionalni park Mljet》クロアチア南部、アドリア海に浮かぶムリェト島にある国立公園。島の西部約3分の1が国立公園に指定されている。深い緑に覆われ、ベリコイェゼロ、マロイェゼロとよばれる大小二つの湖がある。

ムリェト-とう【ムリェト島】《Mljet》クロアチア南部、アドリア海に浮かぶ島。ペリェシャツ半島の南方に位置する。主な町はポラチェとポメナ。中世以降、18世紀までベネディクト修道会の修道院が置かれた。島の西部はムリェト国立公園に指定されている。

むり-おうじょう【無理▽圧状】・【無理往生】〘名・形動〙強引に押しつけて、自分の意見に従わせること。「愚父が貰って置いたと云って―に婚礼させたのです」〈魯庵・社会百面相〉

むり-おし【無理押し】〘名〙スル 強引に物事を押し進めること。「―しても、だめだ」
〘類語〙ごり押し・横車を押す・横紙を破る

む

む-りかい【無理解】〔名・形動〕あることについての理解がないこと。相手の気持ちなどをわかろうとしないこと。また、そのさま。「周囲の―が問題解決を困難にした」「若者に―な大人たち」

むり-からぬ【無理からぬ】〔連体〕《形容詞未然形語尾に打消しの助動詞「ぬ」のついた「よからぬ」などの「からぬ」を「無理」につけてできた語》無理ではない。道理である。当然である。「彼が怒るのも―ことだ」〔類語〕尤(もっと)も・当然・自然・至当・無理もない

むり-かんすう【無理関数】変数の無理式で表される関数。⇔有理関数。

む-りき【無力】〔名・形動〕▶むりょく(無力)

むり-ざけ【無理酒】飲みたくないのに、または飲めないのに、あえて酒を飲むこと。また、その酒。

むり-さんだん【無理算段】〔名〕スル 極めて苦しい状況の中でなんとか物事や金のやりくりをつけること。「―して借金を返す」

む-りし【無利子】利子のつかないこと。また、利子をつけないこと。無利息。「―で貸す」

むり-じい【無理強い】〔名〕スル 強引に押しつけてやらせること。強制。「カラオケを―する」

むり-しき【無理式】根号の中に文字が含まれている代数式。⇔有理式。

むりし-こくさい【無利子国債】自由民主党が平成21年(2009)3月に提言した景気対策の一つ。利子が付かないかわりに額面分に相続税がかからない特典付きの国債。富裕な高齢者が保有する金融資産を流動化させることで、経済活性化をはかるのがねらい。➡政府紙幣

むり-しんじゅう【無理心中】〔名〕スル むりやりにする心中。同意しない相手を殺して自分も自殺すること。「―を図る」

むり-すう【無理数】実数のうち、有理数でない数。二つの整数の比で表すことができない数。⇔有理数。

むり-すじ【無理筋】将棋や碁で、理屈に合わない無理な手順・指し手。また、一般にそのような無理な手法。「今回の立件は―との意見が多い」

む-りそく【無利息】「無利子(むりし)」に同じ。

むり-だのみ【無理頼み】むりやりに頼むこと。また、その頼み。「敵討が仕度いと和尚に―をして」〈円朝・真景累ヶ淵〉

ムリダンガ〘梵 mṛdaṃga〙インドの両面太鼓。木製の樽(たる)形胴に張られた革を、両面にわたされた長い革ひもで締める。ムリダンガム。

むり-なんだい【無理難題】解決不可能な問題。道理に外れた言いがかり。「―をふっかける」〔類語〕言い掛かり・難題・いちゃもん・難癖・因縁

むり-ふとうしき【無理不等式】未知数についての無理式を含む不等式。

むり-ほうていしき【無理方程式】未知数についての無理式を含む方程式。

むり-むたい【無理無体】〔名・形動〕相手の意志を無視して、強制すること。また、そのさま。「―な要求」「いやがる子を―に連れ出す」〔類語〕無理・無体・強引・強制的

むり-むり〔副〕物の裂け砕ける音を表す語。めりめり。「乾魚(ひもの)なら、あたまから骨まで―と嚙(か)みくだいて見しょ」〈滑・浮世風呂・四〉

むり-やり【無理▽遣り｜無理矢理】〔副〕《「矢理」は当て字》無理と知りながら、強引に行うさま。「ドアを―こじ開ける」「―に飲ませる」〔類語〕無理に・強引に・強いて・押して・否応(いやおう)無し・有無を言わせず

む-りょ【無慮】〔副〕大きい単位だけでおおまかに数えるさま。おおよそ。ざっと。「―数万の軍勢」

む-りょう【六=糸=綟】中国から渡来した繻子(しゅす)。普通の繻子に比べて縦糸が粗く、光沢が劣る。

む-りょう【無料】❶料金を払わなくてよいこと。無代(むだい)。ただ。「入場―」「―券」⇔有料。❷人のために何かしてもお金を受け取らないこと。「―奉仕」〔類語〕ただ・無代・ろは・フリー・おまけ・サービス

む-りょう【無×聊】〔名・形動〕「ぶりょう(無聊)」に同じ。「その日の―が償われたようにさえ思われた程であった」〈堀辰雄・美しい村〉

む-りょう【無量】〔名・形動〕はかることができないほど多いこと。また、そのさま。「感慨―」「些細の事まで種々―に心配しながら」〈福沢・福翁自伝〉〔類語〕無数

むりょうぎきょう【無量義経】大乗経典。1巻。曇摩伽陀耶舎(どんまかだやしゃ)訳。481年成立。法華三部経の一。法華経の序論に当たる開経とされ、無相の一法から無量義、実相の諸法が生じることについて説いたもの。

むりょう-こう【無量光】《梵 amitābhaの訳》❶阿弥陀仏の発する十二光の一。永久に無限の恵みをもたらす光明。無量無辺光。❷「無量光仏」の略。

むりょう-ごう【無量×劫】仏語。限りなく長い時間。永劫。

むりょうこう-ぶつ【無量光仏】阿弥陀仏の異称。

むりょう-じゅ【無量寿】《梵 amitāyus の訳。阿弥陀仏の寿命が無量であるところから》阿弥陀仏のこと。無量寿仏。

むりょうじゅ-いん【無量寿院】㊀兜率天(とそつてん)の内院である四十九院の一。㊁藤原道長が建てた法成寺阿弥陀堂の称。㊂平等院鳳凰堂(ほうおうどう)の通称。

むりょうじゅきょう【無量寿経】大乗経典。2巻。魏の康僧鎧(こうそうがい)訳とされる。浄土教の根本聖典で、浄土三部経の一。法蔵菩薩が四十八願の大願を成就して阿弥陀仏となり、一切衆生を救済して極楽浄土に導くと説くもの。大無量寿経。大経。

むりょうじゅ-ぶつ【無量寿仏】阿弥陀仏の異称。

むりょう-たいすう【無量大数】数の単位。10の68乗。一説に10の88乗。➡表「位(くらい)」

むりょうていがく-しゅくはくじょ【無料低額宿泊所】社会福祉法の規定に基づいて、生計困難者に無料または低額で提供される宿泊施設。同法で定める第2種社会福祉事業に該当し、運営に際しては都道府県知事に届出が必要。〔補説〕厚生労働省は、事業者に居住環境の整備や利用者の自立支援を求めているが、一部の施設で、利用者の生活保護費を不当に徴収していることが発覚するなど、貧困ビジネスの一つとして問題視されている。

むりょうていがく-しんりょうせいど【無料低額診療制度】生活が困窮し医療費や介護保険利用料などの支払いが困難な人に、医療費の減額または免除を行う制度。社会福祉法に基づいて、都道府県の認可を受けた医療機関が実施する。医療機関は所定の要件を満たすと固定資産税の減免などの優遇措置を受けられる。

むりょう-むへん【無量無辺】はかり知れないこと。果てしないこと。「―の功徳(くどく)」

む-りょく【無力】〔名・形動〕体力や勢力などのないこと。また、そのさま。むりき。「自分の―を恥じる」「侵入に対して―な(の)警備体制」⇔有力。〔派生〕むりょくさ〔名〕〔類語〕非力・無能・弱い

むりょく-かん【無力感】自分に力がないとわかったときのむなしい気持ち。

むりょくせい-たいしつ【無力性体質】体型が細長くて筋肉の発達がよくなく、胸が平らで内臓が下垂しやすく、全般的に体力の低い体質。

むりり〔副〕「むりむり」に同じ。「こはだを―、―とあたまからしてやりながら」〈滑・浮世風呂・前〉

む-りん【無×燐】燐酸塩を含まないこと。「―洗剤」「―かまぼこ」

むりん-せんざい【無×燐洗剤】燐酸塩を含まない合成洗剤。〔補説〕燐酸塩は水軟化作用があるため用いられたが、自然環境に多量に放出されると富栄養化の原因になるとされ、非配合化が進んだ。

む・る【群る】〔動ラ下二〕「む(群)れる」の文語形。

む・る【蒸る】〔動ラ下二〕「む(蒸)れる」の文語形。

む-るい【無類】〔名・形動〕たぐいがないこと。比べるものがないほどにすぐれていること。また、そのさま。無比。無双。「―な(の)好人物」「―な(の)音楽好き」〔類語〕無比・無二・無双

むるい-とびきり【無類飛(び)切り】〔名・形動〕他に比べるものがないこと。また、そのさま。「―な(の)スリルを味わう」

ムルシア〘Murcia〙スペイン南東部にある都市。同名の自治州の州都。セグラ川沿いの平野の中央部に位置する。9世紀の後ウマイヤ朝アブド=アッラフマーン2世の治下、絹織物業で繁栄し、セグラ川を利用した灌漑水路が整備された。現在もレモンをはじめとする柑橘類・穀物・野菜の生産が盛ん。旧市街にあるサンタマリア大聖堂は14世紀にカタルーニャゴシック様式で建てられた後、増改築が繰り返され、特に18世紀に作られた西側のファサードはスペインバロック様式の傑作として知られる。キリスト教の祭礼である聖週間が有名で、数多くの観光客が訪れる。

ムルタン〘Multan〙パキスタン中部の商業都市。パンジャブ州の中心で、古来インドとアフガニスタンとを結ぶ交通の要地。

ムルテン〘Murten〙スイス西部、フリブール州の町。モラ湖南岸に面する。12世紀にベルンと同じくツェーリンガー家の領地として創建。城壁に囲まれた旧市街には、13世紀から18世紀までに築かれた歴史的建造物が数多く残っている。フランス語名、モラ。

ムルナウ〘Friedrich Wilhelm Murnau〙[1888～1931]ドイツの映画監督。サイレント映画時代の巨匠で、表現主義映画の代表者の一人。ドラキュラ伝説を扱った「吸血鬼ノスフェラトゥ」は、幻想映画の傑作とされる。他に「ジキル博士とハイド氏」「ファントム」「最後の人」「サンライズ」など。

ムルファトラル〘Murfatlar〙ルーマニア東部の町。ドブロジャ地方における赤ワインの産地として知られている。ムルファトラー。

ムルマンスク〘Murmansk〙ロシア連邦北西部、ムルマンスク州の港湾都市。同州の州都。1917年までの旧称ロマノフナムールマネ。バレンツ海に面するコラ半島北岸のフィヨルドの奥に位置する。15年に建設された不凍港を擁し、第二次大戦中は連合国からの援助物資の陸揚げ港となった。北極海の漁業基地、海軍基地、および北極圏最大の都市として知られる。また、オーロラが見られる場所として、観光客に人気がある。

ムルロア-かんしょう【ムルロア環礁】《Mururoa》南太平洋、フランス領ポリネシア、トゥアモトゥ諸島にある環礁。1966年から96年まで核爆発実験場だった。

むれ【▽山｜×牟▽礼】《古代朝鮮語から》山。「今城(いまき)なる小(を)―が上に」〈斉明紀〉

むれ【群れ】❶たくさんの人や生物が集まっている状態。あつまり。むらがり。「水牛が―をなす」❷なかま。同類。やから。「無頼(ぶらい)の―に身を投ずる」〔類語〕集まり・群がり・集団・群集・一群・一団・一味・一党・仲間・グループ

むれ-すずめ【群×雀】マメ科の落葉低木。多数の小枝を出し、葉は複葉。5月ごろ、黄色からのちに赤黄色に変わる蝶形の花が下向きに咲く。中国の原産で、日本には江戸時代に渡来。〔季 春〕

むれ-だ・つ【群れ立つ】〔動タ四〕「むらだつ」に同じ。「花すすき君なき庭に―・ちて」〈古今・雑体〉

むれ-と・ぶ【群れ飛ぶ】〔動バ五(四)〕鳥などが群がって飛ぶ。「魚群の上を海鳥が―・ぶ」

むれ-らか【群れらか】〔形動ナリ〕群れをなすさま。まとまっているさま。「物は―に得たるこそよけれ」〈宇治拾遺・九〉

む・れる【群れる】〔動ラ下一〕図む・る〔ラ下二〕1か所に多く集まる。むれをなす。むらがる。「野犬が―・れる」「広場に若者が―・れる」〔類語〕群がる・集まる・集う・すだく・たかる・屯(たむろ)する

む・れる【蒸れる】〔動ラ下一〕図む・る〔ラ下二〕❶風通しが悪く熱気がこもる。「靴を履きっぱなしで足が―・れる」❷飯などに十分熱や湯気がとおって柔らかくでき上がる。「御飯が―・れる」

むろ【牟婁】三重県の北・南牟婁郡と、和歌山県の東・西牟婁郡の地域。もと紀伊国の郡名。

むろ【室】❶物を保存、または育成のために、外気を防ぐように作った部屋。氷室ひむろ・麹室こうじむろなど。❷山腹などに掘って作った岩屋。石室いしむろ。❸僧の住居。僧房。庵室。❹古代、土を掘り下げ、柱を立て屋根をつけた家。室屋むろや。❺古代、周囲を壁で塗り込めた部屋。寝室などに使用した。

む-ろ【無▽漏】《「漏」は煩悩ぼんのうの意》仏語。煩悩のないこと。また、その境地。⇔有漏うろ。

むろ【×榁|杜=松】植物ネズの古名。「うすにびの紙にて、一の枝につけ給へり」〈かげろふ・中〉補説「榁」は国字。

むろ-あじ【室×鯵|×鰘】―あぢ アジ科の海水魚。全長約40センチ。体はやや細長く、ぜんごとよぶ硬いうろこが尾部にしかない。体側中央に赤褐色の縦帯がある。本州中部以南に産し、マアジより暖海を好む。よく似て尾びれの赤いものはオアカムロで、ともに干物にする。補説「鰘」は国字。

むろい-みつひろ【室井光広】むろゐ― [1955～]小説家・文芸評論家。福島の生まれ。図書館司書や予備校の講師を経て文筆の道に入る。「おどるでく」で芥川賞受賞。他に小説「猫又拾遺」「そして考」「あとは野となれ」、評論に「零の力」「縄文の記憶」など。

むろうあかめあおやま-こくていこうえん【室生赤目青山国定公園】むろうあかめあをやまコクテイコウヱン 奈良県と三重県にまたがる国定公園。室生火山群・高見山地・青山高原などを含む地域。室生火山群中央部の滝川の渓谷にある赤目四十八滝や名張川支流の青蓮寺しょうれんじ川の香落渓かおちだになどの景勝地、室生寺をはじめとする歴史的文化財に恵まれた地域。

むろう-さいせい【室生犀星】むろう [1889～1962]詩人・小説家。石川の生まれ。本名、照道。別号、魚眠洞。「愛の詩集」「抒情小曲集」を発表、叙情詩人として出発。のちに小説も発表。「性に眼覚める頃」「幼年時代」「あにいもうと」「杏っ子」など。

むろう-じ【室生寺】むろう 奈良県宇陀市にある真言宗室生寺派の大本山。山号は、宀一べんいち山。もと法相宗。天武天皇10年(681)天皇の勅により役小角えんのおづのの開創と伝える。平安時代に興福寺の賢璟けんきょうが諸堂を整備、のち、空海が堂宇を再興。女人禁制の高野山に対し、女性の参詣を許したので、女人高野とよばれる。平安初期の五重の塔・金堂・釈迦如来立像・同座像など、いずれも国宝。

むろ-ぎみ【室君】播磨はりま国室津むろつにいた遊女。転じて、一般に遊女をいう。「出羽、みよし、皆々一の名ぞかし」〈浮・五人女・一〉

むろ-きゅうそう【室鳩巣】―キウサウ [1658～1734]江戸中期の儒学者。江戸の人。名は直清。別号、滄浪。加賀前田家に仕え、藩命により木下順庵に学び、朱子学を信奉。のち、新井白石の推挙で将軍徳川吉宗の侍講となる。著「六諭衍義大意りくゆえんぎたいい」「駿台雑話」など。

む-ろく【無×禄】禄のないこと。知行ちぎょうのないこと。無給。「一で仕える」「無位一」

むろ-ざき【室咲き】冬に、温室の中で花を咲かせること。また、その花。(季冬)「一の豆科ばかりのはかなさよ/友二」

むろ-じ【無▽漏路】―ヂ 仏語。煩悩のない清浄な世界。悟りの境地。⇔有漏路うろじ。

むろ-ち【無▽漏×智】仏語。煩悩にけがされていない智慧。迷いのない智慧。

むろつ【室津】兵庫県西部、たつの市の地名。播磨灘はりまなだに臨み、古くは瀬戸内海航路の要港として繁栄し、五泊の一に数えられた。むろのつ。室の浦。

むろ-つみ【室積み|▽館】旅人の宿泊所。客舎。「難波の一に発向むかひて」〈継体紀〉

むろと【室戸】高知県南東部の市。室戸岬があり、観光地。遠洋漁業の基地。人口1.5万(2010)。

むろとあなんかいがん-こくていこうえん【室戸阿南海岸国定公園】―コクテイコウヱン 高知県室戸市から徳島県阿南市に至る、海岸を主とする国定公園。隆起・沈降による断崖や海岸段丘を特色とし、亜熱帯植物もみられる。

むろどう【室堂】ムロダウ 富山県南東部、立山たてやまの西側にある溶岩台地。標高2450メートル。立山登山の基地。室堂平。

むろ-どこ【室床】茶室の床とこで、三方の壁および天井の入り隅をすべて壁土で塗りまわしたもの。

むろと-ざき【室戸岬】高知県室戸市南端の太平洋に突出する岬。海岸段丘が発達。台風の通路にあたり、繁茂する亜熱帯植物が強風のため特有の樹形をなす。むろとみさき。

むろと-し【室戸市】▶室戸

むろと-たいふう【室戸台風】昭和9年(1934)9月21日、室戸岬付近に上陸し、京阪神地方を襲った超大型台風。最低気圧911.9ヘクトパスカル。大阪湾などに高潮をもたらし、全国の死者・行方不明者は3036名に達した。

むろね-さん【室根山】岩手県南東部、宮城県境近くにある山。北上高地の南東端にあたる。標高895メートルで、山頂付近にはヤマツツジ・レンゲツツジなどが分布する。中腹にある室根神社は五穀豊穣・交通安全・大漁の神をまつる社やしろとして信仰され、その大祭は国の重要無形民俗文化財に指定されている。室根高原県立自然公園に属する。

むろ-の-き【室の木|杜=松】植物ネズの古名。「磯の上に立てる一ねもころになにしか深め思ひそめけむ」〈万・二四八八〉

むろ-の-つ【室津】▶むろつ

むろ-の-やしま【室の八島】㊀《「八島」は釜の意》古代の占いの一。除夜にかまどを祓い清めて、その灰の状態で翌年の吉凶を占ったもの。㊁栃木市惣社町にあった下野しもつけの国の総社、大神おおみわ神社。そこにある池からは絶えず水気が煙のように立ち上がっていたのを、かまどから煙が立ち上るのに見たてた。歌枕「朝霞深く見ゆるや煙立つ一のわたりなるらむ」〈新古今・春上〉

むろ-ほう【無▽漏法】―ホフ 仏語。❶煩悩のけがれのないあり方。倶舎論などでは、無為法と道諦どうたいとをいう。⇔有漏法うろほう。❷無漏の妙法。仏法。

むろ-ほぎ【室▽寿ぎ】《古くは「むろほき」》新室にいむろの完成を言葉でほめ祝うこと。「自ら衣帯みそおびを整ひきつひて一して曰く」〈顕宗紀〉

むろまち【室町】㊀京都市を南北に貫く通りの一。烏丸通りの西を走る。㊁東京都中央区北西部、日本橋室町の地域。商業地。

むろまち-じだい【室町時代】足利あしかが氏が京都室町に幕府をおいて政権を保持した時代。尊氏たかうじが幕府を開いた延元元年=建武3年(1336)から15代将軍義昭が織田信長に追放される天正元年(1573)に至る約240年間。また、元中9=明徳3年(1392)の南北朝合一までを南北朝時代、応仁元年(1467)応仁の乱勃発以降を戦国時代とよぶこともある。足利時代。

むろまち-どの【室町殿】㊀京都市上京区にあった足利将軍家の邸宅。3代将軍足利義満が天授4=永和4年(1378)に造営。庭に多くの花を植えたので花の御所の名がある。㊁室町幕府。また、その将軍。

むろまち-ばくふ【室町幕府】延元元年=建武3年(1336)足利尊氏あしかがたかうじが京都に開いた武家政権。鎌倉幕府の制度をほぼ継承し、15世紀の後半、応仁の乱で無力化して戦国時代を招き、天正元年(1573)15代将軍義昭が織田信長に追放されて滅亡。3代将軍義満が京都室町に造営した室町殿にちなむ名称。足利幕府。

▷**歴代将軍一覧**
第1代:足利尊氏、第2代:足利義詮、第3代:足利義満、第4代:足利義持、第5代:足利義量、第6代:足利義教、第7代:足利義勝、第8代:足利義政、第9代:足利義尚、第10代:足利義稙、第11代:足利義澄、第12代:足利義晴、第13代:足利義輝、第14代:足利義栄、第15代:足利義昭

むろ-や【室屋】「室むろ❹」に同じ。「忍坂おさかの大一に人多さはに来入り居り」〈記・中・歌謡〉

むろらん【室蘭】北海道南西部の市。胆振いぶり総合振興局所在地。内浦湾(噴火湾)に突き出す絵鞆えとも岬と地球岬がある。石炭の積み出し港、製鉄の町として発展。重化学工業が盛ん。人口9.5万(2010)。補説アイヌ語「モ-ルエラニ」(小さい下り道の意)からといわれ、江戸時代に運上屋があった坂の名という。

むろらん-こうぎょうだいがく【室蘭工業大学】ムロランコウゲフダイガク 室蘭市にある国立大学法人。北海道帝国大学付属土木専門部と、室蘭工業専門学校とを包括し、昭和24年(1949)新制大学として発足。平成16年(2004)国立大学法人となる。

むろらん-し【室蘭市】▶室蘭

むろらん-ほんせん【室蘭本線】北海道の長万部おしゃまんべから東室蘭・登別・苫小牧を経て岩見沢に至るJR線。東室蘭・室蘭間も含まれる。石狩炭田からの石炭積み出しのために明治25年(1892)北海道炭礦鉄道が開業し、昭和3年(1928)全通。全長219.1キロ。

む-ろん【無論】〔副〕論じる必要のないほどはっきりしているさま。言うまでもなく。もちろん。「飛行機は一のこと、車も使わない」「一そのとおりだ」
類語 勿論もちろん・当然・もとより

ムンク〖Edvard Munch〗[1863～1944]ノルウェーの画家。愛と死・孤独・不安などのテーマを象徴的に描き、表現主義の先駆者の一人とされる。版画も制作。作「叫び」など。

ムンスター〖フランス munster〗フランス、アルザス地方産の円形チーズ。外側はオレンジ色で、中身は柔らかい。マンステール。

むんず-と〔副〕「むずと」を強めた言い方。「肩を一つかむ」

ムンディルファリ〖Mundilfari〗土星の第25衛星。2000年に発見。名の由来は北欧神話の巨人。非球形で平均直径は約5.6キロ。

ムン-テラ「ムントテラピー」の略。

ムント-テラピー〖ドイツ Mund-Therapie〗医学で、患者との対話による治療。心理的ストレスを考慮して必ずしも真実を告げない場合もある。ムンテラ。

ムント-とう【ムント塔】―タフ《Munttoren》オランダの首都、アムステルダムの中心部にある塔。1490年に市街を取り囲む城壁とともに建造。17世紀に城壁が取り払われ、見張り塔だけが残り、時計台が付けられた。ムントタワー。補説「ムント」は貨幣、鋳貨の意。1672年にフランスがアムステルダムを侵略した際、この塔で貨幣の鋳造をしたことに由来する。

ムント-ひろば【ムント広場】《Muntplein》オランダの首都、アムステルダムの中心部にある広場。西側に、28個のカリヨン(組み鐘)をもつ時計台を備えたムント塔がある。

ムンバイ〖Mumbai〗インド西部、アラビア海沿岸の小島に位置する港湾都市。西インドの商工業・金融・交通の中心地であるほか、映画産業も盛ん。ポルトガル領を経て、1661年にイギリス領となり、東インド会社の拠点となった。旧称ボンベイ。人口、行政区1198万、都市圏1643万(2001)。➡ボリウッド

ムンプス〖ドイツ Mumps〗▶流行性耳下腺炎りゅうこうせいじかせんえん

ムンプス-なんちょう【ムンプス難聴】―ナンチャウ おたふくかぜ(流行性耳下腺炎)の合併症で、ムンプスウイルスが内耳に感染することで生じる難聴。急性発症する難治性の高度難聴で、片耳に起こることが多い。好発年齢は15歳以下、特に5～9歳に多い。

むん-む〔副〕(多く「と」を付けて用いる)❶「むんむん」に同じ。「ギッシリ詰められると一として閉口する」〈魯庵・社会百面相〉❷煙などのたちこめるさま。「一と舞いあがる埃の中で」〈中勘助・銀の匙〉

むん-むん〔副〕スル においや熱気などが息苦しいまでに強くたちこめているさま。むっと。「場内は若者の熱気で一(と)している」「一(と)した色気」
類語 むっと・むしむし

む

め ❶五十音図マ行の第4音。両唇鼻音の有声子音[m]と母音[e]とから成る音節。[me] ❷平仮名「め」は「女」の草体から。片仮名「メ」は「女」の末2画から。

め【女|▽妻】《「男ᵒ」に対する語》❶女性。おんな。「吾ᵃはもよ一にしあれば」〈記・上・歌謡〉❷配偶者、または愛人としての女性。妻。「年頃あひ馴れたる一」〈伊勢・一六〉❸(「雌」「牝」とも書く)他の語の上または下に付いて複合語をつくる。㋐女性、または動植物のめすを表す。「一神」「一鹿」「一蕊」「手弱ᵗᵃᵒᵃ一」㋑一対の物のうち、小さいほう、または女性的と思われるほうの物を表す。「一滝」「一瓦」

め【目|▽眼】㊀〔名〕❶物を見る働きをする器官。光線・色などを感受して脳に送る感覚器官で、脊椎動物では眼球およびその付属器の涙腺などと視神経からなる。「澄んだ美しい一」「一をあける」❷物を見るときの目つき。まなざし。「するどい一で見る」❸物を見る能力。視力。「一が悪い」❹見ること。見えること。「お一にかける」❺注意して見ること。注目。「世間の一がこわい」❻見分ける力。洞察力。「私の一に間違いはない」❼見たときの印象。外観。「見た一がよくない」❽その者が出会ったありさま。体験。「つらい一にあう」「いい一を見る」❾位置・形状などが❶に似たもの。㋐主要な点。物の中心。「台風の一」㋑眼球の形をしたもの。「うおの一」㋒縦・横の線などが交わってできるすきま。「網の一」「碁盤の一」❿線状に1列に並んだものの間にできたすきまや凹凸。「櫛の一」⓫のこぎりの歯や、やすり・すりばちなどの表面に付けた筋。「一立て」⓬賽の面につけられた一から六までの点。また、振るなどして表れたその数。「賽の一」「いい一が出る」⓭囲碁で、連結が完全な石で囲んである空点。「一が二つで活き」⓮物差し・はかりなどに数量を示すために付けたしるし。「はかりの一」⓯はかり・升などではかった量。重さ。「一が足りない」⓰木材の切り口に現れる年輪の線。木目。「一の粗い板」「正一」⓱文様または紋所の名。方形またはひし形の中心に点を一つ打った形のもの。「五つ一」㊁〔接尾〕❶数を表す語に付いて、その順序にあたる意を表す。「二番一」「一〇年一」❷動詞の連用形に付いて、その状態にあること、また、その状態にあるところを表す。「弱り一」「落ち一」「結び一」「別れ一」「こげ一」❸形容詞の語幹に付いて、そのような性質や傾向をもっている意を表す。「長一」「細一」❹数を表す語に付いて、匁ᵐᵒᵐᵐᵉの意を表す。「百一」「一貫一」

目が合・う ❶視線が合う。目と目が合う。「相手と一・わないようにする」❷上下のまぶたが合う。眠る。多く打消しの語を伴って、よく眠れない意を表す。「目も合はず思ひ臥したるに」〈枕・一二五〉

目が堅・い 夜が更けても眠りたがらない。「上さんは感心に目の堅い方ですね」〈秋声・あらくれ〉

目が利・く よしあしを見分ける能力をもっている。鑑識眼がある。「刀剣に一・く」

目が曇・る 見方にかたよりがあって、適切な判断ができない。「身内が相手だと一・る」

目が眩・む ❶目まいがする。「一・むほどの高さ」❷強い光線などのために、一時的に視力を失う。「スポットライトに一・む」❸心を奪われて判断力がなくなる。「欲に一・む」

目がく・れる ►暮れる❻

目が肥・える よいものを見慣れて、よしあしを見分ける力が増す。「古美術品には一・えている」

目が冴・える 神経が高ぶって、眠れなくなる。また、眠気がなくなる。「夜中になると一・える」

目が覚・める ❶眠りから覚める。「鳥の声で一・める」❷迷いが去り、正しい姿に立ち返る。「放蕩のあげくやっと一・めた」

目が据わ・る 酔ったり怒ったりして、瞳がじっと一点を見つめたまま動かなくなる。「悪酔いして一・る」〔補説〕「目が座る」と書くのは誤り。

目が高・い よいものを見分ける能力をもっている。「これをお選びになるとは一・い」

目が近・い 近視である。

目が散・る 心が落ち着かず、視線がいろいろなものに向く。「一・って一つに決まらない」

目が◦出る ❶「目玉が飛び出る」に同じ。❷《賽の よい目が出る意から》幸運が巡ってくる。芽が出る。「努力しているのに一◦出ない」

目が点にな・る 《漫画で、目を点のように描いて驚きの表情をあらわすことから》びっくりする。驚く。「いきなり裸になられて一・る」

目が遠・い 遠視である。

目が届・く 注意や監督が行き渡る。「細かい点まで一・く」「組織の末端にまで一・く」

目が飛び◦出る 「目玉が飛び出る」に同じ。「一◦出るほどの高値」

目が留ま・る 多くの中で、特にあるものに注意が向く。「机の上の写真に一・る」

目が無・い ❶夢中になって、思慮分別をなくすほど好きである。「日本酒には一・い」❷物事のよしあしを識別する力がない。「本質を見る一・い」

目が離せ◦ない いつも見守っていなくてはならない。「危なっかしくて一◦ない」

目が早・い 見つけるのがすばやい。「流行品には一・い」

目が光・る 厳重に監視する。「警察の一・る」

目が眩・う ►眩う

目が回・る ❶めまいがする。目がくらむ。「腹がへって一・る」❷非常に忙しいようすの形容。「一・る忙しさ」

目が物を言・う 目つきや目くばせで気持ちが伝わる。

目が行・く 心が引かれて、視線を向ける。「つい欲しい物に一・く」

目から鱗が落・ちる 《新約聖書「使徒行伝」第9章から》何かがきっかけになって、急に物事の実態などがよく見え、理解できるようになるたとえ。〔補説〕文化庁が発表した平成19年度「国語に関する世論調査」では、本来の言い方である「目から鱗が**落ちる**」を使う人が80.6パーセント、間違った言い方「目から鱗が**取れる**」を使う人が8.7パーセントという結果が出ている。

目から鼻へ抜ける 非常に頭の働きのよいさま。また、抜け目なくすばしこいさまをいう。

目から火が◦出る 頭を強くぶつけたとき、目の前が真っ暗になって光が飛び交うような感じがすることをいう。

目霧・る 目がかすむ。目がくもる。「おぼし出づるに目も霧りていみじ」〈源・夕霧〉

目眩・る ❶目まいがする。目がくらむ。「見るに、一・るる心ぞする」〈かげろふ・上〉❷分別に迷う。「欲に一・れ、訴人せしを」〈浄・烏帽子折〉

目で見て口で言え 自分の目で見てから口に出せ、あるいは非難せよ、という戒め。

目で物を言・う 目つきや目くばせで気持ちを伝える。

目留・む 「目を留める」に同じ。「母屋の中柱にそばめる人や、わが心かくるとまづ一・め給へば」〈源・空蝉〉

目と鼻の間 「目と鼻の先」に同じ。

目と鼻の先 目と鼻との間のように距離が非常に近いこと。目と鼻の間。「ここから駅は一だ」

目に遭・う 直接に経験する。体験する。多く、好ましくないことにいう。目を見る。「つらい一・う」「今度ばかりはひどい一・ったよ」

目に余・る ❶程度がひどくて黙って見ていられないほどである。「彼らの言動は一・る」❷数が多くて一目で見渡せないほどである。「一・る大群」

目に一丁字なし 一つの字をも知らない。無学である。

目に浮か・ぶ 実際に見ているように、頭の中に思い描かれる。「故郷の景色が一・ぶ」

目に掛か・る 見える。目に留まる。目につく。「町の女房のよろしからぬ事ばかり一・りぬ」〈浮・男色大鑑・一〉➡御目に掛かる

目に掛・ける ❶ひいきする。めんどうを見る。目を掛ける。「課長が一・けている部下」❷目にとめる。また、めざす。「一・けたるかたきを討たずして」〈平家・四〉❸はかりにかける。「刻み昆布して一・けて売出し」〈浮・永代蔵・六〉➡御目に掛ける

目に角を立・てる ひどく怒ってにらみつける。目角を立てる。「一・てるほどのことでもない」

目に障・る ❶目の毒になる。転じて、見て不愉快になる。「相手の一挙手一投足が一・る」❷視界を妨げる。「千巌の嶺一・り」〈海道記〉

目に染・みる ❶煙などが目を刺激する。「タバコの煙が一・みる」❷色彩などがあざやかで、視覚を強く刺激する。「新緑が一・みる」❸見慣れる。また、見飽きる。「親しく一・みた民子のいたいたしい姿は」〈左千夫・野菊の墓〉

目に秋毫の末を察すれば耳に雷霆の声を聞かず 《「淮南子」俶真訓から》動物の毛の先ばかりを見ていると雷の激しい音が聞こえない。小さい事に心が向いていると、重大な事に気づかないというたとえ。

目に◦する 見る。「よく一◦する光景」

目に立・つ 人の目を引く。目立つ。「大柄で特に一・つ生徒」

目に付・く ❶よく見える。目立つ。「欠点ばかりが一・く」❷見て忘れられなくなる。「へそがたの林のさきの狭野榛の衣に着くなす一・くわが背」〈万・一九〉

目に留ま・る ❶見て、特に関心を引く。「スカウトの一・る」❷際立って見える。「派手な看板が一・る」

目には青葉山時鳥初松魚 山口素堂の俳句。初夏の事物を配し季節感を巧みに表現している。

目に入・る 視野に入る。自然に目に見える。「照明が一・り、球を見失う」「新聞の見出しが一・る」

目には目を歯には歯を 受けた害に対して、同等の仕打ちをもって報いること。ハムラビ法典の言葉。旧約聖書の出エジプト記などにも見え、これを戒めたイエスの「山上の垂訓」で有名。

目に触・れる 見える。目にはいる。「一・れるものが何もかも新鮮な朝」

目に見・える ❶見てはっきりわかる。「からだが一・えて大きくなる」❷確実に予測できる。「敗北は一・えている」

目に見す見す ►見す見す❷

目にも留まらぬ きわめて早いさま。「一早わざ」

目に物言わ・す 目つきや目くばせで気持ちを伝える。「一・して要求をのませる」

目に物見・せる ひどい目にあわせる。思い知らせる。「今日という今日は一・せてくれよう」

目の色を変・える 目つきを変える。怒り・驚きや、何かに熱中するようすにいう。「一・えて課題に取り組む」

目の上の瘤 何かと目障りであったり、じゃまになったりするもののたとえ。目の上のたんこぶ。

目の黒いうち 生きている間。目の玉の黒いうち。「私の一は許さない」

目の付け所 注目すべきところ。着眼点。「ベテランはさすがに一が違う」

目の中へ入れても痛くない 子供などを溺愛する気持ちやようすをたとえていう。

目の寄る所へ玉も寄る 目が動くにつれて、その方向へ瞳も動く。同類が寄り集まるたとえ。

目は口ほどに物を言う 情のこもった目つきは、口で話すのと同じくらい気持ちを表現する。

目は心の鏡 目はその人の心の中を映し出す鏡である。目を見れば、その人の心のようすがわかることのたとえ。

目はその睫(まつげ)を見る能(あた)わず 《「顔氏家訓」渉務から》目はなんでも見ることができるが、自分のまつげを見ることはできない。他人の欠点にはよく気づくが、自分の欠点は見えないことのたとえ。

目は空(そら) そのものは目に入らずに、他のものに気をとられている状態をいう。「御硯の墨すれと仰せらるるに、―にて、ただおはしますを」〈枕・二三〉

目は両視せずして明らかに耳は両聴せずして聡(さと)し 《「荀子」勧学から》両眼は二つのものを同時に見ないからはっきり見え、両耳は二つの音を同時に聞かないから的確なのである。一事に集中せよという戒め。

目引き袖(そで)引き 声を出さずに、目で合図したり袖を引いたりして、相手に自分の意志を知らせるさま。「―して笑うが人情」〈逍遥・当世書生気質〉

目見立・つ 目をとめる。注目する。「さらに―・つる人なし」〈方丈記〉

目も当てられ◦ない あまりにもひどい状態で見ていられない。「悲惨で―◦ない事故現場」

目もあや ❶まぶしいほどりっぱなさま。「―な舞台衣裳」❷意外で驚きあきれるさま。はなはだしくひどいさまにいう。「ここに、かく渡り給ふのみなむ、―に、おぼろげならぬことと」〈源・総角〉

目も及ば◦ず 《すべてを見ることができない、の意》非常にすばらしい。りっぱである。「―◦ぬ御書きざまも」〈源・帚木〉

目もくれ◦ない 少しの関心も示さない。見向きもしない。「仕事以外のことには―◦ない」

目もすまに 目も休めずに。目も離さずに。「―守るしなひのひまをなみとける御法のきしもいとなし」〈散木集・六〉

目もなく 目を細くして。「うれしげに、―打ち笑ひ」〈仮・東海道名所記・六〉

目も遥(はる)に 目の届くかぎりはるかなさま。和歌では「春」「芽も張る」などに掛けて用いる。「津の国の難波の葦の―しげき我が恋人しるらめや」〈古今・恋二〉

目を◦射(い)る ❶目に入る。目にとび込む。❷強い光が目を照らす。「太陽の光が―◦射る」

目を疑・う 実際に見ても信じられないほど不思議に思う。「変貌ぶりに―・う」

目を奪(うば)・う すばらしさに見とれさせる。「イルミネーションが通行人の―・う」

目を奪(うば)わ◦れる 目を盗られて何も見えない意で、あまりの美しさなどに見とれて夢中になること。「美しさに―◦れる」

目を覆・う 直視することができなくて目をふさぐ。また、直視するのを避ける。「―・う惨状」

目を掩(おお)うて雀(すずめ)を捕らう 《「後漢書」何進伝から》雀が逃げることを恐れ、自分の目を隠して雀を捕らえようとする。事実を直視しないこと、つまらぬ小手先の策を用いることのたとえ。

目を起こ・す ❶賽(さい)を投げてよい目を出す。❷好運に巡りあう。

目を落と・す ❶視線を下に向ける。「足もとに―・す」❷死ぬ。落命する。

目を掛・ける ❶ひいきにする。目に掛ける。「社長に―・けられる」❷注意して見入る。「散りかかる花の梢に―・けて日も暮れにけり志賀の山越え」〈丹後守為忠百首〉

目を掠(かす)・める 人の目のすきを盗む。目を盗む。「主人の―・めて怠ける」

目を極(きわ)・む 目の届くかぎり遠方を見る。「あかねさしいはとの山も見えぬべく―・めてもてれる夏かな」〈曽丹集〉

目を潜(くぐ)・る 見つからないようにする。「警備の―・って侵入する」

目を配・る 注意してあちこちを見る。「周囲に―・る」

目を晦(くら)ま・す 人の目をごまかす。見えないようにする。「追っ手の―・す」

目を呉(く)・れる 視線を向ける。目をやる。「景色に―・れることもなくひたすら歩く」

目を肥や・す 美しいもの、よいものを見て楽しむ。また、よいものを多く見てよしあしを見分ける力を身につける。「本物を見て―・す」

目を凝ら・す じっと見つめる。「暗やみで―・す」

目を覚ま・す ❶眠りから起きる。目覚める。❷迷っている状態から正しい状態に戻す。「父の死が彼の―・した」❸何かがきっかけとなり、それまで気づかなかった自分の性質などを自覚する。「母性愛が―・す」❹びっくりする。「台所の有様、―・しける」〈浮・永代蔵・二〉

目を曝(さら)・す すみずみまで見る。また、じっと見る。「書面の筆跡に―・す」

目を皿に◦する 驚いたり、物を探したりするときに、目を大きく見開く。目を皿のようにする。「あまりのショックに―◦する」

目を三角に◦する 目を怒らす。怖い目つきをする。目に角(かど)を立てる。「―◦して叱りつける」

目を忍・ぶ 他人に見られないようにする。人目を忍ぶ。「親の―・んでデートを重ねる」

目を白黒さ・せる ❶苦しさのあまり目の玉を白目にしたり黒目にしたり、激しくしきりに動かす。「まんじゅうがのどにつかえて―・せる」❷びっくりする。あわてる。「突然の申し出に―・せる」

目を据・える 目の玉を動かさないで一点をじっと見る。「―・えてにらみつける」

目を澄ま・す 見つめる。熟視する。「諸人―・しけり」〈平家・一〉

目を注・ぐ 注意して見る。注目する。「有望新人に―・ぐ」

目をそばだ・てる 「目を側(そば)める」に同じ。「気に喰わぬ事が有れば―・てて疾視(にらみ)付ける事も有り」〈二葉亭・浮雲〉

目を側(そば)・める 憎しみや恐れのために正視できず横目で見る。「二人は逸早く―・めて紳士の風采を視たり」〈紅葉・金色夜叉〉

目を逸(そ)ら・す ❶別の方向に視線を向ける。❷直面している事柄を見ないようにする。「現実から―・してはいけない」

目を立・てる ❶のこぎり・やすりなどの磨滅して鈍くなった目をといで鋭くする。❷編み物で、編み始めの目をつくる。❸注意して見る。「若やかなる殿上人などは―・てて気色ばむ」〈源・蛍〉

目を付・ける 特別な注意を向ける。「前々から―・けていた店」

目を瞑(つぶ)・る ❶目を閉じる。また、目を閉じて眠る。❷死ぬ。❸過失などを見て見ぬふりをする。「これくらいの失敗には―・ってやろう」

目を転(てん)・ずる 視線を別のものへ移す。また、視点を変える。「世界のことに―・ずる」

目を通・す ひととおり見る。通覧する。「朝刊にざっと―・す」

目を留(と)・める 注意して見る。「挙動不審な人物に―・める」

目を長く◦する 気を長くして見る。短気を起こさず、がまんして見る。「喧嘩になっては悪いと、―◦して居ました」〈滑・浮世風呂・前〉

目を抜・く 人の目をごまかす。まんまとだます。「客を焼いたり陥(は)めたり―・いたり」〈浮・禁短気・二〉

目を盗・む 人に見つからないように、こっそりする。「先生の―・んで居眠りする」

目を眠・る 「目を瞑(つぶ)る」に同じ。「―・って気を落付け」〈美妙・武蔵野〉

目を離・す 注意している目をそらす。「ちょっと―・すと、すぐいたずらする」

目を放・つ ►放つ❻

目を光ら・す 油断なく監視する。厳重に見張りをする。「逃げ出さぬよう―・す」

目を引・く ❶人の注意を向けさせる。「派手な化粧が―・く」❷目で合図をする。「左右の見る人、口を掩ひ―・き笑ふ」〈古活字本保元・下〉

目を開(ひら)・く ❶閉じた目をあける。目を見開く。❷知識を得たり、真理を悟ったりして新しい境地を知る。「外国語を学んで新しい世界に―・く」

目を塞(ふさ)・ぐ 「目を瞑(つぶ)る」に同じ。「一度の失敗には―・いでやろう」

目を伏(ふ)・せる 視線をそらして下を向く。伏し目になる。

目を細・める 顔中にほほえみを浮かべる。「孫の成長に―・める」

目を丸く◦する 驚いて目を見張る。「値段の高さに―◦する」

目を回・す ❶気を失う。気絶する。❷多忙のためあわてふためく。「学会開催の準備で―・す」

目を見・す ❶目くばせをする。「優婆塞(うばそく)、―・せて」〈霊異記・中〉❷あるひどい目にあわせる。「人をしてかかる―・する事、慈悲もなく」〈徒然・一七五〉

目を見張・る 怒ったり、驚いたり、感心したりして目を大きく見開く。「式典の豪華さに―・る」

目を◦見る 体験する。目にあう。「一人だけいい―◦見る」「憂き―◦見る」「痛い―◦見る」

目を剝(む)・く 怒ったり、驚いたりして目を大きく開く。「暴言に思わず―・く」

目を向(む)・ける ❶視線を向ける。その方を見る。また、関心を向ける。❷特定の見方で見る。「各紙はいっせいに非難の―・けた」

目を遣(や)・る 視線をその方に向ける。その方を見る。「窓の外に―・る」

目を喜ば・す 美しいもの、すばらしいものなどを見て楽しむ。「秋の野の風景が―・す」

め【芽】 ❶植物の種子から最初にもえ出す茎・葉。また、茎・葉などが未発達の状態にあるもの。生じる位置により定芽・不定芽に、展開後の器官により葉芽・花芽・混合芽に、形成時期などにより夏芽・冬芽などに分けられる。❷卵の黄身の上にあり、将来ひなになる部分。❸新たに生じ、これから成長しようとするもの。「才能の―を伸ばす」

(…語)赤芽・独活(うど)芽・木の芽・木(こ)の芽・挿し芽・篠(しの)芽・新芽・土用芽・冬芽・若芽

(類語)木の芽・若芽・新芽・腋芽(えきが)・ひこばえ・むかご

芽が◦出る ❶草木の芽が萌え出る。❷幸運が巡ってきて、成功の糸口が開ける。目が出る。「長い下積みを経てやっと―◦出る」

芽を出・す ❶草木が芽をふく。❷物事が成長・発展するきざしを見せる。「天才の片鱗が―・す」

芽を摘・む 成長・発展の可能性のあるものを取り除く。「旧弊が伸びる―・む」「悪の―・む」

め【海=布┊海=藻】 食用となる海藻の総称。ワカメ・アラメなどの類。「―の柄を鎌(か)りて、燧臼(ひきりうす)に作り」〈記・上〉

め〔助動〕《推量の助動詞「む」の已然形》►む〔助動〕

め〔係助〕《上代東国方言》係助詞「も」に同じ。「我妹子(わぎめこ)と二人我が見しうち寄(え)する駿河の嶺(ね)らは恋(くふ)しく―あるか」〈万・四三四五〉

め【▽奴】〔接尾〕人名または人や動物を表す名詞、代名詞などに付く。❶人や動物などをののしったり、卑しめたりするときに用いる。「ばか―」「こいつ―」❷自分や自分に関することを卑下したり謙遜(けんそん)したりして言うときに用いる。「私―にお命じください」

め-あか【目赤】 ウサギの別名。

め-あか【目×垢】 「目脂(めやに)」に同じ。

め-あかし【目明かし】 《目であきらかにする意》江戸時代、町奉行の与力や同心に私的に雇われ、その手先となって犯罪人の捜査・逮捕に従事した者。岡っ引き。

めあかん-だけ【雌阿寒岳】 北海道東部、阿寒湖の南西にある火山。標高1499メートル。西麓に雌阿寒温泉がある。

め-あき【目明き】❶目の見える人。❷文字の読める人。また、道理をわきまえている人。❸道具の真の価値を見分ける眼力のあること。また、その人。
目明き千人(せんにん)**盲**(めくら)**千人**　世の中には道理のわかる者もいるが、わからない者もいるということ。盲千人目明き千人。

め-あさ【雌麻】麻の雌株。⇔雄麻(おあさ)。

メアシャム〖meerschaum〗▶ミアシャム

め-あたらし・い【目新しい】〔形〕文めあたら・し〔シク〕見たことがないような新しさがある。珍しい。「内容的には特に—・い点もない」
類語 珍しい・事新しい・斬新・新鮮・新奇・奇抜・革新的・オリジナル

め-あて【目当て】❶目標とするもの。目印。「真っ暗で—になるものがない」「灯台を—に進む」❷心の中で目指しているもの。行動のねらい。目的。「—の品」「金—」❸物事を行う場合などの基準。見当。「だれに頼めばいいか—をつけておく」「就職の—がついた」❹銃のねらいを定めるための突起物。照星(しょうせい)。
類語 目印・目標・目的・狙い・見当・めど・目星

メ-アド「メールアドレス」の略。

メアリー〖Mary〗英国の女王。㊀(1世)[1516〜1558]在位1553〜1558。ヘンリー8世とキャサリンの子。スペイン王フェリペ2世と結婚、旧教の復活を進め新教徒を迫害したので「血のメアリー」とあだ名された。㊁(2世)[1662〜1694]在位1689〜1694。ジェームズ2世の長女。オレンジ公ウィリアム(ウィリアム3世)と結婚してオランダに渡ったが、名誉革命後、英国王に迎えられ、夫とともに共同統治した。

メアリー-スチュアート〖Mary Stuart〗[1542〜1587]スコットランドの女王。在位1542〜1567。ジェームズ5世の子。父王の死により生後1週間で即位。フランス皇太子のフランソワ2世と婚約してフランスで成長。夫の死後帰国し、以後親政。諸侯と改革派教会の反抗にあい、子のジェームズ6世(後のイギリス王ジェームズ1世)に譲位。イングランドのエリザベス1世に保護を求めたが、19年間監禁され、女王殺害を企てたとして処刑された。

め-あわ・す【目合はす】(めあはす)〔動サ下二〕目を見かわす。目くばせする。「悪源太、鎌田にきっと—・せて」〈古活字本平治・中〉

め-あわ・す【▽妻合(わ)す・▽妻す】(めあはす)㊀〔動サ五(四)〕「妻合(めあ)わせる」に同じ。「義妹を親友に—・す」㊁〔動サ下二〕「めあわせる」の文語形。

め-あわ・せる【▽妻合(わ)せる・▽妻せる】(めあはせる)〔動サ下一〕文めあは・す〔サ下二〕妻として添わせる。嫁入りさせる。「娘を—・せる」

めい【名】㊀〔名〕❶なまえ。な。「姓と—」❷名詞の上に付いて、すぐれている、評判が高い、などの意を表す。「—文句」「—校長」「—ピアニスト」㊁〔接尾〕助数詞。人数を数えるのに用いる。「四〇—」➡漢「めい(名)」類語(㊀❶)名前・名(な)・名称・呼び名・称(しょう)・呼称・称呼・称号・称(たた)え・名目・名義・ネーム・ネーミング

めい【命】❶いのち。生命。「—が果てる」「—を捨てる」❷命令。「—を帯びる」「—に背く」❸運命。「—は天にあり」➡漢「めい(命)」類語(❷)命令・言い付け・令(れい)・指令・下命・指示・指図(さしず)・号令・発令・沙汰(さた)・主命・君命・上意・達し・威令・厳令・厳命
命旦夕(たんせき)**に迫る**　今にも死にそうになる。
命を革(あらた)**・む**　天命が改まる。王朝や統治者が変わる。革命。「天地—・むべき危機ここに顕れたり」〈太平記・一〉
命を受けては家に辞せず　《「呉子」論将から》武将は、命を受ければ、家人に別れを告げることもなく、ただちに出陣しなければならない。

めい【明】❶あかるいこと。「勝敗の—と暗とを分ける」❷理のあきらかなこと。また、道理を見通す力。眼識。「先見の—」❸物を見る力。視力。「—を失う」➡漢「めい(明)」
明は以(もっ)**て秋毫**(しゅうごう)**の末**(すえ)**を察するに足れども而**(しか)**も輿薪**(よしん)**を見ず**　《「孟子」梁恵王上から》動物の毛の先までも見えるような視力をもちながら、車に積んだ多くの薪(まき)が目に入らない。いくらよい視力があろうと、それを用いなければ役に立たないこと、また、小事に心を奪われて大事を見失うことのたとえ。

めい【×姪】(めひ)兄弟姉妹の娘。⇔甥(おい)。

めい【×茗】茶。特に、新芽を摘んだものを茶というのに対し、遅く摘んだものをいう。「—ヲニル」〈和英語林集成〉➡漢「めい(茗)」

めい【盟】誓い。同盟。「—を結ぶ」➡漢「めい(盟)」

めい【銘】❶金石・器物などに事物の来歴や人の功績を記したもの。「碑に—を刻む」❷特にすぐれた物品につける特定の名。「—を付ける」❸製作物に入れる製作者の名。❹心に刻み込んでいる戒めなどの言葉。「座右の—」➡漢「めい(銘)」
銘の物　刀剣や器物で、製作者の名が刻んである、確かなもの。
銘を打・つ　刀剣や器物に製作者の名を刻む。➡銘打つ

メイ〖May〗5月。他の語と複合して用いるときは「メー」とも書く。

めい-あん【名案】すぐれた案。よい考え。
類語 良案・妙案・グッドアイディア

めい-あん【明暗】❶明るいことと暗いこと。転じて、物事の明るい面と暗い面。成功と失敗、幸と不幸など。「人生の—」「—を分ける」❷絵画・写真などで、色の濃淡や明るさ・暗さの対照。「—をはっきりさせ立体感を出す」
明暗を分(わ)**・ける**　勝ち負け、成否、良し悪しなどがはっきり決まる。「二人の—・ける戦い」

めいあん【明暗】夏目漱石の小説。大正5年(1916)発表。主人公津田由雄と妻お延の不安定な家庭生活を中心に、人間のエゴイズムを鋭く追求した作品。作者の死により未完に終わる。

めい-あん【迷案】《「名案」をもじった語》いい案に見えて、実行できるはずのない案。

めい-あん【冥暗・冥▽闇】❶暗いこと。くらやみ。「月日の光をも見給はねば、一生—の中に向かって」〈太平記・四〉❷冥土(めいど)の迷い。「君孝行たらば、わが—を助けよ」〈謡・海人〉

めいあん-じゅんのう【明暗順応】(ジュンオウ)目の網膜の感度を明るい所で低下させたり、暗い所で増大させたりして調節し、適度な視感度を保たせること。

めいあん-とう【明暗灯】航路標識で、一定の間隔をおいて光を明滅するもの。

めいあん-ひ【明暗比】▶コントラスト❷

めいあん-ほう【明暗法】(ハフ)絵画で、明と暗、光と影の対比や変化などがもたらす効果を用いて、立体感あるいは遠近感を表す方法。➡キアロスクーロ

めいあん-りゅう【明暗流】(リウ)▶みょうあんりゅう(明暗流)

めい-い【名医】すぐれた医者。有名な医者。

めい-い【明衣】▶あかはとり

めいいたいほうろく【明夷待訪録】(メイイタイハウロク)中国、明末・清初の思想書。全1巻13編。黄宗羲(こうそうぎ)著。1663年成立。明の遺臣として満州民族王朝である清の専制君主政治を激しく批判したもの。清末の革命運動に大きな影響を与えた。

めい-う・つ【銘打つ】〔動タ五〕《「銘を打つ」から》特別に名目をかかげる。称する。「本邦初公開と—・つ」

めい-うん【命運】身の定め。めぐりあわせ。運命。「—を賭(と)す」「—が尽きる」
類語 運・運命・運勢・天運・天命・宿命・宿運・時運・巡り合わせ・回り合わせ・星回り・命数・暦数

メイエ〖Antoine Meillet〗[1866〜1936]フランスの言語学者。印欧語の広範な分野にわたってすぐれた業績をあげた。著「印欧語比較文法序説」「古典アルメニア語比較文法要説」など。

メイエルホリド〖Vsevolod Emil'evich Meyerkhol'd〗[1874〜1940]ソ連の演出家。初め俳優としてモスクワ芸術座に参加。十月革命後、メイエルホリド劇場を創立し、ビオメハニカの提唱、大胆な前衛的演出で反響を呼んだ。スターリン時代に弾圧を受け、銃殺された。

めい-えん【名園】(ヱン)すぐれた庭園。名高い庭園。

めい-えん【名演】すぐれた演技や演奏。

めい-えん【迷演】《「名演」をもじった語》客があっけにとられるような奇妙な演技・演奏。

めい-えん【×茗園】(ヱン)茶園。茶畑。

めい-えん【×茗×醼・×茗×宴】茶の湯の会。茶会。

めい-えんぎ【迷演技】▶迷演

めい-えんそう【迷演奏】▶迷演

めい-おう【名王】(ワウ)すぐれた王。名高い君主。

めい-おう【明王】(ワウ)すぐれた、かしこい王。明君。

めいおう【明応】室町後期、後土御門(ごつちみかど)天皇・後柏原天皇の時の年号。1492年7月19日〜1501年2月29日。

めいおう-せい【冥王星】(メイワウ-)《Pluto》太陽系で海王星の外側を回る準惑星。太陽からの平均距離59億1510万キロ、すなわち39.5402天文単位、公転周期247.796年。1930年、米国ローウェル天文台のC=W=トンボーが発見し、長らく「第9惑星」とされていたが、2006年国際天文学連合(IAU)により新たに準惑星に分類された。軌道は離心率が大きく、海王星の内側になることもある。最大光度13.6等。赤道半径は1195キロ、質量は地球の0.0022倍。カロン・ニクス・ヒドラの3衛星をもつ。プルートー。

めいおうせいがた-てんたい【冥王星型天体】(メイワウセイ-)《plutoid》太陽系外縁天体に属する準惑星の総称。海王星の軌道外にあり、太陽を周回する天体のうち、惑星としての定義を満たさないものを指す。2008年に国際天文学連合(IAU)により正式名称とされた。プルートイド。補説 国際天文学連合は、冥王星・エリス・マケマケ・ハウメアの四つを冥王星型天体としている(2012年7月現在)。

めいおう-だいがく【名桜大学】(メイアウ-)沖縄県名護市にある公立大学。平成6年(1994)の開設。同22年公立大学法人となる。

めい-おん【鳴音】▶ハウリング

めい-か【名花】(クワ)❶美しい花。名高い花。❷美女、また、名高い芸妓などのたとえ。
類語(❷)解語の花・高嶺(たかね)の花・大和撫子(やまとなでしこ)

めい-か【名家】❶名望のある家柄。名門。「—の出」❷公卿の家格の一。文筆を主とし、弁官を経て、蔵人(くろうど)を兼ね、大納言まで昇進できる家柄。羽林家(うりんけ)の下、諸大夫家(しょだいぶけ)の上に位する。日野・広橋・烏丸・葉室・勧修寺・万里小路(までのこうじ)などの諸家の称。❸その道にすぐれた人。名声の高い人。名人。「—の手になる書」❹中国、春秋戦国時代の諸子百家の一。名(ことば)と実(事物)との関係を論じた学派。

めい-か【名菓】(クワ)上等な菓子。有名な菓子。

めい-か【名歌】名高い歌。すぐれた詩歌。

めい-か【銘菓】(クワ)特別な名をもつ由緒ある菓子。

めい-が【名画】(グワ)❶すぐれた絵。名高い絵。❷すぐれた映画。

めい-が【×螟×蛾】鱗翅(りんし)目メイガ科の昆虫の総称。翅(はね)の開張1〜2センチくらい。体は細長く、翅は体のわりに大きく、足は細い。夜行性で灯火によく集まる。種類が非常に多く、幼虫はさまざまな植物を加害し、大害虫もあり、螟虫(めいちゅう・ずいむし)とよばれる。ニカメイガ・イッテンオオメイガ・ツトガなど。季 夏

めい-かい【明快】(クワイ)〔名・形動〕筋道があきらかでわかりやすいこと。また、そのさま。「—な答弁」「単純—」
派生 めいかいさ〔名〕
類語 平明・簡明・簡潔・的確・明晰(めいせき)・明瞭

めい-かい【明解】はっきりと解きあかすこと。また、よくわかる解釈。類語 詳解・例解・訳解

めい-かい【迷界】仏語。迷いの世界。三界。衆生界。

めい-かい【冥界】死後の世界。あの世。冥土。冥境。みょうかい。類語 冥土・冥府・幽冥・幽界・黄泉(よみ)・黄泉(こうせん)・霊界・彼の世・後の世・後世・後生・来世

めい-かい【×溟海】大海。あおうなばら。

めいかい-だいがく【明海大学】埼玉県坂戸市に

本部のある私立大学。昭和45年(1970)に城西歯科大学として開学。同63年に現校名に改称した。

めいかく【明覚】▶みょうがく(明覚)

めい-かく【明確】〔名・形動〕はっきりしていてまちがいのないこと。また、そのさま。「一な指示を与える」「立場を一にする」派生めいかくさ〔名〕

類語正確・的確・確実・精確・確か・明らか・明白・明瞭・鮮明・克明

めいが-ざ【名画座】メイグワ― すぐれた旧作映画を上映する映画館。

めい-がら【銘柄】❶商品名。商標。特に、一流の商品の名称。ブランド。❷市場で取引の対象となる有価証券や商品の名称。

類語(❶)商標・ブランド・登録商標・トレードマーク・銘

めいがら-ぎゅう【銘柄牛】―ギウ 肉質の優れた素牛(もとうし)(肥育牛として育てられる前の子牛)に濃厚飼料を多く与え、通常よりも長期間肥育した牛。また、その牛からとれる牛肉をいう。生産者団体が任意に、品種・生産地・飼育法など一定の基準を設け、認定する。松阪牛・神戸ビーフ・近江牛・米沢牛など。ブランド牛。

めいがら-ばいばい【銘柄売買】現物や見本によらず、銘柄❷を指定するだけで売買取引を行う方法。

めいがら-まい【銘柄米】特定の品種や産地を指定して商品化した米。こしひかり・ささにしき・ひとめぼれなど。ブランド米。

めい-かん【名鑑】人や物の名を集め、分類した名簿。「寺院一」

類語名簿・目録・一覧表・リスト・カタログ

めい-かん【明鑑】❶曇りがない鏡。明鏡。転じて、ものの姿をあきらかにうつしだすもの。❷あきらかな鑑定。

めい-かん【冥感】▶みょうかん(冥感)

めい-かん【銘肝】〔名〕スル 心に刻みつけて忘れないこと。銘記。「一し、教訓とする」

めい-かん【鳴管】―クワン 鳥類の発音器官。気管の変形したもので、多くは気管が2本の気管支に分かれる所にひだ状の薄い膜があり、呼気で振動し共鳴させて鳴き声を出す。

めい-き【名器】すぐれた器物。名作とされる器物。

めい-き【明記】〔名〕スル はっきりと書きしるすこと。「住所氏名を一する」

めい-き【明器】《神明の器の意》中国で、死者とともに墓に納めた器物。死後の世界で用いるため、日用の器物を木や泥・陶磁などで模したもの。漢代から唐代にかけて盛行。➡泥象(でいしょう)

めい-き【冥鬼】冥界にいるという鬼。

めい-き【銘記】〔名〕スル 心に深く刻みつけて忘れないこと。銘肝。「先人の学恩を一する」

類語銘ずる・刻む・銘肝・牢記(ろうき)・拳拳服膺(けんけんふくよう)

めい-き【銘旗】葬式で用いる、死者の姓名・官位などを記した旗。銘旌(めいせい)。

めい-ぎ【名×妓】名高い芸妓。歌舞などにすぐれた芸者。

めい-ぎ【名技】すぐれたわざ・演技。

めい-ぎ【名義】❶名前。特に、書類などに所有者・責任者などとして表立って記される名前。「妻の一で預金する」「一を借りる」❷名に応じて、守るべき義理。名分。「一を立てる」❸表向きの理由。名目。「教育費に充てる一で某々が保管することになった」〈有島・或る女〉

類語名前・名(な)・名(めい)・名称・呼び名・称(しょう)・呼称・称号・称え(たたえ)・名目・名分・ネーム・ネーミング

めいぎ-かきかえ【名義書換】―かきかへ 権利者の変更に応じて、証券上または帳簿上の名義人の表示を書き換えること。

めいぎ-がし【名義貸し】他者の取引に際し、自分の氏名や商号を貸して契約させること。また、弁護士や税理士、タクシー事業者など、資格や国の許可が必要な業務をしている人や事業者が、その資格のない人や会社に申請や登録などの際に名前だけを貸す行為。弁護士・税理士・タクシー事業者の名義貸しは公益を害するおそれがあり、違法行為とされる。

漢字項目 め

【▽馬】▶ば

漢字項目 めい

名 学1　音メイ漢　ミョウ(ミャウ)呉　訓な‖㊀〈メイ〉①人や物の呼び名。「名刺・名称・名簿・名目/家名・改名・学名・偽名・国名・氏名・指名・書名・署名・除名・姓名・題名・地名・知名・匿名・売名・病名・品名・別名・命名・連名」②世に知られた名前。ほまれ。評判。「名声・名誉/悪名・栄名・汚名・虚名・声名・盛名・著名・文名・有名・勇名」③名高い。すぐれている。「名案・名医・名曲・名作・名士・名手・名所・名勝・名人・名店・名物・名文・名門」④言葉で言い表す。「名状」⑤名古屋。「名神」㊁〈ミョウ〉①な。「名字・名跡・名代/異名・戒名・称名・俗名・本名」②ほまれ。評判。「名利/悪名・功名」③昔、所有者の名を冠した荘田。「名田/小名・大名」㊂〈な〉「名前/渾名(あだな)・宛名(あてな)・仮名(かな)・真名」名付あきら・かた・なずく・もり 難読名残(なごり)

命 学3　音メイ漢　ミョウ(ミャウ)呉　訓いのち、みこと‖㊀〈メイ〉①いのち。「命脈/延命・懸命・身命・人命・生命・絶命・存命・短命・致命・長命・余命・落命・露命」②言いつける。言いつけ。「命令/違命・厳命・抗命・使命・待命・勅命・特命・任命・拝命・復命・奔命・用命」③名づける。「命名」④名を記した戸籍。「亡命」⑤天や神の意志。めぐり合わせ。「運命・革命・宿命・知命・天命・薄命・非命・本命」⑥目あて。「命中」㊁〈ミョウ〉①いのち。「帰命・寿命・定命(じょうみょう)・不惜身命(ふしゃくしんみょう)」②言いつけ。「宣命」㊂〈いのち〉「命綱」名付あきら・かた・とし・な・なが・のぶ・のり・まこと・み・みち・もり・や・よし・より

明 学2　音メイ漢　ミョウ(ミャウ)呉　ミン唐　訓あかり、あかるい、あかるむ、あからむ、あきらか、あける、あく、あくる、あかす‖㊀〈メイ〉①光があってあかるい。はっきり見える。あかるさ。「明暗・明月・明滅・明朗/月明・失明・照明・清明・鮮明・澄明・透明・薄明・幽明」②夜があける。「天明・未明・黎明(れいめい)」③事がはっきりしている。「明確・明晰(めいせき)・明白・明瞭/簡明・公明・克明・自明・不明・分明・平明」④あきらかにする。「明記/解明・究明・言明・釈明・証明・声明(せいめい)・説明・闡明(せんめい)・表明・弁明」⑤物事を見分けたり見通したりする力がある。「明君・明哲・明敏/英明・賢明・聡明(そうめい)」⑥世の中が開ける。「開明・文明」⑦神。「明器/神明」㊁〈ミョウ〉①あかるい。「明星(みょうじょう)」②光。あかり。「光明・灯明・無明」③はっきりしている。「分明」④夜・年があけて、次にくる。「明春・明朝・明日(みょうにち)・明年・明後日(みょうごにち)」⑤神や仏を尊んで呼ぶ称。「明王・明神」⑥仏教で、知識や学問。「因明・五明・声明(しょうみょう)」㊂〈ミン〉中国の王朝名。「明朝」名付あか・あかる・あき・あきら・あけ・きよし・くに・さや・てる・とおる・とし・のり・はる・ひろ・みつ・よし 難読明後日(あさって)・明日(あす)・明日(あした)・明明後日(しあさって)・松明(たいまつ)・明太(めんたい)

迷 学5　音メイ慣　訓まよう‖①進むべき道がわからなくなる。まよう。「迷宮・迷走・迷霧・迷路/低迷」②正しい仕方がわからない。筋が通らない。まよわせる。「迷彩・迷信・迷夢・迷妄・迷惑/頑迷・昏迷(こんめい)・混迷」③(「名(めい)」のもじり)的外れでこっけいな。「迷案・迷言・迷答」難読迷子(まいご)

冥 音メイ漢　ミョウ(ミャウ)呉　訓くらい‖㊀〈メイ〉①暗くて見えない。「冥暗・冥冥/晦冥(かいめい)・昏冥(こんめい)・幽冥」②道理に暗い。「頑冥」③奥深い。心の奥底。「冥想」④あの世。「冥界・冥土・冥福」㊁〈ミョウ〉人知を超えた神仏の働き。「冥加・冥護・冥利」

×茗 音メイ漢　ミョウ(ミャウ)呉‖茶の木。お茶。「茗園・茗器」難読茗荷(みょうが)

×溟 音メイ漢　訓くらい‖①小雨が降って暗い。「溟濛(めいもう)」②海。「溟海/滄溟(そうめい)・南溟・北溟」

盟 学6　音メイ漢　訓ちかう、ちかい‖固い約束を交わす。互いに結ぶ約束。ちかい。「盟主・盟邦・盟約・盟友/加盟・会盟・結盟・血盟・同盟・連盟」難読盟神探湯(くかたち)

×酩 音メイ漢‖ひどく酒に酔う。「酩酊(めいてい)」

銘 音メイ漢‖①金石に刻みつけた文字や文章。「銘文/鐘銘・碑銘・無銘・墓碑銘」②心に刻みつけて忘れない。「銘肝・銘記/感銘・肝銘」③特製品であることを示す語。「銘菓・銘酒・銘茶」④商標。商品名。「銘柄」名付あき・かた・な

鳴 学2　音メイ漢　ミョウ(ミャウ)呉　訓なく、なる、ならす‖①鳥・獣・虫がなく。「鳴禽(めいきん)/鶏鳴・悲鳴・鹿鳴(ろくめい)」②物が音を発する。なる。ならす。「鳴動・鳴弦/共鳴・吹鳴・雷鳴・奏鳴曲」③意見を唱える。「百家争鳴」名付なき・なり 難読鳴子(なるこ)・鳴門(なると)・馬鳴(めみょう)

×瞑 音メイ漢　メン呉　訓つぶる、つむる‖㊀〈メイ〉①目を閉じる。「瞑想・瞑目」②はっきり見えない。「瞑瞑」㊁〈メン〉目がくらむ。めまい。「瞑眩(めんけん)」

×螟 音メイ漢‖①ズイムシ。メイガ類の幼虫。「螟蛾(めいが)・螟虫」②チョウ・ガの類の幼虫。「螟蛉(めいれい)」

▽謎(謎) 音メイ慣　訓なぞ‖㊀〈メイ〉なぞ。不可思議なこと。「謎語」㊁〈なぞ〉「謎謎/字謎」

めいぎ-にん【名義人】権利者または法律上の行為者などとして、正式に名前を出している人。

めいき-ぶっけん【明記物件】火災保険の契約において、家財を保険目的とする場合、1個または1組の価額が30万円を超える貴金属・美術品・宝石・絵画・骨董品などのこと。これらについては保険証券に明記して契約する必要があり、明記しないと保険金は支払われない。通常、上限は100万円。

めい-きゅう【命宮】人相判断で、両眉の間のこと。

めい-きゅう【迷宮】❶中に入ると容易に出口がわからず迷うようにつくってある建物。❷複雑に入り組んでいてなかなか解明できない事柄のたとえ。また特に、手がかりがなく解決の見通しが立たない犯罪事件。「人間心理の一」

めいきゅう-いり【迷宮入り】犯罪事件で、犯人不明のまま捜査打ち切りとなること。お宮入り。

めいきゅう-かい【名球会】メイキウクワイ 昭和生まれのプロ野球選手およびOBにより組織される一般社団法人。日米通算で、投手の場合は通算200勝以上または250セーブ以上、打者の場合は通算2000本安打以上の成績を達成した選手が有資格者となる。正式名称は日本プロ野球名球会。通称、昭和名球会。

めい-きょ【明×渠】地上に設けられた上部をあけはなしたままの排水用の溝。開渠。

めい-きょう【名教】―ケウ 人のふみ行うべき道を明らかにする教え。また、儒教の教え。

名教の内(うち)自(おの)ずから楽地(らくち)有り　《「晋書」楽広伝から》人倫の教えを行う中に、おのずから楽しい境地がある。

めい-きょう【明鏡】―キャウ 曇りのない、よく映る鏡。

明鏡は形を照らす所以(ゆえ)故事は今を知る所以　《「呉志」呉主五子伝・孫奮から》曇りのない鏡は形を映し、歴史上の事実は今を映し出す手がかりとなる。

明鏡も裏を照らさず　賢明な人にも注意が行き届かないところがあるというたとえ。

め

めい-きょう【冥境】「冥界」に同じ。

めいきょう-しすい【明鏡止水】《『荘子』徳充符から》曇りのない鏡と静かな水。なんのわだかまりもなく、澄みきって静かな心の状態をいう。「—の心境」

めい-きょく【名曲】すぐれた楽曲。名高い楽曲。

めい-きょく【迷曲】《「名曲」をもじった語》有名な曲に似せたり、また、あれこれのメロディーを組み合わせたりした、訳が分からないがそれなりに面白い楽曲。

めい-ぎょく【名玉】❶すぐれた宝玉。名高い玉。❷俗に、優れたカメラレンズのこと。「—といわれる50ミリ単焦点レンズ」

めいきょく-きっさ【名曲喫茶】主にクラシック音楽を聞きながら飲食を楽しむ喫茶店。

めい-きん【鳴×禽】❶よくさえずる鳥。よい声で鳴く鳥。❷鳴禽類の鳥。

めい-ぎん【名吟】❶すぐれた詩歌。有名な詩歌。❷すぐれた吟詠。

めいきん-るい【鳴×禽類】スズメ目スズメ亜目(鳴禽亜目とも)の鳥の総称。小形で、よい声でさえずるものが多く含まれる。

めい-く【名句】❶すぐれた句。有名な句。連歌・俳諧や漢詩などにいう。❷すぐれた文句。有名な文句。❸当を得た、気のきいた文句。
(類語)寸言・寸鉄・警句・箴言(しんげん)・金言・格言・名言・至言・座右の銘・マクシム・アフォリズム

メイク〘make〙▶メーク

めいくう【明空】▶みょうくう(明空)

めい-くん【名君】すぐれた君主。名高い君主。

めい-くん【明君】賢明な君主。明主。⇔暗君。

めい-けい【明経】❶中国の唐代に行われた科挙の一科。経書に通じているかどうかを試験したもの。❷▶みょうぎょう(明経)

めい-けい【茗渓】《「茗」は茶の意》東京都文京区湯島付近を流れる神田川(お茶の水)の雅称。

めい-けい【盟兄】《親交を誓った兄の意》友人を敬っていう語。

めいけい-かい【茗渓会】筑波大学やその前身の東京教育大学などの卒業生の同窓会。

めい-けつ【明決】はっきりした決断。明断。

めい-げつ【名月】陰暦八月十五夜の月(中秋の名月)。また、陰暦九月十三夜の月(栗(くり)名月)。(季 秋)「—を取ってくれろとなく子かな/一茶」

めい-げつ【明月】曇りなく澄みわたった満月。また、名月。(季 秋)「—や無筆なれども酒は呑む/漱石」
(類語)満月・望月(もちづき)・名月・フルムーン

明月地に堕(お)ちず白日(はくじつ)度を失わず　天体の運行は不変の法則によって営まれる。天運にさからうことはできないことをいう。

めいげつ-いん【明月院】神奈川県鎌倉市にある臨済宗建長寺派の寺。山号は、福源山。もと最明寺の塔頭(たっちゅう)で、上杉憲方の創建。アジサイの名所で、あじさい寺と通称される。

めいげつき【明月記】鎌倉時代、藤原定家の漢文体日記。治承4～嘉禎元年(1180～1235)までの公事・故事・歌道に関する見聞などを記し、史料としての価値が高い。

めい-けん【名犬】かしこく、すぐれた犬。

めい-けん【名剣】すぐれた刀剣。名高い刀剣。

めい-げん【名言】事柄の本質をうまくとらえた言葉。「けだし—である」「—を吐く」(類語)寸言・寸鉄・警句・箴言(しんげん)・金言・格言・至言・名句・座右の銘

めい-げん【明言】〔名〕スル はっきり言いきること。言明。「—を避ける」「偽りのないことを—する」
(類語)言い切る・断言・確言・言明・喝破・道破

めい-げん【迷言】《「名言」をもじった語》もっともらしく見えるが、意味の分からない語句。

めい-げん【鳴弦】邪気を払うために、弓の弦を手で引き鳴らすこと。また、その人。天皇の入浴のときや貴人の誕生・病気の際などに広く行われた。つるうち。ゆみづるうち。

めい-ご【命期】生きながらえている期間。寿命。

めい-ご【×姪御】他人の姪を敬っていう語。

めい-ご【迷悟】迷いと悟り。

めい-ご【冥護】▶みょうご(冥護)

めい-ご【▽謎語】なぞを含んだ言葉。また、意味のあいまいな語。

めい-こう【名工】すぐれた工芸品を作る職人。名高い職人。名匠。

めい-こう【名香】かおりがよく、名高い香。「—を聞く」

めい-ごう【名号】❶となえる名。名称。また、名声。❷▶みょうごう(名号)

めいこう-あわせ【名香合(わ)せ】名香をたいてその優劣を競う遊戯。香合わせ。

めいごうおうらい【明衡往来】平安後期の往来物。2巻または3巻。藤原明衡(ふじわらのあきひら)の著。成立年未詳。漢文で書かれた男子用の書簡文例集。現存の往来物では最古。雲州消息。雲州往来。

めい-こつ【名骨|明骨】サメ・エイやマンボウなどの軟骨を煮て干した食品。中国料理の材料。

めい-こん【命根】いのちのもと。息の根。また、いのち。みょうこん。

めい-こん【迷魂】浮かばれずに迷っている霊魂。

めい-コンビ【名コンビ】互いに息が合って物事をうまく進める二人の組み合わせ。「漫才の—」

めい-コンビ【迷コンビ】《「名コンビ」をもじった語》呼吸が合っているような、合っていないような奇妙な二人組。

めい-ざ【×瞑座|×瞑×坐】〔名〕スル 目をとじて静座すること。「—して心を無にする」

めい-さい【明細】〔名・形動〕❶細かい点まではっきりとしてくわしいこと。また、そのさま。「—な調査記録」❷「明細書」の略。「給与—」(類語)詳細・細密・詳密・精細・綿密・緻密・細緻・子細・事細か

めい-さい【迷彩】敵の目をごまかすために、航空機・戦車・大砲・建築物・軍服などに不規則な彩色をし、他の物と区別がつきにくいようにすること。「車両に—を施す」「—服」

めいさい-しょ【明細書】数量・金額などを項目別に細かく書き出したもの。めいさいがき。

めい-さく【名作】すぐれた作品。名高い作品。
(類語)傑作・佳作・佳編・秀作・労作・力作・大作

めい-さく【迷作】《「名作」をもじった語》優れているとは言えないが駄作でもない、ねらいのはっきりしない妙な作品。

めい-さつ【名刹】名高い寺。(類語)古刹・巨刹

めい-さつ【明察】〔名〕スル ❶はっきりと真相や事態を見抜くこと。「実情を—する」❷相手を敬って、その推察をいう語。「御—のとおりです」
(類語)推察・洞察・高察・覧察

めい-さん【名産】その土地の名高い産物。
(類語)名物・特産

めい-ざん【名山】形がすぐれている、歴史があるなどで名高い山。➡百名山

めい-し【名士】世の中に名を知られている人。
(類語)著名人・紳士・貴顕・お歴歴・セレブリティ

めい-し【名刺】《「刺」は、昔、中国で竹木を削って名前を書いたもの》氏名・住所・勤務先・身分などを印刷した長方形の小形の紙札。

めい-し【名詞】品詞の一。国文法では、自立語で活用がなく、文の主語となることができるもの。代名詞とともに体言と総称する。数詞などもこれに含まれる。意味上、固有名詞・普通名詞などに分けられるが、文法上は区別する必要がないとされる。(補説)学校文法などでは代名詞を名詞に含めることがある。

めい-し【明視】〔名〕スル はっきり見えること。「余は此書を見て始めて我地位を—し得たり」〈鴎外・舞姫〉

めい-じ【名辞】《term》論理学で、概念を言語で表したもの。実際上、概念と同じ意味に用いられる。

めい-じ【明示】〔名〕スル はっきり示すこと。「製造日を—する」「出典を—する」
(類語)呈示・提示・開示・表示・示す・見せる・掲げる

めいじ【明治】《『易経』説卦伝の「聖人南面して天下に聴(き)き、明に嚮(むか)いて治む」から》明治天皇の時の年号。1868年9月8日～1912年7月30日。

めいじ-いしん【明治維新】徳川幕藩体制崩壊から明治新政府による中央集権的統一国家成立と資本主義化の出発点となった一連の政治的・社会的変革。始期・終期には諸説あるが、ペリー来航による開国から大政奉還・王政復古の大号令、戊辰(ぼしん)戦争、廃藩置県などを経て西南戦争までをいうことが多い。御一新。

めいし-いれ【名刺入れ】❶名刺を入れて携帯する入れ物。❷「名刺受け」に同じ。

めいし-うけ【名刺受け】来客の名刺を受けて入れておく入れ物。(季 新年)「—雪降りこみて濡れにけり/白水郎」

めいじがくいん-だいがく【明治学院大学】東京都港区に本部のある私立大学。明治10年(1877)いくつかの神学塾を統一して設立された東京一致神学校に始まり、明治学院専門学校を経て、昭和24年(1949)新制大学として発足。

めいし-きょり【明視距離】目が疲れずに物体をはっきり見つづけることのできる、目と物体との距離。正常な目では約25センチ。

めいし-く【名詞句】文中で名詞と同じ機能を果たす句。

めいじ-けんぽう【明治憲法】大日本帝国憲法の通称。

めいじ-こくさいいりょうだいがく【明治国際医療大学】京都府南丹市にある私立大学。昭和58年(1983)に明治鍼灸大学として開学。平成20年(2008)に現校名に改称した。

めいじさんじゅうしちはちねん-せんえき【明治三十七八年戦役】日露戦争の異称。

めいじじゅうよねん-の-せいへん【明治十四年の政変】明治14年(1881)国会開設・憲法制定をめぐる政府内部の対立から、漸進派の伊藤博文らが急進派の参議大隈重信らを追放した事件。政府は10年後の国会開設を約束し、一方では薩長藩閥体制が確立した。

めいじ-じょがっこう【明治女学校】明治18年(1885)木村熊二によって創立された私立の女学校。第2代校長巌本善治のキリスト教精神に基づく自由主義的な教育が行われ、羽仁もと子・相馬黒光・野上弥生子らを輩出した。同41年廃校。

めいじ-じんぐう【明治神宮】東京都渋谷区にある神社。旧官幣大社。祭神は明治天皇・昭憲皇太后。大正4年(1915)に着工、同9年完成。社殿は戦災後再建。例祭は11月3日。

めいじじんぐう-がいえん【明治神宮外苑】明治神宮の外苑。大正15年(1926)青山練兵場跡に造成。聖徳記念絵画館・憲法記念館や神宮球場・国立競技場などがある。

めいじじんぐう-やきゅうじょう【明治神宮野球場】神宮球場の正式名称。

めいじじんぐう-やきゅうたいかい【明治神宮野球大会】毎年11月に神宮球場で行われる、学生野球のトーナメント大会。主催は明治神宮と日本学生野球協会。高校の部と大学の部がある。昭和45年(1970)に大学の大会として始まり、第4回大会から高校も参加。高校の部は夏の選手権大会後の新チームによって行われ、優勝校が属する地区は、翌年の春の選抜への出場枠が一つ増える。大学の部は、6月に行われる全日本大学野球選手権大会と合わせて、大学野球の2大全国大会とされる。

めいし-せつ【名詞節】文中で名詞と同じ機能を果たす節。ふつう、その内部に主部と述部を有するものをさす。

めいじ-せつ【明治節】四大節の一。明治天皇の誕生日で、11月3日。昭和2年(1927)に制定され、同23年に廃止。➡文化の日

めいじ-だいがく【明治大学】東京都千代田区に本部のある私立大学。明治14年(1881)設立の明治法律学校に始まり、大正9年(1920)旧制大学となり、昭和24年(1949)工業・農業などの各専門学校を

統合して新制大学へ移行。
めいじ-ち【明示知】▶形式知❷
めい-じつ【名実】❶名前と実質。名声と功績。評判と実際。「―ともに第一人者の地位」❷特に、名目(経済成長率)と実質(経済成長率)のこと。「―逆転」
名実相伴(あいともな)**・う**　評判と実際とが一致する。「―・う世界的権威」
めいじ-てんのう【明治天皇】メイヂテンワウ［1852～1912］第122代天皇。在位1867～1912。孝明天皇の第2皇子。名は睦仁(むつひと)。幼名、祐宮(さちのみや)。慶応3年(1867)践祚(せんそ)。徳川慶喜の大政奉還により王政復古の大号令を発し、翌年「五箇条の御誓文」を宣布、東京に遷都。軍人勅諭・大日本帝国憲法・教育勅語の発布などをとおして近代天皇制国家を確立した。
めいじにじゅうしちはちねん-せんえき【明治二十七八年戦役】メイヂニジフシチハチネン― 日清戦争の異称。
めいじ-の-もり【明治の森】メイヂ― 明治100年記念事業の一つとして昭和42年(1967)に指定された国定の森林公園。東京都の高尾山と大阪府の箕面(みのお)山地の2か所がある。東海自然歩道の東西の起終点をなす。
めいじのもりたかお-こくていこうえん【明治の森高尾国定公園】メイヂのもりたかをコクテイコウヱン 東京都八王子市の高尾山を中心とする国定公園。➡明治の森
めいじのもりみのお-こくていこうえん【明治の森箕面国定公園】メイヂのもりみのをコクテイコウヱン 大阪府箕面市の箕面山地・箕面公園を中心とする国定公園。紅葉の名所。➡明治の森
めいし-ばん【名刺判】写真の寸法の一。縦8.3センチ、横6.0センチのもの。
めいじ-びじゅつかい【明治美術会】メイヂビジュツクワイ 日本最初の洋風美術団体。明治22年(1889)浅井忠・小山正太郎らを中心に創立。白馬会の設立・隆盛に伴い、旧派・脂(やに)派とよばれて衰退し、同34年解散。太平洋画会は、その後身。
めいし-ほう【名詞法】―ハフ 動詞・形容詞の活用形を名詞として使う用法。「読み書き」「遠く(を見る)」のように連用形を用いることが多いが、「すま(争)う」の「すもう(相撲)」、「から(辛)し」の「からし(芥子)」のように終止形を用いることもある。
めいじ-むら【明治村】メイヂ― 愛知県犬山市にある野外博物館。明治時代の建造物の移築・展示を目的とし、昭和40年(1965)開設。
め-いしゃ【目医者】|【眼医者】眼科医のこと。
めい-しゃ【鳴謝】〔名〕スル 厚く礼を述べること。
メイジャー〖major〗▶メジャー
めいじ-やっかだいがく【明治薬科大学】メイヂヤククワダイガク 東京都世田谷区に本部のある私立大学。明治35年(1902)設立の東京薬学専門学校に始まり、明治薬学専門学校を経て、昭和24年(1949)東京女子薬学専門学校と統合し、新制大学として発足。
めい-しゅ【名手】❶すぐれた技量をもつ人。名人。「射撃の―」「バイオリンの―」❷碁・将棋などで、うまい手。妙手。「―を打つ」
（類語）名人・達人・妙手・巧者・手だれ・エキスパート
めい-しゅ【名主】すぐれた君主。名君。
めい-しゅ【名酒】名の知られた味のよい酒。
めい-しゅ【明主】賢明な君主。明君。⇔暗主。
めい-しゅ【明珠】透明で曇りのない玉。また、すぐれた人物、貴重な人物のたとえ。
めい-しゅ【盟主】同盟の主宰者。仲間のうちで中心となる人物や国。「―と仰ぐ」
めい-しゅ【銘酒】銘のある上等の酒。
めい-しゅう【迷執】―シフ 仏語。迷った心で物事に執着すること。
めいしゅ-や【銘酒屋】銘酒を売っているという看板をあげて、ひそかに私娼を抱えて営業した店。明治時代から大正時代にかけてみられた。
めい-じゅんのう【明順応】―ジュンオウ 暗い所から急に明るい所に出たとき、まぶしさがしだいに薄れ、明るさに慣れて物が見えるようになること。⇔暗順応。
めい-しょ【名所】景色のよさや史跡、特有の風物などで有名な場所。「―旧跡」
（類語）歌枕・景勝・名勝・本場・メッカ
名所に見所なし　景勝の地には、これといって見る価値のある場所はないものである。名は必ずしも実を伴わないことのたとえ。
めいしょ-あんない【名所案内】旅行者のために、各地の名所の景観・由緒・交通などについて説明すること。また、その印刷物。
めい-しょう【名匠】―シャウ ❶芸術・学問などの分野で、技量や学識の特にすぐれた人。「一の筆に成る」❷すぐれた腕をもつ工匠。名高いたくみ。名工。
（類語）名人・巨匠・大家・泰斗
めい-しょう【名相】―シャウ すぐれた大臣。名高い宰相。
めい-しょう【名将】―シャウ すぐれた武将。名高い大将。
（類語）知将・武将・勇将・闘将
めい-しょう【名称】呼び名。名前。呼称。
（類語）名(な)・名前・名(めい)・呼び名・称(しょう)・呼称・称呼・称号・称(たた)え・名目・名義・ネーム・ネーミング
めい-しょう【名勝】❶景色のよいことで知られている土地。勝地。「一の地」❷文化財保護法に基づいて文部科学大臣が指定する重要な記念物の一つ。➡特別名勝 （類語）勝地・景勝・名所
めい-しょう【名証】「名古屋証券取引所」の略称。
めい-しょう【明匠】―シャウ ❶学問・技芸にすぐれた人。その道の大家。名人。みょうしょう。「琵琶の―八人を召しける中に」〈著聞集・六〉❷すぐれた僧。また一般に、僧のこと。「智徳―讃嘆し、貴賤男女も随喜せり」〈盛衰記・八〉
めい-しょう【明証】〔名〕スル ❶はっきり証明すること。また、はっきりした証拠。「事実を―する」❷哲学で、いかなる人もその真理性を絶対に疑いえないような認識のもつ直接的確実性。直証。
（類語）確証・証拠・証左・徴証・実証・裏付け
めい-じょう【名状】―ジャウ〔名〕スル 物事のありさまを言葉で表現すること。「―しがたい光景」（類語）表現・形容・表白・表明・筆舌・言い表す・書き表す
めい-じょう【名城】―ジャウ りっぱな城。名高い城。
めい-じょう【明浄】―ジャウ〔名・形動〕澄みきっていて、清らかであること。また、そのさま。「―な心」
めい-じょう【迷情】―ジャウ 仏語。迷いの心。迷いから離れられない凡人の心。
めいじ-ようすい【明治用水】メイヂ― 愛知県安城市を中心に灌漑(かんがい)をする用水。矢作(やはぎ)川を水源として、明治13年(1880)完成。現在は豊田市越戸の発電所ダムから取水。
めいしょう-セントレックス【名証セントレックス】▶セントレックス
めいじょう-だいがく【名城大学】メイジャウ― 名古屋市天白区に本部のある私立大学。大正15年(1926)設立の名古屋高等理工科講習所から名古屋専門学校を経て、昭和24年(1949)新制大学として発足。
めいしょう-てんのう【明正天皇】メイシャウテンワウ［1623～1696］第109代天皇。在位1629～1643。名は興子。後水尾天皇の第2皇女。母は徳川秀忠の娘和子。紫衣(しえ)事件によって後水尾天皇が譲位し、わずか7歳で践祚(せんそ)した。
めい-しょうぶ【名勝負】人々の心に刻まれるような、すばらしい勝負や試合。特に、同じような力量を持った選手やチームが接戦を繰り広げること。
めいしょ-き【名所記】江戸初期に流行した名所案内記。また、それに類した作品群。「竹斎」「東海道名所記」などがある。
めい-しょく【明色】あかるい色。明度の高い色。⇔暗色。
めい-しょく【×暝色】|【冥色】うす暗い色。夕暮れ時のほの暗い色。暮色。「―が漂う」
めいしょ-ずえ【名所図会】―ヅヱ 江戸後期に盛んに刊行された、各地の名所旧跡・神社仏閣などの由来や物産などを書き記した絵入りの名所地誌。安永9年(1780)の秋里籬島(あきさとりとう)編の「都名所図会」に始まり、特に「江戸名所図会」は有名。
めいしょ-づくし【名所尽(く)し】多くの名所を集めて文・歌・絵などにしたもの。
めい-じる【命じる】〔動ザ上一〕「めい(命)ずる」(サ変)の上一段化。「本社勤務を―・じる」
めい-じる【銘じる】〔動ザ上一〕「めい(銘)ずる」(サ変)の上一段化。「肝に―・じる」
めい-しん【名臣】すぐれた臣下。賢臣。
めい-しん【名神】名古屋と神戸。
めい-しん【迷信】俗信のうちで、合理的根拠のないもの。一般には社会生活上実害を及ぼし、道徳に反するような知識や信仰をいう。（類語）俗信・縁起・験(げん)
めい-しん【迷津】《迷いの渡し場の意で、悟りの彼岸に対していう》仏語。迷いの境界。三界・六道の世界。
めい-じん【名人】❶技芸にすぐれている人。また、その分野で評判の高い人。❷江戸時代、囲碁・将棋で九段の技量を持つ最高位者に与えられた称。現在は、それぞれタイトルの名称。名人戦の勝者がタイトルを手にする。（類語）達人・名手・名匠・巨匠
めいしん-か【迷信家】迷信を信じる人。
めいじん-かたぎ【名人気=質】「名人肌」に同じ。
めいじん-げい【名人芸】名人にしかできないような高度な技芸。
めいしんげんこうろく【名臣言行録】メイシンゲンカウロク 中国、宋代の史書。前集10巻、後集14巻。朱熹(しゅき)撰。成立年未詳。宋の名臣たちの文集や伝記から抜粋して集録したもの。宋名臣言行録。
めいしん-こうそくどうろ【名神高速道路】―カウソクダウロ 中央自動車道西宮線の一部区間の通称。愛知県小牧市から、米原・京都・吹田各市を経て、兵庫県西宮市に至る。日本初の高速道路として昭和40年(1965)全通。長さ189キロ。
めいしん-じこう【迷津慈航】―ジカウ 仏語。迷いの境界から、悟りの彼岸へ衆生を渡す慈悲の船。仏法や仏の慈悲をたとえていう。
めいじん-じょうず【名人上手】―ジャウズ その技芸で、他の人以上に優れた技能を持っている人。名人とも上手ともいわれる人。
めいじん-せん【名人戦】❶囲碁の七大タイトル戦の一。昭和37年(1962)創設。タイトル保持者とリーグ戦優勝者が七番勝負で対決し、勝者が名人のタイトルを手にする。連続10期以上タイトルを獲得した棋士は現役で、連続5期または通算10期獲得した棋士は現役で60歳になったときまたは引退時に、名誉名人を名乗ることができる。❷将棋の七大タイトル戦の一。昭和12年(1937)創設。タイトル保持者と順位戦の優勝者が七番勝負で対決し、勝者が名人のタイトルを獲得する。通算で5期以上、タイトルを獲得した棋士には永世名人を名乗る資格が与えられる。
めいじん-はだ【名人肌】名人といわれる人に特有の肌合い。がんこであったり、利害に恬淡(てんたん)としていたりする気質上の傾向。名人気質(かたぎ)。
めいしん-はん【迷信犯】迷信的な手段によって実現不可能な結果を実現させようとする行為。丑(うし)の時参りなど。➡不能犯
メイズ〖maze〗迷路。迷宮。迷路遊び。
めい-すい【名水】❶有名な清水。特に、茶の湯で珍重する上質で有名な水。❷名高い川。
めい-すう【名数】❶同類のものをいくつかまとめ、一定の数をつけて呼ぶもの。「三筆」「四天王」「七福神」など。❷単位の名称や助数詞をつけた数。「一個」「二軒」「三人」「五本」の類。
めい-すう【命数】❶命の長さ。天命。寿命。「―が尽きる」❷天から授けられた運命。宿命。❸数学で、ある数に名称を与えること。（類語）暦数・寿命・天命・命運・運命・宿命・宿運・天運
めいすう-ほう【命数法】―ハフ 整数を、数詞によって表す方法。数の唱え方。十進命数法では、一から十、および百、千、万、億などの数詞を用いて表す。
メイズ-しゅじゅつ【メイズ手術】《メイズ(maze)は、迷路の意》心房細動・心房粗動などの不整脈を根治する手術。心房の壁を迷路状に切開し、縫合することで、不整脈の原因となる不規則な電気刺激の流

れを遮断する。
メイ-ストーム《和 May＋storm》►メーストーム
メイズ-ホウ〖Maes Howe〗英国スコットランド北岸、オークニー諸島、メーンランド島にある円墳。直径35メートル、高さ7メートル。紀元前2700年頃のものとされる。埋葬品は12世紀頃、バイキングが持ち去ったと考えられている。スカラブラエの集落跡、環状列石ストーンズオブステネス、リングオブブロッガーなど、近隣の遺跡とともに、1999年「オークニー諸島の新石器時代遺跡中心地」として世界遺産(文化遺産)に登録された。マエスホウ。
めい-する【×瞑する】〘動サ変〙文めい・す〘サ変〙❶目をとじる。目をつぶる。また、眠る。「一・して思索にふける」❷心安らかに死ぬ。往生する。「以もって一・すべし」類語 眠る・瞑目する・永眠する
めい-ずる【命ずる】〘動サ変〙文めい・ず〘サ変〙❶言いつける。命令する。「退場を一・ずる」❷役職などに任じる。任命する。「課長を一・ずる」❸名前をつける。命名する。「海南丸と一・ずる」類語 命令する・言い付ける・指令する・指命する・任命する
めい-ずる【銘ずる】〘動サ変〙文めい・ず〘サ変〙《「めいする」とも》❶書きつける。金石などに刻みつける。「刀身に一・ずる」❷心に深く刻みつける。「肝に一・ずる」類語 刻む・銘記・銘肝・牢記ろうき・拳拳服膺けんけんふくよう
めい-せい【名声】名誉ある評判。ほまれ。「一を博する」「一に傷がつく」
類語 美名・盛名・英名・令名・令聞・名望・名聞・声誉・声望・声価・名な・名誉・評判・誉れ
めいせい-だいがく【明星大学】東京都日野市などにある私立大学。大正12年(1923)創立の明星実務学校を源流として、昭和39年(1964)に開学した。
めい-せき【名石】由緒のある石。
めい-せき【名跡】❶名高い古跡。❷►みょうせき(名跡) 類語 (❶)遺跡・遺址いし・旧跡・旧址・古跡・古址・史跡
めい-せき【名籍】名簿。特に、官位・姓名・年齢などを書きしるしたもの。
めい-せき【明×晰｜明×晳】〘名・形動〙❶明らかではっきりしていること。また、そのさま。「一な文章」❷論理学で、概念の外延が明確で他とはっきり区別できること。明白。⇒判明
類語 明瞭・明白・瞭然・明快・平明・簡明・クリア
めい-せつ【名節】名誉と節操。ほまれと、みさお。
めい-せつ【名説】すぐれた説。有名な説。
めい-せつ【迷説】《「名説」をもじった語》見当違いな説。訳の分からない説。
めい-せりふ【迷台=詞｜迷科=白】《「名台詞」をもじった語》世間に知られた台詞に似ているが、見当違いな語句をならべたもの。迷文句。
めい-せん【名川】水質・景観がよい、歴史的に名高い、などのすぐれた特徴をもつ川。名水。
めい-せん【銘仙】玉糸・紡績絹糸などで織った絹織物。縞柄・絣かすり柄などがあり、着尺きじゃく・夜具地などに用いられた。秩父ちちぶ・伊勢崎・足利あしかがなどが産地。
めいせん-じしょう【名詮自性】ミャウセン ►みょうせんじしょう(名詮自性)
めい-そう【名草】ーサウ 花が美しい、薬効がある、などのためによく知られている草。
めい-そう【名僧】知徳のすぐれた僧。名高い僧。
類語 高僧・聖ひじり・上人しょうにん・聖人しょうにん・生き仏
めい-そう【明窓】ーサウ 光のよくさし込む明るい窓。
めい-そう【迷走】〘名〙スル ❶定まった道や予想される道を大きく外れて進むこと。「一する航空機」「一台風」❷(比喩的に)物事の進むべき方向が定まらず、結論がなかなか出ないこと。「日銀総裁人事で一する」「議論が一する」
めい-そう【迷想】ーサウ 迷っている考え。
めい-そう【×瞑捜｜冥捜】ーサウ〘名〙スル 目を閉じて、心の中であれこれさぐること。「夫婦が地下に齎せし念念を一したり」〈紅葉・金色夜叉〉
めい-そう【×瞑想｜冥想】ーサウ〘名〙スル 目を閉じて深く静かに思いをめぐらすこと。「一にふける」「座禅を組んで一する」
めいそう-じょうき【明窓浄机】メイサウジャウキ《欧陽脩「試筆」から》明るい窓と清潔な机。転じて、学問をするのに適した明るく清らかな書斎。
めいそう-しんけい【迷走神経】脳の延髄から出ている末梢神経の一。複雑な走行を示し、頸部けいぶ・胸部に分布し、さらに腹部に達して多くの内臓に分布。大部分が副交感神経からなり、平滑筋の運動や腺の分泌機能を調節する。第10脳神経。
めいそう-たいふう【迷走台風】複雑な進路をとる台風。夏に多い。
めい-ぞく【名族】名のある家柄。名門。
め-いた【目板】板塀や羽目板の合わせ目に打ち付ける幅の狭い板。
めい-だい【命題】❶題号をつけること。また、その題。名題。❷論理学で、判断を言語で表したもので、真または偽という性質をもつもの。⇒判断 ❸数学で、真偽の判断の対象となる文章または式。定理または問題。類語 提題・定立・テーゼ
めいだい-ろんり【命題論理】記号論理学の基礎的部門。個々の命題を結合する「かつ」「または」「ならば」「でない」などの関係を論理記号を用いて論理積(＞)・論理和(＜)・含意(→)・否定(〜)などにより記号化して演算形式に表し、複合された命題を研究する学問。命題計算。
めいた-がれい【目板×鰈】ーがれひ カレイ科の海水魚。暖海の沿岸にすみ、全長約30センチ。体は卵円形で、目は右側にあって突出し、両眼の間に板状の隆起ととげがある。眼のある側は灰色または赤褐色で暗色紋が散在する。食用。このはがれい。めだかがれい。
めい-たつ【明達】〘名・形動〙聡明で道理をわきまえていること。また、そのさま。「一な(の)士」
めい-たん【明旦】►みょうたん(明旦)
めい-だん【明断】〘名〙スル 明快に判断すること。また、その判断。「一を下す」「事の是非を一する」
類語 判断・決断・断定・明決・英断
めい-ち【明知】〘名〙スル はっきりと知ること。「然る所以を一すること能わずと」〈織田訳・花柳春話〉
めい-ち【明×智】すぐれた知恵。
めい-ちゃ【銘茶】特別に名のある上質の茶。
めい-ちゅう【命中】〘名〙スル 弾丸・矢などが、ねらった所に当たること。的中。「目標に一する」
類語 当たり・的中・ヒット
めい-ちゅう【×螟虫】メイガ、特にニカメイガの幼虫。ずいむし。
めい-ちょ【名著】すぐれた著作。有名な著書。
めい-ちょ【迷著】《「名著」をもじった語》見当違いで、何を書きたいのか分からない著作。
めい-ちょう【名帳】ーチャウ ❶氏名を記す帳簿。名簿。❷律令制で、調・庸・雑徭ぞうようなどの人頭税を課すために作製した帳簿。戸主から官に出した手実しゅじつと、国司が中央に報告した大計帳とがある。みょうちょう。
めい-ちょう【明徴】〘名〙スル 明らかな証拠。また、証拠などに照らして明らかにすること。
めい-ちょう【明×暢｜明×鬯】ーチャウ〘名・形動〙❶明るくのびのびとしていること。また、そのさま。「一清朗なる希臘田野の夢」〈上田敏訳・海潮音〉❷明快で筋道が通っていること。また、そのさま。「この親切なるかつ一平易なる手紙は」〈子規・病牀六尺〉
めい-ちょう【明澄】〘名・形動〙曇りなくすみきっていること。また、そのさま。「一な秋空」
めい-ちょう【迷鳥】ーテウ 本来はその地域に生息も渡来もしない鳥で、渡りのコースから外れたり、台風で飛ばされたりして迷い込んで現れるもの。
めい-ちょうし【名調子】ーテウシ その人独特の、みごとな語り口。また、調子にのった話し方。「得意の一で聴衆を酔わせる」
めい-ちょうし【迷調子】ーテウシ《「名調子」をもじった語》滑らかで調子はよいが、言っていることは分からない語り口。
めいっ-こ【×姪っこ】めひっこ 姪を親しんでいう語。「今日は一の誕生日」
め-いっぱい【目一杯】〘名・形動〙秤はかりの目盛りいっぱいであること。転じて、限度いっぱいであること。また、そのさま。副詞的にも用いる。「一まで詰め込む」「一な(の)サービス」「一がんばる」
めい-てい【明帝】[28〜75]中国、後漢の第2代皇帝。在位57〜75。姓名は劉荘りゅうそう。父光武帝(劉秀)のあとを受けて、儒教主義によって国内を治める一方で、外政では匈奴きょうどを征討し、班超らを西域経営に当たらせた。
めい-てい【×酩×酊】〘名〙スル《古くは「めいでい」とも》ひどく酒に酔うこと。「度を過ごして一する」
類語 沈酔・大酔・泥酔・乱酔・酔っ払う・出来上がる・飲まれる・虎とらになる・酔い潰れる・ぐでんぐでん・べろべろ・べろんべろん・へべれけ
めい-てき【鳴×鏑】►なりかぶら
めい-てつ【明哲】〘名・形動〙聡明で物事の道理に通じていること。また、そのさまや、その人。「最も一なる習慣なるべけれ」〈中村訳・西国立志編〉
類語 賢哲・英哲・明達・聡明・賢明
めい-てつ【明徹】〘名・形動〙物事にあいまいさがなく、はっきりしていること。また、そのさま。「一な理論」
めいてつ-ほしん【明哲保身】《「詩経」大雅・烝民から》聡明で道理に通じていて、物事を的確に処理し、安全に身を保つこと。
めい-てん【名店】名高い店。有名店。
めいてん-がい【名店街】名店が並んでいる町筋。また、それらを集めたデパートなどの売り場。
めい-てんし【明天子】すぐれて、賢明な天子。
メイト〖mate〗►メート
めい-ど【明度】彩度・色相とともに、色の三属性の一。色の明るさの度合い。類語 色相・彩度
めい-ど【冥土｜冥途】仏語。死者の霊魂の行く世界。あの世。地獄・餓鬼・畜生の三悪道をいう。冥界。黄泉。よみじ。類語 冥府・冥界・幽冥・幽界・黄泉よみ・黄泉こうせん・霊界・あの世
冥土にも知る人 どんな所へ行っても、知り合いに会うものだということ。また、どんな所でも知り合いはできるものだということ。地獄にも知る人。
メイド〖maid〗►メード
めい-とう【名刀】ータウ すぐれた刀。世に名高い刀。
類語 名剣・業物わざもの・正宗まさむね・長船おさふね
めいとう【名東】名古屋市の区名。千種区の東に位置し、住宅地。牧野ヶ池緑地がある。
めい-とう【名湯】ータウ 効能・環境などですぐれている温泉。「一秘湯」
めい-とう【名答】ータフ すぐれた答え。みごとな答え。「御一、そのとおりです」
めい-とう【明刀】ータウ 中国、戦国時代に、燕えんを中心に華北・東北地方で流通した銭貨。刀銭の一種で、表面に「明」に似た文字が刻まれている。明刀銭。
めい-とう【明答】ータフ〘名〙スル はっきりと答えること。また、その答え。「一を避ける」「即座に一する」
類語 確答・即答・直答
めい-とう【迷答】ータフ《「名答」をもじった語》とんでもない答え。わけのわからない答え。
めい-とう【銘刀】ータウ 刀工の名を刻した刀。銘の打ってある刀。
めい-どう【明堂】ーダウ ❶昔、中国で天子が政を行った殿堂。政堂。朝廷。❷鍼灸しんきゅうの経穴の一。額中央の、髪の生え際より少し上にあるつぼ。上星。
めいどう【明道】メイダウ 程顥ていこうの号。
めい-どう【鳴動】〘名〙スル 大きな音をたてて揺れ動くこと。また特に、地震のときに起こる土地の震動と音響。「大山たいざん一して鼠ねずみ一匹」
めいとう-く【名東区】►名東
めい-とく【名徳】名声があり徳が高いこと。また、その人。多く、僧侶についていう。
めい-とく【明徳】❶正しく公明な徳。❷《「大学集注」から》天から与えられたすぐれた徳性。
めいとく【明徳】南北朝時代、北朝の後小松天皇の

時の年号。1390年3月26日～1394年7月5日。
めいとくき【明徳記】室町前期の軍記物語。3巻。作者未詳。明徳の乱のいきさつを記したもの。乱の後ほどなく成立したといわれる。
めいとく-の-らん【明徳の乱】元中8=明徳2年(1391)将軍足利義満に挑発されて、山名氏清・満幸らが室町幕府に対して起こした反乱。氏清は戦死し、満幸はのちに殺され、山名氏の勢力は一時衰えた。
めいど-の-たび【冥土の旅】死んで冥土へ行く旅。死出の旅。
めいどのひきゃく【冥途の飛脚】浄瑠璃。世話物。3巻。近松門左衛門作。正徳元年(1711)大坂竹本座初演。大坂の飛脚問屋亀屋の養子忠兵衛は新町の遊女梅川を身請けするため、公金に手をつけ、梅川とともに故郷新口村に逃げるが捕らえられる。通称「梅川忠兵衛」。
めいど-の-みやげ【冥土の土産】冥土へ行く際に持参する土産。それを手に入れて初めて安心して死ねるような事物をいう。
めい-にち【命日】故人が亡くなった日にあたる、毎月または毎年のその日。忌日。「祥月—」
(類語)忌日・祥月命日
めいにん-ほうほう【明認方法】立木やミカンなどの未分離の果実について、登記に代わる対抗要件として特に効力を認められた慣行上の公示方法。例えば、立木の樹皮を削って所有者名や番号を記すなど。
めい-のう【鳴×嚢】カエルなどの雄ののどにある袋状の器官。鳴くときにふくらませて共鳴させる。歌袋。
めい-ば【名馬】すぐれた馬。名高い馬。
めい-はく【明白】〔名・形動〕《古くは「めいばく」とも》❶あきらかで疑う余地のないこと。また、そのさま。「—な証拠」❷►明晰❷ (派生)めいはくさ〔名〕
(類語)明らか・確か・明瞭・明確・確実・自明・確然・歴然・判然・一目瞭然
めい-ばく【冥漠｜冥×邈】〔名・形動〕暗くて遠いこと。また、そのさま。「申し分のない、空気と、あたたかみと、—なる調子とを具えて居る」〈漱石・草枕〉
めい-ばつ【冥罰】►みょうばつ(冥罰)
めい-ばめん【名場面】すぐれた場面。有名な場面。感動的な場面。
めい-ばめん【迷場面】《「名場面」をもじった語》感動的な場面をまねて、内容はばかげている場面。
めい-ばん【名盤】すぐれた演奏の録音盤。有名なレコード盤。「幻の—」
めい-はんのう【明反応】光合成のうち、光に依存して進行する過程。葉緑体中で、葉緑素の吸収した光エネルギーを用い、ATP(アデノシン三燐酸)の生成、水分子の分解に伴う還元型化合物および酸素の発生が行われる反応。暗反応に引き継ぐ。
めい-び【明×媚】〔名・形動〕山や川・湖などの景色が美しいこと。また、そのさま。「—な山水」「風光—」
(派生)めいびさ〔名〕 (類語)絶佳・絶勝・風致
めい-ひつ【名筆】書画や文章にすぐれていること。また、その人やその作品。「現代の百—」
めい-ひん【名品】すぐれた品。名高い品。
めい-びん【明敏】〔名・形動〕頭の働きが鋭いこと。物事の要点や本質をすばやくさとること。また、そのさま。「—な頭脳」 (類語)鋭敏・慧敏・穎悟・利発・聡明・怜悧・犀利・シャープ
メイピン【梅瓶】《中国語》中国陶磁器の器形の一。口は小さく、上部は丸く張り、下方に緩やかに狭まるもの。器形は10世紀の創案。主に酒瓶として用いた。
めい-ふ【冥府】死後の世界。冥土。特に、地獄。閻魔の庁。 (類語)あの世・冥土・冥界・幽冥・幽界・黄泉・黄泉路・霊界・地獄・奈落
メイフェア〖Mayfair〗英国の首都ロンドン中心部の一地区。ウエストミンスター特別区に属し、北はオックスフォードストリート、南をピカデリー、東をリージェントストリート、西をハイドパークに囲まれる。各国の大使館、ホテルが多い。17世紀から18世紀にかけて、5月に定期市が開かれたことに地名は由来する。
めい-ふく【冥福】死後の幸福。また、死後の幸福を祈って仏事を営むこと。みょうふく。「—を祈る」
(類語)菩提
めい-ぶつ【名物】❶その土地で名高い産物。名産。❷その土地や社会で、特有な物事や評判になっている人。「ロンドン—の霧」「—教師」❸茶道具類で、美術的、歴史的価値においてすぐれたもの。利休以前のものを大名物、利休時代のものを名物、小堀遠州の選定したものを中興名物という。❹植物・動物・器物などの名と性質。また、それを研究する学問。「其の—度数、訓詁、異同を研究するを以て事とす」〈童子問・下〉❺すぐれているもの。名器。「元興寺と云ふ琵琶は—なり」〈江談抄・三〉 (類語)名産・呼び物・売り物
名物に旨い物なし 名物といわれるものは、えてしておいしくない。名は必ずしも実を伴わないことのたとえ。
めいぶつ-おとこ【名物男】その地域や社会で独特の存在としてよく知られている男。「わが社の—」
めいぶつ-き【名物記】由緒ある茶道具の名称や解説を記した書物。
めいぶつ-ぎれ【名物切｜名物▽裂】❶中世から近世初期にかけて、主として中国の宋・元・明から伝来した織物。名物の茶入れ・茶碗などの袋や掛け軸の表装などに用いられ、珍重された。金襴・緞子・間道など。伝来の時代によって、古渡り・中渡り・後渡り・新渡りなどに分類する。❷古筆切の中で、特にすぐれたもの。
メイフラワー〖mayflower〗►メーフラワー
メイフラワー-ごう【メイフラワー号】►メーフラワー号
めい-ぶん【名分】❶立場・身分に応じて守らなければならない道義上の分限。「—を立てる」「大義—」❷事をするについての表向きの理由。名目。「機構改革を進めるには—に欠ける」 (類語)名義・名目
めい-ぶん【名文】すぐれた文章。有名な文章。
(類語)美文・雅文・達文・麗筆・才筆
めい-ぶん【名聞】世間での評判や名声。みょうもん。「—にこだわる」
(類語)名声・名・声価・評価・面目
めい-ぶん【明文】❶はっきりと規定されてある条文。❷わかりやすく筋の通った文章。
めい-ぶん【迷文】《「名文」をもじった語》見当違いだが、面白いところもある文。
めい-ぶん【銘文】銘として、金石・器物・像などに刻まれた文字・文章。金石文。めいもん。
めいぶん-か【明文化】〔名〕スル はっきり文書で書き示すこと。「規定に—してある」「決定事項を—する」
めいぶん-ろん【名分論】中国哲学で、名称と分限の一致を求める伝統的思想のこと。名称は物の階級的秩序を反映しているので、名称を正すことによって階級的秩序を固定化しなければならないとする。
めい-べん【明弁｜明×辨】〔名〕スル 物の道理をはっきりとわきまえること。「理非曲直を—する」
めい-べん【明弁｜明×辯】〔名〕スル はっきりと述べること。また、その弁舌。「主義主張を—する」
めい-ぼ【名簿】ある組織・団体などに属する人の氏名や住所を書き連ねた帳簿。「選挙人—」
(類語)リスト・名鑑・一覧表
めい-ほう【名方】薬の調合がすぐれていること。有名な処方。また、その薬。「唐土の医者の—、不老不死の薬を」〈浄・孕常盤〉
めい-ほう【名宝】りっぱな宝物。名高い宝。
めい-ほう【名峰】姿の美しい山。名高い山。名山。
めい-ほう【明法】❶法を正し明らかにすること。❷中国唐代の官吏登用試験の科目の一。法律を主としたもの。
めい-ほう【明×鮑】アワビの肉を煮てから干した食品。中国料理の材料。
めい-ほう【盟邦】同盟を結んだ国。同盟国。
(類語)同盟国・連合国・与国・友邦
めい-ぼう【名望】名声と人望。「—を集める」
(類語)名声・人望・声望・声聞・信望・徳望・人気・評判
めい-ぼう【明×眸】澄んだ美しいひとみ。美人のたとえにいう。
めいぼう-か【名望家】名望のある人。
めいぼう-こうし【明×眸×皓歯】《杜甫「哀江頭」から》美しく澄んだひとみと白く整った歯。美人のたとえにいう。
めい-ぼく【名木】❶りっぱな樹木。由緒のある名高い樹木。❷すぐれた香木。多く伽羅をいう。
めい-ぼく【▽面目】「めんぼく(面目)」に同じ。「限りなき—を広めむと」〈宇津保・楼上上〉
めい-ぼく【銘木】形状・色沢・木理・材質などに趣があるために珍重される木材。
めいぼくせんだいはぎ【伽羅先代萩】㊀歌舞伎狂言。時代物。5幕。奈河亀輔作。安永6年(1777)大坂中の芝居初演。伊達騒動に取材。現行の台本はこれに㊁および「伊達競阿国戯場」を折衷して明治中期に成立したもの。通称「先代萩」。㊁浄瑠璃。時代物。九段。松貫四・高橋武兵衛・吉田角丸合作。天明5年(1785)江戸結城座初演。㊀および「伊達競阿国戯場」をもとに作られたもの。通称「先代萩」。
めい-みゃく【命脈】いのち。生命。生命のつながり。「—が尽きる」「—を保つ」
(類語)命・生命・人命・一命・身命・露命・生・生・息の根・息の緒・玉の緒
めい-む【迷夢】迷いの境地を夢にたとえた語。
めい-む【迷霧】❶方角のわからないほどの深い霧。❷迷いの境地を霧にたとえた語。「—を払う」
めい-めい【命名】〔名〕スル 名前をつけること。「祖父の名の一字をとって—する」「新造船の—式」
(類語)名付け・ネーミング
めい-めい【銘銘】《「めんめん(面面)」の音変化》ひとりひとり。それぞれ。おのおの。「—が意見を述べる」「菓子を—に分ける」「進路は—違う」 (類語)一人一人・それぞれ・おのおの・各自・各人・面面・てんでん
めい-めい【明明】㊀〔形動〕文〔ナリ〕はっきりしていて疑わしいところのないさま。「軽蔑の意を—に発表すべしというが」〈蘆花・思出の記〉㊁〔ト・タル〕文〔形動タリ〕❶たいそう明るいさま。「田圃遥かに灯火—たる一廓を見た」〈木下尚江・良人の自白〉❷心が晴れ晴れとしているさま。「現に—たる法庭を暗冥さんとするに」〈魯文・高橋阿伝夜叉譚〉
めい-めい【冥冥｜×瞑×瞑】〔ト・タル〕文〔形動タリ〕❶暗いさま。「—たる闇」「大雪海を圧して来り、航路—」〈独歩・愛弟通信〉❷事情がはっきりせず、見通しの立たないさま。「行く先遠く—とした思い」
めいめい-けん【命名権】►ネーミングライツ
めいめい-ざら【銘銘皿】食物を一人一人に取り分けるための皿。
めいめい-ぜん【銘銘膳】一人一人に出す食膳。
めいめい-ちょう【命命鳥】►みょうみょうちょう(命命鳥)
めいめい-でん【銘銘伝】一人一人についての伝記。「義士—」
めいめい-の-うち【冥冥の×裡】知らず知らずのうち。冥冥裏。「我は—に、—の凶音の来り迫るを覚えながら」〈鴎外訳・即興詩人〉
めいめい-はくはく【明明白白】《「明白」のそれぞれの字を重ねて意味を強めた語》㊀〔名・形動〕はっきりしていて、少しの疑いもないこと。また、そのさま。「—な論理」㊁〔ト・タル〕文〔形動タリ〕㊀に同じ。「—たる事実」
めいめい-ぼん【銘銘盆】菓子などを一人一人に取り分けて盛るための盆。
めいめい-り【冥冥裏｜×瞑×瞑×裡】「冥冥の裡」に同じ。
めい-めつ【明滅】〔名〕スル あかりがついたり消えたりすること。光が明るくなったり暗くなったりすること。「ネオンが—する」 (類語)点滅・またたく
めい-もう【迷妄】道理がわからず、事実でないことを事実だと思い込むこと。「—を破る」

め

めい-もう【×溟×濛】〔ト・タル〕図〔形動タリ〕曇っていて暗いさま。「細雨粛々として下り、四顧一として咫尺を弁ぜず」〈服部誠一訳・春窓綺話〉

めい-もく【名目】❶名称。呼称。特に、表向きの名称。みょうもく。「一だけの重役」❷表向きの理由。口実。みょうもく。「一をつけて断る」
(類語)名前・名な・名称・呼称・名義・名分・美名・口実

めい-もく【×瞑目】〔名〕スル ❶目を閉じること。目をつぶること。「一して祈る」❷安らかに死ぬこと。「家族に看取られ一する」
(類語)目を瞑つぶる・眠る・永眠する・死ぬ

めいもく-かへい【名目貨幣】ーカヘイ 貨幣の素材価値とは無関係に、法律などによって表示してある額面価値で通用する貨幣。紙幣・銀行券・補助貨幣など。

めいもく-けいざいせいちょうりつ【名目経済成長率】ーケイザイセイチョウリツ 国内で生産された製品・サービスを時価で示した名目国内総生産の伸び率。内閣府が四半期および1年ごとに推計・発表する。物価変動分を調整せず、対象期間の時価で評価するため、消費者や企業経営者の実感に近い。名目成長率。➡経済成長率 ➡実質経済成長率

めいもく-こくないそうせいさん【名目国内総生産】一定期間に国内で生産された商品・サービスの合計額である国内総生産(GDP)を、その時の市場価格で評価したもの。物価の変動を反映した数値であるため、実質国内総生産(実質GDP)よりも生活実感に近いとされる。名目GDP。

めいもく-こようしゃほうしゅう【名目雇用者報酬】ーコヨウシャホウシュウ 雇用者報酬を調査時の時価で示したもの。好況感や個人消費の動向、経済活動の水準を示す重要な経済指標の一つで、一般にインフレ期に上昇率が高く、デフレ期は実質雇用者報酬を下回る傾向がある。

めいもく-ジーディーピー【名目GDP】▶名目国内総生産

めいもく-じっこうかわせレート【名目実効為替レート】ージッコウカわせー ▶実効為替レート

めいもく-せいちょうりつ【名目成長率】ーセイチョウリツ「名目経済成長率」の略。

めいもく-ちんぎん【名目賃金】貨幣額で表された賃金。その貨幣額で購入できる物量は物価に左右されるため、実質的な購買力は示されない名目的な賃金水準であるところからいう。➡実質賃金

めいもく-てき【名目的】〔形動〕実質が伴わず、表向きの理由や体裁だけが備わっているさま。「一な賃上げ」

めいもく-ろん【名目論】▶唯名論ゆいめいろん

めい-もん【名門】由緒のある家柄。名家。また、有名な学校・団体など。「一校」

めい-もん【銘文】▶めいぶん(銘文)

めい-もんく【名文句】人々の心を動かすような、すばらしい文言。また、有名な文言。
(類語)名言・名句・警句・寸言・エピグラム

めい-もんく【迷文句】《「名文句」をもじった語》世間に知られた文句をまねて、内容は見当違いな語句。迷台詞。

めい-やく【名訳】すぐれた翻訳や解釈。

めい-やく【名薬】よくきくという評判の薬。名高い薬。

めい-やく【迷訳】《「名訳」をもじった語》間違いではないが、見当のずれている訳文。

めい-やく【盟約】〔名〕スル かたく誓って約束すること。また、その約束。「一を結ぶ」(類語)約束・結約・誓約・確約・宣誓・誓盟・血盟・起請きしょう

めい-ゆ【明喩】▶直喩ちょくゆ

めい-ゆう【名優】ーイウ 演技のすぐれた俳優。名高い俳優。(類語)千両役者・花形・立て役者・大立者・座頭・スター

めい-ゆう【迷優】ーイウ《「名優」をもじった語》上手のような下手のような、奇妙な演技を見せる俳優。

めい-ゆう【盟友】ーイウ かたい約束を結んだ友。同志。
(類語)仲間・同志・親友・心友・死友・金蘭きんらんの友・刎頸ふんけいの友

めい-よ【名誉】■〔名・形動〕❶能力や行為について、すぐれた評価を得ていること。また、そのさま。「一ある地位」「一な賞」❷社会的に認められている、その個人または集団の人格的価値。体面。面目。「一を回復する」「一を傷つける」❸身分や職名を表す語に付けて、その人の功労をたたえて贈る称号とするもの。「一会長」❹有名であること。評判が高いこと。また、そのさま。よいことにも悪いことにもいう。「かくれなき強盗一の大剛の者にて候」〈古活字本平治・中〉❺珍しいこと。また、そのさま。不思議。「駿河の二郎は、一なことの、夏冬なしにふんどし嫌ひ」〈浮・諸国ばなし・一〉■〔副〕どういうわけか。不思議に。「ここにて一悪心変はりて」〈浮・置土産・一〉
(類語)(❶)誉ほまれ・誇り・栄はえ・栄誉・光栄・栄光・光輝・栄冠・栄名・声誉・名声/(❷)名な・名聞みょうもん・面目・体面・面子メンツ・一分いちぶん・沽券こけん・声価・信用・信望

めい-よう【名▽誉】《「めいよ(名誉)」の音変化。のちに「面妖」とも当てて書く》■〔名・形動ナリ〕「めいよ(名誉)」■❺」に同じ。「いづれも一の船なるが」〈伽・御曹子島渡〉■〔副〕「めいよ(名誉)■」に同じ。「一、今の通は下戸げこさ」〈洒・通言総籬〉

めいよ-おうざ【名誉王座】ーワウザ ❶囲碁で、王座のタイトルを規定の回数以上獲得した棋士に与えられる称号。連続10期以上タイトルを獲得した棋士は現役で、連続5期または通算10期獲得した棋士は現役で60歳になったときまたは引退時に、名乗ることができる。❷将棋で、王座のタイトルを通算10期、または連続5期獲得した棋士に与えられる称号。現役で満60歳に達したとき、または引退時に名乗ることができる。永世称号の一つ。(補説)囲碁では加藤正夫[1947～2004]が平成元年(1989)に初めて資格を獲得。将棋では中原誠[1947～]が平成19年(2007)に初めて名乗り、羽生善治[1970～]が資格を獲得している。

めいよ-かくめい【名誉革命】《Glorious Revolution》1688～89年の英国の無血革命。国王ジェームズ2世のカトリック復活政策と議会無視に反対した議会が、国王を国外に追放し、その長女のメアリー2世と夫のオレンジ公ウィリアム3世を共同統治者にしたもので、新国王は議会の決議した「権利宣言」を承認、「権利章典」として公布し、これにより英国立憲君主制の基礎が確立された。

めいよ-きせい【名誉棋聖】囲碁で、棋聖のタイトルを連続または通算して規定の回数以上獲得した棋士に与えられる称号。連続10期以上タイトルを獲得した棋士は現役で、連続5期または通算10期獲得した棋士は現役で60歳になったときまたは引退時に、名乗ることができる。(補説)藤沢秀行[1925～2009]が初めて名乗り、小林光一[1952～]が資格を獲得している。

めいよ-きそん【名誉毀損】公然と事実を指摘して人の名誉すなわち社会的評価を傷つけること。

めいよきそん-ざい【名誉毀損罪】具体的なことがらを挙げて、相手の名誉を傷つける罪。挙げたことがらの真偽にかかわらず成立する。ただし、相手が死者・公務員・選挙などの候補者である場合、公共の利害に関する場合、挙げたことがらが真実であれば成立しない。刑法第230条が禁じ、3年以下の懲役もしくは禁錮または50万円以下の罰金に処せられる。(補説)具体的なことがらを挙げずに侮辱した場合は侮辱罪となる。

めいよ-きょうじゅ【名誉教授】ーケウジュ 大学に教授その他として一定の年限を勤めた者で、教育上または学術上著しい功績があった者に対し、退職後大学から与えられる称号。

めいよ-けい【名誉刑】人の名誉にかかわる権利や資格を剝奪または停止することを内容とする刑。現行刑法は認めていない。

めいよ-ごせい【名誉碁聖】囲碁で、碁聖のタイトルを連続または通算して規定の回数以上獲得した棋士に与えられる称号。連続10期以上タイトルを獲得した棋士は現役で、連続5期または通算10期獲得した棋士は現役で60歳になったときまたは引退時に、名乗ることができる。(補説)大竹英雄[1942～]が平成14年(2002)に初めて名乗り、小林光一[1952～]が資格を獲得している。

めいよ-しみん【名誉市民】さまざまな分野で功績のあった者に対して、賞賛と尊敬を示して市が贈る称号。

めいよ-じゅうだん【名誉十段】ージフダン 囲碁で、十段のタイトルを連続または通算して規定の回数以上獲得した棋士に与えられる称号。連続10期以上タイトルを獲得した棋士は現役で、連続5期または通算10期獲得した棋士は現役で60歳になったときまたは引退時に、名乗ることができる。(補説)獲得者・資格保持者はいない(平成24年7月現在)。

めいよ-しょく【名誉職】他に本業を有してよいかわりに、俸給または報酬を受けないで従事する公職。
(類語)要職・重職・閑職

めいよ-じょたい【名誉除隊】ーヂョタイ 米軍で、軍人として優秀で、特に瑕疵かしなく服役した場合にあたえられる除隊資格。名誉除隊証書が交付され、さまざまな恩恵を受けることができる。➡不名誉除隊

めいよ-しん【名誉心】名誉を手に入れようとする気持ち。名誉を重んじる心。

めいよ-てんげん【名誉天元】囲碁で、天元のタイトルを連続または通算して規定の回数以上獲得した棋士に与えられる称号。連続10期以上タイトルを獲得した棋士は現役で、連続5期または通算10期獲得した棋士は現役で60歳になったときまたは引退時に、名乗ることができる。(補説)林海峯[1942～]が平成14年(2002)に初めて名乗っている。

めいよ-ほんいんぼう【名誉本因坊】ーホンインバウ 囲碁で、本因坊のタイトルを連続または通算して規定の回数以上獲得した棋士に与えられる称号。連続10期以上タイトルを獲得した棋士は現役で、連続5期または通算10期獲得した棋士は現役で60歳になったときまたは引退時に、名乗ることができる。(補説)高川格[1915～1986]・坂田栄男[1920～2010]・趙治勲[1956～]・石田芳夫[1948～]が名乗っている。

めいよ-めいじん【名誉名人】囲碁で、名人のタイトルを連続または通算して規定の回数以上獲得した棋士に与えられる称号。連続10期以上タイトルを獲得した棋士は現役で、連続5期または通算10期獲得した棋士は現役で60歳になったときまたは引退時に、名乗ることができる。(補説)趙治勲[1956～]と小林光一[1952～]が資格を獲得している。

めいよ-りょうじ【名誉領事】ーリャウジ 接受国に居住する自国民あるいは接受国民から選任され、領事の職務を委嘱された者。定給は支払われず、手数料・手当てが支給される。

めい-らん【迷乱】心が迷い乱れること。「一を引き起こさないものはあるまい」〈漱石・それから〉

メイ-ランファン【梅蘭芳】[1894～1961]中国の京劇俳優。北京の生まれ。女形として世界的名声を博し、京劇の改革にも努めた。中国京劇院院長などを歴任。

めい-り【名利】名誉と利益。みょうり。
(類語)栄利・功利・名実

めい-りゅう【名流】ーリウ 名高い人たち。世に知られた人たち。名士。

めい-りょ【冥慮】神仏などの深いおぼしめし。みょうりょ。

めい-りょう【明×亮】ーリャウ〔名・形動〕「明瞭めいりょう」に同じ。「瑣末な一局部は一にわかるが」〈二葉亭訳・めぐりあひ〉

めい-りょう【明瞭|明了】ーレウ〔名・形動〕はっきりしていること。また、そのさま。明亮めいりょう。「一な発音」「一に記載する」(派生)めいりょうさ〔名〕
(類語)明快・平明・簡明・明晰めいせき・明白・端的・はっきり・くっきり・ありあり・まざまざ・確かと・明らか・際きわやか・定か・さやか・鮮やか・鮮明・分明・顕著・顕然・歴

然・歴歴・瞭然(りょうぜん)・亮然(りょうぜん)・判然・画然(かくぜん)・截然(せつぜん)

めいりん-かん【明倫館】(メイリンクワン) 江戸時代の藩校。諸藩に同名のものがあるが、長州藩のものが有名。

めいりん-どう【明倫堂】(メイリンダウ) 江戸時代の藩校。諸藩に同名のものがあるが、尾州藩と加賀藩のものが有名。

め-い・る【▽滅入る】〔動ラ五(四)〕❶元気がなくなり、暗い気持ちになる。「雨つづきで気が一・る」❷深く入り込む。めり込む。「見しうちに一・りて柱もゆがみ壁もこぼれ」〈浮・武家義理・四〉
(類語)(❶)ふさぐ・ふさぎこむ・しょげる・しょげ返る・塞(ふさ)がる・結ぼれる・沈む・曇る・鬱(うっ)する・鬱屈(うっくつ)する・鬱結(うっけつ)する・消沈する

めい-れい【命令】〔名〕(スル) ❶上位の者が下位の者に対して、あることを行うように言いつけること。また、その内容。「一を下す」「一に従う」「部下に一する」「一一下」❷国の行政機関が制定する法の形式、および、その法の総称。法律を実施するため、または法律の委任によって制定される。政令・総理府令・省令など。「執行一」❸行政庁が特定の人に対して一定の義務を課する具体的な処分。❹訴訟法上、裁判官がその権限に属する事項について行う裁判。「略式一」❺コンピューターで、コマンドのこと。
(類語)(❶)言い付け・命(めい)・令(れい)・指令・下命・指示・指図(さしず)・号令・発令・沙汰(さた)・主命・君命・上意・達し・威令・厳令・厳命 (尊敬)仰せ・尊命・懇命 (一する)命ずる・言い付ける・申し付ける・仰せ付ける

めい-れい【×螟×蛉】❶「青虫(あおむし)」に同じ。❷《ジガバチが青虫を養い育てて自分の子とするという故事から》養子のこと。「一族某の子を一として」〈読・唐錦・三〉

めいれい-アドレスレジスター【命令アドレスレジスター】《instruction address register》▶プログラムカウンター

めいれい-カウンター【命令カウンター】《instruction counter》▶プログラムカウンター

めいれい-キャッシュ【命令キャッシュ】《instruction cache》コンピューターの処理速度の高速化を図るために用いるキャッシュメモリーの一。CPUが処理すべき一連の命令(プログラム)を一時的に保存する。➡データキャッシュ

めいれい-けい【命令形】国文法で活用形の一。活用する語の語形変化のうち、命令の意を表して言いきる形。六活用形の第六におかれる。動詞では、「書け」「見ろ」「起きよ」「来(こ)い」などの類。

めいれい-こうろ【命令航路】(メイレイカウロ) 政府または地方公共団体が補助金を交付して、船の定期運航を指定・命令する航路。

めいれい-セット【命令セット】《instruction set》コンピューターのマイクロプロセッサーで使われる命令の集まりのこと。通常、プロセッサーごとに命令セットが異なる。同じ系統の命令セットを使える他社のプロセッサーを互換プロセッサーと呼ぶ。

めいれい-ぶん【命令文】命令や要求・禁止の意を表す文。ふつう活用語の命令形や禁止を表す助詞を文末に用いる。

めいれい-ほう【命令法】(メイレイハフ) 《imperative mood》ヨーロッパ諸語などの文法で、動詞の法の一。相手に対する命令・要求などを述べる法。

めいれい-ほうそう【命令放送】(メイレイハウソウ) 放送法第33条に基づき、総務大臣が命令して、放送区域・放送事項などを指定してNHKに行わせる国際放送。費用は国が負担する。

めいれい-ミックス【命令ミックス】《instruction mix》コンピューターの処理能力を調べるために、さまざまなプログラムの命令を組み合わせたもの。その実行時間を計測することにより、処理能力を定量的・客観的に評価できる。科学技術計算で使用されるギブソンミックスや事務・会計分野のコマーシャルミックスなどがある。

めいれき【明暦】江戸初期、後西天皇の時の年号。1655年4月13日～1658年7月23日。

めいれき-の-たいか【明暦の大火】(メイレキノタイクワ) 明暦3年(1657)正月、江戸本郷の本妙寺から出火、江戸城および江戸市街の大半を焼失した大火事。施餓鬼(せがき)に焼いた振袖が火元といわれる。死者10万余、焼失町数800町といわれ、本所回向院(えこういん)はその死者の霊を祭ったもの。振袖火事。

め-いろ【目色】目の色。目つき。眼光。「せつなく訴える一は濡れかがやいていた」〈康成・千羽鶴〉

めい-ろ【迷路】❶迷いやすい道。入り込むと迷って出られなくなるような道。「一に踏み込む」❷❶を図形化した遊び。❸内耳の骨迷路とその中にある膜迷路のこと。

めいろ【迷盧】「須弥山(しゅみせん)」に同じ。「一八万の頂よりなほ高き父の恩」〈平家・二〉

めい-ろ【冥路】「冥土(めいど)」に同じ。「一昏々たり、われを弔ふ人なし」〈謡・海人〉

めい-ろう【明朗】(メイラウ)〔名・形動〕❶こだわりがなく、明るくほがらかなこと。また、そのさま。「健康で一な青年」「一快活」❷内容をはっきりと示して、うそやごまかしがないこと。また、そのさま。「一な人事」「一会計」
(派生)めいろうさ〔名〕
(類語)陽気・快活・闊達(かったつ)・朗らか・明るい・気さく

めいろくざっし【明六雑誌】明六社の機関誌。明治7年(1874)3月創刊、政府の言論弾圧により、翌年11月第43号で廃刊。広く社会・学術全般にわたる記事・論文を掲載、啓蒙思想の指針となった。

めいろく-しゃ【明六社】日本最初の学術団体。明治6年(1873)森有礼(ありのり)が、福沢諭吉・加藤弘之・中村正直・西周(にしあまね)らと結成。機関誌「明六雑誌」を発行、開化期の啓蒙に指導的役割を果たしたが、同8年、機関誌廃刊により事実上解散。

めい-ろん【名論】すぐれた論。りっぱな議論。
(類語)高論・卓論・正論

めいわ【明和】江戸中期、後桜町天皇・後桃園天皇の時の年号。1764年6月2日～1772年11月16日。

めい-わきやく【名脇役】映画やドラマ、舞台などで、主役を引き立てながらも、主役以上の存在感さえ感じさせる脇役。また、比喩的に、指導者ではないが、組織の円滑な運営になくてはならない人。

めい-わく【迷惑】〔名・形動〕(スル) ❶ある行為がもとで、他の人が不利益を受けたり、不快を感じたりすること。また、そのさま。「人に一をかける」「一な話」「一人のために全員が一する」❷どうしてよいか迷うこと。とまどうこと。「一生の間煩悩の林に一し」〈倉田・出家とその弟子〉 (派生)めいわくがる〔動ラ五〕めいわくげ〔形動〕めいわくさ〔名〕

めいわくこういぼうし-じょうれい【迷惑行為防止条例】(メイワクカウヰバウシデウレイ) 特定または不特定多数の人に迷惑をかける行為を防止するための条例の総称。痴漢、つきまとい、盗撮、だふ屋、押し売りなどの行為に適用される。47都道府県すべてで条例を定めているが、正式名称や内容は自治体によって異なり、「公衆に著しく迷惑をかける暴力的不良行為等の防止に関する条例」などの名称で定めている都道府県もある。迷惑防止条例。

めいわく-せんばん【迷惑千万】〔形動〕〔文〕〔ナリ〕この上なく迷惑であるさま。「一な話」

めいわくぼうし-じょうれい【迷惑防止条例】(メイワクバウシデウレイ) ▶迷惑行為防止条例

めいわく-メール【迷惑メール】受信者の同意を得ず、広告や勧誘などの目的で不特定多数に大量に配信される電子メール。スパムメール。スパム。ジャンクメール。➡スパム❶

めいわくメール-ぼうしほう【迷惑メール防止法】(メイワクメールバウシハフ)「特定電子メール法」と改正「特定商取引法」の総称。

めいわ-じけん【明和事件】明和3年(1766)江戸幕府が尊王論者の山県大弐(やまがただいに)・藤井右門らを謀反の疑いで捕らえ、翌年処刑した事件。関連して竹内式部も八丈島に遠島となった。明和の変。

めいわ-の-おおつなみ【明和の大津波】(メイワノおほつなみ) 明和8年(1771)4月24日、石垣島南南東沖を震源とする八重山地震に伴い発生した大津波。最大波高は30メートル以上で、石垣島では80メートルの高所にまで波が及んだといわれている。➡八重山地震

メイン〖main〗▶メーン

メインテナンス〖maintenance〗▶メンテナンス

メインフレーム〖mainframe〗▶メーンフレーム

メイン-メモリー〖main memory〗▶主記憶装置

メインランド-とう【メインランド島】(タウ)《Mainland》▶メーンランド島

メイン-ルーチン〖main routine〗▶メーンルーチン

め-うえ【目上】(ウヘ) 階級・地位や年齢が自分より上であること。また、その人。⇔目下(めした)。
(類語)上長・長上・上司・上官・上役・年長者

め-うし【×牝牛｜雌牛】めすの牛。⇔牡牛。

め-うす【雌臼】碾臼(ひきうす)または磨臼(すりうす)の二つ重ねたものの、上の方の臼。⇔雄臼。

め-うち【目打ち】❶千枚通し。❷洋裁や手芸で、布に穴をあけたり、刺繍(ししゅう)の糸をさばいたりするときに用いる錐(きり)。❸ウナギなどを裂くとき、その目に打ち込む錐。❹製本で、とじ穴をあけること。また、それに用いる鉄製の錐。❺切手・印紙などの切り目に1列に連続してあける小さな穴。

め-うつし【目移し】目を移して他のものを見ること。「高麗(こま)もろこしの錦(にしき)綾(あや)をたち重ねたる一には」〈源・宿木〉

め-うつり【目移り】〔名〕(スル) 他のものを見てそのほうに心が引かれること。「よい品が多くて一する」

め-うま【×牝馬｜雌馬】めすの馬。ひんば。⇔牡馬(おうま)。

メーアスブルク〖Meersburg〗ドイツ南部、バーデン-ビュルテンベルク州、ボーデン湖畔に面する都市。ワイン生産が盛ん。7世紀に建てられた旧城、18世紀に建てられたバロック様式の新城が観光名所として知られるほか、ツェッペリン飛行船の博物館がある。

メーカー〖maker〗《「メイカー」とも》❶製造業者。製造元。特に、名の通った製造会社。❷物事をつくりだす人。「ヒット一」

メーカー-ひん【メーカー品】よく名前を知られた会社の製品。銘柄品。

メーキャッパー《和 makeup＋-erから》「メーキャップアーティスト」に同じ。

メーキャッピスト《和 makeup＋-istから》「メーキャップアーティスト」に同じ。

メーキャップ〖makeup〗〔名〕(スル) 化粧。特に、俳優が扮装(ふんそう)のためにする舞台化粧。顔ごしらえ。メークアップ。
(類語)化粧・作り・お作り・美容・粉黛(ふんたい)・脂粉・メーク

メーキャップ-アーティスト《和 makeup＋artist》雑誌や映画・テレビなどに登場するモデルや俳優などに、化粧を施す美容師。➡ヘアメークアーティスト

メーキャップ-けしょうひん【メーキャップ化粧品】(ケシヤウヒン) ファンデーション・チーク(頬紅)・ルージュ(口紅)・グロス・眉墨・アイライナー・アイシャドー・マスカラ・マニキュアなど、美しく装うために用いる化粧品。➡基礎化粧品

メーキャップ-ベース《和 makeup＋base》肌にファンデーションを塗る前につける化粧品。

メーキング〖making〗《「メイキング」とも》製造。制作。また、制作過程。「話題映画の一ビデオ」「エポック一」

メーク〖make〗〔名〕(スル)《「メイク」とも》「メークアップ」の略。「一を落とす」「目もとを一する」

メーク-アップ〔名〕(スル) ▶メーキャップ

メー-クイン〖May queen〗ジャガイモの一品種。芋は長楕円形で表面の凹凸が少なく、料理しても煮くずれしにくい。

メーク-ラブ〖make-love〗性交。

メーザー〖maser〗《microwave amplification by stimulated emission of radiation》電磁波により分子や原子のエネルギー状態の遷移が行われる際の誘導放出を利用して、マイクロ波を発振・増幅する装置。周波数の安定度がよく、雑音が少ないので、宇宙通信など微弱な信号の受信に使用。1950年代

に発明された。

メージャー〘major〙▶メジャー

メージャー〘John Major〙[1943〜]英国の政治家。保守党。外相・蔵相を経て、1990年、サッチャーの後任として47歳で首相に就任。学校など公共機関の民営化政策を打ち出した。97年の総選挙で保守党が惨敗し、首相を辞任。➡ブレア

メース〘mace〙ニクズクの種子を包む網目状の赤い仮種皮を乾燥した香辛料。ケーキや肉料理に用いる。

メー-ストーム《和 May＋storm「メイストーム」とも》日本付近を発達して通過する春から初夏の暴風。

メースン〘Luther Whiting Mason〙[1828〜1896]米国の音楽教育家。明治13年(1880)来日、音楽取調掛の教師として日本の洋楽教育に貢献。

メーター〘meter〙❶「メートル❶」に同じ。❷ものの量や度合いをはかる器械。速度計・気圧計など。❸電気・ガス・水道の使用量を示す自動計量器。❹タクシーの運賃表示器。(類語)計器・原器・度量衡器

メーター-モジュール《和 meter＋module》建物各部分の寸法を関係づけるために導入されるメートル法による基準単位。

メー-デー〘May Day〙㊀毎年5月1日に行われる国際的な労働者の祭典。1886年5月1日、米国で行われた8時間労働制要求のゼネストとデモが発端。89年の第二インターナショナル創立大会で決定し、90年から挙行。日本では大正9年(1920)に第1回が行われ、昭和11年(1936)以降禁止されたが、同21年復活。労働祭。五月祭。(季 春) ㊁米国で1975年5月に行われた証券市場改革。証券手数料の完全自由化、全米市場システムの創設などにより、資金調達の効率化、証券業務の合理化、銀行の証券業参入などが促進された。➡金融ビッグバン

メーデー〘Mayday〙《助けに来ての意の、ﾌﾗﾝｽ (venez) m'aiderから》船舶・航空機などが無線電話で送る国際救難信号。

メーデー-じけん【メーデー事件】昭和27年(1952)5月1日、サンフランシスコ講和条約発効直後のメーデーで、デモ隊の一部と警官隊が皇居前広場で衝突、死者2名と多数の負傷者を出した事件。血のメーデー。

メーテルリンク〘Maurice Maeterlinck〙[1862〜1949]ベルギーの詩人・劇作家。象徴主義演劇に新生面を開いた。1911年ノーベル文学賞受賞。詩集「温室」、戯曲「ペレアスとメリザンド」「青い鳥」など。

メート〘mate〙《「メイト」とも》❶仲間。友達。「クラス―」「ルーム―」❷航海士。メーツ。
(類語)仲間・同輩・朋輩・同僚・同志・同人・友

メード〘maid〙《「メイド」とも》お手伝いさん。また、ホテルの客室係の女性従業員。(類語)女中・お手伝いさん・家政婦・派出婦・ねえや・ハウスキーパー

メード-イン-ジャパン〘made in Japan〙日本製であること。日本製品。

メートル〘ﾌﾗﾝｽ maître〙❶先生。親方。長。❷「メートルドテール」の略。

メートル〘ﾌﾗﾝｽ mètre〙【米】❶国際単位系(SI)の基本単位の一で、長さの単位。1メートルの定義は、初め地球の子午線の4000万分の1とされ、国際メートル原器が作られたが、1960年にはクリプトン86の原子が真空中で発する色の波長の165万763.73倍とされ、83年からは光が真空中を2億9979万2458分の1秒間に進む長さとされる。記号m　メーター。❷「メーター❷」に同じ。
　メートルを上・げる　酒を飲んで気炎をあげる。

メートル-グラス《和 mètre(ﾌﾗﾝｽ)＋glass》液体の体積を計る、目盛りの付いた容器。主にガラス製で、測定精度はあまり高くない。

メートル-げんき【メートル原器】1メートルの長さを示す標準器として用いられた、白金イリジウム製のX形断面をもつ棒状物体。30本が作られ、1889年にそのうち1本が国際メートル原器に指定された。1960年以後はメートルの定義が変わり、現在はパリのBIPM(国際度量衡局)に保存されている。➡メートル➡国際原器

メートル-じゃく【メートル尺】メートル法で目盛りを施した物差し。

メートル-じょうやく【メートル条約】ﾃﾞｳﾔｸ度量衡をメートル法によって国際的に統一し普及するために、1875年にパリで締結された条約。日本は明治18年(1885)加盟。➡国際度量衡委員会

メートル-ドテール〘ﾌﾗﾝｽ maître d'hôtel〙レストランなどの給仕長。メートル。

メートルドテール-バター〘maître d'hôtel butter〙レモン汁・刻みパセリを練り合わせたバター。ステーキ・フライなどのソースに用いる。レモンバター。

メートル-トン《和 mètre(ﾌﾗﾝｽ)＋ton》「トン❶㋐」に同じ。(補説)英語ではmetric ton。

メートル-ねじ【メートル螺子】ﾈｼﾞ ねじ山の角度が60度で、直径とピッチがミリ単位で表されるねじ。

メートル-は【メートル波】▶超短波

メートル-ほう【メートル法】ﾊﾌ 計量単位の国際統一のために、18世紀末フランスで作られた単位系。長さにメートル、質量にグラム、体積にリットル、面積にアールなどを用い、十進法を採用したもの。1960年以降は国際単位系(SI)に再統一されている。

メートル-まいびょう【メートル毎秒】ﾏｲﾍﾞｳ MKS単位系における速度(速さ)の単位。1秒間に進む距離(メートル)で定義される。記号m/s

メートルまいびょう-まいびょう【メートル毎秒毎秒】ﾏｲﾍﾞｳﾏｲﾍﾞｳ MKS単位系における加速度の単位。1メートル毎秒毎秒は、1秒間当たりの速度の変化が1メートル毎秒(m/s)の加速度として定義される。記号m/s^2

メーヌ-ド-ビラン〘Maine de Biran〙[1766〜1824]フランスの哲学者。本名、フランソワ＝ピエール＝ゴンティエ＝ド＝ビラン(François Pierre Gontier de Biran)。観念学派から出発し、主意主義に進んだが、晩年は神秘主義に近づいた。著「思考能力に及ぼす習慣の影響」「心理学の基礎」など。

メービウス〘Möbius〙▶メビウス

メービウス-の-おび【メービウスの帯】《Möbius strip》▶メビウスの帯

メーファーズ【没法子】〔感〕《中国語》しかたがない。しょうがない。メーファーツ。

メーフラワー〘mayflower〙《「メイフラワー」とも》イギリス・アメリカで、5月に咲く種々の花をいう。セイヨウサンザシ・アネモネなど。

メーフラワー-ごう【メーフラワー号】ｶﾞｳ《Mayflower》1620年、イギリスの清教徒ピルグリムファーザーズ102人が信仰の自由を求めて北アメリカに渡ったときに乗った船。180トンの3本マストの商船。船上で「メーフラワーの誓約」が結ばれた。

メーフラワー-の-せいやく【メーフラワーの誓約】ピルグリムファーザーズが、上陸を前にメーフラワー号の船上で行った誓約。公正にして平等な規約を定め、全員がそれに従い、協力して新植民地を建設する旨を誓った。メーフラワー契約。

メープル〘maple〙《「メイプル」とも》「楓(かえで)」に同じ。

メープル-かいどう【メープル街道】ｶｲﾀﾞｳ《Maple Route》カナダ東部、オンタリオ州とケベック州にまたがるセントローレンス川沿いの観光ルートの通称。ナイアガラフォールズ、トロント、オタワ、モントリオール、ケベックなどの都市にまたがる。カナダ東部の落葉樹林帯が連なり、紅葉の美しさで知られる。現地では、カナダ開拓の足跡と重ねてヘリテージハイウエー(歴史街道)と呼ばれる。

メープル-シュガー〘maple sugar〙カエデ糖のこと。サトウカエデ(メープル)の樹液を、煮詰めて作る砂糖。特有の香りとおだやかな甘味がある。

メープル-シロップ〘maple syrup〙サトウカエデの樹液を煮詰めて濃縮した糖蜜(とうみつ)。ホットケーキのシロップや製菓に用い、さらに煮詰めてメープルシュガー(楓糖(ふうとう・とうとう))を作る。

メープルリーフ-きんか【メープルリーフ金貨】ｷﾝｸﾜ《メープルリーフは、maple leaf。カエデの葉の意で、カナダの国章》カナダ王室造幣局が発行する金貨。コインの表にカナダの国家元首を兼ねる英国のエリザベス女王、裏にカエデの葉が刻まれている。

めえ-めえ　㊀〔副〕山羊(やぎ)の鳴き声を表す語。「―(と)子山羊が鳴く」㊁〔名〕山羊をいう幼児語。

メーメル〘ﾄﾞｲﾂ Memel〙▶クライペダ

メーメルブルク〘Memelburg〙㊀リトアニア西部の港湾都市クライペダのドイツ語名。㊁リトアニア西部の都市クライペダにあるクライペダ城のドイツ語名。メーメル城。

メーラー〘mailer〙「メールソフト」に同じ。

メーラー〘Norman Mailer〙[1923〜2007]米国の小説家。太平洋戦争従軍体験をもとにした「裸者と死者」以降、米国文明社会の諸問題をさまざまな角度から描く。ほかに「鹿の園」「アメリカの夢」など。

メーリケ〘Eduard Mörike〙[1804〜1875]ドイツの詩人・小説家。形式・内容ともに多様な展開を果たした「詩集」などにより、ゲーテ以後最大の叙情詩人といわれた。ほかに小説「画家ノルテン」「プラハへの旅路のモーツァルト」など。

メーリホボ〘Melikhovo〙ロシア連邦西部、モスクワ州の町チェーホフの近郊にある村。首都モスクワの南約70キロメートルに位置する。同国の小説家・劇作家チェーホフが家族とともに移り住んだ家があり、現在は記念博物館になっている。

メーリング〘Franz Mehring〙[1846〜1919]ドイツの社会主義者・歴史家・文芸理論家。1891年、社会民主党に入党、機関誌「新時代」の編集を担当。マルクス主義理論家として党左派に属し、のちスパルタクス団・共産党の結成に参加した。著「ドイツ社会民主主義史」など。

メーリング-リスト〘mailing list〙グループ内で情報交換をするための電子メールの利用方法の一つ。参加者全員を特定のメールアドレスに登録することにより、そのアドレスに届いたメールを参加者全員に送付するシステム。

メール〘mail〙❶郵便。郵便物。「エアー」「ダイレクト―」❷「電子メール」の略。

メール〘male〙男性。雄。植物の雄株。Mで男性を表す記号として用いる。

メール-アート〘mail art〙郵便で特定の人に送る芸術作品。展覧会場で不特定多数の人を相手にするのではなく、特定の人の間で鑑賞してもらおうというもの。自家製はがきなどによるものが多い。

メール-アカウント〘mail account〙メールサーバーにアクセスする権利、またはユーザーに割り当てられたIDのこと。通常の電子メールでは、メールアドレスの「@」より前の部分を指す。

メール-アドレス〘mail address〙コンピューターネットワークやインターネット上で電子メールを送受信する際に利用者を特定するための文字列。「住所」に相当するもの。一般的には、name@×××.co.jpという形式で、@よりも前の文字列は個人を識別するためのユーザー名を、@よりも後ろには所属する組織や電子メールのサービスを提供する事業者を表すドメイン名を用いる。eメールアドレス。アドレス。メルアド。メアド。(補説)若い年齢層では「メルアド」よりも「メアド」と略す傾向があるといわれる。

メール-オーダー〘mail order〙通信販売。

メールオーダー-ビジネス〘mail order business〙通信販売業。

メール-クライアント《e-mail clientから》▶メールソフト

メール-サーバー〘mail server〙電子メールのデータ送受信を管理するコンピューター。

メール-サーベイ〘mail survey〙郵送調査。調査対象者に質問票を郵送し、回答を返送してもらう調査法。

メール-シュート〘mail chute〙ビルなどで、各階にある郵便投入口。

メール-スプーフィング〘mail spoofing〙他人になりすまして電子メールを送信すること。第三者や

架空の人物の名前やメールアドレスを記載し、送信元を偽装する。➡成り済まし❷

メール-ソフト《mail softwareから》パソコン側で電子メールの送受信を管理するソフト。メーラー。

メールてんそう-サービス【メール転送サービス】《e-mail forwarding service》あるアドレスに送信された電子メールを、別のアドレスに転送するサービスのこと。複数のメールアドレスを使用する場合、電子メールのチェックが簡便になる。

メールドグラス-ひょうが【メールドグラス氷河】《Mer de Glace》フランス南東部、アルプス山脈の最高峰、モンブランの東面を流れる同国最大の氷河。モンブラン北麓の町、シャモニーから展望地モンタンベールまでを登山鉄道が結んでいる。

メール-ばくだん【メール爆弾】《mail bomb》特定のメールアドレスに無意味なメールを大量に送りつける悪質な嫌がらせ。電子メール爆弾。

メール-びん【メール便】民間運輸業者が集荷し配達する郵便物。カタログ・雑誌などの印刷物に限られ、信書は扱えない。

メール-フレンド《e-mail friendから》▶メル友

メール-ヘッダー〘mail header〙電子メールに付加される制御情報。宛先、送信元、題名のほか、中継サーバーなどの情報が記録されている。➡ヘッダー❷

メールボックス〘mailbox〙❶郵便受け。❷コンピューターのネットワークで、電子メール用に各ユーザーに割り当てられる仮想的な郵便箱。

メール-マガジン《e-mail magazineから》企業や個人などが、特定の読者に向けて電子メールで定期的に情報を配信するもの。メルマガ。

メーン〘main〙《「メイン」とも》主要なもの。最も重要な部分。「—の会場」「若手が—の職場」

メーン〘Maine〙米国北東端部の州。州都オーガスタ。大西洋に面し、海岸は島の多い観光地。北・西部の山地はメーン森林とよばれる原生林で、林業が盛ん。ロブスター・ブルーベリーなどを産する。メイン。➡表「アメリカ合衆国」

メーン〘Henry James Sumner Maine〙[1822～1888]英国の法学者。英国歴史法学派の創始者。法学研究に歴史的・比較法学的方法を導入。「身分から契約へ」の言葉でも知られる。著「古代法」など。

メーン-アンプ《和 main＋amplifier》オーディオ装置の一。プリアンプで十分に増幅した信号電圧を、スピーカーを鳴らすのに必要な電力レベルにまで増幅する装置。

メーン-イベント〘main event〙一連の催し物の中で主要なもの。プロボクシングやプロレスリングで、その日の最後に行われる、その興行の中心となる試合。(類語)呼び物・とり・ハイライト

メーン-シャフト〘main shaft〙主軸。

メーン-スタンド《和 main＋stand》野球場・競技場・競馬場などで、正面の観覧席。(補説)英語では grand stand。

メーン-ストリート〘main street〙本通り。目抜き通り。大通り。

メーンストリーム〘mainstream〙本流。主流。また、主傾向。

メーン-タイトル〘main title〙❶映画・テレビで、主として作品の題名を示す字幕。トップタイトル。❷サブタイトルに対して、主となる標題。

メーン-ディッシュ〘main dish〙西洋料理の献立の中で、主となる料理。コースでは肉料理か魚料理をいう。

メーン-テーブル〘main table〙会議やパーティーで、議長や主賓の座る正面席。主卓。

メーン-テーマ《和 main＋Thema(ドイツ)》中心となる主題。

メーン-バンク〘main bank〙主力銀行。ある企業が複数の取引銀行を有する場合、通常、融資順位が第1位の銀行。

メーンフレーム〘mainframe〙❶コンピューターで、周辺装置・端末装置を除いた本体部分。❷▶汎用コンピューター

メーン-ベルト〘main belt〙▶小惑星帯

メーン-ボード〘main board〙(一)▶マザーボード (二)中国の証券取引所の主要企業を対象とした市場。主板。➡創業板

メーン-ポール〘main pole〙競技場などで、旗を掲揚する柱のうち、中心となる最も高いもの。

メーンマスト〘mainmast〙帆船で、主要な帆柱。2本以上ある場合は、一般に、前から2番目のものをさす。大檣(たいしょう)。

メーン-メモリー〘main memory〙▶主記憶装置

メーンランド-とう【メーンランド島】《Mainland》(一)英国スコットランド北岸に浮かぶオークニー諸島の主島。主な町はストロムネスとカークウォール。スカラブラエの集落跡、円墳メイズホウ、環状列石リングオブブロッガーとストーンズオブステネスなど、新石器時代の遺跡があることで知られ、1999年に「オークニー諸島の新石器時代遺跡中心地」として、世界遺産(文化遺産)に登録された。ポモナ島。メインランド島。(二)英国スコットランド北東、シェトランド諸島の主島。中心の町はラーウィック。北海油田の基地があるほか、漁業と牧羊が盛ん。島の南部にヤールショフの古代遺跡がある。最南端のサンバラ岬はバードウオッチング、ホエールウオッチングの名所としても知られる。メインランド島。

メーン-ルーチン〘main routine〙コンピューターのプログラム中で中心的な論理制御を行う部分。単一の作業を行うサブルーチンと区別される。➡サブルーチン

め-お【女▽男｜▽妻▽夫】女と男。また、妻と夫。めおとこ。「一分れざるとき」〈神代紀・上〉

め-おと【夫=婦｜▽妻▽夫｜女▽夫】《「めおとこ(女男)」の音変化か》夫と妻。ふうふ。みょうと。「—の契りを交わす」「—になる」
(類語)夫婦・夫婦(ふさい)・夫妻・妹背(いもせ)・連れ合い・配偶・匹偶(ひつぐう)・伴侶(はんりょ)・カップル

めおと-がらす【夫=婦×鳥】雄と雌と連れ立っているカラス。

め-おとこ【女男】女と男。また、妻と夫。めおと。「—になりにけり」〈宇治拾遺・四〉

めおと-ぢゃわん【夫=婦茶×碗】夫婦で使用するように、大小二つで一組になっている茶碗。

めおと-づか【夫=婦塚】相愛の男女を一緒に葬った塚。比翼塚(ひよくづか)。

めおと-づれ【夫=婦連れ】夫婦が連れ立つこと。また、その夫婦。ふうふづれ。

めおと-なか【夫=婦仲】夫婦の間柄。ふうふなか。

めおと-びな【夫=婦×雛】男女一対の雛人形。

めおと-ぼし【夫=婦星】牽牛(けんぎゅう)・織女の二星。(季 秋)

めおと-まげ【夫=婦×髷】女性の髪形の一。江戸時代の末ごろ、20歳前後の女性の間に流行した。

めおと-まつ【夫=婦松】夫婦のように、2本並んで生えている松。

めおと-わかれ【夫=婦別れ】夫婦が離別すること。離婚。ふうふわかれ。「身代破り—する時は」〈浄・天の網島〉

め-おに【目鬼】目のない怪物。「目も鼻もなかりけむ、—にやあらむ」〈源・手習〉

め-おぼえ【目覚え】忘れないための目印。また、見覚え。「戻りかかって大宅惟弘—つよき太刀袋」〈浄・祇園女御〉

め-おや【女親】母親。おんなおや。「おぼつかなきもの、十二年の山籠りの法師の—」〈枕・七〇〉

メカ「メカニック」「メカニズム」の略。「—に強い」

め-が【×茗荷｜×蘘荷】ミョウガの古名。〈和名抄〉

メガ〘mega〙《大の意のギリシャ megasから》❶国際単位系(SI)で、単位名の上に付けて100万倍(10^6)の単位であることを表す。記号M 「—トン」❷「メガヘルツ」「メガバイト」などの略。

メガー〘megger〙非常に高い電気抵抗を測る絶縁抵抗計。もと商品名。

め-かい【目界】目に映る範囲。視界。「—の見えぬ女の身」〈浄・百合若大臣〉

め-がお【目顔】目つき。目の表情。また、顔つき。顔の表情。「—でそれとなく知らせる」

め-かき【芽×掻き】植物の栽培で、不必要な腋芽を摘み取ること。

め-がき【女餓鬼】女の餓鬼。「寺々の—申さく大神(おほみわ)の男餓鬼(をがき)賜(たば)りてその子産まはむ」〈万・三八四〇〉(対)男餓鬼(をがき)。

メガ-キャリア〘mega carrier〙❶巨大な輸送会社。特に、航空会社。❷世界的な規模で活動を行う巨大通信事業者。

メガクエーク〘megaquake〙巨大地震。

め-かくし【目隠し】〔名〕スル ❶布などで目を覆って見えないようにすること。また、その覆うもの。「—してスイカ割りをする」❷家の内部が外から見えないように覆い隠すこと。また、その覆い。はたいた。❸「目隠し鬼」に同じ。

めかくし-おに【目隠し鬼】手ぬぐいなどで目隠しをした鬼が、逃げ回る者たちを手探りで捕まえる鬼ごっこの一。逃げる者たちは「鬼さんこちら、手の鳴る方へ」などとはやす。めんない千鳥。目無し児(ご)。目無し鬼。

メガクリテ〘Megaclite〙木星の第19衛星。木星から遠い軌道を回る。2000年に発見。名の由来はギリシャ神話の女神。非球形で平均直径は約5キロ。

め-かけ【×妾｜目掛(け)】❶《目をかけるところから》正妻のほかに、愛し養う女性。二号。「—を囲う」❷ひいきにすること。また、そのもの。「不断—の浜側の色宿に昼過ぎより入らせられ」〈浮・曲三味線・三〉
(類語)二号・囲い者・手掛け・側妻(そばめ)・愛人

めかけ-ばら【×妾腹】妾の子として生まれること。また、その人。庶子。しょうふく。

めかけ-ぼうこう【×妾奉公】妾として奉公すること。

め-が・ける【目掛ける】〔動カ下一〕(文)めが・く〔カ下二〕❶目標にする。めざす。「的を—・けて弓を射る」❷世話をする。ひいきにする。目をかける。「日来(ひごろ)—・けし仕立物屋の」〈浮・一代男・八〉
(類語)目指す・狙う・向ける

め-かご【目籠】物を入れる、目を粗く編んだ竹籠。

めかこう《「めあか(目赤)う」の音変化という》あかんべえ。べかこう。「—して児(ちご)をおどせば」〈大鏡・伊尹〉

メガコンペティション〘megacompetition〙地球規模で行われる企業間の大競争。

メガサイクル〘megacycle〙「メガヘルツ」に同じ。

めかし【▽粧し】化粧してよそおうこと。おしゃれ。おめかし。

めかし・い〔接尾〕《形容詞型活用(文)めか・し(シク活)》名詞や形容詞・形容動詞の語幹に付いて、そのような状態を呈している意を表す。…のようにみえる。…らしい。「なま—・い」「人—・い」「古—・い」

め-かじき【目×梶木｜▽眼旗=魚】スズキ目メカジキ科の海水魚。全長約3.5メートル、体重500キロに達する。目が大きく、体は紡錘形でほとんど側扁せず、腹びれを欠き、吻(ふん)は長く剣状。体色は暗青色で、うろこは消失している。世界の温・熱帯海に分布。食用。かじきどおし。

め-がしこ・し【目賢し】〔形ク〕早く見つけるさま。目ざとい。「秀郷—・く見とがめて」〈盛衰記・二二〉

めかし-こ・む【▽粧し込む】〔動マ五(四)〕身なりを飾りたてる。入念におしゃれをする。「—・んで劇場に出かける」
(類語)着飾る・めかす・洒落(しゃれ)込む・装(よそお)う・ドレスアップする

メガ-シティー〘mega city〙巨大都市。百万都市。

めかし-や【▽粧し屋】おしゃれを好む人。

め-がしら【目頭】目の、鼻に近い方の端。(対)目尻。
(類語)目もと・目じり・まなじり
目頭が熱くな・る 深い感動のために、涙が浮かんでくる。「苦労話に思わず—・る」

目頭を押さ·える　目頭からこぼれ出ようとする涙を指で押さえてとどめようとする。「—·えながら葬列に加わる」

目頭を拭·う　涙をふく。「ハンカチでそっと—·う」

めか·す【▽粧す】〔動サ五(四)〕❶身なりを飾りたてる。おしゃれをする。非難やからかいの気持ちでいうことが多い。「—·してデートに行く」「いやに—·しているね」❷それらしく振る舞う。外見をつくろう。「風流を—·しているうちにも」〈二葉亭訳·あひゞき〉

(類語)着飾る·装う·めかし込む·洒落込む

めか·す〔接尾〕《動詞五(四)段型活用》名詞や形容動詞の語幹などに付いて、そのように見せかける、そのようにする、それらしく振る舞う、などの意を表す。「冗談—」「親切—」「秘密—」

メガストア〘megastore〙小売業における巨大店舗。

メガストラクチャー〘megastructure〙巨大建築物。また、高層ビルやインフラストラクチャーなどが一体化した巨大構造物。

め-かずら【目×鬘】▶めかつら

め-かた【目方】物の重さ。はかりで量った重さ。重量。「—で売る」「—がふえる」

(類語)重さ·重量·体重·ウエート

め-がたき【女敵｜▽妻敵】自分の妻を寝取った男。姦夫。間男。

めがたき-うち【女敵討ち】間男を討ちとること。「—は天下のお許し」〈浄·反魂香〉

め-がたち【▽眼形】囲碁で、眼となるような形。がんけい。

め-かつら【目×鬘】《「めかづら」とも》厚紙に目の穴をあけ、髪やまゆ·まつげなどを描いた、顔の上半分だけを覆う簡単な仮面。百眼。

メカ-デザイン《mechanical designから》機械装置の設計。

め-かど【目角】❶目の端。目尻。また、怒った目つき。❷鋭く物を見る目。眼力。また、眼識。「—がある」

目角が強·い　物を見る目が鋭敏である。また、よく見覚えている。「目角の強い人ぢやの。毎年の事でもこちはすきと覚えぬ」〈浄·大経師〉

目角を立·てる　「目くじらを立てる」に同じ。

メガトレンド〘megatrend〙時代の大きな流れ。趨勢。米国の未来学者ネイスビッツ(J.Naisbitt)の著書「Megatrends」による語。

メカトロ「メカトロニクス」の略。「—機器」

メカトロニクス〘mechatronics〙メカニクス(機械工学)とエレクトロニクス(電子工学)とを結合した技術。機械の駆動·制御にコンピューターなどの電子技術を利用して自動化·高性能化を実現するもの。

メガトン〘megaton〙❶100万トン。❷核爆弾の爆発力を表す単位。1メガトンはTNT火薬100万トンの爆発力に相当。

メカニカル〘mechanical〙〔形動〕❶機械仕掛けであるさま。動きが機械のようであるさま。メカニック。「—な構造」❷他の語と複合して用い、機械に関する意を表す。「—エンジニア」

メカニカル-コンペンセーター〘mechanical compensator〙ズームレンズの焦点距離を変える際に、焦点の位置が移動しないよう、カムなどの部品を使ってレンズの配置を機械的に補正する機構。

メカニカル-デザイナー〘mechanical designer〙機械設計技術者。

メカニカル-バック〘mechanical back〙レンズ交換式カメラの、レンズマウントの取り付け面からフィルムが通るレール(デジタルカメラの場合はイメージセンサー)までの距離。➡フランジバック

メカニクス〘mechanics〙《「メカニックス」とも》❶機械学。力学。❷機械などの仕組み·構造·機構。

メカニズム〘mechanism〙❶機械仕掛け。装置。メカ。❷機構。仕組み。メカ。「人体の—」❸哲学で、機械論。(類語)仕組み·仕掛け·機構·構造·装置·からくり·機関·機械

メカニック〘mechanic〙㊀〔名〕機械の修理·組み立てをする人。特に、自動車整備士。メカ。「F1レースの—」㊁〔形動〕「メカニカル❶」に同じ。「—なおもちゃ」

メカニックス〘mechanics〙▶メカニクス

メカニック-レジスター《和 mechanic＋register》出納した金銭を自動的に計算·登録する機械。金銭登録機。

め-がね【▽妻がね】妻にしたいと思ってきた人。「己のが—を人に欲らせしめてはありなむや」〈宇津保·あて宮〉

め-がね【眼-鏡】❶近視·遠視·乱視などの視力を調整したり、強い光線から目を保護したりするために用いる、凹または凸レンズや色ガラスなどを使った器具。がんきょう。❷物の善悪·可否を見きわめること。また、その能力。めきき。「人を見る—が曇る」➡御眼鏡 ❸遠眼鏡のこと。望遠鏡や双眼鏡の類。「—は紅毛の十里見」〈滑·浮世床·初〉

(一語)色眼鏡·絡繰り眼鏡·金縁眼鏡·銀縁眼鏡·黒眼鏡·水中眼鏡·伊達眼鏡·遠眼鏡·錦眼鏡·覗き眼鏡·箱眼鏡·鼻眼鏡·百色眼鏡·星眼鏡·股眼鏡·水眼鏡·虫眼鏡·ロイド眼鏡

眼鏡が狂·う　物や人物を見て評価を誤る。眼識が狂う。「情がからんで—·う」

眼鏡に適·う　▶御眼鏡に適う

メガネウラ〘ラテ Meganeura〙原トンボ目の昆虫。古生代石炭紀の地層から化石として発見された。トンボに似るが、翅を広げた左右の長さが60センチを超える種もある。

めがね-え【眼-鏡絵】ヱ 覗きからくりなどに用いるため、透視図法で描かれた絵。17世紀に欧州で流行、18世紀前半に中国を経て日本に伝来し、円山応挙·司馬江漢らも制作。

めがね-ごし【眼-鏡越し】❶上目づかいに眼鏡の上から見ること。❷眼鏡のレンズを通して対象を見ること。「優しそうな目が—に見える」

めがね-ざる【眼-鏡猿】霊長目メガネザル科の哺乳類の総称。森林にすむ原始的なサルで、体長10〜15センチ、尾長15〜25センチ。夜行性で、目が極端に丸く大きく、首がよく回る。指先に吸盤があり、枝から枝へ跳び移って昆虫などを食する。東南アジアに分布。

めがね-ちがい【眼-鏡違い】ちがひ 人物などの、よしあしの判断を誤ること。「新人登用は首脳部の—だった」

めがね-ばし【眼-鏡橋】石造りで半円形が二つ並んだ形の橋。寛永11年(1634)に中国僧如定が伝え、長崎を中心に九州各地にみられるようになり、明治初期には東京でも造られた。

めがね-へび【眼-鏡蛇】コブラ、特にインドコブラの別名。首の背面に眼鏡状の斑紋があるのでいう。

メガバイト〘megabyte｜MB〙コンピューターで扱う情報量や記憶容量の単位の一。2^{20}(104万8576)バイト。または10^6(100万)バイト。MB。➡メビバイト

メガバンク〘megabank〙複数の都市銀行が合併などをすることによって、巨大組織となった銀行。

メガ-ビーピーエス〘mbps〙《megabits per second》データ通信における転送速度の単位。1秒間に10^6ビットのデータを転送できる。1bpsの100万倍に当たる。メガビット毎秒。Mbit/s。Mb/s。➡bps

メガピクセル〘megapixel〙「100万画素」の意。100万画素以上の受光素子をもつデジタルカメラやデジタルビデオカメラを、「メガピクセル機」などと呼ぶ。

メガヒット〘megahit〙大ヒットすること。また、その作品。特に日本では、レコード·CDの売り上げが100万枚単位のヒットをいう。➡ミリオンセラー

メガビット-まいびょう【メガビット毎秒】マイベウ ▶メガ-ビーピーエス(mbps)

め-かぶ【和=布×蕪】「めかぶら❶」に同じ。

め-かぶ【雌株】雌雄異株の植物で、雌花だけをつける株。➡雄株

め-かぶら【和=布×蕪】❶ワカメの根ぎわの茎の左右に厚い葉がひだ状についたもの。胞子のできる部分。食用。めかぶ。❷海藻の根を干し固めて作った小形の鏑。

メガ-フロート《和 mega＋float》超大型浮体式海洋構造物。海上で、鋼鉄製の浮体ユニットを接合して造る、長さ数キロ、広さ数百ヘクタール、耐用年数100年以上の人工地盤。環境への影響が少なく、コスト·工期的にも有利な海洋空間の高度利用法として可能性が注目されている。

メガヘルツ〘megahertz〙周波数の単位。1メガヘルツは100万ヘルツ。記号MHz　メガサイクル。

メガホン〘megaphone〙遠くまで音声を届かせるために、口に当てて用いる、らっぱ形の筒。

め-がみ【女神】女性の神。「勝利の—がほほえむ」「自由の—」⇔男神。(補説)日本神話では特に伊弉冉尊を指し、「陰神」「妻神」とも書く。

メガメディア〘megamedia〙情報通信やコンピューター技術の急激な発達によって大規模な企業再編成や新事業の創出が発生している、通信·情報·コンピューター·娯楽産業をはじめとする一連の巨大企業群または産業。

メガラ〘Megara〙古代ギリシャ、メガリス地方の中心的都市国家。交通の要衝コリント地峡に位置し、前8世紀にはシチリア·黒海沿岸などに植民市を作って繁栄したが、前7世紀以降、内紛によって衰退。

メガラ-がくは【メガラ学派】小ソクラテス学派の一。メガラのエウクレイデスを創始者とする。ソクラテスとエレア学派の影響を受けて争論術にすぐれ、多くの弁証家·争論家を出した。

め-かり　場面や状況を見計らって気を利かすこと。「こんな時は—利かして」〈浄·宵庚申〉

め-かり【和=布刈(り)】ワカメなどを刈り取ること。(季 春)

めかり-う·つ〔動タ四〕流し目をする。ちらりと見る。秋波を送る。「壮士に—·つ」〈霊異記·上〉

めかり-の-しんじ【和=布刈(り)の神事】山口県下関市の住吉神社と、福岡県北九州市の和布刈神社で、陰暦の大晦日から元旦にかけて行われる神事。夜中の干潮時に神官が海に入ってワカメを刈り取り、神前に供える。(季 冬)

め-か·る【目▽離る】〔動ラ下二〕《「めがる」とも》しだいに会わなくなる。「かくてはべるほどだに御—·れずと思ふを」〈源·須磨〉

め-がるかや【雌刈×萱】イネ科の多年草。湿地に生え、高さ約80センチ。秋に花穂をまばらにつける。(季 秋)

め-かれ【目▽離れ】《「めがれ」とも》見なくなること。疎遠になること。「思へども身をし分けねば—せぬ雪の積もるぞわが心なる」〈伊勢·八五〉

メガロパ〘megalopa〙カニ類の幼生の一型。ゾエア期を経て変態したもの。付属肢は成体同様であるが、腹部がまだ後方に伸びたままで、脱皮して稚ガニとなり底生生活に移行する。

メガロポリス〘megalopolis〙㊀いくつかの大都市が帯状に連なり、機能的に一つの巨大都市を形成している地域。米国のボストン·ニューヨーク·ワシントンにわたる都市群に対して用いられた語。日本では、東京·名古屋·大阪の地域を東海道メガロポリスと呼ぶ。巨帯都市。㊁(Megalopolis)前366年ごろ、古代ギリシャ、アルカディア地方南部にテーベのエパミノンダスが建設した都市。ポリビオスなどの学者·政治家を輩出した。

メガロマニア〘megalomania〙「誇大妄想」に同じ。

メガロメテオロン-しゅうどういん【メガロメテオロン修道院】シウダウヰン《Moni Megalou Meteorou》ギリシャ中部、テッサリア地方のメテオラにある修道院。メテオラの中で最も大きく、また重要な修道院として知られる。14世紀に同地出身の修道士アサナシオスにより創設。高さ613メートルの岩山の頂に建てられ、内部には16世紀建造の教会、図書館、食堂(現在は博物館)などがある。大メテオロン修道院。メタモルフォシス修道院。

め-がわら【×牝瓦｜女瓦】ぐはら 牡瓦と組み合わせ

て用い、凹面を上向きにして葺ふく方形の瓦。平瓦。➡牡瓦

め-ぎ【女木┊雌木】❶雌雄異株の植物で、雌花のつく木。➡男木おぎ ❷木材を継ぎ合わせるときの、くぼんでいるほうの材。または下にされるほうの材。➡男木

め-ぎ【目木┊小=蘗】メギ科の落葉低木。山地に生え、枝に縦に稜りょうがあり、鋭い刺とげをもつ。葉は小さく倒卵形。4、5月ごろ、小さい黄白色の6弁花が下向きに咲き、晩秋に楕円形の赤くつやのある実を結ぶ。枝葉などを煎せんじて目薬とする。ことりとまらず。よろいどおし。

め-きき【目利き】器物・刀剣・書画などの真偽・良否について鑑定すること。また、その能力があることや、その能力を備えた人。人の才能・性格などを見分けることにもいう。「茶器の―をする」
(類語)鑑定・鑑識・眼識・鑑識眼

めきき-だて【目利き立て】目利きであることを自慢すること。「商人の慎しむべきは…、―、芸自慢」〈浮・新永代蔵〉

めきき-ちがい【目利き違い】ちがひ 目利きをしそこなうこと。鑑定ちがい。

メキシカン〖Mexican〗❶メキシコ人。❷他の外来語の上に付いて複合語をつくり、メキシコ風の、メキシコ産の、などの意を表す。「―オパール」

メキシカン-マリーゴールド〖Mexican marigold〗キク科の一年草。メキシコ原産で、観賞用に栽培される。高さ15～20センチ。黄色または赤銅色の、多数の花をつける。

メキシコ〖Mexico〗北アメリカ大陸南部にある連邦共和国。首都メキシコシティ。メキシコ湾岸部を除き国土の大部分は高原。金・銀・鉄・石油などの地下資源が豊富で、工業も発達。古くはマヤ・アステカ文明が栄えたが、16世紀以来スペインの植民地となり、1821年に独立。住民の大半はインディオとスペイン人の混血(メスチゾ)で、カトリック教徒が多い。正式名称、メキシコ合衆国。人口1億1247万(2010)。メヒコ。(補説)「墨西哥」とも書く。

メキシコ-かくめい【メキシコ革命】20世紀初頭、メキシコで起きた革命。1910年、F=I=マデロに指導された自由主義者が、政治の民主化、農地改革、外国資本による経済支配からの脱却などをめざして蜂起。翌11年にディアス独裁政権を打倒。内戦を経て、17年に民主的民族的な新憲法が成立した。

メキシコ-ぎん【メキシコ銀】16世紀以降、スペインがメキシコ産の銀で鋳造した銀貨。東洋貿易に使用されてアジア各地に流通、アジアの近代的貨幣制度の発達を促した。メキシコ-ドル。墨銀ぼくぎん。

メキシコ-じしん【メキシコ地震】ヂシン 1985年9月19日、メキシコの太平洋沿岸で発生した地震。ココスプレートがアメリカプレートの下に潜り込むことにより発生したと考えられる。震央から約400キロも離れたメキシコシティに被害が集中し、建物の倒壊などにより8000人以上の死者を出した。

メキシコ-シティ〖Mexico City〗メキシコ合衆国の首都。同国中央部の標高2260メートルの高原にあり、気候は温暖。古代アステカ王国の都の跡に建設された。人口、都市圏1847万(2008)。シウダ-デ-メヒコ。

メキシコ-わん【メキシコ湾】北アメリカ南東部、メキシコの東にある湾。湾口はフロリダ半島・キューバ島・ユカタン半島に囲まれ、大西洋・カリブ海につながる。

メキシコ-わんりゅう【メキシコ湾流】ワンリウ メキシコ湾からフロリダ半島に沿って北上し、ハッテラス岬の沖から北東へ流れる暖流。グランドバンクス沖で北大西洋海流に移行する。ガルフストリーム。湾流。

めぎ-しま【女木島】香川県高松市の北方、備讃びさん諸島東部にある島。面積2.7平方キロ、周囲8.9キロ、最高点は216メートル。平地は少なく、麦・野菜などの畑作と沿岸漁業が行われている。かつて海産物などを頭にのせて運ぶ習慣があった。島北方に桃太郎伝説と結びつけて鬼が住んでいたという「女木島大洞窟(通称・鬼ヶ島洞窟)」がある。北に男木おぎ島が位置する。瀬戸内海国立公園に含まれる。

めき-しゃき〔副〕きっぱりと物を言うさま。「―とせりふせにゃおかんわいの」〈滑・膝栗毛・八〉

メギスティ-とう【メギスティ島】タウ《Megisti》➡カステロリゾ島

メギスティ-ラブラ-しゅうどういん【メギスティラブラ修道院】シウダウヰン《Moni Megistis Lavras》ギリシャ北部、ハルキディキ半島にある東方正教会の聖地アトス山の修道院。10世紀に修道士アタナシウスが創設。アトス山最古の修道院として知られる。主聖堂には16世紀に描かれたフレスコ画が残る。

め-ぎつね【×牝×狐】めすの狐。また、男をだます女をいう語。

め-ぎみ【女君┊▽妻君】貴人または他人の妻や娘を敬っていう語。おんなぎみ。「宇治の大将の浮舟の―のやうにこそあらめ」〈更級〉

めき-めき〔副〕❶目に見えて、進歩・発展するさま。「―(と)腕をあげる」❷物がこわれたり、きしんだりする音を表す語。めりめり。「床が―(と)鳴る」

め-キャベツ【芽キャベツ】キャベツの変種。茎はまっすぐ伸びて、葉は結球せず、葉の付け根の芽が発達して小さな結球をつくる。これを摘み取り、食用にする。こもちたまな。こもちかんらん。(季 冬)

め-きょり【目距離】➡アイレリーフ

め-ぎれ【目切れ】目方が不足すること。

め-く〔接尾〕《動詞五(四)段型活用》名詞、形容詞・形容動詞の語幹、副詞などに付いて動詞を作り、そのような状態になる、それに似たようすを示す意を表す。「春―・く」「ほの―・く」「今さら―・く」「ざわ―・く」

メグ〖MEG〗《magnetoencephalography》➡脳磁図

め・ぐ ㊀〔動ガ四〕物をこわす。くだく。「あたる物を幸ひに打ち―・ぐ打ちわる踏み砕く」〈浄・嫗山姥〉㊁〔動ガ下二〕「めげる」の文語形。

メグオーム〖megohm〗電気抵抗の単位。1メグオームは100万オーム。記号MΩ

め-くぎ【目×釘】刀身が柄つかから抜けるのを防ぐため、茎なかごの穴と柄の表面の穴とにさし通す釘。竹・銅などを用いる。目貫めぬき。

目釘を湿しめ・す 唾つばなどで目釘をぬらして固定させ、刀を抜く用意をする。「主従刀の―・し、手ぐすね引いて待ちかけ居る」〈浄・忠臣蔵〉

めくさり-がね【目腐り金】「めくされがね」に同じ。「なんぢゃ、この―」〈浄・百日曽我〉

め-くされ【目腐れ】❶眼病のために、目のふちがただれていること。❷人をののしっていう語。「いらざるお世話だ、構やあがんな、―めえ」〈滑・浮世風呂・二〉

めくされ-がね【目腐れ金】わずかばかりの金銭をののしっていう語。はしたがね。めくさりがね。「そんな―では納まるものも納まらない」
(類語)はした金・腐れ金・涙金

めくされ-ぜに【目腐れ銭】「目腐れ金」に同じ。

めぐ・し【▽愛し】〔形ク〕❶いとおしい。かわいい。「父母を見れば貴く妻子めこ見ればかなしく―・し」〈万・四一〇六〉❷気がかりである。いたわしい。「人もなき古りにし里にある人を―・くや君が恋に死なせむ」〈万・二五六〇〉

め-くじら【目くじら】目尻。目角めかど。また、怒った目つき。

目くじらを立・てる 目をつりあげて人のあらさがしをする。他人の欠点を取り立てて非難する。目角めかどを立てる。「小さなミスに―・てる」

め-くすし【目▽薬師】眼医者。「医者はすれども本道守らぬ―なんど」〈浄・淀鯉〉

め-ぐすり【目薬┊▽眼薬】❶眼病のとき、目に直接用いる薬。点眼剤。「―をさす」❷賄賂わいろとしてのきわめてわずかの金銭や贈り物。鼻薬。「―がきく」

めぐすり-の-き【▽眼薬の木】カエデ科の落葉高木。本州以西の山地に自生し、樹皮は灰色で滑らか。葉は楕円形の3枚の小葉からなる複葉。雌雄異株。春、葉とともに黄白色の小花をつける。樹皮を煎じた液を目の湿布や洗眼に使った。長者ちょうじゃの木。

め-くせ【目癖】くせのある目つき。「嵯峨の院はいかに―つい給へる帝ぞは」〈宇津保・国譲下〉

め-くそ【目×糞┊目×屎】目やに。
(類語)目脂めやに・目垢めあか

目糞鼻糞はなくそを笑う 汚い目やにが、鼻くそを汚いと言って笑う。自分の欠点には気がつかないで、他人のことをあざ笑うたとえ。

め-くち【目口】目と口。

目口はだか・る あきれ、驚いて、目と口が大きく開く。「これを聞くにあさましく、―・りておぼゆ」〈宇治拾遺・一二〉

目口を立・てる 「目くじらを立てる」に同じ。「つまらん事にも―・てて」〈左千夫・春の潮〉

めくち-かわき【目口乾き】《つねに見たり言ったりして目や口をうるおさないと、乾ききってしまう意》他人の欠点などを目ざとく見つけ、口やかましく言うこと。また、その人。「三つ寄すれば姦かしましい、―の色ばなし」〈浄・矢口渡〉

メクネス〖Meknès〗モロッコ北部の都市。商業・交通の要地。オリーブ・ブドウの栽培が盛ん。城壁に囲まれた旧市街には王宮やモスクが残り、マンスール門・ハディム広場などがある。1996年「古都メクネス」の名で世界遺産(文化遺産)に登録された。

め-くばせ【目配せ┊×眴せ】〔名〕スル 目を動かして、意思を伝えたり合図をしたりすること。めくわせ。「そっと―して知らせる」(類語)目遣い・ウインク

め-くばり【目配り】〔名〕スル いろいろな所に注意を行き届かせること。「周りにも怠りなく―する」
(類語)注意・気配り・心配り・配慮・配意

め-くぼ【目▽凹】目がくぼんでいること。奥目。

め-ぐま【目×隈】目のふちをくまどること。目のくまどり。「今ぢゃあ―を入れる者はねえ」〈滑・浮世風呂・四〉

めぐま・れる【恵まれる】〔動ラ下一〕図めぐま・る〔ラ下二〕《動詞「めぐ(恵)む」の未然形に受身の助動詞「れる」の付いた形から》よい機会・境遇・才能などが運よく与えられる。「天候に―・れる」「弁舌の才に―・れる」「子宝に―・れる」「―・れた体格」

め-ぐみ【め組】江戸時代、江戸の町火消しいろは四十八組の一。

めぐみ【恵み】❶めぐむこと。恩恵。また、いつくしみ。「自然の―」「天の―」❷キリスト教で、原罪にもかかわらず信仰によって与えられる神の愛による救済をいう。聖寵せいちょう。(類語)恩恵・慈しみ・恩顧・恩寵おんちょう

めぐみ-の-あめ【恵みの雨】❶大地をうるおして草木を生育させる雨。慈雨。また一般に、天の助けのように降る雨。「連戦の選手たちには―となった」❷神仏の恵みや君恩などが隅々まで行きわたるたとえ。「君が代に民の伏屋もうるふなり―や四方にあまねき」〈師兼千首〉

めぐみ-の-けんか【め組の喧嘩】ケンクワ 歌舞伎狂言「神明恵和合取組かみのめぐみわがうのとりくみ」の通称。

め-ぐ・む【芽ぐむ┊×萌む】〔動マ五(四)〕❶芽が出はじめる。芽吹く。「木々が―・む春」(季 春)「―・むなる大樹の幹に耳を寄せ/虚子」❷ある感情・状態などのきざしが見える。「はやくも破局は十分に―・んでいた」〈里見弴・多情仏心〉

めぐ・む【恵む┊×恤む】〔動マ五(四)〕❶気の毒に思って金品を与える。施し与える。「困っている人に金を―・む」❷神仏や上に立つ者が人々に恩恵や慈悲を与える。いつくしむ。「道の中国つ御神は旅行きもし知らぬ君を―・み給はな」〈万・三九三〇〉
(類語)施す・与える・授ける・やる・喜捨・寄付

め-くら【▽盲┊×瞽】❶視力を失っていること。盲目。❷文字を理解できないこと。❸物事の筋道や本質をわきまえないこと。

盲千人目明き千人 「目明き千人盲千人」に同じ。

盲の垣覗かきのぞき やってもむだなことのたとえ。

盲蛇に怖おじず 物事を知らない者はその恐ろしさもわからない。無知な者は、向こう見ずなことを平気でする。

めくら-あぶ【▽盲×虻】アブ科の昆虫。牛馬を襲い、血を吸うアブ。体は黒色で、翅はねに大きい黒紋が1個

あり、腹部に黄色紋がある。

めぐら-う【巡らふ｜▽回らふ｜×廻らふ】〔動ハ四〕《動詞「めぐる」の未然形＋反復継続の助動詞「ふ」》❶巡回する。めぐり歩き続ける。「とのゐたしかに━・ひてさぶらはせ」〈浜松・三〉❷ためらってさまよう。躊躇する。「入鹿が威に畏りて━・ひて進まざるを見て」〈皇極紀〉❸俗世に生きつづける。「今日今まで━・ひ給はば」〈宇津保・嵯峨院〉

めくら-うち【▽盲打ち｜▽盲撃ち】むやみに打ちたたいたり、打ちこんだりすること。〈和英語林集成〉

めくら-うなぎ【▽盲×鰻】❶▶ほそぬたうなぎ(細沼田鰻) ❷▶ぬたうなぎ(沼田鰻)

めぐら-か・す【▽回らかす｜×廻らかす】〔動サ四〕「めぐらす」に同じ。「兵略を━・さずといふとも」〈盛衰記・四〉

めくら-かべ【▽盲壁】窓のない壁。

めくら-ぐも【▽盲蜘＝蛛】ザトウムシの別名。

めくら-ごぜ【▽盲御▽前】▶瞽女

めくら-ごよみ【▽盲暦】文字を理解できない人のために絵や記号で表した暦。近世、南部藩などで行われた。絵暦。座頭暦。南部暦。

めくら-さがし【▽盲探し｜▽盲捜し】やみくもにさがすこと。また、手さぐりでさがすこと。

めくら-じ【▽盲地】▶盲縞

めぐらし-ぶみ【▽回らし文｜×廻らし文】「かいぶん(回文)」に同じ。「それに皆、━を作りてつかはさむ」〈宇津保・嵯峨院〉

めくら-じま【▽盲×縞】縦横とも紺染めの綿糸で織った無地の綿織物。紺無地。織り紺。青縞。盲地。

めくら-しょうぎ【▽盲将棋】❶双方または一方が盤や駒を使わず、口頭で指し手を運ぶ将棋。❷へたな将棋。へぼ将棋。

めぐら・す【巡らす｜▽回らす｜×廻らす】〔動サ五(四)〕❶周りを囲ませる。「垣根を家の周りに━・す」❷回転させる。まわす。「きびすを━・す」「頭を━・す」❸あれこれと心を働かせる。「思いを━・す」「はかりごとを━・す」❹ふれまわって知らせる。回状で知らせる。「堂の飾り、仏の御具など、━・し仰せらる」〈源・松風〉 (可能)めぐらせる (類語)回す

めくら-ながや【▽盲長屋】通路に面した方に窓のない長屋。

めくらながやうめがかがとび【盲長屋梅加賀鳶】歌舞伎狂言。世話物。7幕。河竹黙阿弥作。明治19年(1886)東京千歳座初演。前田侯お抱えの加賀鳶と町火消しとの争いを背景に、按摩の道玄の小悪党ぶりを描く。通称「加賀鳶」。

めくら-ばん【▽盲判】文書の中身を検討もしないで承認の印を押すこと。また、その判。

め-くらべ【目比べ】❶にらみあうこと。にらみあい。「加様に━して、鎌倉に集り居てはかなふまじ」〈太平記・一四〉❷子供の遊戯の一。にらめっこ。「人の━をする様に」〈長門本平家・九〉

めくら-へび【▽盲蛇】❶有鱗目メクラヘビ科の爬虫類。全長約16センチ。体はミミズに似て頭と胴との区別が明らかでなく、全身一様にうろこで覆われ、目は退化している。地中にすみ、シロアリなどを食う。南西諸島以南に分布。❷「盲蛇に怖じず」の略。

めくら-ほうし【▽盲法師】盲人の琵琶法師。

め-くらまし【目×眩まし】相手の目を欺くこと。また、その方法。幻術。手品。魔法。

めくら-めっぽう【▽盲滅法】〔名・形動〕見当をつけないで、やみくもに事をすること。また、そのさま。「━な(の)突進」

めくり【×捲り】❶めくること。めくるもの。「日━」❷寄席などで、演者名や演目名を書いて高座の袖の台に下げておく紙。番組の進行に合わせてめくっていく。❸「捲りカルタ」の略。

めぐり【巡り｜▽回り｜×廻り】❶順にまわること。まわって再びもとにもどること。循環。「血の━が悪い」❷あちこちをまわり歩くこと。「名所━」❸周囲。また、周辺。「池の━」❹「御回り」に同じ。

めぐり-あい【巡り会い｜巡り合い】めぐりあうこと。邂逅。「偶然の━」
(類語)出会い・邂逅・遭遇・奇遇・鉢合わせ

めぐり-あ・う【巡り会う｜巡り合う】〔動ワ五(ハ四)〕めぐりめぐって出あう。別れ別れになっていた相手や、長く求めていたものに出あう。「生き別れた親子が━・う」「幸運に━・う」 (類語)あう・出あう・出くわす・行き合う・出会・邂逅・遭遇

めぐり-あわせ【巡り合(わ)せ｜巡り会(わ)せ】自然にめぐってくる運命。まわりあわせ。「不思議な━」「━が悪い」 (類語)運命・運・回り合わせ・星回り・定め・因縁・縁・時運・宿縁・宿運

めぐり-あわ・せる【巡り合(わ)せる｜巡り会(わ)せる】〔動サ下一〕自然に、また偶然にその状態に出あう。「不思議な運命に━・せる」

めぐり-がみ【巡り神】❶祭りの際、神が神輿に乗って氏子の区域を一巡すること。❷年や日によって、違った方角にいるとされる神。

めくり-カルタ【×捲りカルタ】❶江戸後期、天明(1781〜1789)のころに流行したカルタ。また、それを用いて行う賭博。48枚の札を1枚ずつめくり、手札との組み合わせなどで点数を競う。めくり札。❷花札のこと。

めくり-ごよみ【×捲り暦】毎日1枚ずつめくっていく暦。日めくり。

めくり-ふだ【×捲り札】❶めくりカルタの異称。❷花札やトランプで、めくるために場の中央に伏せて積んでおく札。

めぐり-みず【▽曲り水】❶うねりまがって流れる水。きょくすい。❷「曲り水の豊明」の略。

めぐりみず-の-とよのあかり【▽曲り水の▽豊明】「曲水の宴」に同じ。「後苑にいでまして、━きこしめす」〈顕宗紀〉

めく・る【×捲る】〔動ラ五(四)〕《「まくる」の音変化》❶おおっているものをはがす。「布団を━・る」❷上に重なっているものをはがすように上げる。「本のページを━・る」 (可能)めくれる (類語)まくる・はぐ・はがす

めぐ・る【巡る｜▽回る｜×廻る】〔動ラ五(四)〕❶周囲をまわる。周囲に沿って進む。「池を━・る」❷周囲を取り囲む。取り巻く。「城の周りを堀が━・る」❸あちこちまわり歩く。巡回する。「諸国を━・る」❹まわって再びもとに返る。「春がまた━・ってくる」「━・る月日」❺ある事柄を中心としてそのことに関連する。「環境問題を━・って話し合う」「一人の女性を━・って争う」❻一点を中心として回転する。「(水車ガ)大方━・らざりければとかく直しけれども」〈徒然・五一〉❼輪廻する。「深き契りある仲は、━・りても絶えざなれば」〈源・葵〉❽この世に生きる。世の中に交わる。「我かくてうき世の中に━・るとも誰か知らむ月のみやこに」〈源・手習〉 ➡回る(用法) (可能)めぐれる (類語)(②)囲む・取り巻く・囲繞/(③)回る・経巡る・渡り歩く

回る因果　因果がめぐってくること。特に、悪業の報いがくること。

め-くるめ・く【目×眩く】〔動カ五(四)〕目がくらむ。めまいがする。「━・く心地がする」

めく・れる【×捲れる】〔動ラ下一〕めくったようになる。まくれる。「シーツが━・れている」

メクレンブルク-フォアポンメルン〖Mecklenburg-Vorpommern〗ドイツ北東部の州。州都はシュウェーリン。1949年から90年まで旧東ドイツに属した。ワイマール共和国時代にメクレンブルク州が成立。一方、ポメラニア地方が第二次大戦後に分割され、オーデル川以西がフォアポンメルン州となった。旧東ドイツにおいて両州は県に分割再編され、ドイツ統一後に合併して連邦州になった。バルト海に面し、ロストック、シュトラルズント、ウィスマールなどの港湾都市が多い。

め-ぐろ【目黒｜▽眼黒】❶目の中央の黒い部分。黒目。❷スズメ目ミツスイ科の鳥。全長14センチくらい。背面は灰褐色がかった黄緑色で、下面が黄色く、目の周辺に黒い三角形の斑がある。小笠原諸島にのみ分布し、花や実の蜜を好む。特別天然記念物。❸マグロの小さいもの。めぐろうお。「━のせんば煮を盛る時、骨、頭を選りて」〈浮・五人女・一〉

めぐろ【目黒】東京都の区名。北部を目黒川が流れる。住宅地。目黒不動・祐天寺がある。人口26.9万(2010)。

めぐろぎょうにんざか-の-かじ【目黒行人坂の火事】明和9年(1772)2月29日、目黒行人坂の大円寺から出火、江戸市街の大半を焼失した大火事。明暦の大火と並ぶ大火災として有名。

めぐろ-く【目黒区】▶目黒

めぐろのさんま【目黒の秋刀魚】落語。目黒で食べたサンマの味が忘れられない殿様が、魚河岸から取り寄せるが、油を抜いて調理してあり味気なかったので、「サンマは目黒に限る」と言ったという話。

めぐろ-ふどう【目黒不動】滝泉寺の通称。

め-くわ・す【×眴す】〔動サ下二〕《「めぐわす」とも》目くばせをする。「━・せたてまつらましかば、こよなからましものを」〈源・竹河〉

め-くわせ【×眴せ】〔名〕スル《「めぐわせ」とも》「目配せ」に同じ。「人々は互いに━したりしながら」〈堀辰雄・かげろふの日記〉

メけいこく-しぜんほごく【メ渓谷自然保護区】《Vallée de Mai Nature Reserve》セイシェルのプララン島にある自然保護区。島の中央部にある渓谷には世界最大の実をつけるフタゴヤシが繁茂し、セイシェルキアシヒヨドリ・セイシェルルリバト・セイシェルタイヨウチョウなど珍しい鳥類が生息する。1983年、世界遺産(自然遺産)に登録された。

め・げる〔動ガ下一〕図め・ぐ〔ガ下二〕❶気力が失われる。負ける。ひるむ。「逆境にも━・げずがんばる」「へまをやらかしてすっかり━・げる」❷こわれる。欠け損じる。「かやうの類ごろつきて━・げるをかまはず」〈浮・五人女・五〉
(類語)参る・負ける・へこたれる・挫ける・腐る・へこむ

め-こ【女子】女の子。じょし。「さべき人の━、皆宮仕へに出でたてぬ」〈栄花・つぼみ花〉

め-こ【▽妻子】❶妻と子。さいし。「━見ればめぐし愛し」〈万・八〇〇〉❷妻。「天の下にはわが━にすべき人なし」〈宇津保・嵯峨院〉

め-ご【目▽籠】「めかご」に同じ。

めご・い〔形〕(東北地方で)かわいい。いとしい。

め-ごち【雌×鯒｜女×鯒】❶コチ科の海水魚。沿岸の海底にすみ、全長約20センチ。体色は褐色で、不明瞭な暗色の横帯がある。本州中部以南に分布。練り製品の原料。❷ネズッポ科のヌメリゴチ・ネズミゴチなどの俗称。てんぷらの材料。(季 夏)

め-ごと【目言】《古くは「めこと」とも》❶目で合図すること。〈和英語林集成〉❷目で見て、口で言うこと。会って直接話すこと。「海山も隔たらなくになにしかも━をだにもここだ乏しき」〈万・六八九〉

め-こぼし【目×溢し】〔名〕スル❶とがめるはずのことを、わざと見逃すこと。大目に見ること。「不正を━するわけにはいかない」「お━を願い出る」❷「目溢れ」に同じ。 (類語)見逃し・看過・黙過・容赦

め-こぼれ【目×溢れ】見落とすこと。また、見落としたもの。目こぼし。

メコン-がわ【メコン川】《Mekong》東南アジア最大の川。チベット高原に源を発して南流し、中国南部、タイ・ラオス国境、カンボジアを貫流、ベトナム南部で南シナ海に注ぐ。長さ4020キロ。下流に大三角州のメコンデルタを形成し、大米作地帯。

メコン-ちいき【メコン地域】メコン川流域の地域。主に、ベトナム・カンボジア・タイ・ミャンマー・ラオスの5か国のこと。中国雲南省を含める場合もある。

メサ〖スペイン mesa〗周囲が急な崖で囲まれる台状の地形。水平な硬岩層が浸食の進んだあとも残り、下の軟岩層を保護して台状となったもの。香川県の屋島などにみられる。

メサイア〖Messiah〗㊀▶メシア ㊁ヘンデル作曲のオラトリオ。1742年ダブリンで初演。キリストの降誕・受難・復活の3部からなる。第2部の「ハレルヤコーラス」は特に有名。救世主。

め-さき【目先｜目▽前】❶すぐ目の前。眼前。「恋敵

の顔が一にちらつく」❷目の前にある物事。その時その場。当座。「一の利益を追う」「一のことにとらわれる」❸ごく近い将来を見通すこと。また、先の見通し。「一の見えない人」
(類語)目前・眼前・目下・見通し
目先が利・く　先をよく見通すことができる。機転が利く。「一・かないと相場は張れない」
目先を変・える　違う印象を与えるために、その場の趣向を変える。「一・えて客を集める」

め-さ・く【×黥く】〔動カ四〕目のあたりに入れ墨をする。刑罰としても行った。「即日—・ききざましむ」〈履中紀〉

めさ・ぐ【▽召▽上ぐ】〔動ガ下二〕《「めしあぐ」の音変化》召し上げる。呼び寄せる。「我が主のみ霊賜ひて春さらば奈良の都に—・げ給はね」〈万・八八二〉

め-ざし【目刺(し)】❶塩を振ったイワシなどを、目に竹ぐしやわらを刺して数匹ずつ連ね、干した食品。(季 春)「独り焼く—や切にうち返し/温亭」❷子供の額髪を垂らし、目に触れるほどの長さで切りそろえたもの。転じて、その年ごろの子供。「小よろぎの磯たちならし磯菜つむ—ぬらすな沖にをれ波」〈古今・東歌〉

め-ざし【目差(し)｜目指(し)】目つき。まなざし。「その落ち着いた動じがぬ—や」〈二葉亭訳・夢かたり〉

め-ざし【芽挿(し)】挿し木の一。若い芽をもつ枝を短く切って土に挿し、発根させて新しい苗木を得る方法。

め-ざ・す【目差す｜目指す】〔動サ五(四)〕❶到達・達成の目標とする。「頂上を—・して進む」「年内完成を—・す」❷目当てとして見る。「—・すとも知らぬ闇ではあり」〈平家・六〉(可能)めざせる
(類語)目掛ける・狙う・向かう

め-ざ・す【芽差す】〔動サ五(四)〕芽が出る。芽吹く。「柳が—・す」

め-ざと【目×聡｜目▽敏】〔形動ナリ〕見つけるのが早いさま。目ざといさま。「いとちひさき塵のありけるを—に見つけて」〈枕・一五一〉

め-ざと・い【目×聡い｜目▽敏い】〔形〕(文)めざと・し〔ク〕❶見つけるのが早い。目が早い。「—・く見つけ出す」❷目が覚めやすい。「—・くて一晩に何度か起きてしまう」(派生)めざとさ〔名〕(類語)(❶)聡い・鋭い・目が早い・鋭敏・敏感・シャープ

メサベルデ-こくりつこうえん【メサベルデ国立公園】《Mesa Verde National Park》米国コロラド州南西部にある国立公園。先住民アナサジ族が断崖をくり抜いて造った岩窟住居の集落群が残されている。1978年、世界遺産(文化遺産)に登録。

め-ざまし【目覚まし】《「めさまし」とも》❶目を覚ますこと。また、目を覚まさせるもの。眠気ざまし。「—に濃いお茶を飲む」❷目を覚ましたとき子供に与える菓子の類。おめざ。❸「目覚まし時計」の略。「—を掛け忘れる」(類語)覚醒・眠気覚まし

め-ざまし・い【目覚ましい】〔形〕(文)めざま・し〔シク〕❶目が覚めるほどすばらしい。驚くほどすばらしい。「—・い発展」「—・い活躍」❷心外であるさま。気にくわない。「心やすくも御覧ぜさせず、悩ましきこゆる、いと—・しや」〈源・絵合〉(派生)めざましげ〔形動〕めざましさ〔名〕(類語)素晴らしい・著しい・驚異的・画期的

めさましぐさ【めさまし草】文芸雑誌。明治29年(1896)1月創刊、同35年2月廃刊。「しがらみ草紙」の後継誌で、森鷗外・幸田露伴・斎藤緑雨らの文芸評論を主としたもの。

めざまし-ぐさ【目覚まし草】❶目を覚まさせるもの。「暁の—とこれをだに見つついまして我を偲はせ」〈万・三〇六一〉❷タバコのこと。「一服ついでくゆらする—は」〈浄・五枚羽子板〉❸茶の異称。「我が門に—のあるなべに恋しき人は夢にだに見ず」〈咄・醒睡笑・八〉❹マツの別名。〈蔵玉集〉❺オギの別名。〈重訂本草綱目啓蒙〉

めざまし-どけい【目覚まし時計】目を覚まさせるために、指定した時刻になるとベルやブザーが鳴る仕掛けのある時計。

め-ざま・す【目覚ます】〔動サ五(四)〕❶目覚めるようにする。「からだを揺すって—・す」❷感情・知覚・本能などを呼び起こす。「野性を—・す」

め-ざめ【目覚め】❶眠りから覚めること。「快い—」❷ひそんでいたものが働きだすこと。「自我の—」❸本心に立ち返ること。「良心の—」
(類語)寝覚め・寝起き・覚醒・自覚・開眼

め-ざ・める【目覚める】〔動マ下一〕(文)めざ・む〔マ下二〕❶眠りからさめる。目が覚める。「朝早くに—・める」❷感情・知覚・本能など、ひそんでいたものが働きだす。「仕事への意欲に—・める」「性に—・める」❸迷いが消え去って本心に立ち返る。「悪から—・める」「現実に—・める」
(類語)覚める・覚醒する・目を覚ます・目が覚める

めさ・る【召さる】〔動ラ下二〕「めされる」の文語形。

め-ざる【目×笊】編み目の粗いざる。

めさ・れる【召される】〔動ラ下一〕(文)めさ・る〔ラ下二〕《動詞「め(召)す」の未然形＋尊敬の助動詞「れる」から》❶「する」の尊敬語。なさる。「御油断—・れるな」「お覚悟—・れよ」❷「め(召)す❷㋐」の尊敬語。「お着物を—・れる」❸「め(召)す❷㋑」の尊敬語。「お風邪を—・れる」❹(補助動詞)動詞の連用形に付いて、尊敬の意を添える。…なさる。「何処へ行き—・れた」〈伎・御曹司初寅詣〉

め-ざわり【目障り】〔名・形動〕❶物を見るのにじゃまになること。また、そのものや、そのさま。「—な建物」❷見て不快であること。また、そのものや、そのさま。「いちいち—なやつだ」

めし【召し】貴人が呼び招くこと。「おとど、参り給ふべき—あれば、参り給ふ」〈源・桐壺〉

めし【飯】《召し上がる物の意から》❶米・麦などを炊いたもの。ごはん。いい。「—を炊く」「米の—」❷食事。ごはん。「三度の—」「朝—」
(類語)食事・御飯・御膳・おまんま・腹拵え
飯の食い上げ　収入がなくなり、生活ができなくなること。
飯を食・う　❶食事をする。❷生計を立てる。生活する。「音楽で—・う」

めじ　クロマグロの幼魚。また、マグロ類の幼魚。めじまぐろ。(季 春)

め-じ【目地】石・煉瓦・コンクリートブロックなどの組み積みやタイルなどの貼り付けの際に、部材の接合部にできる継ぎ目。

め-じ【目路｜▽眼路】目で見通した範囲。視界。

メシア〘Messiah〙《ヘブライ語で、聖油を注がれた者の意。「メシヤ」とも》旧約聖書では、超人間的な英知と能力をもってイスラエルを治める王をいい、新約聖書では、イエス＝キリストをさす。救世主。メサイア。

めしあがり-もの【召(し)上(が)り物】他人を敬って、その飲食物をいう語。お食べになる物。

めし-あが・る【召(し)上(が)る】〔動ラ五(四)〕「食う」「飲む」の尊敬語。「何を—・りますか」
(類語)上がる・召す・聞こし召す

めし-あ・げる【召(し)上げる】〔動ガ下一〕(文)めしあ・ぐ〔ガ下二〕❶官府や主君が所有物を取り上げる。「領地を—・げる」❷貴人が下位の人を呼び寄せる。召し出す。「この歌は、まだ殿上許されざりける時に、—・げられて」〈古今・秋下・詞書〉
(類語)(❶)取り上げる・押収・没収・接収・徴集

メシアニズム〘messianism〙救世主信仰。➡メシア

めし-あわ・す【召し合はす】〔動サ下二〕呼び出して対決させる。「御前にて—・せられたりけるに」〈徒然・一三五〉

めし-あわせ【召(し)合(わ)せ】❶呼び出して対決させること。特に、相撲の節の当日、左右の相撲人に勝負をさせたこと。❷両方から引き合わせるようにした引き戸や障子。また、その合わさる部分。

メシアン〘Olivier Messiaen〙[1908〜1992]フランスの作曲家。独自の音組織、リズムの革新、セリー技法など新しい手法を探究。作品はカトリシズムに根源を置き、神秘的な様相をもつ。作品に「アーメンの幻影」「トゥランガリラ交響曲」など。

メジアン〘median〙《「メディアン」とも》中央値。

め-しい【▽盲】目の見えないこと。盲目。

めし-い・ず【召し▽出づ】〔動ダ下二〕「めしだす」に同じ。「二三人ばかり—・でて」〈枕・二三〉

めし-いだ・す【召し▽出だす】〔動サ四〕「めしだす」に同じ。「年老いたる法師、—・されて」〈徒然・一七五〉

めし-い・る【召し入る】〔動ラ下二〕貴人が、下位の人を呼んで中へ入れる。「道あけていと近う—・れられたるこそうれしけれ」〈枕・二七六〉

め-し・いる【▽盲いる】〔動ア上一〕(文)めし・ふ〔ハ上二〕視力を失う。目が見えなくなる。「お夏の—・いた目の前には」〈白鳥・牛部屋の臭ひ〉

めし-うど【▽囚▽人】➡めしゅうど

めし-うど【召▽人】➡めしゅうど

メシエ〘Charles Messier〙[1730〜1817]フランスの天文学者。彗星の観測を行い、21個の彗星を発見。彗星と誤認しがちな星雲・星団の目録を作成した。

メシエ-カタログ〘Messier catalog〙メシエが1781年に作った、星雲と星団の最初の目録。103個記載され、その後に7個追加された。その登録番号はメシエ番号として現在も使われ、頭文字のMをつけて表す。メシエ星表。

メシエ-てんたい【メシエ天体】メシエが作成した星雲・星団の目録、メシエカタログに記載された天体。頭文字のMと登録番号で表され、現在も使われる。代表的なものに、蟹星雲(M1)、アンドロメダ星雲(M31)、オリオン星雲(M42)などがあり、小型望遠鏡や双眼鏡で観望できる明るい天体が多い。

めし-おおせ【召し仰せ】上位の人が下位の人を召し出して、特定の用件・任務を命じること。「力及ばせ給はで、その夜—ありけり」〈著聞集・三〉

めじか　❶ソウダガツオの別名。関西でいう。❷マグロの幼魚。めじ。

め-じか【×牝鹿｜雌鹿】《古くは「めしか」とも》めすの鹿。(季 秋)(対)牡鹿。

めし-かえ【召(し)替え】《「めしがえ」とも》召し替えること。また、それに用いるもの。➡御召し替え

めし-かえ・す【召し返す】〔動サ四〕貴人が下位の人を呼びもどす。また、物を取りもどす。「数珠をくだけぬと、もみちぎりて、—・せ—・せ、とさけぶ」〈宇治拾遺・三〉

めし-か・える【召(し)替える】〔動ア下一〕(文)めしか・ふ〔ハ下二〕貴人が衣服を着がえたり、乗り物を乗りかえたりする。「装束を—・える」

めし-かか・える【召(し)抱える】〔動ア下一〕(文)めしかか・ふ〔ハ下二〕雇って家来にする。「高禄で—・える」

めし-がま【飯釜】飯を炊く釜。飯炊き釜。

めし-ぐ・す【召し具す】〔動サ変〕目下の人や家来などを伴う。召し連れる。「頼もしくおぼえて—・して行くほどに」〈徒然・八七〉

めし-ごうり【飯行×李】弁当の飯を詰める小さな行李。めしごり。

めし-こ・む【召し▽籠む】〔動マ下二〕呼び寄せて外に出さずに閉じ込める。「いかで、かかる御使を—・めて、かう懲ぜさせ」〈宇津保・楼上上〉

めし-ごり【飯▽行×李】「めしごうり」に同じ。

めし-じぶん【飯時分】「飯時」に同じ。

めし-じゃくし【飯×杓子】飯を盛るための杓子。しゃもじ。

めし-じょう【召状】「召文」に同じ。

め-した【目下】地位・年齢などが自分より下であること。また、その人。(対)目上。
(類語)年下・後輩・部下・配下・手下・下役

め-しだ【雌羊＝歯】オシダ科の多年生のシダ。葉は根茎から束になって出て、長さ約1メートル。羽状複葉で、羽片は長楕円形で先がとがり、オシダに比べてやや柔らかい。胞子嚢群は棒状か鉤形をなす。東北地方から北に分布。えぞしだ。

めし-だい【飯代】飯の代金。また、食費。食事代。

めし-たき【飯炊き】飯を炊くこと。また、その仕事をする人。(類語)炊飯・炊爨・炊事

めしたき-おんな【飯炊き女】❶飯炊きとして雇われている女。❷江戸時代、大坂の曽根崎新地などの泊まり茶屋で、酒食の給仕をするとともに遊女を兼ねた女。

めし-だ・す【召(し)出す】〔動サ五(四)〕貴人や主君が目下の人や家来を呼び出す。「お上に—・される」(類語)召す・呼び出す・呼びつける

めし-つかい【召(し)使い】❶雑用をする奉公人。下男・下女など。❷禁中で召し使われた身分の低い官人。(類語)使用人・奉公人・下働き

めし-つか・う【召(し)使う】〔動ワ五(ハ四)〕人を召し出して雑用のために使う。「使用人を—・う」

めし-つぎ【召し次ぎ｜召し継ぎ】❶取り次ぎをすること。また、その人。「ただ舎人二人—として」〈竹取〉❷院の庁や東宮・摂関家などで、雑事を務め、時刻を奏した下級職員。「—、舎人などの中には」〈源・宿木〉

めし-つぎ【飯つぎ】❶飯櫃。おはち。❷懐石に用いる道具の一。飯を入れる器。

めしつぎ-どころ【召し次ぎ所】召し次ぎ❷の詰め所。「庁の—、なにかの隈まで、いかめしくせさせ給へり」〈源・柏木〉

めし-つど・う【召し集ふ】〔動ハ下二〕貴人や上位の人が呼び集める。召し集める。「武士どもー・へ」〈増鏡・新島守〉

めし-つぶ【飯粒】飯のつぶ。ごはんつぶ。

めし-つ・れる【召(し)連れる】〔動ラ下一〕(文)めしつ・る〔ラ下二〕目下の人や家来を一緒に連れていく。従える。「側近を—・れる」

めし-どき【飯時】食事をする時分。食事時。

めし-と・る【召(し)取る】〔動ラ五(四)〕❶(「召し捕る」とも書く)官命により罪人などをつかまえる。逮捕する。「盗賊を—・る」❷貴人や上位の人が呼び寄せる。「鍛冶匠六人を—・りて」〈竹取〉
(類語)捕まえる・捕る・捕らえる・引っ捕らえる・取り押さえる・捕縛する・逮捕する・検束する・検挙する・挙げる・ぱくる・しょっぴく

めし-な【召名】除目の際、任官される人々の名を列記して太政官から奏聞する文書。

めじな【目▽仁奈｜▽眼▽仁奈】スズキ目メジナ科の海水魚。全長約50センチ。体は楕円形で側扁する。体色は紫黒色。北海道以南の沿岸の岩礁にすみ、海藻や小動物を食う。磯釣りの対象。食用。グレ。

メジナ〖Medina〗サウジアラビア西部の都市。メッカの北方約340キロにある。622年、ムハンマドがメッカから移住(ヒジュラ)して以来、イスラム教第2の聖地となった。ムハンマドの墓と預言者のモスクがある。メディナ。アラビア語名マディーナ。

めし-の-たね【飯の種】生計を立てるための手段。食うための仕事。「物書きを—にする」
(類語)商売・稼業・生業・なりわい・身過ぎ

めし-の-とも【飯の供】白飯に添えて食べるもの。おかずになるもの。ごはんのとも。

め-しば【雌芝｜女芝】メヒシバの別名。

めし-ばち【飯鉢】「飯櫃」に同じ。

めし-はな・す【召し放す】〔動サ四〕領地・官位などを取り上げる。「大罪を犯さざる者—・すべからざるの由定めらる」〈吾妻鏡・一八〉

めし-はな・つ【召し放つ】〔動タ四〕貴人などが、大勢の中からその人だけを選んで呼び寄せる。「この君、—・ちて語らひ給へば」〈源・紅梅〉

めし-びつ【飯×櫃】飯を入れておく木製の器。円形または楕円形で、ふたがある。飯鉢。おひつ。
(類語)お櫃・お鉢

めし-ふ【召符】《「めしぶ」とも》「召文」に同じ。

めし-ぶね【召し船】貴人の乗る船。「御大将の—の船頭は汝たるべし」〈浄・盛衰記〉

めし-ぶみ【召文】❶官庁が人を召し出すために出す書状。呼び出し状。召符。召状。❷中世、幕府に訴訟が提起された場合、訴状と陳状のやり取りが三度に及んで解決しないときに、訴人・論人に発せられる召喚状。召符。召状。

め-しべ【雌×蕊】種子植物の花の中心にある雌性の生殖器官。柱頭・花柱・子房の3部からなる。しずい。(対)雄蕊。

めし-まえ【飯前】食事の前。食前。「一仕事」

めじ-まぐろ【めじ×鮪】「めじ」に同じ。

めし-もの【召(し)物】相手を敬って、その食べ物、着物、履物などをいう語。召し料。

めし-もり【飯盛(り)】「飯盛り女」に同じ。

めしもり-おんな【飯盛(り)女】江戸時代、宿駅の宿屋で旅人の給仕をし、売春も兼ねて行った女。飯盛り。

めし-や【飯屋】大衆向きの簡単な食事をさせる店。

メシヤ〖Messiah〗►メシア

メジャー〖major〗〔名・形動〕❶規模の大きなこと。主要な位置を占めること。また、そのさまや、そのもの。「—な(の)歌手」「日本では—でないスポーツ」(対)マイナー。❷音楽で、長調。長音階。メイジャー。(対)マイナー。❸メジャーリーグのこと。❹大学の専攻科目。主専攻科目。メイジャー。➡ダブルメジャー ❺(Majors)国際石油資本。世界的規模で支配力をもつ米国系・英国系などの巨大石油企業。メイジャー。

メジャー〖John Major〗►メージャー

メジャー〖measure〗❶計量。測定。「—スプーン」❷物差し。巻き尺。❸基準。尺度。

メジャー-カップ〖measuring cup〗計量カップ。

メジャー-コード〖major chord〗長音階の和音。メイジャーコード。(対)マイナーコード。

メジャー-トランキライザー〖major tranquilizer〗►抗精神病薬

メジャー-バージョンアップ〖major version up〗コンピューターで、ハードウエア・ソフトウエアの性能や機能を大幅に改良・向上すること。明確な定義はないが、目立った変更を伴うバージョンアップを指すことが多い。➡マイナーバージョンアップ

メジャー-ペナルティー〖major penalty〗アイスホッケーの罰則。危険、また悪質な反則を行った選手などに課される。1回目は5分間の退場で、交代選手は出場できない。2回目は15分間の退場で、交代選手の出場は5分後に認められる。

メジャー-マイナー〖major minor〗大学の専攻で、一つの分野を主専攻とし、もう一つの分野を副専攻とすること。➡ダブルメジャー

メジャー-メタル〖major metal〗►ベースメタル

メジャー-リーガー〖major-leaguer〗米国メジャーリーグの選手。大リーガー。

メジャー-リーグ〖major league〗米国プロ野球のトップリーグ。アメリカンリーグとナショナルリーグの二つのリーグから成り、それぞれ東・中・西の3地区に分かれている。レギュラーシーズンには、同リーグ同地区内だけでなく、他地区のチームとの対戦や、リーグ間の交流戦(インターリーグ)も行われる。1チームの年間試合数は162試合。各地区の1位のチームと2位の最高勝率チームを加えた4チームでプレーオフを行い、リーグ優勝チームを決める。この後、両リーグの優勝チーム同士でワールドシリーズを行い、シーズンの優勝チームを決める。大リーグ。MLB(Major League Baseball)。➡マイナーリーグ (補説)MLBにはカナダに本拠地を置くチーム(トロント・ブルージェイズ)も参加している。また、クリケット・サッカー・ホッケーなどの競技にも、最上位のリーグとしてメジャーリーグがある。

メジャー-レーベル〖major label〗大手レコード会社の商標。また、その会社。(対)マイナーレーベル。

めじゃ-な・い【目じゃない】〔連語〕問題にならない。相手にならない。「あんなやつは—・い」

めじゃ-もの【▽妻ぢゃ者】妻である者。妻。「夜前—と言葉論をいたしたれば」〈狂言記・貴聟〉

めしゅうど【▽囚▽人】《「めしびと」の音変化。古くは「めしゅうと」》捕らえられて獄につながれている人。しゅうじん。

めしゅうど【▽召▽人】《「めしびと」の音変化。古くは「めしゅうと」》❶宮中で行われる歌会始めの際、題にちなんだ和歌を詠むように特に選ばれた人。❷和歌所の寄人のこと。❸舞楽などをするため召された人。「うちの御神楽の—は」〈宇津保・嵯峨院〉❹そばで召し使う女性。「御—だちて仕うまつり馴れたる木工の君」〈源・真木柱〉

め-しょう【目性】《「めじょう」とも》目のたち。視力や、目の丈夫さなど。「—の悪い人」

めし-よ・せる【召(し)寄せる】〔動サ下一〕(文)めしよ・す〔サ下二〕❶貴人や目上の人が下位の人を呼び寄せる。「重臣を—・せる」❷貴人などが下位の人に命じて持って来させる。お取り寄せになる。「由ある御果物—・せ」〈源・宿木〉

め-じり【目尻｜×眥】目の耳側の方の端。まなじり。「—にしわを寄せて笑う」(対)目頭。
(類語)目もと・まなじり・目角・目くじら

目尻を下・げる　非常に満足そうな、また、好色そうな顔つきをする。「美女に囲まれて—・げる」

めし-りょう【召(し)料】貴人が使う物。召し物。

め-じるし【目印｜目▽標】❶見てすぐわかるようにつけたしるし。「持ち物に—をつける」❷目標となる物。「角の郵便局を—において下さい」❸江戸時代、商標をいった語。
(類語)印・目標・目当て・標識・指標・マーク

め-しろ【目代｜▽眼代】❶「もくだい(目代)❷」に同じ。❷代理人。また、監督。後見。「よそながら主君の—となり」〈読・稲妻表紙・一〉

め-じろ【目白｜▽眼白】スズメ目メジロ科の鳥。全長12センチくらい。背面が黄緑色、腹面が淡黄色で、目の周りが白い。虫や果実を食べるが、舌の先がブラシ状になっていてツバキなどの花蜜も吸う。東アジアに分布。日本では山林にすみ、冬は小さな群れをつくる。鳴き声を楽しむためによく飼われた。(季 夏)「菜畑の日和をわたる—かな/石鼎」

めじろ-おし【目白押し】《メジロが樹上に押し合うように並んでとまるところから》❶多人数が込み合って並ぶこと。また、物事が集中してあること。「今年は洋画の話題作が—だ」❷子供の遊びの一。大勢で横に並んで押し合い、列外に出た者がまた端に加わって押し合うもの。
(類語)(❶)勢ぞろい・ラッシュ・オンパレード

めじろ-ざめ【目白×鮫】ネズミザメ目メジロザメ科の海水魚。全長約3メートル。吻がとがり、尾が三日月形の典型的なサメの体形をしている。鋭い三角形の歯をもち、目が瞬膜のため白く見える。本州中部以南の暖海に分布。近縁のサメと混称されることが多い。

めじろ-だいがく【目白大学】東京都新宿区などにある私立大学。平成6年(1994)に目白学園を母体として開学。同11年に大学院を設置した。

めじろ-ほおずき【目白酸▽漿】ナス科の多年草。暖地の海岸近くに生え、高さ50〜90センチ。茎の下部は木質化する。葉は長卵形で互生する。8〜10月、白い花を下向きに開き、実は球形で赤く熟す。

めし-わん【飯×椀｜飯×碗】飯を盛るわん。

めす【雌｜×牝】動物の性別で、卵巣を持ち、卵や子を産むほう。また、植物で雌花をつけるもの。(対)雄。
(類語)雌性・女性・女・フェミニン

メス〖(オランダ) mes〗外科手術や解剖の際に用いる刃物。

メスを入・れる　❶外科医がメスを用いて切開する。❷根本的解決のために非常手段をとる。事態を厳しく追及し批判する。また、事態解決に着手する。「政財界の癒着に—・れる」

メス〖Metz〗フランス北東部の商工業都市。ライン川支流のモーゼル川に臨み、古くから交通の要衝。普仏戦争の激戦地。ドイツ語名メッツ。

め・す【召す】〔動サ五(四)〕《「見す」と同語源。ごらんになるためにお呼び出しになるところから》❶「人を呼び寄せる」「招く」「取り寄せる」「呼び出して任ずる」などの尊敬語。「神に—・される」「御硯急ぎ—・して」〈源・帚木〉「もろこしの判官に—・されて侍りける時に」〈古今・九九三・詞書〉❷《「お取り寄せになる」意から》身にとり込む、身につける、また身体に関連する動作をいう。㋐「食う」「飲む」「着る」「履く」「買う」ま

た、「乗る」などの尊敬語。「お酒をたくさん—・しておられる」「和服を—・していらっしゃる」「花を—・しませ」「車にお—・しになる」④「(風邪を)ひく」「(風呂に)はいる」「(気に)いる」「(年を)とる」などの意の尊敬語。「お風邪を—・す」「お年を—・した方」「お気に—・しましたか」⑦「切腹する」の尊敬語。「お腹を—・す」❸広く、「する」の尊敬語。なさる。➡召される　❹《命令して、無理に呼び寄せる、取り寄せるところから》命によって捕らえる。また、お取り上げになる。現在、複合語に用いる。「—・し取る」「—・し上げる」❺(補助動詞)尊敬語動詞の連用形に付いて尊敬の意を強める。通常、一語化したものと認める。「しらしめす」「きこしめす」「おもほしめす」など。

(類語)(❶)呼び寄せる・呼びつける・召し寄せる・呼ぶ/(❷⑦)食べる・上がる・召し上がる・聞こし召す・着る・まとう・着ける・着衣する・着用する・羽織る・引っ掛ける・身ごしらえする・身仕舞いする・装おう・はく・かぶる・着込む・着こなす・突っかける・召される・お召しになる

め・す【ᐞ見す ┊ᐞ看す】〘動サ四〙《動詞「み(見)る」に上代の尊敬の助動詞「す」が付いて音変化したもの》❶「見る」の尊敬語。ごらんになる。「ものごとに栄ゆる時と—・し給ひ明らめ給ひ」〈万・四三六〇〉❷「統治する」の尊敬語。お治めになる。「食す国を—・し給はむと」〈万・五〇〉

め・ず【ᐞ馬頭】ゞ 頭が馬で首から下が人間の姿をした地獄の獄卒。馬頭羅刹。「牛頭—」

め・ず【ᐞ愛づ】ず〘動ダ下二〙「めでる」の文語形。

メスカリン〘mescaline〙メキシコ産のサボテンの一種から抽出されるアルカロイド。無色の液体で、服用すると多色性の幻視などを起こす。

め-ずき【目好き】見て気に入ること。また、そのもの。「当世、女は丸顔、桜色、万事—に」〈浮・一代男・三〉

メスキータ〘Mezquita〙スペイン、コルドバにあるモスク。後ウマイヤ朝アブド=アッラフマーン1世の命で8世紀に建設がはじまり、10世紀末に完成した。大理石と赤レンガを組み合わせた馬蹄型アーチを1000本の円柱(現在は約850本)が支え、その内部空間の広さと美しさで知られる。レコンキスタ後、カトリック聖堂に転用された。他施設とともに、「コルドバ歴史地区」の名称で世界遺産(文化遺産)に登録された。コルドバ大聖堂。

めず-こ【ᐞ愛づ子】めづこ かわいい子。愛する子。いとしご。「母にあへつや—の刀自父にあへつや身女児の刀自」〈万・三八八〇〉

メス-ジャケット〘mess jacket〙夏季に用いられる礼服の一種で、燕尾服から尾を取った短い丈のもの。襟はショールカラーが多い。

メスシリンダー〘ドイツ Meßzylinder〙液体の体積を測定するのに用いる、目盛りのついた円筒状のガラス製容器。

メス-だいせいどう【メス大聖堂】ーダイセイダウ《Cathédrale Saint-Étienne de Metz》フランス北東部、ロレーヌ地方、モーゼル県の都市メスにあるゴシック様式の大聖堂。13世紀から16世紀にかけて建造され、高さ42メートルの身廊と同国屈指の規模と雄大さを誇るステンドグラスで知られる。一部にシャガールが手がけたステンドグラスもある。サンテチエンヌ大聖堂。

メスチソ〘スペイン mestizo〙《「メスチソ」「メスティーソ」「メスティーゾ」「メスティソ」「メスティゾ」とも》ラテンアメリカで、インディオとスペイン人との混血。

メスバウアー-こうか【メスバウアー効果】ーカウカ 結晶格子に強く束縛されている原子核から、跳ね返しの現象を伴わずにγ線が放出されて、同種の原子核に共鳴・吸収される現象。1958年にドイツの物理学者メスバウアー(R.L.Mössbauer)が発見。

メスピペット〘ドイツ Meßpipette〙少量の液体を精度よく量り取るのに用いる、目盛りのついたガラス製のピペット。

メスフラスコ《ドイツ Meßflasheから》液体を一定体積だけ正確に調整するために用いる、目盛りのついたフラスコ。

めずら-か【珍か】めづらか〘形動ナリ〙普通と違っているさま。めったにないさま。めずらしいさま。「いそぎまゐらせて御覧ずるに、—なる、児の御かたちなり」〈源・桐壺〉(類語)珍しい

めずらし・い【珍しい】めづらしい〘形〙文めづら・し〘シク〙《動詞「愛めず」から派生した語》❶見聞きすることがまれである。普通とは違っていて目新しい。めったになくて貴重である。「—・い鳥を飼う」「—・く早起きする」「最近の彼には—・く機嫌がいい」「都会には—・い純朴な青年」❷賞美する価値がある。すばらしい。「難波人葦火焚く屋のすしてあれど己が妻こそ常と—・しき」〈万・二六五一〉(派生)めずらしがる〘動ラ五〙めずらしげ〘形動〙めずらしさ〘名〙

(類語)(❶)得難い・目新しい・珍らか・稀・稀有・異例・特異・珍ちん・珍稀・珍貴・珍奇・偶さか・貴重・希少・希覯・異彩

めすり-なます【目擦りᐟ膾】《「目擦り」は、カエルが目をこするという俗説から》カエルを熱湯に入れて皮をむき、芥子酢であえた昔の料理。

め-せき【目ᐞ塞き】「目塞き編み笠」の略。

めせき-あみがさ【目ᐞ塞き編みᐟ笠】江戸時代、藺で編んだ、目に当たる所にすきまのある深い編み笠。人目をさけ、顔を隠すのに用いた。めせきがさ。

めせき-がき【目ᐞ塞き垣】穂がついたままの若竹を、透き間なく並べて作った垣。笹穂垣。

めせき-がさ【目ᐞ塞きᐟ笠】「目塞き編み笠」に同じ。

メセタ〘スペイン meseta〙《台地の意》スペイン中央部を占める乾燥した広大な台地。大部分は古生層からなり、地表面の風化が激しく植生は貧弱。

メセナ〘フランス mécénat〙文化・芸術活動に対する企業の支援。企業名や商品名を冠する音楽会・演劇公演・美術展などを催して直接に援助する場合と、財団法人や社団法人を設立して援助する場合とがある。

め-せん【目線】❶《映画・演劇などで用いる語から》視線のこと。「—が合う」「—をそらす」❷《他の言葉に付いて》そのものの立場から見て、という意味を表す。「消費者—」「子供—」➡上から目線　(類語)視線

メセンブリア〘Mesembria〙ブルガリア東部の町ネセバルの、古代ギリシャ時代における名称。

め-せんりょう【目千両】ーセンリヤウ 千両もの価値のある魅力的な目。特に、俳優についていう。

めそ　関東地方で、ウナギの子の少し成長したものをいう語。めそうなぎ。めそっこ。

メゾ〘イタリア mezzo〙《「メッツォ」とも》多く他の語の上に付いて、中位の、半分の、の意を表す。「—フォルテ」

メソジスト〘Methodists〙プロテスタントの一派。1728年、ウェスリーらがオックスフォードで組織したホーリークラブによる信仰覚醒運動に始まる。95年、正式にイギリス国教会から分立。米国を中心として全世界に広まった。1873年(明治6)日本に伝来。

メゾ-ソプラノ〘イタリア mezzo soprano〙《「メッツォソプラノ」とも》ソプラノとアルトとの中間の女声の音域。また、その音域の歌手。

メゾチント〘イタリア mezzotinto〙銅版の全面に細かく交差する線をあらかじめ刻み込み、その線をつぶしたり、削ったりして明暗をつける、銅版画の技法。筋彫り銅版。

メソッド〘method〙体系的な方法・方式。

(類語)方法・方式・仕方・遣り方・仕様・流儀・定石

メソトリウム〘mesothorium〙トリウム系列に属している放射性核種。88番元素ラジウムの同位体のメソトリウム1と、89番元素アクチニウムの同位体のメソトリウム2とがある。

メソトロン〘mesotron〙「中間子」に同じ。メソン。

メゾネット〘maisonette〙集合住宅で、住戸が二つの階にまたがっているもの。➡フラット

メゾ-ピアノ〘イタリア mezzo piano〙《「メッツォピアノ」とも》音楽で、強弱標語の一。やや弱く、の意。記号*mp*

メゾ-フォルテ〘イタリア mezzo forte〙《「メッツォフォルテ」とも》音楽で、強弱標語の一。やや強く、の意。記号*mf*

メソポーズ〘mesopause〙大気の気層のうち、中間圏の上面をいう。高さ80〜85キロ。大気中で最も気温が低い。

メソポタミア〘Mesopotamia〙《二つの川の間の土地の意》西アジアのチグリス川とユーフラテス川の流域地方。大部分がイラクに属する。バグダッド付近を境に、北部の台地はアッシリア、南部の平野はバビロニアと呼ばれる。メソポタミア文明の発祥地。

メソポタミア-ぶんめい【メソポタミア文明】メソポタミア地方で発達した古代文明。前3000年ごろ成立したシュメール人による都市国家を中心に、灌漑農業・楔形文字・暦・占星術などが発達。その後興亡したアッカド・バビロンなどの王朝に受け継がれた。世界最古の文明の一。➡四大文明

めそ-めそ〘副〙スル 弱々しく泣きつづけるさま。また、意気地がなく、すぐに涙ぐむさま。「いつまでも—するな」(類語)さめざめ・しくしく・泣く・涙する・涙ぐむ・べそをかく

メソン〘meson〙中間子。

メゾン〘フランス maison〙❶家。住宅。❷商店。会社。「オートクチュールの—」

メゾン-カレー〘Maison Carrée〙フランス南部、ガール県の都市、ニームにある古代ローマ時代に建造されたコリント式の神殿。保存状態が良いことで知られる。

メタ〘meta〙《間に、変化して、後退して、などの意のギリシャ語から》❶ベンゼン環の二つの置換基の位置が一位および三位にあること。➡オルト　➡パラ　❷酸素酸のうち、水和の程度の低いもの。メタ酸。❸他の語の上に付いて複合語を作り、超越した、高次の、の意を表す。「—言語」「—メッセージ」

めた〘副〙度を越えてはなはだしいさま。むやみに。やたらに。「今年は、—水に祟る歳だのう」〈藤村・旧主人〉

め-だい【女ᐟ鯛】めだひ イシナギの別名。

め-だい【目ᐟ鯛】めだひ イボダイ科の海水魚。沖合のやや深い所にすむ。全長約90センチ。体は側扁し、吻が短くて丸く、目が大きい。体色は暗褐色。食用。

めだい-ちどり【目大千鳥】チドリ科の鳥。全長19センチくらい。目を通る黒い帯があり、夏羽では胸が赤褐色、冬羽になると全体に灰褐色。日本では旅鳥で、春と秋に干潟などでみられる。

メダイヨン〘フランス médaillon〙❶アクセサリーの一種で、写真などを入れて首から下げるペンダントのこと。ロケット。また、大型のメダル。❷レースなどに見られる円形・卵形・六角形などの模様のこと。

め-だか【目高】〘名・形動〙❶ダツ目メダカ科の淡水魚。平野部の小川や池沼、水田にすみ、群泳する。全長3、4センチ。体は細長くて側扁し、目が大きく、しりびれは雄のほうが雌より大きい。体色は淡暗褐色で、背を黒褐色のすじが走る。本州以南に分布し、地方名が非常に多い。変種のヒメダカやシロメダカは観賞用に飼育される。(季 夏)「石菖を揃ひて潜る—かな/風生」❷物を見る目がすぐれていること。目が高いこと。また、そのさまや、その人。「さすがはそなた—なり」〈浮・曲三味線・二〉

目高も魚のうち　つまらないものでも、その仲間の一つには違いないことのたとえ。

めだか-けんぶつ【目高見物】江戸時代の劇場で、舞台下手奥に設けられた最下等の席から見物すること。また、その見物客。

め-たからこう【雌宝香】ータカラカウ キク科の多年草。高原などの湿地に生え、高さ約1メートル。茎は赤紫色を帯びる。葉は長い柄があり、心臓状三角形で、互生する。秋、茎の上部に黄色い花を総状につけ、ふつう舌状花は1〜3個でオタカラコウより少ない。

め-だき【雌滝】一対の滝のうち、水量が少なく勢いの弱いほうの滝。(季 夏)➡雄滝

メタキセニア〘metaxenia〙植物の種皮や果皮など、胚乳以外の母系統の組織に、雄性の遺伝子の影響が現れる現象。ナツメヤシ・ワタ・リンゴ・カシなどで知られている。➡キセニア

メタクリル-さん【メタクリル酸】《methacrylic acid》

不飽和脂肪酸の一。無色の柱状結晶で刺激臭がある。メタクリル樹脂の原料。化学式$CH_2C(CH_3)COOH$

メタクリル-じゅし【メタクリル樹脂】《methacrylate resin》代表的なアクリル樹脂の一。メタクリル酸エステルの重合によって作られる。透明度にすぐれ、割れにくく、有機ガラスのほか被覆材料・接着剤・電気絶縁材などに使用。

め-だけ【雌竹｜女竹】イネ科の植物。川岸や海辺などに繁茂し、高さ3〜6メートル。地下茎が横に走り、葉は披針形で手のひら状につく。竹の子は初夏に出て、伸びても皮は脱落せず、茎は黄白色になる。茎を細工物に使用。なよたけ。おなごだけ。しのたけ。

メタ-げんご【メタ言語】《metalanguage》対象言語の構造や真偽を一段高い次元から論じる言語。高次言語。➡対象言語

め-だし【芽出し】❶草木が芽を出すこと。また、その新芽。芽立ち。萌芽ほうが。「一柳」❷物事の始まり。また、物事のきざし。萌芽。「銀子にも嫉妬に似た感情の一はありながら」〈秋声・縮図〉

めだ-し【▽愛だし】〔形シク〕《動詞「愛めず」から派生した語》めでたい。ほめたたえるべきである。「今の薬師尊かりけり—・しかりけり」〈仏足石歌〉

めだし-ぼう【目出し帽】両目の部分のみを明け、顔全体をすっぽり覆う防寒用の帽子。めでぼう。

めだし-まき【芽出し×播き｜芽出し×蒔き】稲の種籾たねもみを水に浸し、発芽させてからまくこと。

メタスタビリティー〖metastability〗物理・化学用語で、準安定性。比較的長い寿命をもつ励起状態の安定性。

メタセコイア〖ラテ Metasequoia〗スギ科の落葉高木。高さ30メートル以上にもなる。幹はまっすぐ伸び、樹形は円錐形。樹皮は赤褐色で縦に裂ける。葉は線形で羽状につき、柔らかく、秋に紅葉して小枝とともに落ちる。化石はアジア地域に広く産出するが、現生種は1943年に中国四川省で発見された。公園などに植えられる。あけぼのすぎ。

メタセンター〖metacenter〗船など水面に浮いている物体の傾きの中心。平衡して浮いているときの重心と浮力の中心とを結ぶ作用線が、傾いた位置での浮力の中心を通る鉛直線となす交点。これが重心位置よりも高いほど安定性が大きい。傾心。

め-たた・く【▽瞬く｜目×叩く】〔動カ四〕まばたきをする。またたく。「八蔵が首打ち落とせし早業は—・く間の稲妻なり」〈浄・丹波与作〉

め-だたし・い【目立たしい】〔形〕図めだた・し〔シク〕《古くは「めたたしい」》目立って見えるさま。いちじるしい。「そのあるじよりはよっぽど—・いこの木の縁によって」〈中勘助・菩提樹の蔭〉

め-だち【芽立ち】草木の芽が出ること。また、その芽。芽出し。(季 春)「からまつの一女が栗鼠りす見付く/林火」

め-だ・つ【目立つ】〔動タ五(四)〕とりわけ人目をひく。きわだって見える。「—・って上達する」「—・たない存在」「—・つ色」(類語)際立つ・引き立つ・水際立つ・ぬきんでる・秀でる・光る・顕著

め-だ・つ【芽立つ】〔動タ五(四)〕草木の芽が出る。「木々がいっせいに—・つ」

め-たて【目立て】のこぎりの歯ややすり・ひき臼などの目が潰れたり鈍くなったりしたのを鋭くすること。

メタデータ〖metadata〗データについてのデータ。コンピューターのファイルなどについて、そのデータの作成者、作成日時、属性を記録したものをいう。

メタノール〖ドイツ Methanol〗►メチルアルコール

メタノール-じどうしゃ【メタノール自動車】►メタノール車

メタノール-しゃ【メタノール車】メチルアルコールを燃料として走る低公害の自動車。

メタファー〖metaphor〗隠喩。暗喩。➡シミリ

メタフィクション〖metafiction〗小説について考える小説。小説を批評する小説。

メタフィジカル〖metaphysical〗〔形動〕形而上学的であるさま。形而上の。「一な問題」

メタフィジック〖ドイツ Metaphysik｜フランス métaphysique〗「メタフィジックス」に同じ。

メタフィジックス〖metaphysics〗形而上学。

メタフォリカル〖metaphorical〗〔形動〕隠喩いんゆ的であるさま。「一な表現」

メタフォリック〖metaphoric〗〔形動〕「メタフォリカル」に同じ。

メタボ ►メタボリックシンドローム

メタボ-けんしん【メタボ健診】►特定健康診査・特定保健指導

メタボリズム〖metabolism〗「代謝」に同じ。

メタボリック-シンドローム〖metabolic syndrome〗内臓の周囲に脂肪がたまり、それに加えて高血糖・高血圧・高脂血・高コレステロールの症状のいくつかを複数併せもつ状態。放置すると、糖尿病・動脈硬化・心筋梗塞などを起こす。メタボ。メタボリック症候群。内臓脂肪症候群。代謝症候群。(補説)腹囲による判断基準もあるが、標準とする数値は世界各地でばらばらで、科学的根拠は薄いともいわれる。➡特定健康診査・特定保健指導

め-だま【目玉】❶目の玉。眼球。❷❶に似た形のもの。❸(「お目玉」「大目玉」の形で)目上の人からしかられること。「お—を食う」❹《客が目玉をむいて驚く意から》多くの売り物の中で特に注目される物。客を引き寄せるための特売品。また一般に、多くの中で中心となる物事。「特価の輸入酒が一の店」「減税を一に立候補する」❺主人・親方など目上の人。「また、一がやかましく言ふよ」〈洒・双床満久羅〉
(類語)(❶)眼球・目の玉/(❹)売り・売り物・セールスポイント・目玉商品・呼び物・人寄せパンダ・客寄せ・人寄せ・ハイライト・アトラクション

目玉が飛び・出る びっくりして目を非常に大きく見開く。目が飛び出る。目の玉が飛び出る。「—・出るほど高い」

めだま-しょうひん【目玉商品】商店の特売などで、客寄せのために特別に用意した超特価品。また一般に、売り込みの中心に据えるもの。

めだま-じんじ【目玉人事】注目される人事決定。特に、新政権発足や内閣改造の際の、国務大臣の任免についていう。

めだま-やき【目玉焼(き)】フライパンに卵を割って落とし、卵黄をくずさずに焼いたもの。

メタミドホス〖Methamidophos〗農薬・殺虫剤の一。有機リン系でダニ・ウンカ・アブラムシなど広く害虫に効果があるが、毒性が高く、日本では製造・輸入・使用が禁止されている。(補説)平成20年(2008)、中国製の冷凍ギョーザを食べた複数の家族が中毒症状を起こすという事件が発生、包装容器の内側からメタミドホスが検出された。中国では、2006年までメタミドホスの使用が認められていた。

めた-めた〔副〕❶〔形動〕程度を越えてはなはだしいさま。めちゃめちゃ。「エラー続出で一に負ける」❷〔副〕❶に同じ。「名医にかヽてみしに、—と悪しくなり」〈浮・永代蔵・六〉

メタメッセージ〖metamessage〗あるメッセージがもっている本来の意味をこえて、別の見方・立場からの意味を与えるメッセージ。

メタモルフォーゼ〖ドイツ Metamorphose〗変容。変身。転生。

メタモルフォシス-しゅうどういん【メタモルフォシス修道院】《Moni Metamorfosis》►メガロメテオロン修道院

メタモルフォセス〖ラテ Metamorphoses〗オウィディウスの物語詩。15巻。宇宙の開闢かいびゃくからカエサルの星への転身までを、主としてギリシャ・ローマの神話や伝説をつなぎ合わせながら年代順に物語ったもの。転身譜。変身物語。

メダリオン〖medallion〗❶大きな徽章きしょうやメダルの付いた飾り。❷肖像画などをレリーフした円形のカメオ。

めだり-がお【目垂り顔】〔名・形動ナリ〕目尻の垂れた、しまらない顔つき。転じて、男らしくない卑怯ひきょうな振る舞いをすること。また、そのさま。「—なる夜討ちはするとも」〈謡・烏帽子折〉

メタリコン〖ドイツ Metallikon〗金属溶射法。溶融した金属を圧縮空気で霧状にして品物の表面に吹き付ける鍍金めっき法。

メダリスト〖medalist〗❶スポーツ競技などのメダル受賞者。「ゴールド—」❷ゴルフのハンディなしの予選競技における最上位入選者。

メタリック〖metallic〗〔形動〕金属でできているさま。また、金属的であるさま。「一な輝き」「一カラー」

メタリック-ケーブル〖metallic cable〗►メタルケーブル

メタリック-ペイント〖metallic painting〗自動車などの塗装で、ペイントの中にアルミニウム粉などを混入して輝きを増したもの。

メタル〖metal〗金属。金属製品。「一の眼鏡フレーム」

メダル〖medal〗表彰や記念のために贈る、金属製の小さな記章。ふつう、図案・文字などが浮き彫りにしてある。賞牌しょうはい。「金—」「記念—」

め-だる・い【目▽怠い】〔形〕図めだる・し〔ク〕見ていてじれったい。まだるい。「お—・くはございましょうが、御辛抱下さい」

メタル-ウッド〖metal wood〗ゴルフのクラブで、通常木でできている頭部に金属を使用したもの。

メタル-ケーブル〖metal cable〗銅線などの金属材料を芯線に用いたケーブル。通信回線や電力供給などに利用される。メタリックケーブル。メタル線。➡光ケーブル

メタル-せん【メタル線】►メタルケーブル

メタル-テープ〖metal tape〗鉄、または鉄とコバルトなどの粉末を磁性体に用いた磁気テープ。高域特性にすぐれる。

メタル-トップ〖metal top〗自動車の型式で、コンバーチブルではあるが、幌ほろではなく、金属製の屋根が着脱式になったもの。また、その屋根。

メタル-ハイドライド〖metal hydride〗金属と水素との化合物。水素化金属。

メタル-フレーム《和 metal＋frame》金属製のめがねの枠。金属フレーム。

メタル-ラス〖metal lath〗金属製の塗り壁下地材料。薄い鋼板に切れ目を入れ、引き伸ばして網状にしたもの。

めだれ-がお【目垂れ顔】〔名・形動ナリ〕「めだりがお」に同じ。「かほど卑しき強力ごうりきに太刀、刀を抜き給ふは、—の振舞ひか」〈謡・安宅〉

メタロイド〖metalloid〗►半金属

メタン〖methane〗メタン系炭化水素で最も簡単なもの。無色・無臭の可燃性の気体。天然ガス・石油分解ガスなどに多量に含まれ、炭坑内にも発生して爆発の原因となる。沼地・湿地などからも有機物が腐敗・発酵したときに発生し、沼気とよばれる。水素や他の炭化水素と混ぜ、都市ガスなどの燃料として用いる。化学式CH_4

メダン〖Medan〗インドネシアのスマトラ島北東部にある商業都市。タバコ・ゴム・茶の集散地。人口、行政区203万(2005)。

メタンガス〖ドイツ Methangas〗「メタン」に同じ。

メタン-きん【メタン菌】►メタン生成菌

メタンけい-たんかすいそ【メタン系炭化水素】メタンの同族体。一般式C_nH_{2n+2}で表される鎖式の飽和炭化水素の総称。nが1から4のメタン・エタン・プロパン・ブタンは気体。それ以上はギリシャ語の数詞を用いて称し、5のペンタンから15のペンタデカンまでは液体。16のヘキサデカン(セタン)以上は固体で、20はイコサン(エイコサン)とよばれる。パラフィン系炭化水素。アルカン。

メタン-さいきん【メタン細菌】代謝によってメタンガスを生成する嫌気性細菌。汚泥や湖沼・河川のほか、哺乳類の消化管などに分布。

メタン-せいせいきん【メタン生成菌】水素と二酸化炭素または酢酸・メタノールなどの有機物からメ

タンを作り出し、エネルギーを獲得する嫌気性の微生物。古細菌の一種。水田・湿地・海底・地下深部などに生息する。メタン菌。メタン生成古細菌。(補説)オーストラリア西部の約35億年前の地層から採集された石英の中の気泡に、生物が合成したメタンが含まれていたことから、全生物の共通祖先に近い生物と考えられている。

メタンせいせい-こさいきん【メタン生成古細菌】▸メタン生成菌

メタン-ハイドレート〘methane hydrate〙ガスハイドレートの一種。大陸棚斜面の海底下数百メートルの所やシベリア・アラスカの永久凍土中など低温・高圧の場所で、水分子とメタン分子が結合してシャーベット状になった化合物。メタンは天然ガスの主成分であることから、将来の資源として期待が高い。

メタンフェタミン〘methamphetamine〙覚醒剤の一種。中枢神経系の興奮作用が強く、習慣・耽溺性をもつ。商標名ヒロポンの名で知られる。

メチエ〘フランス métier〙《「メティエ」とも》❶職業。仕事。❷美術家・文学者などがもつ、その分野に特有の表現技法。(類語)技巧・技法・技術・手法・作法

メチオニン〘methionine〙必須アミノ酸の一。たんぱく質の構成成分の一で、硫黄を含む。生体内の反応でメチル基を供与する働きをもつ。

め-ぢか【目近】《「めちか」とも》❶目に近いこと。「こんな大きい―の星を、…見たことがない」〈康成・掌の小説〉❷要を骨の末端近くに打った扇。目近の扇。

め-ちがい【目違い】❶見そこない。見当違い。❷木材の継ぎ手または組み手の、接合点から少し入り込んだ部分。

め-ぢか・い【目近い】〔形〕文めぢか・し〔ク〕❶目のすぐ近くである。「―・く迫る山並み」❷いつも見なれている。「例はさしもさるもの―・からぬ所にもて騒ぎたる」〈枕・三〉

め-ぢから【目力┊▽眼力】❶目の表情や視線が他人に与える印象。特に、その人の意志や内面の強さなどが現れているように感じさせる目の表情。視線自体から感じる圧力・圧迫感。「―がある」❷あるものを見て、それを頼りに思うこと。「柴の家居を―に、漸う潮つく息も苦しき胸を撫おろし」〈浄・源頼家源実朝鎌倉三代記〉(補説)「眼力」は別語。

メチシリンたいせい-おうしょくぶどうきゅうきん【メチシリン耐性黄色×葡×萄球菌】耐性を獲得し、最も有効なメチシリンという抗生物質が効かなくなった黄色ぶどう球菌。学名、スタフィロコッカス-アウレウス。皮膚や鼻腔などに存在。院内感染の原因ともなり、抵抗力の弱い手術後の患者や高齢者・未熟児などが感染しやすく、治療は困難。多剤耐性黄色ぶどう球菌。MRSA(Methicillin-resistant Staphylococcus aureus)。

メチニコフ〘Il'ya Il'ich Mechnikov〙[1845～1916]フランスの生物学者。ロシアに生まれ、フランスに帰化。パスツール研究所長。食細胞現象を発見するなど、細菌学に貢献。免疫の食細胞説を唱えた。1908年ノーベル生理学医学賞受賞。

めちゃ【▽滅茶┊目茶】〔名・形動〕《「むちゃ」の音変化か。「滅茶」「目茶」は当て字》❶「滅茶苦茶❶」に同じ。「―を言う」「―な方法」❷「滅茶苦茶❷」に同じ。「計画が―になる」

めちゃ-くちゃ【▽滅茶苦茶】〔名・形動〕《「くちゃ」は語調を整えるために添えた語。「苦茶」は当て字》❶まったく筋道が通らないこと。度外れなこと。また、そのさま。めちゃめちゃ。「―なストーリー」「―な値段」❷どうにもならないほどにこわれたり、混乱したりすること。また、そのさま。めちゃめちゃ。「せっかくの集まりを―にする」「書類の順序が―だ」(類語)むちゃくちゃ・めちゃめちゃ・はちゃめちゃ・ぐじゃぐじゃ・支離滅裂

めちゃ-めちゃ【▽滅茶▽滅茶】〔名・形動〕❶「滅茶苦茶❶」に同じ。「言うことなすこと―だ」❷「滅茶苦茶❷」に同じ。「ガラスが―に割れる」

め-ちょう【雌×蝶】❶めすの蝶。⇒雄蝶 ❷「雄蝶雌蝶❷」の、雌の蝶にかたどった折り紙。⇒雄蝶

メチル〘ドイツ Methyl〙アルキル基の一。CH_3-で表される一価の基。メチル基。

メチルアミン〘methylamine〙アミンの一種。刺激臭をもつ無色の気体。動植物質が腐敗分解するときに生じる。

メチルアルコール〘ドイツ Methylalkohol〙最も簡単な構造のアルコール。刺激臭のある無色の揮発性の液体。水に溶ける。木材を乾留すると得られ、工業的には一酸化炭素と水素とから合成する。有毒で、少量の飲用でも失明・致死のおそれがある。燃料、ホルマリンの原料など工業上の用途が広い。化学式CH_3OH 木精。メタノール。

メチルエーテル〘ドイツ Methyläther〙メチルアルコールを硫酸と熱して得られるエーテル。無色の芳香のある気体で、引火しやすい。化学式CH_3OCH_3

メチルオレンジ〘ドイツ Methylorange〙酸塩基指示薬の一。橙黄色の結晶。酸性溶液中で赤色、アルカリ性溶液中で橙黄色を呈する。

メチル-すいぎん【メチル水銀】水銀にメチル基の結合した化合物。水俣病の原因物質。

メチル-ニトロソウレア〘methyl nitrosourea〙化学実験室でジアゾメタンをつくるときの原料。動物体に触れると発癌することがある。

メチルバイオレット〘ドイツ Methylviolett〙紫色の塩基性染料の一。結晶は光沢のある緑色。水・エチルアルコールに溶け、紫色となる。繊維のほか紙・皮革・木材などの染色や、インク・タイプライターリボンなどに用いる。

メチル-メタンスルフォネート〘methyl methanesulfonate〙メタンスルホン酸のメチルエステル。メチル化剤として使う。発癌作用がある。

メチルレッド〘ドイツ Methylred〙酸塩基指示薬の一。暗紫色の結晶。酸性溶液中で赤色、アルカリ性溶液中で黄色を呈する。

メチレンジオキシメタンフェタミン〘methylenedioxymethamphetamine〙合成麻薬の一種。多幸感をもたらすが、連用により身体的・精神的な障害を起こす。短期間に大量摂取すると心臓・腎臓・筋肉などを著しく損傷し、死に至ることもある。錠剤型のものは俗にエクスタシーともいう。MDMA。

メチレン-ブルー〘methylene blue〙塩基性染料の一。ブロンズのような光沢のある暗緑色の結晶。水・エタノールに溶けて青色となる。還元されると無色、酸化されると青色になるため、酸化還元指示薬に利用。また、生体染色や殺菌剤に用いる。

めっ〔感〕《「目」から》子どもをしかるときにいう語。「―、ストーブにさわってはだめよ」

めつ【滅】❶仏語。㋐四相の一の滅相。「―に入る」㋑煩悩や苦悩の消滅。「苦集―道」「―諦」㋒悟りの境地。涅槃。滅度。㋓死ぬこと。特に、釈迦の死。仏滅。❷滅びること。消え失せること。消滅。「一切の法は久しからずして皆、―有り」〈今昔・三・二九〉⇒(漢)「めつ(滅)」

メッカ〘Mecca〙㊀サウジアラビア中西部にあるイスラム教の聖地。ムハンマドの生地。カーバ神殿があり、全イスラム教徒の巡礼の地。アラビア語名マッカ。㊁ある物事の中心地として、多くの人が集まったりあこがれたりする場所。「映画の―ハリウッド」

め-づかい【目遣い】❶物を見るときの目の動かし方。「気遣わしげな―をする」❷目で合図をすること。目くばせ。「―で知らせる」

めっ-かち　一方の目が見えないこと。また、両目の大きさにかなりの差があること。

めっか・る【目っかる】〔動ラ五(四)〕「みつ(見付)かる」の音変化。「何か好い口は―・りましたか」〈漱石・彼岸過迄〉

めっ-き【鍍=金┊滅▽金】〔名〕スル ❶《古代、仏像に金めっきをするのに用いた金のアマルガムを滅金と呼んだところから》金属や非金属の表面を他の金属の薄膜で覆うこと。また、そのようにしたもの。防食・装飾などのために行い、方法には電気鍍金・溶融鍍金・蒸着鍍金などがある。ときん。「金で―する」

漢字項目　めつ

滅　(音)メツ(呉)　(訓)ほろびる、ほろぼす‖①存在しているものを絶やしなくする。なくなる。ほろびる。「滅却・滅私・滅亡／湮滅・壊滅・撃滅・幻滅・死滅・自滅・消滅・衰滅・絶滅・全滅・破滅・不滅・撲滅・摩滅」②火が消える。「点滅・明滅」③仏や高僧の死。「入滅・仏滅」(難読)滅入る・滅茶・滅金

❷うわべを飾り、よく見せかけること。

(類語)(❷)見せ掛け・まやかし・化けの皮・羊頭狗肉

鍍金が剝げる　取りつくろうことができなくなって、本性が現れる。「追及されて―・げる」

め-つき【目付き】物を見るときの目のようす。「―が悪い」「鋭い―で見る」(類語)眼差し・目顔・目色・目の色・目遣い・眼光・視線

め-つぎ【芽接ぎ】接ぎ木の一。新しく伸びた枝にできるじょうぶな芽を、周囲の木質部ごと削り取って接ぎ穂とし、台木の皮層を切り開いた部分に挿し込んで接ぐ方法。秋口に行う。

めっき-しゃっき【滅鬼▽積鬼】❶地獄の獄卒である阿防のこと。牛頭。❷厳しく責め問うこと。呵責。「内証で後家御の言ひ付けぢゃによって―するが何ぢゃ」〈浄・歌祭文〉

めっき-めっき〔副〕「めきめき」を強めていう語。「―と滅却いたす」〈虎明狂・粟田口〉

めっ-きゃく【滅却】〔名〕スル ほろびること。すっかりなくなること。また、ほろぼすこと。すっかりなくすこと。「心頭を―すれば火もまた涼し」「敵艦過半―し、水雷艇殆んど全滅の今日」〈独歩・愛弟通信〉

めっきり〔副〕❶状態の変化がはっきり感じられるさま。「―(と)涼しくなる」「―(と)老けこむ」❷数量や物事の程度が十分に大きいさま。「―と露がたれそうにえんだのを」〈中勘助・銀の匙〉

めっ-きん【滅菌】〔名〕スル 熱・薬品・放射線などで細菌を死滅させること。殺菌。「煮沸して―する」

め-つけ【目付】❶室町時代以降の武家の職名。室町初期、侍所の所司代の被官として置かれ、戦国期には戦陣の監察や敵の内情を探るのに当たった。江戸時代、幕府では若年寄に属し、旗本・御家人の監察などに当たった。また、諸藩にも置かれた。横目。⇒大目付 ❷こっそり監視すること。また、その人。「野にも山にも宿泊まりに―を付けてこれを見す」〈謡・熊坂〉⇒御目付け ❸目印。目当て。「屋根の上に鳶の二つありしを―にしたりしが」〈咄・醒睡笑・一〉

め-づけ【芽漬(け)】「木の芽漬け」に同じ。

めつけ-え【目付け絵】一人に多くの絵の中の一つに目を付けさせておき、それを他の人が言い当てる遊戯。

めつけ-じ【目付け字】目付け絵に類する遊戯で、絵の代わりに文字をもってするもの。

めつけ-ばしら【目付柱】能舞台の向かって左側手前の柱。演者が動作の目印とする。見付柱。

めっけ-もの【目っけ物】❶思いがけなく見つけたもの。掘り出し物。❷信じられないような幸運。「怪我だけですんだのは―だ」

めつけ-やく【目付役】監視する役。監督役。「お―を仰せつかる」

メッケル〘Klemens Wilhelm Jakob Meckel〙[1842～1906]ドイツの軍人。1885年(明治18)日本政府の招きで来日。陸軍大学校教官として、日本陸軍の近代的軍制の整備に貢献した。

めっ・ける【目っける】〔動カ下一〕「みつ(見付)ける」の音変化。「己れが相当なのを―・けてやるのに」〈漱石・行人〉

めつ-ご【滅後】❶滅亡したあと。❷入滅のあと。特に、釈迦の死後。

めつ-ご【滅期】入滅の時期。臨終の時。

めっ-こう【▽真っ向】「まっこう」の音変化。「一打ち割る、頭を砕く」〈浄・国性爺〉

めつ-ざい【滅罪】仏語。懺悔・作善などの行いによって、罪障を消滅させること。

めつざい-しょうぜん【滅罪生善】仏語。現世の罪障を消滅させ、死後の善報を生じさせること。

めっ-し【滅私】私心をなくすこと。私利私欲を捨て去ること。「一奉公」

めっ-し【滅紫】黒ずんだ紫色。けしむらさき。

メッシーナ〖Messina〗イタリア南部、シチリア島、シチリア自治州の港湾都市。同島北東端に位置し、メッシーナ海峡に面する。イタリア本土と経済的に密接なつながりをもち、商工業が盛ん。紀元前8世紀に築かれた古代ギリシャの植民都市に起源し、続いてシラクサ、古代ローマに支配された。中世にはノルマン人支配の下、交易の要所として栄えた。地震が多く、特に1908年の大地震で多くの建物が倒壊・再建された。メッシーナ大聖堂、アヌンツィアータ-デイ-カタラーニ教会などの歴史的建造物が残る。メッシナ。

メッシーナ-だいせいどう【メッシーナ大聖堂】《Duomo di Messina》イタリア南部、シチリア島の都市メッシーナにある大聖堂。神聖ローマ皇帝コンラート4世の遺体を納める。12世紀半ばに建造されたが、たびたび地震に遭い、修復や改築が繰り返された。ファサードの中央扉上部は15世紀のもので、ゴシック様式の彫刻が施されている。1908年の大地震と第二次大戦で特に大きな被害を受けて再建された。仕掛け時計を組み込んだ鐘楼がある。

めっ-しき【滅色】しぼみ衰えて色があせること。「五衰一の秋なれや」〈謡・俊寛〉

めっ-しつ【滅失】〔名〕スル ❶ほろんでなくなること。「火災で堂宇が一する」❷法律で、災害によるか人の行為によるかを問わず、物がその物としての物理的存在を失うこと。

メッシナ〖Messina〗▶メッシーナ

メッシュ〖フランス mèche〗毛髪の一部分を染めること。また、染めた部分。

メッシュ〖mesh〗❶網の目。また、網目状に編んだもの。網目織り。「一の靴下」❷篩(ふるい)の目、または粉体の粒の大きさを示す単位。1平方インチ当たりの篩の目の数で表す。

メッシュ-か【メッシュ化】〔名〕スル《meshは、網の目の意》中小企業が、親会社の下請けから脱して、系列外企業・外国企業と取引の相手を広げること。(補説)平成18年版「中小企業白書」に始まる用語。

メッシュ-きこうち【メッシュ気候値】日本を1キロ四方の網の目に分けた、その区域ごとの気温・降水量などの気候データ。

めつ-じん【滅尽】〔名〕スル ほろんでなくなること。また、ことごとくほろぼすこと。「心中の弱処病処の一時に一するを覚えたり」〈鴎外訳・即興詩人〉

メッス〖Metz〗▶メス

メッス-だいせいどう【メッス大聖堂】▶メス大聖堂

めっ-する【滅する】〔動サ変〕図めっ・す〔サ変〕❶ほろびる。なくなる。消える。「形あるものは必ず一・する」❷ほろぼす。なくす。消す。「私心を一・する」

メッセ〖ドイツ Messe〗見本市。

メッセージ〖message〗❶手紙や使者に託して伝達される言葉。伝言。「古代からの一」❷声明。声明文。❸米国で大統領などが議会に送る教書。
(類語)伝言・ことづて・ことづけ・言付ける

メッセージ-ソング《和 message＋song》社会問題など、聞き手に訴えたい内容を盛り込んだ歌。

メッセージ-ダイジェスト〖message digest〗▶ハッシュ値

メッセージダイジェスト-かんすう【メッセージダイジェスト関数】《message digest function》▶ハッシュ関数

めつ-ぜつ【滅絶】〔名〕スル ほろぼしなくすこと。また、ほろび絶えること。絶滅。「旧国の名あるプラーテヤを一せんとする」〈竜渓・経国美談〉

メッセンジャー〖messenger〗品物・手紙・伝言などを届けたり伝えたりする人。使者。

メッセンジャー-アールエヌエー〖messenger RNA〗▶伝令RNA

メッセンジャー-バッグ〖messenger bag〗郵便配達人がするような肩にたすきのように掛けるがまロバッグのこと。

メッセンジャー-ボーイ〖messenger boy〗メッセンジャーの役割をする少年や男性。

めっ-そう【滅相】㊀〔名〕仏語。❶四相の一。因縁によって生じた一切のものが現在の存在から滅し去り、過去に入ること。❷真如が常住で寂滅であり、生死がないこと。㊁〔形動〕図〔ナリ〕あるはずのないさま。とんでもないさま。「一なことを言うものでない」

滅相もな・い とんでもない。あるべきことではない。相手の言を否定するときにも用いる。「一・い話」「一・い、私の出る幕ではありません」

めった【滅多】〔形動〕図〔ナリ〕《「めた」と同語源。「滅多」は当て字》❶思慮の浅いさま。軽率であるさま。「一なことを言って怒らせてはまずい」❷ごく当たり前であるさま。並大抵。「一なことでは驚かない」❸度を越しているさま。むやみ。「一に高価なる洋服を被り」〈逍遥・当世書生気質〉❹(多く「めったに」の形で、あとに打消しの語を伴って)まれにしかしないさま。まれにしか起こらないさま。「一に外出しない」「一に姿を見せない」(類語)ほとんど・まず・たいてい

めっ-たい【滅諦】仏語。四諦(したい)の一。執着を断ち苦を滅することが悟りの世界であるということ。

めった-うち【滅多打ち】むやみやたらに打つこと。「リリーフに出て一にあう」

めった-ぎり【滅多斬り┊滅多切り】むやみに斬りつけること。めちゃくちゃに斬ること。

めった-むしょう【滅多無性】〔形動〕図〔ナリ〕「めったやたら」に同じ。「跣足(はだし)のままで、一に進んだ」〈宙外・独行〉

めった-やたら【滅多矢鱈】〔形動〕図〔ナリ〕考えもなく手当たり次第に何かをしたり、数量・度合いなどがむやみに多かったりするさま。むやみやたら。「一に書きまくる」(補説)「滅多矢鱈」は当て字。

メッチェン〖ドイツ Mädchen〗少女。娘。

めっちゃ【滅茶】〔副〕《「めちゃ」が変化した語。「滅茶」は当て字》程度がはなはだしいさま。非常に。たいへん。「一おもしろい」

メッツ〖Metz〗メスのドイツ語名。

メッツォ〖イタリア mezzo〗▶メゾ

メッツォ-ソプラノ〖イタリア mezzo soprano〗▶メゾソプラノ

メッツォ-ピアノ〖イタリア mezzo piano〗▶メゾピアノ

メッツォ-フォルテ〖イタリア mezzo forte〗▶メゾフォルテ

メッテルニヒ〖Klemens Wenzel Nepomuk Lothar von Metternich〗[1773〜1859]オーストリアの政治家。1809年以来外相・首相として約40年間国政を指導。ウィーン会議を主導して、保守主義と正統主義によるフランス革命以前の体制への復帰を主張。その後1848年の革命まで、国際的な反動体制「ウィーン体制」の中心的役割を果たした。

メット「ヘルメット」の略。「一インタイプのスクーター」

めつ-ど【滅度】《梵 nirvāṇaの訳。涅槃(ねはん)と音写》仏語。❶生死の迷いを超越した悟りの境地。❷仏の死。転じて、僧侶の死。入滅。

めつ-どう【滅道】仏語。四諦(したい)のうち、滅諦と道諦。

メッドライン〖MEDLINE〗医学を中心とするライフサイエンス全般を扱う、世界最大級の文献データベース。米国国立医学図書館が提供しており、オンラインでの検索が可能。(補説)前身となるデータベースMEDLARS(Medical Literature Analysis and Retrieval System)とonlineを組み合わせた語。

めつ-にち【滅日】▶滅門日

めっ-ぱ【目っ張】目の縁が引きつっていること。

めっぱり-こ【目っ張り子】目を大きく開けて見張ること。転じて、衆人環視のもとであること。「一切の同行人を一で見て居るので」〈福沢・福翁自伝〉

め-つぶし【目潰し】灰・砂などをなげつけて相手の目をくらますこと。また、それに用いるもの。

メッヘレン〖Mechelen〗ベルギー北部、アントウェルペン州の都市。1506年から1530年まで、神聖ローマ帝国のネーデルラント総督府が置かれ、1559年にはカトリック教会の大司教座が置かれた。17世紀以来、レース、タペストリー、家具の製造が盛ん。市街の中心部に、ハプスブルク家のマルガレータ王妃の宮殿や聖ロンバウツ大聖堂がある。

めつ-ぼう【滅亡】〔名〕スル ほろびること。絶えてなくなってしまうこと。「国が一する」
(類語)衰亡・衰滅・破滅・滅ぶ・滅びる

めっ-ぽう【滅法】㊀〔名〕仏語。❶因縁によって生じたのではないもの。無為法。❷涅槃(ねはん)のこと。㊁〔形動〕図〔ナリ〕道理にはずれるさま。常識を超えているさま。「是豈一なる間違いにあらずや」〈逍遥・当世書生気質〉㊂〔副〕並みの程度でないさま。はなはだしく。「けんかが一強い」「朝方は一冷える」
(類語)途(と)方(ほう)も・非常・大層・大変・極めて・至って・甚(はなは)だ・頗(すこぶ)る・至極(しごく)・極(ごく)・いとも・実に・まことに・大いに・いたく・ひどく・恐ろしく・すごく・ものすごく

めっぽう-かい【滅法界】〔形動〕図〔ナリ〕「滅法㊁」に同じ。「一に酔いました」〈露伴・五重塔〉

め-つま【目褄】人の見る目。人目。

目褄に掛か・る 人に見られる。「人の一・らないうちに掴ってお仕舞いよ」〈円朝・怪談牡丹灯籠〉

目褄を忍・ぶ 人に見られないようにする。また、男女が密会する。「彼の一・んでの、少しばかりの悪戯(いたずら)は大目に見よう」〈秋声・仮装人物〉

め-づまり【目詰(ま)り】〔名〕スル 布・網などの目が、ほこりなどで詰まってしまうこと。「一を起こす」「フィルターが一する」

め-づもり【目積(も)り】〔名〕スル 目で見て、大体の分量をはかること。また、目分量。「ざっと一する」

めつ-もん【滅門】「滅門日(めつもんにち)」の略。

めつもん-にち【滅門日】陰陽道(おんようどう)で、百事に凶であるという日。滅日。

め-づら【目面】《「めつら」とも》目と顔。また、顔かたちや目つき。「我も早苗を背負ひて、一まで土にして行くところへ」〈三河物語・上〉

目面も明か・ぬ 目もくらむほど忙しいさま。「一・ぬ取り込みに」〈浄・宵庚申〉

目面を掴(つか)・む 非常に忙しいさま。

めつ-れつ【滅裂】〔名・形動〕ばらばらになって形を失うこと。統一性がないこと。また、そのさま。「支離一な(の)言動」

め-て【馬手┊右手】❶馬上で手綱を取る方の手。右の手。⇔弓手(ゆんで)。❷右の方。右。「左には倶摩羅(くまら)将軍、一には阿吒薄(あたば)元卒大将」〈露伴・新浦島〉⇔弓手。❸「馬手差(めてざし)」の略。

めで【愛で】めでること。「花ぐはし桜の一」〈允恭紀・歌謡〉

愛での盛り 寵愛(ちょうあい)される盛りにあること。「神(かむ)ながら一に天の下奏(まを)し給ひし家の子と選び給ひて」〈万・八九四〉

めであい-づき【愛逢月】牽牛(けんぎゅう)と織女(しょくじょ)が互いに愛して逢うという月のことで、陰暦7月の異称。(季 秋)

メティ〖METI〗《Ministry of Economy, Trade and Industry》経済産業省。

メディア〖media〗《mediumの複数形》❶媒体。手段。特に、新聞・雑誌・テレビ・ラジオなどの媒体。「マス一」「マルチ一」❷▶記憶媒体

メディア〖Media〗前8世紀初め、イラン高原北西部にアーリア系のメディア人が建てた王国。前7世紀、イランを中心にカッパドキア・アッシリアなどを領有する大国となったが、前550年ごろ、ペルシア帝国に併合された。メディア王国。

メディア-アート〖media art〗テレビ・ビデオ・コンピューター・衛星放送などの媒体を駆使する、1970年代後半からの現代美術の動向。

メディア-クラシー〖media-cracy〗現代社会において、新聞・放送などマスメディアが巨大権力化し、強大な影響力で世の中を支配する体制となっている

ことをいう。
メディア-げいじゅつさい【メディア芸術祭】文化庁の主催で行われるメディアアートの祭典。アート・エンターテインメント・マンガ・アニメーションの4部門が設けられている。平成9年(1997)より毎年開催。➡芸術祭
メディア-コンバーター〘media converter〙光ファイバーと銅線など、異なる伝送媒体や規格を相互接続し、信号の変換を行うための機器。
メディア-スクラム〘media scrum〙社会の関心が高い事件・事故において、マスメディアの記者が多数押しかけ、当事者や家族・友人などの関係者、近隣住民などに対して強引な取材をすること。集団的過熱取材。報道被害。
メディア-スケジュール〘media schedule〙広告計画における具体的、詳細な媒体出稿の予定表のこと。媒体出稿計画。
メディア-プレーヤー〘media player〙動画や音楽などのマルチメディアコンテンツを再生するためのソフトウエア。音楽CDのデータをパソコンのハードディスクに保存する、デジタルオーディオプレーヤーと連携して楽曲データを管理する、インターネット上の音楽配信サービスから楽曲データをダウンロードする、楽曲のタイトルのリストやアルバムのジャケット画像を検索するなどの機能をもつ。代表的なソフトウエアとして米国アップル社のiTunesと米国マイクロソフト社のWindows Media Playerが知られている。
メディア-ポリシー〘media policy〙ある目的のために新聞・テレビ・インターネットなどの情報媒体を積極的に利用すること。
メディア-ミックス〘media mix〙宣伝を効果的にするために、新聞・雑誌・テレビ・インターネット・ダイレクトメールなどのいろいろな広告媒体を組み合わせること。
メディアム〘medium〙▶ミディアム
メディア-リサーチ〘media research〙新聞・雑誌・テレビ・ラジオ・インターネットなどのメディアについて、その特性・効果・影響・利用法などを探るための調査。
メディア-リテラシー〘media literacy〙《literacyは、読み書きの能力の意》❶コンピューターや先端的な情報通信機器を使いこなせる能力。❷メディアに対して主体性を確立すること。コンピューターネットワーク・テレビ・音楽・映画・出版物などさまざまなメディアが伝える価値観・イデオロギーなどをうのみにせず、主体的に解読する力をつけること。
メディアン〘median〙▶メジアン
メティエ〘フランス métier〙▶メチエ
メディカル〘medical〙〘名・形動〙医療・医学に関連すること。また、そのさま。「—なケア」「—関連産業」
メディカル-アシスタント〘medical assistant〙▶医師事務作業補助者
メディカル-エレクトロニクス〘medical electronics〙医学に応用される電子工学の技術。医用電子工学。ME。
メディカル-エンジニアリング〘medical engineering〙医用工学。ME。
メディカル-クラーク《和 medical＋clerk》医療事務員の呼称の一つ。医療事務技能審査試験の合格者に付与される称号。試験を実施する財団法人日本医療教育財団の登録商標。
メディカル-スクール〘medical school〙(米国の医師養成制度で)医学系の専門職大学院。(補説)日本でも設置の構想があり、平成11年(1999)に文部科学省の21世紀医学・医療懇談会が提言。その後も検討が行われている(平成24年7月現在)。
メディカル-セクレタリー〘medical secretary〙▶医療秘書
メディカル-ソーシャルワーカー〘medical social worker〙▶医療ソーシャルワーカー
メディカル-チェック《和 medical＋check》健康診断。「—を受ける」
メディケア〘medicare〙米国の、65歳以上の人や身体障害者などを対象とする医療健康保険制度。
メディケード〘Medicaid〙《medical(医療の)＋aid(扶助、助力)から。「メディケイド」とも》米国の政府医療扶助制度で、低所得者・身障者向けのもの。
メディシン〘medicine〙薬。医薬品。
メディシン-ボール〘medicine ball〙大勢が並んで、大きなボールを頭上や足の間を通して次々に後ろへ渡し送る遊戯。また、そのボール。
メティス〘Metis〙木星の第16衛星。すべての衛星のうちで最も木星に近い、輪の中の軌道を回る。1979年にボイジャー1号が撮影した写真から発見された。名の由来はギリシャ神話のゼウスの最初の妻。非球形で平均直径は約40キロ。
メディチ-け【メディチ家】《Medici》ルネサンス期のフィレンツェの名家。14世紀に東方貿易と金融業で富をなして台頭。15世紀にはコジモがフィレンツェの事実上の支配者となり、その孫ロレンツォはフィレンツェへの富の集中と文芸の保護に努めた。のち、ローマ教皇やフランス王妃を輩出し、トスカナ大公となったが、1737年に断絶した。
メディチけ-れいはいどう【メディチ家礼拝堂】ーレイハイダウ《Cappelle Medicee》イタリア中部の都市フィレンツェにある礼拝堂。サンロレンツォ教会の裏側に併設する。16世紀にメディチ家の墓所としてミケランジェロが設計した新聖具室には、ロレンツォ2世とジュリアーノの墓、および「曙」「黄昏」「昼」「夜」と題されたミケランジェロによる彫刻がある。17世紀に貴石と大理石で装飾した「君主の礼拝堂」が建造された。
メディチリッカルディ-きゅう【メディチリッカルディ宮】《Palazzo Medici-Riccardi》イタリア中部、トスカーナ州の都市フィレンツェにあるルネサンス様式の宮殿。15世紀にコジモ1世の命でミケロッツォ゠ディ゠バルトロメオの設計により建造され、約100年に渡りメディチ家の居館として使われた。後にリッカルディ家の所有となった。2階の礼拝堂にはゴッツォリ作のフレスコ画「東方三賢王の礼拝」がある。
メディテーション〘meditation〙瞑想(めいそう)。黙想。
メディナ〘Medina〙▶メジナ
メディナ-アサーラ〘Medina Azahara〙スペイン南部の都市コルドバの郊外、北西約5キロにあるイスラム支配時代の遺跡。10世紀に後ウマイヤ朝アブド゠アッラフマーン3世がアサーラ妃のために建造。宮殿、モスク、庭園の遺構と一部復元された建物がある。
メテオ〘meteor〙流星。隕石(いんせき)。
メテオラ〘Meteora〙ギリシャ中部、テッサリア地方にある修道院群。メテオラは「宙に浮く」の意で、奇岩の頂に修道院が造られていることからの名称。9世紀頃に世俗を逃れた修道士たちが住み始め、14世紀初めに本格的な修道院が建てられ始めた。15〜16世紀の最盛期には24の修道院が建てられ、今もメガロメテオロン修道院を始めとして八つの建物が残されている。1988年に世界遺産(複合遺産)に登録。
めで-くつがえ・る【▽愛で覆る】ーくつがへる〘動ラ四〙非常に愛する。大いに感心する。「監(げん)の命婦—・りてもとめてやりけり」〈大和・二二〉
めて-ざし【▽馬手差】右に差す腰刀。組み打ちなどの便宜から特に右脇に差すために、栗形(くりかた)・帯留めの拵(こしら)えを反対に取り付けたもの。馬手(めて)。
めでた・い〘形〙図めでた・し〘ク〙《動詞「め(愛)ず」の連用形「めで」に形容詞「いたし」の付いた「めでいたし」の音変化》❶喜び祝うに値するさま。喜ばしい。「—・く成功する」「—・い席」❷評価・評判などがよい。「社長の覚えが—・い」❸(多く「おめでたい」の形で)お人よしである。人がよすぎてだまされやすい。「これで承知するなんて—・い人だね」❹賞美する価値があるさま。みごとである。「散ればこそいとど桜は—・けれうき世になにか久しかるべき」〈伊勢・八二〉(補説)「目出度い」「芽出度い」などと当てて書く。(派生)**めでたがる**〘動ラ五〙**めでたげ**〘形動〙**めでたさ**〘名〙
(類語)(❶)喜ばしい・祝着(しゅうちゃく)至極・大慶(たいけい)至極・慶賀に堪えない・慶すべき・祝(しゅく)すべき・慶祝すべき
めでたくな・る　「死ぬ」「倒れる」などを忌んでいう語。おめでたくなる。「親かたも今に—・りやすから」〈滑・膝栗毛・発端〉
めでたく-かしく〘連語〙相手をほめ、恐れつつしむの意で、女性の手紙の終わりに添える語。かしこ。めでたくかしこ。
めでたく-かしこ〘連語〙「めでたくかしく」に同じ。
めでたし-めでたし〘連語〙物事が無事に、また、よい状態に終わったときにいう語。「万事まるく収まって—だ」
めて-の-くさずり【▽馬手の草×摺】鎧(よろい)の右脇の草摺。大鎧の脇盾(わいだて)の草摺の称。
めで-まど・う【▽愛で惑ふ】ーまどふ〘動ハ四〙ひどく感心する。ほめちぎる。「かの主なる人案を書きて、書かせてやりけり。—・ひにけり」〈伊勢・一〇七〉
めで-ゆす・る【▽愛で揺する】〘動ラ四〙世間がこぞってほめちぎる。大騒ぎしてほめる。「その頃、世に—・りける」〈源・少女〉
め・でる【▽愛でる】〘動ダ下一〙図め・づ〘ダ下二〙❶美しさを味わい感動する。「月を—・でる」❷いつくしみ、愛する。かわいがる。「小鳥を—・でる」❸感心する。ほめる。「勇気に—・でてその行動を許す」
(類語)愛する・慈しむ・かわいがる・いとおしむ・寵愛(ちょうあい)する・たたえる・嘉(よみ)する・褒める・褒めたたえる・賞する・称する・賛する・持て囃(はや)す・持ち上げる・称賛する・称美する・称揚する・推賞する・嘉賞(かしょう)する
め-ど【目▽処┊目途】目指すところ。目当て。また、物事の見通し。「九月実施を—に細部を詰める」
(類語)目途(もくと)・目標・見当・目算・見通し・見込み
目処が立・つ　「目処が付く」に同じ。「なかなか終了の—・たない」
目処が付・く　実現・解決などの見通しがつく。「完成の—・く」
目処を付・ける　見当をつける。見通しを立てる。「資金調達の—・ける」
め-ど【針゠孔┊▽穴】❶針の、糸を通すあな。はりのみみ。❷穴。
めど【×蓍】❶「蓍萩(めどはぎ)」に同じ。〈和名抄〉❷「めどぎ」に同じ。〈和英語林集成〉❸《❷を用いるところから》占い。「机の数を改めしも、わが子は来たかと心の—」〈浄・手習鑑〉
蓍に削り花　蓍萩(めどはぎ)につけた削り花。古今伝授(こきんでんじゅ)で、三草の一。
め-どう【▽馬道】ーダウ　殿舎と殿舎を結ぶために設けた厚板を敷いた簡単な通路。馬を中庭まで引き入れるときには、一部を取りはずせるようにした切馬道(きりめどう)を用いた。のちには長廊下の称。
メドゥーサ〘Medūsa〙▶メドゥサ
め-どうか【女踏歌】ーダフカ▶おんなとうか(女踏歌)
メドゥサ〘Medūsa〙ギリシャ神話で、三人姉妹の怪物ゴルゴンの一人。頭髪が蛇となっていて、目は人を石に化す力があったが、姉妹の中で一人不死でなかったため、ペルセウスに首を切られた。
め-どおし【目通し】ーどほし　目を通すこと。初めから終わりまで、ひととおり見ること。
メトーデ〘ドイツ Methode〙「メソッド」に同じ。
メトード〘フランス méthode〙「メソッド」に同じ。
め-どおり【目通り】ーどほり　❶身分の高い人にお目にかかること。拝謁。「—がかなう」➡御目通(おめどお)り　❷目の前。面前。「庭籠鳥を—へ放ちける」〈浮・男色大鑑・三〉❸目の高さ。「—より高く手をあげさせず」〈浮・二十不孝・三〉❹「目通り直径」に同じ。
(類語)お目見え・拝謁・謁見・見参・内謁・朝見
めどおり-かんい【目通り幹囲】めどほりカンヰ　人間の目の高さで計る、樹木の幹囲。
めどおり-ちょっけい【目通り直径】めどほりチョクケイ　目の高さでの立ち木の幹の直径。
メトール〘Metol〙写真現像主薬の一。硫酸パラメチルアミノフェノール塩酸塩の商標名。通常、ハイドロキノンと組み合わせてMQ(メトール-ハイドロキノン)現像液として使用。
め-どき【女時】すべてがうまくいかない時期。運の悪い時。「時の間にも、男時、—とてあるべし」〈花伝・

七〉➡男時(おどき)
め‐どき【目時】目のよく見える若い年ごろ。「我なら―の目にて抜かんものを」〈浮・五人女・四〉
めど‐ぎ【×蓍｜×筮】《「めどき」とも》易で、占筮(せんぜい)に用いる50本の細い棒。もと蓍萩(めどはぎ)の茎を使ったが、のちには多く竹で作ったので筮竹(ぜいちく)という。めど。
メドック〖Médoc〗フランス南西部、ジロンド川西岸の地方。赤ぶどう酒の産地。
メトネ〖Methone〗土星の第32衛星。2004年に発見。名の由来はギリシャ神話の巨人の娘。非常に小さく直径は3キロに満たない。公転軌道上の前後に細かい岩石が連なって、メトネとともに弧を描き、土星の不完全な輪を形成している。
めど‐はぎ【×蓍×萩】マメ科の多年草。野原に生え、高さ60〜90センチ。茎は直立し、多数の枝を出すが横に広がらない。葉は密に互生し、3枚の線形の小葉からなる複葉。8〜10月、紫色の筋のある白い小花をつけ、豆果は茶褐色で、種子が1個入っている。茎を筮(めどぎ)に用いた。
メドベージェフ〖Dmitriy Anatol'evich Medvedev〗[1965〜]ロシア連邦の政治家。早くからプーチンの側近としてサンクトペテルブルグ市政や国政に関与し、2005年に第一副首相に就任。08年3月の大統領選ではプーチンの後継指名を受けて圧勝。第3代ロシア連邦大統領に就任しプーチンを首相に指名した。12年プーチンの大統領再任に伴い、みずからは首相となる。
め‐どめ【目止め】〔名〕(スル) ❶塗装前の木地(きじ)に砥(と)の粉(こ)や胡粉(ごふん)などをすり込んで目をふさぎ、表面を滑らかにすること。❷新しい土鍋で米や小麦粉を入れた汁を煮て、表面の細かい穴をふさぐこと。煮汁や臭いがしみ込むのを防ぐ。
め‐どめ【芽止め】〔名〕(スル) 芽が出ると品質の落ちるジャガイモやニンニクの発芽を止めること。また、栽培の都合から発芽を遅らせること。薬品処理・温度処理・放射線処理などの方法がある。
メドラース〖MEDLARS〗《Medical Literature Analysis and Retrieval System》米国の医学情報提供システム。医学文献に関する情報を問い合わせに応じて提供できるシステム。
め‐どり【雌鳥】めすの鳥。めんどり。
メトリック〖(ドイツ) Metrik〗韻律学。作詩法。
めどり‐ば【雌鳥羽】《雌鳥は左の翼で右の翼をおおうとされるところから》物の重ね方で、左を上に右を下にすること。めんどりば。
め‐と・る【×娶る】〔動ラ五(四)〕《「妻(め)取る」の意》妻として迎える。「妻を―・る」(類語)縁付く・連れ添う・添う・添い遂げる・妻帯する・婿入りする
めどるま‐しゅん【目取真俊】[1960〜]小説家。沖縄の生まれ。本名、島袋正。沖縄で高校の国語教師を務めたのち文筆に専念。沖縄の風土と戦争を描き続け、評論も多い。「水滴」で芥川賞受賞。他に小説「魂込め(まぶいぐみ)」、評論「沖縄『戦後』ゼロ年」など。
メドレー〖medley〗❶いくつかの曲や、また、その主要部をつないで続けて演奏すること。また、その曲。接続曲。❷「メドレーリレー」の略。
メドレー‐リレー〖medley relay〗❶陸上競技で、一組四人の各走者が異なる距離を走る継走競技。スウェーデンリレーなどがある。❷水泳で、一定距離を四人の泳者が、背泳ぎ・平泳ぎ・バタフライ・自由形の順に泳ぐリレー競泳。➡個人メドレー
メドレセ〖(アラビア) madrasah〗▶マドラサ
メトロ〖(フランス) métro〗地下鉄。
メトロセクシュアル〖metrosexual〗《metroはmetropolitan(都会的な)の略。「メトロセクシャル」とも》都会に住み、ファッションや美容に強い関心を持って女性的な要素も取り入れる、異性愛を指向する男性。おおむね20代から40代をさす。(補説)英国の小説家M＝シンプソンの造語。2003年夏ごろから米国で流行した。
メトロノーム〖(ドイツ) Metronom〗楽曲のテンポを示す器械。振り子の原理を応用して拍子を刻む装置で、1816年にドイツ人のJ＝N＝メルツェルが特許を得たのち普及。現在では電子式のものもある。拍節器。
メトロポリス〖metropolis〗首都。首府。また、大都市。
メトロポリタン〖metropolitan〗都会的であること。また、都会人。
メトロポリタン‐かげきじょう【メトロポリタン歌劇場】(‐カゲキヂャウ)《Metropolitan Opera House》米国ニューヨーク市にあるオペラ劇場。1883年ブロードウエーに開場。1966年にリンカーンセンター内にできた新歌劇場に移転。
メトロポリタン‐だいせいどう【メトロポリタン大聖堂】(‐ダイセイダウ)《Metropolitan Cathedral》英国イングランド北西部の港湾都市リバプールにあるローマカトリック教会の大聖堂。1930年に建設が始まったが資金難で中断、新たに建築家フレデリック＝ギバードの設計により、62年から67年にかけて建設された。従来の教会建築とは一線を画す、現代的なデザインで知られる。
メトロポリタン‐びじゅつかん【メトロポリタン美術館】(‐ビジュツクワン)《Metropolitan Museum of Art》米国ニューヨーク市にある同国最大の美術館。1870年創設、80年に現在地に開館。
メトン‐しゅうき【メトン周期】(‐シウキ)紀元前433年に古代ギリシャの天文学者メトン(Metōn)により発見された暦学上の周期。235朔望月(さくぼうげつ)と19太陽年とがほぼ等しいというもの。19太陰年に閏(うるう)月を7回置くことによって、月の満ち欠けと季節の調和した太陰太陽暦ができるとした。
メナイ‐ばし【メナイ橋】《Menai Bridge》英国ウェールズ北西部の町バンゴールとアングルシー島の間のメナイ海峡に架かる吊り橋。19世紀に土木技師トーマス＝テルフォードにより建造。中央径間(中央部の橋桁の間隔)は177m。建造当初、世界最長だった。
め‐なが【目長｜目永】〔名・形動ナリ〕長い目で見ること。また、そのさま。「万事不調法者でござるに依って御―に遣はせられて下されい」〈虎寛狂・縄綯〉
め‐なご【女▽子｜女▽児】おんなの子。娘。「上京(かみぎょう)に姉、下京に妹をもってござる。両方に―がござる」〈狂言記・粟田口〉
め‐なし【目無し】❶目がないこと。❷見る目のないこと。「世間の―素より知らず」〈蘆花・黒潮〉
めなし‐おに【目無し鬼】「目隠し鬼」に同じ。
めなし‐どち【目無しどち】「目隠し鬼」に同じ。「―、軒の雀、遊ぶ童の、手さし指さして笑ふ」〈伽・福富長者〉
めなだ【目奈×陀｜赤＝目＝魚】ボラ科の海水魚。全長約1メートル。体はボラによく似るが、口唇が赤く、目に脂瞼(しけん)とよぶ薄く軟らかい膜がない。ボラよりも北方海域に多い。北海道以南に分布。幼魚をアカメとよぶ。夏に美味。いせごい。
メナッジオ〖Menaggio〗イタリア北部、ロンバルディア州の町。コモ湖西岸に面する観光保養地の一。
メナド〖Menado〗インドネシアのスラウェシ島北東部の港湾都市。コプラ・コーヒーなどを輸出。マナド。
め‐なみ【女波｜女▽浪】大きく寄せる男波(おなみ)の前に、低く打ち寄せる波。また、高低のある波のうち、低いほうの波。(対)男波(おなみ)。
メナム‐がわ【メナム川】(‐がは)《Menamはタイ語で川の意》「チャオプラヤー川」に同じ。
め‐なもみ【豨＝薟】キク科の一年草。山野に生え、高さ約1メートル。全体に毛があり、葉は卵形で対生する。秋、黄色い花が多数咲く。花を包む総苞(そうほう)に腺毛があり、粘液を出す。漢方で全草を腫瘍(しゅよう)などに薬用。もちなもみ。あきほこり。いしもち。(季 秋)
め‐なら・ぶ【目並ぶ】㊀〔動バ下二〕多くの人の目で見る。一説に、並べてよく見くらべる。「西の市にただひとり出でて―・べず買ひてし絹の商(あき)じこりかも」〈万・一二六四〉㊁〔動バ四〕語義未詳。親しくする、仲がよいなどの意か。一説に、目の前に並ぶ。「花がたみ―・ぶ人のあまたあれば忘られぬらむかずならぬ身は」〈古今・恋五〉
め‐な・れる【目慣れる｜目×馴れる】〔動ラ下一〕(文)めな・る〔ラ下二〕❶いつも見ていて目に慣れる。見慣れる。「―・れた看板」❷物事になれる。「かやうなる御心しらひは、常のことにて、―・れにたれば」〈源・宿木〉
メナンドロス〖Menandros〗[前342ころ〜前291ころ]古代ギリシャの喜劇作家。アテネの市民生活を題材に、性格描写の巧みな風俗喜劇を100編ほど書いたが、現存するのは「気むずかし屋」など4編で、他は断片だけが伝わる。
メニエール‐びょう【メニエール病】(‐ビャウ)平衡感覚をつかさどる内耳に病変があって、耳鳴り・難聴を伴うめまいの発作が繰り返し起こる病気。1861年にフランスの耳鼻科医メニエール(P.Ménière)が報告。メニエール症候群。
メニシェビキ〖(ロシア) Men'sheviki〗▶メンシェビキ
メニスカス〖meniscus〗界面張力により細管内の液体の表面がつくる凸状または凹状の曲面。管の壁を水で濡らせば凹状、濡らさなければ凸状になる。
メニュー〖(フランス) menu〗❶料理の品目を示した表。献立表。また、献立。「レストランの―」❷物事の、予定されている項目。また、その内容。「筋力強化のためのトレーニング―」「決められた―をこなす」❸コンピューターで、ディスプレー上に表示される操作項目の一覧。「一画面」(類語)(❶)献立表・献立・品書き・菜単
メニューイン〖Yehudi Menuhin〗[1916〜1999]米国のバイオリン奏者。少年期から名人芸的演奏で活躍、のち、精神的に深みのある演奏へ転じた。
メニュー‐バー〖menu bar〗コンピューターのアプリケーションソフトやオペレーティングシステムのウインドー上部に表示される、操作項目の一覧。
メヌエット〖(ドイツ) Menuett〗フランスに起こり17、8世紀ヨーロッパの宮廷で流行した典雅な舞踏および舞曲。三拍子で中庸の速度をもち、のちには器楽曲の楽章にも用いられた。ミニュエット。
め‐ぬき【目抜き】〔名・形動〕目立つこと。中心的であること。また、そのさま。「浜町の―な土地百坪ばかり」〈荷風・腕くらべ〉
め‐ぬき【目▽貫】目釘のこと。のち、柄(つか)の外にあらわれた目釘の鋲頭(びょうがしら)と座が装飾化されてその部分をさすようになり、さらに目釘と分離した飾り金物として柄の目立つ部分にすえられるようになった。
めぬき‐どおり【目抜き通り】(‐どほり)市街で最も人通りの多い、中心的な通り。
め‐ぬけ【目抜】フサカサゴ科の海水魚のうち体色が赤い大形種の総称。バラメヌケ・オオサガ・サンコウメヌケ・アコウダイなど。深海の岩礁にすみ、釣り上げられると水圧の急変で目が飛び出す。食用。(季 冬)
め‐ぬり【目塗(り)】合わせ目を塗ってふさぐこと。特に、火災のときに火が入らないよう、土蔵の戸前を塗りふさぐこと。
め‐ねぎ【芽×葱】葉ネギを芽吹いた直後に収穫したもの。薬味や鮨種として使われる。
め‐ねじ【雌螺＝子】(‐ねぢ)雄ねじを受け入れるよう、円筒状の穴の内表面に溝を切ったねじ。(対)雄螺子(おねじ)。
メネス〖Menes〗前3000年ごろの古代エジプトの伝説的な王。全エジプトを初めて統一して、第1王朝を創始したとされる。ナルメル。
メネブリア〖Menebria〗ブルガリア東部の町ネセバルにあった古代トラキア人集落の名称。メナブリア。メナンブリア。
メネルブ〖Ménerbes〗フランス南東部、プロバンス地方ボークリューズ県の村。13世紀に建てられ、宗教戦争時、新教徒のユグノー派の拠点となった城塞跡がある。英国の作家ピーター＝メイルの著作「南仏プロバンスの12ヶ月」を通じて著名になった。
め‐のう【×瑪×瑙】(‐ナウ)石英の結晶の集合体(玉髄(ぎょくずい))で、色や透明度の違いにより層状の縞模様をもつもの。色は乳白・灰・赤褐色など変化に富む。宝石・装飾品とされ、また硬質なので乳鉢にも使われる。
め‐の‐かたき【目の敵】憎んで敵視すること。また、その人。「―にする」(類語)敵視・憎む・嫌う・忌み嫌

う・憎悪する・嫌悪する・仇視する・嫉視する・白い目で見る

め-の-くすり【目の薬】見て慰めになるもの。

め-の-こ【女の子】❶おんなの子。「ここらの村の、―とは見えず」〈逍遥・当世書生気質〉❷おんな。「―当年に績ませざることあれば」〈継体紀〉⇔男の子。

め-の-こ【目の子】「目の子勘定」「目の子算」の略。「前巾着より―に読んでやり」〈浮・好色産毛・四〉

め-の-こ【海=布の子】昆布を細かく刻んだもの。

めのこ-かんじょう【目の子勘定】‥ヂヤウ「目の子算」に同じ。

めのこ-ざん【目の子算】そろばんや筆算などによらず、数量などを目で確かめながら計算すること。目の子勘定。

めのこ-ざんよう【目の子算用】「目の子算」に同じ。「十文で五文づつの間銭―して取って帰る」〈浮・一代女・六〉

め-の-さや【目の×鞘】まぶた。

目の鞘が外・れる　抜け目がない。また、洞察力がある。「この時目の鞘の外れし男ありて」〈浮・懐硯・五〉

目の鞘を外・す　注意してよく見る。「梶を取るが引舟、目の鞘外すが遣手の役」〈浄・反魂香〉

め-の-じ【めの字】《「め」ではじまる言葉を省略して、符丁のようにいった語》❶飯。食事。「まあ、―にしてえの」〈人・辰巳園・初〉❷妾。「―からへの字になるとつけ上がり」〈柳多留・二三〉

め-の-した【目の下】❶目の下の部分。「―の傷」❷見下ろした所。眼下。「―に広がる雲海」❸魚の目から尾までの長さ。魚の大きさをはかるときの基準とする。「―一尺のタイ」

め-の-しょうがつ【目の正月】‥シヤウグワツ《正月は一年中でいちばん楽しい時であるところから》美しい物、珍しい物などを見て楽しむこと。目の保養。

め-の-たま【目の玉┊眼の球】めだま。眼球。

目の玉が飛び・出る　「目玉が飛び出る」に同じ。

め-の-と【乳=母┊×傅】❶(乳母)母親の代わりに子供に乳を飲ませて育てる女。うば。「もの言はぬちごの泣き入りて、乳も飲まず、―の抱くにもやまで久しき」〈枕・一五〇〉❷(傅)貴人の子を守り育てる役目の男。もりやく。「―の兼遠を召して宣ひけるは」〈平家・六〉

め-の-どく【目の毒】❶見ると害になるもの。❷見ると欲しくなるもの。

めのと-ご【乳=母子┊×傅子】❶(乳母子)乳母の子。「この人は、かの大納言の御―にて」〈源・椎本〉❷(傅子)貴人の子を養育する任にある人の子。「木曽殿の御―、今井四郎兼平」〈平家・九〉

メノナイト〖Mennonites〗再洗礼派の流れをくむプロテスタントの一派。オランダのメノー=シモンズ(Menno Simons[1492〜1559])が創始。平和主義と無抵抗を主張。北米に信徒が多い。メノー派。

メノポーズ〖menopause〗更年期。また、更年期障害。

め-の-ほよう【目の保養】‥ヤウ「目の正月」に同じ。

め-の-まえ【目の前】‥まへ ❶見ているすぐ前。眼前。「―で人が倒れる」❷時間的、空間的にごく近いこと。もくぜん。「試験が―に迫る」類語 眼前・面前

目の前が暗くな・る　めまいがして何も見えなくなる。転じて、希望が絶たれるなどしてどうしてよいかわからなくなる。目の前が真っ暗になる。「取引停止の知らせに―・る」

め-の-まんねんぐさ【雌の万年草】ベンケイソウ科の多年草。山野の岩上などに生え、高さ約10センチ。茎は少しはう。葉は小さく多肉質で、互生。夏、黄色い花を多数つける。こまのつめ。はなつづき。

メノルカ-とう【メノルカ島】‥タウ《Menorcaはスペイン語で小島の意》地中海西部、バレアレス諸島の島。マジョルカ島の東に位置し、スペイン領。中心都市マオン。牧畜が行われる。ミノルカ島。

め-の-わらわ【女の▽童】‥わらは ❶おんなの子。少女。「いとらうたしと思ふ―は」〈源・東屋〉❷そば近く召し使う少女。「局の女房、―にいたるまで涙を流し」〈平家・四〉

めのわらわ-べ【女の▽童▽部】めのわらはべ「女めの童」に同じ。「家々の―を」〈栄花・初花〉

め-ばえ【芽生え】❶草木の芽が出はじめること。また、その芽。萌芽。「草花の―の時期」❷物事の起こり始め。萌芽。きざし。「近代文学の―」類語 芽立ち

め-ば・える【芽生える】〔動ア下一〕文めば・ゆ〔ヤ下二〕❶芽が出はじめる。「草木が―・える」❷物事が起こりはじめる。きざす。「愛情が―・える」

類語 (❶)芽吹く・芽ぐむ・芽立つ・萌える・発芽する/(❷)兆す・催す・萌芽

めばかり-ずきん【目▽許り頭巾】‥ヅキン ▶強盗頭巾

め-はし【目端】その場を見はからう機転。

目端が利・く　その場に応じてよく才知が働く。機転がきく。「―・く男だから任せておけばよい」

目端を利か・す　その場に応じて才知を働かせる。機転をきかす。「―・して利ざやを稼ぐ」

め-はじき【目▽弾】❶シソ科の二年草。原野に生え、高さ約1メートル。茎は四角柱で、全体に白い毛を密生する。根際の葉は心臓形で大きいが、上部の葉は深い切れ込みがある。7〜9月、茎の上部に淡紅紫色の唇形の花を数段つける。名は、子供が茎を短く切ってまぶたにつけ、目を開かせて遊んだことにちなむ。漢方で全草を益母草といい、婦人病などに薬用。季 秋「―の瞼ふさげば母がある/かな女」❷まばたき。また、目くばせ。「嗅―して立ち向かひ」〈浮・一代女・六〉

め-ばしこ・い【目×捷い】〔形〕文めばしこ・し〔ク〕目をつけるのが早い。目ざとい。「―・く見つける」

め-ばしら【目柱】矢の先につける大形の鏑。また、蟇目にうがった目(孔)と目との間の部分。

め-はずかし【目恥づかし】‥はづかし〔形シク〕人に見られるのが恥ずかしい。また、相手がりっぱで気恥ずかしい。「随分―・しき者どもにてある者を」〈保元・中〉

め-ばたき【▽瞬き】まばたき。またたき。「暫らく―もせず凝視めていると」〈魯庵・社会百面相〉

め-ばち【目×撥┊▽眼×撥】サバ科の海水魚。全長約2メートル、約100キロに達し、マグロ類では最も体高が高く、目が大きい。世界の温・熱帯海域に分布し、外洋性。延縄で漁獲され、刺身や鮨種にする。

め-はちぶ【目八分】「めはちぶん」に同じ。

め-はちぶん【目八分】❶物を丁重に差しだすとき、両手で目の高さより少し低くしてささげ持つこと。❷容器の10分の8ほどに物を入れること。また、その分量。八分目。

目八分に見る　傲慢な態度で人に接する。人を見下す。

め-はな【目鼻】❶目と鼻。❷顔立ち。目鼻立ち。「―がそろう」❸物事の輪郭。大体のところ。

目鼻が付・く　物事の大体のところが決まる。おおよその見通しが立つ。「計画の―・く」

目鼻を付・ける　物事の大体の決まりをつける。おおよその見通しをつける。「仕事の―・ける」

め-ばな【雌花】単性花で、雌しべのつく花。雄しべはないか、あっても退化している。しか。⇔雄花。

めはな-だち【目鼻立ち】目や鼻のかっこう。顔立ち。「―の整った顔」

め-ばや・い【目早い】〔形〕文めばや・し〔ク〕見つけるのが早い。目ざとい。「婦人は―・く見つけたそうで」〈鏡花・高野聖〉

め-ばり【目張り┊目貼り】〔名〕スル ❶風などが入らないように、物のすきまに紙などをはってふさぐこと。また、それに用いるもの。「窓に―する」季 冬 ❷(目張り)舞台化粧で、目を大きくはっきり見せるために、目のまわりに墨などを施すこと。また、目の端を長く描くこと。「―を入れる」

めはり-ずし【目張り×鮓】和歌山県新宮地方で、炊きたての飯を俵形に大きく握り、高菜の漬け物で包んだすし。大口でかぶりつくと、目を見張ったような顔つきになるところからの名。

めばり-やなぎ【芽張り柳】早春、芽の萌え出ようとする柳。芽柳。季 春

め-ばる【目張┊▽眼張】フサカサゴ科の海水魚。沿岸の岩礁にすむ。全長約30センチ。体は長卵形で側扁し、目が大きい。体色はすむ場所によって変化に富み、赤メバル・黒メバル・金メバルなどともよばれる。体側に不明瞭な5、6本の横帯がある。卵胎生。美味。季 春

メビウス〖August Ferdinand Möbius〗[1790〜1868]ドイツの数学者・天文学者。ガウスに天文学を学び、のちにライプチヒ天文台長を務めた。幾何学では、点の斉次座標を導入し、平面の射影変換などを研究。メビウスの帯を提示した。

メビウス-の-おび【メビウスの帯】《Möbius strip》細長い帯を1回ねじって両端をはり合わせたときに、表裏の区別ができない連続面となる図形。ドイツの数学者アウグスト=メビウスが考案。メビウスの輪。

め-ひかり【▽眼光┊目光】アオメエソもしくはマルアオメエソの別名。目が大きく、反射光で黄緑色に光って見える。白身の魚で、刺身や唐揚げ、塩焼きにして食す。一夜干しの製品もある。

め-ひき【目引き】❶地色や模様が色あせたり汚れたりしたものを色揚げすること。また、もとの生地の柄が隠れないようにして染めかえること。❷製本のとき丁合ずみのものを重ね合わせ、綴じ糸を通す穴をあけること。

目引き鼻引き　目くばせや鼻先で合図して、互いの意を通じ合うこと。

メヒコ〖Mexico〗「メキシコ」のスペイン語による呼称。アステカの神の名に由来。

め-ひじき【芽鹿=尾=菜】ヒジキを商品として出荷する際に、芽と茎をより分けて芽の部分だけにしたもの。姫ひじき。米ひじき。⇒長鹿尾菜

め-ひしば【雌日芝】イネ科の一年草。日当たりのよい所に生え、高さ40〜70センチ。根際で数本の茎が分かれ、葉は線形。夏から秋、茎の頂に5〜10本の細い穂を放射状につけ、オヒシバに似るが細くて柔らかい。じしばり。めひじわ。めしば。

め-びな【女×雛】内裏雛のうち、皇后にかたどったもの。おんなびな。⇔男雛。

メビバイト〖mebibyte┊MiB〗コンピューターで扱う情報量や記憶容量の単位の一。2^{20}(104万8576)バイト。MiB。補説 もとは2^{20}バイトを表す単位はメガバイト(MB)だったが、これが100万ちょうどの10^{6}バイトも意味するようになったため、前者だけを示す単位としてメビバイトが使われるようになった。

め-ひも【雌×紐】雄紐の結び玉を差し入れる輪形の紐。⇒入れ紐 ⇒雄紐

め-ひるぎ【雌×蛭木】ヒルギ科の常緑高木。九州南部以南の海岸に生え、マングローブをつくる。葉は長楕円形でつやがある。花は白く、実は卵形でオヒルギより細く、種子は樹上で発芽する。琉球笄。

め-ぶ【▽馬部】律令制で、左右の馬寮に属した雑人。

メフィストフェレス〖Mephistopheles〗ドイツのファウスト伝説およびゲーテの「ファウスト」に登場する悪魔。ファウストに魂を売る契約をさせ、その代償として地上の快楽を得させるため奉仕する。メフィスト。

め-ぶか【目深】▶まぶか

め-ぶき【芽吹き】芽吹くこと。樹木の新芽が出はじめること。

めぶき-やなぎ【芽吹き柳】「芽張り柳」に同じ。

め-ぶ・く【芽吹く】〔動カ五(四)〕樹木が芽を出す。「森の木がいっせいに―・く」季 春「がうがうと欅―・けり風の中/波郷」

類語 芽生える・芽ぐむ・芽立つ・萌える・発芽する

め-ぶし【雌節┊女節】カツオの腹肉でつくったかつお節。腹節。⇔雄節。

メフメット〖Mehmet〗㊀(2世)[1432〜1481]オスマン帝国第7代スルターン。在位1451〜1481。コンスタンチノープルを攻略。東ローマ帝国を滅ぼし、征服王とよばれた。全アナトリア・バルカン半島を領土とし、黒海岸を制圧。内政面では中央集権体制を固め、帝国の基礎を固めた。メフメト。㊁(〜 Ali)▶ムハンマド=アリー

め

メフメットパシャソコロビッチ-ばし【メフメットパシャソコロビッチ橋】《Most Mehmed-paše Sokolovića》ボスニア-ヘルツェゴビナ東部、スルプスカ共和国の町ビシェグラードを流れるドリナ川に架かる石造橋。全長約180メートル、11のアーチから成る。名称は橋の建造を命じたオスマン朝大宰相ソコルル＝メフメト＝パシャにちなむ。16世紀末、宮廷建築家ミマール＝スィナンの設計で建造。ボスニア出身のノーベル賞作家イボ＝アンドリッチの歴史小説「ドリナの橋」の舞台となった。2007年、オスマン帝国の当時の建築技術の高さを示すものとして、世界遺産（文化遺産）に登録された。ソコルルメフメトパシャ橋。
メプロバメート〖meprobamate〗不安・緊張・焦燥感などの神経症状を軽減するために用いる抗不安薬。
めふん 鮭(さけ)の腎臓の塩辛。
め-ぶんりょう【目分量】(メブンリャウ) 目で見て、大体の分量をはかること。また、その分量。目積もり。「―で調味料を加える」「―ではかる」
め-べり【目減り】〔名〕(スル) ❶蒸発したりこぼれたりして、品物の目方が減ること。「綿を打ち直すと―する」❷物の実質的な価値が低下すること。「インフレで預金が―する」[類語]減殺・減耗・損耗・減損・低下
め-へん【目偏】漢字の偏の一。「眺」「睡」などの「目」の称。
め-ぼうき【目×箒】(メバウキ) シソ科の一年草。高さ約50センチ。葉は卵形で、対生。夏に白い小花を穂状につける。インドからインドシナ半島の原産で、欧米でも栽培され、葉を香辛料として用いる。バジリコ。
め-ぼし【目星】❶目当て。見当。見込み。❷目の角膜の縁に、粟粒ほどの小さな白い濁りのできたもの。星目。❸疲れたときや頭を打ったときなどに目にちらつく星のようなもの。「やうやうひだるさに―の花の散るならん」〈仮・東海道名所記・二〉[類語]心当たり
目星が付・く 見当が付く。目当ての人物などが決まる。「犯人の―・く」
目星を付・ける 見当を付ける。目標とするところを決める。「―・けて当たってみる」
めぼし・い〔形〕[文]めぼ・し〔シク〕いろいろあるもののなかで、特に目に立つさま。取り上げるだけの価値があるさま。「―・い品を持ち出す」「―・い作品を取り上げる」[派生]めぼしさ〔名〕
[類語]主(おも)な・主要・主(しゅ)たる・中心的・メーン
め-ぼそ【目細】❶目が細いこと。❷メボソムシクイのこと。[季 夏]「一鳴き富士に向く火山灰(よな)の道／岳陽」
めぼそ-むしくい【目細虫食】(・クヒ) スズメ目ヒタキ科ウグイス亜科の鳥。全長13センチくらい。上面は暗緑色、下面は淡黄色。眉斑(びはん)は細めで黄白色。日本では夏鳥で、亜高山帯で繁殖し、大きな声でチョリチョリとさえずる。冬は東南アジアへ渡る。
め-まい【目×眩｜眩＝暈】(・マヒ) 目が回ったり、くらんだりすること。回転・昇降・傾斜などを感じるものは平衡感覚の異常により、立ちくらみのものは血行障害により起こる。げんうん。
め-まぎらし・い【目紛らしい】〔形〕[文]めまぎら・し〔シク〕《近世江戸語》色・形などがいろいろでまぎらわしい。また、めまぐるしい。「江戸っ子の早さ、なんでも―・い様だ」〈滑・浮世床・初〉
め-まぎれ【目紛れ】目がちらついてはっきり見分けられないこと。「眼を合はするに―せり」〈盛衰記・三九〉
め-まく【女幕】外幕(とまく)の一。第一の幅(の)の上端を表に折り返し、左右の横の端をどちらも表に折り返したもの。陰(いん)の幕。
め-まぐるし・い【目▽紛るしい】〔形〕[文]めまぐる・し〔シク〕物の動きや変化が、一つ一つ追って行くことができないほど早い。「―・く動き回る」「順位が―・く入れかわる」[派生]めまぐるしげ〔形動〕めまぐるしさ〔名〕
[類語]慌ただしい・急・せわしい・忙しない・気ぜわしい・繁劇・倥偬(こうそう)・忽忽(そうそう)
め-まじ【目交じ｜▽瞬】「めまぜ」の音変化。「みどもが―すれど、合点せいで」〈虎清狂・泣尼〉
め-まじろぎ【▽瞬】《「めまじろき」とも》まばたき。また、目くばせ。「尊天は―一つせで威儀を崩さず」〈露伴・新浦島〉
め-まぜ【目交ぜ｜▽瞬】〔名〕(スル) ❶目で合図をすること。目くばせ。「無言で―して帰り仕度をはじめ」〈太宰・新釈諸国噺〉❷まばたきすること。「―せはしくたちすくみ」〈浮・男色大鑑・三〉
め-まつ【雌松｜女松】アカマツの別名。[対]雄松(おまつ)。
め-みえ【目見｜目見得】〔名〕(スル) ❶目上の人に会うこと。お目にかかること。「―を許される」→御目見(おめみえ) ❷奉公人が初めて主人の前に出てあいさつをすること。また、正式に雇われる前の試用期間。「小間使が二人―に上った」〈円地・女坂〉❸芸者や妾(めかけ)になること。また、芸者や妾として主人に初めてあいさつをすること。「お玉に―をさせると云うことになって」〈鴎外・雁〉❹俳優などが、初めて、または久しぶりに、舞台に立つこと。→御目見(おめみえ)
めみえ-いじょう【目見得以上】(・イジャウ) ►御目見(おめみえ)以上
めみょう【馬鳴】(メミャウ)《梵 Aśvaghoṣaの訳》2世紀ごろのインドの仏教詩人。バラモンの論師から仏教に帰依し、カニシカ王の保護を受けた。技巧的なカービヤ（美文体）文学の先駆となり、叙事詩「ブッダチャリタ（仏所行讃）」などの作品がある。生没年未詳。アシュバゴーシャ。
め-むかえ【▽妻迎え】(・むかへ) 東北地方などで、12月8日または9日に、大黒様の年夜(としや)、大黒様の嫁取りなどと呼んで、二股(ふたまた)大根を供える行事。
メムリンク〖Hans Memling〗[1430ころ～1494] フランドルの画家。ドイツ生まれ。調和と秩序ある画面構成のうちに柔和な詩情を示した。肖像画・宗教画が多い。
め-め【▽米】こめ。「只今の引出物、―五十石、おあし百貫」〈虎明狂・比丘貞〉
めめ-ざこ【目目雑＝魚】メダカの異称。めめじゃこ。
めめ-し・い【女女しい】〔形〕[文]めめ・し〔シク〕態度や気性が柔弱である。いくじがない。主に男性についていう。「―・いやつ」[対]雄雄しい。[派生]めめしげ〔形動〕めめしさ〔名〕
めめ-じゃこ【目目雑＝魚】「めめざこ」に同じ。
めめず【蚯＝蚓】「みみず」の音変化。
メメント-モリ〖(ラテ) memento mori〗《なんじは死を覚悟せよの意》死の警告。特に、死の象徴としてのしゃれこうべ。人間の欠陥やあやまちを思い出させるものとして、ヨーロッパのルネサンス・バロック期の絵画のモチーフに用いられた。
メモ〖memo〗〔名〕(スル) 忘れないように要点を書き留めること。また、書き留めたもの。覚え書き。「会議の―をとる」「談話を―する」「―用紙」
[類語]書き付け・覚え書き・心覚え・手控え・備忘・ひと筆・一筆・ノート・メモランダム・控える・書(か)き留(と)める・書き記す・書き付ける・録する・記録する
め-もうけ【▽妻×儲け】(・まうけ) 妻をめとること。「御―のほど、兄君にこよなうまさり給ひぬめり」〈栄花・さまざまの喜び〉
め-もじ【目文字】《「めみえ」の下を略し「文字」を添えたもの》お目にかかることをいう女性語。おめもじ。
メモ-ちょう【メモ帳】(・チャウ) メモ用の手帳。
め-もと【目元｜目▽許】目のあたり。また、目の外見上の感じ。目つき。「―が母親に似ている」「―の涼しい女性」[類語]目つき・目頭・目じり・まなじり
メモ-ファクシミリ〖memo facsimile〗メモ的情報を送受する小型のファクシミリ。
メモライズ〖memorize〗〔名〕(スル) 記憶すること。覚えること。[補説]英語では動詞。
メモランダム〖memorandum〗覚え書き。メモ。
め-もり【目盛(り)】物差し・はかり・温度計などの、長さ・重さ・容積などを示すしるし。「―を読む」
[類語]印(しるし)・目印・マーク・指標
メモリアル〖memorial〗何かを記念したもの。「―コンサート」
メモリアル-パーク〖memorial park〗共同墓地。特に、戦没将兵のための記念共同墓地。
メモリアル-ホール〖memorial hall〗記念館。
メモリー〖memory〗❶記憶。思い出。また、記念。❷コンピューター本体の、情報を記憶しておく場所。また、記憶機能のある素子。外部記憶装置をさしていうこともある。→RAM →ROM [類語]記憶
メモリー-アイシー〖memory IC〗情報を速やかに蓄積したり、取り出したり、消去したりする機能を備えた集積回路。パソコンなどでの重要な記憶素子である。RAMとROMに分類される。
メモリー-アドレスレジスター〖memory address register〗►アドレスレジスター
メモリー-オーバーレイ〖memory overlay〗 一つのプログラム中の異なる処理に対し、記憶領域中の同一部分を繰り返し使用する手法。オーバーレイ。
メモリー-カード〖memory card〗電気的に記録内容の書き換えが可能なフラッシュメモリーを内蔵した、カード型の記憶媒体の総称。一般の磁気カードよりも記憶容量が大きい。SDメモリーカード、コンパクトフラッシュ、メモリースティック、およびそれらの上位互換や小型化したさまざまな規格があり、デジタルカメラ、デジタルオーディオプレーヤー、携帯電話などで用いられる。
メモリー-くうかん【メモリー空間】《memory space》コンピューターのCPUがアクセスして、データの読み出しや書き込みができるメモリー領域。仮想メモリーも含む。メモリースペース。アドレス空間。
メモリー-こうか【メモリー効果】(・カウクワ)《memory effect》ニッケルカドミウム電池、ニッケル水素電池など、充電可能な二次電池の特性の一。完全放電させずに継ぎ足し充電をして使用した場合、残量が継ぎ足し充電時の容量にさしかかると、放電電圧が低下する現象。
メモリースティック〖Memory Stick〗ソニーが開発したメモリーカード規格の一。小型化した「メモリースティックデュオ」、さらに薄型・軽量化した「メモリースティックマイクロ」などがある。商標名。
メモリースティック-デュオ〖Memory Stick Duo〗ソニーが開発したメモリーカードの規格の一。メモリースティックを小型化したもので、携帯電話やデジタルカメラなどの小型機器での使用に向く。
メモリースティック-プロ〖Memory Stick PRO〗ソニーとサンディスクが開発したメモリーカードの規格の一。メモリースティックの上位規格で、高速化・大容量化を図ったもの。著作権保護技術MagicGate(マジックゲート)に対応。
メモリースティック-マイクロ〖Memory Stick Micro〗ソニーとサンディスクが開発したメモリーカードの規格の一。メモリースティックデュオをさらに小型・薄型化したもので、縦15ミリ、横12.5ミリ、厚さ1.2ミリ。
メモリー-スペース〖memory space〗►メモリー空間
メモリー-スロット〖memory slot〗►メモリーソケット
メモリー-ソケット〖memory socket〗コンピューターにメモリーモジュールを取り付けるため、マザーボードに設けられた部品。単にソケットともいう。
メモリー-ダンプ〖memory dump〗ディスプレー・プリンターや外部記憶装置などの出力装置に、コンピューターのメモリーの内容を出力する処理。
メモリー-ボード〖memory board〗►メモリーモジュール
メモリー-モジュール〖memory module〗コンピューターのメモリーの容量を増やすため、コンピューター内部のメモリーソケット、あるいはメモリースロットに装着して使用する基板のこと。メモリーボード、拡張メモリーとも呼ぶ。
メモリー-リーク〖memory leak〗コンピューターの使用可能なメモリー領域が徐々に減少すること。アプリケーションソフトやオペレーティングシステムのメモリー管理に問題がある場合に生じることが多い。
メモリー-リワインド《和 memory＋rewind》カセッ

トテープレコーダーで指定のところまで巻き戻すこと。

メモリー-レジスター〖memory register〗▶アキュムレーター❷

め-も・る【目盛る】〔動ラ五(四)〕目盛りをつける。「ミリ単位で―・る」

メモ・る〔動ラ五〕《「メモ」の動詞化》メモをする。メモをとる。「要点を―・る」

メモワール〖フランス mémoire〗❶記憶。思い出。❷回想録。手記。

め-や〔連語〕《推量の助動詞「む」の已然形＋係助詞「や」》…であろうか、いや、そうではない。「あしひきの八つ峯の椿つらつらに見とも飽か―植ゑてける君」〈万・四四八一〉➲めやは ➲めやも

め-やす【目安】❶目当て。目標。おおよその基準。また、おおよその見当。「六〇点を―とする」「費用の―を立てる」❷そろばんの掛け算や割り算で、そろばん上の左のほうに置く乗数または除数。❸そろばんで、五玉と小玉との仕切りの梁に記してある位取りの文字や印。❹箇条書きにした文書。中世では、箇条を立てて書いた訴状と陳状。江戸時代ではもっぱら訴状のことをいう。目安書き。目安状。

(類語)(❶)基準・尺度・物差し・拠り所・標準・バロメーター

目安上・げる　訴状を差し出す。おかみに訴え出る。「家渡すか銀立つるか、返事次第に五日には―・げると」〈浄・大経師〉

目安を付・ける　おおよその見当をつける。「一人あたま三千円と―・ける」

めやす-うらはん【目安裏判】江戸時代、所掌の奉行が訴状の裏面に相手方(被告)に対する出廷期日などを裏書きし、捺印すること。起訴行為の完了を意味した。

めやす-がき【目安書】訴状など、箇条書きにした文書。また、その代書を職業とすること。「―して世を渡りけるとなり」〈浮・諸国ばなし・三〉

めやす-かた【目安方】江戸時代、評定所で民事訴訟の訴状の調査を担当した諸役人。

めやす-じょう【目安状】▶目安❹

めやす-ばこ【目安箱】享保6年(1721)8代将軍徳川吉宗が享保の改革の一つとして評定所前に設置して庶民の進言・不満などを投書させた箱。箱は将軍の面前で開けられ、将軍が自ら開封し閲覧した。訴状箱。➲箱訴

め-やつこ【女▽奴】女の奴隷。また、女をののしっていう語。「香塗れる塔にな寄りそ川隈の屎鮒食めるいたき―」〈万・三八二八〉

め-やなぎ【芽柳】「芽張り柳」に同じ。

め-やに【目▽脂】目から出る粘液の固まったもの。めあか。めくそ。(類語)目糞・目垢

めや-は〔連語〕《連語「めや」＋終助詞「は」。上代の「めやも」に代わった平安時代以降の用法》反語の意に詠嘆の意を添えたもの。…だろうか、いや、そうではないなあ。「さと人の言は夏野のしげくともかれゆく君にあはざらめ―」〈古今・恋四〉

め-やみ【目病み】目のやまい。また、それにかかっている人。

目病み女に風邪引き男　目をわずらっている女と風邪を引いている男は色っぽく見えるものである。

めや-も〔連語〕《連語「めや」＋終助詞「も」》反語の意に詠嘆の意を添えたもの。…だろうか、いや、そうではないなあ。「川の上のいつ藻の花のいつもいつも来ませ我が背子時じけ―」〈万・四九一〉

め-ゆい【目結】❶布地をつまんで糸でくくり、くくりめを回のような目の形に染め出す絞り染め。鹿の子絞りなど。❷紋所の名。❶を図案化したもの。

め-ら【目ら】目。まなこ。「我が―はますみの鏡我が爪はみ弓の弓弭」〈万・三八八五〉

メラーノ〖Merano〗イタリア北東部、トレンティーノアルトアディジェ自治州の町。オーストリアとの国境近く、標高2000～3000メートル級の山々に囲まれ、アディジェ川の支流パッシリオ川が流れる。19世紀から20世紀にかけてオーストリア領となり温泉の開発が進み、現在も山岳リゾートとして知られる。毎年夏、ジャコモプッチーニ劇場で国際音楽祭が催される。

めらし-やど【めらし宿】東北地方で、娘宿のこと。

メラトニン〖melatonin〗松果体から分泌されるホルモン。メラニン色素細胞の収縮、生殖腺の発達抑制の作用がある。また、人においては通常夜に分泌量が多くなり、睡眠を促進する作用があると考えられている。

メラニン〖melanin〗動物の皮膚や毛、目の結膜などに存在する黒色の色素。チロシンを基にして生成される。皮膚では過剰な光の吸収に役立ち、紫外線を遮る働きをし、直射日光にさらされると生成量が増える。メラニン色素。

メラニン-かりゅう【メラニン×顆粒】▶メラノソーム

メラニン-しきそ【メラニン色素】「メラニン」に同じ。

メラニン-しょうたい【メラニン小体】▶メラノソーム

メラネシア〖Melanesia〗太平洋南西部、赤道の南、東経180度の西の区域の島々。ソロモン・ニューカレドニア・フィジーなどの諸島があり、住民はパプア族とメラネシア族が多い。独立国はナウル・フィジー諸島・パプアニューギニア・ソロモン諸島・ツバル・キリバス・バヌアツなど。

メラネシア-ごは【メラネシア語派】マレー-ポリネシア語族の一語派。ビスマーク諸島・ソロモン諸島・ニューカレドニア島などで話される。

メラノーマ〖melanoma〗▶悪性黒色腫

メラノサイト〖melanocyte〗メラニンを産生する細胞。特に哺乳類・鳥類の黒色素胞をいう。

メラノソーム〖melanosome〗色素細胞内などで形成されるメラニン色素を含む顆粒。メラニン小体。メラニン顆粒。

メラミン〖melamine〗尿素を高圧下でアンモニアと反応させるか、ジシアンジアミドを高圧下で加熱して得られる無色の結晶。熱水に溶ける。メラミン樹脂の原料。分子式$C_3H_6N_6$

メラミン-じゅし【メラミン樹脂】メラミンとホルムアルデヒドとの縮合によってできる熱硬化性樹脂。尿素樹脂に似るが硬度が高く、耐熱性にすぐれる。化粧板などの建築材料や塗料・接着剤・食器などに利用。

めら-めら〔副〕炎を立てて勢いよく燃え広がるさま。「―(と)燃える」「嫉妬の炎を―(と)燃やす」

(類語)炎炎・ぼうぼう・かっか

めらわ【女▽童】《「め(女)わらわ(童)」の音変化》女の子。「この隣なる―の」〈宇治拾遺・二〉

メランコリア〖melancholia〗▶メランコリー

メランコリー〖melancholy〗❶気がふさぐこと。憂鬱。❷鬱病。

メランコリック〖melancholic〗〔形動〕物思いに沈むさま。憂鬱であるさま。「―な感情」

メランザーネ〖イタリア melanzane〗《melanzana の複数形》茄子。

メランヒトン〖Philipp Melanchton〗[1497～1560]ドイツの人文主義者・神学者。ルターの宗教改革運動の最大の協力者として、プロテスタント教義の体系化に寄与。著「神学綱要」「アウクスブルク信仰告白」など。

めり【▽乙・▽減り】《動詞「め(減)る」の連用形から》❶へること。出費や損失。「一年に殆んど五割の―が立つ」〈魯庵・社会百面相〉❷邦楽で、音の高さを低くすること。特に尺八でいう。(対)甲

め-り【▽罵×詈】ののしること。ばり。「一放言をもとがめずして」〈十訓抄・二〉

めり〔助動〕[〇|めり|めり|める|める|〇]動詞型活用語の終止形、ラ変型活用語の連体形に付く。❶目で見た事柄に基づいて判断・推量する意を表す。…のようだ。…のように見える。…のように思われる。「つばくらめ子産まむとする時は、尾をささげて七度めぐりてなむ、産み落とすめる」〈竹取〉❷断定を避けて婉曲的に表現する意を表す。…のようだ。…らしい。「さらば今日こそは限りなめれ」〈源・帚木〉(補説)「見あり」または「見えあり」の音変化か。視覚的に判断する性質が原義であるといわれる。平安中期・後期の散文に盛んに用いられ、特に会話中に多く使われたが、連用形は「き」「けり」「つ」に連なるだけであまり多く使われない。ラ変型活用語への接続形は「あ(ん)めり」「な(ん)めり」「た(ん)めり」「べか(ん)めり」となることが多い。

メリー-ウィドー〖The Merry Widow〗《原題、ドイツ Die Lustige Witwe》レハール作曲のオペレッタ。全3幕。1905年ウィーンで初演。金持ちの未亡人ハンナをめぐる恋と結婚を描き、世界的にヒットした。

メリー-クリスマス〖Merry Christmas〗〔感〕クリスマスを祝っていう語。クリスマスおめでとう。

メリー-ゴー-ラウンド〖merry-go-round〗《「メリーゴーランド」とも》回転木馬。

メリーランド〖Maryland〗米国東部の州。チェサピーク湾を抱く。州都アナポリス。ボルティモアを中心に各種工業が発達。独立13州の一。➲表「アメリカ合衆国」

メリエ〖Jean Meslier〗[1664～1729]フランスの司祭・思想家。絶対王政と服従を説く教会の告発、無神論、唯物論的社会主義をつづった覚え書「遺言」を遺したといわれる。のち、ボルテールによって刊行された「メリエの遺言抄」は啓蒙思想の先駆をなした。

メリエス〖Georges Méliès〗[1861～1938]フランスの映画製作者・監督。奇術師として出発したが、リュミエール兄弟の映画に出会い映画製作を開始。トリックを使った幻想的な映画を開拓し、特殊撮影の創始者となる。作「月世界旅行」「海底二万里」など。

めり-かり【▽乙▽甲・▽減▽上】《邦楽で、基本の音より音高が下がったものを「めり」、上がったものを「かり」ということから》❶音の高低。抑揚。❷音声に抑揚をつけること。めりはり。

メリクロン〖mericlone〗《meristem(分裂組織)とclone(栄養系)とからの合成語。「メリクローン」とも》茎頂培養によって栄養繁殖させる培養法。また、それによって得られる育成苗。ラン栽培で実用化が進んだ。

メリケン《Americanから》❶アメリカ。米国。❷アメリカ人。❸げんこつ。「―を食らわす」(補説)「米利堅」とも書く。

メリケン-こ【メリケン粉】小麦粉のこと。日本産のものをうどん粉というのに対し、アメリカ産の精製された白いものをいった。

メリケン-サック《American sackから》4本の指の付け根にはめて使う金属製の武器。(補説)英語では brass knuckles, knuckle-dusters.

メリケン-はとば【メリケン波止場】外国船の出入りする波止場。

メリケン-ばり【メリケン針】洋裁用の針。針穴は細長く、針の先が急に細くなったもの。もとは米国製。

めり-こ・む【▽減り込む】〔動マ五(四)〕押されるなどしてはまり込む。また、重みなどで沈むようにへこむ。「足が泥に―・む」「パンチが腹に―・む」

メリスマ〖ギリシャ melisma〗歌詞の一音節に多数の音符を当てて装飾的に歌う声楽の様式。

メリダ〖Mérida〗㊀メキシコのユカタン半島北部にある都市。サイザル麻の栽培が盛ん。周辺にマヤ文明遺跡が多く、観光基地。㊁ベネズエラ西部の高原都市。メリダ州の州都。アンデス山脈の北端、メリダ山脈の中心に位置する。同国最高峰ボリーバル山をはじめ、標高5000メートル級の山々を望む。赤道近くの高原の気候のため、コーヒーの生産が盛ん。㊂スペイン西部、グアディアナ川北岸にある都市。ローマ帝国の植民都市としてオクタビアヌスにより築かれた。3世紀末には「小ローマ」と呼ばれるほど繁栄し、ローマ劇場、円形闘技場、ローマ水道橋、ディアナ神殿、トラヤヌス帝の凱旋門などの遺跡が残る。1993年「メリダの遺跡群」として世界遺産(文化遺産)に登録。

メリチ-ばし【メリチ橋】《Meriç Köprüsü》トルコ北西部の都市エディルネの市街南部を流れるメリチ川に架かる石造橋。オスマン帝国時代の19世紀半ば

に建造された。

めり-つ・く〔動カ四〕めりめりと音を立てる。「膝は―・く、気骨は折れる」〈浄・盛衰記〉

メリッサ〖ラテン Melissa〗シソ科の多年草。ヨーロッパ原産。高さ30～80センチ。葉はレモンに似た香気をもち、芳香薬・香水の原料とされる。

メリット〖merit〗❶利点。価値。「何の―もない」「―が大きい」⇔デメリット。❷手柄。功績。

(類語)利点・価値・強み・長所・特長・見どころ・取り柄・美点・身上・魅力・売り物・セールスポイント

メリットクラシー〖meritocracy〗《「メリトクラシー」とも》実力主義。能力主義社会。学歴社会。また、知的エリート階級。

メリット-システム〖merit system〗公務員の任用・異動に関して、その専門能力・成績・資格などを基準とする人事制度。資格任用制。成績主義。➡スポイルズシステム

メリット-ひょうじ【メリット表示】(デジ)加工食品に施される、高品質や高級感を表すための表示。「国産原料使用」「手作り」「天然」「完熟」など。JAS規格などで表示の基準が決まっている品目もあるが、規制の対象となっていない品目のほうが多く、消費者の気を引くためだけの表示の乱用も見られる。

メリトクラシー〖meritocracy〗►メリットクラシー

メリノ〖merino〗❶家畜の羊の一品種。スペインの原産で、オーストラリア・フランス・アメリカなどで改良された。毛は長く質がよい。群居性があり、雄は角をもつ。❷❶の毛を素材とした高級な毛織物。

めり-はり【▽減り張り|▽乙張り】❶ゆるむことと張ること。特に、音声の抑揚や、演劇などで、せりふ回しの強弱・伸縮をいう。「―のきいたせりふ」❷物事の強弱などをはっきりさせること。「―をつけて仕事をする」

(類語)抑揚・強弱・緩急・アクセント

メリメ〖Prosper Mérimée〗[1803～1870]フランスの小説家。激しい情熱や異国情緒に満ちた世界を簡潔な文体で描いた。歴史・考古学・言語学などでも活躍。小説「マテオ＝ファルコーネ」「カルメン」など。

めり-めり〔副〕かたくて強度のある物が、ゆっくりと折れたり押しつぶされたりする音や、そのさまを表す語。「壁板を―(と)はがす」

めりやす ❶長唄の一種で、ふつう歌舞伎下座音楽として、物思い・愁嘆などの無言の演技のとき、叙情的効果を上げるために独吟または両吟で演奏するもの。もの静かな沈んだ曲調が多い。❷義太夫節の三味線の手で、人物の軽い対話や動作の彩りとして、短い手を繰り返し演奏するもの。(補説)メリヤスのように曲が劇に合わせて伸び縮みするからとも、「滅入りやすい」調子の曲だからともいう。

メリヤス〖スペイン medias|ポルトガル meias〗《靴下の意》編み物用機械によって編んだ布地。織物が縦・横2本の直線の糸でつくられるのに対し、メリヤスは1本の糸による編み輪のからみ合いでつくられる。(補説)「莫大小」「目利安」とも書く。

メリヤス-あみ【メリヤス編み】編み物の基本的な編み方で、1本の糸で一つの輪奈(わな)をつくり、次の輪奈を入れてすくい出し、これを連続させるもの。表と裏の編み目が異なり、伸縮性にすぐれる。天竺(てんじく)編み。平編み。

め-りょう【▽馬料】(デジ)奈良・平安時代、五位以上の文武の在京官人に馬の飼育料として支給された銭。

め-りょう【▽馬寮】(デジ)律令制で、官馬の飼養・調習や馬具のことを扱い、また、諸国の御牧(みまき)の馬をつかさどった役所。左右に分かれ、それぞれ四等官のほか、馬医(うまい)・馬部(めぶ)・使部(しぶ)などの職員が置かれた。うまのつかさ。うまづかさ。まりょう。

メリンス〖スペイン merinos〗《メリノ種の羊毛で織ったところから》薄く柔らかい毛織物。モスリン。唐縮緬(とうちりめん)。

め・る【▽減る】〔動ラ四〕❶へる。少なくなる。「地ガ―・ッタ」〈日葡〉❷衰える。弱る。めいる。「過言申す者は必ず奢り易く―・り易し」〈甲陽軍鑑・三〇〉

メル-アド「メールアドレス」の略。

メルカトル〖Gerhardus Mercator〗[1512～1594]オランダの地理学者。1538年に世界地図、41年に地球儀、51年に天球儀、69年にはメルカトル図法による世界地図を完成。近代地図学の祖とされる。

メルカトル-ずほう【メルカトル図法】(デジ)地図投影法の一。地球の中心に視点を置き、赤道で地球に接する円筒面に投影したもの。経線は等間隔の平行線、緯線は経線と垂直な平行線で間隔が高緯度ほど大きくなる。図上の任意の二点を結ぶ直線が二点間の等角航路を示すので、海図に用いられる。メルカトルが1569年に航海用世界全図で発表。正角円筒図法。

メルカプタン〖mercaptan〗アルコールの酸素原子を硫黄原子に変えたメルカプト基–SHをもつ化合物。メチルメルカプタンCH_3SHなど。都市ガスなどの臭気付与剤に用いる。チオアルコール。

メルカリ-しんど【メルカリ震度】《Mercalli scale》国際的に使われている震度階級の一つ。ある場所における地震動の強さの程度を、人体の受ける感じや周囲の状況などによって区分したもので、1から12までの階級がある。イタリアの地震学者G＝メルカリの考案による。➡震度

メルカンティ-ひろば【メルカンティ広場】《Piazza Mercanti》イタリア北部、ロンバルディア州の都市ミラノにある広場。ミラノ大聖堂の広場に隣接する。13世紀前半に建設され、周囲には旧裁判所、王立学校、オシイ家の回廊をはじめ、13世紀から17世紀にかけての歴史的建造物に囲まれている。

メルク〖Melk〗オーストリア、ニーダーエスターライヒ州西部、バッハウ渓谷にある町。ドナウ川とその支流メルク川の合流点に位置する。同国屈指のバロック様式の建造物で知られるメルク修道院がある。2000年に世界遺産に登録された「バッハウ渓谷の文化的景観」に属する。

メルク-しゅうどういん【メルク修道院】(ニシウ)《Stift Melk》オーストリア、ニーダーエスターライヒ州西部、バッハウ渓谷の町メルクにあるベネディクト派の修道院。11世紀、バーベンベルク家レオポルド1世により建立、18世紀に大きく改築された。同国屈指のバロック様式の建造物として知られる。2000年に世界遺産に登録された「バッハウ渓谷の文化的景観」に属する。

メルクマール〖ドイツ Merkmal〗指標。目印。

メルクリウス〖ラテン Mercurius〗ローマ神話で、商業の神。➡ヘルメス

メルケル〖Angela Merkel〗[1954～]ドイツの政治家。西ドイツのハンブルクに生まれ、直後に東ドイツに移住。ライプチヒ大学で物理学を専攻。89年のベルリンの壁崩壊前後から民主化運動に参加。90年キリスト教民主同盟(CDU)入党。コール首相のもと女性担当相・環境相を歴任。98年総選挙で野党に転じたCDU幹事長に就任。2005年9月の総選挙で第一党となり社会民主党(SPD)との連立政権の首相に選ばれた。女性初、旧東独出身初の首相。

メルコスル〖MERCOSUR〗《スペイン Mercado Común del Cono Sur》南アメリカ南部共同市場。ブラジル・アルゼンチン・ウルグアイ・パラグアイ・ベネズエラの5か国で構成する共同市場。域内関税の原則撤廃、対外共通関税などを行う。1995年発足。ベネズエラは2012年加盟。メルコスール。

メルシー〖フランス merci〗〔感〕ありがとう。(補説)メルシーボクー(merci beaucoup)は英語のサンキューベリーマッチ(thank you very much)に当たる。

メルシン〖Mersin〗トルコ南部、地中海に面する港湾都市。同国南部の代表的な工業地帯であり、小麦、綿、羊毛などの農産物やクロム鉱を輸出する。古代ローマ時代よりキリキア地方の主要港として栄えた。メルスィン。(補説)1890年(明治23)にオスマン帝国の軍艦エルトゥールル号が日本の和歌山県沖で遭難した際、住民が救助活動をした縁で、串本町と姉妹都市の関係にある。

メルセン-じょうやく【メルセン条約】(デウ)870年、オランダのメルセン(Mersen)で、東フランク王ルードウィヒが弟の西フランク王シャルルと結んだ条約。855年に死去した長兄ロタールの遺領中部フランクの分割を定めたもので、これによってドイツ・フランスの分離がほぼ確定した。

メルツバウ〖ドイツ Merzbau〗ドイツの芸術家シュビッタースが制作した、建築物のように大規模な作品。ハノーバーやノルウェーなどに作られたが、いずれも爆撃による破壊や焼失などで現存しない。メルツ建築。

メルティング-ポイント〖melting point〗融点。

メルティング-ポット〖melting pot〗るつぼ。さまざまな民族が集まり、文化的に溶け合っている米国の社会を形容していう。

メルトダウン〖meltdown〗炉心溶融(ろしんようゆう)。

メル-とも【メル友】《「メール友達」の略》電子メールのやり取りを通じてできた友人。(補説)メールのやり取りだけで直接会うこともなく友人関係が成立する場合もあり、相手が名前や性別などを偽ることもできるため、危険を内在する可能性もある。

メルトン〖melton〗布面が密に毛羽(けば)で覆われた、手触りの暖かい紡毛(ぼうもう)織物。コート地などに用いる。

メルニック〖Melnik〗ブルガリア南西部の町。ピリン山脈南西端、サンダンスキの南約20キロメートルに位置する。オスマン帝国時代の浴場跡や19世紀の民族復興期の邸宅、浸食により奇観を呈する砂岩の崖のほか、近郊には中世の面影を残すロージェン修道院がある。ワインの産地としても知られている。

メルバ-トースト〖Melba toast〗薄切りの食パンを、焦がさないようにカリカリに焼いたもの。スープ・フォアグラなどに添える。オーストラリア出身の名ソプラノ歌手メルバが好んで食べていたことにちなむ。

メルビッシュ〖Mörbisch am See〗オーストリア東部、ブルゲンラント州の町。2001年に世界遺産(文化遺産)に登録されたノイジードラー湖の西岸に位置し、毎夏に行われる湖上音楽祭が有名。

メルビル〖Herman Melville〗[1819～1891]米国の小説家。捕鯨船に乗り組んで南海の島々を放浪した体験をもとに小説を発表。しだいに思弁的、象徴的な作風へと向かった。小説「白鯨」「ビリー＝バッド」など。

メルヘン〖ドイツ Märchen〗おとぎ話。童話。また、昔話。(類語)童話・おとぎ話・ファンタジー

メルヘン-かいどう【メルヘン街道】(カイ)《Märchenstraße》ドイツ中部の都市ハーナウから北上し、ブレーメンに至る道路の通称。全長約600キロメートル。グリム兄弟やグリム童話にゆかりある地を結ぶ観光路。グリム兄弟の出身地ハーナウ、幼少期を過ごしたシュタイナウ、兄弟が通った大学があるマールブルク、少年時代を過ごしたカッセル、「ブレーメンの音楽隊」で知られるブレーメンなどがある。

メルヘンチック〔形動〕《和 Märchen(ドイツ)＋-ticから。メルヘンは童話の意》童話の世界にでもありそうなさま。「―な建物」

メルボルン〖Melbourne〗オーストラリア南東部、ビクトリア州の州都。シドニーとともに同国の経済・交通・文化の中心。1901～27年はオーストラリア連邦の臨時首都となった。人口、行政区389万(2008)。

メル-マガ「メールマガジン」の略。

メルラン〖Merlin〗►マーリン

メルルーサ〖スペイン merluza〗タラ目メルルーサ科の海水魚の総称。体はスケトウダラに似て細長く、全長約1.5メートルで青灰色。口が大きく、ひげはない。大西洋・太平洋の水深100～800メートルに生息。食用。

メルロ〖フランス merlot〗赤ワイン用のブドウの品種名。フランス、ボルドー地方の主要品種。カベルネ種・マルベック種のワインにブレンドして用いることが多い。

メルローズ〖Melrose〗英国スコットランド南東部の町。首都エジンバラの南東約60キロ、スコティッシュボーダーズ地方に位置する。メルローズ修道院がある。

メルローズ-しゅうどういん【メルローズ修道院】(ニシウ)《Melrose Abbey》英国スコットランド南東部の町メルローズにある赤色砂岩の外観をもつゴシック様式の修道院の遺構。スコティッシュボーダーズ地方の4大修道院の一。12世紀、シトー会修道院としてスコ

ットランド王デビッド1世により創設。イングランドとのたび重なる戦いで破壊と修復が繰り返され、現在は外壁が残る。スコットランド王ロバート1世の心臓が埋葬されたことで知られる。

メルロ-ポンティ〖Maurice Merleau-Ponty〗[1908～1961]フランスの哲学者。後期フッサールの現象学に強い影響を受け、人間的主体としての身体をありのままに記述する独自の現象学を展開した。著「行動の構造」「知覚の現象学」「シーニュ」など。

メルン〖Mölln〗ドイツ北部、シュレースウィヒ-ホルシュタイン州、ラウエンブルク湖自然公園にある町。観光保養地。伝説上の人物ティル=オイレンシュピーゲルゆかりの地として知られ、彫像や博物館などがある。

メレジコフスキー〖Dmitriy Sergeevich Merezhkovskiy〗[1866～1941]ロシアの詩人・小説家・批評家。ロシア象徴派の指導者の一人で、しだいにキリスト教的神秘主義の傾向を強めた。歴史小説三部作「キリストと反キリスト」、評論「トルストイとドストエフスキー」など。メレシコフスキー。

メレディス〖George Meredith〗[1828～1909]英国の小説家・詩人。ビクトリア朝の上流知識階級の心理を風刺を交え描いた。小説「エゴイスト」など。

めれん　酒にひどく酔うこと。「おのれ末社ども、―になさでおくべきかと」〈浄・忠臣蔵〉

メレンゲ〖フランス meringue〗泡立てた卵白に砂糖・香料などを加えたもの。そのまま、または軽く火を通して、洋菓子などの飾りに用いる。

め-ろう【女郎】ᵐᵉʳᵒᵘ ❶女をののしっていう語。「うぬおれを馬鹿にするな。此一」〈逍遥・当世書生気質〉❷女の子。少女。「―などにすくはせ」〈宗長手記〉

めろうど　鮊子(いかなご)の別名。

メロー〖mellow〗《「メロウ」とも》〘形動〙❶果物などが、熟しているさま。香りや甘みが豊かなさま。「―な味わい」❷人柄などの円熟したさま。また、音などが、柔らかくて豊かなさま。「―な雰囲気」

メロカンナ〖ラテン Melocanna〗イネ科の木本。インド原産。稈(かん)は高さ20メートルほどになる。果実は広卵形で、長さ5～10センチ、果皮・種子ともに食用。

メロゴニー〖merogony〗卵片発生(らんぺんはっせい)。

メロス〖ギリシャ melos〗旋律。旋律線。

メロス-とう【メロス島】ᵗᵒᵘ《Melos》➤ミロス島

メロディアス〖melodious〗〘形動〙旋律的。旋律の美しいさま。「―な楽曲」

メロディー〖melody〗旋律。歌や楽曲の節(ふし)。また、歌。「―を奏でる」「なつかしの―」[類語]旋律・節・節回し・調べ・音調・曲節・主題・テーマ

メロディー-コール〖melody call〗携帯電話の呼び出し音として、発信者に好みの楽曲や音声を聞かせることができるサービス。NTTドコモが提供する。

メロディック〖melodic〗〘形動〙旋律的。音楽的。調子の美しいさま。「―なサウンド」

メロドラマ〖melodrama〗元来は、18世紀後半に西欧で発達した、音楽の伴奏が入る娯楽的な大衆演劇。今日では、恋愛を主なテーマとした通俗的、感傷的な演劇・映画・テレビドラマなどをいう。

メロビング-ちょう【メロビング朝】ᵗʸᵒᵘ《ドイツ Merowinger》フランク王国前半期の王朝。フランク族の一派サリ支族のメロビス王の孫クロビスが、481年に全フランクを統一して創始。のちゲルマン諸部族を統合、領土を拡大したが、751年、宮宰カール=マルテルの子ピピンに王位を奪われた。➡カロリング朝

めろ-めろ　㊀〘副〙❶炎が燃え上がるさま。めらめら。「それが黒い趾を残して―と燃え拡がるのを見るのが」〈長塚・土〉❷いくじなく泣くさま。めそめそ。「ええ、―とほえづら、こりゃ勘平が武士はすたったわやい」〈浄・忠臣蔵〉㊁〘形動〙しまりがなくなるさま。自制力・抵抗力などを失うさま。「恋人の前では―になる」

メロン〖melon〗ウリ科の蔓性(つるせい)の一年草。葉は広卵形で浅く裂けていて、花は黄色。実は熟すと淡緑色になり、果肉は甘く、芳香がある。乾燥すると果皮に亀裂が生じて白か黄色の網目をつくる。日本には明治後期に導入され、主に温室で栽培。カンタロープ・ウインターメロンなどの品種があるが、一般にマスクメロンをいう。[季 夏]

メロン-スプーン《和 melon＋spoon》先端を割って、メロンやスイカなどの種を取りやすくしたスプーン。スポーク。[補説]英語では、spork.

めん【免】❶やめさせること。免官・免職。「卑(いや)しい処では―が恐いという肚裡(はら)で」〈紅葉・二人女房〉❷ゆるすこと。免除すること。「―ヲヤル」〈日葡〉❸江戸時代、石高(こくだか)または収穫高に対する年貢高の割合。免合(めんあい)。➡漢「めん(免)」

めん【面】㊀〘名〙❶顔。「―のいいのを鼻にかける」❷顔につけるかぶりもの。多くは人物・動物などの顔をかたどったもので、神楽・舞楽・能・狂言や、子供のおもちゃなどに使われる。仮面。面形(めんがた)。おもて。❸顔面または頭部を保護するためにつける防具。剣道の面頬(めんぽお)、野球の捕手がつけるマスクなど。❹剣道の技の一。頭部を打つこと。❺物の外側の、平らな広がり。表面。❻数学で、線が運動したときにできる、広がりはあるが厚さのない図形。平面と曲面がある。「―に垂直な直線」❼建築で、角材の稜角(りょうかく)を削り落としてできる部分。切り面・几帳面(きちょうめん)など。❽方面。「資金の―で援助する」㊁〘接尾〙助数詞。鏡・琵琶(びわ)・硯(すずり)・能面・仮面・碁盤など、平たいものを数えるのに用いる。「琴一―」「三―のテニスコート」➡漢「めん(面)」
[類語]（❶）顔・顔面・面(つら)・面(おもて)・フェース・マスク／（❷❸）仮面・マスク・面頬(めんぽお)／（❺）表面・平面・広がり／（❽）点

面が割・れる　その人物が誰であるかわかる。氏名や身元がわかる。「取り調べで―・れる」

面と向か・う　直接に相手と向かい合う。「上司に―・って進言する」

面を打・つ　仮面を作る。多く、能面にいう。「翁(おきな)の―・つ」

面を被(かぶ)・る　❶仮面で顔を覆う。❷本当の姿を隠して、別のものに見せる。「善人の―・る」

面を繋(つな)・ぐ　「面を通す❶」に同じ。「今後の仕事のために―・いでおく」

面を通・す　❶顔を見せて相手の面識を得る。「親方連中に―・す」❷犯人などの顔を見せて確かめる。「目撃者に―・す」➡面通し

面を取・る　❶剣道で、相手の面を打って勝ち点を取る。「上段から―・る」❷角(かど)を削って、平らにしたり、丸みをつけたりする。「柱材の―・る」

めん【▽雌】めす。め。「一鳥」「合いの子の蹴合鳥、―かけると弱いが」〈上司・太政官〉⇔雄(おん)。

めん【綿】もめん。もめんわた。また、綿糸・綿織物のこと。「―の肌着」➡漢「めん(綿)」

めん【麺】【×麪】小麦粉などをこねて作った細長い食品。うどん・そば・スパゲッティなどのこと。「―をゆでる」➡漢「めん(麺)」

めん-い【綿衣】綿織物で仕立てた衣服。綿服。「食を飯汁と限り、衣を―と限り」〈露伴・二宮尊徳翁〉

めん-いた【面板】旋盤の加工物取り付け工具の一。放射状にT形溝が設けてあり、主軸にねじ込まれて回転する円板。複雑な形状の加工品を保持するのに使用。

めん-う【綿羽】鳥の羽で、羽軸がほとんどなく、繊維状で柔らかいもの。普通の羽の下に生え、保温に役立つ。水鳥に多い。ダウン。わたばね。

めん-うち【面打ち】❶面を打つこと。また、その人。特に、能面の作者。❷素焼きの銭形・面形(めんがた)などのめんこを用いて勝負する子供の遊び。

めん-えき【免役】❶服役を免除すること。❷兵役を免除すること。❸服役囚の就役を免除すること。

めん-えき【免疫】❶病原体や毒素、外来の異物、自己の体内に生じた不要成分を非自己と識別して排除しようとする生体防御機構の一。本来は、ある特定の病原体に一度感染して回復できると抵抗性をもつようになり、同じ病気にかからなくなることをいう。先天的に備わる自然免疫と、後天的に得られる獲得免疫がある。機構としては細胞性免疫と液性免疫の二つが働く。❷物事が度重なってそれに慣れてしまうこと。「騒音に―になる」[類語]（❷）慣れっこ・不感症

めんえき-おうとう【免疫応答】ᵒᵘᵗᵒᵘ 免疫を担当する細胞が外来性および内因性の異物を抗原と認識し、特異的に応答して行われる反応。

めんえき-がく【免疫学】免疫の機構の解明およびその応用を図る学問。抗体・補体・抗原の化学的構造や機能を研究する免疫化学なども含まれる。

めんえき-かんよう【免疫寛容】ᵏᵃⁿʸᵒᵘ 特定の抗原、例えば自己構成成分に対して、免疫反応を示さない状態。免疫トレランス。

めんえき-グロブリン【免疫グロブリン】抗体としての構造・機能をもつ一群の血清たんぱく質。血液・リンパ液中に含まれるγ(ガンマ)グロブリンのほとんどはこれで、形質細胞などで生成される。分子の形はY字状をし、抗原結合部位をもつ。略記Ig　イムノグロブリン。γ、α(アルファ)、μ(ミュー)、δ(デルタ)、ε(イプシロン)という重鎖の種類から、IgG, IgA, IgM, IgD, IgEの5クラスに分類される。

めんえき-けっせい【免疫血清】ある特定の病原体や毒素に対する抗体を高濃度に含む血清。血清療法に用いる。

めんえきげん-せい【免疫原性】抗原の、免疫反応を引き起こす性質。

めんえき-さいぼう【免疫細胞】ˢᵃⁱᵇᵒᵘ 抗原を認識し、特異的に反応する能力をもち、免疫に関与する細胞の総称。リンパ球(T細胞・B細胞・NK細胞・形質細胞)、マクロファージ、樹状細胞など。免疫担当細胞。

めんえき-たい【免疫体】抗体のこと。

めんえき-たんとうさいぼう【免疫担当細胞】ᵗᵃⁿᵗᵒᵘ

漢字項目　めん

免〔免〕　音メン(呉)　訓まぬかれる、まぬがれる‖①見逃してやる。まぬかれさせる。まぬかれる。「免疫・免罪・免除・免税・免責／減免・赦免・放免・宥免(ゆうめん)」②許可する。「免許・免状／天下御免」③職を解く。仕事をやめさせる。「免職／任免・罷免」

面　学3　音メン(呉)　訓おも、おもて、つら‖㊀〈メン〉①人の顔。「面前・面相・面面／臆面(おくめん)・顔面・渋面・人面・赤面・洗面・白面・覆面・満面」②顔を覆う道具。マスク。「仮面・能面・防毒面」③顔を向ける。向き合う。「面会・面詰・面識・面責・面接・面談／直面・覿面(てきめん)・当面・南面」④向いている方・側。向き。「正面・前面・他面・半面・反面・方面・一面的」⑤物の、平らに広がった部分。「面積／画面・球面・月面・紙面・地面・斜面・水面・断面・帳面・底面・表面・平面・壁面・路面」⑥表面に記されたもの。「額面・書面・譜面・文面」㊁〈おも〉「面影・面長」㊂〈おもて〉「細面・矢面」㊃〈つら(づら)〉「面魂／馬面・上面(うわつら)・字面・外面・野面・仏頂面」[名付]も　[難読]面繋(おもがい)・面映(おもは)ゆい・川面(かわも)・素面(しらふ)・対面(たいめ)・面皰(にきび)・直面(ひためん)・氷面(ひも)・水面(みなも)・面子(メンツ)

×**棉**　音メン(呉)　訓わた‖①植物の名。ワタ。「棉花」②もめん。わた。「棉布」

綿　学5　音メン(呉)　訓わた‖㊀〈メン〉①もめん。わた。「綿糸・綿布／海綿・原綿・純綿・石綿・木綿(もめん)・脱脂綿」②(「棉」と通用)植物の名。ワタ。「綿花・綿実油」③連なるさま。「綿綿／纏綿(てんめん)・連綿」④目が細かい。「綿密」㊁〈わた〉「綿毛／真綿」[補説]「緜」は本字。[名付]つら・まさ・ます・やす　[難読]水綿(あおみどろ)・浜木綿(はまゆう)・木綿(ゆう)

×**緬**　音メン(呉)‖①はるかに遠い。「緬邈(めんばく)」②細く長い糸。「緬羊」③ミャンマー。ビルマ。「泰緬鉄道」[難読]縮緬(ちりめん)・緬甸(ビルマ)

麺〔麵〕　音メン(呉)‖①小麦粉。「麺粉・麺麭(めんぽう)」②小麦粉で製した食物。うどん・そばの類。「麺棒・麺類／製麺・素麺(そうめん)」[補説]「麪」は異体字。[難読]湯麺(タンメン)・麺麭(パン)・拉麺(ラーメン)・老麺(ラーメン)

▶免疫細胞

めんえき-トレランス【免疫トレランス】▶免疫寛容

めんえき-はんのう【免疫反応】免疫応答・抗原抗体反応や補体が活性化する反応など、免疫現象に関係のある反応。

めんえき-ふぜん【免疫不全】免疫を担当するマクロファージ・B細胞・T細胞や補体などに障害があって、生体の防衛を行えない状態。

めんえきふぜん-しょうこうぐん【免疫不全症候群】免疫機構が機能しないため、病原微生物への抵抗力がなく、感染症に繰り返しかかり、重症化し、治りにくい状態を呈するもの。原発性のものと後天性のものとがある。

めんえきよくせい-ざい【免疫抑制剤】免疫反応を抑制する薬剤。臓器移植の際の拒絶反応を抑えるためや、自己免疫疾患・アレルギー性疾患の治療などに用いる。

めんえき-りょうほう【免疫療法】免疫反応を利用した治療法。ワクチン接種など。

めんえき-りょく【免疫力】体内に入ったウイルスや細菌、異物などから自分自身の体を守る力。低下すると多くの疾病を引き起こす。白血球がその役割を担う。➡免疫

めん-えつ【面謁】〔名〕スル 貴人に会うこと。お目にかかること。拝謁。「国王に―する」

めん-おめしちりめん【綿▽御召▽縮×緬】▶新御召(しんおめし)

めん-おりもの【綿織物】綿糸で織った織物。

めん-か【綿花┊×棉花】ワタの種子を包む白色または淡黄褐色の繊維。綿糸などの原料とする。

メンガー〘Menger〙㊀(Karl ～)[1840～1921]オーストリアの経済学者。オーストリア学派の始祖。ジェボンズ・ワルラスとともに、ほとんど同時期に限界効用理論を確立、近代経済学の創始者の一人となった。著「国民経済学原理」「経済学の方法に関する研究」など。㊁(Anton ～)[1841～1906]オーストリアの法学者。㊀の弟。法的社会主義の代表者とされ、全労働収益権・生存権・労働権を基本権として確立することを提唱。著「民法と無産者階級」など。

めん-かい【面会】〔名〕スル 人と会うこと。対面。「来客と―する」「―謝絶」

(用法)**面会・面接・対面**――「時間を限って面会(面接)する」のように、人に会うの意では相通じて用いられる。◆「病院の面会時間」「社長に面会を申し込む」のように、「面会」は特別の所にいる人や地位の高い人に会うことや、また、そうした立場の人が訪ねてきた人と会うことにいう。予約する、許可を得るなどの手続きをとって会う場合が多い。◆「面接」は、「面接試験」「面接調査」のように、多く質問・試問などをするために個別に対象者に会うことをいう。◆「対面」は、「三十年ぶりに小学校の同級生に対面した」「ペンフレンドとの初の対面」など、久しぶりに会ったり初めて会ったりする場合にいうことが多い。

(類語)面接・会見・対面・面談・接見・引見・謁見・拝謁・拝顔・拝眉・お目にかかる

めん-かいき【綿海気】細いガス糸を使って海気のような光沢を出した綿織物。

めん-かく【面角】❶▶平面角 ❷▶顔面角(がんめんかく) ❸鉱物の結晶で、隣接する二つの結晶面のなす角。

めんかくいってい-の-ほうそく【面角一定の法則】同一種類の結晶では、結晶面の発達が異なり外形が違っても、同温・同圧のもとでは、それぞれの対応する面角は等しいという法則。面角安定の法則。

めん-がた【面形】❶面。おもてがた。❷仮面の形に作った素焼きの玩具。

めんがた-すずめ【面形天=蛾】スズメガ科のガ。翅(はね)の開張約10センチ。前翅は黒褐色、後ろ翅は黄色の地に2本の黒帯がある。胸部背面に円形の線や2個の黒色紋があって人面を思わせる。暖地に多く、幼虫はゴマなどの害虫。

めん-かべいと【綿壁糸】綿糸で壁糸に似せて作った撚(よ)り糸。

めん-かべおり【綿壁織(り)】横糸に綿壁糸を用いて壁織りのようにした織物。

めん-かやく【綿火薬】精製した綿を硫酸と硝酸で処理して作ったニトロセルロースのうち、硝化度の比較的高いもの。綿薬。火綿(かめん)。

めんかわ-ばしら【面皮柱】柱の四隅に皮を削り残してあるもの。茶室などに用いる。

めん-かん【免官】〔名〕スル ❶官職をやめさせること。免職。「依願―」❷律令制で、有位者に対する刑で、位階・勲等を3年間剝奪すること。4年目の正月以降、二等を降して再叙された。

めん-きつ【面詰】〔名〕スル 面と向かって、とがめなじること。面責。「失態を―する」(類語)難詰・面責・詰責・叱責(しっせき)・譴責(けんせき)・詰問・非難・面罵・責める・咎(とが)める・詰(なじ)る・難ずる・嘖(さいな)む・吊(つる)し上げる・責め付ける・責め立てる

めん-きょ【免許】〔名〕スル ❶ある特定の事を行うのを官公庁が許すこと。また、法令によって、一般には禁止されている行為を、特定の場合、特定の人だけに許す行政処分。「―を取得する」「―がおりる」「運転―」「幕府時代に―した敷設の権利を」〈藤村・夜明け前〉❷師から弟子にその道の奥義を伝授すること。また、その証書。ゆるし。「師範の―を与える」

(類語)許可・認可・承認・認許・允許(いんきょ)・允可(いんか)・許容・裁許・公許・官許・特許・裁可・許し・ライセンス

めんきょ-えいぎょう【免許営業】官公庁の免許を受けなければ行えない営業。質屋・古物商・風俗営業など。

めんきょ-かいでん【免許皆伝】芸道・武道などで、師匠が弟子にその道の奥義を残らず伝授すること。

めんきょ-かんさつ【免許鑑札】官公庁が免許の証として交付する鑑札。

めんきょ-ぎょぎょう【免許漁業】都道府県知事の漁業免許によって与えられた漁業権に基づいて行われる漁業。

めんきょ-しょう【免許証】行政機関が、免許の証明として交付する文書。特に運転免許証のこと。

めんきょ-じょう【免許状】官公庁が免許の証として交付する文書。免状。免許書。(類語)免状・免許証

めんきょ-ていし【免許停止】違反行為などを理由として、一時的に免許の効力を停止させられること。免停。

めんきょ-とりけし【免許取(り)消し】違反行為や欠格などを理由として免許を取り消されること。

めん-きんらん【綿金×襴】縦糸に細いガス糸、横糸に平金糸(ひらきんし)・擬金糸(まがいきんし)を加えたガス糸を用いて織った金襴。ひな人形の衣装などに用いる。

めん-く【面工】「工面(くめん)」を逆にいった語。「おれもその時分は―がわるくて」〈滑・膝栗毛・三〉

めん-くい【面食い┊面×喰い】顔立ちのよい人ばかりを好むこと。また、その人。器量好み。

めん-くら・う【面食らう┊面×喰らう】〔動ワ五(ハ四)〕突然の事に驚きとまどう。まごつく。「不意の指名にすっかり―・う」(類語)驚く・とまどう・まごつく

めん-くろはちじょう【綿黒八丈】黒八丈に模した綿織物。綿黒八。

めん-けん【×瞑×眩】〔名〕スル《「めんげん」とも》❶目がくらむこと。めまい。「俗社会の塩漬になり過ぎて只見てさえも―しそうな人間でないと」〈漱石・虞美人草〉❷漢方治療で、治癒前に、一時的な高熱・下痢・発疹(ほっしん)などが起こること。

めん-こ【面子】円形または長方形で表面に絵や写真のあるボール紙製の玩具。二人以上で互いに自分のものを出し、地面にたたきつけ合って、風の力で他人のものを裏返すなどして勝負を競う。

めん-ご【面×晤】〔名〕スル 面会すること。「他日光風霽月(せいげつ)の下(もと)に再び御―を得るの時」〈木下尚江・良人の自白〉

めん-ご【面語】〔名〕スル 対面して話すこと。面談。

めんこ・い〔形〕《「めんごい」とも》かわいい。愛らしい。「―・い子供」(類語)可愛い・可愛らしい・愛らしい・愛くるしい・あどけない・可憐(かれん)・いたいけ

めん-こう【面向】額(ひたい)のまん中。まっこう。〈色葉字類抄〉

めん-こう【綿甲】唐様式を模倣した奈良末期の鎧(よろい)の一。布帛(ふはく)で表裏を作り、中に金属片・真綿(まわた)を入れて石矢を防ぐようにしたもの。綿甲冑。

めん-こう【綿×亘┊綿×互】〔名〕スル 長く連なり続くこと。連亘(れんこう)。「山脈南北に―し、東西を横絶するものなく」〈久米邦武・米欧回覧実記〉

めんこう-ふはい【面向不背】前から見ても後ろから見ても美しいこと。「―の姿見るにぞっとして」〈浮・諸艶大鑑・六〉

めんざい 玄米を精白する際にできる粉米(こごめ)や胚芽(はいが)など。ビタミンB群やレシチンなどを多く含み、飼料や滋養剤の原料にする。

めん-ざい【免罪】罪をゆるすこと。(類語)赦免

めんざい-ふ【免罪符】❶カトリック教会が善行(献金など)を代償として信徒に与えた一時的罰に対する罰の免除証書。中世末期、教会の財源増収のため乱発された。1517年、聖ピエトロ大聖堂建築のための贖宥(しょくゆう)に対しルターがこれを批判、宗教改革の発端となった。贖宥状。❷罪や責めをまぬがれるためのもの。

めん-ざんし【綿×撒糸】《「めんさっし(綿撒糸)」の慣用読み》綿布の糸をほぐして薬液に浸したもの。手術後の傷口に用いた。解木綿(ほつしもめん)。

めんざん-ずいほう【面山瑞方】[1683～1769]江戸中期の曹洞宗の僧。肥後の人。卍山道白(まんざんどうはく)・損翁宗益らに師事。曹洞宗の中興と称される。著「正法眼蔵渉典録」など。

めん-し【綿糸】綿花を原料とした糸。木綿糸(もめんいと)。

メンシェビキ〘ロシア Men'sheviki〙《少数派の意。「メニシェビキ」とも》ロシア社会民主労働党の右派。マルトフ、プレハーノフらに率いられ、1903年の第2回党大会でレーニンらのボリシェビキと対立、決別した。ブルジョア民主主義革命を主張し、十月革命後は反革命側に立った。➡ボリシェビキ

めん-しき【面識】互いに顔を知っていること。知り合いであること。「―がある」

(類語)一面識・相識・顔見知り・顔馴染み・馴染み

メンシコフ-きゅうでん【メンシコフ宮殿】《Menshikovskiy dvorets》ロシア連邦北西部、サンクトペテルブルグにある宮殿。ピョートル1世の重臣アレクサンドル=メンシコフにより、ピョートル1世が好んだ後期バロック様式(ピョートルバロック様式)で建造。現在はエルミタージュ美術館の分館として利用。

めんじつ-ゆ【綿実油】ワタの種子を圧搾して得る半乾性油。リノール酸・オレイン酸・パルミチン酸などを含む。食用油やマーガリン・石鹸(せっけん)などの原料とする。わたのみあぶら。

めんし-ぼうせき【綿糸紡績】綿の繊維を紡いで糸にすること。綿紡績。綿紡。

めん-しゃ【面謝】〔名〕スル ❶面会して謝辞を述べること。❷面会して謝罪すること。

めん-しゅう【免囚】放免された囚人。

めん-じゅう【面従】〔名〕スル 人の面前でだけ服従すること。「白場の如く叩頭―するは」〈魯庵・社会百面相〉

めんじゅう-こうげん【面従後言】その人の面前では従うように見せかけ、後であれこれあげつらうこと。

めんじゅう-ふくはい【面従腹背】表面では服従するように見せかけて、内心では反抗すること。

(類語)裏表(うらおもて)・表裏(ひょうり)・陰日向

めん-じゅす【綿×繻子】❶縦糸に生糸か練り糸、横糸に綿糸を用いて繻子織りにした織物。❷縦横ともに綿糸を用いて繻子織りにした織物。綿綿繻子。

めん-シュチン【綿シュチン】縦糸または横糸に綿糸を用いて繻珍(シュチン)と同じように織った織物。女性用の帯地などに用いる。

めん-じょ【免除】〔名〕スル ❶義務・役目などを免じること。「実地試験を―する」❷民法上、債権者が債務者に対する意思表示によって債務を消滅させるこ

と。債務免除。㊎免ずる

めん-しょう【面×牆】《書経》周官の「学ばざれば牆面す」から》垣に対すること。また、そうすると前が見えないことから、見聞の狭いことのたとえ。

めん-じょう【免状】❶免許の証として授与する文書。免許状。「教員の―」「渡航―」❷卒業証書のこと。「総代で―をもらう」❸江戸時代、その年の上納すべき年貢高を記して、領主から村方へ交付した文書。年貢割付状。❹赦免状のこと。「一通は太政入道の―なり」〈盛衰記・九〉㊎(❶)免許状・免許証

めん-じょう【面上】❶顔面。また、顔。❷面会。対面。多く、手紙文で用いる。

めん-しょきょかん【免所居官】律に規定されていた刑。有位有官者に対する付加刑で、祖父母・父母を看病しなかった場合などに位階を免じた。

めん-しょく【免職】〔名〕スル 職をやめさせること。特に、公務員の地位を失わせること。➡懲戒免職 ➡諭旨免職 ➡分限免職 ㊎解職・罷免・解任

めん-しょく【面色】かおいろ。顔色。「一忽ち変って土の如く」〈露伴・新浦島〉

めん-じる【免じる】〔動ザ上一〕「めん(免)ずる」(サ変)の上一段化。「職を―じる」

めんしんけんちくぶつ-わりびき【免震建築物割引】地震保険の契約に際し、保険対象建物が国が定める基準に合致する免震建築物である場合に適用される保険料の割引。免震建築割引。

めんしん-こうぞう【免震構造】地震による振動が伝わるのを軽減しようとする建造物の構造。基礎と上部構造との間に積層ゴムやダンパーを入れる工法などがとられる。➡制振構造 ➡耐震構造

めんしん-りっぽうこうし【面心立方格子】8個の頂点と6個の側面の中心とを格子点とする立方体を単位格子としてできる空間格子。

めん-す【麺子】うどん・そうめんなど麺類のこと。「宿に客あり、―をふるまふに行きあひ」〈咄・醒睡笑・五〉

メンス《ドイ Menstruationの略》月経。

メンズ〖men's〗紳士用・男性向きであること。服飾などにいう。「―のブティック」「―ウエア」

メンズ-ウエア〖men's wear〗男性用衣服。男物。メンズ。

メンズ-クラシック〖men's classic〗伝統的な男物の服の要素を取り入れた女性用ファッション。クラシックなドレスシャツ、サスペンダー、ネクタイの着用、紳士服地の利用などがある。

メンズ-ライク〔形動〕《和 men's＋like》服装のデザインや色調などが女性用ではあるが、男性的であるさま。男っぽい感じの。「―な肩のライン」

めん・する【面する】〔動サ変〕文めん・す〔サ変〕向く。向き合って接する。対する。「表通りに―・する」「日本海に―・する地域」㊎向かう

めん・ずる【免ずる】〔動サ変〕文めん・ず〔サ変〕❶許す。許して負担・義務などを除く。免除する。「罪を―・ずる」「学費を―・ずる」❷職をやめさせる。職を解く。「官を―・ずる」❸(「…に免じて」の形で)罪や過失を、本人の功労や事情、また関係者の面目・とりなしなどによって許す。大目にみる。「業績に―・じて許しましょう」㊎(❶)免除/(❷)退ける・降ろす

めん-ぜい【免税】〔名〕スル 税を免除すること。課税しないこと。免租。「―される品物のリスト」「―店」

めんぜい-てん【免税点】課税標準が一定金額以下のときには課税しないこととされている場合の、その一定金額。

めん-せいひん【綿製品】綿織物のこと。

めん-せき【免責】〔名〕スル ❶責任を免じること。責任を問われるのを免れること。「過失を問われず―される」❷債務者が債務を免れること。

めん-せき【面責】〔名〕スル 面と向かって責めること。面詰。「―した上、女の口から事実を白状させて」〈荷風・つゆのあとさき〉㊎面詰・難詰・詰責・詰問・叱責・譴責・非難・指弾・追及・問責・責める・咎める・詰る・難ずる・噴む・吊るし上げる・責め付ける・責め立てる

めん-せき【面積】ある場所の広さ。線で囲まれる平面や曲面の広さ。単位は平方メートル、アールなど。「国土の―」「作付け―」

めんせき-きけん【免責危険】保険契約において、法律上または約款上、保険者が保険金支払いの義務を負わなくてよいとするリスクのこと。割増保険料を支払えば保険者の危険負担とする相対的免責危険と、割増保険料を支払っても保険者の危険負担が不可能な絶対的免責危険とがある。

めんせき-グラフ【面積グラフ】数量の割合を面積の大きさで表したグラフ。円グラフ・帯グラフなど。

めんせき-けい【面積計】►プラニメーター

めんせき-こうい【免責行為】債務の全部または一部を消滅させるため、債務者または債務者に代わって第三者がなす行為。弁済・供託など。

めんせき-じゆう【免責事由】保険会社が保険金や給付金を支払わなければならない責任から免れる場合の事由。例えば、契約時の虚偽の告知、契約から一定期間内の被保険者の自殺、飲酒運転による交通事故の場合など。

めんせき-しょうけん【免責証券】債務者が証券の所持人に弁済すれば、その所持人が正当な権利者でない場合でも、債務者に悪意や重大な過失がないかぎり債務を免れる証券。銀行預金証書・積荷受取証など。資格証券。

めんせき-じょうこう【免責条項】責任を免除または制限することを定めた、契約上の条項。➡エスケープクローズ

めんせき-そくど【面積速度】質点が平面上を運動するときに、原点と結ぶ線が単位時間に描く図形の面積。原点に向かう中心力を受けている場合、例えば惑星の運動では面積速度が一定であり、ケプラーの法則の第二法則にある。

めんせき-とっけん【免責特権】❶国会議員が、議院で行った演説・討論・表決について院外では責任を問われない権利。❷米国で、事件関係者が証言する条件として刑事訴追を免れること。インミュニティー。

めんせき-やっかん【免責約款】契約の債務者が負うべき責任を免除または制限することを定めた約款。

メンゼス〖ドイ Menses〗月経。

めん-せつ【面折】〔名〕スル 面と向かって非を責めること。「一抵争する者よりは、奸佞にして意を迎うる者を」〈田口・日本開化小史〉

めん-せつ【面接】〔名〕スル 直接に会うこと。特に、応募者や対象者に直接会って試問・助言などをすること。「役員が―する」「―試験」「―指導」➡面会(用法) ㊎面談・面会・対面・会見・接見・引見・謁見

めんせつ-ほう【面接法】社会調査で、調査対象者に直接面接して必要な情報を収集する方法。

めん-セル【綿セル】綿糸を用いてセルのように織った織物。

めんゼロ-とくやく【免ゼロ特約】自動車保険における特約の一つ。車両保険に免責金額を設定したときに付けられる特約で、自動車同士の接触・衝突事故で相手自動車とその運転者または所有者が確認できた場合、第1回目の事故に限り免責金額がゼロになる。

めん-ぜん【面前】目の前。見ている前。「公衆の―で恥をかく」㊎目の前・目前・眼前・鼻先

メンゼン-テンパイ【門前聴牌】《中国語》マージャンで、自摸だけで聴牌すること。

めん-そ【免租】法定の事由があるとき、租税の一部または全部を行政処分によって免除すること。

めん-そ【免訴】刑事事件の被告人に対して、有罪か無罪かの判断をせずに訴訟を打ち切る判決。すでに確定判決を経たとき、刑が廃止されたとき、大赦があったとき、時効が完成したときに言い渡される。

めん-そ【面訴】〔名〕スル 直接面と向かって訴えること。「大臣に―する」

めん-そう【面相】《「めんぞう」とも》❶顔のありさま。顔つき。「恐ろしい―の人」「百―」➡御面相 ❷「面相筆」の略。㊎(❶)顔・顔付き・顔立ち・容貌・面構え・面魂・面差し・面立ち・人相・形相

めん-ぞう【▽眠蔵】禅宗で、寝室・納戸の類をいう。眠堂。

めんそう-ふで【面相筆】日本画用の絵筆の一。眉毛や鼻の輪郭など細い線を描くのに用いる、穂先のきわめて細長いもの。

メンソール〖menthol〗►メントール

めんそおれ〔感〕沖縄方言で、いらっしゃいませ。めんそおれえ。

メンソレータム〖Mentholatum〗皮膚疾患の家庭用治療薬の商標名。

メンタ〖ラテ Mentha〗シソ科ハッカ属の学名。

メンター〖mentor〗優れた指導者。助言者。恩師。顧問。信頼のおける相談相手。ギリシャ神話で、オデュッセウスがトロイア戦争に出陣するとき、自分の子供テレマコスを託したすぐれた指導者の名前メントール(Mentor)から。

めん-たい【▽明太】❶《朝鮮語から》スケトウダラの別名。(季 冬)❷「明太子」の略。

めんたい-こ【▽明太子】たらこを唐辛子に漬けて熟成したもの。

めん-たいしょう【面対称】一平面に関してある二点が、相互間をその平面によって垂直二等分される位置関係にあること。図形では、一つの平面を平面鏡として、ある図形が、その平面鏡に映した物体と像とのような関係にあること。

めん-だこ【面×蛸】頭足綱メンダコ科のタコ。深海にすむ。体は著しく平たく、直径約20センチの円盤状で、短い腕は広い膜でつながっている。

メンタリティー〖mentality〗❶知性。知力。❷心理状態。また、心的傾向。「幼稚な―」㊎心性

メンタル〖mental〗〔形動〕知能や精神にかかわるさま。精神的。「―な問題」「―トレーニング」

メンタル-ケア〖mental care〗精神面での援助・介護。

メンタル-テスト〖mental test〗知能検査。

メンタル-トレーニング〖mental training〗競技スポーツで、意志・意欲・決断力などの精神力を強化するトレーニング。瞑想による精神統一や、故意に困難な状況を設定してのトレーニングなどにより、大事な場面であがってしまうことを防いだり、自信ややる気を高めたりする。メンタルマネージメント。

メンタル-ヘルス〖mental health〗心の健康。精神衛生。

メンタル-ヘルスケア〖mental health care〗精神的健康の管理。

メンタル-マネージメント《和 mental＋management》「メンタルトレーニング」に同じ。

めん-だん【面談】〔名〕スル 面会して直接話をすること。「来客と―する」「委細―」㊎面会・面接・懇談・相談・対談・歓談・談笑・語らい

めん-だんつう【綿段通｜綿×緞通】紡績綿糸をまぜて織った敷物用の厚地織物。

メンチ〖mince〗❶ひき肉。ミンチ。❷「メンチカツ」「メンチボール」の略。

メンチ-カツ《和 mince＋cutletから》ひき肉とタマネギのみじん切りに、つなぎのパン、調味料・香辛料をまぜて練り、パン粉をつけて油で揚げた料理。

めん-ちぢみ【綿縮】綿糸で織った縮。木綿縮。

メンチ-ボール《和 mince＋ball》►ミートボール

メンチュ〖Rigoberta Menchú〗[1959～]グアテマラの女性の人権擁護運動家。マヤ系キチェ族の出身。先住民の人権保護で活躍。1992年ノーベル平和賞受賞。

めん-ちゅつ【免×黜】〔名〕スル《「黜」は、しりぞける意》官職を解くこと。また、地位を下げること。

めん-ちょう【面×疔】顔にできる悪性のできものの癤。主として黄色ぶどう球菌が毛包または皮膚腺に入って起こり、激痛と高熱を伴う。抗生物質が有効。顔面癤。

め

めん-ちりめん【綿▽縮×緬】縦糸に生糸、横糸に綿糸を用いて縮緬のように織った織物。

めん-ちん【面陳】〔名〕スル ❶面と向かって述べること。「自ら参上して、—すず可し」〈竜渓・経国美談〉❷書店で、雑誌や本を棚に立て、背ではなく表紙を見せて陳列する売り方。

めん-つ【面×桶】「めんつう(面桶)」の音変化。

メンツ【面子】《中国語》❶体面。面目。「—を立てる」「—がつぶれる」「—にかかわる」❷マージャンを行うためのメンバー。転じて、会合などの顔ぶれ。「—がそろう」〘類語〙(❶)面目・名誉・名な・名聞みょうもん・体面・一分いちぶん・沽券こけん・信用

めん-つう【面×桶】《「つう(桶)」は唐音》❶一人前ずつ飯を盛って配る曲げ物。のちには、乞食の持つものをいう。めんぱ。めんつ。❷茶道で、曲げ物の水こぼしのこと。❶の形を模したもの。めんつ。

メンツェル〖Adolph von Menzel〗[1815〜1905]ドイツの画家。初め主に版画・挿絵を、のちに印象派の先駆と評される油絵を描いた。フリードリヒ大王時代の歴史や風俗を描いた作品が多いが、工場労働者を描いた「鉄工場」などでも知られる。

めん-てい【免停】「免許停止」の略。

めん-てい【面体】顔かたち。面相。「たしかに君の—割れてるぞ」〈横光・旅愁〉

メンテナンス〖maintenance〗《「メインテナンス」とも》維持。管理。「ビルの—」「—フリー」

メンテナンス-フリー〖maintenance-free〗機械などで、整備・保守が不要なこと。

メンデリズム〖Mendelism〗メンデルの法則。また、それを基礎に置いて遺伝現象を説く立場。➡メンデルの法則

メンデル〖Gregor Johann Mendel〗[1822〜1884]オーストリアの生物学者・修道院司祭。1856年からエンドウを材料として遺伝の実験を行い、メンデルの法則を発見し、65年に論文「植物雑種の実験」として発表。死後の1900年に評価を受けた。晩年は教会課税法に反対して闘った。

メンデル-いでん【メンデル遺伝】ヰデン メンデルの法則に従って親から子に形質が伝わる遺伝。➡非メンデル遺伝

メンデル-しゅうだん【メンデル集団】シフダン 同種生物で、自由に交配を行い、世代を経ても遺伝子頻度が一定に保たれる個体群。集団遺伝学で対象とする。

メンデルスゾーン〖Felix Mendelssohn〗[1809〜1847]ドイツの作曲家。古典的均衡とロマン的色彩の調和した作風で知られる。作品に、交響曲「イタリア」、「バイオリン協奏曲」、ピアノ曲集「無言歌」など。

メンデル-の-ほうそく【メンデルの法則】ハフソク メンデルがエンドウの交配実験から明らかにした遺伝の法則。対になる形質のものを交配すると、雑種第一代では優性形質が顕在して劣性形質が潜在するという優劣の法則、雑種第二代では優性・劣性の形質をもつものの割合が3対1に分離して現れるという分離の法則、異なる形質が二つ以上あってもそれぞれ独立に遺伝するという独立の法則の三つからなる。メンデリズム。メンデルの遺伝法則。

メンデレーエフ〖Dmitriy Ivanovich Mendeleev〗[1834〜1907]ロシアの化学者。1869年に元素の周期律を発見。既知の元素の原子量を訂正、未発見の元素の存在と性質を予告。また、ロシア産業の発展のために多方面で尽力。著「化学の原理」。

メンデレーエフ-しゅうきりつ【メンデレーエフ周期律】シウキリツ《Mendeleev's periodic law》元素を原子量の順番に配列すると、原子価などの物理化学的性質に周期性が現れること。その内容は周期表によって表される。メンデレーエフにより63個の元素から成る周期表が作られた。➡周期表

メンデレビウム〖mendelevium〗アクチノイドに属する超ウラン元素の一。アインスタイニウムにαアルファ粒子を衝撃させてつくられた人工放射性元素で、メンデレーエフにちなみ命名された。元素記号Md 原子番号101。

めん-てん【綿天】《「天」は「天鵞絨ビロード」の頭字》綿糸交ぜ織りのビロード。鼻緒地・袋物などに用いる。

めん-でん【免田】荘園制で、荘園領主に対して年貢・公事などを免除された田地。寺社・荘官などに領内経営の報酬として与えられた。

メンデンホール〖Thomas Corwin Mendenhall〗[1841〜1924]米国の物理学者。明治初期の1878年から1881年にかけて、東京帝国大学の物理学講師として招かれ、富士山頂での重力測定、気象観測などを行った。日本における地球物理学教育の開設に貢献した。

めん-ど【面戸】軒桁のきげたの上部で垂木などの間にできるすきま。

めんど-い【面▽倒い】〔形〕《名詞「めんどう」の形容詞化。近世語》めんどうである。めんどくさい。「ええ—・いと二人を振り切り」〈浄・五人嬢〉

めん-どう【面倒】メンダウ〔名・形動〕❶手間がかかったり、解決が容易でなかったりして、わずらわしいこと。また、そのさま。「—な手続き」「—なことにならなければよいが」「断るのも—だ」「—を起こす」❷世話。「この子の—をお願いします」❸体裁がわるいこと。見苦しいこと。また、そのさま。「此の君の御供申し、不足なく見する物は—なり」〈義経記・五〉〘補説〙「目めどうな」の音変化。「どうな」は、むだになることで、見るだけむだなものが原義。「な」が形容動詞連体形語尾の「な」のように意識され、「めどう」「めんどう」となり、「面倒」と当て字されるようになった。〘派生〙めんどうがる〔動ラ五〕めんどうさ〔名〕

〘用法〙面倒・厄介——「面倒な(厄介な)問題をかかえこんだ」「入国には面倒な(厄介な)手続きが必要だ」「面倒(厄介)をおかけしてすみません」など、わずらわしいの意、また人をわずらわす意では相通じて用いられる。◇「面倒」は気分としてわずらわしいという意が強いのに対し、「厄介」は事柄そのものが手間がかかってむずかしいというときに多く用いられる。「ごはんをたくのが面倒だから店屋物にしよう」「面倒がらずに辞典を引こう」では、ふつう「厄介」は使わない。◇「後輩の面倒を見る」は、世話をするの意。「知人の家に厄介になる」は、世話になるの意。それぞれ置き換えはできない。◇「面倒」「厄介」よりも文章語的な言い方として「煩雑」がある。「煩雑に入り組んだ人間関係」「手続きの煩雑さに音を上げる」などと用いる。

〘類語〙(❶)厄介・煩雑・複雑・煩瑣はんさ・難しい・ややこしい・しち難しい・入り組んだ・込み入った・手が込んだ/(❷)世話

面倒を掛・ける 面倒なことで人をわずらわす。また、世話になる。「就職で先輩に—・ける」

面倒を◦見る 世話をする。「年老いた親の—◦見る」「金銭面で—◦見る」

めん-どう【▽馬道】メダウ「めどう(馬道)」の音変化。「あそこの—におっかけては」〈平家・四〉

めんどう-くさ・い【面倒臭い】メンダウ〔形〕文めんだうくさ・し〔ク〕たいそう面倒である。いかにも面倒に感じられる。わずらわしい。めんどくさい。「遠いので行くのが—・い」「—・い仕事」〘類語〙煩わしい・ややこしい・しち難しい・しち面倒・面倒・厄介・煩雑・煩瑣はんさ

めんどう-み【面倒見】メンダウ 面倒を見ること。あれこれと世話すること。「—のいい先輩」

〘類語〙世話・心配・御守おもり・付き添い・介添え

めん-とおし【面通し】メンとほし 事件の関係者に容疑者を見せて犯人かどうかを確かめること。面割り。

メントール〖ドイツ Menthol〗薄荷油はっかゆの主成分。モノテルペンのアルコールの一。特有の爽快そうかいな香味をもつ無色の針状結晶。メンソール。

メンドサ〖Mendoza〗アルゼンチン中西部の商業都市。アンデス越えの鉄道が通る交通の要地。ぶどう酒の産地。メンドーサ。

めん-とり【面取り】❶建材の角を削り取って面を作ること。❷料理で、芋・大根などの切り口の角を薄くそぎ取ること。煮くずれを防ぎ、出来上がりを美しくするために行う。❸マスコミなどで、被害者や加害者などの顔写真をいう俗語。

めん-どり【▽雌鳥】《「めどり」の音変化》めすの鳥。多く鶏の雌をさし、「雌鶏」とも書く。⇔雄鳥おんどり。

雌鶏歌えば家滅ぶ めんどりがおんどりに先んじて時を告げるのは不吉なきざしである。妻が夫を出し抜いて権勢をふるうような家はうまくゆかず、やがて滅びるというたとえ。

雌鶏勧めて雄鶏おんどり時を作る 夫が妻の意見に動かされることのたとえ。

めんどり-ば【▽雌鳥羽】「めどりば」の音変化。「楯たてを—につき並べて」〈平家・一一〉

めんない-じききろく【面内磁気記録】《longitudinal magnetic recording》➤水平磁気記録

めんない-ちどり【めんない千鳥】《「めんない」は「目が無い」の意》「目隠し鬼」に同じ。

めん-ネル【綿ネル】「綿フランネル」の略。

めん-ば【面罵】〔名〕スル 面と向かってののしること。「衆人の前で—される」〘類語〙罵倒・痛罵・嘲罵・漫罵・悪罵・冷罵・面詰・ののしる・毒突く

めんぱ 「面桶めんつう❶」に同じ。

メンバー〖member〗❶集団を構成する人。構成員。一員。「クラブの—」❷そこに集まる面々。顔ぶれ。「いつもの—がそろう」〘類語〙一員・成員・構成員・顔ぶれ・面子メンツ・仲間・会員・団員・委員

メンバーシップ〖membership〗クラブ・組織などの、構成員であること。また、その資格・地位。

メンバーズ-カード《和 members＋card》組織や団体の一員であることを証明するカード。〘補説〙英語では、membership card。

めん-ぱい【面拝】人に面会することをへりくだっていう語。お目にかかること。拝顔。拝眉はいび。

メンパオ【麺包】《中国語》パン。

めん-はかた【綿▽博多】横糸に綿糸を用いて博多織のように厚地に織った綿織物。

めん-ばく【面縛】両手を後ろ手にして縛り、顔を前に突き出してさらすこと。「—の有様、前代未聞の恥辱なり」〈太平記・一一〉

めん-はぶたえ【綿羽二重】はぶたへ 縦糸・横糸ともにシルケットを用いた、羽二重に似た白地の織物。

めん-ばれ【面晴れ】《「めんぱれ」とも》疑いを晴らすこと。また、そのための証拠になるもの。「親方への—ぢゃ」〈浄・浪花鑑〉

めん-ばん【綿蛮】【×緜蛮】〔形動タリ〕小鳥のさえずるさま。「—たる黄鳥丘隅にとどまる」〈浄・国性爺〉

めん-ぴ【面皮】❶つらの皮。「鉄—」❷世間に対する面目。体面。「実を吐けば合さるべき—は無い」〈露伴・辻浄瑠璃〉

面皮が厚・い あつかましい。ずうずうしい。つらの皮が厚い。「若造のくせに—・い」

面皮を欠・く 面目を失う。面皮を失う。「不始末をしでかし—・く」

面皮を剝は・ぐ 厚かましい人間を懲らしめ、恥をかかせる。面つらの皮をはぐ。

メンヒ-さん【メンヒ山】《Mönch》スイス中西部、ヨーロッパアルプス中部のベルナーオーバーラント山群にある高峰の一。標高4099メートル。ユングフラウとアイガーの間にある。

メンヒスヨッホヒュッテ〖Mönchsjoch Hütte〗スイス中西部、ヨーロッパアルプス中部のベルナーオーバーラント山群にある高峰の一、メンヒ山にある山小屋。標高3657メートル。

メンヒル〖menhir〗《もとブルトン語で長い石の意》先史時代の巨石記念物の一。1本の長大な石を立てたもので、墓標とも巨石信仰ともいわれる。フランスのブルターニュ地方に多く、新石器時代に作られたもの。立石りっせき。

めん-ビロード【綿ビロード】「ベッチン」に同じ。

めん-ぶ【面部】顔の部分。顔。顔面。

めん-ぷ【綿布】綿糸で織った布。綿織物。

めん-ファスナー【面ファスナー】➤マジックテープ

メンフィス〖Memphis〗㊀カイロ南方にあったエジプト古王国の首都。現在名ミット-ラヒナ。ナイル川左岸に位置し、ピラミッド・王宮の遺跡がある。1979年、

「メンフィスとその墓地遺跡 ― ギザからダハシュールまでのピラミッド地帯」として世界遺産(文化遺産)に登録された。㊁米国テネシー州南西端部のミシシッピ川に臨む商工業都市。綿花・木材などの世界的取引地。人口、行政区67万(2008)。

めん-ぷく【綿服】綿布で仕立てた衣服。めんい。

めん-ふくろう【面×梟】フクロウ目メンフクロウ科の鳥。全長約35センチ。頭部は丸く、顔盤が心臓形で白い。上面は褐色、下面は白色。ヨーロッパでは納屋や古城に巣を作ることで知られる。日本にはいない。

めん-フランネル【綿フランネル】綿糸でフランネルに似せて織った綿織物。綿ネル。

めん-ぺき【面壁】《「めんへき」とも》壁に向かって座禅すること。また、座禅。

めんぺき-くねん【面壁九年】菩提達磨が、中国の少林寺で無言のまま9年間も壁に面して座禅し、悟りを開いたという故事。

メンヘングラートバハ〖Mönchengladbach〗ドイツ西部、ノルトライン-ウェストファーレン州の工業都市。19世紀より繊維産業が発展。オーストリアのポストモダン建築家、ハンス=ホラインが設計したアプタイベルク美術館がある。

めん-ぼう【面貌】顔かたち。顔つき。面相。

めん-ぼう【綿棒】先に脱脂綿を巻きつけた細い棒。耳・鼻・口の中に薬を塗るときなどに用いる。

めん-ぼう【麺棒｜×麪棒】うどん・そばをうつときに、のし板の上でこねた生地を押しのばすのに使う細長い丸い棒。麦押し。麦押す木。

めん-ぽう【面×皰】にきび。

めん-ぽう【麺×麭｜×麪包】パン。もと軍隊で用いた語。「乾—」

めん-ぽお【面頰】《「めんぼお」とも》❶剣道の防具の一。頭部と顔面を防御するためにかぶるもの。頭部は綿などを入れた布でおおい、顔の部分は細い鉄で格子のように作ったもの。面。❷武具の一つで、顔面保護の防御具。目の下頰当て・頰当ての類。

めん-ぼく【面目】❶世間や周囲に対する体面・立場・名誉。また、世間からの評価。めんもく。「—を保つ」「—をつぶす」❷物事のありさま。ようす。めんもく。「従来と異なった—を呈する」

〔類語〕(❶)メンツ・名誉・名な・名聞・体面・一分・沽券・声価・信用・信望

面目が立・つ　名誉が傷つけられずに保たれる。顔が立つ。「このままでは私の—・たない」

面目次第も無・い　申し訳が立たず顔向けできない。めんぼくない。「こんな結果に終わって—・い」

面目丸潰れ　体面・名誉がひどく傷ついて、他人に顔向けできなくなること。

面目を一新・する　ようすをすっかり改める。また、それまでの低い評価をすっかり変えさせる。「満点を取り—・する」

面目を失・う　自分の名誉に傷をつける。体面をそこなう。「仲裁に失敗して—・う」

面目を施・す　評価を高める。体面・名誉を保つ。「優勝して—・す」

めんぼく-だま【面目玉】「面目❶」に同じ。「—を踏みつぶすから」〈志賀・赤西蠣太〉

めんぼく-な・い【面目無い】〔形〕文めんぼくな・し〔ク〕恥ずかしくて顔向けできない。めんもくない。「失態を演じて—・い」〔類語〕恥ずかしい・極まり悪い・不名誉・不面目・肩身が狭い・合わせる顔がない・面目丸潰れ・沽券に関わる

めん-ポプリン【綿ポプリン】縦糸・横糸とも綿糸で織ったポプリン。

メンマ【麺麻】《中国語》中国産の麻竹の竹の子をゆで、発酵させてから乾燥した食品。塩蔵品や調味品もある。支那竹。

めんま-こん【綿馬根】オシダの根茎を乾燥したもの。そのエキスを条虫などの駆虫薬に用いた。

めん-みつ【綿密】〔名・形動〕詳しく細かいこと。すみずみまで注意が行き届いていること。また、そのさま。「—な調査」「—に計画を立てる」〔派生〕めんみつさ〔名〕〔類語〕細密・緻密・精緻・精密・詳密・密・詳細・精細・細緻・巨細・克明・丁寧・事細か

めん-みつど【面密度】単位面積当たりの量。面状に分布する物理量や記憶媒体の容量(記録密度)などに用いられる。面積密度。➡密度 ➡線密度

めん-め　❶目をいう幼児語。おめめ。❷頭髪をいう幼児語。「—を結って」〈滑・浮世風呂・三〉

めん-め【面▽面】〔代〕《「めんめん(面面)」の音変化》反射代名詞。自分。自分自身。「人の口の端にもかからず、—の身も無事に納まる」〈滑・浮世床・初〉

めん-めいせん【綿銘仙】横糸に綿糸を用いて銘仙に似せた織物。

めん-めん【面面】㊀〔名〕おのおの。一人一人。各自。めいめい。「一座の—」㊁〔代〕二人称の人代名詞。対等または目下の多数の者に呼びかけるのに用いる。「—は何事をし侍るぞと仰せければ」〈仮・伊曽保・上〉〔類語〕各自・各人・メンバー・面子・一人一人・めいめい・てんでん・てんでに・各位

面面の楊貴妃　各人はそれぞれ自分の妻を、中国の楊貴妃のような美人であると思っていること。人それぞれ好みがあり、好きになると欠点も隠れて美しく見えることのたとえ。

めん-めん【綿綿】〔ト・タル〕文〔形動タリ〕長く続いて絶えないさま。「思いのたけを—とつづる」

〔類語〕連綿・纏綿・縷縷

めんめん-さばき【面面×捌き】各自が思うままにさばくこと。めいめいさばき。「構ふな、こちも構はぬ構はぬ、—」〈浄・浦島年代記〉

めんめん-じゅす【綿綿×繻子】➤綿繻子❷

めん-もく【面目】❶「めんぼく(面目)」に同じ。「—が立つ」❷顔かたち。顔つき。〈日葡〉❸おおもとになるもの。おきて。「雪折竹に本来の—を悟り」〈浄・国性爺〉

めんもく-やくじょ【面目躍如】〔ト・タル〕文〔形動タリ〕その人本来の姿が生き生きと現れているさま。「ベテランの—たる演技」

〔類語〕真面目・真骨頂

めん-モスリン【綿モスリン】綿糸を用いてモスリンに似せた薄地の織物。綿モス。新モス。

めん-ゆ【面×諛】〔名〕スル　人の目の前で、へつらうこと。「恥ずかしげもなく—する」

めん-ゆう【面友】表面的な交際のある友。顔を知っているだけの友。

めん-よ【面▽妖】〔名・形動〕《近世語》「めんよう(面妖)」の音変化。「当代女郎のこころ、男の色にもまよはず—な事の」〈浮・御前義経記・一〉

めん-よう【面妖】《「めいよ(名誉)」の変化した「めいよう」がさらに変化したもの。「面妖」は当て字》㊀〔名・形動〕不思議なこと。怪しいこと。また、そのさま。「—なこともあるものだ」㊁〔副〕どういうわけか。「—義太夫を好む者は、気が理屈臭くなりて」〈地獄楽日記・四〉

〔類語〕変・妙・奇妙・奇怪・奇異・奇態・不思議・不可思議・摩訶不思議・奇天烈・けったい

めん-よう【面容】顔かたち。顔つき。面貌。

めん-よう【綿羊｜×緬羊】家畜の羊のこと。特に毛用のもの。野生のものと毛質が違い、一年中毛が伸びつづける。

メンリッヒェン〖Männlichen〗スイス中南部、ベルン州、グリンデルワルト近郊の山。標高2345メートル。ヨーロッパ最長のゴンドラリフトが山頂近くの展望台まで結んでいる。アイガー、メンヒ、ユングフラウなどのベルナーオーバーラントを望む。

めん-りんず【綿×綸子】白色の細いガス糸を用いて綸子に似せた織物。

めん-るい【麺類｜×麪類】小麦粉・そば粉などを練った生地をのばし、細長く切ったものの総称。うどん・そば・そうめん・ラーメン・スパゲッティなど。

〔類語〕饂飩・冷や麦・素麺・蕎麦・中華麺・パスタ

めん-ろう【面廊】《「めんどう(馬道)」の音変化という》長廊下。一説に、広い板敷きの縁とも。「—にやすらひ物申さんと」〈伽・横笛草紙〉

めん-わり【面割(り)】「面通し」に同じ。

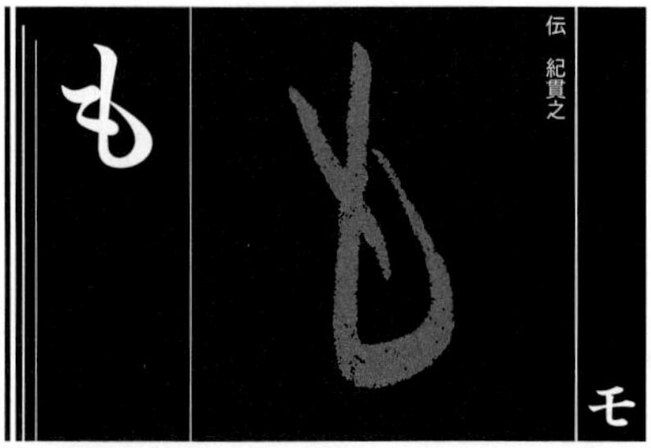

も　❶五十音図マ行の第5音。両唇鼻音の有声子音[m]と母音[o]とから成る音節。[mo]❷平仮名「も」は「毛」の草体から。片仮名「モ」は「毛」の末3画から。

も【▽妹】「いも(妹)」の音変化。「旅とへど真旅になりぬ家の—が着せし衣に垢付きにかり」〈万・四三八八〉

も【▽面】《「おも(面)」の音変化》おもて。表面。「水の—」「つくばねのこの—かの—に影はあれど君がみかげにます影はなし」〈古今・東歌〉

も【喪】❶人の死後、その近親の者が、一定の期間、外出や社交的な行動を避けて身を慎むこと。親疎により日数に長短がある。「—に服する」「—が明ける」❷わざわい。凶事。災難。「平らけく安くもあらむを事も無く—無くもあらむを」〈万・八九七〉

〔類語〕忌み・忌服・服喪

も【×裳】❶古代、腰から下にまとった衣服の総称。❷律令制の男子の礼服で、表袴の上につけたもの。❸平安時代以後の女房の装束で、表着や袿の上に、腰部から下の後方だけにまとった服。❹僧侶が腰につける衣。

も【藻】海水・淡水中で生育する植物。藻類。また、海草や水草をさす。(季 花=夏)「—の花の重なりあうて咲きにけり/子規」

も〔副〕❶「もう❸」に同じ。さらに。いま。「—少し待とう」「—一ついかがですか」❷「もう❶」に同じ。もはや。「東京へは、—二十年も出ん」〈漱石・草枕〉

も〔助動〕[○|○|○|も|○|○]《上代東国方言》活用語の未然形に付く。推量の助動詞「む」に同じ。「上野佐野田の苗の群苗に事は定めつ今はいかにせ**も**」〈万・三四一八〉

も　㊀〔係助〕種々の語に付く。❶ある事柄を挙げ、同様の事柄が他にある意を表す。…もまた。「国語—好きだ」「ぼく—知らない」「み吉野の山のあらしの寒けくにはたや今夜—我がひとり寝む」〈万・七四〉❷同類の事柄を並列・列挙する意を表す。「木—草—枯れる」「右—左—わからない」「銀—金—玉—何せむに優れる宝子にしかめやも」〈万・八〇三〉❸全面的であることを表す。㋐不定称の指示語に付き、全面的否定、または全面的肯定を表す。「疑わしいことは何—ない」「どこ—いっぱいだ」「だれ—が知っている」「何—何—、小さきものは皆うつくし」〈枕・一五一〉㋑動詞の連用形や動作性名詞に付き、打消しの語と呼応して、強い否定の意を表す。「思い—よらぬ話」「返事—しない」❹おおよその程度を表す。…ぐらい。…ほど。「一週間—あればできる」「今なら一万円—しようかね」❺驚き・感動の意を表す。「この本、三千円—するんだって」「限りなく遠く—来にけるかなとわびあへるに」〈伊勢・九〉❻ある事柄を示し、その中のある一部分に限定する意を表す。…といっても。…のうちの。「中世—鎌倉のころ」「東京—西のはずれ」➡もこそ ➡もぞ ➡もや ㊁〔接助〕形容詞・形容詞型活用語の連用形、動詞・動詞型活用語の連体形に付く。逆接の意を表す。…とも。…ても。…けれども。「見たく—見られない」「努力する—報われなかった」「いつしかと涼しき程待ち出でたる—、なほ、はればれしからぬは、見苦しきわざかな」〈源・宿木〉「身一つ、からうじて逃るる—、資財を取り出づるに及ばず」〈方丈記〉㊂〔終助〕文末で、活用語の終止形、助詞、接尾語「く」に付く。感動・詠嘆を表す。…ことよ。…なあ。「春の野に霞たなびきうら悲しこの夕影にうぐひす鳴く—」〈万・四二九〇〉➡かも ➡ぞも ➡は

も

も ➡やも 補説 主に上代の用法で、その後は「かな」に代わった。係助詞の終助詞的用法ともいう。

も…たり（「も」「たり」の前には同じ動詞を繰り返す）❶ある動作・行動の度合いが並み外れていることに対して、驚きや感動の意を表す。「撮りも撮ったり、フィルム2000本」❷「…も…たり、…も…たり」の形で、競い合っている両者の行動に対して、驚き・感動・賞賛の意を表す。「打ちも打ったり、取りも取ったり、実に素晴らしいプレーだった」

も【▽最】〔接頭〕状態を表す語に付いて、真に、本当に、もっとも、などの意を表す。「―中」「―寄り」「―はや」

モア〘moa〙ダチョウ目モア科の絶滅鳥。ニュージーランドから約30種についての化石が知られ、大形のものは体高約3.5メートル。ダチョウに似て、飛べない。17、8世紀まで生存していた。恐鳥。

モア〘more〙多く複合語の形で用い、もっと多く、いっそう、の意を表す。「―チャンネル（＝CATVによる多局受信）」

モア〘Thomas More〙[1478～1535]英国の政治家・思想家。エラスムスと親交をもち、1516年、理想的国家像を描く「ユートピア」を発表。のち、大法官に任ぜられたが、カトリック教徒の立場からヘンリー8世の離婚に反対し、投獄、処刑された。トマス＝モア。

モアイ〘moai〙南太平洋、イースター島に残る石像遺物。数百体が現存し、大きなものは重さ80トンに及ぶ。

モアサック〘Moissac〙フランス南西部、ミディ-ピレネー地方、タルヌ-エ-ガロンヌ県の町。タルン川とガロンヌ川の合流地点に位置する。ロマネスク様式のタンパン（玄関の上の壁面）の彫刻と回廊の美しさで知られるサンピエール修道院付属教会がある。モワサック。

モアッサン〘Ferdinand-Frédéric Henri Moissan〙[1852～1907]フランスの化学者。電気分解により弗素の単離に成功。また、電気炉を作って高温度を得ることに成功し、高温化学の基礎を築いた。1906年ノーベル化学賞受賞。

モアブ-じん【モアブ人】《Moabite》旧約聖書時代、死海東岸のモアブ地方に定住、建国したセム系の民族。イスラエル人と闘争を繰り返した。前9世紀ごろ独立を果たしたが、以後衰退し、前6世紀カルデア（新バビロニア）のネブカドネザル2世に滅ぼされた。

モアレ〘フランス moiré〙《「モワレ」とも》❶木目や波紋模様を表した張りのある織物。また、その加工。タフタ・アセテートなどに施し、リボン・服地などに使われる。❷幾何学的に規則正しく分布する点または線を重ね合わせると、その間隔の疎密によってできる斑紋。網版の多色印刷、走査線が周期的に並ぶテレビ画面、画素が規則正しく配列されたデジタルカメラの撮影画像などに生じやすい。

もい【▽水】《椀に入れるものの意から》飲み水。飲料水。「淡道島の寒泉をくみて、大御―献りき」〈記・下〉

もい【×椀 ×盌】水や酒を盛る器。鋺。わん。「一尺三寸ばかりのわたきの―に」〈宇津保・あて宮〉

も-いお【藻▽魚】「もうお」に同じ。〈和漢三才図会〉

もい-か【▽梅花】《「もい（梅）」は唐音》梅花の模様。また、その模様を織った絹。〈日葡〉

モイカ-きゅうでん【モイカ宮殿】《Dvorets na Moyke》▶ユスポフ宮殿

モイスチャー〘moisture〙水分。湿気。特に、化粧品で、皮膚に潤いを与えるために配合する成分。

モイスト〘moist〙〔名・形動〕湿り気があること。また、そのさま。湿潤。

モイスト-ヒーリング〘moist healing〙▶湿潤療法

もい-とり【▽水取 主＝水】古代、宮中の飲料水のことなどをつかさどった人。もんど。「采女、―、御髪あげども」〈紫式部日記〉

もいとり-の-つかさ【主＝水▽司 ▽水▽司】❶▶しゅすいし（主水司）❷▶すいし（水司）

モイマン〘Ernst Meumann〙[1862～1915]ドイツの心理学者・教育学者。教育学に実験的方法を導入した。著「連想および再生の法則」「実験教育学」など。

モイライ〘Moirai〙《モイラ（Moira）の複数形。原義は分け前・割り当てで、まず生と死に結び付けられ、のちに運命の女神に擬人化されたもの》ギリシャ神話で、人間の運命をつかさどる三女神、ラケシス・クロト・アトロポスの総称。ゼウスとテミス（またはニュクス）の娘たちで、ラケシスが運命を割り当て、クロトが運命の糸を紡ぎ、アトロポスがその糸を断つという。

もいわ-やま【藻岩山】北海道札幌市南区にある山。標高531メートル。頂上付近に柱状節理が見られる。北東斜面の広葉樹が茂る原始林は「藻岩山原始林」として国の天然記念物に指定されている。

もう【毛】❶数の単位。1000分の1。また比率では、1割の1000分の1、1厘の10分の1。❷尺貫法の単位の一。長さでは、1寸の1000分の1。重さでは、1匁の1000分の1。❸貨幣の単位。1円の10000分の1、1厘の10分の1。➡表「位」 ➡漢「もう（毛）」

もう【申】動詞「もう（申）す」の略。「物―、案内―」〈虎明狂・釣狐〉➡物申

もう【×蒙】道理をわきまえず、愚かなこと。無知なこと。➡漢「もう（蒙）」

蒙を啓く《「啓蒙」を訓読したもの》道理にくらい者や知識に乏しい者を教え導く。啓蒙する。

も-う【▽思ふ】〔動ハ四〕「おもう」の音変化。「い伐らむと心は―・へどい取らむと心は―・へど」〈記・中・歌謡〉

もう【猛】〔形動〕文〔ナリ〕勢いがはげしいさま。現代では、多く他の名詞と複合して用いられる。「―勉強」「―スピード」「世の覚えも、威勢も―なり」〈宇治拾遺・一五〉➡猛に ➡漢「もう（猛）」

もう〔副〕❶現に、ある事態に立ち至っているさま。また、ある動作が終わっているさま。もはや。既に。「―手遅れだ」「―子供ではない」「今泣いた烏が―笑った」❷あとわずかの時間で、ある事態になるさま。まもなく。やがて。じきに。「―終わりますから、しばらくお待ちください」「―来るだろう」❸現にある事物・状態などに、同じものを付け加える気持ちを表す語。さらに。いま。「―ちょっとで車にひかれるところだった」「―片方の靴下が見つからない」❹（あとに打消しの語などを伴って）同じ事をこれ以上繰り返したくないという気持ちを強調する語。二度とは。「―しませんから許してください」「戦争は―ごめんだ」❺自分の判断・感情などを強める気持ちを表す語。感動詞的にも用いる。まさに。なんとも。「これは―疑う余地のない事実だ」「嫌になっちゃうなあ、―」類語（❶）最早・早・今や・既に／（❷）直・間もなく・程なく・そろそろ・今にも／（❸）今・あと・更に・なお・まだ

もうは未だなり、未だはもうなり 相場格言の一つ。株式相場や米相場などで、もうここが底値・高値かと思うとさらなる下落・上昇があり、まだ動くだろうと思うとすでに限度に達している。予想しづらいこと、予想どおりに事が運ばないこと、運の悪いことなどのたとえ。

もう-あ【盲×啞】目の見えないことと口のきけないこと。

もう-あい【盲愛】〔名〕スル むやみにかわいがること。また、その愛情。溺愛。
類語 溺愛・猫かわいがり・過保護・子煩悩

もう-あく【猛悪】〔名・形動〕荒々しく悪いこと。勇猛で残酷なこと。また、そのさま。「俊三の―なる誘惑に従ったならば」〈木下尚江・良人の自白〉
類語 凶悪・凶暴・乱暴・粗暴・獰猛

もう-あそび《「もう」は野原の意》沖縄諸島で、青年男女が夜なべ仕事を終えてから野外に集まり、三線や小太鼓に合わせて歌い踊る風習。もうあしび。補説「毛遊び」とも書く。

もうあんじょう【盲安杖】江戸初期の法語集。1巻。鈴木正三著。元和5年（1619）成立。禅の立場から人の守るべき10の徳目を説き、仏教が社会倫理にそむくとする儒者の攻撃に反論する。

もう-い【毛衣】❶哺乳動物の体表をおおう毛の全体をいう語。❷毛皮でつくった衣服。けごろも。

もう-い【猛威】すさまじい威力。猛烈な勢い。「流感が―をふるう」「自然の―」

もう-う【猛雨】激しくふる雨。

もう-う【×濛雨】あたりをうす暗くして降る小雨。

もう-えい【毛×穎】《「穎」は穂先の意》毛筆の異称。

もうえつ-じ【毛越寺】▶もうつうじ（毛越寺）

もう-えん【猛炎 猛×焰】激しく燃えさかるほのお。「―東岩砲台の一角より起り候う間」〈独歩・愛弟通信〉

もう-えん【猛煙 猛×烟】激しく立ちのぼる煙。

も-うお【藻魚】沿海の海藻の生い茂るところにすむ魚。メバル・ハタ・ベラ・カサゴなど。もいお。

もう-か【×孟夏】《「孟」は初めの意》夏の初め。初夏。また、陰暦4月の異称。類語 初夏・初夏

もう-か【孟軻】▶孟子

もうか【真岡】▶もおか

もう-か【猛火】激しく燃える火。すさまじい火炎。みょうか。「―に包まれる」「地獄の―」類語 烈火・業火

もう-かく【妄覚】錯覚と幻覚との総称。ぼうかく。

もうがく-どうぶつ【毛顎動物】動物界の一門。海洋プランクトンのヤムシ類。体は細長くて頭・胴・尾部からなり、体側と尾にひれをもち、口部に顎毛の列がある。雌雄同体。

もう-がっこう【盲学校】視覚に障害のある児童・生徒に対し、幼稚園・小学校・中学校・高等学校に準ずる教育を行うとともに、その障害による困難を補うために必要な知識・技能を修得させる学校。学校教育法の改正により、平成19年（2007）以降法律上の区分は「特別支援学校」となった。

もうか-の-えん【×孟夏の宴】平安時代、孟夏の旬の際に開かれた酒宴。

もうか-の-しゅん【×孟夏の旬】平安時代、陰暦4月1日に行われた旬の行事。➡旬❸

もうか・る【×儲かる】〔動ラ五（四）〕❶利益が得られる。もうけになる。「―・る商売」❷思いがけない得をする。「買わずにすんで―・った」

もう-かん【毛幹】毛の、皮膚から外に露出している部分。

もう-かん【毛管】❶「毛細管」の略。❷「毛細血管」の略。

もう-かん【盲官】昔、盲人で琵琶・管弦・鍼・按摩などを業とした者に与えられた官名。検校・勾当・座頭・衆分などの階級に分かれ、総検校・総録がこれらを支配した。

もう-かん【盲管】内臓器官で、一方の端が閉じている管。盲腸など。

もうかん-げんしょう【毛管現象】液体中に細い管を立てると、管内の液面が管外よりも高くなるか低くなる現象。液体の表面張力によって生じ、水のように管壁をぬらす場合には上昇する。吸い取り紙などにみられる。毛細管現象。

もうかん-じゅうそう【盲管銃創】銃弾が身体を貫かず、体内にとどまっている傷。

もうかん-しょうこうぐん【盲管症候群】胃腸管の吻合手術などで盲管ができ、そこに腸の内容物が停滞して、腹部膨満・腹痛・下痢・貧血・脂肪吸収障害などの症状を呈する病気。盲管系蹄症候群。

もう-き【盲亀】目の見えない亀。「―の浮木」

もう-き【×濛気 ×朦気】❶もうもうと立ちこめる霧やもや。❷心の晴れないこと。気のふさがること。「心地の―するとて」〈太平記・二〇〉

もうき-の-ふぼく【盲亀の浮木】《大海中に住み百年に一度水面に出てくる目の見えない亀が、ようやく浮木に遇いその穴に入るという「涅槃経」などにある話から》めったに会えないこと。また、仏法に出会うことが困難であることのたとえ。

もうぎゅう【蒙求】《「易経」の一句「童蒙我に求む」による》中国、唐代の類書。3巻。李瀚撰。「孫康映雪、車胤聚蛍」のように、上代から南北朝までの

有名人の逸話で類似の事跡を一対とし、4字句計569句の韻文で、8句ごとに韻を変える幼童用の教科書。日本には平安時代に伝わり、盛んに学ばれた。

もうぎゅうしょう【蒙求抄】室町後期の注釈書。10巻。林宗二編。寛永15年(1638)刊。「蒙求」を片仮名交じり文で書き下し、注釈したもの。

もう-きょ【毛挙】些細な点までとりあげること。細かい事がらまで一つ一つ数え立てること。「其の外の勘賞共—にいとまあらず」〈平家・三〉

もう-きょ【妄挙】善悪の見境のない振る舞い。思慮のない行動。ぼうきょ。

もう-きょう【蒙疆】中国、内モンゴル自治区中部の旧綏遠・チャハル両省などにあたる地域の称。

もう-きょういく【盲教育】視覚障害者を対象とする特別な教育。点字を用いた普通教育、職業教育、感覚・歩行などの肉体的訓練を主な内容とする。盲人教育。

もう-きん【猛×禽】肉食で性質の荒々しい大形の鳥。

もうきん-るい【猛×禽類】タカ目とフクロウ目の鳥の総称。鉤状の鋭いくちばしと鉤爪をもち、小動物や他の鳥を捕食する。

もう・く【▽参来】〔動カ変〕《「まいく」の音変化》高貴な人のもとに来る。参り来る。「時に兄猾—・こず」〈神武紀〉

もう・く【設く】〔動カ下二〕「もう(設)ける」の文語形。

もう・く【×儲く】〔動カ下二〕「もう(儲)ける」の文語形。

もうけ【設け】❶前もって用意されていること。「—の席につく」❷あらたに設置・設立すること。「未だ学校の—あらざりし前に」〈中村訳・西国立志編〉❸あらかじめ決められていること。また、計画。「斯る—のあらんとは、長兵更に知るよしもなく」〈染崎延房・近世紀聞〉❹供応のための、食事などの準備。「—などしたりけれど」〈古今・仮名序〉❺食べ物。「一鉢の—、藜の羹」〈徒然・五八〉

類語 用意・支度・準備・備え・手配・手配り・手回し・手筈・手当て・段取り・膳立て・道具立て

もうけ【×儲け】得をすること。また、思いがけないいい目をみること。利益。利得。「—が大きい」「まる—」「ぼろ—」類語 実入り・上がり・稼ぎ・利益・利・益・収益・利潤・利得・利沢・黒字・得分・益金・利金・純利・純益・差益・利鞘・マージン・ゲイン・プロフィット

もう-げき【猛撃】〔名〕スル 激しく攻撃すること。猛攻。「軍事拠点を—する」類語 猛攻・猛襲・強襲

もうけ-ぐち【×儲け口】儲けの対象となる物事。利益になる手がかり。「—を探す」

もうけ-しごと【×儲け仕事】儲けになる仕事。思いがけず得になる仕事。

もうけ-しゅぎ【×儲け主義】もうけることを第一とし、サービスなど他の面を軽視する考え方。

もうけ-ずく【×儲け▽尽く】もうけることだけを考えて物事をすること。「—の仕事」

もう-げつ【×孟月】《「孟」は初めの意》四季それぞれの最初の月。孟春・孟夏・孟秋・孟冬の総称。

もうげつ-の-えん【×孟月の宴】平安時代、孟夏の宴と孟冬の宴の総称。

もうけ-の-きみ【×儲けの君】《「儲君」を訓読みにした語》皇太子を敬っていう語。もうけのみや。「疑ひなき—と、世にもてかしづききこゆれど」〈源・桐壺〉

もうけ-の-みや【×儲けの宮】「儲けの君」に同じ。

もうけ-もの【設け物】準備してある物。「在地の人々も、家々壊ち、—共したため置くべきぞと」〈盛衰記・四〉

もうけ-もの【×儲け物】思いがけなく得た利益。拾い物。「うまくいけば—だ」

もうけ-やく【×儲け役】❶演劇・映画などで、見せ場があって観客に受ける得な役。❷自分の利益になる得な役目。

漢字項目 も

【▽母】▶ぼ

茂 音モ(呉) 訓しげる ‖ 草木がしげる。「繁茂」名付 あり・いかし・し・しげ・しげい・しげみ・たか・とお・とも・とよ・もち・もと・ゆた

×**摸** 音モ(呉) ボ(漢) ‖ ①手さぐりする。「摸索」②手本をまねる。「摸擬・摸写・摸倣/臨摸」補説 「摹」は異体字。難読 掏摸・自摸

模 学6 音モ(呉) ボ(漢) ‖ ㊀〈モ〉①同じものをつくるための鋳型。ひな型。手本。「模型・模範」②形。ようす。「模様」③型どおりにまねる。「模擬・模写・模造・模倣」④(「摸」の代用字)手でさぐる。「模索」⑤はっきり見えないさま。「模糊」㊁〈ボ〉全体の形や大きさ。「規模」名付 のり 難読 相模・酸模

漢字項目 もう

【亡¦望】▶ぼう

毛 学2 音モウ(呉) 訓け ‖ ㊀〈モウ〉①け。「毛髪・毛筆・毛布/羽毛・紅毛・鴻毛・純毛・植毛・繊毛・梳毛・多毛・体毛・脱毛・恥毛・羊毛・鱗毛」②地表に作物が生育する。「不毛・二毛作」③ごく細かいもの。わずかなもの。「毛頭・毛細管/毫毛」④重さ・長さ・割合・数などの単位。「厘毛」⑤毛野の国。「上毛・両毛」㊁〈け〉「毛糸・毛虫/赤毛・葦毛・和毛・眉毛・腋毛」名付 あつ 難読 毛布・旋毛・刷毛

妄 音モウ(マウ)(呉) ボウ(バウ)(漢) 訓みだり ‖ ㊀〈モウ〉道理がわからない。筋道がなく、でたらめ。「妄言・妄語・妄執・妄信・妄想・妄動・妄評/虚妄・迷妄」㊁〈ボウ〉でたらめ。「妄誕・妄断/誣妄」補説 ㊁の語例の「妄」は「モウ」とも読む。

人**孟** 音モウ(マウ)(漢) ‖ ①兄弟姉妹の最年長者。「孟女」②四季のそれぞれの初め。「孟夏・孟月・孟秋・孟春」③孟子のこと。「孟母/孔孟」名付 おさ・たけ・たけし・つとむ・とも・なが・はじめ・はる・もと

盲 音モウ(マウ)(漢) 訓めくら、めしい ‖ ①目が見えないこと。目が見えない人。「盲亀・盲人・盲点・盲目/雪盲・夜盲」②ある感覚が欠如していること。「味盲」③わけがわからない。「盲愛・盲従・盲信・盲爆」④突き抜けていない。「盲腸・盲管銃創」

×**罔** 音モウ(マウ)(呉) ボウ(バウ)(漢) 訓ない ‖ ①鳥獣を捕える網。捕らえる。「罔罟」②(「誷」と通用)しいる。あざむく。「欺罔・誣罔」

耗 音モウ(慣) コウ(カウ)(漢) ‖ すりへる。へる。使ってへらす。「減耗・消耗・損耗・摩耗・心神耗弱」難読 内耗

×**莽** 音モウ(マウ)(呉) ボウ(バウ)(漢) 訓くさ ‖ ①草。草むら。「草莽」②草深いさま。「莽莽」

猛 音モウ(マウ)(漢) 訓たけし、たける ‖ ①がむしゃらで強い。たけだけしい。「猛犬・猛獣・猛将・猛然/獰猛・勇猛」②はげしい。程度がひどい。「猛威・猛火・猛暑・猛省・猛追・猛毒・猛烈」名付 たか・たけ・たけお・たけき 難読 猛猛しい・猛者

網 音モウ(マウ)(呉) 訓あみ ‖ ㊀〈モウ〉①あみ。「網膜・網羅/漁網・天網・法網・羅網」②連絡がとれるように張りめぐらした組織。「通信網・鉄道網」③あみを打つ。「一網打尽」㊁〈あみ〉「網戸・網元/霞網・鳥網・袋網」難読 網代・投網・旋網

人**蒙** 音モウ(慣) 訓こうむる、くらい ‖ ①おおう。かぶさる。こうむる。「蒙塵・蒙霧」②くらい。物知らずで道理がわからない。「蒙昧/愚蒙・訓蒙・啓蒙・童蒙・便蒙」③「蒙古」の略。「満蒙」

×**濛** 音モウ(慣) ‖ ①薄暗く降り込める霧雨。「濛雨」②物事がはっきりしないさま。「濛濛/溟濛」

×**朦** 音モウ(慣) ‖ 月の光がおぼろなさま。「朦朦・朦朧」

もう・ける【設ける】〔動カ下一〕文まう・く〔カ下二〕❶前もって用意・準備をする。「一席—・ける」❷建物・機関などを、こしらえる。設置する。「窓口を—・ける」「規則を—・ける」

類語 備える・用意する・支度する・準備する・手配する・手配りする・膳立てする

もう・ける【×儲ける】〔動カ下一〕文まう・く〔カ下二〕《「設ける」と同語源》❶金銭上の利益を得る。また、思いがけない得をする。「だいぶ—・けているという話だ」❷子を得る。「子まで—・けた二人の仲」❸夫・妻や義理の親などをもつ。「似げなき親をも、—・けたりけるかな」〈源・帚木〉❹病気などにかかる。「財を失ひ、病を—・く」〈徒然・一七五〉

類語 (❶)稼ぐ・得る・一稼ぎする・商売する

もう-けん【猛犬】性質が荒くたけだけしい犬。「—に注意」

もう-げん【妄言】❶根拠もなくみだりに言う言葉。でまかせの言葉。ぼうげん。「—を吐く」❷自分の述べた言葉をへりくだっていう語。ぼうげん。「—多謝」

類語 でまかせ・うわ言・たわ言・ざれ言・しれ言・寝言

もう-こ【猛虎】強く勢いのある虎。荒々しい虎。また、強くたけだけしいことのたとえ。「饞狼—に等しき徒輩である」〈魯庵・社会百面相〉

猛虎の猶予するは蜂蠆の螫を致すに如かず
《「史記」淮陰侯伝から》猛虎はどんなに強くても、ためらっていては、蜂やサソリがちくりと刺すのにも及ばない。力ある者でも決断力がなく実行しなければ、無力でなんの役にも立たない。

もうこ【蒙古】▶モンゴル㊀

もう-ご【妄語】仏語。うそをつくこと。法を会得していないのに会得したように言うことや、不実な言葉。

もう-こう【毛亨】中国、漢代の学者。魯の人。毛萇らとともに「毛詩」とよばれる「詩経」のテキストを伝えた。他のテキストがほろんだため、これが今日の「詩経」となっている。生没年未詳。

もう-こう【猛攻】〔名〕スル 激しく攻め立てること。猛撃。「敵の—を防ぐ」「砦を—する」

類語 猛撃・猛襲・強襲

もう-こうねん【孟浩然】[689～740]中国、盛唐の詩人。襄陽(湖北省)の人。名は浩。浩然は字。官には就かなかった。五言詩を多く作り、絵画的な自然描写にすぐれて王維と並び称された。特に「春暁」は有名。もうこうぜん。

もうこ-うま【×蒙古馬】家畜の馬の一品種。モンゴルの原産。体つきはがっしりし、体高約1.3メートル。砂漠に住む民族に重用され、日本の在来馬の原型と考えられる。

もうご-かい【妄語戒】仏語。五戒・十戒の一。うそをついてはならないという戒め。

もうこげんりゅう【蒙古源流】中国の史書。8巻。サガン＝セチェンが1662年に撰したモンゴル民族の興亡史「諸汗の源の宝の史綱」を、1777年、清の乾隆帝の勅によって漢訳したもの。欽定蒙古源流。

もうこ-ご【×蒙古語】▶モンゴル語

もうこしゅうらいえことば【蒙古襲来絵詞】鎌倉後期の絵巻。2巻。奥書に永仁元年(1293)の年紀が残り、このころの作とされる。文永・弘安の役に参加した肥後の武士竹崎季長が、みずからの戦功を中心に描かせたもの。描写は正確で史料としても貴重。

もうこ-しょう【×蒙古症】ダウン症候群の俗称。

もうこ-ていこく【蒙古帝国】▶モンゴル帝国

もうこ-のうま【×蒙古野馬】ウマ科の哺乳類。現存する唯一の野生馬で、モンゴル南西部の草原に分布。体高約1.2メートル。たてがみは直立し、家畜馬

のように垂れることはない。ヨーロッパに初めて紹介した探検家の名にちなみ、プルジェバリスキー馬ともいう。

もうこ-はん【×蒙古斑】乳幼児の臀部でんぶ・腰部などにみられる青色のあざ。その真皮中にメラニン色素細胞が存在することによる。黄色人種に特に顕著。7、8歳ごろまでに自然に消失する。小児斑。児斑。

もうこ-ひだ【×蒙古×襞】目頭の部分を覆う上まぶたのひだ。モンゴロイド系に多くみられる。

もうこ-ひつじ【×蒙古羊】家畜の羊の一。モンゴル地方で飼育される。しりや尾に脂肪を蓄える古い型で、毛質はやや粗悪。毛皮用・肉用とされることもある。

もうこ-もじ【×蒙古文字】▶モンゴル文字

もうこ-らい【×蒙古来】「元寇げんこう」に同じ。

もう-こん【毛根】毛の、皮膚の内部にあって毛包に包まれている部分。下端の球状にふくらんだ所で栄養を受け、細胞分裂が行われて毛が伸びる。

もう-ざ【猛▽者】マウ ザ 勇猛な人。もさ。また、富裕で勢いのある人。「坂東の―なりせば」〈続古事談・五〉

もうさい-かん【毛細管】クワン ❶毛のような細い管。毛管現象を起こすような細い管。毛管。キャピラリー。❷「毛細血管」に同じ。

もうさいかん-げんしょう【毛細管現象】モウサイクワン ゲンシヤウ ▶毛管現象

もうさい-けっかん【毛細血管】ケツクワン 閉鎖血管系で、動脈・静脈の末梢が細かく枝分かれし、網目状となってつながる細い血管。動脈からの酸素や栄養を組織に与え、組織から炭酸ガス・老廃物を受け入れて静脈へ送る。毛細管。

もうさ-く【申さく▽白さく】まう さ《動詞「もうす」のク語法》申し上げること。また、申し上げることには。「皇神等すめがみたちの前に―」〈祝詞・祈年祭〉

もうさん-や【申さんや】まうさ ん 〔副〕「いわんや(況)」を、改まり丁重にいう語。申すまでもなく。「一今の所望、無下にたやすき事にあらずや」〈保元・上〉

もうし【毛詩】《毛亨もうこう・毛萇もうちょうが伝を付したものだけが残っているところから》詩経しきょうの異称。

もうし【申し】まう ㊀〔名〕申すこと。おねがい。「若宮の別当のおん―により、囚人めしうどの免状ある間」〈謡・春栄〉㊁〔感〕人に呼びかけるときにいう語。ややていねいな言い方で、多く目上の人に対して用いる。「いやー。あれに雉がゐまらする」〈虎清狂・禁野〉

もうし【孟子】マウ シ ㊀〔前372ころ～前289〕中国、戦国時代の思想家。鄒すう(山東省)の人。名は軻か。字あざなは子輿しよ。仁義王道による政治を説き、自ら孔子の継承者をもって任じ、性善説・易姓革命説を唱えた。後世、「亜聖あせい」と称される。㊁㊀の言行や思想を記した書。7編。後漢の趙岐ちょうきが各編を上下に分けて注を加え14巻とした。宋代以降経書に数えられ、朱熹しゅきの「孟子集注」により四書の一つとして重んじられた。

もう-し【猛士】マウ 勇猛な兵士。

もうし-あい【申(し)合い】まうし あひ 相撲で、力量が互角の力士どうしのけいこ。

もうし-あ・う【申し合ふ】まうし あふ 〔動ハ四〕身分の高い人の前で、言い合う意の丁寧語。「竜のくびの玉はいかが取らむと―・へり」〈竹取〉

もうし-あ・げる【申(し)上げる】まう 〔動ガ下一〕図まうしあ・ぐ〔ガ下二〕❶「言う」の謙譲語。うやうやしく言う。古くは、身分格差のある目上に言上する意であったが、現在では、改まり丁重にいう「申す」に対し、言う対象を敬う語として一般に用いられる。「謹んで初春のお慶びを―・げます」❷「お」や「御ご」の付いた自分の行為を表す体言に付けて、その行為の対象を敬う。…してさしあげる。「お答え―・げます」「御相談―・げたく参上致しました」

(類語)申す・啓する・奏する・言上ごんじょうする

もうし-あわ・す【申(し)合(わ)す】まうし あはす ㊀〔動サ五(四)〕「申し合わせる」に同じ。「当日の衣装を―・す」㊁〔動サ下二〕「もうしあわせる」の文語形。

もうし-あわせ【申(し)合(わ)せ】まうし あはせ ❶話し合って決めること。また、その取り決め。「―どおりに事を運ぶ」「一事項」❷能・狂言で、催しの前日や当日などに、出演者が集まって打ち合わせや稽古けいこをすること。(類語)取り決め・約束・約定・契約・協約・協定・結約・盟約・誓約・確約・公約・口約・内約

もうし-あわ・せる【申(し)合(わ)せる】まうし あはせる 〔動サ下一〕図まうしあは・す〔サ下二〕❶相談して取り決める。話し合って約束する。「集合時刻を―・せる」❷「言い合わせる」の謙譲語。相談申しあげる。「判官、平大納言に―・せて」〈平家・一一〉

(類語)取り決める・約束する・約する・言い合わせる

もうし-いで【申し▽出で】まう ❶申し出ること。また、その内容。もうしで。❷民事訴訟において、当事者が裁判所に一定の訴訟行為を請求すること。申請。

もうし-い・でる【申し▽出でる】まう 〔動ダ下一〕図まうしい・づ〔ダ下二〕口に出してお話しする。申し出る。「苦情を―・でる力が無いのです」〈木下尚江・火の柱〉

もうし-いれ【申(し)入れ】まう 申し入れること。また、その内容。「解約の―をする」

(類語)申請・申し出・願い出・届け出・届け

もうし-い・れる【申(し)入れる】まう 〔動ラ下一〕図まうしい・る〔ラ下二〕❶こちらの意志や希望を相手に告げ知らせる。「資金の提供を―・れる」「話し合いを―・れる」❷招待する。「それにつき毎年このごろ一族衆を―・るる程に」〈虎明狂・目近籠骨〉❸「言い入れる」の謙譲語。外から内部へ向かって申し上げる。「門前にて馬よりおり、―・れられけるは」〈平家・七〉

もうし-う・ける【申(し)受ける】まう 〔動カ下一〕図まうしう・く〔カ下二〕❶お願いしてもらい受ける。願い出て受け取る。頂戴する。「養子に―・ける」「実費を―・けます」❷承る。引き受ける。「和服の仕立てを―・けます」❸お願いをする。願って許可を得る。「兼てよりしかるべき事どもを様々に訪ひければ、かく見物の事をも―・くるなるべし」〈今昔・三一・五〉❹招待する。「或る時長老を―・け斎ときを進じけるに」〈咄・露がはなし・三〉

(類語)貰い受ける・授かる・頂く・頂戴ちょうだいする・賜たまわる・拝領する・拝受する

もうし-お・く【申(し)置く】まう 〔動カ五(四)〕「言い置く」の謙譲語、また丁寧語。申し上げておく。言っておく。「別れに際し一言―・く」

もうし-おくり【申(し)送り】まう 申し送ること。次の者に言って伝えること。特に、事務・命令などの内容を後任者に伝えること。また、その内容。「順繰りに―をする」「一事項を確認する」

もうし-おく・る【申(し)送る】まう 〔動ラ五(四)〕❶先方へ伝える。「手紙でその旨を―・る」❷事務上の事項、命令などを、順送りに次の者に告げ伝える。「後任者に―・る」(類語)言い送る・伝える・知らせる・報ずる・告げる・達する・伝達する・通知する・連絡する・通告する・通達する・下達する・令達する・口達する・通ずる・コミュニケートする・取り次ぐ・伝言する・宣する・知らす・触れる・話す

もうし-おく・れる【申(し)遅れる】まう 〔動ラ下一〕図まうしおく・る〔ラ下二〕「言い遅れる」の謙譲語。申し上げるのがあとになる。また、申し上げる機会を失う。「―・れましたが、私が担当の係です」

もうし-おこな・う【申し行ふ】まうし おこなふ 〔動ハ四〕❶申し上げる。言上する。「和銅三年と言ふ年、天皇に―・ひて」〈今昔・一一・一四〉❷とりおこなう。とりさばく。「たとひ入道非拠を―・ふとも」〈平家・三〉

もうし-か・ねる【申(し)兼ねる】まう 〔動ナ下一〕図まうしか・ぬ〔ナ下二〕申し上げるのをためらう。言いにくい。「はっきりとは―・ねる」

もうし-かわ・す【申(し)交(わ)す】まうし かはす 〔動サ五(四)〕❶約束する。特に、夫婦になる約束をする。「―・した間柄」❷「言い交わす」の謙譲語。話し合う。また、おつきあいする。「すぐさず歌詠み奉りなどして、いたき者とて常に―・す者ありけり」〈今鏡・八〉

もうし-きか・す【申(し)聞かす】まう ㊀〔動サ五(四)〕「申し聞かせる」に同じ。「私から直接に―・しておきました」㊁〔動サ下二〕「もうしきかせる」の文語形。

もうし-きか・せる【申(し)聞かせる】まう 〔動サ下一〕図まうしきか・す〔サ下二〕「言い聞かせる」の謙譲語。また、改まり丁重にいう語。言って聞かせる。「二度としないようよく―・せておきます」

(類語)申し付ける・申し渡す・言い渡す・言い付ける・仰せ付ける

もうし-き・ける【申(し)聞ける】まう 〔動カ下一〕申し聞かせる。「この趣を村じゅうへもれなく―・けよとも書付を添えて」〈藤村・夜明け前〉

もうし-ご【申(し)子】まう ❶神仏に祈って授かった子。「観音様の―」❷《❶の誤用から》霊力を持ったものから生まれた子。転じて、特殊な社会的背景から生じたもの。「鬼の―」「戦争の―である思想」

(類語)落胤らくいん・落とし子・落とし胤だね

もうし-こし【申(し)越し】まう 手紙などで言ってよこすこと。また、その内容。「お―の件承知しました」

もうし-こ・す【申(し)越す】まう 〔動サ五(四)〕手紙などを通じて言ってよこす。「―・された件は処理いたしました」

もうし-ごと【申(し)事┆申(し)言】まう 申し上げること。言い立てること。また、その言葉。

もうし-こみ【申(し)込み】まう ❶申し込むこと。また、その内容や手続き。「結婚の―」「―は本社で受け付けます」「一用紙」❷法律で、相手方の承諾を得て、契約を成立させようとする意思表示。

(類語)応募・エントリー・注文・発注・用命・予約・オーダー・頼む

もうしこみ-の-ゆういん【申込の誘引】まうしこみ いう いん 他人に契約の申し込みをさせようとする意思の表示。貸間広告・求人広告・正札付き商品の陳列など。

もうし-こ・む【申(し)込む】まう 〔動マ五(四)〕❶意志・希望・要求などを相手方に伝える。「抗議を―・む」「結婚を―・む」「試合を―・む」❷募集などに応じて手続きをとる。「予約を―・む」

(類語)申し入れる・申し出る・願い出る・訴える

もうし-さた【申(し)沙汰】まう ❶申しのべること。また、弁論すること。「此の事勝れて―したりける粟飯原下総守清胤、俄に心替はりして」〈太平記・二七〉❷うわさをすること。評判。取り沙汰。「定めて御出家もやと、―しける程に」〈盛衰記・三〉❸事柄を処理すること。取り計らうこと。「功あらん者には、則ち恩賞を―すべき由返答して」〈太平記・六〉

もうし-じょう【申(し)条】まうし でう・【申(し)状】まうし じやう ❶言い分。主張。「余りに本職を軽蔑した―じゃないか」〈木下尚江・良人の自白〉❷(申し状)㋐▶申文もうしぶみ❶ ㋑中世、訴訟のときの原告の訴状。目安。もうしぶみ。「いまだ恩賞を給ひたる者あらざるに、―を捨てて訟うったえを止めたるは」〈太平記・一三〉

もうし-そ・える【申(し)添える】まうし そへる 〔動ア下一〕図まうしそ・ふ〔ハ下二〕付け加えて申し上げる。「念のため―・えます」

もうし-たて【申(し)立て】まう ❶申し立てること。また、その言い分。「異議の―」❷裁判所や行政庁などに対して、一定の行為を要求する当事者の意思表示。「和解―」

もうし-た・てる【申(し)立てる】まう 〔動タ下一〕図まうした・つ〔タ下二〕特に取り上げて申し上げる。また、公的機関・上位者などに対して、自分の意見や希望を強く述べる。「異議を―・てる」

(類語)建言・建白・物申す・訴える

もうし-つぎ【申し次ぎ】まう ❶申しつぐこと。言いつぐこと。また、それをする人やその内容。「常葉ときわすでに参りしかば、伊勢守景綱―にて」〈古活字本平治・下〉❷「申次衆もうしつぎしゅう」の略。「公方にては―と申し、私にては奏者と申し候」〈宗五大草紙〉

もうしつぎ-しゅう【申次衆】まうし つぎ 室町幕府の職名。将軍御所に参上した者の名や用件などを取り次いだ役。また、その人。申し次ぎ。奏者そうしゃ。

もうし-つ・ぐ【申(し)次ぐ┆申(し)継ぐ】まう 〔動ガ五(四)〕❶後任者へ言い継ぐ。申し送る。「次の当番へ―・ぐ事項」❷「言い継ぐ」の謙譲語。お取りつぎする。取りつぎを通して申し上げる。「御使を西面にて問へ

ば、一・ぎつる人も寄り来て」〈源・東屋〉

もうし-つけ【申(し)付け】 申し付けること。また、その内容。「お一の件、さっそく処理致します」

もうし-つ・ける【申(し)付ける】〔動カ下一〕図まうしつ・く〔カ下二〕「言い付ける」の謙譲語。自分側の人間に用を言いつける。命令する。「すぐ来るように一・ける」

(類語)申し渡す・言い渡す・申し聞かせる・言い付ける・仰せ付ける・命令する・言い付ける・命ずる・指令する・下命する・指示する

もうし-つた・える【申(し)伝える】〔動ア下一〕図まうしつた・ふ〔ハ下二〕❶「言い伝える」の謙譲語。取り次いで申す。「係の者に一・えます」❷語り伝え申し上げる。また、語り伝える。「源五右衛門といへる人はと尋ねけるに、一・へしを語る」〈浮・五人女・五〉

もうし-づま【申し妻】 妻を授けてもらおうと神仏に祈願すること。また、そうして授けられた妻。「清水の観世音に一をしてあるが」〈狂言記・伊文字〉

もうし-で【申(し)出】 申し出ること。また、その内容。もうしいで。「援助の一がある」

(類語)申告・申し入れ・願い出・届け出・届け

もうし-・でる【申(し)出る】〔動ダ下一〕意見や希望などを、自分から言って出る。「参加を一・でる」

(類語)願い出る・申し込む・訴える・断る

もうし-なお・す【申し直す】〔動サ四〕よいようにとりなして申し上げる。「下りはべるほどのいと待ち遠に苦しければにやとぞ一・す」〈枕・二七八〉

もうし-の・べる【申(し)述べる】〔動バ下一〕図まうしの・ぶ〔バ下二〕「述べる」の謙譲語。申し上げる。「所信を一・べたいと存じます」(類語)陳ずる

もうし-ひらき【申(し)開き】 非難を受けたり疑惑をまねいたりした事柄について、そうせざるをえなかった理由や身の潔白を述べること。弁明。釈明。言い開き。「一をする」「一が立たない」

(類語)弁解・弁明・釈明・申し訳・言い開き・言い訳・言い逃れ・言い抜け・逃げ口上

もうし-ひら・く【申(し)開く】〔動カ五(四)〕「言い開く」の謙譲語。申し開きをする。弁明する。「身の潔白を一・こうとした」〈里見弴・多情仏心〉

もうし-ぶみ【申文】 ❶下位の者から上位の者へ、願い事などを書いて差し出す文書。中世には多く申し状とよばれた。奏文。「入道殿下の御前に、一をたてまつるべきなり」〈大鏡・道長上〉❷特に平安時代以後、官人が、叙任や官位の昇進を望むとき、その理由を書いて朝廷に上奏した文書。款状。「いみじうこほりたるに、一もてありく」〈枕・三〉

もうし-ぶん【申(し)分】 ❶不満に思う点。非難すべき点。欠点。「一のない成果」❷物事を申し立てること。また、その内容。「妙な一ですが」

(類語)結構・良い

もうし-もうし【申し申し】〔感〕感動詞「申し」を重ねた語。もしもし。「一と起こしたてまつり」〈浮・一代女・三〉

もう-しゃ【盲者】 目の見えない人。盲人。

もう-しゃ【盲射】〔名〕スル むやみやたらに射撃すること。「機銃で一する」

もう-しゃ【猛射】〔名〕スル 激しく射撃すること。猛烈な射撃。「一を受ける」「敵陣を一する」

もう-じゃ【亡者】 ❶仏語。死んだ人。また、死んでなお成仏できずに冥途をさまよっている魂。❷金銭や色欲などの執念にとりつかれている人。「金の一」「権力の一」

もう-しゅう【妄執】《古くは「もうじゅう」とも》仏語。迷いによる執着。成仏を妨げる虚妄の執念。「一にとらわれる」

もう-しゅう【×孟秋】《「孟」は初めの意》秋の初め。初秋。また、陰暦7月の異称。(季 秋)

(類語)初秋・早秋・新秋

もう-しゅう【猛襲】〔名〕スル 激しく襲いかかること。猛烈な襲撃。「敵陣を一する」

もう-じゅう【盲従】〔名〕スル 分別なくひたすら人の言うままになること。「権威に一する」

もう-じゅう【猛獣】 肉食で、荒々しい性質の動物。「一狩り」「一使い」

もう-しゅん【×孟春】《「孟」は初めの意》春の初め。初春。また、陰暦正月の異称。

(類語)春先・早春・初春・新春・陽春

もう-しょ【猛暑】 激しい暑さ。酷暑。(類語)酷暑・極暑・激暑・厳暑・炎暑・大暑・暑熱・炎熱・酷熱

もう-しょう【猛将】 強くて勇気のある武将。

(類語)勇将・闘将

もう-じょう【毛×茸】 植物の表皮細胞が突出したもの。毛。

もう-じょう【網状】 網の目のような形状。あみじょう。

もうしょう-くん【孟嘗君】[?～前279]中国、戦国時代の斉の公族。姓は田、名は文。一芸に秀でた客士数千人をかかえたことで知られ、戦国末の四君の一人に数えられた。秦の昭王に暗殺されかけたとき、狗盗と鶏鳴を得意とする食客に救われたという鶏鳴狗盗の故事で有名。のち、斉・魏の宰相となったが、晩年は諸侯として自立。

もうじょう-みゃく【網状脈】 葉脈の一型。支脈から分かれた側脈の間が、さらに網目状に連絡しているもの。双子葉植物に普通で、単子葉植物ではサトイモ、シダ類ではヤブソテツなどにみられる。➡平行脈

もうしょ-び【猛暑日】 最高気温がセ氏35度以上の日。➡真夏日 ➡夏日

もうし-るい【毛×翅類】 昆虫トビケラ類。トビケラ目の旧称。

もうし-わけ【申(し)訳┊申(し)分け】 ❶申し開き。言いわけ。弁解。「一が立つ」「一がない」「出席できず一ありません」❷なんとか形だけつけること。体裁だけであること。「一に並べただけのもの」「一程度の謝礼」(類語)言い訳・言い開き・申し開き・弁解・弁明・釈明・言い逃れ・言い抜け・逃げ口上

もうしわけ-な・い【申(し)訳無い】〔形〕❶言い訳のしようがない。弁解の余地がない。相手にわびるときに言う語。「世間に対し一・い気持ちで一杯だ」「不始末をしでかして一・い」❷相手に無理な依頼ごとをして、すまないという気持ちを表す語。「一・いが、あしたにしてもらいたい」(派生)もうしわけながる〔動ラ五〕もうしわけなげ〔形動〕もうしわけなさ〔名〕

(補説)「申し訳」に「ない」の付いた複合形容詞で一語とするが、「申し訳」は名詞としても使われ、「申し訳がない」「申し訳が立たない」という言い方もある。従って丁寧にしようとして「申し訳ありません」「申し訳ございません」と言うことは、一概に誤りとは言えない。

(類語)済まない・心苦しい・気の毒

もうし-わたし【申(し)渡し】 申し渡すこと。また、その内容。「処分の一」

もうし-わた・す【申(し)渡す】〔動サ五(四)〕命令・決定として下位の者に告げる。言い渡す。「解雇を一・す」(類語)申し付ける・言い渡す・申し聞かせる・言い付ける・仰せ付ける

もう-しん【妄信】〔名〕スル むやみやたらに信じること。ぼうしん。「記事を一するな」

(類語)盲信・鵜呑み・丸呑み・真に受ける

もう-しん【盲信】〔名〕スル わけもわからず、ただひたすらに信じること。「権威の説として一する」

(類語)妄信・鵜呑み・丸呑み・真に受ける

もう-しん【盲進】〔名〕スル あとさきのことを考えず、ひたすら進むこと。「勢いにまかせて一する」

もう-しん【猛進】〔名〕スル 勢いよく激しく突き進むこと。「わき目も振らず一する」「猪突一」

もう-じん【妄心】《「もうしん」とも》仏語。煩悩にけがされた心。迷いの心。誤った心。「はたまた一の到りて狂せるか」〈方丈記〉

もう-じん【盲人】 目の見えない人。盲者。

もう-じん【×蒙×塵】《「春秋左伝」僖公二十四年から。天子が行幸するときは道を清めてから行くが、変事の際はその余裕がなく、頭から塵をかぶる意》天子が、変事のために難を避けて、都から逃げ出すこと。みやこおち。

もう-す【帽子】《「す」は唐音》禅宗で、僧侶のかぶる頭巾。「一、したうづやうのもの、心々に送りつどひて」〈笈の小文〉

もう・す【申す】〔動サ五(四)〕《「まおす」の音変化》❶主として会話に用い、聞き手に対し、「言う」を改まって丁重に表現する丁寧語。㋐「言う」対象が聞き手(または尊者)の場合には、対象を敬う気持ちも残るが、現在、対象を敬う謙譲語は「申し上げる」である。「昨日、先生に一・したとおりです」㋑単に「言う」を改まり丁重にいう場合。この場合にも、謙譲の気持ちは残るので、敬うべき人の動作には用いない。現在、「先生が申された」のような言い方は適切でないとされる。「父がこのように一・しております」「私は鈴木と一・します」「一口に日本と一・しましても」❷❶のへりくだる気持ちが失せて、「言う」を改まり重々しくいう。「そうは一・しておらん」❸動作の対象を敬う謙譲語。㋐「言う」の謙譲語。申し上げる。古くは、改まって言上する場合に多く用いられた。「(帝ニ)翁のありさま一・して」〈竹取〉㋑神仏、朝廷などにお願い申し上げる。また、所望申し上げる。「母君の御行くへを知らむと、よろづの神仏に一・して」〈源・玉鬘〉「いけずき(=馬ノ名)を一・さばやとは思へども」〈平家・九〉㋒その人の名前・官位などを、人々が…と申し上げる。「田邑の帝と一・す帝おはしましけり」〈伊勢・七七〉㋓「する」「なす」の謙譲語。…してさしあげる。「御助勢を一・しましょう」「路次でお茶なりと一・さう物を」〈虎明狂・餅酒〉❹(補助動詞)動詞の連用形、現代語では「お」などを冠した動詞の連用形や動作をいう名詞に付いて、謙譲の意を表す。「お送り一・します」「御相伴一・します」「文覚が流さるる国へ迎へ一・さんずるものを」〈平家・一二〉(可能)もうせる

(類語)申し上げる・言上する・啓する・奏する

もう・ず【詣づ】〔動ダ下二〕「もうでる」の文語形。

もう-すい【毛×錐】《形が錐に似るところから》筆。毛錐子。

もう-すこし【もう少し】〔副〕もうちょっと。いま少し。もすこし。「一顔を上げてくれ」「一で完成する」

(類語)も少し・もう一つ・もそっと・今少し・今一つ

もう-せい【猛省】〔名〕スル きびしく反省すること。「一を促す」「今までの態度を一する」

(類語)反省・自省・内省・三省

もう-せい【猛勢】〔名・形動ナリ〕❶勢いの盛んなこと。また、そのさま。「一なる事は、緒方勝りて候ふらん」〈義経記・四〉❷《「もうぜい」とも》勇猛な軍勢。「これこそ一なるべきが、嫡子義朝について、多分は内裏へ参りけり」〈古活字本保元・上〉

もうせい-えき【毛生液】 毛はえぐすり。

もう-せつ【妄説】 根拠不明のでたらめな話。ぼうせつ。「取るに足らぬ一」

もう-せん【毛×氈】 獣毛に湿気・熱・圧力・摩擦を加え、繊維を密着させて織物のようにしたもの。幅広物で、敷物に用いる。

毛氈を被・る ❶《歌舞伎で、死人になった役者を、毛氈で隠して舞台から連れ出したところから》しくじる。失敗する。特に、主人や親に顔むけのできないことをして、その家を追い出されたり、放蕩して勘当されたりするのにいう。❷《遊女が見世に出ている時は毛氈を敷いていたところから》女郎買いのために金を使う。また、金がなくなる。「夜べ一・ったことは噯気にも出さず」〈滑・古朽木〉

もう-ぜん【妄染】 仏語。虚妄で汚れていること。

もう-ぜん【×惘然】〔ト・タル〕図〔形動タリ〕「ぼうぜん(惘然)」に同じ。「貫一は一として佇めり」〈紅葉・金色夜叉〉

もう-ぜん【猛然】〔ト・タル〕図〔形動タリ〕勢いの激しいさま。「一と駆けだす」

もうせん-ごけ【毛×氈×苔】 モウセンゴケ科の多年草。食虫植物。山地の湿地に生える。葉は杓子形で長い柄があり、数枚が根際から出る。葉の表面に密生する紅紫色の腺毛から粘液を出し、虫を捕らえる。夏、約20センチの花茎を伸ばして白い5弁花

を穂状につける。

もう-そう【妄想】マウサウ〔名〕スル《古くは「もうぞう」とも》❶根拠もなくあれこれと想像すること。また、その想像。「—にふける」「愛されていないと—してひとりで苦しむ」❷仏語。とらわれの心によって、真実でないものを真実であると誤って考えること。また、その誤った考え。妄念。邪念。❸根拠のないありえない内容であるにもかかわらず確信をもち、事実や論理によって訂正することができない主観的な信念。現実検討能力の障害による精神病の症状として生じるが、気分障害や薬物中毒等でもみられる。内容により誇大妄想・被害妄想などがある。類語想像・空想・仮想・夢想・幻想・妄念・邪念・雑念

もう-そう【孟宗】マウ ㊀中国の二十四孝の一人。三国時代の呉の人で、孝行の徳により寒中に母の求める筍たけのこを得て、供したという。➡雪中の筍 ㊁「孟宗竹もうそうちく」の略。

もう-そう【盲僧】マウ ❶盲目の僧。❷家々を訪れて琵琶を弾きながら地神経じじんきょうを唱え、竈祓かまどばらいなどをして歩く盲目の僧。奈良時代に発生したという。天台宗に所属し、中国・九州地方を中心に諸国に分布していたが、現在は九州のみに存在する。

もうそう-ちく【×孟宗竹】マウソウ イネ科の竹。地下茎は長く横に走り、地上茎は高さ約15メートル、直径約20センチになり、節の隆起線は1本。多数の小枝に分かれ、数枚の葉をつける。中国の原産。竹の子を食用にし、皮は紫褐色の斑紋と長毛がある。茎は竹細工に使用。もうそうだけ。

もうそう-びわ【盲僧×琵×琶】マウソウビハ 日本音楽の一種で、盲僧❷が琵琶を伴奏に地神経などを唱えるもの。また、娯楽的な語り物なども演じる。筑前盲僧琵琶と薩摩さつま盲僧琵琶の二系統がある。荒神琵琶こうじんびわ。

もう-だ【猛打】マウ 激しく打つこと。猛烈な打撃。特に、野球でいう。「—を浴びる」「—賞」

もう-たくとう【毛沢東】[1893〜1976]中国の政治家・思想家。湖南省湘潭しょうたん県の人。1921年、中国共産党の創立に参加。農民運動を指導し、朱徳らと工農紅軍を組織、31年江西省瑞金に中華ソビエト共和国臨時政府を樹立して主席となったが、34年から長征を行い陝西せんせい省延安に移動。日中戦争には国共合作し、抗日戦を指導して勝利。戦後は蒋介石の国民党軍を破り、49年中華人民共和国を建国。国家主席・党中央委員会主席に就任して新中国の建設を指導した。66年、文化大革命を起こすが、死後その誤りを指摘された。著「新民主主義論」「連合政府論」「実践論」「矛盾論」など。マオ=ツォトン。

もう-たん【妄誕】マウ〔名・形動〕►ぼうたん(妄誕)

もう-だん【妄断】マウ〔名〕スル ►ぼうだん(妄断)

もう-だん【妄談】マウ►ぼうだん(妄談)

もうち-ぎみ【公=卿】まう《「もうちきみ」とも》「まえつぎみ」の音変化。「—たち歌詠うたして曰いはく」〈崇神紀〉

もう-ちょう【盲腸】マウチャウ ❶小腸に続く、大腸の初部。小腸が横から連なるため、下端が盲管となり、その先に虫垂ちゅうすいがある。草食動物では比較的長く、消化に関与する。❷盲腸の先端にある虫垂、または虫垂炎の俗称。

もう-ちょう【猛鳥】マウテウ 性質が荒々しく、肉食をする鳥。ワシ・タカの類。猛禽もうきん。

もうちょう-えん【盲腸炎】マウチャウ 盲腸の炎症。虫垂炎の波及などで生じる。また、虫垂炎の俗称。

もう-つい【猛追】マウ〔名〕スル 激しく追いかけること。「敵を—する」

もうつう-じ【毛越寺】岩手県西磐井郡平泉町にある天台宗の別格本山。山号は、医王山。嘉祥3年(850)円仁の創建と伝える。長治2年(1105)藤原清衡・基衡が再興したが、数度火災にあい、現在の本坊は明治32年(1899)に再建されたもの。大泉池は平安時代の庭園遺構。平成23年(2011)に「平泉の文化遺産」として世界遺産(文化遺産)に登録された。もうつじ。もうえつじ。

もうつ-じ【毛越寺】►もうつうじ(毛越寺)

もうで【詣で】まうで もうでること。参詣さんけい。「初—」「墓—」

もうで-く【詣で来】まうで〔動カ変〕《「まいでく(参出来)」の音変化》❶貴所や貴人のもとへやって来る。参上してくる。「小野ふさもり—・きて、まうのぼるといふことを聞きて」〈竹取〉❷(勅撰集などの詞書や、改まった会話・消息に用いる)「来る」「やって来る」の意を聞き手に対し、かしこまり丁重にいう。必ずしも、来る場所を敬っていうのではない。まいります。やってまいります。「あひしれりける人の(私ノモトヘ)—・きて、かへりにけるのちに」〈古今・春下・詞書〉⇔罷まかる。

もう-でる【詣でる】まうでる〔動ダ下一〕文まう・づ〔ダ下二〕《「まいず(参出)」の音変化》貴所へ行くの意の謙譲語。❶神社・寺・墓などにお参りする。参詣さんけいする。「先祖の墓に—・でる」❷貴人のもとへ行く。参上する。「御室みむろに—・でて」〈伊勢・八三〉類語参る

もう-てん【盲点】マウ ❶網膜の、視神経が入ってくる部分。視細胞を欠くため光が当たっても光覚を起こさないが、ふだんは意識されない。発見したフランスの物理学者の名からマリオット盲点とよばれる。盲斑。❷うっかりして人が気づかず見落としている点。「捜査の—を突く」

もう-てん【蒙恬】[?〜前210]中国、秦の将軍。前215年、30万の兵を率いてオルドスに匈奴きょうどを討ち、万里の長城建築に協力して北辺防備に尽くした。始皇帝没後、李斯・趙高らの謀略にあい、自殺した。

もうと【▽真▽人】まうと ㊀〔名〕《「まひと」の音変化》❶「まひと」に同じ。❷貴人。また、人を敬っていう語。「雲井より降りたるより、—に思ひ聞こえ給ふ人を」〈宇津保・菊の宴〉㊁〔代〕二人称の人代名詞。平安時代、目下の者をよぶ語。「この姉君や、—の後の親」〈源・帚木〉

もうと【▽間▽人】まうと《「もうど」とも》❶中世の村落で、住み着いてから年月が浅く、正式な村の住人としての権利を認められていない者の称。❷武家の召使いの男。中間ちゅうげん。❸近世、本百姓に対し土地を持たない農民。

もう-とう【×孟冬】マウ《「孟」は初めの意》冬の初め。初冬。また、陰暦10月の異称。類語初冬

もう-とう【毛頭】〔副〕(あとに打消しの語を伴って)毛の先ほども。少しも。「疑う気持ちは—ない」補説ふつう、気持ちや意思が無いことについて言い、「月末で金が毛頭ない」のようには言わない。
類語全然・全く・一向・少しも・ちっとも・一切・からきし・更更・露つゆ・毫ごうも・皆目・まるきり・まるっきり・まるで・何ら・とんと・いささかも

もう-どう【妄動┊盲動】マウ〔名〕スル 考えもなくむやみに行動すること。分別を欠いた行動。ぼうどう。「軽挙—」「千差万様な人間をば、一様に—させる運命の声」〈荷風・ふらんす物語〉

もう-どう【×艨×艟】軍艦。堅固で細長く、敵船中に突入するのに用いたものをいった。もうしょう。

もうどう-けん【盲導犬】マウダウ 盲人を目的の場所まで安全に誘導する訓練を受けた犬。人は犬につけたハーネス(胴輪)の把手とってをつかんで歩行する。犬種はラブラドルレトリバーやシェパードが多い。アイメイト。➡補助犬

もうとう-の-えん【×孟冬の宴】マウトウ 平安時代、孟冬の旬しゅんの際に開かれた酒宴。

もうとう-の-しゅん【×孟冬の旬】マウトウ 平安時代、陰暦10月1日に行われた旬の行事。➡旬㊁❸

もう-どく【猛毒】マウ 毒性の激しい毒。類語毒

もう-に【猛に】マウ〔副〕《形容動詞「猛もう」の連用形から》程度のはなはだしいさま。たいそう。ひどく。「—毛が生えておせらしや」〈仮・東海道名所記・三〉

もう-ねん【妄念】マウ 仏語。迷いの心。誤った思いから生じる執念。妄執。「—にとりつかれる」

もう-のう【毛×嚢】ナウ►毛包もうほう

もう-のぼ・る【▽参上る】まう〔動ラ四〕「まいのぼる」の音変化。「兵衛は—・りぬ」〈宇津保・藤原の君〉

もう-ばく【盲爆】マウ〔名〕スル 目標を確定せず、むやみやたらに爆撃すること。「首都を—する」
類語爆撃・空爆・猛爆・空襲

もう-ばく【猛爆】マウ〔名〕スル 激しく爆撃すること。「敵地を—する」類語爆撃・空爆・空襲・盲爆

もう-はつ【毛髪】人の体毛の総称。特に、髪の毛。
類語頭髪・髪・髪の毛・地髪・地毛・黒髪

もうはつ-しつどけい【毛髪湿度計】毛髪を用い、それが湿度の高低によって伸縮する性質を利用して測定する湿度計。

もう-はん【盲斑】マウ「盲点もうてん❶」に同じ。

もう-ひ【毛皮】毛のついている動物の皮。けがわ。

もう-ひつ【毛筆】動物の毛で作った筆。また、その筆で書くこと。

もうひつ-が【毛筆画】グワ 毛筆によって描く絵。

もう-ひとつ【もう一つ】〔連語〕❶さらに一つ加えること。あと一つ。❷(副詞的に用いて)さらに少し。もう少し。あとちょっと。「迫力が—だ」

もう-ひょう【妄評】マウヒャウ〔名〕スル ❶根拠のないでたらめな批評をすること。また、その批評。ぼうひょう。「其舌動き易き痴人の—と」〈露伴・露団々〉❷他人の作品を批評することをへりくだっていう語。ぼうひょう。「—多謝」

もう-ふ【毛布】寝具などに用いる、厚地で縮絨しゅくじゅう・起毛を施した毛織物。混紡糸・化学繊維などを用いたものもある。ブランケット。ケット。《季 冬》「いと古りし—なれども手離さず/たかし」

もう-べん【猛勉】マウ たいへんな意気込みで勉強すること。猛勉強。

もう-ぼ【孟母】マウ 孟子の母。賢母の代表とされる。

孟母三遷もうぼさんせんの教え 《「古烈女伝」母儀・鄒孟軻母から》孟子の母は、はじめ墓場のそばに住んでいたが、孟子が葬式のまねばかりしているので、市場近くに転居した。ところが今度は孟子が商人の駆け引きをまねるので、学校のそばに転居した。すると礼儀作法をまねるようになったので、これこそ教育に最適の場所だとして定住したという故事。教育には環境が大切であるという教え。また、教育熱心な母親のたとえ。三遷の教え。

孟母断機の教え 《「古烈女伝」母儀・鄒孟軻母から》孟子の母が、孟子が学業半ばで帰ってきたとき、織っていた機の糸を断ち切って、学問を途中でやめることはこのようなものだと戒めたという故事。断機の戒め。

もう-ほう【毛包】パウ 皮膚内に陥入し、毛根を入れている袋状の上皮性の組織。毛嚢もうのう。

もう-ぼ・る【まう〔動ラ四〕《一説に「もうほる」とも》食べる。一説に、むさぼり食う。「—・る物、日に橘一つ」〈宇津保・藤原の君〉

もう-まい【×蒙昧】〔名・形動〕暗いこと。転じて、知識が不十分で道理にくらいこと。また、そのさま。愚昧。「—な大衆」「無知—」類語愚昧・暗愚・愚蒙ぐもう・無知

もう-まく【網膜】マウ 眼球を覆う最も内側の膜。目の最も重要な部分で、外界の光を受けて像を結ぶ。視細胞と視神経の末端とが分布していて、視細胞から刺激が視神経によって脳に伝えられ、色や明暗を識別する。

もうまく-えん【網膜炎】マウマク 網膜の炎症の総称。ウイルスの感染によるもの、脈絡膜炎に続発するものなどがある。

もうまくしきそ-へんせいしょう【網膜色素変性症】マウマクシキソヘンセイシヤウ 加齢につれて網膜が変性する遺伝性の病気。夜盲症・視野狭窄きょうさくの症状がみられ、視力が低下し失明に至る。

もうまく-はくり【網膜剥離】マウマク 網膜の外層をなす色素上皮層から、内層をなす神経層がはがれた状態。初期症状として、目の前にほこりが浮いて見える飛蚊症ひぶんしょうや、目をつぶっても光がまたたいて見える光視症があり、進行すると視野が欠損する。強度の近視や外傷、糖尿病などでみられる。

モウマンタイ【無問題】〔感〕広東カントン語で、「問題ありません」「大丈夫」の意。

もう-む【×蒙霧┊×朦霧】立ちこめる霧。転じて、心の晴れないこと。「—晴れ難し」〈本朝文粋・四〉

もう-もう【×惘×惘】マウマウ〔ト・タル〕文〔形動タリ〕気落ちや気抜けがしてぼんやりするさま。「—としたる浪子

の顔を照せり」〈蘆花・不如帰〉

もう-もう【×濛×濛｜×朦×朦】㊀〔ト・タル〕図〔形動タリ〕❶霧・煙・ほこりなどが立ちこめるさま。「―と砂ぼこりをまき上げる」❷心がぼんやりとしているさま。「木の本に―としてぞ立たりける」〈太平記・二七〉㊁〔名〕病気。「御―の御きたう申すよし申す」〈御湯殿上日記〉
(類語)空ろ・呆然・朦朧

もう-もう　㊀〔副〕牛の鳴き声を表す語。㊁〔名〕牛をいう幼児語。

もう-もく【盲目】〔名・形動〕❶目の見えないこと。❷他のものが目に入らず、理性的な判断ができないこと。また、そのさま。「恋は―」

もうもく-てき【盲目的】〔形動〕愛情や情熱・衝動などによって、理性的な判断ができないさま。「わが子への―な献身」

もうもく-ひこう【盲目飛行】操縦者の視覚に頼らず、計器だけに頼ってする計器飛行。

もう-ゆう【猛勇】〔名・形動〕たけだけしく勇ましいこと。また、そのさま。勇猛。「―な(の)将」
(類語)豪勇・豪気・勇猛・勇悍・武勇・ヒロイック

もうよう-せんちゅう【毛様線虫】毛様線虫科の線虫の総称。人間の小腸に寄生する東洋毛様線虫は体長4～8ミリほどで、孵化した幼虫を経口摂取して感染する。多数寄生では腹痛・下痢・貧血などの症状を呈する。羊・牛や鳥に寄生するものもある。

もうよう-たい【毛様体】眼球の水晶体を輪状に取り囲む組織。水晶体の厚さを変えて屈折度を調節し、像の焦点を合わせる働きをする。

もうよう-たい【網様体】中脳から延髄にかけての範囲を占める、特殊な構造の部分。神経線維の網に神経細胞体が散在。呼吸・血圧などの中枢があり、意識の維持に関与する。

もう-ら【網羅】〔名〕スル ❶(魚をとる網と、鳥をとる羅から)人を束縛するものや法律の制裁など。「人を殺す賊、官の―を脱し」〈新聞雑誌二〉❷残らず取り入れること。「各界の代表を―する」

もうり-たかちか【毛利敬親】[1819～1871]江戸末期の長州藩主。村田清風を登用して藩政を改革。尊王攘夷を主張し、蛤御門の変では敗れて官位を剝奪されたが、のち薩摩と結び、倒幕を実現。

もうり-てるもと【毛利輝元】[1553～1625]安土桃山時代の武将。元就の孫。織田信長に反抗し、豊臣秀吉の攻撃を受けたが、本能寺の変によって和睦。のち、秀吉に仕えて五大老の一人となったが、関ヶ原の戦いで西軍に参加したため、所領を長門・周防の2国に削られた。

もうり-もとなり【毛利元就】[1497～1571]戦国時代の武将。陶晴賢・大内義長・尼子義久らを滅ぼし、山陰・山陽10か国を領有する戦国大名となった。隆元・元春・隆景の三子に与えた一族団結を説く教訓は、三本の矢の教えとして有名。

もう-りゅう【毛流】哺乳動物の体表の毛の向き。頭から尾へ、上から下へと向いている毛の流れ。また、旋毛などの渦を巻いた毛の流れ。

もう-りょう【×魍×魎】山・川・木・石などに宿っている精霊。すだま。「魑魅―」
(類語)精霊・魑魅・魑魅魍魎・山霊・木霊

もう-れつ【猛烈】〔形動〕図〔ナリ〕勢いが強くはげしいさま。程度がはなはだしいさま。「―な寒波」「―に勉強する」(派生)もうれつさ〔名〕(類語)強烈・激烈・鮮烈・凄烈・凄絶・壮烈・壮絶・苛烈・激甚

もう-ろう【×孟浪】〔名・形動〕とりとめのないこと。いいかげんなこと。また、そのさま。「一思いを構うるまま」〈逍遥・小説神髄〉

もう-ろう【盲×聾】視覚と聴覚の両方に障害のある人。見え方・聴こえ方の状態によって、全盲ろう(まったく見えず聴こえない)、全盲難聴(まったく見えず聴こえにくい)、弱視ろう(見えにくくまったく聴こえない)、弱視難聴(見えにくく聴こえにくい)の4つのタイプに大別される。

もう-ろう【×朦×朧】〔ト・タル〕図〔形動タリ〕❶ぼんやりとかすんで、はっきり見えないさま。「霧の中に―と人影が浮かぶ」❷物事の内容・意味などがはっきりしないさま。「言うことが―としている」❸意識が確かでないさま。「頭が―とする」(類語)朧げ・茫茫・濛濛・漠・漠然・模糊・曖昧・不明瞭・不鮮明

もうろう-じょうたい【×朦×朧状態】意識障害の一。軽い意識の混濁があり、外界を認知できるが、意識する範囲が狭くなっていて全体の把握ができない状態。異常行動を伴うこともあり、回復後にその間のことを十分に追想できない。ヒステリー・てんかん・アルコール中毒などでみられる。

もうろう-たい【×朦×朧体】❶詩歌などで、意義のはっきりしないもの。❷横山大観・菱田春草らが明治後半期に試みた日本画の技法。輪郭をぼかして描くもの。

もう-ろく【×耄×碌】〔名〕スル ❶年をとって頭脳や身体のはたらきがおとろえること。老いぼれること。「近頃―して人の名前が出てこない」❷(「亡六」とも書く)上方で、武家奉公の下男。折助。渡り中間。「上方にて―といふは、江戸にていふ折助といふことなり」〈滑・膝栗毛・七〉❸上方で、けんか、ゆすりなどをする者。「江戸で伝法、上方で―などといふあばずれがあれど」〈滑・浮世風呂・四〉

もえ【×萌え】《若者言葉》ある物や人に対してもつ、一方的で強い愛着心、情熱、欲望などの気持ち。必ずしも恋愛感情を意味するものではない。(補説)平成2年(1990)前後から漫画・アニメ愛好者の間で使われ始めたという。そのため、対象も初めは架空の人物が中心であった。意味についての確かな定義はなく、対象に対して抱くさまざまな好意の感情を表す。感動詞的な用法もある。

もえ【燃え】燃えること。燃えるぐあい。「たき火の―が悪い」

もえ-あが・る【燃(え)上(が)る】〔動ラ五(四)〕❶燃えて、炎が高く上がる。「風にあおられてたちまち―・った」❷感情などが激しく高揚する。「恋慕の情が―・る」

もえ-い・ず【×萌え▽出づ】〔動ダ下二〕❶草木が芽を出しはじめる。芽ぐむ。「石走る垂水の上のさわらびの―・づる春になりにけるかも」〈万・一四一八〉❷心の中に生じる。きざす。「春くれば雪の下草下にのみ―・づる恋を知る人ぞなき」〈新勅撰・恋一〉

もえ-い・ず【燃え▽出づ】〔動ダ下二〕燃えはじめる。また、燃えて外に現れる。「猛火俄に―・で」〈太平記・一一〉

もえ-がら【燃(え)殻】燃えたあとに残ったもの。もえかす。(類語)燃えさし・燃え残り

もえ-ぎ【×萌え木】若葉の芽吹きはじめた木。「老いにけり庭の―の木暗きにそこはかとなき涙止まらで」〈為頼集〉

もえ-ぎ【×萌×葱｜×萌黄】《葱の萌え出る色の意》❶黄と青の中間色。もえぎいろ。もよぎ。❷襲の色目の名。表裏ともに❶の色のもの。また、表は薄青、裏は縹色ともいう。(補説)❶で、類似した二つの色を指すことがある。明るい緑色は「萌黄」、濃い緑色は「萌葱」と書き分けることが多い。
(類語)緑・緑色・翠緑・深緑・深緑・黄緑・浅緑・草色・柳色・松葉色・利休色・オリーブ色・グリーン・エメラルド・エメラルドグリーン

もえぎ-いろ【×萌×葱色】「萌葱❶」に同じ。

もえぎ-おどし【×萌×葱▽威】鎧の威の一。萌葱色の組糸で威したもの。もえぎいとおどし。

もえぎ-におい【×萌×葱匂】❶鎧の威の一。上から下へしだいに萌葱色を薄くしたもの。もえぎにおいおどし。❷女房の装束または懐紙の襲の色目の名。下から上へしだいに萌葱色を薄くしたもの。

もえ-ぐい【燃え×杭｜×燼】《「もえくい」とも》燃え残りの木。もえさし。

燃え杭には火がつきやすい　一度関係のあった者は、いったん縁が切れたあとでも、また、もとの状態にかえりやすい。多く男女の関係にいう。

もえ-くさ【燃え▽種】火を燃やしつけたり、燃やすための草木などの材料。燃料。

もえ-こが・る【燃え焦がる】〔動ラ下二〕恋いこがれる。また、苦しみもだえる。「つきせぬ瞋恚の炎に―・れて」〈宇治拾遺・一一〉

もえ-さか・る【燃(え)盛る】〔動ラ五(四)〕❶盛んに燃える。「―・る火の手」❷感情が激しく高まる。「怒りが―・る」「―・る情念」

もえ-さし【燃え▽止し】燃えきらないままで残ったもの。もえのこり。「薪の―」(類語)燃え殻・燃え残り

もえ-だ・す【×萌え出す】〔動サ五(四)〕草木の芽が出はじめる。萌え出る。「若草が―・す」

もえ-だ・す【燃(え)出す】〔動サ五(四)〕燃えはじめる。「たき火が―・す」

もえ-た・つ【×萌え立つ】〔動タ五(四)〕草木が盛んに芽ぶく。「嫁菜餅草の誰はばからず―・つなど」〈露伴・いさなとり〉

もえ-た・つ【燃(え)立つ】〔動タ五(四)〕❶盛んに燃える。激しく燃え上がる。また、赤い色などが、炎のように輝くたとえにいう。「全山が紅葉に―・つ」❷感情が激しく高ぶる。「―・つ思い」

もえ-つ・きる【燃(え)尽きる】〔動カ上一〕図もえつ・く〔カ上二〕❶すっかり燃えてしまう。「油が―・きる」❷盛り上がっていた感情がその勢いを失ってしまう。「―・きることを知らない情熱」

もえ-つ・く【燃(え)付く】〔動カ五(四)〕火がつく。火が燃え移る。「火が着物に―・く」

もえ-・でる【×萌え出る】〔動ダ下一〕草木が芽を出す。萌えだす。「ヤナギが―・でる」

もえ-のこり【燃(え)残り】燃えきらないで残ったもの。もえさし。

も-えび【×藻×蝦】クルマエビ科の甲殻類。体長12センチくらい。全体に淡青緑または淡黄色で、内湾のアマモなどの生える泥底に多い。食用。

もえ-ひろが・る【燃(え)広がる】〔動ラ五(四)〕しだいに広く燃える。また、物事などが大きく広がっていく。「山火事が―・る」「自由化の気運が―・る」

も・える【×萌える】〔動ア下一〕図も・ゆ〔ヤ下二〕❶草木が芽を出す。芽ぐむ。「若草―・える野山」❷《若者言葉》ある物や人に対し、一方的で強い愛着心、情熱、欲望などの気持ちをもつこと。➡萌え

も・える【燃える】〔動ア下一〕図も・ゆ〔ヤ下二〕❶火がついて炎が立つ。燃焼する。「紙が―・える」「ストーブの火が―・える」❷激しく気持ちが高まる。情熱が盛んに起こる。「愛国心に―・える」「怒りに―・える」❸炎のような光を放つ。光る。陽炎や蛍の光、夏の厳しい陽光などにいう。「夕日に赤く―・える空」(季 夏)「―・ゆる海わんわんと児が泣き喚き／誓子」
(類語)(❶)焼ける・熾る・燃焼する・発火する／(❷)高ぶる・滾る・沸き立つ・激する

もえ-わた・る【×萌え渡る】〔動ラ四〕草木が一面に芽吹く。ことごとく芽ぐむ。「―・る草木もあらぬ春辺には」〈宇津保・春日詣〉

もえ-わた・る【燃え渡る】〔動ラ四〕❶絶えず火が燃えつづける。また、一面に燃え広がる。「―・る火のほとりにはありながら」〈延宝版宇津保・国譲下〉❷心の中の苦しみが、絶えることなく続く。「わが恋の消ゆる間もなく苦しきはあはぬ嘆きや―・るらむ」〈後撰・恋五〉

モー〖mho〗《オームohmの逆綴り》コンダクタンスの単位。米国で用いる呼称で、オームの逆数であるところからいう。国際単位系(SI)ではジーメンスを用いる。記号℧

もおか【真岡】㊀栃木県南東部の市。鬼怒川の東岸にあり、江戸時代は代官所が置かれた。真岡木綿の産地。平成21年(2009)に二宮町を編入。人口8.2万(2010)。もうか。㊁「真岡木綿」の略。

もおか-し【真岡市】▶真岡㊀

もおか-もめん【▽真岡木綿】栃木県真岡市付近から産した、丈夫な白木綿の織物。浴衣・白足袋地などに用いる。

モーガン〖John Pierpont Morgan〗▶モルガン

モーガン〖Lewis Henry Morgan〗▶モルガン

モーガン〖Thomas Hunt Morgan〗▶モルガン

モーキャプ〖mocap〗▶モーションキャプチャー

モーグル〖mogul〗フリースタイルスキーの一種目。こぶのような隆起の連続した急斜面を回転とジャンプをまじえて滑降し、時間や技術を競うもの。冬季オリンピックの公式種目。モーグルスキー。

モーゲージ〖mortgage〗抵当。抵当権。

モーゲージ-しょうしょ【モーゲージ証書】《mortgage bond》抵当証券会社が抵当証券を投資家に売る際、現物を会社が保管し、この代わりに交付する預かり証。

モーゲージたんぽ-しょうけん【モーゲージ担保証券】▶不動産担保証券

モーゲージ-ローン〖mortgage loan〗不動産の抵当権を担保にした貸し付け。

モーション〖motion〗動作。身ぶり。動き。「ゆっくりした―でラケットを振る」

モーションを掛・ける　他人に働きかける。特に、異性に言い寄る。「新入社員に盛んに―・ける」

モーション-キャプチャー〖motion capture〗三次元空間における人体や動物の動きをデジタルデータとしてコンピューターに取り込む手法の一。頭部や手足の関節など、動作の基本要素となる部分に何らかの印やセンサーを取り付け、空間内でのそれらの動きを記録する方式などがある。スポーツ科学や映画、コンピューターゲームの分野で利用されている。モーキャプ。

モーション-コンペンセーション〖motion compensation〗▶動き補償

モーション-ジェーペグ【モーションJPEG】《motion JPEG》映像データ圧縮方式の一。画像をフレームごとにJPEG方式で圧縮して記録する。圧縮効率はMPEGより悪いが、フレームごとの映像編集が容易である。MJPEG。

モーション-ピクチャー〖motion picture〗映画。活動写真。

モース〖Edward Sylvester Morse〗[1838～1925]米国の動物学者。1877年(明治10)来日、大森貝塚を発見し発掘調査。東京大学で動物学を講義、進化論を初めて紹介し、また日本の考古学・人類学の発達に寄与した。著「日本その日その日」「大森貝塚」など。

モース〖Samuel Finley Breese Morse〗[1791～1872]米国の電気技師・画家。1837年、電磁石を応用した電信機械とモールス符号を発明して実験に成功。44年にワシントン・ボルティモア間に電信線を架設し、実用化した。モールス。

モースト〖most〗多く複合語の形で用い、最大の、最高の、の意を表す。「モアではなく―を目ざせ」

モース-の-こうどけい【モースの硬度計】ドイツの鉱物学者モース(F.Mohs)が、鉱物の硬度を示すために選んだ10種の標準鉱物。これで試料鉱物の表面を順次ひっかき、硬度を決める。

▷**硬度と標準鉱物**(数字が大きいほど硬い)
1:滑石、2:石膏、3:方解石、4:蛍石、5:燐灰石、6:正長石、7:石英、8:黄玉(トパーズ)、9:鋼玉(コランダム)、10:金剛石(ダイヤモンド)

モーズリー〖Henry Gwyn Jeffreys Moseley〗[1887～1915]英国の物理学者。X線分光学を開拓し、元素に固有な特性X線の波長を測定してモーズリーの法則を発見、原子番号の決定方法を与えた。

モーズリー-の-ほうそく【モーズリーの法則】元素に固有な特性X線の振動数の平方根は、それを放出する元素の原子番号に比例するという法則。1913年にモーズリーが発見。

モーセ〖Moses〗前13世紀ごろのイスラエル民族の指導者。旧約聖書「出エジプト記」によれば、神の啓示によりイスラエル民族を率いてエジプトを脱出し、神ヤーウェとの契約により「十戒」を授けられ、40年間、アラビアの荒野をさまよったのち、約束の地カナンに到達したが、彼自身はヨルダン川を渡らずに死んだという。モーゼ。モーゼス。モイゼ。

モーセ-こうか【モーセ効果】《「モーゼ効果」とも》水のような反磁性の性質をもつ液体に対する磁場効果の一。強力な磁石を水面に近づけると、水が磁石から遠ざかる方向に移動し、水面に凹みが生じたり、分割したりする現象を指す。逆に常磁性の液体の場合、磁石に引き寄せられて、液面が盛り上がる現象を逆モーセ効果という。旧約聖書に書かれた預言者モーセが海を分けたという話にちなむ。

モーセ-ごしょ【モーセ五書】旧約聖書の最初の五書「創世記」「出エジプト記」「レビ記」「民数記」「申命記」の総称。ユダヤ教でトーラーと呼ばれる部分で、内容は「創世記」がモーセ以前、「出エジプト記」以下はモーセを中心として、神より与えられたイスラエルの律法が述べられている。前13世紀以降長期にわたる伝承集成の末、400年ごろ現形に編集された。モーセの著作と考えられたためにこの名がある。➡モーセ

モーゼル〖ドイツ Mosel｜フランス Moselle〗ライン川の支流。フランス北東部のボージュ山脈に源を発してロレーヌ地方を北流し、ドイツのコブレンツでライン川に合流する。長さ545キロ。沿岸はブドウ栽培が盛んで、モーゼルワインの産地。

モーゼル-じゅう【モーゼル銃】ドイツの技術者モーゼル(P.P.Mauser [1838～1914])の考案した小銃の総称。連発銃と、旧日本陸軍の三八式歩兵銃の原型ともなった後装式の小銃が有名。

モーター〖motor〗❶電動機。原動機。「リニアー―」❷「モーターカー」の略。

モーター-イン〖motor inn〗自動車旅行者が、車ごと泊まれる宿。モーテル。

モーターカー〖motorcar〗自動車。

モーター-グライダー〖motor glider〗小出力のエンジンを備えた、自力で離陸できるグライダー。

モーターサイクル〖motorcycle〗▶モーターバイク

モーター-ショー〖motor show〗各社の新型自動車を一つの会場に集めて発表する展示会。自動車ショー。

モーター-スクレーパー〖motor scraper〗自走式スクレーパー。前輪と後輪の間に、土砂を削り取る刃を備え、削った土砂は刃の上部の容器に送り、地面の切削と敷きならしを行う建設機械。

モーター-スポーツ〖motor sports〗ラリーやモトクロスなど、自動車やオートバイの競技・レース。自動車やオートバイを使ったスポーツ。

モーター-ドライブ〖motor drive〗カメラで、フィルムの巻き上げ、シャッターの作動などをモーター駆動で行うこと。1コマずつの撮影のほかに、1秒間に数コマ以上の連続撮影が可能である。

モーターバイク〖motorbike〗小型のガソリンエンジンを取り付けた自転車。オートバイ。原動機付自転車。バイク。

モーターバイシクル〖motorbicycle〗▶モーターバイク

モーター-ハンググライダー〖motor hang glider〗モーターを取り付けたハンググライダー。

モーター-プール〖motor pool〗駐車場。

モーターボート〖motorboat〗内燃機関を備え、それによって推進する快速の小型舟艇。自動艇。

モーター-ホーム〖motor home〗バスの中に住宅を組み込んだような移動式住宅。

モータウン-サウンド〖Motown sound〗《Motownは、Motor Townの略で、デトロイトの異称》米国のデトロイトを本拠地とするレコード会社タムラ・モータウンのサウンドを総称して呼ぶ。特に、1960年代に流行したフィル=スペクターなど白人のサウンドに影響を受けた、洗練されたソウル音楽をさしていうことが多い。

モータリスト〖motorist〗自動車の運転者。自家用車を常用する人。

モータリゼーション〖motorization〗《「モータライゼーション」とも》自動車の大衆化現象。

モーダル-シフト〖modal shift〗貨物輸送の方式をトラックから鉄道・海運などへ転換すること。労働力不足・道路渋滞・大気汚染などの深刻化により限界に近づいたトラック中心の貨物輸送を見直し、機動力のあるトラックと安く大量に輸送できる鉄道や海運を組み合わせることによって、輸送の効率化やコストダウン、時間短縮をはかろうというもので、国土交通省が総合物流対策として推進している。

モーツァルト〖Wolfgang Amadeus Mozart〗[1756～1791]オーストリアの作曲家。ハイドンとならぶウィーン古典派音楽の代表者で、器楽・声楽の両分野にわたり、600曲以上の作品を残した。作品に、交響曲・協奏曲・室内楽曲・ピアノソナタのほか、オペラ「フィガロの結婚」「ドン=ジョバンニ」「魔笛」など。➡ケッヘル番号

モーテル〖motel〗自動車旅行者用の、車庫付きの簡易宿泊所。日本では自動車で乗りつける連れこみホテルをさすことが多い。モテル。(補説)motorとhotelの合成語。(類語)宿・旅館・宿屋・ホテル・ラブホテル・連れ込み・連れ込み宿

モード〖mode〗❶方法。様式。形式。「エアコンの除湿―」❷シーズンに先がけて作られたファッション。「ニュー―」❸音楽で、旋法。音階。中世ヨーロッパでは、リズムの特定パターンを意味することもあった。❹統計の度数分布表で、度数の最も大きい数値、あるいは、階級値。最頻値。並数。
(類語)様式・形式・流行・はやり・トレンド・ファッション

モード-そうほう【モード奏法】モード(旋法)に基づいたジャズの即興演奏方法。1950年代後半以降、従来の和声(コード)に基づく即興演奏をより自由に発展させるために多くのジャズ奏者が試みている。

モード-ほう【モード法】自動車の燃料消費率や排出ガス値を測定する際、一定の運転様式(モード)を組み合わせて走行条件とするテスト方式。

モートル〖オランダ motor〗「モーター」に同じ。

モートン-イン-マーシュ〖Moreton-in-Marsh〗英国イングランド南西部、グロスターシャー州の町。コッツウォルズ地方の北東部に位置し、観光地としても知られる。1000年もの歴史をもつ青空市場が毎週開かれる。

モーニング〖morning〗❶朝。午前。❷「モーニングコート」の略。(類語)朝・あした

モーニングアフター-ピル〖morning-after pill〗▶緊急避妊薬

モーニング-カット〖morning cut〗スラックスの裾を後ろ斜め下へカットしたもの。モーニングコートのズボン裾がこの形をしているところからの名。

モーニング-カップ《和 morning＋cup》大きめの朝食用コーヒー茶碗。マグ。

モーニング-コート〖morning coat〗男子の昼間用の正式礼服で、フロックコートに代わるもの。日本では夜間にも用い、黒無地の燕尾服型の上着とチョッキに縦縞のズボンを組み合わせる。

モーニング-コール〖morning call〗ホテルなどで、客から指定された時間に電話を掛けて起こすこと。ウエークアップコール。

モーニング-サービス《和 morning＋service》喫茶店などで、朝食代わりの手軽な飲食物を割引料金で客に提供すること。

モーニング-シャワー《和 morning＋shower》朝、シャワーを浴びること。➡モーニングシャンプー

モーニング-シャンプー《和 morning＋shampoo》朝、髪の毛を洗うこと。朝シャン。

モーニング-ジュエリー《和 mourning＋jewelry》喪事のとき着用する宝石のこと。多く、真珠およびジェットという漆黒の宝石が用いられる。

モーニング-ショー〖morning show〗ほぼ朝食後にあたる時間帯に、司会者の加わったショー形式で行う時事性をもったテレビ番組。

モーパッサン〖Guy de Maupassant〗[1850～1893]フランスの小説家。自然主義の代表的作家の一人。鋭い人間観察と強い厭世思想のもとに、簡潔な文体で人生の一断面を描いた。晩年、発狂。作「脂肪の塊」「女の一生」「ベラミ」など。

モービル〖mobile〗▶モビール

モービル〖Mobile〗米国アラバマ州南端、モービル

湾に面する都市。綿花の積み出し港として栄えた19世紀当時の邸宅が多く残る。石油化学工業が盛ん。

モービル-ハム〖mobile ham〗自動車間で交わすアマチュア無線。自動車無線。

モーブ〖mauve〗赤紫色の塩基性染料。1856年に英国のパーキンがアニリンを酸化して作り、初めての合成染料として知られる。モーベイン。

モーフィーム〖morpheme〗▶形態素(けいたいそ)

モーフィング〖morphing〗ある画像から別の画像へ、連続的に変形させる画像表現。またはその技術。

モーマ〖MoMA〗《Museum of Modern Art》▶モマ

モーム〖William Somerset Maugham〗[1874〜1965]英国の小説家・劇作家。平明な文体と巧妙な筋運びで、懐疑的な人生観のこめられた小説を書いた。また、風俗喜劇でも知られる。小説「人間の絆」「月と六ペンス」「雨」、戯曲「ひとめぐり」「おえら方」。サマセット＝モーム。

モーメント〖moment〗❶非常に短い時間。瞬間。瞬時。❷契機。きっかけ。❸ある点を中心として運動を起こす能力の大きさを表す物理量。定点から任意の点までの位置ベクトルと、その点におけるベクトル量との積で表される。力のモーメント、磁気モーメントなど。能率。

モーメント-マグニチュード〖moment magnitude〗地震の破壊エネルギーの大きさを表す尺度。また、その数値。地震を起こした断層運動の強さから算出する。地震計の針の揺れから算出するマグニチュードよりも地震そのものの規模を正確に表す。記号Mw　➡地震モーメント

モーラ〖mola〗▶モラ

モーラ〖mora〗韻律学または音韻論上の単位。1短音節に相当するとされる音の長さ。「象[zoː]」、「缶[kan]」は音声学的には1音節であるが、2モーラとする。拍。音韻論的音節。

モーリアック〖François Mauriac〗[1885〜1970]フランスの小説家。カトリックの立場から、心理小説の手法で人間性の内に潜む罪の問題を描いた。1952年ノーベル文学賞受賞。作「愛の砂漠」「テレーズ＝デケルー」「蝮(まむし)のからみあい」など。モーリヤック。

モーリシャス〖Mauritius〗インド洋南西部、マダガスカル島の東方にあるモーリシャス島を中心に、ロドリゲス島などの島々からなる共和国。首都ポートルイス。サトウキビ栽培が盛ん。1968年、英連邦加盟国として独立。人口129万(2010)。

モーリタニア〖Mauritania〗アフリカ北西部、大西洋に面するイスラム共和国。正称、モーリタニア-イスラム共和国。首都ヌアクショット。国土の大部分はサハラ砂漠。鉄鉱石を産出し、遊牧・漁業が行われる。1920年フランス保護領となったが、1960年独立。人口321万(2010)。

モーリッツブルク-じょう【モーリッツブルク城】《Schloß Moritzburg》ドイツ東部、ザクセン州の州都、ドレスデンの近郊にある城。16世紀半ば、ザクセン選帝侯モーリッツが狩猟のために建造。後に選帝侯フリードリヒ＝アウグスト1世がルネサンス様式からバロック様式に増改築を行った。現在はアウグスト1世専用の馬車のほか、日本や中国、マイセンの陶磁器などのコレクションを展示するバロック美術館になっている。

モール〖mall〗商店街で、並木を植えるなどして遊歩道風にしたもの。「ショッピング―」

モール〖maul〗ラグビーで、ボールを持ったプレーヤーの周囲に、双方のプレーヤーが立ったまま身体を密着させて密集する状態。

モール〖(ポルトガル) mogol〗❶《もとインドのモグール(ムガール)帝国で好んで用いられたところから》絹の紋織物の一種。縦糸は絹糸で、横糸に金糸を用いたものを金モール、銀糸を用いたものを銀モールという。モール織り。❷金・銀糸または色糸をより合わせた飾り糸。装飾に用いる。モール糸。❸細い針金に色糸やビニールなどをよりつけたもの。手芸などに用いる。
(補説)「莫臥児」とも書く。

モール〖mole〗もぐら。

モール〖The Mall〗▶ナショナルモール

モール-がわ【モール革】羊または鹿の皮で作った、厚くてしわのある革。印伝(インデン)の類。

モールス〖Samuel Finley Breese Morse〗▶モース

モールスキン〖moleskin〗もぐらの毛皮。柔らかくて光沢がある。また、それに似せた厚地の綿織物。

モールス-しんごう【モールス信号】▶モールス符号

モールス-ふごう【モールス符号】《Morse code》米国のS＝F＝B＝モースが考案した通信符号。長短2種の組み合わせによって文字を表す。短符号をトン、長符号をツーとよぶところから、トンツーともいう。19世紀中ごろから使われ始め、長く船舶間の通信や海難事故の救助信号(SOS)として利用されたが、1990年代になってデジタル技術が発達し、99年に遭難通信はGMDSS方式に完全移行した。

モーレ-アントネッリアーナ〖Mole Antonelliana〗イタリア北西部、ピエモンテ州の都市トリノにある建物。19世紀末に建築家アレサンドロ＝アントネッリの設計により、シナゴーグとして建造された。高さ約167メートルの塔をもち、トリノ市街を一望にできる展望台がある。内部は国立映画博物館になっている。

モーロア〖André Maurois〗[1885〜1967]フランスの小説家・批評家。本名、エミール＝エルゾーグ(Émile Herzog)。伝記文学・心理小説・歴史など、広範な分野で活躍した。伝記「バイロン伝」「ジョルジュ＝サンド伝」、小説「愛の風土」、通史「英国史」、評論「生活の技術」など。

モカ〖MOCA〗《Museum of Contemporary Art》ロサンゼルス現代美術館。1986年に開館した現代美術を収集展示した美術館。

モカ〖Mocha〗㊀イエメン南西部の港湾都市。紅海の入り口をなすバベルマンデブ海峡に臨む。中世以来アラビア産コーヒーの輸出港。㊁(mocha)アラビア産の上質のコーヒー。イエメンのモカ港から積み出されるところからの名。モカコーヒー。

も-か〔連語〕《係助詞「も」＋係助詞「か」。上代語》…も…であろうか。「伊勢の海の海人(あま)の島津が鮑玉(あわびたま)取りて後―恋の繁けむ」〈万・一三二二〉

モガ「モダンガール」の略。⇔モボ。

もが〔終助〕《係助詞「も」に終助詞「か」の付いた「もか」の音変化。上代語》名詞、形容詞および助動詞「なり」の連用形、副詞、助詞に付く。上の事柄の存在・実現を願う意を表す。…があればいいなあ。…であってほしいなあ。「住吉(すみのえ)の岸に家―沖に辺に寄する白波見つつしのはむ」〈万・一一五〇〉(補説)上代は「もがも」の形で多く用いられ、中古以後は「もがな」に代わった。

もが・く【×踠く｜藻×掻く】〔動カ五(四)〕❶もだえ苦しんで手足をやたらに動かす。あがく。「相手の腕から逃れようと―・く」❷事態をなんとかしようとあせる。いらだつ。「怠惰な生活を改めようと―・く」(補説)「藻掻く」は当て字。(類語)あがく・悶(もだ)える・のた打つ・のた打ち回る・身悶(みもだ)えする

も-がさ【疱＝瘡】疱瘡(ほうそう)の古名。天然痘。「この世の中は、―おこりてののしる」〈かげろふ・下〉

モカシン〖moccasin〗甲部にU字型の切り替えがある柔らかい革靴、また室内履き。北アメリカのインディアンが履いていた、全体を一枚革で作ったかかとのない靴を模したもの。

モガディシオ〖Mogadiscio〗アフリカ東部、ソマリア民主共和国の首都。同国南部、インド洋に面する港湾都市。7世紀にアラビア人が建設。人口、行政区121万(2001)。モガディシュ。モガジシオ。

モガドール〖Mogador〗モロッコの都市、エッサウィラの旧称。

もがな〔終助〕《終助詞「もが」＋終助詞「な」から》名詞、形容詞および助動詞「なり」「ず」の連用形、助詞に付く。上の事柄の存在・実現を願う意を表す。…があればいいなあ。…(で)あってほしいなあ。「み吉野の山のあなたに宿―世のうき時の隠れ家にせむ」〈古今・雑下〉(補説)「もが」「もがも」に代わって中古以後用いられた。

もがみ-がわ【最上川】山形県を貫流する川。吾妻山群に源を発し、米沢・山形・新庄各盆地を北流し、庄内平野の酒田市で日本海に注ぐ。長さ約229キロ。富士川・球磨川と並ぶ日本三急流の一。古くから舟運が盛ん。

もがみがわ-ふなうた【最上川舟唄】山形県の民謡。最上川の船頭たちがうたった舟唄。

もがみ-とくない【最上徳内】[1754〜1836]江戸後期の探検家。出羽の人。名は常矩(つねのり)。本多利明に天文・測量などを学び、天明5年(1785)幕命による蝦夷(えぞ)地調査に随行。のち、択捉(えとろふ)・得撫(ウルップ)・樺太(からふと)などを数次にわたり調査・探検。著「蝦夷草紙」「度量衡説統」、シーボルトとの共編「アイノ語辞典」などがある。

もがみ-よしあき【最上義光】[1546〜1614]戦国末から江戸前期の武将。山形藩主最上家初代。出羽の山形城を拠点に上杉景勝・伊達政宗らと争う。豊臣秀吉に帰順したが、関ヶ原の戦いでは東軍として出羽で景勝の兵と戦い、その功として57万石に加増された。

も-か-も〔連語〕《係助詞「も」＋係助詞「か」＋終助詞「も」。上代語》…も…であろうかなあ。「今―大城の山にほととぎす鳴きとよむらむ我無けれども」〈万・一四七四〉

もがも〔終助〕《終助詞「もが」＋終助詞「も」から。上代語》名詞、形容詞および助動詞「なり」の連用形、副詞、助詞に付く。上の事柄の存在・実現を願う意を表す。…があればいいなあ。…(で)あってほしいなあ。「岩戸(いはと)割る手力(たぢから)―手弱(たよわ)き女(をみな)にしあればすべの知らなく」〈万・四一九〉(補説)中古以後は「もがな」に代わった。

もがも-な〔連語〕《「な」は終助詞》「もがも」に同じ。「河上(かはかみ)のゆつ岩群(いはむら)に草生(む)さず常に―常娘女(とこをとめ)にて」〈万・二二〉

もがも-や〔連語〕《「や」は終助詞》「もがも」に同じ。「天(あま)飛ぶや鳥に―都まで送りまをして飛び帰るもの」〈万・八七六〉

もがも-よ〔連語〕《「よ」は終助詞》「もがも」に同じ。「妹(いも)が寝(ぬ)る床のあたりに岩ぐくる水に―入りて寝まくも」〈万・三五五四〉

もがり【虎＝落】《語源未詳。中国で粗い割り竹を組んで作った垣をいう「虎落」の用字を転用したもの》❶竹を筋違いに組み合わせ、縄で結び固めた柵(さく)や垣根。❷特に紺屋で、枝つきの竹を立て並べ、物を掛けて干すもの。「―の陰にかくれしを、それとも知らで帰りしは」〈浄・重井筒〉

もがり【強＝請｜虎＝落】《動詞「もがる」の連用形から》ゆすり。たかり。「おそろしき―どもにかたられ」〈浮・織留・一〉

もがり【×殯】《「も(喪)あ(上)がり」の音変化か》「荒城(あらき)」に同じ。「今城(いまき)谷の上に、―を起てて収む」〈斉明紀〉

もがり-だけ【虎＝落竹】もがりに用いる竹。

もがり-なわ【強＝請縄】金品をゆするため、人を通さないように張った縄。「里の真中に一条の―を引渡し」〈読・八犬伝・四〉

もがり-の-みや【×殯の宮】「あらきのみや」に同じ。「―を広瀬に起つ」〈敏達紀〉

もがり-ぶえ【虎＝落笛】冬の激しい風が竹垣や柵(さく)などに吹きつけて発する笛のような音。(季冬)「一汁一菜垣根が奏づ―/草田男」

もかり-ぶね【藻刈(り)舟】藻を刈るために用いる小舟。(季夏)「一雨ふるかたへ帰りけり/子規」

もが・る【強＝請る｜虎＝落る】〔動ラ四〕❶異議を申し立てる。逆らう。「いとたつ事を―・りければ」〈大和・附・二〉❷言いがかりをつけて金品をねだる。ゆする。たかる。「七十に成る浄閑が―・られたといふ外聞悪さ」〈浄・寿の門松〉

も-ぎ【模擬┊×摸擬】〔名〕スル 本物や実際の場合と同じようにすること。「一実験」「外邦の風を一せしものにして」〈雪嶺・真善美日本人〉
〘類語〙まね・模倣・模する・倣ならう・準なぞえる

も-ぎ【×裳着】主に平安時代、公家の女子が成人したしるしに初めて裳をつける儀式。結婚前の12、3歳ごろ、吉日を選んで行った。着裳ちゃくも。

もぎ-き【×捥ぎ木】枝をもぎとった木。また、枯れて枝のない木。「よそにては一なりとやさだむらむしたに匂へる梅のはつ花」〈源・竹河〉

もぎ-しけん【模擬試験】入学試験や資格試験などになぞらえて行う試験。模擬テスト。模試。

もぎ-じっけん【模擬実験】▶シミュレーション

もぎ-テスト【模擬テスト】「模擬試験」に同じ。

もぎ-てん【模擬店】園遊会・学園祭などの会場で、屋台店のようにこしらえて飲食物を供する所。

もぎ-どう【▽没義道┊▽無義道】ダウ〔名・形動〕人の道にはずれてむごいこと。非道なこと。また、そのさま。不人情。「田舎の客から一に金を絞りとる場面など」〈里見弴・安城家の兄弟〉〘類語〙非道・無道・無法・無体・無情

もぎ-と・る【×捥ぎ取る】〔動ラ五(四)〕❶もいで取る。「枝からリンゴを一・る」❷無理やり取り上げる。「子供の手からおもちゃを一・る」
〘類語〙もぐ・もぎる・奪う・取る・取り上げる・分捕ぶんどる・掠かすめ取る・引ったくる・ぶったくる・ふんだくる・攫さらう・掻かっ攫う・横取りする・強奪する・奪取する・略取する・略奪する・収奪する

も-ぎぬ【喪▽衣】喪中に着る衣服。喪服。「橡つるばみの一一襲かさね」〈源・夕霧〉

もぎり【×捥り】劇場・映画館などの入り口で、入場券の半片をもぎ取ること。また、その係。

もぎ・る【×捥る】〔動ラ五(四)〕ねじって取る。ちぎりとる。「トマトを一・る」〘可能〙**もぎれる**
〘類語〙もぐ・もぎ取る・捩ねじ切る・ちぎる・むしる

もぎ・れる【×捥れる】〔動ラ下一〕ねじれて取れる。もげる。「鍋なべの取っ手が一・れた」

もく タバコのこと。「一ひろい」「洋一」〘補説〙タバコの煙を雲くもに見立て、それを逆さに言ったもの。

もく【木】❶き。樹木。〈和英語林集成〉❷木目。「一がいい」❸木曜日。「一・金・土」❹五行ごぎょうの第一位。方位では東、季節では春、五星では木星、十干では甲きのえ・乙きのとに配する。➡漢「ぼく(木)」

も-く【▽木工┊×杢】木を使って建物や器物をつくる人。大工。こだくみ。「一修理の両棟梁」〈浄・双生隅田川〉〘補説〙「杢」は国字。

もく【目】㊀〔名〕❶生物分類の段階の一。綱の下、科の上に位置する。「昆虫綱トンボーヤンマ科」❷律令制で、国司の主典さかんのこと。㊁〔接尾〕助数詞。囲碁で、碁盤の目めの数や碁石の数を数えるのに用いる。「三一勝つ」「二一置く」➡漢「もく(目)」

も・ぐ【×捥ぐ】㊀〔動ガ五(四)〕無理にねじり取る。ちぎりとる。もぎる。「梨を一・ぐ」〘可能〙**もげる** ㊁〔動ガ下二〕「もげる」の文語形。
〘類語〙もぎ取る・もぎる・捩ねじ切る・ちぎる・むしる

もくあみ【木×阿▽弥】「元もとの木阿弥」の略。

もくあみ【黙阿弥】▶河竹黙阿弥かわたけもくあみ

もくあん-しょうとう【木庵性瑫】ーシャウタウ［1611～1684］中国、明の黄檗おうばく宗の僧。泉州の人。師の隠元に続いて明暦元年(1655)来日、宇治の黄檗山万福寺第2世を継いだ。また多くの寺を創建。勅号は慧明国師。

もくあん-れいえん【黙庵霊淵】［?～1345ころ］鎌倉後期から南北朝時代の画僧。本名、是一。嘉暦(1326～1329)ごろ元に渡り、参禅のかたわら水墨による道釈画を描き、牧谿もっけいの再来と称された。中国で客死。その遺作は日本にももたらされて珍重されたが、近世まで元の人と誤認されていた。作「布袋図」など。

もく-う【×沐雨】雨に降られてずぶぬれになること。「櫛風しっぷう一」

もく-か【木化】ークワ ▶木質化もくしつか

もく-が【木画】ーグワ 色や木目の違う木材や象牙・竹などの細片を木地と同じ高さに象眼して図柄や文様を表したもので、主として中国の漢代から唐代、日本の奈良時代につくられたものをいう。もくえ。

もく-ガス【木ガス】木材を乾留したときに生じる可燃性の気体。主成分は一酸化炭素・メタン。きガス。

もく-かせき【木化石】ークワセキ 木が化石になったもの。石炭・珪化木けいかぼくなど。

もく-かん【木簡】▶もっかん(木簡)

もくぎゅう-りゅうば【木牛流馬】モクギウリウバ ▶ぼくぎゅうりゅうば(木牛流馬)

もく-ぎょ【木魚】❶読経のときにたたいて鳴らす木製の仏具。丸くて中空で、表に魚鱗ぎょりんを彫刻してある。布などで先端を包んだ棒で打つ。❷禅寺で庫裏くりにつるし、食事時に打ち鳴らした魚形の木の板。

もくぎょいり-あいかた【木魚入り合方】ーあひかた 歌舞伎下座音楽の一。寺・墓場や寂しい野原などの場面で、合方に木魚の音を加えたもの。

もくぎょ-こう【木魚講】❶葬儀費に充てる目的で、平生から各人が金銭を出し合う講。葬儀の際には、講中の一人が大きな木魚にひもをつけて首からかけて打ち鳴らし、大勢の講中がこれに合わせて念仏を唱え野辺送りをした。❷妊娠していること。「一になったのでお袋が怒り出し」〈伎・上野初花〉

もく-ぐう【木偶】❶木で作った人形。でく。くぐつ。❷古代中国の副葬品で、木製の人形。戦国時代から漢代に盛行、元・明代に至るまで作られた。木俑。

もくげ【木=槿】▶むくげ(木槿)

もく-けい【木契】▶もっけい(木契)

もく-げい【目迎】〔名〕スル 目で迎えること。「座して一する」「一目送」

もく-げき【木×屐】木製のあしだ。下駄げた。ぼくり。

もく-げき【目撃】〔名〕スル 現場に居合わせて実際に見ること。「交通事故を一する」〘類語〙目視・実見・看取・見て取る・認める・見る

もく-げき【黙劇】せりふを用いず、身ぶり・表情だけで演じる劇。無言劇。パントマイム。

もくげん-じ【木×槵子】ムクロジ科の落葉高木。高さ約10メートル。葉は羽状複葉。小葉は卵形で縁に不規則なぎざぎざがある。夏、枝先に黄色い小花を群生。実は三角形の袋状をし、中の種子は黒色で堅く、金剛子といい数珠に用いる。中国地方の日本海側に自生がみられる。楝葉栴檀せんだんの菩提樹。もくれんじ。

もくけんれん【目犍連】《梵 Mahāmaudgalyāyana の音写、「摩訶目犍連」の略》前5世紀ごろのインドの僧。マガダ国のバラモンの出身。釈迦十大弟子の一人となり、神通じんずう第一といわれた。餓鬼道に苦しむ母を救うため、自恣じしの日に多くの僧を集めて供養したといわれ、これが盂蘭盆会の起こりとされる。大目犍連。目連。

もくけんれんていしゅ【目犍連帝須】《パーリ名 Moggaliputta Tissaの音写》古代インドの僧。マウリア王朝のアショーカ王の師となり、王子マヒンダを出家させてセイロン伝道の使節とした。

もく-ご【目語】目つきで意思を通じ合うこと。

もく-ざ【黙座┊黙×坐】〔名〕スル だまったまますわっていること。「林に入り、一す」〈独歩・武蔵野〉〘類語〙静座

も-ぐさ【×艾】《燃え草の意》❶ヨモギの葉を干し、臼でついて作る綿状のもの。灸きゅうを据える際に燃やす材料。焼き草。❷ヨモギの別名。❸「艾縞もぐさじま」の略。

も-ぐさ【藻草】「藻も」に同じ。

もく-ざい【木材】建築物・工作物やパルプなどの材料あるいは原料として用いる木。材木。

もくざい-パルプ【木材パルプ】木材を原料として作られるパルプ。主として製紙に用いる。

もく-さく【木柵】木でつくった柵。

もく-さく【木酢┊木×醋】木材の乾留で得られる、酢酸を多量に含む液。メチルアルコール・アセトンなども含む。防腐剤などに使用。木酢酸。もくす。

もく-さくさん【木酢酸】▶木酢もくさく

もぐさ-じま【×艾×縞】茶色の縦糸に白い横糸を織り入れた木綿縞。

もく-さつ【黙殺】〔名〕スル 無視して取り合わないこと。「提案を一する」〘類語〙無視・度外視・軽視

もく-さん【目算】〔名〕スル ❶目で見て数量の見当をつけたり、だいたいの計算をしたりすること。目分量。「一を立てる」「会場の収容人数を一する」❷こうなるだろうという予測や、それにもとづいた計画。見込み。もくろみ。「一がはずれる」❸囲碁で、対局中に相手と自分の地を計算すること。〘類語〙(❶)目積もり・見積もり・目分量・胸算用・懐勘定/(❷)見込み・もくろみ

もく-し【目×眦】まなじり。めじり。

もく-し【目視】〔名〕スル 目で見ること。「一しうる距離」

もく-し【黙止】〔名〕スル 黙ったままでいること。「其次を言わんとして忽ち一し」〈織田訳・花柳春話〉

もく-し【黙示】〔名〕スル《「もくじ」とも》❶暗黙のうちに意思や考えを表すこと。「一の意思表示」❷隠された真理を示すこと。特に、キリスト教で、神が人意を越えた真理や神意などを示すこと。啓示。

もく-し【黙思】〔名〕スル だまって思いにふけること。黙考。「野外を歩き歩き一していた」〈蘆花・思出の記〉

もく-し【黙視】〔名〕スル だまって見ていること。関係せずに見守ること。「惨状を一するに忍びない」

もく-し【黙▽識】〔名〕「もくしき(黙識)」に同じ。

もく-じ【目次】❶書物の内容を示した見出しを順序立てて書いたもの。❷項目・題目などの順序。

もく-しき【黙識】〔名〕スル だまって、心の中で会得すること。もくし。「これを暗記一する者は他日必ず思い半に過ることあらん」〈新聞雑誌一四〉

もく-じき【木食┊木×喰】木の実や草だけを食べて修行すること。また、その人。

もくじき-おうご【木食応其┊木喰応其】［1536～1608］安土桃山時代の真言宗の僧。近江おうみの人。字あざなは順良。初め武士であったが、高野山で出家し、木の実を食して肉・野菜・米穀を常用しない木食戒を修行。豊臣秀吉の高野山攻略の際に和議を結び、その帰依を受けて高野山を再興した。連歌にもすぐれ、著「無言抄」がある。

もくじき-みょうまん【木食明満┊木喰明満】ーミヤウマン［1718～1810］江戸後期の僧。甲斐の人。45歳で木食戒を受けて守った。千体仏造像を発願して全国を遊行、素朴で円満な相の木彫仏を多く残す。木食五行。

もくし-しんつう【黙▽識心通】言葉に出さないで事柄の道理を悟ること。

もく-しつ【木質】❶木の性質。木のたち。❷「木質部」に同じ。❸木材に似た性質。〘類語〙材質

もくしつ-か【木質化】ークワ〔名〕スル 植物の細胞壁にリグニンが沈着して、組織が堅くなること。木化。

もくしつ-ぶ【木質部】樹木の幹の内部の、木質化して堅い部分。

もくし-ぶんがく【黙示文学】後期ユダヤ教や初期キリスト教で発達した宗教文学。象徴的言語・表現で神の啓示を述べている。旧約聖書の「ダニエル書」、新約聖書の「ヨハネ黙示録」など。啓示文学。

もく-じゅう【黙従】〔名〕スル 異議を言わずに服従すること。「己が意志を奴隷となし、偏えに一する者と」〈永峰秀樹訳・代議政体〉

もく-しゅく【×苜×蓿】ウマゴヤシの別名。〘季 春〙「一の焼跡蔽ふことをせず/波郷」

もく-しょう【木匠】ーシャウ 大工。木工もく。こだくみ。

もく-しょう【目笑】ーセウ〔名〕スル 目と目を見合わせて笑うこと。目くばせして笑うこと。「一を交わす」

もく-しょう【目×睫】ーセフ 目とまつげ。転じて、きわめて近いところ。目前。「一に迫った九月十日」〈広津和郎・風雨強かるべし〉〘類語〙至近・間近・指呼・咫尺しせき・目前・眼前・目の前・目と鼻の先

もくしょう-ぜん【黙照禅】モクセウー もっぱら座禅し、無念無想となることを修行する禅。曹洞宗系の禅風で、臨済宗の看話かんな禅に対する。

もくしょう-の-かん【目×睫の間】モクセフー 距離や時間がきわめて近いこと。「一に迫る」

もくしろく【黙示録】新約聖書の最後の一書。95年

ごろローマの迫害下にある小アジアの諸教会のキリスト教徒に激励と警告を与えるために書かれた文書。この世の終末と最後の審判、キリストの再臨と神の国の到来、信仰者の勝利など、預言的内容が象徴的表現で描かれている。ヨハネ黙示録。アポカリプス。

もくしろく-の-どうくつ【黙示録の洞窟】《Spilaio Apokalipsis》ギリシャ東部、エーゲ海に浮かぶパトモス島にある洞窟。紀元1世紀末に聖ヨハネが同島に流刑にされ、この地で神の啓示を受けて黙示録を書いたとされる。1999年に「パトモス島の神学者聖ヨハネ修道院と黙示録の洞窟の歴史地区(コーラ)」として世界遺産(文化遺産)に登録された。

もく-じん【木人】木で作った人の像。「立て置きたる—に向って、剣をとりひしぎ」〈太平記・三八〉

もくしん-かんしつ【木心乾漆】乾漆の一。➡乾漆❷

もく-す【木酢】►もくさく(木酢)

もく-す【目す】㊀〔動サ五〕「もく(目)する」(サ変)の五段化。「本物とは—さない」㊁〔動サ変〕「もく(目)する」の文語形。

も-くず【藻×屑】ヅ 海の中の藻などのくず。また、そのように取るに足らないもの。「海の—となる」

　藻屑と消・える　海に沈んで死ぬたとえ。「海戦で多くの兵士が—・えた」

もくず-がに【藻×屑×蟹】ガニ イワガニ科のカニ。甲は丸みのある四角形で、甲幅6センチくらい。全体に緑褐色。はさみ脚に長い毛が密に生えている。内湾の砂浜や川沿いの湿地にすみ、川にすむものは秋に海岸まで下って産卵する。肺吸虫の第2中間宿主。食用。ずがに。もくぞう。

もくず-び【藻×屑火】ビ 藻屑をたく火。

もく-・する【目する】〔動サ変〕図もく・す〔サ変〕❶目をつける。みなす。「首謀者と—・される」❷認める。評価する。「だれからも秀才と—・されてきた」❸注目する。「将来を—・される」

もく-・する【×沐する】〔動サ変〕図もく・す〔サ変〕❶水や湯を頭からかぶる。髪やからだを洗う。「雨に—・し風に櫛ずり」〈織田訳・花柳春話〉❷恩恵などを受ける。浴する。「同一利益の恩に—・せしめようとは考えない」〈魯庵・社会百面相〉

もく-・する【黙する】〔動サ変〕図もく・す〔サ変〕物を言うことをやめる。だまる。「—・して語らず」
(類語)黙る・黙(もだ)す・沈黙する・緘黙(かんもく)する・黙りこくる・押し黙る

もく-せい【木星】《Jupiter》太陽系の5番目の惑星。太陽からの平均距離は、7億7830万キロすなわち5.2026天文単位。周期9時間56分で自転し、11.862年で公転する。最大光度マイナス2.8等。惑星中最大で、赤道半径が7万1492キロ、質量は地球の317.83倍。表面には赤道に平行な縞模様が見られ、南半球に卵形の大赤斑がある。60個以上の衛星と、3本の淡い環をもつ。歳星。ジュピター。

▷**木星の主な衛星**
イオ、エウロパ、ガニメデ、カリスト、アマルテア、ヒマリア、エララ、パシファエ、シノペ、リシテア、カルメ、アナンケ、レダ、テーベ、アドラステア、メティス、カリロエ、テミスト、メガクリテ、タユゲテ、カルデネ、ハルパリュケ、カリュケ、イオカステ、エリノメ、イソノエ、プラクシディケ、アウトノエ、テュオネ、ヘルミペ、アイトネ、エウリュドメ、エウアンテ、エウポリエ、オルトシエ、スポンデ、カレ、パシテー、ヘゲモネ、ムネメ、アオエデ、テルクシノエ、アルケ、カリコレ、ヘリケ、カルポ、エウケラデ、キュレネ、コレー

もく-せい【木×犀】ギンモクセイの別名。また、キンモクセイ・ウスギモクセイなどを含めての総称。モクセイ科の常緑樹で、秋に、白色・橙黄色・薄黄色の花をつけ、芳香を放つ。(季 花=秋)「一の香にあけたての障子かな／虚子」

もく-せい【木精】❶木の精。木霊(こだま)。❷メチルアルコールのこと。木材の乾留から得られるのでいう。

もく-せい【木製】木で作ってあること。また、そのもの。(類語)木造・木造り

もくせいおうだん-しょうわくせい【木星横断小惑星】モクセイオウダンショウワクセイ 公転軌道が木星の軌道と交差する小惑星の総称。近日点と遠日点が木星の軌道よりそれぞれ内側と外側にあるものを指す。

もくせいがた-わくせい【木星型惑星】太陽系の8惑星のうち、木星・土星の2星。コアの外側に金属水素があり、その外側を水素などのガスが取り巻く天体。地球型惑星と比べて半径・質量が大きく、平均密度・自転周期が比較的小さく、環をもっている。大惑星。巨大ガス惑星。➡地球型惑星 ➡天王星型惑星 (補説)かつては天王星・海王星も同じ分類であったが、惑星探査の結果、木星・土星とは組成が違うとされ、天王星型惑星に分類されるようになった。

もくせい-しだ【木生羊＝歯】茎が太くて高さ数メートルにもなり、木のようなシダ。葉は茎の先に集まってつく。亜熱帯から熱帯に分布。ヘゴ・マルハチなど。

もくせい-そう【木×犀草】ザウ モクセイソウ科の一年草。茎は伸びると横に倒れ、先が上を向く。葉はへら形。夏、緑がかった白色の芳香のある小花を穂状につける。北アフリカの原産で、日本には江戸時代に渡来。においレセダ。

もく-せん【木船】木造の船。

もく-せん【目銭】中世、港の関で商船に課した入津税。また、酒屋の酒壺や寺領の段別に課した雑税。

もく-ぜん【目前】見ている目の前。転じて、きわめて近いこと。「—の情景」「勝利を—にする」(類語)直前・眼前・目の前・目睫(もくしょう)・至近・指呼・咫尺(しせき)・間近

もく-ぜん【黙然】〔ト・タル〕図〔形動タリ〕口をつぐんでいるさま。もくねん。「—と座っている」

もく-そう【目送】〔名〕スル 移り過ぎていくものを、目で追いながら見送ること。「津田は、黙って書生の後姿を—した」〈漱石・明暗〉

もく-そう【黙想】ザウ〔名〕スル 黙って考えにふけること。黙思。「—にふける」「林の奥に坐して四顧し、傾聴し、睇視し、—す」〈独歩・武蔵野〉

もく-ぞう【木造】ザウ 木材で造ってあること。また、そのもの。「—の校舎」(類語)木製・木造り

もく-ぞう【木像】ザウ 木で作った像。「—の観音像」

もく-ぞうがん【木象眼｜木象×嵌】ザウガン 家具や箱などの表面装飾技法の一。台木に図柄や文様を描いて彫り、その部分に色や木目の違う木片、または金属・玉石・貝殻などをはめ込むもの。

もく-そく【目測】〔名〕スル 目で見て、おおよその高さ・長さ・広さなどをはかること。「—を誤る」「天井までの高さを—する」(類語)目積もり・目分量

もく-タール【木タール】木材の乾留で生じる黒褐色の油状の物質。アルコール・芳香族炭化水素・フェノール類などを含む。溶剤・燃料・防腐剤などに用いるほか、精製して薬用クレオソートを得る。

もく-だい【目代】《人の目に代わる意》❶代理人。身代わり。「立派な会社の—で運動するなら」〈魯庵・社会百面相〉❷平安・鎌倉時代の国守の代理人。国守の代わりに任国に赴いて執務する私的な代官。眼代(がんだい)。めしろ。❸室町時代以降、代官のこと。

もく-だく【黙諾】〔名〕スル はっきりと言葉には出さないが、それとなく承諾の意を表すこと。黙許。

もく-たん【木炭】❶木を蒸し焼きにして炭化させた燃料。また、脱臭剤や脱色剤にも利用。炭(すみ)。(季 冬)❷下絵・素描などに使う、細くて軟らかい炭。

もくたん-が【木炭画】グワ 木炭❷で描いた絵。

もくたん-し【木炭紙】木炭画を描くのに用いる粗目の用紙。

もく-ちょう【木彫】テウ 木材に彫刻すること。また、その彫刻したもの。

もく-ちょう【木鳥】テウ「部領(ことり)❷」に同じ。

もく-つう【木通】アケビの木部。漢方で消炎・利尿薬などに用いる。

もく-てき【目的】❶実現しようとしてめざす事柄。行動のねらい。めあて。「当初の—を達成する」「—にかなう」「旅行の—」❷倫理学で、理性ないし意志が、行為に先だって行為を規定し、方向づけるもの。

漢字項目 もく

【木】►ぼく

目　(学)1　(音)モク(呉)　ボク(漢)　(訓)め、ま、さかん
‖㊀〈モク〉①め。「目前／刮目(かつもく)・耳目・衆目・属目(しょくもく)・着目・注目・鳥目・瞠目(どうもく)・眉目・瞑目(めいもく)・面目」②目で見る。めくばせする。「目撃・目送・目測・目礼／一目」③めじるしとするもの。内容を表すもの。「目次・目的・目標・目録／曲目・書目・題目・名目」④分類上の区分。「科目・項目・綱目・細目・種目・条目」⑤大切な箇所。「眼目・要目」⑥主となる者。「頭目」⑦碁盤上の交点。「一目・井目(せいもく)」㊁〈ボク〉め。「面目」㊂〈め〉「目玉・目安／境目・白目・役目・横目」(名付)より
(難読)傍目(おかめ)・傍目(はため)・御披露目(おひろめ)・粗目(ざらめ)・真面目(まじめ)・目差(まな)し・目映(まばゆ)い・目眩(めくるめ)く・目出度(めでた)い・目眩(めまい)・目論見(もくろみ)

×沐　(音)モク(呉)‖頭から水や湯をかぶる。「沐雨・沐浴／湯沐」

黙〔默〕　(音)モク(呉)　(訓)だまる、もだす‖声・言葉を出さない。だまる。「黙考・黙殺・黙視・黙読・黙認・黙秘・黙黙／暗黙・寡黙・緘黙(かんもく)・沈黙」

(用法)**目的・目標**——「目的(目標)に向かって着実に進む」のように、めざすものの意では相通じて用いられる。◇「目的」は、「目標」に比べ抽象的で長期にわたる目あてであり、内容に重点を置いて使う。「人生の目的を立身出世に置く」◇「目標」は、目ざす地点・数値・数量などに重点があり、「目標は前方三〇〇〇メートルの丘の上」「今週の売り上げ目標」のようにより具体的である。
(類語)目当て・狙い・目標・目途(もくと)・目処(めど)・狙い所・つけめ・あてど

もくてき-いしき【目的意識】行動の目的に対する明確な自覚。

もくてき-いん【目的因】アリストテレスの説いた四原因の一。事物が何のために存在するか、行為が何のためになされるかを示す目的が、その事物の存在やその行為を理由づけるもの。➡形相因 ➡質料因 ➡動力因

もくてきいんとくがた-かんゆう【目的隠匿型勧誘】クワンイウ ►ブラインド勧誘

もくてき-かく【目的格】文中で、ある語句が動詞の目的語であることを示す格。賓格。

もくてきけい-しゅぎ【目的刑主義】刑罰の本質を、犯罪人から社会を防衛するため、あるいは犯罪人を教育して社会復帰させるための手段として考える立場。目的刑論。➡応報刑主義 ➡教育刑主義

もくてき-ご【目的語】文の成分の一。他動性の動詞の表す動作をこうむる人や事物を表す語。現代語では、一般に格助詞「を」を伴う。西洋文法では、直接目的語・間接目的語などに区別することがある。学校文法では連用修飾語に含めて扱われる。客語。

もくてき-ぜい【目的税】特定の経費に充てるために課される租税。都市計画税・国民健康保険税・水利地益税など。➡普通税

もくてき-ち【目的地】目ざして行こうとする土地。「無事に—に着く」

もくてき-はん【目的犯】故意のほかに一定の目的を成立要件または加減事由とする犯罪。通貨偽造罪の成立には、偽造という行為のほかに使用するという目的を必要とするなど。

もくてき-ぶつ【目的物】目的のもの。ある行為の対象となるもの。

もくてき-ろん【目的論】哲学で、すべての事象は何らかの目的によって規定され、その目的に向かって生成変化しているとする立場。

もくてきろんてき-しょうめい【目的論的証明】神の存在証明の一。自然界に見いだされる合目的性から、そのような世界を創造した最高の知恵としての神が存在しなければならないとするもの。物理神学的証明。

も

もく-と【目途】❶めあて。目的。❷めど。「年内竣工を―に工事を急ぐ」

もく-と【目×睹】〘名〙スル 目で実際に見ること。目撃。「母の喀血を―した彼女の胸中を察すれば」〈倉田・愛と認識との出発〉

もく-とう【黙×祷】〘名〙スル 無言のまま心の中で祈ること。「―をささげる」「遭難者の霊に―する」

類語 祈り・祈念・祈祷きとう・加持・祈願・誓願・立願・代願・発願・願掛け

もく-どく【黙読】〘名〙スル 声に出さずに読むこと。「脚本をひととおり―する」⇔音読。

もく-にん【黙認】〘名〙スル 暗黙のうちに認め許すこと。過失などをそのまま見逃すこと。「夜間の外出を―する」「やむを得ないこととして―する」

類語 黙許・黙諾

もく-ねじ【木螺=子】胴に螺旋らせんの刻んである木材用の釘くぎ。ドライバーでねじ込む。

もく-ねん【黙念】〘ト・タル〙文〘形動タリ〙無言で考えにふけるさま。「―として一言も発しない」〈漱石・吾輩は猫である〉

もく-ねん【黙然】〘ト・タル〙文〘形動タリ〙「もくぜん(黙然)」に同じ。「しばらく―として三千代の顔を見ているうちに」〈漱石・それから〉

もく-の-かみ【▽木工▽頭】❶木工寮もくりょうの長官。こだくみのかみ。むくのかみ。❷大工の棟梁とうりょう。「惣門の内で羽のきく―」〈柳多留・五〉

もく-ば【木馬】❶木で馬の形に作ったもの。子供の遊びなどに用いる。「回転―」❷器械体操に使った用具の一。木材で馬の背形に作ったもの。現在の跳馬に相当。❸昔、木製の馬形の背を鋭くとがらせたものに罪人をまたがらせ、両足に石をつり下げて拷問の具としたもの。

もく-はい【木杯｜木×盃】木製のさかずき。

もく-はい【木×牌】❶木製の札。❷木製の位牌。

もく-はい【黙拝】〘名〙スル 無言で拝礼すること。「かわるがわる―した」〈蘆花・思出の記〉

もく-はずし【目外し】囲碁で、碁盤の隅の3線と5線の交点。

もく-はん【木版】木の板に文字や絵を彫って作った印刷用の版。また、それで印刷したもの。

もくはん-いんさつ【木版印刷】木の板目または木口こぐちの面に図画・文字などを彫刻して版を作り、これにインキを塗布して紙をのせ、紙背からこすって印刷すること。また、その印刷物。

もくはん-が【木版画】木版で刷った絵。

もくはん-ずり【木版刷(り)】木版で印刷すること。また、その印刷物。

もく-ひ【木皮】木の皮。樹皮。ぼくひ。「草根―」

類語 樹皮・木肌

もく-ひ【黙秘】〘名〙スル 何も言わないでだまっていること。「当事者が―して真意がつかめない」

類語 沈黙・緘黙かんもく・箝口かんこう・完黙・不言・無言・だんまり

もくひ-けん【黙秘権】被告人や被疑者が取り調べや公判において、自分に不利益な供述を強要されない権利。日本国憲法で保障されている。供述拒否権。

もく-ひつ【木筆】❶▶ぼくひつ(木筆) ❷コブシの古名。〈元和本下学集〉

もく-ひょう【目標】❶そこに行き着くように、またそこから外れないように目印とするもの。「島を―にして東へ進む」❷射撃・攻撃などの対象。まと。「砲撃の―になる」❸行動を進めるにあたって、実現・達成をめざす水準。「―を達成する」「月産五千台を―とする」「―額」➡目的 用法

類語 目印めじるし・目的・目当て・目安・目処めど・目途もくと・的・方向・対象・矛先

もく-ひろい【もく拾い】投げ捨てられたタバコの吸い殻を拾い集めること。

もく-ぶ【木部】❶木でできている部分。❷植物の維管束のうち、道管・仮道管・木部柔組織・木部繊維などから構成される組織。水や養分の通路となり、また植物体を支持する。木本植物の幹や根の主要部分を占め、形成層から新しいものが内側につくられ、材となる。

もくぶ-せんい【木部繊維】植物の木部の構成要素の一。細胞壁が木質化し厚く、細長くて両端のとがった細胞。また、その集まり。多く含まれていると非常に堅い材となる。木質繊維。

もく-ふよう【木×芙×蓉】フヨウの別名。

もく-へん【木片】木のきれはし。木ぎれ。

類語 木切れ・棒切れ・板切れ・木っ端・ウッドチップ

もくほ【木浦】▶モクポ

モクポ【木浦】大韓民国南西部、全羅南道の港湾都市。もと、水軍の要港の木浦鎮。交通の要地にあり、農水産物の集散地。綿実油を産する。もっぽ。

もくぼ-じ【木母寺】東京都墨田区にある天台宗の寺。山号は、梅柳山。謡曲「隅田川」などで有名な梅若丸が病没した地に、その冥福を祈って、貞元2年(977)に忠円が創建したと伝える。慶長12年(1607)近衛信尹が梅の字を分けて木母寺とした。4月15日に梅若忌が行われる。梅若堂。

もく-ほどう【木舗道】木煉瓦れんがを敷きつめた道路。

もく-ほん【木本】樹木のこと。木部の発達が著しく、その細胞壁が木化して強固になり、地上茎が多年にわたって生存しつづける植物。高木と低木とに分けられる。➡草本

もく-め【木目】木材の断面に、年輪の配列などによってつくられる模様。正目・板目など。木理。きめ。

もくめ-しぼり【木目絞(り)】木目を表した絞り染め。

もくめ-ぬり【木目塗(り)】漆工芸の技法の一。黒漆を塗り、その上に朱漆で木目を描いたもの。また、木地に木目を錐きり先で彫り、その上に漆を塗ったもの。

もく-もう【木毛】木材を糸状に削ったもの。果物や陶磁器などを梱包する際に使用。もくも。

もく-もく【黙黙】〘ト・タル〙文〘形動タリ〙だまって一つの事をしつづけるさま。「―と筆を走らせる」

類語 黙然・寡黙・無口

もく-もく〘副〙スル ❶煙・雲などが次から次へとわき出るさま。「―(と)煙が立ちのぼる」❷一部分が盛り上がったり、うごめいたりするさま。「布団が―と動く」❸物をほおばって口を動かすさま。もぐもぐ。「母は―と…御所柿の一片を前歯で噛んでいた」〈上司・石川五右衛門の生立〉

もぐ-もぐ〘副〙スル ❶口を大きく開かずに物をかんだり物を言ったりするさま。もごもご。「牛が―(と)草を食う」「―言うので聞き取れない」❷せまい所でゆっくり動くさま。もぞもぞ。もごもご。「老僧は袂の中を―探って」〈上司・ごりがん〉

もくもん-の-じってつ【木門の十哲】木下順庵門下の10人の弟子。新井白石・室鳩巣むろきゅうそう・雨森芳洲あめのもりほうしゅう・祇園南海ぎおんなんかい・榊原篁洲さかきばらこうしゅう・南部南山・松浦霞沼・三宅観瀾みやけかんらん・服部寛斎・向井滄洲。木門十哲。

もく-やく【黙約】当事者の間で暗黙のうちに取り決めた約束。「事前の―が存在する」

類語 密約・密契・内約・黙契

もく-よう【木曜】週の第5日。水曜の次の日。木曜日。

もくよう-かい【木葉会】東京大学工学部建築学科卒業生の同窓会。

もくよう-クラブ【木曜クラブ】自由民主党にあった派閥の一。田中派。七日会の解散後、ほぼ同じメンバーで昭和55年(1980)に発足した。同62年に内部から経世会が独立して急速に衰退。平成2年(1990)解散。

もくよう-とう【木曜島】《Thursday Island》オーストラリア北東部、ヨーク岬半島の沖にある小島。真珠養殖が行われる。かつて日本人も真珠貝の採取で活躍した。サーズデー島。

もくよう-び【木曜日】「木曜」に同じ。

もく-よく【×沐浴】〘名〙スル ❶髪やからだを洗うこと。また、湯や水を浴びてからだを清めること。ゆあみ。「清流に―する」「斎戒―」❷恩恵などを受けること。浴する。「均しく王化の下に―することとはなれり」〈透谷・明治文学管見〉 類語 湯浴ゆあみ・水浴び・行水・温浴・水浴・入浴・垢離こり・寒垢離かんごり・水垢離・禊みそぎ

もくよく-かいめん【×沐浴海綿】モクヨクカイメン科の海綿動物。体は褐色または黒色の塊状で、海綿質が発達し、骨片はない。地中海・カリブ海・フィリピンなどに分布。乾燥・漂白して事務用品・化粧用スポンジなどに用いる。ゆあみかいめん。

もぐら【土＝竜｜×鼹＝鼠】❶モグラ科の哺乳類。体長約15センチで尾は短い。毛は黒褐色のビロード状。地中にすみ、目は退化している。前足は大きくシャベル状で、地表近くをトンネルを掘って進み、ミミズなどを食べる。本州・四国・九州などに分布し、アズマモグラともいう。田鼠でんそ。もぐらもち。むぐら。うぐら。うごろもち。❷食虫目モグラ科モグラ属の哺乳類の総称。コウベモグラなども含まれる。広くはモグラ科を総称し、ヒミズなども含まれる。

もぐら-うち【土＝竜打ち】モグラの害を防ぎ、農作物の豊饒を祈願して小正月に行う行事。子供たちが固く束ねたわら束などで地面を打ったりして歩く。土竜追い。土竜脅し。季 新年 ➡海鼠曳なまこひき

もぐら-おどし【土＝竜脅し】「土竜打ち」に同じ。

モクラ-ゴラ〘Mokra Gora〙セルビア西部の村。ボスニア-ヘルツェゴビナとの国境近く、ズラティボル山地の北麓に位置する。歴史遺産として保存されているシャルガンスカオスミツァ(シャルガン8)という狭軌鉄道の発着地があり、観光地として知られる。

もぐら-たたき【土＝竜×叩き】❶制限時間内に、複数の穴から顔を出すモグラの頭をハンマーでたたいて得点を競うゲーム。また、そのゲーム機。❷(❶から転じて)一か所を制圧すると別の場所で次々と新たな活動を開始するため、なかなか終わらないもののたとえ。

もぐら-ひき【土＝竜×曳き】▶海鼠曳なまこひき

もぐら-もち【土＝竜｜×鼹＝鼠】モグラの別名。

もく-らん【木×蘭】❶モクレンの別名。❷「木蘭色もくらんじき」の略。❸織り色の名。縦糸が黒、横糸が黄のもの。❹襲かさねの色目の名。表は黄、裏は黒のもの。

もくらん-じ【木×蘭地】梅谷渋うめやしぶに明礬みょうばんをまぜて染めた狩衣かりぎぬ・直垂ひたたれなどの地。その色は赤みのある黄を帯びた茶色。もくれんじ。むくらんじ。

もくらん-じき【木×蘭色】染め色の名。赤みのある灰黄色。きつるばみ。こうぞめ。

もく-り【木理】「木目もくめ」に同じ。

もぐり【潜り】❶水中にもぐること。「素―」❷法を犯し、また許可を受けないで、仕事・商売などを行うこと。また、その人。「―の営業」❸ある集団の中に勝手に入り込み、その一員であるかのようなふりをしている人。「この町で私を知らないとは―だ」

もぐり-こ・む【潜り込む】〘動マ五(四)〙❶水中や物の下などに入り込む。「布団に―・む」❷ひそかにその中に入り込む。潜入する。また、正規の手段をとらないで入り込む。「敵地に―・む」「コネを利用して今の会社に―・む」

類語 入り込む・忍び込む・分け入る・割り込む・潜入する

もく-りょう【▽木工寮】律令制で、宮内省に属し、宮中の殿舎の造営や木材の伐採などをつかさどった役所。こだくみのつかさ。

もぐ・る【潜る】〘動ラ五(四)〙❶水の中にくぐって入る。「海に―・る」❷物の中や下に入り込む。「こたつに―・る」❸人に知られないように身を隠す。特に、官憲の目を逃れて隠れひそむ。潜伏する。「地下に―・る」 可能 もぐれる 類語 (❶)くぐる・潜水する・ダイブする/(❸)隠れる・潜む・忍ぶ・伏ふす・紛まぎれる・紛れ込む・逃げ込む・潜伏せんぷくする・隠伏する・韜晦とうかいする・身を隠す・身を潜ひそめる・人目を盗む

もく-れい【目礼】〘名〙スル 目を交わして礼をすること。「―して通りすぎる」 類語 お辞儀・礼・会釈・黙礼・答礼・握手・一揖いちゆう・一礼

もく-れい【黙礼】〘名〙スル 黙って礼をすること。

(類語)お辞儀・礼・会釈・目礼・答礼・握手・一揖いちゆう・一礼・最敬礼・敬礼・叩首こうしゅ・叩頭こうとう・低頭

もく-れいし【木×茘枝】ニシキギ科の常緑低木。暖地の海岸近くに生える。葉は対生し、楕円形で厚い。雌雄異株。3月ごろ、緑白色の小花を多数つける。実は熟すと果皮が裂けて赤い種子が現れる。

もく-れん【木×蓮｜木×蘭】モクレン科の落葉低木または亜高木。よく分枝し、葉は広倒卵形。3、4月ごろ、葉に先だって紫色の6弁花を上向きに開く。実は集合果で、熟すと裂けて赤い種子をつり下げる。中国の原産。古くから庭木とされる。モクレン科の双子葉植物にはコブシ・オガタマノキ・ユリノキなども含まれる。マグノリア。紫木蓮しもくれん。木蓮華もくれんげ。もくらん。(季 春)「大空に一の花のゆらぐかな／虚子」

もくれん【目連】▶目犍連もくけんれん

もく-れんが【木×煉瓦】煉瓦状に作った木製のブロック。建築・舗装材などに用いる。きれんが。

もくれん-じ【木×蘭地】▶もくらんじ(木蘭地)

もくれん-じ【木×欒子】モクゲンジの別名。

もく-ろう【木×蝋】ハゼノキの果皮から圧搾によって得る油脂。主成分はパルミチン酸。漂白または脱色したものを晒蝋さらしろうといい、白色。日本の特産で、四国・九州および和歌山地方に産する。ろうそく・つや出しなどに使用。はぜろう。日本ろう。ジャパンワックス。

もく-ろく【目録】❶書物の内容の見出しをまとめて記録したもの。目次。❷所蔵・展示などされている品目を整理して書き並べたもの。「展覧会の一」「財産一」❸進物をする際、実物の代わりに仮にその品目を記して贈るもの。「結納の一」❹芸道・武芸を門人に伝授したとき、その名目を書いて与える文書。❺進物として贈る金の包み。「新八障子の内より一三つ持ちて出」〈伎・色読販〉(類語)カタログ・リスト・書目・書誌

もくろみ【目▽論見】もくろむこと。また、その内容。計画。企て。「一がはずれる」(類語)目算・計画・画策・企たくらみ・はかりごと・一計・企図・企画

もくろみ-しょ【目▽論見書】株式・社債など有価証券の募集・売り出しに際し、投資家の投資判断基準となる情報を提供するために発行会社の事業や当該有価証券の内容について説明した文書。発行者に関する情報(発行者名・事業内容・資本構成・財務諸表など)や、当該有価証券に関する情報(発行総額・発行価格・利率・払込日・満期日など)、および引受に関する情報(引受人名・引受額・手数料など)が記載されている。交付目論見書。➡請求目論見書 ➡運用報告書 (補説)国債、政府保証債、地方債、金融債などに関しては目論見書を作成する必要がない。

もくろ-む【目▽論む】〔動マ五(四)〕《「もくろん(目論)」を活用させた語》物事をしようとして考えをめぐらす。計画する。企てる。たくらむ。「新事業を一・む」「一攫千金いっかくせんきんを一・む」(類語)図る・企たくらむ・企てる・企たくむ・画する・策する・企図する・計画する

もく-わん【木×椀】木製のわん。木のわん。

も-け【▽木×瓜】ボケの古名。〈和名抄〉

も-けい【模型】❶実物の形に似せて作ったもの。「機関車の一」❷鋳造のための原型。鋳型いがた。(類語)雛形ひながた・ミニチュア・モデル

モケット【moquette】梳毛糸そもうしを用いて表面にけばを密に直立させた織物。また、それに似た合繊の織物。椅子張りなどに用いる。

も・げる【×捥げる】〔動ガ下一〕図も・ぐ〔ガ下二〕ちぎれて落ちる。とれる。「人形の腕が一・げる」

もこ【▽婿】❶相手。仲間。「ちはやぶる宇治の渡りに棹さお取りに速けむ人しわが一に来む」〈記・中・歌謡〉❷「むこ(婿)」に同じ。〈新撰字鏡〉

も-こ【模×糊｜×模×糊】〔ト・タル〕図〔形動タリ〕ぼんやりしているさま。はっきりしないさま。「曖昧あいまい一」「余よは一たる功名の念と」〈鴎外・舞姫〉(類語)朧気おぼろげ・朦朧もうろう・茫茫ぼうぼう・濛濛もうもう・茫漠ぼうばく・漠・漠然・曖昧あいまい

も-こう【▽木▽瓜】▶もっこう(木瓜)

も-こう【▽抹▽額｜▽末▽額】▶まっこう(抹額)

も-こう【▽帽▽額】❶御簾みすや御帳みちょうの懸けぎわを飾るために、上長押かみなげしに沿って横に引き回した布帛ふはく。水引幕の類。額隠ひたいかくし。❷〈❶の文様として使用されたところから〉窠紋かもんの異称。もっこう。

も-こう【模×倣】まねること。手本にすること。模倣もほう。「徹頭徹尾の一を示すのも同様に困難である」〈漱石・吾輩は猫である〉

も-こく【模刻】〔名〕スル 原本どおりに版木などを彫ること。模勒もろく。

もこく-ぼん【模刻本】模刻したもので印刷した本。

も-こし【×裳階｜×裳層】仏堂・仏塔などの軒下壁面に取り付けた庇ひさし状の構造物。法隆寺金堂や五重塔の初層、薬師寺三重塔の各層などにみられる。雨打ゆた。裳階しょうかい。

も-こそ〔連語〕《係助詞「も」＋係助詞「こそ」》❶「も」を強調する意を表す。…だって。…でさえ。…でも。「げにあさましう、月日一あれ」〈源・澪標〉❷好ましくない結果を予想して、気がかりに思う気持ちを表す。…すると大変だから。…するといけないから。「食物くいものに目とどめ給ふと、ものいひさがなき女房一言ひなせ」〈源・横笛〉➡もぞ

もこと-やま【藻琴山】北海道東部、屈斜路湖の北側にある山。標高1000メートルの円錐状火山で、屈斜路カルデラの外輪山の一。阿寒国立公園の一部。

もこ-もこ 一〔副〕スル ❶衣類などが厚くふくらんださま。「一(と)したどてらを着込む」「インナーのせいで肩のあたりが一する」❷柔らかなものが、次から次に生じるさま。「西の空に雲が一(と)わき出す」❸次々と周囲より盛り上がった部分が生じるさま。「土が一と動く」二〔名〕柔らかくて弾力のあるふくらみが連続しているもの。「襟に一がついたコート」

もご-もご〔副〕スル ❶「もぐもぐ❶」に同じ。「かき餅を頬張って一と食う」❷「もぐもぐ❷」に同じ。「ふとんの中で一(と)動く」

もごよ・う〔動ハ四〕❶うねって行く。のたくる。「八尋鰐やひろわにになりて、はひ一・ひき」〈記・上〉❷足腰が立たず腹ばいになって行く。「逃げてたゆれ一・ひつつ往けば」〈宇津保・楼上上〉

もころ【▽如｜▽若】《上代語》同じような状態。よく似た状態。連体修飾語を受ける形で、副詞的に用いられる。「立たせば玉藻の一臥こやせば川藻のごとく」〈万・一九六〉

もころ-お【▽如▽己▽男】自分と同等の男。自分に匹敵する相手。「一に負けてはあらじと」〈万・一八〇九〉

もさ《言葉の終わりに「もさ」と付けるところから》関東人をあざけっていう語。転じて、いなかもの。「やい一め、この女郎こっちへもらふ」〈浄・油地獄〉

も-さ【猛者】力のすぐれた勇猛な人。荒っぽい人。もうざ。「柔道部の一」

もさ〔間助〕《「申さん」の音変化か。近世の関東語》文末にあって親愛の気持ちを表す。「霞む祇園の恋しいぞ一」〈奴俳諧〉

モザイク【mosaic】❶石・ガラス・貝殻・木などの小片を寄せて作る絵または模様。建築物の床・壁面や工芸品の装飾に用いる。❷1個の生物体に、一つあるいはそれ以上の遺伝的に異なる形質が体の部分を変えて現れ、共存する現象。昆虫に多くみられる。同一個体に雄性・雌性の部分が混在する雌雄モザイクなど。

モザイク-いでんし【モザイク遺伝子】遺伝子の一部を他の遺伝子と結合した、天然には存在しない遺伝子。キメラ遺伝子。

モザイク-こっか【モザイク国家】さまざまな人種・民族・宗教をもつ集団が入り交じって融け合わない状態の国。

モザイク-しょくば【モザイク職場】正社員・契約社員・派遣社員・嘱託社員・アルバイトなどさまざまな雇用形態の従業員が入り交じっている職場。(補説)日本経済新聞の造語とされる。

モザイク-タイル【mosaic tile】50平方センチ以下の小型磁器質の装飾用平物タイル。

モザイク-びょう【モザイク病】植物にウイルスが寄生し、葉にモザイク状の斑ができ、縮れる病害。タバコ・ダイコン・キュウリ・インゲンなどに多く発生。アブラムシが媒介するといわれる。

モザイク-らん【モザイク卵】卵の各部分の将来分化する器官や組織が、発生のごく初期から決められている卵。卵の一部を欠如すると、それに対応する器官を欠く幼生ができる。ツノガイ・ホヤ・クシクラゲなど。⇔調整卵。

も-さく【模作｜×摸作】〔名〕スル すでにあるものを手本として、似せて作ること。また、その制作物・作品。ぼさく。「ロダンの彫刻を一する」

も-さく【模索｜×摸索】〔名〕スル 手さぐりで探し求めること。ぼさく。「解決の道を一する」「暗中一」(類語)手探り・探る・捜す

もさ-くさ〔副〕行動などがのろいさま。ためらうさま。「夜具の中で一して居る」〈左千夫・隣の嫁〉

もさ-ことば【もさ言葉】近世の関東方言のこと。文末に間投助詞の「もさ」を付けたところからいう。江戸で奴やっこ言葉としても使われた。

もさっ-と〔副〕スル ぼんやりとして気のきかないさま。また、あか抜けしてないさま。ぼさっと。「一つっ立っている」「一した風貌」

モサデク【Muhammad Mosaddeq】[1880～1967]イランの政治家。1951年から首相。国内近代化を推進、アングロ-イラニアン石油会社の国有化を強行した。53年、国王派軍人のクーデターで失脚。

モサド【Mossad】イスラエルの対外情報機関の通称。ヘブライ語での正式名称の一部をとったもので、「施設・機関」の意がある。(補説)国外での諜報活動や、敵対国による非通常兵器の開発・獲得の妨害、在外イスラエル人に対するテロ行為の阻止、特殊外交などの秘密工作を遂行する。

もさ-もさ〔副〕スル ❶乱雑にたくさん生えているさま。「眉が芋虫のように濃く一し」〈高見・故旧忘れ得べき〉❷動作がのろいさま、機敏でないさま。もたもた。「一(と)してないで、さっさとしなさい」

モサラベ【スペイン mozárabe】8～15世紀、イスラム支配下におけるスペインのキリスト教徒。

モサラベ-せいか【モサラベ聖歌】6～11世紀、トレドを中心としてスペインのカトリック教会で行われた典礼聖歌。

モザレラ【イタリア mozzarella】▶モッツァレラ

モザンビーク【Mozambique】アフリカ南東部の共和国。首都マプート。カシューナッツ・綿花・サトウキビなどを産出。1975年ポルトガルから独立。人口2206万(2010)。

モザンビーク-かいきょう【モザンビーク海峡】インド洋南西部、アフリカ大陸のモザンビークとマダガスカル島との間の海峡。

モザンビーク-とう【モザンビーク島】モザンビーク北東部、大陸から約3キロメートル沖のインド洋に浮かぶ小島。アラブ人の貿易基地であったが、バスコ＝ダ＝ガマが上陸したのち、ポルトガルが要塞を築き植民地とした。18世紀以降、イスラム教徒とヒンズー教徒が大量に移住したため、キリスト教の聖堂、イスラム教のモスク、ヒンズー教の寺院が共存する。1991年、世界遺産(文化遺産)に登録された。

も-し【模試】「模擬試験」の略。

も-し【茂し】〔形ク〕草木が生い茂っている。繁茂している。「水伝ふ磯の浦廻うらみの石いそつつじ一・く咲く道をまたも見むかも」〈万・一八五〉

もし【若し】〔副〕❶(あとに仮定の表現を伴って)まだ現実になっていないことを仮に想定するさま。もしか。万一。「一彼が来たら、知らせてください」❷(疑問や推量の表現を伴って)確実ではないが、十分ありうるさま。もしや。あるいは。ひょっとすると。「一かのあはれに忘れざりし人にや」〈源・夕顔〉(類語)仮に・たとえ・もしか・もしも・万一・よしんば・もしや・あるいは

もし〔感〕《「もうし」の音変化》相手に呼びかけるときに言う語。「一、そちらの方」

も-じ【文字】《「もんじ」の撥音の無表記から》❶言葉を表記するために社会習慣として用いられる記号。

も

個々の字の性質から表意文字・表音文字、また表語文字(単語文字)・音節文字・単音文字などに分けられる。もんじ。❷文章。また、読み書きや学問のこと。「―を見る眼は中々慥にして」〈福沢・学問のすゝめ〉❸言葉。文言もん。「ただ―一つにあやしう」〈枕・一九五〉❹字の数。音節。「―のかずも定まらず」〈古今・仮名序〉❺(近世、関西地方で)字の記された銭の面。〈物類称呼〉❻語の後半を省き、その語の頭音または前半部分を表す仮名の下に付いて、品よく言い表したり、婉曲に言い表したりする語。➡文字言葉
(類語)(❶)文字もん・字・字母・鳥跡ちょうせき・鳥の跡・用字・表記・レター・キャラクター

もじ【門司】福岡県北九州市の区名。もと門司市。関門トンネル・関門橋で山口県下関市と結ばれている。石炭の積み出し港・貿易港として発展。工業地。

もじ【×綟|×綟▽子】もぢ 麻糸で織った目の粗い布。夏衣・蚊帳かやなどに用いる。「三星小紋の布子に―の肩衣」〈浮・永代蔵・五〉

もじ【×錑】もぢ「錑錐もじり」の略。

もじ-あみ【×綟網】もぢ 縦糸の綟もじの間に横糸を通したこまかい目の魚網。小魚をとるのに用いる。

もじ-あわせ【文字合(わ)せ】もじあはせ 文字でする遊戯の一。漢字の偏・冠・旁つくりをそれぞれ別の札に書いたものを、カルタのように合わせて取るもの。

もじ-え【文字絵】モジヱ ❶文字を使って書いた戯画。「へのへのもへじ」「ヘマムショ入道」の類。❷武者や商人などの形を文字で書き、頭・足などを絵で書き添えたもの。❸「葦手あしで❶」に同じ。

も-しお【藻塩】もしほ ❶海藻からとった塩。海藻を簀すの上に積み、いくども潮水を注ぎかけて塩分を多く含ませ、これを焼いて水に溶かし、その上澄みを煮つめて製する。「わくらばに問ふ人あらば須磨のうらに―たれつつわぶとこたへよ」〈古今・雑下〉❷❶をつくるためにくむ潮水。「―くむ袖の月影おのづからよそにあかさぬすまの浦人」〈新古今・雑上〉

もしお-ぎ【藻塩木】もしほ 釜で藻塩を煮つめるときに用いるたきぎ。「木の多く流るるをいかにと問へば海人の―をうらへ出ださんとて」〈十六夜日記〉

もしお-ぐさ【藻塩草】もしほ ❶アマモの別名。❷藻塩❶をとるために使う海藻。掻かき集めて潮水を注ぐことから、和歌では多く「書く」「書き集つむ」にかけて用いる。「あまたかきつむ―」〈栄花・岩蔭〉❸《書き集めるものの意から》随筆や筆記などのこと。「―とのみ筆を染め参らせ候」〈仮・恨の介・下〉

もしお-の-けぶり【藻塩の▽煙】もしほ ❶藻塩を焼く煙。「うらにたく―なびかめやとものかたより風はふくとも」〈新古今・恋五〉❷火葬の煙。「松の枯れ枝、蘆の枯れ葉を取りおほひ、―となし奉り」〈平家・三〉

もしお-び【藻塩火】もしほ 藻塩を焼く火。「いつもかく淋しきものか蘆の屋にたきすさびたる海士あまの―」〈金槐集・下〉

もし-か【▽若しか】〔副〕「もし」を強めた言い方。「―失敗したらどうしよう」

もしか-したら【▽若しかしたら】〔副〕疑いながら推定するさま。ひょっとしたら。もしかすると。「―行き違いになったのかもしれない」(類語)もしかすると・ひょっとすると・あるいは・ひょっとして

もしか-して【▽若しかして】〔副〕❶「もしかしたら」に同じ。「君、―からだのぐあいが悪いんじゃないの」❷「もし❶」に同じ。「―都合がつかないのなら、無理しなくてもいい」

もしか-すると【▽若しかすると】〔副〕ひょっとすると。もしかしたら。「―助かるかもしれない」
(類語)ひょっとすると・あるいは・もしかして・ひょっとして

もじ-かわ もぢかは〔副〕《「かわ」は落ち着きのない意を表す接尾語》「もじもじ」に同じ。「面目もなき仕合はせと、―すれば」〈浄・矢口渡〉

もしき-ず【模式図】モシキヅ 事物の典型的な形式を示した図。

もじ-きなか【文字▽寸半】《「文字」は一文銭の表に書かれた字。「きなか」は一文銭の直径1寸の半分の意》少しばかりの金。また、わずかなもの。一文半銭。「人様の物―、盗もと思ふ気は出さぬわい」〈浄・伊賀越〉

もじ-ぎり【×錑×錐】もぢ 先が螺旋らせん状をし、丁字形の柄をまわしながら穴をあける錐。南蛮錐。もじ。もじり。

もじ-く【門司区】▶門司

もじ-ぐさり【文字鎖】❶和歌などの修辞法の一。句の終わりの文字を次の句の頭に置いて、鎖のように続けていくもの。仮名鎖。また、定められた語句を1音ずつ各句の頭において詠むもの。❷女子の遊戯の一。一人が古歌を詠むと、次の者はその歌の末尾の音が最初にある別の古歌を詠み、これを順次続けていくもの。

もしく-は【若しくは】《漢文訓読から生じた語》㊀〔接〕どちらか一方を選択するのに用いる語。あるいは。さもなければ。または。「行くか、―やめるか」「賄賂を収受し又は之を要求―約束したるときは」〈刑法・一九七条〉➡又は(用法) ㊁〔副〕ひょっとして。もしかしたら。「―御陵の内に犯し穢せる事もやあらむと」〈続後紀・宣命〉(類語)または・あるいは・ないし・それとも・もしや・もしかしたら・ひょっとして

もじ-げんご【文字言語】文字で書かれた言語。書き言葉。

もじ-ごえ【文字声】もじごゑ 漢字の音。字音。音。こえ。

もじ-コード【文字コード】コンピューターで文字や記号を扱うために、それぞれの文字や記号に割り振られた固有の符号。日本語の文字コードは、JISジスコード・シフトJIS・EUCイーユーシー・ユニコードが主に使用されている。➡JISジスコード ➡シフトJISジス ➡EUC ➡ユニコード

もじ-ことば【文字言葉|文字▽詞】女房詞のうち、ある語の頭の一音ないし二音に「もじ」という語を付けたもの。「かもじ(=髪)」「そもじ(=そなた)」「はもじ(=はずかし)」「ゆもじ(=湯巻)」など。

もじ-しき【文字式】文字を含んでいる式。たとえば、$a-2b$, x^2+3x+2の類。

もじ-しゅうしょく【文字修飾】モジシウショク ワープロソフトなどで、文字の形や色を変えたり、下線・圏点などを付けたりすること。また、その機能。文字装飾。

もじ-ずり【×捩×摺】もぢ ❶ネジバナの別名。(季 夏) ❷▶忍摺しのぶずり

もじ-セット【文字セット】《character set》文字の集合。特に、アルファベット、かな、漢字、記号など、主にコンピューターで扱える文字の集合をいう。JISジスコードやISOコードをはじめ、各国の規格や業界が策定されている。キャラクターセット。➡文字コード

もじ-そうしょく【文字装飾】モジサウショク ▶文字修飾

もし-それ【▽若し▽夫れ】〔接〕《漢文訓読から生じた語》❶「もし❶」を強めていう語。「―飯時の混雑に到っては」〈蘆花・思出の記〉❷改めて説き起こすときなどに、文頭に置く語。「―請ふ、望む所叶はずして、遂に勾践を罪せんとならば」〈太平記・四〉

もじ-たじゅうほうそう【文字多重放送】モジタヂユウハウソウ ▶文字放送

もじ-づかい【文字遣い】もじづかひ ❶文字の書きざま。字の書きぶり。❷文字の使い方。特に、かなづかい。

もじ-づら【文字面】❶文字の書き方や並び方から受ける感じ。❷文字で示された表面だけの意味。「―だけ追って真意が理解できていない」

もじ-てすり【×綟手×摺り】もぢ 人形芝居の舞台で、人形遣いの姿が観客に見えるように、手摺りの下の部分に紗しゃを張ったもの。➡手摺り❷

もじ-どおり【文字通り】もじどほり 文字に書かれたとおり。全く誇張ではないことにもいう。副詞的にも用いる。「―の意味に解釈する」「―抜き差しならないはめに陥った」

もじな【×狢|×貉】「むじな」の音変化。

もじ-にんしき【文字認識】紙に印刷された文字や手書きで入力された文字を、コンピューターで扱える文字(文字コード)に変換する機能。代表的な例として光学的に文字を読み取るOCRがある。

もし-は【▽若しは】〔接〕《漢文訓読から生じた語》❶(主に「もしは…、もしは…」の形で)それぞれの場合があることを示す。あるいは。または。「一件のつはものに身をあたりぬべく、一世の中にいみじき目見給ひぬべからむ時に」〈宇津保・俊蔭〉❷(「…もしは…」の形で)どちらか一方が選ばれることを示す。あるいは。もしくは。「例の人は、案内する便り―なま女などして言はすることこそあれ」〈かげろふ・上〉

もじ-ばけ【文字化け】コンピューターで、文字が他の文字や意味不明な記号に変化して表示・出力されること。主な原因として、異なる文字コードで読み込む、機種依存文字を使用する、機器の不良や回線ノイズが生じる、ソフトウエアの設定を誤るといったものが挙げられる。プリンターに、対応する書体データがない場合にも生じる。

もじ-ばり【×綟張り】もぢ 歌舞伎の大道具で、一部に紗しゃを張って、後ろの背景や俳優などがかすんで見えるようにしたもの。背後から徐々に照明を当てるとしだいに見えてくるので、亡霊の出現などに用いる。

もじ-ばん【文字盤】時計や計器・タイプライターなどについている文字・数字・記号を記した盤。

もじ-ひらなか【文字▽片半】「文字寸半もじきなか」に同じ。「商ひ物も―違へたことのあらばこそ」〈浄・曽根崎〉

もじ-ふだ【文字札】歌ガルタに類する遊具。紙札に四書五経の文句、名所・魚鳥などの熟語などを書いたもの。これを散らしておいて、読み手が読み上げるのを取って遊ぶ。

もじ-ほうそう【文字放送】モジハウソウ 通常のテレビ放送と同時に、未使用の電波を利用して文字や図形などの静止画像の情報を送る放送方式。文字多重放送。字幕放送。テレテキスト。

もし-も【▽若しも】〔副〕「もし」を強めた語。「―負けたらどうしよう」「―のとき」

もし-もし〔感〕《「もうしもうし」の音変化》❶相手に呼びかけるときに言う語。「―、ちょっとうかがいますが」❷電話で話し始めるときに用いる語。

もじ-もじ もぢもぢ〔副〕スル 遠慮や恥ずかしさなどのために、はっきりした態度がとれないさま、また、落ち着かないさま。「うつむいて―している」(類語)うじうじ・いじいじ・うろうろ・うろちょろ・どぎまぎ・おたおた・まごまご・どぎどぎ・そわそわ・もぞもぞ

もしも-の-こと【▽若しもの事】思いがけない出来事。万一の事。「―があったら、この封書を開けなさい」

も-しゃ【模写|×摸写】〔名〕スル 似せて写すこと。実物どおりに写しとること。また、そのもの。「壁画を―する」「声帯―」(類語)模倣・模造・臨摹りんも・臨写・複製・複写・コピー・写し

もし-や【▽若しや】〔副〕もしかしたら。あるいは。ひょっとして。「―と思って名をたずねてみる」

もしゃ-くしゃ ㊀〔副〕スル「むしゃくしゃ㊀」に同じ。「胸の中が―して」〈谷崎・異端者の悲しみ〉㊁〔名〕「むしゃくしゃ㊁」に同じ。「夫の腹の底に在る―を殺そいで」〈露伴・五重塔〉㊂〔形動〕「もじゃもじゃ㊁」に同じ。「―な父の髪の毛」〈里見弴・多情仏心〉(アクセント)㊀はモシャクシャ、㊂はモシャクシャ。

も-じゃこ【藻雑=魚】ブリの稚魚。流れ藻について暮らす。5、6月ごろ九州から三重県の沿岸で採取し、養殖ハマチにする。

もしゃ-せつ【模写説】哲学で、認識は外界にある実在を忠実に模写したものであるとする説。➡反映論 ➡素朴実在論

もしゃ-もしゃ〔副〕スル ❶「もじゃもじゃ㊀」に同じ。「―した髪の毛」❷「むしゃくしゃ㊀」に同じ。「怨みとも憤とも区別のつかないように―した心持ちが蘇返って来て」〈宮本・禰宜様宮田〉

もじゃ-もじゃ ㊀〔副〕スル 乱雑にたくさん生えているさま。「胸毛の―した、たくましい男」㊁〔形動〕㊀に同じ。「風で―な(の)髪」(アクセント)㊀はモジャモジャ、㊁はモジャモジャ。(類語)ふさふさ・ぼうぼう

も-しゅ【喪主】葬式を執り行う当主。そうしゅ。

モジュール【module】《尺度、測定基準、規範の意》❶建築物で、各部分を一定の大きさの倍数で統一するとき、その基準となる大きさ。日本建築におけ

る畳の寸法など。❷歯車の歯の大きさを示す基準。歯車のピッチ円の直径をミリメートルで表し、それを歯数で割った値。❸電気機器やコンピューター装置などの、構成要素の単位。独立の完成した機能をもち、交換や着脱が可能で、より大きなシステムに構成される。❹工業製品で、規格化された交換可能な部品。「—生産(=モジュールを組み立てて製品を作る生産方法)」❺宇宙船の母船や宇宙ステーションの一部であるが、独立した機能を持ち、また、独立して活動できるようになっているユニット。❻学習時間を小さく分割した時間の単位。1モジュールを10分から15分程度として、学習内容に合わせてモジュール数を変えて授業などを行う。これによって、計算問題や書き取り問題は短時間で集中して学習し、理科の実験や体育・美術などは時間をかけて学習するなど、授業時間の配分に合理性と自由度が生まれる。「—授業」

モジュラー〖modular〗構成要素を組み合わせたもの。また、その構成要素の一つ。ユニット方式の工業製品などをいう。「—生産」「—ステレオ」

モジュラー-ケーブル〖modular cable〗電話回線に接続するためのケーブル。両端にモジュラージャックを備える。電話機、ファクシミリ、モデムなどの接続に使われる。

モジュラー-ジャック〖modular jack〗電話線などを接続するコネクター。簡単に脱着できる。電話機やファクシミリ、モデムでは6極2芯のタイプが、またコンピューターネットワークにおけるLANケーブルの接続には8極8芯のタイプが使われる。

モジュラー-ステレオ《和 modular＋stereo》アンプとプレーヤーが一つにまとまり、左右のスピーカーと計三点式の卓上型ステレオ。1960年代に普及した。現在のミニコンポの前身。

モジュラー-せいさん【モジュラー生産】《和 modular＋production》標準部品(モジュール)を組み合わせて多様な製品を作る生産方式。

モジュレーション〖modulation〗高周波持続電流の振幅・周波数・位相などを信号で変化させること。周波数変調・振幅変調・位相変調・パルス変調などがある。変調。

も-しょう【喪章】モシャウ 人の死をいたんでつける黒色のしるし。黒色のリボンや腕章など。

もじ-よみ【文字読み】❶漢文の素読そどく。「往生要集の一風情の事をもて」〈一言芳談〉❷漢字の熟語を直訳的に訓読すること。「心緒しんしょ」を「こころのお」と読む類。

モジラ〖Mozilla〗ブラウザーや電子メールソフトなどの複数の機能をまとめたオープンソースのアプリケーションソフトの一。米国旧ネットスケープコミュニケーションズ(現AOL)社のネットスケープコミュニケーターをベースとする。

モジラ-ファウンデーション〖Mozilla Foundation〗オープンソースのブラウザーや電子メールソフトの開発プロジェクトを支援している、米国の非営利組織。Mozilla(モジラ)、Firefox(ファイアフォックス)などを公開している。

もじり【×捩り】もぢり ❶著名な詩文・歌謡などの文句をまねて滑稽化すること。また、その作品。➡パロディー ❷言語遊戯の一。言葉を、同音または音の近い他の語に言いかけること。地口じぐち・語呂ごろなど。❸付句の一種。前の句の終わりをもじって付けるもの。❹男性が着物の上から重ねて着る、筒袖または角袖の外套がいとう。捩り外套。❺➡錣錐しころ ❻袖搦そでがらみの異称。

モジリアニ〖Modigliani〗➡モディリアニ

もじり-おり【×綟り織(り)】もぢり ➡絡からみ織り

もじ-る【×捩る】もぢる 〖動ラ五(四)〗❶著名な詩文などの文句をまねて言いかえる。「古歌を—・って世相を風刺する」❷ねじる。よじる。ひねる。「しねくねと肩を—・りながら」〈里見弴・多情仏心〉 〔可能〕もじれる ❷〖動ラ下二〗「もじれる」の文語形。

〔類語〕まねる・倣う・言い換える・焼き直す・作り変える・捻ひねる・捩ねじる・捩よじる・縒よる・くねる

もじ-れつ【文字列】《character string》データの単位としての、並べられた文字のまとまり。英数字、かな文字、記号など。コンピューターの表計算ソフトにおいては、数値に対する書式または表示形式を表す。

もじ-れる【×捩れる】もぢれる〖動ラ下一〗図もぢ・る〔ラ下二〕ねじれる。よじれる。「十二筋の縄縦横に—・れてさばきむつかしき事を」〈三冊子・黒双紙〉

モス〖MOS〗《metal-oxide semiconductor》金属と半導体との間に酸化物絶縁体を挟んだ構造の半導体。金属酸化膜半導体。

モス〖moss〗苔こけ。「—グリーン」

モス〖MOSS〗《market oriented sector-selective talk》市場重視型個別協議。日米通商協議において、国際的な競争力がありながら日本市場へ参入できない米国製品について、個別の分野ごとに市場開放策や貿易障害要因を話しあう方式。

モス「モスリン」の略。

も-す【模す｜×摸す｜×摹す】❶〖動サ五〗「も(模)する」(サ変)の五段化。「ギリシャ彫刻を—・す」❷〖動サ変〗「もする」の文語形。

も-す【燃す】〖動サ五(四)〗もやす。焚たく。「紙くずを—・す」〔可能〕もせる 〔類語〕焚たく・燃やす・焼く

もず【百=舌｜×鵙｜百=舌=鳥】❶モズ科の鳥。全長約20センチ。雄は頭部が赤茶色で目を通る黒い帯があり、背面は灰褐色、下面は淡褐色。雌は全体に褐色。くちばしは鋭い鉤かぎ状をし、小動物を捕食。秋になると、獲物を木の枝などに突き刺して速贄はやにえを作る習性があり、また、長い尾を振りながらキイキイキチキチと鋭い声で高鳴きをする。平地や低山の林縁で繁殖。もずたか。〔季 秋〕「かなしめば—金色の日を負ひ来/楸邨」❷スズメ目モズ科の鳥の総称。チゴモズ、アカモズは夏鳥として、オオモズは冬鳥として日本に渡来。

百舌の草潜くさぐき　モズが春になると人里近くに姿を見せなくなることを、草の中に潜り込むといったもの。「たのめこし野べの道芝夏ふかしいづくなるらむ—」〈千載・恋三〉〔季 秋〕

百舌の速贄はやにえ　モズが虫やカエルなどを捕って、えさとして小枝などに突き刺しておくもの。もずの生贄いけにえ。〔季 秋〕「人鬼に—とられけり/一茶」

モス-アイシー〖MOS-IC〗モストランジスターを基本素子とする集積回路。集積度を高めることができ、コンピューターのメモリーなどに広く使われる。

もず-かんじょう【百=舌勘定】モズカンヂャウ《鳩・鴫しぎ・百舌が15文の買い食いをして勘定をするとき、百舌は、鳩に8文、鴫に7文出させて、自分は1文も出さなかったという昔話から》勘定のとき、自分は金を出さないで他人にばかり出させようとすること。

モスキート〖mosquito〗蚊。

モスキートーン〖mosquitone〗《mosquito(蚊)＋tone(音)からの造語》「モスキート音」に同じ。

モスキート-おん【モスキート音】《蚊が発する不快な羽音の意》1万7000ヘルツ前後の高周波数の音。高周波は加齢とともに聞こえにくくなるため、若年層には不快な高音と感じられるが、中高年層では聞き取れないことが多い。店舗前などに居座り続ける迷惑な若者を追い払う目的で、この音を発する装置もつくられている。モスキートーン。

モスキート-きゅう【モスキート級】キフ《mosquito weight モスキートは蚊の意》アマチュアボクシングのピン級の旧称。

モスキート-ノイズ〖mosquito noise〗デジタルカメラの静止画像や動画のデジタルデータを圧縮した際、大きな明暗差がある輪郭部分で目立つ画像の乱れ。蚊が群がっているように見えることから、その名が付いた。圧縮のアルゴリズムに離散コサイン変換を用いるJPEGやMPEGにおいて、圧縮率を高くした際に生じる。➡ノイズ ➡ブロックノイズ

モスク〖mosque〗イスラム教の礼拝堂。厳しい偶像否定から、一切の祭壇や像はなく、カーバ神殿の方向を示すミフラーブ(壁龕へきがん)とミンバル(説教壇)が正面にあるだけで、外郭には礼拝の呼びかけを行うミナレット、浄めを行う水場を備える。〔補説〕アラビア語のマスジッド(跪拝きはいする所の意)がスペイン語メスキータとなり、英語に取り入れられてモスクとなった。

もずく【水=雲｜海=蘊】もづく モズク科の褐藻。静かな内湾のホンダワラ類に着生し、春から初夏にかけ繁茂。茶色で柔らかく、糸状で、よく分枝して房のように見え、ぬるぬるしている。酢の物にして賞味。もぞく。もくず。もぞこ。〔季 春〕「汐鳴のこひしさに買ふ—かな/青畝」

モス-グリーン〖moss green〗コケのような、灰色がかった暗い黄緑色。

モスクワ〖Moskva｜英 Moscow〗ロシア連邦の首都。東ヨーロッパ中央部に位置し、交通の中心地。機械・金属などの工業が発達。13世紀にモスクワ大公国の首都、15世紀以降はロシア帝国の首都となったが、1712年にサンクトペテルブルグに遷都、ロシア革命後の1918年、再び首都となった。市街はクレムリン宮殿と赤の広場を中心に放射状に建設され、モスクワ大学・ボリショイ劇場など多くの教育・文化施設がある。90年、「モスクワのクレムリンと赤の広場」の名称で世界遺産(文化遺産)に登録。英語名モスコー。人口、行政区1049万(2008)。〔補説〕「莫斯科」とも書く。

モスクワ-えんせい【モスクワ遠征】ヱンセイ ➡ロシア遠征

モスクワ-げいじゅつざ【モスクワ芸術座】モスクワにある劇場および劇団。1898年、スタニスラフスキーらがリアリズム演劇をめざして創設。

モスクワ-じょうやく【モスクワ条約】デウヤク ㊀1921年にロシア共和国とトルコ共和国の間で結ばれた友好条約。ケマル=アタチュルクが初代議長を務めるトルコ大国民議会とレーニンが率いるボリシェビキ政権の間で締結された。㊁《「ソビエト・西ドイツ武力不行使条約」の通称》1970年にソ連と西ドイツの間で締結された平和条約。西ドイツがポーランド以東の領有権を放棄した上で、相互に主権を認め、武力を行使しないことを定めた。㊂《「アメリカ合衆国とロシア連邦との間の戦略的攻撃(能力)の削減に関する条約」の通称》2002年にロシアと米国の間で締結された戦略核兵器削減条約。12年までに、それぞれ戦略核弾頭の配備数を1700～2200発に削減することを定めている(保有数の制限はなし)。

モスクワ-だいがく【モスクワ大学】モスクワにある国立大学。1755年にロモノーソフの提言により設立されたことから、正式名称はロモノーソフ記念モスクワ国立総合大学。

モスコー〖Moscow〗モスクワの英語名。

モスコー-ミュール〖Moscow mule〗《「モスコミュール」とも。モスクワのラバの意》カクテルの一種。ウオツカをベースに、ライムジュースとジンジャーエールを配合する。

も-すこし【も少し】〖副〗「もう少し」に同じ。「—こっちへきてここへ腰を掛けなさい」〈左千夫・野菊の墓〉

モスコビヤ〖オランダ Moskoviё〗➡ムスコビヤ

もず-こふんぐん【百舌鳥古墳群】大阪府堺市南郊の台地上にある古墳群。二十数基の前方後円墳を含む数十の古墳からなり、大山だいせん古墳・履仲陵古墳・反正陵古墳など、5世紀に属する巨大古墳が多い。

モスコ-ミュール〖Moscow mule〗➡モスコーミュール

モス-シリーズ【MOSシリーズ】《marine observation satellite series》日本の遠隔探査衛星計画の中の海洋観測衛星シリーズ。愛称は「もも」。「もも1号」は1987年打ち上げ。

も-すそ【×裳×裾】裳のすそ。衣服のすそ。

モスタル〖Mostar〗ボスニア-ヘルツェゴビナ南部の都市。15世紀オスマン帝国期に建設、ヘルツェゴビナ地方の中心地として栄えた。続いてオーストリア-ハンガリー帝国、ユーゴスラビア王国領となった。市内にある、ネトレバ川に架かる橋スタリモストは世界遺産。

モス-トランジスター〖MOS transistor〗モスを用い、電圧によって制御するトランジスター。コンピューターの記憶装置などに使用。モス電界効果トランジスターの意で、モスフェット(MOSFET)と略称され

も

る。➡モス(MOS)

モスフェット〖MOSFET〗《metal-oxide semiconductor field-effect transistor》▶モストランジスター

もずめ-たかみ【物集高見】もずめ［1847〜1928］国文学者・国語学者。豊後ぶんごの生まれ。東大教授。「広文庫」「群書索引」を編集し、国文学の発達に功績を残した。

モスリン〖フランス mousseline〗梳毛そもう織物の一。薄手で柔らかな平織りの毛織物。綿製のものは綿モスリンという。メリンス。モス。唐縮緬とうちりめん。補説「毛斯綸」とも書く。

モスル〖Mosul〗イラク北部の商業都市。チグリス川南岸にある。古くから隊商交易路の要衝で、羊毛・農産物の集産地として繁栄。中世以降は織物の生産地として知られた。人口、行政区280万(2009)。アル-マウシル。

も・する【模する｜×摸する｜×摹する】〔動サ変〕図も・す〔サ変〕ある形に似せて作る。まねる。また、ひきうつして書く。「京都を—した町並み」「器上に—するところの図画を」〈中村訳・西国立志編〉

モスレム〖Moslem〗▶ムスリム

も-せい【茂生】〔名〕スル 生い茂ること。「一面に軟草、—したり」〈竜渓・経国美談〉

も-ぞ〔連語〕《係助詞「も」＋係助詞「ぞ」》❶「も」を強調する意を表す。…だって。…でさえ。「岩根さくみてなづみ来こし良けくも—なき」〈万・二一三〉❷好ましくない結果を予想し、気がかりに思う気持ちを表す。…すると大変だから。…するといけないから。「憎しとなおぼし入りそ。罪—得給ふ」〈源・総角〉➡もこそ

も-ぞう【模造｜×摸造】もざう〔名〕スル 本物に似せてつくること。また、そのもの。「撮影用に—した建物」「—品」類語 偽造・偽作・贋作がんさく・贋造・代作

もぞう-し【模造紙】もざう 化学パルプで抄造しょうぞうした上質の紙。表面は滑らかで光沢があり、印刷・筆記用紙や包装紙とする。元来は、明治初年に印刷局特製のミツマタを用いた局紙を欧州で亜硫酸パルプを用いて模造したもの。

もぞう-しんじゅ【模造真珠】もざう 真珠を模して作ったもの。プラスチックパールなど。

も-そっと〔副〕もう少し。もうちょっと。もちっと。「—近くへ寄りなさい」「—小清浄こぎれいした扮装なりが出来そうなもんだが」〈魯庵・社会百面相〉

もそ-もそ〔副〕スル「もぞもぞ❷」に同じ。「—と起き上がる」

もぞ-もぞ〔副〕スル ❶小さな虫などがはい回っているさま。また、からだにそのような感じがするさま。「アリが—と穴から出てくる」「背中が—する」❷動作や態度がはっきりしないさま。また、落ち着かないようすで、からだの一部分を動かすさま。もそもそ。「ばつが悪そうに—している」
類語 むずむず・うろうろ・うろちょろ・どぎまぎ・おたおた・まごまご・どぎどぎ・そわそわ・もじもじ

もそろ【×醨｜×醪】薄い酒。また、濁り酒。〈和名抄〉

もそろもそろ-に〔副〕静かにゆるやかにするさま。そろりそろりと。しずしずと。「河船の—、国来くにこ、国来と引き来縫へる国は」〈出雲国風土記〉

もだ【▽黙】❶黙っていること。「大海おほみよろこびて自ら—ある事能はずして」〈雄略紀〉❷何もしないでぼんやりしていること。「—もあらむ時も鳴かなむひぐらしの物思ふ時に鳴きつつもとな」〈万・一九六四〉

モダーブ-じょう【モダーブ城】じゃう《Château de Modave》ベルギー南東部、ナミュール州、ナミュールの近郊にある城。アルデンヌ地方の古城の中でも、特に観光客に人気が高い。13世紀の城塞を利用して、17世紀にマルシャン伯爵が現在見られるフランス様式の城に改築。ゴブラン織りのタペストリーをはじめ、家具調度のコレクションでも知られる。

モダーン〖modern〗▶モダン

もたい【×瓮｜×甕｜×罇】もたひ 水や酒を入れる器。〈和名抄〉

もたい-な・し【×勿体無し】〔形ク〕「もったいない」に同じ。「大事のものは大事に、—・きものは—・くし給ふ」〈破邪顕正返答〉

もだえ【×悶え】もだえること。煩悶はんもん。「胸の—」「断末魔の—」

もだえ-じに【×悶え死に】〔名〕スル もだえ苦しみながら死ぬこと。もんし。

もだ・える【×悶える】〔動ア下一〕図もだ・ゆ〔ヤ下二〕苦痛などのあまりからだをよじる。思いわずらって苦しむ。煩悶はんもんする。「激しい痛みに身を—・える」「道ならぬ恋に—・える」類語 もがく・あがく・のた打つ・のた打ち回る・身悶みもだえする

もた・ぐ【×擡ぐ】〔動ガ下二〕「もたげる」の文語形。

もだ-くだ 思い悩んでさっぱりしない気持ち。「胸のうやもや、—を、払うも払わぬも」〈二葉亭・浮雲〉

もた・げる【×擡げる】〔動ガ下一〕図もた・ぐ〔ガ下二〕《「もてあぐ」の音変化》もちあげる。おこす。増す。「かま首を—・げる」「不安が頭を—・げる」

もた・す【持たす｜×凭す】㊀〔動サ五(四)〕❶「持たせる」に同じ。「子供にお金を—・す」「費用を相手に—・す」❷(凭す)もたせかける。立てかける。「柱に背中を—・して、タバコを吸っている」㊁〔動サ下二〕「もたせる」の文語形。

もだ・す【▽黙す】〔動サ五(四)〕❶口をつぐむ。だまる。「—・して語らず」❷そのままにしてかまわないでおく。無視する。「主命—・し難く、詮方せんかたなしに彼方へ引返した」〈小杉天外・はやり唄〉補説 名詞「もだ」にサ変動詞「す」の付いた語から。

もた-せ【持たせ】❶《持たせた物の意》訪問者が持ってくるもの。訪問先に持っていくもの。手土産。➡御おん持たせ ❷もたせかけること。また、そのもの。「筆—」❸江戸時代、上方で行われた女性の髪形。銀杏髷いちょうまげに似る。

もたせ-か・ける【持たせ掛ける｜×凭せ掛ける】〔動カ下一〕図もたせか・く〔カ下二〕❶(凭せ掛ける)あるものを支えにして、そこにもたれるようにさせたり、立てかけたりする。「脇息にひじを—・ける」「塀に看板を—・ける」❷(持たせ掛ける)気をもたせるようなそぶりをする。思わせぶりをする。「弱みを見せじと偽に—・けたる我が心」〈浄・賢女手習〉
類語 預ける・凭もたせる・寄せ掛ける・立て掛ける

もたせ-ぶり【持たせ振り】〔名・形動ナリ〕気をもたせるような言動をすること。また、そのさま。「文をやりても返事なし。さだめしこれはみづからに—にて」〈浄・世継曽我〉

もた・せる【持たせる｜×凭せる】〔動サ下一〕図もた・す〔サ下二〕❶(持たせる)持つようにしてやる。持つようにさせる。また、受け持たせる。「板前に店を一軒—・せる」「所帯を—・せる」「クラスを—・せる」❷(持たせる)持っていかせる。「少しばかりの金を—・せる」「手みやげを—・せる」❸(持たせる)保つようにさせる。「この金で今月一杯—・せる」「人工呼吸器で命を—・せる」❹(持たせる)費用などを負担させる。「勘定は私に—・せてください」❺(持たせる)相手に期待する気持ちを起こさせる。「気を—・せた言い方」❻(凭せる)立てかける。寄せかける。「門の壁に身を—・せて」〈芥川・杜子春〉類語 (❻)預ける・凭もたせ掛ける・寄せ掛ける・立て掛ける

もた・つく〔動カ五(四)〕❶物事がうまくはかどらない。もたもたする。「審議が—・く」❷男女がふざけあう。いちゃつく。「若い綺麗な別嬪に—・かれた事なれば」〈円朝・怪談牡丹灯籠〉

モダナイズ〖modernize〗〔名〕スル 現代化すること。当世風にすること。「古典劇を—して上演する」

モダニスト〖modernist〗❶現代風を好む人。新しがり。❷近代主義者。現代主義者。

モダニズム〖modernism〗❶現代的で新しい感覚・流行を好む傾向。新しがり。現代風。当世風。❷文学・哲学・美術などで、特に20世紀の初頭に興った反伝統主義の立場に立つ諸傾向の総称。未来派・表現主義・ダダイスムなどを含む。日本では、大正末期から昭和初期にかけての新感覚派・新興芸術派などにみられる、文学・芸術上の一連の運動。近代主義。現代主義。

も-だま【藻玉】マメ科の常緑の蔓植物つるしょくぶつ。暖地の海岸に自生。葉は羽状複葉で、卵形の小葉が二対ずつつき、葉軸の先は巻きひげとなる。花は小さく、穂状につく。実は平たいさやで、長さ1メートルにもなって垂れ下がる。種子は扁球状で直径5〜7センチくらいになり、印籠いんろうなどを作った。もだまづる。

もた-もた〔副〕スル 人の動作や物事の進行がのろくてはかどらないさま。ぐずぐず。「—(と)していては間に合わない」類語 ぐずぐず・のろのろ・のそのそ・のっそり・とろとろ

もだ-もだ〔副〕スル あれこれと思い悩むさま。「空腹を癒しかねて—していると」〈紅葉・多情多恨〉

もだ・ゆ【×悶ゆ】〔動ヤ下二〕「もだえる」の文語形。

もたら・す【×齎す】〔動サ五(四)〕❶持ってくる。持っていく。「吉報を—・す」❷好ましくない状態を生じさせる。引き起こす。将来する。また、ある状態を実現させる。「台風が災害を—・す」「対立を—・す」「利益を—・す」「変化を—・す」
類語 よこす・与える・持ち来きたす・招く・及ぼす・来す・引き起こす・生む・将来する・招来する・誘発する・惹起じゃっきする・生ずる・生み出す・作り出す・創出する・創造する

もた・り【持たり】〔動ラ変〕《「もてあり」の音変化》持っている。「いとにくさげなるむすめども—・りともこそ見侍れ」〈枕・一〇四〉

もた・る【×凭る｜×靠る】〔動ラ下二〕「もたれる」の文語形。

もたれ【×凭れ｜×靠れ】❶もたれること。「食—」❷株式市場で、なんとなく動きが鈍いこと。

もたれ-あ・う【×凭れ合う｜×靠れ合う】もたれあふ〔動ワ五(ハ四)〕互いによりかかり合う。「—・って互いを甘やかす」

もたれ-かか・る【×凭れ掛(か)る｜×靠れ掛(か)る】〔動ラ五(四)〕❶からだの重みをあずけるように寄りかかる。「肩に—・る」❷独立しないで他に頼る。甘えてすっかり頼る。「他人の好意に—・る」類語 寄り掛かる・もたれる・撓垂しなだれ掛かる・負ぶさる・縋すがる・頼る・依存する

もたれ-こ・む【×凭れ込む｜×靠れ込む】〔動マ五(四)〕相手にすっかり寄りかかる。寄りかかるようにして倒れ込んだり入り込んだりする。「ふところに—・む」

もた・れる【×凭れる｜×靠れる】〔動ラ下一〕図もた・る〔ラ下二〕❶人や物に自分のからだの重みをあずける。寄りかかる。「柱に—・れる」「籐椅子に—・れる」❷食べた物が消化されないで胃に残り重苦しく感じられる。「食べ過ぎで胃が—・れる」❸しつこくつきまとう。甘えて頼る。「すいなる男…初対面なれば、—・れずふらず」〈ね物がたり〉
類語 寄る・寄り掛かる・凭もたれ掛かる・撓垂しなだれ掛かる

モダン〖modern〗〔名・形動〕《「モダーン」とも》現代的であること。今風でしゃれていること。また、そのさま。「—な建物」「—な人」類語 現代的・近代的・当世風・今風・先端的・最新・新しい・目新しい・アップツーデート

モダン-アート〖modern art〗近代美術。現代美術。主として20世紀になってから第二次大戦前までに生まれたシュールレアリスム・抽象主義など新傾向の美術をいい、大戦以後に生まれた新傾向の美術はコンテンポラリーアートとよんで区別することが多い。

モダン-ガール《和 modern＋girl》当世風の女性。モガ。大正末期から昭和初期にかけての流行語。

モダン-ジャズ〖modern jazz〗1940年代に現れたビーバップ-スタイル以後のジャズ。それ以前のディキシーランドジャズやスイングジャズに比べ、複雑な和声・リズムなどが使われるようになった。

モダン-ダンス〖modern dance〗20世紀に、伝統的なバレエに対抗して興った新しい芸術舞踊。自由で個性的な表現を重視する。ドイツ・アメリカで発達。

モダン-バレエ〖modern ballet〗伝統的な古典バレエに対して、新しい感覚による個性的な表現を追求するバレエ。20世紀初頭、フォーキンによって確

立された。

モダン-ボーイ《和 modern＋boy》当世風の青年。モボ。大正末期から昭和初期にかけての流行語。

もち【持ち】❶品質や機能が長い間変わらずに続くこと。「値段は高いが―がいい」❷所有すること。「―時間」「物―の人」❸引き受けること。受け持つこと。負担。「費用は先方―だ」❹歌合わせ・囲碁・将棋などの勝負で、引き分けになること。持ᵓ。
(類語)負担・自弁・自腹・手弁当・持ち出し

もち【▽望】❶陰暦十五夜の月。満月。もちづき。❷陰暦で、月の15日。もちの日。「富士の嶺に降り置く雪は六月(みなづき)の―に消(け)ぬれば」〈万・三二〇〉

もち【餅】《「もちい」の略で、糯(もち)で作ったものの意》糯米(もちごめ)を蒸して臼でついて、種々の形にまとめたもの。正月や節句、祝い事に用いられる。広くは、糯米以外の穀類で作るものをもいう。(類語)伸し餅・鏡餅

餅は餅屋　餅は餅屋のついたものがいちばんうまい。その道のことはやはり専門家が一番であるというたとえ。餅屋は餅屋。

餅を搗(つ)く　❶餅つきをする。(季 冬)「―く湯気がつつむよ日がくるめく/草田男」❷蚊の群れが上下し合う。❸男女が情を交わす。交合する。

もち【×糯】米・粟・黍(きび)などで、炊いたときに粘りけが多く、餅(もち)を作ることができるもの。➡粳(うる)

もち【×黐】《「糯(もち)」と同語源》❶モチノキの別名。(季 花=夏 実=秋)❷モチノキなどの樹皮を水に漬けてから煮て作る粘りけの強いもの。小鳥などを捕らえるのに使用。とりもち。

もち〔副〕「もちろん」の略。「『君も行くかい』『―、行くさ』」

もち-あい【持(ち)合い】(ぁひ) ❶力関係などのつりあいが保たれていること。勝負がつかないこと。「―の勝負」❷互いに力を合わせて維持すること。また、分け合って持つこと。「株式の―」❸(「保ち合い」とも書く)取引市場で、相場が動かないか、小幅な動きにとどまっている状態。「―相場」

もちあい-かぶ【持(ち)合い株】(もちあひ) 複数の企業が相互に相手の株を保有し合っている時の株式のこと。株式の持ち合いは、企業と銀行、銀行と銀行、企業と企業などの間で行われる。経営の安定化、取引関係の強化、資本提携による事業拡大、敵対的買収からの防衛などの目的で行われることが多い。➡銀行等保有株式取得機構

もちあい-じょたい【持(ち)合い▽世帯】(もちあひ) ❶数人または数家族が共同で営む世帯。❷夫婦が互いの収入を持ち寄って営む世帯。共稼ぎ。

もち-あ・う【持(ち)合う】(ぁふ)〔動ワ五(ハ四)〕❶互いに持つ。また、双方が分け合って持つ。「荷物を二人して―・う」「足りない分は皆で―・う」❷双方の力がつりあう。「需要と供給が―・っている」❸(「保ち合う」とも書く)相場が持ち合いの状態になっている。「高値で―・う」❹折よく持っている。持ち合わせる。〈日葡〉

もち-あが・る【持(ち)上(が)る】〔動ラ五(四)〕❶ほかから力がはたらいて物が上の方へ上がる。「荷物が―・らない」「地震で家の土台が―・る」❷急に事が起こる。「やっかいな問題が―・る」「縁談が―・る」❸学級担任の教師が生徒の進級とともに同じ学級の担任を続ける。「六年生まで―・って教える」
(類語)起こる・起きる・出来(しゅったい)する・勃発(ぼっぱつ)する・突発する・偶発する・始まる

もち-あ・げる【持(ち)上げる】〔動ガ下一〕(文)もちあ・ぐ〔ガ下二〕❶手で持ったり、下から支えたりして、物を上の方へ上げる。「バーベルを―・げる」「ジャッキで―・げる」❷頭などを上の方へ起こす。もたげる。「読んでいた本から頭を―・げる」❸ほめておだて上げる。「―・げられていい気になる」
(類語)煽(おだ)てる・持て囃(はや)す・褒める・煽(あお)る

もち-あじ【持(ち)味】(ぁぢ) ❶その食物が本来もっている味。「材料の―を生かした料理」❷その人物・作品などがもつ独特のよさや味わい。「―がよく出ている作品」(類語)醍醐味(だいごみ)・味・味わい・売り・強み・長所・特長・見どころ・取り柄・美点・身上・魅力・特色・特質・特性・本領・セールスポイント・チャームポイント

もち-あそび【持ち遊び|▽玩び|▽弄び】手にもって遊ぶこと。また、そのもの。おもちゃ。もてあそび。「―の張り子のかつを」〈伎・霊験曾我籬〉

もち-あつか・う【持(ち)扱う】(あつかふ)〔動ワ五(ハ四)〕❶手で持って動かしたり、使ったりする。取り扱う。「何貫もの大石を―・って行かなければならなかった」〈島木健作・生活の探求〉❷取り扱いに困る。もてあます。「彼は今や人知れず滝野を―・っていた」〈佐藤春夫・晶子曼陀羅〉❸もてなす。待遇する。また、対処する。「そんな卑しいものにはお前を―・わなかった」〈近松秋江・疑惑〉

もち-あみ【餅網】❶餅をのせて焼く金網。❷餅を入れてつるしておく網。

もち-ある・く【持(ち)歩く】〔動カ五(四)〕手に持ったり身に付けたりして歩く。「多額の現金を―・く」

もち-あわ【×糯×粟】(あは) 糯(もち)の粟。粟餅(あわもち)や酒の製造に使用。➡粳粟(うるあわ)

もち-あわい【餅▽間】(あはひ) 大正月と小正月の中間。正月8日から14日までをいう。もちあい。

もち-あわ・す【持(ち)合(わ)す】(あはす) 一〔動サ五(四)〕「持ち合わせる」に同じ。「小銭を―・していない」二〔動サ下二〕「もちあわせる」の文語形。

もち-あわせ【持(ち)合(わ)せ】(あはせ) ちょうどそのとき持っていること。また、そのもの。特に、金銭。「今はそんなに―がない」

もち-あわ・せる【持(ち)合(わ)せる】(あはせる)〔動サ下一〕(文)もちあは・す〔サ下二〕ちょうどそのときに持っている。「―・せた傘を貸す」(類語)備える・具備する

もちい【▽餅】(もちひ)《「糯(もち)の飯(いい)」の意》「もち(餅)」に同じ。「のたまひし―、忍びていたう夜更(ふ)かして持て参れり」〈源・葵〉

もち-いい【餅▽飯】(いひ)「餅(もち)」に同じ。「今―が焼けるからの」〈滑・七偏人・二〉

もち-いえ【持(ち)家】(いへ) 所有している家。持ち屋。

もちい-かがみ【▽餅鏡】(もちひ)「鏡餅(かがみもち)」に同じ。「歯固めの祝ひして、―をさへ取り寄せて」〈源・初音〉

もち-いね【×糯稲】糯米(もちごめ)がとれる稲。

モチーフ〖フランス motif〗《「モティーフ」とも》❶文学・美術などで、創作の動機となった主要な思想や題材。❷音楽で、固有の特徴・表現力をもち、楽曲を構成する最小単位となる音型。動機。❸毛糸編みやレース編みで、いくつかの小片をつなぎ合わせて作る場合、その個々に編んだ小片。

もち・いる【用いる】(もちゐる)〔動ア上一〕(文)〔ワ上一〕《「持ち率(ゐ)る」の意》❶用にあてて使う。使用する。「調味料に―・いる」「新しい方法を―・いる」❷よいとして取り上げる。採用する。「人の意見を―・いない」❸見込んで職に就かせる。任用する。「人材を選んで―・いる」❹心を十分働かせる。心を労する。「供応に意を―・いる」❺(多く否定の形をとる)必要とする。「その産地を問うことを―・いず」〈鴎外訳・即興詩人〉(補説)ワ行上一段の「用ゐる」が、「用ふ」とハ行上二段に活用するようになり、さらに「用ゆ」とヤ行上二段にも活用するなど、平安時代以降のいろいろの音韻変化の影響で複雑な活用をとげた。➡用う ➡用ゆ
(用法)もちいる・つかう――「コンピューターを用いて(使って)収支計算をする」のように、ある用に役立てる意では相通じて用いられる。◆「用いる」は文章語的で「部下の提案を用いる(=採用する)」「有能と見て重く用いる(=登用する)」などの用法があるように、特にそれを取り上げて使用する意が強い。◆「使う」の方が口頭語的で、意味の範囲も広い。「頭を使う」「神経を使う」の形には普通は「用いる」を使わない。また、「意を用いる」「心を用いる」の形には「使う」を使用しない。◆人について、「新人を使う(用いる)」のように起用するの意では両語とも使えるが、「店員を三人使っている」「人に使われる身」のように働かせるの意では「用いる」を使うことはない。◆類似の語に「使用」がある。「使用する」「使う」は相通じて用いられる。
(類語)使う・利用する・使用する・活用する・運用する・利する・採用する。運用する・任ずる・任用する・登用する

もち・う【用ふ】(もちふ)〔動ハ上二〕《ワ行上一段動詞「もちゐる」の転じたもの》「用いる」に同じ。「意見ヲ―・ウル」〈和英語林集成〉

もち-うた【持(ち)歌】歌手などが自分の歌としてもっている曲。また、いつでも歌える得意な曲。レパートリー。

もち-うち【▽望打ち】正月14・15日の小正月に、祝い棒を持って行う予祝行事。また、その祝い棒。果樹をたたくなどして収穫の豊穣を予祝する。なり木責め。なり祝い。望ぎり。

もち-おい【餅負い】(おひ) 生後満1歳の初誕生祝いの行事。子に一升餅を背負わせて尻餅をつかせたりする。餅誕生。力餅。➡餅踏み

もち-おうぎ【持ち扇】(あふぎ) 所持している扇。特に、陣中で、軍配団扇(ぐんばいうちわ)に対して、常の扇のこと。「目近といふは…常の―」〈続狂言記・目近大名〉

もち-おくり【持(ち)送り】壁や柱などに取り付けて、庇(ひさし)・梁(はり)・棚・床などの突出部分を支える横材。装飾を兼ねたものが多い。ブラケット。

もち-おもり【持(ち)重り】初めはそうでもないのに、持っているうちにだんだん重く感じること。「―のする包みを抱え直す」

もち-かえ・す【持(ち)返す】(かへす)〔動サ五(四)〕悪い方向へ進んだ状態やなりゆきが元にもどる。「経営が少し―・した」

もち-かえり【持(ち)帰り】(かへり) 持って帰ること。買った品物などを自分で持って帰ること。また、出された料理などをその場で食べないで持って帰ること。テークアウト。「配達でなく―にする」

もち-かえ・る【持(ち)帰る】(かへる)〔動ラ五(四)〕❶持って帰る。「釣った魚を―・る」❷議題など、もう一度もとの部署で検討するため持って帰る。「課題として―・る」

もち-か・える【持(ち)替える】(かへる)〔動ア下一〕(文)もちか・ふ〔ハ下二〕❶持つ手を一方から他方にかえる。また、持ち方をかえる。「途中で左手に―・える」❷持つものをかえる。「ペンを銃に―・える」

もち-か・ける【持(ち)掛ける】〔動カ下一〕(文)もちか・く〔カ下二〕話を持ち出して働きかける。相手を誘うように話をしかける。「もうけ話を―・ける」
(類語)仕掛ける・働きかける・仕向ける・呼び掛ける

もち-がし【餅菓子】(グワ) 糯米(もちごめ)のほか粳(うるち)・白玉粉・糝粉(しんこ)などの粉を材料として作った柔らかい和菓子。大福・草餅・柏(かしわ)餅など。

もち-かた【持(ち)方】❶持つ方法。持ちよう。「ラケットの―」❷「持ち手❷」に同じ。

もち-かぶ【持(ち)株】所有している株。

もちかぶ-がいしゃ【持(ち)株会社】(グワイ) 他会社の株式を所有することにより、その会社の事業活動を支配することを主な事業とする会社。日本では、独占禁止法によって設立などすべて禁止されていたが、平成9年(1997)の法改正に伴い、過度の資本集中が生じる場合を除いて、設立が解禁された。純粋持株会社、事業持株会社、金融持株会社、放送持株会社などがある。ホールディング-カンパニー(holding company)。

もち-がゆ【▽望×粥|餅×粥】望(もち)の日、特に正月15日に食べる小豆(あずき)粥。のちには餅粥の意にとり、餅を入れた粥をいう。もちのかゆ。

もち-きた・す【持(ち)来す】〔動サ五(四)〕持ってくるようにする。もたらす。「今日の王政復古を―・した原動力は」〈内村・後世への最大遺物〉
(類語)招く・もたらす・来す・引き起こす・生む・将来する・招来する・誘発する・惹起(じゃっき)する・生ずる・生み出す・作り出す・創出する・創造する

もち-きび【×糯×黍】粘りけの強い、餅(もち)や団子を作るのに適する黍。➡粳黍(うるきび)

もち-きり【持(ち)切り】あるあいだ中、同じ話題が続くこと。「事件のうわさで―だ」

もち-き・る【持(ち)切る】〔動ラ五(四)〕❶㋐最後まで持ちつづける。終わりまでその状態を続ける。「巧

みな話術で座を―・る」④そのすべてを持つ。「費用を―・る」「両手で―・れないほどの荷物」❷その間、話題がある事に集中する。「卑猥極る話で―・っている」〈荷風・つゆのあとさき〉

もち-ぐさ【餅草】《「もちくさ」とも》ヨモギの別名。草餅を作るのでいう。(季 春)

もち-ぐされ【持(ち)腐れ】所有していながら、少しも役立てないでおいてあること。「宝の―」

もち-くず・す【持(ち)崩す】〔動サ五(四)〕身持ちを悪くする。品行を乱す。また、財産を使い果たす。「酒で身を―・す」「身代を―・す」

もち-くた・つ【▽望▽降つ】〔動タ四〕十五夜が更ける。一説に、十五夜が過ぎる。「―・ち清き月夜に我妹子に見せむと思ひしやどの橘」〈万・一五〇八〉

もち-げい【持(ち)芸】その人が自分のものとして演じることのできる芸。得意の芸。

もち-こし【持(ち)越し】❶残して次へ送ること。「結論は―となった」❷消化されずに胃の中に残っているもの。また、二日酔い。「さんざ朝寝をして、やれ―だの頭痛だのとぬかして」〈滑・浮世風呂・三〉

もち-こ・す【持(ち)越す】〔動サ五(四)〕❶決着・処理のつかない状態で次の時期・段階へ送る。「勝負を明日に―・す」❷持って移す。持って次へ送る。「新た代と泉の川に―・せる真木のつまでを」〈万・五〇〉❸食物が消化しないで胃に残る。また、前日の酔いが次の日まで続く。「―・してでもゐるのなら、熱燗でぐっとやるがよい」〈伎・敵討噂古市〉(類語)繰り延べる・繰り越す・引き延ばす・ペンディング

もち-こた・える【持ち▽堪える】〔動ア下一〕文もちこた・ふ〔ハ下二〕ある状態をどうにか保つ。支えてふみこたえる。「援軍到着まで―・える」(類語)保つ・耐える・踏み堪える・凌ぐ・打ち克つ・支える

もち-ごま【持(ち)駒】❶将棋で、相手からとって自分の手もとに持ち、いつでも使用できる駒。手駒。❷いつでも必要なときに使えるように用意してある人や物。「あのチームは―が足りない」

もち-こみ【持(ち)込み】持ち込むこと。また、そのもの。「酒の―を禁止する」

もち-こ・む【持(ち)込む】〔動マ五(四)〕❶物を持って中にはいる。「車内に危険物を―・まないこと」❷相談や用件などをもってくる。また、交渉をしかける。「縁談を―・む」「出版社に企画を―・む」❸事の決着をつけないまま次の段階にまで持っていく。また、がんばって目的の段階にまで持っていく。「粘って延長戦に―・む」「有罪に―・む」

もち-ごめ【×糯米】粘りけが多く、餅や赤飯にする米。

もち-ざお【×黐×竿】小鳥や昆虫を捕らえるために、先端にとりもちをつけた竹竿。

もち-さ・る【持(ち)去る】〔動ラ五(四)〕物を持って他の所へ行ってしまう。「金目の物を―・る」

もち-しお【▽望潮】満月のときの満ち潮。「汲めば月をも、袖に―の、汀に帰る波の夜の」〈謡・融〉

もち-じかん【持(ち)時間】❶碁・将棋などの対局で、打つ手を考えるために与えられる一定の時間。棋戦の種類により異なる。❷その人に割り当てられた一定の時間。「演説の―が切れる」

もち-じゃく【持(ち)尺】布地などを手に持って、物差しで測ること。㊥置き尺。

もち-しろ【持(ち)代】箸の、指ではさんで持つところよりも元の部分。手で持つ部分。➡使い代

もち-だい【餅代】❶餅の代金。❷年末の臨時収入。年末一時金。ボーナス。また、正月用の餅を買うわずかな金銭。「これでは―にもならない」❸年末、政党や党内の派閥が所属議員に配る活動資金。夏に配るものは「氷代」という。➡氷代

もち-だし【持(ち)出し】❶持って外へ出ること。「非常―」「資料の―を禁ずる」❷予定より多くかかった分の費用を自分で負担すること。「出張費用が―になる」❸洋裁で、明きのところが重なるように布を裁ち出したり、別布を付け足したりした部分。

(類語)自腹・自弁・手弁当・持ち・負担

もち-だ・す【持(ち)出す】〔動サ五(四)〕❶持って外へ出す。中にある物を外へ出す。「ベランダにいすを―・す」「家の金を―・す」❷ある事柄を言い出す。話題として出す。「結婚話を―・す」❸訴えて出る。「法廷に―・す」❹余分にかかった費用などを自分の負担でまかなう。「会費で足りない分を―・す」❺持ちはじめる。「自信を―・す」

もち-だて【持ち×楯】手に持って使う楯。手楯。「―をつき寄せつき寄せ」〈太平記・三〉

もち-つき【餅×搗き】餅をつくこと。また、その人。(季 冬)「―が隣へ来たといふ子かな/一茶」

もち-づき【▽望月】陰暦十五夜の月。特に、陰暦8月の十五夜の月。満月。もちのつき。(季 秋)(類語)満月・明月・名月

もちづき【望月】謡曲。四番目物。主君安田友治の敵の望月秋長を討とうとした小沢刑部友房が、安田の妻子に芸をさせ、みずからも獅子を舞い、すきを見て望月を殺す。

もちづき-ぎょくせん【望月玉蟾】[1693～1755]江戸中期の画家。京都の人。名は重盛。通称、藤兵衛。望月派の祖。土佐光成・山口雪渓に師事。のち、中国画を範として優れた水墨画・青緑山水画を描いた。

もちづき-さんえい【望月三英】[1697～1769]江戸中期の漢方医。讃岐の人。名は乗。号、鹿門。幕府の奥医師となり、諸医書の説を研究して折衷説を唱えた。著「医官玄稿」「明医小史」など。

もちづき-しんこう【望月信亨】[1869～1948]仏教学者。福井の生まれ。加納法宣につき得度、浄土宗を学んだ。「仏教大辞典」を完成。

もちづき-の【▽望月の】〔枕〕満月の欠けたところのない意から、「湛し」「たれる」「めずらし」にかかる。「―足れる面わに花のごと笑みて立てれば」〈万・一八〇七〉

もちづき-の-こま【▽望月の駒】平安時代以降、毎年陰暦8月の望月のころ、諸国から献上した馬。「あふさかの関の清水に影見えて今やひくらむ―」〈拾遺・秋〉

もちづき-の-まき【望月の牧】平安時代以降、信濃の望月に設けられた官牧。

もちつけ-ない【持(ち)付けない】〔連語〕《動詞「もちつける」の未然形＋打消しの助動詞「ない」》ふだんは持たないものを持って、慣れない感じがする。持ち慣れない。➡持ち付ける

もち-つ・ける【持(ち)付ける】〔動カ下一〕文もちつ・く〔カ下二〕ふだん持っていて慣れている。持ち慣れる。「―・けない大金」

もち-つつじ【×黐躑=躅】❶ツツジ科の常緑低木。低山地に自生。葉は楕円形で質が薄い。春、紅紫色の漏斗状の花を開き、花びら上面に濃紅色の斑点がある。萼や花柄には腺毛が多く、粘る。ねばつつじ。❷襲の色目の名。表は紫、裏は紅。

もちっ-と〔副〕▶もっちり

もち-て【持(ち)手】❶器具を持つためについている把手。❷持つ人。持つ役。持ち方。

もち-て【▽以て】〔連語〕《動詞「も(持)つ」の連用形＋接続助詞「て」。「をもちて」の形でも用いられる》道具・方法・材料などを表す。…でもって。「人見ずは我が袖―隠さむを焼けつつかあらむ着ずて来にけり」〈万・二六九〉

もち-てん【持(ち)点】競技やゲームで、始める前に参加者一人一人が割り当てられて持っている点数。

もち-どり【×黐鳥】《「もちとり」とも》とりもちにかかった鳥。〈和英語林集成〉

もちどり-の【×黐鳥の】〔枕〕とりもちにかかった鳥が飛び立てないところから離れにくい意の「かからはし」にかかる。「―かからはしもよ行くへ知らねば」〈万・八〇〇〉

もち-なお・す【持(ち)直す】〔動サ五(四)〕❶物の持ち方や持つ手をかえて、あらためて持つ。「荷物を―・す」❷悪くなった状態が再びよい方へと向かう。回復する。「景気がやや―・す」「病人が―・す」

(類語)回復する・返る・なおる・戻る・よみがえる・復する・盛り返す・立ち直る

もち-なわ【×黐縄】鳥などを捕らえるために、もちを塗った縄。

もち-にげ【持(ち)逃げ】〔名〕スル 他人の金品を持って逃げること。「店の金を―する」

もち-ぬし【持(ち)主】所有する人。所有者。

もち-の-き【×黐の木】モチノキ科の常緑小高木。海岸や山野に多い。葉は楕円形で厚く、つやがある。雌雄異株。4月ごろ、黄緑色の小花を密生し、丸く赤い実を結ぶ。庭木とし、樹皮から鳥もちを作り、材は狂いが少ないので細工物に用いる。冬青。とりもちのき。もち。

もち-の-つき【▽望の月】「もちづき」に同じ。(季 秋)「―わがしばぶきも照らさるる/草城」

もち-の-ひ【▽望の日】陰暦で、月の15日。「―に出でにし月の高々に君をいませて何をか思はむ」〈万・三〇〇五〉

もち-の-ふだ【餅の札】近世、乞食などに年末に祝いの餅を施し、その印として家の門柱に張った札。「弱法師わが門ゆるせ―/其角」〈猿蓑〉

もち-ば【持(ち)場】受け持ちの場所。担当する部署。「―につく」「―を離れる」

もち-はこび【持(ち)運び】持って運ぶこと。運搬。「―に便利な大きさ」

もち-はこ・ぶ【持(ち)運ぶ】〔動バ五(四)〕持って他の所へ運ぶ。運搬する。「会場にいすを―・ぶ」

もち-はだ【餅肌・餅×膚】つきたての餅のように、きめ細かくなめらかな白い肌。

もち-ばな【餅花】柳などの枝に、さまざまな色・形をした小さな餅や団子を花のようにつけたもの。小正月に神棚や室内に飾る。(季 新年)「―や不幸に慣るること勿れ/草田男」➡繭玉

もちばな-いり【餅花煎り】正月に飾った餅花をしまっておいて、2月の涅槃会の供物として煎ったもの。また、餅を細かく切ってあられにして用いることもある。

もち-はなし【持(ち)放し】水平部材の、垂る木などの支点より外側に突き出した部分。

もち-ばら【餅腹】餅を食べて満腹した腹。

もち-ばん【持(ち)番】受け持ちの番。

もちひと-おう【以仁王】[1151～1180]後白河天皇の第3皇子。治承4年(1180)源頼政と謀り、諸国の源氏に平家追討の令旨を下したが露見。頼政とともに兵を挙げたが戦死。三条宮。高倉宮。

もち-ふだ【持(ち)札】❶トランプや花札で、参加者が手もとに持っている札。手札。❷手もとにあって、必要に応じていつでも使える人やもの。

もち-ぶね【餅舟】《「もちぶね」とも》出産祝いに父方から送る餅。「大儀なれど、百の―は阿爺がするぞ」〈浮・一代男・一〉

もち-ふみ【餅踏み】子供の満1歳の誕生日に餅をついて、それを踏ませる行事。➡餅負い

もち-ふる・す【持(ち)古す】〔動サ五(四)〕長い間持っていて新しさをなくす。「―・したかばん」

もち-ぶん【持(ち)分】❶全体の中で各人が所有または負担している部分や割合。❷共有関係において、各共有者が共有物について持つ権利、またはその割合。❸社団法人において、合名会社・合資会社・合同会社の社員、協同組合の組合員、特殊法人の出資者などが持つ権利義務の総体としての地位、またはその割合を評価したときの評価額。

もちぶん-がいしゃ【持(ち)分会社】合名会社、合資会社および合同会社の総称。平成18年(2006)5月に施行された会社法では、企業の形態を株式会社と持分会社に分類している。

もちぶんへんどう-そんえき【持(ち)分変動損益】連結子会社に対する出資比率が変化した際に計上される会計上の損益。例えば、連結子会社が第三者向けに時価発行増資をした場合、親会社の出資比率が減少する一方で、子会社の純資産が増加し、子会社の純資産に占める親会社の持ち分額が

変化する。この変化分を損益として扱う。同様に、連結グループ再編等でも、持ち分変動損益が発生する場合がある。

もちぶんへんどう-そんしつ【持(ち)分変動損失】▶持ち分変動損益

もちぶんへんどう-りえき【持(ち)分変動利益】▶持ち分変動損益

もちぶん-ほう【持(ち)分法】連結決算において、連結子会社以外の関連会社などの損益を財務諸表に示す方法。その会社の財務内容のうち、親会社の投資に帰属する部分を簡易的に反映させる。➡持分法適用会社

もちぶんほうてきよう-がいしゃ【持(ち)分法適用会社】連結決算の際に、持分法が適用される会社。議決権が20パーセント以上50パーセント未満の非連結子会社および関連会社が対象となる。➡連結子会社 ➡関連会社

モチベーション〖motivation〗動機を与えること。動機づけ。

モチベーション-リサーチ〖motivation research〗市場調査法の一つ。ある商品の購買・使用を動機づけている意識的・無意識的な心理的要因を探り出す目的で行う調査。

モチベーター〖motivator〗心理学や精神分析学の手法を用い、人にやる気をおこさせる技術を習得した専門家。

もち-まえ【持(ち)前】❶その身にもともと備わっているもの。生まれつきのもの。「一の美声」「一のねばりを発揮する」❷各自が所有している部分。また、担当している仕事や役割などの範囲。

もちまる-ちょうじゃ【持ち丸長者】大金持ち。富豪。「一とさたせられ」〈浮・永代蔵・六〉

もち-まわり【持(ち)回り】一つの物事が関係する人に順次回っていくこと。「次回から幹事は一とする」

もちまわり-かくぎ【持(ち)回り閣議】閣議を招集せず、首相から閣議書を各大臣に回し署名を得て閣議決定とすること。

もち-まわ・る【持(ち)回る】〔動ラ五(四)〕物や用件などを持って関係者のところを順に回っていく。「見本を一・る」「試案を一・る」

もち-もち〔副〕スル ❶食物が柔らかく、粘りけのあるさま。「一(と)した食感」❷肉づきが豊かなさま。肌がふっくらとして張りがあるさま。「一した肌」

もち-もの【持(ち)物】❶持っているもの。また、身につけているもの。所持品。「一を検査される」❷所有しているもの。所有物。「土地も家も彼の一だ」
(類語)所持品・所有物・懐中物・私物

もち-や【持(ち)家】所有している家屋。もちいえ。

もち-や【餅屋】餅をついて売る店、または人。
　餅屋は餅屋　「餅は餅屋」に同じ。

もちゃ・げる【持ちゃげる】〔動ガ下一〕「もちあげる」の音変化。「不気味な方面が強く頭を一・げた時」〈漱石・明暗〉

もち・ゆ【用ゆ】〔動ヤ上二〕《「もち(用)いる」が中世以降ヤ行に転じて用いられた語。終止形は「用ゆる」となる例が多い》「用いる」に同じ。「今の政府は力と智とを一・ゆ」〈福沢・学問のすゝめ〉「汝がいふ所ことにおろかなり…一も一・ゆべからず」〈宇治拾遺・一五〉

も-ちゅう【喪中】喪に服している期間。「一につき御年始をさし控えさせていただきます」(類語)忌中

もち-ゆき【餅雪】餅のようなふわふわした感じの雪。綿雪。(季 冬)「一をしら糸となす柳哉/芭蕉」

もち-よ・る【持(ち)寄る】〔動ラ五(四)〕各自が持って寄り集まる。「案を一・る」「酒や肴を一・る」

もち-りょう【持ち料】❶自分のために持つもの。また、携帯用のもの。「此度は一の鎧を比べさせられうとの御事でござる」〈虎寛狂・鎧〉❷生まれつきのもの。「江口の遊女一のちぢれ髪」〈柳多留・二五〉

もち-ろん【×勿論】〔副〕論じる必要のないほど、はっきりしているさま。言うまでもなく。無論。「一出席します」「酒は一のこと、タバコもいけない」
(類語)無論・元より・当然・言うまでもない

もつ《「臓物」の略》料理の材料としての鶏・牛・豚などの内臓。

も・つ【持つ】〔動タ五(四)〕❶手にとる。手の中ににぎる。「重たい荷物を一・つ」「右手にペンを一・つ」❷身につける。たずさえる。携帯する。「財布を一・たないで出かける」「いつもハンカチを二枚一・っている」❸所有している。また、自分のものにする。「別荘を一・つ」「栄養士の資格を一・つ」「所帯を一・つ」❹受け持つ。担当する。「重要な役目を一・つ」❺自分のものとして引き受ける。負担する。「責任を一・つ」「費用は会社が一・つ」❻身に備える。ある性質・状態などを有する。「ピアニストの素質を一・つ人」「不思議な輝きを一・つ宝石」❼心の中にいだく。「悩みを一・つ」「大きな夢を一・つ」❽場などを設ける。設定する。「党首会談を一・つ」「団体交渉を一・つ」「旅行の計画を一・つ」❾長くそのままの状態を保ち続ける。もちこたえる。「夏場でも一・つ食品」「これじゃとてもからだが一・たない」(可能)もてる (類語)(❶)とる・握る・掴む/(❼)覚える・感じる・感ずる・催す・抱く
(一句)江戸っ子は宵越しの銭は持たぬ・男は気で持て・肩を持つ・座を持つ・所帯を持つ・臑に疵持つ・太鼓を持つ・提灯を持つ・根に持つ・根葉に持つ・箸より重い物を持たない・身が持たない・持ちつ持たれつ
　持ちつ持たれつ　互いに助け合うさま。相互に助けたり助けられたりするさま。「一の関係だ」
　持ちも提げもならぬ　なんとも処置する方法がない。「交渉がこじれて一ぬ」
　持って生まれた　生まれつき備わっている。生得の。「一性分」
　持って来て　(「…へもってきて」の形で用いられ)ある条件の上にさらにもう一つの条件が加わることを表す。「電車がなくなったところへ一雨が降りだしたのでタクシーがつかまらない」

モツィア〖Mozia〗イタリア南部、シチリア島の西部、スタニョーネ湾に浮かぶ小島。行政上はシチリア自治州の町マルサラに属す。面積は約0.4平方キロメートル。古代フェニキア人とカルタゴ人の居住地が置かれた。ホイタッカー博物館では遺跡からの出土品を展示。マルサラ酒の産地としても有名。

もっ-か【木化】▶木質化

もっ-か【木×瓜】ボケまたはカリンの成熟果実。漢方で、利尿・鎮痛薬などに用いる。

もっ-か【目下】❶目の前。すぐ近く。眼前。「災害の一に迫るを知り」〈織田訳・花柳春話〉❷ただいま。さしあたり。現在。副詞的にも用いる。「一のところ復旧の見込みはたたない」「一検討中」
(類語)今・只今・現在・現下・時下・現時点・現時・刻下・即今・今日・きょう日・当世

もっ-か【黙過】〔名〕スル 知っていながら黙って見すごすこと。「一しがたい過失」

もっ-かい【木灰】草木を焼いた灰。きばい。

もっ-かく【木×槨】棺や副葬品を納めるための、木の外箱。

もっ-かん【木棺】木でつくった棺。丸太をくり抜いたものと板を組み合わせたものがあり、日本では弥生時代から使用が認められている。

もっ-かん【木管】❶木で作ったくだ。❷紡績機械で、糸を巻き取るのに使うくだ。❸「木管楽器」の略。

もっ-かん【木簡】文字などを書き記した木の札。古代中国では戦国時代から魏・晋まで用いられ、日本でも飛鳥時代以降紙と並んで使用された。平城京などの宮跡をはじめ全国各地で発見されており、内容は役所間の連絡文書や記録、税物につけた荷札など種々のものがある。古代史・文化史上の貴重な史料。➡竹簡

もっ-かん【▽没官】犯罪者やその家族・土地・財産などを官に没収すること。律における刑罰で、謀反・大逆を犯した者の父子・家人は官戸・官奴婢とされ、資財・田宅などは没収された。ぼっかん。

漢字項目 もつ

【▽没】▶ぼつ
【物】▶ぶつ

もっかん-がっき【木管楽器】木製管楽器の総称。金属製でも、構造や発音原理の同類のものは含める。フルート・クラリネット・オーボエなど。➡金管楽器

もっきつ【×勿吉】靺鞨の旧称。

もっ-きゃく【▽没却】なくすこと。損失。ぼっきゃく。「親方の一あり、わが身上の滅却あり」〈浄・油地獄〉

もっ-きょ【黙許】〔名〕スル 知らないふりをしてそのまま許すこと。黙認。「規律違反を一する」
(類語)黙認・黙諾

もっ-きり【盛っ切り】《「もりきり」の音変化》❶「もりきり」に同じ。「一飯」❷「盛っ切り酒」の略。

もっきり-ざけ【盛っ切り酒】コップや枡に盛り切り1杯ずつ売る酒。

もっ-きん【木琴】打楽器の一。堅い木片を音階順に並べ、先に球のついた棒で打って音を出す。シロホン。

モッキングバード〖mockingbird〗スズメ目マネシツグミ科の鳥。同科の鳥約30種のうち12種ほどを特にいう。全長20〜30センチほどで、外見はツグミによく似ている。カナダ南部からアルゼンチン南部までの南北アメリカと西インド諸島およびガラパゴス諸島に分布。他の鳥の声をよくまねる(mock)ことからこの名がある。

モック〖mock〗❶見せかけの。まがいものの。❷「モックアップ」の略。

モック-アップ〖mock-up〗試作や店頭展示などのためにつくられる実物大模型。モック。

モックス〖MOX〗▶モックス(MOX)燃料

モックス-ねんりょう【MOX燃料】《MOXは、mixed oxide》原子力発電所で使用したウラン燃料を再処理工場で処理し、ウランとプルトニウムの混合酸化物としたもの。ウランと同様に核燃料として利用する。ウラン・プルトニウム混合酸化燃料。MOX。➡プルサーマル

モック-タートル〖mock turtle〗ハイネックのこと。タートルネックに見かけが似ていることから。➡モック

もっ-け【物▽怪/×勿▽怪】〔名・形動〕❶思いがけないこと。不思議なこと。また、そのさま。「彼らは一な顔をしながら」〈中勘助・鳥の物語〉❷けしからぬこと。不吉なこと。また、そのさま。「この事によりて、様々の一ありければ、占はするに」〈今昔・一四・四五〉

もっ-けい【木契】木で作った割り符。律令制で、三関の開閉のための命令の勘合に使われたもの。

もっけい【牧谿】中国、宋末から元初の画僧。蜀(四川省)の人。法名は法常。牧谿は号。西湖畔六通寺の開山と伝える。山水・道釈・花卉などほか幅広い題材の水墨画を描いた。中国ではその画法が古法に合わないため一部では批判視されたが、日本では鎌倉末期以来珍重され、室町期の水墨画に多大な影響を与えた。代表作「観音猿鶴図」。生没年未詳。

もっ-けい【黙契】〔名〕スル 無言のうちに合意が成り立つこと。また、その合意。「互に一する処があるらしく」〈荷風・つゆのあとさき〉(類語)黙約・内約・密約・密契

もっけ-がお【物▽怪顔】不思議そうな顔つき。「少し様体お尋ねなされ、と言へば広海一」〈浄・聖徳太子〉

もっけ-の-さいわい【物▽怪の幸い】思いがけない幸運。「電話を一に席を立つ」

もっ-こ【物故】〔名〕スル 「ぶっこ(物故)」に同じ。「先生の父君は一せられて」〈蘆花・思出の記〉

もっ-こ【×畚】《「も(持)ちこ(籠)」の音変化》縄などで編んだ正方形の網の四隅につり綱を付け、棒でつって土砂や農産物などを入れて運ぶ道具。もっこう。「一をかつぐ」

もつ-ご【▽没後】「ぼつご(没後)」に同じ。「清房が一をも弔ひ」〈盛衰記・一一〉

もつ-ご【持子】コイ科の淡水魚。池沼や細流にすみ、全長8センチくらい。体は細長く、口は小さい。背

も

部は黒ずむが、体側から腹部は銀白色。春から夏に水草や石に産卵し、雄が卵を守る。関東以南に分布するが、東北・北海道でもみられる。いしもろこ。くちぼそ。

もっ-こう【木工】モク ❶大工。こだくみ。❷木材を使って家具や調度品などを作ること。

もっ-こう【木×瓜】モクカウ 紋所の名。鳥の巣が卵を包んでいるように見える図柄。また、ウリを輪切りにした形を図案化したものともいう。すだれの帽額もこうに多く用いたところからいい、「木瓜」と当てて書いた。窠紋かもん。もこう。

もっ-こう【木香|唐=木=香】モクカウ キク科の多年草。高さ約2メートルに達し、葉は広楕円形。暗紫色のアザミに似た花をつける。インド北部の原産。根には芳香と苦味があり、乾燥させたものを漢方で健胃・整腸薬に用いる。昔は衣服の防虫剤に用いた。

もっ-こう【目耕】モクカウ 読書することを田の耕作になぞらえていう語。

もっ-こう【×沐×猴】モク 猿の類。

沐猴にして冠かんす 《「史記」項羽本紀の故事から》猿であるのに冠をかぶっている。見かけは立派だが、心が卑しく思慮分別に欠ける人物のたとえ。地位にふさわしくない小人物であることのたとえ。

もっ-こう【黙考】モクカウ〔名〕スル 黙って考えること。「目をとじて一する」「沈思一」〘類語〙黙思・沈思・熟思・熟考・熟慮・一考・静思

もっこう-ばら【木香薔=薇】モクカウ バラ科の常緑の蔓植物つるしょく。とげはなく、葉は楕円形の3〜5枚の小葉からなる羽状複葉。5月ごろ開花し、花は淡黄色のものと、白色の八重咲きで芳香をもつものとがある。中国の原産で、日本には江戸時代に渡来し、観賞用。

もっ-こく【木×斛】モク ツバキ科の常緑高木。暖地の海岸近くの林に自生。葉は倒卵形で、厚くてつやがある。夏、白い小さな5弁花を下向きに開き、楕円形の朱赤色の実を結ぶ。熟すと裂けて赤い種子を出す。庭木とし、材は赤みを帯びて堅く、家具などに用い、樹皮からは染料をとる。厚皮香。(季 花=夏)「疲れたる身を一の花に寄す/月草」

もっこす (熊本地方で)意地っ張り。「肥後一」

もっ-こつ【木骨】モク 建築で、外観は煉瓦造りや石造りであるが、骨組みは木で造ってあること。また、その骨組み。木骨モルタル造り・木骨煉瓦造りなど。

もっ-こつ【▽没骨】中国画の技法の一。輪郭線を用いず、直接彩色して対象を表すもの。花鳥画に用いられ、徐氏体の特色とされる。➡鉤勒塡彩こうろくてんさい

もっこ-ふんどし【×畚×褌】短い長方形の布の前後にひもを通し、腰の脇で結ぶようにした褌。もっこうふんどし。

もっこり〔副〕スル 周囲よりもまるく盛り上がっているさま。「鍛えた背筋が一(と)盛り上がって見える」

もっ-こん【目今】モク ただいま。現今。「吾国一静謐にして」〈永峰秀樹訳・暴夜物語〉

モッサ〖mosser〗紡毛織物を縮絨しゅくじゅうして起毛したのち、毛羽を少し長めに刈り、ふっくらと毛を立てるように仕上げたもの。保温効果が高いため冬物重衣料によく使われる。

もっさり〔副〕スル ❶やぼったいさま。あかぬけしていないさま。「一(と)した人」❷ぼんやりしていて気のきかないさま。「一(と)つっ立っている」❸髪の毛が多いさま。毛深いさま。「一(と)した襟足」

もっ-しゅ【▽没▽収】罰として、地位・土地・財産などを取り上げること。ぼっしゅう。もっしゅう。「公請を停止し、所職を一せらる」〈平家・六〉

もっ-しゅう【▽没収】シウ 「もっしゅ(没収)」に同じ。〈運歩色葉〉

もっしょく-し【▽没食子】《食べられない果実の意》小アジア産のカシ・ナラ類の若枝に、タマバチが産卵のときに刺すことによって生じる虫こぶ。直径約2センチほどの球状。タンニン酸やインクの原料。ぼっしょくし。

もっしょくし-さん【▽没食子酸】没食子・五倍子ごばいしや茶などに含まれ、またタンニンを加水分解して得られる無色の針状結晶。インク・染料・写真現像剤・収斂しゅうれん薬などの原料。ぼっしょくしさん。

もっ-・す【▽没す】〔動サ変〕「ぼっ(没)する」に同じ。「観音を念ずれば波浪に一・する事なからん」〈盛衰記・一八〉

モッズ〖Mods〗《modernsの略》「モッズルック」に同じ。

モッズ-コート〖Mods coat〗▶モッズパーカ

モッズ-パーカ〖Mods parka〗米軍のパーカを原形とするカジュアルなコート。ゆったりした身頃で、ウエストと裾を紐でしぼるのが特徴。名称は、1960年代後半に流行したモッズルックに取り入れられたことから。モッズコート。

モッズ-ルック〖Mods look〗《Modsは、modernsの略》1966年ころ英国のロンドンに起こった、青年たちの奇抜な装い。胴をしぼり裾すそを広げた背広服、花柄のシャツやネクタイ、長髪などが特徴。モッズ。

モッセ〖Albert Mosse〗[1846〜1925]ドイツの法律家。1886年(明治19)来日し、内閣および内務省法律顧問として、地方行政制度の創設や憲法制定について助言した。90年に帰国。

もっ-そう【物相|盛相】サウ《「相」は木型の意》❶飯を盛って量をはかる器。ふつう円筒形の曲げ物で、飯を各人に供するのに用いた。❷「物相飯」の略。

もっそう-めし【物相飯】モッサウ 物相に盛った、盛りきりの飯。特に近世、牢獄で囚人に与えた飯。

物相飯を食・う 牢獄に入る。臭い飯を食う。

もっそり〔副〕❶ぼうっとしていて動作がのろいさま。「一(と)出てくる」❷あかぬけしないさま。「一(と)した人」

もっ-たい【×勿体|物体】❶外見や態度の重々しさ。❷態度や風格。また、物の品位。「遣手やりてにしては一がよし」〈伎・助六〉

勿体を付・ける いかにも重々しく、また、ものものしく見せる。もったいぶる。「一・けて差し出す」

もったい-がお【×勿体顔】ガホ もったいぶった顔つきや態度。もったいづら。「差配らしげに一」〈浄・博多小女郎〉

もったい-くさ・い【×勿体臭い】〔形〕〔文〕もったいくさ・し〔ク〕いかにももったいぶっている。「一寸座るにも一・く」〈紅葉・多情多恨〉

もったい-な・い【×勿体無い】〔形〕〔文〕もったいな・し〔ク〕❶有用なのにそのままにしておいたり、むだにしてしまったりするのが惜しい。「捨てるのは一・い」「使わないでおくには一・い人物」❷身に過ぎておそれ多い。かたじけない。「一・いおほめのお言葉」❸不都合である。ふとどきである。もってのほかである。「是は言語道断一・きお言葉かな」〈虎明狂・右流左止〉〘派生〙もったいながる〔動ラ五〕もったいなげ〔形動〕もったいなさ〔名〕

〘類語〙(❶)惜しい・あたら・残念/(❷)有り難い・恐れ多い・かたじけない・うれしい・恐縮・幸甚

もったい-ぶ・る【×勿体振る】〔動ラ五(四)〕いかにも重々しく振る舞う。「一・って教えてくれない」〘類語〙気取る・体裁振る・偉ぶる・格式ばる

もったい-らし・い【×勿体らしい】〔形〕〔文〕もったいら・し〔シク〕もったいぶったようすである。「彼はそれを一・く兄の前に置いた」〈漱石・道草〉

もった-みさき【茂津多岬】北海道南西部、渡島おしま半島にある岬。日本海に面し、海岸一帯は狩場茂津多道立自然公園に指定されている。

もったり〔副〕スル ❶粘りけがあるさま。料理で、卵や生クリーム、バターなどを泡立て、少し粘りが出てかき回す手応えが重くなった状態をいう。また、そのような食感があるさま。「卵を一となるまでよく泡立てる」「果汁を含んで一(と)した重い生地になる」❷鈍い感じがするさま。「飲酒によってブレーキを踏む動作が一(と)したものになる」

もっちり〔副〕スル 弾力があって柔らかく、ねばりつくような食感をいう。もちもち。もちっと。「一した食感の和菓子」〘補説〙1900年代末ごろからの語か。

モッツァレラ〖イタリア mozzarella〗《「モザレラ」とも》南イタリアのカンパニア地方特産の軟質チーズ。本来は、水牛の乳から作るが、牛乳を用いたものもある。熟成させないのでくせがない。ピザ・ラザニアなどに用いる。

もっ-て【▽以て】㊀〔連語〕《「も(持)ちて」の音変化》❶(多く「…をもって」の形で格助詞のように用いて)㋐手段・方法を示す。「誠意を一交渉に当たる」「書面を一申し入れる」「好意を一迎えられる」㋑原因・理由を示す。「過失の故を一責めを負う」㋒事の行われる時を示す。「九月一日を一防災の日とする」㋓くぎり・限界を示す。「これを一終了させていただきます」❷語調を強めるのに用いる。「いよいよ一承知できない」「まことに一残念なことだ」❸(「でもって」の形で)㋐並列・添加の意の接続助詞のように用いる。…のうえに。…かつ。「安価で一質の良い品物」㋑格助詞「で」を強める意を表す。「人手不足を技術で一補う」「会議で一決定された」㊁〔接〕《漢文における「以」や「式」の訓読から生じた語》そして。それによって。それについて。「天地の間にあるよろずの物を資り、一衣食住の用を達し」〈福沢・学問のすゝめ〉➡も(以)て ➡もち(以)て

以てしても (「…をもってしても」の形で用いられ)…であったとしても。…を用いたとしても。「従来のどんな方法を一解決できない問題」

以て瞑めいす・べし ここまでできれば、もう死んでもよい。転じて、それで満足すべきである。「全力を尽くしたのだから一・べきであろう」

もって-こい【持って来い】〔形動〕最も適しているさま。打ってつけ。「スポーツには一な季節」

〘類語〙格好・頃合ころあい・誂あつらえ向き・打って付け・ぴったり・好個・好適

もって-の-ほか【▽以ての外】〔名・形動〕❶とんでもないこと。けしからぬこと。また、そのさま。「一な(の)振る舞い」❷予想を越えて程度がはなはだしいこと。また、そのさま。「事の由を人の風説ふうせつに伝え聞て、一なる大腹立」〈逍遥・当世書生気質〉

〘類語〙とんでもない・とんだ・大それた・法外・不届き・途方もない・とてつもない・とっぴょうしもない

もって-まわ・る【持って回る】マハル〔動ラ五(四)〕❶持って、あちらこちらに行く。「大きなかばんを一日中一・る」❷必要以上に遠回しの言い方やしかたをする。「一・った言い方をするな」

もっ-と〔副〕事物の程度や状態が、さらにその度を強めるさま。いっそう。「八月になると一暑くなる」「一こっちへ寄りなさい」〘類語〙一層・更に・ますます・いよいよ・より・ずっと・なおさら・一段・弥いやが上に

もっとい【▽元▽結】モトヰ「もとゆい」の音変化。

もっ-とう【▽没倒】タウ ❶滅ぼし倒すこと。「九院を一し、衆徒を追ひ出して」〈太平記・一八〉❷没収して横領すること。「権門勢家の庄領を一し」〈平家・一〉

モットー〖motto〗日常の行為の目標や方針となる事柄。また、それを表現した語句。標語。座右の銘。

もっとも【×尤も】㊀〔名・形動〕道理にかなっていること。なるほどその通りだと思われること。また、そのさま。当然。「一な言い分」「いやがるのも一なことだ」㊁〔接〕前の事柄を肯定しつつ、例外あるいは一部相反する内容を補足するときに用いる。とはいうものの。なるほどそうだが。ただし。「旅行にはみんな参加する。一行かない人も二、三いるが」㊂〔副〕❶いかにもなるほどと思われるさま。本当に。まったく。当然。「事すでに重畳せり。罪科一逃れがたし」〈平家・一〉❷(あとに打消しの語を伴って)少しも。全然。「ふっつり心残らねば一足も踏み込まじ」〈浄・天の網島〉

〘類語〙(㊀)当然・自然・至当・無理からぬ・当たり前・無論/(㊁)ただし・ただ・とは言え・とは言うものの・さはあれ・しかし

もっとも【最も】〔副〕《「尤もっとも」と同語源》比べてみて程度が他のどれよりもまさることを表す。いちばん。何よりも。「一人口が多い」「一信頼できる」

〘類語〙一番・一等・極めて・至極・此この上無い

もっとも-しごく【×尤も至極】〔名・形動〕全く道理にかなっていてうなずけること。また、そのさま。尤も千万。「一な理由」

もっとも-せんばん【×尤も千万】〔名・形動〕「尤も

至極」に同じ。「そう思うのも―だ」

もっとものそうし【尤草紙】仮名草子。2巻。斎藤徳元作。寛永9年(1632)刊。枕草子に模して、全80項目にわたる物尽くしを収める。

もっとも-らし・い【×尤もらしい】〔形〕文もっともら・し〔シク〕いかにも道理にかなっているようである。また、いかにもまじめくさっている。「―・く理屈をつける」「―・い顔つきで講釈する」派生もっともらしげ〔形動〕もっともらしさ〔名〕

もつ-にち【▽没日】▶ぼつにち(没日)

もつ-にゅう【▽没入】〔名〕スル ▶ぼつにゅう(没入)

もっぱら【専ら】《「もはら」の音変化》■〔副〕他はさしおいて、ある一つの事に集中するさま。また、ある一つの事を主とするさま。ひたすら。ただただ。「一練習に励む」「休日は一子供の相手をする」「―のうわさだ」■〔形動ナリ〕専念するさま。また、主要・肝要なさま。「人倫において一なり」〈謡・忠度〉類語―に・ひたすら・ひとえに・ただ・ただただ・一途・主に・主として

専らにする　ひとり占めにする。ほしいままにする。「権力を一・する」

もっぱら-はけん【専ら派遣】特定の企業にだけ労働者を派遣すること。企業が人材派遣会社を作り、グループ企業にだけ労働者を派遣する業務を行うこと。労働者派遣法で原則禁止されている。

モッビング〖mobbing〗動物に見られる行動の一つ。鳥類などが、えじきとなるものや、時には天敵に対して、仲間で集まって襲う行動。

モッブ〖mob〗《「モブ」とも》❶群集。特に、暴徒。❷ギャング。マフィア。

モップ〖mop〗長い柄のついた雑巾。床などを掃除するのに用いる。

モップ〖MOP〗《Meeting of the Parties》議定書を批准した国が集まる会議。議定書締約国会議。議定書締約国会合。➡COP

モッブ-シーン〖mob scene〗《「モブシーン」とも》演劇・映画などで、群集が出る場面。

モップス〖MOBS〗《multiple orbital bombardment system》多数軌道爆撃システム。何回も地球を回る人工衛星から目標物に発射するシステム。

モップル〖MOPR〗《ロシア Mezhdunarodnaya organizatsiya pomoshchi bortsam revolyutsii》革命運動の犠牲者を支援するための国際機関。1924年、ドイツで結成された団体が32年に諸外国の同種団体を統合したもの。第二次大戦中に大いに活躍した。43年に解散。国際革命戦士支援機関。

もっぽ【木浦】▶モクポ

もつ-やき【もつ焼(き)】鳥獣の臓物を串に刺して焼いた料理。

もつ-やく【▽没薬】熱帯産のカンラン科の低木コミフォラからとれるゴム樹脂。堅い塊状をなし、黄黒色で臭気が強い。エジプトでミイラ製造の防腐剤や薫香料に用いた。痛み止めや健胃薬・うがい薬などに利用される。ミルラ。

もつ-りょうり【もつ料理】「臓物料理」の略。

もつ・る【×縺る】〔動ラ下二〕「もつれる」の文語形。

もつれ【×縺れ】もつれること。「糸の―」「感情の―」

もつれ-がみ【×縺れ髪】もつれた髪。乱れ髪。

もつれ-こ・む【×縺れ込む】〔動マ五(四)〕事態がもつれて決着がつかないままに次の段階にはいる。「調停が正式裁判に―・む」

もつ・れる【×縺れる】〔動ラ下一〕文もつ・る〔ラ下二〕❶線状のものがからまり合って解けなくなる。「髪が―・れる」❷足・舌などが思うように動かず、言語・動作に支障をきたす。「足が―・れる」❸事柄が入り組んで決着のつかない状態になる。「交渉が―・れる」「試合が―・れる」類語こんがらかる・絡む・絡まる・絡み付く・絡み合う・巻き付く・まつわる・まつわり付く・まとい付く・纏繞する

もて【▽面】「おもて」の音変化。「あが―の忘れも時は筑波嶺を振りさけ見つつ妹は偲はね」〈万・四三六七〉

も-て【▽以て】■〔連語〕《「も(持)ちて」の音変化》❶手段・材料を表す。…によって。…で。「我妹子が形見の衣なかりせば何物―か命継がまし」〈万・三七三三〉❷語調を強めるのに用いる。「貧しき者は財を―礼とし」〈徒然・一三一〉➡もっ(以て) 補説❶❷とも「をもて」の形でも用いられる。■〔接頭〕動詞に付いて、その意味を強めたり、語調を整えたりするのに用いる。「―あつかう」「―はやす」「―さわぐ」

もて-あ・ぐ【持て上ぐ】〔動ガ下二〕「持ち上げる」に同じ。「今様の人は―・げよ、かきあげよといふ」〈徒然・二二〉

もて-あそび【弄び｜▽玩び｜×翫び】❶もてあそぶこと。また、そのもの。おもちゃ。「子安貝や、椿の実や、小さいときの―であったこまこました物が」〈中勘助・銀の匙〉❷心の慰めとする相手。遊び相手。「この宮ばかりをぞ―に見奉り給ふ」〈源・幻〉❸風流の対象となる物。賞翫物。「山吹、岩躑躅などやうの、春の―をわざとは植ゑで」〈源・少女〉

もてあそび-ぐさ【弄び▽種｜▽玩び草】もてあそびのたねとなるもの。慰めにするもの。

もてあそび-もの【弄び物】もてあそぶもの。慰めにするもの。おもちゃ。「土産の―取拡げて」〈紅葉・不言不語〉

もて-あそ・ぶ【弄ぶ｜▽玩ぶ｜×翫ぶ】〔動バ五(四)〕❶手に持って遊ぶ。手であれこれいじる。「ハンカチを―・ぶ」❷心の慰みとして愛する。賞翫する。「書画骨董を―・ぶ」❸好き勝手に扱う。楽しむかのように、思いのままに操る。「徒に言葉を―・ぶ」「運命に―・ばれる」❹人を慰みものにする。なぶる。「他人の気持ちを―・ぶ」類語(❶)いじる・まさぐる・ひねくる・いじくる／(❸)翻弄する・弄する・操つる

もてあつかい-ぐさ【もて扱ひ▽種】取り扱う材料。話やうわさのたね。「世の中に、そのころ人の―に言ひあへること」〈徒然・七七〉

もて-あつか・う【もて扱う】〔動ワ五(ハ四)〕《❷が原義》❶取り扱いに困る。もてあます。「飛んだ奴に引っ掛かったと思って―・っているのだ」〈鷗外・雁〉❷大切に取り扱う。世話をする。「ことなることなき人の、子などあまた―・ひたる」〈枕・一五五〉

もて-あまし【持て余し】もてあますこと。また、そのもの。「一者」

もて-あま・す【持て余す】〔動サ五(四)〕取り扱い方や処置に困る。もちあつかう。「むずかる子を―・す」「暇で時間を―・す」「長い手足を―・す」

モディ〖MODY〗《maturity onset diabetes of the young》▶エム-オー-ディー-ワイ(MODY)

モティーフ〖フランス motif〗▶モチーフ

モディカ〖Modica〗イタリア南部、シチリア島南部の町。イブレイ山地の麓の峡谷に位置する。17世紀の大地震で大きな被害を受けたが、その後の復興により再建された。シチリア-バロック様式の建物が多く、島南東部の七つの町とともに2002年に「バル-ディ-ノートの後期バロック様式の町々」の名称で世界遺産(文化遺産)に登録された。

もて-い・ず【持て▽出づ】〔動ダ下二〕❶持って出る。もちだす。「難波にみそかに―・でぬ」〈竹取〉❷外部に表す。表面に出す。「―・でてらうらうじきことも見え給はざりしかど」〈源・朝顔〉

モディファイ〖modify〗一部を修正すること。

モディファイド-プラン〖modified plan〗ホテルの宿泊料金制度で、2食付きのもの。

モディフィケーション〖modification〗部分的な変更や修正。加減。

モディリアニ〖Amedeo Modigliani〗［1884～1920］イタリアの画家。エコール-ド-パリの一人。繊細な曲線と精妙な色彩により、長い首の哀調を帯びた裸婦や肖像を描いた。彫刻でも活躍。モジリアニ。

もて-かえ・す【もて返す】〔動サ四〕混雑する。ごったがえす。「右往左往に―・す」〈浄・会稽山〉

もて-かく・す【もて隠す】〔動サ四〕❶うまく隠す。人に見られないようにする。「あはれなる御ありさまを、ただこの大将殿の御心に―・されて」〈源・花散里〉❷そのままにしておく。「飲食は少し―・して調へそなふべきなり」〈今昔・九・一八〉

もて-かしず・く【もて×傅く】〔動カ四〕大切にして仕える。十分に世話をする。「男君の―・き給ふ事かぎりなし」〈落窪・二〉

もて-かや・す【もて▽返す】〔動サ四〕「もてかえす」の音変化。「医者の出入りやら巫女の御符のと、屋内が―・いて」〈浄・阿波鳴渡〉

もて-きょう・ず【もて興ず】〔動サ変〕ひどくおもしろがる。興ずる。「片田舎の人こそ、色こくよろづは―・ずれ」〈徒然・一三七〉

もて-さわ・ぐ【もて騒ぐ】〔動ガ四〕大騒ぎする。もてはやす。「いと深き堀にて、とみにえ引き上げでとかく―・ぐ程に」〈落窪・二〉

もて-しず・む【もて鎮む】〔動マ下二〕落ち着かせる。また、控え目にする。「―・めたるけはひの、若やかなるして」〈徒然・一〇四〉

もて-そこな・う【もて損なふ】〔動ハ四〕しそこなう。しそんじる。「とてもかくても、わが怠りにては―・はじ」〈源・浮舟〉

もて-つ・く【もて付く】〔動カ下二〕❶身に備える。「わが―・けたるをつつみなく言ひたるは」〈枕・一九五〉❷気にかけてとりつくろう。装う。「装束、有様よりはじめて、目やすく―・けて」〈源・初音〉❸欠けているところを心にかけて身につける。「君も少したをやぎ給へる気色、―・け給へり」〈源・末摘花〉❹相手にする。「かつてちかづきならぬよしを家来にいはせて―・けぬしわざ」〈浮・国花諸士鑑・二二〉

モテット〖motet〗《「モテト」とも》13世紀以来ヨーロッパで発達した、聖書の詩編などを歌詞にもつ多声の宗教声楽曲。

モデナ〖Modena〗イタリア北東部の都市。旧市街の中心にグランデ広場があり、その北側にモデナ大聖堂がある。大聖堂は1184年に完成したロマネスク様式の傑作で、彫刻家ビリジェルモの浮き彫りでも名高い。隣接する鐘塔トッレチビカ(市民の塔)はギルランディーナの愛称で呼ばれている。1997年に「モデナの大聖堂、トッレチビカ及びグランデ広場」として世界遺産(文化遺産)に登録された。

もて-なし【もて成し】❶客を取り扱うこと。待遇。「手厚い―を受ける」❷食事や茶菓のごちそう。饗応。「茶菓の―を受ける」❸身に備わったものごし。身のこなし。「いとわろかりしかたちざまなれど、―に隠されて口惜しうはあらざりきかし」〈源・末摘花〉❹とりはからい。処置。取り扱い。「自らの上の―は、又誰かは見扱はむ」〈源・総角〉

もて-な・す【もて成す】〔動サ五(四)〕❶人を取り扱う。待遇する。あしらう。「国賓として―・す」「よそよそしく―・される」❷心をこめて客の世話をする。饗応する。馳走する。「山海の珍味で―・す」「客を酒で―・す」❸そうであるかのようにとりなす。みせかける。「無理に納得した体に―・す」〈漱石・吾輩は猫である〉❹とりはからう。処置する。「あるに従ひ、定めず、何事も―・したるをこそよきにすめれ」〈枕・四九〉❺特に取り上げて問題にする。もてはやす。「今様の事どもの珍しきを言ひ広め―・すこそ」〈徒然・七八〉可能もてなせる 類語待遇する・遇する・歓待する・饗する・ふるまう・供応する・馳走する

モデナ-だいせいどう【モデナ大聖堂】《イタリア Duomo di Modena》イタリア北東部の都市モデナにあるロマネスク様式の大聖堂。モデナの守護聖人ジェミアヌス(ジミニャーノ)を祭る。12世紀に完成。ファサードのレリーフはビリジェルモの手による。隣接する鐘塔トッレチビカ(市民の塔)は高さ約88メートル、下部はロマネスク、上部はゴシック様式でつくられ、14世紀前半に完成した。1997年、「モデナの大聖堂、トッレチビカ及びグランデ広場」の名称で世界遺産(文化遺産)に登録された。

もてなやみ-ぐさ【もて悩み▽種】もてあますもの。悩みのたね。「人の―になりて」〈源・桐壺〉

もて-なや・む【もて悩む】〔動マ四〕取り扱いに困る。もてあます。「身のありさま、かたくなしきひが事まじりて、末の世の人に―・まれむ」〈源・幻〉

もて-なら・す【もて×馴らす】〔動サ四〕持ってなれるようにする。使い慣らす。「―・し給ひし御調度ども」〈源・須磨〉

もて-はな・る【もて離る】〔動ラ下二〕❶遠く離れる。遠ざかる。「大臣のけ近う見給へば、いかなるぞとも聞こえつべけれど―・れ給へればこそ」〈宇津保・国譲下〉❷関係をもたない。故意に避ける。「―・れたるさまにのみ言ひなし給ふめれば」〈かげろふ・中〉❸本筋からはずれる。「―・れたることをも思ひよせて疑ふもをかしとおぼせど」〈源・帚木〉

もて-はや・す【もて×囃す｜もて▽栄やす】〔動サ五(四)〕❶盛んにほめる。多くの人が話題にする。「珍品として―・される」「若い人に―・されている作家」❷見ばえのするようにする。引き立てる。「山吹に―・し給へる御かたちなど」〈源・初音〉❸歓待する。饗応する。もてなす。「御世おぼえのたぐひなき君なれば、―・さんとて」〈落窪・二〉

〔類語〕褒めたてる・褒めちぎる・褒めそやす・褒める・たたえる・褒めたたえる・持ち上げる・称賛する

もて-まい・る【持て参る】〔動ラ四〕「持って来る」「持って行く」の意の謙譲語。持参する。「僧都、琴をみづから―・りて」〈源・若紫〉

モデム〖MODEM〗《modulator-demodulator》コンピューターのデジタル信号を電話回線などのアナログ信号に変調し、また、その逆に変換して復調する装置。変復調装置。

もて-もて【持て持て】〔名・形動〕大変人気があること。また、そのさま。「―な(の)人気歌手」

もて-ゆ・く【持て行く】〔動カ四〕❶持って行く。持参する。「薄色の衣の表を解きて…愛宕に―・きて」〈古本説話集・上〉❷(他の動詞の連用形に付いて)しだいに…していく。「やうやう赤み―・くも、なかなか色のあはひをかしく」〈源・宿木〉

モデラー〖modeler〗模型(塑像)製作者。

モデラート〖イタリア moderato〗音楽で、速度標語の一。中庸の速さで、の意。

モデリスト〖フランス modéliste〗❶ファッションのデザイン画からイメージに合った実物の原型を作製する専門家。また、デザイナーの意向に基づいてデザイン画をおこす人。❷商業デザインで、デザイナーのデザインに従って模型(原型)を作る専門家。

モデリング〖modeling〗❶模型を作ること。❷彫刻で、塑像における肉付けをすること。❸絵画で立体感を出すこと。❹コンピューターグラフィックスの三次元画像で物体の形状を決定すること。この段階では、物体の表面に模様や質感は表現されていない。物体の形状を線のみで表したものをワイヤフレームモデル、面で表示したものをサーフィスモデルと呼ぶ。

モデリング-ランプ〖modeling lamp〗写真撮影に用いる、大型のフラッシュに付属する小型電球。撮影前に点灯し、ライティング(照明)の効果をあらかじめ確認することに用いる。

モデル〖motel〗▶モーテル

も・てる【持てる】〔動タ下一〕《持つことができる意の「も(持)てる」から》❶保たれる。維持される。「座が―・てない」❷人気がある。人から好意をもたれ、よい扱いをうける。「年上の女性に―・てる」

もて-る【持てる】〔連語〕《動詞「も(持)つ」の已然形＋完了の助動詞「り」の連体形》持っているだけの。また、十分過ぎるくらい持っている。「―力を出しきる」「―者の悩み」

モデル〖model〗❶模範・手本または標準となるもの。また、今後の範とするために試みられたもの。「緑化―地区」「―スクール」❷模型。また、展示用の見本。「プラスチック―」❸ある事象について、諸要素とそれら相互の関係を定式化して表したもの。「計量経済―」❹美術家・写真家が制作の対象とする人や物。「ヌード―」❺小説・戯曲などの題材となった実在の人や事件。「―小説」❻「ファッションモデル」の略。❼機械・自動車などの型式。型。「ニュー―」

〔類語〕形・類型・型式・型式・様式・タイプ・パターン

モデル-カー〖model car〗❶新型車開発のための試作車。❷模型自動車。〔補説〕❶は日本語での用法。

モデル-ケース〖model case〗標準・典型となるような事例。

モデル-スクール〖model school〗特定の教育計画を実施したり、施設や設備を充実させたりして、他校の模範や参考にされる学校。実験学校。

モデル-チェンジ〔名〕スル《和 model＋change》製品のデザインや性能・設備を変えること。自動車などの型式または様式の変更。「制限を―する」

モデルニスモ〖スペイン modernismo〗《近代主義の意》19世紀末のラテンアメリカで展開された文学運動。スペイン語詩の刷新を唱え、ラテンアメリカ各地で広がりを見せた。

モデルノロジー《和 modernology　考古学の意の archaeologyに対応させた造語》考現学。

モデル-ハウス〖model house〗住宅の見本として展示する家。

モデル-ルーム《和 model＋room》マンションや分譲住宅などで、購買者にその様式や造作などを実物で見せるために用意された部屋。〔補説〕英語では showroom。

モデレーター〖moderator〗原子炉の減速材。

モデレート〖moderate〗〔形動〕適度であるさま。並の。穏健な。「―な経済成長を目指す」

もて-わずら・う【もて煩ふ】〔動ハ四〕取り扱いに困る。もてあます。「うき身ひとつを―・ふにこそはあめれと」〈かげろふ・下〉

もと【下｜▽許】《「本」と同語源》❶物の下の部分。また、そのあたり。した。「旗の―に集まる」「桜の―に花見の宴を設ける」❷その人のところ。そば。「親の―を離れる」❸その規則や支配力の及ぶところ。「厳しい規律の―で生活する」「監視の―におかれる」❹(「…のもとに」の形で)…した状態で。…で。「敵を一撃の―に倒す」〔類語〕下・側・傍ら・近く・近辺・付近・わき・はた・足元・手元

もと【元｜▽旧｜▽故】《「本」と同語源》以前。むかし。副詞的にも用いる。「―の同僚」「この地に―から住んでいる人」「―あった所に戻す」「―大臣」

〔類語〕旧・前・前・先・以前・昔・前前

元の鞘に収ま・る　いったん絶交または離縁した者が、再びもとの関係に戻る。

元の木阿弥　いったんよくなったものが、再びもとの状態に戻ること。〔補説〕戦国時代の武将筒井順昭が病死した時、死を隠すために、その子順慶が成人するまで、声の似ていた木阿弥という男を寝所に寝かせて外来者を欺き、順慶が成人するや順昭の喪を公表したために、木阿弥は再びもとの身分にもどったという故事からという。

もと【本｜元】㊀〔名〕❶物事の起こり。始まり。「事件の―をさぐる」「うわさの―をただす」❷(「基」とも書く)物事の根本をなすところ。基本。「生活の―を正す」「悪の―を断つ」❸(「基」とも書く)基礎。根拠。土台。「何を―に私を疑うのか」「事実を―にして書かれた小説」❹(「因」とも書く)原因。「酒が―でけんかする」「風邪は万病の―」❺もとで。資金。また、原価。仕入れ値。「―がかからない商売」「―をとる」❻(「素」とも書く)原料。材料。たね。「たれの―」「料理の―を仕込む」❼それを出したところ。それが出てくるところ。「火の―」「製造―」「販売―」❽ねもと。付け根。「―が枯れる」「葉柄の―」❾箸や筆の、手に持つ部分。❿短歌の上の句。「歌どもの―を仰せられて」〈枕・二三〉㊁〔接尾〕(本)助数詞。❶草や木を数えるのに用いる。「一―の松」❷鷹狩りに使う鷹を数えるのに用いる。「いづくよりとなく大鷹一―それて来たり」〈咄・醒睡笑・五〉〔類語〕(㊀❷)根本・大本・大根・根・根元・根底・基底・根基・根幹・基本・本質・大本・根源・本源・基礎・基盤・基幹・基部／(㊀❹)原因・たね・せい・根本・はじめ・起こり・きっかけ・因・因由・事由

〔…句〕孝は百行の本・失敗は成功のもと・短気は未練の元・釣り合わぬは不縁の基・生兵法は大怪我の基・油断は怪我の基

本が切・れる　価格が原価より安くなる。「原料が高騰して―・れる」

元も子もな・い　元金も利息もない。すべてを失って何もない。「無理をして失敗しては―・い」

本を彊めて用を節すれば則ち天も貧にする能わず　《「荀子」天論から》基礎を強固にして物を倹約すれば、たとえ天の力であってもこれを貧乏にすることはできない。

もと-あら【本荒】木がまばらに生えていること。一説に、根元に花も葉もないこと。「宮城野の―の小萩露を重み風を待つごと君をこそ待て」〈古今・恋四〉

もとい【元▽結】「もとゆい」の音変化。

もと-い【基】《「本居」の意》❶建物などの土台。基礎。❷物事の基礎。根本。根拠。「医学の―を築く」「国の―を定める」❸原因。「女の身はみな同じ罪深き―ぞかし」〈源・若菜下〉〔類語〕土台・基礎・基盤・基部・基本・大本・大根・根本・根幹・根拠・中心・基軸・基調・基幹・基底・根底

もと-い【元い】〔感〕「元へ」に同じ。

もと-いれ【元入れ】元手として入れること。また、その金。「その金を―にして」〈浮・元禄大平記〉

もと-うけ【元請け】発注者から直接仕事を請け負うこと。また、その業者。その仕事をさらに請け負う下請けに対していう。元請負。

もとうけ-ほけん【元受(け)保険】保険契約において再保険契約がなされているとき、再保険契約に対してその元の保険契約のこと。➡再保険

もと-うた【元歌｜本歌】❶替え歌のもとになった歌。❷▶ほんか(本歌)

もと-うり【元売(り)】生産者または加工業者が卸売り業者に売ること。

もとお・す【▽回す｜×廻す】〔動サ四〕めぐらす。まわす。「火をもちて其の野を―・し焼きき」〈記・上〉

もとおり【▽回り｜×廻り】《動詞「もとおる」の連用形から》❶まわること。めぐること。❷周囲。めぐり。「大殿のこの―の雪な踏みそね」〈万・四二二七〉❸鷹狩りで、鷹の足につけるひもの金具。〈和名抄〉

もとおり-うちとお【本居内遠】［1792～1855］江戸後期の国学者。名古屋の人。号、榛園。豊穎の父。本居大平の養子となり、紀州侯に仕えた。著「落葉の錦」など。

もとおり-おおひら【本居大平】［1756～1833］江戸後期の国学者。伊勢の人。号、藤垣内。宣長に入門し、のち、その養子となる。紀州侯に仕え、宣長の学問を継承し、普及に努めた。著「古学要」「神楽歌新釈」「玉鉾百首解」など。

もとおり-とよかい【本居豊穎】［1834～1913］国学者・歌人。内遠の長男で、宣長の曽孫にあたる。紀州侯に仕え、明治維新後は神道界で活動。著「古今集講義」など。

もとおり-ながよ【本居長世】［1885～1945］作曲家。東京の生まれ。宣長の子孫。大正から昭和初期の童謡作曲家として活躍した。代表作「赤い靴」「七つの子」「十五夜お月さん」など。

もとおり-のりなが【本居宣長】［1730～1801］江戸中期の国学者。国学の四大人の一人。伊勢の人。号、舜庵(春庵)・鈴屋。京都に出て医学を修める一方、源氏物語などを研究。のち賀茂真淵に入門、古道研究を志し、「古事記伝」の著述に30余年専心。また、「てにをは」や用言の活用などの語学説、「もののあはれ」を中心とする文学論、上代の生活・精神を理想とする古道説など、多方面にわたって研究・著述に努めた。著「うひ山ぶみ」「石上私淑言」「詞の玉緒」「源氏物語玉の小櫛」「古今集遠鏡」「玉勝間」「鈴屋集」など。

もとおり-はるにわ【本居春庭】［1763～1828］江戸後期の国学者。伊勢の人。号、後鈴屋。宣長の長男。眼病を患って失明したため、父の養子大平に家督を譲り、自らは鍼医を業としながら歌道・国学を教授した。著「詞通路」「詞八衢」「後鈴屋集」など。

もとお・る【▽回る｜×廻る】〔動ラ四〕❶めぐりまわ

る。徘徊はいかいする。「鹿ししこそばい這ひ拝をろがめ鶉うづらこそい這ひ一・れ」〈万・三八九〉❷物事が思うとおりに運ぶ。「一・らぬ三味線鳴らして」〈浮・禁短気・一〉

もとおろ・う【▽回ろふ|×廻ろふ】もとほろふ〔連語〕《動詞「もとおる」の未然形に反復継続の助動詞「ふ」の付いた「もとおらふ」の音変化。上代語》「もとおる」に同じ。「大石に這はひ一・ふ細螺しただみの」〈記・中・歌謡〉

もどかし・い〔形〕図もどか・し〔シク〕《動詞「もど(擬)く」の形容詞化》❶思うようにならずいらいらする。じれったい。はがゆい。「うまく気持ちを伝えられなくて一・い」「靴を履くのも一・く走りだす」❷非難すべきである。気に入らない。「尼君を、一・しと見つる子どもみなうちしほたれけり」〈源・夕顔〉[派生]**もどかしがる**〔動ラ五〕**もどかしげ**〔形動〕**もどかしさ**〔名〕[類語]苛立いらだたしい・じれったい・歯がゆい・まだるっこい・回りくどい

もと-がしわ【本×柏】もとがしは《「もとかしわ」とも》❶冬も落葉しないで残った柏の葉。大嘗会だいじょうえのとき、その葉を酒に浸し、神饌しんせんにそそいだ。「いその神ふるから小野の一本の心は忘られなくに」〈古今・雑上〉❷古くから関係のあるもの。「太政大臣おほきおとどの御方には中の兄このかみにて、一にもおはすれど」〈狭衣・一〉

もと-かた【本方|元方】❶宮廷の御神楽みかぐらのとき、二組に分かれた歌い手のうち、先に歌いはじめる方。神殿に向かって左側に位置する。⇔末方すえかた。❷卸売りする店。問屋。また、製造元。❸事業の元手を出す人。出資者。また、興行の主催者。興行主。

もと-き【本木】❶木の根もとの部分。「その伽羅に一と末木との二つありて」〈鷗外・興津弥五右衛門の遺書〉⇔末木うらき。❷作品などを構想する中心となる材料。「昔物語などの、一興ある事を、一にとりなして事をする」〈習道書〉❸以前に関係のあった者。前夫・前妻や前に情交のあった者など。「一を捨つる心にもあらで」〈人・辰巳園・初〉

本木にまさる末木うらきなし　いくら取り替えてみても、結局、最初のものよりすぐれたものはない。多く、男女関係についていう。

もどき【▽擬き|抵=牾|牴=牾】《動詞「もど(擬)く」の連用形から》❶日本の芸能で、主役にからんだり、前に演じたものをこっけいにまねたりすること。また、その役・演目。里神楽のひょっとこ、能の「翁」に対する「三番叟さんばそう」など。❷もどくこと。「たをやかならぬさまなり、といふ一はあれど」〈栄花・初花〉❸名詞の下に付いて、それに匹敵するほどのもの、また、それに似て非なるものであるなどの意を表す。「梅一」「がん一」「芝居一のせりふ」[類語]まがい・まがい物・偽物にせもの・偽・贋物がんぶつ・偽物ぎぶつ・まやかし・似非えせ

もとき-しょうざえもん【本木庄左衛門】シヤウザヱモン［1767〜1822］江戸後期のオランダ通詞。長崎の人。良永の長子。名は正栄。号は蘭汀。フランス語・英語も修得し、日本初の英和辞書「諳厄利亜アンゲリア語林大成」、初のフランス語学書「払郎察フランス辞範」などを編纂した。

もとき-しょうぞう【本木昌造】シヤウザウ［1824〜1875］江戸末期の日本の活版印刷の創始者。長崎の人。オランダ通詞の家業を継ぎ、航海術・製鉄術も習得。米国人ガンブルに金属活字の鋳造法を学び、のち活版所を開設した。

もとき-よしなが【本木良永】［1735〜1794］江戸中期の蘭学者。通称、栄之進。のち、仁太夫。長崎オランダ通詞として、訳書「天地二球用法」により、日本にコペルニクスの地動説を紹介。著「阿蘭陀海鏡書」など。

もと-きん【元金】❶事業などを始めるための資金。資本金。元手。❷利子に対して、貸し借りしたもとの金。がんきん。[類語]資本・資本金・資金・元手・財源・基金・キャピタル・ファンド

もと-ぎん【元銀】「元金もときん❶」に同じ。「商売の作法で、一に十倍増しても」〈浄・傾城酒呑童子〉

もど・く【▽擬く|抵=牾く|牴=牾く】〔動カ五(四)〕❶さからって非難する。また、従わないでそむく。「御頼みとあればー・きませぬが」〈露伴・寝耳鉄砲〉「をさをさ人の上ー・き給はぬ大臣の」〈源・常夏〉❷他のものに似せて作る。また、他と同じように振る舞う。まねる。「この七歳なる子、父をー・きて、高麗人こまうどと文を作りかはしければ」〈宇津保・俊蔭〉

もと-くち【元口】丸太材の根もとに近い方の切り口。⇔末口すえくち。

もと-くび【元首】首の根もと。また、頭。「冑のしころより一まで鋒きっさき五寸ばかりぞ打ち込みたる」〈太平記・一四〉

モトクロス【motocross】オートバイレースの一。山野の荒れ地に設定されたコースを走ってスピードを競うもの。

モトクロッサー《和 motocross＋-erから》モトクロスをする人。モトクロスに参加する人。また、モトクロス用のバイク。

もと-こ【元子】元金と利息。元利がんり。「一を失う」

もと-こ【左＝右】《「許もと処こ」の意》かたわら。そば近く。「天皇愛めでみて、一に引ひき置きたまふ」〈垂仁紀〉

もと-ごえ【基肥|元肥】種まきや苗植えの前に、耕地に施しておく肥料。原肥。きひ。➡追い肥ごえ

もと-ごめ【元込め】弾薬を銃身・砲身の後ろの部分から装填そうてんすること。また、その形式の銃砲。後装。⇔先込め。

もと-ざお【元×竿】もとざを 釣りの継ぎ竿や振り出し竿で、手元の1本の竿。

もどし【戻し】もどすこと。返すこと。また、そのもの。

もどし-いれ【戻(し)入れ】▶れいにゅう(戻入)

もと-しげどう【本▽重×籐|本▽滋×籐】重籐の弓の一種。弓の握りから下を重籐に、上を二所籐ふたところどうにしてまばらに籐を巻いたもの。

もどし-こうざつ【戻し交雑】カウザツ 交配によって生じた雑種第一代の個体と、その両親のいずれかとを交配すること。育種や遺伝子型の検定に利用。戻し交配。

もどし-ぜい【戻し税】❶国が一度徴収した輸入関税を、ある一定の条件が満たされた場合に、その一部または全部を払い戻すこと。また、その税金。❷減税で、過去の年度に徴収した所得税の一部を納税者に払い戻すこと。戻し減税。

もと-じめ【元締め】❶金銭の勘定、仕事などの全体を締めくくること。また、その役の人。❷博徒ばくとなどが、その親分をいう呼び方。

もと-じろ【本白】矢羽の一。根元の方が白いもの。

もとす【本巣】岐阜県西部にある市。平成16年(2004)本巣町、真正しんせい町、糸貫いとぬき町、根尾ねお村が合併して成立。人口3.5万(2010)。

もど・す【戻す】〔動サ五(四)〕❶㋐もとの状態や、もとあった場所などへ返す。「本を棚へー・す」「話をもとにー・す」「白紙にー・す」「よりをー・す」㋑水に浸したり、解凍したりして、加工する前の状態にする。「ヒジキを水でー・す」❷逆の方向へ返す。「時計の針を一〇分ー・す」❸飲食したものを吐く。嘔吐おうとする。「食べ物をー・す」❹下がっていた相場が回復する。「下向きだった株価がー・す」➡返かえす[用法][可能]もどせる[類語]返す・復する・直す・回復する

もと-すえ【本末】もとすゑ ❶本と末。上と下。また、先とあと。❷草木の幹と枝葉。また、上枝と下枝。❸物事の根本と枝葉。大切なこととそうでないこと。ほんまつ。❹物事の始めと終わり。また、始めから終わりまで。一部始終。転末。「はかない恋の一をかきくどいているところへ」〈中勘助・鳥の物語〉❺宮廷の御神楽みかぐらの演奏で、本方と末方。❻歌の上の句と下の句。「歌の一問ひたるに」〈枕・二七六〉

もとす-こ【本栖湖】山梨県にある富士五湖のうち、西端の湖。富士山の溶岩流による堰止せきとめ湖。面積4.7平方キロメートル。最大深度121.6メートルで五湖中最深。湖面標高900メートル。

もとす-し【本巣市】▶本巣

もと-せん【元栓】水道・ガスなどの器具の栓に対して、その器具に配管しているもとの栓。

もと-だか【元高】歩合、利息などを計算するもとになる金額。元金。また、原価。

もとだ-ながざね【元田永孚】［1818〜1891］漢学者。肥後の人。号、東野。明治維新後、宮内省に出仕して明治天皇の侍講を務め、枢密顧問官となり、教育勅語の草案作成に尽力した。著「幼学綱要」など。

もと-だね【元種】もととなる種。原料。

もと-ちょう【元帳】ーチャウ 簿記で、すべての勘定口座を設け、取引を仕訳帳から転記して各勘定別に記録・計算する帳簿。総勘定元帳。

もと-つ【元つ|▽旧つ】〔連語〕《「つ」は「の」の意の格助詞》以前の。

もと-つ【本つ】〔連語〕《「つ」は「の」の意の格助詞》大本の。本来の。

もと-づ・く【基づく】〔動カ五(四)〕❶それが基となって起こる。起因する。また、それを根拠・基盤とする。「政治の介入にー・く相場の変動」「規則にー・く処理」❷近づく。到達する。「この舟にー・きしかひもなく、帰れと仰せ候ふことのあさましさよ」〈伽・蛤の草紙〉[類語]よる・起因する・根差す・依拠する・準拠する・踏まえる

もと-つ-くに【本つ国】故郷。ほんごく。「妾やつこ、今遠く一を離れたり」〈前田本継体紀〉

もと-つ-ひと【元つ人】以前から親しくしている人。また、昔、親しくしていた人。「かばかりなる一をおきて」〈源・浮舟〉

もと-づめ【元詰(め)】製造元・醸造元などで瓶や缶に製品を詰めること。また、その品。

もと-で【元手】❶事業などを始めようとするときに必要な金銭。資金。「わずかな一で商売を始める」「一がかかる」❷生活するためや利益を得るためのもとになるもの。資本。「からだが一の商売」[類語]資本・資本金・資金・元金・財源・基金・キャピタル・ファンド

もと-どおり【元通り】ーどほり〔名・形動〕以前と同じ形や状態であること。また、そのさま。副詞的にも用いる。「一な(の)姿」「一元気になる」

もと-どり【×髻】《「本取り」の意》髪を頭の上に集めて束ねた所。また、その髪。たぶさ。

髻放・つ　冠や烏帽子えぼしをかぶらず、髻をあらわにする。礼儀に反する行為とされる。「資行判官ー・って、おめおめと大床の上へ逃げのぼる」〈平家・五〉

髻を切・る　出家する。

もと-な〔副〕《「もと」は根本の意。「な」は形容詞「無し」の語幹》❶わけもなく。みだりに。「なにしかも一とぶらふ」〈万・二三〇〉❷しきりに。むやみに。「いづくより来りしものそ目交まなかひに一かかりて安眠やすいしなさぬ」〈万・八〇二〉

もと-なり【本▽生り|本成り】植物の蔓つるや茎の根に近い方に実がなること。また、その実。⇔末生うらなり。

もと-ね【元値】商品を仕入れたときの値段。また、生産原価。[類語]原価・正味・コスト

元値が切・れる　売り値が元値より安くて損失となる。元が切れる。「ー・れるのを承知で特売する」

もと-の-うえ【本の上】ーうへ 以前の奥方。「離れ給ひし一は、腹を切りて笑ひ給ふ」〈竹取〉

もと-の-え【元のえ】《「衣」の草仮名が漢字の「元」に似ているところから》「え」の字の称。もとえ。

もと-は【本葉】草木の茎や幹に近い方にある葉。「はたすすき一もそよに秋風の吹き来る夕ゆふへに」〈万・二〇八九〉⇔末葉うらば。

もと-はぎ【本×矧】矢で、箆のに羽の軸を接着し、桜皮・糸などを巻きつけた部分のうち、矢筈から遠い部分。下矧しもはぎ。

もとはこね【元箱根】神奈川県箱根町の地名。芦ノ湖の南東岸にあり、箱根神社や関所跡がある。

もと-はず【本×弭|本×筈】弓の下端の、弦輪のかかるとがった部分。

もと-びょうし【本拍子】ービャウシ 宮廷の御神楽みかぐらで、本方もとかたの主唱者。⇔末拍子すえびょうし。

もと-ぶね【本船】❶付属の小船に対して、それを従えている大船。親船。ほんせん。❷沖に停泊して、はしけで陸上と連絡する大船。

モトブン【Motovun】クロアチア西部の町。イストラ半島の中央部、標高270メートルの丘の上に位置する。13世紀から18世紀にかけてベネチア共和国の植民地だった。16世紀にアンドレア＝パラディオが設

計した聖ステパノ教会がある。毎年夏に国際映画祭が催される。イタリア語名モントーナ。

もと-へ【本▽辺|本▽方】❶物の根もとの方。下の方。「―は君を思ひ出、末辺は妹を思ひ出」〈記・中・歌謡〉❷山の麓の方。「―にはあしび花咲き末方には椿花咲く」〈万・三二二二〉

もと-へ【元へ】〘感〙《旧軍隊用語》❶体操などで、もとの姿勢にもどることを命令する語。もとい。❷言いまちがえて訂正するときに発する語。もとい。

もと-ほととぎす【本時=鳥|▽旧杜=鵑】先年も来て鳴いた、なじみのホトトギス。「あをによし奈良の都は古りぬれど―鳴かずあらなくに」〈万・三九一九〉

もとまち【元町】㊀東京都、伊豆大島西岸の地名。大島支庁・大島町役場がある中心地。㊁横浜市中区の地名。横浜開港以来、横浜村の移住者により商店街として発展、ハイカラな町として知られた。

もとまち-どおり【元町通り】神戸市中央区の地名。神戸開港以来の商店街。

もと-みや【本宮】主神の鎮座する根本の社。本社。ほんぐう。

もとみや【本宮】福島県中央部の市。平成19年(2007)1月、本宮町・白沢村が合併して成立。中央部を阿武隈川が北流する。経済・生活面で南隣の郡山市との結びつきが強い。人口3.2万人(2010)。

もとみや-し【本宮市】▶本宮

もと-む【求む】〘動マ下二〙「もとめる」の文語形。

もとめ【求め】❶求めること。要求。希望。「相手の―に応じる」❷買うこと。購入。「お―の品」〘類語〙請い・頼み・希望・要望・要求・要請・注文・リクエスト

もとめご-うた【求子歌】東遊びの中の歌曲。求子舞を伴う。

もとめご-まい【求子舞】求子歌に伴う舞。駿河舞とともに東遊びの中心となっている。

もとめづか【求塚】謡曲。四番目物。金春を除く各流。観阿弥作。万葉集などに取材。菟名日処女の霊が、二人の男に愛されたために入水した故事と、死後の苦しみを語る。

もとめ-て【求めて】〘副〙自分の意志でするさま。進んで。「―損な役割を引き受ける」

もと・める【求める】〘動マ下一〙〘文〙もと・む〘マ下二〙❶欲しいと望む。ほしがる。「平和を―・める」「権力を―・める」❷相手に要求する。「賠償を―・める」「援助を―・める」「退陣を―・める」❸得ようとしてさがす。「職を―・める」「優秀な人材を―・める」❹買って手に入れる。購入する。「古書を―・める」

〘類語〙(❶)欲する・望む・願う・希う・希求する・追求する・渇望する・切望する・熱望する/(❷)頼む・請う・仰ぐ・懇請する・懇望する・要望する・所望する・要請する・要求する・請求する・徴する・催告する・迫る・せがむ・せびる・ねだる/(❸)探す・尋ねる・探し求める・物色する

求めよさらば与えられん　《新約聖書「マタイ伝」から》「神に祈り求めなさい。そうすれば神は正しい信仰を与えてくださるだろう」の意。転じて、物事を成就するためには、与えられるのを待つのではなく、みずから進んで求める姿勢が大事だということ。

もと-もと【元元】㊀〘名・形動〙行動を起こす前と変わらないこと。損にも得にもならないこと。また、そのさま。「ふられて―だ」「失敗して―だ」㊁〘副〙はじめから。もとから。「―やる気はなかった」「―気の弱い男だ」〘類語〙元来・本来・元より・どだい・自体・そもそも

もとやま-じ【本山寺】香川県三豊市にある高野山真言宗の寺。山号は七宝山。四国八十八箇所第70番札所。大同2年(807)空海の創建と伝える。

もとやま-ひこいち【本山彦一】[1853〜1932]新聞経営者。熊本の生まれ。明治36年(1903)大阪毎日新聞社長に就任。同44年東京日日新聞を買収・統合し、朝日新聞と並ぶ全国紙へ発展させた。

もと-ゆい【元結】髪の髻を結び束ねる紐・糸の類。古くは組紐または麻糸を用いたが、近世には糊で固くひねったこよりで製したものを用いた。もとい。もっとい。

元結を切・る　出家する。

もとゆい-がみ【元結紙】髻を束ねるための紙。もといがみ。

もと-より【元より|▽固より|▽素より】〘副〙❶初めから。以前から。もともと。「―失敗は覚悟の上だ」❷言うまでもなく。もちろん。「子供は―大人も楽しめる映画」〘類語〙もともと・そもそも・元来・本来・どだい・自体・もちろん・当然

もどり【戻り】❶もとへもどること。もとの状態にかえること。❷もとの場所へ帰ること。帰り。また、帰り道。「―はバスにする」❸鉤や釣り針の端に逆向きにつけたとがり。❹人形浄瑠璃や歌舞伎で、敵役と思われた人物が、善心にもどって本心を打ち明けること。また、その演技・演出。

もどり-あし【戻り足】❶帰路の足。帰路。❷下げてきた相場が上昇に転じる動き。

もどり-うま【戻り馬】荷物や客を運びおわった帰りの馬。

もどり-うらがき【戻り裏書】引受人・振出人・裏書人など、すでに手形・小切手上の債務を負っている者に対してなされる裏書。逆裏書。

もどり-うり【戻り売り】相場が戻り足に転じたときに売ること。

もどり-がけ【戻り掛け】まさに戻ろうとするとき。また、帰る途中。帰り掛け。「―に声をかけられる」

もどり-かご【戻り×駕×籠】客を乗せて送ったあとの、帰りの駕籠。◆曲名別項。

もどりかご【戻駕】歌舞伎舞踊。常磐津。本名題「戻駕色相肩」。初世桜田治助作詞、初世鳥羽屋里長作曲。天明8年(1788)江戸中村座初演。「関の扉」「双面」とともに常磐津の三名曲。

もどり-がつお【戻り×鰹】春から夏にかけて黒潮に乗って日本近海を北上したのち、秋になって東北・北海道沖から南下してくるカツオ。脂がのって美味。下り鰹。

もどり-ぐるま【戻り車】客を乗せて送ったあとの、帰りの車。

もどり-たかね【戻り高値】下落していた株式や為替などが、反発してからつけた最高値。⇔戻り安値。

もどり-ち【戻り値】《return value》コンピューターのプログラムにおいて、関数やサブルーチンによる処理の後に返す計算結果などの値のこと。返り値。

もどり-づゆ【戻り梅-雨】梅雨が明けたあとに、再び梅雨のような状態に戻ること。返り梅雨。《季 夏》

もどり-てがた【戻り手形】手形の遡求のために、遡求権者が遡求義務者を支払人として一覧払いで振り出す為替手形。逆手形。

もどりばし【戻橋】歌舞伎舞踊。常磐津。本名題「戻橋恋の角文字」。新古演劇十種の一。河竹黙阿弥作詞、6世岸沢式佐作曲。明治23年(1890)東京歌舞伎座初演。渡辺綱が鬼女の片腕を切り落としたという伝説に取材したもの。

もどり-ぶね【戻り船|戻り舟】荷物や客を運んだあとの、帰りの船。帰り船。

もどり-みち【戻り道】帰り道。帰路。

もどり-やすね【戻り安値】上昇していた株式や為替などが、反落してからつけた最安値。⇔戻り高値。

もと・る【×悖る|▽戻る】〘動ラ五(四)〙❶道理にそむく。反する。「人の道に―・る」❷ねじり曲がる。ゆがむ。また、ゆがめる。「故に己が口を―・りて」〈霊異記・中〉

もど・る【戻る】〘動ラ五(四)〙❶もとの場所に帰る。「家に―・る」「席に―・る」❷進んだ方向と逆の方向へ引き返す。「来た道を―・る」❸もとの状態にかえる。旧に復す。「よりが―・る」「振り出しに―・る」❹本来の持ち主のもとに返る。「貸した金が―・る」「税金が―・る」❺得た利益がなくなる。「夜業さしよにもこの油の高さでは、儲ける程皆―・る」〈浄・女腹切〉

〘可能〙もどれる

〘用法〙もどる・かえる――「八時までには戻り(帰り)なさい」「昨日は家に戻ら(帰ら)なかった」など、はじめにいた所へ引き返す意では相通じて用いられる。◆「戻る」には移動の途中で出発点に引き返す意がある。「忘れ物に気づいて駅へ戻る」「山で迷ったら来た道を戻るにかぎる」◆「戻る」には、もとの状態になる意もある。「盗まれた自転車が戻った」「夫婦のよりが戻る」◆「帰る」は、出先からもとの所へ行くの意がある。「門限がうるさいからもう帰るよ」「天涯孤独で帰るべき家もない」などでは「帰る」がふさわしい。

〘類語〙(❶❷)帰る・引き返す/(❸)なおる・返る・よみがえる・復する・持ち直す・立ち返る・立ち直る・舞い戻る・回復する・復旧する

もどろか・す【▽斑かす】〘動サ四〙❶まだらにする。「すり―・したる水干といふ袴を着せて」〈枕・一一九〉❷まぎらわしくする。まどわす。「国王より始めて民に至るまで心を―・し」〈今昔・四・一二〉

もどろ・く【▽斑く】㊀〘動カ四〙❶まだらになる。入り乱れる。まぎれる。「あまりなることは目も―・く心地なむし給ひける」〈大鏡・道長上〉❷船などがもたもたして進まなくなる。「もろこしの玉積む舟の―・けば思ひ定めむ方もおぼえず」〈顕輔集〉㊁〘動カ下二〙入れ墨をする。「男女並びに椎結けて身を―・けて」〈景行紀〉

もと-わたり【本渡り|元渡り】「古渡り」に同じ。「庭蔵見れば―の唐織山をなし」〈浮・五人女・五〉

モナーキー〖monarchy〗❶君主政体。君主政治。❷君主国。

も-なか【▽最中】❶真っ盛り。さいちゅう。「ころは夏の―、月影さやかなる夜であった」〈独歩・少年の悲哀〉❷中央。まんなか。「水の面に照る月波を数ふれば今宵ぞ秋の―なりける」〈拾遺・秋〉❸《形を「最中の月」に模したところから》和菓子の一。糯米の粉をこね、薄くのばして焼いた皮を2枚合わせ、中にあんを詰めたもの。

もなか-の-つき【▽最中の月】陰暦十五夜の月。満月。

モナコ〖Monaco〗地中海に南面する立憲君主制の公国。フランスの南東部で同国に囲まれて隣接。首都モナコ。国営賭博場(カジノ)のある観光・保養地。海洋学博物館がある。面積1.95平方キロメートル。人口3万(2010)。

モナコ-グランプリ〖Monaco Grand Prix〗モナコ公国の公道を閉鎖して行われるF1グランプリ最古のレース。カーブやアップダウンの激しいテクニカルコース。

モナコたいこう-きゅうでん【モナコ大公宮殿】《Palais Princier de Monaco》南ヨーロッパの地中海に臨むモナコ公国の旧市街にあるモナコ大公の宮殿。13世紀にジェノバ人が築いた要塞跡に城が建てられ、18世紀に現在見られるルネサンス様式の宮殿になった。歴史博物館を併設するほか、大公家の美術品などを展示している。

モナコ-だいせいどう【モナコ大聖堂】《Cathédrale de Monaco》南ヨーロッパの地中海に臨むモナコ公国の旧市街にある大聖堂。1875年の創建。公国の歴代君主の墓所がある。1956年、米国の映画女優、グレース=ケリーとレニエ3世の結婚式が行われたことで知られる。

モナザイト〖monazite〗セリウム・ランタン・イットリウム・トリウムなどを含む燐酸塩鉱物。柱状結晶または塊状。単斜晶系。色は黄褐・赤褐色などで半透明。花崗岩・片麻岩や砂鉱床から産出。希土類元素の重要な原料。モナズ石。

モナズ-いし【モナズ石】《monazite》▶モナザイト

モナスターボイス〖Monasterboice〗アイルランドの首都ダブリンの北50キロメートル、ボイン渓谷北部の放牧地にある教会跡。5世紀に聖ブイトが建てたもので、現在も二つの教会跡と一つの塔に加え、10世紀頃に造られた極めて保存状態の良いハイクロス(ケルト十字)が残っている。

モナド〖monad〗単子。哲学で、宇宙を構成する形而上学的な単純実体。特に、ライプニッツ哲学の根本原理。➡モナド論

モナドノック〖monadnock〗残丘のこと。米国ニューハンプシャー州南西部にあるモナドノック山がその典型。

モナド-ろん【モナド論】ライプニッツの形而上学説。モナドは不可分の単純実体で、非物質的本性を有し、表象と欲求とからなる。宇宙はこのモナドから構成されているが、モナドは相互に作用しあうことがなく、独立である。従って、宇宙の統一的な相互対応関係は神による予定調和にほかならないとされた。単子論。モナドロジー。

モナミ〖フランス mon ami(男性)┊mon amie(女性)〗わが愛する人。私の恋人。また、私の友人。

モナ-リザ〖イタリア Monna Lisa〗《リザ夫人の意》レオナルド゠ダ゠ビンチ作の女性の肖像画。板に油彩。縦77センチ、横53センチ。神秘的な微笑で有名。ルーブル美術館蔵。ラ゠ジョコンダ。

モニター〖monitor〗〔名〕スル ❶監視すること。特に、無線電波などを監視・傍受すること。「敵艦の位置をレーダーで—する」❷放送や録画・録音の状態を監視すること。また、その装置や、技術者。❸機械などの作動状態を監視・点検すること。また、その装置。❹新聞社・テレビ局などの依頼を受け、記事や放送の内容に意見を述べること。また、それを依頼された人。「番組を—する」❺新しく開発された商品の品質や、サービスについて意見を述べること。また、それを依頼された人。「消費者—」❻「ディスプレー❷」に同じ。

モニター-テレビ《monitor televisionから》監視用のテレビ。

モニター-プログラム〖monitor program〗運転中のコンピューターシステムの動作状況を調べるためのソフトウエア。オペレーティングシステムの一部であるため操作性は高いが、被測定システムを使用するので、測定結果に誤差が生じる場合もある。

モニター-やね【モニター屋根】《monitor roof》換気を良くする目的で、屋根の棟の部分を開いて、その部分に一段高く小屋根を設ける形式の屋根。

モニタリング〖monitoring〗〔名〕スル 監視すること。観察し、記録すること。

モニタリング-ポスト〖monitoring post〗大気中の放射線量を自動観測する設備。

モニュマン〖フランス monument〗➤モニュメント

モニュメンタル〖monumental〗〔形動〕記念すべきさま。歴史的に意義のあるさま。「—な作品」

モニュメント〖monument〗❶記念建造物。記念碑・記念像など。❷遺跡。❸不朽の業績。金字塔。

モニュメント-バレー〖Monument Valley〗米国アリゾナ州北東部とユタ州南東部にまたがる景勝地。荒涼とした大地に、メサやビュートといわれる風化・浸食によって形成された台地や岩山が点在する。モニュメント(記念碑、遺跡)が並んでいるように見えることからその名が付いた。西部劇をはじめとする数多くの映画撮影の舞台として知られる。

モニリア-しょう【モニリア症】《ドイツ Monilia》カンジダ症の異称。

も-ぬけ【×蛻┊×裳▽脱け┊藻抜け】蟬や蛇が脱皮すること。また、そのぬけがら。〔補説〕「藻抜け」は当て字。

もぬけ-の-から【×蛻の殻】❶蟬や蛇のぬけがら。もぬけ。❷人の抜け出たあとの寝床や住居。「捜査員が踏み込んだ時には、部屋はすでに—だった」❸魂の抜け去った体。死体。

も-ぬ・ける【×蛻ける】〔動カ下一〕〔文〕もぬ・く〔カ下二〕❶抜けて外へ出る。抜ける。脱する。「新妻の事でも想像して魂が—・けたな」〈有島・クララの出家〉❷蟬や蛇が外皮を脱ぐ。脱皮する。「—・けたる虫の殻などのやうに」〈源・若菜下〉

モネ〖Claude Monet〗[1840〜1926]フランスの画家。印象派の代表画家。同派の呼称は、その作品「印象-日の出」に由来する。ほかに「睡蓮」など。

モネル-メタル〖Monel metal〗ニッケルと銅との合金の一種の商標名。ニッケル63〜70パーセント、銅24〜30パーセント、少量の鉄・マンガン・珪素などを含む。米国のA゠モネルが発明。耐食性にすぐれ、精密機械・化学装置などに使用。

モネロン-とう【モネロン島】《ロシア Ostrov Moneron》海馬島のロシア語名。

モネンバシア〖Monemvasia〗ギリシャ、ペロポネソス半島南東端にある町。旧市街は断崖に囲まれた小島に築かれ、新市街がある本土と1本の橋で結ばれる。6世紀に東ローマ帝国により要塞化され、海上交易の中継地として発展した。ベネチア共和国時代はマルバシアと呼ばれ、クリストエルコメノス教会、クリサフィティッサ教会などイタロ(イタリア風)ビザンチン様式の建物が残っている。現代ギリシャを代表する詩人ヤニス゠リッツォスの生地。

もの【物】㊀〔名〕❶空間のある部分を占め、人間の感覚でとらえることのできる形をもつ対象。㋐物体。物品。「ごつごつした—に手が触れる」「山の上に光る—がある」㋑商品。また、その質。品質。「同じような—が大量に出回る」「高いが—はよい」㋒着物。衣服。「白っぽい—を着る」㋓食物。「歩きながら—を食う」「—がのどを通らない」㋔民法で、有体物。権利の客体となりうるもの。❷人間が考えることのできる形のない対象。㋐何かの事柄・物事。「—の役に立つ」「—を思う」「恋という—」㋑ことば。「あきれて—も言えない」㋒文章。また、作品。「—を書くのを商売にする」「この作品は十年前に描かれた—だ」㋓学問。「己れは此様な無学漢だのにお前は—が出来るからね」〈一葉・たけくらべ〉㋔物事の筋道。道理。理屈。「—の順序をわきまえる」❸妖怪・怨霊など、不可思議な霊力をもつ存在。「—に憑かれる」「—の怪」❹(「…のもの」の形で)所有している物品・事物。所有物。「会社の—を私する」「その企画は彼の—だ」❺他の語句を受けて、その語句の内容を体言化する形式名詞。㋐判断などを強調して示す。「負けたのがよほどくやしかった—と見える」「何をされるかわかった—じゃない」㋑感動する気持ちを強調して示す。「二人とも大きくなった—だ」「悪いことはできない—だ」㋒(「…するものだ」の形で)それが当然であるという気持ちを示す。「先輩の忠告は聞く—だ」「困ったときは助け合う—だ」㋓(「…したものだ」の形で)過去を思い出してなつかしむ気持ちを示す。「あの店にはよく二人で行った—だ」❻名詞の下に付いて複合語をつくる。㋐その種類にはいる品物・作品の意を表す。「SF—」「現代—」㋑それに相当するもの、それだけの価値のあるもの、などの意を表す。「冷や汗—」「表彰状—」➡もの〔助詞〕➡ものか〔連語〕➡ものかな〔連語〕➡ものかは〔連語〕➡ものから〔接助〕➡ものぞ〔連語〕➡もので〔接助〕➡ものなら〔接助〕➡ものの〔接助〕➡ものゆえ〔接助〕➡ものを〔助詞〕㊁〔接頭〕形容詞や形容動詞の語幹に付く。❶なんとなくそのような状態であるという意を表す。「—悲しい」「—寂しい」「—静か」❷いかにもそうであるという意を表す。「—めずらしい」「—すさまじい」

〔一句〕縁は異なもの味なもの・自家薬籠中の物・人は見かけによらぬもの・故郷は遠きにありて思うもの・銘の物・薬籠中の物

〔類語〕物体・物質・物品・品物・品

物が無・い ❶身も蓋もない。風情がなくつまらない。❷命がない。

物が分か・る 道理や理屈がよくわかる。「—・る人に相談する」「—・らない年齢でもあるまい」

物其の平らを得ざれば則ち鳴る 《韓愈「送孟東野序」から》物は水平でないと動いて音を出す。人も心が平安でないとそれを口に出すものだ。

物ともせず 問題にもしない。なんとも思わない。「周囲の反対を—ひたすら意志を通した」

物ならず たいしたことではない。問題ではない。「大の男も—」〈曽我・一〉

物に当た・る 物に突き当たるほど慌てふためく。「—・りて喜び給ふこと限りなし」〈今昔・二二・八〉

物に・する ❶物事を完成させる。成し遂げる。また、成し遂げて自分のものにする。「作品を—・する」「英会話を—・する」❷自分のものにする。手に入れる。「勝利を—・する」「口説いて—・する」

物にな・る ❶物事が完成する。また、物事が成就する。「あの研究は—・りそうですか」❷ひとかどの人物になる。「将来—・りそうな若者」

物に似・ず 他に比べるものがない。たとえようもない。「かなしきこと—・ず」〈大和・一四八〉

物にもあら・ず 物の数でもない。問題にならない。「右の大臣の御勢ひは—・ず押され給へり」〈源・桐壺〉

物は言いよう 同じことでも言い方によって、よくも悪くも印象が変わる。

物は考えよう 物事は考え方しだいで、よくも悪くも受け取ることができる。

物は相談 ❶物事は相談してみるものである。人と相談すれば、思わぬ名案が浮かぶこともあるということ。❷相談を持ち掛けるときなどに呼び掛ける言葉。「—だが、代わりに君が行ってはくれないか」

物は試し 物事はやってみなければ、その成否やよしあしはわからない。実際に試してみるのがよいということ。

物は使いよう 物は使い方ひとつで、役に立ったり立たなかったりするものである。

物は宜しき所有り材は施す所有り 《「韓非子」揚権から》物にはそれ相応の使い道がある。人材も、適した地位や仕事を与えなければ役に立たない。適材適所ということ。

物参・る ❶食事を差し上げる。「女房八人—・る」〈栄花・初花〉❷《「まいる」は「食う」の尊敬語》食事を召し上がる。「大将のおとどまかで、—・りなどするほどに」〈宇津保・内侍督〉

物も言いようで角が立つ それほどでないことでも、その話し方によって、相手の感情を傷つけることがある。

物も覚え・ず どうしてよいかわからない。正気でない。夢中である。「人の言ふままに—・で歩み給ふ」〈源・玉鬘〉

物を言・う ❶言葉を発する。話をする。「目は口ほどに—・う」❷効果を発揮する。効き目がある。「最後は実力が—・う」

物を言わ・せる その物事を役立てる。威力を発揮させる。「金に—・せる」

もの【者】《「物」と同語源》人。多く、他の語句による修飾を受ける。卑下・軽視する場合や、改まった場合に用いられる。「店の—に言いつけてください」「土地の—に任せる」「持てる—の悩み」

〔一語〕愛嬌者・暴れ者・荒くれ者・慌て者・悪戯者・一刻者・一徹者・田舎者・浮かれ者・うっかり者・空け者・浮気者・偉る者・おいそれ者・御尋ね者・御店者・御調子者・戯け者・思い者・愚か者・囲い者・果報者・変わり者・利け者・気紛れ者・切れ者・曲者・食わせ者・剛の者・極道者・困り者・小者・晒し者・然る者・仕合わせ者・強か者・確り者・忍びの者・邪魔者・洒落者・小心者・小身者・痴れ者・好き者・拗ね者・粗忽者・只者・立て者・戯け者・手の者・道化者・道楽者・流れ者・亡き者・慰み者・何者・怠け者・ならず者・成り上がり者・偽者・似た者・人気者・除け者・のら者・馬鹿者・働き者・日陰者・引かれ者・独り者・捻くれ者・無精者・不束者・回し者・昔者・無宿者・無法者・やくざ者・厄介者・余計者・余所者・与太者・利口者・律義者・若い者・若者・渡り者・笑われ者・悪者

〔類語〕人・方・奴・人間・人類・人倫・万物の霊長・考える葦・米の虫・ホモサピエンス・人物・人士・仁

モノ〖mono〗他の外来語の上に付いて、単一の、単独の、の意を表す。「—レール」

もの ㊀〔接助〕口語では活用語の終止形、文語では活用語の連体形に付く。順接の確定条件を表す。…(だ)から。…ので。「ゆくゆくは社長となる人です—、しっかりしているわ」「彼は努力家だ—、きっと成功する」「わしもこなさんの女房ぢゃ—、何の忠義を忘れませうぞ」〈伎・幼稚子敵討〉㊁〔終助〕❶活用語の終止形に付く。多く「だって」「でも」と呼応して用いる。現代では多く女性や子供の間で使われるが、時に撥音化して「もん」となることもある。㋐不平・不満・恨みの意を込めながら、相手の自分に対する非難に対し、根拠や理由を示し、反駁、訴え、甘えなどの気持ちを表す。「だって時間がないんです—」「でもお父さんがそうおっしゃったんです—」㋑(「ものね」「ものな」などの形で)詠嘆の意をこめて理由を表す。「でもあなたと私とでは考え方も違います—ね」「なるほど、それは彼のお得意だ—な」❷文末で、活用語の連体形に付く。㋐逆接的な気持ちを込めて詠嘆する意を表す。…のになあ。…のだがなあ。「我が持てる三つあひに搓れる糸もちて付けてまし—今そ悔やしき」〈万・五一六〉㋑順接の確定条件を含み、詠嘆・感動の意を表す。…だからなあ。「もっともぢゃ、もっともぢゃ、道具屋の娘ぢゃ—と」〈浄・卯月の潤色〉**補説**上代の「もの」は形式名詞から、近世以後の「もの」は終助詞「ものを」の音変化したものという。

もの-あい【物▽間】物と物との間。また、その距離。「障子の隙間—のそよともするを」〈謡・熊坂〉

もの-あき【物飽き】物事に飽きること。「—と見えて奉書のたばこ入れ」〈柳多留・一一〉

もの-あげば【物揚げ場】船の荷を陸に揚げる場所。「—のような空地にも」〈荷風・牡丹の客〉

もの-あたらし・い【物新しい】〔形〕図ものあたら・し〔シク〕なんとなく新しい。「模様替えした部屋を—い感じで眺める」

もの-あつかい【物扱ひ】物事を取り扱うこと。また、世話をやくこと。おせっかい。「いで、あなあぢきなの—や」〈源・若菜上〉

モノアミン〖monoamine〗アミノ基を1個含む分子。ドーパミン・セロトニン・ノルアドレナリン・アドレナリンなどの生理活性物質がある。

ものあら-がい【物洗貝】モノアラガイ科の巻き貝。池沼・小川にすみ、水草に付着。貝殻は卵形で殻高約2.5センチ、ごく薄くて淡褐色。殻口は広い。時々水面に浮かび、空気呼吸をする。小形のものはヒメモノアラガイで、ともに肝蛭の中間宿主。

もの-あらそい【物争い】物事を争うこと。争い。いさかい。「藤十郎が美しいか、歌妓のお梶が美しいかと云う—」〈菊池寛・藤十郎の恋〉

もの-あわせ【物合(わ)せ】左右に分かれて物を比べ合わせ、その優劣を競う遊びの総称。歌合わせ・根合わせ・香合わせ・絵合わせなど。

もの-あわれ【物哀れ】〔名・形動ナリ〕なんとなくあわれであること。しみじみした感興を誘うこと。また、そのさま。「何ばかりのことにもあらぬに、折から—にて」〈源・賢木〉

もの-あんじ【物案じ】〔名〕スル 物事を思案すること。心配すること。「窓の側で—していたお夏が云った」〈白鳥・牛部屋の臭ひ〉

もの-いい【物言い】❶物を言うこと。また、物の言い方。言葉遣い。「ていねいな—をする」「—に気をつける」❷言い合い。口論。「追出されて来ましたというから、—でもしてきた事と思ったのだ」〈左千夫・春の潮〉❸異議を口に出すこと。特に相撲で、行司の勝負判定に、審判委員や控え力士が異議を申し入れること。「—がつく」❹うわさ。とりざた。「人の—さがなさよ」〈源・帚木〉❺話がうまいこと。また、その人。「限りなき—も、定めかねて」〈源・帚木〉
類語弁舌・言い回し・弁・口

ものいい-とぎ【物言ひ×伽】そばにいて話し相手をすること。また、その人。「この六人を請け出して、これにゐらるる人々の—」〈浄・博多小女郎〉

もの-い・う【物言う】〔動ワ五(ハ四)〕❶言葉を口に出す。話す。「—うのさえおっくうだ」❷よい結果を生むのに効果がある。「金が—う世の中」❸気のきいたことを言う。「この言葉何とにはなけれども、—ふやうにぞ聞こえたる」〈土佐〉❹男女がねんごろになる。「昔、—ひける女に」〈伊勢・三二〉**類語**語る・しゃべる・口を利く・伝える・告げる・言う・述べる・物語る・打ち明ける・明かす・説明する・述懐する・告白する・口外する・他言する・言い出す・発言する・口にする・吐く・漏らす・口走る・抜かす・ほざく・うそぶく

物言う花　《物の意味を解し、話をする花の意》美人。美女。解語の花。「飛鳥山に—を見る書生の運動会」〈逍遥・当世書生気質〉

物言えば唇寒し秋の風　《芭蕉の句から》人の短所を言ったあとは、後味が悪く、寂しい気持ちがする。転じて、何事につけても余計なことを言うと、災いを招くということ。

物言わぬ花　美人を「物言う花」というのに対して、草木の花。「—もをかしからず」〈浮・曲三味線・一〉

ものいう-かぶぬし【物言う株主】上場企業の経営に自らの考えを表明して積極的に関わる株主。株主総会で独自の議案を提出したり、役員などを送り込んだりして経営改革を迫ることもある。アクティビスト。

ものい-うま【物射馬】犬追物や笠懸など、騎射に慣れた馬。下地馬。

ものい-ぐつ【物射×沓】騎射用の沓。なめし革で作り、黒漆を塗り、つま先をしぼって襞を設ける。

もの-いまい【物忌まひ】《「いまい」は動詞「い(忌)まう」の連用形から》「ものいみ」に同じ。「いはふこの戸をとは、—する心なり」〈仙覚抄・一四〉

もの-いみ【物忌(み)】〔名〕スル ❶神事などのため、ある期間、飲食・言行などを慎み、沐浴をするなどして、心身のけがれを除くこと。潔斎。斎戒。❷夢見の悪いときや、けがれに触れたとき、また、暦の凶日などに、家にこもるなどして身を慎むこと。「いと恐ろしく占ひたる—により、京の内をさへ去りて慎むなり」〈源・浮舟〉❸❷のしるしとして柳の木札や忍ぶ草などに「物忌」と書いて冠や簾などに掛けたもの。平安時代に盛行した。物忌みの札。「母屋の簾はみな下ろしわたして、—など書かせてつけたり」〈源・浮舟〉❹伊勢神宮をはじめとして香取・鹿島・春日・賀茂などの大社に仕えた童男・童女。「神主一等ばかり留りたりし」〈神皇正統記・応神〉

もの-いり【物入り】〔名・形動〕費用のかかること。また、その費用。「今月は—なことが多い」**類語**支出

もの-いれ【物入れ】物を入れておく所。

もの-う・い【物憂い|×懶い】〔形〕図ものう・し〔ク〕❶なんとなく心が晴れ晴れしない。だるくておっくうである。「—い気分」❷苦しい。つらい。「一夜を明かす程だにも、旅宿となれば—きに」〈太平記・二〉
派生ものうげ〔形動〕ものうさ〔名〕
類語悲しい・物悲しい・うら悲しい・せつない・つらい・痛ましい・哀れ・哀切・悲愴・悲痛・沈痛・苦しい・憂い・耐えがたい・しんどい・苦痛である・やりきれない・たまらない・遣る瀬ない

もの-うじ【物×倦じ】「ものうんじ」の撥音の無表記。「あはれと思ひし人の、—してはかなき山里に隠れゐにけるを」〈源・玉鬘〉

もの-うたがい【物疑ひ】疑って嫉妬すること。「かくわりなき—はせよ」〈源・帚木〉

もの-うち【物打ち】太刀などで物を切るとき、その物に触れて、最もよく切れる部分。先端から10センチほどの部分。切っ先三寸。ものうちどころ。

もの-うと・し【物疎し】〔形ク〕なんとなくいとわしい。どこか親しめない。「もし、賢女あらば、それも—く、すさまじかりなん」〈徒然・一〇七〉

もの-うらみ【物恨み】嫉妬して、うらむこと。「まだきに騒ぎて、あいなき—し給ふな」〈源・若菜上〉

もの-うらめ・し【物恨めし】〔形シク〕なんとなくうらめしい。「つれなくて過ぐる月日を数へつつ—しき暮れの春かな」〈源・竹河〉

もの-うらやみ【物羨み】なんとなくうらやましく思うこと。「—し、身のうへなげき」〈枕・二八〉

もの-うり【物売り】街頭に立ったり、持ち歩いたりして品物を売ること。また、その人。

もの-うんじ【物×倦じ】物事に疲れて飽きること。「思はざりし人の、はかなき—をして」〈源・蛍〉

もの-えんじ【物怨じ】「物恨み」に同じ。「—をいたくしはべりしかば」〈源・帚木〉

モノー〖Jacques Lucien Monod〗［1910〜1976］フランスの分子生物学者。細菌の適応酵素を研究。たんぱく質生成の遺伝的制御を解析し、フランソワ=ジャコブとともにオペロン説を提唱。1965年、ノーベル生理学医学賞を受賞。著「偶然と必然」。

もの-おき【物置】当面必要としない器具などを入れておく場所。また、そのための小屋。**類語**納屋・倉

もの-おじ【物▽怖じ】〔名〕スル 物事をこわがること。「—しない性質」**類語**人おじ

もの-おしみ【物惜しみ】〔名〕スル 物を使ったり、与えたりするのを惜しむこと。けち。「—して貸さない」
類語愛惜・未練

もの-おそろし・い【物恐ろしい】〔形〕図ものおそろ・し〔シク〕なんとなく恐ろしい。「—い吠え声」**派生**ものおそろしげ〔形動〕ものおそろしさ〔名〕
類語そら恐ろしい・怖い・恐ろしい・おっかない・おどろおどろしい・気味悪い・無気味・不安・恐れる・心配・懸念・危惧・危懼・疑懼・恐れ・胸騒ぎ・気がかり・心がかり・不安心・心細い・心許ない・憂い・危なっかしい・おぼつかない

もの-おと【物音】何かの物が立てる音。「—がやむ」「——つしない」
類語音・音声・音・音・音色・楽音・サウンド

もの-おどろき【物驚き】物事に驚くこと。「何だってそう気が小さくって、—をするんだなあ」〈鏡花・化銀杏〉

もの-おぼえ【物覚え】物事を覚えること。記憶。また、その力。「—がよい」「—が悪くなる」
類語記憶・覚え・覚える・聞き覚え・見覚え

もの-おぼ・ゆ【物覚ゆ】〔動ヤ下二〕❶意識がしっかりしている。正気である。「—えずなりて、またいみじう泣かるれば」〈かげろふ・上〉❷物心がつく。「—えてのち、さることをこそまだ見侍らね」〈大鏡・道長上〉

もの-おもい【物思い】あれこれと考えること。また、思いわずらうこと。「—に沈む」「—にふける」**類語**考え事・思案・考え・心配

もの-おも・う【物思う】〔動ワ五(ハ四)〕物思いにふける。あれこれと思いわずらう。「—う年ごろになる」

もの-おもわし・い【物思わしい】〔形〕図ものおもは・し〔シク〕物思いをするようすである。気がかりがあってふさぎこんでいる。「—い顔つき」**派生**ものおもわしげ〔形動〕ものおもわしさ〔名〕

モノーラル〖monaural〗▶モノラル

ものか〔終助〕《連語「ものか❶」から》連体形に付く。きっぱりと否定する意を表す。「君などに負ける—」「二度と来る—」**補説**くだけた話しことばでは「もんか」ともなるが、ともに改まった場や、目上の人に対しては用いない。ていねいに言うときは「ものですか」となる。

もの-か〔連語〕《形式名詞「もの」+係助詞「か」》❶意外なことに感動したり、驚いたりする意を表す。「なるほどそういう—」「世の中は数なき—」〈万・三九六三〉❷反語の意を表す。「かくけしからぬ心ばへはつかふ—」〈源・帚木〉

もの-かき【物書(き)】❶文章を書くこと。また、それを職業とする人。❷文書・記録を書く役。書き役。書記。「南部に便宜の—して居たりける程に」〈盛衰記・二九〉

もの-がくし【物隠し】《「ものかくし」とも》物事をつつみ隠すこと。「御—、なほあらじの御言葉などは」〈宇津保・楼上上〉

もの-かげ【物陰】物に隠れて見えない所。物の陰になっている部分。「—に身をひそめる」**類語**陰・日陰

もの-かげ【物影】物の姿。物の形。また、何かの姿。「視界の隅で—が動いた」

もの-がしら【物頭】❶頭だつ役。長。かしら。「お家の掟を知らずんば、なぜ—には伺はぬ」〈浄・反魂香〉❷「武頭」に同じ。「よき—をまことに幾人も申しつけ」〈甲陽軍鑑・三七〉❸能楽で、頭にいただくかぶり物。かしら。「—を本にして働けば、面白き便りあり」〈花伝・二〉

もの-かず【物数】❶品物の数。品数。また、数の多いこと。❷特に数えたてるに値すること。物の数。「—にも入らない」❸言葉数。口数。「—にしていふにはあらねど」〈読・八犬伝・四〉

もの-がた・い【物堅い】〔形〕図ものがた・し〔ク〕物事に慎み深く律義である。実直で義理堅い。「—い人」**派生**ものがたさ〔名〕

もの-がたら・う【物語らふ】〔動ハ四〕語り合う。「かのまめ男うち—ひて帰り来て」〈伊勢・二〉

もの‐がたり【物語】〔名〕スル ❶さまざまの事柄について話すこと。語り合うこと。また、その内容。「世にも恐ろしい━」❷特定の事柄の一部始終や古くから語り伝えられた話をすること。また、その話。「湖にまつわる━」❸文学形態の一。作者の見聞や想像をもとに、人物・事件について語る形式で叙述した散文の文学作品。狭義には、平安時代の「竹取物語」「宇津保物語」などの作り物語、「伊勢物語」「大和物語」などの歌物語を経て、「源氏物語」へと展開し、鎌倉時代における擬古物語に至るまでのものをいう。広義には歴史物語・説話物語・軍記物語を含む。ものがたりぶみ。❹歌舞伎・人形浄瑠璃の演出の一。また、その局面。時代物で、立ち役が過去の思い出や述懐を身振りを交えて語るもの。類語(❶❷)話・叙事・ストーリー・お話・作り話・虚構・フィクション・説話・小説・口碑・伝え話・昔話・民話・伝説・言い伝え

ものがたり‐あわせ【物語合(わ)せ】物合わせの一。左右の組に分かれ、珍しい物語や新作の物語に歌などを添えて出し合い、その優劣を競う遊び。

ものがたり‐え【物語絵】平安時代に発達した、物語に絵を添え、また興趣のある場面だけを取り出して絵画化したもの。

ものがたり‐ぶみ【物語▽書】「物語❸」に同じ。

もの‐がた・る【物語る】〔動ラ五(四)〕❶ある事柄について話をする。あるまとまった話をする。「寺の縁起を━・る」❷ある事実が、事情をよくあらわす。「往時の繁栄を━・る出土品」可能ものがたれる
類語言い表す・表する・話す・語る・しゃべる・物言う・口を利く・伝える・告げる・言う・述べる・打ち明ける・明かす・説明する・述懐する・告白する・口外する・他言する・言い出す・発言する・口に出す・口にする・吐く・漏らす・口走る・抜かす・ほざく・うそぶく

もの‐かな〔連語〕《形式名詞「もの」＋終助詞「かな」》活用語の連体形に付く。感動・詠嘆を表す。…ものだなあ。…ことよ。「あはれ、その人の子をば持つまじかりける━」〈平家・二〉

もの‐がなし・い【物悲しい】〔形〕文ものがな・し〔シク〕なんとなく悲しい。「━・い気分になる」派生ものがなしげ〔形動〕ものがなしさ〔名〕
類語悲しい・寂しい・うら悲しい・せつない・つらい・痛ましい・哀れ・哀切・悲愴・悲痛・沈痛・もの憂い・苦しい・憂い・耐えがたい・しんどい・苦痛である・やりきれない・たまらない・遣る瀬ない

もの‐かは〔連語〕《形式名詞「もの」＋連語「かは」》活用語の連体形、一部の助詞に付く。❶(多く「…もものかは」「…はものかは」の形で)ものともしない。物の数ではない。なんでもない。そっちのけにする。「世間の非難も━政策を断行する」「待つ宵のふけゆく鐘の声聞けばかへるあしたの鳥は━」〈平家・五〉❷終助詞的に用いる。㋐強い反語の意を表す。…だろうか、いやそうではない。…ことはない。「すべて、月、花をば、さのみ目にて見る━」〈徒然・一三七〉㋑強く驚き感動する意を表す。…ものではないか。…ことよ。「この矢あたれと仰せらるるに、同じものを中心にはあたる━」〈大鏡・道長上〉

モノガミー〔monogamy〕一夫一婦。単婚。⇔ポリガミー

ものから〔接助〕《形式名詞「もの」＋格助詞「から」から》活用語の連体形に付く。❶逆接の確定条件を表す。…けれども。…のに。…ものの。「月は有明にて光をさまれる━、影さやかに見えて、なかなかをかしきあけぼのなり」〈源・帚木〉❷理由・原因を表す。…ものだから。…ので。「菟道の王…みづから宝算を断たせ給ふ━、やんごとなくて兄の皇子御位につかせ給ふ」〈読・雨月・白峯〉補説❷は「から」からの類推により中世末に生じ近世擬古文に多く用いられる用法。

もの‐がら【物柄】人や物の質。「費えもなくて、━のよきがよきなり」〈徒然・八一〉

モノカルチャー〔monoculture〕❶一種類の作物だけを栽培すること。単作。❷特定の生産品にだけ依存する経済構造。転じて、単一的な文化にもいう。

モノカルチュア〔monoculture〕▶モノカルチャー

もの‐ぎ【物着】❶衣服をつけること。❷能で、1曲の途中に演者が舞台上で装束の一部をかえたり、冠・烏帽子などをつけたりすること。

もの‐ぎき【物聞き】ようすをさぐり聞くこと。また、その人。「━に、宵より寒がりわななきをりけるげす男」〈枕・二五〉

もの‐きこ・ゆ【物聞こゆ】〔動ヤ下二〕「物言う」の謙譲語。お話し申し上げる。「人の御もとに忍びて━・えて」〈伊勢・一二〇〉

ものぎ‐の‐あいかた【物着の合方】歌舞伎下座音楽の一。主に時代物で、舞台上で着替えたり鎧をつけたりする際に、大鼓・小鼓入りで演奏する合方。

ものき‐ぼし【物着星】指の爪にできる白い斑点。女性などが衣服を得る前兆として喜ぶのでいう。「━形見をもらふ情なさ」〈柳多留・二三〉

もの‐きよ・し【物清し】〔形ク〕なんとなくきれいである。さっぱりしている。また、潔白である。「━・き御なからひなり」〈栄花・初花〉

もの‐きれ【物切れ】よく切れる刃物。切れ物。「かやうなる━はござるまい」〈虎明狂・武悪〉

もの‐ぎわ【物際】❶物事の行われる間際。せとぎわ。「はやりて鑓を入れば、━にて精が抜けて」〈三河物語・上〉❷盆・正月などの直前の忙しい時期。「━近づくころ」〈風俗文選・四季辞〉

もの‐ぐさ【物臭・×懶】〔名・形動〕《古くは「ものくさ」》めんどうがること。また、その性質・人や、そのさま。無精。「━をする」「━な態度」
類語ずぼら・ぐうたら・だらしない

もの‐ぐさ【物▽種】物事の材料。物事のたねとなるもの。「桜花わが宿にのみありと見ばなき━は思はざらまし」〈拾遺・雑春〉

もの‐ぐさ・い【物臭い・×懶い】〔形〕文ものぐさ・し〔ク〕《古くは「ものくさい」》❶おっくうで気が進まない。めんどうである。「━・いようすで机に向かう」❷気分がすぐれない。からだのぐあいが悪い。「━・くなりて死ぬべき時に」〈仮・仁勢物語・上〉❸なんとなく怪しい。「━・いこの屏風の内」〈伎・染替蝶桔梗〉派生ものぐさげ〔形動〕ものぐささ〔名〕

ものくさたろう【物くさ太郎】室町時代の御伽草子。2巻。作者・成立年ともに未詳。信濃国の物くさ太郎という無類の不精者が、皇族の末で善光寺如来の申し子とわかって出世し、死後はおたが(穂高)大明神となる。おたがの本地。

もの‐ぐら・し【物暗し】〔形ク〕薄暗い。「━・うなりて、文字も書かれずなりにたり」〈能因本枕・三二一〉

モノグラフ〔monograph〕ある一つの問題について書かれた研究論文。

モノグラフィー〔ドイツ Monographie｜フランス monographie〕▶モノグラフ

モノグラム〔monogram〕姓名の頭文字などを組み合わせて図案化したもの。商標や、署名の代用などにする。組み字。

モノクル〔monocle〕片めがね。単眼鏡。

もの‐ぐるい【物狂い】《古くは「ものくるい」》❶正気でなくなること。狂気。「海棠の露をふるうや━」〈漱石・草枕〉❷神がかること。また、その人。「この━走りまはってひろひ集め」〈平家・二〉❸能・狂言などで、子や夫と別れるなどの精神的打撃により一時的に興奮状態に陥って、歌舞・物まね芸を演じること。また、その人。

ものぐるい‐のう【物狂い能】能の分類の一。物狂いが主人公の現在能で、女物狂いと男物狂いとがある。四番目物に属する。「隅田川」「班女」「蘆刈」など。狂乱物。狂い物。

もの‐ぐるおし・い【物狂おしい】〔形〕文ものぐるほ・し〔シク〕何かにとりつかれて正気を失っているようである。また、気が変になりそうである。「━・く感じられるほど魅力的な女性」「━・い思い」派生ものぐるおしげ〔形動〕ものぐるおしさ〔名〕

もの‐ぐるわし・い【物狂わしい】〔形〕文ものぐるは・し〔シク〕「ものぐるおしい」に同じ。「━・い羽搏きをしているが」〈堀辰雄・風立ちぬ〉

モノクロ「モノクローム」の略。「━フィルム」

モノクローナル‐こうたい【モノクローナル抗体】《monoclonal antibody》単一の抗体を産生する細胞のクローンから得られ、一種類の抗原決定基とだけ反応する抗体。抗体を産生するB細胞と増殖能力をもつ腫瘍細胞とを細胞融合させてハイブリドーマを作り、培養して多量に得られる。病因となる抗体の解明などに利用。単一クローン抗体。

モノクローム〔monochrome〕❶単一の色彩で描かれた絵画。単色画。単彩画。❷画面が白黒の写真・映画・テレビ。モノクロ。⇔カラー。

モノクロ‐にちがぞう【モノクロ二値画像】▶バイナリー画像

モノクロメーター〔monochromator〕分光器の一。白色光や複合光などをプリズムや回折格子で分散させ、任意の波長成分のみを単色光として分離する。単色計。単色光器。

ものげ‐な・し【物気無し】〔形ク〕それと認めるほどのものでもない。たいしたこともない。「懸想人の、いと━・き足もとを見つけられてはべらむ時」〈源・夕顔〉

もの‐ごい【物乞い】〔名〕スル 他人に物を恵んでくれるように頼むこと。また、その人。乞食。

もの‐こいし・い【物恋しい】〔形〕文ものこひ・し〔シク〕なんとなく恋しい。「どことはなく━・いような心持がする」〈三重吉・桑の実〉

モノコード〔monochord〕両端を固定して1本の弦を張った単弦器。振動を利用して楽器として、あるいは音の実験に用いる。

もの‐ごころ【物心】世の中の物事や人間の感情などについて理解できる心。分別。
物心が付・く　幼児期を過ぎて、世の中のいろいろなことがなんとなくわかりはじめる。「━・くころからピアノを習っている」

もの‐こころぼそ・し【物心細し】〔形ク〕なんとなく心細い。「━・く、例ならぬ心地なむするを」〈源・薄雲〉

も‐の‐こし【×裳の腰】裳の紐。裳の腰に付いている飾りの紐。大腰・小腰・引腰・懸帯などある。「萌黄の━」〈栄花・歌合〉

もの‐ごし【物越し】間に物を隔てていること。物を隔てて何かをすること。「━に話をする」

もの‐ごし【物腰】人に接するときの、言葉遣いや身のこなし。「━の柔らかい人」類語こなし・身ごなし

モノコック〔monocoque〕自動車・航空機胴体などで、外殻部材全体で荷重を受けるもの。一体構造。

モノコック‐ボディー〔monocoque body〕自動車で、フレームがなく、それ自体で外力を受けもつ構造の車体。フレームレスボディー。単体構造車体。

もの‐ごと【物事】物と事。もろもろの物や事柄。「━の加減を知る」「━の順序をわきまえる」
類語事・事柄・事物

もの‐ごのみ【物好み】えり好みをすること。また、物好きであること。「━の激しい人」

もの‐ごり【物懲り】物事にこりること。こりごりすること。「危ふかりし━に、いかにせむとおぼしわづらへど」〈源・夕顔〉

もの‐ごわ・し【物▽強し】〔形ク〕なんとなくかたくるしい。なんとなくうちとけない。「すくよかに言ひて、━・きさまし給へれば」〈源・若紫〉

もの‐さし【物差(し)｜物指(し)】❶物の長さを測る用具。竹・金属・プラスチック製などがあり、長さの単位の目盛りがつけてある。さし。「━を当てる」❷物事を評価するときの基準。尺度。「普通の━でははかれない人物」類語基準・標準・尺度・水準・レベル・規準・定規・本位

もの‐さだめ【物定め】物事のよしあしを判定すること。品定め。「馬頭、━の博士になりて、ひひらきゐたり」〈源・帚木〉

もの‐ざね【物▽実】物事のもとになるもの。物の種。「後に生れし五柱の男子は、━我が物によりて、成れり」〈記・上〉

もの‐さびし・い【物寂しい｜物×淋しい】〔形〕文ものさび・し〔シク〕なんとなくさびしい。うらさびしい。

「—・い光景」(派生)ものさびしげ〔形動〕ものさびしさ〔名〕(類語)寂しい・さみしい・心寂しい・心寂しい・侘しい

もの-さ・びる【物▽寂びる】〔動バ上一〕(文)ものさ・ぶ〔バ上二〕どことなく古びてみすぼらしい感じがする。また、古びて趣がある。「—・びた社」

もの-さび・れる【物寂れる】〔動ラ下一〕なんとなくさびれた感じになる。「—・れた町はずれ」

もの-さわがし・い【物騒がしい】〔形〕(文)ものさわが・し〔シク〕❶なんとなく騒々しい。「—・い場内」❷世の中などの状態が穏やかでない。物騒である。「発砲事件が頻発して—・い」❸なんとなくあわただしい。せっかちである。「その事待たん、ほどあらじ。—・しからぬやうに」〈徒然・五九〉

もの-さわに【物▽多に】〔枕〕官庫には物が多くある意から、地名の「大宅」にかかる。「—大宅過ぎ」〈武烈紀・歌謡〉

もの-し【物仕┆物師】❶物事をよく心得てする人。また、世事になれた人。巧者。「いみじき—ぞ、まろは」〈落窪・一〉❷裁縫で仕える女の奉公人。おものし。「腰元、中居女、—を添へて」〈浮・胸算用・二〉

もの・し【物し】〔形シク〕❶いとわしい。気ざわりである。不快である。「いとすさまじう、—・し」〈源・桐壺〉❷不気味である。あやしい感じがする。「夢に—・しくみえしなどいひて」〈かげろふ・上〉

もの-しずか【物静か】〔形動〕(文)〔ナリ〕❶ひっそりとしているさま。静かなさま。「—な住宅地」❷言動が落ち着いて穏やかなさま。「—な性格」(類語)(❶)静か・閑静・静粛・静寂・沈静・清閑・しじま/(❷)大人しい・温順・柔順・従順・温柔・温良・順良・素直・穏和・おだやか・おとなしやか・控えめ・内気・優しい

もの-じたい【物自体】《ドイツ Ding an sich》カント哲学で、感官を触発して表象を生じさせることによって、われわれに現れた限りでの対象(現象)の認識を得させる起源となるが、それ自体は不可知であるもの。現象の背後にある真実在。本体。

モノシュトル-ようさい【モノシュトル要塞】《Monostori erőd》ハンガリー北西部の都市コマーロムにある要塞。19世紀に建造。堀に囲まれ、地下道が張り巡らされ、建造当初は中央ヨーロッパ最大級の要塞として知られた。現在は当時の武器や軍服などを展示する博物館になっている。

もの-しらず【物知らず┆物▽識らず】物事を知らないこと。物の道理をわきまえない人。

もの-しり【物知り┆物▽識り】広く物事を知っていること。また、その人。博識。(類語)博学・博識・生き字引・該博・博覧・有識・蘊蓄・学識・造詣・学問・教養・知識・学殖・素養・碩学・篤学・博覧強記

ものしり-がお【物知り顔】〔名・形動〕いかにも物事を知っているような顔つき。また、そのさま。「—に語って聞かせる」

もの-ずき【物好き┆物数奇】〔名・形動〕❶変わったことを好むこと。好奇心が強く、普通と違ったことを好むこと。また、その人や、そのさま。「寒中水泳とは—な人だ」❷物事に趣向を凝らすこと。また、そのものや、そのさま。「—な座敷へ通され」〈藤村・夜明け前〉❸好み。趣味。「蒔絵は五十嵐に—にまかせ」〈咄・きのふはけふ・下〉(類語)酔狂

ものずき-しゃ【物好き者】変わった趣味・趣向をもつ人。数奇者。好事家。「立石、面白いぞなあ。亭主—でおりゃる」〈鷺流狂・萩大名〉

もの-ず・く【物好く】〔動カ四〕❶好きになる。「新町の茨木屋の半太夫を—・き」〈浮・禁短気・一〉❷趣向を凝らして行う。「和田殿の大磯がよひに、頭巾の名に—・かれてより」〈鶉衣・炮烙賛〉

もの-すご・い【物▽凄い】〔形〕(文)ものすご・し〔ク〕❶ひじょうに気味が悪い。なんとも恐ろしい。「怒った顔が—・い」「断崖絶壁の続く—・い所」❷並の程度をはるかに超えている。はなはだしい。「人出が—・い」「—・い速さ」「—・くおもしろい」❸何となく恐ろしい。また、何となくさびしい。「不破関にもかかりぬれば、細谷川の水の音—・くおとづれて」〈延慶本平家・六本〉(派生)ものすごさ〔名〕(類語)むちゃくちゃ・べらぼう・すさまじい・強度・とても・激しい・非常・大層・大変・異常・極度・桁外れ・桁違い・並み外れ・格段・著しい・甚だしい・すごい・計り知れない・ひどい・えらい・途方もない・途轍もない・この上ない・筆舌に尽くしがたい・言語に絶する・並並ならぬ・極めて・至って・甚だ・頗る・至極・極・いとも・実に・まことに・大いに・いたく・ひどく・恐ろしく・すごく・滅法

もの-すさまじ・い【物▽凄じい】〔形〕(文)ものすさま・じ〔シク〕《「ものすさましい」とも》❶なんともいえず激しい。「—・い地鳴り」❷非常に恐ろしい。見る人をぞっとさせる。「—・い顔つきの鬼女」❸なんとなく興ざめがする。「今よりはかくこそはと思ひやられて、—・じくなむ」〈源・賢木〉

モノスペース-フォント〘monospace font〙▶等幅フォント

もの・する【物する】〔動サ変〕(文)もの・す〔サ変〕《ある動作をそれと明示しないで婉曲に表現する語》❶詩文などを作る。「傑作を—・する」「一句—・する」❷「ある」「居る」、また「行く」「来る」などの意を表す。「などかく怪しき所には—・するぞ」〈源・明石〉❸「言う」「食う」「書く」「与える」など、何かを行う意を表す。「心地あしみして、ものも—・したばで、ひそまりぬ」〈土佐〉

モノセイズム〘monotheism〙「一神教」に同じ。⇔ポリセイズム。

モノ-セックス《和 mono＋sex》外見・生活様式などで男女の区別がつけられないこと。ユニセックス。

もの-ぞ〔連語〕《形式名詞「もの」＋係助詞「ぞ」。古くは「ものそ」とも》❶強い断定の意を表す。…ものである。…ものだ。「これしきの寒さ、何する—」「旅にはあらはなる事もある—」〈落窪・四〉❷(多くは推量の助動詞「む」に付いて)想像する気持ちを強める意を表す。きっと…にちがいない。「まだ明かきほどに来なむ—」〈源・蛍〉

もの-ぞこない【物損なひ】物の情趣をそこなうこと。興をさますこと。「袿姿にてゐたるこそ、—にてくちをしけれ」〈枕・八三〉

モノタイプ〘monotype〙活字を1個ずつ自動的に鋳造・植字する機械。原稿に従ってキーボードで打って鑽孔テープを作り、これを活字鋳造機にかけると自動的に鋳造しながら植字するもの。

もの-だ-から〔連語〕活用語の連体形に付いて、原因・理由を表す。…ので。「君が大きな声を出す—鳥が逃げてしまった」

もの-たち【物断ち】神仏に願かけなどするとき、ある飲食物をとらないこと。茶だち・塩だちなど。

もの-たち【物裁ち】❶布地を裁つこと。また、布を裁って縫うこと。裁縫。「—などするねび御達」〈源・野分〉❷「物裁ち刀」の略。

ものたち-がたな【物裁ち刀】裁縫で、布を裁つのに使う刀。裁ち物包丁。

もの-だね【物種】❶物事のもととなるもの。ものざね。「命あっての—」❷穀物・野菜・草花などの種。たねもの。(季 春)(類語)始め・始まり・起こり・元・発端・端緒・濫觴・嚆矢・権輿・起源・根源・源・源流・本元・温床・源泉

もの-たら◦ない【物足らない】〔連語〕「ものたりない」に同じ。「どこが—◦ないかが、吾ながら不明である」〈漱石・草枕〉

もの-たり◦ない【物足りない】〔連語〕何か足りないようで不満である。どことなく不足である。ものたらない。「おかずが—◦ない」「—◦ない説明」

もの-た・りる【物足りる】〔動ラ上一〕満足する。十分である。「与えられたもので—・りる」

もの-ぢか・し【物近し】〔形ク〕まぢかである。そばちかい。「かばかりにても、—・く御声をだに聞きたてまつらむ」〈源・総角〉

モノチス〘ラテン Monotis〙中生代三畳紀後期に栄えた海生の二枚貝。貝殻は楕円状で薄く、殻頂から放射肋が走る。重要な示準化石。

もの-つき【物×憑き】❶「よりまし」に同じ。「御—に移って様々に申す事どもありて」〈盛衰記・一〇〉❷物の怪にとりつかれること。また、そのとりつかれた人。「—はすなはちさめにけり」〈太平記・三九〉

もの-づくし【物尽(く)し】歌謡などで、同じ種類の物を列挙すること。「花づくし」「国づくし」など。ものはづくし。

もの-つくり【物作り】❶小正月に、模型の農具や繭玉など予祝行事に用いる飾り物を作る行事。御作立。❷田や畑を作ること。耕作すること。また、その人。「—せし人の子供」〈浮・永代蔵・一〉

ものつくり-だいがく【ものつくり大学】埼玉県行田市にある私立大学。平成13年(2001)に開学した技能工芸学部の単科大学。

もの-つけ【物付け】鞍の後輪の四方手につけるひも。とっつけ。

もの-づけ【物付け】連歌・連句の付合手法の一。前句の中の事柄または言葉に縁を求めて付ける方法。➡詞付け ➡心付け

もの-つつま・し【物▽慎まし】〔形シク〕何となくはばかられる。何となく恥ずかしい。「たち聞き、かいまむ人のけはひして、いといみじく—・し」〈更級〉

もの-づつみ【物▽慎み】遠慮すること。控え目にすること。「世の人に似ず、—をし給ひて」〈源・夕顔〉

もので〔接助〕《形式名詞「もの」＋格助詞「で」から》活用語の連体形に付く。原因・理由を表す。…ものだから。…ので。「時間がない—、失礼する」「途中、事故があった—、遅れてしまった」(補説)「で」は断定の助動詞「だ」の連用形とも。くだけた話し言葉の中では「もんで」ともなる。

モノディ〘monody〙単旋律音楽一般をさす。狭義には、17世紀にオペラ・オラトリオ・カンタータなどに用いられた通奏低音を伴う独唱をいう。

ものですか〔終助〕否定する気持ちを丁寧にいう意を表す。「口などきいてやる—」(補説)くだけた会話では「もんですか」となる。➡ものか〔終助〕

もの-とい【物問ひ】❶物事をたずね聞くこと。安否をたずねること。「—などすれば三人ばかり、やまひごと、くぜちなどいひたり」〈かげろふ・下〉❷占い。卜占。「—、何やかやと」〈狭衣・二〉

もの-と・う【物問ふ】〔動ハ四〕うらなう。「おびただしき物のさとしどもあれば、—・はせ給ふに」〈狭衣・二〉

もの-どお・し【物遠し】〔形ク〕❶遠い。遠く離れている。「かやうの人も、おのづから—・からで、ほの見奉る」〈源・須磨〉❷よそよそしい。「いと静かに、—・きさまして おはするに」〈源・紅葉賀〉

モノトーン〘monotone〙〔名・形動〕❶単調であること。また、そのさま。一本調子。「—なリズムの音楽」❷単一色の濃淡・明暗で表現すること。

モノトーン-ルック〘monotone look〙黒・白・グレーなどの無彩色だけで構成されたスタイルのこと。

もの-とがめ【物×咎め】気にすること。とがめだてをすること。「—する犬の声絶えず」〈源・浮舟〉

モノトナス〘monotonous〙〔形動〕単調であるさま。一本調子で、変化に乏しいさま。「—な響き」

もの-ども【者共】㊀〔代〕二人称の人代名詞。目下の者に呼びかける語。おまえたち。そのほうども。「—、油断するな」㊁〔名〕多くの人たち。人々。「内教坊、内侍所のほどに、かかる—あるはやと、をかし」〈源・末摘花〉

モノドラマ〘monodrama〙ただ一人の俳優が演じる芝居。また、一人の人物の心理的変化を象徴的に表現する劇。一人芝居。独演劇。

もの-とり【物取り】他人の物を盗み取ること。また、その人。泥棒。「—に入られる」

もの-なげか・し【物嘆かし】〔形シク〕なんとなく嘆かわしい。「なほつねに—・しく、世の中、心にあはぬ心地して」〈枕・三一五〉

もの-なげき【物嘆き】心配。苦労。悲嘆。「公家、私今の—にして、しづ心なし」〈栄花・浦々の別〉

もの-な・し【物無し】〔形ク〕何にもならない。「懐酒のぬくもり燗冷めては—・しと」〈浮・御前義経記・一〉

ものなら〔接助〕《形式名詞「もの」＋断定の助動詞「だ」の仮定形「なら」から》動詞・動詞型助動詞の連

体形に付く。❶(可能の表現に付いて)実現が不可能だと思われる事柄を仮定的に示す意を表す。…ならば。「別れられる—別れたい」「逃げられる—逃げてみろ」❷(「うものなら」「ようものなら」「まいものなら」の形で)もし実現したら、好ましくない事態が起こる場合を仮定的に示す意を表す。…としたら。「うそをつこう—、とんでもない目にあうぞ」「うっかり捨てよう—、どやされるぞ」補説「ものなら」は「ものならば」の「ば」が省略された形で、うちとけた話し言葉では「もんなら」となる。

もの-なら・う【物習ふ】ものならふ〔動ハ四〕学問をする。物学ぶ。「今はわが娘—・ひつべきほどになりにたり」〈宇津保・俊蔭〉

もの-ならわし【物習はし】ものならはし 物事を習わせること。学問をさせること。「むかし仲麿なかまろをもろこしに—につかはしたりけるに」〈古今・羇旅歌・左注〉

もの-なり【物成】❶田畑からの収穫。❷江戸時代の年貢。本途物成ほんとものなりと小物成こものなりとがあったが、特に本途物成をさす。❸禄高の基礎となる年貢米の収入高。

もの-なれ【物慣れ｜物×馴れ】〔名〕スル 物事になれていること。世故せこにたけていること。「—した応対」

ものなれ-よ・る【物慣れ寄る｜物×馴れ寄る】〔動ラ四〕なれ親しんで近くに寄る。なじむ。「我も人もいとあしかるべきことと思ひ知りて—・ることもなかりけり」〈源・匂宮〉

もの-な・れる【物慣れる｜物×馴れる】〔動ラ下一〕文ものな・る〔ラ下二〕❶物事になれる。熟練する。「—・れたようすの店員」❷世事に通じる。世故せこにたけている。「—・れない青年」❸なれなれしくする。なれて親しむ。「—・れたるやうに御覧ぜられつるを」〈宇津保・あて宮〉

もの-にくみ【物憎み】にくみ嫌うこと。「かかる筋の—し給ひけり」〈源・浮舟〉

ものによせておもいをのぶる-うた【▽寄▽物▽陳▽思歌】ものによせておもひをのぶるうた 万葉集で相聞そうもんに属する歌の一類。ある物によせて間接的に心情を述べた歌。

もの-ぬし【物主】❶物の持ち主。また、多くの財産を持っている人。物持ち。❷戦陣での部隊の長。

もの-ねがい【物願ひ】ものねがひ 物事が成就するように願うこと。「苦しげなる御—かな」〈宇津保・藤原の君〉

もの-ねたみ【物妬み】あれこれと嫉妬しっとすること。「さすがに腹あしくて—うちしたる」〈源・若菜下〉

もの-ねんじ【物念じ】物事をこらえ忍ぶこと。がまんすること。「—してのどかなる人こそ、幸ひは見はてて給ふなれ」〈源・浮舟〉

もの-の【物の】〔連体〕数を表す語の上に付けて、それがほんのわずかであることを表す。たかだか。せいぜい。「—三人もいれば十分だ」「—数分で着く」

ものの〔接助〕《形式名詞「もの」＋格助詞「の」から》活用語の連体形に付く。逆接の確定条件を表す。…けれども。…とはいえ。「習いはした—、すっかり忘れてしまった」「新機軸を打ち出した—、採用はされなかった」「をかしき—、さすがにあはれと聞き給ふ節もあり」〈源・明石〉補説現代語で「ものの」は、「とはいうものの」「いいような(よかった)ものの」などの形で慣用的に用いられることが多い。

もの-の-あなた【物の▽彼▽方】❶物のあちら。物の向こう側。❷死後の世界。来世。のちの世。「—思う給へやらざりけるが」〈源・鈴虫〉

もの-の-あわれ【物の哀れ】もののあはれ ❶本居宣長が唱えた、平安時代の文芸理念・美的理念。対象客観を示す「もの」と、感動主観を示す「あわれ」との一致するところに生じる、調和のとれた優美繊細な情趣の世界を理念化したもの。その最高の達成が源氏物語であるとした。❷外界の事物に触れて起こるしみじみとした情感。「わがアントニオは又例の—というものに襲われ居れば」〈鷗外訳・即興詩人〉

もの-の-おり【物の折】もののをり 何かの機会。また、ちょうどその機会。「—など、人のよみ侍らむにも、よめなどおほせられれば」〈枕・九九〉

もの-の-かず【物の数】❶(多く打消しの語を伴って用いる)数えたてるほど価値のあるもの。問題にすべきもの。「寒さなど—ではない」「—とも思わない」❷人や物を順々に数え上げる数。「下﨟げらふは四五百千までこそ—をば知りて候へども」〈平家・五〉

もの-の-きこえ【物の聞こえ】世間の評判。世のうわさ。「—に憚りて常陸に下りしをぞ」〈源・関屋〉

もの-の-ぐ【物の具】❶道具。調度品。「—をだにとらず、深くかくれにけり」〈宇治拾遺・九〉❷武具。兵具。特に鎧よろひをいう。また、武者がそれを身につけること。「我とおもはん者共は皆—して馳せ参れ」〈平家・二〉❸公家の朝服。男子は束帯一式。女子は唐衣・裳も・表着うはぎ・打衣うちぎぬ・五衣いつつぎぬ・張袴はりばかまなどからなる一式をいう。「宮の御—めしたりし御さまなどの」〈右京大夫集・詞書〉

もの-の-け【物の▽怪｜物の気】人にとりついて祟たたりをする死霊・生き霊・妖怪の類。類語悪霊・怨霊

もの-の-こえ【物の声】もののこゑ 鳥獣の声や楽器などの音色。「今めきたる—なれば」〈源・帚木〉

もの-の-こころ【物の心】❶物事の道理。「予—を知れりしより、四十よそぢあまりの春秋をおくれるあひだに」〈方丈記〉❷物事の情趣。「少し—しるは涙落としけり」〈源・紅葉賀〉

もの-の-さとし【物の諭し】神仏のお告げ。また、前兆としての怪異・天変地異。「おほやけに—しきりてもの騒がしきこと多かり」〈源・明石〉

もの-の-し【物の師】学問・芸能などを専門として教える人。特に、歌舞音曲の師。「都の—といふ限りは迎へとりつつ」〈宇津保・吹上上〉

もの-の-じょうず【物の上手】もののじやうず 芸能の名人。芸道の達人。「況や守かみ、本より—にて」〈今昔・二八・四〉

もの-の-ついで【物の▽序で】何かをするおり。何かの物事のついで。「—に調べてみる」

もの-の-な【物の名】❶物事の名称。ぶつめい。❷和歌・連歌・俳諧で、ある事物の名称を、意味に関係なく詠み込むもの。「あしひきの山たちはなれゆく雲の宿り定めぬ世にこそありけれ」に「たちばな」を詠み込んだ類。隠し題。ぶつめい。

もの-の-ね【物の音】楽器の音。音楽。「—を聞きて、天人のくだり給へるにやあらむ」〈宇津保・俊蔭〉

もの-の-はじめ【物の初め】物事の最初。発端。「—に、罪にあたりて」〈源・須磨〉

もの-の-はずみ【物の弾み】もののはずみ ちょっとした成り行き。そのときの勢い。「—で本音を言ってしまう」

もの-の-ふ【武=士｜物▽部】❶武勇をもって主君に仕え、戦場で戦う人。武人。武者。兵つわもの。もののべ。❷(「物部」と書く)古代、朝廷に仕えた文武の官人。類語武士ぶし・侍・武者

もの-の-ふし【物の節】近衛府の舎人とねりで、特に雅楽に長じた者。春日祭・賀茂祭などに奉仕した。「—ら、ひきて参りたり」〈宇津保・祭の使〉

もののふ-の【武=士の】〔枕〕❶文武の官が属する氏は数が多いところから、「八十やそ」およびその複合語に、また「い(五十)」と同音を含む地名「岩瀬いはせ」にかかる。「—八十宇治川やそうぢがはの網代木あじろきに」〈万・二六四〉「—磐瀬いはせの社もりのほととぎす」〈万・一四七〇〉❷弓矢を帯びた武士の意から、「矢」と同音を含む地名「矢野」「矢田野」にかかる。「—矢野の神山霞かすみたなびく」〈玉葉集・春上〉

もののふ-の-みち【武=士の道】武士として守らなければならない道。武士道。

もの-の-べ【物▽部】律令制で、囚獄司・衛門府・市司いちのつかさに所属し、刑罰の執行などに当たった下級職員。

もののべ【物部】上代の氏族の一。姓かばねは連むらじで、大伴氏とともに大和朝廷の軍事・警察をつかさどった大豪族。6世紀後半、仏教受容をめぐって蘇我氏と対立し、守屋が蘇我馬子と戦って敗死、一時衰えたが、奈良時代に一族の石上いそのかみ氏が復活。

もののべ-じんじゃ【物部神社】島根県大田市にある神社。祭神は物部氏の祖とされる宇摩志麻遅命うましまぢのみこと。石見いわみ国一の宮。

もののべ-の-おこし【物部尾輿】をこし 欽明朝の大連おおむらじ。朝鮮政策の失敗を攻撃して大連大伴金村を引退させた。また、仏教の受容に当たり、中臣鎌子とともに排仏を主張して蘇我稲目と対立した。生没年未詳。

もののべ-の-もりや【物部守屋】[?～587]敏達・用明朝の大連おおむらじ。尾輿の子。排仏を主張して蘇我馬子うまこと対立。用明天皇の死後、穴穂部皇子あなほべのみこを推したが、馬子らに攻められて敗死。

もの-の-ほん【物の本】❶その方面についての事柄が書かれている本。「—によると」❷本の総称。書物。「東京の—など書く人達は」〈左千夫・隣の嫁〉❸江戸中期以後、物語類の書物をいう。❹学問的な内容の書物。草紙などに対していう。

もの-の-まぎれ【物の紛れ】❶物事の忙しさなどにとりまぎれること。「—につい忘れてしまった」❷人目に隠れてひそかに事を行うこと。特に、男女の密会をそれとなくいう。「猶折々の—ぞ、いと心づきなうおはしける」〈栄花・初花〉

もの-の-みごと【物の見事】(副詞的に用いて)きわめてあざやかに行われるさま。たいそう見事なさま。「予想が—に的中する」「—に失敗した」

もの-の-め【物の芽】萌え出るいろいろの植物の芽。季春「—のあらはれ出でし大事かな／虚子」

もの-の-よう【物の用】なんらかの役。「—にも立たない男」

もの-は〔連語〕《名詞「もの」＋係助詞「は」》活用語の連体形に付く。接続助詞的に用いられ、文末は多く「けり」で結ばれる。…するひょうしに。…するところが、思いもかけず。「文を書きて、またみそかに御前の勾欄こうらんにおかせし—、…御階みはしの下に落ちにけり」〈枕・二七七〉

もの-はかな・し【物▽果無し】〔形ク〕どことなく頼りない。「忘れねどなにぞもしるし夢の中に—・くてやみにし物を」〈古今六帖・四〉

もの-はじ【物恥ぢ】ものはぢ 恥ずかしいと思うこと。「あなあぢきなの御—や」〈宇津保・蔵開上〉

もの-はじめ【物始め】物事を始めること。事始め。手始め。

もの-はずか・し【物恥づかし】ものはづかし〔形シク〕なんとなく恥ずかしい。きまりが悪い。「あいなく—・しうて、わが御方にとく出でて」〈源・少女〉

ものは-づくし【物は尽(く)し】「物尽ものづくし」に同じ。

ものは-づけ【物は付け】雑俳の一。点者が出す「…のものは」「…するものは」などの題に対して、機知に富んだ答えの句を付けるもの。寛保(1741～1744)のころから江戸で流行。謎なぞ付け。

もの-はみ【物▽食み｜×膆】鳥の胃袋。えぶくろ。〈和名抄〉

もの-はり【物張り】洗い張りや染め物・裁縫などの仕事をすること。また、その人。「おのれは故宰相殿の—にてなん侍りし」〈今昔・二四・二七〉

もの-び【物日】❶祝い事や祭りなどが行われる日。❷江戸時代、遊里で定めていた五節句などの特別の日。この日遊女は必ず客をとらねばならず、揚げ代もこの日は特に高かった。紋日もんび。
類語祝日・祝祭日・旗日・佳節・祭日・縁日

モノフィン〖monofin〗足にひれを付けて泳ぐフィンスイミングで使う、両足が一体になったひれ。

モノフォニー〖monophony〗一つの旋律線のみからなる音楽。グレゴリオ聖歌など。単音楽。➡ホモフォニー ➡ポリフォニー

モノフォニック〖monophonic〗「モノラル」に同じ。

もの-ふか・し【物深し】〔形ク〕《「ものぶかし」とも》❶奥まっている。奥深い。「鳥の声も…口を籠めながら鳴けばいみじう—・く遠きが」〈枕・七三〉❷思慮深い。重々しい。「かれはなほいと—・う、人がらのめでたきなど」〈源・浮舟〉❸奥ゆかしい。趣が深い。「耳なれぬけにやあらむ、いと—・くおもしろしと」〈源・椎本〉❹縁故・関係が深い。「—・からぬ人も涙留め難し」〈栄花・初花〉

もの-ふ・る【物▽古る｜物▽旧る】〔動ラ上二〕❶どことなく古くなる。古びる。「いたう—・りぬ檜皮葺ひはだぶきの屋に」〈枕・八九〉❷年寄りじみる。「寄りて声づくれば、いと—・りたる声にて」〈源・蓬生〉

ものべ-がわ【物部川】高知県東部を流れる川。四国山地中央部の白髪山東斜面に源を発して南西流し、穀倉地帯の香長平野(高知平野東半部)を流れ香南市吉川町で土佐湾に注ぐ。長さ71キロ。香美市物部町で物部川水系の上韮生川を合流して物部川本流となる。中流域は河岸段丘が発達している。

モノポール〖monopole〗単極子。通常、磁気単極子をさす。磁石のNまたはSだけの単独の磁荷をもつ素子。いまだその存在は確認されていない。磁気双極子(=ダイポール)に対して生じた言葉。

もの-ほし【物干し】洗濯物を干すこと。また、そのための場所。

もの-ほし・い【物欲しい】〔形〕図ものほ・し〔シク〕なんとなくほしい。何かほしい。「—・い顔つきをする」(派生)ものほしげ〔形動〕ものほしさ〔名〕

ものほし-ざお【物干し×竿】洗濯物などをかけて干すのに使う竿。

ものほし-そう【物欲しそう】〔形動〕図〔ナリ〕いかにも欲しそうなさま。いかにももらいたそうなさま。ものほしげ。「—に立っている少年」

ものほし-ば【物干し場】洗濯物などを干すための場所。

モノポリー〖monopoly〗❶専売。独占。また、専売権。専売品。❷盤上に描かれた会社や不動産を売買するゲーム。最終的に一人が独占するところからいう。商標名。

モノマー〖monomer〗►単量体

もの-まいり【物参り】「物詣で」に同じ。

もの-まえ【物前】❶いくさが始まる直前。「—にて腰立たず無性になる人は本の臆病者とて」〈甲陽軍鑑・一四〉❷正月・盆・節句などの前。物日の前。「はや極月も二十八日、しかも小の晦日なるに、今日と明日との—」〈浮・永代蔵・五〉

もの-まなび【物学び】物事を学ぶこと。学問。

モノマニア〖monomania〗偏執狂。

モノマニアック〖monomaniac〗〔形動〕極端な凝り性であるさま。偏執狂的。「—なファン」

もの-まね【物真▽似】❶人や動物などの身ぶり・しぐさ・声音などをまねること。また、その芸。❷能・狂言その他の芸能で、ある役に扮してその所作をまね、それらしく演技すること。

もの-まねび【物▽学び】物事のまねをすること。ものまね。「ただ片端許をだにとてある、—なるべし」〈栄花・御賀〉

もの-まめやか【物忠＝実やか】〔形動ナリ〕まじめで実直であるさま。誠実であるさま。「—にむべむべしき御物語はすこしばかりにて」〈源・藤裏葉〉

もの-み【物見】㊀〔名〕❶物事を見ること。見物すること。「—に出かける」❷戦陣で、敵情を探ったり見張りをしたりすること。また、その人。「—を遣る」❸「物見台」「物見櫓」の略。❹外を見るために設けた窓や穴。㋐牛車の左右の立て板に設けた窓。㋑壁や編み笠などに設けた穴。❺見る価値のあるもの。すぐれたみもの。「これ程の—を一期に一度の大事ぞ」〈義経記・六〉㊁〔形動ナリ〕みごとなさま。りっぱなさま。「松茸の—なるを一折」〈咄・醒睡笑・七〉

ものみ-ぐさ【物見草】マツの別名。

ものみ-ぐるま【物見車】祭礼などの行事を見物するときに乗る牛車。「かねてより、—、心づかひしけり」〈源・葵〉

ものみ-だい【物見台】遠くを見渡すために設けた高い台。

ものみ-だか・い【物見高い】〔形〕図ものみだか・し〔ク〕何でも珍しがって見たがるさま。好奇心が強い。「—・い群集に取り巻かれる」

ものみ-だけ・し【物見▽猛し】〔形ク〕「物見高い」に同じ。「女の—・くて」〈浮・一代女・六〉

ものみ-ぶね【物見船】見物のために乗る船。

ものみ-まど【物見窓】❶城・家・乗り物などで、外を見るために設けた窓。❷能舞台で、鏡の間の幕口に向かって右側の壁にある連子窓。舞台のようすを見るためのもの。嵐窓。奉行窓。

ものみ-やぐら【物見×櫓】遠くを見渡すために設けた櫓。(類語)櫓・望楼・火の見やぐら・灯台

ものみ-ゆさん【物見遊山】物見と遊山。見物して遊び歩くこと。

もの・みる【物見る】〔動マ上一〕見物する。「宮の御達、蔵人もみな—・みむとてまかでぬ」〈落窪・三〉

もの-むつか・し【物難し】〔形シク〕❶なんとなくいとわしい。気分がすぐれない。「髪、ひげも乱れ、—・しきけはひ」〈源・柏木〉❷なんとなく恐ろしい。薄気味悪い。「—・しく覚えて、皆、ほかへ渡りにけり」〈宇治拾遺・三〉

もの-むつかり【物▽憤り】機嫌を損じて腹を立てること。「あさましう心うるはしう、—などせさせ給はざりつれば」〈栄花・玉の飾り〉

もの-めか・し【物めかし】〔形シク〕目に立つ感じである。「ゆゑある人の首途するにも似たりと、いと—・しく覚えられけれ」〈笈の小文〉

もの-めか・す【物めかす】〔動サ四〕目に立つようにする。重々しく見えるようにする。「今、人の—・し給ふに」〈落窪・三〉

もの-めずらし・い【物珍しい】〔形〕図ものめづら・し〔シク〕何かと珍しい。いかにも珍しい。「外国の習慣は—・い」(派生)ものめずらしがる〔動ラ五〕ものめずらしげ〔形動〕ものめずらしさ〔名〕

もの-めで【物▽愛で】物事に深く心を動かされること。「古代の人どもは—をしあへり」〈源・手習〉

もの-もい【物▽思ひ】「ものおもい」の音変化。「夕されば—まさる」〈万・六〇二〉

もの-も・う【物▽思ふ】〔動ハ四〕物を思う。物思いにふける。「—・ふと人には見えじ下紐の下ゆ恋ふるに月そ経にける」〈万・三七〇八〉

もの-もう【物申】〔感〕《「物申す」の略》他家を訪問して案内を請うときにいう語。たのもう。ごめんください。「—。案内まう」〈虎清狂・泣尼〉

もの-もうし【物申し】《古くは「ものまをし」》❶神や天皇など高貴な方に申し上げること。あるいは取り次いで伝えること。また、その職の人。「縄の端に鐸を懸けて、—に労ること無かれ」〈顕宗紀〉❷祝詞などを奏すること。「—の声、皺ぶる人なれば、をかしと聞こえたる」〈読・春雨・目ひとつの神〉

もの-もう・す【物申す】〔動サ五(四)〕《古くは「ものまをす」。「物言う」の謙譲語》❶要求や反対意見などを言う。注文をつける。「役所に—・す」「若者に—・す」❷ことばに出して申し上げる。「うちわたすをちかた人に—・す我そのそこにしろく咲けるは何の花ぞも」〈古今・雑体〉❸神仏などに、願い事を奏上する。祝詞を奏する。「神、寺などにまうでて—・さするに」〈枕・三一〉❹人に呼びかけたり、他家で案内を請うたりするときにいう語。「—・さう、どいへば、何事と答ふ」〈平家・三〉(類語)建白・建言・申し立てる

もの-もうで【物詣で】社寺にお参りすること。参詣。物参り。

もの-もち【物持(ち)】❶財産を多く持っている人。財産家。「町一番の—」❷物を大切にしていつまでも持っていること。「彼の—のいいのには感心する」(類語)金持ち・富豪・金満家・大尽・素封家・成金・財閥・長者

もの-もどき【物抵＝牾】何かにつけてさからい非難すること。「—うちし、われはと思へる人の前にては、うるさければ」〈紫式部日記〉

ものもの-し・い【物物しい】〔形〕図ものもの・し〔シク〕❶重々しくきびしい。いかにもいかめしい。また、大げさである。「—・い警備」「—・いいでたち」❷容姿・態度などが、堂々としている。威厳がある。「大納言殿は—・しう清げに」〈枕・一〇四〉(派生)ものものしげ〔形動〕ものものしさ〔名〕(類語)厳めしい

もの-もらい【物×貰い】❶食物などを人からもらって生活すること。また、その人。乞食。❷麦粒腫の俗称。

もの-やみ【物病み】やまい。病気。「—になりて死ぬべき時に」〈伊勢・四五〉

もの-やわらか【物柔らか】〔形動〕図〔ナリ〕態度や言葉にやわらかみがあり穏やかなさま。「—に話す」「—な応対」(派生)ものやわらかさ〔名〕(類語)円満・優しい・おとなしやか・おとなしい・穏和・温柔・柔和

ものゆえ〔接助〕《形式名詞「もの」＋形式名詞「ゆえ」から》活用語の連体形に付く。❶理由・原因を表す。…だから。…ので。「どうしても行かれぬ—、よろしく伝えていただきたい」「悔しきことやうやうまさりゆけど、今はかひなき—、常にかうのみ思はば」〈源・早蕨〉「待つ人も来ぬ—にうぐひすの鳴きつる花を折りてけるかな」〈古今・春歌下〉❷逆接の確定条件を表す。…ではあるが。…なのに。…けれども。「波の間ゆ雲居に見ゆる粟島の逢はぬ—我に寄そる児ら(＝ワタシト噂サレテイルアノ娘ヨ)」〈万・三一六七〉(補説)古くは❷の逆接の意味で使われていたが、平安時代以降、「ゆえ」に引かれ、❶の意味が生じた。なお古語では、❶❷の意味で格助詞「に」を伴った「ものゆえに」の形でも用いられる。現代語では順接の意味しかなく、それも書簡など、硬い文語的表現に用いられる。

もの-ゆか・し【物床し】〔形シク〕なんとなく心がひかれるさまである。好奇心をそそられるさまである。「—・しからぬ心地に」〈源・野分〉

もの-よし【物▽吉】❶めでたいこと。祝いの言葉にいう。❷ハンセン病のこと。〈日葡〉

もの-よみ【物読み】書物を読むこと。特に、漢籍を素読すること。「この客僧は、わが—のお師匠なり」〈浮・五人女・五〉

モノライン-ほけんがいしゃ【モノライン保険会社】単一の保険だけを取り扱う保険会社。狭義には、米国の金融保証業務だけを行う保険会社のこと。債券を発行する自治体や金融機関から保証料を取り、債務不履行となった折には元利払いを肩代わりするという保証業務を行う。これに対して、複数の保険を扱う一般の保険会社のことはマルチライン保険会社という。金融保証会社。(補説)金融機関や自治体は住宅ローンや地方債などの債権を小口に分割して証券化商品にまとめる。アメリカのサブプライムローンを含んだ証券化商品は、モノライン保険会社の保証によって安全な金融商品として普及した。2007年サブプライムローンの不良債権化が進み、モノラインの肩代わりが急増して経営が悪化。保証の拡大に伴い、金融機関が融資に慎重になり、金融市場で資金不足が発生した。➡証券化 ➡住宅ローン担保証券 ➡債務担保証券

もの-ら・し【物らし】〔形シク〕ものものしい。大げさである。「押へてしめて馴れさする味ない盛りの振袖が釣瓶鮨とは—・しし」〈浄・千本桜〉

モノラル〖monaural〗《「モーラル」とも》一つの録音または再生装置を用いる録音・再生方式。また、その方式で録音されたレコード。立体音が再生されない。

モノラル-レコード〖monaural record〗ステレオレコードに対して、立体音の再生されないレコードをいう。モノラル。

モノリシック-アイシー〖monolithic IC〗すべての回路部品が、1枚の半導体基板上に組み込まれた集積回路。

モノリス〖monolith〗建築・彫刻に用いる一枚岩。

モノルビ《和 mono＋ruby》ルビの付け方の一種。一つ一つの文字に対してルビを付けるやり方。対字ルビ。➡グループルビ

モノレール〖monorail〗1本のレールで列車を走らせる鉄道。レールから列車を吊り下げる懸垂式と、上にまたがらせる跨座式とがある。単軌鉄道。

モノローグ〖monologue〗❶演劇で、登場人物が相手なしにひとりで言うせりふ。独白。⇔ダイアローグ。❷一人の俳優が演じる芝居。独演劇。モノドラマ。(類語)科白・せりふ・台詞・独白・ダイアローグ

もの-わかり【物分(か)り】物事を理解すること。また、その能力・程度。「—が早い」「—のいいい人」(類語)聞き分け

もの-わかれ【物別れ】話し合いなどがまとまらないままに終わること。「交渉が—になる」(類語)決裂

もの-わすれ【物忘れ】〔名〕スル 物事を忘れること。

古くは多く、悲しみや苦痛を忘れることにいう。「近ごろ—して困る」「心のかよふならば、いかにながめの空も—し侍らむなど」〈源・賢木〉
(類語)忘れる・失念・忘却・忘失・ど忘れ
もの-わびし・い【物×侘しい】〔形〕図ものわび・し〔シク〕なんとなくわびしい。「夕暮れはいつも—・い」
(派生)ものわびしげ〔形動〕ものわびしさ〔名〕
もの-わらい【物笑い】〔名〕❶人の言動などをあざけり笑うこと。あるいは、あざけり笑われること。また、その対象。「—の種にされる」「世間の—になる」❷笑うこと。何かにつけてよく笑うこと。「—などすまじく、過ぐしつつ」〈源・少女〉(類語)笑い・冷笑・嘲笑・嗤笑・自嘲
ものを ㊀〔接助〕《「もの」+格助詞「を」から》活用語の連体形に付く。❶愚痴・恨み・不平・不満・反駁などの気持ちを込めて、逆接の確定条件を表す。…のに。…けれども。「これほど頼んでいる—、なぜ引き受けてやれないんだ」「ま幸くと言ひてし—白雲に立ちたなびくと聞けば悲しも」〈万・三九五八〉❷理由・原因を強調する意を表す。…からして。…だから。「湯水をつかふのだ—、かかるが悪くは遠くへどいてるがいい」〈滑・浮世風呂・二〉(補説)❷は近世以降、「を」を省略した「もの」という形でも用いられる。㊁〔終助〕《形式名詞「もの」+間投助詞「を」から》❶自分の意のままにならないことを不服に思う気持ちを表す。…のになあ。…のだがなあ。「そんなに無理しなくてもよかった—」「忍びがたく思ひ給へらるる形見なれば、脱ぎ棄てはべらむことも、いとものうくはべる—」〈源・藤袴〉❷詠嘆・感動の意を表す。…のになあ。…だなあ。「猫のへあがりて猫またになりて、人とることはあなる—」〈徒然・八九〉
も-は【藻葉】藻。「奥つ一辺つ—に至るまでに」〈祝詞・祈年祭〉
も-は〔副〕「もはや」の略した言い方。もう。「—何の事も忘れて」〈浮・一代女・一〉
も-ば【藻場】沿岸で海中に海草の繁茂している所。アマモ群落のアマモ場、ホンダワラ類の多いガラモ場、コンブ類などの生えている海中林とよびわけることもあり、魚類がよく集まる。
モハーチ〔Mohács〕ハンガリー南西部の町。ドナウ川西岸、クロアチアとセルビアとの国境近くに位置する。ラヨシュ2世率いるハンガリー王国軍がオスマン帝国軍に大敗を喫し、約150年に渡ってオスマン帝国の支配を受けるきっかけとなった、1526年のモハーチの戦いの舞台として知られる。毎年2月初旬、冬の終わりと春の到来を祝う伝統行事、ブショー祭りが催される。
モハー-の-だんがい【モハーの断崖】《Cliffs of Moher》アイルランド西部、大西洋岸の断崖。クレア州のドゥーランからハグス岬まで約8キロメートルに渡り、高さ100メートルから200メートル程度の断崖が連なる。同国屈指の景勝地として知られる。
も-はい【▽膜拝】〔名〕スル 両手をあげ、ひざまずいて拝むこと。「頂礼—」
モバイル〔mobile〕移動性・携帯性・機動性などがあることを意味する表現。小型・軽量化、高性能化された情報通信機器やコンピューターなどの情報端末を形容する言葉として使われる。「—フォン」➡モビール
モバイル-アドホックネットワーク〔mobile adhoc network〕ノートパソコン、携帯電話、PDAなどの各種モバイル端末のみで構成され、アクセスポイントや基地局に依存しないネットワーク。自動車に搭載された通信機器同士によるネットワークも含まれる。アドホックネットワークとほぼ同義。MANET。
モバイル-ウィジェット〔mobile widget〕►モバイルガジェット
モバイル-オーディオプレーヤー〔mobile audio player〕►デジタルオーディオプレーヤー
モバイル-オフィス〔mobile office〕移動体通信機器を用いて業務を行う労働形態。遠隔地においても社内とデータや情報を連携して共有することにより、業務を進めることができる。
モバイル-おんがくプレーヤー【モバイル音楽プレーヤー】《mobile music player》►デジタルオーディオプレーヤー
モバイル-ガジェット〔mobile gadget〕❶携帯電話やPDAなどで動作するガジェット。待ち受け画面上に天気情報、占い、カレンダーなどを表示したり、簡単なゲームが楽しめたりする小規模のアプリケーションソフト。モバイルウィジェット。❷デジタルガジェットとほぼ同義。加えて、スマートホンやタブレット型端末などのケース、液晶保護シート、予備バッテリーなどのアクセサリーを含むことが多い。
モバイル-こうこく【モバイル広告】《mobile advertising》携帯電話やPDA向けに配信される広告のこと。
モバイル-コマース〔mobile commerce〕移動体通信機器を用いた電子商取引。携帯電話向けのウェブサイトでの商品購入や各種サービスの予約、金融取引、または電子マネーとしての利用などを指す。mコマース。
モバイル-コンピューター〔mobile computer〕持ち運びがしやすく、携帯して利用できるコンピューター。小型のノートパソコンやPDAなどを指す。無線LANをはじめとする通信機能を備えるものもある。
モバイル-コンピューティング〔mobile computing〕外出先でパソコンを利用すること。可搬性に優れたノートパソコン、特にサブノートパソコンやモバイルパソコンの登場と普及により、一挙に身近なものとなった。
モバイル-スイカ【モバイルSuica】非接触型ICカードの機能をもつ携帯電話を利用して、Suicaと同様の機能を提供するJR東日本のサービス。乗車券、定期券、電子マネーとして利用できる。
モバイル-セントレックス〔mobile centrex〕携帯電話を内線電話として利用する技術、またはサービスのこと。モバイルセントレックスサービス。
モバイルセントレックス-サービス〔mobile centrex service〕►モバイルセントレックス
モバイルナンバー-ポータビリティー ►番号ポータビリティー
モバイル-ノート《mobile notebook personal computerから》モバイルコンピューターの一つでノートの形状をしたパソコン。➡モバイルコンピューター
モバイル-バーチャル-ネットワーク-オペレーター〔mobile virtual network operator〕►エム-ブイ-エヌ-オー(MVNO)
モバイル-パソコン《mobile personal computerから》►モバイルコンピューター
モバイル-ピーシー【モバイルPC】《mobile personal computerから》►モバイルコンピューター
モバイル-ミュージックプレーヤー〔mobile music player〕►デジタルオーディオプレーヤー
モバイル-ワイファイルーター【モバイルWi-Fiルーター】《mobile Wi-Fi router》第三世代携帯電話(3G)やモバイルWiMAXの通信網と無線LANを中継する小型軽量の通信機器。無線LANアクセスポイントがなくても、ノートパソコンやタブレット型端末にWi-Fi機能があれば、3GもしくはWiMAXの通信エリア内でインターネットに接続することができる。モバイルルーター。Wi-Fiモバイルルーター。モバイル無線LANルーター。ポータブルルーター。ポータブルWi-Fiルーター。ポータブル無線LANルーター。ポータブル無線ルーター。
モバイル-ワイマックス【モバイルWiMAX】《mobile WiMAX》高速無線通信ネットワークの規格WiMAXを、高速移動中でも通信できるよう拡張したもの。2005年にIEEE(米国電気電子学会)で承認された標準規格、IEEE 802.16eの通称。使用周波数帯は2.5〜6ギガヘルツ、最大伝送速度は約75Mbps。基地局より約2〜3キロメートル以内での無線通信、および時速120キロメートル程度の移動速度でもインターネット接続が可能。次世代の無線ブロードバンド通信の規格の一つとして注目されている。
モバゲー〔Mobage〕携帯電話向けのポータルサイトの一。DeNA社が平成18年(2006)に開設。携帯電話、スマートホン向けのゲームのほか、SNS、モバイルコマースも利用できる。平成23年(2011)に「モバゲータウン」から名称を変更した。
モバゲー-エーピーアイ【モバゲーAPI】DeNAが開設した携帯電話向けポータルサイト、モバゲーで提供されるソーシャルゲームの開発に必要なAPI。
モバゲータウン ►モバゲー
モハメット〔Mohammed〕►ムハンマド
も-はや【▽最早】〔副〕❶ある事態が実現しようとしているさま。早くも。まさに。「—今年も暮れようとしている」❷ある事態が変えられないところまで進んでいるさま。今となっては。もう。「—如何ともしがたい」「—これまで」(類語)もう・既に・とっくに・つとに
もはら【▽専ら】〔副〕❶「もっぱら㊀」に同じ。「生前一十二頭陀を行持して」〈正法眼蔵・行持上〉❷(あとに打消しの語を伴って)まったく。少しも。「—かかるあだわざなどし給はず」〈源・手習〉
もばら【茂原】千葉県中東部の市。九十九里浜の海産物を扱う市場町として発展。天然ガスを産し、工業も発達。人口9.3万(2010)。
もばら-し【茂原市】►茂原
も-はん【模範】《「模」は木型、「範」は竹で作った型》❶見習うべき手本。のり。「—を示す」❷器物などを作るときに用いるもととなる型。「黏土の乾かざる内に、—を著くるものにして」〈中村訳・西国立志編〉
(類語)手本・規範・モデル・典型・範・鑑・亀鑑・規矩
もはん-じあい【模範試合】スポーツで、勝敗に重きをおかないで、模範的な技術の紹介などのために行う試合。
もはん-せい【模範生】他の生徒の模範となる生徒。(類語)優等生
もはん-てき【模範的】〔形動〕模範となるようなさま。「—な生活態度」
もはん-りん【模範林】造林の模範とするために、森林管理局・府県などが特に設けた森林。
モヒ「モルヒネ」の略。「—患者」「—中毒」
モビール〔mobile〕《「モービル」とも》❶動かすことができること。可動性。「—ハウス」❷針金に薄い金属片などを微妙なバランスをとってつるし、空気の微動にも動くようにした造形作品。室内装飾などにも用いられる。米国の彫刻家コルダーの発案。
モビール-オイル〔mobile oil〕自動車などの内燃機関用の潤滑油。エンジンオイル。
モヒカン-がり【モヒカン刈(り)】頭の中央部の前から後ろへと細長く毛を残し、それ以外は全部剃り落とす髪形。アメリカのハドソン川上流に住んでいたモヒカン(Mohican)族の髪形をまねたもの。
も-ひき【×裳引き】《「もびき」とも》裳の裾をひきずること。「いかならむ日の時にかも我妹子が—の姿朝に日に見む」〈万・二八九七〉
も-ひめ【▽最姫】大嘗祭の神事に奉仕する采女の最上位。主に神饌の陪膳をつとめる。
モビリティー〔mobility〕移動性。流動性。居所・職業・階層などについて用いることが多い。
モビレージ〔mobillage〕モーターホームなどが停留できる場所。オートキャンプ場に似るが、必ずしも観光地や景勝地に限らない。
モビング〔mobbing〕小鳥が、捕食者であるフクロウやタカなどに対して集団で行う行動。やかましく鳴きたて、突撃するように飛び回る。擬攻。
モフ〔MOF〕《Ministry of Finance》財務省。旧大蔵省。
モフ〔MOF〕《mixed oxide fuel》►MOX燃料
モブ〔mob〕►モッブ
も-ふく【喪服】喪中や、葬儀・法事などの際に着る黒または薄墨色の衣服。そうふく。
モブ-シーン〔mob scene〕►モッブシーン
もふし-つかふな【藻×臥し▽束×鮒】《「つか」は一握りの長さ》藻の中にひそんでいる小鮒。「沖辺行き辺に行き今や妹がためわが漁れる—」〈万・六二五〉
モフ-たん【MOF担】《MOFは大蔵省・財務省を表す、Ministry of Financeの頭文字から》大蔵省(現財務省)との折衝を主な任務とした銀行・証券会社

などの担当者の通称。かつて金融監督官庁であった同省の動きを事前につかむために、担当官僚と密接な関係を持った。➡フサ(FSA)担

もぶ-のりお【モブ・ノリオ】[1970～]小説家。奈良の生まれ。本名は非公開。さまざまな職業を転々とするなか、ロックバンドを結成、音楽活動を行う。祖母の介護体験をもとに描いた「介護入門」で作家デビュー、同作品で芥川賞受賞。

モヘア〖mohair〗アンゴラヤギの毛。また、それで織った毛織物。繊維が長く、光沢があって柔らかい。

モヘア-プラッシュ〖mohair plush〗パイル織物の一種。地の縦横に木綿糸、けばになる糸にモヘア糸を用いたもの。椅子(いす)張りの材料に用いる。テレンプ。

モペット〖moped〗50cc以下のペダルのある原動機付き自転車。

モヘンジョ-ダロ〖Mohenjo-daro〗パキスタン南部、シンド州のインダス川下流にあるインダス文明の代表的都市遺跡。1922年に発見された。前3000年～前2000年に栄えた都市で、丘陵上に位置し、整然とした道路で区画され、下水道を整え、建築物には焼成れんがを多用。また、貴金属・印章・彩文土器・青銅器なども出土。1980年、世界遺産(文化遺産)に登録された。

モボ「モダンボーイ」の略。⇔モガ。

も-ほう【模倣】【×摸倣】(モハウ)〔名〕スル 他のものをまねること。似せること。「人の作品を―する」
類語 まね・模擬・人まね・猿まね・右へ倣え

もほう-げいじゅつ【模倣芸術】(もはう) なんらかの対象の再現・描写を行うことによって成立する芸術。

もほう-せつ【模倣説】(もはう) 社会的な結合は模倣を基盤として成立するという社会学説。フランスのタルドが提唱。

もほう-はん【模倣犯】(もはう) 他人が起こした犯罪の手口をまねて犯罪を犯す者。

もほうひんかいぞくばんかくさんぼうし-じょうやく【模倣品・海賊版拡散防止条約】特許権・意匠権などを侵害する模倣品や、著作権を侵害する海賊版(DVD・ソフトウエア等)を防止するための国際条約。2005年のサミットで日本の首相小泉純一郎(当時)が提唱。2012年1月までに日本を含む31の国と地域が署名を終えている。ACTA(Anti Counterfeiting Trade Agreement)。➡知的財産権

モホ-めん【モホ面】▶モホロビチッチ不連続面

モホリ-ナギ〖László Moholy-Nagy〗[1895～1946]ハンガリー生まれの造形作家。バウハウスで教授。抽象絵画・彫刻・写真・映画・工芸ほか、欧米各地で多岐にわたる実験的造形活動を行った。米国で没。モホリ＝ナジ。

モホロビチッチ-ふれんぞくめん【モホロビチッチ不連続面】地殻とマントルとの境界面。深さが大陸で平均35キロ、海洋で10キロ程度にある。1909年、クロアチアの地震学者アンドリア＝モホロビチッチ(Andrija Mohorovičić)が、地震波の速度が急に変わって不連続になることから発見。モホ面。

も-ほん【模本】【×摸本】【×摹本】❶原本どおりに模写して作った本。❷習字、図画などの手本。臨本。

モマ〖MoMA〗《Museum of Modern Art》ニューヨーク近代美術館。マンハッタンにある近現代美術専門の美術館。1929年開館。

も-また【も×亦】《漢文訓読で「…も亦」などと用いることが多いところから》漢字の「亦」を、「又」「復」などと区別していう語。

も-また【も又】〔副〕もうすでに。もはや。「弁慶呆れて御顔をながめ、―やめさせ給へといふ」〈浄・凱陣八島〉

もま･れる【×揉まれる】〔連語〕《動詞「も(揉)む」に受身の助動詞「れる」の付いたもの》❶大きな力で激しく揺り動かされる。「人ごみに―･れる」❷多くの人々の中で、経験や苦労を重ねて鍛えられる。「実社会で―･れてたくましくなる」

もみ 蛙(かへる)。また、それを調理したもの。「蝦蟆(かへる)を煮て上味(よきあぢはひ)とす。名づけて―といふ」〈応神紀〉

もみ【×籾】❶脱穀する前の、外皮に包まれたままの米。もみごめ。(季 秋)「老いし母怒濤を前に―平(なら)す/三鬼」❷「籾殻(もみがら)」の略。補説「籾」は国字。

もみ【▽紅】【紅＝絹】《ベニバナをもんで染めるところから》紅(べに)で染めた無地の平絹。女物長着の胴裏や袖裏に用いる。もみぎぬ。

もみ【×樅】マツ科の常緑大高木。日本特産で、本州・四国・九州の山地に自生。樹皮は黒灰色。葉は線形で、小枝に2列に密生する。6月ごろ、黄色の円筒状の雄花と雌花とが開花し、果実の松かさは直立してつく。材は軽く、建築・家具のほか柩(ひつぎ)などに多用され、パルプの原料にもする。もみのき。もむのき。

もみ【鼯＝鼠】ムササビの古名。〈和名抄〉

もみ-あい【×揉み合い】(もみあひ) ❶もみあうこと。❷取引で、相場が小幅な高下を繰り返して安定しないこと。「安値―」

もみ-あ･う【×揉み合う】(もみあふ)〔動ワ五(ハ四)〕❶双方が入り乱れ、押し合って争う。「先を争って観衆が―･う」❷取引で、相場が小幅な高下を繰り返す。「海外市場が軟調に推移していることが嫌気され、下値で―･う展開となる」類語 競り合う・張り合う

もみ-あげ【×揉み上げ】鬢(びん)の毛が耳に沿って生え下がった部分。

もみ-あらい【×揉み洗い】(もみあらひ) 手でもんで汚れを洗い落とすこと。

もみ-うら【▽紅裏】紅絹(もみ)を着物の裏地に使うこと。また、その裏地。

もみ-うり【×揉み×瓜】❶「瓜揉み」に同じ。(季 夏) ❷シロウリの別名。

もみ-えぼし【×揉×烏▽帽子】薄く漆を塗って柔らかにもんだ烏帽子。兜(かぶと)などの下に折り畳んで着用した。引立(ひきたて)烏帽子。梨(なし)打ち烏帽子。

もみ-がえし【▽紅返し】(もみがへし) 女物の和服で、紅色の裏を表に返して縁取りしたもの。べにがえし。「―の下着に箔形(はくがた)の白小袖をかさね」〈浮・一代女・一〉

もみ-がみ【×揉み紙】揉んでしわを作った紙。紙を棒などに巻きつけ、押し縮めてしわをつける。

もみ-がら【×籾殻】稲の実の外皮。籾米をついて玄米を得たあとの殻。あらぬか。すりぬか。もみ。

もみ-がわ【×揉み皮】【×揉み革】(もみがは) なめし皮の表面を削り、もんで柔らかにしたもの。表面に細かい皺(しぼ)がある。韋(おしかわ)。

もみ-くじ【×揉み×鬮】紙片に必要なことを書いてひねっておき、人に引かせるくじ。ひねりぶみ。「―は恵方果報、後に無理言ふまいぞ」〈浄・女腹切〉

もみ-くしゃ【×揉みくしゃ】「もみくちゃ」に同じ。「人込みで―になる」

もみ-くた【×揉みくた】「もみくちゃ」に同じ。「―になった写真の屑を」〈有島・或る女〉

もみ-くちゃ【×揉みくちゃ】❶もまれてひどく皺(しわ)になること。「―の千円札」❷人々の間に挟まれ、ひどくもまれること。もみくしゃ。もみくた。「満員電車で―にされる」

もみ-ぐら【×籾蔵】江戸時代、凶作の年に備えて米を籾のままで貯蔵する蔵。

もみ-けし【×揉み消し】もみけすこと。「不祥事の―をはかる」「―工作」

もみ-け･す【×揉み消す】〔動サ五(四)〕❶火のついたものをもんで消す。「タバコの火を―･す」❷自分に都合の悪い事件やうわさなどが表沙汰になるのを、手段をつくして抑える。「スキャンダルを―･す」❸強大なものが、圧倒するような力で他のものを消し去る。「言葉は周囲の騒音に―･された」類語 消す

もみ-こ･む【×揉み込む】〔動マ五(四)〕❶もんで中へ入れる。「肉に塩コショウを―･む」❷教え込む。仕込む。「よろづ花車事(きゃしゃごと)の分は銀(かね)に飽かせて―･み」〈浮・禁短気・二〉

もみ-ごめ【×籾米】籾殻のついた米。もみよね。

もみじ【紅＝葉】【黄＝葉】(もみぢ)〔名〕スル《動詞「もみ(紅葉)ず」の連用形から。上代は「もみち」》❶晩秋に草木の葉が赤や黄色に色づくこと。また、その葉。こうよう。「美しく―した山」(季 秋)「山くれて―の朱(あけ)をうばひけり/蕪村」❷カエデの別名。また、その葉。❸襲(かさね)の色目の名。表は紅、裏は青。一説に、表は赤、裏は濃い赤とも。もみじがさね。❹紋所の名。カエデの葉を図案化したもの。❺鹿の肉。鹿には紅葉が取り合わせであるところからいう。類語 紅葉(こうよう)・黄葉

紅葉のような手 幼い子の、小さくてかわいらしい手の形容。

紅葉を散ら･す 恥ずかしさや怒りなどで顔を赤らめる。「顔に―･し畳を扣(たた)いて怒鳴り立つれば」〈鉄腸・花間鶯〉

もみじ-あおい【紅-葉×葵】(もみぢあふひ) アオイ科の多年草。高さ約2メートルになり、茎は木質化する。葉は深く手のひら状に裂けていて、カエデに似る。夏、赤い大きな5弁花を開き、1日でしぼむ。北アメリカの原産。観賞用。紅蜀葵(こうしょっき)。(季 夏)

もみじ-いちご【紅-葉×苺】(もみぢ) バラ科の落葉小低木。中部以北の山地に自生。枝にとげがあり、葉は卵形で手のひら状に切れ込みがある。4、5月ごろ、白い5弁花をつけ、実は黄色に熟し、味がよい。きいちご。(季 春)

もみじ-おろし【紅-葉卸し】(もみぢ) 大根に唐辛子を差し込んで一緒におろしたもの。また、大根おろしとにんじんおろしを合わせたもの。

もみじ-がい【紅-葉貝】(もみぢがひ) モミジガイ科のヒトデ。浅海の砂泥中にすむ。体は星形で直径約10センチ、青灰色や淡褐色。腕の縁に小さなとげが並ぶ。

もみじ-がさ【紅-葉傘】【紅-葉×笠】(もみぢ) ❶《古今集・秋下の「雨降れば笠取山のもみぢばは行きかふ人の袖さへぞ照る」から、照る笠の意》日傘。日照り傘。❷中央を青土佐紙、周囲は白い紙で蛇の目に張った雨傘。貞享(1684～1688)ごろから江戸に流行し、初めは日傘にしたという。❸キク科の多年草。山地の林下に生え、高さ約90センチ。茎は直立し、葉は手のひら状に裂けていて、互生する。夏、白色か紅紫色の花を円錐状につける。若芽は食用。しとぎ。もみじそう。

もみじ-がさね【紅-葉×襲】(もみぢ) ▶紅葉(もみじ)❸

もみじ-からまつ【紅-葉唐松】(もみぢ) キンポウゲ科の多年草。高山の湿った草原に生え、高さ約50センチ。根際から、手のひら状に裂けている葉を出す。夏、カラマツソウに似た白い花をつける。もみじしょうま。

もみじ-がり【紅-葉狩(り)】(もみぢ) 山野に紅葉をたずねて楽しむこと。観楓(かんぷう)。紅葉見。(季 秋)「大嶺に歩み迫りぬ―/久女」◆曲名別項。

もみじがり【紅葉狩】(もみぢがり) ㊀謡曲。五番目物。観世小次郎信光作。平維茂(たいらのこれもち)が戸隠山中で女に化けた鬼に紅葉狩りの宴に誘われ、命が危うくなるが、男山八幡の神助を得て本性を現した鬼を退治する。㊁歌舞伎舞踊。常磐津(ときわず)・義太夫・長唄の掛け合い。河竹黙阿弥作詞。明治20年(1887)東京新富座初演。㊀の舞踊化。新歌舞伎十八番の一。㊂長唄・地歌・荻江節・一中節などの曲名。長唄以外は㊀に基づく。

もみじ-ぜんせん【紅-葉前線】(もみぢ) イロハカエデが紅葉した日を結んで地図上に示したもの。10～11月にかけて南下する。

もみ-しだ･く【×揉み▽拉く】〔動カ五(四)〕よくもむ。もんでしわくちゃにする。「紙を―･いてやわらかくする」

もみじ-づき【紅-葉月】(もみぢ) 陰暦9月の異称。

もみじ-どり【紅-葉鳥】(もみぢ) シカのこと。「しぐれふる竜田の山の―もみぢの衣きてや鳴くらん」〈蔵玉集〉

もみじ-の-が【紅-葉賀】(もみぢ) ㊀紅葉のころに催す賀の祝宴。また、紅葉の木陰で宴を開くこと。(季 秋)「―わたしら火鉢あっても無くても/青畝」㊁源氏物語第7巻の巻名。光源氏18歳から19歳。源氏が舞を舞った紅葉のころの祝宴と、藤壺の皇子出産などを描く。

もみじ-の-にしき【紅-葉の錦】(もみぢ) 紅葉の美しさを錦に見立てていう語。「水のあやに一重ねつつ河瀬に波の立たぬ日ぞなき」〈拾遺・秋〉

もみじ-の-はし【紅-葉の橋】(もみぢ) 《古今集・秋上の「天の川もみぢを橋に渡せばやたなばたつめの秋をしも待つ」から》天の川に渡すという橋。(季 秋)

もみじ-ば【紅＝葉】【黄＝葉】(もみぢ) 《上代は「もみちば」》

紅または黄に色づいた木の葉。もみじ。(季 秋)
もみじ-はぐま【紅-葉羽熊】もみぢ キク科の多年草。深山の林下に生え、高さ40～80センチ。茎は直立し、葉は手のひら状にやや浅く裂けている。夏、花びらが白く細長い花を穂状につける。
もみじば-の【紅=葉の┊黄=葉の】もみぢ〔枕〕❶木の葉の色が移り変わっていく意から、「移る」「過ぐ」にかかる。「—移りい行けば悲しくもあるか」〈万・四五九〉❷葉が紅あかい意から、「朱あけ」にかかる。「—朱の玉垣いく秋の」〈新勅撰・神祇〉
もみじ-ぶな【紅-葉×鮒】もみぢ 琵琶湖でとれる鮒で、秋・冬のころ、ひれが赤くなったもの。(季 秋)「—そろそろ比良の雪嶺かな/東洋城」
もみじ-マーク【紅-葉マーク】もみぢ《紅葉のように見えることから》「高齢運転者標識」の俗称。
もみじ-み【紅-葉見】もみぢ「紅葉狩もみじがり」に同じ。(季 秋)
もみじ-むしろ【紅-葉×蓆┊紅-葉×筵】もみぢ 紅葉が散り敷いたさまをむしろに見立てていう語。「草枕—に代へたらば心を砕くものならましや」〈後撰・羇旅〉
もみじやま-ぶんこ【紅葉山文庫】もみぢ 江戸時代、徳川氏の文庫。初め、徳川家康が江戸城内富士見亭に設けて富士見亭文庫と称したが、3代将軍家光の時に城内西の丸の紅葉山に移して改称。蔵書の大部分は現在国立公文書館内閣文庫に所蔵。
もみ・ず【紅=葉づ┊黄=葉づ】もみづ〔動ダ上二〕《四段動詞「もみつ」の変化した語》秋になり草木の葉が紅や黄色に色づく。紅葉する。「雪降りて年の暮れぬる時にこそつひに—・ぢぬ松も見えけれ」〈古今・冬〉
もみ-すり【×籾×摺り】《「もみずり」とも》籾から籾殻を取り除いて玄米にすること。磨臼すりうすにかけ、唐箕とうみで殻や粃しいなを除去し、千石通せんごくどおしで穀粒を選別する。現在は自動籾摺り機が用いられる。(季 秋)「—の月になるまで音すなり/碧梧桐」
もみた・う【紅=葉たふ┊黄=葉たふ】もみたふ〔連語〕《動詞「もみつ」の未然形＋反復継続の助動詞「ふ」。上代語》紅葉している。「百舟の泊はつる対馬の浅茅山しぐれの雨に—・ひにけり」〈万・三六九七〉
もみ-だ・す【×揉み出す】〔動サ五(四)〕❶もんで外に出す。「乳を—・す」❷揉み洗いで、汚れをとりのぞく。「しつこい汚れを—・す」
もみ-た・てる【×揉み立てる】〔動タ下一〕文もみた・つ〔タ下二〕❶激しくもむ。盛んにもみ合う。「御輿みこしを—・てる」❷しきりにうながす。せきたてる。「掛声で十四のおはまに—・てられた」〈左千夫・隣の嫁〉❸激しく攻めたてる。「寄せ手の勢ひ強く—・て—・て切り立てられ」〈浄・国性爺〉
もみ・つ【紅=葉つ┊黄=葉つ】〔動タ四〕「もみず」に同じ。「秋山に—・つ木の葉のうつりなば更にや秋を見まく欲ほりせむ」〈万・一五一六〉
もみ-つぶ・す【×揉み潰す】〔動サ五(四)〕❶もんでつぶす。「虫を—・す」❷力ずくで負かす。「大軍に—・される」❸強引なやり方で消し去る。握りつぶす。「スキャンダルを—・す」
もみ-で【×揉み手】左右の手のひらをすり合わせること。多く、頼み事や謝罪・弁解などをするときの手つき。「—をして頼みこむ」
もみ-な・い〔形〕「もむない」の音変化。「あないな—・いもんぢゃない」〈滑・浮世風呂・二〉
もみ-ぬか【×籾×糠】籾米の外皮。もみがら。
もみ-ふ・す【×揉み伏す】〔動サ下二〕馬をひどく走らせて疲れさせる。「—・せたる馬ども追っつくべしともおぼえず」〈平家・九〉
もみ-ほぐ・す【×揉み▽解す】〔動サ五(四)〕❶もんで柔らかくする。「筋肉を—・す」❷気持ちを和らげるようにする。「緊張を—・す」
もみ-よね【×籾▽米】「もみごめ」に同じ。〈和名抄〉
もみ-りょうじ【×揉み療治】—レウヂ 手でもんだりさすったりして筋肉の痛みや凝りなどを治療すること。按摩あんま。マッサージ。
も・む【×揉む】㊀〔動マ五(四)〕❶両手の間に挟んでこする。また、両手をこする。「錐きりを—・む」「茶を—・む」「塩でキュウリを—・む」❷からだを触れ合わせるようにして押し合う。また、激しく揺り動かす。「人込みに—・まれながら歩く」「御輿みこしを—・む」❸指で包みこむようにして握ったり、てのひらで押したりする。あんまをする。「肩を—・む」❹激しく議論をする。「委員会で—・んだ議題」❺相手になって教えてやる。「一番—・んでやろう」❻(「もまれる」の形で)世間に出ていろいろの経験をする。「実社会で—・まれて成長する」❼気をいらいらさせる。いらだたせる。「気を—・む」❽激しく攻める。「追靡おいなびけ、七八度が程ぞ—・うだりける」〈太平記・一〇〉❾数珠を擦り合わせて、仏に強く祈る。「乳和して護摩にたき、黒煙をたててひともみ—・まれたりければ」〈平家・八〉❿むち打つなどして馬を急がせる。「—・めども—・めども、一所にて躍る様なり」〈義経記・四〉(可能)もめる ㊁〔動マ下二〕「もめる」の文語形。
揉みに揉・む 馬を激しくせめたてる。また、入り乱れて激しく揉み合う。激しく争う。「北の在家まで、—・うでぞ追うたりける」〈太平記・六〉
モムゼン〖Theodor Mommsen〗［1817～1903］ドイツの歴史家。ローマ史研究の基礎を確立。政治家としても活躍。1902年ノーベル文学賞受賞。著「ローマ史」「ローマ公法」など。
もむ-な・い〔形〕(関西地方で)うまくない。味がよくない。まずい。もみない。「汗水流して、—・いもん喰て、それで損するんや」〈上司・太政官〉
もむ-にれ【もむ×楡】「もむ」は「百もも」で、多くのニレの木の意か。また、一説に、ニレの一種ともいう。「この片山の—を五百枝いほえ剝はぎ垂れ天照るや日の異けに干し」〈万・三八八六〉
もめ【×揉め】❶もめること。いさかい。「まだ一ひと—ありそうだ」「一時の壓服むりおしつけは、後来のちの—のもと」〈紅葉・二人女房〉❷人におごること。また、その費用。「野崎参りの入用はおれが—」〈浄・油地獄〉
もめ-ごと【×揉め事】争いごと。ごたごた。「—が絶えない」「—に巻き込まれる」(類語)トラブル・いざこざ・内輪揉め・内輪喧嘩げんか・内紛・諍いさかい・口論・いがみあい・角突き合い・鞘さや当て・ごたごた・騒ぎ・悶着もんちゃく・摩擦・どさくさ・波乱・小競り合い・喧嘩・問題
も・める【×揉める】〔動マ下一〕文も・む〔マ下二〕❶争いが起きてごたごたする。「会議が—・める」❷いらいらする。「気が—・める」❸費用がかかる。「はじめより—・める事なれば」〈浮・一代男・八〉(類語)争う
も-めん【木綿】❶ワタの種子に付着している繊維を採取・加工したもの。弾力性・保温性・吸湿性に富み、衣料などに広く用いられる。コットン。めん。❷「木綿糸」の略。❸「木綿織り」の略。(類語)麻・絹・羊毛
もめん-いと【木綿糸】綿花を紡いで作った糸。また、それをより合わせて作った縫い糸。綿糸めんし。
もめん-おり【木綿織(り)】木綿糸で織った織物。綿織物。綿布めんぷ。
もめん-がみ【木綿紙】木綿のたちくずで作った紙。
モメンタム〖momentum〗❶勢い。はずみ。❷惰性。惰力。❸物理学用語で、運動量。
もめん-ちぢみ【木綿縮】木綿織りのちぢみ。めんちぢみ。
もめん-づる【木綿×蔓】マメ科の多年草。山地に生え、茎は地をはう。葉は卵形の小葉からなる羽状複葉。夏、淡黄緑色の蝶形の花を総状につけ、豆果は密集してつく。名は、根が繊維状に裂けやすいことによる。
モメント〖moment〗►モーメント
もめん-どうふ【木綿豆腐】豆乳に凝固剤を入れ、固まりはじめたものを型箱に流し込み、敷いてある木綿布で余分の水をこして締め固めた豆腐。表面に木綿の布目がつく。
もめん-にしき【木綿錦】縦糸に絹糸、横糸に木綿糸を用いて大和錦やまとにしきのように織った織物。
もめん-はば【木綿幅】木綿織りの幅。鯨尺でおよそ9寸5分(約36センチ)。小幅。並幅。
もめん-ばり【木綿針】木綿の布地を縫うのに用いる太めの針。
もめん-わた【木綿綿】綿花を精製して一定の厚みにのばしたもの。布団や衣類などの中に入れる。わた。(季 冬)
もも【▽百】ひゃく。また、他の語に付いて複合語をつくり、数の多いことを表す。「—枝え」「—度たび」「—手」「耳には寺の鐘—ばかりも」〈鷗外訳・即興詩人〉
もも【▽股┊×腿】足の、ひざから上の腰に続く部分。(類語)太もも・大腿だいたい
股を割さいて腹に充みたす 自分の股の肉を割いて食い満腹する。自分を支えているものを犠牲にして欲望を満たそうとし、破滅することのたとえ。
もも【桃】❶バラ科の落葉小高木。葉は細長くて先がとがり、縁に細かいぎざぎざがある。4月ごろ葉より早く、淡紅色のほか白や濃紅色の5弁花を開く。夏に球形の肉厚多汁の実がなり、食用。種子は漢方で桃仁といい薬用。中国の原産。日本では古くから果樹または花木として栽培され、品種が多い。(季 花=春┊実=秋)「ゆるぎなく妻は肥りぬ—の下/波郷」❷「桃色」の略。❸ワタの実。球状で頂部のとがった桃の実形をし、熟すと裂開する。❹襲かさねの色目の名。表は紅、裏は紅梅。また、表は白、裏は紅など諸説がある。3月ごろ用いた。❺紋所の名。❶の実または葉を図案化したもの。
桃栗もも三年柿かき八年 桃と栗とは、芽生えのときから3年、柿は8年たてば実を結ぶということ。
もも-あげ【▽股上げ】両足の太ももを、腰の高さまで交互に上げ下げする運動。短距離走のトレーニングや高齢者の筋力低下防止などに利用される。
もも-いろ【桃色】❶桃の花の色。うすい赤色。淡紅色。ピンク。❷男女間の色情に関すること。「—遊戯」(類語)ピンク・薔薇ばら色・桜色
ももいろ-いんこ【桃色×鸚×哥】オウム科の鳥。全長36センチくらい。背面は灰色、頭から腹にかけては濃い桃色。オーストラリアに分布し、群れで暮らす。
ももいろ-さんご【桃色×珊×瑚】サンゴ科の腔腸こうちょう動物。アカサンゴと同じように樹枝状の群体をつくり、高さ1メートルにもなる。骨軸は淡紅色で、装飾品の材料として珍重される。
もも-え【▽百▽枝】たくさんの枝。「いかといかとある我がやどに—さし生おふる橘たちばな」〈万・一五〇七〉
もも-え【▽百重】—へ 数多く重なり合うこと。いく重にも重なっていること。「我あが恋は夜昼別わかず—なす心し思へばいたもすべなし」〈万・二九〇二〉
もも-か【▽百日】❶ひゃくにち。また、多くの日数。「—しも行かぬ松浦路まつらぢ今日行きて明日は来なむを何か障さやれる」〈万・八七〇〉❷子供が生まれて100日目。また、その日の祝い。餅をついて祝う。「—の折に、参らせ給へりしを」〈狭衣・三〉
もも-かがり【▽百×篝】稲妻のこと。「秋の田の穂なみかがやく—」〈古今打聞・上〉
もも-かわ【桃皮】—かは ヤマモモの樹皮。煎じ汁を薬用や染料にする。楊梅皮ようばいひ。しぶき。
ももきね【▽百岐▽年】〔枕〕「美濃みの」にかかる。語義・かかり方未詳。「—美濃の国の」〈万・三二四二〉
もも-くさ【▽百草】多くの草。いろいろの草。千草ちぐさ。「—の花のひもとく秋の野を」〈古今・秋上〉
もも-くさ【▽百▽種】たくさんの種類。さまざま。くさぐさ。「この花のひとよの内に—の言ことぞ隠こもれるおほろかにすな」〈万・一四五六〉
もも-くま【▽百×隈】多くの曲がりかど。「—の道は来にしをまた更に八十島やそしま過ぎて別れか行かむ」〈万・四三四九〉
ももげ【鳥=臓×肶】鳥の内臓。〈日葡〉
ももこえ-どり【▽百声鳥】ももこゑ ホトトギスの別名。
もも-さえずり【▽百×囀り】—さへづり ❶多くの鳥がいろいろな声でさえずること。「戸外では雀が—をしている」〈花袋・田舎教師〉❷多くの人が一度にしゃべること。また、次から次へとしゃべりまくること。「仲人が—聞きかながしにして」〈一葉・経づくゑ〉
ももさか-の-ふね【▽百▽積の船┊▽百▽石の船】《「さか」は容量の単位》百石の荷物を積むことができる大きい船。「—隠り入る八占やうらさし母は問ふともそ

の名は告(の)らじ」〈万・二四〇七〉
もも-しき【▽百敷・▽百×磯▽城】《枕詞「ももしきの」から》宮中。内裏。皇居。「―に行きかひはべらむことは」〈源・桐壺〉
ももしき-の【▽百敷の・▽百×磯▽城の】〔枕〕多くの石や木でつくり築く意から、「大宮」にかかる。「―大宮人は舟並(な)めて」〈万・三六〉
ももしの-の【▽百小▽竹の】〔枕〕多くの小竹(しの)のはえている野の意で、「三野(みの)」にかかる。「―三野の王(おほきみ)」〈万・三三二七〉
もも-じり【桃尻】《桃の実の尻(実際は頭)が、とがっていてすわりの悪いところから》❶馬に乗るのがへたで、尻が鞍の上に安定しないこと。「―にて落ちなんは、心憂かるべし」〈徒然・一八八〉❷尻の落ち着かないこと。「日々に港口へ催促しつつ、―してぞ居たりける」〈読・近世説美少年録・二〉
モモス〖Mōmos〗ギリシャ神話で、非難・皮肉・嘲笑を擬人化した神。夜の女神ニュクスの子とされる。
もも-ぞの【桃園】桃の木が多くある庭園。
ももぞの-てんのう【桃園天皇】(テンワウ)［1741～1762］第116代天皇。在位1747～1762。桜町天皇の第1皇子。名は遐仁(とおひと)。在位中、宝暦事件が起こった。
もも-ぞめ【桃染(め)】桃色に染めること。また、その色。つきぞめ。
ももた-そうじ【百田宗治】(ソウヂ)［1893～1955］詩人。大阪の生まれ。本名、宗次。詩誌「椎の木」を主宰。詩集「最初の一人」「ぬかるみの街道」など。
もも-だち【▽股立】袴(はかま)の腰部の左右側面のあきを縫い止めた所。
股立を取・る　活動しやすくするために、股立をつまみ上げて帯または腰のひもに挟み込む。
もも-たび【▽百度】百回。ひゃくど。また、度数の多いこと。「一千度(ちたび)繰返し」〈紅葉・金色夜叉〉
もも-たらず【▽百足らず】〔枕〕百に満たない意から、「八十(やそ)」「五十(い)」にかかる。また、「や」「い」の音を含む「山田」「筏(いかだ)」「斎槻(いつき)」にかかる。「―八十隅(やそくま)坂に手向けせば」〈万・四二七〉
もも-だ・る【▽百足る】〔動ラ四〕《「ももたる」とも》十分に備わる。豊富である。ももちだる。「生ひ立てる―・る槻(つき)が枝は」〈記・下・歌謡〉
ももたろう【桃太郎】(モモタラウ)昔話の一。また、その主人公の名。川を流れてきた桃の中から生まれた桃太郎が、老夫婦に育てられ、成長して犬・猿・キジを供に連れて鬼が島の鬼を退治し、金銀財宝を持ち帰る。
もも-ち【▽百千】百や千。数が多いこと。「玉の簾(すだれ)を―に砕いたよう」〈鏡花・高野聖〉
ももち-だ・る【▽百千足る】〔動ラ四〕「ももだる」に同じ。「葛野(かづの)を見れば―・る家庭(やには)も見ゆ」〈記・中・歌謡〉
ももち-どり【▽百千鳥】❶多くの鳥。いろいろの鳥。ももどり。(季 春)「―もっとも鳥(とり)の声甘ゆ／草田男」❷チドリの別名。❸ウグイスの別名。
もも-づたう【▽百伝ふ】(ヅタフ)〔枕〕❶多くの地を次々に伝わりゆく意、また、その駅路の鈴の意から、「わたる」「津(つ)」「鐸(ぬて)」にかかる。「―鐸ゆらくもよ」〈記・下・歌謡〉❷数えていって百になる意から、「八十(やそ)」「五十(い)」にかかる。また、「い」の音を含む「磐余(いはれ)」にかかる。「―磐余の池に鳴く鴨を」〈万・四一六〉
もも-て【▽百手】❶いろいろの手段。また、いろいろの技。「払ひ落とし、かけ落とし、―を千手と手を砕き」〈浄・五枚羽子板〉❷弓術で、200本の矢を100回に分けて射ること。甲乙2本の矢を一手とする。「射的の上手にて、―の矢を以て」〈盛衰記・一一〉
ももて-まつり【▽百手祭(り)】四国・九州で、御弓(おゆみ)の神事のこと。
もも-ど【▽百度】平安時代、官吏に大炊寮および大膳職から給した米や魚・塩。百度食(ひゃくじき)。
もも-とせ【▽百▽歳・▽百▽年】ひゃくねん。ひゃくさい。転じて、多くの年。長い年月。
もも-とり【▽百鳥】多くの鳥。種々の鳥。「遠近(をちこち)に唄う―の声が」〈木下尚江・良人の自白〉
ももとり-の-つくえ【▽百取りの机】種々の飲食物などをのせた机。「―に貯(たくは)へて」〈神代紀・上〉
もも-なが【▽股長】〔形動ナリ〕足を伸ばすさま。「―に寝(い)は寝(な)さむを」〈記・上・歌謡〉
もも-にく【▽股肉・×腿肉】鶏や牛・豚のもも部分の肉。鶏では筋肉質で脂肪分も多く、うまみがある。牛・豚では脂肪分の少ない赤身の肉。
もものい-こうわかまる【桃井幸若丸】(もものゐかうわかまる)　幸若舞の創始者と伝えられる人物。越前の人。南北朝時代の武将桃井直常の孫といわれる。名は直詮(なおあき)。幸若丸は幼名。室町前期、比叡山の稚児であったとき、平曲・声明(しょうみょう)などを取り入れて幸若舞を始めたとされる。生没年未詳。
もも-の-さけ【桃の酒】桃の花を浸した酒。3月3日にこれを飲めば百病を除くとされる。(季 春)
もも-の-せっく【桃の節句】3月3日の節句。上巳(じょうし)の節句。雛(ひな)祭り。桃の日。(季 春)「みよしのの里にも―かな／梅室」
もも-の-つかさ【▽百▽官】多くの役人。ひゃっかん。ももつかさ。「―従へ給へりし」〈増鏡・新島守〉
もも-の-ゆみ【桃の弓】桃の木で作った弓。追儺(ついな)で、鬼を射るのに用いた。
もも-はがき【▽百羽×掻き】鴫(しぎ)がくちばしでいく度も羽をかくこと。また、物事の回数の多いことのたとえ。「あかつきのしぎの羽掻き―君が来ぬ夜は我ぞかずかく」〈古今・恋五〉
ももはな-いろ【桃花色】桃の花のような色。鮮やかな淡赤色。
もも-はばき【▽股脛▽巾】股(もも)までかかる、はばき。股引(ももひき)。
もも-ひき【▽股引】❶脚にぴったりする、保温・防寒用のズボン下。(季 冬)❷脚に合わせて仕立て、腰と足首とをひもで締める形にした木綿地の仕事着。江戸末期から、半纏(はんてん)・腹掛けとともに職人の常用着。絹地のものは、江戸ではパッチといった。(類語)猿股・すててこ
もも-ふね【▽百船】《「ももぶね」とも》たくさんの船。「―の泊(は)つる泊まりと」〈万・一〇六五〉
もも-まゆ【桃眉】描(か)き眉の一。薄く眉の周囲をぼかして作る。茫眉(ぼうまゆ)。
もも-や【▽百矢】矢櫃(やびつ)に100筋入れた矢。また、たくさんの矢。「―の中より只二筋抜いて」〈太平記・一七〉
ももやま【桃山】京都市伏見区の地名。宇治川の北岸に位置する。豊臣秀吉が伏見城を築き、その跡一帯に桃の木を植えたのでこの名があるという。桓武・明治両天皇陵がある。
ももやまがくいん-だいがく【桃山学院大学】(ももやまガクヰン)大阪府和泉市にある私立大学。明治35年(1902)創立の桃山中学校を源流として、昭和34年(1959)に開学した。
ももやま-じだい【桃山時代】時代区分の一。中世から近世への過渡期にあたり、豊臣秀吉が政権を握っていた約20年間をいう。
ももやま-ぶんか【桃山文化】(ブンクワ)桃山時代の文化。美術史では安土時代をも含める。長い戦国争乱の状態から急速に統一が達成され、自由闊達(かったつ)な人間中心の文化が展開。雄大な城郭・社寺などが造営され、内部を飾る華麗な障屏画(しょうへいが)が描かれる一方、民衆の生活を題材とした風俗画のジャンルが確立。芸能では茶の湯の大成、能の隆盛、浄瑠璃の発達などをみた。また、南蛮文化の影響も重要。
もも-ゆ【桃湯】桃の葉を入れて入浴すること。また、その湯。あせもに効くという。桃葉湯(とうようとう)。
もも-よ【▽百代・▽百世】百年。また、長い年月。ももとせ。「山高く川の瀬清し―まで神(かむ)しみ行かむ大宮所」〈万・一〇五二〉
もも-よ【▽百夜】多くの夜。「今夜(こよひ)の早く明けなばすべをなみ秋の―を願ひつるかも」〈万・五四八〉
ももよ-ぐさ【▽百代草・▽百夜草】草の名。菊・ヨモギ・ツユクサなどに当てる。
もも-よせ【▽股寄せ】太刀の鞘(さや)の峰のほうを覆っている覆輪(ふくりん)。雨覆(あまおおい)。
もも-われ【桃割れ】女性の髪形の一。後頭部で髪を二つの輪にまとめ、桃のような形の髷(まげ)に結ったもの。明治初期から中期にかけて、16、7歳の少女に流行。
ももんが【鼯=鼠】リス科の哺乳類。体長15～20センチ、尾長10～14センチ。前・後肢の間に飛膜をもち、目が大きく、外形・習性ともムササビに似る。本州・四国・九州に分布。北海道には近似種のエゾモモンガがすむ。ばんどり。ももんがあ。
ももんがあ　❶モモンガのこと。❷頭から着物をかぶり、ひじを張って、モモンガのようなかっこうをして、子供などをおどすたわむれ。また、手の指で目や口を大きく広げた顔を作り、怪物のまねをすること。❸人をののしっていう語。「イカサマ師の、猫被りの、香具師の、―の」〈漱石・坊っちゃん〉
ももんじい　❶イノシシなどの獣類。また、その肉。ももんじ。❷「ももんがあ❷」に同じ。「ひるまでも、ゆうべのような―が出てきたり」〈魯文・西洋道中膝栗毛〉❸みにくいもののことで、人をののしったり、自分を卑下したりしていう語。「通だとか粋だとかいうことは、から―でわからないけれど」〈鏡花・湯島詣〉
ももんじ-や【ももんじ屋】イノシシ・シカなどの獣肉を売った店。ももんじいや。
も-や【▽母屋・▽身屋・▽身▽舎】❶寝殿造りで、庇(ひさし)に対し、家屋の主体をなす部分。❷離れ・物置などに対し、住居として用いる家。おもや。本屋(ほんや)。❸棟木(むなぎ)・軒桁(のきげた)に平行し、垂木(たるき)を受ける横木。母屋桁(もやげた)。
も-や【喪屋】❶墓の近くに造った、遺族が喪中を過ごす家。❷本葬まで死体を安置しておく所。もがりのみや。あらき。「乃ち其処に―を作りて」〈記・上〉
もや【×靄】大気中に無数の微小な水滴が浮遊し、遠方がかすんで見える現象。気象観測では視程1キロ以上の場合をいい、1キロ未満の霧と区別する。(類語)雲・霧・霞(かすみ)・ガス・スモッグ
もや〔間助〕《係助詞「も」＋間投助詞「や」から。上代語》名詞、活用語の終止形、助詞に付く。強い感動・詠嘆を表す。…(も)まあ。「我は―安見児(やすみこ)得たり皆人の得かてにすといふ安見児得たり」〈万・九五〉
も-や〔連語〕《係助詞「も」＋係助詞「や」》名詞、副詞、活用語の連用形に付く。…のだろうか。…のではなかろうか。「聖教(しょうぎょう)の細やかなる理(ことわり)、いとわきまへず―と思ひしに」〈徒然・一四一〉
もやい【×舫い】(もやひ)もやうこと。また、そのための綱。むやい。もや。「―をつなぐ」「―を解く」
もやい【▽催▽合い・▽最▽合い】(もやひ)共同で一つの事をしたり一つの物を所有したりすること。あいあい。おもやい。「墨ヲ―ニ使ウ」〈和英語林集成〉(類語)共同・合同・協同・連携・提携・連名・共有・共用・タイアップ・協力・協賛・参与・チームワーク・共催・関与
もやい-かかり【×舫い×繋り】(もやひ)1隻の船から錨(いかり)を下ろし、この船に他の船がつなぎ合わされて、幾艘(いくそう)もの船が停泊すること。
もやい-ぐい【×舫い×杭】(もやひぐひ)船をつなぎとめるための杭。かせ。
もやい-づな【×舫い綱】(もやひ)船をつなぎとめるのに用いる綱。やりて。てやす。
もやい-ぶね【×舫い船】(もやひ)他の船あるいは杭(くい)などにつなぎとめた船。停泊している船。
もや・う【×舫う】(もやふ)〔動ワ五(ハ四)〕船と船をつなぎ合わせる。また、杭などに船をつなぎとめる。むやう。「桟橋に―・う釣り船」(類語)繋(つな)ぐ
もや・う【▽催▽合う・▽最▽合う】(もやふ)〔動ワ五(ハ四)〕寄り合って共同で事をする。また、物を共同で使用する。「井戸を三軒で―・う」
もや-くや　㊀〔副〕(スル)❶むしゃくしゃするさま。「さまざまの妄想が、狭い胸の中で、――煮えくり返る」〈左千夫・隣の嫁〉❷ごたごたするさま。「何か―する中へ、ちょっとお邪魔と出かけたが」〈伎・御国入曽我中村〉㊁〔名〕❶気持ちがうつうつとして晴れないこと。もやもや。「胸の―を晴そうと」〈木下尚江・良人の自白〉❷もめごと。いざこざ。「さっきにからの―寝られはせまい」〈浄・盛衰記〉
もや-く・る〔動ラ四〕「もやつく」に同じ。「気も―・って蒸暑き材木納屋に立ち隠れ」〈浄・今宮の心中〉

もや-げた【▽母屋桁】▶母屋もや❸

もやし【×萌やし｜×糵】《「も(萌)やす」の連用形から》穀類などの種子を光を当てずに発芽させたもの。ふつう大豆・緑豆など豆類のものをさし、食用にする。

もやしっ-こ【×萌やしっ子】もやしのようにひょろひょろ伸びて体力のない子供。

もや・す【×萌やす】〔動サ五(四)〕芽が出るようにする。もやしを作る。「大豆の芽を―・す」「いとど嘆きの芽を―・すと」〈かげろふ・下〉

もや・す【燃やす】〔動サ五(四)〕❶燃えるようにする。燃す。「落ち葉を―・す」❷感情や意欲で心を高ぶらせる。「闘志を―・す」〔可能〕もやせる
〔類語〕焼く・焚たき付ける・くべる

もや-つき　❶気分がすぐれずむかむかすること。むかつき。「腹に―ができまして」〈浮・織留・四〉❷物事がごたごたすること。ごたつき。「吾妻が客を斬ったと町の―」〈浄・淀鯉〉

もや-つ・く〔動カ五(四)〕❶むしゃくしゃする。むかむかする。もやくる。「胸に―・くものがあった」❷物事がごたごたする。ごたつく。もやくる。「魂据ゑて返事せろと―・く後に」〈浄・宵庚申〉

もや-の-だいきょう【▽母屋の大×饗】もやノダイキャウ《寝殿の母屋で行われたところから》平安時代、毎年正月に行われた大臣の大饗。➡庇ひさしの大饗

もや-もや　■〔副〕スル ❶煙や湯気などが立ちこめるさま。「湯気で―(と)している浴室」❷実体や原因などがはっきりしないさま。「―(と)した記憶」❸心にわだかまりがあって、さっぱりしないさま。もやくや。「彼の一言で、―(と)していたものが吹っきれた」❹毛や髪などが群がり生えるさま。「口髭の―と生えた」〈紅葉・二人女房〉❺色情がむらむらと起こるさま。「数々の通はせ文、清十郎も―となりて」〈浮・五人女・一〉❻ごたごた言い争うさま。「人中で一云ふほどが費えび」〈浮・新色五巻書・三〉■〔名〕❶わだかまりがあって心がさっぱりしないこと。「胸の―を晴らす」❷もめごと。ごたごた。「この―はこの客からおこった事ぢゃ」〈浮・御前義経記・八〉〔アクセント〕■はモヤモヤ、■はモヤモヤ。〔類語〕ぼんやり

もやもや-びょう【もやもや病】―ビャウ ▶ウィリス動脈輪閉塞症

もや・る【×靄る】〔動ラ五(四)〕もやがかかる。「湖面が―・ってきた」

も・ゆ【×萌ゆ】〔動ヤ下二〕「も(萌)える」の文語形。

も・ゆ【燃ゆ】〔動ヤ下二〕「も(燃)える」の文語形。

も-ゆら〔副〕《「も」は「もそろもそろに」などの「も」に同じ》玉などが触れ合って出す音を表す語。「御頸珠みくびたまの玉の緒―に取りゆらかして」〈記・上〉

もゆる-つち【燃ゆる土】〔連語〕石炭、泥炭などのこと。「越の国、―と燃ゆる水とを献る」〈天智紀〉

もゆる-みず【燃ゆる水】―みづ〔連語〕石油などの旧称。➡燃ゆる土

もよ〔間助〕《係助詞「も」＋間投助詞「よ」から。上代語》名詞、活用語の終止形、助詞「は」に付く。強い感動・詠嘆を表す。…(も)まあ。「吾は―女めにしあれば」〈記・上・歌謡〉

もよい【▽催い】もよひ ❶準備をすること。用意を整えること。多く、名詞の下に付けて用いる。「船―」「宇治橋の辺に押し寄せいくさ―せられけり」〈承久記〉❷名詞の下に付けて、その物事のきざしが見えることを表す。「雨―の空」「雪―」

も-よう【模様】―ヤウ ❶織物・染め物・工芸品などに装飾として施す種々の絵や形。また、ものの表面にあらわれた図形。文あや。文様。「美しい―の木目」「幾何学的な―」❷物事のありさま。ようすや経過。「現場から事件の―をお伝えします」❸現時点で推測される状況。「列車は遅れる―だ」❹手本。模範。「そもそも禅宗の―とするところは宋朝の行儀」〈太平記・二四〉❺身ぶり。所作。「若衆に茶のたてやうを教ゆべしと、自ら茶をたつる―をなして」〈醒睡笑・下〉❻名詞の下に付いて、それらしいようすであることを表す。「雨―」「荒れ―」〔類語〕(1)文様もんよう・紋もん・文あや・文目あやめ・地紋じもん・柄がら・紋柄もんがら・図柄・絵柄・図様・図案・意匠・パターン・デザイン・プリント/(2)様子・様相・状況・実況・現況・情勢・成り行き・有り様さま・動静・態様・様態・具合ぐあい・概況・形勢・容体・気配・調子

もよう-がえ【模様替え】モヤウがへ〔名〕スル ❶建物などの設計、室内の装飾、家具の配置などを変えること。「部屋を―する」❷物事の仕組み・方法・順序などを変えること。「組織の―」〔類語〕改装・新装

もよう-ながめ【模様眺め】モヤウ― 状況がはっきりするまで静観していること。特に、相場についていう。

もよう-ふぐ【模様河＝豚】モヤウ― フグ科の海水魚。暖海のサンゴ礁などにすむ。全長約50センチ。体は長卵形で、小さなとげが密生し、白地に多数の小黒点がある。幼魚は、腹側に暗褐色の線が複雑に走る。有毒。

もよう-もの【模様物】モヤウ― 模様の入ったもの。模様のある衣装。「京染の―」

もよおし【催し】もよほし ❶人を集めて興行・会合などをすること。また、その興行・会合など。催し物。「歓迎の―を開く」❷人をうながすこと。催促。「殿の御心とおぼし立ちたるか。御―か」〈宇津保・蔵開下〉❸物事を誘い出すもととなるもの。誘因。「女院には待ちつけきこえさせ給ひて、いとどしき―なり」〈栄花・着るはわびしと嘆く女房〉〔類語〕行事・催し物・イベント・盛事せいじ・式典・フェスティバル

もよおし-がお【催し顔】もよほしがほ〔名・形動ナリ〕うながすような顔つき。また、そのさま。「草むらの虫の声々―なるも」〈源・桐壺〉

もよおし-ぐさ【催し▽種】もよほし― ある感情などを引き起こすもとになるもの。誘い出すきっかけ。「物思ひの―なめり」〈源・須磨〉

もよおし-ぜい【催し勢】もよほし― かり集められた軍勢。「国々の―なんどを向けては叶かなふべきとも覚えず」〈太平記・二六〉

もよおし-もの【催(し)物】もよほし― 人を集めて行う、いろいろの会や演芸など。〔類語〕行事・催し・イベント・盛事せいじ・式典・フェスティバル

もよお・す【催す】もよほす〔動サ五(四)〕❶人を集めて行事などを行う。開催する。「送別の宴を―・す」❷そういう気持ちにさせる。かきたてる。さそう。また、物事が起ころうとする兆候を見せる。きざす。「涙を―・す」「あわれを―・す」「吐きけを―・す」「眠けを―・す」❸せきたてる。催促する。「煩悩には絶えず―・され」〈倉田・出家とその弟子〉「東の院、急ぎ作らすべきよし、―・し仰せ給ふ」〈源・澪標〉❹人を呼び集める。召集する。「一門の人々にも触れ申せ。侍ども―・せ」〈平家・二〉❺手はずを整える。準備する。「あるべき事どもなど、こちたきまで―・しおかれ」〈増鏡・むら時雨〉〔可能〕もよおせる〔類語〕兆す・芽生える・萌芽ほうがう・行う・覚える・感ずる・感じる・抱いだく・持つ

もよ-ぎ【×萌×葱｜×萌黄】「もえぎ」の音変化。「君が春蚊屋は―に極りぬ/越人」〈去来抄〉

も-より【最寄り】すぐ近くのあたり。付近。「―の交番に届ける」〔類語〕近所・側・近く・付近・近辺・近隣・近傍・界隈かいわい・近回り・近間ちかま・その辺へん

もより-えき【最寄り駅】その場所から最も近いところにある駅。「我が家の―」

もより-ひん【最寄り品】消費者が近くの小売店で頻繁に購入するような商品。食料品・日用雑貨・タバコなど。➡買い回り品

もより-ぶね【最寄り船】岸の近くに停泊している船。

モラ〖mola〗《「モーラ」とも》カリブ海のサンブラス諸島に住むクーナ族の女性が着る、抽象的な図柄のあるブラウス。また、その図柄。モチーフは人間・動物・鳥・魚・草木などで、何色もの鮮やかな色の布を重ねて、柄に合わせて布をくりぬき、その周囲を細かくまつる。手芸の一つとして現在も行われている。

モラ〖Morat〗▶ムルテン

モラール〖morale〗目標を達成しようとする意欲や態度。勤労意欲。やる気。「―が高い職場」

モラール-アップ《和 morale＋up》職場などでの労働意欲の向上、士気向上をはかること。

もらい【×貰い】もらひ ❶もらうこと。また、その金や品物。特に客からもらう祝儀。「あわてる乞食こじきは―が少ない」「一座敷で一本が自分の―になるので」〈康成・雪国〉❷けんかや口論などの決着がつきにくいとき、間に入ってその処置をまかせてもらうこと。「何を言ふやら、もうもう両方とも、おれが―ぢゃ」〈浄・歌祭文〉❸遊里で、よその客席に出ている遊女、芸者などを中途で自分の座敷に呼ぶこと。「田舎の侍衆にて物がたく、どうも―もならぬお方でござるほどに」〈浮・禁短気・五〉

もらい-う・ける【×貰い受ける】もらひ―〔動カ下一〕〔文〕もらひう・く〔カ下二〕もらって自分のものにする。「子犬を―・ける」〔類語〕貰もらう・押し頂く・受ける・受け取る・収める・収受する・受納する・受領する・受給する・受贈する・譲り受ける・授かる・頂く・賜たまわる・頂戴ちょうだいする・拝領する・拝受する・申し受ける

もらい-ご【×貰い子】もらひ― 他人の子をもらい、自分の子として育てること。また、その子。もらいっこ。

もらい-さげ【×貰い下げ】もらひ― もらいさげること。特に、警察に拘留されている者の身柄を引き取ること。

もらい-さ・げる【×貰い下げる】もらひ―〔動ガ下一〕〔文〕もらひさ・ぐ〔ガ下二〕役所などから下げ渡してもらう。また特に、警察に拘留されている者の身柄を引き取る。「不要になった備品を―・げる」

もらい-じこ【×貰い事故】もらひ― 相手方に原因のある交通事故。

もらい-た・める【×貰い×溜める】もらひ―〔動マ下一〕〔文〕もらひた・む〔マ下二〕物をもらってたくわえる。「―・めし小銭など取りあつめ」〈露伴・いさなとり〉

もらい-ぢ【×貰い乳】もらひ―「もらいぢち」に同じ。「―の不自由さ」〈浮・織留・六〉

もらい-ぢち【×貰い乳】もらひ―《「もらいちち」とも》母乳が出ないときなどに、他の女性から乳をもらって子に飲ませること。もらいぢ。

もらいっ-ぱなし【×貰いっ放し】もらひ― 物をもらったまま、その返礼をしないこと。

もらい-て【×貰い手】もらひ― もらい受ける人。「子犬の―を探す」

もらい-どし【×貰い年】もらひ― 厄年やくどしをのがれるため、実際よりも多く年を取っているように言うこと。また、その自称する仮の年齢。

もらい-なき【×貰い泣き】もらひ―〔名〕スル 他人の泣くのに誘われて自分も一緒に泣くこと。

もらい-なみだ【×貰い涙】もらひ― もらい泣きして流す涙。

もらい-び【×貰い火】もらひ― ❶よそから出た火事で自分の家も焼けること。類焼。❷よそから火種をもらうこと。〔類語〕延焼・類焼・飛び火

もらい-みず【×貰い水】もらひみづ よそから水をもらうこと。また、その水。

もらい-むこ【×貰い婿】もらひ― 他家から男子を迎えて婿にすること。また、その婿。養子。◆狂言名別項。

もらいむこ【貰聟】もらひ― 狂言。酒に酔って妻を追い出した男が、酔いが覚めて舅しゅうとの家へ妻をもらいにいき、引き止める舅を打ち倒して夫婦一緒に帰る。

もらい-もの【×貰い物】もらひ― 人から物をもらうこと。また、その物。到来物。いただき物。頂戴物。

もらい-ゆ【×貰い湯】もらひ― ❶よその家の風呂に入れてもらうこと。❷江戸時代、正月と盆の16日の銭湯。この日、三助さんすけが客からの祝儀をもらうことになっていた。「―に入りて六欲の皮を磨みがき」〈滑・浮世風呂・前〉

もらい-わらい【×貰ひ笑ひ】もらひわらひ 他人が笑うのにつりこまれて一緒に笑うこと。「腰元衆の―」〈浄・艶狩剣本地〉

もら・う【▽守らふ】もらふ〔動ハ四〕《動詞「守もる」の未然形に反復継続の助動詞「ふ」がついて一語化したもの》じっと見つめている。うかがっている。「此の瓜食らふを―・ひ居たり」〈今昔・二八・四〇〉

もら・う【×貰う】もらふ〔動ワ五(ハ四)〕❶贈られたり頼んだりして受け取り、自分のものとする。「金を―・う」「便りを―・う」「賞を―・う」❷頼んで手に入れる。得る。「許可を―・う」❸嫁や婿などを迎える。「養子を―・う」「嫁に―・う」❹仲裁を引き受ける。あずかる。「そのけんかはおれが―・った」❺勝負事に勝つ。「この試合は―・った」❻金を出して自分のものにする。買う。「このネクタイを―・おう」❼望まないものを与えられる。「病気を―・う」❽遊里で、他の客についてい

る芸者・遊女を自分の方へ譲り受ける。「座敷を―・った後のことは、何一つ覚えがなかった」〈秋声・縮図〉 ❾他人から食事などの世話を受ける。寄食する。「人に雇はれ、縫ひ針とりては口は―・へど」〈読・春雨・宮木が塚〉 ❿(補助動詞)動詞の連用形に接続助詞「て」を添えた形に付いて用いる。㋐他人の好意などにより自分が利益を受ける。また、依頼してある行為をさせる。「医者に診て―・う」「本を読んで―・う」㋑自分の行為などにより他人に利益をもたらす。「喜んで―・って私もうれしい」㋒他人の行為により自分が迷惑を受ける。「土足で上がって―・っては困る」[可能]もらえる [類語](❶)受ける・受け取る・収める・収受する・受納する・受領する・受給する・受贈する・譲り受ける・貰い受ける・授かる (謙譲)頂く・賜たまわる・頂戴ちょうだいする・拝領する・拝受する・申し受ける

貰う物は夏も小袖こそで 貰うものならば、その季節には不要な綿入れであってもよい。人から貰うものならば、なんでもよい。戴くものは夏も小袖。

モラエス〖Wenceslau de Moraes〗[1854～1929]ポルトガルの海軍軍人・日本文化研究家。明治31年(1898)来日、神戸・大阪領事となり、日本女性と結婚し、のち徳島に永住。日本の民俗・文化を海外に紹介した。著「日本通信」「徳島の盆踊」など。

もら-か・す【×貰かす】〔動サ四〕《動詞「もらう」に接尾語「かす」の付いた「もらわかす」の音変化》もらわせる。つかわす。やる。「死んだあくる日、銀かねつけてよそへ―・します」〈浄・油地獄〉

もら・す【漏らす|×洩らす】〔動サ五(四)〕❶液体などを漏れるようにする。こぼす。「水も―・さぬ備え」❷秘密や隠していることを知らせる。「秘密を―・す」❸心中の思いを口に出していう。また、感情を思わず表情や声に出す。「本音を―・す」❹必要な事柄をぬかす。落とす。「必要事項には―・さず記入する」❺とり逃がす。「一匹も―・さず捕まえる」❻(動詞の連用形に付いて)必要なことをし忘れる。「言い―・す」「聞き―・す」[可能]もらせる

[類語]言う・話す・しゃべる・語る・述べる・発言する・口を利く・口に出す・口にする・吐く・口走る・抜かす・ほざく・うそぶく・言い出す (尊敬)おっしゃる・仰せられる・宣のたまう (謙譲)申し上げる・申す・言上ごんじょうする

モラセス〖molasses〗「糖蜜❶」に同じ。

モラトリアム〖moratorium〗❶支払猶予。法令により、金銭債務の支払いを一定期間猶予させること。戦争・天災・恐慌などの非常事態に際して信用制度の崩壊を防ぎ、経済的混乱を避ける目的で行われる。❷製造・使用・実施などの一時停止。核実験や原子力発電所設置などにいう。❸肉体的には成人しているが、社会的義務や責任を課せられない猶予の期間。また、そこにとどまっている心理状態。

モラトリアム-にんげん【モラトリアム人間】年齢では大人の仲間入りをするべき時に達していながら、精神的にはまだ自己形成の途上にあり、大人社会に同化できずにいる人間。

モラバ〖Morava〗チェコ東部、ドナウ川に注ぐモラバ川に沿う地域。9世紀に大モラビア王国があった。1918年チェコスロバキアの一部となり、93年チェコとスロバキアとの分離に伴いチェコの東半部になる。モラビア。

モラ-ハラ「モラルハラスメント」の略。

モラビア〖Alberto Moravia〗[1907～1990]イタリアの小説家。心理主義的な写実描写により、現代人の倦怠けんたいと退廃を鋭く描き出した。作「無関心な人々」「ローマの女」など。

モラビア〖Moravia〗モラバの英語名。

モラリスティック〖moralistic〗〔形動〕教訓的。道徳主義の。「―な世界観」

モラリスト〖moralist|フランス moraliste〗❶道徳的な人。道徳家。❷16～18世紀のフランスで、人間性と道徳についての思索を随想などの形で書き記した人々。モンテーニュ・パスカル・ラ゠ロシュフーコー・ラ゠ブリュイエール・ボーブナルグらをさす。

モラル〖moral〗道徳。倫理。「―に欠ける」

[類語]道徳・倫理・徳・道・道義・徳義・人倫・人道・世道・公道・公徳・正義・規範・大義・仁義・モラリティー

モラル-ハザード〖moral hazard〗《道徳の欠如、倫理の欠如の意》金融機関や預金者が道徳的節度を失って行動すること。金融機関が過当競争から預金保険制度を過度に充実した結果、大口預金者が多くの利子をかせごうとして経営があやぶまれている銀行にも預金したり、また、高い利子を支払って資金集めをした金融機関がリスクの高い貸付先に高金利で融資し、経営悪化を招いたりするケースなど。

モラル-ハラスメント〖moral harassment〗暴力は振るわず、言葉や態度で嫌がらせをし、いじめること。精神的暴力。精神的虐待。モラハラ。

モラル-マジョリティー〖Moral Majority〗米国の保守的キリスト教徒の政治団体。妊娠中絶反対・国防力強化などを主張した。1979年創設、1989年解散。[補説]2004年に創設者がモラルマジョリティー連合として再結成。2007年以降はリバティカウンセルアクションという団体が活動を継承している。

モラン〖Paul Morand〗[1888～1976]フランスの小説家・詩人。外交官として世界各地に駐在、異国趣味的コスモポリタニズムに立つ新感覚の作品を書いた。作「夜ひらく」「夜とざす」「恋のヨーロッパ」など。

モランテ〖Elsa Morante〗[1912～1985]イタリアの女性作家。モラビアの最初の妻。寓話的な筆致で独得な詩的世界を構築した。小説「禁じられた恋の島」、大作「歴史」など。

もり【守(り)】❶まもること。また、その人。「渡し―」「灯台―」❷子供のめんどうをみること。また、その人。子守。「赤子の―をする」➡御守おもり

[類語]愛育・育児・子育て・保育・養育・訓育・育てる

もり【盛(り)】㊀〔名〕❶盛ること。また、盛った分量。「飯の―がよい」❷「盛り蕎麦そば」の略。❸「石盛こくもり」の略。㊁〔接尾〕助数詞。皿や茶碗などに盛ったものを数えるのに用いる。「どんぶり飯二ふた―」

もり【森|×杜】❶樹木がこんもりと生い茂った所。「―の都」❷神社がある神域の木立。「鎮守の―」

[類語]木立・林・森林・密林・ジャングル・山林・雑木林

もり【漏り|×洩り】水が漏ること。「屋根の―」

もり【×銛】投げたり砲で撃ち出したりして、魚介類などを突き刺し、捕らえる漁具。

もり-あおがえる【森青×蛙】もりあをがへる 無尾目アオガエル科の両生類。日本固有種。体長5～9センチで雌のほうが大きい。背面は緑色であるが、不規則な褐色斑をもつものもある。主に本州の山間部に生息し、4～6月ごろ、水辺付近の樹上に泡状の卵塊を産みつけ、おたまじゃくしとなってから落下して水に入る。天然記念物に指定している地域が多い。

もり-あがり【盛(り)上(が)り】❶盛りあがること。盛りあがった部分。❷気持ちや勢いが高まること。「反対運動が―をみせる」「―に欠ける」

もり-あが・る【盛(り)上(が)る】〔動ラ五(四)〕❶盛ったように高くなる。「水面が―・る」「―・った筋肉」❷気持ちや勢いがひときわ高まる。「世論が―・る」「ムードが―・る」「試合が―・る」

もり-あげ【盛(り)上げ】❶盛り上げること。高めること。「雰囲気の―に失敗する」❷日本画で、胡粉ごふんを厚く盛り上げてから彩色し、装飾的効果を高める方法。盛り上げ彩色さいしき。油絵では、ナイフなどで絵の具を厚く重ねていく方法。

もりあげ-さいしき【盛(り)上げ彩色】日本画で、盛り上げ❷のこと。

もり-あ・げる【盛(り)上げる】〔動ガ下一〕[文]もりあ・ぐ〔ガ下二〕❶盛って高くする。「土を―・げる」❷気持ちや勢い、その場の雰囲気、興趣などを高める。「反対運動を―・げる」「宴会を―・げる」

もり-あざみ【森×薊】キク科の多年草。本州から九州までの山地の草原に自生するが、栽培化されてゴボウアザミとよばれ、根を食用とする。➡牛蒡薊ごぼうあざみ

もり-あつし【森敦】[1912～1989]小説家。長崎の生まれ。横光利一の推薦で「東京日日新聞」に「酩酊船よいどれぶね」を連載、注目を浴びるが、その後放浪生活に入る。「月山がっさん」で文壇に復帰、芥川賞を受賞。61歳の新人と騒がれる。他に「鳥海山」「われ逝くもののごとく」など。

もり-アフロ バイオガソリンの普及に向けて日本の石油業界が制作したイメージキャラクター。アフロヘアのような髪型をした樹木の妖精のような二人組のキャラクターで、バイオガソリンを販売するガソリンスタンドに掲示されている。

もり-ありのり【森有礼】[1847～1889]政治家。鹿児島の生まれ。明六社を創立。第一次伊藤博文内閣の文相となり、一連の学校令を公布して学制改革を行ったが、帝国憲法発布の明治22年(1889)2月11日に国粋主義者に襲われ、翌日死去した。

もり-ありまさ【森有正】[1911～1976]哲学者。東京の生まれ。有礼ありのりの孫。東大助教授を辞してフランスに移住。デカルト・パスカルの研究に従事。著「デカルトとパスカル」「バビロンの流れのほとりにて」。

もり-あわせ【盛(り)合(わ)せ】もりあはせ もりあわせること。また、そのもの。「刺身を三人前―にする」

もり-あわ・せる【盛(り)合(わ)せる】もりあはせる〔動サ下一〕一つの器に、材料あるいは調理法の異なる料理を2種以上一緒に盛る。「旬しゅんのものを―・せる」[類語]入れる・よそう・注つぐ・注さす・盛り付ける・盛り込む

モリーゼ〖Molise〗イタリア南部、アドリア海に臨む州。アブルッツォ州の一部として永くナポリ王国領だったが1861年にイタリア王国の統一に参加。1963年にアブルッツォ州から分離した。イゼルニア県・カンポバッソ県がある。州都はカンポバッソ。

モリーユ〖フランス morille〗《「モレーユ」とも》アミガサタケ科のきのこ。頭部に網目状のくぼみがある。特に、フランス料理で珍重される。和名アミガサタケ。

もり-うた【守(り)歌】子守歌。

モリエール〖Molière〗[1622～1673]フランスの劇作家・俳優。本名、ジャン゠バティスト゠ポクラン(Jean-Baptiste Poquelin)。フランス古典喜劇の確立者。鋭い人間観察による風俗描写と心理展開に基づく性格喜劇を書き、多くの典型的人物を創造した。作「女房学校」「タルチュフ」「ドン゠ジュアン」「人間嫌い」「守銭奴」など。

もり-えと【森絵都】ゑと [1968～]小説家・児童文学作家。東京の生まれ。本名、雅美。児童文学やアニメーションのシナリオの執筆の後、少年少女の揺れ動く心理をみずみずしく描いた作品で若年層の共感を得る。「風に舞いあがるビニールシート」で直木賞受賞。他に「DIVE!!」シリーズ、「宇宙のみなしご」「カラフル」など。

もり-おうがい【森鷗外】ワウグワイ [1862～1922]小説家・評論家・翻訳家・軍医。島根の生まれ。本名、林太郎。別号、観潮楼主人など。森茉莉の父。陸軍軍医としてドイツに留学。軍医として昇進する一方、翻訳・評論・創作・文芸誌刊行などの多彩な文学活動を展開。晩年、帝室博物館長。翻訳「於母影おもかげ」「即興詩人」「ファウスト」、小説「舞姫」「青年」「雁」「ヰタ-セクスアリス」「阿部一族」「高瀬舟」「渋江抽斎」。

もりおか【盛岡】もりをか 岩手県中部の市。県庁所在地。北上川が貫流し、雫石しずくいし川・中津川などが合流。もと南部氏の城下町で、盛岡城(不来方こずかた城)跡がある。鉄鋳物、特に南部鉄瓶を特産。平成18年(2006)1月、玉山村を編入。人口29.9万(2010)。

もりおか-し【盛岡市】もりをか ▶盛岡

もりおか-じょう【盛岡城】もりをかジャウ 岩手県中部、盛岡市にある城。寛永10年(1633)に築かれた南部藩主の居城。北上川と中津川を外堀にした平城で、城趾一帯が岩手公園になっている。不来方こずかた城。

もりおか-じろう【森岡二朗】もりをかジラウ [1886～1950]官僚。奈良の生まれ。東京帝大卒業後、内務省に入り、警保局長、台湾総督府総務長官などを歴任。昭和16年(1941)に日本野球連盟(日本職業野球連盟から改称)の初代会長となり、戦時下のプロ野球存続に尽力した。

もりおか-だいがく【盛岡大学】もりをか 岩手県岩手郡滝沢村にある私立大学。昭和56年(1981)の開学。

もり-ガール【森ガール】童話の森にいるような少女をテーマにしたファッションの女性。コットンのワンピ

ースや毛糸の帽子、レトロ調の小物などで優しい雰囲気にまとめるのが特徴。
もり-かいなん【森槐南】[1863～1911]漢詩人。名古屋の生まれ。春濤の子。本名、公泰。字は大来。明治漢詩壇の第一人者といわれた。著「唐詩選評釈」「古詩平仄論」「槐南集」。
もり-かえし【盛(り)返し】もりかえすこと。「野党が―を図る」
もり-かえ・す【盛(り)返す】〔動サ五(四)〕いったん衰えた勢いを再び盛んにする。「三代目が店を―・す」「終盤―・したが一歩及ばなかった」(類語)回復
もり-かく【森恪】[1882～1932]政治家・実業家。大阪の生まれ。名は、正しくは「つとむ」。三井物産に入り、対中国投資・利権獲得に活躍。のち、政界に入り、田中義一内閣の外務政務次官として東方会議を主宰。政友会幹事長・犬養内閣書記官長を歴任。軍部と結んで積極的な侵略政策を推進した。
もり-がし【盛(り)菓子】三方に山形に盛って神仏に供える菓子。神前には紅白2色、仏前には白色とする。
もり-かずお【森一生】[1911～1989]映画監督。愛媛の生まれ。戦前戦後を通じて時代劇を中心に数々の作品を量産し、人気を集めた。やくざ映画や怪談などにも手腕を発揮。代表作「不知火検校」「薄桜記」「ある殺し屋」など。
もりかわ-きょりく【森川許六】▶もりかわきょろく(森川許六)
もりかわ-きょろく【森川許六】[1656～1715]江戸前期・中期の俳人。蕉門十哲の一人。彦根藩士。名は百仲。別号、五老井・菊阿仏。漢詩・絵画に親しみ、北村季吟系の俳諧を学んだが、のち芭蕉に師事。編著「風俗文選」「歴代滑稽伝」。もりかわきょりく。
もりかわ-とえん【森川杜園】[1820～1894]江戸末期・明治期の彫刻家。奈良の生まれ。奈良人形を作り、奈良一刀彫の祖ともされる。
もり-き・く【漏り聞く】〔動カ四〕「漏れ聞く」に同じ。「人の―・かむに」〈源・夕顔〉
もり-きり【盛(り)切り】酒・飯などを容器に盛っただけで、お代わりのないこと。また、その盛ったもの。もっきり。「一の一膳飯」
もりきり-おだい【盛り切り▽御台】一人前を盛り切りにした飯。「二合半の―、喉につまってぎっちぎっち」〈浄・宵庚申〉
もりぐち【守口】大阪府中部の市。大阪市の北東に隣接する。淀川南岸にあり、もと京街道の宿場町として発達。電気機器工業が盛ん。人口14.7万(2010)。
もりぐち-し【守口市】▶守口
もりぐち-だいこん【守口大根】ダイコンの一品種。根は直径2センチほどであるが、長さは約1メートルにもなる。守口漬けにする。大阪府守口市の原産といわれ、岐阜・愛知両県に多く産する。長大根。
もりぐち-づけ【守口漬(け)】名古屋名物の漬物。特産の守口大根を塩漬けにしてから、粕漬けにしたもの。
もりくに-しんのう【守邦親王】[1301～1333]鎌倉幕府第9代将軍。在職1308～1333。第8代将軍久明親王の子。鎌倉幕府の滅亡とともに退任し、出家。
もり-こみ【盛(り)込み】邦楽で、ある旋律が完結する前に、その終尾にかぶせて次の歌をうたいだすこと。囃子では、一般の終拍の掛け声を次の段の初拍の掛け声にして、間を置かずに演奏する。
もり-こ・む【盛(り)込む】〔動マ五(四)〕❶盛って中に入れる。「重箱に料理を―・む」❷計画や考えなどのあるまとまりの中に、いろいろなものを一緒に入れる。「種々のアイデアを―・んだ製品」(類語)入れる・盛る・よそう・注ぐ・注ぐ・盛り付ける・盛り合わせる
もり-ころ・す【盛(り)殺す】〔動サ五(四)〕毒薬を飲ませて殺す。また、投薬を誤り、病人を死なせる。「謀って―・す」
もりさき-あずま【森崎東】[1927～　]映画監督。長崎の生まれ。喜劇作品を多く手がける。「ニワトリはハダシだ」で芸術選奨。代表作「喜劇・女は度胸」「時代屋の女房」「塀の中の懲りない面々」など。
もりさだ-しんのう【守貞親王】[1179～1223]鎌倉時代の皇子。高倉天皇の子、安徳天皇の異母弟。平家に育てられたが、平家滅亡後は出家し、持明院宮と称した。承久の乱の後、子の茂仁が後堀河天皇として即位したため、自らは天皇として即位しなかったが、太上法皇として院政を行った。
もりさだまんこう【守貞漫稿】江戸後期の風俗誌。全34巻。喜田川守貞著。嘉永6年(1853)成立、その後も加筆。京坂・江戸の風俗を図解して考証したもの。近世風俗研究に重要な資料で、明治41年(1908)に「類聚近世風俗志」の名で刊行。
もり-じお【盛(り)塩】飲食店・寄席などの客商売で、縁起を祝って入り口に塩を盛ること。また、その塩。盛り花。
もり-しげお【森茂雄】[1906～1977]野球選手・監督。愛媛の生まれ。早大卒業後、母校松山商業野球部の監督となり、昭和10年(1935)の夏の甲子園で優勝。翌年大阪タイガース(現阪神)初代監督に就任。のちイーグルス監督を経て大洋(現横浜DeNA)球団代表を務めた。
もりしげ-ひさや【森繁久弥】[1913～2009]俳優。大阪の生まれ。NHKアナウンサーや軽演劇を経て映画界に進出。「社長」シリーズや「次郎長三国志」シリーズ、「夫婦善哉」など、数々のヒット作に出演した。舞台では、ミュージカル「屋根の上のバイオリン弾き」の主演で900回以上の公演を達成。歌手としても自ら作詞・作曲した「知床旅情」をヒットさせるなど、幅広く活躍した。平成3年(1991)文化勲章受章。没後、国民栄誉賞受賞。
もりした-がみ【森下紙】美濃国森下(岐阜県山県市)原産の、コウゾ製の厚手の和紙。古くから傘を張るのに用いられた。
もりしま-みちお【森嶋通夫】[1923～2004]経済学者。大阪の生まれ。京大卒。大阪大学教授・ロンドン大学教授。近代経済学の立場からマルクスやワルラスの理論を分析・解釈し、日本の経済学を国際的水準にまで引き上げたとされる。昭和51年(1976)文化勲章受章。著作に「均衡・安定性・成長」「近代社会の経済理論」「マルクスの経済学」など。
もり-しゅんとう【森春濤】[1819～1889]江戸末期・明治初期の漢詩人。尾張の人。槐南の父。名は魯直。字は希黄。漢詩の清新な詩風を唱えた。著「春濤詩鈔」。
モリス〖William Morris〗[1834～1896]英国の工芸家・詩人・社会思想家。装飾美術の発展に貢献。社会主義運動に参加する一方、印刷・造本の分野でも活躍。叙事詩「地上楽園」、小説「ユートピアだより」。
もり-ずな【盛(り)砂】❶うず高くもりあげた砂。❷儀式のときや貴人を迎えるときなどに、車寄せの前の左右に砂を高く盛り上げたもの。立て砂。
もり-せんぞう【森銑三】[1895～1985]書誌学者。愛知の生まれ。東京帝大史料編纂所勤務。近世・近代の人物の伝記や書誌を研究、多くの埋もれた人物を発掘したことで知られる。著作に「渡辺崋山」「おらんだ正月」「西鶴と西鶴本」など。
もり-そういち【森荘已池】[1907～1999]小説家・詩人。岩手の生まれ。本名、佐一。農民詩が高く評価され、宮沢賢治との親交でも知られる。特に賢治の没後は作品の紹介に尽力した。清潔な作風で東北を舞台にした作品を執筆。「山畠」「蛾と笹舟」で直木賞受賞。他に「店頭」「氷柱」、詩集「山村食料記録」など。
もり-そせん【森狙仙】[1747～1821]江戸後期の画家。名は守象。狙仙は号で、初め祖仙。大坂を中心に活躍。円山応挙の影響を受け、写実的画風を確立。動物画、特に猿の図を多く描いた。
もり-そば【盛り蕎=麦】ゆでたそばを水にさらし、蒸籠に盛ったもの。つけ汁で食べる。もり。
モリソン〖George Ernest Morrison〗[1862～1920]英国のジャーナリスト。オーストラリア生まれ。「ロンドン-タイムズ」紙北京駐在員、のち中華民国政府顧問。中国滞在中に収集した極東関係の図書はモリソン文庫として、東洋文庫に収蔵されている。
モリソンごう-じけん【モリソン号事件】天保8年(1837)日本人漂流民7名を伴い、通商を求めて来航した米国の商船モリソン(Morrison)号を、幕府が異国船打払令に基づいて砲撃し、退去させた事件。幕府のこの強硬策の危険性を渡辺崋山・高野長英らは批判・警告し、蛮社の獄による弾圧を招いた。
モリソン-そう【モリソン層】《モリソンは米国コロラド州の町名》北米ロッキー山脈の東側、コロラド州を中心に広がる、後期ジュラ紀(約1億5000万年前)に堆積した地層。30メートルを超すアパトサウルスなどの巨大恐竜の化石が多数発掘された。
もりた-あきお【盛田昭夫】[1921～1999]実業家。愛知の生まれ。昭和21年(1946)井深大とともに東京通信工業(ソニーの前身)を創立。初の国産テープレコーダーやトランジスターラジオなど、独創的な製品を次々と開発し、ソニーを世界的企業に躍進させた。著書に「『NO』と言える日本」(石原慎太郎との共著)がある。
もりた-かんや【森田勘弥┊守田勘弥】《もと森田、11世から守田》森田座(守田座)の座元および歌舞伎俳優。㊀(12世)[1846～1897]守田座を新富町に移して新富座と改称、演劇改革に取り組み、歌舞伎の地位向上に貢献。㊁(13世)[1885～1932]12世の三男。和事を得意とした。大正3年(1914)文芸座を創立、新しい演劇運動にも功績を残した。㊂(14世)[1907～1975]13世の甥。和事系の二枚目を本領とした。
もり-だくさん【盛(り)沢山】〔名・形動〕分量が多いことや、内容が豊富なこと。また、そのさま。「一な(の)ごちそう」「一な(の)プログラム」
もりたけ【守武】▶荒木田守武
もりたけせんく【守武千句】俳諧集。1冊。荒木田守武著。天文9年(1540)成立。慶安5年(1652)刊。伊勢大神宮に奉納した独吟千句を集めたもので、俳諧式目の基準ともなった。誹諧之連歌独吟千句。飛梅千句。
もりた-ざ【森田座┊守田座】歌舞伎劇場。江戸三座の一。万治3年(1660)森田太郎兵衛が木挽町に創設。以後、代々の森田勘弥が座元を務め、安政3年(1856)守田座と改めた。明治5年(1872)猿若町から新富町に移転し、同8年に新富座と改称。
もり-だし【盛(り)出し】秤の目盛りのはじめ。竿秤などの一匁のところ。
もりた-しけん【森田思軒】[1861～1897]翻訳家・新聞記者。岡山の生まれ。本名、文蔵。報知新聞に入社。ベルヌの「十五少年」、ユゴーの「探偵ユーベル」などを翻訳・紹介。
もりた-せいご【森田誠吾】[1925～2008]小説家。東京の生まれ。本姓、堀野。広告制作会社を経営するかたわら演劇に傾倒し、小説も執筆するようになる。東京の下町を清新な筆致で描いた「魚河岸ものがたり」で直木賞受賞。他に「曲亭馬琴遺稿」「明治人ものがたり」など。
もりた-そうへい【森田草平】[1881～1949]小説家・翻訳家。岐阜の生まれ。本名、米松。夏目漱石の門下。小説「煤煙」「輪廻」「細川ガラシヤ夫人」、翻訳「死せる魂」。
もり-た・てる【守(り)立てる】〔動タ下一〕〔文〕もりた・つ〔タ下二〕❶そばから励まし助ける。「好守でピッチャーを―・てる」❷衰えたものを再び盛んにする。再興する。「一丸となって会社を―・てる」❸まもり育てる。保育する。「夜泣すとただ―・てよ末の代にきよくさかふることもこそあれ」〈平家・六〉
(類語)助ける・助ける・手伝う・手助けする・助力する・幇助する・助勢する・加勢する・助太刀する・力添えする・協力する・援助する・応援する・支援する・後押しする・バックアップする・フォローする・力を貸す・手を貸す・肩を貸す・補助する・補佐する
もりたに-しろう【森谷司郎】[1931～1984]映画監督。東京の生まれ。初期は青春映画で評価さ

れ、その後は題材を問わず多くの大作を手がけヒットさせた。代表作「赤頭巾ちゃん気をつけて」「放課後」「日本沈没」「八甲田山」など。

もりた-まさたけ【森田正馬】[1874〜1938]精神科医。高知の生まれ。東京慈恵会医大教授。神経症の治療法として、臥褥・作業・日記指導などによる心理療法を開発し、森田療法とよばれる。

もりた-よしみつ【森田芳光】[1950〜2011]映画監督。東京の生まれ。「の・ようなもの」を監督し、劇場映画デビュー。コメディータッチのホームドラマ、恋愛もの、サスペンスなど幅広い分野の作品を手がける。代表作「家族ゲーム」「それから」「キッチン」など。

もりた-りゅう【森田流】能の笛方の流派の一。徳川家康・秀忠、紀州侯に仕えた森田庄兵衛光吉を流祖とする。

もり-つけ【盛(り)付け】料理を器に盛りつけること。また、そのもの。

もり-つ・ける【盛(り)付ける】〔動カ下一〕文もりつ・く〔カ下二〕❶料理を器にきれいに、また見栄えがするように盛る。「色あざやかに―・ける」❷割り当てる。「是を年中に―・けて明暮千肴より外なく」〈浮・一代女・五〉 類語 入れる・盛る・よそう・注ぐ・注ぐ・盛り込む・盛り合わせる

もりっ-こ【守りっ子】子守りをすること。また、その人。もりこ。

もり-つち【盛(り)土】土を盛って地面を高くすること。また、その土。もりど。

もりつなじんや【盛綱陣屋】浄瑠璃「近江源氏先陣館」の八段目。弟の高綱の首実検を命じられた盛綱は、高綱の子小四郎の命をかけた働きに感動し、にせ首を本物と偽証する。

もり-つぶ・す【盛(り)潰す】〔動サ五(四)〕多くの酒を飲ませ、正体を失わせる。酔いつぶす。「量を頼みに心を―・そうと力めたのです」〈漱石・こゝろ〉

もり-つよし【森毅】[1928〜2010]数学者。東京の生まれ。解析学を専門とし、京都大学教授などを務めるかたわら、教育問題や歌舞伎などの芸能・文化に関する評論家としても活躍した。

もりと-たつお【森戸辰男】[1888〜1984]社会学者。広島の生まれ。大正9年(1920)論文「クロポトキンの社会思想の研究」が危険思想の宣伝とされ投獄。第二次大戦後、日本社会党の結成に参画、片山・芦田両内閣の文相を務めた。のち、中央教育審議会会長。

もり-どの【盛殿】㊀神にささげる供物を調える所。盛屋。㊁伊勢神宮で、祭使・寮官が直会殿で賜る酒食を盛り調える殿舎。

モリナ〖Luis de Molina〗[1535〜1600]スペインのスコラ学者・イエズス会士。神の恩恵と人間の自由意志との関係を論じ、今日にまで影響を与えている。

もりなが-しんのう【護良親王】[1308〜1335]後醍醐天皇の第1皇子。名は「もりよし」とも。落飾して天台座主となり、尊雲と号す。元弘の変に僧兵を率いて活躍、還俗して護良と改め、建武新政府では征夷大将軍となったが、のち、足利尊氏と反目、鎌倉に幽閉され、中先代の乱で殺された。大塔宮。

もりのせいかつ【森の生活】《原題、Walden, or Life in the Woods》ソローの随筆。1854年刊。マサチューセッツ州ウォールデン湖畔での2年間の生活を、自然と人生に対する考察を交えて記す。

もり-の-バター【森のバター】アボカドのこと。濃厚な味わいや、脂肪分が豊富なことから。

もりのみや-いりょうだいがく【森ノ宮医療大学】大阪市にある私立大学。平成19年(2007)に開学した。保健医療学部の単科大学。

もり-は【森派】自由民主党の派閥の一。清和政策研究会の平成10年(1998)から同18年における通称。かつて権勢をふるった平成研究会の退潮をよそに、森喜朗・小泉純一郎・安倍晋三の各政権の総裁派閥として勢力を誇った。➡町村派

もり-ばな【盛(り)花】❶生け花で、水盤や平かごなどの、丈の低い口の広い花器に盛るようにして生ける生け方。また、その花。❷盛り塩のこと。

もり-は・む【もり▽食む】〔動マ四〕もぎとって食う。「我が門の榎の実―・む百ち鳥千鳥は来れど君ぞ来まさぬ」〈万・三八七二〉

もりひさ【盛久】謡曲。四番目物。観世十郎元雅作。長門本平家物語などに取材。捕らえられて鎌倉へ送られた平家の主馬判官盛久が、清水観音の利益で死を免れる。

モリブデン〖ドイ Molybdän〗クロム族元素の一。単体は銀白色の金属で硬く、融点がきわめて高い。主要鉱石は輝水鉛鉱。生物体にも少量含まれ、植物では窒素の代謝に不可欠。ステンレス鋼・耐熱合金・電子機器材料などに使用。元素記号Mo 原子番号42。原子量95.94。

モリブデン-えんこう【モリブデン鉛鉱】鉛とモリブデンの酸化物からなる鉱物。灰色から赤褐色の板状結晶で、正方晶系。

モリブデン-こう【モリブデン鋼】モリブデンを加えた合金鋼。高温強度・耐磨耗性などが増し、ステンレス鋼・耐熱鋼・高速度鋼などとして機械部品・工具鋼などに用いられる。

もり-べ【守▽部】守る者。山野・陵墓・関所などの番人。「鳥網張り―をすゑて」〈万・四〇一一〉

もり-まさあき【森祇晶】[1937〜]プロ野球選手・監督。岐阜の生まれ。昭和30年(1955)巨人に入団。捕手として活躍し、9年連続日本一に貢献した。のち西武の監督となり、頭脳野球で8度のリーグ優勝、6度の日本一を達成、名将と評された。

もり-まり【森茉莉】[1903〜1987]小説家・随筆家。東京の生まれ。森鷗外の長女。鷗外の思い出をつづった「父の帽子」で日本エッセイストクラブ賞を受賞。他に小説「恋人たちの森」「甘い蜜の部屋」、随筆「靴の音」「贅沢貧乏」など。

もり-みつこ【森光子】[1920〜]女優。京都の生まれ。本名、村上美津。はじめ子役として映画に出演、昭和36年(1961)舞台「放浪記」の主人公林芙美子を演じて話題となる。以降、舞台のほかテレビドラマや映画などでも幅広く活躍。平成17年(2005)文化勲章、同21年国民栄誉賞受賞。

もりむら-せいいち【森村誠一】[1933〜]推理作家。埼玉の生まれ。ホテル勤務ののち、ホテルを舞台とした「高層の死角」で江戸川乱歩賞を受賞、作家デビューをはたす。「腐蝕の構造」「人間の証明」のほか、七三一部隊をあつかったノンフィクション「悪魔の飽食」などがある。平成16年(2004)功績により日本ミステリー文学大賞受賞。

もりもと-かおる【森本薫】[1912〜1946]劇作家。大阪の生まれ。豊かな構成力と機知に富んだ対話による新鮮な作風で知られた。作「華々しき一族」「女の一生」「富島松五郎伝」。

もりもと-ろくじ【森本六爾】[1903〜1936]考古学者。奈良の生まれ。昭和4年(1929)東京考古学会を組織し、雑誌「考古学」を創刊。弥生時代の水田稲作農耕の存在を主張した。著「日本農耕文化の起源」。

もり-もの【盛(り)物】❶膳に食物を盛った物。❷神仏に供える供物。類語 供物・お供え・捧げ物

もり-もり〔副〕❶旺盛な食欲でどんどん食べるさま。「―(と)食べる」❷盛んな意欲で物事をするさま。「―(と)勉強する」❸勢いよくふくらむさま。「筋肉で―(と)した胸板」「勇気が―(と)わく」類語 隆隆

もりや【守谷】茨城県南西部の市。利根川の北岸に位置し、関東鉄道常総線が通じる住宅都市。人口6.2万(2010)。

もり-やく【守(り)役】もりをする役。また、その人。

もりや-し【守谷市】➤守谷

もりやま【守山】㊀滋賀県、琵琶湖南東岸の市。もと中山道の宿場町。琵琶湖大橋によって大津市堅田とつながる。古歌には「もるやま」とも。人口7.6万(2010)。㊁名古屋市北東端部の区名。もと守山市。住宅地。竜泉寺がある。

もりやま-く【守山区】➤守山㊁

もりやま-し【守山市】➤守山㊀

もりやま-つねたろう【守山恒太郎】[1880〜1912]野球選手。東京の生まれ。一高で速球とドロップを駆使して活躍。練習で学校のれんが塀にボールを投げ続け、ついには穴をあけてしまったなどの逸話がある。東京帝大医学部を卒業し軍医となるが、腸チフスに感染し、32歳で死去。

もりよし-ざん【森吉山】秋田県北部にある山。奥羽山脈と出羽山地のほぼ中間にあり、那須火山帯に属するアスピーテ(楯状火山)。標高1454メートル。外輪山の外側に向かって深い浸食谷を形成している。森吉山県立自然公園となっている。クマゲラ・イヌワシなど稀少鳥獣の生息地のため、森吉山鳥獣保護区として国の指定を受けている。

もりよし-しんのう【護良親王】➤もりながしんのう(護良親王)

もり-よしろう【森喜朗】[1937〜]政治家。石川県の生まれ。昭和44年(1969)衆議院議員に初当選。文相・通産相・建設相などを歴任。平成12年(2000)小渕首相の急病により、全閣僚を留任させて後継首相に就任。問題発言などが相次ぎ、翌年、支持率急落を受けて辞任。➡小泉純一郎

もり-らんまる【森蘭丸】[1565〜1582]安土桃山時代の武士。美濃の人。織田信長に小姓として仕え、本能寺の変で信長とともに戦死。

もり-れいこ【森礼子】[1928〜]小説家・劇作家。福岡の生まれ。本姓、川田。新劇やテレビの脚本でも活躍。「モッキングバードのいる町」で芥川賞受賞。他に小説「三彩の女」「神女」、戯曲「海辺の伝説」など。

もりん-じ【茂林寺】群馬県館林市にある曹洞宗の寺。山号は、青竜山。応仁2年(1468)青柳城主赤井正光が建立。開山は大林正通。のち、後柏原天皇の勅願所となった。寺宝の文福茶釜で有名。

モリン-フール〖モンゴル morin khuur〗馬頭琴のモンゴルでの呼称。

モル〖ドイ Mol〗物質量の単位。国際単位系(SI)の基本単位の一。1モルは12グラムの炭素12の中に存在する原子の数と等しい数の分子・原子・イオン・電子などの粒子、またはその集合体で構成された系の物質量。記号mol

モル〖MOL〗《manned orbiting laboratory》有人軌道実験室。宇宙観測などを目的とする有人実験室。

も・る〔動ラ四〕もぎとる。摘みとる。「ぬかごを―・り、芹を摘む」〈方丈記〉

も・る【▽守る】〔動ラ四〕❶見まもる。見張る。番をする。「見し人のかげすみはてぬ池水にひとり宿―・る秋の夜の月」〈源・夕霧〉❷そばにいて、まもり育てる。「殿を二歳の年より今年二十五になり給ふまで―・り奉りて」〈延慶本平家・二末〉❸すきをうかがう。「人目―・る我かはあやな花すすきなどかほにいでて恋ひずしもあらむ」〈古今・恋一〉

も・る【盛る】〔動ラ五(四)〕❶物を容器に入れて満たす。「飯を茶碗に―・る」❷積んで高くする。積み上げる。「果物を山と―・る」「入り口に塩を―・る」❸薬剤を調合する。また、それを与える。特に、毒を飲ませる。「一服―・る」❹あるまとまりの中に別のものをもりこむ。「新味を―・る」「共同宣言に平和への決意を―・る」❺秤や物差しなどの目をきめてしるしをつける。目盛りをする。「はかりに目を―・る」❻酒を飲ませる。「御酒参ったの。いつ―・らしゃった」〈浄・忠臣蔵〉 可能 もれる

類語 (❶)よそう・注ぐ・注ぐ・淹れる・盛り付ける・盛り込む・盛り合わせる/(❷)積む・重ねる

も・る【漏る/×洩る】㊀〔動ラ五(四)〕❶「漏れる❶」に同じ。「雨が―・る」❷「漏れる❷」に同じ。「御心の中なりけむこと、いかで―・りにけむ」〈源・花宴〉❸「漏れる❸」に同じ。「その方を取り出でむ選びにかならず―・るまじきはいと難しや」〈源・帚木〉㊁〔動ラ下二〕「もれる」の文語形。類語 漏れる・漏らす

モル-おんそくど【モル音速度】液体中の音速度V、密度ρ、液体分子のモル質量をMとしたとき、$R=V^{1/3}M/\rho$で定義される量。物質に特有な定数

になり、温度に依存しない。分子音速度。

モルガン〖John Pierpont Morgan〗[1837〜1913]米国の実業家・金融資本家。モルガン商会を興し、鉄鋼・鉄道をはじめ諸産業を支配する財閥を築いた。モーガン。

モルガン〖Lewis Henry Morgan〗[1818〜1881]米国の人類学者・社会学者。アメリカ先住民のイロコイ族の養子となり彼らの親族組織・制度を研究。エンゲルスなどに影響を与えた。著「古代社会」。モーガン。

モルガン〖Thomas Hunt Morgan〗[1866〜1945]米国の遺伝学・発生学者。ショウジョウバエを使って交雑実験を行い、メンデルの推定した遺伝要素が、染色体上に並ぶ遺伝子であることを確認。染色体地図を作製した。1933年ノーベル生理学医学賞受賞。著「遺伝子説」。モーガン。

モル-ぎょうこてんこうか【モル凝固点降下】物質1モルを溶質として、溶媒1000グラムに溶かした溶液の凝固点の降下度。溶質の種類によらず、溶媒に固有の値となる。モル降下。分子降下。

モルグ〖morgue〗❶死体置き場。❷新聞社の資料室、調査室。

モルじか-りつ【モル磁化率】物質1モル当たりの磁化率。分子磁化率。

モル-しつりょう【モル質量】物質1モル当たりの質量。単位をg/molで表すと、その物質の原子量または分子量に等しい。

モルジブ〖Maldives〗インド洋北部のモルジブ諸島からなる共和国。首都マレ。約2000のサンゴ礁の島があり、215島に人が住む。カツオ漁が盛ん。ココナツ・ヤシ細工も産する。英国の植民地から1965年に独立、1968年に共和制。英連邦加盟国。人口40万(2010)。モルディブ。マルディブ。ディベヒラージェ。

モル-たいせき【モル体積】物質1モルが標準状態(セ氏0度、1気圧)の下で占める体積。その物質のモル質量を密度で除した値に等しい。原子単体の場合は原子容、化合物の場合は分子容ともいう。モル容積。

モルダウ-がわ【モルダウ川】《Moldau》「ブルタバ川」のドイツ語名。

モルダビア〖Moldavia〗モルドバの旧称。

モルタル〖mortar〗セメントあるいは石灰と砂とを混ぜて水で練ったもの。壁の下地塗り・上塗りや、れんが・ブロックの目地塗りなどに用いる。

モルッカ-しょとう【モルッカ諸島】《Moluccas》インドネシア北東部、スラウェシ島の東にある諸島。ハルマヘラ・セラム・ブルなどの島々からなる。香料の産地。香料諸島ともよばれて、17、8世紀にはその貿易をオランダが独占した。マルク諸島。

モルデント〖ドイツ Mordent〗装飾音の一。主要音から下2度の音を経てすぐ主要音へ戻るもの。漣音。

モルト〖malt〗❶大麦の麦芽。ウイスキー・ビールの原料。また、それだけを原料として造られたウイスキーの原酒。モルトウイスキー。❷「モルトウイスキー」の略。

モルト-ウイスキー〖malt whisky〗大麦の麦芽のみを原料にして造ったウイスキー。モルト。➡グレーンウイスキー

モルトケ〖Moltke〗㊀(Helmuth Karl Bernhard von 〜)[1800〜1891]プロイセンの軍人。クラウゼビッツの軍事学を研究し、参謀総長として普墺戦争・普仏戦争などに勝利。ドイツ帝国の成立に貢献した。大モルトケ。㊁(Helmuth Johann Ludwig von 〜)[1848〜1916]ドイツ帝国の軍人。大モルトケの甥。参謀総長として第一次世界大戦の緒戦を指揮。シュリーフェンプランを実行するが失敗し辞任した。小モルトケ。

モルドバ〖Moldova〗ヨーロッパ東部の共和国。ウクライナ・ルーマニアと国境を接する。首都キシナウ。ブドウの産出が大。1940年にソ連邦を構成する共和国の一となったが、1991年の解体に伴い独立。住民はラテン系のモルドバ人が多い。旧称モルダビア。人口432万(2010)。

モルドビア〖Mordoviya〗ロシア連邦にある21の共和国の1つ。モスクワの南東約300キロメートルに位置する。首都はサランスク。基幹民族はフィン-ウゴル系のモルドビン人だが、ロシア化が進む。モルドバ。補説旧ソ連から独立したモルドバ(旧称モルダビア)と国名が似るので注意が必要。

モルドビツァ-しゅうどういん【モルドビツァ修道院】《Mânăstirea Moldoviţa》ルーマニア北東部の村バトラモルドビツェイにある修道院。16世紀にモルドバ公ペトゥル＝ラレシュにより創設。外壁にはペルシア軍に包囲されたコンスタンチノープルや最後の審判を描いたフレスコ画が残されている。1993年に「モルドバ地方の教会群」の一つとして世界遺産(文化遺産)に登録された。

モルナール〖Molnár Ferenc〗[1878〜1952]ハンガリーの劇作家・小説家。戯曲「リリオム」「悪魔」「近衛兵」、少年小説「パール街の少年たち」。

モルネー-ソース〖mornay sauce〗西洋料理のソースの一つ。ベシャメルソースにチーズ、あるいはチーズと卵黄を加えたもの。主に、グラタンに用いられる。フランス国王アンリ4世の側近の名から。

モル-ねつ【モル熱】➤モル比熱

モル-のうど【モル濃度】溶液の濃度を表す方式の一。溶液1立方デシメートル(1リットル)中に溶けている溶質の物質量(モル数)で表す。記号mol/dm³, M

モルヒネ〖オランダ morfine〗アヘンに含まれるアルカロイドの主成分。塩酸塩が鎮痛薬として癌などの疼痛に用いられる。連用により習慣性になりやすく、麻薬に指定。モルフィン。

モルヒネ-ちゅうどく【モルヒネ中毒】モルヒネによる麻薬中毒。一時的な大量使用では悪心・嘔吐、さらには昏睡状態に陥り、呼吸中枢の麻痺を起こして死に至る。少量の連用からしだいに増量して慢性中毒となり、不安・不眠・幻覚や手足の震えなどがみられ、摂取を中止すると禁断現象を起こす。

モル-ひねつ【モル比熱】物質1モルの熱容量。その物質の比熱と式量との積に等しい。モル熱。

モルフィン〖ドイツ Morphin〗➤モルヒネ

モルフォ〖ラテン Morpho〗鱗翅目モルフォチョウ属の昆虫の総称。大形のチョウで、翅は幅広く、多くは金属光沢のある青色に輝く。中南米に分布。タイヨウチョウなど。

モルフォ-ちょう【モルフォ×蝶】➤モルフォ

モル-ふってんじょうしょう【モル沸点上昇】物質1モルを溶質として、溶媒1000グラムに溶かした溶液の沸点の上昇度。溶質の種類によらず、溶媒に固有の定数となる。モル上昇。分子上昇。

モル-ぶんしすう【モル分子数】➤アボガドロ定数

モル-ぶんりつ【モル分率】溶液あるいは混合物中のある成分の濃度の表し方の一。ある成分のモル数と全成分のモル数との比。

モルベフナム-きょうかい【モルベフナム教会】《Mor Behnam Kilisesi》トルコ南東部の都市マルディンの旧市街にあるシリア正教会の教会。5世紀に建造。12世紀に40人の殉教者が埋葬されたため、通称「四十人教会」と呼ばれる。

もる-め【ᵛ守る目】人が見守ること。番をしていること。また、その目。「一のみあまた見ゆれば三笠山知る知る如何さして行くべき」〈後撰・恋六〉

モルモット〖オランダ marmot〗❶齧歯目テンジクネズミ科の哺乳類。南アメリカ産の野生種から家畜化されたもの。体長約25センチ、尾はない。四肢は短く、耳は小さくて丸い。毛色は白・茶・黒など。動物実験・愛玩用。初めは食用とされた。16世紀にオランダ人がリス科のマーモットと混同し、誤って伝えたことによる名。ギニアピッグ。❷《動物実験用の❶の意から》実験材料。実験台。

モルモン-きょう【モルモン教】《Mormonism》末日聖徒イエス-キリスト教会の俗称。1830年に米国のジョセフ＝スミスが神の啓示を受けたとして創立した傍系的キリスト教の一派。聖書のほかに「モルモンの書」をも正典とする。初期には一夫多妻主義が主張されたが、1890年に廃止。本部はユタ州ソルトレークシティ。第二次大戦後、日本でも伝道。

モル-ようせき【モル容積】➤モル体積

モルワイデ-ずほう【モルワイデ図法】地図投影法の一。1805年にドイツの天文学者・数学者モルワイデ(K.B.Mollweide)が考案した正積図法。楕円形の長軸を赤道とし、短軸の2倍にして描くもの。中央経線は直線であるが、他の経線は楕円曲線となる。緯線は赤道に平行な直線で、間隔は高緯度ほど狭くなる。世界全図に用いられるが、図は辺縁に行くにつれてひずみが大きい。

もれ【漏れ｜×洩れ】❶液体・気体などが漏れること。「ガス―」「水―」❷あるべきものが抜け落ちること。ぬけ。おち。「名簿に―があった」類語落ち・抜け

もれ-あが・る【盛れ上(が)る】〔動ラ五(四)〕「もりあがる」の音変化。「山が地上から空へ―・って」〈有島・生れ出づる悩み〉

モレアス〖Jean Moréas〗[1856〜1910]フランスの詩人。ギリシャ生まれ。象徴主義の理論的指導者。のち、古典主義へ移行。詩集「スタンス」「情熱の巡礼」。

モレーユ〖フランス morille〗➤モリーユ

モレーン〖moraine〗➤堆石❷

モレーン-こ【モレーン湖】《Moraine Lake》カナダ、アルバータ州南西部にある氷河湖。カナディアンロッキーのバンフ国立公園内、ルイーズ湖の南約10キロに位置する。テンピークスと呼ばれる岩峰を望む湖畔の風景は、同国の旧20ドル紙幣の図柄にもなった。

もれ-き・く【漏れ聞く｜×洩れ聞く】〔動カ五(四)〕ひそかに聞く。うわさや人づてに聞く。「悪いうわさを―・く」「―・いたところでは」
類語伝え聞く・聞き及ぶ・聞き継ぐ・聞き込む

モレキュラー-シーブ〖molecular sieve〗➤分子篩

モレクトロニクス〖molectronics〗《molecular(分子の)＋electronics(電子工学)から》分子電子工学。分子レベルでの分子の動作を電子工学に応用しようとする新しい学問領域。

モレ-シュル-ロアン〖Moret-sur-Loing〗フランス中北部の都市フォンテンブローの近郊、ロアン川沿いにある町。城壁に囲まれた旧市街は中世の面影が色濃く残り、印象派の画家、アルフレッド＝シスレーが晩年に過ごしたことで知られる。

モレ-シュル-ロワン〖Moret-sur-Loing〗➤モレシュルロアン

もれ-なく【漏れ無く】〔副〕のこらず。ことごとく。「記念品を参会者に―配る」類語凡て・何もかも・ことごとく・なべて・皆・皆・悉皆・残らず・余す所なく・逐一・すっかり・そっくり・洗い浚い・一から十まで

モレリア〖Morelia〗メキシコ、ミチョアカン州の州都。1541年、スペインの植民都市バリャドリードとして建設がはじまる。メキシコ独立運動の指導者ホセ＝マリア＝モレロスにちなみ、1828年、現名称になった。植民地時代の建造物の多くが赤味を帯びた石材で作られ、「ばら色の町」と称される。1991年、「モレリア歴史地区」が世界遺産(文化遺産)に登録された。

も・れる【漏れる｜×洩れる】〔動ラ下一〕因も・る〔ラ下二〕❶液体・気体・光などがすきまから外へ出る。「ガスが―・れる」「声が―・れる」❷秘密などが他に知れる。「情報が―・れる」❸㋐ある範囲からはずれる。除外される。残る。「代表の選に―・れる」「御多分に―・れず」㋑当然あるべきものがない。おちる。ぬける。「案内状に日時が―・れている」
類語(❶)漏る・零れる・漏出する・滲出する/(❷)漏泄する・漏洩する・筒抜けになる

モロ〖Moro〗《元来スペイン語でイスラム教徒の意》フィリピン南部のスールー諸島・ミンダナオ島に多く居住し、分離独立運動を続けているイスラム教徒の総称。モロ族。

もろ【ᵛ諸】〔語素〕名詞の上に付いて複合語をつくる。❶(「両」「双」とも書く)二つの、両方の、双方の、の意を表す。「一手」「一矢」❷多くの、すべての、の意を表す。「一人」「一神」❸一緒の、の意を表す。「一声」

「一寝」

もろ-あげ【▽諸挙げ】古代歌謡の歌い方の一。本末ともに調子をあげて歌うこと。

もろ-あぶみ【▽諸×鐙】左右両方の鐙。諸角。

諸鐙を合わ・す　馬を速く駆けさせるために、左右の鐙で、同時に馬の腹を打つ。「一・せて馳せ参り」〈太平記・一六〉

もろ・い【×脆い】〔形〕図もろ・し〔ク〕❶もとの形や状態がくずれやすい。こわれやすい。「一・い壁」❷持ちこたえる力が弱い。はかない。「自信は一・くも崩れさった」「一・い友情」❸感情に動かされやすい。「情に一・い」「涙一・い」〔派生〕もろさ〔名〕

〔類語〕弱い・か弱い・ひ弱い・ひ弱・弱弱しい・薄弱・劣弱・脆弱・軟弱・柔弱・虚弱

もろ-いと【▽諸糸】「諸縒り糸」に同じ。

モロー〖Gustave Moreau〗[1826〜1898]フランスの画家。神話や聖書に想を得た象徴的、耽美的な世界を描いた。門人にルオー・マチスらがいる。

もろ-おや【▽諸親｜▽両親｜▽双親】両親。ふたおや。

もろ-おり【▽諸織(り)】縦横ともに諸縒り糸で織った上質の平織りの絹織物。

もろ-おりど【▽諸折(り)戸｜▽両折(り)戸】両開きで左右とも折り戸である戸。➡片折り戸

もろ-がいな【▽諸▽腕】左右の腕。両腕。「長沼五郎が一」〈浄・会稽山〉

もろ-がえり【▽諸▽回り】3歳の鷹。〔季冬〕

もろ-かが【▽諸加賀】諸縒り糸で織った極上質の加賀絹。

もろ-かぎ【▽諸×鉤】ひもの結び目の両方を輪にして結ぶこと。➡片鉤

もろ-がく【▽諸角】▶諸鐙

もろ-かずら【▽諸▽葛｜▽諸×鬘】❶フタバアオイの別名。❷《「もろかつら」とも》古く、京都賀茂神社の賀茂の祭に、桂と葵の二つを髪や冠にさすもの。また、社殿を飾るもの。葵だけをかけるのを「かたかずら」という。「一落葉をなにによひろひけむ名はむつまじきかざしなれども」〈源・若菜下〉

もろ-がみ【▽諸神】もろもろの神。多くの神。「一の心に今ぞかなふらし」〈千載・神祇〉

もろ-きゅう　若いキュウリにもろみ味噌を添えて食べるもの。

もろ-ぐそく【▽諸具足】太刀を佩き、靫をつけ、弓を持った、出陣の際の完全装備の服装。「一したる中間五百余人、二行に列を引き」〈太平記・六〉

もろ-くち【▽諸口】❶多くの人がいう言葉。衆口。「下の一と申すことは、えいなび給はぬことなり」〈宇津保・国譲下〉❷馬の口取り縄を左右両方からとること。「侍十二人に一をさせ」〈太平記・一二〉⇔片口。

もろ-けい【▽諸敬】江戸時代、大名などが儀礼や書状で、双方が同等の敬意を払うこと。両敬。⇔片敬

もろ-こ【▽諸子】❶コイ目コイ科タモロコ属とイトモロコ属の淡水魚の総称。タモロコ・ホンモロコ・スゴモロコ・イトモロコなど。いずれも全長約10センチ。体は細長く、体側中央を側線が走り、一対の口ひげをもつ。食用。琵琶湖特産のホンモロコの飴煮などは有名。〔季春〕「筏踏んで覗けば浅き一かな／虚子」❷近畿・伊豆地方で、クエの老成魚のこと。

もろ-ごい【▽諸恋】互いに恋し合うこと。相思相愛。「さすがなる御一なり」〈源・藤裏葉〉

もろ-ごえ【▽諸声】互いに声を合わせること。いっしょに声を出すこと。「人々の一に叫ぶを聞きつ」〈鴎外訳・即興詩人〉

もろ-ごころ【▽諸心】〔名・形動ナリ〕ともに心を合わせること。また、そのさま。「御わたりのほども、一に、はかなきこともし出で給ひて」〈源・若菜上〉

もろ-こし【唐＝土｜▽唐】❶昔、日本から中国を呼んだ名。から。とうど。❷昔、中国から伝来したものにつけた語。〔補説〕中国南方の越(浙江省付近)の諸国・諸族の「諸越」の訓読みから起こり、最初その地方をさしていたのが、しだいに中国全土をさすようになったという。一説に、その地方から諸物が渡来した意とも。

もろ-こし【蜀＝黍｜唐＝黍】イネ科の一年草。高さ約2メートル。茎は円柱形で節があり、葉は長大で互生する。夏、茎の頂に大きな穂を出し、赤褐色の小さな実が多数できる。実は酒・菓子などの原料。飼料にもする。アフリカの原産で、古くから作物として栽培。高粱。もろこしきび。たかきび。とうきび。〔季秋〕

もろ-ごし【▽諸腰】《「もろこし」とも》刀と脇差し。両腰。

もろこし-うた【唐＝土歌】漢詩。

もろこし-そう【唐＝土草】サクラソウ科の多年草。暖地の山地や海岸付近に自生。高さ20〜50センチ。葉は両端がとがり、互生する。初夏、黄色い花を下向きに開く。花びらは深く5裂している。実は球形で灰白色。やまくねんぼ。

もろこし-だんご【蜀＝黍団子】モロコシの粉に上糝粉などをまぜて作った団子。

もろこし-の-うた【唐＝土の歌】漢詩。「大和ことのはをも一をも」〈源・桐壺〉

もろこし-の-ほうがん【唐＝土の▽判官】遣唐使に随行した判官。副使に次ぐ地位。「寛平の御時に、一に召されて侍りける時に」〈古今・雑下・詞書〉

もろこし-びと【唐＝土人】中国の人。からびと。「一、我が国に生ひ出づるものにも劣らぬものかな」〈宇津保・藤原の君〉

もろこし-ぶね【唐＝土船】❶中国の船。からぶね。「思ほえず袖にこみなとのさわぐかな一の寄りしばかりに」〈伊勢・二六〉❷中国へ使いする船。また、中国との貿易船。「一出だし立てらる」〈宇津保・俊蔭〉

もろこし-ぶみ【唐＝土▽書】中国の書物。漢籍。からぶみ。

もろこし-もじ【唐＝土文字】中国の文字。漢字。

もろ-ざし【▽諸差(し)｜▽両差(し)｜▽双差(し)】相撲で、両腕を相手の両脇に差し入れて組むこと。二本差し。

もろ-さしなわ【▽諸差(し)縄】馬の差し縄で、左右両方につけたもの。

モロシニ-の-ふんすい【モロシニの噴水】《Krini Morozini》ギリシャ南部、クレタ島の港湾都市イラクリオンの旧市街中心部、ベニゼル広場にある噴水。17世紀、ベネチア共和国総督フランチェスコ＝モロシニにより造られた。水盤を頭上に載せたライオンの彫像は14世紀のものとされる。

もろ-しらが【▽諸白髪】❶すっかり白髪になること。総白髪。「身はすでに老い重りて一」〈謡・融〉❷夫婦そろって白髪になるまで長生きすること。共白髪。「夫婦一まで添ひたりし」〈咄・醒睡笑・六〉

もろ-ずね【▽諸×脛】左右のすね。「一を薙いで、こけた所を」〈虎明狂・乳切木〉

もろ-そで【▽諸袖】左右の袖。「打ち伏して、一に顔を掩うた」〈木下尚江・良人の自白〉

もろた-ぶね【▽諸手船】❶多くの櫓のついた早船。また、2挺櫓の早船。❷島根県松江市にある美保神社の諸手船神事に用いるくり舟。〔季冬〕

もろたぶね-しんじ【諸手船神事】美保神社で12月3日(古くは陰暦11月中の午の日)に行われる祭礼。事代主神が父大国主命に国譲りを勧め、八重青柴垣を造り船をこいで隠れたという伝説による神事で、諸手船の漕艇などが行われる。〔季冬〕

モロック-とかげ【モロック蜥＝蜴】《moloch devil》アガマ科のトカゲ。全身大きなとげ状のうろこで覆われ、恐ろしげな姿をしているが、性質はおとなしい。オーストラリアの内陸部の乾燥地帯にすむ。トゲトカゲ。

モロッコ〖Morocco〗アフリカ北西部の王国。大西洋および地中海に面し、アトラス山脈が走る。首都ラバト。燐鉱石の世界的な産地。8世紀以来イスラム王朝が続き、1912年にはフランス・スペインの保護領となって分割されたが、56年に独立、翌57年に王国となった。住民の多くはベルベル人・アラブ人。アラビア語名マグレブ。人口3163万(2010)。〔補説〕アフリカ諸国中、唯一アフリカ連合に加盟していない。

モロッコ-がわ【モロッコ革】モロッコ産のなめし革。ヤギの皮をなめした良質のもので、婦人靴、書物の装丁、家具の上張りなどに用いる。

モロッコ-じけん【モロッコ事件】モロッコの支配をめぐって起こったフランスとドイツの2回にわたる紛争。第一次は1905年、フランスのモロッコ進出に反対するドイツが、軍隊をタンジールに上陸させた事件(タンジール事件)。第二次は11年、アルヘシラスでの国際会議の結果に不満のドイツが、軍艦をアガディール港に入港させた事件(アガディール事件)。イギリスの仲介で、ドイツは、フランスからコンゴ北部を譲り受ける代わりに、モロッコから撤退した。

もろ-て【▽諸手｜▽双手｜▽両手】《「もろで」とも》❶左右の手。両手。「一突き」❷(諸手)もろもろの軍隊。また、隊伍。「一にすぐれたりとの御感状をば、小幡山城に下さる」〈甲陽軍鑑・一八〉〔類語〕両手・両腕・双手

諸手を挙・げる　無条件に、また積極的に歓迎する。「一・げて賛成する」

もろて-のし【▽諸手▽伸し】日本泳法の一。横泳ぎの姿勢で、両手をそろえて胸の付近から体に沿ってかくと同時に足をあおる泳ぎ方。

もろ-てん【▽諸点】❶歌の評点で、左右の肩に打つ点。❷漢文に訓点をつけるとき、送り仮名と返り点との両方をつけること。➡片点

モロトフ〖Molotov〗ロシア連邦の都市ペルミの旧称。

モロトフ〖Vyacheslav Mikhaylovich Molotov〗[1890〜1986]ソ連の政治家。1930年ソ連邦人民委員会議議長に就任、39年外務人民委員として独ソ不可侵条約を締結。第二次大戦中、戦後を通じてソビエト外交を指導し、スターリンを補佐してきたが、フルシチョフ時代に失脚した。

もろ-とも【▽諸共】〔副〕行動を共にするさま。あいともに。ともども。「戦車一自爆する」「死なば一」

もろ-なみだ【▽諸涙】ともに涙を流して泣くこと。「錦祥女はすがりつく母の袂も一」〈浄・国性爺〉

もろ-なり【▽諸成｜胡＝頽＝子】グミの古名。〈和名抄〉

もろ-に〔副〕《「もろ」は諸の意か》まともに。直接に。「一ぶつかる」「一影響を受ける」

もろ-ぬきで【▽諸抜(き)手】日本泳法の一。足をあおりながら、両手を同時に背後から抜き、前方の水をかいて進むもの。

もろのぶ【師宣】▶菱川師宣

もろ-は【▽諸刃｜▽両刃】刀剣などで、鎬を境に両方に刃がついていること。また、その刃物。りょうば。⇔片刃。

諸刃の剣　《両辺に刃のついた剣は、相手を切ろうとして振り上げると、自分をも傷つける恐れのあることから》一方では非常に役に立つが、他方では大きな害を与える危険もあるもののたとえ。

もろ-はく【▽諸白】麹用の米と蒸し米のどちらも、よく精白したもので造った上等の酒。

もろは-ぐさ【▽両葉草】フタバアオイの別名。

もろはし-てつじ【諸橋轍次】[1883〜1982]漢学者。新潟の生まれ。東京文理科大教授・静嘉堂文庫長などを歴任。昭和2年(1927)から同35年にかけて「大漢和辞典」全13巻を完成した。文化勲章受章。

もろ-はず【▽双×筈｜▽諸×筈｜▽両×筈】相撲で、両手の親指と他の指を広げて矢筈の形にし、相手のわきや胸などを押すこと。

もろ-はだ【▽諸肌｜▽両肌】左右両方の肌。上半身の肌。両肌。⇔片肌。

諸肌を脱・ぐ　❶衣の上半身全部を脱いで、両肌を現す。❷全力を尽くし、事に当たる。

もろ-ばち【▽諸×撥】三味線の奏法で、撥で弦を上から弾いて、すぐ下から返すこと。➡片撥

もろは-づくり【▽諸刃造(り)】日本刀の造り込みの一。鎬を境に両方に刃があるが、左右対称でないもの。

もろ-ひざ【▽諸膝｜▽両膝】左右の膝。りょうひざ。「一をつく」

もろ-びと【▽諸人】《古くは「もろひと」》多くの人々。

たくさんの人。衆人。(類語)万人・衆人・大衆

モロヘイヤ〘アラビア molokheiya〙シナノキ科の一年草。葉はシソに似て、花は黄色でオクラに似る。東地中海地方の原産で、アジア・アフリカの熱帯地方で野菜として栽培。若葉を細かく刻んでぬめりを出し、スープなどにして食べる。しまつなそ。

もろ-ほ【▽諸穂】穂がたくさん出そろうこと。また、その穂。一説に、両茎の穂とも。「稲の穂の一に垂しでよこれちはもなし」〈神楽・木綿垂で〉

もろぼし-だいじろう【諸星大二郎】ダイジロウ［1949〜 ］漫画家。長野の生まれ。古代に題材をとった伝奇的な作品やSF作品などを手がける。代表作「妖怪ハンター」シリーズ、「西遊妖猿伝」「ぼくとフリオと校庭で」など。

もろ-まい【▽諸舞】まひ 東遊あずまあそびを構成する駿河舞するがまいと求子舞もとめごまいの両方とも舞うこと。➡片舞

もろ-まゆ【▽諸眉】「諸眉烏帽子もろまゆえぼし」の略。

もろまゆ-えぼし【▽諸眉×烏▽帽子】立烏帽子。風折かざおり烏帽子の眉が左右両側にあるもの。

もろ-み【▽諸味|×醪】酒・醤油などの醸造で、原料の混合したもの。また、それを熟成させたもの。まだ粕かすを絞ってないものをいう。

もろみ-みそ【▽諸味味×噌】醤油しょうゆのもろみを調味したり、塩漬け野菜などを刻んで漬け込んだりしたもの。醤ひしお味噌。

もろ-むき【▽諸向き】❶ウラジロの別名。❷どちらにも向くこと。一説に、すべてが同方向を向くこと。「武蔵野の草は一かもかくも君がまにまに我あは寄りにしを」〈万・三三七七〉

もろ-め【▽諸目】左右の目。両眼。両目。「一にてよく見んためにて候」〈就弓馬儀大概聞書〉

もろ-もち【▽諸持ち】複数の人で持つこと。共同ですること。「かの人々の口網も一にて」〈土佐〉

もろ-もろ【▽諸|▽諸々】多くのもの。さまざまのもの。また、多くの人。「一の出来事」「一の事情」

もろ-や【▽諸矢】❶対ついになった2本の矢。初めに射る甲矢はやと、あとに射る乙矢おとや。一手ひとて矢。「一をたばさみて的に向かふ」〈徒然・九二〉➡片矢かたや ❷矢で的を、みな射当てること。「ひき連れて帰るを見ればあづさ弓一はいとど嬉しかりける」〈栄花・歌合〉

もろ-より【▽諸×縒り|▽諸×撚り】片より糸を2本以上引きそろえて、そのよりと反対の方向により合わせること。

もろより-いと【▽諸×縒り糸|▽諸×撚り糸】諸よりにした糸。諸糸。

モワサック〘Moissac〙➤モアサック

モワレ〘フランス moiré〙➤モアレ

もん【文】❶《中国、唐の開元通宝1枚の重さが1匁もんめあったところから》銭貨の個数・貨幣単位。1貫の1000分の1。「早起きは三一の徳」❷《寛永通宝の一文銭を並べて数えたところから》足袋底の長さの単位。ふつう、1文は約2.4センチ。靴・靴下にも用いる。❸文字。また、文章。ぶん。「史書の一をひきたりし」〈徒然・二三二〉❹呪文じゅもん。経文きょうもん。「口に一を呪したるに」〈太平記・二四〉➡漢「ぶん(文)」

もん【▽物】「もの(物)㊀」の音変化。近世後期頃から関東の言葉によく見られる。「うまい一が食いたい」「何か書く一はないか」「ばかなことをした一だ」

もん【▽者】「もの(者)」の音変化。近世後期頃から関東の言葉によく見られる。「若い一に任せる」

もん【門】㊀〔名〕❶建築物の外囲いに設けた出入り口。また、その構築物。かど。「一を閉ざす」❷事物が必ず通る所。ある事のために通らなければならない過程。「合格への狭き一」「再審の一が開かれる」❸弟子となって教えを受ける所。また、一人の師を中心とする一派・流れ。「著名な学者の一に学ぶ」❹生物分類の段階の一。界の下、綱の上に位置する。「動物界脊椎動物一哺乳綱」❺門限。「いやもう、直すぐに帰らう。一がやかましい」〈洒・辰巳之園〉㊁〔接尾〕助数詞。火砲かほうの数を数えるのに用いる。「大砲五一」➡漢「もん(門)」(類語)門戸・ゲート・正門・表門・裏門・アーチ

門に入いる 弟子になる。師の門下生になる。入門する。「芭蕉の一・る」

門を潜くぐる 建物や敷地内に入る。また、学問や技芸などを始める。「母校の一・る」「師匠の一・ったのは十五歳の時だった」

門を叩たたく 訪ねて行く。訪問して弟子入りを頼む。「大作曲家の一・く」

もん【門】夏目漱石の小説。明治43年(1910)発表。不義の結婚による夫婦のわびしい生活を通し、人生の深淵を描く。

もん【紋|文】❶物の表面に表された図形。あや。紋様。「波形の一を描く」❷代々その家で定め伝えられる家のしるし。紋所。定紋じょうもん。「一のついた羽織」➡漢「もん(紋)」(類語)(1)模様・文様もんよう・文あや・文目あやめ・地紋じもん・柄がら・紋柄もんがら・図柄・絵柄・図様・図案・意匠・パターン・デザイン/(2)紋章・家紋・紋所

もん【×悶】もだえること。煩悶。「酒をもて一を解げすという年上の友」〈啄木・忘れがたき人々〉➡漢「もん(悶)」

もん《「もの」の音変化》㊀〔接助〕「もの㊀」に同じ。「実力があるんだ一、合格するにきまってるよ」㊁〔終助〕「もの㊁」に同じ。「だって教えてくれなかったのだ一」「無理なこと言うんです一」

もん【問】〔接尾〕助数詞。質問・設問などの数を数えるのに用いる。「六一のうち四一は正解」➡漢「もん(問)」

もん-いき【門×閾】ヰキ 門の敷居。

もん-いん【門院】ヰン 女院にょいんで、院号に皇居の門の名をつけた場合の総称。後一条天皇の生母藤原彰子を上東門院と称したのに始まる。

もん-えい【門衛】ヱイ 門を見張り守る人。門番。(類語)門番・守衛・番人・看守

もん-おめし【紋▽御召】紋織りの御召縮緬おめしちりめん。紋織り御召。

もん-おり【紋織(り)】❶文様を織り出すこと。また、その織物。❷「紋織物」の略。

もん-おりもの【紋織物】平織り・斜文織り・繻子しゅす織りなど各種の組織を組み合わせ、また色糸を使って文様を織り出した織物の総称。

もん-か【門下】❶師の門に入り、教えを受けること。また、その人。門人。門弟。「一に入いる」❷門の下。また、人のもとに近く伺候すること。転じて、食客。「一の人より折三かう」〈御湯殿上日記〉(類語)教え子・弟子・門弟・門人・門下生・高弟・愛弟子まなでし・生徒

もんか〔終助〕終助詞「ものか」の音変化。「ものか」よりくだけた言い方。「そんなことある一」

もん-がい【門外】グワイ ❶門のそと。門よりそとの所。❷その分野を専門としていないこと。専門外。

もんがい-かん【門外漢】モングワイ その物事について専門家でない人。畑違いの人。「経理については一だ」

もんがい-ふしゅつ【門外不出】モングワイ 貴重な芸術品などで、めったに他人に見せたり貸したりせず秘蔵すること。また、その物。「一の古文書」

もんか-ききょろう【門下起居郎】キキョラウ 外記げきの唐名。

もん-かく【門客】❶食客。いそうろう。「一等を相率ひきいて、御迎への為に参向すべきの由」〈吾妻鏡・一〉❷譜代の家臣でない家来。「汝等は一旦従ひつきたる一にあらず」〈盛衰記・三二〉

もんがく【文覚】平安末期・鎌倉初期の真言宗の僧。俗名は遠藤盛遠。もと北面の武士で、誤って袈裟御前けさごぜんを殺して出家。神護寺再興を強訴したため伊豆に流されたが、そこで源頼朝の挙兵を助け、頼朝開府後に神護寺を復興した。のち佐渡や対馬つしまに流され、九州で没したという。生没年未詳。

もんか-じちゅう【門下侍中】❶中務卿なかつかさきょうの唐名。❷大納言だいなごんの唐名。

もんか-しょう【文科相】モンクワシャウ 文部科学大臣のこと。

もんか-しょう【文科省】モンクワシャウ 文部科学省のこと。

もんか-しょう【門下省】シャウ 中国の官署名。主として詔勅の審議をつかさどった。晋代に漢代の侍中を改編して成立、隋・唐時代に完備したが、宋代には形式化し、元に至って廃止された。

もんか-じろう【門下侍郎】ジラウ 中務輔なかつかさのすけの唐名。

もんか-せい【門下生】門人。門弟。

> **漢字項目　もん**
>
> 【文|聞】➤ぶん
>
> **門** 学2　音モン㊇　訓かど‖㊀〈モン〉①出入り口。「門戸・門歯・門番/開門・関門・鬼門・軍門・舷門げんもん・肛門こうもん・獄門・柴門さいもん・山門・城門・水門・正門・声門・洞門・閉門・砲門・登竜門」②家柄。一族。「門地・門閥/一門・家門・権門・名門」③教えを受ける所。師を同じくする仲間。「門下・門人・門弟/蕉門しょうもん・同門・入門・破門」④学問や教義の系列。「宗門・専門・部門・仏門」⑤梵語の音訳字。「沙門しゃもん」㊁〈かど〉「門口・門出・門松」(名付)かな・と・ひろ・ゆき (難読)鳴門なると
>
> **紋** 音モン㊇　訓あや‖①模様。あや。「紋様・紋柄/衣紋えもん・小紋こもん・指紋・地紋・蛇紋・掌紋・声紋・波紋・斑紋はんもん・風紋・無紋」②家のしるし。「紋章・紋所もんどころ・紋服/家紋・金紋・定紋じょうもん」(名付)あき
>
> **問** 学3　音モン㊇　訓とう、とい、とん‖㊀〈モン〉①といただす。とう。とい。「問診・問責・問題・問答/学問・喚問・疑問・詰問・愚問・検問・顧問・拷問・諮問・質問・尋問・設問・難問・反問・不問」②人をたずねる。「慰問・弔問・訪問」㊁〈とん〉「問屋とんや」(名付)ただ・よ
>
> **×悶** 音モン㊇　訓もだえる‖①もだえ苦しむ。「悶死・悶絶・悶悶/苦悶・煩悶」②もつれる。「悶着」

(類語)生徒・教え子・弟子・門弟・門人・門下・門生・高弟・愛弟子まなでし・学生・塾生・スチューデント

もん-がた【紋形】模様。紋のかた。

もん-がまえ【門構え】がまへ ❶門を構えつくること。また、その門のつくり。「堂々たる一」❷漢字の構えの一。「間」「問」などの「門」の称。かどがまえ。

もん-がみ【紋紙】❶種々の模様をすき込んだ紙。❷ジャカード機に付随する穴のあいた型紙。❸紋付きを畳むとき、汚れを防ぐため紋の所にあてる紙。

もん-がら【紋柄】模様の柄。紋様。(類語)模様・文様もんよう・紋え・文あや・文目あやめ・地紋じもん・柄がら・図柄・絵柄・図様・図案・意匠・パターン・デザイン・プリント

もんがら-かわはぎ【紋殻皮剝】かははぎ フグ目モンガラカワハギ科の海水魚。全長約35センチ。体は卵形で側扁し、口のまわりが橙色、背は黒褐色で黄色の網状斑があり、腹部には大きな淡黄色の円斑が並ぶ。南日本から熱帯地方の岩礁に生息。観賞用。

モンカリエーリ-じょう【モンカリエーリ城】ジャウ《Castello di Moncalieri》イタリア北西部、ピエモンテ州、トリノ南郊の町モンカリエーリにある城館。12世紀頃にサボイア家が建てた要塞に起源し、サボイア家代々の夏の離宮として増改築が繰り返された。1997年、「サボイア王家の王宮群」の名称で世界遺産(文化遺産)に登録された。

もんか-ろくじ【門下録事】❶中務録なかつかさのさかんの唐名。❷外記げきの唐名。

もんかん【文観】モンクワン［1278〜1357］鎌倉後期・南北朝時代の真言宗の僧。別名、弘真。通称、小野僧正。後醍醐天皇の帰依を受け、終始南朝興隆のために尽力。のち、失脚し甲斐に流されたが、再び中央に復帰。立川流の大成者ともいわれる。

もん-かん【門鑑】門の通行を許す許可証。

もん-かんばん【紋看板】江戸時代、歌舞伎劇場の看板の一種。主な役者の名を、それぞれの定紋や役柄の下に1枚ずつに分けて書いたもの。作者や振り付けの名などのものもある。

もん-ぎ【文木】➤文尺もんじゃく

もんき-あげは【紋黄揚羽】アゲハチョウ科のチョウ。翅はねの開張11〜14センチ。翅は黒く、後ろ翅に黄白色の紋がある。暖地に多く、幼虫はキハダ・カラスザンショウなどの葉を食べる。

モンキー〘monkey〙❶猿。❷「モンキースパナ」「モンキーレンチ」の略。

モンキー-スパナ〘monkey spanner〙ボルトやナットの大きさに応じて口の開きを変えられるスパナ。

自在スパナ。モンキーレンチ。

モンキー-パンチ【モンキー・パンチ】[1937～]漫画家。北海道の生まれ。本名、加藤一彦。アメリカンコミックに影響を受けた都会的なタッチで、大人向け漫画の新境地をひらく。世界を股にかけて活躍する怪盗を描いた「ルパン三世」は、幅広いファンを獲得した。他に「一宿一飯」「千夜一夜物語」など。

モンキー-ビジネス〖monkey business〗ごまかし。いんちき。また、いたずら。

モンキー-レンチ〖monkey wrench〗▶モンキースパナ

もんき-ちょう【紋黄×蝶】シロチョウ科のチョウ。早春から出現する。翅の開張約5センチ。雄の翅は黄色で、前翅の外縁に黒紋、後ろ翅の中央に黄白色の円紋をもつ。雌は黄色と黄白色とがある。幼虫の食草はウマゴヤシ・コマツナギなど。年数回発生し、幼虫の状態で越冬。〈季 春〉

もんきり-がた【紋切り型】❶紋形を切り抜くための型。❷きまりきった型。かたどおりで新味のないこと。「一の祝辞」

もん-く【文句】❶文章中の語句。文言。「気のきいた一」「殺し一」❷歌謡などで、メロディーに対して歌詞をいう。「歌の一」❸相手に対する言い分や苦情。不服。「弁償してもらえるのなら一はない」

〈類語〉苦情・不平・不服・クレーム・コンプレイント

文句を付・ける 苦情を言いたてる。また、言いがかりをつける。「食事がまずいと一・ける」

モンク〖Thelonious Monk〗[1920～1982]米国のジャズピアノ奏者・作曲家。モダンジャズの開拓者。代表曲「ラウンド-ミッドナイト」「ブルーモンク」など。

もん-ぐし【紋×櫛】定紋を蒔絵にしてつけた櫛。

モンクトン〖Moncton〗カナダ南東部、ニューブランズウィック州南東部の都市。シグネクト湾に注ぐペティコディアック川に面する河港がある。

もんく-なし【文句無し】〔形動〕図〔ナリ〕苦情を言う余地のないさま。「一な出来」「一においしい」

〈類語〉完全・完璧・万全・十全・両全・満点・金甌無欠・完全無欠・百パーセント・パーフェクト・全く・全い・間然する所がない

モンクメール-ごぞく【モンクメール語族】《Mon-Khmer》南アジア語族に含まれる語族。東南アジアに分布し、カンボジアのクメール語(カンボジア語)など100近い言語を含む。

もん-ぐるま【文車┊紋車】網代車の一。網代で覆った箱の表面に、家紋を描いた車。文の車。

モンケ-ハン〖Möngke Khan〗[1208～1259]モンゴル帝国第4代皇帝。在位1251～1259。廟号は憲宗。チンギス=ハンの孫。即位後に内紛を鎮圧して、弟フビライに雲南・チベット、フラグにイラン方面を征討させ、自らは南宋攻撃を行ったが病没。マング=ハン。メンケ=ハン。〈補説〉「蒙哥汗」とも書く。

もん-げん【門限】夜、門を閉める時刻。また、外出先から帰らなければならない刻限。「一を破る」

もん-こ【門戸】❶門と戸。家の出入り口。❷他と交流し、また外部のものを受け入れるための入り口。「外国に一を開く」「一般市民に対しては一を閉ざす」❸初歩。入門。「哲学の一をうかがう」❹家。一家。また、一流一派。「一を構える」〈類語〉玄関・門口・戸口・勝手口・表口・車寄せ・ポーチ・エントランス

門戸を成・す 《「梁書」王茂伝から》一家を興す。一派をつくる。「書家として一・す」

門戸を張・る ❶一家を構える。❷家の構えを立派にして、見えを張る。❸一派を立てる。

もん-こう【聞香】「聞き香」に同じ。

もんごう-いか【紋甲烏=賊】❶カミナリイカの市場名。特有の斑紋がある。❷コウイカ科のヨーロッパコウイカ・トラフコウイカの市場名。前者はヨーロッパ・アフリカ沿岸に、後者は東南アジアからインド洋にかけて産し、背面に虎斑紋がある。

もんこ-かいほう【門戸開放】❶制限をなくし自由に出入りできるようにすること。❷港や市場を諸外国に開放して経済活動の制限を撤廃すること。

もんこかいほう-せいさく【門戸開放政策】1899年、米国の国務長官ヘイによって提唱された外交政策。中国の領土保全と門戸開放、商業上の機会均等を主張したもので、遅れて登場した米国が列強の帝国主義競争への割り込みを意図したもの。

モンゴメリー〖Lucy Maud Montgomery〗[1874～1942]カナダの女流小説家。少女小説「赤毛のアン」と、そのシリーズで有名。

モンゴリアン〖Mongolian〗モンゴル人。また、黄色人種。

モンゴル〖Mongol〗㊀アジアのモンゴル高原・ゴビ砂漠を中心とする地域。独立国をなす外モンゴル、中国の自治区をなす内モンゴル、甘粛省・新疆ウイグル自治区の一部をなす西モンゴルに分けられる。また、その地に住む遊牧民族をいう。古くから匈奴・鮮卑・ウイグルなどの騎馬民族が活躍。13世紀初め、チンギス=ハンが出てモンゴル族を統一し、帝国を建設。その孫フビライは中国を平定し、元を建国したが、明に滅ぼされ、以後中国の支配下に入った。モンゴリア。蒙古。㊁アジア北東部、外モンゴルの大部分を占める共和国。首都ウランバートル。1911年、ラマ教活仏を元首とする君主国を宣言。21年にロシアの支援により中国から独立し、24年に共和制となる。牧畜が盛んなほか、石炭・銅などの地下資源が豊富。正式名称、モンゴル国。人口309万(2010)。

モンゴル-ご【モンゴル語】アルタイ諸語のうち、モンゴル民族によって話されている言語。狭義のモンゴル語であるハルハ語(モンゴル国の公用語)のほか、チャハル語・カルムイク語・ブリヤート語などを含む。蒙古語。

モンゴル-ずもう【モンゴル相×撲】モンゴルの格闘技「ブフ」のこと。

モンゴル-ていこく【モンゴル帝国】1206年、チンギス=ハンが建国したモンゴル民族支配の大帝国。モンゴル高原を中心に東は中国東北地方、西はロシアに至る広大な領域を支配した。チンギス=ハンの死後、キプチャク・チャガタイ・オゴタイ・イルの四ハン国に分割。宗家は1271年、元を建国して中国を統一したが、このころから四ハン国は完全に自立し、帝国は事実上分裂した。蒙古帝国。

モンゴルフィエ-きょうだい【モンゴルフィエ兄弟】フランスの発明家。ジョセフ=ミシェル=モンゴルフィエ(Joseph-Michel Montgolfier[1740～1810])とジャック=エティエンヌ=モンゴルフィエ(Jacques-Étienne Montgolfier[1745～1799])の兄弟。熱気球を研究し、1783年、人類初の空中飛行に成功した。

モンゴル-もじ【モンゴル文字】モンゴル語の表記に用いる表音文字。14世紀にウイグル文字を修正補充して作られた。左から縦に書く。中国の内モンゴル自治区では現在も用いられている。蒙古文字。

モンゴロイド〖Mongoloid〗形態的特徴による人種の三大区分の一。黄色から黄褐色の皮膚、黒色・直毛の毛髪が一般的で、小児斑が見られる。日本人・中国人などの北部モンゴロイドのほか、インドネシア-マレー人種・アメリカ先住民を含む。類モンゴル人種。黄色人種ともいわれる。➡コーカソイド ➡ニグロイド

もん-ごん【文言】文章中の語句。文句。また、言葉。「手紙の一」

〈類語〉文句・語句・文章・文・一文・文辞・文面・章句

もん-ざい【文才】《「もんさい」とも》❶文筆の才。ぶんさい。❷学問、特に漢学の才。「一をばさるものにていはず」〈源・絵合〉

もん-ざい【問罪】〔名〕スル 罪を問いただすこと。「きびしく一する」

もんざい-の-し【問罪の師】問罪のために送る軍隊。征伐の軍隊。

もん-さく【文作】酒席などで即席におかしみのある文句を作ること。また、その文句。「さまざまの一尽くし」〈浮・禁短気・一〉

もん-さつ【門札】❶居住者の氏名を書いて門に掛けておく札。表札。門標。❷武家屋敷で、出入りの商人などに下付した通用門の通行許可の木札。

モン-サン-ミッシェル〖Mont-Saint-Michel〗フランス北西部、ブルターニュ半島とコタンタン半島に挟まれた湾の奥にある小島で、周囲約900メートル。島を覆うように建てられた修道院は966年に創建されたもので、その後は増改築を重ね、13世紀ごろに、ほぼ現在の形になったとされる。百年戦争の際には要塞として使用された。周囲の湾は干満の差が激しく、かつては干潮時にしか渡ることができなかったが、のちに島と陸をつなぐ通路がつくられた。1979年、「モン-サン-ミッシェルとその湾」として世界遺産(文化遺産)に登録され、2007年には登録範囲が拡大された。モンサンミシェル。

もん-し【門歯】哺乳類の歯の一。歯列の中央に上下2～6枚ずつあり、物をかみ切る働きをする。切歯。前歯。

もん-し【×悶死】〔名〕スル もだえ苦しんで死ぬこと。もだえじに。「悲嘆のうちに一する」

もん-じ【文字】「もじ(文字)」に同じ。「十一」「大一」

もん-した【紋下】人形浄瑠璃で、一座の代表者。ふつう、太夫から出た。番付で座元の紋の下に名前が書かれたのでいう。櫓下。

もんじ-の-くに【文字の国】中国の異称。漢字が豊富であるところからいう。

もんじ-の-ごく【文字の獄】中国の諸王朝で起こった筆禍事件の総称。特に清朝の康熙帝・雍正帝・乾隆帝時代のものが有名。満州出身の清朝は、その政治に反抗的な言辞を筆にした漢人を激しく弾圧、著者を極刑に処すとともにその著書を禁書とした。

もんじ-の-ほうし【文字の法師】もっぱら教理・経文の研究にのみふけり、実践的な禅行を修しない法師。禅僧が学問僧をあざけっていう語。➡暗証の禅師

もん-しゃ【紋×紗】《古くは「もんじゃ」とも》文様を織り出した紗。

もん-じゃ【文者】学者。また、詩文に巧みな人。「まことしき一にて」〈大鏡・道隆〉

もん-じゃ【問者】❶問う人。質問者。❷仏語。論議などの席や竪義の際に、提出されている問題について竪者に問難する役の僧。❸▶問頭

もん-じゃく【文尺】足袋を製作する職人専用の木製の物差し。1尺は曲尺の8寸に相当。文木。

もん-じゃく【文▽籍】書籍。書物。ぶんせき。

もん-じゃく【問▽籍】「名対面❶」に同じ。「滝口の一も絶えにければ」〈平家・四〉

もんじゃ-やき【もんじゃ焼(き)】お好み焼きに似た食べ物。ゆるく溶いた小麦粉で鉄板に文字を書いて楽しんだりしたところから、「文字焼き」の音変化という。

もん-しゅ【門主】❶門跡寺院の住職。❷一山・一教派の長。

もんじゅ 福井県の敦賀半島北端部にある日本原子力研究開発機構の高速増殖炉。高速の中性子によって燃料のプルトニウムを増殖し、ナトリウムで冷却する、国産の発電用高速増殖原型炉。発電プラントとしての信頼性の実証と、ナトリウム取扱技術の確立を目的として建設された。平成3年(1991)5月に完成し、同6年4月に初臨界を達成、翌年8月から送電を開始した。電気出力は28万キロワット。2050年頃から商業ベースでの導入を目指している。高速増殖原型炉。〈補説〉平成7年12月、ナトリウム漏えい事故が発生し、運転停止。同22年5月に性能試験を再開したが、同年8月、炉内中継装置の落下事故により再度運転が停止となった。

もんじゅ【文殊】「文殊菩薩」に同じ。

モンジュ〖Gaspard Monge〗[1746～1818]フランスの数学者。海軍大臣。画法幾何学を創始した。また、解析幾何学の業績や、微分方程式のモンジュの方法でも知られる。

モンジュイック〖Montjuic〗スペイン北東部、カタルーニャ州の都市バルセロナの市街南西部にある丘。カタルーニャ美術館、カタルーニャ考古学博物

館、民族学博物館のほか、1992年バルセロナオリンピックのメインスタジアムがある。モンジュイックの丘。

もんじゅ-いん【文殊院】奈良県桜井市にある華厳宗の別格本山。山号は、安倍山。通称、安倍文殊院。推古天皇の時代、安倍倉梯麻呂の創建と伝える。境内に文殊院西古墳・東古墳がある。

もんじゅう【文集】「白氏文集」の略。

もんじゅ-え【文殊会】文殊菩薩を供養する法会。毎年7月8日に諸国の寺院で行われたが、のち京都の東寺・西寺のものが有名になった。(季 夏)

もんじゅ-どう【文殊堂】文殊菩薩の像を安置した堂。

もんじゅ-の-ちえ【文殊の知恵】文殊菩薩のような、すぐれてよい知恵。「三人寄れば―」

もんじゅ-はちじほう【文殊八字法】密教で、文殊菩薩を本尊とし、八字の真言をもって息災を祈願する修法。八字文殊。

もんじゅ-ぼさつ【文殊菩薩】《「文殊」は、梵 Mañju-śrīの音写「文殊師利」の略。妙吉祥・妙徳と訳す》智慧を象徴する菩薩。普賢菩薩とともに釈迦如来の脇侍。僧形・童子形で、宝冠を頂く姿などに表され、独尊としては、獅子に乗り、剣を持ち、眷属を従える。般若経典との関係が深い。

もん-じょ【文書】❶書きつけ。書類。ぶんしょ。「古―」「紙背―」❷古文書学で、ある人から他の人にあてて発給され、何らかの効果を期待された書きもの。他の人を意識しないものは記録という。

もん-しょう【門×牆｜門×墻】❶門と垣。転じて、家の出入り口。かどぐち。❷《門と垣が並んで続いているところから》きわめて近い所のたとえ。

もん-しょう【紋章】氏族・家・国・団体などのしるしとして用いる一定の図柄。天文・地文・動植物・器物などを図案化したものが多い。紋。紋所。
(類語)紋・紋所・家紋・定紋・五つ紋・代紋・エンブレム

もんしょう【紋章】横光利一の小説。昭和9年(1934)発表。自意識過剰で消極的な知識人山下久内と、行動家雁金八郎との対比を描く。

もん-じょう【文章】❶「ぶんしょう(文章)」に同じ。❷「文章道」の略。

もん-じょう【問状】❶答弁を求めるための質問書。❷鎌倉・室町幕府の訴訟制度で、訴人(原告)の訴えを受理したとき、論人(被告)や証人に対して答弁を求めるために出した文書。といじょう。

もんじょう-いん【文章院】平安時代の大学別曹。承和元年(834)ごろ、菅原清公の建議により、文章道を学ぶ学生のための施設として設けられた。東西両曹があり、東曹は大江家、西曹は菅原家が管轄したので、しだいに両氏のための大学別曹となった。

もんしょう-がく【紋章学】紋章の意義・意匠・由来などを研究して、系図・祖先などを明らかにする学問。

もんじょう-しょう【文章生】大学寮で文章道を専攻した学生。もんぞうしょう。もんじょうのしょう。

もんじょう-どう【文章道】律令制における大学寮の一科。中国の詩文および歴史を学ぶ学科。➡紀伝道

もんじょう-とくごうしょう【文章得業生】文章生の中から、成績優秀な者2名を選んで、官吏登用試験の最高段階である秀才・進士試験の受験候補者としたもの。

もんじょう-はかせ【文章博士】大学寮に属して詩文と歴史とを教授した教官。神亀5年(728)設置。平安時代には多く東宮学士・大外記を兼ね、侍講としても仕えた。もんぞうはかせ。

もん-じょうみゃく【門静脈】➤門脈

もんしろ-ちょう【紋白×蝶】シロチョウ科のチョウ。最も普通にみられるチョウで、翅の開張5、6センチ。翅は白色で、前翅の先端が黒く、前翅に二点、後ろ翅の前縁に一点の黒紋がある。幼虫は菜の青虫・菜種虫などとよばれ、キャベツ・ハクサイ・アブラナなどの葉を食べ、害虫ともなる。年数回発生し、ふつう、さなぎで越冬。(季 春)

もん-しん【問診】〔名〕スル 医師が患者を診察する際、まず、本人や家族の病歴、現在の病気の経過・状況などを尋ねること。

もん-じん【門人】門下の人。門下生。門弟。
(類語)教え子・弟子・門下・門弟・門生・生徒

もん-じん【問×訊】〔名〕スル ❶問いただねること。聞きただすこと。訊問。「即今各国人より―するの節」〈公議所日誌〉❷禅宗の礼法で、合掌低頭すること。本来はそのあと安否を尋ねた。❸降参すること。「この一句を聞いて―して」〈太平記・一〇〉

モンス〖Mons〗ベルギー南西部、エノー州の都市。同州の州都。エノー伯領の旧都。聖ウォードリュ教会や市庁舎、「ベルギーとフランスの鐘楼群」の一として世界遺産(文化遺産)に登録された鐘楼など、歴史的建造物が数多く残っている。

モンスーン〖monsoon〗❶季節風のこと。本来はアラビア海で半年交代で向きの変わる風をさし、季節の意のアラビア語が語源。❷インドや東南アジアで、夏の季節風による雨季、または、雨季に降る雨。

モンスーン-きこう【モンスーン気候】「季節風気候」に同じ。➡モンスーン

モンスター〖monster〗❶怪物。化け物。❷巨大なもの。また、圧倒的な存在感や影響力をもつ人や物。「政界の―」

モンスター-ぎんが【モンスター銀河】爆発的な勢いで新しい恒星を生み出す銀河。太陽系がある天の川銀河では年に10個前後の恒星が誕生するのに対し、数千～一万個ほどの恒星を生む。宇宙塵やガスなどが高密度で集積して形成される。

モンスター-ペアレント《和 monster＋parent》学校や教育委員会に対して理不尽な要求を繰り返す保護者をモンスターにたとえた語。

モンスター-ペイシェント《和 monster＋patient》医療機関において、理不尽な要求をくり返す、医師や看護師に暴力をふるう、診療費を踏み倒すなどの自己中心的な行動をとる患者を、モンスターにたとえた語。

モンステラ〖ラテ Monstera〗サトイモ科モンステラ属の蔓植物の総称。茎は太く、節間から気根を出す。葉は厚く革質で、羽状に切れ込み、ところどころに穴がある。黄白の仏炎苞をもつ花をつけ、果実は食用。中央アメリカの原産。観葉植物として温室で栽培される。鳳莱蕉。

もん-せい【門生】門下生。門弟。門人。
(類語)生徒・学生・学徒・学童・在校生・塾生・門下生・弟子・教え子・スチューデント

もん-せき【問責】〔名〕スル 問いただすこと。責任を問うこと。「担当者を―する」
(類語)責める・問う・咎める・詰る・難ずる・嘖む・吊るし上げる・締め上げる・責め付ける・責め立てる・難じる・非難・難詰・面詰・詰問・面責・詰責・叱責・呵責・譴責・弁難・論難・指弾・追及

もん-ぜき【門跡】❶一宗門の本山。また、そこに住み、その法系を嗣いでいる僧。❷平安時代以後、皇族・貴族などが出家して居住した特定の寺院。また、その住職。室町時代以後は寺院の格式を示す語となった。江戸幕府により制度化され、宮門跡・摂家門跡・清華門跡・准門跡の区別を生じたが、明治4年(1871)廃止、以後は私称となった。❸《本願寺は准門跡であるところから》本願寺の管長の俗称。

もん-ぜき【門籍】内裏の諸門の通行を許可されている官人の名を書きしるした名簿。

もんせき-けつぎ【問責決議】国や地方自治体の議会において、首長など特定の地位にある者について、その責任を問う旨を意思表示した議決。国においては内閣不信任決議の代替策として参議院の決議となることが多いが、衆議院の解散や内閣総辞職が義務づけられた不信任決議と違い、法的拘束力はなく、参議院としての意思を示す国会決議の一種。

もん-ぜつ【×悶絶】〔名〕スル 苦しみもだえて気絶すること。「あまりの苦痛に―する」(類語)失神・気絶

もんぜつ-びゃくじ【×悶絶×躃地】苦しみもだえてころげまわること。「王、此を聞きて―して」〈今昔・一・五〉

モンセラート〖Montserrat〗スペイン北東部の都市バルセロナの近郊にある山。標高1236メートル。古くからカタルーニャ地方におけるキリスト教の聖地として知られるモンセラート修道院がある。モンセラット。

モンセラート-しゅうどういん【モンセラート修道院】《Monestir de Montserrat》スペイン北東部、バルセロナ近郊の山、モンセラートにあるベネディクト会の修道院。9世紀の創建。修道院付属の大聖堂にカタルーニャ地方の守護聖母「黒いマリア像」があり、古くから同地方におけるキリスト教の聖地として知られる。サンタマリアモンセラート修道院。

モンセラット〖Montserrat〗➤モンセラート

モンセラット-しゅうどういん【モンセラット修道院】《Monestir de Montserrat》➤モンセラート修道院

もん-せん【門扇】門のとびら。門扉。

もんぜん【文選】中国の詩文集。梁の昭明太子(蕭統)の編。6世紀前半に成立。周代から梁まで約千年間の代表的文学作品760編を37のジャンルに分けて収録。30巻であったが、唐の李善が注をつけて60巻とした。中国古代文学の主要資料で、日本にも天平以前に渡来、平安時代に「白氏文集」と並んで広く愛読された。

もん-ぜん【門前】門の前。門のあたり。
門前市を成す　門前に人や車馬が群がり集まる。権力や名声を慕い、出入りする者が多いたとえ。
門前雀羅を張る　《白居易「寓意」から》訪れる人がなくて、門の前には雀が群れ遊び、網を張って捕らえられるほどである。訪問する人もなく、ひっそりしていることのたとえ。
門前の小僧習わぬ経を読む　ふだん見聞きしていると、いつのまにかそれを学び知ってしまう。環境が人に与える影響の大きいことのたとえ。

もん-ぜん【問禅】❶禅寺で、住持の説法に際し、聴衆の中から質問する僧が出て住持と問答をすること。また、その役目の僧。❷「参禅」に同じ。

もんぜん-ち【門前地】寺の門前の地所。江戸時代、名目上寺院の境内であるが、ここに商家を建てさせて、その収入を寺院の費用に充てた。

もんぜん-ばらい【門前払い】❶来訪者に面会せずに、帰らせること。「―を食う」❷江戸時代の追放刑の中で最も軽いもので、奉行所の門前から追い出すこと。

もんぜん-まち【門前町】中世以降、有力な社寺の門前を中心に発達した町。神社の場合は鳥居前町ともいう。善光寺の長野、伊勢神宮の宇治山田など。もんぜんちょう。

もんぜん-よみ【文選読み】漢文訓読における読み方の一。同一の漢字・漢語をまず音読し、さらに重ねて訓読する方法。「細細腰支」を「さいさいとほそやかなるようしのこし」と読む類。「文選」を読むのに多用されたところからいう。

もん-そ【門訴】近世、多くの者が連れ立ち、領主・地頭・代官の門前に押しかけ、訴えたこと。

もん-ぞ【文▽書】《「もんそ」とも》「もんじょ(文書)」に同じ。「―といふ物見給へつきぬれば」〈宇津保・蔵開上〉

もん-ぞう【文▽章】「ぶんしょう(文章)」に同じ。〈和英語林集成〉

モンゾニ-がん【モンゾニ岩】《monzonite》深成岩の一。斜長石とカリ長石とをほぼ等量含み、黒雲母・角閃石・輝石などからなる完晶質の粗粒の岩石。閃長岩と閃緑岩の中間の性質を示す。

モンタージュ〖フランス montage〗〔名〕スル《構成、組み立ての意》❶映画で、多数のカットを組み合わせてつなぎ、一つの作品にまとめる手法。映画フィルムの編集。❷「モンタージュ写真」の略。

モンタージュ-しゃしん【モンタージュ写真】何枚かの写真から一部分ずつを取って一つに合成した写真。特に、犯罪の目撃者などの証言から、犯人の顔形・目鼻立ちなどについて似ているものを集め、合

成して作る写真をいうことが多い。

モンターレ〖Eugenio Montale〗[1896～1981]イタリアの詩人。エルメティズモの代表者の一人で、戦後イタリア詩の中心的詩人として活躍。批評も書き、小説家ズベーボを見出したことでも知られる。1975年ノーベル文学賞受賞。詩集「烏賊の骨」「機会」、散文集「ディナールの蝶」など。

モンターレ-の-とう【モンターレの塔】《Montale》イタリア半島北東部の独立国家サンマリノ共和国、ティターノ山の尾根の頂にある塔。城壁に囲まれた旧市街の見張りのため、13世紀に建造。20世紀に建て直されて現在見られる建物になった。ロッカモンターレ。

もん-だい【問題】❶解答を求める問い。試験などの問い。「数学の―を解く」「入試―」❷批判・論争・研究などの対象となる事柄。解決すべき事柄。課題。「そんな提案は―にならない」「経済―」「食糧―」❸困った事柄。厄介な事件。「新たな―が起きる」❹世間が関心をよせているもの。話題。「―の議員」
〔類語〕(❶)問い・題・設問・質問・発問・設題・クエスチョン・諮問・問答/(❷)案件・件・一件・懸案・課題・題目・本題・論題・論点・争点・テーマ・プロブレム/(❸)難問・難題・難件・ごたごた・いざこざ・トラブル・揉め事・騒ぎ・悶着・摩擦・どさくさ・波乱・小競り合い・喧嘩

問題にならない　論議や比較の対象として取り上げる価値がない。話にならない。また、差がありすぎて比較の対象にならない。「こんな案では―ない」「対戦相手が初心者じゃ―ない」

もんだい-いしき【問題意識】ある事態などに対し、その重要性を見抜いて、主体的にかかわり合おうとする心の持ち方。また、その内容。「―に欠ける」

もんだい-か【問題化】〔名〕スル　批判や論議の対象とすること。また、なること。「環境汚染が―する」

もんだい-がい【問題外】〔名・形動〕問題として取り上げる価値がないこと。問題にならないこと。また、そのさま。「彼は代表としては―の人物だ」

もんだい-げき【問題劇】同時代的な社会問題などを提起し、これに対する観客の注意や考察を喚起する劇。イプセン・ゴールズワージー・ショーなどの戯曲に多い。

もんだい-さく【問題作】取り上げるべき問題を含んだ作品。また、注目や話題を集めた作品。「今年最大の―」

もんだい-し【問題史】歴史研究・叙述の方法の一。歴史的事象の特定の側面を取り上げて、その歴史的変化を追究するもの。

もんだい-し【問題視】〔名〕スル　問題として注目すること。「―されている部署」

もんだい-じ【問題児】❶教育上、特別の配慮を要する児童。特に、性格や行動の面で問題をもつ児童をいう。➡特異児童 ❷発言や行動が周囲と合わない人。「会社の―」

もんだい-しょうほう【問題商法】「悪徳商法」に同じ。

もんだい-ほう【問題法】実生活に関連の深い問題を提出し、その解決の過程において学習させる方法。問題解決学習。プロブレムメソッド。

もん-だ・う〔動ハ四〕《「問答」の動詞化》言い合う。議論する。「とかくあのやうな者と―・うて要らぬ」〈虎明狂・柿山伏〉

もん-だから〔連語〕「ものだから」の音変化。「自慢したい―話をそちらへ向けようとしている」

モンタギュー〖Richard Montague〗[1930～1971]米国の数学者・論理学者。記号論理学を自然言語の意味論へ応用、モンタギュー文法を構築して形式意味論の創始者となった。

モンタナ〖Montana〗米国北西部の州。州都ヘレナ。西部はロッキー山脈が走り、グレーシャー国立公園がある。観光地が多い。鉱業が発達。➡表「アメリカ合衆国」

モンタニュ-ビューラン〖Montagne de Bueren〗
►ビューラン山

モンタヌス-は【モンタヌス派】《Montanism》キリスト教の一派。2世紀中ごろ、小アジア、フリギアのモンタヌスが創唱。聖霊降下と世界の終末を預言、極端な禁欲主義を伴って北アフリカにも広まったが、教皇および正統派会議によって否定され、のち衰退。

モンタフォン〖Montafon〗オーストリア、フォアアールベルク州の谷。州都ブレゲンツの南南東約45キロメートルに位置する。中心となる町はシュルンス。スキーリゾートとして知られる。

モンタルチーノ〖Montalcino〗イタリア中部、トスカーナ州の町。中世にシエナ共和国の要所として発展。旧市街中心部のポポロ広場に面する市庁舎、サンテジディオ教会など、共和国時代に建てられた歴史的建造物が残っている。サンジョベーゼグロッソ種から作られるブルネッロ-ディ-モンタルチーノという赤ワインの産地として有名。ブドウ畑をはじめとする田園風景が広がり、2004年に「オルチア渓谷」の名称で世界遺産(文化遺産)に登録された。

モンタン〖Yves Montand〗[1921～1991]フランスの歌手・映画俳優。イタリア生まれ。シャンソン「枯葉」「モンパリ」などで名声を博す一方、演技派俳優として活躍。出演作「恐怖の報酬」「Z」など。

もん-だん【文談】学問や道理などについて語ること。また、その話。「臥しながら―し給ひけるに」〈古活字本保元・中〉

モンタンベール〖Montenvers〗フランス南東部、アルプス山脈西部にある展望地。標高差約900メートルを登る登山鉄道が、モンブラン北麓の町シャモニーとを結ぶ。メール-ド-グラス氷河とアルプス三大北壁の一、グランドジョラスを望む。

もん-ち【門地】〔名・形動〕❶家柄。門閥。「―がある」「―が高い」❷《家の格式によって作法などが違うところから》物事の関係・順序などが本来の逆になっていること。また、そのさま。あべこべ。「するほどの事―になりて」〈浮・子孫大黒柱〉
〔類語〕家柄・家格・出自・身分・階級・貴賤・尊卑

もん-ちゃく【悶着・捫着】〔名〕スル《「もんぢゃく」とも》❶感情や意見の食い違いから起こるもめごと。いさかい。「―を起こす」「一―ありそうだ」「芳太郎がお袋と長いあいだ―した挙句に」〈秋声・足迹〉❷好ましくないものとかかわり合うこと。「床もはなれず、薬―」〈浄・女護島〉〔類語〕争い・諍い・揉め事・いがみあい・角突き合い・喧嘩・言い合い・ごたごた・いざこざ・摩擦・騒ぎ・どさくさ・波乱・小競り合い・内輪揉め・内輪喧嘩・内紛・問題・トラブル

もん-ちゅう【門中】沖縄で、父系の同族集団。地域内の連係が強く、門中墓とよばれる共同の墓を持っていて、祖先祭りを重視する。

もん-ちゅう【門柱】門に立てる柱。もんばしら。

もん-ちゅう【問注】《問うて注す意。「もんぢゅう」とも》訴訟の原告と被告を取り調べて、その言い分を記すこと。また、訴訟の対決。裁判。「六波羅にて―すべきに定まりにけり」〈著聞集・一六〉

もんちゅう-じょ【問注所】鎌倉・室町幕府の政務機関。鎌倉幕府では訴訟の審理や文書作成などを管掌。室町幕府では主に文書・記録の保管をつかさどった。

もん-ちょう【紋帳】・【紋帖】紋所の見本を集めた本。紋本。

もん-ぢらし【紋散らし】紋を一面に散らして文様としたもの。

もん-ちりめん【紋縮緬】縮緬地に文様を織り出したもの。

モンツァ〖Monza〗イタリア北部、ロンバルディア州の工業都市。ミラノの北東約15キロメートル、ランブロ川沿いに位置する。6世紀末にランゴバルド王国の女王テウデリンデが現在のモンツァ大聖堂を創建し、王国の中心として栄えた。F1をはじめとする国際的な自動車レースの開催地として知られる。

モンツァ-だいせいどう【モンツァ大聖堂】《Duomo di Monza》イタリア北部、ロンバルディア州の都市モンツァにある大聖堂。6世紀末にランゴバルド王国の女王テウデリンデにより創建。13世紀から14世紀にかけてゴシック様式で再建された。ファサードは緑と白の大理石による縞模様が施され、美しいバラ窓をもつ。キリストの磔刑に使われた釘で作られたという王冠を所蔵することで知られる。

もん-つき【紋付】❶紋所のついていること。また、そのもの。❷家紋をつけた礼装用の和服。正式は五つ紋とするが、三つ紋・一つ紋もある。紋服。

もん-づくし【紋尽(く)し】❶絵や図柄として、種々の紋柄を描いたもの。❷遊女の紋を描いて、遊里の案内とした書物。

もんで〔接助〕「ものでの音変化。「あんまり静かな―、留守かと思った」

モンテ-アルバン〖Monte Albán〗メキシコ南部オアハカ州、州都オアハカの西方約10キロメートルにある遺跡。サポテカ文化の代表的な遺跡であり、1987年に「オアハカの歴史地区とモンテアルバンの考古遺跡」の名で世界遺産(文化遺産)に登録された。

もん-てい【門弟】《「門弟子」の略》門人。弟子。
〔類語〕教え子・門人・門生・門下・門下生

もん-ていし【門弟子】「門弟」に同じ。

モンティチェロ〖Monticello〗米国の第3代大統領トマス=ジェファーソンが設計し、生涯に渡り居住した邸宅。バージニア州の都市、シャーロッツビルにある。自身が設計・設立したバージニア大学とともに、1987年、世界遺産(文化遺産)に登録された。モンティセロ。モンティッチェロ。

モンティニャック〖Montignac〗フランス南西部、ドルドーニュ県の町。ドルドーニュ川の支流ベゼール川沿いにあり、洞窟壁画で有名なラスコーの洞窟がある。同地からレゼジー-ド-タヤックまでベゼール渓谷に沿った約40キロメートルの間に、クロマニョン人の骨が発見された洞窟などが点在し、1979年に「ベゼール渓谷の先史的景観と装飾洞窟」の名称で世界遺産(文化遺産)に登録された。

モンティ-パイソン〖Monty Python〗英国のコメディーグループ。BBCテレビで1969年にスタートしたコメディー番組「空飛ぶモンティ-パイソン」が大ヒットし、世界的な人気を集めた。

モンテーニュ〖Michel Eyquem de Montaigne〗[1533～1592]フランスの思想家。豊富な知識と深い人間性省察に基づく主著「随想録」は、モラリスト文学の先駆として後世に大きな影響を与えた。

モンテ-カッシーノ〖Monte Cassino〗イタリア中部、ローマとナポリの中間にある山。529年、聖ベネディクトゥスが修道院を建造した。

モンテカティーニ-テルメ〖Montecatini Terme〗イタリア中部、トスカーナ州の町。ピストイアの西約15キロメートルに位置する。古代ローマ時代より温泉浴場が造られ、現在も同国有数の温泉保養地として多くの観光客が訪れる。作曲家ベルディ、プッチーニが度々滞在したことでも知られる。

モンテ-カルロ〖Monte Carlo〗モナコ公国の北部地区。カジノなどのある歓楽街。自動車レースが行われる。

モンテカルロ-ほう【モンテカルロ法】《Monte Carlo method》乱数を用いたシミュレーションを何度も行って、近似的な解を得る数値計算の手法。解析的なアプローチが困難な場合などに用いられる。高い精度の解を得るためには、試行回数を増やす必要がある。

モンテカルロ-ラリー〖Monte Carlo Rally〗モナコのモンテカルロから発し、フランスのアルプス山岳部を走破する自動車レース。1911年初開催。1月に行われるので、雪と氷の中でのレースとなる。

モンテクリストはく【モンテクリスト伯】《原題、フランス Le Comte de Monte-Cristo》大デュマの長編小説。1844～45年刊。無実の罪で投獄された青年エドモン=ダンテスが脱獄してモンテクリスト島の宝を手に入れ、モンテクリスト伯と名のり、復讐計画を次々に実行する。日本では黒岩涙香の翻案「巌窟王」でも知られる。

モンテゴ-ベイ〖Montego Bay〗西インド諸島、ジャマイカ北部に位置する都市。首都キングストンに次ぐ同国第2の都市。カリブ海地域有数の観光・保養地として知られる。

モンテ-コルビノ〖Giovanni da Monte Corvino〗[1247〜1328]イタリア生まれのフランチェスコ会修道士。1294年、元の大都(北京)に至り、没するまで30年にわたって布教し、4000人の信者を得た。新約聖書をモンゴル語に訳したといわれる。1307年、初代の大都大司教となった。

もんですか〔終助〕「ものですか」の音変化。「そんなこと知る―」

モンテスキュー〖Charles Louis de Secondat de la Brède et de Montesquieu〗[1689〜1755]フランスの啓蒙思想家・法学者。「法の精神」で法の原理を実証的に考察。三権分立論はフランス革命やアメリカ憲法などに大きな影響を与えた。他にフランスの政治・社会制度を風刺・批判した「ペルシア人の手紙」「ローマ人盛衰原因論」などがある。

モンテッソリ〖Maria Montessori〗[1870〜1952]イタリアの女医・教育家。知的障害児教育を研究後、ローマの「子供の家」で、感覚運動教育を基礎に環境構成と教具に工夫をこらした独特な教育法を行う。

モンデッロ〖Mondello〗イタリア南部、シチリア島、シチリア自治州の都市パレルモの北西部の一地区。ペッレグリーノ山とガッロ山を背にして白い砂浜が広がり、19世紀末から20世紀初頭にかけて海岸保養地として開発された。富裕層により建てられたアールヌーボー様式の別荘がある。

モンテディオ-やまがた【モンテディオ山形】日本プロサッカーリーグのクラブチームの一。ホームタウンは山形市ほか2市を中心とする山形全県。昭和59年(1984)創立のNEC山形鶴岡工場サッカー部が前身。平成11年(1999)にJリーグに加入。(補説)イタリア語で「モンテ(monte)」は山、「ディオ(dio)」は神の意。

モンテナポレオーネ-どおり【モンテナポレオーネ通り】《Via Montenapoleone》イタリア北部、ロンバルディア州の都市ミラノ中心部にある通り。世界的に有名なファッションブランド店、宝飾品店が並び、スピガ通りとともに、ミラノきっての高級ショッピング街として知られる。

モンテネグロ〖Montenegro〗《黒い山の意》東欧、アドリア海東岸に臨む共和国。首都ポドゴリツァ。15世紀後半にオスマン帝国の支配を受けたが、王朝も存続。1878年独立。1918年、セルビアなどとともにユーゴスラビアを形成。のち共和国となりその一部となる。旧ユーゴスラビア崩壊後、セルビアとともに新ユーゴスラビア、セルビア-モンテネグロを形成していたが、2006年に再独立。人口67万(2010)。ツルナゴーラ。

モンテ-ビアンコ〖Monte Bianco〗《白い山の意》▶モンブラン❶

モンテビデオ〖Montevideo〗南アメリカ、ウルグアイ東方共和国の首都。ラプラタ川の河口にある港湾都市で、羊毛・肉類・皮革を輸出。1726年にスペイン人が建設。東部のポシートス地区は海岸保養地。人口、行政区134万(2008)。

モンテファルコ〖Montefalco〗イタリア中部、ウンブリア州の町。ウンブリ人が築いた町に起源し、続いて古代ローマ、ランゴバルドに支配された。12世紀に自治都市となり、その後は19世紀のイタリア統一に至るまで教皇領となった。ルネサンス期にはウンブリア派の芸術家の拠点となったことで知られ、サンフランチェスコ教会(現市立美術館)にはベノッツォ=ゴッツォリとペルジーノのフレスコ画が残っている。

モンテプルチアーノ〖Montepulciano〗イタリア中部、トスカーナ州の町。キアーナ渓谷を見下ろす高台に位置する。町は城壁に囲まれており、グラッチャーノネルコルソ通り沿いのコッコーニ宮殿、アビニョネージ宮殿、サンタゴスティーノ教会のほか、大聖堂、市庁舎など、ルネサンス様式の歴史的建造物が多数残っている。赤ワインの産地として有名。ルネサンス期の詩人ポリツィアーノの生地。

モンテベルディ〖Claudio Monteverdi〗[1567〜1643]イタリアの作曲家。ルネサンス末期からバロック初期に独自の様式を確立した。作品に、オペラ「オルフェオ」、「マドリガル集」など。

モンテベルデ-しぜんほごく【モンテベルデ自然保護区】《Reserva Biológica Bosque Nuboso Monteverde》コスタリカ中北部、プンタレナス県にある自然保護区。多種多様な動植物が生息する熱帯降雨林が広がり、エコツーリズム発祥の地として知られる。

モンテリウス〖Gustav Oscar Montelius〗[1843〜1921]スウェーデンの考古学者。近代的考古学の創始者の一人。遺物の型式などから絶対年代を判定する科学的研究法を確立した。著「考古学研究法」など。

モンテリッジョーニ〖Monteriggioni〗イタリア中部、トスカーナ州の都市シエナの郊外にある町。13世紀はじめ、シエナ共和国によりフィレンツェに対する前哨基地として築かれた城塞都市に起源する。周囲約540メートルの城壁に囲まれ、14の塔をもつ。

モンテルキ〖Monterchi〗イタリア中部、トスカーナ州の町。アレッツォの東約20キロメートルに位置する。マドンナ-デル-パルト美術館にルネサンス期の画家ピエロ=デラ=フランチェスカによるフレスコ画の傑作「出産の聖母」があることで知られる。

モンテルラン〖Henry Millon de Montherlant〗[1896〜1972]フランスの小説家・劇作家。価値観の崩壊した時代における苦悶・孤独を基調に、男性的行動の称揚、女性蔑視などの価値観を前面に出した作品で注目を集めつつ、常に絶対性を追求した。ピストル自殺。小説「闘牛士」「若き娘たち」、戯曲「ポール-ロワイヤル」など。

モンテレー〖Monterey〗米国カリフォルニア州中部、モンテレー湾に面する港湾都市。観光・保養地としても知られる。スタインベックの小説の舞台となったキャナリーロウ、モンテレーベイ水族館などがある。

モンテレー〖Monterrey〗メキシコ北東部の工業都市。製鉄・ガラス・化学などの工業が盛ん。1579年に建設。人口、都市圏354万(2008)。

モンテ-ローザ〖Monte Rosa〗イタリア・スイス国境にあるアルプスの高峰群。最高峰はデュフール峰の4634メートル。名称は、氷の山の意から。

モンテロッソ-アル-マーレ〖Monterosso al Mare〗イタリア北西部、リグリア州の漁村。ポルトベネーレの北西にある五つの村チンクエテッレの一。西端に位置し、大きな集落がある。新市街と旧市街に分かれ、トンネルで結ばれている。山が迫る砂浜の海岸は観光客に人気がある。1997年に「ポルトベネーレ、チンクエテッレ及び小島群(パルマリア、ティーノ及びティネット島)」として世界遺産(文化遺産)に登録された。

もん-と【門徒】❶宗門を同じくする寺院の僧侶。❷宗門を同じくする信徒。浄土真宗の信者をいう。❸「門徒宗」の略。(類語)信者・信徒・宗徒・教徒

門徒物知らず 浄土真宗の信者がひたすら南無阿弥陀仏と唱えて他の事は顧みず、無知であるとあざけっていう言葉。

もん-ど【主=水】《「もいとり(水取)」の音変化》「主水司(もんどのつかさ)」の略。➡しゅすいし(主水司)

もん-とう【門灯】門口や門柱に取り付けた電灯。

もん-とう【問頭】古代の大学寮で、諸道の得業生(とくごうしょう)などに課された官吏登用試験の試験官。問者(もんじゃ)。問頭博士。

もん-どう【問答】〔名〕(スル)❶問うことと答えること。質問と応答。また、議論すること。「人生について―する」「―をかわす」❷仏語。教義についての論議や宗派間の法論。また、禅宗で、修行者が仏法についての疑問を問い、師家(しけ)がこれに答えること。禅の代表的な修行法の一。「禅―」
(類語)質疑応答・議論・やりとり

もん-ど・う【問▽答ふ】〔動ハ四〕▶もんだう

もんどう-か【問答歌】和歌の一種。問いかけの歌と、それに答える歌、すなわち問歌と答歌によって構成される唱和形式の和歌。

もん-とうし【紋唐紙】花鳥や唐草(からくさ)などの紋様のある色唐紙。

もんどう-ほう【問答法】《(ギリシャ) dialektikē》対話を重ね、相手の答えに含まれる矛盾を指摘して相手に無知を自覚させることにより、真理の認識に導く方法。ソクラテスの問答法として知られる。産婆術。➡弁証法

もんどう-むよう【問答無用】あれこれ議論してもなんの利益もないこと。また、もはや議論する必要のないこと。問答無益(むやく)。

モントーナ〖Montona〗モトブンのイタリア語名。

もんとくじつろく【文徳実録】平安前期の歴史書。六国史(りっこくし)の第五。10巻。藤原基経・菅原是善らの撰。元慶3年(879)成立。文徳天皇の践祚(せんそ)から崩御に至る9年間の治世を、編年体・漢文で記したもの。日本文徳天皇実録。

もんとく-てんのう【文徳天皇】[827〜858]第55代天皇。在位850〜858。仁明天皇の第1皇子。名は道康。在位中の政治は藤原良房が行った。

モント-こ【モント湖】《Mondsee》▶モントゼー

モントゴメリー〖Montgomery〗米国アラバマ州中央部の都市。同州の州都。綿花の集散地として栄え、南北戦争時には南部連合最初の首都が置かれた。公民権運動の中でも名高いバスボイコット運動の舞台にもなった。

もん-どころ【紋所】家々で定めている紋章。紋。家紋。定紋(じょうもん)。「葵の―」
(類語)紋章・紋・家紋・定紋・五つ紋

もんと-しゅう【門徒宗】浄土真宗の異称。

モントゼー〖Mondsee〗《ドイツ語で月の湖の意》オーストリア中部、ザルツカンマーグート地方にある町。町と同名のモント湖(モントゼー)の湖畔にある観光保養地。

モントセラット-とう【モントセラット島】《Montserrat》カリブ海、小アンティル諸島にあるイギリスの海外領土。アンティグア-バーブーダの南西。火山島で1995年にスフリエール山が噴火し、農業中心の経済は壊滅的な打撃を受けた。人口5118人(2010)。

もんど-の-つかさ【主=水▽司】▶しゅすいし(主水司)

モンド-ミュージック《和 mondo(イタリア)＋music》ムード音楽・イージーリスニングミュージックなど、従来軽視されてきた匿名性の高い音楽の中に、マニアが珍奇さ・エキゾチシズムといった要素を見いだし、ジャンルとして命名したもの。(補説)mondo(世界・地球)は、イタリア映画「世界残酷物語」の原題Mondo Caneから。

もん-どめ【門留め｜門止め】門を閉じて、その家への出入りをさしとめること。また、外出を禁じること。「しこなして―にあふ地帋(ぢがみ)売」〈柳多留・二〉

モン-トランブラン〖Mont-Tremblant〗カナダ、ケベック州南部、ローレンシャン高原の町。同地域の観光拠点の一つ。トランブラン山を中心に同州有数のスキーリゾートが広がる。

もんどり【翻=筋=斗】《「もどり」の音変化》空中でからだを1回転させること。とんぼ返り。宙返り。
(類語)宙返り・とんぼ返り・とんぼ・でんぐり返し

翻筋斗を打・つ とんぼ返りをする。宙返りをする。もんどりうつ。「はずみで―・ってひっくり返る」

モンドリアン〖Pieter Cornelis Mondriaan〗[1872〜1944]オランダの画家。新造形主義を提唱し、水平線と垂直線、三原色と無彩色により画面を構成した。ピエト＝モンドリアン。

もんどり-う・つ【翻=筋=斗打つ】〔動タ五(四)〕「もんどりをうつ」に同じ。「水の音がして、―・って池の中へ落ちると」〈鏡花・眉かくしの霊〉

モントリオール〖Montreal〗カナダ南東部、セントローレンス川に臨むモントリオール島にある同国第2の都市。五大湖水運の中継地で、小麦・木材の輸出港。各種工業も発達し、同国経済の中心地。人口、都市圏375万(2008)。モンレアル。

モントリオール-ぎていしょ【モントリオール議定

書】オゾン層保護条約議定書。特定フロン・ハロンなどオゾン層を破壊する物質の生産・消費の具体的削減策について定めた国際取り決め。1987年に採択。正式名称はMontreal Protocol on Substances that Deplete the Ozone Layer。

モントルー〖Montreux〗スイス西部、ボー州にある観光保養都市。レマン湖北岸に面し、18世紀後半から19世紀にかけて、避暑地として発展。毎年7月に行われるモントルージャズフェスティバルは世界的に知られる。

もん-なし【文無し】❶《「一文無し」の略》所持金が全くないこと。また、そのさま。無一文。「競馬で負けて一になる」❷《それ以上の文数はないところから》並み外れて大きな足袋。12文(約28.8センチ)以上の大きな足袋。

(類語)裸・身一つ・裸一貫・素っ裸・丸裸・身すがら・無一文・無一物・おけら・素寒貧・すってんてん・貧乏

もん-なし【紋無し】模様がないこと。また、その布地や着物。無地。

もんなら〔接助〕「ものなら」の音変化。「言えるー言ってみろ」「なまけようーひどい目にあうぞ」

もん-なん【問難】〔名〕スル 問いただし非難すること。問いつめること。

もん-にん【文人】作文の会で、詩文を作るために召された人。また、特に文章生をいう。「はかせ、一等召して文つくらせ」〈宇津保・菊の宴〉

もんのう【文雄】[1700～1763]江戸中期の浄土宗の学僧。丹波の人。俗姓、中西。音韻学・天文学に通じた。著「磨光韻鏡」「三音正譌」「和字大観抄」。ぶんゆう。

もん-ぱ【門派】宗門の流派。一門の流派。

もん-ぱ【紋羽】綿布の一種。地質が粗く、柔らかで、けば立ったもの。足袋裏や肌着に用いられた。

モンバサ〖Mombasa〗ケニア南部、インド洋に面する港湾都市。内陸への鉄道の基点で、国際空港もある。コーヒー・サイザル麻・綿花などを輸出。

もん-ばつ【門閥】《「閥」は功を門に掲げて示す札》❶世間で認めている、家の格づけ。家柄。家格。門地。❷家柄のよい家が、互いに血縁関係を結んでつくった閥。❸「門閥家」の略。

もんばつ-か【門閥家】家柄のよい家。

もん-はぶたえ【紋羽二重】文様を織り出した羽二重。紋織りの羽二重。

モンパルナス〖Montparnasse〗フランス、パリ南部、セーヌ川左岸にある地区。第一次大戦後、文人・美術家たちが集まり、芸術の中心地となった。もと、ギリシャのパルナソスの名をつけた丘があった。

モンパルナス-ぼち【モンパルナス墓地】《Cimetière du Montparnasse》フランス、パリ南部、セーヌ川左岸のモンパルナス地区にある墓地。ボードレール、モーパッサン、サルトル、ボーボワールらが埋葬されている。

もん-ばん【門番】門の番をする人。門衛。

(類語)門衛・守衛・番人・看守

もん-び【紋日】《「ものび(物日)」の音変化。「もんぴ」とも》「物日❷」に同じ。

もん-ぴ【門扉】門のとびら。「一を閉ざす」

もん-ぴょう【門標｜門表】「門札」に同じ。

もん-ビロード【紋ビロード】文様を毛羽と輪奈を組み合わせて織り出したビロード。

もん-ぶ【文部】「文部省」の略。「一官僚」

モンフォール〖Montfort〗▶シモン＝ド＝モンフォール

もんぶかがく-しょう【文部科学省】国の行政機関の一。教育の振興、生涯学習の推進を中心とした創造的な人材育成、学術・スポーツ及び文化の振興、ならびに科学技術の総合的な振興、宗教に関する行政事務を担当する。平成13年(2001)に文部省と科学技術庁が統合して発足。外局に文化庁がある。文科省。

もんぶかがく-だいじん【文部科学大臣】国務大臣の一。文部科学省の長。文科相。

もんぶかがく-はくしょ【文部科学白書】文部科学省が発表する報告書。文部省の教育白書を改めたもので、教育・文化・科学技術・スポーツ振興などにおける状況をまとめ、基本理念と施策を述べるもの。平成14年(2002)より毎年発表。

もんぶ-きょう【文部卿】明治初期の太政官制における文部省の長官。明治18年(1885)内閣制度創設で文部大臣と改称。

もん-ぷく【紋服】紋をつけた和服。紋付き。

もんぶ-しょう【文部省】学校教育・社会教育・学術・文化などに関する行政事務を担当した国の行政機関。明治4年(1871)設置、平成13年(2001)科学技術庁とともに文部科学省になった。

もんぶしょう-びじゅつてんらんかい【文部省美術展覧会】「文展」の正称。➡日展

もんぶ-だいじん【文部大臣】文部省の長。文相。

モン-ブラン〖Mont Blanc〗㊀《白い山の意》フランス・イタリア国境にある、アルプス山脈の最高峰。標高4808メートル。1786年にパッカールとバルマが初登頂。北麓のシャモニーが登山基地。イタリア名モンテビアンコ。㊁ゆでた栗の裏ごしを山形に絞り出し、上を泡立てた生クリームで飾ったケーキ。

もんぺ 山袴の一種。袴の形をして足首の所でくくるようにした、ももひきに似た労働用の衣服。主に農山村の女性が用いる。防寒用を兼ねる。もんぺい。(季 冬)「一穿き傘たばさみて子規墓参/虚子」

もんべつ【紋別】北海道北東部、オホーツク海に面する市。古くから漁場が開かれ、水産加工業が盛ん。名称はアイヌ語「モ-ペッ」(静かな川)に由来。人口2.5万(2010)。

もんべつ-し【紋別市】▶紋別

モンペリエ〖Montpellier〗フランス南部、エロー県の都市。同県の県都。ラングドック-ルシヨン地方における行政・商業の中心地。ワイン、ブランデーの集散地として知られ、近年は工業が盛ん。13世紀創立の大学、フランス最古の植物園、近代フランス絵画の優れたコレクションを有するファーブル美術館があり、文化都市の一面もある。モンプリエ。

もん-ぼう【聞法】仏語。仏の教えを聴聞すること。

もん-ぼうしょ【紋奉書】種々の地紋を漉き込んだ奉書紙。

もんぼう-ちぐ【聞法値遇】仏語。仏法を聞く機会にめぐりあうこと。

もん-ぽん【紋本】▶紋帳

モンマジュール-しゅうどういん【モンマジュール修道院】《Abbaye de Montmajour》フランス南部、プロバンス地方、ブーシュ-デュ-ローヌ県の都市アルルの近郊の村、モンマジュールにある修道院跡。10世紀にベネディクト派の礼拝堂として創建。12世紀から13世紀にかけて増改築を続け、プロバンス地方最大級のロマネスク様式の修道院になった。

モンマルトル〖Montmartre〗パリ北部、セーヌ川右岸にある地区。モンマルトルの丘があり、南麓は歓楽街。19世紀以降、各国の芸術家が集まった。丘の上にはサクレクール大聖堂がある。

もん-みゃく【門脈】毛細血管が合流して太くなった静脈が、再び分岐して毛細血管網を形成する静脈系。特に、肝門脈をさし、消化管や脾臓からの栄養物を含む血液を集めて肝門を通る。肝臓で物質交換が行われたあとは、再び大静脈となって心臓に戻る。ほかに脳下垂体門脈があり、鳥類などでは腎門脈も発達。門静脈。

もんむ-てんのう【文武天皇】[683～707]第42代天皇。在位697～707。草壁皇子の王子で、母は元明天皇。名は珂瑠。大宝律令を制定、施行。

もん-め【匁｜文目】❶尺貫法の重さの単位。1匁は1貫の1000分の1で、約3.75グラム。真珠の取引で用いられる。❷江戸時代の秤量貨幣である銀貨の単位。金1両は銀50～80匁。唐の開元通宝銭が渡来して標準とされ、1文の目方を1文目と呼んだことによる。(補説)「匁」は国字。平成22年(2010)常用漢字表から削除、人名用漢字に追加された。

もん-もう【文盲】文字の読み書きができないこと。非識字。(類語)無筆

モンモリロナイト〖montmorillonite〗アルミニウムの含水珪酸塩を主成分とする粘土鉱物。凝灰岩などの風化で生じ、白ないし灰色の粉末の塊。水を吸収して膨潤し、またイオン交換性が高い。ベントナイトの主な構成鉱物。鋳物砂型・増量剤などに利用。モンモリロン石。

モンモリロン-せき【モンモリロン石】▶モンモリロナイト

もん-もん【悶悶】〔ト・タル〕図〔形動タリ〕悩み苦しむさま。「一として夜を明かす」

もん-やく【門役】門の警備に当たる役。門番。

もん-やぐら【門櫓｜門矢倉】鎌倉時代以後、武家の門の上に高くつくった櫓。

もん-よう【文様｜紋様】調度・器物・衣服などの表面に装飾された図形。同じ図柄の反復繰り返しによって構成されるものをいうことが多い。模様。

(類語)模様・柄・図柄・絵柄・図案・図様・意匠・デザイン・パターン・プリント・紋・文・文目・紋柄・地紋

もん-よう【門葉】一門につながる人々。同族。また、一門の分かれ。「一たる者帰敬せずといふことなし」〈平家・七〉

もん-ら【紋羅】文様を織り出した羅。

もん-りゅう【門柳】門のわきの柳。かどやなぎ。

もん-りゅう【門流】一門の分かれ。一門の流派。「平家の一」

(類語)分流・分かれ・流派・門派・支流・傍流・傍系

モンレアーレ〖Monreale〗イタリア南部、シチリア島、シチリア自治州の町。パレルモの南西約8キロメートル、カプート山に位置する。イタリア語で「王の山」を意味し、かつて王族の狩場があった。12世紀にアラブ-ノルマン様式で建てられたモンレアーレ大聖堂があることで知られる。

モンレアーレ-だいせいどう【モンレアーレ大聖堂】《Duomo di Monreale》イタリア南部、シチリア島の町モンレアーレにあるアラブ-ノルマン様式の大聖堂。12世紀にノルマン朝シチリア王国グリエルモ2世により建造された。身廊内部は金色を主体とするビザンチン様式の荘厳なモザイクで飾られ、旧約・新約聖書の物語が描かれている。また、付属のベネディクト修道会の修道院にある中庭を囲む回廊はモザイクの装飾を施した228本もの円柱が並ぶ。

もん-ろ【紋絽】絽の地に文様を織り出したもの。

もん-ろう【門廊】▶中門廊

もん-ろう【門楼】門の上に設けた楼。

モンロー〖James Monroe〗[1758～1831]米国の政治家。第5代大統領。在任1817～1825。新旧両世界の相互不干渉をうたったモンロー主義を提唱した。

モンロー〖Marilyn Monroe〗[1926～1962]米国の映画女優。性的魅力とナイーブさで人気を得た。出演作「ナイアガラ」「紳士は金髪がお好き」「七年目の浮気」。マリリン＝モンロー。

モンロー-ウオーク《和 Monroe＋walk》マリリン＝モンローが映画「ナイアガラ」の中で見せた、腰を大きく左右に振るセクシーな歩き方。

モンロー-こうか【モンロー効果】高層ビル街の路上で、スカートがまくれ上がるように風が吹き上がる現象。マリリン＝モンローが映画「七年目の浮気」の中で見せた、地下鉄の換気口でスカートを押さえる場面から。

モンロー-しゅぎ【モンロー主義】欧米両大陸の相互不干渉を主張する米国の外交政策の原則。1823年、モンロー米大統領が、植民地主義と、ラテン-アメリカ諸国の独立に対する欧州諸国の干渉に反対して、教書の中で行った宣言に基づく。以後、内容・意味を変えながらも、米国外交の基本となった。

モンロビア〖Monrovia〗アフリカ西部、リベリア共和国の首都。大西洋に面する港湾都市。1822年に米国で解放された黒人が入植して建設。米国大統領モンローにちなむ名。

や　❶五十音図ヤ行の第1音。硬口蓋と前舌との間を狭めて発する半母音[j]と母音[a]とから成る音節。[ja]　❷平仮名「や」は「也」の草体から。片仮名「ヤ」は「也」の草体を楷書化したもの。(補説)「や」は、また、「きゃ」「しゃ」「ちゃ」などの拗音の音節を表すのに、「き」「し」「ち」などの仮名とともに用いられる。現代仮名遣いでは、拗音の「や」は、なるべく小書きすることになっている。

や【八】《「よ(四)」の母音交替形としてその倍数を表したもの》❶はち。やっつ。声を出してかぞえるときの語。やあ。「いつ、むう、なな、―」❷はち。やっつ。多く、名詞の上に付けて用いる。「七転び―起き」❸名詞の上に付けて、数量が多いことを表す。「―重咲きの花」「―雲たつ」

や【矢/×箭】❶武器・狩猟具の一。弓の弦(つる)につがえ、距離を隔てた目的物を射るもの。木または竹で作った棒状のもので、一方の端に羽をつけ、他方の端に鏃(やじり)をつける。「―をつがえる」❷木材や石など、かたいものを割るのに使うくさび。❸紋所の名。❶の形を組み合わせて図案化したもの。

(類語)弓・弓矢・箸

矢でも鉄砲でも持って来い　どんな手段を使ってもかまわないからかかってこい。腹を据えた場合や半分やけになった場合などに発する言葉。

矢の如(ごと)し　きわめて速いこと、速くまっすぐに進むことのたとえ。「光陰―」「帰心―」

矢の催促　続けて激しくせきたてること。

矢の使い　度々来る急ぎの使い。「此の事を聞きて、―をたてたりけるこそ難義なれ」〈仮・是楽物語〉

矢のよう　素早く、またまっすぐであるさまのたとえ。「―な送球」

矢も楯(たて)もたまら◦ない　思い詰めて、こらえることができない。気がせいて、じっとしていられない。「母親の病状が心配で―◦ない」

矢を射るが如(ごと)し　動作や物事の進行の速度がきわめて速いことのたとえ。

矢を矧(は)・ぐ　㊀(「矧ぐ」が四段活用の場合)竹に羽をつけて矢を作る。「矢部(やはぎ)をして―・がしむ」〈綏靖紀〉㊁(「矧ぐ」が下二段活用の場合)弓に矢をつがえる。「―・げて走らせけれども」〈宇治拾遺・三〉

矢を向(む)・ける　攻撃の目標とする。「失言に非難の―・ける」

や【▽谷】谷あいの地。やつ。やと。地名に残っている語。「―中」「雑司ヶ―」

や【屋/家】㊀〔名〕❶住むための建物。家屋。いえ。「我が―」「一軒―」❷屋根。「声高になのたまひそ。―の上にをる人どもの聞くに、いとまさなし」〈竹取〉㊁〔接尾〕名詞に付く。❶それを売買する人や家の意を表す。「本―」「菓子―」❷そのような性質の人をいう。使う人、場合によって軽蔑や自嘲の意を込めて用いられることもある。「気取り―」「わからず―」「がんばり―」❸役者の屋号や文人の雅号などとして用いる。「紀の国―」「鈴の―」❹商業などを営んでいる家の屋号として用いる。「越後―」「近江―」❺そのことを専門にしている人、ある技術に優れている人などをさしていう。使う人、場合によって自慢げに、うらやましげに、あるいは自嘲や軽蔑の意を込めても用いられる。「事務―」「技術―」「政治―」「チーム随一の飛ばし―だ」「速いだけが取り柄の走り―さ」

(類語)家(いえ)・家屋・ハウス・メゾン

や【野】❶ひろびろとした地。のはら。の。「風強く秋声―にみつ」〈独歩・武蔵野〉❷官職につかないこと。民間。「―にある逸材」➔漢「や(野)」 (類語)在野・民間・市井(しせい)・草莽(そうもう)・無官・無位・無冠

野に遺賢(いけん)無し　《「書経」大禹謨から》すぐれた人物はすべて官について民間に残っていない。人材が集まって正しい政治が行われていることをいう。(補説)「野(や)」は民間の意。「のにいけんなし」とは読まない。

野に下(くだ)・る　官職を離れて民間の生活に入る。下野(げや)する。「官を辞して―・る」(補説)「野(や)」は民間の意。「のにくだる」とは読まない。

や【×輻】車輪の軸と外側の輪とを結ぶ、放射状に取り付けられた数多くの細長い棒。

や【▽嫌/×厭】〔形動〕「いや(嫌)」の音変化。感動詞的に用いることもある。「顔を見るのも―なやつ」「手伝うなんて―なこった」「―だ、食べたくない」

や【弥】〔副〕《「八(や)」と同語源》程度がよりはなはだしいさま。ますます。いよいよ。「下堅く―堅く取らせ秀鐏(ほだり)取らす子」〈記・下・歌謡〉

や〔感〕❶驚いたときや不意に気づいたときに発する語。「―、火事だ」❷突然または偶然に出会った人に呼びかけるときに発する語。「―、しばらく」❸力をこめたり気合いをかけたりするときに発する語。また、音曲などの囃子詞(はやしことば)。やっ。❹呼びかけに答える語。はい。「『して太刀は』『―、ござらぬな』」〈虎明狂・真奪〉

や〔助動〕《敬語の助動詞「やる」の命令形「やれ」の音変化》…なさいな。「早う寝や」〈浄・曽根崎〉

や　㊀〔接助〕動詞・動詞型活用語の終止形に付く。ある動作・作用が行われると同時に、他の動作・作用が行われる意を表す。…とすぐに。…すると。「わたしの顔を見る―逃げ出した」㊁〔副助〕名詞、名詞に準じる語に付く。「やもしれない」などの形で、軽い疑問の意を表す。…か。「午後から雨が降る―もしれない」㊂〔終助〕活用語の終止形・命令形に付く。❶同輩・目下の者などに対して軽く促す意を表す。「そろそろ出かけよう―」「もう帰れ―」❷軽く言い放すような気持ちを表す。「もう、どうでもいい―」❸疑問や反語の意を表す。…(だろう)か。…だろうか(いや、そうではない)。「この結末はどうなりましょう―」「どうして私に言えましょう―」㊃〔間助〕名詞、名詞に準じる語、副詞に付く。❶呼びかけを表す。「花子―、ちょっとおいで」「我妹子(わぎもこ)―我(あ)を忘らすな石上(いそのかみ)袖布留川(そでふるかは)の絶えむと思へや」〈万・三〇一三〉❷強意を表す。「今―、経済危機を迎えようとしている」「またも―地震が起こった」❸詠嘆・感動の意を表す。「いで、あな幼な―」〈源・若紫〉「夏草―つはものどもが夢の跡」〈芭蕉〉〈奥の細道〉㊄〔並助〕名詞、名詞に準じる語に付く。事物を並列・列挙する意を表す。「赤―黒―青が混ざり合っている」「海―山などに行く」「甘いの―辛いのがある」「羽音が台風―、雷(いかづち)ナドノヤウニ聞コエタレバ」〈天草本平家・二〉㊅〔係助〕名詞、活用語の連用形・連体形、副詞・助詞などに付く。なお、上代には活用語の已然形にも付く。❶文中にあって、疑問・反語を表す。㋐疑問を表す。…(だろう)か。…かしら。「ももしきの大宮人は暇(いとま)あれ―梅をかざしてここに集(つど)へる」〈万・一八八三〉「男、異心(ことごころ)ありてかかるに―あらむと思ひ疑ひて」〈伊勢・二三〉㋑反語を表す。…だろうか(いや、そうではない)。「月―あらぬ春―昔の春ならぬわが身一つはもとの身にして」〈伊勢・四〉❷文末用法。㋐疑問を表す。…(だろう)か。…かしら。「いかにぞ、からめたり―」〈古本説話集・下〉㋑反語を表す。…だろうか(いや、そうではない)。「妹(いも)が袖別れて久(ひさ)になりぬれど一日(ひとひ)も妹を忘れて思へ―」〈万・三六〇四〉「かばかり守る所に、天の人にも負けむ―」〈竹取〉➔やは (補説)㊀は「ドアが開くやいなや、ホームに飛び降りた」のように「やいなや」の形で慣用的に用いられることが多い。㊅❶の場合、文末の活用語は連体形で結ばれる。「ぼろぼろ(＝虚無僧)といふもの、昔はなかりけるにや」のように結びの言葉が省略されることもある。また、㊅❷を終助詞とする説もある。

漢字項目　や

冶　(音)ヤ(呉)(漢)‖①金属や鉱石をとかしてある形につくる。「冶金/鍛冶(かじ・たんや)」②人格を練りあげる。「陶冶」③心をとろけさせる。なまめかしい。「艶冶(えんや)・遊冶郎」(難読)鍛冶(かじ)

夜　(学)2　(音)ヤ(呉)(漢)　(訓)よ、よる‖㊀〈ヤ〉よる。「夜陰・夜間・夜勤・夜景・夜行(やこう・やぎょう)・夜食・夜半/暗夜・一夜・五夜・今夜・終夜(しゅうや)・初夜・除夜・深夜・昼夜・通夜(つや)・徹夜・日夜・暮夜・連夜」㊁〈よ〉「夜風・夜中・夜長/月夜・闇夜(やみよ)」㊂〈よる〉「夜昼」(名付)やす (難読)十六夜(いざよい)・小夜(さよ)・昨夜(ゆうべ)・昨夜(よべ)・終夜(よすがら)・終夜(よもすがら)・夜半(よわ)

人**耶**　(音)ヤ(呉)(漢)　(訓)か、や‖①疑問を示す助字。「有耶無耶(うやむや)」②父。「耶嬢(やじょう)」(難読)耶蘇(やそ)・耶馬台国(やまたいこく)

野　(学)2　(音)ヤ(呉)(漢)　(訓)の‖㊀〈ヤ〉①のはら。「野営・野外/原野・広野・荒野・山野・戦野・田野・平野・牧野・緑野・林野」②自然のままの。「野趣・野獣・野生」③いやしく荒々しい。「野蛮・野卑/粗野」④むきだしの。「野心・野望」⑤範囲。「視野・分野」⑥民間。「野党/下野・在野・朝野」⑦野球のグラウンド。「野手/外野・内野」⑧下野(しもつけ)国。「野州」㊁〈の〉「野原/裾野(すその)」(補説)「埜」は古字。人名用漢字。(名付)とお・なお・ひろ (難読)上野(こうずけ)・下野(しもつけ)・野老(ところ)・野点(のだて)・野良(のら)・野木瓜(むべ)・野羊(やぎ)

×**揶**　(音)ヤ(呉)(漢)　(訓)からかう‖からかう。はぐらかす。「揶揄(やゆ)」

人**椰**　(音)ヤ(呉)(漢)　(訓)やし‖植物の名。やし。「椰子」

×**爺**　(音)ヤ(呉)(漢)　(訓)じじ、じい、じじい‖㊀〈ヤ〉①男の年寄り。「老爺・好好爺」②父。「爺嬢」㊁〈じじい〉「狸爺(たぬきじじい)・花咲爺(はなさかじじい)」

や〔接尾〕人を表す名詞や人名などに付いて、親しみの意を添える。「ねえ―」「坊―」「爺―」「きよ―」

やあ〔感〕❶驚いたときや不意に気づいたときに発する語。「―、これは驚いた」❷突然または偶然に出会った人に呼びかけるときに発する語。「―、こんにちは」❸気合いをこめるときに発するかけ声。また、音曲などの囃子詞(はやしことば)。「えい、―」

やあい〔感〕❶遠くの者や目下の者などに対して発する呼びかけの語。おおい。「―、出てこい」❷からかったり、はやしたてたりするときに発する語。「泣き虫、―、―」

ヤーウェ〖Yahweh〗旧約聖書におけるイスラエル民族の神。天地万物の創造者、宇宙の支配者、人類の救済者で、唯一絶対の神。ヤハウェ。エホバ。

ヤークート〖Yāqūt al-Rūmī〗[1179～1229]イスラムの地理学者。小アジア生まれ。奴隷にされ、解放されたのちアラビア地理学辞典の「諸国集成」を完成した。「文人集成」などの著作もある。

ヤースナヤ-ポリャーナ〖Yasnaya Polyana〗ロシア連邦西部、ツーラ州の都市ツーラ近郊の町。トルストイの生地として知られ、彼の旧宅を中心とする博物館と墓所がある。

ヤーデージ〖yardage〗❶ヤードで計測した長さ。❷ゴルフで、ホールやコースの長さをヤード単位で表した数字。

ヤード〖yard〗㊀❶庭。中庭。❷鉄道の操車場。㊁(Yard)「スコットランドヤード」の略。

ヤード〖yard〗【碼】ヤード-ポンド法の長さの単位。1ヤードは3フィートで、約0.9144メートル。記号yd　ヤール。

ヤードスティック-ほうしき【ヤードスティック方式(ほうしき)】《yardstick method》公共料金などについて、経営効率化の度合いで料金設定・改訂を査定する方式。

ヤード-セール〖yard sale〗自宅の庭で行う不要品の販売。

ヤード-ポスト〖yard post〗ゴルフコースのホール

の番号・距離・パー数などを示して、ティーグラウンドに立ててある標識板。

ヤードポンド-ほう【ヤードポンド法】ハフ 基本単位として長さにヤード、質量にポンドを用いる単位系。英国で統一、米国などでも用いられ、体積にガロン、温度にカ氏温度、時間に秒を用いるが、ガロンについては英米で異なる。

ヤーヌス〖Janus〗▶ヤヌス

ヤーパン〖ポルトガル Japão｜オランダ Japan〗江戸時代、渡来したポルトガル人やオランダ人が日本をさしていった語。ヤパン。ヤポン。

やあ-やあ〔感〕《「やあ」を重ねた語》❶男性が軽いあいさつに用いる語。「—、おめずらしい」❷相手に念を押したり、注意をひいたりするために発する語。「—、それはまことか」〈謡・烏帽子折〉❸応答するときに発する語。「—、こちのことでござるか」〈虎寛狂・今参〉❹気合いを入れるときなどに発する語。「もはや堪忍ならぬ。—」〈虎寛狂・水掛聟〉

やあら〔感〕驚いたときなどに発する語。「—、汝は言はせて置けば方量もない」〈虎寛狂・舎弟〉

ヤール〖yard〗《「ヤード」をオランダ語風に読んだ「ヤールド」から》ヤードのこと。主として織物の長さに用いる。

ヤールショフ〖Jarlshof〗英国スコットランド北東、シェトランド諸島のメーンランド島南部にある集落遺跡。紀元前2500年頃の青銅器時代から17世紀頃までの各時代の集落が残っている。

ヤール-はば【ヤール幅】洋服地で、1ヤール(約91センチ)幅のもの。

ヤールンサクサ〖Jarnsaxa〗▶ヤルンサクサ

や-あわせ【矢合はせ】やあはせ 戦いを始める合図に、矢を双方から射合うこと。多くは鏑矢かぶらやを用いた。「橋の両方のつめに打っ立って—す」〈平家・四〉

ヤーン〖Friedrich Ludwig Jahn〗[1778〜1852]ドイツの体育家。今日の器械体操の基礎を築き、ドイツ体育の父といわれる。著「ドイツ体育論」。

ヤーン〖yarn〗紡いだ糸。織物・編み物に用いる糸。

やい〔感〕目下の者などに呼びかけたり詰問したりするときや、人を強迫したりするときに発する語。おい。こら。「—小僧、こっちを向け」「—金を出せ」

やい〔終助〕《間投助詞「や」＋終助詞「い」から》体言や、活用語の終止形・命令形、助詞に付く。❶相手に対し強く言い放ったり、強く呼びかけたりする意を表す。…よ。「そんなことではない—」「太郎冠者あるか—」〈虎明狂・張蛸〉❷同輩もしくは目下の者に対し軽く命令したり、さげすみはやしたりするときにそえる語。「よせ—」「泣き虫—」補説「やよ」の音変化ともいう。中世末ごろから使用された語。

やい-かがし【焼い▽嗅がし】節分の夜、魔よけのためイワシの頭や臭気の強いものを焼いて串くしに刺し、家の入り口などに挿しておくもの。やっかがし。やいくさし。やきさし。

や-いくさ【矢▽軍】両軍が互いに矢を射合って戦うこと。また、その戦い。「相近付いて—をせんとすれば」〈太平記・九〉

やい-ごめ【焼い米】「やきごめ」の音変化。「—を桶に入れて一人食ひて」〈沙石集・八〉

やい-じるし【焼い印】《「やきじるし」の音変化》「やきいん」に同じ。「花方はながたが頰つらに、浪方なみがたといふ—をぞせられける」〈平家・一〇〉

や-いた【矢板】建築・土木の基礎工事で、土砂の崩壊や水の浸入を防ぐため、地盤に打ち込む板状の杭くい。木製・鋼製・鉄筋コンクリート製などがある。

やいた【矢板】栃木県中北部の市。中世は塩谷氏の城下町。電気機械工業・木工業や農業が行われる。人口3.5万(2010)。

やいた-し【矢板市】▶矢板

やいづ【焼津】静岡県中部の市。駿河湾西岸にあり、遠洋漁業、特にカツオ・マグロ漁の根拠地。日本武尊やまとたけるのみことが東征の際、敵が放った野火を鎮め、逆に焼き滅ぼしたという伝説の地。平成20年(2008)に大井川町を編入。人口14.3万(2010)。

やいづ-し【焼津市】▶焼津

やいづ-じんじゃ【焼津神社】静岡県焼津市にある神社。祭神は日本武尊やまとたけるのみことほか三神。俗称、入江いりえさん。

やい-と【×灸】《「や(焼)きと(処)」の音変化》灸きゅう。灸治きゅうじ。

やいと-ぎょう【×灸×饗】ギャウ 小児などに灸きゅうをすえるとき、苦痛の慰めや褒美として菓子や金銭などを与えること。また、その菓子や金銭。「—のかはり、喧嘩けんかの行司さすのかいやい」〈浄・歌祭文〉

やいと-ばし【×灸箸】灸きゅうをすえるとき、もぐさを挟むはし。

やいと-ばな【×灸花】ヘクソカズラの別名。花の中央部が赤く、灸の跡を思わせる。季 夏

やいと-び【×灸日】特に灸きゅうを据える日と定められた日。多くの地方で陰暦2月2日と8月2日とされる。灸据え日。二日灸。

や-いなや【や否や】〔連語〕▶いなや㊁

や-いの〔連語〕《間投助詞「や」＋終助詞「いの」。近世上方の女性語》文末にあって、訴えかけたり強く言いかけたりする意を表す。「わしもいっしょに死ぬるぞ—」〈浄・曽根崎〉

やいの-やいの ㊀〔副〕何回も、また、諸方からせきたてるさま。「—(と)催促する」㊁〔連語〕感情を込めて激しく相手に迫るときに用いる語。「合点か—」〈浄・五人兄弟〉

やい-ば【▽刃】《「や(焼)きば(刃)」の音変化》❶焼き入れをして鍛えた刃。また、刃文。❷刀剣・刃物などの総称。「—を交える」「—を向ける」❸刃のように鋭く威力のあるもの。「凡そとぶ鳥をも落とすばかりと、面々に—の験徳を現して」〈謡・調伏曽我〉

類語 抜き身・白刃・抜刀

刃に掛か・る 刃物で切り殺される。「敵の—・る」

刃に掛・ける 刃物で切り殺す。「逆臣を—・ける」

刃に伏・す 自害する。「この赤き心を後にぞ知らせまつらんとて、—・して果て給ひき」〈読・八犬伝・九〉

やい-やい ㊀〔感〕❶ぞんざいな呼びかけに発する語。「—、もっと気をつけてものを言え」❷呼びかけに発する語。「—、むさとそばへな寄りおっそ」〈虎清狂・蟹山伏〉㊁〔副〕言いたてたり催促したりするさま。また、落ち着きなく騒ぎたてるさま。「—と小遣いをせがまれる」「—言われてみこしをあげる」

や-いろ【矢色】放たれて、飛んでいく矢の勢い。「切って放したる—、弦音つるおと、弓倒し」〈太平記・一二〉

ヤイロ〖Geilo〗ノルウェー南部の町。首都オスロから250キロメートル、ベルゲンから260キロメートルに位置する。標高800メートルから1200メートルにあり、同国屈指のスキーリゾートとして知られる。

やいろ-ちょう【八色鳥】テウ スズメ目ヤイロチョウ科の鳥。全長約20センチ。尾が短い。羽色は緑・青・黄・赤・茶・黒・白などの配色で色彩に富む。夏に南日本に少数が渡来、深い森で繁殖し、冬に東南アジアへ渡る。やいろつぐみ。

や-いん【夜陰】夜のやみ。夜の暗さ。また、夜中。夜分。「—に乗じて攻撃をしかける」

類語 夜よる・夜よ・小夜さよ・夜よさり・宵よい・晩・暮夜ぼや・夜間・夜中やちゅう・夜分やぶん・夜半よわ・夜中よなか・夜半やはん・ナイト

や-うけ【家請け】家を借りるときの保証人。たなうけ。「惣七そうしち殿には口合ひ—もある仁、後日の念に御親父の一札」〈浄・博多小女郎〉

ヤウス〖Hans Robert Jauss〗[1921〜1997]ドイツの文学理論家。コンスタンツ学派の代表的理論家。文学作品において、読者の解釈を重視する「受容美学」を提唱。著「美的経験と文学的解釈学」「挑発としての文学史」など。

や-うち【家内】❶家のなか。「三階建の、—が広いだけ一層寂しく」〈里見弴・大道無門〉❷一つ家に住んでいる人。家族の者。また、親類の者。「—残らず女郎はいやがれど」〈浮・五人女・一〉

や-うつり【家移り】〔名〕スル 引っ越すこと。転居。転宅。いえうつり。類語 宿替え・引っ越し・移転・転地

やうつり-がゆ【家移り×粥】家の新築など、転宅の祝いに作る粥。家渡り粥。

や-うら【弥▽占｜八▽占】幾度も占うこと。さまざまに占ってみること。「百積ももさかの舟隠り入る—さし母は問ふともその名は告のらじ」〈万・二四〇七〉

や-うれ〔感〕《感動詞「や」＋二人称の人代名詞「うれ」から》目下の者に呼びかける語。やい、おまえ。おい。「—、御前の辺にて見て来こ」〈宇治拾遺・一一〉

ヤウンデ〖Yaoundé〗カメルーン共和国の首都。同国南部の高原にある商業都市。カカオなどの集散地。ギニア湾岸の港湾都市ドアーラへ鉄道が通じる。

や-え【八重】ヘ ❶八つ重なっていること。転じて、数多く重なっていること。また、そのもの。「七重の膝ひざを—に折る」❷花びらが数多く重なっていること。また、その花。重弁じゅうべん。「—の椿つばき」

八重の遠をち ずっと遠く隔たった所。「思ふ人心へだてぬかひもなし桜の雲の—かた」〈夫木・一九〉

八重の潮風しおかぜ はるか遠方の海路を吹いてくる風。「しるべせよ跡なき浪に漕ぐ舟のゆくへも知らぬ—」〈新古今・恋一〉

八重の潮路しおじ 非常に長い海路。八潮路やしおじ。「追風に—を行く舟のほのかにだにもあひみてしかな」〈新古今・恋一〉

八重の山路やまじ 非常に長い山路。「限りあれば—をへだつとも心は空に通ふとを知れ」〈玉葉集・旅〉

や-えい【夜営】〔名〕スル 夜、軍隊が陣営を設けること。また、その陣営。

や-えい【野営】〔名〕スル 野外に陣営を張ること。野外にテントを張って宿泊すること。また、その陣営。キャンプ。「山中で—する」「—地」

やえ-がき【八重垣】やへ 幾重にも巡らしたかきね。「八雲立つ出雲いづも—妻籠みに—作るその—を」〈記・上・歌謡〉

やえ-がすみ【八重×霞】やへ 幾重にもたちこめたかすみ。「難波潟なにはがた刈りふく蘆あしの—ひまこそなけれ春のあけぼの」〈新後撰・春上〉

やえ-ぐも【八重雲】やへ 幾重にも重なる雲。「峰の—、思ひやるへだて多くあはれなるに」〈源・橋姫〉

八重雲隠・る 八重雲に隠れる。「天雲あまぐもの—・り鳴る神の音のみにやも聞き渡りなむ」〈万・二六五八〉

やえごろも【八重衣】やへごろも 地歌・箏曲そうきょく。文化・文政(1804〜1830)ごろ、京都の石川勾当こうとうの作曲。のちに八重崎検校が箏の手を付けた。百人一首中の衣にちなむ歌5首を四季の順に並べた歌詞で、京風手事物てごとものの代表曲。

やえ-ざき【八重咲き】やへ 花びらが数多く重なって咲くこと。また、その花。重弁花。「—の椿つばき」

やえざき-けんぎょう【八重崎検校】やへざきケンゲウ [1776?〜1848]江戸後期の箏曲そうきょく演奏家・作曲家。京都で活躍。松浦・菊岡両検校や石川勾当こうとうの作曲した地歌に、三味線とは異なる旋律を箏で加えて合奏曲とするなど、箏曲の編曲に秀でた。

やえ-ざくら【八重桜】やへ ❶八重咲きのサトザクラ。ヤマザクラから変化したもので、桜の中では遅く開花し、花色は白・紅・緑黄など。ぼたんざくら。季 春「奈良七重七堂伽藍—／芭蕉」❷女房装束で、五衣いつつぎぬに桜色を用いること。「女院よりの御装束は、—をえもいはず匂はせ給へり」〈栄花・若水〉

やえ-じゅうもんじ【八重十文字】やへジフモンジ ひもなどを縦横に幾重にもかけて縛ること。

やえす【八重洲】やへ 東京都中央区の地名。東京駅の東に位置し、商業地。名は、この地に屋敷のあったヤン＝ヨーステンの名前がなまったもの。

やえ-す【八重×簀】やへ 湖沼や遠浅の内海などで、竹の簀を円形に立てまわして魚を捕らえる仕掛け。

やえ-だたみ【八重畳】やへ ㊀〔名〕幾重にも敷物を敷くこと。また、その敷物。「ここに—を敷きて以てひいて入る」〈神代紀・下〉㊁〔枕〕幾重にも重ねる敷物の意で、重なりの意の「へ(重)」と同音を含む地名「平群へぐり」にかかる。「—平群の山に」〈万・三八八五〉

やえ-なみ【八重波｜八重▽浪】やへ 幾重にも立つ波。「朝夕あさよひに満ち来る潮の—になびく玉藻の節の間も惜しき命を」〈万・四二一一〉

やえ-なり【八重▽生り】やへ ❶1本の草木に実が重

なってなること。また、その草木。❷リョクトウの別名。
やえ-ば【八重歯】正常の歯列からずれて重なったように生える歯。犬歯によく起こる。鬼歯。
やえ-はたぐも【八重旗雲】幾重にも旗のようになびいている雲。「八幡宮とあらはれ、―をしるべにて」〈謡・弓八幡〉
やえ-びし【八重干▽瀬】▶やびじ(八重干瀬)
やえ-ぶき【八重×葺き】屋根を幾重にも厚く葺くこと。また、その屋根。「―の隙だにあらば蘆(あし)の屋におとせぬ風はあらじとを知れ」〈後拾遺・雑二〉
やえ-むぐら【八重×葎】❶雑草が幾重にも生い茂っているくさむら。「雨の中に―に濡れしょびれて居るのでなしに」〈鏡花・白鷺〉(季 夏)「白百合(しらゆり)の花大きさや―/鬼城」❷アカネ科の一年草または二年草。畑ややぶなどに生え、高さ約80センチ。よく分枝し、茎は四角柱で稜に沿って細く短いとげがあり、披針形の葉を6〜8枚輪生。夏に淡黄緑色の小花をつける。果実は小さく、鉤(かぎ)状のとげがあって衣服などに付着する。
やえ-やえ【八重八重】幾重にも重なっていること。「おしなべて咲く白菊は―の花のしもとぞ見えわたりける」〈後拾遺・雑三〉
やえ-やま【八重山】幾重にも重なり合っている山々。「足柄の―越えていましなば誰をか君と見つつ偲(しの)はむ」〈万・四四四〇〉
やえやま-じしん【八重山地震】明和8年(1771)4月24日、沖縄県八重山諸島、石垣島の南南東沖を震源として発生した地震。マグニチュードは推定7.4。石垣島を中心に、津波による被害を受けた。溺死者は約1万2000人。家屋流出約2000戸。
やえやま-じょうふ【八重山上布】沖縄県八重山地方の、主に石垣島で産する麻織物。赤茶色の植物染料で白地に絣(かすり)模様を摺(す)り込み染めにしたもの。かつては薩摩(さつま)上布とよばれた。
やえやま-しょとう【八重山諸島】沖縄県南西部の諸島。石垣島・西表(いりおもて)島・与那国島などからなり、サトウキビ・パイナップルを産する。宮古諸島・尖閣諸島とともに先島諸島をなす。八重山列島。
やえ-やまぶき【八重山吹】ヤマブキの一品種。花期が遅く、花のしべが花びらに変わり八重咲きとなったもので、実はできない。(季 春)
や-えん【夜宴】夜、催される宴会。夜の宴会。
や-えん【野猿】野生の猿。「さる」が「去る」に通じるとして忌み、「やえん」という。
や-お【八百】百の八倍。はっぴゃく。また、非常に数の多いこと。多く、名詞に付いて接頭語的に用いられる。「―日か」「―丹(に)よし」
やお【八尾】大阪府中部の市。大阪市の東に隣接し、住宅地。軽工業も行われる。大信寺(だいしんじ)・久宝寺(きゅうほうじ)の寺内町として発展。人口26.9万(2010)。
やお【八尾】狂言。罪人が六道の辻で閻魔(えんま)に会い、地獄へ落とされそうになるが、八尾地蔵からの手紙を見せて、極楽浄土へ送られる。
ヤオ〖Yao〗主として中国南部の山地とインドシナ半島北部に居住する少数民族。農業を生業とし、山地では焼き畑耕作を行う。言語はシナ-チベット語族のミャオ-ヤオ語群に属する。瑶族。
やお-あい【八百会ひ】数多くのものが集まり合うこと。また、その場所。特に、潮流が集まる所。「八潮道(やしほぢ)の潮の―」〈祝詞・六月晦大祓〉
や-おう【野翁】田舎の老人。野老。村老。また、老いた自分をへりくだっていう語。「―恙(つつが)なく」〈芭蕉書簡〉
やお-え【八百重】幾重にも重なっていること。非常に遠く隔たっていること。また、その場所。「滄海原(あをうなはら)の潮の―を治(しら)すべし」〈神代紀・上〉
やお-か【八百日】多くの日数。「―行く浜の沙(まなご)も我(あ)が恋にあにまさらじか沖つ島守」〈万・五九六〉
やお-し【八尾市】▶八尾
ヤオチュー-パイ【幺九牌】《中国語》マージャンで、字牌(ツーパイ)と、数牌(シューパイ)のうちの一と九の牌の総称。
やお-ちょう【八百長】《相撲会所に出入りしていた長兵衛という八百屋(通称八百長)が、ある相撲の年寄と碁(ご)を打つ際に、いつも1勝1敗になるように手加減していたことからという》❶勝負事で、前もって勝敗を打ち合わせておいて、うわべだけ真剣に勝負すること。なれあいの勝負。「―試合」❷なれあいで事を運ぶこと。「―の質疑応答」(類語)談合・出来レース・やらせ・結託・馴(な)れ合い・ぐる・共犯
や-おと【矢音】射た矢が風を切って飛んでいく音。
や-おとめ【八▽少女】神事に奉仕する八人の少女。また、神楽を奏する少女。「神のやす高天原(たかまのはら)に立つ―、立つ―」〈風俗歌〉
やおに-よし【八百▽丹よし】〔枕〕多くの赤土を杵(き)でつき固めて作る意で、「築く」にかかる。「―い杵築(きづき)の宮」〈記・下・歌謡〉
や-おもて【矢面｜矢表】《❷が原義》❶質問や非難などをまともに受ける立場。「―に立って答弁する」❷敵の矢の飛んでくる正面。「―に進んだる者二騎、射落とされぬ」〈古活字本保元・中〉
やお-や【八百屋】❶野菜類を売る店。また、その人。青物屋。青果商。❷深くはないが学問・技芸・趣味などについていろいろ知っていること。また、その人。
やおや-おしち【八百屋お七】㊀[1668〜1683]江戸前期、江戸本郷にいた八百屋の娘。天和2年(1682)の大火の際に避難した寺で寺小姓と恋仲となり、再会したい一心で放火して、火刑に処された。井原西鶴の「好色五人女」に取り上げられてから、浄瑠璃・歌舞伎などに脚色された。㊁浄瑠璃。世話物。3巻。紀海音作。正徳4年(1714)から享保2年(1717)ごろ大坂豊竹座初演。㊀を題材とした最初の浄瑠璃作品。別名題「八百屋お七恋緋桜(こいひざくら)」。
やおや-ぼうふう【八百屋防風】ハマボウフウの別名。
やお-よろず【八百▽万】数の限りなく多いこと。多数。無数。
やおよろず-の-かみ【八百▽万の神】神道における神観念で、きわめて多くの神々。
やおら〔副〕❶ゆっくりと動作を起こすさま。おもむろに。「―立ち上がる」❷静かに。そっと。「姫君、御硯(すずり)を―引き寄せて」〈源・橋姫〉(補説)文化庁が発表した平成18年度「国語に関する世論調査」では、「彼はやおら立ち上がった」を、本来の意味である「**ゆっくりと**」で使う人が40.5パーセント、間違った意味「**急に、いきなり**」で使う人が43.7パーセントと、逆転した結果が出ている。
や-おれ〔感〕《感動詞「や」＋二人称の人代名詞「おれ」から》「やうれ」に同じ。「―景季、汝が所存も」〈浄・盛衰記〉
や-か【八日】ようか。はちにち。「かく行ひ定めて日―夜八夜を遊びき」〈記・上〉
や-か【▽宅】《「屋処(やか)」の意》家。家宅。「―の辰巳(たつみ)の隅のくづれ、いとあやふし」〈源・東屋〉
や-か【野火】❶野を焼く火。のび。〈日葡〉❷野を飛ぶ火。鬼火。「月ともなく星ともなく、一団の―顕(あら)れ出で」〈浄・艶狩剣本地〉
や-か【野花】野に咲く花。野の花。「―黄鳥春風を領じ」〈謡・胡蝶〉
-やか〔接尾〕名詞、形容詞の語幹、擬声語・擬態語など、状態を表す語に付いて形容動詞の語幹をつくる。いかにもそのようなようすである、いかにもそのような感じがする、という意を表す。「はな―」「しめ―」「おとなし―」「きらび―」
や-が【夜×蛾】鱗翅(りんし)目ヤガ科の昆虫の総称。体は太く、翅(はね)は比較的小さく、一般にくすんだ色や模様をもち、翅を閉じると保護色となる。夜行性で灯火によく集まる。アケビコノハ・タマナヤガ・ヨトウガ・キシタバガなど、種類は非常に多い。
や-かい【夜会】❶夜、開かれる社交のための宴会。特に、音楽会・舞踏会・晩餐会など。❷「夜会巻き」「夜会結び」の略。
や-がい【野外】❶野原。郊外。「―活動」❷家の外。屋外。(類語)屋外・戸外・野天・露天・外・表(おもて)・室外・窓外(そうがい)・場外・アウトドア
やがい-げき【野外劇】野外で、自然を舞台、または背景として行う演劇。ページェント。
やかい-ふく【夜会服】夜の正式な社交的会合に着用する礼服。女性のイブニングドレス、男性の燕尾服(えんびふく)・タキシードなど。
やかい-まき【夜会巻(き)】鹿鳴館(ろくめいかん)時代に流行した女性の束髪。後頭部で髪を束ね、頭頂の方へ左右からねじり合わせてピンで留めた髪形。夜会結び。夜会。
やかい-むすび【夜会結び】▶夜会巻き
や-がえし【矢▽反し】しかえし。返報。報復。「この―に安穏ぢゃ置かない」〈伎・初買曽我〉
や-がかり【矢懸かり】射る矢の届く所。「目に見ゆるほどの鳥にて、―ならんずるに」〈太平記・一二〉
や-かく【夜▽鶴】《白居易「五弦弾」の「夜鶴子を憶い籠中に鳴く」から》夜、巣の中で子をはぐくむツル。転じて、母性愛の深いことのたとえ。よるのつる。
や-かく【野客】山野に住む人。また、仕官しない人。在野の人。
や-かく【野▽鶴】野に遊ぶツル。仕官しないで俗世間にいる人のたとえ。「閑雲―」
や-がく【夜学】❶夜間に学業を修める課程。また、その課程を設置した教育機関。「―生」(季 秋)「―すすむ教師の声の低きまま/虚子」❷夜、学問をすること。
や-かげ【家陰｜屋陰】家のために物陰になった所。「―に消え残りたる雪の」〈徒然・一〇五〉
やか-す【舎｜屋｜▽宇】《「宅(やか)栖(す)」の意という。「やかず」とも》いえ。家屋。「地(なゐ)ふりて―悉(ことごと)く破れぬ」〈推古紀〉
や-かず【矢数】❶矢の数。❷矢を射て、的に当たった数。❸通し矢などのとき、矢の数を競うこと。特に江戸時代、陰暦4、5月ごろ、京都の三十三間堂で行われたものが有名。(季 夏)➡大矢数(おおやかず)❹「矢数俳諧」の略。
や-かず【家数｜屋数】家のかず。戸数。
やかず-はいかい【矢数俳諧】俳諧形式の一。一昼夜または1日の間に独吟で句数の多さを競う俳諧興行。京都三十三間堂の通し矢の数を競うのに倣ったもの。初め大句数(おおくかず)と称した。延宝5年(1677)大坂生玉(いくたま)の本覚寺で井原西鶴の行った1600句独吟が最初で、貞享元年(1684)に西鶴が2万3500句独吟の記録を達成。
や-がすり【矢×絣｜矢飛＝白】矢羽根の模様を表した絣柄。矢筈(やはず)絣。
や-かぜ【矢風】矢が飛んでいくときに起こす風。
や-かた【屋形｜館】❶地位・身分ある人の住む屋敷。また、その主人。おやかた。❷仮ずまいのための形ばかりの小屋。かりや。寓居(ぐうきょ)。「水茎の岡の―に妹と我と寝ての朝けの霜の降りはも」〈古今・大歌所御歌〉❸牛車(ぎっしゃ)などの上につくった家の形をした覆い。「月の明きに、―なき車のあひたる」〈枕・四五〉❹船の上にしつらえた屋根のある部屋。船屋形。「みさごは魚をつかみながら大友が舟の―の上へぞ落ちたりける」〈太平記・一六〉❺貴人を敬っていう語。また、特に中世、屋形号を許された大名の称。「―の御意得奉りて」〈甲陽軍鑑・四〇〉❻「屋形船」の略。「つながせし―に皆々乗り出す」〈浄・二枚絵草紙〉
(類語)(❶)屋敷・邸宅・豪邸
やがた-いさき【矢形×伊佐木】コトヒキの別名。
やかた-お【矢形尾｜屋形尾】タカの尾の羽の斑(ふ)の一種。山形の模様のあるもの。また、矢羽根の形に似るもの。あるいは、屋根の形に似るからともいう。「鷹(たか)はしもあまたあれども―の我(あ)が大黒(おほぐろ)(＝タカノ名)に」〈万・四〇一一〉
やかた-ぐるま【屋形車】屋形❸をつくりつけた牛車(ぎっしゃ)。
やかた-ごう【屋形号】「屋形」という称号。室町時代、特に許された守護大名が用いた。これを得なければ、家臣に烏帽子(えぼし)・直垂(ひたたれ)・素袍(すおう)を着せることができなかった。
や-がた-し【▽弥堅し】〔連語〕《「や」は副詞》いよいよ堅い。非常にしっかりしているさま。「下堅く―く取らせ」〈記・下・歌謡〉
やかた-じろ【屋形城｜館城】邸宅と城とを兼ねた

もの。居城。

やかた-ぶね【屋形船】屋形を設けた船。2階屋形もある。多くは、川や海辺での遊覧用。

やかた-まち【屋形町】貴人や武家の屋敷の立ち並んでいる町。屋敷町。「大坂の―まはり」〈浮・一代女・三〉

や-がため【屋固め】家の建て始めの柱立てのとき、無事に工事が進むように祈る儀式。また、完成後の屋移りの前に、親戚や大工の棟梁を呼んで行う酒宴。

やかた-もの【屋形者┊館者】武家屋敷に住む者。また、奉公する者。特に、江戸の遊里で、大名屋敷から通う江戸づめの侍をいう。「―と町者と、遊びの違ひ目あることは雪墨なり」〈ひとりね・上〉

やか-つ-かみ【▽宅つ神】《「つ」は「の」の意の格助詞》家を守護するという神。また、かまどの神。「山がつの垣根にいはふ―卯(う)の花咲ける岡に見えるかも」〈木工権頭為忠百首〉

や-がっこう【夜学校】(ーガク カウ) 夜間に授業を行う学校。夜学。

やがて【×軈て┊▽頓て】〔副〕❶あまり時間や日数がたたないうちに、ある事が起こるさま、また、ある事態になるさま。そのうちに。まもなく。じきに。「一日が暮れる」「東京へ出てから、一三年になる」❷それにほかならない。まさに。とりもなおさず。「自尊の念は一人間を支持しているもので」〈露伴・プラクリチ〉❸そのまま。引き続いて。「山の仕事をして、一食べる弁当が」〈左千夫・野菊の墓〉「(道真ガ大宰府ニ流サレテ)―かしこにてうせ給へる」〈大鏡・時平〉❹時を移さず。ただちに。すぐさま。「一具して宮に帰りて后に立てむ」〈今昔・三一・三三〉(補説)「軈」は国字。(類語)(❶)間もなく・程なく・もうすぐ・もうじき・そろそろ・追っつけ・追って・そのうち・今に・追い追い・遠からず・遅かれ早かれ・早晩・いずれ・いつか・行く行く・近日・近近

やか-べ【▽家▽部┊▽宅▽部】上代、豪族諸氏の私有民。律令時代の家人(けにん)の前身とする説もある。「民部(かきべ)―らの事を宣ふ」〈天智紀〉

やかまし・い【×喧しい】〔形〕図やかま・し〔シク〕❶声や物音などが騒がしい。うるさく、不快である。「工事現場の―・い音」❷いろいろの人が話題にして騒がしい。また、評判が高い。「世間が―・い」❸こまごまとしていて、めんどうくさい。また、小言が多くてわずらわしい。「何事にも―・い人」「書類の手続きが―・い」❹きびしい。「しつけに―・い家庭」「規則が―・い」❺好みなどが気むずかしい。「食べ物に―・い人」➡煩(うるさ)い(用法)(派生)やかましがる〔動ラ五〕やかましげ〔形動〕やかましさ〔名〕(類語)(❶)うるさい・にぎやか・騒騒しい・騒がしい・けたたましい・かまびすしい・かしましい・口うるさい・口やかましい・小やかましい・騒然・喧騒(けんそう)・喧喧囂囂(けんけんごうごう)/(❸)煩わしい・面倒臭い・ややこしい・うるさい・くだくだしい・うっとうしい・こうるさい・気詰まり・煩雑・煩瑣(はんさ)・しち面倒・厄介

やかまし-や【×喧し屋】小言や理屈を多く言う人。うるさがた。「―の御隠居」

やかみ-ひめ【八上比売】日本神話で、因幡(いなば)国の八上に住んでいた姫。大国主神がその多くの兄弟神たちとこの姫を争い、結婚した話で知られる。

や-から【▽族┊▽輩】❶(族)同じ血筋の人々。一家一門。眷属。一族。うから。「医は黙し、―は眉をひそめ、自己は旦夕に死を待ちぬ」〈蘆花・不如帰〉❷(輩)同類の者たち。仲間。連中。ともがら。特に、よくない連中。「行儀を知らぬ―」「不逞(ふてい)の―」(類語)仲間・同類・一類・一党・一味・連中・手合い・徒輩(とはい)・徒(と)・ともがら・たぐい

や-がら【矢柄┊矢▽幹┊×簳】❶矢の幹。鏃(やじり)と羽根を除いた部分。普通は篠竹(しのだけ)で作る。箆(の)。矢箆。❷(「簳魚」とも書く)ヨウジウオ目ヤガラ科の海水魚の総称。体は細長くて縦扁し、吻(ふん)も管状で長く、尾びれ中央の軟条が糸状に長く伸びている。体色が赤褐色のアカヤガラ、青みを帯びた黄褐色のアオヤガラが本州中部以南に分布し、ともに全長約1.5メートル。椀種(わんだね)などにする。❸植物ミクリの別名。❹「矢柄投げ」の略。

やから-がね【八▽柄×鉦】江戸時代の大道芸の一。8個の鉦を首から下げたり、腰の回りにつけたりして、ぐるぐる回りながら丁字形の撞木(しゅもく)で打ち鳴らすもの。東海道の金谷・掛川付近で文化年間(1804～1818)まで行われた。八挺鉦(はっちょうがね)。

やがら-ぜめ【矢柄責め】拷問の一。矢柄❶で打ちたたいて責めること。

やがら-なげ【矢柄投げ】古相撲の手の一。上手(うわて)で相手をつり上げて大きく振り回し、宙に浮いたところを左右得意の方へ投げ飛ばす。

やがる〔助動〕[やがら|やがり やがっ|やがる|やがる|やがれ|やがれ]《補助動詞「上がる」から》動詞の連用形、助動詞「れる」「られる」「せる」「させる」の連用形に付く。軽蔑や憎しみなどの気持ちを込めて、相手の動作をいう意を表す。「あいつめ、とんだうそをつき**やがった**」「あんなやつに負かされ**やがって**」(補説)近世以降、男性のぞんざいな調子の会話で用いられる。「…(し)ている」に「やがる」の付いた「…(し)ていやがる」は、「…(し)てやがる」となることがある。また、その前の連用形の末尾の音と融合して、「どこへ行きゃあがった」のように「…ゃあがる」となることもある。

や-かん【夜間】夜の間。日没から翌朝の日の出までの間。夜。「―飛行」「―照明」

(類語)夜・夜(よ)・小夜(さよ)・夜(よ)さり・宵(よい)・晩・暮夜(ぼや)・夜中(よなか)・夜分(やぶん)・夜陰(やいん)・夜半(よわ)・夜中(よなか)・夜半(やはん)・ナイト

や-かん【野干┊▽射干】❶中国で伝説上の悪獣の名。キツネに似て小さく、よく木に登り、夜鳴く声がオオカミに似るという。❷キツネの別名。野狐(やこ)。「この后は―となって走りうせけるぞおそろしき」〈平家・二〉❸能面の一。キツネの顔を表した鬼畜面。「小鍛冶(こかじ)」「殺生石(せっしょうせき)」などの後ジテに用いる。❹植物ヒオウギの別名。

や-かん【▽薬缶┊▽薬×鑵】(ヤクワン)❶《もと薬を煎じたところから》湯を沸かすための道具。アルマイト・銅・ほうろうなどで作った鉄瓶に似たもの。湯沸かし。❷「薬缶頭」の略。(類語)急須・土瓶・鉄瓶・湯桶(ゆとう)

薬缶で茹(ゆ)でた蛸(たこ)のよう 《「薬缶で茹でた蛸」は、手も足も出ないことから》どうしようもない。手の打ちようがない。

やかん-あたま【▽薬缶頭】(ヤクワン アタマ) はげて薬缶のようにつるつるになった頭。はげあたま。

やかん-ちゅうがく【夜間中学】中学校において夜間に開設される学級の通称。なんらかの理由で中学校教育を修了しなかった者のために開設される中学校の特別課程。

やかんひこう【夜間飛行】(ヤカン ヒカウ)《原題、(フランス)Vol de Nuit》サン=テグジュペリの小説。1931年刊。航空郵便事業のために困難な夜間飛行に従事する人々の姿を通して、責任をもって行動することの倫理性と人間の尊厳を探求した作者の代表作の一つ。

やかん-ぶ【夜間部】高校・大学などに設置されている、夜間に授業が行われる課程。二部。

やかん-りちゃくりくくんれん【夜間離着陸訓練】►エヌ-エル-ピー(NLP)

や-き【八▽寸】馬の、背たけが4尺8寸あるもの。大きくたくましい馬をいう。馬のたけは4尺を標準とし、それ以上は寸だけで数えた。「―の馬とぞきこえし」〈平家・九〉

や-き【夜気】❶夜の冷たい空気。「外に出て―にふれる」❷夜のけはい。「―が迫る」

やき【焼き】❶焼くこと。また、焼いた程度。火の通りぐあい。「魚の―が足りない」「―の悪い茶碗」❷刀などに焼き入れをすること。❸嫉妬すること。やきもち。「きつい―さ」〈洒・郭中奇譚〉

焼きが回・る ❶焼き入れの際の火が行き渡りすぎて、かえって刃物の切れ味が悪くなる。❷頭の働きや腕前が落ちる。年をとるなどして能力が鈍る。「こんなミスをするとは、おれも―・ったな」

焼きを入・れる ❶刀の刃を焼き、水で冷やして堅く鍛える。❷ゆるんだ気持ちを引き締めさせる。また、制裁や拷問を加える。「後輩に―・れる」

やぎ【山=羊┊野=羊】偶蹄(ぐうてい)目ウシ科の哺乳類。家畜のものは、西アジア地方の岩山にすむノヤギを飼いならしたもの。ヒツジに似るが、首が長く、雌雄とも角をもつものが多く、雄はあごに長毛の房がある。一般に性質は温順で、群れをつくる。木の葉などを食べ、粗食でも飼える。乳・肉・毛を利用。

やぎ【▽柳】やなぎ。多く他の語と複合して用いられる。「青―」「川―」「恋しけば来ませわが背子垣内(かきつ)―末(うれ)摘み枯らし我立ち待たむ」〈万・三四五五〉

やき-あ・げる【焼(き)上げる】〔動ガ下一〕図やきあ・ぐ〔ガ下二〕❶焼いて仕上げる。「茶碗をみごとに―・げる」「パイをおいしく―・げる」❷すっかり焼いてしまう。「館(たち)に火をかけ―・げて」〈平家・四〉

やき-あみ【焼(き)網】魚・餅(もち)などをのせて、じか火焼きにするための金網。

やぎ-アンテナ【八木アンテナ】平行線路に長さが約半波長の導体を直角につけ、さらにこれと平行に反射・導波の役をする導体棒をつけて指向性を高めたアンテナ。大正15年(1926)電気通信学者の八木秀次が宇田新太郎とともに開発。地上波テレビの受信用アンテナの多くがこれ。

やき-いい【焼き▽飯】(ーいひ) 表面を焼いたにぎりめし。やきむすび。「重菓子入れに―」〈浮・五人女・二〉

やき-いし【焼(き)石】軽石・蛇紋石などを焼いて布や綿に包み、懐中に入れて身体を温めるもの。保温、病気の治療などに用いる。温石(おんじゃく)。

やき-いも【焼(き)芋】焼いたサツマイモ。壺(つぼ)焼き・石焼きなどにする。(季 冬)「―を食ふ行商の襟見せて/湘子」

やき-いれ【焼(き)入れ】鋼の硬度を高めるために高温に加熱してから、水や油などに入れて急激に冷却する操作。

やきいれ-ろ【焼(き)入れ炉】金属材料の焼き入れを行うための炉。石炭・重油・ガス・電気などを熱源とする。

やき-いろ【焼(き)色】焼いたときに表面につく色。「ステーキに―をつける」「―の美しい陶器」

やき-いん【焼(き)印】火で熱して物に押し当てて焼き跡をつけるための金属性の印。また、それで押したしるし。焼き判。やきじるし。烙印(らくいん)。

やき-うち【焼(き)討ち┊焼(き)打ち】〔名〕(スル) 火矢を打ち込んだり、火を放ったりしながら攻めること。火攻め。「―をかける」「砦(とりで)を―する」

やき-うどん【焼き×饂×飩】ゆでたうどんに肉・野菜などを加えて油でいためたもの。

やき-え【焼(き)絵】(ーヱ) 熱した鏝(こて)などの金属や薬品を用いて、絵や文様を紙・木材・象牙・皮革などに焼きつけること。また、その焼きつけた絵や文様。

やき-おとし【焼(き)落(と)し】刀剣で、区(まち)のきわまで刃を焼き入れしていないもの。

やき-おにぎり【焼き▽御握り】握り飯の表面に醤油や味噌を塗り、あぶり焼いたもの。焼きおむすび。

やき-がし【焼(き)菓子】(ーグワシ) 焼いて作った菓子。和菓子では茶通・栗饅頭(くりまんじゅう)・どら焼きなど、洋菓子ではクッキー・マドレーヌ・ケーキなど。

やき-がね【焼(き)金┊焼き▽鉄】❶牛馬の尻や罪人の額に、熱した金属を押しつけ、印をつけること。また、その印。❷「やききん」に同じ。❸►焼き鍼(ばり)

やき-がり【焼き狩り】山野に火をつけ、鳥獣を追い立てて狩りをすること。「この野に火をとぼし、―のごとく漁(すなど)り行けば」〈謡・雲林院〉

やき-きり【焼(き)切り】焼いて切断すること。特に、溶接などで金属を溶かしたり酸化させたりして切断すること。

やき-ぎり【焼き×桐】器物・下駄などに趣を出すため、桐材の表面を火で焦がし、模様のように木目を出したもの。

やききり-ごうとう【焼(き)切り強盗】(ーガウタウ) 錠前・ガラスなどを焼き切って侵入する強盗。

やき-き・る【焼(き)切る】〔動ラ五(四)〕❶焼いて切断する。「鉄板を―・る」「バーナーで―・る」❷すっかり焼く。焼きつくす。「戦火が市街を―・る」

やき-きん【焼(き)金】吹き分けて混ざり物を除き去

った純粋の金。純金。やきがね。〈和英語林集成〉

やき-くさ【焼き草】❶物を焼くのに用いる枯れ草。また、火勢を助けるための草。「—を積んで櫓を落とさんとしける時」〈太平記・一七〉❷身を滅ぼすもと。「知恵才覚も芸能も美男も心の味だても、皆これ傾城のためわが—となるなり」〈江戸名所記・七〉

やき-ぐし【焼(き)串】魚や肉などを焼くために刺す、竹や鉄などの串。

やき-ぐり【焼き×栗】焼いた栗。はぜるのを防ぐため、皮に切れ目を入れてから焼く。(季 秋)

やき-こ【焼(き)粉】❶焼いて粉にしたもの。❷耐火粘土を高熱で焼いて粉末としたもの。耐火煉瓦・坩堝などを作るのに用いる。

やき-ごて【焼き×鏝】❶火で熱して使う鏝。布や紙のしわを伸ばしたり、折り目をつけたりするのに用いる。❷焼き絵に用いる小さな鏝。

やき-ごめ【焼(き)米|×糒】新米を籾のまま煎ってつき、殻を取り去ったもの。そのままで、また、湯に浸したりして食べる。いりごめ。やいごめ。(季 秋)「—を粉にしてすする果報かな/一茶」

やぎ-ざ【山=羊座】黄道十二星座の一。射手座の東にあり、三等星・四等星が逆三角形に並ぶ。9月下旬の午後8時ごろ南中。かつてはここに冬至点があった。学名 ラテ Capricornus

やき-ざかな【焼(き)魚|焼き×肴】魚に塩を振るなどして焼いたもの。

やぎさわ-ダム【矢木沢ダム】群馬県北部、利根川本流の最上流にあるアーチ式多目的ダム。堰堤の高さは131メートルあり、人工湖は奥利根湖とよばれる。昭和42年(1967)完成。

やき-しお【焼(き)塩】精製されていない塩を煎って苦汁分を不溶化した塩。純白となり、苦みが消え、吸湿性も少なくなる。

やき-じく【焼(き)軸】筆の軸をところどころいぶして黒くしたもの。

やき-しめ【焼(き)締め】《「やきじめ」とも》❶陶器の素地を焼いて固めること。そのあとで釉をかけ、低火度で焼き上げる。締め焼き。❷高温の酸化炎で焼いた、釉のかかっていない焼き物。備前焼・信楽焼など。

やぎ-じゅうきち【八木重吉】[1898〜1927]詩人。東京の生まれ。敬虔なキリスト者として、詩壇の外にあって純化された詩を発表した。詩集「秋の瞳」「貧しき信徒」など。

やぎしり-とう【焼尻島】北海道北西部の日本海にある島。西に並ぶ天売島とともに留萌振興局苫前郡羽幌町に属す。海食崖が発達。面積5.3平方キロメートル。

や-きず【矢傷|矢×疵】矢が当たってできた傷。

やき-すぎ【焼(き)杉】杉材の表面を焦がし、磨いて木目を凸状に表したもの。器物・下駄などに用いる。

やき-す・ぎる【焼(き)過ぎる】〔動ガ上一〕図やきす・ぐ〔ガ上二〕過度に焼く。また、必要以上の数量を焼く。「—・ぎて焦げる」「—・ぎて食べ切れない」

やき-す・てる【焼(き)捨てる】〔動タ下一〕図やきす・つ〔タ下二〕焼いて捨てる。焼却する。「古い手紙を—・てる」

やき-せっこう【焼(き)石×膏】石膏を加熱し、脱水して得られる白色の粉末。水を加えると発熱・膨張して固まり、石膏に戻る。石膏細工や建築・歯科材料などに使用。しょうせっこう。

やき-そば【焼き蕎=麦】蒸した中華そばに肉・野菜などを加えて油でいためたもの。また、揚げた中華そばに肉・野菜入りのあんをかけたもの。

やき-たち【焼き太-刀】《「やきだち」とも》焼き鍛えた太刀。「—の稜打ち放ち大夫らの祝く豊御酒に我酔ひにけり」〈万・九八九〉

やきたち-の【焼き太-刀の】〔枕〕❶太刀を身辺に添える意から、「辺付かふ」にかかる。「—辺付かふことは幸くや吾が君」〈万・六四一〉❷焼き鍛えた太刀は鋭い意から、「利」にかかる。「—利心も我は思ひかねつも」〈万・四四七九〉

やきたち-を【焼き太-刀を】〔枕〕焼き鍛えた太刀は鋭い意から、「利し」と同音をもつ地名「砺波」にかかる。一説に、太刀を研ぐ意からともいう。「—砺波の関に」〈万・四〇八五〉

やき-た・つ【焼き立つ】〔動タ下二〕❶盛んに焼く。焼いて煙を立てる。「志賀の海人の火気—・てて焼く塩の辛き恋をも我はするかも」〈万・二七四二〉❷盛んにおだてる。「太夫に—・てられ、羽柴の煙限りと思ひつくを」〈浮・諸艶大鑑・一〉

やき-たて【焼(き)立て】焼きあがった直後であること。また、そのもの。「—のピザ」

やき-だま【焼(き)玉】❶銅製の球に火薬を込め、火をつけて敵中に投じるもの。炮録火矢の類。❷焼き玉機関の、シリンダー頭部にある球形の燃焼室。また、焼き玉機関のこと。

やきだま-エンジン【焼(き)玉エンジン】▶焼き玉機関

やきだま-きかん【焼(き)玉機関】内燃機関の一。焼き玉とよぶ燃焼室を加熱して赤熱状態とし、そこへ重油などの燃料を噴射して点火・爆発させるもの。小型漁船に広く使用された。セミディーゼル機関。焼き玉エンジン。

やき-つぎ【焼(き)接ぎ】欠けた陶磁器に釉をかけ、焼いて接ぐこと。

やき-つ・く【焼(き)付く】㊀〔動カ五(四)〕❶焼けて跡などがつく。「床にタバコの跡が—・く」❷心に強く残る。深く印象として刻み込まれる。「脳裏に—・く」㊁〔動カ下二〕「やきつける」の文語形。

やき-つく・す【焼(き)尽(く)す】〔動サ五(四)〕すべてを焼く。「戦火で町が—・される」

やき-つけ【焼(き)付け】〔名〕スル❶写真で、印画紙の上に原板を重ね、光を当てて露光させ、陽画を作ること。プリント。「べたで—する」❷陶磁器の上絵付けのこと。❸金属に塗料を塗ったのち加熱し、塗膜を乾燥・硬化させること。❹めっきをすること。

(類語)(❶)印画・現像・定着・プリント

やき-づけ【焼(き)漬(け)】サケやサバなどの切り身を焼いてから調味料に漬け込んだ料理。保存食とする。

やき-つ・ける【焼(き)付ける】〔動カ下一〕図やきつ・く〔カ下二〕❶熱した金属などを押して印をつける。焼き印を押す。「下駄に屋号を—・ける」❷焼いて付着させる。また、めっきをする。「車体に塗料を—・ける」❸陶磁器などに絵や文字をかいて焼きつけをする。「皿に絵を—・ける」❹写真で、原板を通る光を印画紙に当てて画像を形成させ、陽画を作る。プリントする。「キャビネ判に伸ばして—・ける」❺強い印象として記憶に残す。「心に—・ける」

やき-つち【焼(き)土】❶焼いた土。❷木片などを埴土とともに焼いたもの。肥料にする。

やき-どうふ【焼(き)豆腐】木綿豆腐の水けを切り、表面を軽く焼き焦がしたもの。

やき-とり【焼(き)鳥】鶏の肉や砂肝などを串に刺し、たれか塩をつけてあぶり焼いた料理。もとはツグミ・スズメなどを丸のまま焼いたものをいった。今では牛・豚の臓物を用いたものをもいう。

やき-なおし【焼(き)直し】〔名〕スル❶一度焼いたものをもう一度焼くこと。また、そのもの。「冷めた魚を—する」「ラボに写真の—を頼む」❷既成の作品などに手を入れて新しいもののようにすること。また、そのもの。「人気ドラマのシナリオの—」

(類語)(❷)改作・翻案・潤色

やき-なお・す【焼(き)直す】〔動サ五(四)〕❶一度焼いたものを再び焼く。「生焼けの魚を—・す」❷すでにある作品などに手を入れて新しいもののようにする。「アイデアにつまって旧作を—・す」

やき-なだれ【焼き×頽れ】▶なだれ❹

やき-なべ【焼(き)鍋】焼いたりいためたりするのに用いる鍋。

やき-なまし【焼き▽鈍し】金属やガラスなどを適当な温度に熱してから、ゆっくりと冷却する操作。内部ひずみの除去、金属の軟化などのために行う。なまし。しょうどん。

やき-ならし【焼き▽準し】鋼などの組織を標準化するため、一定温度に加熱してから空気中に放置して冷却する操作。これにより、焼き入れの際の焼き割れなどが防げる。しょうじゅん。

やき-にく【焼(き)肉】肉を焼いたもの。また、牛・豚などの肉や内臓にたれをつけ、直火で焼きながら食べる料理。

やき-のり【焼き海=苔】干し海苔を火などであぶったもの。

やき-ば【焼(き)刃】▶刃❶

やき-ば【焼(き)場】❶物を焼く場所。❷火葬を行う場所。火葬場。

やき-はた【焼(き)畑】《「やきばた」とも》山林・原野を伐採してから火をつけて焼き、その灰を肥料として作物を栽培する農法。また、その畑。古くから行われており、数年で地力が消耗すると放置し、10年程で自然が回復すると再び利用する。切り替え畑。「—農業」

やき-はまぐり【焼き×蛤】ハマグリを殻つきのまま、松かさ・松葉、または炭火で焼いたもの。それに含まれている塩味だけで食する。三重県桑名の名産。また、ハマグリのむき身を串に刺し、醤油などで付け焼きにしたもの。やきはま。(季 春)

やき-ばめ【焼き×嵌め】軸を受ける穴を加熱し膨張させて広げ、軸をはめ入れる嵌め合い。冷却すると固着状態になる。

やき-はら・う【焼(き)払う】〔動ワ五(ハ四)〕あとかたもなくすっかり焼いてしまう。また、焼いて追い払う。「侵攻して町を—・う」

やき-ばり【焼き×鍼】鉄製の鍼を火で焼いてから患部に接触させ、灸の効果を求める方法。筋肉の治療に用いる。火鍼。燔鍼。焼き金。

やき-はん【焼(き)判】「焼き印」に同じ。

やぎ-ひげ【山=羊×鬚】人のあごの下に山羊のひげのように、長く垂れ下がっているひげ。

やき-ふ【焼き×麩】生麩にでんぷんや膨張剤を加え、焼いて乾燥した麩。形により、棒麩・車麩・花麩などがある。

やぎ-ぶし【八木節】日光例幣使街道の八木宿(栃木県足利市)を中心に栃木・群馬・埼玉3県境一帯で行われる民謡。七・七調の口説形式の盆踊り歌で、酒だる・笛・鉦などの伴奏で歌う。明治後期、堀込源太が歌い広めたので、源太節ともよばれた。

やき-ぶた【焼(き)豚】豚肉の塊に下味をつけて、天火などで焼いたもの。チャーシュー。

やき-ふで【焼(き)筆】柳などで作った棒の先端を焼いて消し炭状にしたもの。日本画で、下絵を描くのに用いる。土筆。

やき-まし【焼(き)増し】〔名〕スル 写真の印画を追加して焼き付けること。また、その写真。(類語)印画・現像・定着・プリント・焼き付け・べた焼き・引き伸ばし

やき-みそ【焼(き)味×噌】味噌を杉板などに塗り、遠火であぶったもの。飯の菜や酒の肴にする。

やき-みょうばん【焼(き)明×礬】カリ明礬を熱し、脱水して無水物としたもの。白色の粉末で、水に溶け、収斂作用がある。医薬品や食品加工に用いる。化学式$KAl(SO_4)_2$ 枯礬。

やき-めし【焼(き)飯】❶チャーハンのこと。❷握り飯を火にあぶって焦げ目をつけたもの。

やき-もき〔副〕スル あれこれと気をもんでいらいらするさま。「まにあうかどうか—する」

(類語)かりかり・いらいら・じりじり・むしゃくしゃ

やき-もち【焼(き)餅】❶火であぶって焼いた餅。❷《嫉妬する意の「焼く」に餅を添えていった語》嫉妬。ねたみ。「—を焼く」(類語)嫉妬・ねたみ・そねみ・悋気・おか焼き・法界悋気・妬心・ジェラシー

焼き餅焼くとて手を焼くな 嫉妬も度を過ごせば災いを招くから、ほどほどにせよ。

やきもち-やき【焼(き)餅焼(き)】嫉妬しやすいこと。嫉妬深い人。

やき-もどし【焼(き)戻し】〔名〕スル 焼き入れをした金属を、焼き入れ温度より低い温度で再加熱する操作。鋼を粘り強くするために行うが、高速度鋼などでは

硬度が増す。
やき-もの【焼(き)物】❶陶器・磁器・炻器せっき・土器の総称。❷魚・鳥・獣肉などをあぶり焼きにした料理。❸金属に焼きを入れて鍛えたもの。刃物。
(類語)瀬戸物・磁器・陶器・陶磁器・かわらけ・土器
やきもの-ぐすり【焼(き)物薬】釉うわぐすりのこと。
やきもの-し【焼(き)物師】陶器などをつくる職人。陶工。
やき-やき〔副〕スル「やきもき」に同じ。「あんまりおそいんで—していたところへ」〈里見弴・今年竹〉
や-きゅう【野球】キウ 米国で発達した球技の一。九人編成の二つのチームが各9回ずつ攻撃と守備を交替しながら得点を争うもの。攻撃側は守備側の投手の投げる球をバットで打ち、四つの塁を回って得点する。明治6年(1873)日本に伝えられた。明治28年発行の「一高野球部史」以降、訳語として定着したとされる。ベースボール。
やぎゅう【柳生】やぎふ 奈良市北東部の地名。もと柳生氏1万石の陣屋が置かれた地。
や-ぎゅう【野牛】ギウ スイギュウ以外の野生のウシの総称。ガウアなどがあるが、特にバイソンをいう。
やきゅう-けん【野球拳】ヤキウ 二人が相対し、野球の投手・打者・走者の身振りをし、歌をうたいながらじゃんけんをして、負けたほうが着衣を1枚ずつ脱いでいく酒席の遊び。藤八拳をもじったもの。
やきゅう-けんしょう【野球憲章】ヤキウケンシヤウ ▶日本学生野球憲章
やぎゅう-じゅうべえ【柳生十兵衛】やぎふジフベヱ[1607～1650]江戸前期の剣術家。大和の人。宗矩むねのりの長男。名は三厳みつよし。徳川家光の信頼があつく、新陰流を究めた。諸国を多く巡歴したために、後世、さまざまな巷説こうせつを生んだ。
やきゅう-でんどう【野球殿堂】ヤキウデンダウ ▶野球の殿堂
やきゅう-の-でんどう【野球の殿堂】ヤキウ-デンダウ ㊀1939年、米国ニューヨーク州クーパースタウンに創設された、野球の博物館。㊁昭和34年(1959)米国にならって東京都文京区の後楽園野球場近くに創設された、野球の博物館。同63年に東京ドームへ移転。日本の野球に関する資料を収蔵・展示。正式名は野球体育博物館。
やぎゅう-むねのり【柳生宗矩】やぎふ[1571～1646]江戸初期の剣術家。大和の人。宗厳の五男。父とともに徳川家康に仕え、徳川秀忠に新陰流を伝授。徳川家光の信頼があつく、寛永9年(1632)総目付となり、諸大名の監視に当たった。
やぎゅう-むねよし【柳生宗厳】やぎふ[1527～1606]安土桃山時代の剣術家。大和の人。号、石舟斎。上泉秀綱に新陰流を学んで大成し、柳生新陰流を創始。徳川家康に兵法を伝授した。
やぎゅう-りゅう【▽柳▽生流】やぎふリウ 剣道の一派。柳生宗厳が創始。江戸の柳生家は徳川将軍の兵法指南役として栄え、また、全国諸藩にも広がりをみせた。柳生新陰流。
や-ぎょう【や行｜ヤ行】ギヤウ 五十音図の第8行。や・い・ゆ・え・よ。
や-ぎょう【夜行】ギヤウ 百鬼夜行ひゃっきやぎょうのこと。また、それがあるとして外出を禁じた日。「一の夜なども自らありあふらむ」〈栄花・初花〉
や-ぎょう【夜業】ゲフ 夜間に仕事をすること。また、その仕事。よなべ。(季 秋)
(類語)夜勤・夜なべ・昼夜兼行
やきょう-しょう【夜驚症】ヤキヤウシヤウ 子供が睡眠中に、突然起き上がって驚き怖がるように泣き騒ぐ症状。情緒的不安などがあるため起こるといわれる。
や-きょく【夜曲】▶セレナーデ
やぎ-よしのり【八木義徳】[1911～1999]小説家。北海道の生まれ。満州理化学工業に入社、大陸へ渡る。中国人工員をモデルにした「劉廣福リュウカンフー」で芥川賞受賞。私小説で知られ、他に「母子鎮魂」「私のソーニャ」「摩周湖」など。
や-ぎり【矢切り】《「やきり」とも》❶飛んでくる矢を切り払うこと。「それよりしてこそ—の但馬たじまとはいはれけれ」〈平家・四〉❷「忍び返し」に同じ。「—を飛び越す面影を見付け給ひて」〈浮・男色大鑑・二〉
や-ぎり【夜切り】夜、盗賊が人家に押し入るため壁などを切ること。「兄の七左衛門が土蔵に—をして」〈浮・新永代蔵・二〉
やぎり-の-わたし【矢切の渡】江戸川を東京都葛飾区柴又から千葉県松戸市下矢切へ渡る渡し場。東京近郊に残る唯一の渡し場で、付近は伊藤左千夫の小説「野菊の墓」の舞台。
やき-りんご【焼(き)林×檎】りんごの芯しんをくりぬき、バター・砂糖やシナモンなどの香辛料を詰め、深皿などに入れて湯を加え、天火で焼いた菓子。
やき-わく【焼(き)枠】写真で、密着焼き付けをするときに、原板と印画紙を重ねて入れる四角な枠。
やき-われ【焼(き)割れ】焼き入れしたときに、体積膨張の不均一によって生じるひび割れ。
や-きん【冶金】鉱石から金属を取り出し、精製する技術。広くは、取り出した金属を合金にしたり、加工したりする技術も含まれる。(類語)精錬・製鉄・製鋼
や-きん【夜勤】夜間に勤務すること。夜間の勤務。
(類語)夜業・夜なべ・昼夜兼行
や-きん【夜×禽】夜行性の鳥。フクロウ・ヨタカなど。
や-きん【野×禽】野生の鳥。野鳥。(対)家禽。
やきん-がく【冶金学】冶金の原理・方法・技術などを研究する学問。
やく【厄】❶わざわい。災難。「—にあう」「—を払う」❷「厄年やくどし」の略。「—が明ける」❸《一生に一度はこうむる大きな災難である意から》疱瘡ほうそうのこと。「お孫さまがお—を遊ばしたさうでございますね」〈滑・浮世風呂・三〉▶漢「やく(厄)」(類語)(❶)難なん・災い・災難・災禍・災厄・奇禍・被害・害・禍害・惨害・惨禍・災害
やく【役】❶㋐受け持ちの任務。役目。「仲裁の—を買って出る」㋑組織の中で、責任のある地位・職務。「—に就く」❷演劇などで、俳優が扮ふんする人物。配役。「せりふのある—がつく」「—になりきる」❸花札・マージャン・トランプなどで、ある条件がそろって特定の点数などを加える権利が生じること。「高い—で上がる」❹もっぱらのつとめ。唯一の仕事。「そこはかなきことを思ひつづくるを—にて」〈更級〉❺官が人民に課す労役。公役くやく。夫役ぶやく。「かやうの—に催し給ふはいかなることぞ」〈宇治拾遺・四〉❻物品に課す税。「山中の関にて—をせよといふ」〈咄・醒睡笑・七〉▶漢「やく(役)」(類語)役目・役割・役儀・役所やくどころ・お役・役回り・ひと役・勤め・用・任にん・任務・義務・責任・責務・本務・使命・分ぶん・本分・職分・職責・責め
役に立・つ 使って効果がある。有用である。「—・つ人材」「急場の—・つ」
役を振・る 演劇・仕事などで、各人の役目を割り当てる。「能力や期待度に応じて—・る」
やく【約】㊀〔名〕❶約束。取り決め。「—を交わす」「—を守る」❷短く簡単にすること。また、そのもの。「長大な文章の—」❸「約音」に同じ。㊁〔副〕数量を大まかに数えるさま。おおよそ。だいたい。「—一週間」「—一〇万円」▶漢「やく(約)」
(類語)(㊀❶)約束・取り決め・申し合わせ・契り・誓い・固め・指切り・約定/(㊁)かれこれ・ざっと・凡およそ
やく【益】利益。また、効果。「—もないことを言う」▶漢「えき(益)」
やく【訳】❶訳すこと。また、その文章や語句。翻訳。「英文に日本語の—をつける」「源氏物語の現代語—」❷漢字の訓。▶漢「やく(訳)」
(類語)(❶)翻訳・訳出・訳する・直訳・完訳・全訳・抄訳・適訳・名訳・誤訳・意訳・和訳・邦訳
やく【×葯】雄しべの一部で、ふつう花糸の上端にあり、花粉をつくる袋状の器官。
やく【薬】俗に、麻薬のこと。「—の常習者」▶漢「やく(薬)」
やく【×籥】中国の古楽器の一。3または6孔の竹笛。
ヤク〖yak〗ウシ科の哺乳類。肩高1.5～2メートル。雌雄とも角があり、体の下面および尾に長毛が密生し、ふつう黒褐色。チベットからヒマラヤ山脈にかけての高地にすむが、野生のものはきわめて少ない。古くから家畜化され、荷役用・乳用。糞ふんは燃料に利用される。犛牛りぎゅう・ぼうぎゅう。
や・く【焼く】㊀〔動カ五(四)〕❶火をつけて燃やす。また、燃やしてなくす。焼失する。「枯れ草を—・く」「失火で家を—・く」❷火に当てて熱を通し、食べられるようにする。「魚を—・く」❸火で熱して製品などをつくる。「瓦を—・く」「炭を—・く」「クッキーを—・く」❹日光などに当てて変色させる。「肌を小麦色に—・く」❺写真の原板から陽画をつくる。「サービス判で—・く」❻㋐患部に薬品を塗ったり、放射線を当てたりする。「扁桃腺へんとうせんを—・く」㋑薬品で皮膚の組織などを損なう。「酸で手のひらを—・く」㋒やけどをさせる。「スープで舌を—・く」❼悩んで苦しい思いをする。「恋に身を—・く」❽あれこれ気を使う。扱いなどで悩む。「世話を—・く」「手を—・く」❾(「妬く」とも書く)嫉妬しっとする。「上の娘と仲良くすると下の娘が—・く」❿CDやDVDに、音声・文書・画像などのデータを記録する。⓫(江戸前期、上方の遊里で)うれしがらせを言う。おだてる。「この道に身をなし、人をよく—・くとて」〈浮・一代女・五〉(可能)やける ㊁〔動カ下二〕「やける」の文語形。
(一句)肝きもを焼く・薫くんは香こうを以もって自みずから焼く・世話を焼く・手を焼く・鍋尻なべしりを焼く・一口物ひとくちものに頬ほおを焼く・焼き餅もちを焼くとて手を焼くな
(類語)(❶)燃やす・焚たき付ける・くべる/(❷)あぶる/(❾)羨望せんぼう・羨うらやむ・ねたむ・そねむ・やっかむ
や・く〔接尾〕《動詞五(四)段型活用》擬声語・擬態語などに付いて、そのような状態を呈する、そのような動作をする意を表す。「ささ—・く」「つぶ—・く」
や-ぐ【夜具】夜、寝るときに用いる布団・毛布などの総称。寝具。(類語)寝具・夜着・布団・枕
や・ぐ〔接尾〕《動詞五(四)段型活用》名詞や形容詞の語幹などに付いて、そのような状態を呈する、そのような状態になるように振る舞う意を表す。「花—・ぐ」「若—・ぐ」「鮮さ—・ぐ」
やくい-もん【薬医門】2本の本柱の背後だけに控え柱を立て、切妻屋根をかけた門。
やく-いん【役印】役向きに使用する印。職印。
やく-いん【役員】ヰン ❶ある役目を担当する人。「大会—の指示に従う」❷会社・団体などの経営・業務執行・監査などを受け持つ幹部職員。
(類語)取締役・重役・理事・顧問・監査役・相談役
やく-いん【▽施薬院】ヰン「せやくいん(施薬院)」に同じ。(補説)古くは「施」の字を省いて読んだ。
やくいんせきにん-さてい【役員責任査定】ヤクヰンセキニン 経営破綻した企業の役員の責任を査定する制度。破産法の第178条が根拠。破産管財人の申し立て、または裁判所の職権により、査定のための裁判を開く。申立人は役員の責任を示す事実関係(証拠)を提出。損害賠償請求権が認められ、確定すれば、役員に支払いの義務が発生する。同制度により、役員に対する責任追及を迅速で簡易に行うことができる。民事再生法や会社更生法にも同様の手続きがある。
やくいん-ほうしゅう【役員報酬】ヤクヰンホウシウ 団体・企業などの役員が受ける給与。
ヤクーチア〖Yakutiya〗▶サハ
ヤクーツク〖Yakutsk〗ロシア連邦東部、サハ共和国の首都。レナ川中流に臨む河港をもつ。1632年にコサックが築いた砦に起源し、17世紀から18世紀前半にかけて毛皮交易の拠点になった。19世紀末の金などの鉱床の発見により、都市として発展。1922年よりヤクート自治ソビエト社会主義共和国(現サハ共和国)の首都になった。
ヤクート〖Yakut〗ロシア連邦、サハ共和国の1922年から90年までの旧称。ヤクート自治ソビエト社会主義共和国。
ヤグール〖Yagul〗メキシコ南部オアハカ州、州都オアハカの東方約40キロメートルにある遺跡。8～12世紀にかけて、ミステカ人の影響の下、神殿や球戯場などが建造された。
やく-うん【厄運】めぐり合わせの悪いこと。不運。

やく-えき【薬液】液体の薬。薬の溶液。
やく-えだ【役枝】生け花の花型で主要な役割をする枝。立花の七つ道具や生花の天・地・人の枝など。
やく-えん【薬園】ヤクヱン ❶薬草を栽培する畑。薬圃やくほ。❷江戸時代、幕府・諸藩が直営した薬草園。
やく-おう【薬王】ヤクワウ ㊀薬の中で最もすぐれた薬。㊁「薬王菩薩ぼさつ」の略。
やくおう-いん【薬王院】ヤクワウヰン 東京都八王子市にある真言宗智山派の大本山。山号は高尾山。寺号は有喜寺。天平16年(744)行基の創建と伝える。南北朝時代に俊源が中興して飯縄いづな権現をまつり、真言と修験の教行一致の道場となった。
やくおう-じ【薬王寺】ヤクワウ ㊀福島県いわき市にある真言宗智山派の寺。山号は、延寿山。平安初期に徳一が薬師堂を建立したのに始まるという。㊁東京都中野区新井にある真言宗豊山派の寺。山号は、松高山。通称、新井薬師。開創は天正14年(1586)。開基は梅原将監(法名、行春)。江戸時代以来、子育て薬師として信仰を集める。㊂徳島県海部郡美波みなみ町にある高野山真言宗の寺。山号は、医王山。四国八十八箇所第23番札所。弘仁6年(815)空海の創建と伝える。厄除けで知られる。
やくおう-ぼさつ【薬王菩薩】ヤクワウ《梵 Bhaiṣajya-rājaの訳》良薬を施与して人々の病苦をいやすという誓いを立てた菩薩。勇施ゆぜ菩薩とともに法華経の持経者を保護する。薬上菩薩とともに釈迦しゃかの脇侍きょうじとされる。また、二十五菩薩の一。
やく-おとこ【役男】ヲトコ「年男としおとこ」に同じ。
やく-おとし【厄落(と)し】〔名〕スル ❶「厄払やくはらい❶」に同じ。❷厄年を迎える人が、大みそかや節分の夜に、自分の年の数だけ包んだ銭や豆、または、ふんどしを道に捨てるなどの風習。「さる大名の御一の金子四百三十両拾ひしより」〈浮・永代蔵・五〉
やく-おん【約音】連続する2音節が、1音節に縮約する現象。「あらいそ(荒磯)」が「ありそ」となるように、前の音節の母音が脱落するもの、「おほましま す」が「おはします」となるように、前の音節の母音と後の音節の子音とが脱落するものなどがある。約言。
やく-かい【訳解】〔名〕スル ▶やっかい(訳解)
やく-がい【厄害】厄難と災害。厄難による被害。
やく-がい【夜久貝┊屋久貝】ガヒ ヤコウガイの別名。
やく-がい【薬害】❶医薬品の副作用によって起こる健康上の被害。❷農薬の散布によって農作物や動植物が受ける傷害。
やくがい-エイズ【薬害エイズ】HIVの混入した血液製剤などの投与を受けたことが原因で、感染・発症した後天性免疫不全症候群。1980年代から増加した。
やくがいかんえん-きゅうさいほう【薬害肝炎救済法】キウサイハフ《「特定フィブリノゲン製剤及び特定血液凝固第Ⅸ因子製剤によるC型肝炎感染被害者を救済するための給付金の支給に関する特別措置法」の通称》平成20年(2008)1月に成立した、薬害肝炎被害者を救済するための法律。特定C型肝炎ウイルス感染者およびその相続人に対する給付金の支給に関して必要事項を定める。給付は感染者の請求に基づき、独立行政法人医薬品医療機器総合機構が行う。⇒肝炎対策基本法
やく-がえ【役替え】ガヘ〔名〕スル 役目を替えること。転役。「力量を考えて一する」
やく-がく【薬学】化学物質を健康増進・病気治療との関係から研究し、医薬品の性質や開発・製造・効能検定・管理などについて研究する学問。
やく-がら【役柄】❶役目のある身分。また、その役目上の体面。「一を重んじる」❷役目の性質・内容。役向き。「一からいって適任だ」❸演劇で、俳優が演じる人物の種別や性格。「一を巧みに演じる」
やく-ぎ【役儀】❶つとめ。任務。役目。「一上あとへは引けない」❷課税。租税。課役。
(類語)(❶)勤め・任にん・任務・義務・責任・責務・本務・使命・役目・役やく・分ぶん・本分・職分・職責・責め
やく-ぎ【訳義】意義を解き明かすこと。また、その意義。解釈。釈義。
やく-ぎょう【訳業】ゲフ 翻訳の仕事。また、その業績。「一いよいよ成る」
やく-きん【役金】江戸幕府で、遠国奉行おんごくぶぎょうなどに金子で与えた職俸。
やく-ぐ【役供┊益供】神への供物を陪膳ばいぜんの役に取り次ぐこと。また、その役。
やく-げん【約言】〔名〕スル ❶要約して言うこと。また、その言葉。「一すればこういう趣旨になる」❷約束した言葉。「一をたがえる」❸「約音」に同じ。
やく-ご【厄子】両親のいずれかが厄年に当たるときに生まれた子。育ちにくいとされ、厄落としのために捨てて拾いなおすなどの風習がある。
やく-ご【訳語】翻訳に用いる語。また、ある語を訳した別の語。
や-く-ざ〔名・形動〕《三枚ガルタの賭博とばくで、八や九く三さの3枚の組み合わせで最悪の手となるところから》❶役に立たないこと。価値のないこと。また、そのものや、そのさま。「一に暮らす」「一な機械」「一仕事」❷ばくち打ち・暴力団員など、正業に就かず、法に背くなどして暮らす者の総称。「一渡世」
(類語)(❷)ならず者・ごろつき・無頼漢・無法者・与太者・地回り・ごろ・ちんぴら・暴力団
やく-さい【厄災】わざわい。災難。災厄。
やく-さい【訳載】〔名〕スル 翻訳して、雑誌・新聞などに掲載すること。「全文を一する」
(類語)掲載・登載・所載・満載・連載・転載
やく-ざい【薬剤】薬品。薬物。くすり。特に、使用目的に合わせて薬物を調製したもの。「害虫駆除のため一を散布する」(類語)薬・薬品・薬物・医薬・薬餌
やくざい-し【薬剤師】薬剤師法に基づき、医薬品の調合・供給、その他の薬事衛生に携わる技術者。国家試験に合格し、厚生労働大臣の免許を受ける。(補説)学校教育法・薬剤師法の改正に伴い、平成18年度(2006)から、薬剤師養成のための薬学教育の年限が4年から6年に延長された。
やくざいし-ほう【薬剤師法】ハフ 医薬品の供給や調剤などを行う薬剤師について規定した法律。薬剤師の任務について、「調剤、医薬品の供給その他薬事衛生をつかさどることによって、公衆衛生の向上及び増進に寄与し、もって国民の健康な生活を確保するものとする」と定義し、業務・免許・資格要件となる国家試験・罰則などについて定めている。昭和35年(1960)制定後、医療技術の向上や社会的需要の多様化に伴い、見直し・改正が行われている。
やくざいせい-はいえん【薬剤性肺炎】病気の治療に用いた抗腫瘍しゅよう剤・化学療法剤などが原因となって起こる肺の炎症。
やくざい-たいせいきん【薬剤耐性菌】薬剤、特に抗生物質などに対する抵抗性を獲得した細菌。MRSA(メチシリン耐性黄色葡萄球菌)・PRSP(ペニシリン耐性肺炎球菌)など。耐性菌。
やく-さつ【×扼殺】〔名〕スル 手で首をしめて殺すこと。「言い争いのあげく一した」(類語)絞殺・絞首・縊くびる・絞め殺す・縊死いし
やく-さつ【薬殺】〔名〕スル 毒薬を用いて殺すこと。
(類語)毒殺・毒害・一服盛る・盛り殺す
やくさ-の-かばね【八▽色の▽姓】天武天皇13年(684)に制定された姓制度。従来の姓制度を改めて新たに真人まひと・朝臣あそん・宿禰すくね・忌寸いみき・道師みちのし・臣おみ・連むらじ・稲置いなぎの八姓はっせいを定めた。天皇を中心とした新体制確立のための政策。はっしきのかばね。
やくさ・む【▽悩む】〔動マ四〕病気になる。「このごろ朕わが身一・む」〈天武紀・下〉
やくざ-もの【やくざ者】❶素行の修まらない者。また、役に立たない者。❷「やくざ❷」に同じ。
やく-し【訳詞】歌詞を翻訳すること。また、その訳した歌詞。
やく-し【訳詩】詩を翻訳すること。また、その訳した詩。
やく-し【薬司】❶律令制で、後宮十二司の一。医薬のことをつかさどった。くすりのつかさ。❷大宰府に置かれた司の一。医薬のことをつかさどった。

漢字項目　やく

【疫┊益】▶えき

厄　音ヤク(呉)‖①わざわい。災難。「厄難/困厄・災厄」②よくない巡り合わせ。「厄運・厄年やくどし・厄日やくび/後厄あとやく・大厄・前厄まえやく」

役　(学)3　音ヤク(呉)　エキ(漢)　訓えだち‖㊀〈ヤク〉①割り当てられたつらい仕事。「夫役ぶやく」②責任を持って当たる任務。「役所・役職・役人・役場やくば・役目/大役・代役・同役」③主だった任務に就く人。「役員/顔役かおやく・重役・収入役」④劇や映画で、出演者の受け持ち。「役柄・役者/悪役・主役・端役はやく・配役・脇役わきやく」㊁〈エキ〉①人民に割り当てるつらい仕事。労働や戦争などの務め。「役務/課役・苦役・軍役・現役・雑役・就役・退役・懲役・服役・兵役・労役」②戦争。「戦役」③こき使う。「使役」(名付)つら・まもる・ゆき (難読)役行者えんのぎょうじゃ

×扼　音ヤク(呉)‖押さえ締める。「扼殺/切歯扼腕」

約　(学)4　音ヤク(呉)(漢)　訓つづめる、つづまやか‖①ひもで結ぶ。締めくくる。「制約・括約筋」②ひもで結び目を作り、取り決めの目印とする。広く、約束のこと。「約束・約諾/違約・解約・規約・契約・口約・公約・婚約・条約・誓約・先約・締約・売約・密約・予約」③短く縮める。かいつまむ。つづめる。「約音・約言/簡約・集約・要約」④むだを捨て、全体を引き締める。つづまやか。「倹約・節約」⑤あらまし。大体。「大約」⑥共通の数で割る。「約分/公約数」(名付)なり

訳〔譯〕　(学)6　音ヤク(呉)　訓わけ‖㊀〈ヤク〉他の言語に言いかえる。「訳載・訳者・訳出・訳文/意訳・完訳・誤訳・重訳・抄訳・対訳・直訳・通訳・点訳・翻訳・名訳・和訳」㊁〈わけ〉「事訳・諸訳」(名付)つぐ

×軛　音ヤク(呉)　アク(漢)　訓くびき‖車のくびき。「共軛」

薬〔藥〕　(学)3　音ヤク(呉)(漢)　訓くすり‖㊀〈ヤク〉①くすり。「薬局・薬効・薬剤・薬殺・薬草/医薬・丸薬・劇薬・膏薬こうやく・散薬・生薬しょうやく・仙薬・調薬・投薬・毒薬・農薬・売薬・媚薬びやく・服薬・麻薬・妙薬・良薬・漢方薬・特効薬」②化学変化を起こさせる材料。「火薬・弾薬・爆薬・釉薬ゆうやく」㊁〈くすり(ぐすり)〉「薬箱・薬指/粉薬・鼻薬・目薬・風邪かぜ薬」(名付)くす・くすし (難読)薬師くすし・薬玉くすだま・薬缶やかん・薬鑵やかん・薬研やげん

躍　音ヤク(呉)(漢)　訓おどる‖①高くはね上がる。「躍進/一躍・跳躍・飛躍・勇躍・欣喜雀躍きんきじゃくやく」②勢いよく動き回る。「躍如・躍動/暗躍・活躍」

やく-し【薬師】「薬師如来」の略。
やく-じ【薬事】医薬品・薬剤師・調剤などに関する事柄。「一審議会」
やく-じ【薬餌】病人にとっての、薬と食物。また、薬。「一療法」(類語)薬・薬品・薬物・薬剤・医薬
薬餌に親し・む　病気がちである。病弱である。
やく-しか【屋久鹿】ニホンジカの一亜種。屋久島にすみ、本土のものより小形で、肩高約60センチ。枝角も第4枝を欠き、3本しかない。やくしまじか。
やくし-きょう【薬師経】キャウ 大乗経典。梵本は現存しないが漢訳に5種あったという。ふつう唐の玄奘げんじょう訳「薬師瑠璃光るり如来本願功徳経」1巻をさす。現世利益げんぜりやくを説き、薬師仏の功徳を強調したもの。
やくし-けか【薬師▽悔過】ケクワ 薬師如来に罪障を懺悔ざんげする修法。
やくし-こう【薬師講】薬師如来を信仰し念誦ねんじゅする法会。薬師経を講説、讃嘆さんだんする。
やくし-ざん【薬師算】碁石を並べる遊びの一。何個かの碁石を中空の正方形に並べ、次に1辺のみ残し他を崩し、その崩した石を残した1辺に添え並ば

せると何個か端数がでる。その端数から石の総数を言い当てる遊戯。当て方に12という数が使われるので、薬師如来の十二神将にちなんだもの。

やくし-さんぞん【薬師三尊】薬師如来と、その脇侍きょうじの日光菩薩・月光がっこう菩薩の総称。

やくし-じ【薬師寺】㊀奈良市にある法相ほっそう宗の大本山。南都七大寺の一。天武天皇が皇后の病気平癒を祈願し、天皇没後の文武天皇2年(698)藤原京に完成。平城遷都に伴い、現在の地に移転。たびたび火災などで諸堂を失ったが、昭和51年(1976)に金堂、同55年に西塔が再建された。東塔は創建当時の遺構。また、薬師三尊像・聖観音菩薩立像・吉祥天画像・仏足石および仏足石歌碑(いずれも国宝)などを蔵する。平成10年(1998)「古都奈良の文化財」の一つとして世界遺産(文化遺産)に登録された。㊁栃木県下野市にあった寺。天智天皇の時の創建と伝える。天平宝字5年(761)勅命によって戒壇を設け、日本三戒壇の一となった。のち、荒廃したあとに足利尊氏が安国寺を建立。

やくじしょくひんえいせい-しんぎかい【薬事・食品衛生審議会】ヤクジショクヒンエイセイシンギクワイ 厚生労働省に設置されている審議会の一つ。薬事分科会と食品衛生分科会があり、各分科会には、扱う事象ごとに、医薬品第一部会、食品規格部会などの各部会と、その下の調査会が存在。各部会では、医薬品の承認や副作用調査、劇薬の指定、食中毒の予防対策、食品添加物の基準設定等、薬事・食品関連の事柄の調査・審議を行う。

やくし-そう【薬師草】ーサウ キク科の越年草。山地の日当たりのよい所に生え、高さ約60センチ。茎は堅く、切ると白い乳液が出る。葉は長楕円形で、形が薬師如来の光背を思わせ、基部は茎を抱く。夏から秋、黄色い頭状花を多数開く。

やくし-だけ【薬師岳】富山県南東部、飛騨山脈立山連峰の一峰。標高2926メートル。山頂に薬師如来の祠ほこらがある。東斜面には圏谷(カール)群があり、特別天然記念物。

やく-しつ【薬室】❶薬を調合する部屋。❷銃砲の爆薬を装塡そうてんする部分。

やく-じつ【約日】約束した日。約束の期日。

やくし-どう【薬師堂】ーダウ 薬師如来の像を安置する堂。

やくし-にょらい【薬師如来】《梵 Bhaiṣajyaguruの訳》東方浄瑠璃じょうるり世界の教主。12の大願を立てて、人々の病患を救うとともに悟りに導くことを誓った仏。古来、医薬の仏として信仰される。像は通例、右手に施無畏印せむいいんを結び、左手に薬壺やっこを持つ。脇侍きょうじに日光菩薩と月光がっこう菩薩、眷属けんぞくとして十二神将が配される。薬師瑠璃光如来。薬師仏。

やくし-ほう【薬師法】ーホフ 密教で、薬師如来を本尊として除病・厄難消除・安息を祈る修法。薬師の修法。

やくじ-ほう【薬事法】ーハフ 医薬品・医薬部外品・化粧品および医療用具に関する事項を規制し、その適正を図ることを目的とする法律。昭和36年(1961)施行。

やくし-ぼとけ【薬師仏】薬師如来のこと。

やく-しま【屋久島】鹿児島県南部、佐多岬の南方海上にある島。面積503平方キロメートル。ほぼ円形をしており、中央には宮之浦岳がそびえる。年間を通して降水量が多い。屋久杉原始林の広がる区域は平成5年(1993)世界遺産(自然遺産)に登録された。また同17年には北西部の砂浜がラムサール条約に登録されている。

やくしま-こくりつこうえん【屋久島国立公園】ーコウヱン 鹿児島県の屋久島と口永良部島くちのえらぶじまからなる国立公園。屋久島の西部地域は世界遺産(自然遺産)に登録されている。補説平成24年(2012)、霧島屋久国立公園から分離され、独立した国立公園となった。

やく-しゃ【役者】❶能楽・歌舞伎などで、役に扮ふんして演じる人。俳優。❷駆け引きなどにたけている人。また、人前で抜け目なく振る舞う人。「なかなかの—で油断ならない人」❸役目に当たる人。役人。「飯をはからひもり、人にすすむる—を」〈咄・醒睡笑・一〉
類語(❶)俳優・演者・アクター・プレーヤー・芸人

役者が一枚上うえ 《芝居の番付や看板では上位から役者名が記されるところから》人物・知恵・駆け引きなどが一段とすぐれていること。役者が上。役者が違う。

役者が違う 「役者が一枚上」に同じ。

役者に年なし 役者は気が若く、どんな年齢の役でも巧みに演じる。また、役者は年齢を感じさせないで、いつまでも若い。

やく-しゃ【訳者】翻訳をした人。翻訳者。
類語著者・筆者・書き手・編者・作者

やくしゃ-え【役者絵】ーヱ 歌舞伎役者の舞台姿や似顔などを描いた浮世絵。

やくしゃ-こども【役者子供】❶役者は芝居のことしかわからず、まるで子供のような世間知らずであるということ。❷少年の歌舞伎役者。「惣そうじて—の取る銀は、当座のあだ花ぞかし」〈浮・永代蔵・四〉

やくしゃ-ぞめ【役者染(め)】歌舞伎の人気役者好みの染め模様や染め物。市松染め・三枡みます格子・菊五郎格子など。

やくしゃ-づけ【役者付】▶顔見世番付かおみせばんづけ

やくしゃばなし【役者論語】歌舞伎役者の芸談集。4巻4冊。3世八文字屋自笑編。安永5年(1776)刊。初世坂田藤十郎・芳沢あやめなど元禄期(1688～1704)の名優の芸談を中心に7編を収録。歌舞伎の芸道論・演技論の研究にとって重要な資料。優家七部書ゆうかしちぶしょ。やくしゃろんご。

やくしゃ-ひょうばんき【役者評判記】ーヒヤウバンキ 歌舞伎役者の容色や技芸を評し、位付けをした書。江戸時代から明治初期にかけて、京都・大坂・江戸の3都を中心に刊行。元禄(1688～1704)末ごろから、3都別3分冊の黒表紙小型の横本で、1月と3月の年2回の刊行が原則となった。

やく-しゅ【薬酒】酒などに漢方薬を溶かし込み、香味をつけたもの。梅酒・枸杞くこ酒・人参酒・五加皮ごか酒・まむし酒など。薬用酒。薬味酒。くすりざけ。

やく-しゅ【薬種】薬の材料。薬材。

やくしゅ-しょう【薬種商】ーシヤウ 薬を調合・販売する店。また、その人。平成21年(2009)施行の改正薬事法により登録販売者制度が創設され、薬種商制度は廃止された。それまでの薬種商は登録販売者とみなされる。薬舗やくほ。薬種屋。

やく-しゅつ【訳出】〔名〕スル 翻訳すること。訳し出すこと。「グリム童話全編を—する」
類語訳・翻訳・訳する・直訳・完訳・全訳・抄訳・適訳・名訳・誤訳・意訳・和訳・邦訳

やく-しゅつ【躍出】〔名〕スル 勢いよく出ること。おどり出ること。「眼球の—し来るや予め期する所なり」〈小林雄七郎・薩長土肥〉

やく-じゅつ【訳述】〔名〕スル 翻訳した内容を述べること。また、翻訳による著述。「先達の—した医書」

やくしゅ-や【薬種屋】「薬種商」に同じ。「道修町の—に」〈福沢・福翁自伝〉

やく-しょ【役所】❶役人が公務を取り扱う所。官公庁。❷戦陣で、各将士が本拠とする詰所。「己が—に走り入り、火を懸けて腹掻き切って死ににけり」〈太平記・二八〉❸中世、関所のこと。〈黒本本節用集〉❹遊里で、遊女の出る張り見世。「昨日は風邪の心地にて—をも引き居りしままっさ」〈滑・浮世床・初〉
類語(❶)官庁・官公庁・官憲・お上・当局

やく-しょ【訳書】他国語に翻訳した書物。訳本。

やく-じょ【躍如】〔ト・タル〕文〔形動タリ〕いきいきとしていて目の前に見えるさま。「嵐の情景が絵の中に—として描かれている」「面目—」

やく-じょう【約定】ーヂヤウ〔名〕スル 約束してきめること。とりきめを交わすこと。契約。「共同開発を—する」
類語約束・取り決め・申し合わせ・契り・誓い・固め・指切り・約やく・契約・協約・協定・結約・盟約・誓約・確約・公約・口約・内約・黙約・黙契

やくじょう-しょ【約定書】ヤクヂヤウー 約定した事項を記載して当事者の間で取り交わす証書。

やくじょう-ずみ【約定済み】ヤクヂヤウー 売買などの契約・約束が済んでいること。

やくじょう-りそく【約定利息】ヤクヂヤウー 当事者の契約によって生じる利息。⇒法定利息

やくじょう-りりつ【約定利率】ヤクヂヤウー 当事者の契約によって定められる利率。利息制限法によって制限を受ける。特約利率。⇒法定利率

やく-しょく【役職】❶役目とその仕事。❷管理職。「—に就く」「—手当」類語位置・地位・ポスト・ポジション・椅子・席・位・格・肩書き・役付き・階級・身分

やくしるりこう-にょらい【薬師瑠璃光如来】ヤクシルリクワウ 「薬師如来」に同じ。

やくしん【益信】[827～906]平安前期の真言宗の僧。備後びんごの人。奈良大安寺で出家して密教や法相ほっそう宗を学び、東寺長者・東大寺別当となった。宇多天皇出家の際の戒師で、円城寺の開山。その法流は寛朝に至って広沢流とよばれる。勅諡号ちょくしごう、本覚大師。通称、円城寺僧正。

やく-しん【薬×疹】薬物を投与したことが原因となって生じる発疹ほっしん。薬物に対してアレルギーや中毒を起こしたことによる。

やく-しん【躍進】〔名〕スル めざましい勢いで進出・発展すること。「—を遂げる」「—する産業界」
類語飛躍・勇躍・発展・伸びる

やく-じん【厄神】病気や災難をもたらす悪神。

やく-じん【疫神】▶えきじん(疫神)

やくじん-もうで【厄神詣で】ーまうで 正月19日に京都の石清水いわしみず八幡宮境内の疫尽堂やくじんどうに、厄落としのため参詣すること。厄神参り。(季 新年)

やく-す【約す】㊀〔動サ五〕「やく(約)する」(サ変)の五段化。「遵守することをかたく—す」可能やくせる ㊁〔動サ変〕「やく(約)する」の文語形。

やく-す【訳す】㊀〔動サ五〕「やく(訳)する」(サ変)の五段化。「日本語に—されている作品」可能やくせる ㊁〔動サ変〕「やく(訳)する」の文語形。

やく-すう【約数】ある整数に対して、その数を割り切ることのできる整数。⇔倍数。

やく-すぎ【屋久杉】鹿児島県の屋久島に自生する杉。樹齢1000年以上のものがあり、大木で、葉が長く鋭く、木目が細かい。特別天然記念物。薩摩杉。おにすぎ。うずらもく。

やく-する【×扼する】〔動サ変〕文やく・す〔サ変〕❶強く押さえる。締めつける。「ランスロットは腕を—して」〈漱石・薤露行〉❷要所を占める。「二隊の兵を随えて大和橋を—して」〈鴎外・大塩平八郎〉

やく-する【約する】〔動サ変〕文やく・す〔サ変〕❶約束する。とりきめる。「再会を—する」❷短くつづめる。簡約する。「之を簡単に—して云えば」〈福沢・福翁百話〉❸まとめて束ねる。引きしめる。「希臘ギリシャの地勢は、恰あたかも袋子たいの中央を—して其両端に物を盛りたるに異ならず」〈竜渓・経国美談〉❹約分する。「六分の三を—して二分の一とする」
類語(❶)申し合わせる・言い合わせる・契る・誓う・請け合う/(❷)縮める・約つづめる・詰める・切り詰める・短縮する・狭める・縮小する・縮約する・圧縮する

やく-する【訳する】〔動サ変〕文やく・す〔サ変〕❶ある国の言語・文章を他の国の言語・文章に直す。翻訳する。「トルストイの小説を日本語に—する」❷古語・漢語による文章を、わかりやすく現代語の文章に直す。「源氏物語を口語に—する」

やく-せき【薬石】《「石」は「砭へん」で、古代の医療器》❶いろいろの薬や治療法。「一効なく永眠する」❷身のためになる物事のたとえ。「—の言」❸禅寺で、非時ひじの戒を守って夕食をとらなかったため、飢えや寒さしのぐために温石おんじゃくとして腹に当てた石。転じて、夜食の粥かゆまたは夕食。

やく-せつ【約説】〔名〕スル かいつまんで説明すること。また、その説明。

やく-せん【役銭】❶中世、所得に応じて課された銭納の雑税。酒屋役・倉役などの類。❷江戸時代、大工・桶屋・石屋・鳶職とびしょくなど、主に商工業者に課せられた雑税。

やく-せん【薬×箋】処方箋しょほうせんのこと。

やく-ぜん【薬膳】漢方薬の材料を使った中国料理。健康保持のための食事として、中国の医食同源(薬食同源)の考えから生まれたもの。

やく-ぜん【躍然】〔ト・タル〕図〔形動タリ〕いきいきと目の前に現れるさま。「—と大空裏に描き出している」〈漱石・虞美人草〉

やく-そう【役送┊益送】❶天皇の食事、大饗(だいきょう)・節会(せちえ)などの膳部(ぜんぶ)を陪膳(はいぜん)に取り次ぐこと。また、その役。❷元服のとき、冠具を運ぶ役。

やく-そう【役僧】寺院の事務を扱う僧。

やく-そう【薬草】ーザウ 薬に用いる植物。薬用植物。

やく-ぞう【躍増】〔名〕スル 急激にふえること。飛躍的な増加。「売り上げ総額が—する」

やく-そく【約束】〔名〕スル ❶当事者の間で取り決めること。「—を交わす」「結婚の—を破る」「子供に—したことを忘れる」❷ある社会や組織で、守るように定めたきまり。「会の—に従う」「舞台上の—」「漢詩には平仄・脚韻など守るべき—がある」❸その実現が確実視されていること。「社長の椅子が—される」「将来が—された人」❹前から決まっている運命。宿命。因縁。「前世の—」❺▶お約束❷
類語(❶)取り決め・申し合わせ・契り・誓い・固め・指切り・約(やく)・約定・契約・協約・協定・結約・盟約・誓約・確約・保証・公約・口約・内約・黙約・黙契・特約・起請(きしょう)・アグリーメント・アポイントメント・アポイント(—する)約する・取り決める・申し合わせる・言い合わせる・契る・誓う・請け合う/(❷)規則・決まり・決め・定め・掟(おきて)・不文律・ルール・規定・規程・条規・定則・規約・規準・規矩準縄(きくじゅんじょう)・規律・コード・本則・総則・通則・細則・付則・概則

やくそく-ごと【約束事】❶約束した事柄。また、規則。「—は必ず守る」❷「約束❹」に同じ。「これまでの縁、—、死んだと思へば事済むと」〈浄・忠臣蔵〉

やくそく-せつ【約束説】数学や自然科学における公理・定義・原則は、明証性、経験の一般化、検証可能性のいずれかに属さないかぎりは便宜的な約束であり、説明能力があって矛盾でなければどのような形態でもよいとする説。ポアンカレが唱えた。規約主義。コンベンショナリズム。

やくそく-てがた【約束手形】振出人が、受取人またはその指図人もしくは手形所持人に対し、一定の期日に一定の金額を支払うことを約束する手形。約手(やくて)。➡為替手形

やく-たい【益体】〔名・形動〕❶《「益体無し」の略》役に立たないこと。また、そのさま。「ええ—なと我慢の暴風(あらし)で吹き払って」〈露伴・辻浄瑠璃〉❷役に立つこと。また、しまりのあること。きちんと整っていること。「荷を締めるやら、何やら、—のあることか」〈浄・会稽山〉類語利益・益・得・為(ため)・裨益(ひえき)・便益・実利・メリット・得る所・一利

益体も無・い　役に立たない。無益だ。つまらない。でたらめだ。「今みたいな—・いことをしていちゃ」〈宮本・伸子〉

やく-たい【薬袋】❶薬を入れる袋。薬嚢(やくのう)。❷鉄砲の火薬を入れて携行する小さな瓶。〈日葡〉

やく-だい【薬代】薬の代金。また、治療の費用。くすりだい。

やくたい-し【薬袋紙】主に、薬を入れる包み紙の材料とされた紙。ガンピ、または、ガンピとコウゾを混ぜたもので漉かれ、キハダで染められる。

やくたい-なし【益体無し】役に立たないこと。しまりのないこと。また、その人。「惣別あの男のやうな—は」〈虎明狂・乞聟〉

やく-だか【役高】江戸時代、役職の高低の段階に応じて支給された俸禄。

やく-たく【役宅】特定の役目に当たる人が住むために設けてある住宅。官舎。

やく-だく【約諾】〔名〕スル 約束して承知すること。
類語約束・承諾・承知・承認

やく-だたり【厄×祟り】厄年に、災厄にたたられること。「こな様も二十五歳の厄の年、わしも十九の厄年とて、思ひ合うたる—」〈浄・曽根崎〉

やく-だ・つ【役立つ】㊀〔動タ五(四)〕役に立つ。有用である。「社会に—・つ人材」㊁〔動タ下二〕「やくだてる」の文語形。類語使える・用立つ・資する

やく-だ・てる【役立てる】〔動タ下一〕図やくだ・つ〔タ下二〕役に立つようにする。役に立てる。「このお金は何かのときに—・ててください」類語利用する

や-ぐち【矢口】❶狩り場の口開けに、初めて矢を射ること。また、そのときにする神事や儀式。「其所に於て山神—等を祭らる」〈吾妻鏡・一三〉❷矢で射られた傷口。「抜き捨つる—より流るる血は滝なって」〈浄・本朝三国志〉

やく-ぢえ【役知恵】ーヂヱ 長く役目についていた経験から得た分別・才覚・知恵。

やぐち-しのぶ【矢口史靖】[1967〜]映画監督。神奈川の生まれ。16ミリ長編「裸足のピクニック」で劇場映画監督デビュー。男子高校のシンクロナイズドスイミング部を扱った「ウォーターボーイズ」で注目を集める。他に「ひみつの花園」「スウィングガールズ」など。

やぐち-の-まつり【矢口の祭(り)】矢開きのとき、黒・白・赤の3色の餅(もち)を供えて山の神を祭り、射手などに饗応すること。

やぐち-の-わたし【矢口の渡】㊀多摩川にあった渡し場。東京都大田区矢口(異説に東京都稲城市矢野口)にあったという。正平13=延文3年(1358)新田義興が謀殺されたと伝える地。㊁浄瑠璃「神霊(しんれい)矢口渡」の通称。

やく-ちゅう【訳注┊訳×註】❶翻訳と注釈。❷翻訳文をよりよく理解するために翻訳者がつける注釈。➡原注

やく-づか【厄塚】厄神を封じこめるために設ける臨時の塚。京都の吉田神社のものが名高く、節分の夜に火祭りをして、最後に土器(かわらけ)を群衆が奪い合って厄よけに持ち帰る。(季 冬)「—の煙にむせび拝みけり/王城」

やく-づき【厄月】陰陽家(おんようけ)で、厄難を避けるために、諸事に忌み慎まなければならないとする月。

やく-づき【役付(き)】《「やくつき」とも》役職についていること。また、その人。「—になる」
類語位置・地位・ポスト・ポジション・椅子・席・位・格・肩書き・役職・階級・身分

やく-づくり【役作り】演劇・映画などで、役者が自分の役について演技・扮装(ふんそう)などを工夫すること。

やく-づけ【役付け】役を割り当てること。割り当てた役を記すこと。また、そのもの。「狂言の番組、—を求めて」〈浮・男色大鑑・七〉

やく-て【約手】「約束手形」の略。

やく-てい【約定】「やくじょう(約定)」の誤読。

ヤクティエ-しんがっこう【ヤクティエ神学校】ーシンガクカウ《Yakutiye Medresesi》トルコ北東部の都市エルズルムにあった神学校。14世紀初頭、イルハン朝時代に建造。青と赤の網目模様に装飾された尖塔が1本(建造当初は4本)残る。現在は民俗博物館。

やく-てん【約転】語中の連続する2音節において、音の脱落や融合によって別の音となること。「かみさし」が「かざし」となる類。

やく-てん【薬店】薬を売る店。くすりや。

やく-でん【▽易田】▶えきでん(易田)

やく-と【役と】〔副〕❶一つのことに専念するさま。もっぱら。ひたすら。「酒を造り置きて、他のことにも使はずして、—蜂にのませてなむこれを祭りける」〈今昔・二九・三六〉❷はなはだ。やけに。たいそう。「—足が達者だぁのし」〈滑・膝栗毛・四〉

やく-とう【薬湯】ータウ ❶薬をせんじ出した湯。せんじぐすり。湯薬。❷薬を入れた入浴用の湯。くすりゆ。「—をたてる」

やく-どう【躍動】〔名〕スル いきいきと活動すること。「—感にあふれる文章」「—する若い身体」
類語活動・運動・行動・生動・蠢動(しゅんどう)・活躍・奔走・動く・動き回る・躍る

やく-とく【役得】その役目についていることによって得られる特別の利得や特権。「—の多い仕事」

やく-どく【訳読】〔名〕スル 外国語の文章や古典を翻訳・解釈しながら読むこと。「ファウストを—する」

やく-どく【薬毒】薬に含まれている毒。

やく-どころ【役所】❶その人にふさわしい役目。「—をわきまえた人」❷与えられた役目。
類語役・役目・役割・お役・役回り・ひと役

やく-どし【厄年】災難や障りが身に降りかかるおそれが多いので、万事に気をつけなければならないとする年齢。数え年で、男は25歳・42歳、女は19歳・33歳とされる。特に、男の42歳と女の33歳を大厄といい、その前後を前厄・後厄(あとやく)という。類語志学・破瓜(はか)・弱冠・而立(じりつ)・不惑・知命・耳順・華甲・還暦・古希・致仕・喜寿・傘寿・米寿・卒寿・白寿

やく-な・い【益無い】〔形〕図やくな・し〔ク〕❶かいがない。無益である。つまらない。「後に遺して面倒こそあれ—・いこと」〈露伴・五重塔〉❷困ったことである。「御気色かはりて、—・しとおぼしたるに」〈大鏡・道長上〉

やく-なん【厄難】身にふりかかるわざわい。災難。

やく-にん【役人】❶国や地方自治体の機関に勤めている人。官公吏。公務員。❷役目を受け持っている人。「—ぞ、明けられよとて」〈平家・三〉❸役者。俳優。「獅子舞の—」〈浮・五人女・一〉
類語(❶)公務員・官吏・官員・吏員・公吏・公僕・国家公務員・地方公務員・武官・文官・事務官

役人風(かぜ)を吹か・す　いかにも役人であるという態度でいばる。「横柄に—・す」

やくにん-こんじょう【役人根性】ーコンジャウ 役人によく見られる、融通がきかずいばりたがる性格。

やく-のう【薬×嚢】ーナウ ❶「薬袋(やくたい)」に同じ。❷大砲1発分の火薬を入れる袋。

やく-の-はかせ【▽易博士】▶えきはかせ(易博士)

やく-ば【役場】❶町長・村長・地方公務員が事務を扱う所。また、その建物。「町—」「村—」❷公証人などが事務をとる所。

やく-はらい【厄払い】ーはらひ〔名〕スル《「やくばらい」とも》❶神仏に祈るなどして、身についたけがれを払い落とすこと。厄落とし。❷近世の門付け芸で、節分や大晦日(おおみそか)の夜などに、町を歩き、厄年の人の家の門口などで厄払いの祝言を唱えて豆や金銭をもらうもの。また、その人。(季 冬)❸歌舞伎の世話狂言のせりふで、美文調の縁語・掛け詞(ことば)を多用した章句を❷に似た独特の抑揚で言うもの。連(つら)ねの一種で、幕末に流行。類語(❶)厄落とし・厄除け

やく-び【厄日】❶陰陽道(おんようどう)で、災難にあう恐れが多いとして慎まなければならない日。❷農家で天候による災難が多いとする日。二百十日・二百二十日など。(季 秋)❸災難にあった日。嫌なことのあった日。「今日はとんだ—だった」類語悪日・凶日

やく-び【役日】節日・祝日などの特別な日。物日(ものび)。

やく-ひつ【訳筆】翻訳の文章。訳文。

やく-びょう【疫病】ービャウ 悪性の伝染病。えやみ。えきびょう。

やくびょう-がみ【疫病神】ヤクビヤウー ❶疫病を流行させるという悪神。疫神。えやみのかみ。❷よくないことを招くとして人から嫌われる者。「とんだ—が舞い込んだ」類語死に神・貧乏神

やくびょう-よけ【疫病▽除け】ヤクビヤウー 疫病にかからないようにまじないなどをすること。また、そのまじない。

やく-ひん【薬品】薬として用いられる品物。医薬品や化学物質。類語薬・薬物・薬剤・医薬・薬餌

やく-ぶ【役夫】公役(くやく)に使役される人夫。

やくぶ-くまい【役夫工米】平安時代以降、伊勢神宮内宮・外宮の造営の際、その費用として全国に課された臨時の税米。やくぶたくまい。

やく-ぶそく【役不足】〔名・形動〕❶俳優などが割り当てられた役に不満を抱くこと。❷力量に比べて、役目が不相応に軽いこと。また、そのさま。「そのポストでは—な(の)感がある」補説文化庁が発表した平成18年度「国語に関する世論調査」では、「彼には役不足の仕事だ」を、本来の意味である「**本人の力量に対して役目が軽すぎること**」で使う人が40.3パーセント、間違った意味「**本人の力量に対して役目が重すぎること**」で使う人が50.3パーセントと、逆転した結果が出

ている。➡力不足

やく-ぶち【役扶▽持】江戸幕府で、職務に付属して給した毎月の俸禄。

やく-ぶつ【薬物】薬理作用を有する化学物質。くすり。〘類語〙薬・薬品・薬剤・医薬・薬餌

やくぶつ-アレルギー【薬物アレルギー】投与されたペニシリンなどの薬物が抗原となって体内に抗体ができ、再度その薬物が侵入したときに起こるアレルギー反応。症状として薬疹・発熱・ショックなどが現れる。

やくぶつ-いそん【薬物依存】麻薬・覚醒剤やアルコールなどの連用の結果、その薬物なしには平常の状態を保持できなくなること。嗜癖しへきを生じて習慣となり、やめることができない精神的依存と、増量しないと効き目が出なくなる耐性を生じ、やめると禁断症状が現れる身体的依存とがある。

やくぶつ-いそんしょう【薬物依存症】ヤクブツイソンシャウ 自己の意思で薬物の使用を制御できなくなる精神疾患。依存症の一つ。脳内で神経伝達物質が異常に分泌されることにより起こる病気。意志や性格の改善で解決することは困難で、専門的な治療が必要。

やくぶつ-がく【薬物学】薬理学の旧称。また、薬物そのものの化学的、物理的性状などを研究する学問。

やくぶつ-しょうどく【薬物消毒】セウドク アルコール・ホルマリンなどの薬物を用いて消毒すること。

やくぶつそうたつ-システム【薬物送達システム】▶ドラッグデリバリーシステム

やくぶつ-よんぽう【薬物四法】ヨンパフ 薬物取締法令のうち麻薬及び向精神薬取締法・大麻取締法・あへん法・覚せい剤取締法のこと。

やくぶつ-りょうほう【薬物療法】レウハフ 薬物を用いて治療する方法。外科的療法・物理療法・免疫療法などに対するもので、内科的治療法の大部分を占める。

やく-ぶん【約分】〔名〕スル 分数・分数式の分母と分子を公約数で割り、簡単な分数・分数式にすること。通約。➡倍分 ➡通分

やく-ぶん【約文】長い文章をつづめて簡単にすること。また、その文章。

やく-ぶん【訳文】翻訳した文章。翻訳文。

やくぶんせんてい【訳文筌蹄】江戸中期の語学書。荻生徂徠著。初編6巻は正徳5年(1715)刊、後編3巻は寛政8年(1796)刊。和文を漢訳するときの手引き書で、漢文の実詞・虚詞を列挙し、その語義・用法などを解説したもの。

やく-ほ【訳補】〔名〕スル 原文に不足な部分を補って翻訳すること。

やく-ほ【薬×圃】薬草を栽培する畑。薬園。

やく-ほ【薬舗|薬×鋪】くすりや。薬店。薬局。

やく-ほう【薬方】ハウ 薬の処方。調剤の方法。

やく-ほう【薬包】ハウ ❶薬の包み。粉薬を紙に包んだもの。❷火砲に使用する発射用火薬を適当量に分けて包んだもの。薬嚢やくのうに分けて包んだ爆薬。

やくほう-し【薬包紙】ヤクハウ 粉薬を包むのに用いる紙。

やく-ほん【訳本】翻訳した本。訳書。

やく-まい【役米】江戸時代、幕府の中間ちゅうげん・小者など最下級の者に支給された俸禄。

やく-まえ【厄前】マヘ 厄年の前の年。前厄。

やく-まけ【厄負け】厄年に災難にかかること。

やく-まわり【厄回り】マハリ 厄年に当たるまわりあわせ。また、厄年。

やく-まわり【役回り】マハリ 割り振られた役。役の回りあわせ。「損な―を務める」「とんだ―になる」

やく-マンガン【役満貫】マージャンで、特に決められた役。なかなかできない手で、普通の満貫の何倍かの点数にすることが多い。天和テンホー・地和チーホー・国士無双・大三元・大四喜ダースーシー・字一色ツーイーソー・四暗刻スーアンコー・清老頭チンロートー・緑一色リューイーソー・九連宝灯チューレンポートンなど。役満。

やく-み【薬味】❶料理に添えて用い、味を引き立て食欲をそそる香辛料や香辛野菜。山椒・唐辛子・わさび・ねぎなど。❷薬の種類。薬品。「今この―は求むることがならぬ」〈続狂言記・膏薬煉〉

〘類語〙(❶)香辛料・スパイス

やくみ-ざら【薬味皿】薬味を盛る皿。

やくみ-しゅ【薬味酒】▶薬酒やくしゅ

やく-みず【厄水】ミヅ 赤潮の一。珪藻けいそうの異常増殖により、沿岸海域が緑褐色に濁るもの。晩冬から初春にかけ、三陸沖の親潮で発生。悪臭があり、魚が寄りつかず、漁業の妨げとなる。

やくみ-だい-かん【薬弥大観】クワン 薬師如来・阿弥陀如来・大日如来・観世音菩薩の併称。

やくみ-だんす【薬味×箪×笥】漢方医が種々の薬を入れておく箪笥。小さい引き出しがたくさんある。百味箪笥。

やく-むき【役向き】役目に関すること。また、役目の性質。役柄。「―の件で上司に相談する」

やく-め【役目】役として成しとげなければならない仕事。役としての務め。「いやな―を負わされる」➡御役目おやくめ

〘用法〙役目・役割――「子供が独立して親の役目(役割)も終わった」「秘書としての役目(役割)を果たす」など、なすべき務めの意では相通じて用いられる。◆「役目」の方が口頭語的で、「雨戸の開け閉めは子供の役目だ」「花子の役目はポチにえさをやることだ」のように、日常生活の中でしなければならない仕事については多く「役目」を用いる。◆「役目」は、なすべき務めとそれに伴なう立場を含めていうことがある。「自治会長の役目を退く」◆「役割」はやや文章語的で、「彼はクラス担任としての役割を十分に果たせなかった」のように、組織や団体の中で果たすべき任務の意で用いることが多い。◆「この薬の発見は医学の進歩に大きな役割を演じた」のように「役割」は「役目」に比べて仕事の成果をも含めて用いることがある。

〘類語〙役・役割・役儀・役所・お役・役回り・ひと役・勤め・任にん・任務・義務・責任・責務・本務・使命・分ぶん・本分・職分・職責・責め

やく-めい【役名】役の名前。役職や配役の名前。

やく-めい【訳名】外国語から翻訳してつけた名称。

やく-めい【薬名】薬品の名称。

や-くも【八雲】❶いく重にも重なり合う雲。八重雲。「八雲立つ出雲八重垣妻ごみに八重垣作るその八重垣を」〈記・上・歌謡〉❷《❶の歌が和歌の初めであるとするところから》和歌。

やくも-ごと【八雲琴】二弦琴の一種。長さ約1メートル、幅約12センチの木製の胴の上に、2本の弦を張った琴。左手中指にはめた管で弦の勘所を押さえ、右手食指にはめた爪で弾く。文政3年(1820)に伊予の中山琴主が創始したものという。出雲琴。

やくも-さす【八雲さす】〔枕〕雲が立ちのぼる意から、「出雲いづも」にかかる。「―出雲の児らが黒髪は」〈万・四三〇〉

やくも-たつ【八雲立つ】〔枕〕雲が盛んに立ちのぼる意から、「出雲いづも」にかかる。「―出雲建たけが佩はける太刀」〈崇神紀・歌謡〉

やく-もの【約物】印刷で、文字・数字以外の記号・符号活字の総称。句読点・括弧かっこ・数学記号など。

やくも-の-みち【八雲の道】和歌の道。歌道。「雲井より馴れ来たりて、今も―に遊び」〈続古今・序〉

やくみしょう【八雲御抄】ヤクモミセウ 鎌倉初期の歌学書。6巻。順徳天皇著。成立年未詳。古来の歌学・歌論を系統的に集大成したもの。八雲抄。

やく-や【役屋|役家】江戸前期、検地帳登録者のうち、屋敷を持ち、一人前の夫役ぶやく負担をする農民。

やく-やく【躍躍】〔ト・タル〕図〔形動タリ〕こおどりするさま。また、おどりたつほど生き生きとしたさま。「―たる畏友の面目を感じ」〈啄木・雲は天才である〉

やく-やく【役役】〔副〕「役と」を強めた言い方。もっぱら。「生きたる猿丸をとらへて、明け暮れは、―と食ひ殺させてならはす」〈宇治拾遺・一〇〉

やく-やく【▽漸▽漸】〔副〕《「ようやく」の古形》だんだん。しだいに。「しましくも良けくはなしに―に形くづほり」〈万・九〇四〉

やく-やしき【役屋敷】江戸幕府が、役人にその役目を執り行うために与えた屋敷。役宅。

やく-よう【薬用】❶薬として用いること。「―クリーム」❷薬を用いて治療すること。「浪子は―に運動に細かに医師いしの戒いましめを守りて」〈蘆花・不如帰〉

やくよう-こうぼ【薬用酵母】カウボ ビール酵母を洗浄・乾燥して薬用とするもの。ビタミン・たんぱく質・消化酵素などを含み、栄養補給や胃腸消化剤として使用。

やくよう-しゅ【薬用酒】▶薬酒やくしゅ

やくよう-しょくぶつ【薬用植物】薬効成分を含み、薬用とする植物。全草または根・樹皮・葉・種子など特定部分を用い、そのまま、あるいは多少加工して使う場合と、製薬原料にする場合とがある。日本薬局方に記載されるものに、ゲンノショウコ・ウイキョウ・センブリなどがある。薬草。

やくよう-せっけん【薬用石×鹸】セキケン 医療で浣腸かんちょう・洗浄などに用いる石鹸。また、殺菌消毒剤を加えた石鹸。

やくよう-にんじん【薬用人▽参】チョウセンニンジンの別名。

やく-よく【薬浴】薬剤を入れて行う温浴。

やく-よけ【厄▽除け】厄難を払いよけること。また、その方法。氏神に詣でて厄払いをしたり、2月1日や6月1日に門松を立てて再び正月を祝うなどした。「―のお札ふだ」〘類語〙厄払い・厄落とし

や-ぐら【▽谷倉】❶谷間の斜面の岩壁に穴をあけて物を貯蔵する所としたもの。いわむろ。❷鎌倉・室町時代、山腹につくった横穴式の墓。神奈川県鎌倉市付近に多くみられる。塚穴つかあな。

や-ぐら【×櫓|矢倉】❶武器を入れておく倉庫。矢の倉。兵庫。❷城門や城壁の上につくった一段高い建物。敵状の偵察や射撃のための高楼。❸㋐木材や鉄骨などを用いて組み立てた高い構築物。「火の見―」㋑祭礼・盆踊りなどで、一段高くつくって太鼓や笛を演奏したり、歌をうたったりする構造物。㋒歌舞伎・人形浄瑠璃などの劇場で、官許の標識として正面入り口の上に造られた構造物。三方に幕を張り、5本の毛槍を横たえ、梵天ぼんてんを立てる。㋓相撲場で、太鼓を打つための高い場所。❹炬燵こたつの、布団を掛けるための四角い枠。炬燵櫓。❺戦国時代から近世の軍船に敷設された展望台。大船は船首・中央・船尾の3か所に設けた。安宅船あたけぶねや関船などの大型軍船は総櫓といい、船首から船尾まで通す独特の形式に発達した。また、荷船で船体後半に設ける屋形のこと。❻「櫓投げ」の略。❼「矢倉囲い」の略。

〘類語〙高楼・望楼・物見やぐら・火の見やぐら・塔

櫓を上・げる ❶櫓を設ける。❷芝居・相撲などのための場所を設け興行を始める。

やぐら-おとし【×櫓落(と)し】❶要塞ようさいの櫓を突き崩すのに用いる柄の長い槍やり。長柄の槍。❷男子の髪の結い方の一。もと幕内力士の結ったもので、鬢びん・髷まげを十分に張り出したもの。

やぐら-がこい【矢倉囲い|×櫓囲い】ガコヒ 将棋で、囲いの陣形の一。自陣内で王将を金将・銀将などで囲んで守る形。その形を櫓にたとえていい、金矢倉・銀矢倉・総矢倉などがある。

やぐら-ごたつ【×櫓×炬×燵】木で組んだ枠の上に布団を掛けた炬燵。

やぐら-した【×櫓下】❶《江戸時代、劇場の櫓の下に、その名を書いた看板を掲げたところから》人形浄瑠璃で、紋下もんしたのこと。また、歌舞伎で、座頭ざがしらや一座の代表的な俳優。❷江戸の深川にあった私娼窟ししょうくつ。近くに火の見櫓があったのでいう。

やぐら-だいこ【×櫓太鼓】相撲場または昔の劇場で、開場や閉場を知らせるために櫓の上で打つ太鼓。

やぐら-どけい【×櫓時-計】機械部が火の見櫓のような四角い台の上に置かれ、台の中に下げられた重錘じゅうすいを動力として動く置時計。最も初期の和時計。

やぐら-なげ【×櫓投げ】相撲の手の一。四つに組んだ体勢からさらに踏み込み、相手の内股うちまたを自分の片股かたまたにのせてはね上げ、つりぎみに振り回して投げる。上手をひいた側の足で投げるのが上手櫓。差し手の側の足で投げれば下手櫓。

やぐら-ぬき【×櫓▽貫】《「貫」は柱と柱の間を横につらぬく材》くさびのように双方から斜めに打ち込んだ

貫。

やぐら-ねぎ【×櫓×葱】ネギの変種。晩春、茎を数十センチ伸ばして花を球状につけ、この花の幾つかが鱗茎りんけいに変わって子ネギとなって伸び、その上に孫ネギができる。地上に倒れると根を出して増える。北陸・東北地方で栽培。さんがいねぎ。

やぐら-ぶね【×櫓船】船上に櫓を設けた和船。戦国時代の軍船などにみられる。

やぐら-まく【×櫓幕】❶櫓に張りめぐらす幕。❷江戸時代、劇場などの櫓の三方に張り渡した幕。正面に興行主の定紋が染め抜いてある。

やぐら-もの【×櫓物】瓦の一。主として渡り櫓などに用いる大形のもの。

やぐら-もん【×櫓門】❶上階に櫓をのせた門。❷城の渡り櫓の下にある門。渡り櫓門。

やく-り【薬理】薬物によって起こる生理的な変化。

やくり-がく【薬理学】薬物を投与したときに生体に起こる変化を研究する学問。広くは毒物学ないし中毒学も含まれる。

やく-りき【薬力】薬の効力。薬のききめ。〈日葡〉

やく-りきし【役力士】相撲で、力士のうち、横綱・大関・関脇・小結の総称。

やくり-さよう【薬理作用】薬物が生体に生理的な変化をもたらす働き。

やくり-じ【八栗寺】香川県高松市牟礼町にある高野山真言宗の寺。山号は、五剣山。四国八十八箇所第85番札所。延暦年間(782〜806)空海の創建と伝える。

やく-りょう【役料】ヤクレウ ❶役目に対する報酬。❷江戸幕府が、役付きの者へ、その役職に対する手当てとして支給した給与。

やく-りょう【訳了】ヤクレウ〔名〕スル 原典を訳しおわること。「全五巻を一する」

やく-りょう【薬料】ヤクレウ ❶薬の代金。❷薬の材料。

やく-りょう【薬量】ヤクリヤウ 薬の分量。

ヤクルト-スワローズ〘Yakult Swallows〙▶東京ヤクルトスワローズ

や-ぐるま【矢車】❶軸の周囲に矢羽根を放射状に取り付け、風を受けて回るようにしたもの。端午の節句の幟竿のぼりざおの先につけたりする。(季 夏) ❷紋所の名。❶を図案化したもの。❸「矢車草」の略。❹矢をさしておく台。「送って一文車」〈伎・暫〉

やぐるま-ぎく【矢車菊】キク科の一年草。高さ30〜90センチ。茎・葉に少し白い毛をかぶり、根際から分枝する。葉は線状で全縁または多少のぎざぎざがあり、互生。夏、形が矢車に似た青紫・桃・鮮紅・白・青色などの頭状花が咲く。ヨーロッパの原産で、観賞用。セントウレア。やぐるまそう。(季 夏)

やぐるま-そう【矢車草】サウ ❶ユキノシタ科の多年草。深山に生え、高さ約1メートル。茎は直立し、葉は大きく、3〜5枚の小葉からなる手のひら状の複葉で、矢車に似る。夏、白い小花を円錐状につける。❷ヤグルマギクの別名。

やく-れい【薬礼】治療や投薬に対して、医師に払う代金。くすりだい。

ヤグ-レーザー〘YAG laser〙イットリウムとアルミニウムの複合酸化物からなるガーネット構造の結晶を使用する固体レーザー。ネオジムを添加したネオジムヤグレーザーやエルビウムを添加したエルビウムヤグレーザーなどが、医療用レーザーとして用いられる。YAGはイットリウム(yttrium)、アルミニウム(aluminium)、ガーネット(garnet)の頭文字から。

やく-ろう【薬籠】❶薬箱。薬入れ。また、腰にさげる小さい薬箱。印籠いんろうに似た三重や四重の重ね箱もある。やろう。❷高野聖こうやひじりが背負う衣類・薬品などを入れる重ね箱。

薬籠中の物　《薬箱の中の薬品の意から》必要に応じて自分の思いどおりに利用できるものや人のたとえ。自家薬籠中の物。「部下を一とする」

やくろう-ぶた【薬籠蓋】薬籠の蓋のように、蓋と身の合い口が密着し、表面が平らに重なるかぶせ蓋。印籠蓋。

やく-ろん【約論】短くつづめて要点だけを論じること。また、その論。

やく-わり【役割】❶役目を割り当てること。また、割り当てられた役目。「大切な一をになう」「自分の一を確実に果たす」❷社会生活において、その人の地位や職務に応じて期待され、あるいは遂行しているはたらきや役目。➔役目(用法)

(類語)役・役目・役所やくどころ・お役・役回り・ひと役・用

やくわり-りろん【役割理論】役割❷に着目して、社会と個人の関係を説明しようとする社会学や行動諸科学の理論。

やく-わん【×扼腕】〔名〕スル 残念がったり憤慨したりして、自分の腕を握りしめること。「切歯一する」

や-け【▽宅】「やか(宅)」に同じ。「大帯日子命おほたらしひこのみことの、御宅みやけを此の村に造り給ひき。故かれ、一の村といふ」〈播磨風土記〉

やけ【自=棄】〔名・形動〕《「焼け」と同語源》物事が自分の思いどおりに運ばなくて、どうにでもなれという気持ちになり、思慮のない乱暴な振る舞いをすること。また、そのさま。やけくそ。自暴自棄。「一を起こす」「一な調子で捨てぜりふをいう」

(類語)自暴自棄・破れかぶれ・やけくそ・やけっぱち・自棄・捨て鉢・八方破れ・ふてくされる

自棄のやん八ぱち　「やけ」を強めて、人名のように言い表した言葉。やけっぱち。やけの勘八かんぱち。

やけ【焼け】❶焼けること。焼けたもの。「丸一」「日一」❷日の出前と日没後に、空が赤く見えること。「朝一」「夕一」❸硫化鉱物、特に黄鉄鉱に富む鉱床の露出部分。黄鉄鉱が褐鉄鉱になって褐色または暗褐色を呈し、焼けたように見える。

やけ-あと【焼け跡】❶焼けた跡。火事で焼けた跡。❷(「焼け痕」とも書く)やけどのあと。

やけ-あな【焼け穴】布などの一部分が焼けてできた穴。「タバコでズボンに一をこしらえる」

や-けい【夜景】夜の景色。夜の眺め。

(類語)夜色・夕景ゆうけい・夕景ゆうげ・暮景・晩景

や-けい【夜警】夜、見回って火災や犯罪などの警戒をすること。また、その役目の人。(類語)夜回り・夜番

や-けい【野径】野中のこみち。野路のみち。「心身ともに疲れ終はてて一の露に徘徊す」〈太平記・七〉

や-けい【野景】山野などのけしき。野外の風景。

(類語)景色・野色やしょく・山色さんしょく・水色すいしょく・山紫水明・白砂青松はくしゃせいしょう・柳暗花明りゅうあんかめい・春景・煙景・秋景・雪景

や-けい【野鶏】❶キジの別名。❷キジ科ヤケイ属の鳥の総称。インドから東南アジアにかけて分布。セキショクヤケイ・ハイイロヤケイ・セイロンヤケイ・アオエリヤケイの4種があり、セキショクヤケイが鶏の原種に最も近いといわれる。鶏よりやや小形で、林にすみ、少し飛ぶことができる。

やけい-こっか【夜警国家】コクカ 国家の機能を、外敵の防御、国内の治安維持など最小限の夜警的な役割に限定した国家。自由主義国家を私有財産の番人として批判したラッサールの用語。福祉国家・行政国家に対置される。

やけ-いし【焼け石】火で焼けて、熱くなった石。

焼け石に水　《焼け石に水を少しばかりかけてもすぐ蒸発してしまうことから》努力や援助が少なくて、何の役にも立たないことのたとえ。

やけいし-だけ【焼石岳】岩手県西南部、秋田県境近くにある山。奥羽山脈の南端に近く、焼石連峰の中心の山。標高1548メートル。山腹に沼地・湿地があり、湿性植物が豊富。ブナの原生林も見られる。栗駒国定公園の一部。

やけ-う・せる【焼け失せる】〔動サ下一〕図やけう・す〔サ下二〕焼けてすっかりなくなる。焼失する。「跡形もなく一・せる」

やけ-お・ちる【焼け落ちる】〔動タ上一〕図やけお・つ〔タ上二〕建物などが焼けて崩れ落ちる。「屋敷が一・ちる」

やけ-がね【焼け金】焼けた金属。熱せられた金属。

やけ-ぐい【自=棄食い】ぐひ〔名〕スル やけになって、むやみに食べること。

やけ-くそ【自=棄×糞】〔名・形動〕「やけ(自棄)」を強めていう語。「一になる」「一な気分」

やけ-こがし【焼け焦(が)し】畳や着衣などを誤って焼いて焦がすこと。また、焦がした跡。

やけ-こげ【焼け焦げ】焼けて焦げること。また、その跡。「スカートに一をつくる」

やけ-ざけ【自=棄酒】やけになって前後の見さかいもなく飲む酒。「一をあおる」(類語)やけ飲み

やけ-じに【焼け死に】〔名〕スル 焼け死ぬこと。

やけ-し・ぬ【焼け死ぬ】〔動ナ五〕図〔ナ四・ナ変〕火に焼かれて死ぬ。焼死する。「逃げ後れて一・ぬ」

やけ-だけ【焼岳】長野・岐阜県境にある、飛騨山脈南部の活火山。標高2455メートル。上高地の西にそびえ、大正4年(1915)の爆発による泥流が梓あずさ川をせき止めて大正池を形成した。

やけ-ださ・れる【焼け出される】〔動ラ下一〕家を焼かれ、住む所がなくなる。「大火で一・れる」

やけ-ただ・れる【焼け×爛れる】〔動ラ下一〕図やけただ・る〔ラ下二〕焼けて、皮膚や肉がやぶれくずれる。

やけ-つ・く【焼け付く】〔動カ五(四)〕焼けてくっつく。「一・くような夏の日ざし」

やけ-つち【焼け土】焼けた土。

やけっ-ぱち【自=棄っぱち】〔名・形動〕「やけ(自棄)」を強めていう語。「絶望して一になる」

やけっ-ぱら【自=棄っ腹】「やけばら」を強めていう語。「一を起こす」(類語)小腹・むかっ腹

やけ-ど【火=傷】〔名〕スル《「焼け処ど」の意》火炎・熱湯や高温物体、熱線などに触れて皮膚が焼けただれること。表皮部分では紅斑が生じる程度であるが、真皮しんぴに及ぶとむくみ・水ぶくれなどができ、皮下にまで及ぶと壊死えしに陥ることが多く、治ってもひきつれやケロイドの残ることがある。かしょう。

火傷火ひに懲こりず　《火傷をしたのに、懲りずに火にあたっている意から》過去の失敗にも懲りず、同じような事を繰り返すことのたとえ。焼け面づら火に懲りず。

やけ-とま・る【焼け止まる】〔動ラ四〕《「やけどまる」とも》きっぱりと思いきる。「色道の中有に迷ひ、火宅の内の一・る事を知らず」〈浮・一代男・八〉

やけ-に〔副〕《「自棄やけ」の意から》度を越して程度のはなはだしいさま。むやみに。やたらに。ひどく。「一のどが渇く」「一機嫌がいい」(類語)大層・頗すこぶる・いやに・えらく・馬鹿ばかに・随分・かなり・相当・なかなか・大分だいぶ・大分だいぶん・余程・余っ程

やけ-の【焼け野】❶野焼きをしたあとの野。また、野火で焼けた野。焼け野原。(季 春)「川越えて鳥の見てゐる一かな/蘭更」❷「焼け野原❶」に同じ。

焼け野の鴉からす　もともと色の黒いものがさらに黒く見えることのたとえ。

焼け野の雉きぎす夜よるの鶴つる　《すんでいる野を焼かれたキジが自分の命にかえてもその子を救おうとし、また、寒い夜に鶴が自分の羽でその子を暖めるところから》親が子を思う情の深いことのたとえ。

やけの-が-はら【焼け野が原】「焼け野原❶」に同じ。

やけ-のこ・る【焼け残る】〔動ラ五(四)〕焼けないで残る。「町の一画だけが一・る」

やけ-のはら【焼け野原】❶一面に焼けて荒れはてた地域。「大火で一面一になった」❷「焼け野❶」に同じ。(季 春)

やけ-のみ【自=棄飲み】〔名〕スル やけになって、酒を飲むこと。やけ酒を飲むこと。(類語)やけ酒

やけ-ばい【焼け灰】ばひ 焼けてできた灰。

やけ-はら【焼け原】❶「焼け野❶」に同じ。「天辺てっぺんが一のごとく円く赤兀はげに兀げて」〈紅葉・二人女房〉❷「焼け野原❶」に同じ。

やけ-ばら【自=棄腹】やけを起こして腹を立てること。やけっぱら。「一を立てる」

やけ-はんぶん【自=棄半分】やけくそになりかかっていること。半分やけになること。半自棄はんやけ。

やけ-ひばし【焼け火箸】焼けて熱くなった火箸。

やけ-ぶくれ【焼け膨れ｜焼け×脹れ】やけどのあとが水ぶくれになること。また、そのもの。

やけ-ぶとり【焼け太り】〔名〕スル 火災にあったあと、

かえって以前よりも生活や事業の規模が大きくなること。

やけ‐ぼくい【焼け▽木×杭・焼け▽棒×杭】「やけぼっくい」に同じ。

やけ‐ぼこり【焼け誇り】❶焼け広がること。〈俚言集覧〉❷「焼け太り」に同じ。「また焼けたから、—とやらで、また立派に出来やう」〈洒・辰巳之園〉

やけ‐ぼっくい【焼け▽木×杭・焼け▽棒×杭】❶焼けた杭。燃えさしの棒杭。❷「焼け木杭に火が付く」の略。「再三—になった後今はどうやら腐縁とでも云うような間柄になって」〈荷風・腕くらべ〉

焼け木杭に火が付く　一度焼けた杭は火がつきやすいところから、以前に関係のあった者どうしが、再びもとの関係に戻ることのたとえ。主に男女関係についていう。(補説)「焼けぼっくりに火が付く」とするのは誤り。

やけ‐やま【焼け山】❶山火事で焼けた山。❷山焼きをしたあとの山。❸かつて噴火した山。休火山。

やけ‐やま【焼山】新潟県南西部にある活火山。妙高火山群の一峰。標高2400メートル。頂部に硫気孔群、山腹に爆裂火口などがある。

や・ける【焼ける】〔動カ下一〕図や・く〔カ下二〕❶火がついて燃える。燃えてあとかたもなくなる。「古タイヤの—・けるにおい」「家が—・ける」❷火が通って食べられるようになる。「サンマが—・ける」「餅が—・ける」❸熱せられて熱くなる。「—・けたトタン屋根」「土が—・けて農作物がとれない」(季 夏)❹木炭や陶磁器など、製品ができ上がる。「炭が—・ける」「パンが—・ける」❺日光や紫外線に当たって皮膚が黒くなる。「赤銅色に—・けた肌」❻日光や薬品のために変色する。あせる。「西日でカーテンが—・ける」❼日光を受けて空や雲が赤く染まる。「真っ赤に—・けた西の空」❽(「胸がやける」などの形で)食物が胃にたまったりして胸の中が熱く感じる。「食べすぎて胸が—・ける」❾(「妬ける」とも書く)ねたましく感じる。「はたが—・けるほど仲がいい」❿(「世話がやける」「手がやける」などの形で)手がかかる。やっかいである。「ほとほと世話が—・ける」「手の—・ける子」⓫深く恋い慕う。思い乱れる。「焼く塩の思ひそ—・くる我が下心」〈万・五〉(類語)(❶)燃える・燃え盛る・燃え広がる・燃え上がる・燃え立つ／(❾)羨む・羨望・ねたむ・そねむ・やっかむ・焼く・嫉妬する

ヤゲロー‐ちょう【ヤゲロー朝】《Jagiello》中世ポーランドの王朝。1386年、リトアニア大公ヤゲローが、ポーランド女王ヤドビガと結婚し、ウワディスワフ2世となって創始。ポーランドの黄金時代を築いたが、1572年、ジグムント2世で断絶。ヤギェウォ朝。

や‐けん【野犬】飼い主のない犬。のら犬。のいぬ。➡野良犬(補説)

や‐げん【▽薬研】❶漢方医などが生薬を粉末にするのに用いる金属製の器具。細長い舟形で、中央がV字形にくぼんでいるもの。中に生薬を入れ、円板形の車に通した軸を両手でつかみ、前後に回転させて押し砕く。くすりおろし。❷《❶に形が似るところから》鶏の胸骨の先端部分。焼き鳥やから揚げなどにする。

やけん‐がり【野犬狩(り)】狂犬病予防や人畜に与える危害防止などの目的から、野犬を捕らえること。

やげん‐だい【▽薬研台】罫書き作業で、円柱材の中心を求めるために用いる、上面にV字形の溝をつけた金属製の台。ブイブロック。三角台。

やげんどおし‐よしみつ【薬研通吉光】粟田口吉光の手になる短刀の名。細川政元に居城を攻められた畠山政長が、自害しようとこの短刀を腹に突き立てたが通らず、投げ捨てたところ、近くの薬研を突き通したといわれるところからの名称。

やげん‐ぼり【▽薬研堀】薬研の形に似て、V字形に底が狭くなっている堀。江戸の両国の堀が有名。

やげん‐ぼり【▽薬研彫(り)】金石類に文字などを彫るのに、薬研の形状、すなわち断面がV字形になるように彫ること。また、そのもの。➡丸彫り

や‐こ【野×狐】山野にすむキツネ。のぎつね。

やご【水=蠆】トンボ類の幼虫。水中にすみ、羽化までふつう1〜3年かかる。体は円筒形でやや平たく、下唇の先端にあるはさみを突き出して小動物を捕らえる。直腸の変化した気管鰓で呼吸するが、イトトンボ類では尾端に3枚の鰓をもつ。やまめ。たいこむし。(季 夏)

や‐ご【野語】粗野な言葉。田舎の言葉。

や‐こう【夜光】❶暗いところで、光を出すこと。また、その光。❷夜間の大気光。太陽エネルギーによって地球の高層大気が発光しているため、月のない晴れた夜は、星からの光よりもかなり明るくなる。

や‐こう【夜行】〔名〕スル ❶夜間に出歩くこと。また、夜、活動すること。やぎょう。「百鬼—」「—動物」❷「夜行列車」の略。❸夜、警戒のために歩いてまわること。「—し、細殿などに入り臥したる」〈枕・三一二〉

や‐ごう【屋号】❶家屋敷の各戸につける姓以外の通称。先祖名、職業名、家の本家・分家関係などによって呼び分けた。家名。門名。❷商店の商業上の名。生国や姓の下に「屋」をつけたものが多い。「越後屋」「三好屋」など。❸歌舞伎俳優などの家の称号。「音羽屋」「成田屋」「成駒屋」など。

や‐ごう【野合】〔名〕スル ❶正式の手続きによらず、夫婦になること。❷共通するものもないばらばらの集団が、まとまりなく集まること。「選挙のための—だと批判される」

やこう‐うん【夜光雲】高緯度地方で夏季の日没後または日の出前に、高度80〜85キロメートルの上空(中間圏上部境界付近)にまれに現れる、巻雲に似た形の銀色の雲。微小な氷晶からなる。極中間圏雲。NLC(noctilucent clouds)。PMC(polar mesospheric clouds)。

やこう‐がい【夜光貝】リュウテンサザエ科の巻き貝。潮間帯下の岩礁にすみ、貝殻は球卵形で、殻径約20センチと大形。殻は厚く、表面は緑茶色、内面は真珠光沢が強い。奄美群島以南に産し、肉は食用、殻は貝細工や螺鈿の材料。もと、屋久島から献上されたことから「やくがい」とよばれた。

やこう‐せい【夜行性】動物で、採食・生殖などの活動を主に夜間に行う性質。コウモリ・フクロウ・オオカミなどでみられる。↔昼行性。

やこう‐ちゅう【夜光虫】渦鞭毛虫目ヤコウチュウ科の原生動物。暖海を浮遊し、体は球形で直径1〜2ミリ、淡紅色。2本の鞭毛をもつ。波などの刺激で青白い光を発する。ひかりむし。(季 夏)「一闇をおそれて光りけり／万太郎」

やこう‐どけい【夜光時‐計】時計の文字盤の字と両針とに夜光塗料を塗り、暗い所でも見えるようにした時計。

やこう‐とりょう【夜光塗料】▶発光塗料

やこう‐の‐たま【夜光の▽璧】昔、中国で、暗夜にも光ると言い伝えられた宝玉。

やこう‐の‐はい【夜光の杯】夜光の璧でつくられた杯。また、りっぱな杯。

やこう‐バス【夜行バス】夜間運行するバス。特に、夜間に運行する高速バスをいう。リクライニングシートなど、運行中に乗客が就寝できるような設備をもつ車両が使われる。

やこう‐れっしゃ【夜行列車】夜間運行する列車。夜汽車。

や‐ごえ【や声】「や」という掛け声。また、掛け声。えいごえ。「『えんさえんさ』—も聞えてきた」〈中勘助・鳥の物語〉

や‐ごえ【矢声】「矢叫び❶」に同じ。

やごえ‐の‐とり【八声の鳥】夜の明け方にしばしば鳴く鳥。にわとり。「四辺も震うばかりにて—は高く唱えり」〈紅葉・金色夜叉〉

ヤコービ〖Friedrich Heinrich Jacobi〗[1743〜1819]ドイツの哲学者。理性に対する感情の優位を説き、合理主義に反対して感情哲学を主張。

や‐ごし【家越し】引っ越し。転居。家移り。「後を押す亭主—のしまひなり」〈柳多留・三〉

やこ‐ぜん【野×狐禅】禅の修行者が、まだ悟りきっていないのに悟ったかのようにうぬぼれること。転じて、物事を生かじりして、知ったような顔でうぬぼれること。また、その者。生禅。

やごつ‐な・し【▽止▽事無し】〔形ク〕《「やごとなし」の音変化》「やんごとない」に同じ。「さすがに—・き所の衆どものすることなれば」〈宇治拾遺・二〉

や‐ごと【屋事】家屋の建築や屋根のふきかえ。

やごと‐な・し【▽止事無し】〔形ク〕《「やんごとなし」の撥音の無表記から》「やんごとない」に同じ。「—・き脇顔のしめやかに」〈浮・五人女・四〉

ヤコバーリハッサーン‐モスク《Jakováli Hasszán dzsámija》ハンガリー南西部の都市ペーチにある旧イスラム寺院。16世紀に建造。同国で唯一の高さ23メートルの尖塔(ミナレット)が残る。現在はトルコの文化や歴史を紹介する博物館などになっている。

ヤコブ〖Jacobus〗㊀旧約聖書中の族長の一人。イサクの子。双子の兄エサウを欺いて長子権を奪った。神の使いと組み打ちして祝福を受け、イスラエル(神が支配する)の名を与えられた。12人の息子はイスラエル十二部族の祖となった。㊁イエスの十二使徒の一人。ゼベダイの子。使徒ヨハネの兄。大ヤコブ。㊂イエスの十二使徒の一人。アルパヨの子。小ヤコブ。㊃イエスの弟または従兄弟。エルサレム教会の指導者となる。「ヤコブの手紙」の筆者とされる。

ヤコブセン〖Jens Peter Jacobsen〗[1847〜1885]デンマークの小説家。同国における無神論的自然主義文学の代表者。作「マリー＝グルッベ夫人」「ニールス＝リーネ」。

ヤコブソン〖Roman Osipovich Yakobson〗[1896〜1982]ロシア生まれの米国の言語学者。プラハ学派の代表者の一人で、構造主義音韻論を確立。また、一般言語学・スラブ言語学・言語病理学・詩学などで業績をあげた。著「音声分析序説」「一般言語学」など。

や‐こぼれ【矢▽零れ】弓につがえて射ようとする矢が、指からすべり落ちること。

や‐ごろ【矢頃・矢▽比】矢を射るのにちょうどよい距離。矢丈。また転じて、物事を行うのにちょうどよい時機。ころあい。「—をはかる」

やさ【優】㊀《形容詞「やさしい」の語幹》名詞の上に付いて、やさしく上品である、しとやかである、などの意を表す。「—男」「—女」「—姿」㊁〔形動〕《近世語》やさしく、おとなしいさま。「—なをのこが、しなせふり」〈浄・大友真鳥〉

や‐ざ【矢座】南天の小星座。白鳥座と鷲座との間にあり、四星が矢の形に並ぶ。9月中旬の午後8時ごろ南中する。学名 Sagitta

や‐ざ【夜座・夜×坐】❶夜遅くまで寝ないで座っていること。❷仏語。初夜、すなわち午後8時頃の座禅。

や‐さい【野菜】食用とする植物の総称。青物。蔬菜。「畑で—を作る」「生—」「清浄—」
(類語)蔬菜・青物・青果・果菜・花菜・根菜・葉菜・洋菜

やさい‐こうじょう【野菜工場】屋内で温度や湿度、光量などを最適な状態にコンピューターで制御して野菜を栽培する施設。四季を通じて一定の価格で安定した供給ができる。また、安全性の高い生産や土地の有効利用などが可能。トマト・イチゴ・葉物を主に栽培。植物工場。

やさい‐もの【野菜物】「野菜」に同じ。「其外氷豆腐だの—だの買調えて」〈福沢・福翁自伝〉

やさ‐おとこ【優男】❶姿かたちが上品ですらりとしている男。また、性質のやさしい男。❷風流・芸術を理解する男。風雅な男。みやびお。「名歌仕って御感にあづかるほどの—に」〈平家・一〉

やさ‐おんな【優女】姿かたちの美しい女。また、性質のやさしい女。やさめ。「かかる東の果てしにもまたあるものぞ—」〈浄・凱陣八島〉

や‐さか【八▽尺】《「さか」は長さの単位》長いこと。また、その長さ。「我が嘆く—の嘆き」〈万・三二七六〉

やさか【八坂】京都市東山区祇園町の、八坂神社のある辺りの称。

やさか‐がた【八坂方】▶八坂流

や‐さがし【家捜し・家探し】〔名〕スル ❶家の中を残

らず捜すこと。「一してもなくした本が出てこない」❷住む家を捜すこと。「私鉄沿線で一する」
やさか-じんじゃ【八坂神社】京都市東山区祇園町にある神社。旧官幣大社。祭神は素戔嗚尊・奇稲田姫命・八柱御子神。創建は貞観年間(859〜877)というが諸説ある。全国にある八坂神社の総本社。祇園祭・白朮祭は有名。旧称、祇園天神・祇園社・牛頭天王社。俗称、祇園さん。
やさ-がた【優形】〔名・形動〕❶姿かたちが美しいこと。上品にすらりとやせていること。また、そのさま。「一な(の)人」❷気だてや振る舞いなどのやさしいこと。しとやかで優美なこと。また、そのさま。「かの女法師一なる声して」〈浮・椀久一世〉
やさか-どり【八▽尺鳥】〔枕〕潜水して長い息をする水鳥の意から、「息づく」にかかる。「一息づく妹を置きて来ぬかも」〈万・三五二七〉
やさか-に【八▽尺×瓊】大きな玉。一説に、多くの玉を8尺の緒に貫いて輪にしたもの。「腕にまかせる一の五百箇の御統を乞ひ取り」〈神代紀・上〉
やさかに-の-まがたま【八▽尺×瓊▽勾玉｜八▽尺×瓊▽曲玉】㊀大きな曲玉。一説に、多くの玉を長い緒に貫き輪にしたもの。上代、身につけて飾りとした。「此の神、奉迎りて瑞の一を進以る」〈神代紀・上〉㊁三種の神器の一。天照大神が岩戸隠れをしたとき、神々が立てた真榊につけて飾ったという曲玉。神璽。
やさか-りゅう【八坂流】リウ 平曲の流派の一。鎌倉時代末、京都八坂に住んだ琵琶法師八坂検校城玄(城元)が創始。当時、一方流と勢力を二分した。この派に属する者は、名に城の字を用いたので、城方ともいう。八坂方。➡一方流
や-さき【矢先】❶矢の先。やじり。❷矢の飛んでくる所。矢おもて。❸物事が始まろうとする、ちょうどそのとき。「帰ろうとした一に呼ばれる」❹ねらう目あて。ねらい。「一ノコマカナ人」〈日葡〉
類語 (1)矢じり・矢の根・雁股・石鏃/(3)折も折
やさ-ぐれ ❶家出人のこと。宿無し。やくざ・不良仲間の隠語。補説「やさ」は家の意、「ぐれ」の語源は不詳。❷《「ぐれ」を「ぐれる」と解してたものか》転じて、無気力でいい加減なこと。投げやりなこと。
やさ-ぐ・れる〔動ラ下一〕《「やさぐれ」の動詞化》❶家出する。宿無しの状態でふらふらする。❷《「ぐれる」と混同したものか》すねる。ふくれる。また、無気力で投げやりになる。
や-さけび【矢叫び】❶矢を射当てたとき、射手が声をあげること。また、その叫び声。やごたえ。やごえ。❷戦いの初めなどに遠矢を射合うとき、両軍が互いに発する声。やたけび。
やさし・い【易しい】〔形〕文やさ・し〔シク〕《「優しい」と同語源》❶理解や習得がしやすい。単純でわかりやすい。平易である。「一・い本」「一・くかみくだいて話す」⇔難しい。❷解決や実現がたやすい。面倒なことがなく、容易である。「だれにでもできる一・い仕事」「批評するだけなら一・い」⇔難しい。❸不用意である。「猿楽に然様ならん一・しき戯れ事は、止むべし」〈今昔・二八・三三〉派生 やさしげ〔形動〕やさしさ〔名〕
用法 やさしい・たやすい――「その問題を解決するのはやさしい(たやすい)」「やさしい(たやすい)仕事」のように、楽に処理できるの意では相通じて用いられる。◆「コンピューターについてやさしく説明する」のように、わかりやすいという意は「やさしい」だけのもので、「たやすい」にはない。◆「たやすく解ける問題」「たやすく学べる英会話」のように、わけなく、楽にという意の副詞的用法では「たやすく」が適切で、「やさしく」はふつう使わない。◆類似の語に「容易」と「平易」がある。「容易」は「たやすい」とほとんど同義だが、「不信感は容易なことでは消えない」などの慣用的な使い方では「容易」を用いる。「平易」は「やさしい❶」と同義で、「むずかしい教義を平易に説いて聞かせる」などと用いる。
類語 簡単・平易・容易・安易・軽易・手軽・楽・手っ取り早い・容易い・易い・訳ない・造作ない・苦もなく・訳がない・朝飯前・お茶の子さいさい・屁の河童
やさし・い【優しい】〔形〕文やさ・し〔シク〕《動詞「痩す」の形容詞化で、❺が原義》❶姿・ようすなどが優美である。上品で美しい。「一・い顔かたち」「声が一・い」❷他人に対して思いやりがあり、情がこまやかである。「一・く慰める」「一・い言葉をかける」❸性質がすなおでしとやかである。穏和で、好ましい感じである。「気だての一・い子」❹悪い影響を与えない。刺激が少ない。「肌に一・い化粧水」❺身がやせ細るような思いである。ひけめを感じる。恥ずかしい。「なにをして身のいたづらに老いぬらむ年のおもはむ事ぞ一・しき」〈古今・雑体〉❻控え目に振る舞い、つつましやかである。「繁樹は百八十に及びてこそさぶらふらめど、一・しく申すなり」〈大鏡・序〉❼殊勝である。けなげである。りっぱである。「あな一・し、いかなる人にてましませば、味方の御勢は皆落ち候ふに」〈平家・七〉派生 やさしげ〔形動〕やさしさ〔名〕やさしみ〔名〕
類語 (2)温かい・温か・温厚・寛厚・寛仁・親切・情け深い・慈悲深い/(3)おとなしやか・おとなしい・穏やか・穏和・温柔・柔和・もの柔らか・温順・柔順・従順・温良・順良・素直
やさし-が・る【優しがる】〔動ラ四〕❶恥ずかしそうにする。「気色ばみ、一・りて、知らずとも言ひ」〈枕・四六〉❷優美に感じる。心にくく思う。「女をば皆いとほしがり一・りけり」〈宇治拾遺・七〉
やさ-すがた【優姿】しとやかで優しい姿。優美な姿。「お嬢様の一に見惚れ」〈円朝・怪談牡丹灯籠〉
やさすかり【八道=行=成】古代の遊戯の一。盤上に八条の線を引き、その線に従って棋子を動かして勝負を決めるものかという。後世の「十六むさし」の類か。さすかり。〈和名抄〉
や-さつ【野冊】植物採集のときに使う、2枚の竹や板にひもをつけたもの。間に採集した植物を吸水用の紙とともに挟んで持ち歩く。
やさ-ば・む【優ばむ】〔動マ四〕優美そうにする。趣深そうに見せる。「ひとへに句の姿、言葉の一・みたるにはあるべからず」〈ささめごと〉
やさ-ぶみ【優文｜優▽書】恋文。懸想文。
や-ざま【矢▽狭間】城壁や櫓などにあけた、矢を射るための穴。箭眼。矢間。
やざわ-がわ【谷沢川】やざはがは 東京都世田谷区南部を流れる川。用賀付近の湧水が源で、玉堤地区で多摩川に合流する。長さ3.7キロ。下流に等々力渓谷がある。
や-さん【野蚕】蚕のように生糸のとれる、ヤママユ・クスサン・テグスサン・サクサンなど。野生の蚕。家蚕に対していう。
やさんす〔助動〕[やさんせ｜やさんし｜やさんす｜やさんす｜やさんすれ｜やさんせ]《「やしゃんす」の音変化。近世の上方における女性語》「やしゃます」に同じ。「あの太夫様が身請けして、廓を出やさんすわいな」〈伎・金竜橋〉
や-し【香=具=師｜野師｜野士｜弥四】盛り場・縁日・祭礼などに露店を出して商売したり、見世物などの興行をしたりする人。また、露天商の場所割りをし、世話をする人。的屋。
や-し【野史】民間で編集した歴史書。野乗。外史。
やし【野史】「大日本野史」の略称。
や-し【×椰子】ヤシ科の単子葉植物の総称。2500種が熱帯を中心に分布。高木あるいは蔓性の木本。幹はふつうまっすぐ伸び、頂に大きな葉をつける。葉は柄があり、羽状か手のひら状に切れ込んでいる。花は密集してつき、果実は房状になる。ふつうココヤシをさすが、ナツメヤシ・ニッパヤシ・アブラヤシや、シュロ・トウなども含まれる。
ヤシ〖Iaşi〗《「ヤーシ」とも》ルーマニア北東部の都市。モルドバ共和国との国境に近く、プルート川の支流バフルイ川沿いに位置する。同国第2の都市で、かつて16世紀から19世紀にかけてモルドバ公国の首都が置かれた。1860年に同国初の大学が設立され、文教都市としても知られる。聖ニコラエドムネスク教会、三聖人教会、文化宮殿などの歴史的建造物のほか、国民的詩人ミハイ=エミネスクの文学館がある。
やし〔間助〕《間投助詞「や」＋間投助詞「し」から。上代語》形容詞の連体形や助詞などに付いて文節末に置かれる。語勢を強め、感動の意を表す。「はしき一栄えし君のいましせば昨日も今日も我を召さましを」〈万・四五四〉➡よし 補説「はしきやし」「はしけやし」「よしゑやし」などの限られた言い方で用いる。
や-じ【野次｜弥次】❶やじること。また、その言葉。「一の応酬」❷「野次馬」の略。
野次を飛ば・す やじる。「相手チームに一・す」
やじ-うま【野次馬｜弥次馬】《「おやじ馬」の略とも「やんちゃ馬」の略ともいう》❶自分に関係のないことに、興味本位で騒ぎ立て、見物すること。また、人のしりについて騒ぎ回ること。また、その人々。❷父馬。老いた牡馬。また、気性の強い馬。「日本一の一かたらば猶よかろ」〈松の葉・三〉
類語 (1)群集・群衆・人出・人だかり・人垣・黒山・人波・行列・人通り・烏合・雲霞
やじうま-こんじょう【野次馬根性】コンジャウ 物見高い気質。
や-しお【八▽入】やしほ ❶カエデの園芸品種。春の若葉が赤く、夏に緑色になる。❷布を幾度も染め汁に浸して濃く染めること。また、その染めた布。「紅の一に染めておこせたる衣の裾も通りて濡れぬ」〈万・四一五六〉
やしお【八潮】やしほ 埼玉県南東部の市。中川・綾瀬川に挟まれ、南は東京都に隣接。米・ネギなどの産地であったが、近年は工業地・住宅地。人口8.3万(2010)。
やしお-おり【八▽入折り｜八塩折り】やしほをり 何度も繰り返して精製すること。また、そのもの。
やしおおり-の-さけ【八▽入折りの酒｜八塩折りの酒】やしほをり 何度も繰り返して醸した芳醇な酒。八醞。「一を醸み」〈記・上〉
やしおおり-の-ひもがたな【八▽入折りの×紐刀｜八塩折りの×紐刀】やしほをり 何度も繰り返して鍛錬した鋭い紐刀。「一を作りて」〈記・中〉
やしお-こ【八汐湖】やしほ 栃木県北部にある湖。洪水による鬼怒川下流の氾濫を防ぐため、昭和58年(1983)上流に造られた川治ダムの貯水池。湛水面積22平方キロメートル。葛老山の尾根をはさんで北に五十里湖がある。川治湖。
やしお-し【八潮市】やしほ ►八潮
や-しおじ【八潮路】やしほぢ 多くの潮路。「一の潮の八百会に座す」〈祝詞・六月晦大祓〉
やしお-つつじ【八潮躑=躅】やしほ ❶ツツジ科の落葉低木であるアカヤシオ、シロヤシオなどの総称。本州から四国にかけての深山に自生。細かく枝分かれした先に葉を5枚ずつ輪生状につける。初夏、漏斗形で先の5裂した花が開く。❷ヨウラクツツジの別名。
やしお-の-いろ【八▽入の色】やしほ いく度も繰り返し染め汁に浸して染めた濃い色。「竹敷のうへかた山は紅の一になりにけるかも」〈万・三七〇三〉
やし-がに【×椰子×蟹】オカヤドカリ科の甲殻類。甲は心臓形で、甲長12センチにも達し、ヤドカリであるが貝殻に入らない。体色は青褐色で、はさみは大きい。沖縄以南の海岸近くの林にすみ、夜行性で落ちているヤシの実などの果実を食べる。幼生は海に放たれ、プランクトン生活を送る。食用。まっかん。
や-しき【屋敷】❶家が建っている一区切りの土地。家屋なども含めていう。「家一を手放す」❷土地も広く、りっぱなつくりの大きな家。邸宅。「堂々とした門構えの一」❸「武家屋敷」の略。「下一」❹家を建てるための土地。邸宅。「国に一など、永代限りて宛て給ひけり」〈著聞集・一〉類語 館・邸宅・豪邸
…語 空き屋敷・家屋敷・オランダ屋敷・角屋敷・上屋敷・組屋敷・蔵屋敷・下屋敷・新屋敷・大名屋敷・唐人屋敷・中屋敷・化け物屋敷・花屋敷・控え屋敷・武家屋敷・牢屋敷
やしき-あと【屋敷跡】もと屋敷が建っていた跡。家跡。
やしき-あらため【屋敷改】江戸幕府の職名。書院番・小姓組の出役で、若年寄の支配に属し、屋敷に

や

関する一切の事務をつかさどった。新地奉行。

やしき-うち【屋敷内】屋敷のなか。家屋の建っている敷地のなか。

やしき-がた【屋敷方】武家。武家方。「町方」「公家方」などに対していう。「一にてお茶の間といふに同じ」〈浮・織留・六〉

やしき-がまえ【屋敷構え】❶屋敷の構え方。屋敷の構造。「豪壮な一」❷屋敷のような簡略な城。

やしき-がみ【屋敷神】屋敷内の一隅に祭る神。稲荷・熊野明神などが多い。

やしき-じょちゅう【屋敷女中】武家屋敷に奉公する女中。屋敷女。

やしき-じろ【屋敷城】屋敷構えの小城。

やしき-そだち【屋敷育ち】武家屋敷に育つこと。

やじ-きた【弥次喜多】《十返舎一九の「東海道中膝栗毛」の主人公、弥次郎兵衛と喜多八から》❶気楽で愉快な旅行。「一珍道中」❷楽しく、また、こっけいな一対の人。「一コンビ」

やしき-ち【屋敷地】屋敷を建てる土地。また、もと屋敷のあった土地。

やしき-づとめ【屋敷勤め】武家屋敷に勤めること。武家勤め。屋敷奉公。

やしき-ふう【屋敷風】武家屋敷の風俗。町風に対し、やぼでもの堅い面がある。武家風。やかたふう。「今までの一はもう置いて」〈浄・合邦辻〉

やしき-ぼうこう【屋敷奉公】「屋敷勤め」に同じ。

やしき-まち【屋敷町】❶商店街などに対して、邸宅の続いている町。「閑静なお一」❷武家屋敷が並んでいる町。屋形町。

やしき-もの【屋敷者】武家屋敷に住む者。また、屋敷勤めをする者。やかたもの。「どうでもこりゃ宿下がりか、何でも一じゃ」〈伎・色読販〉

やしき-もり【屋敷守】屋敷を守る人。宿守。

やしき-りん【屋敷林】屋敷の周囲に防風や防火のために植えた樹林。屋敷森。

やし-とう【椰子糖】サトウヤシなどの樹液からつくる、糖蜜を含んだ黒褐色の砂糖。

やしない【養い】❶やしなうこと。育てること。養育。❷栄養となるもの。栄養物。滋養分。また、植物の肥料。「竹が熟した時に一が十分でないから軽い竹になるのです」〈露伴・幻談〉❸一家が暮らしていくためにかかる費用。また、子供にかかる養育費。❹お布施。「三十三番の巡礼に一を宜ふか」〈浄・文武五人男〉❺「養い子」の略。「忠盛取りて一にせよ」〈平家・六〉

やしない-おや【養い親】子をもらって養い育てた親。養父母。

やしない-ぎみ【養ひ君】養育する貴人の子。また、乳母が自分の養育した子をよぶ称。「一の、比叡の山に児にておはしますが、ただ今もや鼻ひ給はんと思へば」〈徒然・四七〉

やしない-ご【養い子】養子。もらいご。

やしな-う【養う】〔動ワ五(ハ四)〕❶自分の収入で家族などが生活できるようにする。扶養する。「妻子を一・う」❷衣食などのめんどうを見ながら育てる。養育する。「孫を大切に一・う」❸食物を与えて飼う。「家畜を一・う」❹育て蓄える。力や習慣をしだいにつくり上げる。「英気を一・う」「日ごろから実力を一・う」❺療養する。養生する。「病を一・う」❻子供や病人などの食事の世話をする。「母は次男の多加志に牛乳やトオストを一・っていた」〈芥川・年末の一日〉❼養子にする。「いとこを一・って跡を継がせる」(可能)やしなえる

(用法)やしなう・そだてる――「女手一つで五人の子を養う(育てる)」のように生活の世話をするの意では、相通じて用いられる。◆「牛馬を養う」「妻子を養う」など「養う」は、生命・生活が維持できるようにする意に重点があり、「育てる」は使えない。◆「弟子を育てる」「子犬を育てる」「夢を育てる」「文化を育てる」など、「育てる」はそれを成長させる意に重点があり、この場合、「養う」では代替できない。◆「乳牛を養う」「ひな鳥を育てる」と動物については「養う」も「育てる」も使えるが、意味の違いははっきりしている。植物については「菊を育てる」といい、「養う」とはいわない。◆類似の語に「はぐくむ」がある。大切に養い育てるの意で共通するが、やや雅語的で、「親鳥が雛をはぐくむ」のほか、「夢をはぐくむ」のような慣用的な用法に限られる。

(類語)育てる・育む・培う・扶育・扶養・養育

や-しま【八洲｜八島】「八洲国」の略。「現つ神我が大君の天の下一の中に国はしも多くあれども」〈万・一〇五〇〉

やしま【屋島】㊀香川県高松市北東部にある半島。溶岩台地で、南北2嶺があり、南嶺に屋島寺がある。もとは島で、源平屋島の戦いの古戦場。㊁(観世流以外は「八島」と書く)謡曲。二番目物。世阿弥作とされる。平家物語などに取材。源義経の亡霊が旅僧の前に現れ、屋島の合戦の模様と修羅道の苦しみを語る。㊂幸若舞曲。謡曲の「摂待」と同材。屋島軍。㊃地歌・箏曲。㊁の後半を詞章とする。安永(1772～1781)頃、名古屋の藤尾勾当が作曲。

やしまがくえん-だいがく【八洲学園大学】神奈川県横浜市にある私立大学。平成16年(2004)に開設された通信制大学で、インターネット学習だけで卒業が可能。

やじま-かじこ【矢島楫子】[1833～1925]女子教育家。肥後の生まれ。女子学院の初代院長をつとめ、キリスト教に基づいた教育を行った。明治26年(1893)日本基督教婦人矯風会を設立して会長となり、婦人運動・社会改良事業に尽くした。

やしま-くに【八洲国】《多くの島のある国の意》日本の国の美称。大八洲。「八千矛の神の命は一妻まきかねて」〈記・上・歌謡〉(類語)日本・大和・日の本・大八洲・秋津島・敷島・葦原の中つ国・豊葦原・瑞穂の国・和国・日東・東海・扶桑・神州・本邦・本朝・ジャパン・ジパング

やしま-でら【屋島寺】香川県高松市にある真言宗御室派の寺。山号は、南面山。四国八十八箇所第84番札所。天平宝字6年(762)鑑真の創建と伝える。のち、空海が中興。源平合戦にゆかりの品が多く残る。やしまじ。

やしま-の-たたかい【屋島の戦い】文治元年(1185)屋島で行われた源平の合戦。一ノ谷の戦いに敗れて屋島に逃れた平氏は、この戦いで源義経らに再び敗れ、海上を長門の壇ノ浦に逃れた。

やしゃ【夜叉】《梵 yakṣaの音写》顔かたちが恐ろしく、性質が猛悪なインドの鬼神。仏教に取り入れられて仏法を守護する鬼神となり、毘沙門天の眷族とされる。八部衆の一。(類語)阿修羅・羅刹・般若

やしゃ【耶舎】《梵 Yaśasの音写》古代インドの波羅奈国の富豪の息子。家出し、鹿野苑で釈迦に会って出家し、五比丘に次ぐ6番目の弟子となった。探しにきた父母も帰依し、最初の在家信者となった。

や-しゃく【野×錫】〔代〕一人称の人代名詞。僧が自分をへりくだっていう語。愚僧。「一はこの尾上の松の下陰に一夏を送る道心なるが」〈浄・用明天王〉

やしゃ-ご【玄=孫】《「やしわご」の音変化》孫の孫。ひまごの子。げんそん。

やしゃ-びしゃく【夜×叉▽柄×杓】ユキノシタ科の落葉小低木。深山の古木などに着生する。葉は腎円形で縁にぎざぎざがあり、長い柄をもつ。4、5月ごろ5弁花が咲き、萼が花びらより大きく、淡緑白色。実は緑色で丸く、腺毛が密生。天梅。

やしゃ-ぶし【夜×叉五=倍=子】カバノキ科の落葉小高木。山地に自生。よく枝分かれし、葉は長楕円形で先がとがる。3月ごろ、枝先に雄花穂を垂れてつけ、それより下方に球状の雌花穂をつける。果穂は松かさ状をし、タンニンを含む。みねばり。

やしゃます〔助動〕《尊敬の助動詞「やしゃる」に丁寧の助動詞「ます」の付いた「やしゃります」の音変化。近世上方語》語幹と活用語尾との区別のない動詞の未然形に付く。動作者への尊敬と話相手への丁寧の意を表す。「さあ出やしゃませうとあくる戸に」〈浄・難波丸金鶏〉

やしゃる〔助動〕《「さしゃる」の音変化とも》語幹と活用語尾との区別のない動詞の未然形に付く。尊敬の意を表す。…なさる。「若し二親の手前を遠慮して居やしゃるまいものでもない」〈浄・忠臣蔵〉(補説)主として近世上方で行われ、前期は下二段活用「やしゃれ・やしゃれ・やしゃる・やしゃるる・やしゃるれ・やしゃれい」のものと四段活用「やしゃら・やしゃり・やしゃる・やしゃる・やしゃれ・やしゃれ」のものとがみられるが、後期には四段活用のものだけとなる。➡やっしゃる

やしゃんす〔助動〕《尊敬の助動詞「やしゃる」に丁寧の助動詞「ます」の付いた「やしゃります」の音変化。近世の上方における女性語》「やしゃます」に同じ。「様子を聞きに町へ出やしゃんした」〈伎・好色伝授〉

や-しゅ【野手】野球で、守備側選手の総称。

や-しゅ【野趣】自然のおもむき。また、田舎らしい素朴な味わい。「一に富む庭」

やし-ゆ【×椰子油】ココヤシの実の胚乳(コプラ)を圧搾して得られる白ないし淡黄色の脂肪。成分はラウリン酸などのグリセリドで、石鹸・マーガリンなどの原料とする。コプラ油。➡パームオイル

や-しゅう【夜襲】〔名〕スル 夜、敵を襲うこと。夜討ち。「敵陣に一をかける」「不意に一する」

(類語)夜討ち・闇討ち

や-しゅう【野州】㊀下野国の異称。㊁《「州」は人名に添える接尾語》若衆道などの野郎。「そっちの宗旨の一達」〈浮・禁短気・二〉

や-じゅう【野獣】山野にすむけもの。野生のけもの。(類語)けだもの・獣・獣・獣類・動物・畜類・畜生・百獣・鳥獣・禽獣・アニマル・ビースト

やじゅう-は【野獣派】▶フォービスム

やしゅ-せんたく【野手選択】▶野選

やしゅだら【耶輸陀羅】《梵 Yaśodharāの音写》古代インドの拘利族の王の娘で、釈迦の出家前の正妃。羅睺羅の母。釈迦が悟りを開いて5年目に、五百人の釈迦族の女性とともに出家したという。ヤショーダラー。

ヤシュチラン〖Yaxchilán〗メキシコ南東部、チアパス州、グアテマラ国境付近にある遺跡。マヤ文明古典期後期、8世紀頃に最盛期を迎え、祭祀の中心的な場所として利用されていたと考えられている。

や-じょう【野乗】「野史」に同じ。「彼の拙劣なる一を読み」〈逍遥・小説神髄〉

や-じょう【野情】自然のままの趣。田舎の風情。野趣。また、無風流な心。「吝嗇一の人なりとて、爪はじきをして」〈読・雨月・貧福論〉

や-しょく【夜色】夜の景色。夜景。また、夜の気配。夜の風情。「淡月朦朧として、光なく、一転えた凄然たり」〈竜渓・経国美談〉

(類語)夜景・夕景・夕景・暮景・晩景

や-しょく【夜食】❶夕食後、夜遅くなってから食べる簡単な食事。(季 秋)「くろがねを打ち来て一するうから/正雄」❷夕食のこと。ばんめし。

や-しょく【野色】野原の景色。また、野原の風情。

(類語)景色・野景・山色・水色・山紫水明・白砂青松・柳暗花明・春景・煙景・秋景・雪景

や-じょく【家職｜屋職】大工・左官など建築に関係する職業。また、それにたずさわる人。

や-じり【家尻】家・蔵などの後ろのほう。「出入りの不自由にないやうに、一をば大きく切りやれ」〈黄・金生木〉

家尻を切・る　家尻の壁を切って盗みに入る。「銀が欲しくば、汚い言ひがけせうより奇麗に家尻切れいやい」〈浄・生玉心中〉

や-じり【×鏃｜矢尻】❶矢の先端につけ、射当てたとき突き刺さる部分。普通は鉄製であるが、古くは石・骨・銅なども用いられた。矢の根。❷矢を射当てる技量。「小藤太が一の細かさ、これ見給へ」〈浄・虎が磨〉(類語)矢先・矢の根・雁股・石鏃

やじり-きり【家尻切り】家・土蔵の後壁を切って侵入し盗みを働くこと。また、その盗賊。「盗賊が一のすてきな材料にもなりしと聞く」〈逍遥・当世書生気質〉

やじり-まき【×鏃巻】▶沓巻❶

やじ・る【野次る┊弥次る】〔動ラ五(四)〕《名詞「野次」の動詞化》他人の言動に、大声で非難やひやかしの言葉を浴びせかける。「演説者を口ぎたなく―・る」(可能)やじれる (類語)はやす

や-じるし【矢印】❶方向などを示すための、矢の形をしたしるし。「―で順路を示す」❷射手を明示するために、矢につける姓名・家紋などのしるし。

や-しろ【社】《「屋や代しろ」の意。「代しろ」は神を祭るために地を清めた場所》❶神を祭る建物。神社。❷神の降臨する場所。土地を清めて祭壇を設け、神を祭った場所。「春日野に粟まけりせば鹿しし待ちに継ぎて行かましを―し恨めし」〈万・四〇五〉

(類語)神社・神宮・大社・稲荷いなり・八幡はちまん・鎮守・本社・摂社・末社・祠ほこら・宮・祠堂しどう

やしろ-じま【屋代島】山口県の大島の異称。

やしろ-せいいち【矢代静一】[1927〜1998]劇作家。東京の生まれ。早大卒。文学座に入り、のち劇団NLT結成に参加。浮世絵師三部作「写楽考」「北斎漫画」「淫乱斎英泉」で芸術選奨。他の作品に「壁画」「夜明けに消えた」など。

やしろ-ひろかた【屋代弘賢】[1758〜1841]江戸後期の国学者。江戸の人。号、輪池。幕府の書役かきやく・右筆となり、塙保己一はなわほきいちを助けて「群書類従」編纂に参加。和漢の書を収集し、蔵書家としても知られた。編著「古今要覧稿」など。

やじろべえ【弥次郎兵衛】ヤジロ ベヱ ㊀「東海道中膝栗毛」中の人物。江戸の住人で、喜多八とともに失敗やこっけいを演じながら東海道・京・大坂を旅する。㊁《荷物を振り分けにした姿の㊀をかたどったところから》玩具の一。短い棒に人形をつけ、その両手を長くして端に重りをつけ、中心の棒を支えるだけでうまく釣り合いがとれて倒れないようにこしらえたもの。釣り合い人形。与次郎人形。与次郎兵衛。

やしろ-ゆきお【矢代幸雄】―ゆき を[1890〜1975]美術史家・美術評論家。神奈川の生まれ。英文で発表したボッティチェリの研究で世界的な注目を集めた。東洋・日本美術の分野でも活躍。

やしわ-ご【玄＝孫】やし は―「やしゃご」に同じ。「狭穂彦さほひこの―、歯田根命はたねのみこと」〈雄略紀〉

や-しん【野心】❶ひそかに抱く、大きな望み。また、身分不相応のよくない望み。野望。「政治家になりたいという―に燃える」「政権奪取の―をもつ」❷新しいことに取り組もうとする気持ち。「―作」❸野生の動物が人に馴れずに歯向かうように、人に馴れ服さず害を及ぼそうとする心。「但し―改め難くして、情こころに猶予を懐けり」〈三教指帰・下〉

(類語)野望・大望・風雲の志・欲・意欲・色気・向上心

や-じん【野人】❶田舎に住む人。田舎者。「田夫―」❷粗野な人。また、無粋な人。❸在野の人。

(類語)田舎者・山出し・野蛮人

野人暦日れきじつなし　田舎に住み、自然を楽しむ人は、月日がたつのも知らずに過ごしてしまう。

やしん-か【野心家】野心をもって行動する人。「権力志向の強い―」

やしん-てき【野心的】〔形動〕望みなどの、身分不相応に大きいさま。また、試みなどの、新しく大胆であるさま。「―な研究」

やす【安】形容詞「やす(安)い」の語幹。❶他より金額の安いこと。また、安くて粗末なこと。「―アパート」「―月給」❷ある時期よりも金額が安くなること。「五円―」❸軽々しく行うこと。「―請け合い」

やす【▽易】形容詞「やす(易)い」の語幹。「枝弱み乱れ―なる青柳の糸のたよりに風な寄りこそ」〈堀川中納言家歌合〉

やす【野洲】滋賀県中南部、野洲川が琵琶湖に注ぐ下流北岸にある市。近江おうみ富士と呼ばれる三上山がある。平成16年(2004)中主ちゅうず町、野洲町が合併して成立。人口5.0万(2010)。

やす【×簎┊×矠】漁具の一。長い柄の先に数本に分かれた鋭い鉄をつけ、魚介を突いて捕らえるもの。

や・す【痩す┊×瘠す】〔動サ下二〕「やせる」の文語形。

やす〔助動〕[(やさ)・(やせ)|やし|やす|(やす)|○|○]《近世語》動詞の連用形、断定の助動詞「だ」の連用形「で」に付く。❶動作者への軽い敬意を表す。…なさる。「これでもあがりやし」〈洒・通言総籬〉❷話し相手への丁寧の意を表す。…ます。「臘月しわすと五色丹前を買って参りやした」〈洒・辰巳之園〉(補説)❶は、近世前期の上方で用いられ、❷は近世後期の上方、また、江戸で用いられた。終止形・連体形に「やする」もみられる。

やす-あがり【安上(が)り】〔名・形動〕安い値段で、でき上がること。費用が安く済むこと。また、そのさま。「―な(の)気晴らし」(類語)安い・安値・安価・廉価・安め・割安・格安・低廉・安直・徳用

やす-い【安▽寝】安らかに眠ること。安眠。「まなかひにもとなかかりて―しなさぬ」〈万・八〇二〉

やす・い【安い】〔形〕図やす・し〔ク〕❶(「廉い」とも書く)他に比べて、また普通より値段が低い。安価である。「―・い買物」「―・くあがる」「給料が―・い」⇔高い。❷価値がない。軽々しい。「―・く見られる」❸心がおだやかである。落ち着いている。「西からの戦報を手にするたびに―・い心はなかった」〈藤村・夜明け前〉❹(「やすくない」の形で)男女の間が親密なさま。また、それをひやかしていう語。「二人でお出掛けとは―・くない話だね」➡お安い ❺責任がない。気楽である。「京中の上下―・き口にはささやきけり」〈盛衰記・二三〉(派生)やすさ〔名〕(類語)(❶)低廉・安価・廉価・安直あんちょく・安上がり・割安・格安・徳用・安値・安め

安かろう悪かろう　値段が安ければそれだけ質が落ちるであろう。安い物によい物はない。(補説)「悪かろう安かろう」とは言わない。

やす・い【▽易い】〔形〕図やす・し〔ク〕《「安い」と同語源》❶行うのがやさしい。たやすい。「言うだけならいとも―・いことだ」❷動詞の連用形に付く。㋐そうなりがちである。とかく…する傾向にある。「壊れ―・いおもちゃ」「さび―・い金属」㋑そうすることがたやすい。…するのが容易である。「書き―・いペン」「相談し―・い人」(派生)やすさ〔名〕

(類語)簡単・容易・安易・平易・軽易・手軽てがる・楽・手っ取り早い・容易たやすい・易やさしい・平たい・造作ぞうさない・訳わけない・朝飯前・お茶の子さいさい・屁への河童かっぱ

やすい-さんてつ【安井算哲】やすい さんてつ ㊀[1590?〜1652]江戸初期の囲碁棋士。保井算哲とも書く。河内かわちの人。渋川春海しぶかわはるみの父。家元安井家の祖。幼少より碁をよくし、徳川家康に認められて碁所ごどころとなった。㊁▶渋川春海

やすい-しゅんかい【安井春海】やすい しゅんかい▶渋川しぶかわ春海

やすい-そうたろう【安井曽太郎】やすい ソウタラウ[1888〜1955]洋画家。京都の生まれ。浅井忠に師事。渡仏してピサロ・セザンヌなどの影響を受ける。帰国後、二科会に参加、のち退会して一水会を結成。日本の風土に即しつつ、明るく近代感覚あふれる画風を確立した。文化勲章受章。

やすい-そっけん【安井息軒】やすゐ ソクケン[1799〜1876]江戸末期の儒学者。日向ひゅうがの人。名は衡。字あざなは仲平。飫肥おび藩校の助教、のち、昌平坂学問所教授。考証にすぐれたが、海防・軍備などの政策も論じた。著「左伝輯釈」「論語集説」「海防私議」など。

やすい-どうとん【安井道頓】やすゐ ダウトン[1533〜1615]安土桃山時代の土木家。河内かわちの人。豊臣秀吉に仕え、大坂城の築城に従事。のち、東横堀川と木津川とを結ぶ水路(現在の道頓堀川)開通に着手したが、大坂夏の陣で戦死。

やす-うけあい【安請(け)合い】―うけ あひ〔名〕スル よく考えもしないで、軽々しく引き受けること。「―して後悔する」

やす-うり【安売り】〔名〕スル ❶普通より安い値段で売ること。「冬物を―する」❷貴重なものとして扱うべきものを気軽に与えること。「親切の―」

(類語)売り出し・特売・廉売・乱売・投げ売り・捨て売り・叩たたき売り・見切り売り・蔵浚くらざらえ・ダンピング・セール・バーゲンセール

やすおか-しょうたろう【安岡章太郎】やすをか シヤウタラウ[1920〜]小説家。高知の生まれ。「第三の新人」の一人。「悪い仲間」「陰気な愉たのしみ」で芥川賞受賞。他に「海辺かいへんの光景」「伯父の墓地」など。芸術院会員。平成13年(2001)文化功労者。

やすかた【安方】「善知鳥うとう安方」に同じ。「歌ふ声にも血の涙、子は―のさへづりや」〈浄・阿波鳴渡〉

やす-がわ【野洲川】―がは 滋賀県南東部、鈴鹿山脈の御在所山に源を発し、ほぼ西流して琵琶湖に注ぐ川。長さ61キロ。下流は三角州を形成し、放水路がある。

やすき【▽易き】❶たやすいこと。楽なこと。「―に流れる」⇔難かたき。❷安定した状態であること。「国を泰山の―に置く」

易きに付・く　安易なほうを選ぶ。「―・いてばかりでは大成しない」

やすぎ【安来】島根県東部の市。中海なかうみに臨み、山陰道の宿場町、西廻り航路の港町として栄えた。特殊鋼ヤスキハガネの産地。「安来節」の発祥地。人口4.2万(2010)。

やすき-くらい【安き位】―くら ゐ▶安位あんい

やすぎ-さだとし【八杉貞利】[1876〜1966]ロシア語学者。東京の生まれ。東京外国語学校教授。日本におけるロシア語・ロシア文学研究に多大に貢献した。著「露西亜語学楷梯」「ロシア語辞典」など。

やすぎ-し【安来市】▶安来

やすぎ-ぶし【安来節】島根県安来地方の民謡。酒席で歌われてきた騒ぎ歌で、江戸後期に出雲節が変化してできたものという。「どじょうすくい」の踊りを伴うことが多い。やすきぶし。

やすく-な・い【安く無い】〔連語〕《形容詞「やす(安)い」の連用形＋形容詞「ない」》▶安い❹

やす-くに【安国】平和な国。「四方よもの国を―と平らけく知ろしめすが故に」〈祝詞・祈年祭〉

やすくに-じんじゃ【靖国神社】東京都千代田区にある神社。幕末および明治維新以後の国事に殉じた人々の霊を合祀ごうしする。明治2年(1869)東京招魂社として創建。同12年現社名に改称。4月と10月に例大祭、7月にみたま祭りが行われる。

や-ずくみ【矢×竦み】たくさんの矢を射かけられて動けないこと。「その矢、冬野の霜に臥したるが如く折りかけたれば、―に立って働かず」〈太平記・二六〉

やすけ【弥助】《「義経千本桜」に登場する鮨屋すしやの名から》鮨の異称。「朝飯がすすまずば後刻のちほどに―でも誂あつらえようか」〈一葉・たけくらべ〉

やすけ-く【安けく】《形容詞「やすし」のク語法》心安らかであること。「あしひきの山路越えむとする君を心に持ちて―もなし」〈万・三七二三〉

やすげ-な・し【安げ無し】〔形ク〕不安である。落ち着かない。「高き交ひも、身の程限りあるに、いと―・しかしと見る」〈紫式部日記〉

やす-ざらし【野×洲×晒し】滋賀県野洲地方から産出する晒し麻布。近江おうみ晒し。

やす-し【野洲市】▶野洲

や-すじ【矢筋】―すぢ 矢の飛んでいく道筋。

やす-だいじ【安大事┊▽易大事】表面はなんでもないようにみえて、その実は容易ならない一大事。「これこそ、さすが―よ」〈平家・七〉

やすだ-ざいばつ【安田財閥】安田善次郎が築いた財閥。安田保善社を拠点にして銀行業を中心に発展したが、翼下に有力な産業部門を持たなかった。第二次大戦後、GHQの指令で解体。

やすだ-じょしだいがく【安田女子大学】―ヂヨシ ダイガク 広島市にある私立大学。昭和41年(1966)の開設。

やすだ-ぜんじろう【安田善次郎】―ゼンジ ラウ[1838〜1921]実業家。富山の生まれ。幕末の江戸で両替商安田商店を営んで成功し、維新後、安田銀行に改組、また生命保険・損害保険会社を創立し、金融資本中心の安田財閥を築いた。日比谷公会堂・東大安田講堂を寄付。神奈川県大磯で刺殺された。

やすだ-ゆきひこ【安田靫彦】[1884〜1978]日本画家。東京の生まれ。本名、新三郎。小堀鞆音こぼりともとに師事し、同門の仲間とともに紫紅会(のち紅児会)を結成、のち日本美術院の再興に参加。歴史画にすぐれた。文化勲章受章。

やすだ-よじゅうろう【保田与重郎】[1910〜1981]評論家。奈良の生まれ。昭和10年(1935)文芸雑誌「日本浪曼派」を創刊、伝統主義と近代文明批判を展開した。評論集「日本の橋」など。

やすつぐ【康継】[?〜1621]桃山末期・江戸初期の刀工。近江の人。のち越前に移住。通称、下坂市之丞。徳川家康より「康」の字の使用と葵紋を銘に入れることを許され、徳川家の御用鍛冶を務めた。以後、代々名跡を継承。➡葵下坂

やすつな【安綱】平安中期、伯耆の刀工。本名、横瀬三郎太夫。伯州刀工の祖といわれ、作品に名物「童子切」がある。生没年未詳。

やすっ-ぽ・い【安っぽい】〘形〙❶品物が劣っていていかにも値うちがないように見えるさま。「—・いブローチ」❷品格がない。下品である。また、問題にする価値がない。「—・いメロドラマ」「—・い同情はいらない」「—・い男」〘派生〙やすっぽさ〘名〙〘類語〙安手・けち

やす-で【安手】〘名・形動〙❶値段の安いこと。安い部類に属すること。安価。「—の商品からさばける」❷安っぽいこと。粗末で低級なこと。また、そのさま。「—な(の)生地」「—な(の)三文小説」〘類語〙安っぽい・粗悪・ちゃち・けち

やすで【馬陸】倍脚綱の節足動物の総称。体は細長くてムカデに似るが、一つの体節に二対の歩脚があり、体長2センチくらいのものが多い。朽ち木・落ち葉の下など湿った所にすみ、触ると渦巻き状になり臭気を放つ。キシャヤスデ・ヒラタヤスデなど。円座虫。あまびこ。ぜにむし。〘季 夏〙

やすとみき【康富記】室町中期の権大外記中原康富の日記。応永24年(1417)から康正元年(1455)に至る記事が断続して残り、内容は公家・武家の事のほか多方面にわたる。自筆本が現存。中原康富記。康富御記。

やすな【保名】歌舞伎舞踊。清元。篠田金治作詞、清沢万吉作曲。七変化舞踊「深山桜及兼樹振」の一。文政元年(1818)江戸都座初演。浄瑠璃「蘆屋道満大内鑑」の二段目「小袖物狂」の場、安倍保名が亡き恋人の形見の小袖を抱いて狂い歩くくだりを舞踊化したもの。保名狂乱。

ヤスナグラ-しゅうどういん【ヤスナグラ修道院】《Jasna Góra》ポーランド南部の都市チェンストホバにある修道院。14世紀末、聖パウロ修道会の修道院として創建。「黒いマドンナ」と称される聖母画で知られ、数多くの巡礼者が訪れる。

やす-ね【安値】❶値段の安いこと。安い値段。「—で取引される」⇔高値。❷取引市場で、1日とか1か月といった間のうちでついた最も安い値段。⇔高値。〘類語〙安い・安価・廉価・安め・割安・格安・低廉・安直・安上がり・徳用

やすね-びけ【安値引け】取引市場で、終わり値がその日の最も低い値段になること。⇔高値引け。

やす-の-かわ【安の河】❶日本神話で、天上にあるという川。天の安の河。❷「天の川」に同じ。「—い向かひ立ちて年の恋日長き児らが妻問ひの夜そ」〈万・四一二七〉

ヤスパース〘Karl Jaspers〙[1883〜1969]ドイツの哲学者。現象学的精神病理学の専門家として「精神病理学総論」を著して名声を得たが、のちに哲学へ移行。ハイデッガーとならぶ実存主義哲学の代表者となった。著「哲学」「実存哲学」「真理について」など。ヤスペルス。

やす-はたご【安旅籠】宿賃の安い旅宿。安宿。

やすはら-ていしつ【安原貞室】[1610〜1673]江戸前期の俳人。京都の人。名は正章。号、一嚢軒など。松永貞徳の門人で、師の没後その正統を自任。編著「氷室守」「正章千句」「玉海集」など。

やす-ぶしん【安普請】安い費用で家を建てること。また、そういう粗雑なつくりの家。

やす-ふだ【安札】安値で入札すること。また、その札。「ひとりは—にて普請する人」〈浮・一代女・三〉

ヤスペルス〘Karl Jaspers〙➤ヤスパース

やすま・せる【休ませる】〘動サ下一〙〘文〙やすま・す〘サ下二〙❶休みを取らせる。休むようにさせる。「かぜで学校を—・せる」❷負担を軽くする。「一時間に五分は目を—・せる」❸一定の温度を保って、発酵や熟成の具合を調節する。「パン生地を—・せる」「ワインを地下倉庫で—・せる」

やすま・る【休まる｜安まる】〘動ラ五(四)〙からだや気持ちが落ち着いてやすらかになる。「自然に触れて心が—・る」「忙しくてからだが—・らない」〘類語〙落ち着く・安らぐ・くつろぐ

や-すみ【八隅】《枕詞「やすみしし」の「やすみ」を、万葉集で「八隅」と表記したものがあるところから》天皇の統治する国の四方八方のすみずみ。「天の下—の中にひとりますしまの大君万代までに」〈夫木・三六〉

やすみ【休み】❶休むこと。休息。「食後の—」❷休む時間・日・期間。「昼—」「祝日は会社が—になる」❸欠勤・欠席すること。「無断で—をとる」❹寝ること。就寝。「夜の—を知らせる鐘が鳴り渡って」〈藤村・破戒〉❺蚕が、脱皮前しばらくの間、桑の葉を食べずに静止すること。眠り。眠。❻斎宮の忌詞で、病気をいう。➡お休み〘類語〙(❶)休憩・休息・休養・安息/(❷)休日・休暇・ホリデー・バケーション・バカンス〘下接語〙御休み・小休み・食休み・ずる休み・中休み・夏休み・春休み・一休み・昼休み・冬休み

やすみ-しし【安見知し｜八隅知し】〘枕〙国のすみずみまで知らす(治める)意、または安らかに知ろしめす意から、「わが大君」「わご大君」にかかる。「—わが大君の遊ばしし」〈記・下・歌謡〉

やすみ-しる【安見知る｜八隅知る】〘枕〙《「やすみしし」に当てた「知」を「しる」と読んでできた語》「わが天皇」「わが大君」にかかる。「—わが天皇の御代にこそさか井の村の色も澄みけれ」〈玉葉集・賀〉

やすみ-ぢゃや【休み茶屋】休憩所になる茶屋。

やすみ-どころ【休み所】休息する所。休憩所。

やすみ-どの【安み殿】《天下を安らかに治める御殿の意》天皇が政事を執る所。安殿。

やすみ-び【休み日】休みの日。きゅうじつ。

やすみ-やすみ【休み休み】〘副〙❶時々休みながら続けるさま。「—荷物を運ぶ」❷考え考え、ある事をするさま。非難の気持ちをこめて用いる。「ばかも—言え」

やす・む【休む】㊀〘動マ五(四)〙❶仕事・活動を中断して、心身を楽にする。休息する。「食後に一時間—・む」❷動きや働きが止まる。「河水の、…—・まずに、流れ流れ流れて」〈蘆花・自然と人生〉❸眠るために床に就く。寝る。「夕食後早めに—・んだ」❹欠席・欠勤する。「風邪で会社を—・む」❺日ごろ続けてきたことをしばらくせずにいる。「植木に水をやるのを—・む」❻病気が治る。「七年を逕る間に、医薬方療して猶—・まず」〈霊異記・中〉〘可能〙やすめる ㊁〘動マ下二〙「やすめる」の文語形。〘類語〙㊀(❶)休らう・憩う・くつろぐ・休息する・休憩する・一休みする・小休止する・少憩する・一服する・一息入れる・骨休めする・休養する・息をつく・リラックスする/(❷)休止する・停止する・中断する

休むも相場　相場格言の一つ。損失の後や予想しづらい局面では、ポジションをいったんすべて整理して、冷静に反省や分析をすることが大切であるという教訓。

やす-むしろ【安▽席｜安×筵】座り心地のよい敷物。「梯立の嶮しき山も我妹子と二人越ゆれば—かも」〈仁徳紀・歌謡〉

やすめ【休め】《動詞「休む」の命令形から》休むように、または楽な姿勢をとるように号令をかけること。また、その姿勢。号令としても用いる。「—を宣する」

やす-め【安め｜安目】〘名・形動〙❶値段が比較的安いこと。また、そのさま。「—に見積もる」⇔高め。❷丁半ばくちで、負けの賽の目が出ること。「—にかかって丸裸」〈洒・新吾左出放題〉❸値段の安いものを買うこと。また、その人。「—でも呼ばざあ、買人のねえ面だ」〈洒・多佳余字辞〉❹ひかえめにすること。謙遜。「其様に—をお言ひのが愛敬になって」〈人・梅之春〉〘類語〙(❶)安い・安値・廉価・安価・割安・格安・低廉・安直・安上がり・徳用

やすめ-ことば【休め言葉】詩歌などで、特に意味はないが、調子を整えるために置く言葉。休め字。「山の山鳥」の「山の」のようなもの。

やすめ-じ【休め字】「休め言葉」に同じ。

やすめ-どころ【休め所】❶休ませる所。休息所。「細脛の—や夏の山/珍碩」〈猿蓑〉❷短歌の第3句。「あだ人のといふ五文字を、—にうちおきて」〈源・玉鬘〉

やす・める【休める】〘動マ下一〙〘文〙やす・む〘マ下二〙❶人や動物の活動を一時中断して、やすらかにさせる。休息させる。「からだを—・める」「馬を—・める」「手を—・める」❷利用されていない状態にする。「田を—・める」「機械を—・める」❸おだやかにする。なだめて心を落ち着かせる。「神仏明らかにましまさばこの憂へ—・め給へと」〈源・明石〉〘類語〙休む

やす-もの【安物】値段が安く、粗悪な物。〘類語〙粗品

安物は高物　安価な物はすぐに買い替えることになり、結局は高くつくということ。

やすもの-かい【安物買い】値の安い品を買うこと。

安物買いの銭失い　安価な物を買うと、品質が悪かったり、すぐに買い替えなければならなかったりするので、かえって損になるということ。

やす-やす【安安】〘副〙安楽なさま。平穏なさま。「ただ—と楽寝がさせて貰いたい」〈漱石・坑夫〉

やす-やす【▽易▽易】〘副〙簡単に事を行うさま。また、容易に事態が進展するさま。たやすく。「原書を—(と)読みこなす」「—と事が運ぶ」〘類語〙楽楽・軽軽・無造作・楽・容易・簡単・易易・軽く・悠悠・難無く・苦も無く・容易ない・訳無い・与し易い

やす-やす【痩す痩す】〘副〙やせ続けるさま。やせながら。「—も生けらばあらむをはたやはた鰻を捕ると川に流るな」〈万・三八五四〉

やす-やど【安宿】宿泊料の安い宿屋。

やす-ら【安ら】〘形動ナリ〙穏やかなさま。「小頸—に汝も着せめかも」〈催馬楽・夏引〉

やすらい【▽休らい｜安らい】❶休むこと。また、穏やかなこと。「霧雨にぬれた竹林は…羊の群れが首をたれて、静かに眠っている—であった」〈康成・春景色〉❷ためらうこと。躊躇すること。「来し方の心の—さへあやふく覚え給へど」〈源・総角〉❸たたずむこと。立ちどまること。「怪しや。誰人の道ふみ迷へる—ぞや」〈太平記・六〉

やすらい【安=楽｜夜須礼】「安楽祭」に同じ。〘季 春〙「—の花よ踏まれな跡なる子/暁台」

やすらい-はな【安=楽花】やすらい祭にうたわれる歌。また、その囃子詞。

やすらい-まつり【安楽祭｜夜須礼祭】京都市北区紫野の今宮神社で、4月の第2日曜日(もと陰暦3月10日)に行われる花鎮めの祭。鉾持ち・小鬼・大鬼・花傘持ち・太刀持ちなどの一行が、「やすらい花や」の歌に合わせて踊りながら社参する。〘季 春〙

やすら・う【▽休らう｜安らう】㊀〘動ワ五(ハ四)〙❶休む。休息する。憩う。「ベンチに—・う恋人たち」❷ためらう。躊躇する。「気色もなければ、しばし—・ひて帰りぬ」〈かげろふ・中〉❸足をとめる。たたずむ。「御佩刀などひきつくろはせ給ひて—・はせ給ふに」〈枕・一二九〉❹とどまる。滞在する。「その頃宋朝よりすぐれたる名医渡って、本朝に—・ふことあり」〈平家・三〉㊁〘動ハ下二〙休ませる。ゆるめる。「貞任くつばみを—・へ」〈著聞集・九〉〘類語〙休む・憩う・くつろぐ・休息する・休憩する・一休みする・小休止する・少憩する・一服する・一息入れる・骨休めする・休養する・息をつく・リラックスする

やす-らか【安らか】〘形動〙〘文〙〘ナリ〙❶穏やかで変わったことのないさま。平安なさま。「—な旅路を祈る」❷何の心配も悩みもないさま。「—な眠りにつく」❸わかりやすいさま。平易なさま。「文字の意味—にして」〈逍遥・小説神髄〉❹気楽なさま。「唐衣こき垂れたるほどなど、馴れ—なるを見るも」〈枕・一八四〉❺穏当でわざとらしさがないさま。「うちある調度も昔覚えて—なるこそ、心にくしと見ゆれ」〈徒然・一〇〉❻たやす

いさま。簡単であるさま。「(水車ヲ)こしらへさせられければ、—にゆひて参らせたりけるが」〈徒然・五一〉(派生)やすらかさ〔名〕
(類語)のどか・安穏・静か・穏やか・麗らか・うらうら

やすらぎ【安らぎ】穏やかなゆったりとした気分。「あわただしさの中に一時の—を見いだす」

やすら・ぐ【安らぐ】㊀〔動ガ五(四)〕安らかな気持ちになる。穏やかな気持ちになる。「気分が—・ぐ」㊁〔動ガ下二〕「やすらげる」の文語形。(類語)落ち着く

やすら-け・し【安らけし】〔形ク〕穏やかである。「平らけく—・く護り奉る」〈祝詞・大殿祭〉

やすら・げる【安らげる】〔動ガ下一〕(文)やすら・ぐ〔ガ下二〕気持ちなどを穏やかにさせる。「心を—・げる音楽」

やす-り【安利】❶安い利息。「—で貸す」❷利益の少ないこと。「—に甘んじる」

やすり【×鑢】棒状や板状の鋼鉄の面に、細かい溝を多数刻み付けて切り刃をつくった切削工具。手仕上げで工作物の表面を平らにしたり、角を落としたりするのに用いる。俗には、紙やすりのような研磨具も含めていうことがある。「—をかける」(類語)鉋

やすり-がみ【×鑢紙】紙やすり。

やすり-ばん【×鑢板】がり板のこと。やすりのような細かい刻み目がある。

やすり-ふん【×鑢粉】金・銀・錫などの地金をやすりでおろして細かい粉にしたもの。蒔絵などに用いる。

ヤズルカヤ〘Yazılıkaya〙トルコの首都アンカラの東約150キロメートルに位置する村ボアズカレの近郊にある遺跡。紀元前17世紀から前13世紀にかけて繁栄したヒッタイト帝国の首都ハットゥシャの北東約2キロメートルにあり、聖地だったと考えられている。自然の岩肌に刻まれた神々の浮き彫りが残っている。

やすん・じる【安んじる】〔動ザ上一〕「やすんずる」(サ変)の上一段化。「安穏な生活に—・じる」

やすん・ずる【安んずる】〔動サ変〕(文)やすん・ず〔サ変〕《形容詞「やすし」の語幹に「み」を添えた「やすみ」に、動詞「す」の付いた「やすみす」の音変化》❶安らかになる。安心する。「この情勢ではまだまだ—・ずるわけにはいかない」❷満足する。甘んずる。「こんな仕事に—・ずる自分ではない」❸安心させる。「民心を—・ずる」❹甘く見る。あなどる。「汝が侮るまでおれを—・じをる」〈滑・浮世床・初〉
(類語)(❷)満足・満悦・充足・飽満・自足・自得・自己満足・本望・甘んずる・満ち足りる・心行く・堪能する・満喫する・安住する

やせ【八瀬】京都市左京区の地名。比叡山の西麓にあり、登山口をなす。昔、村人は天皇行幸の際に八瀬童子として出仕した。

やせ【痩せ・×瘠せ】やせること。やせていること。「夏—」
痩せの大食い　やせているのに大食であること。また、やせている人のほうが案外大食であること。

や-せい【野生】㊀〔名〕(スル)❶動植物が自然に山野で生育すること。「—の猿」「そら色の朝顔が—していた」〈寅彦・旅日記から〉❷人が教育などによって整えられたりせず自然のままの状態で育つこと。㊁〔代〕一人称の人代名詞。男子が自分をへりくだっていう語。近世に多用される。〈書言字考節用集〉
(類語)自生・野育ち・天然・自然

や-せい【野性】自然のままの性質。本能のままの性質。「—をとりもどした動物」

や-ぜい【屋税・家税】家屋税または家賃のこと。

やせい-がた【野生型】動植物の種の中で、野生の集団に最も多くみられる型。突然変異型に対し、基本と考えられる表現型。また、その個体。正常型。

やせい-ぜつめつ【野生絶滅】レッドリストやレッドデータブックで、生物の種を絶滅の危険性の高さによって分類したカテゴリー項目の一つ。「絶滅」の次に危険度が高い。飼育・栽培下でのみ存続している種。または本来の分布域外に帰化した状態でのみ生存している種。EW(Extinct in the Wild)。

やせい-てき【野性的】〔形動〕野性を感じさせるさま。粗野であるが生命力に満ちているさま。「—な風貌」

やせい-み【野性味】野性的な趣。「—あふれる作品」

やせ-うで【痩せ腕】❶やせて細い腕。❷生活力などが乏しい腕前。細腕。「細君の—で斯の家族が養いきれるものではない」〈藤村・破戒〉
(類語)細腕・かいな・腕・右腕・片腕・利き腕・二の腕

やせ-うま【痩せ馬】❶やせた馬。❷▶白糸餅

やせ-おとこ【痩せ男】❶やせた男。また、みすぼらしい男。❷能面の一。執念と怨恨とにやつれ果てた男の亡霊を表す。「阿漕」「善知鳥」「藤戸」の後ジテなどに用いる。

やせ-おとろ・える【痩せ衰える】〔動ア下一〕(文)やせおとろ・ふ〔ハ下二〕やせて衰弱する。「大病をわずらって—・える」

やせ-おんな【痩せ女】❶やせた女。❷能面の一。地獄に落ちてなお、愛欲の執心に苦しむ女の亡霊を表す。「砧」「定家」「求塚」の後ジテなどに用いる。

やせ-が【痩せ我】「痩せ我慢」の略。「母が—も子の望みも、金銀といふ兵粮には、又してもへしつけられ」〈浄・寿の門松〉

やせ-がた【痩せ形・痩せ型】〔名・形動〕❶やせたからだつき。また、そのさま。「—なその肉を痛ましく虐げた」〈有島・或る女〉❷▶細長型

やせ-がまん【痩せ我慢】〔名〕(スル)無理に我慢して、平気を装うこと。「寒いのに—して薄着で通す」
(類語)虚勢・強がり・から元気・武士は食わねど高楊枝

やせ-からめ・く【痩せ枯らめく】〔動カ四〕やせ細って油けがないように見える。やせがれる。「あまり—・きたるは心いられたらむ」〈能因本枕・六〇〉

やせ-が・れる【痩せ枯れる】〔動ラ下一〕(文)やせが・る〔ラ下二〕やせてひからびる。「月は庭の隅にある、—・れた檜の梢にあった」〈芥川・秋〉

や-せき【野跡・野×蹟】小野道風の筆跡。▶三蹟

やせ-ぎす【痩せぎす】〔名・形動〕《「ぎす」は「ぎすぎす」、または魚の鱚からか》からだがやせて骨ばっていること。また、そのさま。

やせ-ぐすり【痩せ薬】やせるための薬。

やせ-こ・ける【痩せこける】〔動カ下一〕(文)やせこ・く〔カ下二〕やせて肉が落ちる。ひどくやせる。「骨と皮ばかりに—・ける」(類語)痩せる・細る・痩せ細る・痩けける・痩せさらばえる・窶れる・憔悴する・肉が落ちる・ほっそりする・スリムになる・スマートになる

やせ-さらぼ・う【痩せさらぼう】〔動ワ五(ハ四)〕「やせさらばえる」に同じ。「ふらふらに—・うて」〈康成・抒情歌〉

やせ-さらば・える【痩せさらばえる】〔動ア下一〕(文)〔ハ下一〕やせて骨と皮ばかりになる。やせこける。「見る影もなく—・える」(類語)痩せる・細る・痩せ細る・痩けける・痩せこける・窶れる・憔悴する・肉が落ちる・ほっそりする・スリムになる・スマートになる

やせ-さらぼ・う【痩せさらぼふ】〔動ハ四〕「やせさらばえる」に同じ。「若き人の—・ひたる」〈古本説話集・上〉

やせ-さらぼ・える【痩せさらぼえる】〔動ア下一〕(文)〔ハ下一〕「やせさらばえる」に同じ。「—・えた良人の肩に」〈里見弴・多情仏心〉

やせ-ざる【痩猿】ラングールの別名。

やせ-じし【痩せ▽肉】やせていること。肉付きのよくないこと。また、そのからだ。「色白で—の男」

やせ-ち【痩せ地】《「やせぢ」とも》地味が豊かでなく、作物などがよく育たない土地。(類語)荒れ地・痩せ土

や-せつ【野拙】〔代〕一人称の人代名詞。男子が自分をへりくだっていう語。「—には悦び大方ならず候」〈芭蕉書簡〉

やせ-つち【痩せ土】地味が豊かでない土。やせて作物が育ちにくい土地。やせち。

やせっ-ぽち【痩せっぽち】〔名・形動〕《「ぽち」は「ほうし(法師)」の音変化》ひどくやせていること。また、そのさまやその人をあざけっていう語。

やせ-どうじ【八瀬童子】朝廷の儀式などのとき、駕輿丁として出仕した京都八瀬の村人。

やせ-ほうし【痩せ法師】《「やせぼうし」とも》やせた僧。また、やせた人。やせっぽち。「藪医者の竹斎とて興がる—一人あり」〈仮・竹斎・上〉

やせ-ほそ・る【痩せ細る】〔動ラ五(四)〕やせて細くなる。「見る影もなく—・る」
(類語)痩せる・細る・痩けける・痩せこける・痩せさらばえる・窶れる・憔悴する・肉が落ちる・ほっそりする・スリムになる・スマートになる

やせまつ【痩松】狂言。和泉流。山賊が長刀で女を脅して持っていた袋を奪うが、油断して女に長刀を奪われて、逆に身ぐるみはがれる。大蔵流「金藤左衛門」の類似曲。

やせ-め【痩せ目】素地の木質を乾燥・収縮させて木目の部分を高く残し、凹凸を表した漆器。木痩せ。

やせ-やせ【痩せ痩せ】㊀〔形動ナリ〕非常にやせているさま。「鬚がちに、かじけ—なる男と」〈枕・一〇九〉㊁〔副〕㊀に同じ。「殺字ふくらとはなうて、—としたぞ」〈蒙求抄・七〉

やせ-やま【痩せ山】土質が悪く、草木がよく育たない山。
痩せ山の雑木　取るに足りないもののたとえ。

や・せる【痩せる・×瘠せる】〔動サ下一〕(文)や・す〔サ下二〕❶肉が落ち、からだが細くなる。「胃をこわして—・せる」⇔肥える/太る。❷土地が草木を生長させる力に欠ける。地味が豊かでなくなる。「—・せた土地」⇔肥える。(類語)(❶)細る・痩せ細る・痩けける・痩せこける・痩せさらばえる・窶れる・憔悴する・肉が落ちる・ほっそりする・スリムになる・スマートになる
痩せても枯れても　どんなに落ちぶれようとも。いかに衰えても。「—他人から施しは受けない」
痩せる思い　身がやせ細るほどのつらい思い。「—で合格発表の日を待つ」

やせ-ろうにん【痩せ浪人】貧しくてみすぼらしい浪人。浪人をあざけっていう語。

や-せん【矢銭】《矢の費用の意》戦国大名などが賦課した軍用金。農村では反別を基準とした。

や-せん【夜戦】夜間に行われる戦闘。
(類語)交戦・対戦・決戦・応戦・抗戦・大戦・一戦・白兵戦・前哨戦・実戦

や-せん【野戦】❶山野で戦うこと。攻城戦・要塞戦・市街戦以外の陸上戦。「—陣地」❷戦地。戦場。特に、大陸の戦場。

や-せん【野選】《「野手選択」の略》野球で、打球を捕った野手が一塁で打者をアウトにできるのに、先行走者をアウトにしようと他の塁へ送球し、間に合わずに全走者を生かすこと。フィールダースチョイス。

や-ぜん【夜前】前日の夜。昨夜。ゆうべ。「—、稀有な事がございましてな」〈芥川・芋粥〉

やせんかんわ【夜船閑話】江戸中期の仏教書。1巻。白隠慧鶴述。宝暦7年(1757)刊。修行中に病気にかかり、独特の内観法により治癒した体験を記したもの。

やせん-しょく【野戦食】▶レーション

やせん-びょういん【野戦病院】戦場の後方に設置し、戦線の傷病兵を収容して治療をする病院。

や-そ【八▽十】❶はちじゅう。❷数の多いこと。「—山」「—万」

やそ【耶蘇】《(ラテ)Jesusの中国音訳語「耶蘇」の音読みから》㊀▶イエス=キリスト ㊁キリスト教およびキリスト教徒。

や-そ【野×鼠】野や畑にすむネズミ。のねずみ。

や-ぞ〔連語〕《係助詞「や」+係助詞「ぞ」》文末で、推量の助動詞「む」「らむ」「けむ」などに付く。強い疑問や反語の意を表す。…(だろう)か。…だろうか(いや、そうではない)。「年にありて一夜妹に逢ふ彦星も我に勝りて思ふらむ—」〈拾遺・秋〉

や-そう【夜窓】夜のまど。

や-そう【野×叟】田舎のおやじ。村の老人。野翁。「邑老、村女、漁人、—、首をうなだれ」〈平家・三〉

や-そう【野草】山野に自生する草。野の草。

や-そう【野葬】❶死者を野に葬ること。❷死体を林野に捨てる葬法。林葬。

や-そう【野僧】㊀〔名〕田舎の僧侶。また、僧侶を軽蔑していう語。「茶飲まん、訪はんと云ひて、つひに訪はず。一なり」〈胆大小心録〉㊁〔代〕一人称の人代名詞。僧侶が自分をへりくだっていう語。拙僧。「もし飢ゑ給ふとならば、一が肉に腹を満たしめ給へ」〈読・雨月・青頭巾〉

やぞう【弥蔵】ふところ手をして着物の中で握りこぶしをつくり、肩のあたりを突き上げるようにしたさまを人名のように表した語。江戸後期、遊び人やばくち打ちなどがしたもの。

やそう-きょく【夜想曲】▶ノクターン

やそ-うじ【八十氏】多くの氏族。「一の頂く雲のものなれば久しけれどもまづは頼もし」〈忠見集〉

やそうじ-びと【八十氏人】多くの氏族の人々。また、多くの人々。「参ゐ上る一の手向けする」〈万・一〇二二〉

やそうばくげん【野叟曝言】中国、清代の小説。夏敬渠撰。20巻154回。文武両道、諸芸に秀でた文白が国家の大功を立てる話。荒唐無稽かつ好色趣味もあり、田舎老人の閑談の形で語られる。

やそ-か【八十日】はちじゅうにち。また、多くの日数。「一ゆく浜の真砂ぢはるばるとかぎりも見えずつもる白雪」〈続拾遺・冬〉

やそ-か【八十梶】多くのかじ。「一掛け島隠りなば吾妹子が留まれと振らむ袖見えじかも」〈万・三二一二〉

やそ-かい【耶蘇会】▶イエズス会

やそ-かげ【八十蔭】《「かげ」は日陰をつくる建物の意》広大な宮殿。「やすみしし我が大君の隠ります天の一」〈推古紀・歌謡〉

やそ-がみ【八十神】多くの神々。「この大国主の神の兄弟、一坐しき」〈記・上〉

やそ-かわ【八十川】多くの川。また、幾筋にも分かれた川。「水の出ばなの一の島田、金谷に二日のよどみ」〈浄・丹波与作〉

やそ-きょう【耶蘇教】キリスト教。

やそ-くに【八十国】❶多くの国々。「国の一、島の八十島を生み給ひ」〈祝詞・鎮火祭〉❷多くの国の人々。「一は難波に集ひ舟飾り我がせむ日ろを見も人もがも」〈万・四三二九〉

やそ-くま【八十隈】多くの曲がり角。「この道の一ごとに万度かへりみすれど」〈万・一三八〉

やそくま-で【八十隈手】「やそくま」に同じ。「僕は百足らず一に隠りて侍ひなむ」〈記・上〉

やそ-さか【八十坂】❶80歳の老境。八十路の坂。「一にかかる」❷多くの坂。「一を越えよときれる杖なれば」〈落窪・三〉

やそ-じ【八十|八十路】80。また、80歳。

やそ-しま【八十島】❶多くの島々。「わたの原一かけて漕ぎいでぬと人には告げよあまのつり舟」〈古今・羇旅〉❷「八十島祭」の略。

やそしま-くだり【八十島下り】八十島祭の使者となって、摂津国難波へ下向すること。「一に三位して、やがて従二位し」〈平治・上〉

やそしま-まつり【八十島祭】平安時代、天皇即位後の大嘗祭の翌年、吉日を選んで使者を摂津の難波津に遣わし、生島神・足島神・住吉神などをまつり、国土の発展、皇室の安泰を祈った儀式。八十島神祭。

やそしま-めぐり【八十島巡り】❶多くの島々をめぐること。❷八十島詣でをすること。

やそしま-もうで【八十島詣で】八十島祭に参拝すること。

やそ-せ【八十瀬】多くの瀬。瀬々。「鈴鹿川一渡りて誰が故か夜越えに越えむ妻もあらなくに」〈万・三一五六〉

やそ-たける【八十梟帥|八十建】多くの勇敢な族長。「一、其の室に在りて」〈記・中〉

やそ-とものお【八十伴緒】多くの伴緒。また、朝廷に仕える多くの役人たち。「もののふの一を召し集へ」〈万・四七八〉

やそ-ば【八十葉】葉が多くついて茂っていること。また、その葉。「百足らず一の木は大君ろかも」〈仁徳紀・歌謡〉

やそまがつひ-の-かみ【八十禍津日神】日本神話で、多くの災いを生み出す神。伊弉諾尊が黄泉の国から帰って禊をしたときに、黄泉の国のけがれから化生した。

やそみたま-の-かみ【八十魂の神】日本の国の社に鎮まっているすべての天神地祇。

やそむら-ろつう【八十村路通】[1649〜1738]江戸前期・中期の俳人。姓は斎部ともいう。漂泊ののち芭蕉門下に入る。奇行が多く、同門の反感を買った。編著「俳諧勧進牒」「芭蕉翁行状記」など。

やた【八咫】《「やあた」の音変化。「あた」は尺度の単位名》大きいこと。また、長いこと。「一がらす」「御佩刀の一の剣」〈播磨風土記〉

やだ ❶焼き物のきず。❷弱点。欠点。弱み。「日頃一のあるこの嘉平次」〈浄・生玉心中〉

や-たい【屋台|屋体】❶道路・広場などで立ち売りの商売をするための台を設けた、屋根付きの小さな店。台車をつけたり、自動車を改造したりして移動できるものもいう。屋台店。床店。❷祭礼のときなどに、飾り物をしたり、踊り手や囃子方をのせたりして練り歩く、小屋形の台。もと御神体を祭って持ち運ぶためのもの。山車。練り物。檀尻。「踊り一」❸能・歌舞伎などで、宮殿・社寺・家屋として舞台上にしつらえる作り物や大道具。❹家・店のつくり。また、家をののしっていう語。「これの一が三浦屋と申すべいか」〈伎・伊達競阿国戯場〉

〘類語〙(❶)露店・売店・スタンド・夜店

や-だい【矢代】賭け的の勝負などをするとき、各射手から1本ずつ矢を出させ、これを2本ずつ取って交差するように振り落とし、これで上矢・下矢の組を決めたこと。射手の矢を籤の代わりに使うもの。

や-だいく【家大工】船大工などに対して、家屋を建てることを専門とする大工。

やたい-くずし【屋台崩し】歌舞伎などで、舞台の建物が崩れたり倒れたりする場面を見せる仕掛け。また、その場面。

や-だいじん【矢大神|矢大臣】❶神社の随身門に安置してある2体の神像のうち、向かって左方の神像の俗称。㊉左大神。➡随身門 ❷《姿が❶に似ているところから》居酒屋で、空樽に腰掛けて酒を飲むこと。また、その人。「場所柄も弁別きえぬ縞の羽織の一」〈鏡花・白鷺〉

やだいじん-もん【矢大神門】神社の随身門の俗称。

やた-いち【弥太一】《「やた」は、豆腐の女房詞「おかべ」をもじった「岡部六弥太」の「六弥太」の略で、豆腐の異称》煮売酒屋で、豆腐一皿と酒一合を注文するときにいう語。また、煮売酒屋の異称。「一の客よりわるいかっこうをして」〈露伴・幻談〉

やたい-ばやし【屋台囃子】❶祭礼で、屋台をひくときなどに用いる囃子。多くは、囃子方が屋台に乗って演奏する。馬鹿囃子。❷歌舞伎下座音楽の一。❶を取り入れたもの。祭礼の場面または世話物の立ち回りなどに用いる。

やたい-びき【屋台引き】日本画の技法の一。建物・調度などを描くとき、溝のある定規の溝に沿って直線を引くこと。

やたい-ぼね【屋台骨】❶屋台の骨組み。また、家屋の構造。❷一家を支える働き手。また、組織などをささえる中心となるもの。「一がゆらぐ」

やたい-みせ【屋台店】「屋台❶」に同じ。

やた-がらす【八咫烏】❶日本神話で、神武天皇の東征のとき、熊野から大和へ入る山中を導くため天照大神から遣わされた烏。新撰姓氏録は、鴨県主の祖である賀茂建角身命が化したものと伝える。❷中国古代の説話で、太陽の中にいるという3本足の赤色の烏。また、太陽の異称。❸朝賀・即位などの際に庭上に立てる、金銅製の烏を先端につけた幢。烏形幢。「例の一、見も知らぬものども」〈讃岐典侍日記・下〉

やた-きゅうりょう【矢田丘陵】奈良県西部に広がる丘陵。生駒山地の東側に南北にのび、標高は200〜300メートル、主峰は丘陵南端の松尾山(標高315メートル)。丘陵を中心として県立矢田自然公園となっている。松尾山腹西にある松尾寺は、わが国最古の厄除け観音の霊場。その北方にある矢田寺はアジサイで有名。南端には法隆寺がある。松尾丘陵。後生駒山地。

や-たけ【弥猛】〔名・形動〕いよいよ激しく勇み立つこと。また、そのさま。「心は一に逸りながらも」〈近松秋江・青草〉

や-だけ【矢竹|箭竹】❶矢の竹の部分。矢柄。篦。❷(矢竹)イネ科の植物。山野に生え、茎は高さ約4メートル、直径約1センチで、節から枝を出し、先に披針形の葉を数枚つける。葉の裏面は白い。夏、緑色の花穂をつける。茎は節と節との間が長く、矢柄として利用した。しのめ。しのべだけ。やじの。の。

やたけ-ごころ【弥猛心】いよいよ勇み立つ心。たけだけしくはやる心。

や-たけび【矢叫び】「やさけび」に同じ。

や-たて【矢立て】❶矢を入れる道具。箙・胡籙などの類。❷「矢立ての硯」の略。❸携帯用の筆記用具。墨壺についた筒の中に筆を入れ、帯に差し込んだりして持ち歩く。

やたて-とうげ【矢立峠】青森・秋田両県の県境にある峠。標高258メートル。白神山地の東端に位置し、青森県側に流れる平川と秋田県側に流れる下内川との分水嶺になっている。

やたて-の-すずり【矢立ての硯】箙などの中に入れて陣中に携帯した小さい硯箱。

やたて-の-はじめ【矢立ての初め】矢立て❸の使いはじめ。また、旅の日記などの書きはじめ。「これを一として、行く道なほ進まず」〈奥の細道〉

やた-でら【矢田寺】奈良県大和郡山市にある高野山真言宗の寺。山号は、矢田山。天武天皇2年(673)天皇の勅願により智通の開創と伝える。のち、満米が中興、八宗兼学の道場となった。正称は金剛山寺。八田寺。

や-だね【矢種】❶箙などに入れて身につけている矢。「一のある程こそ防ぎけれ」〈平家・八〉❷矢。「飛び来る一を受け流し」〈浄・鎌田兵衛〉

やた-の-かがみ【八咫鏡】《大きな鏡の意》三種の神器の一。天照大神が天の岩屋に隠れたとき、大神の出御を願い、石凝姥命が作ったという鏡。伊勢神宮に御霊代として奉斎。やたかがみ。

やた-の-からす【八咫の烏】▶やたがらす

や-たば【矢束】❶矢の長さ。やつか。❷矢をたばねたもの。

やたべ-りょうきち【矢田部良吉】[1851〜1899]植物学者・詩人。静岡の生まれ。東大教授。号、尚今。植物標本を収集、分類学の基礎を築き、「日本植物図解」を著す。明治15年(1882)井上哲次郎・外山正一と「新体詩抄」を刊行、新体詩運動の先駆をなした。

や-だま【矢玉|矢弾】矢と弾丸。また、矢。

やたら【矢鱈】㊀〔形動〕図〔ナリ〕根拠・節度がないさま。筋が通らないさま。めちゃくちゃ。むやみ。「一に買い込む」「一な事を言うもんじゃない」➡無闇 〘用法〙 ㊁〔副〕㊀に同じ。「一(と)のどが乾く」「一(と)偉そうなことばかり言う」〘補説〙「矢鱈」は当て字。

〘類語〙むやみ・むやみやたら・無性に・余りに・やけに

やたら-じま【矢鱈縞】縞柄の一。筋の間隔や色の配列が不規則なもの。

やたら-づけ【矢鱈漬(け)】ナス・キュウリ・シソ・大根など何種類もの野菜を刻んで味噌に漬けたもの。山形地方の名産。

や-ち【八千】はっせん。また、数がきわめて多いこと。多く他の語の上に付けて用いられる。「一草」

やち【▽谷地｜▽谷｜野地】「やつ(谷)」に同じ。「そのかみは―なりけらし小夜碪(きぬた)/公羽」〈続猿蓑〉

や-ち【野致】田舎らしい趣。ひなびた味わい。野趣(やしゅ)。「―に富む」

やち-くさ【八千▽種】たくさんの種類。「時ごとにいやめづらしく―に草木花咲き」〈万・四一六六〉

やち-ぐさ【八千草】《「やちくさ」とも》多くの草。

やち-しお【八千▽入】(しほ) いく度も染めること。「色深き袖の涙にならふらし千入(ちしほ)も―も染むるもみぢば」〈新拾遺・哀傷〉

やち-たび【八千度】八千回。また、きわめて多くの回数。「先立たぬ悔いの―悲しきは流るる水のかへり来ぬなり」〈古今・哀傷〉

やち-だも【▽谷地だも】モクセイ科トネリコ属の落葉高木。本州北部から北の湿地に自生。樹皮に縦の裂け目があり、葉は長楕円形の小葉からなる羽状複葉で、小葉の基部に褐色の毛が密生する。雌雄異株で、4、5月ごろ、黄緑色の小花を群生する。実には翼(よく)がある。材を家具などに使用。

やち-ねずみ【▽谷地×鼠】ネズミ科の哺乳類。ハツカネズミよりやや大きく、体の上面は暗褐色で下面は淡色。本州の高地の森林にすみ、巣を地中に作り、草・種子・果実を食べる。広くは同科ヤチネズミ属の総称で、北海道のエゾヤチネズミなども含まれる。

やち-はちまんぐう【谷地八幡宮】山形県西村山郡河北町にある神社。祭神は応神天皇。寛治5年(1091)源義家が石清水(いわしみず)八幡宮の分霊を勧請(かんじょう)して創建したという。

やちほこ-の-かみ【八千矛神】大国主命(おおくにぬしのみこと)の異称。

やちまた【八街】千葉県北部の市。下総台地にあり、明治初期に開拓された東京新田の8番目の地域であった。ラッカセイの産地。住宅地化が進む。平成4年(1992)市制。人口7.3万(2010)。

や-ちまた【八×衢】道が八つに分かれている所。また、道がいくつにも分かれている所。分かれ道が多くて迷いやすいことにたとえる。「橘の影踏む道の―に物をぞ思ふ妹(いも)に逢はずして」〈万・一二五〉

やちまた-し【八街市】▶八街

や-ちゅう【夜中】夜のあいだ。夜間。夜分。
(類語)夜(よ)・夜(よる)・小夜(さよ)・夜(よ)さり・宵(よい)・晩・暮夜(ぼや)・夜間・夜分(やぶん)・夜陰(やいん)・夜半(よわ)・夜中(よなか)・夜半(やはん)・ナイト

やちゅう-じ【野中寺】大阪府羽曳野市にある高野山真言宗の寺。山号は、青竜山。聖徳太子の命により蘇我馬子の創建と伝える。南北朝の兵火で焼失、寛文年間(1661〜1673)に再建。丙寅年(666)の銘をもつ金銅弥勒半跏像がある。中の太子。のなかでら。

やちゅう-ゆうこう【夜中遊行】(イウカウ) 夢遊病のこと。

や-ちょ【野×猪】いのしし。
野猪にして介(かい)するもの　《「介」は、鎧(よろい)》イノシシに鎧を着せたようなものの意で、むこう見ずな人をたとえて言う。猪武者(いのししむしゃ)。

やち-よ【八千代】八千年。また、きわめて多くの年代。「わが君は千代に―に細(さざ)れ石の巌(いはほ)となりて苔のむすまで」〈古今・賀〉

やちよ【八千代】千葉県北西部の市。印旛(いんば)疏水路の新川が貫流。近郊農業が行われ、住宅地・工業地。人口19.0万(2010)。

や-ちょう【夜鳥】(テウ) 夜、鳴く鳥。夜行性の鳥。

や-ちょう【野帳】(チャウ) ▶のちょう

や-ちょう【野鳥】(テウ) 野生の鳥。野禽(やきん)。

やちょう-の-かい【野鳥の会】(ヤテウノクワイ) ▶日本野鳥の会

や-ちょく【夜直】夜の当直。宿直。
(類語)宿直・泊まり・泊まり番

やちよ-し【八千代市】▶八千代

やちよじし【八千代獅子】地歌・箏曲(そうきょく)。本来は尺八の曲であったものを、政島検校が胡弓(こきゅう)に移し、さらに藤永検校が三味線に編曲したもの。園原勾当作詞と伝える。三段からなる手事(てごと)が中心で、歌舞伎下座音楽にも用いられる。

や-ちん【家賃】家や部屋の借り賃。たなちん。
家賃が高・い　相撲で、力士が自分の実力以上の地位にいる。転じて、何かが自分には不相応である場合にいう。「お嬢さんは私には―・い」

やちんさいむほしょう-ぎょう【家賃債務保証業】(ゲフ) ▶家賃保証会社

やちん-ほけん【家賃保険】アパート・マンション・貸家の火災や事故によって借家人が立ち退いて家賃収入が途絶えた時などに、一定条件下で家主の家賃収入を填補する目的の保険。

やちんほしょう-がいしゃ【家賃保証会社】(ホシヤウグワイシヤ) 賃貸住宅の契約時に借主から一定の保証料を受け取り連帯保証人となることを主な業務とし、借主が家賃を滞納した場合は一時的に立て替えるなど、借主の信用を補完する役割を担う会社。(補説)連帯保証人を用意できる借り主に対して、貸し主や不動産仲介業者が家賃保証会社との契約を求めたり、家賃保証会社が違法な家賃の取り立てや、家賃滞納者の追い出しなどの行為を行ったりするといった問題が起きていることから、登録制・業務規制の導入が検討されている。

やちんほしょう-ぎょう【家賃保証業】(ゲフ) ▶家賃保証会社

やっ〔感〕❶力を入れて急な動作をしたり気合いをかけたりするときに発する声。❷驚いたときや不意に気づいたときに発する声。「―、大変だ」❸呼びかけに答える声。男子が用いる。「―、おはよう」

や-つ【八つ】❶数の名。はち。やっつ。❷8歳。❸昔の時刻の名。今の午前2時および午後2時ごろ。やつどき。➡お八つ　❹数が多いこと。や。「―裂き」「―当たり」

やつ【▽奴】■〔名〕《「やっこ」の音変化という》❶人を卑しめていう語。また、目下の者に親愛の意をこめていう語。「なんて―だ」「弟はいい―だ」❷物事をぞんざいにさしていう語。「そっちの―をとってくれ」❸形式名詞「こと」「もの」の意をくだけていう語。「真っ直に東京へ入ればいい―を」〈万太郎・末枯〉❹鳥獣などを卑しめていう語。「狐はさこそは人をおびやかせど、事にもあらぬ―」〈源・手習〉■〔代〕三人称の人代名詞。他人を卑しめたり、対等以下の人にくだけた態度で親しみをこめたりして用いる。あいつ。「―はまだ来ないか」
(類語)野郎・やつら・やつばら・やから・下郎・男・者(もの)・小僧・がき・阿魔(あま)・すけ

やつ【▽谷】《アイヌ語から出た語という》低湿地。たに。特に、関東地方で用いる。やち。やと。「ここの―、かしこの小路より」〈太平記・三一〉

やつ-あし【八つ足｜八つ脚】❶器物の足が八つあること。また、その物。❷「八つ足の机」の略。

やつあし-の-つくえ【八つ足の机】両側に4本ずつ足のついた机。神前に物を供えるときなどに用いる。はっそくのつくえ。

やつあし-もん【八足門】4本の親柱の前後にそれぞれ4本の控え柱を設けた一重の門。東大寺転害門(てがいもん)・法隆寺東大門はその代表例。八脚門(はっきゃくもん)。やつあしの門。

やつ-あたり【八つ当(た)り】〔名〕(スル) 腹を立てて、関係のない人にまで当たり散らすこと。「落第した腹いせに弟に―する」(類語)腹いせ・当たり散らす

やつ-お【八つ▽峰】(ヲ) 多くの峰々。重なり合った山々。「あしひきの山椿咲く―越え鹿(しし)待つ君が斎(いは)ひ妻かも」〈万・一二六二〉

やつ-お【八尾】(ヲ) 富山県富山市の南部を占める地域。旧婦負(ねい)郡八尾町。民謡「越中おわら節」を歌い継ぐ町として知られ、例年9月1日〜3日に催される、二百十日の無風を祈る行事「越中おわら風の盆」には多くの観光客が訪れる。江戸町人文化の粋を伝える曳山(ひきやま)祭(例年5月3日)も有名。北方に越中八尾温泉など多くの温泉地がある。

やっ-か【薬価】(ヤク) ❶薬の値段。医師が処方する薬の費用を計算する基準となる、国が決めた医薬品の公定価格のこと。原則として2年に一度改定される。「―基準」❷医者や薬局に支払う薬の代金。また、治療費。薬代。

やっ-か【薬科】(ヤククワ) 薬学に関する学科。「―大学」

やっ-か【薬禍】(ヤククワ) 薬の誤用や副作用による災難。

や-つか【八▽束｜八▽握】八握り分の長さ。また、長いこと。「凝烟(すす)の―垂るまで焼(た)きあげ」〈記・上〉

や-つか【矢▽束】《「やづか」とも》矢の長さ。矢は束(つか)を単位にして、その長さをいう。

やっ-かい【厄介】(ヤク) 〔名・形動〕❶めんどうなこと。扱いに手数がかかり、わずらわしいこと。また、そのさま。「―なことに巻き込まれる」❷めんどうをみること。また、世話になること。「親の―になる」❸他家に寄食すること。居候(いそうろう)。➡面倒(めんどう)(用法)　(派生)やっかいさ〔名〕
(類語)面倒・しち面倒・煩雑・煩瑣(はんさ)・億劫(おっくう)・大儀・うるさい・煩わしい・面倒臭い・しち面倒臭い・ややこしい・うっとうしい

やっ-かい【訳解】(ヤク) 〔名〕(スル) 外国語で書かれたものや古文を翻訳し、解釈を加えること。翻訳と解釈。「海外の論文を―して出版する」

やっかい-ばらい【厄介払い】(ヤククワイばらひ) 〔名〕(スル) 厄介者や厄介なことを追い払うこと。

やっかい-もの【厄介者】(ヤククワイ) ❶他人に迷惑をかける人。世話のやける人。「―扱いにする」❷居候。食客。

やつ-がしら【八頭】サトイモの一品種。親芋を中にしていくつもの子芋が出て、ひとかたまりに大きくなる。煮物などに用いる。葉柄は褐色を帯び、ずいきとして食用。

やつ-がしら【戴＝勝】ブッポウソウ目ヤツガシラ科の鳥。全長28センチくらい。体は橙褐色で、背・翼・尾に黒と白の帯があり、頭に扇状の冠羽がある。くちばしは細く、下向きに湾曲。ユーラシア・アフリカに分布。日本では迷鳥であるが、長野で繁殖記録もある。

やつ-が-たけ【八ヶ岳】長野県東部から山梨県北部にまたがる火山群。天狗岳・硫黄岳・横岳・阿弥陀岳・権現岳などからなり、最高峰は赤岳で標高2899メートル。南麓には多くの湧水があり、裾野の高原では高冷地農業が行われる。

やつがたけちゅうしんこうげん-こくていこうえん【八ヶ岳中信高原国定公園】(やつがたけチユウシンカウゲンコクテイコウヱン) 長野・山梨両県にまたがる山岳と高原の国定公園。八ヶ岳・蓼科山(たてしなやま)・霧ヶ峰・美ヶ原(うつくしがはら)・塩尻峠などからなる。

やつか-ひげ【八▽束×鬚】長いひげ。「―、胸の前(さき)に至るまで、啼きいさちき」〈記・上〉

やつか-ほ【八▽束穂】長い穂。「神世より今日のためとや―に長田の稲のしなひそめけむ」〈新古今・賀〉

やっかみ（主に関東地方で）うらやみ。ねたみ。「―半分でうわさする」

やっか・む〔動マ五(四)〕（主に関東地方で）うらやむ。ねたむ。「人の成功を―・む」(類語)羨(うらや)む・ねたむ・そねむ・やく・やける・羨望(せんぼう)・嫉妬

やつがれ【▽僕】〔代〕《「やつこ(奴)あれ(吾)」の音変化という。古くは「やつかれ」》一人称の人代名詞。自分をへりくだっていう語。上代・中古では男女を通じて用いたが、近世以降は、男性がやや改まった場で用いるのに限られた。「一御身の云う如く、如何にも御身が奴僕(やつこ)となり」〈井上勤訳・狐の裁判〉「一弔使に随ひて、共に筑紫に到(まか)る」〈皇極紀〉

やっ-かん【約款】(ヤククワン) ❶条約・契約などに定められている個々の条項。「条約の―に違反する」❷保険や運送など不特定多数の利用者との契約を処理するため、あらかじめ定型的に定められた契約条項。保険約款・運送約款など。(類語)定款

やっ-き【薬気】(ヤク) 薬のにおい。くすりけ。

やっ-き【躍起】(ヤク) 〔名・形動〕あせってむきになること。また、そのさま。「―になって否定する」
(類語)むき・必死・本気・一生懸命・夢中・血まなこ・しゃかりき・ヒステリック

や-つぎ【矢継ぎ】矢を射るとすぐに次の矢を弓につがえること。

や-つぎ【家継ぎ】家を継ぐこと。家督を相続するこ

と。また、その人。跡継ぎ。「男子三人ありて、—は気遣ひなかりしに」〈浮・永代蔵・五〉
やつぎ-ばや【矢継ぎ早】〘名・形動〙❶続けざまに早く行うこと。また、そのさま。「—に質問する」❷矢を続けて射る技の早いこと。また、そのさま。「競勢はもとより優れたる強弓精兵、—の手きき」〈平家・四〉
やっ-きょう【薬×莢】銃砲の弾丸の発射薬を詰める円筒形の容器。底部に雷管がついている。
やっ-きょく【薬局】❶薬剤師が医薬品の調剤および販売を行う所や店。開設には都道府県知事の許可を必要とし、開設者が薬剤師でない場合には、管理者として専任の薬剤師を置かなければならない。❷病院・診療所などで、薬を調合する所。
〘類語〙薬屋・薬舗・ドラッグストア
やっきょく-ちょうざい【薬局調剤】▶院外処方
やっきょく-ほう【薬局方】❶その国で使用される重要な医薬品について、一定の品質・純度・強度の基準を定めた法令。❷「日本薬局方」の略。
やつ-ぎり【八つ切り】❶一つのものを八つに切り分けること。また、その切ったもの。❷写真感光材料の大きさの一。横21.6センチ×縦16.5センチの大きさ。また、その印画紙。八つ切り判。
やっ-きん【役金】▶やくきん(役金)
やつ-くち【八つ口】女性または子供用の着物の脇明き。袖付けの下の脇縫いを縫い合わせずにあけてある部分。身八つ口。
や-づくり【家造り|屋造り】❶家を造ること。❷家の構え。家屋の構造。「豪壮な—」
ヤッケ〘ドイツ Jacke〙「ウインドヤッケ」の略。
やっこ【▽奴】㊀〘名〙《「やつこ」の音変化》❶下僕。しもべ。「生きて再び恋愛の—となり」〈福田英子・妾の半生涯〉❷江戸時代、武家の中間。頭を撥鬢に結い、鎌髭を生やし、槍・長柄・挟み箱などを持って行列の供先を努めた。❸江戸初期の男伊達・侠客。町奴と旗本奴とがあった。❹「奴頭」「奴豆腐」「奴踊り」「奴凧」などの略。❺江戸時代の身分刑の一。重罪人の妻子や関所破りをした女などを捕らえて籍を削って牢に入れ、希望者に与えて婢としたもの。❻男伊達の振る舞いをまねた遊女。「近世まのあたり見及びたる—には、江戸の勝山、京には三笠、蔵人」〈色道大鏡・四〉㊁〘代〙「やっこさん㊁」に同じ。「どっちかと言や、—の方がずっと熱をあげてるでしょうな」〈高見・如何なる星の下に〉
や-つこ【▽臣|▽奴】《「家つ子」の意》㊀〘名〙❶古代の最下級の隷属民。財物として売買・譲渡の対象となり、労働に使役された者。家族を構成することができなかった。奴婢。「住吉の小田を刈らす児—かもなき—あれど妹がみためと私田刈る」〈万・一二七五〉❷家来。臣下。また、従者。しもべ。「君をば天とす。—らをば地とす」〈推古紀〉❸そのものにとらわれて心身の自由を奪われることのたとえ。とりこ。「ますらをの聡き心も今はなし恋の—に我れは死ぬべし」〈万・二九〇七〉❹人などをののしっていう語。やつ。「松反りしひてあれやは三栗の中上り来ぬ麻呂といふ—」〈万・一七八三〉㊁〘代〙一人称の人代名詞。自分をへりくだっていう語。男女とも用いる。わたくしめ。「—はこれ国つ神なり」〈神武紀〉
やっこ-あたま【▽奴頭】❶江戸時代、奴㊀❷などが結った髪形。月代を広く深くそり込み、両方の鬢と後ろの頂に残した髪とで髷を短く結んだもの。❷江戸時代、幼児の髪置きのとき、左右の耳の上と頭の後ろにだけ毛髪を残して他をそったもの。また、その頭髪。
やっ-こう【薬効】薬のききめ。薬の効能。「—があらわれる」
やっこ-おどり【▽奴踊(り)】民俗芸能の一。奴㊀❷の姿に扮し、素手や毛槍・さおを持って踊るもの。歌舞伎舞踊にもある。
やっこ-ことば【▽奴▽詞】江戸時代、奴㊀❷や侠客が使った言葉。「涙」を「なだ」、「冷たい」を「ひゃっこい」、「事だ」を「こんだ」という類。六方詞。
やっこ-さん【▽奴さん】㊀〘名〙折り紙で、奴㊀❷の形に折るもの。㊁俗曲。江戸末期に願人坊主が踊り歌として広め、のちに寄席や花柳界で流行した。踊りを伴うことが多い。㊂〘代〙三人称の人代名詞。同等以下の人を軽んじたり、親しみを込めたりしていう語。あいつ。やつ。「—、最近元気がないね」
やっこ-しまだ【▽奴島田】髷の根を高く結った島田髷。江戸中期から明治初期にかけて成人前の女性に流行した。
やっこ-そう【▽奴草】ヤッコソウ科の寄生植物。シイの木の根に寄生し、高さ約7センチで全体に白い。太い肉質の根茎に鱗片状の葉が十字形に対生し、形が奴凧を思わせる。晩秋、白い花が1個咲く。宮崎市内海のものは特別天然記念物。
やっこ-だこ【▽奴×凧】凧の一。奴㊀❷が両袖を左右に突っ張った姿に作ったもの。〘季 春〙
やっこどうじょうじ【奴道成寺】歌舞伎舞踊。長唄・常磐津・富本。本名題「道成寺思恋曲者」。文政12年(1829)江戸中村座初演。「京鹿子娘道成寺」の変形で、狂言師が白拍子に扮して踊る趣向。
やっこ-どうふ【▽奴豆腐】正方形に切った豆腐。冷や奴などにする。形が奴㊀❷の着物につける四角い紋所に似るところからの名。
やっこ-はいかい【▽奴俳諧】江戸前期、江戸で流行した奴詞を用いて作った俳諧。六方俳諧。
やっこ-ひげ【▽奴×髭】江戸時代、奴㊀❷などが生やした、鎌髭。
やっこ-もとゆい【▽奴元結】白くて太い元結。芸者などが粋なものとして根掛けにも用いた。
やっこら-さ　㊀〘感〙力を入れるときや、骨が折れることをするときのかけ声。「そら引け、—、えんやらさ」㊁〘副〙力を入れて物事を行うさま。また、大儀そうに物事を行うさま。「—と階段をのぼる」
やつ-さがり【八つ下がり】「八つ過ぎ❶」に同じ。「昼は心まかせの楽寝して、—より身を拵へ」〈浮・一代女・六〉
やつ-ざき【八つ裂き】ずたずたに裂くこと。「心を—にされる思い」
やっさ-もっさ　㊀〘名〙大騒ぎ。もめごと。「—が起る結極は」〈紅葉・二人女房〉㊁〘副〙スル 大勢が集まって大騒ぎするさま。また、もめたり混乱したりするさま。「勝手なことを言い合って—する」
やつし【×俏し|×窶し】❶身をやつすこと。また、やつした姿。❷おしゃれをすること。また、その人。「さてこそ—方ならぬ御—と見たるも」〈紅葉・不言不語〉❸「俏し方」「俏し事」の略。
やつし-がた【×俏し方】歌舞伎で、俏し事を演じる役柄。また、それを得意とする俳優。
やつし-ごと【×俏し事】歌舞伎で、大名の若殿や金持ちの息子などが、義理や恋のために家を出て流浪し、卑しい物売りなどに身をやつす演技。また、その演目。
やっしゃる〘助動〙《「やしゃる」の音変化。近世上方語》「やしゃる」に同じ。「何れも見**やっしゃれ**」〈伎・幼稚子敵討〉
やつしろ【八代】熊本県中央部の市。球磨川河口に位置し、八代海に臨む。もと細川氏の家老松井氏の城下町。セメント・製紙工業や農業が行われる。平成17年(2005)8月、坂本村・千丁町・鏡町・東陽村・泉村と合併。人口13.2万(2010)。
やつしろ-かい【八代海】熊本県南西部の内海。九州本土と宇土半島・天草諸島に囲まれる。古くから不知火の出現することで知られる。不知火海。
やつしろ-がい【八代貝】ヤツシロガイ科の巻き貝。浅海の砂底にすみ、貝殻は球形で、殻径約16センチ。殻表には太い肋が密に並び、褐色と白色とで交互に彩られる。ヒトデ・ウニ・ナマコなどを捕食。北海道南部から南に分布し、肉は食用、殻は貝細工用。
やつしろ-ぐう【八代宮】熊本県八代市にある神社。祭神は後醍醐天皇皇子の懐良親王と後村上天皇皇子の良成親王。
やつしろ-し【八代市】▶八代
やつしろ-そう【八代草】キキョウ科の多年草。九州の山地の草原にみられ、高さ約50センチ。葉は披針形で、互生。7、8月ごろ、紫色の鐘状の花が集まって上向きに咲く。熊本県八代で発見された。
やつしろ-みかん【八代▽蜜×柑】熊本県八代地方に産するウンシュウミカンの栽培品種。中形で、種子が多い。
やつしろ-やき【八代焼】熊本県八代市から産する陶器。寛永年間(1624〜1644)上野焼の陶工上野喜蔵が創始、細川藩の御用窯として栄えた。象眼文を特色とし、茶陶にすぐれたものが多い。高田焼。平山焼。
やつ・す【×俏す|×窶す】〘動サ五(四)〙❶目立たないように姿を変える。また、みすぼらしい姿にする。「身を—・す」❷やせるほど思い込む。顔形が変わるほど、一つのことに夢中になる。「恋に身を—・す」❸出家する。「朱雀院の御末にならせ給ひて今はと—・し給ひし際にこそ」〈源・宿木〉❹省略する。「文字一字…、—・して書けば」〈浄・遊君三世相〉❺くつろぐ。「事過ぎてあとは—・して乱れ酒」〈浮・一代男・七〉❻似せてつくる。まねる。「玄宗の花軍を—・し」〈浮・永代蔵・三〉❼化粧する。めかす。「—・さずに濡れ事をする新五郎」〈柳多留・二一〉
〘類語〙扮する・扮装・変装
やつ-すぎ【八つ過ぎ】❶今の午前2時、または午後2時を過ぎること。また、その時分。「天下は夜中—、郭は恋の昼中や」〈浄・淀鯉〉❷古くなって色などがさめること。また、そのもの。「甚三紅絹の—かといふ身頃があったが」〈滑・浮世風呂・二〉
やっ-た〘連語〙《動詞「やる」＋過去の助動詞「た」。してやったりの意》思い通りになったり、うまくやりおおせたりしたときに発する語。「—、逆転ホームランだ」
やつ-ぢ【八つ乳】表裏とも猫皮を張った三味線。乳のあとが表裏合わせて八つある。➡四つ乳
やつ-ちゃ【八つ茶】《「やつぢゃ」とも》日の長い時分、午後2時ごろにとる軽い食事。おやつ。
やっちゃ-ば【やっちゃ場】《「やっちゃ」は競りのかけ声》東京で、青物市場のこと。
やっ-つ【八つ】「やつ」の音変化。「ななつ、—、ここのつ」
や-づつ【矢筒】矢を入れる筒。
やっつけ-しごと【▽遣っ付け仕事】間に合わせの粗雑な仕事。
やっ-つ・ける【▽遣っ付ける】〘動カ下一〙《「やりつける」の音変化》❶「する」「やる」の意を強めていう語。また、いいかげんにやってしまう。「仕事を一気に—・ける」❷ひどい目にあわせる。打ち負かす。「手ひどく—・けられる」
〘類語〙(❶)済ます・終える・上げる・仕上げる・片付ける・こなす・処理する・方を付ける・けりを付ける／(❷)痛めつける・畳む・負かす・倒す・打ち倒す・打ち破る・打ち負かす・ぶちのめす・たたきのめす
やつ-で【八手】❶ウコギ科の常緑低木。暖地の海岸近くに自生。葉は枝先に互生し、柄が長く、手のひら状に七〜九つに裂けている。花は初冬に咲き、白い小花が球状に集まり、さらに円錐状につく。実は丸く、翌年4月ごろ熟す。耐陰性があり、庭木とする。てんぐのはうちわ。〘季 冬〙❷ヤツデヒトデのこと。❸「八つ手網」の略。
やつで-あみ【八つ手網】四つ手網に、さらに4本の手をつけた漁具。やつで。
やって-い・く【▽遣って行く】〘動カ五(四)〙❶仕事や付き合いを続ける。「夫婦仲よく—・く」❷生活などを維持する。「仕送りなしで—・く」「店を一人で—・く」
〘類語〙暮らす・しのぐ・賄う・切り盛りする・やりくりする
やって・くる【▽遣って来る】〘動カ変〙❶こちらに向かってくる。「向こうから—・くる」❷仕事や生活をしながら、現在に至る。「一〇年も同じ仕事を—・きた」
〘類語〙(❶)来る・迫る・近づく・来る・訪れる・来訪する・到着する・着く
やって-の・ける【▽遣って▽退ける】〘動カ下一〙困

難なことをやりとげる。「見事に一・ける」「苦もなく一・ける」(類語)やり遂げる・やりぬく

やつで-ひとで【八手海=星】ヒトデ科のヒトデ。磯にすみ、直径約10センチ、焦げ茶色で青や白の斑点がある。腕は長く、ちぎれやすいが再生し、7〜10本のものがみられる。房総半島以南に分布。

やっ-と〔副〕❶たくさん。たいそう。「その外に川魚屋もまだまあ一あれどな」〈滑・浮世風呂・二〉❷はるかに。ずっと。「荷を持つ方が一気楽な」〈浄・伊賀越〉

やっ-と【▽漸と】〔副〕❶長い時間や労力を費やして実現・成立するさま。ようやく。「苦心のすえ一勝った試合」❷足りてはいるが、余裕のないさま。かろうじて。「家族を一養えるだけの給料」
(類語)ようやく・何とか・どうにか・やっとこさ・かろうじて・からくも・危うく・すんでのところで・間一髪
漸との思いで　さんざん苦労してようやく。また、限界に近いが、かろうじて。「一納期にまにあわせる」「一日々生活する」
漸との事で　ようやくのことで。どうにかこうにか。「一追及をのがれる」

やっ-とう ㊀〔感〕斬り合いや剣術の際のかけ声。㊁〔名〕《㊀の掛け声から》剣術。剣道。

やっとか-め【やっとか目】〔形動〕《名古屋を中心にした愛知、三重、岐阜の方言。「80日目」の意》久しぶりであるさま。

やつ-どき【八つ時】「八つ❸」に同じ。

やっとこ【×鋏】鉄製の工具の一。先の合わせが平たくなっていて、針金・板金、また、熱した鉄などをはさんで持つようにしたもの。

やっとこ〔副〕かろうじて物事を達成するさま。やっとのことで。やっとこさ。「一逃げのびる」

やっとこ-さ ㊀〔感〕力を入れるときのかけ声。やっとこせ。「一と、重い腰を上げる」㊁〔副〕やっとのことで。やっとこ。やっとこせ。「一進級した」

やっとこ-せ ㊀〔感〕「やっとこさ㊀」に同じ。「一と、持ち上げる」㊁〔副〕「やっとこさ㊁」に同じ。「一頂上に着いた」

やっとことっちゃあ-うんとこな〔感〕《「やっとこさ」「どっこいしょ」「うんとこさ」の三つのかけ声を重ねたもの》歌舞伎で、荒事に用いるかけ声。

やっとこ-ばし【×鋏箸】やっとこの手に持つ部分と、物をはさむ部分とが、はしのように長いもの。

やっと-な〔感〕動作を始めるときのかけ声。どっこいしょ。「ちと休んで参らう。一」〈虎寛狂・悪太郎〉

やつ-なおひで【谷津直秀】［1876〜1947］動物学者。東京の生まれ。東大教授。実験形態学・実験発生学および分類学の発展に貢献。著「動物分類表」「無脊椎動物系統学概論」など。

やっぱ〔副〕「やっぱり」に同じ。「一そうなるか」

やつ-はし【八つ橋】❶池・小川などに、幅の狭い橋板を数枚、稲妻のような形につなぎかけた橋。8枚の板からなる三河の八橋に由来する。❷琴の形に擬した短冊形のせんべい。蒸した米粉に砂糖と肉桂粉とをまぜた生地を堅焼きにしたもの。八つ橋せんべい。また、焼かないで二つ折りにして小豆あんを挟んだ生八つ橋もある。京都の名物。❸香の名。かおりは強く、苦味を帯びる。❹「八つ橋織り」の略。

やつはし【八橋】愛知県知立市北東部の地名。逢妻川の南岸にあり、伊勢物語・東下りの段の八橋の旧跡で、カキツバタの名所。(歌枕)

やっぱし〔副〕「やっぱり」の音変化。「一負けたか」

やつはし-おり【八つ橋織(り)】絹織物の一。斜文織りの表裏の組織によって正方形または長方形の市松模様を表したもの。下着や羽織裏などに用いる。

やつはし-けんぎょう【八橋検校】［1614〜1685］江戸前期の箏曲演奏家・作曲家。磐城(一説に豊前小倉)の人という。三味線・胡弓の名手で、筑紫流箏曲を学び、八橋流を創始。今日の箏曲(俗箏)の基礎を築いた。組歌13曲、段物4曲(「六段」「八段」など)を作曲。

やつはし-りゅう【八橋流】箏曲の流派の一。天和・貞享(1681〜1688)のころ、八橋検校が筑紫流箏曲を基礎にして創始。八橋の孫弟子の生田検校が、生田流を創始して以来衰微した。大阪・信州松代・沖縄にその芸系の八橋流が現存する。

やつ-ばち【八つ×撥｜八つ×桴】❶羯鼓の異称。「いつものやうに一を御打ち候ひて」〈謡・花月〉❷中世の巷間芸能の一。羯鼓を首から掛けて、それを打ちながら踊るもの。「児の能には、…簓、一なんどと申すことは」〈謡・丹後物狂〉

やつはな-がた【八つ花形】円形の周囲に花弁状の稜が八つある花形。「一に鋳たる鏡」〈義経記・七〉

やつ-ばら【▽奴×儕｜▽奴▽原】複数の人を卑しめていう語。やつら。「あんな一に我儘をされて堪るものか」〈福沢・福翁自伝〉

やっぱり【矢っ張り】〔副〕「やはり」の音変化。「一思ったとおりだ」(補説)「矢っ張り」は当て字。

ヤッピー〘yuppie〙《young urban professionals(若手都会派知的職業人)+-ieから》米国で、第二次大戦後のベビーブーム期に生まれた世代で、都会やその近郊に住んで知的職業に就いているエリート青年をいう。

やつ-ひがた【谷津干潟】千葉県北西部、習志野市にある干潟。面積約0.4平方キロ。東京湾奥に残された貴重な干潟で、カモ・シギ・チドリなど渡り鳥の希少な生息地。国指定谷津鳥獣保護区となっている。平成5年(1993)ラムサール条約に登録された。

やっぴし〔副〕しきりに。やたらに。「薬取り一犬に手をもらひ」〈柳多留・二〉

やつ-びょうし【八拍子】能楽で、謡や囃子のリズムの基本単位。8個の拍を一単位とする本地を中心に、4拍一単位のトリ、6拍一単位の片地、2拍一単位のオクリなどを交える。

ヤッファ〘Jaffa〙イスラエル中西部の都市テルアビブヤッファの南部の地名。地中海に面し、古くからエルサレムの外港として栄えた。1949年にパレスチナ人が追放され、隣接するテルアビブと合併。旧市街にはオスマン帝国時代に築かれた時計塔やイスラム寺院などがある。ヤホ。ヤッフォ。ヤーファー。

やつ-ぶさ【八房】❶八つの房をもつこと。多数の実が房状をなすもの。❷トウガラシの変種。茎はまっすぐ伸び、先に細長い実が集まって上向きにつき、赤く熟す。キムチなどに用いる。てんじょうまもり。てんじくまもり。

やつぶさ-の-うめ【八房の梅】梅の一品種。花は白く八重咲きで、雌しべが数本あり、一つの花に4〜7個の実を結ぶ。座論梅。やつぶさうめ。

ヤップ-とう【ヤップ島】《Yap》西太平洋、カロリン諸島西部の島。四つの島が密接している。ミクロネシア連邦に属す。カナカ族が石貨を使用していたことで知られ、大きいものでは直径数メートルもある。

ヤッペ-ほう【ヤッペ法】緊急避妊法の一つ。性行為後に72時間以内およびその12時間後に一定量のホルモン配合剤を服用する。医師の処方が必要。(補説)1974年にカナダの婦人科医アルバート=ヤッペが考案した。

や-つぼ【矢×壺｜矢坪】矢を射るときにねらいを定める所。やどころ。

ヤッホー〘yo-ho〙〔感〕登山者が自分の居場所を知らせる合図などに発する声。また、うれしいときなどに発する歓声。

や-づま【屋▽端】軒先。軒端。「見渡せば葺かぬ一もなかりけり淀野の沼に引ける菖蒲を」〈夫木・二四〉

やつむね-づくり【八棟造(り)】❶神社建築の一様式。本殿と拝殿とをつなぐ部分を石の間とし、その屋根が本殿・拝殿の屋根から作りつけられて両下であるもの。上から見ると屋根の棟木がエの字形をしている。のちの権現造りの原型で、京都北野天満宮が代表例。❷近世初期の民家で、入母屋の瓦屋根をのせた棟を多くもつ豪壮なもの。

やつ-め【八つ目】❶8番目。やっつめ。❷目が八つあること。多くの目があるもの。❸編み目・刻み目などが多くあること。また、そのもの。❹「八目鰻」の略。❺「八つ目鏑」の略。

やつ-め【▽奴め】㊀〔名〕「やつ(奴)」を強めていう語。「にくい一」㊁〔代〕三人称の人代名詞。「やつ(奴)」をいっそう卑しめたり、憎悪の感情を交えたりしていう語。「一の言いなりになどなるものか」

やつめ-うなぎ【八目×鰻】ヤツメウナギ目ヤツメウナギ科の円口類の総称。体形はウナギに似るが、目の後方にえら穴が七つあり、目が八つあるように見える。口は吸盤状で、大形の魚に吸着し、肉を溶かして血とともに吸う。日本海側に流入する河川に多い。カワヤツメ・スナヤツメなど。脂肪・ビタミンAなどに富み、昔から夜盲症の薬とされ、食用。(季 冬)

やつめ-かぶら【八つ目×鏑】穴を多数(後世には八つ)あけた鏑。また、それをつけた矢。

やつめ-さす〔枕〕「出雲」にかかる。語義・かかり方未詳。一説に、「やくもたつ」の音変化ともいう。「一出雲建が佩けける太刀」〈記・中・歌謡〉➡八雲立つ

やつめ-らん【八目×蘭】ノキシノブの別名。

やつやつ-し・い【×窶×窶しい】〔形〕(文)やつやつ・し〔シク〕ひどくやつれている。みすぼらしい。「一・いほど質素な服装などが」〈藤村・家〉

や-つ-よ【弥つ世】多くの年月。やちよ。「橘のとをの橘一にも我は忘れじこの橘を」〈万・四〇五八〉

やつ-ら【▽奴▽等】㊀〔名〕複数の人を卑しめていう語。「ふざけた一」㊁〔代〕三人称の人代名詞。同等以下の複数の人を卑しめたり、親しみを込めたりしていう語。あいつら。「一に理屈は通用しない」

やつら-の-まい【八×佾の舞】▶八佾

や-づり【▽穴釣(り)】穴にひそむウナギを釣る漁法。餌をつけた釣り針と釣り糸を竿の先にひっかけ、穴に差し入れてから竿だけを抜き、手釣りするもの。あなづり。

やつ・る【×窶る】〔動ラ下二〕「やつれる」の文語形。

やつれ【×窶れ】❶病気や心労でやつれること。また、そのようす。「一が見える」「面一」❷見栄えがしなくなること。「何ばかりの御身の一にかはあらむ」〈源・若菜下〉❸人目につかないように、みすぼらしい姿になること。また、そのための服装。「この頃の御一に設け給へる狩りの御装束着かへなどして」〈源・夕顔〉

やつれ-すがた【×窶れ姿】やせ衰えた姿。また、みすぼらしいかっこう。

やつれ-ば・む【×窶ればむ】〔動マ四〕みすぼらしいようすになる。「さばかりになりぬる御有り様の、いと一・み」〈源・匂宮〉

やつ・れる【×窶れる】〔動ラ下一〕(文)やつ・る〔ラ下二〕❶病気・心労などで、やせ衰える。「病気で別人のように一・れてしまう」❷見栄えのしないようすになる。みすぼらしくなる。「いと若かりしほどを見しに、太り黒みて一・れたれば」〈源・玉鬘〉❸人目につかないように、服装などを粗末にする。みすぼらしい姿になる。「いと忍びてただ舎人二人召し継ぎとして一・れ給ひて」〈竹取〉❹落ちぶれる。「かく一・れたるに、あなづらはしきにやと」〈源・明石〉
(類語)痩せる・細る・痩せ細る・痩ける・痩せこける・痩せさらばえる・痩せ衰える・憔悴する・げっそりする・衰弱する

やつ-わり【八つ割(り)】❶八等分すること。また、その一つ。❷四斗樽の8分の1の容積の樽。5升入りの樽。

や-てい【野体】やぼな風体。「忍べばこそ供をも連れず、風俗も一にて出でしに」〈浮・一代男・五〉

や-てい【野亭】野中の小屋。「道すがらの山館一を御覧ぜらるるにも」〈太平記・三九〉

や-てん【夜天】夜の空。

やてん-こう【夜天光】月のない晴れた夜の自然光。星野光・黄道光・大気光の3種からなり、俗に星明かりといわれる。

やと【▽谷】「やつ(谷)」に同じ。

や-と【野×兎】野生のウサギ。のうさぎ。

や-ど【宿｜屋戸】《「屋の処」の意か。または「屋の戸」「屋の外」の意か》❶家。すみか。「埴生の一」❷《「やどり」との混同から》旅先で一時的に泊まる家。

また、宿屋。「今日の―を決める」❸妻が他人に対して夫のことをいう語。主人。宅。「私が申しますと―が立腹致しますから」〈円朝・真景累ヶ淵〉❹奉公人の親元や請け人。また、その家。「―へ下がる」❺ある目的のもとに、人々が集まる所。若者宿・娘宿など。❻揚屋。置屋。また、その主人。「―を頼んで田舎客の談合破らせ」〈浄・冥途の飛脚〉❼家の入り口。戸口。「夕さらば―開け設けて我待たむ夢に相見に来むといふ人を」〈万・七四四〉❽家の庭先。「秋は来ぬ紅葉は―に降り敷きぬ道ふみわけてとふ人はなし」〈古今・秋下〉

[類語](❶)家・うち・家屋・屋舎・住宅・住家・住居・家宅・私宅・居宅・自宅・居・宅・住まい・住みか・ねぐら・ハウス（尊敬）お宅・尊宅・尊堂・高堂・貴宅（謙譲）拙宅・弊宅・陋宅・陋居・陋屋・寓居/(❷)旅館・宿屋・ホテル・民宿・ペンション・ホステル・ロッジ・イン・モーテル・木賃宿・旅籠・ラブホテル・連れ込み・連れ込み宿

宿を借・りる　他人の家に泊めてもらう。「一夜の―・りる」

宿を取・る　宿所を決めて、泊まる。また、旅館などの予約を取る。「出張先の―・る」

やど-あずけ【宿預け】❶江戸時代、江戸に出府した被疑者を公事宿に預けたこと。❷江戸時代、主人の家で不正を働いた召使いなどを、その請け人に預けたこと。

やとい【雇い|×傭い】❶雇うこと。また、雇われた人。「臨時―」❷官公庁で、臨時に雇われた、官吏の身分をもたない職員。雇員。「裁判所の一室に下級の書記や―など卓を囲んで」〈木下尚江・良人の自白〉

やとい-い・れる【雇い入れる】〔動ラ下一〕[文]やとひい・る〔ラ下二〕新たに雇う。「新卒者を―・れる」

やとい-ど【雇ひ▽人】《「やといびと」の音変化》雇われた人。やといにん。「―を朝な朝な呼ぶ田植かな」〈境海草〉

やとい-どめ【雇い止め】有期労働契約の期間満了時に事業主が契約の更新を拒否し、一方的に契約を終了させること。➡派遣切り [補説]労働者保護の観点から、使用者は有期契約労働者に対して、契約更新の有無やその判断基準を明示することや、契約を更新しない場合には事前予告することなどが義務づけられている。

やとい-にん【雇い人】❶雇われて働く人。使用人。❷雇い主。

やとい-ぬし【雇い主】人を雇って使う人。使用者。雇用主。[類語]使用者・雇用主・雇用者

やど-いり【宿入り】「藪入り」に同じ。「今年は、お盆の―に行かない代り」〈万太郎・露芝〉

や-とう【夜盗】❶夜、物を盗みに入ること。また、その者。「―を働く」❷►夜盗虫

や-とう【野党】政党政治において、政権を担当していない政党。[⇔]与党。

や-とう【野盗】山野にいる盗賊や、追いはぎ。

やと・う【雇う|×傭う】〔動ワ五(ハ四)〕❶賃金を払って人を使う。また、料金を払って乗り物などを使う。「人を―・う」「ハイヤーを―・う」❷借りて使う。借用する。「舌根を―・ひて、不請の阿弥陀仏両三遍申して止みぬ」〈方丈記〉[可能]やとえる

[類語]使う・用いる・採る・雇用・採用・使用・チャーター

や-どうな【矢だうな】矢をむだに射ること。「ただ今の矢一つでは、敵十人は防がんずるものを。罪つくりに、―に、とぞ制しける」〈平家・九〉

やど-おや【宿親】若者宿や娘宿を引き受けた家の主人。監督・指導の責任者であり、また、仮親や結婚の仲人となることも多い。

やど-おり【宿下り】「宿下がり」に同じ。

やど-がえ【宿替え】〔名〕スル 居所を替えること。転居。引っ越し。「アパートから一戸建てに―する」

[類語]家移り・引っ越し・転居・転宅・移転

やどかし-どり【宿貸し鳥】カケスの別名。一説に、ツバメまたはウグイスともいう。「山路分け花をたづねて日は暮れぬ―の声もかすみて」〈西行家集〉

やど-かり【宿借り】❶(「寄居虫」とも書く)十脚目ヤドカリ科・ホンヤドカリ科・オカヤドカリ科などの甲殻類の総称。エビとカニの中間に位置する。浅海にすみ、頭胸部は硬いが、腹部は軟らかいので巻き貝の空き殻に入れて保護し、右巻きの巻き貝が多いのに応じて右にねじれている。はさみ脚は一般に北方産では右が、南方産では左が大きい。[季 春]「―や覚束なくもかくれ顔／虚子」❷他家で世話になること。また、その人。居候。「無用の―早くここを出て行けと」〈蘆花・思出の記〉❸宿を借りること。また、その人。「内を賄ふ女房おりう―客の料理ごしらへ」〈浄・千本桜〉

やど-ぐるま【宿車】車宿で客の依頼を待つ人力車。また、その車夫。

やど-こや【宿小屋】住まいとする小さい家。「世間晴れて―持ち」〈浄・今宮の心中〉

や-どころ【矢所】「矢壺」に同じ。

やど-さがり【宿下(が)り】〔名〕スル 奉公人が暇をもらい、親元などへ帰ること。やどおり。[季 新年]

やど・す【宿す】〔動サ五(四)〕❶内に含み持つ。「大志を―・す」❷とどまらせる。「水面に月影を―・す」「往時の面影を―・す道筋」❸子をはらむ。「子を―・す」❹宿泊させる。宿を貸す。「人―・し奉らむとするところに」〈源・玉鬘〉❺預ける。「相知りたりける女蔵人の曹司に、壺やなぐひ、綏を―・し置きて」〈後撰・雑四・詞書〉[可能]やどせる

[類語]持つ・含む・抱く・はらむ・秘める

やとせ-ご【八▽年子】8歳の子。幼い子。「葦屋の菟原処女の―の片生ひの時ゆ」〈万・一八〇九〉

やど-せん【宿銭】「宿賃」に同じ。

やど-ちゃ【宿茶】新しい借家人が、家主や近所の人々を招いて饗応すること。「これはわたしが―の餅」〈浄・源頼家源実朝鎌倉三代記〉

やど-ちょう【宿帳】旅館で、泊まり客の住所・氏名・職業などを書く帳面。

やど-ちん【宿賃】宿屋の宿泊料。宿銭。

やと-な【雇仲=居|雇▽女】(京阪地方で)臨時に雇われる仲居。

やど-なし【宿無し】住居や泊まる家がないこと。また、その人。「―の犬」

やど-ぬし【宿主】❶宿の主人。また、家の主人。❷►しゅくしゅ(宿主)

やど-ばいり【宿×這入り】❶自分の家を得て、そこに落ち着くこと。家庭を持つこと。「―して六十日そこらぢゃが」〈滑・浮世風呂・四〉❷奉公人が暖簾分けをしてもらって独立すること。「相応の者を女房にもち、―のはじめ」〈浮・新永代蔵〉

やど-ばらい【宿払ひ】宿泊料の支払い。「すこし渋り皮のとれたる女には―請け合ふやら」〈浮・織留・五〉

やど-ひき【宿引き】旅客を自分の宿屋に泊まるように勧誘すること。また、その人。客引き。

[類語]客引き・ぽん引き・呼び込み

やと-びょう【野×兎病】野兎病菌によりノウサギ・ネズミ・リスなどの間で流行する病気。人間にも感染し、悪寒・発熱・関節痛・嘔吐・リンパ節の腫れなどの症状を呈する。大正時代に福島県の内科医の大原八郎が発見し命名。大原病。ツラレミア。

やど-ふだ【宿札】❶江戸時代、大名・旗本などが宿泊する本陣や脇本陣の門または宿の出入り口に、宿泊者の名を書いて掲げた札。関札。しゅくさつ。❷姓名などを記し、門口に掲げて、その人の住居であることを知らせる札。表札。門札。「そのかどをも恥ぢず、―見かけてまはりぬ」〈浮・好色盛衰記〉

やとみ【弥富】愛知県西部にある市。伊勢湾に面し、海抜0メートルの平地が広がる。稲作なども盛んだが名古屋市のベッドタウン化が進む。平成18年(2006)4月、弥富町に十四山村が編入して市制施行。人口4.3万(2010)。

やとみ-し【弥富市】►弥富

や-どめ【矢止め|矢留め】矢を射ることを一時中止し、休戦すること。〈日葡〉

やど-もと【宿元|宿▽許】❶泊まっている所。宿泊先。❷奉公人が、奉公先が決まるまで泊まる宿。身元保証も引き受けた。請宿。

やど-もり【宿守】家を守ること。また、家の番人。留守居。「この―なる男を呼びて」〈源・夕顔〉

やど-や【宿屋】❶旅客を宿泊させることを業とする家。旅館。❷泊まっている家。「―の中門に走り上りて」〈太平記・三八〉❸揚屋。「―はどれへおこしなされますといふが」〈浮・一代女・二〉

[類語](❶)宿・旅館・木賃宿・旅籠・ホテル・民宿・ペンション・ロッジ・イン・モーテル

やどや-の-めしもり【宿屋飯盛】石川雅望の狂歌師名。

や-どり【宿り】❶旅先で宿をとること。また、その場所。「一夜の―」❷星が天体で占める座。星座。「星の―」❸一時そこに住むこと。また、その場所。「秋田刈る仮廬の―にほふまで咲ける秋萩見れど飽かぬかも」〈万・二一〇〇〉❹仮にとどまること。また、その場所。「―せし花橘も枯れなくになど郭公声絶えぬらむ」〈古今・夏〉

宿り取・る　宿を借りる。「夕暮れのまがきは山と見えななむ夜は越えじと―・るべく」〈古今・離別〉

やどり-ぎ【宿木|寄=生木】㊀❶他の木に寄生する草木。❷ヤドリギ科の常緑小低木。エノキ・桜など落葉樹の樹上に寄生し、高さ約50センチ。茎は緑色で、二また状によく分枝し、球状になる。葉は細長くて先が丸く、対生。雌雄異株。2月ごろ黄色の小花が咲き、11月ごろ黄色や赤色の丸い実がなる。実は粘液をもち、レンジャクなどの鳥に食われ、糞とともに種子が排出されて枝に粘着し、発芽する。同科にはヒノキバヤドリギや実が白色のセイヨウヤドリギも含まれる。㊁(宿木)源氏物語第49巻の巻名。薫大将、24歳から26歳。匂宮と夕霧の娘六の君との結婚や、中の君の落胆と出産、薫と女二の宮との結婚などを描く。

やどり-の-つかさ【宿▽官】「しゅっかん(宿官)」に同じ。「―の権の守は」〈春曙抄本枕・一五六〉

やどり-ばえ【寄=生×蠅】❶他の昆虫に寄生するハエ。ヤドリバエ・ニクバエなど。❷双翅目ヤドリバエ科の昆虫の総称。体は暗色で淡色の斑紋があり、毛深い。剛毛の目立つものを針蠅とよぶこともある。日中、花に集まるものが多く、幼虫は他の昆虫に寄生。アメリカシロヒトリに寄生するブランコヤドリバエ、蚕に寄生するカイコノウジバエなど。きせいばえ。

やどり-ばち【寄=生蜂】►きせいばち(寄生蜂)

やど・る【宿る】〔動ラ五(四)〕《「屋取る」の意》❶旅先で宿をとる。また、一時的にそこに住む。「僧坊に―・る」❷その場所にとどまる。「葉に夜露が―・る」「健全な精神は健全な肉体に―・る」❸妊娠する。「子が―・る」❹虫・植物などが寄生する。「回虫が―・る」❺星がその座を占める。「太陽が牡羊座に―・る」[類語](❶)泊まる・宿泊・寝泊まり・止泊・投宿・逗留・滞留・滞在・ステイ

やど-ろく【宿六】《「宿のろくでなし」の意》❶妻が自分の夫を卑しめたり、親愛の意を込めたりしていう語。「うちの―」❷宿の主人。亭主。「なんでもここの―めが」〈滑・続膝栗毛・三〉

[類語]夫・主人・亭主・旦那・ハズ・夫君・宅・内の人

やど-わり【宿割(り)】宿泊する人を何軒かの宿屋に割り振ること。また、その役目の人。

やとわ-れ【雇われ】他人に雇われること。「―の身」「―マダム」

やな【×梁|×簗】川の瀬に杭などを八の字形に並べ、水をせき止めて1か所をあけ、そこに梁簀を張って流れてくる魚を受けて捕る仕掛け。上り梁・下り梁などがある。[季 夏]「手に足に逆まく水や―つくる／泊雲」[補説]「簗」は国字。

梁を打・つ　梁の仕掛けを作る。

やな〔終助〕《間投助詞「や」＋終助詞「な」から》名詞、形容動詞の語幹、動詞・形容詞の終止形に付く。感動・詠嘆の意を表す。…だなあ。…であるよ。…こと

よ。「幼きの御物言ひ―」〈源・宿木〉「むざん―かぶとの下のきりぎりす/芭蕉」〈奥の細道〉

やな-あさって【弥な明＝後＝日】「やのあさって」に同じ。

ヤナーチェク〖Leoš Yanáček〗[1854～1928]チェコの作曲家。民族音楽と近代音楽の語法を統合し、多くの歌劇を発表。作品に「利口な女狐の物語」など。

やない【柳井】山口県南東部の市。瀬戸内海に面し、商業港として発達。エレクトロニクスや機械工業が行われる。刺身用の甘露醤油を特産。人口3.5万(2010)。

やない-し【柳井市】▶柳井

やない-ば【▽柳葉】❶柳の葉の形をした鏃。❷鐙の、足をのせる部分の周縁部の名。

やない-ばこ【▽柳×筥】柳の細枝を編んだ箱。また、柳の木を細長く三角に削って寄せ並べ、生糸やこよりで編んだ蓋つきの箱。硯・墨・筆・短冊や冠などを納めた。後世、蓋の足を高くして台として用い、冠・経巻などをのせた。やないば。やなぎばこ。

やないはら-ただお【矢内原忠雄】[1893～1961]経済学者。愛媛の生まれ。東大教授。植民政策を研究し、昭和12年(1937)戦争政策を批判して教授の職を追われ、第二次大戦後復帰。のち、東大総長。無教会派キリスト教伝道者として著名。著「帝国主義下の台湾」「嘉信」など。

やない-わたり【箭内亙】[1875～1926]東洋史学者。福島の生まれ。東大教授。モンゴル史研究に業績を残した。著「蒙古史研究」「東洋読史地図」など。

やな-うんじょう【×梁運上｜×簗運上】江戸時代、川に梁を設けて魚を捕る者に課した税。

やなか【谷中】㊀東京都台東区北西部の地名。寺が多く、天王寺には幸田露伴「五重塔」のモデルになった五重塔があったが、昭和32年(1957)焼失。㊁栃木県南部の渡良瀬川沿いにあった村。田中正造のもと、遊水池化に反対したが、明治39年(1906)強制廃村となった。

やなか-しょうが【谷中生×姜】葉生姜の品種の一つ。芽の根本が赤く、初夏に出荷される。江戸期に谷中㊀の特産品だった。

やながせ【柳ヶ瀬】㊀滋賀県北部、長浜市の地名。北国街道の要地にあり、賤ヶ岳の戦いで柴田勝家が陣地とした。㊁岐阜市内中央部にある繁華街。柳ヶ瀬通り。

やな-がわ【▽柳川】「柳川鍋」の略。

やながわ【柳川】福岡県南西部の市。有明海に面し、筑後川と矢部川の間の低地にあり、水路網が発達。もと立花氏の城下町。造り酒屋であった北原白秋の生家がある。もと「柳河」と書いた。人口7.1万(2010)。

やながわ-けんぎょう【柳川検校】[？～1680]江戸前期の地歌の演奏家・作曲家。柳川流の創始者。大坂の人。地歌三味線の名手として京都で活躍。三味線組歌の破手組を作曲したといわれる。

やながわ-し【柳川市】▶柳川

やながわ-しゅんよう【柳川春葉】[1877～1918]小説家。東京の生まれ。本名、専之。尾崎紅葉門下の四天王の一人。作「錦木」「生さぬ仲」など。

やながわ-せいがん【梁川星巌】[1789～1858]江戸後期の漢詩人。美濃の人。名は孟緯。字は公図。江戸で古賀精里・山本北山に学び、神田に玉池吟社を開いた。のち京都に住み、勤王の志士と交わって国事に奔走。妻紅蘭も漢詩人。著「星巌集」など。

やながわ-なべ【▽柳川鍋】背開きにしたドジョウを、浅い鍋にささがきゴボウを敷いた上に並べ、味付けして煮て、卵を流し込んでとじた料理。名称は、江戸末期に売りだした店の屋号からとも、柳川焼の土鍋を使ったからともいう。（季 夏）

やながわ-やき【▽柳川焼】福岡県柳川産の土器。慶長年間(1596～1615)の創始で、茶人に愛好される。蒲池焼。

やながわ-りゅう【▽柳川流】地歌の流派の一。寛永年間(1624～1644)京都で柳川検校が創始。大坂を中心に興った野川流と相対して現在に至る。

やなぎ【柳】❶ヤナギ科ヤナギ属の落葉樹の総称。一般に湿地に多く、低木または高木で、葉はふつう互生する。雌雄異株。主に早春、花が穂状か尾状につき、種子は白毛があって風で飛び、柳絮という。街路樹や庭園樹などにされ、材は器具・薪炭用。コリヤナギ・ネコヤナギなど多くの種があるが、葉の細長いシダレヤナギをさすことが多い。ヤナギ科の双子葉植物は約350種が北半球の温帯地域を中心に分布し、ケショウヤナギ・オオバヤナギ・ヤマナラシ・ポプラなども含まれる。（季 春）「田一枚植ゑて立ち去る―かな/芭蕉」❷襲の色目の名。表は白、裏は青、または萌葱。柳襲。❸「柳色」の略。

柳に受ける　逆らわないで、されるがままになる。「這箇が―・けて聞いて居て遣りゃ、可いかと思って増長して」〈紅葉・金色夜叉〉

柳に風　柳が風になびくように、逆らわずに穏やかにあしらうこと。「―と受け流す」

柳に蹴鞠　図柄の一種で、柳のそばで蹴鞠をしている絵。蹴鞠する庭の四隅には、ふつう柳を植えた。

柳に雪折れ無し　柳の枝はよくしなうので雪の重みで折れることはない。柔らかいものは、堅いものよりかえってよく持ちこたえるというたとえ。

柳の下に何時も泥鰌は居ない　一度柳の下で泥鰌を捕らえたからといって、それがいつもそこにいるわけではない。一度偶然に幸運を得られても、再度同じ方法で幸運が得られるものではない。

柳は緑花は紅　《蘇軾「柳緑花紅真面目」から》❶自然のままであること。❷春の美しい景色を形容する言葉。❸ものにはそれぞれ個性が備わっていることのたとえ。「―、さまざまの世のならはしこそ定めなき」〈浄・文武五人男〉

柳を折・る　《古代中国の風習から》旅立つ人を見送る。

やなぎ-いろ【柳色】❶くすんだ黄緑色。❷織り色の名。縦糸を萌葱色、横糸を白で織ったもの。
（類語）緑・緑色・翠緑・深緑・草色・萌葱色・浅緑・黄緑・松葉色・利休色・オリーブ色・グリーン・エメラルド・エメラルドグリーン

やなぎ-うみえら【柳海×鰓】花虫綱ヤナギウミエラ科の腔腸動物。浅海の砂泥底に直立し、長さ30～40センチ。橙色の角質の太い骨軸があり、上部にシダのように葉片が並ぶ。骨軸をステッキ・箸などに利用。うみやなぎ。うみかんざし。

やなぎ-かげ【柳陰｜柳×蔭】❶柳の木陰。（季 春）❷「本直し」に同じ。

やなぎ-かご【柳籠】生の柳の枝で編んだ籠に石を入れたもの。河川の護岸工事などに用いる。

やなぎ-がさね【柳▽襲】「柳❷」に同じ。

やなぎ-ごうり【柳行×李】コリヤナギの枝の皮を除いて乾かしたものを、麻糸で編んで作った行李。やなぎごり。

やなぎ-ごし【柳腰】《「柳腰」を訓読みにした語》細くしなやかな腰つき。また、細腰の美人。

やなぎ-さび【柳×皺】近世に流行した烏帽子の皺。柳の葉のように横に細長いしわを寄せたもの。また、その烏帽子。

やなぎさわ-きえん【柳沢淇園】[1704～1758]江戸中期の文人・画家。字は公美。柳里恭ともよばれる。大和郡山藩の重臣。儒仏・医学・書画など16芸に通じたといわれる。特に絵画は精緻で豊麗な色彩の花鳥画のほか指頭画にもすぐれ、南画の先駆者の一人とされる。著「ひとりね」など。

やなぎさわ-よしやす【柳沢吉保】[1658～1714]江戸中期の大名。徳川綱吉の側用人となり、やがて老中格から大老格となって甲府15万石を領した。文治政策を推進したが、綱吉の失政の責任を一身に負わされ、綱吉死後は隠棲。

やなぎ-しぼり【柳絞(り)】柳の葉のような柄を染め出した絞り染め。滝絞り。

やなぎた-くにお【柳田国男】[1875～1962]民俗学者。兵庫の生まれ。貴族院書記官長を退官後、朝日新聞に入社。国内を旅して民俗・伝承を調査、日本の民俗学の確立に尽力した。文化勲章受章。著「遠野物語」「民間伝承論」「海上の道」など。

やなぎだ-くにお【柳田邦男】[1936～　]ノンフィクション作家。栃木の生まれ。NHKの記者時代に、航空機事故の原因を追及した「マッハの恐怖」で大宅壮一ノンフィクション賞を受賞。のちフリーとなり、医療問題や災害など幅広く取材。他に「ガン回廊の光と影」「犠牲」「脳治療革命の朝」など。

やなぎ-たで【柳×蓼】タデ科の一年草。水辺に生え、高さ40～60センチ。柳に似て細長い葉を互生し、鞘状の托葉をもつ。夏から秋、白い小花をまばらな穂状につける。葉に辛味があり、香辛料とする。ほんたで。またで。（季 夏）

やなぎだに-かんのん【柳谷観音】楊谷寺の通称。

やなぎだる【柳多留】「誹風柳多留」の略称。

やなぎ-だる【柳×樽】柄樽の一種で、長い2本の柄のある、祝儀用の酒樽。朱漆で塗り、定紋をつけたものもある。⇒柄樽 ⇒角樽

やなぎ-とうば【柳塔婆】柳の木や枝を塔婆として立てるもの。三十三回忌など最終年忌に立てる。

やなぎ-の-いと【柳の糸】細くてしなやかな柳の枝を糸に見立てていう語。（季 春）

やなぎ-の-かずら【柳の×鬘】柳の若枝で作った髪飾り。3月の節句に用いた。やなぎかつら。「鮮やかなる衣に、―つけなどして」〈たまきはる〉

やなぎ-の-かみ【柳の髪】❶柳の枝が細く長いのを髪に見立てていう語。「春風や―をけづるらん緑のまゆも乱るばかりに」〈新千載・春上〉❷女性の長く美しい髪を柳の枝にたとえていう語。「―を何ゆゑに、浮き世恨みて尼が崎」〈浄・歌念仏〉

やなぎ-の-ま【柳の間】《襖に雪と柳の絵があったところからの名》江戸城本丸殿中の居間。大広間と白書院との間にある中庭の東側にあり、四位以下の大名および表高家の詰め所。

やなぎ-の-まゆ【柳の眉】❶柳の枝に萌え出た若芽を眉に見立てていう語。❷《「柳眉」を訓読みにした語》女性のほっそりした眉。女性の美しい眉。

やなぎ-は【柳派】落語家の一派。麗麗亭柳橋を祖とし、一門は多く春風亭・柳亭・柳家を名のる。

やなぎ-ば【柳刃】「柳刃包丁」の略。

やなぎ-ば【柳葉】❶柳の葉。りゅうよう。❷▶やないば❶

やなぎ-ばこ【柳×筥】▶やないばこ

やなぎ-ばし【柳箸】正月の祝い膳用の、柳の木で作った太箸。折れにくく縁起がよいとされる。（季 新年）「―今年は母の亡かりけり/碧童」

やなぎばし【柳橋】東京都台東区の地名。東を隅田川、南を神田川が流れ、神田川に柳橋が架かる。江戸時代から花柳街として繁栄。

やなぎば-ぼうちょう【柳刃包丁】刺身包丁の一。柳の葉のように幅が細く先がとがっているもの。やなぎば。

やなぎはら-りょうへい【柳原良平】[1931～　]イラストレーター・漫画家。東京の生まれ。洋酒のイメージキャラクター「アンクルトリス」をデザインし、好評を博する。挿絵や絵本などのほか、船好きであることから船体のデザインも手がけている。

やなぎまち-みつお【柳町光男】[1945～　]映画監督。茨城の生まれ。暴走族を追った記録映画「ゴッド・スピード・ユー! BLACK EMPEROR」で監督デビュー。他に「十九歳の地図」「火まつり」「さらば愛しき大地」「愛について、東京」など。

やなぎ-むしがれい【柳虫×鰈】カレイ科の海水魚。全長約25センチ。体は平たく長楕円形で、口は小さい。一夜干しが美味。

や

やなぎ-むねよし【柳宗悦】[1889〜1961]美術評論家・宗教哲学者。東京の生まれ。雑誌「白樺」の創刊に参加。のち民芸運動を提唱・推進した。昭和11年(1936)東京都目黒区駒場に日本民芸館を設立。

やなぎ-も【柳藻】ヒルムシロ科の多年草。小川などの水中に生え、水流になびく。全体に褐緑色で、茎は細く、葉は柳に似て細長く、互生する。夏、葉の脇から柄を出し、黄緑色の小花を穂状につける。ささも。

やなぎや【柳屋】落語家の芸名の一。

やなぎや-きんごろう【柳家金語楼】[1901〜1972]落語家・演芸作家・喜劇俳優。東京の生まれ。本名、山下敬太郎。筆名、有崎勉。陸軍入隊の経験から「兵隊落語」を自作して人気を獲得。多くの新作落語を書いたほか、映画・舞台の喜劇俳優としても活躍した。

やなぎや-こさん【柳家小さん】落語家。㊀(3世)[1857〜1930]江戸の人。本名、豊島銀之助。「らくだ」「うどん屋」などの上方落語を東京に移す。夏目漱石が名人と賞賛したことでも有名。㊁(4世)[1888〜1947]東京の生まれ。本名、平山菊松。「長屋の花見」「湯屋番」「ろくろ首」などを得意とした。㊂(5世)[1915〜2002]長野の生まれ。本名、小林盛夫。芸術祭奨励賞受賞。人間国宝。「親子酒」「宿屋の富」「粗忽長屋」などを得意とした。

やなぎ-らん【柳×蘭】アカバナ科の多年草。高原の日当たりのよい地に群生し、高さ約1.5メートルに達する。茎は直立し、枝分かれしない。葉は柳に似て細長く、互生。夏、茎の上部に紅紫色の4弁花を総状につけ、横向きに開く。

やなぎ-わら【柳原】柳が多く生えている野原。やなぎはら。「一河風吹かぬかげならば暑くや蝉の声にならまし」〈山家集・中〉

やなぎわら【柳原】東京都千代田区北東部、神田川南岸の万世橋から浅草橋に至る地域。もとは古着屋が並び、現在は繊維・雑貨の問屋街。柳原土手。

やな-ぐい【胡＝簶┊胡＝籙】矢を入れ、右腰につけて携帯する道具。奈良時代から使用され、状差し状の狩胡籙と幅の広い平胡籙とがある。また、古製の靫が発展したものを平安時代からは壺胡籙といい、公家の儀仗用となった。ころく。

やな-す【×梁×簀】竹や葦を編んで作った簀。梁の魚道に張る。(季 夏)

やな-せ【×梁瀬】梁をしかけてある瀬。(季 夏)

やなせ【魚梁瀬】高知県東部、安芸郡馬路村北東部の地区名。奈半利川上流に位置し、秋田杉・吉野杉とならんで「魚梁瀬杉」の名で美林地域として知られる。中でも、千本山(標高1084メートル)中腹には樹齢300年近い、平均樹高40メートルの巨木が繁茂している。魚梁瀬国有林となっており、学術参考保護林に指定されている。

やなせ-たかし[1919〜]漫画家・絵本作家。東京の生まれ。本名、柳瀬嵩。漫画や子供向けの挿絵・絵本などで着実な評価を得る。のち、「アンパンマン」シリーズが人気を集め、テレビアニメ化・映画化される。キャラクターデザインや「手のひらを太陽に」の作詞でも知られる。

やなせ-まさむ【柳瀬正夢】[1900〜1945]洋画家。愛媛の生まれ。本名、正六。前衛芸術のグループ「マヴォ」を結成。のちプロレタリア美術運動に参加し、労働運動のポスター、政治風刺漫画などを描いた。

やなだ-ぜいがん【梁田蛻巌】[1672〜1757]江戸中期の儒学者。江戸の人。名は邦美。字は景鸞。山崎闇斎に師事、朱子学を学び、また、仏教・神道・漢詩文にも通じていた。著「蛻巌集」など。

や-なみ【矢並】箙に差した矢の列。また、その並びぐあい。「武士の一つくろふ籠手の上に霰たばしる那須の篠原」〈金槐集・上〉

や-なみ【家並(み)┊屋並(み)】❶立ち並んでいる家。また、その並び方。いえなみ。❷家ごと。また、どの家もみな。軒並み。「一に配って歩く」
[類語]家並み・軒並み・町並み・街衢

や-なり【家鳴り】家が鳴り動くこと。また、その音。「地震で一がする」

やに【▽脂┊×膠】❶樹木の分泌する粘液。また、その固まったもの。樹脂。❷タバコを吸ったときにキセルやパイプにたまる褐色の粘液。❸目やに。

やに-こ-い【▽脂こい】〔形〕文やにこ・し〔ク〕❶やにの成分が多い。粘りけが多い。「一・い材質」❷しつこい。くどい。「一・い男」❸か弱い。もろい。「そないに一・い普請やない」〈上司・太政官〉

やに-さが-る【▽脂下(が)る】〔動ラ五(四)〕《❷が原義》❶気取って構える。得意になってにやにやする。「色男ぶって一・る」「一・った顔つき」❷やにが吸い口の方へ下がるように、雁首を上げてキセルをくわえる。「きせる斜めに一・り、ぎちこぎちこと漕ぎ行けば」〈洒・深川新話〉[類語](❶)笑う・にやつく・にたつく・にやける・顎を撫でる・鼻の下を伸ばす

やにっ-こ-い【▽脂っこい】〔形〕《「やにこい」の音変化》❶「やにこい❶」に同じ。「一・いたき木」❷「やにこい❷」に同じ。「一・い目つき」❸「やにこい❸」に同じ。「そんな一・い身体で何が勤まるものかと」〈漱石・坑夫〉

ヤニナ〖Janina〗▶イオアニナ

やにょう-しょう【夜尿症】排尿の抑制を調節できる4歳以上で、睡眠中に無意識に尿をもらしてしまう状態。

やに-ろう【▽脂×蝋】松やにを細長く固めてつくった蝋燭。松蝋燭。松脂蝋燭。

や-にわ【矢庭┊矢▽場】矢を射ているその場所。「或いは一に射臥せ、或いは家に籠めながら焼き殺し」〈今昔・二五・五〉

や-にわ【家庭】人家のある所。人里。「百千足る一も見ゆ国の秀も見ゆ」〈記・中・歌謡〉

やにわ-に【矢庭に】〔副〕❶その場ですぐ。たちどころに。「一暴漢をやっつける」❷いきなり。突然。だしぬけに。「一走りだす」[類語]急・不意・出し抜け・いきなり・にわか・突然・突如

や-ぬし【家主】❶貸し家の所有者。いえぬし。おおや。❷一家の主人。あるじ。[類語]大家・オーナー

ヤヌス〖Janus〗㊀ローマ神話で、門の守護神。また、物事の始まりの神。頭の前後に反対向きの顔を持つ双面神として表される。ヤーヌス。㊁土星の第10衛星。1966年に発見。名は㊀に由来。公転軌道が第11衛星エピメテウスとほぼ同じで、およそ4年に一度、接近して運動エネルギーを交換しつつ軌道が入れ替わる。非球形で平均直径は約180キロ。ヤーヌス。

やぬち【家▽内┊屋▽内】《「やのうち」の音変化》いえのうち。屋内。「櫛も見じ一も掃かじ草枕旅行く君を斎ふと思ひて」〈万・四二六三〉

や-ね【屋根┊家根】❶雨・風・日射などを防ぐために建物の最上部にあるおおい。「一を葺く」「藁葺き一」「一瓦」❷物の上部をおおうもの。また、最上部にあるもの。「自動車の一」「ヨーロッパの一といわれるアルプス」[類語]ルーフ・ドーム・甍・庇・屋上
[下接語]板屋根・大屋根・瓦屋根・切妻屋根・草屋根・腰折れ屋根・越し屋根・小屋根・晒し屋根・取り葺き屋根・鋸屋根・丸屋根・マンサード屋根・陸屋根・藁屋根

やね-いし【屋根石】板などで葺いた屋根の押さえにのせる石。屋重石。

やね-いた【屋根板】屋根を葺くのに用いる板の総称。葺き下地となる野地板・柿板など。サワラ・杉などの木材を薄く割ったもの。

やね-うま【屋根馬】テレビ用のアンテナなどを屋根の上に設置するための台。

やね-うら【屋根裏】❶屋根の裏側。また、天井と屋根の間の空間。❷西洋建築で、直接屋根の下にある部屋。屋根裏部屋。[類語]ロフト・アティック

やね-がえ【屋根替え】屋根を葺き替えること。(季 春)「一の埃の上の昼の月/虚子」

やね-づたい【屋根伝い】屋根から屋根へ伝わっていくこと。「容疑者が一に逃げる」

やね-ぶ【屋根▽船】「やねぶね」の略。「一から刷毛先きいぢりいぢり出る」〈柳多留・一四〉

やね-ふき【屋根×葺き】屋根を葺くこと。また、その職人。

やね-ぶね【屋根船】屋根板が葺いてある小船。大型の屋形船と区別した江戸での呼称。やねぶ。

やね-まど【屋根窓】採光のため、屋根面から垂直に突き出して設けた窓。ドーマー窓。

やね-や【屋根屋】屋根を葺く職人。

や-の【矢×篦】「矢柄❶」に同じ。

や-の-あさって【弥の明＝後＝日】今日から数えて未来へ5日目。明後日の翌々日。「あさって」の翌日をいう地方もある。やなあさって。[類語]しあさって

や-のう【野×衲】《「衲」は衲衣の意》㊀〔名〕田舎の僧。野僧。「山人一といへども」〈淡窓詩話〉㊁〔代〕一人称の人代名詞。僧が自分をへりくだっていう語。野僧。拙僧。愚僧。〈書言字考節用集〉

ヤノーシュ-さん【ヤノーシュ山】《János-hegy》ハンガリーの首都ブダペストの市街北西部に位置する山。標高は527メートルあり、ブダペストで最も高い。頂上まで登山鉄道と子供鉄道(運転士以外、子供たちが運営する軽便鉄道)、またはリフトで結ばれ、市街を一望できるエルジェーベト展望台がある。

やのくち-まつり【矢の口祭(り)】年頭に豊猟を祈願し、餅などを供えて山神に祈る祭り。

や-の-じ【やの字】「やの字結び」の略。

やのじ-むすび【やの字結び】女子の普段着用の半幅帯の結び方。「や」の字形に結ぶこと。

や-の-ね【矢の根】「鏃❶」に同じ。

やのね【矢の根】歌舞伎十八番の一。時代物。享保14年(1729)江戸中村座の初春狂言「扇恵方曽我」の中の一幕として2世市川団十郎が初演。曽我五郎が矢の根を研いでまどろむうち、夢の中で兄十郎の危急を知り、工藤の館へはせ向かう。

やのね-いし【矢の根石】鏃の形をしている石。石器時代に鏃として用いたものという。石鏃。

やのね-かいがらむし【矢の根貝殻虫】マルカイガラムシ科の昆虫。全体に鏃形をし、雌は約3ミリ、濃褐色で縁が灰白色。雄はその半分ほどの大きさで白色。幼虫・成虫ともミカンの葉や果実の汁を吸う害虫。中国の原産。

やの-りゅうけい【矢野竜渓】[1850〜1931]政治家・小説家。大分の生まれ。本名、文雄。大隈重信のもとで官吏となり、さらに立憲改進党の結成に参画。また、報知新聞・大阪毎日新聞に参与、政治小説・随筆などで文名を上げた。小説「経国美談」「浮城物語」「新社会」など。

やは〔係助〕《係助詞「や」＋係助詞「は」から》名詞、活用語の連用形・終止形、副詞・助詞などに付く。❶反語を表す。…だろうか(いや、そうではない)。「春の夜の闇はあやなし梅の花色こそ見えね香一隠るる」〈古今・春上〉❷疑問を表す。…(だろう)か。「ほととぎす声も聞こえず山びこはほかに鳴く音をこたへ一せぬ」〈古今・夏〉❸(「やは…ぬ」の形で)勧誘・願望を表す。…しないか。…しないかなあ。…してくれればいいのに。「ここに一立たせ給はぬ(＝オ立チニナリマセンカ)」〈源・葵〉[補説]❶❷は文中でも文末でも用いるが、文中にある場合、文末の活用語は連体形で結ばれる。➡かは ➡や

や-ば【矢場】❶弓を射る所。弓術のけいこ場。弓場。射場。❷「楊弓場」に同じ。

やば【野坡】▶志太野坡

や-ば【野馬】❶野生の馬。また、野飼いの馬。のうま。❷かげろう。陽炎。糸遊。「糸を乱る一は草の深き春」〈和漢朗詠・上〉

やば〔形動ナリ〕法に触れたり危険であったりして、不都合なさま。けしからぬさま。「おどれら、一なことはたらきくさるな」〈滑・膝栗毛・六〉

や-ばい【野梅】野生の梅。野に咲く梅。(季 春)

やば-い〔形〕《形容動詞「やば」の形容詞化》危険や不都合な状況が予測されるさま。あぶない。「一・い商売」「連絡だけでもしておかないと一・いぞ」[補説]若者の間では、「最高である」「すごくいい」の意にも使わ

れる。「この料理―・いよ」
ヤハウェ〘Yahweh〙▶ヤーウェ
やば-おんな【矢場女】矢場❷で、客の相手をする女。矢取り女。
や-はぎ【矢▽作｜矢×矧】矢を矧ぐこと。また、それを職業とする人。矢師。「―をして箭を作がしむ」〈綏靖紀〉
やはぎ-がわ【矢作川】木曽山脈南部に源を発し、南西に流れ、愛知県中部を貫流して知多湾に注ぐ川。長さ117キロ。明治期に岡崎市周辺で、がら紡の水車に利用され、明治用水もひかれた。
やはぎ-としひこ【矢作俊彦】［1950～ ］小説家。神奈川の生まれ。漫画家、コピーライター、シナリオ作家などを経て「抱きしめたい」で作家デビュー。「ららら科学の子」で三島由紀夫賞を受賞。他に「マイク・ハマーへ伝言」「リンゴォ・キッドの休日」「真夜中へもう一歩」「スズキさんの休息と遍歴」など。
やはぎ-べ【矢▽作▽部】大化前代、矢の製作を業とした品部。矢部。
や-はく【夜泊】〘名〙スル 夜、船を停泊させること。また、船の中に泊まること。「湾内で―する」
やば-けい【耶馬渓】大分県中津市を流れる山国川の渓谷。溶岩台地を浸食した奇岩秀峰の景勝地。本耶馬渓は青ノ洞門付近から柿坂付近までをいい、上流の奥耶馬渓、支流の羅漢寺渓・深耶馬渓・裏耶馬渓なども含めていう。頼山陽の命名。
や-ばさみ【矢挟み】岐阜県で、屋根を葺きおわったとき、棟の上に立てる小さな幣。
や-はず【矢×筈】❶矢の末端の弓の弦を受ける部分。矢柄を直接筈形に削ったものと、竹・木・金属などで作って差したものとがある。❷模様の名。また、紋所の名。❶の形を図案化したもの。❸竹や棒の先が二股になった、掛け物を掛ける道具。
やはず-えんどう【矢×筈×豌豆】カラスノエンドウの別名。
やはず-そう【矢×筈草】マメ科の一年草。草地などに生え、高さ10～30センチ、多くの枝を出す。葉は3枚の長卵形の小葉からなる複葉。小葉をちぎると、側脈に沿ってV字形に裂ける。8、9月ごろ、淡紅色の蝶形の小花が咲く。牧草とする。
やはず-はぎ【矢×筈×矧】板を平面的に接合する際、接合面をV字形の凹凸に削って密着させる方法。
やはず-はんのき【矢×筈×榛の木】カバノキ科の落葉小高木。本州の中北部の山地に自生。樹皮は黒灰色。葉は倒卵形で先がくぼみ、矢筈形をしている。春に花をつけ、雄花穂は垂れ、雌花穂は楕円形。実は褐色に熟す。
やはず-もち【矢×筈餅】江戸時代の武家で、正月の具足の祝い用の矢筈形にした餅。
やばせ【矢橋】滋賀県草津市の地名。琵琶湖の南東岸にあり、「矢橋の帰帆」は近江八景の一。
やばせ-ゆでん【八橋油田】秋田市西部にある油田。昭和8年(1933)から採掘が行われ、秋田油田の中心。産油量は同35年ごろを最盛期として減少。
やはた【八幡】福岡県北九州市西部の地名。明治期に八幡製鉄所が開設されて以来、工業地として発展。八幡市から昭和38年(1963)北九州市八幡区となり、のち東西に分区。
やばたい-こく【邪馬台国｜耶馬台国】▶やまたいこく
やはた-せいてつじょ【八幡製鉄所】明治34年(1901)日本初の銑鋼一貫操業を開始した官営製鉄所。昭和9年(1934)半官半民の日本製鉄となり、第二次大戦後、過度経済力集中排除法などに基づき八幡製鉄・富士製鉄など4社に分割、同45年に富士製鉄と合併して新日本製鉄となる。
やはた-にし【八幡西】北九州市の区名。昭和49年(1974)八幡区を二分して成立。
やはたにし-く【八幡西区】▶八幡西
やはた-ひがし【八幡東】北九州市の区名。昭和49年(1974)八幡区を二分して成立。八幡製鉄所の発祥の地。
やはたひがし-く【八幡東区】▶八幡東
や-ばね【矢羽根｜矢羽】❶矢に矧ぐ鳥の羽根。ワシ・タカ・キジなどの翼の羽と尾羽が用いられ、矢の飛行方向を保つためにつける。護田鳥尾・中黒・切り斑など、斑文の名でよばれる。❷❶の形を表した模様。
やばね-むぎ【矢羽根麦】オオムギで、三つの小穂のうち中央だけが結実して長い芒をもち、矢羽根形をなすもの。穎果が軸の両側につくので二条大麦ともいう。ビール醸造に用いる。
やばひたひこさん-こくていこうえん【耶馬日田英彦山国定公園】福岡・大分・熊本3県にまたがる日本最初の国定公園。昭和25年(1950)指定。溶岩台地の浸食により奇観を呈する耶馬渓・英彦山・万年山や清流に臨む日田などからなる。
やはり【矢張り】〘副〙❶以前と、また他と比べて違いがないさま。やっぱり。「あなたは今も―あの店へ行きますか」「父も―教師をしていた」❷予測したとおりになるさま。案の定。やっぱり。「彼は―来なかった」❸さまざまに考えてみても、結局は同じ結果になるさま。つまるところ。やっぱり。「随分迷ったが、―行くのはやめにした」「利口なようでも―子供は子供だ」❹動かずにいるさま。「老いたと言ひて、―あたたかにしてゐて」〈史記抄・匈奴伝〉 補説「矢張り」は当て字。
類語(❶)同じく・相変わらず・なお・なおかつ・なおも・いまだに・いまだ・まだ・依然・今もって・やっぱり/(❷)案の定・案の如く・案に違わず・果たして・果たせるかな・果然・てっきり・思ったとおり/(❸)結局・畢竟・所詮・どの道・何れにしても・結句・とどの詰まり・詰まるところ・帰するところ・詮ずるところ・要するに・いずれ・どうせ
矢張り野に置け蓮華草 《播磨の俳人瓢水の句「手に取るなやはり野におけ蓮華草」から》野原で咲いているからこそレンゲソウは美しいのであって、摘んで観賞するものではない。そのものにふさわしい環境に置くのがよいというたとえ。
や-はん【夜半】夜中。「―から風雨が強まる」
類語 夜中・真夜中・深夜・夜更け・深更・ミッドナイト
や-ばん【夜番】「よばん」に同じ。
や-ばん【野蛮】〘名・形動〙❶文化が開けていないこと。また、そのさま。「―な土地」❷教養がなく、粗野なこと。また、そのさま。「―な行為」派生 やばんさ〘名〙
類語 未開・蒙昧・暗愚・粗野・無教養・がさつ・粗暴・凶猛・猛悪・荒くれ・荒々しい・ワイルド
やばん-じん【野蛮人】❶未開人。蛮人。❷粗野で教養がない人。不作法で粗暴な人。類語 野人
やはんらく【夜半楽】雅楽。唐楽。平調で新楽の中曲。舞はない。唐の玄宗の作という。
や-ひ【野卑｜野×鄙】〘名・形動〙言動が下品でいやしいこと。また、そのさま。「―な言葉遣い」
類語 粗野・低俗・俗悪・卑俗・俗・俗っぽい・げす
や-びき【矢引き】《弓を引くときの長さから》一尋の半分の長さ。約75センチ。大矢引きというと、約1メートルをいう。
やひこ-じんじゃ【弥彦神社】▶いやひこじんじゃ
やひこ-やま【弥彦山】新潟県中西部、日本海岸にある山。標高634メートル。東麓に弥彦神社がある。やひこさん。
や-びじ【八重干瀬】沖縄県池間島の北方に分布する珊瑚礁群。大潮の際に海上に現れる部分は、最大で15平方キロメートルにもなる。やびし。やえびし。
や-びつ【矢×櫃】矢を入れておく、蓋つきの箱。
や-びらき【矢開き】武家で、男子が初めて狩猟で獲物をしとめたとき、その肉を調理し、餅をついて祝うこと。また、その儀式。矢開きの祝い。矢口祝い。
や-ひらで【八開手】神を拝するとき、かしわ手を八度打つこと。また、その所作。重要な祭式に用いた。現在も伊勢神宮では行われている。
や-ひろ【八▽尋】いくひろもあること。非常に長いこと。また、非常に大きいこと。「事代主神、―の熊鰐になりて」〈神代紀・上〉
やひろ-どの【八▽尋殿】広大な殿舎。「―を見立て給ひき」〈記・上〉
や-ふ【八▽節｜八▽編】節が八つあること。垣などの結い目が八段になっていること。転じて、節や段がたくさんあること。また、そのもの。「臣の子の―の柴垣下とよみ」〈武烈紀・歌謡〉
や-ふ【野夫】《「やぶ」とも》田舎に住む男。田舎者。自分を謙遜していうこともある。田夫。「―といへども、さすがに情け知らぬにはあらず」〈奥の細道〉
や-ぶ【野▽巫】田舎の巫医。一つの術にしか通じていない者のこと。物知らずで学行の劣っている禅の修行者にたとえてもいう。
やぶ【養父】兵庫県北部の市。平成16年(2004)八鹿町、養父町、大屋町、関宮町が合併して成立。市内にある明延鉱山はかつて錫の産出量日本一だったが、昭和62年(1987)に閉山。氷ノ山・鉢伏高原にはスキー場が多い。人口2.7万(2010)。
やぶ【×藪】❶草木や竹が生い茂っている所。「―をかきわけて進む」❷「藪医者」の略。❸「藪睨み」の略。❹「藪蕎麦」の略。
類語(❶)茂み・草むら・葎・八重葎・ブッシュ/(❷)藪医者・藪井竹庵・たけのこ医者
藪から棒 《藪の中から突然に棒を出す意から》突然に物事を行うさま。だしぬけ。唐突。「―の話」 補説「藪蛇」との混同で、「藪から蛇」とするのは誤り。
藪で馬鍬 「藪に馬鍬」に同じ。
藪に剛の者 《「やぶ」は「野夫」とも。また、「剛の者」は「功の者」とも》草深い所にも優れた人物がいるということ。また、軽んじられている者の中にもりっぱな者が交じっているということ。
藪に馬鍬 《「馬鍬」は、牛馬にひかせる耕耘用の鍬》生い茂った藪では馬鍬を使って耕すことはできないことから、できないことを無理にしようとするたとえ。藪で馬鍬。
藪に目 《藪の中にも人の目はありうる、の意から》どこでだれが見ているかわからず、秘密の漏れやすいことのたとえ。壁に耳。
藪をつついて蛇を出す 必要もないことをしたために災いを受けるたとえ。藪蛇。
やぶ-い【×藪医】「藪医者」に同じ。
やぶ-いしゃ【×藪医者】診断・治療の下手な医者。藪薬師。やぶ。補説「野巫医」、すなわちまじないを用いる医者の意から出たという。
類語 藪・藪井竹庵・たけのこ医者
やぶい-ちくあん【×藪井竹×庵】藪医者を人名になぞらえていう語。類語 藪医者・藪・たけのこ医者
やぶ-いり【×藪入り】〘名〙スル《草深い田舎に帰る意から》正月と盆の16日前後に奉公人が主人から休暇をもらって、親もとなどに帰ること。また、その時期。特に正月のものをいい、盆のものは「後の藪入り」ともいう。宿入り。宿さがり。宿おり。季 新年「―の寝るやひとりの親の側」〈太祇〉
ヤフー〘Yahoo!〙インターネットの代表的なポータルサイトの一つ。また、そのサービスを運営する米国の企業。ディレクトリー型サーチエンジンを中心に、ニュース配信、ネットオークションなどのサービスを提供する。日本法人が運営する日本語版のポータルサイトYahoo! JAPANでは、鉄道路線情報、辞書、動画配信など国内独自のサービスも行う。
ヤフー-オークション【Yahoo!オークション】日本のポータルサイトの一つ、Yahoo! JAPANが提供するネットオークションサービス。平成11年(1999)にサービス開始。ヤフオク。
やぶ-うぐいす【×藪×鶯】藪にいるウグイス。冬、藪の中でチャッチャッと笹鳴きをする。笹子。冬鶯。季 冬
ヤフー-けいたい【Yahoo!ケータイ】ソフトバンクモバイルが提供する、携帯電話専用のポータルサイトの名称。インターネットに接続し、コンテンツの閲覧や画像・音楽などのデータのダウンロードなどが行える。➡iモード ➡EZweb
ヤフー-ジャパン〘Yahoo! JAPAN〙日本の代

表的なポータルサイトの一。平成8年(1996)に米国Yahoo!の日本法人として設立されたヤフー株式会社が運営。ウェブサイトを分類したリストで構成するディレクトリー型サーチエンジンを中心に、ニュース配信、ネットオークションなどのサービスを提供する。路線情報や各種辞典、動画配信など、日本独自のサービスも多い。

ヤフ-オク「ヤフーオークション」の略。

やぶ-か【×藪蚊|豹=脚=蚊】双翅(そうし)目カ科ヤブカ属の昆虫の総称。樹陰にすみ、体は黒茶色で白い縞がある。日中活動し、人の血を吸う。デング熱などを媒介するものもある。ヒトスジシマカ・トウゴウヤブカなど。しまか。(季 夏)「柱事などして遊ぶ―かな/一茶」

やぶ-がき【×藪垣】藪のような垣。また、藪の周りの垣根。

やぶ-かげ【×藪陰】藪の陰になる所。やぶのかげ。

やぶ-がらし【×藪枯】ブドウ科の蔓性(つるせい)の多年草。空き地などに生え、よく伸びて分枝し、巻きひげがあり、他の植物を覆って枯らすことがある。葉は卵形の5枚の小葉からなる鳥足状の複葉で、互生。夏、淡緑色の小花を多数つけ、花盤は黄赤色。実は黒く熟す。びんぼうかずら。びんぼうづる。(季 秋)「生垣を屋根に上りぬ―/梓月」

やぶ-かんぞう【×藪×萱草】(―クワンザウ) ユリ科の多年草。野原にみられ、高さ約1メートル。葉は2列に重なり合って出て、幅広い線形。夏、花茎を伸ばし、黄赤色の八重咲きの花を数個つける。実はできない。若葉は食用。わすれぐさ。

やふき【野府記】▶小右記(しょうゆうき)

やぶ-きり【×藪螽=蟖】キリギリス科の昆虫。体長約3.5センチ。体は頑丈で緑色、背面がやや褐色を帯びる。キリギリスに似るが、前翅(まえばね)は長い。成虫は夏に現れ、高木の上にすみ、雄はシュルルルルと鳴く。

やぶ・く【破く】〔動カ五(四)〕《「やぶる」と「さく」との混成語》紙や布などを、引き裂く。破る。「手紙を―・く」
(可能)やぶける
(類語)破る・裂く・引き裂く・破れる・破ける・裂ける

やぶ-くぐり【×藪▽潜り】❶藪をくぐって行くこと。また、そのもの。❷▶韮山笠(にらやまがさ)

やぶ-くすし【×藪▽薬師】「藪医者(やぶいしゃ)」に同じ。「われらがやうなる―には」〈虎明狂・雷〉

やぶ・ける【破ける】〔動カ下一〕紙や布などが、裂けて破れる。「洋服が釘にひっかかって―・ける」
(類語)破れる・裂ける・綻(ほころ)びる・切れる・擦り切れる・千切(ちぎ)れる・張り裂ける・破裂する・パンクする

やぶ-こうじ【×藪×柑子】(―カウジ) ヤブコウジ科の常緑小低木。低い山地の林内に生え、高さ約15センチ。葉は長楕円形で先がとがり、質は厚くてつやがある。夏、数個の白い小花を下向きにつけ、冬に赤い実を結ぶ。鉢植えなどにし、正月の飾りに用いる。やまたちばな。あかだまのき。

やぶ-こぎ【×藪×漕ぎ】〔名〕(スル) 登山などで、笹や低木の密生する藪をかき分けて進むこと。「―して谷に下りる」

やぶさ-か【×吝か】〔形動〕(文)〔ナリ〕❶(「…にやぶさかでない」の形で)…する努力を惜しまない。喜んで…する。「協力するに―ではない」❷思い切りの悪いさま。「民衆も天才を認めることに―であるとは信じ難い」〈芥川・侏儒の言葉〉❸物惜しみするさま。けちなさま。「たとひ驕且(きやうしや)にして―ならば、其の余は観るに足らざらくのみ」〈文明本論語抄・四〉

やぶさかで-な・い【×吝かで無い】〔連語〕▶吝か❶

やぶさ-め【流=鏑=馬】騎射の一。綾藺笠(あやいがさ)をかぶり、弓懸(ゆがけ)・弓籠手(ゆごて)・行縢(むかばき)を着けた狩り装束の射手が馬を走らせながら鏑矢(かぶらや)で木製方形の三つの的を射るもの。平安後期から鎌倉時代にかけて盛んに行われ、笠懸け・犬追物(いぬおうもの)とともに騎射三物(きしゃみつもの)の一。現在、鎌倉鶴岡八幡宮などの神事として残る。

やぶ-さめ【×藪雨】ヒタキ科ウグイス亜科の鳥。全長11センチくらい。尾が短く、上面は暗褐色、下面は淡色で、眉斑も淡色。藪にすみ、シシシと小声で鳴く。日本では夏鳥で、冬に東南アジアへ渡る。しおさざい。かわりうぐいす。(季 夏)「―や山路なほ咲くすひかづら/秋桜子」

やぶ-し【養父市】▶養父

やふ-じまり【八▽節▽結まり】結い目を幾段にもして厳重に結ぶこと。また、そのもの。「大君の御子(みこ)の柴垣(しばかき)―しまり廻(もと)ほし」〈記・下・歌謡〉

やぶ-じらみ【×藪×虱】セリ科の二年草。野原や道端に生え、高さ約60センチ。全体に毛があり、葉は複葉で羽状に細かく裂けている。夏、白い小花を散形につけ、実は卵形でとげ状の毛が密生し、衣服にくっつく。(季 秋|花=夏)

や-ぶしん【家普請】家を建てること。家の普請。「―を春の手すきにとり付いて/野坡」〈炭俵〉

や-ぶすま【矢×衾】射手がすきまなく並び立った列。また、すきまなく一面に矢を飛ばすこと。「―を作って、遠矢に射殺さんとしける間」〈太平記・一〇〉

や-ふせぎ【矢防ぎ|▽射▽乏ぎ】射芸で、流れ矢を防ぐため、的のあたりについたてのように立てる板、または革を張ったもの。〈和名抄〉

やぶ-そてつ【×藪×蘇鉄】オシダ科の常緑で多年生のシダ。林下に生える。葉は束生し、長さ30〜90センチの羽状複葉。羽片は先が上向きに曲がった鎌形で、裏面に胞子嚢群が散らばってつく。きじのお。

やぶ-そば【×藪蕎=麦】甘皮をとらずにひいた蕎麦粉でつくった、淡緑色の蕎麦。また、そういう蕎麦を使うそば屋の屋号。

やぶ-だたみ【×藪畳】❶一面に茂った藪。藪がいく重にも重なって茂っている所。❷歌舞伎の大道具の一。木の枠に1メートル前後の葉竹をすきまなく取り付けたもので、笹藪に擬して用いる。

やぶ-タバコ【×藪タバコ】キク科の多年草。山林に生え、高さ60〜90センチ。全体に強い臭気がある。根から出る葉は大きくタバコの葉に似る。茎には長楕円形の葉が互生する。8〜10月、黄色の花を下向きにつける。実を駆虫薬に用いる。いのしりぐさ。

やぶ-ぢから【×藪力】藪竹を引き抜くほどの力。ばかぢから。「十七八の―、藪にしがらむ竹の根は一度に穿(うが)って引き抜くとも」〈浄・加増曽我〉

やぶ-つばき【×藪×椿】野生のツバキ。海岸や山地に自生し、春、赤い5弁花が咲く。本州以南に分布。これをもとに園芸品種の多くが作られた。やまつばき。(季 春)

やぶ-でまり【×藪手×毬】スイカズラ科の落葉低木。山中の湿った所に自生。葉は楕円形で先が鋭くとがり、縁にぎざぎざがある。5、6月ごろ、小花を密につけ、周りを白い大きい装飾花が囲む。実は赤から黒く熟す。関東以西に分布。

やぶ-にっけい【×藪肉×桂】(―ニクケイ) クスノキ科の常緑高木。中部地方以南の海岸近くに自生。葉は長楕円形でつやがあり、肉桂に似た香りがある。初夏、葉の付け根から柄を出し、薄黄色の小花を散形につけ、黒い実を結ぶ。材は器具・薪炭用。くすたぶ。

やぶ-にらみ【×藪×睨み】❶物を見るとき、両眼が同一方向に向かず、片方の目が違った方向に向くこと。斜視。やぶ。眇(すがめ)。❷見方や考え方が見当違いであること。「―の社会時評」
(類語)(❶)斜視・寄り目

やぶ-にんじん【×藪人▽参】セリ科の多年草。山野の藪に生え、高さ約60センチ。葉は羽状複葉でニンジンに似る。4、5月ごろ、白い小花をまばらな散形状につける。

やぶのうち-りゅう【×藪内流】(―リウ) 茶道の分派の一。藪内宗巴を遠祖とし、その養子剣仲紹智(けんちゅうじょうち)が千利休に師事して創始。比較的古風を保つ。三千家を上流というのに対し下流という。藪内。

やぶ-の-なか【×藪の中】《芥川竜之介の小説「藪の中」から》関係者の言うことが食い違うなどして、真相がわからないこと。

やぶ-はら【×藪原】藪になっている広い土地。「はろばろに言(こと)そ聞こゆる島の―」〈皇極紀・歌謡〉

やぶ-へび【×藪蛇】《「藪をつついて蛇を出す」から》よけいなことをして、かえって自分にとって悪い結果を招くこと。「文句がとんだ―になる」
(類語)自業自得・身から出た錆(さび)・自縄自縛

やぶ-まお【×藪苧=麻】(―を) イラクサ科の多年草。山野に生え、高さ約1メートル。葉は卵形で縁に粗いぎざぎざがあり、対生。9月ごろ、葉の付け根から穂を出し、淡緑色の小花の集まりを多数つける。

やぶ-まき【×藪巻(き)】雪折れを防ぐために、低木や竹藪などを、むしろや縄などで巻くこと。(季 冬)

やぶ-まめ【×藪豆】マメ科の蔓性(つるせい)の一年草。原野に生える。葉は3枚の小葉からなる複葉。夏、淡紫色の蝶形の花が咲く。実は平たい豆果。

や-ぶみ【矢文】❶文書を矢柄(やがら)に結びつけたり、蟇目(ひきめ)の穴に入れたりして、射て飛ばすもの。❷矢の催促のふみ。次々と送ってくる手紙。「赤き心の―に似たれど」〈人・辰巳園・四〉

やぶ-みょうが【×藪×茗荷】(―めうが) ツユクサ科の多年草。林下の藪に生え、高さ50〜70センチ。白い根が横にはい、茎は直立。葉は長楕円形で互生し、ミョウガに似る。夏、茎の上部に白い小花を数段つけ、実は藍色に熟す。関東以西に分布。杜若(とじゃく)。

やぶ-むらさき【×藪紫】クマツヅラ科の落葉低木。山地に生え、葉や花に毛が密生。葉は長楕円形で先がとがり、対生する。夏、葉の付け根に淡紫色の小花を密につけ、実は熟すと紫色になり、ムラサキシキブに似る。宮城県以南に分布。

やぶ-らん【×藪×蘭】ユリ科の多年草。林下に生える。木質の根茎から、つやのある線形の葉が多数出る。夏、高さ30〜50センチの花茎を伸ばし、紫色の小花を穂状につける。実は緑黒色。根を漢方で麦門冬といい、強壮・鎮咳(ちんがい)薬にする。やますげ。

やぶ・る【破る】㊀〔動ラ五(四)〕❶引き裂いたり、傷をつけたり、穴をあけたりして、もとの形をこわす。「障子を―・る」「書類を―・る」❷相手の守りなどを突き抜ける。突破する。「警戒網を―・る」❸今まで続いてきた状態をそこなう。かきみだす。「太平の夢を―・る」❹従来のものに代わって新しくする。記録などを更新する。「世界記録を―・る」❺相手を打ち負かす。「強敵を―・る」❻守るべき事柄にそむく。きまりや約束などを無視する。「約束を―・る」「校則を―・る」❼傷つける。害する。「身体髪膚を―・らずして」〈沙石集・三〉(可能)やぶれる ㊁〔動ラ下二〕「やぶれる」の文語形。
(…句)雨(あめ)塊(つちくれ)を破らず・竈(かまど)を破る・産を破る・叢蘭(そうらん)茂らんと欲し秋風(しゅうふう)之(これ)を敗(やぶ)る・操(みさお)を破る・横紙を破る
(類語)(❶)破く・裂く・引き裂く・擘(つんざ)く・損ずる・損(そこ)なう・毀(こぼ)つ・傷付ける・毀損(きそん)する・破損する・損傷する/(❷)突破する・突き抜ける・突き崩す・崩す・打ち崩す・打ち砕く・打ち壊す

やぶれ【破れ】❶破れること。また、破れた部分や物。「衣服の―を繕う」❷(ふつう「敗れ」と書く)負けること。敗北。❸物事が成立しないこと。破綻(はたん)。「よろづのこと、先のつまりたるは、―に近き道なり」〈徒然・八三〉

やぶれ-がさ【破れ傘|破れ×笠】❶破れた傘や笠。❷(破傘)キク科の多年草。山地の樹下に生え、高さ約60センチ。葉は大きく、手のひら状に七〜九つに深く裂けていて、若葉のときはすぼめた傘のように垂れる。夏、白い頭状花をまばらにつける。(季 夏)

やぶれ-かぶれ【破れかぶれ】〔名・形動〕どうにでもなれという気持ちであること。また、そのさま。やけ。「―になる」「―な(の)気持ちで家を出る」
(類語)やけ・やけくそ・やけっぱち・自暴自棄・自棄・捨て鉢・八方破れ

やぶれ-ごろも【破れ衣】破れた衣服。また、つぎはぎだらけの衣服。つづれ。

やぶれ-しょうじ【破れ障子】(―シャウジ) 紙の破れた障子。「風さむし―の神無月」〈犬筑波集・冬〉

やぶれ-そう【破れ僧】戒律を破って恥じない僧。

破戒僧。また、有髪の僧。

やぶれ-ぞうり【破れ草履】ーザウリ すり切れて、ぼろぼろになった草履。やれぞうり。

やぶれ-ついじ【破れ▽築地】ーついぢ こわれた築地塀。

やぶれ-め【破れ目】物の破れているところ。やれめ。

やぶれ-や【破れ屋┊破れ家】こわれいたんだ家。また、むさくるしい家。あばらや。はおく。

やぶ・れる【破れる】〔動ラ下一〕文やぶ・る〔ラ下二〕❶裂けたり、穴があいたり、つぶれたりして、もとの形がこわれる。また、割れさける。「靴下が—・れる」「おできが—・れる」「水道管が—・れる」❷今まで続いていた状態が損なわれる。「静寂が—・れる」「ついに均衡が—・れた」❸成り立たずに終わる。こわれる。「恋に—・れる」「夢が—・れる」❹(ふつう「敗れる」と書く)勝負などで負ける。「横綱が—・れる」「宿敵に—・れる」❺けがをする。傷つく。「随侯—・れたる蛇を見て、薬を付けていやす」〈十訓抄・一〉

類語(❶)破(や)ける・裂ける・綻(ほころ)びる・切れる・擦り切れる・千切(ちぎ)れる・張り裂ける・破裂する・パンクする/(❷❸)こわれる・つぶれる・潰(つい)える・崩れる・潰(つぶ)れる・割れる・砕ける・損ずる・毀(こぼ)れる・毀損(きそん)する・破損する・損傷する・損壊する・破綻(はたん)する・ポシャる/(❹)負ける・敗北する・敗退する・完敗する・惨敗する・大敗する・惜敗する・やられる・土がつく・一敗地にまみれる・屈する・屈服する・膝(ひざ)を屈する

や-ぶん【夜分】よる。夜中。「—失礼いたします」

類語夜・夜間・夜中(やちゅう)・夜中(よなか)・晩・宵(よい)・暮夜(ぼや)・ナイト

やべ-がわ【矢部川】ーがは 福岡県南部を流れる矢部川水系の本流。福岡・大分・熊本の3県にまたがる三国山に源を発して筑後(ちく)平野南部を西流し、有明海に注ぐ。長さ61キロ。上流山地は日向神(ひゅうがみ)峡の景勝地、中・下流は農業地帯。八女(やめ)市の黒木の大フジ、筑後市の船小屋(ふなごや)ゲンジボタル発生地は、ともに国の天然記念物に指定されている。

や-へん【矢偏】漢字の偏の一。「知」「短」などの「矢」の称。

や-ほ【弥帆┊矢帆】《「や」は重ねる意。本帆に対して重ねてかけるところから》大船のへさきに張る、小さな補助帆。「帆柱を吹き折られて、—にて馳(は)する舟もあり」〈太平記・二〇〉

やぼ【野暮】〔名・形動〕《語源未詳。「野暮」は当て字》❶人情の機微に通じないこと。わからず屋で融通のきかないこと。また、その人やさま。無粋(ぶすい)。「—を言わずに金を貸してやれ」「聞くだけ—だ」⇔粋(いき)。❷言動や趣味などが、洗練されていないこと。無風流なこと。また、その人やさま。無骨。「—なかっこうをする」⇔粋(いき)。❸遊里の事情に通じないこと。また、その人や、そのさま。「—はいやなり。中ぐらゐなる客はあはず」〈浮・一代女・二〉

類語野暮ったい・野暮天・無粋・無骨・無風流・むくつけき・山出し・田舎臭い・泥臭い

や-ほう【野砲】ーハウ 野戦用の大砲の一。一般に、歩兵支援用の口径75〜105ミリの榴弾砲をいう。

や-ほう【野×堡】歩兵のために設けたとりで。土砂などで堅固に築いたもの。

や-ぼう【野望】ーバウ 分不相応な望み。また、身の程を知らない大それた野心。「世界制覇の—を抱く」

類語野心・大望・風雲の志・非望・高望み・欲・大欲・欲念・色気

やぼ-がた・い【野暮堅い】〔形〕文やぼがた・し〔ク〕無粋で堅苦しい。「今時おぬしのような—・い事を言うものが」〈松村春輔・春雨文庫〉

やぼ-くさ・い【野暮臭い】〔形〕文やぼくさ・し〔ク〕いかにもやぼな感じである。「—・い身なり」

や-ほこ【八矛】多くの矛。また、多くの棒状のもの。「田道間守(たぢまもり)常世(とこよ)に渡り—持ち参(ま)ゐ出来(こ)し時」〈万・四一一一〉

やぼ-すけ【野暮助】やぼなこと、やぼな人を人名めかしていう語。

やほたで-を【八穂×蓼を】〔枕〕多くの穂のついたタデを刈って積む意から「穂積(ほづみ)」にかかる。「—穂積の朝臣(あそ)が腋草(わきくさ)を刈れ」〈万・三八四二〉

や-ほつ【夜発】夜、路傍で客を引いた最下級の売春婦。「隠売女(じごく)、—をする徒(やつは)」〈魯文・安愚楽鍋〉

やぼっ-た・い【野暮ったい】〔形〕やぼな感じだ。あかぬけない。「—・い服装」派生やぼったさ〔名〕

類語野暮・無粋・無骨・無風流・むくつけき・山出し・田舎臭い・泥臭い

やぼ-てん【野暮天】《仏教の「…天」に擬したもので、「天」は程度の高い意を表すという》たいそうやぼなこと。また、その人。類語石部金吉(いしべきんきち)・堅蔵(かたぞう)・堅物(かたぶつ)・朴念仁(ぼくねんじん)・訳知(わけし)らず

やほ-ばしら【弥帆柱】弥帆を張る帆柱。やほのはしら。

やぼ-よう【野暮用】趣味や遊びではない、仕事上やつきあい上の用事。「—で出かける」

類語小用(しょうよう)・小用(こよう)・雑用・雑事・私用・公用・用

や-ほろ【矢母=衣】箙(えびら)の矢の上から、または空穂(うつぼ)の穂の上からかぶせる袋状の布帛(ふはく)。

ヤポンスキー〘ロシア yaponskiy〙日本人。補説ロシア語では、日本(人)の、の意。

やま【山】㊀〔名〕❶陸地の表面が周辺の土地よりも高く盛り上がった所。日本では古来、草木が生い茂り、さまざまな恵みをもたらす場所としてとらえる。また、古くは神が住む神聖な地域として、信仰の対象や修行の場とされた。「—に登る」「海の幸、—の幸」❷鉱山。鉱物資源を採掘するための施設。また、採掘業。「—を閉鎖する」❸㋐土や砂で❶の地形を模したもの。「築—」「砂—」㋑祭礼の山車(だし)で、❶に似せて作った飾り物。舁(か)き山と曳(ひ)き山とがある。また、山鉾(やまぼこ)の総称。㋒能や歌舞伎で、竹の枠に張った幕に、笹や木の枝葉をかぶせた作り物。❹高く盛り上がった状態を、❶になぞらえていう語。㋐高く積み上げたもの。「本の—が崩れる」「洗濯物の—」「—と積まれた荷物」㋑物の一部で周辺よりも突出しているところ。「ねじの—がつぶれる」「帽子の—」㋒振動や波動で、周囲よりも波形の高いところ。「計測された音波の—の部分」❺たくさん寄り集まっていることや多いことを、❶になぞらえていう語。「見物人の—」「宿題の—」❻進行する物事の中で、高まって頂点に達する部分を❶にたとえていう語。㋐事の成り行きのうえで、それをどうのりこえるかで成否が決まるという、重要な部分。「病状は今日明日が—だ」「仕事が—を越える」➡峠(とうげ) ㋑文芸などで、展開のうえで最も重要な部分。最もおもしろいところや、最も関心をひく部分。「この小説には—がない」❼できることの上限をいう語。精一杯。関の山。「学問は打棄って…、矢張浮気で妄想の恋愛小説を書いて見たいが—だから」〈魯庵・社会百面相〉❽見込みの薄さや不確かさを、鉱脈を掘り当てるのが運まかせだったことにたとえていう語。㋐万一の幸運をあてにすること。「何だか会社を始めるとか、始めたとか云うことを聞いたが、そんな—を遣って」〈秋声・足迹〉㋑偶然の的中をあてにした予想。山勘。「試験の—が外れる」❾犯罪事件。主に警察やマスコミが用いる。「大きな—を手がける」❿《多く山中につくられたところから》陵墓。山陵。「我妹子(わぎもこ)が入りにし—を便(よすか)とそ思ふ」〈万・四八一〉⓫高くてゆるぎないもの。頼りとなる崇高なもの。「笠取の—と頼みし君をおきて涙の雨に濡れつつぞ行く」〈後撰・離別〉⓬寺。また、境内。「春は必ず—に来たり給へ。あたら妙音菩薩なり」〈読・春雨・樊噲〉⓭遊女。女郎。「—も太夫も根引きにすべし」〈浮・好色盛衰記〉⓮動植物名の上に付いて、山野にすんでいたり自生していたりする意を表す。「—猿」「—桃」㊁比叡山(ひえいざん)の称。また、そこにある延暦寺(えんりゃくじ)のこと。園城寺(おんじょうじ)を「寺」というのに対する。㊂〔接尾〕助数詞。❶盛り分けたものを数えるのに用いる。「一—三〇〇円」❷山、特に山林や鉱山を数えるのに用いる。

…語青山・明(あき)山・秋山・後(あと)山・石山・妹(いも)山・入らず山・岩山・姨捨(うばすて)山・海山・裏山・大山・奥山・折り山・肩山・金(かな)山・枯れ山・黒山・小山・先山・死出の山・芝山・柴(しば)山・島山・地(じ)山・新(しん)山・裾(すそ)山・砂山・関の山・背山・袖(そで)山・杣(そま)山・宝の山・立て山・手向(たむ)け山・築(つき)山・剣(つるぎ)の山・遠山・床(とこ)山・留(と)め山・外(と)山・夏山・螺子(ねじ)山・野山・禿(はげ)山・裸山・端(は)山・針の山・針山・春山・引き山・曳(ひ)き山・一山・人山・冬山・坊主山・ぼた山・深(み)山・焼け山・痩(や)せ山・山山・夕山・雪山・四方(よも)山

類語(❶)山岳・峰・高山・小山/(❻)頂上・頂点・絶頂・最高潮・山場・峠・ピーク・クライマックス

山が当(あ)た・る 勘がぴたりと適中する。予想が当たる。「—・って満点を取る」

山が其処(そこ)にあるから 《Because it is there.》英国の登山家G＝マロリー[1886〜1924]の言葉で、エベレストに挑戦する理由として答えたものとされる。

山片付(かたつ)・く 山のすぐ近くにある。片方が山に接している。「雪をおきて梅をな恋ひそあしひきの—・きて家居せる君」〈万・一八四二〉

山が見・える 事が進んで、完成までの見通しがつく。「難工事もどうやら—・えた」

山高からざれば則(すなわ)ち霊ならず 《「世説新語」排調から》山は高くなければ神霊があるとは思えないの意で、人も徳がなければ尊くないということ。

山高きが故に貴(たっと)からず 《「実語教」の「山高きが故に貴からず、樹あるを以(も)て貴しと為す」から》どんなに外観がりっぱであっても、内容が伴わなければすぐれているとはいえない。物事は見かけだけで判断するなというたとえ。

山高く水長し 君子の徳がすぐれていることを、高くそびえた山、長大な河の流れにたとえていう語。

山高(たか)ければ谷(たに)深(ふか)し 相場格言の一つ。高騰が激しければ、その反動で暴落も激しいものであるという教訓。

山と言えば川 人の言葉に常に反対することのたとえ。右と言えば左。

山に千年海に千年 《山に千年、海に千年すんだ蛇が竜になるといわれているところから》世の中の経験を積んで悪賢くなっていること。海千山千。

山眠・る 《「臥遊録」の「冬山惨淡として眠るが如し」から》冬の山の静まり返ったようすをいう。〔季 冬〕「硝子戸にはんけちかわき—・る/万太郎」

山粧(よそお)・う 《「臥遊録」の「秋山明浄にして粧うが如し」から》秋の山が紅葉によって色付くようすをいう。〔季 秋〕

山笑・う 《「臥遊録」の「春山淡冶(たんや)として笑うが如し」から》春の山の草木が一斉に若芽を吹いて、明るい感じになるようすをいう。〔季 春〕「故郷やどちらを見ても—・ふ/子規」

山を当・てる ❶鉱物を埋蔵している山を掘りあてる。❷万一の幸運をねらって行ったことが成功する。「相場で—・てる」

山を鋳(い)海を煮る 《「史記」呉王濞伝から》山から鉱物を掘り出して金属を鋳造し、海水を煮て塩を得る。国中に多くの産物を得ることのたとえ。

山を掛・ける 万が一の幸運をねらって物事をする。そうなるであろうと予想して準備する。山を張る。「試験問題に—・ける」

山をな・す うずたかくなる。たくさんたまる。山積する。「課題が—・している」

山を抜・く 《「史記」項羽本紀の「力は山を抜き、気は世を蓋(おお)う」から》山を抜き取るほど力が強大である。➡抜山蓋世(ばつざんがいせい)

山を張・る 「山を掛ける」に同じ。「—・って打席に立つ」

や-ま【矢間】❶鎧(よろい)などで、矢が立つすきま。「甲冑をゆり合はせゆり合はせ、—をたばひて振舞へば」〈盛衰記・三五〉❷「矢狭間(やざま)」に同じ。「櫓(やぐら)の上、—の陰に、人形を数千万立て置きて」〈太平記・三八〉

やま【夜摩】《梵 Yāmaの音写》ヒンズー教の神。赤目、黒光りする肌で、黄衣を着て縄を手に、人体から霊魂を力任せに引き抜き去るという。死に神よりも懲悪的性格が強い。仏教でいう閻魔(えんま)王の原形と考えられる。

やま-あい【山▽間】ーあひ ❶山と山との間。山峡(やまかい)。さんかん。「—の小さな村」❷馬の頭で、両耳の間。

や

(類語)山間・山峡・山峡・谷間

やま-あい【山藍】❶トウダイグサ科の多年草。山地に群生し、高さ約40センチ。地下茎は白く、乾くと紫色になる。茎は角ばっていて、長楕円形の葉が対生。雌雄異株。4～7月、緑色の小花を穂状につける。昔、葉から染料をとったといわれる。やまい。❷リュウキュウアイの別名。

やま-あかがえる【山赤×蛙】無尾目アカガエル科の両生類。ニホンアカガエルに似るが、背側線が鼓膜のあたりで曲線を描く。本州・四国・九州の山地にすむ。

やま-あざみ【山×薊】キク科の多年草。山地に生え、高さ1～2メートル。葉は羽状に深く裂けていて、縁にとげがある。秋、紫色の頭状花を多数穂状につける。四国・九州に分布。

やま-あし【山足】スキーで、斜面に横向きに立ったときの山側(高いほう)にある足。⇔谷足。

やま-あじさい【山紫=陽=花】ユキノシタ科の落葉低木。山地の沢沿いなどに生え、楕円形の葉が対生する。夏、青や白色の花びら状の萼をもつ装飾花に囲まれた小花を多数つける。さわあじさい。

やま-あそび【山遊び】3月3日や4月8日などに山野に行って遊楽する行事。(季 春)

やま-あらし【山荒┊豪=猪】齧歯目ヤマアラシ科の哺乳類の総称。頭胴長35～90センチ、尾長17～23センチ。体の上面に針状の中空の剛毛が生えている。敵が近づくと体を震わせて音をたてたり、毛を逆立てたりして身を守る。夜行性。東南アジア・インドからアフリカ、ヨーロッパ南西部まで分布。広くはキノボリヤマアラシ科も含めていい、南北アメリカに分布。

やま-あらし【山嵐】❶山から吹いてくる嵐。やまおろし。❷柔道の手技の一。相手の同じ側の襟と袖を握って釣り込み、前隅に浮かして崩しながら、出足のくるぶし上部にあてた足で払い上げて倒す。

やま-あららぎ【山×蘭】コブシの古名。「婦と我といるさの山の―手な取り触れそや」〈催馬楽・婦と我〉

やま-あり【山×蟻】膜翅目アリ科ヤマアリ亜科の昆虫の総称。山地にすむものが多い。脚は長くて歩くのに適し、腹端に毒針をもたない。幼虫は繭を作らない。クロヤマアリ・サムライアリ・ムネアカオオアリなど。(季 夏)

やま-あるき【山歩き】趣味として山を歩くこと。

やま-い【山井】「やまのい」に同じ。「限りなく解くとはすれどあしひきの―の水はなほぞ凍れる」〈拾遺・雑秋〉

やま-い【山居】山に住むこと。また、その居所。やまずみ。さんきょ。「あしひきの―はすとも踏み通ふ跡をも見ぬは苦しきものを」〈後撰・恋二〉

やまい【山▽藍】「やまあい(山藍)」の音変化。「あしひきの―に摺れる衣をば神につかふるしるしとぞ思ふ」〈拾遺・雑秋〉

やま-い【山×藺】カヤツリグサ科の多年草。山地や平地の湿った所に生え、高さ30～40センチ。茎は針金状で、つやのある細長い葉がつく。夏から秋、褐色の穂を1個つける。

やまい【病】❶病気。わずらい。「胸の―」❷欠点。短所。悪い癖。「酒を飲みすぎるのが彼の―だ」❸気がかり。心配。苦労の種。「旦那の―になされた中国、北国(=米)残らず売って」〈浄・歌念仏〉❹詩歌・連歌などで、修辞上欠点として嫌うこと。歌病。「和歌の髄脳いと所狭う、―避るべきところ多かりしかば」〈源・玉鬘〉

(類語)病気・疾病・疾患・患い・障り・病魔・持病

病革まる 病気が重くなる。危篤状態になる。

病膏肓に入る 《「膏」も「肓」も、病気がそこに入ると、治療しにくい所。中国、春秋時代、晋の景公が病気になったとき、病気の精が二人の子供となって膏と肓に逃げこんだので、病気が治らなかったという「春秋左伝」成公一〇年の故事による》❶病気がひどくなり、治療しようもない状態となる。❷物事に熱中して抜け出られないほどになる。「付き合いで始めたゴルフが今や―ってしまった」(補説)この句の場合、「入る」を「はいる」とは読まない。

病に主なし 病気は貴賤上下を問わずだれにでも取りついていくことのたとえ。病にしゅうなし。

病は気から 病気は、その人の心の持ち方しだいで軽くもなるし、また重くもなるということ。

病は口より入り禍は口より出ず 病気は飲食物とともに入り、災いは言葉とともに出る。口は慎まなければいけないということ。

病を得る 病気になる。病気にかかる。「―得てこの地で亡くなる」

病を押して 病気をがまんして無理に物事を行うさま。「―出席する」

病を養う 病気の養生をする。「少女は布施町の姉婿の家に―って居たが」〈花袋・春潮〉

やまい-け【病気】病気らしい気配。病気の気味。「―の無い匂ひなり菊の花/千梅」〈俳諧新選〉

やまいぞうし【病草紙】12世紀末ごろに制作された絵巻。種々の奇病や治療法を描いたもの。現在21段が残存する。

やまい-だ【病田】耕作したり所有したりすると、病気になるとか不幸になるとかいわれる田。

やまい-だれ【病垂れ】漢字の垂れの一。「病」「疲」などの「疒」の称。

やまい-づか・す【病付かす】〔動サ四〕❶病気にかからせる。また、悩ます。苦します。「何ぢゃい、おどれ―・しくさるな」〈滑・膝栗毛・八〉❷因縁をつける。悪口をいう。「わりゃでんどへは出られぬ身分ぢゃあらふがな、と―・すは疫病の神」〈浄・阿波の鳴門〉

やまい-づ・く【病付く】〔動カ四〕《古くは「やまいつく」》病気になる。病みつく。「母に侍りし人は、やがて―・きて程も経ず隠れ侍りにしかば」〈源・橋姫〉

やま-いぬ【山犬┊×豺】ニホンオオカミの別名。また、山野にすむ野生化した犬。野犬。(季 冬)

やま-いぬ【▽病犬】《「やまいいぬ」の意》悪いくせのある犬。また、狂犬病などにかかっている犬。

やまい-はちまき【病鉢巻(き)】歌舞伎および人形浄瑠璃で、病人または病的状態にある人物が用いる鉢巻き。ふつう紫縮緬で、頭の左側で結ぶ。「寺子屋」の松王丸、「廓文章」の夕霧などが用いる。

やま-いも【山芋】「やまのいも」に同じ。

やまい-もの【病者】病人。びょうしゃ。「あのやうなる―をおこして、迷惑をさしゃる事ぢゃ」〈狂言記・縮緬〉

やまい-よわ・い【病弱い】〔形〕(文)やまひよわ・し〔ク〕病気に抵抗する力が弱い。「めったに寝つくほどの病気をしたことがないだけに、…馬鹿々々しいほどまた―・く」〈里見弴・安城家の兄弟〉

やま・う【病まふ】〔動ハ四〕《動詞「や(病)む」の未然形に反復・継続を表す助動詞「ふ」の付いた語か。あるいは名詞「やまい」の動詞化か》病気にかかっている。わずらう。「鳥狩りする猟夫の弓弦うち絶えて当たらぬ恋に―・ふ頃かな」〈散木集・七〉

やま-うぐいす【山×鶯】❶山にすむ野生のウグイス。❷ヤマルリソウの別名。

やま-うさぎ【山×兎】山にすむ野生のウサギ。

やま-うずら【山×鶉】キジ目キジ科ヤマウズラ属の鳥の総称。アジア・ヨーロッパに分布。ヨーロッパヤマウズラは全長約30センチ。体はずんぐりして尾が短く、灰色に赤褐色の斑があり、腹に逆U字形の斑をもつ。狩猟鳥。

やまうち-かずとよ【山内一豊】[1546～1605]安土桃山時代の武将。尾張の人。織田信長・豊臣秀吉に仕えたが、関ヶ原の戦いで徳川家康につき、土佐20万石に封ぜられた。信長の馬揃えの際、妻が貯えの金で名馬を買わせたという内助の功の逸話がある。やまのうちかずとよ。

やまうち-かずひろ【山内一弘】[1932～2009]プロ野球選手・監督。愛知の生まれ。昭和27年(1952)毎日(現千葉ロッテ)に入団。パリーグを代表する打者となり、同35年チームをリーグ優勝に導く。プロ野球初の300本塁打、通算2000試合出場を達成。引退後はロッテ・中日で監督を務めた。

やまうち-じんじゃ【山内神社】高知市鷹匠町にある神社。祭神は山内豊信・山内豊範。

やまうち-とよしげ【山内豊信】[1827～1872]江戸末期の土佐藩主。号、容堂。支藩から出て本藩を継ぎ、吉田東洋を登用して藩政改革を行った。一橋慶喜(徳川慶喜)の将軍擁立に尽力し、公武合体運動・大政奉還に活躍。

やまうち-ようどう【山内容堂】▶山内豊信

やま-うつぎ【山▽空木】❶コクサギの別名。〈和名抄〉❷ハコネウツギの別名。〈大和本草〉

やま-うつぼ【山×靫】狩りに用いる粗末なうつぼ。「―、竹えびらに矢ども少々さし」〈平家・八〉

やま-うど【山独=活】山地に生える野生のウド。

やま-うば【山×姥】(一)❶深山に住んでいるといわれる女の妖怪。山に住む鬼女。やまおんな。やまんば。❷「やまんば❷」に同じ。(二)謡曲。➡やまんば

やま-うり【山売り】❶山盛りにして、一山いくらでまとめて売ること。また、その人。「みかんの―」❷山を売ること。特に、鉱山の売買。また、それを業とする人。❸いかさま物を売りつけること。また、それによって利をむさぼる人。「博奕仲間、―、人参のつき付け」〈浮・永代蔵・四〉

やま-うるし【山漆】ウルシ科の落葉小高木。山地に生え、ウルシより小形。葉は卵形の小葉からなる羽状複葉で、枝先に集まって互生し、秋に紅葉する。雌雄異株。6月ごろ、黄緑色の小花が円錐状につく。実はやや丸く、黄褐色の毛が密生。

やま-お【山尾】山の尾根。稜線。〈和英語林集成〉

やまおか-げんりん【山岡元隣】[1631～1672]江戸前期の俳人・仮名草子作者。伊勢の人。字は徳甫。別号、而慍斎・洛陽山人。北村季吟に和歌・俳諧を学び、仮名草子・俳諧・古典注釈に活躍した。俳文集「宝蔵」、仮名草子「他我身の上」など。

やまおか-ずきん【山岡頭巾】❶「苧屑頭巾」に同じ。❷長方形の布を二つ折りにしてかぶり、後頭部のところを縫い合わせ、肩にかかるところにあきを作った頭巾。黒・茶などの八丈絹やビロードで仕立てて、主に武士が用いた。三角形の襠を入れたものや小鉤掛けのものもあった。のちの防空頭巾はこれに綿を入れたもの。

やまおか-そうはち【山岡荘八】[1907～1978]小説家。新潟の生まれ。本名、藤野庄蔵。長谷川伸に師事。戦後、17年の歳月を費やし大河小説「徳川家康」を完成。同作品で吉川英治文学賞を受賞。他に「小説明治天皇」「太平洋戦争」など。

やまおか-てっしゅう【山岡鉄舟】[1836～1888]江戸末期から明治の剣術家・政治家。江戸の人。通称、鉄太郎。旧幕臣で無刀流剣術の流祖。戊辰戦争の際、勝海舟の使者として西郷隆盛を説き、西郷・勝の会談を実現させて江戸城の無血開城を導いた。明治維新後、明治天皇の侍従などを歴任。

やま-おく【山奥】山の奥。山の奥深い所。

(類語)山中・山内・山間・山懐

やま-おくり【山送り】死者を山に葬ること。のべおくり。「最後の―して、泣く泣く煙となし、骨をば拾ひ取りて」〈撰集抄・六〉

やま-おだまき【山×苧▽環】キンポウゲ科の多年草。山地に生え、高さ30～50センチ。茎は紫褐色を帯び、葉は深い切れ込みのある小葉からなる複葉。6月ごろ、花を下向きに開き、萼は紫褐色、花びらは黄色で距が長い。

やま-おとこ【山男】❶深山に住んでいるといわれる男の妖怪。大男であったり、小童であったり、また、一つ目、1本足などの怪物であったりする。❷山に住み、猟師やきこりなどをして生活している男。❸登山の好きな男。長年登山をしている男。

やま-おろし【山×颪】❶山から吹きおろす風。❷歌舞伎下座音楽の一。大太鼓を長桴で打つ鳴り物。風に鳴る樹木の音を表し、山中の場の幕開き・幕切れなどに用いる。

やまおろし-の-かぜ【山×颪の風】「山颪❶」に同

じ。「君が見むその日までには—な吹きそとうち越えて」〈万・一七五一〉

やま-おんな【山女】やまをんな ❶「山姥やまうば㊀❶」に同じ。❷アケビの別名。

やま-が【山家】山の中にある家。山里の家。また、山村。山里。

やまが【山鹿】熊本県北部の市。江戸時代から宿場町・温泉町として発達。スイカ・メロンを産出。山鹿大宮神社があり、灯籠祭りが行われる。人口5.5万(2010)。

やま-ガール【山ガール】登山やハイキングを趣味とする若い女性。特に、山スカートやカラフルな小物などを身につけ、女性らしい装いも同時に楽しむ人をいう。また、そのような装いを、町でファッションとして楽しむ女性。

やま-かい【山▽峡】やまかひ《「やまがい」とも》山と山との間。谷間。やまあい。「—の鉱泉宿」

（類語）山峡さんきょう・山間

やま-がえる【山×蛙】やまがへる アカガエルの別名。

やまが-おんせん【山鹿温泉】やまがヲンセン 山鹿市の中心にある温泉。泉質は単純温泉。

やま-かがし【赤=楝=蛇|山=楝=蛇】ナミヘビ科の爬虫はちゅう類。水田付近に多く、全長1〜1.5メートル、緑褐色に不規則な黒斑があり、胴の側面に紅斑が散在する。カエルなどを捕食。上顎と頸部けいぶ背面に毒腺があり、かみついたり背を圧されたりすると毒液を出す。本州・四国・九州や朝鮮半島などに分布。(季 夏)

やま-かがち【蟒=蛇】大蛇。うわばみ。〈和名抄〉

やま-がき【山柿】カキノキ科の落葉高木。山地に自生し、葉は広楕円形で互生。6月ごろ、黄緑色の花が咲き、果実は小さく渋い。カキの原種といわれ、台木として利用。老木の心材は黒く、調度品に用いる。

やま-がく・る【山隠る】㊀〔動ラ四〕山に隠れる。山の陰に入る。「置目もや淡海の置目明日よりはみ—・りて見えずかもあらむ」〈記・下・歌謡〉㊁〔動ラ下二〕㊀に同じ。「—・れ消えせぬ雪のわびしきは君まつの葉にかかりてぞ降る」〈後撰・恋六〉

やま-がくれ【山隠れ】山に隠れること。山の陰に隠れること。また、その所。やまかげ。「あしひきの—なる桜花散り残れりと風に知らるな」〈拾遺・春〉

やま-かけ【山掛(け)】❶マグロの角切りなどに、すりおろしたヤマノイモを掛けた料理。❷「山掛け豆腐」の略。❸山㊀❽㋑を掛けること。当て推量。「—がずばり的中する」

やま-かげ【山陰】山の陰になること。山にさえぎられること。また、その場所。「—に沈む月」

やま-かげ【山影】山の姿。山の形。また、それが水面などに映ったもの。

やまかけ-どうふ【山掛(け)豆腐】煮た豆腐にとろろ汁をかけた料理。芋掛け豆腐。

やま-かご【山×駕▽籠】昔、山道などで用いた粗末な駕籠。竹で底を円形に編み、垂れがなく、丸棒または丸竹を通してかつぐ。山輿さんよ。

やま-がさ【山×笠】❶祭礼のときなどにかぶる、上に飾りをつけた笠。❷福岡市櫛田くしだ神社の博多祇園山笠に出る山車だし。

やま-かじ【山火事】やまクワジ 山林の火災。

やまが-し【山鹿市】▶山鹿

やま-がしゅう【山何首×烏】ユリ科の蔓性つるせいの落葉低木。本州以西の山地に自生し、葉柄に一対の巻きひげがある。葉は卵円形で先がとがり、縁はやや波打つ。雌雄異株。5、6月ごろ、黄緑色の小花を散形につけ、実は丸く、黒く熟す。

やまが-ずまい【山家住(ま)い】やまがずまひ 山家に住むこと。また、その家。

やま-かずら【山×蔓|山×鬘】やまかづら ❶ヒカゲノカズラの別名。❷❶で作った髪飾り。「あしひきの—の児こ今日行くと我に告げせば帰り来こましを」〈万・三七八九〉❸夜明け方、山の端はにかかる雲。「明星や桜さだめぬ—」〈五元集〉

やまかずら-かげ【山×蔓×蔭】やまかづらかげ ヒカゲノカズラの別名。「あしひきの—ましばにも得難きかげを置きや枯らさむ」〈万・三五七三〉

やま-かぜ【山風】❶山に吹く風。山から吹いてくる風。❷夜間、尾根から谷、谷から平野部へと吹き下ろす風。山の斜面が放射冷却し、重くなった大気が低い方へ流れ出すために起こる。

やま-かせぎ【山稼ぎ】山で、伐木・採薪・狩猟などをして生計を立てること。

やまが-そこう【山鹿素行】やまがソカウ［1622〜1685］江戸前期の儒学者・兵学者。会津の人。江戸に出て儒学・兵学・神道・仏教・歌学などを修め、古学を提唱した。官学の朱子学を批判して「聖教要録」を著し、播磨はりまの赤穂に流されたが、許されて江戸に帰った。著「配所残筆」「中朝事実」「武教全書」など。

やまが-そだち【山家育ち】山里で育つこと。また、育った者。

やま-かた【山方】《「やまがた」とも》❶山のある地方。❷《「やま」は比叡山のこと》比叡山延暦寺にかかわること。また、延暦寺の僧たち。「御念仏の僧ども、—、奈良方」〈栄花・楚王の夢〉

やま-がた【山形|山型】❶山のような形。やまなり。「荷物を—に積む」❷鞍の前輪まえわ・後輪しずわで、中央部の高くなったところ。❸射場の的の後方に張った幕。的皮まとかわ。❹歌舞伎などの立ち回りの型の一。刀を大きく上段に振りかぶって左右に打ちおろす。❺折烏帽子おりえぼしの部分の名。ひなさきの上部で、最も高い部分。❻紋所の名。山をかたどったもの。入り山形・違い山形など種類が多い。❼江戸吉原の細見で、遊女の源氏名に付けて等級を示すしるし。また、その等級の遊女。一重は部屋持ち、二重は座敷持ち以上を表し、白山形・黒山形、山形に一つ星などのしるしがあった。

やまがた【山形】㊀東北地方南西部の県。日本海に面する。明治元年(1868)に出羽でわから分かれた羽前うぜんの全域と羽後うごの一部にあたる。人口116.9万(2010)。㊁山形県中東部の市。県庁所在地。最上氏の城下町として発展、江戸時代には藩主の交代が相次ぎ、幕末には水野氏の城下町。鋳物やサクランボウを産し、ベニバナの集散地。蔵王温泉・立石寺などがある。人口25.4万(2010)。

やま-がた【山▽県】山にあるあがた。転じて、山の畑。「—に蒔ける青菜も」〈記・下・歌謡〉

やまがた【山県】岐阜県中南部の市。岐阜市の北に位置する。平成15年(2003)高富町、美山町、伊自良村が合併して成立。旧郡名を新市名とした。人口3.0万(2010)。

やまがた-ありとも【山県有朋】［1838〜1922］軍人・政治家。陸軍大将・元帥。山口の生まれ。松下村塾に学ぶ。明治維新後、ヨーロッパ諸国の軍制を視察、陸軍創設・徴兵令施行・軍人勅諭の発布など軍制の整備に努めた。法相・内相・首相・枢密院議長を歴任。山県閥を作り、元老として政界を支配。

やまがた-くうこう【山形空港】やまがたクウカウ 山形県東根市にある空港。特定地方管理空港の一。昭和39年(1964)神町空港として開港し、翌年、現名称に変更。民間航空機のほか陸上自衛隊も使用する。➡拠点空港

やまがた-けん【山形県】▶山形㊀

やまがたけんりつ-ほけんいりょうだいがく【山形県立保健医療大学】やまがたケンリツホケンイレウダイガク 山形市にある公立大学。平成12年(2000)に開設された。保健医療技術者育成のための単科大学。同21年公立大学法人となる。

やまがた-こう【山形鋼】やまがたカウ 形鋼かたこうの一。横断面がL字形をした圧延鋼材。構造物に広く用いる。

やまがた-し【山形市】▶山形㊁

やまがた-し【山県市】▶山県

やまがた-じょう【山形城】やまがたジャウ 山形市にある城。正平11年=延文元年(1356)斯波しば兼頼の創建と伝えられ、その後、最上家11代の義光が城郭を拡大し奥羽最大の平城だった。現在、二の丸城趾が霞城かじょう公園となっており、桜の名所として知られる。国の史跡に指定。霞ヶ城。霞城。

やまがた-しんかんせん【山形新幹線】福島と山形県新庄を結ぶミニ新幹線。在来の奥羽本線を新幹線の標準軌に改めて平成4年(1992)開業。列車は東京まで直通。小型の車両を東京・福島間は東北新幹線に併結し、福島で分離。列車名称は「つばさ」。総延長148.6キロ。

▷**山形新幹線の駅**
（福島駅以北）：福島—米沢—高畠—赤湯—かみのやま温泉—山形—天童—さくらんぼ東根—村山—大石田—新庄

やまがた-だいがく【山形大学】山形市に本部のある国立大学法人。山形高等学校・山形師範学校・山形青年師範学校・米沢工業専門学校・山形県立農林専門学校を統合して、昭和24年(1949)新制大学として発足。平成16年(2004)国立大学法人となる。

やまがた-だいに【山県大弐】［1725〜1767］江戸中期の儒学者・兵学者。甲斐の人。名は昌貞。初め医師であったが、儒学・神道を学び、江戸に出て兵学を講じ、「柳子新論」を著して尊王論を説いた。明和事件に連座して処刑。

やまがた-ていざぶろう【山県悌三郎】やまがたテイザブラウ［1858〜1940］教育者。近江の生まれ。教職を経て文部省御用掛ごようがかりとなり、教科書の編纂へんさんにたずさわる。下野して後の著作に「教育哲学史」「進化要論」など。

やま-がたな【山刀】猟師やきこりなどが山仕事に使用する、鉈なた状の刃物。

やまがた-ばんとう【山片蟠桃】やまがたバンタウ［1748〜1821］江戸後期の商人・学者。播磨はりまの人。本名、長谷川有躬。大坂の両替商升屋に番頭として仕え、主家の興隆に尽くした。また、懐徳堂で儒学を学び、さらに天文学・蘭学を修め、合理主義精神を持つ独創的思想家として知られる。著「夢の代しろ」など。

やまがた-ぼんち【山形盆地】山形県中東部の断層盆地。最上川が北へ貫流し、扇状地が発達。稲作やサクランボウ・ブドウ栽培が盛ん。村山盆地。

やまがたロバノフ-きょうてい【山県ロバノフ協定】やまがたロバノフケフテイ 明治29年(1896)ロシアを訪れた山県有朋とロシア外相ロバノフとの間で調印された議定書。日露両国の朝鮮に対する権益を決めた。

やま-がつ【山×賤】❶山仕事を生業とする身分の低い人。きこりや杣人そまびとなどをいった。やましず。❷❶の住む家。「—の垣ほ荒るともをりをりにあはれはかけよ撫子なでしこの露」〈源・帚木〉❸人をあざけって、また自分を卑下していう語。「和御房は、無下によそ目も知らぬ—かな」〈十訓抄・七〉

やま-かっこ【山括弧】やまクワッコ 文章表記中などで用いる〈 〉や《 》の記号。引用や語の強調などに用いられる。山パーレン。ギユメ。ギメ。➡括弧

やま-がに【山×蟹】サワガニの別名。(季 夏)

やまが-もの【山家者】山家育ちの者。

やま-から【山▽柄】山のようす。その山の風格。「み吉野の吉野の宮は—し貴たふとくあらし」〈万・三一五〉

やま-がら【山×雀】シジュウカラ科の鳥。全長14センチくらい。背面が青灰色、腹面が赤褐色で、頭とのどは黒い。日本・朝鮮半島・台湾に分布し、低山や平地の林にすむ。人になれやすく、仕込むと神社の前でおみくじを引くなどの芸をする。やまがらめ。(季 夏)「一や椢くぬぎの老木に寝にもどる/蕪村」

やま-がらす【山×烏|山×鴉】❶山にいるカラス。❷ハシブトガラスやミヤマガラスの別名。❸色の黒い人をあざけっていう語。「紅やおしろいすりぬりたれど、下地は黒き—」〈虎明狂・金若〉

やま-がり【山狩(り)】〔名〕スル ❶山で鳥や獣を狩ること。❷山中に逃げ込んだ犯罪者などを追って大勢で捜索すること。「警察犬も使って—する」

やまが-りゅう【山鹿流】やまがリウ 兵学の一派。山鹿素行を祖とし、北条流から派生した流派。

やま-かわ【山川】やまがは ❶山と川。山や川。❷山の神と川の神。「—も依りて仕ふる神の御代かも」〈万・三八〉❸白酒のこと。山川酒。「玉川は箱—は樽へ入

れ」〈柳多留・六六〉

やま-がわ【山川】山の中を流れる川。

やま-がわ【山側】山に沿った方。山に近い側。

やまかわ-きくえ【山川菊栄】[1890～1980] 評論家・婦人運動家。東京の生まれ。山川均と結婚。伊藤野枝らと赤瀾会を結成、社会主義の立場から婦人解放運動に活躍。第二次大戦後、初代の労働省婦人少年局局長。

やまかわ-けんじろう【山川健次郎】[1854～1931]物理学者・教育家。福島の生まれ。米国に留学後、東大で物理学を教授。東大総長・九大総長・京大総長・枢密顧問官を歴任。

やまがわ-づけ【山川漬(け)】干した大根を塩漬けにし、発酵させた漬物。鹿児島県指宿市山川地区の名産。薩摩焼の壺に漬けるところから壺漬けともいう。

やまかわ-とみこ【山川登美子】[1879～1909]歌人。福井の生まれ。本名、とみ。新詩社に入り、「明星」で活躍。与謝野晶子・茅野雅子との共著歌集「恋衣」がある。

やまがわ-の【山川の】〔枕〕❶山川の流れは激しい意から、「たぎつ」「はやし」にかかる。「一激つ心を」〈万・二四三二〉❷山川の流れる音が高いところから、「おと」にかかる。「一音にのみ聞く」〈古今・雑下〉❸山川の流れの意から、「ながれ」「ながる」にかかる。「一流れての名を包み果てずは」〈源・夕霧〉

やまかわ-ひとし【山川均】[1880～1958]社会主義者。岡山の生まれ。同志社中退後、社会主義運動に接近、赤旗事件で投獄。大正11年(1922)に日本共産党準備会に参加。山川イズムと呼ばれる「無産階級運動の方向転換」を発表するが、党が創設されると大衆運動との乖離を批判し距離を置いた。昭和2年(1927)には雑誌「労農」を創刊。第二次大戦後は、日本社会党左派を思想的に指導、同26年に大内兵衛らと社会主義協会を結成。

やまがわ-みず【山川水】山川を流れる水。「あしひきの一の音に出でず人の児故に恋ひ渡るかも」〈万・三〇一七〉

やま-かん【山勘】勘でやまをはること。また、その勘。あてずっぽう。「一で答える」

やま-かんむり【山冠】漢字の冠の一。「岩」「崩」などの「山」の称。山偏とともに「山」の部首に属する。

やま-き【山気】《「やまぎ」とも》「やまけ」に同じ。

やま-ぎ【山木】山に生えている木。

やま-ぎし【山岸】山の切り立った絶壁。また、山の端が水辺に接して岸になっている所。

やまぎし-りょうこ【山岸凉子】[1947～]漫画家。北海道の生まれ。バレエ・歴史・神話などに題材をとった作品を次々に発表する。日本的な叙情性にあふれた幻想漫画も人気が高い。代表作に「アラベスク」「日出処の天子」「舞姫 テレプシコーラ」など。

やま-きず【山傷┊山×疵】❶山から切り出したときに、石にすでについている疵。❷陶磁器で、焼成中に生じたひびわれなどの傷。窯疵。

やま-きちょう【山黄×蝶】シロチョウ科のチョウ。翅の開張6センチくらい。翅は雄が黄色、雌が白。前翅の先端は鉤状にとがり、各翅中央に橙色の小紋がある。本州の中部以北の山地に分布し、幼虫はクロツバラの葉を食べる。

やま-ぎり【山×桐】❶アブラギリの別名。❷ハリギリの別名。

やま-ぎり【山霧】山に発生する霧。山の斜面を空気が上昇するときにできる。〔季 秋〕「一のさっさと抜ける座敷かな/一茶」

やま-ぎわ【山際】❶山のほとり。山の裾。「一の村」❷山の稜線に接した空。「一が白む」

やまぎわ-かつさぶろう【山極勝三郎】[1863～1930]病理学者。信州上田の生まれ。東大教授。大正4年(1915)、ウサギの耳に長期間コールタールを塗布し癌を発生させることに初めて成功。また、日本病理学会を創立。著「胃癌発生論」など。

やま-きん【山金】岩石中の自然金。➡砂金

やま-くさ【山草】《「やまぐさ」とも》❶山に生えている草。❷ウラジロの別名。

やま-くじ【山▽公事】山林や山地などに関する訴訟。「お下の百姓一を取り結び」〈咄・御前男・三〉

やま-くじら【山鯨】イノシシの肉。また、獣肉。獣肉を食べるのを忌んで言った語。〔季 冬〕

やま-くずれ【山崩れ】〔名〕スル 山地の斜面をなす岩石や岩片が、突発的に崩れ落ちる現象。長雨・豪雨のほか、地震・火山爆発などによって起こる。

やま-ぐち【山口】❶山の登り口。山への入り口。❷鷹狩りで、まず狩り場に入ること。また、その所。「一入らせ給ひしほどに、しらせうといひし御鷹の、鳥を取りながら」〈大鏡・道長下〉❸《猟師が山の入り口で、獲物の有無を直感するというところから》物事のきざし。兆候。「いちじるき一ならばここながら神のけしきを見せよとぞ思ふ」〈かげろふ・上〉

やまぐち【山口】㊀中国地方西部の県。もとの長門・周防の2国にあたる。人口145.1万(2010)。㊁山口県中央部の市。県庁所在地。中世、大内氏が京都を模した町を建設し発展。幕末に萩から毛利氏の藩庁が移された。常栄寺庭園・瑠璃光寺などの史跡や湯田温泉がある。平成17年(2005)に徳地町・秋穂町・小郡町・阿知須町と合併。同22年に阿東町を編入。人口19.7万(2010)。

やまぐちうべ-くうこう【山口宇部空港】山口県宇部市にある空港。特定地方管理空港の一。昭和41年(1966)宇部空港として開港、同55年現名称に変更。周防灘に面した宇部岬付近に位置する。➡拠点空港

やまぐち-かおる【山口薫】[1907～1968]洋画家。群馬の生まれ。自由美術家協会・モダンアート協会の創立に参加。詩情に満ちた清新な画風で知られる。

やまぐち-がくげいだいがく【山口学芸大学】山口市にある私立大学。山口芸術短期大学のキャンパス内に、平成19年(2007)に開設された。教育学部の単科大学。

やまぐち-かよう【山口華楊】[1899～1984]日本画家。京都の生まれ。本名、米次郎。動物画にすぐれ、官展で活躍。文化勲章受章。

やまぐち-けん【山口県】▶山口㊀

やまぐち-けんりつだいがく【山口県立大学】山口市にある県立大学。昭和16年(1941)創立の山口県立女子専門学校に始まり、山口女子短期大学を経て、同50年に4年制の山口女子大学として発足。平成8年(1996)現校名に改称。同18年公立大学法人となる。

やまぐち-し【山口市】▶山口㊁

やまぐち-せいし【山口誓子】[1901～1994]俳人。京都の生まれ。本名、新比古。高浜虚子に師事し、「ホトトギス」で活躍。都市の人工物など新しい素材を新鮮な感覚で詠んだ。のち「馬酔木」に参加、新興俳句運動に貢献。「天狼」を主宰。句集「凍港」など。

やまぐち-せいそん【山口青邨】[1892～1988]俳人。岩手の生まれ。本名、吉郎。高浜虚子に師事。「夏草」を主宰。写生に根ざした清純・高雅な句風で知られた。句集「雑草園」「露団々」など。

やまぐち-せん【山口線】山陽本線小郡と山陰本線益田を結ぶJR線。沿線に山口・津和野などがある。大正12年(1923)全通。観光シーズンには蒸気機関車が走る。全長93.9キロ。

やまぐち-そどう【山口素堂】[1642～1716]江戸前・中期の俳人。甲斐の人。名は信章。別号、其日庵・素仙堂など。江戸や京都で漢学・和歌・書道・俳諧・茶道・能楽などを学ぶ。のち、江戸で芭蕉と親交を結び、蕉風の成立に貢献した。葛飾風の祖。著「とくとくの句合」など。

やまぐち-だいがく【山口大学】山口市に本部のある国立大学法人。山口高等学校・山口経済専門学校・山口師範学校・山口青年師範学校・宇部工業専門学校などを統合し、昭和24年(1949)新制大学として発足。同39年、山口県立医科大学を合併。平成16年(2004)国立大学法人となる。

やまぐち-たけお【山口長男】[1902～1983]画家。朝鮮の生まれ。東京美術学校卒。武蔵野美大教授。フランスで佐伯祐三、ザッキンらと交流。二科展に抽象絵画を出品、簡潔な色彩と重厚な質感の絵肌で知られる。芸術選奨受賞。代表作に「池」「象」「平面」など。

やまぐち-とうきょうりかだいがく【山口東京理科大学】山口県山陽小野田市にある私立大学。平成7年(1995)に東京理科大学が開設した。

やまぐちのしおり【山口栞】江戸後期の文法書。3巻。東条義門著。天保7年(1836)刊。主として用言の活用について考察したもの。

やまぐち-ひとみ【山口瞳】[1926～1995]小説家・エッセイスト。東京の生まれ。編集者、コピーライターとして活躍した後、本格的な執筆活動に入る。週刊誌に31年間、コラム「男性自身」を連載し、都会人の洗練されたタッチで人気を呼ぶ。サラリーマン向けの礼儀作法についての作品も多い。「江分利満氏の優雅な生活」で直木賞受賞。他に「血族」、エッセー「草競馬流浪記」など。

やまぐち-ふくしぶんかだいがく【山口福祉文化大学】山口県萩市にある私立大学。平成11年(1999)萩国際大学として開学。同19年に現校名に改称した。ライフデザイン学部の単科大学。

やまぐち-ほうしゅん【山口蓬春】[1893～1971]日本画家。北海道の生まれ。本名、三郎。松岡映丘に師事し、新興大和絵運動に参加。のち西欧的モダニズムを融合した独自の画風を確立した。文化勲章受章。

やまぐち-ぼんち【山口盆地】山口県中央部、椹野川中流域にある県内最大の盆地。構造線に沿って沈降した低地。山麓帯には古墳が、低地には古代条里制の遺構が多く見られる。気候は内陸性の気候を示す。盆地内の河川・沼沢などは山口ゲンジボタルの群生地。

やまぐち-ようこ【山口洋子】[1937～]作詞家・小説家。愛知の生まれ。クラブを経営するかたわら歌謡曲の作詞を手がけ、演歌を中心に多くのヒット曲を生み出す。小説では、女性の生き方に鋭く切り込んだ巧妙な作風で知られる。「演歌の虫」「老梅」で直木賞受賞。他に「情人(アマン)」「貢ぐ女」「プライベート・ライブ」など。

やま-ぐに【山国】山の多い国や地方。また、四方を山に囲まれた土地。「一育ち」

やまくに-がわ【山国川】大分県北西部を流れる川。英彦山に源を発し、耶馬渓を形成して、福岡との県境で周防灘に注ぐ。長さ56キロ。

やま-ぐま【山×隈】山の入り組んだ所。「姫君を介錯し、まづ一にぞ忍びける」〈浄・十二段〉

やま-ぐも【山雲】山にかかる雲。山からわき起こる雲。さんうん。

やま-ぐるま【山車】ヤマグルマ科の常緑高木。一科一属一種。山中に自生し、高さ約15メートル。葉は枝の先に輪状に互生し、長楕円形で先がとがり、つやがある。5、6月ごろ、黄色い小花が総状に咲く。果実は袋果。樹皮からは鳥もちを作る。中部地方以南から朝鮮半島・中国南部に分布。とりもちのき。

やま-くれ【山くれ】小石の多い山道。一説に、山で日が暮れること。「野越え、一、里々越えて」〈浄・冥途の飛脚〉

やま-ぐわ【山桑】❶桑の野生種。山地に自生し、高さ10～15メートル。葉は卵形。葉柄が赤くなることが多い。4月ごろ花が咲き、実は赤から黒く熟し、食用。〔季 花=春〕❷ヤマボウシの別名。

やま-け【山気】《山師のような気質の意》万一の幸運を頼んで、思い切って事をしようとする心。やまき。やまっけ。「一がある」「一が出る」

やま-げら【山啄=木=鳥】キツツキ科の鳥。全長約30センチ。アオゲラに似て背は緑色、下面は淡灰褐

色。雄だけ額が赤い。ユーラシアに分布し、日本では北海道の山地にすむ。

やま-こ【山子】❶《「やまご」とも》きこりなど山で働く人。❷山中に住む妖怪。山の精気の凝ったもの、また、猿の年を経たものという。〈和名抄〉

やま-こうばし【山香】クスノキ科の落葉低木。山地に自生。樹皮は灰褐色で、枝を折ると芳香がある。葉は長楕円形で両端がとがり、裏面は灰白色。雌雄異株。春、淡黄緑色の小花を数個密生してつけ、実は丸く黒い。山胡椒。

やま-こうもり【山蝙=蝠】ヒナコウモリ科の哺乳類。体長6～8センチ、毛は褐色でビロード状。飛ぶのが速く、主に昆虫を食べる。樹洞などをねぐらとする。日本・朝鮮半島・中国に分布。

やま-ごえ【山越え】〔名〕スル ❶山を越えて行くこと。また、その道。やまごし。❷昔、関所札のない者が、間道を通って関所を越えること。

やまごえ-あみだ【山越え▽阿▽弥×陀】来迎図の一。阿弥陀仏が上半身を山のかなたに現して、行者を迎える図。

やま-こかし【山こかし】❶鉱山・山林などの売買の際に金銭をだまし取ること。また、その人。「奥州の金山売ったる山売りの—とは汝がことと」〈浄・双生隅田川〉❷詐欺師。山師。「だまし取りに取り倒すを、—といふはいかに」〈浮・手代袖算盤〉

やま-ごし【山越し】〔名〕スル ❶山を越すこと。やまごえ。❷山の向こうがわ。「—に位置する隣町」

やま-ごと【山事】❶鉱山などの売り買いにかかわること。❷投機的な事業や仕事。「五十両をくすねての—」〈滑・古朽木・三〉

やま-ことば【山言葉┆山▽詞】❶忌み詞の一。猟師・きこりなどが、山に入ったときだけ用いる特殊な言葉。水を「わっか」、狼を「やみ」などという類。❷鷹匠が用いる特殊な言葉。鷹詞。

やま-ごぼう【山▽牛×蒡】❶ヤマゴボウ科の多年草。高さ1メートル以上になり、太いゴボウに似た根がある。葉は大きく、卵形で、質は厚くて柔らかく、互生する。6～9月、白い小花の多数ついた穂を直立し、実は熟すと黒紫色になる。根は有毒であるが、漢方で商陸といい、利尿薬などにする。近縁にヨウシュヤマゴボウがある。とうごぼう。（季 花=夏）❷ゴボウアザミやモリアザミの根。漬物などにする。

やま-ごもり【山籠もり】〔名〕スル 山の中にこもること。山寺などにこもって修行すること。「特訓のため—する」

やま-ごや【山小屋】登山者の宿泊・休憩・避難などのために、山の中に建てる小屋。ヒュッテ。（季 夏）

やま-さか【山坂】❶山と坂。山や坂。「—を踏み越える」❷《「やまざか」とも》山の中の坂道。

やま-さか【山▽険】山のけわしいこと。山の傾斜が急であること。また、その所。「—を設け置きて、尽くに防禦として」〈天智紀〉

やまざき【山崎】京都府南部、乙訓郡大山崎町の地名。また、隣接する大阪府三島郡島本町を含めた地域。淀川の北岸に位置し、古来京都・大阪を結ぶ交通の要地。

やまざき-あんさい【山崎闇斎】[1618～1682]江戸前期の儒学者・神道家。京都の人。名は嘉。別号、垂加。禅僧となったが朱子学を学んで還俗し、江戸・京都で教授、門下6000人といわれた。のち、吉川惟足から神道を学び、神儒一致説を唱え、垂加神道を興した。著「垂加文集」「神代巻風葉集」など。

やまざきがくえん-だいがく【ヤマザキ学園大学】東京都渋谷区などにある私立大学。平成22年(2010)の開学。動物看護師を育成する。

やまざき-しんとう【山崎神道】▶垂加神道

やまざき-そうかん【山崎宗鑑】室町後期の連歌師・俳人。近江の人。本名、志那弥三郎範重。将軍足利義尚に仕え、のち出家して山城国山崎に閑居したという。「新撰犬筑波集」の編者。荒木田守武とともに俳諧の祖とされる。生没年未詳。

やまざき-ちょううん【山崎朝雲】[1867～1954]彫刻家。福岡の生まれ。高村光雲に師事し、同門の平櫛田中らとともに日本彫刻会を結成。木彫による写実的表現に新生面を開いた。

やまざき-とよこ【山崎豊子】[1924～]小説家。大阪の生まれ。本姓、杉本。大阪を舞台にした小説で執筆活動をスタートし、「花のれん」で直木賞受賞。その後は綿密な取材に基づく社会派の問題作を数多く手がける。他に「白い巨塔」「大地の子」「華麗なる一族」など。映像化された作品も数多い。

やまざき-なおまさ【山崎直方】[1870～1929]地理学者。高知の生まれ。東大に地理学科を創設、また日本地理学会を組織。日本アルプス立山にカールを発見するなど多くの業績があり、日本での氷河の存在についても論争。佐藤伝蔵との共著「大日本地誌」は大著。

やまざき-の-たたかい【山崎の戦い】天正10年(1582)中国征討中の羽柴秀吉が本能寺の変を知って毛利氏と和議を結んで引き返し、山城の山崎で明智光秀を破った戦い。秀吉の全国制覇の緒戦となった。

やまさき-は【山崎派】自由民主党の派閥の一。近未来政治研究会の通称。会長は山崎拓。

やまざきよじべえねびきのかどまつ【山崎与次兵衛寿の門松】浄瑠璃。世話物。3巻。近松門左衛門作。享保3年(1718)大坂竹本座初演。山崎与次兵衛と遊女吾妻の情話に、親子・夫婦の情愛や、義侠心を織り込んだ物語。寿の門松。

やま-ざくら【山桜】❶山に咲いている桜。❷バラ科の落葉高木。山地に自生する桜。樹皮は灰色で、横に皮目が走り、葉は倒卵形で先がとがる。4月ごろ、新葉と同時に淡紅色の5弁花を開き、紫黒色の実を結ぶ。本州中部以南に分布。（季 春）「足弱を馬に乗せたり—／漱石」

やまざくら-ど【山桜戸】❶ヤマザクラの木で作った戸。「あしひきの—を開け置きて我が待つ君を誰か留むる」〈万・二八一七〉❷ヤマザクラの咲いている所。桜の多く植えてある山家。「名もしるし峰の嵐も雪と降る—のあけぼのの空」〈新勅撰・春下〉

やま-さち【山幸】❶山でとれる獲物や山菜など。山の幸。㊥海幸。❷山で獲物をとる力をもった道具。「—も己がさちさち、海幸も己がさちさち。今は各さち返さむ」〈記・上〉㊥海幸。

やまさちひこ【山幸彦】彦火火出見尊の異称。

やま-さつ【山▽猟】山の猟男。山で狩猟をする男。猟師。山のさつお。

やま-ざと【山里】❶山間の村落。山村。❷山村にある別荘。山荘。「宇治といふ所に、よしある—持ち給へりけるに」〈源・橋姫〉❸山奥の家。山家。「—は秋こそことにわびしけれ鹿の鳴く音に目を覚ましつつ」〈古今・秋上〉（類語）里・人里・村里・山村

やまざと-びと【山里人】山里に住む人。やまびと。「かの—は、らうたげにあてなる方の劣り聞こゆまじきぞかし」〈源・総角〉

やまざと・ぶ【山里ぶ】〔動バ上二〕《「ぶ」は接尾語》山里のようである。田舎じみる。「—・びたる網代屏風などの、ことさらに事そぎて」〈源・椎本〉

やま-さなかずら【山さな▽葛】山にある野生のサネカズラ。「あしひきの—もみつまで妹に逢はずや我が恋ひ居らむ」〈万・二二九六〉

やま-さ・ぶ【山さぶ】〔動バ上二〕《「さぶ」は接尾語》山らしいようすをただよわせる。「畝傍のこの瑞山は日の緯の大き御門に瑞山と—・びいます」〈万・五二〉

やま-ざる【山猿】❶山にすんでいる野生の猿。野猿。❷山に住む人や田舎者を、礼儀作法を知らない者としてあざけっていう語。

やま-さわ【山沢】山と沢。また、山間の沢。さんたく。

やまさわ-びと【山沢人】山の沢辺に住む人。「あしひきの—の人多に まなと言ふ児があやにかなしさ」〈万・三四六二〉

やま-さん【山▽様】❶江戸の下谷・品川の遊里で、上野寛永寺や芝の増上寺の坊主客のこと。「—といふは品川初会なり」〈柳多留・八〉❷《山出しの侍の意から》江戸の遊里で田舎侍の客のこと。「侍客の—なら、ぬける手管もあるまいがな」〈伎・四谷怪談〉

やま-し《「やまじ」とも》ハナスゲの別名。〈和名抄〉

やま-し【山師】❶鉱脈の発見・鑑定や鉱石の採掘事業を行う人。❷山林の買付けや伐採を請け負う人。❸投機的な事業で大もうけをねらう人。投機師。❹詐欺師。いかさま師。

山師の玄関　《山師は玄関を特にりっぱにするところから》外観ばかりがりっぱなこと。

やま-じ【山路】山の中の道。やまみち。
（類語）山道・林道・山道

やまじ-あいざん【山路愛山】[1865～1917]評論家。江戸の生まれ。本名、弥吉。「国民新聞」の記者、「信濃毎日新聞」の主筆を経て雑誌「独立評論」を創刊。独自の国家社会主義を主張した。著「足利尊氏」「社会主義管見」「現代金権史」など。

やまし・い【×疚しい┆▽疾しい】〔形〕図やま・し〔シク〕《動詞「や(病)む」の形容詞化》❶良心がとがめる。後ろめたい。「何も—・いことはしていない」❷病気であるような気がする。気分が悪い。〈和英語林集成〉❸不満やあせりを感じる。もどかしい。「陣中の憂へ悲しいを—・いと云ふぞ」〈京大本毛詩抄・九〉（派生）やましげ〔形動〕やましさ〔名〕
（類語）後ろめたい・後ろ暗い・寝覚めが悪い・気が咎める・敷居が高い・肩身が狭い・合わせる顔がない

やま-じお【山塩】岩塩のこと。

やま-じおう【山地黄】シソ科の多年草。山地に生え、ジオウに似て、高さ5～10センチ。地下茎で増える。茎の下部の葉はロゼット状をなし、上部の葉は対生する。夏、淡紅色の唇形の花が咲く。みやまきらんそう。

やま-しぎ【山×鷸】シギ科の鳥。全長約35センチ。体はずんぐりし、褐色の複雑な斑紋があり、頭部に黒褐色の横帯がある。くちばしはまっすぐで長い。山地の雑木林や竹やぶにすみ、ミミズなどを食べる。ぼとしぎ。（季 秋）

やま-しごと【山仕事】❶山でする仕事。❷山師のする投機的冒険的事業。やまごと。「之が信用出来ない—なら強いてお勧め申しやあしないが」〈魯庵・社会百面相〉

やま-しず【山×賤】「やまがつ❶」に同じ。

やま-じそ【山紫×蘇】シソ科の一年草。日当たりのよい地に生え、高さ約30センチ。茎は紅紫色を帯び、毛がある。葉は対生し、卵形。9～10月、淡紅色の花を穂状につける。

やま-した【山下】❶山のした。山のふもと。❷山の茂みの下かげ。「石走る—たぎつ山川の心くだけて恋ひや渡らん」〈金槐集・中〉

やました-かげ【山下陰】山のふもとの陰となる所。「尋ね来る人もやあると足引きの—に花ぞ残れる」〈国基集〉

やました-かぜ【山下風】山のふもとを吹く風。山おろしの風。「白雪の降りしく時はみ吉野の—に花ぞ散りける」〈古今・賀〉

やました-こうさく【山下耕作】[1930～1998]映画監督。鹿児島の生まれ。時代劇・やくざ映画を多く手がけ、名手として高く評価された。代表作「関の弥太ッペ」「兄弟仁義」「博奕打ち 総長賭博」「修羅の群れ」など。

やました-しんたろう【山下新太郎】[1881～1966]洋画家。東京の生まれ。東京美術学校卒。パリでコランらに師事、ルノワールに傾倒し外光派の画風を確立。二科会・一水会の創立に参加。代表作に「窓際」「読書」「靴の女」など。昭和30年(1955)文化功労者。

やました-つゆ【山下露】山中の木々の枝や葉から落ちこぼれる露。また、山の下草に置く露。「ぬばたまの黒髪山を朝越えて—に濡れにけるかも」〈万・一二四一〉

やました-みず【山下水】山のふもとを流れる水。山かげを流れる水。「あしひきの―の木隠れてたぎつ心をせきぞかねつる」〈古今・恋一〉

やました-みのる【山下実】[1907～1995]プロ野球選手・監督。兵庫の生まれ。高校野球で活躍後、慶大でも強打者として同校の黄金時代を築いた。昭和11年(1936)阪急(現オリックス)に入団し、のち監督兼任。戦後は審判員を務めるほか、高校野球を指導。

やました-やすひろ【山下泰裕】[1957～　]柔道選手・指導者。熊本の生まれ。昭和52年(1977)当時の最年少記録で全日本選手権優勝。以後、同大会9連覇。同59年ロサンゼルスオリンピックの無差別級で優勝。国民栄誉賞受賞。

やましな【山科】京都市東部の区名。東にある逢坂山峠は大津への交通の要地。天智天皇陵・坂上田村麻呂墓・勧修寺などがある。古くは「山階」とも書いた。

やましな-く【山科区】▶山科

やましな-ごぼう【山科御坊】▶山科別院

やましな-でら【山階寺】《はじめ山城国山階に建てられたところから》興福寺の旧称。

やましな-どうり【山▽階道理】《藤原氏の氏寺、山階寺(興福寺)が藤原氏の権勢を頼んで無理を押し通したところから》非理非道が権力により道理としてまかり通ること。

やましな-ときつぐ【山科言継】[1507～1579]室町後期の公卿。有職故実に通じ、また、皇室財政維持のため奔走。日記に「言継卿記」がある。

やましな-の-みや【山階宮】旧宮家の一。元治元年(1864)伏見宮邦家親王の第1王子晃親王が創立。昭和22年(1947)宮号廃止。

やましな-べついん【山科別院】山科本願寺の跡地に建てられた東西両派の別院。西方に蓮如の墓がある。㊀京都市山科区にある浄土真宗本願寺派の寺。享保17年(1732)住如が北山別院の旧堂を移して創建。山科別院舞楽寺。山科西御坊。㊁京都市山科区にある真宗大谷派の寺。享保17年(1732)真如が東本願寺内の長福寺を移して創建。山科別院長福寺。山科東御坊。

やましな-ほんがんじ【山科本願寺】京都市山科区にあった浄土真宗の本山。山号は松林山。文明10年(1478)蓮如の創建。天文元年(1532)六角定頼および日蓮宗徒による焼き打ちにあい、大坂石山へ移転。以後長く廃墟となっていたが、跡地に山科別院が建てられた。

やましな-りゅう【山▽科流】衣紋の流派。室町時代から山科家がつかさどった装束の製作・着用法。天皇・皇太子の装束調進・衣紋は原則としてこの流儀で行われている。➡高倉流

やま-しみず【山清水】山にわき出る清水。《季夏》「―ささやくままに聞入りぬ/たかし」

やま-しゃくやく【山×芍薬】ボタン科の多年草。山地の林内に生え、高さ約50センチ。葉は3枚の倒卵形の小葉からなる複葉。4～6月、白い花を上向きに半開きにつけ、花びらは5～7枚あるが、萼は3枚。くさぼたん。

やま-じゃり【山砂利】山地や台地から採取した砂利。洗浄して粘土や有機物を去り、コンクリートの原料とする。

やま-しゅう【山衆】・【山州】下級の遊女。茶屋女。やましゅ。「言ひたいことも―の手前、客の手前も量りかね」〈浄・女腹切〉

やま-しょうびん【山翡=翠】カワセミ科の鳥。全長28センチくらい。頭は黒、胸は白、背が青藍色で、腹と太いくちばしと脚が赤色。中国・東南アジアにみられ、日本では迷鳥。

やま-じるし【山印】▶木印

やましろ【山城】旧国名の一。五畿に属し、現在の京都府南東部にあたる。古くは「山背」と書いた。城州。

やま-じろ【山城】山に築いた城。➡平城

やましろ-おんせん【山代温泉】石川県加賀市山代にある温泉。泉質は単純温泉・硫酸塩泉。付近に九谷焼窯元や万松園がある。

やま-しろぎく【山白菊】キク科の多年草。山地に生え、高さ30～90センチ。葉は長楕円形で互生し、ざらつく。秋、中央が黄で周囲が白色の頭状花を多数開く。しろよめな。

やましろ-の【山城の┊山▽背の】〔枕〕山城国鳥羽の地の意から、「とは」にかかる。「―とはにあひ見む」〈古今・恋四〉

やましろのおおえ-の-おう【山背大兄王】[?～643]飛鳥時代の皇族。聖徳太子の子。母は蘇我馬子の娘刀自古郎女。推古天皇没後、蘇我蝦夷の推す田村皇子(舒明天皇)と皇位を争って敗れ、のち蝦夷の子入鹿の襲撃を受け、斑鳩宮で自殺。

やましろ-の-くにいっき【山城国一揆】文明17年(1485)山城南部で国人・地侍らが中心となって起こした一揆。抗争を続ける畠山政長と義就の両軍を撤退させ、以後8年間、守護による支配を排除し、自治を行った。

やましろ-もの【山城物】山城の刀工が鍛えた刀の総称。三条・粟田口・来などの流派が有名。京物。

やま-すいぎゅう【山水牛】アノアの別名。

やま-すが【山×菅】「やますげ❶」に同じ。「咲く花はうつろふ時ありあしひきの―の根し長くはありけり」〈万・四四八四〉

やま-スカート【山スカート】ウールや防水加工をした化繊などで作られたスカート。低山の登山やハイキングの際に、厚手のタイツやスパッツと組み合わせて着用する。

やま-スキー【山スキー】整備されたスキー場ではなく、自然のままの雪山をスキーで登降すること。雪山登山に準じた装備が必要。➡ゲレンデスキー

やま-ずきん【山頭巾】きこりや猟師などがかぶる頭巾。

やま-すげ【山×菅】❶山に生えている野生のスゲ。❷ヤブランの古名。〈和名抄〉

やますげ-の【山×菅の】〔枕〕❶山菅の葉が茂り乱れている意から、「乱る」「背向」にかかる。「一思ひ乱れて恋ひつつ待たむ」〈万・三二〇四〉❷山菅の実の意で、「実」にかかる。「一実成らぬことを」〈万・五六四〉❸山菅の「やま」と同音の、「止まず」にかかる。「一止まずて君を思へかも」〈万・三〇五五〉

やま-すそ【山裾】山のふもと。山麓。

やま-ずみ【山住み】山の中や山里、あるいは山寺に住んでいること。また、その人。

やま-せ【山背】❶山を越えて吹いてくる風。フェーンの性質をもつ風。❷夏季に北日本の太平洋側、特に三陸地方に吹く冷湿な北東風。オホーツク海高気圧から吹き出す風で、長く続くと冷害の原因となる。《季夏》「二艘繋る積取船や―吹く/地蔵尊」

やませ-かぜ【山背風】❶「やませ」に同じ。《季夏》❷琵琶湖沿岸に吹く春夏の風。瀬田あらし。

やま-せみ【山翡=翠┊山魚=狗】カワセミ科の鳥。全長38センチくらい。体は白と黒の鹿の子模様で頭に冠羽があり、くちばしは黒く大きい。アジア東部に分布。山地の渓流などにすみ、水に飛び込んで魚を捕って食べる。かのこしょうびん。《季夏》

やま-ぜり【山×芹】セリ科の多年草。山地の湿った所に生え、高さ約1メートル。葉は羽状複葉で、小葉は卵形。7～10月、白い小花を散形につける。

やま-せん【山千】《「海千山千」の略》山に千年住むこと。世知にたけ、老獪なこと。また、その人。

やま-ぞい【山沿い】山に沿うこと。また、山に沿った場所。「―に人家が点在する」

やま-そだち【山育ち】山に育つこと。また、その人。山家育ち。

やま-そわ【山×岨】山の険しい所。山のがけ。

やま-だ【山田】山中にある田。

やまだ【山田】福岡県中部にあった市。遠賀川上流域にあり、筑豊炭田の炭鉱町として栄えた。閉山後は酪農などが行われた。平成18年(2006)3月、稲築町・碓井町・嘉穂町と合併して嘉麻市となる。➡嘉麻

やまだ-あきよし【山田顕義】[1844～1892]軍人・政治家。陸軍中将。山口の生まれ。松下村塾門下。明治維新後は工部卿・内務卿・司法卿を経て法相を数回歴任。日本法律学校(のちの日本大学)を創立。

やまだ-あさえもん【山田浅右衛門】▶首斬浅右衛門

やま-だい【山台】❶歌舞伎の大道具の一。役者が舞台上で腰掛けるのに使う高さ1尺4寸(約42センチ)くらいの台。❷歌舞伎の大道具の一。常磐津節・清元節などの浄瑠璃連中が出語りのときに座る台。また、長唄連中が舞台背後に居並ぶ雛段をもいう。

やまたい-こく【邪馬台国┊耶馬台国】「三国志」の魏志倭人伝に記載される、3世紀ごろ日本にあった国。女王卑弥呼が統治。2世紀後半の倭の大乱では、諸国が卑弥呼を倭王として共立することでまとまったという。所在地については北九州・畿内大和の2説がある。やばたいこく。

やまだ-えいみ【山田詠美】[1959～　]小説家。東京の生まれ。本名、双葉。大胆な描写で男女関係の深部をえぐる恋愛小説を執筆し、話題を呼ぶ。「ソウル・ミュージック・ラバーズ・オンリー」で直木賞受賞。他に「ベッドタイムアイズ」「アニマル・ロジック」「風味絶佳」など。

やま-たか【山高】❶山形に高くなっていること。中高であること。❷「山高帽子」の略。

やまだ-かつろう【山田克郎】[1910～1983]小説家。朝鮮の生まれ。本名、克朗。戦中・戦後にわたり海洋を舞台にした青春冒険小説を数多く手がける。他に人物の評伝や、麻雀にまつわる小説なども執筆した。「海の廃園」で直木賞受賞。他に「翼の饗宴」など。漫画・テレビ番組「快傑ハリマオ」の原作者としても知られる。

やまたか-ぼう【山高帽】「山高帽子」に同じ。

やまたか-ぼうし【山高帽子】フェルト製で上部が丸くて高い、つばのある男子の礼服用帽子。山高帽。類語ダービーハット・シルクハット・中折れ帽子・ソフト帽・ソンブレロ・テンガロンハット・麦藁帽子・カンカン帽・パナマ帽・チロリアンハット

やまだ-けんぎょう【山田検校】[1757～1817]江戸後期の箏曲演奏家・作曲家。江戸の人。名は斗養一。幼時に失明して箏曲を学び、声楽本位の山田流箏曲を創始。語り物の要素の強い、江戸趣味に合った新曲を創作。作「小督」「熊野」「葵の上」「長恨歌」など。

やまだ-こうさく【山田耕筰】[1886～1965]作曲家。東京の生まれ。ドイツに留学し、作曲法を学ぶ。日本で初めて交響楽団を組織し、交響楽・オペラの興隆に尽力。また、日本語の特徴を生かした多くの歌曲を作曲した。文化勲章受章。作品に「赤とんぼ」「この道」「からたちの花」など。

やま-だし【山出し】❶山から材木・薪・炭などを運び出すこと。また、その運び出したものや運び出す人足。❷田舎の出身であること。田舎から出てきたままで洗練されていないようす。「―の田舎者」

やまだ-し【山田市】▶山田

やま-たず【山たづ】ニワトコの古名。

やまたず-の【山たづの】〔枕〕ニワトコの枝葉が対生している意から、「むかふ」にかかる。「―迎へ参ゐ出む君が来まさば」〈万・九七一〉

やま-だち【山立ち】❶山賊。「さらでだに―多き鈴鹿の山を」〈太平記・九〉❷▶またぎ

やま-たちばな【山×橘】❶山に生えるタチバナ。野生のタチバナ。❷ヤブコウジの別名。《季冬》❸植物ボタンの別名。

やまだ-でら【山田寺】奈良県桜井市山田にあった寺。蘇我石川麻呂の発願により、天智天皇2年(663)に建立。四天王寺式伽藍配置をもつ。

やまだ-ながまさ【山田長政】[?～1630]江戸初期、シャムの日本人町で活躍した人物。駿河の人。通称、仁左衛門。慶長16年(1611)ごろシャムに渡り、首都アユタヤの日本人町の長となって外交・貿易に従事。また、内戦を治めてシャム国王の信任を得たが、王の死後毒殺された。

やまたに-かぜ【山谷風】山の斜面に沿って吹く風。日中に谷底から山頂へ向かって吹き上がる谷風が、夜間になると山風となって谷底へ吹き下ろすもの。斜面風。

やまだ-にしき【山田錦】稲の一品種。日本酒醸造に最適とされる。米は大粒で脂肪・たんぱく質の含有量が少ない。兵庫県立農事試験場で開発、昭和11年(1936)に命名された。主産地は兵庫県。(補説)主食用には向かない。

やまた-の-おろち【八岐大蛇】ーをろち 日本神話にみえる頭と尾が八つずつある巨大な蛇。出雲の簸川ひのかわ上流にいて、大酒を好み、毎年一人ずつ娘を食ったが、素戔嗚尊すさのおのみことがこれを退治して奇稲田姫くしなだひめを救い、その尾を割いて天叢雲剣あまのむらくものつるぎを得たという。

やまだ-の-さわ【山田の沢】ーさは 山田の間を流れる沢。「君がため―にゑぐ摘むと雪消ゆきげの水に裳ものの裾濡ぬれぬ」〈万・一八三九〉

やまだ-の-そおど【山田のそほど】ーそほど 山田にあるかかし。「久延毘古くえびこは、今に―といふぞ」〈記・上〉

やまだ-ひさし【山田久志】[1948～]プロ野球選手・監督。秋田の生まれ。昭和44年(1969)阪急(現オリックス)に入団。速球で勝ち星を重ね、同球団の黄金時代を支えた。17年連続二桁けた勝利を記録。通算284勝。のち、中日監督を務めた。

やまだ-びみょう【山田美妙】ービメウ[1868～1910]小説家・詩人・評論家。東京の生まれ。本名、武太郎。尾崎紅葉らと硯友社を結成し、「我楽多文庫がらくたぶんこ」を編集。小説「武蔵野」「胡蝶」「夏木立」などにより、言文一致体の先駆者となった。他に「平清盛」「日本韻文論」「日本大辞書」など。

やまだ-ふうたろう【山田風太郎】ーフウタラウ[1922～2001]小説家。兵庫の生まれ。本名、誠也せいや。「眼中の悪魔」「太陽黒点」など多くの推理小説を執筆。のち「甲賀忍法帖こうがにんぽうちょう」を皮切りに多数の忍法小説を発表し、忍法ブームを起こした。他に「魔界転生」「警視庁草紙」など。平成13年(2001)功績により日本ミステリー文学大賞受賞。

やまだ-ぶぎょう【山田奉行】ーブギヤウ 江戸幕府の遠国おんごく奉行の一。老中の支配に属し、伊勢国山田に駐在して、伊勢神宮の警衛と遷宮の奉行、伊勢・志摩両国の幕領の支配、鳥羽港の管理などを任務とした。

やまだ-まさき【山田正紀】[1950～]小説家。愛知の生まれ。SF「神狩り」でデビュー。SF・ミステリー・ホラー・冒険小説など幅広い分野で活躍。他に「火神アグニを盗め」「神々の埋葬」「最後の敵」「機神兵団」「ミステリ・オペラ」など。

やまだ-もりたろう【山田盛太郎】ーもりタラウ[1897～1980]経済学者。愛知の生まれ。東大教授。マルクスの再生産表式、日本資本主義などを研究。野呂栄太郎らの「日本資本主義発達史講座」に参加、中心的執筆者となる。著「日本資本主義分析」など。

やまだ-ようじ【山田洋次】ーヤウジ[1931～]映画監督。大阪の生まれ。ユーモアあふれる人情喜劇を描き、絶大な人気を得る。特に、主演の渥美清が亡くなるまで作り続けた「男はつらいよ」シリーズは、国民的映画として圧倒的に支持された。代表作「馬鹿まるだし」「幸福の黄色いハンカチ」「キネマの天地」「息子」「たそがれ清兵衛」など。平成16年(2004)文化功労者。

やまだ-よしお【山田孝雄】ーよしを[1873～1958]国語学者・国文学者。富山の生まれ。東北大教授・神宮皇学館大学学長。独自の体系的文法理論を打ち立て、厳密な語学的注釈による国文学の研究を行った。文化勲章受章。著「日本文法論」「奈良朝文法史」「平家物語につきての研究」など。

やまだ-りゅう【山田流】ーリウ 箏曲そうきょくの流派の一。安永(1772～1781)ころに、生田流を学んだ江戸の山田検校が創始。生田流の、三味線本位に対し箏本位、器楽本位に対し声楽本位の語り物風な箏曲で、江戸を中心に流行した。今日でも、関東地方を中心に広く行われ、関西の生田流と勢力を二分している。

やま-ぢさ【山萵=苣】エゴノキの別名。「息の緒に思へる我を―の花にか君がうつろひぬらむ」〈万・一三六〇〉

やま-づくし【山尽(く)し】❶山名を集め列挙すること。また、そのもの。❷模様などで、山鉾やまぼこの形を集め描くこと。また、そのもの。

やまつくり-どころ【山作所】❶陵墓造営のため、臨時に置かれた官司。❷奈良時代、寺院に属し、造営のための木材の伐採・製材を扱った作業事務所。

やまっ-け【山っ気】「やまけ」に同じ。

やま-づたい【山伝い】ーづたひ ❶山から山へと、山道を伝って行くこと。❷イワガネソウの別名。

やま-つづき【山続き】❶山が連なっていること。また、その山々。❷山に接していること。また、その所。「―の村落」

やま-つつじ【山躑=躅】ツツジ科の半落葉低木。山野に生え、葉は楕円形で両面に毛があり、枝先に集まってつく。初夏、朱赤色か紅紫色の漏斗状の花をつける。多くの変種がある。につつじ。(季 春)

やま-づと【山×苞】山里からのみやげ。「―に持たせ給へりし紅葉」〈源・賢木〉

やま-つなみ【山津波】山腹から多量の土砂・岩片が土石流となって流れ出す、大規模な山崩れ。

やま-つ-み【山×祇】山の霊。山の神。「たたなはる青垣山―の奉まつる御調みつきと」〈万・三八〉

やま-づみ【山積み】〔名〕スル ❶うず高く積み重ねること。また、積み重なること。「トラックに荷物を―する」❷問題や仕事などが、たくさんたまること。さんせき。「問題が―になっている」(類語)山積・満載・山盛り

やま-づら【山面】山のかたわら。山の斜面。「―を見れば、霧は、げに麓ふもとこめたり」〈かげろふ・上〉

やま-て【山手】❶山よりの土地。山のほう。やまのて。⇔海手うみて。❷中世、山中や陸路に関所を設けて、通行人から徴収した税。❸江戸時代、領主の山林から薪などを採取する代償として村に賦課された税。山手米。山手永。

やま-でら【山寺】山中の寺院。

やまでら【山寺】㊀山形市北東部の地名。立石寺りっしゃくじがある。㊁立石寺の通称。

やま-てん【夜摩天】仏語。六欲天の第三。忉利とうり天の上方にあり、天人は五欲の楽を受ける。寿命は2000年で、その一昼夜は人間界の200年にあたる。炎天。

やまと【大和】神奈川県中部の市。相模原台地の東部にあり、東の横浜市との境を境川が流れる。住宅地。南西部は厚木航空基地の一部。人口22.8万(2010)。

やまと【大和┊倭】㊀旧国名の一。五畿に属し、現在の奈良県にあたる。大和政権の発祥地で飛鳥あすか京・藤原京・平城京などが置かれた。もと「倭」と書いたが、元明天皇の時、「倭」と通じる「和」の字に「大」をつけて「大和」と書くよう定められた。㊁《都が㊀にあったところから》日本の異称。おおやまと。㊂(大和)旧日本海軍の世界最大の戦艦。昭和16年(1941)竣工しゅんこう。排水量6万9000トン。同20年、沖縄へ出撃の途中、米機の攻撃により沈没。

(類語)(㊁)日本・日の本・八洲国やしまぐに・大八洲おおやしま・秋津島・敷島・葦原あしはらの中つ国・豊葦原とよあしはら・瑞穂みずほの国・和国わこく・日東・東海・扶桑ふそう・神州・本邦・本朝・ジャパン・ジパング

やま-と【山▽処】山のあたり。山。「泣かじとは汝なは云ふとも―の一本薄ひともとすすき」〈記・上・歌謡〉

やまとあおがき-こくていこうえん【大和青垣国定公園】やまとあをがきコクテイコウヱン 奈良県北部にある国定公園。大和高原の西部にあたり、柳生街道・山辺やまのべの道・初瀬はせ周辺などが含まれる。

やまと-アルプス【大和アルプス】大峰おおみね山の異称。

やまと-いも【大-和芋】❶ナガイモの一品種。芋は手のひら状の塊をなす。とろろなどにして食べる。❷サトイモの一品種。芋は淡紅色。

やまと-うた【大-和歌┊×倭歌】❶日本固有の歌。和歌。やまとことのは。⇒唐歌からうた ❷大和地方の風俗歌ふぞくうた。大和舞で歌われる。(類語)和歌・歌・短歌

やまと-うち【大-和打ち】板塀などで、横木の内側と外側に板を交互に少し重なり合うようにして打ちつけること。

やまと-うつぼ【大-和×靫】割り竹や籐とうで編んだ、毛皮をつけないうつぼ。木で作り、黒く塗ったものもある。

やまと-え【大-和絵┊×倭絵】ーヱ 本来は、日本の風景や風俗を描いた絵画。鎌倉後期からは、宋元画やその影響を受けた新様式の日本画に対して平安時代以来の伝統的な様式による絵画の総称。唐絵からえに対していう。また、15世紀に土佐派が興隆して大和絵を標榜ひょうぼうしてからは、流派的な観念も含まれるようになった。

やまと-おうけん【大-和王権】ーワウケン ▶大和政権

やまと-おり【大-和織(り)】縦糸に太い木綿糸、横糸に黄麻糸を用いて平織りにした厚地の織物。敷物やかばんの生地などに使用する。

やまと-かいれい【大和海嶺】日本海のほぼ中央に位置する海底の高まり。最浅部236メートルの大和堆たいと、北大和堆とに分けられる。日本列島が大陸から分離し、日本海が拡大したときの大陸地塊の残存物と考えられる。好漁場。

やまと-がかり【大-和掛(か)り】「下掛しもがかり❷」に同じ。

やまと-かき【大-和×掻き】下地窓などの木や竹に蔓つるなどを巻きつかせること。また、そのもの。

やまと-がき【大-和柿】御所柿ごしょがきの別名。

やまと-がく【大-和楽】三味線音楽の一派。昭和8年(1933)大倉喜七郎が清元栄寿郎の協力を得て創始。一中節・河東かとう節・宮薗節・荻江節などの長所を取り入れ、それに洋楽を加味して新しい邦楽の創造を目ざしたもの。

やまと-がすり【大-和×絣】奈良県大和高田市付近で産する木綿の白絣。のちに、紺絣も織るようになった。

やまとかたかなはんせつぎげ【倭片仮字反切義解】室町時代の語学書。1巻。明魏(藤原長親)著。成立年未詳。仮名の起源・沿革・反切・音義などについて説いたもの。

やまと-がな【大-和仮名】漢字に対して、かたかな・ひらがな。

やまとがなありわらけいず【倭仮名在原系図】やまとがなありはらケイヅ 浄瑠璃。時代物。五段。浅田一鳥らの合作。宝暦2年(1752)大坂豊竹座初演。在原行平と松風・村雨姉妹の恋物語に、惟喬これたか・惟仁これひと両親王の皇位継承争いをからめて脚色。四段目が「蘭平物狂らんぺいものぐるい」の通称で知られる。

やまと-がわ【大和川】ーがは 奈良県北部を西流する川。桜井市初瀬の北方に源を発して初瀬はせ川とよばれ、奈良盆地で佐保川と合流、金剛・生駒いこま両山地の間を通って、大阪・堺両市の境で大阪湾に注ぐ。長さ67キロ。もとは生駒山地のふもとを北流して淀川に合流していたが、宝永年間(1704～1711)に改修。

やまと-ぐさ【大-和草】ヤマトグサ科の多年草。山地の樹下に生え、高さ約15センチ。葉は卵円形で、対生する。4、5月ごろ、茎の上部の葉の付け根に、淡緑色の雄花と雌花とをつける。雄花の花びらは3枚あって反り返り、雄しべは長くて下垂する。本州の関東地方以西と九州に分布。ヤマトグサ科は3種だけからなり、地中海沿岸・中国にも分布。

やまと-ぐら【大-和×鞍┊×倭×鞍】騎乗用の馬具の一。唐鞍からくらの皆具かいぐに対して、和様の鞍の皆具をい

う。中心となる鞍橋くらぼねは、前輪と後輪しずの内側にそれぞれ切り込みを設けて居木先いぎさきをはめこみ、鐙あぶみの袋には舌をつけて用いる。下鞍したぐらを2枚重ねにして、装束の汚れをふせぐ障泥あおりを加え、糸尻繋いとしりがいには総ふさなどをつけて装備し、布手綱ぬのたづなに差し縄を合わせて使用するのを特色とする。➡唐鞍

やまと-ごえ【×倭▽音│▽和▽音】ごゑ 呉音。漢音を「からごえ」というのに対していう。わおん。

やまとこおりやま【大和郡山】やまとこほりやま 奈良県北西部の市。江戸時代は柳沢氏の城下町。電子・食品などの工業や江戸時代以来の金魚の養殖が盛ん。人口8.9万(2010)。

やまとこおりやま-し【大和郡山市】やまとこほりやま ▶大和郡山

やまと-ごころ【大-和心】❶「大和魂やまとだましい❷」に同じ。➡漢心からごころ ❷日本人らしい自然で素直な心。「敷島の―を人問はば朝日ににほふ山桜花」〈石上稿〉

やまと-ごたつ【大-和×炬×燵】置きごたつ。もと奈良地方から産出したところからいう。

やまと-こっか【大-和国家】―コクカ 律令国家成立以前の大和政権による日本の統一国家。➡大和政権

やまと-ごと【大-和琴│×倭琴】❶外来楽の渡来以前から日本にあった古代の琴こと。➡唐琴からこと ❷和琴わごんの異称。

やまと-ことのは【大-和言の葉】❶「やまとことば❶」に同じ。❷「やまとことば❷」に同じ。「伊勢、貫之つらゆきに詠よませ給へる―をも」〈源・桐壺〉

やまと-ことば【大-和言葉│大-和▽詞】❶日本固有の言葉。漢語・外来語に対していう。和語。やまとことのは。❷和歌。やまとうた。やまとことのは。「その―だに、つきなくならひにければ」〈源・東屋〉❸平安時代の、上品な言葉。雅言がげん。「それこそもう―でお人柄におなり遊ばすだ」〈滑・浮世風呂・三〉

やまと-さるがく【大-和猿楽】中世、大和国に本拠地をもって、春日神社の神事などに奉仕した猿楽の座の総称。大和四座が著名で、近世以降の猿楽の主流となった。➡大和四座よざ

やまと-さんざん【大和三山】奈良盆地南部にある天香具山あまのかぐやま・畝傍山うねびやま・耳成山みみなしやまの総称。藤原京跡を三角状に囲む。

やまと-し【大和市】▶大和

やまと-じ【大和路】―ぢ ㊀大和国の道。また、大和国に通じる道。特に、京都五条から伏見・木津を経て奈良に通じる道。㊁大和地方。

やまと-しざ【大和四座】大和猿楽の諸座のうち、円満井えんまい・坂戸さかど・外山とび・結崎ゆうざきの四座。のちに、それぞれ金春こんぱる・金剛・宝生・観世の各座となった。

やまと-しじみ【大-和小=灰=蝶│大-和×蜆】❶(大和小灰蝶)シジミチョウ科のチョウ。本州以南に普通にみられ、翅はねの開張27ミリくらい。翅の表面は雄が青紫色、雌は暗褐色、裏面はともに褐色を帯びた銀白色で黒点列がある。幼虫の食草はカタバミ。❷(大和蜆)シジミ科の二枚貝。日本各地に産し、宍道しんじ湖や利根川河口で漁獲量が特に多い。

やまと-じだい【大和時代】日本史の時代区分の一。大和政権が支配していた律令国家成立以前の時代。大和朝。

やまと-しま【大和島】大和国。また、大和を中心とする地域。多く海からみていう。大和島根。「天離あまざる鄙ひなの長道ながゆ恋ひ来れば明石の門とより―見ゆ」〈万・二五五〉

やまと-しまね【大和島根】㊀日本国。「いざ子ども狂業たはわざなせそ天地あめつちの堅めし国そ―は」〈万・四四八七〉㊁「大和島」に同じ。「名ぐはしき印南いなみの海の沖つ波千重に隠りぬ―は」〈万・三〇三〉

やまと-せいけん【大-和政権】大和および河内かわちを中心とする諸豪族の連合政権。大王おおきみとよばれる首長を盟主に、畿内地方から4世紀中ごろには西日本を統一し、4世紀末には朝鮮に進出。種々の技術を持つ渡来人を登用し、5世紀末から6世紀ごろには部民制・氏姓制度による支配機構が成立し、国・県あがたによる地方統治組織が整えられ、大化の改新を経て律令国家へとつながっていった。大和朝廷。大和王権。

やまと-そう【大-和相│×倭相】―サウ 日本流の観相。「帝みかど、かしこき御心に―をおほせて」〈源・桐壺〉

やまとぞっくん【大和俗訓】やまとゾクン 江戸中期の教訓書。8巻。貝原益軒著。宝永5年(1708)刊。儒教道徳をもとに、特に婦女子を対象とした実践倫理を説く。益軒十訓の一。

やまとたかだ【大和高田】奈良県北西部の市。専立寺せんりゅうじの寺内町として形成され、商業が発達。大和木綿の産地。近郊農業も盛ん。人口6.8万(2010)。

やまとたかだ-し【大和高田市】▶大和高田

やまとたける-の-みこと【日本武尊│倭建命】記紀伝説上の英雄。景行天皇の皇子。気性が激しいため天皇に敬遠され、九州の熊襲くまそ、東国の蝦夷えぞの討伐に遣わされたといわれ、風土記なども含めてさまざまな伝説が残っている。小碓尊おうすのみこと。

やまと-だましい【大-和魂】―だましひ ❶日本民族固有の精神。勇敢で、潔いことが特徴とされる。天皇制における国粋主義思想、戦時中の軍国主義思想のもとで喧伝された。❷日本人固有の知恵・才覚。漢才からざえ、すなわち学問(漢学)上の知識に対していう。大和心。「なほ才を本もととしてこそ、―の世に用ゐらるる方も強う侍らめ」〈源・少女〉

やまと-ちょうてい【大-和朝廷】―テウテイ ▶大和政権

やまと-とじ【大-和×綴じ】―とぢ 和装本の綴じ方の一。用紙を重ねてこよりなどで中綴じしてから前後に表紙をつけ、上下に穴を一つまたは二つずつあけ、その穴にひもを通して結んで綴じるもの。用紙の重ね方は綴葉装てっちょうそう・袋綴じなどの方法によるものもあり、また綴葉装を大和綴じとする説もある。結び綴じ。

やまと-な【大-和名】日本風の名称。日本名。和名わみょう。「―に言ひにくきものをこそ添へては詠よめ」〈規子内親王歌合〉➡唐名からな

やまと-なでしこ【大-和×撫子】❶ナデシコの別名。❷日本女性の清楚な美しさをほめていう語。

(類語)(❷)美人・佳人・美女・麗人・別嬪べっぴん・シャン・名花・小町・マドンナ・色女・美少女

やまと-に【大-和煮】牛肉などを、醤油に砂糖・ショウガなどを加えて甘辛く煮たもの。

やまと-にしき【大-和錦│×倭錦】日本で織った錦。日本風の文様のある錦。中国伝来の唐錦からにしきに対していう。

やまと-の-あやうじ【東漢氏】―あやうぢ 古代の渡来系氏族。阿知使主あちのおみの子孫と伝えられ、大和飛鳥地方に住し、文筆・外交・財務をもって大和政権に仕えた。

やまとひめ-の-みこと【倭姫命】垂仁天皇の皇女。天照大神あまてらすおおみかみの社を、伊勢の五十鈴川いすずがわのほとりに建てたと伝えられる。また、日本武尊やまとたけるのみことの東征の際、草薙剣くさなぎのつるぎを授けて難を救ったという。

やまとひめのみことせいき【倭姫命世記】神道五部書の一。1巻。神護景雲2年(768)禰宜ねぎ五月麻呂さつきまろの撰と伝えるが、建治・弘安(1275～1288)のころ、伊勢外宮の神官の渡会行忠わたらいゆきただの撰になったもの。天地開闢かいびゃくから、皇大神宮の各地御遷幸、雄略天皇の代の外宮鎮座に至る詳細を記す。大神宮神祇本紀。

やまと-ひょうぐ【大-和表具】―ヘウグ 日本で発達した最も一般的な表具の形式。一文字・風帯・中縁ちゅうべり・上下から構成され、風帯は一文字と共裂ともぎれにするか中縁と共裂にするかによって、一文字風帯・中風帯とよびわける。大和表装。

やまと-ひょうそう【大-和表装】―ヘウサウ ▶大和表具

やまと-ぶえ【大-和笛】神楽笛かぐらぶえの異称。

やまと-ぶき【大-和×葺き】板葺きの一。板を1枚おきに上下に張り、その端を少し重ねて葺くもの。

やまと-ぶみ【大-和文】㊀日本語で書かれた文。和文。㊁「日本書紀」の異称。〈運歩色葉〉

やまと-ぶろ【大-和風炉】粗末な土製の風炉。一般に鉢形で、火鉢にも用いる。

やまと-べい【大-和塀】❶杉の皮を縦に張り、竹の押縁おしぶちで押さえた塀。数寄屋などの庭に用いる。❷板を大和打ちにした塀。

やまとほんぞう【大和本草】やまとホンザウ 江戸中期の本草書。16巻、付録2巻、諸品図3巻。貝原益軒著。宝永5年(1708)成立。「本草綱目」所収のもの772種に日本特産品や西洋渡来品などを加え、計1362種について分類・解説してある。

やまと-まい【大-和舞│×倭舞】―まひ ❶日本固有の歌舞の一。大和地方の風俗歌舞で、礼拝を舞踊化したもの。鎮魂祭や大嘗祭だいじょうさいなどに行われる。現在は舞人四人。大和歌に合わせて舞う。都舞。❷神楽の一種で、❶に由来した祭祀さいし舞。伊勢神宮、奈良の春日大社などで行われる。

やまと-まど【大-和窓】突き上げ障子をつけた天窓。

やまと-みんぞく【大-和民族】日本人を構成する、主たる民族。

やまと-むね【大-和棟】奈良県・大阪府河内地方・三重県伊賀地方で行われた民家の一形式。急な勾配の藁葺わらぶき屋根の両妻部分を瓦葺きにして、一段低く緩勾配の屋根を設けたもの。高塀造たかへづくり。

やまと-め【大-和目】薬種に用いた量目。180匁(約675グラム)を1斤とするもの。➡唐目からめ

やま-どめ【山止(め)│山留(め)】❶山への立ち入りや山での狩猟・採取を禁止すること。❷鉱山などで、土砂の崩壊を防ぐこと。また、その構造物。

やまと-もじ【大-和文字】仮名文字。㊀唐文字からもじ。

やまと-もの【大-和物】大和国の刀工が鍛えた刀の総称。特に平安末期以降、社寺に専属するかたちで、千手院・当麻たいま・手掻てがいなどの流派が活躍した。

やまとものがたり【大和物語】平安中期の歌物語。作者未詳。天暦(947～957)ごろの成立、のち増補されたといわれる。和歌を主とし、恋愛・伝説などを主題とする170余編の説話を収録。

やまと-や【大和屋】歌舞伎俳優坂東三津五郎・岩井半四郎、およびその一門の屋号。

やまと-よみ【大-和▽訓み】漢字を大和言葉でよむこと。また、そのよみ方。漢字の訓よみ。和訓。

やま-どり【山鳥】❶山の中にすむ鳥。山の鳥。❷キジ科の鳥。日本特産で、本州・四国・九州の森林にすむ。雄は尾が長いので全長約125センチ、雌は約55センチ。全体に赤褐色で縦斑があり、尾には黒い横縞がある。単独または小さな群れで行動し、一夫多妻。雄は繁殖期に翼を羽ばたかせて音をたてる母衣打ほろうちをする。狩猟鳥。やまきじ。おひき。おなが。とおやまどり。(季 春)「―に翔たれつまづく雪の嶮/亜浪」❸《❷は雌雄が峰を隔てて別々に寝るといわれたところから》ひとり寝することをたとえていう語。

やまどり-ぜんまい【山鳥×薇】ゼンマイ科の多年生のシダ。山地の湿原に群生。栄養葉は長さ約60センチで、羽状に分かれ、胞子葉は小形で、2回羽状に分かれる。若芽は食用。

やまどり-たけ【山鳥×茸】イグチ科のキノコ。夏から秋、広葉樹林の地上に生え、高さ10～15センチ。傘は半球形をし、表面は褐色。茎は太く、表面に網目模様がある。世界に広く分布し、欧米では乾燥させた幼菌をスープなどに用いる。

やまどり-の【山鳥の】〔枕〕❶山鳥は雌雄が峰を隔てて別々に寝るといわれたところから、「ひとり寝ぬ」にかかる。「―ひとりし寝ぬればものぞ悲しき」〈古今六帖・二〉❷山鳥の尾の意で、「尾」と同音を含む「尾上をのへ」や似た音を含む「おのれ」「おのづから」などにかかる。「―尾の上の里の秋風に」〈続後撰・秋下〉

やまとん-ちゅう《「ヤマトンチュー」と書くことが多い》沖縄方言で、本土の人。㊀うちなんちゅう。

やまな【山名】姓氏の一。室町時代の守護大名。新田義重の子義範が上野こうずけ山名郷に住したのに始まる。四職ししき家の一。

やま-ない【▽止まない│×已まない】〔連語〕《動詞「や(止)む」の未然形＋打消しの助動詞「ない」》(「…してやまない」の形で)どこまでも…する。…しないで

はいられない。「御活躍を願って—◦ない」

やまな-うじきよ【山名氏清】やまなうぢきよ［1344～1391］南北朝時代の武将。北朝方として大功を挙げ、丹波などの守護となったが、その勢力が強大なのを恐れた足利義満と反目し、明徳の乱を起こして敗死。

やま-なか【山中】山の中。山間。さんちゅう。

やまなか【山中】石川県加賀市の地名。旧町名。大聖寺川の上流域を占め、古来名湯とされる山中温泉がある。山中塗・九谷焼の産地。➡加賀㊂

やまなか-こ【山中湖】山梨県、富士五湖のうち、東端の湖。富士山の溶岩流による堰止せきとめ湖。桂川が流出する。面積6.8平方キロメートル。最大深度13.3メートル。湖面標高981メートル。

やまなか-さだお【山中貞雄】やまなかさだを［1909～1938］映画監督。京都の生まれ。初監督作品「磯の源太　抱寝だきねの長脇差ながどす」で注目を集める。新感覚の時代劇を世に出し、高く評価された。代表作「街の入墨者」「丹下左膳余話なんげさぜんよわ　百万両の壺つぼ」「河内山宗俊こうちやまそうしゅん」「人情紙風船」など。

やまなか-しかのすけ【山中鹿之助】［1545～1578］戦国時代の武将。出雲の人。本名、幸盛ゆきもり。尼子氏に仕えて毛利氏と戦い、主君の降服後も尼子十勇士とともに主家再興に奔走。織田信長を頼り、豊臣秀吉に従って中国征伐に出陣したが、毛利軍に捕らえられて殺された。

やまなか-ぬり【山中塗】石川県加賀市山中地区から産する漆器。

やまなか-ひさし【山中恒】［1931～　］児童文学作家・文芸評論家。北海道の生まれ。長編「赤毛のポチ」で日本児童文学者協会新人賞を受賞し、本格的な執筆活動に入る。「花のウルトラ三人衆」「なんだかへんて子」「あばれはっちゃく」など、物語性の豊かな作品を多く書く。他に「三人泣きばやし」「とんでろじいちゃん」など。

やまなか-ぶし【山中節】石川県の山中温泉地方でうたわれる民謡。盆踊り甚句から出て、浴客相手の座敷歌に変わった。

やまなか-みねたろう【山中峯太郎】みねタラウ［1885～1966］小説家・児童文学者。大阪の生まれ。少年向け冒険小説で人気を得た。作「敵中横断三百里」「大東の鉄人」など。

やま-なし【山梨】❶バラ科の落葉高木。山地に生え、葉は卵形で先がとがり、互生する。4月ごろ、白い5弁花が咲き、ナシに似た小さい実がなるが、食用にはならない。やまりんご。(季 秋｜花＝春)「一の花まづ白く峡かひの夜明／蓼汀」❷ズミの別名。

やまなし【山梨】㊀中部地方南東部の県。県庁所在地は甲府市。もとの甲斐かい国にあたる。人口86.3万(2010)。㊁山梨県中北部の市。笛吹川の上流域。ブドウ・桃の栽培が盛ん。人口3.7万(2010)。

やまなし-いかだいがく【山梨医科大学】ーイクワダイガク 山梨県中央市にあった国立大学。昭和53年(1978)設置。平成14年(2002)山梨大学と統合し、山梨大学医学部となる。➡山梨大学

やまなしえいわ-だいがく【山梨英和大学】山梨県甲府市にある私立大学。明治22年(1889)設立の山梨英和女学校を源流として、平成14年(2002)に開設された。人間文化学部の単科大学。

やまなしがくいん-だいがく【山梨学院大学】やまなしガクヰンー 山梨県甲府市にある私立大学。昭和37年(1962)に開設。平成7年(1995)に大学院を設置した。

やまなし-けん【山梨県】▶山梨㊀

やまなし-けんりつだいがく【山梨県立大学】山梨県甲府市にある公立大学。平成17年(2005)に山梨県立看護大学と山梨県立女子短期大学を統合して開学した。同22年公立大学法人となる。

やまなし-し【山梨市】▶山梨㊁

やまなし-だいがく【山梨大学】山梨県甲府市にある国立大学法人。山梨工業専門学校・山梨師範学校・山梨青年師範学校を統合し、昭和24年(1949)新制大学として発足。平成14年(2002)山梨医科大学と統合し、医学部を設置。同16年国立大学法人となる。

やまなし-とうせん【山梨稲川】ータウセン［1771～1826］江戸後期の音韻学者。駿河の人。名は治憲。字あざなは玄度。別号、東平。本居宣長の影響を受け、中国古代の音韻を研究。著「説文緯」「古声譜」「諧声図」など。

やまな-そうぜん【山名宗全】▶山名持豊やまなもちとよ

やま-なみ【山並(み)｜山▽脈】山の連なり。連山。
(類語)山脈・山地・連山・山系・連峰・山塊

やまなみ-ハイウエー　大分県の由布院ゆふいん温泉近くからほぼ南西へ、飯田はんだ高原を縦断して熊本県の阿蘇市に至る道路。別府阿蘇道路。

やまな-もちとよ【山名持豊】［1404～1473］室町中期の武将。法名、宗全。但馬たじま・備後びんごなどの守護職。嘉吉の乱で赤松満祐を討った功により播磨はりまの守護職も得た。のち、細川勝元と対立して応仁の乱を起こしたが、乱の半ばに病没。

やま-ならし【山鳴】ヤナギ科の落葉高木。山地の日当たりのよい所に生える。葉は互生し、広卵形で、葉柄は長い。風にゆらいだ葉が触れ合って音をたてる。雌雄異株。春、葉より先に花をつけ、雄花穂は赤褐色、雌花穂は黄緑色で、下垂する。材で箱などを作る。白楊はくよう。はこやなぎ。あおどろ。

やま-なり【山▽形】山のような、中央が高くなった形を描くこと。また、その形。「—のボール」

やま-なり【山鳴り】❶地震・噴火などの前触れとして、山が音を立てること。また、その音。❷地下深部の鉱山の切羽きりはやトンネルで、周辺の岩盤内に発する音。山跳ねのときに聞こえることが多い。

やま-にがな【山苦菜】キク科の越年草。山野に生え、高さ約1メートル。アキノノゲシに似るが、葉は卵形で、羽状に裂けているものもある。8、9月ごろ、黄色の小さい頭状花を多数つける。

やま-ぬけ【山抜け】「山崩やまくずれ」に同じ。「一、谷崩れ、出水なぞの口実にかこつけて」〈藤村・夜明け前〉

やま-ね【山×鼠｜冬＝眠＝鼠】齧歯げっし目ヤマネ科の哺乳類。体長7～8センチ、尾長4～5センチ。体つきは丸く、灰茶色で背に黒い縦線が1本あり、尾に長毛がある。山林にすみ、樹上性で、果実・昆虫などを食べる。冬は木の穴などで冬眠する。日本特産種で、本州・四国・九州に分布。

やま-ねこ【山猫】❶山野にすむ猫。野生化した猫。のらねこ。❷ネコ科の哺乳類のうち、小形の野生種の総称。リビアヤマネコ・オオヤマネコ・オセロットなど。日本ではツシマヤマネコ・イリオモテヤマネコがすむ。❸鎌や鋸のこぎりなど山仕事に必要な道具を入れた袋のようなもの。❹江戸時代、寺社の境内にいた私娼。化けて出るの意という。「一は二階にひそむ」〈根無草〉

やまねこ-ざ【山猫座】北天の小星座。3月中旬の午後8時ごろ、天頂近くで南中するが、明るい星はない。学名(ラテ) Lynx

やまねこ-スト【山猫スト】《wildcat strike》労働組合の一部の組合員が、中央指導部の承認なしに行うストライキ。山猫争議。

やま-ねんぐ【山年貢】江戸時代の小物成こものなりの一。農民個人や村の所有する山を対象に一定額が賦課された。

やま-の-い【山の井】ーゐ 山中のわき水がたまってできた井戸。やまい。「安積香山あさかやま影さへ見ゆる一の浅き心を我が思はなくに」〈万・三八〇七〉

やま-の-いも【山の芋｜薯＝蕷】ヤマノイモ科の蔓性つるせいの多年草。山野に自生。芋は円柱形でナガイモより細く、長さ1メートルにもなる。葉は先がとがり、基部が心臓形で、対生する。雌雄異株。夏、葉の付け根に花をつけ、雄花穂は直立し、雌花穂は垂れ下がる。実は3枚の翼をもつ。葉のわきにむかごができ、地面に落ちて増える。芋は粘りが強く、とろろや芋がゆにし、漢方では山薬さんやく・薯蕷しょよといい滋養強壮薬とする。ヤマノイモ科の単子葉植物は熱帯から暖帯にかけ750種が分布し、ナガイモ・トコロなども含まれる。じねんじょ。じねんじょう。やまいも。(季 秋)

山の芋が鰻うなぎになる　起こるはずのないことが実際に起こるたとえ。また、思いもよらないほどの変化をするたとえ。

やまのうえ-そうじ【山上宗二】やまのうへソウジ［1544～1590］安土桃山時代の茶人。堺の人。薩摩屋と号する商人で、千利休に茶を学び、豊臣秀吉に仕えた。のちに放逐され、諸国流浪ののち小田原の陣で再び秀吉と対面したが、不興をかい処刑されたと伝える。茶の湯秘伝書「山上宗二記」は茶道史の基本史料。

やまのうえ-の-おくら【山上憶良】やまのうへー［660～733ころ］奈良前期の官人・歌人。大宝2年(702)渡唐し、帰国後、伯耆守ほうきのかみ・東宮侍講・筑前守を歴任。思想性・社会性をもつ歌を詠んだ。万葉集に長歌・短歌・旋頭歌せどうか・漢詩文がある。歌集「類聚歌林」の編者。作「貧窮問答歌」「子等を思ふ歌」など。

やまのうち-いくじ【山内以九士】［1902～1972］プロ野球公式記録員。島根の生まれ。学生時代から野球の記録・規則に携わり、昭和15年(1940)広瀬謙三とともに編集した「日本野球規則」がプロ野球で採用された。同25年パリーグの記録部長。防御率、自責点などの用語を発案した。

やまのうち-おんせんきょう【山ノ内温泉郷】ーヲンセンキャウ 長野県北東部、下高井郡山ノ内町の温泉群。湯田中ゆだなか・渋しぶ・上林かんばやし・地獄谷・穂波ほなみ・発哺ほっぽなどの温泉からなる。志賀高原への入り口。

やまのうち-かずとよ【山内一豊】▶やまうちかずとよ

やまのうち-じんじゃ【山内神社】▶やまうちじんじゃ

やまのうち-とよしげ【山内豊信】▶やまうちとよしげ

やまのうち-ようどう【山内容堂】ーヨウダウ ▶山内豊信やまうちとよしげ

やま-の-お【山の尾】ーを「やまお」に同じ。

やま-の-かみ【山の神】❶山を守り、支配する神。多く、女性神として信仰され、農民・狩猟民・鉱業者などに祭られる。➡田の神　❷妻のこと。特に、結婚してから何年もたち、口やかましくなった妻。❸カジカ科の淡水魚。頭部が縦扁し、体色は黄褐色で暗色の横帯が5本あり、産卵期にはしりびれなどが赤色になる。晩秋に川を下って産卵、稚魚は翌年4、5月ごろ川を上る。2年めには16センチくらいになる。食用で、中国では松江鱸魚しょうこうろぎょといい珍重される。日本では有明海付近の川に生息。
(類語)(❷)家内・妻さい・女房・細君・かみさん・かかあ・奥さん・嫁さん・妻さい・ワイフ・ベターハーフ

やまのくうき-てんぼうだい【山の空気展望台】ーテンバウダイ《Gornïy vozdukh》ロシア連邦、サハリン州(樺太)の州都ユジノサハリンスクの市街東部にある高台。標高600～800メートル。市街を見下ろす展望地として知られる。1945年(昭和20)以前の日本領時代には旭が丘と称した。

やま-の-こ【山の▽講】山で働く人たちが、初春と初冬の二度に行う山の神の祭り。山の神講。

やま-の-さき【山の崎】山の突き出た所。尾根の先端。山の鼻。「さ衣ごろの小筑波嶺をづくはねろの一忘ら来こばこそ汝なをかけなはめ」〈万・三三九四〉

やま-の-ざす【山の座主】比叡山延暦寺を総管する職。天台座主。

やま-の-さち【山の幸】「やまさち❶」に同じ。(対)海の幸。

やま-の-さつお【山の▽猟▽男】ーさつを 山で狩りをする人。かりゅうど。「むささびは木末こぬれ求むとあしひきの一にあひにけるかも」〈万・二六七〉

やま-の-しずく【山の×雫】ーしづく 山の木などからしたたり落ちる水。「あしひきの一に妹いも待つと我立ち濡ぬれぬ一に」〈万・一〇七〉

やま-の-たおり【山の×撓り】ーたをり 山の尾根のくぼんだ所。「あしひきの一にこの見ゆる天あまの白雲」〈万・四一二二〉

やま-の-て【山の手】❶「やまて❶」に同じ。❷都会で、高台にある町。多く住宅地になっている。東京では区部の西側の台地の区域をいう。江戸時代は本郷・小石川・牛込・四谷・赤坂・青山・麻布などの台地の

地域を称し、武家屋敷や寺院が多かった。⇔下町。

やまのて-ことば【山の手言葉】東京語のうち、主として山の手方面で話される言葉。江戸の旗本・御家人の言葉の流れをくみ、明治以後主として山の手に住む知識階級が使う言語。

やまのて-せん【山手線】東京都、品川から新宿・池袋を経て田端に至るJR線。全長20.6キロ。また、東海道本線・東北本線に乗り入れて、田端・上野・東京・品川を結び、環状に運転される電車線の通称。1周34.5キロ。明治18年(1885)品川・赤羽間の開通に始まり、昭和47年(1972)池袋・赤羽間を赤羽線として分離し、名称も「やまてせん」から改めた。

やまのて-やっこ【山の手▽奴】近世、江戸の山の手の大名・旗本に雇われた奴。赤坂奴(あかさかやっこ)。「やっこやっこ小奴に—」〈浄・艶狩剣本地〉

やま-の-にしき【山の錦】秋、山が紅葉した景観を錦にたとえた語。(季 秋)「霜のたて露のぬきこそ弱からし—の織ればかつ散る」〈古今・秋下〉

やま-の-は【山の端】山の稜線。「月が—にかかる」

やま-の-はな【山の鼻┊山の▽端】山の尾根の突き出た所。やまばな。

やま-の-べ【山の辺】《古くは「やまのへ」》山のあたり。やまべ。「—にい行く猟雄(さつを)は多かれど山にも野にもさ雄鹿(をしか)鳴くも」〈万・二一四七〉

やまのべ-の-みち【山辺の道】奈良盆地の東縁を、奈良市から南へ桜井市初瀬(はせ)に至る古道。沿道には石上(いそのかみ)神社・崇神天皇陵などがある。

やま-のぼり【山登り】〔名〕スル 山に登ること。登山。[類語]登山・登頂・登攀(とうはん)・クライミング

やまのま-ゆ【山の間ゆ】〔枕〕山の間から出る意から「出雲(いづも)」にかかる。「—出雲の児らは」〈万・四二九〉

やま-ば【山場】最も盛り上がった重要な場面。クライマックス。やま。「芝居の—にさしかかる」[類語]山・最高潮・クライマックス・絶頂・頂点・頂上・ピーク

やま-ばかま【山×袴】仕事着としてはく袴。腰板のないカルサン・裁(た)っ着け・もんぺなどをいう。

やま-はぎ【山×萩】マメ科の落葉低木。山野に自生し、枝はあまり垂れない。葉は3枚の楕円形の小葉からなる複葉。秋、紅紫色の蝶形の花が咲く。庭木にする。(季 秋)

やま-はぜ【山黄=櫨】ウルシ科の落葉小高木。関東以西の山地に自生。葉は楕円形の小葉からなる羽状複葉。秋に紅葉する。雌雄異株。初夏、黄緑色の小花が円錐状につき、実は黄褐色。はにし。

やま-はた【山畑】山にある畑。山地の畑。

やま-はだ【山肌┊山▽膚】山の表面。山の地はだ。

やま-ばち【山蜂】スズメバチの別名。(季 春)

やま-はっか【山薄荷】(ハッカ) シソ科の多年草。山地に生え、高さ60〜90センチ。卵形の葉が対生する。秋、紫色の唇形の小花をつける。香りはない。

やま-ばと【山×鳩】山林にすむハト。キジバトやアオバトのこと。

やまばと-いろ【山×鳩色】黄色みがかった緑色。アオバトのはねの色。

やま-はね【山跳ね】鉱山などの坑道掘削中に、岩盤の一部の岩片が突然音響とともに突出する現象。

やま-ははこ【山母子】キク科の多年草。本州中部以北の山地に自生し、高さ約60センチ。茎は綿毛で覆われ、葉は披針形で裏に綿毛が密生する。夏、白くて中心が黄色の頭状花が集まって咲く。やまほうこ。

やま-ばん【山番】山林を火災や盗難から守る番人。やまもり。

やま-ばんし【山半紙】武蔵国から産した粗製の半紙。「—を出して鼻をかむ」〈洒・辰巳之園〉

やま-はんのき【山×榛の木】カバノキ科の落葉高木。山野に自生。葉は円形で五〜八つに浅く裂ける。春、葉より先に、紫茶色の尾状の雄花穂と楕円形の雌花穂をつける。果実・樹皮はタンニンを含むので染料に、材は器具・建築に使用。まるばはんのき。

やま-び【山▽辺】「やまべ(山辺)」に同じ。「霞居る富士の—に我が来なばいづち向きてか妹が嘆かむ」〈万・三三五七〉

やま-びこ【山×彦】❶山の谷などで起こる声や音の反響。もと、山の神が声音をまねるのだと信じられていた。こだま。❷山の神。山霊。

やまびこがっこう【山びこ学校】(ヤマビコガクカウ) 生活記録文集。無着成恭編。昭和26年(1951)刊。山形県山元村の中学生の詩・作文・日記などを収めたもの。戦後の「生活綴り方運動」復活の契機となった。

やま-ひだ【山×襞】山の尾根と谷が入りくんで、ひだのように見える所。

やま-びと【山人】❶山に住む人。山で働く人。きこりや炭焼きなど。❷仙人。神仙。「—にもの聞こえむといふ人あり」〈堤・花桜をる少将〉

やま-ひめ【山姫】❶山を守る女神。「わたつみの神に手向くる—の幣(ぬさ)をぞ人は紅葉と言ひける」〈後撰・秋下〉❷アケビの別名。「いが栗は心よわくぞ落ちにける此—の笑める顔見て」〈行宗集〉

やま-びらき【山開き】❶霊山などで、その年初めて登山・入山を許すこと。また、その日。開山(かいざん)。(季 夏)「この町の電車をかしや—/誓子」❷山に新しい道をつくること。❸江戸時代、江戸深川八幡宮別当永代寺(えいたいじ)で3月21日から4月15日まで、その庭園を一般に開放したこと。特にその初日。

やま-びる【山×蛭】ヤマビル科のヒル。全長2、3センチ。体は平たい円柱状で茶褐色。背面に3本の縦縞がある。本州・四国・九州の山間の湿地に多く、人間や獣から血を吸う。かさびる。(季 夏)

やま-びわ【山×枇×杷】(ニビハ) アワブキ科の常緑小高木。暖地の山林に生え、葉はビワに似て長楕円形で先がとがる。夏、白い小花を円錐状につける。実は丸くて小さい。

やま-ぶき【山吹】❶バラ科の落葉低木。山間の湿地に多く、群生する。葉は互生し、卵形で先がとがり、縁に二重のぎざぎざがある。晩春、黄色の5弁花を開き、実は暗褐色。古くから庭木とされ、八重咲きのものは実がならない。漢名、棣棠花。(季 春)「ほろほろと—ちるか滝の音/芭蕉」❷「山吹色」に同じ。❸《色が❶の花の色に似るところから》大判・小判の金貨。黄金。❹襲(かさね)の色目の名。表は朽葉(くちば)、裏は黄。山吹襲。❺紋所の名。❶の花や葉を図案化したもの。❻㋐フナをいう女房詞。㋑白酒をいう女房詞。

やま-ぶき【山×蕗】❶山間に生えるフキ。❷ツワブキの別名。

やまぶき-いろ【山吹色】❶ヤマブキの花のような色。黄色。こがねいろ。❷黄金。大判・小判のこと。「—の重宝に事欠き給ふ御身ではなし」〈浄・吉野忠信〉[類語](❶)黄色・黄金色・クリーム色・イエロー・黄土色

やまぶき-おり【山吹織(り)】縦糸に絹糸、横糸にガス糸または木綿糸を用いて織った織物。紋繻子(もんじゅす)の一種。女性用の帯地にする。

やまぶき-がさね【山吹▽襲】►山吹❹

やまぶき-しょうま【山吹升麻】バラ科の多年草。山地に生え、高さ約1メートル。葉は9枚の小葉からなる複葉で、ヤマブキに似る。雌雄異株。夏、黄白色の小花を総状に密生した花穂を円錐状につける。

やまぶき-そう【山吹草】(ザウ) ケシ科の多年草。山野の樹下に生え、高さ約30センチ。茎などに黄色い汁を含む。葉は卵形の小葉からなる羽状複葉。4、5月ごろ、黄色い4弁花を開く。くさやまぶき。(季 春)

やまぶき-でっぽう【山吹鉄砲】(デッパウ) 紙鉄砲に似た玩具で、細い竹筒の両端に山吹の髄を詰め、一方から棒で突くと、先端から音をたてて飛び出すもの。

やまぶき-におい【山吹匂】(にほひ) 女房の装束、または懐紙などの襲(かさね)の色目の名。上を濃い山吹色に、しだいに下を薄い色にしたもの。女房の装束では、この下に青の単(ひとえ)を着る。

やま-ふじ【山藤】(ふぢ) マメ科の蔓性(つるせい)の落葉低木。本州中部以西の山野に自生。蔓はフジとは逆の左巻き。葉は卵形の小葉からなる羽状複葉。4月ごろ、紫色の蝶形の花が総状に垂れ下がって咲く。(季 春)「—や短き房の花ざかり/子規」

やま-ぶし【山伏┊山×臥】❶山野に住んで修行する僧。❷修験者(しゅげんじゃ)。❸山野に野宿すること。また、その人。「—も野伏もかくて心満つ今は舎人(とねり)のねやぞゆかしき」〈拾遺・雑下〉[類語]雲水・旅僧・行脚僧・虚無僧・雲衲(うんのう)・普化僧・薦僧(こもそう)・行者・修験者

やまぶし-かぐら【山伏神-楽】東北地方の山伏が伝えた神楽。御神体の獅子を舞わす権現舞(ごんげんまい)のほか、多くの演目があり、地方によって能舞・番楽(ばんがく)などという。

やまふじ-しょうじ【山藤章二】(やまふぢシヤウジ)［1937〜　］イラストレーター・漫画家。東京の生まれ。独特な手法で芸能人や政治家などの似顔絵を描き、人気を集める。鋭く世相に切り込んだ風刺漫画も評価が高い。代表作「山藤章二のブラック・アングル」など。

やまぶし-たけ【山伏×茸】ハリタケ科のキノコ。秋にナラ・カシ・ブナなどの幹に生える。白く球状で、表面を柔らかい針状の突起が垂れ下がって覆い、蓑(みの)に似る。突起の表面に子実層が発達。針千本(はりせんぼん)。

やま-ぶどう【山×葡×萄】(ブダウ) ブドウ科の蔓性(つるせい)の落葉低木。四国以北の山地に自生。葉と対生して巻きひげが出る。葉は五角形状をし、裏面に褐色の綿毛を密生。雌雄異株。夏に黄緑色の小花を円錐状につけ、秋に黒色の実が房になって垂れる。実は酸っぱいが食べられる。(季 秋)「—故山の雲のかぎりなし/夕爾」

やま-ふところ【山懐】山々に囲まれた奥深い土地。「—にいだかれた村」[類語]山中・山内・山奥・山間

やま-ぶみ【山踏み】山中を歩くこと。特に、霊験のある山々の社寺を巡拝すること。また、その人。「ところどころ—し給ひて、行ひ給ひけり」〈大和・二〉

やま-べ　❶関東地方で、オイカワの別名。❷北海道・東北地方で、ヤマメの別名。

やま-べ【山辺】《古くは「やまへ」》山の麓のあたり。やまのべ。

やま-べ【山▽部】大化前代、朝廷直轄領の山林を守るのを職とした部民。➡海部(あまべ)

やまべ-の-あかひと【山部赤人】奈良前期の歌人。三十六歌仙の一人。万葉集に長歌・短歌50首を残す。史書に名が見えず、下級官吏であったと思われる。自然美を詠じた作に秀歌が多い。後世、柿本人麻呂とともに歌聖と称された。生没年未詳。

やま-へん【山偏】漢字の偏の一。「岐」「峡」などの「山」の称。山冠(やまかんむり)とともに「山」の部首に属する。

やま-ほうし【山法師】(ホフシ) 比叡山延暦寺の僧徒。特に、その僧兵をいう。「賀茂川の水、双六の賽、—、是れぞ我が心にかなはぬ物と、白河院も仰せなりけり」〈平家・一〉➡寺法師(てらほうし)

やま-ぼうし【山法師】(ボフシ) ミズキ科の落葉高木。山野に生え、葉は楕円形で先がとがり、対生。夏、淡黄色の小花が集まってつき、花びら状の4枚の白い苞(ほう)をもつ。実は集合果で、秋に赤く熟し、食用。四照花。やまぐわ。(季 夏)「旅は日を急がぬごとく—/澄雄」

やま-ぼくち【山火口】キク科の多年草。山地の日当たりのよい所に生え、高さ約1メートル。葉は卵形で、裏面に白い綿毛を密生する。秋、白い頭状花を横向きにつける。葉が羽状に裂けているものをキクバヤマボクチ、三角状のものをハバヤマボクチとよぶ。ともに綿毛が火口(ほくち)として用いられた。

やま-ぼこ【山×鉾】山車(だし)の一種。台の上に山の形の造り物をのせ、鉾や長刀(なぎなた)などを立てたもの。人が乗って音楽を奏したり、踊ったりすることもある。京都の祇園会(ぎおんえ)のものが有名。山。[類語]山車・檀尻(だんじり)

やま-ほど【山程】〔副〕たくさんあるさま。「仕事が—ある」[類語]たんまり・しこたま・どっさり・たっぷり・わんさ

やま-ほととぎす【山杜=鵑】❶山にいるホトトギス。また、ホトトギスの別名。(季 夏)❷(「山杜鵑草」とも書く)ユリ科の多年草。山地の樹下に生え、高さ30〜50センチ。全体に粗い毛がある。葉は楕円形。9月ごろ、紫色の斑点のある白い花を上向きにつけ、花びらは反り返る。

やま-まく【山幕】歌舞伎の道具幕の一。幾重にも連なる山の風景を描いたもの。

やま-まゆ【山繭┊天蚕】鱗翅(りんし)目ヤママユガ科のガ。翅(はね)の開張約15センチと大形で、色は赤褐・暗褐・黄褐色など変異に富む。前翅の先は鎌状にとがり、各翅の中央に眼状紋がある。幼虫は緑色で毛のまばらに生えた芋虫。クヌギ・コナラなどの葉を食い、葉間に黄緑色の大きな繭を作る。繭からは良質の絹糸がとれ、屋内飼育はできないので木に網をかけて放し飼いとする。日本・朝鮮半島・台湾などに分布。てんさん。〔季 夏〕「庭の木に一飼ひし葉のこぼれ/鳴雪」

やままゆ-いと【山繭糸】ヤママユから採取した糸。繊維が太く、黄緑色を帯び、丈夫で光沢がある。天蚕糸(てんさんし)。

やままゆ-おり【山繭織(り)】山繭糸を交ぜて織った絹織物。

やままゆ-つむぎ【山繭×紬】山繭糸で織った紬。

やま-まよい【山迷い】(―まよひ)「山酔(やまよ)い」に同じ。

やま-み【山見】海辺の小高い所から魚群の動きを見張り、出漁や網の張り方などの指揮をすること。また、その役の人。魚見。

やま-みず【山水】(―みづ) ❶山から流れ出る水。❷山と水。また、山と水のある風景。さんすい。

やまみず-てんぐ【山水天×狗】(やまみづ―)「山」「水」の2字の草書体を続け書きにして、天狗の面を横から見た形にしたもの。

やま-みち【山道】❶山の中にある道。やまじ。❷山形を横に連ねた形の文様。「女郎も衣装つきしゃれて、…裾も一に取るぞかし」〈浮・一代男・六〉〔類語〕(❶)林道・山道(さんどう)・山路・夏道・トレイル・けもの道

やま-むけ【山向け】神事に用いるサカキなどをとるために山に入ること。やまけ。

やま-むすめ【山娘】カラス科の鳥。全長64センチくらいで、尾が非常に長い。頭が黒く、体は藍青色、尾羽の先が白、くちばしと脚が赤色。台湾にのみ分布し、山中に小群で暮らす。台湾藍鵲。

やまむら-ざ【山村座】歌舞伎劇場。寛永19年(1642)山村小兵衛が江戸木挽町に創設したという。江戸四座の一つであったが、正徳4年(1714)江島生島事件で廃絶。

やまむら-さいすけ【山村才助】[1770～1807]江戸後期の蘭学者・地理学者。常陸(ひたち)土浦藩士。名は昌永(まさなが)。大槻玄沢に蘭学を学ぶ。新井白石の「采覧異言」、西川如見の「四十二国人物図説」を訂正・増補した。著作「西洋雑記」「印度志」「魯西亜国志」など。

やまむら-ぼちょう【山村暮鳥】(―ボテウ)[1884～1924]詩人。群馬の生まれ。本名、土田八九十(つちだはくじゅう)。初期の前衛的な詩風から、晩年は平易な表現の人道主義的作風に至った。詩集「三人の処女」「聖三稜玻璃(せいさんりょうはり)」「風は草木にささやいた」「雲」など。

やまむら-りゅう【山村流】(―リウ) 日本舞踊の流派の一。天保年間(1830～1844)に大坂の振付師山村友五郎が創始。女流の地唄舞に特色をもつ。

やまむろ-ぐんぺい【山室軍平】[1872～1940]宗教家。日本救世軍の創立者。岡山の生まれ。明治28年(1895)英国救世軍の来日を機に救世軍に入り、廃娼運動・職業紹介・医療など社会福祉の向上に尽力した。社会鍋を創始。著「平民の福音」など。

やまむろ-しずか【山室静】(―しづか)[1906～2000]文芸評論家。鳥取の生まれ。はじめプロレタリア文学に傾倒するが、のち転向。雑誌「近代文学」創刊に参加。北欧文学に深い関心をもち、ヤンソンの童話「ムーミン」シリーズなど、多数の翻訳書を残した。著「北欧文学の世界」「アンデルセンの生涯」など。

やま-め【山女┊山=女=魚】サクラマスの陸封型。渓流にすみ、全長約30センチ。体色は淡褐色か灰褐色で、体側に小判形の暗色紋が並び、背部に小黒点が散在する。産卵期は秋から冬。釣りの対象。やまべ。〔季 夏〕「けざやかに口あく魚籃(びく)の一かな/蛇笏」

やま-め【水=蠆】ヤンマの幼虫。やご。

やま-めぐり【山巡り】❶山々を巡り歩くこと。❷山の社寺を巡り歩いて礼拝すること。「晴れやらぬ去年(こぞ)の時雨の上にまたかきくらさるる一かな」〈山家集・中〉

やま-もがし【山もがし】ヤマモガシ科の常緑小高木。暖地の山中に生え、枝は紫褐色。葉は長楕円形で、互生。夏、白い小花を総状につけ、雄しべが長いので全体がブラシのように見える。実は楕円形で黒く熟す。材を家具などに使用。かまのき。

やま-もち【山持(ち)】山林を所有すること。また、その人。やまぬし。

やま-もと【山元┊山下┊山本】❶山のふもと。❷(山元)山の所有者。❸(山元)鉱山や炭鉱の所在地。

やまもと-いそろく【山本五十六】[1884～1943]軍人。海軍大将・元帥。新潟の生まれ。海軍要職を歴任。昭和14年(1939)連合艦隊司令長官となり、太平洋戦争で真珠湾攻撃・ミッドウェー海戦などを指揮し、ソロモン諸島上空で戦死。

やまもと-いちりき【山本一力】[1948～]小説家。高知の生まれ。本名、健一。数々の職業を経た後、50歳を目前にして作家生活に入る。巧みな話術を生かした味わい深い時代小説で人気を集める。「あかね空」で直木賞受賞。他に「大川わたり」「背負い富士」など。

やまもと-えいいちろう【山本英一郎】(―エイイチラウ)[1919～2006]野球選手・審判。岡山の生まれ。慶大野球部、社会人野球の鐘紡で外野手として活躍。アマチュア野球の審判員を経て、日本社会人野球協会(日本野球連盟の前身)の会長を務める。全日本アマチュア野球連盟の設立に尽力し、野球のオリンピック参加など国際化にも貢献した。

やまもと-かくたゆう【山本角太夫】(―カクタイフ)[?～1700]江戸前期の古浄瑠璃の太夫。京都を中心に活躍。相模掾(さがみのじょう)を受領、のち土佐掾と改めた。角太夫節の祖で、説経節系の哀愁のある曲を得意とした。

やまもと-かけい【山本荷兮】[1648～1716]江戸前・中期の俳人・医師。名古屋の人。名は周知。芭蕉門下で、俳諧七部集のうち「冬の日」「春の日」「曠野(あらの)」を編む。のち蕉風を離れ、晩年は連歌に転じた。

やまもと-かじろう【山本嘉次郎】(―カジラウ)[1902～1973]映画監督・脚本家。東京の生まれ。設立初期の東宝で活躍。作「エノケンのチャッキリ金太」「馬」「ハワイ・マレー沖海戦」など。

やまもと-かなえ【山本鼎】(―かなへ)[1882～1946]洋画家・版画家。愛知の生まれ。大正7年(1918)日本創作版画協会を結成し、創作版画の発展に尽力。また、児童のための自由画運動の推進、日本農民美術研究所の設立など、多方面で活躍。

やまもと-かんすけ【山本勘助】[?～1561?]戦国時代の武将。道鬼斎と称した。「甲陽軍鑑」に、武田信玄の軍師として活躍、川中島の戦いで討ち死にしたと伝える。

やまもと-きゅうじん【山本丘人】(―キウジン)[1900～1986]日本画家。東京の生まれ。本名、正義。松岡映丘に師事。力強い風景画を得意としたが、晩年は詩的叙情性も示した。文化勲章受章。

やまもと-けんいち【山本兼一】[1956～]小説家。京都の生まれ。出版社勤務などを経て作家活動に入る。時代小説「利休にたずねよ」で直木賞受賞。他に「火天(かてん)の城」「千両花嫁 とびきり屋見立て帖」など。

やまもと-けんきち【山本健吉】[1907～1988]評論家。長崎の生まれ。本名、石橋貞吉。古典から現代に至る日本文学を追究、独自の批評世界を開拓。文化勲章受章。著「私小説作家論」「古典と現代文学」「芭蕉」「詩の自覚の歴史」など。

やまもと-こうじ【山本浩二】(―カウジ)[1946～]プロ野球選手・監督。広島の生まれ。昭和44年(1969)広島東洋カープに入団。1年目からレギュラーとして活躍し、同50年には首位打者を獲得するなど、球団初のリーグ優勝に貢献。MVPも獲得し、「ミスター赤ヘル」と呼ばれた。同52年からは5年連続40本塁打100打点以上をマーク。引退後は、同球団の監督を二度務めた。

やまもと-ごんべえ【山本権兵衛】(―ゴンベヱ)[1852～1933]軍人・政治家。海軍大将。鹿児島の生まれ。海相として日露戦争を遂行。首相となり、薩摩閥内閣を組織したが、ジーメンス事件で総辞職。第二次内閣では関東大震災後の東京復興にあたったが、虎ノ門事件で総辞職。

やまもと-さくべえ【山本作兵衛】(―サクベヱ)[1892～1984]炭鉱労働者・炭鉱記録画家。福岡の生まれ。7歳ごろから筑豊炭田で働く。60歳過ぎより、明治末から昭和30年代の閉山に至るまでの炭鉱の様子を描き始める。平成23年(2011)絵画や日記など697点が世界記憶遺産に登録された。

やまもと-さつお【山本薩夫】(―サツを)[1910～1983]映画監督。鹿児島の生まれ。成瀬巳喜男に師事。社会派として知られる。代表作「真空地帯」「白い巨塔」「戦争と人間」「華麗なる一族」など。

やまもと-さねひこ【山本実彦】[1885～1952]出版事業家・政治家。鹿児島の生まれ。新聞記者を経て、総合雑誌「改造」を創刊。昭和初年「現代日本文学全集」を刊行し、円本(えんぽん)時代をつくる。衆議院議員。

やまもと-しゅうごろう【山本周五郎】(―シウゴラウ)[1903～1967]小説家。山梨の生まれ。本名、清水三十六(しみずさとむ)。「日本婦道記」で直木賞に選ばれたが辞退。封建武士や庶民の心理・哀歓を掘り下げて描く。作「樅(もみ)ノ木は残った」「青べか物語」など。

やまもとしゅうごろう-しょう【山本周五郎賞】(やまもとシウゴラウシヤウ) ▶山本賞

やまもと-しょう【山本賞】(―シヤウ) 山本周五郎を記念して昭和63年(1988)に創設された文学賞。優れた物語性を有する小説に対して贈られる。山本周五郎賞。

やまもと-せんじ【山本宣治】(―センヂ)[1889～1929]生物学者・政治家。京都の生まれ。東大卒。サンガー夫人来日を機に産児制限運動に従事、以後、社会主義運動に近づき、第1回普通選挙で労働農民党から出馬し、当選。治安維持法の改悪に反対して活動中、右翼に暗殺された。著「性教育」「恋愛革命」など。

やまもと-ちょうごろう【山本長五郎】(―チヤウゴラウ) 清水次郎長(しみずのじろちょう)の本名。

やまもと-は【山元派】浄土真宗十派の一。善鸞(ぜんらん)を祖とし、福井県鯖江市横越町(もと山元村)の証誠寺(しょうじょうじ)を本山とする。越前三門徒の一で、明治11年(1878)本願寺派より独立。さんげんは。

やまもと-ふみお【山本文緒】(―ふみを)[1962～]小説家。神奈川の生まれ。ジュニア小説を中心に執筆活動に入るが、その後一般文芸に転向。割り切れない人間の心理を巧みに描く恋愛小説を意欲的に発表する。「プラナリア」で直木賞受賞。他に「ブルーもしくはブルー」「群青の夜の羽毛布」「恋愛中毒」など。

やまもと-ほうすい【山本芳翠】(―ハウスイ)[1850～1906]洋画家。美濃の人。本名、為之助。五姓田(ごせだ)芳柳に学び、のち洋画に転じて渡仏。帰国して生巧館画塾を開く。明治美術会・白馬会の創立に参加。門下に藤島武二らがいる。代表作に「臥裸婦」「浦島」など。

やまもと-ほくざん【山本北山】[1752～1812]江戸後期の儒学者。江戸の人。名は信有。初め古文辞学を修めたが、のち井上金峨に師事し、折衷学を提唱。経学(けいがく)・詩文にもすぐれた。著「孝経集説」「作詩志彀(さくししこう)」など。

やまもと-みちこ【山本道子】[1936～]小説家。東京の生まれ。本姓、古屋。結婚後、夫の任地オーストラリアに3年間居住。帰国後、海外駐在員の妻を描いた「ベティさんの庭」で芥川賞受賞。他に「ひとの樹」「喪服の子」など。

やまもと-やすえ【山本安英】[1902～1993]女優。東京の生まれ。本名、千代。築地小劇場・新築地劇団に参加、のち「ぶどうの会」を主宰。木下順二作「夕鶴」のつう役を1000回以上も演じた。

やまもと-ゆうぞう【山本有三】(―イウザウ)[1887～1974]劇作家・小説家。栃木の生まれ。本名、勇造。人道主義的な社会劇作家として出発、のち理想主義的な小説を発表。文化勲章受章。戯曲「嬰児殺し」「坂

崎出羽守」、小説「波」「女の一生」「真実一路」「路傍の石」など。

やま-もみじ【山紅-葉】もみぢ カエデ科の落葉高木。本州中部以北の山地に自生。葉は手のひら状に七〜九つに裂けていて、縁にぎざぎざがあり、秋に紅葉する。花は春に咲き、紅色。

やま-もも【山桃¦楊=梅】ヤマモモ科の常緑高木。本州中部以西の山地に多く、高さ約15メートル。葉は長楕円形で、革質。雌雄異株。4月ごろ開花し、雄花穂は黄褐色、雌花穂は花柱が紅色。実は球形で、夏に紅紫色に熟し、食用。樹皮は染料、漢方では楊梅皮(ようばいひ)といい薬用。楊梅。しぶき。(季 夏)

やま-もり【山守】「山番(やまばん)」に同じ。

やま-もり【山盛(り)】山のようにうず高く盛ること。また、その盛ったもの。「御飯を—によそう」

やま-やき【山焼(き)】春の初めに、野山の枯れ木・枯れ草を焼くこと。害虫を殺し、灰が肥料になって、新しい草の生長を助ける。(季 春)

やま-やく【山役】江戸時代の小物成(こものなり)の一。村中入会山などで伐採した木を対象に賦課された。

やま-やけ【山焼け】❶山が焼けること。山火事。❷山の強い日差しを受けて日焼けすること。「—のした顔に白粉も塗らず」〈秋声・あらくれ〉

やま-やま【山山】㊀〔名〕あちらこちらの山。多くの山。「—にこだまする」「甲斐の—を歩く」㊁〔副〕❶たくさんあるさま。山ほど。「言いたいことは—ある」❷実際はできないが、ぜひそうしたいと思うさま。「行きたいのは—だが都合がつかない」❸多く見積もってもその程度であるさま。せいぜい。「用意できるのは一日一〇〇〇個が—だ」

やまやま-いり【山山入り】《「山山」は「出」の字を分けて表したもの》出入り。主に商家が「出」の字を忌んで用いた。「金銀は—の帳と書き」〈柳多留・五二〉

やま-ゆき【山雪】山に降る雪。北陸地方で、平野部よりも山間部に多く降る雪。⇔里雪。

やま-ゆり【山百=合】ユリ科の多年草。山野に自生し、高さ約1.5メートル。葉は披針形で互生。夏、白色のらっぱ状の花が横向きに開く。花の内面には赤い斑点があり、強い香りを放つ。本州の近畿地方以北に多い。鱗茎(りんけい)は食用。(季 夏)「見おぼえの—けふは風雨かな/立子」

やま-よい【山酔い】ゑひ 高い山に登ったときなどに、気圧が低く酸素が少ないために体のぐあいが悪くなること。高山病。山迷い。山気(さんき)。

やま-よもぎ【山×艾¦山×蓬】キク科の多年草。中部地方以北の山野に自生し、高さ1〜2メートル。葉は羽状に深く裂けていて、裏面に白い綿毛が密生。8、9月ごろ、淡黄色の小花を多数つける。葉から艾(もぐさ)を作る。おおよもぎ。えぞよもぎ。ぬまよもぎ。

やま-らっきょう【山辣×韮¦山×薤】ユリ科の多年草。関東地方以西の山野に自生。高さ約50センチ。鱗茎(りんけい)は卵形で、葉は細長い。秋に花茎を伸ばし、紅紫色の花を球状につける。

やま-るりそう【山瑠璃草】―ルリサウ ムラサキ科の多年草。山地の樹林下に生え、高さ10〜20センチ。全体に粗い毛がある。根際からへら形の葉が群がり出て、数本の茎が立ち、春に淡青紫色の小さい5弁花をつける。やまうぐいす。

やま-ろん【山論】▶さんろん(山論)

やまわき-とうよう【山脇東洋】―トウヤウ［1705〜1762］江戸中期の医者。京都の人。本名、清水尚徳。初め移山と号した。山脇玄修の養子となり、後藤艮山にも学び、古医方の大家となった。宝暦4年(1754)小杉玄適らと京都の刑場で解剖に立ち会い、日本最初の解剖記録「蔵志」を刊行。

やまわき-ゆりこ【山脇百合子】［1941〜 ］絵本画家。東京の生まれ。旧姓、大村。素朴で柔らかなタッチのイラストで知られ、実姉の中川李枝子作の絵本「ぐりとぐら」シリーズや、「いやいやえん」「そらいろのたね」などの挿画を手がける。

やま-わけ【山分け】〔名〕スル ❶手に入れた物を半分ずつに分けること。また、ほぼ等分に分けること。折半(せっぱん)。「二人で—しよう」❷山道を分け行くこと。山歩き。❸村が所有する入会(いりあい)山を分割して個人個人の持ち山とすること。
類語 (❶)折半・均分・配分・分配・分与・案分

やまわけ-ごろも【山分け衣】山伏などが山道の草木を分けて歩くときに着る衣。「清滝(きよたき)の瀬々の白糸くりためて—織りて着ましを」〈古今・雑上〉

やま-んば【山×姥】❶「やまうば❶」に同じ。❷能面の一。「山姥」の後ジテが使う鬼女の面。やまうば。

やまんば【山姥】謡曲。五番目物。世阿弥作とされる。山姥の曲舞(くせまい)の名人で百万(ひゃくま)山姥とよばれる遊女が、善光寺詣での途中、山で道に迷っていると、本物の山姥が現れ、曲舞を舞って山巡りのさまを見せる。やまうば。

やまんば-もの【山×姥物】歌舞伎舞踊の一系統。能「山姥」、およびそれに基づく近松門左衛門の浄瑠璃「嫗(こもち)山姥」によったもの。常磐津(ときわず)・富本・清元など数多くあるが、常磐津「薪荷雪間市川(たきぎおうゆきまのいちかわ)」(新山姥)が今日最も有名。山姥に育てられた怪童丸が、坂田公時となって都へ上るという筋。

やみ【▽止み】続いてきた事態が終わること。とまること。「小(こ)—」「沙汰(さた)—」

やみ【病み】病むこと。また、病気の状態。多く名詞に付いて複合語をつくる。「目—」「気—」

やみ【闇】❶光のささない状態。暗いこと。「—に包まれる」❷闇夜。「文化五年の辰年のこんな—の晩に」〈漱石・夢十夜〉❸思慮分別がつかないこと。「心の—」❹知識がないこと。「母の言葉の放った光に我身を繞(めぐ)る—を破られ」〈二葉亭・浮雲〉❺先の見通しがつかないこと。「失業して前途が—となる」「一寸先は—だ」❻正規の手続きによらない取引。「—でもうける」「—取引」❼世人の目にふれないこと。「—に葬る」❽仏教で、往生の妨げとなる迷い。❾文字が読めないこと。「その余の文字は—なる男」〈咄・醒睡笑・三〉❿《陰暦30日は闇夜であるところから》3・30・300など、3のつく値段のこと。雲助などが使う。「まんだ安いなら—げんこ(＝三百五十)で」〈滑・膝栗毛・五〉
類語 暗闇・真っ暗闇・暗黒・暗がり・真っ暗

闇から牛を引き出す 「暗がりから牛を引き出す」に同じ。

闇から闇に葬・る ❶世間に知られないように、こっそりと処理する。「裏から手を回して事件を—・る」❷ひそかに堕胎する。

闇に烏(からす) 見分けがつかないことのたとえ。闇夜に烏雪に鷺(さぎ)。

闇に暮(く)・る ❶日が暮れて暗い夜となる。「月も出でて—・れたる姨捨(をばすて)に何とて今宵訪ね来つらむ」〈更級〉❷悲しみなどのために、分別がつかなくなる。「—・れて臥(ふ)し沈み給へるほどに」〈源・桐壺〉

闇に惑・う 闇夜のために道に迷う。転じて、心が乱れて、適切な判断ができなくなる。「恋の—・う」

やみ-あがり【病み上(が)り】病気のあとで、体力がもとに戻っていない状態。また、その状態の人。

やみ-あきない【闇商い】―あきなひ 法を犯して行われる商売。闇取引の商い。

やみ-あし【病み足】病気にかかっている足。

やみ-いち【闇市】闇取引の品物を売る店が集まっている所。第二次大戦直後、各地にできた。闇市場。

やみ-うち【闇討ち】〔名〕スル 闇にまぎれて人を襲うこと。また転じて、不意を襲うこと。不意打ち。「—に遭う」「—を掛ける」「—を食わせる」

やみ-がすり【闇×絣】黒地に細かく不規則な絣を表した綿織物。

やみ-がた【▽止み方】❶雨・雪などがやみそうになること。また、その時分。「秋の雨の—寒き山風に帰さの雲も時雨れてぞ行く」〈玉葉集・秋下〉❷病気がなおりかけること。また、回復期。「男の病(やまひ)しけるを…—に訪(とぶら)ひへりければ」〈後撰・雑二・詞書〉

やみ-がた・い【▽止み難い】〔形〕文 やみがた・し〔ク〕抑え切れない。「—・い追慕の念」

やみ-カルテル【闇カルテル】独占禁止法の規定によって公正取引委員会や、特別立法によって認可されたカルテルを除く非合法なカルテル。

やみ-きん【闇金】《「ヤミ金」とも書く》「闇金融」の略。「—組織の摘発」

やみ-きんゆう【闇金融】《「ヤミ金融」とも書く》貸金業の登録をしていない貸金業者が行う融資。法定金利を超える高金利を請求される。また、その不法な貸金業者のこと。闇金。「—の取り立てに苦しむ」

やみ-くも【闇雲】㊀〔名・形動〕先の見通しもなくむやみに事をすること。また、そのさま。「—に突っ走る」㊁〔副〕むやみやたらに。「—とつかみ合うてゐるうち、夜明けて」〈滑・膝栗毛・発端〉

やみ-ごめ【闇米】《「ヤミ米」とも書く》食糧管理法に違反して取引された米。

やみ-サイト【闇サイト】犯罪などの違法行為を行ったり、誘発したりするウェブサイトの俗称。違法薬物や拳銃の売買、児童ポルノ画像の公開、殺人・恐喝・強盗など犯罪行為の請負、売春・集団自殺志願者の募集のほか、それらの情報交換を行うものなど。また、爆弾製造を解説したり、自殺の方法を紹介したりなど、それだけでは違法・犯罪といえないウェブサイトを含んでいう場合もある。➡裏サイト

やみ-じ【闇路】―ぢ ❶闇夜の道。❷心が迷い分別のつかない状態。「恋の—をさまよう」❸冥土(めいど)。死出の旅路。「—には誰かはそはむ死出の山ただ独りこそ越えむとすらめ」〈拾玉集〉類語 (❶)夜道

やみ-じあい【闇仕合】―じあひ 暗闇の中での立ち回りや争い。相手もわからず争うこと。「芝居の—のごとく、頭と頭をすれ違うて」〈滑・浮世風呂・前〉

やみ-しし【病み×猪】病気のイノシシ。また、手負いじし。「—の吼(うたき)恐(かしこ)み」〈記・下・歌謡〉

やみ-しじょう【闇市場】―シヂャウ 正規でない方法や価格における取り引きが行われる市場。「武器が—で取り引きされる」

やみ-じに【病み死に】病気で死ぬこと。病死。

やみ-じる【闇汁】持ち寄った材料を、暗がりの中で鍋(なべ)で煮て、何が入っているかわからないまま食べて興じるもの。闇鍋。(季 冬)「—の杓子(しゃくし)を逃げしものや何/虚子」

やみ-せん【闇専】《「ヤミ専」とも書く》「闇専従」の略。

やみ-せんじゅう【闇専従】《「ヤミ専従」とも書く》労働組合の組合員が、勤務先から給与を受け取りながら、勤務時間中に本来の職務ではない組合活動に専ら従事していること。法律で職務専念義務が課せられている公務員の場合、特に問題視される。闇専。
補説 公務員が職場に在籍しながら職員団体(労働組合)の業務に専従する場合は、任命権者の許可を得て、在籍専従職員として活動しなければならない。在籍専従職員は、休職者として扱われ、職場から給与を受けることはできない。

やみ-そうば【闇相場】―サウバ 定められた販路によらず、ひそかに売買するときの価格。闇取引の相場。

やみぞ-さん【八溝山】福島・茨城・栃木3県の県境にある山。八溝山地の主峰。標高1022メートル。高原状の山頂に八溝嶺神社がある。周辺で採れる八溝石は庭石として珍重されるほか、湧水群の「八溝五水」も有名。

やみぞ-さんち【八溝山地】福島県白河市の南方から茨城県と栃木県の県境を南北に走る山地。最高峰は八溝山で、標高1022メートル。

やみ-つき【病み付き】❶病気にかかること。また、病気のかかりはじめ。「初産でお玉を生んで置いて、とうとうそれが—で亡くなった」〈鴎外・雁〉❷趣味や勝負事に熱中してやめられなくなること。「大穴を当てて以来、競馬に—になる」類語 (❷)夢中・熱中・一辺倒・没頭・耽溺(たんでき)・癖になる

やみ-つ・く【病み付く】〔動カ五(四)〕❶病気になる。わずらう。「—・いてからもう半月になる」❷物事に熱中してやめられなくなる。「あいつを吉原へ連れていて、—・かせてやらう」〈咄・無事志有意〉

やみ-と【闇と】〔副〕むやみに。やたらに。「—ぶんのめすから」〈滑・浮世床・初〉

やみ-とりひき【闇取引】〔名〕スル ❶定められた販路

によらず、ひそかに売買したり、公定価格でない値段で売買したりすること。❷交渉などを、世間に隠れてこっそり行うこと。「対立候補と—する」
(類語)密売・故買・闇流し・闇・潜り
やみ-ながし【闇流し】物資を定められた販路を通さず、闇取引で売ること。
やみ-なべ【闇鍋】「闇汁(やみじる)」に同じ。
やみ-ね【闇値】闇取引の値段。「—で買う」
やみ-の-うつつ【闇の▽現】暗やみの中での現実。暗やみの中で、実際にあっても判然としないこと。「かたちの、面影につと添ひておぼさるるにも、—には猶劣りけり」〈源・桐壺〉
やみ-の-おんな【闇の女】(をんな) 夜、街頭で客引きをする女。売春婦。夜の女。
やみ-の-にしき【闇の錦】「闇の夜の錦」に同じ。「散りちらず見る人もなき山里の紅葉は—なりけり」〈和泉式部集・上〉
やみ-の-よ【闇の夜】❶「やみよ」に同じ。❷「闇の夜の錦」の略。「この御使なくは、—にてこそくれぬべかりけれ」〈源・澪標〉❸《闇の夜はあとさきのわからないところから》ひょうたんの上下同形のもの。根付などに珍重された。闇の夜の瓢箪(ひょうたん)。「—になりぞこなひの瓢箪」〈浮・好色盛衰記〉
闇の夜の錦(にしき) 暗い闇夜には美しい錦を着ても人には見えない。むだなこと、無意味なことのたとえ。夜の錦。闇の錦。闇夜の錦。
やみ-ほう・ける【病み×耄ける】〔動カ下一〕文やみほう・く〔カ下二〕長く病んで、ぼけたようになる。「長期入院で—・ける」
やみ-め【病み目|病み▽眼】目の病気。また、病気の目。「かりそめに—を煩うてござるが」〈虎明狂・川上〉
やみ-や【闇屋】闇取引を業とする者。
やみ-やみ【闇闇】〔副〕❶何もできないさま。みすみす。むざむざ。「是で—死んで了うのは、余り無念とは思うけど」〈紅葉・金色夜叉〉❷正気や分別を失ってわからなくなるさま。わけもわからず。「—となりて大将軍とし組んで落つるをも知らざりけり」〈延慶本平家・三本〉
やみ-よ【闇夜】暗い夜。月のない夜。暗夜(あんや)。
闇夜に烏(からす)**雪に鷺**(さぎ) 「闇に烏」に同じ。
闇夜に目あり 人知れず悪事を働いても必ず露顕(ろけん)することのたとえ。壁に耳。
闇夜の提灯(ちょうちん) 「闇夜の灯火(ともしび)」に同じ。
闇夜の礫(つぶて) 「闇夜の鉄砲」に同じ。
闇夜の鉄砲 《闇夜に鉄砲を撃つ意から》目標の定まらないこと。あてずっぽうに行うこと。また、やっても効果のないこと。闇夜の礫(つぶて)。闇夜に鉄砲。
闇夜の灯火(ともしび) 困り果てているときに、頼りになるものにめぐりあうこと。また、切望するものにめぐりあうこと。闇夜の提灯(ちょうちん)。
闇夜の錦(にしき) 「闇の夜の錦」に同じ。
やみら-みっちゃ〔名・形動〕むちゃくちゃであること。むやみやたらであること。また、そのさま。「烏夜玉(うばたま)の—な小説ができしぞやと」〈二葉亭・浮雲〉
やみ-ルート【闇ルート】闇取引で商品が流通する経路。「—を通じて違法の品が横行する」
やみ-わずらい【病み煩い】(わづらひ) やまい。病気。
ヤム〖yam〗▶ヤム芋
や・む【▽止む|×已む|▽罷む】㊀〔動マ五(四)〕❶風・雨・雪など、自然現象の動きがなくなる。「夕立が—・む」「風が—・む」❷続いていたことがとまる。物事にきまりがつく。終わる。「騒動が—・む」「銃声が—・む」「死して後(のち)—・む」❸高まった感情や病気などがおさまる。「わたつみの海に出でたる飾磨(しかま)川絶えむ日にこそ吾(あ)が恋—・まめ」〈万・三六〇五〉㊁〔動マ下二〕「や(止)める」の文語形。(類語)止まる・とだえる・とぎれる・絶える・尽きる・果てる・極まる・終わる
止むに止まれぬ やめようとしても、やめられない。そうするよりほかない。「—事情で断る」
止むを得ず しかたがなく。どうしようもなく。止むなく。「熱が出たので—早退した」
止むを得◦ない そうするよりほかに方法がない。しかたがない。「撤退も—◦ない」
や・む【病む】〔動マ五(四)〕❶病気になる。わずらう。「久しく—・んでいる」❷傷などが痛む。「私も、何様なに—・んだろうと思ってね」〈小杉天外・魔風恋風〉❸病気におかされる。「胸を—・む」「リューマチを—・む」❹心をなやます。心配する。「ささいなことを気に—・む」(類語)患う・罹(かか)る・寝つく・病み付く
ヤム-いも【ヤム芋】《yam》ヤマノイモ科ヤマノイモ属の食用植物の総称。熱帯アジア原産。古くからアジア・アフリカの熱帯降雨林地帯では、主要な食料とされる。中国から日本にかけて、その仲間のナガイモが栽培され、ヤマノイモが自生する。
や-むし【矢虫】毛顎(もうがく)動物門に分類される動物の総称。海産の大形プランクトンで、体は細長く無色透明で、体長1〜6センチ。一、二対の側ひれと尾びれとをもち、頭部に剛毛列がある。雌雄同体。
ヤムスクロ〖Yamoussoukro〗コートジボワール共和国の首都。1983年、最大の都市アビジャンより遷都。人口42万(2003)。
ヤムチャ【飲茶】《中国語》茶を飲みながら、中華饅頭・ギョーザ・シューマイ・冷菜などの点心類をとる中国風の軽い食事。
やむ-な・い【▽止む無い|×已む無い】〔形〕文やむな・し〔ク〕しかたがない。やむをえない。「—・い決断」「—・く同意する」(補説)連用形の「やむなく」は、副詞的に用いることが多い。また、文語連体形の「やむなき」は、口語で名詞的に用いることがあり、「…のやむなきに至る」の形をとることが多い。
やめ【八女】福岡県南部の市。中心の福島はもと田中氏の城下町。八女茶の産地。電照菊の栽培も盛んで、仏壇・提灯・石灯籠・和紙を特産。岩戸山古墳がある。平成18年(2006)に上陽町を、同22年に黒木(くろぎ)町・立花町・矢部村・星野村を編入。人口6.9万(2010)。
やめ【▽止め|×已め】やめること。中止。「—にする」「この計画は—だ」
や-め【矢目】❶矢の当たった所。矢を受けたあと。矢傷。「鎧(よろひ)に立ったる—を数へたりければ六十三」〈平家・四〉❷矢を射るときの目標。「—近にひゃうど射るならば」〈義経記・四〉
やめ-けん【やめ検】俗に、検察官から転身した弁護士のこと。
やめ-し【八女市】▶八女
や・める【▽止める|×已める】〔動マ下一〕文や・む〔マ下二〕❶続けてきた状態・動作・行為をとめる。終える。「付き合いを—・める」「酒を—・める」❷予定していたことをしないことにする。中止する。「旅行を—・める」❸病気や癖などをなおす。「いみじう病み苦しがる…願立てなどして—・め奉りてけり」〈落窪・二〉(類語)止(と)める・終える・止(よ)す・打ち切る・切り上げる・断つ・控える・中止する・とりやめる
や・める【病める|▽痛める】〔動マ下一〕痛む。病気で苦痛を感じる。古い言い方。「頭が—・める」
や・める【辞める|▽罷める】〔動マ下一〕文や・む〔マ下二〕《「止(や)める」と同語源》職や地位から離れる。退く。「会社を—・める」「教師を—・める」(類語)去る・離れる・辞する・降りる・ひく・退(しりぞ)く・退職する・退任する・辞職する・辞任する
や-も【八▽面|八▽方】《「やおも」の音変化》八方の方面。転じて、あらゆる方向。四方八方。「あまねく—に済(な)す」〈安閑紀〉
やも〔係助〕《係助詞「や」+係助詞「も」から。上代語》❶(文中用法)名詞、活用語の已然形に付く。㋐詠嘆を込めた反語の意を表す。「うつせみの世—二行くなにすとか妹(いも)に逢はずて我(あ)がひとり寝む」〈万・七三三〉㋑詠嘆を込めた疑問の意を表す。「江林(えばやし)に伏せる猪(しし)—求むるに良き白たへの袖巻き上げて猪待つ我が背」〈万・一二九二〉❷(文末用法)㋐已然形に付いて、詠嘆を込めた反語の意を表す。…だろうか(いや、そうではない)。「とこしへに君も逢へ—いさなとり海の浜藻の寄る時々を」〈允恭紀・歌謡〉㋑已然形・終止形に付いて、詠嘆を込めた疑問の意を表す。…かまあ。「あしひきの山の常陰(とかげ)に鳴く鹿の声聞かす—山田守らす児」〈万・二一五六〉➡めやも (補説)「も」は、一説に間投助詞ともいわれる。中古以降には「やは」がこれに代わった。
やもう-しょう【夜盲症】(ヤマウシャウ) 薄暗くなると物が見えにくくなる状態。網膜にある桿状体(かんじょうたい)の機能障害によって暗順応に遅延が起こるもの。ビタミンA欠乏や網膜色素変性症などでみられる。鳥目(とりめ)。
やもうど【▽山▽人】(やまうど) 「やまびと」の音変化。「—の語りけるに」〈発心集〉
やも-お【鰥=夫|寡=男】(を) 妻のいない男。また、妻を失った男。男やもめ。「まだ妻を娶(めと)らず、独身で暮す—に似ず」〈円朝・怪談牡丹灯籠〉
や-も-しれ-ず【やも知れず】〔連語〕《副助詞「や」+係助詞「も」+動詞「知れる」の未然形+打消しの助動詞「ず」》…かもしれない。「不首尾に終わる—」
やも-め【▽寡|寡=婦|×孀|×鰥|鰥=夫】❶(寡・寡婦・孀)夫のいない女。また、夫を失った女。未亡人。後家(ごけ)。寡婦。❷(鰥・鰥夫)妻のいない男。また、妻を失った男。男やもめ。やもお。
やもめ-ぐらし【▽寡暮(ら)し|×鰥暮(ら)し】やもめとして暮らすこと。
やもめ-ずまい【▽寡住(ま)い|×鰥住(ま)い】(ずまひ) 「やもめぐらし」に同じ。
やもめ-ずみ【▽寡住み|×鰥住み】「やもめぐらし」に同じ。「—したる男の、文書きさして、頬杖(つらづゑ)つきて」〈かげろふ・下〉
や-もり【守=宮|家守】有鱗(ゆうりん)目ヤモリ科の爬虫(はちゅう)類。人家や周辺の林にすむ。体長約12センチ。尾はその半分を占め、自切・再生する。体色は灰褐色で暗色の斑紋がある。目のまぶたは動かない。四肢の指先は太く、下面のひだに無数の微細な毛状突起があって吸盤の働きをし、壁や天井に吸いつく。夜活動し、昆虫などを捕食。福島県以南に分布。同科には約670種が含まれ、温帯から熱帯にかけて広く分布。(季 夏)「河岸船の簾(すだれ)にいでし—かな/蛇笏」
や-もり【家守】❶家の番をすること。また、その人。❷江戸時代、地主・家主に代わってその土地・家屋を管理し、地代・店賃(たなちん)を取り立て、また、自身番所に詰めて公用・町用を勤めた者。差配人。
やや【▽児|▽稚】あかご。赤ん坊。ややこ。
やや【×稍|▽漸】〔副〕❶いくらかその傾向を帯びているさま。少しばかり。「今年は昨年より—暑い」❷少しの間。しばらく。「—間をおいて話し始める」❸状況が少しずつ進むさま。しだいに。「風冷やかにうち吹きて、—更けゆくほどに」〈源・紅葉賀〉
(類語)(❶)少し・少少・ちょっと・ちょいと・ちょっぴり・ちと・ちっと/(❷)しばらく・少時
や-や〔感〕❶驚いたときや不意に気づいたときに発する語。おやおや。「—、これはたいへんだ」❷呼びかけるときに発する語。やあやあ。やよ。「—といへど、答(いら)へもせで逃げて」〈大和・一五六〉
やや-あって【×稍あって】〔連語〕しばらくして。「姉が出かけたあと、—電話があった」
や-やき【家焼き】家に火をつけて焼くこと。また、それをする人。放火。「主殺し、親殺し、—、強盗」〈浄・歌念仏〉
やや-こ【▽稚▽児】あかご。赤ん坊。やや。
ややこ-おどり【ややこ踊(り)】(をどり) ❶中世末期から近世初頭に行われた少女による小歌踊り。女歌舞伎に取り入れられて主要な演目となった。❷少女による一種の盆踊り。小町踊り。
ややこし・い〔形〕文ややこ・し〔シク〕複雑である。こみいってわずらわしい。「話が—・くなってきた」(派生)ややこしさ〔名〕
(類語)煩わしい・面倒臭い・難しい・複雑・煩雑・煩瑣(はんさ)・しち面倒・しち面倒臭い・厄介・錯綜(さくそう)する
やや-さむ【×稍寒】秋になって少し寒さを感じること。うそさむ。そぞろさむ。(季 秋)「—や一万石の城下町/虚子」
ややたんしゅうき-じしんどう【×稍短周期地震動】(ややタンシウキヂシンドウ) 周期が1〜2秒の地震動。木造の家屋

や中低層のビルなどが共振しやすい。➡短周期地震動

ややちょうしゅうき-じしんどう【×稍長周期地震動】ﾔﾔﾁｮｳｼｭｳｷ ｼﾞｼﾝﾄﾞｳ 周期が2～5秒の地震動。石油タンクなどの中規模の構造物が共振しやすい。➡長周期地震動

ややとも-すると【▽動ともすると】〔副〕「ややもすると」を強めていう語。「人間は一楽をしがちだ」

ややとも-すれば【▽動ともすれば】〔副〕「ややもすれば」を強めていう語。「強風をついて進もうとするが、一押しもどされそうになる」

ややま-し〔形シク〕《動詞「ややむ」の形容詞化》いっそう心苦しい。さらに気がかりである。「願はむ道にも入りがたくやと、一・しきを」〈源・御法〉

や-や-む〔動マ四〕《「弥ﾔ病む」の意かという》ひどく悩む。思いわずらう。ますます苦しむ。「いと苦しげに一・みて」〈源・宿木〉

ややも-すると【▽動もすると】〔副〕「ややもすれば」に同じ。「一気持ちがくじけそうになる」

ややも-すれば【▽動もすれば】〔副〕とかくある状況になりやすいさま。どうかすると。ともすれば。ややもすると。「物事になれると、一油断しがちだ」

(類語)ともすれば・ともすると・時に・とかく・得てして

ややも-せば【▽動もせば】〔副〕「ややもすれば」に同じ。「一消えを争ふ露の世におくれ先だつ程経ずもがな」〈源・御法〉

や-ゆ【×揶×揄｜▽邪×揄】〔名〕ｽﾙ からかうこと。なぶること。嘲弄ﾁｮｳﾛｳ。「世相を一する」

(類語)愚弄・嘲弄・嘲ｱｻﾞｹﾞﾘ

やゆう【也有】ﾔｲｳ ➤横井也有ﾖｺｲﾔﾕｳ

や-ゆう【夜遊】ﾔｲｳ 夜、遊び歩くこと。夜間の遊宴。「一の人は尋ね来って把ﾄらむとす」〈和漢朗詠・上〉

や-ゆう【野遊】ﾔｲｳ 野外に出て遊ぶこと。花見・草摘み・狩りなどを楽しむこと。のあそび。

や-よ〔感〕❶呼びかけるときに発する語。やあ。やい。おい。「思ふらむ心のほどや、一、いかにまだ見ぬ人の聞きか悩まむ」〈源・明石〉❷音曲などの囃子ﾊﾔｼやかけ声。「京に京にはやる起き上ｱｶﾞり小法師ｺﾎﾞｼ一、殿だに見ればつひ転ぶ」〈虎明狂・二人大名〉

やよい【弥生】ﾔﾖﾋ《「いやおい」の音変化》陰暦3月の異称。(季 春)「夕空の光つめたき一かな/万太郎」

やよい【弥生】ﾔﾖﾋ 東京都文京区東部の地名。もと本郷区向ヶ岡弥生町。東大農・工学部があり、弥生町貝塚の遺跡がある。

やよい-きょうげん【弥生狂言】ﾔﾖﾋｷｬｳｹﾞﾝ 江戸時代の歌舞伎で、3月に上演する狂言。また、その興行。宿下がりの御殿女中を当て込み、御殿物などを仕組むことが多かった。京坂では三の替わり。(季 春)

やよいしき-どき【弥生式土器】ﾔﾖﾋｼｷ ➤弥生土器

やよい-じだい【弥生時代】ﾔﾖﾋ 弥生文化の時代。縄文時代に続き、古墳時代に先行する。約2300～2400年前から約1700年前まで。

やよい-じん【弥生尽】ﾔﾖﾋ 陰暦3月末日。春の尽きる日。(季 春)「色も香もうしろ姿や一/蕪村」

やよい-どき【弥生土器】ﾔﾖﾋ 弥生文化の土器。東京都の弥生町貝塚で発見された土器が機縁となって命名。セ氏600～800度程度で焼成した赤焼き軟質土器で、貯蔵用の壺、深鍋としての甕ｶﾒ、盛りつけ用の鉢・高坏ﾀｶﾂｷなどがある。西日本のものは簡素な装飾をもち、東日本では縄文や曲線文様を複雑に飾る。弥生式土器。

やよい-ぶんか【弥生文化】ﾔﾖﾋﾌﾞﾝｸﾜ 日本で食料生産に基づく生活が始まった最初の文化。縄文文化の伝統のうえに大陸文化が到来して成立。稲作・米食、青銅器・鉄器の製作・使用、紡織などが始まり、専門技術者が生まれ、支配・被支配の関係が生じ、地域社会が政治的にまとまりはじめた。

やよ-し〔形ク〕いよいよ多い。たいそう多い。「わたくしの老いの数さへ一・ければ」〈古今・雑体〉

やよ-や〔感〕《感動詞「やよ」＋詠嘆の助詞「や」から》呼びかけるときに発する語。おいおい。「一待て山ほととぎす言伝てむ我世の中にすみわびぬとよ」〈古今・夏〉

や-よろず【八▽万】ﾖﾛﾂﾞ はちまん。また、きわめて数の多いこと。「この御足跡ｱﾄ一光を放ち出だし」〈仏足石歌〉

やら〔感〕感動したり驚いたりしたときに発する語。あら。「一、わごりょは聞こえぬ事を言はします」〈虎清狂・文荷〉

やら ㊀〔副助〕名詞、名詞に準じる語、副詞、活用語の連体形、助詞などに付く。(疑問語を伴って、あるいは「とやら」の形で)不確かな意や、ぼかして言う意を表す。…か。「何一降ってきた」「いつのまに一眠っていた」「同僚と一から電話があった」「二番目の子を、女房どもが何と思ひ入りました一、ぜひにと望みます」〈浮・胸算用・二〉㊁〔並助〕名詞、名詞に準じる語、副詞、活用語の連体形、助詞などに付く。❶どちらとも決定しがたい二つ以上の事柄を並列・列挙する意を表す。「うれしい一悲しい一複雑な気持ちだ」「恵方ｴﾎｳが東一、南に梅が咲く一、暦さへ持たずして」〈浮・永代蔵・三〉❷事物を単に並列・列挙する意を表す。「お茶一お花一を習う」「出来た所ﾄｺが塩梅ｱﾝﾊﾞｲが悪い一、手際が悪い一で、やんやといふほどにも行かねえ」〈滑・浮世床・初〉㊂〔終助〕名詞、名詞に準じる語、活用語の連体形、助詞などに付く。(多く疑問の語と呼応して)想像を働かす意を表す。…だろうか。「いつから始まることー」「どうしたら気が済む一」(補説)「にやあらむ」が「にやらむ」「やらむ」「やらう」「やら」と音変化したもので、中世後期以降に用いられた。中世後期には「やらん」「やらう」と混用されていたが、近世になって「やら」に固定した。なお、㊂は㊀の文末用法から転じて成立したもの。

やらい【矢来】《「遣ﾔらい」からという。「矢来」は当て字》竹や丸太を縦横に粗く組んで作った仮の囲い。「竹一」

や-らい【夜来】昨夜来。また、数夜このかた。「一の雨もあがった」

やら-い【▽遣らい】ﾋ 追い払うこと。払い除くこと。「鬼一」「神ｶﾑ一」

やらい-ごや【▽遣らい小屋】ﾔﾗﾋ 和歌山県や奈良県などで、イノシシを追うための番小屋。たほい屋ﾔ。

やら・う【▽遣らふ】ﾔﾗﾌ〔動ハ四〕《動詞「や(遣)る」の未然形＋反復継続の助動詞「ふ」から》追い払う。追い出す。「出で給はで一・はせ給ひしこそ忘れがたくつらく」〈宇津保・国譲中〉

やら-か・す【▽遣らかす】〔動サ五(四)〕❶「やる」「する」の意の俗語。「へまを一・す」「どえらいことを一・す」❷食う。また、飲む。「一服一・す」

やら・す【▽遣らす】㊀〔動サ五(四)〕行わせる。させる。やらせる。「好きなように一・す」㊁〔動サ下二〕「やらせる」の文語形。

やらず-の-あめ【▽遣らずの雨】帰ろうとする人をひきとめるかのように降ってくる雨。

やらず-ぶったくり【▽遣らずぶったくり】〔連語〕人に何も与えず、取り上げるばかりであること。

やらず-もがな【▽遣らずもがな】〔連語〕《動詞「や(遣)る」の未然形＋打消しの助動詞「ず」の連用形＋終助詞「もがな」》やらなくてよい。やるべきでない。「エラーで一の得点を許す」

やらせ【▽遣らせ】テレビのドキュメンタリーなどで、事実らしく見せながら、実際には演技されたものであること。「一番組」

やら・せる【▽遣らせる】〔動サ下一〕図やら・す〔サ下二〕「やらす」に同じ。「次回は彼に一・せる」

ヤラッパ〈ｽﾍﾟｲﾝ jalapa〉ヒルガオ科の蔓性ﾂﾙｾｲ多年草。メキシコ東部原産。塊茎をもつ。地上茎はよく伸び、他物にからむ。夏、葉腋ﾖｳｴｷに紅紫色の花が咲く。

ヤラッパ-こん【ヤラッパ根】《ｽﾍﾟｲﾝ jalapa》メキシコ東部が原産のヒルガオ科の蔓性ﾂﾙｾｲ多年草ヤラッパの塊茎。カブに似て太く、乾燥させたものを峻下剤ｼｭﾝｹﾞｻﾞｲに用いる。ヤラピ根。ヤラプ。

やら-ぬ〔連語〕《動作が完了する意の動詞「や(遣)る」＋打消しの助動詞「ず」の連体形「ぬ」》動詞の連用形に付いて、その動作が終わっていない意を表し、次の名詞を修飾する。まだ…しきらない。多く、文語的慣用表現に用いる。「晴れ一空」「覚め一夢」

やら-はらだち【やら腹立ち】やたらに腹が立つこと。「欲しくばお前にやるわいなと一に門口へほればｲ」〈浄・歌祭文〉

やら-やら〔感〕深く感じたり、たいそう驚いたりしたときに発する語。「一珍しや、珍しや」〈虎明狂・比丘貞〉

やら◦れる〔連語〕《動詞「や(遣)る」＋受身の助動詞「れる」》❶被害を受ける。危害を加えられる。また、病気におかされる。「日照りで苗が一◦れる」「鶏小屋が猫に一◦れる」「風邪に一◦れる」❷やりこめられる。弱点をつかれる。「こいつは一本一◦れた」

(類語)(❷)負ける・敗れる・参る・敗北する

やら-ん〔連語〕《断定の助動詞「なり」の連用形「に」、係助詞「や」、動詞「あり」の未然形「あら」、推量の助動詞「む」の重なった「にやあらむ」の音変化》❶(文末用法)㋐疑問の気持ちを込めた推量の意を表す。…であろうか。「いかさまこれは祇といふ文字を名について、かくはめでたき一」〈平家・一〉㋑遠回しにぼやかして言う意を表す。…とかいうことだ。…とか。「鞠ﾏﾘも難き所を蹴出だしてのち、やすく思へば、必ず落つと侍る一」〈徒然・一〇九〉❷(文中用法)体言または格助詞「と」に付いて副助詞的に用いて、不確かなこと、不定の意を表す。「主上すでに人も通はぬ隠岐国と一に流されさせ給ふ上は」〈太平記・四〉❸(「…やらん…やらん」の形で)不確かなことを漠然と並列・列挙する。…やら…やら。「かやうに浪の立つ一、風の吹く一も知らぬ体にて」〈平家・六〉(補説)中世以降の語。のちに「やらう」と変化し、さらに室町期には「やら」ともなり、現代の副助詞「やら」につながる。

やらんかた-な・し【▽遣らん方無し】〔連語〕《「やら」は動詞「や(遣)る」の未然形、「ん」は推量の助動詞》心をまぎらすてだてがない。心から払いのける方法もない。「などてかくはかなき宿りはとりつるぞと、くやしさも一・し」〈源・夕顔〉➡やるかたない

やり【▽遣り】❶やること。行かせること。❷取引で、売り。「五買い、六一」❸「遣り手ﾃ❹」の略。「一がせっかん針が出てとりさへる」〈柳多留・一二〉

やり【×槍｜×鎗｜×鑓】❶長い柄の先に細長い剣(穂)をつけた武器。鎌倉末期からもっぱら戦場で用い、室町末期には道具と称して、これを重んじた。穂の形により、素槍・鎌槍・十文字槍・鉤ｶｷﾞ槍などがある。「一をしごく」❷槍を使うわざ。槍術。❸陸上競技の槍投げに用いる槍。男子は長さ2.6～2.7メートル、重さ800グラム以上、女子は長さ2.2～2.3メートル、重さ600グラム以上。❹将棋の香車。(補説)「鑓」は国字。

(類語)なぎなた・矛

槍が降っても どんな困難があっても。また、風雨をいとわないさまにいう。「一行く」

槍一筋ﾋﾄｽｼﾞの主ﾇｼ 従者に槍を1本持たせて歩く、それ相応の身分の武士。

やり-あ・う【▽遣り合う】ﾔﾘｱﾌ〔動ワ五(ハ四)〕互いにしあう。また、互いに争う。「公衆の面前で一・う」

やり-いか【×槍烏=賊】ジンドウイカ科のイカ。外套ｶﾞｲﾄｳ長が約40センチ。細長くて後端がとがり、ひれは三角形で大きい。春、産卵のため海岸に接近。刺身やするめにする。ささいか。さやなが。つついか。

やり-いだ・す【▽遣り▽出だす】〔動サ四〕「やりだす」に同じ。「やりもてゆきて、七条の末に一・したれば」〈宇治拾遺・一一〉

やり-おどり【×槍踊(り)】ﾔﾘｵﾄﾞﾘ 大名行列の槍振りの動作を舞踊化したもの。歌舞伎では、元禄期(1688～1704)に名女形水木辰之助が踊ったものが有名。

やり-がい【▽遣り▽甲×斐】ﾋﾞｶﾞ そのことをするだけの価値と、それにともなう気持ちの張り。「一のある任務」

やり-かえし【▽遣り返し】ﾔﾘｶﾍｼ ❶やり直し。「人生は一がきかない」❷相手に仕返すこと。また、相手を反対にやりこめること。「つい口返答一を為ｽる時もあれど」〈露伴・いさなとり〉❸和風建築の工法の一。2本の柱の間に水平材を取り付けるときなどに、水平材の端を一方の材の深めに彫った穴に入れ、次に反対の方向の穴に少し戻して取り付けるもの。

やり-かえ・す【▽遣り返す】(かへす)〔動サ五(四)〕❶相手からやられた仕返しに、こちらも同じようなことをやる。また、相手の言葉に言い返す。「やられたら―・す」「負けずに―・す」❷一度した事を改めてする。しなおす。「計算を―・す」❸一度前へ進めてあとへ返す。「前にまかる人、しりより御出なり候はば、車を―・して、御車にむかへて」〈宇治拾遺・八〉
(類語)仕返す・返す・報いる・報復する・復讐(ふくしゅう)する・リベンジする・一矢を報いる

やり-か・える【▽遣り替える】(かへる)〔動ア下一〕図やりか・ふ〔ハ下二〕やり直す。「内装を―・える」

やり-かけ【▽遣り掛け】しはじめたばかりであること。また、途中までやった状態であること。「―のままほうり出す」

やり-か・ける【▽遣り掛ける】〔動カ下一〕図やりか・く〔カ下二〕❶あることをしはじめる。また、しはじめようとする。「―・けたままの仕事」❷こちらからはたらきかける。しむける。「男より―・くる事、初心者や田舎者のすることにて」〈色道大鏡・二〉

やり-かた【▽遣り方】物事を行う方法。物事をする手段。しかた。「まずい―」「―を変える」
(類語)手段・仕方・方法・仕様・遣(や)り様・遣(や)り口・手口・手立て・術(すべ)・メソッド

やり-かた【▽遣り形】建築の基礎工事にかかる前に、柱・壁の位置や基礎の幅・高さなどを標示するために設ける仮設物。ふつう杭(くい)を打ち、貫(ぬき)を打ち付けて印をつけたものを作る。

やり-が-たけ【槍ヶ岳】長野・岐阜県境、飛騨山脈中部にある山。穂高岳の北にあり、標高3180メートル。山頂は三角の岩峰をなし、槍の穂先に似る。

やり-が-たけ【鑓ヶ岳】長野・富山県境、飛騨山脈北部にある山。白馬岳の南にあり、標高2903メートル。白馬三山の一。白馬鑓(はくばやり)。

やり-がらみ【×槍絡み】槍ぶすまを作って敵軍に対する一隊。

やり-がんな【×槍×鉋┆×鐁】《「やりかんな」とも》反った槍の穂先のような刃に長い柄を付けた鉋。突くようにして削る。室町時代に台鉋が現れるまで広く用いられ、今日では桶・たんす作りで使う前鉋がこの一種。

やり-きず【×槍傷┆×槍×疵】槍で突かれた傷。槍手(やりで)。

やりきれ◦ない【▽遣り切れない】〔連語〕❶やり遂げることができない。「仕事が多くて期限までに―◦ない」❷がまんできない。耐えられない。「暑くて―◦ない」(類語)(❷)辛い・苦しい・憂(う)い・耐えがたい・しんどい・切ない・たまらない・遣(や)る瀬ない

やり-く【▽遣り句】連歌・俳諧の付合(つけあい)で、前句がむずかしくて付けにくいときや手の込んだ句が続いたときに、次の句を付けやすいように軽く付けること。また、その句。逃げ句。

やり-くち【▽遣り口】やりかた。しかた。手口。「ほめられた―ではない」
(類語)手口・仕方・遣(や)り方・方法・手段・仕様(しよう)・遣(や)り様(よう)・てだて・術

やり-くり【▽遣り繰り】〔名〕(スル)不十分なものをあれこれ工夫して都合をつけること。「運転資金の―をつける」「時間を―してデートをする」
(類語)切り盛り・工面・都合・捻出(ねんしゅつ)・算段・融通・まかなう・繰り合わせ

やりくり-さんだん【▽遣り繰り算段】〔名〕(スル)いろいろ工夫してやりくりをすること。「借金を返すために―する」

やりくり-しんしょう【▽遣り繰り身上】(シンシヤウ)やりくりによって維持している苦しい家計。

やり-く・る【▽遣り繰る】〔動ラ五(四)〕やりくりをする。不十分なものを工面して都合をつける。「此の貧乏世帯を―・って呉れ」〈露伴・付焼刃〉

やり-けはい【▽遣り気配】《「ヤリ気配」と書くことが多い》「売り気配」に同じ。

やり-ごえ【×槍声】(ごゑ)鋭くとがった声。いらだった声。「ひま入れて居ると、内儀が―出して」〈浮・手代気質〉

やり-こな・す【▽遣り▽熟す】〔動サ五(四)〕物事をうまく処理する。「もののみごとに―・す」

やり-こ・める【▽遣り込める】〔動マ下一〕図やりこ・む〔マ下二〕相手を言いまかし、黙らせる。「娘に―・められる」(類語)言い籠(こ)める・言い負かす・論破する・弁駁(べんぱく)する・黙らす・へこます・やっつける・逆ねじ・ぎゃふんと言わせる

やり-さき【×槍先】❶槍の先端。槍の穂先。❷攻撃の方向。ほこさき。「今度は愛子の方に―を向けた」〈有島・或る女〉❸争いの始まり。〈日葡〉
槍先の功名　戦場での功績。武功。

やり-さく【×槍柵】《「やりざく」とも》槍を柵のように多く並べ立てること。また、大勢が槍を構えて横に並ぶこと。

やりさび【槍錆】端唄(はうた)・うた沢。文政年間(1818〜1830)の流行歌「与作踊り」の音頭をもとに、幕末に歌沢笹丸が歌詞を改め、節付けしたものという。「槍はさびても名はさびぬ」で始まる。

やり-し【×槍師】❶槍を作る職人。❷槍の扱いにたけた人。

やり-した【×槍下】❶槍の下。〈日葡〉❷槍で突き伏せること。また、突き伏せられること。「痛手を蒙(かうむ)り、―にして討たれにけり」〈信長記・一〉

やり-じるし【×槍印┆×槍×幟】槍の印付(しるしつ)けの環につけて家名を明らかにした、小切れ・白熊(はぐま)などのしるし。戦陣や外出のときに用いた。

やり-すぎ【▽遣り過ぎ】やりすぎること。

やり-す・ぎる【▽遣り過ぎる】〔動ガ上一〕度を超えてやる。「運動を―・ぎて足を痛める」

やり-すご・す【▽遣り過ごす】〔動サ五(四)〕❶あとから来るものを先に行かせる。「電車を何台も―・す」❷なすがままにしてほうっておく。「夕立を―・す」「酔漢を見ぬふりをして―・す」❸物事を限度を超えてする。やりすぎる。「酒を―・す」

やり-す・つ【▽破り捨つ】〔動タ下二〕やぶりすてる。「人の―・てたる文(ふみ)を継ぎて見るに」〈枕・二七六〉

やり-そこない【▽遣り損ない】(そこなひ)《「やりぞこない」とも》やりそこなうこと。失敗。しそんじ。

やり-そこな・う【▽遣り損なう】(そこなふ)〔動ワ五(ハ四)〕《「やりぞこなう」とも》❶途中で失敗する。しそんじる。「肝心なところで―・う」❷あることをする機会を逸する。「急用で花見の会を―・う」(類語)失敗する・しくじる・し損じる・し損なう・抜かる・過つ・誤る・とちる・ミスる

ヤリソス〘Ialysos〙►イアリソス

やり-ぞなえ【×槍備え】(ぞなへ)槍を武器とする部隊。

やり-そんじ【▽遣り損じ】やりそんじること。失敗。しそんじ。

やり-そん・じる【▽遣り損じる】〔動ザ上一〕「遣り損ずる」(サ変)の上一段化。「仕上げを―・じる」

やり-そん・ずる【▽遣り損ずる】〔動サ変〕図やりそん・ず〔サ変〕❶やりそこなう。しそんじる。失敗する。「仕事を―・ずる」❷乗り物を扱いそこなう。「大臣殿(おほいとの)の御牛飼は…車―・じて斬(き)られにける次郎丸が弟、三郎丸なり」〈平家・一一〉

やり-だし【▽遣り出し】船のへさきから前方へ斜めに突き出した帆柱。

やり-だ・す【▽遣り出す】〔動サ五(四)〕❶しはじめる。しだす。「試験勉強を―・す」❷牛車(ぎっしゃ)などを出して進ませる。「車―・せ牛飼よ」〈幸若・入鹿〉
(類語)(❶)始める・しだす・掛かる・取り掛かる・しかかる・しかける・開始する・着手する

やり-たなご【×槍×鱮】コイ科の淡水魚。全長約10センチ。体高がやや高く、側扁し、口ひげは長い。体色は青みがかった銀白色。産卵期の雄は、えらぶたから体側にかけて赤紅色、腹面が黒色の婚姻色を示す。日本産タナゴ類の中で分布が最も広く、本州・四国・九州の湖沼・河川にみられる。冬に美味。

やり-だま【×槍玉】槍を手玉のように自由自在に扱うこと。また、人を槍の穂で突き刺すこと。
槍玉に挙・げる　❶槍で突き刺す。❷非難・攻撃の目標にして責める。「委員長を―・げる」

やりつ【耶律】契丹(きったん)族の姓の一。

やりつ-あぼき【耶律阿保機】[872〜926]中国、遼(りょう)の初代皇帝。在位916〜926。廟号(びょうごう)は太祖。唐末の907年、契丹八部を統一してハン位につき、のち皇帝となった。しばしば長城を越えて華北に侵入。西方の諸部族を征服するとともに、926年渤海国を滅ぼし、中国東北部からモンゴル高原を支配する一大帝国とした。

やり-つかい【×槍使い】(つかひ)槍を巧みに使うこと。また、その人。

やり-つく・す【▽遣り尽(く)す】〔動サ五(四)〕残らずやってしまう。「やるべきことは―・した」

やり-つ・ける【▽遣り付ける】〔動カ下一〕図やりつ・く〔カ下二〕❶いつもするのに慣れている。しなれている。「病人の世話は―・けている」❷うちまかす。やっつける。「若し間違ったら是れで―・けるのだ」〈鉄腸・花間鶯〉❸「飲む」「食う」また「する」を強めていう語。やっつける。「いっそ酔ってぐっと一寝入りに―・けやした」〈洒・深川新話〉

やりつ-そざい【耶律楚材】[1190〜1244]モンゴル帝国初期の功臣。字(あざな)は晋卿(しんけい)。諡(おくりな)は文正。契丹族に属し、遼(りょう)の王族の子孫。金に仕えたが、チンギス＝ハンに降って政治顧問となり、オゴタイ＝ハンに信任されて中書令となり、行政制度・税制などの基礎を確立。文集「湛然居士集」、見聞記「西遊録」。

やりつ-たいせき【耶律大石】[?〜1143]カラキタイ(西遼)の初代皇帝。在位1132〜1143。字(あざな)は重徳。廟号(びょうごう)は徳宗。遼の王族の出身。遼が金の攻撃を受けると外モンゴルに逃れ、のち西進して制圧、1132年カラハン朝を倒し、フス・オルダ(ベラサグン)で即位。さらに東西トルキスタンを制圧。

やりっ-ぱなし【▽遣りっ放し】〔名・形動〕《「やりばなし」の音変化》物事をしかけたままで、あとの始末をせずに捨てておくこと。また、そのさま。「仕事を―にして出かける」

やり-て【▽遣り手】❶物事をする人。物事を行う人。「危険な仕事なので―がない」❷物を与える人。物をくれる人。「―がいても、もらい手がない」❸腕前のある人。敏腕家。「業界きっての―」❹遊郭で客と遊女との取り持ちや、遊女の監督をする年配の女。花車(かしゃ)。香車(きょうしゃ)。やり。遣り手婆(ばば)。❺近世の末期に流行した女性の髪形。やりてむすび。❻船をつなぐ綱。もやいづな。❼牛を使う人。牛車(ぎっしゃ)を動かす人。「牛飼は、平家内大臣の童(わらは)を取りてつかひければ、高名の―なり」〈盛衰記・三三〉

やりて-ばば【▽遣り手▽婆】「遣り手❹」に同じ。

やり-ど【▽遣り戸】「引き戸」に同じ。

やり-とお・す【▽遣り通す】(とほす)〔動サ五(四)〕最後までやる。「始めたからには―・す覚悟だ」

やり-どく【▽遣り得】行えば行うだけ得をすること。人の迷惑になること、法に触れることを、楽しみや儲けを優先して厚かましく実行することにいう。

やりど-ぐち【▽遣り戸口】遣り戸のある出入り口。

やり-と・げる【▽遣り遂げる】〔動ガ下一〕図やりと・ぐ〔ガ下二〕最後までやりとおす。やりぬく。「難行(なんぎょう)苦行を―・げる」(類語)やってのける・遣(や)り抜く・遂げる・果たす・完遂する

やり-とり【▽遣り取り】〔名〕(スル)❶物をとりかわすこと。交換。「見合写真を―する」❷杯をかわすこと。「杯を―する」❸言葉の受け答えをすること。また、口論すること。「電話での―」「激しく―する」
(類語)(❸)受け答え・応対・応酬

やり-なおし【▽遣り直し】(なほし)やり直すこと。「―のきかない仕事」

やり-なお・す【▽遣り直す】(なほす)〔動サ五(四)〕改めて初めからする。「人生を―・す」「計算を―・す」
(類語)仕直す・やり返す・仕返す・出直す・改める

やり-なげ【×槍投げ】陸上競技で、投擲(とうてき)種目の一。助走して、半径8メートルの円弧の踏み切り線の後方から槍を投げてその到達点までの距離を競う競技。➡表 P.3674

やり-にく・い【▽遣り▽難い】〔形〕物事を行うのに困

[槍投げ] 槍投げの世界記録・日本記録 (2012年8月現在)

		記録	更新日	選手名(国籍)
世界記録	男子	98.48メートル	1996年5月25日	ヤン＝ゼレズニー(チェコ)
	女子	72.28メートル	2008年9月13日	バルボラ＝シュポタコバ(チェコ)
日本記録	男子	87.60メートル	1989年5月27日	溝口和洋
	女子	62.36メートル	2012年6月10日	海老原有希

難を覚えるさま。うまく事を運ぶのがむずかしい。やりづらい。「段取りが悪くて作業が―・い」派生やりにくさ〔名〕

やり-ぬ・く【▽遣り抜く】〔動カ五(四)〕最後までやりとおす。「どこまでも―・く覚悟」類語遣り通す・遣り遂げる・完遂する・遂げる・果たす

やり-の・ける【▽遣り▽退ける】〔動カ下一〕図やりの・く〔カ下二〕❶巧みにやりとげる。やってのける。「もののみごとに―・ける」❷車などを動かしてそこから退かせる。「基盛が車を門外に立てたりけるを、御随身―・けよと責めけれども」〈盛衰記・二〉

やりのごんざかさねかたびら【鑓の権三重帷子】浄瑠璃。世話物。2巻。近松門左衛門作。享保2年(1717)大坂竹本座初演。茶道師匠浅香市之進の妻おさいと鑓の名手笹野権三は、不義密通の濡れ衣を着せられ、市之進に討たれる。近松三姦通物の一。通称「おさい権三」「鑓の権三」。

やり-は【▽遣り端】物事を取り扱う方法。処置のしかた。「此金の―に困って」〈露伴・いさなとり〉

やり-ば【▽遣り場】やるべき場所。持っていく所。「目の―に困る」「不平不満の―がない」

やり-ば【▽遣羽】矢羽のうち、矢をつがえたときに垂直に下方に向く羽。四立の矢にだけあるもの。

やり-はご【▽遣り羽子】「追い羽根」に同じ。季新年「―は正月めきし景色なり」〈浄・五枚羽子板〉

やり-ばしご【×槍×梯子】忍びの道具で、石垣・屋根などにかけて乗り越えるためのもの。たたみばしごの類。

やり-ばなし【▽遣り放し】〔名・形動〕《「やりはなし」とも》「やりっぱなし」に同じ。「さも気のなさそうな、―な風を装うて」〈二葉亭訳・あひゞき〉

やり-ばね【▽遣り羽根】「追い羽根」に同じ。季新年「―や海原かくすさうび垣/暫子」

やり-ぶぎょう【×槍奉行】❶武家時代、槍を持つ一隊を率いる人。長柄奉行。❷江戸幕府の職名。老中の支配に属し、長柄同心および八王子千人組頭を統轄した。

やり-ぶすま【×槍×衾】大勢が槍をすきまなくそろえ並べること。また、その状態。

やり-みず【▽遣り水】❶水を庭の植え込みや盆栽などに与えること。みずやり。❷寝殿造りの庭園などで、外から水を引き入れてつくった流れ。

やり-もち【×槍持(ち)】武士が外出するとき、その槍を持って従った者。

やり-よう【▽遣り様】物事をする方法・手段。しよう。「いくらでも―がある」類語仕様・仕方・遣り方・方法・手段・手立て・術・手口・遣り口

やり-よ・す【▽遣り寄す】〔動サ下二〕車などを進めて近寄らせる。「白きしもとなど見付けたるに、近く―・するほど」〈枕・一六〇〉

や・る【▽破る】㊀〔動ラ四〕やぶる。引き裂く。「とまれかうまれ、疾く―・りてむ」〈土佐〉㊁〔動ラ下二〕「やれる」の文語形。

や・る【▽遣る】〔動ラ五(四)〕❶そこへ行かせる。さしむける。送り届ける。「子供を大学へ―・る」「使いを―・る」「手紙を―・る」❷漕いだり、走らせたりして進める。「車を―・る」❸そちらへ向ける。「目を―・る」❹目下の者や動物などに与える。くれる。「褒美を―・る」「鳥にえさを―・る」❺心配などをまぎらすようにする。はらす。「酒に憂さを―・る」「思いを―・る」❻何かをすることを、広く、または漠然という。する。行う。営む。「宿題を―・る」「今度の舞台で大星由良之介を―・る」「民宿を―・っている」❼口にする。ちょっと酒などを飲む。「タバコは―・りません」「一杯―・る」❽どうにか生活する。「この給料では―・っていけない」❾(俗語で)危害を加える。「かたっぱしから―・ってしまえ」❿(「殺る」とも書く。俗語で)殺す。「ひと思いに―・ってしまえ」⓫逃がす。「やあやあ者共、六郎―・るな遁すな」〈浄・矢口渡〉⓬(他の動詞の連用形に付いて)㋐(多く打消しの語を伴って用いる)動作が完了する意を表す。十分、または最後まで…する。「興奮がさめ―・らない」㋑動作が広く、また遠くまで及ぶ意を表す。ずっと…する。「眺め―・る」「思い―・る」⓭(補助動詞)動詞の連用形に「て」を添えた形に付く。㋐わざわざあることをしてあげる気持ちや恩着せがましい気持ちをこめて、目下の者のために何かをする。「相談に乗って―・る」「勉強をみて―・る」㋑積極的にそのようにする。ことさらにそのようにしてみせる。「飛び降りて―・る」「舌をかみ切って―・る」可能やれる

類語(❶)送る・送り出す・出す・発する・派する・差し向ける・差し遣わす・差し立てる・遣わす・回す・差し回す・派遣する・差遣する/(❷)進める・移す・動かす・移動する/(❹)与える・くれる・取らせる・遣わす・授ける・あてがう・施す・恵む・贈る・譲る・上げる・供与する・提供する/(❻)する・行う・為す・営む

やる〔助動〕〔やら|やり|やる|やる|やれ|やれ(やい)〕《動詞「あり」の連体形「ある」の音変化》動詞の連用形に付く。❶軽い尊敬、または親愛の意を表す。…なさる。「それにお待ちやれ」〈虎明狂・末広がり〉❷(「やります」の形で)丁寧の意を表す。「この子が寒い寒いというて泣きやります」〈伎・暁の鐘〉補説室町時代以降に用いられ、近世では終止形と命令形が多い。❶は上接の動詞の上に「お」「ご」を付けることもある。❷は近世語。

ヤルート-とう【ヤルート島】《Jaluit》太平洋のマーシャル諸島共和国の主島。環礁からなる。

やる-かた【▽遣る方】(打消しの語を伴って用いる)思いを晴らす方法。「―のない怒り」

やるかた-な・い【▽遣る方無い】〔形〕図やるかたな・し〔ク〕❶心のわだかまりを晴らす方法がない。「憤懣―・い」「―・い思い」❷きわめて程度がはなはだしい。なみひととおりでない。「女―・く名残を惜しむあはれさに」〈咄・醒睡笑・六〉

ヤルカンド〖Yarkand〗中国、新疆ウイグル自治区南西部のオアシス都市。タリム盆地西縁にあり、古来、隊商交易路の要衝で、農畜産物の集散地として発達。莎車。補説「葉爾羌」とも書く。

やる-き【▽遣る気】進んで物事をなしとげようとする気持ち。「―を起こす」「まるで―がない」

やる-せ【▽遣る瀬】(打消しの語を伴って用いる)思いを晴らす方法。また、施すべき手段。「其上に若し夜が眠られぬと来ると―も何もあったものじゃない」〈子規・墨汁一滴〉

やるせ-な・い【▽遣る瀬無い】〔形〕図やるせな・し〔ク〕❶思いを晴らすすべがない。せつない。「恋を失った―・い思い」❷施すすべがない。どうしようもない。「様子が早う聞きたいとすがり責むるぞ―・き」〈浄・八百屋お七〉❸気持ちに余裕がない。「何彼につけて、気に―・く」〈浮・一代女・四〉派生やるせなげ〔形動〕やるせなさ〔名〕類語たまらない・やり切れない・憂い・苦しい・辛い・物悲しい・うら悲しい・もの憂い

ヤルタ〖Yalta〗ウクライナのクリミア半島南部、黒海に面する保養都市。ヤルタ会談の行われたリバディヤ宮殿、チェーホフの記念館などがある。マッサンドラワインの産地。

ヤルタ-かいだん【ヤルタ会談】第二次大戦末期の1945年2月、米・英・ソのルーズベルト・チャーチル・スターリンの三首脳がヤルタで行った会談。降伏後のドイツの管理、国際連合の創設などについての協定が結ばれた。クリミア会談。

ヤルタ-ひみつきょうてい【ヤルタ秘密協定】1945年2月にヤルタ会談で結ばれた対日秘密協定。ドイツ降伏後3か月以内のソ連の対日参戦、南樺太(南サハリン)・千島のソ連帰属、モンゴル人民共和国の現状維持などを決めたもので、翌46年2月に公表された。

やる-まい-ぞ〔連語〕逃がさないぞ。狂言の終わりに用いられる常套語。「やいやい、―、―。たらしめ。やいやい」〈虎明狂・二人大名〉

ヤルンサクサ〖Jarnsaxa〗土星の第50衛星。2006年に発見。名の由来は北欧神話の女巨人。非球形で平均直径は約6キロ。ヤールンサクサ。

やれ【▽破れ】《動詞「や(破)る」の連用形から》❶やぶれたもの。やぶれたところ。やぶれ。「一団扇」「一縁」❷印刷で、刷り損なった紙。損紙。「インクがのらずーが出る」

やれ〔感〕❶困難や不安が解消したときに発する語。やれやれ。「―、助かった」❷喜びを感じたり、意外な幸運を知ったりしたときに発する語。「―、うれしや」❸呼びかけるとき、注意を引き起こすときに発する語。やあ。おい。「―待て」❹困難や失敗に気づいたときに発する語。やあ。おや。「―、またしくじった」❺他人の不幸や不運を知り同情するときに発する語。まあ。やあ。ほんとに。「―気の毒な」❻(「やれ…だ…だ」などの形で)同類の事柄を二つ取り立てて述べ、同じようなことが頻繁に言われたり行われたりするときにいう語。「―敷金だ礼金だと、いろいろ金がかかる」「―節句だ―誕生日だと、お祝いが重なる」❼民謡などの囃子詞。

やれ〔並助〕《並立助詞「やら」の音変化か。近世初期の語》二つ以上の事柄を並列する意を表す。…とか…とか。「和泉国には何ともをかしき名字がある。野尻の―、草部の―と」〈咄・醒睡笑・七〉

やれ-がき【▽破れ垣】こわれた垣根。

やれ-がさ【▽破れ×笠】やぶれた笠。

やれ-ぐるま【▽破れ車】いたんでいる車。

やれ-ごも【▽破れ▽薦】粗末なこも。やぶれごも。「さし焼かむ小屋の醜屋にかき棄てむ―を敷きて」〈万・三二七〇〉

やれ-ごろも【▽破れ衣】やぶれた衣服。やれぎぬ。やぶれごろも。

やれ-さて〔感〕❶ふと心づいたり、不審がとけたりしたときなどに言う語。やれ、そこで。いや、それでは。「―、太郎冠者。珍しや」〈虎明狂・墨塗〉❷歌などの囃子詞。「櫛になりたや、―、薩摩の櫛に」〈浄・薩摩歌〉

やれ-ま【▽破れ間】屋根・壁などのやぶれたすきま。

やれ-め【▽破れ目】やぶれた箇所。やぶれめ。「友垣の中の―直りて」〈緑雨・門三味線〉

やれ-やれ〔感〕《「やれ」を重ねていう語》❶困難や不安が解決したとき、大きな感動を覚えたときなどに発する語。「―、これで安心」「―、たいへんな人もいたものだ」❷予期しない困難に出あったとき、疲労・落胆したときなどに発する語。「―、困ったことになったぞ」「―、いやになってしまった」❸他人の不幸などに同情して発する語。「―、かわいそうに」❹呼びかけるときに発する語。おいおい。「何かあとから―と呼ぶから」〈咄・鯛の味噌津〉

や・れる【▽破れる】〔動ラ下一〕図や・る〔ラ下二〕やぶれる。こわれる。「―・れた傘」「これは少々装飾が―・れて居りまする」〈円朝・怪談牡丹灯籠〉

やろう【夜郎】中国漢代に、西南地方、現在の貴州省の西境にいた異民族。西南夷の一。武帝に平定されて漢の郡県に編入された。

や-ろう【夜漏】夜の時刻をはかる水時計。転じて、夜の時刻。「ここに―三更にして、狐の声聞こゆ」〈万・三八二四・左注〉

や-ろう【野老】❶田舎の老人。老人が自分をへりくだっていう語。村翁。❷ヤマノイモ科の多年草トコロの別名。

や-ろう【野郎】❶男性をののしりさげすんでいう語。「あの―、ふとい奴だ」「ばかな―だ」❷前髪をそり落とした若い男。「さてさて利口な―ぢゃな」〈浄・丹波与作〉❸野郎歌舞伎の役者。「歌舞伎といふ事法度になり、太夫子残らず前髪おろして―になりし時は」〈浮・男色大鑑・五〉❹「野郎頭」の略。❺「野郎帽子」の略。❻男色を売る者。かげま。「大坂に逗留の中

に一日は━もよしや」〈浮・一代男・五〉
【類語】男・奴・おやじ・じじい・小僧・がき・阿魔・すけ

や-ろう【▽薬籠】❶「やくろう(薬籠)」に同じ。❷碾茶を入れる小箱。〈日葡〉

や-ろう〔連語〕《「やらん」の音変化》体言、活用語の連体形、一部の副詞・助詞などに付く。❶推量、または疑問を含んだ推量を表す。…(の)だろう。…(の)だろうか。「上の林に鳥が棲む━花が散り候」〈閑吟集〉「わが恋は遂ぎようず━」〈虎明狂・石神〉❷(副助詞的に用いて)不確かなこと、あるいは、遠まわしにいう意を表す。…とか。「後小松院━は、力が強うて」〈史記抄・秦始皇本紀〉❸(「…やろう…やろう」の形で)どちらとも決めがたい二つ以上の事柄を列挙する意を表す。「多い━、少ない━をば知り候はず」〈平家・五〉【補説】「やらん」から「やら」に至る過渡的な形。室町時代には、「やら」と並んで盛んに用いられた。

やろう-あたま【野郎頭】両鬢と後頭部の髪を残して額から頭頂まで広くそり、総髪を頂で束ねて結ったもの。江戸時代の男子の普通の髪形。

やろう-かい【野郎買ひ】野郎を買うこと。野郎頭の俳優や、かげまを買って遊ぶこと。また、その人。「━と見える」〈洒・辰巳之園〉

やろう-かぶき【野郎歌舞伎】初期歌舞伎の形態の一。承応元年(1652)若衆歌舞伎が禁止されたあと、前髪をそった野郎頭の役者によって演じられた歌舞伎。

やろう-じだい【夜郎自大】〔名・形動〕《「史記」西南夷伝にみえる話で、昔、夜郎が漢の強大さを知らずに自分の勢力を誇ったところから》自分の力量を知らずにいばること。また、そのさま。夜郎大。「━な振る舞い」【補説】「野郎自大」と書くのは誤り。
【類語】増上慢・空威張り・お山の大将・井の中の蛙

やろう-ぢゃや【野郎茶屋】►陰間茶屋

やろう-ひたい【野郎額】江戸時代、前髪を落とし月代を剃った、男の髪型。【補説】相撲界で、巡業をさぼった力士の前髪を落とし、普通の丁髷の形にして見せしめとしたという。いつ頃まで行われたかは不明。

やろう-ぼうし【野郎帽子】江戸時代、野郎歌舞伎の女方の役者が、前髪をそったあとを隠すために置き手拭いをしたのが変化し、帽子のようになったもの。多く紫縮緬などで作った。

ヤロスラブリ〘Yaroslavl'〙ロシア連邦西部、ヤロスラブリ州の都市。同州の州都。ボルガ川上流、コトロスリ川との合流点に位置する。「黄金の環」と呼ばれるモスクワ北東近郊の観光都市の一つ。11世紀にキエフ公国のヤロスラフ1世により建設され、水運の拠点として栄えた。モンゴル帝国支配を経て、15世紀にモスクワ公国に併合。旧ソ連時代、工業化が進められた。スパソプレオブラジェンスキー修道院、イリヤプロローク聖堂をはじめ、16世紀から17世紀にかけて建てられた歴史的建造物が残っており、2005年に「ヤロスラブリ歴史地区」の名称で世界遺産(文化遺産)に登録された。ヤロスラーブリ。

ヤロビザーチヤ〘ロシア yarovizatsiya〙春化処理。

ヤロビ-のうほう【ヤロビ農法】《「ヤロビ」は「ヤロビザーチヤ」の略》春化処理を行って、秋まきの農作物の種子を春にまくなどして増収を図る農業のやり方。ソ連のミチューリンおよびルイセンコが開発。日本では昭和25年(1950)ころから行われた。

や-わ【夜話】❶夜間にする談話。よばなし。また、それを書き記した本。❷気軽に聞ける話。また、そのような内容の本。「歴史━」❸禅宗で、夜に修行上の訓話をすること。

やわ【柔】〔形動〕図〔ナリ〕やわらかいさま。こわれやすいさま。また、ひよわなさま。「━なからだつき」「━な造りの門扉」「━な精神」
【類語】軟弱・脆弱・繊弱・孱弱・華奢・弱弱しい・か弱い・ひ弱い・弱い・脆い・柔い

や-わ〔副〕《係助詞「や」「は」を重ねた「やは」から》「やわか」に同じ。「然れば、━鬢たたらとは歌ふべき」〈今昔・二八・四〉

やわ・い【柔い】〔形〕図やは・し〔ク〕❶「柔らかい」に同じ。「━・い紙」❷堅固にできていない。こわれやすい。「━・い造りの本」【派生】やわさ〔名〕
【類語】弱い・脆い・柔い・軟弱・脆弱・華奢

やわ-か〔副〕《副詞「やわ」+係助詞「か」から》❶反語の意を表す。どうして…しようか。「いかなる新田殿とも宣へ、一堪へ候ふや」〈太平記・一七〉❷《下に打消しの推量の表現を伴って》よもや。まさか。「━さやうには仰せられ候ふまじ」〈謡・檀風〉

やわ・す【▽和す】〔動サ四〕やわらげる。また、平和にさせる。帰服させる。「ちはやぶる人を━・せとまつろはぬ国を治めと」〈万・一九九〉

やわた【八幡】㊀京都府南西部の市。石清水八幡宮の門前町、淀川水運の河港として発達。住宅地化が著しい。八幡ゴボウの産地として知られた。人口7.4万(2010)。㊁千葉県市川市の地名。葛飾八幡宮がある。商業地。

八幡の藪知らず《千葉県市川市八幡にあった竹藪は、一度入ると出口がわからなくなるといわれたところから》出口がわからないこと。また、迷うことのたとえ。八幡知らず。

やわた-ぐろ【八×幡黒】黒く染めた柔らかい革。山城国(京都府)八幡に住む神人らが製したところからいう。下駄の鼻緒などに用いた。

やわた-こうげん【八幡高原】広島県西北部、島根県境近くの高原。山県郡北広島町にある。南北8キロメートル、東西4キロメートル。最高峰は臥竜山(標高1223メートル)。中国山地の標高730～850メートルを超える山間にあり、1万年以上前までは湖だったため、湿原が大小20余残されている。この湿原を総称して「八幡湿原」という。西中国山地国定公園に属する。

やわた-し【八幡市】►八幡㊀

やわた-せいてつじょ【八幡製鉄所】►やはたせいてつじょ

やわた-そう【八×幡草｜八×咫草】ユキノシタ科の多年草。深山の谷沿いなどに生え、高さ約50センチ。葉は根際から出て長い柄をもち、円形で浅い切れ込みがある。5～7月ごろ、花茎を伸ばし、黄白色の5弁花を集散状につける。

やわたはま【八幡浜】愛媛県西部の市。宇和海に臨み、トロール漁業の根拠地。かまぼこを産し、ミカン栽培も盛ん。商業も活発。人口3.8万(2010)。

やわたはま-し【八幡浜市】►八幡浜

やわた-まき【八×幡巻(き)】煮て調味したゴボウを芯にし、穴子・鰻などで巻いて付け焼きにした料理。ゴボウの産地、八幡㊀にちなむ。牛蒡巻き。

や-わたり【家渡り】引っ越し。家移り。「例の━のやうにはなくて」〈今昔・二七・三一〉

やわ-はだ【柔肌】やわらかな感触のはだ。特に女性のはだにいう。

やわ-やわ【柔柔】㊀〔副〕❶やわらかい感じのするさま。「子供の━とした手」❷物腰のものやわらかなさま。「母君はただいと若やかにおほどかにて、━とぞたをやぎ給へりし」〈源・玉鬘〉㊁〔名〕❶ぼたもちをいう女房詞。❷吉野紙をいう女房詞。

やわら【柔ら】〔名・形動〕❶柔術。❷船の接触の際の衝撃をやわらげるために舷側に下げておく、わらで作った球。かませ。じんた。❸おだやかなこと。また、そのさま。「わたしが━で申すうち、お返しなさるが、あなたのお為でござりませうぞえ」〈伎・四谷怪談〉

やわら〔副〕静かに。そっと。徐々に。やおら。「━たち退かせ給ひにけり」〈大鏡・道長上〉

やわら-か【柔らか｜軟らか】〔形動〕図〔ナリ〕❶ふっくらとして堅くないさま。また、しなやかなさま。「━な餅」「━な布団」「━なからだ」❷おだやかなさま。柔和なさま。「━な日ざし」「━な言い方」❸堅苦しくないさま。融通がきくさま。「━な話」「若い人の━な考え方」

やわらか・い【柔らかい｜軟らかい】〔形〕図やはらか・し〔ク〕《形容動詞「やわらか」の形容詞化》❶ふっくらとして堅くない。また、しなやかである。「━・い食べ物」「━・い毛布」「足腰が━・い」㊥かたい。❷おだやかである。柔和である。「人当たりが━・い」「━・い物腰」「━・い光」❸堅苦しくない。融通がきく。「━・い話」「頭が━・い」㊥かたい。【派生】やわらかげ〔形動〕やわらかさ〔名〕やわらかみ〔名〕
【類語】柔い・柔軟・しなやか・ソフト

やわらかい-エックスせん【柔らかいX線】►軟X線

やわら-がに【柔×蟹】十脚目ヤワラガニ科のカニ。岩礁の海草の間にすみ、甲幅約5ミリ。甲は丸みのある三角形で、体は柔軟。

やわら-がみ【▽和ら紙】大和国吉野から産した薄手の和紙。鼻紙などに用いた。吉野紙。

やわらか-もの【柔らか物】❶手ざわりのやわらかい織物。絹物。また、それで作った衣服。❷好色な読み物。艶本。

やわらぎ【和らぎ】やわらぐこと。また、その状態。「心の━をおぼえる」

やわら・ぐ【和らぐ】㊀〔動ガ五(四)〕❶程度のはなはだしかったものがおだやかな状態になる。しずまる。「暑さが━・ぐ」「痛みが━・ぐ」❷堅苦しさやとげとげしさがなくなる。なごやかになる。「態度が━・ぐ」「表情が━・ぐ」❸やわらかくなる。しなやかになる。「あかぎれなどには、水がかかればことの外━・いでよいといふ」〈狂言記・皹〉❹うちとけてむつまじくなる。「今、この治まれる御代に随ひ、ともに━・ぎつつ」〈おらが春〉㊁〔動ガ下二〕「やわらげる」の文語形。
【類語】緩和する・鎮まる・和む・融和する

やわらげ【和らげ】むずかしい事柄をわかりやすく説明すること。〈日葡〉

やわら・げる【和らげる】〔動ガ下一〕図やはら・ぐ〔ガ下二〕❶おだやかになるようにする。「怒りを━・げる」「苦痛を━・げる」❷わかりやすくする。くだいた言い回しにする。「表現を━・げる」
【類語】緩和する・鎮める・和む

やわらこ・い【柔らこい｜軟らこい】〔形〕図やはらこ・し〔ク〕《近世上方語》「柔らかい」に同じ。「松葉たばこの━・き」〈浄・嫗山姥〉

やわら-とり【柔ら取り】柔術。また、柔術に巧みな人。「与作は取り手━、すり違ひに小腕を取り」〈浄・丹波与作〉

やわら-やわら〔副〕《「やわら」を重ねた語》そろそろと。「鼓は…━打たうよや」〈謡・籠太鼓〉

や-わり【矢割り】石を割る方法の一。石に穴をあけ鉄のくさびを差し込み、玄翁で打って割るもの。

ヤン-イー【楊逸】[1964～]小説家。ハルビンの生まれ。本名、劉莜。留学生として来日した後、中国語講師などを経て「ワンちゃん」で作家デビュー。「時が滲む朝」で芥川賞受賞。母語を日本語としない外国人作家としては初の同賞受賞となった。

ヤン-エグ「ヤングエグゼクティブ」の略。

ヤンガー-ジェネレーション〘younger generation〙❶若い世代の人々。青少年層。❷新時代。来るべき新しい世代。

ヤンキー〘Yankee〙❶米国人の俗称。元来は米国南部で、北部諸州の住民を軽蔑的に呼んだ語。❷不良青少年。第二次大戦後、髪型やファッションなどで、アメリカの若者の風俗をまねた青少年をさして呼んだ語。

ヤンキー-ボンド〘Yankee bond〙米国の債券市場で、世界銀行などの国際機関や、外国の政府・地方自治体・民間企業が発行する債券。日本のサムライボンド(円建て外債)や英国のブルドッグボンドに相当する。

ヤング〘young〙若いこと。また、若者。青少年。「━の集まる店」【類語】青年・若者・若人・青少年・ヤンガーゼネレーション・若手・年弱・若齢・若年・年少・若い

ヤング〘Arthur Young〙[1741～1820]英国の農学者。大農経営の主張者で、農業経営の近代化のために輪作農法の普及に尽くした。著「農業経済」など。

ヤング〘Owen D. Young〙[1874～1962]米国の

法律家・財政家。1924年よりロンドン会議・パリ会議の委員・委員長として、新しい賠償協定ヤング案を作成した。

ヤング〖Thomas Young〗[1773〜1829]英国の医師・物理学者・考古学者。目について研究し、光の波動説、光が横波であること、色覚の三色説を提唱。弾性体のヤング率を発見し、小児の投薬量を算出するヤング式を定め、また、古代エジプト文字の解読にも貢献した。

ヤング-アダルト〖young adult〗❶10代後半の若者。20代前半を含めることもある。❷若々しい雰囲気をもった大人。

ヤング-あん【ヤング案】第一次大戦後のドイツ賠償問題の解決案。1929年、O=D=ヤングを長とする対独賠償専門委員会で、ドーズ案を修正して作成され、翌年調印された。賠償総額の削減、支払い期間の延長などを定めたが、世界恐慌のため実行不可能となり、32年のローザンヌ会議でさらに修正された。

ヤング-エグゼクティブ〖young executive〗若くして企業の重役に就いた人。若手経営者。ヤンエグ。(補説)日本では、バブル経済期に、大手企業に勤める若手社員を指す言葉として使われた。

ヤング-オールド《和 young＋old》65歳以上を高年齢層としたとき、65歳から74歳までをいう。また、一般に60歳代ぐらいの、比較的若い層の老人のこと。➡オールドオールド

ヤング-マン〖young man〗若い人。青年。

ヤング-ミセス《和 young＋Mrs.》結婚している若い女性。若奥さん。

ヤング-りつ【ヤング率】弾性率の一。細い棒を引き伸ばしたときの引っ張り応力と、単位長さ当たりの物質の伸びとの比。T=ヤングが導入。伸び弾性率。縦弾性係数。縦弾性率。

ヤンコー【秧歌】《中国語》中国漢民族の民族舞踊。集団舞踊の部分と、二、三人で演じる簡単な物語の部分からなる。田植え踊りが起源といわれ、現在、中国北方の各省で祝祭日などに広く行われる。秧歌おう。

やんごと-な・い【▽止ん事無い】〔形〕文やんごとな・し〔ク〕《「止む事無し」が一語化したもの》❶家柄や身分がひじょうに高い。高貴である。「―・い生まれ」「―・いお方」❷そのまま捨てておけない。なおざりにできない。のっぴきならない。「うちにしも―・きことありとて、出でむとするに」〈かげろふ・上〉❸なみなみでない。特別である。「(左大臣ヲ)―・く重き御後見とおぼして」〈源・賢木〉❹貴重である。「―・き物持たせて」〈枕・七〇〉(派生)やんごとなげ〔形動〕やんごとなさ〔名〕

ヤンゴン〖Yangon〗ミャンマー連邦の旧首都。イラワジ川の分流ヤンゴン川に臨み、18世紀から貿易港として発展。米・チーク材を輸出する。金色のシュエダゴン-パゴタなど多くの仏塔がある。1989年にラングーンを改称。2005年ネーピードーに遷都。人口387万(2003)。

やんす〔助動〕[やんせ・やんす|やんし・やんす|○|やんし・やんせ]動詞の連用形、断定の助動詞の連用形「で」に付く。❶尊敬の意を表す。…なさる。「ほほこれは皆若い衆、寒取前で精が出**やんす**よ」〈浄・双蝶蝶〉❷丁寧の意を表す。…ます。「今はかういふ顔がはやり**やんす**」〈洒・品川楊枝〉(補説)もと近世前期の上方の遊女語で、後期には一般化するとともに❷に限られるようになった。語源については諸説あって、「あります」「やしゃります」「あんす」などの音変化とみる説がある。

ヤンセニウス〖Jansenius〗▶ヤンセン

ヤンセン〖Cornelis Jansen〗[1585〜1638]オランダのカトリック神学者。死後出版された著書「アウグスティヌス」はローマ教皇により異端とされ、その信奉者は迫害されたが、多くの支持者を得て、ジャンセニスムを生んだ。ヤンセニウス。➡ジャンセニスム

ヤン-ソギル【梁石日】[1936〜]小説家・詩人。大阪の生まれ。本名、正雄まさお。在日朝鮮人二世。「狂躁曲」(のち「タクシー狂躁曲」と改題)でデビュー。同作は崔洋一監督「月はどっちに出ている」で映画化され、大ヒットとなる。実父をモデルに破滅的な男の半生を描いた「血と骨」で山本周五郎賞を受賞。他に「夜を賭けて」「夜の河を渡れ」など。

ヤンソン〖Tove Marika Jansson〗[1914〜2001]フィンランドのスウェーデン系女性作家・画家。童話「ムーミン」シリーズで国際的に知られる。他に自伝「彫刻家の娘」や小説「誠実な詐欺師」など。

やん-ちゃ〔名・形動〕子供がだだをこねたりいたずらしたりすること。また、そのさまやそのような子供。やんちゃん。「―をする」「―な年頃」「―盛り」
(類語)腕白・利かん坊・悪戯いたずらっ子・だだっ子・御転婆おてんば

やん-ちゃん〔名・形動〕《近世江戸語》「やんちゃ」に同じ。「いえさ、―がようございますのさ」〈滑・浮世風呂・二〉

ヤンチョ【洋車】《中国語》人力車。

やんぬる-かな【ˣ已んぬるˣ哉】〔連語〕《慨嘆・絶望の辞「已矣」「已矣乎」「已矣哉」などの訓読み。「やんぬる」は「やみぬる」の音変化》今となっては、どうしようもない。「弓折れ矢尽きた。―」

やんばる【山原】沖縄本島の北部山岳地方の通称。国頭くにがみ地方。

やんばる-くいな【▽山▽原水＝鶏】—くひな クイナ科の鳥。全長約30センチ。顔は黒く、上面は緑褐色、下面は黒と白の横縞模様で、くちばしと脚が赤い。飛翔力はほとんどない。沖縄本島北部の山林にすむ特産種。昭和56年(1981)新種として記載。天然記念物。

やんばる-てながこがね【▽山▽原手長金＝亀＝子】コガネムシ科の昆虫。日本産コガネムシ類では最大で、体長6センチくらい。雄の前脚が非常に長い。前胸部は銅緑色、前翅ぜんしは黒色で黄褐色紋がある。沖縄本島北部の山地の樹林にすみ、特産種。昭和59年(1984)新種として記載。天然記念物。

ヤンパン【両班】《朝鮮語》朝鮮の高麗こうらい、および李氏朝鮮時代の特権的な官僚階級、身分。文官は東班(文班)、武官は西班(武班)に分けられていたのでこの名がある。官位・官職を独占世襲し、種々の特権・特典を受けた。ヤンバン。

ヤンピー【羊皮】《中国語》羊の毛皮やなめし革。

ヤン-フス〖Jan Hus〗▶フス

ヤンボル〖Yambol〗ブルガリア中東部の都市。ブルガスの西約90キロメートル、トゥンジャ川沿いに位置する。古代ローマ皇帝ディオクレチアヌス帝の時代にディオスポリスと呼ばれる城塞都市が造られた。18世紀後半以降、繊維産業が盛ん。オスマン帝国時代のバザール、劇場、歴史博物館のほか、郊外に古代トラキア人の集落跡であるカビレ遺跡がある。

やんま【蜻＝蜓】❶トンボ目ヤンマ科の昆虫の総称。体長6センチ以上あり、体は長く太めで、複眼も大きい。翅はねは幅広く、翅脈しみゃくが太い。昆虫類中最も速く飛ぶ。ギンヤンマ・ルリボシヤンマ・カトリヤンマなど。❷大形のトンボ。ギンヤンマ・オニヤンマ・ムカシヤンマ・ウチワヤンマなど。(季 秋)「山の端を―かへすや破れ笠/其角」❸トンボの別名。

ヤン-ママ 成人前に出産するなど、若くして母親になった女性。「ヤン」はヤング(若者)の略とも、ヤンキー(不良青少年)の略ともされる。平成6年(1994)ごろからの流行語。

やん-や ㊀〔名・形動〕ほめそやすこと。また、そのようなさま。「女房が五大力の爪弾きを聴いてるも―な沙汰ぢゃあねえ」〈滑・浮世風呂・三〉㊁〔感〕ほめそやすときに発する語。「―、―の喝采を浴びる」

ヤン-ヨーステン〖Jan Joosten van Lodenstijn〗[?〜1623]オランダの船員・貿易家。リーフデ号に乗り組み、慶長5年(1600)豊後ぶんごに漂着。同乗のアダムズ(三浦按針)とともに徳川家康に仕え、外交・貿易に活躍した。居宅のあった八重洲河岸やえすがしの地名は彼の名にちなむという。日本名は耶揚子。

やんれ〔感〕《「やれ」を強めた語》俗謡などの囃子詞はやしことば。「一竜頭鷁首りょうとうげきしゅの金の楫かぢやあ」〈浄・女護島〉

やんわり〔副〕スル ものやわらかであるさま。おだやかなさま。「―(と)断る」「―(と)した肌触わり」

ゆ ❶五十音図ヤ行の第3音。硬口蓋と前舌との間を狭めて発する半母音[j]と母音[u]とから成る音節。[ju] ❷平仮名「ゆ」は「由」の草体から。片仮名「ユ」は「由」の末2画の変形によるもの。(補説)「ゆ」は、また、「きゅ」「しゅ」「ちゅ」などの拗音の音節を表すのに、「き」「し」「ち」などの仮名とともに用いられる。現代仮名遣いでは拗音の「ゆ」は、なるべく小書きにすることになっている。

ゆ【▽弓】ゆみ。多く、他の語の上に付けて用いる。「―末ずゑ」「―弦づる」「―弭はず」

ゆ【ˣ柚】ユズ。また、ユズの実。「三輪漬みつわづけは―の香ゆかしく」〈露伴・五重塔〉(季 秋|花＝夏)「一片の葉の真青なる―の実かな/蛇笏」

ゆ【▽斎】斎いみ浄きよめること。神聖なこと。助詞「つ」を伴って、また直接に名詞の上に付けて用いられる。「―種だね」「―槻つき」「―庭にわ」➡斎(ゆ)つ

ゆ【▽揺】琴などを弾くとき、余韻を波うたせるために左手の指先を軽く弦に当てて揺すること。また、その奏法や音。「―の音ね深う澄ましたり」〈源・明石〉

ゆ【湯】❶水を煮えたたせて熱くしたもの。「やかんで―を沸かす」❷入浴するために沸かした水。また、風呂ふろ。「―に入る」「―に行く」❸温泉。いでゆ。「―の町」❹鋳造に用いる、金属を熱して溶かしたもの。❺船の中にたまった水をいう忌み詞。あか。ふなゆ。❻煎じ薬。薬湯。「帝みかど又―を立てさせて進まゐらんとし給ひけるが」〈太平記・一二〉(類語)熱湯・煮え湯・ぬるま湯 (…語)上がり湯・朝湯・足湯・熱あつ湯・飴あめ湯・新あら湯・出い で湯・炒いり湯・内湯・産うぶ湯・陸おか湯・押し湯・男湯・重おも湯・女湯・掛かり湯・葛くず湯・薬湯・腰湯・骨こつ湯・桜湯・白さ湯・新さら湯・仕舞い湯・下しも湯・生姜しょうが湯・菖蒲しょうぶ湯・総湯・外湯・蕎麦そば湯・卵湯・茶の湯・出で湯・留め湯・長湯・煮え湯・微温ぬるま湯・微温ぬる湯・練り湯・初湯・麦湯・桃湯・貰もらい湯・柚ゆず湯・沸かし湯・若湯

湯の辞儀じぎは水になる 風呂に入るときに遠慮して譲り合っていると、湯が冷めてしまう。遠慮も、時と場合とによることのたとえ。

湯を立た・てる 風呂を沸かす。

湯を使・う 入浴する。湯あみをする。

湯を引・く 「湯を使う」に同じ。「湯殿ゆどのしつらひなどして、御湯ひかせ奉る」〈平家・一〇〉

湯を沸かして水にする せっかくの努力をむだにすることのたとえ。

ゆ〔助動〕[え|え|ゆ|ゆる|ゆれ|○]《上代語》四段・ナ変・ラ変動詞の未然形に付く。❶受け身の意を表す。…れる。「手束杖腰にたがねてか行けば人に厭いとは**え**かく行けば人に憎ま**え**」〈万・八〇四〉❷可能の意を表す。…ことができる。「日な曇り碓氷うすひの坂を越えしだに妹いもが恋ひしく忘ら**え**ぬかも」〈万・四四〇七〉❸自発の意を表す。自然に…となる。「大君の継ぎて見めすらし高円たかまとの野辺見るごとに音ねのみし泣か**ゆ**」〈万・四五一〇〉➡らゆ (補説)「る」に先行する助動詞。❷の意味で用いられるときは、打消しの語を伴い、不可能の意を表すことが多い。平安時代以降は「る」が使われたが、「聞かゆ」「思はゆ」などは音変化して一語化し、「聞こゆ」「おもほゆ」(さらに転じて「おぼゆ」)の形で用いられた。平安時代以降では、連体詞「あらゆる」「いわゆる」などに連体形「ゆる」の形をとどめている。

ゆ〔格助〕《上代語》名詞に付く。❶動作・作用の起点を表す。…から。「朝に日けに見まく欲りするその玉をいかにせばかも手―離かれずあらむ」〈万・四〇三〉❷

動作の移動・経由する場所を表す。…を通って。「川沿ひの岡辺の道ー昨日こそ我が越え来しか」〈万・一七五一〉❸比較の基準を表す。…に比べて。…より。「衣手葦毛の馬のいなく声心あれかも常ー異に鳴く」〈万・三三二八〉❹動作の手段・方法を表す。…によって。…で。「小筑波の繁き木の間よ立つ鳥の目ーか汝を見むさ寝ざらなくに」〈万・三三九六〉➡ゆり ➡よ ➡より

ゆ-あか【湯×垢】❶鉄瓶・浴槽などの内側に付着する垢に似たもの。水中に含まれるマグネシウムやカルシウムの沈殿したもの。❷缶石のこと。

ゆ-あがり【湯上(が)り】❶風呂から出たばかりの時。「ーのビール」「ータオル」❷湯治を終えること。湯治して病気が治ること。「めでたや今のーは、永々の中風病み」〈浄・百合若大臣〉

ゆ-あげ【湯揚げ】切り花を長持ちさせる方法の一。蒸気がかからないよう花のある上部を新聞紙などでしっかりと覆い、茎の下部を沸騰している湯に20～30秒ほど浸し、その後すぐに水につけて水揚げを行うもの。茎の中の空気を追い出して水揚げをよくする。深水の次にする方法。➡深水

ゆあさ-じょうざん【湯浅常山】[1708～1781]江戸中期の儒学者。備前岡山藩士。名は元禎。字は士祥。江戸に出て服部南郭・太宰春台に学び、帰って藩政に参与。のち、直言が疎まれて退けられ、著述に専念した。著「常山紀談」「文会雑記」など。

ゆ-あたり【湯▽中り】〔名〕スル 長く湯につかったり何回も入浴したりして、からだに変調をきたすこと。

ゆ-あつ【油圧】油を伝達手段に用いてかける圧力。

ゆあつ-き【油圧器】油圧によって動力が伝達され、駆動する機器。

ゆあつ-ブレーキ【油圧ブレーキ】▶オイルブレーキ

ゆ-あび【湯浴び】〔名〕スル「ゆあみ」に同じ。

ゆ-あみ【湯▽浴み】〔名〕スル ❶風呂に入ること。入浴。「ーして汗を流す」❷湯治すること。「筑紫の国にーにまかからむ」〈竹取〉

(類語)入浴・入湯・沐浴・行水・温浴・湯治・湯を使う

ゆあみ-かいめん【湯▽浴み海綿】モクヨクカイメンの別名。

ゆ-あ・む【湯▽浴む】〔連語〕入浴する。湯治する。「秋ごろ山里にてー・むるとて」〈右京大夫集・詞書〉

ゆ-あらい【湯洗い】❶「湯灌」に同じ。❷湯で洗うこと。特に、馬を湯で洗うこと。「一昨日はー、昨日は庭乗り」〈盛衰記・一四〉

ゆい【由比】静岡市清水区の地名。駿河湾に臨み、西方に薩埵峠がある。もと東海道五十三次の宿駅。

ゆい【結い】㊀〔名〕❶結うこと。また、結ったもの。「髪ー」「山守のありける知らにその山に標結ひ立ててーの恥しつ」〈万・四〇一〉❷家相互間で、双務的に力を貸し合う労働慣行。また、それをする人。田植え・稲刈りのときに行われる。手間換え。㊁〔接尾〕助数詞。❶くくり束ねたものを数えるのに用いる。「宮司召して、衣箱二ーとらせて」〈枕・八七〉❷銭を数えるのに用いる。銭100文を一結いとする。「運びける用途十ーをば」〈略本沙石集・六〉

ユイア〖UIA〗《フランス Union Internationale des Architectes》国際建築家連合。資格審査・作品評価などがあり、著名建築家が会員。1948年設立。本部はパリ。

ゆい-あ・げる【結(い)上げる】〔動ガ下一〕図ゆひあ・ぐ〔ガ下二〕❶髪などを結んで上へあげる。頭髪を結い整える。「高島田にー・げる」❷結び終える。また、頭髪を結い終える。「垣根をー・げる」

ゆい-いち【唯一】「ゆいいつ」に同じ。「神は一円頓一実相の外」〈浄・聖徳太子〉

ゆい-いつ【唯一】ただ一つであること。それ以外にはないこと。ゆいいち。ゆいつ。「世界でーの逸品」「ーの趣味」(類語)一つ・単一・無二・不二・空前絶後・またとない・掛け替えのない・オンリーワン

ゆいいつしん-きょう【唯一神教】▶一神教

ゆいいつ-しんとう【唯一神道】▶吉田神道

ゆいいつ-しんめいづくり【唯一神明造(り)】《他に類例のない純粋な神明造りの意》伊勢神宮正殿の建築様式をいう。

ゆいいつ-むに【唯一無二】《「唯一」を強めていう語》ただ一つあって、二つとないこと。「ーの存在」

ゆい-いれ【結▽納】《「言い入れ」を「ゆいいれ」となまり、「結納」を当てたもの》「ゆいのう」に同じ。「婚礼のーに」〈艶道通鑑〉

ゆいえん【唯円】鎌倉中期の浄土真宗の僧。常陸河和田の人。親鸞の弟子で、その没後の教団の中心となった。「歎異抄」の著者とされる。同名の門弟がいたことから、河和田の唯円とよばれた。生没年未詳。

ゆい-かい【遺戒|遺×誡】死後に残す訓戒。遺訓。「九条殿のーにも侍る」〈徒然・二〉

ゆい-がい【遺骸】「いがい(遺骸)」に同じ。「入道泣く泣くそのーを煙となし」〈太平記・四〉

ゆいが-どくそん【唯我独尊】❶「天上天下唯我独尊」の略。❷自分一人が特別にすぐれているとうぬぼれること。ひとりよがり。

ゆい-がはま【由比ヶ浜】鎌倉市の相模湾に面する砂浜海岸。稲村ヶ崎から飯島ヶ崎に至るが、滑川から東は材木座海岸ともいう。海水浴場。

ゆい-がみ【結(い)髪】結った髪。けっぱつ。

ゆい-から・げる【結い▽絡げる】〔動ガ下一〕図ゆひから・ぐ〔ガ下二〕結び束ねる。結んでからげつける。「長い髪をー・げる」

ゆいが-ろん【唯我論】▶独我論

ゆいかわ-けい【唯川恵】[1955～]小説家・エッセイスト。石川の生まれ。本名、宮武泰子。OL生活を経て作家となる。等身大と評されるエッセーや、女性心理を繊細かつ大胆に描く恋愛小説で女性の支持を得る。「肩ごしの恋人」で直木賞受賞。他に「海色の午後」「愛がなくてははじまらない。」など。

ゆい-きょう【遺教】《「ゆいぎょう」とも》❶教えをのちの世に残すこと。また、その教え。❷釈迦の説いて残した教え。仏教のこと。「これより漢土の仏法は弘まりてー今に流布せり」〈太平記・二四〉

ゆい-ぎょう【遺形】❶遺体。遺骸。❷仏舎利の異称。

ゆいきょうぎょう【遺教経】大乗経典。梵本やチベット訳は現存しない。鳩摩羅什訳。1巻。釈迦が涅槃に入る前に最後の教えを垂れたことを内容とし、戒を守って五欲をつつしみ、定を修して悟りの智慧を得ることを説く。中国・日本で普及し、特に禅門で重視される。仏垂般涅槃略説教誡経。仏遺教経。

ゆいきょうぎょう-え【遺教経会】2月9日から15日まで、京都の大報恩寺(千本釈迦堂)で、東山の智積院の僧が集まって遺教経を訓読し、大念仏を修する法会。

ゆい-きりテングサ科の紅藻。日本特産。浅海の岩上に生え、高さ約15センチ、暗紅色。茎は不規則に二また分かれ、葉片が螺旋状につく。葉片にはとげ状突起がある。寒天の原料。とりのあし。

ゆい-ぐら【結倉】《「ゆいくら」とも》河川工事に用いる、蛇籠に丸太を結び付けたもの。

ゆい-くん【遺訓】▶いくん(遺訓)

ゆい-げ【遺×偈】禅僧が末期に臨んで門弟や後世のためにのこす偈。

ゆい-げさ【結×袈×裟】修験道の山伏がつける袈裟。細長いきれ地3筋を緒で結んで連ね、所々に菊綴じをつけた輪袈裟。

ゆい-ごん【遺言】〔名〕スル 死後のために言い残しておくこと。また、その言葉。法律用語では「いごん」と読む。「財産の分与についてーしておく」

ゆいごん-しょ【遺言書】「遺言状」に同じ。

ゆいごん-じょう【遺言状】遺言を書いた文書。遺言書。(類語)遺書・遺言書・遺言・書き置き

ゆい-しき【唯識】《梵 vijñapti-mātratāの訳》仏語。一切の対象は心の本体である識によって現し出されたものであり、識以外に実在するものはないということ。また、この識も誤った分別をするものにすぎず、それ自体存在しえないことをも含む。法相宗の根本教義。

ゆいしき-え【唯識会】唯識論を講讃する法会。奈良の春日神社で行われた。唯識講。

ゆいしき-こう【唯識講】「唯識会」に同じ。

ゆいしき-しゅう【唯識宗】法相宗の異称。

ゆいしき-は【唯識派】中観派と並ぶインド大乗仏教の二大学派の一。現象世界を唯識説によって説明し、瑜伽行の実践によって認識しようとする学派。弥勒・無着・世親らによって始められ、日本の法相宗の源流となった。瑜伽派。瑜伽行派。➡瑜伽

ゆいしきろん【唯識論】㊀世親著「唯識二十論」の略。1巻。菩提流支訳・真諦訳・玄奘訳の三つがある。現実存在を構成する諸法は実在するのではなく、識によって顕現したものにほかならないとして、唯識を説く。「成唯識論」の典拠となった。㊁「成唯識論」の略。

ゆいしば-こもん【結×柴小紋】柴を束ねた形を小さな文様にした型染め。また、その文様。

ゆい-しょ【由緒】❶物事の起こり。また、今に至るまでのいきさつ。いわれ。「行事のーをたずねる」❷現在に至るまでのりっぱな歴史。来歴。「ーのある古寺」「ー正しい美術品」(類語)いわれ・由来・起こり・来歴・故事・縁起・歴史・沿革・道程・歴程

ゆい-しょうせつ【由井正雪】[1605～1651]江戸初期の兵法家。駿河の人。姓は由比とも。慶安の変の主謀者。江戸に楠木流軍学の教授所を開き、浪人を集めて倒幕をはかったが、事前に発覚し自殺。

ゆいしょ-がき【由緒書(き)】由緒を書き記した文書。

ゆい-しん【唯心】❶仏語。すべての存在は心の現れであって、ただ心だけが存在するということ。華厳経の中心思想。❷すべての根源が精神にあるとし、精神を中心に考えること。⇔唯物。

ゆいしん-いっとうりゅう【唯心一刀流】江戸前期の剣術の一派。伊東一刀斎景久の門人、古藤田勘解由左衛門唯心により創始。古藤田流。

ゆいしん-えんぎ【唯心縁起】仏語。一切の諸法は一心の縁起によって顕現したものであるということ。

ゆいしん-の-じょうど【唯心の浄土】仏語。一切の存在はすべて心の現れであるという見方から、浄土も自分自身の心の現れであり、心の中に存在するという考え。

ゆいしん-の-みだ【唯心の▽弥×陀】仏語。一切の存在は心の現れであるという見方から、阿弥陀仏も自分自身の心の現れであって、心の中に存在するという考え。己心の弥陀。

ゆいしん-ろん【唯心論】哲学で、世界の本質と根源を精神的なものに求め、物質的なものはその現象ないし仮象と見なす形而上学的、世界観的な立場。プラトン・ライプニッツ・ヘーゲルらがその代表者。⇔唯物論。➡観念論

ユイスマンス〖Joris-Karl Huysmans〗[1848～1907]フランスの小説家。自然主義から唯美主義を経て神秘主義に転じた。作「さかしま」「彼方」など。

ゆい-せき【遺跡】❶「いせき(遺跡)❶」に同じ。「五郎がーなれば、名残り惜しくは思へども」〈曽我・一二〉❷「いせき(遺跡)❸」に同じ。「ーを継がせ申したきとの念願にて候」〈謡・春栄〉

ゆい-ぞめ【結(い)初め】新年になって初めて髪を結うこと。初結い。初髪。(季 新年)

ゆい-だる【結い×樽】たがをはめた木製の樽。現在普通に用いられている樽をいう。➡差し樽

ユイチイ【魚翅】《中国語》フカのひれを乾燥させたもの。中国料理の材料。

ゆい-ちょう【由比町】▶由比

ゆい-ちょく【遺勅】「いちょく(遺勅)」に同じ。「葬礼の御事、かねてーありしかば」〈太平記・二一〉

ゆい-つ・ける【結(い)付ける】〔動カ下一〕図ゆひつ・く〔カ下二〕❶結びつける。縛りつける。「髪にリボンをー・ける」❷髪などを結うことに慣れる。ゆいなれる。「ー・けている髪形」

ゆい-な【▽維那】▶いな(維那)

ゆい-のう【結納】婚約成立のしるしに、両当事者かその親が金銭または品物を取り交わすこと。また、その儀式や金品。〘補説〙「言い入れ」を「ゆいいれ」となまり、それに当てた「結納」を湯桶読みしたもの。

ゆい-はた【結ひ機】「纈」に同じ。「一の袖付け衣着し我を」〈万・三七九一〉

ゆいび-しゅぎ【唯美主義】「耽美主義」に同じ。

ゆいび-は【唯美派】▶耽美派

ゆい-ぶつ【唯物】すべての根源を物質と考え、精神の実在を否定すること。⇔唯心。

ゆいぶつ-しかん【唯物史観】▶史的唯物論

ゆいぶつ-べんしょうほう【唯物弁証法】▶弁証法的唯物論

ゆいぶつ-ろん【唯物論】哲学で、精神的なものに対する物質的なものの根源性を主張し、精神的なものはその現象ないし仮象と見なす認識論的、形而上学的な立場。この考え方は古代のインド・中国や初期ギリシャ哲学にもみられるが、近代以後では18世紀のイギリス・フランスの唯物論、19世紀のフォイエルバッハの唯物論を経て、マルクスとエンゲルスにより弁証法的唯物論として確立された。マテリアリズム。⇔唯心論。➡観念論

ゆいま【維摩】㊀《梵 Vimalakīrtiの音写「維摩詰」の略。浄名・無垢称と訳す》㊀維摩経の主人公として設定された架空の人物。古代インド毘舎離城の長者で、学識にすぐれた在家信者とされる。病気の際、その方丈の居室に、釈迦の弟子を代表して文殊菩薩が訪れたとされる。㊁「維摩経」の略。㊁「維摩会」の略。

ゆいま-え【▽維摩会】維摩経を講ずる法会。10月10日から7日間、奈良の興福寺で行われる。維摩講。(季 冬)「一にまゐりて俳諧尊者かな/鬼城」

ゆいま-ぎょう【維摩経】大乗経典。梵本は散逸、チベット訳が現存。漢訳では鳩摩羅什訳「維摩詰所説経」3巻のほか、支謙訳「維摩詰経」2巻、玄奘訳「説無垢称経」6巻が現存。在家信者の維摩と文殊菩薩との問答を通して、空の思想とその実践を説き、在家信者の徳目を明らかにするもの。

ゆいま-こう【▽維摩講】「維摩会」に同じ。

ゆいま-の-ほうじょう【▽維摩の方丈】▶方丈㊀②

ゆい-め【結い目】結んだところ。むすびめ。

ゆい-めい【遺命】▶いめい(遺命)

ゆいめいてき-ていぎ【唯名的定義】論理学で、概念を定義する場合に、概念の使用についての約束を述べただけのもの。従来用いられてきた表現をより簡潔な表現に改めたり、新しく発見された現象の命名に用いられたりする。名目的定義。

ゆいめい-ろん【唯名論】実念論に反対して、実在するのは個物であり、普遍は個物のあとに人間が作った名辞にすぎないと考える立場。ロスケリヌス・オッカムがその代表者。名目論。ノミナリズム。➡普遍論争

ゆい-もつ【遺物】▶いぶつ(遺物)

ゆ-いり【湯入り】①入浴すること。ゆあみ。②船の底に淦のたまること。また、船荷が淦にぬれて損なわれること。また、その船荷。

ゆい-わた【結綿】①数枚重ねた真綿の中央を結び束ねたもの。祝い物に用いる。②島田髷の一。髷の幅を広くし、その中央に鹿の子絞りなどの手絡をかけて結ぶもの。未婚女性の髪形。結綿島田。③紋所の名。①を図案化したもの。④日本建築で、大瓶束の下端の虹梁を挟む部分。また、そこに施された①のような形の装飾彫刻。懸魚・勾欄・親柱などに施された同様な形の繰り形にもいう。

ゆう【夕】日が沈んで夜になろうとする時。夕暮れ。夕方。ゆうべ。「朝に一に故郷を思う」

夕片設けて 夕方になって。「草枕旅に物思ひ我が聞けば一鳴くかはづかも」〈万・二一六三〉

夕さ・る 《「さる」は時がやって来る意》夕方になる。夕べになる。「一・ればみ山を去らぬ布雲のあぜか絶えむと言ひし児ろはも」〈万・三五一三〉

ゆう【木＝綿】コウゾの皮の繊維を蒸して水にさらし、細かく裂いて糸としたもの。主に幣として神事の際にサカキの枝にかける。

ゆう【友】〘名・形動〙①友人。とも。②兄弟の仲がよいこと。また、そのさま。「父母に孝に、兄弟に一に」〈教育に関する勅語〉➡漢「ゆう(友)」

ゆう【▽用】仏語。働き。作用。受用。「体、相、一」

ゆう【有】①あること。存在。「無から一を生じる」⇔無。②持っていること。所有すること。「敵の一に帰する」③▶存在② ④数字とともに用いて、さらに、その上また、の意を表す。「十一余年」➡漢「ゆう(有)」

ゆう【×邑】①人の集まり住む所。むら。町。②諸侯・大夫の領地。封土。➡漢「ゆう(邑)」

ゆう【勇】いさましいこと。勇気。「匹夫の一」➡漢「ゆう(勇)」〘類語〙勇気・大勇・小勇・蛮勇・暴勇

勇を鼓・す 勇気を奮い起こす。「一・して進む」

ゆう【×柚】ユズの別名。

ゆう【×揖】①笏を持ち、上体をやや前に傾けてする礼。②中国の昔の礼の一。両手を胸の前で組み、上下したり前にすすめたりする礼。➡漢「ゆう(揖)」

ゆう【×釉】釉薬。うわぐすり。

ゆう【雄】①生物のおす。おとこ。②強く勢いのあること。特にすぐれていること。また、その人。「政界の一」➡漢「ゆう(雄)」〘類語〙英雄・ヒーロー・奸雄・老雄・群雄・両雄・風雲児・巨星・巨人・英傑・傑物・傑士・傑人・人傑・俊傑・怪傑・大人物・逸材・大物・大器

ゆう【優】㊀〘名〙すぐれていること。また、成績の評価で上位を表す語。「秀一良可」㊁〘形動〙文〘ナリ〙①美しく上品なさま。「濡羽の黒髪、肩に振分けて後に下げたる姿、一に気高し」〈樗牛・滝口入道〉②たくみなさま。「常よりも一にも書い給へるかな」〈源・葵〉③すぐれているさま。「一なりとおぼゆばかりすぐれたるとは」〈源・帚木〉④けなげなさま。殊勝なさま。「ただ一騎のこらせ給ひたるこそ一なれ」〈平家・七〉⑤やさしいさま。「一に情ありける三蔵かな」〈徒然・八四〉➡優に ➡漢「ゆう(優)」

ユー〘U｜u〙①英語のアルファベットの第21字。②〈U〉《ドイツ Uran》ウランの元素記号。

ユー〘you〙〘代〙あなた。きみ。おまえ。

ゆ・う【▽言う｜×云う｜×謂う】〘動ワ五(ハ四)〙「い(言)う」の終止・連体形を「ユー」と発音するところから、「ゆ」が語幹と意識されてできた語形。終止・連体形以外で「ゆわない」「ゆった」などと言うこともあるが、本来の言い方ではない。

ゆ・う【結う】〘動ワ五(ハ四)〙①縄やひもなどで縛る。むすぶ。「帯を一・う」②髪を整えて結ぶ。「桃割れを一・う」「ちょん髷を一・う」③組み立てる。作る。「枕づくつま屋の内にとぐら一・ひすゑてそ我が飼ふ真白斑の鷹」〈万・四一五四〉④つくろい縫う。「几帳どものほころび一・ひつつ、こぼれ出でたり」〈枕・九〇〉〘可能〙ゆえる

ゆう【×尤】〘形動〙文〘ナリ〙(「ゆうなるもの」の形で)特に、すぐれているさま。「正宗は刀剣の一なるものだ」➡漢「ゆう(尤)」

ユー-アール〘UR〙《Uruguay Round》▶ウルグアイラウンド

ユー-アール〘UR〙《Urban Renaissance Agency》「都市再生機構」の略称。UR都市機構。

ユー-アール-エル〘URL〙《uniform resource locator》インターネット上の情報資源の場所とその属性を指定する記述方式。情報資源の種類やアクセス方法、情報を提供するウェブサーバーの識別名、ファイルの所在を指定するパス名などで構成される。情報資源の名前とその属性を指定するURNとともに、より包括的な上位の概念であるURIに含まれる。

ユーアールエル-フィルター【URLフィルター】《URL filter》▶フィルタリングソフト

ユーアールエル-フィルタリングサービス【URLフィルタリングサービス】《URL filtering service》▶フィルタリングサービス

ユー-アール-ティー-エヌ-エー〘URTNA〙《フランス Union des Radiodiffusions et Télévisions Nationales d'Afrique》アフリカ放送連合。アフリカ各国のテレビ局が加盟する。1962年設立。

ユーアール-としきこう【UR都市機構】「都市再生機構」の愛称。

ゆう-あい【友愛】兄弟間の情愛。また、友人に対する親しみの情。友情。友誼。「一の精神」

ユー-アイ〘UI〙《university identity》ユニバーシティーアイデンティティー。私立大学が自校のイメージや教育内容を見直し、イメージアップをはかろうとする統合戦略。

ユー-アイ〘UI〙《union identity》ユニオンアイデンティティー。労働組合のイメージアップをはかるための統合戦略。

ユー-アイ〘UI〙《user interface》▶ユーザーインターフェース

ゆうあい-かい【友愛会】大正元年(1912)鈴木文治らを中心として結成された労働組合。当初は共済・修養を目的とした協調主義の立場に立った。しだいに組織を広げ、同10年、日本労働総同盟に発展。

ユー-アイ-シー〘UIC〙《フランス Union Internationale des Chemins de Fer》国際鉄道連合。各国の鉄道会社、鉄道建設関連業者、公共交通機関関係者などが会員。1922年設立。本部はパリ。

ユー-アイ-シー-シー〘UICC〙《ラテン Unio Internationalis Contra Cancrum》▶国際対がん連合

ゆうあい-すう【友愛数】自然数aとbにおいて、a以外の約数(1を含む)の和がbとなり、b以外の約数(1を含む)の和がaとなる、二組みの自然数を友愛数という。例えば、220の約数は、「1」「2」「4」「5」「10」「11」「20」「22」「44」「55」「110」で、この合計が「284」となる。一方284の約数は、「1」「2」「4」「71」「142」で、この合計が「220」となる。「親和数」ともいう。➡完全数 ➡過剰数 ➡不足数 〘補説〙「220」「284」以外の友愛数は、17世紀中ごろに、P＝フェルマーが「17296」「18416」を、デカルトが「9363584」「9437056」を発見、18世紀には、L＝オイラーが60組み余りを発見した。

ユー-アイ-ティー-ピー〘UITP〙《フランス Union Internationale des Transports Publics》国際公共交通連盟。90か国以上の公共交通機関が会員。1885年設立。本部はブリュッセル。

ゆう-あかり【夕明(か)り】夕暮れに残る明るさ。日が沈んだあとの明るさ。残照。

ゆう-あがり【夕上がり】漁師のとった魚がその日の夕方市場に出ること。また、その魚。「肴は宮の一を荷ひつれ」〈鶉衣・謝無馳走辞〉

ゆう-あく【優×渥】〘名・形動〙ねんごろで手厚いこと。また、そのさま。「同胞兄弟は、皆聖慮の一なるに感泣し」〈東海散士・佳人之奇遇〉

ゆう-あさり【夕▽漁り】夕方に餌をあさること。「一鳴の目はやく鷺鈍し」〈暁台句集〉

ゆう-あらし【夕嵐】夕方に吹く強風。

ゆう-あん【幽暗｜幽▽闇】〘名・形動〙暗く、かすかなこと。また、そのさま。「夕とも昼ともつかぬ一種一な世界の中に」〈荷風・ふらんす物語〉

ゆう-い【有位】位階をもっていること。

ゆう-い【有為】〘名・形動〙能力があること。役に立つこと。また、そのさま。「一な(の)人材」〘類語〙有望・末頼もしい・頼もしい

ゆう-い【有意】①意味のあること。意義のあること。②そうする意志のあること。「一の諸彦は、早速…申込るべし」〈露伴・露団々〉

ゆう-い【雄偉】〘名・形動〙たくましくすぐれていること。また、そのさま。「体躯の一な男性」

ゆう-い【優位】〘名・形動〙位置・地位などが他よりまさること。また、そのさまや、そのもの。「一に立つ」「味方に一な戦局」⇔劣位。〘類語〙上手・優勢・有利・上位・優越

ゆう-いぎ【有意義】〘名・形動〙意義のあること。意味・価値があると考えられること。また、そのさま。「一な話」「一日を一に過ごす」⇔無意義。

ゆう-いみ【有意味】〘名・形動〙意味があること。

漢字項目 ゆ

【遊】▶ゆう

由 (学)3 [音]**ユ**(呉) **ユウ**(イウ)(漢) **ユイ**(慣) [訓]**よし**、よる ‖ ㊀〈ユ〉①そこから出てくる。通ってくる。「由来/経由」②ある事柄の生じたわけ。いわれ。「由縁/来由」㊁〈ユウ〉①そこから出てくる。よる。「自由」②わけ。いわれ。「因由(いんゆう・いんゆ)・縁由・事由・理由」㊂〈ユイ〉わけ。いわれ。「由緒」[名付]ただ・ゆき・より

油 (学)3 [音]**ユ**(呉) ユウ(イウ)(漢) [訓]**あぶら** ‖ ㊀〈ユ〉液状のあぶら。「油圧・油煙・油脂・油田/肝油・給油・原油・香油・重油・醤油(しょうゆ)・製油・石油・灯油・廃油・潤滑油」㊁〈ユウ〉雲などが盛んにわき上がるさま。「油然」㊂〈あぶら〉「油絵・油紙/種油」[難読]豆油(ご)

喩 [音]**ユ**(呉)(漢) [訓]たとえ、たとえる ‖ 他の例を引いて、ある意味・内容をさとらせる。たとえ。「引喩・隠喩・換喩・直喩・提喩・比喩」

愉 [音]**ユ**(呉)(漢) [訓]たのしい、たのしむ ‖ 心が晴れ晴れとして楽しい。「愉悦・愉快・愉楽」

×**諛** [音]ユ(呉)(漢) [訓]へつらう ‖ へつらう。おもねる。「阿諛(あゆ)」[補説]「諛」は俗字。

諭 [音]**ユ**(呉)(漢) [訓]**さとす** ‖ 相手のわからないところや疑問をといて教える。さとす。「諭告・諭旨/教諭・訓諭・告諭・説諭・勅諭」[名付]さと・さとし・つぐ

輸 (学)5 [音]**ユ**(慣) シュ(漢) ‖ ㊀〈ユ〉①別の場所に物を移し運ぶ。送る。「輸血・輸出・輸送・輸入/運輸・空輸」②輸出・輸入のこと。「禁輸・密輸」㊁〈シュ〉負ける。「輸贏(しゅえい)」[補説]㊁は慣用音で「ユ」とも読む。

癒 [音]**ユ**(呉)(漢) [訓]**いえる、いやす** ‖ 病気が治る。「癒合・癒着/快癒・全癒・治癒・平癒」[難読]腹癒(はらい)せ

漢字項目 ゆい

【由】▶ゆ

【×惟┊遺】▶い

唯 [音]**ユイ**(呉) **イ**(ヰ)(漢) [訓]ただ ‖ ㊀〈ユイ〉ただ…だけ。「唯一・唯識・唯美・唯我独尊・唯心論・唯物論」㊁〈イ〉「はい」という承諾の返事。「唯唯諾諾/諾唯」

漢字項目 ゆう

【右】▶う

【由┊▽油】▶ゆ

友 (学)2 [音]**ユウ**(イウ)(漢) [訓]**とも** ‖ ㊀〈ユウ〉①ともだち。「友愛・友情・友人/悪友・畏友(いゆう)・益友・学友・旧友・級友・交友・師友・社友・親友・戦友・知友・朋友(ほうゆう)・盟友・僚友」②親しく交わる。仲よくする。「友軍・友好・友邦」㊁〈とも〉「友垣・友達(ともだち)」[名付]すけ・ゆ

人**尤** [音]ユウ(イウ)(漢) [訓]もっとも ‖ すぐれている。「尤物」

有 (学)3 [音]**ユウ**(イウ)(漢) **ウ**(呉) [訓]**ある**、もつ、たもつ ‖ ㊀〈ユウ〉①…がある。存在する。「有益・有害・有効・有罪・有志・有望・有名・有利・有料・有力/烏有(うゆう)・固有・通有・万有」②持っている。「含有・共有・具有・国有・私有・所有・占有・保有・領有」③さらに加えて。「有余/一年有半」④語調を整える助字。「有司・有虞氏(ゆうぐし)」㊁〈ウ〉①ある。存在する。「有情・有無・有象無象・有頂天/希有(けう)・未曽有(みぞう)」②仏教で、存在すること。生存。「三有(さんぬ)・中有」[名付]あり・すみ・とお・とも・なお・なり・みち・もち・ゆ [難読]有職(ゆうそく)

人**佑** [音]ユウ(イウ)(漢) [訓]たすける、じょう ‖ かばい助ける。「佑助/神佑」[名付]すけ・たすく・ゆ

人**邑** [音]ユウ(イフ)(漢) [訓]むら ‖ ①人の集まり住む区域。地方の町や村。「郷邑・城邑・村邑・都邑」②諸侯などの領地。「采邑(さいゆう)・封邑(ほうゆう)」[名付]くに・さと

人**酉** [音]ユウ(イウ)(漢) [訓]とり ‖ 十二支の一〇番目。とり。「辛酉・丁酉」[名付]なが・みのる

人**侑** [音]ユウ(イウ)(漢) ウ(呉) [訓]すすめる、たすける ‖ 人に酒食をすすめる。「侑飲・侑食」[名付]あつむ・すすむ・たすく・ゆき

勇 (学)4 [音]**ユウ**(呉) [訓]**いさむ** ‖ ①気力が盛んに奮い立つ。いさみ立つ。いさましい。「勇敢・勇気・勇士・勇壮・勇猛・勇躍/義勇・豪勇・大勇・忠勇・沈勇・蛮勇・武勇」②思いきりがよい。「勇退・勇断」[名付]いさ・いさお・いさみ・お・さ・そよ・たけ・たけし・とし・はや・よ

人**宥** [音]ユウ(イウ)(漢) [訓]ゆるす、なだめる ‖ ①大目に見て許す。「宥恕/寛宥」②なだめる。「宥和」

幽 [音]**ユウ**(イウ)(漢) [訓]かすか ‖ ①暗くて見えない。かすか。「幽暗・幽明」②奥深い。「幽遠・幽艶(ゆうえん)・幽玄・幽邃(ゆうすい)」③世間から離れてひっそりしている。「幽居・幽境・幽棲(ゆうせい)/清幽」④人を閉じ込める。「幽囚・幽閉」⑤死者の世界。「幽界・幽霊」

人**祐**〔祐〕 [音]ユウ(イウ)(漢) [訓]たすける ‖ かばい助ける。神仏の助け。「祐助・祐筆/神祐・天祐」[補説]「祐」「祐」ともに人名用漢字。[名付]さち・すけ・たすく・まさ・ます・むら・よし

悠 [音]**ユウ**(イウ)(呉)(漢) [訓]はるか ‖ ①時間的・空間的に、どこまでも続くさま。はるか。「悠遠・悠久」②気分がゆったりしているさま。「悠然・悠長・悠揚」[名付]ちか・ひさ・ひさし

郵 (学)6 [音]**ユウ**(イウ)(漢) ‖ ①命令や文書の中継をする宿場。「郵亭」②通信を伝達する制度。「郵券・郵政・郵船・郵送・郵袋・郵便」

×**揖** [音]ユウ(イフ)(呉)(漢) ‖ 両手を胸の前で組み合わせて礼をする。「揖譲/一揖・長揖」

×**游** [音]ユウ(イウ)(漢) [訓]およぐ ‖ ①およぐ。「游泳・游魚/回游」②位置を定めず水上を動き回る。「游禽(ゆうきん)・游弋(ゆうよく)/浮游」③川の流れ。「下游・上游」④あそぶ。ぶらぶらする。あちこち歩く。「游士・游民」[補説]「遊」を代用字とすることがある。

湧 [音]**ユウ**(呉) ヨウ(漢) [訓]**わく** ‖ 水がわき出る。「湧出・湧泉」[補説]「涌」は異体字。

猶 [音]**ユウ**(イウ)(漢) [訓]なお ‖ ①ぐずぐずしてためらう。「猶予」②さながら…のようだ。「猶子」[名付]さね・より [難読]猶太(ユダヤ)

裕 [音]**ユウ**(慣) ‖ 豊かでゆとりがある。「裕福/富裕・余裕」[名付]すけ・ひろ・ひろし・まさ・みち・やす・ゆたか

遊 (学)3 [音]**ユウ**(イウ)(漢) **ユ**(呉) [訓]**あそぶ** ‖ ㊀〈ユウ〉①あちこち出歩いてあそぶ。「遊歩・遊覧/清遊」②よその土地に出かける。「遊学・遊子・遊説(ゆうぜい)/外遊・周遊・漫遊・歴遊」③楽しみにふける。「遊戯・遊客・遊興・遊蕩(ゆうとう)・遊里/豪遊」④働きをしない。職に就かずぶらぶらする。「遊金・遊民・遊休地」⑤位置を定めず自由に動き回る。「遊軍・遊撃・遊星・遊牧・遊離」⑥野球で、「遊撃手」の略。「三遊間」⑦(「游」の代用字)およぐ。水上を動き回る。「遊泳/回遊」㊁〈ユ〉あちこち歩く。よその土地に出かける。「遊行(ゆぎょう)・遊山」[名付]なが・ゆき [難読]糸遊(いとゆう)

雄 [音]**ユウ**(漢) [訓]**お、おす** ‖ ㊀〈ユウ〉①おす。「雄蕊(ゆうずい)・雄性/雌雄」②おおしい。勇ましく強い。胆力・知力のすぐれた人。「雄姿・雄壮・雄弁/英雄・奸雄(かんゆう)・梟雄(きょうゆう)・群雄・豪雄・両雄・老雄」③規模が大きい。「雄渾(ゆうこん)・雄大・雄図・雄飛・雄編」㊁〈お〉「雄牛・雄蕊(おしべ)」㊂〈おす〉「雄犬」[名付]かず・かた・かつ・たか・たけ・たけし・のり・よし [難読]雄叫(おたけ)び・雄鳥(おんどり)

▽**熊** [音]ユウ(漢) [訓]**くま** ‖ ㊀〈ユウ〉動物の名。クマ。「熊掌・熊羆(ゆうひ)」㊁〈くま(ぐま)〉「熊手/穴熊・黒熊・小熊・白熊」[難読]熊襲(くまそ)・赤熊(しゃぐま)・白熊(はぐま)・熊野権現(ゆやごんげん)

誘 [音]**ユウ**(イウ)(漢) [訓]**さそう**、いざなう ‖ ①言葉をかけてみちびく。こちらになびくように仕向ける。さそう。「誘掖(ゆうえき)・誘拐・誘致・誘導・誘惑/勧誘」②ある事が別の事を引き起こす。「誘因・誘爆・誘発」

憂 [音]**ユウ**(イウ)(漢) ウ(呉) [訓]**うれえる、うれい、うい** ‖ ①物思いに沈む。心配する。心配事。うれい。「憂鬱(ゆううつ)・憂国・憂愁・憂慮/杞憂(きゆう)・同憂・内憂・忘憂・一喜一憂・先憂後楽」②喪(も)。「大憂」

融 [音]**ユウ**(漢) [訓]とける、とおる ‖ ①固いものがとける。とけて一つになる。「融解・融合・融点・融和/渾融(こんゆう)・溶融」②滞りなく通る。「融資・融通/金融」[名付]あき・あきら・すけ・とお・ながし・みち・よし

優 (学)6 [音]**ユウ**(イウ)(漢) ウ(呉) [訓]**やさしい、すぐれる**、まさる ‖ ㊀〈ユウ〉①ものやわらか。しとやか。やさしい。「優雅・優柔・優美」②他よりまさる。すぐれる。「優越・優秀・優勝・優勢・優先・優等・優良・優劣」③手厚い。「優遇・優待」④役者。芸人。「女優・声優・男優・俳優・名優」㊁〈ウ〉梵語の音訳字。「優曇華(うどんげ)・優婆夷(うばい)・優婆塞(うばそく)」[名付]かつ・ひろ・まさ・ゆたか

また、そのさま。「日本及び人類にとって—であることを自分はせつにのぞんでいる」〈実篤・友情〉

ゆう-いろ【夕色】ユフ— 夕方の色。夕ばえの色。「南無阿弥陀心ぞいとどしづかなる松より西に藤の—」〈拾玉集・四〉

ゆう-いん【遊印】イウ— 《遊戯の印の意》自分の名や号を用いずに、好みの語句などを彫った印。文人が自分の書画などのサイン代わりに用いる。

ゆう-いん【誘引】イウ— 〘名〙スル 誘い入れること。「観光客を—する」

ゆう-いん【誘因】イウ— ある事柄を誘い出す原因。「物価上昇の—」[類語]原因・もと・種(たね)・起こり・きっかけ・因・要因・一因・導因

ユーイング〘James Alfred Ewing〙[1855〜1935] 英国の工学者・地震学者。1878年(明治11)来日し、東大で機械工学や電磁気学を教授。また、地震の研究を行い、振り子型地震計を製作した。83年帰国。

ユーイング-しゅよう【ユーイング腫瘍】—シュヤウ ▶ユーイング肉腫

ユーイング-にくしゅ【ユーイング肉腫】《Ewing sarcoma》主に若年者(20歳未満)に発症する悪性の骨軟部腫瘍の一つ。多くは骨に発生するが、まれに筋肉・神経・脂肪などの軟部組織にも発生する。抗癌剤(こうがんざい)による全身化学療法・外科療法・放射線照射療法の向上により長期生存率が上昇している。ユーイング腫瘍(しゅよう)。

ゆういん-こうい【有因行為】イウインカウヰ 財産上の出捐(しゅつえん)の原因が法律上無効であれば、それに伴って出捐行為自体も無効となる行為。⇔無因行為。

ゆういんこうぶんしょぎぞう-ざい【有印公文書偽造罪】イウインコウブンショギザウー 公文書偽造等罪のうち、印章・署名の偽造や不正使用などで公文書を偽造・変造する罪。

ゆういん-ざい【誘引剤】イウインー 害虫を誘い寄せる薬剤。餌の匂いのする化学物質やフェロモンなどを用い、また殺虫剤と組み合わせて使用する。

ゆういんしぶんしょぎぞう-ざい【有印私文書偽造罪】イウインシブンショギザウー 私文書偽造等罪のうち、他人の印章・署名の偽造や不正使用などで私文書を偽造・変造する罪。

ゆう-う【友×于】イウ— 《「書経」君陳の「兄弟に友に、克(よ)く有政に施す」から》兄弟仲のよいこと。転じて、兄弟のこと。

ゆう-うつ【憂鬱┊幽鬱】イウ—・【×悒鬱】イフ— 〘名・形動〙 ❶気持ちがふさいで、晴れないこと。また、そのさま。

「一な顔」「責任が重くて一になる」「一な雨空が続く」❷草木が暗くなるほどに茂ること。また、そのさま。「この樹だけは一な暗緑の葉色をあらためなかった」〈有島・カインの末裔〉(派生)ゆううつさ〔名〕
(類語)憂愁・暗欝・陰鬱・沈鬱・気鬱・気重・気塞ぎ・気ぶっせい・物憂い・メランコリー・鬱・鬱鬱

ゆううつ-しつ【憂鬱質】►黒胆汁質

ゆう-うら【夕占|夕卜】「ゆうけ(夕占)」に同じ。「玉桙の道に出で立ち一を我が問ひしかば」〈万・三三一八〉

ゆう-えい【遊泳|游泳】〔名〕スル ❶泳ぐこと。「一禁止」(季 夏) ❷うまく世間を渡ってゆくこと。世わたり。処世。「政界を一する」

ゆうえい-どうぶつ【遊泳動物】水生動物で、水流とは無関係に自分の遊泳力で移動できるものの総称。魚類・クジラ類・イカ類・水生昆虫など。ネクトン。

ユー-エー〔UA〕《unit of account》計算貨幣。税率などのために帳簿上のみに用いられるもの。

ユー-エー-アイ〔UAI〕《フランスUnion Académique Internationale》国際学士院連合。各国学士院の連合組織。1919年設立で日本学士院は当初から加盟。事務局はブリュッセル。

ユー-エー-イー〔UAE〕《United Arab Emirates》►アラブ首長国連邦

ユー-エー-ダブリュー〔UAW〕《United Auto Workers》►全米自動車労働組合

ユー-エー-ティー-アイ〔UATI〕《フランスUnion des Associations Techniques Internationales》国際工学団体連合。各国の工学系団体の連合組織。ユネスコ(国連教育科学文化機関)の提唱によって1951年設立。事務局はパリ。

ユー-エー-ティー-エー〔UATA〕《Ultra ATA》►ウルトラエーティーエー

ユー-エー-ティー-ピー〔UATP〕《universal air travel plan》共通航空券信用販売制度。法人向けのカードによる航空運賃決済システム。1936年創設。UATPカードの発行はそれぞれの航空会社や旅行代理店が行い、その運営管理は米国のワシントンDCにあるUATP社が行う。

ゆう-えき【有益】〔名・形動〕利益があること。ためになること。また、そのさま。「一なアドバイス」「夏休みを一に使う」⇔無益。(類語)重宝・有用・有効・簡便・軽便・好都合・至便・役立つ・用立つ・利する

ゆう-えき【郵駅】古代、諸道に設けられた公用の旅行者のための施設。うまや。

ゆう-えき【誘掖】〔名〕スル 力を貸して導いてやること。「後進を一する」(類語)指導・指南

ユー-エス-アイ-エー〔USIA〕《United States Information Agency》米国文化情報局。米国と他国間のコミュニケーションを図り、教育・文化などの交流促進を目的とした米国政府の独立機関。1953年設立。99年、国務省に統合、国際情報計画局(IIP)に引き継がれた。

ユー-エス-イー-エス〔USES〕《United States Employment Service》米国職業安定サービス。米国労働省が提供する職業紹介・職業指導などの公共職業安定サービス。

ユー-エス-エー〔USA〕《United States of America》アメリカ合衆国。

ユー-エス-エー〔USA〕《United States Army》米国陸軍。

ユー-エス-エー-アイ-ディー〔USAID〕《United States Agency for International Development》米国国際開発局。開発途上国の資金・技術援助を行う国務省管轄の政府機関。1961年設立。

ユー-エス-エー-イー-シー〔USAEC〕《United States Atomic Energy Commission》米国原子力委員会。1975年発展的解消。➡AEC

ユー-エス-エー-エフ〔USAF〕《United States Air Force》米国空軍。

ユー-エス-エー-ティー-エフ〔USATF〕《USA Track and Field》米国陸上競技連盟。1979年設立。92年、TAC(The Athletics Congress/USA)から改称。本部はインディアナポリス。

ユーエスエー-トゥデー【USAトゥデー】《USA Today》米国の日刊大衆紙。1982年創刊。写真の多用やカラー紙面などで全国紙として成功。本社はバージニア州マクリーン。

ユー-エス-エス〔USS〕《United States Senate》米国上院。

ユー-エス-エス-アール〔USSR〕《Union of Soviet Socialist Republics》ソビエト社会主義共和国連邦の英語名の略称。

ユー-エス-エヌ〔USN〕《United States Navy》米国海軍。

ユー-エス-エフ-エル〔USFL〕《United States Football League》米国フットボール連盟。1982年、NFLに対抗して発足。87年解散。

ユー-エス-エム〔USM〕《United States Mint》米国造幣局。

ユー-エス-エム〔USM〕《underwater-to-surface missile》水中対地ミサイル。潜対地ミサイル。

ユー-エス-エム〔USM〕《ultra-sonic motor》►超音波モーター

ユー-エス-エム-イー-エフ〔USMEF〕《U.S. Meat Export Federation》米国食肉輸出連合会。食肉輸出業者の業界団体。1976年設立。本部はデンバー。

ユー-エス-エム-シー〔USMC〕《United States Marine Corps》米国海兵隊。

ユー-エス-エム-シー〔USMC〕《United States Maritime Commission》米国海事委員会。1936年設置、50年廃止。タンカーのドル建てによる航路別の基準運賃などを定めた。

ユー-エス-オー〔USO〕《unidentified submarine object》未確認潜水物体。水中で目撃された正体不明の物体や現象のこと。UFO(未確認飛行物体)になぞった表現。

ユー-エス-オー-シー〔USOC〕《United States Olympic Committee》米国オリンピック委員会。1950年設立。本部はコロラド-スプリングズ。

ユーエス-ギャープ〔US-GAAP〕《US Generally Accepted Accounting Principles in the United States》►米国会計基準

ユー-エス-シー〔USC〕《United States Code》米連邦法規集。米国の連邦法を分野別に整理し、50章にまとめた法典。1926年制定。

ユー-エス-シー-アイ-エス〔USCIS〕《US Citizenship and Immigration Services》米国市民権・移民業務局。ビザや永住権、市民権取得の申請業務を担当する国土安全保障省の一部局。2003年までは司法省移民帰化局(INS)。

ユー-エス-ジー-エー〔USGA〕《United States Golf Association》全米ゴルフ協会。5000以上のメンバークラブを統括し、アマ資格や用具の認定などを行う。1894年設立。本部はニュージャージー州ファーヒルズ。

ユー-エス-シー-エー-ビー〔USCAB〕《United States Civil Aeronautics Board》米国民間航空委員会。米国航空関係の規制緩和政策により85年廃止。

ユー-エス-ジー-エス〔USGS〕《United States Geological Survey》地球規模で天然資源調査・地図製作・地震観測などを行う米国内務省所管の研究機関。生物学・地理学・地質学・水科学の研究部門を持つ。1879年設立。本部はバージニア州レストン。アメリカ地質調査所。

ユー-エス-シー-シー〔USCC〕《United States Chamber of Commerce;Chamber of Commerce of the United States》米国商工会議所。1912年、タフト大統領の構想に基づいて設立。本部はワシントン。

ユー-エス-シー-ジー〔USCG〕《United States Coast Guard》米国沿岸警備隊。

ユー-エス-ジェー〔USJ〕《Universal Studios Japan》ユニバーサルスタジオジャパン。大阪市にある、ハリウッド映画のテーマパーク。2001年開園。➡ユニバーサルスタジオ-ハリウッド

ユー-エス-ダブリュー〔USW〕《ultra-short wave》極超短波。

ユー-エス-ダブリュー〔USW〕《United Steelworkers》全米鉄鋼労働組合。北米に120万以上の組合員を持つ。1936年、鉄鋼労働組織委員会(SWOC)として設立。42年、改組・改称。USWAとも。

ユー-エス-ティー-アール〔USTR〕《United States Trade Representative》米国通商代表部。他国との通商交渉において米国を代表する機関。1963年創設。

ユー-エス-ティー-エー〔USTA〕《United States Tennis Association》米国テニス協会。USオープンを主催する。1881年設立。本部はニューヨーク。

ユー-エス-ティー-エー〔USTA〕《United States Trademark Association》全米登録商標協会。1878年設立。1993年、北米以外の会員の増加に伴い、国際登録商標協会(INTA)に改称。

ユー-エス-ビー〔USB〕《universal serial bus》パソコンと周辺機器を結ぶインターフェース規格の一。キーボード、マウス、モデムなど、大容量のデータ転送を必要としない機器との接続に用いられる。従来のシリアルポートやパラレルポートに代わって、1990年代後半から広く普及するようになった。

ユー-エス-ピー〔USP〕《United States Pharmacopeia》米国薬局方。

ユー-エス-ピー〔USP〕《United States Patent》米国特許。

ユー-エス-ピー〔USP〕《unique selling proposition》その商品だけが持つ長所を発見し、効果的な売り込みの提案に仕上げること。

ユーエスビー-いちてんいち〔USB 1.1〕《universal serial bus 1.1》パソコンと周辺機器を結ぶインターフェース規格であるUSBの一。1998年に策定され、転送速度は最高12mbps。2000年に上位規格のUSB2.0が発表された。

ユーエスビー-ウイルス【USBウイルス】《USB virus》USBフラッシュメモリーを介して感染するコンピューターウイルスの総称。USBワーム。USBメモリーウイルス。USBフラッシュメモリーウイルス。オートランウイルス。

ユー-エス-ピー-エス〔USPS〕《United States Postal Service》米国郵政公社。1971年それまでの郵政省を改組し、準政府機関として発足。

ユーエスビー-さんてんれい〔USB 3.0〕《universal serial bus 3.0》パソコンと周辺機器を結ぶインターフェース規格であるUSBの一。2008年に従来のUSB2.0の上位規格として策定された。転送速度は最高5gbps。コネクターのピンの数が四つから九つに増えたが、従来の機器との互換性は確保されている。スーパースピードUSB。

ユーエスビー-ストレージ【USBストレージ】《USB storage》►USBフラッシュメモリー

ユーエスビー-スピーカー【USBスピーカー】《USB speaker》パソコン用の外部スピーカーのうち、USB接続して使用するもの。音声はデジタル信号のままスピーカーに送られるため、パソコン内の電子ノイズの影響を受けず、原理的に高音質とされる。

ユーエスビー-にてんれい〔USB 2.0〕《universal serial bus 2.0》パソコンと周辺機器を結ぶインターフェース規格であるUSBの一。2000年に従来のUSB1.1の上位規格として策定。転送速度は最高480mbps。外付けのDVDドライブやハードディスクなどに使用される。ハイスピードUSB。

ユーエスビー-ハブ【USBハブ】《USB hub》複数のUSB機器を接続するための中継装置。

ユーエスビー-フラッシュドライブ【USBフラッシュドライブ】《USB flash drive》「USBフラッシュメモリー」に同じ。UFD。

ユーエスビー-フラッシュメモリー【USBフラッシュメモリー】《USB flash memory》パソコンのUSBポートに接続して使う小型の外部記憶媒体の総称。電気的に記録内容の書き換えが可能なフラッシュメモリーを内蔵し、携帯性に優れる。USBメモリー。USBス

トレージ。USBメモリードライブ。USBフラッシュドライブ。

ユーエスビーフラッシュメモリー-ウイルス【USBフラッシュメモリーウイルス】《USB flash memory virus》▶USBウイルス

ユーエスビー-メモリー【USBメモリー】《USB memory》▶USBフラッシュメモリー

ユーエスビーメモリー-ウイルス【USBメモリーウイルス】《USB memory virus》▶USBウイルス

ユーエスビー-ワーム【USBワーム】《USB worm》▶USBウイルス

ゆう-えつ【優越】イウエツ〔名〕スル 他よりすぐれていること。「実力の上では他より―したチーム」
(類語)卓越・凌駕リョウガ・優位・勝る・凌ぐ・越える・優れる

ゆうえつ-かん【優越感】イウエツカン 自分が他人よりすぐれているという感情。「―を抱く」対劣等感。

ユー-エックス-ジー-エー〘UXGA〙《ultra XGA》パソコンの液晶ディスプレー画面などにおける、1600×1200ピクセル(ドット)の解像度を指す。➡XGA

ユー-エッチ-エフ〘UHF〙《ultrahigh frequency》▶極超短波

ユーエッチティー-ぎゅうにゅう【UHT牛乳】ギウニュウ《UHTは、ultra-heat-treated》超高温殺菌牛乳。2秒間セ氏120度前後の高温で殺菌した牛乳。常温でも未開封であれば長期保存が可能。日本の市販牛乳のほとんどが、この殺菌方法をとっている。

ユー-エッチ-ブイ〘UHV〙《ultra high voltage》超々高電圧。一般に1000～1500キロボルト。また、100～150万ボルトの電圧による超々高圧送電のこと。

ユウェナリス〘Decimus Junius Juvenalis〙[60ころ～130ころ]ローマの風刺詩人。退廃したローマ社会の偽善や愚行を痛烈に批判した「風刺詩集」がある。

ユー-エヌ〘UN〙《United Nations》▶国際連合

ユー-エヌ-アール-ダブリュー-エー〘UNRWA〙《United Nations Relief and Works Agency for Palestine Refugees in the Near East》国連パレスチナ難民救済事業機関。パレスチナの難民に対し、教育や福祉などの支援を行う国際連合の機関。1949年設立。本部はパレスチナのガザおよびヨルダンのアンマン。

ユー-エヌ-アイ-エス-ディー-アール〘UN/ISDR〙《United Nations International Strategy for Disaster Reduction》ISDR(国際防災戦略)の活動を推進する国連の組織。人道・開発分野に防災の観点を取り入れるための総合的な取り組みを推進する。国連人道問題担当事務次長の下に2000年に設置。各国政府・国際および地域機関・NGOなどとともに、国際防災協力活動の枠組み構築、政策・戦略の策定、計画調整の促進などを行う。本部はジュネーブ。国連国際防災戦略事務局。

ユー-エヌ-アイ-シー〘UNIC〙《United Nations Information Centres》国連広報センター。国際連合への関心と理解を深めるための広報活動を行う。ワシントン、モスクワ、東京など世界の63都市に設置されている。

ユーエヌ-ウィメン【UNウィメン】《UN Women》男女平等と女性の地位向上の促進に取り組む国連の専門機関。国連婦人開発基金(UNIFEMユニフェム)など4機関が統合して2010年7月に設立。本部はニューヨーク。正式名称は「ジェンダー平等と女性のエンパワーメントのための国連機関(United Nations Entity for Gender Equality and the Empowerment of Women)」。UNウーマン。

ユーエヌ-ウーマン【UNウーマン】▶UNウィメン

ユー-エヌ-エイズ〘UNAIDS〙《Joint United Nations Programme on HIV/AIDS》HIV・エイズの世界的な感染拡大に対応するため、国連全体としての取り組みを強化する目的で設置された機関。従来からエイズ対策に取り組んできたWHO・UNICEF・UNDP(国連開発計画)・UNESCO・UNFPA(国連人口基金)・世界銀行などが共同スポンサーとして参加する。関係機関の活動を調整して国連のエイズ対策を強化するとともに、発展途上国をはじめ各国政府のエイズ対策強化を支援するため、政策立案・ガイドライン作成・調査研究・人材養成・技術支援・啓発活動などを行う。1996年発足。本部事務局はジュネーブ。国連合同エイズ計画。

ユー-エヌ-エー〘UNA〙《United Nations Association》国際連合協会。それぞれの国内で国際連合の啓蒙活動などを行う民間団体。国連協会。➡WFUNA ➡UNAJ

ユー-エヌ-エー-ジェー〘UNAJ〙《United Nations Association of Japan》日本国際連合協会。民間の立場から国際連合に対する理解と協力を増進することを目的とする財団法人。昭和22年(1947)設立。本部は東京都千代田区で、全国に支部がある。➡UNA

ユー-エヌ-エス-エフ〘UNSF〙《United Nations Special Fund》国連特別基金。開発途上国の開発に対して、長期資金の融資を行った機関。1959年開始。66年、EPTAエプタと統合されUNDP(国連開発計画)に発展。➡UNDP

ユー-エヌ-エッチ-アール-シー〘UNHRC〙《United Nations Human Rights Council》国連人権理事会。国際連合の機関の一。各国の人権の状況を審査し、重大な人権侵害に対して改善を勧告する。国連人権委員会を改組して2006年6月に発足。

ユー-エヌ-エッチ-シー-アール〘UNHCR〙《Office of the United Nations High Commissioner for Refugees》国連難民高等弁務官事務所。国際連合の機関の一。難民に対する保護・救済、自発的な帰国や第三国への定住の促進などを行う。1951年、国際難民機関の業務を受け継ぎ活動開始。54年と81年にノーベル平和賞を受賞。本部はジュネーブ。

ユー-エヌ-エフ〘UNF〙《United Nations Forces》▶国連軍

ユー-エヌ-エフ-シー-シー-シー【UNFCCC】《United Nations Framework Convention on Climate Change》▶気候変動枠組み条約

ユー-エヌ-エフ-ディー-エー-シー〘UNFDAC〙《United Nations Fund for Drug Abuse Control》国連薬物乱用統制基金。不法な麻薬栽培・取引の根絶、麻薬常用者の社会復帰などのための財政援助を行った。1991年、UNDCP(国連薬物統制計画)に統合。

ユー-エヌ-エフ-ピー-エー〘UNFPA〙《United Nations Population Fund》国連人口基金。人口問題に関する国際連合の機関の一。1969年、国連人口活動基金(UNFPA;United Nations Fund for Population Activities)として設立され、87年現名称に改称。アルファベット略称は引き続きUNFPAが使われている。

ユー-エヌ-オー-オー-エス-エー〘UNOOSA〙《United Nations Office for Outer Space Affairs》国連宇宙空間事務所。国連宇宙局。COPUOS(国連宇宙空間平和利用委員会)の事務局。1959年設立。ウィーン所在。OOSA。

ユー-エヌ-オー-ディー-シー〘UNODC〙《United Nations Office on Drugs and Crime》国連薬物犯罪事務所。薬物問題、国際犯罪に対応するための国際連合の機関。UNDCP(国連薬物統制計画)およびCICP(国連犯罪防止センター)をもとに、1997年UNODCCP(国連薬物統制犯罪防止オフィス)として設立。2002年に現名称となる。

ユー-エヌ-シー〘UNC〙《United Nations Charter》▶国連憲章

ユー-エヌ-シー-イー-ディー〘UNCED〙《United Nations Conference on Environment and Development》▶地球サミット

ユー-エヌ-ジー-エー〘UNGA〙《United Nations General Assembly》▶国連総会

ユー-エヌ-シー-エス-ティー-ディー〘UNCSTD〙《United Nations Conference on Science and Technology for Development》国連科学技術開発会議。1963年と79年に国際連合主催で開かれ、開発途上国への技術移転や技術協力推進などが行動計画に盛り込まれた。

ユー-エヌ-シー-オー-ディー〘UNCOD〙《United Nations Conference on Desertification》▶ユー-エヌ-シー-ディー(UNCD)

ユー-エヌ-シー-オー-ピー-ユー-オー-エス〘UNCOPUOS〙《United Nations Committee on the Peaceful Uses of Outer Space》▶シー-オー-ピー-ユー-オー-エス(COPUOS)

ユー-エヌ-シー-ディー〘UNCD〙《United Nations Conference on Desertification》国連砂漠化防止会議。世界各地で進行する砂漠化をくい止めるため、各国から専門家がケニアのナイロビに集まり協議した会議。1977年に開催され、緑化計画のため特別基金の要請を決めた。UNCOD。

ユー-エヌ-ダブリュー-ティー-オー〘UNWTO〙《World Tourism Organization》世界観光機関。観光分野における国際協力の促進を目的とする国連専門機関。1975年にWTOとして設立。2005年に世界貿易機関(WTO)との混同を避けるため略称に「UN」を付けたが正式名称はWorld Tourism Organizationのまま。本部はマドリード。

ユー-エヌ-ティー-シー〘UNTC〙《United Nations Trusteeship Council》▶信託統治理事会

ユー-エヌ-ディー-シー〘UNDC〙《United Nations Disarmament Commission》国連軍縮委員会。1952年設立。58年、国際連合の全加盟国がメンバーとなり軍縮について審議。実質的活動はジュネーブ軍縮委員会(現ジュネーブ軍縮会議㊂)にゆだねられる。78年、国連総会の補助機関として再発足。

ユー-エヌ-ディー-シー-ピー〘UNDCP〙《United Nations International Drug Control Programme》国連薬物統制計画。麻薬の不正取引の取り締まり、代替農作物生産の援助を行った国際連合の機関。1991年、UNFDAC(国連薬物乱用統制基金)などを改組して成立。97年UNODCCP(現UNODC)に統合。

ユー-エヌ-ディー-ディー〘UNDD〙《United Nations Development Decade》国連開発の10年。途上国の経済成長率引き上げを目指す国連の10年計画。1960年の第1次計画以降ほぼ10年ごとに更新され、現在は環境・教育などさまざまな取り組みがなされている。

ユー-エヌ-ティー-ディー-ビー〘UNTDB〙《United Nations Trade and Development Board》▶ティー-ディー-ビー(TDB)

ユー-エヌ-ディー-ピー〘UNDP〙《United Nations Development Programme》国連開発計画。国際連合の機関の一。貧困削減、民主的ガバナンス(統治)の確立、エネルギーと環境問題、紛争や災害などの危機予防・復興、エイズ対策の5分野に活動の重点を置き、主に開発途上国に対してさまざまな支援を行う。1966年発足。

ユーエヌ-ハビタット〘UN-HABITAT〙▶ハビタット❷

ユー-エヌ-ブイ〘UNV〙《United Nations Volunteers》国連ボランティア計画。地球規模でのボランティア活動を推進する国際連合の機関。UNDP(国連開発計画)の下部組織。1970年創設。本部はボン。

ユー-エヌ-ユー〘UNU〙《United Nations University》▶国連大学

ユー-エフ-オー〘UFO〙《unidentified flying object》▶未確認飛行物体

ユー-エフ-シー-ダブリュー〘UFCW〙《United Food and Commercial Workers International Union》全米食品商業労組。食品業界、小売業界で働く人々が加盟する。1979年設立。本部はワシントン。

ユー-エフ-ティー〘UFT〙《United Federation of Teachers》米国教員連盟。1960年設立。本部はニューヨーク。

ユー-エフ-ディー〘UFD〙《USB flash drive》「USBフラッシュドライブ」の略。➡USBフラッシュメモリー

ユー-エム-エー〖UMA〗《unified memory architecture》コンピューターのメーンメモリーの一部をグラフィックスメモリーとして利用する技術。
ユー-エム-ダブリュー-エー〖UMWA〗《United Mine Workers of America》米国鉱山労働者組合。1890年設立。本部はバージニア州のトライアングル。
ユー-エム-ディー〖UMD〗《universal media disc》光ディスクの規格の一。「ソニー-コンピュータエンタテインメント」が開発した携帯型ゲーム機、プレイステーションポータブルに採用されている。直径6センチメートルのディスクをカートリッジに収め、赤色レーザー光を使ってデータの読み書きを行う。片面2層にデータを記録し、合計1.8ギガバイトの記憶容量をもつ。
ユー-エム-ティー-エス〖UMTS〗《universal mobile telecommunications system》携帯電話の通信方式の一。ヨーロッパの第三世代携帯電話(3G)で採用され、従来のGSM方式の発展型に相当する。日本のW-CDMAとほぼ同様の技術仕様をもつ。
ユー-エム-ピー〖UMP〗《upper mantle project》国際地球内部開発計画。上部マントル開発計画。1962年から70年まで実施。
ユー-エム-ピー-シー〖UMPC〗《Ultra-Mobile PC》▻ウルトラモバイルPC
ユー-エル-エス-アイ〖ULSI〗《ultra large scale integration》1チップ当たりの半導体素子の集積度が1000万個を超える集積回路。1970年代以降90年代に至るまで、集積化技術の向上にともない、集積度が1000～10万個程度のLSI、10万～1000万個程度のVLSI、1000万個を越えたULSIが登場し、それぞれを区別したが、2000年代になってからはこのような区別をせず、集積回路全般をLSIまたはICと呼称することが多い。
ユー-エル-エフ〖ULF〗《ultra low frequency》極低周波。超低周波。周波数300～3000ヘルツの範囲の電波。
ユー-エル-シー-シー〖ULCC〗《ultralarge crude carrier》30万トン以上の超大型石油輸送船。➡VLCC
ユー-エル-シー-ピー-シー〖ULCPC〗《ultra low-cost personal computer》機能や性能が限定した、およそ500ドル以下の超低価格のパソコンの総称。2007年頃から登場したネットブックやネットトップなどを指す。狭義には、米国マイクロソフト社が旧世代のオペレーティングシステムを低価格で供給する際に指定した、基本仕様を下回る製品のこと。
ゆう-えん【幽遠】〔名・形動〕奥深く、はるかなこと。また、そのさま。「—な(の)趣」「ことにこの霰を見ると—な気がした」〈犀星・性に眼覚める頃〉
［類語］幽玄・深奥・深遠・深長
ゆう-えん【幽艶】・【幽×婉】〔名・形動〕奥ゆかしく美しいこと。また、そのさま。「—な容姿」
ゆう-えん【悠遠】〔名・形動〕時間的、空間的に、はるかに遠いこと。また、そのさま。「—な(の)太古を思う」［類語］絶遠・遼遠・万里・遥か・久遠・悠久・永遠
ゆう-えん【遊宴】酒盛りをして楽しむこと。また、その宴。「—限りなき巴里の世は」〈荷風・ふらんす物語〉
ゆう-えん【遊園】遊び楽しむための庭園。
ゆう-えん【優×婉】・【優艶】〔名・形動〕やさしくしとやかなこと。あでやかで美しいこと。また、そのさま。「—な女性」
ゆうえん-ち【遊園地】楽しく遊べるように、いろいろな遊具や設備を備えた施設。［類語］公園・パーク
ゆう-おう【勇往】勇んで前進すること。
ゆう-おう【幽王】[?～前771]中国、周王朝第12代の王。在位、前782～前771。姓名は姫涅。寵妃褒姒への愛におぼれて申皇后と太子を廃し、褒姒を正后、その子を太子としたため、犬戎の力を借りた外戚の申侯に攻められ、驪山で殺された。
ゆう-おう【雄黄】石黄。また、その色。赤みがかった黄色。
ゆうおう-まいしん【勇往×邁進】〔名〕スル 目標に向かって、わきめもふらず勇ましく前進すること。「全国制覇をめざして—する」
ゆう-か【有価】金銭上の価格があること。
ゆう-か【遊禍】陰陽道で、服薬・請医・祈祷などを忌む日。
ゆう-か【雄花】「おばな」に同じ。⇔雌花。
ゆう-か【融化】〔名〕スル とけて性質が変わること。他ととけ合うこと。「先生は到底—し難い個性をそなえて」〈蘆花・思出の記〉
ゆう-が【幽雅】〔名・形動〕上品で深い趣があること。また、そのさま。「平安の都には—の山河いと多く」〈田口・日本開化小史〉
ゆう-が【×釉瓦】色釉をかけて焼いた煉瓦。
ゆう-が【優雅】〔名・形動〕❶しとやかで気品があること。また、そのさま。「—な立ち居振る舞い」❷俗事から離れて、ゆとりのあること。また、そのさま。「—な生活」［類語］優美・みやびやか・みやび
ユー-カー【Uカー】《used car》中古車。ユーズドカー。
ゆうかい【宥快】[1345～1416]室町前期の真言宗の僧。京都の人。字は性厳。高野山の信弘に密教を学び、「宝鏡鈔」を著して立川流を批判。高野山教学の大成者とされる。著はほかに「大疏鈔」など。
ゆう-かい【幽界】死後に行くという世界。あの世。黄泉。冥土。⇔顕界。
［類語］彼の世・後の世・後世・後生・来世・冥土・冥府・冥界・幽冥・黄泉・黄泉・霊界
ゆう-かい【雄快】〔名・形動〕力強く心地よいこと。また、そのさま。「他の—なる条を写すに其筆至らぬ所あらば」〈逍遥・小説神髄〉
ゆう-かい【誘拐】〔名〕スル だまして、人を連れ去ること。かどわかし。「幼児を—する」「営利—」➡略取誘拐罪 ［類語］人さらい・かどわかし
ゆう-かい【融解】〔名〕スル ❶とけること。また、とかすこと。「雪が—する」「疑念が—する」❷固体が加熱などにより液体になる現象。溶融。
ゆう-がい【有害】〔名・形動〕害があること。また、そのさま。「—な物質」「—食品」⇔無害。
［類語］害・害悪・害毒・危害・被害
ゆう-がい【有蓋】屋根やふたなどの、おおいがあること。⇔無蓋。
ゆうかい-えん【融解塩】▻溶融塩
ゆうがい-かしゃ【有蓋貨車】屋根のある貨車の総称。
ゆうかい-き【幽回忌】死後100日目の仏事供養。
ゆうかい-ざい【誘拐罪】▻略取誘拐罪
ゆうがいサイト-きせいほう【有害サイト規制法】▻青少年ネット規制法
ゆうがい-ちょうじゅう【有害鳥獣】人畜や農作物などに被害を与える鳥獣。クマ、シカ、イノシシ、カラスなどが市街地や農地に入り込み、何らかの被害をおよぼした場合にいう。
ゆうかい-てん【融解点】▻融点
ゆうがい-としょ【有害図書】青少年の情操面にとって有害と思われる書籍雑誌類。どぎつい性描写や暴力描写のあるもの。
ゆうかい-ねつ【融解熱】固体を完全に液体にするのに要する熱量。通常は物質1グラムまたは1モルを融解するのに必要な熱量で表す。
ゆう-がお【夕顔】❶ウリ科の蔓性の一年草。茎が長く伸び、巻きひげで他に絡みつく。葉は浅く裂けた心臓形で互生する。夏の夕方、花びらが深く五つに裂けた白色の雄花と雌花とを開き、翌朝にはしぼむ。実が球状のマルユウガオと円筒状のナガユウガオとがある。主にマルユウガオから干瓢をつくる。アフリカ・熱帯アジアの原産で、日本では古くから栽培。（季 花＝夏｜実＝秋）「—のひらきかかりて襞ふかく／久女」❷ヨルガオの俗称。
ゆうがお【夕顔】㊀源氏物語第4巻の巻名。また、その女主人公の名。初め頭中将に愛されて玉鬘をもうけるが、のち光源氏の寵を受け、ある夜、物の怪に襲われて急死する。㊁謡曲。三番目物。観世・金剛・喜多流。世阿弥作か。源氏物語に取材。夕顔の霊が現れ、光源氏に愛されながら死んだ話を語り、昔をしのんで舞をまう。
ゆうがお-ひょうたん【夕顔×瓢×箪】エビガラスズメの別名。
ゆうがお-べっとう【夕顔別当】エビガラスズメの別名。
ゆうが-ぎく【×柚香菊】キク科の多年草。山野に生え、高さ50センチ～1メートル。ヨメナに似て、葉は羽状に切れ込みがある。8～10月ごろ、中央が黄色で周囲が淡青色を帯びた白色の頭状花が咲く。
ゆう-かく【幽客】❶世俗を離れて静かに暮らす人。❷ランの別名。
ゆう-かく【遊客】❶たびびと。旅客。遊子。❷仕事をしないで遊び暮らしている人。❸遊覧の客。「都外の風色殊更に—の情を楽ましむれば」〈織田訳・花柳春話〉❹遊里であそぶ人。嫖客。
ゆう-かく【遊郭｜遊×廓】遊女屋の多く集まっている一定の区域。くるわ。遊里。
ゆう-かく【優角】共役角のうちの、大きいほうの角。180度より大きい。⇔劣角。
ゆう-か・く【夕掛く】〔動カ下二〕夕方になる。暮れる。「神垣に懸かるとならば朝顔も—・くるまで匂はざらめや」〈詞花・秋〉
ゆう-がく【遊学】〔名〕スル 故郷を離れ、よその土地や国へ行って勉学すること。「英国に—する」
［類語］留学・外遊
ゆう-がく【遊楽】❶音楽を奏して遊び興じること。❷猿楽の能のこと。世阿弥が用いた語。
［類語］遊び・遊興・遊蕩・道楽・放蕩・豪遊・清遊
ゆう-かげ【夕陰】夕方、日の光が当たらず陰になっている所。「影草の生ひたる宿の—に鳴くこほろぎは聞けど飽かぬかも」〈万・二一五九〉
ゆう-かげ【夕影】❶夕方の日の光。夕日。「—に映える山並み」❷夕日に照らされたものの形や姿。「一日の源氏の御—、ゆゆしうおぼされて」〈源・紅葉賀〉
［類語］入り日・夕日・西日・落日・落陽・斜陽・残光
ゆう-かげ【木＝綿鹿毛】「白鹿毛」に同じ。
ゆうかげ-ぐさ【夕影草｜夕陰草】夕日の光の中に見える草。また、夕方、物陰に生えている草。「我がやどの—の白露の消ぬがにもとな思ほゆるかも」〈万・五九四〉
ゆう-がし【夕河-岸】魚河岸で、夏の間、近海でとれた魚を夕方に売った店。（季 夏）
ゆうか-しょうけん【有価証券】財産権を表示する証券で、権利の移転・行使が証券でなされることを要するもの。手形・小切手・株券・債券・貨物引換証・船荷証券・倉庫証券・商品券など。
ゆうかしょうけんぎぞうとう-ざい【有価証券偽造等罪】公債証書・官庁の証券・会社の株券などを偽造・変造したり、虚偽の記入をしたりする罪。刑法第162条が禁じ、3か月以上10年以下の懲役に処せられる。有価証券偽造罪。
ゆうかしょうけん-つうちしょ【有価証券通知書】株式・社債などの有価証券の募集(新規発行)・売り出しを行う際、発行総額が1千万円以上1億円未満の場合に、発行者が財務局を通じて内閣総理大臣に提出する書類。有価証券の条件や企業の概要などを記載するが、一般には開示されない。発行総額が1億円以上の場合は有価証券届出書を提出する。➡有価証券報告書
ゆうかしょうけん-とどけでしょ【有価証券届出書】株式・社債などの有価証券の募集(新規発行)・売り出しを行う際、発行総額が1億円以上となる場合に、発行者が財務局を通じて内閣総理大臣に提出する書類。有価証券の条件や企業の経理状況・事業内容などを記載し、情報開示を行う。発行総額が1千万円以上1億円未満の場合は有価証券通知書を提出する。➡有価証券報告書 ➡情報開示義務
ゆうかしょうけん-ほうこくしょ【有価証券報告書】有価証券を発行している企業が自社の情報を開示するために作成する報告書。金融商品

取引法により作成・提出が義務づけられている。有価証券の公正な取引や投資家の保護を目的とするもので、事業年度終了後3か月以内に金融庁に提出する。企業の概要・事業の状況・株式の状況・財務諸表などが記載されている。

ゆう-がすみ【夕×霞】ゆふ　夕暮れに立つ霞。(季 春)

ゆう-かずら【木=綿×鬘】ゆふかづら ❶木綿ゆうで作ったかつら。❷明け方の雲をたとえていう語。

ゆう-かぜ【夕風】ゆふ　夕方に吹く風。⇔朝風。

ゆう-がた【夕方】ゆふ《「ゆうかた」とも》日の暮れがた。日の沈むころ。(類語)日暮れ・夕暮れ・晩方・夕・夕べ・夕刻・黄昏・薄暮・火ともしごろ・宵・宵の口・暮れ方・イブニング・今夕・夕間暮れ

ゆう-かたぎぬ【木=綿肩▽衣】ゆふ　木綿ゆうで作った袖なしの着物。「一純裏に縫ひ着」〈万・三七九一〉

ゆうが-とう【誘×蛾灯】イウ　昆虫の光に集まる性質を利用し、ガなどの害虫を誘い寄せて駆除する灯火。

ゆう-がみ【木=綿髪】ゆふ　馬のたてがみの白いもの。雪降り髪。「げにー ともいひつべし」〈枕・五〇〉

ユーカラ《アイヌ語で、詞曲の意》アイヌに口承されてきた叙事詩。棒で拍子をとり、節をつけて語る。狭義には、少年ポイヤウンペの武勲・遍歴を物語る長編の英雄叙事詩をいう。広義には、自然神・人文神が来歴などを語る形式のカムイユーカラを含む。

ユーカリ《ラテ Eucalyptusから》ユーカリノキの別名。

ユーカリオート〖eukaryote¦eucaryote〗核膜をもつ細胞から成る生物。細菌と藍藻以外のすべての生物。真核生物。⇔プロカリオート。

ユーカリスト〖Eucharist〗カトリックで、聖体を、また、プロテスタントで聖餐をいう語。

ユーカリ-の-き【ユーカリの木】フトモモ科の常緑高木。高さ約60メートルにもなる。葉は卵形から笹の葉状に細長いものまであり、樟脳のような香りがする。夏に開花し、緑白色の雄しべが目立つ。実は青白色の倒卵形で硬い。葉から精油をとり、材は建築などに使用。近縁種は500種以上あり、主にオーストラリアに分布。

ユーカリ-ゆ【ユーカリ油】ユーカリノキおよび近縁種の葉に含まれる精油。水蒸気蒸留により得られ、主成分はシネオール。特有の香りがある。消炎・清涼・去痰薬や香料に用いる。

ゆう-かん【夕刊】ゆふ　日刊新聞で、夕方に発行される新聞。⇔朝刊。

ゆう-かん【有閑】イウ　ひまのあること。特に、生活に余裕があり、ひまの多いこと。

ゆう-かん【有感】イウ　人体に感じられること。⇔無感。

ゆう-かん【勇×悍】〔名・形動〕いさましくて強いこと。また、そのさま。「浪士等が一なる今落人となりながら」〈染崎延房・近世紀聞〉

ゆう-かん【勇敢】〔名・形動〕勇気があり、危険や困難を恐れないこと。また、そのさま。「巨悪に一にも立ち向かう」「一な行動」(派生)ゆうかんさ〔名〕
(類語)果敢・勇壮・勇猛・剛勇・豪胆・精悍・勇ましい・りりしい・雄雄しい・ヒロイック(「一と」「一たる」の形で)敢然・決然・凜然・凜凜・凜乎・颯爽

ゆう-かん【幽閑¦幽間】イウ　奥深くて静かなこと。

ゆう-かん【遊観】イウクワン〔名〕スル　歩き回って見物すること。遊覧。「館前の海湾を一す」〈柳北・航西日乗〉

ゆう-かん【憂患】イウクワン　心配して心をいためること。(類語)心配・気がかり・心がかり・不安・懸念・危惧・憂慮・心痛・心労・気苦労・屈託・思案・憂い・虞れ・気遣い・煩い

ゆうかん-かいきゅう【有閑階級】イウカンカイキフ　財産があり、生産的労働につかず、閑暇を社交や娯楽などに費やしている階級。

ゆうかん-し【夕刊紙】ゆふカン　夕方にだけ発行される新聞。タブロイド判が多い。

ゆうかん-じしん【有感地震】イウカンヂシン　地震動をからだで感知できる地震。

ゆうかん-ち【遊閑地】イウカン　利用されずに放置してある土地。

ゆうかん-マダム【有閑マダム】イウカン　有閑階級の夫人。有閑夫人。

ゆう-き【有期】イウ　期間・期限の定められていること。⇔無期。

ゆう-き【有機】イウ ❶生命力を有すること。生活機能を有すること。❷有機物の性質をもつこと。❸「有機化合物」「有機化学」などの略。⇔無機。

ゆう-き【勇気】いさましい意気。困難や危険を恐れない心。「一がわく」「一を出す」「一凜々」
(類語)勇・度胸・胆力・武勇・胆勇・大勇・小勇・蛮勇

ゆう-き【幽鬼】イウ ❶死者の霊魂。また、亡霊。幽霊。❷ばけもの。妖怪。(類語)幽霊・亡霊・鬼・人魂

ゆうき【結城】ゆふき ㊀茨城県西部の市。鬼怒川中流域にある。中世は結城氏、近世は水野氏の城下町。結城紬の産地。桐たんす・下駄なども特産。人口5.3万(2010)。㊁「結城紬」の略。

ゆう-き【雄気】雄々しい気質。勇ましい意気。

ゆう-き【雄×毅¦勇×毅】〔名・形動〕雄々しくて、意志が強いこと。また、そのさま。「一にして撓まざる人なり」〈中村訳・西国立志編〉

ゆう-き【誘起】イウ〔名〕スル　さそって起こさせること。また、人為的に発生させること。

ゆう-ぎ【友×誼】イウ　友人としての情愛。友達のよしみ。友情。「一に厚い」(類語)友情・友愛

ゆう-ぎ【遊技】イウ　遊びとして行うわざ。娯楽として行うパチンコ・ビリヤードなどの勝負事。「一場」
(類語)遊び・気晴らし・慰み事・娯楽・ゲーム・プレー・レジャー・レクリエーション

ゆう-ぎ【遊戯】イウ ❶遊びたわむれること。遊び。「言語一」❷幼稚園・小学校などで、運動や社会性の習得を目的として行う集団的な遊びや踊り。「お一」
(類語)遊び・戯れ・遊び・気晴らし・慰み事・娯楽・遊技・ゲーム・プレー・レジャー・レクリエーション

ゆうき-イーエル【有機EL】イウキ　ジアミン類などの有機物に電圧を加えると発光する現象。また、その技術あるいは発光体のこと。低電力で高輝度の発光が得られるなどの利点があり、携帯電話やデジタルオーディオプレーヤーなどの表示部に使用され、液晶テレビやプラズマテレビに代わる次世代の薄型テレビ、照明機器などの材料として期待されている。有機エレクトロルミネセンス。OEL(organic electroluminescence)。⇒エレクトロルミネセンス ⇒無機EL

ゆうきイーエル-ディスプレー【有機ELディスプレー】イウキ《organic electroluminescence display》携帯電話などの携帯端末のディスプレーやテレビなどに使われる薄型表示装置の一。蛍光体に電圧をかけると発光するエレクトロルミネセンス現象を利用。高輝度で低電力という特徴をもつ。蛍光体には有機物を使う。蛍光体に無機物を使う無機ELディスプレーに比べ、カラー表示が容易である。⇒有機EL

ゆうきイーエル-テレビ【有機ELテレビ】イウキ《organic electroluminescence television》表示部に有機ELディスプレーを使用したテレビ。

ゆうき-うじとも【結城氏朝】ゆふきうぢとも［1402〜1441］室町中期の武将。下総の人。上杉憲実に対抗、足利持氏死後、その遺児を迎えて結城城に籠ったが、上杉軍に敗れて自殺。

ゆうき-えいよう【有機栄養】イウキエイヤウ「従属栄養」に同じ。⇔無機栄養。

ゆうき-エレクトロルミネセンス【有機エレクトロルミネセンス】イウキ《organic electroluminescence》▶有機EL

ゆうきえんそ-ざい【有機塩素剤】イウキエンソー　塩素を含む有機化合物を主体とする農薬・殺虫剤。DDT・BHC・アルドリン・エンドリンなど。効力が強いが、体内への蓄積性も高いため現在は使用禁止。

ゆうき-おん【有気音】イウキ　[p][t][k]のような破裂音が強い気息に伴われて発せられる音。帯気音。⇔無気音。

ゆうき-かがく【有機化学】イウキクワガク　有機化合物を研究対象とする化学の一分科。⇔無機化学。

ゆうき-かこうしょくひん【有機加工食品】イウキ　JAS法の規格に従った有機農産物、有機畜産物を95パーセント以上使用し、添加物・薬剤の使用を抑えた加工食品。登録認定機関の検査に合格して「有機」「オーガニック」と表示できる。

ゆうき-かごうぶつ【有機化合物】イウキクワガフブツ　炭素を含む化合物の総称。ただし、二酸化炭素・炭酸塩などの簡単な炭素化合物は習慣で無機化合物として扱うため含めない。元来は有機体すなわち生物に起源を有する化合物の意で呼ばれ、生命力により作られるとされていた。1828年に尿素が人工合成され、無機物から合成できることがわかった。⇔無機化合物。

ゆうき-ガラス【有機ガラス】イウキ　合成樹脂のうち、無色透明でガラスの代用になるもの。メタクリル樹脂など。

ゆうき-がん【有機岩】イウキ ▶生物岩

ゆうきかん-しゃいん【有期間社員】イウキカンシャキン ▶契約社員

ゆうき-がんりょう【有機顔料】イウキガンレウ　有機化合物からなる色素を主体とする顔料。色素そのものが水に不溶であるフタロシアニン、金属とのキレート化合物をつくって不溶となるレーキ顔料などがある。

ゆうき-きんこ【有期禁錮¦有期禁固】イウキ　期間の定まっている禁錮。1か月以上20年以下の期間の定めがある。

ゆうききんぞく-かごうぶつ【有機金属化合物】イウキキンゾククワガフブツ　金属を含む有機化合物のうち、炭素との金属結合をもつもの。無機と有機との境界領域の化合物。有機水銀化合物・グリニャール試薬など。

ゆうき-けい【有期刑】イウキ　一定の期間拘禁する自由刑。有期懲役と有期禁錮および拘留の3種がある。⇔無期刑。

ゆうきけいやく-ろうどうしゃ【有期契約労働者】イウキケイヤクラウドウシヤ　一定の期間を定めて使用者から直接雇用されている労働者。⇒有期労働契約

ゆうきけ-はっと【結城家法度】ゆふきケ　弘治2年(1556)下総の結城政勝が制定した分国法。内容は、家臣・商人・下人などについての人身規定、訴訟・裁判手続きなど多岐にわたる。結城家新法度。

ゆうき-こうさい【有期公債】イウキ　償還期限のある公債。

ゆうき-ごうせいきんぞく【有機合成金属】イウキガフセイキンゾク ▶合成有機金属

ゆうき-こうぶんし【有機高分子】イウキカウ　炭素を含む高分子の総称。たんぱく質・核酸・多糖類などの天然高分子(生体高分子)、ナイロン・ビニロン・合成ゴムなどの合成高分子に分類される。⇔無機高分子。

ゆうき-こよう【有期雇用】イウキ　契約に期限のある雇用。定年まで働く正社員(無期雇用)に対する非正社員の労働形態。平成24年(2012)5月に総務省が発表した労働力調査では、雇用者の約35パーセントが非正社員。同16年の労働基準法改正により有期雇用契約の上限が従来の1年から3年に延長された。

ゆうき-ざ【結城座】ゆふき ㊀人形浄瑠璃劇場。貞享・元禄(1684〜1704)ごろ、説経節太夫の初世結城孫三郎が江戸葺屋町に創設したという。天保の改革後、猿若町に移転し、幕末まで存続。㊁糸操り人形の一座。明治中期、9世結城孫三郎が創始。現在、東京都小金井市を本拠として活動している。

ゆうき-さいばい【有機栽培】イウキ　化学肥料や農薬を控え、有機肥料などを使って農作物や土の能力を生かす栽培法。

ゆうき-さん【有機酸】イウキ　酸の性質を示す有機化合物。カルボン酸・スルホン酸・フェノール類など。天然にあるのは酢酸・酪酸・蓚酸・酒石酸・安息香酸など。⇔無機酸。

ゆうき-し【結城市】ゆふき ▶結城㊀

ゆうきしきそ-レーザー【有機色素レーザー】イウキシキソ ▶色素レーザー

ゆうき-じま【結▽城×縞】ゆふき　結城紬または結城木綿の縞織物。

ゆうき-ジャスマーク【有機JASマーク】イウキ　禁止された農薬・化学肥料を使用しない、有機飼料を与える、食品添加物の使用を控えるなどの有機JAS規格

ゆ

を満たす農作物・畜産物・加工食品などにつける印。➡ジャス(JAS)

ゆうき-しょうじ【結城昌治】[1927〜1996]小説家。東京の生まれ。本名、田村幸雄。推理小説やスパイ小説を数多く発表し人気作家となる。硬質の作風で、日本のハードボイルドの先駆者と呼ばれた。「軍旗はためく下に」で直木賞受賞。他に「ゴメスの名はゴメス」「長い長い眠り」「白昼堂々」など。

ゆうき-じんじゃ【結城神社】三重県津市にある神社。祭神は結城宗広ほか一族の将士。病難よけの利益があると信仰されている。俗称、結城医王大明神。

ゆうきすいぎん-ざい【有機水銀剤】炭素と水銀とが直接結合している化合物を主体とする薬剤。農薬・殺虫剤・殺菌剤・消毒剤などに用いられるが、人畜に対しても毒性が強いため、使用禁止となったものが多い。

ゆうきすいぎん-ちゅうどく【有機水銀中毒】水銀の有機金属化合物による中毒。多量摂取による急性中毒は死に至る。農薬や産業廃棄物などの環境汚染による微量の摂取でも、中枢神経などに蓄積する。メチル水銀による水俣病はその典型的な例。

ゆうき-たい【有機体】生活機能をもち、有機物からなる組織体。生物のこと。

ゆうきたい-せつ【有機体説】社会は生物有機体のような構造をもつ有機的結合の実体であるとする社会理論。18、9世紀に西欧に発達。スペンサー・リリエンフェルト・シェフレなどによって主張された。

ゆうき-ちょうえき【有期懲役】期間の定まっている懲役。1か月以上20年以下の期間の定めがある。

ゆうき-ちょうでんどうたい【有機超伝導体｜有機超電導体】超伝導を示す有機化合物。低温などの特別な条件の下、電気抵抗が零になる性質を示す。ドナーとアクセプターが規則正しく配列した分子性結晶が多い。炭化水素分子の結晶にカリウムやルビジウムなどのアルカリ金属をドーピングしたものが発見されている。

ゆうき-つむぎ【結▽城×紬】茨城県の結城地方に産する絹織物。縦糸・横糸ともに紬糸で織り、地質は堅牢。絣や縞を主とする。

ゆうき-てき【有機的】〔形動〕有機体のように、多くの部分が緊密な連関をもちながら全体を形作っているさま。「一な構造」

ゆうぎ-てき【遊戯的】〔形動〕物事を遊び半分に行うさま。「こう云う実験は一に出来るものではない」〈芥川・侏儒の言葉〉

ゆうき-でんどうたい【有機伝導体】電気を比較的よく通す有機化合物。金属に似た電気的特性を持ち、電子の運動が特定の方向に制限される異方性を示すものが多い。導電性高分子、電荷移動錯体などを含む。無機物に比べ、軽量で柔軟性があり、エレクトロニクス分野への応用が進められている。有機導体。有機導電体。分子性導体。分子性導電体。分子性伝導体。

ゆうき-どうたい【有機導体】►有機伝導体

ゆうき-どうでんたい【有機導電体】►有機伝導体

ゆう-ぎぬた【夕×砧】夕方打つきぬた。また、その音。《季 秋》「飯けむり賑ひにけり一／一茶」

ゆうき-のうぎょう【有機農業】有機栽培で行う農業。安全で味のよい農産物の生産をめざす。

ゆうき-のうさくぶつ【有機農作物】►有機農産物

ゆうき-のうさんぶつ【有機農産物】農薬や化学肥料を原則として使用せず、堆肥などによって土づくりを行った水田や畑で栽培された農産物。「有機農産物」と表示して販売するためには、国が認めた登録認定機関による有機JAS認定を取得する必要がある。認定を受けた商品は有機JASマークを貼付して販売することができる。有機JAS規格を満たすには、水稲や野菜など一年生作物は植え付けや種まきの前2年以上、果物などの多年生作物については3年以上、禁止されている農薬や化学肥料を使用していない水田や畑で栽培された農作物であることが求められる。有機農作物。有機野菜。オーガニック農産物。➡ジャス(JAS)

ゆうきはくまくがた-たいようでんち【有機薄膜型太陽電池】導電性高分子やフラーレンなどの有機半導体の薄膜を利用した太陽電池。プラスチックフィルムなどへの塗布が容易なため、軽量かつ柔軟性に富む大面積の太陽電池を安価に製造できるという利点をもつ。エネルギー変換効率は数パーセント程度であり、変換効率の向上が実用化への鍵となっている。有機薄膜太陽電池。

ゆうき-はんどうたい【有機半導体】半導体に似た電気的特性を示す有機化合物。フタロシアニン、ポリアセチレン、多環式芳香族化合物などがある。有機ELディスプレー、有機薄膜型太陽電池などに応用されている。

ゆうき-ひでやす【結城秀康】[1574〜1607]江戸初期の武将。徳川家康の次男。羽柴秀吉の養子となり、のち下総の結城晴朝の養子となる。関ヶ原の戦いののち、松平姓に戻り、福井藩主として越前67万石を領した。

ゆうき-ひりょう【有機肥料】動植物質の肥料。緑肥・堆肥・糞尿・魚肥など。化学肥料に対していう。

ゆうき-ぶつ【有機物】❶有機体すなわち動植物体を構成している物質。❷有機化合物のこと。

ゆうき-まごさぶろう【結城孫三郎】糸操りの人形遣い。㊀(初世)江戸前期の人形芝居の座元。江戸葺屋町に結城座を開いたとされる。生没年未詳。㊁(9世)[1869〜1947]東京の生まれ。糸操り人形芝居の手操りを改革、芸域を広げて結城座の地位を確立した。

ゆうき-むねひろ【結城宗広】[?〜1338]鎌倉末・南北朝時代の武将。法号、道忠。新田義貞に応じて鎌倉を攻略。建武の中興後、北畠顕家とともに義良親王を奉じて奥州を鎮定。足利尊氏の挙兵後は畿内を転戦し、のち伊勢で病死。

ゆうき-もめん【結▽城木綿】結城紬に似せて織った木綿の縞織物。下野の足利に始まった。足利結城。綿結城。

ゆうぎ-もん【遊義門｜遊宜門】平安京内裏外郭十二門の一。西面の北寄りにあった。右廂門。

ゆうき-やさい【有機野菜】►有機農産物

ゆう-きゅう【有給】❶給料の支給があること。⇔無給。❷「有給休暇」の略。「一を取る」

ゆう-きゅう【悠久】〔名・形動〕果てしなく長く続くこと。長く久しいこと。また、そのさま。「一の歴史」「一な(の)大自然」

類語 永久・永遠・とわ・永世・常しえ・常しなえ・恒久・悠遠・長久・永劫・永代・久遠・無限・無窮

ゆう-きゅう【遊休】活用されないで放置してあること。「一地」 **類語** 休閑

ゆうきゅう-きゅうか【有給休暇】休んでも出勤と同様に賃金の支払われる休暇。➡年次有給休暇

ゆうきゅう-しせつ【遊休施設】使用されていない施設。

ゆうきゅう-しほん【遊休資本】投資先・貸付先がなくて活用されていない資本。遊資。

ゆうきゅう-のうち【遊休農地】►耕作放棄地

ゆう-きょ【幽居】〔名〕スル 世を避けてひきこもって静かに暮らすこと。また、その住まい。閑居。「徒に一して堆書塵埃の裡に身を屈し」〈織田訳・花柳春話〉

ゆう-ぎょ【遊魚｜×游魚】水中を泳いでいる魚。

ゆう-ぎょ【遊漁】娯楽として釣りや漁をすること。「一料」

ゆう-きょう【勇×侠】勇気があって男気に富むこと。

ゆう-きょう【幽境】世俗を離れた静かな所。

ゆう-きょう【遊×侠｜×游×侠】仁義を重んじ、強きをくじき、弱きを助けること。男だて。また、その気風の人。侠客。「一の徒」

ゆう-きょう【遊興】〔名〕スル 遊び興じること。特に、酒色に興じること。「花街ではでに一する」

類語 遊び・遊蕩・道楽・放蕩・豪遊・遊楽・清遊

ゆう-きょう【雄強｜勇強】〔名・形動〕雄々しく力強いこと。また、そのさま。「廉恥、公平、正中、一等の如き外物に接して」〈福沢・文明論之概略〉

ユー-きょく【U局】UHF(極超短波)を使用する放送局のこと。

ゆうきょくせい-ぶんし【有極性分子】►極性分子

ゆうぎょ-せん【遊漁船】釣りなどの娯楽のために客を乗せて航行する船。

ゆう-ぎり【夕霧】夕方に立つ霧。《季 秋》

ゆうぎり【夕霧】㊀源氏物語第39巻の巻名。光源氏50歳。夕霧の柏木未亡人に対する不首尾に終わった恋を描く。㊁源氏物語の登場人物。光源氏と葵の上との子。左大臣となる。雲井の雁の夫。㊂[1654〜1678]江戸前期の遊女。大坂新町扇屋の太夫職の名妓。死後、歌舞伎・人形浄瑠璃などで多くの追善狂言が作られた。㊃㊂をモデルとした浄瑠璃、およびそれによる歌舞伎舞踊の通称。近松門左衛門の「夕霧阿波鳴渡」や、その吉田屋の段をもとにした、薗八節「ゆかりの月見」、富本・清元節「春夜障子梅」、常磐津節「其扇屋浮名恋風」など。

ゆうぎりあわのなると【夕霧阿波鳴渡】浄瑠璃。世話物。3巻。近松門左衛門作。正徳2年(1712)大坂竹本座初演。遊女夕霧と藤屋伊左衛門との情話を脚色したもので、「吉田屋」の段は有名。

ゆうぎり-いざえもん【夕霧伊左衛門】遊女夕霧とその愛人藤屋伊左衛門。また、二人の情話を扱った歌舞伎・浄瑠璃などの一系統。歌舞伎「夕霧名残の正月」、浄瑠璃「夕霧阿波鳴渡」「傾城阿波の鳴門」「廓文章」など。

ゆうきりん-ざい【有機×燐剤】燐を含む有機化合物で、農薬・殺虫剤などに用いられるもの。パラチオンなど。人畜に対する毒性が強い。

ゆうき-ろうどう【有期労働】一定の期間を定めて雇用される労働の形態。➡有期労働契約

ゆうきろうどう-けいやく【有期労働契約】3か月・半年・1年など期間を定めて締結される雇用契約。**補説** 契約期間の上限は、労働基準法により3年(高度な専門知識等を有する労働者や満60歳以上の労働者との間に締結される労働契約の場合は5年)と定められている。

ゆうき-ろうどうしゃ【有期労働者】➡有期契約労働者

ゆう-きん【遊金】活用しないでしまい込んでおく金。あそびがね。

ゆう-ぎん【遊吟】〔名〕スル 散策しながら詩歌を作ったり、吟じたりすること。「漢詩を一する」

ゆうきん-るい【×游×禽類】水面に浮かんで泳ぎ回る水鳥。カモ・ウ・カイツブリなど。カモメなどの海鳥を含めていうこともある。

ゆう-く【憂苦】〔名〕スル 心配し苦慮すること。「徒に一する勿れ」〈織田訳・花柳春話〉

ゆう-く【憂×懼】〔名〕スル 心配し恐れること。憂惧。「国乱内変は国家災害の尤一す可き極なり」〈津田真道訳・泰西国法論〉

ゆう-ぐ【遊具】遊戯に使う器具。また、遊び道具。

ゆう-ぐ【憂惧｜憂▽虞】〔名〕スル 心配し恐れること。憂懼。「傾向を一した結果であるとも」〈寒村・寒村自伝〉

ゆう-ぐう【優遇】〔名〕スル 手厚くもてなすこと。優先的に扱うこと。「経験者を一する」「一措置」

ユーグ-カペー〖Hugues Capet〗[938ころ〜996]カペー朝初代のフランス国王。在位987〜996。カロリング朝の断絶により、聖俗諸侯に推挙されて王位につき、カペー朝を創始した。

ゆうぐ-し【有虞氏】古代中国の伝説上の聖天子、舜の称。

ゆう-ぐも【夕雲】夕方の雲。夕方立つ雲。

ゆう-ぐもり【夕曇(り)】夕方曇ること。また、その空。
ユークリッド〔Euclid〕[前330ころ～前260ころ]ギリシャの数学者。プラトンに学び、アレクサンドリアで教育に従事。「ストイケイア(幾何学原本)」を著し、幾何学の祖とされる。現存する著はほかに「光学」「音程論」などがある。ギリシャ語名エウクレイデス。
ユークリッド-きかがく【ユークリッド幾何学】ユークリッドが著した「ストイケイア(幾何学原本)」を基礎とする初等幾何学。図形的直観を基本に、五つの公準と五つの公理とから組み立てられる。その第五公準である平行線公準の研究から、19世紀になって非ユークリッド幾何学が生まれた。
ユークリッド-くうかん【ユークリッド空間】ユークリッド幾何学を適用できる空間。点はn個の実数の組で表され、二点$A(a_1, a_2, \cdots, a_n)$, $B(b_1, b_2, \cdots, b_n)$の間の距離は$\{(a_1-b_1)^2+(a_2-b_2)^2+\cdots+(a_n-b_n)^2\}$の平方根で定義される。
ゆう-ぐれ【夕暮れ】日の暮れるころ。日暮れ。たそがれ。「一時」(類語)夕方・日暮れ・晩方・夕・夕べ・夕刻・黄昏・薄暮・火ともしごろ・暮れ方・夕間暮れ
ゆうぐれ-がた【夕暮れ方】夕方。暮れがた。
ユーグレナ〔ラテ Euglena〕ミドリムシの別名。
ゆう-くれない【夕紅】夕方、西の空が紅色になること。また、そのような色。「もみぢ葉は入り日の影にさしそひて一に色ぞことなる」〈教長集〉
ゆう-くん【有勲】❶勲功のあること。「一の士」❷勲章をもつこと。勲位のあること。
ゆう-くん【遊君】あそびめ。遊女。
ゆう-ぐん【友軍】味方の軍隊。「一機」
ゆう-ぐん【遊軍】❶戦列の外にあっていつでも出動できるように待機している軍隊。遊撃隊。❷決まった任務につかず、必要に応じて活動できるよう待機している人。「一記者」
ゆう-け【夕▽占】夕方にする辻占。ゆううら。「逢はなくに一を問ふと幣に置くに我が衣手はまたそ継ぐべき」〈万・二六二五〉
ゆう-げ【夕×餉｜夕▽食】《古くは「ゆうけ」》夕方の食事。夕食。夕飯。(類語)夕食・夕御飯・夕飯・夕飯・晩御飯・晩飯・晩餐・ディナー
ゆう-げ【遊▽戯】「ゆうぎ(遊戯)❶」に同じ。「どこか一の趣を備えているのは」〈中島敦・悟浄歎異〉
ゆう-けい【夕景】夕方。また、夕方の景色。
ゆう-けい【有形】形があること。形をもっているもの。⇔無形。
ゆう-けい【幽径】奥深い静かなこみち。
ゆう-けい【幽契】目に見えない神仏との約束。「神代の一のままになりぬるにや」〈神皇正統記・村上〉
ゆう-けい【雄×勁】〔名・形動〕力強いこと。書画・詩文などに、力がみなぎっていること。また、そのさま。「一な筆跡」
ゆう-げい【遊芸】遊び・楽しみのためにする芸事。歌舞音曲・茶の湯・生け花など。
(類語)芸事・習い事・旦那芸
ゆうけい-ざいさん【有形財産】動産・不動産・商品・貨幣など、形のある財産。⇔無形財産。
ゆうけい-しほん【有形資本】土地・建物・機械・器具・貨幣など、形を備えている資本。⇔無形資本。
ゆうけい-ちょうしん【▽熊経鳥申】仙人の肉体鍛錬法。熊が木に前足をかけて立つように直立し、鳥が首を伸ばすようにして筋骨をやわらげる。
ゆうけい-ぶんかざい【有形文化財】建造物・絵画・彫刻・工芸品・書跡・典籍・古文書その他の有形の文化的所産で、歴史上または芸術上価値の高いもの、および考古資料その他の学術上価値の高い歴史資料。そのうち重要なものを文部科学大臣が重要文化財に指定する。⇔無形文化財。
ゆうけい-むけい【有形無形】形のあるものと、形のないもの。「一の援助を受ける」
ユー-ケー〔UK〕《United Kingdom》連合王国。英国。正称は、グレートブリテン及び北アイルランド連合王国(United Kingdom of Great Britain and Northern Ireland)。
ユー-ケー-エー-イー-エー〔UKAEA〕《United Kingdom Atomic Energy Authority》英国原子力公社。放射性物質除去や核融合研究を行う。1954年設立。本部はイングランドのハーウェル。
ゆう-げき【遊撃】〔名〕スル ❶あらかじめ攻撃する目標を定めず、戦況に応じて敵の攻撃や味方の援護に回ること。❷「遊撃手」の略。
ゆうげき-しゅ【遊撃手】野球で、二塁と三塁の中間に位置して守備する内野手。ショートストップ。ショート。
ゆうげき-せん【遊撃戦】遊撃隊の行う戦闘。
ゆうげき-たい【遊撃隊】遊撃に備えた機動力をもつ軍隊。遊軍。
ゆう-げしき【夕景色】夕方の景色。夕景。
ゆう-げしょう【夕化粧】❶夕方にする化粧。❷オシロイバナの別名。
ゆう-けつ【雄傑】才知に長け、勇ましいこと。また、その人。英傑。「天下の英才一の士」〈岡三慶・今昔較〉
ユーゲニズム《日本語の「幽玄」からの造語》1950年米国に渡った抽象画家岡田謙三が唱えた美術論。伝統的な日本の美意識の本質を幽玄にみて、その現代的な表現を掘り下げた。
ゆう-けぶり【夕▽煙】「ゆうけむり」に同じ。
ゆう-けむり【夕煙｜夕×烟】夕方、食事の仕度などのために立つ煙。ゆうけぶり。(類語)人煙・炊煙
ゆうけん　能や狂言の型の一。扇を開いて右手に持ち、胸の前から右上に、二度大きくはね上げる。歓喜・興奮・勇躍などの感情を表現する。
ゆう-けん【有権】❶権利を有すること。❷権力を有すること。
ゆう-けん【勇健】〔名・形動〕❶力強く、すこやかなこと。また、そのさま。「一な体躯をそなえた、何かせずにはいられないような人だ」〈藤村・千曲川のスケッチ〉❷「雄健❷」に同じ。
ゆう-けん【郵券】郵便切手のこと。
ゆう-けん【雄剣】中国春秋時代、呉の干将が造ったという雌雄一対になった剣の一。呉王闔閭に献じたという。転じて、おもな剣。正の剣。
ゆう-けん【雄健】〔名・形動〕❶力強く勢いのよいこと。また、そのさま。「一な文章」❷健康であること。また、そのさま。手紙文に用いることが多い。勇健。「南の方はますます一に候」〈蘆花・思出の記〉
ゆう-げん【有限】〔名・形動〕かぎりがあること。限度・限界があること。また、そのさま。「一な(の)資源」⇔無限。
ゆう-げん【幽玄】〔名・形動〕《「幽」はかすか、「玄」は奥深い道理の意》❶物事の趣が奥深くはかりしれないこと。また、そのさま。「一の美」「一な(の)世界」❷趣きが深く、高尚で優美なこと。また、そのさま。「詩歌に巧みに、糸竹に妙なるは一の道、君臣これを重くす」〈徒然・一二二〉❸気品があり、優雅なこと。また、そのさま。「内裏の御ことは一にてやさやさとのみ思ひならへる人の云なるべし」〈愚管抄・四〉❹中古の「もののあはれ」を受け継ぐ、中世の文学・芸能の美的理念の一。言葉に表れない、深くほのかな余情の美をいう。㋐和歌では、言外に感じられる王朝的な上品で優しくもの柔らかな情趣をいう。㋑連歌では、艶でほのかな、言葉に表されない感覚的な境地をさしていう。後に、ものさびた閑寂な余情をもいうようになった。㋒能楽では、初め美しく柔和な風情をさしていったが、後、静寂で枯淡な風情をもいうようになった。
(類語)幽邃・幽遠・玄妙・奥深い
ゆうげん-がいしゃ【有限会社】商行為その他の営利行為を目的として、有限会社法によって設立された社団法人。平成18年(2006)の会社法施行に伴い、有限会社法は廃止され、法律上、従来の有限会社は株式会社となった。しかし会社整備法により、会社法施行以前から存続している有限会社については、特例有限会社として存続することもできる。
(類語)株式会社・KK・GmbH
ゆうけん-かいしゃく【有権解釈】権限のある機関によって行われる法の解釈。拘束力をもつ。公権的解釈。
ゆうげん-かじょ【有限花序】花序の二大別の一。花が花軸の頂部から下方へ、または中心から外側へと順次咲いていくもの。単頂花序・鎌形(巻散)花序・さそり状(互散)花序・岐散花序などがある。⇔無限花序。
ゆうげん-きゅうすう【有限級数】項の数が有限個ある級数。
ゆうけん-しゃ【有権者】❶権利をもっている人。特に、選挙権をもっている人。❷権力をもっている人。
ゆうげん-しゅうごう【有限集合】要素が有限個ある集合。
ゆうげん-しょうすう【有限小数】小数点以下の桁数が有限である小数。
ゆうげん-せきにん【有限責任】債務者の財産中の特定の物または一定額を限度として債務を支払えばよいとする場合の責任。⇔無限責任。
ゆうげんせきにんじぎょう-くみあい【有限責任事業組合】海外のLLPをモデルに導入された、事業組織の形態の一つ。個人または法人が共同で出資し事業を営むために設立する。出資者は出資額の範囲で責任を負い、組合員として事業上の意思決定および業務執行への参加が義務付けられている。法人格がないため法人税は課税されず、出資者への配当に直接課税される。日本版LLP。
⇒合同会社
ゆうげんせきにん-しゃいん【有限責任社員】合資会社の社員のうち、会社の債務について、出資額の限度内で会社債権者に対し直接に連帯の責任を負う社員。⇒無限責任社員
ゆうげんせきにん-ちゅうかんほうじん【有限責任中間法人】中間法人法に基づく法人形態で、中間法人の一種。法人の債務について、法人の社員は弁済の責任を負わないことから、設立時に最低300万円の基金を集める必要がある。一般社団・財団法人法の施行に伴い、中間法人法が廃止、有限責任中間法人は一般社団法人へ移行した。
ゆうげん-たい【幽玄体】言外に奥深い情趣・余情のある歌体。幽玄様。
ゆうげん-どう【幽玄洞】岩手県一関市の鍾乳洞。3億5000万年前の地層にあり、ウミユリや三葉虫の化石など、貴重な資料が発見されている。
ユーゲントシュティール〔ドイツ Jugendstil〕《「ユーゲント」は青春の意で、ドイツの雑誌の名》ドイツ・オーストリアなどでのアールヌーボー様式の呼称。
ゆう-こ【優弧】円周を二点によって二つの弧に分けたときの、半円より大きいほうの弧。⇔劣弧。
ゆう-こう【友好】友人としての親しい交わり。「一を深める」「一関係」「一国」(類語)親交・親睦・交遊・交歓・深交・交誼・厚誼・昵懇・懇意・懇親
ゆう-こう【有功】功績のあること。「一の人」
ゆう-こう【有効】〔名・形動〕❶ききめのあること。効力をもっていること。また、そのさま。「資金を一に使う」「一な手段」⇔無効。❷法律上の効力をもっていること。⇔無効。❸柔道の試合で、「技あり」に近い技のときに下す判定。抑え込みでは、20秒以上25秒未満経過した場合。
(類語)有益・有用・実用・ユーティリティー
ゆう-こう【遊行】〔名〕スル ❶遊び歩くこと。「外国に一して一時歓娯を極むるに似たれども」〈織田訳・花柳春話〉❷さまようこと。「一度肉体死するや、其霊魂は、一して」〈宮本・伸子〉
ゆう-ごう【勇剛】〔名・形動〕いさましくて強いこと。また、そのさま。「巴礼は一なる人なれば、直ちに起行し」〈中村訳・西国立志編〉
ゆう-ごう【雄豪｜勇豪】〔名・形動〕雄々しく強いこと。また、その人や、そのさま。「真に一なる少年にてありぬ」〈透谷・楚囚之詩〉
ゆう-ごう【融合】〔名〕スル とけあうこと。とけあって一つのものになること。「物質どうしを一させる」「東西

ゆ

文化の一」(類語)結合・複合・合成

ゆうこう-えんそ【有効塩素】さらし粉に含まれる、漂白作用に有効な塩素。全体量に対する塩素の量を、重量百分率で表す。

ゆうこう-がそすう【有効画素数】《effective pixels》デジタルカメラなどが備える撮像素子を構成する受光素子のうち、実際に撮影に使用される素子の総数。撮像素子周辺部の受光素子は使用されないため、総画素数より若干少ない。また、画像データの記録画素数とも異なる。

ゆうこう-きゅうじんばいりつ【有効求人倍率】全国の公共職業安定所に申し込まれている求職者数に対する求人数の割合。有効求人数(前月から繰り越された求人数とその月の新規求人数との合計)を有効求職者数(前月から繰り越された求職者数とその月の新規求職申込件数との合計)で除したもの。

ゆうこう-こうけい【有効口径】《effective aperture》カメラのレンズなどの光学系を通過する光束の太さ。絞りがある場合は、その絞りの内径を対物レンズ前面で測定した直径のこと。入射瞳と同値となる。

ゆうこう-じかい【有効磁界】磁性体を磁化する時につくられた反磁界により、外から与えた磁界が弱められた内部の磁界。有効磁場。

ゆうこう-じば【有効磁場】▶有効磁界

ゆうこう-じゅよう【有効需要】実際の貨幣支出に裏づけられた需要。ケインズの所得分析の基礎となる重要概念。

ゆうこう-じょうちゅう【有×鉤条虫】条虫の一種。体長約3メートル。体はひも状で片節の数は約900個あり、頭部の前端に大小の鉤状の突起が環状に並ぶ。人間を終宿主とし、腸内に寄生。中間宿主である豚肉を生食すると感染する。かぎさなだ。

ゆうこう-じょふ【遊行女婦】各地をめぐり歩き、歌舞音曲で宴席をにぎわした遊女。うかれめ。

ゆうこう-すうじ【有効数字】❶零を除く一から九までの数字。❷近似値や測定値で信頼してよい数字。例えば、測定値150gが1g未満を四捨五入したものなら有効数字は1,5,0で1.50×10^2(g)と表し、10g未満を四捨五入したものなら有効数字は1,5で1.5×10^2(g)と表す。

ゆうこう-せいぶん【有効成分】効力をもつ成分。「薬の—」

ゆうこう-せんぶん【有向線分】数学で、線分に向きを与えたもの。線分ABで、AからBの方向に向きを考えるとき、$\overrightarrow{AB}$と表す。

ゆうこう-ちゅう【有孔虫】肉質綱有孔虫目の原生動物の総称。多くは体が1ミリ以下で、主に石灰質の殻をもつ。大部分が海産で、海底に仮足で付着。プランクトンとして浮遊するものもある。地質時代の化石も多い。

ゆうこうちゅう-なんでい【有孔虫軟泥】主に有孔虫の遺骸が堆積してできた石灰質軟泥。グロビゲリナ軟泥など。

ゆうこうとうひょう-すう【有効投票数】投票総数から無効投票数を差し引いた票数。白票や候補者の氏名以外を記入した票、複数の氏名を記入した票などは無効票となる。有効投票数は法定得票数の算出基準としても用いられる。

ゆうこう-とし【友好都市】▶姉妹都市

ゆうこう-フィルム【有孔フィルム】《perforated film》写真や映画用のフィルムで、片側または両側にフィルム送りのための規則的な穴があいているもの。窄孔フィルム。

ゆうこう-らくさ【有効落差】水車を作動させるために実際に利用できる落差。自然落差から導水管などでの摩擦による損失を引いたもの。

ユーゴー〖Hugo〗▶ユゴー

ゆう-ごおり【夕氷】夕方、水が凍ること。また、その氷。

ゆう-こく【夕刻】夕暮れ時。夕方。

ゆう-こく【幽谷】奥深い静かな谷。「深山—」

ゆう-こく【憂国】国の現状や将来について心を痛めること。「—の士」「—の情」

ゆうこく-じ【熊谷寺】埼玉県熊谷市にある浄土宗の寺。山号は、蓮生山。開創は元久2年(1205)。開基は熊谷直実。

ユーゴスラビア〖Yugoslavia〗ヨーロッパのバルカン半島北西部を占めた連邦共和国。14世紀からオスマン帝国の支配下にあったが、第一次大戦後の1918年、南スラブ系の多民族最初の統一国家、セルビア-クロアチア-スロベニア王国が成立、29年にユーゴスラビア王国と改称。45年に連邦人民共和国、63年に社会主義連邦共和国となり独自の民族主義的社会主義政策を推進した。91〜92年にかけ、同国の解体・再編に伴いスロベニア・クロアチア・ボスニア-ヘルツェゴビナ・マケドニア各共和国が分離・独立し、セルビア(ボイボジナ・コソボ2自治州を含む)とモンテネグロの2共和国が新ユーゴスラビアを構成していた。2003年国名をセルビア-モンテネグロに改称したが06年に両国が分離して完全に解体された。

ゆう-ごはん【夕御飯】ゆうめしを丁寧にいう語。

ゆう-ごり【夕凝り】《古くは「ゆうこり」》露や霜などが夕方凝り固まること。また、そのもの。「—の霜置きにけり朝戸出にいたくし踏みて人に知らゆな」〈万・二六九二〉

ゆう-こん【幽魂】死者の霊魂。亡魂。

ゆう-こん【雄×渾】〔名・形動〕雄大で勢いのよいこと。書画・詩文などがよどみなく堂々としていること。また、そのさま。「—な筆致」「—な文章」

ユーコン〖Yukon〗カナダ北西部の準州。ブリティッシュ-コロンビア州の北に位置し、西は米国アラスカ州に接する。州都ホワイトホース。

ユーコン-がわ【ユーコン川】北アメリカ北西部を流れる大河。カナダのロッキー山脈北部に源を発し、ユーコン準州、米国アラスカ州を貫流してベーリング海に注ぐ。長さ3680キロ。冬季は結氷。

ゆう-ざ【夕座】法華八講など、朝夕二度の法座のうち、夕方に行うもの。⇔朝座

ユーザー〖user〗商品の使用者。利用者。「—車検」

ユーザー-アカウント〖user account〗▶アカウント

ユーザーアクセプタンス-テスト〖user acceptance test〗▶受け入れテスト

ユーザー-インターフェース〖user interface〗使用者がコンピューターを操作する上での環境。また、扱いやすさや、操作感。携帯電話やデジタルカメラなどの電子機器の操作に対しても使われる。UI。⇒インターフェース ⇒CUI ⇒GUI

ユーザーさくせい-コンテンツ【ユーザー作成コンテンツ】《user created content》▶ユー-ジー-シー(UGC)

ユーザー-サポート〖user support〗「サポート❷」に同じ。

ユーザー-しゃけん【ユーザー車検】使用者自身で自動車の車体検査のための点検・整備をし、全国各地にある国土交通省の運輸支局や自動車検査登録事務所で検査を受けること。

ユーザーせいさく-コンテンツ【ユーザー制作コンテンツ】《user created content》▶ユー-ジー-シー(UGC)

ユーザーせいせい-コンテンツ【ユーザー生成コンテンツ】《user generated content》▶ユー-ジー-シー(UGC)

ユーザー-テスト〖user test〗製品やソフトウエア、ウェブサイトなどの使いやすさを、利用者が実際に使用して確認するテスト。ユーザビリティーテスト。

ユーザー-とうろく【ユーザー登録】ソフトウエアやハードウエア製品の購入者が、氏名や住所、製品のシリアルナンバーをメーカーに通知し、正規のユーザーとして登録すること。各種サポートサービスを受けたり、アップグレード情報などを得たりすることができる。

ユーザー-ファイル〖user file〗コンピューターシステムのユーザーが外部記憶装置上に作成する、ひとまとまりのデータやプログラム。

ユーザー-フレンドリー〖user-friendly〗電気製品などの使い勝手がよいこと。コンピューターの操作やソフトの使用方法が、わかりやすいこと。

ゆう-さい【有妻】妻帯していること。⇔無妻。

ゆう-さい【雄才｜雄×材】すぐれた才能。また、その持ち主。

ゆう-ざい【有罪】❶罪のあること。❷裁判所の判決により、犯罪の成立が認められること。⇔無罪。

ゆう-ざい【融剤】化学分析や冶金・窯業で、融解しにくい物質をとけやすくするために加える物質。氷晶石・炭酸ナトリウムなどが用いられる。溶剤。

ゆうさい-しょく【有彩色】色の三属性である色相・明度・彩度を併せ持つ色、すなわち黒・灰・白色以外の色。⇔無彩色。

ゆうざき-ざ【結崎座】大和猿楽四座の一。観阿弥清次が伊賀の小波多で創始したという。のち大和の結崎に移った。観世座の前身。

ゆう-さく【優作】すぐれた作品。

ユーサネイジア〖euthanasia〗安楽死。安死術。ユータナジー。

ユーザビリティー〖usability〗コンピューターやソフトウエア、機械製品などの使いやすさ、使い勝手のこと。

ユーザビリティー-テスト〖usability test〗▶ユーザーテスト

ゆう-さらず【夕去らず】〔連語〕《夕方を離れない意から》夕方になるたびに。毎夕。「今日もかも明日香の川の—かはづ鳴く瀬のさやけくあるらむ」〈万・三三五六〉

ゆう-さり【夕さり】夕方になること。また、夕方。「—は帰りつつ、そこに来させけり」〈伊勢・六九〉

ゆうさり-つ-かた【夕さりつ方】夕方。「—帰りなむとしける時に」〈古今・離別・詞書〉

ゆう-され【夕され】《「ゆうざれ」とも》「ゆうさり」の音変化。「—の空薄ぐもり」〈平家・二〉

ゆう-さん【有産】多くの財産のあること。⇔無産。

ゆうさん-かいきゅう【有産階級】資本家・地主など財産をもっている階級。⇔無産階級。(類語)ブルジョア・ブルジョアジー・有閑階級

ユーザンス〖usance〗❶期限付手形における支払期日までの支払猶予期間。❷支払猶予。❸貿易代金の支払猶予金融。

ゆう-さんそ【有酸素】酸素を消費すること。また、酸素を補給すること。「—エネルギー」⇒無酸素

ゆうさんそ-うんどう【有酸素運動】脂肪や糖質を酸素によってエネルギーに変えながら行う、規則的な繰り返しのある比較的軽い運動。ジョギング・ウオーキング・水泳・エアロビクスダンスなど。エアロビクス。⇒無酸素運動

ゆう-し【右史】古代中国の官名。左史とともに天子の側に侍して、その言行を記録した。

ゆう-し【有司】役人。官吏。「当路の—に意見を陳じた」〈魯庵・社会百面相〉

ゆう-し【有史】歴史で、文字による記録のあること。「—以前」「—時代」

ゆう-し【有志】ある物事に関心をもち、かかわろうとする意志のあること。また、その人。「—を募る」

ゆう-し【有刺】とげがあること。

ゆう-し【勇士】《古くは「ゆうじ」とも》勇気のある強い人。勇者。「歴戦の—」(類語)勇者・兵・豪傑・猛者

ゆう-し【勇姿】いさましい姿。「日本選手団の—」(類語)偉容・威容・英姿・雄姿・威風

ゆう-し【幽思】静かに物思うこと。「—窮まらず、深巷に人無きところ」〈和漢朗詠・下〉

ゆう-し【猶子】❶兄弟の子。甥。姪。❷兄弟・親類または他人の子を自分の子としたもの。義子。養子。

ゆう-し【遊士｜×游士】❶風流人。みやびお。❷浪人。また、志を抱いて他国を遊歴する人。「天外一の懐郷の涙なりき」〈独歩・愛弟通信〉❸中国、春秋戦国時代、策をたずさえて抗争する諸侯を遊説し、仕官を請うた者。

ゆう-し【遊子】家を離れて他郷にいる人。旅人。

「天涯の一たる予自身を」〈芥川・開化の殺人〉
ゆう-し【遊糸】イウ「糸遊いと❶」に同じ。
ゆう-し【遊資】イウ「遊休資本」の略。
ゆう-し【雄志】雄々しいこころざし。「一を抱く」
ゆう-し【雄姿】雄々しく堂々とした姿。雄壮な姿。
(類語)偉容・威容・英姿・勇姿・威風
ゆう-し【雄視】〔名〕スル 威勢を張って他に対すること。「四方の豪族が一して武を張る時」〈魯庵・社会百面相〉
ゆう-し【憂思】イウ うれい、悲しむ心。
ゆう-し【融資】〔名〕スル 資金を融通すること。「無担保で一する」(類語)出資・投資・投下
ゆう-じ【有事】イウ 戦争や事変など、非常の事態が起こること。「一朝一の際」
ユー-シー〖UC〗《フランス Unité de compte》共通計算単位。EU(欧州連合)の前身であるEC(欧州共同体)の予算の計算単位として、1978年に導入。79年のEMS(欧州通貨制度)設立にともない、加盟国中央銀行間の決済手段としての機能を持つエキュー(欧州通貨単位)に改称。99年、ユーロに発展した。英語ではEUA(European Unit of Account)。
ユー-シー〖UC〗《University of California》米国のカリフォルニア大学。
ユー-シー〖UC〗《ulcerative colitis》▶潰瘍性大腸炎
ユー-シー-アイ〖UCI〗《フランス Union Cycliste Internationale》国際自転車競技連合。1900年創設。本部はスイスのエーグル。
ユー-シー-イー〖UCE〗《unsolicited commercial e-mail》▶迷惑メール
ユー-ジー-エム〖UGM〗《user generated media》▶シー-ジー-エム(CGM)
ユー-シー-エル-エー〖UCLA〗《University of California, Los Angeles》カリフォルニア大学ロサンゼルス校。カリフォルニア大学の10のキャンパスの中で最大規模。1919年創立。
ユー-シー-シー〖UCC〗《user created content》▶ユー-ジー-シー(UGC)
ユー-ジー-シー〖UGC〗《user generated content》利用者(ユーザー)により作成されたコンテンツの総称。ブログ、SNS、BBSに利用者が投稿した記事やメッセージ、動画共有サービスなどのコンテンツを指す。ユーザー作成コンテンツ。ユーザー制作コンテンツ。ユーザー生成コンテンツ。UCC(user created content)。➡CGM
ユー-シー-ビー〖UCB〗《University of California at Berkeley》米国のカリフォルニア大学バークリー校。UCの本部校。
ユージーン〖Eugene〗米国オレゴン州西部の都市。ウィラメット川に面し、農林産物の集散地として知られる。ワイン生産が盛ん。
ユージェニックス〖eugenics〗優生学ゆうせいがく。
ゆう-しお【夕潮｜夕×汐】ゆふしほ 夕方に満ちてくる潮。⇔朝潮。
ユージオメーター〖eudiometer〗水の電気分解により生じる酸素および水素の容積を測定し、電気量を求める装置。目盛り付きガラス管の一端を閉じて白金電極を封入したもの。水ボルタ電量計。
ゆうしかい-ひこう【有視界飛行】イウシカイヒカウ 航空機で、操縦士の視覚に頼って行う飛行。⇔計器飛行。
ユーじかん-あつりょくけい【U字管圧力計】ーヂクワンアツリョク ▶示差圧力計
ゆう-しき【有▽職】イウ ▶ゆうそく(有職)
ゆう-しき【有識】イウ ❶学問があり見識の高いこと。また、その人。❷▶ゆうそく(有職)
ゆうしき-しゃ【有識者】イウシキ 学問があり、見識が高い人。
ゆうしきしゃ-かいぎ【有識者会議】イウシキシャクワイギ 各界を代表する学識経験者や実務経験者などで構成される会議。主として国・地方自治体などの諮問機関として設置される。経済界・学界・関連団体・文化人・マスコミなど多様な分野を代表する識者が選ばれ、幅広い観点から議題について検討する。
ゆう-しぐれ【夕時-雨】ゆふ ❶夕方に降る時雨。《季 冬》「きそひうつ五山の鐘や一/子規」❷名香の名。沈じんの一種。
ユーじ-こく【U字谷】横断面がU字形の谷。谷氷河の後退の際に、氷食によってできる。氷食谷。
ゆうし-こんちゅう【有×翅昆虫】イウシ 有翅亜綱の昆虫の総称。昆虫の大部分が含まれる。胸部に二対の翅はねをもち、運動機能は大。翅が膜質のハチ、硬いクチクラで覆われる甲虫、鱗粉りんぷんで覆われるチョウ、一対しかなくなったハエ、退化して欠如するノミなど。不完全変態をするものと完全変態をするものとに分けられる。有翅類。⇔無翅昆虫。
ゆうし-しゃ【有志者】イウシ 有志の人。有志家。
ゆうし-せつ【猶子説】イウシ キリストは本来人間であって聖霊によって神の子とされたという異端説。古代から説かれたが、8世紀、スペインのエリパンドスとフェリクスが唱えて排斥された。養子論。
ゆうし-せんせい【有司専制】イウシ 官僚が独断的に事を取り計らうこと。明治初期、自由民権派が藩閥政府による専制的政治を非難したときに用いた語。
ゆうし-たかぜ【夕下風】ゆふ 夕方、木陰や地面をはうように吹いてくる風。「夏山の一の涼しさに楢ならの木蔭のたたまうきかな」〈山家集・下〉
ゆうしつ-どうぶつ【有×櫛動物】イウシツ 動物界の一門。海産で多くは浮遊性。体は透明な寒天質で、腔腸こうちょう動物のクラゲに似るが、体表に櫛板しつばんとよぶ繊毛の並んだ小板の列が8本あり、これを動かして進む。触手に粘着性の細胞をもち、餌を捕らえる。オビクラゲ・フウセンクラゲなど。くしくらげ類。
ゆう-しで【木=綿四手｜木=綿▽垂】ゆふ 木綿ゆうを垂らすこと。また、垂らした木綿。木綿で作った四手。「榊葉さかきばの常磐ときかきはに一や堅苦しなる目な見せそ神」〈かげろふ・上〉
ゆうし-てっせん【有刺鉄線】イウシ 先を鋭く切った短い針金をとげのようにからませた針金。防護用柵などに利用。
ゆうしで-の【木=綿四手の】ゆふしでの 〔枕〕木綿四手は神前に垂らすものであることから、「神」にかかる。「こや一神まつころ」〈経信集〉
ユージノ-サハリンスク〖Yuzhno-Sakhalinsk〗▶ユジノサハリンスク
ゆうし-ぶんれつ【有糸分裂】イウシ 真核生物で一般的にみられる核分裂の様式。細胞分裂の際に、核の中に染色体・紡錘体などの糸状構造が形成されて行われるところから、無糸分裂に対していう。体細胞分裂と、減数分裂とがある。間接核分裂。
ゆうしほうげん【遊子方言】イウシハウゲン 江戸中期の洒落本。1冊。田舎老人多田爺いなかろうじんただのじじい作。明和7年(1770)ごろ刊。江戸吉原で通人ぶった男が振られ、うぶな初心者がもてる話。のちの洒落本の原型となったもの。
ゆうしほしょうきん-さぎ【融資保証金詐欺】債務をかかえる人に、金融機関などを装って低金利で融資をすると持ちかけ、保証金・紹介料などの名目で現金を口座に振り込ませてだまし取る詐欺。貸します詐欺。➡振り込め詐欺
ユー-シム〖USIM〗《universal subscriber identity module》▶ユーシムカード
ユーシム-カード〖USIMカード〗《universal subscriber identity module card》携帯電話やPDAに差し込んで使用する、契約者情報を記録したICカード。シムカードを拡張したもので、個人の電話帳やクレジット決済に関する識別情報なども記録される。
ゆう-しも【夕霜】ゆふ 夕方におく霜。「都にも今や衣をうつの山一はらふ蔦つたの下道」〈新古今・羇旅〉
ゆう-しゃ【勇者】勇気のある人。勇士。
(類語)勇士・兵つわもの・豪傑・猛者・強者
ゆう-しゃ【優者】イウ ❶他より秀でている人。❷競技で優勝した人。「栄えある一」
ゆう-しゃく【有爵】イウ 爵位をもっていること。
ゆう-じゃく【有若】イウ［前538ころ～前457ころ］中国、春秋時代の魯ろの人。孔子の門人。容貌や言行が孔子に似ていたため、一時門人に慕われ、有子と敬称された。
ゆう-じゃく【幽寂】イウ〔名・形動〕奥深くひっそりと静かなこと。また、そのさま。「古寺の一な境内」
ゆう-しゅ【幽趣】イウ 奥深く静かな風情。奥ゆかしい風情。
ゆう-しゅ【郵趣】イウ 郵便切手や消印など、郵便物に関係するものを収集する趣味。
ゆう-しゅ【遊手】イウ〔名〕スル 手を遊ばせて使わないこと。転じて、職に就かず遊び暮らすこと。また、その人。「日本の士人等一して」〈新聞雑誌一四〉
ゆう-しゅう【有終】イウ《「詩経」大雅・蕩から》終わりを全うすること。
ゆう-しゅう【有衆】イウ 国民。君主から人民を呼ぶときの語。
ゆう-しゅう【幽囚】イウシウ〔名〕スル 捕らえられて、閉じこめられること。また、その人。「一の身」「父と兄弟と各地に一せられ」〈東海散士・佳人之奇遇〉
ゆう-しゅう【幽愁】イウシウ 深い悲しみや嘆き。「全体の表情に言われぬ一の趣を帯びさせている」〈荷風・二人妻〉
ゆう-しゅう【憂愁】イウシウ うれえ悲しむこと。気分が晴れず沈むこと。「一に閉ざされる」(類語)憂鬱・沈鬱・鬱
ゆう-しゅう【優秀】イウシウ〔名・形動〕非常にすぐれていること。また、そのさま。「一な人材」「成績一」(派生)ゆうしゅうさ〔名〕(類語)優等・優越・一廉ひとかど
ゆう-じゅう【優柔】イウジウ〔名・形動〕❶ぐずぐずとして決断力がにぶいこと。気が弱く、はきはきしないこと。また、そのさま。「一な性格」❷ゆったりとして、ものやわらかなこと。また、そのさま。「此一なる文体もて描きいだすは」〈逍遥・小説神髄〉
ゆうしゅう-の-び【有終の美】イウシユウ 物事をやりとおし、最後をりっぱにしあげること。結果がりっぱであること。「一を飾る」(補説)「優秀の美」と書くのは誤り。
ゆうじゅう-ふだん【優柔不断】イウジウ〔名・形動〕気が弱く決断力に乏しいこと。また、そのさま。「一な(の)態度」
ゆう-しゅつ【湧出｜×涌出】〔名〕スル 地中から液体がわき出ること。「温泉が一する」
ゆう-しゅつ【誘出】イウ〔名〕スル 誘い出すこと。「港内の敵艦を一する」〈独歩・愛弟通信〉
ゆう-じゅつ【優×恤】イウ あわれんで手厚く扱うこと。
ゆうしゅ-どうぶつ【有×鬚動物】イウシュ 動物界の一門。深海の泥中にすみ、ふつう、分泌したキチン質の管の中におり、体長約20センチ。体は前体・中体・後体・終体の4部分に分けられ、頭部の下面に触手が並ぶ。自由生活をするが、口や消化管はない。ひげむし。くだひげ動物。
ゆう-しゅん【優×駿】イウ 特別にすぐれた競走馬。
ゆう-しょ【由緒】イウ「ゆいしょ(由緒)」に同じ。「義家朝臣が一を、忽に捨て給はずは」〈盛衰記・一八〉
ゆう-しょ【郵書】イウ 郵送する書状。
ゆう-しょ【遊所｜遊処】イウ ❶遊ぶ所。遊び場。❷遊里。遊郭。「この一へ入り込み」〈伎・助六〉
ゆう-じょ【×佑助｜×祐助】イウ たすけること。補佐。たすけ。「天の一」
ゆう-じょ【×宥×恕】イウ〔名〕スル 寛大な心で罪を許すこと。「御一を請う」「先方の過失を一する」
(類語)寛恕かんじょ・諒恕りょうじょ・海容・容赦・堪忍・勘弁・宥免
ゆう-じょ【遊女】イウヂョ ❶江戸時代、公認の遊郭、また宿場などにいた娼婦。女郎。娼妓しょうぎ。傾城けいせい。❷歌舞により人を楽しませ、また、枕席にもはべることを業とした女。白拍子しらびょうし・傀儡女くぐつめなどの類。遊君。あそびめ。
ゆう-しょう【有床】イウシャウ (患者用の)ベッドがあること。ベッドを置いていること。「一診療所の無床化」➡無床
ゆう-しょう【有償】イウシャウ 受けた利益につぐないむくいること。受けた利益に対して、代価を支払うこと。「国有地を一で払いさげる」⇔無償。
ゆう-しょう【勇将】ーシャウ いさましく強い将軍。
(類語)猛将・闘将
勇将の下もとに弱卒じゃくそつ無し　大将が強ければ、それ

に従う部下に弱い者はいない。上に立つ者がすぐれていると、その部下もすぐれていることのたとえ。

ゆう-しょう【湧昇】海で、下層の低温の水が表層に上昇する現象。海底の栄養塩類を巻き上げるので、好漁場となる。ペルー沖・カリフォルニア沖・モロッコ沖などにみられる。

ゆう-しょう【▽熊掌】クマの手のひら。古来、中国で珍味として賞味される。

ゆう-しょう【優勝】〔名〕スル ❶競技などで第1位になること。「全国大会で―する」❷力のまさるものが勝つこと。「実げに―の時世とて、才名早くたつか弓」〈逍遥・当世書生気質〉 類語 制覇・覇

ゆう-しょう【優詔】天子の、ありがたいみことのり。

ゆう-しょう【優賞】手厚くほめること。また、ほめてほうびを与えること。

ゆう-じょう【友情】友達の間の情愛。友人としてのよしみ。「―が芽生える」「―に厚い」
類語 友愛・友誼ゆうぎ・友好・フレンドシップ

ゆうじょう【友情】武者小路実篤の小説。大正8年(1919)発表。一人の女性をめぐる二人の青年の恋愛と友情の葛藤かっとうを通し、理想主義を追求した作品。

ゆう-じょう【有情】〔名・形動〕❶心のあること。人間としての感情があること。また、そのさま。「―なるが故に相聚合し、有欲なるが故に相協力す」〈逍遥・当世書生気質〉❷感情や感覚をもつこと。

ゆう-じょう【×邑城】中国の城郭で、都市や村落全体を城壁で取り囲み、所々に門を設けて外部と通じるようにしたもの。

ゆう-じょう【×揖譲】❶拱手きょうしゅして、へりくだること。古代中国の作法。❷天子の位を譲ること。禅譲。

ゆう-じょう【優×諚】天子の、ありがたい言葉。

ゆうしょう-き【優勝旗】競技会などで、優勝者または優勝チームにその名誉を表彰して授与する旗。

ゆうしょう-けいやく【有償契約】売買・賃貸借などのように、当事者双方が互いに対価的意味をもつ給付(出捐しゅつえん)をする契約。⇔無償契約。

ゆうしょう-こうい【有償行為】各当事者が給付(出捐)をするとともに、その対価を得るような法律行為。⇔無償行為。

ゆうしょう-しゃ【有症者】感染症などの病気の症状があり、罹患が疑われる人。

ゆうしょう-しゅとく【有償取得】有償行為によって物や権利を取得すること。売買による取得など。

ゆうしょう-しんりょうじょ【有床診療所】入院施設のある診療所。➡無床診療所

ゆうしょう-とうさいりょう【有償搭載量】►ペイロード❶

ゆうしょう-はい【優勝杯】競技会などで、優勝者あるいは優勝チームにその名誉を表彰して授与する杯。優勝カップ。

ゆうしょう-りゅう【湧昇流】湧昇に伴ってできる海水の流れ。

ゆうしょう-れっぱい【優勝劣敗】力の強い者が勝ち残り、劣った者が負けること。特に、生存競争で強者・適者が栄え弱者・不適応者が滅びること。

ゆうじょ-かぶき【遊女歌舞伎】江戸初期、阿国おくに歌舞伎を模倣して、遊女らによって演じられた歌舞伎。➡女歌舞伎

ゆう-しょく【夕食】夕方にとる食事。夕飯。夕餉ゆうげ。類語 夕御飯・夕飯ゆうめし・夕飯ばん・夕餉・晩御飯・晩飯・晩餐ばんさん・ディナー

ゆう-しょく【有色】色がついていること。「―ガラス」⇔無色。

ゆう-しょく【有職】❶職業をもっていること。「―の女性」❷►ゆうそく(有職)

ゆう-しょく【▽油色】彩色画や金銀泥絵などの上に透明な油を塗り、表面を保護し、また光沢を出す技法。中央アジア、中国唐代に盛行。日本には奈良時代に伝えられ、密陀絵はその代表的例。

ゆう-しょく【遊食】〔名〕スル 職業に就かず遊び暮らすこと。また、その人。徒食。「寺院に―していても、あたりまえのことのように思われて来た」〈藤村・夜明け前〉

ゆう-しょく【憂色】心を痛めている顔つき・ようす。「―を浮かべる」「―を隠せない」

ゆうしょく-じんしゅ【有色人種】皮膚の色が白くない人種の総称。

ゆうしょく-たい【有色体】植物の果実・花びら・根や黄化した葉などに含まれる色素体。多量のカロテノイド色素を含み、葉緑素は含まない。雑色体。

ゆうしょく-やさい【有色野菜】ニンジン・トマト・ホウレンソウのような、カロテンなどの色素を多く含んだ野菜。緑黄野菜。緑黄色野菜。➡淡色野菜

ゆうじょ-ひょうばんき【遊女評判記】江戸時代の評判記の一。遊女❶の容姿・性情の品定めを主に、客の遊興の案内などを記したもの。各地で刊行された。

ゆうじょ-まち【遊女町】遊里。色町。遊郭。

ゆうじょ-や【遊女屋】遊女を抱え、客を遊ばせる家。女郎屋。青楼。

ゆうじ-りつ【誘磁率】►透磁率

ゆうじ-りっぽう【有事立法】戦争または事変の際に、特に自衛隊の活動を保障し、一方では、国民の権利を制約しようとする包括的な立法。補説 日本は憲法第9条で戦争を放棄していることなどから有事法制の整備は棚上げされていたが、平成9年(1997)の「日米防衛協力のための指針」(日米ガイドライン)を受けて同11年に周辺事態法が成立。また、2001年の米国同時多発テロ事件を契機に、同年テロ対策特別措置法が、同15年には武力攻撃事態法など有事関連3法が、同16年には国民保護法など有事関連7法が相次いで制定された。

ゆうし-るい【有×翅類】►有翅昆虫

ゆうしわく-けいやく【融資枠契約】►コミットメントライン

ゆう-しん【有心】►うしん(有心)

ゆう-しん【勇進】〔名〕スル いさみたって前進すること。「敵に向かって―する」

ゆう-しん【雄心】雄壮な心。雄々しい心。「―横溢おういつ」

ゆう-しん【憂心】心配する心。うれえる心。「―をいだく」「―去らず」

ゆう-じん【友人】ともだち。朋友。とも。類語 友だち・友・朋友・友垣・知友・知音・知己・親友・旧友

ゆう-じん【有人】車・船・航空機、その他の設備・機械などで、操作する人間がその場にいること。「―宇宙飛行」

ゆう-じん【幽人】世俗を避けてひっそりと隠れ住む人。隠者。

ゆう-じん【遊人】❶一定の職業をもたず遊び暮らしている人。また、道楽者。〈和英語林集成〉❷物見遊山に出かける人。遊客。「―は、梅花を見つけて」〈中華若木詩抄・下〉

ゆう-じん【優人】❶俳優。役者。「紅粉を粧い、人を誑かす―」〈増山守正・西京繁昌記〉❷みやびた人。やさびと。「凡そ好色―のなからひ、あの妻をかさぬる衣々の別れを慕ふ朝に」〈宴曲抄・下〉

ゆうしん-かい【有信会】㊀京都大学法学部卒業生の同窓会。㊁福岡大学卒業生の同窓会。社団法人。

ゆうしん-こぞう【有心故造】心にたくらみがあって、わざとすること。有意故造。

ゆうじん-たんさ【有人探査】人間がその場所で実際に探査を行うこと。無人探査に対していう。「月面―計画」

ゆうしん-ぼつぼつ【雄心勃勃】〔ト・タル〕図〔形動タリ〕心が盛んに沸き立つようす。「―として意気天を衝く」

ゆうしん-ろん【有神論】❶神の存在を肯定する立場。⇔無神論。❷汎神論・理神論などに対し、世界の外部に存在し、世界を創造してこれを永遠に支配する人格的な唯一神を信じる立場。人格神論。

ユース〖use〗使うこと。使用。利用。「パソコンのビジネス―」

ユース〖youth〗青年。青年時代。「―運賃(＝青少年を対象とする国際航空運賃割引制度)」

ゆう-す【幽す】〔動サ変〕とじこめる。幽閉する。「或は―し或は死流し暴政日々に募るを」〈染崎延房・近世紀聞〉

ゆう-す【×揖す】〔動サ変〕上体をかがめて会釈する。また、あいさつする。「某氏を―し、之これを送り出だせしとなり」〈中村訳・西国立志編〉

ゆう-すい【幽×邃】〔名・形動〕景色などが奥深く静かなこと。また、そのさま。「―な深林にその住居を構えることも」〈有島・惜みなく愛は奪ふ〉

ゆう-すい【湧水】地中から水が自然にわき出ること。また、その水。わきみず。

ゆう-ずい【雄×蕊】「おしべ」に同じ。⇔雌蕊しずい。

ゆうずい-しんけい【有髄神経】神経線維の軸索じくさくの周囲を髄鞘ずいしょうが包んでいる神経。興奮は髄鞘のとぎれている所を飛び飛びに伝わるので伝導が速く、脳脊髄神経と白質にみられる。➡無髄神経

ゆうすい-ち【遊水池|遊水地】洪水時に、河川から水を流入させて一時的に貯留し、流量の調節を行う池・湖沼。また、同様の目的で使う空き地・原野など。

ゆう-すう【有数】〔名・形動〕取り上げて数えるほどにおもだって有名であること。また、そのさま。屈指。「日本で―な(の)植物園」「世界―の画家」
類語 屈指・指折り・選り抜き

ゆう-ずう【融通】〔名〕スル ❶とどこおりなく通じること。転じて、必要に応じて自在に処理すること。ゆずう。「―のきかない石頭」「―自在」❷必要な物や金を都合すること。やりくり。ゆずう。「資金を―する」❸仏語。別々のものがとけあって一体となること。ゆずう。類語 (❶)機転・気働き・臨機応変・弾力性/(❷)工面・用意・用立て・都合・捻出・算段・遣やり繰り・繰り合わせ・金繰り

ゆうずう-てがた【融通手形】商取引の裏付けがなく、単に資金調達の目的で振り出され、裏書き・引き受けなどが行われた手形。好意手形。➡商業手形

ゆうずう-ねんぶつ【融通念仏】融通念仏宗で唱える念仏。自他の唱えるものが互いに融通し合うという念仏。円融念仏。大念仏。

ゆうずうねんぶつ-しゅう【融通念仏宗】浄土教の宗派の一。平安時代の永久5年(1117)良忍によって始められ、華厳経・法華経を第一、浄土三部経を第二のよりどころとする。一人往生すれば衆人往生し、念仏を唱えれば、自他ともに融通して等しく利益を成就すると説く。総本山は大阪市平野区の大念仏寺。大念仏宗。

ゆうずう-ぶつ【融通物】私法上、取引の対象となりうる物。➡不融通物

ゆうずう-むげ【融通無×碍】〔名・形動〕考え方や行動にとらわれるところがなく、自由であること。また、そのさま。「―な(の)考え」「―に対処する」

ユースカー〖USCAR〗《United States Civil Administration of the Ryukyu Islands》►琉球列島米国民政府

ゆう-すげ【夕×菅】ユリ科の多年草。山野に自生し、高さ約1メートル。葉は線形。初夏、鮮やかな淡黄色のユリに似た花が咲き、夕方開いて翌朝しぼむ。きすげ。(季 夏)

ゆう-すず【夕涼】夕方の涼しさ。また、その時分。(季 夏)「―に農婦農衣のエモン抜く/草田男」

ゆう-すずみ【夕涼み】〔名〕スル 夏の夕方、屋外や縁側などに出て涼むこと。「縁台で―する」(季 夏)「芭蕉様の臑すねをかじって―/一茶」

ゆう-ずつ【夕▽星|長=庚】►ゆうつづ

ユーズド〖used〗一度使用されたもの。中古。「―のジーンズ」

ユーストール〖USTOL〗《ultra-short takeoff and landing aircraft》超短距離離着陸機。

ユーズド-カー〖used car〗中古の自動車。中古車。Uカー。

ユーズド-タッチ〖used touch〗《使い古した感じの意》ファッションで、古着のように見える感じのこと。新しい服を人工的な方法で古着のように表現するも

の。ストーンウオッシュ加工など。

ユーストリーム〖Ustream〗インターネットを通じて動画や音声を配信する米国のサービス。多数の視聴者に向けて、音声付き動画を手軽に生中継でストリーミング配信することができる。視聴者による投票やチャットなどの機能もある。平成22年(2010)より、日本語版のサービスが開始された。

ユースフル〖useful〗〘形動〙役に立つさま。有益なさま。有能なさま。「―なサイト」「―なワンボックスカー」

ユース-ホステル〖youth hostel〗青少年旅行者のための健全で安価な宿泊施設。YH。

ユース-マーケット〖youth market〗義務教育を修了した15歳から20代前半くらいまでの、未婚若年者を中心に構成される市場。若年層市場。

ゆう・する【有する】イウ〘動サ変〙図いう・す〘サ変〙持つ。持っている。所有する。「石油資源を―・する国」「可能性を―・する」(類語)所有する・所持する・保有する・備える・具備する・具有する

ゆう-せい【有声】イウ ❶声が出ること。声が聞こえること。⇔無声。❷発音の際、声帯の振動を伴うこと。⇔無声。

有声の声は百里に過ぎず無声の声は四海に施す《淮南子(えなんじ)繆称訓から》高い声でどなっても、わずか百里に聞こえるだけだが、徳をもって治めれば黙っていてもその感化は遠くまで及ぶ。徳治主義によるほうが、世の中はよく治まるというたとえ。

ゆう-せい【有性】イウ 生物で、雌雄の区別があること。⇔無性。

ゆう-せい【幽×棲|幽×栖】イウ〘名〙スル 俗世間から離れてひっそりと暮らすこと。また、その住居。

ゆう-せい【幽静】イウ〘名・形動〙奥深く、もの静かなこと。また、そのさま。「昔のままの郊外らしく思われる最―な処であろう」〈荷風・つゆのあとさき〉

ゆう-せい【郵政】イウ 郵便に関する行政。

ゆう-せい【遊星】イウ「惑星(わくせい)」に同じ。

ゆう-せい【雄性】雄(おす)としての性質。男性。おす。⇔雌性(しせい)。

ゆう-せい【憂世】イウ 世の中や国家の安危を憂えること。憂国。「―憂国の情」

ゆう-せい【優生】イウ 良質の遺伝形質を保つようにすること。

ゆう-せい【優性】イウ 対立形質をもつ両親の交配により、雑種第一代に現れる形質。顕性。⇔劣性。

ゆう-せい【優勢】イウ〘名・形動〙勢い・形勢などが他よりすぐれていること。また、そのさま。「―を保つ」「―な展開」⇔劣勢。(類語)攻勢・優位・優越

ゆう-ぜい【有税】イウ 税金がかかること。⇔無税。

ゆう-ぜい【×疣×贅】イウ 皮膚の表面にできる小さく丸い角質の突起物。いぼ。

ゆう-ぜい【郵税】イウ《「郵便税」の略》郵便料金の旧称。

ゆう-ぜい【遊説】イウ〘名〙スル 意見や主張を説いて歩くこと。特に、政治家が各地を演説して回ること。「地方を―する」

ゆうせい-いでん【優性遺伝】イウセイ 同時に発現することのない対立形質の一方が優位に発現する遺伝。顕性遺伝。➡劣性遺伝

ゆうせい-いでんし【優性遺伝子】イウセイ 対立遺伝子のうち常に形質を発現する遺伝子。ヘテロ接合体の場合、劣性遺伝子の働きを抑えて形質を発現する。➡劣性遺伝子

ゆうせい-おん【有声音】イウセイ 声帯の振動を伴って発する音。母音は一般に有声音で、子音では[b][d][g][z][ʒ][dz][n][m][ŋ][w][r][l]など。⇔無声音。

ゆうせい-がく【優生学】イウセイ 人類の遺伝的素質を向上させ、劣悪な遺伝的素質を排除することを目的とした学問。1883年、英国のF＝ゴルトンが提唱。ユージェニックス。

ゆうせい-がち【優勢勝ち】イウセイ 柔道の試合で、勝敗を決める一本がなかったとき、試合内容の判定によって勝ちとなること。

ゆうせい-きょく【郵政局】イウセイ 旧郵政省の地方機関の一。地方郵政局。

ゆうせい-こうしゃ【郵政公社】イウセイ 日本郵政公社のこと。

ゆうせいじぎょう-ちょう【郵政事業庁】イウセイジゲフチャウ 郵政省の郵政事業(郵便事業・郵便貯金事業・郵便為替事業・郵便振替事業・簡易生命保険事業)部門を引き継いで平成13年(2001)に総務省の外局として発足した国の行政機関。同15年、日本郵政公社に改組。日本郵政公社は同19年郵政民営化に伴い解散し、郵政事業は日本郵政グループに移管された。

ゆうせいじぎょう-みんえいか【郵政事業民営化】イウセイジゲフミンエイクワ ➤郵政民営化

ゆうせい-しゅじゅつ【優生手術】イウセイ 生殖腺を除去することなしに、生殖を不能にする手術。優生保護法に基づいて行われた。精管や卵管の結紮(けっさつ)などの方法を用いる。断種。

ゆうせい-しょう【郵政相】イウセイシャウ 郵政大臣のこと。

ゆうせい-しょう【郵政省】イウセイシャウ 郵便・郵便貯金・郵便為替・郵便振替・簡易生命保険・郵便年金事業および電気通信に関する行政事務を担当した国の行政機関。昭和24年(1949)逓信省を改編して設置。平成13年(2001)総務省に統合された。郵政事業は郵政事業庁を経て日本郵政公社に、同19年からは日本郵政グループに引き継がれた。

ゆうせい-せいしょく【有性生殖】イウセイ 雌雄の配偶子によって新個体が形成される生殖法。ふつう両性の配偶子の受精による両性生殖をさすが、雌雄性の未分化な配偶子の接合や、卵が単独で発生する単為生殖も含めていう。⇔無性生殖。

ゆうせい-せだい【有性世代】イウセイ 世代交代を行う生物の、有性生殖を行う世代。核相が単相の時期。⇔無性世代。

ゆうせい-せんきょ【郵政選挙】イウセイ 平成17年(2005)に行われた第44回衆議院議員選挙の通称。参院で郵政民営化法案が否決(衆院では可決)されたことを受け、小泉純一郎首相が衆院を解散し、9月に実施された。民営化反対派が自民党を離党すると、小泉はその選挙区に刺客候補を立てるなどで注目され、自民党が圧勝した。

ゆうせい-せんじゅく【雄性先熟】雌雄同体の動物で、雄性生殖器官の精巣などが、卵巣などの発達に先立って成熟すること。のちに卵巣も発達して両方をもつ個体となる場合と、精巣が退化して卵巣が発達する場合とがある。➡雌性先熟

ゆうせい-だいじん【郵政大臣】イウセイ 郵政省の長。郵政相。

ゆうせい-の-ほうそく【優性の法則】イウセイノハフソク ➤優劣の法則

ゆうせい-はがき【郵政葉書】イウセイ ➤郵便葉書

ゆうせい-はぐるま【遊星歯車】イウセイ 中心となる歯車の回転とかみ合って回転し、同時にその回りを転動していく歯車。中心の歯車を太陽歯車とよぶ。

ゆうせい-ほごほう【優生保護法】イウセイホゴハフ 優生学上の見地から不良な子孫の出生を防止し、母体の健康を保護することを目的として、優生手術・人工妊娠中絶・受胎調節の実地指導などについて規定していた法律。昭和23年(1948)施行、平成8年(1996)に優生思想に基づく部分を削除した「母体保護法」に改正・改題。➡母体保護法

ゆうせい-ホルモン【雄性ホルモン】脊椎動物の雄の性徴の発現・維持や精子形成などに関与するホルモン。主に精巣から分泌される。アンドロゲン。男性ホルモン。

ゆうせい-みんえいか【郵政民営化】イウセイミンエイクワ 旧郵政省から継承して日本郵政公社が運営していた郵政三事業(郵便・簡易生命保険・郵便貯金)と窓口サービスを国から民間会社の経営に移行すること。平成17年(2005)に成立した郵政民営化法案に基づき、同19年10月に実施され、日本郵政グループ5社に分社化された。郵政事業民営化。➡日本郵政株式会社 ➡郵便事業株式会社 ➡株式会社ゆうちょ銀行 ➡株式会社かんぽ生命保険 ➡郵便局株式会社 (補説)郵便事業株式会社と郵便局株式会社は、平成24年(2012)10月に統合し「日本郵便株式会社」となる。

ゆうせい-らん【有精卵】イウセイ 受精卵のこと。鶏卵についていうことが多い。

ゆう-せき【憂戚】イウ うれい悲しむこと。「艱難―は妾等が身に蝟集す」〈東海散士・佳人之奇遇〉

ゆう-ぜち【夕節】ゆふ 夕方にする節振舞(せちぶるまい)。盆や正月などの節日(せちにち)の夕方にごちそうすること。「―の人に紛れて入りにけり」〈浄・五枚羽子板〉

ゆう-せつ【融雪】❶雪のとけること。また、その雪。ゆきどけ。「―期」「―なだれ」❷雪をとかすこと。「ポイントの―装置」

ゆう-ぜみ【夕×蝉】ゆふ 夕方に鳴くセミ。(季 夏)「―や松も簾(すだれ)もみな赤き／紅葉」

ゆう-せん【有線】イウ ❶金属線を用いること。特に、電線を使う通信方式。⇔無線。❷「有線電信」「有線電話」「有線放送」などの略。

ゆう-せん【勇戦】〘名〙スル いさんで戦うこと。いさましく戦うこと。「寡兵よく―する」

ゆう-せん【郵船】イウ ❶「郵便船」の略。❷一定の区間を往復する船。定期船。「神戸に着船したらば…早々―にて帰京せよとある」〈福沢・福翁自伝〉

ゆう-せん【湧泉|×涌泉】❶わき出るいずみ。❷経穴(けいけつ)の一。足底の土踏まずにあり、鍼灸治療で重視される。生命力が泉のようにわく所の意。

ゆう-せん【遊船】イウ 船遊び、特に納涼のための船。また、船遊び。遊山船(ゆさんぶね)。(季 夏)

ゆう-せん【優占】イウ〘名〙スル 生物群集で、ある種が優勢の状態にあること。主に植物で用いられる。「ブナが―する森林」

ゆう-せん【優先】イウ〘名〙スル 他をさしおいて先にすること。他のものより先に扱うこと。「人命救助を―する」「歩行者―道路」「―順位」(類語)始め・最初・第一・一番・嚆矢(こうし)・手始め・事始め・まず

ゆう-ぜん【友禅】イウ「友禅染」の略。

ゆう-ぜん【有×髯】イウ ひげがあること。ひげを生やしていること。「人品卑しからぬ―の紳士」

ゆう-ぜん【祐善】イウ 狂言。舞狂言。旅の僧が京都五条油小路の庵(いおり)で雨宿りしていると、狂死した傘張り祐善の亡霊が現れ、最後のありさまを謡い舞う。

ゆう-ぜん【▽油然】イウ〘ト・タル〙図〘形動タリ〙盛んにわき起こるさま。また、心に浮かぶさま。「―と雲がわきたつ」「―として詩情がわく」(類語)盛ん・湧然・沸沸(ふつふつ)

ゆう-ぜん【悠然】イウ〘ト・タル〙図〘形動タリ〙物事に動ぜず、ゆったりと落ち着いているさま。悠々。「―と立ち去る」「―たる態度」
(類語)悠悠・悠長・悠揚・浩然(こうぜん)・泰然・自若(じじゃく)・平然・冷然・恬然(てんぜん)・どっしり・気長・平気・平静・冷静・事も無げ・平ちゃら・平気の平左・無頓着(むとんちゃく)・大丈夫

ゆう-ぜん【湧然|×涌然】〘ト・タル〙図〘形動タリ〙わき出るさま。盛んにわき起こるさま。「黄金色の紅が―として輝いた」〈倉田・愛と認識との出発〉

ゆう-ぜん【融然】〘ト・タル〙図〘形動タリ〙気分がのどかで、和らいでいるさま。「―として心に浸む」〈蘆花・自然と人生〉

ゆう-ぜん【優然】イウ〘ト・タル〙図〘形動タリ〙落ち着いてゆとりのあるさま。「紳士は―と内に入らんとせしが」〈紅葉・金色夜叉〉

ゆうぜん-カナキン【友禅カナキン】イウゼン 友禅染にしたカナキン。

ゆうせん-かぶ【優先株】イウセン 利益配当や残余財産の分配などについて、普通株より優先的地位を認められる株式。代わりに議決権が制限されるなど、経営に関わりにくいという面がある。⇔後配株。

ゆうせんくつ【遊仙窟】イウセンクツ 中国唐代の小説。張鷟(ちょうさく)(字(あざな)は文成)著。主人公の張生が旅行中に神仙窟に迷い込み、仙女の崔十娘(さいじゅうじょう)と王五嫂(おうごそう)の歓待を受け、歓楽の一夜を過ごすという筋。四六文の美文でつづられている。中国では早く散逸したが、日本には奈良時代に伝来して、万葉集ほか江戸時

代の洒落本などにも影響を与えた。古写本に付された傍訓は国語資料として貴重。遊僊窟。

ゆうせん-けん【優先権】他の者より先に行使することのできる権利。

ゆうせん-し【遊仙詩】俗界を離れて仙界に遊ぶことをうたった詩。中国六朝時代に多く作られたが、東晋の郭璞の作が最もよく知られる。

ゆうせん-しっぽう【有線七宝】七宝焼きの技法の一。細い線状の金属を文様の輪郭線に用い、それを境界にして釉薬を焼きつけるもの。➡無線七宝

ゆうせん-しゅ【優占種】生物群集で、量が特に多く、その群集の特徴を代表し決定づける種。植物では群落の最上層を形成し、他の構成種に影響を与える。日本の森林ではスダジイ・モミ・ブナ・コメツガなどが優占種。

ゆうせん-しゅっし【優先出資】❶協同組織金融機関が普通出資を補完するものとして不特定多数の投資家を対象に募る出資。出資者は優先出資証券を受け取り、優先的に配当を受けることができるが、普通出資者総会での議決権はない。株式会社の優先株に相当する。➡後配出資 ❷特定目的会社が一般投資家等から募る出資。株式会社の株式に相当する。出資者は優先出資証券を受け取り、特定社員(発起人)よりも優先的に利益の配当や残余財産の分配を受ける権利を有するが、社員総会での議決権は持たない。

ゆうせんしゅっし-しょうけん【優先出資証券】協同組織金融機関が、資本を増やすために会員(普通出資者)以外の一般人に向けて発行する証券。協同組織金融機関の優先出資に関する法律(優先出資法)に基づく。所定の配当が会員に優先して行われるが、普通出資者総会における議決権がない。株式会社の優先株に似る。

ゆうせん-せき【優先席】主に通勤・通学圏内の交通車両で、身体障害者、高齢者、妊婦、病人らに譲るよう指定された席。専用席ともいう。(補説)海外で指定のない国が多いのは、障害者らに席を譲るのは当然となっているからという。

ゆうぜん-ぞめ【友禅染】染め物の手法の一。糊置き防染法の染めで、人物・花鳥などの華麗な絵模様を特色とする。近世初期から発達し、元禄期(1688〜1704)の京都の絵師宮崎友禅斎が描いた文様が人気を博し、その名から友禅染といわれるようになった。京友禅と加賀友禅とがある。本来はすべて手描きであるが、明治以降型紙を用いた型友禅ができ、量産されるようになった。

ゆうぜん-ちりめん【友禅▽縮×緬】友禅染にした縮緬。

ゆうせん-つうしん【有線通信】公衆回線や専用線など、電線や光ファイバーなどの固定された伝送路を用いる通信全般。固定電話、ケーブルテレビ、またはこれらの回線を利用するインターネットなどのデータ通信を含む。有線電気通信。➡無線通信 ➡移動体通信

ゆうせん-てき【優先的】〔形動〕他より特別に先にするさま。「会員から━に受け付ける」

ゆうせん-テレビ【有線テレビ】►シー-エー-ティー-ブイ(CATV)

ゆうせんテレビジョンほうそう-ほう【有線テレビジョン放送法】有線テレビジョン放送(CATV)の施設の設置や業務運営等について規制することで、受信者の利益の保護や有線テレビジョン放送の発達などを図る法律。昭和48年(1973)施行。平成23年(2011)放送法に統合。

ゆうせん-でんきつうしん【有線電気通信】►有線通信

ゆうせんでんきつうしん-ほう【有線電気通信法】有線電気通信設備の設置と使用に関する法律。設置の際の届出、有線電気通信の秘密の保護などを定める。昭和28年(1953)施行。平成14年(2002)の一部改正により、ワン切り行為に対する罰則(1年以下の懲役または100万円以下の罰金)が盛り込まれた。

ゆうせん-でんしん【有線電信】電線を使って電信符号を送る方法。また、その装置。

ゆうせん-でんわ【有線電話】❶電話線でつなぎ、音声を電流に変えて送る方法。また、その装置。❷「有線放送電話」の略。

ゆうせん-ど【優占度】生物群集で、構成種が優勢か劣勢かを表す度合い。植物群落では被度・個体数などを目安として表す。

ゆうぜん-ビロード【友禅ビロード】►ビロード友禅

ゆうせん-ほうそう【有線放送】限定された区域を対象に、電線で電気通信設備と結んで行う放送。街頭放送や農村における連絡放送、喫茶店などへの音楽放送などに利用される。有線ラジオ放送。

ゆうせんほうそう-でんわ【有線放送電話】有線ラジオ放送用の有線電気通信設備を用いて他人の通信を媒介する電話・放送設備。有線放送電話法に基づいて、昭和30〜40年代に農山漁村などで、日本電信電話公社(現NTT)の一般加入電話の代替として設置された。地域内での全戸一斉放送や屋外放送なども同じ設備で行われる。昭和60年代以降、電気通信事業の自由化、一般加入電話・携帯電話の普及などに伴い、有線放送電話業務を行う施設数は大幅に減少。平成23年(2011)に有線放送電話法が廃止され、新規設置はできなくなった。有線電話。

ゆうせんほうそうでんわ-ほう【有線放送電話法】《「有線放送電話に関する法律」の通称》有線放送電話業務の適正な運営を目的とする法律。昭和32年(1957)施行。一般加入電話・携帯電話の普及に伴い、有線放送電話事業を継続する施設が減少。平成23年(2011)廃止。

ゆうぜん-モスリン【友禅モスリン】友禅染にしたモスリン。

ゆうぜん-もよう【友禅模様】友禅染に用いられる、多彩で絵画的な模様。

ゆうせん-やど【遊船宿】遊船を貸すことを業とする家。

ゆうせんラジオ-ほうそう【有線ラジオ放送】►有線放送

ゆうせんラジオ-ほうそうほう【有線ラジオ放送法】《「有線ラジオ放送業務の運用の規正に関する法律」の通称》有線ラジオ放送業務の定義、業務を開始する際の届け出、総務大臣による有線ラジオ放送業者の監査等について規定する法律。昭和26年(1951)施行。平成23年(2011)放送法に統合。

ゆう-そう【勇壮】〔名・形動〕いさましく元気なこと。また、そのさま。「━な行進曲」「両軍が━に戦う」(派生)ゆうそうさ〔名〕(類語)勇ましい・雄雄しい・りりしい・勇敢・果敢・精悍・勇猛・剛勇・忠勇・壮ん・壮烈・英雄的・ヒロイック(「━と」「━たる」の形で)敢然・決然・凜然・凜凜・凜乎・颯爽

ゆう-そう【郵送】〔名〕スル 郵便で送ること。「カタログを━する」(類語)送る・運ぶ・運送・輸送・運搬・搬送・配送・通運・運輸・移送・配達・宅配・発送・逓送

ゆう-そう【遊走】移動すること。走性を示すこと。

ゆう-そう【遊僧】延年舞などの遊芸をする僧。「もとより弁慶は、三塔の━」〈謡・安宅〉

ゆう-ぞう【融像】左右の網膜に映った像を融合し、一つの像として認識する働き。眼球の運動や大脳皮質の視覚中枢の働きによって実現される。左右の網膜に映る像の位置が微妙に異なることから、遠近感や立体感を知覚することができる。

ゆうそう-さいぼう【遊走細胞】組織内を自由に移動する細胞。リンパ球・単球・好酸球・好中球・形質細胞・肥満細胞など。

ゆうそう-し【有巣氏】古代中国の伝説上の聖人。鳥が巣を営むのを見て初めて人類に家を造ることを教え、禽獣の害を避けさせたという。

ゆうそう-し【遊走子】藻類・藻菌類の無性生殖を行う胞子で、鞭毛をもち、水中を泳ぐもの。適当な場所に達すると固着し、鞭毛を失い、発芽して新個体になる。

ゆうそう-じん【遊走腎】腎臓が立位のとき正常の位置から下方に移動する状態。腰部の不快感や痛みを伴うことがある。

ゆうそう-どうぶつ【有▽爪動物】動物界の一門。環形動物から節足動物に進化する中間に位置するとされる。体は円筒状で、体長約10センチ。神経節・腎管が体節的に並び、対をなす多数の脚の先に鉤状の爪がある。熱帯・亜熱帯の森林内の湿地に生息。かぎむし。

ゆう-そく【有▽職・有▽識】❶朝廷や公家の儀式・行事・官職などに関する知識。また、それに詳しい人。❷学識のあること。また、その人。学者。「いと━の物のかぎりなむなりかし」〈宇津保・嵯峨院〉❸諸芸にすぐれていること。また、その人。「━のおぼえ高きその人」〈源・若菜下〉❹教養・才知・家柄・容貌などのすぐれていること。また、その人。「およそ何事にも━に」〈大鏡・実頼〉(補説)原義は❷の意で「有識」と書いたが、❶の意が生じて「有職」とも書くようになった。

ゆうそく-か【有▽職家】朝廷や公家の儀式や行事の典故に通じている人。故実家。

ゆうそく-こじつ【有▽職故実】朝廷や公家の礼式・官職・法令・年中行事・軍陣などの先例・典故。また、それらを研究する学問。平安中期以後、公家や武家の間で重んじられた。

ゆうそく-もんよう【有▽職文様】平安時代以来、公家階級で装束・調度などに用いられた伝統的文様。他の分野の文様と区別して、近世以降この名でよばれる。小葵・窠文・幸菱・三重襷・唐草文・立涌などがあり、隋・唐伝来の文様を和様化したもので、日本の文様の基調をなしている。

ゆう-そこ【有▽職】「ゆうそく(有職)」に同じ。「かのぬし━なれど」〈宇津保・菊の宴〉

ゆうそ-ち【有租地】旧地租法で、地租を課せられた土地。

ゆうぞん-しゃ【猶存社】大正8年(1919)大川周明・満川亀太郎・北一輝らが結成した右翼団体。日本帝国の改造とアジア民族の解放を掲げたが、北と大川の対立から同12年に解散。

ゆう-だ【遊惰】〔名・形動〕仕事をせずぶらぶらしていること。また、そのさま。「━に時を過ごす」

ユー-ターン〘U-turn〙〔名〕スル ❶進行中の自動車が、路上でU字形に方向転換をすること。「━禁止」❷もとの場所やもとの状態に逆戻りすること。「就職を機に故郷へ━する」「━現象」

ユーターン-ラッシュ《和 U-turn＋rush》帰省や行楽などで出かけていた人々が、一斉に自宅に戻ることによって起こる交通機関の混雑。

ゆう-たい【勇退】〔名〕スル 後進に道を譲るため、自分から官職などを退くこと。「若返りを図って幹部が━する」(類語)退陣・退職・引退・退任・退役・退官

ゆう-たい【郵袋】郵便物を入れて、郵便局間の輸送に用いる袋。行嚢。

ゆう-たい【優待】〔名〕スル 手厚くもてなすこと。また、特別に有利に扱うこと。「関係者を━する」

ゆう-だい【雄大】〔名・形動〕規模が大きく堂々としていること。また、そのさま。「━な景観」「━な計画」(派生)ゆうだいさ〔名〕(類語)豪壮・壮大・巨大・大規模

ゆうたい-こうとう【勇退高踏】官職を勇退し、俗世間から離れて生活すること。また、そのような生活態度。

ゆうたい-さいばい【有袋栽培】生育途中の果実に、病虫害を防除し外観をよくするために、袋掛けをして栽培すること。袋掛け栽培。⇔無袋栽培。

ゆうたい-ぶつ【有体物】法律で、物理的に空間の一部を占めて有形的存在をもつ物。⇔無体物。

ゆうたい-りだつ【幽体離脱】〔名〕スル 意識(あるいは霊魂)が肉体から離れている状態をいう。

ゆうたい-るい【有袋類】有袋目の哺乳類の総称。多くは胎盤がなく、子は発育不完全な状態で生まれ、自力で母親の下腹部にある育児嚢に入り、

乳を飲んで育つ。カンガルー・フクロネコ・コアラ・オポッサムなど約270種が知られ、形態・習性は多様に分化している。オーストラリア区・新熱帯区に分布し、オポッサムは北米にも生息する。

ユーダグ〖UDAG〗《Urban Development Action Grant》米国の都市開発助成計画。経済的に著しく衰退している都市に対し、都市再生の開発事業資金を交付するもの。

ゆう-だすき【木=綿×襷】ゆふ [一]〔名〕木綿ゆうで作ったたすき。神事に奉仕するときに用いる。「一かひなにかけて」〈万・四二〇〉[二]〔枕〕[1][一]をからだにかける意で、「かく」にかかる。「一かけても言ふな」〈後撰・夏〉[2][一]を結ぶ意で、「むすぶ」にかかる。「千年をば我ならずとも一結びの神も祈りかくらむ」〈元輔集〉

ゆう-だたみ【木=綿畳】ゆふ [一]〔名〕木綿ゆうをたたむこと。また、たたんだもの。神事に用いる。「一手に取り持ちてかくだにも我あは祈こひなむ君に逢はじかも」〈万・三八〇〉[二]〔枕〕[一]を神に手向たむける意で、「たむけ」に、また「た」を含む地名「たなかみ」にかかる。「一手向の山を今日ゆ越えて」〈万・一〇一七〉

ゆう-だち【夕立】ゆふ [1]夏の午後に降る激しいにわか雨。雷を伴うことが多い。白雨はくう。[季 夏]「一や草葉を掴つかむむら雀/蕪村」[2]夕方になって、風・雲・波などの起こり立つこと。「一の風にわかれて行く雲に後れてのぼる山の端の月」〈風雅・夏〉
[類語]俄にわか雨・通り雨・時雨・驟雨しゅうう・村雨・スコール

夕立は馬の背を分ける　夕立は、馬の背の一方では降り、他方では降らないことがある。夕立の降り方が局地的であることのたとえ。

ゆうだち-ぐも【夕立雲】ゆふだち 夕立の降るときに出る雲。積乱雲。

ゆう-だ・つ【夕立つ】ゆふ〔動タ四〕[1]夕方、風・雲・波などが起こり立つ。「かきくもり一・つ波の荒ければうきたる舟ぞしづ心なき」〈新古今・羇旅〉[2]夕立が降る。「朝露に濡れにし袖を乾ほすほどにやがて一・つわが袂かな」〈山家集・下〉

ユータナジー〖フラ euthanasie〗安楽死。安死術。オイタナジー。ユーサネイジア。

ユー-ダブリュー-ビー〖UWB〗《ultra wideband》▶超広帯域無線

ゆう-たまぐさ【夕玉草】ゆふ 竹の葉におく露の異称。「月に聞く一の秋風に音はいつ頃寝覚めとはまし」〈蔵玉集〉

ゆう-たん【勇胆】いさましく度胸のあること。また、その度胸。「一豪邁列国を睥睨するの、風采を以て」〈竜渓・経国美談〉

ゆう-たん【×熊胆】「くまのい」に同じ。

ゆう-だん【有段】イウ 柔道・剣道・囲碁・将棋などで、初段以上の段位をもっていること。「一者」

ゆう-だん【勇断】〔名〕スル 勇気を出して決断すること。「一を促す」「改革を一する」[類語]英断・即断・速断・決断・断定・独断・専断・明断・決心・決意・判断

ゆうだん-へんそくき【有段変速機】イウダン ▶多段変速機

ゆう-ち【有知｜有×智】イウ 知恵のあること。また、その人。

有知無知なる三十里　《『世説新語』捷悟から》知恵のある者とない者との差がはなはだしいことのたとえ。魏の曹操と楊修が曹娥の碑のそばを通ったとき、碑文の意味を、楊修はすぐ理解したが、曹操は30里行った後にやっとわかったという故事による。

ゆう-ち【誘致】イウ〔名〕スル 招き寄せること。「大学を一する」「工場一」[類語]招致

ゆう-ちく【有畜】イウ 家畜を飼っていること。

ゆうちく-のうぎょう【有畜農業】イウチク 耕種農業に養畜を導入して行う農業経営。家畜の労力や厩肥きゅうひを利用して生産性を高めようというもの。

ゆう-ちどり【夕千鳥】ゆふ 夕べの千鳥。夕べに飛び立つ千鳥。[季 冬]

ユー-チューブ〖YouTube〗インターネット上で動画共有サービスを行う米国の企業。また、同社のサービス。音声付きの動画を自由に投稿・閲覧することができる。2005年に設立。

ゆう-ちょ【郵貯】イウ「郵便貯金」の略。

ゆう-ちょう【悠長】イウチャウ〔名・形動〕動作や態度などが落ち着いていて気の長いこと。また、そのさま。「一に構える」「一な話」[派生]ゆうちょうさ〔名〕
[類語]悠然・悠悠・悠揚・浩然こうぜん・どっしり・気長

ゆう-ちょう【遊鳥】イウテウ [1]遊んでいる鳥。[2]他の鳥をおびき寄せて捕らえるためにつないでおく鳥。おとり。

ゆう-ちょう【優長】イウチャウ〔名・形動ナリ〕物事にすぐれていること。また、そのさま。「しかれども能芸一にして、才智人にすぐれたり」〈古活字本保元・中〉

ゆうちょ-かんぽ-かんりきこう【郵貯・簡保管理機構】イウチョクワンポクワンリキコウ ▶郵便貯金・簡易生命保険管理機構

ゆうちょ-ぎんこう【ゆうちょ銀行】ユウチョギンカウ「株式会社ゆうちょ銀行」の通称。

ゆう-ちん【雄鎮】[1]強大な勢力のある藩。雄藩。[2]ある社会や団体で、その内部を抑える力のあるものや人。「市議会の一を自認する」

ゆう-つ-かた【夕つ方】ゆふ《「つ」は「の」の意の格助詞》「ゆうがた」に同じ。「この一内裏うちよりもろともにまかで給ひける」〈源・末摘花〉

ゆう-づき【夕月】ゆふ 夕方の月。[季 秋]

ゆう-づきよ【夕月夜】ゆふ 夕方に出る月。また、その月の出ている夜。ゆうづくよ。[季 秋]「一鳥山葛かづらをうち纏まとひ/たかし」

ゆう-づ・く【夕付く】ゆふ [一]〔動カ五(四)〕夕方になる。「外の日の光は、何時の間にか、黄いろく一・いた」〈芥川・運〉[二]〔動カ下二〕[一]に同じ。「一・けて、いとめづらしき文あり」〈かげろふ・中〉

ゆうづく-ひ【夕付く日】ゆふづく 夕方、西に傾く太陽。夕方の日の光。夕日。「一さすや川辺に作る屋の形かたを宜よろしみうべ寄そりけり」〈万・三八二〇〉[補]朝付く日。

ゆう-づくよ【夕▽月夜】ゆふ [一]〔名〕「ゆうづきよ」に同じ。[二]〔枕〕[1][一]がほの暗いことから、地名の「小倉をぐら」にかかる。「一をぐらの山に鳴く鹿の」〈古今・秋下〉[2]夕月は夜中に沈み、暁は闇であることから、「暁闇あかときやみ」にかかる。「一暁闇のおほほしく見し人故に恋ひ渡るかも」〈万・三〇〇三〉[3]月が沈む意で、「いる」と同音・類音を含む地名「入佐いるさ」「入野いりの」にかかる。「一いるさの山の木隠れに」〈千載・夏〉

ゆう-つけ【木=綿付け】ゆふ「木綿付け鳥」の略。「暁に鳴く一のわが声に劣らぬ音をぞ鳴きて帰りし」〈信明集〉

ゆうつけ-どり【木=綿付け鳥】ゆふつけ《昔、世の中が乱れたとき、鶏に木綿ゆうをつけて都の四境の関所で祓はらえをしたところから。「ゆうつげどり」「ゆうづけどり」とも》鶏の別名。「逢坂の一にあらばこそ君がゆききをなくなくも見め」〈古今・恋四〉

ゆう-つづ【夕▽星｜長=庚】ゆふ《古くは「ゆうづつ」とも》夕方、西の空に見える金星。宵の明星みょうじょう。「一も通ふ天道あまぢをいつまでか仰ぎて待たむ月人をとこ」〈万・二〇一〇〉

ゆうつづ-の【長=庚の｜夕▽星の】ゆふつづ〔枕〕金星が宵の明星として西に見えるところから「夕べ」に、また、明けの明星として東にも現れるところから「か行きかく行き」にかかる。「一夕ゆふべになれば」〈万・九〇四〉「思ひしなえて一か行きかく行き」〈万・一九六〉

ゆう-つゆ【夕露】ゆふ 夕方におく露。[季 秋]

ゆうづる【夕鶴】ゆふ 木下順二の戯曲。一幕。昭和24年(1949)発表。民話「鶴の恩返し」に素材を求めたもの。同27年には団伊玖磨の作曲によってオペラ化された。

ゆう-てい【友×悌】イウ《「友」は弟をかわいがること。「悌」は兄に従うこと》兄弟の仲がよいこと。

ゆう-てい【郵亭】イウ 宿場。旅館。旅宿。「道に沿いて処々に一を設けたり」〈鴎外訳・即興詩人〉

ゆう-てい【郵程】イウ 宿駅と宿駅の間の距離。

ゆう-てい【遊底】イウ 銃の基部にある部位。薬室への弾薬の装填そうてん、撃発、後部へのガス漏れの閉鎖、発射後の空薬莢からやっきょうの排除などを行う。

ゆう-てい【遊偵】イウ スパイ。間者。

ユー-ティー〖UT〗《universal time》▶世界時

ユー-ディー〖UD〗《universal design》▶ユニバーサルデザイン

ユー-ディー-アール〖UDR〗《Ulster Defence Regiment》アルスター防衛隊。北アイルランド独立に反対するプロテスタント系の過激派組織。1970年に現地で募集された北アイルランド人の部隊。

ユー-ディー-エフ〖UDF〗《universal disk format》光ディスク用のファイル形式の一。光ディスクに関する業界団体、OSTAが策定。

ユー-ディー-エム-エー〖UDMA〗▶ウルトラエーティーエー(Ultra ATA)

ユー-ディー-エム-エッチ〖UDMH〗《unsymmetrical dimethylhydrazine》非対称ジメチルヒドラジン。有機化合物の一種で、発癌性のある毒物。強力な発火性を有し液体ロケット燃料に利用される。

ユーティーエム-ずほう【UTM図法】ヅハフ《Universal Transverse Mercator's Projection》「ユニバーサル横メルカトル図法」に同じ。

ユー-ティー-シー〖UTC〗《universal time coordinated》▶協定世界時

ユー-ディー-シー〖UDC〗《universal decimal classification》国際10進分類法。国際的に広く使われる図書分類法。

ユー-ディー-ディー-アイ〖UDDI〗《universal description, discovery and integration》ウェブサービスの検索・照会システム。名称、機能、各種技術仕様などで検索でき、電子商取引をはじめ、外部からの利用の便宜を図ることを目的とする。インターネット上で一般公開されるパブリックUDDIと、企業のイントラネットなどで使用されるプライベートUDDIとがある。遠隔地のコンピューターのデータやサービスを呼び出す際には、XMLに基づいたSOAPというプロトコルが用いられる。

ユー-ティー-ピー〖UTP〗《unshielded twisted pair》▶非シールドツイストペアケーブル

ユーティリタリアニズム〖utilitarianism〗功利主義。実用主義。

ユーティリティー〖utility〗[1]役に立つこと。有益なもの。「一カー」[2]《utility roomの略》住宅などで、洗濯機・乾燥機・アイロンなどの作業のための設備をまとめて設置した部屋。[3]《「ユーティリティーソフトウエア」の略》▶ユーティリティープログラム

ユーティリティー-ソフトウエア〖utility software〗▶ユーティリティープログラム

ユーティリティー-ビークル〖utility vehicle〗さまざまな業種用の車の総称。

ユーティリティー-プレーヤー〖utility player〗野球・サッカーなどのチームスポーツで、複数のポジションをこなせる選手。また一般に、どんな役割でもこなせる人。

ユーティリティー-プログラム〖utility program〗コンピューターで、システムの運用を支援するプログラム。記憶媒体間のデータ転送、ファイルの複写・削除・整理などの処理を行うためのプログラム。

ゆうてい-るい【有×蹄類】イウテイ ひづめをもつ哺乳類。奇蹄類の馬・サイ、偶蹄類の牛・シカなどのほか、象・ジュゴンなどがある。

ゆう-でく《「ゆう」は「遊」かともいう。「でく」は土偶の意》田舎者。近世中期、江戸深川の遊里の通言。「金なきものは一頓直とんちょくとなる」〈黄・栄花夢〉

ゆうてん【祐天】イウテン［1637〜1718］江戸中期の浄土宗の僧。陸奥むつの人。字あざなは愚心。号、明蓮社顕誉。徳川綱吉・家宣らの帰依を受け、増上寺の第36世を継ぎ、大僧正となった。

ゆう-てん【融点】固体が融解しはじめるときの温度。固体と液体とが共存する温度。ふつう1気圧のときの値で示す。融解点。

ゆう-でん【郵伝】イウ 宿場から宿場へ荷物などを運ぶこと。宿しゅく次ぎ。宿送り。

ゆうてん-じ【祐天寺】イウテン 東京都目黒区にある浄土宗の寺。山号は明顕山。享保3年(1718)祐天が住んだ庵いおのあとに、弟子祐海が創建。江戸時代に

ゆ

は常行念仏の道場として知られた。

ゆうでん-そんしつ【誘電損失】ｲｳﾃﾞﾝｼﾂ 誘電体に電界を作用させると、そのエネルギーの一部が誘電体内部の分子の熱運動のエネルギーに変わり、熱として失われること。

ゆうでん-たい【誘電体】ｲｳﾃﾞﾝ 電界内に置くと誘電分極を生じ、その両端の表面に正負の電荷が現れる物質。電気的絶縁体。電媒質。

ゆうでん-ぶんきょく【誘電分極】ｲｳﾃﾞﾝ 誘電体に電界を作用させると、正負の電荷が分かれて現れる現象。分極。電気分極。

ゆうでん-りつ【誘電率】ｲｳﾃﾞﾝ 誘電体で誘電分極が生じる程度を表す、誘電体に固有の定数。電束密度と電界の強さとの比。電媒定数。

ゆう-と【雄図】雄々しいはかりごと。雄大な計画。

ゆう-と【雄途】勇ましい出発。雄々しい門出。「未踏峰登頂の一に就く」

ゆう-とう【友党】ｲｳﾀｳ 政見や政策などに共通するところがあり、行動を共にする政党。

ゆう-とう【遊×蕩】ｲｳﾀｳ〔名〕ｽﾙ 酒や女遊びにふけること。放蕩。「金にまかせて一しつくす」

ゆう-とう【優等】ｲｳ〔名・形動〕他より特にすぐれていること。また、そのさま。「一な(の)成績で卒業する」「一賞」⇔劣等。(類語)優秀・優越・一廉ひとかど

ゆう-どう【有道】ｲｳﾀﾞｳ《「ゆうとう」とも》正しい道にかなっていること。正しい道にかなった行いをすること。また、その人。「左衛門佐殿は一のきこえましませば」〈古活字本平治・中〉

ゆう-どう【遊動】⁝【×游動】ｲｳ〔名〕ｽﾙ 自由に動くこと。「池の中には…小魚の一するを見るなど」〈鉄腸・花間鶯〉

ゆう-どう【誘導】ｲｳﾀﾞｳ〔名〕ｽﾙ ❶さそいみちびくこと。人やものをある地点・状態にみちびいてゆくこと。「車を停止位置に一する」「客を非常口へ一する」❷電気や磁気が、その電場や磁場の中にあるものに対して作用を及ぼすこと。静電誘導・磁気誘導・電磁誘導など。感応。❸発生学で、胚のある部域の分化の方向が、近接する他の胚域からの影響によって決定されること。眼杯によってレンズが誘導され、レンズによって角膜が誘導されるなど。➡形成体 (類語)先導・嚮導きょうどう・案内・手引き・導き・ガイド・先達・露払い

ゆうどう-うんどう【誘導運動】ｲｳﾀﾞｳ 心理学で、運動知覚の一。月夜の空に流れる雲を見ていると、雲が止まって月が雲の動きと逆方向に動いて見える現象、また、止まっている電車に乗っているとき、隣りの電車が動くと自分のほうが動いたと感じる現象など。

ゆうどう-えんぼく【遊動円木】ｲｳﾄﾞｳｴﾝ 遊具の一。太い丸太の両端に鎖をつけて低く水平につり、その上に乗って前後に揺り動かして遊ぶもの。

ゆうどう-かねつ【誘導加熱】ｲｳﾀﾞｳ 導体に交流磁場を加えると電磁誘導によって渦電流が流れ、導体の抵抗によって発熱する現象。調理器などに応用。電磁誘導加熱。IH(induction heating)。➡IH調理器

ゆうどう-き【誘導機】ｲｳﾀﾞｳ 電磁誘導を応用した発電機や電動機。

ゆうどう-きでんき【誘導起電機】ｲｳﾀﾞｳ 電磁誘導あるいは静電誘導を利用して、回路内に電気を集積させる実験用の装置。

ゆうどう-きでんりょく【誘導起電力】ｲｳﾀﾞｳ 電磁誘導によって導体または回路に発生する起電力。

ゆうどう-コイル【誘導コイル】ｲｳﾀﾞｳ 一次コイルに流れる直流電流をすばやく断続させ、電磁誘導によって二次コイルに高電圧を発生させる装置。真空放電や自動車の点火装置などに利用される。感応コイル。

ゆうどう-こうそ【誘導酵素】ｲｳﾀﾞｳｶｳ 細胞に特定の物質を加えることによって、生合成の速度が増す酵素。細菌や酵母における糖・アミノ酸の分解酵素など。適応酵素。

ゆうとう-じ【遊×蕩児】ｲｳﾀｳ 遊蕩をする人。放蕩者。

ゆうどう-しつりょう【誘導質量】ｲｳﾀﾞｳｼﾂﾘｬｳ ►仮想質量

ゆうどう-じんもん【誘導尋問】ｲｳﾀﾞｳ 尋問の際、尋問者が希望する内容の答弁を暗示して、その供述を得ようとする尋問。刑事訴訟では、禁止または制限される場合がある。

ゆうとう-せい【優等生】ｲｳﾄｳ ❶成績・品行とも特にすぐれている学生や生徒。❷言動にそつがないが、個性がなくおもしろみに欠ける人。(類語)模範生

ゆうどう-たい【誘導体】ｲｳﾀﾞｳ 主に有機化合物で、一つの化合物の分子構造の小部分が変化してできた化合物。基本構造はそのままで、一部が他の原子団と置き換わったもの。

ゆうどうたのうせい-かんさいぼう【誘導多能性幹細胞】ｲｳﾀﾞｳﾀﾉｳｾｲｶﾝｻｲﾊﾞｳ《induced Pluripotent Stem cell》►iPS細胞

ゆうどう-だん【誘導弾】ｲｳﾀﾞｳ ►ミサイル

ゆうどう-たんい【誘導単位】ｲｳﾀﾞｳﾀﾝｲ ►組み立て単位

ゆうどう-たんぱくしつ【誘導×蛋白質】ｲｳﾀﾞｳ ❶器官や組織の分化を誘導する働きに関与するたんぱく質。この役割をもつRNAたんぱく質のたんぱく質部分とする説が有力。❷天然のたんぱく質が熱・酵素などによって変質した変性たんぱく質のこと。ゼラチンなど。

ゆうどう-でんきろ【誘導電気炉】ｲｳﾀﾞｳ ►誘導炉

ゆうどう-でんどうき【誘導電動機】ｲｳﾀﾞｳ 交流電動機の一。固定子巻線に交流電流を流して回転磁界をつくり、電磁誘導によって回転子巻線に誘導電流を流し、それと磁界との作用により回転力を発生させる電動機。インダクションモーター。

ゆうどう-でんりゅう【誘導電流】ｲｳﾀﾞｳﾃﾞﾝﾘｳ 電磁誘導によって生じる電流。感応電流。

ゆうどう-へいき【誘導兵器】ｲｳﾀﾞｳ 発射後、電波・赤外線・レーザーなどによって目標に誘導される兵器。

ゆうどう-ほうしゃ【誘導放射】ｲｳﾀﾞｳﾊｳｼｬ ►誘導放出

ゆうどう-ほうしゅつ【誘導放出】ｲｳﾀﾞｳﾊｳｼｭﾂ あるエネルギー準位にある原子または分子が、外部からの電磁波の衝撃を受け、その強さに比例して、位相も周波数も同じ電磁波を放出する現象。メーザー・レーザーに利用。誘導放射。

ゆうどうもくひょう-きんり【誘導目標金利】ｲｳﾀﾞｳﾓｸﾍｳ ►政策金利

ゆうどう-らい【誘導雷】ｲｳﾀﾞｳ 雷撃の種類の一つ。落雷や雲間放電によって雷雲底部の負電荷が中和されることにより、地上に帯電していた正電荷が地面に向かって放電する。

ゆうどう-ろ【誘導炉】ｲｳﾀﾞｳ 電気炉の一種。電磁誘導による渦電流の発熱を利用する。誘導電気炉。

ゆうどう-ろ【誘導路】ｲｳﾀﾞｳ 飛行場で、滑走路と駐機場との間の、飛行機を誘導するための道路。

ゆう-とく【有徳】ｲｳ〔名・形動〕❶「うとく(有徳)❶」に同じ。「一な(の)高僧」❷「うとく(有徳)❷」に同じ。「一ナ人」〈日葡〉

ゆう-どく【有毒】ｲｳ〔名・形動〕毒性のあること。また、そのさま。「人体に一な(の)薬品」「一物質」⇔無毒。

ゆうとく-いなりじんじゃ【祐徳稲荷神社】ｲｳﾄｸ 佐賀県鹿島市にある神社。祭神は倉稲魂神うかのみたま・大宮売神おおみやのめのかみ・猿田彦神。貞享4年(1687)鍋島直朝の夫人祐徳院万子が創建。

ゆうどく-きん【有毒菌】ｲｳﾄﾞｸ 有毒物質を含有あるいは生産する菌類。毒キノコや病原菌など。

ゆうどく-しょくぶつ【有毒植物】ｲｳﾄﾞｸ アルカロイドなどの有毒成分が含まれている植物。食べると中毒を起こしたり触れるとかぶれたりして、人畜に危害を及ぼすもの。ハシリドコロ・トリカブト・ウルシ・イラクサなど。適量を用いれば薬用となるものも多い。

ユートピア〖Utopia〗《ギリシャ語からの造語で、どこにもない場所の意》㊀トマス=モアの長編小説。1516年刊。原文はラテン語。架空の国ユートピアの見聞録というかたちで、当時のヨーロッパ社会を批判、自由平等な共産主義的社会、宗教の寛容を説く。㊁(utopia)《㊀から転じて》空想された理想的な社会。理想郷。理想の国。無可有郷むかうのきょう。

ユートピアン〖utopian〗空想家。夢想家。

ゆう-なぎ【夕×凪】ゆふ 海岸地方で、夕方の海風から陸風に交替する時に、無風状態になること。(季夏)「一や浜蜻蛉につつまれて/亜浪」⇔朝凪。

ゆう-なみ【夕波】ゆふ 夕べに立つ波。

ゆうなみ-ちどり【夕波千鳥】ゆふなみ 夕波の上を飛ぶ千鳥。「近江あふみの海一汝なが鳴けば心もしのに古いにしへ思ほゆ」〈万・二六六〉

ゆう-に【優に】ｲｳ〔副〕その数量・程度に達してなお余裕のあるさま。十分に。らくに。「一二万人を超す人出」「子供なら一入れるトランク」(類語)十分

ゆう-にじ【夕虹】ゆふ 夕空に立つ虹。(季夏)

夕虹百日ひゃくにちの旱ひでり 夕方虹が出るのは、晴天が続くしるしであるということ。

ゆう-ねん【遊年】ｲｳ 陰陽道おんようどうで、八卦はっけに配当し、人の年齢によって、建築・旅行・移転・結婚などを避けなくてはならないとする方角。

ゆう-ねんぶつ【夕念仏】ゆふ 夕方の勤行に念仏を唱えること。「朝題目に一」

ユーノ〖ラテン Juno〗►ユノー

ゆう-のう【有能】ｲｳ〔名・形動〕才能のあること。また、そのさま。「一な人材」「一の士」⇔無能。(派生)ゆうのうさ〔名〕(類語)敏腕・辣腕

ユーノー〖ラテン Juno〗►ユノー

ユーノス〖UNOS〗《United Network for Organ Sharing》►全米臓器配分ネットワーク

ゆう-はい【有配】ｲｳ 利益配当のあること。⇔無配。

ゆうはい-るい【有肺類】ｲｳﾊｲ 腹足綱有肺亜綱の軟体動物の総称。カタツムリ・ナメクジ・モノアラガイなど、陸生の巻き貝が主。えらをもたず、外套膜がいとうまくの変化した肺で呼吸をする。雌雄同体。

ゆう-ばえ【夕映え】ゆふ ❶夕日を受けて照り輝くこと。❷夕焼けのこと。「一の西の空」❸夕方の薄明かりに物の姿がくっきり浮かんで見えること。また、その姿。「一いときよげなり」〈源・若菜上〉(類語)入り日・夕日・西日・落日・落陽・斜陽・夕影・残光

ゆう-ばく【誘爆】ｲｳ〔名〕ｽﾙ 一つの爆発がきっかけになって、別の爆発を引き起こすこと。「石油タンクが次々に一する」(類語)爆発・爆裂・炸裂さくれつ・破裂・起爆

ゆう-はつ【誘発】ｲｳ〔名〕ｽﾙ ある事が原因となって、他の事を引き起こすこと。「悪路が事故を一する」(類語)招く・もたらす・持ち来きたす・来す・引き起こす・生む・将来する・招来する・惹起じゃっきする・生ずる

ゆう-パック ｲｳ 日本郵便株式会社が扱う宅配サービスの一。重さ30キロまで、長さ・幅・厚さの合計が1.7メートル以内の荷物が対象。目的別に、チルドゆうパック、ゴルフ・スキーゆうパック、空港ゆうパックなどがある。また、聴覚障害者用ゆうパック、点字ゆうパックなどのサービスもある。(補説)民営化前の日本郵政公社で一般小包郵便物の愛称として名付けられ、民営化後は正式名称として使用されている。

ゆうはつ-ぶんべん【誘発分×娩】ｲｳﾊﾂ 妊娠42週を経過して出産が始まらない場合(過期妊娠)や胎盤の機能低下が見られる場合などに、陣痛誘発剤などの薬剤や子宮口を開く器具を使用して分娩を誘発させること。

ゆう-はな【木=綿花】ゆふ 木綿ゆうの白さを花にたとえた語。一説に、木綿で作った白い造花ともいう。「泊瀬女はつせめの造る一み吉野の滝の水沫みなわに咲きにけらずや」〈万・九一二〉

ゆうはな-の【木=綿花の】ゆふはな〔枕〕木綿花が枯れずにいつまでも美しいところから、「栄さかゆ」にかかる。「一栄ゆる時に」〈万・一九九〉

ゆう-はふ・る【夕羽振る】ゆふ〔動ラ四〕夕方、鳥が羽ばたくように、波や風が立つ。「一・る波こそ来寄れ」〈万・一三一〉⇔朝羽振る。

ゆう-はらえ【夕×祓】ゆふはらへ 夕方に行う祓。特に、夏越なごしの祓をいう。

ゆうばり【夕張】ゆふ 北海道中部の市。夕張山地の西麓域にある。夕張炭田の炭鉱町として発展したが、閉山により、一時は10万を超えた人口も著しく減少。現在はメロンの産地。人口1.1万(2010)。

ゆうばり-がわ【夕張川】ゆふばりがは 北海道中西部を流れる川。夕張山地の芦別岳に源を発し、江別市で石狩川に注ぐ。長さ136キロ。

ゆうばり-さんち【夕張山地】北海道中部を南北に連なる山地。最高峰は芦別岳で標高1726メートル。東側に富良野盆地を臨む。
ゆうばり-し【夕張市】▶夕張
ゆうばり-だけ【夕張岳】夕張山地の中央にある山。標高1668メートル。山頂部にユウバリソウ・ユウバリコザクラなどが生育。
ゆうばり-たんでん【夕張炭田】北海道、石狩炭田の南半部を占める炭田。夕張岳などの西麓にある。明治21年(1888)発見以来、良質の瀝青炭を産出した。平成2年(1990)閉山。
ゆう-ばれ【夕晴(れ)】夕方、空が晴れ上がって明るくなること。
ゆう-はん【夕飯】夕べの食事。夕食。夕餉。ゆうめし。(類語)夕御飯・晩御飯・晩飯・晩餐
ゆう-はん【有半】《「有」はその上また、の意》年数を表す語に付いて、その半分を加える意を表す。…とその半分。「一年—を費やして完成する」
ゆう-はん【雄藩】勢力の強大な藩。雄鎮。
ゆう-ひ【夕日¦夕˅陽】夕方の太陽。また、その光。入り日。夕陽。「—が沈む」(類語)入り日・西日・落日・落陽・斜陽・夕影・残光・夕映え
ゆう-ひ【雄飛】〔名〕スル 雄鳥が大空に飛び上がるように、大きな志をいだいて盛んに活動すること。「科学者として世界に—する」⇔雌伏
ゆうひ【熊斐】[1693～1772]江戸中期の画家。長崎の人。本姓は神代、のち熊代。別号、繡江。唐通詞の家に生まれ、画を清人沈南蘋に学んで南蘋風花鳥画の先駆となる。代表作に「三千歳図」「浪に鶏図」など。
ゆう-ひ【˅熊˟羆】熊と羆。勇ましい者のたとえにいう。
ゆう-び【優美】〔名・形動〕上品で美しいこと。しとやかで美しいこと。また、そのさま。「—な和服姿」「—に舞う」(派生)ゆうびさ〔名〕(類語)優雅・みやび・綺麗
ユービア-とう【ユービア島】《Euboia》▶エビア島
ユー-ピー〖UP〗《United Press》米国の通信社。1907年創立。現在のUPI。
ユー-ピー-アイ〖UPI〗《United Press International》米国の通信社。1907年ニューヨークに創立されたUPが、1958年INS(International News Service)を合併吸収して成立。
ユー-ビー-イー〖UBE〗《unsolicited bulk e-mail》▶迷惑メール
ユー-ピー-エス〖UPS〗《uninterruptible power supply》停電や瞬時電圧低下によって電源が突然断たれた際、コンピューターなどの機器や工場の設備に電力を供給し続けるための予備電源装置。無停電電源装置。無停電電源システム。
ユー-ピー-エヌ-ピー〖UPnP〗《universal plug and play》▶ユニバーサルプラグアンドプレイ
ユー-ピー-シー〖UPC〗《Universal Product Code》米国やカナダで使用されている商品コード。商品の流通管理に役立てるために、製品の包装に印刷されている電子読み取り式のバーコード。日本では、JANコード、欧州ではEANコードと呼ばれる。
ユー-ピー-ユー〖UPU〗《Universal Postal Union》万国郵便連合。国際間の郵便物輸送の円滑化など郵便諸業務の便宜・協力の促進を目的とする国際機関。1874年創設、1948年国際連合の専門機関となった。本部はベルン。日本は1877年(明治10)に加盟。
ゆうひがおか【夕陽丘】大阪市天王寺区の地名。藤原家隆が住んだ夕陽庵があった所。
ゆうひ-がくれ【夕日隠れ】夕日が当たらないこと。また、その場所。「消ぬが上に重ねて霜やおく山の—の谷の下草」〈続後撰・冬〉
ゆうひ-かげ【夕日影】夕日の光。
ゆう-ひつ【右筆¦˟祐筆】❶筆をとって文を書くこと。❷武家の職名。文書・記録の作成をつかさどった。江戸幕府の奥右筆・表右筆など。❸文筆に長じている者。また一般に、文官。「われ—の身にあらず」〈平家・一〉
ゆう-ひつ【雄筆】力強く勢いのよい筆づかい。また、そのように書いたもの。
ゆう-ひょう【遊標】▶バーニヤ
ゆうひょう-しゃく【遊標尺】バーニヤ。また、それを備えた尺度。
ゆうびょう-りつ【有病率】ある時点における、病気・けがをしている人の、人口に対する割合。
ゆうび-るい【有尾類】有尾目の両生類の総称。原則として四肢があり、尾は変態後も消失せず、一生ある。淡水または湿地で生活し、幼生はえら呼吸、成体はえらまたは肺で呼吸する。耳に鼓室はない。サンショウウオ・オオサンショウウオ・イモリなど。
ゆう-びん【郵便】❶書状・はがきや荷物などを宛先の人に送り届ける通信事業。日本の郵便制度は前島密により、明治4年(1871)発足。官営事業から平成15年(2003)日本郵政公社として公社化され、同19年郵政民営化により、日本郵政グループへと引き継がれた。「荷物を—で送る」「速達—」「航空—」❷「郵便物」の略。「—が届く」「—を出す」(類語)手紙・はがき・封書・書簡・書信・書状・書面・信書・私信・私書・書・状・一書・手書・親書・手簡・書札・尺牘・書牘・雁書・便り・文・玉章・レター
ゆうびん-うけ【郵便受け】配達される郵便物を受け取るために家の入り口などに設ける箱。
ゆうびん-かわせ【郵便為-替】郵便局の為替によって送金する方法。1817年にフランスで始まり、各国に広がった。日本では明治8年(1875)に郵便貯金に先立って創設され、平成19年(2007)に郵政事業が民営化されるまで行われた。(補説)平成19年(2007)の民営化後はゆうちょ銀行が同様のサービスとして普通為替・定額小為替の2種を扱っている。
ゆうびんかわせ-しょうしょ【郵便為-替証書】郵便為替による送金の際に発行される証書。受取人はこの証書と引き換えに郵便局で現金を受け取る。為替証書。(補説)平成19年(2007)の郵政民営化後はゆうちょ銀行が普通為替・定額小為替の2種の送金・決済サービスを行い、普通為替証書・定額小為替証書を発行している。
ゆうびん-きって【郵便切手】郵便料金を前納した証として郵便物にはる印紙。世界最初のものは1840年に英国で発行。
ゆうびん-きょく【郵便局】郵便物の引き受け・交付、郵便切手の販売など郵便窓口業務やそれに付随する業務を行う事業所。日本郵便株式会社が全国に設置し、日本郵政グループ各社の代理店として郵便・貯金・生命保険などの窓口業務を行う。平成19年(2007)の郵政民営化以前は日本郵政公社の現業機関として郵便・郵便貯金・郵便為替・郵便振替・簡易生命保険などの窓口業務を行った。
ゆうびんきょく-かぶしきがいしゃ【郵便局株式会社】日本郵政公社の民営・分社化により、平成19年(2007)に設立された、郵便局を運営する会社。手紙や小包などの窓口業務、印紙の販売、銀行代理業、金融商品仲介業、生命保険・損害保険の契約締結の代理、不動産業、通信販売、地方公共団体からの受託業務などを行う。JP郵便局。➡日本郵政グループ (補説)平成24年(2012)10月に郵便事業株式会社を吸収合併し、日本郵便株式会社となる。
ゆうびん-きんせいひん【郵便禁制品】郵便物としての差し出しが法令で禁止されている物品。爆発物・毒薬・劇薬や生きた病原体など。
ゆうびんくない-とくべつゆうびんぶつ【郵便区内特別郵便物】同一の差出人から同時に100通以上差し出され、引き受けと配達が同じ配達区域内で行われる郵便物で、所定の条件を満たし料金が割引になるもの。
ゆうびん-こうのう【郵便行˟囊】郵袋の旧称。
ゆうびんじぎょう-かぶしきがいしゃ【郵便事業株式会社】日本郵政公社の民営・分社化により平成19年(2007)に設立された郵便事業会社。主要業務は郵便物・荷物の集荷、配達、再配達等。窓口業務は郵便局株式会社に委託している。日本郵便。JP日本郵便。➡日本郵政グループ (補説)平成24年(2012)10月に郵便局株式会社に吸収合併され、日本郵便株式会社となる。
ゆうびん-ししょばこ【郵便私書箱】郵便局に設置され、個人や法人が利用する郵便受け箱。郵便物は郵便局に到着のつど私書箱に配達され、受取人は随時受け取ることができる。
ゆうびん-しゃ【郵便車】郵便物を運ぶための自動車、または鉄道車両。
ゆうびん-しゅうはいにん【郵便集配人】郵便物をポストから集め、また到着した郵便物を受取人に配達する職員。郵便配達人。
ゆうびん-しょかん【郵便書簡】日本郵便株式会社が販売する封筒兼用の便箋。郵便料金を表す料額印面が印刷してある。通信文を書いた面を内側に折り畳み、封をする。第一種郵便物の一。ただし、重さ25グラムを超えると定形外郵便物の料金が適用される。もとの封緘葉書。ミニレター。
ゆうびん-せん【郵便船】郵便物の輸送と郵便事務を取り扱う船。郵船。
ゆうびん-ちょきん【郵便貯金】郵便局を窓口として提供される貯金事業。1861年に英国で始まり、各国に広がった。日本では明治8年(1875)に創設され、平成19年(2007)に郵政事業が民営化されるまで行われた。(補説)郵政民営化前に日本郵政公社が行っていた郵便貯金事業は独立行政法人郵便貯金・簡易生命保険管理機構と株式会社ゆうちょ銀行に引き継がれた。
ゆうびんちょきん-かんいせいめいほけん-かんりきこう【郵便貯金・簡易生命保険管理機構】郵政民営化により日本郵政公社が解散した際に、定期性郵便貯金と簡易生命保険を引き継ぐために設立された独立行政法人。民営化前の契約には政府保証が付され、民営化後の契約とは条件が異なることから、旧契約を管理するため同機構を設立。政府保証は満期まで継続されるが、新規申し込み・自動継続などの取り扱いは行われない。運用・窓口業務等はゆうちょ銀行など新組織が行う。郵貯・簡保管理機構。
ゆうびん-ねんきん【郵便年金】郵便局で取り扱っていた国営の年金保険。平成3年(1991)簡易生命保険制度に統合。(補説)平成19年(2007)の郵政民営化以後は、独立行政法人郵便貯金・簡易生命保険管理機構が管理を行っている。
ゆうびん-はがき【郵便葉書】日本郵便株式会社が内国郵便約款で規格・様式を定め、表面に郵便料金を表す証票を印刷して発行する郵便用紙。これを基準とする私製のものに切手をはって出すことも認められている。第二種郵便物に属する。郵政葉書。
ゆうびん-ばこ【郵便箱】郵便物を投函するための箱。ポスト。(類語)受け箱・郵便受け
ゆうびん-ばんごう【郵便番号】全国の集配郵便局の受け持ち地域ごとに付した七けたの番号。
ゆうびん-ぶつ【郵便物】郵便で送達される信書や物品。内国郵便物と国際郵便物があり、それぞれ通常郵便物と小包郵便物(荷物)に大別される。また、普通郵便に対して速達・書留などの特殊取扱を付加した特殊取扱郵便物がある。日本の内国郵便物は第一種郵便物(手紙)・第二種郵便物(はがき)・第三種郵便物(定期刊行物)・第四種郵便物(通信教育・学術刊行物等)の4種類に分類されている。(補説)平成19年(2007)の郵政民営化に伴う法改正により、日本国内では従来の小包郵便物(ゆうパック・ゆうメールなど)が郵便法の適用外となり、貨物として取り扱われている。
ゆうびん-ふりかえ【郵便振替】郵便局に設けた振替口座を通じて送金や債権・債務の決済を行う方法。1883年にオーストリアで始まり、各国に広

がった。日本では明治39年(1906)から取り扱いが始まり、平成19年(2007)に郵政事業が民営化されるまで行われた。振替貯金。(補説)郵政民営化以降はゆうちょ銀行に引き継がれた。

ゆうびんふりかえ-こうざ【郵便振替口座】郵便振替で、口座所管庁(貯金事務センター)に開設した加入者の口座。郵政民営化以降は、ゆうちょ銀行に引き継がれ、「振替口座」と称する。

ゆうびん-ほう【郵便法】郵便事業を日本郵便株式会社の独占事業とし、郵便物の種類・料金・取り扱い、郵便料金の納付および還付、損害賠償などについて定めている法律。昭和23年(1948)施行。(補説)平成14年(2002)の改正で事業主体が総務省から日本郵政公社に改められ、さらに同19年の改正で郵便事業株式会社に改められた。同24年10月、郵便事業株式会社は郵便局株式会社に吸収合併され、日本郵便株式会社となる。

ゆうびんほうち-しんぶん【郵便報知新聞】明治5年(1872)前島密(まえじまひそか)らが創刊した日刊新聞。矢野竜渓・尾崎行雄・犬養毅らを執筆陣に民権派政論新聞として発展。同27年報知新聞と改題。

ゆうびん-りょうきん【郵便料金】郵便物の差出人が納付する料金。原則として郵便切手で前納する。

ゆうびんわりびき-せいど【郵便割引制度】日本郵便株式会社が扱う各種の郵便物に設定された割引料金の制度の通称。同一の差出人が一度に多量の郵便物を差し出す場合、料金別納・料金後納等の支払い方法を利用する場合、受取人の住所等を表すバーコードを印字した場合などに適用される。特別料金。

ゆう-ふ【有夫】夫を持っていること。夫のあること。

ゆう-ふ【有婦】妻を持っていること。妻のあること。

ゆう-ふ【勇夫】勇気のある男子。勇士。

ゆう-ぶ【勇武】勇気があって強いこと。勇ましくて、武術にすぐれていること。「一絶倫、猛獣を物ともせざる勇敢の気象が」〈魯庵・社会百面相〉

ゆう-ぶ【雄武】雄々しく強いこと。勇武。

ユー-ブイ〖UV〗《ultraviolet》紫外線のこと。ウルトラバイオレット。「一フィルター」

ユー-ブイ-エー〖UVA〗《ultraviolet A》波長が320〜400ナノメートルの紫外線。日焼けを起こさないが、皮膚の奥深くに浸透し、しわ・たるみの原因になる。長波長紫外線。A領域紫外線。紫外線A波。➡UVB ➡UVC

ユー-ブイ-シー〖UVC〗《ultraviolet C》波長が200〜280ナノメートルの紫外線。太陽光線に含まれるが、オゾン層があるため地表には到達しない。殺菌灯などに利用される。短波長紫外線。C領域紫外線。紫外線C波。➡UVA ➡UVB

ユー-ブイ-ビー〖UVB〗《ultraviolet B》波長が280〜320ナノメートルの紫外線。日焼け・しみ・そばかすの原因になるほか、白内障、皮膚がんを発生させる可能性があるといわれる。中波長紫外線。B領域紫外線。紫外線B波。➡UVA ➡UVC

ユーブイ-フィルター【UVフィルター】《UV filter》写真撮影に用いる、紫外線を吸収するフィルター。紫外線吸収フィルター。

ゆう-ふう【幽風】能楽論で、幽玄な風趣。

ゆう-ふう【雄風】❶勢いよく吹く気持ちのよい風。「碧鬣の髯髻として一を衝くは」〈服部誠一・東京新繁昌記〉❷力強く雄々しいようす。❸風速毎秒10.8〜13.8メートルの、風力階級6の風。

ユーフォー〖UFO〗《unidentified flying object》►未確認飛行物体

ユーフォリア〖euphoria〗根拠のない過度の幸福感。多幸症。

ユーフォルビア〖(ラテ) Euphorbia〗トウダイグサ科トウダイグサ属の一年草または多年草。ほぼ世界中に分布し、多肉植物あるいは観葉植物として栽培される。本来は、トウダイグサ科の属名の一つ。

ゆうふ-かん【有夫×姦】夫のある女性が姦通すること。

ゆう-ふく【有福】〔名・形動〕富み栄えること。また、そのさま。裕福。「一な生計(くらし)をしている事と」〈漱石・門〉

ゆう-ふく【裕福】〔名・形動〕財産や収入がゆたかで生活に余裕があること。また、そのさま。富裕。「一な家庭」「一に暮らす」(派生)ゆうふくさ〔名〕

ゆう-ぶつ【×尤物】❶同類の中で、特にすぐれたもの。❷美しい女性。美女。美人。「十六七の島田の一を」〈魯庵・社会百面相〉(類語)美人・別嬪(べっぴん)・美女・麗人・佳人(かじん)・美形・美姫(びき)・名花・小町・大和撫子(やまとなでしこ)

ゆうふつ-へいや【勇払平野】北海道南西部にある平野。泥炭地の沖積平野で太平洋に面する。中心は苫小牧市で、総合開発によって工業地帯になっている。東部の勇払原野にはウトナイ湖がある。

ユーフラテス-がわ【ユーフラテス川】《Euphrates》西アジアを流れる大河。アルメニア高原に源を発し、西流ののち南流してシリアに入り、イラク南部でチグリス川と合流してペルシア湾に注ぐ。長さ約2800キロ。下流域のメソポタミア地方は古代文明発祥の地。

ゆう-ふん【勇奮】〔名〕(スル)いさましく奮い立つこと。「敵に向うときは即ち一して」〈田口卯吉・日本開化小史〉

ゆう-ふん【憂憤】うれえ、いきどおること。

ゆう-ぶん【右文】学問・文学を重んじ尊ぶこと。

ゆうぶん-さぶ【右文左武】文と武をともに重んじ尊ぶこと。文武両方を兼ね備えること。左文右武。

ゆう-べ【夕べ】《「夕(ゆう)方(へ)」の意。古くは「ゆうへ」》❶日の暮れるころ。夕方。「秋の一」(⇔)朝(あした)。❷何かの催し物が行われる夜。「音楽の一」❸《一説に、「よ(夜)べ」の転じた「ようべ」の音変化とも。「昨夜」とも書く》きのうの夜。さくや。昨晩。「一は飲み明かした」「一地震があった」(類語)昨夜(さくや)・昨晩・前夜・昨夕

夕べの陽(ひ)に子孫を愛す　《白居易「秦中吟」不致仕から》老年になって、子や孫をかわいがる。

ゆう-へい【勇兵】いさましい兵。

ゆう-へい【幽閉】〔名〕(スル)ある場所に閉じこめて外に出さないこと。「地下牢に一する」(類語)監禁・軟禁

ゆうべつ-がわ【湧別川】北海道北東部を流れる川。北見山地の天狗岳(標高1553メートル)に源を発し、湧別町でオホーツク海に注ぐ。長さ87キロ。上流の河岸段丘に旧石器時代の白滝(しらたき)遺跡がある。

ゆう-へん【雄編｜雄×篇】力のこもったすぐれた著作。堂々たる大作。「戦争文学の一」

ゆう-べん【雄弁｜雄×辯】〔名・形動〕説得力をもって力強く話すこと。また、そのさま。「一な政治家」(類語)快弁・達弁・能弁・流暢(りゅうちょう)

雄弁に物語・る　ある状況や気持ちなどを、はっきりと示す。雄弁に語る。「現実が一・っている」

雄弁は銀沈黙は金　《Speech is silver, silence is golden.》雄弁は大事だが、沈黙すべきときを心得ていることはもっと大事だということ。英国の思想家カーライルの「衣装哲学」にみえる言葉。

ゆう-ほ【遊歩】〔名〕(スル)ぶらぶらと歩くこと。そぞろ歩き。散歩。「園庭を一するに当り」〈竜渓・経国美談〉

ゆう-ほう【友邦】互いに親しい関係にある国。(類語)同盟国・連合国・盟邦・与国

ゆう-ほう【友×朋】友人。ともだち。朋友。

ゆう-ほう【雄峰】雄大な山。「一モンブラン」

ゆう-ぼう【有望】〔名・形動〕将来に望みのあること。よくなる見込みのあること。また、そのさま。「前途一な青年」「一株」(派生)ゆうぼうさ〔名〕

ユー-ボート〖U-boat〗《(ドイ) Unterseebootから》第一次・第二次大戦で使用されたドイツの潜水艦。

ゆう-ぼく【遊牧】〔名〕(スル)1か所に定住しないで、牛や羊などの家畜とともに水や牧草を求めて、移動しながら牧畜を行うこと。「裾野の草原で一する」

ゆうぼく-みんぞく【遊牧民族】遊牧して生活する民族。中央アジア・西アジア・アフリカなどの砂漠や草原に分布。

ゆうほ-じょう【遊歩場】散歩や遊びのために設けられた場所。

ゆうほ-どう【遊歩道】散歩のためにつくられた道。プロムナード。

ゆう-まい【雄×邁】〔名・形動〕気性が雄々しくすぐれていること。また、そのさま。「一な精神」「彼(か)の一にして軽優(けいゆう)を兼ねたるダンテをして」〈透谷・厭世詩家と女性〉

ゆう-まがき【夕×籬】夕方のまがき。夕方の娼家(しょうか)の店先。

ゆう-まぐれ【夕間暮れ】《「まぐれ」は「目(ま)暗(ぐ)れ」の意。「間暮」は当て字》夕方の薄暗いこと。また、その時分。ゆうぐれ。

ゆう-まどい【夕惑ひ】夕方から眠たがること。宵惑い。「おとどは一し給ひて臥(ふ)し給ひぬ」〈落窪・二〉

ゆう-みょう【勇▽猛】〔名・形動ナリ〕「ゆうもう(勇猛)」に同じ。「文覚(もんがく)無上の願を起こして一の行を企つ」〈平家・五〉

ゆう-みょう【幽妙】〔名・形動〕奥深くすぐれていること。また、そのさま。玄妙。「一な調べ」

ゆう-みり【柳美里】[1968〜　]小説家・劇作家。神奈川の生まれ。在日韓国人二世。劇団東京キッドブラザースに入団。女優・演出助手を務める。のち「魚の祭」で岸田国士(くにお)戯曲賞を最年少で受賞。小説「家族シネマ」で芥川賞受賞。他に「フルハウス」「ゴールドラッシュ」など。

ユーミル〖Ymir〗►ユミル

ゆう-みん【遊民】職につかず遊び暮らしている人。「一坐食の徒であった」〈荷風・見果てぬ夢〉

ゆう-む【有無】►うむ(有無)

ゆう-めい【有名】〔名・形動〕❶名を有すること。❷世間に名が知られていること。また、そのさま。「一な俳優」「風光明媚で一な地」「一人」(⇔)無名。

(用法)有名・著名・高名――「有名な(著名な・高名な)作家」では、相通じて用いられる。いずれも世間に名がよく知られていることをいう。◆「有名」は人にかぎらず日常の身近な所で話題にのぼる事物についても用い、良い悪いのどちらの点でも名がよく知られている場合に用いる。「有名校」「近所で有名な乱暴者」「このあたりでは有名なおばあちゃん」◆「著名」は、社会的に認められて広く知られている場合に用いられ、文章語的で改まった言い方。「著名な学者」◆「高名」は「著名」よりも、さらに社会的評価が高い。「世界的にも高名な物理学者」のように用いるとともに、相手の名前の敬称として「御高名はかねがね承っております」などと用いる。(類語)名高い・名うて・名代

ゆう-めい【勇名】勇気があるという評判。「天下に一をはせる」「一をとどろかす」

ゆう-めい【幽明】❶暗いことと明るいこと。❷死後の世界と、現在の世界。冥土(めいど)と現世。幽界と顕界。

幽明相隔(あいへだ)・てる　「幽明界(さかい)を異(こと)にする」に同じ。

幽明界(さかい)を異(こと)に・する　あの世とこの世とに別れる。死別する。幽明相隔てる。

ゆう-めい【幽冥】❶光が弱く暗いこと。❷死後の世界。冥土。あの世。黄泉(こうせん)。(類語)後の世・後世・後生・来世・冥府・冥界・幽界・黄泉(よみ)・黄泉(こうせん)・霊界

ゆうめい-かい【幽冥界】❶神仏のいる世界。❷あの世。冥土。黄泉。

ゆうめい-けいやく【有名契約】►典型契約(てんけいけいやく)

ゆうめい-ぜい【有名税】有名人であるために、好奇の目で見られて苦痛を受けたり、出費がかさんだりすることを、税金にたとえていう語。

ゆうめい-むじつ【有名無実】〔名・形動〕名ばかりで、それに伴う実質のないこと。また、そのさま。「一な(の)規則」

ゆう-メール　日本郵便株式会社が扱うサービスの一。冊子やCD・DVDなどのメディアを、ゆうパックよりも安価に送ることができる。袋の一部を開くなど内容物が確認できるように梱包(こんぽう)した、重さ3キロまでの荷物が対象となる。(補説)旧称は冊子小包。平成19年(2007)の郵政民営化にともない、現名称に変更された。

ゆう-めし【夕飯】夕べの食事。ゆうはん。
(類語)夕食・夕御飯・夕飯(ゆうはん)・夕餉(ゆうげ)・晩御飯・晩飯

ゆう-めん【×宥免】イウ〔名〕スル 罰を軽くするなどして、罪を許すこと。大目にみること。
ユーモア〖humor〗人の心を和ませるようなおかしみ。上品で、笑いを誘うしゃれ。諧謔かいぎゃく。「―に富んだ会話」「―の通じない人」「ブラック―」
(類語)機知・頓知・機転・ウイット・エスプリ
ユーモア-アプローチ〖humor approach〗広告表現法の一つ。ユーモラスな表現を用いることで消費者の警戒心を解き、商品に親しみや好感を抱かせようとする広告法。
ユーモア-ぶんがく【ユーモア文学】笑いを誘うために軽妙な調子で書かれた小説や詩歌。
ゆう-もう【勇猛】ユウマウ〔名・形動〕勇気があって何物をも恐れないこと。また、そのさま。「―な武将」「―果敢」(派生)ゆうもうさ〔名〕
(類語)猛勇・武勇・豪勇・豪気・ヒロイック・勇ましい・雄雄おおしい・凜凜りりしい・勇壮・勇敢・剛勇・忠勇・果敢・精悍せいかん・壮そう・壮烈・英雄的（「―と」「―たる」の形で）敢然・決然・凜然りんぜん・凜凜りんりん
ゆうもう-しん【勇猛心】ユウマウ― 勇気があって物事に屈しない心。
ゆう-もや【夕×靄】ゆふ― 夕方に立ちこめるもや。
ユーモラス〖humorous〗〔形動〕ユーモアのあるさま。おかしみのあるさま。「―なしぐさ」(類語)面白い
ユーモリスト〖humorist〗❶ユーモアに富んだ人。❷ユーモア文学の作家。
ユーモレスク〖(フランス) humoresque〗こっけい味を帯びた軽やかな器楽曲の小品。特に、ドボルザークの作品が有名。
ゆう-もん【幽門】イウ― 胃の末端の、十二指腸に接し細くくびれている部分。輪状の括約筋があり、通常は閉じているが、胃内の食物の状態により開いて腸に送る。
ゆう-もん【憂×悶】イウ〔名〕スル 思い悩み、苦しむこと。「事業の不振に―する」(類語)悩む・苦しむ・煩わずらう・悶もだえる・思い煩う・思い迷う・思い乱れる・苦悩する・懊悩おうのうする・煩悶はんもんする・苦悶くもんする・苦慮する
ゆうもん-きょうさく【幽門狭×窄】イウモンケフサク 胃の幽門部が狭くなり、食物の通過のよくない状態。潰瘍かいようや腫瘍しゅようが発生したときなどにみられ、胃拡張や嘔吐おうとなどを伴うことがある。
ゆう-や【遊冶】イウ《「冶」は飾る意》遊びにふけり、着飾ること。また、その人。「其飲酒を禁じ―を制し」〈福沢・学問のすゝめ〉
ゆう-やく【勇躍】〔名〕スル いさみ立ち、心がおどること。副詞的にも用いる。「―して決勝戦に臨む」
ゆう-やく【×釉薬】イウ―「釉うわぐすり」に同じ。
ゆう-やくし【夕薬師】ゆふ― 薬師の縁日にあたる毎月8日の夕方、薬師に参詣すること。宵よい薬師。「朝観音に―」
ゆう-やけ【夕焼け】ゆふ― 日没のころ、西の空が赤く見える現象。昼間よりも太陽光線が大気中を通過する距離が長いため、波長の短い青色光は途中で散乱して届かず、赤色光だけが届くことによる。(季 夏)「―に向って歩み入る如し/汀女」
ゆうやけ-ぐも【夕焼け雲】ゆふやけ― 夕焼けに赤く染まった雲。
ゆう-やま【夕山】ゆふ― 夕暮れに見える山。
ゆうやま-おろし【夕山×颪】ゆふやま― 夕方、山から吹きおろす風。
ゆうやま-かげ【夕山陰】ゆふやま― 夕山の陰となる場所。夕山の陰。
ゆうやま-かぜ【夕山風】ゆふやま― 夕方、山から吹いてくる風。
ゆう-やみ【夕闇】ゆふ― 日没後、月が出るまでの間の暗闇。また、その時分。宵闇。「―が迫る」(類語)暮色
ゆうや-ろう【遊冶郎】イウヤ― 酒色におぼれて、身持ちの悪い男。放蕩者。道楽者。
ゆう-ゆう【×悒×悒】イフイフ〔ト・タル〕文〔形動タリ〕気がふさいで晴れないさま。快快おうおう。「―たる心中」
ゆう-ゆう【悠悠】イウイウ〔ト・タル〕文〔形動タリ〕❶はるかに遠いさま。限りなく続くさま。「―たる大空」「―たる時の流れ」❷ゆったりと落ち着いたさま。「老後を―と暮らす」「―たる面持ち」❸十分に余裕のあるさま。「―と間に合う」(類語)(❶)渺渺びょうびょう・渺茫びょうぼう・茫茫/(❷)悠然・悠長・悠揚・浩然こうぜん・どっしり・気長・楽/(❸)容易・簡単・容易たやすい・訳わけ無い・与くみし易やすい・楽楽・易易いい・易易やすやす・軽く・難無く・苦も無く
ゆう-ゆう【融融】〔ト・タル〕文〔形動タリ〕とけ合ってなごやかなさま。のどかなさま。「和気―として福神も此所ここに居たまうべし」〈露伴・辻浄瑠璃〉
ゆう-ゆう【優遊｜優×游】イウイウ〔ト・タル〕文〔形動タリ〕のんびりと心のままにするさま。「郷里に帰り、其後、―として時日を送りしが」〈中村訳・西国立志編〉
ゆう-ゆう【優優】イウイウ〔ト・タル〕文〔形動タリ〕ゆったりとしたさま。また、みやびやかなさま。「馬は群る蠅と虻との中に―と水飲み」〈鏡花・義血侠血〉
ゆうゆう-かんかん【悠悠閑閑｜優優閑閑】イウイウ―〔ト・タル〕文〔形動タリ〕ゆったりと落ち着いているさま。のんきにかまえるさま。「―と毎日を過ごす」
ユー-ユー-シー-ピー〖UUCP〗《UNIX to UNIX copy》UNIXのコンピューター間での情報転送システム。公衆電話回線などを通してUNIX機同士でファイルの交換を行うことができる。
ゆうゆう-じてき【悠悠自適】イウイウ―〔名〕スル 世間のことに煩わされず、自分の思いのままに暮らすこと。「―の生活」
ユー-ユー-ピー〖UUP〗《Ulster Unionist Party》アルスター統一党。北アイルランドの多数派プロテスタント系政党。北アイルランドの英国からの分離・独立(南北アイルランド統一)に反対し、英国との連合維持の立場をとる。1905年結成。シンフェイン党と激しく争うが、近年は穏健化したため、より強硬な民主統一党に支持を奪われている。
ゆうゆう-ふだん【優遊不断】イウイウ―〔形動〕文〔ナリ〕「優柔不断ゆうじゅうふだん」に同じ。
ゆう-よ【有余】イウ― ❶余りがあること。余分。「気の毒に思うて―の金を給するは」〈福沢・文明論之概略〉❷《「有」はその上また、の意》数を表す語に付いて、それより少し多い意を表す。「五年―の歳月」
ゆう-よ【猶予】イウ〔名〕スル ❶ぐずぐず引き延ばして、決定・実行しないこと。「もはや一刻の―も許されない」「―している場合ではない」❷実行の日時を延ばすこと。「返済を一か月間―する」「執行―」
(類語)躊躇ちゅうちょ・逡巡しゅんじゅん・ためらい・遅疑・延期・日延べ・順延・延長
ゆう-よう【有用】イウ〔名・形動〕役に立つこと。また、そのさま。「社会に―な(の)人材」⇔無用。
(類語)有益・有効・有利・益・実用・ユーティリティー・便利・重宝ちょうほう
ゆう-よう【有要】イウエウ〔名・形動〕非常に大切なこと。また、そのさま。肝要。緊要。「国家―の事実を」〈田口・日本開化小史〉
ゆう-よう【悠揚】イウヤウ ㊀〔ト・タル〕文〔形動タリ〕ゆったりとしてこせこせしないさま。落ち着いているさま。「―たる物腰」「―迫らぬ態度で対する」㊁〔名〕ゆるやかにあがること。また、はるか遠くまで届くこと。「梵音雲に―す」〈太平記・二四〉(類語)落ち着く
ゆうよう-こんちゅう【有用昆虫】イウヨウ― 人間の生活に役立つ昆虫、およびその生産物を利用できる昆虫。益虫のほか、食用・愛玩用のものも含めていう。
ゆうようざっそ【酉陽雑俎】イウヤウザフソ 中国、唐代の随筆集。20巻、続集10巻。段成式だんせいしき著。860年ごろ成立。古今の神話・伝説・故事・風俗・儀礼など多分野にわたる異聞を記す。
ゆうよう-しょくぶつ【有用植物】イウヨウ― 食用のほか建築・工芸・薬剤・園芸などに用いられて、人間の生活に役立つ植物。菌類まで含め、多くの種類に及ぶ。
ゆう-よく【有翼】イウ― ❶ミサイルなどが、弾道を安定させるための翼よくをそなえていること。「―弾」❷神や天使、想像上の動物などに翼つばさがあること。「―の獅子」
ゆう-よく【遊×弋】イウ〔名〕スル 艦船が水上を動き回って敵に備えること。また、あちこち動き回ること。「鴨羽かもはの雌雄夫婦は…―している」〈寅彦・あひると猿〉
ゆうよく-だん【有翼弾】イウヨク― 弾道を安定させるため、尾部に翼よくをつけた弾丸。
ユーラ〖EULA〗《End User License Agreement》▶ソフトウエア使用許諾契約
ゆう-らく【遊楽】イウ― 遊んで楽しむこと。ゆらく。「夜を明して舞ひ戯るる―の西班牙スペインを見る事が」〈荷風・ふらんす物語〉
ユーラシア〖Eurasia〗アジアとヨーロッパの総称。一続きの大陸をなし、面積は世界最大。「―大陸」
ユーラシアン〖Eurasian〗ヨーロッパ人とアジア人の混血。
ユーラトム〖EURATOM〗《European Atomic Energy Community》欧州原子力共同体。1958年、フランス・西ドイツ・イタリア・ベルギー・オランダ・ルクセンブルクの6か国が設立した機関。原子力産業の開発・資源管理を目的とする。EAEC。➡EC
ゆう-らん【遊覧】イウ〔名〕スル 見物して回ること。「島内を―する」「―船」(類語)回遊・周遊・漫遊・旅行
ゆうらん-バス【遊覧バス】イウラン― 観光客を乗せて、史跡・名勝などを回るバス。観光バス。
ゆう-り【有利】イウ〔名・形動〕利益のあること。利益を望めること。他よりも条件や状態がよいこと。また、そのさま。「―な取引」「相手方に―な情報」「戦局が―に展開する」⇔不利。(派生)ゆうりさ〔名〕
ゆう-り【有理】イウ ❶道理のあること。❷数学で、加・減・乗・除以外の演算を含まないこと。
ゆう-り【遊里】イウ― 一定の区画を仕切って遊女屋を集めてある地域。遊郭。くるわ。いろざと。
ゆう-り【遊離】イウ〔名〕スル ❶他と離れて存在すること。離れた存在となること。「仲間から一人―している」「庶民感情から―した政策」❷単体または原子団が、他の物質と結合せずに存在していること。また、それらが化合物から結合が切れて分離すること。
(類語)離れる・隔たる・遠ざかる・遠のく・離隔・隔絶・乖離かいり
ユーリー〖Harold Clayton Urey〗［1893～1981］米国の化学者。重水を分離し、水素の同位体の重水素を発見。第二次大戦中は原爆製造に参加し、戦後は平和運動を推進。1934年ノーベル化学賞受賞。
ゆうり-か【有理化】イウリクワ 無理式の一部を変形して、根号を含まない式に直すこと。特に、無理数を含む分数式の分母を、無理数のない形に直すこと。
ゆうり-かんすう【有理関数】イウリクワンスウ 変数の有理式で表される関数。⇔無理関数。
ゆう-りき【勇力】「ゆうりょく(勇力)」に同じ。「神変希代じんぺんきだいの―の男子となって」〈浄・嫗山姥〉
ゆうり-き【遊離基】イウ― 対をなさない電子を一つまたはそれ以上もつ原子または原子団。一般に、分子が熱・光・放射線などの作用を受け結合が切れて生じ、不安定で反応性がきわめて大きい。フリーラジカル。ラジカル。
ゆうり-ご【遊里語】イウ―「郭詞くるわことば」に同じ。
ゆうり-こう【×釉裏紅】イウリ― 陶磁器の装飾技法の一。また、その陶磁器。染め付けと同様の技法で、下絵付けに呉須ごすのかわりに銅系統の彩料を用いて紅色に発色させるもの。中国、元代に景徳鎮窯けいとくちんようで始まった。日本では俗に辰砂しんしゃともいう。
ゆうりごにん-ひょうじ【有利誤認表示】イウリゴニンヘウジ 景品表示法が禁じる不当表示の一つ。販売価格などの取引条件を実際よりも著しく安くみせかけたり、著しく有利にみせかけたりする表示のこと。➡優良誤認表示
ゆうり-しき【有理式】イウ― 根号の中に文字を含まない代数式。整式と分数式の総称。⇔無理式。
ゆうりし-ふさい【有利子負債】イウリ― 銀行からの借入金、社債、CB(転換社債)の発行による返済金など、利子を付けて返済しなければならない負債。その残高は企業の財務の健全さを示す指標の一つとされる。残高が小さいほど健全とみられる。「―依存度が低い」
ゆうり-しぼうさん【遊離脂肪酸】イウリシバウサン 脂肪の分解によって生じる脂肪酸。生体内でエステルなどに

なっていない脂肪酸。血漿アルブミンと結合し、肝臓に運ばれてエネルギー源となる。飢餓状態や糖尿病ではふつう濃度が上昇する。

ゆうり-すう【有理数】実数のうち、2個の整数の比によって表される数。無理数以外の実数。⇔無理数。

ユーリット〖Eurit〗《European Investment Trust》欧州投資信託。スイスの銀行がヨーロッパ向けに発行する投資信託。

ユーリピデス〖Eurīpidēs〗▶エウリピデス

ゆう-りゃく【勇略】勇気と、すぐれた計略。「如何にレオンチアデスに一ありとも」〈竜渓・経国美談〉

ゆう-りゃく【雄略】雄大な計略。

ゆうりゃく-てんのう【雄略天皇】記紀で、第21代天皇。允恭天皇の皇子とされる。名は大泊瀬幼武。大和朝廷の勢力を拡大。478年、宋に使いを送った倭王武に比定する説がある。

ゆう-りょ【憂慮】〘名〙スル 心配すること。思いわずらうこと。「一に堪えない」「事態を一する」(類語)懸念・恐れ・危惧・心配・気がかり・心がかり・不安・憂患・心痛・心労・屈託・憂い・気遣い・煩い

ゆう-りょう【有料】料金が必要であること。「一駐車場」⇔無料。

ゆう-りょう【遊猟】〘名〙スル 狩りをして遊ぶこと。「『グリンノエ』村へほどよく一に往った所はなかった」〈二葉亭・めぐりあひ〉

ゆう-りょう【優良】〘名・形動〙他のものより、すぐれていること。また、そのさま。「一な商品」「健康一児」⇔劣悪。(派生)ゆうりょうさ〘名〙(類語)良好・良質・上質・上等・佳良・見事・立派・上上・上乗・結構

ゆうりょう-うんてんしゃ【優良運転者】運転免許証を更新する際の区分の一。70歳未満で免許の継続期間が5年以上、有効期間満了日の前5年間に無事故・無違反である運転者。ゴールド免許が与えられる。➡一般運転者 ➡違反運転者

ゆうりょう-かぶ【優良株】財務内容がよく、配当率も高くて安定している会社の株式。ブルーチップ。

ゆうりょう-ごにん【優良誤認】誇大広告などで、商品やサービスの内容が実際以上に優れていると消費者に誤解させること。景品表示法で禁じられている。➡優良誤認表示

ゆうりょうごにん-ひょうじ【優良誤認表示】景品表示法が禁じる不当表示の一つ。商品・サービスを実際よりも著しく優良にみせかける表示のこと。➡有利誤認表示

ゆうりょう-どうろ【有料道路】道路整備などの目的から、その通行または利用にあたって料金を徴収する道路。

ゆうりょう-ろうじんホーム【有料老人ホーム】老人福祉法に規定された高齢者向けの居住施設。入居者に食事の提供、入浴・排泄・食事の介護、洗濯・掃除等の家事、健康管理のいずれかのサービスを提供しているものをいう。老人福祉施設や認知症対応型老人共同生活援助事業を行う住居(グループホーム)は有料老人ホームには含まれない。設置するには都道府県知事への届け出が必要。(補説)施設が介護保険事業者の指定を受けて介護サービスを提供する「介護付有料老人ホーム」、介護が必要になった場合は訪問介護など外部の在宅サービスを利用する「住宅型有料老人ホーム」、自立した高齢者を対象とした施設で介護が必要となった場合は退去する「健康型有料老人ホーム」がある。

ゆうりょう-わりびき【優良割引】自動車保険の契約に際し、所有・使用自動車が10台以上のフリート契約者で、損害率の良好な者(低い者)に適用される保険料の割引。一定期間の保険料に対するその期間内に発生した保険金の比率により損害率を算出し、それを元に毎年の割引率を決定する。

ゆう-りょく【勇力】強い力。すぐれた力。ゆうりき。「非常の一あるに非ざれば知らずして流れ」〈福沢・学問のすゝめ〉

ゆう-りょく【有力】〘形動〙〘文〙〘ナリ〙❶勢力や威力などのあるさま。「地元で一な新聞」⇔無力。❷強い可能性があるさま。見込みのあるさま。「一な手がかり」「一な候補があがる」(類語)確実・正確・的確・明確・確か・精確・安全・はっきり・定か・明らか・明白・確・確固・確然・必至・必然・必定・最有翼・本命

ゆうりょく-しゃ【有力者】その社会で権力や勢力のある人。「政界の一」

ゆう-りん【有隣】《『論語』里仁から》徳のある人の周囲には同類のものが自然に集まること。➡徳は孤ならず必ず隣あり

ゆうりん-るい【有×鱗類】❶有鱗目の哺乳類の総称。体が硬いうろこで覆われるセンザンコウの一科からなる。歯がないので、かつては貧歯類に分類されたこともある。常鱗類。❷有鱗目の爬虫類の総称。トカゲ・蛇などが含まれる。

ユールゴーデン-とう【ユールゴーデン島】《Djurgården》スウェーデンの首都、ストックホルムの中心部にある島。シェップスホルメン島の東に位置する。王室の領地の一部として広く緑地が保護されている。北方民族博物館、バーサ号博物館、世界最古の野外博物館、スカンセンなどがある。

ユールマラ〖Jūrmala〗ラトビア、バルト海のリガ湾に面する都市。首都リガの西方約25キロメートルに位置する。19世紀後半に鉄道が開通し、観光保養地として発展した。旧ソ連時代には、多くの要人が訪れた。

ゆう-れい【幽霊】❶死者のたましい。亡魂。❷死後さまよっている霊魂。恨みや未練を訴えるために、この世に姿を現すとされるもの。亡霊。また、ばけもの。おばけ。「一が出る」「一屋敷」❸形式上では存在するように見せかけて、実際には存在しないもの。

ゆう-れい【雄麗】〘名・形動〙雄々しく美しいこと。また、そのさま。壮麗。「一な富士」

ゆう-れい【優麗】〘名・形動〙上品で美しいこと。また、そのさま。「一な詩文」

ゆうれい-いか【幽霊烏=賊】ユウレイイカ科のイカ。全体に細長く、外套長は約25センチ。体は寒天質で軟らかく、ひれは小さくて円形。深海にすみ、発光する。

ゆうれい-がいしゃ【幽霊会社】名前だけで実体のない会社。また、名前が登録してあるだけで、実際の活動が行われていない会社。

ゆうれい-かぶ【幽霊株】❶株式会社の設立または新株の発行の際、株式の引き受けや現実の払い込みがないのに、引き受けや払い込みがあったように偽装して発行された株式。❷幽霊会社の株式。❸偽造された株券。

ゆうれい-ぐも【幽霊蜘=蛛】❶ユウレイグモ科のクモの総称。体長3～5ミリで脚が著しく長い。草の間や天井裏に不規則な棚状の網を張る。❷ザトウムシの俗称。

ゆうれい-じんこう【幽霊人口】実際には居住していない人を申告することによって生じる、実体のない人口。

ゆうれい-たけ【幽霊×茸】ギンリョウソウの別名。

ゆうれい-ばな【幽霊花】ヒガンバナの別名。

ゆうれい-び【幽霊火】幽霊のそばで燃えるとされる青白い火。絵に描き表されたり、演劇などで、幽霊の現れるときにともしたりする。

ユーレイルパス〖Eurailpass〗ヨーロッパを周遊できる鉄道用均一乗車券。ヨーロッパ各国の国鉄と特定の私鉄の特急・急行の一等車が利用できる。

ユーレカ〖eureka〗《ギリシャ語で、われ見いだせりの意から》アルキメデスが金の純度の測定法を発見した際に叫んだとされる言葉。ユリイカ。

ユーレカ〖EUREKA〗《European Research Coordination Action》欧州先端技術共同研究計画。1985年、フランスのミッテラン大統領の提唱により、先端技術開発で欧州企業間の共同研究促進をめざして発足。現在、情報・通信技術、人工知能、新素材、光技術、高エネルギーレーザーなど、多分野で市場化をめざして共同研究が進められている。ユーレカ計画。

ユーレカ-けいかく【ユーレカ計画】《EUREKA Plan》▶ユーレカ(EUREKA)

ゆう-れき【遊歴】〘名〙スル 各地をめぐり歩くこと。巡歴。歴遊。「諸国を一する」(類語)旅行

ゆう-れつ【勇烈】〘名・形動〙いさましくはげしいこと。また、そのさま。「一な戦士」

ゆう-れつ【優劣】すぐれていることと、おとっていること。まさりおとり。「一を争う」「二人の能力に一はない」

ゆうれつ-の-ほうそく【優劣の法則】メンデルの遺伝法則の一。ある対立形質について純系どうしを交配すると、雑種第一代(F_1)ではどちらか一方の形質のみが現れるというもの。現れる形質を優性、隠れる形質を劣性というが、差別的なまさりおとりの意ではないので、顕性・潜性も用いられる。支配の法則。優性の法則。

ユーロ〖Euro〗❶多く複合語の形で用い、ヨーロッパの、の意を表す。❷(euro)2002年から導入されたEU(欧州連合)の単一通貨。記号は€。アイルランド・イタリア・オーストリア・オランダ・ギリシャ・スペイン・スロベニア・ドイツ・フィンランド・フランス・ベルギー・ポルトガル・ルクセンブルクのほかに、2008年1月からキプロス・マルタ、2009年1月からスロバキア、2011年1月にエストニアで導入され、合計17か国で使われている。➡政府無き通貨

ゆう-ろう【×挹×婁】中国、漢・魏時代に沿海州から中国東北地方東部にかけて住んでいた古代民族。3世紀前半、扶余の支配から独立し、勢力を強めた。

ユーロ-えん【ユーロ円】《Euro yen》日本以外の市場で取引される円通貨。➡ユーロカレンシー

ユーロえん-さい【ユーロ円債】ユーロ市場で発行される円建て債券。(補説)同じ円建ての債券のうち、日本の金融市場で非居住者によって発行される債券をサムライボンドという。

ユーロカレンシー〖Eurocurrency〗その通貨の母国以外の銀行に預けられたユーロダラー・ユーロマルク・ユーロ円・ユーロポンドなどの、外貨預金の総称。ユーロマネー。➡ユーロ市場

ユーロ-クリア〖Euro-Clear〗米国の大手銀行モルガンギャランティが設立したユーロ証券の保管・振替決済機構。寄託されたユーロ証券の取引は帳簿上の振替により決済される。

ユーロケミック〖Eurochemic〗《European Company for the Chemical Processing of Irradiated Fuels》欧州核燃料再処理会社。1957年、欧州核エネルギー機関によってベルギーに設立。68年から74年まで材料試験炉の使用済み核燃料再処理を行った。

ユーロ-けん【ユーロ圏】EU(欧州連合)のうち、単一通貨ユーロを使用する国。(補説)1999年にアイルランド・イタリア・オーストリア・オランダ・スペイン・ドイツ・フィンランド・フランス・ベルギー・ポルトガル・ルクセンブルクの11か国で発足。2001年にギリシャ、2007年にスロベニア、2008年にマルタ・キプロス、2009年にスロバキア、2011年にエストニアが加わり17か国となった(2012年7月現在)。

ユーロコミュニズム〖Eurocommunism〗1970年代後半に、西欧諸国、特にイタリア・フランス・スペインの共産党がとった自主的な共産主義路線。ソ連共産党の路線に追随せず、複数政党と民主的な政権交代を認めた議会制度を通じて社会主義への移行をめざすもの。

ユーロ-さい【ユーロ債】発行通貨の国内市場以外の市場(ユーロ市場)において発行される債券。ドル建て債を中心に、マルク建て債・ポンド建て債・円建て債などさまざまな通貨建てで起債される。ユーロボンド。

ユーロサット〖Eurosat〗《European Satellite》欧州通信衛星公社。衛星の利用やテレビ・通信装置の供給などを行う。1988年設立。本社所在地はロンドン。

ユーロ-しじょう【ユーロ市場】自国市場以外で取引される通貨の金融市場。ここに集まる資金をユーロカレンシーといい、ここで発行される債券をユーロ債という。➡ユーロ円債 (補説)ヨーロッパで生まれたことからの名。

ユーロシマ〖Euroshima〗《Euro＋Hiroshima(広島)から》ヨーロッパを核戦争の戦場にするなという意の、反核・平和運動のスローガン。1981年ころからヨーロッパ・アメリカで広まった。

ユーロスター〖Eurostar〗英仏間のユーロトンネルを通る特急旅客列車。英国のロンドンと大陸側のパリ・ブリュッセルを結ぶ。

ユーロスペース〖Eurospace〗ヨーロッパの主要な航空・宇宙関係企業で構成する国際団体。ヨーロッパ宇宙開発の推進母体。1961年設立。正称はAssociation of European Space Industry。

ユーロ-セント ►セント(cent)❷

ユーロソシアリズム〖Eurosocialism〗1970年代に、イタリア・フランス・スペインなどの共産党が掲げた自主路線の総称。複数政党制や政権交代を認めるなど、西ヨーロッパ独自の社会主義を強調したもの。

ユーロダラー〖Eurodollar〗米国以外の銀行、主としてヨーロッパに所在する銀行に預けられた米ドル預金。国際金融市場において重要な役割を果たしているが、ひとたび経済危機が起こると投機の温床となって通貨不安をあおることもある。

ユーロディフ〖Eurodif〗ヨーロッパウラン濃縮機構。フランス・イタリアなど5か国が共同で進めている濃縮ウラン製造事業。

ユーロテロリズム〖Euroterrorism〗1960〜80年代の、ドイツ赤軍をはじめとするヨーロッパ各国の極左集団によるテロ活動。

ユーロトンネル〖Eurotunnel〗英国のドーバーとフランスのカレーとを結ぶ、ドーバー海峡の海底トンネル。全長49.4キロ。1994年開通。パリ・ロンドン間が、列車で3時間で結ばれた。英仏トンネル。

ユーロナショナリズム〖Euronationalism〗冷戦時代に米国と旧ソ連の間にあって、ヨーロッパの独自性を強く意識した考え方。最近は、欧州各国における極右政党の台頭に見られる欧州の右傾化をさす。

ユウロピウム〖europium〗希土類元素のランタノイドの一。単体は銀白色の金属。カラーテレビの赤色蛍光体や原子炉の制御棒に利用される。元素記号Eu　原子番号63。原子量152.0。

ユーロビジョン〖Eurovision〗西欧諸国間のテレビ番組などの交換中継組織。欧州放送連合(EBU)を母体とし、1954年に設置。本部はブリュッセルで、インタービジョンとも提携している。

ユーロポート〖Europoort〗オランダのロッテルダム西部の港湾地区。ライン川分流の新マース川が北海に注ぐ河口にあり、EC経済の貿易港として発展。石油化学工業も盛ん。

ユーロポール〖Europol〗「欧州刑事警察機構」の通称。

ユーロボンド〖Eurobond〗►ユーロ債

ユーロマネー〖Euromoney〗►ユーロカレンシー

ゆう-わ【宥和】イウ〔名〕スル 対立する相手を寛大に扱って、仲よくすること。
(類語)親善・善隣・修好・和・親和

ゆう-わ【融和】〔名〕スル ❶とけてまじりあうこと。また、とけ込んで調和すること。「周囲の色と―する」❷うちとけて互いに親しくなること。「―をはかる」「仲間と―する」(類語)和らぐ・緩和・緩衝・和らげる・和む

ゆう-わく【誘惑】イウ〔名〕スル 心を迷わせて、さそい込むこと。よくないことにおびきだすこと。「―に負ける」「悪い仲間に―される」(類語)誘い・勧め・勧誘

ゆうわ-せいさく【宥和政策】イウ 現状を打破しようとして強硬な態度をとる国に対して、譲歩することで摩擦を回避していく外交政策。ナチス-ドイツの要求を認めたミュンヘン会談がその典型。

ゆえ【故】ゆゑ ❶事の起こるわけ。理由。原因。「―あって母方の姓を継ぐ」「―のないいらだち」「―ありげな顔」❷りっぱな経歴。由緒(ゆいしょ)。来歴。「―ある家の出」❸趣。風情。「前栽なども をかしく―を尽くしたり」〈源・手習〉❹縁故。ゆかり。「男はもとより―ありける人の末なりければ」〈宇治拾遺・一〇〉❺故障。事故。「よろづの―、さはりをしのぎて」〈宇津保・あて宮〉❻体言または活用語の連体形に付けて用いる。㋐原因や理由を表す。…のため。…によって。…がもとで。「幼さ―の過ち」「今日は急ぐ―これで失礼する」㋑逆接の関係を表す。…であるのに。…なのに。「はなはだも降らぬ雪―こちたくも天つみ空は曇らひにつつ」〈万・二三二二〉(類語)理由・謂(いわ)れ・訳・ゆえん・由

故を以(もっ)て 先行の事柄を理由として、後続の事柄が生じることを示す。ゆえに。それで。

ゆえ【湯坐】ゆゑ《「湯うえ」の音変化で、「うえ」は「据え」と同義かという》上代、貴人の新生児に産湯をつかわせた役目の女性。一説に、湯殿に奉仕する人、貴人の子の養育者ともいう。「栲幡皇女(たくはたのひめみこ)と―の廬城部連武彦(いほきべのむらじたけひこ)とを譖(しこ)ぢて曰はく」〈雄略紀〉

ユエ〖Huê〗ベトナム中部の都市。1806年阮(グエン)朝の首都、83年安南の首府となった。寺院や史跡が多い。フエ。(補説)フランス語読みによる。「順化」とも書く。

ゆ-えい【輸贏】「しゅえい(輸贏)」の慣用読み。「まして や実際の活戦場に、―を相争う実業家にあっては」〈逍遥・内地雑居未来之夢〉

ゆ-えき【輸液】〔名〕スル 水分・電解質や栄養素などを、点滴や静脈注射などにより投与すること。また、その液。

ゆえ-だ・つ【故立つ】ゆゑ〔動タ四〕子細ありげに振る舞う。もったいぶる。また、風流そうにみえる。「人のかしづくむすめを、―・つ僧、しのびて語らひけるほどに」〈堤・由無し事〉

ゆ-えつ【兪樾】ユエ[1821〜1906]中国、清末の考証学者・文人。徳清(浙江(せっこう)省)の人。字(あざな)は蔭甫(いんぽ)。号、曲園。王念孫・王引之父子の学風を継ぎ、経書・諸子を研究。著「群経平議」「古書疑義挙例」など。

ゆ-えつ【愉悦】心から喜び楽しむこと。「―を覚える」「勝利に―する」(類語)喜び・満悦・喜悦

ゆ-えつ【踰越】ユエ〔名〕スル ❶のりこえること。「一定の限界を―せざれば」〈永峰秀樹訳・代議政体〉❷自分の分をこえること。

ゆえ-づ・く【故付く】ゆゑ ㊀〔動カ四〕由緒がありそうである。子細ありげである。風情がある。「あてはかに―・きたれば」〈源・夕顔〉㊁〔動カ下二〕子細ありげに振る舞う。趣をつけそえる。「おのづから一つ―・けて、し出づることもあり」〈源・帚木〉

ゆえ-な・い【故無い】ゆゑ〔形〕(文)ゆゑな・し〔ク〕❶何の理由もない。いわれがない。「―・い寂しさ」「―・くして咎めを受ける」❷風情がない。趣がない。「大納言はむげに―・くは詠み給はじ」〈今昔・二四・三二〉❸縁がない。ゆかりがない。「―・き人の恵みをうけて」〈読・雨月・浅茅が宿〉

ゆえ-に【故に】ゆゑ〔接〕前に述べた事を理由として、あとに結果が導かれることを表す。よって。したがって。「貴君の功績は大きい。―これを賞する」
(類語)だから・従って・よって・すなわち

ゆえ・ぶ【故ぶ】ゆゑ〔動バ上二〕わけがありそうにみえる。また、趣や風格がある。「落ちくる水の音さへ―・び、よしある所なり」〈平家・灌頂〉

ゆえゆえ・し【故故し】ゆゑゆゑ〔形シク〕いわれがありそうである。また、趣深くすぐれている。「―・しき唐橋どもを渡りつつ」〈紫式部日記〉

ゆえ-よし【故由】ゆゑ ❶いわれ。理由。来歴。「壮士墓(をとこはか)このもかのもに造り置ける―聞きて」〈万・一八〇九〉❷奥ゆかしい風情。情趣。「人の心移るばかりの―をも」〈源・横笛〉(類語)理由・事由・所由(しょゆう)・根拠・訳(わけ)・故(ゆえ)・意味・原因・由(よし)・謂(いわ)れ・所以(ゆえん)・事訳(ことわけ)

ゆ-えん【由縁】❶事の起こり。由来。わけ。「地名の―を尋ねる」❷関係。ゆかり。「百姓町人は―もなき士族に平身低頭し」〈福沢・学問のすゝめ〉

ゆえん【所以】ゆゑ《漢文訓読語の「故(ゆゑ)になり」の音変化「ゆえんなり」からか》わけ。いわれ。理由。「人の人たる―」「彼が好かれる―は明るさにある」
(類語)理由・訳・いわれ・由・故・曰く・事由・所由

ゆ-えん【油煙】❶鉱物油・松やに・油脂・ベンゼンなどが不完全燃焼して発生する微細な炭素粉。インク・墨などの原料になる。❷「油煙墨」の略。

ゆえん-がた【油煙形】炎の形に似た曲線を組み合わせた、上端のとがったアーチの形。欄間・塀などの穴の形として用いられる。

ゆえんさい-ていりゅう【油煙斎貞柳】テイリウ ►鯛屋貞柳(たいやていりゅう)

ゆえん-ずみ【油煙墨】油煙を膠(にかわ)で固めてつくった墨。掃墨(はいずみ)。⇒松煙墨

ゆえん-ひげ【油煙髭】油煙で描いたひげ。近世、武家の奴(やっこ)などが行った。

ゆおう【硫黄】ゆわう《「ゆあわ(湯泡)」の音変化か》「いおう」に同じ。〈和名抄〉

ゆ-おけ【湯桶】ゆをけ ❶入浴の際に用いる、湯を入れる桶。❷茶道具の一種。寒中、露地の蹲踞(つくばい)に湯を入れて出す桶。

ユオドクランテ〖Juodkrantė〗►ヨードクランテ

ゆおび-か ゆほび〔形動ナリ〕広々としているさま。ゆったりとして穏やかなさま。「(明石ノ浦ハ)あやしくこと所に似ず―なる所に侍る」〈源・若紫〉

ゆ-おも【湯母】乳児に湯を飲ませる役目の女性。「婦人(めのこ)を取りて乳母(ちおも)、―及び飯嚼(いひかみ)、湯坐(ゆゑ)とし給ふ」〈神代紀・下〉

ゆか【床・牀】❶建物の内で、根太(ねだ)を立て、地面より高く板を張った部分。そのままで、また畳や敷物などを敷いて生活する。また、広く建物の内で、人の立ったり歩いたりする底面。❷劇場で、義太夫節の太夫と三味線弾きが座る所。舞台上手(かみて)に常設または仮設される。歌舞伎ではチョボ床ともいう。❸京都の鴨川沿いの茶屋で、座敷から川原へ張り出してつくった納涼用の桟敷。川床。(季 夏)❹家の中で、一段高く作った所。寝所などにする。「―の下(しも)に二人ばかりぞ臥したる」〈源・空蝉〉(類語)階・フロア

床を踏み鳴ら・す 劇場や集会などで、大勢が床を勢いよく踏んで音を立てる。不満や反感などを表すしぐさ。「―・して抗議する」

ゆ-か【斎甕・由加】《斎(ゆ)み清めた容器の意か》水・酒などを入れるための、かめ。多く、祭事などに用いられた。〈和名抄〉

ゆが【瑜伽】《梵 yogaの音写。相応と訳す》心の制御・統一をはかる修行法。冥想による寂静の境に入って、絶対者との合一を目的とする。ヨーガ。

ゆ-かい【愉快】ユクワイ〔名・形動〕楽しく気持ちのよいこと。おもしろく、心が浮きたつこと。また、そのさま。「―な話」「―に遊ぶ」(派生)ゆかいげ〔形動〕ゆかいさ〔名〕
(類語)面白い・痛快・嬉しい・おかしい・滑稽・コミカル・喜ばしい・楽しい・欣快(きんかい)・嬉嬉(きき)・満悦・御機嫌

ゆか-いた【床板】建物の床に張ってある板。

ゆかい-はん【愉快犯】ユクワイ 世間を騒がせて快感を得ることを目的とする犯罪。また、その犯人。

ゆか-うえ【床上】ウヘ 建物の床の上。また、床から上。「―まで水につかる」

ゆか-うんどう【床運動】男女体操競技の種目の一。12メートル四方の床マットの上で、徒手体操・回転・跳躍・倒立・宙返り・平均運動などを組み合わせて連続的にリズミカルに行う演技。女子は音楽伴奏に合わせる。

ゆ-がえし【弓返し】ユガヘ ►ゆみがえし(弓返し)

ゆ-がえし【湯返し】ユガヘ 茶の湯で、ひしゃくを棚または卓などに飾り残す点前(てまえ)のとき、ひしゃくの合(ごう)を速く乾かすために、ひしゃくで釜の湯をくみ、それを釜へ戻すこと。

ゆ-がえり【弓返り】ユガヘ ►ゆみがえり(弓返り)❷

ゆが-きょう【瑜伽教】ケウ《三密瑜伽を主とするところから》密教の異称。

ゆ-が・く【湯掻く】〔動カ五(四)〕野菜などの灰汁(あく)を除くために、さっとゆでる。「小松菜を―・く」

ゆ-がけ【弓懸・弽】弓を射るときに手の指を保護するために用いる革製の手袋。左右一対の諸(もろ)弓懸、右手にだけつける的(まと)弓懸、右手の小指を除く4指につける四つ掛けなどの種類がある。弦弾(つるはじ)き。ゆみかけ。

ゆ-がけ【湯掛け】「湯浴(ゆあ)み」に同じ。「御―御沙汰ありて」〈御湯殿上日記〉

ゆ-かげん【湯加減】湯の熱さの程度。特に、風呂

ゆ

のわきぐあい。「ちょうどよい—」
ゆが-さんみつ【×瑜×伽三密】▶三密瑜伽
ゆかし・い【床しい｜▽懐しい】〔形〕文ゆか・し〔シク〕《動詞「行く」の形容詞化。心ひかれ、そこに行きたいと思う意。「床」「懐」は当て字》❶気品・情趣などがあり、どことなく心がひかれるようである。「—い人柄」「古都の—い風情」❷なつかしく感じられる。昔がしのばれるようすである。「古式—い祭礼」❸好奇心がそそられる。見たい、聞きたい、知りたい、欲しいなどの気持ちを表す。「五人の中に、—しき物を見せ給へらむに」〈竹取〉 派生 ゆかしがる〔動ラ五〕 ゆかしげ〔形動〕 ゆかしさ〔名〕 類語 奥ゆかしい・懐かしい
ゆがしじろん【瑜伽師地論】大乗論書。漢訳では弥勒説とし、チベット訳では無著著とする。4世紀ころ成立。玄奘訳100巻が有名。瑜伽行の実践を詳説し、唯識中道の理に悟入すべきことを説くもの。瑜伽論。
ゆか-した【床下】建物の床の下。えんのした。
ゆがしま-おんせん【湯ヶ島温泉】静岡県伊豆市の温泉。伊豆半島中央部にある。泉質は炭酸水素塩泉・硫酸塩泉。付近に浄蓮の滝がある。
ゆが-しゅう【×瑜×伽宗】❶インドの瑜伽派のこと。❷密教の異称。
ゆが-じょうじょう【×瑜×伽上乗】《瑜伽の行は無上の仏乗であるという意》密教の美称。
ゆか-じょうるり【床浄瑠璃】歌舞伎で、特に舞台に床を張り出して、浄瑠璃の出語りをすること。また、その浄瑠璃。
ゆが-しんれい【×瑜×伽振鈴】密教の修法で、その前後2回、金剛鈴を振り鳴らすこと。
ゆ-かた【浴-衣】《「ゆかたびら(湯帷子)」の略》木綿の単の着物。夏のふだん着として、また、湯上がりに着用する。(季 夏)「借りて着る—のなまじ似合ひけり／万太郎」
ゆかた-がけ【浴-衣掛(け)】浴衣を無造作に着ること。また、浴衣だけのくつろいだ姿。(季 夏)
ゆかた-じ【浴-衣地】浴衣に用いられる布地。多くは白地・藍地の中形や絞り染めの木綿地。
ゆかた-ぞめ【浴-衣染(め)】浴衣特有の模様に染めること。また、染めたもの。
ゆ-かたびら【湯帷=子】昔、入浴の際、または入浴後に着た、麻や木綿の単。湯具。ゆかた。
ユカタン-はんとう【ユカタン半島】《Yucatán》中央アメリカ東部の半島。メキシコ湾とカリブ海とを分かつ。大部分はメキシコに、一部はグアテマラとベリーズに属する。マヤ文明の地で遺跡が多い。
ゆか-だんぼう【床暖房】部屋の床下に温水パイプを巡らしたり、電熱器を巡らしたりして暖房する方式。室内の空気を強制的に対流させる暖房方式とは異なり、輻射熱を利用した柔らかな暖かさが特徴。床材は木質・コルク材・畳・タイルなど。オンドルもその一種。
ゆか-づか【床▽束】1階の床を支える束。床下の柱。
ゆが-の-ほっすい【×瑜×伽の法水】仏語。密教の修法により仏と一体となった境地になることを、法水にひたることにたとえていう語。
ゆが-は【×瑜×伽派】❶▶ヨーガ派 ❷▶唯識派
ゆか-ばり【床張り】《「ゆかはり」とも》床を板などで張ること。また、床を張った所。
ゆか-ばり【床×梁】床板を支えている梁。
ゆか-ほん【床本】《「ゆかぼん」とも》義太夫節の太夫が床❷で語るときに使う、舞台用の比較的大形の義太夫本。
ゆ-がま【×柚釜】ユズの実の上部を切り、中身をくりぬいて中に調味した詰め物を入れた料理。(季 秋)「灯りても—づくりのなほつづく／秋桜子」
ゆ-がま【湯釜】❶湯を沸かす釜。❷蒸気機関車のかま。ボイラー。
ゆがみ【×歪み】❶ゆがむこと。ゆがんでいる状態。ひずみ。「テレビの画像の—」❷心が正しくないこと。「性格の—」 類語 ひずみ
ゆ-がみ【▽結髪】《「ゆいがみ」の音変化》馬のたてがみを部分部分束ねて結ぶこと。また、そのたてがみ。巻き髪。「手綱を馬の—に捨て」〈平家・九〉
ゆが-みっしゅう【×瑜×伽密宗】真言宗の異称。三密の修行をする真言密教をいう。
ゆがみ-づら【×歪み面】ゆがんだ顔。しかめつら。
ゆがみ-なり【×歪み▽形】❶ゆがんだ形。また、ゆがんだままにしておくこと。「当世女にして風俗腰つき—に」〈浮・椀久二世〉❷いい加減。まがりなり。「つれそふ男さへ堪忍せば、—にやれさて浮世と思へども」〈浮・一代女・三〉
ゆがみ-ばしら【×歪み柱｜▽曲み柱】茶室の中柱で、ゆがみのあるもの。
ゆがみ-もじ【×歪み文字】《ゆがんだ形の字の意》ひらがなの「く」のこと。「二つ文字牛の角文字すぐな文字—とぞ君はおぼゆる」〈徒然・六二〉
ゆが・む【×歪む】□〔動マ五(四)〕❶物の形が、ねじれたりたわんだりして正しくなくなる。ひずむ。「障子が—・む」「痛みに顔が—・む」❷心や行いなどが正しくなくなる。「—・んだ根性」❸言葉がなまる。「声など、ほとほとうち—・みぬべく」〈源・東屋〉□〔動マ下二〕「ゆがめる」の文語形。類語 ひずむ・曲がる
ゆ-かむり【湯▽被り】頭に手ぬぐいを乗せ、その上から柄杓で湯をかぶる入浴方法。鳥取の岩井温泉に古くから伝わる風習。
ゆが・める【×歪める】〔動マ下一〕文ゆが・む〔マ下二〕❶物の形を正しくないようにさせる。ゆがませる。「箱を—・める」「口元を—・めて笑う」❷心や行いなどを正しくないようにさせる。ゆがませる。「家庭の不和が子を—・める」❸事柄の正しさを失わせる。「事実を—・めて解釈する」類語 ひん曲げる・ねじ曲げる
ゆか-もの【由加物｜▽斎×甕物】神事の供え物を入れる器物。また、その供え物。
ゆかもの-の-つかい【由加物の使】大嘗祭に先だち、由加物の製造・運送などを監督するために諸国に遣わされた使者。
ゆ-がら【▽弓▽幹】弓の本弭から末弭にかけての木や竹の部分。弦に面する方を弓腹、反対を背という。
ゆかり【▽縁｜所=縁】❶なんらかのかかわりあいやつながりのあること。因縁。「縁も—もない」「文豪—の地」「—の者を頼って上京する」❷血縁関係のある者。親族。縁者。「おのが—、西東合はせて六百人ばかり」〈宇津保・藤原の君〉❸《「ゆかりじそ」の略》梅干と一緒に漬け込んだ紫蘇の葉を乾燥させて粉にしたもの。飯にふりかけたりする。類語 関わり・掛かり合い・縁・縁・よしみ・絆・関係・縁故・縁由・つて
ゆかり-の-いろ【▽縁の色】《古今集・雑上の「紫の一本ゆゑに武蔵野の草はみながらあはれとぞ見る」から》紫色。「春も惜し花をしるべに宿からん—の藤の下陰」〈拾遺愚草・上〉
ゆかり-むつび【▽縁▽睦び】❶血縁のある者が親しく交わること。「げに殊なることなき—にぞあるべけれど」〈源・蜻蛉〉❷血縁どうしの結婚。「—ねじけがましきさまにて」〈源・少女〉
ゆか・る【▽縁る】〔動ラ四〕《名詞「ゆかり」の動詞化》縁がある。縁がつながる。「武士にて—・りつつかはれて」〈愚管抄・四〉
ゆが-ろん【瑜伽論】「瑜伽師地論」の略。
ユカワ〖yukawa〗《湯川秀樹にちなむ》原子物理学で用いられる長さの単位。1ユカワは10兆分の1すなわち10^{-13}センチ。記号Y　フェルミ。
ゆ-かわあみ【▽斎川▽浴み】身を浄めるために川で水を浴びること。「諸の氏姓の人等、—斎戒して」〈允恭紀〉
ゆかわ-ひでき【湯川秀樹】［1907～1981］理論物理学者。東京の生まれ。小川琢治の三男。京大教授。中間子の存在を予言し、坂田昌一・武谷三男らと協力して中間子理論を展開。その後、非局所場の理論、素粒子の統一理論へと発展させた。パグウォッシュ会議参加など、平和運動にも活躍。昭和24年(1949)日本人最初のノーベル物理学賞を受賞。文化勲章受章。著「素粒子」「現代科学と人間」など。
ゆがわら【湯河原】神奈川県南西部、足柄下郡の地名。温泉町で、泉質は単純温泉・塩化物泉など。中世は土肥氏の本拠地。城願寺境内の大ビャクシンは天然記念物。
ゆがわら-まち【湯河原町】▶湯河原
ゆかわ-りゅうし【湯川粒子】▶π中間子
ゆ-かん【湯×灌】〔名〕スル 仏葬で、死体を棺に納める前に湯水でぬぐい清めること。湯洗い。補説 使用する湯は逆さ水(水に熱湯を注いで適温にしたもの)を用いる。現在ではアルコールでふき清めたり、洗髪や顔周辺を洗うことで湯灌の代わりとすることもある。
ゆかん-ば【湯×灌場】江戸時代、湯灌を行うために寺院内に建てられた小屋。
ゆき【行き｜▽往き】❶目的地に向かって行くこと。また、その時や、その道筋。いき。「—は飛行機にする」「—は雨に降られた」⇔帰り。❷地名のあとに付けて、そこが乗り物の進む目的地であることを表す。いき。「大阪—」❸旅。旅行。「君が—日長くなりぬ奈良路なる山斎の木立も神さびにけり」〈万・八六七〉 下接語 売れ行き・奥行き・唐行き・柄行き・雲行き・桁行き・先行き・成り行き・梁行き・道行き・余所行き
行き大名の帰り乞食　旅行などで、行きはまるで大名のようにぜいたくをするが、帰りは旅費が足りなくなって、乞食のようにみじめな思いをすること。最初に無計画に金を消費したばかりに、あとで動きがとれなくなること。
ゆ-き【▽悠紀｜▽斎忌｜由基】《「斎酒」で、神聖な酒の意。それを奉る地というところから》大嘗祭のとき、新穀・酒料を献上すべき第一の国郡。また、そのときの祭場。⇒主基
ゆ-き【▽斎木】神前に供える常磐木。サカキの類。
ゆき【×裄】和服の部分の名称。着物の背の縫い目から袖口まで。また、その長さ。肩ゆき。補説「裄」は国字。類語 裄丈
ゆき【雪】❶雲の中で水蒸気が昇華し、成長した氷の結晶となって降ってくる白いもの。また、それが降り積もったもの。結晶は六方対称形が多いが、気温や水蒸気の量により形はいろいろ変わる。(季 冬)「宿かさぬ灯影や—の家つづき／蕪村」❷白いものをたとえていう。⇒雪の肌 ❸特に、白髪にたとえていう。「頭に—を戴く」❹芝居などで、雪に見立てて降らせる白紙の小片。❺紋所の名。❶の結晶を図案化したもの。❻《「鱈」の字の旁から》タラをいう女房詞。❼カブ、また、ダイコンをいう女房詞。
雪と墨　物事の正反対であること。また、違いのはなはだしいことのたとえ。
雪に白鷺　見分けがつかないこと、また、目立たないことのたとえ。闇夜に烏。
雪は豊年の瑞　雪が多く降るのは豊年の前兆であること。補説 万葉集・三九二五に「新しき年の初めに豊の年しるすとならし雪の降れるは」とある。
雪やこんこ　《「こんこ」は「来ん来」で、雪よもっと降れ降れの意》雪が降るとき、子供が喜び、はやしていう言葉。雪やこんこん。「—、あられやこんこ」
雪を欺・く　白さが雪にも負けないほどである。非常に白いことにいう。「—・く肌」
雪を回らす　《「回雪」を訓読みにしたもの》風が雪を吹き回す。転じて、舞衣の袖を翻して舞う。美しい舞の形容。「舞へる身は—・して」〈菅家文草〉
ゆき【雪】□地歌・箏曲。流石庵羽積作詞、峰崎勾当作曲。天明・寛政(1781～1801)ごろ成立。曲中の合の手は「雪の手」とよばれ、雪を象徴するものとして、後世の邦楽にも流用されている。地唄舞の代表曲。□謡曲。三番目物。金剛流。旅僧が摂津の野田の里で雪の晴れるのを待っていると、雪の精が現れて僧に読経を頼み、舞をまう。
ゆき【×靫｜×靭】《「ゆぎ」とも》矢を入れ、背に負った細長い箱形の道具。木製漆塗りのほか、表面を張り包む材質によって、錦靫・蒲靫などがある。平

安時代以降の壺胡籙にあたる。
ゆ-ぎ【由木】▶居木
ゆき-あい【行き合ひ|行き×逢ひ】 ❶出あうこと。また、その時やその所。出あい。「遺水などの―はけれて由あるかかりの程を尋ねて立ち出づ」〈源・若菜上〉❷季節の変わり目。特に、夏と秋との変わり目。「娘子らに―の早稲を刈る時になりにけらしも萩の花咲く」〈万・二一一七〉
ゆきあい-あね【行き合ひ姉】 異父同母の姉。「二歳で別れし娘なれば、われらとも―」〈浄・国性爺〉
ゆきあい-きょうだい【行き合ひ兄弟】 異父同母の兄弟姉妹。また、親の結婚により兄弟となった連れ子どうし。いきあいきょうだい。「小町と其方は―」〈浄・七小町〉
ゆきあい-の-ま【行き合ひの間】 交差する、また接するもののすきま。ゆきあいのおお。「夜や寒き衣やうすきかたそぎの―より霜や置くらむ」〈新古今・神祇〉
ゆきあい-ふうふ【行き合ひ夫婦】 連れ子どうしが結婚した夫婦。ゆきあいのめおと。
ゆき-あ・う【行(き)合う|行き×逢う】 ㊀〔動ワ五(ハ四)〕❶行く途中で偶然出あう。出くわす。いきあう。「駅で妹に―・った」❷互いに出あう。交差する。重なる。「かささぎの―・はぬつまのほど寒みあかで別れし仲ぞ悲しき」〈曽丹集〉❸互いにしっくりとあう。合致する。「二道の道理のかくひしと―・ひぬれば」〈愚管抄・三〉㊁〔動ハ下二〕交差させる。「鶺鴒尾―・へ」〈記・下・歌謡〉[類語]あう・出あう・巡り合う・出くわす・拝眉・拝顔・まみえる・来合わせる
ゆき-あかり【雪明(か)り】積もった雪の反射で、夜も周囲が薄明るく見えること。(季冬)
ゆき-あか・る【行き▽別る】〔動ラ下二〕「ゆきわかれる」に同じ。「ちりぢりに―・れぬ」〈徒然・三〇〉
ゆき-あそび【雪遊び】雪で遊ぶこと。また、雪合戦や雪ころがしなどの遊び。(季冬)「母織れる窓の下なる―/爽雨」
ゆき-あたり【行(き)当(た)り】行き当たること。また、その場所。いきあたり。
ゆきあたり-ばったり【行(き)当(た)りばったり】〔名・形動〕計画を立てないで、その場の成り行きにまかせること。また、そのさま。いきあたりばったり。「―な(の)施策」[類語]適当・いい加減・生半可・ぞんざい・投げ遣り・ちゃらんぽらん・でたらめ・無責任
ゆき-あた・る【行(き)当(た)る】〔動ラ五(四)〕❶進んでいって、ものにぶつかる。いきあたる。「まっすぐ行くと郵便局に―・る」❷むずかしい事態に直面する。また、対処する方法がなく窮する。行きづまる。いきあたる。「困難に―・る」
ゆき-あな【雪穴】雪を掘って作った穴。
ゆき-あらし【雪嵐】強い風とともに雪が激しく降ること。ふぶき。
ゆき-あられ【雪×霰】雲から落下する直径数ミリの白く不透明な氷の粒。雪の結晶に微細な氷粒が付着してでき、球形または円錐形で壊れやすい。
ゆき-あわ・す【行(き)合(わ)す】 ㊀〔動サ五(四)〕「行き合わせる」に同じ。「食堂で上司と―・す」㊁〔動サ下二〕「ゆきあわせる」の文語形。
ゆき-あわ・せる【行(き)合(わ)せる】〔動サ下一〕[文]ゆきあは・す〔サ下二〕ちょうどその場に行って出あう。いきあわせる。「事故現場に―・せる」
ゆき-あんご【雪安▽居】冬安居の異称。
ゆき-いた・る【行き至る】〔動ラ四〕行き着く。「みちの国にすずろに―・りにけり」〈伊勢・一四〉
ゆき-うさぎ【雪×兎】❶盆などの上に、雪でウサギの形を作り、ユズリハを耳に、ナンテンの実を目にしたもの。(季冬)❷ウサギ科の哺乳類。ノウサギよりひとまわり大きく、北海道からシベリア・モンゴル・北ヨーロッパにかけて分布。夏毛は褐色で、冬毛は耳の先が黒いほかは全身真っ白。
ゆき-う・す【行き▽失す】〔動サ下二〕行方がわからなくなる。「我いづちも―・せなむ」〈百座法談〉
ゆき-うち【雪打ち】雪投げ。雪合戦。(季冬)
ゆき-うら【雪▽占】山野に消え残った雪の形によって、農作業のめやすにしたり、また、その年の豊凶を占ったりすること。
ゆぎえ【×靫▽負】▶ゆげい
ゆぎ-おい【×靫負】▶ゆげい
ゆき-おおい【雪覆い】雪崩などによる害を防ぐために、鉄道や道路を覆うように設ける構造物。
ゆき-おこし【雪起(こ)し】雪国で、雪の降る前に鳴る雷。(季冬)「唯一つ大きく鳴りぬ―/虚子」
ゆき-おとこ【雪男】ヒマラヤ山中に住むといわれる人間に似た動物。正体は不明。
ゆき-おに【雪鬼】雪の精が鬼の姿に化したもの。
ゆき-おれ【雪折れ】 積もった雪の重みで木の幹や枝、竹などが折れること。また、そのもの。(季冬)「―や雪を湯に焚く釜の下/蕪村」
ゆき-おろし【雪下ろし】❶屋根の上に積もった雪をかき落とすこと。(季冬)「一屋根をゆるがすことのあり/年尾」❷雪とともに山から吹きおろしてくる風。(季冬)「暁やほだ焼きそへる―/暁台」❸歌舞伎下座音楽の一。先端に綿や布を巻いた桴で大太鼓を続けて打つ鳴り物で、降る雪を表す。❹菅笠の一種。白色の深い笠。[類語]雪掻き・除雪
ゆき-おんな【雪女】 雪国の伝説で、雪の降る夜、白い衣を着た女の姿で現れるという雪の精。雪娘。雪女郎。(季冬)「三日月の櫛や忘れし―/紅緑」
ゆき-かい【行(き)交い|▽往き交い】 行きかうこと。ゆきき。往来。「人の―が絶えない」「―もない遠い仲」[類語]交通・運行・通行・運転・走る・通る・走行・往来・往還・行き来
ゆきかい-じ【行き交ひ路】 行き来する道。また、往来の途中。「かりそめの―とぞ思ひこし今はかぎりの門出なりけり」〈古今・哀傷〉
ゆき-か・う【行(き)交う|▽往き交う】〔動ワ五(ハ四)〕❶行き来をする。往来する。いきかう。「車が―・う」❷訪問しあう。交際する。「互いに―・った仲」❸あるものが去って他のものが代わって来る。「楽しび悲しび―・ふとも」〈古今・仮名序〉❹たえずある人のもとへ行く。一つ所へいつも通う。「百敷に―・ひ侍らむことは」〈源・桐壺〉[類語]通る
ゆき-かえり【行(き)帰り|▽往き▽還り】 ある場所へ行って、帰ること。また、行きと帰り。往復。いきかえり。「学校への―」「―で違う道を通る」[類語]往復
ゆき-かえ・る【行き帰る|▽往き▽還る】〔動ラ四〕《古くは「ゆきがえる」とも》❶行って、また帰る。往復する。「清き浜辺は―・り見れども飽かず」〈万・一〇六五〉❷月日が再びめぐる。また、年が改まる。「あらたまの年―・り春立たばまづ我がやどにうぐひすは鳴け」〈万・四四九〇〉
ゆき-がかり【行(き)掛(か)り】❶物事との関係のぐあいで、すでに手を引くことができない状態にあること。なりゆき。いきがかり。「一上引き受ける」❷物事の今に至る事情。いきがかり。「今までの―を捨てる」❸行く途中。行きがけ。いきがかり。「学校の―に友人宅に寄る」
ゆき-かか・る【行(き)掛(か)る】〔動ラ五(四)〕❶行きはじめる。いきかかる。「―・って引き返す」❷行って、そこにさしかかる。通りかかる。いきかかる。「店の前を―・る」❸行って関係する。いきかかる。「さだ過ぎ給へりし人に―・り」〈夜の寝覚・三〉
ゆき-かき【雪×掻き】積もった雪をかいてのけること。また、そのための道具。除雪。(季冬)
ゆき-がき【雪垣】「雪囲い❶」に同じ。
ゆきかき-しゃ【雪×掻き車】「除雪車」に同じ。
ゆき-かく・る【行き隠る】㊀〔動ラ四〕行って姿が見えなくなる。いきかくる。「―・る島の崎々」〈万・九四二〉㊁〔動ラ下二〕㊀に同じ。「誰も皆消え残るべき身ならねど―・れぬる君ぞ悲しき」〈栄花・鳥辺野〉
ゆき-かぐ・る【行きかぐる】〔動ラ下二〕語義未詳。行って求婚する意、または、行って寄り集まる意か。「湊入りに舟漕ぐごとく―・れ」〈万・一八〇七〉
ゆき-がけ【行(き)掛け】どこかへ行くついで。また、行く途中。いきがけ。「―にちょっと立ち寄る」[対]来掛け。
行き掛けの駄賃 馬子が問屋に荷物を取りに行く途中に、他の荷物を運んで得る駄賃。転じて、事のついでに他の事をすること。いきがけの駄賃。
ゆき-かご【雪籠】劇場で、細かく切った紙片を入れて舞台天井につるす竹籠。綱で揺り動かして紙片を落とし、降雪に見せる。
ゆき-がこい【雪囲い】❶雪国で、風雪を防ぐため、家の周囲を囲うこと。また、その設備。雪垣。(季冬)「親犬や天窓で明ける―/一茶」❷庭木を雪や霜から守るために、むしろやわらで囲うこと。また、そのもの。
ゆき-かぜ【雪風】雪と風。また、雪まじりの風。(季冬)
ゆき-かた【行(き)方】❶ある場所に行く方法・道順。いきかた。「電車での―を教える」❷物事を進める方法。やり方。いきかた。「堅実な―」[類語]方法
ゆき-がた【行き方】行った方向。ゆくえ。いきがた。「―知れず」
ゆき-がた【雪形】山腹にできる残雪の形。
ゆき-か・つ【行きかつ】〔動タ下二〕行くことができる。「橘の美袁利の里に父を置きて道の長道は―・てぬかも」〈万・四三四一〉
ゆき-がっせん【雪合戦】二手に分かれて、こぶし大にかためた雪を投げ合う遊び。雪投げ。雪打ち。(季冬)「―わざと転ぶも恋ならめ/虚子」
ゆき-がて【雪×糅】雪がまじっていること。雪まじり。「神無月時雨ばかりは降らずして―にさへなどかなるらむ」〈中院本後撰・冬〉
ゆき-がまえ【行構え】▶ぎょうがまえ
ゆき-かよい【行(き)通い】 行きかようこと。往来。ゆきき。「恁う娘と―をすると、愛情が其方へばかり傾くから」〈紅葉・二人女房〉
ゆき-かよ・う【行(き)通う】〔動ワ五(ハ四)〕行ったり来たりする。行き来する。いきかよう。「師のもとに―・う」[類語]通る
ゆき-かわ・る【行き変はる】〔動ラ四〕物が時がたって改まる。年月が移り変わる。「年の内―・る時々の花紅葉」〈源・薄雲〉
ゆき-き【行(き)来|▽往き来】〔名〕スル ❶行くことと来ること。また、行ったり来たりすること。往来。いきき。「車が―する道」❷親しくつきあうこと。交際。いきき。「親の代から―している家」[類語](❶)往来・通い・交通・通う・通る・運行・通行・往還・行き交い/(❷)付き合い・交わり・人付き合い・社交・交友・交際・旧交
ゆき-ぎえ【雪消え】雪がとけて消えること。また、その時。ゆきげ。「―に摘みて侍るなりとて、沢の芹、峰の蕨など奉りたり」〈源・椎本〉
ゆきぎえ-づき【雪消え月】陰暦2月の異称。
ゆき-く【行き来|▽往き来】〔動カ変〕行ったり来たりする。往来する。「葦屋の菟原処女の奥つ城を―・くと見れば音のみし泣かゆ」〈万・一八一〇〉
ゆき-ぐつ【雪×沓】雪道を歩くときに履く、深いわらぐつ。(季冬)「―も脱がで炉辺の話かな/子規」
ゆき-ぐに【雪国】雪の多い地方。(季冬)
ゆきぐに【雪国】川端康成の小説。昭和10～12年(1935～1937)、さらに同22年発表。雪国の温泉町を舞台に、無為徒食の男島村と芸者駒子との交情を通し、人間の宿命的な生の悲しみを描いた叙情的作品。
ゆき-ぐも【雪雲】雪を降らせる雲。俗に、乱層雲のこと。(季冬)[類語]雲
ゆき-ぐもり【雪曇(り)】雪雲のために空が曇ること。(季冬)「崖の上に犬吠えたつる―/楸邨」
ゆき-くら・す【行き暮らす】〔動サ四〕《「ゆきぐらす」とも》日の暮れるまで行く。「越の海の信濃の浜を―・し長き春日も忘れて思へや」〈万・四〇二〇〉
ゆき-くれ【行き暮れ】目的地に行く途中で日が暮れること。「宿借らむ行方も見えずひさかたの天の河原の―の空」〈千五百番歌合・一四〉
ゆき-ぐれ【雪▽暗れ|雪暮れ】雪模様で空が暗いこと。また、雪が降りながら日の暮れること。
ゆき-く・れる【行(き)暮れる】〔動ラ下一〕[文]ゆきく・る〔ラ下二〕歩いているうちに日が暮れる。目的地

に行く途中で日が暮れる。「道に迷って—·れる」
ゆき-げ【雪気】雪が降りそうな空模様。雪の降りそうな気配。
ゆき-げ【雪解｜雪▽消】❶雪がとけること。ゆきどけ。(季 春) ❷雪がとけてできた水。雪どけ水。
ゆき-げしき【雪景色】雪の降っている景色。また、雪が一面に降り積もった風景。(季 冬) (類語)銀世界
ゆき-げしょう【雪化粧】〔名〕スル あたり一面が降った雪でまっ白になり、化粧したように景色が一変すること。「うっすらと—した街」
ゆき-げた【行桁】橋の長い方向に沿って渡した桁。「橋の—をさらさらさらと走り渡る」〈平家·四〉
ゆき-げた【雪下▽駄】雪国で冬に用いる、すべり止めの金具を打った下駄。(季 冬)
ゆき-けむり【雪煙】積もっていた雪が風のために煙のように舞い上がること。また、その雪。せつえん。(季 冬)
ゆき-ごい【雪乞ひ】雪が降るよう神仏に祈願すること。「一の一巻をぞ催しける」〈鶉衣·雪請序〉
ゆき-ころがし【雪転がし】雪の小さなかたまりを雪の上で転がしてだんだん大きくする遊び。ゆきまろばし。ゆきまろげ。(季 冬)
ゆき-ざお【雪×竿】❶積雪の深さを測るために立てておく目盛りをつけたさお。(季 冬) ❷積雪で道が隠れたとき、道しるべとして立てるさお。
ゆき-さき【行(き)先】❶「ゆくさき❶」に同じ。「—を決めず旅に出る」❷「ゆくさき❷」に同じ。「息子の—を案じる」
ゆき-ざさ【雪×笹】ユリ科の多年草。林下に生え、高さ約40センチ。上部は斜めに伸び、全体に粗い毛がある。葉は広楕円形で、2列に互生。5、6月ごろ、白い小花を多数つけ、赤い実ができる。
ゆきさだ-いさお【行定勲】[1968〜]映画監督。熊本の生まれ。初の劇場公開作品「ひまわり」で頭角を現し、金城一紀原作の「GO」で各映画賞を受賞、国内外で高い評価を受ける。代表作「世界の中心で、愛をさけぶ」「北の零年」「春の雪」など。
ゆき-じ【雪路】雪の降り積もった道。ゆきみち。(季 冬)「一かな新に狸折りそへて/鬼貫」
ゆき-しげこ【由起しげ子】[1900〜1969]小説家。大阪の生まれ。本名、伊原志げ。旧姓、新飼。「本の話」で小谷剛とともに戦後初の芥川賞受賞。他に「警視総監の笑ひ」「女中ッ子」「沢夫人の貞節」など。
ゆき-しずり【雪▽垂り】木の枝などに積もった雪が落ちること。また、その雪。ゆきしずれ。
ゆき-しつ【雪質】雪の性質および状態。新雪·しまり雪·ざらめ雪·霜ざらめ雪などがある。
ゆき-しな【行きしな】行くときのついで。ゆきがけ。いきしな。「—に買い物をしていく」
ゆき-じもの【雪じもの】《「じもの」は接尾語》雪のようなもの。副詞的に用い、雪のようにの意で、「行き」にかかる序詞の一部となる。「ひさかたの天伝ひ来る—行き通ひつつ」〈万·二六一一〉
ゆ-ぎしょう【湯起▽請】室町時代、罪の有無をただすために、起請文を書かせたうえで熱湯に手を入れさせて、やけどすれば有罪とするもの。また、その起請文。古代の探湯のなごり。
ゆき-じょろう【雪女郎】「雪女」に同じ。
ゆき-しる【雪汁】《「ゆきじる」とも》雪どけの水。ゆきしろ。(季 春)
ゆき-しろ【雪代】雪がとけて、川に流れ込む水。雪代水。(季 春)「一のひかりあまさず昏るるなり/稚魚」
ゆき-じろ【雪白】❶雪のように白いこと。「色は—とはまいらねども」〈逍遥·当世書生気質〉❷三盆白のこと。❸純白な矢羽。❹タカの腹·背·くちばし·つめの白いもの。〈伊京集〉
ゆき-すぎ【行(き)過ぎ】〔名·形動〕❶目的の所よりも先へ行くこと。いきすぎ。「そんなに行っては—だ」❷度を超えて物事をすること。また、そのさま。いきすぎ。「—な(の)行為」(類語)超過·過度·オーバー·過剰
ゆきすぎ-もの【行き過ぎ者】度を超して物事をする人。でしゃばり。いきすぎもの。「悪口を云ってあざわらふ—は」〈滑·大千世界楽屋探〉
ゆき-す·ぎる【行(き)過ぎる】〔動ガ上一〕図ゆきす·ぐ〔ガ上二〕❶通り過ぎる。いきすぎる。「行列が神社の前を—·ぎる」❷目的の所よりも先へ行く。いきすぎる。「—·ぎて戻る」❸度を超して物事をする。いきすぎる。「—·ぎた干渉」(類語)上回る·超える·超す·過ぎる·追い越す·追い抜く·はみ出す·凌ぐ·超過する·突破·超越·凌駕·過剰·オーバー
ゆき-ずり【行き▽摩り｜行き×摺り】❶出会ってすれちがうこと。「—にちらりと見る」❷通りかかったついで。通りすがり。「—の店で買う」❸ほんのちょっとした関係で終わること。かりそめのこと。「—の恋」
ゆき-ぞら【雪空】雪が降ってきそうなようすの空。雪模様の空。(季 冬)
ゆき-だおれ【行(き)倒れ】病気·寒さ·飢えなどのため、道ばたで倒れたり死んだりすること。また、その人。行路病者。いきだおれ。(類語)のたれ死に
ゆき-たが·う【行き▽違ふ】〔動ハ四〕「ゆきちがう」に同じ。「従者どもも皆一ひて、人もなかりけるを」〈今昔·二六·五〉
ゆき-たけ【×裄丈】❶着物の裄と丈。また、裄の長さ。❷物事の程度·分量。たか。いきたけ。「—かまわず、随分と馬鹿を尽しました」〈緑雨·おぼろ夜〉(類語)裄
ゆき-たたき【雪×叩き】たたいて雪を落とすこと。特に、下駄の歯の間にはさまった雪を落とすこと。
ゆき-た·つ【行(き)立つ】〔動タ五(四)〕物事が成り立つ。また、生活の手段が立つ。「どうにか暮らしが—·つようになる」
ゆき-だるま【雪▽達磨】雪を丸めてだるまの形にし、木炭や炭団などで目鼻口をつけたもの。(季 冬)「家々の灯るあはれや—/水巴」
ゆきだるま-しき【雪▽達磨式】雪だるまは、雪の塊を転がし、雪をつけて大きくするところから、どんどん積み重なりふくらんでいくこと。「借金が—に増える」
ゆき-だわら【雪俵】▶雪捲
ゆき-ちがい【行(き)違い】❶すれちがいになって、出会わないでしまうこと。いきちがい。「電話が—になる」❷意志がうまく通じないで、くい違いを生じること。いきちがい。「感情の—が生じる」(類語)(❶)—足違い·入れ違い/(❷)ずれ·食い違い·齟齬·ジレンマ·矛盾·撞着·自家撞着·牴牾·二律背反·背反·背理·不整合·不一致·食い違う
ゆきちがい-ざま【行(き)違い様】行きちがおうとする時。すれちがいざま。「—に声を掛ける」
ゆき-ちが·う【行(き)違う】㊀〔動ワ五(ハ四)〕❶道筋や時間が異なるなどして、互いに相手と出会わないでしまう。いきちがう。「どこで—·ったのか、彼に会えなかった」❷すれちがって互いに違う方向へ行く。いきちがう。「偶然道で—·う」❸意志がうまく通じないで、誤解やくい違いが生じる。ちぐはぐになる。いきちがう。「会話が—·う」㊁〔動ハ下二〕「ゆきちがえる」の文語形。
ゆき-ちが·える【行(き)違える】〔動ア下一〕図ゆきちが·ふ〔ハ下二〕行く方向をまちがえる。まちがって行く。「地図がないので—·えた」
ゆき-ち·る【行き散る】〔動ラ四〕行ってちりぢりになる。ちりぢりに別れる。「年月経ば、かかる人々も、えしもありはてでや、—·らむなど」〈源·須磨〉
ゆき-づき【雪月】陰暦12月の異称。
ゆき-づきよ【雪月夜】雪のある月夜。(季 冬)「柿の枝の影につまづく—/桂郎」
ゆき-つ·く【行(き)着く】〔動カ五(四)〕❶目的地に着く。到着する。いきつく。「道に迷ったすえ、やっと—·く」❷事が最終的な局面を迎える。限界に達する。いきつく。「事態は—·くところまで来た」❸すっかり酒に酔う。いきつく。「大臣より先へ酒に—·き」〈浮·禁短気·六〉❹すっかり夢中になる。ほれこむ。いきつく。「小田巻といふ太夫、かの男に—·いて」〈浄·嫗山姥〉❺一面にゆきわたって付く。「白き物の—·かぬ所は、まことにくろき庭に雪のむら消えたる心地し」〈能因本枕·三〉
ゆき-つけ【行(き)付け】いつも行って、なじんでいること。いきつけ。「—の美容院」(補説)医者の場合は「掛かり付け」と言う。
ゆき-つ·ける【行(き)付ける】〔動カ下一〕図ゆきつ·く〔カ下二〕行くのが習慣になっている。よく行く。いきつける。「—·けている店」
ゆき-つばき【雪×椿】ツバキ科の常緑小高木。本州の日本海側の雪の多い山地に自生。枝は低く垂れ、葉は広卵形。4、5月ごろ赤い花が咲く。寒さに強く、栽培もされる。
ゆき-つぶて【雪×礫】雪をこぶし大に握り固めて、つぶてのようにしたもの。雪合戦などで投げる。(季 冬)「靴紐を結ぶ間も来る—/汀女」
ゆき-づまり【行(き)詰(ま)り】❶行く手がさえぎられ、それ以上先へ進めなくなること。また、その場所。いきづまり。「路地の—の家」❷物事が先へ進まなくなること。また、その状態。いきづまり。「政策の—」
ゆき-づま·る【行(き)詰(ま)る】〔動ラ五(四)〕❶行く手がさえぎられて先へ行けなくなる。行きどまりとなる。いきづまる。「突き当たりで道が—·る」❷物事がうまく先へ進まなくなる。いきづまる。「経営が—·る」
ゆき-つり【雪釣(り)】《「ゆきづり」とも》糸の先に木炭などを結びつけ、これに雪を付着させて釣り上げる子供の遊び。
ゆき-づり【雪×吊り】雪折れを防ぐために、庭木などの枝をなわや針金などでつり上げておくこと。(季 冬)「—の小さき松や小待合/虚子」
ゆき-つ·る【行き連る】〔動ラ下二〕連れ立って行く。道連れになる。「判官立て文もったる男に—·れて、物語し給ふ」〈平家·一一〉
ゆき-でん【▽悠紀田】大嘗祭のとき、悠紀の神饌とする穀物を作る田。➡主基田
ゆき-でん【▽悠紀殿】大嘗祭のとき、東方の祭場となる殿舎。➡主基殿
ゆき-どい【雪▽訪ひ】雪が降ったとき、親しい人を見舞うこと。雪見舞い。「—二参ル」〈日葡〉
ゆき-どうろう【雪灯籠】雪をかためて灯籠の形にし、横穴をあけてその中に火をともすもの。
ゆき-どけ【雪解け｜雪▽融け】❶春になって、降り積もった雪がとけること。また、そのころ。ゆきげ。(季 春)「—や西日かがやく港口/石鼎」❷《ソ連の作家エレンブルクの小説名から》国際間の対立緊張がゆるみ、和解の空気の生じること。「両国間に—の兆しがみえる」
ゆきどけ-みち【雪解け道】雪がとけてぬかるみになった道。
ゆき-どころ【行(き)所】行くべき所。特に、行って身を落ち着ける所。また、行った先。行き先。いきどころ。「—がなくなる」「誰も—を知らない」
ゆき-とど·く【行(き)届く】〔動カ五(四)〕❶すべてに行き渡る。すみずみまで注意が届く。いきとどく。「掃除が—·く」「万事に—·いた人」❷ある程度、また、ある所に至りつく。およぶ。到達する。「女郎の総数は、…なかなか—·く事ではない」〈浮·元禄大平記〉
ゆき-とぶら·う【行き▽訪ふ】〔動ハ四〕おとずれる。見舞いに行く。「心ざし深かりける人、—·ひけるを」〈伊勢·四〉
ゆき-どまり【行(き)止(ま)り】道などで、行く手がふさがっていて、それ以上行けないこと。また、その場所。いきどまり。「この先は—です」
ゆき-どま·る【行(き)止(ま)る】〔動ラ五(四)〕❶進んで行って、そこで止まる。いきどまる。「砂利を軋きる車輪がはたと—·った」〈漱石·虞美人草〉「待つ人は—·りつつあぢきなく年のみ越ゆるよさのおほ山」〈和泉式部集〉❷進んで行って突きあたる。行き着く。いきどまる。「—·る所ぞ春はなかりけり花に心のあかぬ限りは」〈後拾遺·春上〉
ゆき-どめ【雪止(め)】屋根に積もった雪が滑り落ちるのを防ぐため、軒に丸太·板·金具などを取り付けたもの。
ゆき-な【雪菜】❶雪国地方で、雪の中で栽培する菜類。雪によって軟らかく生育する。❷コマツナの栽培品種。雪に埋もれてから出る白い花茎を食用とす

る。山形県米沢の名産。
ゆき-なげ【雪投げ】雪合戦。〔季冬〕
ゆき-なだれ【雪雪-崩】「雪崩なだ❶」に同じ。
ゆき-なます【雪×鱠】魚のなますに大根おろしをかけた料理。
ゆき-なやみ【行(き)悩み】行き悩むこと。物事が思うように進まないこと。いきなやみ。
ゆき-なや・む【行(き)悩む】〔動マ五(四)〕❶うまく進めなくて苦労する。「吹雪で一・む」❷物事が思うように進まないで苦しむ。「交渉が一・む」
ゆき-なり【行(き)成り】㊀〔名・形動〕「いきなり㊀」に同じ。「両人は一にかたわらへねころぶと」〈魯文・西洋道中膝栗毛〉㊁〔副〕「いきなり㊁」に同じ。「いづみ湯に入るトーはだかになり」〈魯文・西洋道中膝栗毛〉
ゆきなり-さんぼう【行き成り三宝】「いきなりさんぼう」に同じ。
ゆき-にごり【雪濁り】寒気がゆるみ雪がとけて、川や海の水が濁ること。〔季春〕
ゆき-ぬけ【行(き)抜け】〔名・形動〕❶通り抜けること。また、その所。いきぬけ。❷限度のないこと。また、そのさま。いきぬけ。「そんな一の人と成でもなさそうであった」〈漱石・行人〉
ゆき-ぬの【雪布】歌舞伎の大道具の一。積もった雪に見せかけて舞台や花道に敷く白い地がすり。
ゆき-の-え【雪の会】ヱ 雪の日に催す茶の会。
ゆき-の-が【雪の賀】冬、雪の降るころに催す賀の祝い。「宮の一し給ひしに」〈宇津保・嵯峨院〉
ゆき-の-くに【▽悠紀の国】大嘗祭だいじょうさいのとき、神饌しんせんの新穀を奉るよう卜定ぼくじょうによって選ばれる国。平安時代以後は近江おうみ国に一定するようになった。➡主基すきの国
ゆき-の-した【雪の下】❶ユキノシタ科の多年草。湿った所に生える。全体に毛があり、茎は紅紫色で地をはい、節から小苗を出して増える。葉は多肉質の腎臓形で、長い柄があり、裏面は暗赤色。夏、20〜50センチの花茎を伸ばし、白い花をまばらにつける。花びらは5枚あり、下の2枚が長い。葉を腫はれ物の民間薬にし、食用にもする。虎耳草こじそう。〔季夏〕「手ふきただ垂れて狭庭さにわや一/石鼎」❷「雪の下紅梅」の略。
ゆきのした-こうばい【雪の下紅梅】襲かさねの色目の名。表は白、裏は紅。
ゆき-の-つどい【行きの集ひ】つどひ 大勢が行き集まること。また、その場所。「里人の一に泣く子なす」〈万・三三〇二〉
ゆき-の-はだ【雪の肌｜雪の▽膚】雪のように白く美しい女性の肌。ゆきのはだえ。
ゆき-の-はだえ【雪の▽肌｜雪の▽膚】はだへ「ゆきのはだ」に同じ。
ゆき-の-はな【雪の花】❶雪を花にたとえていう語。〔季冬〕❷スノードロップの別名。
ゆき-の-やま【雪の山】❶「ゆきやま❶」に同じ。❷「ゆきやま❷」に同じ。❸白髪をたとえていう語。「老い果てて一をばいただけど霜と見るにぞ身は冷えにける」〈拾遺・雑下〉❹「雪山せつざん」を訓読みにした語。「一の御法みのりなるらし年を経て広くふりしく末ぞ嬉しき」〈拾玉集・二〉
ゆき-は【行き端】行った先。ゆくえ。いきは。「金の一をうち問はんと」〈浄・関取二代勝負付〉
ゆき-ば【行(き)場】行くべき場所。いきば。「自分の一がどこにもない」「一のない怒り」
ゆき-ばかま【雪×袴】主に雪国で用いる山袴。ひざの下をひもでくくる裁っ着けの類。〔季冬〕
ゆき-はだ【雪肌｜雪▽膚】❶降り積もった雪の表面。❷雪のように白い女性の肌。ゆきのはだ。
ゆき-ばな【雪花】雪を花にたとえていう語。
ゆき-はな・る【行き離る】〔動ラ下二〕離れてゆく。はなればなれになる。「生ける世に一・れ、隔たるべき中の契りとは思ひかけず」〈源・若菜上〉
ゆき-はばか・る【行き×憚る】〔動ラ四〕行くのを遠慮する。行きかねる。「み吉野の高城たかきの山に白雲は一・りてたなびけり見ゆ」〈万・三五三〉
ゆき-ばら【雪腹】雪が降る前や雪が降っているときに、腹が冷えて痛むこと。
ゆき-ばれ【雪晴(れ)】雪がやんで空が晴れること。また、その時。〔季冬〕
ゆき-びさし【雪×庇】雪が積もってひさしのように突き出たもの。せっぴ。
ゆき-ひょう【雪×豹】ヘウ ネコ科の哺乳類。体長1.2メートル、尾長93センチくらい。ヒョウに似て、灰白色の地に梅花状の黒斑があり、尾は太い。ヒマラヤ地方の山岳地帯に生息する。
ゆき-びより【雪日-和】雪が降り出しそうな空もよう。
ゆき-ひら【行平｜雪平】厚手の、陶製の深い土鍋。取っ手・注口つぎぐち・ふたが付いており、かゆを煮るのに用いる。在原行平が海女あまに潮をくませて塩を焼いた故事にちなむという。ゆきひらなべ。
ゆきひら-なべ【行平鍋｜雪平鍋】▶行平ゆきひら
ゆき-ふぶき【雪吹-雪】激しい風に雪が乱れ降ること。また、その雪。
ゆき-ふみ【雪踏み】❶道に積もった雪を踏みかためること。また、その作業。〔季冬〕「一も神に仕ふる男かな/素十」❷❶に用いる道具。わらで小さい俵のように編んだものを二つ作り、上から足を入れて歩きながら雪を踏みかためる。上部に握り縄をつける。踏み俵。❸馬の毛色の名。4足のひざから下が白いもの。四白よつじろ。
ゆき-ふり【雪降り】雪が降ること。また、雪の降る時。降雪。
ゆき-ぶり【行き触り】途中で行き会うこと。ゆきずり。「玉桙たまほこの道一に思はぬに妹いもを相見て恋ふるころかも」〈万・二六〇五〉
ゆきふり-がみ【雪降り髪】馬のたてがみの白いもの。木綿髪ゆふがみ。「山がつの垣根のそひに食はむ駒こまの一と見ゆる卯うの花」〈夫木・七〉
ゆき-ふ・る【行き触る】〔動ラ下二〕途中で行き会う。行きずりに接触する。「草枕旅行く人も一・ればにほひぬべくも咲ける萩かも」〈万・一五三二〉〔補説〕引用例を四段活用とみて、「行きふらば」とよむこともある。
ゆき-ぶれ【行き触れ】❶行ってそれに触れること。❷触穢しょくえの一。死者などのけがれに触れ、自分もけがれること。いきぶれ。
ゆき-べ【×靫▽部】▶靫負部ゆげいべ
ゆき-ぼうし【雪帽子】❶雪を防ぐため、頭から体の上部にかけてかぶるもの。〔季冬〕❷大きな雪片となって降る雪。ぼたん雪。
ゆき-ぼとけ【雪仏】雪をかためて作った仏像。〔季冬〕「彼是といふも当坐ぞ一/一茶」
　雪仏の水遊び　《雪は水中に入ればとけるところから》自分から身を滅ぼすことのたとえ。
ゆき-ま【雪間】❶雪が降りやんでいる時。雪の晴れ間。❷積もった雪のところどころ消えた所。〔季春〕「辻待つじまちの車置いたる一かな/紅葉」❸雪の降っている中。雪の降り積もった中。「降りやまぬ一の梅のつぼみ笠かさ思ふ心のいつかひらけん」〈新撰六帖・五〉
ゆき-まく【雪幕】歌舞伎の大道具の一。雪山の絵などを描いた道具幕で、雪の場面での舞台のつなぎなどに用いる。
ゆき-まくり【雪×捲り】雪原に強風が吹きつけて雪面が薄くまくれ上がり、巻くように転がって円盤形または円筒形になる現象。庄内平野などでみられる。俵雪。雪俵。
ゆき-まじり【雪交じり｜雪▽雑じり】雨や風に雪がまじること。
ゆき-まぜ【雪交ぜ｜雪▽雑ぜ】「雪交じり」に同じ。「二月きさらぎやなほ風寒き袖の上に一に散る梅の初花」〈風雅・春上〉
ゆきまち-づき【雪待ち月】陰暦11月の異称。
ゆき-まつり【雪祭(り)】❶長野県下伊那郡阿南町新野にいのの伊豆神社で、その年の豊作を祈って正月14日から15日にかけて行われる祭り。田楽や古風な猿楽などが夜を徹して行われる。〔季新年〕❷雪の多い地方で、さまざまな雪像や氷の彫像をつくって競ったりする観光行事。2月上旬に北海道札幌市で行われるものなどが有名。〔季冬〕
ゆき-まよ・う【行(き)迷う】まよふ〔動ワ五(ハ四)〕行く道に迷う。「日暮れの山中で一・う」
ゆき-まる【雪丸】「雪丸火鉢」の略。
ゆきまる-ひばち【雪丸火鉢】陶製で、白色の丸火鉢。
ゆき-まろげ【雪▽丸げ】「雪転がし」に同じ。〔季冬〕「霜やけの手を吹いてやる一/羽紅」〈猿蓑〉
ゆき-まろばし【雪▽転ばし】「雪転がし」に同じ。「わらはべおろして一せさせ給ふ」〈源・朝顔〉
ゆき-み【雪見】雪の降るさまや積もった景色を見て楽しむこと。また、その遊宴。〔季冬〕「門を出て行先まどふ一かな/荷風」
ゆきみ-ざけ【雪見酒】雪景色を眺めながら酒を飲むこと。〔季冬〕「一一とくちふくむほがひかな/蛇笏」
ゆき-みず【雪水】ミヅ 雪どけの水。雪消ゆきげ水。
ゆき-みち【行(き)道｜行き▽路】❶行くときの道。行きの道。往路。❷行くべき道。ゆくての道。❸費やしたものの行く先。使い道。「宝の行方知れてはあれど金子きんすの一」〈人・梅児誉美・四〉
ゆき-みち【雪道｜雪▽路】雪の積もっている道路。雪の降っている道。
ゆきみ-づき【雪見月】陰暦11月の異称。
ゆきみ-どうろう【雪見灯籠】石灯籠の一。丈が低く、笠が大きく、短い3本脚をもつもの。庭園で用いられる。
ゆきみ-ぶね【雪見船】雪見のために仕立てた船。雪見の人が乗る船。〔季冬〕
ゆき-み・る【行き×廻る】〔動マ上一〕行ってあちこちめぐる。行きめぐる。「明日香川一・みる岡の秋萩は今日降る雨に散りか過ぎなむ」〈万・一五五七〉
ゆき-むか・う【行き向かふ】むかふ〔動ハ四〕❶年月が経過しては、またやってくる。次々と過ぎてまたやってくる。「一・ふ年の緒長く仕へ来し」〈万・三三二四〉❷出かけて行く。出向く。「かの粟田口の宮に一・ひて」〈今昔・三一・一〉❸立ち向かって行く。ぶつかって行く。「其の儀ならば、一・ってうばひとどめ奉れ」〈平家・二〉
ゆき-むかえ【雪迎え】むかへ 晩秋の小春日和の日に、糸をつけた子蜘蛛が空を飛ぶ現象。このあと雪が降ることが多いところからいう。山形県米沢盆地などでみられる。
ゆき-むし【雪虫】❶雪国で、早春の積雪上に現れて活動する昆虫。セッケイカワゲラ・ユキガガンボなど。❷北海道や東北地方で、雪の降りだす季節に現れる小さな昆虫。リンゴワタムシなど。体に白い分泌物をつけて群れて飛び、雪が舞うように見える。わたむし。〔季冬〕
ゆき-むすめ【雪娘】「雪女ゆきおんな」に同じ。
ゆき-め【雪目｜雪▽眼】晴天の雪原などにいて、雪に反射した紫外線で目が炎症を起こし、痛くなったり見えにくくなったりすること。雪眼炎。雪盲せつもう。〔季冬〕「こころもとなき一して上京す/青畝」
ゆき-めがね【雪眼-鏡】雪に反射する紫外線などによって起こる目の障害を防ぐための眼鏡。〔季冬〕「一山のさびしさ見て佇たてり/古郷」
ゆき-めぐ・る【行き巡る｜行き×廻る】〔動ラ四〕❶あちこちめぐり歩く。「をみなへし咲きたる野辺を一・り君を思ひ出たもとほり来きぬ」〈万・三九四四〉❷一回りして元にもどる。「ながらふるほどはうけれど一・り今日はその世にあふ心地して」〈源・賢木〉
ゆき-もち【雪持(ち)】❶樹木の枝葉に雪が積もっていること。❷屋根の積雪が落ちるのを防ぐ装置。
ゆき-もち【雪餅】米粉を水で練り、蒸籠せいろうで蒸した餅菓子。
ゆきもち-そう【雪餅草】サウ サトイモ科の多年草。四国以西の山地に自生。高さ約30センチ。葉は2枚出て、鳥の足状の複葉。雌雄異株。5、6月ごろ、紫褐色の仏炎苞ぶつえんほうをもつ花穂を出す。穂の上部はふくれて白く、餅を思わせる。歓喜草かんきそう。
ゆき-もどり【行(き)戻り｜▽往き戻り】〔名〕スル ❶行くことと戻ること。行ったり戻ったりすること。いきもど

り。❷嫁に行って戻った女性。出戻り。

ゆき-もよ【雪もよ】雪の降っている最中。「草も木もふりまがへたる―に春待つ梅の花の香ぞする」〈新古今・冬〉

ゆき-もよい【雪▽催い】ユキモヨヒ 今にも雪の降りそうな空模様。雪模様。(季 冬)「湯帰りや灯ともしころの―/荷風」(類語)雪模様

ゆき-もよう【雪模様】ユキモヤウ「雪催(もよ)い」に同じ。

ゆき-やけ【雪焼け】〔名〕スル ❶雪に反射した太陽光線で皮膚が黒くなること。(季 冬) ❷霜焼け。

ゆき-やなぎ【雪柳】バラ科の落葉小低木。川辺に生える。枝は弓なりに垂れ、葉は柳のように細くて小さい。春、白い小花が枝上に並んで咲き、雪が積もったように見える。庭や公園によく植えられる。こごめばな。こごめざくら。こごめやなぎ。(季 春)「一折るとかがめるとしまぶり/草城」

ゆき-やま【雪山】❶雪が降り積もっている冬の山。ゆきのやま。(季 冬) ❷雪を高く山のように積み上げたもの。平安時代に宮中で行われた。ゆきのやま。

ゆき-や・る【行き▽遣る】〔動ラ四〕行きつづける。多く打消しの語を伴って用いる。「―・らぬ夢路をたのむ袂(たもと)には天(あま)つ空なる露やおくらむ」〈伊勢・五四〉

ゆき-ゆ・く【行き行く】〔動カ四〕どんどん先に進む。「―・きて駿河(するが)の国にいたりぬ」〈伊勢・九〉

ゆき-よ【雪夜】雪の降る夜。雪が積もった夜。

ゆ-ぎょう【遊行】ユギヤウ〔名〕スル ❶出歩くこと。歩き回ること。「中川べりに―したり寝転んだりして」〈露伴・蘆声〉❷僧などが布教や修行のために諸国を巡り歩くこと。行脚(あんぎゃ)。

ゆぎょう-じ【遊行寺】ユギヤウ― 清浄光寺(しょうじょうこうじ)の異称。

ゆぎょう-しゅう【遊行宗】ユギヤウ― 時宗(じしゅう)の異称。

ゆぎょう-しょうにん【遊行上人】ユギヤウシヤウニン 時宗(じしゅう)で、総本山遊行寺の歴代の住職。特に、開祖の一遍(いっぺん)をさす。

ゆぎょう-は【遊行派】ユギヤウ― 時宗十二派の一。第二祖の真教を開祖、京都七条の金光寺を本山とし、十二派中最も勢力をもっていた。

ゆぎょう-ひじり【遊行▽聖】ユギヤウ― 諸国を巡って説法教化につとめる僧。

ゆぎょうやなぎ【遊行柳】ユギヤウヤナギ 謡曲。三番目物。観世信光作。新古今集に取材。奥州へ下る道中の遊行上人の前に柳の精が現れ、西行の古歌ゆかりの柳の木にまつわる故事を語る。

ゆき-よけ【雪▽除け｜雪▽避け】❶積もった雪を取り除くこと。除雪。❷道路・鉄道や家の周囲などの雪害を防ぐためのおおい。雪囲い。(季 冬)

ゆきよけ-トンネル【雪▽避けトンネル】雪崩・吹きだまりなどによる雪害から鉄道線路を保護するためのトンネル。➡スノーシェッド

ゆき-わ【雪輪】文様・紋所の名。六角形の雪の結晶を円形に表したもの。

ゆき-わかれ【行(き)別れ】行き別れること。別離。いきわかれ。

ゆき-わか・れる【行(き)別れる】〔動ラ下一〕図ゆきわか・る〔ラ下二〕互いに別々の方向へ別れて行く。いきわかれ。「東と西とに―・れる」

ゆき-わた・る【行(き)渡る】〔動ラ五(四)〕❶広い範囲にもれなく届く。隅々にまで及ぶ。いきわたる。「全家庭に―・る」❷世間に広く普及する。いきわたる。「宣伝が―・る」❸行って渡る。渡り行く。「にはたづみ川―・りいさなとり」〈万・三三三五〉(類語)行き届く

ゆき-わり【雪割(り)】凍結した雪を割って取り除き、地表を露出させること。

ゆきわり-こざくら【雪割小桜】ユキワリソウの変種。北海道・東北地方の深山に自生。葉は菱形。夏、白や淡紅色の花を2、3個つける。

ゆきわり-そう【雪割草】―サウ ❶サクラソウ科の多年草。本州中部以北の高山に自生し、高さ約10センチ。葉は根際から出て、へら形でしわがあり、裏面に淡黄色の粉状のものがついている。初夏、淡紅紫色の小花をつけ、名は雪解けとともに花が咲くことによる。(季 春) ❷ミスミソウの別名。

ゆきわり-まめ【雪割豆】ソラマメの別名。

ゆ・く【行く｜逝く｜▽往く】〔動カ五(四)〕❶向こうへ移動する。「はやく―・け」❷目的地へ向かって進む。「学校へ―・く」❸歩く。歩いて進む。「悪路を―・く」❹通り過ぎる。「沖を―・く船」❺年月が経過する。「―・く秋を惜しむ」❻流れる。「―・く水のごとく」❼(逝く)死ぬ。「君―・きて三年」❽物事がはかどる。「うまく―・かない」❾物事をする。「前の方法で―・くことにする」❿気持ちが十分満足する。「納得が―・く」⓫年をとる。成長する。「年の―・かない子供」⓬嫁に行く。とつぐ。「末娘も嫁に―・く年ごろになった」⓭(補助動詞)動作の継続・進行の意を表す。「やせて―・く」(可能)ゆける (補説)「いく」の語形も上代からみられ、平安時代以降は「ゆく」と併用される。「ゆく」「いく」はほとんど意味は同じであるが、古くは「ゆく」のほうがより広く使われ、特に訓点資料・和歌(「生く」との掛け詞の場合を除き)では、ほとんどすべてが「ゆく」である。現在では「ゆく」に比べて「いく」のほうが話し言葉的な感じをもち、したがって、「過ぎ行く」「散り行く」など、文章語的な語の場合には「ゆく」となるのが普通である。なお、「ゆきて」のイ音便形「ゆいて」も用いられたが、現在は一般的でなく、促音便形は「ゆく」のほうは用いられず、「いく」を用いて「いって」「いった」となる。(一句)後(あと)へも先へも行かぬ・裏の裏を行く・地(じ)で行く・千万人といえども吾(われ)往(ゆ)かん・天馬空を行く・得心が行く・年が行く・捗(はか)が行く・人の一生は重荷を負うて遠き道を行くが如(ごと)し・一筋縄では行かない (類語)(❶❷)向かう・赴く・出向く・出かける・足を運ぶ (尊敬)いらっしゃる・おいでになる・おでかけになる・おでましになる (謙譲)参る・参ずる・伺う・参上する/(❼)亡くなる・没する・果てる・みまかる・瞑する

行きつ戻りつ　同じ所を何回も行ったり戻ったりするさま。「―して待つ」「思考が―する」

行くとして可ならざるは無し　何をやっても、みな十分の成果をあげることができる。

行くに径(こみち)に由(よ)らず　《「論語」雍也から》裏道や小道などを通らない。常に正道を歩いて公明正大であることのたとえ。

往く者は追わず来る者は拒まず　《「孟子」尽心下から》立ち去る者はあえて引きとめず、道を求めてくる者は、だれでも受け入れる。去る者は追わず、来(きた)る者は拒まず。

ゆ-ぐ【湯具】❶昔、入浴の際、身につけた衣服。湯帷子(ゆかたびら)。❷女性の腰巻き。湯文字(ゆもじ)。ゆまき。「―も本紅(ほんもみ)の二枚がさね」〈浮・胸算用・一〉

ゆく-あき【行く秋】過ぎ去っていこうとする秋。晩秋。(季 秋)「―をしぐれかけたり法隆寺/子規」

ゆく-え【行方】ユクヘ ❶行くべき方向。向かっていく先。「―を定めずに旅立つ」❷行った方向。行った先。「―が知れない」「―をくらます」❸今後のなりゆき。また、将来。前途。「外交の―を見守る」「―を案じる」(補説)「行衛」とも当てて書く。(類語)行く先・行く手

行方無・し　❶行く先のあてがない。また、あてがなくて途方に暮れる。「いづかたとなく、―・き心地し給ひて」〈源・明石〉❷行った先がわからない。行方が知れない。「ただ今―・く飛び失せなば」〈更級〉

ゆくえ-ふめい【行方不明】ユクヘ― どこへ行ったかわからないこと。

ゆく-かた【行く方】❶行く先。ゆくえ。「我も―あれど」〈源・末摘花〉❷心を晴らす方法。やるかた。多く打消しの語を伴って用いる。「夏草のうへは繁れる沼水の―のなきわが心かな」〈古今・物名〉

ゆくかわ-の【行く川の】ユクカハ―〔枕〕川の水が流れて行くようにの意で、「過(す)ぐ」にかかる。「―過ぎにし人の手折(たを)らねば」〈万・一一一九〉

ゆく-さ【行くさ】行く時。行きがけ。「―には二人我が見しこの崎をひとり過ぐれば心悲しも」〈万・四五〇〉

ゆく-さき【行く先】❶行こうとする目的の場所。ゆきさき。いくさき。いきさき。「―を言わずに出かける」❷これから先。先行き。将来。前途。行く末。ゆきさき。いくさき。「―どうなるか予断できない」(類語)行方・行き先・行く手

ゆくさ-くさ【行くさ来さ】行く時と来る時。「白菅(しらすげ)の真野の榛原(はりはら)―君こそ見らめ真野の榛原」〈万・二八一〉

ゆく-すえ【行く末】―スヱ ❶これから先のなりゆき。前途。将来。行く先。「子供の―を心配する」❷進んで行く道の果て。行く手。「流れ出づる涙の川の―はつひに近江の海とたのまむ」〈後撰・恋五〉❸余命。老いさき。「―短げなる親ばかりを頼もしきものにて」〈源・明石〉❹死後の世界。来世。「この世にはさらにもいはず、―にも、草木、鳥けだものとなるとも」〈宇津保・菊の宴〉❺経歴。来歴。「かの女房の―をくはしく尋ねて候へば」〈太平記・一八〉(類語)運命

ユクスキュル〖Jakob Johann Uexküll〗[1864〜1944]ドイツの理論生物学者。人間中心の見方を排し、動物には生活主体として知覚し働きかける特有の環境世界があると説き、生物行動学への道を開いた。

ゆく-せ【行く瀬】水の流れていく川の瀬。「吉野川―の早みしましくも淀(よど)むことなくありこせぬかも」〈万・一一九〉

ゆく-たて【行く立て】事のなりゆき。いきさつ。「これにはいろんな―もございますし」〈逍遥・当世書生気質〉

ゆ-ぐち【湯口】❶湯の出口。また、温泉のわき出る口。❷鋳造で、溶けた金属を鋳型の枠に流し入れる口。垂直に流れ落ち、湯道へと続く。

ゆく-て【行く手】❶進んで行く方向。進んで行く前方。行く先。「―を阻む」❷前途。将来。「―に困難が待ち受ける」❸行くついで。「冬来れば―に人は汲まねども氷ぞ結ぶ山の井の水」〈千載・冬〉(類語)行方

ゆく-とし【行く年】過ぎ去っていく年。暮れいく年。(季 冬)「―のともし火なりと明うせよ/虚子」

ゆくとり-の【行く鳥の】〔枕〕飛ぶ鳥が先を争うようにの意で「争ふ」に、また、群れをなして飛び立つところから「群がる」にかかる。「露霜の消なば消ぬべく―争ふはしに」〈万・一九九〉「舎人(とねり)の子らは―群がりて待ち」〈万・三三二六〉

ユグノー〖フランス huguenot〗16〜18世紀のフランスのカルバン派プロテスタントのこと。手工業者・独立自営農民・小商人に多く、次いで貴族層に浸透。カトリックと対立し、ユグノー戦争を経て、1598年のナント勅令により信仰の自由が認められたが、1685年、ルイ14世の勅令廃止によって再び禁止され、1787年、ルイ16世の寛容令によって自由を得た。

ユグノー-せんそう【ユグノー戦争】―センサウ 1562年から98年、カトリック教会とユグノーの対立に貴族の政治闘争が結びついて起こったフランスの内乱。サンバルテルミーの虐殺で頂点に達した。スペインがカトリック側を、イギリスがユグノー側を支援したが、アンリ4世の即位とカトリックへの改宗、ナントの勅令によって争乱は終結した。

ゆくはし【行橋】福岡県東部、周防灘(すおうなだ)に面する市。もと宿場町の行事(ぎょうじ)と市場町の大橋を中心に発展。米作や野菜・果樹栽培が盛ん。人口7.0万(2010)。

ゆくはし-し【行橋市】▶行橋

ゆく-はる【行く春】過ぎ去っていこうとする春。暮れていく春。晩春。(季 春)「―や鳥啼き魚の目は泪(なみだ)/芭蕉」

ゆく-ひと【行く人】道を行く人。旅人。「門を出れば我も―秋の暮」〈蕪村句集〉

ゆくふね-の【行く船の】〔枕〕船が過ぎて行く意で、「過ぐ」にかかる。「―過ぎて来(く)べしや言(こと)も告げなむ」〈万・一九九八〉

ゆ-くみ【湯×汲み】❶湯をくむこと。また、その人。❷近世の銭湯で、客のために陸湯(おかゆ)をくむ人。

ゆく-みず【行く水】―ミヅ 流れていく水。流水。「―に数かくよりもはかなきは思はぬ人を思ふなりけり」〈古今・恋一〉

ゆくみず-の【行く水の】ユクミヅ―〔枕〕水の流れ去るさまから、「過ぐ」「とどめかねし」にかかる。「―過ぎにし妹(いも)が形見とぞ来(こ)し」〈万・一七九七〉「玉藻なすなびきこい伏し―留(とど)めかねつと」〈万・四二一四〉

ゆくもかえるも-の-せき【行くも帰るもの関】《後撰集の「これやこの行くも帰るも別れては知るも知らぬも逢坂の関」から》近江国の逢坂の関の異称。

ゆく-ゆく〔副〕❶とどこおることなく物事が進行するさま。どんどん。ずんずん。「御腹は―と高くなる」〈宇津保・国譲下〉❷遠慮のないさま。はばからないさま。「―と宮にも愁へ聞こえ給ふ」〈源・賢木〉

ゆく-ゆく【行く行く】〔副〕❶行く末。やがて。将来。「―は家業を継ぐことになる」❷歩きながら。道すがら。「何を買おうかと―考えていた」

ゆくら-か〔形動ナリ〕ゆったりとしているさま。一説に、ゆらゆら揺れる意とも。「いざりする海人の梶の音―に妹は心に乗りにけるかも」〈万・三一七四〉

ゆくら-ゆくら〔形動ナリ〕揺れ動くさま。ゆらりゆらり。「天雲の―に葦垣の思ひ乱れて」〈万・三二七二〉

ゆくり-か〔形動ナリ〕❶思いがけないさま。突然であるさま。「山里の御歩きも―におぼし立つなりけり」〈源・総角〉❷軽はずみであるさま。不用意なさま。「―にあざれたる事の」〈源・夕霧〉

ゆくり-なく〔副〕《形容詞「ゆくりなし」の連用形から》思いがけなく。突然に。「―言葉の糸ぐちがほぐれた」〈万太郎・露芝〉

ゆくり-な・し〔形ク〕《「なし」は意味を強める接尾語》❶予想もしない。不意である。思いがけない。「一年振の―・き邂逅に」〈魯庵・社会百面相〉❷軽はずみである。不注意である。「あたら思ひやり深うものし給ふ人の、―・くかうやうなる事」〈源・賢木〉

ゆ-くわ【▽斎×鍬】神事に用いる清浄なくわ。いむくわ。

ゆ-け【湯気】入浴のときに起こる軽い脳貧血。

湯気に上が・る　長湯のためにのぼせて気が遠くなる。湯気に当たる。

湯気に中た・る　長湯をしてのぼせる。

ゆ-け【遊化】❶《遊行教化の意》僧が諸所に出かけて人々を教化すること。❷「遊戯❶」に同じ。

ゆ-げ【▽弓▽削】古代、弓をけずり作ること。また、それを職とした人。➡弓削部

ゆ-げ【湯気】温かいものから立ち上る水蒸気が空気中で冷えて白く見えるもの。「―が立つ」〘類語〙湯煙

ゆ-げ【遊▽戯】《古くは「ゆけ」》❶仏語。心にまかせて自由自在に振る舞うこと。遊化。❷遊び楽しむこと。ゆうぎ。「九重の宮の内に―し給ふこと」〈栄花・本の雫〉❸楽しく思うこと。喜ぶこと。「翁、今十、二十年の命は今日のびぬる心地し侍ると、いたく―するを」〈大鏡・後一条院〉

ゆげい【×靫▽負】《「ゆきおい」の音変化。古くは「ゆけい」》❶大化前代、靫を負って宮廷諸門の警護にあたった者。❷衛門府の異称。また、その職員。ゆぎえ。ゆぎおい。

ゆげい-の-ちょう【×靫▽負庁】検非違使庁の異称。衛門府の官人が検非違使庁の官人を兼ねたことによる。

ゆげい-の-つかさ【×靫▽負▽司】衛門府の異称。ゆげいづかさ。

ゆげい-の-みょうぶ【×靫▽負の命婦】父・兄または夫が靫負司（衛門府）の官人である女官。

ゆげい-べ【×靫▽負▽部】大化前代、国造の子弟で構成され、朝廷の警衛にあたった品部。靫部。

ゆげ-ざんまい【遊▽戯三昧】仏語。仏のように自由自在な境地。

ゆ-げしょう【湯化粧】入浴後にする化粧。

ゆ-げた【▽井桁】「いげた」の音変化。「キツネ飛ンデ―ノウチニ飛ビ上ガッテ跳ネ」〈天草本伊曽保・狐と野牛〉

ゆ-げた【湯下▽駄】湯殿で用いた下駄。

ゆ-げた【湯桁】湯ぶねの周囲の横木。また、湯ぶね。

ゆ-けつ【輸血】〔名〕㋜ 血管内に、他の健康な人の血液あるいは血液成分を注入し、その不足を補うこと。外傷や手術で出血量の多い場合や、白血病・貧血などの血液疾患などの際に行われる。

ゆ-けつがん【油×頁岩】➡オイルシェール

ゆげ-の-どうきょう【弓削道鏡】➡道鏡

ゆげ-の-みこ【弓削皇子】［?～699］万葉歌人。天武天皇の第6皇子。万葉集に8首が収められている。

ゆげ-べ【▽弓▽削▽部】大化前代、弓の製作を職掌として朝廷に仕えた品部。その一部は、律令制の兵部省造兵司に属する雑戸となった。

ゆ-けむり【湯煙】温泉・風呂などから煙のように立ち上る湯気。ゆけぶり。〘類語〙湯気

ゆ-げん【×諛言】へつらっていうことば。「―を呈する」

ゆこ【行こ】動詞「行く」の連体形にあたる上代東国方言。「―先に波なとゑらひ後には子をと妻をと置きてとも来ぬ」〈万・四三八五〉

ゆ-ごい【湯×鯉】スズキ目ユゴイ科の魚。河川の中流から汽水域にかけて生息し、全長約25センチ。体は側扁し、目が大きく、銀白色で黒点が散在する。南日本から熱帯にかけて分布。静岡県伊東市の温泉の湧出する浄ノ池が北限として知られた。

ゆ-こう【▽衣▽桁】「いこう（衣桁）」の音変化。「―に…小袖かけてあるゆゑ」〈黄・艶気樺焼〉

ゆ-こう【×柚×柑】ユズの変種。果実は大きく、香気が高い。食用。

ゆ-ごう【癒合】〔名〕㋜ 傷がなおり、離れていた皮膚や筋肉などが付着すること。傷口がふさがること。「傷は見るまに―して」〈寅彦・春寒〉

ユゴー〖Victor Marie Hugo〗［1802～1885］フランスの詩人・小説家・劇作家。ロマン主義文学の指導者。共和主義者としてナポレオン3世のクーデターに反対し、19年間亡命。詩集「懲罰詩集」「静観詩集」、小説「ノートルダム-ド-パリ」「レ-ミゼラブル」「九十三年」、戯曲「エルナニ」「リュイ＝ブラス」など。

ゆ-こく【諭告】〔名〕㋜ 口頭でさとし告げること。また、その内容。「予め其止を得ざる事情を明瞭に―し」〈津田真道訳・泰西国法論〉

ゆ-ごて【▽弓▽籠手】弓を射るとき、袖が弦に当たるのを防ぐために、左の手首から肩にかけておおう皮や絹布などで作った筒状の籠手。手纏。射籠手。弓射籠手。

ゆ-ごて【湯×鏝】熱湯であたためて用いる鏝。焼き鏝が使えない布に用いる。

ゆ-こぼし【湯▽零し｜湯▽翻し】❶飲み残した湯茶などを捨てる容器。こぼし。❷茶道で、茶碗を洗った湯を入れる容器。建水。こぼし。

ゆさ　わらを編んで作った揺り籠。

ゆ-さい【油彩】油絵の具を用いる描写技法。また、その作品。油絵。

ゆ-ざい【油剤】油状の薬剤。また、油の入った薬剤。

ゆ-ざさ【▽斎▽笹】神事に用いる清浄な笹。また、清らかな感じの笹。「はなはだも夜ふけてな行き道の辺の―の上に霜の降る夜を」〈万・二三三六〉

ゆさ-つ・く〔動カ四〕ゆさゆさと揺れ動く。「船橋の―・く音や五月闇／嘯山」〈俳諧新選〉

ゆさぶられっこ-しょうこうぐん【揺さ振られっ子症候群】首の据わらない乳児を強く揺することで起こる、頭蓋内出血・眼底出血・硬膜下血腫などの症状。予後に脳性麻痺・運動障害・視力障害などが残り、最悪の場合は死亡する。長時間のドライブでも起こる。乳幼児揺さ振られ症候群。SBS（shaken baby syndrome）。〘補説〙乳児に限らず、児童虐待による死亡原因として問題視されている。

ゆさ-ぶり【揺さ振り】❶ゆさゆさとゆり動かすこと。❷相手を動揺させること。「アメリカ政府への―を強める」「外角に外れるカーブで―をかける」➡揺さ振る㊀❸ ❸「ゆさわり」に同じ。〈色葉字類抄〉

ゆさ-ぶ・る【揺さ振る】㊀〔動ラ五（四）〕❶ゆさゆさとゆり動かす。ゆすぶる。「―・って目覚めさせる」❷意図的に何かを仕掛けて動揺させる。また、強く感動する。「汚職問題で政府を―・る」「その一言で心が―・られる」❸野球で、投手がコースや球種を変えて打者を動揺させるような投球をする。また、球技全般で、守備を混乱させるような攻撃を仕掛ける。「バントと盗塁で―・られて敗れる」「サーブで前後に―・り、相手が疲労するのを待つ」㊁〔動ラ下二〕「ゆさぶれる」の文語形。〘類語〙揺らす・揺する・揺すぶる

ゆさ-ぶ・れる【揺さ振れる】〔動ラ下一〕文ゆさぶ・る〔ラ下二〕ゆれ動く。ゆすぶれる。「つり橋が―・れる」

ゆ-ざまし【湯冷まし】❶湯をさましたもの。❷湯をさますのに用いる容器。〘類語〙さ湯・温湯・湯水・湯茶

ゆ-ざめ【湯冷め】〔名〕㋜ 入浴後、からだが冷えて寒く感じること。〘季冬〙「―して急に何かを思いつく／秋を」

ゆさ-ゆさ〔副〕㋜ ゆっくりと大きく揺れ動くさま。「地震で家が―（と）揺れる」「大木が強風に―する」

ゆざわ【湯沢】㊀秋田県南東部の市。力水とよぶ良質の水と米に恵まれ、醸造業が盛んで「東北の灘」と称される。曲木細工の洋家具なども特産。人口5.1万（2010）。㊁新潟県南東部、南魚沼郡の地名。三国街道の宿場町として栄え、古くからの温泉と観光の町。苗場などのスキー場がある。越後湯沢。

ゆざわ-し【湯沢市】➡湯沢㊀

ゆざわ-まち【湯沢町】➡湯沢㊁

ゆさ-わり【鞦＝韆】ぶらんこ。〈和名抄〉

ゆ-さん【油酸】オレイン酸のこと。

ゆ-さん【遊山】❶野山に遊びに行くこと。「花を訪ねて―に出かける」❷気晴らしに遊びに出かけること。「物見―」〘類語〙観光・行楽・探勝

ゆさん-がんすい【遊山×翫水】野山や水辺で遊ぶこと。「友を誘ひて―に出でたるついでに」〈色道大鏡・四〉

ゆさん-じょ【遊山所】遊山に行く所。また、遊郭・茶屋などの遊び場。「江戸中の寺社、芝居、その外―の繁昌なり」〈浮・永代蔵・六〉

ゆさん-ぢゃや【遊山茶屋】遊山所にある茶屋・料理屋。「―の献立」〈浮・一代女・三〉

ゆさん-ばこ【遊山箱】徳島地方の伝統工芸品の一。外遊びに弁当などを入れて持参する小型の重箱。

ゆさん-ぶね【遊山船】遊山客を乗せる船。

ゆさん-やど【遊山宿】遊山のための宿。また、遊女屋。「伊勢の古市、中の地蔵といふ所の―に身をなして」〈浮・一代女・六〉

ゆ-し【油紙】「あぶらがみ」に同じ。

ゆ-し【油脂】脂肪酸のグリセリンエステル。水に溶けず、アルコールなどに溶ける。常温で液体のものを脂肪油・油脂、固体のものを脂肪という。脂肪酸としてはステアリン酸・パルミチン酸・オレイン酸・リノール酸などが多い。動植物界に広く分布。植物性の大豆油・オリーブ油・ごま油や木蝋、動物性の牛脂・豚脂・魚油などがある。〘類語〙脂肪・脂肪油・脂・油

ゆ-し【諭示】〔名〕㋜ 口頭または文書でさとし示すこと。また、そのもの。「勉めて悪を去り善に就くを―し」〈栗本鋤雲・匏菴十種〉

ゆ-し【諭旨】〔名〕㋜ 趣旨や理由をさとし告げること。「―退職」「―免官」〘類語〙戒める・戒告・訓戒・戒・教戒

ゆし-こうぎょう【油脂工業】油脂を採取・精製・加工して、界面活性剤・グリセリン・潤滑油・石鹸・ろうそく・マーガリンなどを製造する化学工業。

ゆじし-でん【輸地子田】律令制で、国家に地子を納める田。輸租田以外の乗田などの賃租により、収穫のほぼ5分の1を地子として納めさせた。地子田。ゆちしでん。

ゆし-しょういだん【油脂焼×夷弾】ゼリー状にしたガソリンを主成分とする焼夷弾。

ユジノ-サハリンスク〖Yuzhno-Sakhalinsk〗《ユジノは南の意。「ユージノサハリンスク」とも》ロシア、サハリン州（樺太）の都市。同州の州都。サハリン島南部に位置する。1945年（昭和20）以前の日本領時代には豊原と称した。州立郷土博物館、州立美術館をはじめ、日本領時代の建築物が多く残っている。

ゆしま【湯島】東京都文京区南東部の地名。湯島神社・聖堂・麟祥院などがある。

ゆしま-じんじゃ【湯島神社】東京都文京区にある神社。祭神は天之手力雄命・菅原道真。湯島天神。

ゆしま-せいどう【湯島聖堂】➡聖堂㊁

ゆし-めんしょく【諭旨免職】違法行為はあったが、懲戒免職にするほどではないので本人を諭して、

自分から申し出ての退職とすること。通常、退職手当の何割かは支給される。法規上は自主退職。➡免職
ゆ-しゅつ【輸出】〘名〙スル 自国の産物・技術などを外国に向けて送り出すこと。特に、自国の商品を外国へ売ること。「電気製品を―する」「プラント―」⇔輸入。〔類語〕移出
ゆしゅつ-いぞんど【輸出依存度】一国の経済が輸出に依存する割合。国民所得・国民総生産などに対する輸出額の比率によって示される。輸出性向。
ゆしゅつ-カルテル【輸出カルテル】輸出業者の企業連合。輸出入取引法によって認められているカルテルで、価格・輸出数量・品質・意匠などの事項について協定を締結することができる。
ゆしゅつかんれん-かぶ【輸出関連株】ユシュツカンレンカブ ➡外需関連株
ゆしゅつ-くみあい【輸出組合】―くみあい 輸出入取引法に基づいて設立された輸出業者の組合。不公正な輸出取引の防止、組合員へ資金を貸し付けることなどを主な事業としている。
ゆしゅつ-こうぎょう【輸出工業】―コウゲフ 輸出製品を製造する工業。
ゆしゅつ-しょうれいきん【輸出奨励金】―シヤウレイキン 輸出増進の目的で、政府が輸出企業に交付する奨励金。輸出補助金。
ゆしゅつ-しんこくしょ【輸出申告書】貨物を輸出しようとする者が輸出許可を受けるために税関に提出する書類。
ゆしゅつ-ぜい【輸出税】輸出品に対して課せられる関税。
ゆしゅつ-ちょうか【輸出超過】―テウクワ ある期間の輸出総額が輸入総額よりも多いこと。出超。⇔輸入超過。
ゆしゅつ-てがた【輸出手形】輸出業者が輸出代金を回収するために、輸入業者またはその指定する為替銀行を支払人として振り出す為替手形。輸出為替手形。
ゆ-しゅつにゅう【輸出入】―シユツニフ 輸出と輸入。〔類語〕取引・交易・貿易・通商・互市・外国貿易・国際貿易
ゆしゅつにゅう-とりひきほう【輸出入取引法】ユシユツニフとりひきハフ 不公正な輸出取引を防止し、輸出取引および輸入取引の秩序の確立と外国貿易の発展を図ることを目的として、協定・組合などについて定めている法律。昭和27年(1952)施行。
ゆしゅつにゅう-リンクせいど【輸出入リンク制度】ユシユツニフ― ➡リンク制度
ゆしゅつ-ひん【輸出品】外国へ輸出する物品。
ゆしゅつ-ほけん【輸出保険】輸出貿易その他の対外取引で、通常の保険では救済することができない危険による損害を塡補てんぽする保険。仕向国における制度変更や戦争・内乱などによって生じる為替取引・輸入の制限・禁止・途絶などから輸出業者・輸出品生産者・融資銀行などを保護するためのもので、政府が引き受ける。
ゆしゅつめんぜい-せいど【輸出免税制度】輸出する商品に消費税を課さない制度。消費税法第7条に基づく措置。輸出業者が国内で商品を仕入れて輸出する場合、仕入れ時には消費税が課せられるが、輸出先からは日本の消費税を徴収できないため、仕入れ時の消費税が還付される。
ゆじゅん【由旬】《梵 yojanaの音写》古代インドの距離の単位の一。1由旬は、牛車の1日の行程をさし、約7マイルあるいは約9マイルなど諸説ある。中国では6町を1里として、40里または30里あるいは16里にあたるとした。ヨージャナ。
ゆ-じょう【油状】―ジヤウ 油のような状態。「―の液体」
ゆ-しょく【愉色】愉快そうな顔つき。喜色。
ゆ-しん【庾信】[513〜581]中国、南北朝時代の文人。南陽郡新野(河南省)の人。字あざなは子山しざん。南朝の梁りょうに仕え、のちに西魏・北周に仕えた。宮廷文学を代表する詩人で、その詩は徐陵の文とともに「徐庾じょゆ体」とよばれ、望郷の思いを込めた「哀江南賦」が有名。
ゆ・す【揺す】〘動サ変〙琴ことを弾くときに、弦を左の指で押してゆすり、余韻を波打たせる。「昼はいと人繁く、なほ一たびも―・し按ずるいとまも心あわたたしければ」〈源・若菜下〉
ゆ-ず【×柚・×柚子】ミカン科の常緑低木。また、その果実。枝にとげがあり、葉は長卵形で、柄に翼がある。初夏、白い5弁花が咲き、黄色い扁球形の実を結ぶ。果皮は香気があり、調味料として用いる。中国の原産。ゆう。ゆ。〔季 秋〕「古家や累々るいるいとして―黄なり/子規」
ゆ・ず【×茹づ】ゆづ〘動ダ下二〙「ゆでる」の文語形。
ゆす・う【▽結ふ】ゆすふ〘動ハ四〙「結ゆふ」の上代東国方言。「家いはの妹いもろ我わを偲ふらし真結まゆひに―・ひし紐ひもの解くらく思もへば」〈万・四四二七〉
ゆ-ずう【▽融通】―ヅウ「ゆうずう(融通)」に同じ。「円頓えんどん―の法のりの灯かかげそひて」〈奥の細道〉
ゆ-ずえ【▽弓末】―ずゑ 弓の上端。「大夫ますらをの―振り起こし射つる矢を後見む人は語り継ぐがね」〈万・三六四〉
ユスキュダル〖Üsküdar〗➡ウスクダル
ゆす・ぐ【▽濯ぐ】〘動ガ五(四)〙水の中で揺り動かして、また、中の水を揺り動かして洗う。すすぐ。「汚れ物を―・ぐ」「口を―・ぐ」〔可能〕ゆすげる 〔類語〕洗う・流す・濯すすぐ・晒さらす・洗い上げる・洗い立てる・洗い直す
ゆず-こしょう【×柚×胡×椒】―コセウ 九州特産の調味料の一。唐辛子・ユズの皮をすりつぶしてペースト状にし、塩を加えたもの。九州の一部の地域では、唐辛子を「胡椒」と呼ぶことからいう。
ゆず-ざけ【×柚酒】ユズのしぼり汁をまぜた酒。
ゆず-ず【×柚酢】ユズの実をしぼった汁。塩や砂糖を加え、三杯酢・二杯酢として料理に用いる。
ユスティニアヌス〖Justinianus〗(1世)[483ころ〜565]東ローマ帝国皇帝。在位527〜565。皇后テオドラや名将ベリサリウスらに補佐されて、ゴート・バンダル両王国を討ってローマ帝国の旧領を回復。絹織物業を興し、聖ソフィア寺院を建立、法学者トリボニアヌスらにユスティニアヌス法典を編纂させた。
ユスティニアヌス-ほうてん【ユスティニアヌス法典】―ハフテン ユスティニアヌスが編纂を命じた「ローマ法大全」の一部「勅法集」をさし、ハドリアヌス帝から534年までの勅法を集録。全12巻。➡ローマ法大全
ゆすはら-はちまんぐう【柞原八幡宮】大分市にある神社。祭神は仲哀天皇・応神天皇・神功皇后。豊後ぶんご国一の宮。いすはら八幡宮。
ゆす-ぶ・る【揺す振る】〘動ラ五(四)〙「ゆさぶる」に同じ。「肩を―・って歩く」
ゆす-ぶ・れる【揺す振れる】〘動ラ下一〙「ゆさぶれる」に同じ。「其カンテラが―・れて」〈漱石・満韓ところどころ〉
ゆず-ぼう【×柚坊】―バウ アゲハチョウ・カラスアゲハ・クロアゲハなどの幼虫。ユズ・カラタチなどの葉を食べて育ち、初め黒色で、成長すると緑色になり、触れると頭の後ろから黄色や朱色の肉角を出す。
ユスポフ-きゅうでん【ユスポフ宮殿】《Yusupovskiy dvorets》ロシア連邦北西部、レニングラード州の都市サンクトペテルブルグにある宮殿。モイカ川に面するため、モイカ宮殿とも呼ばれる。18世紀にフランス人建築家の設計で建造。19世紀より帝政ロシアの名門貴族ユスポフ家の邸宅。20世紀初頭、宮廷内で絶大な権力をふるった修道僧ラスプーチンが暗殺された場所として知られる。
ゆず-みそ【×柚味×噌】❶練り味噌にユズの汁や皮をまぜたもの。田楽でんがく・和え物などに用いる。ゆみそ。❷「ゆみそ❶」に同じ。
ゆず-もち【×柚餅】米粉などにユズの風味を加えて作った餅状の菓子。
ゆず-ゆ【×柚湯】❶冬至の日、ユズの実を入れて沸かす風呂。ひび・あかぎれを治し、また、風邪の予防になるという。冬至湯。〔季 冬〕「―すや創きずを加へし胸抱いて/波郷」❷ユズを砂糖煮にし、その香りのついた砂糖湯を熱湯で薄めた飲み物。
ゆすら【梅＝桃】「ゆすらうめ」に同じ。〔季 実＝夏｜花＝春〕「万両に―の花の白き散る/子規」
ゆすら-うめ【梅＝桃｜英＝桃｜桜＝桃】バラ科の落葉低木。高さ約3メートル。葉は互生し、倒卵形で先がとがり、縁にぎざぎざがある。4月ごろ、葉より早く、白または淡紅色の5弁花が開く。実は丸く、6月ごろ赤く熟し、食べられる。中国の原産で、庭などに植える。〔季 実＝夏｜花＝春〕「くちすすぐ古き井筒の―/久女」
ゆすり【揺すり】❶ゆり動かすこと。「貧乏―」❷(「強請」とも書く)おどして金品を出させること。また、その者。「―、たかりをはたらく」〔類語〕恐喝・強請きょうせい・脅迫
ゆずり【譲り】ゆづり 譲ること。また、譲られること。「親―の勝ち気」「親より―のあるにまかせ」〈浮・五人女・三〉
ゆずり-あい【譲り合い】ゆづりあひ 互いに譲り合うこと。「席の―」「―の精神」
ゆずり-あ・う【譲り合う】ゆづりあふ〘動ワ五(ハ四)〙互いに譲る。「順番を―・う」
ゆすり-あ・げる【揺すり上げる】〘動ガ下一〙文ゆすりあ・ぐ〘ガ下二〙ゆり動かしながらしだいに上へあげる。ゆりあげる。「背のザックを―・げる」
ゆずり-うけ【譲り受け】ゆづり― 譲り受けること。また、そのもの。「―証」
ゆずり-う・ける【譲り受ける】ゆづり―〘動カ下一〙文ゆづりう・く〘カ下二〙他人から譲られて自分のものとする。また、頼んで譲ってもらう。「土地を―・ける」「絵を安く―・ける」〔類語〕貰もらう・受ける・受け取る・収める・収受する・受納する・受領する・受給する・受贈する・貰い受ける・授かる・頂く・頂戴ちょうだいする・申し受ける
ゆすり-おこ・す【揺すり起(こ)す】〘動サ五(四)〙眠っている人をゆり動かして目を覚まさせる。ゆりおこす。「寝入った子供を―・す」
ゆすり-か【揺蚊】双翅そうし目ユスリカ科の昆虫の総称。カに似るが吸血しない。体長約5ミリ。夕方群れ飛び、蚊柱をつくる。幼虫はアカムシ・アカボウフラといい、釣りの餌にする。セスジユスリカ・アカムシユスリカなど。
ゆすり-がな【揺すり仮名】仮名の踊り字。「ゝ」「ゞ」の「ゝ」「ゞ」など。
ゆずり-じょう【譲り状】ゆづりジヤウ 平安中期以降、所領や財産を子孫などへ譲り渡すことを記した文書。鎌倉時代、武家はこれをもとに幕府から所領の安堵を受けた。ゆずりぶみ。処分状。「父、義時朝臣の頓死して、―の無かりし時」〈太平記・三五〉
ゆすり-と・る【強＝請り取る】〘動ラ五(四)〙人をおどして金品を強引に取る。「金を―・られる」
ゆすり-ば【▽弓×摺羽】矢羽のうち、矢をつがえて射るときに弓に触れるほうの羽。
ゆすり-ば【強＝請場】歌舞伎で、強請を演じる場面。世話狂言、特に白浪物しらなみものの中で発展した。
ゆずり-は【譲葉｜交＝譲葉】ゆづり― ユズリハ科の常緑高木。本州中部以西の山林に自生。葉は長楕円形でつやがあり、裏面は白緑色で、柄は赤く、枝先に集まって互生する。雌雄異株。初夏、黄緑色の小花をつけ、実はやや丸くて藍色。庭木とし栽培される。新葉が出てから古い葉が落ちるので、新旧相ゆずるという縁起を祝って新年の飾り物に使う。交譲木。〔季 新年〕「―や口にふくみて筆はじめ/其角」
ゆすり-み・つ【揺すり満つ】〘動タ四〙その場にいる人がみな騒ぎたてる。ざわめく。「ここらの男女、上下、―・ちて泣きとよむに」〈源・若菜上〉
ゆずり-わたし【譲り渡し】ゆづり― 譲って人に渡すこと。譲与。譲渡。
ゆずり-わた・す【譲り渡す】ゆづり―〘動サ五(四)〙自分のものを他人にやる。譲渡する。「土地を―・す」〔類語〕譲る・譲渡・譲与・分譲・委譲・明け渡す・手放す・引き渡す
ゆする【×泔】頭髪を洗い、くしけずること。また、それに用いる湯水。古くは、米のとぎ汁などを用いた。「―の名残にや、心地も悩ましくて」〈源・東屋〉
ゆす・る【揺する】〘動ラ五(四)〙❶ゆり動かす。「ぶらんこを―・る」「からだを―・って笑いこける」❷人をおどして金品を出させる。「盛り場で金を―・られる」❸ゆれ動く。ゆれる。「天地―・りて響く」〈宇津保・吹上下〉❹一斉に騒ぐ。大騒ぎをする。「家―・りてとりたる聟

をの来ずなりぬる」〈能因本枕・二二〉 補説❷は、「強請る」とも当てて書く。可能ゆすれる 類語(❶)揺らす・揺さぶる・揺すぶる／(❷)巻き上げる・ふんだくる

ゆ・する【輸する】〔動サ変〕図ゆ・す〔サ変〕❶送る。輸送する。「援兵を送り糧弾を―・するに至り」〈東海散士・佳人之奇遇〉❷劣る。負ける。「一籌を―・する」類語(❷)負ける・劣る・見劣りする・引けを取る・一籌を輸する・遅れを取る

ゆず・る【譲る】〔動ラ五(四)〕❶自分の物・地位・権利などを他人に与える。譲渡する。「財産を―・る」「後進に道を―・る」❷欲しい人に売る。「安値で―・る」❸自分を後にし他人を先にする。「席を―・る」「順番を―・る」❹自分の主張を抑えて他人の主張を通させる。譲歩する。「自説に固執して―・らない」❺他の機会にする。「会見は後日に―・ろう」可能ゆずれる 類語譲り渡す・譲渡・譲与・分譲・委譲・明け渡す・手放す・引き渡す・やる

ゆする-つき【泔坏】泔の水を入れる器。古くは土器、のちには漆器や銀器などを用いた。「いでし日つかひし―の水は、さながらありけり」〈かげろふ・上〉

ゆずる-は【譲葉】ユズリハの古名。「あど思へか阿自久麻山の―の含まる時に風吹かずかも」〈万・三五七二〉

ゆする-ばち【土蜂】アナバチの古名。〈和名抄〉

ゆす・れる【揺すれる】〔動ラ下一〕ゆれ動く。「車が通るたびに家が―・れる」

ゆ-せい【油井】石油を採取するために掘った井戸。

ゆ-せい【油性】❶油の性質。❷潤滑油の性質の一。摩擦に影響を与える性質のうち、粘性以外の性質。➡水性

ゆせい-かん【油井管】油井やガス井で、石油や天然ガスなどを汲み上げる際に使用するパイプ。

ゆせい-かん【輸精管】►精管

ゆせい-とりょう【油性塗料】►油ペイント

ゆぜ-おんせん【湯瀬温泉】秋田県鹿角市の米代川上流にある温泉。泉質は単純温泉など。湯の花を原料に石鹸を製造。

ユゼス〖Uzès〗フランス南部、ガール県の町。アルゾン川に面し、ニームの北方約25キロメートルに位置する。ユゼス公爵領の城郭都市として発展。11世紀から18世紀にかけて建造されたユゼス公爵の居城やサンテオドリ大聖堂のフネストレル塔をはじめ、歴史的建造物が残っている。

ゆ-ぜつ【愉絶】この上もなく愉快なこと。

ゆせ-ぼさつ【勇施菩薩】釈迦如来に供奉する菩薩の一。名は布施の勇者の意。

ゆ-せん【湯煎】〔名〕スル 物を容器に入れ、容器ごと湯の中で間接的に熱すること。

ゆ-せん【湯銭】銭湯に入るときに支払う料金。入浴料。

ゆ-そ【輸租】律令制で、田租を国に納めること。また、その田租。

ゆ-そう【油送】石油を送ること。「―管」

ゆ-そう【油層】石油を含む地層。

ゆ-そう【油槽】石油やガソリンなどを貯蔵する大きなタンク。

ゆ-そう【遊僧】►ゆうそう(遊僧)

ゆ-そう【輸送】〔名〕スル 車・船・航空機などで人や物資を運ぶこと。「救援物資を―する」類語運ぶ・運送・運搬・搬送・配送・通運・運輸・郵送・交通・移送・配達・宅配・発送・逓送・陸運・海運・水運・空輸

ゆそう-き【輸送機】人や貨物などを輸送するための飛行機。

ゆそう-げんしょう【輸送現象】分子自身の、あるいは分子の運動量・エネルギーの輸送により生じると考えられる現象。拡散・電流・熱伝導・粘性など。

ゆそう-せん【油送船】・【油槽船】►タンカー

ゆそう-ぼく【癒瘡木】ハマビシ科の常緑高木。葉は羽状複葉で、青い5弁花を散形につけ、果実は黄色。樹脂をグアヤク脂とよび、試薬などに用いる。西インド諸島・中央アメリカに分布。グアヤクの木。

ユソ-しゅうどういん【ユソ修道院】《Monasterio de Yuso》スペイン北部、カルデナス川に臨む丘の下に建てられた修道院。6世紀にこの地で修行した聖ミジャンにちなむ。11世紀に創建され、のちに16世紀から18世紀にかけてバロック式などの混在する様式で再建された。ユソは「下」「下方」の意。10世紀に丘の上に建てられたスソ修道院とともに、1997年、「サンミジャンのユソとスソの修道院群」として世界遺産(文化遺産)に登録された。ジュソ修道院。

ゆそ-ちょう【輸租帳】►租帳

ゆ-そつ【輸卒】❶輸送を任務とする兵卒。❷「輜重輸卒」の略。

ゆそ-でん【輸租田】律令制で、田租を課した田。口分田・位田・功田・賜田など。➡不輸租田

ゆた 奄美・沖縄諸島で、占いを職業とする巫女。祝女や根神などの正式の司祭者とは別の存在。類語巫女・巫女・市子・かんなぎ・シャーマン

ゆた【雨=打│雪=打】►裳階

ユタ〖Utah〗米国西部、山岳地帯にある州。州都ソルトレークシティー。鉱物資源に恵まれ、銅・金・ウランの産出が多い。1847年以来モルモン教徒によって開かれ、96年45番目の州となった。➡表「アメリカ合衆国」

ゆた【寛】〔形動ナリ〕ゆったりと心が落ち着いているさま。「海原の路に乗りてや我が恋ひ居らむ大舟の―にあるらむ人の児故に」〈万・二三六七〉

寛にたゆたに ゆらゆらと漂い動くさま。ゆたのたゆたに。「我が心―浮き蓴辺にも沖にも寄りかつましじ」〈万・一三五二〉

寛のたゆたに 「ゆたにたゆたに」に同じ。「いで我を人なとがめそ大舟の―物思ふ頃ぞ」〈古今・恋一〉

ユダ〖Judah〗イスラエル十二部族の一。族長ヤコブの12人の息子の一人ユダを祖とする。のち、この部族からダビデが出て統一王国を建設。

ユダ〖Judas〗イエスの十二使徒の一人。イスカリオテのユダとよばれる。イエス・使徒たち一行の会計係を務めたが、祭司長らに銀貨30枚でイエスを売り、のち、悔悟して自殺。生没年未詳。

ゆた・う〔動ハ四〕たるむ。ゆるむ。「つぎ目あらはれて皮―・ひ」〈平家・三〉

ユダ-おうこく【ユダ王国】《Judah》古代イスラエル王国がソロモン王の没後、南北に分裂し、前928年その南半に成立した王国。都はエルサレム。前586年、新バビロニアに滅ぼされ、多くの住民がバビロンに連れ去られた。ユダヤ王国。南王国。

ゆだ-おんせん【湯田温泉】山口市の市街地南部にある温泉。泉質は単純温泉。

ゆた-か【豊か】〔形動〕図〔ナリ〕❶満ち足りて不足のないさま。十分にあるさま。「黒髪の―な女性」「緑―な森」「才能の―な画家」「国際色―なマラソン大会」❷経済的に恵まれていてゆとりのあるさま。「―な家に育つ」「―な生活」「給料日後で懐が―だ」❸心や態度に余裕があって、落ち着いているさま。「―な心を育む音楽」「心―に余生を過ごす」❹量感のあるさま。「―な花房」「腰の―な丸み」❺他の語に付いて、基準・限度を超えているさまを表す。「六尺―な大男」派生ゆたかさ〔名〕

ゆ-だき【湯炊き】〔名〕スル 物を湯の中に入れて煮ること。特に、米を湯の中に入れて炊くこと。

ゆ-だけ【弓丈】「ゆんだけ」に同じ。「うち臥さで恋し明かせばさ夜床の―のふすまよそにこそ見れ」〈夫木・一六〉

ゆ-だけ【裄丈】「ゆきたけ」に同じ。「―の片の身を縫ひつるが」〈枕・九五〉

ゆた-け・し【豊けし】〔形ク〕❶ゆったりしている。「海原の―・き見つつ葦が散る難波に年は経ぬべく思ほゆ」〈万・四三六二〉❷盛んである。盛大である。「最勝王経、金剛般若寿命経など、いと―・き御祈りなり」〈源・若菜上〉❸豊かである。富み栄えている。「かくばかり―・き年にいなむらの山田守をば又もあひきや」〈夫木・二〇〉

ゆ-だち【弓立ち】❶射手が弓を構えて立つこと。「あるべきやうに―して」〈宇治拾遺・一五〉❷射場に出る用意をすること。「今日はみな―の射手の外までもすずの平題箭腰なれにけり」〈新撰六帖・五〉

ゆ-だち【湯立ち】►湯立て

ゆ-だち【結裁】装束の袖付けの脇を縫わずにあけておくこと。また、その部分。「何色にか色ある御衣どもの―より多くこぼれ出でて」〈大鏡・伊尹〉

ゆ-たつ【諭達】役所から人民に触れを出し、さとすこと。また、その内容。

ゆた-づくり【雨=打造(り)】日本建築で、裳階を付けた構造。

ゆ-だて【湯立て】禊の一。神前の大釜に湯を沸かし、巫女や神官が熱湯に笹の葉をひたして自分のからだや参詣人にふりかける儀式。ゆだち。

ゆだて-かぐら【湯立て神-楽】湯立てを行事の中心とする神楽。➡霜月神楽

ゆだなか-おんせん【湯田中温泉】長野県北東部、下高井郡山ノ内町にある温泉。山ノ内温泉郷の一。泉質は塩化物泉・硫黄泉など。志賀高原や草津温泉方面への入り口。

ゆだ・ぬ【委ぬ】〔動ナ下二〕「ゆだねる」の文語形。

ゆ-だね【斎種】豊穣を祈って斎み清めた穀物の種。主として稲にいう。「青柳の枝きり下ろし―蒔きゆゆしき君に恋ひわたるかも」〈万・三六〇三〉

ゆだ・ねる【委ねる】〔動ナ下一〕図ゆだ・ぬ〔ナ下二〕❶処置などを人にまかせる。また、すべてをまかせる。「全権を―・ねる」「運命に身を―・ねる」❷すべてをささげる。「政治に身を―・ねる」類語任せる・預ける・頼む・託する・信託する・委託する・委任する・嘱する・依託する・委嘱する・依嘱する・嘱託する

ゆ-だま【湯玉】❶湯が沸騰するときにわきたつ泡。湯花。❷玉になり飛び散る熱湯。「―が走る」

ゆ-だめ【弓矯め│檠】弓の弾力を強くするために弓幹を矯めてそらせること。また、弓の材の曲がっているのを矯正すること。また、それに用いる道具。ゆみため。

ユダヤ〖ラテン Judaea〗パレスチナ南部、エルサレムを中心としたユダ王国の地。また、バビロンに捕囚となったユダヤ人が前538年に帰還したその地。ユダヤ教を信仰し、世界各地に散らばっているその民族をもいう。補説「猶太」とも書く。

ゆた-やか【豊やか】〔形動ナリ〕ふっくらしているさま。豊かであるさま。ゆったりとしているさま。「手足の指―に」〈浮・五人女・三〉

ユダヤ-きょう【ユダヤ教】唯一絶対の神ヤーウェを信仰するユダヤ人の民族宗教。モーセの律法と神との契約に基づき、選民思想・終末論およびメシアの来臨を信ずることなどが特徴。バビロン捕囚から帰還後の前517年、エルサレム神殿の再建・祭祀の確立をもって成立とされる。聖典は旧約聖書。19世紀末以来のシオニズムの精神的支柱。

ユダヤ-じちしゅう【ユダヤ自治州】ロシア連邦東部にある自治州。アムール川を挟んで中国・黒竜江省と接する。ロシア革命以降、ソ連邦内のユダヤ人が集められて設置されたが、スターリン時代には迫害された。ロシア系が多く、ユダヤ人は少数。州都はビロビジャン。

ユダヤ-じん【ユダヤ人】パレスチナを原住地とし、ユダヤ教を信仰する民族。バビロン捕囚ののち、イスラエル人の総称となった。ヘブライ語を使用する。西暦70年、ローマ帝国によるユダヤ王国の滅亡後、世界各地に離散。以後、中世を通じてキリスト教社会から差別・迫害を受け、多くの職業から排斥されたため学問・芸術・金融業・商業に従事して成功者を出した。近代に至って新たに起こった反ユダヤ主義の迫害の中でシオニズム運動を起こし、1948年にイスラエル共和国を建設。

ユダヤ-れき【ユダヤ暦】ユダヤ人が用いた太陰太陽暦の一種。日は夕方、月は新月の日に始まり、春分または秋分が年始で、平年は12か月、閏年は13か月で、閏月を第6月の次に置く。前3761年10月7日を創世紀元とする。

ゆだ・る【茹る】〔動ラ五(四)〕湯で十分熱せられる。ゆであがる。うだる。「ジャガイモが―・る」類語うだる

ゆ-たん【油単】❶ひとえの布や紙に油をしみ込ませたもの。湿気や汚れを防ぐため、調度や器物の覆いまたは敷物・風呂敷などに用いた。❷たんす・長持などを覆う布。ふつう、木綿で作られ、定紋や唐草などを染め出したもの。

ゆ-だん【油断】〔名〕スル たかをくくって気を許し、注意を怠ること。「一なく目を配る」「一してしくじる」(補説)「北本涅槃経」二二の「王、一臣に勅す、一油鉢を持ち、由中を経て過ぎよ、傾覆することなかれ、もし一滴を棄せば、まさに汝の命を断つべし」からという。一説に「ゆた(寛)に」の音変化とも。

油断大敵　油断は失敗のもとであるから、大敵である。油断して失敗を招くのを戒めた言葉。

油断は怪我の基　けがは、ちょっとした油断がもたらすから、気を許してはいけないということ。

油断も隙もな・い　少しも油断することはできない。油断がならない。「相手は策士だから一・い」

ゆたん-かん【輸胆管】▶胆管

ゆたん-づつみ【油単包み】昔、旅人などが持った油単で包んだ携行品。

ゆ-たんぽ【湯▽湯▽婆】《「たん(湯)」「ぽ(婆)」は唐音》暖房用具の一。金属・陶器製で、中に湯を入れて寝床や足を暖める。たんぽ。(季 冬)(類語)行火

ゆちし-でん【輸地子田】▶ゆじしでん(輸地子田)

ゆ-ちゃ【湯茶】湯と茶。湯または茶。「一の接待」(類語)温湯・さ湯・湯冷まし・湯水

ゆ-ちゃく【癒着】〔名〕スル ❶本来は分離しているはずの臓器・組織面が、外傷や炎症のために、くっつくこと。「腸が一する」❷好ましくない状態で強く結びついていること。「政界と財界が一する」

ユチュシェレフェリ-ジャーミー〖Üç Şerefeli Camii〗▶ユチュシェレフェリモスク

ユチュシェレフェリ-モスク〖Üç Şerefeli Mosque〗トルコ北西部の都市エディルネの旧市街中央部にあるイスラム寺院。15世紀半ば、オスマン帝国のスルターン、ムラト2世により建造。アーチを六角形に配し、その上に巨大なドームを載せた構造になっている。名称は、4本の尖塔のうちの1本に、三つのバルコニー(トルコ語でユチュシェレフェリ)があることに由来する。ユチュシェレフェリジャーミー。

ゆ-つ【▽斎つ】〔連語〕名詞の上に付いて、神聖な、清浄なの意を表す。「一桂」「一爪櫛」「河上の一岩群に草生さず常にもがもな常娘子にて」〈万・二二〉(補説)一説に「いほつ(五百箇)」の音変化で、数の多い意とも。

ゆ-づえ【▽弓×杖】「ゆんづえ」に同じ。「一の音までもさえとほりておもしろきに」〈弁内侍日記〉

ユッカ〖ラテ Yucca〗リュウゼツラン科ユッカ属(イトラン属)の植物の総称。茎は木質、葉は剣状で堅く、茎の先に鐘形の花を円錐状につける。北アメリカおよび西インド諸島に約30種があり、日本には明治以降に渡来。イトラン・キミガヨランなど。(季 夏)「雨あしの広場にしぶき一咲く/蛇笏」

ゆ-づか【▽弓▽柄・▽弓▽束・×弣】《「ゆつか」とも》矢を射るとき、左手で弓を握る部分。ゆみづか。また、そこに巻く革。

ゆつ-かつら【▽斎つ×桂】神聖で清浄なカツラの木。一説に、枝のたくさんあるカツラ。「井の上へに一あらむ」〈記・上〉

ゆ-づかれ【湯疲れ】〔名〕スル 長時間入浴したために疲れること。「一してだるい」

ゆ-つき【▽斎×槻】神聖で清浄なツキの木。一説に、奈良県桜井市巻向山の一峰の名とも。いつき。「長谷の一が下に隠したる妻あかねさし照れる月夜に人見てむかも」〈万・二三五三〉

ゆ-つぎ【湯次｜湯▽注】「湯桶」に同じ。

ゆづき-の-きみ【弓月君】秦氏の祖といわれる伝説的人物。秦の始皇帝の子孫と称し、応神天皇の代に百済から渡来したという。融通王。

ゆっくり〔副〕スル ❶動作が遅いさま。「一(と)腰を上げる」「一(と)話す」❷時間的にゆとりがあるさま。「今から行けば電車に一間に合う」「一度一お話ししたい」❸気持ちにゆとりのあるさま。「風呂に入って一する」

(用法)ゆっくり・のんびり――「ゆっくり(のんびり)した足どり」のように速くはないの意、「久しぶりにゆっくり(のんびり)する」のように気楽なさまの意などでは相通じて用いられる。◆「ゆっくり」は、「今晩ゆっくり考える」「ゆっくり間に合う」「ふたりでもゆっくり座れる椅子」など、急がず時間をかけて行う意や、時間的・空間的余裕がある意に多く用いられる。◆「のんびり」は、「のんびり育つ」「のんびり暮らす」「のんびりした風景」など、こせついたところがなく、のどかなようすである意に重点がある。◆類似の語に「のろのろ」「そろそろ」がある。「のろのろ」は「のろのろ(と)起き上がる」のように、たいそう遅いさまを表し、「そろそろ」は「腰を痛めてそろそろ(と)歩く」のように承知して遅く行動する意を表す。(類語)そろそろ・ゆるゆる・遅遅・遅い・のろい・のろくさい・まだるい・まだるっこい・とろい・緩慢・緩徐・遅緩・スロー・スローモー・のろのろ

ユッケ《朝鮮語》朝鮮料理の一。牛肉の赤身を細かくたたき、醤油・ごま油・砂糖・ニンニクなどで調味して盛り、中央に卵黄をのせたもの。

ゆ-づけ【湯漬(け)】飯に湯をかけて食べること。また、湯をかけた飯。湯漬け飯。「一をかっ込む」

ゆっすり〔副〕揺れ動くさま。ゆすっと。「これほど閻魔王が秘術を尽くいて責むるに、一ともせぬが」〈虎明狂・朝比奈〉

ユッセ-じょう【ユッセ城】《Château d'Ussé》フランス中西部、アンドル-エ-ロアール県の村レニユッセにある城。15世紀から16世紀にかけて増改築され、ゴシック、ルネサンスなどの建築様式が見られる。シャルル＝ペローの童話「眠れる森の美女」の舞台となった。ロアール川流域の古城の一つとして知られ、2000年、「シュリーシュルロアールとシャロンヌ間のロアール渓谷」の名称で世界遺産(文化遺産)に登録。

ゆったり〔副〕スル ❶ゆるやかでゆとりのあるさま。「一(と)編んだセーター」「一(と)した旅程」❷落ち着いてのんびりしているさま。「一(と)くつろぐ」

ゆつ-つまぐし【▽斎つ爪×櫛】神聖で清浄な櫛。一説に歯の多い櫛の意。ゆつのつまぐし。「左の御みづらに刺せる一の」〈記・上〉

ゆ-つぼ【湯×壺】温泉などで、わき出る湯をたたえたところ。湯ぶね。

ゆつ-まつばき【▽斎つ真×椿】神聖な椿の木。「新嘗屋に生ひ立てる葉広一」〈記・下・歌謡〉

ゆ-つ・る【▽移る】〔動ラ四〕経過する。うつる。「天の原富士の柴山木の暗の時一・りなば逢はずかもあらむ」〈万・三三五五〉

ゆ-づる【▽弓弦】「ゆみづる」の音変化。

ゆづる-うち【▽弓弦打ち】「弦打ち」に同じ。「一をしつつ夜めぐりするやうになむ侍る」〈宇津保・蔵開上〉

ゆ-て【湯手】《「ゆで」とも》入浴時、からだを洗うのに用いるもの。手ぬぐいやへちまなどをいう。

ゆで【×茹で】ゆでること。ゆでた程度。また、ゆでたもの。「固一」「釜一」

ゆで-あが・る【×茹で上(が)る】〔動ラ五(四)〕ゆでてできあがる。「そばが一・る」

ゆで-あ・げる【×茹で上げる】〔動ガ下一〕文ゆであ・ぐ〔ガ下二〕ゆで終える。「パスタを一・げる」

ゆで-あずき【×茹で小-豆】柔らかくゆでた小豆。砂糖などをかけて食べる。また、ゆでて砂糖を加え甘く味付けした小豆。(季 夏)

ゆ-てき【油滴】❶油のしずく。❷「油滴天目」の略。

ゆてき-てんもく【油滴天目】天目茶碗の一。黒釉地に油滴に似た銀色または金白色の斑文が表れたもの。中国の建盞のものが有名。

ゆで-ぐり【×茹で×栗】ゆでたクリの実。(季 秋)

ゆで-こぼ・す【×茹で×溢す】〔動サ五(四)〕ゆでて、その汁を流し捨てる。「豆を一・す」

ゆで-だこ【×茹で×蛸】❶ゆでて赤くなったタコ。❷風呂に入ったり、酒に酔ったりして赤くなったさまのたとえ。「怒って一になる」

ゆで-たまご【×茹で卵｜×茹で玉子】鶏卵を殻のままゆでたもの。ボイルドエッグ。うでたまご。

ゆ・でる【×茹でる】〔動ダ下一〕文ゆ・づ〔ダ下二〕❶熱湯に入れて煮る。うでる。「枝豆を一・でる」❷患部を湯に浸したり、湯気で蒸したりする。「左の方の肱を突き折りたれば、それを一・でんがために来たりたるを」〈今昔・一九・一一〉(類語)うでる・湯搔く・湯引く

ゆ-てん【油点】ミカン科・オトギリソウなどの葉にみられる半透明の小さな点。細胞間隙または細胞内に油滴がたまったもの。

ゆ-でん【油田】石油を産出中の区域。また、石油鉱床の存在する地域。「海底一」

ゆ-ど【油土】硫黄・酸化亜鉛・蠟などをオリーブ油などで練って作った人工の粘土。放置しても硬化しない。彫刻や鋳金の原型に用いる。あぶらつち。

ゆ-とう【湯×桶】湯茶を入れる器。木製でつぎ口と柄があり、多くは漆塗り。そば屋でそば湯を入れて用いたりする。(類語)急須・土瓶・ティーポット・鉄瓶

ゆ-どうふ【湯豆腐】豆腐を、昆布などをだしにした湯で煮た料理。醤油につけ、薬味とともに食べる。湯奴。(季 冬)「一や持薬の酒の一二杯/万太郎」

ゆとう-よみ【湯×桶読み】《「ゆ」は「湯」の訓読み、「とう」は「桶」の音読みであるところから》漢字2字でできている熟語で、上の字を訓で、下の字を音で読むこと。「夕刊」「手本」などの類。⇔重箱読み。

ゆ-どおし【湯通し】〔名〕スル ❶織物を湯に浸して糊気を取って柔らかくし、あとで縮むことのないようにすること。❷肉・魚・野菜などを、さっと湯にくぐらせて、灰汁・臭みや油気を取り去ること。

ゆ-とこ【▽夜床】「よどこ」の上代東国方言。「筑波嶺のさ百合の花の一にもかなしけ妹そ昼もかなしけ」〈万・四三六九〉

ゆ-どの【湯殿】❶入浴するための部屋。浴室。風呂場。❷入浴すること。「御一すべき時もなりぬれば」〈宇津保・蔵開上〉(類語)風呂・風呂場・浴室・バス・バスルーム・蒸し風呂・サウナ・シャワー

ゆどの-さん【湯殿山】山形県中部にある火山。月山の南西に位置し、羽黒山と合わせて出羽三山とよばれる。標高1504メートル。

ゆどのさん-じんじゃ【湯殿山神社】山形県鶴岡市にある神社。祭神は大山祇命・大己貴命・少彦名命。湯殿山にある熱湯のわき出る霊岩を神体とする。

ゆどの-はじめ【湯殿始め】❶新生児に産湯をつかわせたのち、3日目に湯を浴びさせること。湯始め。❷新年に初めて入浴すること。湯始め。(季 新年)「一に身を清め、新枕せし姫始め」〈浄・大経師〉⇒御湯殿始め

ユトランド-はんとう【ユトランド半島】《Jutland》ヨーロッパ中部、北海とバルト海とを分ける半島。北部はデンマーク領、南部はドイツ領。狭義にはデンマーク領をさす。デンマーク語で、ユラン半島。

ゆとり　物事に余裕があり窮屈でないこと。余裕。「経済的に一がない」「心に一を持つ」(類語)余裕・余地

ゆ-とり【湯取り】❶入浴後、からだのしずくをぬぐい取るためにつける衣。ゆかた。❷「湯取り飯」の略。❸船中の淦をくみ取る器。あかとり。あかとりしゃく。〈和名抄〉

ゆとり-きょういく【ゆとり教育】昭和52年(1977)の学習指導要領の改定で導入された考え方。「受験戦争」と「落ちこぼれ」対策として教科内容と授業時間数を削減して児童生徒の負担を軽減し、余った時間を教科の枠に縛られない総合的な学習に当てる。問題点として「学力低下」が指摘された。

ゆとり-ぬま【魚取沼】宮城県中西部にある沼。面積0.2平方キロメートル。天然記念物の鉄魚の生息地として知られる。

ゆとり-めし【湯取り飯】米を多めの水で炊き、沸騰したところでざるに上げて水洗いし、再び蒸して作った飯。病人食に用いた。

ユトリロ〖Maurice Utrillo〗[1883～1955]フランスの画家。独学で、哀感に満ちたパリの下町を描いた。

ユトレヒト〖Utrecht〗オランダ中部の商工業都市。

ライン川の支流ベヒト川に面し、古くから水陸交通の要地。スペイン領時代はネーデルラントの中心として繁栄した。毎年国際産業見本市が開催される。

ユトレヒト‐じょうやく【ユトレヒト条約】 1713年から15年にかけて、ユトレヒトで締結されたスペイン継承戦争の一連の講和条約。フランス・スペインの合併禁止、フェリペ5世の復位は認められたが、アン女王の英国王位の承認、ジブラルタル・ミノルカ島・仏領アメリカの一部などのイギリスへの割譲が決められた。

ユトレヒト‐どうめい【ユトレヒト同盟】 1579年、スペインのフェリペ2世のプロテスタント弾圧政策に対抗して、ネーデルラント北部7州がユトレヒトで結んだ同盟。1581年、ネーデルラント連邦共和国として独立を宣言した。

ゆ‐とん【油団】和紙を厚くはり合わせ、油または漆をひいたもの。夏の敷物。(季 夏)

ゆ‐な【湯▽女】❶湯泉宿で客の接待をした女。❷江戸時代、江戸・大坂などの湯屋にいた遊女。

ユナイテッド‐ステーツ‐オブ‐アメリカ〘United States of America〙アメリカ合衆国。USA。

ユナイテッド‐フロント〘united front〙共同戦線。統一戦線。

ユナニミスム〘ﾌﾗﾝｽ unanimisme〙20世紀初頭、フランスに興った文学の一傾向。人間集団の中に個人を超えた魂を見いだし、その一体的生命感を表現しようとするもの。提唱者のジュール＝ロマンのほか、デュアメル・ビルドラックなどに代表される。一体主義。

ユナフェイ〘UNAFEI〙《United Nations Asia and Far-East Institute for the prevention of crime and the treatment of offenders》アジア極東犯罪防止研修所。アジア諸国の犯罪を防止するため、また犯罪者の処遇について協議するための国際研修機関で、国連と日本政府によって運営されている。1962年設立。本部は東京。

ゆな‐ぶろ【湯▽女風呂】江戸時代、湯女を置いた湯屋。

ゆな‐ゆな　のちのちの意か。「黒かりし髪も白けぬ—は息さへ絶えて」〈万・一七四〇〉

ゆ‐に【湯煮】〔名〕ｽﾙ 料理の材料を湯で煮ること。また、その煮たもの。

ユニ〘uni〙〔語素〕名詞の上に付いて、単一の、の意を表す。「—カラー」「—セックス」

ユニーク〘unique〙〔形動〕他に類を見ないさま。独特なさま。「—な発想」「—な友人」「重複のない—な項目ID」(派生)ユニークさ〔名〕

ユニオン〘union〙❶結合。連合。同盟。❷組合。労働組合。(類語)団体・組織・結社・法人・連盟・協会

ユニオン‐ジャック〘Union Jack〙英国の国旗。長方形で、イングランドの白地に赤十字の聖ジョージ旗、スコットランドの青地にX形白十字の聖アンドルー旗、アイルランドの白地にX形赤十字の聖パトリック旗を組み合わせたもの。

ユニオン‐ショップ〘union shop〙新規に雇用された労働者は一定期間内に労働組合に加入しなければならず、また、途中で組合員資格を失ったときは使用者から解雇されるという制度。➡オープンショップ ➡クローズドショップ

ユニオン‐リーブル〘ﾌﾗﾝｽ union libre〙フランスの代表的知識人サルトルとボーボワールの二人が実践した、新しい男と女の関係。自由結婚。原義は「自由な結びつき」の意。

ユニカメラル‐システム〘unicameral system〙単一の院による議会。一院制議会。

ユニキャスト〘unicast〙コンピューターのネットワーク内で、特定した単一のユーザーに対してデータを送信すること。➡ブロードキャスト ➡マルチキャスト

ユニコード〘unicode〙コンピューター用の文字コード体系の一。世界のあらゆる文字の表現を目指し、1993年にISO(国際標準化機構)とIEC(国際電気標準会議)との合同技術委員会で標準化された。だが、1文字を16ビットで表現したため最大6万5536文字しか収録できず、漢字の統合を試みる結果となった。日本語・中国語・朝鮮語で使われている漢字のうち、由来や意味を同じくする文字を統合する作業(ハンユニフィケーション)が行われたが、日本を中心に反発を招き、後にハングル文字の追加や異体字表現の見直しを図り、21ビットで定義することになった。

ユニコーン〘unicorn〙ヨーロッパの伝説上の動物。馬の体で、ねじれた1本の角(つの)をもつ。角には解毒する力があると信じられた。一角獣(いっかくじゅう)。

ユニシスト〘UNISIST〙《United Nations Intergovernmental System of Information in Science and Technology》世界科学情報システム。国連とユネスコから資金援助を受けて、国際的学術交流を行う。1973年発足。

ユニスペース〘UNISPACE〙《United Nations Conference on Exploration and Peaceful Uses of Outer Space》国連宇宙平和利用会議。宇宙の平和利用に向けての協力計画を検討する国際会議。1968年、82年、99年に開催。

ユニセ〘UNICE〙《ﾌﾗﾝｽ Union des Industries de la Communauté Européenne》欧州共同体産業連盟。EC(欧州共同体)各国の産業界の協調を目的として1958年に設立された。2007年ビジネスヨーロッパに改称。

ユニセックス〘unisex〙男女の区別のないこと。特に、服飾で男女両性に向くもの。

ユニセフ〘UNICEF〙《United Nations Children's Fund》国連児童基金。開発途上国の児童養護計画などに対する援助を行う、国連経済社会理事会の常設下部機構。1946年、戦災国の児童の救済を行うために国連国際児童緊急基金(UNICEF; United Nations International Children's Emergency Fund)として設立。その後、戦災国だけでなく開発途上国へと活動の場を広げた。53年に現名称に改称したが、略称のUNICEFはそのまま受け継いだ。本部はニューヨーク。65年、ノーベル平和賞受賞。

ユニゾン〘unison〙音楽で、同じ高さの音。また、そのような音や旋律を、複数の声や楽器で奏すること。広義には、オクターブにわたる音も含める。

ユニタール〘UNITAR〙《United Nations Institute for Training and Research》国連訓練調査研究所。国際連合の機関の一。国際機関の効率の向上および開発途上国の人材育成のため、途上国の外交官、途上国出身の国連・専門機関職員の研修を行うとともに、そのために必要な調査・研究を行う。1965年設立。本部はジュネーブ。

ユニタリー‐タックス〘unitary tax〙米国の州内で事業所・工場を持つ法人組織は、州外・国外のグループ全体の所得利益を合算して課税する方式。合算課税。

ユニック‐クレーン〘Unic crane〙►ユニック車

ユニック‐しゃ【ユニック車】クレーンを装備したトラックの通称。トラッククレーンの一種。トラックの荷台または運転席と荷台の間に取り付けられたクレーンを使って重量物を荷台に積み込み、運搬することができる。「ユニック」は登録商標。ユニッククレーン。車両搭載型クレーン。トラック搭載型クレーン。

ユニックス〘UNIX〙1969年に米国のベル研究所がミニコン用に開発したオペレーティングシステムの商標名。互換性・安定性・セキュリティー能力が高く、パソコンにも利用されている。Solaris、HP-UX、BSD、Linuxなど、UNIXから派生したオペレーティングシステムの総称を意味することもある。➡UNIX系OS

ユニックス‐クローン〘UNIX clone〙►UNIX系OS

ユニックスけい‐オーエス【UNIX系OS】《UNIX-like operating systems》1969年に米国ベル研究所が開発したUNIXから派生した、または類似の仕様をもつオペレーティングシステムの総称。代表的なものとして、Solaris、HP-UX、BSD、Linuxなどがある。UNIXクローン。

ユニット〘unit〙❶全体を構成する一つ一つの要素。単位。「一式バス」❷教育で、単元。「一学習」

ユニットエイド〘UNITAID〙途上国におけるエイズ・マラリア・結核の治療普及を支援する国際機関。航空券連帯税などの革新的資金メカニズムから資金の提供を受けて、治療薬等に対する恒常的な需要を形成し、価格の低下・供給量の増加などを実現することにより、途上国での医薬品の利用拡大を促進する。2006年、国連総会の共同宣言に基づき創設。本部はジュネーブ。国際医薬品購入ファシリティー(IDPF; International Drug Purchase Facility)。

ユニット‐かぐ【ユニット家具】組み立て式家具。組み合わせ式家具。

ユニットがた‐とうししんたく【ユニット型投資信託】募集のたびに独立した信託財産を設定し、他の信託財産とは分別管理され、購入は募集期間だけで、解約は認められるが追加設定(資金の途中追加)は行われない投資信託。定時定型投資信託とスポット型投資信託とがある。単位型投資信託。➡オープン型投資信託

ユニット‐システム〘unit system〙建築物・家具・オーディオ機器などで、一定の規準で作られた単位のものを単独でも組み合わせても使用できる方式。

ユニット‐バス《和 unit＋bath》壁面と浴槽、便器、洗面台などが一体化した浴室。

ユニット‐プライシング〘unit pricing〙ユニットプライス制による価格表示。単位価格表示。

ユニットプライス‐せい【ユニットプライス制】《unit price system》単位価格表示制。例えば、400グラムで600円の肉は「100グラム当たり150円」と表示する。比較購買がしやすく、消費者への便宜を考えるものであるが、利用度が低いとコスト分だけマイナスになる。

ユニットロード‐システム〘unit load system〙複数の商品を専用の容器などに収納して、1個の貨物として運搬する輸送方式。

ユニティー〘unity〙ひとまとまりにすること。統一。一致。また、統一体。

ユニテリアン〘Unitarian〙キリスト教プロテスタントの一派、およびその主張。キリスト教正統派教義の三位一体説に反対し、神の単一性を主張、キリストの神性を否定する。18世紀以降、英国、次いで米国などで教会が発展した。明治20年(1887)日本にも伝来。

ユニド〘UNIDO〙《United Nations Industrial Development Organization》国連工業開発機関。国際連合の専門機関の一。開発途上国の工業化を促進することを目的として1966年に設立。本部はウィーン。

ユニバ「ユニバーシアード」の略。

ユニバーサリスト〘Universalist〙キリスト教プロテスタントの一教派。人類は終局的にはすべて神に救済されると説く。18世紀、英国に興り、米国で発展した。日本には明治23年(1890)に初めて伝道。その教会をキリスト教同仁(どうじん)社団という。

ユニバーサリズム〘Universalism〙普遍救済説。➡ユニバーサリスト

ユニバーサリティー〘universality〙一般性。普遍性。

ユニバーサル〘universal〙〔形動〕❶一般的であるさま。すべてに共通であるさま。普遍的。「—な考え方」❷宇宙的なさま。全世界的。「—な規模」

ユニバーサル‐オーランド‐リゾート〘Universal Orlando Resort〙米国フロリダ州中央部の都市、オーランドにあるテーマパーク。映画会社ユニバーサルスタジオが運営するテーマパーク、ホテル、商業施設などで構成される。

ユニバーサル‐サービス〘universal service〙全国一律に妥当な料金で安定的に提供されるサービス。電話・郵便などに課せられている。

ユニバーサル‐ジョイント〘universal joint〙自在継ぎ手。

ユニバーサルスタジオ‐ジャパン〘Universal

Studios Japan〗▶ユー-エス-ジェー(USJ)

ユニバーサルスタジオ-ハリウッド〖Universal Studios Hollywood〗米国カリフォルニア州、ロサンゼルス北西部、ハリウッドにある映画のテーマパーク。映画会社ユニバーサルスタジオが運営する。人気映画をテーマにした各種アトラクションのほか、映画撮影の現場を見学するツアーがある。➡USJ

ユニバーサル-タイム〖universal time〗▶世界時

ユニバーサル-デザイン〖universal design〗高齢であることや障害の有無などにかかわらず、すべての人が快適に利用できるように製品や建造物、生活空間などをデザインすること。アメリカのロナルド=メイスが提唱した。その7原則は、(1)だれにでも公平に利用できること。(2)使う上で自由度が高いこと。(3)使い方が簡単ですぐわかること。(4)必要な情報がすぐに理解できること。(5)うっかりミスが危険につながらないデザインであること。(6)無理な姿勢を取ることなく、少ない力でも楽に使用できること。(7)近づいたり利用したりするための空間と大きさを確保すること。UD。

ユニバーサル-テスター〖universal tester〗電気機器・電子回路の調整、故障箇所の発見を容易に行うため、交流・直流の電圧・電流と抵抗値を広範囲に測定できるよう一体にまとめたもの。

ユニバーサル-バンキング〖universal banking〗一般商業銀行業務のみならず、幅広い金融サービスを行うこと。➡ユニバーサルバンク

ユニバーサル-バンク〖universal bank〗商業銀行業務・投資銀行業務・証券業務のほか、リース・ファクタリングなどいっさいの金融業務のできる銀行。

ユニバーサル-ファインダー〖universal finder〗レンジファインダーカメラに外付けするファインダーのうち、交換レンズの焦点距離により、画角を切り替えられるタイプのこと。

ユニバーサル-プラグアンドプレイ〖universal plug and play〗米国マイクロソフト社が提唱した、パソコンや周辺機器、家電製品などを簡単にネットワークに接続するための技術仕様。ユーピーエヌピー(UPnP)。

ユニバーサル-マウント〖universal mount〗レンズ交換式カメラのマウントで、規格をメーカー間で共用しているもの。規格が同じであれば、カメラ本体とレンズのメーカーが異なっていても使用できる。

ユニバーサル-ミーリングマシン〖universal milling machine〗万能フライス盤。主軸が旋回できるか、もしくはテーブルが垂直軸を中心に旋回できるようになっているもの。

ユニバーサルメディア-ディスク〖universal media disc〗▶ユー-エム-ディー(UMD)

ユニバーサルよこメルカトル-ずほう【ユニバーサル横メルカトル図法】ヅハフ 地図投影法の一。メルカトル図法によって、中央経線を中心に東西3度ずつの狭い範囲を投影するもの。日本では昭和35年(1960)以降、国土地理院発行の地形図に使用。国際横メルカトル図法。UTM図法。

ユニバーシアード〖Universiade〗大学在学中及び卒業後2年以内の者を含む学生の国際競技大会。国際大学スポーツ連盟が主催する。1959年から隔年、夏季・冬季に開催。インターナショナル-スチューデントゲームズ。

ユニバーシティー〖university〗多くの学部を持つ総合大学。カレッジに対していう。

ユニバース〖universe〗❶宇宙。❷世界。全人類。

ユニファイ〖unify〗統一すること。

ユニフェム〖UNIFEM〗《United Nations Development Fund for Women》開発途上国の貧困女性の所得、生活向上のための資金・技術援助を行う国際連合の機関。1984年発足。UNDP(国連開発計画)の連携プログラム。76年に設立された「国連婦人の十年基金(UNVFDW ; United Nations Voluntary Fund for the Decade for Women)」を改称して発足。2011年UNウィメンに統合。国連婦人開発基金。国連女性開発基金。

ユニフォーミティ〖uniformity〗画一性。同一性。

ユニフォーム〖uniform〗▶ユニホーム

ユニホーム〖uniform〗《「ユニフォーム」とも》❶制服。❷スポーツ用のそろいの服。(類語)制服

ユニホック〖unihock〗六人一組で、プラスチック製のスティックとボールを使って行うホッケー。1968年スウェーデンで考案された。

ゆ-にゅう【輸入】ユニフ〔名〕スル 外国の産物・技術などを自国に取り入れること。特に、外国の商品を自国へ買い入れること。「木材を―する」「並行―」⇔輸出。

ゆにゅう-いそんど【輸入依存度】ユニフ 一国の経済が輸入に依存する割合。国民所得・国民総生産などに対する輸入額の比率によって示される。輸入性向。

ゆにゅう-かちょうきん【輸入課徴金】ユニフクワチョウキン 輸入を抑制して貿易収支を改善するために、輸入品に課せられる特別の関税や付加税。

ゆにゅう-かんせんしょう【輸入感染症】ユニフカンセンシャウ 国内には常在せず、海外から細菌が持ち込まれ、発生する感染症。コレラ・赤痢・マラリア・ウイルス性肝炎など。輸入伝染病。

ゆにゅう-くみあい【輸入組合】ユニフくみあひ 輸出入取引法に基づいて設立された輸入業者の組合。輸入に関する調査・斡旋、輸入貨物の価格・品質の改善、輸入に関する苦情・紛争を処理することなどを主な事業としている。

ゆにゅう-こう【輸入港】ユニフカウ 輸入品を国内に陸揚げする港。

ゆにゅう-しょう【輸入商】ユニフシャウ 外国品の輸入を業とする商人。

ゆにゅう-しんこくしょ【輸入申告書】ユニフ 貨物を輸入しようとする者が輸入許可を受けるために税関に提出する書類。

ゆにゅう-ぜい【輸入税】ユニフ 輸入品に対して課せられる関税。課税方法によって従価税と従量税とに分けられる。輸入関税。

ゆにゅう-ちょうか【輸入超過】ユニフテウクワ ある期間の輸入総額が輸出総額よりも多いこと。入超。⇔輸出超過。

ゆにゅう-てがた【輸入手形】ユニフ 輸出代金取立のために送付されてきた輸出手形の、輸入地側からの呼び名。輸入為替手形。

ゆにゅう-ひん【輸入品】ユニフ 外国から輸入した物品。

ゆにゅう-ユーザンス【輸入ユーザンス】ユニフ 輸入貨物代金の支払いを繰り延べること。輸入金融の一般的な方式で、輸入業者は輸入手形の決済を一定期間猶予され、その間に輸入貨物を売却し、その代金で手形の決済をすることができる。

ゆにゅう-わりあてせいど【輸入割当制度】ユニフ 輸入数量の増加によって国内産業が損害を被るのを防ぐため、特定品目の輸入数量を割り当てる制度。IQ制度。

ゆにょう-かん【輸尿管】ユネウクワン ▶尿管

ユニラテラリズム〖unilateralism〗一方(一派・一党・一国)だけでことを進めようとするあり方。単独主義。

ゆ-にわ【▽弓庭】ゆには ▶弓場ゆば

ゆ-にわ【▽斎▽場｜▽斎庭】ゆには 神を祭るために斎いみ清めた場所。さいじょう。

ユヌス〖Muhammad Yunus〗[1940〜]バングラデシュの経済学者。バングラデシュ(当時は英領インド)のチッタゴン生まれ。マイクロクレジット制度の考案者。グラミン銀行の設立者・総裁。ダッカ大学卒業後、渡米し、米国バンダービルト大学で博士号取得。帰国後、チッタゴン大学の経済学部長となるが、1974年のバングラデシュ大飢饉に直面し、貧困対策に着手。自己資本を持たない貧困層を対象に無担保の少額融資(マイクロクレジット)制度を創設した。当初は独力で運営にあたったが、後に国立中央銀行が資本参加し、83年にグラミン銀行を設立、総裁に就任。無償援助ではなく融資によって、貧困層の自助努力による自立を促進するマイクロクレジット制度は、他の開発途上国にも広がった。「底辺からの経済的および社会的発展の創造に対する努力」が認められ、2006年、グラミン銀行と共にノーベル平和賞を受賞。

ユネスコ〖UNESCO〗《United Nations Educational, Scientific and Cultural Organization》国連教育科学文化機関。国際連合の専門機関の一。教育・科学・文化を通じ国際協力を促進し、世界の平和と安全とに貢献することを目的とする。1946年設立。本部はパリ。加盟国195か国、準加盟国8か国(2012年7月現在)。日本は51年(昭和26)に加盟。

ユネスコ-じょうやく【ユネスコ条約】デウヤク ▶文化財不法輸出入等禁止条約

ユネップ〖UNEP〗《United Nations Environment Programme》国連環境計画。1972年に開催された国連環境会議での決議に基づき、73年、国連を主体として行う環境問題関連活動の総合調整管理機関として発足。本部はナイロビ。

ユネップ-エフアイ〖UNEP FI〗《United Nations Environment Programme Finance Initiative》国連環境計画(UNEP)と金融機関の自主的な協定に基づく組織。1992年創設。環境保護・社会の持続可能性に配慮した金融事業を推進するため、調査・情報交換などを行う。銀行・保険会社・証券会社など約200の機関が参加。国連環境計画・金融イニシアチブ。

ゆ-の-あわ【湯の泡】硫黄いおう。湯のあか。「―、白土しらつちまた和松ひきまつあり」〈肥前風土記〉

ユノー〖Juno〗㊀ローマ神話で、最高神ユピテルの妃。ジュノー。➡ヘラ ㊁小惑星ジュノーの別称。

ユノー〖UNO〗《United Nations Organization》▶国際連合

ゆ-の-かみ【湯の神】温泉の神。温泉をつかさどる大己貴神おおなむちのかみ・少彦名神すくなびこなのかみの二神。

ゆのかわ-おんせん【湯の川温泉】ゆのかはヲンセン 北海道函館市湯川町を中心に松倉川沿いにある温泉。泉質は塩化物泉。

ゆ-の-こ【湯の子｜湯の粉】❶茶の湯で、懐石の終わりに出す練り湯に入れる焦げ飯や煎いり米。❷釜底に焦げついた飯を粥かゆにしたもの。「もはや―の便も切れ、露命すでに終らん事」〈浮・貧人太平記〉

ゆ-の-こ【湯ノ湖】栃木県日光市の西部にある湖。三岳みつだけ(標高1945メートル)の噴火による溶岩流で沢がせき止められてできた。面積0.32平方キロメートル、最大深度12メートル、湖面標高1475メートル。湖水は南東の湯滝(高さ75メートル)から湯川となって流出し中禅寺湖に注ぐ。マス釣りの名所。日光国立公園の一部。「奥日光の湿原」の一部としてラムサール条約に登録指定されている。

ゆ-のし【湯熨=斗】〔名〕スル 湯気を当てて布のしわをのばすこと。「ジュバンを―する」

ゆのつ【温泉津】島根県大田市の地名。旧町名。日本海に臨む温泉町で、江戸時代には大森銀山の積み出し港として栄えた。温泉は塩化物泉。

ゆ-の-はな【湯の花｜湯の華】❶鉱泉や温泉の噴き出し口や流路に生じる沈殿物。硫黄いおう泉の硫黄、石灰泉の石灰華、珪酸泉の珪華など。ゆばな。温泉華。❷「湯垢ゆあか❶」に同じ。

ゆのはま-おんせん【湯野浜温泉】ヲンセン 山形県鶴岡市の日本海沿いにある温泉。泉質は塩化物泉など。温海あつみ・湯田川ゆたがわ両温泉とともに庄内三楽湯さんらくとうの一。

ゆ-のみ【湯×呑み｜湯飲み】「湯呑み茶碗」の略。

ゆのみ-ぢゃわん【湯×呑み茶×碗】湯茶を飲むのに用いる小ぶりの茶碗。(類語)茶碗・茶飲み茶碗

ゆのみね-おんせん【湯の峰温泉】ヲンセン 和歌山県田辺市の温泉。熊野川支流の湯ノ峰川沿いにあり、熊野本宮参拝者の湯垢離ゆごり場として知られる。泉質は硫黄泉。

ゆのやま-おんせん【湯ノ山温泉】ヲンセン 三重県北部、三重郡菰野こもの町にある温泉。御在所山の東麓にある。泉質は放射能泉。

ゆ-ば【▽弓場┊▽弓▽庭】弓の練習をする所。特に平安時代、皇居内、紫宸殿の前庭の西隅にあった射場をいう。のちには武家も設けるようになった。弓庭。ゆみば。

ゆ-ば【湯場】温泉地。温泉場。また、浴場。

ゆ-ば【湯葉┊湯波┊油▽皮】豆乳を煮たときに上面にできる薄黄色の皮膜をすくい取ったもの。生湯葉と干し湯葉があり、吸い物・煮物などに用いる。うば。

ゆば-いろ【×柚葉色】染め色の名。濃い緑色、または黒みのある緑色。

ゆ-はじめ【湯始め】「湯殿始め」に同じ。

ゆ-ばしり【湯走り】❶金属が熱せられて液状になり、流動すること。〈日葡〉❷日本刀の沸で、凝ってしずくのような斑点になっているもの。〈日葡〉

ゆ-はず【▽弓×弭┊▽弓×筈┊▽弓×彇】「ゆみはず」に同じ。

ユバスキュラ〖Jyväskylä〗フィンランド中部、湖水地方の北端に位置する都市。ユバスキュラ大学や中央フィンランド博物館をはじめ、同国の建築家、アルバー゠アールトが設計した建造物が数多くある。

ゆはた【×纈┊▽結×繒】《「ゆいはた」の音変化》絞り染め。くくり染め。また、絞り染めにした布や革。「君が為一の絹を取りしでて神にぞ祭る万代までに」〈堀河百首〉

ゆはだ-おび【▽結肌帯┊▽斎肌帯】▶岩田帯

ゆはた-がわ【×纈革】絞り染めにした革。目結革。

ゆ-ばたけ【湯畑】群馬県吾妻郡草津町の中央に湧き出る源泉。広さは約1600平方メートル。湧出量は毎分約4600リットル。温度はセ氏約60度。7本の木樋を通して温度を下げ、湯の花を取る。また、一般にこのような施設や源泉のこと。

ゆ-はつ【油鉢】❶油を入れた鉢。ゆばち。❷仏語。油を満たした鉢をこぼさないで持つことは困難なところから、正念の保事の困難さをたとえていう語。

ゆば-どの【▽弓場殿┊▽弓▽庭殿】❶天皇が射技を見るために弓場に面して設けられた御殿。ゆみばどの。いばどの。❷平安京内裏校書殿の異称。また、その東庇の北二間。

ゆ-ばな【湯花┊湯華】❶「湯の花❶」に同じ。❷「湯玉❶」に同じ。

ゆば-はじめ【▽弓場始め】❶平安・鎌倉時代、天皇が弓場殿で、公卿以下殿上人の賭弓を見る儀式。陰暦10月5日に行われた。射場始め。❷武家で、年初または弓場の新造などのとき、初めて射技を試みる行事。的始め。弓始め。

ゆ-はら【▽弓腹】弓の弓幹の内側。「梓弓一振り起こし」〈万・三三〇二〉

ゆ-ばら【湯腹】湯を飲んだ腹ぐあい。

湯腹も一時 「茶腹も一時」に同じ。

ゆはら-の-おおきみ【湯原王】奈良前期の歌人。志貴皇子の子。天智天皇の孫。歌は万葉集に19首がのっている。生没年未詳。

ゆ-ばり【▽尿】「ゆまり」の音変化。〈和名抄〉

ゆばり-ぶくろ【▽尿袋】膀胱のこと。〈和名抄〉

ゆ-ばん【湯番】銭湯で、湯を沸かし、その加減をみたり、客のために上がり湯をくんだりすること。また、それをする人。「おちゃっぴい一のおやぢ言ひまかし」〈柳多留・三〉

ユパンキ〖Atahualpa Yupanqui〗[1908〜1992]アルゼンチンのフォルクローレ歌手・ギター奏者・作詞家・作曲家。本名、エクトル゠ロベルチ゠チャベーロ(Héctor Roberto Chavero)。自然の風景とそこに住む人々の姿を歌った。作品に「インディオの道」「ツクマンの月」「牛車にゆられて」など。

ゆび【指】手足の末端の5本に枝分かれした部分。もとは手のものを指、足のものを趾として区別した。動物では4本以下のものもあり、前後肢で数の異なるものもある。および。

(下一語)後ろ指・大指・親指・薬指・小指・丈高指・突き指・中指・名無し指・人差し指・紅差し指・三つ指

指一本も差させ◦ない 他人に少しの非難・干渉もさせない。「この仕事には一◦ない」

指汚しとて切られもせず 指が汚いからといって、切るわけにはいかない。肉親の者はどんな悪人でも、簡単に捨てられないというたとえ。

指を折・る ❶指を1本ずつ曲げて数え上げる。❷多くの中で、特に指を折り曲げて数え上げるほどすぐれている。「建築家としては一番に一・る大家」

指を切・る 遊女などが、客への心中立てのために小指を切断する。「一・りて男に報ずるは、傾城の心中の奥儀とす」〈色道大鏡・六〉

指を唇に当・てる 人差し指を唇に縦に当てる。話をするな、静かにしろ、の意を示すしぐさ。

指を屈・する 「指を折る」に同じ。

指をくわ・える ❶うらやましがりながら、手を出せずにいる。「仲間の成功を一・えて見ている」❷きまり悪そうにする。恥ずかしそうにする。「一・へて這ひ出づる」〈浄・寿の門松〉

指を差・す ❶指でそれと指し示す。指示する。❷ひそかにそしりあざける。後ろ指を差す。「世間に一・される」❸指で触れる。手を出す。「他人には一・させるもいやだ」〈人・辰巳園・三〉

指を染・める 《「春秋左伝」宣公四年から》食物を指先につけてなめる。転じて、物事に手をつける。やりはじめる。「俳句に一・める」

指を詰・める やくざなどが、わびや引責のために、手の指を切断する。

ゆび-あそび【指遊び】小児の遊戯の一。指の名を挙げたり、指で数をかぞえたりする遊び。

ゆび-おり【指折り】❶指を1本ずつ折って数えること。❷多くの中で、指を折って数え上げるほどに、すぐれていること。屈指。「県内で一の資産家」(補説)❷は、悪いことについては使わない。(類語)(2)屈指・有数

指折り数・える 指を折り曲げて一つ一つ数える。特に、あと何日かと1日1日を数える。「一・えて挙式を待つ」

ゆび-がね【指金】❶金属製のゆびぬき。❷指輪。「あこやの珠は…また一にもつくる」〈遠碧軒記〉❸指を細くするためにはめる金属製の輪。「手に一をさせ、足には革踏はかせながら」〈浮・一代男・三〉

ゆび-かわ【指革】革製の指貫。

ゆ-びき【湯引き】ゆびくこと。特に、魚や鶏肉などを熱湯にくぐらせて表面だけ熱を通すこと。

ユビキタス〖ubiquitous〗《ラテン語で「遍在する」「あらゆるところに同時に存在する」の意から》身の回りのあらゆる場所にあるコンピューターや情報機器が、相互に連携して機能するネットワーク環境や情報環境のこと。ユビキタスコンピューティング。

ゆび-きり【指切り】〔名〕スル ❶約束を守るしるしに、互いの小指をからみ合わせること。げんまん。「一して別れた」❷女性、特に遊女が、心の誠実さのあかしに小指の先を切って男に贈ること。「二世三世一しての言ひかはせ」〈浄・丹波与作〉(類語)げんまん・約束

ゆ-び・く【湯引く】〔動カ五(四)〕魚や野菜などをさっと熱湯にくぐらす。「ハモを一・く」

(類語)茹でる・うでる・湯搔く

ゆび-さき【指先】指の先端。指頭。指端。

ゆび-さし【指差(し)】❶《「ゆびざし」とも》指でさし示すこと。「一確認」❷「指貫」に同じ。

ゆびさし-かくにん【指差(し)確認】「指差呼称」に同じ。

ゆび-さ・す【指差す】〔動サ五(四)〕❶指でさし示す。さし示して知らせる。「建物を一・す」❷指でさし示してあざわらう。後ろ指をさす。「一・されるようなまねはしていない」(類語)指す・指し示す

ゆび-サック【指サック】指にはめるゴム製の袋。傷口を保護したり、紙をめくるときの滑り止めに用いる。

ゆび-ざる【指猿】アイアイの別名。

ゆ-びしお【×柚×醤】ユズの皮を煮てつぶし、味噌・砂糖とまぜ合わせたもの。なめ味噌の一。

ゆび-しっぺい【指▽竹×篦】人さし指と中指をそろえて、人の手首などをぴしっと打つこと。しっぺい。

ゆび-しゃく【指尺】指を広げて物の長さを測ること。

ゆび-ずもう【指相-撲】互いの左右同じほうの手の指4本を曲げて組み合い、親指を立てて相手の指を押さえつけようとする遊び。

ゆびそ-おんせん【湯檜曽温泉】群馬県利根郡みなかみ町にある温泉。利根川支流の湯檜曽川沿いにある。泉質は単純温泉。

ゆび-づかい【指使い】指の使い方。特に、楽器を演奏する時の指のはこび方。

ユピテル〖Jupiter〗ローマ神話の最高神。ジュピター。➡ゼウス

ゆび-にんぎょう【指人形】胴体を袋状に作り、その中に手を入れて指先でさまざまな動作をさせる人形。ギニョール。

ゆび-ぬき【指▽貫】縫い物をするとき、中指にはめて針の頭を押さえる裁縫用具。革製または金属製で、ふつう輪形。ゆびさし。

ゆび-の-はら【指の腹】指先の内側。指紋のある部分。

ゆび-はめ【指×嵌め】「指輪」に同じ。

ゆび-ばり【指×鍼】経穴を指で押すことにより治療する方法。鍼での刺激を指で行うもの。

ゆび-ひき【指引き】二人が向かい合い、互いに指を曲げて絡ませ、引き寄せた方を勝ちとする遊戯。

ゆび-ぶえ【指笛】❶指を口に入れて息を強く吹き、高い音を響かせること。また、その音。❷指を折り曲げて口に入れ、メロディーを奏でること。

ゆび-まど【指窓】障子に指先であけた穴。

ゆび-わ【指輪┊指▽環】指にはめる輪状の装身具。装飾のほかに、魔よけあるいは結婚などの契約を表す。多く貴金属で作り、宝石をはめ込んだものなど多種ある。指嵌め。リング。

ゆふ【由布】大分県中部の市。北部に由布院温泉があり観光業が盛ん。東部は大分市のベッドタウン化しつつある。平成17年(2005)10月挟間町・庄内町・湯布院町が合併して成立。人口3.5万(2010)。

ゆふいん-おんせん【由布院温泉】大分県中部、由布市にある温泉。泉源の数・湧出量ともに多く、泉質は単純温泉・塩化物泉。

ゆ-ぶくろ【▽弓袋】「ゆみぶくろ」に同じ。「まづ一の料にとて、白布五十反送られけり」〈平家・一〉

ゆぶくろ-ざし【▽弓袋差し】主君の替え弓を袋に納め、捧持して供奉する者。

ゆぶくろ-もち【▽弓袋持ち】「弓袋差し」に同じ。

ゆふ-し【由布市】▶由布

ユプシロン〖Υ┊υ upsilon〗▶ウプシロン

ユプシロン-ちゅうかんし【ユプシロン中間子┊Υ中間子】▶ウプシロン粒子

ユプシロン-りゅうし【ユプシロン粒子┊Υ粒子】▶ウプシロン粒子

ゆふ-だけ【由布岳】大分県中部、別府市と由布市との境にある鐘状火山。標高1583メートル。豊後富士。万葉集には「木綿の山」とみえる。

ゆ-ぶね【湯船┊湯▽槽】❶入浴用の湯を入れ、人がその中に入る大きな箱または桶。浴槽。❷江戸時代、船内に浴槽を設け、停泊中の船を回り、料金を取って船乗りや客を入浴させた船。

(類語)浴槽・風呂桶・湯壺・バスタブ

ゆぶ-ゆぶ〔副〕水けを含み、ぶよぶよしているさま。ぶくぶく。「一身、一と腫れたる者」〈今昔・二四・七〉

ゆぶ・る【▽揺ぶる】〔動ラ四〕ゆり動かす。ゆさぶる。ゆする。「花の咲く陰には寄せじひく猿の枝を一・らば散りもこそすれ」〈三十二番職人歌合〉

ゆ-ぶろ【湯風呂】❶湯を入れた風呂。また、その風呂に入ること。「毎日、一は焼く」〈浮・一代女・四〉❷蒸し風呂。「据風呂よりは一が徳なり」〈浮・新永代蔵〉

ゆ-ぶん【油分】成分としての油。

ゆ-へいはく【兪平伯】[1899〜1990]中国の詩人・学者。浙江省徳清の人。本名、兪銘衡。新文学運動の草創期の詩人で、詩集に「冬夜」などがある。のち、主として古典文学の考証・批評に専心。「紅楼夢」研究は特に有名。50年代、紅楼夢論争で批判を受けた。ユィ゠ピンポー。

ゆ-べし【×柚▽餅子】和菓子の一。くりぬいたユズの中に、糯米(もちごめ)粉・味噌・醤油・砂糖・木の実などをまぜたものを詰め、蒸して乾燥したもの。また、米粉にユズの汁やすりおろした皮、味噌・砂糖などをまぜて固くこね、蒸してようかん状にしたもの。ユズの風味をつけた求肥(ぎゅうひ)などにもいう。《季 秋》

ユポ〘YUPO〙ポリプロピレン樹脂を主な原料とする合成紙。耐水性に優れ、破れにくく、油や薬品が付着しても劣化しにくいなどの特性を持つ。地図・ラベル・パッケージ・選挙の投票用紙などに幅広く使用されている。商標名。補説 製造元の親会社である三菱油化(現・三菱化学)と王子製紙の「YU」と「O」を、紙(paper)の「P」で結んで「YUPO」と名付けられた。

ゆぼ-けつがん【油母×頁岩】➡オイルシェール

ユマール〘ドイツ Jümar〙登山で、ザイルをつかむための器具。垂直登攀(とうはん)の場合にあぶみを取り付けて前進の手段として用いる。登高器。商標名。

ゆ-まき【湯巻(き)】❶古代・中世、貴人の入浴に奉仕する女官が、湯にぬれるのを防ぐために衣服の上から腰に巻いた裳(も)の一種。多くは白い生絹(すずし)を用い、のちには模様のあるものも用いた。いまき。❷入浴の際に腰に巻いた布。江戸時代、宝永(1704〜1711)ころまでは男女とも裸で入浴することはなく、布を腰に巻いて入った。湯文字(ゆもじ)。❸女性の腰巻き。蹴出(けだ)し。二幅(ふたの)。いまき。

ゆ-まく【油膜】水や物体の表面にできる油の膜。

ユマニスト〘フランス humaniste〙15〜16世紀のルネサンス期に、ギリシャ・ローマの古典の研究を通して、広く人間研究を目指した人たち。人間的なものへの愛情と努力と、人間をゆがめる制度や慣習への問いかけを続け、近代的人間観の基礎を築いた。ペトラルカ・ボッカチオを先駆とし、エラスムス・トマス＝モア・ラブレー・モンテーニュなどに代表される。人文主義者。ヒューマニスト。➡人文主義

ユマニスム〘フランス humanisme〙人文主義。ヒューマニズム。

ユマニテ〘フランス humanité〙人間性。人道。ヒューマニティー。

ユマニテ〘フランス l'Humanité〙《人間性・人類の意》フランスの日刊紙の一つ。1904年、ジョレスらが創刊。21年からは共産党の機関誌。2001年に同党から売却され独立したが、左翼的な論調は受け継がれている。発行部数は約5万部(2010年平均)。

ゆ-まり【▽尿】《「ゆ」は湯、「まり」は排泄する意の動詞「ま(放)る」の連用形の名詞化》小便。ゆばり。いばり。「伊弉諾尊(いざなきのみこと)乃ち大樹に向かって―まる」〈兼方本神代紀・上〉

ゆまわ・る【▽斎はる】〔動ラ四〕けがれを去るために飲食などを慎む。物忌みする。斎戒する。「持ち―・り仕へまつれる幣帛(みてぐら)を」〈祝詞・祈年祭〉

ゆみ【弓】❶武器の一。木や竹をしなわせて弦(つる)を張り、その弾力を利用して、つがえた矢を飛ばすもの。❷❶で矢を射ること。また、その術。射術。弓術。「―を習う」❸❶のように曲がった形のものにいう。「提灯(ちょうちん)の―」❹バイオリン・チェロ・胡弓(こきゅう)など、擦弦楽器の弦をこすって音を出す道具。弾力のある木製の棒に馬の尾の毛を張ったもの。❺「わたゆみ」に同じ。❻紋所の名。❶を図案化したもの。

(下接語)梓(あずさ)弓・石弓・馬弓・大弓・徒(かち)弓・桑弓・小弓・白木(しらき)弓・唐(とう)弓・塗り弓・賭(のり)弓・破魔弓・張り弓・節巻きの弓・的弓・真巻(まき)弓・真弓・丸木弓・綿弓

(類語)弓矢・強弓(ごうきゅう)・アーチェリー・ボウ・ボウガン

弓折れ矢尽・きる　戦いにさんざんに負けること、また、力尽きてどうにもならないことのたとえ。刀折れ矢尽きる。「―・きて敵の軍門に降る」

弓と弦(つる)　曲がったものと、まっすぐなもの。また、回り道と近道とのたとえ。

弓は袋に太刀(たち)は鞘(さや)　弓は弓袋に、刀はさやに収まっている。世の中が平和であることのたとえ。

弓は三(み)つ物　弓は騎射の三式、すなわち流鏑馬(やぶさめ)・笠懸(かさがけ)・犬追物(いぬおうもの)が重要である。

弓を鳴ら・す　悪霊・けがれなどを払うまじないとして、手で弓の弦を引いて鳴らす。鳴弦(めいげん)する。弦打(つるう)ちをする。弓を引く。弓鳴らしをする。

弓を外(はず)・す　弓の弦を外す。武装解除する意を表す。「若干の軍は皆―・し、大刀(たち)を棄てて」〈今昔・一〇・三一〉

弓を引・く　❶「弓を鳴らす」に同じ。❷弓に矢をつがえて射る。弓を射る。❸反抗する。背く。楯(たて)をつく。「親会社に―・くわけにはいかない」補説 ❸の意味で、「弓矢を引く」とするのは誤り。

ゆみ-あしがる【弓足軽】歩射(ぶしゃ)を射る足軽。

ゆみ-おと【弓音】弓を射る音。弓を引く音。

ゆみ-がえし【弓返し】矢を射放したとき、同時に弓の握りを回して、弦(つる)を肘(ひじ)の外側にはね返らせること。ゆがえし。

ゆみ-がえり【弓返り】《「ゆみかえり」とも》❶弓を射たとき、弓がそり返ること。❷矢を射放した余勢で弦(つる)が肘(ひじ)の外側に回ること。ゆがえり。

ゆみ-かくし【弓隠し】戦陣で、射手の姿を隠すために設けるむしろ張り。

ゆみ-かけ【弓懸|×韘】➡ゆがけ

ゆみ-がしら【弓頭】弓足軽を統率する役。弓大将。弓奉行。

ゆみ-がた【弓形】❶弦を張った弓のような形。ゆみなり。きゅうけい。❷➡きゅうけい(弓形)❷

ゆみ-が-はま【弓ヶ浜】鳥取県北西部、美保湾と中海(なかうみ)との間に突き出た半島。また、その美保湾側の砂浜海岸。東にある日野川の流砂が、日本海からの北東風と潮流によって形成した大砂嘴(さし)。もとは島で、出雲国風土記に「夜見の島」とみえる。夜見ヶ浜。

ゆみ-ぐみ【弓組】弓矢を持って戦う部隊。

ゆみ-し【弓師】弓を作る職人。弓つくり。

ゆみ-しゅう【弓衆】戦国時代以後の武家の職名。弓組の一隊。また、その長。弓の者。

ゆみ-じろう【弓次郎】❶射礼(じゃらい)や弓場始(ゆばはじ)めのとき、射手の頭(かしら)である弓太郎に次ぐ者。❷賭的(かけまと)の場などで、弓を支配する弓太郎の補佐役。

ゆ-みず【湯水】❶湯と水。湯または水。❷たくさんあるものを粗末にするたとえ。

湯水のように使・う　金銭などを、あるに任せて乱費することのたとえ。「予算を―・う」

ゆ-みそ【×柚味×噌】❶くりぬいたユズに味噌とユズの汁をまぜたものを入れ、焼いたもの。ゆがま。ゆずみそ。《季 秋》❷「ゆずみそ❶」に同じ。

ゆみ-だい【弓台】弓を立てておく台。

ゆみ-だいしょう【弓大将】「弓頭(ゆみがしら)」に同じ。

ゆみ-ため【弓矯め】➡ゆだめ

ゆみ-たろう【弓太郎】❶射礼(じゃらい)や弓場始(ゆばはじ)めのときに、射手の頭(かしら)となった者の称。❷賭的(かけまと)の場などで、弓の支配をする者。➡弓次郎(ゆみじろう)

ゆ-みち【湯道】鋳造で、湯口(ゆぐち)から注がれた溶融金属が、鋳型の空所へと流れ込む水平の通路。

ゆみ-づえ【弓×杖】「ゆんづえ」に同じ。

ゆみ-づか【弓▽柄|弓▽束|×弣】➡ゆづか

ゆみ-づる【弓弦】弓に張る糸。麻をより合わせて薬煉(くすね)を塗ったものを白弦、さらに漆を塗ったものを塗り弦という。ゆづる。

ゆみづる-うち【弓弦打ち】➡弦打(つるう)ち

ゆみづる-ぶくろ【弓弦袋】➡弦巻(つるまき)

ゆみ-とり【弓取り】❶弓を持つこと。また、その人。❷相撲で、弓取り式のこと。また、それを行う力士。❸弓術にすぐれた者。「生まれ付きたる―にて…矢づかをひくこと十五束」〈保元・上〉❹弓矢を持つことを務めとすること。また、その人。武士。「一五十万騎」〈義経記・一〉❺一国を領有するほどの武家。「―のならひ、軍(いくさ)にまけて落つるは常のことぞかし」〈平治・中〉

ゆみとり-しき【弓取り式】相撲で、優勝力士が賞として弓を受ける際の儀式。大相撲で、場所中の毎日、結びの一番の勝者に代わって、作法に心得のある力士が故実に従って行う。かつては千秋楽にだけ行われた。

ゆみとる-かた【弓取る方】弓を持つ方。左。左方。ゆんで。「めづらしき君を見とこそ左手の―の眉根(まよね)掻(か)きつれ」〈万・二五七五〉

ゆみ-ならし【弓鳴らし】悪霊・けがれなどを払うまじないとして、手で弓弦(ゆづる)を引き鳴らすこと。鳴弦(めいげん)。弦(つる)打ち。

ゆみ-なり【弓▽形】弦を張った弓のような形。ゆみがた。きゅうけい。「―に反る」

ゆみ-の-けち【弓の▽結】射手を左右に分け、交互に弓を射させて勝負を争うこと。「右大殿の―に」〈源・花宴〉

ゆみ-のこ【弓×鋸】弓形の枠に細い鋸歯(きょし)を張ったのこぎり。主に金属材料を切るのに用いる。

ゆみのこ-ばん【弓×鋸盤】弓鋸を取り付け、モーターで往復運動させて、金属を切断する工作機械。

ゆみ-の-てんか【弓の天下】京都三十三間堂の通し矢で、矢数を最も多く射た者の称。

ゆみ-ば【弓場】「ゆば(弓場)」に同じ。

ゆみ-はじめ【弓始め】「弓場始(ゆばはじ)め❷」に同じ。

ゆみ-はず【弓×弭|弓×筈|弓×彇】弓の両端の、弦の輪をかける部分。弓を射るとき、上になる方を末弭(うらはず)、下になる方を本弭(もとはず)という。銑(つく)。ゆはず。

ゆみはず-の-みつぎ【弓×弭の▽調】上代、男子が奉った貢物(みつぎもの)。弓矢で取った鳥獣が主であったところからいう。ゆはずのみつぎ。➡手末(たなすえ)の調(みつぎ)

ゆみ-はり【弓張り】❶弓に弦を張ってそらせること。また、その人。❷「弓張り月」の略。《季 秋》❸「弓張り提灯(ちょうちん)」の略。

ゆみはり-ぢょうちん【弓張り▽提▽灯】提灯の一。竹を弓のように曲げ、提灯をその上下にひっかけて張り開くようにしたもの。

ゆみはり-づき【弓張り月】弓を張ったような形をした月。上弦、または下弦の月。弦月。《季 秋》

ゆみはりづき【弓張月】「椿説(ちんせつ)弓張月」の略称。

ゆみ-ぶぎょう【弓奉行】➡弓頭(ゆみがしら)

ゆみ-ぶくろ【弓袋】弓をおさめる袋。ゆぶくろ。

ゆみ-ぶすま【弓×衾】矢をつがえた弓が、すきまなく並んでいるさまをいう語。矢ぶすま。

ゆみ-ふで【弓筆】❶弓と筆。文武。「―の道」❷あとにとどめておくべき武者の記録。「後記にも佳名をとどむべき―の跡なるべけれ」〈謡・八島〉

ゆみ-へん【弓偏】漢字の偏の一。「弦」「張」などの「弓」の称。

ゆみ-や【弓矢|弓×箭】❶弓と矢。弓または矢。転じて、武器。兵器。❷弓矢など武器に関する方面。武道。「ただ今ここを渡さずは長き―の瑕(きず)なるべし」〈平家・四〉❸戦争。いくさ。「大堀を掘ってそこから東は漢の分、そこから西は楚の分に定めて―をやめられたぞ」〈玉塵抄・一〉(類語)得物・武器・兵器・干戈(かんか)

弓矢取る身　武人である身。武士。「男子ならば忠盛が子にして―にしたてよ」〈平家・六〉

ゆみや-がみ【弓矢神】弓矢のことをつかさどる神。武道の神。軍神(いくさがみ)。「―に捨てられし親の罰」〈浄・島原蛙合戦〉

ゆみや-しんとう【弓矢神道】吉田神道の一派。江戸時代、寛文・延宝(1661〜1681)のころ、肥前平戸の人、橘三喜(たちばなみつよし)が駿河の浅間神社の神主宮内昌与より神道を受け、のち江戸で唱えはじめたもの。鎌を神体とし、安産・巡行などの行事を勧めるのを特色とする。

ゆみや-だい【弓矢台】「調度懸(ちょうどか)け❸」に同じ。

ゆみや-とり【弓矢取り】弓矢を手にとって用いること。また、その人。武士。弓取り。

ゆみや-の-いえ【弓矢の家】代々、弓矢の道にたずさわる家。武家。武門。「―に生まれ、名をこの門葉に懸けながら」〈太平記・一〇〉

ゆみや-の-ちょうじゃ【弓矢の長者】弓術に長じた人。また、弓矢の家の長たる人。武家の棟梁(とうりょう)。「将軍と申すは―にて」〈太平記・二七〉

ゆみや-の-みち【弓矢の道】❶弓を射るわざ。弓術。❷弓矢に関する道義。武道。また武士道。「―、死を軽んじて名を重んずるを以て義とせり」〈太平記・一〇〉

ゆみや-の-みょうが【弓矢の冥加】❶弓矢に対する神仏の加護。「―あるべくば、扇を座席に定め

て給へ」〈盛衰記・四二〉❷弓矢をとる身の果報。武士のしあわせ。「武運の花の開くる時節―にかなひしと」〈浄・用明天王〉

ゆみや-はちまん【弓矢八×幡】㊀〔名〕弓矢の神である八幡大菩薩だいぼさつ。武士が誓約するときの語。「―、氏の神も御照覧あれ」〈謡・檀風〉㊁〔感〕❶《㊀にかけて誓って、の意》神かけて。誓って。「―寝はせねど」〈松の葉・一〉❷失敗したとき、残念に思うときなどに発する語。南無三宝。「―大事は今」〈浮・一代男・六〉

ゆみややり-ぶぎょう【弓矢×槍奉行】ブギャウ 江戸幕府の職名。幕府の弓矢や槍の製造・監守をつかさどった。

ゆみやわた【弓八幡】ゆみやわた 謡曲。脇能物。世阿弥作。後宇多院の臣下が男山八幡宮の初卯はつうの神事に参詣すると、八幡宮の末社である高良こうらの神が現れ、八幡の神徳を説いて御代を祝う。

ユミル〖Ymir〗土星の第19衛星。2000年に発見。名の由来は北欧神話の巨人。非球形で平均直径は約16キロ。イミル。

ゆ-むき【湯▽剝き】トマトなどを熱湯にくぐらせて皮をむくこと。

ゆ-むし【×螠】ユムシ綱の環形動物。海底の泥砂中にU字状の穴を掘ってすむ。体長10～30センチ。体は乳白色の円筒状で、吻ふんは短く、環節はないが、体表に小突起が並ぶ。タイなどの釣りの餌にする。ユムシ綱には吻の長いサナダユムシなども含まれ、すべて海産。あかなまこ。いむし。いい。ゆ。

ゆむら-おんせん【湯村温泉】ヲンセン ㊀山梨県甲府市にある温泉。泉質は塩化物泉など。北に昇仙峡がある。甲府湯村温泉。㊁兵庫県北西部、美方郡新温泉町にある温泉。泉質は炭酸水素塩泉など。㊂島根県雲南市にある温泉。泉質は単純温泉。出雲湯村温泉。山陰湯村温泉。

ゆめ【夢】《「いめ」の音変化》❶睡眠中に、あたかも現実の経験であるかのように感じる一連の観念や心像。視覚像として現れることが多いが、聴覚・味覚・触覚・運動感覚を伴うこともある。「怖い―を見る」「正まさ―」❷将来実現させたいと思っている事柄。「政治家になるのが―だ」「少年のころの―がかなう」❸現実からはなれた空想や楽しい考え。「成功すれば億万長者も―ではない」「―多い少女」❹心の迷い。「彼は母の死で―からさめた」❺はかないこと。たよりにならないこと。「この世は―だ」➡夢に ➡夢にも

〔一句〕一炊の夢・浮世は夢・邯鄲かんたんの夢・昨日きのうの花は今日きょうの夢・京の夢大阪の夢・槿花きんか一朝の夢・黄粱こうりょう一炊の夢・池塘春草ちとうしゅんそうの夢・長夜ちょうやの夢・南柯なんかの夢・浮生ふせい夢の如ごとし

〔類語〕(❷)願望・望み・希望・大望・宿望・念願

夢か現うつつか 《意外な事態に、信じられない気持ちを表して》この出来事は、夢なのか現実なのか。

夢かと許ばかり 夢ではないかと思うほど。思いがけないことに出会ったときなどに用いる。「受賞の知らせに―驚いた」

夢通・う 夢の中で行き来する。互いに夢に見る。「―・ふ道さへ絶えぬ呉竹のふしみの里の雪の下折れ」〈新古今・冬〉

夢騒が・し 夢見が悪くて、胸騒ぎがする。夢見騒がし。「人々も―・しく聞こゆるに」〈栄花・疑ひ〉

夢違たが・う 夢で予言されていたことが実現しなくなる。「御―・ひて、かく子孫は栄ゆさせ給へど」〈大鏡・師輔〉

夢になれ夢になれ 現実ではなくて夢になれの意で、凶事を吉事に変えようとするまじないの言葉。「此の事―とぞ願立てする」〈仮・竹斎・下〉

夢に夢を見る 夢の中で、また夢を見る。ぼんやりしたさま、はかないさまのたとえにいう。夢のうちに夢を見る。「その句に魂の入らざれば、―見るに似たるべし」〈風俗文選・猿蓑序〉

夢の跡 夢のように消えうせた所。現実のむなしさをいう。「夏草や兵つはものどもが―」〈奥の細道〉

夢の通い路じ 「夢路ゆめじ」に同じ。「住の江の岸による浪よるさへや―人目よくらむ」〈古今・恋二〉

夢の徴しるし 何かの前兆を夢で見ること。「春の夜の―はつらくとも見しばかりだにあらば頼まむ」〈新古今・恋五〉

夢の直路ただぢ 夢の中で通うまっすぐな道。夢の中では思う人のもとに行けるところからいう。「恋ひわびてうち寝ぬるなかに行き通ふ―はうつつならなむ」〈古今・恋二〉

夢の手枕たまくら 夢の中で恋しい人がしてくれる手枕。また、うたた寝に見る夢。非常にはかないことのたとえ。「逢ふさへ―」〈謡・絵馬〉

夢の告げ 神仏が夢の中に現れて告げること。また、そのお告げ。

夢のまた夢 「夢の夢」に同じ。

夢の夢 夢の中で見る夢。非常にはかないことをいう。夢のまた夢。「娑婆しゃばの栄花は―」〈平家・一〉

夢の世 夢のようにはかない世の中。「うちとけて誰もまだ寝ぬ―に人のつらさを見るぞ悲しき」〈栄花・ゆふしで〉

夢は五臓ござうの煩い 夢は五臓の疲労から生じるということ。夢は五臓六腑ろっぷの疲れ。

夢は逆夢さかゆめ 夢と現実とは、相反するものであるということ。悪夢を見たときに、縁起直しにいう言葉。

夢を合わ・す 見た夢を考え合わせて吉凶を占う。夢占いをする。「自ら御―・せられて、憑敷たのもしくこそ思しめされけれ」〈太平記・三〉

夢を描・く 将来への希望を心に描く。「卒業後の―・く」

夢を託・す 自分の希望を他人にゆだね、実現することを願う。「息子にピアニストの―・す」

夢を見る ❶夢❶を体験する。❷夢のようにはかない、また思いがけないことにあう。❸未来について空想する。「学者になる―見る」

夢を結・ぶ 夢を見る。また、眠りにつく。「やすらかに―・ぶ」

ゆめ〔副〕《❸が原義》❶(あとに禁止を表す語を伴って)決して。必ず。「―油断するな」❷(あとに打消しの語を伴って)少しも。夢にも。「ここで会えるとは―思わなかった」❸つとめて。気をつけて。「向つ峰をに立てる桃の木成らめやと人そささやく汝が心―」〈万・一三五六〉〔補説〕潔斎する意の動詞「斎ゆむ」の命令形からとされていたが、その「め」は上代特殊仮名遣では甲類の音である。しかし、乙類の仮名が用いられていて、疑問が残る。別に、物事を忌み謹んだ目で見よの意の「忌眼」であるとする説もある。平安時代以降、「夢」と混同して❷の意があらわれた。「努」「努力」「勤」などと当てて書くこともある。

〔類語〕決して・断じて・ゆめゆめ・金輪際・絶対

ゆめ-あわせ【夢合(わ)せ】アハセ 夢の内容から吉凶を判断すること。夢判断。夢とき。夢うら。

ゆめ-うつつ【夢▽現】❶夢と現実。❷夢とも現実とも区別がつかない状態。また、ぼんやりしている状態。「―で話を聞く」

ゆめ-うら【夢▽占】夢で吉凶を占うこと。夢占い。夢合わせ。

ゆめ-うらない【夢占い】ウラナヒ 「ゆめうら」に同じ。

ゆめ-おち【夢落ち】漫画や映画などの結末において、それ以前のストーリー全体が主人公などの夢の中での出来事だったと判明すること。また、その手法。➡邯鄲かんたんの枕 〔補説〕読者・観客が味わった感動や感情移入が空虚なものに感じられるところから、この手法は一般的に評価が低い。

ゆめ-がたり【夢語り】「夢物語」に同じ。

ゆめ-がま・し【夢がまし】〔形シク〕夢のようにはかない。たいそう少ない。「御家苞いへづと―・しく見え侍りしかば」〈発心集〉

ゆめ-ごこち【夢心地】夢のようなうっとりとした気持ち。ぼんやりとした心持ち。夢見心地。

ゆめ-さら【夢更】〔副〕《「ゆめにも」と「さらに」との意味が複合してできた語か》(あとに打消し、禁止を表す語を伴って)少しも。夢にも。「自分ひとり…困ってるのは―楽なことではない」〈中勘助・銀の匙〉

ゆめ-じ【夢路】ヂ 夢をみることを道を行くのにたとえていう語。夢の通い路。「―をたどる」

夢路を辿たど・る 夢を見る。心地よく眠る。

ゆめ-じらせ【夢知らせ】遠方で起こったこと、または、これから起こることを夢で知らせること。また、その知らせ。

ゆめ-すけ【夢助¦夢▽介】❶夢中になって遊興する人を人名のようにいう語。「色道二つに寝ても覚めても―と替名よばれて」〈浮・一代男・一〉❷よく眠る人、また、夢見ているようにぼんやりした人などを人名のようにいう語。「酔うた人をかへさや花の雪おこし 昼からあたら春の―」〈大句数〉

ゆめ-ちがえ【夢違え】チガヘ 悪夢を見たとき、それが正夢とならないよう、まじないをすること。夢違い。

ゆめ-とき【夢解き】夢の吉凶を判断すること。また、その人。夢合わせ。

ゆめ-どの【夢殿】奈良県斑鳩いかるが町にある法隆寺東院の正堂。天平11年(739)ころ行信の創建になる八角堂で、本尊の救世観音くせかんのん立像とともに国宝。

ゆめ-に【夢に】〔副〕(あとに打消しの語を伴って)少しも。まったく。「―乱れたるところおはしまさざめれば」〈源・少女〉

ゆめに-も【夢にも】〔副〕(あとに打消しの語を伴って)少しも。いささかも。「うまくいくとは―考えていなかった」

ゆめ-の-うきはし【夢の浮橋】㊀夢の中のあやうい通い路。また、はかないものの意。「春の夜の―とだえして峰にわかるる横雲の空」〈新古今・春上〉㊁源氏物語第54巻(最終巻)の巻名。薫大将、28歳。出家した浮舟の行方を薫が確かめるが、浮舟は会おうとせず、薫は落胆するという次第を描く。

ゆめの-きゅうさく【夢野久作】キウサク［1889～1936］小説家。福岡の生まれ。本名、杉山泰道。怪奇・幻想の世界を描いた。作「瓶詰地獄」「ドグラ-マグラ」など。

ゆめのしま【夢の島】東京都江東区南部の地名。旧14号埋立地で、昭和32年(1957)から東京都のごみ処理場として埋め立てられ、同42年終了。現在は公園となっている。

ゆめのしろ【夢の代】江戸後期の実学啓蒙書。12巻。山片蟠桃やまがたばんとう著。文政3年(1820)成立。合理主義的立場から、地理的、社会的分業や自由経済の必要性などを説いたもの。

ゆめの-の-しか【夢野の鹿】夢野(現在の神戸市兵庫区湊川の西)にいたという夫婦の鹿。また、その伝説。日本書紀の仁徳38年や摂津国風土記に見える。昔、夢野に夫婦の鹿がおり、牡鹿には淡路の野島に妾めかけの鹿がいた。牡鹿はある夜、自分の背に雪が降り、すすきが生える夢を見た。牝鹿は妾のもとに通うのを妬んでいたので、この夢を射殺される前兆の夢だと占って、野島に行くのをとめた。しかし、牡鹿は妾の鹿恋しさに野島へ向かい、その途中の海で船人に見つかり、射殺されたという。

ゆめ-ばかり【夢▽許り】〔副〕きわめて少し。ほんのわずか。「―も聞こえさせでやみぬること」〈宇津保・菊の宴〉

ゆめ-はんじ【夢判じ】夢の吉凶を判断すること。また、その人。夢判断。

ゆめ-はんだん【夢判断】「夢判じ」に同じ。

ゆめ-まくら【夢枕】夢を見ている枕もと。

夢枕に立・つ 神仏や故人などが夢の中に現れて、ある物事を告げる。

ゆめまくら-ばく【夢枕獏】［1951～］小説家。神奈川の生まれ。本名、米山峰夫。伝奇小説「魔獣狩り」に始まるサイコダイバーシリーズでベストセラー作家となる。他に「上弦の月を喰べる獅子」「神々の山嶺いただき」、「陰陽師」シリーズなど。

ゆめ-まつり【夢祭(り)】悪夢を見たとき、災いのないように祈る祭り。

ゆめ-まぼろし【夢幻】夢とまぼろし。非常にはかないことのたとえ。むげん。「―と消える」

ゆめ-み【夢見】夢を見ること。また、見た夢。「―が悪い」

夢見騒が・し 「夢騒がし」に同じ。「今宵、―・しく見えさせ給ひつれば」〈源・浮舟〉

ゆめみ-ごこち【夢見心地】「夢心地」に同じ。

ゆめみ-づき【夢見月】陰暦3月の異称。(季 春)

ゆめ・みる【夢見る】〔動マ上一〕図〔マ上一〕夢を見る。また、あってほしいことを心に思い浮かべる。「パイロットになることを―・みる」

ゆめ・む【夢む】〔動マ上二〕「夢見る」に同じ。「永久とこしえの天を―・むといえども」〈独歩・わかれ〉

ゆめ-むし【夢虫】蝶ちょうの異称。「一の命惜しまれ」〈浮・諸艶大鑑・六〉

ゆめ-ものがたり【夢物語】❶見た夢を語ること。また、その内容。夢話。夢語り。❷夢のような、現実的でない話。夢語り。「結局―に終わる」

ゆめものがたり【夢物語】江戸後期の評論。1巻。高野長英著。天保9年(1838)起稿。モリソン号事件に対する幕府の処置を、夢に託して批判した書。蛮社の獄の起因ともなった。戊戌ぼじゅつ夢物語。

ゆめ-ゆめ〔副〕《副詞「ゆめ」を繰り返して意味を強めた語。「努努」「努力努力」などとも当てて書く》❶(あとに禁止を表す語を伴って)決して。断じて。「―忘れるな」❷(あとに打消しの語を伴って)少しも。まったく。「―考えもしなかった」❸つとめて。心して。「汝、なほ―仏を念じ奉り」〈今昔・一二・二八〉
類語 決して・断じて・ゆめ・金輪際・絶対

ゆ-もじ【湯文字】《女房詞から》❶女性が入浴のときに身につけた単衣ひとえ。湯具。ゆまき。ゆかたびら。❷女性の腰巻き。

ゆ-もと【湯元┊湯本】温泉地で、温泉のわき出るおおもと。また、温泉がわき出る土地。地名・温泉名となっているものが多い。

ゆ-や【湯屋】❶(「斎屋」とも書く)浴場のある建物。特に、社寺などに参籠するとき、斎戒沐浴さいかいもくよくあるいは休息するための建物。❷料金を取って、入浴させる所。銭湯。風呂屋。

ゆや【熊野┊湯谷】㊀謡曲。三番目物。平宗盛の愛人熊野は、東国にいる重病の母を見舞うために帰国を願うが許されず、花見の供を命ぜられる。花見の宴で、母を案じる熊野の歌をきいた宗盛は哀れを感じて帰国を許す。㊁箏曲そうきょく。山田流。山田検校作曲。歌詞は㊀の後半からとったもの。

熊野松風ゆやまつかぜは米の飯　謡曲の「熊野」と「松風」は米の飯のように誰だれにも好まれる名曲であるということ。

ゆや-ごんげん【熊野権現】▶熊野三所くまのさんしょ権現

ゆや-じょうるり【湯屋浄瑠璃】ユヤジャウルリ 銭湯で浴客が浄瑠璃を語ること。また、その浄瑠璃。声が響いて実際よりうまく聞こえるところから、銭湯ぐらいでしか通用しないへたな芸にもいう。「されども一の三の切りかたりなり」〈滑・浮世風呂・前〉

ゆ-やせ【湯瘦せ】〔名〕スル 過度の入浴や湯あたりなどで、からだがやせること。

ゆ-やっこ【湯▽奴】「湯豆腐ゆどうふ」に同じ。

ゆ-やど【湯宿】温泉場の宿屋。温泉をひいた旅館。

ゆゆし・い【由由しい┊▽忌▽忌しい】〔形〕図ゆゆ・し〔シク〕《「ゆ」は神聖の意の「斎ゆ」と同語源》❶程度がはなはだしい。また、重大である。容易ならない。「―・い事態」❷神聖で恐れ多い。慎むべきである。「言はまくも―・しきかも」〈万・四七五〉❸忌まわしい。不吉である。「―・しき身に侍れば、かくておはしますも、いまいましうかたじけなくなむと宣ふ」〈源・桐壺〉❹いまいましい。うとましい。「―・しかりける里の人かな。宿貸さず」〈梁塵秘抄・二〉❺すばらしい。りっぱである。「―・しくありがたう覚ゆれ」〈徒然・一八八〉 派生 ゆゆしげ〔形動〕ゆゆしさ〔名〕

ゆ-よく【油浴】植物油を熱し、これに金属などを入れて間接的に加熱すること。

ゆ-よく【湯浴】「水浴❷」に同じ。

ゆら【由良】兵庫県洲本市の地名。淡路島の南東部にあって紀淡海峡に面し、古くからの要港。もと安宅・池田氏の城下町。

ゆら〔副〕「ゆらら❶」に同じ。「足玉も手玉も一に織るはたを君が御衣みけしに縫ひもあへむかも」〈万・二〇六五〉

ゆ-らい【由来】㊀〔名〕スル 物事がそれを起源とすること。また、物事が今までたどってきた経過。来歴。由緒。いわれ。「伝説に―する地名」「神社の―を調べる」㊁〔副〕昔からそのようであるさま。もともと。元来。「すると、才媛は―多情なものと見えますね」〈風葉・青春〉 ㊍㊀はユライ、㊁はユライ。 類語 いわれ・由緒・起こり・来歴・故事・縁起・歴史・沿革・道程・歴程

ゆらい-がき【由来書(き)】物事の由来が記されている文書。由緒書き。

ゆら・う【▽緩ふ】ゆらふ〔動ハ下二〕❶一つところにとどまる。「後陣はいまだ興福寺の南大門に―・へたり」〈平家・四〉❷進行することをとどめる。ひかえとどめる。「しばらく神輿しんよを―・へたり」〈盛衰記・四〉

ゆらか・す【揺らかす】〔動サ四〕玉などを触れさせて音を立てさせる。「み頸珠くびたまの玉の緒もゆらに取り―・し」〈記・上〉

ゆら-がわ【由良川】ゆらがは 京都府北部を流れる川。滋賀との県境の三国岳に源を発し、西流して福知山盆地で北に転じ、若狭湾に注ぐ。長さ146キロ。江戸時代、福知山と由良港とを結ぶ水路として利用。

ゆらぎ【揺らぎ】❶ゆらぐこと。動揺すること。「自信の―」❷ある量の平均値は巨視的には一定であっても、微視的には平均値と小さなずれがあること。また、そのずれ。気体分子の熱運動、光の散乱、ブラウン運動などにみられる。

ゆ-らく【愉楽】深い喜びを味わうこと。心から楽しむこと。悦楽。「誰も覗くことのできない深い―の世界が」〈阿部知二・冬の宿〉

ゆら・ぐ【揺らぐ】〔動ガ五(四)〕❶ゆらゆらと動く。ゆれ動く。「水面が―・ぐ」❷物事の基盤が不安定になる。「地位が―・ぐ」「決意が―・ぐ」 類語 揺れる・ぐらつく・ふらつく・振れる・振動する・上下する・微動する

ゆら・す【揺らす】〔動サ五(四)〕揺り動かす。ゆさぶる。「川風が枝葉を―・す」 類語 揺する・揺さぶる・揺すぶる・揺蕩ようとうする・揺動する

ゆら-つ・く【揺らつく】〔動カ五(四)〕ゆらゆらと動く。揺れ動く。「心が―・いて決めかねる」

ゆら-の-と【由良の門】㊀紀淡海峡。特に、兵庫県洲本市由良の付近をいう。歌枕「―を渡る舟人揖かぢを絶えゆくへも知らぬ恋の道かな」〈新古今・恋一〉㊁京都府北部の由良川の河口。西岸は宮津市由良。歌枕 補説 ㊀の歌は、㊁の由良川の河口とする説もある。

ゆら-の-はな【由良の岬】愛媛県南西部、宇和海に突き出た由良半島先端部にある岬。黒潮によって浸食された大規模な海食崖がいや「海老えび洞」と名付けられた奥行き120メートルの海食洞がある。足摺あしずり宇和海国立公園に属する。由良崎。

ゆら-の-みなと【由良の湊】京都府北部、宮津市の由良川河口の港。山椒大夫さんしょうだゆうがいたという。

ゆら-めか・す【揺らめかす】〔動サ五(四)〕ゆらめくようにする。ゆらゆらさせる。「そよ風が髪のリボンを―・す」

ゆら-め・く【揺らめく】〔動カ五(四)〕ゆらゆらと揺れ動く。ゆらぐ。「紫煙が―・く」「湖上の月影が―・く」

ゆら・ゆ【▽緩ゆ】〔動ヤ下二〕《「ゆら(緩)う」が中世以降ヤ行に転じて用いられた語。終止形は多く「緩ゆる」の形をとる》「緩ゆう❶」に同じ。「突かれて―・ゆる間に」〈古活字本平治・中〉

ゆら-ゆら〔副〕スル ❶物がゆっくりと大きく、繰り返し揺れ動くさま。「波に―(と)揺れる船」「地震で足もとが―(と)する」❷ゆったりと。ゆっくりと。「打ち解けて―とお寝よれのうさ」〈松の葉・一〉 類語 ゆさゆさ・ぐらぐら・くらくら・ぐらり・ぐらっと・ゆらり

ゆらら〔副〕❶玉や鈴などが触れ合って鳴る音を表す語。ゆら。「手に巻ける玉も―に」〈万・三二四三〉❷ゆったりしているさま。「神ならば―さらさらと降り給へいかなる神か物恥ぢはする」〈梁塵秘抄・二〉

ゆら-らか【揺らか】〔形動ナリ〕ゆらゆらと揺れ動くさま。「髪のうちたたなはりて―なる程」〈春曙抄本枕・三四〉

ゆらり〔副〕❶物が1回だけゆっくりと大きく揺れ動くさま。「大提灯おおぢょうちんが―(と)揺れる」❷軽やかに身体を動かすさま。ひらり。「馬をひき出ださせけるに、足をそろへてしきみを―と越ゆるを」〈徒然・一八五〉

ゆらり-ゆらり〔副〕繰り返しゆったりと揺れ動くさま。「―(と)ブランコに揺られる」

ゆら・れる【揺られる】〔動ラ下一〕《動詞「ゆ(揺)る」の未然形＋受身の助動詞「れる」から》揺り動かされる。「波に―・れる小舟」「馬に―・れて行く」

ユランカレ〘Yılankale〙《トルコ語で「蛇の城」の意》トルコ南部の都市アダナの東約30キロメートルにある中世の城塞。急峻な岩山の頂上部に位置し、東ローマ帝国時代に基礎が築かれ、11世紀から12世紀にかけて十字軍により建造された。

ゆらん-かん【輸卵管】ユクワン ▶卵管

ユランル-きょうかい【ユランル教会】ケウクワイ《Yılanlı Kilise》▶蛇の教会

ユランル-キリセ〘Yılanlı Kilise〙▶蛇の教会

ゆり【百=合】❶㋐ユリ科ユリ属の多年草の総称。温帯を中心に分布し、カノコユリ・オニユリ・ヤマユリ・テッポウユリ・スカシユリなど、園芸用に栽培されるものも多い。鱗茎りんけいが食用になるものもある。葉は線形などで平行脈が走る。夏、白・黄・橙色などの大形の6弁花を開く。リリー。(季 夏)「隠れ家のものものしさよ―の花/子規」㋑ユリ科に分類される単子葉植物の総称。世界中に約3700種が分布。主に草本で、球茎をもつ。花被は内外3枚ずつあり、いわゆる萼がくはない。幾つかの亜科に分けられ、ユリ亜科にはユリ属のほかカタクリ・チューリップ・アマナなどの属も含まれる。❷襲かさねの色目の名。表は赤、裏は朽葉くちば色。夏に用いる。

ゆり【▽後】後刻。後日。「我妹子わぎもこが家の垣内かきつのさ百合花―と言へるは否と言ふに似る」〈万・一五〇三〉

ゆり【揺り】❶ゆれること。また、ゆらすこと。ゆれ。❷巫女みこが死霊の口寄せをするとき、弓で打ち鳴らす具。❸邦楽で、声または楽器の音をゆらすこと。また、その技法。前者では声明しょうみょう・謡曲・浄瑠璃など、後者では箏篥ひちりき・笛・尺八などにみられる。

揺りに上あ・ぐ　胴上げにする。「捕らへてあいつを―・げう」〈続狂言記・狐塚〉

ゆり〔格助〕《上代語》名詞・活用語の連体形に付く。動作・作用の起点を表す。…から。「かしこきや命みことを被かがふり明日―や草かやが共むた(=カヤトトモニ)寝む妹いもなしにして」〈万・四三二一〉➡ゆ ➡よ ➡より

ゆり-あ・げる【揺り上げる】〔動ガ下一〕図ゆりあ・ぐ〔ガ下二〕揺すって上げる。「肩でショオルを―・げながら」〈風葉・青春〉

ユリア-じゅし【ユリア樹脂】《urea resin》尿素樹脂。

ユリアヌス〘Flavius Claudius Julianus〙[332～363]古代ローマ皇帝。在位361～363。コンスタンティヌス1世の甥おい。皇帝就任後、キリスト教を捨ててギリシャ・ローマ神への信仰を告白し、背教者とよばれた。ペルシア遠征で戦傷死。

ゆり-あわ・す【揺り合はす】ユリアハス〔動サ下二〕揺り動かして、すきまのないようにする。「鎧よろいの射向けの袖―・せ」〈太平記・三二〉

ユリイカ〘eureka〙▶ユーレカ

ゆり-いす【揺り椅子】▶ロッキングチェア

ゆり-いた【揺り板】玄米に混じっている籾もみなどを選別するのに用いる農具。浅い木箱状で、前方をひもでつり、後方を手で持ち、揺すって分ける。

ゆり-うごか・す【揺り動かす】〔動サ五(四)〕❶揺すって動かす。「大地を―・す」「巨体を―・す」❷動揺させる。また、感動させる。「真心が心を―・す」

ユリウス〘Julius〙▶カエサル

ユリウス-ねん【ユリウス年】天文学などで使われる時間の単位。太陽暦の一つ、ユリウス暦における1年の平均の長さ(365.25日)で定義される。

ユリウス-れき【ユリウス暦】太陽暦の一。前46年、ユリウス=カエサルがエジプト暦を改訂して制定したもの。1年を365.25日とし、4年に1回の閏うるう年を置く。1582年のグレゴリオ暦制定までヨーロッパで広く使われた。旧太陽暦。

ユリエフ-しゅうどういん【ユリエフ修道院】シウダウヰン《Yuryev monastïr'》ロシア連邦北西部、ノブゴロド

州の都市ノブゴロドの南郊にある修道院。ボルホフ川沿いに位置する。11世紀にエストニでの戦勝を記念し、ヤロスラフ1世により創設。ロシア最古の修道院の一つ。中央のゲオルギー聖堂には建造当初の12世紀に描かれたフレスコ画が残る。1992年、「ノブゴロドと周辺の歴史的建造物」の名称で世界遺産(文化遺産)に登録された。ユーリエフ修道院。

ゆり-おこ・す【揺り起(こ)す】〔動サ五(四)〕からだを揺り動かして目を覚まさせる。ゆすりおこす。「眠っている子を―・す」

ゆり-かえし【揺り返し】ゆりかえすこと。特に、地震のあとの余震。揺り戻し。「―が来る」

ゆり-かえ・す【揺り返す】〔動サ五(四)〕一方へ揺れた反動で反対側にもう一度揺れる。また、一度揺れたあとにもう一度揺れ動く。特に、地震のあとに余震が起こる。「数秒後に大きく―・す」

ゆり-かご【揺り×籃|揺り籠】赤ん坊を入れて揺り動かすかご。ようらん。

揺り籃から墓場まで 《from the cradle to the grave》生まれてから死ぬまで。社会保障政策の充実を表現する言葉で、第二次大戦後英国の労働党が唱えたもの。

ゆり-がね【×淘金】土砂にまじっている砂金を水中で揺すって選び分けること。また、その砂金。

ゆり-かもめ【百=合×鷗】❶カモメ科の鳥。全長約40センチ。くちばしと脚が赤く、冬羽は全体に白いが、夏羽では頭部が黒褐色になる。ユーラシアに分布。日本では冬鳥として各地の海岸・内湾・川などでふつうにみられる。和歌によまれ、古来著名な隅田川の「都鳥」はこの種をさす。(季 冬)「海光の風にかたむく―/信子」❷(ゆりかもめ)東京の新橋から豊洲までの14.7キロを結ぶ、コンピューター制御による無人運転電車。平成7年(1995)11月新橋－有明間で開業。同18年3月に豊洲まで延長開通。株式会社ゆりかもめ(開業時は東京臨海新交通株式会社)が運営。路線名は、東京臨海新交通臨海線。

ゆり-きみまさ【由利公正】[1829～1909]江戸末期から明治の政治家。越前福井藩出身。旧姓、三岡。通称、八郎。横井小楠に学び、藩政・国事に活躍。明治維新後、明治新政府の参与となり、太政官札の発行など財政面を担当。また、五箇条の御誓文の起草にも参画した。元老院議官・貴族院議員などを歴任。

ゆり-ご【揺り子】粗悪な米。屑米。くだけ米。いりご。

ユリシーズ〖Ulysses〗㊀ギリシャ神話の英雄オデュッセウスのラテン語名ウリクセス(Ulixes)がルネサンス期にウリッセース(Ulisses)となり、それを英語読みにしたもの。㊁ジョイスの長編小説。1922年刊。ホメロスの「オデュッセイア」に枠組みを借りて、ダブリン市に住む中年の広告取りブルームの一日を意識の流れの手法を取り入れ実験的文体を駆使して描き、20世紀文学の記念碑的作品とされる。

ユリシッチ-じょう【ユリシッチ城】《Jurisics-vár》ハンガリー西部の町クーセグの旧市街にある城。13世紀に建造。16世紀に城主ユリシッチ＝ミクローシュがオスマン帝国軍を撃退したという歴史をもつ。18世紀に火災に見舞われ、現在の姿に再建された。城内は博物館になっており、武器や軍服、クーセグの歴史に関する資料を展示している。

ゆり-す・う【揺り据う】〔動ワ下二〕揺り動かして落ち着かせる。「夕立の晴るれば月ぞ宿りける玉―・うる蓮の浮き葉に」〈山家集・上〉

ユリスケ-アルプス〖Julijske Alpe〗イタリア北東部からスロベニア北西部にかけて広がる山脈。東部アルプスの一部を成す。スロベニア最高峰のトリグラフ山(標高2864メートル)を擁し、大部分がトリグラフ国立公園に含まれる。英語名、ジュリアンアルプス。

ゆ-りつ【輸率】電解液中を流れる全電流のうち、特定のイオンの移動による電流の割合。ヒットルフ数。

ゆり-ね【百=合根】ユリの鱗茎。ふつう食用になるオニユリ・ヤマユリのものをいい、含め煮・茶碗蒸しなどの材料にする。

ゆり-の-き【百=合の木】モクレン科の落葉高木。高さ20メートル以上になる。葉は柄が長く、角張って半纏に似た形をしている。5、6月ごろ、黄色で基部に橙色の斑のあるチューリップに似た6弁花を開く。北アメリカの原産で、日本には明治初年に渡来、公園や街路に植えられる。チューリップの木。半纏木。

ゆりほんじょう【由利本荘】秋田県南西部にある市。子吉川が貫流し、北部平野部は稲作が盛ん。平成17年(2005)3月に本荘市と由利郡7町が合併して成立。人口8.5万(2010)。

ゆりほんじょう-し【由利本荘市】▶由利本荘

ゆり-もどし【揺り戻し】❶ゆすぶって元へ戻すこと。「振り子の―」❷一度ある方向へ大きく変動したものが、また元の方向にもどること。❸取引用語で、相場が売られすぎたり買われすぎたりした後に起こる、反対の動き。❹「揺り返し」に同じ。❺▶呼び戻し

ゆ-りょう【油糧】油脂・油脂原料・油かすなどの総称。

ゆ-りょう【湯量】温泉などで、わき出る湯の量。

ゆり-わ【揺り輪】❶物を頭上にのせて運ぶとき、台として頭に敷く輪。❷米と籾とを揺り分けるための浅いおけ。

ゆりわかだいじん【百合若大臣】幸若舞曲。2巻。作者未詳。室町時代に成立。観音の申し子百合若大臣の英雄譚。蒙古を攻め降した百合若は、帰途無人島に置き去りにされるが、漂着した釣り人の舟で帰国し、悪臣を滅ぼす。説経節にも取り入れられ、のちに歌舞伎・浄瑠璃などに脚色された。

ゆり-わ・ける【揺り分ける】〔動カ下一〕図ゆりわ・く〔カ下二〕❶水中で物を揺り動かしながら不用なものを流し去る。「砂金を―・ける」❷いるものと不用のものを選び分ける。「アズキを―・ける」

ゆり-わさび【百=合山=葵】アブラナ科の多年草。山地の川辺に生え、高さ約15センチ。全体にワサビに似るが小形。葉は円形で基部が心臓形。4月ごろ、白い4弁花を総状につける。

ゆる【百=合】ユリの上代東国方言。「筑波嶺のさ―の花の夜床にもかなしけ妹そ昼もかなしけ」〈万・四三六九〉

ゆ・る【▽許る|▽聴る】〔動ラ上二〕❶許される。許可される。認められる。「皆世に―・りたる古き道の者どもなり」〈増鏡・おどろの下〉❷罪などを免ぜられる。放免される。「大赦のありければ、法師も―・りにけり」〈宇治拾遺・一二〉❸うちとける。隔てがなくなる。「今は心も―・りて」〈浮・男色大鑑・五〉

ゆ・る【揺る】㊀〔動ラ五(四)〕❶揺り動かす。ふるい動かす。ゆすぶる。「背広の肩を抑えて、前後に―・りながら」〈漱石・それから〉❷(「淘る」「汰る」とも書く)水の中などで、ふるい動かして選び分ける。「砂金を―・る」❸物が揺れ動く。特に、地震が起こる。「地震が―・る度に」〈漱石・吾輩は猫である〉㊁〔動ラ下二〕「ゆれる」の文語形。

ゆる【緩】〔形動ナリ〕❶締め方がきつくないさま。ゆるいさま。「(髪ヲ)いと―にひき結はせ給ひて」〈栄花・楚王の夢〉❷ゆっくりとしたさま。「花誘ふ風―に吹きける夕暮れに」〈宇津保・国譲下〉❸寛大なさま。おうよう。「我をば人はいかがいふなど人に問はせ給ひけるに、―になむおはしますと」〈大鏡・道長下〉❹ゆるがせにするさま。いいかげんなさま。「しかれば公私につきて、露ばかりも―なること無かりけり」〈今昔・二九・三〇〉

ゆ-るい【油類】あぶら類。

ゆる・い【緩い】〔形〕図ゆる・し〔ク〕❶張りぐあいや締めぐあいが弱い。また、すきまなどがあり、ぴったりとしない。「ねじが―・くなる」「くつが―・い」❷曲がり方や傾斜などが急激でない。「―・いカーブを描く」「―・い坂」❸激しくない。勢いが弱い。また、ゆっくりしている。「流れが―・い」❹規則などが厳しくない。寛大である。「―・い罰則」❺水分が多くやわらかい。「―・い便」❻気持ちがたるんでいる。怠慢である。「警固の―・くありける隙を得て」〈太平記・一七〉(補説)若者言葉に始まる新しい使い方が一般的になってきた。(1)よい意味では、落ち着いている、ゆったりしている、力みがない、のんびりしているなどの意に使う。「喫茶店の―・い雰囲気を楽しむ」(2)悪い意味では、大ざっぱである、生ぬるい、しまりがない、だらしないなどの意に使う。「食うこと以外は何もしない―・い生活」(派生)ゆるげ〔形動〕ゆるさ〔名〕

ゆる-か【緩か】〔形動ナリ〕ゆるやかなさま。「真木の戸をあくれば春やいそぐらん袂にさえし風―なり」〈夫木・一〉

ゆるか・し【緩かし】〔形シク〕《「ゆるがし」とも》ゆったりしている。「かく―・しきお暮らしなら」〈浄・千本桜〉「さいそくも質屋のするは―・しい」〈柳多留・初〉

ゆるが・す【揺るがす】〔動サ五(四)〕揺り動かす。ゆさぶる。震動させる。「大地を―・す大噴火」「全世界を―・した大事件」

ゆるがせ【×忽せ】〔形動〕図〔ナリ〕《「いるかせ」の音変化。室町時代までは「ゆるかせ」》❶物事をいいかげんにしておくさま。なおざり。おろそか。「師の教えを―にはできない」❷寛大なさま。のんびりしたさま。「親の、子に―なるは」〈浮・永代蔵・五〉(類語)おろそか・なおざり・仮初め・好い加減・粗略

ゆるぎ【揺るぎ】揺れ動くこと。動揺。「―のない友情」

ゆるぎ-あり・く【揺るぎ▽歩く】〔動カ四〕ゆるゆると偉そうに歩きまわる。「あはれ、いみじう―・きつるものを」〈枕・九〉

ゆるぎ-い・ず【揺るぎ▽出づ】〔動ダ下二〕❶よろよろと出てくる。震えながら出てくる。「この翁、恐ろしと思ひながら―・でたれば」〈宇治拾遺・一〉❷からだを揺すりながら悠然と出てくる。「弓脇に挟み、烏帽子ひきたて―・でたる形勢は」〈保元・上〉

ゆるぎ-た・つ【揺るぎ立つ】〔動タ四〕揺れながら立つ。また、よろめき立ち上がる。「あさましく恐ろしげにて、この山―・ちにけり」〈宇治拾遺・二〉

ゆるぎ-な・い【揺るぎ無い】〔形〕図ゆるぎな・し〔ク〕動揺がない。確固としている。「―・い自信」「支持基盤を―・いものとする」(類語)堅い・磐石・不動・確固・強固・堅固・牢固

ゆるぎ-の-いた【揺の板】▶前板❷

ゆる-キャラ【緩キャラ】《「ゆるいキャラクター」の意》国・地方自治体主催のイベントや名産品などを宣伝するために作られたキャラクターのうち、姿形や名の付け方などに、野暮ったいが、のんびりとした雰囲気を感じさせるもの。イラストレーターみうらじゅんの造語。➡緩い(補説)

ユルギュップ〖Ürgüp〗トルコ、カッパドキア地方の町。町の中心にそびえる岩山には、セルジュークトルコ時代の13世紀に築かれたクルチアルスラン4世の霊廟がある。ワイン、絨毯の産地として知られるほか、世界遺産のギョレメ国立公園の観光拠点の一つ。

ゆる・ぐ【揺るぐ】〔動ガ五(四)〕❶揺れ動く。ゆれる。ゆらぐ。「大地が―・ぐ」❷物事の状態や精神が不安定になる。動揺する。ゆらぐ。「体制が―・ぐ」「信念が―・ぐ」❸ゆったりと構える。「兄殿は…―・ぎたるところのおはしまさざりしなり」〈大鏡・道長下〉

ゆる-け・し【緩けし】〔形ク〕ゆるやかである。「朝まだき―・き風のけしきにて春立ちきぬと知られぬるかな」〈堀河百首〉

ゆるさ-れ【許され】許されること。許可。赦免。「まだ世に―もなくては」〈源・明石〉

ゆるし【許し】❶(「聴し」とも書く)願いを聞き入れること。許可すること。「父の―を得て上京する」❷(「赦し」とも書く)罪・過失・無礼などをとがめないこと。容赦。赦免。「罪の―を請う」❸芸道で、師から弟子に与える免許の一階級。「奥―」
(類語)許可・承認・容認・許容・諒承・宥恕・諒恕・寛恕・海容・容赦・堪忍・勘弁

ゆるし-いろ【許し色|▽聴し色】平安時代、だれでも着用を許された衣服の色。紅色・紫色の淡い色など。ゆるしのいろ。「―のわりなう上白みたる一かさね」〈源・末摘花〉➡禁色

ゆるし-じょう【許し状|▽赦し状】▶許し文

ゆるし-しろ【許し代】▶公差❸

ゆるし-ないりょく【許し内力】▶許容応力

ゆるし-の-ひせき【ゆるしの秘跡】カトリック教会

のサクラメントの一。洗礼後に犯した罪について、悔い改め、司祭に告白することによって神と教会から与えられる罪の赦免。

ゆるし‐ぶみ【許し文|▽赦し文】❶許可状。認可状。許し状。❷罪を許す旨を記した文書。赦免状。許し状。「入道相国の―取り出いて奉る」〈平家・三〉

ゆるし‐もの【許し物】❶芸道で、師から許可を受けてから習う技芸。❷罪人を許すこと。赦免。「ふるきためしのありけるとかやとて、―なん侍りけり」〈著聞集・二〉

ゆる・す【許す】〔動サ五(四)〕《「緩む」「緩い」と同語源》❶(「聴す」とも書く)不都合なことがないとして、そうすることを認める。希望や要求などを聞き入れる。「外出が―・される」「営業を―・す」❷(「赦す」とも書く)過失や失敗などを責めないでおく。とがめないことにする。「あやまちを―・す」❸(「赦す」とも書く)義務や負担などを引き受けなくて済むようにする。免除する。「税を―・す」「兵役を―・す」❹相手がしたいようにさせる。まかせる。「追加点を―・す」「わがままを―・す」「肌を―・す」❺そうするだけの自由を認める。ある物事を可能にする。「楽観は―・されない」「時間が―・せば」「事情の―・すかぎり」❻警戒や緊張状態などをゆるめる。うちとける。「気を―・す」「心を―・した友」❼高い評価を与える。世間が認める。「自他ともに―・すその道の大家」❽引き張ったものをゆるめる。「猫の綱―・しつれば」〈源・若菜上〉❾捕らえたものを逃がす。「つととらへて、さらに―・し聞こえず」〈源・紅葉賀〉 可能 ゆるせる

一句 気を許す・葷酒山門に入るを許さず・心を許す・自他共に許す・仙籍を許す・肌を許す

類語 (❶)認める・許可する・認可する・承認する・許容する・許諾する・承諾する/(❷)海容する・宥恕する・寛恕する・諒恕する・恕する・容赦する・堪忍する・勘弁する・堪える・免ずる・大目に見る

ユルスナール〖Marguerite Yourcenar〗[1903〜1987]フランスの女流小説家。ベルギー生まれ。のち、米国に定住。1981年、女性初のアカデミーフランセーズ会員となる。歴史小説のほか戯曲・翻訳などでも活躍。作「ハドリアヌス帝の回想」「黒の過程」など。

ゆるび【緩び】ゆるむこと。ゆるやかになること。ゆるみ。「―なき御仲らひかな」〈源・野分〉

ゆる・ぶ【緩ぶ|×弛ぶ】《「許す」と同語源。古くは「ゆるふ」》■〔動バ四〕❶「ゆるむ❶」に同じ。「箏の琴のいたう―・びたるを」〈狭衣・二〉❷「ゆるむ❷」に同じ。「心安き独り寝の床にて―・びにけりや」〈源・末摘花〉❸「ゆるむ❸」に同じ。「昼になりてぬるく―・びもていけば」〈枕・一〉❹氷などがとける。「うは氷あはに結べるひもなればかざす日かげに―・ぶばかりを」〈枕・九〇〉❺おっとりしている。「高き身となりても、ゆたかに―・べる方はおくれ」〈源・若菜下〉■〔動バ下二〕❶「ゆるめる❶」に同じ。「梓弓引きみ―・へみ思ひ見てすでに心は寄りにしものを」〈万・二九八六〉❷「ゆるめる❷」に同じ。「あまり無下にうち―・べ、見放ちたるも」〈源・帚木〉

ゆる‐ふん【緩×褌】《「ふん」は「ふんどし」の略》❶ふんどしの締め方のゆるいこと。また、ゆるく締めたふんどし。❷締まりがなく、緊張を欠くこと。

ゆるま・る【緩まる|×弛まる】〔動ラ五(四)〕ゆるくなる。ゆるむ。「瓶の蓋が―・る」「寒気が―・る」

ゆるみ【緩み|×弛み】ゆるんでいること。また、そのものや、その程度。「気の―が出る」

ゆる・む【緩む|×弛む】■〔動マ五(四)〕❶ぴんと張ったものがたるむ。締めぐあいが弱くなる。ゆるくなる。「ねじが―・む」「ひもが―・む」❷緊張がほぐれる。油断する。「気が―・む」❸厳しかった状態・程度がゆるやかになる。「寒さが―・む」「取り締まりが―・む」❹固いものがやわらかくなる。表情のかたさがとれる。「氷が―・む」「頬が―・む」❺速度などが減ずる。「スピードが―・む」❻取引で、相場が少し下がる。「選挙を控え、市況は―・んでいる」■〔動マ下二〕「ゆるめる」の文語形。

類語 たるむ・弛緩する・だれる・だらける・たゆむ

ゆる‐め【緩め|×弛め】〔名・形動〕いくらかゆるいこと。ゆるい感じであること。また、そのさま。「帯を―に結ぶ」⇔きつめ。

ゆる・める【緩める|×弛める】〔動マ下一〕文ゆる・む〔マ下二〕❶ゆるむようにする。ゆるくする。「帯を―・める」「ネクタイを―・める」❷油断する。「最後まで気を―・めるな」❸厳しさを次第になくする。ゆるやかにする。「取り締まりを―・める」「追及の手を―・める」❹固いものをやわらかくする。表情のかたさをほぐす。「口元を―・める」❺速度などを減ずる。「スピードを―・める」❻なだらかにする。「傾斜を―・める」

ゆる‐やか【緩やか】〔形動〕文〔ナリ〕❶締め方や張り方がきつくないさま。衣服などのゆったりしたさま。「―な着心地」「―に結ぶ」❷動きや勢いが激しくないさま。ゆっくりしたさま。「水車が―に回る」「―な流れ」❸なだらかなさま。角度のゆるいさま。「―な傾斜」❹規律などが厳しくないさま。寛大なさま。「―な規制」 派生 ゆるやかさ〔名〕

類語 ゆったり・ゆるゆる・ゆるい・ゆっくり・緩慢

ゆる‐ゆる【緩緩】■〔副〕❶動作や気分がゆったりしているさま。のびのび。「別荘で―(と)くつろぐ」❷急がないさま。ゆっくり。「葬列が―(と)進む」❸柔らかいさま。「堅かりける物、―となりて」〈沙石集・七〉■〔形動〕文〔ナリ〕❶ゆるやかなさま。きっちりしていないさま。「―な服」❷おだやかなさま。平穏。「世間の―な時は、文人がよい」〈史記抄・申韓伝〉 アクセント ■はユルユル、■はユルユル。

類語 ゆっくり・ゆったり・のんびり・ゆるり・そろそろ・しずしず

ゆる‐らか【緩らか】〔形動ナリ〕❶ゆるいさま。締めつけ、張りがきつくないさま。ゆるるか。「帯―にかけて参る後ろで」〈落窪・一〉❷動きがゆっくりしているさま。ゆるやか。ゆるるか。「いと―にうち誦じたるを」〈源・賢木〉❸ゆったりと伸びたさま。豊かなさま。ゆるるか。「髪のうちたたなはりて―なる程、長さ推し量られたるに」〈枕・三六〉

ゆるり【緩り】〔副〕❶ゆったりとくつろぐさま。「ご―となさってください」❷動きが遅いさま。また、急がないさま。ゆっくり。ゆるゆる。「―としたボールを投げる」

ゆる‐るか【緩るか】〔形動ナリ〕「ゆるらか」に同じ。「琵琶の風香調―に弾き鳴らしたる」〈更級〉

ゆれ【揺れ】❶揺れること。また、その程度。動揺。「船の―」❷一定せずに、不安定な状態にあること。「解釈の―」「心の―」

ユレダス〖UrEDAS〗《Urgent Earthquake Detection and Alarm System》JR総合技研が開発した早期地震検知警報システム。

ゆれ‐も【揺藻】ユレモ科の藍藻の総称。溝川や水田の泥底に生え、藍青色の円盤状の細胞が1列に並んで糸状をなす。名は、水中で揺れ動くことに由来する。あいみどろ。

ゆ・れる【揺れる】〔動ラ下一〕文ゆ・る〔ラ下二〕❶上下・前後・左右などに動く。「悪路で車が―・れる」❷不安定な状態になる。「政局が―・れる」

類語 動く・揺らぐ・ぐらつく・振れる・振動する・上下する・微動する・揺蕩する・揺動する

ゆわい‐つ・ける【結わい付ける】〔動カ下一〕文ゆはひつ・く〔カ下二〕「結わえ付ける」に同じ。「四足をくいへ―・けられて」〈魯文・安愚楽鍋〉

ゆわ・う【結はふ】■〔動ハ四〕《動詞「ゆう」の未然形＋反復継続の助動詞「ふ」から》しばる。むすぶ。ゆう。「鉄の鎖を以て酒の君を―・ひて」〈仁徳紀〉■〔動ハ下二〕「ゆわえる」の文語形。

ゆわえ‐つ・ける【結わえ付ける】〔動カ下一〕文ゆはへつ・く〔カ下二〕むすびつける。しばりつける。ゆわいつける。「荷物を荷台に―・ける」

ゆわ・える【結わえる】〔動ア下一〕文ゆは・ふ〔ハ下二〕むすぶ。しばる。くくる。ゆわく。「一〇本ずつ―・えて一束にする」 類語 結ぶ・縛る・結う・くくりつける・取り結ぶ・縛り付ける・縛り上げる

ゆ‐わかし【湯沸(か)し】湯を沸かすための器具。やかんなど。

ゆわ・く【結わく】〔動カ五(四)〕しばる。くくる。むすぶ。ゆわえる。「髪を―・く」 可能 ゆわける

ゆわだ‐おび【▽結▽肌帯】►岩田帯

ユン‐イサン【尹伊桑】[1917〜1995]ドイツの作曲家。朝鮮半島の生まれ。大阪や東京で作曲を学ぶ。のち、ドイツに渡りベルリンを中心に活躍したが、1967年にスパイ容疑でKCIAにより連行・投獄された。69年ドイツに戻り帰化。現代の前衛的な手法に朝鮮や東アジアの伝統的音楽要素を融合させた作風で、管弦楽曲「礼楽」、オペラ「沈清伝」、カンタータ「わが国土、わが民族」などがある。

ユンカー〖ドイツ Junker〗ドイツ、東エルベ地方の地主貴族。大農場を経営するとともに、高級官僚・上級軍人を輩出、プロイセンの支配階級を形成した。保守的、反自由主義的で、ドイツ軍国主義の基盤となった。ユンケル。

ユング〖Carl Gustav Jung〗[1875〜1961]スイスの心理学者・精神医学者。最初フロイトの精神分析に共鳴しその発展に貢献したが、のちに独自の分析的心理学を確立。集合的無意識および元型の存在を主張。また、性格を内向型と外向型の2類型に分類した。著「無意識の心理学」「心理の類型」など。

ユングナー‐でんち【ユングナー電池】►ニッケルカドミウム電池

ユングフラウ〖Jungfrau〗《若い女性の意》スイス中部、アルプス山脈の高峰の一。アイガー南西にあり、標高4158メートル。1811年スイスのマイヤー父子が初登頂、以来登山者が多い。登山鉄道が山頂北麓のユングフラウヨッホまで通じる。2001年に「ユングフラウ、アレッチ、ビーチホルン」として世界遺産(自然遺産)に登録。➡アレッチホルン ➡ビーチホルン

ユングフラウヨッホ〖Jungfraujoch〗ユングフラウの北麓、標高3454メートルの地。インターラーケンからクライネシャイデックを経て登る登山電車の終点。

ユンケル〖ドイツ Junker〗►ユンカー

ゆん‐ぜい【▽弓勢】《「ゆみせい」の音変化》弓を引っ張る力量。弓を射る力の強さ。「あな恐ろしの鎮西の八郎殿の―や」〈保元・中〉

ゆんた《「結い歌」または「読み歌」からという》沖縄県八重山地方に伝承される歌謡の一群。多くは長編の叙事詩で、労働の際に男女掛け合いで歌われる。

ゆん‐だけ【▽弓丈|▽弓▽長】《「ゆみだけ」の音変化》弓ひと張りの長さ。ふつう7尺5寸(約2.27メートル)。弦を張らない弓の末弭から本弭までの長さを一杖として測量の基準とした。ゆんづえ。ゆだけ。「―ばかり投げのけられたり」〈平家・九〉

ゆん‐づえ【▽弓×杖】《「ゆみづえ」の音変化》❶弓を杖とすること。また、その弓。ゆづえ。「―を突いて生田の森の逆茂木を上り越え」〈平家・九〉❷「弓丈」に同じ。「一五杖ばかり」〈太平記・一〇〉

ゆん‐で【▽弓手|▽左手】《「ゆみて」の音変化》❶弓を持つほうの手。左の手。「浪子の―を執りて」〈蘆花・不如帰〉⇔馬手。❷左の方。左。「忽ち―の畑路より、夫婦と見ゆる百姓二人」〈蘆花・不如帰〉⇔馬手。

ゆんで‐の‐くさずり【▽弓手の草×摺】►射向けの草摺

ユン‐ドンジュ【尹東柱】[1917〜1945]朝鮮の詩人。日本に留学中の1943年に独立運動容疑で逮捕され、獄死。日本の併合下にあった民族の悲哀を叙情詩にうたった、詩集「空と風と星と詩」がある。

ゆん‐べ【昨=夜】《「ゆうべ」の音変化》「ゆうべ❸」に同じ。「―はおっかなかったよ」〈有島・星座〉

ユンボ〖jumbo〗削岩機・掘削機などを載せた大型台車。商標名。 補説 英語の発音はジャンボとなるが、土木現場ではユンボと呼ぶ。

ユン‐ボソン【尹潽善】[1897〜1990]韓国の政治家。韓国独立後初のソウル市長などを経て、1960年、李承晩大統領失脚後、国会議員による間接選挙で第4代大統領に就任。閣僚との対立から政権は安定せず、61年、朴正熙らのクーデターを招く。62年の辞任後も野党指導者として朴大統領に対抗。いんふぜん。➡パクチョンヒ

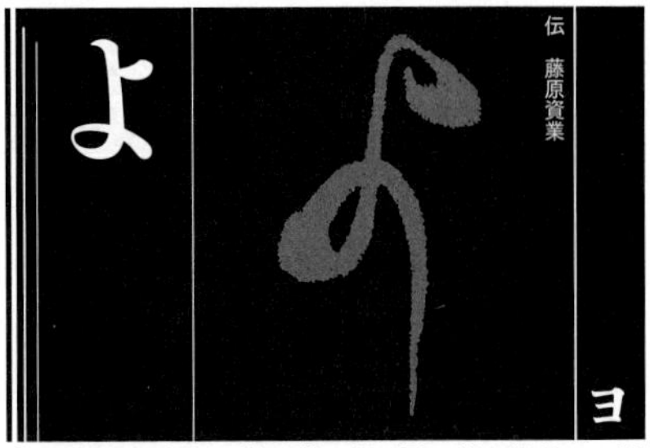

よ　❶五十音図ヤ行の第5音。硬口蓋と前舌との間を狭めて発する半母音[j]と母音[o]とから成る音節。[jo]　❷平仮名「よ」は「與」の略体「与」の草体から。片仮名「ヨ」も「與」の略体「与」の末3画から。〔補説〕「よ」は、また、「きょ」「しょ」「ちょ」などの拗音の音節を表すのに、「き」「し」「ち」などの仮名とともに用いられる。現代仮名遣いでは、拗音の「よ」は、なるべく小書きにすることになっている。

よ【世／代】《「節(よ)」と同語源。時間や空間の、限られた区間の意》❶人の一生。生涯。また、寿命。年齢。「わが―の終わり」❷一人の支配者、または一つの系統・政体に属する支配者が政権を維持している期間。時代。「明治の―」「武家の―」❸家督をついでその家を治める期間。また、その治める権利や立場。「息子の―になる」「―を譲る」❹仏教で、過去・現在・未来のそれぞれの期間。前世・現世・来世のそれぞれ。「あの―」「この―」❺出家した人の住む世界に対して、凡俗の住む世界。俗世間。「―に背く」❻人が互いにかかわりあって生きていく場。世の中。社会。世間。「浮き沈みは―の習い」「新しい思想を―に広める」❼社会での境遇。特に、時運に乗って栄えること。「―を時めくタレント」❽その時の社会の流れ。時勢。「―はまさにコンピューター時代だ」❾生活していくこと。なりわい。「―の営み」「―を過ごす」❿ある期間。時期。機会。「二条の后の宮まだ帝にも仕うまつり給はで、ただ人におはしましける―に」〈大和・一六一〉⓫国家。国。また、世界。「国王の仰せ言を、まさに―に住み給はむ人の、承り給はでありなむや」〈竹取〉⓬男女の仲。恋情。「むげに―を思ひ知らぬやうにおぼほれ給ふなん、いとつらき」〈源・帚木〉

〔…語〕徒(あだ)し世・彼(あ)の世・新た世・有らぬ世・幾千代・幾世・今の世・浮き世・現(うつ)し世・彼(か)の世・上つ世・神代・仮の世・君が代・此(こ)の世・先の世・末の世・千代・塵(ちり)の世・露の世・時世・常(とこ)世・中つ世・後(のち)の世・人の世・一世・又の世・三(み)世・御(み)世・百(もも)世・八千代・夢の世・代代・万(よろず)代

〔類語〕世間・世の中・社会・世界・巷間・世上・天下・浮き世・時代・世紀・時世(じせい)・時節・時(とき)・時世(ときよ)

世が世ならば　その人に都合のよい時代であったならば。「―こんな家に住んでいなかった」

世下(くだ)・る　❶後世になる。「―・りて後、唐土(もろこし)にも日の本にも」〈増鏡・新島守〉❷末世(まっせ)になる。「今は―・りて、他の一寸のゆがみはとがめて、おのれが一尺のひがみは見えず」〈父の終焉日記〉

世と推(お)し移る　《「楚辞」漁父から》時勢に逆らわずに進む。物事にこだわらない生き方をいう。

世と共(とも)に　常日ごろ。明けても暮れても、いつも。始終。「―に、恋ひわたる人の形見にも」〈源・手習〉

世に合・う　時勢にうまく乗って栄える。世に用いられる。時めく。「―・わない不遇な一生」

世に在・り　❶この世に生きている。生存している。また、この世に生き長らえる。「―・るまじき心地のしければ」〈竹取〉❷世間に認められる。「―・る僧どもの」〈宇治拾遺・一五〉

世に入れ・られる　世の人々から受け入れられる。世間から認められる。「新学説が―・られる」

世に聞こ・える　世間の評判になる。「―・えた作家」

世に従・う　世間の大勢・風潮・習わしに従う。「―・はん人は、先づ機嫌を知るべし」〈徒然・一五五〉

世に知ら・ず　ちょっと例がない。たとえようがない。普通ではない。「(経文ヲ)ゆるるかによみ給へる、また―・ず聞こゆ」〈源・須磨〉

世に知ら・れる　世間の多くの人に知られる。有名になる。「その音域の広さで―・れた声楽家」

世に立・つ　世に出て一人前となる。また、世に出て相当の地位に立つ。「建築家として―・つ」

世に連(つ)・れる　世の中の流れや動きとともに変わる。

世に・出る　❶世の中に出現する。初めておおやけになる。「処女作が―・出る」❷世の中に知られる。出世する。「新星のように―・出る」

世に問・う　世間に発表してその評価を求める。「作品を―・う」

世に無・し　❶この世に存在しない。死んでこの世にない。「故按察大納言は、―・くて久しくなり侍りぬれば」〈源・若紫〉❷世の中に二つとない。比べるものがないほどすぐれている。「―・く清らなる、玉のをのこ御子さへ生まれ給ひぬ」〈源・桐壺〉❸世の中に認められない。世間で栄えていない。身分が低い。「―・きものを思ひそめて」〈平家・一〇〉❹世間に出ない。身を隠している。「妹背(いもせ)の情けこまやかに―・き景清をいとほしみ」〈浄・出世景清〉

世に似・ず　世間に比べるものがない。世に類がない。「かぐや姫、かたちの―・ずめでたきことを」〈竹取〉

世に・経(ふ)　❶この世に生き長らえる。「花の色はうつりにけりないたづらに我が身―・経るながめせしまに」〈古今・春下〉❷出家の身ではなく、俗人として暮らす。「わが身も―・ふる様ならず、跡絶えて止みなばや」〈源・若菜下〉❸男女の情を解する。「ねになけば人笑へなりくれ竹の―・へぬをだにかちぬと思はむ」〈後撰・恋五〉

世に旧(ふ)・る　❶世の中に長くあって古びる。世間で珍しくなくなる。「御前に雪の山つくられたりし、―・りたる事なれど」〈源・朝顔〉❷結婚歴がある。「ただ人、はたあやしき女、―・りたるなど」〈源・蜻蛉〉

世は張(は)り物(もの)　《「張り物」は、外見だけで中身のないもの》世の中は、見栄を張ってわたるのが普通である。世間は張り物。

世は回(まわ)り持(も)ち　貴賤貧富の運命は、かわるがわる誰にも巡ってくるものだ。天下は回り持ち。

世は元偲(もとしの)び　世の中の人は、とかく昔を懐かしむものであるということ。

世乱(みだ)れて忠臣(ちゅうしん)を識(し)る　《「唐書」崔円伝から》世の中が混乱したときに、真の忠義の臣が誰であるかがわかる。

世も末(すえ)　《仏教の末法思想による言葉》この世も終わりであること。救いがたい世であること。「こんな歌がはやるとは―だ」

世を挙げて　世の中の人が全員で。世間全体が一致して。「―の健康ブーム」

世を去・る　死ぬ。「若くして―・る」

世を忍・ぶ　世間の人の目を避けて隠れる。「―・ぶ仮のすまい」

世を知・る　❶世情に通じる。また、男女の情を理解する。「命あらばいかさまにせむ―・らぬ虫だに秋は鳴きにこそ鳴け」〈千載・秋中〉❷国を治める。世の中を統治する。「―・り給はむにもいとめでたき御心もちゐを」〈栄花・月の宴〉

世を捨・てる　俗世間から離れて暮らす。隠遁(いんとん)する。また、出家する。「―・てて仏門に入る」

世を背・く　「世を捨てる」に同じ。「―・く宿にはふかじあやめ草心のとまる妻となりけり」〈拾玉集・一〉

世を尽く・す　一生を終える。「白波のよするなぎさに―・すあまのこなれば宿も定めず」〈新古今・雑下〉

世を遁(のが)・れる　俗世間から離れて隠れ住む。また、世を捨てて出家する。「―・れて庵を結ぶ」

世を離・る　「世を遁(のが)れる」に同じ。「かく―・るるさまにものし給へば」〈源・夕顔〉

世を憚(はばか)・る　世間に遠慮する。世間との交わりを避ける。「―・って隠れ住む」

世を張・る　見えを張る。外観を繕う。「灯火(ともしび)の消ゆるまで―・るこそうたてけれ」〈浮・椀久一世〉

漢字項目　よ

与〔與〕　〔音〕ヨ(呉)(漢)　〔訓〕あたえる、くみする、あずかる、と、より、か ‖ ①仲間になる。くみする。「与国・与党」②かかわりができる。あずかる。「関与・参与」③あたえる。「与奪／寄与・給与・供与・恵与・授与・所与・賞与・譲与・贈与・貸与・天与・投与・付与・賦与」〔名付〕あたえ・あと・あとう・くみ・すえ・ため・とも・のぶ・ひとし・もと・もろ・よし

予〔豫〕　〔学〕3　〔音〕ヨ(呉)(漢)　〔訓〕あらかじめ、かねて、われ ‖ ①あらかじめ。前もって。「予価・予感・予言・予告・予算・予選・予想・予測・予断・予知・予定・予備・予防・予約」②心がゆったりする。心地よくなる。「不予」③ぐずぐずする。「猶予」④伊予(いよ)国。「予讃・予州」⑤われ。自分。「予輩」〔補説〕本来①〜④は「豫」、⑤は「予」で別字。〔名付〕たのし・まさ・やす・やすし

余〔餘〕　〔学〕5　〔音〕ヨ(呉)(漢)　〔訓〕あまる、あます、われ ‖ ①必要な分をこえて残る。引き続いてあとに残る。あまり。「余韻・余剰・余震・余地・余熱・余白・余分・余命・余裕・余力／刑余・月余・残余・剰余・酔余・年余・有余」②当面のものから外れた部分。それ以外。ほか。「余技・余興・余罪・余事・余人・余談／自余」③われ。自分。「余輩」〔補説〕本来①②は「餘」、③は「余」で別字。〔難読〕余波(なごり)・余所(よそ)

誉〔譽〕　〔音〕ヨ(呉)(漢)　〔訓〕ほまれ、ほめる ‖ ①ほめる。ほめたたえる。「称誉・毀誉褒貶(きよほうへん)」②よい評判。ほまれ。「栄誉・声誉・名誉」〔名付〕しげ・たか・たかし・のり・ほまる・ほむ・もと・やす・よし

預　〔学〕5　〔音〕ヨ(呉)(漢)　〔訓〕あずける、あずかる、あらかじめ ‖ ①あずける。「預金・預血・預託」②あらかじめ。「預言」〔名付〕さき・まさ・やす・よし

〔人〕**輿**　〔音〕ヨ(呉)(漢)　〔訓〕こし ‖ ①何人かで担いで運ぶ乗り物。こし。かご。「肩輿・車輿・乗輿・神輿(しんよ)・鸞輿(らんよ)・輦輿(れんよ)」②万物をのせる台。大地。「輿地／坤輿(こんよ)」③大ぜいの。「輿望・輿論」〔難読〕神輿(みこし)

世を響(ひび)か・す　世の中の大評判となる。「名横綱の名が―・す」

世を・経(へ)る　❶長い年月を経過する。「―・経て残る傑作」❷男女の情事を経験する。「女のまだ世経ずと覚えたるが」〈伊勢・一二〇〉

世を済(わた)・す　❶世人を済度する。「仏の、世に出で給ひて―・し給へる」〈栄花・鶴の林〉❷隠居して跡目を継がせる。「子孫に―・し」〈浮・胸算用・五〉

世を渡・る　生活する。暮らしていく。「幼いので―・る術(すべ)を知らない」

よ【四】❶し。よっつ。よつ。声に出して数をかぞえるときの語。「ひ、ふ、み、―」❷し。よっつ。よつ。多く、名詞の上に付いて用いる。「―次元」「―方(も)」

よ【余】❶そのほか。それ以外。「―の儀」「―は知らず当面のことを考えよう」❷あまって残ったもの。残り。あまり。残余。「―は追って通知する」❸(「…の余」の形で)多く数量を表す語に付いて、その数量をわずかに上まわる意を表す。「五年の―を経て完成する」❹数を表す語に付いて、その数より少し多い意を表す。おおよその数を示してその端数を漠然という場合に用いる。…あまり。「二十一年の労苦」→〔漢〕「よ(余)」〔類語〕(❶)外・他(た)・その他(た)・自余

よ【夜】日没から日の出までの間。よる。「―が明ける」「―が更ける」

〔類語〕夜・小夜(さよ)・夜(よ)さり・宵(よい)・晩・暮夜(ぼや)・夜間・夜中(やちゅう)・夜分(やぶん)・夜陰(やいん)・夜半(よわ)・夜中(よなか)・夜半(やはん)・ナイト

夜の目も寝ない　夜も寝ない。夜も休まない。「―で看病する」

夜も日も明け・ない　それがないと一時たりとも過ごすことができない。「女房なしには―・ない」

夜を明か・す　寝ないで夜を過ごす。「避難所で―・す」

夜を籠(こ)・む　まだ夜が明けないでいる。夜がまだ深い。「―・めて竹の編み戸にたつ霧の晴ればやがてやあけむとすらむ」〈山家集・上〉

夜を徹(てっ)・する　夜通し物事を行う。徹夜する。「―・して作業する」

夜を徹(とお)・す　「夜を徹(てっ)する」に同じ。「―・して調べ物をする」

夜を日に継・ぐ　《「孟子」離婁下から》昼夜の別なく、続けてある物事をする。「―・いで働く」[補説]「日を夜に継ぐ」とするのは誤り。

よ【▽枝】えだ。一説に、花びらとも。「この花の一―の内に百種(ももくさ)の言(こと)そ隠(こも)れるおほろかにすな」〈万・一四五六〉

よ【▽節】竹・アシなどの茎の節(ふし)と節との間。

よ【余¦予】〘代〙一人称の人代名詞。わたくし。われ。現代では改まった文章や演説などで用いる。「―が執らんとする倫理学説の立脚地を」〈西田・善の研究〉➡[漢]「よ(余・予)」

[類語]我・吾人・我が輩・それがし・自分・私(わたくし・わたし)・僕・俺(おれ)・わし・手前・不肖(ふしょう)・小生・愚生・迂生(うせい)

よ〘感〙❶相手に呼びかけたり、訴えたりするときに発する語。「―、元気かい」❷男性が目上の人の呼びかけに答えて言う語。「人の召す御いらへには、男は『―』と申し、女は『を』と申すなり」〈著聞集・八〉

よ　[一]〘終助〙文末の種々の語に付く。❶判断・主張・感情などを強めて相手に知らせたり、言い聞かせたりする意を表す。「気をつけるんだ―」「ひとりで行ける―」「われこそ山だち(＝山賊)―と言ひて」〈徒然・八七〉❷(命令表現や禁止の助詞「な」に付いて)願望・依頼・禁止の意を強めて表す。「乱暴はよしな―」「はやく来い―」「今秋風吹かむ折ぞ来むとする。待て―」〈枕・四三〉❸(疑問を表す語に付いて)相手をなじる意を表す。「しゃべったのはだれ―」「何―、この子は」❹(推量の助動詞「う」「よう」に付いて)勧誘・ねだり・投げやりの意を表す。「早く行きましょう―」「わたしなど眼中にないんでしょう―」[補説]現代語では、終止形に付く場合、男性語としてはその終止形に直に下接するが、女性語では「のよ」「わよ」「ことよ」「てよ」などの形で、また、名詞、形容動詞の語幹に付いて、用いられることが多い。[二]〘間助〙文中の種々の語に付く。❶呼びかけの意を表す。「おおい、雲―」「田中君―、手をかしてくれないか」「少納言―香炉峰の雪いかならむ」〈枕・二九九〉❷語調を整えたり、強めたりする意を表す。「それなら―、君は―、どうする」「さればー、なほけ近さは、とかつおぼさる」〈源・若菜上〉❸感動・詠嘆の意を表す。…(だ)なあ。「あら思はずや、あづまにもこれ程優なる人のありける―」〈平家・一〇〉[補説]❷は、現代語では多く「だよ」「ですよ」の形で使われる。なお、「だ」「です」を省いて用いると、「もしもよ」「かりによ」のような仮定を表す言い方は別として、「さ」に比して粗野な感じを伴う。長音形の「よう」はいっそうその感が強い。なお、古語の一段活用・二段活用やサ変・カ変動詞の命令形語尾の「よ」も、もともとは間投助詞の「よ」で、中古以降は「…よ」の形が一般化したため、「よ」を含めて命令形と扱うようになった。[三]〘格助〙《上代語》名詞、活用語の連体形に付く。❶動作・作用の起点を表す。…から。「狭井河(さゐがは)―雲立ち渡り畝火山(うねびやま)木の葉さやぎぬ風吹かむとす」〈記・中・歌謡〉❷動作の移動・経由する場所を表す。…を通って。「ほととぎすこ―鳴き渡れ灯火(ともしび)を月夜(つくよ)になそへその影も見む」〈万・四〇五四〉❸比較の基準を表す。…より。「雲に飛ぶ薬食(は)む―は都見ばいやしき我が身またをちぬべし(＝若返ルニ違イナイ)」〈万・八四八〉❹動作・作用の手段・方法を表す。…によって。…で。「浅小竹原(あさじのはら)腰なづむ空は行かず足―行くな」〈記・中・歌謡〉➡ゆ　➡ゆり　➡より

よ-あかし【夜明かし】〘名〙(スル)　夜どおし眠らずに朝を迎えること。徹夜。「本を読んで―する」

[類語]徹夜・徹宵・完徹・明かす・夜を徹する・夜を明かす・夜の目も寝ない

よ-あきない【夜商い】(―あきなひ)　夜、あきないをすること。また、その商売。夜の営業。

ヨアキム-デ-フローリス〖Joachim de Floris〗[1135ころ～1202]イタリアの神秘思想家。シトー会修道士。世界の歴史を父・子・聖霊に対応する三つに区分、1260年に第三期が始まるとする千年王国思想を説いた。

よ-あきんど【夜▽商▽人】夜、店を出して商売する人。夜店商人。

よ-あけ【夜明け】❶夜が明けること。また、その時分。明け方。あかつき。「―に出発する」❷日の出前、太陽の中心が地平線下の7度21分40秒に来た時刻。明け六つ。⇔日暮れ　❸新しい時代や文化、芸術などの始まり。「近代文学の―」

[類語]明け方・明け・曙(あけぼの)・未明・朝まだき・暁・黎明(れいめい)

よあけ-がた【夜明け方】夜の明けようとするころ。明けがた。

よあけ-がらす【夜明け×烏】夜明けに鳴くカラス。また、その鳴き声。あけがらす。「風細う―の啼きわたり/岱水」〈炭俵〉

よあけ-の-みょうじょう【夜明けの明星】(―ミヤウジヤウ)「明けの明星」に同じ。

よあけ-の-もん【夜明けの門】《Aušros vartai》リトアニアの首都ビリニュスの旧市街の南端に位置する城門。16世紀初めにタタール人の侵入に備えて城壁と城門が築かれた。もともと九つの城門があったが、この城門が唯一現存する。2階の礼拝堂には、14世紀、リトアニア大公アルギルダスがクリム半島遠征時に持ち帰った、奇跡を起こすといわれる聖母のイコンがある。

よあけ-まえ【夜明け前】(―まへ)　夜が明ける直前。また、苦難や雌伏の時期が終わり、事態が好転する直前のたとえ。◆書名別項。

夜明け前が一番(いちばん)暗(くら)い　苦難や雌伏の期間は、終わりかけの時期が最も苦しい。それを乗り越えれば、事態が好転するだろう。

よあけまえ【夜明け前】(よあけまへ)　島崎藤村の長編小説。昭和4～10年(1929～1935)発表。明治維新前後の動乱の時代を背景に、木曽馬籠宿の旧家の当主、青山半蔵の苦難の一生を描く。モデルは作者の父。

よ-あそび【夜遊び】〘名〙(スル)　夜、遊び歩くこと。また、その遊び。「悪友と―する」

よあつ-しつ【与圧室】高高度を飛ぶ航空機で、乗客・乗員を気圧変化から守るために、加圧して地上の気圧に近い状態に調整する胴体内部の室。

ヨアニナ〖Yannina〗▶イオアニナ

ヨアヒム〖Joseph Joachim〗[1831～1907]ハンガリー生まれのドイツのバイオリン奏者。ドイツ古典音楽の演奏で知られ、また、教育者としても活躍した。

よ-あらし【夜嵐】夜に吹く強い風。

よ-あるき【夜歩き】〘名〙(スル)　夜、外に出て歩くこと。また、夜、遊び歩くこと。

よ-い【余威】(―ヰ)　なお残る勢い。何かをしとげても、あまっている勢い。余勢。「勝利の―」

よ-い【余意】言外に含む意味。余情。「再復歌より続けて、―を謂いたる文あり」〈榊原芳野編・文芸類纂〉

よ-い【夜居】(―ヰ)　❶夜の間、勤めの場所に詰めていること。とのい。宿直。「これは―の人々の目ざましに給へ」〈宇津保・あて宮〉❷加持・祈祷(きとう)のため、僧が夜間貴人のそばにつき添っていること。また、その僧。「―にさぶらひてねぶりたる、うちおどろきて陀羅尼(だらに)読む」〈源・総角〉

よ-い【夜▽寝】夜、寝ること。夜のねむり。「春なればうべも咲きたる梅の花君を思ふと―も寝なくに」〈万・八三一〉

よい【宵】(よひ)　❶日が暮れてまだ間もないころ。古代では夜を3区分した一つで、日暮れから夜中までの間。初夜。「―のうちから床に就く」「―過ぐるほど、すこし寝入り給へるに」〈源・夕顔〉❷祭りなど、特定の日の前夜。「―宮」「―山」

[類語]宵の口・夕べ・夜(よ)さり・晩・暮夜(ぼや)

よい【酔い】(ゑひ)　酒などに、酔うこと。また、酔った状態。「―が回る」「―をさます」「二日―」「船―」

よ・い【良い¦善い¦▽好い¦▽吉い¦▽佳い】〘形〙[文]よ・し〘ク〙❶(多く「良い」「好い」と書く)人の行動・性質や事物の状態などが水準を超えているさま。㋐質が高い。上等である。「―・い友に恵まれる」「―・い品」⇔悪い。㋑能力がすぐれている。上手である。うまい。「腕の―・い職人」「感度の―・いラジオ」⇔悪い。㋒美しい。すばらしい。「器量が―・い」「―・い景色」⇔悪い。㋓良好である。健全である。健康である。「からだもすっかり―・くなった」「気分の―・い朝」⇔悪い。㋔地位や身分が高い。また、社会的にしっかりしている。「―・い家柄」「育ちの―・い人」⇔悪い。㋕経済的に栄えている。裕福である。「懐ぐあいが―・い」「暮らし向きが―・い」⇔悪い。㋖利益の面ですぐれている。有益である。有利である。「割の―・い仕事」「―・い値で売れる」⇔悪い。㋗効き目がある。効果的である。「胃腸病に―・い温泉」⇔悪い。㋘向いている。ふさわしい。恰好である。好適である。「海水浴に―・い季節」「ちょうど―・い時に来た」⇔悪い。㋙自分の好みに合っている。望ましい。「私はビールが―・い」「住むなら郊外が―・い」❷(多く「良い」「善い」と書く)人の行動・性質や事物の状態などが、当否の面で適切・適当な水準に達しているさま。㋐正しい。正当である。善である。「日ごろの行いが―・い」「態度が―・い」「人柄が―・い」⇔悪い。㋑好ましい。好感がもてる。「返事に元気があって―・い」㋒満ち足りている。幸せである。「一人で―・い思いをする」「君に会えて―・かった」㋓親切である。やさしい。「土地の人に―・くしてもらう」「気立てが―・い」⇔悪い。㋔人と人との間が円満である。むつまじい。「職場の人間関係が―・い」⇔悪い。㋕十分である。不足がない。「度胸の―・い人」「覚悟は―・いか」⇔悪い。❸人の行動・性質や事物の状態などが許容範囲内であるさま。㋐許せる。承認できる。「帰っても―・い」「代理人でも―・い」㋑さしつかえない。支障ない。「―・かったらお茶でもどうですか」㋒放っておいてかまわない。どうでもよい。「その件はもう―・い」❹(「よい年」などの形で)ある程度の年齢に達している。また、分別を身につけているはずだ。「―・い年をして喧嘩などするな」「彼の息子ももう―・い年だ」❺(多く「好い」「佳い」「吉い」と書く)吉である。めでたい。「―・い日を選んで挙式する」⇔悪い。❻情操の面ですぐれている。情趣を解する能力がある。「―・き人のよしとよく見てよしと言ひし吉野よく見よ―・き人よく見」〈万・二七〉❼動詞の連用形に付いて、動作が簡単・容易・円滑・安楽にできるさまを表す。…しやすい。「住み―・い家」「飲み―・い錠剤」➡好(い)い　[用法]➡善く　[補説]現代の日常会話では、終止形・連体形に「いい」を多く用いるため、「よい」を用いるとやや改まった感じを与える場合がある。また改まった場面では、❶㋐や❷㋔などに「よき友」「よき日」というように、文語連体形「よき」を用いることがある。[派生]よがる〘動ラ五〙よげ〘形動〙よさ〘名〙➡よさげ

[類語](❶㋐)良質・上質・上等・優良・佳良・純良・良好・見事・立派・上上・上乗・結構/(❶㋕)好ましい・好もしい・申し分ない・程良い・好個・絶好・最適

善い哉(かな)　よいと感じてほめる言葉。よきかな。

良い星の下(もと)に生まれる　よい運勢をもって生まれる。よい月日のもとに生まれる。

よい-い【宵居】(よひゐ)　夜遅くまで起きていること。「うちとけたる―のほど、やをら入り給ひて」〈源・末摘花〉

よい-かげん【▽好い加減】〘形動〙[文]〘ナリ〙「いいかげん❶」に同じ。「―に返答をして置いたが」〈鉄腸・花間鶯〉

よ-いくさ【夜▽軍】夜間に戦うこと。夜間の戦闘。

よい-こうしん【宵×庚申】(よひカウシン)《「よいごうしん」とも》庚申待ちの前夜。「―を精進のだしに使うて」〈浄・二つ腹帯〉

よい-ごこち【酔い心地】(ゑひ―)　酒に酔ったときの快い気分。また、物事にうっとりとした気分。

よい-ごし【宵越し】(よひ―)　前夜から次の日まで持ち越すこと。「―のお茶」

宵越しの銭は持たない　その日に得た収入はその日のうちに使い果たす。金銭に執着しない江戸っ子の気性をいった言葉。宵越しの銭は使わない。

よい-さ〔感〕❶「よいしょ」に同じ。「―と持ち上げる」❷俗謡・民謡などの囃子詞はやしことば。

よい-ざまし【酔い▽醒まし】よひ 酒の酔いをさますこと。また、そのための手だて。「―に風にあたる」

よい-ざめ【酔い▽醒め】よひ 酒の酔いがさめること。また、その時。

酔い醒めの水下戸げこ知らず　酔いざめの時に飲む水のうまさは、酒の飲めない人にはわからない。

酔い醒めの水は甘露かんろの味　酒の酔いがさめた時に飲む水は非常に美味であるということ。

よい-しゅ【▽好い衆】身分のよい人々。また、財産のある人々。「脇差羽織あっぱれ―の銀遣ひ」〈浄・天の網島〉

よい-しょ　㊀〔感〕❶力を込めて重い物を持ち上げたりするときに発するかけ声。よいさ。「―、こらしょ」❷ある動作を起こそうとするときに発するかけ声。「―と立ち上がる」❸俗謡・民謡などの囃子詞はやしことば。㊁〔名〕スル　相手の機嫌をとって、おだて上げること。「顧客を―する」

よい-し・れる【酔い▽痴れる】よひ〔動ラ下一〕文よひし・る〔ラ下二〕❶ひどく酔って正体がなくなる。「酒に―・れる」❷ある事に心を奪われてうっとりする。「妙なる調べに―・れる」

(類語)酔っ払う・酔い潰れる・酩酊めいていする・沈酔する・大酔たいすいする・泥酔する・乱酔する・酒に飲まれる・虎とらになる・ぐでんぐでん・べろんべろん・へべれけ

よい-だおれ【酔い倒れ】よひだふれ 酒に酔って倒れてしまうこと。また、その人。

よい-だち【宵立ち】よひ ❶宵のうちに出発すること。また、その人。❷遊里で、朝までの揚げ代を支払った客が、宵のうちに帰ること。また、その客。「今―の客を帰した」〈洒・寸南破良意〉

よいち【与市】《「仮名手本忠臣蔵」五段目の山崎街道で、与市兵衛が持っていたところから》縞しまの財布さいふ。また、一般に財布をいう。

よ-いち【世一】世の中で最もすぐれていること。また、そのもの。当世第一。天下一。「いけずきといふ―の馬には乗ったりけり」〈平家・九〉

よいち【余市】北海道西部、余市郡の地名。積丹しゃこたん半島の基部にある。石狩湾に臨み、ニシン場として発展。リンゴ・ブドウなどの果樹栽培も盛ん。

よ-いち【夜市】夜に立つ市。よみせ。

よいち-ちょう【余市町】▶余市

よい-づき【宵月】よひ 宵の間だけ出ている月。特に、旧暦8月の2日から7日ころまでの月。夕月。(季 秋)「―の雲にかれゆく寒さかな／鬼貫」

よいづき-よ【宵月夜】よひづき 宵の間だけ月の出ている夜。特に、旧暦の8月2日から7日ころまでの夜。また、その月。夕月夜。(季 秋)「ひとり居ればひとり嬉しや―／士朗」

よいっ-ぱり【宵っ張り】よひ 夜遅くまで起きていること。また、そのような習慣の人。(類語)夜更かし

宵っ張りの朝寝坊　夜遅くまで起きていて、朝遅くまで寝ていること。また、その人。

よい-つぶ・れる【酔い潰れる】よひ〔動ラ下一〕文よひつぶ・る〔ラ下二〕酒にひどく酔って正体を失う。泥酔でいすいする。「―・れて寝てしまう」

(類語)酔っ払う・酔いしれる・酩酊めいていする・沈酔する・大酔たいすいする・泥酔する・乱酔する・酒に飲まれる・虎とらになる・ぐでんぐでん・べろべろ・べろんべろん・へべれけ

よいとこ-さ〔感〕❶重い物を持ったり、ある動作を起こそうとするときなどに、力を入れるため発するかけ声。❷俗謡・民謡などの囃子詞はやしことば。

よいと-な〔感〕俗謡・民謡などの、囃子詞はやしことば。

よいと-まけ　建築現場などでの地固めのとき、大勢で重い槌つちを滑車であげおろしすること。また、その作業を行う人。作業をするときのかけ声からいう。

よい-どめ【酔い止め】よひ 乗り物酔いなどを予防すること。また、そのための薬。

よい-どれ【酔いどれ】よひ「酔っ払い」に同じ。

よい-なき【宵鳴き】よひ 明け方に鳴くべき鶏が宵のうちに鳴くこと。俗に凶兆とされる。「鶏とぼけて―すれば、大釜自然とくさりて」〈浮・五人女・二〉

よい-なき【酔い泣き】よひ 酒に酔って泣くこと。

よい-ね【宵寝】よひ〔名〕スル ❶夜早くから寝ること。❷宵のうちに少し寝ること。「夜間勤務なので―しておく」(類語)早寝

よいね-まどい【宵寝惑い】よひねまどひ「宵惑よいまどい」に同じ。「―の腰元どもが寝耳にびっくり唸き声」〈逍遥・桐一葉〉

よい-の-くち【宵の口】よひ 日が暮れて夜になりはじめたばかりのころ。また、夜のまだふけないころ。「八時や九時はまだ―だ」

よい-の-とし【宵の年】よひ 大晦日おおみそかの夜。また、元旦に前年の暮れをいう。(季 新年)「―空の名残り惜しまんと」〈笈の小文〉

よい-の-みょうじょう【宵の明星】よひのみやうじやう 日没後、西の空に明るく輝く金星。⇔明けの明星。

よい-まち【宵待ち】よひ 宵になるのを待つこと。

よいまち-ぐさ【宵待草】よひまち オオマツヨイグサの別名。

よい-まつり【宵祭(り)】よひ 祭礼で、本祭りの前夜に行う祭り。宵宮。夜宮よみや。(季 夏)

よい-まどい【宵惑い】よひまどひ 宵の口から眠たがること。また、その人。よいねまどい。「あの子は―で最もう疾とうに寝ましたから」〈一葉・十三夜〉

よい-みや【宵宮】よひ「宵祭り」に同じ。(季 夏)

よい-や〔感〕❶力を入れて物事をするときに発するかけ声。よいやさ。❷俗謡・民謡などの囃子詞はやしことば。

よいや-さ〔感〕❶重い物を動かすときに発するかけ声。❷俗謡・民謡などの囃子詞。

よい-やま【宵山】よひ 本祭の前夜に行う小祭。特に、京都祇園祭の宵宮よみや。(季 夏)

よい-やみ【宵闇】よひ ❶宵の薄暗さ。「―迫る街」❷月の出が遅くなる、陰暦16日ごろから20日ごろまでの、宵の暗さ。また、その時刻。特に、中秋の名月を過ぎてからの宵の暗さ。(季 秋)「―や草に灯を置く四つ手守／秋桜子」(類語)夕闇・夜陰・暮色

よい-よい　手足がしびれたり、口や舌がもつれたりする病気の俗称。

よい-よい【宵宵】よひよひ 毎晩。「我がやどに咲きたる梅を月夜良み―見せむ君をこそ待て」〈万・二三四九〉

よ-いん【余音】「余韻❶」に同じ。

よ-いん【余韻｜余×韵】ヰン ❶音の鳴り終わったのちに、かすかに残る響き。また、音が消えたのちも、なお耳に残る響き。余音。「鐘の音の―が耳もとを去らない」❷事が終わったあとも残る風情や味わい。「感動の―にひたる」❸詩文などで言葉に表されていない趣。余情。「―のある作品」(類語)反響・残響

よう【幼】エウ おさないこと。また、おさない人。「―にして学に親しむ」➡漢「よう(幼)」

(類語)幼少・幼弱

よう【用】❶必要にこたえる働きのあること。役に立つこと。また、使い道。用途。「―をなさない」「―のなくなった子供服」❷なすべき仕事。用事。「―を言いつけられる」「急ぎの―で出掛ける」「君に―はない」❸大小便をすること。用便。「小―」❹費用。入費。ついえ。「家計の―に充てる」❺事物の本体に対して、作用。働き。「今一身を分かちて二つの―をなす」〈方丈記〉❻用言。また、その作用。「水辺や又山類の体―は連歌のごとく用ゆべきなり」〈新増犬筑波集〉❼体言に格助詞「の」の付いた形で、または用言に助動詞「う」の付いた形で、動作の目的や理由を表す。「何の―にかあらむと申す」〈竹取〉❽名詞の下に付いて、…のために使用するもの、…が特に使用するもの、…で使用するもの、などの意を表す。「作業―の机」「紳士―セーター」「保存―テープ」➡漢「よう(用)」

(類語)(❶)用途・効用・役やく・役割・働き・使い道／(❷)用事・用向き・用件・所用・用務・小用こよう・小用しょうよう・野暮用・雑用・雑事・私用・公用

用に立・つ　役に立つ。有用である。使い道がある。「―・たない道具」

用を足・す　❶用事を済ます。「出先で―・す」❷大小便を済ます。

用を成な・さない　ものの役に立たない。「いざという時の―・ない」

用を弁べん・ずる　仕事をすませる。用事をすませる。用を足す。

よう【妖】エウ あやしいこと。不吉なこと。また、もののけ。妖怪。「―の物」➡漢「よう(妖)」

よう【×俑】《人形ひとがたの意》中国で、死者とともに埋葬した人形。死者の臣下・妻妾さいしょう・衛兵・愛玩動物などをかたどる。材質により、陶俑・木俑・金属俑などに分けられる。戦国時代以降のものが多く、明代に至るまで作られた。

俑を作る　《孔子が、人形を死人とともに埋めることを殉死の悪習が生ずるもとになったとして憎んだという「礼記」檀弓下の故事から》よくないことを始める。悪あしき前例を作る。

よう【洋】ヤウ 東洋と西洋。特に、西洋。➡漢「よう(洋)」

洋の東西を問わず　東洋と西洋との別なく。世界中。

よう【要】エウ ❶物事の大事な点。かなめ。要点。「―を得た説明」「―はやる気だ」❷必要であること。入用。「再考の―がある」➡漢「よう(要)」

(類語)(❶)要点・要所・要領・壺つぼ・ポイント・急所・肝きも・中心／(❷)必要・入り用・必須・要用・須要しゅよう・不可欠

要を・得る　重要な点をおさえている。「―・得た議論」

よう【▽益】ヤウ《「やく」の音変化》ききめ。えき。

よう【庸】❶平凡なこと。すぐれたところがないこと。凡庸。「才と―との別もまたはなはだしであるが」〈蘆花・思出の記〉❷律令制における租税の一。養老令の規定では、正丁せいてい一人1年間に10日間の労役を提供するかわりに布2丈6尺を納める人頭税であった。布のほか、米や塩など地方の産物をあてることもあった。➡漢「よう(庸)」

よう【葉】エフ ㊀〔名〕木の葉の縁ふちのような、とがった切れ込み。「これは―の入りて、木にて縁をしたりければ」〈徒然・三三〉㊁〔接尾〕助数詞。❶木の葉や紙など、薄いものを数えるのに用いる。「三―の写真」「一―の絵はがき」❷小舟を数えるのに用いる。「一―の舟の中の万里の身」〈和漢朗詠・下〉➡漢「よう(葉)」

よう【陽】ヤウ ❶易学で、陰に対置されて、積極的、能動的であるとされるもの。天・日・昼・男・強・動・奇数など。⇔陰。❷表から目に見えるところ。うわべ。⇔陰。➡陽に ❸日の照らすこと。明るいこと。また、そのような所。「静かなる夜を―に返す洋灯の笠に」〈漱石・虞美人草〉➡漢「よう(陽)」

よう【様】ヤウ ❶姿・形。ありさま。ようす。「日ごろありつる―、くづしかたらひて、とばかりあるに」〈かげろふ・上〉❷方法。やり方。「その山見るに、さらに登るべき―なし」〈竹取〉❸理由。事情。わけ。「参るまじくは、その―を申せ」〈平家・一〉❹(「思う」「言う」などに付いて)会話や思考の内容。または、その下に引用して続けた会話や思考の内容。「車にて見きの祖おやに言ふ―『父こそ』と呼べば」〈今昔・二四・一五〉❺名詞の下に付いて複合語をつくる。㋐ある物に類似していることを表す。…ふう。…のよう。「刃物―の凶器」「皮革―の素材」㋑様式、方式などの意を表す。「上代―」「唐から―」❻動詞の連用形の下に付いて複合語をつくる。㋐ありさま、ようすなどの意を表す。「喜び―」「可愛がり―」㋑…する方法、…するやり方などの意を表す。「ほかのし―もある」「しかり―が悪い」➡漢「よう(様)」

様によりて葫蘆ころを画えがく　《「東軒筆録」から》様式に従ってひょうたんを描く。先例に従っているだけで創意工夫がないことのたとえ。

よう【×癰】皮膚や皮下にできる急性の腫れ物。癤せつの集合型で、隣接するいくつかの毛包に黄色ぶどう球菌が感染して化膿かのうしたもの。うなじ・背中にできることが多く、高熱や激痛を伴う。

よ・う【酔う】ゑふ〔動ワ五(ハ四)〕《「え(酔)う」の音変化》❶飲んだ酒のアルコール分が体中にまわり、正常な判断や行動がとれなくなったりする。「美酒に―・う」

よ

「—・った勢いでけんかを売る」❷乗り物に揺られたり、人込みの熱気に当てられたりして気分が悪くなる。「船に—・う」「人に—・う」❸そのことに心を奪われてうっとりする。また、自制心を失う。「成功に—・う」「妙技に—・う」「太平に—・う」[可能]よえる
[類語](❶)酔っ払う・出来上がる・聞こし召す・酩酊めいていする・沈酔する・大酔たいすいする・泥酔する・乱酔する・酒に飲まれる・虎とらになる・酒気を帯びる・微醺びくんを帯びる・酔い潰れる・ぐでんぐでん・べろべろ・べろんべろん・へべれけ/(❸)酔い痴しれる・浸ひたる・陶酔する・うっとりする・心酔する・恍惚こうこつ

よう【×杳】エウ〘ト・タル〙[文]〘形動タリ〙❶暗くてよくわからないさま。また、事情などがはっきりしないさま。「—として消息が知れない」❷はるかに遠いさま。奥深く暗いさま。「十月にも筆を執らず、十一十二もつい紙上へは—たる有様で暮して仕舞った」〈漱石・彼岸過迄〉➡[漢]「よう(杳)」

よう【良う|善う|▽能う】〘副〙《「よ(良)く」のウ音便》❶「よ(良)く」に同じ。「—おいでなさった」「遅くまで—働く」❷(あとに打消しの語を伴って)不可能を表す。とても…できない。「生魚は—食べない」❸(あとに反語の表現を伴って)容易にありえない意を表す。どうして。「—、われがやうな者が、許さうわいな」〈狂言記・胸突〉
良うせずは　悪くすると。「—孫などもはひ歩きぬべき人の親どち昼寝したる」〈枕・二五〉

よう〘感〙❶気軽く人を呼んだり、あいさつしたりするときの呼びかけの語。「—、元気かい」❷物をねだったり、せがんだりするときに発する語。「—、頼むよ」❸ほめそやすとき、ひやかすときなどに発する語。「—、いいぞ」

よう〘助動〙[○(よう)|○(う)|よう|(よう)|○]上一段・下一段・カ変・サ変動詞の未然形、助動詞「れる」「られる」「せる」「させる」などの未然形に付く。なお、サ変には「し」の形に付く。❶話し手の意志・決意の意を表す。「その仕事は後回しにし**よう**」「埒らちあき次第起こしに来い。明日顔見**よう**」〈浄・生玉心中〉❷推量・想像の意を表す。「会議では多くの反論が出され**よう**」「うばも待て居**よう**程にはよう行れよ」〈浮・風流夢浮橋〉❸(疑問語や終助詞「か」を伴って)疑問・反語の意を表す。「そんなに不勉強で合格でき**ようか**」❹(多く「ようか」「ようよ」「ようではないか」などの形で)勧誘や、婉曲えんきょくな命令の意を表す。「その辺で一休みし**よう**よ」「みんなで行ってみ**よう**ではないか」「かかさん、ねんねし**よう**」〈洒・甲駅新話〉❺(「ものならば」などを伴って)仮定の意を表す。「失敗なんかし**よう**ものなら許しませんよ」「一生のうちに一度でも天晴あっぱれ名作が出来**よう**ならば」〈綺堂・修禅寺物語〉❻実現の可能性の意を表す。「あの男がそんな悪いことをし**よう**はずがない」❼(「ようとする」「ようとしている」の形で)動作・作用が実現寸前の状態にある意を表す。「秋の日は早くも西の山に没し**よう**としている」➡う [補説]室町末期ごろ、推量の助動詞「む」の変化形「う(うず)」が上一段動詞、たとえば「射いる」「見る」に付いて音変化した語形「よう」「みょう」から「(射・見)よう」が分出されたのが始まりで、江戸時代に入ってしだいに一語化したと言われる。連体形は、❺❻のように形式名詞「もの」「はず」「こと」などを下接する用法が普通で、主観的な情意を表現する終止形に比し、客観性のある表現に用いられる。なお、❷は現代語では、ふつう「だろう」を用いる。

よう-あ【養×痾】ヤウ 長い病気の療養をすること。「—に事寄せ何も書かぬ覚悟にて」〈荷風・雨瀟瀟〉

よう-あん【溶暗】「フェードアウト」に同じ。⇔溶明。

よう-い【用意】〘名〙スル ❶前もって必要なものをそろえ、ととのえておくこと。したく。「食事の—がととのう」「招待客の車を—する」❷細かいところまで気を配ること。用心。「いみじう—して車のもとへあゆみ寄るを」〈枕・三五〉➡準備[用法]
[類語](❶)支度したく・準備・備え・設け・手配・手配り・手回し・手筈てはず・手当て・段取り・膳立ぜんだて・道具立て・下拵したごしらえ・下準備・態勢

よう-い【妖異】エウ〘名・形動〙あやしくて普通ではないこと。また、そのさまや、そのようなもの。「如何なる画にも彫刻にもない、—で凄惨なものであった」〈露伴・連環記〉

よう-い【洋医】ヤウ ❶西洋医学で治療する医者。❷西洋人の医者。

よう-い【容易】〘名・形動〙たやすいこと。やさしいこと。また、そのさま。「—なことでは到達できない」「—に解ける問題」[派生]よういさ〘名〙[類語]簡単・楽・安易・手軽・たやすい・やさしい・訳ない・造作ない・難無く・楽楽・易易いい・易易やすやす・苦も無く
容易ならぬ　なまやさしいことではない。また、重大である。「—事態」

よう-い【庸医】治療のうまくない医者。平凡な医者。藪やぶ医者。

よう-イオン【陽イオン】ヤウ 正の電気を帯びたイオン。ナトリウムイオンNa^{+}・アルミニウムイオンAl^{3+}など。カチオン。⇔陰イオン。

よう-いく【養育】ヤウ〘名〙スル 養い育てること。「子供を引き取って—する」「—費」
[類語]育児・愛育・保育・子育て・養う・育てる

よういく-ひ【養育費】ヤウイク 子供の養育(衣食住や教育)などのための費用。特に、実際に子供を育てる者が、扶養義務のある法律上の親に対して請求するものや、離婚した父母のうち子供を育てる者が、もう一方の親に対して請求するものをいう。

ようい-しゅうとう【用意周到】シウタウ〘名・形動〙用意が行き届いて、手ぬかりがないこと。また、そのさま。「—な(の)実施計画」

ようい-どん【用意どん】㊀〘感〙かけっこなどで、走り始めを告げる合図のかけ声。㊁〘名〙かけっこ。また、何人もの人が一斉に物事を始めること。

よう-いん【要因】エウ 物事がそうなった主要な原因。「事件の—を探る」[類語]素因・因子・原因・もと・種たね・起こり・きっかけ・因いん・因由・一因・理由・事由じゆう

よう-いん【要員】エウ ある仕事のために必要な人員。「運搬—」「保安—」

よういん-しょうけん【要因証券】エウイン 証券上の権利が、証券発行の原因となった法律関係の有効な存在を必要とする有価証券。貨物引換証・船荷証券など。有因証券。⇔無因証券。

よう-うん【妖雲】エウ 不吉の前兆を示すあやしい雲。また、事件の起こりそうな不吉な気配のたとえ。

よう-えい【揺×曳】エウ〘名〙スル ゆらゆらとただようこと。また、音などがあとまで長く尾を引いて残ること。「霞かすみが山麓に—する」「一種神秘の雰囲気が—しているように思われて」〈寅彦・物売りの声〉

ようえ-かんのん【葉衣観音】エフエクワンオン 三十三観音の一。赤蓮華座または白蓮華座に左膝を立てて座る姿に表され、二臂ひまたは四臂。

よう-えき【用役】社会に役立つ働き。特に、運輸・通信、また、医療・教育などの、直接財貨を生産しない業務をいう。➡サービス❹

よう-えき【用益】使用と収益。

よう-えき【要駅】エウ 主要な鉄道駅。また、街道の、重要な宿場しゅくば。

よう-えき【葉×腋】エフ 葉が茎と接している部分。葉の付け根。ふつう、この部分の茎側から芽が出る。

よう-えき【×傭役】〘名〙スル 人をやとって使うこと。また、やとわれて使われること。「其工場に於て—せられて」〈村田文夫・西洋聞見録〉

よう-えき【×徭役】エウ ❶国家によって人民に強制された労働。❷律令制で、歳役さいえきと雑徭ぞうようの総称。

よう-えき【溶液】2種またはそれ以上の物質が溶けて均質になっている液体。溶けている物質を溶質、溶かしている液体を溶媒という。

ようえき-けん【用益権】❶「使用収益権」の略。また、そのもととなる用益物権・賃借権などをさすこともある。❷旧民法で、他人の所有物をその本体を変えないで一定期間使用・収益する物権。

ようえき-ち【要役地】エウエキ 地役権の設定によって、承役地から便益を受ける土地。

ようえき-ぶっけん【用益物権】他人の土地を一定の目的のために使用・収益する物権。地上権・永小作権・地役権・入会いりあい権など。

よう-えん【妖艶】エウエン・【妖×婉】エウエン〘名・形動〙あやしいほどになまめかしく美しいこと。また、そのさま。「—なほほえみ」[派生]ようえんさ〘名〙
[類語]妖美・妖麗・艶麗・艶美・濃艶・凄艶・蠱惑こわく的・婀娜あだ・あでやか・なまめかしい・艶っぽい・婀娜っぽい

よう-えん【×遥遠】エウエン〘名・形動〙はるかでとおいこと。また、そのさま。「其位置の相異なる—なれば」〈織田訳・花柳春話〉

よう-えん【陽炎】ヤウ「かげろう」に同じ。

よう-えん【楊炎】ヤウ [727～781]中国、唐の政治家。鳳翔(陝西せんせい省)の人。字あざなは公南。徳宗に召されて宰相となり、780年、戸税・地税からなる両税法を施行、安史の乱後の国家財政を立て直したが、のち徳宗の信任を失い、左遷のうえ讒言ざんげんによって殺された。

ようえんご-こうれいしゃ【要援護高齢者】エウエンゴカウレイシャ 寝たきりや認知症・虚弱のため、日常生活を営む上で何らかの介護や支援を必要とする高齢者。要介護高齢者と虚弱高齢者の総称。

よう-おん【×拗音】エウ 日本語の音節のうち、1音節が仮名2文字で表されるもの。ヤ行拗音とワ行拗音がある。ヤ行拗音は、現代仮名遣いでは、「き」「ぎ」「し」「じ」「ち」「に」「ひ」「び」「ぴ」「み」「り」の11に、それぞれ小さく「や」「ゆ」「よ」を加えて書き表す音節「きゃ」「きゅ」「きょ」「ひゃ」「びゃ」「ぴゃ」など。ワ行拗音は、「く」「ぐ」にそれぞれ「わ(ゐ・ゑ)」を付けて書き表す音節であるが、現在では「くゎ」「ぐゎ」が方言に認められるだけである。⇔直音。

よう-か【八日】やう《「やか」の音変化》❶日の数の八つ。8日間。はちにち。❷月の第8の日。

よう-か【妖花】エウクワ ❶あやしい感じのする美しい花。❷あやしい魅力をもった美女。「銀幕の—」

よう-か【▽沃化】エウクワ〘名〙スル 沃素と化合すること。また、沃化物であること。

よう-か【洋貨】ヤウクワ ❶西洋の貨幣。❷西洋からの商品。舶来品。「是目今の—価に減じ或は原価より低き所以なり」〈津田真道・貿易権衡論〉

よう-か【×楊家】ヤウ 楊朱の学説を奉じて説く学者。

よう-か【溶化|×熔化|×鎔化】ヨウクワ〘名〙スル 火にかけて溶かし、形を変化させること。また、火気のために溶けて形が変わること。「ガラスを高熱で—する」

よう-か【×蛹化】ヨウクワ〘名〙スル 昆虫の幼虫が変態し、さなぎになること。

よう-か【養家】ヤウ 養子縁組によって入籍した家。

よう-が【幼芽】エウ 植物の胚はいが子葉に包まれている芽。発芽すると茎や葉になる。

よう-が【洋画】ヤウグワ ❶西洋で発達した描画材料・技法によって描かれた絵画。油絵・水彩画・パステル画など。日本画に対している。西洋画。❷欧米で製作された映画。また、広く外国映画全般をいうこともある。⇔邦画。

よう-が【葉芽】エフ 植物の茎や枝にあり、生長すれば葉となる芽。花芽より細長いものが多い。はめ。

よう-が【陽画】ヤウグワ 陰画を感光紙に焼き付けた、明暗が実物どおりの写真。ポジティブ。⇔陰画。

よう-かい【妖怪】エウクワイ 人の理解を超えた不思議な現象や不気味な物体。想像上の天狗てんぐ・一つ目小僧・河童かっぱなど。化け物。
[類語]化け物・お化け・怪物・鬼・魔・魔物・通り魔

よう-かい【洋灰】ヤウクワイ ►セメント

よう-かい【容×喙】〘名〙スル くちばしを入れること。横から口出しをすること。差し出口。「他人が—すべき問題ではない」[類語]口出し・手出し・干渉・介入・お節介・ちょっかい・差し出口

よう-かい【溶解】〘名〙スル 溶けること。また、溶かすこと。特に、気体・液体・固体が他の液体あるいは固体と混合して均一な状態となる現象。ふつうは、各種物質が液体に溶けて溶液となることをいう。「食塩は水に—する」「善も悪も、美も醜も、笑いも涙も、すべて

漢字項目 よう

【▽永・▽影】►えい
【▽湧】►ゆう

×**夭** 音ヨウ(エウ)呉漢‖①若く、みずみずしい。「夭桃・夭夭/桃夭」②若死にする。「夭逝・夭折/寿夭」

幼 学6 音ヨウ(エウ)慣 訓**おさない**、いとけない‖①まだ年がいかない。おさない。「幼魚・幼君・幼児・幼時・幼弱・幼少・幼稚・幼虫・幼年」②おさない子。「長幼・童幼・老幼」名付わか

×**孕** 音ヨウ呉漢 訓はらむ‖妊娠する。はらむ。「孕婦/懐孕・妊孕」

用 学2 音**ヨウ**漢 ユウ呉 訓**もちいる**‖①使う。もちいる。「用意・用語・用心・用途・用法/愛用・悪用・応用・慣用・起用・客用・共用・軍用・兼用・採用・使用・借用・信用・専用・通用・適用・内用・日用・薬用・利用・流用」②物の働き。「用言/器用・効用・作用・無用・有用」③必要な金や物。元手もと。「用具・用紙・用地・用度/入用・費用」④やっておくべき仕事。「用件・用事・用務/急用・公用・雑用・私用・社用・所用・商用」⑤大小便をする。「用便/小用こよう・しょうよう」名付ちか・もち

羊 学3 音**ヨウ**(ヤウ)呉漢 訓**ひつじ**‖㊀〈ヨウ〉動物の名。ヒツジ。「羊腸・羊皮・羊毛・羊頭狗肉ようとうくにく/羔羊こうよう・亡羊・牧羊・綿羊・羚羊れいよう」㊁〈ひつじ〉「小羊・牡羊座」難読羚羊かもしか・羊歯しだ・山羊やぎ・野羊やぎ

妖 音ヨウ(エウ)呉漢 訓**あやしい**‖①色気があってなまめかしい。「妖艶ようえん・妖姿・妖婦」②あやしく不気味だ。「妖異・妖怪・妖気・妖術・妖精・妖魔/幻妖」

×**拗** 音ヨウ(エウ)呉 訓ねじる、ねじれる、ねじける、すねる‖①ねじれる。まっすぐでない。「拗音・拗体」②素直でない。すねる。「執拗」

×**杳** 音ヨウ(エウ)呉漢‖暗い。奥深い。また、遠くてよく見えない。「杳乎ようこ・杳然・杳杳」

洋 学3 音**ヨウ**(ヤウ)呉漢 訓なだ‖①広く大きい海。「洋上/遠洋・海洋・外洋・極洋・大洋・渡洋・南洋・北洋・大西洋・太平洋」②外国。世界の二大文化圏。「西洋・東洋」③西洋のこと。「洋画・洋学・洋楽・洋行・洋裁・洋紙・洋書・洋食・洋装・洋品・洋風・洋服・洋菓子/和洋」④大きく広がるさま。「洋洋/茫洋ぼうよう」名付うみ・きよ・なみ・ひろ・ひろし・み・わたる

要 学4 音**ヨウ**(エウ)呉漢 訓**かなめ**、**いる**、もとめる‖①求める。「要求・要請/強要・需要」②なくてはならぬとする。いる。「要注意/所要・必要・不要」③締めくくる。まとめる。「要約/概要・大要」④大切なところ。かなめ。「要因・要害・要所・要職・要素・要点・要領/肝要・紀要・主要・重要・枢要・切要・摘要・法要」⑤待ち受ける。「要撃」名付しの・とし・もとむ・やす

容 学5 音**ヨウ**漢 訓いれる、ゆるす、かたち‖①中に入れる。「容器・容疑・容量/受容・収容・包容」②入れた中身。「内容」③かたち。姿。「容姿・容色・容貌ようぼう/偉容・艶容えんよう・音容・玉容・形容・山容・陣容・衰容・全容・美容・理容」④聞き入れる。受け入れる。ゆるす。「容赦・容認/海容・寛容・許容・聴容・認容」⑤ゆとりがある。「従容しょうよう」⑥たやすい。「容易」名付いるる・おさ・かた・なり・ひろ・ひろし・まさ・もり・やす・よし 難読容気かたぎ・容易たやすい

庸 音ヨウ漢‖①人をやとい用いる。「登庸とうよう」②並みである。変わりばえがしない。変わらない。普通。「庸愚・庸君/中庸・凡庸」③昔の課税の一。労役の代わりに布などを納めるもの。「調庸・租庸調」名付いさお・つね・のぶ・のり・もち・もちう・やす

×**痒** 音ヨウ(ヤウ)呉漢 訓かゆい‖かゆい。「痒疹ようしん/掻痒そうよう・痛痒」

揚 音ヨウ(ヤウ)呉漢 訓**あげる**、**あがる**‖①高く上がる。上げる。「揚水・揚力/鷹揚おうよう・掲揚・高揚・飛揚・浮揚・悠揚・抑揚」②声を大にして言う。盛んに世にあらわす。「揚言/顕揚・宣揚・発揚」③威勢が盛んなさま。「意気揚揚」④ほめる。「称揚・賞揚」名付あき・あきら・たか・のぶ 難読揚繰網あぐりあみ

揺〔搖〕 音ヨウ(エウ)呉漢 訓**ゆれる**、**ゆる**、**ゆらぐ**、**ゆるぐ**、**ゆする**、**ゆさぶる**、**ゆすぶる**‖ゆらゆらとゆれ動く。「揺曳ようえい・揺揺・揺籃ようらん/蕩揺とうよう・動揺」難読揺蕩たゆたう・揺籃ゆりかご

葉 学3 音**ヨウ**(エフ)呉漢 ショウ(セフ)呉漢 訓**は**‖㊀〈ヨウ〉①草や木のは。「葉柄・葉緑素/荷葉・紅葉こうよう・子葉・枝葉・霜葉・単葉・竹葉・嫩葉どんよう・落葉・広葉樹」②薄く平たいもの。「金葉・肺葉・胚葉はいよう・前頭葉・複葉機」③重ね継ぐ世。時代。「後葉・中葉・末葉・万葉」④血筋などのわかれたもの。「末葉・門葉」⑤千葉ちば。「京葉」㊁〈ショウ〉梵語の音訳字。「迦葉かしょう」㊂〈は(ば)〉「葉陰・葉巻/青葉・枝葉・草葉・言葉」名付のぶ・ふさ 難読粘葉装でっちょうそう・紅葉もみじ・嫩葉わかば・病葉わくらば

遥〔遙〕 音ヨウ(エウ)呉漢 訓**はるか**‖①はるかに遠い。「遥遠・遥拝」②さまよう。ぶらつく。「逍遥しょうよう」補説「遥」「遙」ともに人名用漢字。名付すみ・とお・のぶ・のり・はる・みち

陽 学3 音**ヨウ**(ヤウ)呉漢 訓ひ‖①日。日の光。「陽光/斜陽・春陽・夕陽・太陽・朝陽・落陽」②ひなた。山の南側。川の北側。「山陽・洛陽らくよう」③明るく暖かい。「陽春」④うわべをいつわる。「陽狂・陽動」⑤表に現れている。「陽刻・陽報」⑥(陰に対して)積極的、能動的な性質。「陽気・陽極・陽子・陽性・陽転・陽電気/陰陽・重陽ちょうよう」名付あき・あきら・お・おき・きよ・きよし・たか・なか・はる・や 難読陽炎かげろう

人**傭** 音ヨウ漢 訓やとう‖人をやとう。「傭人・傭兵/雇傭・私傭・常傭」

人**楊** 音ヨウ(ヤウ)呉漢 訓やなぎ‖木の名。カワヤナギ。ネコヤナギ。「楊弓・楊枝ようじ・楊柳/垂楊・白楊はくよう」名付やす 難読黄楊つげ・白楊どろのき・楊梅やまもも

溶 音**ヨウ**漢 訓**とける**、**とかす**、**とく**‖①水にとける。とかす。「溶液・溶解・溶剤/可溶性・水溶性」②(「熔」の代用字)鉱物が火熱でとける。「溶岩・溶接・溶融・溶鉱炉」

人**瑶〔瑤〕** 音ヨウ(エウ)呉漢‖美しい玉。また、玉のように美しい。「瑶台」名付たま

腰 音ヨウ(エウ)呉漢 訓**こし**‖㊀〈ヨウ〉①こし。「腰骨・腰椎ようつい・腰痛・腰部/細腰・楚腰そよう・蜂腰ほうよう・柳腰」②中ほどから下の部分。「山腰」㊁〈こし(ごし)〉「中腰ちゅうごし・本腰・丸腰・物腰・柳腰・弱腰」

様〔樣〕 学3 音**ヨウ**(ヤウ)呉漢 訓**さま**‖㊀〈ヨウ〉①きまったかたち。一定のやり方。「様式/今様いまよう・唐様からよう・和様」②ありさま。「様子・様相・様態/異様・一様・大様おおよう・各様・左様・多様・態様・同様」③図柄。「模様・文様」㊁〈さま(ざま)〉「様様さまざま/神様・逆様さかさま・外様とざま・殿様・横様」

×**熔** 音ヨウ漢 訓とける、とかす‖鉱物がとける。とかす。「熔岩・熔接・熔鉱炉」補説「鎔」は本字。

瘍 音ヨウ(ヤウ)呉漢‖できもの。かさ。「潰瘍・腫瘍」

人**蓉** 音ヨウ漢‖「芙蓉ふよう」は、ハスの花。また、木の名。「木芙蓉」名付はす

踊 音ヨウ漢 訓**おどる**、**おどり**‖①おどり上がる。「踊躍」②おどり。ダンス。「舞踊」

窯 音ヨウ(エウ)呉漢 訓**かま**‖㊀〈ヨウ〉陶器などを焼くかま。「窯業・窯変/官窯・定窯・陶窯」㊁〈かま(がま)〉「窯元/炭窯・土窯どがま」

養 学4 音**ヨウ**(ヤウ)呉漢 訓**やしなう**‖①食物をとってからだをやしなう。また、体力をつけるもの。「養生・養分/栄養・加養・休養・滋養・静養・摂養・保養・療養」②食物を与えたりして世話をする。「養育・養鶏・養蚕・養殖・養老/供養くよう・孝養・飼養・培養・扶養」③精神的な糧を与えてりっぱに育てる。「養成/涵養かんよう・教養・修養・素養」④他人の子を自分の子として育てる。「養家・養子・養女・養母」名付おさ・かい・きよ・すけ・のぶ・まもる・やす・よし

×**壅** 音ヨウ漢‖狭い囲いの中に押し込める。ふさぐ。「壅塞ようそく・壅閉/懸壅垂」

擁 音ヨウ漢‖①抱きかかえる。「抱擁」②周囲から守り助ける。「擁護・擁立」

謡〔謠〕 音ヨウ(エウ)呉漢 訓**うたい**、**うたう**、うた‖㊀〈ヨウ〉①節をつけてうたう。また、流行歌。うた。「歌謡・俗謡・童謡・民謡・俚謡りよう」②能楽のうたい。「謡曲」③根も葉もないうわさ。デマ。「謡言」㊁〈うたい〉「謡物/地謡・素謡すうたい」

×**膺** 音ヨウ漢 訓むね‖①胸。「服膺」②胸で受け止める。「膺懲」

曜 学2 音**ヨウ**(エウ)呉漢‖①光り輝く。「照曜・黒曜石」②太陽・月と火・水・木・金・土の五星の称。「七曜星」③一週間を七曜に配して呼ぶ称。「曜日ようび/日曜・木曜」名付あき・あきら・てらす・てる

人**耀** 音ヨウ(エウ)呉漢 訓かがやく‖光り輝く。「栄耀・炫耀げんよう・光耀」名付あき・あきら・てる

人**鷹** 音ヨウ漢 オウ呉 訓たか‖㊀〈ヨウ・オウ〉鳥の名。タカ。「鷹揚おうよう・ようよう/放鷹ほうよう」㊁〈たか〉「鷹匠たかじょう・鷹派/熊鷹くまたか・禿鷹はげたか・夜鷹」

の物を―して」〈谷崎・魔術師〉類語融解・溶融・溶ける

よう‐かい【溶解・▽熔解・×鎔解】〔名〕スル 金属に火熱を加えてとかすこと。金属が火熱でとけること。「鉄を―する」

よう‐がい【幼×孩】エウ おさない子供。あかご。

よう‐がい【要害】エウ ❶地形がけわしく守りに有利なこと。また、その場所。「―の地」「―堅固な城」❷戦略上、重要な場所に築いたとりで。要塞ようさい。「天然の―」❸防御すること。用心すること。「お侍様方の二腰は身の―」〈浄・千本桜〉類語険・天険

ようかいご‐こうれいしゃ【要介護高齢者】エウカイゴカウレイシャ 全面的な介護が必要な状態ではないが、寝たきり・介護を要する認知症などのため、日常生活の一部に介護を必要とする高齢者。➡要援護高齢者

ようかいご‐しゃ【要介護者】エウカイゴ 要介護状態にある65歳以上の人。または、政令で定められた特定疾病(末期癌・関節リウマチ・筋萎縮性側索硬化症・脳血管疾患・慢性閉塞性肺疾患など)が原因で要介護状態にある40歳以上65歳未満の人。

ようかいご‐じょうたい【要介護状態】エウカイゴジャウタイ 身体または精神上の障害により入浴・排泄・食事など日常生活の基本的な動作について継続して介護を必要とし、要介護認定の要介護1から5のいずれかに該当する状態。

ようかいご‐にんてい【要介護認定】エウカイゴ ❶介護保険制度で、寝たきりや認知症等で常時介護を必要とする状態(要介護状態)にあるかどうか、またその程度を判定すること。❷❶と要支援認定を総称した要介護等認定のこと。「要支援」とは、家事や身支度等の日常生活に支援が必要になった状態のことで、要介護よりは軽度の状態を指す。補説要介護認定・要支援認定は、被保険者からの申請を受けて、保険者である地区町村の介護認定審査会が行う。判定は、

国が定める認定基準に基づいて行われる。「要支援1・2」「要介護1～5」の7段階で認定され、「要介護5」が最も介護を要する。自立とみなされる場合は「非該当」と判定される。

ようかいち【八日市】やうかいち 滋賀県南東部にあった市。古くから市場町として発展した。近江牛や真田紐を特産。平成17年(2005)に周辺4町と合併して東近江市となった。⇒東近江

ようかいち-し【八日市市】やうかいち― ▶八日市

ようかいちば【八日市場】やうかいちば 千葉県北東部にあった市。九十九里平野北部の市場町として発展。平成18年(2006)1月、野栄町と合併して匝瑳市となった。⇒匝瑳

ようかいちば-し【八日市場市】やうかいちば― ▶八日市場

ようかい-ど【溶解度】一定量の溶媒に溶ける溶質の量の上限の限度。通常は溶媒100グラムに溶けうる溶質のグラム数で表し、値は温度によって変わる。

ようかいど-きょくせん【溶解度曲線】溶解度と温度との関係を表したグラフ。

ようかいど-せき【溶解度積】塩の溶液中での構成成分イオンの濃度の積。一定の温度で一定の値を示すので、沈殿滴定などの分析の重要な指標となる。イオン積。

ようかい-ねつ【溶解熱】物質が液体に溶けるときに発生または吸収する熱量。

ようがい-の-いた【要害の板】エウガイ― 近世の兜の眉庇の裏面に添えて打った薄い鉄板。見上げの板。

ようかい-へんげ【妖怪変化】エウクワイ―《類似した意味の「妖怪」と「変化」を重ねたもの》あやしい化け物。

ようかい-ろ【溶解炉】金属を加熱し融解する炉。キューポラ・反射炉・平炉・電気炉など。

ようか-カリウム【▽沃化カリウム】エウクワ― カリウムと沃素の化合物。無色の立方体の結晶。水に溶けやすく、水溶液は沃素をよく溶かす。医薬・写真感光乳剤などに使用。化学式KI　ヨードカリ。沃ポツ。

ようかカリウム-でんぷんし【▽沃化カリウム×澱粉紙】エウクワ― 沃化カリウムとでんぷんとの水溶液に濾紙を浸して乾燥させたもの。酸化剤との接触で青色になるため、微量の酸化性物質の検出に用いる。

ようか-ぎん【▽沃化銀】エウクワ― 硝酸銀水溶液に沃化カリウムを加えて得られる黄色の粉末状の結晶。水にほとんど溶けない。光に当てると分解して黒変する。写真感光乳剤などに使用。化学式AgI

よう-がく【幼学】エウ― おさないときにする学問。

よう-がく【洋学】ヤウ― 西洋の学問。西洋の語学。

よう-がく【洋楽】ヤウ― 西洋音楽。⇔邦楽。

ようがくこうよう【幼学綱要】エウガクカウエウ 修身書。7巻3冊。元田永孚編。明治15年(1882)宮内省より出版。明治天皇の勅命によって、児童に仁義忠孝の道を教えるために作られた。

ようがく-しょ【洋学所】ヤウガク― 江戸幕府の洋学研究教育機関。天文方で洋書翻訳にあたっていた蕃書和解御用を安政2年(1855)に独立させたもの。翌年、蕃書調所と改称。

よう-がさ【洋傘】ヤウ― 洋式の傘。こうもりがさ。竹製の骨に油紙を張った和傘に対して、主に、金属製の骨に布・ナイロンなどを張ったものをいう。(類語)蝙蝠傘・傘・雨傘・日傘・アンブレラ・パラソル

ようかし〔副〕(反語的に用いて)どうしてどうして。どうしてなかなか。「―治らうぞい。めったに治るこっちゃねえ」〈滑・浮世風呂・二〉(補説)「ようか」は「やわか」の音変化という。

よう-がし【洋菓子】ヤウグワシ 西洋風の菓子。小麦粉・バター・牛乳・卵などを材料として作る。ケーキ・ビスケット・プディング・シュークリームなど。西洋菓子。⇔和菓子。(類語)菓子・和菓子・スイーツ

ようか-すいそ【▽沃化水素】エウクワ― 水素と沃素の化合物。刺激臭のある無色の気体。水に溶けやすく、水溶液は沃化水素酸といい、強い酸性を示す。強力な還元剤。化学式HI

よう-かた【養方】ヤウ― 養子からみて、その養親を通じての親族。⇒実方

よう-がっき【洋楽器】ヤウガクキ 西洋音楽に用いる楽器。

よう-がっこう【洋学校】ヤウガクカウ 幕末・明治期、西洋の学問・語学を教えた学校。

ようか-ばな【八日花】やうか― ▶天道花

ようか-ぶつ【▽沃化物】エウクワ― 沃素を陰性成分として含む化合物。

よう-がまし・い【様がましい】ヤウ―〔形〕(文)やうがま・し〔シク〕《中世・近世語》❶もったいぶっている。いわくありげである。「御下向なからんもなかなか―・しかるべし」〈盛衰記・四一〉❷条件や注文がやかましい。うるさい。「さてさてこなたは咄しに―・い人でござる」〈虎寛狂・千鳥〉

よう-がらし【洋芥=子】ヤウ― マスタードのこと。⇒和芥子

よう-が・り【様がり】ヤウ―〔動ラ変〕《「ようがあり」の音変化》いっぷう変わっている。趣がある。「この滝は―・る滝の興がる滝の水」〈梁塵秘抄・二〉

よう-がわら【洋瓦】ヤウがはら 西洋風の形の焼き瓦。断面が数字5の形を呈するスペイン瓦など。

ようかん【永観】ヤウクワン [1032～1111]平安中期の僧。浄土教の先駆者。法相・華厳・三論を学んだが、念仏三昧に転じた。東大寺別当を務めたのち禅林寺に住し、念仏を布教。著「往生拾因」「往生講式」など。

よう-かん【羊×羹】ヤウ―《「かん(羹)」は唐音》❶棹物の和菓子の一。あんに砂糖を入れて蒸し、あるいは寒天液を加えて練ったもの。蒸し羊羹・練り羊羹・水羊羹など。❷「羊羹色」「羊羹紙」の略。

よう-かん【▽勇敢・▽勇×悍】〔名・形動ナリ〕「ゆうかん(勇敢)」に同じ。「すこし―にあしき人にてぞおはせし」〈大鏡・伊尹〉

よう-かん【洋館】ヤウクワン 西洋風につくった建物。

よう-かん【陽関】ヤウクワン 中国甘粛省西部、敦煌の南西にあった関所。前漢時代に設けられ、北にある玉門関とともに西域に通じる交通の要地をなした。

よう-かん【腰間】エウ― 腰のあたり。腰のまわり。

よう-がん【容顔】顔つき。顔かたち。容貌。「―の美わしかりし往時」〈露伴・寝耳鉄砲〉

よう-がん【溶岩・×熔岩】地下のマグマが溶融状態で地表の火口から噴き出しているもの。また、それが冷却・固結して生じた岩石。

ようかん-いろ【羊×羹色】ヤウカン― 黒や紫などの染め色があせて、赤みを帯びた色。

ようがん-えんちょうきゅう【溶岩円頂丘】―エンチヤウキウ 粘性の大きい溶岩が火口上に盛り上がったドーム状の火山。高さ数百メートルまでのものが多い。箱根火山の駒ヶ岳など。溶岩ドーム。鐘状火山。トロイデ。

ようかん-がみ【羊×羹紙】ヤウカン― 厚紙に油を塗り、赤黒く色をつけた丈夫な紙。

ようがん-じゅけい【溶岩樹形】流れ下った溶岩が樹木を包み込み、冷えた後に樹木の幹の形に穴になったもの。富士山麓、浅間山麓にある。

よう-かんすう【陽関数】ヤウクワンスウ 二つの変数xとyの関係が$y=f(x)$の形で表される関数。⇔陰関数。

ようがん-せんとう【溶岩×尖塔】―センタフ ▶火山岩尖

ようがん-だいち【溶岩台地】粘性の低い玄武岩質の溶岩が流出し、ほぼ水平に広がってできた広大な台地。インドのデカン高原など。ペディオニーテ。

ようがん-とう【溶岩塔】―タフ ▶火山岩尖

ようがん-ドーム【溶岩ドーム】▶溶岩円頂丘

ようがん-トンネル【溶岩トンネル】溶岩流の表面が冷却・固結したあとに、内部が流出して生じるトンネル状の空洞。富士山北西麓の風穴など。

ようかん-の-しゅうすい【腰間の秋水】エウカン―シウスイ《「秋水」は、とぎすまされて曇りのない刀の意》腰にさした刀。

ようがん-ふんせん【溶岩噴泉】粘性の低い溶岩が火口から噴水のように空中高く噴き上げられる現象。

ようがん-りゅう【溶岩流】―リウ 火口から噴出した溶岩が地表を流れ下るもの。また、それが固結して生じた岩体。

よう-き【用器】器具や器械を用いること。また、その器具や器械。

よう-き【妖気】エウ― あやしい気配。何か不吉なことが起こりそうな雰囲気。「―がただよう屋敷」

よう-き【妖▽姫】エウ― 妖気を感じさせる美女。

よう-き【容器】物を入れるうつわ。入れ物。(類語)器・入れ物

よう-き【揚棄】ヤウ―〔名〕スル ▶アウフヘーベン

よう-き【陽気】ヤウ―〔名・形動〕❶気候。時候。「春らしい―になる」❷万物生成の根本となる二気の一。万物が今まさに生まれ出て、活動しようとする気。陽の気。⇔陰気。❸気分。雰囲気などがはればれしていること。にぎやかで明るいこと。また、そのさま。「―を装う」「天性―な人」「―にはしゃぐ」⇔陰気。(派生)ようきさ〔名〕

(類語)(❶)気候・天気・天候・日和・時候/(❸)明朗・快活・上機嫌・朗らか・明るい・気さく

陽気を発する処金石も亦透る　《「朱子語類」学二の「陽気の発する処金石も亦透る。精神一到何事か成らざらん」から》精神を集中して物事を行えば、どんな困難にも打ち勝つことができる。

よう-き【様器・×楊器】ヤウ― 規定どおりに作られた儀式用の食器。「御机なる―を取り代へて」〈宇津保・蔵開上〉

よう-ぎ【要義】エウ― 大切な意味。「経典の―」

よう-ぎ【容疑】罪を犯した疑いのあること。また、その疑い。「収賄の―を受ける」「―が固まる」(類語)嫌疑

よう-ぎ【容儀】❶礼儀作法にかなった身のこなし。また、その姿。「常に飄然として、絶えて貴族的―を修めざれど」〈紅葉・金色夜叉〉❷顔だち。器量。「その―次第に、男のかたより金銀とるはずの事なるべし」〈浮・一代女・三〉

ようき-が【用器画】―グワ 定規・分度器・コンパスなどの製図器具を使用して幾何学的に描く技法。また、その図形。幾何画法。⇒自在画

ようぎ-しゃ【容疑者】犯罪の疑いをかけられた者。法律では「被疑者」という。(類語)被疑者・お尋ね者

ようぎ-しゅう【×楊岐宗】ヤウギ― ▶楊岐派

ようき-せき【陽起石】ヤウキ― ▶緑閃石

ようぎ-たいはい【容儀帯×佩】礼儀にかなった身なりと振る舞い。「維盛は、生年二十三、―絵にかくとも筆も及びがたし」〈平家・五〉

ようぎ-は【×楊岐派】ヤウギ― 臨済宗の一派で、中国禅宗の五家七宗の一。臨済宗第七祖の楚円の門下である楊岐方会を祖とし、宋代におこった。日本では、禅宗二四流の中で道元・慧日・永璵・栄西の四派を除いてこの系統に属する。楊岐宗。

よう-きひ【楊貴妃】ヤウ― ㊀[719～756]中国、唐の玄宗皇帝の妃。永楽(山西省)の人。初め玄宗の子寿王の妃。歌舞音曲に通じ、また聡明であったため、玄宗に召されて貴妃となり、寵を一身に集め、楊一族も登用され権勢を誇った。安禄山の乱で長安を逃れる途中、官兵に殺された。白居易の「長恨歌」をはじめ、多くの文学作品の題材となった。㊁謡曲。三番目物。金春禅竹作。玄宗皇帝の命を受けた方士が、亡き楊貴妃の霊を仙界の蓬莱宮で尋ねあてると、楊貴妃の霊はかつての玄宗との愛などを語る。

ようきひ-ざくら【×楊貴妃桜】ヤウキヒ― サトザクラの一品種。花は八重で4月ころ咲き、花びらは淡紅色であるが先端は濃紅色。奈良興福寺の僧玄宗がめでたことからの名という。(季 春)「むれ落ちて―尚あせず/久女」

ようきほうそうリサイクル-ほう【容器包装リサイクル法】ヨウキハウサウ―ハフ《「容器包装に係る分別収集及び再商品化の促進等に関する法律」の通称》容器包装廃棄物の排出量を減らし、分別収集による容器包装廃棄物の再商品化(再資源化、再生利用など)を促進し、廃棄物全体の減量と有効利用、環境保全を図るために定められた法律。国や地方公共団体、事業者・消費者の役割と責務を規定する。平成7年(1995)成立。容リ法。⇒循環型社会形成推進基本法

よう-きゃく【要脚】エウ・【用脚】ヨウ《世間を回り歩くものの意》❶銭ぜに。料足。おあし。〈文明本節用集〉❷費用。必要な経費。また、それに充てる品物。「毎年維摩会ゆいまゑの―たるのみにあらず」〈太平記・三九〉❸税金。分担金。「寺道場に―をかけ、僧物施料をむさぼる」〈太平記・三五〉
よう-きゅう【洋弓】ヤウ 西洋式の弓。アーチェリー。
よう-きゅう【要求】エウキウ〔名〕スル ❶必要または当然なこととして相手に強く求めること。「待遇改善を―する」「―を飲む」❷必要とすること。「からだが水分を―している」「時代の―」❸ ▶欲求❷
[類語]要望・要請・請求・注文・迫る・求める
よう-きゅう【×楊弓】ヤウ 遊戯用の小さな弓。約85センチの弓に約27センチの矢をつがえ、座って射る。江戸時代から明治にかけて民間で流行した。もと楊柳ようりゅうで作られたのでこの名がある。
ようきゅう-てん【×楊弓店】ヤウキウ「楊弓場」に同じ。
ようきゅう-ば【×楊弓場】ヤウキウ 料金を取って楊弓で遊ばせた店。神社の境内や盛り場などに設けられ、矢取り女を置いて、ひそかに色を売らせた店もあった。矢場。楊弓店。
ようきゅうばらい-よきん【要求払(い)預金】エウキウばらひ 預金者がいつでも払い戻しを要求できる預金。当座預金・普通預金・貯蓄預金・通知預金など。流動性が高く、決済手段として利用される。
よう-ぎょ【幼魚】エウ 卵からかえって間のない魚。稚魚。
よう-ぎょ【養魚】ヤウ 魚を飼うこと。また、人工的に魚を飼育し、繁殖させること。「―場」
よう-きょう【妖教】エウケウ あやしげな宗教。
よう-きょう【×佯狂｜陽狂】ヤウキャウ 狂人のふりをすること。
よう-きょう【容共】共産主義、または、その政策を容認すること。⇔反共。
よう-ぎょう【窯業】エウゲフ 粘土などの鉱物質原料を窯かまや炉で高熱処理をして、陶磁器・瓦かわらやガラス・セメント・耐火物などを製造する工業。
よう-きょく【陽極】ヤウ 二つの電極のうち、電位の高いほうの電極。正の電極。正極。プラスの極。⇔陰極。
よう-きょく【謡曲】エウ 能の詞章・脚本。また、それに節をつけて謡うこと。謡うたい。▶能のう❹
ようきょく-せん【陽極線】ヤウキョク 真空放電のとき、陽極から陰極に向かう高速の陽イオンの流れ。カナル線。
よう-きん【用金】❶公用の金。公金。❷「御用金ごようきん」に同じ。
よう-きん【洋斤】ヤウ 重量単位のポンドのこと。
よう-きん【洋琴】ヤウ ❶中国の打弦楽器。扁平な箱状の木製胴の上に多数の真鍮しんちゅう弦を平行に張り、2本の竹製の細い棒(琴竹)で打奏する。大きさ・弦数などは多様。朝鮮を経て、19世紀中ごろに日本に伝来した。❷ピアノのこと。
よう-きん【溶菌】バクテリオファージが細菌内で増殖し、内部から細菌を溶かす現象。また、抗体が補体と結合し、免疫反応により細菌を破壊して溶かす現象。
よう-ぎん【洋銀】ヤウ ❶銅合金の一種。銅45〜65パーセントにニッケル6〜35パーセント、亜鉛15〜35パーセントを加えたもの。光沢のある銀白色で、加工性に富み、洋食器・装飾品などに広く使用。洋白。❷江戸末期から明治初期にかけて日本に移入された外国の銀貨。
よう-ぐ【用具】ある事をするために使う道具。「体操の―」➡道具[用法]
[類語]道具・器具・器材・用品
よう-ぐ【要具】エウ 必要な道具。必要な品。「憲法は治国の―にして」〈吉岡徳明・開化本論〉
よう-ぐ【庸愚】平凡でおろかなこと。また、その人。「習わざれば生涯―の人といわれん」〈条野有人・近世紀聞〉
ようぐ-きょうか【用具教科】ケウクワ 国語・算数など、他教科を学習するうえでの用具となる言葉・文字・計算などを学ぶ教科。⇔内容教科。
よう-ぐら【洋×鞍】ヤウ 洋式の乗馬用の鞍。現在、一般に使われているもの。➡大和鞍やまとぐら
よう-くん【幼君】エウ おさない主君。幼少の主人。
よう-くん【庸君】凡庸の主君。
ようぐん-がん【羊群岩】ヤウグン 基盤岩が氷河の浸食によって削られ、丸みを帯びた瘤こぶ状の小丘群。上流側の表面に擦痕さっこんがみられる。羊背岩ようはいがん。
よう-けい【幼形】エウ 生物の発生過程で、胚はいに続き、成体になるまでの時期の形態。
よう-けい【楊炯】ヤウ [650?〜695?]中国、初唐期の詩人。華陰(陝西せんせい省)の人。官は盈川えいせんの令に至ったので、楊盈川とも称された。初唐四傑の一人。文辞典麗で、特に五言律詩にすぐれていた。
よう-けい【養鶏】ヤウ 採卵用または肉用のために鶏を飼育すること。「―場」「―農家」
ようけいさい-るい【葉茎菜類】エフケイサイ 主に葉と茎を食用にする野菜。ネギ・セリなど。
ようけい-せいじゅく【幼形成熟】エウケイ 動物が幼生形の段階のまま生殖巣が成熟し、繁殖できるようになる現象。メキシコサンショウウオ(アホロートル)などにみられる。ネオテニー。幼態成熟。
よう-げき【要劇】エウ 重要な職務にあって忙しいこと。〈易林本節用集〉
よう-げき【要撃】エウ〔名〕スル 待ち伏せて攻撃すること。「二人の帰路を―しなければならない」〈漱石・坊っちゃん〉
よう-げき【×邀撃】エウ〔名〕スル 迎えうつこと。迎撃。「敵機を―する」[類語]迎撃・要撃・スクランブル・迎え撃つ
よう-けつ【要×訣】エウ 物事の最も大切なところ。奥義。秘訣。「成功の―を聞く」
よう-けつ【溶血】赤血球の膜が破れて、中のヘモグロビンが流出する現象。赤血球と抗体との反応に補体が加わることによって生じ、また機械的刺激や蛇毒などの化学物質、浸透圧の低下などで起こる。
よう-げつ【妖×孽】エウ あやしい災い。また、不吉なことが起こる前ぶれ。「―天にあらはるる時には」〈太平記・八〉
よう-げつ【要月】エウ 農事に忙しい月。
よう-げつ【陽月】ヤウ 陰暦10月の異称。➡陰月
ようけつ-ぎょうかいがん【溶結凝灰岩】―ギョウクワイ 高温の火山灰が大量に堆積し、その重さと高温のために圧縮されて粒子の一部が溶けてくっつき合い、溶岩状になった岩石。柱状節理の発達したものが北海道の層雲峡、宮崎県の高千穂峡などにみられる。
ようけつせい-ひんけつ【溶血性貧血】溶血を起こし、赤血球の破壊が造血能力を超えるためにみられる貧血。先天的に赤血球の膜が弱い場合や自己免疫疾患・薬物中毒などで起こり、貧血のほか脾腫ひしゅ・黄疸おうだんなどの症状を呈する。
ようけつせい-れんさきゅうきん【溶血性連鎖球菌】―レンサキウキン 数珠じゅず状につながっている、グラム陽性の球菌。溶血作用がある。化膿かのう性の皮膚疾患や猩紅熱しょうこうねつなどを起こす。溶連菌。
ようけつ-そ【溶血素】赤血球の膜を壊し、溶血を起こさせる物質。補体と結合した作用を示す抗体、溶血性連鎖球菌・ぶどう球菌の生成する毒素や蜂毒・蛇毒など。溶血毒。
よう-けん【用件】なすべき仕事。また、伝えるべき事柄。用事。「―を伝える」「すぐに―に入る」
[類語]用事・用向き・所用・用
よう-けん【洋犬】ヤウ 西洋種の犬。西洋犬。
よう-けん【洋剣】ヤウ 西洋風の剣。サーベル。
よう-けん【要件】エウ ❶大切な用事。「―のみ記す」❷必要な条件。「教育者としての―を満たす」
[類語]条件・基準・前提・大前提
よう-けん【楊堅】ヤウ [541〜604]中国、隋の初代皇帝。在位581〜604。諡おくりなは文帝。廟号びょうごうは高祖。北周の静帝の禅譲をうけて帝位につき、突厥とっくつ・陳を滅ぼして天下を統一。官制・兵制・均田制を施行、中央集権体制の基礎を築いた。
よう-げん【用言】単語を文法上の性質から分類したものの一。自立語の中で、活用があるもの。一般に動詞・形容詞・形容動詞の3品詞に細分される。⇔体言。
よう-げん【妖言】エウ あやしい言説。不吉で人をまどわせるような流言。
よう-げん【要言】エウ 要点をついたことば。要語。
よう-げん【揚言｜×颺言】ヤウ〔名〕スル 声を大にして言うこと。公然と言いふらすこと。また、その言葉。「新時代の到来を―する」
よう-げん【謡言】エウ ❶はやりうた。❷うわさ。
ようげん-いん【養源院】ヤウゲンヰン 京都市東山区にある浄土真宗遣迎院派の寺。もと天台宗。文禄3年(1594)淀君が父浅井長政(法名、養源院)追福のため建立。
よう-けんえい【葉剣英】エフ [1897〜1986]中国の軍人・政治家。広東省梅県の人。広東コミューン、長征に参加。日中戦争では八路軍参謀長・人民解放軍総参謀長を歴任。人民共和国成立後も国防部長・党副主席などの要職を歴任。イエ=チエンイン。
ようけん-どう【養賢堂】ヤウケンダウ 元文元年(1736)仙台藩が創設した藩校。
よう-こ【幼孤】エウ おさないみなしご。「無知の―其性質の如何を弁知せず」〈小野梓・条約改正論〉
よう-こ【腰鼓】エウ 伎楽ぎがくなどで用いた鼓つづみの一種。胴の中央を細くし、両端に円形の革を張り、長いひもで首から腰のあたりに横につるして両手で打ち鳴らす。呉鼓くれつづみ。こしつづみ。
よう-こ【養虎】ヤウ トラを飼育すること。
よう-ご【用後】使ったあと。使用後。
よう-ご【用語】使用されている字句や言葉。特に、ある特定の分野で用いられる言葉。術語。「医学―」「専門―」
よう-ご【洋語】ヤウ ❶西洋諸国の言葉。西洋語。❷西洋語を起源とする外来語。また、それを組み合わせるなどして日本で作った語。
よう-ご【要語】エウ「要言ようげん」に同じ。
よう-ご【▽影護】ヤウ 影が形を離れないように、神仏が、その身を離れずに護まもること。
よう-ご【養護】ヤウ〔名〕スル ❶養い守ること。❷児童・生徒の健康を保護し、その成長を助けること。❸特に、保護を必要とする児童などを、特別な施設によって教育すること。[類語]保護・教護・世話・守る・養う
よう-ご【擁護】〔名〕スル 侵害・危害から、かばい守ること。「憲法を―する」「人権―」[類語]保護・庇護・守護・防護・ガード・守る・庇かばう
ようこう ヤウクワウ 平成3年(1991)8月に打ち上げられた太陽観測衛星SOLAR-Aの愛称。宇宙科学研究所(現JAXA、宇宙航空研究開発機構)が開発。太陽の光、陽光から付けられた。太陽活動極大期における観測を目的とし、軟X線の高解像度の撮像、および世界初の30キロ電子ボルト以上の硬X線の高感度観測に成功した。その結果、太陽コロナの構造の時間変化や太陽フレアなどの爆発現象に磁気リコネクションが関わっていることが明らかになった。当初3年だった設計寿命を大幅に越え、10年3か月もの長期にわたって観測を続けた。平成16年4月に運用終了。
よう-こう【妖光】エウクワウ 不吉な感じのする光。不気味な光。あやしい光。
よう-こう【洋行】ヤウカウ〔名〕スル ❶欧米へ旅行・留学すること。「研究のため―する」「―帰り」❷中国で、外国人の経営する商店の称。[類語]外遊
よう-こう【洋紅】ヤウ ▶カルミン
よう-こう【要港】エウカウ ❶軍事や交通・輸送などの面で重要な港。❷旧日本海軍で、軍港に次ぐ重要な港。海軍要港部(のち警備府)が置かれた。
よう-こう【要項】エウカウ 大切な事柄。必要な事項。また、それを記した文書。「試験の―を発表する」
[類語]要目・要点・要覧
よう-こう【要綱】エウカウ 基本となる大切な事柄。また、それらをまとめたもの。綱要。「運動方針の―」

よう-こう【揺光】エウクヮウ 北斗七星の柄杓ひしゃくの柄の先端にある星。破軍星はぐんせい。

よう-こう【陽光】ヤウクヮウ ❶太陽の光。日光。「南国の―を浴びる」❷真空放電のとき、電極間に現れる光。イオンと電子がプラズマを形成する部分。陽光柱。
(類語)日光・日差し・日影・薄日・太陽

よう-こう【×傭耕】ヨウカウ 人にやとわれて耕作をすること。

よう-ごう【▽永×劫】ヤウゴフ《「ようこう」とも》「えいごう(永劫)」に同じ。

よう-ごう【▽影▽向】ヤウガウ 神仏が仮の姿をとって現れること。神仏の来臨。

ようこう-じ【永光寺】ヤウクヮウ― 石川県羽咋はくい市にある曹洞宗の寺。山号は、洞谷山。鎌倉末期、瑩山紹瑾けいざんじょうきんの創建。五老峰伝灯院は、道元など曹洞宗の祖師の語録などを安置したもの。

ようこう-そ【葉黄素】エフクヮウ― ▶キサントフィル

ようこう-は【×姚江派】エウカウ― 陽明学派の異称。王陽明の出身地、浙江せっこう省余姚を流れる川の名による。

ようこう-ひ【揚抗比】ヤウカウ― 飛行機に作用する揚力と抗力との比。これを最大にする迎え角での飛行が最も経済的となる。

ようこう-ろ【溶鉱炉┊×鎔鉱炉】ヨウクヮウ― 鉄・銅・鉛などの製錬に用いる立て型の炉。製鉄用のものは大きく、高炉という。炉頂から鉱石・燃料および融剤を装入し、下方の羽口はぐちから熱風を吹き込んで燃焼させ、炉底にたまる粗金属およびスラグを取り出す。

ようご-がっこう【養護学校】ヤウゴガクカウ 知的障害児・肢体不自由児・病弱児・虚弱児などに対し、幼稚園・小学校・中学校・高等学校に準じる教育を行うとともに、障害による困難を克服するために必要な知識・技能などを養うことを目的とする学校。平成19年(2007)学校教育法の改正により、法律上の区分は「特別支援学校」となった。

ようご-きょうゆ【養護教諭】ヤウゴケウ― 小学校・中学校・高等学校・特別支援学校で、児童・生徒の保健管理と指導を担当する専任の教諭。

よう-こく【陽刻】ヤウ― 文字や絵などを浮き上がらせて彫ること。⇔陰刻。

ようこく-じ【楊谷寺】ヤウコク― 京都府長岡京市にある西山浄土宗の寺。山号は、立願山。通称、柳谷やなぎだに観音。大同元年(806)延鎮の開山と伝える。境内に、空海が得た独鈷水とっこすいとよばれる霊水があり、病気、特に眼病治癒に霊験ありとして信仰される。

よう-こくちゅう【楊国忠】ヤウ― [?～756]中国、唐の政治家。永楽(山西省)の人。本名、釗しょう。又従姉妹またいとこにあたる楊貴妃の縁により玄宗皇帝に登用されて宰相となったが、安禄山の乱で貴妃とともに殺された。

ようご-しせつ【養護施設】ヤウゴ― 児童福祉法に基づく児童福祉施設の一。平成9年(1997)同法の改正により児童養護施設と改称。

ようこそ〔副〕《「よくこそ」の音変化》他人の訪問に感謝やねぎらいの意を表す語。よくぞ。「―おいでくださいました」「日本へ―」

ようごと-な・し【▽止う事無し】やうごと―〔形ク〕《「やんごとなし」の「ん」を「う」と表記したもの》「やんごとない」に同じ。「ある―・き所より、菊の移ろへるを出だし給へれば」〈恵慶集・詞書〉

ようこ-の-うれい【養虎の▽患い】ヤウコ―うれひ《「史記」項羽本紀の「今釈すてて撃たずんば、これ所謂いはゆる虎を養いて患いを遺すなり」から》トラを飼っていると、いつ自分が危険な目に遭うかわからないということ。転じて、心配の種をあとに残すことや将来の敵を許すことのたとえ。

ようご-ろうじん-ホーム【養護老人ホーム】ヤウゴラウジン― 老人福祉法に基づく老人福祉施設の一。常時介護の必要はないが、心身および経済的な理由などから居宅における生活が困難な65歳以上の高齢者を養護するための施設。➡特別養護老人ホーム

よう-こん【幼根】エウ― 種子の胚軸はいじくの下端部分。発芽に伴って生長して主根となる。

ようさい【栄西】ヤウサイ ▶えいさい(栄西)

よう-さい【洋才】ヤウ― 西洋の学問や技術についての知識や能力。「和魂―」

よう-さい【洋菜】ヤウ― 西洋野菜。レタス・セロリ・クレソンなど。

よう-さい【洋裁】ヤウ― 洋服の裁縫。⇔和裁。

よう-さい【要塞】エウ― 国防上の要所につくった軍事的防備施設。監視所や砲台などを備える。
(類語)防塞・砦とりで・防塁・堡塁・塁・土塁

よう-さい【庸才】平凡な才能。凡庸の才。また、その人。凡才。「一の作品は大作にもせよ、必ず窓のない部屋に似ている」〈芥川・侏儒の言葉〉

よう-さい【溶×滓┊×熔×滓】▶スラグ

よう-さい【×蕹菜┊×甕菜】ヒルガオ科の蔓性つるせいの多年草。日本では一年草。葉は長楕円形で先がとがり、サツマイモに似るが芋はできず、秋に白または紅色のらっぱ状の花を開く。温・熱帯アジアの原産で、葉・茎を食用とし、野菜として栽培。あさがおな。エンツァイ。空心菜クウシンサイ。

よう-ざい【用材】❶建築・工事・家具などに用いる木材。「一置き場」「建築―」❷材料として使用するもの。「学習―」

よう-ざい【溶剤┊溶材】❶石油・油脂工業などで、物質を溶かすのに用いる液体。アルコールなど。溶媒。❷「融剤ゆうざい」に同じ。

ようさい-ちたい【要塞地帯】エウサイ― 要塞とその周辺の地域。

ようさい-ばさみ【洋裁×鋏】ヤウサイ― 「裁ちばさみ」に同じ。

ようさい-ほう【要塞砲】エウサイハウ 要塞に据え付けられた大型で強力な大砲。

ようさい-るい【葉菜類】エフサイ― 主として葉を食用にする野菜類。ハクサイ・キャベツなど。葉野菜。
(類語)葉物・野菜・蔬菜そさい・青果・青物

よう-さく【×傭作】人にやとわれて物を作ること。また、やとわれて働くこと。「或は―し、或は奴僕となり」〈航米日録〉

よう-さつ【要殺】エウ― 待ちかまえていて殺すこと。「少将殿を―に及びたる」〈染崎延房・近世紀聞〉

ようさ-つ-かた【▽夜さつ方】《「ようさりつかた」の音変化した「ようさっつかた」の促音の無表記》夕方。「けふの―、京へのぼるついでに」〈土佐〉

よう-さり【▽夜さり】《「よさり」の音変化》夜。また、夕方。よさり。「けふなむとて、―見えたり」〈かげろふ・中〉

ようさり-かた【▽夜さり方】夜分。また、夕方。よさり。よさりつかた。「さて―、こと蔵人して聞こえ給ふ」〈宇津保・国譲下〉

ようさり-つ-かた【▽夜さりつ方】「よさりつかた」の音変化。「―、二条院へ渡り給はむとて」〈源・若菜下〉

よう-さん【洋傘】ヤウ― こうもりがさ。ようがさ。

よう-さん【洋算】ヤウ―《「ようざん」とも》西洋で発達した数学。明治期に伝来したころ、和算に対していった。

よう-さん【葉酸】エフ― ビタミンB複合体の一。緑葉野菜・酵母・肝臓などに多く含まれ、欠乏すると貧血を起こす。最初にホウレンソウの葉から抽出されたのでこの名がある。ビタミンM。

よう-さん【養蚕】ヤウ― 蚕を飼い育て、繭をとること。こがい。「―家」

よう-ざん【腰斬┊要斬】エウ― ❶中国、秦時代の刑罰の一。罪人の腰から下を斬りはなすもの。❷物事が途中でとぎれること。「士官次室の話は暫し―となりぬ」〈蘆花・不如帰〉

よう-し【×夭死】エウ―〔名〕スル 年が若いうちに死ぬこと。わかじに。夭折。「―してとくの昔になくなったが」〈寅彦・読書の今昔〉

よう-し【幼歯】エウ―《「歯」は齢の意》幼年。若年。

よう-し【用紙】ある用途のための、型の定まった紙。「所定の―に書く」「投票―」(類語)用箋・料紙・便箋

よう-し【羊脂】ヤウ― 羊やヤギの脂肉からとった脂肪。石鹸せっけんなどの原料にする。

よう-し【羊歯】ヤウ― ▶しだ(羊歯)

よう-し【洋紙】ヤウ― 西洋から伝わった製法で作った紙。木材・わら・ぼろなどのパルプおよびくず紙を機械的、化学的に処理して作る。⇔和紙。

よう-し【要旨】エウ― 述べられていることの主要な点。また、内容のあらまし。「講演の―をまとめる」
(類語)大意・大略・概略・要約・摘要・梗概・論旨・あらまし・レジュメ・ダイジェスト

よう-し【容止】立ち居振る舞い。身のこなし。挙動。「汝の―を卑ひくくし、汝の志謀を高くせよ」〈中村訳・西国立志編〉

よう-し【容姿】顔だちとからだつき。すがたかたち。「―の整った人」「―端麗」
(類語)姿形・見目形・風貌・見目・ルックス

ようし【揚子】ヤウ― 揚雄ようゆうの尊称。

よう-し【陽子】ヤウ― 中性子とともに原子核を構成する素粒子。質量は電子の約1836倍で、正電荷をもち、電気量は電子数と等しい。陽子の個数によって元素の種類が決まる。記号p　プロトン。

よう-し【溶×滓┊×熔×滓】▶スラグ

よう-し【養子】ヤウ― 養子縁組みによって子となった者。➡養親 (類語)義子・継子・まま子・連れ子

よう-じ【幼児】エウ― ❶おさない子。おさなご。❷児童福祉法で、満1歳から小学校に就学するまでの子供。
(類語)幼子おさなご・童児・幼童・幼年・小児

よう-じ【幼時】エウ― おさない時。子供のころ。(類語)幼年

よう-じ【用字】文字の使い方。また、使っている文字。「―用語」(類語)文字・字・表記

よう-じ【用事】❶しなくてはならない事柄。用件。「―を言いつける」「大事な―がある」❷大便・小便をすること。用便。「むくむくと起きて―かなゆるふりにて」〈浮・曲三味線・四〉❸江戸深川の遊里で、芸娼妓が月経や病気、また私用などのさしさわりのために休むこと。「二三日―で居たから、さっぱり酒気がない」〈人・梅児誉美・初〉
(類語)用件・用向き・所用・用・小用こよう・小用しょうよう・野暮用・雑用・雑事・私用・公用

よう-じ【洋字】ヤウ― 西洋の文字。ローマ字。「番地も宛名も―で書いた一封が」〈荷風・つゆのあとさき〉

よう-じ【要事】エウ― 重要な事柄。また、必要な事柄。「目下の―は国内の意見統一にある」

よう-じ【×楊枝┊×楊子】ヤウ―《もと楊柳の材を用いたところから》❶歯の間にはさまったものを取り除いたり、食物を刺したりするのに用いる、先をとがらせた細く短い木の棒。つま楊枝。小楊枝。❷歯のあかをとり、きれいにするための道具。楊柳の材の先端をたたいて総ふさ状にしたもの。ふさ楊枝。❸楊やなぎの枝。昔、病気の治癒ちゆを願ったり、人に害を与えたりするための呪まじないに用いた。(類語)爪楊枝・高楊枝

楊枝で重箱の隅すみをほじくる 「重箱の隅を楊枝でほじくる」に同じ。

楊枝に目鼻を付けたよう 非常にやせた人を形容する言葉。

楊枝を一本いっぽん削けずった事ことも無な し 細工仕事に不慣れであることのたとえ。また、不器用なことのたとえ。

楊枝を遣つかえる ごく小さなまちがいをする。

よう-じ【楊時】ヤウ― [1053～1135]中国、北宋の儒学者。将楽(福建省)の人。字あざなは中立。亀山きざん先生と称する。程顥ていこう・程頤ていいに学び、その正統を継ぐ。朱熹しゅきの学の祖といわれる。著「亀山集」など。

ようじ-いれ【×楊枝入れ】ヤウジ― 楊枝❶を入れる容器。

ようじ-うお【×楊枝魚】ヤウジうを ヨウジウオ目ヨウジウオ科の海水魚。内湾のアマモの茂る所にすみ、全長約30センチ。体は著しく細長くて骨板に覆われ、黒褐色。吻ふんは管状。雄の尾部に育児嚢いくじのうがあり、雌の産みつけた卵を保護する。近似種にヒフキヨウジ・オクヨウジなどがあり、混称される。

ようし-えんぐみ【養子縁組(み)】ヤウシ― 親子の血縁のない者の間に、親と嫡出子ちゃくしゅつしとの親子関係と同じ法律関係を成立させる法律行為。

ようしえん-しゃ【要支援者】エウシエン― 要支援状態にある65歳以上の人。または、政令で定められた特定疾病(末期癌・関節リウマチ・筋萎縮性側索硬化症・脳血管疾患・慢性閉塞性肺疾患など)が原因で要支援状態にある40歳以上65歳未満の人。

ようしえん-じょうたい【要支援状態】エウシエンジャウタイ 要介

護状態となるおそれがある状態。身支度・洗濯・買い物など身の回りのことができないなど日常生活に支障があり、要支援認定の要支援1または2に該当する状態。

ようしえん-にんてい【要支援認定】介護保険制度で、要支援状態にあるかどうか判定すること。➡要介護認定

よう-しき【洋式】西洋風のやり方・様式。西洋式。洋風。「―の生活」「―トイレ」⇔和式。

よう-しき【要式】一定の方式に従うことを必要とすること。

よう-しき【様式】❶ある範囲の事物・事柄に共通している一定の型・方法。スタイル。「古い―の家具」「書類の―」❷ある時代・流派の芸術作品を特徴づける表現形式。「飛鳥―を模倣する」「―美」❸習慣・約束などで定められたやり方。「生活―」「行動―」➡形式(用法)
(類語)スタイル・形式・流儀・方式・類型・パターン・タイプ・式・趣向

ようじ-き【幼児期】乳児期以後、満6歳の学齢に達するまでの時期。自己中心的な思考、直観的な思考、自我意識の芽生えなどが特徴。

ようしき-か【様式化】〔名〕スル 一定の様式をもつようにすること。特に芸術作品などで、事物を単純化・類型化しながら表現に様式上の特性を与えること。「―された演技」

ようしき-こうい【要式行為】遺言・婚姻・手形の振り出しなど、一定の方式に従って行わなければ成立しないか、または無効とされる法律行為。

ようしき-しょうけん【要式証券】記載事項が法定されている有価証券。手形・小切手・株券など。

ようしき-び【様式美】芸術作品などの表現形式がもつ美しさ。「―を極めた意匠」「華麗な―」

ようじ-きょういく【幼児教育】幼児を対象とする教育。就学前教育。

よう-じく【葉軸】複葉で、小葉をつける軸。

ようじ-ご【幼児語】❶幼児期に特有の語彙。犬を「わんわん」、食べ物を「うまうま」という類。❷幼児期にみられる不完全な言語。「飛行機」を「こうき」と言う音の脱落、「猫が来た」を「ねこ、きた」と言う助詞の脱落などの類。

ようし-さき【養子先】養子に行った先方の家。養家。

よう-しし【養嗣子】民法旧規定で、家督相続人となる養子。

ようじ-じへいしょう【幼児自閉症】▶自閉症❶

ようじ-しんりがく【幼児心理学】主に就学前の子供の心理および発達を研究する心理学。

ようし-せん【陽子線】陽子を集めて光の束のような状態にしたもの。医療において診断・治療などに利用される。陽子ビーム。

ようしせん-ちりょう【陽子線治療】放射線の一種である陽子線を体内の病巣に照射する治療法。体内の深くまで到達するのでX線やガンマ線より効果的とされる。対象は主に悪性腫瘍。

よう-しつ【洋室】西洋風の部屋。洋間。⇔和室。

よう-しつ【溶質】溶液で、溶媒に溶けている物質。

ようしつ-こひ【羊質虎皮】《「法言」吾子から》中身は羊で、外観は虎の皮をかぶっていること。見かけ倒しで内容が伴わないことのたとえ。

ようじ-ほう【用字法】言語の表記のための文字の使い方。

ようし-ほうかい【陽子崩壊】大統一理論で導き出される陽子が崩壊する現象。クオークをレプトンに変化させる極めて弱い相互作用により、陽子が陽電子とπ^0中間子、またはニュートリノとπ中間子に崩壊するとされる。岐阜県のスーパーカミオカンデなどで陽子崩壊の観測が続けられているが、未だ発見されておらず、陽子に寿命があるならば少なくとも10^{33}年以上と考えられている。

ようしほうげん【揚子方言】中国最古の方言集。前漢の揚雄撰。全13巻。成立年代未詳。各地から朝廷にやって来た使者の方言を収録したもの。正式には「輶軒使者絶代語釈別国方言」という。方言。

ようしほうげん【揚子法言】中国の思想書。前漢の揚雄著。全13巻。成立年代未詳。「論語」に擬し、問答形式で儒教思想を説き、孟子の性善説と荀子の性悪説との調和を試みたもの。法言。

ようし-ほかく【陽子捕獲】原子核に1個または複数個の陽子が吸収されて、より重い原子核になる核反応。捕獲によってγ線(光子)が放出される。放射性捕獲の一つ。

ようじ-みせ【×楊枝店】江戸、浅草寺境内にあった床店で、楊枝❷やお歯黒の材料などを売った店。女を置いてひそかに売春の場ともなった。楊枝屋。「―ちとおやすみとわきへ寄り」〈柳多留・九〉

よう-しゃ【幼者】年齢の少ない者。子供。

よう-しゃ【用捨】❶用いることと、捨てること。取捨。また、その判断力。「政の善悪を見るには、賢臣の―を見るにしかず」〈太平記・一三〉❷必要としないこと。やめること。「年せんさくは―あるべし」〈浮・一代男・二〉❸▶容赦

よう-しゃ【容赦】〔名〕スル ❶ゆるすこと。大目に見ること。「もう遣り切れないと云った様子を先刻から見せている津田を毫も―しなかった」〈漱石・明暗〉❷手加減すること。控え目にすること。「―なく追及する」
(類語)許し・赦免・仮借・宥免・宥恕・諒恕・寛恕・海容・許容・堪忍・勘弁・目こぼし・免罪・恕する・免ずる・大目に見る・目を瞑る

よう-しゃ【溶射】〔名〕スル 金属・セラミックスなどを溶融し、金属表面に吹きつけて被覆する方法。耐食性・耐摩性を高めるために行う。

よう-じゃく【幼弱】〔名・形動〕おさなくてからだが弱いこと。また、その人や、そのさま。「―な子供」
(類語)幼少・幼・幼稚・幼い

よう-じゃく【用尺】衣服などを作るのに必要なだけの布の長さ。

ようじゃく-ホルモン【幼若ホルモン】昆虫のアラタ体から分泌されるホルモン。幼虫の形質を保持し、前胸腺と共同する場合は脱皮を促進する。分泌が低下すると、前胸腺の働きが強まってさなぎか成虫になる。成虫では生殖腺の成熟を引き起こす。アラタ体ホルモン。

ようしゃ-ばこ【用捨箱】箱の中を仕切って必要な文書と用済みの文書を区分けして入れるようにしたもの。◆書名別項。

ようしゃばこ【用捨箱】江戸後期の随筆。3巻。柳亭種彦著。天保12年(1841)刊。51条からなり、主として近世初期の風俗習慣を考証したもの。

よう-しゅ【幼主】おさない主君。幼君。

よう-しゅ【洋酒】西洋から渡来した酒。また、西洋の製法に倣って造った酒。ウイスキー・ブランデー・ワイン・ビールなど。

よう-しゅ【洋種】西洋産の系統の種類。多く、ヨーロッパ・北アメリカが原産の動植物についていう。西洋種。

よう-しゅ【庸主】凡庸な君主。庸君。「蓋し一二の―凡相の罪に帰すべからざるものあらん」〈田口・日本開化小史〉

よう-しゅ【楊朱】中国、戦国時代の思想家。自己の欲望を満足させることが自然に従うものであるとする為我説を唱え、儒家・墨家に対抗した。その説は「列子」「荘子」などに断片的にみえる。生没年未詳。楊子。

よう-じゅ【容受】〔名〕スル 受け入れること。受容。「吾が心に他物を―するの分量あり」〈中村訳・西国立志編〉

よう-じゅ【×遥授】▶遥任

よう-じゅ【陽樹】陽光が十分に当たる場所で生育する樹木。アカマツ・シラカバ・ハンノキなど。

よう-じゅ【×榕樹】ガジュマルの別名。

よう-しゅう【揚州】㊀古代中国の行政区画、禹の九州の一。現在の江蘇・安徽の両省と、江西・浙江・福建各省の一部にあたる。㊁中国江蘇省中西部の河港都市。揚子江に連絡する大運河沿いにあり、古くから水運の要地。鑑真ゆかりの大明寺がある。ヤンチョウ。

よう-しゅう【雍州】古代中国の行政区画、禹の九州の一。現在の陝西・甘粛省にあたる。

よう-じゅす【洋×繻子】光沢のある高級な綿繻子。もとは外国製の綿ベネシャンをいった。

ようしゅ-ちょうせんあさがお【洋種朝鮮朝顔】ナス科の一年草。高さ1～2メートル。茎は紫色を帯び、葉は卵形で縁に鋭いぎざぎざがある。夏、淡紫色の漏斗状の花を開く。実は卵形で鋭いとげが密生し、熟すと四つに裂ける。中の種子は黒褐色。葉や種子に猛毒のヒヨスチアミンなどを含み、製薬原料とする。熱帯アメリカの原産で、日本には明治初めに輸入され、野生化している。

よう-じゅつ【妖術】❶人を惑わすあやしい術。幻術。「―使い」❷《witchcraft》その人が意図しなくとも、他人にねたみや憎しみを感じたりすると、その人に災いをもたらすような心霊作用・力。
(類語)魔法・魔術・幻術・呪術・まじない

ようじゅつ-し【妖術師】妖術を行う人。魔法使い。

ようしゅ-やまごぼう【洋種山▽牛×蒡】ヤマゴボウ科の多年草。高さ1～2メートル。茎は太くて紅紫色を帯び、上方で分枝する。葉は長楕円形。夏から秋、紅色を帯びた白い花を総状につけ、果穂は垂れる。実はやや丸く、赤紫色。北アメリカの原産。アメリカやまごぼう。

よう-しゅん【陽春】❶陽気のみちた暖かい春。「―の候」❷陰暦正月の異称。
(類語)正月・初春・新年・新春・一月・孟春・春・年始・年初・松の内・睦月

よう-しょ【用所|用処】《「ようじょ」とも》❶用いる場所。使いみち。❷なすべき事柄。用事。「―あって都へ上る」〈虎明狂・二人大名〉❸(「要処」とも書く)便所。「せせなぎの傍に立ち寄り、小便の―をたし」〈甲陽軍鑑・四八〉

よう-しょ【洋書】西洋の書籍。西洋で出版された書物。洋本。⇔和書。(類語)洋本

よう-しょ【要所|要処】❶重要な地点・場所。「―に配置する」「戦略上の―」❷大切な箇所。「―を押さえた報告書」
(類語)要点・要・ポイント・要領・大要・キーポイント・急所・つぼ・主眼・眼目・力点・重き・重点

よう-じょ【幼女】おさない女の子。
(類語)幼子・幼児・童女・女児

よう-じょ【妖女】❶「妖婦」に同じ。❷西洋の民話に出てくる小妖精。また、魔法使いの女。

よう-じょ【葉序】茎・枝上における葉のつき方。節につく葉の枚数によって互生・対生・輪生に分けられる。

よう-じょ【養女】他家からもらって自分の子として育てた女性。養子縁組みをして子となった女性。

よう-しょう【幼少】〔名・形動〕おさないこと。また、そのさま。「―な(の)時分の思い出」「―のみぎり」
(類語)幼弱・幼・幼稚・幼い

よう-しょう【▽永生】仏語。永遠に滅しないこと。涅槃のこと。

よう-しょう【要証】立証を要すること。

よう-しょう【要衝】軍事・交通・産業のうえで大切な地点。要所。「交通の―」(類語)要地・要所・要・拠点

よう-しょう【要償】代償を要求すること。

よう-しょう【葉×鞘】葉の基部が鞘状になり、茎を包む部分。稲・カヤツリグサなどにみられる。

よう-しょう【陽証】漢方で、病気に対する抵抗力が強く、体力が病気に勝っている状態。⇔陰証。

よう-じょう【洋上】海洋の上。海上。「―に浮かぶ島々」「―大学」(類語)海面・海上

よう-じょう【葉状】木の葉のような平たい形。

よう-じょう【▽横▽笛】《歴史的仮名遣いは「やうでう」とも。「横笛」が「王敵」に音が通じるとして読み

よ

替えたもの》「よこぶえ」に同じ。「腰より一抜き出だし、ちっと鳴らいて」〈平家・六〉

よう-じょう【養生】ヤウジヤウ〔名〕スル ❶生活に留意して健康の増進を図ること。摂生(せっせい)。「酒やタバコをひかえ、つね日頃から一している」❷病気の回復につとめること。保養。「転地して一する」❸打ち込んだコンクリートやモルタルが十分に硬化するように、低温・乾燥・衝撃などから保護する作業。❹家具の運搬や塗装作業などの際に、運搬物や周囲の汚損を防ぐために布や板などで保護すること。「一シート」
〔類語〕静養・保養・療養・闘病

ようじょうくん【養生訓】ヤウジヤウクン 江戸中期の教訓書。8巻。貝原益軒著。正徳3年(1713)成立。和漢の事跡と体験に基づき、心身の健康と長寿を保つ養生法を通俗的に記したもの。益軒十訓の一。

ようじょう-けい【葉状茎】エフジヤウ 変態して扁平な葉状となり、光合成を行う茎。カニサボテン・カンキチク・ナギイカダなどにみられる。

よう-しょうこん【楊尚昆】ヤウシヤウコン［1907～1998］中国の政治家。四川省出身。1926年中国共産党に入党。軍や党の要職を歴任し、88年国家主席に就任。翌年に起こった天安門事件の鎮圧を指示。92年国家主席・中央軍事委員会第一副主席を引退。鄧小平(とうしょうへい)死去後は長老序列の1位となる。ヤン＝シャンクン。

ようしょう-じじつ【要証事実】エウシヨウ 立証を必要とする事実。民事訴訟では、当事者が主張する事実で争いのない事実や顕著な事実以外のもの。刑事訴訟では、厳格な証明を必要とする事実。

ようじょう-しょくぶつ【葉状植物】エフジヤウ 茎と葉の区別がみられない植物。外見上の区別がみられても、維管束の分化がないものを含む。コケ類・藻類など。➡茎葉(けいよう)植物

ようじょう-たい【葉状体】エフジヤウ 植物の体制で、茎と葉の区別がなく全体が平らな葉状のもの。➡茎葉体

ようじょう-ふうりょくはつでん【洋上風力発電】ヤウジヤウ 陸上に比べ強く安定した風が吹く海洋上での風力発電。陸上の同規模の設備よりも大きな電力が得られる。海洋底に直接設置する着床式、鎖などで固定した浮体上に設置する浮体式がある。

よう-しょく【洋食】ヤウ 西洋風の料理や食事。西洋料理。⇔和食。

よう-しょく【要職】エウ 重要な地位・職務。重職。「一に就く」〔類語〕重職・顕職・要路

よう-しょく【容色】容貌と顔色。みめかたち。また、みめかたちがよいこと。美貌。「一に恵まれる」
〔類語〕美貌・器量・見目・容貌・顔立ち・面立ち・目鼻立ち

よう-しょく【溶食｜溶×蝕】雨水や地下水によって岩石の表面が溶解し、浸食される現象。石灰岩地域ではカルスト地形ができる。

よう-しょく【養殖】ヤウ〔名〕スル 魚・貝・海藻などを人工的に飼育・繁殖させること。「一漁業」

ようしょく-しんじゅ【養殖真珠】ヤウシヨク アコヤガイなどの軟体の中に貝殻片などから作った球形の核を入れ、一定期間養殖して作った真珠。

ようしょく-もの【養殖物】ヤウシヨク 人工的に飼育・繁殖された魚介類や海藻類。「一のウナギ」⇔天然物。

ようしょ-しらべしょ【洋書調所】ヤウシヨ 江戸末期、幕府の洋学教育機関。文久2年(1862)蕃書調所(ばんしょしらべしょ)を改称したもの。翌年、開成所に改組・改称。

よう-しん【要津】エウ 交通・商業上の重要な港。

よう-しん【×痒×疹｜×癢×疹】ヤウ 激しいかゆみを伴う発疹(ほっしん)。蕁麻疹(じんましん)・ストロフルスなど。

よう-しん【葉身】エフ 葉の主要部分。ふつう扁平な形をしているが、鱗片状や針状のものもある。葉片。

よう-しん【養親】ヤウ ❶実の親ではないが、親として育ててくれた人。やしないおや。❷養子縁組みによって親となった者。養父母。➡養子

よう-じん【用心】ヨウ・【要心】エウ〔名〕スル ❶心をくばること。気をつけること。「風邪をひかないように一する」❷万一に備えて注意・警戒を怠らないこと。「火の一」「一の悪い家」〔類語〕注意・警戒・戒心・配慮・留意・心掛け・気配り・気遣い

よう-じん【洋人】ヤウ 西洋人。欧米人。

よう-じん【要人】エウ 要職にある人。「一警護」
〔類語〕重鎮・大物・首脳・高官・幹部

ようしん-がく【陽震学】ヤウシン ▶日震学

ようじん-かご【用心籠】火災などの危急の場合に、家財などを入れて運ぶのに使う大きなかご。

ようじん-がね【用心金】❶非常の際に備えて、準備してある金。❷鉄砲の引き金が不用意に動いて発砲することのないよう、引き金のまわりを囲んである金具。

ようじん-けいごかん【要人警護官】エウジンケイゴクワン ▶エスピー(SP)

よう-しんし【養親子】ヤウ 養子縁組みによって生じた親子の関係。養親と養子。

ようしんそう【楊真操】ヤウシンサウ 琵琶の曲名。「流泉(りゅうせん)」「啄木(たくぼく)」とともに三秘曲の一。

ようじん-どき【用心時】用心を必要とするとき。また、火事に特別注意しなければならない冬の季節。「府中の町も一の暮になりぬ」〈浮・諸国ばなし・三〉

よう-しんねい【楊振寧】ヤウ［1922～ ］中国の理論物理学者。安徽(あんき)省生まれ。渡米してフェルミに師事。1956年に李政道と共同で素粒子の弱い相互作用におけるパリティーの非保存の理論を提唱。理論が実証され、57年に李とともにノーベル物理学賞受賞。ヤン＝チェンニン。

ようじん-ぶか・い【用心深い】〔形〕文ようじんぶか・し〔ク〕よく注意して十分に心をくばっている。警戒心が強い。「失礼がないように一・く発言する」
〔類語〕手堅い・慎重・細心・石橋を叩(たた)いて渡る

ようじん-ぼう【用心棒】❶護衛のために身辺につけておく者。「一を雇う」❷閉めた戸を内側から押さえておく棒。しんばりぼう。❸万一のときに身を守るために、手もとに用意しておく棒。

ようしん-りゅう【×楊心流｜揚心流】ヤウシンリウ 柔術の流派の一。江戸初期、秋山四郎兵衛の創始という。

よう-す【様子】ヤウ・【容子】ヨウ《「す(子)」は唐音》❶外から見てわかる物事のありさま。状況。状態。「当時の一を知る人」「室内の一をうかがう」❷身なり。なりふり。「一のいい人」❸態度。そぶり。「悲しそうな一をする」「手持ち無沙汰な一でいる」❹物事の起きそうなけはい。兆候。「帰る一もない」❺しさい。わけ。事情。「何か一がありそうだ」「一ありげな顔つき」❻もったいぶること。思わせぶり。「どうも見て居られぬ程に一を売る男で有った」〈二葉亭訳・あひゞき〉
〔用法〕**様子・ありさま**――「町の様子(ありさま)は変わってしまった」「被災地の悲惨な様子(ありさま)」など、状況の意では相通じて用いられる。◆「様子」の方が一般的に用いられ、意味の範囲も広い。「病人の様子がおかしい」「何か隠している様子だ」「交渉はまとまりそうな様子だ」など、外見だけでなく、そこから受ける印象も「様子」には含まれる。この用法は「ありさま」にはない。◆「ありさま」は外から見える状況の意が中心になる。「ちょっと目を離すと、このありさまだ」のように、結果として生じた状況を表す用法は「様子」にはない。
〔類語〕さま・ありさま・ありよう・状態・様態・態様・模様・様相・状況・情勢・形勢・動静・気配・空気・雰囲気・気色(けしき)・風(ふう)・趣(おもむき)・たたずまい・姿・体(てい)

よう・す【用す】〔動サ変〕《「ようず」とも》用いる。「願ひにしたがひてこれを取り一・す」〈今昔・二・八〉

よう-ず【要図】エウ 必要な部分だけをかいた図面。

よう・ず【×瑩ず】ヤウ〔動サ変〕貝でみがいて光沢を出す。「いみじう一・じたる白き衣(きぬ)」〈枕・九〇〉

よう・ず【養ず】ヤウ〔動サ変〕やしなう。養育する。「こころやすき乳母をつけてぞ一・じける」〈曽我・一〉

よう-すい【用水】❶飲料・灌漑(かんがい)・工業・消火などに使用する水。また、その水を引いたりたくわえたりするための池・水路など。「農業一」❷水を使うこと。「一便所」

よう-すい【羊水】ヤウ 妊娠時に、羊膜内を満たしている液。羊膜上皮から分泌され、胎児を保護し、分娩(ぶんべん)を容易にする。胎水。羊膜液。

よう-すい【揚水】ヤウ〔名〕スル 水を高所にあげること。

ようすい-いけ【用水池】用水をためておく池。

ようすい-おけ【用水×桶】ヲケ 火災に備えて水をためておく桶。天水桶など。

ようすい-き【揚水機】ヤウスイ 水を高所にあげる機械。ポンプ。

ようすい-けん【用水権】▶水利権(すいりけん)

ようすいしき-はつでん【揚水式発電】ヤウスイシキ 電力需要の少ない深夜・週末、あるいは豊水期に、下部貯水池からポンプで上部貯水池に揚水し、電力需要の多いときや渇水期にこの水を使用し発電する方式。

ようすい-ちえきけん【用水地役権】他人の土地の水を自分の土地の利益のために使用できる権利。

ようすい-ぼり【用水堀】用水をためておく堀。また、その水を引くために作られた掘割。

よう-すうじ【洋数字】ヤウ ▶アラビア数字

ようす-こう【揚子江】ヤウスカウ 中国最大の川。チベット高原北東部に源を発し、重慶・三峡を経て華中を横断、江蘇省の上海付近で東シナ海に注ぐ。長さ6300キロ。古来、水運の大動脈。中国では長江とよび、揚子江は下流の揚州付近の称。大江。江。ヤンツーチアン。

ようすこう-きだん【揚子江気団】ヤウスカウ 春と秋に揚子江流域に現れる気団。移動性高気圧となって日本付近に達し、乾燥した天候をもたらす。

ようす-ぶ・る【様子振る】ヤウス〔動ラ五(四)〕気どる。もったいをつける。「(聖人ハ)一・ったり、見かけをかざったりはしない」〈実篤・幸福者〉

ようす-み【様子見】ヤウス 事の成り行きを見守ること。相場についてもいう。模様眺め。「各派閥の動きが読めず一となる」「相場の下落を警戒して一の傾向」

よう-ずみ【用済み】用の済んだこと。用を果たし終わること。いらなくなること。「一の資料」

よう・する【×夭する】エウ〔動サ変〕文えう・す〔サ変〕年が若くて死ぬ。若死にする。「保の四女紅葉が…二十八日に一・した」〈鴎外・渋江抽斎〉

よう・する【要する】エウ〔動サ変〕文えう・す〔サ変〕《古くは「ようず」とも》❶必要とする。「急を一・する問題」「この仕事は熟練を一・する」❷要約する。要点をまとめる。「全文を一・して一頁にする」❸待ち伏せする。「我等を一・して卜筮せんとしつれど」〈鴎外訳・即興詩人〉〔類語〕要る

よう・する【擁する】〔動サ変〕文よう・す〔サ変〕❶だきかかえる。いだく。「妓を一・して喃語(なんご)するもの」〈木下尚江・火の柱〉❷所有する。「巨万の富を一・する」「強力なエースを一・するチーム」❸ひきいる。従える。「一万の兵を一・して戦う」❹主人としていただく。「四世将軍を一・し、大に将士を召して」〈田口・日本開化小史〉

ようする-に【要するに】エウスル〔副〕今まで述べてきたことをまとめれば。かいつまんで言えば。つまり。「一勉強をしろということだ」「一君は何を言いたいのかね」〔類語〕つまり・結局・所詮・即ち・結句・畢竟(ひっきょう)・とどの詰まり・詰まるところ・帰するところ・詮(せん)ずるところ

よう-せい【×夭逝】エウ〔名〕スル「夭折(ようせつ)」に同じ。「一した画家を悼む」

よう-せい【幼生】エウ 動物の個体発生で、胚(はい)から成体に至る中間の時期にあり、成体と著しく異なる形態・生活様式をとるもの。カエルになる前のオタマジャクシなど。昆虫では幼虫ともいう。

よう-せい【妖星】エウ 昔、凶事の前兆と信じられた不吉な星。彗星(すいせい)や流星などをいう。

よう-せい【妖精】エウ 人間の姿をした精霊。超人間的能力を有し、いたずらで遊び好きなものとして、西洋の説話・伝説に多く登場する。フェアリー。

よう-せい【要請】エウ〔名〕スル ❶必要だとして、強く願い求めること。「会長就任を一する」❷▶公準(こうじゅん)❶
〔類語〕要求・要望・請求・頼む・求める

よう-せい【陽性】ヤウ〔名・形動〕❶積極的で、陽気なこと。内にこもらないで、開放的な感じであること。また、そのさま。「一な(の)気質」⇔陰性。❷医学の検

査などで、ある刺激に対して反応がはっきり現れること。陽性反応のこと。対陰性。

よう-せい【養成】〔名〕スル 養い育てること。また、教え導いて一定の技能を身につけさせること。「想像力を―する」「パイロットを―する」
類語 育成・教育・薫陶・養なう・培う・育てる・育て上げる

ようせい-きかん【幼生器官】動物の幼生期にはあるが、変態後に消失する器官。おたまじゃくしの尾・えら、芋虫の腹脚など。一時的器官。

ようせい-げんそ【陽性元素】化学結合のとき、電子を放出する傾向が強く、陽性成分になりやすい元素。電気陰性度が低く、周期表では左側上方に位置する。金属元素、特にアルカリ金属・アルカリ土類金属が代表的。対陰性元素。

ようせい-しょくぶつ【陽生植物】耐陰性が弱く、光が十分に当たる場所によく生育する植物。農作物やススキなどが含まれ、樹木は特に陽樹という。対陰生植物。

ようせい-せいしょく【幼生生殖】幼生の段階で体内の卵細胞が発生を始める現象。単為生殖の一種。吸虫やタマバエなどでみられる。

ようせい-てい【雍正帝】[1678～1735]中国、清の第5代皇帝。在位1722～1735。諱は胤禛、廟号は世宗。康熙帝の第4子。綱紀の粛正、官制の改革、税制の安定を図り、皇帝独裁権を強化。軍機処を創設。対外的には青海・チベットを平定。

ようぜい-てんのう【陽成天皇】[868～949]第57代天皇。在位876～884。清和天皇の第1皇子。名は貞明。清和天皇の譲位により即位したが、乱行多く、関白藤原基経により廃された。

ようせい-はんのう【陽性反応】病原菌などの感染を受けていることを示す反応。ツベルクリン反応で発赤が見られるなど。対陰性反応。

ようせい-りんぴ【溶成×燐肥｜×熔成×燐肥】燐灰石に珪酸マグネシウム鉱を混ぜて加熱・溶融し、冷却してできる燐酸肥料。塩基性で、酸性土壌・老化水田に用いる。広くは、溶融方式によって作られる燐酸肥料をいう。

よう-せき【容積】(1)容器の中に満たしうる分量。容量。(2)立体によって占められる空間の大きさ。体積。
類語 容量・体積・嵩・質量

よう-せき【陽石】陽物の形の石。陰茎の形をした石。崇拝の対象とされる。

ようせき-だんせいりつ【容積弾性率】→体積弾性率

ようせき-トン【容積トン】船舶の貨物の積載能力を最大容積で示したもの。1トンは40立方フイートで、約1.1327立方メートル。

ようせき-りつ【容積率】建築物の延べ面積の、敷地面積に対する割合。

ようせきりつ-いてん【容積率移転】→特例容積率適用地区

よう-せつ【×夭折】〔名〕スル 年が若くて死ぬこと。若死に。早世。夭逝。夭死。「―した詩人」
類語 早死に・若死に・夭逝・夭死・早世・短命・薄命

よう-せつ【要説】要点をしぼって解説すること。また、そのもの。多く、書名などに用いる。「国語学―」

よう-せつ【溶接｜×熔接】〔名〕スル 二つの金属の接合部を高熱で溶かして継ぎ合わせること。

ようせつ-ぼう【溶接棒】金属の溶接の際、溶接部にとかしこんで充塡するのに用いる融点の低い棒状の金属。

よう-せん【用船】(1)ある目的のために使用する船。(2)貴族・大名などの御座船に従う廁船。(3)「傭船」に同じ。

よう-せん【用箋】手紙などを書くのに用いる用紙。便箋。類語 用紙・料紙・便箋

よう-せん【洋船】西洋風の構造の船。対和船。

よう-せん【▽湧泉｜×涌泉】→ゆうせん(湧泉)

よう-せん【陽線】蝋燭足などで、終わり値が始め値より高かったときに、その差額分を白地で表した四角形。対陰線(3)。

よう-せん【×傭船｜用船】運送用に船舶を借り入れること。また、その船。チャーター船。

よう-せん【溶×銑｜×熔×銑】銑鉄を加熱してとかすこと。また、とけた銑鉄。

よう-ぜん【×窅然】〔形動タリ〕奥深くて遠いさま。また、物思いに深く沈んでいるさま。「その気色―として、美人の顔をよそほふ」〈奥の細道〉

よう-ぜん【×杳然】〔ト・タル〕図〔形動タリ〕はるかに遠いさま。また、深くかすかなさま。「今書いた真を今載せて―と去るを思わぬが世の常である」〈漱石・虞美人草〉

よう-ぜん【×窈然】〔ト・タル〕図〔形動タリ〕奥深くて、はるかなさま。また、奥深くて、かすかなさま。「―たる空の中に取り留めのつかぬ鳶色の影が残る」〈漱石・カーライル博物館〉

ようせん-けいやく【×傭船契約】一定期間または一定の航海を限って船舶の全部または一部を借り切る契約。

よう-せんぽう【陽旋法】日本音楽で、半音を含まない五音音階。民謡などに多い。田舎節。陽旋。陽音階。対陰旋法。

ようせん-ろ【溶×銑炉】→キューポラ

よう-そ【▽沃素】《iodine》ハロゲン族元素の一。単体は金属光沢をもつ暗紫色の結晶。昇華しやすく、蒸気は紫色で刺激臭がある。有毒。水に溶けないが、沃化カリウム水溶液には溶けて褐色、ベンゼン・ヘキサンでは紫色、アルコール・アセトンで褐色、でんぷんでは青色を呈する。天然には海藻やチリ硝石などに含まれ、哺乳類では甲状腺に含まれてチロキシンを構成し、必須元素の一。分析試薬・医薬などに利用。元素記号I　原子番号53。原子量126.9。ヨード。

よう-そ【要素】(1)あるものごとを成り立たせている基本的な内容や条件。「危険な―を含む」「犯罪を構成する―」(2)物を分析したとき、その中に見出されるそれ以上簡単にならない成分。「色の三―」(3)法律行為または意思表示の内容において、その表意者に重要な意味をもつ部分。類語 成分・条件・因子・要因・ファクター・エレメント・エッセンス・モーメント

よう-そ【×癰×疽】悪性の腫れ物。癰は浅く大きく、疽は深く狭いをいう。

よう-ぞ【善うぞ】〔副〕《「よくぞ」の音変化》人の来訪を迎えたとき、歓迎の意を表す語。ようこそ。「やあ徳兵衛、―、―」〈浄・重井筒〉

よう-そう【洋装】〔名〕スル (1)西洋風の服装をすること。また、その服装。対和装。(2)洋書のような装丁にすること。洋とじ。対和装。

よう-そう【葉層】地層を構成する最小単位。単層の内部で構成粒子の配列が示す葉片状の薄層。または、厚さ1センチ以下の薄い層。ラミナ。

よう-そう【様相】(1)ありさま。すがた。「ただならぬ―を呈する」(2)哲学で、事物の存在の仕方。可能性、現実的、必然的など。また、それらに対応する判断の形態。
類語 状態・模様・有り様・様子・動静・態様・様態・状況・概況・情勢・形勢

よう-ぞう【▽影像】絵画や彫刻に表した神仏や人の像。えすがた。えいぞう。

ようそう-ぼん【洋装本】洋風の製本様式による本。洋とじ本。対和装本。

ようそう-ろんりがく【様相論理学】必然性・可能性などの様相概念を取り扱う論理学。⇒多値論理学

ようそ-か【▽沃素価】油脂100グラムに吸収されるハロゲンの量を、沃素のグラム数に換算して表した値。値が大きいほど不飽和度および乾燥性が高く、130以上を乾性油、130～95を半乾性油、95以下を不乾性油に分類する。

よう-そく【×壅塞】〔名〕スル ふさぐこと。また、ふさがること。「学術の進路―し」〈雪嶺・偽悪醜日本人〉

よう-ぞく【庸俗】平凡で取り柄のないこと。また、その人。凡庸。「一般―の如く」〈中村訳・自由之理〉

ようそく-おん【×拗促音】拗音と促音。

ようそ-でんぷんはんのう【▽沃素×澱粉反応】でんぷんが沃素によって青紫色を呈する反応。きわめて鋭敏で、微量の沃素またはでんぷんの検出に利用。

ようそ-ひゃくさんじゅういち【▽沃素一三一】沃素の質量数131の放射性同位体。半減期8.04日でβ崩壊する。核実験や原子炉での核分裂生成物で、大気中に放出されると生物体に取り込まれるのが速く、哺乳類では甲状腺や乳腺に濃縮され、癌の原因となる。天然には存在しないため、放射能漏れの指標とされ、また医療では化合物がトレーサーとして用いられる。

よう-そふ【養祖父】養子に行った家の祖父。

よう-そぼ【養祖母】養子に行った家の祖母。

よう-そろ【▽好う▽候｜▽宜う▽候】〔連語〕《「よくそうろう」の音変化》(1)転舵のあと、船が所定の針路に向かったとき、そのまままっすぐに進めという命令を表す語。「全速前進―」(2)海軍などで、「よろしい」「よい」の意で調子づけるために用いる語。

よう-そん【養×鱒】マスを養殖すること。

ようぞん-さんそ【溶存酸素】水中に溶け込んでいる分子状の酸素。清澄な河川や植物性プランクトンの多い所では飽和量に近づくが、有機汚濁水では、水中生物の呼吸や有機物分解の際に消費されて酸欠状態になるので、水質汚濁の尺度とされる。DO。

ようだ【様だ】〔助動〕[ようだろ｜ようだっ・ようで・ように｜ようだ｜ような｜ようなら｜○]用言、助動詞「れる」「られる」「せる」「させる」「ない」「たい」「らしい」「ます」の連体形、体言、一部の副詞に格助詞「の」の付いた形、コソアド系の連体詞に付く。(1)ある事物の性質・状態が他の事物に似ている意を表す。「今日は真夏の**ような**暑さだ」(2)例示の意を表す。「隣のおばさんの**ような**働き者は少ない」(3)(主に文末に用いて)不確かな、または婉曲な断定の意を表す。「この機械はどこも故障していない**ようだ**」(4)(多く「ように」の形で)ある動作・作用の目的・目標である意を表す。「わかりやすくなる**ように**並べかえましょう」(5)(「ように」の形で)婉曲な命令・希望の意を表す。「開始時刻に遅れない**ように**」「今後ともよろしくご指導くださいます**ように**」(6)(「ようになる」の形で)以前の状態から変化した結果として、今の状態があるという意を表す。「やっと泳げる**ようになった**」補説「ようだ」は、形式名詞「よう(様)」に断定の助動詞「だ」の付いたもので、中世末期以降の語。語尾「だ」は「じゃ」となることがある。中世から近世にかけては、終止法として「よう(様)なり」の音変化「ような」の形で用いられることも多い。(4)は、「気をつけるようにします」のように、「ようにする」の形で決意や努力の目標を表すこともある。また、(4)(5)は「よう」という形でも用いられる。

よう-たい【×拗体】《「おうたい」とも》漢詩の律詩や絶句で、一定の平仄のきまりに合わないところのあるもの。

よう-たい【要▽諦】→ようてい(要諦)

よう-たい【溶体】2種以上の物質が均一な混合物をつくっているもの。混合物が液体の場合は溶液、固体の場合は固溶体、気体の場合は混合気体という。

よう-たい【腰帯】(1)金属製の帯金をつけた革製の帯。(2)脊椎動物で、後肢あるいは下肢を脊椎と結ぶ骨。骨盤帯。後肢帯。下肢帯。

よう-たい【様態】(1)物のありかたや行為のありさま。(2)文法で、そのようなようすが見られるということを表す言い方。動詞などに助動詞「そうだ」を付けて言い表す。(3)デカルト・スピノザ以来、事物の本質にかかわる属性と区別された、事物の偶然的な属性。様。様状。状態。偶有性。
類語 状態・在り方・有り様・様子・動静・様相・模様・態様・状況・概況

よう-だい【姚鼐】[1731～1815]中国、清の文人。桐城(安徽省)の人。字は姫伝。号、惜抱。

よ

文を劉大櫆(りゅうだいかい)に学び、古文の桐城派を大成。考証と詞章によって義理を明らかにすることを文章の目標とし、「古文辞類纂」を編んだ。

よう-だい【容体｜容態】ヨウ・【様体】ヤウ《「ようたい」とも》❶人の姿かたち・ようす。「貧乏書生としか見えない一で一向無頓着に冷(すま)している」〈魯庵・社会百面相〉❷病気のぐあい。病状。「一が落ち着く」❸物事のありさま。状況。「物の一も知らせ給はざりけりとて立ちぬ」〈宇治拾遺・九〉❹もったいぶること。気どること。「一ばかりやりたがって」〈滑・八笑人・四〉
(類語)病状・症状・病態・具合(ぐあい)

よう-だい【煬帝】ヤウ[569〜618]中国、隋の第2代皇帝。在位604〜618。姓は楊、名は広。文帝(楊堅)の第2子。煬は悪逆な皇帝を示す諡(おくりな)。兄を失脚させ、父を殺して即位。東都や大運河建設などの大土木工事、高句麗(こうくり)遠征などで人民を酷使したため各地に反乱が起こり、臣下の宇文化及に殺された。

よう-だい【×瑶台】エウ❶《殷(いん)の紂(ちゅう)王の作った台の名から》玉で飾った美しい高殿。❷月の異称。

ようだい-がき【容体書(き)】物事の状況を記した書き付け。特に、病状を書いたもの。

ようだい-ぶ・る【容体振る】〔動ラ五(四)〕体裁をつくる。もったいぶる。「気取った物ごし、ハイカラな一・ったスタイル」〈広津和郎・風雨強かるべし〉

よう-だこ【洋×凧】ヤウ洋風の凧。カイト。

よう-たし【用足し｜用▽達】❶用事を済ませること。「一に出かける」❷大小便をすること。❸官庁・会社などに商品を納めること。また、それをしている商人。御用達(ごようたつ)。ようたつ。「宮内庁御一」
(類語)用便・排泄

よう-たつ【用達】「ようたし❸」に同じ。

よう-だ・つ【用立つ】㊀〔動タ五(四)〕役に立つ。間に合う。「進んで一・とうとした小息子を」〈若松訳・小公子〉㊁〔動タ下二〕「ようだてる」の文語形。

よう-だて【用立て】〔名〕スル 用立てること。特に、必要な金銭を出すこと。「その位なら一しましょう」

よう-だ・てる【用立てる】〔動タ下一〕文ようだ・つ〔タ下二〕用に充てさせる。役に立たせる。また、金を貸す。たてかえる。「急場に一・てる」「会費を一・てておく」
(類語)役立てる・間に合わせる・充てる・たてかえる・貸す・貸し出す

よう-だん【用談】〔名〕スル 用件についての話し合い。用向きの話。「すぐ一にかかる」(類語)商談

よう-だん【要談】エウ 大事な相談。大切な事についての話し合い。「訴訟上の一で、弁護士の家へ行っており」〈秋声・縮図〉

よう-だんす【用×箪×笥】身の回りの小物を入れておく小型のたんす。手箪笥。

よう-ち【幼稚】エウ〔名・形動〕❶年齢がおさないこと。子供であること。❷考え方・やり方などが未発達なこと。子供っぽいこと。また、そのさま。「一なアイデア」
(派生)ようちさ〔名〕
(類語)未熟・稚拙・幼い・子供っぽい・青い・青臭い・乳臭い・嘴(くちばし)が黄色い

よう-ち【用地】ある事に使用する土地。「建設一」
(類語)料地・宅地・敷地・土地・地所・地面

よ-うち【夜討ち】❶夜、不意に敵を攻撃すること。夜襲。夜駆け。「一をかける」⇔朝駆け。❷新聞記者などが、深夜、予告なしに取材先に出向くこと。「一朝駆けで取材する」❸夜、人家に押し入って財宝を盗むこと。また、その人。夜盗(やとう)。「一したりと聞こえしもの三人ありて、めしとらへつつ」〈折たく柴の記・上〉
(類語)夜襲・闇討ち

よう-ち【要地】エウ 重要な地点。大切な地域。「防衛上の一」(類語)要衝・要所・要(かなめ)・拠点

よう-ち【揚地】ヤウ 船荷を陸揚げする場所。

ようち-あさがけ【夜討ち朝駆け】新聞記者などが、予告なく早朝や深夜に取材先を訪問すること。「一で刑事に張り付く」➡朝駆け ➡夜討ち

ようち-えん【幼稚園】エウチ 学校教育法による学校の一。満3歳から小学校入学までの幼児のための教育機関。心身の発達をはかり、集団生活に慣れさせることを目的とする。1840年、ドイツ人フレーベルによって創始された。

ようちえん-ご【幼稚園語】エウチヱン 幼稚園の先生や園児の使う、幼児語系の舌足らずな言葉。幼稚園共通の言葉とその幼稚園独自の言葉とある。(補説)接頭語「お」の多用と「お泊まりする」「お絵描きする」などの形が目立つ。

よう-ちく【用畜】肉・卵・毛・乳、また子などを得るために飼育する家畜。

ようちそが【夜討曽我】㊀謡曲。四番目物。宮増(みやます)作とされる。曽我物語に取材。曽我兄弟が、父のあだ討ちの供を願う従者の鬼王・団三郎に形見を持たせて帰らせ、夜討ちを果たす。㊁歌舞伎狂言「夜討曽我狩場曙(ようちそがかりばのあけぼの)」の通称。

ようちそがかりばのあけぼの【夜討曽我狩場曙】歌舞伎狂言。時代物。5幕。河竹黙阿弥作。明治14年(1881)東京新富座初演。曽我兄弟の討ち入りを脚色したもの。

よう-ちゅう【幼虫】エウ 昆虫・クモなどの幼生。完全変態をする昆虫ではさなぎになるまで、不完全変態昆虫では成虫になるまでの段階をいう。

よう-ちゅう【幼沖｜幼×冲】エウ〔名・形動〕《「沖」「冲」は、おさない意》おさないこと。また、そのさま。幼少。「七代将軍一にして死去す」〈田口卯吉・日本開化小史〉

よう-ちゅう【×恙虫】ヤウ ▶つつがむし

よう-ちゅう【×蛹虫】▶さなぎ

よう-ちゅうい【要注意】エウ 特に注意が必要であること。「一人物」

ようちゅうい-がいらいせいぶつ【要注意外来生物】エウチユウイグワイライセイブツ 特定外来生物被害防止法による規制の対象外であるが、すでに日本に持ち込まれ、生態系に悪い影響を及ぼす恐れのある生物。環境省が指定する。(哺乳類)リスザル・フェレット、(爬虫類・両生類)アカミミガメ・グリーンイグアナ、(魚類)グッピー・ソウギョ、(昆虫類)クワガタムシ科、(無脊椎動物)アフリカマイマイ・アメリカザリガニ、(植物)オオカナダモ・セイタカアワダチソウ・外来タンポポなど。

よう-ちょう【幼鳥】エウテウ ひなから成鳥になるまでの鳥。

よう-ちょう【羊腸】ヤウチヤウ㊀〔名〕羊の腸。楽器の弦やラケットの網などの材料とする。㊁〔ト・タル〕文〔形動タリ〕羊の腸のように、山道がいく重にもくねり曲がっているさま。「一たる山路」

よう-ちょう【×膺懲】〔名〕スル うちこらすこと。征伐してこらしめること。「露国一の聖軍を催すの時に当たりて」〈木下尚江・良人の自白〉

よう-ちょう【×窈×窕】エウテウ〔ト・タル〕文〔形動タリ〕美しくしとやかなさま。上品で奥ゆかしいさま。「一たる淑女」「そこには一種のなんとなく一たる雰囲気があった」〈寅彦・自由画稿〉

よう-ちょうおん【×拗長音】エウチヤウオン 拗音で、母音が長母音のもの。キャー・キュー・キョーなどの音。キャウ・キウ・ケウ・キョウなどと発音されていた音の、連続する二つの母音([au][iu][eu][ou]など)が融合、長母音化して、中世以降、多く発生した。また、現代語では「ニュース」「パーティー」など、外来語の発音の中に多種多様のものが存在する。

よう-ちん【▽永沈】ヤウ❶浄土双六(すごろく)で、そこに入ると無間(むけん)地獄におちたことになり、失格になる場所。❷地獄のこと。「今の社会は其精神(こころ)既に一奈落の底に落ちて」〈魯庵・くれの廿八日〉

よう-ちん【葉▽枕】エフ 葉柄の、茎に付く所にある膨らんだ部分。

よう-つい【腰椎】エウ 脊柱(せきちゅう)のうち、胸椎と仙椎との間にある5個の椎骨。全般に下位にゆくほど大形となる。

ようつい-すべりしょう【腰椎滑り症】エウツイスベリシヤウ 椎間板がゆるんで腰椎が腹側にずれる病気。腰痛を起こす。腰椎分離すべり症は多く第五腰椎に発生、腰椎変性すべり症は多く第四腰椎に発生する。中高年者に多く、特に後者は高齢女性に多い。治療は、鎮痛剤の服用、コルセットの着用、筋力強化など。

ようつい-せんし【腰椎×穿刺】エウツイ 腰椎間から脊髄腔へ針を穿刺して、脊髄液を採取したり麻酔薬などを注入したりすること。

ようついぶんりすべり-しょう【腰椎分離滑り症】エウツイブンリスベリシヤウ ▶腰椎滑り症

ようついへんせいすべり-しょう【腰椎変性滑り症】エウツイヘンセイスベリシヤウ ▶腰椎滑り症

ようつい-ますい【腰椎麻酔】エウツイ 外科手術の際、下半身の知覚を麻痺させるために、腰椎間から針を穿刺(せんし)して脊髄腔内に麻酔薬を注入する方法。脊椎麻酔。

よう-つう【腰痛】エウ 腰の痛み。無理な姿勢や中腰で作業を続けたときなどのほか、椎間板の異常や泌尿・生殖器などの病気の症状として現れる。

よう-てい【幼帝】エウ おさない帝王。

よう-てい【要諦】エウ 物事の最も大切なところ。肝心かなめの点。ようたい。「処世の一」

よう-てい【揚程】ヤウ ポンプが水をくみあげることのできる高さ。

よう-てい【葉挺】エフ[1896〜1946]中国の軍人。広東省恵陽県の人。北伐に軍功をたてたのち、南昌暴動・広東コミューンに参加。新四軍軍長となったが、皖南(かんなん)事件で国民党軍に捕らえられた。第二次大戦後釈放され、延安への帰途飛行機事故で死亡。イエ=ティン。

ようてい-ざん【羊蹄山】ヤウテイ 北海道南西部の火山。円錐状をなし、蝦夷富士(えぞふじ)とも。標高1898メートル。山麓はアスパラガス・ジャガイモの産地、また、多くの湧水がある。後方羊蹄山(しりべし)。

ようです【様です】ヤウ〔助動〕[ようでしょ｜ようでし｜ようです｜(ようです)｜○｜○]用言、助動詞「れる」「られる」「せる」「させる」「ない」「たい」「らしい」「ます」の連体形、体言や一部の副詞に格助詞「の」の付いた形、コソアド系の連体詞に付く。「ようだ」の丁寧な表現。❶ある事物の性質・状態が他の事物に似ている意を表す。「ずいぶん太って、お相撲さんの**ようでした**」❷不確かな、または婉曲(えんきょく)な断定の意を表す。「彼は元気で働いている**ようです**よ」

よう-てつ【葉鉄】エフ ブリキ。

よう-てん【要点】エウ 物事の中心となるところ。重要な点。「話の一をつかむ」
(類語)要所・要・ポイント・要領・大要・キーポイント・急所・つぼ・主眼・眼目・力点・重き・重点

よう-てん【陽転】ヤウ〔名〕スル 生体反応検査、特にツベルクリン反応検査で陰性が陽性に変わること。

よう-でんか【陽電荷】ヤウ ▶正電気

よう-でんき【陽電気】ヤウ「正電気」に同じ。⇔陰電気。

よう-でんし【陽電子】ヤウ 電子と質量・スピンは同じで、正の電荷をもつ素粒子。電子の反粒子。物質中に入ると電子と対になり消滅する。1932年にC=D=アンダーソンが宇宙線中に発見。ポジトロン。⇔陰電子。

ようでんしほうしゃ-だんそうさつえいほう【陽電子放射断層撮影法】ヤウデンシハウシヤダンソウサツエイハフ ▶ペット(PET)

ようでんし-ほうしゅつ【陽電子放出】ヤウデンシハウシユツ ベータ崩壊において、陽電子とニュートリノの対が放出される現象。弱い相互作用によって生じる。陽電子放出を起こす放射性の核種はPETなどの核医学分野で利用される。β^+崩壊。

よう-と【用途】物や金銭などの使いみち。「一の広い製品」(類語)使い先・使途・使い道・使い方・用

よう-ど【用土】施設栽培・鉢栽培などで用いる土。植物に適する原料土に肥料などを調合したもの。

よう-ど【用度｜用途】❶会社・官庁などで、事務用品などの供給に関すること。「一品」❷要する費用。入費。「大庄屋等その一として、金九百五十両を村々の百姓に出させし事」〈折たく柴の記・中〉❸《「ようと」とも》銭(ぜに)の異称。「運び残したる一十貫をば」〈沙石集・六〉

よう-とう【×夭桃】エウタウ 美しく咲いた桃の花。若い女

性の容色の形容に用いる。桃夭。「御齢已に二八にして…、—の春を傷める粧ひ」〈太平記・一〉

よう-とう【羊頭】羊の頭。

羊頭を掲げて狗肉(くにく)を売る　《「無門関」六則から》羊の頭を看板に出し、実際には犬の肉を売る。外見と内容が違うこと、見せかけが立派でも実質がそれに伴わないことのたとえ。

よう-とう【洋刀】サーベル。洋剣。

よう-とう【洋灯】ランプ。

よう-とう【洋島】大洋中に孤立してある島。地質的に初めから純然たる島であって、大陸や大陸棚とは関係のないもの。火山島と珊瑚(さんご)島がある。大洋島。海洋島。⇔陸島。

よう-とう【洋陶】西洋風の陶器。

よう-とう【揺×蕩】〔名〕スル　ゆれ動くこと。また、ゆり動かすこと。蕩揺。「ゆらゆら—しながらたったひとりで歩いている」〈太宰・お伽草紙〉

よう-とう【×蠅頭】《ハエの頭の意から》❶きわめて細かい文字。細字。❷ごくわずかな利益。

よう-どう【幼童】おさない子供。幼児。

類語 幼子(おさなご)・幼児・幼女・子供・子(こ)・小児(しょうに)・小人(しょうにん)・童(わらべ)・童(わらんべ)・童(わらわ)・童子(どうじ)・童女・ちびっこ・わっぱ・こわっぱ・小僧・餓鬼(がき)

よう-どう【要道】《「ようとう」とも》大切な教え。大事な方法。

よう-どう【揺動】〔名〕スル　ゆれ動くこと。また、ゆり動かすこと。動揺。「風は葉もなき万樹をふるいて…霜を含める空明に—し」〈蘆花・自然と人生〉

よう-どう【陽動】本来の目的・意図を隠し、他へ注意をそらすために、わざと目立つように別の行動をとること。

よう-どう【陽道】❶男子の守るべき道。陽の道。❷男子の生殖力。「男子は八八六十四にして—閉ぢ」〈読・弓張月・続〉

ようとう-くにく【羊頭×狗肉】「羊頭を掲げて狗肉を売る」の略。

ようどう-さくせん【陽動作戦】味方の作戦を秘匿し、敵の注意をそらすために、ことさら目立つように本来の目的とは違った動きをする作戦。「おとりを使って—に出る」

よう-とく【陽徳】❶万物を生成発展させる宇宙の徳。❷あらわに人に知られる徳行。⇔陰徳。

よう-とじ【洋×綴じ】洋装本の背の綴じ方。針金や糸で本紙を綴じ、背をにかわ付けして表紙に付着させる綴じ方。

ようと-して【×杳として】〔連語〕▶杳(よう)

ようと-ちいき【用途地域】都市計画法により、都市の環境保全や利便の増進のために、地域における建物の用途に一定の制限を行う地域。都市計画法の地域地区の基本となるもの。住居系(第一種低層住居専用地域、第二種低層住居専用地域、第一種中高層住居専用地域、第二種中高層住居専用地域、第一種住居地域、第二種住居地域、準住居地域)、商業系(近隣商業地域、商業地域)、工業系(準工業地域、工業地域、工業専用地域)に類別される。補説 平成4年(1992)の都市計画法改正により、旧「第一種住居専用地域」が第一種および第二種低層住居専用地域、旧「第二種住居専用地域」が第一種および第二種中高層住居専用地域、旧「住居地域」が第一種および第二種住居地域と準住居地域に類別された。

よう-とん【養豚】肉などを得るために、豚を飼育すること。「—業」

よう-なし【用無し】❶入用でないこと。役に立たないこと。❷用事がないこと。ひまなこと。

類語 無用・不用・不要・暇・手透(す)き・手明き・閑散・開店休業

よう-なし【洋梨】バラ科の落葉高木。また、その実。葉は卵形から長楕円形をし、春に白い花が咲く。実はひょうたん形で、果皮は黄色く、果肉は後熟により軟化し、芳香を放つ。地中海地方の原産。ペア。西洋梨。

よう-な・し【要無し】・【用無し】〔形ク〕必要がない。役に立たない。無用である。「おろかなる人は、—・きありきは、よしなかりけりとて、来ずなりにけり」〈竹取〉

よう-な・し【▽益無し】〔形ク〕「やくなし」の音変化。「只今むなしうなり給ひて—・し」〈浮・五人女・一〉

よう-なま【洋生】西洋風のなま菓子。

よう◦なり【様なり】〔連語〕《形式名詞「よう」＋断定の助動詞「なり」》活用語の連体形、体言に助詞「の」「が」を添えたものに付く。❶ある事物の性質・状態が他の事物に似ている意を表す。「荒れぬ日なく降り積む雪にうちながめつつ明かし暮らし給ふ心地、尽きせず夢の—◦なり」〈源・総角〉❷ある事物の内容が他に等しい意を表す。…と同じだ。「かぐや姫のたまふ—◦にたがはず作り出でつ」〈竹取〉❸例示の意を表す。たとえば…のようだ。「増賀聖のいひけん—◦に名聞(みやうもん)ぐるしく、仏の御をしへに違(たが)ふらん」〈徒然・一〉❹(多く「…せむ」「…べし」「…まほし」などを下に伴って「やうに」の形で)願望・意図を表す。「すべて男(をのこ)をば、女に笑はれぬ—◦に生(お)ほし立つべしとぞ」〈徒然・一〇七〉❺そういう状態であることを表す。…ありさまである。「わがため面目ある—◦に言はれぬるそらごとは人いたくあらがはず」〈徒然・七三〉➡ごとし 補説 平安時代から室町時代まで用いられたが、初めは、文章語・男性語的な「ごとくなり」に対し、口頭語・女性語的な語として、和文に用いられた。のち、「ようだ(ような)」となる。

よう-に【陽に】〔副〕表から見えるところでは。うわべでは。「一媚を売りて少年を惑わして陰に之を笑い」〈織田訳・花柳春話〉

ように【様に】《助動詞「よう(様)だ」の連用形》「様だ❹・❺」に同じ。

よう-にく【羊肉】羊の肉。マトン。

よう-にく【葉肉】葉の表皮の内部にある、葉緑体を含む柔細胞の集まり。海綿状組織と柵状(さくじょう)組織とからなる。

ように-な・る【様になる】〔連語〕「様だ❻」に同じ。「子供が歩ける—・った」

よう-にん【用人】❶江戸時代、幕府・大名・旗本家にあって、金銭の出納や雑事などの家政をつかさどった者。将軍家では側用人(そばようにん)といった。❷役に立つ人。働きのある有用な人。「是(これ)に過ぎたる御—あるべからず」〈太平記・三三〉

よう-にん【容認】〔名〕スル　よいとして認め許すこと。認容。「行動の自由を—する」

類語 許容・許可・認容・許諾・承認・承諾・認可・認許・許す・認める・受け入れる

よう-にん【×遥任】主に平安時代、国司に任命された者が現地に赴任せず、京にいて収入だけは得ていたこと。権官(ごんかん)などに多い。遥授。

よう-にん【×傭人】❶やとわれた人。❷私法上の雇用契約に基づいて、国または地方公共団体に勤務し、肉体的な単純労務に従事する者。もとは、官吏・公吏とは区別していたが、現在はこの区別を廃止。

よう-ねん【幼年】おさない年齢。また、その子供。少年より年若い年齢をいう。「—向きの本」「—期」

類語 幼時・幼少・幼児

ようねん-がっこう【幼年学校】「陸軍幼年学校」の略。

ようねんき-ちけい【幼年期地形】浸食輪廻(りんね)の初期の地形。原地形が広く残っており、河川は下刻(かこく)が激しくて峡谷を生じ、滝や早瀬が多い。

ようねんじだい【幼年時代】㊀《原題、(ドイツ) Eine Kindheit》カロッサの自伝的小説。1922年刊。一開業医の子が日常生活の中で出会う、のちの人生を決定づける諸体験を象徴的につづる。㊁《原題、(ロシア) Djetstvo》レフ＝トルストイの処女作。1852年刊。「少年時代」「青年時代」へと続く、自伝的三部作の第1作。㊂《原題、(ロシア) Detstvo》ゴーリキーの自伝小説。1913〜1914年刊。「人々の中」「私の大学」とともに三部作をなす。

よう-ば【用場】大小便をする所。便所。「自分で下へ降りて—を探して見ると」〈漱石・彼岸過迄〉

よう-ば【妖婆】不気味な老女。

よう-はい【×遥拝】〔名〕スル　遠くへだたった所から拝むこと。「東方に向かって—する」

類語 礼拝・奉拝・跪拝(きはい)・再拝・拝礼

よう-ばい【×楊梅】ヤマモモの漢名。

よう-ばい【溶媒】溶液で、溶質を溶かしている液体物質。液体どうしの場合は分量の多いほうをいう。

ようはい-がん【羊背岩】▶羊群岩(ようぐんがん)

ようばい-ちゅうしゅつ【溶媒抽出】混合物を分離する方法の一。各種物質の溶けている水溶液に、水に溶けないベンゼン・クロロホルムなどの溶媒を加え、この溶媒に特定成分を溶かし出させて取り出す操作。抽出。

ようばい-ひ【×楊梅皮】ヤマモモの樹皮。漢方で収斂(しゅうれん)・止血薬などに用いる。桃皮(ももかわ)。

よう-はく【洋白】「洋銀(ようぎん)❶」に同じ。

よう-ばさみ【洋×鋏】指を入れる穴の先に鋭利な片刃のついた2枚の金属をねじでつなぎ、そのねじを支点に開閉して物を切断できるように作ったはさみ。西洋ばさみ。補説 大型のものに「裁ちばさみ」「洋裁ばさみ」「ラシャばさみ」がある。また、指の入れる穴のないはさみを「和ばさみ」「握りばさみ」という。

よう-はつ【洋髪】女性の西洋風の髪形。日本髪に対していった。

よう-はん【羊斑】太陽を、水素などの発する特定の波長だけを通すフィルターで観測すると、彩層に散在して見える不規則な形の明るい斑点。彩層白斑。羊毛斑。

よう-はん【×鎔×范】考古学で、鋳型(いがた)のこと。

よう-ばん【用番】江戸幕府の老中・若年寄が、毎月一人ずつ交代で政務をとったこと。月番。

よう-ばん【洋盤】洋楽のレコード・コンパクトディスク。また、欧米でつくられたレコード・コンパクトディスク。

よう-ばんり【楊万里】[1127〜1206]中国、南宋の詩人。吉水(江西省)の人。字(あざな)は廷秀。号は誠斎。陸游(りくゆう)や范成大(はんせいだい)と並び称される。俗語を多くまじえて自然をうたった詩は、日本の俳諧と趣が通じ、江戸末期によく読まれた。

よう-ひ【羊皮】羊の皮。

よう-ひ【要否】必要か否かということ。「—を問う」

よう-び【妖美】〔名・形動〕人の心を惑わすような、あやしい美しさ。また、そのさま。「—な女性」

類語 妖艶・妖麗・凄艶・蠱惑(こわく)・魅惑・なまめかしい・妖しい・美しい

よう-び【曜日】曜の名で表した、1週間のそれぞれの日。すなわち、日・月・火・水・木・金・土のこと。

ようひ-し【羊皮紙】羊・ヤギなどの皮をなめして乾燥・漂白して作った書写材料。前2世紀小アジアのペルガモン地方で考案され、西洋では中世末まで使用。パーチメント。

よう-ひつ【用筆】❶筆を用いること。また、その使い方。筆づかい。運筆。❷使用する筆。

よう-ひん【用品】ある事に使用する品物。必要な品物。「スポーツ—」「事務—」

よう-ひん【洋品】❶西洋風の品物。特に、洋装に必要な衣類・装身具や身の回り品など。「—雑貨」❷舶来品。「昔時は我国人の—を愛する只玩弄の具に過ぎざるのみ」〈津田真道・明六雑誌五〉

類語 洋装・洋服・衣料

ようひん-てん【洋品店】洋品❶を売る店。

よう-ふ【用布】衣服などを仕立てるのに用いる布。

よう-ふ【妖婦】男性を惑わす、なまめかしく美しい女性。妖女。バンプ。

よう-ふ【庸布】律令制で、庸として納めた布。

よう-ふ【×徭夫】律令制で、徭役に従事した人。

よう-ふ【養父】養子先の父。また、養い育ててくれた義理の父。類語 義父・まま父・継父

よう-ぶ【洋舞】西洋舞踊。モダンダンスやバレエなどの総称。⇔日舞。

よう-ぶ【腰部】腰の部分。腰のあたり。

類語 腰・小腰・ウエスト・ヒップ

よう-ふう【洋風】ヤウ 西洋的な形式であること。洋式。西洋風。「―の建築」⇔和風。類語 欧風・欧化

ようふう-が【洋風画】ヤウフウグワ 桃山時代・江戸時代に西洋画の影響を受けて描かれた絵画。

よう-ふうとう【洋封筒】ヤウ 横書き用の封筒。横長の長方形で、封じ口が長辺にある封筒。

よう-ふく【洋服】ヤウ《「西洋服」の略》西洋風の衣服。背広・ズボン・ワンピース・スーツ・スカートなど。⇔和服。

ようふく-かけ【洋服掛(け)】ヤウフクガケ 洋服をかけておく器具。ハンガー。

ようふく-だんす【洋服×箪×笥】ヤウフクダンス 洋服をつるして入れるように作ったたんす。

よう-ぶつ【陽物】ヤウ ❶陰陽のうち、陽に属するもの。陽気なもの。❷陰茎。男根。

ようぶつ-けいやく【要物契約】エウブツ 契約の成立に、当事者の合意だけでなく目的物の引き渡しなどの給付を必要とする契約。消費貸借・使用貸借など。践成契約。➡諾成契約

よう-ふぼ【養父母】ヤウ 養父と養母。養家の父母。やしないおや。

ようふよう-せつ【用不用説】ラマルクの進化論学説。生物個体において、多用する部分はしだいに発達し、用いない器官は退化し、その後天的な獲得形質が遺伝することにより進化の現象を現すという説。ラマルク説。

よう-ぶん【洋文】ヤウ 西洋語の文章。また、西洋の文字や言葉。「未だ聞かず和文を以て洋書を訳解し、又―を以て和書を翻訳するものあるを」〈村田文夫・西洋聞見録〉

よう-ぶん【陽文】ヤウ 印章や碑・鐘・鼎かなえなどに陽刻された文字。⇔陰文。

よう-ぶん【養分】ヤウ 栄養となる成分。滋養分。
類語 栄養・滋養

よう-べ【昨=夜】《「よいべ(宵辺)」あるいは「よべ」の音変化という》夕方。また、昨夜さくや。ゆうべ。「宵の程、―も―も夜離よがれしき」〈梁塵秘抄・二〉

よう-へい【用兵】戦いで兵を動かすこと。また、その動かし方。「―術」

よう-へい【葉柄】エフ 葉の一部で、葉身を茎や枝につないでいる細い柄の部分。

よう-へい【×傭兵】雇用契約でやとわれている兵。雇い兵。

よう-へい【×傭×聘】〔名〕スル まねき、やとい入れること。「この国に―せられてきた最初の鉄道技術者には」〈藤村・夜明け前〉

よう-へい【×壅閉】ふさぎ閉じること。

よう-へい【×壅蔽】〔名〕スル ふさぎおおうこと。「中間に居て聖明を―し」〈東海散士・佳人之奇遇〉

ようへい-せい【×傭兵制】志願者に対して俸給を与え、兵士として服務させる制度。

よう-へき【擁壁】土木工事で、土を切り取った崖や盛り土を保持するための壁状の築造物。かこい壁。

よう-べや【用部屋】❶用務を執る部屋。❷「御用部屋ごようべや」に同じ。

よう-へん【葉片】エフ 「葉身ようしん」に同じ。

よう-へん【窯変】エウ〔名〕スル 陶磁器を焼く際、炎の性質や釉うわぐすりの含有物質などが原因で予期しない釉色ゆうしょく・釉相を呈すること。また、その陶磁器。変化を求めて作為的にも行われる。火変わり。

よう-へん【曜変|×燿変】エウ 「曜変天目」の略。

よう-べん【用弁|用×辨】〔名〕スル 用事を済ますこと。用の足りること。用便。「右の手数早く―になる事もあり」〈吉田二郎・蚕種説并蚕種商法〉

よう-べん【用便】〔名〕スル ❶用事をたすこと。用弁。「今日は水曜日だから、―外出の日だから」〈有島・或る女〉❷大小便をすること。「かなり悪い病気の時でも室内で―する事をいやがった」〈志賀・和解〉
類語 用足し・排泄

ようへん-せい【揺変性】エウヘン ▶チキソトロピー

ようへん-てんもく【曜変天目】エウヘン 天目茶碗の一。黒釉こくゆう地に小斑文はんもんが散在し、そのまわりが青銀色の光沢を放つ。中国の建盞けんさんに特有のものとされ、天目茶碗の最上品。

よう-ほ【幼保】エウ 「幼稚園」と「保育所」のこと。「―一本化」

よう-ぼ【養母】ヤウ 養子先の母。また、養い育ててくれた義理の母。類語 義母・まま母・継母

よう-ほう【用法】ハフ 使い方。使用の方法。「―を誤る」「副詞的―」

よう-ほう【陽報】ヤウ はっきりとよい報いが現れること。また、その報い。「陰徳あれば―あり」

よう-ほう【養蜂】ヤウ 蜂蜜はちみつや蜜蝋みつろうを採取するために、ミツバチを飼育すること。

よう-ぼう【要望】エウバウ〔名〕スル 物事の実現を強く求めること。「市民の―にこたえる」「福祉の拡充を―する」「―書」類語 要求・要請・請求・希望・注文・求める

よう-ぼう【容貌】バウ 顔かたち。顔つき。「―魁偉かいい」
類語 顔付き・顔立ち・面構え・顔・面差し・面立ち・面影・人相・面相・容色・相好・血相・形相・剣幕・面魂

ようぼう-くじょう-そうだん【要望苦情相談】エウバウクジヤウサウダン 警察への110番通報のうち、警察による緊急な対応を必要としない要望・苦情・相談。「ゴキブリが出たので退治してほしい」など。補説 事件・事故など以外の、生活上の要望や相談などは、警察総合相談電話番号(#9110番)で受け付けている。

ようぼう-じ【要法寺】エウボフ 京都市左京区にある日蓮本宗の本山。山号は、多宝富士山。延元4=暦応2年(1339)日尊が開創の上行院と、その弟子日大が開創の住本寺が、天文19年(1550)合併、要法寺として再興。

ようぼうじ-ばん【要法寺版】エウボフジ 慶長年間(1596～1615)要法寺の15世日性が刊行した銅活字版の書籍。「天台四教儀集註」「法華経伝記」「論語集解」「沙石集」などがある。

よう-ぼうちょう【洋包丁】ヤウバウチヤウ 主に西洋料理で使われる包丁。骨付きの肉を割くものやパンを切るものなど、用途によってさまざまな形がある。➡和包丁

よう-ぼく【用木】何かの材料として用いる木。

よう-ボツ【▽沃▽剝】エウ ▶ようポツ(沃剝)

よう-ポツ【▽沃▽剝】エウ《「剝」はカリウムの英語名ポタシウムの当て字「剝荅叟母」の略。「ようボツ」とも》沃化ようかカリウムの俗称。

よう-ほん【洋本】ヤウ ❶洋とじの本。洋装本。⇔和本。❷西洋で出版された本。洋書。類語 洋書

よう-ま【妖魔】エウ 魔物。妖怪。ばけもの。

よう-ま【洋間】ヤウ 西洋風につくった部屋。西洋間。洋室。⇔日本間。

よう-まく【羊膜】ヤウ 脊椎動物の羊膜類などでみられる胎児を包む膜。胚膜の一で、最も内側にあり、中は羊水で満たされる。内面は外胚葉がいはいよう、外面は中胚葉から生じたもの。

ようまく-るい【羊膜類】ヤウマク 脊椎動物のうち、胚の時期に羊膜をもつもの。爬虫はちゅう類・鳥類・哺乳類が含まれる。

よう-まん【養×鰻】ヤウ ウナギを養殖すること。

よう-みゃく【葉脈】エフ 葉にみられる、維管束のすじ。茎と連絡して水や養分を供給し、合成産物を運ぶ通路の役をする。配列により平行脈・網状脈などがある。

よう-みょう【幼名】エウミヤウ 幼年時代の名。元服以前の呼び名。おさなな。ようめい。

よう-む【用務】課せられている務め。なすべき仕事。「新聞社の種々の―を弁ずるために」〈鴎外・渋江抽斎〉

よう-む【洋×鵡】ヤウ インコ科の鳥。全長35センチくらい。全体に淡灰色で尾が赤く、くちばしは黒い。アフリカの森林にすむ。古くから飼い鳥とされ、物まねが巧み。

よう-む【要務】エウ 重要な任務。「―を帯びる」
類語 雑役・実務・事務・業務・雑務・特務・激務・急務

ようむ-いん【用務員】ヰン 学校・会社などで、雑用に従事する人。

ようむ-うんどう【洋務運動】ヤウム 中国で、19世紀後半、清朝の漢人官僚によって推進された近代化政策。西洋軍事技術の導入、官営軍事工場の設立などによって、清朝の衰退の回復を図った。

よう-むき【用向き】用事の内容。また、用事。用件。「―をたずねる」「緊急の―」
類語 用事・用件・所用・用・急用

よう-めい【幼名】エウ 「ようみょう(幼名)」に同じ。

よう-めい【用命】❶用事を言いつけること。「―に従う」❷商品などを注文すること。「御―を賜る」
類語 注文・発注・予約・申し込み・オーダー・頼む

よう-めい【容▽面】《「ようめん」または「ようみょう(容貌)」の音変化か》顔かたち。みめ。平安時代、主に知識人の男性が使った語。「―、心、人にすぐれたらば」〈宇津保・俊蔭〉

よう-めい【揚名】ヤウ ❶名を世間にあげること。家名を高めること。❷「揚名の介」に同じ。❸名ばかりで実の伴わないこと。虚名。

よう-めい【溶明】「フェードイン」に同じ。⇔溶暗。

ようめい-がく【陽明学】ヤウメイ 中国、明の王陽明が唱えた儒学説。形骸化した朱子学の批判から出発し、時代に適応した実践倫理を説いた。心即理しんそくり・知行合一ちこうごういつ・致良知ちりょうちの説を主要な思想とする。日本では、江戸時代に中江藤樹によって初めて講説された。

ようめいがく-は【陽明学派】ヤウメイ 江戸時代、朱子学派・古学派に対抗して陽明学を信奉した学者の総称。中江藤樹・熊沢蕃山・佐藤一斎・大塩平八郎ら。

ようめい-てんのう【用明天皇】テンワウ [?～587]記紀で、第31代天皇。欽明天皇の第4皇子。聖徳太子の父。名は橘豊日たちばなのとよひ。物部守屋と蘇我馬子の対立時代に在位した。

ようめいてんのうしょくにんかがみ【用明天王職人鑑】ヨウメイテンワウショクニンカガミ 浄瑠璃。時代物。五段。近松門左衛門作。宝永2年(1705)大坂竹本座初演。出語り・出遣い方式や、からくり応用の舞台機構が当時評判となった。

ようめい-の-すけ【揚名の▽介】ヤウメイ 平安時代以後、名目ばかりで実際の職務も俸禄もない国司の次官。

ようめい-ぶんこ【陽明文庫】ヤウメイ 京都市右京区にある文庫。近衛家に伝わった摂関家の日記や文学・荘園関係の文書・典籍・記録などを収蔵する。

ようめい-もん【陽明門】ヤウメイ ㊀平安京大内裏外郭十二門の一。東面し、上東門と待賢門との間にあった。近衛門。㊁日光東照宮の中門。三間一戸の楼門で入母屋造いりもやづくり。四方に軒唐破風のきからはふがある。天井画のほか、彫刻・彩色・飾り金具などを多く施し、精巧をきわめたもの。日暮門ひぐらしもん。

ようめん-さんぷ【葉面散布】エフメン 肥料や養分を葉に散布し、葉面から吸収させる方法。

よう-もう【羊毛】ヤウ 羊からとった毛。柔軟で保温性・吸湿性に富み、毛糸・毛織物の原料とする。ウール。類語 木綿・麻・絹

ようもう-ざい【養毛剤】ヤウモウ 毛髪の伸びを速めたり生えるのを促したりする薬剤。毛生え薬。

ようもう-はん【羊毛斑】ヤウモウ ▶羊斑ようはん

よう-もく【洋もく】ヤウ 外国製のタバコ。➡もく

よう-もく【要目】エウ 重要な項目。要項。

よう-もの【洋物】ヤウ 西洋のもの。舶来の品。

よう-もん【要文】エウ 経論などの中の重要な文句。また、文章の大切なところ。「懐中より文を取出し―のところを出して見する」〈滑・浮世床・初〉

よう-や【妖冶】エウ〔名・形動〕なまめかしく美しいこと。また、そのさま。妖艶。「この生き物の―な姿に」〈谷崎・人魚の嘆き〉

よう-や【溶冶|×鎔冶】金属を溶解して鋳いること。

よう-やく【要×扼】エウ〔名〕スル 敵を待ちうけて防ぎ止めること。「且其土必ず―に拠り、攻守の形勢に便なり」〈東海散士・佳人之奇遇〉

よう-やく【要約】エウ〔名〕スル ❶文章などの要点をとりまとめること。また、そのまとめたもの。「読んだ本の内

容を一して話す」❷約束を結ぶこと。また、約束。「こう云う余所行よそゆきの感情を不断に維持するにはどれ丈だけの一がいるか」〈鴎外・雁〉〔類語〕要旨・大意・摘要・レジュメ・ダイジェスト・梗概・論旨

よう-やく【踊躍】〔名〕スル 喜んで、おどり上がること。とびはねること。「僧侶どもが悉く手を拍って一した」〈谷崎・乳野物語〉

ようやく【▽漸く】ヤウヤク〔副〕❶長い間待ち望んでいた事態が遂に実現するさま。やっとのことで。「戦争が終わり一平和になった」❷苦労した結果、目標が達成できるさま。かろうじて。何とか。「迷ったすえに一たどりついた」❸物事がしだいに進行して、ある状態になるさま。だんだん。「人々は一に列を乱して」〈漱石・趣味の遺伝〉❹ゆっくりと。おもむろに。「一歩みて帰る」〈今昔・七・四四〉〔補説〕「ややく」に「う」が加わったという説、「やくやく」の音変化とする説などがある。
〔類語〕(❶❷)やっと・何とか・どうにか・かろうじて・からくも・危うく・すんでのところで・やっとこさ・間一髪/(❸❹)段段・次第に・次第次第に・徐徐に・追い追い・漸次ぜんじ・歩一歩・一歩一歩・着着ちゃくちゃく・日に日に・日増しに・年年ねんねん

ようやく-かんすう【要約関数】エウヤククワンスウ ▶ハッシュ関数

ようやく-じん【妖厄神】エウヤク 病気や不幸をもたらす悪神。疫病神やくびょうがみ。「さあらぬ体ていにて立ったりしは、一もかくやらん」〈浄・吉野忠信〉

ようやく-ひっき【要約筆記】エウヤク 聴覚に障害がある人のために、その場で話されている内容を即時に要約して文字にすること。ノートなどの筆記具を使うほか、OHPやパソコンを利用して、講義や談話などの内容をスクリーンに写し出すなどの方法がある。

よう-やっと〔副〕《「ようやく」と「やっと」との合成語》かろうじて。やっとのことで。「一読み終えた」

よう-ゆう【揚雄】ヤウ〔前53〜後18〕中国、前漢の文人・思想家。成都(四川省)の人。字あざなは子雲。哲学的著作として「易経」に擬した「太玄経たいげんきょう」、「論語」を模した「揚子法言」がある。一方、辞賦をよくし「甘泉賦」「羽猟賦」などを残したほか、当時の各地方の方言を集めた「揚子方言」などもある。楊雄。

よう-ゆう【溶融|×熔融】〔名〕スル「融解ゆうかい❷」に同じ。

ようゆう-えん【溶融塩】 塩や酸化物のイオン結晶の固体を、高温に加熱して融解し、液体にしたもの。融解塩。イオン性液体。

よう-ゆうき【養由基】ヤウイウキ 中国、春秋時代の弓の名人。楚の人。百歩の距離から柳葉を射て百発百中し、また、弓矢の調子を整えただけで猿が鳴き叫んだという。生没年未詳。養由。

ようゆう-でんかい【溶融電解】 常温では固体の塩えんや酸化物を加熱融解し、電極を設け電圧を加えて行う電気分解法。アルミニウム・ナトリウムなどの製造に用いられる。溶融塩電解。融解電解。

ようゆう-ひばい【溶融飛灰】ひばい 廃棄物をガス化溶融炉や灰溶融炉で溶融処理する際に発生する煤塵。亜鉛・鉛・銅・カドミウムなどの非鉄金属が高濃度で含まれている。従来は焼却飛灰と同様に埋め立て処分されていたが、近年、溶融飛灰を再処理して非鉄金属を回収・再使用するシステムが開発されている。

よう-よ【腰×輿】エウ「手輿たごし」に同じ。

よう-よ【容与】〔形動タリ〕ゆったりとしているさま。ゆるやかに動くさま。「絳節かうせつ羽幢うどうその間に一たり」〈山中人饒舌・下〉

よう-よう【要用】エウ ❶必要なこと。「逗留中、布哇ハワイの風俗に就いては物珍しく云う程の一はないだろう」〈福沢・福翁自伝〉❷重要な用事。必要な用事。「とりあえず一のみ申し上げます」〔類語〕必要・入り用・必須・所要・入用・必需・須要しゅよう・不可欠・要り

よう-よう【陽葉】ヤウエフ 日のよく当たる所について強光下で生長した葉。陰葉に比べて柵状組織が発達して厚く、気孔の数が多く、光合成・呼吸が大。

よう-よう【様様】ヤウヤウ〔名・形動ナリ〕《「様様さまざま」を音読みにした語》いろいろであること。また、そのさま。「一にわびければ弁慶苦々しき顔ばせにて」〈浄・凱陣八島〉

よう-よう【×鷹揚】ヤウ〔形動〕「おうよう(鷹揚)」に同じ。

よう-よう【×夭×夭】エウエウ〔ト・タル〕〔文〕〔形動タリ〕若若しく美しいさま。顔色が穏やかでのびのびしているさま。「桃の一たる時節にはあらねども」〈鉄腸・花間鶯〉

よう-よう【×杳×杳】エウエウ〔ト・タル〕〔文〕〔形動タリ〕暗くはっきりしないさま。また、遠くかすかなさま。「何処の寺の鐘か一として野末を渡る」〈蘆花・自然と人生〉

よう-よう【洋洋】ヤウヤウ〔ト・タル〕〔文〕〔形動タリ〕❶水があふれるばかりに満ちているさま。水が広々と広がっているさま。「一たる大海」❷希望に満ちているさま。「一として未来は広がる」「前途一たる青年」❸盛んであるさま。「只帝徳を頌し奉る声、一として耳に盈みてり」〈太平記・一一〉

よう-よう【揚揚】ヤウヤウ〔ト・タル〕〔文〕〔形動タリ〕誇らしげなさま。得意げなさま。「意気一と引きあげる」「一と正面を向いて歩いている」〈漱石・虞美人草〉
〔類語〕誇らしげ・誇らか・得得・得意

よう-よう【揺揺】エウエウ〔ト・タル〕〔文〕〔形動タリ〕ゆらゆらと揺れ動くさま。また、動揺して落ち着かないさま。「一として定まらぬ心」

よう-よう【溶溶】〔ト・タル〕〔文〕〔形動タリ〕水が豊かにゆったりと流れるさま。「明らかなりし水の面一と紫を流し」〈蘆花・自然と人生〉

よう-ようえうえう〔副〕一度口に入れた物を吐き出すときの声を表す語。「大なる骨喉のどにたてて、一といひけるほどに」〈宇治拾遺・一三〉〔補説〕歴史的仮名遣いは「ゑうゑう」とも表記。

よう-よう【▽永▽永】ヤウ〔副〕とこしえに。永久に。えいえい。「未来一有りがたき御事なり」〈曽我・一一〉

ようよう【▽漸う】ヤウ〔副〕「ようやく」の音変化。「走り通して一間に合った」「春はあけぼの、一しろくなり行く、山ぎは少しあかりて」〈枕・一〉

よう-よう〔感〕❶人を誘ったり呼びかけたりするときに発する声。「一、どこに行くのかね」❷はやすとき、ひやかすときなどに発する声。「一、ご両人」

よう-らく【羊酪】ヤウ 羊の乳の脂肪質を固めて作った食品。

よう-らく【揺落】エウ〔名〕スル 秋に、草木の葉が風にゆれて落ちること。「庭前の梧桐一して」〈逍遥・当世書生気質〉

よう-らく【×瓔×珞】ヤウ 珠玉を連ねた首飾りや腕輪。インドにおける装身具であったが、仏教では仏像を荘厳しょうごんする飾り具をいい、また寺院内の宝華ほうけ状の荘厳をいう。

ようらく-つつじ【×瓔×珞躑躅】ヤウラク ツツジ科の落葉低木。九州の山地に自生し、楕円形の葉が枝先に集まってつく。5月ごろ、紅紫色で花びらの先が四つに裂けている筒状の花が下向きに咲き、瓔珞に似る。

ようらく-らん【×瓔×珞×蘭】ヤウラク ラン科の常緑多年草。暖地の樹上や岩上などに着生し、垂れ下がる。葉は先がとがり、2列に密に互生。5月ごろ、2〜8センチの花茎を伸ばし、黄色っぽい小花を多数つける。もみじらん。ひおうぎらん。

よう-らん【洋藍】ヤウ インジゴのこと。

よう-らん【洋×蘭】ヤウ 観賞用のランのうち、熱帯の原産で、欧米で改良され、明治以降日本に入ってきたものの総称。カトレア・シンビジウム・デンドロビウム・パフィオペジラムなど。西洋蘭。

よう-らん【要覧】エウ 統計図表などを用い、要点をまとめて、見やすくした文書。「学校一」〔類語〕便覧・一覧

よう-らん【揺×籃】エウ ❶ゆりかご。❷幼児期。また、物事が発展する初めの時期や場所。

ようらん-か【揺×籃歌】エウラン 子守歌。

ようらん-き【揺×籃期】エウラン ❶ゆりかごに入っている時期。幼年期。❷物事の発展する初期の段階。揺籃時代。「科学の一」

ようらん-じだい【揺×籃時代】エウラン「揺籃期❷」に同じ。

ようらん-の-ち【揺×籃の地】エウラン ❶出生地。❷物事が発展する初めの段階をすごした土地。揺籃。「文明の一」

よう-り【要理】エウ 大切な教理・理論。

よう-り【葉理】エフ 葉層の断面にみられる縞模様。堆積物たいせきぶつを構成する粒子の大小・配列・色の違いなどで生じる。

よう-り【養×鯉】ヤウ コイを養殖すること。

よう-りく【揚陸】ヤウ〔名〕スル ❶船の積み荷を陸に運びあげること。りくあげ。❷上陸すること。「海兵隊を一させる」

ようりく-かんてい【揚陸艦艇】ヤウリク 上陸作戦時、兵士や車両などを海岸に揚げるために設計・建造された艦艇。揚陸艇。

ようりく-てい【揚陸艇】ヤウリク「揚陸艦艇」に同じ。

よう-りつ【擁立】〔名〕スル 支持し、もりたて、高い地位に就かせようとすること。「新人候補を一する」

ようり-ほう【容リ法】ハフ《「容器包装に係る分別収集及び再商品化の促進等に関する法律」の通称》▶容器包装リサイクル法

よう-りゃく【要略】エウ〔名〕スル 必要な部分をとり、不必要なところを捨てて大意をまとめること。また、そのまとめたもの。大要。「一して再説する」

よう-りゅう【×楊柳】ヤウリウ ❶やなぎ。〔季 春〕❷縦方向に細長いしぼのある織物。また、そのしぼ。

ようりゅう-かんのん【楊柳観音】ヤウリウクワンオン 三十三観音の一。右手に楊柳の枝を持ち、左手を乳の上に当てた姿をとり、病難の消除を本願とする。薬王観音と同一ともいわれる。

ようりゅう-クレープ【×楊柳クレープ】ヤウリウ 横糸によりの強いものを使い、縦の方向にしぼを出した織物。婦人の夏服の生地などに用いる。楊柳縮緬ちりめん。

ようりゅう-ちりめん【×楊柳▽縮×緬】ヤウリウ ▶楊柳クレープ

よう-りょう【用量】リヤウ 用いるべき一定の分量。主として、薬品の1回ないし1日の使用分量。

よう-りょう【要領】エウリヤウ ❶物事の最も大事な点。要点。「質問の一がはっきりしない」❷物事の要点をつかんだ、うまい処理の仕方。「一が悪くてなかなか覚えない」「一よく話をする」
〔類語〕呼吸・重点・主眼・眼目・軸足・立脚点・立脚地・力点・主力・重き・重視・要点・要所・要・ポイント・大要・キーポイント・急所・つぼ

要領がい・い ❶処理のしかたがうまい。手際がいい。「ベテランらしく一・い」❷手を抜いたり、人に取り入ったりするのがうまい。「一・いだけで実のない人」

要領を得◦ない 《「史記」大宛伝から》要点がはっきりしない。筋道が立たない。「一◦ない説明」

よう-りょう【容量】リヤウ ❶器物の中に入れることのできる分量。容積。❷一定条件のもとで物体が含みうる物理量。熱容量・静電容量など。
〔類語〕容積・体積・嵩・質量

ようりょう-ぶんせき【容量分析】ヨウリヤウ 定量分析の一。溶液の体積を測定することによって定量を行う方法。ふつうは滴定分析をいい、試料溶液を濃度のわかっている標準液で滴定し、反応の終点まで加えた標準液の量から試料の量を知る。

よう-りょく【揚力】ヤウ 流体中を運動する物体に対して、その運動方向に垂直で上向きに作用する力。翼のような薄板を流れにやや上向きに動かすと、流れを下向きに変え、その反作用として上向きの力を受ける。

ようりょく-そ【葉緑素】エフリヨク 植物の葉緑体の中に含まれる緑色の色素。化学構造はマグネシウムをもつポルフィリンで、構造の一部が異なる4種がある。赤および青紫色の波長の光線を吸収して光合成に重要な役割をする。クロロフィル。

ようりょく-たい【葉緑体】エフリヨク 光合成を行う植物の細胞内にある細胞小器官。一般に楕円形をし、二重の膜に包まれ、内部は葉緑素などの色素を含むグラナと、その間を埋めるストロマから構成される。グラナ

で光合成の明反応が、ストロマで暗反応が行われる。独自のDNAなどをもつ。

よう-れい【用例】❶実際に使用されている例。実例。❷用い方の例。(類語)例・実例・一例・具体例・例証・たとえ・引き合い・ケース・例外・特例

よう-れい【妖霊】エウ ばけもの。もののけ。妖怪。「鬼怪一を退け」〈津田真道・明六雑誌一四〉

よう-れい【妖麗】エウ〘名・形動〙あやしいまでになまめかしく美しいこと。また、そのさま。「一な美女」

よう-れき【陽暦】ヤウ ▶太陽暦たいようれき

よう-れつ【庸劣】凡庸で劣っていること。「わが一を咎めたまわで」〈逍遥・小説神髄〉

ようれん-きん【溶連菌】「溶血性連鎖球菌ようけつせいれんさきゅうきん」の略。

ようれんきん-かんせんしょう【溶連菌感染症】ーカンセンシヤウ 溶血性連鎖球菌によって起こる感染症。のどの痛み、発熱、発疹などをともなう。飛沫感染する。➡猩紅熱しょうこうねつ

よう-ろ【要路】エウ ❶重要なみち。主要な交通路。「東西交易の一」❷重要な地位。「政府の一につく」

よう-ろ【溶炉|×熔炉】金属をとかすための炉。

よう-ろう【養老】ヤウラウ 老人をいたわり世話すること。また、老後を安楽に送ること。

ようろう【養老】ヤウラウ 謡曲。脇能物。世阿弥作。雄略天皇の御代に勅使が美濃の養老の滝へ行くと、霊泉に奇瑞きずいが現れ、山神が舞をまって祝福する。

ようろう【養老】ヤウラウ 奈良時代、元正天皇の時の年号。717年11月17日～724年2月4日。

ようろう-いん【養老院】ヤウラウヰン 身寄りのない高齢者を収容して保護する施設。昭和38年(1963)老人福祉法の制定により、老人ホームと改称され、養護老人ホーム、特別養護老人ホーム、軽費老人ホームに分かれた。

ようろう-さんち【養老山地】ヤウラウ 岐阜・三重の県境に広がる山地。南北約25キロメートル、東西約5キロメートル。最高地点は笙しょうヶ岳の908メートル。山地東斜面の岐阜県側は断層崖を示し、北部に養老の滝がある。山麓には複合扇状地が発達し、桑畑・富有ふゆう柿などの果樹園が多い。

ようろう-しぼり【養老絞(り)】ヤウラウ 縦の線模様を表した絞り染め。

ようろう-しゅ【養老酒】ヤウラウ 岐阜県養老郡特産の混成酒。みりんに丁字ちょうじ・人参にんじん・甘草かんぞうなどの薬味を加えたもので、甘くて強い。養老の滝伝説にちなむ。

ようろう-せき【葉×蝋石】エフラフ アルミニウムの含水珪酸塩けいさんえん鉱物。単斜晶系。白ないし帯褐緑色で、真珠光沢がある。ふつう塊状で産出し、軟らかい。蝋石ろうせきの主成分鉱物。

ようろう-ねんきん【養老年金】ヤウラウ 若い時期から掛け金を払い込み、老後に支給を受ける年金。

ようろう-の-たき【養老の滝】ヤウラウ 岐阜県南西部、養老山地北部の東麓の断層崖にかかる滝。高さ約32メートル。昔、源丞内げんじょうないが湧き出る泉を見つけ、酒であったので老父を養い喜ばせることができたという伝説の地で、元正天皇が行幸して命名し、年号を養老と改めたという。

ようろう-ほけん【養老保険】ヤウラウ 生命保険の一。被保険者が一定の年齢に達するまで生存したとき、または保険期間内に死亡したとき、保険金が支払われるもの。

ようろうりつりょう【養老律令】ヤウラウリツリヤウ 養老2年(718)藤原不比等ふじわらのふひとらが大宝律令を一部改修して編纂へんさんした律・令各10巻の法典。天平宝字元年(757)施行。律の大部分は散逸したが、令は大半が「令義解りょうのぎげ」などに収録されて残っている。➡律令

ようわ【養和】ヤウ 平安末期、安徳天皇の時の年号。1181年7月14日～1182年5月27日。

よ-うん【余×蘊】余分のたくわえ。余った部分。また、不足の部分。余すところ。「一なく記述する」

よ-えい【余映】日が沈んだり、灯火が消えたりしたあとに残った輝き。余光。残光。「落日の一」

よ-えい【余栄】死後に残る栄誉。

よ-えい【余×裔】❶子孫。末裔。❷末流。末派。

よ-えん【余炎|余×焔】❶消え残りのほのお。❷夏の終わりのころの暑さ。残暑。

よ-えん【余煙】消え残った火のけむり。

ヨエンスー〘Joensuu〙フィンランド南東部の都市。北カレリア地方の中心地。ロシア統治時代、ニコライ1世により建設。大サイマー湖水系のピエリス川河口に位置し、古くから湖上交通で栄えた。湖水地方東部の観光拠点として知られる。

ヨーイング〘yawing〙航空機や船舶の片揺れ。

よ-おう【余×殃】ヤウ 先祖の行った悪事の報いが、災いとなってその子孫に残ること。⇔余慶よけい。

ヨーガ〘梵 yoga〙ヨーガ派が心身の調整・統一を図る修行法。特殊な座法・呼吸法などを行い、これによって解脱に至ると説く。仏教を通してチベットへ伝わり、中国・日本にも伝わった。現在は健康法としても行われる。ヨガ。

ヨーガ-は【ヨーガ派】インドの六派哲学の一。ヨーガの修行によって解脱を得ることを主張する。その根本聖典「ヨーガスートラ」はパタンジャリの編とされる。瑜伽ゆが派。

よ-おき【夜起き】❶夜中に起きること。〈文明本節用集〉❷揚屋で客が夜中に起き出して酒を飲み興じること。「この里の一のおもしろさ」〈浮・諸艶大鑑・一〉

ヨーク〘yoke〙洋服の肩・胸やスカートの上部などに切り替えを入れてつける布。装飾や補強のために用いられる。

ヨーク〘York〙英国イングランド北東部の都市。古代ローマ時代に建設されたエボラクムが起源。7世紀には大司教座が置かれた。

ヨーク-け【ヨーク家】〘York〙中世、英国の王家。エドワード3世の第5子エドマンドが、1385年ヨーク公に任じられて始まる。ランカスター家と対立して薔薇ばら戦争を起こした。1461年にエドワード4世が即位して王家となったが、1485年リチャード3世がチューダー家のヘンリー7世に敗れて統合された。

ヨークシャー〘Yorkshire〙㊀英国イングランド北東部の地方。中心都市ヨーク・リーズなど。ヨークシャー炭田があり、毛織物・機械工業が盛ん。㊁豚の一品種。ヨークシャー地方の原産。白色で丸い体形をし、肉質がよい。

ヨークシャー-デールズ-こくりつこうえん【ヨークシャーデールズ国立公園】ーコクリツコウヱン〘Yorkshire Dales National Park〙英国イングランド北部、ヨークシャー地方にある国立公園。ノースヨークシャー、ウエストヨークシャー、カンブリア州にまたがる。面積は1769平方キロメートル。「デール」は谷を意味する。牧草地や荒地で覆われたゆるやかな谷と石灰岩の岩山を頂く丘で構成され、広大な自然景観が広がっている。スキップトン、セトル、マラム、ホウズなどの町があり、公園の南東部の都市リーズと北西部のカーライルをセトルカーライル鉄道が結ぶ。ヨークシャーデイルズ国立公園。

ヨークシャー-テリア〘Yorkshire terrier〙犬の一品種。ヨークシャー地方の原産。小形で脚は短く、体毛は鉄青色で長い。愛玩用。

ヨーク-だいせいどう【ヨーク大聖堂】ーダイセイダウ〘York Minster〙▶ヨークミンスター

ヨークタウン-の-たたかい【ヨークタウンの戦い】ーたたかひ アメリカ独立戦争末期の1781年、バージニア州のヨークタウン(Yorktown)で、ワシントンの率いるアメリカ・フランス連合軍が、コーンウォリス率いるイギリス軍に大勝した戦い。この結果、植民地側の勝利が決定的となった。

ヨーク-ミンスター〘York Minster〙英国イングランド北東部の都市ヨークにある大聖堂。13世紀から15世紀にかけて建造され、同国最大のゴシック様式の大聖堂として知られる。本堂東側には世界最大級のステンドグラス、南翼廊には薔薇戦争の終結を記念したバラ窓がある。ヨーク大聖堂。

ヨークルサルロン-こ【ヨークルサルロン湖】〘Jökulsárlón〙アイスランド南東部にある氷河湖。バトナヨークトル氷河の南端部に位置し、20世紀半ばに氷河が後退することでできた。同国最大の氷河湖であり、水陸両用の遊覧船が就航する。

ヨークルスアウルグリュフル-こくりつこうえん【ヨークルスアウルグリュフル国立公園】ーコクリツコウヱン〘Jökulsárgljúfur〙アイスランド北東部にあった国立公園。1973年に制定。2008年にバトナヨークトル国立公園として統合され、その一部になった。

ヨーグルト〘ドイ Yoghurt〙発酵乳の一。牛乳・羊乳などを乳酸菌または酵母で発酵させ、クリーム状や液状にした食品。

ヨーク-レシチン〘yolk lecithin〙卵黄に含まれているレシチン。

ヨーシン〘eosine〙「エオシン」に同じ。(補説)「洋真」「洋新」とも当てて書く。

ヨーゼフ-にせい【ヨーゼフ二世】〘Joseph Ⅱ〙[1741～1790]神聖ローマ帝国皇帝。在位1765～1790。マリア=テレジアの長男。啓蒙専制君主としてオーストリアの近代化に努め、宗教寛容令・農奴解放令を発布するなど内政改革を試みた。

ヨータ-ひろば【ヨータ広場】〘Götaplatsen〙▶イェータ広場

ヨーチン「ヨードチンキ」の略。

ヨーテボリ〘Göteborg〙▶イェーテボリ

ヨーデル〘yodel|ドイ Jodel〙スイスやオーストリアのアルプス地方で、地声と裏声とを急速に交錯させて歌われる民謡。また、その歌唱法。

ヨード〘ドイ Jod〙沃素ようそ。(補説)「沃度」とも書く。

ヨードカリ〘ドイ Jodkali〙沃化よう カリウム。

ヨードカリウム〘ドイ Jodkalium〙▶沃化よう カリウム

ヨードクランテ〘Juodkrantė〙〘「ユオドクランテ」とも〙リトアニア西部の町。バルト海とクルシュー潟湖に挟まれ、約100キロメートルにわたって延びるクルシュー砂州の中央部に位置する。海岸保養地として知られ、石と木の彫刻公園がある。

ヨード-ざい【ヨード剤】薬剤用のヨード塩類の総称。ヨードチンキ・ルゴール液や血管造影剤など。

ヨードチンキ〘ドイ Jodtinktur〙沃素ようそと沃化カリウムをエチルアルコールに溶かした濃褐色の液体。特有の臭気をもち、強い局所刺激作用がある。創傷の消毒などに用いる。ヨーチン。

ヨードホルム〘ドイ Jodoform〙エチルアルコールまたはアセトンに水酸化アルカリと沃素ようそを加えて熱すると得られる黄色の結晶。特有の臭気があり、水に溶けず、アルコールに溶ける。防腐剤・消毒剤などに利用された。化学式CHI_3　トリヨードメタン。

ヨード-らん【ヨード卵】海藻を多く含む飼料を与えた鶏が生んだ卵。有機沃素(ヨードともいう)を多く含む。登録商標。

よ-おぼえ【世覚え】世の中の評判。「一やむごとなしと申せばをろかなりや」〈大鏡・基経〉

ヨーホー-こくりつこうえん【ヨーホー国立公園】ーコクリツコウヱン〘Yoho National Park〙カナダ、ブリティッシュコロンビア州東部にある国立公園。タカカウ滝やオハラ湖などの風光明媚めいびな場所や、カンブリア紀の化石が数多く発見されたバージェス頁岩けつがんがある。1984年、周辺の国立公園、州立公園とともに、「カナディアンロッキー山脈自然公園群」の名で世界遺産(自然遺産)に登録された。

ヨーマン〘yeoman〙14～15世紀の英国で、封建的土地所有の解体過程の中で出現した独立自営農民。第二次エンクロージャーの過程において資本家と賃金労働者とに分解した。階層としてはヨーマンリー(yeomanry)という。

ヨーマンリー〘yeomanry〙ヨーマンの階層を表す集合的な名詞。もしくはヨーマンたる状態をさす。➡ヨーマン

よ-おもて【四面】四つの面。周囲すべて。しめん。「夜の御帳の帷子かたびらを、一ながらあげて」〈源・鈴虫〉

ヨーヨー〘yo-yo〙玩具がんぐの一。木または土焼きなどの2個の丸い皿型のものを短い軸でつなぎ、軸に巻

きつけた糸の端を持って垂らすと、その反動で回転しながら上下するもの。手車。

よ-おり【▽節折】ょぎ 毎年6月と12月の晦日みそかに宮中で行われる行事。天皇・皇后・皇太子の身長を竹の枝で測り、祓はらいを行うもの。(季 夏)

ヨール〖Youghal〗アイルランド南部、コーク州の港町。ブラックウオーター川の河口があるヨール湾に臨む。13世紀のセントメアリー教会やタウンホールをはじめとする歴史的建造物が残っている。16世紀にウォルター=ローリー卿が同国ではじめて新大陸からもたらされたジャガイモを栽培した地とされ、毎年6月から7月にかけて、ジャガイモ祭りが催される。

ヨーロッパ〖ポルト ガル Europa〗六大州の一。ユーラシア大陸西部および付近の島々からなる。ふつう、ウラル山脈以西、カフカス山脈以北、ボスポラス海峡以西をさす。欧州。エウロパ。(補説)「欧羅巴」とも書く。
(類語)西洋・欧米・泰西たいせい・西欧・欧州・西方・南蛮なんばん

ヨーロッパ-あんぜんほしょうきょうりょくきこう【ヨーロッパ安全保障協力機構】ーアンゼンホショウキョウリョクキコウ ▶オー-エス-シー-イー(OSCE)

ヨーロッパ-いいんかい【ヨーロッパ委員会】ーイインカイ ▶欧州委員会

ヨーロッパ-うちゅうきかん【ヨーロッパ宇宙機関】ーウチュウキカン ▶イーサ(ESA)

ヨーロッパ-かいけいかんさいん【ヨーロッパ会計監査院】ーカイケイカンサイン ▶欧州会計監査院

ヨーロッパ-かいはつききん【ヨーロッパ開発基金】▶イー-ディー-エフ(EDF)

ヨーロッパ-ぎかい【ヨーロッパ議会】ーギカイ《European Parliament》▶欧州議会

ヨーロッパ-きょうどうたい【ヨーロッパ共同体】▶イー-シー(EC)

ヨーロッパ-きょうどうたいさんぎょうれんめい【ヨーロッパ共同体産業連盟】ーキョウドウタイサンギョウレンメイ ▶ユニセ(UNICE)

ヨーロッパ-けいざいきょうどうたい【ヨーロッパ経済共同体】▶イー-イー-シー(EEC)

ヨーロッパ-けいざいきょうりょくきこう【ヨーロッパ経済協力機構】ーケイザイキョウリョクキコウ ▶オー-イー-イー-シー(OEEC)

ヨーロッパ-けいざいりょういき【ヨーロッパ経済領域】ーケイザイリョウイキ ▶イー-イー-エー(EEA)

ヨーロッパ-けっさいどうめい【ヨーロッパ決済同盟】▶イー-ピー-ユー(EPU)

ヨーロッパ-げんしりょくきかん【ヨーロッパ原子力機関】ーゲンシリョクキカン ▶イー-エヌ-イー-エー(ENEA)

ヨーロッパ-げんしりょくきょうどうたい【ヨーロッパ原子力共同体】▶ユーラトム(EURATOM)

ヨーロッパ-さいばんしょ【ヨーロッパ裁判所】▶欧州司法裁判所

ヨーロッパ-サウスアメリカ-カップ〖European-South American Cup〗▶トヨタカップ

ヨーロッパ-しほうさいばんしょ【ヨーロッパ司法裁判所】ーシホウサイバンショ ▶欧州司法裁判所

ヨーロッパ-じゆうぼうえきれんごう【ヨーロッパ自由貿易連合】ージユウボウエキレンゴウ ▶エフタ(EFTA)

ヨーロッパ-せきたんてっこうきょうどうたい【ヨーロッパ石炭鉄鋼共同体】ーセキタンテッコウキョウドウタイ ▶イー-シー-エス-シー(ECSC)

ヨーロッパ-ちゅうおうぎんこう【ヨーロッパ中央銀行】ーチュウオウギンコウ ▶欧州中央銀行

ヨーロッパ-つうかきかん【ヨーロッパ通貨機関】ーツウカキカン ▶イー-エム-アイ(EMI)

ヨーロッパ-つうかきょうてい【ヨーロッパ通貨協定】ーツウカキョウテイ ▶イー-エム-エー(EMA)

ヨーロッパ-つうかきょうりょくききん【ヨーロッパ通貨協力基金】ーツウカキョウリョクキキン ▶イー-エム-シー-エフ(EMCF)

ヨーロッパ-つうかせいど【ヨーロッパ通貨制度】ーツウカセイド ▶イー-エム-エス(EMS)

ヨーロッパ-つうかたんい【ヨーロッパ通貨単位】ーツウカタンイ ▶エキュー(ECU)

ヨーロッパ-つうじょうせんりょくじょうやく【ヨーロッパ通常戦力条約】ーツウジョウセンリョクジョウヤク ▶CFE条約

ヨーロッパ-でんしけいさんきこうぎょうかい【ヨーロッパ電子計算機工業会】ーデンシケイサンキコウギョウカイ ▶エクマ(ECMA)

ヨーロッパ-とうしぎんこう【ヨーロッパ投資銀行】ートウシギンコウ ▶欧州投資銀行

ヨーロッパ-とうししんたく【ヨーロッパ投資信託】▶ユーリット(Eurit)

ヨーロッパ-トルコ〖European Turkey〗トルコ共和国のうち、ヨーロッパに属する地域。バルカン半島南東部のイスタンブールおよび周辺をいう。

ヨーロッパ-のうぎょうしどうほしょうききん【ヨーロッパ農業指導保証基金】ーノウギョウシドウホショウキキン ▶エフ-イー-オー-ジー-エー(FEOGA)

ヨーロッパ-ひょうぎかい【ヨーロッパ評議会】ーヒョウギカイ ▶シー-イー(CE)

ヨーロッパ-ふっこうかいはつぎんこう【ヨーロッパ復興開発銀行】ーフッコウカイハツギンコウ ▶イー-ビー-アール-ディー(EBRD)

ヨーロッパ-ふっこうけいかく【ヨーロッパ復興計画】ーフッコウケイカク ▶マーシャルプラン

ヨーロッパ-よたくしょうけん【ヨーロッパ預託証券】▶イー-ディー-アール(EDR)

ヨーロッパ-りじかい【ヨーロッパ理事会】ーリジカイ ▶欧州理事会

ヨーロッパ-れんごう【ヨーロッパ連合】ーレンゴウ ▶イー-ユー(EU)

ヨーロッパれんごう-いいんかい【ヨーロッパ連合委員会】ーレンゴウイインカイ ▶欧州委員会

ヨーロッパれんごう-りじかい【ヨーロッパ連合理事会】ーレンゴウリジカイ ▶欧州連合理事会

ヨーロッパ-ろうどうくみあいれんごう【ヨーロッパ労働組合連合】ーロウドウくみあいレンゴウ ▶イー-ティー-ユー-シー(ETUC)

ヨーロッパ-ろうれん【ヨーロッパ労連】ーロウレン ▶イー-ティー-ユー-シー(ETUC)

ヨーロッパ-ロシア〖European Russia〗ロシア連邦のうち、ヨーロッパに属する地域。ウラル山脈から西をいう。欧露。

ヨーロピアン〖European〗多く複合語の形で用い、ヨーロッパ人の、ヨーロッパ風の、の意を表す。「―カジュアル」

ヨーロピアン-カジュアル〖European casual〗ヨーロッパ風のカジュアルファッション。シックで上品な色使いの大人っぽいスタイルで、スポーツウエア的なアメリカンカジュアルとは対照的なもの。

ヨーロピアン-プラン〖European plan〗ホテルの料金計算方式で、室料のみのもの。➡アメリカンプラン ➡コンチネンタルプラン

よ-か【予価】商品の予定価格。

よ-か【予科】ヨク ❶本科に進む準備のために修める課程。❷旧制大学の、学部入学のための前段階となる旧制高等学校に準じる課程。

よ-か【四日】「よっか」に同じ。「一、かぢとり、今日風雲の気色甚だ悪しと言ひて、船出さずなりぬ」〈土佐〉

よ-か【余花】ヨク 春に遅れて咲く花。特に、おそ咲きの桜。(季 夏)「岩水の朱きが湧けり―の宮/不器男」

よ-か【余暇】余ったひまな時間。仕事の合間などの自由に使える時間。「―を使って体力作りをする」
(類語)レジャー・暇・いとま・空き・閑暇・小暇しょうか・小閑しょうかん・寸暇・寸閑

よか【良か｜善か】❶(九州地方で)形容詞「よい」の連用形・終止形・連体形の音変化。「それで―」「―天気」❷形容詞「よし」の未然形「よけ」の上代東国方言。「伊香保ろの沿ひの榛原はりはらねもころに奥をなかねそまさかし―ば」〈万・三四一〇〉❸形容詞「よし」の連体形「よかる」の音変化「よかん」の撥音の無表記。「―なりとのたまへば」〈落窪・二〉

ヨガ〖梵 yoga〗▶ヨーガ

よ-かく【与格】《dative case》ヨーロッパ諸語などの文法で、主に間接目的語を示す格。

よ-かく【予覚】〔名〕スル あらかじめさとること。事前に感じとること。「危険を―する」

よ-かく【余角】二つの角の和が直角であるとき、その一方の角の、他の角に対する称。

よ-かぐら【夜神-楽】❶夜に行われる神楽。宮中の御神楽みかぐらや各地の民俗芸能の神楽も、正式には夜を徹して行われるものが多い。(季 冬)❷歌舞伎下座音楽の一。大太鼓・大拍子だいびょうし・能管または大太鼓だけの鳴り物で、夜の神社の場面などに用いる。

よ-がけ【夜駆け】「夜討ち」に同じ。「黒羽の城へ―をなす」〈関八州古戦録〉

よ-かぜ【夜風】夜に吹く風。「―がからだに障る」

よ-かせぎ【夜稼ぎ】❶夜間に仕事をすること。❷夜、盗みを働くこと。夜盗。

よ-がたり【世語り】世間話。また、世間の評判。「はかなき―などしつつ」〈鷗外訳・即興詩人〉

よ-がたり【夜語り】夜、話をすること。また、その話。夜話やわ。よばなし。「何をかのちの―にせむ」〈和泉式部日記〉

よ-かつ【余割】▶コセカント

よかつ-かんすう【余割関数】ークワンスウ ▶コセカント

よがな-よっぴて【夜がな夜っぴて】〔副〕夜通し。一晩中。「―騒ぎ歩く」➡夜っぴて

よかよか-あめ【善か善か×飴】物売りの一。飴をさした盤台を頭上にのせ、太鼓を打ち「よかよか、どんどん」とはやしながら、飴を売り歩いたもの。明治から昭和初期まであった。

よ-がら【世柄】世の中のありさま。「―が直らないと云ったが」〈鉄腸・花間鶯〉

よ-がらす【夜×烏】夜鳴く烏。

よから-ぬ【良からぬ】〔連語〕良くない。良いとはいえない。「―連中とつきあう」「―うわさ」

よがり-ごえ【良がり声｜善がり声】ーゴヱ 性的快感によって思わず出る声。

よ-が-る【良がる｜善がる】〔動ラ五(四)〕❶よいと思う。満足する。また、得意になる。「質を八に置き、苦に渋じゅうを重ね、以て―・りたがるしれものもありけり」〈逍遥・当世書生気質〉❷快感を声や表情にあらわす。「―・る声」

よ-が-る【夜▽離る】〔動ラ下二〕男が女のもとへ通うのがとだえる。「わが心こころにもあらでつらからば―・れむ床の形見ともせよ」〈後拾遺・恋二〉

よかれ【善かれ】《形容詞「よし」の命令形》よくあってほしい。うまくいってくれ。「―と思ってしたことだ」

善かれかし 《「かし」は助詞》「よかれ」を強めた言い方。「―と願う」

よ-がれ【夜▽離れ】女のもとに男が通うのがとだえること。「その頃は、―なく語らひ給ふ」〈源・明石〉

よかれ-あしかれ【善かれ▽悪しかれ】〔副〕よいにしろ、悪いにしろ。善悪にかかわらず。どっちにしても。「―結果を待つしかない」

よか-れん【予科練】《「海軍飛行予科練習生」の略称》旧日本海軍で、飛行機搭乗員育成のため、昭和5年(1930)に設けられた制度。14～15歳の少年に約3か年の基礎教育を施した。

よかわ【横川｜横河】よかは 比叡山延暦寺の三塔の一。根本中堂の北方の横川谷の峰にある諸堂塔の総称。

よかわほうご【横川法語】よかはホフゴ 平安時代の法語集。源信著。全491字。妄念をいとわず念仏することを勧め、凡夫の往生を強調したもの。念仏法語。

よ-がわり【世変(わ)り】よがはり 世の中が変わること。時代が変わること。

よ-かん【予感】〔名〕スル 何か事が起こりそうだと前もって感じること。また、その感じ。「いやな―がする」「運命的な出会いを―する」(類語)直感・第六感・虫の知らせ・感ずる・思う・覚さとる・感じ取る・実感・感得・感受・感知・直覚・ぴんと来る

よ-かん【余寒】立春後の寒さ。寒が明けてもなお残る寒さ。残寒。「―厳しき折から」(季 春)「鎌倉を驚かしたる―あり/虚子」(類語)春寒・花冷え・梅雨寒

よ

よかんべい【与勘平】❶浄瑠璃「蘆屋道満大内鑑」に登場する奴(やっこ)の名。❷文楽人形の首(かしら)の一。❶に由来。時代物で、強がりで向こう見ずな三枚目の端敵(はがたき)役に用いる。❸物売りの一種。安永(1772～1781)ごろの江戸で、泉州信田(しのだ)の森の与勘平と称する奴姿の二人が、挟箱(はさみばこ)を持って膏薬(こうやく)を売り歩いたもの。また、その膏薬。

よ-き【予期】〔名〕スル 前もって期待すること。「一に反する」「一した以上の成果」➡予想 用法
類語 予測・予想・予知・予断・予見

よき【×斧】小形のおの。ちょうな。「材(き)を新(はつ)る一の音」〈露伴・五重塔〉

よき【▽雪】「ゆき」の上代東国方言。「上野(かみつけの)伊香保の嶺(ね)ろに降ろ一の行き過ぎかてぬ妹(いも)が家のあたり」〈万・三四二三〉

よ-ぎ【余技】専門以外に身につけた技芸。
類語 裏芸・隠し芸・余興・座興

よ-ぎ【余儀】他のこと。他にとるべき方法。また、別の意見。

よ-ぎ【夜着】寝るときに上に掛ける夜具。特に、着物の形をした大形の掛け布団。かいまき。季冬
類語 寝具・夜具・布団・枕

よき-こと-きく【×斧琴菊】斧(よき)・琴・菊の模様を染め出して、「善き事を聞く」の意を寓した謎(なぞ)染め。

よ-ぎしゃ【夜汽車】夜間に走る汽車。夜行列車。「一で行く」

よぎ-な・い【余儀無い】〔形〕文よぎな・し〔ク〕❶他になすべき方法がない。やむをえない。「辞任を一・くされる」「一・い事情で参加を見合わせる」❷異議がない。「申し上ぐるところの辞儀(じぎ)、一・し」〈曽我・二〉❸隔て心がない。「互ひに一・く見えければ」〈浄・二つ腹帯〉類語 仕方ない・せん方ない・よんどころない

よき-みち【▽避き道 ▽避き▽路】人目や障害をさけて通る道。「岡崎の廻(た)みたる道を人な通ひそありつつも君が来まさむ一にせむ」〈万・二三六三〉

よ-きょう【余興】❶宴会などで、興をそえるために行う演芸。❷興があとまで残ること。「一尽きざるによりて、今一日御逗留あるべきよしを申さるるを」〈十訓抄・一〉類語 座興・アトラクション・即興・お慰み・裏芸・隠し芸・余技

よ-きょう【余響】ヨキャウ 音の消えたあとまで残るひびき。「唸るように長く尾を曳く其の一を聞くと」〈荷風・夢の女〉

よ-ぎょう【余業】ヨゲフ ❶やり残した事業。やり残した仕事。❷本業以外の仕事。「世禄を食(は)て君に仕るの一に字を学ぶ者のみ」〈福沢・文明論之概略〉

よ-ぎり【夜霧】夜に立つ霧。季秋「山国の一に劇場(こや)が出て眠し/水巴」

よぎ・る【▽過る】〔動ラ五(四)〕❶前を横切る。通りすぎる。「目の前を黒い影が一・る」「不安が心を一・る」「思い出が一瞬頭を一・る」❷途中で立ち寄る。「一・りおはしましけるよし、ただいまなむ人申すに」〈源・若紫〉❸避ける。よける。「商人旅人も道を一・る」〈浄・手習鑑〉類語 横切る・ちらつく・かする・かすめる

よ-きん【預金】〔名〕スル 銀行などの機関に金銭を預けること。また、その金銭。「毎月定額を一する」「一を下ろす」「当座一」「普通一」類語 預託・貯金

よきん-ぎんこう【預金銀行】ーギンカウ 運用資金の調達源を預金に依存している銀行。商業銀行。

よきん-げんか【預金原価】▸預金コスト

よきん-こうざ【預金口座】金融機関に預け入れのために設けた口座。

よきん-こぎって【預金小切手】銀行の店舗が自店を支払人として振り出す自己宛小切手。現金同様の高い信用度をもつ。預手(よて)。

よきん-コスト【預金コスト】銀行が預金を集めるのに要した経費。預金利息・人件費・物件費などからなる。預金原価。

よきんしゃほご-ほう【預金者保護法】ーハフ《「偽造カード等及び盗難カード等を用いて行われる不正な機械式預貯金払戻し等からの預貯金者の保護等に関する法律」の通称》偽造、または盗まれたキャッシュカードを使われた預金者の被害を金融機関が補償することを定めた法律。補償の要件は被害者の過失がないことで、特に暗証番号の管理が問題になる。盗難通帳は除外。平成18年(2006)2月施行。偽造カード法。

よきんじゅんび-りつ【預金準備率】準備預金制度により、市中金融機関が日本銀行に準備預金として無利子で預けることを義務づけられた金額の、預金などの残高に対する比率。支払準備率。

よきん-しょうしょ【預金証書】預金者が定期預金または通知預金を預け入れた際、預金契約の成立と預金債権の存在を証明するために、銀行などが発行する証書。

よきん-つうか【預金通貨】ーツウクワ 小切手制度や振替制度によって、購買手段または支払手段として機能する要求払預金。代表的なものは当座預金で、通常、普通預金・通知預金なども含める。日本銀行のマネーストック統計では、要求払預金から調査対象金融機関の保有小切手・手形を差し引いたものを指す。

よきん-つうちょう【預金通帳】ーツウチャウ 預金者が普通預金などを預け入れた際、預金契約の成立と預金債権の存在を証明するために、銀行などが発行する帳面。

よきん-ほけん【預金保険】預金を取り扱う金融機関が集まって一つの保険機構をつくり、一定の料率の保険料を積み立てておき、加盟金融機関の経営が破綻(はたん)して預金の払い戻しができなくなったときに、その金融機関に代わって預金者に一定の限度内で支払いを行う保険制度。政府・日銀・民間金融機関の出資により設立された預金保険機構が運営する。

よきんほけん-きこう【預金保険機構】昭和46年(1971)預金保険法に基づく特別法人として設立。平成8年(1996)、預金保険法改正等により業務内容を拡充。預金者保護を図るため、金融機関が預金等の払戻しを停止した場合に必要な保険金等の支払と預金等債権の買い取りを行うほか、金融機関の破綻の処理に関し、破綻金融機関に係る合併等に対する資金援助、金融整理管財人による管理、破綻金融機関の業務承継などを行う。➡整理回収機構 ➡産業再生機構 ➡振り込め詐欺救済法

よきんほけん-ほう【預金保険法】ーハフ 金融機関が破綻(はたん)した場合の処理について定めた法律。昭和46年(1971)施行。預金保険機構の組織・業務、預金保険制度、金融整理管財人の選任、破綻機関の業務の引き継ぎ等について規定している。金融機関が破綻した場合、預金保険制度により預金者一人あたり元本1000万円までとその利息が保護(ペイオフ)される。

よく【欲 ×慾】ほしがること。自分のものにしようと熱心に願い求めること。また、その気持ち。「一が深い」「仕事に一が出る」「独占一」「名誉一」➡漢「よく(欲・慾)」類語 欲望・欲求・欲情・欲念・欲心・欲気(よくけ)・欲得・利欲・私欲・我欲・執着・煩悩(ぼんのう)・意欲・色気・野心・野望・向上心・娑婆気(しゃばけ)

欲と相談　欲得ずくで物事を行うこと。

欲と二人連れ　欲につられて行動すること。

欲に転(ころ)・ぶ　欲のために、考えや態度を変える。

欲に目が眩(くら)・む　欲のために正常な判断力を失う。「一・んで法を犯す」

欲の皮が張・る　ひどく欲深くなる。欲の皮が突っ張る。「一・った人」

欲の熊鷹(くまたか)股(また)を裂く　《熊鷹が、同時に2匹の猪(いのしし)につかみかかったが、猪はそれぞれ反対の方向に駆けだしたので、熊鷹の股が裂けたということから》あまり欲が深いと災いを招くというたとえ。

欲も得(とく)も無・い　欲心や利得を全く考えない。また、欲も得も考える余裕がない。「疲れ果てて一・く眠りに落ちる」

欲を言えば　今の状態でも不足はないが、なおいっそうのことを望むならば。「一デザインにもうひと工夫ほしい」

欲をかく　一定の成果があるのにさらに欲を出す。欲張る。「一・いたあまりすべてを失う」

よく【翼】□〔名〕❶つばさ。羽翼(うよく)。❷航空機の機体から左右に張り出した部分。主翼・尾翼など。❸軍隊の陣形で、左右に張り出した部分。運動競技の陣形などにもいう。「右一」「左一」❹プロペラ・タービンなどの、断面が航空機の主翼の断面と同じ形をした羽根。❺二十八宿の一。南方の第六宿。コップ座のα(アルファ)星と海蛇座の二二星。たすきぼし。翼宿。□〔接尾〕助数詞。❶鳥のはね、また、鳥の数を数えるのに用いる。「羽二一、鹿の角四頭」〈延喜式・四時祭上〉❷船を数えるのに用いる。「毎歳商船二一を支那の広東に送り」〈輿地誌略・四〉➡漢「よく(翼)」

よ・く【▽避く】□〔動カ四〕「よける」に同じ。「秋風にさそはれわたる雁がねはもの思ふ人の宿を一・かなむ」〈後撰・秋下〉□〔動カ上二〕「よける」に同じ。「玉川の人をも一・きず鳴く蛙このゆふかげはをしくやはあらぬ」〈古今六帖・三〉□〔動カ下二〕「よける」の文語形。

よく【翌】〔連体〕その次の。日付や年月にいう。「一六日」「一一九九八年」➡漢「よく(翌)」

よく【善く 良く ▽好く ▽能く ▽克く】〔副〕《形容詞「よい」の連用形から》❶念を入れてするさま。十分に。「歯を一磨く」「一勉強しなさい」❷程度がはなはだしいさま。非常に。たいそう。「あの親子は一似ている」❸その状態・条件にふさわしいさま。巧みに。うまく。「一書けました」「一設計された家」❹困難なことをしたり、考えられないような喜ばしい結果を得たりして感じ入るさま。本当にまあ。よくぞ。「一来てくれました」「月給だけで一やっていけるね」❺相手の非常識な言動などを非難するさま。❹を反語的にいう語。よくもまあ。「一のこのこ来られたものだ」❻何度も同じことをするさま。しばしば。たびたび。「一物忘れする」「一行く店」類語 (❶)十分・存分に・思うさま・みっちり・みっしり・篤(とく)と・万万(ばんばん)/(❻)しばしば・度度・ちょくちょく・往往・ちょいちょい

善く言・う　❶十分に言う。「勉強するように一・っておく」❷巧みに言う。「暑さ寒さも彼岸までとは一・ったものだ」❸たびたび言う。「短気だと一・われる」❹ぬけぬけと言う。言ってのける。「自分のことを棚上げにして、一・うよ」

よく-あか【欲×垢】欲心が身をけがすことを垢にたとえていう語。「一と梵悩(ぼんのう)と洗ひ清めて」〈滑・浮世風呂・前〉

よく-あさ【翌朝】翌日の朝。よくちょう。
類語 明くる朝・翌朝(よくちょう)・明朝

よく-あつ【抑圧】〔名〕スル ❶抑制し圧迫すること。むりやりおさえつけること。「言論の自由を一する」❷心理学で、不快な観念や表象・記憶などを無意識のうちに押し込めて意識しないようにすること。
類語 圧迫・弾圧・威圧・強圧・暴圧・圧制

よく-い【浴衣】入浴の際、また、入浴後に身につける衣服。ゆかた。

よく-い【×薏×苡】ハトムギ、またはジュズダマの漢名。

よくい-にん【×薏×苡▽仁】ハトムギの種子。漢方で利尿・排膿(はいのう)・鎮痛薬などに用いる。また、ひき割って、かゆ・スープ・菓子などにも利用。

よく-うつ【抑鬱】気持ちが沈んで晴れ晴れしないこと。

よくうつ-しょう【抑鬱症】ーシャウ ▸鬱病(うつびょう)

よくうつ-じょうたい【抑鬱状態】ージャウタイ ▸鬱状態

よく-か【翼下】▸よっか(翼下)

よく-か【翼果】ークワ ▸よっか(翼果)

よく-かい【欲海】▸よっかい(欲海)

よく-かい【欲界】▸よっかい(欲界)

よくかい-ちょう【翼開長】ーチャウ 鳥などの翼の両翼端を結ぶ距離。翼幅ともいうが、鳥、翼竜、コウモリ、昆虫などの生物の場合、翼を開いた状態であることを明示した翼開長が使われることが多い。

よく-きょう【翼鏡】ーキャウ カモ類の翼で、特別に光沢のある色彩をしている部分。次列風切り羽にある。

よく-ぎょう【翌暁】ーゲウ 翌日の明け方。

よく-け【欲気】《「よくげ」とも》物をほしがる気持ち。欲にかられる心。欲心。「一を出して失敗する」
よく-げつ【翌月】その次の月。あくる月。(類語)来月
よく-げん【翼弦】飛行機や鳥などの翼の前縁と後縁を結ぶ直線。コード(chord)。
よく-ご【浴後】入浴のあと。湯上がり。
よくこう-るい【翼甲類】ヨクカフ オルドビス紀に出現し、デボン紀に絶滅した原始的な魚類。無顎類むがくの一群で、あごがなく、頭部は硬い骨板で覆われる。
よくさい-るい【翼×鰓類】翼鰓綱に分類される半索動物。海産で、着生または半着生生活をし、体は細長くて触手冠をもつ。日本近海にエノコロフサカツギが分布。
よく-さん【翼賛】〔名〕スル 力を添えて助けること。天子の政治を補佐すること。
よくさんせいじ-かい【翼賛政治会】ヨクサンセイヂクワイ 昭和17年(1942)東条英機首相の提唱により、挙国一致の政治体制強化を目的として結成された政治結社。衆議院・貴族院のほとんどの議員と言論界・財界など各界代表が参加した。同20年、大日本政治会に改組。
よくさん-せんきょ【翼賛選挙】東条英機内閣による昭和17年(1942)の第21回衆議院議員総選挙のこと。政府の戦争遂行政策を支持する候補者を翼賛政治体制協議会が推薦し、非推薦候補には激しい選挙干渉が加えられた。当選議員の8割以上を推薦候補が占めた。
よく-し【抑止】〔名〕スル おさえつけて活動などをやめさせること。「地価の高騰を一する」「核の一力」
(類語)管制・抑制・規制・統制・牽制けんせい・留め立て
よくした-もの【善くした物｜▽能くした物】〔連語〕「善くする❸」に同じ。「人生とは一だ」
よく-しつ【浴室】ふろば。湯殿ゆどの。バスルーム。
(類語)風呂・風呂場・バス・バスルーム・湯殿・蒸し風呂・サウナ・シャワー
よく-じつ【翌日】その次の日。あくる日。
(類語)明日みょうにち・明日あす・明日あした・明くる日
よく-しゅう【翌秋】ーシウ 翌年の秋。
よく-しゅう【翌週】ーシウ その次の週。(類語)来週・次週
よくしゅ-りゅう【翼手竜】中生代ジュラ紀から白亜紀に生息した翼竜の一群。皮膜からなる翼をもち、尾は短く、歯はない。プテロダクチルス。
よくしゅ-るい【翼手類】翼手目の哺乳類の総称。コウモリ・オオコウモリ類。手の腕および指の骨が著しく長く、飛膜が張って翼となり、飛翔する。胸骨には竜骨突起があり、翼を動かす筋肉が付着。耳は大きく、嗅覚・聴覚は鋭い。夜行性。温・熱帯に約950種が分布。
よく-しゅん【翌春】翌年の春。
よく-じょう【沃×饒】ーゼウ〔名・形動〕地味が肥えていて作物がよくできること。また、そのさま。肥沃。
よく-じょう【浴場】ーヂャウ ❶入浴するための場所。ふろば。「旅館の大一」❷料金を取って入浴させる所。銭湯。「公衆一」(類語)銭湯・風呂屋
よく-じょう【欲情】ージャウ〔名〕スル ❶物をほしがること。また、その心。欲心。「私はかつて年が若く、一切のものを一した」〈朔太郎・虚無の歌〉❷異性の肉体を欲すること。また、その心。色欲の情。情欲。「一にかられる」(類語)色情・痴情・劣情・欲
よく-じょう【翼状】ージャウ 鳥がつばさを広げた形。
よくじょう-へん【翼状片】ヨクジャウー 結膜の下にある組織が増殖して、角膜の上へ入り込む眼の病気。目頭側から半透明の膜が三角形状に伸びて、黒目の一部を覆うようになる。角膜の中央まで達すると視力が低下するため、手術で切除する。
よくし-りょく【抑止力】活動をやめさせる力。思いとどまらせる力。「核一」「犯罪の一」
よく-しん【欲心】❶ほしがる心。欲張る心。欲念。「実物を見て一が出る」❷色欲の情。情欲。(類語)欲
よく-じん【欲×塵】ーヂン 仏語。欲望が身体を悩ますことを、ちりにたとえていう語。煩悩ぼんのうのこと。
よくす【▽横▽臼】《「よこうす」の音変化》低く横に平たい臼うす。「白檮かしの生ふに一を作り」〈記・中・歌謡〉
よく-す【浴す】㊀〔動サ五〕「よく(浴)する」(サ変)の五段化。「菖蒲しょうぶ湯に一・す」「初夏の陽光に一・す」「先師の学恩に一・す」㊁〔動サ変〕「よく(浴)する」の文語形。
よく-する【浴する】〔動サ変〕図よく・す〔サ変〕❶水や湯を浴びる。入浴する。「温泉に一・する」❷日光などをからだにあびる。「日光に一・する」❸よいものとして身に受ける。こうむる。「文明の恩恵に一・する」
よく-する【善くする｜▽能くする】〔動サ変〕図よく・す〔サ変〕❶十分に手落ちなくする。巧みに行う。「詩文を一・する」❷することができる。なしうる。「これだけの仕事は素人の一・するところでない」❸(「よくしたもので」「よくしたものだ」の形で)うまいぐあいになる。「一・したもので、時が解決してくれる」
よく-せい【抑制】〔名〕スル ❶おさえとどめること。「インフレを一する」❷意識的な努力によって衝動やそれに伴う感情・思考をおさえつけること。
(類語)規制・統制・管制・抑止・牽制けんせい・留め立て
よく-せい【翼成】〔名〕スル 助けて事をなしとげさせること。力を添えて成就させること。「人間は此福祉ふくしを犠牲にして、纔わずかに世界の進歩を一している」〈鴎外・妄想〉
よくせい-きんこう【抑制均衡】ーキンカウ ▶チェック-アンド-バランス
よくせい-こうそ【抑制酵素】ーカウソ ある物質を加えることによって合成速度が低下する酵素。トリプトファンを合成する酵素など。
よくせい-さいばい【抑制栽培】自然な状態よりも生長や収穫の時期を遅らせる栽培法。⇔促成栽培
よくせい-ティーさいぼう【抑制T細胞】ーサイバウ ▶サプレッサーT細胞
よく-せき【翌夕】翌日の夕方。
よく-せき〔副〕他に方法や手段がないさま。よくよく。「一困ってくれば、時と場合で女郎さえする人もあるもんだで」〈秋声・足迹〉
よくそ【沃×沮】中国、漢・魏時代に朝鮮半島北東部にいた古代民族。また、その居住地。
よく-ぞ【善くぞ】〔副〕《「ぞ」は強意の係助詞》よくもまあ。本当によく。「一がんばった」「一言ってくれた」
よく-そう【浴槽】ーサウ 湯ぶね。ふろおけ。
(類語)湯船・風呂桶・バスタブ
よく-そく【抑塞】〔名〕スル おさえてふさぎとめること。また、おさえられてふさがること。「臣等が一窮悒の誠情今や天聴に達すべきの時至りしと」〈染崎延房・近世紀聞〉
よぐそ-みねばり【夜×糞峰×榛】カバノキ科の落葉高木。山地に自生。樹皮は黒みがかった赤土色ではがれやすく、冬緑油とうりょくゆに似た匂いがし、葉は卵形で縁にぎざぎざがある。5月ごろ、尾状の雄花穂と、上向きの雌花穂とをつけ、果穂は楕円形。材は堅く、器具・家具材とし、古くは弓や板木に利用された。あずさ。みずめ。おおばみねばり。(季 春)
よく-そん【抑損｜抑遜】〔名〕スル おさえて控えめにすること。慢心をおさえること。「大いなれども能く一せる我心とは」〈鴎外訳・即興詩人〉
よ-ぐたち【夜▽降ち】夜がふけること。また、その時刻。夜ふけ。「一に寝覚めて居れば川瀬尋とめ心もしのに鳴く千鳥かも」〈万・四一四六〉
よ-ぐた・つ【夜▽降つ】〔動タ四〕夜がふける。「一・ちて鳴く川千鳥うべしこそ昔の人もしのひ来にけれ」〈万・四一四七〉
よく-たん【翌旦】翌日の朝。翌朝よくあさ・よくちょう。
よく-たん【翼端】航空機などの翼のはし。「一灯」
よく-ち【沃地】地味のよく肥えた土地。沃土。
(類語)沃土・土地
よく-ちょう【翌朝】ーテウ 翌日の朝。よくあさ。
(類語)明くる朝・翌朝よくあさ・明朝
よく-ちょう【翼長】ーチャウ 翼の長さ。特に鳥の翼の、付け根から末端までの長さ。
よく-づら【欲面】欲の深い顔つき。また、その人。「一の継父ままちちめが」〈浄・女腹切〉
よく-てん【欲天】仏語。欲界の中にある6種の天。六欲天。
よく-でん【沃田】地味の肥えた田地。
ヨクト〖yocto〗国際単位系(SI)で、10^{-24}倍を意味する接頭語。記号y
よく-ど【沃土】地味の肥えた土壌・土地。沃地。
(類語)沃地・土地
よく-とう【浴湯】ータウ〔名〕スル 湯を浴びること。また、その湯。「西洋人は日に一して」〈福沢・学問のすゝめ〉
よく-とう【翌冬】翌年の冬。
よく-とく【欲得】貪欲と利得。ほしがって手に入れようとすること。また、その心。「一で言っているのではない」(類語)欲
よくとく-ずく【欲得▽尽く】ーヅク 欲得に基づいて物事をすること。打算的なこと。そろばんずく。「一でしか人とつきあわない」
よく-とし【翌年】その次の年。よくねん。
よく-どし・い【欲どしい】〔形〕図よくど・し〔シク〕《近世語》欲張りである。欲が深い。よくどうしい。「一・い奴が福茶に寝付けえず」〈柳多留・二七〉
よく-ねん【欲念】欲望の念。欲心。(類語)欲
よく-ねん【翌年】その次の年。よくとし。
(類語)来年・明年・明くる年
よく-ばり【欲張り】〔名・形動〕欲張ること。また、その人や、そのさま。「一を言う」「一な人」(類語)欲深・強欲・貪欲・がめつい・胴欲・慳貪けんどん・あこぎ
よく-ば・る【欲張る】〔動ラ五(四)〕なんでもかんでもほしがる。欲深く振る舞う。「一・って食いすぎる」「一・ってあちこち見物する」(類語)むさぼる・がっつく
よく-ばん【浴盤】湯浴みに用いるたらい。行水だらい。
よく-ばん【翌晩】翌日の晩。
よく-ふか【欲深】〔名・形動〕《「よくぶか」とも》欲の深いこと。また、その人や、そのさま。「一な業者」(類語)欲張り・強欲・貪欲・がめつい・胴欲・慳貪けんどん・あこぎ
よく-ぶか・い【欲深い】〔形〕図よくぶか・し〔ク〕《「よくふかい」とも》ほしがる気持ちが度を超えている。欲

漢字項目　よく

×**弋**　音ヨク漢　訓いぐるみ‖①鳥をとる道具。いぐるみ。「弋射」②ぐるぐる動き回る。「遊弋」

抑　音ヨク漢　訓おさえる、そもそも‖上からおさえつけてとめる。おさえる。「抑圧・抑止・抑制・抑揚・抑留/謙抑」(名付)あきら

沃　音ヨク漢　ヨウ(エウ)慣‖㊀〈ヨク〉①水をそそぐ。「沃灌よくかん」②地味が肥えている。「沃土・沃野/肥沃・豊沃」㊁〈ヨウ〉元素の名「ヨード」の音訳「沃度ヨード」から。「沃化・沃素」

浴　学4　音ヨク呉漢　訓あびる、あびせる‖①水や湯などにからだをひたす。「浴室・浴場・浴槽/温浴・混浴・座浴・水浴・入浴・沐浴もくよく・海水浴・日光浴」②ありがたいことを身に受ける。「浴恩」(難読)浴衣ゆかた

欲　学6　音ヨク呉漢　訓ほっする、ほしい‖①不足、不満を満たしたいと願う。ほしがる。「欲求・欲情・欲心・欲念・欲望」②(「慾」と通用)ほしがる気持ち。「欲火・欲界/愛欲・意欲・禁欲・五欲・強欲ごうよく・私欲・嗜欲しよく・情欲・食欲・性欲・大欲・貪欲どんよく・肉欲・物欲・無欲・利欲」

翌　学6　音ヨク漢‖その次の。あくる。「翌日・翌週・翌春・翌年・翌翌日」(名付)あきら(難読)翌檜あすなろ

×**慾**　音ヨク呉漢‖ほしがる気持ち。「色慾・情慾」(補説)「欲」と通用する。

翼　音ヨク漢　訓つばさ、たすける‖①鳥のつばさ。「羽翼・鶴翼かくよく・比翼」②飛行機のはね。「銀翼・主翼・尾翼」③つばさのように左右に張り出たもの。「鼻翼・最右翼・左翼手」④力を添えて助ける。「翼賛・翼成/扶翼」(名付)すけ・たすく

張りである。「—・い人」「—・い頼み」

よく-ふく【翼幅】飛行機や鳥などの翼の両翼端を結ぶ距離。生物の場合、翼を開いた状態であることを明示して翼開長ともいう。スパン。ウイングスパン。

よく-ぶつ【浴仏】▶灌仏かんぶつ❶

よくぶつ-え【浴仏会】ヱ「灌仏会かんぶつえ」に同じ。《季 春》

よく-ぶとり【欲太り】欲心を太らせること。また、欲深らしく憎々しいようすに太っていること。

よく-べん【翼弁｜翼×瓣】蝶形花ちょうけいかで、左右一対ある花びら。鳥の翼に見立てていう。その上方に旗きい弁、下方に竜骨りゅうこつ弁がある。

よく-ぼう【欲望】ヅ 不足を感じてこれを満たそうと強く望むこと。また、その心。「—にかられる」
〔類語〕欲・欲求・欲心・欲念・欲気・婆婆気しゃばけ

よくぼうというなのでんしゃ【欲望という名の電車】ヨクバウトイフナノデンシャ《原題A Streetcar Named Desire》テネシー=ウィリアムズの戯曲。3幕。1947年初演。過去の夢を忘れられない米国南部の没落農園の娘ブランチの精神的破滅を描いたもの。

よく-ぼ・る【欲ぼる】〔動ラ四〕「よくばる」に同じ。「壱文に千貫の入替よきをくわっとなげ給へと、—・りける」〈浮・織留・四〉

よく-め【欲目】自分の希望などから実際以上に評価すること。自分の都合のよいように判断すること。また、そのような見方。ひいきめ。「—に見ても勝ち目はない」「親の—」

よく-めんせき【翼面積】飛行機や鳥などの翼を平面に投射した時の最大射影面積。一般に胴体と重なる部分も含める。

よく-も【善くも】〔副〕「よく」を強めた言い方。賞賛・驚き・意外・憎しみなどの気持ちをそえる。よくまあ。「—こんなに食べたものだ」「—殴ったな」

よく-や【沃野】地味のよく肥えた平野。〔類語〕土地

よく-や【翌夜】翌日の夜。翌晩。

よく-よう【抑揚】ヤウ 話すときの音声や文章などで、調子を上げたり下げたりすること。イントネーション。「—をつけて話す」「—のある文」

よく-よう【浴用】入浴の際に使うこと。入浴用。「—石鹸せっけん」

よくよう-とんざ【抑揚頓挫】ヨクヤウ― 言葉や文章の調子を上げたり下げたり、また、勢いを急に変えたりすること。

よくよう-ほう【抑揚法】ヨクヤウハフ 修辞法の一。先にけなしてあとでほめたり、先に利をあげてあとで害を説いたりする方法で、文勢に変化を与えるもの。

よく-よく【善く善く｜▽能く▽能く】《「よく」を重ねて強調した語》㊀〔形動〕図〔ナリ〕❶他に適当な方法がなく、やむを得ずそうするさま。よほど。よくせき。「—な理由があるらしい」「あの男が頭を下げるのだから、—のことだ」❷限度をはるかに超えているさま。「—のあほう」㊁〔副〕❶念を入れて物事をするさま。十分に。「—尋ねてみたら」❷程度がきわめてはなはだしいさま。極度に。「—金に困っているのだろう」

よく-よく【翼翼】〔ト・タル〕図〔形動タリ〕用心深いさま。慎重なさま。「—として勤める」「小心—」

よく-よく【翌翌】《「翌」を重ねたもの》㊀〔連体〕その次の次。日付・年月などにいう。「—四月一七日」「—一九九九年」㊁〔語素〕時に関する名詞の上に付いて複合語をつくり、その次の次の年月や日時であることを表す。「—週」「—年」

よくよく-げつ【翌翌月】翌月の翌月。次の次の月。

よくよく-じつ【翌翌日】翌日の翌日。次の次の日。明後日。

よくよく-ねん【翌翌年】翌年の翌年。次の次の年。

よく-りゅう【抑留】リウ〔名〕スル ❶おさえとどめること。一定の場所にとどめておくこと。❷逮捕に引き続く身柄の拘束で、比較的短期のもの。⇒拘禁 ❸国際法上、他国の人や物、特に船舶を自国の権力内に置くこと。「領海に侵入した漁船を—する」
〔類語〕留置・勾留・検束・拘置・拘禁

よく-りゅう【翼竜】翼竜目の爬虫はちゅう類の総称。中生代のジュラ紀に出現して白亜紀末に絶滅。飛行のため、長く伸びた前肢の第4指に支持された皮膜の翼をもつ。尾が長く歯をもつ嘴口しこう竜と、歯がなく尾が退化した翼手竜とに分類。プテロサウルス。

よく-ろう【翼廊】ラウ キリスト教聖堂の一部。身廊と内陣との間に交差して置かれる廊(トランセプト)の左右に張り出した部分。袖廊しゅうろう。

よ-くん【余薫】❶あとまで残っている香り。残り香。余香。❷先人の残した恩恵。余光。余慶。

よけ【▽避け｜▽除け】よけること。特に、害をさけるためのまじない。また、そのためのもの。「雨—」「魔—」「厄—」

よ-げ【善げ】〔形動ナリ〕よいさま。よさそうなさま。「皆人は—に寝ぬれども」〈讃岐典侍日記・下〉

よ-けい【余計】㊀〔名・形動〕❶物が余っていること。必要な数より多くあること。また、そのさま。余り。余分。「一人分切符が—だ」❷普通より分量の多いこと。程度が上なこと。また、そのさま。たくさん。「いつもより—に食べる」「人より—な苦労をする」❸必要な度を超えてむだなこと。また、そのものや、そのさま。「—なことまでしゃべる」「—なお世話だ」㊁〔副〕程度・分量がさらに増すさま。もっと。なおさら。「前より—痛くなった」「そんなことを聞くと—心配になる」
〔類語〕(㊀❶)余分・余り・端数・余剰・剰余・残り・残余・おこぼれ/(㊀❸)余分・蛇足だそく・不必要・不要・不用・無用・無益・無駄むだ・無くもがな・あらずもがな/(㊁)なおさら・なお・さらに・ますます・一層・もっと・いよいよ・より・も少し・もう少し・ずっと・一段と・弥いや が上に

余計な御世話おせわ　不必要なおせっかい。他人の助言や手助けを拒絶するときに言う。大きなお世話。

よ-けい【余慶】❶祖先の善行のおかげで、子孫が受ける幸福。⇔余殃よおう。❷先人のおかげ。余光。

よけい-もの【余計物】あって困る物。ないほうがいいような物。

よけい-もの【余計者】いて困る人。いないほうがいいような者。厄介者やっかいもの。

よ-けつ【預血】〔名〕スル 輸血を必要とするときのために血液銀行に自分の血を預けておくこと。

よ-げつ【余月】陰暦4月の異称。《季 夏》

よ-げつ【余×蘖｜余×孽】❶切り株に生じる芽。ひこばえ。❷滅びた家の子孫で残っているもの。

よけ-の-うた【▽除けの歌】虫よけのまじないの歌。4月8日の灌仏会かんぶつえの日、甘茶で墨をすって守り札に「千早ぶる卯月うづき八日は吉日よかみさけ虫を成敗ぞする」という歌などを書き、台所や便所などに逆様にはった。

よ・ける【▽避ける｜▽除ける】〔動カ下一〕図よ・く〔カ下二〕❶触れたり出あったりしないようにわきに寄る。また、身をかわしてさける。「日なたを—・けて歩く」「車を—・ける」❷前もって被害を防ぐ。災いなどからのがれようとする。「囲いをして風を—・ける」❸別にしておく。除外する。「自分で食べる分は—・けておく」⇒避さける〔用法〕
〔類語〕避ける・いなす

よ-けん【与件】▶所与しょよ❶

よ-けん【予見】〔名〕スル 物事の起こる前に、その事を見通すこと。「今日という日の来ることを—する」

よ-げん【予言】〔名〕スル 未来の物事を予測して言うこと。また、その言葉。「大災害を—する」

よ-げん【余弦】▶コサイン

よ-げん【預言】〔名〕スル キリスト教で、神託を聴いたと自覚する者が語る神の意志の解釈と予告。また、それを語ること。

よけん-かのうせい【予見可能性】危険な事態や被害が発生する可能性があることを事前に認識できたかどうか、ということ。重大な結果を予見できたにもかかわらず、危険を回避するための対応・配慮を怠った場合、過失を問われることがある。

よげん-かんすう【余弦関数】―クワンスウ ▶コサイン

よげん-しゃ【預言者】❶預言する力を与えられた者。特に、古代イスラエル民族に現れた宗教的指導者。❷イスラム教で、モーセやイエスなど神が啓示を伝えるために遣わした人。ムハンマドは最後の預言者とされる。

よげんしゃイリヤ-せいどう【預言者イリヤ聖堂】―セイダウ《Tserkov' Il'i Proroka》▶イリヤプロローク聖堂

よげん-ていり【余弦定理】三角形の角と辺の関係を示す定理。三角形の頂点A・B・Cの対辺をそれぞれa・b・cとするとき、$a=b\cos C+c\cos B$, $b=a\cos C+c\cos A$, $c=a\cos B+b\cos A$(第1余弦定理)、また、$a^2=b^2+c^2-2bc\cos A$, $b^2=c^2+a^2-2ca\cos B$, $c^2=a^2+b^2-2ab\cos C$(第2余弦定理)が成り立つ。一般には第2余弦定理をいう。余弦法則。

よこ【横】❶水平の方向。また、その長さ。「首を—に振る」「瓶を—にする」「手を—に伸ばす」⇔縦。❷左右の方向。また、その長さ。「—に並ぶ」「便箋を—にして手紙を書く」⇔縦。❸立体や平面の短い方向。側面。「樽の—に穴をあける」⇔縦。❹物のかたわら。脇。「—の席に座る」「—を見る」❺無関係の立場。局外。「—から口を出す」「話が—にそれる」❻東西の方向。「東京を—に走る道路」⇔縦。❼身分・階級などによらない、同列あるいは別種のものどうしの関係。「—の連絡を密にする」⇔縦。❽正しくないこと。また、道理に合わないこと。不正。「—を言う」❾織物の横糸。⇔縦。❿客のある遊女が他の客や情夫と密会すること。「透すきをみて—をいたしたがる」〈浮・色三味線・一〉
〔類語〕(❶❷)横様よこさま・横向き・水平・左右/(❸)側面・横腹・横っちょ・サイド/(❹)脇わき・片脇・傍ら・片方かたへ・隣となり・横手・横合い・そば

横と出る　わざと意地悪い態度をとる。横意地を張る。「さやうに—出候はば、山こかしのやうに申したて」〈浮・色三味線・五〉

横に車を押・す　「横車を押す」に同じ。

横にな・る　からだを横たえる。また、寝る。「くたびれて—・る」

横に寝ねる　借りたものを返さない。借りたものを返さずに居直る。

横の物を縦にもしない　ものぐさで何もしないことのたとえ。縦の物を横にもしない。

横を言いう　無理なことを押し通す。

横を向・く　無視したり拒絶したりする。「隣人に留守を頼んだが—・かれた」

よ-ご【予後】❶病気・手術などの経過または終末について、医学的に予測すること。❷病気の治癒後の経過。「—を大切にする」

よこ-あい【横合(い)】―アヒ ❶横の方。よこて。「—から足を出して転ばせる」❷直接関係のない立場。局外。「—から口を挟む」
〔類語〕横・横っちょ・側面・脇わき・片脇・傍ら・片方かたへ・隣となり・横手・そば

よこ-あな【横穴】❶山腹や崖などに横に掘った穴。❷古墳時代の墓の一種。墳丘を築く代わりに軟らかい土の丘陵の斜面や崖面に横に穴を掘って墓室としたもので、ふつう数多く群在する。5世紀に九州に出現し、6世紀には各地にみられる。埼玉県の吉見の百穴はその一例。横穴墓。横穴古墳。

よこあなしき-せきしつ【横穴式石室】横方向に開口する石積みの墓室。日本では古墳時代後半を代表する墓室。石室とそれに連絡する通路とからなり、石積みの壁と天井石でつくる。⇒竪穴式石室

よこ-あめ【横雨】風のために横なぐりに降る雨。

よこ-あるき【横歩き】横向きに歩くこと。

よこ-いじ【横意地】―イヂ ことさらに曲がった言い分を押し通そうとする心。片意地。「—を張る」

よこい-しょうなん【横井小楠】よこゐせうなん［1809～1869］江戸末期の思想家・政治家。熊本藩士。通称、平四郎。藩政改革に努めたが失敗し、松平慶永に招かれて福井藩の藩政を指導。富国強兵を説き、また、幕府の公武合体運動に活躍。明治維新後、暗殺された。著「国是三論」など。

よこ-いた【横板】❶木目を横にして用いる板。❷能

舞台で、本舞台と鏡板との間の部分。床板が横に張ってあるところからいう。後座ござ。
横板に雨垂れ　詰まりながらしゃべることのたとえ。⇔立て板に水。
よこ-いと【横糸|▽緯|▽緯糸】織物の横方向に通っている糸。縦糸に直角に織り込まれる。ぬきいと。ぬき。⇔縦糸。
よこい-やゆう【横井也有】よこゐやいう[1702〜1783]江戸中期の俳人。尾張の人。名は時般ときつら。別号、野有・素分・知雨亭など。尾張藩の重臣で、武芸・詩歌・絵画・音曲などにもすぐれ、多芸多能で知られた。俳文集「鶉衣うづらごろも」は有名。
よ-こう【予行】ヨカウ 練習のために前もって行うこと。「卒業式の—」
よ-こう【予稿】ヨカウ 前もって書いておく概要。本稿に対していう。
よ-こう【余光】ヨクワウ ❶日が暮れてなお残っている光。余映。❷先人のおかげ。余徳。類語残照
よ-こう【余香】ヨカウ 残り香。余薫。
よこう-えんしゅう【予行演習】ヨカウエンシフ 催事などの前に、実際どおりに練習すること。
よ-ごえ【夜声】よごゑ 夜に聞こえる声。夜中に高く響く声。「隼人はやひとの名に負ふ—いちしろく我が名は告のりつ妻と頼ませ」〈万・二四九七〉
よこ-えいそう【横詠草】ヨコエイサウ 和歌の書式の一。横に二つに折った紙を、さらに縦に四つ折りにしてそれに歌を書くもの。添削してもらうときの書式。⇔竪詠草たてえいさう。
よこ-えび【横×蝦】端脚目ヨコエビ科の甲殻類の総称。多くは海産で、海藻の間や石の下にすむ。体長1センチ以下のものが多く、形はエビに似るが、左右から押しつぶしたように平たい。魚類の天然飼料。
よこ-およぎ【横泳ぎ】からだを横向きにして顔を上に向け、あおり足をすると同時に、下方の手を前方に伸ばして水を押さえながら上方の手で水をかく泳ぎ方。伸のし泳ぎ。伸し。
よこ-お・る【横ほる】よこほる〔動ラ四〕横に広がる。横たわる。「東のかたに山の—・れるを見て」〈土佐〉
よこ-がお【横顔】よこがほ ❶横向きの顔。横から見た顔。プロフィール。❷ある人物の、一般にはあまり知られていない一面。プロフィール。「作家の—を紹介する」
よこ-がき【横書(き)】文字を横に並べて書くこと。また、その書いたもの。「—の履歴書」⇔縦書き。
よこ-がく【横額】横に長い掛け額。
よこ-がけ【横掛(け)】❶横にして掛けること。❷横幅の広い額や軸物の類。❸刀や棒などで横ざまに切ったり打ったりすること。「腰の番つがひを—に、ざっぷとかけてぞ落としける」〈浄・百日曽我〉
よこ-がすり【横×絣】横糸だけに絣糸かすりいとを用いて絣模様を織り出したもの。
よこ-かぜ【横風】横から吹きつける風。
よこ-がみ【▽軸】車の心棒。「こよなき—より引き落としけるに、轅ながえばかり出でたりける」〈落窪・二〉
よこ-がみ【横上】長い旗の上端につけて、旗を垂らして張るための横木。「旗の—には金剛童子をかきたてまつ」〈平家・一一〉
よこ-がみ【横紙】❶漉すき目が横に通っている紙。❷紙の漉き目を横にして使うこと。
横紙を裂・く　「横紙を破る」に同じ。
横紙を破・る　無理を押し通す。横紙破りをする。「人の—・るになれば、さこそあれとて」〈義経記・六〉
よこがみ-やぶり【横紙破り】《和紙は漉き目が縦に通っていて横には破りにくいところから》自分の思ったとおりを無理に押し通そうとすること。また、そのような人。類語無理押し・ごり押し・強引・無理・乱暴
よこかわ【横川】よこかは 群馬県安中市の地名。江戸時代は中山道松井田宿と坂本宿との間の宿駅。碓氷うすい関所跡がある。信越本線が長野方面へ通じていたが、長野新幹線開通に伴い信越本線は横川止まりとなった。
よこがわ-きゅうちゅう【横川吸虫】よこがはきふちゅう 吸虫類の一種。体は長楕円形で、体長約2ミリ。人間・猫・犬などの小腸に寄生。第1中間宿主はカワニナ、第2中間宿主は淡水魚で、アユ・フナなどの生食により感染し、多数寄生では腹痛・下痢などの症状がみられる。寄生虫学者の横川定よこがわさだむが発見。
よこ-ぎ【横木】❶横に渡した木の棒。「柵さくの—」❷車の後部に横に渡した木。軫しん。
よこ-ぎき【横聞き】横合いから聞くこと。
よこ-ぎり【横切り】《「よこきり」とも》❶横ぎること。横に通ること。「囲の前を衝と—に乗り抜けつ」〈染崎延房・近世紀聞〉❷横に切ること。❸「横切り縞じま」の略。
よこぎり-じま【横切り×縞】横に走った筋のある縞。
よこ-ぎ・る【横切る】■〔動ラ五(四)〕❶横の方向に通りすぎる。一方の側から他方の側へ渡る。横断する。「車道を—・る」❷ふと現れて消える。「失望の色が顔を—・る」■〔動ラ下二〕横に切れていく。横にさえぎる。「澄みのぼる月の光に—・れてわたるあきさの音の寒けさ」〈頼政集〉
類語よぎる・ちらつく・かすする・かすめる・通る
よこ-ぎれ【横切れ】《「よこきれ」とも》❶横に切れていること。❷織り目が横になるように裁ってある布切れ。❸横道に入ること。わき道にそれること。「九軒の—して、西側の座頭の許もとへよられける程に」〈浮・諸艶大鑑・三〉
よ-こく【与国】助け合う関係にある国。同盟国。
類語同盟国・連合国・盟邦・友邦
よ-こく【予告】〔名〕スル 前もって告げ知らせること。「先発投手を—する」類語予報・前触れ・断る
よこく-かいさん【予告解散】政府があらかじめその月日を予告して行う衆議院の解散。➡抜き打ち解散
よこ-ぐし【横串】❶横に並べた小魚を串で刺し連ねること。開いたウナギ・穴子などを横から串で刺すこと。また、その串。➡縦串 ❷縦割りの各組織内の互いに関連のある部署を連携させること。また、そのためのプログラム。「縦割りの施策に—を通す」
よこ-ぐし【横×櫛】櫛を斜めに鬢びんに挿すこと。また、その櫛。
よこく-てあて【予告手当】使用者が労働者を解雇するとき、解雇予告をしなかった場合に支払わねばならない手当。➡解雇予告
よこく-とうき【予告登記】登記原因の無効または取り消しを理由とする登記の抹消または回復の訴えが提起されたとき、第三者に警告する目的で、受訴裁判所の嘱託によってなされる登記。予備登記の一。
よこ-ぐみ【横組(み)】活字を横に並べて組むこと。また、その印刷物。
よこ-ぐも【横雲】横に長くたなびく雲。多く明け方に東の空にたなびく雲をいう。
よこぐら-やま【横倉山】高知県中央部、高岡郡越知おち町の西方にある山。標高793メートル。地層は4億年以上前のシルル紀のもので、クサリサンゴや三葉虫など化石が多数発見されている。鶏冠けいかん山。金峰きんぷ山。
よこ-ぐるま【横車】❶横に車を押すように、道理に合わないことを無理に押し通そうとすること。❷棒・なぎなたなどの扱い方の一。横に振り回すこと。
横車を押・す　道理に合わないことを無理に押し通す。横に車を押す。「娘の結婚に父親が—・す」
よこ-ぐわえ【横×銜え】よこぐはへ ❶口の横でくわえること。また、横にしてくわえること。「パイプを—にする」❷物事の一部分を聞いて知っていること。なまかじり。「居ながら海外万里の情を、…東訛りの—」〈魯文・西洋道中膝栗毛〉
よこ-こう【横坑】ヨコカウ ほぼ水平に掘った坑道。
よ-ごこち【世心地】「世の中心地ここち」に同じ。「一大事にわづらひ給ひければ」〈古本説話集・五二〉
よこ-ごと【横言】中傷する言葉。よこしまごと。「垣ほなす人の—繁みかも逢はぬ日まねく月の経ぬらむ」〈万・一七九三〉
よ-ごころ【世心】男女の間の情を解する心。異性を恋う心。「—つける女」〈伊勢・六三〉
よこ-さ【横さ】横の方。よこ。よこし。「縦たたさにもかにも—も奴やつことそ我あれはありける主の殿戸に」〈万・四一三二〉
よこ-ざ【横座】❶畳や敷物を横に敷いて設けた正面の席。上座。❷いろりの奥の正面で、一家の主人がすわる席。亭主座。❸横手の座席。「火鉢の—に座る」❹《勘定奉行の横目につけておくところから》勘定吟味役かんぢやうぎんみやくの異称。
よこざ【横座】狂言。二人の男が横座という牛の所有権を争うが、名づけ親の男が牛に故事などを語りきかせて名を呼び、牛に返事をさせて取り戻す。
よこ-ざき【横裂き】横に引き裂くこと。
よこ-さび【横×皺】烏帽子えぼしのしわが横に高く低くうねをなしているもの。
よこさび-の-えぼし【横×皺の×烏▽帽子】横皺のある烏帽子。
よこ-ざひょう【横座標】ヨコザヘウ 直交座標において、平面上の任意の点Pからy軸と平行な線を引き、x軸との交点をMとした場合の、原点OからMまでの長さ。x座標。⇔縦座標。
よこ-さま【横様|横▽方】〔名・形動〕《「よこざま」とも》❶横の方向。横向き。また、そのさま。「—に倒れる」❷道理に合わないこと。また、そのさま。非道。「—な要求」類語(❶)横・左右・横向き・水平/(❷)不正・不当・邪よこしま・いんちき・いかさま・非
よこさま-の-しに【横様の死に】《「横死わうし」を訓読みにした語》非業ひごふの死。「これ、—をすべき者にこそあめれ」〈源・手習〉
よこ-さら・う【横去らふ】よこさらふ〔連語〕《「さらう」は動詞「さる」の未然形に反復・継続の助動詞「ふ」の付いたもの》横に移動する。横歩きをする。「百伝ふ角鹿つぬがの蟹—・ふ何処に至る」〈記・中・歌謡〉
よこ-さる【横猿】雨戸などに取り付けた猿で、左右に動かして戸締まりをするもの。
よこざわ-さぶろう【横沢三郎】よこざはさぶらう[1904〜1995]野球選手・プロ野球審判。台湾の生まれ。東京六大学野球の専属審判員を務めるかたわら、内野手として都市対抗野球で活躍。昭和11年(1936)東京セネタースの初代監督。日本野球連盟(日本職業野球連盟から改称)の審判員、パリーグ審判部長を歴任。
よこ-ざん【横桟】戸や障子の上下の框かまちの中間にある横の桟。
よこ-ざん【横産】胎児が横位わうゐの出産。
よこ-し【横し】横の方。よこ。よこさ。〈和名抄〉
よごし【汚し】❶よごすこと。また、よごれること。多く名詞の下に付けて用いる。「口—」「面つら—」❷あえもの。「ごま—」
よ-ごし【夜越し】❶夜を越すこと。夜どおし。「君がため—に摘める七草のなづなの花を見て忍びませ」〈散木集・一〉❷夜、山河などを越すこと。夜ごえ。「わしは今夜は—に行く」〈浄・伊賀越〉
よこ-じく【横軸】ヨコヂク ❶横に長い軸物。❷直交座標で、左右方向にとる座標軸。❸(比喩的に)時間の経過を縦とした場合、同じ時間を共有するさまざまな物事のつながり。「言葉は隣人とつながる—であると同時に、祖先とつながる縦軸でもある」⇔縦軸。
よこ-しとみ【横×蔀】►廊下橋らうかばし❷
よこ-しぶき【横▽繁吹き】横から降りつける雨のしぶき。
よこしほう-がため【横四方固め】よこしはう—— 柔道の押さえ技の一。あおむけにした相手の体側からうつ伏せになり、そのからだとほぼ直角に押さえ込む技。
よこ-しま【▽邪|横しま】〔名・形動〕❶正しくないこと。道にはずれていること。また、そのさま。「—な考えをいだく」❷横の方向であること。また、そのさま。「群臣、共に視て—の源みなもとを決さり」〈仁徳紀〉
類語(❶)不正・不当・横様・いんちき・いかさま・非
よこ-じま【横×縞】横方向に通った縞模様。また、その織物。➡縦縞
よこしま-かぜ【横しま風】横なぐりに吹く風。暴風。「思はぬに—のにふふかに覆ひ来ぬれば」〈万・九〇四〉

よ

よこ-しゅうさ【横収差】ﾖｺｼｭｳｻ《lateral aberration》レンズなどの光学系の収差の一。光軸に垂直な方向の像面に生じる収差を指す。コマ収差、球面収差、倍率色収差などがある。

よこ-しん【横審】「横綱審議委員会」の略称。

よこ・す【▽寄越す|▽遣す】〔動サ五(四)〕❶こちらへ送ってくる。こちらへ渡す。「手紙を一・す」「使いを一・す」「分け前を一・す」❷(動詞の連用形に「て」を添えた形の下に付いて)こちらへある動作をしむけてくる。「先方から都合が悪いと言って一・した」[可能]よこせる [類語]もたらす・くれる

よこ・す【×讒す】〔動サ四〕中傷する。讒言ざんげんする。「親に申まうし一・し申し」〈催馬楽・葦垣〉

よご・す【汚す】〔動サ五(四)〕❶きたなくする。「水を一・す」「泥で服を一・す」❷不正なことなどをする。けがす。「心を一・す」「手を一・す」❸あえものにする。あえる。「ごまで一・す」[可能]よごせる
[類語]けがれる・よごれる

よこすか【横須賀】神奈川県南東部、三浦半島の中部を占める市。明治期に海軍鎮守府などが置かれ、第二次大戦まで軍港として発展。現在は米軍・自衛隊の基地。人口41.8万(2010)。

よこすか-し【横須賀市】▶横須賀

よこすか-せん【横須賀線】神奈川県大船から横須賀を経て久里浜に至るJR線。全長23.9キロ。明治22年(1889)開業。また、東京から久里浜まで直通の電車の通称。

よこ-ずき【横好き】じょうずでもないのに、むやみに好むこと。「下手へたの一」

よこ-すじ【横筋】ﾖｺｽｼﾞ ❶横に引いた線。横線。❷本筋からはずれた道筋。横道。「話が一にそれる」

よこ-ずっぽう【横▽外っ方】ﾖｺｽﾞｯﾎﾟｳ「よこぞっぽう」の音変化。「人の一をはっつけては」〈中勘助・銀の匙〉

よこ-すべり【横滑り|横×辷り】〔名〕ｽﾙ ❶横の方向に滑ること。「雪道でタイヤが一する」❷他の、同程度の地位・役職に移ること。「営業部門の部長に一する」❸スキー技術の一。スキーをそろえて横にずらせるようにして滑ること。

よこすべりぼうし-そうち【横滑り防止装置】ﾖｺｽﾍﾞﾘﾎﾞｳｼｿｳﾁ 自動車がカーブでスリップしそうになった場合などに、車体の不安定な動きを感知し、各車輪に適切にブレーキをかけ、エンジンの出力を抑えることによって、進行方向を保つように車両を制御する装置。平成24年(2012)10月(軽自動車は2014年10月)以降に販売される新型車に対して装着が義務化される。ESC(electronic stability control)。メーカーごとにさまざまな名称がある。

よこすべりぼうしそうちそうびしゃ-わりびき【横滑り防止装置装備車割引】ﾖｺｽﾍﾞﾘﾎﾞｳｼｿｳﾁｿｳﾋﾞｼｬﾜﾘﾋﾞｷ 自動車保険の契約に際し、被保険自動車が、横滑り防止装置(急ハンドル操作をしたときや滑りやすい路面を走行するときなど、横滑りが発生しそうな状態を感知すると自動的に横滑りを抑え、車両を安定させる装置)を装備している場合に適用される保険料の割引。

よこずれ-だんそう【横ずれ断層】断層面の両側が水平方向にずれた断層。断層面の向こう側が相対的に左に動いた場合を左横ずれ断層、右に動いた場合を右横ずれ断層という。

よこずれ-ほうしき【横ずれ方式】ﾖｺｽﾞﾚﾎｳｼｷ ▶位相差AF

よこ-ずわり【横座り|横×坐り】〔名〕ｽﾙ 正座の足を横に出し、姿勢をくずして座ること。「板の間に一する」[類語]あぐら・立て膝・割り膝

よこせ-やう【横瀬夜雨】[1878～1934]詩人。茨城の生まれ。本名、虎寿。別号、利根丸・宝湖。河井酔茗・伊良子清白とともに文庫派の代表的詩人。恋愛叙情詩や地方色豊かな作品で知られた。詩集「夕月」「花守」「二十八宿」など。

よこ-ぜん【横膳】木目を縦にして据える膳。死人に供える。側膳そばぜん。夷膳えびすぜん。

よこ-ぞっぽう【横▽外っ方】ﾖｺｿﾞｯﾎﾟｳ ❶横っつら。頬ほお。また、そこを打つこと。「一張り曲げられるか」〈伎・色読販〉❷横の方。「耳が一に付いてあると見ゆる」〈伎・吾嬬下五十三駅〉❸的外れ。「坂三津をきいて高麗屋とほめるやつだ。一のだりむくれめが」〈滑・客者評判記〉

よこ-だい【横題】詩歌の題で、俳諧にだけ取り上げられるやや俗な題。万歳・行水・炬燵こたつ・煤払すすはらいなど。よこのだい。➡縦題

よこ-た・う【横たふ】ﾖｺﾀﾌ ■〔動ハ四〕横になっている。横たわる。「荒海や佐渡に一・ふあまの川」〈奥の細道〉■〔動ハ下二〕「よこたえる」の文語形。

よこ-た・える【横たえる】ﾖｺﾀﾍﾙ〔動ア下一〕図よこた・ふ〔ハ下二〕❶横にする。横に寝かせる。「からだを一・える」❷横にして身に帯びる。携える。「太刀を腰に一・える」[類語]横たわる・寝転ぶ・寝そべる・倒す

よこ-だおし【横倒し】ﾖｺﾀﾞｵｼ《「よこたおし」とも》❶横に倒すこと。また、横に倒れること。「電車が脱線して一になる」❷レスリングで、反動を利用して相手を抱き込み、頭と両足とでからだを弓なりにさせて相手をあおむけにする技。横崩くずし。❸無法なことを押し通すこと。「今日より女房にするから、いなす事はならぬと銀かねにする気の一」〈浮・世間猿〉❹代金や借金などをふみたおすこと。「証文のない事ぢゃと思うて一に出るのか」〈伎・桑名屋徳蔵〉[類語]転倒・転覆・横転・反転

よこ-だき【横抱き】横にして抱くこと。わきに抱えること。「赤ん坊を一にして走る」

よこた-きさぶろう【横田喜三郎】ﾖｺﾀｷｻﾌﾞﾛｳ[1896～1993]国際法学者・裁判官。愛知の生まれ。東大教授。最高裁判所長官。満州事変以降の軍国主義に対し、国際法の立場から批判的立場をとる。昭和56年(1981)文化勲章受章。

よこた-じゅんや【横田順弥】[1945～]SF作家。佐賀の生まれ。昭和63年(1988)会津信吾と共著の「快男児 押川春浪」で日本SF大賞受賞。他に「宇宙ゴミ大戦争」「火星人類の逆襲」「星影の伝説」など。日本古典SF研究の第一人者としても知られる。

よこ-たて【横縦】❶横と縦。たてよこ。❷横糸と縦糸。たてぬき。

よこ-たわ・る【横たわる】ﾖｺﾀﾊﾙ ■〔動ラ五(四)〕❶横になる。横に寝る。「床に一・る」❷横または水平に長くのびる。「国境に一・る大河」❸前に立ちふさがっている。「前途に幾多の苦難が一・っている」■〔動ラ下二〕■❶に同じ。「大きなる木の風に吹き倒されて根をささげ一・れ伏せる」〈枕・一二五〉
[類語]横たえる・寝転ぶ・寝転がる・寝そべる・寝る・臥ふす・臥ふせる・枕まくらする・横臥おうがする・安臥あんがする・仰臥ぎょうがする・伏臥ふくがする・側臥そくがする・横になる

よこだんせい-けいすう【横弾性係数】▶剛性率

よこだんせい-りつ【横弾性率】▶剛性率

よこ-ちょう【横町|横丁】ﾖｺﾁｬｳ 表通りから横へ入った町筋。また、その通り。よこまち。

よこ-づけ【横付け】〔名〕ｽﾙ 船や車などの、側面を他のものに接するようにつけること。「車を玄関に一する」

よこ-づち【横×槌】槌の一。丸木に柄をつけ、頭部の側面で打つ。砧きぬたや藁わら打ちなどに用いる。

よこっ-ちょ【横っちょ】横の方。よこ。「一を向く」「帽子を一にかぶる」[類語]横・横合い・側面・横腹・サイド

よこっ-つら【横っ面】「よこつら」の音変化。「一を張られる」

よこっ-とび【横っ飛び|横っ跳び】「よことび」の音変化。「一に飛んで自動車をよける」

よこ-づな【横綱】❶相撲で、力士の最高位。また、横綱力士の略称。本来は大関の中で、❷を締めることを許された力士をさしたが、現在は、日本相撲協会が免許する地位。❷四手しでを垂らした白麻の太い綱。力量・技の最もすぐれた大関に相撲行司の家元吉田司家よしだつかさけから授与され、土俵入りのとき、化粧まわしの上に締めた七五三縄しめなわ。❸同類の中で最もすぐれた者。「マージャンでは彼が一だ」

横綱を張・る　相撲で、横綱になる。また、その地位にある。

よこづなしんぎ-いいんかい【横綱審議委員会】ﾖｺﾂﾞﾅｼﾝｷﾞｲｲﾝｸﾜｲ 日本相撲協会の諮問に応じ、横綱に関する案件について答申・進言する機関。委員は、相撲協会理事長から委嘱を受けた協会外の有識者によって構成される。特に横綱推薦が重要な案件で、「2場所連続優勝、またはそれに準ずる成績」を基準に協会から横綱昇進について諮問があり、推薦するかどうかを審議して答申を行う。協会はその答申を尊重しながら理事会で昇進を決議する。昭和25年(1950)に設置。横審。

よこっ-ぱら【横っ腹】「よこばら」の音変化。

よこ-つら【横面】《「よこづら」とも》❶顔の横側。よこっつら。「一を張る」❷横の側の面。側面。

よこ-て【横手】❶横に当たる方向。わき。「寺の一にある堂」「一から入る」❷旗の上部の乳ちに通すための棒。❸刀身の先端、切っ先との境をなす鎬地しのぎじから刃にかけての横の線。横手筋。
[類語]横・脇わき・片脇・傍ら・片方かたえ・隣となり・横合い・そば

よこて【横手】秋田県南東部の市。横手盆地の東縁にある。横手縞の産地。旧正月に、かまくら・梵天ぼんてんの行事がある。平成17年(2005)10月に周辺7町村と合併。人口9.8万(2010)。

よこ-で【横手】感じ入って両方の手のひらを打ち合わせること。

横手を打・つ　感心したり、思い当たったりするときなどに、思わず両方の手のひらを打ち合わす。

よこて-し【横手市】▶横手

よこて-じま【横手×縞】横手地方で産する木綿の縞織物。

よこて-なげ【横手投げ】▶サイドスロー

よこて-ぼんち【横手盆地】秋田県南東部にある盆地。雄物川の上・中流域に広がり、南北60キロメートル、東西の最大幅は15キロメートル。米作地帯で果樹栽培も盛ん。盆地東縁に横手市がある。

よ-ごと【▽吉事】よい事柄。めでたいこと。きちじ。「新しき年の初めの初春の今日降る雪のいやしけ一」〈万・四五一六〉

よ-ごと【▽寿▽詞|▽吉言】❶天皇の御代の長く栄えることを祝う言葉。また、一般に、祝いの言葉。賀詞。❷祈願の言葉。「一をはなちて立ち居」〈竹取〉

よ-ごと【夜▽毎】毎夜。毎晩。よなよな。
[類語]毎晩・毎夜・連夜・夜な夜な

よこ-どい【横×樋】ﾖｺﾄﾞｲ 水平方向に取り付けた樋。

よこ-とじ【横×綴じ】ﾖｺﾄﾞｼﾞ 紙を横長にとじること。また、そのとじたもの。

よこ-とび【横飛び|横跳び】❶横の方向にとぶこと。よこっとび。❷体を斜めにして突っ切るように急いで走ること。よこっとび。「一に逃げる」

よこ-どり【横取り】〔名〕ｽﾙ 他人のものを横合いから奪い取ること。「弟の財産を一する」[類語]奪う・猫ばば・着服・失敬・くすねる・横領・取る・取り上げる・分捕ぶんどる・掠かすめ取る・もぎ取る・引ったくる・ぶったくる・ふんだくる・攫さらう・掻かっ攫う・強奪する・奪取する・略取する・略奪する・収奪する・簒奪さんだつする・剝奪はくだつする

よこ-ど・る【横取る】〔動ラ四〕わきから奪い取る。「引きたがへ一・り給はむを」〈源・澪標〉

よこ-なが【横長】〔名・形動〕縦より横のほうが長いこと。また、そのさま。「一な(の)用紙」

よこ-ながし【横流し】〔名〕ｽﾙ 物資を正規の手続きを経ないで、他へ売ること。「援助品を一する」

よこ-ながれ【横流れ】物資が正規の手続きを経ずに他へ売られること。

よこ-なぎ【横×薙ぎ】横の方になぎ払うこと。「一の強い風」

よこ-なぐり【横殴り】❶横の方から殴りつけること。横つらを殴りつけること。❷風雨が横から強く吹きつけること。「一の雨に打たれる」❸手荒くすること。乱暴にすること。「自分の唉を一に拭きとって」〈横光・春は馬車に乗って〉[類語]横降り

よこ-なげ【横投げ】腕を横に振って物を投げること。

よこ-なば・る【横×訛る】〔動ラ四〕「よこなまる」に同じ。「一・りたる声どもにて」〈今昔・二八・二〉

よこ-なまり【横×訛り】言葉や発音がくずれること。

なまり。「―の朴訥(むくつけ)なるは」〈魯文・西洋道中膝栗毛〉

よこ-なま・る【横×訛る】〔動ラ四〕言葉や発音がくずれる。なまる。よこなばる。「今、難波(なには)といふは―・れるなり」〈神武紀〉

よこ-なみ【横波】❶船などの横側から打ちつける波。「―を受けて転覆する」⇔縦波。❷波動を伝える媒質が、波の進行方向と垂直に振動する波。弦の振動、電磁波や地震のS波など。⇔縦波。

よこなみ-さんり【横浪三里】高知県中央部、須崎(すさき)市と土佐市にまたがる湾。正式名称は浦ノ内湾。湾口から湾奥までは東西約3里あり、横浪が湾内深く入ることからこう呼ばれる。横浪半島によって太平洋と隔てられたリアス式内湾。

よこ-ならび【横並び】❶左から右へのように横へ並べること。「机を―に並べる」❷関係する団体・企業が、そろって同じ方策を取ること。他と同じ行動を取ること。「大手電機各社の賃上げは―で5パーセント」「―意識」「―の地方行政」

よこ-にしき【▽緯錦】横糸で色と文様を表した錦。中国の唐代に始まり、日本では奈良時代から作られはじめた。多くの色と大きな文様を織り出すことができる。ぬきにしき。➡経錦(たてにしき)

よこ-ぬい【横縫】―ぬひ ❶兜(かぶと)の鉢付けの板を鉢にとじつけた革ひも、または糸。❷鎧(よろい)の胴と草摺(くさずり)とを縫い合わせた革ひも、または糸。

よこ-ね【横根】❶横にのびた根。❷両足の付け根のリンパ節が炎症を起こして腫れたもの。梅毒など性病が原因で起こるものが多い。便毒。横痃(おうげん)。

よこ-ね【横寝】〔名〕スル 横になって寝ること。横臥(おうが)。「―している男の顔は」〈康成・雪国〉

よご-の-うみ【余呉湖】滋賀県長浜市、琵琶湖の北にある断層湖。賤ヶ岳(しずがたけ)によって隔てられ、湖面標高は琵琶湖より高い。面積1.82平方キロメートル。よごこ。

よこ-のり【横乗り】馬などに、横向きに乗ること。

よこ-ばい【横×這い】―ばひ ❶横にはうこと。「カニの―」❷物価・相場・計数などで目立った変動のない状態が続くこと。「人口は―状態が続いている」❸半翅(はんし)目ヨコバイ科および近縁の昆虫の総称。体長数ミリのものが多く、セミに似て頭が大きい。よく跳ね、また横にはって葉の裏に隠れる。植物の汁を吸い、ツマグロヨコバイ・イナズマヨコバイなどは稲の害虫として知られる。(季 秋)
(類語)足踏み・停滞・渋滞・難航・難渋・停頓・とどまる

よこ-はなお【横鼻緒】―はなを 履物の鼻緒で、先端部以外の左右の部分の称。

よこ-はば【横幅】横の幅。左右の長さ。はば。

よこはま【横浜】神奈川県東部の市。県庁所在地。指定都市。東京湾に面し、安政6年(1859)の開港以来、国際貿易港として発展。重化学工業が盛んで、京浜工業地帯の中核をなす。人口369.0万(2010)。

よこはま-エフシー【横浜FC】日本プロサッカーリーグのクラブチームの一。ホームタウンは横浜市。横浜マリノス(当時)に吸収合併された横浜フリューゲルスのサポーターが中心となって、平成11年(1999)に発足。選手は他チームの元選手らを集めた。同13年にJリーグに参加。

よこはま-エフ-マリノス【横浜F・マリノス】日本プロサッカーリーグのクラブチームの一。ホームタウンは横浜市、横須賀市。昭和47年(1972)創立の日産自動車サッカー部が前身。平成5年(1993)のJリーグ発足時から参加。同11年、横浜フリューゲルスを吸収合併し、チーム名にFを入れた。(補説)「マリノス(marinos)」はスペイン語で船乗りの意。

よこはま-こくりつだいがく【横浜国立大学】横浜市保土ケ谷区にある国立大学法人。横浜経済専門学校・横浜工業専門学校・神奈川師範学校・神奈川青年師範学校を統合し、昭和24年(1949)新制大学として発足。平成16年(2004)国立大学法人となる。

よこはま-し【横浜市】▶横浜

よこはま-じけん【横浜事件】太平洋戦争中の昭和17年(1942)に起きた言論弾圧事件。神奈川県特高警察が雑誌「改造」の細川嘉六の論文を共産主義的として細川やその知人らを検挙、さらに関連の出版関係者を逮捕し、治安維持法違反として起訴した。拷問により数名の死者を出し、「改造」「中央公論」は廃刊させられた。

よこはま-しょうかだいがく【横浜商科大学】―シヤウクワダイガク 横浜市にある私立大学。昭和43年(1968)開設。商学部の単科大学。

よこはま-しょうきんぎんこう【横浜正金銀行】―シヤウキンギンカウ 明治13年(1880)に設立された貿易金融の専門銀行。昭和21年(1946)に設立された東京銀行に資産・負債を引き継いで解散。

よこはま-しりつだいがく【横浜市立大学】横浜市金沢区に本部のある市立大学。明治15年(1882)創設の横浜商法学校に始まり、横浜市立商業専門学校、横浜市立経済専門学校を経て、昭和24年(1949)新制大学として発足。同27年には横浜市立医学専門学校・横浜医科大学を統合。平成17年(2005)公立大学法人となる。

よこはま-そうえいだいがく【横浜創英大学】―サウエイダイガク 横浜市緑区にある私立大学。平成24年(2012)開学。

よこはま-ディーエヌエーベイスターズ【横浜DeNAベイスターズ】プロ野球球団の一。セントラルリーグに所属し、フランチャイズは神奈川県。昭和25年(1950)、大洋ホエールズとして発足。のち、大洋松竹ロビンス→大洋ホエールズ→横浜大洋ホエールズ→横浜ベイスターズと改称、平成24年(2012)から現在の名称となる。

よこはま-びじゅつだいがく【横浜美術大学】横浜市にある私立大学。平成22年(2010)の開学。

よこはま-ベイスターズ【横浜ベイスターズ】▶横浜DeNA(ディーエヌエー)ベイスターズ

よこはまベイ-ブリッジ【横浜ベイブリッジ】横浜港横断橋の通称。港口の人工島の大黒埠頭と本牧埠頭の突堤とを結び、全長860メートル。平成元年(1989)開通。

よこはままいにち-しんぶん【横浜毎日新聞】明治3年12月(1871年1月)横浜で発刊された日本最初の日刊邦字新聞。のち東京に移り「東京横浜毎日新聞」と改題。

よこはま-マリンタワー【横浜マリンタワー】横浜市中区にある展望塔。横浜港開港100周年記念事業の一環として、昭和36年(1961)に建設された。高さ106メートル。当初は灯台としても使用されたが、平成20年(2008)に機能廃止。

よこはま-やっかだいがく【横浜薬科大学】―ヤククワダイガク 横浜市にある私立大学。平成18年(2006)開設。薬学部の単科大学。

よこ-ばら【横腹】❶腹の横側。わきばら。よこっぱら。❷物の左右の側面。「船の―に穴があく」
(類語)脇腹・脾腹(ひばら)・横・側面・横っちょ・サイド

よこ-ひき【夜▽興引き】《「よごひき」とも》冬の夜間、山中で猟をすること。また、その人。よこうひき。(季 冬)「―や犬心得て山の路/子規」

よこ-ひだ【横×襞】❶横につけたひだ。❷「きんちゃく❶」に同じ。

よこ-ひょうぐ【横表具】―ヘウグ 書画などを横に長く表装すること。また、そのもの。

よこ-ひょうご【横兵庫】―ヒヤウゴ 女性の髪形で、兵庫髷(わげ)の髷を片側に倒した形から、のち髷を左右につくり、大きく張らせたもの。江戸時代の遊女が結った。

よこ-ぶえ【横笛】管を横に構えて吹く笛の総称。日本では、神楽笛・竜笛(りゅうてき)・高麗笛(こまぶえ)・篠笛(しのぶえ)・能管などをいう。おうてき。ようじょう。➡縦笛

よこぶえ【横笛】㊀平家物語に登場する女性。建礼門院の雑仕(ぞうし)。平重盛の臣斎藤時頼(滝口入道)に愛され、出家した時頼のあとを追って尼となった。㊁源氏物語第37巻の巻名。光源氏49歳。柏木の一周忌と、柏木遺愛の横笛を夕霧から預かった源氏の複雑な心情などを描く。

よこ-ぶとり【横太り】横に太ること。太って横幅があること。

よこ-ぶり【横降り】雨や雪が強風のために横から吹きつけるように降ること。(類語)横殴り

よご-ふりょう【予後不良】―フリヤウ 病気の経過や結末の予測がよくないこと。回復する見通しの少ないこと。

よこ-ぼり【横堀】横向きに掘られた堀。山城の周囲を囲むように掘られた堀。➡縦堀

よこぼり-がわ【横堀川】―がは 大阪市中央区を南北に土佐堀川から道頓堀川まで通じる東西二つの運河。東横堀川は大阪城の外堀として開削。西横堀川は現在は埋め立てられている。

よこ-ほん【横本】横とじの本。横長本。

よこ-まち【横町】「よこちょう」に同じ。「―という―には」〈鴎外訳・即興詩人〉

よこ-まど【横窓】家の横に作ってある窓。また、横に長い窓。

よ-ごみ【夜込み】❶▶暁の茶事 ❷夜、忍び入って敵地を攻めること。「今夜四つ過ぎ時分、敵より―をし候とて」〈言継卿記〉

よこみぞ-せいし【横溝正史】[1902～1981]小説家。兵庫の生まれ。日本の風土に怪奇性を融合させた本格推理小説を発表。作「本陣殺人事件」「八つ墓村」「悪魔の手毬唄」「人形佐七捕物帳」など。

よこ-みち【横道】❶本道から横に入る道。また、本道から分かれた道。わき道。❷本筋からはずれた筋道。横筋。「話が―にそれる」❸正しい道からはずれること。また、道理にはずれた事柄。邪道。「かかる事を言ひ出でてより―するに」〈今昔・二七・一三〉(類語)岐路・枝道・脇道・間道・裏街道・裏通り・裏道

よこ-みつ【横×褌】相撲で、まわしを締めたとき、体の両横にくる部分。

よこみつ-りいち【横光利一】[1898～1947]小説家。福島の生まれ。本名、利一(としかず)。川端康成・片岡鉄兵らと「文芸時代」を創刊し、新感覚派の中心となった。新心理主義に立ち、昭和初期の代表作家として活躍。作「日輪」「上海」「機械」「旅愁」など。

よこ-むき【横向き】横の方を向くこと。「―に座る」
(類語)横・左右・横様(よこさま)・水平

よこ-め【横目】❶顔の向きを変えず目だけで横の方を見ること。また、その目つき。「―でにらむ」❷(「…を横目に」の形で)ちょっと見るだけで、かかわろうとしないこと。「騒動を―に通りすぎる」❸木目や紙の目などが横に通っていること。また、そのもの。❹漢字の部首の一。「罪」「羅」などの上にある「罒」の呼び名。あみがしら。❺目をわきにそらすこと。わき見をすること。「―もつかはずまもりゐ給へり」〈十訓抄・三〉❻他に目を移すこと。他に心を移すこと。「その後思ひかはして、また―する事なくて住みければ」〈宇治拾遺・九〉❼監視すること。また、監視役。「其人足をとらへて、厳しく―を付け」〈浮・武家義理・一〉❽「横目付(よこめつけ)」の略。「門番に取り入り、―にしなだれ」〈浮・一代男・二〉(類語)流し目

よこめ-おうぎ【横目扇】―あふぎ 木目が斜めになっている板を用いた板扇。

よこ-めし【横飯】西洋料理のこと。洋食。

よこめ-づかい【横目遣い】―づかひ 目だけ動かして横を見ること。また、流し目を使うこと。

よこ-めつけ【横目付】室町時代から安土桃山時代にかけての武家の職名。将士の行動の監察や論功行賞などをつかさどった。よこめ。➡目付

よこ-もじ【横文字】❶横に書きつづる文字。西洋文字・梵字(ぼんじ)・アラビア文字など。特に、西洋文字をいう。❷西洋語。また、その文章。「―に強い」

よこ-もの【横物】横に長い形のもの。特に、横に長くかかれた書画や、それを表装した軸物や額。

よ-ごもり【夜籠もり】❶一晩中こもって神仏に祈ること。❷夜が深いこと。深夜。「木の暗(くれ)の四月(うづき)し立てば―に鳴くほととぎす」〈万・四一六六〉

よ-ごも・る【世籠もる】〔動ラ四〕❶年が若く、将来性に富む。「少し―・りたる程にて、深山隠れには心苦しく見え給ふ人の御上を」〈源・総角〉❷まだ世間を知らないでいる。「いまだ―・りておはしける時」〈大

鏡・陽成〉

よ-ごも・る【夜籠もる】〔動ラ四〕夜が更けている。まだ夜が明けていない。「しののめにあしたの原を越え来ればまだ―・れる心地こそすれ」〈重之集〉

よこ-や【横矢】❶城の出し塀の側面に設けた矢狭間。横矢狭間。❷敵の側面から矢を射ること。また、その矢。「―に射白まされ」〈太平記・一七〉

よこや-そうみん【横谷宗珉】[1670～1733]江戸中期の装剣金工家。江戸の人。晩年、遯庵と号す。後藤家の下職から出発して町彫りを創始。片切り彫りの彫法を大成し、絵画風の自由な意匠を表現した。

よこ-やま【横山】起伏が少なく横に連なっている山。「赤駒を山野にはかし捕りかにて多摩の―徒歩ゆか遣らむ」〈万・四四一七〉

よこやま-エンタツ【横山エンタツ】[1896～1971]漫才師。兵庫の生まれ。本名、石田正見。花菱アチャコとコンビを組んだ漫才で人気を確立。喜劇俳優として、映画・舞台でも活躍した。

よこやま-げんのすけ【横山源之助】[1871～1915]社会問題研究家。富山の生まれ。横浜毎日新聞の記者となり、都市下層社会や労働者の実態を調査し、「日本之下層社会」を著した。他に「内地雑居後之日本」など。

よこやま-しんとう【横山神道】神道の一流派。江戸時代、神道学者横山当栄(当永)が唱道。

よこやま-ずみ【横山炭】白炭の一種。大阪府南西部の横山地方から産する枝炭。(季 冬)

よこやま-たいかん【横山大観】[1868～1958]日本画家。茨城の生まれ。本名、秀麿。岡倉天心・橋本雅邦に師事し、日本美術院の創立に参加。天心没後は再興日本美術院を主宰。朦朧体とよばれる画風を試みるなど、日本画の近代化に大きな足跡を残した。また、水墨画でも新境地を開拓。文化勲章受章。

よこやま-たいぞう【横山泰三】[1917～2007]漫画家。高知の生まれ。横山隆一の弟。痛烈な政治・社会風刺を得意とし、高い評価を得た。代表作は毎日新聞の連載「プーサン」、朝日新聞の連載「社会戯評」など。

よこやま-はくこう【横山白虹】[1899～1983]俳人。東京の生まれ。本名、健夫。昭和2年(1927)より俳句雑誌「天の川」編集長を務め、同12年には「自鳴鐘」を主宰して新興俳句運動を推し進めた。

よこやま-へろ【横山▽辺ろ】《「ろ」は接尾語》丘陵の続くあたり。「妹をこそ相見に来しか眉引きの―の猪しなす思へる」〈万・三五三一〉

よこやま-またじろう【横山又次郎】[1860～1942]地質・古生物学者。長崎の生まれ。東大教授。日本人として初の化石記載論文を発表したほか、古生物学の分類名や用語の日本語訳を創案した。著作に「古生物学綱要」など。

よこやま-みつてる【横山光輝】[1934～2004]漫画家。兵庫の生まれ。本名、光照。時代・SF・歴史・少女漫画など幅広いジャンルの作品を手がけ、ストーリー展開の巧みさで多くの読者を得た。「鉄人28号」「魔法使いサリー」「バビル2世」などは、テレビアニメとしても好評を博す。他に「伊賀の影丸」「コメットさん」「三国志」など。

よこやま-りゅういち【横山隆一】[1909～2001]漫画家。高知の生まれ。横山泰三の兄。昭和初期から漫画の地位向上に努めた牽引役の一人。かわいらしい絵柄とほのぼのとしたタッチで人気を集め、「フクちゃん」は戦前、戦後にわたり新聞に連載され、六大学野球の早慶戦では、早稲田大学のマスコットとしても親しまれた。

よこ-やり【横×槍】《❷が原義》❶第三者がわきから口を出して文句をつけること。容喙。「親族から―が入る」❷両軍が合戦中に、別の一隊が側面から槍で突きかかること。「東より東条近江守二千余人―に懸かりけるが」〈応仁記・二〉(類語)邪魔

よこ-ゆれ【横揺れ】〔名〕スル ❶船や飛行機が、進行方向に対して左右に揺れること。重心を通る縦軸のまわりに回転すること。ローリング。「沖に出てひどく―する」❷地震で、横方向に揺れること。

よご・る【汚る】〔動ラ下二〕「よごれる」の文語形。

よごれ【汚れ】❶汚れること。汚れた箇所。汚染。「ズボンの―をとる」❷月経のこと。(類語)汚れ・汚点

よごれたて【汚れた手】《原題、フランス Les Mains sales》サルトルの戯曲。1948年初演。共産党員ユゴーの政治活動を通して、政治に押しつぶされる個人の問題を追求したもの。

よごれ-とし【汚れ年】12月13日。新年を迎えるため、その年の汚れを落とし、すす払いをする日。地方によっては日が異なる。

よごれ-め【汚れ目】汚れたあと。汚れた部分。「―が目立つ」

よごれ-もの【汚れ物】汚れたもの。汚れた衣料や食器など。

よごれ-やく【汚れ役】演劇・映画などで、落ちぶれた人や、犯罪者・娼婦など、世間から好ましくないと思われている人物を演じる役。

よご・れる【汚れる】〔動ラ下一〕図よご・る〔ラ下二〕❶きたなくなる。不潔になる。「手が―・れる」「都会の―・れた空気」❷悪いことに関係して、清らかさを失う。けがらわしくなる。けがれる。「そんな―・れたお金は受け取れない」

(用法)**よごれる・けがれる**――「よごれる」は、汚物がついてきたなくなることをいう。「けがれる」は、犯罪を犯す、道徳に反する、宗教などで禁じられていることをするなど、精神的に清らかでなくなることをいう。◆「よごれた手」は、泥や油などが付いてきたない状態である。「けがれた手」は、不正な金銭を受け取ったり、人を殺傷したり、触れてはならないものに触れたりしたことである。◆「けがれる」は、「名がけがれる」「名誉がけがれる」「思い出がけがれる」など、多くは抽象的なものに用いられる。

よこ-れんぼ【横恋慕】〔名〕スル 他人の配偶者、あるいは愛人に横合いから思いを寄せること。「人妻に―する」(類語)恋慕

よこ-ろ【横×絽】絽織りの一。透き目を横の方向に織り出したもの。➡竪絽

よ-ごろ【夜頃｜夜▽来】❶このところ毎夜。「―のぼらせ給ひて」〈栄花・浅緑〉❷夜のあいだ。「―物語りなどして明かすを」〈顕綱集・詞書〉

よこわ クロマグロの若魚。おもに西日本でいう。

よこ-わたし【横渡し】❶こちら側から向こう側へかけ渡すこと。「―に綱を張る」❷流れなどを横切って向こう岸へ渡すこと。「船に乗りて、―に大津に着く」〈仮・東海道名所記・五〉

よこ-わり【横割(り)】❶横に割ること。⇔縦割り。❷いくつかの同格の部署を並列して関連づけ組織すること。⇔縦割り。

よ-さ【良さ｜善さ｜▽好さ】よいこと。よい状態。また、その度合い。「盆栽の―が分かる年になる」「人柄の―がにじみ出た文章」

よ-さ【夜さ】よる。よさり。「―のとまりはどこが留りぞ」〈虎寛狂・靱猿〉

よ-ざ【四座】❶室町時代、大和猿楽の4団体。結崎(観世)・外山(宝生)・坂戸(金剛)・円満井(金春)の四つの座。江戸時代には喜多流を加えた四座一流を幕府が保護。大和猿楽四座。しざ。❷江戸で公許された4軒の芝居小屋。中村座・市村座・森田座・山村座。江戸四座。しざ。➡江戸三座

よ-ざい【余財】❶余った財産。必要分以上の余った金。❷そのほかの財産。

よ-ざい【余罪】❶現に取り調べられているか、または起訴されている罪以外の罪。「―が発覚する」❷つぐないきれない罪。「死も尚―ありと奏す」〈染崎延房・近世紀聞〉

よ-ざかり【世盛り】❶栄華をきわめること。また、その時期。全盛。「其頃は某省の高等官で―の父の体面もあったのであろう」〈二葉亭・其面影〉❷若くて元気盛んなこと。若盛り。「―の頃は縁談の数々有りけるを」〈紅葉・不言不語〉

よ-ざくら【夜桜】❶夜見る桜の花。また、夜の花見。(季 春)「―やうらわかき月本郷に/波郷」❷特に江戸吉原で、仲の町の通りに植えられた桜。竹垣で囲ってぼんぼりを立て、夜は灯を入れて遊客をさそったもの。「―は年寄の見る物でなし」〈柳多留・七〉

よさ-げ【良さげ｜善さげ】〔形動〕《形容詞「よい」の名詞形「よさ」に接尾語「げ」の付いた語。若者言葉》よさそうなようすだ。よさそうである。「けっこう―な番組」「気持ち―に歌う」➡さりげない(補説) ➡何気ない(補説)

よさ-こい《「よ(夜)さりこ(来)い」の音変化》「よさこい節」の略。

よさこい-ぶし【よさこい節】高知県の民謡。古くから歌われていたが、幕末、高知城下に起こった僧純信と鋳掛け屋の娘お馬との恋愛事件からとった歌詞が有名。座敷歌として全国に広まった。曲名は歌の最後の囃子詞「よさこい」による。

よさ・す【寄さす｜任さす】〔動サ四〕《動詞「よ(寄)す」の未然形＋尊敬の助動詞「す」から。後世「よざす」とも》おまかせになる。委任なさる。「皇神等の―・しまつるが故に」〈祝詞・祈年祭〉

よ-さつ【予察】〔名〕スル あらかじめ感じとること。前もって推察すること。「気象を―する」

よ-ざと【夜×聡】〔形動ナリ〕夜、ちょっとした物音にもすぐ目を覚ますさま。「表をよう閉めて、―に寝や」〈浄・今宮の心中〉

よ-ざと・い【夜×聡い】〔形〕図よざと・し〔ク〕❶夜、目を覚ましやすい。めざとい。「人一倍―・く、些細な故障にも直ぐ眼を覚ますたちであるのに」〈谷崎・細雪〉❷夜間に十分に気をつけるさま。「―・ウゴザレ」〈日葡〉

よさの-あきこ【与謝野晶子】[1878～1942]歌人。堺の生まれ。旧姓、鳳。鉄幹の妻。新詩社を代表する歌人として雑誌「明星」で活躍、明治浪漫主義に新時代を開いた。歌集「みだれ髪」「小扇」「舞姫」「恋衣」(共著)、現代語訳「新訳源氏物語」など。

よさ-の-うみ【与謝の海】京都府北部の宮津湾奥にある阿蘇海のこと。(歌枕)「思ふ事なくてぞ見まし―の天の橋立都なりせば」〈千載・羇旅〉

よさの-てっかん【与謝野鉄幹】[1873～1935]詩人・歌人。京都の生まれ。本名、寛。落合直文の門に入り、浅香社に参加、短歌革新運動を興した。のち新詩社を創立し、「明星」を創刊、主宰。妻晶子とともに明治浪漫主義に新時代を開き、新人を多く育成した。歌論「亡国の音」、詩歌集「東西南北」「紫」、訳詩集「リラの花」など。

よさの-ひろし【与謝野寛】▶与謝野鉄幹

よさ-ぶそん【与謝蕪村】[1716～1783]江戸中期の俳人・画家。摂津の人。本姓は谷口、のち与謝と改める。蕪村は俳号。別号、宰鳥・紫狐庵。画号、四明・長庚・謝寅など。江戸に出て俳人早野巴人(夜半亭宋阿)に入門。諸国放浪後、京都に定住、のち夜半亭2世を名のった。浪漫的、絵画的な俳風を示し、「春風馬堤曲」などの新体の詩も創作、中興俳諧の中心的役割を果たした。絵画では、池大雅とともに日本南画の大成者とされる。著「新花摘」「夜半楽」「蕪村句集」など。

よ-さま【善様｜▽好様】〔形動ナリ〕よいさま。よいよう。「人の御名を―に言ひ直す人は難きものなり」〈源・夕霧〉

よ-さむ【夜寒】夜の寒さ。特に、秋が深まって夜の寒さが強く感じられること。また、その季節。(季 秋)「あはれ子の―の床の引けば寄る/汀女」

よ-さめ【夜雨】夜降る雨。やう。

よ-ざらし【夜×晒し】夜、戸外に出して外気にさらしておくこと。また、その物。

よ-さり【夜さり】《「さり」は来る、近づくの意を表す動詞「去る」の連用形から》❶夜になるころ。夜。ようさり。「私などは―店を了いますると」〈鏡花・草迷宮〉❷今夜。今晩。「大納言―斬らるべう候ふなれば、成経も同座にてこそ候はんずらめ」〈平家・二〉

(類語)夜・夜・小夜・宵・晩・暮夜・夜間・夜中・

夜中よなか・夜分やぶん・夜陰やいん・夜半よわ・夜半やはん・ナイト

よさり-つ-かた【夜さりつ方】《「つ」は「の」の意の格助詞》夜になる時分。夕方。ようさりつかた。「一、二条院へ渡り給はむとて」〈源・若菜下〉

よさ・る【寄さる】〔動ラ四〕「よそる」の上代東国方言。「遠しとふ故奈の白嶺しらねに逢ほしだも逢はのへしだも汝なにこそ一・れ」〈万・三四七八〉

よ-さん【予参｜預参】参加すること。また、その人。参列。「道俗男女一し」〈三帖和讃〉

よ-さん【予算】〔名〕スル ❶ある計画のために、あらかじめ必要な費用を見積もること。また、その金額。「一を立てる」「建築一」❷国または地方公共団体の一会計年度における歳入・歳出の見積もり。議会の議決を経て成立する。❸あらかじめ見積もること。あらかじめ考えておくこと。「細君はちゃんと主人の寿命を一して居る」〈漱石・吾輩は猫である〉

よ-さん【余算】残りの寿命。余命。残生。「一期の月影かたぶきて、一、山の端はに近し」〈方丈記〉

よさん-いいんかい【予算委員会】ヨサンヰヰンクワイ 国会の常任委員会の一。衆議院では50名、参議院では45名で構成され、内閣の提出した予算案についての審議を行う。

よさん-がい【予算外】グワイ ❶予算に費目をかかげてないこと。また、その費目。「一で契約する」❷予定していなかったこと。予想外。「一の買い物」

よさん-きょうしょ【予算教書】ケウショ 米国大統領が議会に提出する、翌会計年度の予算の編成方針を示す文書。中長期的な経済の見通しなどについても盛り込まれる。(補説)大統領は予算法案を提出する権限をもたないため、議会に対する要請として作成される。米国の会計年度は10月から翌年9月となるので、毎年2月頃に提出される。

よさん-せっしょう【予算折衝】財務省が内示した予算原案に対して、各省庁がその内示で認められなかった予算要求分の復活を求めて行う折衝。復活折衝。

よさん-せん【予讃線】四国の北・西岸にかけて、高松から松山を経て宇和島に至るJR線。全長297.9キロ。ほかに向井原・内子間、新谷にいや・伊予大洲おおず間を含む。全通は昭和20年(1945)。

よさん-せんぎけん【予算先議権】二院制において、下院が上院に先立って政府から予算の提出を受け、これを審議する権能。日本では衆議院に認めている。

よさん-そち【予算措置】実施することの決定した事業などについて、予算上の裏付けをすること。

よさん-ちょうか【予算超過】テウクワ 歳入または歳出が予算額以上に達すること。また、支出が予算金額を超えること。

よし【止し】よすこと。やめること。やめ。「小言はもう一にする」

よし【由｜因】《動詞「寄す」の名詞化で、物事と関係づけていくことの意》❶物事が起こった理由。わけ。また、いわれ。来歴。由緒ゆいしょ。「事の一を伝える」「一ありげな寺院」❷そうするための方法。手段。手だて。また、かこつける方法。口実。「知る一もない」「会う一もない」❸物事の内容。事の趣旨。むね。「この一をお伝えください」❹伝え聞いた事情。間接的に聞き知ったこと。「御病気の一承りました」❺それらしく見せかけること。体裁をつくること。また、表面にあらわれたようす。体裁。格好。「所々うちおぼめき、よく知らぬ一して」〈徒然・七三〉❻風情。趣。また、教養。「きよげなる屋廊などつづけて、木立いと一あるは」〈源・若紫〉(類語)いわれ・ゆえん・故・曰く・事由・所由

由有・り ❶風情がある。趣がある。「古う作りなせる前水せんすい木立一・るさまの所なり」〈平家・灌頂〉❷わけがある。由緒がある。いわれがある。「母北の方なむ、いにしへの人の一・るにて」〈源・桐壺〉

よ-し【余矢】1から、ある角の正弦を減じたもの。1－sinAを角Aの余矢という。和算の八線表とよぶ三角関数表にみえる。

よ-し【余師】ほかの先生。また、あり余るほどの多くの先生。「経典に一あり」〈染崎延房・近世紀聞〉

よし【葦｜蘆｜葭】植物アシの別名。「悪あし」に通じるのを忌んで、「善よし」にちなんで呼んだもの。

葦の髄から天井を覗のぞ・く 細い葦の茎の管を通して天井を見て、それで天井の全体を見たと思い込むこと。自分の狭い見識に基づいて、かってに判断することのたとえ。

よし【縦】〔副〕《形容詞「よし」から。「可よし」と仮に許す意》❶(仮定の表現を伴って)仮に。たとえ。よしんば。万一。「一解った処が仕様の無い話で」〈小杉天外・はやり唄〉❷満足ではないがやむをえないとするさま。ままよ。「人皆は萩を秋と言ふ一我は尾花が末うれを秋とは言はむ」〈万・二一一〇〉

よし〔感〕❶決意するときに発する声。さあ。「一、やるぞ」❷人に行動を促すときに発する声。さあ。「一、来い」❸人の行為を承認するときに発する声。「一、その調子だ」

よし〔間助〕《間投助詞の「よ」「し」を重ねたもの。上代語》種々の語に付いて、文節末に置かれる。語勢を強め、感動の意を表す。「はしきー我家わぎへの方ゆ雲居立ち来くも」〈景行紀・歌謡〉➡やし

よ-じ【予示】〔名〕スル 前もって示すこと。まえぶれ。

よ-じ【余事】❶本筋以外の事柄。他事。「一には全く関知しない」❷本業以外に余力や余暇でする仕事。「職業を以て本文となし、…芸文を以て一となせり」〈中村訳・西国立志編〉

よし-あし【善し悪し｜良し悪し】❶よいことと悪いこと。よいか悪いか。ぜんあく。よしわるし。「一を見分ける」「事の一をわきまえない」❷よいとも悪いともすぐには判断できかねる状態であること。よしわるし。「まじめすぎるのも一だ」(類語)是非・正否・当否・可否・可不可・適否・良否・理非・正邪・善悪・曲直きょくちょく

よしあり-げ【由有り気】〔形動〕文〔ナリ〕特別な事情や由緒がありそうなさま。「一な古びた建物」

よしい-いさむ【吉井勇】よしゐ[1886〜1960]歌人・劇作家。東京の生まれ。「明星」「スバル」によって相聞歌などを発表、また、芸人の世界を描いた独自の市井しせい劇で知られる。歌集「酒ほがひ」「祇園歌集」「人間経」、戯曲「午後三時」「俳諧亭句楽の死」など。

よしい-がわ【吉井川】よしゐがは 岡山県東部を流れる川。鳥取県境の中国山地三国さんごく山に源を発して南流し、岡山市西大寺で児島湾に注ぐ。長さ133キロ。上流域は人形峠東方の恩原高原。津山盆地で加茂川を合わせ、さらに吉野川と合流し岡山平野の東部を流れる。上流部は発電に、下流部は灌漑かんがいに利用される。近世、高瀬舟による水運が活発だった。

ヨジウム〘オランダ jodium〙沃素ようそ。ヨード。

よし-え【縦ゑ】よしゑ〔副〕《副詞「よし」＋間投助詞「ゑ」から》たとえどうなろうと。ままよ。「たらちねの母にも告のらず包めりし心は一君がまにまに」〈万・三二八五〉

よしえ-たかまつ【吉江喬松】[1880〜1940]詩人・評論家・フランス文学者。長野の生まれ。号、孤雁。浪漫的な自然詩人として注目された。早大教授となり仏文科を創設。著「緑雲」「仏蘭西古典劇研究」など。

よしえ-やし【縦ゑやし】よしゑ〔副〕《副詞「よしゑ」＋間投助詞「や」「し」から》❶たとえ。かりに。「馬買はば妹徒歩かちならむ一石は踏むとも我わは二人行かむ」〈万・三三一七〉❷ええままよ。どうなろうとも。「天の原振りさけ見れば夜ぞ更けにける一一人寝る夜は明けば明けぬとも」〈万・三六六二〉

よしおか-おさむ【吉岡治】よしをかをさむ[1934〜2010]作詞家。山口の生まれ。サトウ・ハチローに師事。代表作は歌謡曲「真っ赤な太陽」「さざんかの宿」「天城越え」、童謡「あわてんぼうのサンタクロース」など。紫綬褒章受章。

よしおか-けんぼう【吉岡憲法】よしをかケンバフ 室町末期の剣術家。名は直元。吉岡流剣法の祖で、足利将軍家の剣術師範。また、染織家として憲法染けんぽうぞめを考案。生没年未詳。

よしおか-ぞめ【吉岡染】よしをか ➤憲法染けんぽうぞめ

よしおか-たかのり【吉岡隆徳】よしをか[1909〜1984]短距離走者。島根の生まれ。昭和7年(1932)ロサンゼルスオリンピックの100メートル競走で6位に入賞、日本初の短距離種目入賞で、暁の超特急とよばれた。

よしおか-やよい【吉岡弥生】よしをか[1871〜1959]医学者。静岡の生まれ。済生学舎を卒業、東京で開業。明治33年(1900)東京女医学校(現在の東京女子医科大学)を創立。女性医学者の育成、女性の社会的地位の向上に寄与した。

よしおか-りゅう【吉岡流】よしをかリウ 吉岡憲法を祖とする剣道の一流派。小太刀こだちを得意とした。憲法流。

よしお-こうぎゅう【吉雄耕牛】よしをカウギウ[1724〜1800]江戸中期の蘭学者・蘭方医。長崎の人。名は永章。通称、幸左衛門・幸作。耕牛は号。オランダ通詞のかたわら、蘭方医学を学び吉雄流の開祖となる。前野良沢・杉田玄白らを指導。「解体新書」の序文を書いたことでも知られる。

よし-がも【葦鴨｜葭鴨】カモ科の鳥。全長約48センチ。雄は頭部が緑と茶色で、体は灰色、三列風切り羽が長い。雌は全体に茶色。東アジアに分布。日本では冬鳥であるが、北海道では繁殖。みのがも。(季冬)

よしかわ【吉川】よしかは 埼玉県南東部の市。平成8年(1996)市制。近世は二郷半領とよばれた早場米の産地。近年は住宅地化が進む。人口6.5万(2010)。

よしかわ-えいじ【吉川英治】よしかはエイヂ[1892〜1962]小説家。神奈川の生まれ。本名、英次ひでつぐ。「鳴門秘帖」「神州天馬侠」で流行作家となり、「宮本武蔵」によって大衆文学に新しい分野を開拓。以後も「新平家物語」「私本太平記」などを発表。文化勲章受章。

よしかわえいじぶんがく-しょう【吉川英治文学賞】よしかはエイヂブンガクシャウ 吉川英治を記念し、昭和42年(1967)に創設された文学賞。年に1回、優れた大衆小説を発表した作家に贈られる。

よしかわ-こうじろう【吉川幸次郎】よしかはカウジラウ[1904〜1980]中国文学者。兵庫の生まれ。京大教授。著「元雑劇研究」「杜甫私記」「陶淵明伝」など。

よしかわ-これたり【吉川惟足】よしかは ➤きっかわこれたり(吉川惟足)

よしかわ-し【吉川市】よしかは ➤吉川

よしかわ-しんとう【吉川神道】よしかはシンタウ 吉川惟足これたりが江戸初期に始めた神道。吉田神道を継承し、また、従来の神仏習合的神道を排して儒教的な考え方を付加している。理学神道。

よしき-がわ【宜寸川】がは 奈良市、春日山に源を発して東大寺南大門の前を流れ、佐保川に注ぐ川。

よし-きた〔感〕他からの依頼・働きかけに応じて、ただちに事をするときにいう語。「一、おれにまかせておけ」

よし-きり【葦切｜葭切｜葦雀】スズメ目ヒタキ科ウグイス亜科の一群の鳥。日本ではオオヨシキリとコヨシキリが夏にみられ、葦原でギョギョシと鳴く。行々子ぎょうぎょうし。よしわらすずめ。(季夏)「一や葛飾かつしかひろき北みなみ/荷風」

よしきり-ざめ【葦切鮫】メジロザメ科の海水魚。全長約3メートル。体は細長い紡錘形で胸びれが長く、緑青色。性質は荒く人も襲う。熱帯から亜寒帯の外洋に分布。肉は練り製品の材料、ひれは中国料理の「ふかのひれ」として上等品。(季冬)

よしくに-いちろう【吉国一郎】イチラウ[1916〜2011]官僚。神奈川の生まれ。東京帝大卒業後、商工省で勤務。昭和47年(1972)から約5年間、内閣法制局長官を務めた。平成元年(1989)に第9代プロ野球コミッショナーに就任し、9年在職。FA制の導入に尽力し、野球の国際化にも貢献した。

よじ-く・れる【捩くれる】よぢ〔動ラ下一〕ねじりまがる。ねじくれる。また、すなおでなくなる。ひねくれる。「革羽織の紐を見るやうに一・れた挨拶をしなさらずと」〈洒・船頭部屋〉

よ-じげん【四次元】次元の数が四つあること。ユークリッド空間の三次元に、時間の一次元を加えて表される広がり。時空。

よ

よじげん-くうかん【四次元空間】▶時空じくう空間

よし-ご【×葦子┊×葭子】アシの若芽。あしかび。

よし-ごい【×葦五位┊×葭五位】サギ科の鳥。全長約37センチ。全体に黄褐色。南アジアに分布。日本には夏鳥として渡来し、水辺の葦原で繁殖。敵が近づくと、くちばしを天に向けてじっと立ち、周りのアシと見分けにくくなる。畑悩鷺さぎ。あしごい。(季 夏)

よ-しごと【夜仕事】夜する仕事。夜業。(季 秋)

よしこの「よしこの節」の略。

よしこの-ぶし【よしこの節】江戸後期に流行した俗謡。潮来節いたこぶしから出たといわれ、七・七・七・五の4句の歌詞で、内容・形式は都々逸どどいつに似る。曲名は囃子詞はやしことばの一節から。

よしご-ぶえ【×葦子笛】葦子でつくった笛。

よしざき-ごぼう【吉崎御坊】福井県あわら市にある真宗大谷派(東本願寺)と浄土真宗本願寺派(西本願寺)の別院。文明3年(1471)朝倉孝景の寄進で蓮如が創建。北陸布教の根拠地となったが、のち焼かれ、江戸時代に両派がそれぞれ堂宇を再建。吉崎別院。

よしざわ-あやめ【芳沢あやめ】[1673～1729]歌舞伎俳優。初世。紀伊の人。元禄期(1688～1704)の上方を代表する名女方。芸談に「あやめ草」がある。

よしざわ-けんぎょう【吉沢検校】[1808?～1872]江戸末期の箏曲そうきょく家。2世。尾張の人。幕末期の復古的な精神を反映した純箏曲を作曲し、新しい調弦法を工夫した。作品に「千鳥の曲」「春の曲」「夏の曲」などの古今組こきんぐみ5曲など。

よしざわ-よしのり【吉沢義則】[1876～1954]国語学者・国文学者・歌人。名古屋の生まれ。東大卒。京大教授。古訓点・平安朝文学などを研究。書家としても知られ、また、短歌雑誌「帚木ははきぎ」を主宰。著「国語史概説」「対校源氏物語新釈」、歌集「山なみ集」など。

よししげ-の-やすたね【慶滋保胤】[?～1002]平安中期の文人。本姓、賀茂。字あざなは茂能。法名、寂心。菅原文時に師事、漢詩文にすぐれ、源順みなもとのしたごうと親交があった。著「池亭記」「日本往生極楽記」など。

よ-じしょう【余事象】数学で、事象Aに対して、Aが起こらないという事象。

よし-しょうじ【×葦障子┊×葭障子】「葦戸よしど」に同じ。

よし-ず【×葦×簀┊×葭×簀】ヨシの茎を編んで作った簀す。よしすだれ。人目や日ざしをさえぎるのに使う。(季 夏)「影となりて茶屋の一の中にをる/誓子」

よし-すだれ【×葦×簾┊×葭×簾】ヨシの茎を編んで作ったすだれ。よしず。(季 夏)

よしず-ばり【×葦×簀張り】よしずで囲うこと。また、よしずで囲った小屋や店。「一の茶店」

よしずみ-こさぶろう【吉住小三郎】長唄唄方。㊀(初世)[1699～1753]摂津の人。唄浄瑠璃を得意とし、名人とうたわれた。㊁(4世)[1876～1972]3世杵屋六四郎(のち2世稀音家浄観きねやじょうかん)とともに長唄研精会を創設し、純音楽としての長唄の普及に努めた。特に唄浄瑠璃風の曲に妙味を発揮。文化勲章受章。

よしだ【吉田】愛知県豊橋市の旧称。江戸時代の東海道五十三次の宿駅。➲豊橋

よしだ-あきみ【吉田秋生】[1956～]漫画家。東京の生まれ。骨太の筆致や緻密なストーリー展開などで少女漫画に新風を吹き込み、幅広い読者の支持を得る。心理描写のきめ細かさも評価が高い。代表作「BANANA FISH」「吉祥天女きっしょうてんにょ」「河よりも長くゆるやかに」など。

よしだ-いそや【吉田五十八】[1894～1974]建築家。東京の生まれ。東京芸大教授。数寄屋すき建築を現代化した独自の様式を確立し、五島美術館などを設計。文化勲章受章。

よしだ-いっすい【吉田一穂】[1898～1973]詩人。北海道の生まれ。本名、由雄。短歌から詩に転じ、第一詩集「海の聖母」で認められた。他に「故園の書」「未来者」など。

よしだ-えいざ【吉田栄三】[1872～1945]文楽人形遣い。初世。大阪の生まれ。昭和2年(1927)より文楽座の人形座頭ざがしら。初め女方を遣ったが、のち立役たちやくに転じた。

よしだ-おいかぜ【吉田追風】相撲の家元吉田司家つかさけ当主の世襲名。

よしだ-がっこう【吉田学校】吉田茂の薫陶を受けた政界の一派。第二次世界大戦後、元外交官の吉田は政界に転じるにあたって、多くの元官僚などを自由党㊂から立候補・当選させ、自らの勢力を固めた。池田勇人・佐藤栄作・橋本龍伍りゅうご・橋本登美三郎とみさぶろうらが主な「生徒」。吉田派。

よしだ-かねとも【吉田兼倶】[1435～1511]室町後期の神道家。本姓、卜部うらべ。京都吉田神社の神官。吉田神道の大成者。朝廷・幕府に取り入り、神祇伯じんぎはく白川家をしのいで全国の神社・神職を支配した。著「唯一神道名法要集」「神道大意」「中臣祓抄」など。

よしだ-がわ【吉田川】宮城県中部を流れる川。舟形連峰の北泉ヶ岳に源を発し、宮城郡松島町で石巻湾に注ぐ鳴瀬川に合流する。

よしだ-きじゅう【吉田喜重】▶よしだよししげ(吉田喜重)

よし-たけ【×葦竹┊×葭竹】ダンチクの別名。

よしだ-けんいち【吉田健一】[1912～1977]評論家・英文学者・小説家。東京の生まれ。吉田茂の長男。評論のほか、短編・随筆も発表。著「文学概論」「ヨオロッパの世紀末」など。

よしだ-けんこう【吉田兼好】▶兼好けんこう

よしだ-げんじろう【吉田絃二郎】[1886～1956]小説家・劇作家・随筆家。佐賀の生まれ。本名、源次郎。自然や人生に寄せる愛情と悲哀の情を語りかける思索的な作品を書いた。小説「島の秋」、戯曲「大谷刑部」、随筆感想集「小鳥の来る日」など。

よしだ-さだふさ【吉田定房】[1274～1338]鎌倉後期・南北朝時代の公卿。後宇多天皇・後醍醐天皇の信任が厚く、また、幕府とも親しく、元弘の変では事前に通報し、その後も南朝・北朝の間を出入りした。北畠親房・藤原宣房とともに「後のちの三房」と称された。日記「吉槐記」がある。

よしだ-しげる【吉田茂】[1878～1967]外交官・政治家。東京の生まれ。奉天総領事・駐英大使などを歴任。戦後、外相を経て自由党総裁となり、以後、五次にわたって内閣を組織。サンフランシスコ講和条約・日米安保条約を締結。➲片山哲 ➲鳩山一郎

よしだ-しゅういち【吉田修一】[1968～]小説家。長崎の生まれ。法政大学卒業後、アルバイト生活を経て創作の道に入る。「パーク・ライフ」で芥川賞受賞。他に「最後の息子」「熱帯魚」「パレード」など。

よしだ-しょういん【吉田松陰】[1830～1859]幕末の思想家・尊王論者。長州藩士。名は矩方のりかた。通称、寅次郎。欧米遊学を志し、ペリーの船で密航を企てたが失敗して入獄。出獄後、萩に松下村塾を開き、高杉晋作・伊藤博文らの多くの維新功績者を育成。安政の大獄で刑死。

よしだ-じんじゃ【吉田神社】京都市左京区にある神社。祭神は健御賀豆知命たけみかづちのみことほか三神。貞観年間(859～877)に奈良春日大社から勧請かんじょうして創建。室町末期、神官吉田兼倶よしだかねともが吉田神道を大成し、根本斎場大元宮だいげんぐうを設けた。

よしだ-しんとう【▽吉田神道】室町末期、吉田兼倶よしだかねともが大成した神道の一派。儒・仏・道三教を枝・葉・花実とし、日本古来の惟神かんながらの道を法の根本であると唱える。近世に広く浸透した。元本宗源神道。唯一神道。卜部神道。

よしだ-せいいち【吉田精一】[1908～1984]国文学者。東京の生まれ。東京教育大・東大教授。日本近代文学研究に新しい実証主義的方法を樹立。著「自然主義の研究」「近代日本浪漫主義研究」「明治大正文学史」など。

よしだ-ただし【吉田正】[1921～1998]作曲家。茨城の生まれ。フランク永井、橋幸夫、松尾和子ら多くの歌手を育て、「有楽町で逢いましょう」「いつでも夢を」「誰よりも君を愛す」など、数々のヒット曲を手がけた。没後、国民栄誉賞受賞。

よしだ-たつお【吉田竜夫】[1932～1977]漫画家・アニメーション作家。京都の生まれ。本名、龍夫たつお。少年向けの漫画を手がけたのち、アニメーション作品の制作に携わり、アニメ製作会社の先駆けともなる「竜の子プロダクション」を設立した。原作を手がけたアニメ作品に「宇宙エース」「みなしごハッチ」などがある。

よしだ-つかさけ【吉田司家】相撲行司の家元。江戸時代、15世追風おいかぜが細川家に仕えて相撲司家となって以来、熊本にあって全国の力士・行司を支配し、横綱の免許を与えた。昭和26年(1951)以降、その権限は日本相撲協会に譲られた。

よしだ-とうご【吉田東伍】[1864～1918]歴史地理学者。新潟の生まれ。独学で歴史学者となり、のち早大教授。著「大日本地名辞書」「倒叙日本史」など。

よしだ-とうよう【吉田東洋】[1816～1862]幕末の土佐藩士。藩主山内豊信に登用され藩政改革に努めたが、保守派・尊攘派に暗殺された。

よしだ-とみぞう【吉田富三】[1903～1973]病理学者。福島の生まれ。東北大・東大教授。ネズミに肝臓癌がんを発生させる実験に成功。さらに吉田肉腫を発見するなど、癌研究に貢献した。文化勲章受章。

よしだ-ともこ【吉田知子】[1934～]小説家。静岡の生まれ。本姓、吉良きら。「無明長夜」で芥川賞受賞。他に「満洲は知らない」「箱の夫」「お供え」など。

よしだ-ならまる【吉田奈良丸】[?～1967]浪曲師。2世。奈良の生まれ。優美な節調が評判をよび、「奈良丸くずし」という歌謡まで流行。明治から大正にかけて桃中軒雲右衛門と人気を2分した。

よしだ-にくしゅ【▽吉田肉腫】シロネズミの腹水腫瘍しゅようの一種。腫瘍細胞が腹水中で個々に遊離した状態で増殖し、他の個体に移植が可能。累代移植され、抗癌剤開発などの実験に広く用いられる。昭和18年(1943)吉田富三が発癌の動物実験中に発見。

よしだ-は【吉田派】吉田学校とも称される、吉田茂の薫陶を受けた政治家の一派。自由党㊂を構成したメンバーで、保守合同で成立した自由民主党では保守本流と呼ばれた。のちの宏池こうち会・平成研究会・為公いこう会などにつながる。➲池田派 ➲佐藤派

よしだ-ひでかず【吉田秀和】[1913～2012]音楽評論家・随筆家。東京の生まれ。内務省・文部省などを経て音楽評論家に。ラジオパーソナリティーや音楽教育にも力を注ぎ、小沢征爾らを育てた。昭和50年(1975)評論集「吉田秀和全集」で大仏次郎賞を受賞。平成18年(2006)に文化勲章。

よしだ-ぶんごろう【吉田文五郎】[1869～1962]文楽人形遣い。3世。大阪の生まれ。本名、河村巳之助。女方遣いの名手。昭和31年(1956)難波掾なにわのじょうを受領。

よしだ-まさお【吉田正男】[1914～1996]野球選手・評論家。愛知の生まれ。高校野球では中京商業のエースとして甲子園で3連覇。明大では外野手として5度の東京六大学リーグ優勝を果たした。卒業後都市対抗野球で活躍。のちアマチュア野球評論家。

よしだ-みつよし【吉田光由】[1598～1672]江戸前期の数学家。京都の人。幼名、与七。通称、七兵衛。出家して久庵。毛利重能・角倉素庵に学び、「塵劫じんこう記」のほか「古暦便覧」「和漢合運」などを著した。

よしだや【吉田屋】浄瑠璃「夕霧阿波鳴渡ゆうぎりあわのなると」の上の巻。また、それを改作した「廓文章くるわぶんしょう」の通称。

よしだ-やま【吉田山】京都市左京区南部にある丘。標高103メートル。西麓に吉田神社がある。神楽岡。

よしだ-よしお【吉田義男】[1933～]プロ野球選手・監督。京都の生まれ。昭和28年(1953)阪神に入団、遊撃手として活躍。ベストナインに9回選出された。のち同球団の監督に就任し、同60年にはチ

ームを21年ぶりのリーグ優勝、初の日本一に導いた。

よしだ‐よししげ【吉田喜重】［1933〜　］映画監督。福井の生まれ。「ろくでなし」で監督デビュー。新進気鋭の監督として高く評価された。「人間の約束」で文化庁芸術作品賞。代表作「秋津温泉」「エロス＋虐殺」「戒厳令」「嵐が丘」など。よしだきじゅう。

よしだ‐りゅう【▽吉田流】‐リウ ❶弓術の一派。室町時代末に吉田重賢が起こしたもの。❷鍼術(しんじゅつ)の一派。室町時代末、出雲大社の神官吉田意休が始めたとされる。❸近世、オランダ流外科術を学んだ吉田自庵を祖とする外科の流派。❹▶吉田神道(よしだしんとう)

よ‐じつ【余日】❶ある期日までに、残っている日数。残りの日数。「—いくばくもない」❷その日以外の日。ほかの日。他日。「—を期す」❸ひまのある日。「未だ職業を択ぶの—甚だ永からざればなり」〈利光鶴松・政党評判記〉

よし‐づ・く【由付く】〔動カ四〕趣がある。風情がある。由緒ありげである。「いと—・きてをかしくいますかりければ」〈大和・一四二〉

よしつね【義経】▶源義経(みなもとのよしつね)

よしつねせんぼんざくら【義経千本桜】浄瑠璃。時代物。五段。竹田出雲・並木千柳(並木宗輔(そうすけ))・三好松洛(みよししょうらく)合作。延享4年(1747)大坂竹本座初演。源義経の都落ちにからめて、潜伏中の平家の武将知盛・維盛・教経の滅びのロマンを描く。知盛が壮絶な死をとげる二段目「渡海屋・大物浦(だいもつのうら)」、維盛を助けようとしていがみの権太が犠牲になる三段目「鮓屋」、鼓の皮となった親狐を慕う狐忠信を描く四段目「河連(かわつら)館」が有名。

よしつね‐でんせつ【▽義▽経伝説】源義経にまつわる英雄伝説。平家追討の際の戦略や行動、兄頼朝の不信からの逃避行、また、平泉で死んだのではなく、蝦夷地(えぞち)へ逃れ、さらに大陸に渡って成吉思汗(ジンギスカン)になったなど、いろいろある。

よしつね‐ばかま【▽義▽経×袴】腰に白絹の紐(ひも)をつけ、裾口の括(くく)りに装飾的な組紐を通した袴。源義経が陣中で用いた鎧直垂(よろいひたたれ)の袴に似せたものという。江戸時代に武士が旅行などの際に用いた。

よし‐ど【×葦戸｜×葭戸】よしずを張った戸・障子。夏、ふすまなどの代用にする。簀戸(すど)。葦障子。《季 夏》「仮越しのやや落ちつきし—かな／万太郎」

よじ‐と・る【×攀じ取る】よぢ〔動ラ四〕つかんで引き寄せて折り取る。「青柳のほつ枝(え)—・りかづらくは君がやどにし千年(ちとせ)寿(ほ)くとぞ」〈万・四二八九〉

よし‐な・い【由無い】〔形〕文よしな・し〔ク〕❶そうするいわれがない。理由がない。「—・い言い分を繰り返す」❷そのかいがない。つまらない。くだらない。「—・い長話」「—・い人に組みしたのが運のつきだと」〈谷崎・盲目物語〉❸なすべき方法がない。しかたがない。やむをえない。「—・くあきらめる」「とみの事にて預め知らするに—・かりしが」〈鷗外・舞姫〉❹不都合だ。よくない。「みづからも立ちさまよふにつけても—・きことの出で来るに」〈和泉式部日記〉❺縁もゆかりもない。関係がない。「あらぬ—・き者の名のりしてきたるも」〈枕・二五〉

よし‐なし【由無し】〔形動ナリ〕理由のないさま。「斯太(しだ)の浦を朝漕ぐ舟は—に漕ぐらめかもよよしこさるらめ」〈万・三四三〇〉

よしなし‐ごころ【由無し心】つまらない考え。たわいもない気持ち。「今は、昔の—もくやしかりけりとのみ思ひ知りはて」〈更級〉

よしなし‐ごと【由無し言】意味のないおしゃべり。つまらない話。「一言ひてうちも笑ひぬ」〈徒然・三〇〉

よしなし‐ごと【由無し事】つまらないこと。とりとめもないこと。「つれづれに侍るままに、—ども書きつくるなり」〈堤・由無し事〉

よしなし‐もの【由無し物】つまらないもの。無益・無用のもの。「この石は、女どもこそ—と思ひたれども」〈宇治拾遺・一三〉

よしなし‐ものがたり【由無し物語】つまらない物語。たわいのない話。「つれづれのままに、—、昔今の事語り聞かせ給ひしをり」〈讃岐典侍日記・下〉

よしなし‐わざ【由無し業】たわいのないしわざ。無益な行為。「などかくはするぞ。—する」〈宇治拾遺・一〇〉

よしな‐に〔副〕うまいぐあいになるように。よいように。よろしく。「—お伝えください」

よしの【吉野】[一]㊀奈良県中部、吉野郡の地名。吉野川の中流域に位置し、木材工業が盛ん。南朝の史跡が多く、桜の名所として知られる。㊁奈良県の南半部、吉野郡の地域。また、吉野山の一帯。[二]「吉野織り」の略。

よしの‐おり【▽吉野織(り)】平織り地に畦(うね)織りを配して縞や格子を表した織物。吉野格子(よしのごうし)。

よしの‐がみ【▽吉野紙】吉野地方産の、コウゾを原料とした薄手の和紙。奈良紙の流れをくみ、江戸時代、漆を漉(こ)すのに用いたことから漆漉しともよばれた。やわら紙。やわやわ。

よしのがり‐いせき【吉野ヶ里遺跡】‐ヰセキ 佐賀県東部、神埼市と吉野ヶ里町の境にある弥生時代の遺跡。前1世紀の甕棺(かめかん)墓と墳丘墓、後2、3世紀の環濠集落跡を出土。特別史跡。

よしの‐がわ【吉野川】‐がは ㊀紀ノ川の上流。奈良県中東部の大台ヶ原に源を発し、北西に流れて吉野町で西に転じ、和歌山へ入って紀ノ川となり紀伊水道へ注ぐ。長さ81キロ。アユが名産。㊁四国中央部を東流する川。石鎚(いしづち)山地の瓶(かめ)ヶ森山に源を発し、四国山地を横切る中流部で大歩危(おおぼけ)小歩危の峡谷をつくり、徳島で紀伊水道に注ぐ。長さ194キロ。四国三郎。㊂徳島県中北部、吉野川㊁の南岸にある市。平成16年(2004)鴨島(かもじま)町、川島町、山川町、美郷(みさと)村が合併して成立。人口4.4万(2010)。

よしのがわ‐し【吉野川市】よしのがは‐ ▶吉野川㊂

よしの‐ぐさ【▽吉野草】桜の別名。

よしの‐くず【▽吉野葛】奈良県吉野地方から産する上質の葛粉。

よしのくまの‐こくりつこうえん【吉野熊野国立公園】‐コクリツコウヱン 奈良・三重・和歌山の3県にまたがる国立公園。吉野山・大峰山・大台ヶ原山・熊野川・熊野灘・潮岬などが含まれ、熊野信仰や南朝の史跡が多い。

よしの‐げんざぶろう【吉野源三郎】‐ゲンザブラウ［1899〜1981］ジャーナリスト。東京の生まれ。東大卒。岩波書店に勤務し、岩波新書や雑誌「世界」を創刊。護憲・平和運動に尽力したことでも知られる。著作に「君たちはどう生きるか」など。

よしの‐ごおり【▽吉野氷】‐ごほり 吉野葛(よしのくず)に砂糖を加え、煮詰めて固めた菓子。白くて氷に似る。

よしの‐さくぞう【吉野作造】‐サクザウ［1878〜1933］政治学者。宮城の生まれ。東大教授。民本主義を唱え、普通選挙の実施、政党内閣制などを主張し、また軍閥を攻撃。大正デモクラシーの理論的指導者。のち、「明治文化全集」を編集。

よしの‐ざくら【▽吉野桜】❶吉野山に咲くヤマザクラ。❷ソメイヨシノの別名。

よしの‐しずか【▽吉野静】‐しづか ヒトリシズカの別名。《季 春》◆曲名別項。

よしのしずか【吉野静】よしのしづか 謡曲。三番目物。観阿弥作。義経記に取材。源義経の吉野落ちの際、静御前は佐藤忠信と図り、追っ手の衆徒たちの前で法楽の舞をまい、その間に義経一行を逃す。

よしのしゅうい【吉野拾遺】よしのシフヰ 室町時代の説話集。2巻または3巻。作者・成立年ともに未詳。延元元年＝建武3年(1336)から正平13年＝延文3年(1358)に至る23年間の、南朝関係の人物の逸話を集めたもの。

よしの‐じんぐう【吉野神宮】奈良県吉野郡吉野町にある神社。旧官幣大社。祭神は後醍醐天皇。明治22年(1889)創建。

よしの‐すぎ【▽吉野杉】吉野山から産する杉材。古くは吉野川に流して和歌山に出し、京都などへ送られた。酒樽(さかだる)などに使用。

よしの‐ちょう【吉野町】‐チヤウ ▶吉野[一]㊀

よしのちょう‐じだい【吉野朝時代】よしのテウ‐ 日本の南北朝時代を、南朝が正統とする立場から呼んだ称。

よしの‐ぬり【▽吉野塗】吉野地方産の漆器。膳(ぜん)・椀(わん)の類が多く、吉野絵とも称されるものは黒漆地に朱漆で木芙蓉(もくふよう)などを描く。

よしの‐の‐あんぐう【吉野行宮】延元元年＝建武3年(1336)から正平3年＝貞和4年(1348)まで、吉野に逃れた後醍醐天皇の行宮。吉野宮(よしののみや)。

よしの‐の‐みや【吉野宮】㊀吉野町宮滝にあったと推定されている古代の離宮。斉明・天武・持統・文武・元正・聖武など各天皇の行幸があった。㊁▶吉野行宮(よしののあんぐう)

よしの‐びな【▽吉野×雛】木彫りで彩色した、立ち姿の雛人形。

よし‐のぼり【×葦登】ハゼ科の淡水魚。河川・湖沼にすみ、全長4〜12センチ。ハゼに似て、ふつう黄褐色または灰褐色の地に暗色斑があり、雄の第1背びれは長く伸びている。佃煮などにする。ごり。いしぶし。

よじ‐のぼ・る【×攀じ登る｜×攀じ上る】よぢ〔動ラ五(四)〕物にとりすがってのぼる。「岩山を—・る」

よしのみくまり‐じんじゃ【吉野水分神社】奈良県吉野郡吉野町吉野山にある神社。主神は天水分命(あめのみくまりのみこと)。本来は水の分配をつかさどる神だが、「みくまり」が訛(なま)って「みこもり(御子守)」となり、子守・子授けの神として祭られるようになったといわれる。本殿などの社殿は、慶長9年(1604)に豊臣秀頼(ひでより)が再建したもので、国の重要文化財。平成16年(2004)「紀伊山地の霊場と参詣道」の一部として世界遺産(文化遺産)に登録された。通称、子守明神。

よしの‐もうで【▽吉野詣で】‐まうで 吉野の金峰山寺(きんぷせんじ)に参詣すること。また、その人。

よしの‐やま【吉野山】奈良県中部、大峰山脈北端の尾根の称。南朝の所在地で史跡に富み、また金峰山寺(きんぷせんじ)(蔵王堂)があり、修験道の根拠地。桜の名所で、平安中期から寄進により植えられた。平成16年(2004)「紀伊山地の霊場と参詣道」の一部として世界遺産(文化遺産)に登録された。

よしの‐わん【▽吉野×椀】吉野地方で作られた塗椀。また、黒漆地に朱、あるいは、朱漆地に黒で芙蓉(ふよう)を描く吉野絵を表した椀。

よし‐ばみ【由ばみ】上品ぶること。気どること。また、そうした振る舞い。「今様の—よりは、こよなう奥ゆかしうと」〈源・末摘花〉

よしばみ‐ごと【由ばみ事】上品ぶった振る舞い。気どっていること。「えもいはぬ—しても」〈紫式部日記〉

よし‐ば・む【由ばむ】〔動マ四〕わけありげに振る舞う。もったいぶる。よしめく。「月頃のつらさを恨みなどし給ひて—・み給へれど」〈宇津保・忠こそ〉

よしばやま‐じゅんのすけ【吉葉山潤之輔】［1920〜1977］力士。第43代横綱。北海道出身。本名、池田潤之輔。引退後、年寄宮城野。➡鏡里喜代治(第42代横綱) ➡栃錦清隆(第44代横綱)

よしはら‐じろう【吉原治良】‐ヂラウ［1905〜1972］洋画家。大阪の生まれ。藤田嗣治(ふじたつぐはる)らに師事。具象画から抽象画へと進み、具体美術協会を主宰して前衛芸術運動を推進。

よしはら‐まさき【吉原正喜】［1919〜1944］プロ野球選手。熊本の生まれ。昭和13年(1938)熊本工業の同窓であった川上哲治とともに巨人軍に入団。沢村栄治やスタルヒンらとバッテリーを組んで活躍した。同19年、第二次大戦で戦死。

よしひさ‐しんのう【能久親王】‐シンワウ［1847〜1895］皇族。北白川宮第2代。伏見宮邦家親王の第9王子。戊辰(ぼしん)戦争で幕府方につき、明治維新後は伏見宮に預けられたが、許されて北白川宮を相続。日清戦争には近衛師団長として出兵。台湾で病死。

よしひろ【義弘】▶郷義弘(ごうよしひろ)

よし‐ぶえ【×葦笛】アシで作った笛。あしぶえ。

よし‐ぶき【×葦×葺き｜×葭×葺き】アシで屋根をふくこと。また、その屋根。

よします‐とうどう【吉益東洞】［1702〜1773］江戸中期の医学者。安芸(あき)の人。名は為則。字(あざな)は公言。通称、周助。古医方を学び、万病一毒説、また診察の重要性を主張。著「類聚方」「薬徴」など。

よし-み【▽好み|×誼み】❶親しいつきあい。また、その親しみ。交誼。「一を結ぶ」❷何らかの縁によるつながり。縁故。「昔の一で金を借す」
(類語)関係・関わり・掛かり合い・ゆかり・縁え・縁えにし・絆・つながり・縁故・縁由・つて

よしみず-しょうにん【吉水上人】《京都東山の吉水に庵居したところから》法然の異称。

よしみず-じんじゃ【吉水神社】奈良県吉野郡吉野町にある神社。後醍醐天皇を祭神とし、楠木正成、宗信法印を合祀する。もと金峰山寺の僧坊吉水院で、修験道とともに発展したが、明治維新の神仏分離により、明治8年(1875)吉水神社と改めた。源義経の潜居、後醍醐天皇の行宮として有名。平成16年(2004)「紀伊山地の霊場と参詣道」の一部として世界遺産(文化遺産)に登録された。

よしみつ【吉光】▶粟田口吉光

よしみね-でら【善峰寺】京都市西京区にある天台宗の寺。山号は、西山。西国三十三所第20番札所。長元2年(1029)源算の開創。応仁の乱で焼失したが、江戸時代に徳川綱吉の母桂昌院の援助で再興。

よしみね-の-むねさだ【良岑宗貞】遍昭の俗名。

よしみね-の-やすよ【良岑安世】[785〜830]平安初期の学者・漢詩人。桓武天皇の皇子。遍昭の父。蔵人頭・右近衛大将などを歴任。藤原冬嗣らと「日本後紀」を撰修、「内裏式」を共撰した。また、滋野貞主らと「経国集」を編纂。

よしみ-の-ひゃっけつ【吉見の百穴】埼玉県中部、比企郡吉見町にある横穴墓群。凝灰岩の丘陵斜面にあり、7世紀のもので、現在200個ほどが開口する。よしみのひゃくあな。

よしみ-ゆきかず【吉見幸和】▶よしみよしかず(吉見幸和)

よしみ-よしかず【吉見幸和】[1673〜1761]江戸中期の国学者・神道家。尾張の人。名は「ゆきかず」とも。名古屋東照宮の祠官。文献学的研究に専心。「五部書説弁」を著して、神道五部書が偽書であることを論証。ほかに著「神代正義」「神学弁疑」など。

よしむら-あきら【吉村昭】[1927〜2006]小説家。東京の生まれ。津村節子の夫。はじめは短編小説を書くが、長編「戦艦武蔵」で戦史小説に新境地を開き、その後歴史小説を多く手がける。「破獄」で芸術選奨。他に「星への旅」「冷い夏、暑い夏」「ふぉん・しいほるとの娘」「桜田門外ノ変」など。芸術院会員。

よしむら-いじゅうろう【芳村伊十郎】長唄唄方。㊀(6世)[1858〜1935]駿河の生まれ。豪快な芸風で、明治後期から昭和初期にかけて一世を風靡した。㊁(7世)[1901〜1973]東京の生まれ。声量豊かな美声で人気が高かった。

よしむら-こうざぶろう【吉村公三郎】[1911〜2000]映画監督。滋賀の生まれ。女性映画の巨匠と呼ばれ、主演女優の魅力を引き出す手腕が高く評価された。新藤兼人らと「近代映画協会」を設立。代表作「暖流」「安城家の舞踏会」「夜明け前」「夜の河」など。

よしむら-とらたろう【吉村寅太郎】[1837〜1863]江戸末期の尊攘派志士。土佐の人。武市瑞山の勤王党に参加し、尊王攘夷運動に活躍。藤本鉄石らと天誅組を組織、大和で倒幕の兵を挙げたが敗死。

よしむら-ふゆひこ【吉村冬彦】寺田寅彦の筆名。

よしむら-まんいち【吉村万一】[1961〜]小説家。愛媛の生まれ。本名、浩一。高校教師を経て、養護学校教諭。かたわら小説を執筆し「ハリガネムシ」で芥川賞受賞。他に「クチュクチュバーン」など。

よしむら-りゅう【▽吉村流】日本舞踊の上方舞の流派の一。明治中期に吉村ふじが創始。繊細で軽妙な技法を特色とする。

よしめき-はるひこ【吉目木晴彦】[1957〜]小説家。神奈川の生まれ。幼少期をアメリカやタイで過ごす。「寂寥郊野」で芥川賞受賞。他に「ルイジアナ杭打ち」「誇り高き人々」など。

よし-め・く【由めく】〔動カ四〕わけがありそうに振る舞う。また、由緒ありげに見える。よしばむ。「女君の御有様も世づかはしく一・きなどもあらぬを」〈源・末摘花〉

よし-も【▽縦も】〔副〕《副詞「よし」+間投助詞「も」から》たとえ。かりに。「霰降り遠つ大浦に寄する波一寄すとも憎くあらなくに」〈万・二七二九〉

よし-もがな【由もがな】〔連語〕《「もがな」は願望の終助詞》方法があればいいのになあ。「いにしへのしづのをだまき繰りかへし昔を今になす一」〈伊勢・三二〉

よしもと-たかあき【吉本隆明】[1924〜2012]詩人・文芸評論家・思想家。東京の生まれ。次女は小説家よしもとばなな。文学・大衆文化・政治・宗教など、広範な領域で評論・思想活動を行う。著書に「高村光太郎」「言語にとって美とは何か」「共同幻想論」「言葉からの触手」など。

よしもと-ばなな[1964〜]小説家。東京の生まれ。本名、吉本真秀子。思想家吉本隆明の次女。昭和63年(1988)「キッチン」で泉鏡花文学賞受賞。平成15年(2003)筆名を「吉本ばなな」から現名に改める。他に「TUGUMI」「とかげ」「白河夜船」など。海外で翻訳されている作品も多い。

よしもと-りゅうめい【吉本隆明】▶よしもとたかあき(吉本隆明)

よ-しゃ【×輿車】輿と車。また、乗り物の総称。

よし-や【▽縦や】〔副〕《副詞「よし」+間投助詞「や」から》❶たとえ。かりに。よしんば。「一せつない思をしても」〈鴎外・雁〉❷ままよ。どうなろうとも。「流れては妹背の山の中に落つる吉野の河の一世の中」〈古今・恋五〉

よしや-ぐみ【▽吉屋組】江戸前期、三浦小次郎義也を頭目にした旗本奴の組。六方組の一。義也組。

よしゃずこう【輿車図考】江戸後期の故実書。松平定信編、渡辺広輝画。16巻。文化元年(1804)成立。各種の輿車に関する考証に、彩色図を付した書。

よしや-のぶこ【吉屋信子】[1896〜1973]小説家。新潟の生まれ。キリスト教的な理想主義や清純な感傷性によって多くの女性の支持を得た。作「地の果まで」「良人の貞操」「鬼火」「徳川の夫人たち」など。

よ-しゅ【予修】「逆修❷」に同じ。

よ-しゅう【予州】伊予国の異称。

よ-しゅう【予習】〔名〕スル 前もって学習すること。「次の課を一する」⇔復習。(類語)下調べ・下読み

よ-しゅう【余臭】あとまで残っているにおい。転じて、名残。「封建時代の一をとどめる」

よ-しゅう【余執】仏語。心に残って離れ去ることのない執着。前世から現世、また現世から来世にまで残っている執念。

よ-しゅう【余習】❶残っている昔の習慣。「それが道学の一なのか、又は一種のはにかみなのか」〈漱石・こゝろ〉❷仏語。煩悩を断ち切ったあと心に残る煩悩の影響。

よ-じゅう【夜中】一晩中。終夜。よもすがら。「悪魔は…、一刑場に飛んでいたと云う」〈芥川・おぎん〉

よ-しゅうごう【余集合】▶補集合

よしゆき-じゅんのすけ【吉行淳之介】[1924〜1994]小説家。岡山の生まれ。昭和29年(1954)小説「驟雨」で芥川賞を受賞し、以降「第三の新人」の一人として活躍。他に「闇のなかの祝祭」「砂の上の植物群」「夕暮まで」など。

よしゆき-りえ【吉行理恵】[1939〜2006]詩人・小説家。東京の生まれ。本名、理恵子。吉行淳之介の妹。詩集「夢のなかで」で田村俊子賞受賞。小説「小さな貴婦人」で芥川賞受賞。他に短編集「黄色い猫」、児童文学に「まほうつかいのくしゃんねこ」がある。

よ-しゅく【予祝】あらかじめ祝うこと。前祝い。

よしゅく-ぎれい【予祝儀礼】農耕儀礼の一。新春の耕作開始に先立ち、主として小正月にその年の豊作を祈って行う前祝いの行事。田打ち正月・田遊びなどの類。予祝行事。

よ-しょう【預証】預金と、有価証券または有価証券運用金のこと。

よ-じょう【余剰】必要分を除いた残り。剰余。余り。「人員に一が出る」「一価値」「一米」(類語)余り・残り・余計・残余・剰余・余分・端数・おこぼれ

よ-じょう【余情】❶あとまで残っている、印象深いしみじみとした味わい。よせい。「旅の一にひたる」❷詩歌などで、表現の外に感じられる趣。特に、和歌・連歌・俳諧などで尊重された。よせい。

よ-じょう【余×饒】あり余って豊かなこと。

よじょう-はん【四畳半】和室で、畳4枚半を敷いた、1間半四方の部屋。

よじょうはん-しゅみ【四畳半趣味】待合などのいきな小部屋で、女性を相手に酒を飲んだりして遊ぶのを好む趣味。

よじょう-まい【余剰米】▶過剰米

よしょう-りつ【預証率】銀行の預金残高に対する、有価証券運用残高の割合。➡預貸率

よ-しょく【余色】▶補色

よし-よし【▽縦▽縦】〔副〕《副詞「よし」を重ねて強調した語》どうなろうとも。ままよ。「一、更に見え奉らじ」〈源・葵〉

よし-よし〔感〕❶目下の相手の希望などを承知したときに用いる語。わかった、わかった。「一、買ってやるよ」❷目下の相手をなだめたり力づけたりするときに用いる語。「一、心配しないでいいよ」

よしよし・し【由由し】〔形シク〕由緒ありげである。いかにも風情がある。「しつらひなど、一・しうし給ふ」〈源・東屋〉

よじり-すじり【×捩り×捩り】〔副〕身をよじらせてもだえるさま。「いかにせん、いかにせんと、一するほどに」〈宇治拾遺・五〉

よじり-ふどう【×捩り不動】背後の火炎の燃えるようすをよじったように表した不動明王像。

よじ・る【×捩る】㊀〔動ラ五(四)〕ねじってまげる。ねじる。「針金を一・る」「からだを一・って笑う」(可能)よじれる ㊁〔動ラ下二〕「よじれる」の文語形。(類語)曲げる・ねじる・ひねる・ねじれる・よじれる・たわめる

よ・じる【×攀じる】〔動ザ上一〕(文)よ・づ〔ダ上二〕のぼるためにすがりつく。また、すがりついてのぼる。「ロープにすがって岩場を一・じる」

よじれ【×捩れ】よじれること。また、よじれたところ。「帯の一を気にする」

よじ・れる【×捩れる】〔動ラ下一〕(文)よぢ・る〔ラ下二〕ねじってまげたような状態になる。ねじれる。「ベルトが一・れる」「腹が一・れるほどおかしい」➡腹の皮が捩れる (補説)「腹がよじれる」は「腹の皮がよじれる」の省略形か。

よじろう【与次郎】❶近世、京都で非人頭の通称。❷「与次郎人形」の略。

よじろう-にんぎょう【与次郎人形】子供の玩具。弥次郎兵衛のこと。

よじろべえ【与次▽郎▽兵▽衛】❶「弥次郎兵衛」に同じ。❷《与次郎人形がいつも笠をかぶっているところから》笠のこと。「一をぬがして、つばきをなめさせろやい」〈伎・助六〉

よしわら【吉原】㊀静岡県富士市南東部の地名。旧吉原市。江戸時代は東海道五十三次の宿駅。製紙・パルプ業などが行われる。㊁江戸の遊郭。現在の東京都台東区浅草北部にあった。元和3年(1617)それまで市中各所に散在していた遊女屋を、幕府が日本橋葺屋町に集めて公認。当時はヨシの茂る地で葭原と書いた。明暦3年(1657)の大火で焼けたため浅草に移された。前者を元吉原といい、後者を新吉原という。三谷。仲。北里。北州。

よし-わら【×葦原】ヨシの生い茂っている原。

よしわら-かご【▽吉原▽駕▽籠】江戸時代、吉原遊郭へ通う遊客を乗せて往来した町駕籠。

よしわら-かぶり【▽吉原▽被り】手ぬぐいのかぶり方で、二つ折りにした手ぬぐいを頭にのせ、その

両端を髷(まげ)の後ろで結んだもの。遊里の芸人や物売りなどが多く用いた。
よしわら-ことば【▽吉原言葉】よしはら― 江戸吉原の遊郭で、遊女などが使った特殊な言葉。さとことば。ありんすことば。
よしわら-さいけん【▽吉原細見】よしはら―「細見(さいけん)❸」に同じ。
よしわら-すずめ【▽吉原×雀】よしはら― ㊀吉原の遊郭にしばしば出入りして、その内情に通じている人。㊁歌舞伎舞踊。長唄。本名題「教草(おしえぐさ)吉原雀」。初世桜田治助作詞、富士田吉治・杵屋作十郎作曲。明和5年(1768)江戸市村座初演。男女二人の鳥売りが、吉原の郭(くるわ)の風俗・生活を描写して踊る。
よしわら-すずめ【×葦原×雀】よしはら― ❶ヨシキリの別名。《季 夏》「門出吉し田よしと―かな/一茶」❷《ヨシキリのやかましい鳴き声から》口数が多くうるさい人。おしゃべり。「一口々に科(とが)の善し悪し夕時雨」〈浄・八百屋お七〉
よしわら-にわか【▽吉原×俄】よしはらにはか 江戸吉原の遊郭で行われた即興芝居。享保年間(1716〜1736)に始まり、毎年8月中旬から9月中旬まで街頭の屋台の上で幇間(ほうかん)や芸者などが演じた。
よし-わるし【善し悪し】「よしあし」に同じ。「品の―を見分ける」「車をもつのも―だ」
よ-しん【与信】クレジットカードを発行する、資金を貸し付けるなどの信用を供与すること。
よ-しん【予診】医者が診察に入る前に、患者の症状の訴えや既往症などをあらかじめ問診すること。
よ-しん【予審】旧刑事訴訟法で認められていた制度。公訴提起後、被告事件を公判に付すべきか否かを決定し、あわせて公判で取り調べにくい証拠を収集保全する手続きで、裁判官の権限に属していた。
よ-しん【余震】大地震のあとしばらくの間、引き続いて起こる小地震。揺り返し。《類語》地震・地動(ちどう)
よ-じん【余人】❶当事者以外の人。また、ほかの人。よにん。「―を交えずに話す」「―をもっては代えがたい」❷あまりの人。残りの人。《類語》他人
よ-じん【余×塵】―ヂン ❶人馬や車などが通ったあとに立つ土ぼこり。後塵(こうじん)。❷先人の遺風。余風。
よ-じん【余×燼】❶火事などの、燃え残っている火。燃えさし。「戦火の―がまだ消えやらぬ街」❷事件などの一段落したあとに、なお残っているもの。また、その影響。「怒りの―がくすぶる」
よしん-ば【▽縦んば】〔副〕たとえそうであったとしても。かりに。「一間違ったとしても心配はない」
《類語》仮に・もし・たとえ・もしか
よしん-わく【与信枠】与信の上限。融資などの限度となる額。
よ・す【▽止す】〔動サ五(四)〕やめる。中止する。「いたずらは―・しなさい」「行くのは―・そう」
《類語》やめる・切り上げる・打ち切る・断つ・中止する・とりやめる・休止・停止・中断・中絶・ストップ・沙汰止み・お流れ・立ち消え・途絶・断絶
よ・す【寄す】㊀〔動サ四〕近づける。近よらせる。「庭に立つ麻手小衾(あさでこぶすま)今夜(こよひ)だに妻―・しこせね麻手小衾」〈万・三四五四〉㊁〔動サ下二〕「よせる」の文語形。
よ-ず【×輿図】―ヅ 輿地の図。世界地図。輿地図。
よ・ず【×攀づ】よづ〔動ダ上二〕「よ(攀)じる」の文語形。
よ-すい【余水】余分の水。
よ-すい【余酔】酔いがまださめきらないこと。酔いが残っていること。また、その酔い。
よすい-はき【余水吐き】「余水路(よすいろ)」に同じ。
よすい-ろ【余水路】貯水池で、一定量より多くなった余分の水を流すため、ダム本体の上部に設ける水路。余水吐き。
よ-すう【余数】❶残りの数。余った数。❷ ➤補数
よす-が【▽縁|▽因|▽便】《「寄す処(か)」の意。古くは「よすか」》❶身や心のよりどころとすること。頼りとすること。また、身寄り。血縁者。よるべ。「知人を―に上京する」「身を寄せる―もない」❷手がかり。手だて。方法。「今ではもう昔を知る―はない」
《類語》手掛かり・足掛かり

よ-すがら【終=夜】〔副〕《「すがら」は接尾語》一晩中。よもすがら。「冬は落葉深く積みて風吹く―物の囁(ささや)く音す」〈独歩・わかれ〉
よ-すぎ【世過ぎ】世の中で生活していくこと。世渡り。口すぎ。「身過ぎ―」「こころなき悪文をつづり―する我の」〈犀星・あきらめのない心〉
《類語》生活・暮らし・世渡り・渡世・処世・身過ぎ・行路・生計・活計・糊口(ここう)・口過ぎ
よ-すすぎ【夜▽濯ぎ】夜にする洗濯。夏の暑い盛りのころ、衣類をその夜のうちに洗ってしまうこと。《季 夏》「一の更け来し水の澄みわたり/汀女」
よ-すずみ【夜涼み】夏の夜、戸外に出るなどして涼むこと。《季 夏》「一に脇目もふらず犬通る/誓子」
よすて-びと【世捨て人】俗世間との関係を絶った人。僧侶や隠者など。《類語》隠者
よ-すみ【四隅|四▽角】四角い形の四方のすみ。四方のかど。
よすみ-もち【四隅餅】上棟式で、家の中央から四隅に向かって、または四隅から外に向かってまく餅。すみのもち。
よせ【寄せ】❶寄せること。寄せ集めること。「人―」「客―」❷囲碁・将棋の終盤戦の細かい詰め。❸望みを寄せること。信任。信頼。「時世の―今一きはまさる人には」〈源・明石〉❹一身上の力となる人。後見。「一の皇子は、右大臣の女御の御腹にて、一重く」〈源・桐壺〉❺ゆかり。縁故。ちなみ。「その―ありとて、後醍醐天皇とおくり名し奉る」〈太平記・二一〉❻子細。わけ。いわれ。「国を争ひて戦ひをなす事、数へ尽くすべからず。それも歌な一ふし二ふしの―はありけん」〈増鏡・新島守〉❼歌論で、縁あるものに関連づけること。縁語。「歌は一あるがよきなり、衣に、たつ、きる、うら」〈詠歌一体〉
よせ【寄-席】《「人寄せ席」の略》落語・講談・漫才・浪曲・奇術・音曲などの大衆芸能を興行する演芸場。常設のものは寛政年間(1789〜1801)に始まる。席(せき)。席亭。よせせき。よせば。《類語》席亭・席
よせ-あつめ【寄(せ)集め】寄せ集めること。また、寄せ集めたもの。特に、系統も考えずにただ単に寄せ集めたもの。「がらくたの―」「―のメンバー」
よせ-あつ・める【寄(せ)集める】〔動マ下一〕図よせあつ・む〔マ下二〕散らばっているものを寄せて一つところに集める。「落ち葉を―・めて焚(た)く」
《類語》集める・駆り集める・掻き集める・呼び集める
よせ-あり【寄せ×蟻】梁(はり)や鴨居(かもい)をつるときに用いる仕口(しぐち)。吊(つ)り束(づか)の下端に蟻枘(ありほぞ)を作り、梁や鴨居に蟻穴と逃げ穴を彫り、蟻枘を逃げ穴から差し込んで横に移動させ、蟻穴に収める。送り蟻。
よせ-あわせ【寄(せ)合(わ)せ】―あはせ 寄せ合わせること。寄せ集め。
よせ-あわ・せる【寄(せ)合(わ)せる】―あはせる〔動サ下一〕図よせあは・す〔サ下二〕寄せて一つに合わせる。寄せ集める。「板切れを―・せて犬小屋を作る」
よ-せい【余生】盛りの時期を過ぎた残りの生涯。残された人生。「静かに―を送る」「―を楽しむ」
よ-せい【余勢】❶何かをしとげたあとに残っているはずみのついた勢い。❷あふれるような活力。「―ノ良イ人」〈日葡〉❸残りの軍勢。「兼康が一六十余人からめ取って」〈平家・五〉
余勢を駆(か)・る 調子に乗る。勢いに乗る。「国内販売大成功の―・って海外に進出する」
よ-せい【余情】〔名・形動ナリ〕❶「よじょう(余情)」に同じ。「勅使は花の都人、もてなしに―うすし」〈浄・本朝三国志〉❷同情のおこぼれ。また、わずかな謝礼。「わづかな弟子衆の―や、わが身の働きで」〈浄・河原達引〉❸《「僭上(せんじょう)」を「せじょう」と略し、同音の「世情」の字を当て、それをさらに湯桶(ゆとう)読みをしたものの当て字という》体裁を飾ること。みえを張ること。また、そのさま。「―なる商ひばなし」〈浮・諸艶大鑑・三〉
よせ-うえ【寄(せ)植え】―うゑ 植物を寄せ集めて植えること。また、その植えたもの。「―の鉢」
よせ-うた【寄(せ)歌】思いを物に寄せてうたった歌。

よせ-え【寄(せ)餌】―ゑ「撒(ま)き餌(え)」に同じ。
よ-せかい【世世界】世の中。世間。「嫁の年よりは先ず親の身代を聞こうと云う―だもの」〈風葉・深川女房〉
よせ-がき【寄(せ)書(き)】〔名〕スル 多くの人が1枚の紙に文章や絵などを書くこと。また、その書いたもの。「卒業記念の―」「見舞いのカードに―する」
よせ-かけ【寄(せ)掛け】❶寄せ掛けること。❷土蔵の壁を保護するため外側に設けた板張りのおおい。
よせ-か・ける【寄(せ)掛ける】〔動カ下一〕図よせか・く〔カ下二〕❶そばへ寄せて立てかける。もたせかける。「はしごを壁に―・ける」❷攻め寄せる。押し寄せる。「―・けて打つ白波の音高く」〈謡・夜討曽我〉
《類語》預ける・もたせかける・もたせる
よせ-がまち【寄せ×框】商家などの入り口の敷居。昼間は取りはずし、夜、戸を閉めるときに取り付けるようにしたもの。
よ-せき【×礜石】砒素(ひそ)を含む鉱物の一。猛毒。
よせ-ぎ【寄(せ)木】❶木片や木材を組み合わせること。「―の床」❷いろいろな形の木片を組み合わせ、物の形を作って遊ぶおもちゃ。❸「寄せ木細工」の略。
よせぎ-ざいく【寄(せ)木細工】木工芸の装飾技法の一。器物などの表面に色や木目などの異なる木片を組み合わせて図案や模様を描き出す細工。また、その細工工芸品。
よせ-ぎちょう【寄せ×几帳】―ギチヤウ 古代・中世に、宮中または寝殿の浜床(はまゆか)の上、左右前後に立てめぐらした几帳。
よせぎ-づくり【寄(せ)木造(り)】木彫仏の造像技法の一。頭部・胴身部からなる主要部を二材以上の木を寄せ合わせて造るもの。定朝(じょうちょう)が完成。➡一木造(いちぼくづく)り
よせ-ぎれ【寄(せ)切れ|寄せ▽布】裁ち残りの布きれを寄せ集めたもの。
よせ-くち【寄せ口】攻め寄せてくる方面。
よせ-・くる【寄(せ)来る】〔動カ変〕図よせ・く〔カ変〕❶波が寄せてくる。「―・くる波」❷軍勢などが攻め寄せてくる。「―・くる大軍」❸新しい時代や文化などが押し寄せてくる。「―・くる民主化の波」
よせ-ごと【寄せ事】かこつける事柄。口実。「今の若い者が参宮を―にいたづら参り」〈浮・織留・四〉
よせ-ざる【寄(せ)猿】「送り猿」に同じ。
よせ-ざん【寄(せ)算】「足し算」に同じ。
よせ-しき【寄(せ)敷(き)】畳や板敷きと壁との境目に、敷居と同じ高さにそろえて取り付ける横木。
よせ-せき【寄(せ)席】「よせ(寄席)」に同じ。
よせ-だいこ【寄(せ)太鼓】❶攻め寄せる合図に打ち鳴らす太鼓。せめだいこ。❷興行などで、客寄せのために打つ太鼓。
よ-せつ【余接|余切】➤コタンジェント
よ-せつ【余説】❶補足のための説明。補説。❷他の説。別の学説。「―を是非するの暇なし」〈阪谷素・明六雑誌四三〉
よせつ-かんすう【余接関数】―クワンスウ ➤コタンジェント
よせ-つぎ【寄(せ)接ぎ】「呼び接ぎ」に同じ。
よせ-つ・ける【寄(せ)付ける】〔動カ下一〕図よせつ・く〔カ下二〕近くへ来させる。近寄らせる。寄りつかせる。「彼には人を―・けない厳しさがある」
よせ-づな【寄せ綱】物を引き寄せるための綱。「多胡(たご)の嶺(ね)に―延(は)へて寄すれどもあにくやしづしその顔よきに」〈万・三四一一〉
よせ-て【寄(せ)手】攻め寄せる側の軍勢。
よせ-なべ【寄(せ)鍋】鍋料理の一。魚・貝・鳥肉や野菜・キノコなどを取り合わせ、だし汁で煮ながら食べるもの。《季 冬》「―や東海の鮮灘(なだ)の醇(じゅん)/風生」
よせ-なみ【寄(せ)波】打ち寄せてくる波。⇔引き波。
よせ-ば【寄(せ)場】❶人が寄り集まる場所。また、寄せ集めておく場所。❷「人足寄場」の略。❸「寄席(よせ)」に同じ。

よ

よせ‐ばし【寄せばし】「寄せ柱」に同じ。「一掘りたてて、身をはたらかさぬやうにはりつけて」〈宇治拾遺・二〉
よせ‐ばし【寄(せ)箸】嫌い箸の一。遠くにある食器を、箸で引き寄せること。
よせ‐ばしら【寄せ柱】馬などを寄せてつなぐ柱。とつなぎ。よせばし。〈和名抄〉
よせば‐ぶぎょう【寄場奉行】ヨセバブギャウ 江戸幕府の職名。若年寄の支配に属し、江戸石川島の人足寄せ場を管掌した。
よせ‐ひだ【寄せ×襞】ひだを寄せること。特に、袴はかまの前部中央に寄せてとるひだ。
ヨセフ〘Joseph〙㊀旧約聖書「創世記」の人物。ヤコブの子。父から特にかわいがられたため他の兄弟たちに憎まれ、エジプトに売られたが、のち宰相となって国を飢饉ききんから救い、父や兄弟たちと再会する。㊁イエスの母マリアの夫。大工とされる。イエスの養父。㊂イエスの弟子。刑死したイエスを引き取り、墓に葬った。アリマタヤのヨセフ。
ヨセフス〘Josephus Flavius〙［37ころ〜100ころ］ユダヤ人の歴史家。エルサレムに生まれる。ローマの捕囚となるが許され、のちローマ帝の側近として仕える。ローマに住み、ユダヤ史をギリシャ語で著述、「ユダヤ戦記」「ユダヤ古代誌」などを残した。
よせ‐ぶみ【寄せ文】寄進または寄託する際にその旨を記した証文。
ヨゼホフ〘Josefov〙《ヨーゼフの町の意》チェコ共和国の首都プラハの中心部、旧市街にあるユダヤ人地区の名称。18世紀、神聖ローマ皇帝ヨーゼフ2世によりユダヤ人差別が若干緩和されたため、ヨーゼフ2世を称えてこのように呼ばれた。
ヨセミテ‐こくりつこうえん【ヨセミテ国立公園】ヨセミテコクリツコウヱン《Yosemite》米国カリフォルニア州のシエラネバダ山脈にある国立の自然公園。渓谷を中心とし氷食によるU字谷と滝が多い。1984年、世界遺産(自然遺産)に登録された。
よせ‐みや【寄せ宮】いくつかの小社を合祀ごうしした神社。
よせ‐むね【寄(せ)棟】「寄せ棟造り」の略。
よせむね‐づくり【寄(せ)棟造(り)】大棟おおむねの両端から四方に隅棟すみむねが降りる形式の屋根。屋根面は台形と三角形が二つずつからなる。四注造り。
よせ‐もの【寄(せ)物】寒天・ゼラチンで果物・豆などの材料をまとめ、型に流して固めた料理。また、葛粉くずこにサツマイモ・魚のすり身などの味付けした材料を入れ、蒸し固めた料理。流し物。
よ・せる【寄せる】〔動サ下一〕図よ・す〔サ下二〕❶近づく。寄る。また、攻めて近くに迫る。「波が岸辺に—・せる」「敵勢が—・せて来る」❷(普通「よせてもらう」「よせていただく」の形で)訪問する意のへりくだった言い方。「今夜—・せてもらいます」❸ある物を別の物の近くへ寄らせる。近づける。「耳へ口を—・せて話す」「肩を—・せる」「北へ—・せて家を建てる」❹1か所に集める。まとめて一緒にする。「客を—・せる」「額にしわを—・せる」「義捐金ぎえんきんが—・せられる」❺意見・情報などを送り届ける。手紙・文章などを送る。提供する。「回答を—・せる」「便りを—・せる」❻数を加える。足す。寄せ算をする。「二と二を—・せると四になる」❼愛情・興味・好意などの気持ちをいだく。思いをかける。「同情を—・せる」「思いを—・せる」❽頼って一時的に世話になる。「友人宅に身を—・せる」❾あることに関係づける。かこつける。「他人のことに—・せて文句を言う」❿寒天・葛くず・ゼラチンなどで、魚のすり身・卵・豆などの材料を固めたり、形づくったりする。⓫おしつける。「諸もろもろの神たち罪過つみを素戔嗚尊すさのおのみことに—・せ」〈神代紀・上〉
(類語)押し寄せる・迫る・送る
よ‐せん【予選】〔名〕スル ❶数あるものの中から前もって選び出すこと。「応募作品を—する」❷選手権大会や優勝決定戦に出場する人やチームを選び出すための試合。「—リーグ」「—落ち」「一次—」
(類語)ゲーム・マッチ・試合・メーンイベント・公式戦
よ‐ぜん【余×喘】死ぬまぎわの今にも絶えそうな息。今にも死にそうでまだ息のあること。虫の息。
余喘を保・つ　やっと生き長らえている。また、滅びそうなものがかろうじて続いている。「岸本わずかに—・ち、背また悄然しょうぜん」〈藤村・春〉
よせん‐かい【予×餞会】ヨセンクワイ 卒業や旅行などに先立って行う送別会。
よ‐そ【予措】果実を輸送・貯蔵する前に、果皮の呼吸を抑えるため、あらかじめ果皮を少し乾燥させる措置をすること。
よ‐そ【四▽十】しじゅう。「一路じ」「十そ、二十はた、三十みそ、—など数ふるさま」〈源・空蝉〉
よそ【余▽所・他＝所・▽外】❶ほかの所。別の場所。また、関係のない離れた所。他所たしょ。「—から来た人」「—を向く」「どこか—の店にいこう」❷自分の家以外の所。また、自分の所属している団体以外の所。「—の会社の人」「今夜は—に泊まる」㊥内うち。❸自分には直接関係のないこと。関心のないこと。また、そのもの。「騒ぎを—にけろりとしている」
余所に・する　おろそかにする。また、無視する。「親の心配を—・して遊び歩く」
余所に・見る　自分とは関係のないものとして、放っておく。「試験に関係のない事なら、どうなとなれと—・見て」〈二葉亭・平凡〉
余所の見る目　関係のない第三者が見ること。はため。「—も哀れなり」〈浄・矢口渡〉
よそい【▽装い・▽粧い】よそひ ㊀〔名〕スル ❶身なりを整えたり、身を飾ったりすること。また、その装束や装飾。「農家の婦人の—したる媼ありて」〈鷗外訳・即興詩人〉「何ばかりの御—なく、うちやつして」〈源・花散里〉❷(装)富士谷成章ふじたになりあきらの文法用語。今日の用言にあたる。❸準備すること。用意。したく。「水鳥の立たむ—に妹いものらに物言はず来にて思ひかねつも」〈万・三五二八〉㊁〔接尾〕助数詞。❶衣服・調度など、そろっているものを数えるのに用いる。そろい。「夏冬の御装束二—づつ」〈宇津保・蔵開上〉❷器に盛った飲食物を数えるのに用いる。「古歌にも奈良茶かや此手盛りにて二—」〈浄・大織冠〉
よそい‐いき【余▽所行き】▶よそゆき
よそい‐の‐かた【装図】よそひ 江戸後期の文法図表。富士谷成章ふじたになりあきら著の文法書「脚結抄あゆひしょう」の中にある装よそいに関する活用表。
よ‐そう【予想】ヨサウ〔名〕スル 物事の成り行きや結果について前もって見当をつけること。また、その内容。「—が当たる」「混雑が—される」
(用法)予想・予期——「結果は予想(予期)したとおりだった」「予想(予期)に反して、不作だった」などの文脈では相通じて用いられる。◇「勝敗を予想する」「予想がはずれる」「旅行は予想を裏切るつまらないものだった」など、「予想」は前もって見当をつけること、また見当をつけた内容を意味し、広い範囲に用いられる。◇「予期」はあらかじめ期待・覚悟する点に重点があり「彼はやがて訪れる死を予期していた」「彼女が現れることを予期していなかった」「予期せぬ出来事」などのように使う。◇類似の語に「予測」がある。「予測」はなんらかの根拠に基づいて推測することで「景気の動向を予測する」「年金制度の将来を予測する」「株価予測」など数字的なものに基づく場合が多い。
(類語)予測・予期・予知・予断・予見・勘定・思う・想像・推測
よそ・う【▽寄ふ・▽比ふ】よそふ〔動ハ下二〕「よそえる」の文語形。
よそ・う【▽装う・▽粧う】よそふ〔動ワ五(ハ四)〕❶飲食物を器に盛る。よそる。「味噌汁を—・う」❷「よそおう❷」に同じ。「強いて嬉しげを—・うて」〈露伴・連環記〉❸「よそおう❶」に同じ。「君なくは何なぞ身—・はむくしげなる黄楊つげの小櫛も取らむとも思はず」〈万・一七七七〉❹「よそおう❸」に同じ。「難波津に—・ひ—・ひて今日の日や出でてまからむ見る母なしに」〈万・四三三〇〉
(可能)よそえる (類語)(❶)盛る・注つぐ・注そそぐ・淹いれる・盛り付ける・盛り込む・盛り合わせる/(❸)着飾る・装よそおう・めかす・めかし込む
よそう‐がい【予想外】ヨサウグワイ〔名・形動〕予想と違った成り行きとなること。また、そのさま。思いのほか。意外。「—な(の)出費」「結果は—だった」(類語)思いのほか・案外・思いがけない・慮外・存外・望外・意外
よそえ【▽寄へ・▽比へ】よそへ なぞらえること。たとえること。比較。「折りに合はぬ—どもなれど」〈源・野分〉
よそえ‐もの【▽寄へ物】よそへ なぞらえるもの。たとえるもの。「『これもよい—がござる』『何によそゆるぞ』」〈虎寛狂・萩大名〉
よそ・える【▽寄える・▽比える】よそへる〔動ア下一〕図よそ・ふ〔ハ下二〕❶他の物事にたとえる。なぞらえる。「人の一生を旅に—・える」❷ことよせる。かこつける。口実にする。「付き合いに—・えて酒を飲む」❸関係があるとする。「争へば神も憎ますよしゑやし—・ふる君が憎くあらなくに」〈万・二六五九〉
よそおい【装い・▽粧い】よそほひ ❶身なりや外観を整えること。美しく飾ること。また、その姿。よそい。「華やかな—の女性」「春らしい—で出掛ける」「—も新たに開店する」❷目にしたようす。おもむき。風情ふぜい。「野山が秋の—を見せる」❸準備すること。「河を渡らんとしける—の紛れに」〈保元・下〉
(類語)服装・身なり・コスチューム・服飾
装いを凝ら・す　一生懸命になって飾り整える。「思い思いに—・して集まる」
よそお・う【装う・▽粧う】よそほふ〔動ワ五(ハ四)〕《動詞「よそ(装)う」の未然形に接尾語「ふ」の付いた「よそはふ」の音変化》❶身なりや外観を整える。また、美しく飾る。「礼服に身を—・う」「店内を春向きに—・う」❷表面や外観を飾って、他のものに見せかける。ふりをする。「平静を—・う」「病人を—・う」❸支度をする。準備をする。「魚餌えさを鉤はりに—・いつけた時であった」〈露伴・蘆声〉(可能)よそおえる (類語)着飾る・めかす・装よそう・めかし込む・扮する・着る・まとう・着ける・着付けする・着用する・羽織る・引っ掛ける・身ごしらえする・身仕舞いする・はく・かぶる・着込む・着こなす・突っかける (尊敬)召す・召される・お召しになる
よそお・し【▽装し】よそほし〔形シク〕美しくてりっぱである。荘厳である。「いと—・しくさし歩み給ふほど」〈源・松風〉
よそ‐か【四▽十日】しじゅうにち。「ひく船のつなでの長き春の日を—五十日いかまで我は経にけり」〈土佐〉
よそ‐がま・し【余▽所がまし】〔形シク〕よそよそしい。他人行儀である。「いやとよ、そなた—・しや」〈仮・竹斎・下〉
よそ‐ぎ【余▽所着】外出の衣服。余所行よそゆき。「何処かへ外出するらしい—をして出かかるのと」〈犀星・性に眼覚める頃〉
よそ‐ぎき【余▽所聞き】よそごととして聞くこと。また、人の聞こえ。世間の評判。「—に年し経ぬれば疎からず心慣れても頼まるるかな」〈輔親集〉
よ‐そく【予測】〔名〕スル 事の成り行きや結果を前もっておしはかること。また、その内容。「一〇年後の人口を—する」(類語)予想・予期・予知・予断・予見・勘定
よ‐ぞく【余賊】討ちもらされた賊。残りの賊。
よそ‐げ【余▽所げ】〔形動ナリ〕よそよそしいさま。知らん顔でいるさま。「もみぢ葉はおのが染めたる色ぞかし—における今朝の霜かな」〈新古今・冬〉
よそ‐ごころ【余▽所心】よそよそしい心。冷淡な心。「夕顔の花噛かむ猫や—」〈蕪村句集〉
よそ‐ごと【余▽所事】自分とは関係のないこと。他人ごと。「—とは思えない話」
(類語)人事・他人事・他事・つかぬこと
よそ‐じ【四▽十・四▽十路】よそぢ ❶40歳。しじゅう。❷40。しじゅう。よそ。「仮名の—余り七文字の内を出でずして」〈千載・序〉
よそ‐ながら【余▽所×乍ら】〔副〕遠く離れていながら。直接に関係はしないで。また、かげながら。それとなく。「—成長を見守る」「—忠告する」
よそ‐びと【余▽所人】関係のない人。他人。「この中納言を—に譲らむが口惜しきに」〈源・早蕨〉
よそ‐ほか【余▽所外】《同じ意味の「よそ」と「ほか」を重ねて強めた語》全く関係のない所。また、全く関係

のないこと。「迚も—の小供では続かないが」〈二葉亭・浮雲〉

よそ‐み【余▽所見】〔名〕スル ❶よそを見ること。わきみ。よそめ。「—してはいけません」❷見て見ないふりをすること。「汝が禍を—するに忍びず」〈永峰秀樹訳・暴夜物語〉❸「余所目よそめ❶」に同じ。「怖らしい—には似ぬ親切な一言」〈露伴・いさなとり〉〔類語〕わき見・わき目

よそ‐みみ【余▽所耳】よそながら聞くこと。それとなく聞くこと。「夫婦仲のよいのは…よそ目—にもわるくないもの」〈蘆花・思出の記〉

よそ‐め【余▽所目】❶よそから見たところ。はたの見る目。よそみ。「—をはばかる」「—には楽に見える仕事」❷よそのことのように見ること。傍観すること。「自分で拵えた此一場の架空劇を—に見て」〈漱石・明暗〉❸「余所見よそみ❶」に同じ。「一枚二枚は—を振らず一心に筆を運ぶが」〈二葉亭・平凡〉❹見ても見ないふりをすること。「己が任にあづからねば、—つかひて有りしなるべし」〈読・春雨・海賊〉〔類語〕はた目・岡目

よそ‐もの【余▽所者｜他▽所者】他の土地から移って来た人。また、仲間でない人。「—扱いをする」

よそもの‐どころ【▽装物所】《「よそいものどころ」の音変化か》節会せちえなどのとき、紫宸殿ししんでんの中に屏風びょうぶで囲い、倚子いしを立てて設けた、天皇の臨時の着替え所。

よそ‐ゆき【余▽所行き】❶よそへ行くこと。外出すること。よそいき。「—の支度をする」❷外出するときの衣服や持ち物。よそいき。「—に着かえる」❸ふだんと違った、改まった言葉や態度。よそいき。「—の言葉を使う」「—の顔をつくる」〔類語〕晴れ着・一張羅・街着

よそ‐よそ〔形動ナリ〕❶堂々として威厳のあるさま。「行者の知恵のけしき—にして」〈栄花・玉の台〉❷山が高く大きいさま。〈新撰字鏡〉

よそ‐よそ【余▽所余▽所】〔名・形動ナリ〕❶互いに離れていること。また、そのさま。別れ別れ。ほかほか。「頼もしき筋ながらも、—にならひ給へるは」〈源・若紫〉❷縁や関係がないこと。また、そのさま。「帝の御むすめをもち奉り給へる人なれど、—にて悪しくも良くもあらむは」〈源・浮舟〉❸所在をほのめかしていう語。そこらあたり。「その銀かねで—のお山が一つ買うてみたいと」〈浄・重井筒〉❹便所をいう女房詞。

よそよそし・い【余▽所余▽所しい】〔形〕〔文〕よそよそ・し〔シク〕❶隔てがましく冷淡である。親しみがない。他人行儀である。「—・い態度をとる」「わざと—・くする」❷無関係である。「あなうたて、いと—・しきことをも知らせ給ひにけるかな」〈狭衣・三〉〔派生〕よそよそしげ〔形動〕よそよそしさ〔名〕〔類語〕そっけない・すげない・つれない・にべない・けんもほろろ・冷たい

よ‐ぞら【夜空】夜の空。「—に輝く星」

よそ・る【▽寄る】〔動ラ四〕❶自然に引き寄せられる。「荒山も人し寄すれば—・るとぞいふ」〈万・三三〇五〉❷波が打ち寄せられる。寄せる。「白波の—・る浜辺に別れなばいともすべなみ八度袖振る」〈万・四三七九〉❸ある異性に心を寄せているとうわさされる。「新田山にひたやま嶺ねには付かなな我わに—・りはしなる児らしあやにかなしも」〈万・三四〇八〉

よそ・る【▽装る】〔動ラ五(四)〕《「装う」と「盛る」とが混交してできた語》飲食物を器に盛る。よそう。「おつゆを—・る」

ヨタ〖yotta〗国際単位系(SI)で、10^{24}倍を意味する接頭語。記号Y

よた【与太】〔名・形動〕《「与太郎」の略》❶愚かで役に立たないこと。また、そのさまや、そのような人。「子供は多勢おおぜいで、—なものばかり揃って居て」〈藤村・破戒〉❷いいかげんなこと。でたらめなこと。また、そのさまや、そのような言葉。「この人は決して—な返事はしない」〈里見弴・今年竹〉❸素行のよくない人。

与太を飛ば・す　でたらめを言う。ふざけてくだらないことを言う。よたる。「仲間どうしで—・す」

よ‐たい【預貸】預金と貸出金のこと。

よたい‐りつ【預貸率】銀行の預金残高に対する貸出残高の割合。収益の面からはこの割合が高いことが望ましいが、高すぎると経営の安全性を脅かす。➡預証率

よ‐たか【夜×鷹｜蚊=母=鳥｜怪=鴟】❶ヨタカ目ヨタカ科の鳥。全長約29センチ。全体に茶褐色の細かい模様があり、くちばしは小さいが、口は開くと大きく、周りに長い剛毛をもつ。夜、飛びながら昆虫を捕食し、キョキョキョキョと早口で鳴き、枝に平行に止まる。アジア南部に分布。日本では夏鳥。ヨタカ目にはガマグチヨタカなども含まれ、北半球北部・南アメリカ最南端・ニュージーランドを除く全世界に約100種が分布。なますたたき。蚊吸い鳥。ぶんぽちょう。〔季 夏〕「靄もやこめてきたる—のたたみ鳴く／敏郎」❷(夜鷹)江戸で、夜間に道ばたで客を引いた私娼。❸(夜鷹)「夜鷹蕎麦そば」の略。

よたか‐そば【夜×鷹×蕎=麦】夜間、街頭に出てそばを売り歩く商人。また、そのそば。夜鳴きそば。〔季 冬〕「みちのくの雪降る町の—／青邨」

よだ‐がっかい【依田学海】ヨダガクカイ［1833〜1909］漢学者・演劇評論家。江戸の生まれ。名は朝宗。字あざなは百川ひゃくせん、のちこれを本名とした。演劇改良運動に尽力。戯曲「吉野拾遺名歌誉」など。

よ‐だき【夜×焚き】《「よたき」とも》夜、集魚灯をともし、光に集まってきた魚をとる漁法。〔季 夏〕

よ‐たく【余沢】先人が残してくれた恩恵。また、あり余って他にまで及ぶ広大な恩沢。余徳。「先祖の—」「成功の—にあずかる」

よ‐たく【預託】〔名〕スル ❶金銭または物品を一時的に預けること。「債券を証券取引所に—する」❷国庫・財政融資資金などに金銭を預けること。「財政融資資金—金」〔類語〕預金・貯金・預ける・託する・委ゆだねる・任せる・寄託・信託・委託・委任・付託

よたく‐しょうけん【預託証券】➤ディー‐アール(DR)

よ‐たけ【×裄丈】《「よだけ」とも》着物の裄ゆきの長さ。ゆきたけ。ゆだけ。

裄丈も無・い　着物のゆき丈にも及ばない。幼いこと、小さいことにいう。「—・い者たたいて何になる」〈伎・幼稚子敵討〉

よ‐だけ【▽節竹】節よのある竹。よい竹、または若い竹、また単に竹の意などの説がある。「泊瀬の川ゆ流れ来る竹のい組竹—」〈継体紀・歌謡〉

よ‐だけ・し【▽弥▽猛し】〔形ク〕❶ぎょうぎょうしい。「おのづから—・くいかめしくなるを」〈源・行幸〉❷億劫おっくうである。「籠もり侍れば、よろづ初々しう—・くなりにて侍り」〈源・行幸〉

よだ‐じゅんいち【与田準一】［1905〜1997］児童文学者・詩人。福岡の生まれ。旧姓、浅山。北原白秋に師事し、詩、童話、童謡、絵本を制作。詩集「野ゆき山ゆき」で野間児童文芸賞を受賞。他に童話「五十一番目のザボン」「十二のきりかぶ」など。

よ‐たた【夜▽直】〔副〕《「よただ」とも》夜の間じゅうずっと。夜通し。一晩中。「わがごとく物や悲しきほととぎす時ぞともなく—鳴くらむ」〈古今・恋二〉

よ‐だち【夜立ち】〔名〕スル 夜、出発すること。

よ‐だつ【与奪｜予奪】〔名〕スル ❶与えることと奪うこと。与えたり奪ったりすること。「生殺—の権」「英米諸政党が其勝敗によりて政権を—せらるるは」〈加藤弘之・人権新説〉❷指揮したり指図したりすること。「楽人元正以下、宗輔の—を聞きて」〈著聞集・六〉❸譲り与えること。〈日葡〉

よ‐だ・つ【夜立つ】〔動タ四〕夜に旅立つ。「大君の命みこと恐かしこみかなし妹いもが手枕たまくら離れ—・ち来ぬかも」〈万・三四八〇〉

よ‐だ・つ【▽弥立つ】〔動タ五(四)〕《「いよだつ」の音変化。多く上に「身の毛」を伴って用いる》恐怖または寒さのために、ぞっとしてからだの毛が立つ。「身の毛が—・つ話」

よた‐ばなし【与太話】出まかせのつまらない話。でたらめの話。

よた‐もの【与太者】❶正業を持たないならず者。やくざ者。❷役に立たない愚か者。うすのろ。〔類語〕ならず者・地回り・やくざ・暴力団・無頼漢・無法者・ごろつき・ごろ・ちんぴら

よた‐よた〔副〕スル 足の動きがしっかりしていないさま。「疲れきって—(と)歩く」「—した足どり」

よ‐だり【×涎】❶鼻汁や涙など、流れて垂れるもの。「—を以て青和幣あをにきてとなす」〈神代紀・上〉❷「よだれ」に同じ。「歯落ちて—を垂る」〈今昔・一・六〉

よた・る【与太る】〔動ラ五(四)〕《名詞「与太」の動詞化》❶口から出まかせを言う。与太を言う。「悪友を相手にさんざん—・る」❷不良じみた言動をする。「仲間と街を—・って歩く」

よ‐だる・し【▽弥▽怠し】〔形ク〕非常に疲れてだるい。「日は暮れぬまづこの宿に旅寝せん腹もひだるし足も—・し」〈仮・東海道名所記・二〉

よ‐だれ【×涎】口から無意識に流れ出る唾液だえき。〔類語〕つば・唾液・つばき・生つば・かたず

涎が出る　欲しくてたまらないさまにいう。よだれを垂らす。よだれを流す。

涎を垂ら・す　「涎よだが出る」に同じ。「収集家なら—・す珍本」

よだれ‐かけ【×涎掛(け)】❶よだれが垂れて衣服が汚れるのを防ぐため、幼児の首に掛ける布。❷垂木の先や切妻につけた垂れ板飾り。❸のどを保護するための武具。形が❶に似る。

よだれ‐くり【×涎繰り】よだれを垂らすこと。また、その人。「兄弟子あにでしに口過ごす—めをいがめてやろと」〈浄・手習鑑〉

よたろう【与太郎】ヨタラウ ❶《落語で間抜けな人の名に用いるところから》役に立たない愚か者。❷うそ。でたらめ。また、でたらめを言う人。「お前—ぢゃあねえか」〈洒・辰巳婦言〉〔類語〕馬鹿・阿呆あほう・魯鈍ろどん・愚鈍・無知・蒙昧もうまい・愚昧ぐまい・愚蒙ぐもう・暗愚・頑愚・愚か・薄のろ・盆暗ぼんくら・まぬけ・とんま・たわけ・馬鹿者・馬鹿野郎・馬鹿たれ・抜け作・おたんこなす・おたんちん・あんぽんたん・べらぼう

よ‐だん【予断】〔名〕スル 前もって判断すること。予測。「形勢は—を許さない」

よ‐だん【余談】用件以外の話。本筋を離れた話。「—はさておき本論に入ろう」〔類語〕おしゃべり・無駄話・雑談・よもやま話・世間話・駄弁・放談

よだん‐かつよう【四段活用】‥クワツヨウ 動詞の活用形式の一。語形が五十音図のア・イ・ウ・エの四段の音で語形変化するもの。例えば「書く」の語形が「書か・書き・書く・書く・書け・書け」と変化する類。他に「咲く」「立つ」「住む」「散る」など、これに属する動詞は多い。なお、現代仮名遣いでは未然形「書か」に「う」が接続した「書かう」を、発音に従って「書こう」と表記するので、この「書こ」も未然形と認めて、五段活用ともいう。➡五段活用〔補説〕已然いぜん形と命令形とは中古以降同形であるが、上代の特殊仮名遣いで万葉仮名の使い分けがある仮名の場合、已然形は乙類の仮名、命令形は甲類の仮名で書かれ、発音に違いがあったと考えられる。

よち　同じ年ごろ。また、同じ年ごろの子供。「この川に朝菜洗ふ児汝なも我あれも—をぞ持てるいで子賜りに」〈万・三四四〇〉

よ‐ち【与知】〔名〕スル 関係して知ること。関知。「政府のことを—可否するの権理を有す」〈西周・明六雑誌三〉

よ‐ち【予知】〔名〕スル 何が起こるかを前もって知ること。「異変を—する」「—能力」

よ‐ち【余地】❶余っている土地。あいている場所。「満員で立錐りっすいの—がない」❷物事をさらに行いうるゆとり。余裕。「再考の—を残しておく」「同情の—はない」〔類語〕ゆとり・余裕・ゆったり

よ‐ち【×輿地】《万物をのせている輿こしの意》地球。大地。全世界。

よち‐こ【よち子】同じ年ごろの子。よち。「—らと手携たづさはりて遊びけむ」〈万・八〇四〉

よちしりゃく【輿地誌略】㊀江戸後期の地誌。7巻。青地林宗訳。文政9年(1826)成立。ドイツ人ヒュブナーの書のオランダ語訳「一般地理学」を翻訳した「輿地誌」の抄本。世界各国の地誌を記したもの。㊁明治時代の地理書。内田正雄著。世界の地理を略述した書。

よち-ず【×輿地図】ヅ 世界地図。万国地図。また、地図。

よ-ちょう【予兆】テウ 前触れ。前兆。きざし。特に、未来の事象を示すものとしての、天体・天候・動物・植物などの自然現象に現れる変化。
〔類語〕兆し・兆候・前兆

よちょ-きん【預貯金】預金と貯金。

よち-よち〔副〕スル 幼児などが頼りない足どりで歩くさま。「ひよこが―(と)親鳥を追う」「―歩き」
〔類語〕すたすた・てくてく・しゃなりしゃなり・えっちらおっちら・とぼとぼ・のこのこ

よ-つ【四つ】❶数の名。し。よっつ。「―にたたむ」❷4歳。❸昔の時刻の名。今の午前10時および午後10時ころ。よつどき。❹相撲で、両力士が互いに右または左で差し合い、まわしを引き合うこと。四つ身。❺「四つ切り」の略。❻「四つ辻」の略。
四つに組・む ❶相撲で、四つ❹の体勢になる。四つに渡る。❷正面から堂々と争う。四つに渡る。「困難と―・む」

よつ-あし【四つ足┊四つ脚】❶足が4本あること。また、そのもの。「―の台」❷けもの。しそく。❸「四足門」の略。❹人をののしっていう語。畜生。「太兵衛めに請け出さるる腐り女の―めに」〈浄・天の網島〉

よつあし-どりい【四脚鳥居】ヰ「両部鳥居」に同じ。

よつあし-もん【四足門┊四脚門】2本の親柱の前後にそれぞれ2本、計4本の控え柱を設けた門。ふつう切妻破風造りの屋根をのせる。しきゃくもん。

よつ-おり【四つ折り】ヲリ ❶布や紙を二つ折りにしたあと、もう一度二つに折りたたむこと。また、そのもの。❷女性の髪の結い方の一。髪を四つに折って結ぶもの。元禄(1688〜1704)ごろ行われた。

よっ-か【四日】《「よか」の音変化》❶日の数の四つ。「―後に会う」❷月の第4の日。「来月の―に出発する」❸特に、正月4日。《季 新年》「餅網も焦げて―となりにけり/友二」

よっ-か【欲火】ヨク 激しい情欲を、燃える火にたとえた語。

よっ-か【翼下】ヨク ❶飛行機などのつばさのした。❷勢力の及ぶ範囲内。保護のうち。傘下。「自国の―におさめる」

よっ-か【翼果】ヨククワ 閉果の一。果皮の一端が伸びてできた膜状の翼があり、風に乗って飛散する。カエデ・ニレなどにみられる。翅果。

よっ-かい【欲海】ヨク 仏語。愛欲が深く広いことを、海にたとえていう語。

よっ-かい【欲界】ヨク 仏語。三界の一。食欲・淫欲・睡眠欲など本能的な欲望が盛んな世界。六欲天から人間界、八大地獄に至る。

よっかいち【四日市】三重県北部、伊勢湾に面する市。もと東海道の宿場町・市場町。石油化学コンビナートを形成し、中京工業地帯の一角を占める。人口30.8万(2010)。

よっかいち-かんごいりょうだいがく【四日市看護医療大学】三重県四日市市にある私立大学。平成19年(2007)に開学した。四日市市・市立四日市病院との公私協力方式によって設立された、看護学部の単科大学。

よっかいち-し【四日市市】▶四日市

よっかいち-ぜんそく【四日市×喘息】三重県四日市市で昭和37年(1962)ころより、石油コンビナートから排出された硫黄酸化物による大気汚染公害のため、住民に多数発生した気管支喘息。訴訟が起こされて同47年に患者側の勝訴となり、排出量の規制や公害健康被害補償法の制定などに影響を与えた。

よっかいち-だいがく【四日市大学】三重県四日市市にある私立大学。昭和63年(1988)に、四日市市との公私協力方式で設立された。

よつかいどう【四街道】ヨツカイダウ 千葉県北部の市。千葉市に隣接し、住宅地化が進む。野菜・ラッカセイ栽培が行われる。人口8.7万(2010)。

よつかいどう-し【四街道市】ヨツカイダウ ▶四街道

よっ-かか・る【寄っ掛(か)る】〔動ラ五(四)〕「よりかかる」の音変化。「柱に―・る」

よっ-かく【浴客】ヨク「よっきゃく(浴客)」に同じ。「騒がしい―の中を通り抜けて」〈漱石・こゝろ〉

よつ-かど【四つ角】❶四つの角。よすみ。❷二つの道が十字に交わった所。十字路。四つ辻。
〔類語〕十字路・四つ辻・交差点・三叉路・丁字路・追分・曲がり角

よつ-がな【四つ仮名】「じ」「ず」「ぢ」「づ」の四つの仮名、およびこの仮名で表される音。古くは、「じ」「ず」は摩擦音の[ʒi][zu]、「ぢ」「づ」は破裂音の[di][du]で、「じ」「ず」「ぢ」「づ」はそれぞれ異なる音で発音され区別されていた。それが室町末期になると、「ぢ」「づ」が破擦音の[dʒi][dzu]となったため、次第に「じ」「ず」との混乱が起こるようになり、17世紀末頃までには、中央語でも「じ」と「ぢ」、「ず」と「づ」の区別がなくなり、現代と同様となった。発音の区別の消失とともに、仮名遣いの上での問題となった。

よ-づかわ・し【世付かはし】〔形シク〕《動詞「よづ(世付)く」の形容詞化》男女の情に通じているようである。「―・しう軽々しき名の立ち給ふべきを」〈源・夕霧〉

よつ-がわり【四つ変はり┊四つ替はり】❶両袖・上前・下前をそれぞれ色変わりに仕立てること。また、その着物。「いづれも十二三なる娘の子、―の大振袖」〈浮・一代男・五〉❷4色の段染め。「吉弥笠に―のくけ紐を付けて」〈浮・五人女・三〉

よ-つぎ【世継(ぎ)┊世×嗣】❶跡目を相続すること。また、その人。あととり。「主家のお―」❷歴代の天皇の事跡を次々に語り継ぐこと。また、それを仮名文で記した歴史書。「栄花物語」「大鏡」など。

よつぎそが【世継曽我】古浄瑠璃の一。時代物。五段。近松門左衛門作。天和3年(1683)京都宇治加賀掾芝居で初演。曽我兄弟あだ討ちの後日譚。

よつぎ-ほだ【世継ぎ×榾】大みそかの夜、いろりに新しく入れる特別に大きな薪。正月中、火種を絶やさないようにする。よつぎさま。《季 冬》

よつぎものがたり【世継物語】㊀「栄花物語」「大鏡」の別称。㊁説話集。1巻。編者未詳。鎌倉中期までに成立。王朝の貴族文人たちの和歌説話や「今昔物語集」などからも集めた説話を56条収める。

よっ-きゃく【浴客】ヨク 銭湯や温泉などの風呂に入りに来る客。

よっ-きゅう【欲求】ヨクキウ〔名〕スル ❶強くほしがって求めること。「―を満たす」❷心理学で、生活体に生理的・心理的な欠乏や不足が生じたとき、それを満たすための行動を起こそうとする緊張状態。要求。
〔類語〕欲・欲望・欲心・欲念・欲気・娑婆気

よっきゅう-ふまん【欲求不満】ヨクキウ ▶フラストレーション

よつ-ぎり【四つ切り】❶一つのものを四つに切り分けること。また、そのもの。「半紙の―」❷写真の印画紙で、30.5センチ×25.5センチの大きさ。また、その大きさの印画紙。四つ切り判。

よ-づ・く【世付く】〔動カ四〕❶世情に通じる。世慣れる。「かく―・きて物し給ふなる、よろこび申さむ」〈宇津保・国譲中〉❷男女間の情を知るようになる。色気づく。「この君や―・いたる程におはする」〈源・若紫〉❸世間並みになる。「―・かぬ御もてなしなれば、もの恐ろしくこそあれ」〈源・夕顔〉❹世間じみる。世俗に染まる。「歯ぐろめつけねば、いと―・かず」〈堤・虫めづる姫君〉

よつ-こ【四つ子】木綿糸4本をより合わせた糸。

よつ-じろ【四つ白】馬の毛色の名。両足ともひざから下の毛の白いもの。あしぶち。

よつ-ずもう【四つ相×撲】ズマフ 両力士が四つに組んでとる相撲。また、それを得意とする力士。

よつ-だけ【四つ竹】❶打楽器の一。長方形の扁平な竹片を両手に2枚ずつ握り、曲節に合わせてカスタネットのように打ち鳴らす。かつては放下師などが用いた。現在は民俗芸能・歌舞伎下座音楽・舞踊などで用いられる。❷歌舞伎下座音楽の一。大道芸人のうたう四つ竹節を取り入れたもので、三味線と四つ竹を伴奏とする唄または合方。裏長屋・貧家などの世話場に用いる。

よつだけ-うち【四つ竹打ち】四つ竹を打つこと。また、それを鳴らして歩く放下師など。

よつだけ-ぶし【四つ竹節】江戸前期、承応(1652〜1655)のころに長崎の一平次が始めたという小唄。四つ竹に合わせて歌うもの。

よつ-だて【四立】矢羽根の矧ぎ方の一。矢羽根を矢柄の四方につけること。狩股矢などに用いる。

よっ-たり【四▽人】《「よたり」の促音添加》よにん。

よつ-ぢ【四つ乳】三味線の胴に張る猫皮。また、それを張った三味線。乳のあとが四つあるのでいう。一般に犬皮より上等とされる。➡犬皮

よっ-つ【四つ】「よつ」の促音添加。「―に分ける」

よつ-つじ【四つ×辻】❶道が十字に交わっている所。四つ角。十字路。「―を右に曲がる」❷相撲のまわしの腰の後ろで結んだ所。〔類語〕十字路・四つ角・交差点・三叉路・丁字路・追分・曲がり角

よっつ-の-じゆう【四つの自由】イウ 米国大統領F=D=ルーズベルトが、1941年の年頭教書で提唱した、言論と意志表明の自由、信仰の自由、欠乏からの自由、恐怖からの自由のこと。民主主義の根幹として、大西洋憲章や国連憲章の基礎となった。

よっ-て【因って┊▽依って┊×仍って】〔接〕理由を述べた文を受けて、結論を述べる文へ導くのに用いる語。そういうわけで。「優秀な成績を収めました。―これを賞します」〔類語〕だから・従って・故に・すなわち
仍って件の如し そこで前記記載の通りである。書状・証文などの最後に書き記す語句。

よつ-で【四つ手】❶手が四つあること。また、そのもの。❷「四つ手網」の略。❸「四つ手駕籠」の略。❹「四つ手付け」の略。

よつで-あみ【四つ手網】四角い網の四隅を、十文字に交差した竹で張り広げた漁具。水底に沈めておき、コイ・フナなどを捕る。

よつで-かご【四つ手×駕▽籠】4本の竹を四隅の柱とし、割り竹で簡単に編んで垂れをつけた駕籠。江戸時代、庶民用の簡素なもの。

よつで-づけ【四つ手付け】連歌・連句で、前句と付句が縁語や意味で相互にしっかりと組み合うように付けること。

ヨット〖yacht〗巡航または競走に用いる小型の帆走船。発動機などの推進機関をもつものもある。オリンピック競技ではフィン級・470級など7種目がある。《季 夏》〔補説〕英語では大型のものをさし、日本で普通にいう小型のものはsailboatとよぶ。

よつ-どき【四つ時】「四つ❸」に同じ。

ヨット-パーカ〖yacht parka〗ヨットに乗るときに着る上着。風よけのフードがついている。

ヨット-ハーバー〖yacht harbor〗ヨット専用の停泊場。

ヨットモーターボート-そうごうほけん【ヨットモーターボート総合保険】ソウガフ ヨットやモーターボートの所有・使用・管理に起因して、船体に生じた損害や、搭乗者の傷害、他人の身体・財産に損害を与えた場合に負う賠償責任の損害、遭難時の捜索救助費用を填補する目的の保険。

ヨット-レース〖yacht race〗ヨットで所定の区間を走行し、その時間を競うスポーツ。艇の大きさでクラス分けされる。オリンピックのほか、アメリカズカップに代表されるオーシャン(外洋)レースがある。

よつ-の-うみ【四つの海】《「四海」を訓読みにした語》四方の海。また、世の中。世界。「―波の声聞こえず」〈後拾遺・序〉

よつ-の-お【四つの緒】ヲ《4弦であるところから》琵琶の異称。「―に思ふ心を調べつつ弾き歩けども知る人もなし」〈兼盛集〉

よつ-の-とき【四つの時】《「四時」を訓読みにした語》春・夏・秋・冬の四季。1年。「天の下しろしめすこと―九かへりになむなりぬる」〈古今・仮名序〉

よつ-の-ふね【四つの船】遣唐使の船。通常、一

行が4隻の船に分乗したところからいう。

よつ-の-へみ【四つの▽蛇】天地や肉体を形成している地・水・火・風の4要素を、4匹の毒蛇にたとえた語。四蛇(しじゃ)。「一五つの鬼(もの)の集まれる穢(きたな)き身をば厭(いと)ひ捨つべし離れ捨つべし」〈仏足石歌〉

よつ-ば【四つ葉】葉が4枚あること。また、そのもの。「一のクローバー」

よつ-ばい【四つ×這い】(ばひ) 両手・両足を地につけてはうこと。また、その姿勢。よつんばい。「一になって腕を伸す」〈荷風・つゆのあとさき〉

よつば-しおがま【四葉塩×竈】(しほがま) ゴマノハグサ科の多年草。高山の草原に生え、高さ約40センチ。羽状に深く裂けている葉が4枚輪生する。夏、茎の上部に、紅紫色の唇形の花を4個ずつ輪生し、数段つく。(季 夏)

よつば-ひよどり【四葉×鵯】キク科の多年草。深山に生え、高さ約1メートル。全体にヒヨドリバナに似るが、葉が3〜5枚輪生する。7〜9月、淡紫色の小花が多数密集して咲く。

よつば-マーク【四つ葉マーク】❶「身体障害者標識」の通称。❷「高齢運転者標識」の通称。従来の「紅葉(もみじ)マーク」から平成23年(2011)にデザインが変更された。

よつば-むぐら【四葉×葎】アカネ科の多年草。山野や道端にみられ、高さ20〜40センチ。細い茎に楕円形の小さい葉を4枚ずつ輪生する。5、6月ごろ、淡黄緑色の小花をつける。(季 夏)

よっ-ぱらい【酔っ払い】(ばらひ) ひどく酒に酔った人。よいどれ。「一運転」(類語)酔客・酔漢・酔いどれ・虎

よっ-ぱら・う【酔っ払う】(ばらふ)〔動ワ五(ハ四)〕ひどく酒に酔う。泥酔する。「ぐでんぐでんに一・う」
(類語)酔う・酔いしれる・酔い潰れる・出来上がる・酩酊(めいてい)する・沈酔する・大酔(たいすい)する・泥酔する・乱酔する・飲まれる・虎(とら)になる・酒気を帯びる・微醺(びくん)を帯びる・ぐでんぐでん・べろべろ・べろんべろん・へべれけ・れろれろ

よ-つ-ばり【夜つ▽尿】《「つ」は「の」の意の格助詞。「ばり」は「ゆばり」の略》寝小便。夜尿(やにょう)。「妹は一たれるとてさられける」〈咄・露がはなし・三〉

よっ-ぴ・く【▽能っ引く】〔動カ四〕《「よくひく」の音変化》弓を十分に引きしぼる。「与一、鏑(かぶら)を取ってつがひ、一・いてひゃうど放つ」〈平家・一一〉

よっ-ぴて【夜っぴて】〔副〕《「よっぴとい」の音変化》一晩中。夜どおし。「昨夜は一風が吹き荒れた」

よっ-ぴとい【夜っぴとい】〔副〕《「よひとよ(夜一夜)」の音変化》「よっぴて」に同じ。「ほんにおのしを連れてきてくれろと一せめやがった」〈洒・契国策〉

ヨッフェ〖Adol'f Abramovich Ioffe〗[1883〜1927]ソ連の外交官。ドイツとのブレスト-リトフスク講和会議ではソ連代表を務め、ドイツ・中国・日本などの大使を歴任。のち、トロツキー派として追及され、自殺。

よっ-ぽど【余っ程】《「よきほど」の音変化。「余」は、江戸時代以降の当て字》㊀〔形動〕〔文〕〔ナリ〕❶かなりな程度であるさま。「一な金額でないとあの家は買えない」❷ちょうどよいさま。「城ノ普請ヲ一ニシナイタ」〈日葡〉❸度をこえているので、もうその程度であってほしいさま。「やい、かしましい、…一にほたえあがれ」〈浄・油地獄〉㊁〔副〕㊀❶❷に同じ。「一くやしかったと見える」「その会社のほうが一労働条件がよい」❷もう少しで、そうなってしまいそうなさま。あやうく。すんでのところで。「一行こうと思ったが、どうしても時間が取れなかった」❸ほとんどそれに近いさま。およそのところ。だいたい。「昭襄王からは一百余年であらうぞ」〈史記抄・秦始皇本紀〉
(類語)随分・かなり・相当・なかなか・大分(だいぶ)・大分(だいぶん)・大層・頗(すこぶ)る・いやに・やけに・えらく・馬鹿(ばか)に・余程

よ-づま【夜妻】夜だけ忍び会う女。隠し女。「たれか一と明かしけむ」〈かげろふ・上〉

よつ-また【四つ×叉】❶四つの叉。また、一つのもとから四つにわかれているもの。❷四つ辻(つじ)。

よつ-み【四つ身】❶和裁で、身丈(みたけ)の4倍の長さで袖以外の身頃(みごろ)を裁つこと。また、その裁ち方で仕立てた着物。4、5歳から10歳前後の子供が着る。中裁ち。❷「四つ❹」に同じ。

よつ-め【四つ目】❶目が四つあること。また、そのもの。❷中心に目のある方形を4個組み合わせた文様。また、紋所の名。❸「四つ目垣(がき)」の略。❹「四つ目錐(ぎり)」の略。❺「四つ目結(ゆい)」の略。

よ-づめ【夜爪】夜に爪を切ること。親の死に目に会えないとして忌む俗信がある。

よ-づめ【夜詰め】❶夜、勤務の場所などに詰めていること。また、夜遅くまで働くこと。❷夜、攻めること。夜攻め。〈運歩色葉〉

よつめ-がき【四つ目垣】竹垣の一。丸太を立て、その間に竹を縦横に渡し、すきまを方形としたもの。

よつめ-ぎり【四つ目×錐】刃の側面に四つの角(かど)があり、先のとがっている錐。

よつめ-くらげ【四つ目水=母】ミズクラゲの別名。

よつめ-ごうし【四つ目格子】(がうし) 方形の目のある格子。また、それをかたどった文様。

よつめ-ごろし【四つ目殺し】囲碁で、1個の石の縦横左右に相手方の石が置かれ、その石が盤上から取り除かれること。囲碁の基本的なきまり。

よつめ-じか【四つ目鹿】キョンの別名。

よつめ-とじ【四つ目×綴じ】(とぢ) ►明朝綴(みんちょうとじ)

よつめ-むすび【四つ目結び】ひもの結び方で、四つの輪が十字形になるように結ぶこと。また、その結んだもの。

よつめ-や【四つ目屋】江戸両国にあった薬屋。四つ目結(ゆい)を紋所とし、淫薬・淫具を専門に扱った。薬では長命丸が有名。

よつ-めゆい【四つ目結】(めゆひ) 文様・紋所の名。目結(めゆい)を4個組み合わせて、図案化したもの。

よつ-もの【四つ物】❶四つでひとそろいとなるもの。❷4種類の武具。武士の七つ道具の中の四つをいう。「三つ物一取りつけて」〈太平記・一〇〉

よつ-もん【四つ門】江戸時代、遊郭で夜の四つ時(今の午後10時ころ)に太鼓を打ち回って、それを合図に大門(おおもん)を閉じたこと。

よつや【四谷】❶東京都新宿区東部の地名。甲州街道に沿う。江戸城の四谷見付や四谷大木戸(おおきど)があった。また、東にあるJR線四ツ谷駅一帯の通称。❷東京都新宿区の南東部を占めていた旧区名。

よつやかいだん【四谷怪談】(クワイダン) 歌舞伎狂言「東海道四谷怪談」の通称。

よ-つゆ【夜露】夜の間におりる露。「一にぬれる」「一にあたる」(季 秋)

よ-づり【夜釣(り)】夜間にする魚つり。(季 夏)「帽白く一とみえてさつさつと/汀女」

よつ-わり【四つ割(り)】四等分にすること。また、そのもの。四半分。「リンゴを一にする」

よつ-わん【四つ×椀】懐石用の飯椀・汁椀・煮物椀・小吸物椀、または飯椀・汁椀の身とふたの総称。

よつん-ばい【四つん×這い】(ばひ)「よつばい」の音変化。「倒れて一になる」(類語)這(は)う・はいはい・匍匐(ほふく)

よ-てい【予定】〔名〕(スル) 行事や行動を前もって定めること。また、そのことがら。「会議の一を入れる」「旅行は来月に一している」
(類語)見込み・心積もり・目算・計画・日程・日取り・スケジュール・プログラム・確定・既定・本決まり・内定・所定・暫定・未定・勘定

よ-てい【×輿丁】輿(こし)を担ぐ者。こしかき。

よてい-こう【予定稿】(カウ) 新聞や雑誌などで、事前に生じることが予測できる重要な出来事について、即応できるように準備しておく原稿。

よてい-せつ【予定説】キリスト教教理の一。人が救われるのは、人間の意志や能力によるのではなく、全く神の自由な恩恵に基づくという聖書の教理。パウロからアウグスティヌスを経てカルバンの救済と滅亡の二重予定説に至る。

よてい-ちょうわ【予定調和】(テウワ) ❶ライプニッツの哲学で、宇宙は互いに独立したモナドからなり、宇宙が統一的な秩序状態にあるのは、神によってモナド間に調和関係が生じるようにあらかじめ定められているからであるという学説。►モナド論 ❷(日本社会で)小説・映画・演劇・経済・政治等広い範囲で、観衆・民衆・関係者等の予想する流れに沿って事態が動き、結果も予想通りであることをいう。「勧善懲悪の一を破った時代小説」「一の法案成立」

よてい-のうぜい【予定納税】(ナフゼイ) その年の所得税額を前年度の納税額をもとに推定し、前もって分割納付する制度。

よてい-ひょう【予定表】(ヘウ) 予定を表にして書きあらわしたもの。

よてい-りりつ【予定利率】生命保険会社が契約時に設定する、保険金の運用利回りの率。高いほど保険料が安くなり、低いほど保険料が高くなる。実際の予定利率は非公開。契約者の問い合わせには応じる。

よ-てき【余滴】❶残りのしずく。筆先に残った墨のしずく、飲み残りの杯のしずく、雨のあとのしたたりなど。残滴。余瀝(よれき)。❷何かをしたあとに残された副次的な事柄。(類語)雨滴・雨垂れ・雨粒

よ-てん【四天】❶歌舞伎の衣装で、広袖で裾の左右が切れ込んでいる着付け。動きの激しい、武勇を表す役などに用いる。また、それを着ている役。❷荷物や荷車を四人で担いだり動かしたりすること。「三河酒一でかつぎ山へゆき」〈柳多留・九七〉

よ-でん【余田】荘園制で、土地台帳に載せられていない田。一般に地利が低く、地子(じし)は納めるが公事(くじ)は負担しない。

よど【×淀・×澱】❶水の流れが滞ること。また、その所。よどみ。❷軒先の広小舞(ひろこまい)の上にある横木。淀貫(よどぬき)。

よど【淀】京都市伏見区南西部の地名。宇治川・桂川・木津川の合流点近くにあり、淀川舟運の河港として栄えた。江戸時代は松平・稲葉氏の城下町。

よ-とう【与党】(タウ) ❶政党政治において、政権を担当している政党。⇔野党。❷くみする人々。同調する仲間。「一の一人なる近江人の捕縛より発覚せらるに至った」〈藤村・夜明け前〉(補説)国会では首相を出している政党とその連立政党を、地方議会では首長の所属政党や、首長が無所属の場合は協力的な政党・会派をいう。国会の衆参両院で多数党が異なる場合は、衆院の首班指名が優越とされるため、衆院多数党が与党となり、参院でその党は少数与党となる。この状態を捻れ国会という。また、アメリカでは大統領の所属する政党が与党になるので、上院・下院でともに少数与党となることもある。

よ-とう【余党】(タウ) 残りの徒党。残党。「ことごとく一を平らげて帰り給ふ」〈神皇正統記・景行〉

よ-とう【余桃】(タウ) 食べ残した桃。
余桃の罪　君主の寵愛(ちょうあい)の気まぐれなことのたとえ。衛に弥子瑕(びしか)という少年がいて、主君から非常にかわいがられ、主君とともに果樹園に遊び、桃の食べかけを主君に献じたところが、大いに喜ばれた。しかし、その後主君の寵は薄れ、そのことを理由に罰を受けたという「韓非子」説難の故事による。

よ-とう【夜盗】(タウ) ❶夜間に盗みを働くこと。また、その者。やとう。❷「夜盗虫(よとうむし)」の略。(季 夏)「戸外に寝る猫をにくみて一捕り/かな女」

よ-どう【与同】味方して仲間に入ること。また、その人。「謀反一の者共を」〈太平記・三三〉

よとう-が【夜盗×蛾】(ヨタウ) ヤガ科のガ。翅(はね)の開張約4.5センチ。全体に暗褐色で、前翅に不規則な斑紋をもつ。夜に活動し灯火に集まる。幼虫は夜盗虫(よとうむし)。(季 夏)

よとう-むし【夜盗虫】(ヨタウ) ヨトウガの幼虫。体は緑色で葉の裏についているが、大きくなると黒褐色または淡褐色の芋虫となり、昼間は土中や根際に隠れ、夜はい出して植物の葉を食べる。農作物の害虫。ねきりむし。(季 夏)「一いそぎ食ふ口先行す/楸邨」

よ-どおし【夜通し】(どほし) 夜の間ずうっとすること。一晩中。副詞的にも用いる。「一語り明かす」
(類語)終夜・夜もすがら

よど-がわ【淀川】㊀琵琶湖の南端から発する瀬田川が、京都に入って宇治川とよばれ、大阪との府境で桂川・木津川を合わせて、大阪湾に注ぐ川。全長75キロ。㊁大阪市の区名。神崎川と新淀川とに挟まれる。

よどがわ【淀川】江戸前期の俳諧論書「新増犬筑波集」の下巻。松永貞徳著。寛永20年(1643)刊。山崎宗鑑の「犬筑波集」の付句を評論し、自ら3句目を付けて注解したもの。➡油糟

よどがわ-く【淀川区】▶淀川㊁

よどがわ-つつじ【×淀川躑=躅】ツツジの一種。朝鮮半島および対馬に自生するチョウセンヤマツツジの園芸品種。葉は細長く、4、5月ごろ、八重咲きで香りのある紫紅色の花を開く。観賞用。

よどがわ-の【×淀川の】〘枕〙同音の「よど」にかかる。「―よどむと人は見るらめど」〈古今・恋四〉

よ-とぎ【夜×伽】❶主君のため、病人のためなどに、夜寝ないで付き添うこと。また、その人。❷女が男の意に従って夜の共寝をすること。❸通夜に死者のかたわらで夜どおし過ごすこと。また、通夜。

よど-ぎみ【淀君】[1567～1615]豊臣秀吉の側室。名は茶々。父は浅井長政。母は織田信長の妹小谷の方。浅井氏滅亡後、柴田勝家に嫁いだ母とともに越前に移り、柴田氏滅亡後は秀吉の保護を受け、愛妾となった。山城の淀城に住み、長男鶴松・次男秀頼を産んで権勢を誇ったが、大坂夏の陣で自刃。淀殿。

よ-とく【余得】余分の利得。余禄。「―にあずかる」「給料以外に―がある」

よ-とく【余徳】❶あり余る恵み。❷死んだあとまで残っている恵み。余沢。「父祖の―を被る」

よ-どく【余毒】あとあとまで残る害毒。また、後々まで残る災い。

よ-どこ【夜床】夜寝る床。寝床。「ぬばたまの―も荒るらむ」〈万・一九四〉

よど-ごい【×淀×鯉】大阪の淀川で産するコイ。最も美味とされた。

よど-せ【×淀瀬】水のよどんでいる浅瀬。「宇治川は―なからし網代人舟呼ばふ声をちこち聞こゆ」〈万・一一三五〉

よ-とで【夜戸出】夜、戸外に出ること。夜間の外出。⇔朝戸出。「我妹子が―の姿見てしより心空なり地は踏めども」〈万・二九五〇〉

よど-どの【淀殿】▶淀君

よ-どの【夜殿】寝所。寝室。「置く霜の暁起きを思はずは君が―に夜離れせましや」〈後撰・恋五〉

よ-ど-の-くもん【四度の▽公文】▶しどのくもん

よ-ど-の-たき【四度の滝】「袋田の滝」の別名。

よ-ど-の-つかい【四度の使】▶しどのつかい

よどばし【淀橋】東京都新宿区西部を占めていた旧区名。淀橋浄水場があったが、現在は再開発されて新宿副都心をなす。名は旧神田上水に架かっていた橋の名による。

よど-ぶね【×淀舟|×淀船】近世、淀川およびその支流に就航し、貨客の運送にあたった川船。

よ-どまり【夜泊(ま)り】〘名〙スル ❶船が、夜、停泊して過ごすこと。「港に―する船の灯火」❷夜、よそに泊まること。特に、遊里などに泊まること。「―の客」

よどまり-ひどまり【夜泊まり日泊まり】昼夜の区別無く、家を留守にして遊び回ること。「それだからお帰りも遅くならうし、又は―もございますのさ」〈滑・古今百馬鹿〉

よどみ【×淀み|×澱み】❶水や空気などが流れずにたまっていること。また、その所。よど。「川の―」「空気の―」❷底に沈んでたまること。どんより濁ること。❸物事が順調に進まないこと。また、その箇所。「―なくしゃべる」「仕事が―なく運ぶ」

よどみ-な-い【×淀み無い|×澱み無い】〘形〙文よどみな・し〘ク〙止まることなく、滑らかに流れ動くさま。「―・い弁舌」「―・く動くコンベアー」補説 連用形「よどみなく」は副詞的に使われることがある。

よどみ-なく【×淀み無く|×澱み無く】〘副〙《形容詞「淀み無い」の連用形から》つかえることなく、すらすらとしゃべるさま。「長文を―読む」

よど-む【×淀む|×澱む】〘動マ五(四)〙❶水や空気などが流れずにとまって動かない。「水が―・んでいる岩かげ」「空気が―・んでいる」❷底に沈んでたまる。また、どんより濁る。「泥が底に―・んでいる」「―・んだ目をしている」❸動作などが順調に進まない。滞って動かない。「言いにくそうに言葉が―・む」

よどや【淀屋】江戸前期の大坂の豪商。材木商を営み、中之島を開拓。諸藩の蔵元をつとめて財をなした。5代目辰五郎の時、驕奢のかどにより闕所所払いに処された。

よどや-たつごろう【淀屋辰五郎】江戸中期の大坂の豪商。宝永2年(1705)町人の分限を越えたぜいたくのため、所払いの刑を受けたという。浄瑠璃・歌舞伎などに脚色されている。生没年未詳。

よどや-ばし【淀屋橋】大阪市の土佐堀川に架かる御堂筋の橋。江戸時代に豪商淀屋个庵が架けた。

よ-とり【世取り】家の跡目を継ぐこと。また、その人。あととり。「千三百石の―が」〈浄・丹波与作〉

よな 火山の噴煙とともに噴き出される灰。火山灰。九州、阿蘇地方でいう。

よ-な〘連語〙❶《終助詞「よ」＋終助詞「な」。文末に用いる》念を押し、確かめる意を表す。…(だ)よね。「君も行く―」「確かにそう言った―」❷《間投助詞「よ」＋間投助詞「な」》㋐相手に言い聞かせるように言う意を表す。…だな。「信業を招いて申さうずるやうは―、…と申せ」〈平家・二〉㋑(多く文末にあって)感動・詠嘆を表す。…なあ。…ことよ。「木立と言ふらん―」〈今昔・二八・八〉

よない-みつまさ【米内光政】[1880～1948]軍人・政治家。海軍大将。岩手の生まれ。海軍の要職を歴任ののち、昭和15年(1940)首相。日独伊三国同盟を望む陸軍と対立して総辞職。その後、海相として戦争終結と海軍の解体に当たった。

よ-なおし【世直し】❶世の中をよくすること。特に、幕末から明治の初めにかけて、貧民の救済、平等な社会の実現を希求した民衆意識。❷凶事を吉事にするように祝いなおすこと。縁起なおし。「―に一杯やる」❸地震・雷などのときに唱える呪文。
類語 改革・変革・改変・革命・改造・改新・維新・クーデター

よなおし-いっき【世直し一×揆】幕末から明治初年の世直しを標榜した農民一揆の総称。貧農や小作人層が中心となり、地主・高利貸しなどに対して、小作地・質地の返還、商人・高利貸しの特権排除、村役の罷免などを要求してうちこわしを行った。

よ-なか【夜中】夜のなかば。夜ふけ。夜半。「―まで起きている」類語 真夜中・深夜・夜半・夜更け・深更・ミッドナイト・夜・夜さ・小夜・夜さり・宵・晩・暮夜・夜間・夜中・夜分・夜陰・夜半・ナイト

よ-なが【夜長】夜の長いこと。特に、9月・10月ころ、夜が非常に長く感じられること。「秋の―」季秋「山鳥の枝踏みかゆる―かな/蕪村」

よなが-し【夜長し】〘形ク〙夜が長い。「なよ竹の―・きうへに初霜のおきゐて物を思ふころかな」〈古今・雑下〉

よ-なき【夜泣き】赤ん坊が眠れないで夜中に泣くこと。

よ-なき【夜鳴き|夜×啼き】❶鳥が夜中に鳴くこと。❷「夜鳴き饂飩」「夜鳴き蕎麦」の略。

よ-なぎ【夜×凪】夜間、海の波が静かになること。

よなき-いし【夜泣き石】夜になると泣き声が聞こえてくるなどという伝承をもつ石。静岡県小夜中山のものが有名。

よなき-うぐいす【夜鳴き×鶯】ナイチンゲールの別名。

よなき-うどん【夜鳴き×饂×飩】夜間、屋台を引くなどして売り歩くうどん屋。また、そのうどん。よなき。季冬

よなき-そば【夜鳴き蕎=麦】夜、そばを売り歩く商人。また、そのそば。夜鷹そば。よなき。季冬

よな・ぐ【×淘ぐ】〘動ガ下二〙「よなげる」の文語形。

よなぐに-さん【与那国蚕】ヤママユガ科のガ。翅の開張約20センチ、翅の面積では世界最大。翅は赤褐色で、前翅の先が鎌状に曲がり、蛇の横顔を思わせる模様をもつ。幼虫は緑灰色の芋虫で、オガタマノキなどの葉を食べ、成長すると葉の間に灰褐色の繭を作る。東南アジアに分布、日本では与那国島・西表島などにみられる。

よなぐに-じま【与那国島】沖縄県西部、八重山諸島西端の島。日本最西端の東経122度56分に位置する。面積約30平方キロメートル。

よなげ-や【×淘げ屋】川底の泥をしゃくってふるい、金属などを回収することを業とする者。

よな・げる【×淘げる】〘動ガ下一〙文よな・ぐ〘ガ下二〙❶米を水に入れてゆすってとぐ。「ざるで米を―・げる」❷水に入れてかきまぜ、細かいものなどをゆらしてより分ける。「錫礦にて錫を淘する([左注]―・げる)」〈中村訳・西国立志編〉❸より分けて悪いものを捨てる。「一年に一度身代―・げて見」〈柳多留拾遺・初〉

よなご【米子】鳥取県西部の市。慶長6年(1601)に中村氏が築城。古くから商業が発達。白ネギなど野菜の栽培が盛ん。皆生温泉がある。人口14.8万(2010)。

よなご-し【米子市】▶米子

よなご-へいや【米子平野】鳥取県西部、日野川下流域にある平野。大山西麓の扇状地や西伯郡伯耆町付近を扇頂とする扇状地状になった沖積平野。広義には平野北西部の弓ヶ浜を含む。穀倉地帯で、米作のほか葉タバコ・ニンジン・白ネギなどの栽培が盛ん。

よなぬき-おんかい【ヨナ抜き音階】五音音階の一。明治時代には、階名をヒ・フ・ミ・ヨ・イ・ム・ナと称したが、そのうちのヨとナ、つまり第4音(ファ)と第7音(シ)を抜いたド・レ・ミ・ソ・ラの音階のこと。

よ-なべ【夜=業|夜鍋】〘名〙スル《夜、鍋で物を煮て食べながらする意からという》夜、仕事をすること。また、その仕事。夜業。夜仕事。「内職で―する」季秋「お六櫛つくる―や月もよく/青邨」
類語 日勤・夜勤・半ドン・夜業・明け番・昼夜兼行

よ-なみ【世並み】❶世の中の習わしどおりであること。世間なみ。「長崎屋―にて百両取ってしめ」〈浮・二十不孝・一〉❷物事の成り行きや進みぐあい。「―の悪い疱瘡に」〈浄・博多小女郎〉

よなみね-かなめ【与那嶺要】[1925～2011]プロ野球選手・監督。米国ハワイ州の生まれ。日系2世。本名、ウォーリー＝カナメ＝ヨナミネ。アメフトから野球に転向、昭和26年(1951)巨人に入団。豪快な盗塁で注目を集めた。引退後、中日の監督に就任。同49年にはリーグ優勝し、巨人の10連覇を阻止した。

よな-むし【▽米虫】コクゾウムシの古名。〈和名抄〉

よな-よな【夜な夜な】《「な」は接尾語》❶(多く副詞的に用いる)夜が来るごとに起こること。毎晩。夜ごと。「―悪夢にうなされる」❷多くの夜。夜々。「独り大殿ごもる―多く」〈源・若菜下〉類語 毎夜・連夜

よならべ-て【夜並べて】〘副〙毎夜。夜ごとに。「―君を来ませとちはやぶる神の社を祈まぬ日はなし」〈万・二六六〇〉

よ-な・れる【世慣れる|世×馴れる】〘動ラ下一〙文よな・る〘ラ下二〙❶世間の事情に通じている。世故にたける。「―・れた物腰」❷異性との交際に通じている。「怪しく様変はりて―・れたる人ともおぼえねば」〈源・夕顔〉

よ-なん【余難】そのほかの災難。後に残る難儀。

ヨニ〘梵 yoni〙女陰。また、子宮。ヨーニ。

よ-に【世に】〘副〙❶程度のはなはだしいさま。たいそう。非常に。「僧は最と懇ろに道を教うれば、横笛―嬉しく思い」〈樗牛・滝口入道〉❷(あとに打消しの語を伴って)決して。断じて。「汝達等が賢き思ひに、我、―劣らじ」〈今昔・二〇・四四〉

よ-にげ【夜逃げ】〘名〙スル 夜の間にこっそり逃げて姿をくらますこと。「借金がかさんで―する」
類語 逃走・脱走・高飛び

よにげ-や【夜逃げ屋】俗に、夜逃げを斡旋する業

者のこと。借金・暴力団・ストーカー・DVから避難するなどの理由で利用される。

よに-も【世にも】〔副〕《副詞「よに」＋係助詞「も」から》❶非常に。ことのほか。「—不思議な事件」「—妙なる調べ」❷(あとに打消しの語を伴って)決して。「筑波嶺の岩もとどろに落つる水—たゆらに我が思はなくに」〈万・三三九二〉

よに-よに【世に世に】〔副〕《副詞「世に」を重ねて意味を強めた語》きわめて。はなはだしく。非常に。「—ねむごろにもてなして」〈宇治拾遺・九〉

よ-にん【余人】▶よじん(余人)

よにん-ばり【四人張り】四人がかりで張るほどの強い弓。「九尺ばかりありける—を杖につき」〈義経記・五〉

よ-ぬけ【夜▽脱け】夜にまぎれてこっそり脱け出すこと。夜逃げ。「ひとりは—古しとて昼ぬけにして」〈浮・胸算用・三〉

よね【▽米】❶こめ。❷《米の字を分解すると八十八になるところから》88歳。米寿。

よね【×娼】❶遊女。女郎。「—が情の底深き」〈浄・天の網島〉❷情人。「平家においては誰人の—さまぞ」〈浄・主馬判官盛久〉

よねいち【米市】狂言。男が米俵に小袖を着せて背負って行くと、若者たちにとがめられ、「俵藤太のお娘御、米市御寮人の里帰り」と答えるが見破られる。

よねかわ-まさお【米川正夫】[1891〜1965]ロシア文学者。岡山の生まれ。単独で「トルストイ全集」「ドストエフスキー全集」の訳を完成。

よね-ぐるい【×娼狂ひ】遊女遊びに夢中になること。遊女狂い。「江戸へ—に参る」〈浮・一代男・八〉

よねざわ【米沢】山形県南東部の市。もと上杉氏の城下町。繊維・電機工業や米作・和牛飼育が盛ん。また、酒・刃物を特産。米沢城跡に上杉神社がある。人口8.9万(2010)。

よねざわ-おり【▽米沢織】山形県米沢地方から産出する織物の総称。江戸時代、藩主上杉鷹山の産業奨励により始まった。紬・縮緬・黄八丈・袴地・糸織り・紋織りなどがある。

よねざわ-し【米沢市】▶米沢

よねざわ-つむぎ【▽米沢×紬】山形県米沢地方から産出する紬。長井紬。置賜紬。米沢琉球紬。

よねざわ-ひこはち【米沢彦八】落語家。㊀(初世)[?〜1714]上方落語の祖。大坂の生玉神社境内で興行した仕方物真似で人気を博す。著作に「軽口御前男」「軽口大矢数」など。㊁(2世)京都の落語家。祇園境内などで演じ、物真似芸にすぐれた。著作に「軽口福おかし」など。生没年未詳。

よねざわ-ぼんち【米沢盆地】山形県南部の断層盆地。最上川の上流部を占める。稲作が中心で、ブドウ・洋ナシなどの栽培、酪農業も盛ん。中心都市は米沢市。置賜盆地。

よねざわ-りゅうきゅうつむぎ【▽米沢×琉球×紬】《絣柄が琉球紬に似ているところから》米沢紬の異称。米琉。

よねしろ-がわ【米代川】秋田県北部を西流する川。奥羽山脈中に源を発し、能代で日本海に注ぐ。長さ136キロ。流域の秋田杉・鉱産物の舟運に利用された。河口部は能代川ともいう。

よね-ず【▽米酢】「こめす」に同じ。

よねだ-てつや【米田哲也】[1938〜]プロ野球選手。鳥取の生まれ。昭和31年(1956)阪急(現オリックス)に入団し、投手として活躍。同32年から同49年まで18年連続二桁勝利。通算350勝は史上2位。

よ-ねつ【予熱】〔名〕(スル)エンジン・機器などを、円滑、すみやかに始動させるために、あらかじめ温めておくこと。また、その熱。「エンジンを—する」

よ-ねつ【余熱】❶さめないで残っている熱気。ほとぼり。「ボイラーの—を利用する」❷残暑。「—いまだ尽きざるほどなれば、往還の旅人多くたちよりて涼みあへり」〈東関紀行〉(類語)熱・温熱・火熱・炎熱・焦熱・熱気・温気・熱れ・熱り・ほとぼり

よね-の-いわい【▽米の祝い】米寿の祝い。88歳の賀の祝い。

よね-の-まもり【▽米の守り】米寿の祝いに、上に「米」の字を書いて人に配る丸餅。

よねはら-うんかい【米原雲海】[1869〜1925]彫刻家。島根の生まれ。高村光雲に師事し、同門の山崎朝雲らと日本彫刻会を結成。木彫の振興に尽力した。

よね-まんじゅう【米×饅▽頭】米粉で作った皮に小豆あんを包んだ饅頭。浅草聖天金竜山の麓屋・鶴屋に始まるといい、名の由来は、よねという娘が考案したからとも、米粉を使ったからともいう。

よね-やま【米山】新潟県の柏崎市と上越市との境にある山。標高993メートル。山頂に雨乞い祈願の米山薬師がある。西廻り航路の目印とされた。

よねやま-じんく【米山甚句】新潟県柏崎・直江津地方の民謡。明治中期から座敷歌として広く流行した。

よね-りゅう【米×琉】「米沢琉球紬」の略。

よ-ねん【余年】残りの寿命。余命。余生。「平安に—を送りしが」〈中村訳・西国立志編〉

よ-ねん【余念】ほかの考え。余計な考え。他念。(類語)他念・他意

余念が無・い ❶ほかのことを考えず、一つのことに熱中する。「自伝の執筆に—・い」❷少しも邪念がない。たわいがない。「添寝の保は余念も無い顔をして」〈紅葉・多情多恨〉

よねんごと-の-こくぼうけいかくみなおし【四年▽毎の国防計画見直し】▶キュー-ディー-アール(QDR)

よねん-な・い【余念無い】〔形〕文よねんな・し〔ク〕一つのことに精神を集中して、他のことを考えないさま。「—・く観察する」

よの【与野】埼玉県南東部にあった市。大宮・浦和市と合併してさいたま市となり、区制施行で中央区となった。➡さいたま

よ-の【四▽幅|四▽布】❶布の幅が並幅4枚分あること。また、その布。よはば。❷「四幅布団」の略。

よ-の【世の】〔連語〕《天下周知の、の意から、程度のはなはだしいさまを表す》たいへんな。この上ない。「—痴れ者かな」〈徒然・四一〉

よ-のう【予納】〔名〕(スル)前もって納めること。前納。「手数料を—する」(類語)納入・前納・全納・分納・納める・納まる・納付・上納・納金・入金・払い込む

よ-のう〔連語〕《終助詞「よ」＋終助詞「のう」》感動・詠嘆の気持ちを込めて、念を押す意を表す。…(だ)ねえ。「まして母とても尋ねぬ—」〈謡・隅田川〉

よ-の-おぼえ【世の覚え】世間の評判。世の中の信用。「—がめでたい」

よ-の-おもし【世の重し】「世の固め」に同じ。「—ともものし給へる大臣の」〈源・賢木〉

よ-の-かぎり【世の限り】❶命のあるかぎり。死ぬまで。一生涯。「立ちしなふ君が姿を忘れずは—にや恋ひ渡りなむ」〈万・四四四一〉❷この世の終わり。臨終。「独りの母親こがれて、—と知らせて」〈浮・男色大鑑・六〉

よ-の-かため【世の固め】世の中をしっかりと治めること。また、その地位・人。「つひには—となるべき人なれば」〈源・若菜上〉

よ-の-ぎ【余の儀】「余の儀にあらず」などと否定表現を伴って用い、次に述べる事柄を強調する。別の理由。「君を呼んだのは—ではない」

よ-の-きこえ【世の聞こえ】世間の評判やうわさ。「—をはばかる」「二条の后に忍びて参りけるを、—ありければ」〈伊勢・五〉

よ-の-ことごと【世の×悉|世の▽尽】命あるかぎり。世のかぎり。「妹は忘れじ—に」〈記・上・歌謡〉

よ-の-さが【世の▽性】世の常のこと。世間のならい。「おくれ先だつほどの定めなさは—と見給へ知りながら」〈源・葵〉

よの-し【与野市】▶与野

よのすけ【世之介】井原西鶴の浮世草子「好色一代男」の主人公。色男、また好色な男の代表とされる。

よ-の-ぜん【四の膳】本膳料理で、4番目に出て本膳の右向こう側に置かれる膳。「し」の音を忌んで「よ」といい、多くは字も「与」と書かれる。

よ-の-たとい【世の×譬ひ】世間で言いならわしているたとえ。世間での言いぐさ。「もて離れてうとうとしく侍れば、—にてむつび侍らず」〈源・帚木〉

よ-の-ためし【世の▽例】❶世の習い。世の常。「会えば必ず別れのあるのが—だ」❷世間に語り継がれている事柄。また語り継がれるであろう事柄。「—にもなりぬべき御もてなしなり」〈源・桐壺〉

よ-の-つね【世の常】❶世間によくあること。「二度あることは三度あるのが—だ」❷ごく普通であること。「大きさは先ず、—の猫ほどでもございましょうか」〈芥川・地獄変〉

よ-の-とおびと【世の遠人】長寿の人。「汝こそは—汝こそは国の長人」〈仁徳紀・歌謡〉

よ-の-なか【世の中】❶人々が互いにかかわり合って生きて暮らしていく場。世間。社会。「—が騒がしくなる」「暮らしにくい—になる」❷世間の人々の間。また、社会の人間関係。「—はもちつもたれつだ」「親も友達もないんです。つまり—がないんですね」〈漱石・明暗〉❸世間のならい。「病気が出るほど嫌な人でも、—にゃ勝たれないから」〈鏡花・化銀杏〉❹当世。その時分。「入道殿をはじめ参らせて—におはしある人、参らぬはなかりけり」〈古本説話集・下〉❺統治者の在任期間。「—かはりて後、よろづ物うくおぼされ」〈源・葵〉❻世間的な人望。「父殿うせ給ひにしかば、—おとろへなどして」〈大鏡・兼通〉❼男女の関係。男女間の情愛。「歌はよまざりけれど、—を思ひ知りたりけり」〈伊勢・一〇二〉❽人の一生。寿命。「—の今日か明日かに覚え侍りし程に」〈源・柏木〉❾外界のようす。あたりの自然。「秋待ちつけて、—すこし涼しくなりては」〈源・御法〉❿作物のできばえ。「播磨路の—が悪うて」〈浮・織留・五〉(類語)世間・世・社会・世界・巷間・世上・人中・天下・浮き世

世の中は相持ち 世の中は互いに助け合うことによって成り立つものである。

世の中は広いようで狭い 思いがけず知人に会うことや、意外なつながりがあることなどのたとえにいう。

世の中は三日見ぬ間に桜かな ▶世の中は三日見ぬ間の桜かな

世の中は三日見ぬ間の桜かな 《大島蓼太の俳句から》世の中は、3日見ないうちに散ってしまう桜の花のようなものだ。世の中の移り変わりが激しいことのたとえ。「世の中は三日見ぬ間に桜かな」とも。

よのなか-ごこち【世の中心地】世の中の人が多くかかる病気。流行病。疫病。よごこち。「—を病むと見えたり」〈今昔・一二・三五〉

よ-の-ながひと【世の長人】「世の遠人」に同じ。「汝こそは—」〈記・下・歌謡〉

よ-の-ならい【世の習い】世間のならわし。世間にありがちなこと。「栄えている者もいつかは滅びるのが—だ」

よの-ばかま【四▽幅×袴|四▽布×袴】前後各二幅で仕立てた、ひざ丈くらいの袴。裾が少し狭く、革の菊綴じが2か所つけてある。中間や小者などが着用した。

よ-の-ひと【世の人】❶この世に生きている人間。世間の人。せじん。よひと。「—に似ず物づつみをし給ひて」〈源・夕顔〉❷人並みの人。「その女、—にはまされりけり」〈伊勢・二〉

よの-ぶとん【四▽幅布団|四▽布布団】表裏ともに四幅の布で仕立てた布団。よの。

よ-は【余波】❶波の立つ原因が去ったあとも残っている波。「台風の—」❷ある事柄が周囲のものに影響を及ぼすこと。また、その影響。とばっちり。「列車事故の—で観光客が激減する」(類語)影響・刺激・煽り・作用・響く・差し響く・跳ね返る・祟る・災いする・反響・反映・反応・反動・反作用・波紋・累・皺寄せ・とばっちり・巻き添え・そばづえ

よ-はい【余輩|予輩】〔代〕一人称の人代名詞。わたし。また、われわれ。「此度—の故郷中津に学校を開くに付」〈福沢・学問のすゝめ〉

よばい【夜×這い・▽婚い】《「呼ばう」の連用形から》❶夜、恋人のもとへ忍んで通うこと。特に、男が女の寝所に忍び入って情を通じること。❷結婚を求めて言い寄ること。求婚すること。「―にあり通はせ」〈記・上・歌謡〉

よばい-びと【▽婚ひ人】求婚する人。言い寄る人。「その―どもを呼びにやりて」〈大和・一四七〉

よばい-ぶみ【▽婚ひ文】求婚の手紙。恋文。「―の大和歌なきは」〈宇津保・藤原の君〉

よばい-ぼし【▽婚ひ星・夜×這ひ星】流れ星。「―、少しをかし」〈枕・二五四〉

よば・う【呼ばう・▽喚ばう】〔動ワ五(ハ四)〕《動詞「よ(呼)ぶ」の未然形＋接尾語「ふ」から》❶呼びつづける。何回も呼ぶ。「『行徳!』と―・って入って来て勝手口へ荷をおろす出入の魚屋の声も」〈藤村・桜の実の熟する時〉❷(「夜這う」「婚う」とも書く)言い寄る。求婚する。また、女の所へ忍んで通う。「女のえ得まじかりけるを年を経て―・ひわたりけるを」〈伊勢・六〉

よ-はく【余白】字や絵などが書いてある紙面で、何も記されないで白く残っている部分。「欄外の―」

よ-はだ【夜肌】夜の肌。夜、肌に感じること。「一人寝の―の寒さ知りそめて昔の人も今ぞ恋しき」〈古今六帖・五〉

よ-ばたらき【夜働き】❶夜中に働くこと。また、その働き。夜業。よなべ。❷夜、盗みを働くこと。夜盗。「この街道の―」〈浄・忠臣蔵〉❸夜間、敵を攻めること。夜攻め。〈日葡〉

よ-ばなし【夜話・夜×咄】❶夜、談話すること。また、その談話。やわ。(季 冬)「一や猫がねずみをくはへゆく/孝作」❷「夜咄の茶事」の略。

よばなし-の-ちゃじ【夜×咄の茶事】茶事七式の一。炉の季節に、午後6時ごろから行われる茶会。

よ-ばな・れる【世離れる】〔動ラ下一〕図よばな・る〔ラ下二〕世間から遠ざかる。「―・れた暮らし方」

ヨハニスブルク-じょう【ヨハニスブルク城】《Schloß Johannisburg》▶ヨハネスブルク城

ヨハネ〘Johannes〙㊀イエスの十二使徒の一人。ガリラヤの漁夫ゼベダイの子。大ヤコブと兄弟。イエスの死後、エルサレム教会の指導者。新約聖書中の「ヨハネによる福音書」「ヨハネ黙示録」「ヨハネ三書簡」の著者とされる。生没年未詳。➡ヤコブ㊀　㊁▶バプテスマのヨハネ (補説)「約翰」とも書く。

ヨハネ〘Juan de La Cruz〙[1542～1591]スペインのキリスト教神秘家。テレサ＝デ＝ヘススのカルメル会改革運動に参加。十字架のヨハネ。著「カルメル山登攀」など。

ヨハネ-きしだん【ヨハネ騎士団】中世の三大宗教騎士団の一。巡礼者の救護所として創設され、第2回十字軍よりエルサレムで軍事・救護活動を行う。14世紀ロードス島に本拠を移してロードス騎士団、16世紀マルタ島に移りマルタ騎士団と称する。1834年より本部をローマに移し現在も存続。聖ヨハネ騎士団。

ヨハネス〘Johannes〙ローマ教皇の名。㊀(22世)[1245ころ～1334]アビニョン時代の第196代教皇。在位1316～1334。フランスの政策に同調してドイツの皇帝選挙に干渉。教皇庁の組織・財政再建に努めた。㊁(23世)[1881～1963]第261代教皇。在位1958～1963。回勅・公会議・各国歴訪を通じて、教会合同・世界平和を呼びかけた。

ヨハネスバーグ〘Johannesburg〙南アフリカ共和国北東部、ハウテン州にある鉱業都市。1886年の金鉱発見以来発展し、鉄鋼などの工業や商業も盛んで、同国の経済の中心地。人口、都市圏389万(2007)。ヨハネスブルク。

ヨハネスブルク-じょう【ヨハネスブルク城】《Schloß Johannisburg》ドイツ中西部、バイエルン州の都市、アシャッフェンブルクにあるルネサンス様式の城。同地を支配していたマインツ大司教の居館として17世紀に建造された。現在、州立絵画館と、17世紀当時の城館の様子を再現した博物館がある。ヨハニスブルク城。

ヨハネ-でん【ヨハネ伝】▶ヨハネによる福音書

ヨハネによるふくいんしょ【ヨハネによる福音書】新約聖書の四福音書の第4書。「始めに言葉ありき」の有名な句で始まる本書の特徴は、他の三福音書(共観福音書)と異なり、単なるイエスの伝記にとどまらず、神の真理(言葉)の人格化としてのイエス＝キリストの論証にある。使徒ヨハネの作とされる。1世紀末に成立。ヨハネ福音書。ヨハネ伝。➡福音書

ヨハネ-ふくいんしょ【ヨハネ福音書】▶ヨハネによる福音書

ヨハネもくしろく【ヨハネ黙示録】▶黙示録

よ-ばり【夜▽尿】《「ゆばり」の音変化》寝小便。〈日葡〉

よば・る【呼ばる・▽喚ばる】〔動ラ五(四)〕よぶ。「大声で―・る」「夜なかにこわかったら―・らんしょ」〈中勘助・銀の匙〉

よば・れる【呼ばれる】〔動ラ下一〕《動詞「よぶ」の未然形＋受身の助動詞「れる」から》❶称される。「名人と―・れる」❷招待される。「結婚式に―・れる」❸ごちそうになる。また、いただく。「茶漬けを―・れる」「風呂を―・れる」

よばわり【呼ばわり・▽喚ばわり】❶大声で呼ぶこと。❷人を表す語に付けて、そうときめつけて言いたてるのに用いる。「ぬすっと―」

よばわ・る【呼ばわる・▽喚ばわる】〔動ラ五(四)〕大声で呼びたてる。また、叫ぶ。「七兵衛が戻ったぞと大声に―・る」〈柳田・山の人生〉(類語)呼ぶ・呼びかける・呼び立てる・差し招く・疾呼する・声を掛ける

よ-ばん【夜番】夜の番をすること。また、その人。夜警。夜回り。(季 冬)「発音(はつおん)の老いしと思ふ―かな/麦南」(類語)夜回り・夜警

よばん-だしゃ【四番打者】野球などで、打順が4番目の打者。強打者を当てることが多い。四番バッター。➡クリーンアップトリオ

よばん-バッター【四番バッター】▶四番打者

よばんめ-もの【四番目物】能の分類で、正式な五番立ての演能の際に、四番目に上演される曲。脇能物・修羅物・鬘物(かずらもの)・切能物(きりのうもの)以外のすべての曲を広く含む。雑能物(ざつのうもの)。

よ-び【予備・預備】❶必要なときのために、前もって用意しておくこと。また、そのもの。「―に少し余分に買っておく」「―のタイヤ」❷犯罪の意思をもった者が、その実行に着手する直前までにする準備行為。内乱・殺人・強盗・放火など、特に重大な犯罪については処罰される。(類語)完備・常備・兼備

よび【呼び】呼ぶこと。招待すること。➡御(お)呼び

よび-あ・げる【呼(び)上げる】〔動ガ下一〕図よびあ・ぐ〔ガ下二〕❶大声で呼ぶ。また、次々に呼ぶ。「氏名を―・げる」❷下にいる者を呼んで上がらせる。「舞台に観客の一人を―・げる」❸呼び寄せる。呼びつける。「あるいは木場の旦那に、―・げられては」〈万太郎・春泥〉

よび-あつ・める【呼(び)集める】〔動マ下一〕図よびあつ・む〔マ下二〕呼んで一つ所に集める。「生徒を講堂に―・める」
(類語)集める・寄せ集める・駆り集める・掻き集める

よび-い・く【呼び生く】〔動カ下二〕大声で呼んで生き返らせる。「息の通ふを頼みにして―・けけるに」〈浮・五人女・二〉

よび-いだ・す【呼び▽出だす】〔動サ四〕呼んで来させる。よびだす。「大夫―・して」〈かげろふ・中〉

よび-い・れる【呼(び)入れる】〔動ラ下一〕図よびい・る〔ラ下二〕❶呼んで中に入れる。招き入れる。「来客を家に―・れる」❷嫁として家に入れる。「―・れて間のなき女房に」〈浮・織留・六〉

よび-えき【予備役】現役を終わった軍人が一定期間服する兵役。平常は市民生活を送り、非常時に召集されて軍務に服する。

よび-おこ・す【呼(び)起(こ)す・▽喚び起(こ)す】〔動サ五(四)〕❶眠っている人に声をかけて目を覚まさせる。「寝入り端(ばな)を―・される」❷うちにひそんでいたものを表に出させる。忘れていたことを思い出させる。「古い記憶を―・す」「感動を―・す」
(類語)よみがえる・呼び覚ます

よび-かえ・す【呼(び)返す】〔動サ五(四)〕❶呼んで、帰って来させる。呼びもどす。「親元へ―・される」❷呼んで、意識をとりもどさせる。「魂を遠方から―・されたような態度で」〈鷗外・灰燼〉

よび-がくせい【予備学生】《「海軍予備学生」の略》旧日本海軍の予備士官養成制度の一。昭和9年(1934)に発足した海軍航空予備学生を、同17年に一般兵科にも拡大適用したもので、大学・高専在学中の志願者の中から採用し、実務教育を施したのち予備士官に任用した。

よび-かけ【呼(び)掛け】❶よびかけること。「募金の―に応じる」❷能の人物の登場形式の一。シテが舞台にいるワキなどに声を掛けながら揚げ幕から出てくるもの。

よび-か・ける【呼(び)掛ける】〔動カ下一〕図よびか・く〔カ下二〕❶声をかけて相手の注意をこちらに向けさせる。「垣根越しに―・ける」❷人々に参加や協力などを要請・勧誘する。「署名を―・ける」
(類語)呼ぶ・呼ばわる・呼び立てる・差し招く・訴える・直訴・直願・嘆願・アピール

よび-がね【呼(び)鐘・▽喚び鐘】❶「喚鐘(かんしょう)❶」に同じ。❷召使いなどを呼ぶときに鳴らす鐘。

よび-かわ・す【呼(び)交わす】〔動サ五(四)〕互いに呼ぶ。「名を―・す」

よび-きょういく【予備教育】ある事を行うためにあらかじめ施す教育。

よび-きん【予備金】❶臨時の出費のために、あらかじめ備えておく金。予備費。❷国会・裁判所の歳出予算に計上される予備的経費。国家予算の予備費に相当する。

よび-ぐ・す【呼び具す】〔動サ変〕呼び寄せて引き連れる。「法師ばら、―・して来」〈宇治拾遺・一四〉

よび-ぐん【予備軍】❶決戦に投入するために後方に予備として備えてある軍隊。❷予備役の兵で編制した軍隊。

よび-ぐん【予備群】ある状態、ある病気になる可能性のある人々。「糖尿病患者とその―」(補説)「予備軍」からの転用か。「メタボリックシンドローム」以来、医学用語として多用。新聞などでは「予備軍」「予備群」ともに使っている。

よび-こ【呼(び)子】人を呼ぶ合図に吹く小さな笛。よぶこ。よぶこのふえ。

よび-こう【予備校】上級の学校、特に大学への進学希望者に、入学試験準備のための教育をする各種学校。(類語)塾・学習塾

よび-こうしょう【予備交渉】正式の交渉に入る前に、交渉の細目や技術的な問題について当事者があらかじめ行う交渉。

よび-ごえ【呼(び)声】《古くは「よびこえ」》❶呼ぶ声。呼びたてる声。「金魚売りの―」❷人選・任命などについての評判。名声。❸名前。呼び名。「うかとした―はいやでござある」〈咄・醒睡笑・二〉(類語)評判(2)
呼び声が高・い　その地位・役職につくであろうという評判が高い。「優勝候補の―・い」

よび-こ・す【呼び越す】〔動サ四〕呼び寄せる。「垣越しに犬―・して鳥狩(とがり)する君」〈万・一二八九〉

よび-こみ【呼(び)込み】客を集めるために劇場・飲食店などの入り口で通行人に呼びかけ、誘い入れること。また、その人。

よび-こ・む【呼(び)込む】㊀〔動マ五(四)〕❶呼んで中に入れる。呼び入れる。「店に客を―・む」❷その方へ引き入れる。引き込む。「管に水を―・む」㊁〔動マ下二〕㊀❶に同じ。「手よく書きける者一人を―・めて」〈今昔・二九・二六〉

よび-さま・す【呼(び)覚ます】〔動サ五(四)〕❶眠っている人に声をかけて目覚めさせる。「枕頭で―・す下女の声に」〈二葉亭・浮雲〉❷うちに隠されていた感覚や記憶などをよみがえらせる。「少年時代の記憶が―・される」(類語)よみがえる・呼び起こす

よび-じお【呼(び)塩】食品の塩抜きのために、薄い塩水に浸すこと。また、それに用いる塩。

よび-しけん【予備試験】本試験の前に、それを受

ける学力の有無をためす試験。

よび‐しはらいにん【予備支払人】参加引受または参加支払をなすべき者として、あらかじめ遡求(そきゅう)義務者(振出人・裏書人、またその保証人)によって手形上に指定された者。

よび‐す・う【呼び据う】〔動ワ下二〕呼び寄せて、すわらせる。「かの愁へをしたる匠(たくみ)をば、かぐや姫─ゑて」〈竹取〉

よび‐すて【呼(び)捨て】《「よびずて」とも》人の名を「君」「様」「さん」などの敬称をつけずに呼ぶこと。よびつけ。「部下を─にする」類語さん付け・君付け

よび‐だし【呼(び)出し】❶呼び出すこと。呼んで来させること。「警察から─が来る」❷相撲で、取り組む力士の名を呼び上げる役。触れ太鼓・やぐら太鼓を打ったり、土俵の整備なども行う。前行司。❸「呼び出し電話」の略。❹江戸時代、訴状を受理した奉行所が被告を呼び出すこと。また、その文書。❺江戸時代、銭湯であがり湯のためてある四角な所。❻江戸吉原で張り見世(みせ)をせず、茶屋の紹介で客に接した遊女。❼江戸の岡場所で、茶屋などで客をとる女郎。類語召喚・召集

よびだし‐じょう【呼(び)出し状】❶人を呼び出すための文書。❷民事訴訟で、当事者や証人などに期日を告知して出頭を命じる旨を記載した書面。

よびだし‐でんわ【呼(び)出し電話】電話を持っていない人が、電話のある近所の家などに取り次いでもらって使う電話。

よび‐だ・す【呼(び)出す】〔動サ五(四)〕呼んで来させる。「近くの店へ─・す」「裁判所に─・される」類語呼び立てる・呼び付ける・呼ぶ・召し出す・招換

よび‐たて【呼(び)立て】❶呼びたてること。「気軽に─できる相手」➡御(お)呼び立て ❷合図をして立ち去らせること。また、その合図。「太鼓の─を聞くまでに」〈浮・元禄大平記〉

よび‐た・てる【呼(び)立てる】〔動タ下一〕文よびた・つ〔タ下二〕❶声を張り上げて呼ぶ。「名前を─・てる」❷呼んでわざわざ来させる。呼び寄せる。「─・てて申しわけない」「その都度母を─・てて、力を藉(か)りる事もあれば」〈紅葉・多情多恨〉類語呼び出す・呼び寄せる・呼び付ける・呼ぶ・召し出す

よび‐ちしき【予備知識】事をする前に知っておく必要のある知識。

よび‐ちょうさ【予備調査】ある事を実施する前、または本格的な調査の前に、その準備として行う調査。

よび‐づかい【呼び使ひ】呼びに来る使い。招待の使者。「揚屋より─うくれば」〈色道大鏡・三〉

よび‐つぎ【呼(び)接ぎ】接ぎ木の方法の一。台木と、母樹についたままの接ぎ穂とのそれぞれの接ぐ部分を削って寄せ合わせ、活着したあとに接ぎ穂を切り離す。ツバキやカエデで行う。寄せ接ぎ。

よび‐つ・ぐ【呼び次ぐ】〔動ガ四〕次々に伝えて呼ぶ。「旦那お帰りと、下部が─・ぐ声につれ」〈浄・矢口渡〉

よび‐つけ【呼(び)付け】❶呼び付けること。❷「呼び捨て」に同じ。「弟の名を─にする」

よび‐つ・ける【呼(び)付ける】〔動カ下一〕文よびつ・く〔カ下二〕❶呼んで自分の所へ来させる。「─・けて注意する」❷常に呼んで慣れている。呼び慣れる。「ニックネームで─・ける」類語呼び寄せる・呼び出す・呼び立てる・呼ぶ・召す・召し寄せる

よび‐つづ・ける【呼(び)続ける】〔動カ下一〕文よびつづ・く〔カ下二〕続けて呼ぶ。「わが子の名前を─・ける」

よ‐ひと【世人】世間の人。せじん。「御もののけにやと─も聞こえ騒ぐを」〈源・紅葉賀〉

よび‐どい【呼×樋】軒樋(のきどい)と竪樋(たてどい)とを連結する樋。上部の広がる形から、鮟鱇(あんこう)とも。

よび‐とうき【予備登記】将来なされる本登記の準備として、その権利保全のために行う登記。仮登記と予告登記の2種がある。

よび‐どき【呼び時】❶呼ぶのに都合のよい時。呼ぶ潮時。❷結婚にふさわしい年齢。特に、嫁をとるべき年ごろ。「その弟に─になり」〈浮・一代女・四〉

よび‐と・める【呼(び)止める】〔動マ下一〕文よびと・む〔マ下二〕声をかけて止まらせる。「帰ろうとした友人を─・める」

よ‐ひとよ【夜一夜】〔副〕夜どおし。よもすがら。一晩中。よっぴて。「─ろくろく安気に眠ったこともなかったほど」〈藤村・夜明け前〉

よび‐とよ・む【呼び▽響む】㊀〔動マ四〕呼び声がひびきとどろく。「そま人は宮木ひぐらし足引の山の山びこ─・むなり」〈古今・物名〉㊁〔動マ下二〕呼び声をひびきとどろかせる。「秋されば山もとどろにさ雄鹿は妻─・め」〈万・一〇五〇〉

よび‐どり【呼(び)鳥】おとりに用いる鳥。

よび‐と・る【呼び取る】〔動ラ四〕そば近くに呼ぶ。呼び寄せる。「翁を─・りて言ふやう」〈竹取〉

よび‐な【呼(び)名】❶物や人が普通に呼ばれている名。特に、正式の名前に対して平常呼ばれている名。通称。通り名。「親分の─で通っている男」❷平安時代、宮中の女官を官名や国名などをつけて呼んだもの。紫式部・清少納言・伊勢などの類。
類語名前・名・名・名称・称・呼称・称呼・称号・称え・名目・名義・ネーム・ネーミング

よび‐なら・す【呼(び)慣らす｜呼び×馴らす】〔動サ五(四)〕そう呼ぶのを習慣とする。いつもそう呼ぶ。「先輩を兄貴と─・す」

よび‐ならわ・す【呼(び)慣らわす｜呼び×馴らわす】〔動サ五(四)〕「よびならす」に同じ。「いつも─・しているニックネーム」

よび‐な・れる【呼(び)慣れる｜呼び×馴れる】〔動ラ下一〕文よびな・る〔ラ下二〕そう呼ぶことに慣れている。「─・れた名前」

よび‐ぬり【呼(び)塗(り)】木舞壁(こまいかべ)の片面に粗(あら)塗りをしたのち、すぐに裏側にも粗塗りをすること。

よび‐ね【呼(び)値】❶証券・商品取引所で、他の市場参加者に示される売買の希望価格。❷▶ティック

よび‐ひ【予備費】❶万一のときのために備えておく費用。❷国または地方公共団体の予算において、予見することのできない歳出予算の不足に備えて計上される費用。

よび‐みず【呼(び)水】❶ポンプの水が出ないとき、またはポンプで揚水するとき、水を導くために外部から入れてポンプ胴内に満たす水。誘い水。❷ある事柄をひきおこす、きっかけ。誘い水。「不用意な発言が議会混乱の─となる」❸漬物の漬け水の上がり方をよくするために加える塩水。

よび‐むか・える【呼(び)迎える】〔動ア下一〕文よびむか・ふ〔ハ下二〕呼んで迎え入れる。招いて迎える。「妻を赴任先に─・える」

よび‐もどし【呼(び)戻し】相撲のきまり手の一。相手の体を両手で手元にひきつけ、差し手をかえすように激しく前に突き出し、相手をあおむけに倒す技。揺り戻し。仏壇返し。

よび‐もど・す【呼(び)戻す】〔動サ五(四)〕❶呼んでもとへもどらせる。呼び返す。「国元へ─・す」❷もとの状態に復させる。「失われた記憶を─・す」

よび‐もの【呼(び)物】興行や催し物で、評判を呼んで、人を集めるもの。「今大会の─」

よび‐や【呼(び)屋】❶海外から芸能人などを呼んで興行する職業の俗称。また、その人。プロモーター。❷江戸時代、京坂地方で、囲い女郎を呼び迎えた小楼。揚屋より格式が下で、大夫・天神は呼べなかった。

よ‐びょう【余病】一つの病気に伴って起こる別の病気。「─を併発する」

よび‐よ・せる【呼(び)寄せる】〔動サ下一〕文よびよ・す〔サ下二〕招いて来させる。また、呼んで集める。「任地に家族を─・せる」「笛で小鳥を─・せる」
類語呼びつける・呼び出す・呼び立てる・招く・呼ぶ・差し招く・手招きする・召す・召し寄せる

よび‐りん【呼(び)鈴】人を呼んだり、合図したりするために鳴らすベル。類語鈴・ベル・チャイム・ブザー

ヨヒンビン〖yohimbine〗西アフリカ熱帯地方に産するヨヒンベとよばれるアカネ科植物の樹皮に含まれるアルカロイド。催淫(さいいん)剤とされていた。

よ・ぶ【呼ぶ｜▽喚ぶ】〔動バ五(四)〕❶相手に向かって声をあげて名前などを言う。「「おい」と─・ぶ」「─・んでも答えがない」❷声をあげてこちらに来させる。「助けを─・ぶ」「食事だと母が─・んでいる」❸客として招待する。まねく。「クラス会に先生を─・ぶ」❹呼び寄せる。来てもらう。「タクシーを─・ぶ」「医者を─・ぶ」「国元から親を─・ぶ」❺名づけて言う。称する。「年上の友人を兄と─・ぶ」❻引き寄せる。集める。「人気を─・ぶ」「波乱を─・ぶ」❼妻としてめとる。「あなたこなたより─・べといふ者は」〈虎明狂・伊文字〉
可能よべる 類語(❶)呼ばわる・疾呼する・呼び掛ける・声を掛ける/(❸)招く・招待する・招ずる・請(しょう)ずる・誘う/(❹)呼び寄せる・呼び付ける・呼び出す・召し出す・呼び立てる・差し招く・召致する・召喚する・召集する・招集する・招致する・招聘(しょうへい)する・招請する・招来する (尊敬)召す・お召しになる/(❺)言う・称する・称(たた)える・呼称する・称呼する・名付ける

よ‐ふう【余風】残っている風習。遺風。

よ‐ぶか【夜深】〔名・形動ナリ〕《「よふか」とも》夜が深まったこと。よふけ。また、そのさま。「いまだ─に京を出で」〈義経記・一〉

よ‐ふかし【夜更(か)し｜夜深し】〔名〕スル 夜遅くまで起きていること。「読書に夢中でつい─する」
類語宵っ張り・徹夜・夜明かし・遅寝・夜を徹する

よ‐ぶか・し【夜深し】〔形ク〕《「よふかし」とも》夜がふけている。夜のけはいが濃い。深夜である。「節分違(せちぶんたが)えなどして─・く帰る」〈枕・二九八〉

ヨブき【ヨブ記】旧約聖書中の一書。義人ヨブ(Job)が罪なくして子・財産・健康を失うが、絶望的苦悩のうちにあってなお神を求め、その信仰によってすべてが回復せられ神の祝福を受ける物語。

よ‐ふけ【夜更け｜夜▽深け】夜がふけたこと。また、その時分。深夜。
類語夜中・真夜中・深夜・夜半・深更・ミッドナイト

よふけ‐さふけ【夜更け▽早更け】《「さふけ」は「よふけ」に語呂を合わせたもの》「夜更け」を強めて言う語。「─まで、いい気になって洒落(しゃれ)てるが」〈滑・浮世風呂・三〉

よぶ‐こ【呼ぶ子】「呼び子」に同じ。

よぶこ‐どり【呼子鳥】《鳴き声が人を呼ぶように聞こえるところから》古今伝授の三鳥の一。カッコウといわれるが、ほかにウグイス・ホトトギス・ツツドリなどの説がある。季春「松の木と名は知りながら─/鬼貫」

よぶこ‐の‐ふえ【呼ぶ子の笛】「呼び子」に同じ。

よ‐ぶすま【夜×衾】夜具。寝具。

よぶすま‐そう【夜×衾草】キク科の多年草。深山に生え、高さ約2メートル。葉は大きく三角状で、葉柄に翼があって茎を包む。夏から秋、白い花を円錐状につける。若葉は食用。

よ‐ふね【夜船】《「よぶね」とも》夜間に航行する船。

よ‐ぶり【夜振り】夏の夜、カンテラやたいまつをともし、寄ってくる魚をとること。火振り。季夏「雨後の月誰(た)そや─の脛(はぎ)白き/蕪村」

よ‐ふん【余憤】おさまらず残っている怒り。「─さめやらぬようす」

よ‐ぶん【余分】〔名・形動〕❶余った分。残り。余り。「─が出る」❷必要や予定より多いこと。また、その数量や、そのさま。余計。「─に仕入れる」❸必要以外のこと。また、そのさま。余計。「─なことは考えないほうがいい」「─な口出しはするな」
類語余り・余剰・剰余・残り・残余・端数・おこぼれ・余計・蛇足(だそく)・不必要・不要・不用・無用・無益・無駄(むだ)・無くもがな・あらずもがな

よ‐ぶん【余聞】本筋とは離れた話。また、聞き漏らしていた話。こぼれ話。余話。

よ‐べ【昨＝夜】昨晩。さくや。よんべ。

よ‐へい【余弊】❶後に残っている弊害。「如何(いか)に百千年来の─とは云いながら」〈福沢・福翁自伝〉❷何かに伴って生じる弊害。「文明化の─」

よ‐ほう【予報】〔名〕スル ❶前もって知らせること。また、その知らせ。「将来の社益を慮て此に─す」〈森有礼・

明六雑誌三〇〉❷「天気予報」の略。「―によれば明日は雨だ」(類語)予告・前触れ・予測・予想

よ-ほう【四方】ヨハウ ❶四つの方角。しほう。〈日葡〉❷四すみに角のある形。四角。「大きなる石の―なる中に」〈更級〉❸周囲。しほう。〈ロドリゲス日本大文典〉❹枡(ます)をいう女房詞。

よ-ほう【余芳】ヨハウ ❶あとまで残っているよい香り。余香。❷後世に残っている名誉。遺芳。

よ-ぼう【予防】ヨバウ〔名〕スル 悪い事態の起こらないように前もってふせぐこと。「病気の蔓延を―する」(類語)防止・阻止・防疫・防除・防御・回避・防護

よ-ぼう【誉望】ヨバウ 名誉と声望。ほまれ。

よ-ぼう【×輿望】ヨバウ 世間一般の人々から寄せられる信頼・期待。衆望。「―を担う」

よぼう-いがく【予防医学】ヨバウ 病気の原因の除去および発病前の予防を目的とする医学の一分野。治療医学に対していう。➡予防医療

よぼう-いりょう【予防医療】ヨバウイレウ 予防医学に基づいて行われる予防接種、保健指導などの医療行為・医療サービス。

よほう-えん【予報円】ヨハウヱン 天気予報の用語。台風や暴風域を伴う低気圧の中心が12時間、24時間、48時間、および72時間後に到達すると予想される範囲を円で表したもの。(補説)気象庁は、台風や低気圧の中心が予報円に入る確率をおよそ70パーセントとしている。

よぼう-きゅうふ【予防給付】ヨバウキフ 平成12年(2000)に始まった介護保険制度で要支援と認定された被保険者に提供される介護サービスのこと。同18年の制度改正により、現在は2種類の給付区分があり、介護予防訪問介護・介護予防訪問入浴介護・介護予防訪問看護・介護予防訪問リハビリテーションなどの介護予防サービスや、市区町村の裁量で整備する地域密着型介護予防サービスなどが受けられる。➡介護給付 ➡要介護認定

よぼう-こうきん【予防拘禁】ヨバウ 刑期満了後も改悛(かいしゅん)の情がないか、再犯のおそれがあると認められる者を、引き続き拘禁する制度。かつて治安維持法のもとで思想犯に対して採用された。

よぼう-せっしゅ【予防接種】ヨバウ 感染症の発生・流行の予防のため、毒性を弱めた病原体などを抗原として体内に注入し、長期間の免疫をつくること。

よぼうせっしゅのため-の-こくさいきんゆうファシリティー【予防接種のための国際金融ファシリティー】ヨバウセッシュのための 途上国での子供へのワクチン接種の普及に必要な資金を調達する、国際金融ファシリティー(IFF)のプロジェクト。2006年設立。英国・フランス・イタリアなどの加盟国の将来の政府開発援助(ODA)資金を償還財源としてワクチン債を発行。GAVI(ガビ)アライアンスを通じて途上国に資金を提供している。IFFIm(International Finance Facility for Immunisation)。

よぼうせっしゅ-ほう【予防接種法】ヨバウセッシュハフ 感染症の予防・症状の軽減・まん延防止などを目的として昭和23年(1948)に制定された法律。予防接種には、全額公費負担の定期接種と、希望者が自己負担で受ける任意接種がある。平成6年(1994)の同法改正で、定期接種は義務接種から勧奨接種に切り替えられた。また、同13年の改正で、65歳以上の高齢者および60歳以上65歳未満で心臓に疾患等のある人を対象に、インフルエンザの予防接種の費用が一部助成されるようになった。(補説)予防接種の普及により麻疹は減少していたが、平成19年の4月から6月にかけて10代・20代を中心に大流行し、休校・学級閉鎖が相次いだ。事態を重く見た厚生労働省は、同年8月に「麻疹排除計画」を策定し、同20年度から25年度までの期限付きで、中学1年生および高校3年生にも定期接種として補足的接種を行うことを決めた。

よぼう-せん【予防線】ヨバウ ❶敵の攻撃などに備えて、あらかじめ講じておく警戒、監視などの手段。❷あとで失敗したり非難されたりなどしないように、前もってうっておく手段。「あとでつけこまれないように―を張る」(補説)「予防線を張る」で成句となり、「予防線を引く」とは言わない。

よぼう-せんそう【予防戦争】ヨバウセンサウ 仮想敵国が自国を攻撃する前に、あるいは自国よりも強力になって有利な開戦条件を整える前に、これを予防するために先制して起こす戦争。

よほう-だな【四方棚】よハウ 茶道具の棚物の一。天板(てんいた)と地板(じいた)を2本柱で支えたもの。天板には薄茶器・柄杓(ひしゃく)・蓋置(ふたおき)を飾り、地板に水指(みずさし)を置く。

よぼう-ちゅうしゃ【予防注射】ヨバウ 感染症の予防のために行う、ワクチン・血清などの注射。

よぼ・ける〔動カ下一〕《近世語》年をとってよぼよぼする。「まだまだ滅多に―・けるやうな事ぢゃござりませぬ」〈伎・伊賀越〉

よ-ほど【余程】《「よきほど」の音変化。「余」は、江戸時代以降の当て字》㊀〔形動〕図〔ナリ〕❶「よっぽど㊀❶」に同じ。「―な事情があったのだろう」❷「よっぽど㊀❷」に同じ。「花の跡けさは―の茂りかな/子珊」〈炭俵〉㊁〔副〕❶「よっぽど㊁❶」に同じ。「ゆうべは―飲んだらしい」❷「よっぽど㊁❷」に同じ。「―話してしまおうかと思った」

よぼ-よぼ ㊀〔副〕スル 老人が衰えてからだのしっかりとしないさま。また、力のない足どりで歩くさまを表す語。「―した歩き方」㊁〔名・形動〕老人が衰えて動作がしっかりしないこと。また、そのさま。「―な老女」(アクセント)㊀はヨボヨボ、㊁はヨボヨボ。

よほろ【▽丁】《「膕(よほろ)」と同語源。「よぼろ」とも》古代、公用に徴発されて使役された人民。律令制では正丁(せいてい)がこれにあてられる。夫(ぶ)。

よほろ【×膕】《「よぼろ」とも》ひざの裏側のくぼんだ部分。ひかがみ。「八つ九つばかりなるをのこ子髪も―ばかりにて」〈宇津保・楼上上〉

よほろ-すじ【×膕筋】スヂ よほろにある大きな筋肉。よほろのすじ。「―を断ちたれば」〈今昔・五・一〉

よ-ま【四間】柱間が間口・奥行きともに二間の部屋。「―なる所へ入れて、様々にもてなして」〈義経記・二〉

よ-ま【夜間】夜のあいだ。よる。やかん。「―も昼間も三度栗」〈常磐津・角兵衛〉

よまい-がた【四枚肩】「しまいがた(四枚肩)」に同じ。

よまい-ごと【世▽迷い言】よまひ わけのわからないぐちや不平。繰り言。「―を並べる」(類語)繰り言・愚痴・ぼやき

よ-まき【余×蒔き】余った種子を利用して時期外れに蒔くこと。

よ-まぜ【夜交ぜ】ひと晩おき。隔夜。「―に参りて宮仕せよ」〈盛衰記・三九〉

よま・せる【読ませる】〔動サ下一〕図よま・す〔サ下二〕思わず読む気を起こさせる。「―・せる小説」

よ-まつ【余×沫】とびちるしぶき。飛沫。

よ-まつり【夜祭(り)】夜間に行う祭り。

よ-まわり【夜回り|夜×廻り】まはり 夜、警備のために所定の地域や建物内を見回ること。特に、冬の夜、火災防止のために拍子木などを打ちながら町内を見回ること。また、その人。夜警。夜番。(季 冬)(類語)夜番・夜警

よみ【黄=泉】死後、その魂が行くとされている地下の世界。冥土(めいど)。泉下(せんか)。よみのくに。よもつくに。(類語)彼の世・後の世・後世・後生(ごしょう)・来世・冥土・冥府・冥界・幽冥・幽界・黄泉(こうせん)・霊界

よみ【読み】❶文字・文章を読むこと。読む方法。「―、書き、そろばん」「斜め―」❷(「訓み」とも書く)漢字・漢文に国語の読み方をあてること。訓。❸人の心中や物事の成り行きを深く見通すこと。「―が深い」「―が外れる」❹碁・将棋で打つ手順をさきざきまで見通すこと。❺「読みガルタ」の略。(類語)見当・見通し・見込み・見極め・計算・予想

読みと歌 「歌と読み」に同じ。

よみ-あげ【読(み)上げ】声に出して読むこと。

よみあげ-ざん【読(み)上げ算】他の人が読み上げる数字を聞いて、そろばんで計算すること。

よみ-あ・げる【読(み)上げる】〔動ガ下一〕図よみあ・ぐ〔ガ下二〕❶声高く読む。「声明文を―・げる」❷読みおわる。「源氏物語を―・げる」

よみ-あさ・る【読み▽漁る】〔動ラ五(四)〕探し求めて、いろいろ読む。手当たり次第に読む。「歴史に関する本を端から―・る」

よみ-あやま・る【読(み)誤る】〔動ラ五(四)〕❶まちがって読む。「名前を―・る」「―・りやすい字」❷意味・内容を取り違える。まちがって理解する。判断しそこなう。「主旨を―・る」「情勢を―・る」

よみ-あわせ【読(み)合(わ)せ】あはせ ❶読み合わせること。「帳簿の―をする」❷演劇などのけいこで、俳優が台本のそれぞれのせりふを互いに読み、せりふの受け渡しの練習をすること。

よみ-あわ・せる【読(み)合(わ)せる】あはせる〔動サ下一〕図よみあは・す〔サ下二〕❶同じ内容の文章などを、一方が読み上げ、他方が他にひきあてて誤りを訂正する。「原稿と清書とを―・せる」❷読み合わせ❷をする。「台本を―・せる」❸絵などに合わせて詩歌などを作る。「屏風の絵に―・せて書きける」〈古今・雑上・詞書〉

よみ-い・る【読み入る】〔動ラ四〕読むことに夢中になる。心をうばわれて読む。「殿いよいよ涙を流して―・りておはします」〈栄花・玉の村菊〉

よみ-い・れる【詠(み)入れる】〔動ラ下一〕図よみい・る〔ラ下二〕詩歌の中に物の名などを詠みこむ。「一首の中に雪月花を―・れる」

よみ-うり【読(み)売り】江戸時代、世間の出来事を速報した瓦版1枚または数枚刷りの印刷物を、内容を読み聞かせながら売り歩いたこと。また、その人。

よみうり-ジャイアンツ【読売ジャイアンツ】プロ野球球団の一。セントラルリーグに所属し、フランチャイズは東京都。昭和9年(1934)、大日本東京野球倶楽部(クラブ)として発足。のちに東京巨人軍と改称、同25年から現在の名称読売巨人軍(愛称読売ジャイアンツ)となる。巨人。巨人軍。

よみうり-しんぶん【読売新聞】読売新聞グループ本社傘下の新聞社3社が発行する日刊全国紙。グループ本社は東京都千代田区大手町にある。明治7年(1874)子安峻(こやすたかし)らが東京で創刊。昭和17年(1942)「報知新聞」を合併。同27年「大阪読売新聞」を発刊、翌年題字を「読売新聞」に統一。プロ野球、読売ジャイアンツを保有する。朝刊販売部数は約993万部(平成24年上期平均)。

よみ-おと・す【読(み)落(と)す】〔動サ五(四)〕読むべきところをうっかり読み忘れる。読み漏らす。「その記事は―・してしまった」「設問を―・す」

よみ-かえ・す【読(み)返す】かへす〔動サ五(四)〕一度読んだものをもう一度読む。繰り返して読む。また、書いたものを誤りがないか調べるために読む。「シェークスピアを―・す」「念のために―・す」

よみ-か・える【読(み)替える】かへる〔動ア下一〕図よみか・ふ〔ハ下二〕❶一つの漢字を別な読み方で読む。「音(おん)で―・える」❷法令などの条文中のある語句に、他の語句をあてはめて読み、そのまま適用する。「主務官庁を所轄庁と―・える」

よみ-がえ・る【×蘇る|×甦る】がへる〔動ラ五(四)〕《黄泉(よみ)から帰る意》❶死んだもの、死にかけたものが生きかえる。蘇生する。「死者が―・る」❷一度衰退したものが、再び盛んになる。「記憶が―・る」「伝統工芸が現代に―・る」(類語)生き返る・返る・なおる・戻る・復する・持ち直す・立ち返る・立ち直る・舞い戻る・蘇生・復活・回復・再生・起死回生・更生・再起・復興

よみ-かき【読み書き】文字や文章を読むことと、書くこと。「―を学ぶ」

よみ-かけ【読(み)掛け】途中まで読んであること。よみさし。「―の小説」

よみ-か・ける【読(み)掛ける】〔動カ下一〕図よみか・く〔カ下二〕❶読みはじめる。また、途中まで読む。「―・けたらおもしろくてやめられない」「―・けたまま外出する」❷(ふつう「詠み掛ける」と書く)歌を詠んで、その返歌を求める。「すさまじきをりをり、―・けたるこそ、ものしきことなれ」〈源・帚木〉

よみ-かた【読(み)方】❶文字の発音のしかた。「―

がわからない字」❷文章などを読んでそれを理解するための方法。「小説の―」「地図の―」❸(「詠み方」とも書く)歌などをよむ方法。❹小学校における、国語教育の一分野。文章・作品の読解と鑑賞を目的とする。また、もと小学校の国語科の通称。

よみ-が-はま【夜見ヶ浜】▶弓ヶ浜ゆみがはま

よみ-ガルタ【読(み)ガルタ】賭博の一。天正カルタを用い、四人で親から順に1、2、3と手札を出し、早く手持ちの札を出し終えた者を勝ちとする。

よみ-きかせ【読(み)聞かせ】本を読んで聞かせること。特に、幼児や低学年児童に対し、絵本や児童書などを音読して聞かせること。

よみ-きか・せる【読(み)聞かせる】〔動サ下一〕図よみきか・す〔サ下二〕読んで聞かせる。「注意書きを―・せる」

よみ-きり【読(み)切り】❶全部読みおわること。❷文中の句と読。句読くとう。❸読みもの・語りもので、1回で完結し、連続しないこと。また、そのもの。「一の中編小説」

よみきり-てん【読(み)切り点】文の切れ目を明らかにする符号。句読点くとうてん。

よみ-き・る【読(み)切る】〔動ラ五(四)〕❶全部を読む。読みおわる。「一日で―・る」❷事態の推移・変化を先まで見通す。「相手の行動を―・る」

よみ-くせ【読(み)癖】❶習慣になった、普通とは異なる一種特別な漢字の読み方。「南殿」を「なでん」、「春宮」を「とうぐう」、「消耗しょうこう」を「しょうもう」と読む類。❷その人特有の読み方の癖。

よみ-くだし【読(み)下し|▽訓み下し】❶文章を始めから終わりまで読むこと。❷漢文を読み下すこと。

よみくだし-ぶん【読み下し文】漢文を読み下した文。訓読文。書き下し文。

よみ-くだ・す【読(み)下す|▽訓み下す】〔動サ五(四)〕❶漢文を日本語の文章構造にあてはまるよう翻訳して読む。訓読する。「白文を―・す」❷文章を始めから終わりまで読む。「難解な文を一気に―・す」

よみ-くち【詠(み)口】❶詩歌などの詠みぶり。「歌の―」❷和歌の名人。「させる重代にもあらず、―にもあらず」〈無名抄〉

よみ-ごえ【読(み)声】よみこえ ❶読む声。また、その調子。「其一も長閑にして」〈逍遥・小説神髄〉❷漢字の訓読。「この戒名の―のきたなさよ」〈仮・浮世物語・一〉

よみ-ごたえ【読み応え】よみこたえ ❶読むことによって得られる充実感。読むだけの価値。「短いが―がある小説」❷長かったり難解であったりして、読むのに骨が折れること。「全三巻はいかにも―がある」

よみ-こな・す【読み▽熟す】〔動サ五(四)〕❶読んで、内容を十分に理解する。「原書を―・す」❷(「詠み熟す」とも書く)うまく詩歌を作り上げる。「歌題を―・す」

よみ-こ・む【読(み)込む】〔動マ五(四)〕❶よく読んで自分のものとする。「史料を―・んで書いた論文」❷(ふつう「詠み込む」と書く)詩歌などに物・土地の名などを入れて詠む。詠み入れる。「名所を―・んだ歌」❸コンピューターで、外部記憶装置にあるデータを本体のメモリー上に移し入れる。「フロッピーディスクのデータを―・む」

よみ-さし【読み▽止し】読むのを途中でやめること。よみかけ。「一の雑誌」

よみ-さ・す【読み▽止す】〔動サ五(四)〕読むのを途中でやめる。「本を―・して寝る」

よみ-じ【黄=泉|黄=泉路】よみぢ 黄泉よみの国へ行く道。冥土めいどへの道。また、黄泉。「―へ立つ」「―の障さわり」

よみじ-どり【黄=泉鳥】よみぢ トラツグミの別名。

よみ-しょうがい【読み障害】よみシャウガイ ▶ディスレクシア

よみ-すご・す【読(み)過ごす】〔動サ五(四)〕❶読んでいながら気がつかないでしまう。「問題箇所を―・す」❷読んだままにしておく。「―・すだけでメモをとらない」

よみ-す・てる【読(み)捨てる】〔動タ下一〕図よみす・つ〔タ下二〕❶読んでそのまま捨てる。「―・てられた雑誌」❷(「詠み捨てる」とも書く)文章・詩歌などをつくったあと、そのままほうっておく。「短歌を―・てる」

よみ・する【×嘉する|▽善みする】〔動サ変〕図よみ・す〔サ変〕《「よみ」は、形容詞「よし」の語幹＋接尾語「み」》よしとしてほめたたえる。「バイロンの一生は到底神の―・するものとも思われない」〈藤村・桜の実の熟する時〉

類語 褒める・たたえる・愛めでる・賞する・称する・賛する・持て囃はやす・持ち上げる・称賛する・称美する・称揚する・推賞する・嘉賞かしょうする

よ-みせ【夜店|夜見世】❶夜、路上などで品物を並べて売る店。《季 夏》「引いて来し一車をまだ解かず/虚子」❷遊郭で、夜に見世を張ること。「昼にもまさる灯火ともしびは月常住の―かや」〈浄・淀鯉〉

類語 (❶)露店・屋台・売店・スタンド

よみ-ぞめ【読(み)初め】新年に、はじめて書物を読むこと。《季 新年》「―や読まねばならぬものばかり/万太郎」

よみ-た・てる【読(み)立てる】〔動タ下一〕図よみた・つ〔タ下二〕声高に読む。読み上げる。「廿一日のくだりを―・てるに」〈魯文・西洋道中膝栗毛〉

よ-みち【夜道】夜の道。また、夜の道を行くこと。

類語 闇路

夜道に日は暮れない 帰る夜道にはもう日も暮れる心配はない。腰を落ち着けてゆっくりと物事をするように勧めるときの言葉。

よみ-ちが・える【読(み)違える】よみちがへる〔動ア下一〕図よみちが・ふ〔ハ下二〕まちがって読む。読みあやまる。「文字を―・える」「消費動向を―・える」

よみ-つ・く【読み付く】■〔動カ四〕「読み付ける」に同じ。「よろづの草子、歌枕…―・きたる筋こそ」〈源・玉鬘〉■〔動カ下二〕「よみつける」の文語形。

よみ-つ・ける【読(み)付ける】〔動カ下一〕図よみつ・く〔カ下二〕いつも読んでなじんでいる。読みなれる。「―・けた新聞」

よみ-て【読(み)手】❶文章を読む人。また、読む役の人。「宣誓書の―」❷歌ガルタで、読み札を読む役の人。取り手に対していう。❸(「詠み手」とも書く)詩歌、俳句などの作者。また、詩歌の上手な作者。

類語 読者・読み人・リーダー

よみ-で【読みで】読みごたえのあること。「短くて―がない」「内容が乏しく―がない」

よみ-とお・す【読(み)通す】よみとほす〔動サ五(四)〕最後まで読む。「大河小説を―・す」

よみ-と・く【読(み)解く】〔動カ五(四)〕❶文章を読んで意味を理解する。文章の意味するところを明らかにする。「古代象形文字を―・く」❷物事の意味するところを解釈して明らかにする。「多発する事件から今の世相を―・く」

よみ-とば・す【読(み)飛ばす】〔動サ五(四)〕❶一部分を抜かして読む。興味のないところや必要のないところを読まないで先へ読み進む。うっかりと抜かして読む場合にもいう。「英字新聞を読むときはわからない単語は―・すことにしている」「所信表明演説で原稿を3行―・す」❷次々と本を読む。大まかに理解するだけでいいという気持ちで、早く読む。「1週間に30冊のペースで文庫本を―・す」

よみ-と・る【読(み)取る】〔動ラ五(四)〕❶文章などを読んで、意味や主旨を理解する。「詩の言わんとするところを―・る」❷外面に現れたことから、本心などをおしはかって理解する。「表情から苦悩を―・る」❸コンピューターなどの機器が、文字や記号を判断する。「バーコードを―・る機械」

よみ-なが・す【読(み)流す】〔動サ五(四)〕❶ひととおり大ざっぱに読む。「後半は―・した」❷よどみなくすらすらと読む。「古文書を―・す」

よみ-な・れる【読(み)慣れる|読み×馴れる】〔動ラ下一〕図よみな・る〔ラ下二〕読むことに慣れる。読みつける。「英文なら―・れている」

よみ-の-くに【黄=泉の国】「黄泉よみ」に同じ。

よみ-びと【読(み)人|詠(み)人】詩歌の作者。

よみびと-しらず【読(み)人知らず】歌の撰集などで、作者が不明、またはそれを明らかにしにくい場合に記載する語。古今集以下の勅撰集に多い。

よみ-ふけ・る【読み×耽る】〔動ラ五(四)〕夢中になって読む。耽読たんどくする。「小説に―・る」

よみ-ふだ【読(み)札】歌ガルタで、読み上げるほうの札。⇔取り札。

よみ-ぶり【読(み)振り】❶文章などを読むようす。「たどたどしい―」❷(ふつう「詠み振り」と書く)和歌などの作風。

よみ-ほん【読本】❶江戸時代の小説の一種。絵を主とした草双紙に対して、読むことを主体とした本の意。寛延・宝暦(1748〜1764)のころに上方かみがたに始まり、文化・文政期(1804〜1830)に江戸を中心に流行した。空想的、伝奇的な要素が強く、因果応報・勧善懲悪の思想などを内容とする。和漢混交・雅俗折衷の文体で書かれ、体裁は半紙本が多い。上方中心の前期は上田秋成・建部綾足たけべあやたりら、江戸中心の後期は山東京伝・曲亭馬琴らが代表的作者で、「雨月物語」「南総里見八犬伝」などが著名。❷古文書をわかりやすく現代の文字に直したもの。

よみ-もの【読(み)物】❶本などを読むこと。「家で―をする」❷読むために書かれたもの。書物。また、気軽に読めるように書かれたもの。「高校生向けの―」「公害問題を―にまとめる」❸読むに値するような文章・書物。「これはちょっとした―だ」❹講釈師などが口演する演目。❺能で、シテが文書を拍子にのせて読み上げる部分。「木曽」の願文がんもん、「正尊しょうぞん」の起請文きしょうもん、「安宅あたか」の勧進帳など。

よ-みや【夜宮|▽宵宮】祭りの前夜に行う簡単な祭り。本来は真夜中に重要な祭儀が行われていたが、後世は前夜祭または翌日の準備行事とみられる例が多くなった。よいみや。宵祭り。《季 夏》「身にしみて夕風きよき―かな/万太郎」

よみ-やぶ・る【読(み)破る】〔動ラ五(四)〕《「読破どくは」を訓読みにした語》分量の多い本などを全部読む。読み通す。「万巻の書を―・る」

よみや-まつり【夜宮祭(り)】「夜宮よみや」に同じ。

よ・む【読む|詠む】■〔動マ五(四)〕❶文字で書かれたものを一字一字声に出して言う。「子供に本を―・んでやる」「経を―・む」❷文字や文章、図などを見て、その意味・内容を理解する。「小説を―・む」「グラフから業績を―・む」❸外面を見て、その隠された意味や将来などを推察する。「手の内を―・む」「来春の流行を―・む」❹(「訓む」とも書く)字音を訓で表す。漢字を訓読する。「春をはると―・む」❺数をかぞえる。「票を―・む」「さばを―・む」❻(ふつう「詠む」と書く)詩歌を作る。「歌を―・む」「秋の風物を―・む」❼囲碁・将棋で、先の手を考える。「一〇手先まで―・む」❽講釈師が演じる。「一席―・む」可能 よめる
■〔動マ下二〕「よめる」の文語形。

〔…句〕行間を読む・鯖さばを読む・鼻毛を読む・腹を読む・睫まつげを読まれる・眉まゆを読む・眉毛を読まれる・門前の小僧習わぬ経を読む

よ-め【夜目|夜▽眼】夜、暗い中で物を見ること。また、夜、物を見る目。「―にも白く見える花」「―がきく」

夜目遠目とおめ笠かさの内 夜見るとき、遠くから見るとき、笠に隠れた顔の一部をのぞいて見るときは、はっきり見えないので実際より美しく見えるものである。多く、女性にいう。

よめ【嫁|×娵|×媳】❶結婚して夫の家族の一員となった女性。「―に行く」⇔婿。❷息子の妻となる女性。「長男の―を探す」⇔婿。❸妻。また、他人の妻をいう語。「彼の―さんは働き者だ」類語 嫁女・嫁御・新造

よ-め【良目】〔形動ナリ〕見た目のよいさま。器量のよいさま。「少し―なる女房の」〈浄・薩摩歌〉

よめ-あたり【嫁当(た)り】嫁に接する態度。

よ-めい【余命】残りの命。これから先残っている命。「―いくばくもない」

よめ-いびり【嫁いびり】姑しゅうとめなどが嫁をいじめて苦しめること。

よめ-いり【嫁入り】〔名〕スル 女性が結婚して夫のもとに行くこと。とつぐこと。また、その儀式。「旧家に―する」⇔婿入り。類語 嫁ぐ・嫁する・結婚・婚約・婚姻こんいん・縁組み・輿こし入れ・嫁取り・婿むこ入り・婿取り・成婚・

おめでた・ゴールイン
よめいり-こん【嫁入り婚】婚姻成立の儀礼を夫方で挙げ、妻は初めから夫宅に居住する婚姻の方式。娶嫁(しゅか)婚。夫処(ふしょ)婚。➡婿入(むこい)り婚
よめいり-どうぐ【嫁入り道具】ダウグ 嫁入りするときに持っていくタンス・鏡台などの道具類。
よめいり-どき【嫁入り時】嫁入りの時。また、嫁入りするのにふさわしい年ごろ。
よめいり-まえ【嫁入り前】ーマヘ 嫁入りする前。女性が結婚する前であること。「一の娘」
よめ-い・る【嫁入る】〔動ラ五(四)〕嫁に行く。とつぐ。「農村に一・る」
よめ-が-かさ【嫁×笠】ヨメガカサガイの別名。
よめがかさ-がい【嫁×笠貝】ーガひ ツタノハガイ科の巻き貝。潮間帯の岩礁に群生。貝殻は笠形で、殻径4センチくらい。殻表には不規則な放射肋(ろく)があり、色は変異に富み、灰褐色の斑が入る。食用。よめのさら。
よめ-がかり【嫁掛(か)り】嫁に養われること。
よめ-が-きみ【嫁が君】ネズミの別名。特に正月三が日に忌み詞として使う。(季 新年)「行灯(あんどん)の油なめけり一/子規」
よめ-が-はぎ【嫁が×萩】ヨメナの別名。
よ-めぐり【夜巡り】「夜回り」に同じ。「ゆづる打ちをしつつ一するやうになむ侍る」〈宇津保・蔵開上〉
よめ-ご【嫁御】❶嫁を敬っていう語。❷ネズミの異名。(類語)嫁・嫁女・嫁御前(よめごぜ)・嫁御寮・御新造
よめ-ごぜ【嫁御▽前】嫁を敬っていう語。「謀反の用意をせうとすれば、この一の知りて」〈史記抄・淮南衡山伝〉
よめ-ごりょう【嫁御寮】ーゴレウ 嫁を敬っていう語。
よめ-じょ【嫁女】ーヂョ 「嫁(よめ)」に同じ。「『一、一』と源三郎、二声呼んで」〈鏡花・歌行灯〉
よめ-ぜっく【嫁節供】八朔(はっさく)の異称。この日、新嫁に贈り物を持たせて里帰りさせる習慣があった。
よめ-つき【嫁突き】《「よ(読)みつ(突)き」の音変化》羽根突き遊びで、「ひとこ、ふたご、みわたし、よめご」などと数えながらすること。
よめっ-こ【嫁っ子】「嫁(よめ)」に同じ。
よめ-とおめ【四目十目】ートをめ 夫婦縁組みで、男女の年齢を、一方から数えて4年目または10年目にあたるもの、すなわち三つ違いと九つ違いのものはよくないとする迷信。
よめ-とり【嫁取り】嫁を迎えること。また、その儀式。(類語)結婚・婚姻(こんいん)・縁組み・輿(こし)入れ・嫁入り・婿(むこ)入り・婿取り・成婚・おめでた・ゴールイン
よめ-な【嫁菜】キク科の多年草。水田のあぜなど湿った所に生える野菊で、高さ30〜90センチ。地下茎で増え、葉は細くて縁に粗いぎざぎざがある。秋、周囲が紫色で中央が黄色の頭状花を開く。春の若葉は食用。おはぎ。うはぎ。はぎな。よめがはぎ。(季 春)「道端の砂利のほとりの一かな/孝作」
よめ-ぬすみ【嫁盗み】当人どうしは結婚の意志があるが、娘の親の承諾が得られないなどの場合に、若者仲間が娘を連れ出して結婚を強行させること。
よめ-の-さら【嫁の皿】ヨメガカサガイの別名。
よめ-ひろめ【嫁広め】《「よめびろめ」とも》嫁を親類や近隣の人々に披露(ひろう)すること。
よめ-まぎらかし【嫁紛らかし】「紛らかし」に同じ。
よ・める【読める】〔動マ下一〕図よ・む〔マ下二〕《読むことができる意から》❶理解できる。合点がいく。隠された真意がわかる。「これで彼の行動は一・めた」❷読むに値する。「なかなか一・める本だ」
よ-も【四▽方】❶東西南北、また、前後左右の四つの方向。しほう。「一を見回す」「一の山々」❷あちらこちら。また、いたる所。「美しきすみれの花束、きらきらと光りて、一に散りぼうを」〈鷗外・うたかたの記〉
よも〔副〕(あとに打消しの表現を伴って)実際にはまずありえないであろうと推測するさま。まさか。よもや。「我をば一憎み玉わじ」〈鷗外・舞姫〉「僧都は一さやうには据(す)ゑ給はじを」〈源・若紫〉
よもぎ【×艾┊×蓬】❶キク科ヨモギ属の多年草。山野に生え、高さ約1メートル。よく分枝し、特有の匂いがある。羽状に切れ込みのある葉が互生し、裏面に白い毛が密生。夏から秋、淡褐色の小花を多数つける。若葉を摘み、草餅(くさもち)などを作り、餅草(もちぐさ)ともよぶ。漢方では艾葉(がいよう)といい止血などに用い、葉の裏の毛をもぐさにする。ヨモギ属にはカワラヨモギ・オトコヨモギ・ヤマヨモギなども含まれる。(季 春)「一萌(も)えおほばこの葉も遅速なく/汀女」❷襲(かさね)の色目の名。表は萌葱(もえぎ)、裏は濃い萌葱、または表は白、裏は青。
よもぎ-う【×蓬▽生】ーふ ㊀ヨモギが一面に生え茂って荒れ果てている所。(季 春)「一にかたまる嵯峨の道しるべ/野風呂」㊁源氏物語第15巻の巻名。光源氏、28歳から29歳。源氏が生活に困っていた末摘花(すえつむはな)を思い出し、二条東院に引き取って世話をすることなどを描く。
よもぎ-が-かど【×蓬が門】「よもぎのかど」に同じ。
よもぎ-が-しま【蓬が島】㊀蓬莱山(ほうらいさん)のこと。「真にや一に通ふらむ鶴に乗るてふ人に問はばや」〈堀河百首・雑〉㊁日本の異称。〈日葡〉
よもぎ-が-そま【×蓬が×杣】ヨモギが生い茂って杣山(そまやま)のようになった所。また、自分の家をへりくだっていう語。「鳴けや鳴け一のきりぎりす過ぎゆく秋はげにぞ悲しき」〈後拾遺・秋上〉
よもぎ-が-ほら【×蓬が洞】仙洞御所(せんとうごしょ)の異称。「世を照らす一の月かげは秋つ島根のほかも曇らじ」〈続古今・賀〉
よもぎ-ぎく【×艾菊】キク科の多年草。高さ約70センチ。全体に強い臭気があり、葉は羽状に深く切れ込む。夏、黄色の花を多数つける。ヨーロッパ・シベリアに分布。
よもぎ-の-あと【×蓬の跡】灸(きゅう)をすえたあと。「朝露のひるまはいつぞ秋風に一も思ひ乱れぬ」〈隆信集〉
よもぎ-の-かど【×蓬の門】ヨモギが生い茂って荒れ果てた門。また、ヨモギで屋根を葺(ふ)いた粗末な門。「宿見れば一もさしながらあるべき物を思ひけむやぞ」〈かげろふ・中〉
よもぎ-の-かみ【×蓬の髪】《「蓬髪(ほうはつ)」を訓読みにした語》ヨモギのように、ほつれ乱れた髪。「いかにせん一の秋の霜身はいたづらにふりまさりつつ」〈新撰六帖・五〉
よもぎ-の-まど【×蓬の窓】ヨモギの茂っている荒れ果てた家の窓。「音はして岩にたばしる霰こそ一の友になりけれ」〈夫木・三一〉
よもぎ-の-まろね【×蓬の▽丸寝】荒れた宿にごろ寝をすること。「かかる一にならひ給はぬ心地も」〈源・東屋〉
よもぎ-の-や【×蓬の矢】ヨモギの葉で羽を矧(は)いだ矢。男児出生のとき、桑の弓にこの矢を用い、四方を射て前途を祝う。桑弧蓬矢(そうこほうし)。
よもぎ-の-やど【×蓬の宿】ヨモギなどが生え茂って荒れ果てた家。よもぎがやど。「玉しける庭に移ろふ菊の花もとの一な忘れそ」〈頼政集〉
よもぎ-もち【×蓬餅】ヨモギの若葉を灰汁抜(あくぬ)きしてからつきこんで作った餅。草餅。(季 春)「掌中の珠とまろめて一/かな女」
よ-も-すがら【終=夜】〔副〕一晩中。夜どおし。よすがら。「一友と語り合う」
よも-つ【黄=泉つ】〔連語〕《「よも」は「よみ(黄泉)」の音変化。「つ」は「の」の意の格助詞》名詞の上に付いて、その語が黄泉(よみ)に関係のあることを表す。
よも-つ-くに【黄=泉国】「黄泉(よみ)」に同じ。「一に追ひ往(ゆ)きき」〈記・上〉
よも-つ-しこめ【黄=泉▽醜女】黄泉(よみ)の国にいる鬼女。「すなはち一を遣はして追はしめき」〈記・上〉
よも-つ-ひらさか【黄=泉平坂】現世と黄泉(よみ)の国との境にあるとされた坂。「なほ追ひて、一の坂本に至りし時」〈記・上〉
よも-つ-へぐい【黄=泉×竈食ひ】ーへぐひ 黄泉(よみ)の国のかまどで煮炊きしたものを食うこと。その後は現世に戻れないと信じられた。「吾すでに一せり」〈神代紀・上〉
よも-の-あから【四方赤良】大田南畝(おおたなんぽ)の別号。
よも-の-あらし【四▽方の嵐】❶あたりを吹き荒れる嵐。❷浮世の波風。「浅茅生(あさぢふ)の露のやどりに君を置きて一ぞしづ心なき」〈源・賢木〉
よも-の-うみ【四▽方の海】四方(しほう)の海。四海。
よも-の-かみ【四▽方の神】諸方の神々。多くの神々。「一たちの神楽(かぐら)の詞(ことば)をはじめて」〈十六夜日記〉
よも-や〔副〕《副詞「よも」に係助詞「や」を付けて意味を強めたもの》❶万が一にも。いくらなんでも。「一負けることはあるまい」❷(あとに推量の表現を伴って)きっと。たぶん。「一張替ぐらゐはわかるだらう」〈滑・虚誕計・後〉➡まさか(用法)
(類語)まさか・もしや・万万(ばんばん)
よも-やま【四▽方山】❶《「よもやも(四方八方)」の音変化か》世間。また、世間のさまざまなこと。「一の話をする」❷四方にある山。周囲の山々。「一の茂きを見れば悲しくて鹿鳴きぬべき秋の夕暮れ」〈和泉式部集・上〉
よもやま-ばなし【四▽方山話】いろいろな話題の話。世間話。「一で暇をつぶす」(類語)無駄話・おしゃべり・雑談・世間話・駄弁・放談・余談
よも-やも【四▽方八▽方┊四▽面八▽面】しほうはっぽう。諸方。「名、一に流(し)けり」〈欽明紀〉
よ-や〔感〕他人に強くよびかけることば。おおい。「猫又、一、一と叫べば」〈徒然・八九〉
よ-や〔連語〕《間投助詞「よ」と「や」の重なったもの》感動・詠嘆の気持ちをこめて聞き手に働きかける語。「阿弥陀仏一、おいおい」〈今昔・一九・一四〉
よ-やく【与薬】〔名〕スル 病気の症状などに合わせ、薬を処方して与えること。(類語)投薬・投与・施薬
よ-やく【予約】〔名〕スル ❶前もって約束すること。また、その約束。「結婚式場を一する」「一席」❷法律で、将来一定の契約を成立させることを約束する契約。(類語)リザーブ・リザベーション・ブッキング・取り置き・仮契約・売約・注文
よやく-きん【予約金】予約したしるしに払い込む金。
よやく-ご【予約語】《reserved word》コンピューターのプログラミング言語において、プログラム中で関数名や変数名などに使用することができない字句のこと。すでにコマンドとして定義されている文字列は、意味が重複するため用いることができない。
よやく-しゅっぱん【予約出版】図書などを刊行するに先立って、購読者を募集し、予約申込者にだけ出版物を販売すること。
よやく-でんぽう【予約電報】かつて行われていた電報取扱制度の一。特定区間の宛先に一定字数を限って料金後納で発信できる電報。
よやく-はんばい【予約販売】あらかじめ購入の申し込みを募集し、申し込み者にだけ物品を販売すること。
よ-ゆう【余裕】❶必要分以上に余りがあること。また、限度いっぱいまでには余りがあること。「金に一がある」「時間の一がない」「まだ席に一がある」❷ゆったりと落ち着いていること。心にゆとりがあること。「一の話し振り」「周りを見る一もない」
(類語)ゆとり・余地・スペース・余り・残余・剰余・余剰・余分・余計
よゆう-しゃくしゃく【余裕×綽×綽】〔ト・タル〕図〔形動タリ〕ゆったりとあせらないさま。落ち着き払ったさま。「一たる面持ち」「初舞台にかかわらず一としている」
よゆう-は【余裕派】初期の夏目漱石を中心とする写生文系統の作家、高浜虚子(たかはまきょし)・鈴木三重吉らの一派。現実に対して一定の距離を置く心の余裕を唱えた。写生派。➡低徊(ていかい)趣味
よ-よ【代代┊世世】❶これまで経過してきたそれぞれの時期・時代。だいだい。「一の為政者」「一に伝える」❷仏語。過去・現在・未来の三世。❸別れ別れの世界。それぞれ別の生活。男女についていう。「白河のしらずともいはじ底きよみ流れて一にすまむと思へば」〈古今・恋三〉
世世其(そ)の美を済(な)・す 《「春秋左伝」文公一八年から》先人の善行や美徳を代々受け継いでいく。
よ-よ【夜夜】夜ごと。毎晩。「一思い悩む」
よ-よ〔副〕❶しゃくりあげて泣く声を表す語。「一と泣き伏す」❷よだれなどが垂れ落ちるさま。だらだら。「筍

笏をつと握り持ちて、しづくも―と食ひぬらし給へば」〈源・横笛〉❸酒などを、こぼしながら勢いよく続けて飲むさま。ぐいぐい。「酒を出したれば、さしうけさしうけ―と飲みぬ」〈徒然・八七〉

よよぎ【代々木】東京都渋谷区北部の地域。明治神宮があり、もと井伊家の下屋敷でモミの老木があったことからの名という。

よよし【世▽吉｜四＝十＝四】「世吉連歌」の略。

よよし-れんが【世▽吉連歌】連歌・連句の形式の一。百韻の初折(しょおり)と名残の折とを組み合わせた44句からなるもの。

よよ・む〔動マ四〕年老いて腰が曲がる。よぼよぼになる。「百歳(ももとせ)に老い舌出でて―・むとも我(あれ)はいとはじ恋は益(ま)すとも」〈万・七六四〉

よ-ら【夜ら】《「ら」は接尾語》よ。よる。「思ひつつわが寝(ぬ)る―を数(よ)みもあへむかも」〈万・三二七四〉

よら・し【▽宜し｜良らし】〔形シク〕《動詞「寄る」の形容詞化。近寄りたくなるようなさま、が原義》好ましい。「石椎いもち今撃たば―・し」〈記・中・歌謡〉

より【寄り】❶ある方向・場所などに近づいて位置すること。また、その位置。「新ビルが駅―に建つ」「北―の風」「右―の思想」❷人などが集まること。また、その集まりぐあい。「人の―がいい」❸できものなどが1か所に固まること。また、その固まり。「あせもの―」❹相撲で、相手のまわしを取り、体を合わせるようにして土俵際に進むこと。「怒濤(どとう)の―を見せる」❺「寄り付き❺」の略。❻釣りで、魚が多く集まっている所。

より【▽選り｜▽択り】選び出すこと。より分けること。選択。「一粒―」

より【×縒り｜×撚り】よること。また、よったもの。「糸に―をかける」

縒りが戻・る　❶かけた縒りが、もとに戻る。❷物事が元通りになる。特に、男女の仲が元通りになる。「別れた恋人と―・る」

縒りを掛・ける　❶糸に縒りを施す。❷「腕に縒りを掛ける」の略。「―・けて料理をつくる」

縒りを戻・す　❶縒り合わせたものをほどいてもとに戻す。❷物事をもとの状態にする。特に、男女の仲を元通りにする。「前夫と―・す」

より〔副〕《助詞「より」から。欧文の翻訳で用いられ広まった語》一段と程度がまさるさま。いっそう。「他の者に比べて、彼は―勤勉だ」「―よい社会」

(類語)更に・もっと・ますます・いよいよ・も少し・もう少し・ずっと・余計・なお・なおさら・一段と・弥(いや)が上に

より〔格助〕名詞、活用語の連体形、副詞、一部の助詞などに付く。❶比較の標準・基準を表す。「思った―若い」「以前―腕があがった」「おなじ程、それ―下臈(げらふ)の更衣たちは、まして安からず」〈源・桐壺〉❷ある事物を、他との比較・対照としてとりあげる意を表す。「僕―君のほうが金持ちだ」「音楽―美術の道へ進みたい」「その人、かたち―は、心なむまさりたりける」〈伊勢・二〉❸(打消しの語と呼応して)それに限定するという意を表す。「そうする―ほかはない」「狭いが、ここで寝る―しかたがない」「ひとりの娘―ほかにやるものがござらぬ」〈浮・胸算用・二〉❹動作・作用の起点を表す。…から。「午前―〇時―行う」「父―手紙が届いた」「東―横綱登場」「うたたねに恋しき人を見てし―夢てふものはたのみそめてき」〈古今・恋二〉❺事柄の理由・原因・出自を表す。…がもとになって。…から。…のために。「百薬の長とはいへど、万(よろづ)の病は酒―こそ起これ」〈徒然・一七五〉❻動作の移動・経由する場所を表す。…を通って。…を。…から。「木(こ)の間(ま)―もりくる月の影見れば心づくしの秋はきにけり」〈古今・秋上〉❼動作・作用の手段・方法を表す。…によって。…で。「他夫(ひとづま)の馬―行くに己夫(おのづま)し徒歩(かち)―行けば見るごとに音(ね)のみし泣かゆ」〈万・三三一四〉❽(活用語の連体形に付き)ある動作・作用のあと、すぐ別の動作・作用の起こる意を表す。…とすぐ。…と同時に。…や否や。「三里に灸(きう)すうる―、松島の月まづ心にかかりて」〈奥の細道〉➡から ➡ゆ ➡ゆり ➡よ ➡よりか ➡よりも (補説)古語ではかなり広く種々の意味に用いられたが、現代語では、比較の基準を表す用法が主で、その他の用法は、中世末ごろから「から」「にて」「で」などに譲っている。なお、❹は、多く書き言葉や、改まった言い方に用いられる。

より【▽度】〔接尾〕助数詞。回数を数えるのに用いる。たび。回。「僧も俗もいま一―とよみて、額をつく」〈紫式部日記〉

より-あい【寄(り)合(い)】❶人が集まること。ある目的をもって集まること。また、その集まり。会合。集会。「同業者の―がある」❷種々雑多なものの集まり。「―世帯」❸相撲で、双方の力士がたがいに寄ること。❹中世・近世の郷村で、農民の自治的会合。祭礼や入会(いりあい)、年貢の割り付けのことなどを相談した。❺江戸時代、旗本で3千石以上の無役の者の称。若年寄の支配下にあり、寄合肝煎(きもいり)が監督した。❻連歌・俳諧の付合(つけあい)で、前句の中の言葉や物に縁のあるもの。例えば、松に鶴、梅に鶯(うぐいす)など。

(類語)会・会合・集会・集まり・ミーティング・集い・まどい・団欒(だんらん)

よりあい-がき【寄合書(き)】数人が合作で一つの書画をかくこと。また、その書画。

よりあい-きもいり【寄合肝煎】江戸幕府の職名。若年寄の支配下にあって、寄合❺の各組を分掌・監督した。

よりあい-ぐみ【寄合組】江戸時代、寄合肝煎(きもいり)の監督のもとに、寄合❺をもって組織したもの。

よりあい-こさく【寄合小作】江戸時代、他人の田畑を二人以上の者が共同で借りて耕作したこと。

よりあい-しゅう【寄合衆】鎌倉中期以後、北条氏私邸に集まって国政を評議した者たち。北条一門やその有力家臣などで構成された。

よりあい-じょたい【寄(り)合(い)所帯】❶いくつかの所帯が1か所に集まって暮らすこと。❷主義・系統・所属などを異にしたものたちが、一つの組織を形成すること。「―の内閣」

より-あ・う【寄(り)合う】〔動ワ五(ハ四)〕❶寄り集まる。多数の者が1か所に集まる。「近親者が―・って相談する」❷互いに近づいて一緒になる。「主従駒をはやめて―・うたり」〈平家・九〉(類語)集まる・集う

より-あつまり【寄(り)集(ま)り】寄り集まること。また、規律も統一もないままに集まった集団。「素人(しろうと)の―」

より-あつま・る【寄(り)集(ま)る】〔動ラ五(四)〕あちこちから1か所に集まる。参集する。「村のみんなが集会所に―・る」「―・って討議する」

より-あわ・す【寄り合はす】〔動サ下二〕一つ所で一緒になる。互いに寄り集まる。「虫も声々―・せて鳴くもただならず聞こゆ」〈栄花・玉の台〉

より-あわ・せる【×縒り合(わ)せる｜×撚り合(わ)せる】〔動サ下一〕文よりあは・す(サ下二)いく筋かの糸などをよって1本にする。よって合わせる。「違う色の糸を―・せる」

より-い【寄居】近世初頭の兵農分離により、城主が農村を離れて城下町に移ってのち、農民だけの集落として残ったもの。

よりい【寄居】埼玉県北部、大里郡の地名。荒川が秩父山地から関東平野に出る谷口に位置する。もと城下町。鉢形城跡などがある。

より-いと【×縒り糸｜×撚り糸】よりをかけた糸。また、2本以上をより合わせた糸。

よりい-まち【寄居町】➤寄居

より-い・る【寄り居る】〔動ア上一〕文より・ゐる(ワ上一)❶物によりかかって座る。「頰杖(つらづゑ)つきてしばし―・ゐ給へり」〈落窪・一〉❷近く寄り添って座る。「親しき者、老いたる母など枕上に―・ゐて」〈徒然・五三〉

より-うど【寄▽人】➤よりゅうど(寄人)

より-おや【寄親】❶主従関係などを結んでいる者を親子関係に擬して、その主をいう語。特に、戦国大名は有力な武将を寄親とし、在地土豪などを寄子(よりこ)として軍事組織を編制した。❷江戸時代、奉公人の身元保証人。

より-か〔連語〕㊀《格助詞「より」＋副助詞「か」》比較・選択の標準を表す。よりも。「これ―多い」「スケート―スキーの方がよい」㊁《格助詞「より」に係助詞「ほか」の付いた「よりほか」の音変化》下に打消しの語を伴って、それに限定する意を表す。「あきらめる―仕方がなかった」(補説)㊀㊁ともくだけた会話などでは「よか」となることもある。

より-かかり【寄(り)掛(か)り｜▽凭り掛(か)り｜×倚り懸(か)り】❶よりかかること。また、よりかかるように作ったもの。脇息(きょうそく)やいすの背など。❷和船で、外艫(そとども)の上棚(うわだな)が高く反り上がっている部分。えりかかり。

より-かか・る【寄(り)掛(か)る｜▽凭り掛(か)る｜×倚り懸(か)る】〔動ラ五(四)〕❶からだをもたせかける。もたれかかる。「壁に―・る」❷自分の力でなく、他を頼みにする。「権力に―・った発言」

(類語)もたれ掛かる・もたれる・寄りすがる・すがる

より-か・く【×縒り掛く】〔動カ下二〕糸などを縒ってかける。「御髪は…なよなよと―・けたるやうにて」〈栄花・音楽〉

よ-りき【与力】❶(「寄騎」とも書く)室町時代、大名や有力武将に従う下級武士。戦国大名には、侍大将・足軽大将など上級家臣を寄親(よりおや)とし、その指揮下に属した騎馬の武士。❷江戸時代、諸奉行・大番頭(がしら)・書院番頭などの支配下でこれを補佐する役の者。その配下にそれぞれ数人の同心をもっていた。❸加勢をすること。「―の輩(ともがら)誰々ぞ」〈平家・一〉

より-き【寄(り)木】岸などに流れ寄った流木。

より-きり【寄(り)切り】相撲のきまり手の一。相手のまわしを取って、体を寄せながら土俵を踏み切らせる技。

より-き・る【寄(り)切る】〔動ラ五(四)〕❶相撲で、寄り切りで勝つ。「立ち合いから一気に―・る」❷反対や困難な条件を押しのけて目的を達する。「―・って結婚を承諾させる」

より-きん【×撚り金｜×縒り金】細く切った金箔(きんぱく)を絹糸または綿糸に撚りつけたもの。金糸。

より-くじら【寄(り)鯨】死んだり弱ったりして、海岸に漂着したクジラ。

より-くず【▽選り×屑】選びとったあとの残りくず。よりがら。えりくず。「選(よ)れば選る程―(＝慎重に選びすぎて、かえってかすをつかむ)」

より-けり〔連語〕《動詞「よ(因)る」の連用形＋過去の助動詞「けり」》一つの事柄の中でもいろいろな場合があって、一概には決められない意を表す。…しだいで決まる。「旅も季節に―だ」

より-こ【寄子】❶鎌倉・室町時代、惣領(そうりょう)に対する庶子。❷戦国大名の軍事組織で、寄親(よりおや)のもとに編制された在地土豪など。❸江戸時代、人宿(ひとやど)においてその主人を寄親とし、奉公口を探す者。❹配下。手下。「―ども引きつれて住み侍る」〈宇津保・楼上下〉

より-ごのみ【▽選り好み】〔名〕スル 好きなものばかりを選びとること。えりごのみ。「仕事を―する」

(類語)選(よ)り取り・好悪・好き嫌い

より-ざ【寄座】竪座(よりまし)のこと。

より-しか〔連語〕➤しか〔係助〕

より-して〔連語〕《格助詞「より」＋副助詞「して」》動作・作用の空間的、時間的起点を表す。…から。「前方―突進してくる」「日没ごろ―降り始める」➡からして

より-しろ【▽依り代｜×憑代】神霊が寄りつくもの。神霊は物に寄りついて示現(じげん)されるという考えから、憑依(ひょうい)物としての樹木・岩石・動物・御幣など。

より-す【寄(り)州｜寄り×洲】河口や海岸などに、土砂が風波で吹き寄せられてできた州。

より-すが・る【寄り×縋る】〔動ラ五(四)〕❶からだを寄せてとりつく。すがりつく。「―・って泣く」❷力として頼む。「人の情けに―・る」

より-すぐ・る【▽選りすぐる】〔動ラ五(四)〕多くのよいものの中から、さらによいものを選び出す。えりすぐる。「―・られた逸品」

より-ずもう【寄(り)相‐撲】❶勧進相撲などで、よそから来た者にも飛び入りでとらせる相撲。❷相撲で、四つに組んで寄り合う相撲。寄り。また、それを得意とする力士。

より-そ・う【寄(り)添う】〔動ワ五(ハ四)〕もたれかかるように、そばへ寄る。「―・って歩く」

より-たおし【寄(り)倒し】ヨリタフシ 相撲のきまり手の一。土俵際で耐える相手のまわしを引きつけ、体を密着させて倒す技。

より-たけ【寄り竹】岸に流れ寄せられた竹。「―を柱にして、葦あしを結ひ」〈平家・三〉

より-だ・す【▽選り出す】〔動サ五(四)〕多くのものの中から選び分けて取り出す。えらびだす。えりだす。「真珠の大粒なのを―・す」

より-ついせん【×縒り対線|×撚り対線】►ツイストペアケーブル

より-つき【寄(り)付き】❶よりつくこと。そば近くへ寄ること。「兎に角に―を好くするこそ緊要なれ」〈福沢・学問のすゝめ〉❷入ってすぐの部屋。❸庭園などに設けられた簡単な休み場所。❹茶の湯で、待ち合い❸の異称。❺取引所で、立会が開始して最初に行われる売買。特に、午前の立会の最初の売買をいう。⇔大引け。➡始値はじめね ➡後場ごば寄り

よりつき-そうば【寄(り)付き相場】―サウバ ►寄り付き値段

よりつき-ねだん【寄(り)付き値段】寄り付き❺で成立した値段。始値はじめね。寄り値。寄り付き相場。寄り付き値。⇔大引け値段。

より-つ・く【寄(り)付く】〔動カ五(四)〕❶そばへ近づく。「だれも―・かなくなる」❷取引所で、その日の最初の売買が成立する。「こじっかりと―・く」❸頼りとする。身を寄せる。「秦の氏、分かれ散りて他族に―・く」〈古語拾遺〉

より-て【因りて|▽依りて|×仍りて】〔接〕それだから。したがって。よって。「田崎来り見舞いぬ。武男は―母の近況を知り」〈蘆花・不如帰〉

より-どうぐ【寄(り)道具】―ダウグ 人を殺傷しないで捕らえるために用いる道具。十手じって・刺股さすまた・突棒つくぼう・袖搦そでがらみなど。

より-どころ【▽拠り所|▽拠】❶頼みとするところ。支えてくれるもの。「心の―」「生活の―を求める」❷ある物事が成り立つもとになるもの。根拠。「判断の―を明らかにする」類語根拠・証拠・証しょう・あかし・しるし・証左・証憑しょうひょう・徴憑ちょうひょう・徴証・明証・確証・実証・傍証・典拠・裏付け・ねた

より-どり【▽選り取り】多くのものの中から好きなものを自由に選び取ること。えりどり。「―三つで一〇〇〇円」

よりどり-みどり【▽選り取り見取り】好き勝手に選び取ること。選択が自由なこと。「売り手市場で仕事は―だ」

より-ど・る【▽選り取る】〔動ラ五(四)〕《「よりとる」とも》多くのものの中から選んで取る。選び取る。えりとる。「安売りの品から―・る」

よりに-よって【▽選りに▽選って】〔連語〕他にもっと適当な選び方があると思われるのに、わざわざ変な選び方をして。こともあろうに。「―こんな時に言うなんて」

より-ぬき【▽選り抜き】よりぬくこと。また、よりぬかれた人や物。えりぬき。「―の選手たち」

より-ぬ・く【▽選り抜く】〔動カ五(四)〕多くの中から選んで抜き出す。えりぬく。「精鋭を―・く」

より-ね【寄(り)値】►寄り付き値段

より-ば【寄(り)場】❶人の寄り集まる所。よせば。❷魚の寄り集まる所。釣りのポイント。❸江戸時代、米市の立つ所。米市場。

より-びと【寄人】❶「よりゅうど」に同じ。❷「寄坐よりまし」に同じ。「―は今ぞ寄り来る」〈謡・葵上〉

より-ふ・す【寄り×臥す】〔動サ四〕物に寄り添ってふす。もたれかかって寝る。「あくびおのれうちして―・しぬる」〈枕・二五〉

より-ふね【寄り船】遭難して海岸に漂着した船。「浦人これを見て、―あるやとて」〈浄・小袖そが〉

より-ぼう【寄(り)棒】寄り道具の一。刃物を払い落としたり、たたき伏せたりするのに用いる棒。

より-ほか〔連語〕►よりか㊁

よりまさ【頼政】謡曲。二番目物。世阿弥作。平家物語などに取材。旅僧の前に源頼政の霊が現れ、宇治川の合戦に敗れて、自害したありさまなどを語る。

より-まし【寄×坐|憑=子|尸=童】《神霊の「寄り坐まし」の意》修験者や巫子みこが神降ろしをする際に、神霊を乗り移らせる童子や人形。

より-み【寄(り)身】相撲で、四つに組んで自分の体を相手につけ、前へ寄り進むこと。

より-みち【寄(り)道】〔名〕スル 目的地へ行く途中で、他の所へ立ち寄ること。また、回り道して立ち寄ること。「―して帰る」類語回り道・迂回うかい・遠回り・道草

より-め【寄(り)目】❶左右のひとみが内側に寄っていること。また、その目。内斜視の俗称。❷文楽人形で、はめ込みになっている両眼球を、中央に寄せたり、左右に動かしたりできる仕掛けのある目。

より-め【×縒り目|×撚り目】より合わせた箇所。

より-も【寄り藻】岸に流れ寄った海草。「これは磯辺いそべに―かく海士あまの捨て草」〈謡・松風〉

より-も〔連語〕《格助詞「より」＋係助詞「も」》「より」を強めた言い方。❶比較の基準を示す。「それ―こっちのほうがいい」❷動作の起点を示す。「枝―あだに散りにし花なれば落ちても水の泡とこそなれ」〈古今・春下〉

より-もどし【×縒り戻し】►猿環さるかん

よ-りゅう【余流】―リウ 本流から分かれた流れ。支流。分流。

よりゅうど【▽寄▽人】よりうど ❶平安時代以後、記録所・御書所などに置かれた職員。庶務・執筆などのことをつかさどった。❷平安時代以後、朝廷の和歌所に置かれた職員。和歌の選定にあずかった。召人めしうど。❸居住する荘園の領主以外の権門けんもん社寺や貴族などに従属した荘民。年貢は荘園領主に納め、雑役は別の所属領主のために勤めた。❹鎌倉・室町幕府の政所まんどころ・問注所・侍所に置かれた職員。執事のもとで、執筆などの雑務に当たった。

ヨリュク-キョユ〘Yörük Köyü〙トルコ北部の小都市サフランボルの東約10キロメートルに位置する村。トルコ語で「遊牧民の村」を意味し、トルクメン人のカラケチリ族の定住地となったことに由来する。伝統的な家屋が多く現存し、その一部が公開されている。

よ-りょう【予料】―レウ〔名〕スル 前もっておしはかること。予測。「―しがたき成り行き」

よ-りょく【余力】ある仕事をしてなお余っている力。ゆとり。「―を残す」「―があれば手伝おう」

より-より【寄り寄り|▽度▽度|▽時▽時】〔副〕《「より(度)」を重ねたもの》ときどき。ときおり。「彼等は―秘密に相語らい」〈秋声・縮図〉

より-わけ【▽選り分け】よりわけること。えりわけ。「果実の―作業」

より-わ・ける【▽選り分ける】〔動カ下一〕図よりわ・く〔カ下二〕ある基準に従って区別する。また、基準にかなうものだけを選び取る。選別する。えりわける。「粗悪品を―・ける」類語選ぶ・すぐる・選よる・選える・篩ふるう・選択する・取捨する・選定する・選考する・選別する・セレクトする・ピックアップする

よる【夜】日の入りから日の出までの暗い間。太陽が沈んで暗くなっている間。よ。⇔昼。
類語夜よ・小夜さよ・夜よさり・宵よい・晩・暮夜ぼや・夜間・夜中よなか・夜分やぶん・夜陰やいん・夜半よわ・夜中やちゅう・夜半やはん・ナイト

夜となく昼となく　夜と昼との区別なく。昼夜兼行で。「―働き続ける」

夜の帳とばりが下お・りる　《「帳」は、垂れ絹》夜になる。夜になって暗くなるさまを、垂れ絹が下りたことにたとえたもの。

夜を昼にな・す　昼夜の別なく行う。昼夜兼行で行う。「こと心なくて―・してなむ、急ぎまかで来こし」〈宇津保・吹上上〉

よ・る〔動ラ下二〕疲労する。つかれる。「―・れに―・れたる痩せ馬なれば」〈謡・鉢木〉

よ・る【因る|▽拠る|▽由る|▽依る】〔動ラ五(四)〕《「寄る」と同語源》❶(因る・由る)それを原因とする。起因する。「濃霧に―・る欠航」「成功は市民の協力に―・る」❷(依る)物事の性質や内容などに関係する。応じる。従う。「時と場合に―・る」「人に―・って感想が違う」「成功は努力いかんに―・る」❸(依る)動作の主体をだれと指し示す。「市民楽団に―・る演奏」❹(依る)それと限る。「だれに―・らず文句を言う」「何事に―・らず好き嫌いが多い」❺(依る)手段とする。「機械に―・る生産」「挙手に―・る採決」❻(依る)頼る。依存する。「信仰に―・って生きる」「年金に―・って生計を立てる」❼(拠る)根拠とする。「実験に―・る結論」「天気予報に―・ると大雨らしい」❽(拠る)よりどころとする。のっとる。「法律の定めるところに―・る」❾(拠る)根拠地とする。たてこもる。「城塞に―・って戦う」可能よれる 類語(❶)基づく・由来する・因由する・原因する・起因する・根差す/(❼❽)基づく・従う・則のっとる・準ずる・準拠する・依拠する・立脚する・則する・憑依ひょういする・徴する

因って来たる　もととなる。原因となる。「その事件の―ところを具体的に説明する」

由らしむべし知らしむべからず　《「論語」泰伯から》人民を為政者の施政に従わせることはできるが、その道理を理解させることはむずかしい。転じて、為政者は人民を施政に従わせればよいのであり、その道理を人民にわからせる必要はない。

よ・る【寄る】〔動ラ五(四)〕❶ある人・物やある所に向かって近づく。近寄る。「彼女のそばに―・る」「たき火の近くに―・る」❷1か所に集まる。一緒になる。「親類が―・って相談する」「三人―・れば文殊の知恵」❸ある所へ向かう途中で、他の所を訪れる。立ち寄る。「出社前に得意先に―・る」「帰りに飲みに―・る」❹片方の端へ近づく。また、一方の側にかたよる。「部屋の隅に―・る」「西に少し―・った地域」❺(「倚る」「凭る」とも書く)もたれかかる。「縁側の柱に―・って庭を見る」❻数が加わる。多くなる。重なる。「しわが―・る」「年が―・る」❼考えがそこに至りつく。思い及ぶ。「思いも―・らない大事件」❽相撲で、組んだ体勢で相手を押し進む。「腰を落として―・る」❾相場で、立ち会いの最初の取引が成立する。「五円高で―・る」❿気持ちが傾く。「今更に何をか思はむうちなびき心は君に―・りにしものを」〈万・五〇五〉⓫なびき従う。服する。「人の言に―・りて、いかなる名をくたさまし」〈源・夕霧〉⓬味方になる。「あなたに―・りて、ことさらに負けさせむとしけるを」〈枕・一四三〉⓭寄進される。寄付される。「かかる所に庄など―・りぬれば」〈宇治拾遺・八〉⓮神霊や物の怪などが乗り移る。「寄り人は今ぞ―・り来る」〈謡・葵上〉可能よれる
…句秋の鹿しかは笛に寄る・思いも寄らない・女の足駄にて作れる笛には秋の鹿寄る・目の寄る所へは玉も寄る
類語(❶)近付く・近寄る・接近する/(❸)立ち寄る

寄って集たかって　大勢が寄り集まって。みんなで。「―いじめる」

寄らば大樹たいじゅの陰かげ　身を寄せるならば、大木の下が安全である。同じ頼るならば、勢力のある人のほうがよいというたとえ。

寄ると触さわると　一緒に寄り集まるごとに。何かというと。機会さえあれば。「―みんなその話だ」

よ・る【▽揺る】〔動ラ四〕ゆれる。ゆる。「臣おみの子の八符やふの柴垣下動とよみ地震なゐが―・り来こば破やれむ柴垣」〈武烈紀・歌謡〉

よ・る【▽選る|▽択る】〔動ラ五(四)〕《「える」の音変化》複数の中から目的や基準にあったものを取り出す。えらぶ。「気に入ったのを―・る」可能よれる
類語より分ける・選ぶ・すぐる・選える・篩ふるう・選択する・取捨する・選定する・選考する・選別する・セレクトする・ピックアップする

選りに選・る　❶念を入れて選ぶ。「プレゼントのスカーフを―・る」❷►選りに選って

よ・る【×縒る|×撚る】㊀〔動ラ五(四)〕❶糸など、何本かをねじり合わせて1本にする。「縄を―・る」❷ねじる。ねじるように曲げる。また、ねじって螺旋らせん状にする。「こよりを―・る」「悲しみに身を―・る」可能よれる
㊁〔動ラ下二〕「よれる」の文語形。類語綯なう・糾あざなう

よ-るい【余類】残った仲間。残党。余党。

よる-うぐいす【夜×鶯】―うぐひす ナイチンゲールの別名。

よる-がお【夜顔】―がほ ヒルガオ科の蔓性つるせいの一年草。

葉はサツマイモに似て心臓形で大きい。7〜9月、らっぱ状の白い花をつけ、夕方開いて芳香を放ち、翌朝しぼむ。熱帯アメリカの原産で、鉢植えなどにされる。夜会草やかいそう。ゆうがお。(季 秋)

よる-がた【夜型】昼前後に起床して夕方ごろから活動し、夜遅くに就寝する生活習慣をいう。⇨朝型

よる-せき【夜席】寄席などで、夜行われる興行。⇔昼席。

ヨルダン〖Jordan〗アラビア半島北西部にある王国。正称、ヨルダン-ハシミテ王国。首都アンマン。西部のヨルダン川流域以外は砂漠。トルコ領から第一次大戦後に英国の委任統治領となり、1923年トランス-ヨルダン首長国が成立、46年完全独立。49年パレスチナ東部を加えて現名に改称。住民は主にイスラム教徒。人口641万(2010)。ウルドゥン。

ヨルダン-がわ【ヨルダン川】がわ 西アジアの内陸河川。シリア・レバノン国境のヘルモン山に源を発して南流、ガリラヤ湖(ティベリアス湖)を経て死海に注ぐ。全長350キロ。キリストが洗礼を受けた川といわれる。

よる-の-あき【夜の秋】秋の気配の感じられる、夏の終わりの夜。(季 夏)「涼しさの肌に手を置き—／虚子」

よる-の-おとど【夜の▽御▽殿】❶清涼殿内の天皇の御寝所。朝餉あさがれいの間の東隣にある。よるのおまし。よんのおとど。❷中宮あるいは東宮の御寝所。また、貴人の寝所。「日一日下に居くらして…、—に入らせ給ひにけり」〈枕・八二〉

よる-の-おまし【夜の▽御▽座】❶「夜の御殿おとど❶」に同じ。「—に入り給ひぬ」〈源・若菜〉❷貴人の夜具。「夜のしとねをば公家にては—とも」〈貞丈雑記〉

よる-の-おんな【夜の女】をんな 夜、街頭で客を求め売春をする女。

よる-の-ころも【夜の衣】夜、寝るときに着る衣服。また、寝間着。「蟬せみの羽の—は薄けれど移り香濃くも匂ひぬるかな」〈古今・雑上〉

夜の衣を返・す　夜の衣を裏返して着て寝る。夢で恋しい人に会えるという俗信による。「—・しわび給ふ夜な夜な」〈狭衣・四〉

よる-の-そこ【夜の底】夜の深い闇をいう語。「—に姿を消す」

よる-の-ちょう【夜の×蝶】てふ バー・キャバレーなどで客をもてなす女性。そのはなやかさを蝶にたとえたもの。

よる-の-つる【夜の鶴】❶夜鳴くツル。❷《白居易「五弦弾」から》子を思う親の愛情の深さにたとえていう語。焼け野の雉子きぎす。夜鶴やかく子を思う。「—の子を思って籠この中に鳴く」〈謡・経政〉⇨夜鶴やかく

よる-の-とばり【夜の▽帳】夜の闇を、帳にたとえていう語。「—が下りる」

よる-の-にしき【夜の錦】「闇やみの夜よの錦」に同じ。

よるのねざめ【夜の寝覚】平安後期の物語。5巻または3巻。作者は菅原孝標女すがわらのたかすえのむすめと伝えられるが未詳。成立年未詳。中の君寝覚の上と中納言との悲恋物語。源氏物語の影響が強い。夜半よわの寝覚。寝覚。

よる-の-ふすま【夜の×衾】夜、寝る布団。夜具。寝具。「少将の形見には—」〈高野本平家・三〉

よる-の-もの【夜の物】夜、寝るときに用いるもの。夜着、寝具など。「いとあはれと思ひて、—まで送りて」〈伊勢・一六〉

よるひかる-たま【夜光る玉】夜のやみの中で光を放つという宝珠。夜光の玉。「—といふとも酒飲みて心を遣やるにあにしかめやも」〈万・三四六〉

よる-ひる【夜昼】❶夜と昼。「—を問わず仕事に精を出す」❷(副詞的に用いて)夜も昼も。いつも。あけくれ。日夜。「—心の休まる暇がない」(類語)昼夜・日夜

よる-べ【寄る辺｜寄る▽方】頼みとして身を寄せるところや人。また、頼みとする配偶者。「—のない老人」「我が身の—と頼まむに、いと頼もしき人なり」〈源・玉鬘〉

よるべ-の-みず【寄る×瓮の水】みづ 神前のかめにたたえられた水。神霊を寄せるためのものという。「さもこそは—に水草みくさゐめけふのかざしよ名さへ忘るる」〈源・幻〉(補説)「よるべ」は「寄る辺」とも。

よる-よなか【夜夜中】「夜中」を強めていう語。まよなか。夜ふけ。「こんな—にいったい誰だろう」

よる-よる【夜夜】二晩以上の夜。また、毎夜。夜ごと。よなよな。「—参りて、三尺の御几帳の後ろにさぶらふに」〈枕・一八四〉

よ-れい【予冷】野菜・果物の貯蔵・出荷の前に、鮮度を保持するため、あらかじめ冷やしておくこと。

よ-れい【予鈴】開演や授業開始の時刻の迫ったことを知らせるために、前もって鳴らすベル。

よ-れい【余齢】これから先、生きられる年齢の数。余命。余生。

よ-れき【余×瀝】器の底に残った酒や汁などのしずく。「—を嘗なむると」〈鷗外訳・即興詩人〉

よれ-すぎ【×縒れ杉】杉の園芸品種。葉が湾曲していて、枝に螺旋らせん状に巻きつく。庭木などにする。

よ-れつ【余烈】先人の残した功績。遺烈。「自由同権説の盛に興りし—なり」〈吉岡徳明・開化本論〉

よれ-よれ〔形動〕❶衣類や紙などが古くなって張りがなくなり、形がくずれたりしわが寄ったりしているさま。「—なズボン」❷疲れ切って元気がないさま。「徹夜続きで—だ」

よ・れる【×縒れる｜×撚れる】〔動ラ下一〕図よ・る〔ラ下二〕よった状態になる。ねじれからまる。よじれる。「—・れた背広」「腹の皮が—・れる」

よろい【×鎧｜▽甲】よろひ《動詞「よろ(鎧)う」の連用形から》❶着用して身体を護護する武具。被護部分により、頸甲ぐわしよ・肩甲・胸甲・膝甲ひざよろいなどという。❷胴から大腿部だいたいぶにかけて被護する武具の総称。短甲たんこう・挂甲けいこう・大鎧おおよろい・腹巻き・胴丸・腹当ての類。❸特に、大鎧のこと。❹「鎧形よろいがた」の略。

(類語)武具・甲冑かっちゅう・具足・兜かぶと

よろい【▽具】よろひ〔接尾〕助数詞。家具・調度などで、いくつかの部分から成り立っているようなものを数えるのに用いる。「衣箱一—」〈落窪・三〉「屛風一—」〈義経記・五〉

よろい-あみ【×鎧編み】よろひ 編み方の一つで、表と裏とを交互に編み連ね、編み上がりが鎧の小札こざねのようになるもの。帽子などに用いる。

よろい-いた【×鎧板】よろひ ▶羽板はいた❷

よろい-おや【×鎧親】よろひ 武家時代、鎧着初きぞめの儀式で、鎧をつける役の人。具足親ぐそくおや。

よろい-がた【×鎧形｜▽甲形】よろひ 平安時代、節会の行事などの際、近衛の官人が着た儀仗用の鎧。布帛ふはくに金・銀などの装飾を施したりして鎧の形に作ったもの。

よろい-きぞめ【×鎧着初め】よろひ 武家時代、13、4歳になった男子が、初めて鎧をつけること。また、その儀式。具足始め。

よろい-ぐさ【×鎧草】よろひ セリ科の多年草。高さ1〜2メートル。茎は太く中空で、上部で枝分かれする。葉は羽状複葉。夏、白色の小花を散形につけ、外見はシシウドに似る。根は漢方で白芷びゃくしといい薬用。

よろい-づき【×鎧突き】よろひ 札さねと札との間にすきまを生じないように、鎧をゆすり上げること。「つねに—せよ。裏かかすな」〈平家・九〉

よろい-づくり【×鎧作り】よろひ 鎧を作ること。また、その人。具足師。

よろい-ど【×鎧戸】よろひ ❶小幅の横板を傾斜をもたせて並べた鎧板を取り付けてある戸。錣戸しころど。がらり戸。❷▶シャッター❶

よろい-どおし【×鎧通し】よろひどほし ❶戦場で組み打ちの際、鎧を通して相手を刺すために用いた分厚くて鋭利な短剣。反りがほとんどなく長さ9寸5分(約29センチ)。馬手差めてざし。❷鏃やじりの一。太く鋭いもの。

よろい-ねずみ【×鎧×鼠】よろひ アルマジロの別名。

よろい-ひたたれ【×鎧▽直垂】よろひ 軍陣に際して、鎧の下に着る直垂。錦にしき・綾・平絹などで仕立て、袖細で袖口と袴はかまの裾口に括くくり緒を通したもの。平安末期から中世に用いられた。ひたたれ。

よろい-びつ【×鎧×櫃】よろひ 鎧を入れておくふた付きの箱。具足櫃。

よろい-まど【×鎧窓】よろひ 鎧戸をつけた窓。

よろい-むしゃ【×鎧武者】よろひ 鎧・兜かぶとをつけた武者。

よろい-もち【×鎧餅】よろひ ▶具足餅ぐそくもち

よろい-やき【×鎧焼(き)】よろひ イセエビの鬼殻おにがら焼きのこと。

よろ・う【×鎧う】よろふ〔動ワ五(ハ四)〕❶鎧よろいを着る。甲冑かっちゅうなどをつけて武装する。「銀甲堅く—・えども」〈土井晩翠・星落秋風五丈原〉❷身にまとう。別のもので表面をおおう。「職業的な媚笑いに身を—・い」〈里見弴・多情仏心〉

よ-ろく【余×禄】「余得」に同じ。「—の多い仕事」

よ-ろく【余録】正規の記録からもれた記録。余話。「太平洋戦争—」

よろけ【蹌=踉｜蹣=跚】❶よろけること。❷珪肺けいはいの俗称。

よろけ-じま【蹌=踉×縞】直線でなく波状にゆがんだ縞模様。また、その織物。

よろ・ける【蹌=踉ける｜蹣=跚ける】〔動カ下一〕図よろ・く〔カ下二〕《副詞「よろよろ」の「よろ」の動詞化》足もとがふらついて、からだの安定を失う。ころびそうになる。よろめく。「後ろから押されて—・ける」⇨蹌踉よろめく(用法)

(類語)よろめく・ふらつく・ひょろつく・のめる

よろこばし・い【喜ばしい｜▽悦ばしい】〔形〕図よろこば・し〔シク〕喜ぶべき状態である。うれしい。「こんな—・いことはない」「—・い知らせ」(派生)よろこばしげ〔形動〕よろこばしさ〔名〕

(類語)嬉しい・めでたい・欣快きんかい・愉快・嬉嬉きき・欣欣きんきん・欣然きんぜん・満悦・御機嫌

よろこば・す【喜ばす｜▽悦ばす】㊀〔動サ五(四)〕「喜ばせる」に同じ。「プレゼントを買って—・してやろう」㊁〔動サ下二〕「よろこばせる」の文語形。

よろこば・せる【喜ばせる｜▽悦ばせる】〔動サ下一〕図よろこば・す〔サ下二〕喜ぶようにする。うれしがらせる。よろこばす。「劇的な勝利はファンを—・せた」

よろこび【喜び｜▽悦び｜▽歓び｜▽慶び】❶よろこぶこと。うれしく思うこと。「苦労の分だけ—も大きい」「受賞の—をかみしめる」⇔悲しみ。❷祝いごと。おめでた。慶事。「結婚、栄転と—が続く」❸祝うこと。祝いの言葉。「新年の—を寿ことほぐ」❹与えられた慶事や好意に対するお礼。また、その謝辞。「紹介殿ただ貸し給へかし、—は思ひ当らん」〈盛衰記・一九〉

(類語)(❶)喜悦・歓喜・随喜／(❷❸)慶賀・慶祝・祝賀・祝い

よろこび-いさ・む【喜び勇む｜▽悦び勇む】〔動マ五(四)〕よろこびで心が勇みたつ。うれしくてじっとしていられなくなる。「—・んで飛び出した」

よろこび-なき【喜び泣き】あまりの喜ばしさに泣くこと。うれし泣き。「さしつどひてみな—どもせられけり」〈平家・一一〉

よろこび-もうし【▽慶び申し】まうし 任官や位階昇進のお礼を申し上げること。「左の大臣おとど、大宮おほみやの御もとに—に参り給へり」〈宇津保・国譲上〉

よろこ・ぶ【喜ぶ｜▽悦ぶ｜▽歓ぶ｜▽慶ぶ】㊀〔動バ五(四)〕❶そのことにあって、うれしいと思う。楽しく快い気持ちになる。「合格を—・ぶ」⇔悲しむ。❷よいこととして、気持ちよく受け入れる。ありがたく受け入れる。「人の忠告を—・ばない」❸よいこと、めでたいことと思う。祝福する。「御結婚を心から—・んでいます」❹(「よろこんで…」の形で)すすんで、気持ちよく受け入れる。「—・んで出席させていただきます」❺《出産を喜ぶ意から》子供を産む。出産する。「子ヲ—・ブ」〈日葡〉(可能)よろこべる ㊁〔動バ上二〕《㊀の古形》㊀に同じ。「こほろぎの待ち—・ぶる秋の夜を寝ぬる験しるしなし枕と我は」〈万・二二六四〉(類語)㊀(❶)嬉うれしがる・喜悦する・歓喜する・随喜する・欣喜雀躍きんきじゃくやくする・雀躍する・小躍りする・浮かれる・はしゃぐ／(❸)慶する・寿ことほぐ・慶賀する・慶祝する

よろこぼ・う【喜ぼふ】よろこぼ〔動ハ四〕《動詞「よろこぶ」の未然形「よろこば」に反復継続の助動詞「ふ」の付いた「よろこばふ」の音変化》しきりによろこぶ。「—・ひて、思ひけらしとぞ言ひ居をりける」〈伊勢・一四〉

よろこん‐で【喜んで｜▽悦んで】〘副〙「喜ぶ㊀❹」に同じ。「―お伺いいたします」

よろし・い【▽宜しい】〘形〙文よろ・し〘シク〙《動詞「寄る」の形容詞化、または「よらし」の音変化》❶《「よい」の丁寧な言い方》㋐能力や質がすぐれているさま。程度が高い。「仕上がりはこちらが―・い」「御子息は頭が―・い」㋑健全だ。健康だ。「気分はあまり―・くない」㋒地位や身分が高い。また、裕福だ。「育ちが―・くていらっしゃる」㋓有利だ。価値が高い。「この方式のほうが利率が―・い」㋔向いている。ふさわしい。効き目がある。「客商売に―・い立地」㋕好ましい。望ましい。「看板は目立つほうが―・い」「おとなしいお子さんで―・いですね」㋖正しい。正当だ。善だ。「心掛けが―・い」㋗人にやさしい。人との仲が円満だ。「お二人は本当に仲が―・いのね」㋘吉にかなって、めでたい。「本日はお日柄も―・いようで」❷《「よい」の丁寧な、また尊大ぶった言い方》許容範囲内であるさま。㋐許可できる。「お引き取りいただいても―・いですよ」「―・い。引き受けましょう」㋑さしつかえない。支障ない。「いつでも―・いから、一度相談に来なさい」㋒どうでもよい。不要だ。無用だ。「私のことは―・いから、どうぞそのまま続けてください」「建て前などは―・い。本音を言いたまえ」❸一応の基準に達していて、とりあえず満足しておくべき意を表す。㋐悪くはない。まずまずだ。まあまあだ。「京に上りて宮仕へをせよ。―・しきやうにもならば、我をも訪へ」〈大和・一四八〉㋑ひとまず安心できる状態である。ましだ。「病にしづみて久しく籠もりゐて侍りけるが、たまたま―・しくなりて」〈新古今・哀傷・詞書〉㋒どうというほどでもない。普通だ。通常だ。平凡だ。「春ごとに咲くとて、桜を―・しう思ふ人やはある」〈枕・三九〉➡良い ➡宜しく

よろしき【▽宜しき】《形容詞「よろし」の連体形から》ある状況や程度にふさわしいこと。ちょうどよいこと。適切なこと。「指導―を得る」

よろしく【▽宜しく】〘副〙《形容詞「よろしい」の連用形から》❶ちょうどよいぐあいに。程よく。適当に。「―取り計らってくれ」「今ごろあの二人は―やってるよ」❷人に好意を示したり、何かを頼んだりするときに添える語。「―御指導下さい」「―お願いいたします」❸「よろしくお伝えください」の意で、別の人への好意を伝えてもらうときに用いる語。「お父さんに―」❹《「宜」の漢文訓読語から》(「よろしく…べし」の形で)当然。ぜひとも。「―一層の勉学に励むべし」❺上の内容を受けて、いかにもそれらしく、の意を表す。「喜劇俳優―おどけてみせる」

よろし‐なえ【▽宜しなへ】〘副〙《形容詞「よろし」の語幹＋連語「なへ」から》ちょうどよいぐあいに。ふさわしく。「耳梨の青菅山は背面の大き御門に―神さび立てり」〈万・五二〉

よろし‐め【▽宜し女】好ましい女。佳人。「―をありと聞きて」〈継体紀・歌謡〉

よろず【▽万】❶1000の10倍。まん。❷数が非常に多いこと。たくさん。「―の神に祈る」「―の人々」❸すべてのこと。万事。副詞的にも用いる。「―の相談事」「―承ります」❹種類や形がさまざまであること。いろいろ。「―の事を泣く泣く契りのたまはすれど」〈源・桐壺〉

(類語)(❸)万事・万般・百般・全て・一切・一切合財

よろず‐うりちょう【▽万売り帳】売った品物とその価格などすべてを記入しておく台帳。「―なにはの浦は日本第一の大湊にして」〈浮・一代女・五〉

よろず‐かけちょう【▽万掛け帳】掛け売りの金額や内容をまとめて書きつけておく帳面。「数年商ひをせしが―をもたせ」〈浮・椀久二世〉

よろず‐たび【▽万度】(多く副詞的に用いて)何度も何度も。何回も。たびたび。「この道の八十隈ごとに―かへりみすれど」〈万・一三一〉

よろずちょうほう【万朝報】日刊新聞の一。明治25年(1892)黒岩涙香が東京で創刊。社会記事や翻案小説などを載せ発展。内村鑑三・幸徳秋水・堺利彦らが加わり、社会批判を展開し、日露開戦前には一時非戦論を主張。昭和15年(1940)「東京毎夕新聞」に合併された。まんちょうほう。

よろず‐てつごろう【万鉄五郎】［1885～1927］洋画家。岩手の生まれ。後期印象派・フォービスムの影響を受け、フュウザン会の結成に参加。しだいに独自の解釈によるキュビスムに傾き、晩年は東洋的な表現主義へと移行した。

よろずのふみほうぐ【万の文反古】浮世草子。5巻。井原西鶴作。元禄9年(1696)刊。中・下層町人の生活の一断面を描いた書簡体小説集。

よろず‐や【▽万屋】❶生活に必要ないろいろな品物を売っている店。雑貨屋。なんでも屋。❷なんでもいろいろなことをひととおり知っている人。また、なんでもいろいろひととおりできる人。なんでも屋。

よろず‐よ【▽万世｜▽万代】限りなく長く続く世。ばんせい。「―にかくしもがも千代にもかくしもがも」〈推古紀・歌謡〉

よろ‐つ・く【蹌＝踉つく】〘動カ五(四)〙足もとが定まらないでふらふらする。「押されて―・く」

よろぼ・う【蹌＝踉う｜蹣＝跚う】〘動ワ五(ハ四)〙《古くは「よろほう」》❶よろよろと歩く。よろめく。「―・い―・い座敷の方に行って見ると」〈蘆花・思出の記〉❷倒れかかる。くずれる。「中門のいといたうゆがみ―・ひて」〈源・末摘花〉

よろ‐ぼうし【▽弱法師】よろよろ歩く法師。よろぼし。「―わが門許せ餅の札／其角」〈猿蓑〉

よろ‐ぼし【▽弱▽法師】「よろぼうし」の音変化。「これに出でたる乞丐人は、いかさま例の―か」〈謡・弱法師〉

よろぼし【弱法師】謡曲。四番目物。観世十郎元雅作。大坂の天王寺で高安通俊が、諦観に身を置く弱法師という盲目の乞食に会い、それがわが子の俊徳丸と知る。よろぼうし。

よろ‐めき【蹌＝踉めき】❶よろめくこと。❷妻が夫以外の男性にときめきを感じたり、誘惑されて浮気をしたりすること。「―ドラマ」(補説)昭和32年(1957)刊の三島由紀夫の小説「美徳のよろめき」から流行した語。

よろ‐め・く【蹌＝踉めく｜蹣＝跚めく】〘動カ五(四)〙❶足どりが確かでなく倒れそうになる。よろける。「人にぶつかって―・く」❷誘惑にのる。また、浮気をする。「人妻に―・く」(類語)よろける・ふらつく・ひょろつく

(用法)よろめく・よろける――「目まいがして一瞬よろめいた(よろけた)」では両語とも相通じて用いられる。◆「老人はよろめく足どりで歩いてきた」のように足の運びが乱れておぼつかないことを言う場合は「よろめく」がふさわしい。◆「よろける」は「石につまずいてよろける」「足がしびれて立つとよろけた」のように、足の運びではなく、倒れそうになる動きをとらえて言う意もある。◆類似の語に「ふらつく」がある。「ふらつく」は「腰がふらつく」「病み上がりで足がふらつく」のようにゆらゆらして定まらないことに重点があり、比喩的に「あの子の考え方はどうもふらついている」などとも用いる。◆「人妻が年下の男性によろめく」のように、浮気する意味では「よろめく」だけを用いる。

よろ‐よろ〘副〙足もとがしっかりせず倒れそうなさま。よろめくさま。「一撃をくらって―(と)した」「酔って、―(と)歩く」

よろり〘副〙足もとが定まらずよろめくさま。「石につまずいて―とする」

よ‐ろん【余論】本論を補うために付け加えた論。

よ‐ろん【×輿論｜世論】世間一般の人の考え。ある社会的問題について、多数の人々の議論による意見。せろん。「―を喚起する」「―に訴える」➡せろん(世論)(補説)当用漢字制定以前は「よろん」は「輿論」と書いた。「世論」は「せろん・せいろん」と読んだ。「輿論」は人々の議論または議論に基づいた意見、「世論」は世間一般の感情または国民の感情から出た意見という意味合いの違いがある。

(類語)世論・公論・民意・民心・物議

よろん‐ちょうさ【世論調査】社会的問題・政治的争点や政策などについての人々の意見・態度を把握するための統計的な調査。せろんちょうさ。

よろん‐とう【与論島】鹿児島県、奄美群島最南端の島。隆起サンゴ礁からなる。サトウキビを栽培。面積21平方キロメートル。よろんじま。

よ‐わ【余話】世間に知れ渡っていないちょっとした話。こぼれ話。余聞。「学界―」

よ‐わ【夜▽半】よる。よなか。やはん。

(類語)夜・夜・小夜・夜さり・宵・晩・暮夜・夜間・夜中・夜分・夜陰・夜中・夜半・ナイト

よわい【▽齢｜▽歯】❶生まれてから重ねてきた年数。年齢。「―を重ねる」❷年配。年ごろ。「今少し物おぼし知る―にならせ給ひなば」〈源・澪標〉

(類語)年・年齢・年歯・馬齢・春秋

よわ・い【弱い】〘形〙文よわ・し〘ク〙❶力や技が劣っている。「握力が―・い」「―・いチーム」㊀強い。❷心身が丈夫でない。病弱である。「からだが―・い」「皮膚が―・い」㊀強い。❸意志が堅固でない。心がぐらつきやすい。「気が―・い」「―・い人間」㊀強い。❹環境や条件に屈しやすい。物事に耐える力が乏しい。「摩擦に―・い布」「ムードに―・い人」「車に―・くて酔いやすい」「酒に―・い」㊀強い。❺程度や度合いが小さい。「日差しが―・い」「―・い酒」「作用の―・い薬」㊀強い。❻ゆるみがある。固くない。「ひもの結びかたが―・い」「手をそっと―・く握る」㊀強い。❼決意が感じられない。きびしさがない。「寂しそうに―・く笑う」「―・い声で答える」㊀強い。❽鮮明でない。ぼんやりしている。「コントラストが―・い」「印象の―・い人」㊀強い。❾不得手である。「朝は―・くて起きられない」「機械に―・い」㊀強い。(派生)よわげ〘形動〙よわさ〘名〙よわみ〘名〙

(類語)(❶)劣弱・弱体・弱小・無力・非力／(❷)ひよわ・虚弱・羸弱・尩弱・病弱／(❸)薄弱・柔弱・惰弱・怯弱・意気地無し・腑抜け／(❹)脆い・柔い・柔・軟弱・脆弱・繊弱・孱弱・華奢／(❺)微弱・かすか・弱弱しい・か細い

弱き者汝の名は女なり　シェークスピア「ハムレット」の中のせりふ。女とは心変わりするものだ。また、女は、男に比べて弱い立場にあるものだ。

よわい‐ぐさ【▽齢草】《齢を延べる草の意》菊の別名。

よわい・する【▽歯する】〘動サ変〙文よはひ・す〘サ変〙《「歯する」の「歯」を訓読みにした語》仲間としてつきあう。同列に立つ。「こんな手合いと―・するのを恥とするような」〈中勘助・銀の匙〉

よわい‐そうごさよう【弱い相互作用】自然界に存在する四つの基本的な力(相互作用)の一。名称は電磁相互作用の約10万分の1の強さしかないことから。β崩壊や中間子の崩壊などを引き起こす。非常に質量が大きいウイークボソンにより媒介されるため、力の到達距離は極めて短い。弱い力。

よわい‐ちから【弱い力】▶弱い相互作用

よわ‐き【弱気】〘名・形動〙❶事にあたって気力に乏しいこと。気が弱いこと。また、そのさま。「―を出す」「―な意見」「病気をしてから―になる」㊀強気。❷取引で、相場が先行き下がると予想すること。㊀強気。

(類語)気弱・臆病・こわがり・小心・小胆・怯懦・怯弱・意気地なし・引っ込み思案・内気・大人しい・内弁慶・陰弁慶

よわき‐すじ【弱気筋】取引で、弱気❷の側に立つ人たち。㊀強気筋。

よわ‐ぎん【弱吟】能の謡の歌唱様式の一。声をやわらかく、旋律的に謡うもの。優美・凄艶・哀切などの気分を表現するところに用いる。柔吟。㊀強吟。(補説)ふつう「ヨワ吟」と書く。

よわ‐ごし【弱腰】㊀〘名〙腰のいくらか細くなっている部分で、帯を締めるところ。「消えそうな―に、裾模様が軽く靡いて」〈鏡花・眉かくしの霊〉㊁〘名・形動〙相手に対して向かっていく態度の弱気なこと。意気地のない、消極的な態度をとること。また、そのさま。「交渉に―になる」㊀強腰。

よわ‐ざいりょう【弱材料】「悪材料❶」に同じ。

よ‐わたし【夜渡し】〘副〙一晩中。夜どおし。「昼暮ら

［四百メートル走］**四百メートル走の世界記録・日本記録**（2012年8月現在）

		記録	更新日	選手名(国籍)
世界記録	男子	43秒18	1999年8月26日	マイケル＝ジョンソン(米国)
	女子	47秒60	1985年10月6日	マリタ＝コッホ(東ドイツ)
日本記録	男子	44秒78	1991年6月16日	高野進
	女子	51秒75	2008年5月3日	丹野麻美

し—聞けど〈万・四〇八九〉

よ-わたり【世渡り】〔名〕スル 生活していくこと。よすぎ。渡世。「—がうまい」「怪しい商売で—する」
類語 生活・暮らし・渡世・処世・世過ぎ・身過ぎ

よ-わた・る【世渡る】〔動ラ四〕生計を立てる。生活をしていく。「木枯こがらしや何に—・る家五軒」〈蕪村句集〉

よ-わた・る【夜渡る】〔動ラ四〕夜の間に通る。夜間に渡っていく。「天の原雲なき夕よひにぬばたまの—・る月の入らまく惜しも」〈万・一七一二〉

よわなさけうきなのよこぐし【与話情浮名横櫛】歌舞伎狂言。世話物。9幕。3世瀬川如皐じょこう作。嘉永6年(1853)江戸中村座初演。木更津の博徒の妾めかけお富と伊豆屋の若旦那与三郎の情話を描いたもので、特に4幕目「源氏店げんじだな」の強請場ゆすりばが有名。通称「切られ与三よさ」。

よわ-ね【弱音】力のない物言い。また、意気地のない言葉。「—を吐く」

よわ-の-あらし【夜▽半の嵐】よは ❶夜吹く風。❷《明日ありと思ふ心のあだ桜夜半に嵐の吹かぬものかは」〈親鸞上人絵詞伝〉による》一夜で桜花を散らす嵐。気づかないうちに変化が起こるたとえ。

よわ-の-けぶり【夜▽半の▽煙】よは 夜に立ち上る煙。多く火葬の煙をいう。「旅の空—と上りなばあまの藻塩火たくかとや見む」〈後拾遺・羇旅〉

よわのねざめ【夜半の寝覚】よはのねざめ ▶夜の寝覚

よわ-び【弱火】火力の弱い火。とろ火。⇔強火。

よわ-ふくみ【弱含み】《「よわぶくみ」とも》取引で、相場が多少とも下がる傾向を示していること。⇔強含み。

よわ-ま・る【弱まる】〔動ラ五(四)〕力や勢い、程度などが次第に弱くなる。「風が—・る」⇔強まる。
類語 鈍る・弱る・衰える

よわ-み【弱み】❶弱いこと。また、その程度。❷弱いところ、劣っている点。弱点。また、他人に対して後ろめたいと思っているところ。「—をみせる」「相手の—を握る」「人の—につけこむ」⇔強み。
類語 弱点・ウイークポイント・泣き所・急所

よわ-みそ【弱味▽噌】意気地のない人。また。そのような人をあざけっていう語。弱虫。

よわ・む【弱む】〔動マ下二〕「よわめる」の文語形。

よわ-むし【弱虫】気の弱い人。意気地のない人。
類語 腑抜ふぬけ・腰抜け・臆病・弱味噌よわみそ・懦夫だふ

よわ-め【弱目】❶弱ったとき。弱った状態。よわりめ。「物怪もののけなどもかかる—に所得るものなりければ」〈源・夕霧〉❷よわみ。弱いところ。「敵の—を見て打つものぞ」〈史記抄・孫呉伝〉

よわ・める【弱める】〔動マ下一〕図よわ・む〔マ下二〕力や勢い、程度などを次第に弱くする。よわらせる。「ガスの火を—・める」⇔強める。類語 やわらげる

よわよわ-し・い【弱弱しい】〔形〕図よわよわ・し〔シク〕いかにも弱そうである。力や元気がなさそうである。「—・いからだつき」「—・い声で答える」派生 よわよわしげ〔形動〕よわよわしさ〔名〕類語 弱い・か弱い

よわり【弱り】弱ること。衰えること。「身の—」

弱り目に祟たたり目 弱ったときに、さらに災難にあうこと。不運が重なること。泣き面に蜂。

よわり-き・る【弱り切る】〔動ラ五(四)〕❶すっかり弱くなる。ひどく衰える。「からだが—・っている」❷非常に困ってどうしてよいかわからなくなる。困りぬく。「隣家の騒音に—・る」

よわり-は・てる【弱り果てる】〔動タ下一〕図よわりは・つ〔タ下二〕❶すっかり弱る。非常に衰える。「心身ともに—・てる」❷どうしたらよいかわからずに困る。途方に暮れる。「道がわからず、—・てる」

よわり-め【弱り目】弱った状態。困っているとき。

よわ・る【弱る】〔動ラ五(四)〕❶体力・気力が衰える。「視力が—・る」「病気で—・る」❷物事の力や勢いがなくなる。「火力が—・る」「雨脚が—・る」❸困る。困却する。「処置に—・る」「—・ったことに終電車に乗り遅れた」❹魚や肉などの鮮度が落ちる。「—・りし鯛の腹に」〈浮・永代蔵・二〉
類語 (❶❷)弱まる・鈍る・衰える・衰弱する/(❸)困る・参る・窮きゅうする・困こうずる・苦しむ・困り果てる・てこずる・困却する・往生おうじょうする・難儀する・難渋なんじゅうする・閉口する・困惑する・当惑する・途方に暮れる・手を焼く

よん【四】《「よ」の音変化》よっつ。し。

よんいちきゅう-じけん【419事件┆四一九事件】よんイチキウー 国際的詐欺事件の通称。1980年代からナイジェリアを中心にアフリカ地域で多発し、現在では世界各地で発生している。ナイジェリアの刑法419条に抵触する詐欺犯罪であることから、この名で呼ばれる。ナイジェリアの政府高官や政府関連機関、中央銀行、国営石油公社、軍などの関係者などを装って、手紙や電子メールで取引を持ちかける手口が多い。マネーローンダリングや貿易取引、入札などを取引条件として持ち出し、取引の進行に伴って、手続き費用やライセンス料などさまざまな名目で前渡し金の送金や振り込みを要求する。商談のため現地に赴いた企業社員が誘拐され、身代金を要求されるケースもあり、被害は欧米諸国をはじめ世界各地に広がっている。

よんいちろく-じけん【四・一六事件】昭和4年(1929)4月16日、政府が全国的に日本共産党員を大量検挙した事件。市川正一ら首脳の逮捕も続き、共産党は壊滅的打撃を受けた。

よんエッチ-クラブ【四Hクラブ】《四Hはhead(頭)・heart(心)・hand(手)・health(健康)を意味する》農村青少年の農業改良および生活改善のための学習組織。米国の四Hクラブに範をとり、日本では昭和23年(1948)に発足した農業改良事業の一環として組織された。

よんかこく-じょうやく【四箇国条約】—デウヤク 1921年(大正10)のワシントン会議において、日本・イギリス・フランス・アメリカの4か国によって調印された条約。4か国のもつ太平洋上の諸領土の現状維持と権益の相互尊重、紛争の処理方法などを約したもの。この条約の発効によって日英同盟は消滅。

よん-く【四駆】「四輪駆動」の略。

よん-ケー-に-ケー〖4K2K〗4000×2000ピクセル(ドット)程度の解像度。パソコンのディスプレー、テレビ、高画質のデジタルビデオカメラ、デジタルシネマなどの解像度を表す際に用いられ、フルハイビジョンの約4倍(4098×2160)程度の画素数のものをさす。4K解像度。4K。4K×2K。

よんこま-まんが【四×齣漫画】—マングワ 四つの画面で構成される漫画。サザエさん、フクちゃんなど新聞連載に多い。

よんサイクル-きかん【四サイクル機関】—キクワン 内燃機関で、1回の動力発生のサイクルである吸気・圧縮・爆発・排気の四つの行程を、ピストンの2往復で完了する方式のもの。

よん-シー〖4C〗❶ダイヤモンドの品質を表す4つの指標。カラット(carat)、カラー(color)、クラリティー(clarity)、カット(cut)の頭文字からの名。カラット(重量)は0.2グラムを1カラットとした重さ。カラー(色)は無色透明のDを最高ランクとしてZまでの23段階で評価。クラリティー(透明度)は11段階で評価、最上級はFL(flawless)。カット(研磨による仕上げや形)は5段階で評価。❷顧客の視点から見たマーケティングの4つの指標。価値(customer value)、負担(customer cost)、コミュニケーション(communication)、利便性(convenience)の頭文字から。

よん-ジー〖4G〗《4th generation》▶第四世代携帯電話

よん-しゅ【四種】❶四つの種類。4種類。❷「第四種郵便物」の略。

よん-じゅう【四十】—ジフ 10の4倍。しじゅう。また、40歳。

よんじゅうにん-きょうかい【四十人教会】よんジフニンケウクワイ ▶モルベフナム教会

よんしょく-もんだい【四色問題】いかなる地図でも境界線を接する国々は4色で塗り分けられることを証明せよ、という数学の証明問題。1976年米国のW＝ハーケンとK＝アッペルが大型コンピューターで証明した。

よん-だい【四大】俗に、4年制の大学のこと。短大に対していう。➡大学❶

よん-だいはつめい【四大発明】中国における、紙・印刷術・火薬・羅針盤の発明。いずれもルネサンス期ごろまでに、西洋にも伝えられた。

よん-だいぶんめい【四大文明】エジプト文明、メソポタミア文明、インダス文明、黄河文明の四つ。それぞれ、ナイル、チグリス-ユーフラテス、インダス、黄河といずれも大河流域に発生し、都市・階級・文字・国家を生んだ。

よんダブリュー-エス〖4WS〗《four-wheel steering》自動車で、方向を変えるときに前後四輪とも操舵する構造。また、その自動車。四輪操舵。

よんダブリュー-ディー〖4WD〗《four-wheel drive》自動車で、前後四輪とも駆動する構造。また、その自動車。砂地やぬかるみなど悪路の走破性がよい。四駆。四輪駆動。FWD。

よんダブリューディー-わりびき【4WD割引】▶四輪駆動割引

よんとう-すいへい【四等水兵】旧海軍における水兵科の兵の最下位の階級。昭和17年(1942)に二等水兵と改称された。教育中の水兵。

よんどころ-な・い【▽拠所無い┆▽拠無い】〔形〕図よんどころな・し〔ク〕そうするよりしかたがない。やむをえない。「—・い事情があって欠席する」類語 仕方ない・せん方ない・余儀ない・やむない・是非ない

よん-の-おとど【▽夜の▽御▽殿】「よるのおとど」の音変化。「—に入らせ給ひても」〈太平記・四〉

よんばい-たい【四倍体】通常の生殖細胞の4倍の染色体を有する倍数体。しばいたい。

よんはちろく〖486〗▶アイよんはちろく(i486)

よんひゃくメートル-そう【四百メートル走】400メートルを、どれほどの速力で走れるかを競う陸上競技。➡短距離競走 ➡表

よん-びょうし【四拍子】—ビヤウシ 「しびょうし(四拍子)❷」に同じ。

ヨンピョン-ド【延坪島】韓国の北西部にある島。大延坪島と小延坪島からなり、約1700人が生活している。北方限界線(北朝鮮との軍事境界線)の南に位置する。補説 2010年11月、北朝鮮軍が大延坪島に向けて海岸砲を発射。同島に駐屯する韓国海兵隊との間で交戦状態となった。

よん-べ【昨▽夜】「よべ」の音変化。「—の泊まりより、こと泊まりを追ひて行く」〈土佐〉

よんほん-ね【四本値】株式などの相場で特に参考にされる価格。始め値・高値・安値・終わり値の4つ。

よんまるいち-ケー〖401k〗アメリカの確定拠出型年金制度の一。企業の被雇用者が対象で、運用益や受取金への課税に優遇措置がとられる。制度を定めた内国歳入法401k条項にちなんでこう呼ばれる。日本の確定拠出型年金の手本となった。

よんや-さ〔感〕❶ある動作にかかったり、力仕事をしたりするときのかけ声。❷歌謡の囃子詞はやしことば。

よんりん-くどう【四輪駆動】▶4WDよんダブリューディー

よんりんくどう-わりびき【四輪駆動割引】自動車保険の契約に際し、被保険自動車が四輪駆動の場合に適用される保険料の割引。4WD割引。

よんりん-しゃ【四輪車】四つの車輪がある車。特に二輪の単車に対して、普通の自動車をいう。

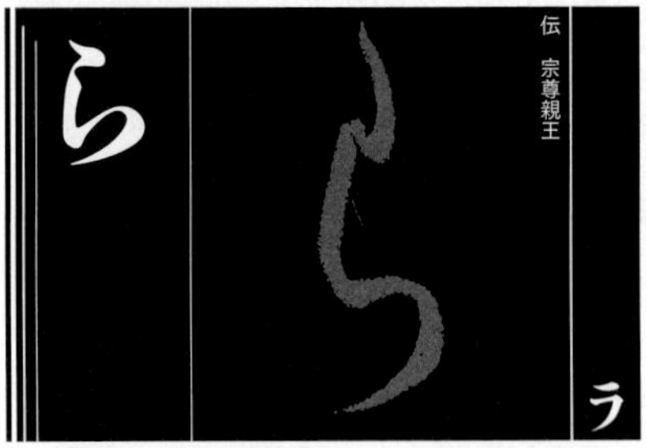

ら ❶五十音図ラ行の第1音。歯茎弾き音の有声子音[r]と母音[a]とから成る音節。[ra] ❷平仮名「ら」は「良」の草体から。片仮名「ラ」は「良」の初2画から。

ら【×螺】貝殻が渦巻き状をしている貝類。巻き貝。➡漢「ら(螺)」

ら【羅】絡からみ織りの一種。網目のように織られた薄地の絹の織物。うすもの。➡漢「ら(羅)」

ラ〘イタリア la〙❶洋楽の階名の一。長音階の第6音、短音階の第1音。❷日本音名イ音のイタリア音名。

ら【▽等】〔接尾〕❶人を表す名詞や代名詞などに付く。㋐複数で、一つにとどまらないこと、その他にも同類があることの意を表す。「君―」「藤原のときざね、橘のすゑひら、長谷部のゆきまさ―なむ御館みたちより出でたうびし日より」〈土佐〉㋑謙遜けんそんまたは蔑視の意を表す。「私―」「お前―」「憶良―は今は罷らむ子泣くらむそれその母も吾を待つらむぞ」〈万・三三七〉㋒親愛の意を表す。「かもがと我わが見し子―かくもがと我あが見し子に」〈記・中・歌謡〉❷名詞に付く。㋐語調を整える。「野―」「豊国の企救きくの高浜高々に君待つ夜―はさ夜更けにけり」〈万・三二二〇〉㋑事物をおおよそに示す意を表す。「今日―」「この男の友だちども集まり来て、言ひなぐさめなどしければ、酒―飲ませけるに」〈平中・一〉❸指示代名詞に付いて、事物・方向・場所などをおおよそに示す意を表す。「あち―」「ここ―」「いく―」「山ならねども、これ―にも、猫の経へあがりて」〈徒然・八九〉❹形容詞の語幹、擬態語などに付いて、その状態であるという意の名詞または形容動詞の語幹をつくる。「あなみにく賢さかし―をすと酒飲まぬ人をよく見れば猿にかも似る」〈万・三四四〉「浜に出でて海原見れば白浪の八重折るが上に海人小舟はら―に浮きて」〈万・四三六〇〉➡達たち(用法)
(類語)方・達たち・共・連づれ・等ども・等など

ラー〘Ra〙エジプト神話で、最高の神である太陽神。昼は天界を、夜は下界を小舟に乗って渡るとされ、鷹たかあるいは鷹の頭をした人間の形で表される。

ラー〘RAR〙コンピューターのファイルの圧縮・解凍形式の一。または、その形式でファイルの圧縮・解凍および分割・統合をするためのソフトウエア。

ラーウィック〘Lerwick〙英国、シェトランド諸島の主島メーンランド島東部の港町。同諸島の中心となる町で、17世紀にニシン漁のための漁業基地として建設された。同諸島の各島のほか、フェロー諸島、オークニー諸島、ノルウェーと定期航路で結ばれる。毎年1月に「アップヘリーアー」という古代北欧の火祭りが開催される。

ラーガ〘ヒンディー rāga〙インド音楽で用いられる一定の旋律の型。音の進行や装飾法などさまざまで、多数のラーガがある。

ラーク〘lark〙雲雀ひばり。

ラーゲ〘ドイツ Lage〙❶位置。姿勢。❷性交時の体位。

ラーゲリ〘ロシア lager'〙捕虜収容所。特に、第二次大戦後のソ連の捕虜・抑留者収容所。ラーゲル。

ラーゲル〘ロシア lager'〙►ラーゲリ

ラーゲルクビスト〘Pär Lagerkvist〙[1891〜1974]スウェーデンの小説家・詩人・劇作家。善と悪、神性と人性の二元的対立のテーマを追求した。1951年ノーベル文学賞受賞。小説「刑吏」「バラバ」など。

ラーゲルレーブ〘Selma Ottiliana Lovisa Lagerlöf〙[1858〜1940]スウェーデンの女流小説家。人間と自然への愛を基調に、空想性あふれる作品を書いた。1909年ノーベル文学賞受賞。作「イェスタ＝ベルリング物語」「ニルスのふしぎな旅」など。

ラーケン〘オランダ laken〙江戸時代に渡来したラシャの類。ランケン。

ラーコシ〘Rákosi Mátyás〙[1892〜1971]ハンガリーの政治家。1945年共産党書記長となり、52年首相に就任。独裁政治を断行して反発をうけ、56年のハンガリー動乱の際にソ連に逃れ客死。

ラーゴス〘Lagos〙►ラゴス

ラージ〘large〙大きいこと。また、大きいもの。「―サイズ」「―ボール」

ラージ-ヒル〘large hill〙スキーのジャンプ競技の種目の一。ジャンプ台の大きさで分類され、着地の限界点(L点)までの距離(ヒルサイズ:HS)が110メートル以上の台を使用する。従来「90メートル級」と呼ばれていたものが改称された。➡ノーマルヒル

ラージプート-ぞく【ラージプート族】〘ヒンディー Rājpūt〙5世紀にラジャスタン地方に侵入、定住した部族集団。クシャトリヤの子孫と自称し、8世紀後半から13世紀後半にかけて北インド各地に小王朝を形成。イギリス支配下では藩王国として存続した。

ラージプリント-ブック〘large-print book〙視力障害者や高齢者のための読みやすさを考慮して大きな活字で組まれた出版物。

ラージ-ボール〘large ball〙ゴルフで、米国サイズの大型ボールをいう。重さ1.62オンス以内、直径1.68インチ以上のボール。ビッグボール。

ラージャ〘梵 rāja〙インドで王の称号。古くは氏族集団の首長をさし、のち王権の伸長に伴い王は「マハーラージャ(大王)」などと称した。

ラージン〘Sten'ka Timofeevich Razin¦Stepan Timofeevich Razin〙[1630ころ〜1671]ロシアの農民反乱の指導者。ドンコサックの長。農奴強制化に反発し、1667年挙兵したが、ドン川河畔のシンビルスク(現在のウリヤノフスク)で政府軍に捕らえられ、モスクワで処刑された。ステンカ＝ラージン。

ラーズィ〘Abū Bakr Muhammad ibn ZaKarīyā al-Rāzī〙[841ころ〜926]イスラムの医者・化学者。イラン生まれ。宗教を学問研究の敵と公言。医学全書「集説」を著した。ラテン語名ラーゼス(Rhazes)。

ラーゼニュスカー-コロナーダ〘Lázeňská kolonáda〙チェコ西部の温泉保養都市マリアーンスケーラーズニェにある温泉施設の一。1889年に建造されたネオバロック様式の建物。同地で最初に発見されたクロス源泉のほか、カロリナ源泉、ルドルフ源泉の温泉水を利用できる。

ラーツケベ〘Ráckeve〙ハンガリー中部の町。ドナウ川の中州チェペル島に位置する。15世紀半ば、ハンガリー王ウラースロー1世(ポーランド王ウワディスワフ3世)が、オスマン帝国軍の侵入により難民となったセルビア人を移住させたことに起源する。正教会唯一とされる15世紀末建造のゴシック様式の教会や、ハプスブルク家に仕えた名将オイゲン公が建てたサボイ宮殿がある。

ラード〘lard〙豚の脂肪組織からとった白色の食用脂あぶら。ヘット(牛脂)より融点が低く、揚げ物や炒いため物などに使う。豚脂とんし。

ラートブルフ〘Gustav Radbruch〙[1878〜1949]ドイツの法哲学者。価値相対主義に立って、自由主義・民主主義・社会主義的思想に基礎を与えた。著「法哲学」など。

ラードロフ〘Vasiliy Vasil'evich Radlov〙[1837〜1918]ロシアの東洋学者。ドイツ生まれ。シベリアやトルキスタンを調査、中央アジア・トルコ系諸民族の言語・文学の研究に業績を残した。著「トルコ方言辞典稿」「北方トルコ諸部族民族文学資料」。

ラーニング-カーブ〘learning curve〙►学習曲線

ラーニング-ディスアビリティー〘learning disability〙►学習障害

ラーベ〘Wilhelm Raabe〙[1831〜1910]ドイツの小説家。写実主義、皮肉とユーモア、厭世えんせい観など多様な傾向をもつ作風で知られる。著「雀すずめ横丁年代記」「飢餓牧師」。

ラーマーヤナ〘梵 Rāmāyana〙《ラーマ王の物語の意》インドの大叙事詩。全7編、2万4000頌じゅ。詩人バールミキの作。成立は2世紀末とされる。英雄ラーマが猿の勇士ハヌマンらと協力して魔王ラーバナと戦い、誘拐された妻シータを取り戻す物語。

ラーマクリシュナ〘Rāmakṛṣṇa Paramahansa〙[1836〜1886]インドの神秘的思想家。宗教的偏見を否定し、すべての信仰が真理に達すると説いた。

ラーマ-ごせい【ラーマ五世】《Rama V》►チュラロンコーン

ラーマン〘Mujib-ur-Rahman〙[1920〜1975]バングラデシュの政治家。独立運動の指導者。1972年の独立とともに初代首相、75年には大統領に就任したが、クーデターにより殺害された。

ラーマン〘Tungku Abdul Rahman〙[1903〜1990]マレーシアの政治家。1957年、マラヤ連邦の独立とともに首相に就任。63年にはマレーシア連邦の結成に成功して初代首相となったが、70年に内紛により辞任。

ラーメン〘ドイツ Rahmen〙構造物の部材間の結合が、外力による変形に対して抵抗作用をもつ剛接合でなされている骨組み。剛節架構。➡トラス

ラーメン【拉麺¦老麺】《中国語》中国風の麺。小麦粉に塩・梘水かんすいなどを加えて練り、細長く引き伸ばしたもの。また、それをゆでて醬油味などのスープを入れ、焼き豚・メンマなどの具を加えたもの。中華そば。

ラーメン-きょう【ラーメン橋】ラーメン(Rahmen)を主構造とする橋。

ラーユ【辣油】《中国語》胡麻ごま油に赤唐辛子を入れて熱し、油にその辛味や色を溶かし出した調味料。

ラ-アルムダイナ-きゅうでん【ラアルムダイナ宮殿】《Palau de l'Almudaina》►アルムダイナ宮殿

らい【礼】「礼記らいき」のこと。また、「礼記」「周礼」「儀礼」の総称。➡漢「れい(礼)」

らい【来】鎌倉中期から南北朝時代、山城で活躍した刀工の家名。高麗こうらいから渡来した国吉が祖とされるが、現存作刀はその子国行に始まる。

らい【雷】かみなり。いかずち。(季 夏) ➡漢「らい(雷)」
(類語)雷かみなり・雷いかずち・鳴る神・雷鳴・雷電・天雷・急雷・疾雷しつらい・迅雷じんらい・霹靂へきれき・雷公・遠雷・春雷・界雷・熱雷・落雷・稲妻いなずま・稲光いなびかり・電光・紫電しでん

ら-い【羅衣】うすもので仕立てた衣服。うすぎぬ。

らい【×癩】►ハンセン病

らい【×罍】古代中国で用いられた青銅製の壺。酒や水を入れるのに用いた。

らい【×籟】❶風が物にあたって発する音。❷三つの穴のある笛。

ライ〘lie〙❶ゴルフで、落下したボールの静止した位置・状態。「―が悪い」❷ゴルフで、クラブヘッドのソール(底部)を地上に置いた場合、クラブシャフトと水平面との間にできる角度。

ライ〘lie〙うそ。偽り。「―ディテクター(＝嘘発見器)」

ライ〘RAI〙《イタリア Radiotelevisione Italiana》イタリア放送協会。1924年にラジオ放送、54年にテレビ放送開始。

ライ〘rye〙ライ麦。

ライ〘Rye〙英国イングランド南東部、イーストサセックス州の町。漆喰しっくいの白壁の木造家屋やレンガ造りの建物など、中世の面影を色濃く残すほか、風景画家J＝M＝ターナーが数多くの作品を描いた町として知られる。12世紀創建の聖メアリー教会、13世紀にフランスの侵略から町を守るために建てられたイプラタワーがある。

らい【来】㊀〔連体〕(日付・年月などで)この次の。きたる。「―場所」「―シーズン」㊁〔接尾〕時などを表す語に付いて、その時から現在まで続いている意を表す。以来。このかた。「数日―」「昨年―」「一別―」➡漢「らい(来)」

らい-い【来意】❶訪ねてきた目的。来訪の理由。「―を告げる」❷手紙の趣旨。

らい-う【雷雨】かみなりを伴う激しい雨。(季 夏)

(類語)嵐・暴風雨

らい-うん【雷雲】 かみなりや雷雨をもたらす雲。積乱雲のこと。かみなりぐも。(季 夏)
(類語)入道雲・積乱雲

らい-えつ【来謁】〔名〕スル 訪れてお目にかかること。「知事に―す」〈久米邦武・米欧回覧実記〉

ライエル〖Charles Lyell〗[1797～1875]英国の地質学者。「地質学原理」を著し、J＝ハットンの学説を「斉一説」として発展させて提唱し、地質学会やダーウィンに影響を与えた。

らい-えん【来援】ライヱン〔名〕スル 来て助けること。助けに来ること。「国都より、靖難の義兵、―するに至りしかば」〈竜渓・経国美談〉

らい-えん【来演】〔名〕スル その土地に来て、劇の上演や音楽の演奏などをすること。「イタリアの歌劇団が―する」

らい-おう【来往】ライワウ〔名〕スル 行ったり来たりすること。ゆきき。往来。「外国船が―する」

ライオン〖lion〗ネコ科の哺乳類。体長約2.5メートル、尾長1メートル。ふつう全体に黄褐色で、尾の先に暗褐色の房毛をもち、雄にはたてがみがある。アフリカのサバンナに十数頭の群れですみ、共同でシマウマ・レイヨウなどを狩る。インド西部のカチャワル半島の森林の一部にも分布。百獣の王とよばれ、力の象徴とされた。獅子しし。

ライオンズ〖Lions〗▶埼玉西武ライオンズ

ライオンズ-クラブ〖Lions Club〗国際的な民間社会奉仕団体。1917年、米国の実業家が中心となって結成。日本には52年(昭和27)に支部が設立された。Lionsは、liberty(自由)・intelligence(知性)・our nation's safety(わが国民の安全)の頭文字。

ライオンぞう-の-おか【ライオン像の丘】ライオンザウ―をか《La Butte du Lion》ベルギー中部、ブリュッセル南東の都市、ワーテルローにある人工の丘。1815年、イギリス-プロイセン連合軍がナポレオン1世率いるフランス軍を破った古戦場にある。丘の頂上にあるライオン像は、オランダ-ベルギー連合軍の指揮官、後のオラニエ公ウィレム2世が名誉の負傷をしたことを記念して造られた。

ライオン-タマリン〖lion tamarin〗キヌザル科ライオンタマリン属の哺乳類。小形のサルで、頭・肩の毛がたてがみのように長い。果物や昆虫を食べる。ブラジル南東部の森林に分布するが、数が激減している。

らい-か【来夏】来年の夏。

らい-か【雷火】ライクワ いなびかり。いなずま。また、落雷によって起こる火災。(季 夏)

ライカ〖Leica〗ドイツのライツ社(現ライカカメラ社)製のカメラの商標名。映画の35ミリフィルムを利用する小型カメラとして開発された。

らい-が【来賀】来て祝いを述べること。

らい-が【来×駕】〔名〕スル《「らいか」とも》他の人を敬ってその来訪をいう語。来車。「播州大倉谷迄―せられし趣きを」〈染崎延房・近世紀聞〉
(類語)来車・来臨・来儀・光臨・光来・枉駕おうが

ライガー〖liger〗ライオンの雄とトラ(タイガー)の雌の交配による雑種。トラが雄の場合はタイゴン。

らい-かい【来会】ライクワイ〔名〕スル 集会・会合などに集まって来ること。「各界の名士が多数―する」(類語)来場

らい-かく【来客】▶らいきゃく(来客)

ライカ-ばん【ライカ判】35ミリフィルムのこと。ライカの画面サイズであるところからいう。35ミリ判。

らい-かん【礼冠】ライクワン 礼服らいふくに用いた冠。周縁に金銅透かし彫りの金具を配し、その上に金・銀・珠玉を飾ったもの。皇太子・親王・諸王、五位以上の諸臣が着用した。礼服冠。玉冠ぎょくかん。れいかん。

らい-かん【来館】ライクワン〔名〕スル 美術館・図書館・映画館などに来ること。「書道展を見に―した人たち」

らい-かん【来簡|来×翰】送られてきた手紙。来書。来信。「――通」〈福沢・福翁百話〉

らい-かん【来観】ライクワン〔名〕スル 来て見物すること。行事や催し物などを見に来ること。「―者」
(類語)観覧・参観・拝観・見物・見学・見る

らい-かん【雷管】ライクワン 火薬の起爆に用いる、金属製の容器に雷汞らいこうなどを詰めたもの。

らい-がん【雷丸】ライグワン 竹に寄生するサルノコシカケ科のキノコの一種の菌体。直径1、2センチの塊状。回虫・条虫などの駆虫薬にされる。

らいき【礼記】中国、前漢時代の経書。五経の一。49編。「儀礼ぎらい」の注釈および政治・学術・習俗など礼制に関する、戦国時代から秦・漢時代の説を集録したもの。今の「礼記」は戴聖たいせいが戴徳たいとくの「大戴礼」を削って編集した「小戴礼」をさす。「大学」「中庸」はその一部。三礼さんらいの一。

らい-き【来季】今年と同じような来年の時季。来年の今頃。来シーズン。「―流行のファッション」「―は上部リーグへ昇格する」

らい-き【来期】この次の期間。「残金は―に繰り越す」➡今期

らい-ぎ【来儀】《「儀」も来る意》やって来ること。また、来ることを敬っていう語。

ライキ-イトニア〖Laiki Geitonia〗キプロスの首都ニコシアの旧市街の一画。石畳が敷き詰められ、ニコシアで最も古い街並みは観光客に人気がある。

らい-きゃく【来客】訪れてくる客。また、訪ねて来た客。らいかく。「週末に―がある」「―中」
(類語)客・客人・訪客・来訪者・訪問者・賓客・来賓・まろうど・ゲスト

ライキャルトルグ〖Lækjartorg〗アイスランドの首都レイキャビクの中心部にある広場。周辺にオペラ劇場、政府庁舎、観光局があるほか、多くのレストランや商店が並ぶ。

らいきゅう-じ【頼久寺】ライキウ― 岡山県高梁たかはし市にある臨済宗永源寺派の寺。山号は、天柱山。暦応りゃくおう年間(1338～1342)に足利尊氏が天忠寺跡に安国寺を創建。開山は寂室元光。永正元年(1504)領主の上野頼久が中興し、安国頼久寺と改称。庭園は小堀遠州作。

らい-ぎょ【雷魚】タイワンドジョウとカムルチーの通称。ともに肉食性で、他の魚などを食害する。

らい-きょうへい【頼杏坪】ライキャウヘイ[1756～1834]江戸後期の儒学者。安芸あきの人。春水の弟。名は惟柔ただなが。字あざなは千祺せんき。別号、春草。漢詩・和歌をよくし、また、広島藩の儒官として教育・治政にも功績があった。著「春草堂集」「芸藩通志」など。

らい-きん【×癩菌】ハンセン病の原因となる細菌。結核菌に似た抗酸性のグラム陽性の桿菌かんきん。人工培養はできない。1874年にハンセンが発見。

ライク〖like〗❶好むこと。❷他の語の下に付いて、それに類する、似ている、の意を表す。「パソコン―な操作」「ビジネス―」

らい-くにつぐ【来国次】鎌倉後期の刀工。国俊の女婿で、のち正宗の門に入り正宗十哲の一人に挙げられる。生没年未詳。

らい-くにとし【来国俊】鎌倉後期の刀工。国行の子。来派の代表者。銘に「国俊」の2字のものと、来を冠した3字のものとがあって作風も異なるため、同人説・別人説の両方がある。生没年未詳。

らい-くにみつ【来国光】室町前期の刀工。国俊の子。国次と並ぶ来派の名工。生没年未詳。

らい-くにゆき【来国行】鎌倉中期の刀工。来派の事実上の始祖。生没年未詳。

らい-けい【雷鶏】ライチョウの別名。

らい-げき【雷撃】〔名〕スル ❶落雷すること。かみなりが落ちること。直撃雷・側撃雷・侵入雷・誘導雷がある。❷魚雷で敵艦を攻撃すること。また、その攻撃。

らいげき-き【雷撃機】魚雷を発射する装備をもつ飛行機。

らい-げつ【来月】今月の次の月。(類語)翌月

らい-こ【雷鼓】雷神が持っているという太鼓。また、かみなりの鳴る音。

らい-こう【来光】ライクワウ ▶御来光ごらいこう

らい-こう【来校】ライカウ〔名〕スル 学校を訪ねてくること。「運動会に大勢の人が―する」

らい-こう【来航】ライカウ〔名〕スル 外国から船に乗ってやってくること。

らい-こう【来貢】〔名〕スル 貢ぎ物を持って外国の使者がやってくること。

らい-こう【来×寇】〔名〕スル 外敵が攻めてくること。

らい-こう【雷公】かみなりの俗称。(季 夏)
(類語)雷かみなり・雷いかずち・鳴る神・雷らい・雷鳴・雷電・天雷・急雷・疾雷しつらい・迅雷じんらい・霹靂へきれき・遠雷・春雷・界雷・熱雷・落雷・稲妻いなずま・稲光いなびかり・電光・紫電しでん

らい-こう【雷光】ライクワウ いなびかり。いなずま。

らい-こう【雷×汞】水銀を濃硝酸に溶かし、アルコールで処理して得られる白色の針状結晶。加熱・衝撃・摩擦などで爆発しやすく、起爆薬として雷管に用いる。化学式$Hg(ONC)_2$ 雷酸水銀。

らいこう【頼光】ライクワウ ▶源頼光みなもとのよりみつ

らい-ごう【来▽迎】ライガウ《近世中ごろまで「らいこう」とも》❶浄土教で、念仏行者の死に臨んで、極楽浄土へ導くため阿弥陀仏や諸菩薩ぼさつが紫雲に乗って迎えに来ること。迎接ごうしょう。❷▶御来迎ごらいごう

漢字項目　ら

拉 音ラ(慣)　ラツ(慣)　訓ひしぐ‖強引に連れていく。「拉致らち・らっち」(難読)拉麺ラーメン・拉薩ラサ・ラッサ・拉丁ラテン

裸 音ラ(呉)(漢)　訓はだか‖㊀〈ラ〉衣服をつけず肌をむきだしにする。はだか。むきだし。「裸眼・裸出・裸体・裸婦・裸子植物／全裸・半裸・赤裸裸」㊁〈はだか〉「裸馬・裸一貫／丸裸」(補説)「躶」は異体字。(難読)裸足はだし

人**螺** 音ラ(呉)(漢)　訓つぶ、にし‖①ツブ・ニシ・サザエなど。「螺鈿らでん／法螺ほら」②渦巻き形。「螺旋・螺髪らほつ」(難読)栄螺さざえ・拳螺さざえ・田螺たにし・螺子ねじ

羅 音ラ(呉)(漢)　訓うすぎぬ‖①鳥を捕らえる網。網にかけて捕らえる。「雀羅じゃくら・網羅・爬羅剔抉はらてっけつ」②網の目のように並べ連ねる。並ぶ。「羅列／森羅万象」③うすぎぬ。「羅衣／綺羅きら・軽羅・綾羅りょうら・一張羅」④梵語・外国語の音訳字。「羅宇ラウ・ラオ・羅漢・羅紗ラシャ・羅甸ラテン／伽羅きゃら・修羅しゅら・魔羅・金毘羅こんぴら・曼陀羅まんだら」(難読)呉羅ごろ・新羅しらぎ・遍羅べら・羅馬尼亜ルーマニア・羅馬ローマ・羅府ロサンゼルス

×**邏** 音ラ(呉)(漢)‖見まわる。巡察する。「邏卒／警邏・巡邏」

漢字項目　らい

【礼】▶れい

来〔來〕 (学)2　音ライ(呉)(漢)　訓くる、きたる、きたす‖①こちらにくる。近づいてくる。「来意・来客・来信・来日らいにち・来賓・来訪／遠来・往来・帰来・去来・光来・再来・襲来・新来・伝来・渡来・舶来・飛来」②これまで経てくる。起こりきたる。「来由・来歴／由来」③過去のある時点から今まで。このかた。「以来・元来・近来・古来・在来・爾来じらい・従来・生来・年来・本来・夜来」④時間的に、これからくる。「将来・未来」⑤今の次の。「来月・来週・来春・来世・来年」(名付)き・く・こ・な・ゆき (難読)帰去来かえりなんいざ・出来でき・出来しゅったい

雷 音ライ(呉)(漢)　訓かみなり、いかずち‖①かみなり。「雷雨・雷雲・雷光・雷電・雷同・雷鳴／遠雷・春雷・迅雷・落雷・避雷針」②うるさく響くもの。「蚊雷ぶんらい」③世に知れ渡るもの。「雷名」④爆発力の大きい兵器。「雷管・雷撃／機雷・魚雷・地雷・爆雷」(名付)あずま

×**磊** 音ライ(呉)(漢)‖①石がごろごろしているさま。「磊塊・磊磊」②心の大きいさま。「磊落」

頼〔賴〕 音ライ(呉)(漢)　訓たのむ、たのもしい、たよる‖あてにする。たのみとする。「頼信紙／依頼・信頼・無頼」(名付)のり・よ・よし・より (難読)頼母子講たのもしこう

▽**瀬〔瀨〕** 音ライ(呉)(漢)　訓せ‖㊀〈ライ〉水の流れの浅い所。流れの急な所。「急瀬きゅうらい」㊁〈せ〉「瀬戸／浅瀬・川瀬・早瀬」

ら

らい-ごう【来降】〔名〕スル《「らいこう」とも》神仏が地上に降りて来ること。降臨。「耶蘇が天堂から一なし」〈逍遥・当世書生気質〉

らいごう【頼豪】[1004～1084]平安中期の天台宗の僧。伊賀守藤原有家の子。近江園城寺の僧で白河天皇の皇子降誕を祈祷し、親王誕生の恩賞として園城寺戒壇の造立を願ったが、延暦寺の反対で許されず断食して怨死。死後、化け鼠となって延暦寺の経巻を食い破ったという伝説の主となる。

らいごう-いん【来迎院】京都市左京区にある天台宗の寺。山号は、魚山。仁寿年間(851～854)円仁の創建と伝える。のち、良忍が大原声明(大原魚山流)の根拠地とした。所蔵の日本霊異記は国宝。

らいごう-いんじょう【来▽迎引▽接】阿弥陀仏が菩薩を従えて現れ、臨終の念仏行者を浄土に迎えとること。引接。

らいごう-じ【来迎寺】►聖衆来迎寺

らいごう-ず【来▽迎図】平安中期以降、浄土信仰に基づいて盛んになった仏画。主に、阿弥陀仏が諸菩薩を従えて、衆生を極楽浄土に迎えるために人間世界に下降するようすを描いたもの。

らいごう-の-さんぞん【来迎の三尊】来迎する阿弥陀仏と観音・勢至の二菩薩。来迎三尊。

らいごう-ばしら【来▽迎柱】仏堂で、須弥壇の背後にある来迎壁とよぶ壁の左右両端に立つ円柱。

らいごうわさん【来迎和讃】阿弥陀仏の来迎を賛嘆し、念仏をすすめる和讃。源信の作と伝える。

ライザー-カード〖riser card〗►ドーターボード

らい-さい【来歳】来年。

らい-さん【礼賛｜礼×讃】〔名〕スル ❶すばらしいものとして、ほめたたえること。また、ありがたく思うこと。「先人の偉業を一する」「健康を一する」❷仏語。仏・法・僧の三宝を礼拝し、その功徳をたたえること。また、その行事。[類語]称賛・賛美・称揚・喝采・賞嘆・賛嘆・嘆称・絶賛・感嘆・感服・三嘆・激賞

らいさん-すいぎん【雷酸水銀】雷酸(HONC)と水銀との塩。古くから知られ、爆発しやすく、雷酸水銀(Ⅱ)は雷汞とよばれる。

らいさん-まい【礼×讃舞】浄土宗で、如来礼讃の偈文に伴って舞う舞。

らい-さんよう【頼山陽】[1780～1832]江戸後期の儒学者・歴史家・漢詩人。大坂の生まれ。春水の長男。名は襄。字は子成。18歳のとき江戸に出て経学・国史を学び、のち京都に上って私塾を開き、梁川星巌・大塩平八郎らと交わった。著「日本外史」「日本政記」「山陽詩鈔」など。

らい-し【礼紙｜×畾紙】❶書状の文言を書いた紙に重ねて添える白紙。また、書状や目録などを巻いた包み紙。「倹寛といふ文字はなし。一にぞあらむとて」〈平家・三〉❷書状などの端の余白。「すこしも一をおかず」〈浮・新可笑記〉

らい-し【来旨】❶相手から言ってよこした趣旨。来意。❷来訪の趣旨。来意。「受付に一を告げる」

らい-し【×櫑子｜×罍子】高坏に似た縁の高い器。酒や菓子などを盛った。「一を持てまいる」〈増鏡・さしぐし〉

らい-じ【来示】《「らいし」とも》書き手を敬って、その書状の内容をいう語。「御一の件は承知いたしました」

らいし-がき【礼紙書(き)】礼紙に書かれる追而書き。

らい-じつ【来日】今よりあとに来る日。将来の日。

らい-しゃ【来社】〔名〕スル よその人が会社を訪ねてくること。「外国の視察団が一する」

らい-しゃ【来車】〔名〕スル 車に乗ってくること。転じて、相手を敬って、その来訪をいう語。来駕。「ぜひ御一を仰ぐ」〈蘆花・思出の記〉
[類語]来駕・来臨・来儀・光臨・光来・枉駕

らい-しゃ【来者】❶訪ねてくる人。「往者の便利は一の不便なり」〈福沢・文明論之概略〉⇔往者。❷自分よりあとに生まれてくる人。後生。❸将来のこと。⇔往者。

らい-しゃ【×癩者】かつてハンセン病患者をさした語。

ライシャワー〖Edwin Oldfather Reischaur〗[1910～1990]米国の歴史学者。東京の生まれ。ハーバード大学教授。第二次大戦中から米国の対日政策立案に参与。1961～66年(昭和36～41)駐日大使。著「日本—過去と現在」「米国と日本」など。

らい-しゅう【来秋】来年の秋。

らい-しゅう【来週】今週の次の週。次週。
[類語]翌週・次週

らい-しゅう【来集】〔名〕スル 集まってくること。「各地から一する」

らい-しゅう【来襲】〔名〕スル 襲ってくること。攻めてくること。襲来。「台風が一する」「敵機一」

らい-じゅう【雷獣】落雷とともに地上へ降り、人畜を殺傷したり、樹木を引き裂いたりするといわれる、想像上の動物。

らいしゅう-はんとう【雷州半島】中国広東省南西部、南シナ海に突き出ている半島。瓊州海峡を隔てて海南島に対する。中心都市は湛江。レイチョウ半島。

らい-しゅん【来春】来年の春。また、次の正月。明春。らいはる。「一大学を卒業する」[類語]明春・来春

らい-しゅんすい【頼春水】[1746～1816]江戸後期の儒学者。安芸の人。山陽の父。杏坪の兄。通称、弥太郎。大坂で儒学を学び、のち広島藩儒官となった。著「芸備孝義伝」など。

らい-しょ【来書】よそから来た手紙。来状。来信。

らい-じょ【来序】❶能・狂言の囃子事の一。帝王・神体・天狗など、神聖荘重な役の登場・退場に用いる。大鼓・小鼓・太鼓に笛をあしらう。❷(「雷序」とも書く)歌舞伎下座音楽の一。狐の変化の出入りなどに用いる。❶を移入したもので、太鼓・大鼓・小鼓・能管に大太鼓のドロドロを加える。

らい-じょう【来状】よそから来た手紙。来書。来信。「室内には一の山をなせり」〈露伴・露団々〉

らい-じょう【来場】〔名〕スル 人がその場所、特に催し物・興行などを行う場所に来ること。「本日は御一いただきましてありがとうございます」[類語]来会

ライ-しょうこうぐん【ライ症候群】インフルエンザ・水痘のような症状のあと、突然に嘔吐・痙攣・昏睡状態を呈する病気。小児に多く、死亡率が高い。1963年にオーストラリアの病理学者ライ(R.D.K.Reye)が報告。

らい-しん【来信】よそから来た手紙。来状。来書。

らい-しん【来診】〔名〕スル 医師が患者の家に来て診察すること。「主治医が一する」

らい-じん【雷神】かみなりを起こすと信じられた神。ふつう虎の皮の褌をした鬼が、輪形に連ねた太鼓を負い、手にばちを持った姿で描かれる。古くは水神の性格も持つものとされた。[季 夏]

ライジング-スター〖rising star〗将来性のある人物。新星。[類語]新鋭・新星・新進・新進気鋭・ホープ

らいしん-し【頼信紙】電報を打つときに電文を書く所定の用紙。今は電報発信紙という。

ライス〖Elmer Rice〗[1892～1967]米国の劇作家。表現主義的手法によって機械文明を風刺した「計算器」、裏街の生活を写実的に描出した「街の風景」などで知られる。

ライス〖rice〗米。米飯。御飯。

らい-す【礼す】〔動サ変〕礼拝する。敬礼する。「先づ我が師の婆羅門を一・して」〈今昔・一・二〉

ライス-カレー《和 rice＋curry》「カレーライス」に同じ。

らい-すき【×耒】「耒偏」に同じ。

ライス-センター《和 rice＋center》収穫した生の籾や乾燥不十分の籾を火力乾燥・籾摺り・袋詰めするための施設。麦の乾燥にも利用。

ライス-ペーパー〖rice paper〗❶麻の繊維を原料とした、薄く不透明でじょうぶな紙。主に紙巻きタバコに用いる。❷米粉を練ってシート状に薄く伸ばし、蒸したのちに乾燥させた食品。水で戻して用いる。

ライスベス-どおり【ライスベス通り】《Laisvės alėja》リトアニア中央部の都市カウナスの目抜き通り。新市街を東西に貫き、聖ミコロ教会がある独立広場と旧市街のビリニアウス通りを結ぶ。

ライス-ボウル〖Rice Bowl〗アメリカンフットボールの日本選手権。学生チャンピオンと社会人チャンピオンが戦う。米国の四大ボウルにならって、日本の特産品、米(ライス)を名に冠したもの。

らい-せ【来世】仏語。三世の一。死後に行く次の世。後世。後生。未来世。らいせい。
[類語]彼の世・後の世・後世・後生・冥土・冥府・冥界・幽冥・幽界・黄泉・黄泉・霊界

らい-せい【雷声】❶かみなりの音。雷鳴。[季 夏] ❷かみなりのような大きい音や声。

らいせ-がね【来世金】来世の冥福などを祈って仏に捧げる金。「あったら銀をあの世へやる。これがほんの一ぢゃ」〈浄・阿波鳴渡〉

ライセンサー〖licenser｜licensor〗免許を与える人。認可者。

ライセンシー〖licensee｜licencee〗免許を受けた人。認可された人。

ライセンス〖license｜licence〗❶免許。許可。承認。また、その書。「一を取る」「A級一」❷他者、特に外国がもっている特許や技術を使うための法的な許可。「一生産」「一料」
[類語]許可・認可・許諾・承認・認許・允許・允可・容認・許容・聴許・裁許・裁可・免許・公許・官許・特許・許し・オーケー

ライセンス-けいやく【ライセンス契約】❶特許や商標などの権利者が、他の者に対して利用・実施の許諾を与える契約。例えば、キャラクターの版権をもつ会社が、ぬいぐるみの製作会社に対して利用許諾を与える契約など。❷1本のソフトウエアを、一定台数のパソコンで利用することを認める契約。

ライセンス-サーバー〖license server〗アプリケーションソフトを使用するためのライセンスを管理するサーバー。インターネットなどのコンピューターネットワークを通じ、稼動中のアプリケーションソフトや利用者の総数の情報を監視する。

ライセンス-せいさん【ライセンス生産】外国企業または他企業からの技術によって与えられた仕様のまま、指導に従って生産すること。

ライセンス-にんしょう【ライセンス認証】►プロダクトアクティベーション

ライセンス-ビジネス〖license business〗技術指導を行った後に一定の商品を生産・販売する資格を付与し、その使用料を徴収する事業。また、自己の特許の使用を認め、その使用料を徴収する事業。

ライソゾーム〖lysosome〗►リソソーム

らい-そん【来孫】玄孫の子。自分から5代後の子孫。すなわち、子・孫・曽孫・玄孫の次。

らい-そん【雷×樽】古代中国の酒器の一。雷文を刻んだ酒樽。

らい-だ【×懶惰】〔名・形動〕「らんだ(懶惰)」を誤読した語。「余は今坑夫の中にて最も一なる一連中に加わりし事は」〈石橋思案・寧馨児〉

ライター〖lighter〗点火する器具。特に、タバコに火をつける小形の器具。「ガス一」

ライター〖writer〗文章を書くことを職業とする人。著作家。「ルポ一」「コピー一」[補説]小説家、劇作家、随筆家、詩人、歌人、俳人など既にある語の枠にはまらない新しい文筆業に「ライター」を使うようになった。「トラベルライター」「フリーライター」など複合語が多い。
[類語]文筆家・物書き・コラムニスト・フリーライター

ライダー〖LIDAR〗《light detection and ranging》►レーザーレーダー

ライダー〖rider〗オートバイなどの乗り手。

ライダース-ジャケット〖rider's jacket〗カーレースやオートバイレースのライダーたちが着用する丈夫なジャケット。

らい-たく【来宅】〔名〕スル よその人が自分の家に訪ねてくること。「知人が一する」[類語]来訪

らい-だん【来談】〔名〕スル 来て話をすること。また、話をしに来ること。「一時間ほど一してお帰りになる」

らい-ち【×畾地】《「らいぢ」とも》余分の土地。あき地。「この松植ゑるほど一があるほどに」〈虎明狂・富士松〉

ライチー〖マレ lychee¦litchi〗《「ライチ」とも》レイシの別名。
らい-ちゃく【来着】〔名〕スル よそから来てその地に到着すること。「新しい所長が近々当地に―する」
らい-ちょう【来朝】デ〔名〕スル ❶外国人が日本へ来ること。来日。「使節団が―する」❷外国・属国の使者などが、朝廷へ来て礼物れいもつを献上すること。
らい-ちょう【来聴】ヲラナ〔名〕スル 来て聞くこと。講演や話などを聞きに来ること。「自由に―されたい」
らい-ちょう【雷鳥】デ キジ目キジ科ライチョウ亜科の鳥。全長37センチくらい。尾は長くなく、丸い体つきで、あまり飛ばない。羽色は夏は褐色、冬は白色になり、雄では目の上に赤い裸出部がある。ユーラシア・アメリカの北部に分布。日本では中部地方の高山に生息し特別天然記念物。同亜科にはエゾライチョウなど18種が含まれ、北半球に分布。(季 夏)「一や雨に倦む日をまれに啼く/辰之助」
ライツ〖rights〗権利。一定の利益を得るために主張できる正当な資格。「―ビジネス」➡ネーミングライツ
ライ-ツー〖lie to〗船が機関を止め、船首を風上に向けて風波にさからわないで荒天をしのぐ方法。
ライツェ-ひろば【ライツェ広場】《Leidseplein》オランダの首都、アムステルダムの中心部にある広場。周辺は、劇場、カジノ、映画館、レストラン、ホテルなどが集まる歓楽街になっている。
らい-てい【雷×霆】《「霆」は激しい雷の意》かみなり。いかずち。(季 夏)
ライティング〖lighting〗❶照明。撮影などでの照明技術。また、舞台照明。❷採光。照明方法。「寝室の―を変える」
ライティング〖writing〗❶書くこと。「―デスク」❷作文。主に、外国語の教育・学習でいう。
ライディング〖riding〗❶馬に乗ること。「―ハビット(=乗馬服)」❷サーフィンで、ボードの上に立って波に乗ること。❸レスリングで、相手を上から押さえつけて動けなくすること。
ライティング-ソフト《writing softwareから》CD-R、CD-RW、DVD-Rなど、記録型の光ディスクにデータを書き込むための専用のソフトウエア。CD-DA、DVD-Video、DVD-Audio規格のような、音楽や映像のデータを書き込めるソフトウエアもある。
ライティング-デスク〖writing desk〗❶書き物机。❷「ライティングビューロー」に同じ。
ライディング-ハビット〖riding habit〗乗馬服の総称。元来は、女性の乗馬服をさしたが、現在では男性のものも含めていう。
ライディング-パンツ〖riding pants〗乗馬用のパンツ。ジョッパーズ。
ライティング-ビューロー〖writing bureau〗机になる板が書棚と組みになっていて、使うときに倒す仕組みの書き物机。
らい-てん【来店】〔名〕スル 人が店に来ること。「―した客に記念品を渡す」
らい-でん【来電】電報が来ること。また、その電報。「ニューヨークからの―によれば」
らい-でん【雷電】❶かみなりといなびかり。雷鳴と電光。❷旧日本海軍の単発単座の迎撃戦闘機。局地防空用として開発された。
(類語)雷なる・雷いかずち・鳴る神・雷らい・雷鳴・天雷・急雷・疾雷しつらい・迅雷じんらい・霹靂へきれき・雷公・遠雷・春雷・界雷・熱雷・落雷・稲妻いなずま・稲光いなびかり・電光・紫電しでん
ライデン〖Leiden〗オランダ中西部の学術都市。14世紀以降、毛織物工業により発展。1575年に設立された同国最古のライデン大学がある。市内には水路が多い。レイデン。
ライデン〖LIDEN〗《lightning detection network system》空港や航空機を落雷の被害から守るために東京航空地方気象台が設置する雷の観測システム。全国約30か所の空港に設置された雷探知アンテナ(検知局)からの観測データを中央処理局が解析し、雷の種類、発生時間・場所などのデータをリアルタイムで全国の空港や航空会社に配信している。雷監視システム。
らいでん-かいがん【雷電海岸】北海道南西部にあり、日本海に臨む海岸。岩内町から13キロメートルにわたり、観光ルートになっている。ニセコ積丹しゃこたん小樽海岸国定公園の一部。
らいでん-ためえもん【雷電為右衛門】ためえもん[1767〜1825]江戸後期の力士。信濃の人。大関在位17年。32場所中、254勝10敗、勝率9割6分以上の驚異的な成績を残した。
ライデン-びん【ライデン瓶】蓄電器の一種。ガラス瓶の内側と外側に錫箔すずはくをはりつけ、金属棒を内部の錫箔に触れるように入れたもの。金属棒を通じて内箔・外箔に異種の電荷がたまり、充電される。1746年、ライデン大学の物理学者ミュッセンブルクが放電の実験に初めて使用。
ライト〖light〗〔名・形動〕❶㋐光。光線。㋑照明。明かり。「―を当てる」「ヘッド―」「スポット―」㋒色調が明るいこと。淡いこと。また、そのさま。多く複合語の形で用いる。「―グリーン」⇔ダーク。❷軽いこと。重量のないこと。また、そのさま。❸味付けがあっさりしていること。酒類のアルコール成分や、タバコのニコチン含有量などが少ないこと。また、そのさま。「舌ざわりの―な調理」「―ビール」❹手軽なこと。行動などにこだわりのないこと。また、そのさま。「若者の―な感覚」「―オペラ」
(類語)明かり・照明・灯・灯火・ともし火・光・ネオン・電飾・イルミネーション
ライト〖right〗❶右。右側。⇔レフト。❷野球で、右翼。また、右翼手。⇔レフト。❸右派。保守派。「ニュー―」⇔レフト。❹《時に、rightsとなる》正当な要求。権利。➡ライツ (類語)右手・右方
ライト〖Eda Hanna Wright〗[1870〜1950]英国の社会事業家。1895年(明治28)来日、第二次大戦後にも再来日し、国立癩らい療養所恵楓園などで施療に尽くし、「救癩の母」と慕われた。
ライト〖Frank Lloyd Wright〗[1867〜1959]米国の建築家。環境と一体化した有機的建築を提唱し、現代建築に大きな影響を与えた。作品に、東京の旧帝国ホテルやニューヨークのグッゲンハイム美術館などがある。
ライト〖Wilbur Wright〗[1867〜1912]米国の発明家。弟オービルとともにライト兄弟とよばれる。兄弟で1903年に複葉機を完成、人類初の動力飛行に成功。➡ライト兄弟
ライド〖ride〗馬や乗り物に乗ること。
ライト-アート〖light art〗光、特に人工の光を活用した芸術。ネオン・蛍光灯などによる作品を空間や環境に設置するもの。
ライト-アップ〖light up〗〔名〕スル 景観を演出するために、夜間、建物・橋・塔などに灯火をつけたり、照明を当てたりして明るく浮かび上がらせること。「―されたベイブリッジ」
らい-とう【来島】タウ〔名〕スル よそからその島にやってくること。「観光を目的に―する」
らい-どう【礼堂】ダウ 寺院で、本堂または祠堂しどうの前に設けた礼拝・読経のための堂。
らい-どう【来同】〔名〕スル 集まってきて一緒になること。
らい-どう【雷同】〔名〕スル《「礼記」曲礼上から。雷の音に応じて万物が響く意》自分自身の考えをもたず、むやみに他人の説や行動に同調すること。「付和―」「卑屈の気風に制せられ其気風に―して」〈福沢・学問のすゝめ〉
らい-どう【雷動】かみなりの鳴り響くように、どよめき騒ぐこと。「夜々の蜂起、谷々の―やむ時無し」〈太平記・二四〉
ライト-ウイング〖right wing〗❶(政治的に)右翼。右派。⇔レフトウイング。❷ラグビーで、スリークオーターバックの右端の位置。また、その位置の選手。右ウイング。⇔レフトウイング。❸サッカーで、フォワードの右端の位置。また、その位置の選手。RW。⇔レフトウイング。
ライト-ウエルターきゅう【ライトウエルター級】キフ《light welterweight》ボクシングなどの体重別階級の一。アマチュアボクシングではウエルター級よりも軽くライト級よりも重い階級で、60キロを超え64キロまで。ジュニアは60キロを超え63キロまで。プロボクシングではスーパーライト級という。
ライト-オペラ〖light opera〗軽歌劇。
ライト-きゅう【ライト級】キフ《lightweight》ボクシングなどの体重別階級の一。アマチュアボクシングではライトウエルター級よりも軽くフェザー級よりも重い階級で、56キロを超え60キロまで。女子とジュニアは57キロを超え60キロまで。プロボクシングではスーパーライト級とスーパーフェザー級の間で、130ポンド(58.97キロ)を超え135ポンド(61.24キロ)まで。
ライト-きょうだい【ライト兄弟】キャウダイ 米国の発明家。ウィルバー=ライト(Wilbur Wright[1867〜1912])とオービル=ライト(Orville Wright[1871〜1948])の兄弟。自転車の製造販売業をしていたが、リリエンタールの飛行実験に影響されてグライダーの製作を開始。1903年に複葉機を完成させ、人類初の動力飛行に成功。
ライト-コート〖light court〗採光のための中庭。光庭。
ライトシュミット-カメラ〖Wright-Schmidt camera〗天体用カメラの一。楕円だえん面反射鏡に補正レンズを組み合わせたもの。➡シュミットカメラ
ライトスケープ〖lightscape〗光源や被照物における光の色や明るさなど、光の質と量に関する工学。
ライト-ダウン《和 light＋down》屋外のネオンサインなどの照明を消すこと。彗星すいせいが接近して天体観測をしたいときなどに、暗い夜空を取り戻すために、企業などに協力を呼びかけて行う。
ライト-テーブル〖light table〗➤ライトボックス
ライトニング〖lightning〗雷光。稲妻。
ライトネス〖lightness〗❶明るいこと。明るさ。明度。❷色などが薄いこと。淡い色合い。❸軽いこと。手軽であること。❹活発さ。快活さ。
ライト-ノベル《和 light＋novel》10代から20代の読者を想定した、娯楽性の高い小説。会話文を多用するなどして、気軽に読める内容のものが多い。ラノベ。
ライトハウス〖lighthouse〗灯台。
ライト-バリュー〖light value〗写真で、使用するフィルムの感光度とシャッター速度、絞り値との組み合わせを示す数値。
ライト-バン《和 light＋van》小型貨客兼用車。座席の後ろに荷物を積む場所があり、屋根が後端まであるもの。
ライト-バンタムきゅう【ライトバンタム級】キフ《light bantamweight》ボクシングなどの体重別階級の一。アマチュアボクシングのジュニア部門でバンタム級よりも軽くフライ級よりも重い階級で、50キロを超え52キロまで。
ライト-フライきゅう【ライトフライ級】キフ《light flyweight》ボクシングなどの体重別階級の一。アマチュアボクシングでは、17歳以上の部門で最軽量の階級。男子は49キロまで、女子は48キロまで。ジュニアは46キロを超え48キロまでで、これよりも軽量のピン級がある。プロボクシングではフライ級よりも軽くミニマム級も重い階級で、105ポンド(47.63キロ)を超え108ポンド(48.99キロ)まで。ジュニアフライ級。
ライト-ブルー〖light blue〗明るい青色。
ライト-プロテクト〖write-protect〗コンピューターで、ファイルやディスクを変更・消去できないようにすること。書き込み禁止。
ライトヘビー-きゅう【ライトヘビー級】キフ《light heavyweight》ボクシングなどの体重別階級の一。アマチュアボクシングではヘビー級とミドル級の間の階級で、75キロを超え81キロまで。ジュニアは75キロを超え80キロまで。プロボクシングではクルーザー級よりも軽くスーパーミドル級よりも重い階級で、168ポンド(76.20キロ)を超え175ポンド(79.38キロ)まで。
ライト-ペン〖light pen〗コンピューターで、ブラウン管ディスプレー装置に用いるペン状の入力装置。先

ら

端に受光素子をもち、表示された蛍光面の特定位置に当てることにより入力できる。現在はタッチパネル式の液晶ディスプレーが主流のため、特殊な用途以外では使われない。

ライト-ボックス〖light box〗蛍光灯が入った箱で、一つの面が半透明のアクリル板などでできているもの。内部からの透過光により、半透明の面に置いた写真用フィルムやアニメーションのセル画などをチェックすることができる。大型のものはライトテーブルともいう。

ライト-ミドルきゅう【ライトミドル級】《light middleweight》ボクシングなどの体重別階級の一。アマチュアボクシングのジュニア部門ではミドル級よりも軽くウエルター級よりも重い階級で、66キロを超え70キロまで。

ライトモチーフ〖ドイツ Leitmotiv〗❶オペラ・標題音楽などで、特定の人物・理念・状況などを表現するために繰り返し現れる楽節・動機。ワグナーの楽劇によって確立された。指導動機。示導動機。❷芸術作品で、根底をなす思想。

ライト-ランチ〖light lunch〗一皿に盛った手軽な食事。軽ランチ。

ライトレール-トランジット〖light-rail transit〗路面電車の長所を生かしつつ、高架や地下化により専用軌道化を図って定時性・高速性を高めるなどした、都市の新交通システム。欧米の多くの都市で導入が進んでいる。軽快電車。軽量軌道交通。LRT。

ライナー〖liner〗❶野球で、空中を低く直線的に飛ぶ打球。ラインドライブ。❷定期船、定期旅客機、または定期長距離列車。❸取り外しができるコートなどの裏。

ライナー-ノート〖liner note〗レコードなどに付された音楽の解説文。

ライナック〖linac〗▶リニアック

らい-にち【来日】〔名〕スル 外国人が日本に来ること。来朝。「各国首脳が―する」〘類語〙訪日・来朝

らい-にん【来任】〔名〕スル 勤務するためにその任地に来ること。「新支局長が―する」

ライニング〖lining〗❶洋服の裏地。また、裏地を付けること。❷腐食・摩耗などの防止のために、あるものの内側に他の材料をはりつけること。裏付け。裏張り。

ライネケぎつね【ライネケ狐】《原題、ドイツ Reineke Fuchs》ゲーテの叙事詩。1793年刊。「狐物語」に基づき、悪賢い狐ライネケを主人公に封建社会を風刺。

らい-ねん【来年】今年の次の年。明年。来歳。
〘類語〙明年・翌年・明くる年・来春

来年の事を言えば鬼が笑う　明日何が起こるかわからないのに、来年のことなどわかるはずはない。将来のことは予測しがたいから、あれこれ言ってもはじまらないということ。

らい-ねんど【来年度】今年の次の年度。「一予算」

ライノウイルス〖rhinovirus〗鼻風邪(はなかぜ)の原因となるウイルスの一種。インフルエンザウイルスとは異なるものとして発見され、100以上の型がある。

ライノタイプ〖Linotype〗欧文の自動活字鋳植機の一種の商品名。原稿に従ってキーを押すと、相当する母型が下りてきて整列し、1行分まとめて活字塊を鋳造するもの。

らい-はい【礼拝】〔名〕スル 神仏を敬って拝むこと。特に仏教で、仏・菩薩(ぼさつ)に合掌低頭して敬意を表すこと。➡れいはい(礼拝)〘類語〙拝礼・合掌・参拝・奉拝・跪拝(きはい)・遥拝(ようはい)・再拝・三拝

らいはい-こう【礼拝講】5月26日に比叡山の日吉(ひよし)大社の社前で、延暦寺の僧侶が行う法華八講会。

らいはい-どう【礼拝堂】「礼堂(らいどう)」に同じ。➡れいはいどう(礼拝堂)

らい-はる【来春】来年の春。らいしゅん。〘類語〙明春

ライバル〖rival〗競争相手。対抗者。好敵手。「よき―」「―会社」「―意識」
〘類語〙相手・敵(てき)・敵(かたき)・好敵手・仇敵(きゅうてき)・難敵・宿敵

らい-ばん【礼盤】本尊の前で導師が礼拝し誦経(ずきょう)するための高座。須弥壇(しゅみだん)の正面にあり、前に経机、左に柄香炉(えごうろ)、右に磬(けい)を置く。

ライヒ〖Wilhelm Reich〗[1897〜1957]オーストリア生まれの精神分析学者。1939年米国に亡命。性の解放を唱え、フロイトの精神分析とマルクス主義を統合、現代社会における疎外感の解消を訴えた。著「性格分析」「性の革命」「ファシズムの大衆心理」など。

ライヒー【雷魚】《中国語》タイワンドジョウの別名。

ライヒェナウ-とう【ライヒェナウ島】《Insel Reichenau》ドイツ南西部、スイスとの国境をなすボーデン湖の島。観光都市コンスタンツの西約7キロに位置する。9世紀以来、ベネディクト修道会の中心地として発展。ロマネスク以前の壁画がある聖ゲオルク聖堂をはじめ、聖マリアマルクス教会、聖ペーターパウル教会など、中世初期における修道院建築の重要な遺産と考えられている。2000年、「僧院の島ライヒェナウ」の名称で世界遺産(文化遺産)に登録された。

らい-びょう【×癩病】▶ハンセン病

らい-ひん【来賓】式や会などに招かれてきた客。
〘類語〙賓客・貴賓・主賓・国賓・公賓・社賓・ゲスト・客・客人・来客・訪客・来訪者・訪問者・まろうど・先客・珍客・弔客

らい-ふ【雷×斧】落雷などのあとに発見された石器時代の石斧などの遺物を、天から降ってきた雷神などの持ち物と考えたもの。天狗(てんぐ)の鉞(まさかり)。雷斧石。

ライフ〖life〗❶生命。命。また、他の語と複合して用い、生命の、救命のための、の意を添える。「―ボート」❷一生。生涯。❸生活。「―スタイル」〘類語〙人生・一世・一代・今生・一期・終生・畢生(ひっせい)・終身・一生涯

ライフ〖Life〗米国のグラフ雑誌。1936年、週刊誌として創刊。写真を中心としたルポルタージュや特集で評判を得た。72年に廃刊になったが、1978〜2000年に月刊誌として復刊、2004〜07年には新聞折り込みの無料週刊誌として刊行された。

ライフ〖LIFFE〗《London International Financial Futures and Options Exchange》ロンドン国際金融先物取引所。国際金融商品の先物取引所で、1987年7月からは日本国債先物も取引されている。82年設立。買収・合併により現在の名称はNYSE Liffe。

ライブ〖live〗〔名・形動〕《生(なま)の、実況の、の意》❶ラジオ・テレビなどの録音・録画でない放送。生放送。❷生演奏。「―の出演者」「―盤」❸音や場所が反響すること。残響のあること。また、そのさま。「―な状態の部屋」⇔デッド。

ライフォ〖LIFO〗《last-in first-out》▶後入先出(あといれさきだし)法

ライフガード〖lifeguard〗水難救助員。海水浴場やプールの監視・救助員。ライフセーバー。

ライブ-カメラ〖live camera〗風景などの映像を、コンピューターネットワークを通じてリアルタイムに配信するサービス。観光地の様子、道路の混雑状況、空模様などを、動画または一定間隔で更新される静止画で公開するものが多い。

らい-ふく【礼服】即位礼・大嘗会(だいじょうえ)・元日の節会(せちえ)などの大儀に着用した礼装。大宝の衣服令により、隋・唐の制に倣い制定。皇太子・皇族、五位以上の諸臣・内命婦(ないみょうぶ)が着用し、位階により区別があった。

らい-ふく【来復】一度去ったものが再びかえってくること。「一陽(いちよう)―」

ライフ-サイエンス〖life science〗生物体と生命現象を取り扱い、生物学・生化学・医学・心理学・生態学のほか社会科学なども含めて総合的に研究する学問。生命科学。

ライフ-サイクル〖life cycle〗❶生活環。❷人間の一生をいくつかの過程に分けたもの。❸ある製品が開発され、発展普及し、やがて新製品の開発によって衰退する一連の過程。製品の一生。

ライフサイクル-アセスメント〖life cycle assessment〗商品の環境に与える影響を、資源の採取から、加工・販売・消費を経て廃棄にいたるまでの各過程ごとに評価する方法。環境への負荷のより小さい生産方法や代替原料・代替製品を選択していこうという考え方が根底にあり、国際標準化機構(ISO)により国際的なガイドラインが策定されている。ライフサイクルアナリシス。LCA。

ライフ-ジャケット〖life jacket〗救命胴衣(きゅうめいどうい)。

ライフスキル-がくしゅう【ライフスキル学習】▶スキル学習

ライフスタイル〖lifestyle〗生活の様式・営み方。また、人生観・価値観・習慣などを含めた個人の生き方。

ライフ-ステージ〖life stage〗人間の一生における幼年期・児童期・青年期・壮年期・老年期などのそれぞれの段階。家族については新婚期・育児期・教育期・子独立期・老夫婦期などに分けられる。「一の変化」

ライブ-スポット〖live spot〗ジャズやロックの生演奏を聴かせる酒場やクラブなど。ライブハウス。

ライフセーバー〖lifesaver〗海水浴場やプールの監視・救助員。水難救助員。ライフガード。

ライフセービング〖lifesaving〗人命救助活動。特に、水難救助活動。また、そのための技術を競う競技。

ライプチヒ〖Leipzig〗ドイツ中東部、ザクセン地方の商工業都市。出版業などが盛ん。国際工業見本市が開かれる。1409年創立の大学、演奏会場として有名なゲバントハウス(織物会館)、聖トーマス教会などがある。ライプツィヒ。

ライプチヒ-の-たたかい【ライプチヒの戦い】1813年、プロイセン・オーストリア・ロシアの同盟軍が、ライプチヒ市とその近郊で、ナポレオン1世のフランス軍を破った戦い。この結果、ナポレオンの失脚が決定的となった。諸国民戦争。

ライプツィヒ〖Leipzig〗▶ライプチヒ

ライフ-デザイン〖life design〗結婚や子育て、住居、老後の暮らしなどについての計画。人生計画。ライフプラン。

ライプニッツ〖Gottfried Wilhelm Leibniz〗[1646〜1716]ドイツの哲学者・数学者。法学・神学・力学・論理学など多分野にわたり業績をあげ、外交官・技術家としても活躍した。哲学では、モナド論・予定調和の説を展開。数学では、ニュートンとは独立に微積分法を発見、微積分記号を考案し、論理計算を創始。著「形而上学叙説」「弁神論」「単子論」など。

ライブ-ハウス〖live house〗ジャズ・ロックなどの生演奏をきかせる店。ライブスポット。

ライフハック〖lifehack〗仕事の質や効率、高い生産性を上げるための工夫や取り組み。2004年に米国のテクニカルライター、ダニー=オブライエンが考案した言葉であり、主に情報産業に携わるプログラマーや技術者の間で使われるようになった。アプリケーションソフトやデジタル機器を効率良く使いこなすためのちょっとしたこつやテクニックから、業務目標の設定や健康管理にいたる、いわゆる仕事術、生活術を指す。

ライブ-ビュー〖live view〗主にレンズ交換式のデジタル一眼レフカメラにおいて、イメージセンサーがとらえた画像を背面の液晶モニターなどにリアルタイムに表示し、撮影できる機能。〘補説〙コンパクトデジタルカメラでは一般的な機能。デジタル一眼レフカメラは、構造上、撮影時以外はイメージセンサー上に結像させることが難しいため、特別な機構を必要とする。

ライフ-プラン《和 life＋plan》▶ライフデザイン

ライフ-ベスト〖life vest〗救命胴衣。ライフジャケット。

ライフボート〖lifeboat〗本船に搭載し、非常時の人命救助に用いる小艇。救命艇。救命ボート。

ライフライン〖lifeline〗❶命綱。救命ロープ。❷戦場などで、物資の補給路。❸都市生活の維持に必要不可欠な、電気・ガス・水道・通信・輸送などをいう語。多く、地震対策との関連で取り上げられる。生命線。

ライフ-ラフト〖life raft〗航空機の緊急着水時などに水面に投下して圧縮ガスで膨張させ、搭乗者を収容するもの。非常用食糧、真水製造器、救急器具、薬品、通信信号装置が積まれている。救命いかだ。

ライブラリアン〖librarian〗❶司書。図書館員。❷

(楽譜収集などの)専門的文献管理責任者。
ライブラリー〖library〗❶図書館。図書室。❷映画・写真・レコードなどで、資料として収集し保管してあるもの。また、その施設。❸個人の蔵書。文庫。❹叢書(そうしょ)。文庫。シリーズものの出版物の名称に用いる語。「世界名作—」❺コンピューターで、複数のデータやプログラムをまとめて保存してあるファイルや、データベースのエリア。(類語)(❹)叢書・シリーズ・文庫
ライフル〖rifle〗❶「ライフル銃」の略。❷▶腔線(こうせん)
ライフル-しゃげき【ライフル射撃】ライフル銃やピストルを使って所定時間中に所定の弾数で標的を撃ち、その命中率を競う競技。種目により、姿勢や標的にさまざまの別がある。
ライフル-じゅう【ライフル銃】弾丸に回転を与えて命中精度を高めるため、銃身の内部に螺旋(らせん)状の溝が切ってある小銃。施条(しじょう)銃。
ライフワーク〖lifework〗一生をかけてする仕事。畢生(ひっせい)の事業。また、個人の記念碑的な業績とみなされるような作品や研究。
らい-へい【来×聘】外国から使節が来朝して礼物(れいもつ)を献じること。
ライヘンバハ〖Hans Reichenbach〗[1891〜1953]ドイツ生まれの哲学者。論理実証主義の運動と密接なかかわりをもち、米国に渡って科学哲学の発展に貢献、特に確率論理学を研究した。著「確率論」など。
らい-ほう【礼法】(ラィハフ)▶れいほう(礼法)
らい-ほう【来訪】(ラィハウ)〔名〕(スル)人が訪ねてくること。「旧友が—する」「—者」⇔往訪。
(類語)来宅・訪問・来客・来る・やってくる・来(きた)る・訪れる
らい-ほう【来報】❶来て知らせること。知らせに来ること。また、その知らせ。「—を待つ」❷来るべき報い。あとから来る報い。
ライボー〖LIBOR〗《London Interbank Offered Rate》ロンドンのユーロ市場における短期金利。国際金融取引の基準金利となる。英国銀行協会(BBA)が複数の銀行金利を集計して発表する。ロンドン銀行間取引金利。➡タイボー(TIBOR)
ライマ-ビーン〖lima bean〗マメ科の多年草。日本では一年草。花はふつう白色。実は平たい三日月形の莢(さや)で、中に直径1、2センチの豆が入っている。豆は白色のほか赤・黒などもあり、食用。アンデス山地およびメキシコの原産。ライ豆。ライマ豆。
ライ-まめ【ライ豆】▶ライマビーン
ライマン〖Benjamin Smith Lyman〗[1835〜1920]米国の地質学者。1872年(明治5)来日し、各地の油田や地質を調査し、鉱山の開発を指導。81年に帰国。
ライマン〖Theodore Lyman〗[1874〜1954]米国の物理学者。分光学を研究、1906年に紫外線スペクトルのライマン系列を発見した。
らい-みきさぶろう【頼三樹三郎】(ラィミキサブラウ)[1825〜1859]江戸末期の尊攘派の志士。京都の人。山陽の三男。大坂・江戸に遊学、勤王の志を抱き、梁川星巌らと国事に奔走。安政の大獄で捕らえられ、刑死。
ライム〖lime〗ミカン科の常緑低木。こんもりした樹形をつくる。花は白色。果実はレモンに似て小さく、香気があり、酸味が強く、黄緑色に熟す。未熟なうちに収穫し、ジュースや香味料とする。インド原産。
ライム〖rhyme〗韻。脚韻。押韻。
ライ-むぎ【ライ麦】イネ科の越年草。高さ1.5〜3メートル。耐寒性が強く、コムギより穂が長く、実も細長い。実を製粉して黒パンを作るほか、麦芽はウオツカやビールの原料、穂にできる麦角(ばっかく)は薬用とする。小アジアの原産で、東ヨーロッパを中心に栽培。日本には明治初期に導入、主に北海道で栽培。くろむぎ。なつこむぎ。ライ。(季 夏)
ライム-びょう【ライム病】(ビャウ)スピロヘータの一種が感染して起こる病気。夏に流行し、皮膚に紅斑ができ、発熱・筋肉痛・関節痛などがみられる。米国コネチカット州ライム(Lyme)で発見された。
ライムライト〖limelight〗❶ライム(石灰)片を酸水素炎で熱し、強い白色光を生じさせる装置。また、その光。19世紀後半、欧米の劇場で舞台照明に使われた。石灰光。❷名声。評判。また、花形。
らい-めい【来命】他人を敬って、その人が言ってよこした事柄をいう語。来諭。
らい-めい【雷名】世間に知れわたっている名声。また、相手の名声を敬っていう。「—をとどろかす」
らい-めい【雷鳴】かみなりが鳴ること。また、その音。(季 夏)「—を尽くせし後の動かぬ日/草田男」
(類語)雷(かみなり)・雷(いかずち)・鳴る神・雷(らい)・雷電・天雷・急雷・疾雷(しつらい)・迅雷(じんらい)・霹靂(へきれき)・雷公・遠雷・春雷・界雷・熱雷・落雷・稲妻(いなずま)・稲光(いなびかり)・電光・紫電(しでん)
らい-もん【雷文】方形の渦巻き状の文様。連続して用いるのが特色。中国で古代から愛好された。
らい-ゆ【来由】物事の現在に至った理由。いわれ。由来。らいゆう。
らい-ゆ【来諭】来てさとすこと。また、他人を敬って、その人が言ってよこした事柄をいう語。来命。
らいゆ【頼瑜】[1226〜1304]鎌倉時代の真言宗の僧。紀伊の人。字(あざな)は俊音。中性院流の祖。大伝法院・密厳院を根来(ねごろ)に移し、新義真言宗の教義を確立。著「大疏愚草」など多数。
らい-ゆう【来遊】(ライイウ)〔名〕(スル)来て遊ぶこと。遊びに来ること。「君復た巴里に—すべし」〈織田訳・花柳春話〉
らい-よう【来陽】(ライヤウ)「来春(らいしゅん)」に同じ。
らい-よけ【雷×除け】「かみなりよけ」に同じ。
らいよぼう-ほう【らい予防法】(ライヨバウハフ)らい病(ハンセン病)の予防・医療および患者・公共の福祉増進を目的として定められた法律。明治40年(1907)に「癩(らい)予防ニ関スル件」として制定。昭和6年(1931)の「癩予防法」を経て、同28年「らい予防法」に改正。平成8年(1996)に廃止された。ハンセン病は感染・発病力が非常に弱く、早期発見と適切な治療で完治できることが明らかになった後も、患者隔離政策の根拠となった。➡ハンセン病問題基本法
らい-らい【×磊×磊】〔ト・タル〕図〔形動タリ〕❶多くの石が積み重なっているさま。「—たる石塊」「水底は砂礫(されき)—たり」〈久米邦武・米欧回覧実記〉❷心が大きく、小事にこだわらないさま。磊落(らいらく)。「—とした人物」
らい-らい【来来】〔語素〕時などを表す名詞の上に付いて複合語をつくり、次の次、の意を表す。「—週」「—年度」
らいらい-せせ【来来世世】《「来世」のそれぞれの字を重ねて意味を強めた語》来世のまた次の来世。生まれかわり死にかわって繰り返される長い未来。未来永劫(えいごう)。「—の迷ひなり」〈浄・嫗山姥〉
らいらい-らくらく【×磊×磊落落】〔ト・タル〕図〔形動タリ〕《「磊落(らいらく)」のそれぞれの字を重ねて意味を強めた語》きわめて磊落なさま。「酒も飲みたくば飲め、男子は須らく—と身を持ちたいから」〈魯庵・社会百面相〉
らい-らく【×磊落】〔名・形動〕度量が広く、小事にこだわらないこと。また、そのさま。「—な性格」「豪放—」(類語)開豁(かいかつ)・闊達・豪胆・放胆・豪放・大胆・不敵
ライラック〖lilac〗モクセイ科の落葉低木。幹は枝分かれしてよく茂り、葉は広卵形。4月ごろ、枝先に香りのある紫色の花を円錐状につける。花が白・赤・青色などの品種もあり、観賞用。バルカン地方の原産で、日本には明治中期に渡来。リラ。むらさきはしどい。(季 春)「折からの夜宴の花や—/虚子」
らい-りゅう【雷竜】▶ブロントサウルス
らい-りん【来臨】〔名〕(スル)他人を敬って、その人がある場所へ来てくれることをいう語。「殿下が—される」
(類語)来駕(らいが)・枉駕(おうが)・来車・光臨・光来
ライル〖Martin Ryle〗[1918〜1984]英国の電波天文学者。電波干渉計を開発し、宇宙の観測可能領域の飛躍的拡大に貢献。1974年、A=ヒューイッシュとともにノーベル物理学賞受賞。
らい-れき【来歴】❶物事のそれまで経てきた次第。由緒。由来。「名画の—を調べる」「故事—」❷人の経歴。履歴。「半生の—を語る」
(類語)いわれ・由緒・由来・故事・縁起・歴史・沿革・変遷・道程・歴程・経歴・足跡(そくせき)・歩み・年輪
ライン〖line〗❶線。「ボールが—の真上に落ちる」❷列。文字の行(ぎょう)。「守備の—が乱れる」❸衣服や人の体が形づくる輪郭の線。「ボディー—」❹境界線。水準。「合格—」「ボーダー—」❺系列。系統。「候補者はこちらの—から出す」❻一定区間を定期に往復する船舶や航空機の航路。また、道筋。「アメリカ—」❼企業組織のうち、局・部・課・係のような上下の組織。❽企業の経営組織で、調達・製造・販売などを担当し、基本的な活動の中軸となる部門。➡スタッフ ❾ベルトコンベヤー方式など一貫した流れ作業による生産・組み立ての工程。生産ライン。「—を増設する」❿(LINE)ピアツーピアとVoIP技術を用いたインターネット電話のアプリケーションソフト。NHN Japan社が開発。無料の音声通話のほか、テキストによるグループチャット機能がある。スマートホン・タブレット型端末・パソコンで利用可能。
ライン〖Rhein〗ヨーロッパ中部の国際河川。スイス南部のアルプスに源を発し、ドイツ西部、オランダを貫流して北海に注ぐ。長さ1230キロ。中流ではローレライで知られる峡谷を形成。古来重要な輸送路で、運河によって地中海やエルベ川とも連絡する。(補説)長らく長さ1320キロとされてきたが、2010年に20世紀初頭の文献の記述をもとにした調査で誤記との説が有力になった。
ライン-アウト〖line-out〗ラグビーで、ボールおよびボールを持ったプレーヤーがタッチラインに触れるか越したときに行われる競技再開の方法。双方とも二人以上のプレーヤーが、タッチラインと直角に1列ずつ並び、ボールはその中間に投げ入れられる。
ラインアップ〖lineup〗《「ラインナップ」とも》❶出場選手の陣容。特に野球で、打順。バッティングオーダー。「スターティング—」❷団体・組織・作品などの顔ぶれ。陣容。「正月映画の—」
ライン-エングレービング〖line engraving〗刷り上がりの効果が線で得られる銅版画技法。彫刻用のたがねやドライポイント用の針を使って銅版に直接溝を彫る凹版の技法。
ライン-オフ〖line off〗自動車などが量産工場でコンベヤーラインから降りること。すなわち、組み立てが終了し、商品として完成すること。また、その型が最初に完成し、発表されることもいう。
ライン-オブ-スクリメージ〖line of scrimmage〗▶スクリメージライン
ラインがた-しほんしゅぎ【ライン型資本主義】ドイツなど欧州諸国に見られる資本主義の形態。企業は主に金融機関から資金を調達し、株主だけでなく従業員・取引先・顧客・社会など利害関係者を幅広く重視する。終身雇用・年功序列制を採用し、賃金格差は比較的小さく雇用は安定している。社会福祉を重視し、政治的には大きな政府を志向。フランスの経済学者ミシェル=アルベールが著書「資本主義対資本主義」(1992年)で提示した概念。➡アングロサクソン型資本主義 (補説)日本はライン型資本主義の典型とされたが、平成8年(1996)の金融ビッグバン以降、アングロサクソン型資本主義への道を進んだ。
ライン-がわ【ライン川】(ガハ)▶ライン(Rhein)
ライン-サッカー《和 line＋soccer》簡易版サッカー。フィールドプレーヤーの他にラインマンを置く。ラインマンは、タッチラインを越えたボールをフィールド内の味方に返す。ゴールとゴールキーパーは置かれず、ボールがゴールラインを通過すると得点となる。
ラインストーン〖rhinestone〗《rhineは、ライン川の意》光度の高い鉛ガラスで作った人工宝石・金属片。服や靴などのアクセサリーのアクセントに使われる。(補説)元来は、ドイツのライン川で採掘された水晶から切り取った宝石の原石をさした。
ラインズマン〖linesman〗▶線審
ライン-たき【ライン滝】《Rheinfall》スイス最北部、シャフハウゼンにあるライン川の滝。最大落差は約23メートル。ヨーロッパ随一の規模を誇り、観光名所として知られる。19世紀後半に水力発電がはじまり、シャフハウゼンの工業発展に寄与した。

ライン-ダンス《和 line＋dance》レビューで、大勢の踊り子が1列に並んで脚の動きなどをそろえて踊るダンス。(補説)英語ではprecision dance。

ライン-どうめい【ライン同盟】1806年、ナポレオンの保護下に結成された南西ドイツ諸国の同盟。プロイセン・オーストリアに対抗するためで、加盟国は最初16か国。これによって神聖ローマ帝国は崩壊。13年、ナポレオンの没落とともに解体。ライン連邦。

ライン-ドライブ〖line drive〗野球で、ライナーのこと。

ラインナップ〖lineup〗►ラインアップ

ライン-ネットワーク〖line network〗キー局の系列下にある各地の放送局を中継回線で結び、同時に同じ番組を放送することのできる放送網。

ライン-の-まもり【ラインの守り】《ドイツ Die Wacht am Rhein》1855年ごろに制定された旧ドイツ国歌。第一次大戦時に愛唱された。

ラインバーン-しょうてんがい【ラインバーン商店街】《Lijnbaan》オランダ南西部の港湾都市、ロッテルダム中心部の商店街。第二次大戦でドイツ軍に破壊された後、歩行者専用の商店街として建設。世界初の歩行者天国として知られる。

ラインバッカー〖linebacker〗アメリカンフットボールの守備側のポジション。ラインの後ろ、第2列に位置する。

ラインハルト〖Max Reinhardt〗[1873～1943]オーストリア生まれの演出家。俳優から転じ、ベルリンのドイツ劇場支配人となり、古典から現代劇までを大胆な演出で上演、演出術の可能性を大きく広げた。

ライン-フィード〖Line Feed〗►エル-エフ(LF)

ラインフェルス-じょう【ラインフェルス城】《Burg Rheinfels》ドイツ西部の町、ザンクトゴアールにある城。1245年に建造。18世紀にフランス軍によって破壊される以前はライン川沿岸で最大級の城だった。20世紀前半に再建され、現在はホテル。

ライン-プリンター〖line printer〗コンピューターの出力装置で、一度に1行分を単位として印字するもの。行印字装置。

ライン-マーカー〖line marker〗線を引くための筆記具。文字などの上にかぶせるように線を引くと、その下の部分が透けて見えるような、さまざまな色のフェルトペン。アンダーライン用の細いものもある。

ラインマン〖lineman〗アメリカンフットボールで、スクリメージライン上に位置して攻撃側の第一線を形成するプレーヤー。ふつう、エンド二人、タックル二人、ガード二人、センター一人からなる。

ラインラント〖Rheinland〗ドイツ西部のライン川中流の地方。ノルトライン-ウェストファーレン州とラインラント-プファルツ州に属す。もとプロイセン領ライン州。古来、商工業が発達し、近代にルール地方を中心に工業も発達。

ラインラント-プファルツ〖Rheinland-Pfalz〗ドイツ南西部の州。州都はマインツ。主な都市として、ルートウィヒスハーフェン、コブレンツ、カイザースラウテルン、ウォルムスがある。ライン川と支流モーゼル川の流域は、古くからローマの属州が置かれ、キリスト教化も早く、交通の要衝として発展。中世には、マインツ、ウォルムス、シュパイエルに、神聖ローマ皇帝の大聖堂が置かれた。ドイツワインの名産地としても知られる。ラインラント-ファルツ。

ラウ《地名ラオス(Laos)から。「羅宇」と当てて書く》キセルの火皿と吸い口とをつなぐ竹の管。ラオス産の竹を使ったことからいう。ラオ。

ラウエ〖Max Theodor Felix von Laue〗[1879～1960]ドイツの理論物理学者。結晶によるX線の回折を行ってラウエ斑点を発見し、X線が電磁波であることと、結晶が格子構造をもつこととを同時に実証した。1914年ノーベル物理学賞受賞。

ラウエ-はんてん【ラウエ斑点】単結晶にX線を照射し、回折像を撮影したときの写真にみられる黒い斑点群。結晶の格子面で特定の波長のものが回折され、対称的な配列を示す。1912年にラウエが発見。

ラウカ-こくりつこうえん【ラウカ国立公園】《Parque Nacional Lauca》チリ最北部、ボリビアとの国境近くにある国立公園。アリカパリナコタ州の州都アリカの東約170キロに位置する。標高4517メートルの世界最高所の不凍湖、チュンガラ湖がある。ビクーナ・ビスカチャなどアンデス高原特有の動物が生息する。

らう-がは・し【乱がはし】〔形シク〕►ろうがわし

ラウシェンバーグ〖Robert Rauschenberg〗[1925～2008]米国の美術家。ネオダダの代表者の一人。抽象表現主義風の絵画とオブジェを合体させたコンバインペインティングで、大きな注目を浴びた。また、写真をもとにしたシルクスクリーンの作品などを制作、のちのポップアート隆盛に大きな役割を果たした。

ラウス〖Francis Peyton Rous〗[1879～1970]米国の病理学者。ニワトリのラウス肉腫がウイルスによることを確認。癌のウイルス研究の先駆けとなった。1966年ノーベル生理学医学賞受賞。

らうす-だけ【羅臼岳】北海道東部、知床半島のほぼ中央にある火山。標高1660メートル。山頂は溶岩円頂丘をなす。南東麓に羅臼温泉がある。

ラウターブルンネン〖Lauterbrunnen〗スイス中部、ベルン州、ベルナーオーバーラントにある観光保養地。ラウターブルンネン谷の谷底に位置する。高さ300メートルもの断崖が迫り、ゲーテの詩に登場したシュタウプバッハの滝をはじめ、多くの滝がある。

ラウタール〖ドイツ Lautal〗アルミニウム合金の一。銅・珪素を数パーセントずつ含む。鍛造性・気密性・溶接性などがよい。ドイツのラウタール社が開発。

ラウド〖loud〗〔形動〕声や音が大きいさま。やかましいさま。「―なロックに包まれる」

ラウドスピーカー〖loudspeaker〗拡声器。

ラウドネス〖loudness〗音の大きさ。音の強さ。

ラウドネス-コントロール〖loudness control〗オーディオで、再生音が小さくなると低音部、次いで高音部が聞こえにくくなり音のバランスがくずれるのを、自動的に補正する機能。

ラウファー〖Berthold Laufer〗[1874～1934]米国の東洋学者・人類学者。ドイツ生まれ。東部シベリア・中国・チベットを調査して多くの民俗・人類学資料を収集。また、東洋諸語に精通し語彙の比較研究を行った。著「中国イラン文化交通」など。

ラウマ〖Rauma〗フィンランド南西部の港湾都市。15世紀にフランチェスコ修道会の修道院を中心に建設され、バルト海の交易拠点として発展。その後、度重なる大火に見舞われたが、18～19世紀に再建された色とりどりの木造家屋が現在も残っている。旧市街が1991年に世界遺産(文化遺産)に登録された。

ラウ-や【ラウ屋】キセルのラウの手入れや交換を職業とする人。ラオ屋。(補説)「羅宇屋」と当てて書く。

ラウリン-さん【ラウリン酸】《lauric acid》飽和脂肪酸の一。月桂樹油・椰子油などに含まれる。無色の針状結晶。水に溶けず、エーテルやベンゼンに溶ける。界面活性剤に利用。分子式$C_{12}H_{24}O_2$

ラウンジ〖lounge〗ホテル・劇場などの休憩室。社交室。また、空港の待合室。

ラウンジ-ウエア〖lounge wear〗室内着。着やすく、くつろいだ気分になれる服。

ラウンジ-チェア〖lounge chair〗寝いす。足を伸ばせる安楽いす。

ラウンジ-ミュージック〖lounge music〗1950～60年代に米国で大量生産された各種ムード音楽、イージーリスニングミュージック、映画音楽、シンセサイザーやエレクトーンによる宇宙的イメージの音楽などを、再評価していう呼び方。作曲家や演奏者が自己主張をしない「匿名性」に魅力を感じたり、時代を隔てたことから生じるイメージのギャップを楽しんだりするファンたちが命名した。

ラウンチ〖launch〗〔名〕スル「ローンチ」に同じ。

ラウンド〖round〗❶丸いこと。また、ひとまわり。「―テーブル」「―カラー」❷ボクシングなどで、試合の各回。❸ゴルフで、コースにある18のホールを1周すること。❹GATT、WTOにおける各国の多角的貿易交渉の通称。「ウルグアイ―」

ラウンド-ナンバー〖round number〗端数を処理した切りのよい数。

ラウンド-ロビン〖round robin〗限られた資源や時間を順々に利用する手法。コンピューターのCPUの処理や、ネットワークの負荷の分散などに用いられる。

ラエコヤ-ひろば【ラエコヤ広場】《Raekoja plats エストニア語で市庁舎広場の意》㊀エストニアの首都タリンの旧市街中心部にある広場。中世以来19世紀末まで市場があった。隣接する14世紀建造の旧市庁舎はバルト諸国で唯一のゴシック様式の庁舎建築として知られる。㊁エストニア中南部の都市タルトゥの中央広場。18世紀に大火災に見舞われた後、周囲に市庁舎をはじめバロック様式や新古典主義様式の建物が建てられた。隣接するタルトゥ美術館は地盤が軟弱なため建物が傾いていることで知られ、主に20世紀のエストニア絵画を所蔵する。

らえつ【羅越】唐代の史書にみえる南海の国名。現在のマラッカ海峡の北岸、シンガポール付近に当たるとされる。平城天皇の第2皇子高岳親王(真如)が唐を経てインドへ赴く途中、ここで没した。

ラオ►ラウ

ラオコーン〖Laokoōn〗ギリシャ神話で、トロイアのアポロン神殿の祭司。トロイア戦争の末期に、ギリシャの兵士が体内に潜む巨大な木馬を怪しみ、これを城内に引き入れることに反対した。このため女神アテナの怒りに触れ、二人の息子もろとも大蛇に絞め殺された。その臨終を扱ったバチカン美術館蔵の大理石群像はヘレニズム期の代表的彫刻。

ラオス〖Laos〗インドシナ半島の中東部にある人民民主共和国。首都ビエンチャン。大部分が山岳・高原で、西をメコン川が流れる。チーク材・錫などを産出。14世紀に統一王国が成立したが、のち三王家に分裂し、1893年にフランスの保護領となった。1949年フランス連合内の独立王国となり、53年完全独立、75年共和制。住民はラオ族が多く、ほとんどが仏教徒。人口637万(2010)。ラーオ。

ラオチュー【老酒】《中国語》糯米などの穀物と薬草を原料とする中国の醸造酒の総称。アルコール分14パーセントぐらいで、古いものほど風味がなれてよくなる。また特に、紹興酒の古いものをさす。

ラオトウ-パイ【老頭牌】《中国語》マージャンで、数牌の一と九の牌をいう。

ラオメデイア〖Laomedeia〗海王星の第12衛星。2002年に発見された。名の由来はギリシャ神話の海のニンフ。海王星の赤道面に対して傾いた軌道を公転している。非球形で平均直径は30～40キロ。

ラオ-や【ラオ屋】►ラウ屋

ら-おん【ラ音】「ラッセル音」の略。

ら-か【裸花】►無花被花

ら-か〔接尾〕形容詞の語幹や擬態語などに付いて形容動詞の語幹をつくり、そのような状態であることを表す。「きよ―」「やす―」

ラガー〖rugger〗ラグビー。また、その選手。(季 冬)

ラガー-シャツ〖rugger shirt〗ラグビーのときに選手が着用するジャージー製のユニホーム。

ラガー-ビール〖lager beer〗貯蔵室で熟成させたビール。低温でゆっくり発酵させて造る。➡生ビール

ラカギガル〖Lakagígar〗►ラキ

ラカトシュ〖Imre Lakatos〗[1922～1974]ハンガリー生まれの科学哲学者。後に英国に渡る。ポッパーの反証主義とクーンのパラダイム論を総合、科学的リサーチプログラムの方法論を提唱した。著「数学的発見の論理」「方法の擁護」など。

らか-るい【蓏果類】食用にするウリ類のこと。

らかん【羅漢】「阿羅漢」の略。「五百―」

ラカン〖Jacques Lacan〗[1901～1981]フランスの精神分析学者。1964年にパリ-フロイト学派を創設。論集「エクリ」によって構造主義の代表的理論家とされ、哲学・言語学・文学などに多くの影響を与えた。

ラカン【臘乾】《中国語》塩漬けした豚のもも肉を薫

製にしたもの。

ら-がん【裸眼】眼鏡やコンタクトレンズを使わないで物を見るときの目。

らかん-ざん【羅漢山】山口県・広島県の県境にある山。山口県岩国市と広島県廿日市市にまたがり、標高1109メートルの独立峰。山頂は平坦で、北に西中国山地を南に瀬戸内海を望むことができ、晴れた日には四国山地まで見渡せる景観のよさを誇る。中腹は牧場・スキー場・キャンプ場になっている。北方に寂地峡が位置する。

らかん-じ【羅漢寺】大分県中津市にある曹洞宗の寺。山号は、耆闍崛山。延元3=暦応元年(1338)円龕昭覚がインドの耆闍崛山になぞらえて建立、智剛寺と称した。のち、中国僧逆流建順が来山、十六羅漢・五百羅漢・四天王など七百余体の石像を刻み、現寺名に改称。

らかん-だい【羅漢台】江戸時代の劇場の観客席の一。舞台下手奥に設けられた下等の桟敷席で、並んだ客が五百羅漢像のように見えるところからいう。

ら-かんちゅう【羅貫中】中国、元末・明初の小説家。太原(山西省)の人。名は本、号は湖海散人。著「三国志演義」「隋唐演義」「平妖伝」など。「水滸伝」の編者または作者の一人ともいう。生没年未詳。

らかん-はく【羅漢×柏】アスナロの異称。

らかん-まき【羅漢×槙】マキ科の常緑高木。葉はイヌマキより幅が狭く、密生する。雌雄異株。花床が肥大して紫色になり、その先に丸い緑色の種子ができる。中国の原産で、庭木にする。

ラキ〖Laki〗アイスランド南部にある火山。標高853メートル。長さ約25キロメートルにわたって火口列が並び、周囲に広大な玄武岩質の溶岩台地が広がっている。1783年から翌年にかけて大噴火を起こし、同国民の約2割にのぼる1万人近くの犠牲者が出た。ラーキ火山。ラカギガル。

ら-ぎょう【ら行｜ラ行】五十音図の第9行。ら・り・る・れ・ろ。

ら-ぎょう【裸形】はだかの姿。裸体。らけい。

らぎょう-へんかくかつよう【ラ行変格活用】文語動詞の活用形式の一。語形が「有ら・有り・有り・有る・有れ・有れ」と五十音図ラ行のラ・リ・ル・レ四段の音で語形変化するが、終止形がイ段になるのが他の動詞と異なる。「あ(有・在)り」「居り」「侍り」「いますがり」、さらに「あり」の複合した「かかり」「さり」などの類がラ行変格活用に属する。ラ変。(補説)中世以降、イ段の終止形「あり」が、ウ段の連体形「ある」にとってかわられて消滅し、四段活用(現代仮名遣いでは五段活用)になった。

ら-きんじゅん【羅欽順】[1465〜1547]中国、明代の思想家。字は允升。号、整菴。気の運動の条理性が理であると主張し、従来の朱子学を批判した。著「困知記」「整菴先生存稿」など。

らく【楽】㊀〔名・形動〕❶心身に苦痛などがなく、快く安らかなこと。また、そのさま。「気が―になる」「―な姿勢」「どうぞお―に」❷生計が豊かなこと。また、そのさま。「不動産収入で―な暮らしをする」❸たやすいこと。簡単なこと。また、そのさま。「―な計算問題」「―に勝てる相手」㊁〔名〕❶「千秋楽」の略。「今日で―を迎える」❷「楽焼き」の略。㊀はラク、㊁はラク。➡漢「がく(楽)」

(類語)㊀(❶)快適・安楽・安逸・気楽/(❸)容易・簡単・容易い・訳無い・与し易い・楽楽・易易・軽く・悠悠・難無く・苦も無く・造作ない・朝飯前・お茶の子さいさい・屁への河童/(㊁❶)千秋楽・楽日

楽あれば苦あり　楽しい事のあとには苦しい事がある。苦楽は相伴うことをいう。

楽は苦の種苦は楽の種　楽は苦を、苦は楽を生むもとになる。今の苦労は将来の楽につながるから耐え忍ばなければいけないということ。

らく【酪】牛・羊などの乳からつくった飲み物。仏教で、五味の一。➡漢「らく(酪)」

らく〔接尾〕上一段活用動詞の未然形、上二段・下二段・カ行変格・サ行変格・ナ行変格活用の動詞および助動詞「つ」「ぬ」「しむ」「ゆ」などの終止形に付く。❶上の活用語を体言化し、…すること、の意を表す。また、…する時、などの意を表す場合もある。「潮満てば入りぬる磯の草なれや見―少なく恋ふ―の多き」〈万・一三九四〉❷「告ぐ」「申しつ」などに付いて引用文を導き、…することには、という意を表す。「神代よりいひ伝て来―そらみつ大和の国は」〈万・八九四〉❸文末にあって詠嘆の意を表す。助詞「に」または「も」を伴うこともある。…することよ。…であることよ。「天の川なづさひ渡り君が手もいまだまかねば夜のふけぬ―」〈万・二〇七一〉(補説)(1)「く」とともにク語法、またはカ行延言の語尾ともよばれる。(2)「らく」は、平安時代以降は造語力を失い、「桜花散りかひくもれ老いらくの来むといふなる道まがふがに」〈古今・賀〉などのように、少数の語にのみ残ったが、後世になって誤った類推から、「望むらく」「惜しむらく」のように、四段活用の語にも付いた形がみられるようになった。「望むらくはあと一歩の努力が足りない」「やり手だが、惜しむらくは好運に恵まれない」➡く〔接尾〕➡ク語法

ら-く〔連語〕《完了の助動詞「り」のク語法。上代語》…ていること。…であること。「さ雄鹿の小野の草伏しいちしろく我が問はなくに人の知れ―」〈万・二二六八〉

ラグ〖lag〗遅れ。ずれ。「タイム―」

ラグ〖rug〗《「ラッグ」とも》足もとや玄関の上がり口など、床の一部に用いる敷物。

らく-あみ【楽×阿×弥】安楽に暮らす人を人名のように表した語。楽助。「十徳にさまかへて昔は男山、今こそ―と」〈浮・一代男・三〉

らくいち-らくざ【楽市楽座】戦国時代から近世初期に、戦国大名が城下町を繁栄させるためにとった商業政策。それまでの座商人の特権廃止や市場税の廃止、また、座そのものの廃止によって、新興商人の自由営業を許したもの。➡座㊀❽

らく-いん【×烙印】鉄製の印を焼いて物に押しあてること。また、その跡。刑罰として、罪人の額などに行った。

(類語)焼き印・入れ墨・刻印・汚点・レッテル

烙印を押される　ぬぐい去ることのできない汚名を受ける。また、周囲からそういうものとして決めつけられる。「裏切り者の―れる」

らく-いん【落×胤】身分の高い男が正妻以外の身分の低い女に生ませた子。御落胤。おとしだね。

(類語)落とし胤・落とし子・庶子

らく-いんきょ【楽隠居】〔名〕スル 隠居して安楽に暮らすこと。また、その人。「家督を譲って―する」

ラグー〖フランス ragoût〗煮込み料理のこと。

ラグーザ〖Ragusa〗イタリア南部、シチリア島、シチリア自治州の都市。ラグーザイブラ(旧市街)、ラグーザスペリオーレ(新市街)の2地区に分かれる。旧市街は古代ギリシャの植民都市に起源し、新市街は谷を挟んだ向かいの斜面の、より標高が高い場所に広がる。17世紀の大地震により大きな被害を受けたが、イブラ地区のサンジョルジョ大聖堂、ブルガトリオ教会、スペリオーレ地区のサンジョバンニ大聖堂をはじめ、その後の復興により再建されたシチリア-バロック様式の建物が多い。同島南東部の八つの町が2002年に「バル-ディ-ノートの後期バロック様式の町々」の名称で世界遺産(文化遺産)に登録された。

ラグーザ〖Vincenzo Ragusa〗[1841〜1927]イタリアの彫刻家。1876年(明治9)来日し、工部美術学校の教師として日本に洋風彫刻の技術を伝えた。

らくう-しょう【落羽松】ヌマスギの別名。

ラグーン〖lagoon〗➡潟❶

ラグーン-せいうん【ラグーン星雲】➡干潟星雲

ラクーン-ドッグ〖raccoon dog〗タヌキの英語名。

らく-えき【絡×繹｜×駱駅】〔ト・タル〕図〔形動タリ〕人馬の往来などの、絶え間なく続くさま。「事務所の前を来たり往ったりする人数は―として絶えなかったが」〈有島・或る女〉

らく-えん【楽園】苦しみのない幸せな生活ができる所。パラダイス。(類語)天国・極楽・楽天地・楽土・浄土

漢字項目　らく

【楽】➡がく

(人)**洛**　音ラク(呉)(漢)‖①中国の川の名。「洛水」②洛水の北岸にある都市の名。「洛陽」③都。特に、京都のこと。「洛中・洛北/花洛・帰洛・京洛・上洛・入洛」

×**烙**　音ラク(呉)(漢)　ロク(慣)‖火であぶる。やく。「烙印/炮烙」

絡　音ラク(呉)(漢)　訓からむ、からまる、からめる‖①糸をからめる。「籠絡」②つながる。つなぐ。「絡繹/短絡・脈絡・連絡」③漢方で、たての脈(気血の通る管)の間を横につなぐ支脈。「経絡・刺絡」(名付)つら・なり(難読)絡繰・手絡

落　(学)3　音ラク(呉)(漢)　訓おちる、おとす‖①物がおちる。上から下に位置が下がる。「落下・落花・落差・落日・落馬・落葉・落雷・落涙/下落・墜落・低落・騰落・剝落・崩落・暴落」②しっかりしていたものが存立の基盤を失う。「落城・落胆・落魄/陥落・堕落・没落・淪落・零落」③抜けて、なくなる。基準に達しないで外れる。「落伍・落選・落第・落丁/及落・欠落・脱落・当落」④物事が最終の段階まで来て定まる。「落手・落成・落着」⑤人々が集まり定着する所。「群落・集落・村落」⑥かきね。「籬落」⑦わだかまりのないこと。「洒落・磊落」⑧梵語の音訳字。「奈落」(名付)おち(難読)落魄れる・落人・瓦落・落葉松・柿落とし・洒落・落籍す・虎落

酪　音ラク(呉)(漢)‖牛や羊の乳から製した飲料。また、乳製品。「酪酸・酪農/乾酪・牛酪・乳酪・羊酪」

らく-がい【×洛外】都のそと。京都の郊外。⇔洛中/洛内。

らく-がき【落書(き)｜楽書(き)】〔名〕スル《「らくしょ(落書)」から》書くべきでないところに文字や絵などをいたずら書きすること。また、その書いたもの。「塀に―する」

らく-がく【×洛学】中国、宋の程顥・程頤の学派。両人の出身が洛陽であったことに基づく。

らく-がみ【楽髪】安楽な者は髪の毛の伸びるのが早いということ。楽毛。

らくがみ-くづめ【楽髪苦爪】「苦爪楽髪」に同じ。

らく-がん【落×雁】❶池や沼に降りてくる雁。(季 秋)❷干菓子の一。米・麦・大豆・小豆やソバの実などを粉にして煎り、砂糖・水飴などを混ぜ、型に入れて抜き固めたもの。

らく-ぎょう【落×慶】➡らっけい(落慶)

らく-げ【楽毛】「楽髪」に同じ。

らく-げつ【落月】沈もうとする月。西に傾く月。

落月屋梁の想い　《杜甫「夢李白」から》李白の夢を見て目を覚ますと、家の端に落ちかかる月に李白の面影を見たという詩の一節で、友を思う心をいう。

らく-ご【落×伍｜落後】〔名〕スル ❶隊伍についていけず脱落すること。「―しないようにがんばって歩く」「―者」❷能力不足のため、仲間から後れること。「出世競争から―した人間」

らく-ご【落語】寄席演芸の一。こっけいを主にした話芸で、話の終わりに落ちのあるのが特徴。江戸初期の「醒睡笑」の作者安楽庵策伝を祖とするという。江戸系と上方系とがあり、同じ話でも演出が異なったりする。また、制作年代によって古典落語・新作落語に分けるほか、特殊なものとして人情噺・芝居噺などがある。おとしばなし。

(類語)落とし話・笑い話・お笑い・小話・一口話

らくご-か【落語家】落語を聞かせることを職業とする人。はなしか。

らく-さ【落差】❶水が流れ落ちるときの、上下の水面の高さの差。「一二〇メートルの滝」❷物体が落下するときの高低の差。❸二つのものの間の差。水準などの高低の差。「理想と現実との―」

ら

（類語）差・格差・ギャップ・雲泥の差
らく-ざ【楽座】▶楽市楽座らくいちらくざ
らく-さい【楽歳】収穫の多い楽しい年。豊年。「―には身を終うるまで飽き、凶年にも死亡を免れしめ」〈河上肇・貧乏物語〉
らく-さく【落索】《落ちぶれた、物寂しい、の意から》❶酒食の残り物。また、それを飲食すること。「―ヲフルマウ」〈日葡〉❷行事などの後の慰労の宴。「酒田楽を取り出して、―に呑み掛けうか」〈浄・武士鑑〉
らく-さつ【落札】〔名〕スル 競争入札で、物や権利が自分の手に入ること。「護岸工事を―する」
らく-さん【酪酸】有機酸の一。不快臭をもつ油状の液体。正酪酸・イソ酪酸の2種の異性体がある。正酪酸$CH_3CH_2CH_2COOH$は、バターなどにグリセリンエステルとして含まれ、酪酸菌の発酵によっても生成。水・エタノールに溶ける。合成香料などの原料。イソ酪酸$(CH_3)_2CHCOOH$は、植物中に遊離酸またはエステルとして存在。水に溶けにくい。
らくさん-きん【酪酸菌】糖類を分解して多量の酪酸を生成する細菌。クロストリジウムなど。
らくざん-やき【楽山焼】出雲焼の一。延宝年間(1673〜1681)萩焼の陶工倉崎権兵衛が出雲国島根郡西川津村(松江市)楽山で茶陶を焼きはじめたのに始まり、今日では日用陶器も焼かれる。御山焼。権兵衛ごんべえ焼。ぎょうざんやき。
らく-じ【落字】書き落とした文字。脱字。欠字。
らくし-しゃ【落柿舎】京都市右京区嵯峨さがにあった向井去来の別宅。師の芭蕉がこの庵を訪ねて「嵯峨日記」を残した。現在の建物は、明治初年に再興。
らくし-じょう【絡糸嬢】ヂヤウ《糸をつむぐ娘の意》クツワムシまたはコオロギの別名。
らく-じつ【落日】❶沈もうとする太陽。入り日。落暉らっき。落陽。❷物事の勢いが衰えることのたとえ。「大企業の―」（類語）入り日・夕日・西日・落陽・斜陽・夕影・残光・夕映え
らくしゃ【ˣ洛ˣ叉】《梵 lakṣaの音写》古代インドの数量の単位。10万。一説には1億。
らく-じゃく【落着】ヂヤク ▶らくちゃく(落着)
らく-しゅ【落手】〔名〕スル ❶手紙・品物などを受け取ること。手に入れること。落掌。「お手紙―しました」❷囲碁・将棋で、悪い手。
らく-しゅ【落首】風刺・批判・あざけりの意を含めた匿名のざれ歌。詩歌の形式による落書らくしょ。
ラグジュアリー〖luxury〗〔形動〕ぜいたくなさま。豪華なさま。「―なファッション」
らく-しょ【ˣ洛書】中国夏王朝の時代、禹うが洪水を治めたとき、洛水から出た神亀の背中にあったという文様。禹はこれにもとづいて洪範九疇こうはんきゅうちゅうを作ったといわれる。➡河図かと
らく-しょ【落書】❶政治・社会や人物などを批判・風刺した匿名の文書。人目に触れやすい所に落として人に拾わせたり、相手の家の門・塀に貼はりつけたりした。中世から近世にかけて盛行。おとしぶみ。➡落首 ❷「らくがき」に同じ。
らく-しょう【落掌】シヤウ〔名〕スル「落手らくしゅ❶」に同じ。
らく-しょう【落照】セウ 夕日の光。入り日。落日。
らく-しょう【楽勝】〔名〕スル 楽に勝つこと。「大差で―する」➡辛勝しんしょう（類語）大勝・圧勝・完勝・快勝・辛勝
らく-じょう【落城】ジヤウ〔名〕スル ❶敵に城を攻め落とされること。「兵糧攻めで―する」❷もちこたえられず降参すること。また、くどかれて拒みきれずに承知すること。「泣き落としにかかって―する」（類語）陥落
らく-しょく【落飾】〔名〕スル 高貴な人が髪をそり落として仏門に入ること。落髪。
（類語）落髪・剃髪ていはつ・祝髪・出家・髪を下ろす・頭を丸める
らくしょろけん【落書露顕】室町時代の歌論・連歌論書。1巻。今川了俊著。応永19年(1412)ごろ成立か。歌壇における二条派隆盛時にあって、冷泉家当主為尹ためまさを擁護し、和歌・連歌の風体・作法などについて論じた書。
らく-じん【楽人】気楽に暮らす人。苦労のない人。

らく-すい【洛水｜雒水】㊀中国、陝西せんせい省南部にある華山に源を発し、河南省に入って北東に流れ、洛陽の南を通り黄河に注ぐ川。長さ420キロ。洛河。南洛河。ルオショイ。㊁中国、陝西省北西部にある白于はくう山地に源を発し、南東に流れ、渭水いすいに合流して黄河に注ぐ川。長さ660キロ。洛河。北洛河。ルオショイ。
らく-すけ【楽助】気楽に暮らす人を人名のように表した語。楽阿弥らくあみ。「かくれもなき―なり」〈浮・諸国ばなし・五〉
ラクスネス〖Halldór Kiljan Laxness〗[1902〜1998]アイスランドの小説家。カトリシズムを経て社会主義作家となった。1955年ノーベル文学賞受賞。作「サルカ＝バルカ」「独立の民」など。
らく-せい【ˣ洛西】都の西。京都の西郊。
らく-せい【落成】〔名〕スル 工事が完了して建築物などができあがること。竣工しゅんこう。「新社屋が―する」
（類語）完工・竣工
らく-せい【落勢】相場が下落する傾向にあること。↔騰勢。
らくせい-しき【落成式】落成を祝う儀式。
らく-せき【落石】〔名〕スル 山やがけの上から石が落ちてくること。また、その石。「大雨の後は―する恐れがある」
らく-せき【落籍】〔名〕スル ❶戸籍簿から抜け落ちていること。❷名簿から名を除くこと。仲間から抜けること。❸抱え主への前借金などを払ってやって、芸者や娼妓しょうぎの稼業から身をひかせること。身請け。「派手な落籍祝をして―したり」〈秋声・縮図〉
らく-せつ【落ˣ屑】皮膚の表層が大小の角質片となってはげ落ちること。また、そのもの。
らく-せつ【落雪】山などで、積もった雪がくずれ落ちること。また、その雪。雪崩よりも規模の小さいものにいう。
らく-せん【落選】〔名〕スル ❶選挙で落ちること。↔当選。❷選ばれないこと。選にもれること。「出品した油絵が―する」↔入選。
らく-そう【落想】サウ〔名〕スル 考えが心に浮かぶこと。また、その考え。思いつき。着想。「コルレジョオが不死の夜の傑作も、これよりや―しつるとおもわる」〈鷗外訳・即興詩人〉
らく-ぞり【楽ˣ剃り】深い信仰心からではなく、軽い気持ちで剃髪ていはつすること。「―や夕皃ゆうがお棚の下住居」〈七番日記〉
らくそん【落蹲】雅楽の舞楽で、二人舞の納曽利なそりを一人で舞うときの呼称。
らく-だ【ˣ駱ˣ駝】❶偶蹄ぐうてい目ラクダ科の哺乳類のうち、ヒトコブラクダとフタコブラクダの総称。体は黄褐色で四肢と首が長く、背中に脂肪を蓄えたこぶが一つまたは二つある。鼻孔を自由に閉じることができるなど、砂漠の暮らしに適応し、砂漠の舟とよばれる。ともに古くから家畜とされ、ヒトコブラクダは北アフリカ・アラビア半島に、フタコブラクダは中央アジアにみられる。野生のものはほとんどない。❷ラクダの毛で作った糸や織物。「―のシャツ」❸夫婦また男女が二人連れ立って歩くこと。「隠居夫婦参り下向する身は―」〈咄・新板一口ばなし〉❹形だけ大きくて品質の悪いもの。「―の薩摩芋だと思ふか」〈伎・御国入曽我中村〉
ラクターゼ〖lactase〗ラクトース(乳糖)を加水分解し、ぶどう糖とガラクトースにする酵素。生物界に広く分布。β$ベータ$ガラクトシダーゼ。
らく-たい【落体】重力の作用だけで落下する物体。空気の抵抗を無視できるとき、すべての落体は同じ加速度で落下する。
らく-たい【落帯】琵琶の部分の名称。胴の側面(磯いそ)にはってある皮。
らく-だい【落第】〔名〕スル ❶試験や審査に合格しないこと。不合格。「筆記試験に―する」↔及第。❷学年の課程が修了できないで、卒業または進級できないこと。（季 春）「珈琲コーヒー濃しけふ―の少女子おとめごに／波郷」❸必要な一定の基準に達しないため、認められないこと。「こんなことでは親として―だ」↔及第。
らく-だい【落題】和歌・連歌・俳諧などで、題意を詠み落とすこと。また、その歌や句。

らくだい-てん【落第点】落第となる点数。一定の基準に達しない得点。
ラグタイム〖ragtime〗19世紀末、米国の黒人により作り出されたピアノ音楽の演奏様式。シンコペーションを伴うメロディーが特徴で、ジャズの一つの源流ともなった。
らくだ-いろ【ˣ駱ˣ駝色】ラクダの毛のような色。薄く明るい茶色。
らく-たく【落ˣ魄｜落託】▶らくはく(落魄)
らくだ-ずみ【ˣ駱ˣ駝炭】「土竈炭どがますみ」に同じ。
ラクタム〖lactam〗環式化合物で、環状部分に$-NHCO-$を有するもの。分子内でアミノ酸のアミド基とカルボキシル基とが脱水反応によって環状アミドを生成したもの。カプロラクタムやペニシリンなどがある。
らくだ-むし【ˣ駱ˣ駝虫】脈翅みゃくし目ラクダムシ科の昆虫。体長約1センチ。黒色の地に黄色の紋がある。頭部は長く角ばり、単眼はない。翅はねは透明。胸部の節が丸くくびれ、ラクダの背に似る。春から夏に松林にみられ、幼虫は樹皮下にすみ他の昆虫を捕食。
らく-たん【落胆】〔名〕スル 期待や希望どおりにならずがっかりすること。「審査に通らず―する」
（類語）がっかり・失望・消沈・気落ち・失意・幻滅
らく-ち【楽地】安楽な土地。楽土。
らく-ちゃく【落着】〔名〕スル《古くは「らくぢゃく」》❶物事にきまりがついて落ち着くこと。決着。「彼を代表にすることで―した」「一件―」❷近世、裁判などの決着がつくこと。（類語）解決・決着・決まる・落ち着く・済む
らく-ぢゃわん【楽茶ˣ碗】《「らくちゃわん」とも》楽焼きの茶碗。
らく-ちゅう【ˣ洛中】都の中。京都の市中。洛内。↔洛外。
らくちゅう-づくし【ˣ洛中尽(く)し】京都中の名所を絵や文章で並べあげたもの。「―を見たらば、見ぬ所を歩ありきたがるべし」〈浮・永代蔵・二〉
らくちゅうらくがい-ず【ˣ洛中ˣ洛外図】ラクチユウラクグワイヅ 京都市中とその郊外の名所や風俗を俯瞰ふかんするように描いた絵画。室町末期から江戸時代にかけて盛行し、六曲一双の屏風びょうぶ絵を主として画巻・画帖がじょうなどもある。
らく-ちょう【落丁】チヤウ 書籍や雑誌のページが一部抜け落ちていること。また、そのページ。「―本」
らく-ちょう【落潮】テウ ❶引き潮。干潮。おちしお。❷物事が衰えていくこと。落ちめ。「Y子さんには、無残と思われる程の―が来た」〈有島・宣言〉
らく-ちん〔名・形動〕(幼児語で)楽であること。楽で気持ちがよいこと。また、そのさま。「―ないす」
らく-てん【楽天】自分の境遇を天の与えたものとして受け入れ、くよくよしないで人生を楽観すること。
らくてん-エディ【楽天Edy】非接触型ICカードまたは携帯電話(おサイフケータイ)を用いた電子マネーサービス。ソニーが開発したFeliCaを採用し、楽天Edy(旧ビットワレット)が運営している。旧称Edy(エディ)。
（補説）名称は、ユーロ(euro)・ドル(dollar)・円(yen)の頭文字から。
らくてん-か【楽天家】楽天的な人。オプチミスト。↔厭世えんせい家。
らくてん-かん【楽天観】クワン 現実をありうべき最良のものとして肯定的にとらえ、また理想は必ず実現できると考える人生観。また、そのような人生観に基づく哲学上の立場。楽天主義。オプチミズム。↔厭世観。
らくてん-ゴールデンイーグルス【楽天ゴールデンイーグルス】▶東北楽天ゴールデンイーグルス
らくてん-しゅぎ【楽天主義】❶「楽天観」に同じ。❷くよくよせず、何事も楽天的に考えていく傾向。
らくてん-ち【楽天地】楽しく苦しみのない土地。楽土。楽園。（類語）楽園・パラダイス・天国・極楽・楽土・浄土
らくてん-てき【楽天的】〔形動〕物事にくよくよしないでいつも明るいほうに考えていくさま。のんきなさま。「―な性格」
らく-ど【楽土】心配や苦労がなく楽しい生活ができる土地。楽園。「王道―」
（類語）楽園・楽天地・パラダイス・天国・極楽・浄土

ラクト-アイス《和 lacto＋ice》アイスクリーム類のうち、乳固形分3パーセント以上のもの。
らく-とう【×洛東】都の東。京都の、鴨川より東の地域。
らくとう-こう【洛東江】大韓民国中東部の太白山付近に源を発し、南へ流れて、釜山の西で朝鮮海峡に注ぐ川。長さ525キロ。流域は肥沃な農地。ナクトンガン。
ラクトース〘lactose〙乳糖。
ラクトフラビン〘lactoflavin〙ビタミンB_2の異称。
らく-ない【×洛内】都の中。京都の市内。洛中。⇔洛外。
ラクナ-こうそく【ラクナ梗塞】頭蓋内外の比較的細い血管領域(穿通枝動脈)に生じる1.5センチメートル以下の脳梗塞。脳内の血管壁の肥大や血栓による血管壊死、高血圧による血管損傷などにより梗塞巣が生じる。半身麻痺(純運動性不全片麻痺)・半身の痺れ(感覚障害)・構音障害などの症状を伴うことが多いが、症状を呈さず検診などの脳ドックで発見される場合もある(無症候性脳梗塞)。日本で多くみられる脳梗塞の一つで、治療予後は比較的良好である場合が多いが、再発が重なると血管性痴呆などを引き起こすことがある。高血圧・糖尿病・脂質異常症・喫煙などが危険因子とされ、生活習慣の改善が予防につながる。
ラグナ-ビーチ〘Laguna Beach〙米国カリフォルニア州オレンジ郡南部の海浜保養地。20世紀初頭から多くの芸術家が集まったことで知られる。美術館やギャラリーが多い。
らく-なん【×洛南】都の南。京都の南郊。
らく-ね【楽寝】〘名〙スル のんびりと気楽に寝ること。のびのびと寝ること。「—をむさぼる」
らく-のう【酪農】牛・羊などを飼育して、飲用乳や乳製品の原料となる乳を生産したり、乳を精製・加工して製品としたりする農業。(類語)牧畜・畜産
ラクノウ〘Lucknow〙インド北部、ウッタル-プラデシュ州の州都。ガンジス川支流沿いにあり、金銀細工や繊維・印刷工業が盛ん。ムガル帝国時代から繁栄、イスラム建築の遺構が多く残る。1857年のセポイの反乱の中心地の一。人口、行政区219万、都市圏225万(2001)。
らくのうがくえん-だいがく【酪農学園大学】北海道江別市にある私立大学。昭和8年(1933)に設立された北海道酪農義塾を前身とする、日本で唯一の酪農専門大学。同35年の開設。同50年に大学院を設置した。
らく-ば【落馬】〘名〙スル 乗っていた馬から落ちること。「障害競走で騎手が—する」
らく-ばい【落梅】散り落ちた梅の花、または実。
らくばいしゅう【落梅集】島崎藤村の詩文集。明治34年(1901)刊。「千曲川旅情の歌」「小諸なる古城のほとり」など、小諸時代の恋愛詩と旅情をうたう自然詩を収める。
らく-はく【落剝】〘名〙スル はげ落ちること。剝落。「朱がすっかり—した鳥居」
らく-はく【落×魄】〘名〙スル《「らくばく」とも》衰えて惨めになること。落ちぶれること。零落。らくたく。「—の身」「事業につまずき—する」(類語)没落・凋落・転落
らく-ばく【落×莫】〘ト・タル〙〘文〙〘形動タリ〙もの寂しいさま。寂寞。「彼に与えられたものは畢竟—とした孤独だった」〈芥川・大導寺信輔の半生〉
(類語)寂莫・寂寥・索漠・蕭然・蕭蕭・蕭条・蕭殺・寥寥・寂しい
らく-はつ【落髪】〘名〙スル 髪の毛をそり落として仏門に入ること。剃髪。落飾。
らく-ばん【落盤｜落×磐】〘名〙スル 鉱山やトンネルで、坑内の天井や側面の岩石・土砂が崩れ落ちること。「—事故」
らく-び【楽日】千秋楽の日。興行の期間の最後の日。楽。
ラグビー〘rugby〙フットボールの一種。15人ずつの2チームが、一定の規則のもとに、楕円形のボールを奪い合い、相手のゴールライン内の地面にボールをつけるか(トライ)、またはペナルティーキック・ドロップキックなどによって得点を争う競技。英国のラグビースクールの学生がフットボールの試合中に、ルールを無視してボールを抱えて走り込んだところから、1823年に始まったものといわれる。ラ式蹴球。ラグビーフットボール。(季 冬)「一や青雲一抹あれば足る/草田男」
ラグビー-スクール〘Rugby School〙英国、イングランド中南部、ラグビーにあるパブリックスクール。1567年創立。イートンカレッジ・ハロースクールと並ぶ有名校。
らく-ひつ【落筆】〘名〙スル ❶筆をとって書画を書くこと。❷たわむれがき。落書き。
らく-ひんのう【駱賓王】中国、初唐期の詩人。婺州義烏(浙江省)の人。初唐四傑の一。則天武后に反抗した将軍徐敬業の秘書として書いた檄文が有名。生没年未詳。
らくびん-の-がく【×洛×閩の学】中国、宋の程顥・程頤の学、および朱熹の学を総称していう。程顥・程頤の出身が洛陽、朱熹の出身が建陽すなわち閩の地であったことに基づく。
らくへんげ-てん【楽変化天】▶化楽天
らくほう-じ【楽法寺】茨城県桜川市にある真言宗豊山派の寺。山号は、雨引山。開創は用明天皇の時代、開山は中国から来日した法輪独守居士と伝える。雨引観音。
らく-ほく【×洛北】都の北。京都の北郊。
ラグ-マット《和 rug＋mat》▶ラグ
らく-めい【落命】〘名〙スル 命を落とすこと。特に、不慮の災難などで死ぬこと。「爆発事故で—する」
(類語)死ぬ・死亡・死去・死没・長逝・永逝・永眠・瞑目・往生・逝去・他界・物故・絶息・絶命・辞世・成仏・昇天・大往生・お陀仏・崩御・薨去・卒去・急逝・夭折・夭逝
らく-めん【落綿】綿糸の紡績工程で出るくず綿。
らく-やき【楽焼(き)】❶手捏ねで成形し、低火度で焼いた軟質の陶器。天正年間(1573～1592)京都の長次郎が千利休の指導で創始。赤楽・黒楽・白楽などがある。2代常慶が豊臣秀吉から「楽」の字の印を下賜されて楽を家号として以降、楽家正統とその傍流に分かれ、前者を本窯、後者を脇窯という。聚楽焼き。楽。❷一般に、素人が趣味などで作る、低火度で焼いた陶器。
らくゆう【洛邑】中国周代の都。今の洛陽市の西郊に位置した。
らくよう【洛陽】㊀中国河南省北西部の都市。洛河北岸にある。西周時代に都として建設され洛邑とよばれ、漢代に改称、北魏・晋・隋・後梁・後唐などの首都。唐代には長安に対して東都とよばれ、経済・文化の中心として繁栄した。現在は機械製造が盛ん。白馬寺・竜門石窟など古跡が多い。人口、行政区149万(2000)。ルオヤン。㊁京都の異称。㊂平安京の左京の異称。右京を「長安」というのに対する。
洛陽の紙価を高める《晋の左思が三都賦を作った時、これを写す人が多く、洛陽では紙の値が高くなったという、「晋書」文苑伝にある故事から》著書の評判がよくて売れ行きのよいことのたとえ。(補説)「市価を高める」と書くのは誤り。
らく-よう【落葉】〘名〙スル ❶葉が落ちること。また、その落ちた葉。日照期間の短縮や葉自体の老化により、葉柄の離層で切れて茎から離れる。おちば。「イチョウの街路樹が—する」❷沈香・丁字香・麝香などを練り合わせた薫物。❸「落丁」に同じ。
(類語)落ち葉・枯れ葉
らく-よう【落陽】入り日。夕日。落日。(類語)入り日・夕日・西日・落日・斜陽・夕影・残光・夕映え
らくようがらんき【洛陽伽藍記】中国の記録書。5巻。東魏の楊衒之著。北魏の都洛陽の荒廃のさまを、諸大寺の状況や伝聞などを中心に記したもの。
らくよう-じゅ【落葉樹】秋の低温期になると葉が枯れて落ち、翌春に新しい葉を生じる樹木。温帯に多く、大部分は広葉樹で、夏緑樹ともいう。また、乾期になると葉が落ちる雨緑樹もあり、亜熱帯・熱帯にみられる。落葉木。➡常緑樹
らくようしゅう【落葉集】キリシタン版の日本語の漢字字書。1598年刊。落葉集本編・色葉字集・小玉編の3部から成る。本編は約1万2000の漢語をイロハ順に配列した音引き、色葉字集は約3400の和語をイロハ順に配列した訓引き、小玉編は約2300の漢字を部首別に示した字書。
らくよう-しょう【落葉松】カラマツの別名。
らくようでんがくき【洛陽田楽記】平安後期の記録書。1巻。大江匡房著。永長元年(1096)京都で流行した田楽を漢文体で記録したもので、田楽史上貴重な資料。
らくよう-び【落葉日】観測対象とするイチョウ・カエデの標本木の約80パーセントが落葉したと見えた日。風の有無は問わない。➡生物季節
らくよう-ぼく【落葉木】「落葉樹」に同じ。
らく-らい【落雷】〘名〙スル 雷が落ちること。雷雲と地面との間に放電が起こること。地上の突起物に落ちやすい。「立ち木に—する」(季 夏)
(類語)雷・雷・鳴る神・雷・雷鳴・雷電・天雷・急雷・疾雷・迅雷・霹靂・雷公・遠雷・春雷・界雷・熱雷・稲妻・稲光・電光・紫電
らく-らく【落落】〘ト・タル〙〘文〙〘形動タリ〙❶度量が大きくてこだわらないさま。「幸に胆勇—たるアゼシラウス王の在る有て」〈竜渓・経国美談〉❷物が落ちたり倒れたりしているさま。「無数の岩が—として其処に一面に重なっているのだから」〈独歩・帰去来〉❸まばらでもの寂しいさま。「—たる戸庭、人見えず」〈本朝文粋・一〉
落落として晨星の相望むが如し《劉禹錫「送張盟赴挙序」から》明け方の空に星が次々に消えてまばらになるように、年をとって同年配の友人がしだいに少なくなることをいう。
らく-らく【楽楽】〘副〙❶苦痛や負担を感じないでゆとりのあるさま。気楽なさま。「—と老後を送る」❷骨を折ったり無理をしたりするようなところが少しもないさま。「国家試験に—(と)パスした」
(類語)やすやす・軽軽・易易・悠悠・無造作・簡単・楽・容易・容易く・訳無く・軽く・難無く・苦も無く
ラグラン〘raglan〙「ラグランスリーブ」の略。
ラグランジュ〘Joseph Louis Lagrange〙[1736～1813]フランスの数学者。イタリア生まれ。変分法を創始し、力学体系を数学的手法で解き、著「解析力学」にまとめた。メートル法の制定にも尽力。
ラグランジュ-ポイント〘Lagrangian point〙主従二天体の公転系で、さらに小さな天体が両天体との相対位置を変えずに、公転系に加わることができる位置。5点あり、3点はオイラーが発見。1772年にラグランジュが2点を加え論文として発表した。ラグランジュ点。L点。(補説)主星と従星の間で互いの引力がつりあう点(L1)、従星の軌道の外側の点(L2)、従星の公転軌道の正反対の点(L3)をオイラーが発見した(主従星とこの3点は直線上に並ぶ)。また、公転軌道上で、主星から見て従星の60度前方の点(L4)と60度後方の点(L5)をラグランジュが発見した。L1・L2・L3は不安定な点で、そこにある物体の位置がずれ始めるとずれが拡大して公転系を離れる。L4・L5は安定した点で、そこにある物体は位置がずれても元に戻る。人工衛星などの設置点として好適。
ラグラン-スリーブ〘raglan sleeve〙《クリミア戦争のとき、英国のラグラン将軍が考案したという》洋服の袖型の一。襟ぐりから袖下にかけて斜めの切り替え線の入った袖。着脱が楽で、コートやスポーツウエアに用いられる。ラグラン袖。
ラ-グランハ-きゅうでん【ラグランハ宮殿】《Palacio Real de La Granja de San Ildefonso》スペイン、カスティーリャ-イ-レオン州の都市セゴビア近郊の町、ラ-グランハ-デ-サン-イルデフォンソにあるバロック様式の宮殿。18世紀にスペイン王フェリペ5世がベルサイユ宮殿を模した夏の離宮として建造。ラ-グランハ-デ-サン-イルデフォンソ宮殿。
ラ-グランハ-デ-サン-イルデフォンソ〘La Gran-

ja de San Ildefonso〗スペイン、カスティーリャ-イ-レオン州の都市セゴビア近郊の町。グアダラマ山脈の麓に位置し、代々王室の狩猟地や避暑地として好まれた。18世紀にスペイン王フェリペ5世が、ベルサイユ宮殿を模して建てた夏の離宮ラグランハ宮殿がある。

ラ-グランハ-デ-サン-イルデフォンソ-きゅうでん【ラグランハデサンイルデフォンソ宮殿】《Palacio Real de La Granja de San Ildefonso》▶ラグランハ宮殿

らく-るい【落涙】〘名〙スル 涙をこぼすこと。泣くこと。また、その涙。「悲しさにただ―するばかりだ」
類語 泣く・涙する・涙ぐむ・噎ぶ・啜り上げる・噦り上げる・咳き上げる・哭する・流涕する・涕泣する・歔欷する・嗚咽する・慟哭する・号泣する・号哭する・めそめそする・涙に暮れる・涙に沈む・涙に噎ぶ・袖を絞る・むずかる・べそをかく

ラクレット〖フランス raclette〗スイス料理の一。溶かしたチーズをジャガイモ・ピクルスとともに食べる。

ラクロ〖Pierre Choderlos de Laclos〗［1741～1803］フランスの小説家・軍人。18世紀末の貴族社会の退廃を描き、心理小説の先駆とされる書簡体小説「危険な関係」で知られる。

ラクロアゼット-どおり【ラクロアゼット通り】《Boulevard de la Croisette》▶クロアゼット通り

らくろう-ぐん【楽浪郡】前108年、前漢の武帝が衛氏朝鮮を滅ぼして設置した朝鮮四郡の一。現在の平壌が中心。3世紀初頭、南半部が帯方郡となって分離。313年、高句麗に滅ぼされた。大同江南岸にある郡城址や墳墓群からは、金銀器・青銅器・漆器・玉器などを出土。

ラクロス〖lacrosse〗1チーム10人(女子は12人)の二組のチームが、先端にネットがついたスティックでボールを運び、相手ゴールにシュートをして得点を競う球技。1クオーター15分で4クオーター戦う。カナダ先住民の競技を起源とする。

ら-けい【×螺×髻】❶束ねたもとどりが、ほら貝のような形をした髪形。主に童子の結うもの。❷《❶に似た髪形から》梵天や婆羅門の異称。

ラゲージ-スペース〖luggage space〗乗用車で荷物を収容するスペースのこと。ラゲージルーム。

ラゲージ-ルーム〖luggage room〗「ラゲージスペース」に同じ。

ラケダイモン〖Lakedaimōn〗古代ギリシャの都市国家スパルタの、スパルタ人みずからが呼んだ称。

ラケット〖racket¦racquet〗テニス・卓球・バドミントンなどで、ボールやシャトルコックを打つ用具。

ラゲッド-ウエア〖ragged wear〗丈夫で悪天候にも耐える、機能的で実用的な服のこと。

ラケットボール〖racquetball〗壁に囲まれた縦12.2メートル、横・高さ6.1メートルの室内コートで、床に二度バウンドする前にラケットでボールを前壁に打ち返す競技。シングルスとダブルスがある。1949年に米国で考案された。

ラケナリア〖ラテン Lachenalia〗ユリ科の球根植物。南アフリカ原産。高さ20～30センチ。冬から春に、筒状の花をつける。

らご【羅睺】㊀《梵 Rāhuの音写》日・月の光を覆って日食・月食を起こすとされた阿修羅。羅睺阿修羅王。㊁「羅睺羅」の略。

らご-あしゅらおう【羅睺阿修羅王】▶羅睺㊀

ラゴス〖Lagos〗㊀ナイジェリア南西部の都市。ギニア湾に臨み、もと英国の奴隷貿易の中心地。現在は貿易港・工業地。1991年首都がアブジャに移るまでは実際上の首都。人口、行政区973万(2009)。㊁ポルトガル南部の港町。古代ローマ時代より港が置かれ、イスラム支配時代も重要な交易の拠点として栄えた。大航海時代にはエンリケ航海王子の命を受けた数多くの探検船の出港地になり、ヨーロッパ初の奴隷市が開かれた。現在は漁業が盛んなほか、アルガルベ地方の代表的な海岸保養地の一。ラーゴス。

ラコスト〖Lacoste〗フランス南東部、プロバンス地方、ボークリューズ県の村。18世紀にサド侯爵が領主だった城があることで知られる。

ラ-ゴメラ-とう【ラゴメラ島】《La Gomera》▶ゴメラ島

らごら【羅睺羅】《梵 Rāhulaの音写》出家以前の釈迦と耶輸陀羅との間に生まれた息子。釈迦に従って出家し、十大弟子の一人。よく戒律を守り、密行第一と称された。ラーフラ。

ラ-コルーニャ〖La Coruña〗スペイン北西部、ガリシア州の港湾都市。漁業、石油化学工業が盛ん。古くから重要な港であり、古代ローマ時代の灯台ヘラクレスの塔(世界遺産)のほか、16世紀の要塞サンアントン城がある。旧市街にはサンティアゴ教会、サンタマリア-デル-カンポ教会をはじめ、歴史的建造物が多い。1588年には無敵艦隊の出港地になった。ガリシア語名アコルーニャ。

ラサ〖Lhasa〗《神の地の意》中国、チベット自治区の首府。同区南東部の標高3600メートルの高原に位置し、唐代には吐蕃の都として知られた。ダライ=ラマの宮殿であったポタラ宮やトゥルナン寺がある。ラッサ。補説「拉薩」「邏娑」とも書く。

ラザーニャ〖イタリア lasagna〗薄板状にのして長方形にしたパスタ。また、それをミートソースやチーズと層状に重ねてオーブンで焼いた料理。ラザニア。

ラ-サール〖Jean-Baptiste de La Salle〗［1651～1719］フランスの司祭・教育者。1681年、世界最初の教員養成機関であるキリスト教学校修士会(ラサール会)を創立。近代学校教育の先駆者とされる。

ら-さい【羅斎】禅宗で、托鉢して米銭の喜捨を求めること。乞食。ろさい。

ラザニア〖イタリア lasagna〗▶ラザーニャ

ラザフォード〖Ernest Rutherford〗［1871～1937］英国の物理学者。ニュージーランド生まれ。放射線を研究し、原子崩壊説を提唱。α線がヘリウム原子核であることを証明し、中心核をもつ原子模型を提示、さらにα線を当てて窒素の原子核の人工変換に成功し、原子物理学発展の基礎を築いた。1908年ノーベル化学賞受賞。

ラザホージウム〖rutherfordium〗4族に属する人工放射性元素。質量数255から262の同位体が確認されている。英国の物理学者ラザフォードの名にちなむ。元素記号Rf　原子番号104。ラザホルジウム。

ラザホルジウム〖rutherfordium〗▶ラザホージウム

ラサリーリョデトルメスのしょうがい【ラサリーリョデトルメスの生涯】《原題、スペイン La Vida de Lazarillo de Tormes》スペインの小説。作者未詳。1554年版が現存最古。少年ラサリーリョが、怪しげな生業の主人に次々と仕え、のちにその体験を冷笑的に物語る形の自伝体悪漢小説。

ラ-サル〖Antoine de La Sale〗［1385ころ～1460ころ］フランスの物語作家。騎士道恋愛観に新しい解釈を与えた散文物語「小姓ジャン=ド=サントレ」で有名になった。

ら-し【×螺子】ねじ。

らし〘助動〙［○｜○｜らし｜らし(らしき)｜らし｜○］活用語の終止形、ラ変型活用語の連体形に付く。❶客観的な根拠・理由に基づいて、ある事態を推量する意を表す。…らしい。…に違いない。「もえわたる草木もあらぬはるべには山辺に急ぐ鹿ぞ踏むらし」〈宇津保・春日詣〉❷根拠や理由は示されていないが、確信をもってある事態の原因・理由を推量する意を表す。…に違いない。「水底の月の上より漕ぐ舟の棹にさはるは桂なるらし」〈土佐〉補説 語源については「あ(有)るらし」「あ(有)らし」の音変化説などがある。奈良時代には盛んに用いられ、平安時代には❶の用法が和歌にみられるが、それ以後はしだいに衰えて、鎌倉時代には用いられなくなった。連体形・已然形は係り結びの用法のみで、また奈良時代には「こそ」の結びとして「らしき」が用いられた。

ラジアル〖radial〗❶「ラジアルタイヤ」の略。❷多く他の語に付いて、放射状の、星形の、の意を表す。「―エンジン」

ラジアル-エンジン〖radial engine〗エンジンの回転軸に垂直な面内に複数のピストンが放射状に配置されているもの。星形機関。

ラジアル-じくうけ【ラジアル軸受(け)】回転軸に垂直に加わる荷重を支える軸受け。ジャーナル軸受け。

ラジアル-タイヤ〖radial tire〗自動車のタイヤで、接地面と側面の内側とを構成する繊維層が、回転方向に対して直角に並んでいるもの。車輪の中心から見ると放射状に並ぶのでいう。本来、高速走行用。

ラジアン〖radian〗国際単位系(SI)の平面角の単位。1ラジアンは円の半径の長さに等しい弧に対する中心角の大きさで、57度17分44.8秒。記号rad　弧度。

ラジアン-まいびょう【ラジアン毎秒】角速度の単位。単位時間あたりの回転角で表したもの。記号rad/s

ラジアンまいびょう-まいびょう【ラジアン毎秒毎秒】角加速度の単位。単位時間当たりの角速度の変化を表したもの。記号rad/s²

らしい〘助動〙［○｜らしく・らしかっ｜らしい｜らしい｜○｜○］動詞・形容詞・助動詞「れる」「られる」「せる」「させる」「ない」「たい」「た」「ぬ(ん)」の終止形、体言、形容動詞の語幹、一部の副詞などに付く。❶根拠や理由のある推量を表す。「台風が接近しているらしく、風雨が強まってきた」「又からすがなくので見ると狐がきている。よほどひだるいらしい」〈桑名日記〉❷伝聞や推量に基づく婉曲な断定の意を表す。「冬山というのは非常に危険らしい」「隣の子はよく勉強するらしい」❸(多くは体言に付いて)ぴったりした状態、よく似た状態にある意を表す。いかにも…のようである。まさに…と見うけられる。「名探偵らしい見事な推理だ」「どうやら実説らしくもあり、又嘘らしい所もあるてな」〈滑・浮世風呂・四〉補説 近世になって、古語の「らし」と、活用があって形容詞を作る接尾語「らしい」との類推から生まれたといわれる。連用形は、「ございます」「存じます」に続くときに「らしゅう」となる。仮定形として「らしけれ」が考えられるが、代わりに「ようなら」を使うことが多い。なお、近世以降、同源の文語形推量の助動詞としての「らし」も用いられた。「このころとられたらしき中間が封じ文出して」〈浮・好色盛衰記〉また、❸は接尾語との区別のつかない場合もある。

らし・い〘接尾〙《形容詞型活用［文］らし(シク活)》❶名詞に付いて、…としての資質を十分に備えている、…と呼ぶにふさわしい、などの意を表す。「男―い男」「春―い陽気」「人間―い生活」❷名詞、形容詞・形容動詞の語幹、副詞などに付いて、…という気持ちを起こさせる、…と感じられる、などの意を表す。「ばか―い」「愛―い」「汚―い」「わざと―い」

ラジーシチェフ〖Aleksandr Nikolaevich Radishchev〗［1749～1802］ロシアの思想家・詩人・小説家。「ペテルブルグからモスクワへの旅」を自費出版して農奴の惨状を描き、専制政治や貴族制度などを批判したためシベリアに流刑された。

ラジー-しょう【ラジー賞】その年で最低の映画・監督・俳優などを選んで与える賞。1981年創始。毎年、アカデミー賞授賞式の前夜に発表される。ゴールデンラズベリー賞。補説 正式名称はRazzie Awardで、Razzieは「あざ笑う、やじる」の意のrazzをもとにした造語。

ラシード-アッディーン〖Rashīd al-Dīn Faḍl Allāh〗［1247ころ～1318］イル-ハン国の政治家・歴史家。モンゴル族中心の世界史「集史」は、西アジア史研究の重要資料。

ラシーヌ〖Jean Racine〗［1639～1699］フランスの劇作家。三一致の法則に立つ厳格な構成、洗練された韻文、巧みな心理分析などによって、フランス古典悲劇を完成した。作「アンドロマック」「ブリタニキュス」「ベレニス」「フェードル」など。

ラジウス〖Radius〗登山用の小型石油こんろ。本来は、スウェーデンの石油こんろ製造会社の商標名。

ラジウム〖radium〗アルカリ土類金属の一。放射性元素の代表的なもの。天然には質量数223、224、

226、228の4種の同位体があり、半減期の最も長いのは226で約1600年。単体は銀白色の重い金属。空気中では黒変する。1898年、キュリー夫妻がポロニウムとともにウラン鉱石から発見。元素記号Ra　原子番号88。

ラジウムエマナチオン〘ドイツ Radiumemanation〙放射性核種の一つのラドン222のこと。天然に存在するラドンのうち、最も寿命が長く、半減期3825日。ラジウムエマネーション。

ラジウム-せん【ラジウム泉】ラジウムの含有量の多い鉱泉。兵庫県の有馬温泉、山梨県の増富温泉など。➡放射能泉

ラジウム-りょうほう【ラジウム療法】ラジウムの放射線の組織破壊性を利用して行う治療法。悪性腫瘍などに用いる。

ラジエーション〘radiation〙放射。放射線。放射形。

ラジエーション-ダメージ〘radiation damage〙物質が放射線にさらされたときに受ける物理的・化学的変化。特に、その性質が劣化する場合に用いられる語。放射線損傷。

ラジエーター〘radiator〙❶蒸気や温水を利用した暖房装置の熱放射器。放熱器。❷自動車エンジンなどの冷却放熱器。

ラジオ〘radio〙❶電波を利用して放送局から送る報道・音楽などの音声放送。また、その受信装置。広くは、無線をさす。❷他の語に付いて、放射、また無線の意を表す。

ラジオアイソトープ〘radioisotope〙放射性同位体。

ラジオアイソトープ-でんち【ラジオアイソトープ電池】▶原子力電池

ラジオイムノアッセイ〘radioimmunoassay〙放射性同位元素と抗原抗体反応とを利用して、非常に微量な物質の量を測定する方法。同位元素標識免疫定量法。

ラジオ-カー〘radio car〙超短波無線電話を備えた自動車。無線車。ラジオ放送中継車。

ラジオカーボン-デーティング〘radiocarbon dating〙▶放射性炭素年代測定法

ラジオ-カセット《和 radio＋cassette》ラジオとカセットテープレコーダーを1台に組み込んだもの。ラジカセ。

ラジオ-ギャラクシー〘radio galaxy〙電波銀河。

ラジオグラフィー〘radiography〙放射線を用いて、物体の内部構造や状態を透過像として撮影する方法。

ラジオ-コントロール〘radio control〙無線による機器類の操縦・操作・制御など。ラジコン。

ラジオ-コンパス〘radio compass〙航空機や船舶に取り付け、航行中にラジオビーコンから発射される電波を受けて自己の位置・方位を探知する装置。無線方向探知機。

ラジオ-シティー〘Radio City〙米国ニューヨーク市にあるロックフェラーセンターの中で、劇場や通信社、テレビ・ラジオのスタジオなどが集まる一画。

ラジオ-せい【ラジオ星】▶電波天体

ラジオゾンデ〘ドイツ Radiosonde〙気球に取り付け、高層大気の気温・湿度・気圧などを測定し、測定値を無線で地上に送信する装置。

ラジオ-たいそう【ラジオ体操】ラジオ放送による号令と伴奏に合わせて行う保健体操。

ラジオディテクター〘radiodetector〙無線検波器。

ラジオ-テレスコープ〘radio telescope〙「電波望遠鏡」に同じ。

ラジオ-トラッキング〘radio-tracking〙生物に小型の発信器などを取り付け、その個体を追跡し、行動や生態を調査する研究手法。個体の位置を得るラジオテレメトリーと同じ意味で使われることが多い。また、行動・生理・環境についてのデータを遠隔測定することをバイオテレメトリー、ビデオカメラやセンサーで画像やデータを記録して調査することをバイオロギングと呼んで区別する場合もある。

ラジオ-ドラマ《和 radio＋drama》ラジオで放送されるドラマ。放送劇。(補説)英語ではradio play.

ラジオトリウム〘radiothorium〙トリウムの放射性同位元素の一。α線を放出してラジウムに変わる。記号^{228}Thまたは、RdTh

ラジオトレーサー〘radiotracer〙▶放射性指示薬

ラジオ-ナビゲーション〘radio navigation〙地上の無線施設からの電波を利用して自機の現在位置を知る航空機の航法の総称。電波航法。

ラジオ-は【ラジオ波】▶電波

ラジオ-ビーコン〘radio beacon〙地上から指向性をもつ電波を放射して、航空機・船舶などに方位を知らせる装置。電波標識。無線標識。

ラジオ-ブイ〘radio buoy〙無線信号の発信装置を備える浮標。漁具などとして使用。

ラジオ-プレス【ラヂオプレス】《Radio Press》昭和21年(1946)、外務省から財団法人として分離独立した通信社。海外のラジオ放送から受信したニュースを配信する。本部は東京都新宿区。RP。

ラジオ-ペンチ《和 radio＋pinchersから》先端が細くなっているペンチ。小さな部品をつまんだり細工したりするのに向く。ラジペン。(補説)英語ではneedle nose pliers.

ラジオ-ボタン〘radio button〙コンピューターの操作画面において、複数の選択肢からひとつだけを選択する場合に用いられるボタン。複数の選択肢を選択する場合は、チェックボックスが使われる。

ラジオメーター〘radiometer〙放射のエネルギー・照度などを測定する装置。受けた放射によって素子の温度が上昇する、その熱効果を用いるものと、光電管や半導体素子のように放射による光電効果を利用したものとがある。放射計。

ラジ-カセ「ラジオカセット」の略。

ラジカリスト〘radicalist〙《「ラディカリスト」とも》急進主義者。過激派。

ラジカリズム〘radicalism〙《「ラディカリズム」とも》「急進主義」に同じ。

ラジカル〘radical〙《「ラディカル」とも》㊀〔名〕化学で、遊離基。フリーラジカル。また、基。㊁〔形動〕❶過激なさま。極端なさま。急進的なさま。「一な考え」「一な意見」❷根本的。根源的。「一な原理」(類語)(㊁❶)過激・急進的・ドラスティック

ラジカル-エコノミクス〘radical economics〙既成の経済学に挑戦する新しい潮流。政治的・社会的分析、歴史的視野の必要性を説き、資本主義社会の経済的基礎構造の解明や階層間の利害対立の解消などを主張している。

ラジカル-はんのう【ラジカル反応】化学反応で、その過程に遊離基が関与するもの。光化学反応・熱化学反応で多くみられる。遊離基反応。

らしき-しゅうきゅう【ラ式蹴球】ラグビーのこと。

らしくな・い〔形〕いつもと違っているさま。既成の価値観、従来の規準からはずれているさま。それらしくない。「一・い態度」「一・いプレー」「一・い発想が求められる」

ラジコ〘radiko〙日本大手ラジオ局が放送する番組を、インターネットを通じて同じ時間帯に配信するサービス。またはそのウェブサイトの名称。IPサイマル放送の一つで、民放と電通の14社で設立した「株式会社radiko」が運営する。平成22年(2010)12月に配信開始。(補説)都市部における難聴取の解消を目的とするため、関東・関西の都市部で開始。同24年4月には全国配信が始まった。

ラジ-コン　❶「ラジオコントロール」の略。❷車や飛行機の模型を無線操縦で動かす玩具の商標名。(補説)❷は、「無線操縦玩具」などと言い換える。

らし-さ　❶《接尾語「らしい」の語幹に、接尾語「さ」の付いた語》名詞や形容動詞の語幹に付いて、そのものの特徴がよく出ていることを表す。「自分一」「子供一」「確か一」❷《単独で用いて》その人や物事の特徴。「一を発揮する」

らし-しょくぶつ【裸子植物】種子植物の一亜門。子房がなく胚珠が裸出しているもの。子葉は3枚以上が多い。古生代に出現、中生代に繁栄し、化石が多い。現存種はソテツ類・イチョウ類・針葉樹類・マオウ類に分けられる。➡被子植物

ラシス〘RASIS〙《reliability, availability, serviceability, integrity, security》▶レイシス(RASIS)

ラジ-ペン「ラジオペンチ」の略。

ラシャ〘ポルトガル raxa〙【羅紗】紡毛を密に織って起毛させた、厚地の毛織物。室町末期ごろに輸入され、陣羽織・火事羽織、のち軍服・コート地などに使われた。

ラジャー〘roger〙〔感〕承知した、わかった、の意を表す語。了解。オーケー。

ラシャかき-ぐさ【ラシャ×掻草】マツムシソウ科の二年草。高さ約1.5メートル、茎にとげがある。葉は線形。夏、淡紫色の頭状花を穂状につけ、総苞は先が鉤状。乾燥した穂は硬く、織物の起毛に利用する。ヨーロッパの原産。おになべな。チーゼル。

ラシャ-がみ【ラシャ紙】ラシャに似た感じの厚手の紙。もとはラシャや毛糸のくずをまぜて漉いたが、現在は晒した化学パルプを原料とする。壁紙や本の装丁などに使用。

ラシャきり-ばさみ【ラシャ切り×鋏｜羅紗切り×鋏】「裁ちばさみ」に同じ。

ラジャスタン〘Rajasthan〙インド北西部の州。州都ジャイプール。タール砂漠が広がる。

らしゃとししゃ【裸者と死者】《原題、The Naked and the Dead》メーラーの長編小説。1948年刊。第二次大戦中、太平洋の孤島を死守する日本兵と戦う米軍将兵の非情な人間関係を描く。

ラシャ-ばさみ【ラシャ×鋏｜羅紗×鋏】「裁ちばさみ」に同じ。

ラシャ-めん【ラシャ綿】《「綿」は「綿羊」の略》❶ヒツジの別名。❷西洋人の妾となった日本女性を卑しめていった語。洋妾。外妾。

ら-しゅう【羅袖】薄物の袖。「日を羞じて一を遮り」〈鴎外・魚玄機〉

らじゅう-さんぞう【羅什三蔵】▶鳩摩羅什

ら-しゅつ【裸出】〔名〕(スル)物におおわれず、むき出しになっていること。露出。「周囲一木なく、平野に一して」〈独歩・愛弟通信〉(類語)露出・むき出し・丸出し・裸

ラシュディ〘Salman Rushdie〙[1947～]英国の小説家。インド生まれ。インドの混沌を、虚構と現実を織り交ぜるマジックリアリズムの手法によって描く。1988年刊の「悪魔の詩」でムハンマドを冒涜したとしてイランのホメイニ師の「死刑宣告」を受け、国際的に物議をかもした。ルシュディ。

ラシュモアさん-こくりつきねんぶつ【ラシュモア山国立記念物】《Mount Rushmore National Memorial》米国サウスダコタ州南西部、ラピッドシティ近郊のブラックヒルズ山地の一峰。建国と発展に寄与した4人の歴代大統領、ワシントン、ジェファーソン、リンカーン、T＝ルーズベルトの顔が刻まれている。マウントラシュモア国立記念物。

ら-じょう【×螺状】巻き貝の殻のようにぐるぐると巻いている形状。螺旋状。

ら-じょう【羅城】城の外ぐるわ。外郭。

らしょう-もん【羅生門】㊀▶羅城門 ㊁謡曲。五番目物。金春を除く各流。観世小次郎信光作。今昔物語などに取材。ワキ方中心の曲で、渡辺綱が羅生門にすむ鬼と戦い、鬼の片腕を斬り落とす。㊂芥川竜之介の小説。大正4年(1915)発表。今昔物語に取材。平安末期、荒れ果てた羅生門に上って寝ようとした下人が、生きるために盗人に早変わりする話を通し、人間のエゴイズムを描く。

らじょう-もん【羅城門】平城京・平安京の都城の正門。朱雀大路の南端に設けられ、北端の朱雀門と相対した。平城京の羅城門跡は大和郡山市に、平安京のものは東寺の西方にある。羅生門。

らしょうもん-かずら【羅生門×蔓】シソ科の多年草。山野に生え、高さ15～30センチ。葉は心臓形で、対生。4、5月ごろ、上部の茎に、紫色の唇形の花が並んでつく。名は、花の形を羅生門(羅城門)で切り落とされたという鬼の腕になぞらえたことによる。(季 春)

ラ-ショードフォン〖La Chaux-de-Fonds〗スイス西部、ヌーシャテル州の都市。州都ヌーシャテルに次いで同州第2の規模をもつ。ジュラ山脈南東麓に広がる時計産業が盛んな地帯の中心地として知られる。世界最大規模の時計の博物館、国際時計博物館がある。

ラジョーネ-きゅうでん【ラジョーネ宮殿】《Palazzo della Ragione》㊀イタリア北東部、ベネト州の都市パドバにある建物。13世紀初期に建造され、裁判所として使われていた。14世紀初期に大幅に改築され、現在見られる傾斜がついた丸い屋根になった。2階部分には世界最大級(縦78メートル、横27メートル、高さ27メートル)とされたサローネと呼ばれる大部屋があり、占星術、宗教、労働を題材とするフレスコ画の連作が描かれている。㊁イタリア北部、ロンバルディア州の都市ベルガモの旧市街ベルガモアルタにある建物。12世紀に建てられ、議場として使われていた。16世紀に建て直されゴシック様式の外観をもつ。内部にはブラマンテ作のもののほか、14世紀から15世紀にかけて描かれたフレスコ画が飾られている。

ラショナリスト〖rationalist〗合理主義者。理性主義者。

ラショナリズム〖rationalism〗合理主義。理性主義。

ラショナリゼーション〖rationalization〗《「ラショナライゼーション」とも》産業などの合理化。

ラショナル〖rational〗〘形動〙合理的なさま。「一な解決法」⇔イラショナル。

ら-しん【裸身】はだかの身体。裸体。(季 夏)
〘類語〙真っ裸・素っ裸・丸裸・赤裸・全裸・半裸・ヌード

らしん【羅津】▶ラジン(羅津)

ら-しん【羅針】▶磁針

ラジン【羅津】朝鮮民主主義人民共和国羅先市南部の旧称。らしん。➡ラソン(羅先)

らしん-ぎ【羅針儀】▶羅針盤

ら-しんぎょく【羅振玉】[1866〜1940]中国の考証学者・金石学者。字は叔言。号は雪堂。浙江省上虞の人。清朝に仕えたが、辛亥革命により日本に亡命。満州国成立後は監察院長などを歴任。経学・史学に通じ、古典の校訂を行ったほか、殷文化の解明に努めた。著「殷墟書契」など。ルオ=チェンユイ。

らしん-ばん【羅針盤】磁石の針が南北を指すことを利用して、船舶や航空機の方位・進路を測る器械。コンパス。羅盤。羅針儀。

らしんばん-ざ【羅針盤座】南天の小星座。アルゴ座を4分割したうちの一で、鱧座の隣にある。3月下旬の午後8時ごろ南中するが、明るい星はない。学名 Pyxis

ラス〖lath〗塗り壁などの下地とする木摺り、または金網。一般に、メタルラス・ワイヤラスなどの金属製のものをさす。

ラス-アル-ハイマ〖Ra's al-Khaima〗アラブ首長国連邦を構成する7首長国の一。連邦北東端に位置し、ムサンダル半島(オマーンの飛び地)の付け根を占める。連邦成立の翌1972年に加入した。ラアスアルハイマ。

ラス-いち【ラス一】《last＋一から》俗に、最後の一回や、最後に残った一つのこと。「バーゲンで一の商品を手に入れた」

ラス-いでんし【ラス遺伝子】《ras gene》腫瘍遺伝子の一群。➡ラス癌遺伝子

ラスウェル〖Harold Dwight Lasswell〗[1902〜1978]米国の政治学者。精神分析の方法を政治学に導入して、政治行動の実証的研究を行った。政策学の提唱者でもある。著「権力と人間」「政治」など。

ラスカー-しょう【ラスカー賞】米国医学界最高の賞。アルバート、メアリーのラスカー(Lasker)夫妻が設立したラスカー財団が1946年に創設した。基礎医学研究賞・臨床医学研究賞・特別功労賞がある。アルバート=ラスカー医学研究賞。

ラスカサス〖Bartolomé de Las Casas〗[1474〜1566]スペインの聖職者。スペイン領西インド諸島、メキシコで布教活動に従事する。スペイン人による植民地先住民虐待の実態を見てその救済に立ち上がり、エンコミエンダ制の廃止を訴えた。主著「インディアス史」。

ラス-がんいでんし【ラス×癌遺伝子】《ras oncogene》癌遺伝子の一種。Ha-ras、Ki-ras、N-rasの3種が知られ、人間の癌の約20パーセントからラス遺伝子が検出される。正常でもラス遺伝子の原型はあり、細胞増殖に関係するラスたんぱく質をコード化しているが、この原型の突然変異によってラス癌遺伝子が生じ、異常な細胞増殖をおこす。

ラスキ〖Harold Joseph Laski〗[1893〜1950]英国の政治学者。ロンドン大学教授。労働党の執行委員長を長く務め、同党左派の理論的指導者。初期は多元的国家論を、晩年には計画的民主主義を唱えた。著「政治学大綱」「近代国家における自由」など。

ラスキン〖John Ruskin〗[1819〜1900]英国の批評家。ターナーやラファエル前派を擁護する美術評論を著す一方、実践的立場から社会改革を論じた。著「近代画家論」「胡麻と百合」など。

ラスク〖Rasmus Christian Rask〗[1787〜1832]デンマークの言語学者。「グリムの法則」とよばれたゲルマン語の子音推移の現象を初めて指摘し、ヤーコプ=グリムとともに比較言語学の方法論を確立した。著「古代ノルド語の起源に関する研究」など。

ラスク〖rusk〗食パンなどを薄く切り、卵白と砂糖をまぜたものを塗って、天火で焼いた菓子。

ラスコー〖Lascaux〗フランス南西部、ドルドーニュ川の支流のベゼール川南岸にある都市。近郊のモンティニャックにラスコー洞窟がある。1940年にその中で発見された彩色の動物壁画(世界遺産)は、後期旧石器時代終末期のものとされている。

ラス-サーバー【RASサーバー】《remote access service server》ウインドウズのリモートアクセスサービスで、遠隔地から電話回線やISDN回線を通じてアクセスするためのサーバー。

ラスター〖laster〗❶光沢。つや。❷光沢を与える薬剤や布。また、陶器のうわ薬。

ラスター〖raster〗電源を入れたブラウン管の、走査線の軌跡による白い画面。テレビでは映像を受信していないときに見られる。

ラスター-イメージ〖raster image〗▶ビットマップグラフィックス

ラスター-か【ラスター化】《rasterization》▶ラスタライズ

ラスター-がぞう【ラスター画像】《raster graphics》▶ビットマップグラフィックス

ラスター-グラフィックス〖raster graphics〗▶ビットマップグラフィックス

ラスター-けいしき【ラスター形式】▶ビットマップグラフィックス

ラスター-スキャン〖raster scan〗画面の左上から右下まで水平走査線を高速に走査することによって、画像を表示する走査方式。テレビジョン受像機や、多くのコンピューター用ディスプレーの走査方式として用いられている。➡ランダムスキャン

ラスタ-カラー〖Rasta color〗(エチオピア国旗の色の)赤・黄・緑の配色。➡ラスタファリアニズム

ラスタファリアニズム〖Rastafarianism〗もとエチオピア皇帝ハイレ=セラシエ(本名 Ras Tafari)を神として信仰し、アフリカ回帰を唱えるジャマイカの黒人による宗教・政治運動。この運動の信奉者をラスタという。

ラスタライズ〖rasterize〗コンピューターのディスプレーやプリンターにデータを出力する際、線や面などの図形要素で構成されるベクターグラフィックスを、ドットの集まりで表現するビットマップグラフィックスに変換すること。この機能を担うハードウエアやソフトウエアをラスタライザーという。ラスター化。

ラスチック〖rustic〗▶ラスティック

ラスチャピノ〖Rastyapino〗ロシア連邦の都市ジェルジンスクの旧称。

ラスティック〖rustic〗〘形動〙《「ラスチック」とも》ファッション用語で、生地の表面が、不規則である、粗い、といった効果を表す語。

ラス-デスカルサスレアレス-しゅうどういん【ラスデスカルサスレアレス修道院】《Monasterio de las Descalzas Reales》▶デスカルサスレアレス修道院

ラスト〖last〗最後。最終。終わり。「大会の一を飾るパレード」「一オーダー」「一チャンス」
〘類語〙終わり・最後・おしまい・果てし・幕切れ・幕・終い・最終・結末・結び・締め括り・結尾・末尾・掉尾・掉尾・終局・終幕・大詰め・土壇場・どん詰まり・末・エンディング・フィニッシュ・フィナーレ・ファイナル

ラスト-サパー〖Last Supper〗▶最後の晩餐

ラスト-シーン〖last scene〗演劇・映画などの最後の場面。幕切れ。

ラスト-スパート〖last spurt〗❶陸上競技や水泳などで、ゴール近くで残った力を出しきって力走・力泳をすること。❷物事の最終段階で、残った力を出しきってがんばること。「仕上げに向けて一をかける」

ラスト-バッター〖last batter〗野球で、9番めの打順の打者。また、その試合での最後の打者。

ラスト-ヘビー《和 last＋heavy》「ラストスパート」に同じ。「一がきく」

ラスト-リゾート〖last resort〗最後の手段。頼みの綱。

ラスト-ワンマイル〖last one mile〗通信事業者の最寄りの基地局から利用者の建物までを結ぶ、通信回線の最後の部分。特に、インターネットの接続手段を指す。従来はNTTの提供する電話回線が多かったが、近年はFTTH、CATVインターネット、無線LANなどさまざまな接続手段がある。〘補説〙名称は、最寄りの基地局から利用者宅までの平均距離が1マイル(約1.6キロメートル)であることに由来する。利用者宅から見ると通信回線の最初の部分に当たるため、ファーストワンマイルという名称も使われる。

ラスパイレス-しすう【ラスパイレス指数】地方公共団体の一般行政職の職員の平均給与額を求め、国の平均給与額を100として算出した指数。ドイツの統計学者ラスパイレス(Laspeyres)が1864年に提案。

ラス-パルマス-デ-グラン-カナリア〖Las Palmas de Gran Canaria〗スペイン領カナリア諸島、グランカナリア島にある都市。同島北東部に位置し、テネリフェ島のサンタクルス-デ-テネリフェと共に、カナリア諸島自治州の州都。漁業、観光業が盛ん。16世紀から19世紀にかけて建造されたサンタアナ大聖堂、16世紀の城砦ラールス城、コロンブスが滞在していた家(現在は博物館)などがある。

ラスファレラス-すいどうきょう【ラスファレラス水道橋】《L'Aqüeducte de les Ferreres》スペイン北東部、カタルーニャ州の都市タラゴナの郊外にある古代ローマの水道橋。高さ27メートル、全長249メートル。「悪魔の橋」の別称をもつ。2層のアーチ構造でアウグストゥス帝時代に建造されたと考えられる。2000年、タラゴナ市内の円形劇場、凱旋門などと共に世界遺産(文化遺産)に登録された。

ラスプーチン〖Grigoriy Efimovich Rasputin〗[1872〜1916]ロシアの修道僧。ニコライ2世の皇后アレクサンドラの信頼を得て、宮廷内に絶大な権力をふるった。第一次大戦中に親独派と結んで講和を図ったとして、反対派の貴族に暗殺された。

ラス-ベガス〖Las Vegas〗米国ネバダ州南部の観光都市。砂漠地帯にある。1931年に州法により賭博が認められて以来の世界的な歓楽地。

ラ-スペツィア〖La Spezia〗イタリア北西部、リグリア州の都市。リグリア海のラ-スペツィア湾の奥に位置する。海軍の基地があるほか、同国有数の商港をもつ。石油化学工業、造船業、機械工業が盛ん。14世紀に建造されたサンジョルジョ城、海軍技術博物館などがある。1997年に世界遺産(文化遺産)に登録されたチンクエテッレの玄関口としても知られる。

ラズベリー〖raspberry〗バラ科キイチゴ属の植物の一群。ふつう低木で、春に白色などの5弁花をつける。実は夏に熟し、暗紅色や白・黄・紫・紅色などが

ある。ヨーロッパ・北アメリカでよく栽培され、実を生食するほかパイ・ゼリー・ジャムなどに用いる。

ラス-ボード〘lath board〙塗り壁の下地材として用いる、表面に小さな穴を多数あけた石膏ボード。

ラズボロー-ハウス〘Russborough House〙アイルランド東部、ウックロー州の町ブレジントンにあるパラディオ様式の邸宅。18世紀にジョセフ＝リーソン伯爵により建造。20世紀半ばにアルフレッド＝ベイト卿が集めたヨーロッパ絵画の優れたコレクションがある。

ラスムッセン〘Knud Johan Victor Rasmussen〙［1879〜1933］グリーンランドの北極探検家・民俗学者。犬ぞりでグリーンランドからベーリング海峡まで横断。またエスキモーの起源についても研究し、エスキモー学の父と称された。

ラス-メドゥラス〘Las Médulas〙スペイン北部の町ポンフェラーダの南西約20キロメートルにある、ローマ帝国時代の遺跡。古代ローマ人が採掘した金鉱の跡で、残土が堆積して、高さ100メートル以上の小山となり、20平方キロメートルにわたって広がっている。1997年、世界遺産(文化遺産)に登録された。

ラスリン-とう【ラスリン島】〘Rathlin〙英国、北アイルランド北部の島。アントリム州の町バリーキャッスルから約6キロ沖合にあり、フェリーで結ばれる。14世紀初頭、エドワード1世の侵攻を受けたスコットランド王ロバート1世が身を隠したことで知られる。バードウオッチングの名所でもあり、数多くの観光客が訪れる。

ラセイタ〘ポルト raxeta〙ラシャに似た毛織物で、地が薄く手ざわりがあらいもの。補説「羅背板」とも書く。

ラセイタ-そう【ラセイタ草】イラクサ科の多年草。海岸の岩の間などに生え、高さ約50センチ。葉は対生し、広卵形で厚く、表面はしわがあってざらつき、手ざわりがラセイタに似る。夏、葉のわきから花穂を出す。ビロード草。

ラ-セイバ〘La Ceiba〙中央アメリカ、ホンジュラス北部にある港湾都市。アトランティーダ県の県都。カリブ海に面するバナナの積み出し港として発展。ピコボニート国立公園や沖合のバイア諸島への観光拠点になっている。

ラ-セウ-ドゥルジェイ〘La Seu d'Urgell〙スペイン北東部、カタルーニャ州の町。ピレネー山脈東部、セグレ川とバリラ川が流れるセグレ谷に位置する。旧市街には12世紀創建のロマネスク様式のサンタマリアドゥルジェイ聖堂をはじめ、中世の街並みが残っている。スペイン語名セオ-デ-ウルヘル。単にウルヘルとも略される。

ラ-セオ〘La Seo〙►サラゴサ大聖堂

ら-せつ【羅切】淫欲を断つため、陰茎を切りとること。らぎり。

らせつ【羅刹】《梵 rākṣasaの音写。速疾鬼・可畏と訳す》大力で足が速く、人を食うといわれる悪鬼。のちに仏教に入り、守護神とされた。類語 夜叉・阿修羅

らせつ-こく【羅刹国】羅刹のいる国。人を食う鬼のすむ国。

らせつ-てん【羅刹天】十二天の一。甲冑を着け、刀を持ち、白獅子に乗る姿をとる。西南を守護する。

らせつ-にち【羅刹日】陰陽家で、万事に大凶とされる悪日。

らせつ-にょ【羅刹女】女の羅刹。鬼女。仏法を守護する十羅刹女もある。

ラセミ-か【ラセミ化】〔名〕スル《racemization》光学異性体が変性してその光学活性を失うこと。熱や光、あるいは酸・アルカリなどの化学試薬により、純粋な光学活性分子が光学異性体に変化して、二つの光学異性体の混合物になることにより、光学活性が失われる。

ラセミ-たい【ラセミ体】《racemic body》化学構造が鏡像の関係にある一対の光学異性体を等量混合した物質。光学活性は失われ、旋光性を示さない。

ラ-セレナ〘La Serena〙チリ中北部、エルキ川の河口にある都市。コキンボ州の州都。ピスコ(ブドウから作られる蒸留酒)の産地。16世紀当時の建造物が多数残り、観光・保養地としても知られる。

ら-せん【×螺旋】❶巻き貝の殻のようにぐるぐると巻いているもの。「―を描く」「―状」「―形」❷「螺子」に同じ。類語 渦・渦巻き・とぐろ・スパイラル

ら-せん【×螺線】❶カタツムリを上から見たときの殻の曲線のように、一定点の回りを、その定点に対して、絶えず遠ざかる点または近づく点によって作り出される平面曲線。スパイラル。匝線。渦巻線。❷円筒に巻きつけた弦のように、一定の歩みで回り進む空間曲線。ヘリックス。弦巻線。

らせん【羅先】►ラソン(羅先)

ら-せん【羅×氈】《ラシャ製の毛氈の意》紡毛糸を用いた平織物を縮絨仕上げによって毛氈のようにしたもの。テーブル掛けなどに用いる。

らせん-かいだん【×螺旋階段】螺旋状に昇降する階段。螺階。

らせん-しぼり【羅×氈絞(り)】布の一部をつまんで根元をくくり、先端に向かって糸を巻き上げて染めた絞り染め。らっせんしぼり。

らせん-そう【羅×氈草】シナノキ科の一年草。暖地の荒地に生え、高さ約1メートル。全体に毛がある。卵形の葉が互生し、秋に葉と対生して穂を出し、黄色い小花を密につける。実は球形で鉤状の毛が密生し、羅氈の手触りに似る。

ら-ぞう【裸像】絵画・彫刻などに表現された裸体の人間。

ら-そつ【×邏卒】❶見回りの兵卒。巡邏兵。❷明治初期の警察官の称。のち、巡査と改称。

ラソン【羅先】朝鮮民主主義人民共和国北東端の港湾都市。特級市。1994年、羅津市・先鋒郡が統合。2000年羅先市に改称。中国・ロシアとの国境貿易が盛ん。

ラダー〘ladder〙「はしご」に同じ。

ラダー〘rudder〙船の舵。また、飛行機の方向舵。

ら-たい【裸体】衣服をまとっていないはだかのからだ。裸身。類語 裸・裸身・真っ裸・素っ裸・丸裸・赤裸・全裸・半裸・ヌード

らたい-が【裸体画】裸体の人間を描いた絵画。人間の姿をとった神なども含む。

ラタキア〘Latakia〙シリア北西部、地中海に臨む港湾都市。フェニキア人が建設、ローマ時代に発展。現在はタバコ・綿花・オリーブなどを輸出。

ラタトゥイユ〘フランス ratatouille〙フランス南部名物の野菜の煮込み料理。トマト・ナス・ピーマンなどの野菜をオリーブ油とニンニクで炒め、野菜のもつ水分でじっくり煮込んだもの。

ラタン〘rattan〙「籐」に同じ。

ら-ち【拉致】〔名〕スル むりやりに連れていくこと。らっち。「何者かに―される」
類語 拘引・連行・誘拐・連れ去り・さらう

らち【×埒】❶馬場の周囲に巡らした柵。❷物の周囲に、また仕切りとして設けた柵。駅の改札口付近の柵など。❸物事の区切り。また、限界。「職権の―を超える」➡漢「らち(埒)」

埒が明・く 物事にきまりがつく。かたがつく。「電話では―・かない」「そんなことなら、わけもなく、―・くんだよ〈浜田・泣いた赤おに〉」

埒も無・い 《「らっし(臈次)もない」の音変化ともいう》❶とりとめがない。たわいもない。「―・い話」「―・く笑いころげる」❷きまりがつかない。順序だっていない。めちゃくちゃである。「家の経済などは―・いことだったに相違ない〈露伴・連環記〉」

埒を明・ける 物事にきまりをつける。かたをつける。「いちかばちかの―・けるために〈佐藤春夫・晶子曼陀羅〉」

埒を付・ける 「埒を明ける」に同じ。

らち-あけ【×埒明け】物わかりがよくて、何事にも手際がよいこと。また、その人。「ことさら理に暗からねば諸事に―にして〈浮・武家義理・一〉」

ラチェット〘ratchet〙《歯止めの意》「爪車」に同じ。

ラチェット-こうか【ラチェット効果】《ラチェットは、歯止めの意》物価が上昇して実質的な購買力が低下したり、増税などで可処分所得が減少したりして

漢字項目 らち

×**埒** 音ラチ(慣) ラツ(慣) レツ(漢)‖㊀〈ラチ〉仕切りの垣。囲い。また、範囲。限界。「埒外・埒内／馬埒・不埒」㊁〈ラツ〉囲い。限界。「放埒」補説「埒」は俗字。

漢字項目 らつ

【▽拉】►ら
【×埒】►らち
辣 音ラツ(漢)‖①ぴりりと辛い。「辛辣」②きびしい。むごい。「辣腕／悪辣」難読 辣油・辣韮

も、貯蓄を取り崩すなどして、消費者がそれまでの消費水準をしばらくの間維持しようとすること。景気の底堅さを説明する理由の一つとされることが多い。歯止め効果。

らち-がい【×埒外】ある物事の範囲の外。「関心の―にある」「優勝候補の―にしりぞく」⇔埒内。
類語 圏外・枠外・域外・外・外側

ラチチュード〘latitude〙フィルムや印画紙、デジタルカメラのイメージセンサーの適正露光より少々の過不足があっても、補正して画像を得ることのできる露光許容範囲。この範囲を超えて明るい部分は白飛びを、暗い部分は黒潰れを起こす。一般にデジタルカメラやリバーサルフィルムはラチチュードが狭く、ネガフィルムやモノクロフィルムは広い。

らち-ない【×埒内】ある物事の範囲内。「職権の―」⇔埒外。類語 圏内・枠内・限り

らち-もんだい【拉致問題】昭和50年代に北朝鮮の工作員が複数回にわたって多数の日本人を不当に連れ去った問題。平成14年(2002)に5人の被害者が帰国したが、他にも多くの日本人が北朝鮮に居住することを余儀なくされていると考えられている。➡特定失踪者 補説 日本政府は17名を北朝鮮による拉致被害者として認定しているが、それ以外にも北朝鮮によって拉致された可能性を排除できない人が少なくとも30数名存在し、政府は北朝鮮に対して情報の提供を要求している。また、日本以外にもタイ・ルーマニア・レバノン・韓国などで北朝鮮に拉致された可能性のある人がいるとされる。

ラ-チュルビー〘La Turbie〙フランス南東部、アルプ-マリチーム県の町。ローマ皇帝アウグストゥスが同地を平定し紀元前6年に建てた戦勝記念塔、通称「アルプスのトロフィー」があることで知られる。

ラツィオ〘Lazio〙イタリアの中央部にある州。ローマ首都圏として商工業が発展する一方、果樹栽培なども盛ん。ビテルボ県・フロジノーネ県・ラティーナ県・リエーティ県・ローマ県がある。州都はローマ。

らっ-か【落下】〔名〕スル 高い所から落ちること。「看板が道路に―した」類語 転落・墜落・降下

らっ-か【落花】花が散り落ちること。また、散って落ちた花。特に、桜の花にいう。季 春「濡縁にいづくとも無き―かな／虚子」

落花枝に帰らず ►落花枝に返らず破鏡再び照らさず

落花枝に返らず破鏡再び照らさず 散り落ちた花は元の枝に戻らず、壊れた鏡は元のように物を映しはしない。死んだ人は二度とこの世にかえってこないこと、また、いったん破れた男女の仲は再び元どおりにはならないことなどのたとえ。

落花心あり 散りゆく無情の花びらにも流水に従う気持ちがあること。

落花情あれども流水意無し 散る花は流水を慕うが、川の水はそ知らぬ顔で流れてゆく。一方に情があっても相手に通じないことのたとえ。

らっ-か【落果】〔名〕スル 果実が成熟前に枝から落ちること。また、その果実。

ラッカー〘lacquer〙ニトロセルロースなどを揮発性の溶剤に溶かし、樹脂・可塑剤・顔料などを加えて作った塗料。乾燥が速く、耐水性がよい。

ラッカー-クロース〘lacquer cloth〙ナイロン・テトロン・タフタなどの布にラッカーをコーティング加工し、

光沢を与えたもの。柔軟性・撥水(はっすい)性が高く、ジャンパー・レーンコートなどに用いる。エナメルクロース。

らっ-かく【落角】落下する物体が描く軌道の、落下点における切線と水平面とがなす角度。

らっか-さん【落下傘】▶パラシュート

らっかさん-ぶたい【落下傘部隊】落下傘で敵地に降下する空挺(くうてい)部隊。降下部隊。

らっか-せい【落花生】マメ科の一年草。茎は横にはい、葉は二対の小葉からなる複葉で、互生する。夏から秋、葉の付け根に黄色い蝶形の花をつけ、花後に子房の柄が伸びて地中に入り、実を結ぶ。子房が肥大して網状の凹凸のある莢(さや)となり、中にふつう2個の種子ができる。種子は栄養価が高く、食用、また油をとる。南アメリカの原産。ピーナッツ。南京豆。唐人豆(とうじんまめ)。後引き豆。**(季 秋)**

らっかせい-ゆ【落花生油】ラッカセイの種子からとれる不乾性油。無色または淡黄色で芳香があり、主成分はオレイン酸など。食用油・マーガリンや石鹸(せっけん)の原料などにする。ピーナッツオイル。

らっか-りゅうすい【落花流水】❶散る花と流れる水。❷《花が流水に散れば、水もこれを受け入れ花を浮かせて流れてゆく意》男に女を慕う心があれば、女もまた情が生じて男を受け入れるということ。

らっか-ろうぜき【落花×狼×藉】❶花がばらばらに散ること。転じて、物が乱雑に散らばっていること。❷花を乱暴に散らすこと。転じて、女性や子供に乱暴をはたらくこと。「—に及ぶ」

らっ-かん【落款】〔名〕スル《落成の款識(かんし)の意》書画が完成したとき、作者が署名し、または押印すること。また、その署名や印。(類語)記名・署名・サイン

らっ-かん【楽観】〔名〕スル ❶物事の先行きをよいほうに考えて心配しないこと。心配するほどの事態でもないとして気楽に考えること。「病状は—を許さない」「状況を—する」「—視」⇔悲観。❷すべての可能性を信じ、世の中や人生をよいものと考えること。「—論」⇔悲観。

らっかん-てき【楽観的】〔形動〕物事をうまくゆくものと考えて心配しないさま。「—な見通し」「—に考える」⇔悲観的。

らっ-き【落×暉】沈む太陽。入り日。落日。

ラッキー〖lucky〗〔形動〕運のよいさま。また、縁起のよいさま。「天気に恵まれたのは—だった」「—な勝利」「—ナンバー」(類語)幸運・強運・僥倖(ぎょうこう)

ラッキー-セブン〖lucky seventh〗野球で、1試合のうちの7回目の攻撃。7は幸運の数字とされ、また、得点の機会が生じやすいとされる。

ラッキー-ゾーン〖lucky zone〗野球場の外野の両翼に設けた柵(さく)とスタンドとの間の区域。ここに直接入った打球はホームランとなる。

ラッキー-ボーイ〖lucky boy〗何をやっても運よく成功する男。特に、スポーツなどで味方の勝利を呼びよせる、ついている選手。

ラッキー-ルーザー〖lucky loser〗スポーツの競技会で、予選で敗れて本来なら本選に進めないところを、出場をとりやめる選手が出たため運よく本選に出場することができる選手のこと。

らっ-きゅう【落球】〔名〕スル 野球などで、一度受けかけたボールを落とすこと。

らっ-きょ【落居】《「落ち居る」を音読みにした語》物事のきまりがつくこと。落ち着くこと。「事—してかかる謀(はかりごと)よと知りぬれば」〈花伝・七〉

らっ-きょう【落橋】〔名〕スル 橋が壊れ落ちること。「—防止」「台風で—する」

らっ-きょう【楽境】楽しい境遇。安楽な境地。「優遊—に遊び楽しむるを以て」〈岡三慶・今昔較〉

らっ-きょう【辣×韮｜×薤｜辣×韭】ユリ科の多年草。鱗葉(りんよう)で覆われた卵形の地下茎をもち、葉は線形で根際から出る。秋、高さ約40センチの花茎を伸ばし、紫色の小花を球状につける。中国の原産。鱗茎(りんけい)を漬物にし、特有の香味がある。おおにら。さとにら。**(季 夏｜花=秋)**「—ほる土素草鞋(すわらぢ)にみだれけり/蛇笏」

らっきょう-づけ【辣×韮漬(け)】ラッキョウの鱗茎を酢・醤油などで漬けたもの。

らっ-く【落句】❶漢詩の結びの句。絶句では結句、律詩では第7・第8の最後の2句。❷和歌の最後の句。❸終わりの文句。おち。

ラック〖lac〗ラックカイガラムシの体を覆う、樹脂状の物質。精製したものをシェラックといい、塗料・接着剤などに用いる。

ラック〖luck〗運。特に、幸運。「グッド—」「ビギナーズ—」

ラック〖rack〗❶棚。台。また、整頓(せいとん)のために物をそこに入れたり立て掛けたりするもの。「マガジン—」「CD—」❷歯車と同じ歯を、まっすぐな棒や板の表面に刻んだもの。ふつう、ピニオンとよぶ小歯車とかみ合わせ、回転運動と直進運動との変換に用いる。歯竿(はざお)。

ラック〖ruck〗ラグビーで、ボールが地上にあって、その周囲に双方のプレーヤーがからだを密着させ密集している状態。ルーススクラム。

ラッグ〖rug〗▶ラグ

ラック-かいがらむし【ラック貝殻虫】カイガラムシ科の昆虫。雌は無翅(むし)で体節がはっきりせず、体は分泌したラックに覆われる。雄は有翅または無翅でアブラムシに似る。ボダイジュに寄生し、東南アジアに分布。

ラック-シアター〖rack theater〗▶シアターラック

ラック-ジョバー〖rack jobbers〗《ラックは棚、ジョバーは問屋の意》得意先の小売店から特定の商品の棚の管理を任され、巡回販売を行う卸売業者。米国のスーパーマーケットの非食品分野で多い。商品の選定・値付け・陳列から店頭販促活動まで行う。

ラックス-ハム《和 Lachs(ドイツ)＋ham; Lachsは、鮭(さけ)・鮭色の意》ドイツ式の生ハム。塩漬けにした豚肉を低温で燻煙(くんえん)するか、または燻煙せず乾燥させたもの。加熱はしない。鮭のような暗赤色をしている。

ラックスマン〖Adam Kirillovich Laksman〗[1766〜?]ロシアの軍人。同国最初の遣日使節。寛政4年(1792)漂流民大黒屋光太夫の送還を名目に根室に来航し国交を要求したが、幕府に拒絶された。

ラック-てつどう【ラック鉄道】鉄道車両の車輪に歯車を取り付け、軌道中央部に敷設した歯形レールとかみ合わせて急勾配を登る形式の鉄道。アプト式ほかがある。

らっ-けい【落慶】神社・仏閣などの建築や修理の落成を祝うこと。また、その祝い。らくぎょう。「—供養」「—式」

らっこ【▽猟虎｜海=獺｜×獺虎】《アイヌ語から》イタチ科の哺乳類。海で生活し、体長約1.2メートル、尾長40センチ。全体に黒褐色から灰褐色で、四肢の指に水かきがある。海上であおむけに浮かび、腹の上に石をのせ、アワビ・ウニなどを打ちつけ殻を割って食べる。かつては北太平洋沿岸に広く分布したが、すぐれた毛皮のために乱獲されて激減、保護されている。

猟虎の皮　《ラッコの毛は柔らかくて、なでると自由になびくところから》たやすく世の意見になびき従う人のたとえ。

ラッサール〖Ferdinand Lassalle〗[1825〜1864]ドイツの社会主義者。国家の援助のもとでの生産者協同組合の設立と普通選挙権の獲得を主張。1863年、全ドイツ労働者同盟を設立。恋愛事件で決闘して死去。著「労働者綱領」など。ラサール。

ラッサ-ねつ【ラッサ熱】ラッサウイルスの感染によって起こる感染症。感染症予防法の一類感染症、検疫法の検疫感染症の一。1、2週間の潜伏期ののち、急に高熱が出てインフルエンザに似た症状がみられ、重症では腎不全や全身の出血傾向を呈し、死亡することが多い。1969年ナイジェリア北東部のラッサ(Lassa)村で人間への感染が報告された。国際伝染病の一。

らっ-し【×臈次｜×臘次】《「ろうじ」の音変化》❶法臈(ほうろう)の順序。出家後の年数。❷物事の正しい順序。次第。

臈次も無・い　秩序や順序がない。たわいもない。だらしない。らちもない。「さしもの大軍も—・くくずれてしまいました」〈谷崎・盲目物語〉

ラッシュ〖rush〗❶突進すること。突撃すること。特に、ボクシングで、猛然と攻撃すること。「試合の後半で—する」❷物事が一時にどっと集中すること。「帰省—」「出産—」❸「ラッシュアワー」の略。❹映画で、撮影結果を見るために焼き付けた未編集のポジフィルム。ラッシュプリント。

ラッシュ-アワー〖rush hour〗通勤・通学者などで交通機関が混雑する、朝夕の時間帯。ラッシュ時。ラッシュ。

ラッシュ-じ【ラッシュ時】▶ラッシュアワー

ラッシュ-せん【LASH船】《LASHはlighter aboard shipの略》貨物を積んだはしけを、そのまま乗せて運ぶ貨物船。船尾に備えるクレーンを使ってはしけの上げ下ろしをするので、係船岸壁を必要とせず、下ろされたはしけはそのまま内水路輸送に従事できる。

ラッシュ-タクティクス〖rush tactics〗高所登山で、行動を開始する地点から一挙に頂上をめざす方法。

らっ・する【▽拉する】〔動サ変〕(文)らっ・す〔サ変〕無理に連れていく。拉致(らち)する。「だんだん彼を好ましからぬ方向へ—・して行くようであった」〈谷崎・神童〉

らっせらあ〔感〕青森のねぶたで、屋台を引き回す際の掛け声。

ラッセル《ドイツ Rasselgeräuschから》▶ラッセル音

ラッセル〖russell〗〔名〕スル《ラッセル車の発明者の名から》❶「ラッセル車」の略。❷登山で、深雪の中を雪を踏み固めて道を作りながら進むこと。「交替で—しながら登る」

ラッセル〖Bertrand Russell〗[1872〜1970]英国の数学者・哲学者。記号論理学を集大成、ホワイトヘッドとともに「数学原理」を著し、分析哲学における人工言語学派の始祖の一人となった。平和運動の国際的指導者としても活躍。1950年ノーベル文学賞受賞。著「数理哲学序説」「西洋哲学史」など。

ラッセルアインシュタイン-せんげん【ラッセルアインシュタイン宣言】1955年7月9日、英国の数学者・哲学者B=ラッセルと米国の物理学者A=アインシュタインを中心とする11人がロンドンで署名した宣言。核兵器による人類の危機を訴え、紛争解決のために平和的手段を見出すよう勧告したもの。11人の中には日本初のノーベル賞受賞者である湯川秀樹も含まれる。この宣言に基づき、各国の科学者が軍縮・平和問題を討議するパグウォッシュ会議が開催された。

ラッセル-おん【ラッセル音】《ドイツ Rasselgeräuschから》肺・気管・気管支の病気の際に、聴診器で聞こえる異常な呼吸音。ラ音。ラッセル。

ラッセル-しゃ【ラッセル車】除雪車の一。車の前部に鋤(すき)型の排雪板を備え、雪を両側にかき分けて進むもの。**(季 冬)**

ラッダイト-うんどう【ラッダイト運動】英国産業革命期の1810年代、繊維工業を中心に起こった職人や労働者の機械打ち壊し運動。運動の指導者と想定されたネッド=ラッド(Ned Ludd)にちなむ。

らっ-ち【▽拉致】〔名〕スル「らち(拉致)」に同じ。

ラッチ〖latch〗ドアや門の掛けがね。かんぬき。

ラッチ-ボルト〖latch bolt〗ドアなどの錠を構成する部品の一。ドアが風などで開かないように仮締めする、先端が三角形のボルト。➡デッドボルト

ラッツェブルク〖Ratzeburg〗ドイツ北部、シュレースウィヒ-ホルシュタイン州、ラウエンブルク湖自然公園の湖に浮かぶ島にある町。ハインリヒ獅子公により建造された煉瓦(れんが)造りのロマネスク様式の大聖堂や、エルンスト-バールラハ美術館がある。

ラッツェル〖Friedrich Ratzel〗[1844〜1904]ドイツの地理学者。人文地理学の方法論と体系化に貢献した。著「人類地理学」「民族学」など。

ラッツ-ジャンプ〖Lutz jump〗▶ルッツジャンプ

ラッテ〖ドイツ Ratte〗「ラット」に同じ。

ラッテンベルク〖Rattenberg〗オーストリア、チロル州の町。銀の産出と交易で発展。中世の面影を色濃く残す街並みで知られる。イン川を挟んだ対岸の町、クラムザッハとともに、ガラス工芸が盛ん。

ラット〖rat〗ネズミ。特に、動物実験に用いるシロネズ

ミ。マウスに対し、大形のものをいう。ラッテ。
ラット-レース〖rat race〗無意味な激しい競争。過当競争。生存競争。また、同僚間の栄進の競争。
らっ-ぱ【▽乱波】「素っ破❶」に同じ。
らっ-ぱ【×喇×叭】❶金管楽器の総称。真鍮製の管の一端に吹口がつき、他端が朝顔形に開いたもの。トランペット・ホルンなど。❷弁のない簡単な構造のトランペット。数種の倍音のみを発し、信号や儀式の奏楽に用いる。❸蓄音機などの朝顔形の拡声器。❹「喇叭飲み」の略。❺大言壮語すること。➡喇叭を吹く 補説 梵語rava からとも、また、オランダ語roeper からともいわれる。
喇叭を吹・く 大きな事を言う。ほらを吹く。大言壮語する。「酒を飲むといつも—・く」
ラッパー〖rapper〗ラップ音楽を演奏する人。➡ラップ(rap)
らっぱ-かん【×喇×叭管】➤卵管
らっぱ-しゅ【×喇×叭手】らっぱを鳴らす役目の者。
らっぱ-ずいせん【×喇×叭水仙】スイセンの一種。花は黄色または白色で、副花冠が長い筒状をし、濃黄色。ヨーロッパの原産。(季 春)
らっぱ-ズボン【×喇×叭ズボン】裾幅が目立って広くなっているズボン。
らっぱ-のみ【×喇×叭飲み】〔名〕スル 瓶入りの飲み物を、らっぱを吹くような格好で瓶の口から直接飲むこと。「サイダーを—する」 類語 ぐい飲み・一飲み
らっぱ-ぶし【×喇×叭節】明治時代の流行歌。のむき山人作詞、添田唖蝉坊作曲。らっぱの音をまねた「とことっとっと」という囃子詞がつく。
らっぱ-むし【×喇×叭虫】繊毛虫類ラッパムシ科の一群の原生動物。有機質に富む淡水・汽水にすむ。体長約0.5ミリ。体はらっぱ形で、前端の口部の周縁に繊毛の列をもち、後端は細くなり他物に付着しているが、遊泳もする。
ラッピング〖wrapping〗〔名〕スル 包装すること。特に、贈答品などを美しい包装紙などで包むこと。また、その包装紙など。「ワインを銀紙で—する」
ラッピング-こうこく【ラッピング広告】バスや電車などの全面を、宣伝内容を印刷したフィルムなどで覆う広告形態。
ラッピング-コーディネーター《和 wrapping＋coordinator》包装紙やリボン・シール、そして包み方などを工夫して、効果的な包装を演出する人。
ラッピング-マシン〖lapping machine〗ラッピング(ラップ仕上げ)を行うために、工具(ラップ)を工作物に適当な力で押しつけ、相対すべり運動を行わせる機械。➡ラップ仕上げ
ラップ〖lap〗❶競走でトラックの一周。競泳ではプールの一往復。❷「ラップタイム」の略。❸工作物の表面の精密な仕上げに用いる研磨工具。平面用・穴用・軸用などさまざまの形のものがある。
ラップ〖rap〗1970年代にニューヨークで生まれた黒人音楽のスタイル。ビートに合わせた語りに、社会的な主張を盛り込んだもの。
ラップ〖wrap〗〔名〕スル ❶包むこと。巻くこと。衣服などをまとうこと。❷「ラップフィルム」の略。「—でくるむ」「野菜を—する」
ラッファー-カーブ〖Laffer curve〗米国の経済学者A=B=ラッファーが主張した理論で、税率と税収の関係を表した曲線。一般に税率が高まるほど税収は増えるが、一定の税率を過ぎると逆に税収は減っていくことを示したもの。「減税しても税収増でカバーできる」としたレーガン政権の減税政策を理論的にバックアップした。ラッファー曲線。
ラッファー-きょくせん【ラッファー曲線】➤ラッファーカーブ
ラップ-こうざ【ラップ口座】《wrap account》年間の運用資産残高に応じた手数料を支払うことで、投資顧問や株式売買取引などのサービスを受けられる口座。
ラップ-コート〖wrap coat〗ボタンの類で留めず、前を深く打ち合わせて着る女性用コート。
ラップ-しあげ【ラップ仕上げ】ラップ(lap)❸と工作物との間に、炭化珪素などの粉末かスピンドル油などの液体を入れ、滑り合わせて工作面を精密に磨いて仕上げること。ラップ磨き。
ラップ-ジョイント〖lap joint〗重ね継手。
ラップ-じん【ラップ人】《Lapp》➤サーミ
ラップ-スカート《和 wrap＋skirt》巻きスカートのこと。普通1枚の布でできていて、重ね合わせて着用する。補説 英語では wraparound skirt。
ラップ-タイム〖lap time〗❶中・長距離競走で、トラック1周ごとの所要時間。途中の単位距離の計時に使う場合もある。途中計時。「—をとる」❷水泳競技で、一定距離の途中の時間。プールでは片道あるいは往復ごとに測定した時間。途中計時。❸スピードスケート競技で、ダブルトラック競走1周回の所要時間。
ラップ-チャート〖lap chart〗自動車・バイクなどのレースで、ラップ(周回)ごとの順位記録表。
ラップトップ〖laptop〗いすに腰掛けたときのひざの上で使えるほど、機器が小型であること。「—のパソコン」
ラップトップ-コンピューター〖laptop computer〗ひざの上に置ける程度の大きさの小型コンピューター。
ラップトップ-パソコン《laptop personal computerから》➤ラップトップコンピューター
ラップ-フィルム〖wrap film〗家庭で食品包装に使うポリエチレン製の薄い膜。ラップ。
ラップ-みがき【ラップ磨き】➤ラップ仕上げ
ラップランド〖Lapland〗スカンジナビア半島北部の地域。ノルウェー・スウェーデン・フィンランドおよびロシア連邦のコラ半島にまたがり、ツンドラやタイガが大部分を占める。サーミ(ラップ人)が居住。➡ラポニアンエリア
ラッフル〖ruffle〗《ひだ飾りの意》礼装用のドレスシャツなどの胸に付けられる飾り。布片をギャザーにしたり、プリーツにしたりして前立ての脇に首元から裾あたりまで付けられる。
ラッフルズ〖Thomas Stamford Raffles〗[1781～1826]英国の植民地行政官。1811年ジャワ遠征に成功し、占領して副総督となる。任期中にボロブドゥール遺跡などを調査した。19年シンガポール島を獲得し、貿易基地を建設して自由港宣言を行った。著「ジャワ誌」。
らつ-わん【辣腕】〔名・形動〕物事を躊躇することなく的確に処理する能力のあること。また、そのさま。すごうで。敏腕。「—を振るう」「—な(の)弁護士」「—家」 類語 敏腕・凄腕・腕利き・やり手・有能
ラテ〖イタ latte〗《「ラッテ」とも》❶牛乳。ミルク。❷「カフェラテ」の略。
ラテ-アート〖latte art〗《latteはイタリア語でミルクの意》エスプレッソの表面に細かく泡立てたミルクを注いで、模様や絵を描く技術。
ラティーノ〖Latino〗(米国在住の)ラテンアメリカ人。
ラティウム〖Latium〗イタリア半島中部、アペニン山脈とティレニア海との間にある、テベレ川流域の地方。古代ローマ文明の発祥地。
ラディカリスト〖radicalist〗➤ラジカリスト
ラディカリズム〖radicalism〗➤ラジカリズム
ラディカル〖radical〗➤ラジカル
ラディゲ〖Raymond Radiguet〗[1903～1923]フランスの小説家。フランス心理主義小説の伝統を現代に生かし、簡潔な文体で恋愛心理を描いた。作「肉体の悪魔」「ドルジェル伯の舞踏会」など。
ラティス〖lattice〗❶格子。格子戸。❷結晶の空間格子。
ラディッシュ〖radish〗ハツカダイコンの別名。
ラティフィケーション〖ratification〗条約の批准。
ラティフンディウム〖latifundium〗古代ローマ時代の大土地所有制。第二回ポエニ戦争以降急速に発達してローマ全土に波及、有力者への土地集中と中小自営農民の没落を招いたが、奴隷制経営の困難などにより、3世紀ごろからはコロヌス制に移行。
ラティモア〖Owen Lattimore〗[1900～1989]米国の東洋学者。第二次大戦前後に中国辺境地帯を踏査して内陸アジアを研究、大戦中は蔣介石の特別顧問となる。1945年には、対日賠償使節団の一員として訪日した。著「中国」「アジアの焦点」など。
ラティンスキー-ばし【ラティンスキー橋】《Latinska ćuprija》➤ラテン橋
ラテック〖LaTeX〗➤ラテフ(LaTeX)
ラテックス〖latex〗ゴムノキの樹皮に傷をつけるとにじみ出る乳白色の粘性のある液体。ゴム成分を35～50パーセント含み、これを凝固させて生ゴムとする。合成ゴムでも各種ゴムを作る前のものをいう。
ラテフ〖LaTeX〗電子組版のためのソフトウエア。米国のドナルド=クヌースが開発したTeXを機能強化したもの。数式表現に強く、理工系の学術機関を中心に普及している。ラテック。
ラ-デファンス〖La Défense〗フランス、パリ西郊の都市再開発地区。ルーブル宮殿からコンコルド広場、凱旋門を結ぶ延長線上に位置する。歴史的建造物が多い市内に対し、超高層ビル群が目立つ現代的な街並みが広がる。新凱旋門とも呼ばれるグランダルシュがある。
ラ-テュルビー〖La Turbie〗➤ラ-チュルビー
ラテライト〖laterite〗サバンナ地域に広くみられる、鉄・アルミニウムの水酸化物に富む紅色の土壌。高温多雨のため岩石が著しく風化して生じ、植物養分に乏しく耕作に適さない。ニッケルの原料となるものもある。紅土。ラトゾル。
ラテラノ-きゅうでん【ラテラノ宮殿】《Palazzo Laterano》イタリアの首都ローマにある宮殿。サンジョバンニインラテラノ大聖堂に隣接する。4世紀にローマ皇帝コンスタンティヌス1世により寄進され、14世紀に教皇庁がバチカンに移るまで、歴代教皇の住居として使われた。1929年、教皇庁とムッソリーニ政権下のイタリア王国との間で結ばれたラテラノ条約が調印された場所としても知られる。
ラテラノ-じょうやく【ラテラノ条約】ムッソリーニ政権下のイタリアと教皇庁との間で1929年2月11日に結ばれた政教協約(コンコルダート)。教皇庁はイタリア王国を承認し、イタリア王国はバチカン市国における教皇庁の独立と主権を認め、またカトリックがイタリアにおける唯一の宗教であることを認めた。イタリア統一戦争さなかの1870年、イタリア軍がローマを占領し、教皇領を併合したことでイタリア政府と教皇庁の対立が深刻化。ヨーロッパ諸国を巻き込み「ローマ問題」と呼ばれたが、同条約締結によって両者は和解した。
ラテラル-パス〖lateral pass〗アメリカンフットボールで、味方ゴールラインの方向か、それと平行に投げられるパス。
ラテ-らん【ラテ欄】《「ラテ」は「ラジオ・テレビ」の略》新聞などで、ラジオ・テレビの放送予定が掲載されている欄。
ラテラン-きょうてい【ラテラン協定】➤ラテラノ条約
ラテン〖Latin〗❶「ラテン語」「ラテン民族」などの略。「—の血を引く娘」❷他の語と複合して、ラテン系の、ラテン民族の、の意を表す。「—ミュージック」 補説「羅甸」「拉丁」とも書く。
ら-でん【×螺×鈿】ヤコウガイ・オウムガイなどの貝殻の真珠色に光る部分を磨いて薄片にし、種々の形に切って漆器や木地の表面にはめ込み、または貼りつけて装飾する工芸技法。日本には奈良時代に中国から伝えられ、平安時代には蒔絵にも併用された。摺り貝。
ラテン-アメリカ〖Latin America〗中南米で、スペイン・ポルトガルなどの文化を背景とする国々の総称。19世紀までは主にスペインの植民地だった。北のアングロアメリカに対する。L.A.
ラテンアメリカカリブ-けいざいいいんかい【ラテンアメリカカリブ経済委員会】➤エクラック(ECLAC)
ラテンアメリカ-けいざいいいんかい【ラテンアメリカ経済委員会】➤エクラ(ECLA)
ラテン-おんがく【ラテン音楽】中南米諸国の民族

的音楽の総称。キューバのルンバ・マンボ、ブラジルのサンバ・ボサノバ、アルゼンチンのタンゴなど。ラテンアメリカ音楽。中南米音楽。

ラテン-ご【ラテン語】インド-ヨーロッパ語族のイタリック語派に属する言語。古代ローマ人の用いた言語。ローマ帝国崩壊後も、ローマ-カトリック教会の公用語として今日まで保たれ、また、ヨーロッパの共通の文語として中世から近世の初めまで用いられた。一方、民衆の話し言葉としてのラテン語は、地域分化を経てロマンス諸語へと変わった。

ラテン-じゅうじ【ラテン十字】ニジュウ 十字形の一つで、縦の部分の下部が長いもの。キリスト教の十字架などで多く用いられる。

ラテン-ていこく【ラテン帝国】1204年、第4回十字軍が東ローマ帝国の首都コンスタンチノープルを占領して建てた国。フランドル伯ボードアンを初代皇帝としたが、1261年、東ローマ帝国に滅ぼされた。

らでん-の-たち【×螺×鈿の太-刀】鞘巻さやまきに螺鈿の装飾を施した太刀。公卿は大饗だいきょうや列見などの際に、諸衛府の次官は節会せちえの際に帯びた。

ラテン-ばし【ラテン橋】《Latinska ćuprija》ボスニア-ヘルツェゴビナの首都サラエボを流れるミリャツカ川に架かる橋。オーストリア皇太子フランツ=フェルディナント大公夫妻が暗殺されたサラエボ事件の現場として知られる。第一次大戦後からユーゴスラビア解体まではプリンツィプ橋と呼ばれていた。ラティンスキー橋。

ラテン-ぶんがく【ラテン文学】古代ローマにおいてラテン語で書かれた文学。ギリシャ文学の影響のもとに形成され、現実主義的な特色を加え、近代ヨーロッパ文学の基礎をなした。キケロの散文、ウェルギリウスの叙事詩、ホラティウスの叙情詩など。また、中世以降にラテン語で書かれた作品を含むこともある。

ラテン-ほうじん【ラテン方陣】ニホウジン n行n列の正方形の枡ますにn種の記号または数を各行各列にn個ずつ、重複のないように配列したもの。

ラテン-みんぞく【ラテン民族】ラテン語系の言語を話す諸民族の通称。主にヨーロッパ南部に分布し、フランス人・イタリア人・スペイン人・ポルトガル人などがこれに属する。

ラテン-もじ【ラテン文字】►ローマ字

ラド〘rad〙放射線の吸収線量を表す単位。現在はグレイを標準単位とする。1ラドは物質1キログラムが0.01ジュールのエネルギーを吸収するときの吸収線量で、0.01グレイに相当。記号rad

ラ-トゥール〘Georges de La Tour〙[1593〜1652]フランスの画家。ろうそくの光で闇の中の情景を浮かび上がらせる独自の手法で、宗教画を多く描いた。

ラドクリフ-カメラ〘Radcliffe Camera〙英国イングランド南部、オックスフォード大学のボドリーアン図書館に付属する分館。17世紀に国王付き医師だったジョン=ラドクリフの書庫として建造。現在は図書館の閲覧室になっている。

ラドクリフ-ブラウン〘Alfred Reginald Radcliffe-Brown〙[1881〜1955]英国の社会人類学者。人類学にデュルケーム社会学の方法論を導入、アンダマン諸島などの調査・研究を通じて、機能主義的社会人類学を創始した。著「アンダマン島民」など。

ラトコン〘RATCON〙《radar air traffic control》レーダー航空管制。

ラドニツネー-ひろば【ラドニツネー広場】《Radničné námestie》スロバキア北東部の都市バルデヨフの旧市街にある中心広場。同国屈指のゴシック芸術の傑作とされる主祭壇をもつ聖アエギディウス教会や、16世紀初頭に同国初のルネサンス様式の建物として建造された旧市庁舎がある。2000年に「バルデヨフ市街保護区」として世界遺産(文化遺産)に登録された。

ラトビア〘Latviya〙ヨーロッパ北東部、バルト海沿岸に面する共和国。首都リガ。機械工業が発達。18世紀末ロシア領。1918年にバルト三国の一として独立したが、40年にソ連邦に編入、91年その解体に伴い独立。人口222万(2010)。レット。

ラトビア-ご【ラトビア語】ラトビア共和国の公用語。インド-ヨーロッパ語族のバルト語派に属する。

ラドン〘radon〙希ガス元素の一。同位体はすべて放射性。単体は不活性な無色の気体で、気体中で最も重い。元素記号Rn　原子番号86。質量数222、220、219の3種類がある。

ラナート〘タイ ránât〙タイの旋律打楽器。共鳴台の上に木琴のように音板を並べて、桴ばちでたたく。

らなん【羅南】朝鮮民主主義人民共和国の北東部にある清津市の南部地区。日本統治時代には軍都。皮革・機械工業などが発達。ナナム。ラナム。

ラナンキュラス〘ラテン Ranunculus〙キンポウゲ科の多年草。球根から、三つに裂けている葉を出し、春に白・桃・紅・橙赤・黄色などの花が咲く。品種が多く、五弁のものから数十弁のものまであり、観賞用。中近東・地中海沿岸の原産で、ハナキンポウゲともよぶ。広くは同科ラナンキュラス属(キンポウゲ属)の植物を総称する。

らに【×蘭】《「らん」の撥音「ん」を「に」と表記したもの》フジバカマの古名。「一の花のいとおもしろきを持ちて給へりけるを」〈源・藤袴〉

ラニーニャ-げんしょう【ラニーニャ現象】ゲンショウ《La Niña events》赤道付近のペルー沖から中部太平洋にかけて、数年に1度、海水温が平年より低くなる現象。低下する温度差はエルニーニョ現象での上昇温度差より一般的に小さい。➡ダイポールモード現象

(補説)エルニーニョ現象と反対に、この海域の暖水を西に移動させている貿易風が強まることで、深海からの湧昇が増加して海水温が下がる。エルニーニョが「幼子キリスト」もしくは「男の子」の意であることから、「女の子」の意のラニーニャと名付けられた。

ラニビズマブ〘ranibizumab〙加齢黄斑変性症の治療に用いられる分子標的薬。商品名ルセンティス。硝子体に注入し、血管内皮増殖因子(VEGF)の働きを非選択的に阻害することによって、新生血管を抑制・退縮する。

らぬき-ことば【ら抜き言葉】動詞の可能形「食べられる」「出られる」「見られる」などから「ら」を抜いた、「食べれる」「出れる」「見れる」などの言い方の称。文法的には破格。ら抜き表現。

らぬき-ひょうげん【ら抜き表現】ヒョウゲン ►ら抜き言葉

ラノベ「ライトノベル」の略。

ラノリン〘lanolin〙羊毛に付着している分泌物を精製・脱水したもの。高級脂肪酸と高級アルコールとのエステルを主成分とする蝋ろう。軟膏なんこうの基剤や化粧品に用いる。羊毛蝋。羊毛脂。

ら-ば【×騾馬】雄ロバと雌ウマとの交配による一代雑種。繁殖力はない。馬のような体格とロバの頑丈さをもち、ヨーロッパやアメリカで使役に用いる。ミュール。

ラバ〘イタリア lava〙《流れの意》溶岩流。溶岩。

ラバー〘lover〙恋人。愛人。

ラバー〘rubber〙ゴム。「一セメント」

ラバー-スタンプ〘rubber stamp〙❶ゴム印。❷《承認のために押すゴム印の意から転じて》提案や計画を十分に検討しないで、賛成したり、認可したりすること。「閣議は一を与えるだけの手続きとなっている」

ラバー-ソール《rubber-soled shoesから》ゴム底の付いた革靴。

ラバーブ〘アラビア rabāb〙アラビアを起源とし、北アフリカから東南アジアまで広く分布する擦弦楽器。弦は1〜3本で弓で奏する。撥弦はつげん式のものもある。

ラバー-ブーツ〘rubber boots〙ゴム長靴。用途によりデザインも多様化している。

ラハール〘インドネシア lahar〙►火山泥流

ラバウル〘Rabaul〙西太平洋、パプアニューギニアのニューブリテン島北東部にある港湾都市。第二次大戦中に日本軍の海軍航空隊の基地があった。

ラ-パス〘La Paz〙ボリビア多民族国の事実上の首都。標高約3700メートルの高地にある。1900年に政府機関が憲法上の首都スクレから移転。織物などの工業が盛ん。人口、行政区84万(2008)。

ら-はつ【×螺髪】►らほつ(螺髪)

ラバト〘Ir-Rabat〙㊀地中海中央部の島国、マルタ共和国の町。マルタ島中央部の町イムディーナの城壁外に広がる。もとはイムディーナと一つの町だったが、アラブ人支配時代に堀が築かれ、分割された。古代ローマ時代のカタコンブや、聖パウロが身を寄せたという洞窟の上に建てられた聖パウロ教会がある。㊁マルタ共和国の都市ビクトリアの旧称。

ラバト〘Rabat〙モロッコ王国の首都。12世紀にムワッヒド朝の軍事拠点となり、17世紀アラウィー朝時代に首都が置かれた。絨毯じゅうたんの産地。12世紀建造のハッサンの塔やルワー門、ウダイヤのカスバ、モロッコ独立を進めた元国王が眠るムハンマド5世廟、現国王の王宮などがある。2012年、「近代的首都と歴史的首都をあわせもつ遺産ラバト」の名称で世界遺産(文化遺産)に登録された。人口、行政区64万(2007)。

ラバトリー〘lavatory〙洗面所。便所。「一用品」

ラパヌイ-とう【ラパヌイ島】タウ《Rapa Nui》►イースター島

ラパポート〘Anatol Rapoport〙[1911〜2007]米国の数学者・心理学者。ロシアに生まれ、米国に帰化。国際政治学にゲームの理論を適用、抑止戦略論を批判するなど平和研究の先駆者となった。著「戦争・ゲーム・論争」など。

ラ-バリエ〘フランス La Vallière¦lavallière〙蝶ちょう結びにした大きめのタイ。

ラ-パルマ-とう【ラパルマ島】タウ《La Palma》大西洋、モロッコ沖にあるスペイン領カナリア諸島を構成する島の一。中心都市はサンタクルス-デ-ラ-パルマ。島の中心部には直径10キロ、深さ1500メートルという世界最大級のカルデラがあり、国立公園に指定されている。北半球有数の天体観測施設が集まるロケ-デ-ロスムチャチョス天文台がある。パルマ島。

ラパロ-じょうやく【ラパロ条約】デウヤク 1922年、イタリア北部、ジェノバ近郊の都市ラパロ(Rapallo)で、ドイツとソ連との間に結ばれた条約。ソ連政府の承認と外交関係の回復、両国債務の相殺などを規定したもので、ソ連は初めて国際的承認を得た。

ら-ばん【羅盤】►羅針盤らしんばん

ラパン〘フランス lapin〙ウサギ。食用とするウサギの肉。

ラパン-アジール〘フランス Au Lapin-Agile〙《「身軽なウサギ」の意》モンマルトルにある酒場。19世紀末、ユトリロやピカソなど多くの芸術家が通ったことで有名。ラパンナジール。

ラビ〘ヘブライ rabbī〙《わが師の意》ユダヤ人が宗教的指導者に対して用いる敬称。ユダヤ教の聖職者。

ラ-ピーニャ〘La Pigna〙イタリア北西部、リグリア州、リビエラ海岸にある保養都市サンレモの旧市街の通称。イタリア語で「松笠」を意味する。細い路地、坂道、階段が入り組み、16世紀頃の古い街並みが残っている。

ラビオリ〘イタリア ravioli〙イタリアのパスタ料理の一。薄くのばしたパスタの生地に、肉・野菜・チーズなどの具を少量ずつ等間隔にのせ、別のパスタを重ねて四角に切り分けるなどしてからゆで、粉チーズやトマトソースをかけて食べる。

ラビゴット-ソース〘ravigote sauce〙《ravigoteは、フランス語で、元気を回復させるの意》西洋料理のソースの一。フレンチドレッシングにタマネギ・パセリなどのみじん切りやケーパーを加えて作る。サラダやオードブルのソースに用いる。

ラピス-ラズリ〘lapis lazuli〙《「ラピス」はラテン語で石、「ラズリ」はペルシア語で青の意》藍青らんせい色を呈し、飾り石として古代から用いられる鉱物。数種の鉱物の混合物で、黄鉄鉱が混じっており、磨くと濃い青地に金色の斑点が輝くので、青金石ともいう。主産地はアフガニスタン。瑠璃るり。ラズライト。

ラビット〘rabbit〙❶ウサギ。また、ウサギの毛皮。❷マラソンなどで、開始からペースを上げて仲間を引っ張っていく選手。ドッグレースで、犬に模型のウサギを追わせるところからいう。

ラピッド-シティー〘Rapid City〙米国サウスダコタ州南西部の都市。鉱産物・農産物の集散地として発展。エルズワース空軍基地の所在地。ブラックヒルズ

山地での各種レクリエーションの拠点として知られ、郊外に4人の歴代大統領の顔を刻んだラシュモア山国立記念物がある。
ラビット-パンチ〘rabbit punch〙ボクシングで、相手の首の後方を故意に打つ反則のパンチ。
ラピッドファイアーピストル-きょうぎ【ラピッドファイアーピストル競技】《rapid-fire pistol》射撃競技の一種。25メートル先に横に並ぶ5個の円形状の標的に対して行うピストルの速射競技。
ラピュタ〘Laputa〙スウィフトの長編小説「ガリバー旅行記」に登場する、空飛ぶ島。住民は空想的な科学に夢中になっている。
ラビュリントス〘ギリシャ labyrinthos〙▶ラビリンス
ラビリンス〘Labyrinth〙ギリシャ神話で、ミノス王がミノタウロスを閉じ込めるために工匠ダイダロスに命じてつくった迷宮。ラビュリントス。
ラビレット-こうえん【ラビレット公園】《Parc de la Villette》フランス、パリ北部、19区にある公園。ミッテラン大統領が推進したパリ再開発計画「グランプロジェ」の一環で、かつての食肉市場跡につくられた。ヨーロッパ最大級の科学博物館、半球形状の巨大スクリーンをもつ映画館、コンサートホールなどがある。
ラビン〘Yitzhak Rabin〙[1922～1995]イスラエルの政治家、第6代、11代首相。在任1974～77、1992～95。イスラエルとアラブの和平を推進し、1993年にはオスロ合意に調印。94年にはヨルダンとの間に平和条約を締結。同年、アラファト、ペレスとともにノーベル平和賞を受賞した。95年、和平反対派の青年に銃撃され死亡。
ら-ふ【裸婦】はだかの女性。主として、絵画・彫刻の素材としていう。「一像」
ら-ふ【羅布】〘名〙スル 連なり並ぶこと。また、あまねく行き渡ること。「宇内に一せし国々」〈新聞雑誌四五〉
ら-ふ【羅府】ロサンゼルスの異称。
ラフ〘rough〙㊀〘名〙❶硬式テニスで、ラケットの裏側。飾り糸の粗い面。⇔スムーズ。❷ゴルフコースで、フェアウエーやグリーンの外辺の草や芝を刈っていない不整備地帯。㊁〘形動〙❶荒っぽいさま。乱暴なさま。「一なプレー」「仕事ぶりが一だ」❷大まかなさま。「一なプラン」「一スケッチ」❸形式ばらず、気取らないさま。「一な服装」❹表面がざらざらしているさま。「一な布地」
ラフ〘ruff〙16世紀半ばから約1世紀間、ヨーロッパの男女に用いられた襞襟。麻にのりづけして技巧的にひだ寄せしたものが多い。
ラブ〘love〙〘名〙スル ❶異性を恋すること。恋愛。「プラトニックー」「この半身像にすっかり一してしまって」〈寅彦・先生への通信〉❷恋人。愛人。❸テニス・バドミントンで、得点が零点のこと。無得点。「一オール」
類語（❶）恋・恋愛・愛恋・愛・恋情・恋慕・思慕・眷恋・色恋・慕情・アムール・ロマンス
ラブ〘Rab〙クロアチア西部、アドリア海に浮かぶラブ島の町。同島南岸に位置し、最も人口が多い。旧市街は聖マリア大聖堂、聖ユスティン教会などの歴史的建造物があり、中世の面影を残している。
ラファイエット〘Lafayette〙米国ルイジアナ州南部の都市。17世紀初めのフランス系移民(アカディア人)の子孫が数多く住む。アカディア人の歴史と文化を紹介するジャン-ラフィット国立歴史公園や、18～19世紀の町並みや生活を再現した野外博物館などがある。
ラ-ファイエット〘Marie Joseph Paul Yves Roch Gilbert Motier La Fayette〙[1757～1834]フランスの政治家・軍人。侯爵。アメリカ独立革命で活躍後、フランス革命で人権宣言を起草。立憲王政を支持したため革命の進展の中で孤立して亡命。帰国後、王政復古を機に七月革命で再び活躍した。
ラ-ファイエット〘Marie-Madeleine Pioche de La Vergne La Fayette〙[1634～1693]フランスの女流小説家。代表作「クレーブの奥方」はフランス心理小説の先駆。
ラファエル〘Raphael〙㊀キリスト教の大天使の一。旅行者と病人の保護者。㊁ラファエロの英語名。
ラファエル-ぜんぱ【ラファエル前派】1848年、ロセッティ・ミレーらを中心に英国で興った芸術運動。ラファエロ以降に確立されたアカデミックな芸術規範を退け、初期ルネサンスの誠実性・精神性の回復を主張した。プレ-ラファエル派。
ラファエロ〘Raffaello Santi｜Raffaello Sanzio〙[1483～1520]イタリアの画家・建築家。盛期ルネサンスを代表し、明晰で豊麗な、生命感あふれる古典様式を確立した。また、サンピエトロ大聖堂の造営に参画。
ラブ-アフェア〘love affair〙恋愛事件。情事。
ラファルグ〘Paul Lafargue〙[1842～1911]フランスの社会主義者。マルクスの次女と結婚。第1インターナショナル、パリ-コミューンに参加。フランス労働党を創立した。著「怠ける権利」など。
ラフィーナ〘Rafina〙ギリシャ、アッティカ半島東岸の港町。首都アテネの東約25キロメートルに位置する。同半島ではピレウスに次ぐ規模の港があり、対岸のエビア島やキクラデス諸島とフェリーで結ばれる。
ラブ-ウオーク〘love walk〙健康づくりと募金活動を結びつけた運動。歩く大会の参加料などをまとめて開発途上国の子供たちへ贈る慈善事業で、1965年にイギリスで始まった。「日本ユニセフ・ラブウォーク協議会」は昭和58年(1983)に発足。
ラフォルグ〘Jules Laforgue〙[1860～1887]フランスの詩人。象徴派に属し、自由詩の創始者の一人。詩集「最後の詩」、散文「伝説的教訓劇」など。
ラ-フォンテーヌ〘Jean de La Fontaine〙[1621～1695]フランスの詩人。イソップの寓話などをもとに、巧みな韻文で書いた「寓話集」は寓話文学の傑作として有名。ほかに長編詩「アドニス」など。
ら-ぶか【羅×鱶】カグラザメ目ラブカ科の海水魚。深海にすみ、全長約2メートル。体は細長い筒状で、暗褐色。口が前端に開き、えらあなが六対あることや骨格の特徴から、現生サメ類中最も原始的とされる。卵胎生。日本では相模湾・駿河湾に分布。
ラフカディオ-ハーン〘Lafcadio Hearn〙▶小泉八雲
ら-ふく【×蘿×蔔】ダイコンの漢名。
ラブ-ゲーム〘love game〙テニスで、一方が無得点のゲーム。
ラブ-コール〘love call〙❶愛情を込めて呼びかけること。❷物事を実現させるため、相手方に熱心に呼びかけを行うこと。また、その呼びかけ。「企業誘致に一を送る」
ラブ-コメ「ラブコメディー」の略。
ラブ-コメディー《和 love＋comedy》コメディー風の青春恋愛ものの少年少女漫画やテレビドラマなど。ラブコメ。
ラプコン〘RAPCON〙《radar approach control》レーダー進入管制。地上誘導着陸方式によるもので、空港監視レーダーと精測進入レーダーを用い、無線電話により操縦士に指示を与えて着陸させる。
ラブ-シート〘love seat〙二人掛け用のソファー。ロマンスシート。
ラブ-シーン〘love scene〙映画・テレビ・演劇などで、男女が愛を交わす場面。ぬれ場。
ラフ-スケッチ〘rough sketch〙おおまかなスケッチ。概略図。
ラブ-ストーリー〘love story〙恋物語。恋愛小説。
ラプソディー〘rhapsody〙狂詩曲。
ラブ-ソング〘love song〙恋をうたった歌。恋歌。
ラフタ〘LAFTA〙《Latin American Free Trade Association》ラテンアメリカ自由貿易連合。1961年に発足した共同市場。ガイアナを除く南米諸国とメキシコの11か国が加盟。81年、ALADI(ラテンアメリカ統合連合)に改組。本部はモンテビデオ。
ラフター-クレーン〘roughter crane〙ラフテレーンクレーンの通称。「ラフター」は登録商標。
ラフティング〘rafting〙いかだやゴムボートを使って行う川下り。
らふてえ《多く「ラフテー」と書く》沖縄の郷土料理の一。豚の三枚肉の角切りを、だし汁・泡盛・砂糖・醤油で煮込んだもの。
ラフ-テレーン-クレーン〘rough terrain crane〙ホイールクレーンの一種。四輪駆動・四輪操舵機構を装備し、整地されていない場所でも走行できる特殊自動車。ラフタークレーン。
ラブ-とう【ラブ島】《Rab》クロアチア西部の島。アドリア海の北部に位置する。主な町はラブ。本土のヤブラナツ、クルク島のバシュカとフェリーで結ばれる。海岸保養地としても知られる。
ラブ-は【ラブ波】境界面が水平な弾性体の上に、性質の異なる表層があるときに伝わる横波の表面波。水平振動だけからなり、地震波ではS波のあとに現れる。英国の物理学者ラブ(A.E.H.Love[1863～1940])がその存在を理論的に証明した。
ラブ-ハント《和 love＋hunt》恋愛(情事)の相手をさがし求めること。
ラフ-プレー〘rough play〙ラグビー・サッカーなどの試合での乱暴なプレー。
ラブ-ホテル《和 love＋hotel》洋風の連れ込み宿。
類語 モーテル・連れ込み・連れ込み宿
ラフマニノフ〘Sergey Vasil'evich Rakhmaninov〙[1873～1943]ロシアの作曲家・ピアノ奏者。ロシア革命を避けて米国に亡命。ロマン主義に貫かれた曲を書いた。作品に、4曲の「ピアノ協奏曲」など。
ラプラス〘Pierre Simon Laplace〙[1749～1827]フランスの数学者・天文学者。数理論を天体力学に適用して成功し、太陽系の起源に関して星雲説を唱えた。解析学を確率論に応用する研究も行い、メートル法制定にも尽力。著「天体力学」など。
ラ-プラタ〘La Plata〙《銀の意》アルゼンチン中東部、ラプラタ川南岸の港湾都市。ブエノスアイレス州の州都。
ラプラタ-がわ【ラプラタ川】アルゼンチン・ウルグアイ間を流れ大西洋に注ぐ湾状の大河。パラナ川とウルグアイ川の合流点から下流をいう。長さ約300キロ。
ラブラドル〘Labrador〙カナダ北東部にある大半島。大西洋とハドソン湾に面し、大部分は高原。鉄鉱石が豊富。
ラブラドル-かいりゅう【ラブラドル海流】北極海からラブラドル半島東岸に沿って南下する寒流。ニューファンドランド沖に達してメキシコ湾流と接し、好漁場をなす。
ラブラドル-レトリバー〘Labrador retriever〙犬の一品種。カナダのラブラドル半島原産の鳥猟犬を、英国で改良したもの。体高約60センチ。耳は垂れ、毛は短く、淡褐色のものが多い。盲導犬・警察犬として用いられる。
ラブ-ラブ〘形動〙《loveを重ねた語》お互いに深く愛し合っているさま。また、強烈に憧れているさま。「一なカップル」「アイドルを前に一モード全開」
ラブリー〘lovely〙〘形動〙かわいらしいさま。すばらしいさま。「一な小物」
ラ-ブリュイエール〘Jean de La Bruyère〙[1645～1696]フランスのモラリスト。代表作「人さまざま」で当時の風俗や人物を鋭く描写・批判した。
ラブレー〘François Rabelais〙[1494ころ～1553ころ]フランスの作家。連作「ガルガンチュワとパンタグリュエル」はフランスルネサンス文学最大の傑作とされる。
ラフレシア〘ラテン Rafflesia〙ヤッコソウ科(ラフレシア科)の植物。ブドウ科植物シッサスに寄生し、葉はなく、花は世界最大で直径約1メートル。花びらは5枚あり、多肉で黄赤色。開花すると悪臭を放つ。雌雄異花。東南アジアのジャングルにまれにみられ、1818年に英国のT=S=ラッフルズが発見。
ラブ-レター〘love letter〙愛情を告白する手紙。恋文。艶書。類語 恋文・艶書・艶文・付け文
ラブ-ロマンス《和 love＋romance》恋愛事件。恋物語。ラブアフェア。補説 英語では、love、またはlove affair。
ラプンツェル〘rapunzel〙㊀ノヂシャのこと。㊁ヨーロッパ民話の一。母親が魔女の庭のノヂシャを食べたために魔女に引き取られ、高い塔に閉じ込められて育った少女の話。グリム童話で有名。髪長姫。

ら

ラベイカ〘ポルトガル rabeca〙擦弦楽器の一。中世、ポルトガル・スペインで用いられ、弦は3本または4本。室町時代に日本に伝わり、「羅面弦」とも書かれた。
ラベッロ〘Ravello〙イタリア南部、カンパニア州の町。ソレント半島南岸、アマルフィ海岸を見下ろす標高約350メートルの高台に位置する。13世紀のビラルフォロ、20世紀初頭のビラチンブローネなど、貴族や富裕層の邸宅があり、数多くの芸術家が訪れる。作曲家ワグナーがビラルフォロからの眺めに感動し、オペラ「パルジファル」の着想を得たことで知られ、毎年7月に芸術祭が開催される。
ラヘマー-こくりつこうえん【ラヘマー国立公園】《Lahemaa rahvuspark》エストニア北部にある国立公園。首都タリンの東約50キロメートルに位置する。旧ソ連時代の1971年に、国立公園として制定された。海岸、森林、河川、湿原など豊かな自然に恵まれ、ナベコウ(黒コウノトリ)やヨーロッパミンクをはじめとする希少な野生動物が生息する。
ラ-ベラクルス-きょうかい【ラベラクルス教会】《Iglesia de la Vera Cruz》スペイン、カスティーリャ・イ・レオン州の都市セゴビアにあるロマネスク様式の教会。13世紀にテンプル騎士団により建造。12角形の独特な構造をもつ。古代ローマ時代の水道橋やアルカサルなどの歴史的建造物とともに、1985年「セゴビア旧市街とローマ水道橋」の名で世界遺産(文化遺産)に登録された。
ラベリング〘labeling〙❶ラベルを貼ること。❷レッテルを貼って決めつけること。
ラベル〘label〙商標・品名・分類記号・宛先などを表示するために品物や容器などに貼る紙片。レッテル。レーベル。
ラベル〘Maurice Joseph Ravel〙[1875～1937]フランスの作曲家。古典的な形式美をもとに、華麗な管弦楽法や異国情緒による独自の作風を確立した。作品に、管弦楽曲「ボレロ」、ピアノ曲「クープランの墓」、バレエ音楽「ダフニスとクロエ」など。
ラペル〘lapel〙背広仕立ての洋服の、カラーに続く身頃の折り返し部分。
ら-へん【ラ変】「ラ行変格活用」の略。
ラ-ベンタ〘La Venta〙メキシコ東部、タバスコ州の都市、ビジャエルモッサにある遺跡。オルメカ文明の祭祀センターとして栄えたと考えられ、巨石人頭像などが残っている。
ラベンダー〘lavender〙シソ科の小低木。高さ約60センチ。茎に白い毛を密生し、細い葉が対生。初夏、薄紫色の唇形の花を穂状につける。全体に芳香があり、花からとったラベンダー油は古くから香料に用いられる。地中海沿岸の原産で、ローマ時代には入浴用香水とされ、名は洗う意のlavareに由来。ラワンデル。
ラベンナ〘Ravenna〙イタリア北東部の工業都市。アドリア海近くにあり、古代ローマの艦隊根拠地として発展。西ローマ帝国の帝都、東ゴート王国の首都として繁栄、16世紀初めローマ教皇領となった。ビザンチン式モザイクの施された聖堂が多く残り、1996年「ラベンナの初期キリスト教建築物群」の名で世界遺産(文化遺産)に登録された。
ラボ ❶「ラボラトリー」の略。❷写真の現像所。❸「ランゲージ-ラボラトリー」の略。
ラボアジェ〘Antoine Laurent de Lavoisier〙[1743～1794]フランスの化学者。実験により燃焼が酸素との結合であることを実証し、従来のフロギストン説を否定。初めて有機物の元素分析を行い、質量保存の法則を明らかにした。フランス革命の際に処刑死。著「化学要論」など。
ラ-ボエーム〘イタリア La Bohème〙プッチーニ作曲のオペラ。全4幕。1896年トリノで初演。パリに住む詩人ロドルフォと少女ミミの恋愛を中心に、ボヘミア的生活を送る人々を描く。
ラボー〘Lavaux〙スイス西部、レマン湖畔の地名。スイスワインの代表的産地として知られる。急斜面にブドウを栽培するための段々畑が広がっており、2007年に「ラボー地区のブドウ畑」として世界遺産(文化遺産)に登録された。
ラボーサンタンヌ-じょう【ラボーサンタンヌ城】《Château de Lavaux-Sainte-Anne》ベルギー南東部、ナミュール州、ディナンの近郊にある城。アルデンヌ地方の古城の一つとして、観光客が数多く訪れる。13世紀頃に建てられた要塞が起源。15世紀に城主のベルロ家が現在の姿に改築。城内に、狩猟博物館や自然史博物館、レストランがある。
ラポート〘rapport〙「ラポール」に同じ。
ラポート-トーク〘rapport-talk〙▶ラポールトーク
ラホール〘Lahore〙パキスタン北東部の商業都市。パンジャブ州の州都。ムガル帝国時代に繁栄し、大規模なイスラム寺院のバドシャイモスクなどが残る。人口、行政区694万(2009)。
ラポール〘フランス rapport〙心理学で、人と人との間がなごやかな心の通い合った状態であること。親密な信頼関係にあること。心理療法や調査・検査などで、面接者と被面接者との関係についていう。
ラポール-トーク〘rapport-talk〙《日本ではラポートトークともいうが、rapportは仏語・英語ではラポールと発音する》親密な雰囲気や共感関係を作り出そうとして、相手の情緒に働きかける話し方。⇨レポートトーク 補説 米国の言語学者デボラ=タネンが著書You Just Don't Understand(邦題「わかりあえる理由 わかりあえない理由」)の中で、女性に典型的に見られる話し方として提示した会話の類型。
ら-ほつ【×螺▽髪】仏の三十二相の一。仏の、縮れて右巻きの螺旋状をしている頭髪。らはつ。
ラポニアン-エリア〘Laponian Area〙スウェーデン北部のラップランドにあるサーミ(ラップ人)の居住区。四つの国立公園と二つの国立自然保護区を含む。少数民族であるサーミが伝統的な生活を営んでおり、1996年、世界遺産(複合遺産)に登録された。ラップ人地域。
ラポにちたいやくじしょ【拉葡日対訳辞書】《原題、ラテン Dictionarium Latino Lusitanicum ac Iaponicum》ラテン語・ポルトガル語・日本語の対訳辞書。文禄4年(1595)天草のコレジオで刊。イタリアのカレピノが編集した「ラテン-イタリア対訳辞典」をもとにし、約3万語のラテン語にポルトガル語と日本語の対訳を示したもの。
ラ-ホヤ〘La Jolla〙米国カリフォルニア州南西端の港湾都市、サンディエゴの一地区。海岸沿いの観光保養地として知られるほか、カリフォルニア大学サンディエゴ校、および同校付属の海洋学研究所とバーチ水族館がある。
ラボラトリー〘laboratory〙研究所。実験室。また、製作室。ラボ。「―オートメーション」
ラマ〘チベット blama〙《高徳の師、上人の意》チベット仏教の高僧。また一般にチベット仏僧の称。補説「喇嘛」とも書く。
ラマ〘llama〙ラクダ科の哺乳類。体高約1メートル。ラクダに似るが、背中にこぶはない。南アメリカのアンデス山中で古くから家畜化され、荷役に用い、毛は織物に利用。アメリカラクダ。リャマ。
ら-ま〘接尾〙《上代語》名詞に付いて、そのものであることを強く指定する意を表す。「奴―」「まほ―」「天皇が大命―と親王等又汝王たち」〈続紀宣命・聖武〉
ラマーズ-ほう【ラマーズ法】無痛分娩法の一。分娩に対する恐怖心を取り除き、呼吸法と弛緩法を訓練し、分娩時に夫や助産婦が援助するもの。フランスの産科医ラマーズ(F.Lamaze)が提唱。
ラマ-きょう【ラマ教】チベット仏教の俗称。⇨チベット仏教 ⇨ラマ
ラマ-そう【ラマ僧】チベット仏教の僧侶。ラマ。
ラマダーン〘アラビア Ramaḍān〙イスラム暦第9月。この1か月の間、イスラム教徒は夜明けから日没まで断食を行う。断食月。ラマダン。
ラ-マッダレーナ-しょとう【ラマッダレーナ諸島】《Arcipelago della Maddalena》▶マッダレーナ諸島
ラ-マドレーヌ〘La Madeleine〙▶サントマドレーヌ教会
ラマピテクス〘Ramapithecus〙アフリカ・ヨーロッパ・アジアなどで発見される、人類と近縁の化石霊長類。インド北西部のシワリクで上顎骨を最初に発見。1200万～600万年前に生息した人類の祖先と考えられたが、のちの研究でヒト科と認める説は否定された。
ラマルキズム〘Lamarckism〙フランスの博物学者ラマルクの学説に基づく進化思想。獲得形質の遺伝を中核とする。⇨用不用説
ラマルク〘Jean-Baptiste de Monet Lamarck〙[1744～1829]フランスの博物学者。無脊椎動物を研究して分類を体系づけ、「無脊椎動物の体系」「動物哲学」などを著して自然発生的進化論に言及。
ラマルク-せつ【ラマルク説】▶用不用説
ラ-マルセイエーズ〘フランス La Marseillaise〙フランスの国歌。1795年制定。92年、工兵士官ルージェ=ド=リールが作詞・作曲した「ライン軍の軍歌」を、南フランスの義勇兵がマルセイユからパリへの行進中歌い続けたことに由来して改題。
ラマルティーヌ〘Alphonse Marie Louis de Prât de Lamartine〙[1790～1869]フランスの詩人・政治家。ロマン派の代表的詩人の一人。1848年の二月革命では臨時政府外相に就任した。作「瞑想詩集」「静思詩集」など。
ラ-マルトラーナ〘La Martorana〙▶マルトラーナ教会
ラマン〘Chandrasekhara Venkata Raman〙[1888～1970]インドの物理学者。光の散乱に関する研究から、ラマン効果を発見。1930年ノーベル物理学賞受賞。
ラマン-こうか【ラマン効果】物質に単色光を当てたとき、散乱光中に、当てた光のほかに波長の異なる光が含まれている現象。物質中の分子の振動・回転状態により、光がエネルギーを付加または除去されて起こる。分子構造の研究に利用。1928年にラマンが発見。
ラ-マンチャ〘La Mancha〙▶カスティーリャ-ラ-マンチャ
ラミア〘Lamia〙ギリシャ中部の都市。スペルヒオス川の下流部に位置する。紀元前4世紀、アレクサンドロス大王の死後にアテネを中心とする都市国家連合がマケドニア王国への反乱を起こしたラミア戦争の舞台となった。市街を見下ろす丘の上に古い城砦がある。ギリシャ独立戦争時の軍司令官アタナシオス=ディアコスの生地。
ラミー〘ramie〙イラクサ科の多年草カラムシの大形のもの。ジャワ・スマトラなどの熱帯地方に産する。茎の繊維は長く、じょうぶで水に強く、漁網・ロープや縮・上布などに用いる。
ラミー〘rummy〙トランプ遊びの一。同じ数の札や同じ種類の札を集めるもの。
ラ-みさき【ラ岬】《Pointe du Raz》フランス、ブルターニュ半島西部の岬。同国最西端に位置し、ブルターニュ地方の代表的な景勝地の一。フィニステール県の都市、カンペールに近い。
ラミナ〘lamina〙▶葉層
ラミネート〘laminate〙〘名〙スル プラスチックフィルム・アルミ箔・紙などを貼り合わせて層にすること。積層。「アルミ箔を―した紙箱」
ラミネート-カード〘laminate card〙薄片を何枚も重ねて作ったカード。
ラミネート-チューブ〘laminate tube〙プラスチックなどの薄板をかぶせて、圧した後でも元の形に復元するようにしたチューブ。
ラム〘Charles Lamb〙[1775～1834]英国の随筆家・詩人。繊細なユーモアと庶民的ペーソスにあふれた「エリア随筆」で有名。ほかに姉メアリーとの共著「シェークスピア物語」など。
ラム〘lamb〙生後1年以内の子羊。また、その肉。
ラム〘ram〙❶雄の羊。牡羊。❷敵艦に体当たりして破壊する衝角装備艦。また、その衝角。❸「白羊宮」に同じ。

ラム〖RAM〗《random-access memory》コンピューターの、データの読み出し・書き込みの両方が随時できる半導体記憶装置。一定時間ごとに再書き込みの必要なDRAMと、電源が切れない限り記憶が保存されるSRAMがある。⇔ロム(ROM)。

ラム〖rhm〗《roentgen per hour at meter》放射線源の強度を表す単位。1ラムは空気中1メートルの距離で1時間につき1レントゲンの線量を与えるような線源の強さ。

ラム〖rum〗糖蜜を発酵させて造る蒸留酒。特有の香味があり、アルコール分は約45パーセント。カクテルや香味料にも用いる。ラム酒。

らむ〔助動〕[○|○|らむ(らん)|らむ(らん)|らめ|○]《動詞「あり」の未然形「あら」に推量の助動詞「む」の付いた「あらむ」の音変化とも》活用語の終止形、ラ変型活用語の連体形に付く。❶直接見ていない現在起こっている事象の推量を表す。…ているだろう。「いづくにか舟泊てす**らむ**安礼の崎漕ぎたみ行きし棚なし小舟」〈万・五八〉❷現在起こっている事象から、その原因・理由や背景などを推量する意を表す。㋐原因・理由が示されている場合。…だから…なのだろう。…というわけで…なのだろう。「思ひつつ寝ればや人の見えつ**らむ**夢と知りせばさめざらましを」〈古今・恋二〉㋑(多く「など」「いかに」という疑問語を伴って)原因・理由が示されていない場合。どうして…なのだろうか。なぜ…なのだろうか。「やどりせし花橘も枯れなくになどほととぎす声絶えぬ**らむ**」〈古今・夏〉❸(多くは連体形で)他からの伝聞の意を表す。…という。…(だ)そうだ。「もろこしにことごとしき名つきたる鳥の、選りてこれにのみゐる**らむ**、いみじう心ことなり」〈枕・三七〉❹(多くは連体形で)婉曲に表現する意を表す。…(の)ような。…という。「あが仏何ごと思ひ給ふぞ。おぼす**らむ**こと何ごとぞ」〈竹取〉➡ろう〔助動〕 補説 奈良時代に盛んに用いられ、中世からしだいに衰えはじめる。奈良時代には、上一段の「見る」に付いた「見らむ」もある。❶の意味で用いられる例は和歌に多く、❸❹の用法は❶の派生で、超時間的に用いられることが多い。

ら◦む〔連語〕《完了の助動詞「り」の未然形＋推量の助動詞「む」の終止形》❶…ているだろう。…てあるだろう。「女どちはしどけなく朝寝し給へ—◦むかし」〈源・宿木〉❷(多く「む」が連体形の用法で)…ているような。「すべて、心に知れ—◦むことをも知らず顔にもてなし」〈源・帚木〉

ラムサール-じょうやく【ラムサール条約】イランのラムサール(Rāmsar)で、1971年に採択された国際条約「特に水鳥の生息地として国際的に重要な湿地に関する条約」の通称。広く水辺の自然生態系を保全することを目的とする。登録対象となる区域は湿原のほか、湖・渓流・浅い海などの水域も含まれる。日本は1980年(昭和55)に加盟。国際湿地条約。➡表

ラムジェット〖ramjet〗飛行機などで、高速度で進行するときに生じる圧力(ラム圧力)で空気を圧縮し、燃料を吹き込んで燃焼させる方式のジェットエンジン。空気圧縮機を搭載しないので軽量にでき、速度が速いほど効率がよくなる。

ラム-シフト〖Lamb shift〗水素原子中の電子のエネルギー準位に見られるごく僅かなずれ。1947年、W＝ラムとR＝レザフォードにより発見された。後に繰り込み理論を導入した量子電磁力学により、実験結果が説明された。ラムレザフォードの実験は量子電磁力学の正しさを証明する最初の実験として知られる。

ラム-しゅ【ラム酒】▶ラム(rum)

ラムゼー〖William Ramsay〗[1852〜1916]英国の化学者。アルゴン・ヘリウムやネオンなどの希ガス族元素を発見。また、ラジウムからのヘリウムの放出を確認し、放射性元素崩壊説を出した。1904年ノーベル化学賞受賞。

ラムゼーハント-しょうこうぐん【ラムゼーハント症候群】▶ハント症候群

ラムセス-にせい【ラムセス二世】《Ramses Ⅱ》前13世紀、エジプト第19王朝第3代の王。ヒッタイトと戦い、両国の勢力範囲を確定。また国内では各地に神殿、巨大な彫像やオベリスクなどを建設した。ラメス。生没年未詳。

ラムダ〖Λ|λ|lambda〗❶〈Λ・λ〉ギリシャ語アルファベットの第11字。❷〈Λ〉Λ粒子の記号。

ラムダ-りゅうし【ラムダ粒子|Λ粒子】素粒子の一。質量は陽子の約1.2倍、電荷は中性、スピン半整数。崩壊して陽子・中性子・π中間子になる。記号Λ

ラム-チョップ〖lamb chop〗子羊(ラム)の、あばら骨のついた背肉。また、それを焼いた料理。

ラム-ディスク【RAMディスク】《RAM disk》コンピューターのメーンメモリーの一部を仮想的なディスクドライブとして利用すること。ハードディスクに比べ、物理的アクセスがないのでデータのやり取りが高速になる。電源を切ると、データも消失する。

ラム-とう【ラム島】《Lamu》ケニア東部、インド洋に浮かぶ小島。ラム島最大の町ラムの旧市街には、スワヒリ族によるサンゴとマングローブを用いた伝統的な建造物が立ち並び、20以上のモスクが点在する。2001年「ラム旧市街」の名で世界遺産(文化遺産)に登録された。

ラムネ〖Félicité Robert de Lamennais〗[1782〜1854]フランスのカトリック思想家。初めは教皇至上主義の司祭であったが、のちに時の教皇と対立して破門され、以後はキリスト教社会主義を唱えた。著「宗教無関心論」「信者の言葉」など。

ラムネ《lemonadeから》❶炭酸水にレモン香料と砂糖で風味をつけた日本独特の清涼飲料。ガラス玉の入った特殊な瓶に詰め、ガラス玉がガス圧により持ち上げられて密栓をする。(季 夏)「れってるの濡れてはがれし—かな/万太郎」❷《❶を飲むとげっぷが出るところから》月賦をいう。

ラムレザフォード-の-じっけん【ラムレザフォードの実験】▶ラムシフト

ラメ〖フランス lamé〗金糸・銀糸または金属の切り箔を織り込んだ織物。また、金属の切り箔を巻きつけた糸。

ラメーゴ〖Lamego〗ポルトガル北部の都市。ドウロ川の南に位置し、農業が盛ん。特にワインとハムの名産地として知られる。ポルトガル王アフォンソ1世が12世紀に建造した大聖堂や、18世紀に完成したバロック様式のノッサセニョーラドスレメディオス教会などがある。

ラ-メトリ〖Julien Offroy de La Mettrie〗[1709〜1751]フランスの哲学者・医師。デカルトの影響を受けて「人間機械論」を発表、唯物論的、無神論的思想を説いた。ほかに「霊魂の自然誌」など。

ラメラ〖lamella〗❶細胞内で扁平な袋状の膜が平行に配列し層をなしている構造。層板。❷チラコイドのこと。

ラメント〖lament〗嘆き。また、哀歌。

ら-もう【羅網】❶鳥を捕らえるあみ。❷浄土や天界にあるとされる、宝珠を連ねた網。また、仏殿や仏像を飾る荘厳具。

羅網の鳥は高く飛ばざるを恨み呑鉤の魚は飢えを忍ばざるを嘆く　かすみ網にかかった鳥は、なぜもっと高く飛ばなかったかと後悔し、釣り針にかかった魚はなぜ空腹をがまんしなかったかと悔やむ。後悔は先に立たないことのたとえ。

ラモー〖Jean-Philippe Rameau〗[1683〜1764]フランスの作曲家・音楽理論家。フランスの宮廷オペラを発展させ、また、「和声論」などを著して近代和声学の基礎を築いた。作品に「クラブサン曲集」など。

ら-もん【羅文|羅紋】❶うすぎぬの綾模様。❷▶羅門

ら-もん【羅門】格子の一。立蔀・透垣などの上部に、木や竹で2本ずつ交差した模様を作り出したもの。羅文。らんもん。

らゆ〔助動〕[らえ|らえ|○|らゆる|○|○]《上代語》下二段・サ変動詞の未然形に付く。可能を表す。…られる。…できる。「妹を思ひ寝の寝**らえ**ぬに秋の野にさ雄鹿鳴きつ妻思ひかねて」〈万・三六七八〉➡ゆ 補説「らる」に先行する助動詞。活用・意味ともに「ゆ」に準じて考えられるが、用例は少なく、「い(寝)の寝らえぬに」という例にほとんど限られる。

[ラムサール条約] 日本の登録地

湿地名	都道府県名	登録年
釧路湿原	北海道	昭和55年(1980)
クッチャロ湖	北海道	平成 元年(1989)
ウトナイ湖	北海道	平成 3年(1991)
厚岸湖・別寒辺牛湿原	北海道	平成 5年(1993)
霧多布湿原	北海道	平成 5年(1993)
宮島沼	北海道	平成14年(2002)
阿寒湖	北海道	平成17年(2005)
雨竜沼湿原	北海道	平成17年(2005)
サロベツ原野	北海道	平成17年(2005)
濤沸湖	北海道	平成17年(2005)
野付半島・野付湾	北海道	平成17年(2005)
風蓮湖・春国岱	北海道	平成17年(2005)
大沼	北海道	平成24年(2012)
仏沼	青森県	平成17年(2005)
伊豆沼・内沼	宮城県	昭和60年(1985)
蕪栗沼・周辺水田	宮城県	平成17年(2005)
化女沼	宮城県	平成20年(2008)
大山上池・下池	山形県	平成20年(2008)
尾瀬	福島県・群馬県・新潟県	平成17年(2005)
渡良瀬遊水地	茨城県・栃木県・群馬県・埼玉県	平成24年(2012)
奥日光の湿原	栃木県	平成17年(2005)
谷津干潟	千葉県	平成 5年(1993)
佐潟	新潟県	平成 8年(1996)
瓢湖	新潟県	平成20年(2008)
立山弥陀ヶ原・大日平	富山県	平成24年(2012)
片野鴨池	石川県	平成 5年(1993)
三方五湖	福井県	平成17年(2005)
中池見湿地	福井県	平成24年(2012)
藤前干潟	愛知県	平成14年(2002)
東海丘陵湧水湿地群	愛知県	平成24年(2012)
琵琶湖	滋賀県	平成 5年(1993)
円山川下流域・周辺水田	兵庫県	平成24年(2012)
串本沿岸海域	和歌山県	平成17年(2005)
中海	鳥取県・島根県	平成17年(2005)
宍道湖	島根県	平成17年(2005)
宮島	広島県	平成24年(2012)
秋吉台地下水系	山口県	平成17年(2005)
荒尾干潟	熊本県	平成24年(2012)
くじゅう坊ガツル・タデ原湿原	大分県	平成17年(2005)
藺牟田池	鹿児島県	平成17年(2005)
屋久島永田浜	鹿児島県	平成17年(2005)
漫湖	沖縄県	平成11年(1999)
慶良間諸島海域	沖縄県	平成17年(2005)
名蔵アンパル	沖縄県	平成17年(2005)
久米島の渓流・湿地	沖縄県	平成20年(2008)
与那覇湾	沖縄県	平成24年(2012)

ら-よう【裸葉】▶栄養葉

ララ〖LARA〗《Licensed Agency for Relief on Asia》アジア救済連盟。1946年、米国の宗教・教育・労働などの13団体が、第二次大戦後のアジアの生活困窮者を救済する目的で結成した組織。日本など各国に食糧・衣料などを供与した。「—物資」

ララバイ〖lullaby〗子守歌。

ララ-ムスタファ-パシャ-ジャーミー〖Lala Mustafa Paşa Camii〗▶ララムスタファパシャモスク

ララ-ムスタファ-パシャ-モスク〖Lala Mustafa Paşa Mosque〗キプロス北部の港町ファマグスタにあるイスラム寺院。元はフランスのリュジニャン家統治下の14世紀に、フランス風ゴシック様式で建造された聖ニコラ大聖堂。16世紀になると、オスマン帝国支配の下、イスラム寺院に転用された。以降、マグサ(ファマグスタのトルコ語名)のアヤソフィアと称されたが、20世紀半ば、キプロス攻略に貢献したオスマン軍司令官ララ＝ムスタファ＝パシャを冠した現名称に変更された。ララムスタファパシャジャーミー。

ら-り【乱離|羅利】〔名・形動〕《「らんり」の音変化か。近世語》「乱離骨灰」に同じ。「頼政のむほん茶の木を—にされ」〈柳多留・四〉

ラリアート〖lariat〗牛馬を捕らえる、投げ縄。

ラリー〖rally〗❶テニス・卓球などで、ボールを連続して打ち合うこと。❷指定されたコースを一定の条件のもとで長時間走る、自動車の長距離競技。一般用

ら

に生産されている自動車で競う。

ラリーポイント-せい【ラリーポイント制】バレーボールやバドミントンなどで、サーブ権の有無に関係なく得点が入るとするルール。

ラリエット〖lariat〗《原義は「投げ縄」》留め金がなく、1本のひも状になった鎖を首に巻き付けて装うネックレス。

ラ-リオハ〖La Rioja〗スペイン北部の内陸部にある自治州。ブドウなど果樹栽培が盛んで、それを利用したワインが特産。州都はログローニョ。

らり-こっぱい【▽乱離骨灰┊羅利▽粉灰】〘名・形動〙さんざんなありさまになること。また、そのさま。めちゃめちゃ。「敵の大将が…どうと落ちて━になったのと」〈芥川・きりしとほろ上人伝〉

ラリサ〖Larisa〗ギリシャ中部、テッサリア地方の都市。ピニオス川沿いに位置する。古くから交通の要地であり、紀元前6世紀より同地方の中心都市となった。ローマ帝国分裂後、東ローマ帝国領となり、ブルガリア帝国、セルビア帝国に続いて、15世紀よりオスマン帝国の支配下に置かれた。19世紀末にギリシャ領。古代劇場、アゴラ、城砦などの遺跡が残る。ラリッサ。

ラリッサ〖Larissa〗海王星の第7衛星。1981年に発見されたが、1989年にボイジャー2号の撮影した写真から別の星として再発見された。名の由来はギリシャ神話の海神ポセイドンの妻。海王星系で5番目に内側の軌道を公転しており、ナイアッドなどと同じく、いずれは海王星に落下すると思われる。非球形で平均直径は約190キロ。

ラリベラ〖Lalibela〗エチオピア北部の町。エチオピア高地の北東部に位置する。一枚岩を刳り貫いて造られたエチオピア正教会の教会堂が点在する。1978年「ラリベラの岩窟教会群」として世界遺産（文化遺産）に登録された。

ら-りょう【羅×綾】うすぎぬとあやおり。また、高級な美しい衣服。綾羅。

らりょうおう【羅陵王┊蘭陵王】➡らんりょうおう(蘭陵王)

らる〘助動〙[られ|られ|らる|らるる|らるれ|られよ]上一段・上二段・下一段・下二段・カ変・サ変動詞および使役の助動詞「す」「さす」の未然形に付く。❶受け身の意を表す。…られる。「大きにはあらぬ殿上童の、さうぞきたてられてありくもうつくし」〈枕・一五一〉❷可能の意を表す。…することができる。「変りゆくかたちありさま、目もあてられぬこと多かり」〈方丈記〉❸自発の意を表す。自然に…となる。つい…られてくる。「昔物語を聞きても…人も、今見る人の中に思ひよそへらるるは、誰もかく覚ゆるにや」〈徒然・七一〉❹軽い尊敬の意を表す。…られる。…なさる。「四十の賀、九条の家にてせられける日」〈伊勢・九七〉➡らゆ ➡る 〘補説〙奈良時代では、「らゆ」が用いられた。「らる」は平安時代になって発達し、江戸時代まで広く用いられた。❷は鎌倉時代ごろまで、多く打消しの語を伴って用いられ、不可能の意を表す。なお、❷❸の用法には命令形がない。口語形「られる」。

ラルース〖Larousse〗㊀(Pierre-Athanase 〜)[1817〜1875]フランスの文法学者。ラルース書店を設立。「一九世紀世界百科事典」を編集。㊁フランスの百科事典。㊀が設立したラルース書店発行。「大ラルース百科事典」10巻(1960〜64年刊)、「大百科事典」20巻(1971〜76年刊)などがある。

ラルゲット〖イタリア larghetto〗音楽の速度標語の一。ラルゴよりやや速く、の意。

ラルゴ〖イタリア largo〗音楽の速度標語の一。きわめて遅くゆったりと、の意。

ラルテグラビルカリウム《Raltegravir potassium》エイズ治療薬の一。日本で平成21年(2009)に認可されたインテグラーゼ阻害剤の一般名。

ラルナカ〖Larnaka〗キプロスの都市。首都ニコシアに次ぐ同国第2の都市で、国際空港と港湾を擁す。古代ギリシャ時代はキティオンと呼ばれ、当時の神殿や町の外壁が残っている。聖ラザロが埋葬されたという場所に建つ聖ラザロ教会、中世の城塞、ラルナカ塩湖のほとりにあるイスラム寺院ハラスルターンテッケなど、歴史的建造物が多い。

ラルボー〖Valery Larbaud〗[1881〜1957]フランスの詩人・小説家。精細な心理描写を特色とし、コント・詩・日記の3部からなる「A=O=バルナブース全集」などにより、文学的コスモポリタニズムの先駆者となった。ほかに小説「フェルミナ=マルケス」など。

ら-れつ【羅列】〘名〙スル 連ね並べること。また、連なり並ぶこと。「数字を━するだけでは意味がない」〘類語〙配列

られる〘助動〙[られ|られ|られる|られる|られれ|られろ(られよ)]上一段・下一段・カ変動詞の未然形、サ変動詞の未然形「せ」、使役の助動詞「せる」「させる」の未然形に付く。❶受け身の意を表す。「乗客が次々と助けられた」「花壇の中にごみを捨てられて困った」❷可能の意を表す。「僕でも組み立てられる模型」「彼が落第するとは、とても考えられなかった」❸自発の意を表す。自然に…となる。「性格が性格だから将来が案じられる」❹軽い尊敬の意を表す。「先生が入って来られた」➡らる ➡る ➡れる 〘補説〙サ変動詞には、未然形「さ」に「れる」が付き、「される」と用いることが多い。❷❸の用法には命令形はない。❶のうち、他からの動作により不本意・不満足な感情が加わるものを「迷惑の受け身」、無生物が受け身の主語となるものを「非情の受け身」とよぶことがある。後者の表現は明治以後、翻訳文の影響などによって急速に増加した。

ラレンタンド〖イタリア rallentando〗音楽の速度標語の一。しだいに緩やかに、の意。リタルダンド。⇔アッチェレランド。

ラロ〖Édouard Lalo〗[1823〜1892]スペイン系のフランスの作曲家。ロマン的で色彩感豊かな管弦楽法で知られる。作品に「スペイン交響曲」など。

ラ-ロシェル〖La Rochelle〗フランス西部、オーニス地方、シャラント-マリチーム県の港湾都市。同県の県都。ビスケー湾内、アンチオシュ湾に面し、12世紀頃から大西洋岸の重要な貿易港として発展。16世紀後半のユグノー戦争において、プロテスタントのユグノー派の拠点となったが、1627年から翌28年にかけてルイ13世の宰相リシュリュー率いる国王軍に包囲されて陥落した。旧港周辺には14世紀から15世紀に建てられたサンニコラ塔、シェーヌ塔、18世紀のサンルイ大聖堂などの歴史的建造物がある。対岸のレー島への観光拠点。

ラ-ロシュフーコー〖François de La Rochefoucauld〗[1613〜1680]フランスのモラリスト。フロンドの乱に参加。代表作「箴言集」で人間性の鋭い分析を的確に表現した。

ラ-ロンハ-デ-ラ-セダ〖La Lonja de la Seda〗《「絹の商品取引所」の意》スペイン東部のバレンシア地方にある、15世紀に建てられた商品取引所。ゴシック式が取り入れられている。1996年、世界遺産（文化遺産）に登録された。

ラワルピンディ〖Rawalpindi〗パキスタン北東部の商業都市。首都イスラマバード建設中の1959〜69年には暫定的首都。精油工業も行われる。

ラワン〖タガログ lauan〗フタバガキ科ショレア属などの常緑高木のうち、材質が軟らかくて軽く、合板材に用いるものの総称。心材の色からレッドラワン・ホワイトラワン・イエローラワンに大別される。東南アジアから産出し、南洋材ともよばれる。

らん【乱】❶秩序がみだれること。「酒宴の興も過ぎて、既に━に入って居る」〈木下尚江・良人の自白〉❷戦争や騒動が起こり世の中の安寧が失われること。「応仁の━」➡漢「らん(乱)」

らん【卵】生物の雌がつくる配偶子。精子と受精して新個体をつくる。動物では発生に必要な栄養分として卵黄を含み、丸く大きい。卵細胞。卵子。➡漢「らん(卵)」

らん【×蘭】❶ラン科の単子葉植物の総称。約2万種が熱帯を中心に広く分布。地中に根をはる地生のほか着生・腐生もあり、ふつう多年草。花びら・萼も3枚ずつで、1枚は形や色の変化した唇弁となり、花形は左右相称。一般には観賞用のものをいい、産地により東洋ランと洋ランに分け、品種が多い。シュンラン・カンラン・カトレアなど。《季 秋》「━の香やてふの翅にたき物す／芭蕉」❷紋所の名。❶の花を図案化したもの。❸フジバカマの別名。❹「和蘭」「阿蘭陀」の略。➡漢「らん(蘭)」

らん【欄】❶印刷物の紙面上の、区切られた一定の部分。特に、罫で囲まれた部分。「答えは左の━に記入せよ」❷新聞・書籍・雑誌などで、決まった記事を載せる区切られた一定の部分。「投書━」❸てすり。欄干。「狗児━に戯れて」〈織田訳・花柳春話〉➡漢「らん(欄)」〘類語〙囲み・コラム

らん【×襴】縫腋の袍・半臂・小直衣などの裾に足さばきのよいようにつけた横ぎれ。すそつき。

らん【×鸞】❶「鸞鳥」に同じ。❷中国で、天子の馬車の軛、または天子の旗などにつけた鈴。音を鸞鳥の鳴き声に擬したものという。

ラン〖LAN〗《local area network》一つの企業内・ビル内など限られた地域で、複数のコンピューターを通信回線で接続し、相互にデータを伝送・共同利用するネットワーク。ローカルエリアネットワーク。構内通信網。構内ネットワーク。〘補説〙ネットワークを通信距離で分類すると、距離が近いものから、PAN、LAN、MAN、WANとなる。

ラン〖Laon〗フランス北部、パリの北東に位置する都市。中世はカロリング朝の中心地。歴史的建造物が多く、初期ゴシック様式の大聖堂がある。

ラン〖run〗❶走ること。「ビクトリー━」❷野球で、ベースを一巡して得点すること。「ツー━ホーマー」❸映画・演劇などで、興行が続くこと。また、興行の順序。「ロング━」「セカンド━」❹ほつれること。靴下などが伝線すること。「ノー━ストッキング」❺コンピューターで、処理装置が一連のプログラムや処理を次々に実行すること。また、その状態。

らん〘助動〙➤らむ〘助動〙

ら-ん〘連語〙➤らむ〘連語〙

らん-あ【乱×鴉】乱れ飛ぶカラス。「林梢に群っている━と」〈芥川・戯作三昧〉

らん-あく【濫悪┊乱悪】乱暴で悪いこと。また、その行為。「衆徒の━を致すは魔縁の所行なり」〈平家・一〉

ラン-アダプター【LANアダプター】《LAN adapter》➤ネットワークカード

ラン-アンド-ガン〖run-and-gun〗バスケットボールで、速攻でシュートを決める攻撃。また、そのような攻撃を得意とするチームスタイル。

らん-い【×蘭医】江戸時代、オランダから伝わった医学を修めた医者。蘭方医。

らん-い【×襤衣】やぶれごろも。ぼろの着物。つづれ。弊衣。

らんい-しゃ【藍衣社】中華民国の秘密政治結社。1932年ごろ黄埔軍官学校の出身者を中心に結成されたといわれ、蒋介石政権の独裁維持と反対勢力の撲滅を目的とした。党員が藍色の上着を着ていたのでこの名がある。正式名は中華民族復興社。

らん-いん【濫淫┊乱淫】節度なく情欲にふけること。「一漁色を専らとし」〈魯庵・社会百面相〉

らん-いん【蘭印】➤蘭領インド

ランウエー〖runway〗❶飛行場の滑走路。❷ファッションショーなどで、客席にせり出した通路状の舞台。

らん-うち【乱打ち】❶むちゃくちゃに打ちたたくこと。乱打。❷剣道で、二人が向かい合って互いに打ち込みの練習をすること。

らん-うん【乱雲】❶乱れ飛ぶ雲。❷乱層雲の旧称。

らん-え【×爛▽壊】〘名〙スル 肉がただれくずれること。「其の身、━して」〈今昔・一・二六〉

らんえん-けい【卵円形】〘名〙卵の形に似た円形。

らん-おう【卵黄】〘名〙動物の卵の中に貯蔵されている栄養物質。たんぱく質・脂質・糖質・無機塩類・ビタミンなどを含み、胚の発育中に消費される。量や卵内での位置により、等黄卵・端黄卵・中黄卵などに分けられる。鳥類では球状をなし、黄身ともいう。

らん-か【×爛×柯】《晋の時代、王質という木こりが森の中で童子らの打つ碁を見ているうちに、斧の柯が爛ってしまうほどの時がたっていたという、「述異記」にみえる故事から》囲碁の別称。また、囲碁に夢中

になって時のたつのを忘れること。転じて、遊びに夢中になって時のたつのを忘れること。

らん‐が【×蘭画】江戸時代、オランダ人により伝えられた西洋画。また、その画法で描かれた絵画。

ランカー〖ranker〗地位・順位を占める人。特にスポーツなどで実力の順位を表すランキング表に名前が載っている選手。

ランガージュ〖フランス langage〗言語学者ソシュールの用語。「言語活動」と訳される。ラングとパロールを包摂するもので、人間の言葉の総体をさす。➡ラング ➡パロール

ラン‐カード【LANカード】《LAN card》►ネットワークカード

らん‐かい【乱階】❶乱の起こるきざし。「古えより偉人の出ずるは天下の一」〈魯庵・社会百面相〉❷順序を越えて位階を進めること。越階(おっかい)。

らん‐かい【卵塊】魚・昆虫・両生類などにみられる、卵のかたまり。

らん‐がい【欄外】書籍・新聞・印刷物などの、印刷部分の外。また、罫(けい)で囲まれた部分の外。「一の余白」「一に注記する」

らん‐かいはつ【乱開発】〔名〕スル 住環境や自然・生態系の保全に配慮のなされない開発を行うこと。

らん‐かく【卵核】卵細胞の核。

らん‐かく【卵殻】動物の卵を包む外側の強固な卵膜。たまごのから。

らん‐かく【濫獲｜乱獲】〔名〕スル 鳥獣や魚類をむやみにとること。「一した結果、絶滅した鳥」

らん‐がく【×蘭学】江戸中期以降、オランダ語によって西洋の学術・文化を研究した学問。享保年間(1716〜1736)、青木昆陽・野呂元丈(のろげんじょう)の蘭書の訳読に始まり、前野良沢(まえのりょうたく)・杉田玄白・大槻玄沢(おおつきげんたく)ら多数の蘭学者が輩出、医学・天文学・暦学・兵学・物理学・化学など自然科学全般にわたった。

らんがくかいてい【蘭学階梯】江戸後期の蘭学入門書。2巻。大槻玄沢著。天明3年(1783)成立、同8年刊。蘭学の研究意義・発達の歴史、オランダ語の文字・発音・文法・訳例などを説明したもの。

らんがくことはじめ【蘭学事始】江戸後期の回想録。2巻。杉田玄白著、大槻玄沢補訂。文化12年(1815)成立。明治2年(1869)刊。「解体新書」の刊行を中心に、蘭学導入の苦心談や興隆の機運を記したもの。蘭東事始。和蘭事始。

らんかく‐ぬり【卵殻塗(り)】漆器で、卵の殻を割って漆面に貼(は)り、または粉末にして蒔(ま)きつけ、上塗りしたのちに研ぎ出したもの。

らんがし・い【乱がしい】〔形〕《近世江戸語》騒がしい。うるさい。「一・いものは折り羽のたたきっこ」〈柳多留・一六〉

ランカシャー〖Lancashire〗英国イングランド北西部の州。州都プレストン。また、その地方。中心都市マンチェスター・リバプール。アイリッシュ海に面する。炭田があり、産業革命期に綿工業が発達。現在は造船・機械・化学工業なども盛ん。

ランカスター〖Lancaster〗英国イングランド北西部、アイリッシュ海に注ぐルーン川沿いにある河港都市。中世の古城や教会がある。

ランカスター‐け【ランカスター家】英国の王家。エドワード3世の第4子ジョン＝オブ＝ゴーントが創始。1399年、ヘンリー4世の即位により王家となったが、1461年、薔薇(ばら)戦争でヨーク家のエドワード4世に王位を奪われた。

らん‐かつ【卵割】動物の受精卵の発生初期における細胞分裂。1個の細胞が、大きさはそのままでしだいに多数の小さな細胞に分かれ、胞胚(ほうはい)となる。様式により等割・盤割・表割などがある。分割。

らん‐かん【卵管】雌性生殖器の一部。卵巣から排出された卵を子宮あるいは体外に向かって運ぶ管。人間ではここで受精が行われ、卵割を終えて子宮壁に着床(ちゃくしょう)する。輸卵管。喇叭(らっぱ)管。

らん‐かん【欄干｜×闌干｜欄×杆】橋・階段などの縁に、人が落ちるのを防ぎ、また装飾ともするために柵状に作り付けたもの。てすり。

らん‐かん【欄干｜×闌干】〔ト・タル〕図〔形動タリ〕❶星や月の光があざやかなさま。「武蔵野の冬の夜更て星斗一たる時」〈独歩・武蔵野〉❷涙が盛んに流れるさま。「涙一として魂飛揚すと見えて」〈古活字本保元・中〉

らんかん‐えん【卵管炎】卵管の炎症。細菌の感染によって起こり、周囲に及んで子宮付属器炎となることが多い。喇叭(らっぱ)管炎。

らんかん‐にんしん【卵管妊娠】受精卵が卵管内に着床して発育する妊娠。子宮外妊娠の中で最も多く、卵管に通過障害のあるときなどにみられる。卵管破裂を起こすと母体が危険。

らん‐き【▽嵐気】湿りけを含んだ山の空気。山気。

らん‐ぎく【乱菊】❶長い花びらが入り乱れて咲いている菊の花。また、その模様。❷紋所の名。❶を図案化したもの。

らん‐ぎゃく【乱逆】謀反(むほん)。反逆。

らん‐きゅう【×籃球】バスケットボール。

らん‐きょう【×鸞鏡】中国の想像上の鳥、鸞鳥(らんちょう)の形を背面に刻んだ鏡。らんけい。

らん‐ぎょう【乱行｜濫行】乱暴な行い。また、ふしだらなふるまい。らんこう。「酔って一に及ぶ」
類語 乱暴・暴行・愚行・愚挙・非行・醜行・狼藉(ろうぜき)・蛮行・無法・暴状・暴挙・腕力沙汰(ざた)

らん‐ぎょく【×闌曲｜×蘭曲｜乱曲】❶能における音曲の曲趣で、世阿弥が五つに分類した五音(ごおん)の一。闌(た)けたる位(くらい)の音曲。他の祝言・幽曲・恋慕・哀傷のすべてにわたり、かつ、それを超越した最高の曲風。❷謡曲の一節で、謡い手の技法を聞かせるのにふさわしい部分を、独吟にするために独立させた曲。番外曲や廃曲のクセを中心とした部分が多い。

らん‐ぎり【乱切り】料理で、材料を形は不規則に、大きさはほぼ同じに切ること。類語 千切り・千六本・薄切り・輪切り・ぶつ切り・みじん切り

らん‐ぎり【卵切り】卵をつなぎに使った蕎麦(そば)切り。卵麺(らんめん)。

らん‐きりゅう【乱気流】大気中の小さな渦による不規則な気流。高山の周辺や雷雲・ジェット気流に伴って発生することが多く、飛行中の航空機に動揺を与える。

ランキン〖William John Macquorn Rankine〗[1820〜1872]英国の工学者・物理学者。力学のエネルギーを研究し、エネルギー保存の法則の発見などに貢献、熱力学の基礎を構築した。ランキンサイクルを提唱したことで知られる。また、伊藤博文の要請にこたえ、弟子のヘンリー＝ダイアーを推薦するなど日本の近代的工学教育の導入にも尽力した。

らん‐ぎん【乱吟】連歌や俳諧の会席で、順番を決めずに、各自の句ができしだい付けること。

ランキング〖ranking〗順位や等級をつけること。また、その序列。「百貨店の売り上げ一」「一表」

ランク〖rank〗〔名〕スル 順位づけること。また、順位。「上位に一される」「一付け」
類語 順位・等級・序列・階級・位(くらい)・地位・身分・格(かく)・位置・ポスト・ポジション・椅子・肩書き・役職・席・職階・官位・官等・グレード

ラング〖フランス langue〗言語学者ソシュールの用語。「言語」と訳される。同一言語を用いる個々人の言語活動を支え、社会制度・規則の体系としての言語。➡ランガージュ ➡パロール

ランク‐アップ〔名〕スル《和 rank＋up》順位・等級などが上がること。

らん‐ぐい【乱×杭｜乱×杙】❶地上や水底に数多く不規則に打ち込んだくい。昔、それに縄を張り巡らして、通行や敵の攻撃の妨げとした。❷治水・護岸などのために、河岸や海岸の近くに乱立させてある杭。

らんぐい‐ば【乱×杭歯】ひどくふぞろいに生えている歯。歯並びの特に悪い歯。

ラングール〖langur〗オナガザル科コロブス亜科のサルのうち、アジアに分布するものの総称。特にハヌマンラングールとその近縁種をいう。体長約70センチ、尾長1メートル。ほっそりした体つきで、尾と手足が細く長い。木の葉を主食とする。やせざる。

ラングーン〖Rangoon〗ミャンマーの都市ヤンゴンの旧称。補説「蘭貢」とも書く。

らん‐くつ【濫掘｜乱掘】〔名〕スル 鉱山などを、計画も立てずむやみに掘ること。「石炭を一する」

ラングミュア〖Irving Langmuir〗[1881〜1957]

漢字項目 らん

乱〔亂〕 学6 音ラン(呉)(漢) ロン(唐) 訓みだれる、みだす ‖ ①物事がもつれて秩序がなくなる。みだれる。みだす。「乱雲・乱雑・乱心・乱戦・乱闘・乱暴・乱脈/淫乱(いんらん)・壊乱・攪乱(かくらん・こうらん)・狂乱・混乱・錯乱・散乱・酒乱・紊乱(びんらん・ぶんらん)・紛乱・繚乱(りょうらん)・惑乱」②国がみだれること。戦争。「禍乱・戦乱・争乱・騒乱・治乱・動乱・内乱・反乱・兵乱」③(「濫」と通用)一定の枠を外れたさま。みだりに。「乱獲・乱造・乱伐・乱発・乱費・乱用・乱立」④(「爛」の代用字)ただれる。くずれる。「腐乱」名付 おさむ 難読 胡乱(うろん)

卵 学6 音ラン(呉)(漢) 訓たまご ‖ ㊀〈ラン〉たまご。「卵黄・卵管・卵生・卵巣・卵白/鶏卵・産卵・排卵・孵卵(ふらん)・抱卵・累卵」㊁〈たまご〉「卵色/地卵(じたまご)・生卵(なまたまご)」

×婪 音ラン(呉)(漢) 訓むさぼる ‖ むさぼる。際限なく欲しがる。「貪婪(どんらん)」

▽嵐 音ラン(呉)(漢) 訓あらし ‖ ㊀〈ラン〉山のみずみずしい気。「嵐気・嵐翠(らんすい)/翠嵐(すいらん)・青嵐・晴嵐」㊁〈あらし〉「青嵐・花嵐・山嵐・夜嵐(よあらし)」

覧〔覽〕 学6 音ラン(呉)(漢) 訓みる ‖ ①全体を視野に収めて眺める。広く見渡す。「一覧・閲覧・回覧・観覧・借覧・熟覧・巡覧・通覧・展覧・博覧・遊覧」②見ることを敬っていう語。「叡覧(えいらん)・御覧・高覧・照覧・上覧・台覧・天覧」③全体が一度に見渡せるようにまとめたもの。「総覧・便覧・要覧」名付 かた・ただ・み

×闌 音ラン(呉)(漢) 訓たける、たけなわ、おばしま ‖ ①盛りになる。盛りをやや過ぎる。たけなわ。「闌夜」②(「欄」と通用)てすり。おばしま。「闌干」

濫 音ラン(呉)(漢) 訓みだり ‖ ①水があふれ出る。「氾濫(はんらん)」②みだりに。「濫獲・濫造・濫伐・濫発・濫費・濫用」③浮かべる。「濫觴(らんしょう)」

藍 音ラン(呉)(漢) 訓あい ‖ ①タデ科の草の名。アイ。「出藍」②あい色。「藍碧(らんぺき)・藍綬褒章(らんじゅほうしょう)」③梵語の音訳字。「伽藍(がらん)」難読 泊夫藍(サフラン)

人 **蘭** 音ラン(呉)(漢) ‖ ①キク科の草の名。フジバカマ。「蘭草」②ラン科植物の総称。また、それに類したもの。「金蘭・紫蘭・春蘭・鈴蘭(すずらん)・葉蘭(はらん)・木蘭・君子蘭・竜舌蘭」③芳しく美しいものの美称。「芝蘭(しらん)」④文書を扱う役所。「蘭台」⑤梵語や外国語の音訳字。「阿蘭若(あらんにゃ)・阿蘭陀(オランダ)」⑥オランダ。「蘭医・蘭学・蘭書・蘭方」名付 か 難読 英蘭(イングランド)・和蘭(オランダ)・蘇格蘭(スコットランド)・新西蘭(ニュージーランド)・芬蘭(フィンランド)・波蘭(ポーランド)・蘭引(ランビキ)

欄〔欄〕 音ラン(呉)(漢) 訓おばしま ‖ ①てすり。おばしま。「欄干/勾欄(こうらん)・高欄・朱欄」②木を横に渡した囲い。「欄井」③紙面の、区分された部分。「欄外/空欄・上欄・本欄・文芸欄」

×瀾 音ラン(呉)(漢) ‖ 大波。「回瀾・狂瀾・波瀾」

×籃 音ラン(呉)(漢) 訓かご ‖ 竹で編んだかご。「魚籃・揺籃(ようらん)」

×爛 音ラン(呉)(漢) 訓ただれる ‖ ①ただれる。くさる。やわらかくなってくずれる。「爛熟/糜爛(びらん)・腐爛」②あふれんばかりに光り輝く。あざやか。「爛然・爛漫・爛爛/絢爛(けんらん)・燦爛(さんらん)」

×攬 音ラン(呉)(漢) ‖ 取り集めて持つ。手中に収める。「収攬・総攬」補説「擥」は異体字。

米国の物理化学者。ガス入り電球を発明。蒸発・凝結現象の研究から、単分子層による吸着の概念を提唱、界面化学の新分野を開いた。また、原子価理論を用いて化学結合を説明。1932年ノーベル化学賞受賞。

ラングラウフ〘ドイツ Langlauf〙スキーで自然を楽しみながら山野を滑る市民スポーツ。競技ではないのでタイムは争わない。クロスカントリースキー。

ラングランド〘William Langland〙［1330ころ～1400ころ］英国の詩人。中世英文学の代表作の一つで、人間の理想的な生き方を追求するとともに当時の社会を風刺した頭韻詩「農夫ピアズの幻想」の作者とされる。

ラングレー〘langley〙太陽などの放射エネルギーの強さの単位。1平方センチメートルに1分間に到達する放射量をカロリーで表したもの。地球表面では約2ラングレー。名称は、米国の物理・天文学者ラングレー(S.P.Langley［1834～1906］)にちなむ。記号ly

ラングレス〘Louis Mathieu Langlès〙［1763～1824］フランスの東洋学者。パリに東洋語学校を創立。

らん-ぐん【乱軍】敵・味方が入り乱れて戦うこと。乱戦。「迚(とて)もあの様な―の中では無疵であろう者はおじゃらぬ」〈美妙・武蔵野〉

ランケ〘Leopold von Ranke〙［1795～1886］ドイツの歴史学者。厳密な史料批判と史実の客観的叙述を主張、近代歴史学を確立した。著「世界史」など。

らん-けい【卵形】卵のような形。たまごがた。

らん-けい【×蘭契】「蘭交(らんこう)」に同じ。

らん-けい【×蘭×閨】❶皇妃の寝室。❷女性の美しい寝室。

らん-けい【×蘭×蕙】蘭と蕙。ともに香草で、賢人君子にたとえられる。

らん-けい【×鸞▽鏡】❶ ►らんきょう(鸞鏡) ❷日本音楽の十二律の一。基音の壱越(いちこつ)より八律高い音で、中国の十二律の夷則(いそく)、洋楽の嬰イ音にあたる。

らんけい-どうりゅう【蘭渓道隆】［1213～1278］鎌倉中期の臨済宗の渡来僧。宋の涪江(四川省)の人。寛元4年(1246)来日、北条時頼の帰依を受けて鎌倉に建長寺を開山。日本最初の禅師号大覚禅師を勅諡(ちょくし)され、その門派を大覚派という。

ランゲージ〘language〙言語。ことば。「ボディー―」

ランゲージ-ラボラトリー〘language laboratory〙視聴覚教材を活用した語学実習室。個人別に囲いで仕切られ、録音再生装置・ビデオ装置などを備えているのが普通。ラボ。LL。

らん-げき【乱撃】〔名〕スル 入り乱れて撃ちあうこと。また、むちゃくちゃに攻撃・射撃すること。「―戦」「我公使館を―し」〈東海散士・佳人之奇遇〉

らん-げつ【×蘭月】陰暦7月の異称。

ランケット〘ドイツ Rankett〙16～18世紀にドイツやフランスなどで用いられた木管楽器。ダブルリードを有し、小型で円筒形の外観をもつが、内部は9～10本の細い管孔が空いており、それらが互いに連結し合って、1本の管を形成している。ラケット。

ランゲル〘Wrangell〙米国アラスカ州南東部、ランゲル島北端の町。本土を流れるスティキン川河口のデルタ地帯に面する。1954年、日米両政府の支援でアラスカ-パルプ社が設立されたが、94年に閉鎖。町の北にあるペトログリフビーチは、8000年前の先住民が文様を刻んだ石が散在することで知られる。

ランゲル-とう【ランゲル島】《Wrangel Island》ロシアのウランゲリ島の英語名。

ランゲルハンス-とう【ランゲルハンス島】膵臓(すいぞう)の組織中に島状に散在する内分泌腺組織。インスリン・グルカゴンなどを分泌する。ドイツの病理学者ランゲルハンス(P.Langerhans)が発見。膵島。

ランケン「ラーケン」の音変化。「―、繻子(しゅす)、天鵞絨(ビロード)、下着上着も渡り物」〈浄・博多小女郎〉

らん-ご【×蘭語】オランダ語。

らん-こう【乱交】〔名〕スル 男女が集まって、それぞれ不特定の異性と性交すること。「―パーティー」

らん-こう【乱行｜濫行】「らんぎょう(乱行)」に同じ。

らんこう【蘭更】 ►高桑蘭更(たかくわらんこう)

らん-こう【×蘭交】《「易経」繋辞上から》友人間の、心の通い合った交わり。その美しさを蘭の香りにたとえていう。金蘭の契り。蘭契。

らん-こうげ【乱高下】〔名〕スル 相場などが短期間のうちに激しく上下に動くこと。

らん-ごく【乱国】秩序の乱れた国。また、国が乱れたり、国を乱したりすること。

ランゴスティーヌ〘フランス langoustine〙「スカンピ」に同じ。

ランゴバルド〘Langobard〙東ゲルマンの一部族。民族大移動の際、原住地のエルベ川下流域から南下、北イタリアに王国を建てたが、774年、カール大帝に征服された。ロンバルト。

らん-こん【乱婚】婚姻制度の原初的形態として、社会進化論者によって想定された仮説。禁忌のない自由な性生活が行われたとして唱えられたもの。

らん-ざ【乱座｜乱×坐】秩序なく入り乱れて座ること。順位にかまわず座に着くこと。また、そのように座った座席。〈和英語林集成〉

らん-さいぼう【卵細胞】卵(らん)のこと。1個の細胞からなるのでいう。

らんさいぼうしつないせいしちゅうにゅう-ほう【卵細胞質内精子注入法】 ►顕微授精

らん-さく【濫作｜乱作】〔名〕スル 質を考えずにむやみに多く作ること。「内容のない小説を―する」

(類語)濫造・濫発・多作

らん-ざつ【乱雑】〔名・形動〕乱れていること。入りまじっていて無秩序なこと。また、そのさま。「―な部屋」「ノートに―に書く」(派生)らんざつさ〔名〕(類語)雑然・乱脈

ランサムウエア〘ransomware〙《ransomは身代金の意》コンピューターウイルスの一。感染したコンピューターを復旧するためとして、不当な料金請求をするソフトウエア。

ランサローテ-とう【ランサローテ島】《Lanzarote》大西洋、モロッコ沖にあるスペイン領カナリア諸島を構成する島の一。中心都市はアレシフェ。典型的な火山島であり、西部のティマンファヤ国立公園ではさまざまな火山地形が見られる。

らん-ざん【乱山】高低入り乱れて連なる多くの山。乱峰。〈日葡〉

らんざん【嵐山】㊀ ►あらしやま(嵐山) ㊁埼玉県中部、比企(ひき)郡の地名。槻川(つきがわ)が貫流、渓谷は京都の嵐山に倣(なら)って武蔵嵐山(むさしらんざん)とよばれる景勝地。

らんざん-まち【嵐山町】 ►らんざん(嵐山)㊁

らん-し【乱視】目の角膜や水晶体などが球面となっていないため、光線が網膜上の一点に集まって像を結ぶことのできない状態。また、その目。

らん-し【卵子】「卵(らん)」に同じ。

ランジェリー〘フランス lingerie〙女性の装飾的な下着類。また、薄地のネグリジェや部屋着。

らんし-しょく【藍紫色】藍(あい)色を帯びた紫色。

らん-しゃ【乱射】〔名〕スル 弾丸・矢などを、的を定めず、むちゃくちゃに発射すること。「銃を―する」

らん-じゃ【×蘭×麝】蘭の花と麝香(じゃこう)の香り。また、よい香り。

らんじゃたい【×蘭×奢待】奈良時代に中国から渡来し、正倉院御物として伝わった名香木。長さ約1.5メートル、重さ11.6キロの極上の伽羅(きゃら)の朽ち木で、心部は空洞。「蘭奢待」の3字の中に「東大寺」の3字を含むので東大寺ともいう。黄熟香(おうじゅくこう)。

らん-しゅ【乱酒】❶言動・態度が乱れるほど、過度に酒を飲むこと。❷酒宴で入り乱れて酒を飲むこと。「これからが―謡ひ物」〈浄・妹背山〉

らんしゅう【蘭州】中国甘粛省の省都。黄河上流の南岸に位置し、古くから西域への交通の要衝。商業のほか化学・毛織物などの工業が盛ん。白蘭瓜(はくらんか)とよぶウリを特産。人口、行政区209万(2000)。ランチョウ。

らん-じゅく【×爛熟】〔名〕スル ❶果実がくずれそうなまでに熟しきっていること。「―した実が落ちる」❷物事が発達しきって、衰えの兆しさえ含んでいる状態になること。「―した文化」「―期」

らん-しゅつ【濫出】〔名〕スル むやみに持ち出すこと。「有用の物を外国へ―するを禁じ」〈公議所日誌一三〉

ランジュバン〘Paul Langevin〙［1872～1946］フランスの物理学者。ジョリオ＝キュリーの師。物質の磁性を研究し、常磁性体・反磁性体の理論を立てた。また、第二次大戦中は反ナチスのレジスタンスを指導、戦後は教育改革に尽力。著「科学教育論」。

らんじゅ-ほうしょう【藍×綬褒章】公衆の利益、公共の事業で事績著明な人に授与される褒章。綬(リボン)は藍色。明治14年(1881)制定。

らん-しょ【×蘭書】オランダ語で書かれた書物。オランダの書物。

らん-じょ【乱序】❶雅楽で、1曲の序部でありながら急速に舞う特定の部分の楽曲および舞。「蘭陵王(らんりょうおう)」「還城楽(げんじょうらく)」「安摩(あま)」にある。❷能の囃子事(はやしごと)の一。獅子(しし)の出現のとき、大鼓(おおつづみ)・小鼓・太鼓・笛で豪壮絢爛(けんらん)にはやす。❸長唄の囃子で、❷を取り入れたもの。獅子の曲に用いる。

らん-しょう【乱鐘】続けざまに打つ鐘の音。

らん-しょう【卵生】仏語。四生(ししょう)の一。卵から生まれるもの。鳥などの類。

らん-しょう【濫×觴】《揚子江のような大河も源は觴(さかずき)を濫(うか)べるほどの細流にすぎないという「荀子」子道にみえる孔子の言葉から》物事の起こり。始まり。起源。「私(わたくし)小説の―と目される作品」(類語)始め・始まり・起こり・元(もと)・発端(ほったん)・端緒・嚆矢(こうし)・権輿(けんよ)・起源・根源・源・源流・本元・物種・温床・源泉

らん-しょう【×蘭省】❶中国の尚書省・御史台の異称。らんせい。❷太政官(だいじょうかん)の唐名。❸弁官の異称。❹皇后の住む宮殿。蘭殿(らんでん)。

らん-じょう【乱声】❶雅楽の笛の曲。舞人の登場のときなどに太鼓・鉦鼓(しょうこ)と合奏する。新楽乱声・古楽乱声・小乱声・高麗(こま)乱声・高麗小乱声などがある。❷鉦(かね)・太鼓を打ち鳴らしてときの声をあげること。「つねに太鼓をうって―をす」〈平家・九〉

らんしょう-せき【藍晶石】アルミニウムの珪酸塩(けいさんえん)鉱物。青灰色でガラス光沢があり、板状または四角柱状の結晶。三斜晶系。結晶面の方向により硬度が異なるので二硬石ともいう。紅柱石・珪線石と多形の関係にあり、高圧のもとでできた結晶片岩中に産する。

らん-しょく【卵色】卵の殻の色。また、卵の黄身の色。たまごいろ。

らん-しょく【藍色】濃い青色。あいいろ。

らん-しん【乱心】〔名〕スル 心が乱れ、狂うこと。逆上したりして分別をなくしてしまうこと。「怒りのあまり―する」「―者(もの)」(類語)狂乱・発狂・錯乱・狂気

らん-しん【乱臣】❶反逆などを企て、国を乱す臣下。逆臣。❷《「乱」は治める意》天下をよく治める臣下。

らん-じん【乱人】❶国を乱す人。反逆者。「藤原玄明等、素より国のための―たり」〈将門記〉❷心の乱れた人。狂人。乱心者。「神をうらみ仏に歎き―となって」〈浮・諸艶大鑑・一〉

らん-じん【×蘭人】オランダ人。

らんしん-ぞくし【乱臣賊子】《「孟子」滕文公下から》国を乱す臣下と親を害する子。

ランス〘Reims〙フランス北東部、シャンパーニュ地方の商業都市。ぶどう酒の集散地。繊維工業が発達。歴代国王が戴冠式を行った大聖堂がある。

らん-すい【乱酔｜×爛酔】〔名〕スル 正体がなくなるほど酒に酔うこと。泥酔。

(類語)酔う・酔っ払う・出来上がる・酩酊(めいてい)する・沈酔する・大酔(たいすい)する・泥酔する・飲まれる・虎(とら)になる・酒気を帯びる・酔い潰れる・ぐでんぐでん・べろべろ・べろんべろん・へべれけ・れろれろ

らん-すい【濫吹】《斉(せい)の宣王は竽(う)という笛を聞くのが好きで楽人を大ぜい集めていたが、竽を吹けない男が紛れ込み、吹いているようなまねをして俸給をもらっていたという、「韓非子」内儲説上の故事から》無能な者が才能があるかのように装うこと。実力がなくて、その位にいること。濫竽(らんう)。

らんすう-ひょう【乱数表】零から九までの数字

を全く無秩序に、しかも出現の確率が同じになるように並べた表。統計調査で標本の無作為抽出をするときなどに用いる。

ランズ-エンド〖Land's End〗英国イングランド南西部、コーンウォール半島の先端に位置する岬。「地の果て」を意味するその名の通り、グレートブリテン島の最西端でもある。岬の周囲は海食崖になっており、荒々しい自然景観をもつ景勝地として知られる。

ランス-オ-メドー-こくりつれきしこうえん【ランスオメドー国立歴史公園】《L'Anse aux Meadows National Historic Site》カナダ東端、ニューファンドランド・ラブラドル州、ニューファンドランド島北部にある国立歴史公園。1000年頃に大西洋を渡った北欧のバイキングによる集落跡が残っている。1978年、世界遺産(文化遺産)に登録された。

ラン-スカ「ランニングスカート」の略。

ランス-だいせいどう【ランス大聖堂】《Cathédrale Notre-Dame de Reims》フランス北東部、シャンパーニュ地方の都市ランスにある大聖堂。シャルトル大聖堂、アミアン大聖堂に並ぶ同国屈指のゴシック様式の聖堂として知られる。13世紀から14世紀にかけて建造され、歴代フランス国王が戴冠式を行った。1991年、付近にあるサンレミ旧大修道院、トー宮殿とともに、世界遺産(文化遺産)に登録された。

らん-する【濫する】〔動サ変〕文らん・す〔サ変〕みだれる。とりみだす。「窮して―・して、達して道を行って」〈漱石・坑夫〉

ラン-スルー〖run-through〗テレビ放送などで、すべて本番と同じように行う通し稽古。

ランスロット〖Lancelot〗アーサー王伝説中の人物。円卓騎士団の第一の騎士。

らん-せい【乱世】秩序が乱れて戦乱や騒動などの絶えない世の中。らんせ。「―を生き抜く」⇔治世。

らん-せい【乱政】乱脈な政治。

らん-せい【卵生】卵が母体外に産み出されて発育すること。養分は卵中にある卵黄からとる。哺乳類以外の大部分の動物および単孔類にみられる。⇔胎生。➡卵胎生

らん-せい【濫製|乱製】〔名〕スル「濫造」に同じ。

らん-せい【×蘭省】▶らんしょう(蘭省)

らん-せい【欄井】井桁のある井戸。

らんせい-しょう【藍青症】▶チアノーゼ

らんせい-しょく【藍青色】藍色を帯びた青色。

らんせつ【嵐雪】▶服部嵐雪

ランセッタ〖ポルトガル lancêta〗「ランセット」に同じ。

ランセット〖オランダ lancet〗先の鋭くとがった両刃のメス。刃針。披針。ランセッタ。乱切刀。

らん-せん【乱戦】❶敵・味方が入り乱れて戦うこと。乱軍。❷スポーツの試合などで、双方が大量点をとってもつれること。「投手が不調で―となる」
(類語)乱闘・混戦・接戦・泥仕合

らん-ぜん【×爛然】〔ト・タル〕文〔形動タリ〕鮮やかにかがやくさま。「五彩―人をして其の宏麗荘厳に愕かしむ」〈柳北・航西日乗〉

らんせん-せき【藍×閃石】角閃石で、カルシウムが少なくナトリウムに富むもの。ガラス光沢のある暗藍色の鉱物。単斜晶系。ふつう繊維状で、結晶片岩中に産出。

らんせんせき-へんがん【藍×閃石片岩】藍閃石を含む結晶片岩。玄武岩質の岩石が高圧・低温型の広域変成作用を受けてできる。青色片岩。

らん-そう【卵巣】動物の雌の生殖腺。卵を形成して排出し、またホルモンを分泌する。人間では子宮の左右両側にあるが、鳥類では右側が退化して左側だけ発達。➡精巣

らん-そう【藍藻】植物分類上、藻類の一群。現在は細菌の一群として扱われることが多く、シアノバクテリアとよばれる。単細胞あるいは糸状で、核膜がない。クロロフィルa・フィコシアニンなどの色素で光合成を行う。地球上のあらゆる場所に生活し、塊状の群体をつくるものも多い。藍藻類。藍色細菌。

らん-ぞう【乱▽声】▶らんじょう(乱声)

らん-ぞう【濫造|乱造】〔名〕スル 質にかまわずむやみに多く造ること。濫製。「―された粗悪品が出回る」「粗製―」

らんそう-うん【乱層雲】十種雲形の一。暗灰色で厚く、空全体を覆う雲。雲底は乱れ、雨や雪を連続的に降らせることが多い。略号はNs。雨雲。雪雲。➡雲級

らんそう-そ【藍藻素】▶フィコシアニン

らんそう-のうしゅ【卵巣×嚢腫】卵巣に生じた嚢腫。一般に良性腫瘍であるが、悪性や中間性のこともある。

らんそう-ホルモン【卵巣ホルモン】卵巣から分泌されるホルモン。卵胞ホルモンと黄体ホルモンがある。女性ホルモン。

らん-ぞく【乱賊】世を乱す悪者。反逆者。

らん-だ【乱打】〔名〕スル ❶激しく続けざまにたたくこと。「半鐘を―する」❷野球で、次から次へと安打を放って相手の投手を打ち込むこと。「コントロールが甘くて―される」❸テニス・バレーボールなどで、練習のためにボールを打ち合うこと。

らん-だ【×懶惰|×嬾惰】〔名・形動〕めんどうくさがり、怠けること。また、そのさま。怠惰。らいだ。「―な生活を送る」(類語)横着・怠慢・無精・懈怠・懈怠

らん-たい【×籃胎】表皮を取って裂いた竹、または蔓植物を編んで器形にしたもの。漆器の素地とする。「―漆器」

らん-だい【×蘭台|×鸞台】❶太政官の唐名。❷弁官の異称。❸中国、漢代の宮中で、書物を蔵した所。転じて、唐代、秘書省の異称。また、御史台の異称。❹史官。後漢の班固が❸の官として詔を受け「光武本紀」を書いたところからいう。❺中国、戦国時代の楚王の離宮の名。転じて、美しい宮殿・楼台。

らん-たいせい【卵胎生】受精卵が母体内にとどまって発育し、孵化し幼体となってから母体外へ出ること。母体とはつながっておらず、養分を主に卵黄からとるものをいう。マムシ・タニシ・ウミタナゴ・サメ・エイ・グッピーなどにみられる。

ランタイム-エラー〖runtime error〗コンピューターのプログラムを実行している最中に発生するエラー。実行時エラー。

ランダウ〖Lev Davidovich Landau〗[1908～1968]ソ連の理論物理学者。磁性の研究をはじめ、統計力学・低温物理学・熱力学・素粒子論などの広い分野に業績を残し、液体ヘリウムの超流動、超伝導、フェルミ流体についての先駆的理論を展開。1962年ノーベル物理学賞受賞。著「理論物理学教程」。

ランダウン-プレー〖rundown play〗野球で、走者を塁と塁の間でアウトにする挟殺プレー。

ランタナ〖ラテン Lantana〗クマツヅラ科の小低木。全体に毛があり、葉は卵形でやや厚く、対生する。夏から秋、筒状の小花を半球状につけ、初め黄または淡紅色から橙色・濃赤色に変化する。熱帯アメリカ原産で、日本には慶応年間(1865～1868)に渡来。七変化。

ランタニド〖lanthanide〗ランタノイドの異称。本来はランタンに似た元素の意で、古くセリウム以下の14元素の総称としたが、現在ではランタノイドと同じ意味で用いられている。

ランタノイド〖lanthanoid〗希土類元素のうち、原子番号57のランタンから71のルテチウムまでの15元素の総称。互いによく似た性質をもつ。

ランダフ-だいせいどう【ランダフ大聖堂】《Llandaff Cathedral》英国ウェールズの首都カーディフ郊外のランダフにある大聖堂。6世紀に聖テイロが創建した教会に起源し、ノルマン朝時代に大聖堂が建造された。ダンテ＝ゲイブリエル＝ロセッティの絵画やヤコブ＝エプスタインのアルミ製のキリスト像がある。スランダフ大聖堂。

ランダマイズ〖randomize〗乱数表を用いて、数字などを無秩序に並び換えること。

ランダム〖random〗〔名・形動〕❶無作為・任意であること。また、そのさま。「―に抽出する」➡アトランダム ❷「ランダムサンプリング」の略。(類語)随意・恣意・自由

ランダム-アクセス〖random access〗コンピューターで、データの読み書きを、記憶装置の任意の位置に直接行えること。⇔シーケンシャルアクセス。

ランダム-アクセス-メモリー〖random-access memory〗▶ラム(RAM)

ランダム-あやまり【ランダム誤り】《random error》コンピューターで扱うデータ列(ビット列)において、散発的で単独的に誤りが生じること。通常のパリティーチェックにより誤りを検出・修正できる。ランダムエラー。⇔バースト誤り。

ランダム-ウオーク〖random walk〗ある点から出発し、任意の距離だけまっすぐに動くが、向きはまったくでたらめな運動を繰り返すこと。出発点から離れたある範囲内に存在する確率を求める問題のモデルで、距離が零のときはブラウン運動や気体分子の拡散の問題として扱える。酔歩。

ランダム-うんどう【ランダム運動】《random motion》気体の分子の運動や導体中の伝導電子の運動のように、頻繁に衝突して不規則に方向を変える運動。

ランダム-エラー〖random error〗▶ランダム誤り

ランダム-ごさ【ランダム誤差】《random error》補正により除去できる誤差(定誤差)に対して、調整不能の原因から生ずる誤差をいう。

ランダム-サンプリング〖random sampling〗無作為抽出法。

ランダム-スキャン〖random scan〗テレビやディスプレーの画面全体を走査するのではなく、画面中で文字や図形の表示したい部分だけを電子ビームで走査することによって画像を表示する走査方式。➡ラスタースキャン

ランダムディザ-ほう【ランダムディザ法】《random dithering》▶誤差拡散法

ランダム-ディザリング〖random dithering〗▶誤差拡散法

ランタン〖lantern〗❶角灯。❷ちょうちん。

ランタン〖ドイツ Lanthan〗希土類元素のランタノイドの一。単体は銀白色の金属。空気中では酸化されて灰白色になる。合金の添加成分として利用。元素記号La　原子番号57。原子量138.9。

ランタン-けいれつ【ランタン系列】▶ランタノイド

ランチ〖launch〗❶港湾内での連絡や人・荷物の輸送などに使われる、快速で機動性のある舟艇。❷▶ローンチ

ランチ〖lunch〗❶洋風の簡単な食事。特に昼食。「―タイム」❷一皿の、盛り合わせ定食。(類語)昼食・昼御飯・昼飯・昼飯・昼餉・午餐・昼

らん-ちき【乱痴気】気を取り乱して理性を失うこと。また、多くの人が入り乱れて混乱した状態になること。「大変な―ぶり」

らんちき-さわぎ【乱痴気騒ぎ】❶はめを外し、入り乱れて騒ぐこと。どんちゃん騒ぎ。「上を下への―」❷情事にからむ嫉妬から起こるけんか。痴話げんか。(類語)大騒ぎ・どんちゃん騒ぎ・ばか騒ぎ・お祭り騒ぎ

らん-ちく【×蘭竹】東洋画の画題の一。蘭に竹を配したもの。蘭は世に埋もれた高節の士に、竹は冬の風雪にも緑を失わないところから君子にたとえられ、文人画家が好んで描いた。

ランチ-コート〖ranch coat〗もとアメリカ西部のカウボーイが着た実用的上着。ランチウエア。

ランチ-ジャー《和 lunch＋jar》中の食べ物などが冷めないように魔法瓶形式になっている弁当容器。

らん-ちつ【乱×帙】乱雑にちらばっている書物。

ランチボックス〖lunchbox〗洋風の弁当箱。

ランチ-マット《和 lunch＋mat》▶ランチョンマット

ランチ-ミーティング〖lunch meeting〗食事ミーティングの一。昼休みなどを利用して、昼食をとりながらする会合。➡ディナーミーティング

ランチメート-しょうこうぐん【ランチメート症候群】学校や職場などで、一人で昼食をとることを不安がる心理状態。友人がいないこと自体より、友人がいない魅力のない人と周囲に思われることを恐れる。正式な病名・症状名でなく造語。

ランチャー〖launcher〗❶ロケットやミサイルなどの

発射機・発射装置。❷コンピューターで頻繁に利用するアプリケーションソフトを、少ない手順で起動するための機能。

らん-ちゅう【×蘭鋳】金魚の一品種。体つきが丸く、頭部に肉こぶが発達し、背びれがなく、尾が小さい。まるこ。蘭虫。(季 夏)

らん-ちょう【乱丁】書物のページの順序が誤ってとじられていること。「一本」➡落丁

らん-ちょう【乱調】〔名・形動〕《「らんぢょう」とも》❶調子が乱れていること。また、乱れた調子や、そのさま。乱調子。「先発投手が一ですぐに降板する」「一にどやどやと余の双眼に飛び込んだのだから」〈漱石・草枕〉❷詩歌が法則からはずれていること。また、破格の詩歌。❸「乱調子❷」に同じ。

らん-ちょう【×蘭帳】かんばしいとばり。美人の閨のとばりにいう。「手懸女はいたづらの昼も一のうちに房付枕ゆたかに」〈浮・伝来記・六〉

らんちょう【蘭蝶】新内節。本名題「若木仇名草」。初世鶴賀若狭掾作曲。安永年間(1772～1781)成立。太鼓持ち市川屋蘭蝶が新吉原の遊女此糸となじみ、女房お宮との板ばさみになって、此糸と心中する筋。新内節の代表曲。此糸蘭蝶。

らん-ちょう【×鸞鳥】中国の想像上の鳥。鶏に似て、羽は赤色に5色をまじえ、鳴き声は五音に合うといわれる。鸞。

らん-ちょうし【乱調子】《「らんぢょうし」とも》❶乱れた調子。また、調子が乱れていること。乱調。❷相場の動きが激しくて騰落いずれにも定まらないこと。乱調。

ランチョン〖luncheon〗正式な昼食。午餐。また逆に、軽い昼食のことをもいう。

ランチョン-マット《和 luncheon＋mat》食卓で皿やナイフ・フォーク・コップなどを載せるために使われる小さな敷物。ランチマット。(補説)英語では、place mat。

ランチョン-ミート〖luncheon meat〗ひき肉に調味料や香辛料などを加え、型に詰めて加熱した食品。缶詰として売られているものもある。

らん-つうじ【×蘭通詞】▶オランダ通詞

ランツベルク〖Landsberg am Lech〗ドイツ南部、バイエルン州の町。正式名称はランツベルク-アム-レッヒ。レッヒ川沿いに位置する。12世紀にハインリヒ獅子公の配下において塩の輸送路として栄えた。町の中心部のハウプト広場周辺には、18世紀にドイツの建築家、ドミニクス=ツィンマーマンがスタッコ装飾と内装を手がけた市庁舎をはじめ、歴史的建造物が多い。

らん-づみ【乱積み】形や大きさのふぞろいな石を不規則に積んだ石積み。

らん-てい【蘭亭】中国浙江省紹興県の南西、蘭渚にあった亭。昔の文人たちが流觴の遊を行った曲水がある。

らんてい-じゅんそう【×蘭亭殉葬】《「書断」四の、唐の太宗が、愛蔵していた王羲之の蘭亭序を、遺言によって陵墓に副葬品として入れさせた故事から》書画や骨董などの収集品を愛好する気持ちの強いことをいう。

らんていじょ【蘭亭序】王羲之が蘭亭の会のときに成った詩集「蘭亭集」に行書で書いた序文。原本は唐の太宗の陵墓に殉葬されたとされるが、種々の模本が伝わり、蘭亭帖・禊帖ともよばれて行書の手本とされる。蘭亭集序。

ランディドノー〖Llandudno〗英国ウェールズ北西部、アイリッシュ海のスランドゥドゥノ湾に面する町。19世紀以降、海岸保養地として有名になった。「不思議の国のアリス」のモデルとなった少女アリス=リデルの家族が訪れた別荘(現在はホテル)がある。スランドゥドゥノ。

らんてい-の-かい【蘭亭の会】中国、晋の穆帝の時の353年3月3日、王羲之が謝安ら名士41名を招き、蘭亭で開いた会合。曲水に觴を流し、詩を賦したことで有名。

らん-でいりゅう【乱泥流】海底に堆積していた土砂が、地震の地滑りなどによって攪拌され、高密度の懸濁水塊となって海底斜面を流れ下るもの。浸食して谷を刻み、深海底などへ大量の土砂を運搬する。混濁流。

ランディング〖landing〗❶飛行機などの着陸。❷スキーのジャンプで、着地すること。

ランディング-ギア〖landing gear〗航空機の着陸装置。脚・車輪・ブレーキなどをいう。

ランディング-ネット〖landing net〗釣った魚をすくう網。手網。

ランディング-バーン《和 landing＋Bahn(ドイツ)》スキーのジャンプ競技で、着地してからの滑走路。

ランデック〖Landeck〗オーストリア、チロル州西部の町。インスブルックの西方約40キロメートル、イン川沿いに位置する。古くから交通の要衝として栄え、中世に築かれた城塞、ランデック城(現在は郷土博物館)がある。蒸留酒シュナップスの産地として有名。

らん-てっこう【藍鉄鉱】鉄の含水燐酸塩鉱物。単斜晶系に属し、柱状・板状の結晶、または土状・球状で産出。無色透明であるが、空気に触れると藍青色に変わる。

ランデ-ブー〖フランス rendez-vous〗〔名〕スル《会う約束の意》❶男女が会うこと。あいびき。デート。「人目を忍んで一する」❷別の軌道をもつ宇宙船どうしが宇宙空間で接近すること。(類語)(❶)デート

らん-てん【藍×靛】インジゴのこと。

らんでん【藍田】中国陝西省西安市の南東部の県。また、その東にある、美玉を産した山。

らんでん-げんじん【藍田原人】1963～64年に中国の藍田で発見された化石人類。50～60万年前の人類とみられ、北京原人より原始的。

ラント〖アフリカーンス rand〗南アフリカ共和国の通貨単位。1ラントは100セント。

ランド〖land〗陸地。土地。また、国。多く他の語と複合して用いられる。「ドリームー」「ワンダーー」

ランド-アート〖land art〗「アースワーク」に同じ。

らん-とう【乱闘】〔名〕スル 入り乱れて暴力をもって争うこと。「ファンどうしが観客席で一する」(類語)乱戦・混戦

らん-とう【卵塔|×蘭塔】台座上に卵形の塔身をのせた墓石。禅僧の墓石に多く用いられる。無縫塔。

らん-どうこう【藍銅鉱】炭酸銅を主成分とする鉱物。結晶は柱状で、単斜晶系。青色をしガラス光沢がある。銅の鉱石。青色の顔料にする。

らんとうことはじめ【蘭東事始】▶蘭学事始

らんとう-ば【卵塔場】墓場。墓地。

らん-どく【濫読|乱読】〔名〕スル いろいろな本を手当たりしだいに読むこと。「内外の小説を一する」(類語)多読

ランドサット〖LANDSAT〗《land satelliteから》米国の地球資源探査衛星。第1号は1972年に打ち上げられ、赤外線カメラを常時地球に向け、主に陸域の撮影情報を地球に送信。

ランドシュタイナー〖Karl Landsteiner〗[1868～1943]オーストリアの病理学者。ABO式血液型を発見し、輸血法に貢献。のち、MN式血液型・Rh因子も発見した。1930年ノーベル生理学医学賞受賞。

ランドスケーパー〖landscaper〗❶庭師。造園技師。❷環境開発や土地利用などに際して、地域全体のより人間的で美的な景観を設計する専門家。

ランドスケープ〖landscape〗❶景色。景観。風景。風景画。❷印刷用紙の位置で横置きのこと。通常の横長のディスプレーを意味する場合もある。

ランドスケープ-アーキテクチャー〖landscape architecture〗造園学。造景学。景観を美しく、快適にするための保全・修景・創造にかかわる技術・学問。

ランドスケープ-モード〖landscape mode〗《landscapeは風景画の意》DTPや印刷業界などにおける、印刷用紙の向きの呼び方。長方形の用紙の長い辺を水平に、短い辺を垂直に配置する置き方をいう。横置き。➡ポートレートモード

ランドセル《オランダ ranselから》小学生の通学用の背負いかばん。(類語)リュックサック・背嚢・バックパック

ランドナー〖フランス randonneur〗《サイクリングをする人の意》サイクリング用の自転車で、旅行用の荷物を積んだり、悪路を走ったりすることのできる堅牢な構造のもの。

ランド-ピープル〖land people〗陸路で出国する難民。特に、インドシナ難民のうち、海路でなく陸路でタイへ入った人々。➡エアピープル ➡フットピープル ➡ボートピープル

ランドフォール〖landfall〗❶航海のあと初めて陸地を認めること。初認陸地。❷宇宙船が着陸すること。

ランド-ブリッジ〖land bridge〗すべてを海上輸送によらず、経由地の陸上輸送は鉄道で行う国際的な陸路輸送方式をいう。代表的なものに「アメリカランドブリッジ(ALB)」「カナダランドブリッジ(CLB)」「シベリアランドブリッジ(SLB)」などがある。

ランドマーク〖landmark〗❶地上の目印。❷その土地の目印や象徴になるような建造物。

ランドマンナロイガル〖Landmannalaugar〗アイスランド南部、ヘクラ火山近くの高地。アイスランド語で「人々の水浴場」を意味する。周辺の火山活動によって形成された溶岩原が広がり、天然の温泉がある。ハイキングなどで人気がある。

らん-どり【乱取り|乱捕り】柔道で、互いに自由に技をかけ合って練習すること。

ランドリー〖laundry〗クリーニング店。洗濯屋。「コインー」

ランドルト-かん【ランドルト環】《Landolt ring》視力の判定に用いる視標。上下左右のうち1か所が、欠けた環状で、離れた一定の距離から見て、切れ目の方向を判定させる。環の切れ目の幅は黒い環の幅に等しく、内側白円の直径はそれらの3倍になっている。

ランドルフィ〖Tommaso Landolfi〗[1908～1979]イタリアの小説家。20世紀イタリア幻想文学の代表者の一人。シュールレアリスムの影響を受け、実験的な短編を多数残した。また、ロシア文学やフランス文学の翻訳家としても名高い。作「大体系の対話」「カフカの父親」など。

ランドレース〖Landrace〗豚の一品種。デンマークの原産で、在来種と大ヨークシャー種とを交配して改良。体は大きく、白色で胴が長く、ベーコン型。

ランド-ローバー〖Land Rover〗ジープに似た、荒地に適した英国製自動車。商標名。

ランナー〖runner〗❶競走で、走る人。走者。「駅伝の最終ー」❷野球で、走者。「ピンチー」❸アメリカンフットボールで、ボールを持って前進するプレーヤー。❹ロック・クライミングの用具の一。短いテープやロープをつないで輪にしたもの。支点とロープを結ぶなどのために用いる。❺カーテンを滑らせるためにカーテンレールに取り付ける小さな車。❻植物で、匍匐茎。走出枝。

ランナーズ-ハイ〖runner's high〗長時間のランニングなどの際に経験される陶酔状態。

ランナウェー〖runaway〗逃亡者。脱走者。また、家出人。

らんにゃ【×蘭×若】《「阿蘭若」の略》寺院。精舎。「高野の一、比叡の仏刹」〈露伴・二日物語〉

らん-にゅう【乱入|濫入】〔名〕スル 多くの者がむりやりどっと押し入ること。「観衆がグランド内に一する」(類語)侵入・侵す

ランニング〖running〗❶走ること。「健康のため毎朝一をする」❷ヨットで、追い風を受けて帆走すること。❸「ランニングシャツ」の略。

ランニング-アプローチ〖running approach〗ゴルフで、ボールを長く転がすようにしてホールに近づける打ち方。➡ピッチショット

ランニング-オン《running on runningから》ランニングシャツを2枚重ねたり、Tシャツの上にランニングシャツを重ねたりして着るファッション。ランニングシャツといっても運動用ではなくタウン用で、色違い・柄違いなど変化を楽しむことができる。

ランニング-キャッチ〖running catch〗球技で、走りながらボールを捕ること。

ランニング-コスト〖running cost〗❶運転資金。❷設備や装置などを維持していくための経費。消耗

品費や維持費など。

ランニング-シャツ《和 running＋shirts》袖なしで襟ぐりの深いシャツ。運動着や肌着として用いられる。

ランニング-シューズ〖running shoes〗競走用の靴。

ランニング-スカート〖running skirt〗ランニングやジョギングの際に、スパッツの上に着用する丈の短いスカート。腰回りのラインが出るのを防ぎ、女性らしいファッションが楽しめる。ランスカ。

ランニング-ストック〖running stock〗運転在庫。企業が最適な規模で生産・販売活動を続けるために必要とされる在庫。

ランニング-ドッグ〖running dog〗他人の手先となって使われる人。手下。子分。〔類語〕部下・目下・配下

ランニング-バック〖running back〗アメリカンフットボールの攻撃側のポジション。フルバックとハーフバックのこと。ランニングプレーを主な任務とする。

ランニング-プレー〖running play〗アメリカンフットボールで、スクリメージからのパスを受けたクオーターバックあるいはバックスがみずから走るプレー。

ランニング-ホーマー《和 running＋homer》►ランニングホームラン

ランニング-ホームラン《和 running＋home run》野球で、打球はフェンスを越さないが、打者が全塁を駆けぬけて生還した場合の本塁打。ランニングホーマー。〔補説〕英語では「インサイド-ザ-パーク-ホームラン(inside-the-park home run)」という。

らん-のう【卵×嚢】卵を包む強靭な袋状のもの。海産の巻き貝類にみられる。

ランバー-サポート《和 lumber＋support》からだの腰の部分を、張り出し支える自動車のシート。運転者の腰の負担と疲労を少なくするためのもの。

らん-ばい【乱売】〔名〕スル めちゃくちゃに安い値段で売ること。「見切り品を―する」「―合戦」

〔類語〕売り出し・安売り・特売・廉売・投げ売り・捨て売り・叩き売り・ダンピング・蔵浚え・見切り売り・セール・バーゲンセール

らん-ぱく【卵白】卵の卵黄を取り囲むゾル状のたんぱく質。鳥と爬虫類にみられる。白身。

らん-ばこ【覧箱|覧×筥】《「ごらんばこ(御覧箱)」の略》貴人に見せる文書や宣旨などを入れる箱。藤葛で編み、ふたのあるもの。「院宣をば、―に入れられたり」〈平家・八〉

らん-ばつ【濫伐|乱伐】〔名〕スル 無計画に森林の木を伐採すること。「山林を―する」

らん-ぱつ【乱髪】乱れた髪。乱れ髪。乱鬢。

らん-ぱつ【濫発|乱発】〔名〕スル ❶むやみに発行・発布すること。「国債を―する」❷弾丸や矢などをむちゃくちゃに発射すること。乱射。

ランバレネ〖Lambaréné〗アフリカのガボン中西部の都市。ギニア湾に注ぐオゴウエ川沿岸にある。シュバイツァーが伝道と医療を行った地。

らん-はんしゃ【乱反射】表面が滑らかでない物体に光線が当たって、いろいろな方向へ反射すること。拡散反射。⇒正反射

らん-ぴ【濫費|乱費】〔名〕スル 計画なくむやみについやすこと。「公費を―する」

〔類語〕無駄遣い・浪費・散財・空費・徒費・冗費

ランビエ-こうりん【ランビエ絞輪】有髄神経で、軸索を包む髄鞘が中断してくびれている部分。一定の間隔であり、興奮はここのみを跳躍伝導する。1878年にフランスの病理学者ランビエ(L.A.Ranvier)が発見。

ランビキ《葡 alambiqueから。「蘭引」とも書く》江戸時代、酒類などの蒸留に用いた器具。陶器製の深なべに溶液を入れ、ふたに水を入れてのせ、下から加熱すると、生じる蒸気がふたの裏面で冷やされて露となり、側面の口から流れ出るもの。

らん-ぴつ【乱筆】文字を乱雑に書くこと。また、その文字。手紙で自分の筆跡をへりくだっていう語としても用いる。「―乱文にて失礼いたします」〔類語〕悪筆

らんびに-おん【藍毘尼園】《「らんびに」は、梵 Lumbiniの音写》釈迦誕生の地。父浄飯王の迦毘羅城と母摩耶夫人の郷里天臂城との間にあった林苑。現在のネパール南西部、インドとの国境近くのタライ地方にあるルンミンディ村。ルンビニ園。

らん-びょうし【乱拍子】❶中世芸能の舞の形式で、特殊な足踏みで踏み回る部分があるもの。現在、民俗芸能に残る。❷能の舞事の一。小鼓に笛があしらう囃子で、特殊な足づかいで舞う舞。❶が能に入ったもので、「道成寺」のみに用いる。

らん-びん【乱×鬢】乱れた髪。乱髪。

らん-ぶ【乱舞】〔名〕スル ❶入り乱れて舞うこと。踊り狂うこと。「蝶が花畑を―する」「狂喜―」❷五節・豊明の節会などのあとに、殿上人たちが今様などを歌って舞ったこと。また、その舞。❸中世、猿楽法師の演じる舞。また、近世には能の演技の間に行われる仕舞などをいった。らっぷ。

ランプ〖蘭・英 lamp〗❶西洋風の灯火器の一種。石油を入れた器に火をともす芯をさし、周囲をガラスの火屋でおおったもの。江戸末期に渡来。❷電灯。「テール―」〔補説〕「洋灯」とも書く。

ランプ〖ramp〗❶「ランプウエー」の略。❷自動車専用道路の出入り口。

ランプ〖rump〗牛の腰骨の後ろの部位の肉。柔らかい赤身で、脂肪が少ない。「―ステーキ」

ランブイエ〖Catherine de Vivonne Rambouillet〗[1588〜1665]フランスの侯爵夫人。文芸サロンの創始者。自邸を開放して貴族・文人などの名士を招き、社交場とした。

ランブイエ-じょう【ランブイエ城】《Château de Rambouillet》フランス中北部、イル-ド-フランス地域圏のイブリーヌ県にある城。14世紀に建造され、ルイ16世やナポレオン1世など、多くのフランス歴代王の居城となった。現在はフランス大統領の別邸や迎賓館として利用される。

ランプウエー〖rampway〗立体交差道路で、高さの異なる二つの道路を接続する斜道。特に、高速道路のインターチェンジで、一般道路と結ぶ斜道部分。

ランブータン〖rambutan〗《「ランブタン」とも》ムクロジ科の常緑高木。マライ原産で、東南アジア・ハワイなどで栽植。幹は高さ約14メートル。果肉は白色透明多汁質で甘酸っぱい。

ランブール〖Limbourg〗15世紀初頭にフランスで活躍したフランドル生まれの画家の兄弟。ポール(Pol)・エルマン(Herman)・ジャヌカン(Jehannequin)の3人で、「ベリー公のいとも豪華な時祷書」は、当時のミニアチュールの中でも傑作とされる。生年未詳。3人とも1416年没。

ランプーン〖lampoon〗風刺。皮肉。また、風刺文学。

ランフォード〖Count von Rumford〗[1753〜1814]米国生まれの物理学者・政治家。アメリカ独立革命後英国に亡命し、英国やドイツで政治家として活躍した。のちに英国・フランスで熱と運動の関係を研究し、熱は運動の一形態であることを立証してエネルギー概念確立の先駆となった。

ランプシェード〖lampshade〗ランプや電灯のかさ。

ランブタン〖rambutan〗►ランブータン

ランプフィッシュ〖lumpfish〗大西洋北部にすむ海水魚。全長約60センチになる。この魚の卵はキャビアの代用品として使用されている。

ランブラス-どおり【ランブラス通り】《Las Ramblas》スペイン北東部、カタルーニャ州バルセロナの代表的な目抜き通り。旧市街の中心であるカタルーニャ広場とバルセロナ港に臨むコロンブスの塔を結ぶ。

ラン-フラットタイヤ〖run flat tire〗《flat tireは、空気の抜けたタイヤの意》パンクしても何百キロかは、ほとんどそのままの速度で走り続けられるタイヤ。

ランブル-シート〖rumble seat〗昔の二人乗り乗用車で、後部にある1〜2名分の畳み込み式の補助席。

ランブルべんもうちゅう-しょう【ランブル×鞭毛虫症】《lambliasis》ランブル鞭毛虫の感染で起こる寄生虫病。腹痛、食欲不振、粘液の混じった下痢などが主症状だが、無症状の場合もある。海外で感染するケースが多い。ジアルジア下痢症。ジアルジア症。

らん-ぶん【乱文】乱れて整わない文章。自分の手紙の文などをへりくだっていうときにも用いる。「取り急ぎ―乱筆にて失礼致します」

〔類語〕悪文・拙文・駄文

らん-ぶん【×蘭文】オランダ語で書いた文章。

らん-ぷん【卵粉】鶏卵の中身を乾燥して粉末にした食品。菓子の材料や料理に用いる。乾燥卵。

らんぺいものぐるい【蘭平物狂】浄瑠璃「倭仮名在原系図」の四段目「行平館・奥庭」の段の通称。特に歌舞伎では大がかりな立ち回りを見せ場とする狂言として有名。

らん-ぺき【藍×碧】あいに近い緑色。あおみどり。

ランベリス〖Llanberis〗英国ウェールズ北西部の町。スノードニア国立公園の観光拠点として知られる。スノードン山の山頂を結ぶスノードン登山鉄道やパダーン湖畔を走るランベリス湖畔鉄道の発着駅がある。スランベリス。

ランベルト〖Johann Heinrich Lambert〗[1728〜1777]ドイツの哲学者・数学者・物理学者・天文学者。ウォルフの理性論とロックの経験論とを結びつけて独自の認識論を立てた。また、ランベルト級数を発見し、双曲線関数を導入。光度計・熱度計・湿度計を発明して、光度に関する法則を立てた。天文学では彗星の軌道についての定理を発見し、地図投影法も考案。

らんぺん-はっせい【卵片発生】実験的に、卵の細胞質片に精子を侵入させると発生が進行する現象。単相の精子でも細胞質があれば発生しうることを示すもの。メロゴニー。

らん-ぼう【乱妨|濫妨】〔名〕スル 暴力を使って物を奪い取ること。「徒党を結び強訴一揆などとて―に及ぶことあり」〈福沢・学問のすゝめ〉

らん-ぼう【乱暴】〔名・形動〕スル ❶道理を無視して、荒々しい振る舞いをすること。また、そのさま。「酔って―を働く」「―な男」「―されたと訴える」❷やり方・扱い方が、荒っぽく雑であること。また、そのさま。「―な運転」「道具を―に扱う」「それは―な話だ」〔派生〕らんぼうさ〔名〕

〔類語〕(❶)狼藉・無法・乱行・蛮行・暴状・暴挙・暴行・暴力・腕力沙汰・荒くれ・粗暴・凶暴・狂暴・猛悪・野蛮・アウトレージ/(❷)荒い・荒っぽい・手荒い・手荒・力尽く・力任せ・強引・無茶・粗笨・粗雑・雑・ぞんざい・いけぞんざい・ラフ・荒荒しい・がさつ・粗野

らん-ぼう【×蘭房】女性の美しい寝室。また、美人の閨房。

らん-ぽう【乱邦】秩序の乱れた国。〈日葡〉

らん-ぽう【乱峰】「乱山」に同じ。

らん-ぽう【卵胞】《「らんほう」とも》卵巣の皮質にある、卵細胞とそれを取り巻く卵胞上皮細胞とからなる細胞集団。月経周期ごとに1個ずつ原始卵胞が成熟し、グラーフ卵胞になると破れて排卵する。排卵後は黄体に変わる。濾胞。卵巣濾胞。

らん-ぽう【×蘭方】江戸時代、オランダから伝わった医術・薬学。「―医」

らん-ぽう【×鸞×鳳】《「らんほう」とも》鸞鳥と鳳凰。ともに想像上のめでたい神鳥。君子をたとえていう。また、同志や夫婦のたとえにもいう。

らんぽう-き【卵胞期】月経が始まってから排卵までの時期。月経周期の前半にあたる。卵巣で、数個〜数十個の卵胞が成長するが、そのうち1個だけが成熟し、残りの卵胞は退化する。子宮では、卵胞から分泌されるエストロゲンの作用によって子宮内膜が増殖して厚くなる。基礎体温は低温期に入る。卵胞が成熟すると、エストロゲンの分泌が急増し、下垂体から黄体形成ホルモンが放出されることにより、卵胞の壁が破れ、卵子が排出される(排卵)。排卵後、卵胞は黄体に変化する。

らんぽう-ホルモン【卵胞ホルモン】卵胞から分泌されるホルモン。濾胞ホルモン。⇒発情ホルモン

らんぼう-ろうぜき【乱暴×狼×藉】荒々しい行

いをして秩序を乱すこと。「―をはたらく」

ランボー〖Jean-Nicolas Arthur Rimbaud〗[1854〜1891]フランスの詩人。ベルレーヌ・マラルメと並ぶ象徴派の代表的詩人。早熟な天才で、詩作は15歳からの数年間だけだったが、近代詩に大きな影響を与えた。作「酔いどれ船」「地獄の季節」「イリュミナシオン」など。

ラン-ボード【LANボード】《LAN board》▶ネットワークカード

らん-ぽん【藍本】《「荀子」勧学の「青はこれを藍より取りて藍より青し」から》もとになった本。原本。原典。底本。

らん-ま【乱麻】乱れもつれた麻糸。物事のもつれたさまや乱れた世の中のたとえにも用いられる。「快刀―」「僕の胸中はさながら―のごとくであった」〈蘆花・思出の記〉

らん-ま【欄間】天井と鴨居との間の開口部。採光・通風のために設け、格子や透かし彫りの板などをはめて装飾も兼ねる。

らん-まく【卵膜】動物の卵を包んでいる被膜の総称。鶏では、卵白・卵殻膜・卵殻の3層をなす。

らんま-ぶち【欄間縁】欄間の縁どりの細い木。

らん-まん【×爛漫】〔ト・タル〕図〔形動タリ〕❶花が咲き乱れているさま。「桜が―と咲き誇る」「春―」❷光り輝くさま。明らかにあらわれるさま。「―たる日の光」「天真―」

らん-みゃく【乱脈】〔名・形動〕❶秩序や規律が乱れて筋道が立たないこと。また、そのさま。「会社の内部は―をきわめている」「―な運営」❷不規則に打つ脈。(派生)らんみゃくさ〔名〕(類語)雑然・乱雑

らん-みん【乱民】社会の安寧・秩序を乱す民。「虚誕誣罔―を煽乱して」〈東海散士・佳人之奇遇〉

らん-めん【卵麺】「卵切り」に同じ。

らん-もん【▽羅門｜▽羅文】「らもん(羅門)」に同じ。「―破れて、蔀、遣戸もたえてなし」〈平家・三〉

らん-よ【×籃×輿】簡単な竹作りの駕籠。主として山道などに用いるもの。山駕籠。

らん-よ【×鸞×輿】天子の乗る輿。鳳輿。鳳輦。

らん-よう【濫用｜乱用】〔名〕スル 一定の基準や限度を越えてむやみに使うこと。「カタカナ語を―する」「職権―」

(類語)濫発・多用・悪用・逆用・誤用・転用・流用

らんよう-しゅ【卵用種】食用とするための卵を産ませることを目的とする鶏の品種。

らん-らん【×爛×爛】〔ト・タル〕図〔形動タリ〕光り輝くさま。また、鋭く光るさま。「目が―とする」

らん-り【乱離】国が乱れて人々が離散すること。「戦国―の世」

らん-りつ【乱立｜濫立】〔名〕スル ❶多くの物が乱雑に立ち並ぶこと。「広告塔の―する繁華街」❷選挙などに多くの者がむやみに立つこと。「候補者が―して予想が立てにくい」

らん-りゅう【乱流】流体の各部分が不規則に混合しながら流れる流れ。大気や河川の流れが障害物に当たって生じる流れの多くはこれである。⇒層流

らんりょう【蘭陵】中国漢代、現在の山東省棗荘市の南東に置かれた県名。戦国時代の楚の邑。

らん-りょう【×蘭領】オランダの領土。

らんりょう-インド【蘭領インド】マレー諸島およびニューギニア島西部の、旧オランダ領有時代の称。第二次大戦後にインドネシアとして独立。蘭領東印度。蘭印。

らんりょうおう【蘭陵王】雅楽。唐楽。壱越調で古楽の中曲。林邑楽の一。舞は一人舞の走り舞。中国、北斉の蘭陵王が周軍を破る姿を写したものとされる。番舞は納曽利。羅陵王。陵王。

らん-りん【乱倫｜濫倫】〔名・形動〕倫理にはずれた行いをすること。特に、男女関係の乱れていること。また、そのさま。「其様な―な…考えても分りそうなもんだ」〈二葉亭・其面影〉

らん-る【×襤×褸】破れた衣服。ぼろぼろの衣服。また、ぼろきれ。ぼろ。つづれ。「―をまとう」

り ❶五十音図ラ行の第2音。歯茎弾き音の有声子音[r]と母音[i]とから成る音節。[ri] ❷平仮名「り」は「利」の全画の草体から。片仮名「リ」は「利」の旁から。

り【吏】役人。官吏。公吏。「温岐一人は方城の―になって」〈鴎外・魚玄機〉⇒漢「り(吏)」

り【利】❶利益。もうけ。「―の薄い商い」「漁夫の―」❷利子。利息。「―が―を生む」❸有利なこと。好都合であること。「地の―に恵まれる」❹勝ち目。勝利。「戦い―あらず」⇒漢「り(利)」(類語)(❶)益・収益・利潤・得・利得・利沢・黒字・得分・実益・益金・利金・純利・純益・差益・利鞘・マージン・ゲイン・プロフィット/(❷)金利・利子・利息

利が乗・る 売買したものが取引相場の変動によって利益勘定になる。

利に走・る 利益だけを追い求める。「目先の―・って損をする」

利を食・う ❶取引で、利食いをする。「少し値上がりしたので―・う」❷利息がつく。利息をかせぐ。「コノ金ハ―・ウ」〈日葡〉

利を見ては義を思い危うきを見ては命を授く 《「論語」憲問から》立派な人格と教養を備えている人は、利益になることがあればそれを得るのは正しいかどうかをまず考え、危急の場合には命を投げ出して事に当たる。

り【里】❶尺貫法の距離の単位。1里は36町で、3.927キロ。令制では300歩をいい、6町すなわち654メートルにあたる。❷律令制で、地方行政区画の最小単位。大化の改新によって設置されたもので、養老令の規定では、50戸を1里として里長を置き、2里以上20里以下で1郡とし、数郡で1国とした。霊亀元年(715)に敷かれた郷里制で、それまでの里を郷と改称。❸条里制で、1辺6町(約654メートル)四方の一区画。里の各辺を1町ごとに六等分して36の坪に分けた。⇒漢「り(里)」

り【×浬】▶海里

り【理】❶物事の筋道。ことわり。道理。㋐不変の法則。原理。理法。「自然の―」㋑論理的な筋道。理屈。ものの道理。「―の通らぬ話」「―を尽くす」「盗人にも三分の―」❷中国宋代の哲学で、宇宙の根本原理。⇒理気 ⇒漢「り(理)」(類語)理合い・道理・事理・条理・理屈・論理・筋・筋道・道筋・つじつま・理路・ロジック

理が非でも 無理にでも。何が何でも。是が非でも。「―手に入れたい品物」

理が非にな・る 道理に合っていることが、説明のまずさや人の思惑などのために誤りとされる。

理に落・ちる 話が理屈っぽくなる。「そんな結末では話が―・ちてつまらない」

理に勝って非に落・ちる 道理で論に勝ちながら、実際には負けとなる。理を以て非に落ちる。

理に適・う 理屈・道理に合う。「―・ったやり方」

理に詰ま・る ❶道理をもってせめられ、何も言えなくなる。❷話が理屈っぽくてつまらなくなる。

理の当然 理屈からいってあたりまえのこと。「努力しなかったのだから、こうなったのも―だ」

理も非もな・い 道理に合おうが合うまいが問題にしない。「―・くわがままを通す」

理を以て非に落・ちる 「理に勝って非に落ちる」に同じ。

理を分・ける わかりやすく筋道を立てて道理を説明する。「―・けて説き聞かせる」

り【離】易の八卦の一。☲で表す。物では火に、方位では南方に配する。⇒漢「り(離)」

リ〖Re:〗手紙や電子メールの冒頭で、返信の印として用いる記号。リー。レー。⇒フォワード❷ (補説)「…について」「…に関して」を意味する英語の前置詞に由来するとされるが、諸説あり定かではない。

り〔助動〕[ら|り|り|る|れ|れ]《四段・サ変動詞の連用形に「あり」の付いた語、例えば「行きあり」「しあり」の音変化形「行けり」「せり」の「り」から》四段動詞の已然形、サ変動詞の未然形に付く。ただし、上代では四段動詞には命令形に付く。❶動作・作用の継続している意を表す。…ている。…てある。「舟子、かぢとりは、舟唄うたひて何とも思へらず」〈土佐〉❷動作・作用が完了して、その結果が存続している意を表す。…ている。…てある。「雪のうちに春は来にけりうぐひすのこほれる涙今やとくらむ」〈古今・春上〉❸動作・作用が完了したことを表す。…た。…てしまった。「いとをかしげに、ひきつくろひて渡り給へり」〈源・少女〉⇒たり ⇒つ ⇒ぬ (補説)上代から用いられたが、しだいに衰えて「たり」に代わるようになった。「り」の接続については、平安時代を中心に、四段動詞の已然形とサ変動詞の未然形に付くと説かれる。それに対し、奈良時代では活用語尾に甲・乙2類のかなの区別のある四段動詞の場合、已然形は乙類のかな、命令形は甲類のかなであり、「り」は甲類のかなに接続していたので命令形に付くとされる。しかし、これは、「り」の前にある甲類のかなは「書きあり(kaki＋ari→kakeri)」「しあり(si＋ari→seri)」などのようにもともと連用形活用語尾のイ段の音と「あり」の「あ」との音変化によって生じたのであって上接動詞の活用形は便宜的に扱っているにすぎない。また、平安時代以降は甲類・乙類の区別がなくなり、四段動詞も已然・命令の両形が同一の形となったため、助詞などを下接しうる已然形に接続するものと説かれたのである。なお、上代には上一段やカ変の動詞に接続した例もある。

り【▽人】〔接尾〕助数詞。人を数えるのに用いる。「一―」「二―」(補説)和語の数詞に付くが、「ひとり」「ふたり」の場合だけであって、三人以上は「みたり」「よたり」などのように、「たり」を用いる。なお、「ふたり」の場合も、「ふ」に「たり」の付いたものとする説がある。

リア〖rear〗うしろ。後部。背面。「―シート」

リア〖RIA〗《rich internet application》優れた表現力や柔軟な操作性を提供するウェブアプリケーションの総称。単純なHTMLで記述された静的なウェブページに対し、動画やアニメーションを再生したり、対話的な操作性をもたせたりするフラッシュやシルバーライトなどを指す。リッチインターネットアプリケーション。

リアール〖ペルシア rial〗▶リアル

り-あい【理合(い)】わけあい。理由。道理。「それと同じ―で」〈里見弴・安城家の兄弟〉

リア-ウインドー〖rear window〗自動車の後部窓ガラス。

リア-エンジン〖rear engine〗❶自動車や航空機などで、車体・機体の後部にエンジンを備えていること。また、そのエンジン。❷《rear engined carから》後部にエンジンを備え、後輪を駆動して走る自動車。(補説)rear-engine, rear driveの略としてRRとも呼ぶが、日本語での用法。

リアおう【リア王】《原題、King Lear》シェークスピアの四大悲劇の一。5幕。1605〜06年作。ブリテンの老王リアが、長女と次女に裏切られ、誤解して追放してしまった末娘のコーディリアの救いも及ばず、苦悩の末に狂死する。リヤ王。

リア-カー▶リヤカー

リアクション〖reaction〗❶反応。「指令が出てすぐに―を起こす」❷逆方向への動き。反動。「急激な近代化に対する―」❸物理学で、反作用。

リアクター〖reactor〗❶化学反応を起こさせる装置。また、原子炉。❷▶リアクトル

リアクタンス〖reactance〗複素量で表されたインピーダンスの虚数部分。交流抵抗のうち、コイルのインダクタンスやコンデンサーの電気容量による部分。位

相を変化させる。単位はオーム(Ω)。
リアクトル〘reactor〙交流回路にリアクタンスを生じさせる装置。リアクター。
り-あげ【利上げ】〔名〕スル ❶利率を上げること。⇔利下げ。❷質入れ品の期限が来たとき、利息だけ払って期限を延ばすこと。
リアシュアランス〘reassurance〙安心を与えること。安心の供与。新たな自信。再保証。
リア-じゅう【リア充】《リアル(現実の生活)が充実している」の略》ブログやSNSなどを通した関係ではなく、実社会における人間関係や趣味活動を楽しんでいること。または、そのような人。インターネット上などで使われる俗語。
リアスしき-かいがん【リアス式海岸】《riasはスペイン語で深い入り江の意》浸食で多くの谷の刻まれた山地が、地盤の沈降または海面の上昇によって沈水し、複雑に入り組んだ海岸線をなすもの。スペイン北西部の大西洋岸のガリシア地方や、日本の三陸海岸・志摩半島などにみられる。リアス海岸。
リア-スポイラー〘rear spoiler〙自動車の後部に取り付けたスポイラー。➡フロントバンパースポイラー
リア-タイ ▶リアル❸
リア-ドライブ〘rear drive〙後輪駆動の自動車。➡リアエンジン
リアトリス〘ラテ Liatris〙キク科リアトリス属の多年草の総称。葉は線状。夏に紫紅色や白色の頭状花が穂状につき、上から下へと咲く。北アメリカの原産で、観賞用。
リア-バンパー〘rear bumper〙自動車の後部の緩衝装置。➡フロントバンパー
リア-フォーカシング〘rear focusing〙カメラのレンズなどでピントを合わせる際、レンズの後部が動いて合焦する機構。レンズの全長が変化せず、合焦速度を高めることができる。リアフォーカス。➡インナーフォーカシング
リア-フォーカス〘rear focus〙▶リアフォーカシング
リアプロ「リアプロジェクションテレビ」の略。
リアプロジェクション-テレビ〘rear-projection television〙スクリーンの背後から映像を拡大投影するプロジェクションテレビ。ホームシアターなどに用いられる。背面投射型テレビ。リアプロ。
リアライズ〘realize〙〔名〕スル ❶現実化すること。「建設計画を—する」❷実感すること。悟ること。
リアリスティック〘realistic〙〔形動〕❶対象をあるがままに写そうとするさま。写実的。「—な絵画」❷現実主義的。現実的。「力関係を—に見きわめる」
リアリスト〘realist〙❶現実に即して物事を考え、また処理する人。現実主義者。実際家。❷芸術上、写実主義の立場に立つ人。写実主義者。❸哲学で、実在論者。また、実念論者。
リアリズム〘realism〙❶▶現実主義 ❷▶写実主義 ❸哲学で、実在論。また、実念論。
リアリズム-ぶんがく【リアリズム文学】現実性を重視し、写実的な手法によった文学の総称。自然主義、社会主義レアリズム、社会派文学など。
リアリティー〘reality〙現実感。真実性。迫真性。レアリテ。「描写に—がない」
リアル〘real〙〔名・形動〕❶現実に即していること。また、そのさま。あるがまま。「現実を—に見据える」❷表現に現実感・迫真感のあること。また、そのさま。写実的。「—な肖像画」「苦悩を—に描く」❸携帯電話を使ったコミュニケーションサービスの一。「リアルタイム」または「リアルタイムブログ」の略とされ、即時にメッセージを書き込んで公開する簡易的なブログ、またはBBSに似た機能を提供する。利用・閲覧できるメンバーを限定することも可能。プロフ、ホムペとともに、主に中高生を中心に普及。リアタイ。❹現実世界。実社会。オンラインゲームの仮想世界や、SNSなどで構築される人間関係に対していう。
(類語)現実・実際・実物・本物・本当・迫真
リアル〘ペルシア rial〙《「リアール」とも》イランなどの通貨単位。1リアルは100ディナール。

漢字項目 り

吏 音リ呉漢 ‖ 役人。「吏員/汚吏・官吏・公吏・酷吏・獄吏・小吏・税吏・俗吏・能吏・捕吏」(名付)おさ・おさむ・さと・つかさ・ひと・ふみ (難読)吏道(りと)・吏読(りと)

利 学4　音リ呉漢　訓きく、とし ‖ ①刃が鋭い。よく切れる。「利器・利剣/鋭利」②頭の回転がはやい。さとい。かしこい。「利口・利根・利発」③通りをよくする。「利水・利尿」④物事が都合よく運ぶ。好都合であること。「利害・利己・利点・利便・利用/功利・私利・勝利・水利・党利・不利・福利・便利・有利」⑤うまく事を運んで得たもの。もうけ。「利益(りえき)・利子・利潤・利率/営利・元利・巨利・金利・実利・純利・戦利・低利・薄利・複利・暴利」⑥梵語の音訳字。「舎利・刹利(せつり)」(名付)かが・かず・さと・と・とおる・のり・まさ・みち・みのる・よし・より (難読)足利(あしかが)・利鎌(とがま)

人**李** 音リ呉漢　訓すもも ‖ ①果樹の名。スモモ。「李下/桃李」②唐代の詩人、李白。「李詩・李杜(りと)」

里 学2　音リ呉漢　訓さと ‖ ㊀〈リ〉①村。さと。「郷里・村里・遊里」②いなか。民間。「里謡」③縦横に通る筋道。「条里制」④距離の単位。また、道のり。「里程/海里・五里霧中・千里眼」㊁〈さと(ざと)〉「里親・里心/人里・村里・山里」(名付)さとし・のり (難読)巴里(パリ)

×**俚** 音リ呉漢 ‖ いなか染みている。俗っぽい。民間の。「俚言・俚諺(りげん)・俚語・俚耳・俚謡/鄙俚(ひり)」

×**狸** 音リ呉漢　訓たぬき ‖ ㊀〈リ〉①ネコ。野生のネコ。「狸奴(りど)」②タヌキ。「海狸・狐狸(こり)」㊁〈たぬき(だぬき)〉「狸汁/古狸」(補説)「貍」は異体字。

▽**梨** 音リ呉漢　訓なし ‖ 果樹の名。ナシ。「梨園・梨花」(難読)阿闍梨(あじゃり)・花梨(かりん)・棠梨(ずみ)

理 学2　音リ呉漢　訓おさめる、きめ、ことわり ‖ ①玉石を磨いたときに現れる筋のある模様。広く、筋の通った模様。「肌理(きり)・地理・文理・木理・連理」②物事に備わった筋道。「理性・理想・理非・理由・理論/一理・義理・窮理・原理・合理・事理・条理・情理・心理・真理・生理・定理・道理・背理・物理・無理・倫理・論理」③きちんと筋道を立てる。「理会・理解/推理」④きちんと整える。おさめる。「理事・理髪・理容/管理・経理・受理・修理・処理・審理・整理・総理・代理・調理・料理」⑤中国哲学で、宇宙の根本。「理気」⑥自然の理を研究する学問。「理科」⑦「物理」「理科」などの略。「理工・理化学/文理」(名付)あや・おさ・おさむ・さだむ・さとる・すけ・たか・ただ・ただし・ただす・とし・のり・まさ・まろ・みち・よし (難読)肌理(きめ)

痢 音リ呉漢 ‖ はらくだり。「痢病/疫痢・下痢・瀉痢(しゃり)・赤痢」

×**詈** 音リ呉漢　訓ののしる ‖ ののしる。悪口を言う。「罵詈(ばり)」

裏 学6　音リ呉漢　訓うら、うち ‖ ㊀〈リ〉①表の反対側。うら。「裏面/表裏」②物の内側。「胸裏・禁裏・庫裏(くり)・心裏・内裏(だいり)・脳裏」③その状態で。「暗暗裏・成功裏・秘密裏」㊁〈うら〉「裏表・裏口・裏話・裏腹/胴裏(どううら)・舞台裏・屋根裏」(補説)「裡」は俗字で、主として㊀の②③に使用。(難読)紅裏(もみうら)

履 音リ呉漢　訓はく、ふむ、くつ ‖ ①一歩一歩踏みしめる。着実に行う。「履行・履修・履践・履歴」②はきもの。くつ。「草履(ぞうり)・弊履・木履(ぼくり・ぽっくり)」(名付)ふみ

璃 音リ呉漢 ‖ ①宝石の一。「瑠璃(るり)・浄瑠璃」②水晶。ガラス。「玻璃(はり)」(名付)あき

×**罹** 音リ呉漢　訓かかる ‖ 病気や災難などを身に負う。「罹患・罹災・罹病」

人**鯉** 音リ呉漢　訓こい ‖ ㊀〈リ〉魚の名。コイ。「鯉魚/養鯉」㊁〈こい(ごい)〉「鯉幟(こいのぼり)/緋鯉(ひごい)・真鯉」

離 音リ呉漢　訓はなれる、はなす ‖ 別々になる。はなれる。わかれる。はなす。「離縁・離間・離合・離婚・離散・離脱・離島・離反・離別・離陸/乖離(かいり)・解離・隔離・距離・背離・剥離(はくり)・分離・別離・遊離・流離」(名付)あき・あきら・つら (難読)垢離(こり)・流離(さすらい)

リアル〘riyal〙▶リヤル
リアルオーディオ〘RealAudio〙コンピューターネットワークを通じて、音声データを圧縮、配信、再生するための規格、およびソフトウエアのこと。米国リアルネットワークス社が開発。
リアル-クローズ〘real clothes〙クチュールやプレタポルテの発表する創造性は高いが非実用的な衣服ではなく、日常生活で着られるような衣服の総称。
リアル-タイム〘real time〙同時。即時。「歴史的瞬間を—で映し出す」
リアルタイム-しょり【リアルタイム処理】コンピューターで、端末装置などからの入力データを逐次的に処理する方式。オンラインシステムによる座席予約・預金業務などに利用。実時間処理。即時処理。➡バッチ処理
リアルタイム-ストリーミング〘real time streaming〙▶ストリーミング
リアルタイムプロセッシング-システム〘real time processing system〙データ処理において、処理対象が発生するごとに即時に処理を実行するコンピューターシステム。
リアルディー-シネマ【RealDシネマ】《RealD Cinema》米国リアルディー社が開発した立体映画の映写システム。左右別の円偏光の映像を毎秒144回切り替えて投影し、観客は円偏光フィルターの眼鏡をかけて鑑賞する。通常のスクリーンとは異なる偏光専用のスクリーンが必要となる。RealD。
リアルト-ばし【リアルト橋】《Ponte di Rialto》イタリア北東部、ベネト州の都市ベネチアにある、大運河(カナルグランデ)に架かる橋。13世紀頃は木製の跳ね橋だったが、16世紀末にアントニオ=ダ=ポンテの設計による石造橋になった。ベネチアきっての観光名所として知られる。
リアルビジネスサイクル-りろん【リアルビジネスサイクル理論】《theory of real business cycle》景気循環(business cycle)は、物価水準や通貨供給量などの名目的要因ではなく、生産技術の変化や財政政策などの実物的(real)な要因によって引き起こされるとする、マクロ経済学の理論モデル。すべての消費者が同一の合理的行動をとるものと仮定し、「代表的個人」の存在を前提とするモデルの一。この理論では、非自発的失業を存在しないとし、長期の不況も生産性の低下に起因するものとしており、現実的ではないとする批判もある。実物的景気循環理論。
リアルビデオ〘RealVideo〙コンピューターネットワークを通じて、動画のデータを圧縮、配信、再生するための規格、およびソフトウエアのこと。米国リアルネットワークス社が開発。
リアルプレーヤー〘RealPlayer〙コンピューターネットワークを通じ、音声や動画のデータを圧縮、配信、再生するための規格、およびソフトウエアのこと。米国リアルネットワークス社が開発。音声圧縮にRealAudio、動画の圧縮にRealVideoを使用している。
リアル-ポリティックス〘real politics〙理念よりも現実の力関係や利益を重視した政治。政治上の現実主義的なかけひき。現実政治。「諮問委員会を通じ、政治学者が—への働きかけを強めていく」
リアルメディア〘RealMedia〙米国リアルネットワークス社が開発したマルチメディア系データのためのコンテナフォーマット。RealAudio、RealVideoなどのファイルを格納する。

り

リアルメディア-けいしき【リアルメディア形式】▶リアルメディア

リー〘Robert Edward Lee〙[1807〜1870]米国の軍人。南北戦争時の南軍総司令官。のちワシントン大学総長。「南部の英雄」と称される。

リー〘Vivien Leigh〙[1913〜1967]英国の映画女優。米国映画「風と共に去りぬ」でスターの座を獲得。出演作「哀愁」「欲望という名の電車」など。

リーガル〘legal〙多く複合語の形で用い、法律に関する、合法的な、の意を表す。「―コンサルタント」

リーガル-パッド〘legal pad〙法律用箋(せん)。8.5×14インチ大の黄色罫紙(けいし)綴(と)り。

リーガル-マインド〘legal mind〙法律の実際の適用に必要とされる、柔軟、的確な判断。

リーキ〘leek〙ユリ科の二年草。長ネギに似て大形で、葉鞘(ようしょう)を食用にする。6月ごろ、桃色などの小花を球状につける。地中海沿岸の原産で、日本には明治初年に渡来。西洋ねぎ。

リーキー〘Louis Seymour Bazett Leakey〙[1903〜1972]英国の古生物学者・人類学者。ケニア生まれ。1931年以来タンザニアのオルドワイ渓谷で発掘を続け、59年にアウストラロピテクス-ボイセイを発見したほか、多数の霊長類化石を発見。

り-いく【李煜】[937〜978]中国、五代の南唐の最後の王。後主と称される。在位961〜975。字(あざな)は重光。号、鍾隠(しょういん)。宋に下って幽閉され、毒殺された。五代の代表的詞人で、初めの作品は艶麗、晩年は憂愁にみちた凄絶な詞風で新境地を開いた。

リーク〘leak〙〔名〕(スル) ❶意図的に秘密や情報などを漏らすこと。「マスコミに―する」❷漏電。

リーグ〘league〙❶同盟。連盟。連合。特に、運動競技で、総当たり式の試合方法をとる規約で参加しているチームの連盟。競技連盟。「パシフィック―」❷英国の距離の単位。1リーグは3マイル(約4.8キロ)。

リー-クアン-ユー〘Lee Kuan Yew〙[1923〜　]シンガポールの政治家。第二次大戦後に英国からの独立運動に参加。1965年、マレーシア連邦からの分離独立とともに初代首相。国内の民族融和と経済発展政策を推進。(補説)「李光耀」とも書く。

リーグ-せん【リーグ戦】すべての参加チームが少なくとも1回は他のすべてのチームと対戦する試合方式。総当たり戦。➡トーナメント

リーグニッツ-の-たたかい【リーグニッツの戦い】(―たたかひ) 1241年、ポーランド南部のリーグニッツ(Liegnitz)郊外のワールシュタットで、ドイツ・ポーランド連合軍と、バトゥ率いるモンゴル軍との間で行われた戦い。モンゴル軍が大勝。ワールシュタットの戦い。

リーケージ〘leakage〙漏れ。漏出量。

リージェンツ-パーク〘Regent's Park〙英国の首都ロンドンにある公園。面積は190万平方メートルで市内最大。18世紀末、ジョージ3世の皇太子が摂政(リージェント)だった時、ヘンリー8世の狩猟場だった場所に夏の離宮を建てるよう建築家ジョン=ナッシュに依頼。皇太子の気変わりにより離宮は建てられず庭園のみが整備され、19世紀より一般市民に開放された。公園内にはクイーンメアリーズガーデンやロンドン動物園がある。リージェントパーク。

リージェント-がい【リージェント街】《Regent Street》▶リージェントストリート

リージェント-ストリート〘Regent Street〙英国の首都ロンドン中心部、ウエストエンドを南北に貫く大通り。ピカデリーサーカス北西部のゆるやかな弧を描く部分はクオドラント(四分円街区)と呼ばれる。ジョージ3世の皇太子が摂政(リージェント)だった時、建築家ジョン=ナッシュに命じて造らせた。リージェント街。➡リーゼント

リージェント-パーク〘Regent's Park〙▶リージェンツパーク

リーシュマニア-しょう【リーシュマニア症】(―シヤウ)《leishmaniasis》スナバエで媒介される有鞭毛(べんもう)原虫であるリーシュマニアによる感染症。インド・ブラジル・中国などに多い。皮膚の糜爛(びらん)、リンパ節の腫大(しゅだい)、発熱、貧血などが生ずる。

リージョナリズム〘regionalism〙地域主義。地方主義。普遍主義あるいは中央集権を排して、地域ごとの特殊性や主体性を重視しようとする考え方。

リージョナル〘regional〙〔形動〕(かなり広い)地域の、地帯の。地方の。地方的。「―な新聞社」

リージョナル-インテグレーション〘regional integration〙地域ごとに利害の一致する国々が共同体を作ること。EU(欧州連合)など。地域統合。

リージョナル-コード〘regional code〙▶リージョンコード

リージョナル-バンク〘regional bank〙ある地域においてのみ、経営を行う地域金融機関。

リージョン-コード〘region code〙DVDやブルーレイディスクなどの映像ソフト、およびゲームソフトの販売・利用が可能な地域を制限するコード。ディスクと再生機器のコードが一致しないと再生できないため、多くの場合、海外で購入したものは日本市場向けの機器で再生できないようになっている。リージョナルコード。リージョン番号。地域コード。

リージョン-ばんごう【リージョン番号】(―バンガウ)《region code》▶リージョンコード

リージョン-フリー〘region free〙DVDやブルーレイディスクなどの映像ソフト、およびゲームソフトのうち、世界のどの地域でも利用可能なもの。利用地域を制限するリージョンコードを複数もたせることによって利用可能となっている。リージョンコードによらず利用可能な機器のこともリージョンフリーというが、規則違反なので正規の製品としては販売できない。

リース〘lease〙〔名〕(スル) 機械や設備などの、賃貸。一般には長期のものをいう。「複写機を―する」➡レンタル (類語)賃貸・賃貸し・レンタル

リーズ〘Leeds〙英国ヨークシャー地方西部の工業都市。毛織物、特に既製服の製造や、機械工業が盛ん。

リーズ-アンド-ラグズ〘leads and lags〙国際間の金利差や為替相場の変動を見越して、輸出入業者が決済の時期を意図的に早めたり(リーズ)、遅らせたり(ラグズ)すること。

リース-いせき【リース移籍】▶レンタル移籍

リーズ-じょう【リーズ城】(―ジヤウ)《Leeds Castle》英国イングランド南東部、ケント州の都市メードストンにある城。12世紀の創建。13世紀にエドワード1世と妃の宮殿になり、その後も増改築がなされ、16世紀のヘンリー8世の時代に現在の姿になった。歴代の王の妃6人が住んだことから「貴婦人の館」と称される。

リーズナブル〘reasonable〙〔形動〕論理などが妥当なさま。また、価格が手ごろなさま。「―な値段」

リースバック〘leaseback〙事業用資産を売却し、それをそのまま使用しながら買い主に使用料を支払う方式。赤字決算を回避するため資産処分を余儀なくされている状態で、操業継続の必要がある場合、子会社など関係が密接な相手を買い主として行うケースがある。

リースマン〘David Riesman〙[1909〜2002]米国の社会学者。大衆社会における現代人の社会的性格を、社会心理学や文化人類学と関連させながら分析した。著「孤独な群衆」「何のための豊かさ」。

リースラ〘L-Isla〙セングレアの旧称。イスラ。

リースリング〘(ドイツ) Riesling〙白ワイン用のブドウの品種名。ドイツワインの代表的品種で、フランスのアルザス地方でも栽培。

リーズン〘reason〙❶理由。❷道理。理性。

リーズンホワイ-コピー〘reason-why copy〙理性訴求による説得型広告法。その商品がすぐれている理由、有用な理由などを訴えて消費者を説得しようとする広告アプローチ。

リーセフィヨルド〘Lysefjord〙ノルウェー南部にある峡湾。全長42キロメートル。海面からの高さが600メートルある断崖、プレーケストーレンが有名。同国南部の港湾都市、スタバンゲルが観光拠点となる。

リーゼント〘regent〙男子の髪形で、前髪を高くして量感を出し、両横の髪を後方に流してなでつけたもの。名は、ロンドンのリージェント街から広まったことに由来。リーゼントスタイル。

リーゼント-スタイル〘regent style〙「リーゼント」に同じ。

リーダー〘leader〙❶指導者。統率者。「探検隊の―」「チアー―」❷印刷で、点線。破線。リーダー罫(けい)。❸フィルムや録音テープの先端の引き出し部分。❹釣りの、鉤素(はりす)のこと。

リーダー〘reader〙❶読本(とくほん)。特に、英語教科書の読本。❷読者。❸▶マイクロリーダー　❹▶ソニーリーダー (類語)読本・教本・副読本・サイドリーダー

リーダーアルプ〘Riederalp〙スイス中南部、バレー州、アレッチ地域の村。標高1950メートル。アレッチ氷河全体を見渡せる展望地、ホーフルーなどに向かう観光拠点として知られる。氷河特急の駅がある山麓の町、メレルとロープウエーで結ばれる。

リーダー-システム〘leader system〙社会性をもつ動物の集団で、特定の個体(リーダー)がその集団を統制する体制。ニホンザルの集団の例がよく知られている。リーダー制。

リーダーシップ〘leadership〙❶指導者としての地位・任務。指導権。❷指導者としての素質・能力。統率力。「―に欠ける」

リーダーシップ-サーベイ〘leadership survey〙新聞・雑誌などの記事や広告について、読者がどんな内容を、どの程度注目して読んだかを調べること。注目率調査。➡リーダーシップスコア

リーダーシップ-スコア〘leadership score〙新聞・雑誌などの記事や広告がどの程度見られているかの度合いを示す数値。注目率。➡リーダーシップサーベイ

リーダー-テープ〘leader tape〙録音テープの巻き始め、巻き終わりに使用するテープ。

リーダー-ペーパー〘leader paper〙中判カメラで使われるフィルムに付けられた裏紙。遮光とフィルム送りの役割がある。終端部の紙を特にトレーラーペーパーという。

リーチ【立直】《中国語》❶マージャンで、手持ちの牌(パイ)を一組も見せないで、聴牌(テンパイ)を宣言すること。宣言後は手を変えることができない。「―をかける」❷転じて、勝利や成功に至るまであと一歩の段階。「優勝に―がかかる」

リーチ〘Bernard Leach〙[1887〜1979]英国の陶芸家。香港生まれ。1909年(明治42)来日。柳宗悦(やなぎむねよし)らの民芸運動に協力し、20年(大正9)帰英。日本と英国の陶芸を融合した独自の作風を開いた。

リーチ〘reach〙❶テニスで、ラケットの届く範囲。❷ボクシングで、腕を伸ばして届く距離・範囲。❸ホッケーで、選手がスティックを前後左右に伸ばしたときのプレーできる範囲。

リーチ〘REACH〙《Registration, Evaluation, Authorization and Restriction of Chemicals「化学物質の登録、評価、認可と制限」の意》EU(欧州連合)が策定した化学物質管理規則。2007年6月から運用開始。年間1トン以上の化学物質を製造・輸入する業者に安全性評価データの登録を義務づけている。リーチ規則。リーチ法。

リー-チョンタオ【李政道】▶りせいどう(李政道)

リーディング〘reading〙❶外国語などを読むこと。また、読み方。朗読。❷読書。

リーディング-インダストリー〘leading industry〙戦略産業。主導産業。一国または一地域の経済成長の中軸となる産業。

リーディング-カンパニー〘leading company〙一定の業界で主導的地位にある企業。

リーディング-ヒッター〘leading hitter〙野球で、打撃率が1位の打者。首位打者。

リート〘(ドイツ) Lied〙ドイツの芸術歌曲。特にピアノ伴奏つきの独唱曲として、シューベルト・シューマンらにより隆盛期が築かれた。

リート〘REIT〙《real estate investment trust》▶不動産投資信託

リード〖lead〗〔名〕ｽﾙ ❶うまくできるように相手を導くこと。また、先頭に立って集団を導くこと。「一のうまい捕手」「団員を一する」「流行を一する」「時代を一する」❷競技・競走などで、相手に差をつけて優位に立つこと。「五馬身の一」「赤組が三点一している」❸野球で、走者が次の塁をうかがって塁から進み出ること。「一が大きすぎる」❹リレーで、前の選手からバトンを受け取るときにあらかじめ走っておくこと。❺社交ダンスで、男性が、体重のスムーズな移動と女性のうしろに回した右手でサインを送るなどして女性を導くこと。❻クレー射撃で、標的の移動を計算に入れて、移動方向の先を撃つこと。狙い越し。❼カーリングで、1投目と2投目を担当する選手。❽新聞・雑誌で、見出しの次におかれる、記事の内容を要約した文章。前文。前書き。❾犬などに着ける引き綱。❿電気の引き込み線。導線。⓫ねじを1回転したときに軸方向に進む距離。

(類語)主導・先導・先行・先立つ

リード〖LEED〗《low energy electron diffraction》低エネルギー電子回折。固体表面研究の実験手段として使われる。

リード〖read〗読むこと。また、コンピューターで読み込むこと。

リード〖Herbert Read〗[1893～1968]英国の詩人・批評家。文芸批評・美術批評のほか、政治問題にも言及。詩集「戦いの終わり」、評論「芸術の意味」「芸術と社会」など。

リード〖reed〗リード楽器の発音源となる、アシ・竹・金属などでできた薄片。空気を吹きつけることによって振動させ音を出す。簧。

リード〖Carol Reed〗[1906～1976]英国の映画監督。ドキュメンタリータッチの緊迫感あふれる作風で知られる。作「邪魔者は殺せ」「第三の男」など。

リード〖Thomas Reid〗[1710～1796]英国の哲学者。常識学派(スコットランド学派)の代表者の一人。

リード-アフター-ライト〖read after write〗コンピューターの記憶装置における誤り検出機能の一。データの書き込み直後に元データを比較し、正しく記録されたかどうかをチェックする。RAW。

リードオフ-マン〖lead-off man〗野球で、一番打者。トップバッター。

リード-オルガン〖reed organ〗主に足踏み式の送風装置によってリードを振動させて音を出すオルガン。空気を吸い込むことで音を発するものをいうことが多い。パイプオルガンのような音管はもたない。足踏みオルガン。➡ハーモニウム

リード-オンリー〖read only〗コンピューターの記憶装置、ファイルやフォルダー、記録メディアなどにおいて、データの読み出しはできるが書き込みや削除ができない状態のこと。

リードオンリー-メモリー〖read-only memory〗►ロム(ROM)

リード-がっき【リード楽器】ｶﾞｯｷ リードによって音を発生させる楽器の総称。リードで楽器の管内部の空気を振動させるクラリネット・オーボエ・パイプオルガンなどと、リードそのものが発音源となるハーモニカ・アコーディオン・リードオルガンなどがある。

リード-ギター〖lead guitar〗ロックバンドなどで、その曲の主旋律やソロパートを受け持つギター。

リード-タイム〖lead time〗所要時間。調達期間。生産では、製造命令が出てから製品が完成するまでの期間のこと。また、在庫管理では、注文を出してから、注文品が得られるまでの期間をさす。

リード-ブロー〖lead blow〗ボクシングの打ち合いの中での最初の有効な打撃。

リー-ド-ボー〖ﾌﾗﾝｽ ris de veau〗《「リドボー」とも》フランス料理の食材などとして用いられる、子牛の胸腺。白色でやわらかい。

リード-ボーカリスト〖lead vocalist〗ロックバンドなどで主旋律を担当する歌手。

リード-ボーカル《和 lead＋vocal》「リードボーカリスト」に同じ。

リードミー〖readme〗アプリケーションソフトなどに添付される、利用案内や注意事項などが書かれたファイル。(補説)多く「readme.txt」のように、ファイル名に使用される。日本ではこれを訳して「お読み下さい.txt」とすることもある。

リーニエンシー-せいど【リーニエンシー制度】《leniencyは、寛大の意》►課徴金減免制度

リーパー〖reaper〗❶刈り取り機。❷《the Grim Reaperから》死に神。大鎌を持ちマントを着た骸骨の姿で描かれる。

リービッヒ〖Justus Freiherr von Liebig〗[1803～1873]ドイツの化学者。有機化合物の定量分析法を考案し、基の理論の発展に寄与。生化学では動植物の栄養を研究し、人工肥料を作った。また、学生実験室を創設して、近代的化学教育に貢献。著「化学通信」など。リービヒ。

リービッヒ-れいきゃくき【リービッヒ冷却器】化学実験用の冷却器の一。中央の細いガラス管とそれを取り巻く管とからなり、外側の管に水を流して、中央の管内を通る蒸気を冷却・液化させる。1831年リービッヒが考案。

リーフ〖leaf〗❶木や草の、葉。❷本・ノートなどの用紙の、1枚。一葉。「ルーズ一」

リーフ〖reef〗礁。岩礁。また、サンゴ礁。

リーファー〖reefer〗❶厚地紡毛地から作られた、短い丈で六つボタンの両前仕立ての防風防寒用ジャケット。リーファージャケット。(補説)元来は、「帆を巻き上げる人」を意味し、海軍少尉候補生の俗称。その制服のデザインから。❷大型の冷蔵庫・冷凍庫。内部を一定温度に保つ設備をもつコンテナやトラック。食品の輸送などに利用される。「一コンテナ」「一輸送」

リーファー-コンテナ〖reefer container〗内部を一定温度に保つ設備をもつコンテナ。冷凍・冷蔵の必要がある食品や医薬品、高温で劣化する恐れのある美術品やフィルムなどの輸送に利用される。➡ドライコンテナ

リーファー-ジャケット〖reefer jacket〗►リーファー❶

リーフェンシュタール〖Leni Riefenstahl〗[1902～2003]ドイツの女性映画監督・写真家。ベルリンの生まれ。ナチス政権期に活躍、ベルリンオリンピックの記録映画「民族の祭典」「美の祭典」で世界的な名声を得る。第二次大戦後はナチス宣伝の罪で投獄されるが無罪となった。のちに写真家として活動し、アフリカのスーダン奥地にすむ部族ヌバの写真集を発表。自伝「回想」も残した。

リーブ-かたさ【リーブ硬さ】工業材料をはじめとする物質の硬さ(硬度)の示し方の一。反発硬さの一種であり、試料表面に球を衝突させて反発する速度を調べ、反発速度を衝突速度で除した値で示す。単位はHL。1975年にスイスのプロセック社により考案された。リーブ硬度。

リープクネヒト〖Liebknecht〗㊀(Wilhelm ～)[1826～1900]ドイツの社会主義者。スイス、次いでロンドンに亡命してマルクスに師事。1869年、ベーベルとともに社会民主労働者党を結成。75年、ラッサール派と合同して社会主義労働者党を結成。著「土地問題」「カール＝マルクス追想録」など。㊁(Karl ～)[1871～1919]ドイツの政治家。㊀の子。社会民主党左翼急進派の指導者として第一次大戦に反対。1916年、ローザ＝ルクセンブルクらとスパルタクス団を組織。ドイツ革命勃発後ドイツ共産党を結成、一月蜂起に参加し政府軍によって虐殺された。

リーブ-こうど【リーブ硬度】ｺｳﾄﾞ ►リーブ硬さ

リーフデ-ごう【リーフデ号】ｺﾞｳ《Liefde》日本に初めて来航したオランダ船。マゼラン海峡を経て東インドに向かう途中、1600年日本の豊後臼杵に漂着。航海長はイギリス人のウイリアム＝アダムス。

リーフ-フィッシュ〖leaf fish〗南米産の淡水魚。木の葉に似た体形と色彩をもち、水中に静止していると区別しにくい。コノハウオ。

リーブルビル〖Libreville〗アフリカ中西部のガボン共和国の首都。同国北西部のギニア湾岸にある。1849年、奴隷船から解放された黒人が建設。名はフランス語で自由の町の意。

リーフレット〖leaflet〗宣伝・広告や案内・説明などのための、一枚刷りの印刷物。

リーベ〖ﾄﾞｲﾂ Liebe〗❶愛。恋愛。❷恋人。愛人。

リーベ〖Ribe〗デンマーク、ユトランド半島南西部の町。同国最古の都市として知られた。9世紀に建造、13世紀に再建されたリーベ大聖堂をはじめ、13世紀から17世紀にかけての歴史的建造物が数多く残る。2007年エスビャウ市に編入。

リーボウ-しゅうどういん【リーボウ修道院】ｼｭｳﾀﾞｳｲﾝ《Rievaulx Abbey》英国イングランド北東部、ノースヨークシャー州の町ヘルムズリーの近郊にある修道院跡。14世紀初め、イングランド北部で初めてのシトー会修道院として建造。16世紀にヘンリー8世の修道院解散令で閉鎖される前には、イングランドで最も栄えた修道院の一つだった。

リーマー〖reamer〗金属にあけた穴の内面を寸法どおりに精密に仕上げるための工具。円筒の外周に溝や切れ刃をつけたもの。

リーマン〖Georg Friedrich Bernhard Riemann〗[1826～1866]ドイツの数学者。多様体とその曲率を定義して、リーマン幾何学を創始。複素関数論・アーベル関数論などでも多くの業績を残した。

リーマン《若者言葉》「サラリーマン」の略。皮肉をこめて使う。駄洒落で「だらリーマン」「さぼリーマン」のようにも用いる。

リーマン-きかがく【リーマン幾何学】非ユークリッド幾何学の一。リーマンにより創始された多次元の幾何学。曲面を二次元の変形と見なし、曲面上の幾何学を多次元に拡張したもの。

リーマン-ショック《リーマンは、リーマン-ブラザーズ(Lehman Brothers)のこと》米国の大手投資銀行・証券会社リーマンブラザーズの経営破綻とその副次的な影響により世界の金融市場と経済が危機に直面した一連の出来事を指す。(補説)サブプライムローン問題に端を発する証券化商品の価格急落により多大な損失をかかえたリーマンブラザーズは、2008年9月15日、連邦破産法第11章(チャプターイレブン)の適用申請を発表。その後、事態の収拾を図るため米議会に上程された金融安定化法案が世論の支持を得られず否決されたことも重なり、米国および世界各地の株式市場が大きく下落。金融市場・経済が不安定化する契機となった。➡サブプライムローン

リーム〖ream〗欧米で、紙を数える単位。1リームは全紙480枚。日本の連はリームの訛り。➡連

リール〖Lier〗ベルギー北部、アントウェルペン州の都市。市中をネーテ川とその支流、および運河が流れる。第一次大戦で大きな被害を受けたが、後に戦前の街並みを復元。ダイヤモンド研磨が盛んなことで知られる。

リール〖Lille〗フランス北部の工業都市。ベルギーとの国境近くにあり、隣接するルーベなどと大都市圏・工業地域をなす。古くから毛織物生産が行われ、現在は金属工業などが盛ん。

リール〖reel〗❶糸・ひも・テープ・フィルムなどを巻き取る枠。❷映画フィルムの一巻き。約300メートル。❸釣りざおに取り付け、中にあるスプール(糸巻き)から釣り糸を繰り出したり巻き取ったりする装置。

リール-ざお【リール×竿】ｻﾞｵ リールを用いるさお。手元に取り付け用リールシートがあり、釣り糸をさおの先まで導くためのラインガイドがついている。

り-いん【吏員】ｲﾝ 公共団体の職員。公吏。

(類語)公務員・役人・官吏・官員・公吏・公僕

リーン〖David Lean〗[1908～1991]英国の映画監督。「逢びき」でカンヌ国際映画祭のグランプリを獲得。のち、「戦場にかける橋」「アラビアのロレンス」「ドクトル-ジバゴ」など、国際的な大作を次々と手がけてヒットさせた。他の作に「旅情」「インドへの道」など。

リーン〖lean〗〔形動〕《やせた、引き締まった、などの意》生産方式や企業で、無駄を排したさま。「力強い

り

一な会社」

リーン-アウト〖lean out〗バイクでコーナリングする際、バイクの傾き(リーン)に対し体をコーナーの外側へ傾ける走法。

リーン-イン〖lean in〗バイクでコーナリングする際、遠心力に抗して体をコーナーの内側へ傾けること。

リーン-バーン〖lean-burn〗理論空燃比より薄い混合気を燃焼させる技術のこと。

リーンバーン-エンジン〖lean-burn engine〗自動車のエンジンが用いる混合気は、重量比で空気16に対してガソリン1が理想とされてきたが、これより薄い混合気を用いるエンジンのこと。資源の節約と大気汚染の低減に貢献している。

リウィウス〖Titus Livius〗[前59～17]古代ローマの歴史家。ローマ建国からアウグストゥスの世界統一までの編年体の歴史記述「ローマ建国史」全142巻(現存するのは35巻)を著した。

リウマチ〖rheumatism〗関節・骨・筋肉のこわばり・腫れ・痛みなどの症状を呈する病気の称。古くは悪い液が身体各部を流れていって起こると考えられ、名は流れる意のギリシャ語に由来。現在は主に慢性関節リウマチをいう。リューマチ。ロイマチス。

リウマチ-ねつ【リウマチ熱】膠原病の一。溶連菌の感染による扁桃炎にかかったあと、2～4週間してから高熱が出て、関節痛・心膜炎などの症状が現れる。後遺症に心臓弁膜症を起こすことが多い。

リウマトイド-いんし【リウマトイド因子】《rheumatoid factor》人や動物の免疫グロブリンG(IgG)抗体にある抗原決定基に対する抗体で、自己抗体の一種。慢性関節リウマチなどの膠原病を起こす。リウマチ因子。

り-うん【理運┊利運】(1)よいめぐり合わせ。幸運。「一を得る」(2)道理にかなっていること。「今度山門の御訴訟、一の条もちろんに候」〈平家・一〉(3)当然出あうべきめぐりあわせ。道理にかなっためぐりあわせ。「これはうちまかせて一の事なれども」〈十訓抄・三〉(4)優越した立場をもとにして、勝手に振る舞うこと。「あんまり一すぎました」〈浄・天の網島〉

り-えい【利鋭】〘名・形動〙「鋭利」に同じ。「感情の一なるに依るなり」〈逍遥・小説神髄〉

リエージュ〖Liège〗ベルギー東部の工業都市。ムーズ(マース)川とウルト川との合流点に臨み、交通の要衝。8世紀に司教座が置かれて以来発展。鉄鉱・兵器・化学工業が盛ん。リュイック。

リエカ〖Rijeka〗クロアチア共和国北西部、アドリア海に面する港湾都市。造船が盛ん。第一次大戦後イタリア領、1945年からユーゴスラビア領となっていた。イタリア語名フィウメ。

り-えき【利益】〘名〙スル (1)事業などをして得るもうけ。利潤。「莫大な一を上げる」【対】損失。(2)得になること。益になること。「遥に労働者を一するに足るだろう」〈魯庵・社会百面相〉

【類語】(1)儲け・得・利・利得・利潤・利沢・黒字・得分・益・実益・収益・益金・利金・純利・純益・差益・利鞘・マージン・ゲイン・プロフィット/(2)益・得・為め・神益・便益・実利・メリット・得る所

りえき-かくてい【利益確定】株式や為替などの含み益を決済して現金化すること。利確。

りえき-しゃかい【利益社会】►ゲゼルシャフト

りえき-しゅうだん【利益集団】特定の関心・利益に基づいて組織され、かつそれらを代表する社会集団。労働組合・経営者団体など。インタレストグループ。➡圧力団体

りえき-じゅんびきん【利益準備金】株式会社における法定準備金の一。貸借対照表では「純資産の部」を構成する株主資本のうち、利益余剰金の区分の一つ。

りえき-じょうよきん【利益剰余金】利益準備金や繰越利益剰余金、任意積立金など、会社の利益処分の結果として社内に蓄積される金額を指す。資本金、資本剰余金、自己株式と共に、株主資本を構成する。

りえきそうはん-こうい【利益相反行為】当事者の一方の利益が、他方の不利益になる行為のこと。一定の利益相反行為は法律で禁止されている。【補説】例えば、一人の弁護士が、原告と被告双方の弁護を受任することは弁護士法で禁止されている。また、遺産分割協議の際に親権者が子を代理することは民法で禁止されている。

りえき-だいひょう【利益代表】特定の身分・階級・集団・地域などの利益の実現のために選ばれた代表者。

りえき-はいとう【利益配当】会社のような営利法人が株主・社員に利益を分配すること。配当。

りえき-ほけん【利益保険】企業が、火災などで建物・機械などに損害を被ったり、休業などをした時に生じる損失の填補を目的とする保険。火災保険などで填補される物的な損害以外の営業利益の逸失など間接的損害を補償するもの。

りえき-りつ【利益率】投下資本・売上高などに対する利益の比率。

リエゾン〖フランス liaison〗(1)フランス語などで、通常は発音されない語尾の子音字が次に続く語の語頭母音と結合して発音される現象。連音。(2)組織間の、連絡、連携。

リエゾン-オフィス〖liaison office〗別々に活動しているグループの連携を図るための組織。大学の研究室と民間企業の共同研究・技術移転などの支援を行うものや、学校・学生・行政の橋渡しをして、芸術・文化・スポーツなどの活動支援やボランティア活動の支援を行うものなどがある。

リエゾン-せいしんいりょう【リエゾン精神医療】《liaison psychiatry》いろいろな診療科の医師と精神科の医師が協力して行う医療。病人の不安や苦悩を除くのが目的。

リエゾン-マン〖liaison man〗《「連絡係」の意》専門的知識を持って相談を受ける人。また、異なる分野の連携をはかる人。「パテント一」

リエパーヤ〖Liepāja〗ラトビア西部、クルゼメ地方の都市。バルト海に面し、同国の三大港の一つ、リエパーヤ港を擁する。中世にはリバウと呼ばれ、商業港として栄えた。ロシア皇帝アレクサンドル2世により軍港が置かれ、バルチック艦隊の母港になった。18世紀後半に建てられたバロック様式の聖三位一体教会には、クールラント大公の黄金の祭壇や同国最大のパイプオルガンがあることで知られる。

リエマージング-かんせんしょう【リエマージング感染症】►再興感染症

リエマージング-ディジーズ〖reemerging disease〗►再興感染症

り-えん【李淵】[565～635]中国、唐の初代皇帝。在位618～626。字は叔徳。廟号は高祖。隋に仕えたが、煬帝の失政に乗じて挙兵し、長安に入って恭帝を擁立。618年、恭帝の禅譲を受けて即位し、群雄を平定して唐を建国。

り-えん【×梨園】(1)梨の木を植えた庭園。(2)《唐の玄宗皇帝が梨の木のある庭園で、みずから音楽・舞踊を教えたという「唐書」礼楽志の故事から》俳優の社会。特に、歌舞伎役者の世界。「一の名門」

り-えん【離宴┊離×筵】別れの酒盛り。離別の宴。別宴。

り-えん【離縁】〘名〙スル (1)夫婦や養親子の関係を絶つこと。「長年連れ添った妻を一する」(2)法律上、養子縁組を解消すること。【類語】離別・絶縁・義絶・勘当

リエンジニアリング〖reengineering〗►ビジネスプロセスリエンジニアリング

りえん-じょう【離縁状】夫が妻を離縁するときにその旨を記して渡す書状。江戸時代、妻はこれを受け取れば再婚することができた。三くだり半。去り状。離別状。

リエンツ〖Lienz〗オーストリア、チロル州の都市。東チロル地方の中心地。同国最高峰のグロースグロックナー山やイタリア北部に続くドロミティ山地への登山の拠点として、またスキーリゾートとして知られる。

リエントラント〖reentrant〗複数のプログラムを並行して実行するマルチタスク処理において、実行中のプログラムが同時に他のプログラムからの実行要求に応じられること。再入可能。

リオ〖Rio〗リオデジャネイロの略称。

りおう-け【李王家】1910年(明治43)韓国併合に際し、李氏朝鮮最後の王、韓国皇帝純宗を李王として設立された王家。日本の皇族に準じた。

リオ-ガジェゴス〖Río Gallegos〗アルゼンチン南部の都市。サンタクルス州の州都。南部パタゴニア地方の観光拠点になっている。

リオグランジ-ド-ノルチ〖Rio Grande do Norte〗►リオグランデ-ド-ノルテ

リオ-グランデ〖Rio Grande〗アメリカとメキシコの国境東半を成す川。米国コロラド州南西部のサンファン山脈に源を発し、南東に流れてメキシコ湾に注ぐ。長さ3030キロ。リオグランデ川。

リオ-グランデ〖Río Grande〗アルゼンチン南端、ティエラ-デル-フエゴ州の都市。フエゴ島北部の中心地。

リオグランデ-がわ【リオグランデ川】►リオグランデ

リオ-グランデ-ド-スル〖Rio Grande do Sul〗ブラジル南端にある州。ウルグアイ、パラグアイなどとの国境係争や中央政府からの分離運動がたびたびあったが、経済的には豊かな先進地。穀物やブドウの栽培、自動車などの重化学工業が盛ん。州都はポルト-アレグレ。リオ-グランジ-ド-スル。

リオ-グランデ-ド-ノルテ〖Rio Grande do Norte〗ブラジル北東端にある州。サトウキビなどの生産や製塩が盛ん。州都はナタル。リオ-グランジ-ド-ノルチ。

リオタール〖Jean-François Lyotard〗[1924～1998]フランスの哲学者。ポスト構造主義の思想家の一人。急進的なマルクス主義者としてアルジェリアで活動、パリ五月革命にも参加した。主体や進歩主義という近代の理念を「大きな物語」として批判するポストモダンの立場を提唱した。著「漂流の思想」「ポストモダンの条件」など。

り-おち【利落ち】〘名〙スル 公社債・株式の利息・利益配当が支払い済みとなったこと。

リオ-デ-ジャネイロ〖Rio de Janeiro〗(1)《1月の川の意》ブラジル南東部にある州。商工業が非常に盛ん。1960年のブラジリア遷都時、旧首都のリオデジャネイロ市のみがグアナバラ州として分割されたが、75年に合併。同市が新州の州都となった。(2)リオデジャネイロ州の州都。大西洋の支湾グアナバラ湾の西岸にある港湾都市で、1960年までブラジルの首都。カーニバルで知られる世界的な観光都市。ドーム状岩山のパン-デ-アスカル、巨大なキリスト像のあるコルコバードの丘や、コパカバーナ・イパネマなどの海水浴場がある。世界三大美港の一。リオ市民はカリオカという。リオ。人口、行政区616万(2008)。

リオバンバ〖Riobamba〗エクアドル中部の高原都市。チンボラソ県の県都。標高2750メートルに位置し、チンボラソ山、カリワイラソ山、トゥングラウア山といったアンデス山脈の高峰を臨む。スクレ公園やラ-コンセプシオン教会をはじめ植民地時代の建造物が多く残されている。

リオマッジョーレ〖Riomaggiore〗イタリア北西部、リグリア州の漁村。ポルトベネーレの北西にある五つの村チンクエテッレの一。断崖が続く海岸線に開けた谷間に位置し、急な斜面に色彩豊かな家々が並ぶ。古くからワイン生産が盛ん。1997年に「ポルトベネーレ、チンクエテッレ及び小島群(パルマリア、ティーノ及びティネット島)」として世界遺産(文化遺産)に登録された。

リオ-マリーナ〖Rio Marina〗イタリア中部、トスカーナ州の沖合、リグリア海に浮かぶエルバ島東部の町。本土に近く、同島東部で採掘された鉄鉱石の積み出しで栄えた。

り-か【×李下】スモモの木の下。

李下に冠を正さず　《スモモの木の下で冠をかぶりなおそうとして手を上げると、実を盗むのかと疑われるから、そこでは直すべきではないという意の、古楽府「君子行」から》人から疑いをかけられるような行いは避けるべきであるということのたとえ。⇒瓜田に履を納れず　⇒瓜田李下

り-か【×李花】スモモの花。〔季 春〕

り-か【×俚歌】民間で流行する歌。俚謡。「何処やらに―を唱う声あり」〈蘆花・自然と人生〉

り-か【▽梨花】ナシの花。〔季 春〕

り-か【理科】❶人文科学・社会科学以外の学問分野。数学・自然科学など。⇔文科。❷大学などで、❶の分野を研究・教育する部門。⇔文科。❸学校教育における教科の一。自然現象・自然科学を内容とする科目の総称。〔類語〕物理・化学・地学・生物学

り-か【×籬下】垣根のそば。低い位置にあることのたとえ。「前人の―に立ちて」〈漱石・草枕〉

り-が【李賀】[790〜816]中国、中唐期の詩人。福昌(河南省)の人。字は長吉。韓愈の知遇を得たが、不遇のまま早世。浪漫的、幻想的な詩風で有名。

リガ〖Rīga〗ラトビア共和国の首都。バルト海のリガ湾に面する港湾都市。機械・電気機器・鉄道車両の製造が盛ん。琥珀の産地としても知られる。旧市街にはリガ城、リガ大聖堂をはじめ、ハンザ同盟時代の歴史的建造物が多く残り、1997年に「リガ歴史地区」の名称で世界遺産(文化遺産)に登録された。人口、行政区72万(2008)。リーガ。

リカー〖liquor〗アルコール分の強い蒸留酒。また、酒類の総称。「ホワイト―」「―ショップ」

リカーシブ-コール〖recursive call〗▶再帰呼び出し

リカード〖David Ricardo〗[1772〜1823]英国の経済学者。古典学派の完成者。労働価値説、貿易における比較生産費説などを展開した。著「経済学および課税の原理」など。

り-かい【理会】〔名〕スル　物事の道理を会得すること。悟ること。「我々が自然の意義目的を―するのは」〈西田・善の研究〉

り-かい【理解】〔名〕スル　❶物事の道理や筋道が正しくわかること。意味・内容をのみこむこと。「―が早い」❷他人の気持ちや立場を察すること。「彼の苦境を―する」❸「了解❷」に同じ。⇒了解〔用法〕
〔類語〕認識・解釈・把握・領略・得心・会得・納得・了解・分かり・のみ込み・察し

り-かい【裏海】❶陸地に入り込んだ海。また、陸地に挟まれた海。内海。❷カスピ海のこと。

り-がい【利害】利益と損害。得することと損すること。「―を同じくする人たち」「―得失」
〔類語〕得失・損得・損益

り-がい【理外】普通の道理では説明できないこと。道理をはずれていること。道理のほか。

りがい-かんけい【利害関係】利害が互いに影響し合う関係。「微妙な―にある」

り-かいせい【李恢成】▶イ＝フェソン(李恢成)

りがい-の-り【理外の理】普通の道理や常識では説明のできない、不思議な道理。

リカオン〖ラテ Lycaon〗イヌ科の哺乳類。体長約1.1メートル、尾長40センチ。体は黒褐色・黄褐色・灰色の不規則な斑があり、尾端は白い。アフリカのサバンナにすみ、群れをつくる。名は、ギリシャ神話でオオカミに姿を変えられた王の名に由来。

りか-がく【理化学】物理学と化学。

りかがく-けんきゅうじょ【理化学研究所】物理・化学の研究およびその応用などの研究を目的に、大正6年(1917)財団法人として設立された機関。第二次大戦後、株式会社科学研究所となったが、昭和33年(1958)政府の出資を得て特殊法人理化学研究所として整備された。平成15年(2003)文部科学省所管の独立行政法人として再発足。本所は埼玉県和光市。理研。

り-かく【利確】「利益確定」の略。

り-かく【×釐革】〔名〕スル　改め新しくすること。改革。「政体を―するの約が成って」〈嶺雲・明治叛臣伝〉

り-かく【離角】天球上で、二つの天体間の角距離。

り-かく【離隔】〔名〕スル　離れへだたること。また、引き離してへだてること。隔離。「夫婦の間の、心の―を」〈里見弴・安城家の兄弟〉
〔類語〕隔離・乖離・分離・隔絶・絶縁

り-がく【理学】❶物理学・化学・天文学などの総称。自然科学。「―博士」「―部」❷物理学のこと。❸中国宋代、宇宙の本体とその現象を理気の概念で説いた哲学。性理学。

りがく-しんとう【理学神道】▶吉川神道

りがく-りょうほう【理学療法】身体に障害のある人に対し、運動療法・マッサージなどにより、リハビリテーションとして行う治療。

りがくりょうほう-し【理学療法士】身体に障害のある人のリハビリテーションを受け持ち、理学療法を行う専門職。国家試験に合格した者が厚生労働大臣から免許を受ける。PT(physical therapist)。

リガ-じょう【リガ城】《Rīgas Pils》ラトビアの首都リガの旧市街にある城。13世紀末より、リボニア騎士団とリガ市民の間で抗争が続けられる中で何度も破壊と建設が繰り返された。以降、ポーランド、スウェーデン、帝政ロシアの支配を経て、第一次大戦後のラトビア独立に際して大統領官邸になった。現在は官邸を除いた一部がラトビア歴史博物館、海外美術館として使われている。リーガ城。

り-かた【利方】得なやり方、便利な方法であること。「そのほうが手がかからないだけ―だ」

り-かた【理方】理屈。道理。「その―、子どものもてあそぶシャボンのごとし」〈黄・早染草〉

リガ-だいせいどう【リガ大聖堂】《Rīgas Doms》ラトビアの首都リガの旧市街にあるルーテル派の大聖堂。13世紀初めの建造以降、18世紀後半まで増改築が繰り返され、ロマネスク、ゴシック、バロック様式などが混在する。バルト三国における中世の大聖堂としては最大級のものとして知られる。リガの歴史を描いたステンドグラスや木彫のパイプオルガンが有名。

り-かつ【離活】《「離婚活動」の略》円満な離婚をめざし、離婚後の生活環境を整えるために行う活動。調停離婚に際して知識を身につける、離婚後の住居を確保する、就業のための資格を取得するなど。「婚活」に対してできた語。

り-かつよう【利活用】〔名〕スル　利用と活用。「資源を―する」

リカバー〖RECOVER〗《remote continual verification》常時遠隔監視システム。国際原子力機関と各国の原子力施設を通信回線で結び、プルトニウムなどの核物質を軍事用に転用されるのを防ぐため、常時監視するシステム。

リカバリー〖recovery〗〔名〕スル　❶取り戻すこと。回復・復旧すること。「仕事の遅れを―する」「起動しなくなったパソコンを―する」❷アメリカンフットボールで、グラウンドに転がっているボールを確保すること。

リカバリー-シーディー【リカバリーCD】《recovery CD》市販のパソコンを出荷時の状態に戻す復旧用のCD-ROM。プレインストールされたオペレーティングシステムやアプリケーションプログラム、各種ドライバーなどが収録されている。

リカバリー-シーディーロム【リカバリーCD-ROM】《recovery CD-ROM》▶リカバリーディスク

リカバリー-ショット〖recovery shot〗ゴルフで、不利な状況からの回復をねらう思い切った打ち方。

リカバリー-ディスク〖recovery disc〗市販のパソコンを出荷時の状態に戻す、復旧用のCD-ROMやDVD-ROM。プレインストールされたオペレーティングシステムやアプリケーションソフト、各種ドライバーなどが収録されている。リカバリーCD-ROM。リカバリーDVD-ROM。

リカビトス-の-おか【リカビトスの丘】《Lykavittos》ギリシャの首都アテネにある丘の一。標高277メートルで、市街を一望する展望地として知られる。頂上部まで地下を走るケーブルカーで結ばれる。

リカレント-きょういく【リカレント教育】《リカレント(recurrent)は、反復・循環・回帰の意》経済協力開発機構(OECD)が提唱する生涯教育構想。社会人が必要に応じて学校へ戻って再教育を受ける、循環・反復型の教育体制。

り-かん【利勘】〔名・形動ナリ〕❶利害得失を計算してかかること。損得に敏感で抜け目がないこと。「あんな事もあらうかと、主の―」〈浄・浪花鑑〉❷経済的なこと。また、そのさま。「―で至極よいが、その紐はあまり太いの」〈滑・早変胸機関〉

り-かん【理観】仏語。万物の理法そのものを観察する修行法。

り-かん【×罹患】〔名〕スル　病気にかかること。罹病。「コレラに―する」〔類語〕発病・罹病

り-かん【離間】〔名〕スル　仲たがいをさせること。互いの仲を裂くこと。「定公と孔子との間を―しようと」〈中島敦・弟子〉

り-がん【離岸】〔名〕スル　船が海岸・岸壁から離れること。「客船が―する」⇔接岸。

りかん-さく【離間策】仲たがいをさせようとするたくらみ。

リガンド〖ligand〗❶▶配位子　❷細胞の表面に存在する特定の受容体に特異的に結合する物質。ホルモンや神経伝達物質など。

リカンベント〖recumbent〗《「横たわっている」の意》座席に付いた背もたれに寄りかかり、ハンドルより前方にあるペダルを漕いで進む自転車。二輪の他に三輪のものもある。リカンベントバイシクル。

リカンベント-バイシクル〖recumbent bicycle〗▶リカンベント

りかん-りつ【×罹患率】一定期間内における罹患患者の、対応する人口に対しての割合。

りがん-りゅう【離岸流】海岸に打ち寄せた海水が沖へ戻る通路となる強い潮の流れ。幅は10〜30メートル、速さは時に秒速2メートルにもなる。〔補説〕遊泳中に離岸流に流されたら、岸と並行に泳いで流れの外に出るのを待つか、そのまま流されて沖で救助を待つ。流れに逆らい岸に向かってはいけないとされる。

りき【力】❶体力。腕力。また、精力。ちから。「―がある」「栄養のある物を食べて―をつける」❷人数を表す語の下に付けて、それほどの力がある意を表す。「十人―」⇒漢「りょく(力)」

り-き【利器】❶鋭利な刃物。鋭い武器。❷便利な機械・器具。「文明の―」❸すぐれた才能。「多々益々弁ずるの―ならんや」〈小林雄七郎・薩長土肥〉
〔類語〕機械・機器・機具・器具・装置・機関・からくり・仕掛け・マシン・メカニズム

り-き【理気】中国思想でいう理と気。理はもと玉の筋目の意から、道理・真理、さらに形而上的な本体、普遍性の意をもつ語。気はもと雲気・呼気の意から、万物を生動させる原質、ひいては現象の意をもつ語。

り-ぎ【理義】道理と正義。「今の非国有派は全く―一片です」〈魯庵・社会百面相〉

りき-えい【力泳】〔名〕スル　力いっぱい泳ぐこと。

りき-えき【力役】❶体力を要する仕事。力仕事。肉体労働。りょくえき。「総ての―に争うて従事し」〈逍遥・内地雑居未来之夢〉❷▶りきやく(力役)

りき-えん【力演】〔名〕スル　力いっぱい演じること。熱演。「若手が初役を―する」

りき-がく【力学】❶物体間に働く力と運動との関係を研究する物理学の一分野。ガリレイとニュートンによって古典力学が完成。熱学や電磁気学の確立後は熱力学・電磁力学が発展し、統計力学・相対論的力学・量子力学が開かれた。狭義には古典力学をさしていう。ダイナミックス。❷個人や団体などがそれぞれ持っている影響力のかかわりあい。力関係。ダイナミックス。「派閥間の―が変化する」

りきがくてき-エネルギー【力学的エネルギー】力学系における、運動エネルギーと位置エネルギーとの総称。また、それらの和。外力の作用のない系で

り

は、一定に保たれる。機械的エネルギー。
りき-かん【力感】力強い感じ。力がこもっている感じ。「―がみなぎる彫像」
りき-こう【力行】▶りっこう(力行)
りき-さく【力作】力をこめてつくった作品。
(類語)労作・大作
リギ-さん【リギ山】《Rigi》スイス中部、ルツェルン州とシュウィーツ州にまたがる山。標高1797メートル。フィアワルトシュテッター湖とツーク湖を望む展望地として知られる。1871年、ヨーロッパ最古の登山鉄道、フィッツナウリギ鉄道が開通。山麓のフィッツナウと山頂を結ぶ。
りき-し【力士】《古くは「りきじ」とも》❶相撲取り。❷「金剛力士」の略。❸力の強い人。力持ち。「数万の一鬼王を集めて」〈曽我・七〉(類語)相撲取り・お相撲さん・関取・取的・ふんどし担ぎ・関
りきし-だち【力士立ち】《「りきじだち」とも》金剛力士のような勇ましい立ち姿。仁王立ち。「思ひの外に金剛兵衛が―」〈浄・栬狩剣本地〉
りきし-まい【力士舞】《「りきじまい」とも》上代、伎楽の舞の一。金剛力士の仮装をして舞う。まら振り舞。「池神の一かも白鷺の桙啄ひ持ちて飛び渡るらむ」〈万・三八三一〉
りき-しゃ【力車】❶荷物をのせて人力で引く車。ちからぐるま。❷「人力車」の略。
りき-しゃ【力者】❶平安末期以後、髪をそった姿をし、院・門跡・寺院・公家・武家などに仕えて力仕事に携わった従者。輿を担ぎ、馬の口取りをし、長刀を持つなどして供をした。力者法師。青法師。❷力の強い者。力持ち。特に、力役を務めた従者。陸者。陸尺。❸相撲取り。力士。「あっぱれ一の祐康と勝ほこったる帰り足」〈伎・小袖曽我〉
りきしゃ-ほうし【力者法師】「力者❶」に同じ。
りき-しょっき【力織機】動力で動かす織機。1785年、英国のカートライトが発明した。
りき-じん【力人】力者。力士。相撲取り。「五人の一をして山を掘り牛を引くに」〈十訓抄・七〉
りき-せき【力積】力と、それが作用していた時間との積。力が時間により変化する場合には、力をそれが作用した時間で積分した値。力積は力を受ける物体の運動量の変化に等しい。インパルス。
りき-せつ【力説】〔名〕スル 相手を納得させようとして、力を込めて述べること。「有利な点を―する」
(類語)主張・強調・熱弁・強弁
りき-せつ【理気説】中国、宋代の儒学説で、宇宙の本体を理とし、そこから生じる陰陽の気の運行が物を生じるとする思想。
りき-せん【力戦】〔名〕スル 力いっぱい戦うこと。力闘。「―したが及ばなかった」「―奮闘」
(類語)力闘・奮闘・奮戦
りき-せん【力線】力の場を表す曲線群。曲線の各点での接線の方向は、その場における力の方向と一致する。電気力線・磁力線など。
りき-そう【力走】〔名〕スル 力いっぱい走ること。
(類語)疾走・快走・ダッシュ
りき-そう【力×漕】〔名〕スル ボートなどを力いっぱいこぐこと。「クルーが一体となって―する」
りき-つい【力対】▶偶力
リキッド〖liquid〗❶液体。流体。❷液体整髪料。ヘアリキッド。
りき-てん【力点】❶てこの原理を応用した道具で物を動かすときに力を加える所。➡支点 ➡作用点 ❷重視する所。主眼。「機能に―を置いた設計」
(類語)重点・要点・要・ポイント・主眼・眼目
りき-とう【力投】〔名〕スル 野球で、投手が力をふりしぼって投球すること。「エースが―する」
りき-とう【力闘】〔名〕スル 力いっぱい戦うこと。力戦。
(類語)力戦・奮闘・奮戦
りきどうざん【力道山】[1924〜1963]プロレスラー。朝鮮の生まれ。本名、百田光浩。相撲界に入り、関脇の時にプロレスに転向。空手チョップを武器に人気を集めた。
りきどう-せつ【力動説】▶力本説
りきどう-ふう【力動風】世阿弥が説いた、能における鬼の演じ方の一。形も心も鬼で、からだに力をこめて強く荒々しく演じる。➡砕動風
りき-へん【力編】小説・映画などで、精力をこめてつくり上げられた作品。力作。
りきほん-せつ【力本説】哲学で、一切の存在の根源にあるものは力であって、それによって生成・運動・状態などが成立するとする立場。ライプニッツが代表的。力動説。ダイナミズム。
りきみ【力み】❶からだに力を入れること。また、力が入ること。❷つよがり。負けん気。❸気負い。「―のない素直な文章」
りきみ-かえ・る【力み返る】〔動ラ五(四)〕はなはだしくりきむ。「負けてたまるかと―・る」
りき・む【力む】〔動マ五(四)〕《名詞「りき(力)」の動詞化》❶からだに力を入れる。息をつめて力をこめる。いきむ。「バーベルを持ち上げようと―・む」❷力のあるようなふりをする。強がってみせる。「腕まくりをして―・んでみせる」❸うまくやろうと気負う。「―・まないでテストに臨む」(可能)りきめる
りき-やく【力役】国家から課される労役。律令制では、庸役と雑徭。りきえき。
りきゅう【利休】㊀▶千利休 ㊁「利休形」「利休下駄」などの略。
り-きゅう【離宮】皇居・王宮とは別に設けられた宮殿。「修学院―」
り-ぎゅう【×犂牛】まだらな毛色の牛。
り-ぎゅう【×犛牛】ヤクの別名。
りきゅう-いろ【利休色】黒みがかった緑色。
(類語)深緑・草色・萌葱色・柳色・松葉色
りきゅう-がた【利休形】櫛の形で、三日月形の両端を切り落としたようなもの。山が高く歯が浅い。
りきゅう-き【利休忌】千利休の忌日。陰暦2月28日。(季 春)
りきゅう-げた【利休下×駄】日和下駄で、薄く低い二枚歯を木地のままの台に入れたもの。浅い爪革をかけて雨下駄ともする。
りきゅう-こうじゅう【裏急後重】渋り腹のこと。しきりに便意を催すのに排便がごく少量で、すぐまた行きたくなる症状。
りきゅう-ごのみ【利休好み】〔名・形動〕❶茶人千利休の好んだという流儀や器物。❷《近世語》茶人風であること。また、物ずきなさま。「玉八にほれるといふは、よほど―な娘だの」〈人・清談松の調・二〉
りきゅう-だんす【利休×箪×笥】▶旅箪笥
りきゅう-ちゃ【利休茶】緑色を帯びた茶色。
りきゅう-ねずみ【利休×鼠】緑色を帯びたねずみ色。
りきゅう-ばし【利休箸】両端を細く削った杉の箸。懐石用であるが、客膳にも用いる。
りきゅう-まんじゅう【利休×饅×頭】黒砂糖を入れた皮で餡を包んだまんじゅう。名称は千利休にちなむという。
りきゅう-りゅう【利休流】千利休を祖とする茶道の流派。千家流。
リキュール〖フランス liqueur〗アルコールや蒸留酒に、糖分・果実エキス・香料などを加えた混成酒。フランスが本場。キュラソー・ペパーミント・ベルモットなどがあり、ディジェスチフやカクテルの材料とする。
リキュール-グラス〖liqueur glass〗リキュール用の、脚つきの小さなグラス。
り-きょ【離居】〔名〕スル 離れて住むこと。また、その住居。「其の母と二妹のアゼン都に、―するを憂い」〈竜渓・経国美談〉
り-ぎょ【李漁】[1611〜1680ころ]中国、明末・清初の劇作家・小説家。蘭渓(浙江省)の人。字は笠翁。戯曲「笠翁十種曲」、小説「無声戯」「十二楼」、随筆「閑情偶記」の演劇・戯曲論などがあり、日本の江戸時代の戯作者にも影響を与えた。
り-ぎょ【×鯉魚】鯉のこと。
り-きょう【離京】〔名〕スル 都を離れること。特に、東京や京都を離れること。
り-きょう【離郷】〔名〕スル 郷里を離れること。「―して三年たつ」
りき-りつ【力率】交流回路における実効電力の皮相電力(電圧と電流の積)に対する比。交流回路では電圧と電流に位相差があり、その余弦の値に等しい。実効電力は電圧・電流・力率の積となる。
りき-りょう【力量】❶物事を成し遂げる力の程度。能力の大きさ。「指導者としての―が問われる」❷物理的な力の量。また、エネルギーの量。
(類語)能力・実力・才能・器量・技量
リギル-ケンタウルス〖Rigil Kentaurus〗ケンタウルス座のα星。明るさは−0.01等で、距離4.37光年。三重連星であり、太陽に似た二つの主系列星が公転周期約80年で周回し、0.2光年離れたところにプロキシマケンタウリと呼ばれる伴星がある。同恒星系は太陽系に最も近いものとして知られる。アルファケンタウリ。
り-きん【利金】❶利息の金銭。利息。利子。❷利益の金銭。もうけた金。
(類語)利益・儲け・利・得・利得・利沢・黒字・得分・益・実益・収益・益金・純利・純益・差益・利鞘・マージン・ゲイン・プロフィット
り-ぎん【利銀】「利金❶」に同じ。「―のかさなり富貴になる事を楽しみける」〈浮・胸算用・二〉
リギン〖rigging〗帆船などで、帆柱・帆桁・帆を支えるのに用いる綱・金具などの総称。索具。リギング。
りきん-ぜい【×釐金税】中国で、1853年に清朝が実施した内国関税の一。その税率が100分の1、すなわち1釐であることからいう。太平天国鎮圧のための臨時的課税であったが、のち恒常的となり、1931年、関税自主権の回復とともに廃止。
りく【陸】陸地。おか。くが。「―に上がる」㊀海。➡漢「りく(陸)」(類語)陸地・陸お・陸上・地上・大地・大陸
り-く【離苦】仏語。心身の苦しみを離れること。
り-く【離×垢】仏語。けがれを離れること。煩悩を離脱すること。
リグ〖rig〗❶船舶で、帆・マスト・索具などの装備一式。艤装。❷海底油田の掘削装置。
りく-あげ【陸揚げ】〔名〕スル 船の積み荷を陸に揚げること。「貨物を―する」
りく-い【陸尉】陸上自衛官の階級の一。陸佐の下、准陸尉の上の位で、一・二・三等がある。諸外国および旧日本陸軍の尉官に相当する。
り-ぐい【利食い】〔名〕スル 相場の変動によって利益勘定になったときに、転売や買い戻しによってその利益を実現させること。
利食い千人力 相場格言の一つ。含み益に喜んでさらに利益を追うようなことはしないで、ある程度で儲けを確定させるのが賢明だという教訓。➡見切り千両
りくう-せん【陸羽線】山形・宮城両県の北部を横断するJR線。山形県新庄から西へ余目までの陸羽西線と、東へ宮城県小牛田までの陸羽東線、および小牛田から東へ女川に至る石巻線、その途中の前谷地から気仙沼に至る気仙沼線の総称。
リクード〖Likud〗イスラエルの保守政党。1973年、ベギンらが中心となって結党。労働党と並ぶ二大政党として政権を担当。中東戦争やパレスチナ入植政策で強硬姿勢を取るが、2005年に党首で首相だったシャロンらが集団離党してカディマを結成し、一時衰退した。(補説)ヘブライ語で団結の意。
リクープ〖recoup〗〔名〕スル 損失などを取り戻すこと。費用を回収すること。「初期開発費用を―する」
リクール〖Paul Ricoeur〗[1913〜2005]フランスの哲学者。ヤスパースの実存哲学とフッサールの現象学から出発、解釈学・現象学・宗教哲学などの分野で業績をあげた。著「意志の哲学」「生きた隠喩」「時間と物語」など。
りく-うん【陸運】陸上の輸送機関を使って、貨物・旅客を運ぶこと。陸上運輸。陸上運送。(類語)陸送
りくうん-きょく【陸運局】国土交通省地方運輸局

の運輸支局や自動車検査登録事務所の通称。[補説]かつては運輸省地方陸運局の陸運支局陸運事務所で自動車検査登録が行われていたことから、現在も陸運局の通称で呼ばれることがある。

リクエスト〖request〗〔名〕スル 要求。要望。特に、ラジオ・テレビなどの番組で、聴視者が特定の曲の放送を要求すること。また、その要求。「一特集」
[類語]要求・要望・頼み・求め・注文

リクエスト-プログラム〖request program〗視聴者の希望や要求に基づいて放送される番組。

りく-えふ【▽六▽衛府】リクヱフ ▶ろくえふ(六衛府)

りくえん-たい【陸援隊】リクヱンタイ 幕末、土佐藩士中岡慎太郎によって組織された軍隊。藩主山内豊信(容堂)を護衛する五十人組を起源とし、慶応3年(1867)結成。討幕運動に活躍した。

りくおう-がく【陸王学】リクワウガク 中国哲学で、宋の陸九淵から明の王陽明へと受け継がれた学統。心性を重んじる一元論的傾向が強く、心即理しんそくりの説を根本とする。

りく-か【▽六花】リククワ ▶りっか(六花)

りく-か【▽六科】リククワ 中国、唐初の科挙における六つの科目。秀才・明経・進士・明法・明書・明算の総称。

りく-か【陸賈】中国、前漢初期の学者・政治家。楚その人。高祖劉邦りゅうほうに仕え、天下統一に貢献。著に、秦漢の興亡を述べた「新語」12編。生没年未詳。

りく-かい【陸海】❶陸と海。陸上と海上。❷陸軍と海軍。

りく-かい-くう【陸海空】❶陸と海と空。❷陸軍と海軍と空軍。

りく-かぜ【陸風】海岸地方で、晴れた日の夜、陸から海へ向かって吹く風。穏やかな風で、陸軟風ともいう。りくふう。[対]海風うみかぜ。

りく-がめ【陸亀】カメ目リクガメ科の爬虫はちゅう類の総称。陸生で、大形のものが多い。ゾウガメなど。

りく-かん【▽六官】リククワン ▶りっかん(六官)

りく-き【▽六気】▶りっき(六気)

りく-き【陸機】[261〜303]中国、西晋の文学者。呉郡呉県(江蘇省)の人。字あざなは士衡しこう。呉の滅亡後、洛陽に入ったが、政争に巻き込まれて殺された。対句の多用と華麗な表現で、詩・賦に佳作を残した。「文賦ぶんぷ」は賦の様式による文学論として異色。

りく-ぎ【▽六義】❶「詩経」における詩の六種の分類。内容上の分類にあたる風・雅・頌しょうと、表現上の分類にあたる賦ふ・比・興きょう。❷和歌の六種の風体。紀貫之きのつらゆきが❶を転用して古今集仮名序で述べた、そえ歌・かぞえ歌・なずらえ歌・たとえ歌・ただごと歌・いわい歌。❸書道の六種の法。筆法・風情ふぜい・字象・去病きょへい・骨目こつもく・感徳。❹▶六書りくしょ❶ ❺物事の道理。「物の筋道一をたて」〈浄・生玉心中〉

りく-ぎ【▽六議】律令制で、刑の減免など刑法上の特典を受ける六種の資格。天皇・皇后などの親族である議親、天皇と特別の関係を持つ議故、特に徳行のある議賢、特に才能のある議能、特に勲功のある議功、三位以上の官人である議貴の六種。⇒八議

りくぎ-えん【六義園】リクギヱン 東京都文京区にある都立公園。元禄年間(1688〜1704)柳沢吉保が別邸に造った池泉回遊式庭園。

りく-きゅう【▽六宮】▶りっきゅう(六宮)

りく-きゅうえん【陸九淵】リクキウエン [1139〜1192]中国、南宋の思想家。金渓(江西省)の人。字あざなは子静。号、存斎ぞんさい。象山しょうざん先生と称される。心の内省を重んじて「心即理」説を唱え、朱熹しゅきの「性即理」説と対立する一派をなした。その思想は王陽明に継承され、陽明学の源流となった。

りく-きょう【▽六郷】リクキャウ 中国、周代の行政区画の名。王城から50里ないし100里以内の地。6分し、6人の大司徒がそれぞれを所管した。

りく-きょう【陸橋】リクケウ ▶りっきょう(陸橋)

りく-ぐ【▽六具】▶ろくぐ(六具)

りく-ぐん【▽六軍】中国、周代の軍制で、天子の統率した6個の軍。一軍が1万2500人で、合計7万5000人の軍隊。六師りくし。

りく-ぐん【陸軍】陸上戦闘を主な任務とする軍備・軍隊。日本では明治維新後、天皇の統帥のもとに海軍と併存したが、第二次大戦後廃止。

りくぐん-きねんび【陸軍記念日】日露戦争における奉天会戦の勝利を記念して設けられた記念日。3月10日。第二次大戦後廃止。

りくぐん-しかんがっこう【陸軍士官学校】シクワンガクカウ 陸軍の士官を養成する学校。旧日本陸軍の場合は、明治7年(1874)東京の市ヶ谷に設置。昭和20年(1945)廃止。陸士。

りくぐん-しょ【陸軍所】江戸末期の幕府の軍事訓練所の一。慶応2年(1866)従来の講武所に代わって設置。

りくぐん-しょう【陸軍省】シャウ 明治5年(1872)兵部省の廃止により成立し、旧日本陸軍に関する軍政事務一般を担当した中央官庁。長官は陸軍大臣。昭和20年(1945)廃止。

りくぐん-そうさい【陸軍総裁】江戸幕府の職名。幕府陸軍の総轄者。文久2年(1862)設置、慶応4年(1868)廃止。

りくぐん-ぞうへいしょう【陸軍造兵×廠】ザウヘイシャウ 陸軍の兵器・弾薬・器材などの考案・設計・製造・修理などをする施設。旧日本陸軍では大正12年(1923)に砲兵工廠を改称して設置。本廠を東京赤羽(のち福岡県小倉)に置き、各地の工廠を管轄した。

りくぐん-だいがっこう【陸軍大学校】ダイガクカウ 陸軍の将校に高等の学術を授け、併せて、その研究を行う機関。旧日本陸軍の場合は、明治16年(1883)東京に開校。昭和20年(1945)廃校。

りくぐん-だいじん【陸軍大臣】陸軍省の長官。旧日本陸軍の行政を管理し、軍人・軍属を統轄。陸相。

りくぐん-なかのがっこう【陸軍中野学校】ガクカウ 旧日本陸軍で、軍事諜報員ちょうほういんを養成した学校。昭和13年(1938)設立。東京中野にあった。中野学校。

りくぐん-ぶぎょう【陸軍奉行】ブギャウ 江戸幕府の職名。幕府の歩兵・騎兵・砲兵の統轄者。文久2年(1862)幕末の軍制改革で設置、慶応4年(1868)廃止。

りくぐん-ようねんがっこう【陸軍幼年学校】エウネンガクカウ 旧日本陸軍で、士官を志願する少年を教育した学校。明治3年(1870)設置の兵学寮幼年学舎を前身とし、同5年改称して独立。修業期間は3年間で、卒業生は陸軍士官学校に進学した。

りく-けい【▽六×卿】▶りっけい(六卿)

りく-けい【六経】▶りっけい(六経)

りく-げい【▽六芸】❶中国、周代に、士以上の者の必修科目とされた六種の技芸。礼・楽・射・書・御ぎょ(=馬術)・数。❷▶六経りっけい

りくけい-とう【陸×繋島】タウ 陸の近くにあった島が、砂州の発達で陸地と連結してしまったもの。和歌山県の潮岬しおのみさき、北海道の函館山はこだてやまなど。

りく-こう【陸行】カウ〔名〕スル ▶りっこう(陸行)

りく-ごう【▽六合】ガフ 天地と四方。上下四方。また、天下。世界。全宇宙。六極りっきょく。

りくごうざっし【六合雑誌】リクガフザッシ 明治13年(1880)小崎弘道・植村正久らがキリスト教青年会の機関誌として発刊した雑誌。思想・文学・教育・政治・社会にわたる革新的論文を掲載した。

りく-こく【六国】▶りっこく(六国)

りく-さ【陸佐】陸上自衛官の階級の一。陸将補の下、陸尉の上の位で、一・二・三等がある。諸外国および旧日本陸軍の佐官に相当する。

りく-さん【陸産】陸上で産すること。また、そのもの。

りくさん-ぶつ【陸産物】陸上に産する物。また、その加工品。

りく-し【▽六師】▶六軍りくぐん

りく-し【陸士】㊀陸上自衛官の階級の一。陸曹の下で、陸士長および一・二等がある。諸外国および旧日本陸軍の兵に相当。㊁「陸軍士官学校」の略称。

りく-じ【▽六事】人として心がけるべき、慈・倹・勤・慎・誠・明の六つのこと。

りく-じ【陸自】「陸上自衛隊」の略称。

りく-しゅうふ【陸秀夫】シウフ [1236〜1279]中国、南宋末の忠臣。字あざなは君実。塩城(江蘇省)の人。宋の恭宗が元に下ったあと、張世傑らと子の益王(瑞宗)を擁して戦い、その没後は衛王を奉じて崖山(広東省)に移ったが敗れて衛王とともに入水じゅすいした。

[漢字項目] りき

【力】▶りょく

[漢字項目] りく

【▽六】▶ろく

陸 [学]4 [音]リク[漢] ロク[呉] [訓]くが、おか ‖ ㊀〈リク〉①丘や山がうねり続く大地。りくち。「陸運・陸橋・陸上・陸地・陸路/上陸・水陸・大陸・着陸」②次々と続いて絶え間ないさま。「陸続」③「陸軍」「陸上自衛隊」の略。「陸士・陸相・陸将・陸曹・陸海空」④陸奥むつの国。「陸前・陸中/三陸」㊁〈ロク〉①「六」の大字。「陸尺」②平ら。「陸屋根ろくやね」③まともなこと。まともに。「陸陸」[名付]あつ・あつし・たか・たかし・ひとし・みち・む・むつ [難読]陸稲おかぼ・常陸ひたち・陸奥むつ・みちのく・馬陸やすで

×戮 [音]リク[漢] ‖ ①切り殺す。「殺戮・誅戮ちゅうりく」②力を合わせる。「戮力」

りく-しゅつ【▽六出】《6弁の花の形に似るところから》雪のこと。六花。六出花。

りく-しょ【▽六書】❶漢字の成立と用法に関する六種の分類。象形・指事・会意・形声・転注・仮借かしゃ。六義。❷▶六体りくたい❶

りく-しょう【▽六省】シャウ 中国、唐代の官制で、尚書・中書・門下・秘書・殿中・内侍の六つの省。

りく-しょう【陸相】シャウ 陸軍大臣の略称。

りく-しょう【陸将】シャウ 陸上自衛官の階級の一。陸将補の上で最高位。諸外国および旧日本陸軍の大・中将に相当する。

りく-じょう【陸上】ジャウ ❶陸地の上。❷「陸上競技」の略。

りくじょう-き【陸上機】リクジャウキ 陸上で離着陸する飛行機。陸上飛行機。

りくじょう-きょうぎ【陸上競技】リクジャウキャウギ 主に野外競技場のトラックやフィールド、また、道路で行われる、走る・跳ぶ・投げるの3基本技を中心とする競技の総称。競走・跳躍・投擲とうてき・マラソン競技など。

りく-しょうざん【陸象山】シャウザン ▶陸九淵りくきゅうえん

りくじょう-じえいたい【陸上自衛隊】リクジャウジヱイタイ 自衛隊の一。陸上幕僚監部・方面隊・ヘリコプター団・通信団などの部隊や各種学校などからなり、統合幕僚長の補佐を受けた防衛大臣の統括の下に、陸上における防衛を主な任務とする。昭和29年(1954)保安隊を改組・改称して設置。陸自。

りくじょう-ばくりょうかんぶ【陸上幕僚監部】リクジャウバクレウカンブ 防衛省に置かれ、防衛大臣に直属する機関の一。幕僚長の統率のもとに、陸上自衛隊の、防衛・教育訓練・装備・人事などに関する計画の立案、部隊の管理・運営などを行う。⇒幕僚監部

りくしょう-ほ【陸将補】リクシャウホ 陸上自衛官の階級の一。陸将の下、陸佐の上の位。諸外国および旧日本陸軍の少将に相当する。

りく-しん【▽六親】▶ろくしん(六親)

りく-ず【陸図】ヅ「地形図」に同じ。

りく-すい【陸水】海水以外の、陸地にある水。湖沼水・河川水・地下水・氷河など。

りくすい-がく【陸水学】湖沼・河川などの陸水を物理的、化学的、生物学的に研究する学問。

りく-する【×戮する】〔動サ変〕[文]りく・す〔サ変〕人を殺す。特に、罪ある者を殺す。「日に千人の小賊を一・して」〈漱石・草枕〉

りく-せい【陸生|陸×棲】〔名〕スル 陸上に生息すること。また、陸地に生えること。[対]水生。

りくせい-がい【陸生貝】ガヒ 陸上に生息する巻き貝。カタツムリ・キセルガイ・ナメクジ・オカモノアラガイなど。陸貝。

りくせい-しょくぶつ【陸生植物】陸上に生育する植物。陸上植物。

りくせい-そう【陸成層】陸上に堆積してできた地層。砂漠・砂丘などの風による堆積物、氷河堆積物、河川・湖沼などの水底の堆積物などがある。
りくせい-どうぶつ【陸生動物】陸上で生活する動物。一般に空気呼吸・水分保持の機構や体の支持・運動器官が発達している。
りく-せき【▽六籍】►六経
りく-せん【陸戦】陸上での戦闘。陸上戦。
りくぜん【陸前】旧国名の一。明治元年(1868)陸奥国から分国。現在の宮城県の大部分と岩手県の一部。
りくせん-たい【陸戦隊】「海軍陸戦隊」の略。
りくぜんたかた【陸前高田】岩手県南東部の市。太平洋に臨み、漁業基地。水産加工・製材業が行われる。椿島はウミネコの繁殖地。人口2.3万(2010)。
りくぜんたかた-し【陸前高田市】►陸前高田
りくぜん-はまかいどう【陸前浜街道】►浜街道
りく-そう【陸送】〔名〕スル ❶陸上を輸送すること。❷車両未登録の自動車を運転して運ぶこと。(類語)陸運
りく-そう【陸曹】陸上自衛官の階級の一。准陸尉の下、陸士の上の位で、陸曹長および一・二・三等がある。諸外国および旧日本陸軍の下士官に相当。
りく-ぞく【陸続】〔ト・タル〕文〔形動タリ〕次々と連なり続くさま。「支援部隊が一と到着する」
(類語)次次・続続・どんどん・引っきり無し・立て続け
りく-たい【▽六体】❶漢字の六種の書体。大篆・小篆・八分・隷書・行書・草書。また、古文・奇字・篆書・隷書・繆篆・虫書。六書。ろくたい。❷「書経」の六種の文体。典・謨・誓・命・訓・誥。ろくたい。
りく-だな【陸棚】►大陸棚
りく-ち【陸地】地球の表面で、水におおわれていない部分。地球表面積の30パーセントを占め、その平均高度は840メートル。陸。
(類語)陸・陸地・陸上・地上・大地・大陸
りく-ちく【▽六畜】►ろくちく(六畜)
りくちそくりょう-ぶ【陸地測量部】旧日本陸軍参謀本部に属し、陸地の測量、軍事用地図その他の地図の製作・修正などを行った機関。明治21年(1888)に創立。現在の国土交通省国土地理院の前身。
りくち-めん【陸地綿┊陸地×棉】アメリカ、アジア、エジプトを除くアフリカなど、世界で最も広く栽培されているワタ。ペルー・メキシコの原産。海島綿に対しての称。
りくちゅう【陸中】旧国名の一。明治元年(1868)陸奥国から分国。現在の岩手県の大部分と秋田県の一部。
りくちゅうかいがん-こくりつこうえん【陸中海岸国立公園】岩手県北部から宮城県気仙沼付近にかけての太平洋岸を占める国立公園。海岸段丘・リアス式海岸からなり、景勝地が連続する。日ノ出島・三貫島・椿島は稀少海鳥の繁殖地。
りく-ちょう【六朝】㊀中国で、後漢の滅亡後、隋の統一まで建業(現在の南京)に都した呉・東晋・宋・斉・梁・陳の6王朝。㊁六朝時代に行われた書風。六朝体。
りく-ちん【陸沈】〔名〕スル 滅亡すること。「徳川氏は…日本国を一せしむるものなりと」〈田口・日本開化小史〉
り-くつ【理屈┊理窟】❶物事の筋道。道理。「一に合わない」「一どおりに物事が運ぶ」❷無理につじつまを合わせた論理。こじつけの理論。へりくつ。「一をこねる」(類語)(❶)理・理合・道理・事理・条理・論理・筋・筋道・道筋・辻褄・理路・理論・ロジック/(❷)屁理屈・小理屈・詭弁・こじつけ・空理・空論・講釈・御託
理屈と膏薬はどこへでも付く 理屈は、つけようと思えば何にでもつけることができる。
りくつ-ぜめ【理屈責め】理屈を並べたてて相手を責めること。
りく-つづき【陸続き】二つの陸地が海などに隔てられずにつながっていること。「かつては大陸と一だった島々」(類語)地続き
りくつっ-ぽ・い【理屈っぽい】〔形〕理屈を言う傾向がある。理屈が多い。「神経質で一・い人」(派生)りくつっぽさ〔名〕
りくつ-づめ【理屈詰め】理屈で押し通すこと。理屈を言いたてて追及すること。「一にして置いて」〈二葉亭・其面影〉
りくつ-ぬき【理屈抜き】理屈をつける必要がないこと。「一におもしろい」
りくつ-や【理屈屋】何かと理屈を言いたてる人。
りく-てん【▽六典】中国、周代に国を治めるために制定された六種の法典。すなわち治典・教典・礼典・政典・刑典・事典。
りく-でん【陸田】❶はたけ。また、律令制下で、五穀をつくる乾田のこと。白田。⇔水田。❷畑にポンプで水を入れて、水稲を栽培するようにしたもの。第二次大戦後に関東平野でみられた。
りくとう【六韜】古代中国の兵法書。文韜・武韜・竜韜・虎韜・豹韜・犬韜の6巻60編。周の太公望の撰とされるが、現存するものは魏晋時代の偽作といわれる。
りく-とう【陸島】大陸の近くに位置し、大陸の一部が分離してできたと考えられる島。グレートブリテン島など。大陸島。⇔洋島。
りく-とう【陸稲】畑に栽培する稲。おかぼ。⇔水稲。(季 秋)
りく-どう【▽六道】►ろくどう(六道)
りくとう-さんりゃく【六韜三略】㊀古代中国の兵法書、「六韜」と「三略」の併称。㊁《㊀から転じて》兵法などの、極意。奥の手。虎の巻。
りく-とく【▽六徳】❶人の守るべき六種の徳目。知・仁・聖・義・忠・和。また、礼・仁・信・義・勇・知。❷妻の行うべき六種の徳目。柔順・清潔・不妬・倹約・恭謹・勤労。
りく-なんぷう【陸軟風】「陸風」に同じ。⇔海軟風。
りくにょ【六如】[1734〜1801]江戸中期の天台宗の僧侶・漢詩人。近江の人。俗姓は苗村。名は慈周。六如は字。江戸寛永寺明静院、京都善光院住持。宋詩を範として新詩風を興したことで知られる。著作に「六如庵詩鈔」「葛原詩話」など。
リグニン〖lignin〗植物中にセルロースなどと結合して存在する高分子化合物。細胞壁に堆積して木質化を起こし、植物体を強固にする。木材中には20〜30パーセント含まれ、パルプ製造の際の不要成分。バニリン製造・粘着剤などに利用。
りく-の-ことう【陸の孤島】交通が極端に不便で、周囲から隔絶している地方や場所をいう語。
りく-ばく【陸幕】「陸上幕僚監部」の略称。
りく-はんきゅう【陸半球】陸地の占める面積が最大になるように地球を2分したときの半球。フランス中西部のナント付近を極とする半球で、世界の陸地面積の約90パーセントが入るが、海洋に対しての陸地面積は約47パーセント。⇔水半球。
リクビル〖Riquewihr〗フランス北東部、アルザス地方、オー-ラン県の村。古くからワイン産地として知られる。第二次大戦の被害をほとんど受けなかったため、中世の城壁に囲まれた村内には同地方に典型的な木組み造りの家並みが残されている。
りく-ぶ【▽六部】中国の六つの中央行政官庁。吏部・戸部・礼部・兵部・刑部・工部。隋・唐代に設けられ、清末に廃止。吏部は文官の任免、戸部は財政、礼部は文教、兵部は軍事また武官の任免、刑部は司法、工部は土木関係の行政を担当した。ろくぶ。
りく-ふう【陸封】海、または海と陸水の両方で生活していた水生動物が、地形の変化などにより陸水に封じ込められ、そこで世代を繰り返すようになること。
りく-ふう【陸風】りくかぜ。⇔海風。
りくふう-がた【陸封型】陸封により、陸水にとどまって成長・繁殖するようになった性質の魚。ヤマメはサクラマスの、ヒメマスはベニザケの陸封型。
りく-ふく【▽六服】中国、周代に王畿の外にあって五百里を一区とする六つの地域。すなわち、侯服・甸服・男服・采服・衛服・蛮服。
りく-へい【陸兵】陸上部隊の兵士。陸軍の兵士。
リグ-ベーダ〖梵 Ṛg-veda〗古代インドのバラモン教の聖典。10巻1028編の賛歌から成る。前1500〜前1000年ごろ成立。インド最古の文献で、四大ベーダの中心。現世・来世の幸福を神々に祈念する賛歌で、神々を勧請する神官によって誦唱。
りく-ほう【▽六法】東洋画の制作・鑑賞のための六つの規範。南斉の謝赫が「古画品録」の序で挙げた、気韻生動・骨法用筆・応物象形・随類賦彩・経営位置・伝模移写をいう。ろっぽう。
りく-ほう【陸▽棚】►大陸棚
りく-ほうおう【陸放翁】►陸游
りく-やね【陸屋根】►ろくやね(陸屋根)
りく-ゆ【▽六諭】中国、明の太祖(朱元璋)が1397年、民衆教化のため発布した教訓。「父母に孝順にせよ、長上を尊敬せよ、郷里に和睦せよ、子孫を教訓せよ、各々生理に安んぜよ、非為をなすなかれ」の六言。
りく-ゆう【陸游】[1125〜1210]中国、南宋の文人。山陰(浙江省)の人。字は務観。号、放翁。南宋第一の詩人として、北宋の蘇東坡と並称される。激情の愛国詩人であるとともに日常の生活をもこまやかに歌い上げた。1万首近くの詩が今に伝わる。著「剣南詩稿」「放翁詞」「渭南文集」など。
りくゆえんぎ【六諭衍義】中国、明末・清初の人范鋐が平易な口語で「六諭」を解説した書。日本には琉球を経て江戸中期に伝わり、幕府は室鳩巣に「六諭衍義大意」を作らせた。
リクライニング-シート〖reclining seat〗乗り物などで、背もたれを後方へ倒すことのできる座席。
リクライニング-チェア〖reclining chair〗背もたれの角度が調節できる、足掛けのついた安楽いす。
リク-ラブ「リクルートラブ」の略。
りく-り【陸離】〔ト・タル〕文〔形動タリ〕美しく光りきらめくさま。「一として光彩を放つ」
リグリア〖Liguria〗イタリア北西部にある州。イタリア半島の付け根の西部に、地中海に沿うように弧状の州域をなす。古くから州都ジェノバを中心に海上交易が盛んで、現在も同国最大の貿易港を擁する。インペリア県・サボーナ県・ジェノバ県・ラ-スペツィア県がある。
リクリエーション〖recreation〗►レクリエーション
りく-りょう【陸×梁】〔名〕スル 勝手気ままにあばれまわること。跳梁。「攻守同盟を結び、俄仏の一を禦ぐが如き」〈東海散士・佳人之奇遇〉
りく-りょく【×戮力】〔名〕スル 力を合わせること。協力。
リクルーター〖recruiter〗人員の補充や募集をする人。企業の新人採用担当者など。
リクルーティング〖recruiting〗人材の募集や補充をすること。
リクルーティング-アド〖recruiting ad〗求人広告。特に、新規卒業者を対象とするもの。
リクルート〖recruit〗《新兵・新入社員などの意》❶企業などが人員を募集すること。求人。❷学生など、❶に応募する側の就職活動。「一スーツ」
(類語)募集・求人・急募・募る
リクルート-カット《和 recruit＋cut》リクルート(就職)用のヘアスタイルのこと。主に男性のショートヘアをさし、横分けで耳の上でカットされ、前髪はきちっと上げているスタイル。
リクルート-スーツ《和 recruit＋suit》就職活動中の学生が会社訪問や就職試験の際に着る地味で画一的なスーツ。男子は紺色、女子は紺かグレーが一般的。
リクルート-ファッション《和 recruit＋fashion》就職試験や会社訪問のときに着る画一的な服装。男子は紺の背広に無地のネクタイ、女子は紺・グレーのスーツに白のブラウスなどが代表的。リクルートルック。
リクルート-ラブ《和 recruit＋love》会社説明会へ

の参加や就職試験などの就職活動を通して男女が知り合い、恋愛に至ること。リクラブ。
リクルート-ルック〘和 recruit+look〙「リクルートファッション」に同じ。
りく-れい【▽六礼】❶《「礼記」王制から》中国古代における六種の礼式。冠・婚・喪・祭・郷飲酒・相見。❷《「儀礼」士昏礼から》婚姻に関する六種の礼。納采・問名・納吉・請期せいき・親迎・納徴。
リグレッション-テスト〘regression test〙コンピューターのプログラム開発において、プログラムの一部を変更した際、新たな問題が発生していないかを検証すること。回帰テスト。退行テスト。レグレッションテスト。
りく-ろ【陸路】陸上のみち。また、陸上の交通路を使って目的地へ行くこと。「—をとる」➡海路 ➡空路
リグロイン〘ligroin〙石油エーテルの一種。飽和炭化水素からなる無色透明の軽質ガソリン。溶剤として用いられる。ベンジンと同意義にも使われる。
り-ぐん【離群】群から離れること。仲間はずれになること。
り-けい【理系】理科の系統。また、それに属する分野・学科。理科系。⇔文系。
リケッチア〘rickettsia〙細菌よりは小さく、ウイルスよりは大きい微生物の一群。リケッチア目の細菌として分類される。基本形は桿菌かんきん状または球状で、グラム陰性。生きた細胞内でだけ増殖する。ノミ・シラミ・ダニなどの媒介により発疹ほっしんチフス・つつがむし病などを起こすものが含まれる。名は発見者の一人、米国の病理学者H=T=リケッツにちなむ。
リゲル〘ラテ Rigel〙オリオン座のβベータ星。明るさが0.1等の白色に輝く連星。距離700光年。源氏星。
り-けん【利剣】❶鋭利なつるぎ。よく切れる刀剣。❷仏語。煩悩ぼんのうや邪悪なものを打ち破る仏法や智慧のこと。「弥陀の—」
り-けん【利権】利益を得る権利。特に、業者が政治家や役人と結託して獲得する権益。「—がからむ」
り-けん【理研】「理化学りかがく研究所」の略。
り-げん【×俚言】❶俗間に用いられる言葉。里人の言葉。俗言。俚語。➡雅言 ❷その土地特有の単語や言い回し。俚語。
(類語)俚語・俗言・方言・国言葉・卑語・俗語・スラング
り-げん【×俚×諺】世間に言い伝えられてきたことわざ。(類語)ことわざ・諺語・俗諺・古諺
り-げんこう【李元昊】リゲンカウ[1004〜1048]中国、西夏の初代皇帝。在位1032〜1048。廟号びょうごうは景宗。1038年建国。国号を大夏と称した。宋・遼に対抗し、官制・兵制を整え、文化の向上にも努めた。
りげんしゅうらん【俚言集覧】リゲンシフラン 江戸時代の国語辞書。26巻。太田全斎著。成立年未詳。主として俗語・俚諺などを集め、五十音の横の段の順序に配列して語釈を加えたもので、明治33年(1900)に、井上頼圀いのうえよりくに・近藤瓶城こんどうへいじょうが現行の五十音順に改編、増補して「増補俚言集覧」3冊として刊行。
りけん-せいじ【利権政治】リケンセイヂ 贈収賄や公共事業発注の際の談合行為など、業者と政治家が結託して大きな利益を得ることが横行している政治。
りげん-だいし【理源大師】聖宝しょうぼうの諡号しごう。
り-こ【利己】自分の利益だけを考え、他人のことは顧みないこと。「—の心」
り-ご【×俚語】「俚言りげん」に同じ。
り-こう【利口・×悧口】リコウ・【利巧・×悧巧】リカウ〘名・形動〙❶頭がよいこと。賢いこと。また、そのさま。利発。「—な犬」「—そうな人」「—ぶる」⇔馬鹿ばか。❷要領よく抜け目のないこと。また、そのさま。「—に立ちまわる」❸(多く「お利口」の形で)子供などがおとなしく聞きわけのよいこと。また、そのさま。「お—にしている」「お—さん」❹巧みにものを言うこと。口先のうまいこと。また、そのさま。「興言—は放遊境を得るの時談話に虚言を成し」〈著聞集・一六〉❺軽口を言うこと。冗談。「『またお上人様の—仰せらるる』『いや—ではない。有様ありようぢゃ』」〈虎明狂・若市〉(派生)りこうさ〘名〙
(類語)(❶)利発・怜悧れいり・聡明そうめい・発明・慧敏けいびん・明敏・鋭敏・才気煥発かんぱつ・穎悟えいご・英明・利根・賢明・賢い・聡さとい/(❷)賢さかしい・小賢こざかしい・うまい・クレバー・抜け目がない
り-こう【理工】理学と工学。また、理学部と工学部。「—科」「—系」
り-こう【履行】リカウ〘名〙スル ❶決めたこと、言ったことなどを実際に行うこと。実行。「約束を—する」❷債務者が債務の内容である給付を実現すること。履行は債権の効力の面から、弁済は債権の消滅の面からとらえていう語。(類語)実行・遂行・実施・施行しこう・執行・決行・敢行・断行・躬行きゅうこう・励行
り-ごう【×釐×毫】リガウ ごくわずかなこと。寸毫。
り-ごう【離合】リガフ〘名〙スル 離れることと合わさること。離れたり一緒になったりすること。「政権を争って党派が—する」(類語)集散
りごう-し【離合詩】リガフ 漢詩技巧の一。近接する2句の中に、1字の偏と旁つくりを切り離して詠み込んだり、熟語を形成する2字を分離して1句の首尾に配したりするもの。
りごう-しゅうさん【離合集散】リガフシフサン・【離合×聚散】リガフシュウサン〘名〙スル 人々がより集まって仲間をつくったり、また別々に分かれたりすること。「信念もなく—する各派閥」
り-こうしょう【李鴻章】リコウシャウ[1823〜1901]中国、清末の政治家。安徽あんき省合肥の人。字あざなは少荃しょうせん、号は儀叟。諡おくりなは文忠。曽国藩のもとで淮軍わいぐんを組織して太平天国の乱を鎮圧。以後40年余にわたって両江総督・直隷総督・北洋大臣・内閣大学士を歴任、日清戦争(下関条約)・義和団事件など重要な外交案件にかかわったほか、洋務運動の中心人物として清国の近代化に尽力した。リー=ホンチャン。
りこう-せい【里甲制】リカフ 中国、明代から清代初頭にかけて行われた地方村落の自治制度。1381年制定。110戸を1里とし、そのうち富裕な10戸を里長、残りの100戸を甲首戸として10戸ずつ10甲に分け、毎年輪番で1里長と10甲首の正役となり、租税徴収・治安維持などにあたった。
りこう-ちたい【履行遅滞】リカウ 債務不履行の一。債務者が履行期に債務の履行が可能であるのに履行しないこと。債権者は遅延賠償の請求などができる。
りこう-ふのう【履行不能】リカウ 債務不履行の一。債権成立のときは履行が可能であったが、その後発生した債務者の責めに帰すべき事由により履行が不能となること。債権者は塡補てんぽ賠償の請求ができる。
りこう-もの【利口者】賢い人。また、機敏に要領よく立ちまわる人。
リコーダー〘recorder〙リードをもたない、木製・プラスチック製などの縦笛。ヨーロッパではバロック時代に広く用いられ、日本では、主に学校教育用楽器として使用されている。ブロックフレーテ。
リゴードン〘フラ rigaudon〙▶リゴドン
リコール〘recall〙〘名〙スル ❶国または地方公共団体の公職にある者を、任期満了前に国民または住民の意思により罷免する制度。日本では、最高裁判所裁判官の国民審査、地方公共団体の長・議員などの解職請求などがこれにあたる。直接民主制の一形態。国民罷免。国民解職。「市長を—する」❷欠陥のある製品を生産者が回収し、無料で修理すること。
り-こくよう【李克用】[856〜908]中国、五代後唐こうとうの初代皇帝荘宗の父で、事実上の建国者。諡おくりなは武皇帝。廟号びょうごうは太祖。突厥とっけつ沙陀さだ族の出身。黄巣の乱で、反乱軍を破った功で河東節度使に任ぜられ、以後朱全忠(後梁の太祖)と華北の覇権を争い、陣没。
りこ-しゅぎ【利己主義】社会や他人のことを考えず、自分の利益や快楽だけを追求する考え方。また、他人の迷惑を考えずわがまま勝手に振る舞うやり方。エゴイズム。「—者」(類語)エゴイズム・個人主義・自己本位・ミーイズム・自己中
りこ-しん【利己心】自分の利害だけをはかって、他人のことを考えない心。「—だけで行動する」
リコッタ〘イタ ricotta〙イタリア産の、ホエー(乳清)から作ったチーズ。作りたてを食べるが、菓子などの材料としても重用される。
りこ-てき【利己的】〘形動〙自分の利益だけを追求しようとするさま。「—な生き方」「—な態度」
(類語)勝手・わがまま・エゴイスチック・横着・身勝手・得手勝手・手前勝手・自分勝手・自己本位・傍若無人・好き放題・好き勝手・恣意的しいてき
リゴドン〘フラ rigaudon〙《「リゴードン」とも》フランスのプロバンス地方に由来する宮廷舞曲。17〜18世紀にフランス・イギリス・ドイツなどで流行した。
リコピン〘lycopene〙カロテノイド色素の一つ。トマト・スイカに多く含まれる赤色色素で、抗酸化作用による生理機能がある。リコペン。
リコメンデーション〘recommendation〙▶レコメンデーション
リコメンド〘recommend〙〘名〙スル ▶レコメンド
リコリス〘licorice〙カンゾウの一種、スペインカンゾウのこと。根をキャンディーやグミなど菓子類の風味づけに用いる。
リコリス〘ラテ Lycoris〙ヒガンバナ科ヒガンバナ属の球根植物。葉と花は違う季節に出る。ヒガンバナやナツズイセンがよく知られる。
リゴリスト〘rigorist〙厳格・厳正を第一の信条とする人。厳格主義者。
リゴリズム〘rigorism〙▶厳粛主義
リゴレット〘Rigoletto〙ベルディ作曲のオペラ。全3幕。1851年ベネチアで初演。ユゴーの戯曲「歓楽の王」に取材し、娘ジルダをマントバ公爵に誘惑された道化リゴレットの復讐と悲劇とを描く。
り-こん【利根】〘名・形動〙❶生まれつき賢いこと。利発。⇔鈍根。❷口のきき方がうまいこと。また、そのさま。「さのみ—にいはぬもの」〈浄・曽根崎〉
(類語)利口・利発・怜悧れいり・聡明そうめい・発明・慧敏けいびん・明敏・才気煥発かんぱつ・穎悟えいご・賢明・賢い・聡さとい
り-こん【離婚】〘名〙スル 夫婦が生存中に法律上の婚姻関係を解消すること。日本では、協議離婚・調停離婚・審判離婚・裁判離婚の四種がある。
(類語)離縁・離別・破婚・縁切り・夫婦別れ・三下り半
りこん-げんいん【離婚原因】裁判上の離婚の訴えを提起することのできる一定の事由。➡裁判離婚
リコンストラクション〘reconstruction〙再建。復興。「経済の—」
りこん-とどけ【離婚届】協議離婚を成立させるため、または調停・審判・裁判による離婚の成立を報告するための戸籍上の届け出。
リコンパイル〘recompile〙コンピューターのプログラムを再度コンパイルすること。プログラムを修正したり、機能を追加した時に行う。
りこん-びょう【離魂病】リコンビャウ 夢遊病むゆうびょうのこと。
リコンファーム〘reconfirm〙〘名〙スル 国際航空便予約の再確認をすること。
リサージ〘litharge〙密陀僧みつだそう、すなわち酸化鉛のこと。
リサーチ〘research〙〘名〙スル 調査。研究。「住民の意見を—する」「マーケティング—」
(類語)研究・調査・分析・スタディ・サーチ
リサーチ-パーク〘research park〙研究開発型企業や国の研究機関など、官民の研究施設を中心に立地した研究学園都市。研究施設を集積することで、研究開発の高度化・効率化をめざす。ハイテクパーク。ソフトパーク。
リサーチャー〘researcher〙調査する人。研究に従事する人。研究者。
リサーチ-ユニバーシティー〘research university〙研究開発活動に重点を置く大学。
リザード〘lizard〙トカゲ。トカゲの皮。
リザーブ〘reserve〙〘名〙スル ❶劇場やレストランの座席、ホテルの部屋などを予約すること。「新幹線の席を—する」❷貯え。予備。「燃料の—」❸スポーツで、補欠。控え。「—の選手」
(類語)予約・リザベーション・ブッキング
リザーブ-トランシュ〘reserve tranche〙《reserveは積立金、trancheは元来フランス語で区分の意》

IMF(国際通貨基金)の加盟国が短期的な収支難に遭遇した際、各国の出資額によって出資基金から自動的、無条件で引き出しができる外貨部分をいう。

リサール〖José Rizal〗[1861〜1896]フィリピンの民族的英雄。文筆活動によって、スペインの統治改革や民衆の意識覚醒に専念。フィリピン民族同盟を結成したが流刑とされ、のち扇動者の容疑で処刑された。小説「我に触れるなかれ」「反逆」など。

り-さい【×罹災】〘名〙スル 地震・火事などの災害にあうこと。被災。「—した人々の救援活動」「—地」
類語 被災・被害

り-ざい【理財】財貨を有効に運用すること。経済。「—にたける」 類語 経済・エコノミー

りざい-か【理財家】理財の方面にすぐれている人。経済家。

りざい-がく【理財学】経済学の旧称。

りざい-きょく【理財局】財務省の内局の一。国家資金・公債・財政投融資・日本銀行の適正な運営の確保などを担当する。

リサイクリング〖recycling〗❶資源を回収して、再生・利用すること。再利用。❷手持ち資金の豊富な国から資金繰りの苦しい国へ資金を回し、国際的な資金偏在を是正すること。

リサイクル〖recycle〗〘名〙スル ❶廃棄物や不用物を回収・再生し、再資源化、再利用すること。資源の有効利用および環境汚染防止のために重要であり、リサイクル関連のいろいろな法律が定められている。資源再生。再資源化。再生利用。リサイクリング。「アルミ缶を—する」➡循環型社会形成推進基本法 ❷まだ使える不用品を他の人に提供して、活用をはかること。リユース(再使用)。「—ショップ」 補説 3Rの考え方が広がり、厳密に❷の意味で用いる場合は「リユース」ということが多い。

リサイクル-ショップ《和 recycle＋shop》一般消費者から委託されたり買い上げたりした品物を販売する店。

リサイクル-ほう【リサイクル法】平成3年(1991)施行の「再生資源の利用の促進に関する法律」の通称。同法は改正され、平成13年(2001)「資源の有効な利用の促進に関する法律」(資源有効利用促進法)となった。➡家電リサイクル法 ➡建設リサイクル法 ➡自動車リサイクル法 ➡食品リサイクル法 ➡パソコンリサイクル法 ➡容器包装リサイクル法

りさい-しゃ【×罹災者】▶被災者

リサイタル〖recital〗独唱会。独奏会。「ピアノ—」
類語 演奏会・音楽会・コンサート・ライブ

り-さげ【利下げ】〘名〙スル 利率を下げること。⇔利上げ。

リサジュー-の-ずけい【リサジューの図形】互いに垂直方向に振動する二つの単振動を合成したときに、時間とともに描かれる曲線図形。フランスの物理学者リサジュー(J.A.Lissajous[1822〜1880])が、砂を入れた漏斗に2本の糸をつないで合成振動をさせ、落ちる砂によって目に見える形で得た。

り-さつ【利札】債券に付いている無記名証券。各期の利息債権を表章する有価証券で、券面から切り取って利息の支払いを受ける。クーポン。りふだ。

リザパラジェンスキー-しゅうどういん【リザパラジェンスキー修道院】《Rizopolozhenskiy monastïr'》▶リゾポロジェンスキー修道院

リザベーション〖reservation〗❶(ホテル・乗り物・座席などの)予約。❷留保。

リザベン〖Rizaben〗トラニラストを主成分とするアレルギー性疾患治療剤の商標名。

り-ざや【利×鞘】取引で、売値と買値の差額によって生じる利益金。マージン。「—を稼ぐ」
類語 利益・儲け・利・利潤・得・利得・利沢・黒字・得分・益・実益・収益・益金・利金・純利・純益・差益・マージン・ゲイン・プロフィット

り-さん【離散】〘名〙スル まとまっていた人々が、互いに離れ離れになること。「一家が—する」
類語 離れ離れ・散り散り・別れ別れ・ばらばら・別別

り-ざん【離山】〘名〙スル《「りさん」とも》❶鉱山から去ること。「炭鉱の閉鎖により—する」❷僧・尼が寺から去ること。「—しける僧の坊の柱に」〈平家・二〉❸他と離れてそびえる山。孤峰。「一の—あり、峰高うして谷深し」〈盛衰記・九〉

り-ざん【驪山】《「りさん」とも》中国、西安の東、陝西省臨潼県城の東南にある山。標高1302メートル。山麓に温泉があり、秦の始皇帝はここで瘡を治療し、唐の玄宗皇帝は楊貴妃のために華清宮を建てた。

りさん-かぞく【離散家族】何らかの原因で離れ離れになった家族。特に、1950年に起こった朝鮮戦争の混乱の中で韓国と北朝鮮に離れ離れになってしまった家族をいう。

りざん-きゅう【驪山宮】華清宮の異称。

りさんコサイン-へんかん【離散コサイン変換】《Discrete Cosine Transform》信号変換の一種。音声データや画像データの圧縮などに利用される。DCT。

り-さんぺい【李参平】[?〜1655]江戸初期の陶工。文禄・慶長の役の際、肥前鍋島家の家臣に従って朝鮮から渡来、帰化して金ヶ江三兵衛と称した。日本で初めて磁器の焼成に成功し、有田焼の創始者とされる。

り-し【利子】金銭の貸借が行われた場合、その使用の対価として借り手が貸し手に支払う金銭。利息。
用法 利子・利息——「借りた金の利子(利息)を払う」「貸した金に利子(利息)がつく」など、意味の違いはなく、相通じて用いられる。◆法令などでも、「利息制限法」「利子税」「利子所得」のように両語とも用いられる。◆「御利息は通帳に記入します」「債券の利息」など、金融機関では「利子」でなく「利息」を用いるのが普通である。◆「利子を付けて返してやらあ」「利子はいらねえ」など、日常用語としては「利子」を使うことが多い。
類語 利・利息・金利・利率・インタレスト

り-し【李斯】[?〜前210]中国、秦の政治家。楚の上蔡の人。荀子に学び、始皇帝に仕えて丞相となり、郡県制施行、焚書坑儒のほか、文字・度量衡の統一などを進言した。始皇帝の死後、讒言により刑死。

り-し【李贄】[1527〜1602]中国、明末の思想家・文学者。泉州晋江(福建省)の人。号、卓吾。官を辞して著述に専念した。世俗の権威を否定し、封建倫理を批判したため逮捕され、獄中で自殺。小説や戯曲の価値を認め、「水滸伝」なども高く評価した。著「焚書」「蔵書」など。

り-じ【×俚耳】世間の人々の耳。俗人の耳。俗耳。「大声は—に入らず」

り-じ【理事】❶団体を代表し、担当事務を処理する特定の役職。❷法人の業務を執行し、その法人を代表して権利を行使する機関。株式会社では取締役という。「—会」
類語 取締役・役員・重役・顧問・監査役・相談役

りし-あんなん【李氏安南】▶李朝㊁

リシーディング-カラー〖receding color〗実際の面積より引き締まって見え、奥に後退して感じられる色。青や緑など。⇔アドバンシングカラー。

りしうみ-しほん【利子生み資本】▶貸付資本

リジェクト〖reject〗〘名〙スル 拒否すること。不合格にすること。「迷惑メールを—する」

り-しくん【李思訓】[653〜718]中国、唐の画家。字は建見。王族の出身。子の李昭道とともに青緑山水・金碧山水にすぐれ、大李将軍・小李将軍と並称され、北宗画の祖とされる。

りじ-こく【理事国】国際機関の理事会の一員である国。

りし-ぜい【利子税】国税について延納または納税申告書の提出期限の延長が認められた場合に、その期間に応じて課せられる付帯税。

り-じせい【李自成】[1606〜1645]中国、明末の農民反乱の指導者。米脂(陝西省)の人。1628年、陝西地方に大飢饉が起こると反乱に加わってその首領となり、各地を転戦して、43年には新順王を称し、西安を占領。翌年、北京を攻略して明を滅ぼすが、呉三桂の攻撃に敗退、湖北で殺害された。

りし-ちょうせん【李氏朝鮮】朝鮮の最後の統一王朝。1392年、太祖李成桂が高麗を滅ぼして即位、翌年国号を朝鮮と定めた。漢城(ソウル)を首都とし、朝鮮半島全土を領有。16世紀末から豊臣秀吉の大軍の侵入を受け、17世紀には清に服属。日・清の対立後の1897年に国号を大韓帝国と改称。日露戦争後日本の保護国となり、1910年、日本に併合されて滅んだ。朱子学中心の文教政策のため、金属活字による図書文化が発展。李朝。

りしつき-しほん【利子付き資本】▶貸付資本

リシテア〖Lysithea〗木星の第10衛星で、すべての衛星のうち12番目に木星に近い軌道を回る。1938年に発見。名の由来はギリシャ神話のニンフ。非球形で平均直径は約40キロ。

リシプロシティー〖reciprocity〗▶レシプロシティー

りし-ほきゅうきん【利子補給金】国家的に重要な産業に対し、低利または無利子で融資を行うことを可能にさせるため、国または地方公共団体が金融機関に給付する補給金。

リジャイナ〖Regina〗カナダ、サスカチュワン州南部の都市。同州の州都。カナダ西部のプレーリー地帯中央に位置し、農畜産物の集散地として知られる。

リシャッフル〖reshuffle〗《トランプの札を切り直す意》特に内閣などの組織を、改造すること。組織改革・人事異動などをすること。

り-しゅ【理趣】事の次第。道理。意義。「玄奥秘密の意義—を談ずる上からは」〈露伴・魔法修行者〉

り-しゅ【離朱】中国の古伝説上の人物。黄帝時代の人で、視力にすぐれ、百歩離れた所からでも毛の先まで見ることができたと伝えられる。離婁。

離朱が明も睫上の塵を視る能わず いくら目のよい人でも、自分のまつげの上の塵を見ることはできない。賢明な人にも考えの及ばないことがあるということ。また、他人の欠点などはよく見えても、自分のことはなかなかわからないものだということ。

り-しゅう【履修】〘名〙スル 規定の学科や課程などを習い修めること。「教職課程を—する」
類語 専修・専攻・修学・学修

り-しゅう【離愁】別れの悲しみ。「—を味わう」

りしゅきょう【理趣経】大乗経典。1巻。不空訳。「般若経」の理趣分に相当。般若の空の理趣が清浄であることを説くもので、密教の極意を示すとして真言宗で常に読誦する。大楽金剛不空真実三摩耶経。般若理趣経。

リシュリュー〖Armand Jean du Plessis de Richelieu〗[1585〜1642]フランスの政治家。1624年、ルイ13世の宰相となり、プロテスタントの政治的権利を奪い、反抗的貴族を抑え、王権の拡大を図った。対外的には三十年戦争に介入するなど、フランス絶対王政の確立に努めた。35年、アカデミーフランセーズを創設。

り-じゅん【利潤】❶もうけ。利益。特に、企業において、総収益から賃金・地代・利子・原材料費などのすべての費用を差し引いた残りの金額。「—を追求する」❷剰余価値の転化された現象形態。
類語 利益・儲け・利・得・利得・利沢・黒字・得分・益・実益・収益・益金・利金・純利・純益・差益・利鞘・マージン・ゲイン・プロフィット

り-しゅんしん【李舜臣】[1545〜1598]李氏朝鮮の武将。徳水の人。字は汝諧。諡号は忠武。1591年、全羅左道水軍節度使となる。92年、壬辰の乱(文禄の役)で日本水軍を撃破、丁酉の乱(慶長の役)でも善戦したが、露梁海戦で戦死。

りじゅん-りつ【利潤率】投下総資本に対する剰余価値の比率。

り-じょ【×犂×鋤】からすきとくわ。農具。

り-しょう【利生】《「利益衆生」の意》仏語。仏・菩薩が衆生に利益を与えること。また、その利益。

り-しょう【理性】仏語。宇宙万物の不変の本性。法性。また、普遍の真理。真如。

り‐しょう【離床】リシヤウ〔名〕スル 寝床を離れること。起床。「鳥の声とともに―する」類語起床・床離れ

り‐しょう【離昇】〔名〕スル 航空機が離陸して空中に浮揚しはじめること。「ヘリが―する」「―力」

り‐しょう【離礁】リセウ〔名〕スル 船が、乗りあげた暗礁を離れて浮かぶこと。

り‐しょういん【李商隠】リシヤウイン[813～858]中国、晩唐期の詩人。懐州河内かだい(河南省)の人。字あざなは義山。号、玉谿生ぎょくけいせい。詩は寓意に富み、難解だが風格を備え、宋代の西崑体せいこんたいの詩の祖といわれる。文では、精細華麗な46文を作った。

りしょういん‐りゅう【理性院流】リシヤウヰンリウ 真言宗の小野六流の一。賢覚げんかく[1080～1156]を祖とし、京都伏見の理性院を本寺とするもの。

りしょう‐とう【利生塔】リシヤウタフ 安国寺㊁に建てられた塔。

り‐しょうばん【李承晩】▶イ=スンマン

りしょうばん‐ライン【李承晩ライン】1952年(昭和27)、李承晩が発した「海洋主権宣言」によって朝鮮半島周辺の水域に設定した線。その水域の表面・水中および海底の天然資源に対する韓国の主権を主張。この海域内での日本漁船の操業が不可能になった。65年、日韓漁業協定の締結で廃止。李ライン。

りしょう‐ほうべん【利生方便】リシヤウハウベン 仏語。仏・菩薩が衆生に利益を与える手だてを講じること。

り‐しょく【利殖】〔名〕スル 利子・配当金などによって財産をふやすこと。「―の才」「株で―する」

り‐しょく【離職】〔名〕スル ❶職務から離れること。❷退職・失業などによって、職業を離れること。「工場閉鎖で―する」「―者」

りしょく‐しゃ【離職者】離職した人。退職や失職などで就業しなくなった者。⇔入職者。➡労働移動者

りしょく‐りつ【離職率】労働人口のうち、ある一定の期間に新たに離職した人の割合。企業などの労働者在籍数に対する新たな離職者の割合。⇔入職率。➡労働移動者

りしり‐こんぶ【利尻昆布】マコンブの変種。利尻島・礼文島に産し、色はやや黒くて質が堅い。食用。

りしり‐さん【利尻山】北海道北部、利尻島の中央にある山。標高1721メートルの円錐状火山。南斜面はチシマザクラの群生地で、北海道天然記念物に指定されている。利尻富士。

りし‐りつ【利子率】▶利率

りしり‐とう【利尻島】リタウ《「りしり」は高い山の意のアイヌ語から》北海道北端部、日本海にある火山島。中央に利尻山、その山麓に水場の甘露泉水かんろせんすいがある。コンブが特産。面積約183平方キロメートル。

りしり‐ふじ【利尻富士】利尻山の異称。

りしりれぶんサロベツ‐こくりつこうえん【利尻礼文サロベツ国立公園】コクリツコウヱン 北海道北部、利尻・礼文2島と対岸の稚内わっかない市から幌延ほろのべ町にかけての海岸からなる国立公園。火山島の景観、高山植物や海食崖がい、サロベツ原野の湿原を特色とする。

り‐しん【離心】〔名〕スル はなれようとすること。そむくこと。また、その心。「其の亡状を憤る者多く、暗に―せんと、欲するの勢あり」〈竜渓・経国美談〉

リシン〖lysine〗《「リジン」とも》必須アミノ酸の一。ほとんどのたんぱく質中に存在し、特にヒストン・アルブミン・筋肉たんぱく質に多い。食品の栄養添加剤として使用。

リシン〖ricin〗トウゴマの種子に含まれる毒性の糖たんぱく質。たんぱく質の生合成を阻害する作用をもつ。

り‐じん【吏人】役人。官吏。公吏。

り‐じん【利刃】よく切れる刃物。切れ味の鋭い刀。「―一閃」

り‐じん【里人】村の人。さとびと。

リジン〖lysine〗▶リシン

りじん‐しょう【離人症】リシヤウ 神経症や統合失調症などに現れる異常心理の症状の一つで、自分自身の思考や行動・身体・外界に対して現実感を喪失したり疎外感をいだいたりする意識体験。過労時には健康な人にも現れることがある。

りじんしょうせい‐しょうがい【離人症性障害】リジンシヤウセイシヤウガイ ▶解離性障害

りしん‐りつ【離心率】円錐えんすい曲線の形を決める定数。定点と定直線からの距離の比。1より小さければ楕円、1に等しければ放物線、1より大きければ双曲線になる。

りしん‐ろん【理神論】神を世界・天地の創造者とはするが、世界を支配する人格的超越存在とは認めず、従って奇跡・預言・啓示などを否定する立場。いったん創造された以上、世界はみずからの法則に従ってその働きを続けるとする。17世紀から18世紀の英国の自由思想家たちに支持され、フランスやドイツの啓蒙主義に強い影響を与えた。自然神論。自然神教。➡無神論❷

り‐す【×栗×鼠】《「りっす(栗鼠)」の音変化》❶リス科の哺乳類。体長15～22センチ、尾長13～17センチ。冬毛では背が暗褐色か黄褐色で夏毛では淡黒褐色になり、毛はふさふさしている。樹上生で、果実・種子・芽などを主食とし、巣も樹上に作る。本州・四国に分布。日本りす。本土りす。❷齧歯げっし目リス科の哺乳類のうち、樹上にすみ昼間活動するものの総称。日本にはニホンリスとエゾリスが生息し、タイワンリスが野生化している。尾は体長と同じくらい長くてふさふさし、動作はすばしこく、クリ・クルミなどの木の実を好む。広くは、リス科のうちムササビ類以外を総称し、シマリス、ジリスなども含まれる。きねずみ。くりねずみ。

り‐す【離州｜離×洲】〔名〕スル 州に乗り上げた船が、その州を離れて水に浮かぶこと。

リス〖ドイ Riss〗登山で、岩壁の細い割れ目。ハーケンを打ち込むのに利用。

リズ〖Liz〗女性名エリザベス(Elizabeth)の愛称。また特に、「エリザベス=テーラー」の愛称。

り‐すい【利水】❶水の流れをよくすること。❷水の利用を図ること。「―事業」

り‐すい【離水】〔名〕スル 水上飛行機が水面を離れて飛びたつこと。⇔着水。

りすい‐かいがん【離水海岸】海面の下降あるいは地盤の隆起によって生じた海岸。単調な海岸線や海岸段丘がみられる。

り‐すう【里数】道のりを里(約3.93キロ)を単位として測り表した数。里程。

り‐すう【理数】理科と数学。「―科」

リスカ《俗語》「リストカット」の略。

リスキー〖risky〗〔形動〕危険の多いさま。冒険的。「―な投資」

リスク〖RISC〗《reduced instruction set computer》縮小命令セットコンピューター。目的に合わせ中央処理装置を制御する命令数を削減、簡素化して、処理を高速化する形式のコンピューター。また、その設計様式を指す。➡シスク(CISC)

リスク〖risk〗❶危険。危険度。また、結果を予測できる度合い。予想通りにいかない可能性。「―を伴う」「―の大きい事業」「資産を分散投資して―の低減を図る」❷保険で、損害を受ける可能性。類語危険・おそれ

リスク‐アセスメント〖risk assessment〗危機が発生した場合、発生源、伝播の経路、被害者の反応、発生頻度などのデータに基づき、どれだけの影響があるかを事前に評価すること。危機評価。

リスクアセット‐レシオ〖risk-asset ratio〗危険資産比率。銀行の資産を与信リスクの程度に応じてウエートづけしたうえで合計したものに対する自己資産の比率。資産の内容まで勘案して銀行の支払い能力を指標化するので、ギアリングレシオよりすぐれているとされる。➡ギアリングレシオ ➡リスクウエート

リスク‐アタッチ〖risk attach〗保険者の保険責任が開始されること。

リスク‐アナリシス〖risk analysis〗危険な状況をどう評価し、管理し、得た情報を交換するかということ。危機分析。「食品安全の―」

リスク‐いんし【リスク因子】《risk-factor》特定の疾患にかかりやすい生体の形態的・機能的要素。例えば、動脈硬化症のリスク因子は高コレステロール血症であるなど。

リスク‐ウエート〖risk weight〗総資産を算出する場合に、保有する資産(債権)の種類ごとに危険度を表す指標。自己資本比率は総資産を分母に、自己資本を分子にして算出するが、国際決済銀行(BIS)基準による金融機関の比率は資産を単純合計せず、リスクの度合いで加重平均して総資産を求める。例えば、自国国債や現金は0パーセントとし、企業や他国向けの債権は格付けによって、いくつかの段階に分けて計算する。➡リスクアセットレシオ

リスク‐かんり【リスク管理】クワンリ ▶リスクマネージメント

リスク‐コミュニケーション〖risk communication〗あるリスクについて、関係する当事者全員が情報を共有し、意見や情報の交換を通じて意思の疎通と相互理解を図ること。

リスクさいぶんがた‐じどうしゃほけん【リスク細分型自動車保険】保険料算出の根拠となる危険度を細分化した自動車保険のこと。運転者の年齢・性別・居住地域・運転歴や、車種・使用目的・使用状況・安全装置の有無などに応じて、その運転者の事故を起こす確率が高いか低いかを判断し、保険料を設定する。

リスク‐しさん【リスク資産】高利回りが期待されるが元本割れの危険もある金融資産。株式・投資信託・外貨預金・対外証券投資・外国為替証拠金取引(FX取引)など。

リスク‐テーク〔名〕スル《risk taking「リスクテイク」とも》危険を承知で行うこと。危険を冒すこと。「日銀にさらなる―を迫る」

リスク‐プレミアム〖risk premium〗金融商品などにおいて、標準よりも高いリスクに対して支払われる対価のこと。

リスク‐ヘッジ〖risk hedge〗相場変動などによる損失の危険を回避すること。

リスク‐マネージメント〖risk management〗経営活動に生じるさまざまな危険を、最少の費用で最小限に抑えようとする管理手法。危機管理。危険管理。リスク管理。

リスク‐マネージャー〖risk manager〗リスクマネージメントを担当する役職。危機管理者。

リスケ「リスケジュール」の略。

リスケジューリング〖rescheduling〗債務返済繰り延べ。債務国が債権国に返済日程を、当初契約より年または会計年度単位で順繰りに遅らせること。

リスケジュール〖reschedule〗❶債務返済を繰り延べること。リスケ。➡リスケジューリング ❷スケジュールを立て直すこと。日程の再調整をすること。リスケ。

りす‐ざる【×栗×鼠猿】オマキザル科リスザル属の哺乳類。体長約30センチ、尾もほぼ同長で、黄褐色や灰褐色で口の周りが黒い。中南米の森林に群れをなし、樹上で敏捷に活動する。果実や昆虫を食べる。

リスター〖Joseph Lister〗[1827～1912]英国の外科医。石炭酸溶液を用いた消毒法を開発し、近代外科手術の改善に貢献した。

リスタート〖restart〗〔名〕スル ❶再開させること。再出発すること。「素早く―してゴール前で積極的に仕掛ける」❷▶再起動

リスティング〖listing〗名簿。カタログ。表。目録。リスト。一覧表。

リスティング‐こうこく【リスティング広告】クワウコク ▶検索連動型広告

リステリア‐きん【リステリア菌】《Listeria monocytogene》リステリア症の原因となる細菌。自然界に広く分布し、低温や高い食塩濃度の環境でも発育できる性質をもつ。主に動物や鳥類を発病させるが、抵抗力の弱い新生児・老人・妊婦や肝臓・腎臓じんぞうの疾患などによって免疫機能が弱まっている人も発病する。➡リステリア症

リステリア-しょう【リステリア症】ショウ《listeriosis》リステリア菌によって主に羊や牛などに起こる嗜眠しみん性脳炎の症状を呈する中枢神経系の疾患。感染した動物との接触や食品を通じて人間にも発症する。欧米ではリステリア菌による集団食中毒がしばしば発生している。

リスト〖list〗ある目的のために、多数の品目や数字などを書き出したもの。目録。一覧表。「ブラック―」(類語)表・一覧表・目録・名簿・カタログ

リスト〖Friedrich List〗[1789〜1846]ドイツの経済学者。歴史学派の先駆者。後進国ドイツの産業資本の立場を理論化し、国民生産力の理論と保護関税論を展開、関税同盟の結成とドイツの統一に尽力した。著「経済学の国民的体系」「農地制度論」など。

リスト〖Franz Liszt〗[1811〜1886]ハンガリーの作曲家・ピアノ奏者。ピアノの卓絶した演奏技巧を開拓、また、標題音楽の形式を確立して多くの交響詩を作曲した。作品に交響詩「前奏曲」、ピアノ曲「ハンガリー狂詩曲」など。

リスト〖Franz von Liszt〗[1851〜1919]ドイツの刑法学者。応報刑主義を批判して、目的刑主義や主観主義刑法理論を展開。また、刑事政策・社会政策の重要性を説いた。著「ドイツ刑法教科書」など。

リスト〖wrist〗手首。「―が強い」

リストア〖restore〗《修復の意。「レストア」とも》不具合が生じたコンピューターのファイルやディスクを修復、復元すること。バックアップしておいたデータをコンピューターに戻して、元の状態にすることなどを指す。

リスト-アップ〔名〕スル《和 list＋up》多数の中から条件にあてはまるものを選び出すこと。また、選び出して一覧表にすること。「候補を―する」

リスト-ウエート〖wrist weight〗《「リストウエイト」とも》筋力トレーニングなどのため、手首に巻くおもり。

リストウオッチ〖wristwatch〗腕時計のこと。

リストカッティング-シンドローム《和 wrist＋cutting＋syndrome》►リストカットシンドローム

リスト-カット《和 wrist＋cut》手首を切ること。特に、(自殺するためではなく、自己嫌悪などから)手首の内側をカッターなどで切る自傷行為をいう。

リストカット-シンドローム《和 wrist＋cut＋syndrome》手首の内側をカッターなどの刃物で切る自傷行為が習慣化していること。主に10代から20代の若年層、特に未婚の女性に多く見られる。手首自傷症候群。

リストバンド〖wristband〗❶手首に巻きつける装身具。❷スポーツをするとき、手首につける汗どめの布バンド。

リストビャンカ〖Listvyanka〗ロシア連邦中部、イルクーツク州の村。州都イルクーツクの南東約70キロメートル、バイカル湖南西岸に位置する。バイカル湖岸鉄道の駅、博物館、水族館、観光船の船着場などがあり、バイカル湖の観光拠点として知られる。

リスト-ブローカー〖list broker〗ダイレクトメールや電話を用いた販売活動などに用いる名簿を作成・販売する業者。

リストボックス〖listbox〗コンピューターのアプリケーションソフトやオペレーティングシステムにおける操作画面上のインターフェースの一。選択すべき項目のリストからクリックして選択する形式の入力領域。

リストラ〔名〕スル ❶「リストラクチュアリング」の略。❷俗に、退職させること。人員整理。首切り。

リストラクチュアリング〖restructuring〗構造を改革すること。特に、企業が不採算部門を切り捨て、将来有望な部門へ進出するなど、事業内容を変えること。企業再構築。リストラ。

リストランテ〖イタリア ristorante〗レストラン。特に、イタリア料理を出すレストランのこと。➡トラットリア

リストワーク〖wristwork〗野球のバッティングなどで、手首の使い方。

リスナー〖listener〗(音楽などの)聞き手。また、ラジオの聴取者。

リスニング〖listening〗聞くこと。聞き取り。ヒアリング。

リスニング-ルーム〖listening room〗❶音響再生装置をテストしたり音楽を鑑賞したりする部屋で、音響的に良好な特性が得られるように処理した部屋。試聴室。❷一般家庭の部屋で、オーディオシステムを置いて聴くための部屋。

リスプ〖LISP〗《list processor》コンピューターのプログラミング言語の一。記号処理のために開発され、リスト形式のデータ処理に適する。人工知能の研究に用いられる。米国のマサチューセッツ工科大学(MIT)においてジョン=マッカーシーが開発。

リスペクト〖respect〗〔名〕スル 尊敬すること。敬意を表すこと。価値を認めて心服すること。「彼の音楽を愛し、―する後輩たちが作ったカバーアルバム」

リスボン〖Lisbon〗ポルトガル共和国の首都。大西洋に注ぐテジョ川河口の西岸にある港湾都市。ローマ時代から知られ、13世紀以来首都となり、地中海と北海との貿易の中継地として発展。15、6世紀にはインド航路が開かれて香料貿易で繁栄した。サンジョルジェ城・馬車博物館などがある。ポルトガル語名リズボア。人口、行政区49万(2008)。

リスボン-じょうやく【リスボン条約】デウヤク《「欧州連合条約および欧州共同体設立条約を修正するリスボン条約」の通称》ニース条約に代わるEU(欧州連合)の基本条約。EUを民主的・効率的に運営するために、欧州議会・各加盟国議会の権限強化、欧州理事会常任議長(EU大統領)・外務・安全保障上級代表(EU外相)および対外活動庁の設置などが盛り込まれた。EU新基本条約。(補説)2007年12月にEUの加盟国27か国首脳が調印し、当初は09年1月の発効を目指していたが、08年6月にアイルランドで実施された国民投票で批准が否決されると、チェコ・ポーランドが批准書への署名を保留。発効は延期された。09年10月にアイルランドで2度目の国民投票が実施され批准が可決すると、同月にポーランド大統領、翌11月にチェコ大統領が批准書に署名。09年12月1日に同条約は発効の運びとなった。

リスポンス〖response〗►レスポンス

リスボン-だいせいどう【リスボン大聖堂】ダイセイダウ《Sé de Lisboa》ポルトガルの首都リスボンにある大聖堂。12世紀にアフォンソ=エンリケス(後のポルトガル王アフォンソ1世)がイスラム教徒から同地を奪還し、モスク跡地に建造。バラ窓の美しさで名高いロマネスク様式の正面入口をはじめ、ゴシック様式の回廊、バロック様式の内陣と祭壇などさまざまな建築様式が混在する。リスボン最古の教会として知られる。サンタ-マリア-マイオール-デ-リシュボア大聖堂。

リズミカル〖rhythmical〗〔形動〕音や動きにリズムがあるさま。快い調子をもっているさま。律動的。リズミック。「テンポの速い―な曲」

リズミック〖rhythmic〗〔形動〕「リズミカル」に同じ。「―な筆致」

リズム〖rhythm〗❶強弱・明暗・遅速などの周期的な反復。「生活の―が狂う」❷音楽の基本的要素の一つで、音の時間的な変化の構造。アクセントが規則的に反復する拍節的リズム、アクセントの継起が不規則な定量リズム、音の長さに一定の単位をもたない自由リズムなどに分類される。「―に乗って踊る」❸詩の韻律。
(類語)律動・調子・拍子・拍はく・ビート・テンポ

リズム-アンド-ブルース〖rhythm-and-blues〗1940年代に生まれた米国の黒人ポピュラー音楽。ロックンロールやポップミュージックに大きな影響を与えた。R&B。

リズム-かん【リズム感】リズム❷を感じ取る能力。リズムに乗って音楽を奏でたり、体を動かしたりする能力。「―を養う」

リズム-セクション〖rhythm section〗バンド・オーケストラの中で、主にリズムを受け持つ部分。ポピュラー音楽では、ドラム・ベース・ピアノ・ギターが一般的。管楽器や弦楽器が入らないロックバンドでは、ドラムとベースをさす。

リズム-マシン〖rhythm machine〗電子発振音またはデジタル化された実際の打楽器の音によって、自動的にさまざまなパターンのリズムをさまざまな速度で刻む装置。ポピュラー音楽で用いる。ビートボックス。

リスモア〖Lismore〗アイルランド南部、ウオーターフォード州の町。ブラックウオーター川沿いに位置する。7世紀創建のリスモア修道院に起源し、12世紀にジョン王が建てたリスモア城がある。物理学者ロバート=ボイルの生地。

リスモア-じょう【リスモア城】ジャウ《Lismore Castle》アイルランド南部の町、リスモアにある城。7世紀創建のリスモア修道院があった場所に、12世紀にジョン王が築いた城塞に起源する。19世紀半ばに現在見られるゴシック様式の建物になった。

リスリン グリセリンの音変化。

り-する【利する】〔動サ変〕図り・す〔サ変〕❶利益がある。また、利益を得る。「―・するところの大きい事業」❷利益を与える。「双方を―・する取引」❸うまく用いる。巧みに使う。利用する。「地形を―・して公園をつくる」「職権を―・する」
(類語)利用する・いかす・役立てる

リセ〖フランス lycée〗フランスの後期中等教育機関。大学進学をめざす3年間のコースと、職業教育を施す2年間のコースとがある。➡コレージュ

リゼ〖Rize〗トルコ北東部の都市。黒海に面し、トラブゾンの東約75キロに位置する。紀元前6世紀に古代ギリシャが建設した植民都市に起源する。1930年代に茶の生産が始まり、同国有数の産地になった。

り-せい【里正】❶郷里制ごうりせいの里の長。❷庄屋。村長。「神輿みこしをふるに所なし。―にうたへて、一日門を開かんことをいふ」〈胆大小心録〉

り-せい【理世】世を治めること。治世。

り-せい【理性】❶道理によって物事を判断する心の働き。論理的、概念的に思考する能力。❷善悪・真偽などを正当に判断し、道徳や義務の意識を自分に与える能力。「―を失ってつっ走る」❸カント哲学で、広義には先天的能力一般。狭義には悟性・感性から区別され、悟性の概念作用を原理的に統一・制御・体系化する無制約の認識能力。理念の能力。❹ヘーゲル哲学で、悟性が抽象的思考の能力であるのに対して、弁証法的な具体的思考の能力。❺宇宙・人生をつかさどる基本原理。
(類語)知性・悟性・理知・英知・思慮・分別・インテリジェンス・リーズン

り-せい【×釐正】〔名〕スル きちんとととのえ正すこと。あらため正すこと。改正。「同じ九年胡惟庸こいようの等命を受けて―するところあり」〈露伴・運命〉

り-せいけい【李成桂】[1335〜1408]李氏朝鮮初代の王。在位1392〜1398。廟号びょうごうは太祖。高麗こうらいの武将だったが、のち実権を掌握。1392年にみずから王位に就き、93年には国号を朝鮮とした。

り-せいしょう【李清照】セイセウ[1084〜?]中国、北宋の詩人。済南(山東省)の人。号は易安いあん居士。金石学者趙明誠に嫁し、研究を助けた。詩文とくに詞にすぐれた女流詩人。詞集に「漱玉詞」がある。

りせい-てき【理性的】〔形動〕本能や感情に動かされず、冷静に理性の判断に従うさま。「常に―な人」「―に考える」(対)感情的。

り-せいどう【李政道】セイダウ[1926〜]米国の物理学者。上海の生まれ。コロンビア大学教授。1956年に楊振寧と共同で素粒子の弱い相互作用におけるパリティーの非保存の理論を提唱。理論が実証され、1957年に楊とともにノーベル物理学賞受賞。リー=チョンタオ。

りせい-ぶみん【理世×撫民】世を治め、民をいたわること。

り-せいみん【李世民】[598〜649]中国、唐の第2代皇帝。在位626〜649。廟号びょうごうは太宗。高祖李淵の次男。隋末、李淵の建国を助け、626年、李淵が帝位につくと玄武門の変によって兄弟を殺し、父の譲位を受けて即位。官制を整え、均田制・租庸調制・府兵制・科挙制などを確立し、房玄齢・杜如晦とじょかいらの名臣を用いて「貞観じょうがんの治」とよばれる治世をも

たらした。また、東突厥をはじめ四囲の諸民族を制圧したが、高句麗遠征には失敗。
りせい-ろん【理性論】►合理主義❷
リセール〖resale〗転売、再販売のこと。例えば、自前の通信回線を持つNTTからユーザーが通信回線を借りて、その空き回線分をさらに別の業者に再販売することを「回線リセール」という。
リセエンヌ〖フランス lycéenne〗フランスのリセの女生徒。➡リセ
リセエンヌ-ルック《和 lycéenne(フランス)＋look》フランスのリセに学ぶ女生徒の服装・着こなしにアイデアを得たファッションのこと。
り-せき【離席】〔名〕スル 自分の席を離れること。席を外すこと。「一中に電話があった」
り-せき【離籍】〔名〕スル ❶所属する団体などを離れること。その団体に籍がなくなること。「チームを一する」❷民法旧規定で、戸主が居住指定・婚姻などについて従わない家族を戸籍から除くこと。
り-せつ【離接】►論理和
リセッション〖recession〗景気後退。景気循環の一局面で、景気が拡張過程の終局点である景気の山から反転して緩やかな収縮過程に入りながら、景気の谷が浅くて不況にまでは至らないような現象。
りせつてき-がいねん【離接的概念】►選言的概念
りせつてき-はんだん【離接的判断】►選言的判断
リセット〖reset〗〔名〕スル ❶すべてを元に戻すこと。最初からやり直すこと。また、状況を切り替えるためにいったんすべてを断ち切ること。「両国の関係を一する」「風呂に入って気持ちを一する」❷機械や装置を、作動前の初めの状態に戻すこと。セットしなおすこと。コンピューターの場合、特に正常な動作をしなくなった時に、強制的に起動しなおすことを指し、再起動と区別することがある。
リセット-スイッチ〖reset switch〗コンピューターのリセット操作をするためのスイッチ。特定のキー入力を組み合わせることでも同様の操作ができる。
リセット-ボタン〖reset button〗❶機器を初期状態に戻す操作をするためのボタン。❷(比喩的に)状況を最初に戻す、または、切り替えるためのきっかけ。「一を押すことで新たな関係を築きはじめる」
リセプション〖reception〗►レセプション
リセプター〖receptor〗►レセプター
り-ぜめ【理責め】理屈で相手をやりこめること。理屈責め。「一の攻撃」
り-せん【利銭】利息をつけて金銭を貸すこと。また、その利息。りぜに。「恐らくは彼公道に一を償うことを得ざるべし」〈中村訳・西国立志編〉
り-せん【履践】〔名〕スル 実行すること。実践すること。「桃青は一し馬琴は観念せり」〈透谷・処女の純潔を論ず〉
り-せん【離船】〔名〕スル 乗客・乗組員などが、乗っている船を離れること。
り-せんねん【李先念】[1908〜1992]中国の政治家。湖北省出身。1927年中国共産党に入党。長征に参加し、軍の要職を歴任。中華人民共和国成立後は、副総理兼財政部長に就任し経済再建に尽力。83年から88年まで国家主席。リー＝シエンニエン。
り-そ【理訴】理非を明らかにするための訴え。道理にかなった訴訟。「山門は一も疲れて、款状いたづらに積もり」〈太平記・二一〉
り-そう【理想】 ❶人が心に描き求め続ける、それ以上望むところのない完全なもの。そうあってほしいと思う最高の状態。「一を高く掲げる」⇔現実。❷理性によって考えうる最も完全な状態。また、実現したいと願う最善の目標あるいは状態。
り-そう【離層】葉が落ちる前に葉柄に生じる特殊な細胞層。数層の細胞膜がゼラチン状に膨らんで互いに離れるか、中央の層が粘液化して離れる。落果・落花の際にも柄にみられる。
りそう【離騒】《「離」は遭う、「騒」は憂え。憂えに遭う意》「楚辞」の代表的な長編詩。中国の戦国時代、楚の屈原の詩で、讒言によって王に追放され、失意のあまり投身を決するまでの心境を夢幻的にうたったもの。
りそう-か【理想化】〔名〕スル 対象を自分の理想とする姿に引き寄せて考えること。「都会生活を一して考える」
りそう-か【理想家】理想を追い求める人。
りそう-かい【理窓会】東京理科大学卒業生の同窓会。
りそう-きたい【理想気体】ボイル-シャルルの法則に完全に従い、分子間の相互作用を無視できる仮想の気体。実在の気体では、高温・低圧のときにこれに近い。完全気体。
りそう-きょう【理想郷】想像上に描かれた理想的な世界。ユートピア。
りそう-けい【理想型】►理念型
りそう-けっしょう【理想結晶】►完全結晶
りそう-しゅぎ【理想主義】❶理想を立て、実現しようとする立場。空想的、観念的な性格をもつが、現実を改革する重要な基盤ともなる。アイデアリズム。❷現実をありのままに描写せず、何らかの理想に即して、美的、倫理的調和のうちに表現しようとする芸術上の傾向。
り-そうじん【李宗仁】[1890〜1969]中国の軍人・政治家。広西省臨桂県の人。広西軍閥の領袖。北伐に参加ののち蒋介石と対立したが、抗日戦線では協力。1948年、国民政府副総統。49年、総統の代理として共産党との和平交渉にあたったが失敗。米国に亡命後、65年人民共和国に帰国。リー＝ツォンレン。
りそう-せい【離巣性】鳥のひなが孵化直後巣を離れ、自立して生活する性質。地上で営巣するカモ・チドリ・キジなどにみられる。⇔留巣性。
りそう-ぞう【理想像】理想的な姿・あり方。
りそう-てき【理想的】〔形動〕理想にかなうさま。「一な親子関係」
りそう-は【理想派】理想主義の立場をとる人々。
りそう-ようえき【理想溶液】溶液を構成するすべての溶媒分子・溶質分子間の相互作用が一様である仮想の溶液。実在の溶液では、溶質の濃度が低いほどこれに近い。
りそう-りゅうたい【理想流体】►完全流体
りそう-ろん【理想論】現実の状況は考えに入れず、理想だけをいう意見や主張。
リソース〖resource〗❶供給源。資源。財源。❷コンピューターが稼働するために必要な、ハードウエア・ソフトウエアの環境。
リソース-シェアリング〖resource sharing〗異種コンピューターシステムを結ぶネットワークにより、コンピューター、ソフトウエアやデータなどの情報関係諸資源の共同利用を行うこと。
リゾート〖resort〗避暑・避寒・行楽などのための土地。保養地。
リゾート-ウエア〖resort wear〗避暑地・行楽地などで着る服。
リゾート-ハウス〖resort house〗保養・レクリエーションなどを目的として、観光地・避暑地・避寒地などに建てる家。
リゾート-ほう【リゾート法】昭和62年(1987)6月に施行された総合保養地域整備法の通称。国民の余暇活動の充実、地域振興、民間活力導入による内需拡大を目的とする。都道府県が基本構想をまとめ、国が承認すると、税制面や資金面で優遇措置が得られるというものであったが、施設や計画の破綻もあり、見直しが進められている。
リゾート-ホテル〖resort hotel〗観光地や保養地に建てられたホテル。
リゾート-マンション《和 resort＋mansion》保養地に建てられた分譲マンション。また、会員制の貸別荘。
リゾーム〖フランス rhizome〗❶根茎。茎でありながら一見根のように見えるものの総称。竹・シダなどに見られる。❷現代思想で、相互に関係のない異質なものが、階層的な上下関係ではなく、横断的な横の関係で結びつくさまを表す概念。幹・枝・葉といった秩序、階層的なものを象徴する樹木(ツリー)に対していう。フランスの哲学者ドゥルーズと精神科医ガタリが共著「千のプラトー」で展開した概念。
リゾール〖ドイツ Lysol〗クレゾール石鹸液のこと。
り-そく【利息】金銭などの使用の対価として、金額と期間とに比例して一定の割合(利率)で支払われる金銭その他の代替物。利子。➡利子〈用法〉
〈類語〉利・利子・金利・利率・インタレスト
り-そく【理即】仏語。六即の第一の位。仏性を備えながらこれを知らず、迷いの世界にあって生死輪廻をしている凡夫の位。
り-ぞく【里俗】地方の風俗。土地のならわし。
り-ぞく【俚俗】〔名・形動〕田舎びていること。また、そのさま。鄙俗。「侍女の言葉なんどは頗る一なる言葉にして」〈逍遥・小説神髄〉
り-ぞく【離俗】〔名〕スル 世俗を離れること。
りそく-さいけん【利息債権】利息の支払いを目的とする債権。
りそく-ざん【利息算】利息の計算を中心とする算法。元金・利率・期間・利息のうち、三つの値を知って他の一つの値を算出するもの。
りそく-せいげんほう【利息制限法】一定の利率を超える利息を制限し、高利の取り締まりを目的とする法律。昭和29年(1954)制定。同法では利率の上限について、元本10万円未満の場合は年20パーセント、元本10万円以上100万円未満の場合は年18パーセント、元本100万円以上の場合は年15パーセントと規定している。➡グレーゾーン金利 ➡出資法 〈補説〉平成18年(2006)の貸金業法改正以前、多くの貸金業者が、出資法の旧上限金利(年29.2パーセント)と利息制限法の上限金利(年15〜20パーセント)の間(グレーゾーン金利)で貸し付けを行い問題視されていた。同22年6月に貸金業法等の改正が完全施行され、出資法の上限金利は20パーセントに引き下げられ、グレーゾーン金利は撤廃された。
リソグラフ〖lithograph〗►リトグラフ
リソグラフィー〖lithography〗►リトグラフィー
リソスフェア〖lithosphere〗地球表層部の硬い岩盤。アセノスフェアの上にあって、地殻とマントル最上部とからなり、厚さは海洋底で約70キロ、大陸でその2倍ぐらいであるが、地域により差がある。リソスフェアを十数枚に分割した一つ一つをプレートという。もとは気圏・水圏に対し、地球の固体部分を漠然とさして用いられた。岩石圏。
リソソーム〖lysosome〗《「リソゾーム」とも》細胞質中にあって、一群の加水分解酵素を含み、消化分解作用をもつ小器官。水解小体。ライソゾーム。
リゾチーム〖lysozyme〗細菌の細胞壁のムコ多糖類を加水分解し、溶菌を引き起こす酵素。卵白・涙・唾液・イチジクなどに含まれる。ムラミダーゼ。
り-そつ【吏卒】下級の官吏。小役人。
リゾット〖イタリア rizotto〗イタリア料理の一。米(リーゾ)をバターで炒め、ブイヨンを加えて雑炊風に炊いたもの。きのこ・肉・魚・貝などを入れる。
リゾポロジェンスキー-しゅうどういん【リゾポロジェンスキー修道院】《Rizopolozhenskiy monastïr'》ロシア連邦西部、ウラジーミル州の都市スーズダリにある女子修道院。13世紀初めに創設。16世紀建造の聖堂を中心とし、タイルで装飾された二つの塔をもつ門などがあるほか、ナポレオン1世のロシア遠征に対する防衛戦に勝利したことを記念して建てられた高さ72メートルのプレポドベンスカヤ鐘楼がある。リザパラジェンスキー修道院。
リゾ-ラバ《和 resort＋lover から》つかの間の恋を楽しむためにリゾート地で作る恋人。
リソルジメント〖イタリア Risorgimento〗18世紀末から1870年に至る、イタリアの統一と解放を目ざす運動。ナポリとピエモンテが運動の中心で、カブール・マ

り

ッチーニ・ガリバルディらの指導の下に知識層と中産階級によって推進された。

り-そん【離村】〔名〕スル 他の地に住むために住んでいた村を離れること。類語 離郷・離島・上京

り-た【利他】❶他人に利益となるように図ること。自分のことよりも他人の幸福を願うこと。❷仏語。人々に功徳・利益りやくを施して救済すること。特に、阿弥陀仏の救いの働きをいう。

リターダー〖retarder〗大型のトラックやバスで、長い坂を下る際に使う抑制ブレーキ。油圧式と電気式があり、いずれもエネルギーを熱などに変換する。

リターナブル〖returnable〗〔形動〕返却ができるさま。空き瓶などが返却され再利用が可能であるさま。「―ボトル」

リターナブル-びん【リターナブル瓶】《returnable bottle》ビールなどのメーカーが酒販店などから回収し再利用する空き瓶。日本では、主にビール瓶や一升瓶など。返却すれば容器代が払い戻される。

リターン〖return〗〔名〕スル ❶戻ること。帰ること。復帰すること。❷折り返すこと。「水泳のコースを―する」❸テニス・卓球などで、ボールを打ち返すこと。「―エース」❹利益。もうけ。また、利益率。「―の大きい商売」

リターン-アドレス〖return address〗差出人住所。また、あて先不明の際の返送先住所。

リターン-エース〖return ace〗テニスで、相手のサーブを、相手が受けられない場所に打ち返すこと。サーブを打ち返して得たポイント。

リターン-キー〖return key〗パソコンのデータ入力や機能選択などの際に、処理の実行を命じる役目のキー。タイプライターの改行キーから発想されたもの。

リターン-パス〖return path〗❶戻る道。復路。「スペースシャトルの―」❷メールソフトで設定する、メールが正常に送信できなかった際にエラーを送り返すための宛先。

リターン-マッチ〖return match〗プロボクシングなどで、タイトルを奪われた前チャンピオンが新チャンピオンに挑戦して行う試合。また、一般に、雪辱戦。

り-たい【理体】❶仏語。万物の本体。❷「本体❹」に同じ。

り-たい【履帯】▶キャタピラー

リタイア〖retire〗〔名〕スル ❶引退すること。退職すること。「―して田舎に引っ込む」❷競走・競技で、退場・棄権すること。
類語 (❶)引退・退職・退役・退官・隠居/(❷)退場・棄権・脱落

り-たいおう【李太王】リタイワウ［1852～1919］李氏朝鮮の第26代の王。在位1863～1907。廟号びょうごうは高宗。大院君の第2子。12歳で即位。国内の権力抗争、日清の対立、日本の侵略に苦しんだ。ハーグ密使事件で日本に退位を強制され、のち毒殺された。

り-たいしょう【李大釗】リタイセウ［1889～1927］中国の思想家・政治家。河北省楽亭県の人。字あざなは守常しゅじょう。北京大学教授となり、マルクス主義・ロシア革命を紹介。また、新文化運動を指導。1921年、中国共産党の創設に参画。国共合作に尽力したが、張作霖によって逮捕され処刑された。リー＝ターチャオ。

り-たいはく【李太白】▶李白りはく

リダイヤル〖redial〗〔名〕スル 過去に電話をかけたことがある電話番号に、再び電話をかけること。また、それを自動的に行う機能。再ダイヤル。

り-たく【利沢】❶利益と恩沢。❷もうけ。利潤。
類語 利益・儲もうけ・利・利潤・得・利得・黒字・得分・益・実益・収益・益金・利金・純利・純益・差益・利鞘りざや・マージン・ゲイン・プロフィット

り-たくご【李卓吾】▶李贄りし

リダクション〖reduction〗❶縮小。削減。割引。「―ギア(＝減速装置)」❷誤差の修正。

リダクション-ギア〖reduction gear〗減速装置(歯車)。

りた-しゅぎ【利他主義】利己主義に対して、他人の幸福や利益を図ることをまず第一とする考え方。

り-たつ【利達】〔名〕スル 身分や地位が高くなること。立身出世。栄達。
類語 出世・立身・功名・栄達・立身出世・成り上がり

り-だつ【離脱】〔名〕スル ある状態から抜け出すこと。また、組織などから離れ去ること。「戦線―」
類語 脱退・脱出・離れる・脱する・抜け出す・リタイア・エスケープ

りだつ-しょうじょう【離脱症状】シャウジャウ ▶禁断症状

リタッチ〖retouch〗〔名〕スル《「レタッチ」とも》❶絵画や文章などに手を加えたり、化粧のくずれた部分や、毛染め後の新しく伸びてきた髪に色をのせたりして修正すること。「生え際にヘアカラーを―する」❷写真フィルムや写真オフセット製版、デジタルカメラの画像データなどに手を加えて、補整したり修正したりすること。

リタルダンド〖イタリア ritardando〗音楽で、速度標語の一。しだいに遅く、の意。*rit.*または*ritard.*と略記。ラレンタンド。⇔アッチェレランド。

リダンダンシー〖redundancy〗▶冗長度

りたん-やく【利胆薬】胆汁の分泌を促進させる薬。また、その排出を促進する薬。

り-ち【理知｜理×智】❶理性と知恵。また、本能や感情に支配されず、物事を論理的に考え判断する能力。❷(理智)仏語。真如の理と、それを悟る智慧。
類語 知性・理性・悟性・知恵・知・英知・才知・インテリジェンス

リチウム〖lithium〗アルカリ金属元素の一。単体は銀白色で軟らかく、金属中最も軽く、比重0.534。水とは反応し水素を発生。炎色反応は紅色。鉱石中から発見され、名は石の意のギリシャ語lithosにちなむ。元素記号Li　原子番号3。原子量6.941。

リチウムイオン-じゅうでんち【リチウムイオン充電池】▶リチウムイオン電池

リチウムイオン-でんち【リチウムイオン電池】《lithium-ion battery》蓄電池の一つ。正極にコバルト酸リチウム、負極に炭素材を使用し、両極間をリチウムイオンが往来する電池。短時間の充電で長時間使用できる。カドミウムのような有害物質を含まず、エネルギー密度もニッカド電池に比べて大幅に高い。

リチウムイオンポリマー-でんち【リチウムイオンポリマー電池】《lithium-ion polymer battery》▶リチウムポリマー電池

リチウム-でんち【リチウム電池】負極にリチウムを用いる電池。正極に弗化黒鉛・二酸化マンガン、電解質には有機溶媒や固体電解質を用いる。小型・薄型にでき、寿命も長く、腕時計・電卓などに使用。

リチウム-ばくだん【リチウム爆弾】《lithium bomb》原子爆弾を核とし、その外側をリチウムと重水素で包んだ核爆弾。原子核融合でヘリウムを作り出す際の爆発エネルギーを利用する。

リチウムポリマー-でんち【リチウムポリマー電池】《lithium polymer battery》蓄電池の一。正極にリチウム金属酸化物、負極に炭素材を使用し、電解質として、ポリエチレンオキシドやポリフッ化ビニルデンなどを含む高分子ゲル(ポリマー)を用い、小型軽量化を図ったもの。電解液を使用しないため、液漏れしにくい。携帯電話やデジタルカメラ、ノートパソコンの充電池として利用される。リチウムイオンポリマー電池。リチウムポリマーバッテリー。

リチェルカーレ〖イタリア ricercare〗16～18世紀の器楽曲に用いられた名称。自由で幻想的なものと、複雑な対位法を用いたものがあり、後者はフーガの原型となった。

りち-ぎ【律儀｜律義】〔名・形動〕❶きわめて義理堅いこと。実直なこと。また、そのさま。りつぎ。「―な働き者」「―に盆暮れのあいさつを欠かさない」❷健康なこと。また、そのさま。丈夫。「お―で重畳、重畳」〈浄・寿の門松〉派生 りちぎさ〔名〕
類語 謹厳・実直・謹直・実体じってい・正直・堅気・生真面目

りちぎ-もの【律儀者】きまじめで義理堅い人。実直な人。

律儀者の子こ沢山だくさん　律儀者は、品行方正・家内円満なので、自然に子供が多く生まれるということ。

りち-てき【理知的】〔形動〕❶理知によって冷静に物を考え、行動するさま。「―な人」❷理知に富んでいるようにみえるさま。「―な顔立ち」

リチャージャブル-バッテリー〖rechargeable battery〗▶蓄電池

リチャーズ〖Ivor Armstrong Richards〗［1893～1979］英国の文芸評論家。心理学的分析と意味論を文芸批評に採り入れ、新批評の確立に貢献した。批評家・詩人であるエンプソンの師。著「意味の意味」「文学批評の原理」など。

リチャード〖Richard〗英国(イングランド)王。㊀(1世)［1157～1199］在位1189～1199。ヘンリー2世の三男。即位後、第3回十字軍に出征。帰国後、フランスでフィリップ2世の軍と交戦して戦死。勇敢・寛大で、中世騎士の典型とされた。獅子心王。㊁(3世)［1452～1485］在位1483～1485。兄エドワード4世の死後、その子エドワード5世を廃位して即位したが、チューダー家のヘンリー(のちのヘンリー7世)と戦って敗死。ヨーク家は断絶し、薔薇戦争も終結。

リチャードソン〖Samuel Richardson〗［1689～1761］英国の小説家。道徳性を基調に市民の心理を写実的に描いた書簡体小説を発表し、英国近代小説の確立に寄与。作「パミラ」「クラリッサ」など。

リチャードソン〖Tony Richardson〗［1928～1991］英国の演出家・映画監督。1956年にオズボーンの戯曲「怒りをこめてふり返れ」を演出し、文化現象として「怒れる若者たち」の口火を切った。1958年に同作の映画化で監督デビュー。独特のリアリズムで庶民ドラマを新鮮に描いた。作「長距離ランナーの孤独」「トム＝ジョーンズの華麗な冒険」など。

リチャードソン-こうか【リチャードソン効果】カウクワ《Richardson effect》▶熱電子効果

りちゃく-りく【離着陸】〔名〕スル 航空機が離陸することと着陸すること。「ローカル便が―する空港」

りちゅう-てんのう【履中天皇】テンワウ 記紀で、第17代の天皇。仁徳天皇の第1皇子。名は去来穂別いざほわけ。倭の五王の一人、讃に比定する説がある。

り-ちょう【李朝】テウ ㊀「李氏朝鮮」の略。㊁ベトナムの王朝の一。1009年、前黎朝の将軍李公蘊りこううんが自立して建国。昇竜(現ハノイ)を都とし、聖宗のとき国号を大越と改めた。大乗仏教、ついで儒教が行われた。1225年、外戚の陳氏に滅ぼされた。李氏安南。

り-ちょう【里長】リチャウ 律令制下の地方行政区画の最小単位である里の長。郡司の監督下に里内の統制・徴税にあたり、庸・雑徭ぞうようを免ぜられた。さとおさ。

り-ちょうきつ【李長吉】リチャウキツ ▶李賀りが

りちょうじつろく【李朝実録】リテウジツロク 朝鮮の歴史書。李氏朝鮮の太祖から哲宗までの歴代国王25代約500年にわたる実録。編年体を主とする全1706巻。史官の記録に基づき、実録が編集された。李朝史研究の基本史料。朝鮮王朝実録。

りつ【律】❶古代、中国を中心とする東アジア諸国の刑法典。令りょうとともに国家の基本法で、刑罰を規定したもの。日本では、天武天皇の時の飛鳥浄御原きよみはら律が最初で、以後、大宝律・養老律で完成した。➡律令 ❷《梵 vinayaの訳》仏語。㋐僧尼の守るべき生活規律。㋑「律蔵」の略。㋒「律義りつぎ」の略。㋓「律宗」の略。❸楽音の絶対音高をさす。音律。ピッチ。❹日本および中国音楽の音程の単位。十二律の音の高さの差を表し、一律は洋楽の半音にあたる。❺十二律のうち、陽(奇数律)に属する6音。⇔呂りょ。❻催馬楽さいばらで、平調ひょうじょうの音を主音とする曲。⇔呂。❼「律詩りっし」の略。❽「律旋法」の略。⇔呂。❾「律調」の略。⇔呂。➡漢「りつ(律)」

りつ【率】❶割合。比率。歩合ぶあい。「成功する―の高い実験」「正解―」❷かけた手間や時間に対する効果の程度。「―の悪い仕事」➡漢「そつ(率)」類語 比率・比ひ・割合・割わり・歩合・レート・パーセンテージ

りつ-あん【立案】〔名〕スル ❶工夫して計画を立てること。案を立てること。「新企画を―する」❷草案・文案をつくること。「大要を踏まえて―する」

(類語)発案・企画・計画・設計・構想・プランニング・デザイン

りつ-い【立位】立った姿。立った状態。

リツイート〖retweet〗マイクロブログの一つであるツイッターにおいて、他の人が投稿した文(ツイート)を引用すること。

りつ-いん【律院】❶律宗の寺院。律寺。❷戒律を厳守する寺院。

りつ-おんかい【律音階】主に雅楽や声明などで用いられる五音音階。洋楽階名のレ・ミ・ソ・ラ・シの五つの音からなる。

りっ-か【▽六花】《結晶が六角形であるところから》雪の異称。むつのはな。ろっか。

りっ-か【▽六科】►りくか(六科)

りっ-か【立花¦立華】❶花や枝などを花瓶に立てて生けること。たてばな。❷生け花の型の一。江戸前期に2世池坊専好が大成した最初の生け花様式。真とよばれる役枝を中央に立て、それに副・請などとよばれる七つの役枝(七つ道具という。のちに九つ道具となる)をあしらって全体として自然の様相をかたどったもの。現在、池坊に伝承されている。たてばな。➡七つ道具

りっ-か【立夏】二十四節気の一。5月6日ごろ。暦の上で夏の始まる日。(季 夏)「空輝き水輝きて―かな/立子」

りっ-かい【陸海】►りくかい(陸海)

りっ-かく【律格】❶おきて。規則。❷漢詩の構成法の一。平仄・押韻・対句などの称。格律。

りっ-かしゅう【六家集】►ろっかしゅう(六家集)

りつ-がめん【立画面】投影図法における投影面の一。平画面に垂直に正面に立てられた画面。

りっ-かん【▽六官】中国、周代の六つの中央行政機関。天官・地官・春官・夏官・秋官・冬官。それぞれ治・教・礼・兵・刑・事(土木)をつかさどった。

りっ-かん【律管】調子笛の一種。古代中国で発明された、音楽の調律の標準となる管で、日本では主に雅楽で用いられた。12本の中空の竹または金属製の管を長短の順に並べ、下端を指でふさぎ、上端から息を吹き込んで鳴らす。

りつ-がん【立願】〔名〕スル 神仏に願をかけること。願立て。願かけ。りゅうがん。

(類語)願立て・願掛け・発願・誓願・祈願・祈念

りっ-き【▽六気】❶天地間に存在する六つの気。陰・陽・風・雨・晦・明。また、寒・暑・燥・湿・風・火。❷人のもつ六つの感情。喜・怒・哀・楽・好・悪。

り-つき【利付(き)】公社債・株式などに利息・利益配当がついていること。

りつ-ぎ【律儀¦律義】㊀〔名・形動〕「りちぎ(律儀)」に同じ。「―な児心をば、見ぬいた小常が侠気なり」〈逍遥・当世書生気質〉㊁〔名〕《梵 saṃvaraの訳。身を制する意》悪や過失に陥ることを防ぐ働きのあるもの。善行のこと。また、善行を行うよう仏が定めた戒。禁戒。

りつき-こくさい【利付(き)国債】年に2回、半年ごとに利子を受け取ることのできる国債。満期までの利率が固定している固定利付国債、市場金利の変動によって利率が変わる変動利付国債がある。➡割引債

りつき-さい【利付債】券面に利札が付き、毎年一定期日に利札と引き替えに利子が支払われる債券。長期利付国債・中期利付国債・利付金融債など。➡割引債

りつき-てがた【利付手形】手形面記載金額のほかに、その手形の振出日から支払期日までの利息も支払う手形。一覧払手形と一覧後定期払手形についてのみ認められ、手形にその利息文句を記載するとともに利率をも表示することが必要。

りっ-きゃく【立脚】〔名〕スル 自分のよって立つ場をそこに定めること。立場を決めてそれをよりどころとすること。「人権擁護に―した措置」(類語)依拠・準拠・準ずる・則る・則する・因る・従う・基づく・踏まえる

りっきゃく-ち【立脚地】よりどころとする地点。考えたり行動したりするときの立場。立脚点。「体験を―とした指導」

(類語)立脚点・立場・足場・土台・根拠・ベース

りっきゃく-てん【立脚点】「立脚地」に同じ。「推論の―」

りっ-きゅう【▽六宮】中国で、皇后と五人の夫人が住む六つの宮殿。皇后と五人の夫人。後宮。「げにや―の粉黛の、顔色のなきもことはりや」〈関吟集〉

りっ-きょう【立教】宗教・宗派の教えが打ち立てられること。立宗。開宗。(類語)立宗・開宗

りっ-きょう【陸橋】❶道路や鉄道線路などの上にかけた橋。りくばし。❷地殻変動や海面低下のために大陸や島がつながり、生物が移動できるようになった細長い陸地。更新世の氷期にアラスカ・シベリア間に存在したベーリング陸橋など。

(類語)歩道橋・跨線橋・ガード

りっきょう-だいがく【立教大学】東京都豊島区にある私立大学。明治7年(1874)設立の聖パウロ学校に始まり、大正11年(1922)旧制の立教大学となり、昭和24年(1949)新制大学へ移行。

りっ-きょく【▽六極】「六合」に同じ。

リック〖LICC〗《Leasing Information Communicate Center》►全国賃貸保証業協会

リックラック〖rickrack〗綿や、絹・毛などで作られた平ひも。波テープ。蛇腹。

りっ-け【律家】律宗。また、律宗の僧や寺院。

りっ-けい【▽六×卿】❶中国、周代の六官の長。すなわち冢宰・司徒・宗伯・司馬・司寇・司空。❷六軍を率いる六人の将。

りっ-けい【六経】儒教で貴ぶ六種の経典。すなわち「易経」「書経」「詩経」「春秋」「礼記」「楽経」。のち「楽経」が亡んだので、かわりに「周礼」を加えて六経という。六籍。六芸。

リッケルト〖Heinrich Rickert〗[1863～1936]ドイツの哲学者。西南ドイツ学派の代表者の一人で、先験的観念論を徹底化した。文化科学と自然科学との方法論の違いを解明し、個性記述の学としての歴史科学の独自な方法論を展開した。著「認識の対象」「文化科学と自然科学」など。

りっ-けん【立件】刑事事件において、検察官が公訴を提起するに足る要件が具備していると判断して、事案に対応する措置をとること。

りっ-けん【立県】ある基本的な方針のもとに、県を発展・繁栄させること。「工業―」

りっ-けん【立憲】憲法を制定すること。

りつ-げん【立言】〔名〕スル ❶はっきりと意見を述べること。また、その意見。「国政について―する」❷論理学で、一つのことを主張した文で、真・偽いずれかであるもの。言明。

りっけん-かいしんとう【立憲改進党】明治15年(1882)大隈重信が中心となって結成した政党。小野梓・尾崎行雄・河野敏鎌・沼間守一らが参加。自由党とともに自由民権期を代表する政党で、イギリス流の議会政治と、漸進的改革を主張した。同29年解党し、進歩党を結成。

りっけん-くんしゅせい【立憲君主制】立憲主義を基礎とした君主制。近代における絶対君主が、台頭してきた市民階級の民主主義的要求と妥協した結果生まれたもの。制限君主制。

りっけん-こく【立憲国】立憲政体をとる国。

りっけん-こくみんとう【立憲国民党】明治43年(1910)憲政本党を中心に非立憲政友会三派が合同して結成した政党。大正11年(1922)革新倶楽部に発展。➡立憲政友会

りっけん-しゅぎ【立憲主義】憲法により支配者の恣意的な権力を制限しようとする思想および制度。

りっけん-しょうごう【立券▽荘号】荘園に不輸租の特権を与える手続き。領主の申請に基づき政府が現地に使者を派遣し、券文(証明書)を作成して成立。太政官符・民部省符により成立した荘園を官省符荘、国司の許可によるものを国免荘という。

りっけん-せいじ【立憲政治】立憲主義に基づいて行われる政治。

漢字項目 りち

【律】►りつ

漢字項目 りつ

【率】►そつ

立 (学)1　(音)リツ(慣)　リュウ(リフ)(呉)(漢)　(訓)たつ、たてる、リットル ‖ ㊀〈リツ〉①足場を定めてたつ。まっすぐにたてる。「立錐・立像・立体/起立・屹立・侍立・佇立・直立・倒立・林立」②根拠や基礎をしっかりと定める。なりたつ。「立案・立脚・立証・立身・立法/確立・国立・自立・而立・樹立・成立・設立・創立・存立・対立・中立・鼎立・独立・両立・連立」③ある地位に就かせる。「立太子/廃立・擁立」④新しい季節が始まる。「立夏・立秋・立春・立冬」⑤3乗すること。「立方」㊁〈リュウ〉①根拠や基礎をしっかりと定める。「建立・安心立命・不立文字」②立方。「立米/開立」(名付)たか・たかし・たち・たつる・たて・のぼる・はる (難読)脚立・献立・衝立

律 (学)6　(音)リツ(漢)　リチ(呉)　(訓)のり ‖ ㊀〈リツ〉①行動を秩序づけるためのおきて。さだめ。「律令/格律・規律・軍律・法律・不文律」②物事の法則。「因果律・矛盾律」③仏教で、僧の守るべき規則。「律師・律宗/戒律」④ある基準に照らして処置する。「自律・他律」⑤音楽の調子。「律動/一律・韻律・音律・楽律・旋律・調律」⑥雅楽などで、陽の調子。「律呂」⑦漢詩の一体。「律詩/排律」㊁〈リチ〉おきて。きまりに従う。「律儀」(名付)おと・ただし・ただす (難読)呂律

人**栗** (音)リツ(漢)　(訓)くり ‖ ㊀〈リツ〉①果樹の名。クリ。「栗子」②おののく。「股栗」㊁〈くり(ぐり)〉「栗色・栗飯/甘栗・毬栗」(難読)団栗・栗鼠

慄 (音)リツ(漢) ‖ 恐ろしくて身震いする。「慄然/戦慄」

りっけん-せいたい【立憲政体】立憲主義による政治形態。

りっけん-せいゆうかい【立憲政友会】明治33年(1900)伊藤博文により旧自由党系の憲政党を吸収して結成された政党。原敬総裁のときに本格的政党内閣を組織。その後、立憲民政党とともに政党政治時代を担ったが、五・一五事件後衰退し、昭和15年(1940)解党。政友会。

りっけん-ていせいとう【立憲帝政党】明治15年(1882)福地源一郎らが中心となって結成した政府系政党。欽定憲法主義を標榜し、自由党・立憲改進党に対立したが、翌年解党。帝政党。

りっけん-どうしかい【立憲同志会】大正2年(1913)桂太郎が憲政擁護勢力に対抗しようと結成した政党。桂の死後、加藤高明を総裁として正式に発足。同5年、憲政会に改組。

りっけん-みんしゅとう【立憲民主党】ロシア革命期のブルジョア政党。1905年、自由主義的な学者や商工業者らが結成して立憲君主制を主張。17年の二月革命後の臨時政府の中心となったが、十月革命後は消滅。カデット。

りっけん-みんせいとう【立憲民政党】昭和2年(1927)憲政会と政友本党とが合同し、浜口雄幸を総裁に結成された政党。立憲政友会とともに政党内閣期を担った。同15年、新体制運動に吸収され解党。民政党。

りつ-ご【律語】韻律のある言葉・文章。韻文。

りっ-こう【力行】〔名〕スル 努力して行うこと。りょっこう。「苦学―する」

りっ-こう【立后】三后(皇后・皇太后・太皇太后)を正式に定めること。きさきだち。

りっ-こう【立項】〔名〕スル 辞書や事典で、見出し語を示してその語を解説すること。

りっ-こう【陸行】〔名〕スル 陸路を行くこと。「夜の明けぬ中に船を上って―するに若くはなし」〈福沢・福翁自伝〉⇔水行

りっ-こうほ【立候補】〔名〕スル 選挙にあたり、被選挙権をもつ人が候補者として届け出ること。また、候補者として名のり出ること。「知事選に―する」
[類語]出馬・出陣・打って出る

りっ-こく【六国】中国、春秋戦国時代の六つの国。すなわち、斉・楚・燕・韓・魏・趙。

りっ-こく【立国】❶新たに国家を建設すること。建国。「一の精神」❷ある基本的な方針のもとに、国を発展・繁栄させること。「工業―」「観光―」

りっ-こくし【六国史】奈良・平安時代に編纂された六つの官撰の歴史書。日本書紀・続日本紀・日本後紀・続日本後紀・文徳実録・三代実録。いずれも編年体による記述。

りっ-し【立志】志を立てること。将来の目的を定めて、これを成し遂げようとすること。

りっ-し【律師】❶戒律に通じた僧。❷僧綱の一。僧正・僧都に次ぐ僧官。正・権の二階に分かれ、五位に準じた。

りっ-し【律詩】漢詩の一体。一定の韻律に従う8句からなる。第1・2句を起聯(首聯)、第3・4句を頷聯(前聯)、第5・6句を頸聯(後聯)、第7・8句を尾聯(落句)といい、頷聯と頸聯とは対句法で構成される。偶数句に脚韻を踏む五言律と、第1句および偶数句に脚韻を踏む七言律とがある。律。[類語]漢詩・絶句

リッジ〖ridge〗❶山の背。山稜。尾根。❷天気図の高気圧の峰。気圧の尾根。

りっし-しゃ【立志社】明治7年(1874)板垣退助らを中心に高知県で結成された政治結社。当初は士族救済を目的としたが、のち、民撰議院設立運動など民権運動の中核的存在となった。

りっし-でん【立志伝】志を立て、苦労と努力の末に成功した人の伝記。

立志伝中の人　苦労と努力を重ねて志を遂げ、成功した人。

りっ-しゃ【立射】〔名〕スル ❶小銃の射撃姿勢の一。立ったままで、両腕で銃を支え射撃をする仕方。たちうち。❷弓道で、立った姿勢で矢をつがえて射ること。➡座射

りっ-しゃ【×竪者｜立者】《「りつ」は「竪」を習慣的に読んだもの》仏語。❶法会の竪義のとき、義を立てて質問に答える僧。❷因明で、義を立てる主張者。りゅうしゃ。

りっしゃく-じ【立石寺】山形市山寺にある天台宗の寺。山号は、宝珠山。俗称、山寺。貞観2年(860)円仁の開創と伝える。比叡山延暦寺の法灯を根本中堂に分灯。芭蕉の「閑さや岩にしみ入る蟬の声」の句碑がある。りゅうしゃくじ。

りっ-しゅう【立宗】宗教・宗派が打ち立てられ、生まれること。立教。開宗。

りっ-しゅう【立秋】二十四節気の一。8月8日ごろ。暦の上で秋の始まる日。(季 秋)「一の雨はや一過朝鏡/汀女」

りっ-しゅう【律宗】仏教の宗派の一。戒律を守り実行することを教義とする。中国の道宣が広め、日本へは天平勝宝6年(754)に唐僧鑑真が伝えた。南都六宗の一。本山は唐招提寺。戒律宗。

りっ-しゅん【立春】二十四節気の一。節分の翌日。2月4日ごろ。暦の上で春が始まる日。(季 春)「一の米こぼれをり葛西橋/波郷」

りっしゅん-だいきち【立春大吉】立春に禅寺やその檀家の門の左右にはる紙札の文句。また、その紙札。(季 春)

りっ-しょう【立×哨】〔名〕スル 一定の場所に立って警戒・監視の任に当たること。また、その兵。

りっ-しょう【立証】〔名〕スル ❶証拠をあげて事実を証明すること。「有罪を―する」❷「論証」に同じ。
[類語]証明・実証・例証・論証・裏書き・裏付け・裏打ち・証する・裏付ける・明かす・証拠立てる

りっしょうあんこくろん【立正安国論】鎌倉時代の仏教書。1巻。日蓮著。文応元年(1260)成立。執権北条時頼に呈上。当時の天変地異を法華経にそむいた結果と断じ、正法すなわち法華経を信じなければ安国にならないと、問答体で述べたもの。

りっしょうこうせい-かい【立正佼成会】日蓮宗系の在家仏教団。昭和13年(1938)長沼妙佼・庭野日敬が教祖となり、霊友会から分かれて創立。法座・サークル活動を通じて布教活動を行い、先祖供養を重視する。

りっしょう-せきにん【立証責任】►挙証責任

りっしょう-だいがく【立正大学】東京都品川区に本部がある私立大学。天正8年(1580)設立の飯高檀林を起源とする。日蓮宗大学林・日蓮宗大学を経て、大正13年(1924)旧制の立正大学となり、昭和24年(1949)新制大学へ移行。

りっしょう-だいし【立正大師】日蓮の諡号。

りっ-しょく【立食】立ったままで食べること。特にパーティーで、卓上に並べた飲食物を客が自由に取って食べるようにした形式。「―パーティー」
[類語]立ち食い・ビュッフェ

りっ-しん【立身】〔名〕スル ❶世に認められて、一人前になること。社会的に高い地位につくこと。「官界で―する」❷律令制の初位の別称。[類語]出世・功名・立身出世・利達・栄達・成功・成り上がり

りっしん-しゅっせ【立身出世】〔名〕スル 社会的に高い地位を得て、世に認められること。「―して故郷に錦を飾る」

りっしん-べん【立心偏】漢字の偏の一。「性」「情」などの「忄」の称。「忄」は「心」の字を立てて偏にしたもので、「㣺(したごころ)」とともに「心」の部首に属する。

りっ-すい【立×錐】錐を立てること。

立錐の地　錐を突き立てるほどの、きわめて狭い土地。立錐の余地。「―もない車内」

立錐の余地もな・い　《「呂氏春秋」為欲から》人がたくさん集まって、わずかのすきまもない。「会場は超満員で―・い」

りっ・する【律する】〔動サ変〕図りっ・す〔サ変〕❶一定の規範を設けて統制・管理する。「おのれの行動を―・する」❷ある基準に当てはめて判断・処理する。「大人の考えで子供を―・するべきではない」
[類語]制する・抑える・抑制する・規制する・コントロールする

りつ-せん【律旋】「律旋法」の略。⇔呂旋。

りつ-ぜん【慄然】〔ト・タル〕図〔形動タリ〕恐れおののくさま。恐ろしさにぞっとするさま。「もし火事になっていたらと―とする」[類語]悔悔・戦戦恐恐

りつせん-ぽう【律旋法】日本音楽の理論上の音階の一。宮・商・角・徴・羽の五声に嬰商・嬰羽の2音を加えた律の七声のこと。相対的音程関係はレ・ミ・ファ・ソ・ラ・シ・ドの形になる。雅楽に用いられる音階。律旋。律。⇔呂旋法。

りっ-そう【律僧】❶律宗の僧侶。❷持律・持戒の僧。

りつ-ぞう【立像】立っている姿の像。りゅうぞう。「月光菩薩―」⇔座像。

りつ-ぞう【律蔵】三蔵の一。仏教教団の戒律に関することを集めた聖典。

リッター〖liter〗►リットル

リッター〖Karl Ritter〗[1779～1859]ドイツの地理学者。A＝フンボルトとともに近代地理学の樹立に貢献し、人文地理学の方法を確立した。著「地理学」(副題、一般比較地理学)。

リッター-カー《和 liter＋car》エンジンの総排気量が、1000cc(1リットル)の自動車。小型で燃費が低く経済的である。

リッダーホルム-きょうかい【リッダーホルム教会】《Riddarholms kyrkan》スウェーデンの首都、ストックホルムの旧市街、ガムラスタンに隣接するリッダーホルム島にある教会。13世紀に建てられたフランチェスコ会修道院を改築。同じ旧市街にある大聖堂とともに、同国最古の教会の一。17世紀にグスタフ2世アドルフが埋葬されて以来、歴代の王族が埋葬されている。

りっ-たい【立体】いくつかの平面や曲面で囲まれて、三次元の空間の一部を占める物体。また、幾何学の対象としての空間図形。「六面の―」

りったい-いせい【立体異性】化合物の化学組成が同じでも、原子または原子団の立体的な配置が異なるために生ずる異性。幾何異性・光学異性などがある。

りったい-いせいたい【立体異性体】構造式は同じだが、原子の立体配置が互いに違う異性体。光学異性体と幾何異性体、あるいはエナンチオマー(鏡像異性体)とジアステレオマーに分類される。

りったい-えいが【立体映画】映像が遠近感を伴って見える映画。両眼による視差の原理を応用したもので、観客は特殊な眼鏡を使って視聴する。IMAX 3D、XpanD、RealDシネマ、ドルビー3Dなどの上映方式がある。3D映画。三次元映画。

りったい-えいぞう【立体映像】遠近感や立体感を伴って見える映像。立体映画や立体テレビなどで、両眼による視差の原理を利用したさまざまな方式が実用化されている。3D映像。三次元映像。

りったい-おん【立体音】左右の耳に時間的にずれて届いたり、二つの音源から届いたりして、広がりや奥行きを感じさせる音。

りったい-おんきょう【立体音響】広がりや奥行きをもって聞こえる音。複数のマイクロホンを使って録音し、それぞれ別のスピーカーを用いて再生する。➡ステレオ

りったい-かがく【立体化学】化合物の立体構造や、それに関連する現象などを研究する化学の一分野。

りったい-かく【立体角】錐体の頂点から見た広がりを表す量。錐体の頂点を中心とする半径1の球の球面を切り取ったときの面積で表し、単位にステラジアンを用いる。

りったい-がほう【立体画法】立体を平面上に正確に表す画法。投影図法・透視図法などがある。立体図法。

りったい-かん【立体感】平面的でなく、奥行き・深さ・厚みなどがある感じ。「音の―」「絵に―を出す」

りったい-きかがく【立体幾何学】三次元の空間における図形について、形・大きさ・位置関係などを研究する幾何学。

りったい-きょう【立体鏡】►ステレオスコープ

りったい-こうさ【立体交差｜立体交×叉】道路や鉄道などで、二つの路線が、同じ平面でなく上下に違った高さで交差すること。[類語]ジャンクション

りったい-さいだん【立体裁断】洋裁で、人体や人台に直接布地をあてて形をとり、裁断すること。平面上で製図した型紙を用いるのに比べて、意図したシルエットにより近いものができる。

りっ-たいし【立太子】公式に皇太子を立てること。立坊。立儲。

りったい-し【立体視】両眼で物体を見たとき、左右の視差によって結ばれた網膜上の像が、感覚中枢の働きで立体として感知されること。

りったい-しゃしん【立体写真】画像が立体的に見える写真。同じ被写体をわずかにずれた角度から2枚の写真に撮り、左右に並べて左右の目でそれぞれを別に見るもの。左右を青赤色として1枚に焼き付け、その左右と逆の赤青色の眼鏡で見るものなどもある。ステレオ写真。実体写真。

りったい-しょうひょう【立体商標】ある商品を示す、特徴ある立体形の商標。平成8年(1996)の商標法改正で登録できるようになった。不二家のペコちゃん人形、ケンタッキーフライドチキンのカーネルサンダース人形、コカコーラのびんの形など。商品そのものの形状でも登録できる。

りったいし-れい【立太子礼】立太子のための儀礼。

りったい-ずけい【立体図形】三次元の空間的広がりをもつ図形。空間図形。

りったい-せん【立体戦】陸上・海上だけの平面的

戦闘でなく、航空機も加えて立体的に行う戦闘。

りったい-てき【立体的】〘形動〙❶平面の広がりだけでなく、奥行き・高さ・厚みなどがあるさま。また、そのような感じを与えるさま。「一な画面」⇔平面的。❷物事をいろいろな角度から総合的にとらえるさま。「現象を一に把握する」⇔平面的。

りったい-テレビ【立体テレビ】映像が遠近感を伴って見えるテレビ。両眼による視差の原理を応用しており、特殊な眼鏡を利用するものと、裸眼で立体感が得られるものに大別される。前者には、左右の映像を偏光させて表示し、偏光フィルターの眼鏡で見るパッシブ方式や、左右別々の映像を交互に表示させ、液晶シャッターを備えた眼鏡で見るアクティブシャッター方式などがある。後者の裸眼方式には、液晶で微細な隙間をつくる視差バリア方式、細長いかまぼこ形の凸レンズを並べたレンチキュラー方式のほか、対象物から出る光の波面を再生するインテグラルイメージング方式などがある。3Dテレビ。三次元テレビ。

りったい-のうぎょう【立体農業】ノウゲフ 果樹園芸や畜産などを総合的に取り入れ、空間を立体的に利用して行う農業。

りったい-は【立体派】▶キュビスム

りったい-び【立体美】彫刻・建築・工芸など、立体の形象に表された美。

りったい-ひょうしょう【立体標章】ヘウシヤウ 三次元の立体的形状からなる標章。商標法では、商品やサービスについて使用されたものを立体商標という。

りったい-ほうそう【立体放送】ハウソウ ▶ステレオ放送

りつ-だん【立談】〘名〙スル 立ったままで話すこと。たちばなし。「師団長は吾艦長と一し」〈独歩・愛弟通信〉

りっ-ち【立地】〘名〙スル ❶産業を営むのに適した土地を選び決めること。また、そこに商店や工場などをつくること。「工業一」❷立場。立脚地。

リッチ〖Ricci〗▶マテオ＝リッチ

リッチ〖rich〗〘形動〙❶金銭があって物質的に恵まれているさま。裕福なさま。「一な生活」❷料理などの内容が豊富で、充実しているさま。食物、料理の味わいや香りが豊かで濃いさま。「一な味のワイン」

リッチ-インターネットアプリケーション〖rich internet application〗▶リア(RIA)

りっち-じょうけん【立地条件】デウケン 立地に際して必要な、自然的および社会的条件。「一のいい駅前の店」

リッチ-テキスト〖rich text〗▶リッチテキストフォーマット

リッチテキスト-フォーマット〖rich text format〗米国マイクロソフト社が開発した文書ファイル形式。文字の大きさ、フォント、修飾、簡単な図形や表に関する情報をもつ。日本語に固有の環境に対応したRTFJもある。RTF。

リッチ-メディア〖rich media〗文字・静止画に加え、動画・音声を含めた多様な表現を統合して用いる情報媒体。マルチメディアとほぼ同義だが、インターネットの普及に伴い、特に広告配信の分野で使用されるようになった。➡リッチメディア広告

リッチメディア-こうこく【リッチメディア広告】クワウコク《rich media advertising》インターネット広告の一。文字・静止画に加え、動画・音声を含めた多様な表現媒体を統合したリッチメディアによる広告を指す。ユーザーの操作により表示内容が変化するといった双方向性をもたせたものもある。

リッチモンド〖Richmond〗米国バージニア州の州都。同州東部、ジェームズ川下流にある河港都市。タバコ製造・化学工業が盛ん。南北戦争中は南部側の首都となった。

リッチモンド-アポン-テムズ〖Richmond upon Thames〗英国の首都ロンドン南西部の一地区。大ロンドンの区の一。テムズ川沿いに位置する。ヘンリー8世のハンプトンコートパレス、エリザベス1世が住んだリッチモンドパレス、リッチモンド公園、キュー王立植物園などがある。

りっ-ちょ【立×儲】「立太子」に同じ。

りつ-ちょう【律調】テウ 雅楽で、律旋法に基づく調子。六調子のうちの平調(ひようぢよう)・黄鐘(おうしき)調・盤渉(ばんしき)調。律。⇔呂調(りよぢよう)。

りっ-とう【立刀】タウ 漢字の旁(つくり)の一。「刊」「列」などの「刂」の称。

りっ-とう【立冬】二十四節気の一。11月7日ごろ。暦の上で冬の始まる日。〈季 冬〉「一やとも枯れしたる藪からし／亜浪」

りっ-とう【立党】タウ〘名〙スル 新しく政党・党派をつくること。「同志が集まって一する」
〘類語〙結成・結団・結党・結社

りっとう【栗東】滋賀県南部の市。琵琶湖南岸の平野にあり、道路交通の要地。南部に狛坂磨崖仏(こまさかまがいぶつ)がある。人口6.4万(2010)。

りつ-どう【律動】〘名〙スル 規則的にある動きが繰り返されること。周期的な運動。また、リズム。「力強く一する」〘類語〙リズム・調子・拍子・拍(はく)・テンポ

りっとう-し【栗東市】▶栗東

りつどう-てき【律動的】〘形動〙動きにリズムのあるさま。リズミカル。「一な手足の振り」

リットル〖フランス litre〗【立】メートル法の容積の単位。1リットルは1立方デシメートル。1964年までは、1気圧下で最大密度となるセ氏4度の純水1キログラムの体積とされ、1.000028立方デシメートルであった。記号l リッター。

リットル-びょう【リットル病】ビヤウ 脳性麻痺(のうせいまひ)の特殊な病型。上下肢、特に下肢に強直がみられ、特有の位置をとる。1855年に英国の整形外科医リットル(W.J.Little)が報告。

リットン〖Lytton〗㊀(Edward George Earle Lytton Bulwer-〜)[1803〜1873]英国の政治家・小説家。「ポンペイ最後の日」など、多数の通俗小説を書いた。㊁(Victor Alexander 〜)[1876〜1947]英国の政治家。㊀の孫。父の任地インドで出生。インド総督代理などを経て、英国の国際連盟代表となり、満州事変の国際連盟調査団団長としてリットン報告書を作成。

リットン-ちょうさだん【リットン調査団】テウサダン 1932年、満州事変調査のため国際連盟より派遣された、リットン㊁を団長とする紛争調査隊。満州国を日本の傀儡(かいらい)国家として否定する報告書を作成した。

りっ-ぱ【立破】▶りゅうは(立破)

りっ-ぱ【立派】〘形動〙〘文〙〘ナリ〙《一派を立てる意から。一説に「立破」の音から》❶威厳があって美しいさま。堂々としているさま。また、非常にすぐれているさま。「一な邸宅」「一な業績」❷十分に整っているさま。不足や欠点のないさま。「一に生活を立てていく」「一な大人」〘派生〙りっぱさ〘名〙
〘類語〙見事・結構・上乗・最高・秀逸・偉大・すごい・偉い・素晴らしい・輝かしい・天晴(あつぱ)れ

リッパー〖ripper〗▶リッピングソフトウエア

リッピ〖Lippi〗㊀(Fra Filippo 〜)[1406〜1469]イタリアの画家。フィレンツェ派。現世的、人間的情緒をたたえた聖母子像を好んで描いた。㊁(Filippino 〜)[1457ころ〜1504]イタリアの画家。フィレンツェ派。㊀の子。父に学び、のち、ボッティチェリに師事。

りつ-ぴょう【立標】ベウ 航路標識の一。暗礁・浅瀬・露岩などの危険な場所に立てる警戒標識。

リッピング〖ripping〗《はぎ取る、引き裂くの意》CDやDVDに収録された音楽や映像のデジタルデータを抽出し、パソコンで扱えるデータに変換して保存すること。この一連の作業を行うアプリケーションソフトをリッピングソフトウエアという。

リッピング-ソフトウエア〖ripping software〗CDやDVDに収録された音楽や映像のデジタルデータを抽出し、パソコンで扱えるデータに変換して保存するアプリケーションソフト。リッパー。➡リッピング

リップ〖lip〗くちびる。〘類語〙唇・口唇

リップ〖RIP〗《raster image processor》PostScriptのデータをビットマップに展開するためのハードウエア。同じ機能をもたせたソフトウエアRIPもある。

りっ-ぷく【立腹】〘名〙スル はらをたてること。怒ること。腹立(ふくりゅう)。「失敬な質問に一する」
〘類語〙怒り・憤り・腹立ち・怒気・瞋恚(しんい)・憤怒(ふんど)・憤怒(ふんぬ)・憤懣(ふんまん)・鬱憤(うっぷん)・義憤・痛憤・悲憤・憤激・憤慨(ふんがい)・激怒・癇癪(かんしゃく)・逆鱗(げきりん)

リップ-クリーム〖lip cream〗唇の荒れを防ぎ、また、滑らかにするためのクリーム。ふつう、棒状。

リップ-グロス〖lip gloss〗口紅の上から塗って、唇に透明感や、つややかな輝きを出すための化粧品。保湿効果のある製品もある。

リップ-サービス〖lip service〗口先だけで調子のよいことを言うこと。世辞。「一が上手」

リップス〖Theodor Lipps〗[1851〜1914]ドイツの心理学者・哲学者。認識論・論理学・倫理学・美学は意識体験を確定する記述的心理学の基礎の上に築かれるべきだと主張。特に、美意識や他我認識における感情移入の意義を強調した。著「倫理学の根本問題」「心理学原論」「美学」など。

リップスティック〖lipstick〗棒状の口紅。古くは棒口紅・棒紅などと呼んだ。

リップ-バン-ウィンクル〖Rip Van Winkle〗アービングの文集「スケッチブック」中の一編。主人公のリップが山中で奇妙なオランダ人の一団に酒をふるまわれて寝込んでしまい、目を覚ますと20年も経っていて世の中が変わっていたという話。

リップ-マイクロホン〖lip microphone〗会話録音用の超小型マイクロホン。周囲の雑音に影響されにくいため、音声入力装置用のマイクロホンとしても利用されている。

リップマン〖Gabriel Lippmann〗[1845〜1921]フランスの物理学者。毛管電位計を発明。光の干渉を利用したカラー写真法に成功し、1908年ノーベル物理学賞を受賞。

リップマン〖Walter Lippmann〗[1889〜1974]米国のジャーナリスト・評論家。自由主義の立場から政治・社会問題を論じた。著「冷たい戦争」「世論」など。

リップ-ムーブメント〖lip movement〗動物が、相手に近づいてほしいという親愛の情を示すとき、口をパクパクさせる行動。

リップル-クロス〖ripple cloth〗布面に波状の模様のついた織物のこと。

りつ-ぶん【律文】韻律のある文章。韻文。

りつぶん-どう【率分堂】ダウ ▶正蔵率分堂(しようざうりつぶんだう)

リッベントロップ〖Joachim von Ribbentrop〗[1893〜1946]ドイツの政治家。1938年に外相となり、独ソ不可侵条約・日独伊三国同盟などを成立させ、ナチス外交を推進。ニュルンベルク裁判で死刑。

りつ-ぼう【立坊】バウ「立太子」に同じ。

りっ-ぽう【立方】パウ ❶同じ数・式を三度掛け合わせること。三乗(さんじよう)。❷長さの単位名の前に付けて、体積の単位をつくる語。「一一メートル」❸長さを表す単位名のあとに付けて、その長さを1辺とする立方体の体積を表す語。「一メートル一」

りっ-ぽう【立法】パフ〘名〙スル 法律を制定すること。特に、国会における法律の制定作用。〘類語〙行政・司法

りっ-ぽう【律法】パフ ユダヤ教で、神から与えられた宗教・倫理・社会生活上の命令や掟。モーセの十戒はその典型。また、モーセ五書の総称。トーラー。

りっぽう-いん【立法院】リツパフヰン 中華民国国民政府の最高立法機関。

りっぽう-ぎかい【立法議会】リツパフギクワイ フランス革命期、1791年憲法の規定によって成立した議会。フィヤン派・ジロンド派などによって構成されたが、対外戦争と国内危機に対応できず、92年、王権の停止と国民公会召集を決議して解散。

りっぽう-きかん【立法機関】リツパフキクワン 立法権を有する機関。すなわち国会のこと。行政機関・司法機関に対していう。立法府。

りっぽう-けん【立法権】リツパフ 国家の統治権のうち、立法を行う権能。日本国憲法では、原則として国会に属する。司法権・行政権とともに三権を構成する。

りっぽう-こん【立方根】リツパウ 3乗して a になる数の

り

*a*に対する称。$\sqrt[3]{a}$と表す。例えば、64の立方根は4。三乗根。

りっぽう-さいみつじゅうてん【立方最密充塡】最密充塡構造の一。同じ大きさの球列を積み重ねていくとき、最初の層のすきまの上に2層、3層目を重ね、4層目は球のそれぞれが初めの層の真上にくるもの。各球の中心を格子点とすると、面心立方格子となる。原子・分子などの詰まり方にみられる。

りっぽう-しょうけい【立方晶系】►等軸晶系

りっぽう-たい【立方体】さいころのように、六つの合同な正方形で囲まれる立体。正六面体。

りっぽう-ふ【立法府】立法を行う国家機関。立法機関。

りっぽう-メートル【立方メートル】国際単位系(SI)の体積の単位。1立方メートルは辺の長さが1メートルの立方体の体積。記号m^3

り-づめ【理詰め】思考・議論などを、論理・理屈で押し通すこと。「一で追及する」「一の論法」
(類語)合理的・合理

りつ-めい【立命】〔名〕スル 天命を全うし、人為によって損なわないこと。「安心一」

りつめいかんアジアたいへいよう-だいがく【立命館アジア太平洋大学】大分県別府市にある私立大学。平成12年(2000)に、大分県・別府市・学校法人立命館の3者の公私協力によって開設した。

りつめいかん-だいがく【立命館大学】京都市北区に本部のある私立大学。明治33年(1900)設立の京都法政学校に始まり、大正11年(1922)旧制の立命館大学となり、昭和23年(1948)新制大学へ移行。

りつ-めん【立面】正面・側面などから水平に見た形。垂直に見た形に対していう。

りつめん-ず【立面図】投影図法で物体を立画面に投影して得られる図。物体を正面から見た図。

りつもう-きん【立毛筋】皮膚の毛包から真皮へ斜めに走る平滑筋。寒さなどの刺激によって収縮すると毛が立ち、鳥肌となる。起毛筋(きもうきん)。

りつ-りょ【律▽呂】日本音楽で、律と呂の音。また、十二律・音律・音階・旋法・調子などをさす。呂律。

りつ-りょう【律▽令】古代国家の基本法である律と令。律は刑罰についての規定、令は政治・経済など一般行政に関する規定。日本では7世紀後半から8世紀にかけ、中国の隋・唐にならって飛鳥浄御原律令・大宝律令・養老律令などが制定された。りつれい。➡律❶ ➡令

りつりょう-きゃくしき【律▽令▽格式】古代中央集権国家の基本法典である律・令・格・式の総称。

りつりょう-こっか【律▽令国家】律令を統治の基本法とした国家。

りつりょう-じだい【律▽令時代】古代、律令制に基づいて国家が人民を支配していた時代。日本では、大化の改新後の7世紀後半から10世紀ごろまでをさす。

りつりょう-せい【律▽令制】律令を基本法とする古代日本の中央集権的政治制度およびそれに基づく政治体制。中国の隋・唐の法体系を取り入れて成立。二官八省を中心とする中央官制、国郡里制による地方行政組織が整い、公地・公民を原則として官僚による土地・人民支配が確立した。人民を良民・賤民(せんみん)に二大別し、班田収授の法により耕地を与える代わりに租庸調(そようちょう)・雑徭(ぞうよう)などを課して中央および地方の財源とした。荘園制が発達する9世紀末から10世紀ごろには実質が失われた。令制。

りつりん-こうえん【栗林公園】香川県高松市にある県立公園。高松藩主松平頼重が築造し、延享2年(1745)ごろに完成した池泉回遊式庭園。

りつ-れい【立礼】〔名〕スル 起立して敬礼を行うこと。また、その敬礼。⇔座礼。

りつ-れい【律令】►りつりょう(律令)

りつ-ろん【立論】〔名〕スル 論の趣旨や筋道を組み立てること。また、その論。「資料に基づいて一する」

り-てい【里程】里で表した距離。里数。また、みちのり。道程。(類語)里数・距離・行程・道程

リディア〔Lydia〕前7世紀ごろ、小アジア西部に成立した古代王国。首都サルディスは交易の中心地として繁栄。世界最古の鋳造貨幣を使用したとされる。前546年、ペルシアに征服された。

りてい-ひょう【里程標】距離を記して道路・線路のわきなどに立てた標識。転じて、物事の推移・発展の一過程を示すしるし。

リテール〔retail〕小売り。小口取引。個人取引。

リテール-サポート〔retail support〕卸売業が小売業に対して行う経営支援。売場作りや品揃えなどが含まれる。

リテール-さんぎょう【リテール産業】小売りに重点を置く産業。各種の量販店など。

リテール-とりひき【リテール取引】►個人取引

リテール-バンキング〔retail banking〕主に個人向けの銀行業務。➡ホールセールバンキング

リテール-マーケット〔retail market〕個人や自営業者、中小企業の経営者などを相手とする小口金融市場。

り-てき【利敵】敵に利益をもたらすこと。「一行為」

り-てき【李迪】中国、南宋の画家。河陽(河南省)の人。宋代院体花鳥画を代表する画家とされ、山水画・動物画にもすぐれた。生没年未詳。

リテヌート〔イタリア ritenuto〕音楽で、速度標語の一。「急に速度をゆるめる」の意。*riten.*と略記。

リデュース〔reduce〕《英語の原義では、縮小すること、抑制することの意》特に、廃棄物を減らすことを指す言葉。資源を大切にする循環型社会を作るという観点から、リサイクル・リユースとともに3Rと呼ばれる。➡循環型社会形成推進基本法

リテラシー〔literacy〕❶読み書き能力。また、与えられた材料から必要な情報を引き出し、活用する能力。応用力。❷コンピューターについての知識および利用能力。➡コンピューターリテラシー ❸情報機器を利用して、膨大な情報の中から必要な情報を抜き出し、活用する能力。➡情報リテラシー

リテラチュア〔literature〕文学。文芸。

り-てん【利点】有利な点。また、長所。好都合な点。「部屋は狭いが駅に近い一がある」
(類語)長所・取り柄・売り・強み・メリット

リテンション〔retention〕保持。記憶。記憶力。

り-と【吏途】官吏として尽くすべき道。また、官吏の職務。吏務。

り-と【吏▽読｜吏▽道｜吏吐】古代朝鮮で、漢字の音・訓を借りて、朝鮮語の助詞・助動詞などを書き表すのに用いた表記法。新羅(しらぎ)時代から行われ、ハングルが制定されたのちは官吏の間でだけ用いられたので、この名がある。りとう。

り-と【李杜】中国、唐代の詩人、李白(りはく)と杜甫(とほ)の併称。

リトアニア〔Lithuania〕ヨーロッパ北東部、バルト海に面する共和国。首都ビリニュス。機械・金属加工業が盛んで、亜麻を産する。13世紀にリトアニア大公国が成立、1385年にポーランドとの連合王国となり、大国に発展。1772年のポーランド分割でロシアに併合、1918年に独立したが、40年にソ連邦に編入、91年独立。森林が多い。人口355万(2010)。リトワ。リエトゥバ。➡バルト三国

リトアニア-ご【リトアニア語】リトアニア共和国の公用語。インド-ヨーロッパ語族のバルト語派に属する。同語族中、古風な特徴を保っている。

り-とう【吏党】帝国議会開設時、藩閥政府を支持した大成会・国民協会などの党派の称。⇔民党。

り-とう【吏読】►りと(吏読)

り-とう【利刀】よく切れる刀。鋭利な刀。

り-とう【李唐】中国、唐の王朝。また、その時代をいう。唐の宗室が李姓であったところからの称。

り-とう【李唐】中国、北宋末から南宋初期の画家。河陽(河南省)の人。字(あざな)は晞古(きこ)。徽宗(きそう)の画院に入り、高宗の画院の待詔となる。南宋の院体山水画の形成に大きな役割を果たした。生没年未詳。

り-とう【離党】〔名〕スル 所属している政党・党派を離脱すること。「意見の対立で一する」

り-とう【離島】〔名〕スル ❶離れ島。❷島を離れること。「就職で一する」(類語)離れ島・孤島・絶島

リドゥ〔redo〕コンピューターのアプリケーションソフトにおいて、直前に入力したキー操作や命令などを、再度実行すること。取り消しの場合はアンドゥ機能を使う。

り-どう【吏道】官吏として行うべき仕事。官吏の役目。

り-どう【利導】〔名〕スル 有利にみちびくこと。

り-どう【里道】国道・県道以外の道路の旧称。

り-とうき【李登輝】[1923～]台湾の政治家。日本統治下の台湾に生まれ、京都帝国大学農学部で学ぶ。第二次大戦後は中国国民党に反発していたが、農業の専門家として蔣経国に抜擢され、1971年に入党。以降、累進し84年に蔣の副総統となる。88年、蔣の死去により総統に。96年、初の直接選挙にも勝利し2000年まで務める。退任後は台湾独立の主張を強め、01年に国民党を除籍された。

リトープス〔ラテン Lithops〕メセンブリアンテマ科の多肉植物。南アフリカ原産。球状の二つの葉の間から白・黄色の菊に似た花を咲かせる。

リドカイン〔lidocaine〕代表的な合成局所麻酔薬。不整脈の治療にも用いられる。

り-と-かん-ぱく【李杜韓白】中国、唐代の詩人、李白(りはく)・杜甫(とほ)・韓愈(かんゆ)・白居易(はくきょい)のこと。

り-と-かん-りゅう【李杜韓柳】中国、唐代の四人の文学者、李白・杜甫・韓愈・柳宗元(りゅうそうげん)のこと。

り-とく【利得｜利徳】❶利益を得ること。また、その利益。もうけ。「一を追求する」「一を上げる」❷(利得)トランジスターなどの増幅器で、入力に対する出力の比。➡ゲイン❷
(類語)(❶)得・利益・儲(もう)け・利・利潤・利沢・黒字・得分・益・実益・収益・益金・利金・純利・純益・差益・利鞘(りざや)・マージン・ゲイン・プロフィット

り-とくぜん【李徳全】[1896～1972]中国の女性政治家。河北省の人。馮玉祥(ふうぎょくしょう)夫人。日中戦争中、南京・重慶で婦人運動を指導。中華人民共和国成立後、中国紅十字会会長などを歴任。リー=トーチュアン。

リトグラフ〔lithograph〕石版画。また、石版印刷。リトグラフィー。

リトグラフィー〔フランス lithographie〕石版印刷(術)。最近では、シリコン基板上にパターンをエッチングなどで刻み込む技術をもさす。

リトコール-さん【リトコール酸】《lithocholic acid》胆汁酸の一。胆汁酸(ケノデオキシコール酸)が腸内細菌により変換されたもの。発癌(はつがん)性がある。

リド-とう【リド島】《Lido》イタリア北東部、ベネト州の都市ベネチアの潟にある島。ベネチア本島の南東部に位置し、アドリア海とベネチアの潟を隔てている。長さ約12キロメートル、幅300～1000メートル。毎年9月にベネチア国際映画祭が開かれるほか、映画「ベニスに死す」の舞台として知られる。

リトビノフ〔Maksim Maksimovich Litvinov〕[1876～1951]ソ連の政治家。1930年に外務人民委員(外相)となり、近隣諸国との不可侵条約の締結、国際連盟に加盟など協調外交を推進。枢軸国に対しては集団安全保障を主張した。39年、解任。

リ-ド-ボー►リードボー

リトマス〔litmus〕リトマスゴケなどから得られる紫色の色素。水・アルコールに溶ける。代表的な酸塩基指示薬で、酸で赤色、アルカリで青色になる。

リトマス-ごけ【リトマス×苔】リトマスゴケ科の地衣類。海岸の岩上に生え、淡黄色で、樹枝状に分かれる。地中海地方・西アフリカ沿岸に分布。色素は試薬になり、かつては羊毛の染色に使われた。

リトマス-しけんし【リトマス試験紙】❶リトマス溶液を濾紙(ろし)に染み込ませて乾燥したもの。青色と赤

色の二種がある。試料溶液に入れて酸性・アルカリ性を簡便に判別するのに用い、酸で赤変、アルカリで青変する。❷(比喩的に)対立する二つの意見、方策などの是非、真偽、効能を判定する資料となるもの。「今後の動向を占う―となる」

リトミシュル〘Litomyšl〙チェコ中部、ボヘミア地方の町。ロウチュナー川に沿う。古くからボヘミアとモラバを結ぶ交易路に位置し、14世紀に司教座が置かれた。16世紀に建造されたルネサンス様式のリトミシュル城がある。作曲家スメタナの生誕地。

リトミシュル-じょう【リトミシュル城】《Litomyšl》チェコ中部、ボヘミア地方の町リトミシュルにある城。16世紀にルネサンス様式で建てられたもので、外壁は漆喰で描かれた華やかな模様で埋め尽くされている。作曲家スメタナの生誕地としても知られる。1999年、世界遺産(文化遺産)に登録された。

リトミック〘フランス rythmique〙スイスの音楽教育家ダルクローズが考案した音楽教育体系。リズムや音に対する身体的な反応・行動に着目したもので、創造的な人間教育の手段として広く活用される。舞踊・演劇の訓練方法にも応用されている。律動法。

リトラクタブル-ヘッドライト〘retractable headlight〙点灯時以外は車体内に自動収納できる構造の前照灯。スポーツカーなどに多く採用されている。ライズアップヘッドライト。

リドラス-どおり【リドラス通り】《Odos Lidras》キプロスの首都ニコシア中心部の繁華街。旧市街を南北に貫き、多くのレストランや商店が並ぶ。1974年以来、国土分断の象徴だったバリケード封鎖が2008年に開放された。レドラ通り。

リトリート〘retreat〙❶退却。撤退。後退。❷隠居。避難。また、隠居所。隠れ家。避難所。仕事や家庭などの日常生活を離れ、自分だけの時間や人間関係に浸る場所などを指す。

リトル〘little〙多く複合語の形で用い、小さい、子供の、の意を表す。「―東京」「―リーグ」

リトル-イタリー〘Little Italy〙イタリア国外にあるイタリア人街。米ニューヨーク市マンハッタンのものが有名だが、近年は中国系をはじめアジア系移民が多く住む。

リトル-エンディアン〘little endian〙2バイト以上のデータを記録・転送する際に、下位のバイトから順序づけて配置すること。⇨ビッグエンディアン

リトル-とうきょう【リトル東京】《「リトルトーキョー」とも書く》海外の都市にある日本人町。米国ロサンゼルスにあるのが有名。

リトルネッロ〘イタリア ritornello〙《反復の意》❶17世紀のオペラ・カンタータなど声楽曲で、歌の前奏・間奏・後奏として反復演奏される器楽部分。❷バロック期の協奏曲やアリアで、全合奏によって奏される同一の旋律素材による部分。

リトル-ベニス〘Little Venice〙英国の首都ロンドン中央部、シティーオブウエストミンスターにある三つの運河の集結地点の通称。「水の都」といわれるイタリアのベネチア(ベニス)にちなむ。

リトル-マガジン〘little magazine〙少数の読者を対象として、主に実験的、前衛的な作品を載せる非営利的な文芸・評論雑誌。

リトル-リーグ〘Little League〙国際的な少年野球(12歳以下)の組織。米国に本部がある。

リトル-ロック〘Little Rock〙米国アーカンソー州中央部の都市。同州の州都。アーカンザス川南岸に面した河港がある。農産物、鉱産物に恵まれた同州において集散地として発展。公民権運動における黒人学生の高校編入をめぐる事件、「リトルロック危機」の舞台となった。

リトレ〘Maximilien Paul Émile Littré〙[1801〜1881]フランスの哲学者・言語学者。コントの弟子で、実証主義の普及に努めた。また、「リトレ辞典」とよばれる「フランス語大辞典」4巻、補遺1巻を編集。

り-どん【利鈍】❶刀剣などの、鋭いことと鈍いこと。❷利発なことと愚鈍なこと。賢愚。

リナックス〘Linux〙パソコン向けのオペレーティングシステムの一。1991年にフィンランドのリーナス=トーバルズ(Linus Torvalds)が開発したもので、UNIXと互換性をもつ。フリーソフトウエアとしてプログラムが公開されており、改変・再配布の自由が認められていることから、さまざまな団体や個人によって改良が重ねられている。商標名。

リナックス-ディストリビューション〘Linux distribution〙再配布・改変の自由を認めたオペレーティングシステムであるLinuxをパッケージ化したもの。カーネル、シェル、各種ドライバー、アプリケーションソフトなどがひとまとめになっている。

リナックス-ディストリビューター〘Linux distributor〙Linuxディストリビューションを開発・配布する個人や団体。ディストリビューター。

リナリア〘ラテン Linaria〙ゴマノハグサ科ウンラン属の一年草または多年草。北半球の温帯に分布。数種が観賞用に花壇などに栽培される。和名ヒメキンギョソウ。

リナロール〘linalool〙スズランのような芳香のある無色の液体。芳樟油・黒文字油などの主成分。ベルガモット油・ラベンダー油にはエステルとして含まれる。化粧品香料に用いる。

リニア〘linear〙《一直線にのびた、直線上の、の意》「リニアモーターカー」の略。

リニアアルキルベンゼンスルホン-さん【リニアアルキルベンゼンスルホン酸】《linear alkylbenzene sulfonate》⇒エル-エー-エス(LAS)

リニア-ちゅうおうしんかんせん【リニア中央新幹線】⇒中央新幹線

リニアック〘linac〙線形加速器。特に、医療用のもの。X線や電子線の出力が大きく、短時間の照射で広く行えるので、癌などの治療に使用。ライナック。「―グラフィー」

リニアトラッキング-アーム〘linear tracking arm〙レコードのカートリッジをレコード溝と直角方向に平行移動させて再生するトーンアーム。

リニア-ピーシーエム【リニアPCM】《linear pulse-code modulation》PCM方式のうち、デジタルデータの加工や圧縮などの処理を一切しない方式のこと。LPCM。

リニア-プログラミング〘linear programming〙一次の不等式または一次式で表される制約条件のもとで、一次式で表される目的関数を最大または最小にする値を求める数学的手法。生産計画・輸送計画などに応用される。線形計画法。LP。

リニア-モーター〘linear motor〙磁気浮上式の可動部が直線運動をする電動機。超高速鉄道などに利用。

リニアモーター-カー〘linear motor car〙リニアモーターを駆動力とする電動車。路壁面に並べた推進用地上コイルに電流を通して電磁石にし、車体にある超伝導磁石との間の吸引・反発力を利用して直進させる。浮上して進むので摩擦が少なく、時速500キロ以上での走行も可能。

り-にち【離日】〔名〕スル 外国人が日本を離れること。「日程を終えて視察団が―する」

リニメント〘liniment〙皮膚に擦り込んで用いる液状または泥状の外用剤。消毒・かゆみ止め用のフェノール亜鉛華リニメントなど。擦剤。

り-にゅう【離乳】〔名〕スル 乳児に乳以外の食物を与え、しだいに量を増して、固形食に移行させること。ちばなれ。「―する月齢」「―食」

リニューアル〘renewal〙〔名〕スル 新しくすること。一新すること。再生。また、改装。「店舗を―する」

りにゅう-しょく【離乳食】離乳の時期に与える食べ物。スープ・粥状の食品から固形食まで、段階をふんで乳児に食べさせるもの。

り-にょう【利尿】尿をよく出るようにすること。「抗―剤」

りにょう-やく【利尿薬】尿の生成を促進し、尿量を増加させる薬。腎臓に直接作用する抗アルドステロン剤、間接に作用するアミフィリンなどがある。浮腫などの治療に用いる。利尿剤。

り-にん【離任】〔名〕スル 転任・退任などで任務・任地を離れること。「―する職員の送別会」⇔着任。

(類語)転任・転勤・異動

リヌクス〘Linux〙⇒リナックス

リネージ〘lineage〙同一の出自によって共通の祖先につながるという意識をもち、また互いの系譜関係を明確に知っている人々によって構成される集団。父系・母系などの種類がある。リニエッジ。

り-ねん【理念】❶ある物事についての、こうあるべきだという根本の考え。「憲法の―を尊重する」❷哲学で、純粋に理性によって立てられる超経験的な最高の理想的概念。プラトンのイデアに由来。イデー。

(類語)概念・観念・思想・精神・主義・信条・信念・哲学・人生観・世界観・思潮・イズム・イデオロギー

リネン〘linen〙❶「リンネル」に同じ。❷病院・ホテルなどで、日常使うシーツ・枕カバー・タオル類など、リンネル製品の総称。「―室」

りねん-けい【理念型】《ドイツ Idealtypus》マックス=ウェーバーの用語。複雑多様な現象の中から本質的特徴を抽出し、それらを論理的に組み合わせた理論的モデル。それを現実にあてはめて現実を理解し、説明しようとする理論的手段。現実を素材として構成されるが、現実そのものとは異なる。理想型。

リノ〘Reno〙米国ネバダ州北西部の都市。ラスベガスと並ぶ観光都市として知られ、世界最大級のカジノがある。シエラネバダ山脈の東麓に位置し、近郊のスキーリゾートへの拠点になっている。

リノ〘rhino〙サイ科の哺乳類の総称。東南アジア・アフリカに分布。絶滅の危険がある。

り-のう【離農】〔名〕スル 農業をやめて他の職業に就くこと。「―して都市部で働く」

リノール-さん【リノール酸】《linoleic acid》不飽和脂肪酸の一。必須脂肪酸の一。亜麻仁油・綿実油・大豆油・とうもろこし油・ひまわり油・胡麻油など植物油にグリセリンエステルとして存在。血中コレステロール値を下げる働きがある。分子式$C_{18}H_{32}O_2$

リノタイル〘lino tile〙リノリウム板のタイル。

リノベーション〘renovation〙❶刷新。改善。❷修理。修復。「保養所の―」

リノベート〘renovate〙〔名〕スル ❶刷新すること。改革すること。❷修理すること。修復すること。「老朽化した公営住宅を―する」

リノリウム〘linoleum〙亜麻仁油の酸化物に松やに・コルク粉などを混ぜて、麻布に圧延・付着させて乾燥したもの。床敷き・壁張り材などにする。

リノレン-さん【リノレン酸】《linolenic acid》不飽和脂肪酸の一。必須脂肪酸の一。亜麻仁油など多くの乾性油中にグリセリンエステルとして存在。分子式$C_{18}H_{30}O_2$

リハ ❶「リハーサル」の略。❷「リハビリテーション」の略。

リバー〘river〙川。河川。「―フロント」

リバーサイド〘riverside〙川辺。河畔。川沿いの地区。

リハーサル〘rehearsal〙演劇・音楽・放送などで、本番前に行うけいこ。予行演習。

(類語)練習・下準備・下馴らし・下稽古

リバーサル〘reversal〙❶反転。逆転。❷「リバーサルフィルム」の略。

リバーサル-フィルム〘reversal film〙⇒反転フィルム

リバーシブル〘reversible〙《「逆にできる」の意》表裏両面とも使える布地。また、表裏兼用の衣服。「―ジャケット」

リバーシブル-レーン〘reversible lane〙交通量に応じてセンターラインの位置を移動できる道路。可逆車線。

リバース〘reverse〙〔名〕スル ❶逆にすること。反対方向へ動かすこと。「―ギア」❷テープレコーダーで、往復録音、また再生の逆走行のこと。「テープが自動的に―する」

リバース-アダプター〘reverse adapter〙レンズ交

換式カメラで、接写撮影のためレンズの前後を逆にしてカメラに取り付けるアダプター。拡大率が通常の向きよりも大きくなる。オートフォーカス機能は使えない。

リバース-エンジニアリング〘reverse engineering〙他社の開発した製品やソフトウエアを分解または解析することにより、そのアイデアなどをぬき出して、自社製品に利用する技術。その際、知的財産権に抵触しないよう注意する必要がある。

リバース-ケーブル〘reverse cable〙▶クロスケーブル

リバースデュアルカレンシー-さい【リバースデュアルカレンシー債】《reverse dual currency bond》▶二重通貨建て債

リバース-プレー〘reverse play〙アメリカンフットボールの攻撃プレーの一。見せかけの方向へプレーヤーが走り、本来意図した方向へ走るプレーヤーにボールを渡すランニングプレー。

リバース-ブロック《和 reverse＋block》ダイバーが浮上時に中耳腔内ちゅうじくうの圧を大気圧に減少できないこと。耳痛、目まい、ひどければ嘔吐おうとを起こし、危険な状態を招く恐れもある。浮き耳。

リバース-モーゲージ〘reverse mortgage〙所有する不動産を担保とした融資制度で、高齢者を対象とするもの。定期的に生活資金の融資を行う。逆抵当融資。

リパーゼ〘lipase〙中性脂肪を加水分解して脂肪酸とグリセリンとにする酵素。動物の膵液すいえき・胃液・腸液には消化酵素として含まれる。

リバー-ツーリング〘river touring〙カヌーなどを使って川を下り、水上の旅を楽しむこと。

リバーフロント〘riverfront〙河岸。河畔。川に面した所。また、川の沿岸地帯の開発。➡ウオーターフロント

リバーボート〘riverboat〙川船。

り-はい【離杯┊離×盃】別離にあたって酌み交わすさかずき。また、その酒。

り-はい【離背】〘名〙スル そむき離れること。離反。
(類語)離反・決別・絶縁・おさらば・袂たもとを分かつ

り-ばい【利倍】❶利益が倍加すること。利息が利息を生んで、元金のふえること。「其金も一増長して確かに立派な学費になって」〈福沢・福翁自伝〉❷高利で貸して元金をふやすこと。「一ヲスル」〈日葡〉

リバイアサン〘Leviathan〙英国の政治哲学者ホッブズの著書。1651年刊。国家を旧約聖書の怪物リバイアサンにたとえ、国家は社会契約によって成立したものとして、国家主権への絶対的服従を説き、近代思想に大きな影響を及ぼした。

リバイス〘revise〙〘名〙スル 改めること。修正すること。「論文を一する」

リバイタリゼーション〘revitalization〙《「リバイタライゼーション」とも》再生。蘇生。復興。

リバイバル〘revival〙〘名〙スル ❶一度すたれたものが、見直され、再びもてはやされること。再評価。「六〇年代のヒット曲が一する」「一映画」「一ブーム」❷キリスト教で、信仰の原点に立ち返ろうとする運動。18世紀英国のJ＝ウェスリーによるメソジスト運動、1870～90年代のD＝ムーディによる全米的大衆伝道などの例がある。信仰復興。

リバウ〘Libau〙ラトビア西部の都市リエパーヤの旧称。

リバウンド〘rebound〙〘名〙スル ❶球技で、ボールがはね返ること。特にバスケットボールで、シュートミスのボールがはね返ること。また、そのボール。❷治療・投薬をやめた後に、治療前よりもかえって症状が重くなること。❸ダイエットを中断したために、一度減った体重がまた増加すること。

り-はく【李白】[701～762]中国、盛唐期の詩人。中国最大の詩人の一人。西域で生まれ、綿州(四川省)で成長。字あざなは太白たいはく。号、青蓮居士。玄宗朝に一時仕えた以外、放浪の一生を送った。好んで酒・月・山を詠み、道教的幻想に富む作品を残した。詩聖杜甫に対して詩仙とも称される。「両人対酌して山花開く、一杯一杯又一杯」「白髪三千丈、愁いに縁よりて個かくの似ごとく長し」など、人口に膾炙かいしゃした句が多い。

リバタリアニズム〘libertarianism〙他者の自由を侵害しない限りにおける、各人のあらゆる自由を尊重しようとする思想的立場。自由主義が20世紀以降、個人の社会的自由の達成ために、私企業などの経済的自由の抑制や、福祉などによる富の再分配を是認してきたのに対し、それらをも最小化すべきとする。(補説)新自由主義と似るが、これが経済的自由を重視するのに対し、リバタリアニズムはそれだけでなく社会的自由も強調する。権威への不服従や婚姻制度の廃止、銃器・薬物・売春・同性愛の是認などを唱えるため、伝統的保守思想と対立する。

り-はつ【利発】〘名・形動〙《「利口発明」の意》さとく賢いこと。才知があって頭の回転が速いこと。また、そのさま。「一な子供」(派生)りはつさ〘名〙
(類語)利口・発明・怜悧れいり・聡明・明敏・慧敏けいびん・穎悟えいご・賢明・犀利さいり・聡さとい・賢い・シャープ

り-はつ【理髪】〘名〙スル ❶頭髪を刈って整えること。調髪。❷元服または裳着もぎのとき、頭髪の末を切ったり結んだりして整えたこと。また、その役。
(類語)散髪・調髪・整髪・理容・カット・セット

りはつ-し【理髪師】理髪❶を職業とする人。床屋とこや。

リバティー〘liberty〙自由。解放。
(類語)自由・不羈ふき・リベルテ・フリー・フリーダム

リバノール〘rivanol〙アクリジンの誘導体で、殺菌・消毒に用いる外用剤。皮膚を刺激しないので外傷ややけどなどに用いる。アクリノール。

り-はば【利幅】費用を差し引いた利益の大きさ。

リハビリ「リハビリテーション」の略。

リハビリテーション〘rehabilitation〙身体に障害のある人などが、社会生活に復帰するための、総合的な治療的訓練。身体的な機能回復訓練のみにとどまらず、精神的、職業的な復帰訓練も含まれる。本来は社会的権利・資格・名誉の回復を意味し、社会復帰・更生・療育の語が当てられる。リハビリ。

リバプール〘Liverpool〙英国中西部、ランカシャー地方の港湾都市。アイリッシュ海に注ぐマージー川北岸にあり、13世紀以来貿易港として発展。繊維・機械などを輸出。造船・製粉工業が盛ん。ビートルズの生地としても知られる。2004年、ピアヘッドやアルバートドックなどを含む地域が「リバプール海商都市」の名称で世界遺産(文化遺産)に登録されたが、再開発計画により2012年には危機遺産に登録。

リバプール-サウンド〘Liverpool sound〙ビートルズが英国のリバプール出身であることから、彼らがデビューした1962年から65年ころまでに、彼らおよびそれに続いてリバプール周辺から登場したポップグループの音楽やムーブメントを総称していう。リバプール出身でないバンドも含めて、60年代のイギリスのポピュラーミュージックについて広くいわれた。

リバプール-だいせいどう【リバプール大聖堂】《Liverpool Cathedral》英国イングランド北西部の港湾都市リバプールにあるネオゴシック様式の大聖堂。1904年着工、78年完成。イギリス国教会の中で全英最大規模であり、アーチの高さ、オルガンの大きさ、鐘の重さのいずれも全英一を誇る。

リパブリック〘republic〙共和政体。共和国。

リバモリウム〘livermorium〙超アクチノイド元素、超ウラン元素の一。2000年ロシアと米国の共同研究チームがキュリウムとカルシウムの原子を衝突させて生成した。ウンウンヘキシウム(ununhexium、元素記号Uuh)の暫定名で呼ばれていたが、2012年にIUPAC(国際純正・応用化学連合)により正式名とされた。研究チームのうち米国側のローレンスリバモア国立研究所にちなむ。元素記号はLv　原子番号116。

り-ばらい【利払い】利息を支払うこと。

リパリ-しょとう【リパリ諸島】《Isole Lipari》▶エオリア諸島

リパリ-とう【リパリ島】《Lipari》イタリア南部、シチリア島の北、ティレニア海に浮かぶエオリア諸島の島。同諸島最大の島で、主な町はリパリとカンネート。古代ギリシャの要塞に起源し、スペイン統治時代に再建されたリパリ城塞、11世紀創建のリパリ大聖堂、先史時代の遺跡などがある。エオリア諸島は2000年に世界遺産(自然遺産)に登録された。

リバリュエーション〘revaluation〙▶平価切り上げ

り-はん【離反┊離×叛】〘名〙スル 従っていたものなどが、そむきはなれること。「人心の一した政治」
(類語)乖離かいり・背離・離れる・離背・絶縁・決別・おさらば・袂たもとを分かつ

りはん-いん【理藩院】中国、清朝の中央官庁の一。モンゴル・チベット・青海・新疆しんきょうなどの藩部に関する行政事務を管理した。ロシアとの外交事務もここで行われた。

り-はんりょう【李攀竜】[1514～1570]中国、明代の文人。歴城(山東省)の人。字あざなは于鱗うりん。号、滄溟そうめい。後七子こうしちしの一人。古文辞を重んじて「文は秦漢、詩は盛唐」を主張し、荻生徂徠おぎゅうそらいらに影響を与えた。「唐詩選」の編者に擬せられて、名を知られている。

り-ひ【理非】道理にかなっていることと外れていること。是非。「一を弁じる」(類語)是非・正否・当否・可否・可不可・適否・良否・正邪・善悪・曲直きょくちょく・よしあし

リビア〘Libia┊Libya〙アフリカ北部、地中海に面する共和国。首都トリポリ。国土の大部分は砂漠。石油を産する。16世紀以降はオスマン帝国が支配し、1912年にイタリア領となり、51年には王国として独立する。69年の革命により共和国、77年「社会主義リビア-アラブ-ジャマーヒリーヤ国」に改称。2011年のカダフィ政権崩壊後「リビア」に改称。人口660万(2011)。(補説)「利比亜」とも書く。

リビア-さばく【リビア砂漠】アフリカ北東部、リビア東部からエジプトのナイル川の西にかけて広がる砂漠。

リビア-やまねこ【リビア山猫】ネコ科の哺乳類。毛色は虎猫に似て、家猫の祖先の一と考えられる。アフリカからアラビア・インドにかけての荒地に生息。リビアねこ。

リビー〘Willard Frank Libby〙[1908～1980]米国の化学者。炭素14を用いた放射性炭素年代測定法や、トリチウムによる年代決定法を考案し、考古学・地質学などの発展に寄与した。1960年ノーベル化学賞受賞。

リピーター〘repeater〙❶繰り返す人。特に、海外旅行などで同じ地を再び訪れる人、また、同じ商品を気に入って再度購入する人などにいう。❷LANなどのコンピューターネットワークで用いられる中継装置。ケーブルの延長に伴って減衰する信号の増幅を行う。

リピート〘repeat〙〘名〙スル ❶繰り返すこと。反復。❷楽譜で、演奏を繰り返す部分を指定する記号。反復記号。❸再放送。再上演。「一放送」❹テープの録音などを繰り返し再生すること。

リピエーノ〘イタリア ripieno〙《満たす、補充するなどの意》協奏曲や合奏協奏曲のオーケストラ声部または奏者の意。

リビエラ〘Riviera〙イタリア北西部の地中海に面する海岸。ラ-スペツィアからフランス国境までをいい、世界的な観光・保養地。広くは、フランスのコートダジュールまで含めていう。

りひ-か【離被架】ベッドに取り付けて、病人の患部に布団などが直接触れないように支える枠。

りひ-きょくちょく【理非曲直】道理に合っていることと合っていないこと。不正なことと正しいこと。「一を正す」

リビジョニスト〘revisionist〙修正主義者。特に、米国の対日政策見直し論者のことをさす。欧米と全く異質の価値観を持つ日本には自由貿易の考え方は通用しない、日本が市場閉鎖的な態度を取り続けるならば、米国も対日市場を閉鎖し、日本の経済膨張主義を封じ込めるべきだと主張する。日本の姿勢を痛烈に批判するところからジャパンバッシャー(日本たたき論者)とも呼ばれる。➡リビジョニズム

リビジョニズム〘revisionism〙日本見直し論。日

本が、特に通商問題について他の欧米先進国と異なることを強調し、そのため異なる対応が必要という考え方。➡リビジョニスト

リビジョン〘revision〙コンピューターのソフトウエアの、わずかな改訂。また、それに付ける番号。➡バージョン

リビジョン-アップ〘revision up〙コンピューターのハードウエアやソフトウエアの細かな改訂や不具合の修正をすること。小規模なバージョンアップ。

リヒター〘Karl Richter〙[1926〜1981]ドイツの指揮者・オルガン奏者。ミュンヘン-バッハ合唱団・管弦楽団を組織して世界的水準に育成し、バッハの演奏でひとつの典型を示した。

リヒテル〘Svyatoslav Rikhter〙[1915〜1997]ウクライナのピアノ奏者。独学でピアノ演奏法を習得し、卓越した技巧と豊かな表現力で世界的名声を得た。

リヒテンシュタイン〘Liechtenstein〙ヨーロッパ中部の公国。スイスとオーストリアとに挟まれ、西境をライン川が流れる。首都ファドゥーツ。住民はドイツ系。観光・郵便切手事業が行われ、工業化も進展。面積157平方キロメートル。人口4万(2010)。

リピド〘lipid〙脂質(ししつ)。

リビドー〘(ラテ) libido〙精神分析で、人間に生得的に備わっている衝動の原動力となる本能エネルギー。フロイトは性本能としたが、ユングは広く、すべての行動の根底にある心的エネルギーとした。

リヒトグラフィック〘(ドイ) Lichtgraphik〙絵画主義的写真から脱却し、写真独自の機能を意識し直すことから始まった新しい写真。抽象光画。

リヒトホーフェン〘Ferdinand von Richthofen〙[1833〜1905]ドイツの地理・地質学者。東南アジア・中国などの自然・地質を調査し、黄土成因論を発表。東西交渉路をシルクロードと命名した。著「中国」など。

り-びょう【痢病】(ニビ ヤウ)激しい下痢を伴う病気。赤痢・疫痢の類。痢疾。「萃(あつ)がその時―で死んだ事実はあるが」〈佐藤春夫・晶子曼陀羅〉

り-びょう【×罹病】(ニビ [illegible])〘名〙(スル)病気にかかること。罹患。「免疫がないために―する」「―率」(類語)発病

リビング〘living〙❶生活。暮らし。「―用品」❷「リビングルーム」の略。

リビング-ウイル〘living will〙自分で意思を決定・表明できない状態になったときに受ける医療について、あらかじめ要望を明記しておく文書。たとえば、持続的植物状態になった場合に延命医療を希望しない、などの意思を伝えることができる。生前遺書。LW。➡事前指示書 (補説)家族などが本人の日頃の言動から判断した意思を推定意思、本人に代わって家族などが示すものを代理意思という。

リビング-キッチン《和 living＋kitchen》居間・台所・食堂を兼ねる室。LK。

リビングストン〘David Livingstone〙[1813〜1873]英国の医師・宣教師・探検家。1840年、医療伝道師としてアフリカに渡り、アフリカの探検をつづけた。66年にはナイル川水源調査の探検に出発し、タンガニーカ湖付近で消息を絶ったが、スタンリーに救出された。奴隷貿易の廃止にも貢献。

リビングストン〘Lívingston〙グアテマラ東部、カリブ海に注ぐドゥルセ川の河口にある町。ドゥルセ川の上流、イサバル湖に至る水域が自然保護区に指定されている。住民の大半をアフリカに起源をもつガリフナ族が占める。

リビングストン-デージー〘Livingstone daisy〙ザクロソウ科の一年草。地面をはって広がる。葉は厚いへら状で、液泡をもつためガラス粉をつけたように見える。5、6月ごろ、中心が白く周囲が桃・橙・黄色の花をつける。アフリカ南部の原産で、花壇や鉢に植えられる。

リビングニーズ-とくやく【リビングニーズ特約】《リビングニーズは、和 living＋needs》生命保険の特約の一つ。被保険者が医師に余命6か月以内と診断された場合、死亡保険金の前払いを請求できる。

リビング-ルーム〘living room〙洋風の居間。

リビンスク〘Rïbinsk〙《「ルイビンスク」とも》ロシア連邦西部、ヤロスラブリ州の都市。ボルガ川上流にあり、河港を有す。12世紀以前より漁村として知られ、16世紀頃から交易の要衝として発展。19世紀初頭、バルト海に通じる水路が建設されて交通の要地になり、ロシア革命後には工業都市となった。1941年には世界最大級の人造湖リビンスク人造湖が造られた。1946年から1957年まではシチェルバコフ、1984年から1989年まではアンドロポフと称した。

り-ふ【×嫠婦】夫に先立たれた妻。やもめ。後家。寡婦(かふ)。

リフ〘RIF〙《reduction in force》軍事削減。

リフ〘riff〙ジャズにおいて短い楽句を反復演奏すること。また、その楽句。アドリブの素材となる曲の、もとのメロディーをいうこともある。

り-ぶ【吏部】【×李部】❶中国の六部の一。官吏の任免や叙勲・懲戒などをつかさどった。隋・唐代に設置され、清末に廃止。❷ ►りほう(吏部)

リブ〘lib〙「ウーマンリブ」の略。

リブ〘rib〙《肋骨(ろっこつ)の意》❶牛の、肋骨あたりの肉。ステーキなどに用いる。リブロース。❷平板部や肉薄部を補強するため、その面と直角に取り付ける部材・機械部品。❸丸天井・かまぼこ屋根の曲面をつくり、両側の柱へ荷重を伝える材。

リファーラル〘referral〙委託、また、紹介。

リファイナンス〘refinance〙❶輸入ユーザンス(輸入代金の延べ払い)の一方式で、輸入業者への外貨の融通を現地で行う方式。❷住宅ローン資金をうまく回転させるため、銀行・住宅金融専門会社などが住宅抵当証書を担保に入れて機関投資家から融資を受け、それを再び住宅ローン資金として利用する方法。

リファイン〘refine〙〘名〙(スル)洗練すること。また、精製すること。「―されたスタイル」

リブ-あみ【リブ編み】《rib stitch》畝(うね)状に編まれた編み地の総称。

リファラー〘referer〙《「言及する人」の意》インターネットで、あるサイトに行き着く前にいたサイト。

リファレンス〘reference〙❶参照。照会。照合。「―ブック」❷図書館の参考調査係。
(類語)参考・参照・参看・参酌(さんしゃく)・照会

リファレンス-ゾーン〘reference zone〙各国政府当局が変動相場制の下で為替を安定させるために協調介入を行う場合、介入の目安とする相場。参考相場圏。

リファレンス-レンジ〘reference range〙変動相場制における為替相場の変動幅として各国当局が合意した範囲のこと。

リファレンダム〘referendum〙►レファレンダム

リフィル〘refill〙❶詰め替え・補充用の物品。❷バインダー式帳簿類の差し替え用紙。❸ボールペンなどの替え芯(しん)。

リブート〘reboot〙〘名〙(スル) ►再起動

リフォーマー〘reformer〙サイズ直しや寸法直しなど、洋服の仕立て直しをする人。

リフォーミング〘reforming〙►改質(かいしつ)

リフォーム〘reform〙〘名〙(スル)手を加え改良すること。作り直すこと。衣服の仕立て直し、建物の改装など。「離れを書斎に―する」

リフォーム-ローン〘reform loan〙住宅の改修・増築用の資金融資。銀行や住宅金融支援機構が融資を行う。

リフォーメイト〘reformate〙改質ガソリン。➡改質(かいしつ)

り-ふく【利福】利益と幸福。福利。「人に道を譲り、人と―を分かつ」〈寅彦・電車の混雑について〉

リプシ-とう【リプシ島】(ーダウ)《Leipsoi》ギリシャ東部、エーゲ海に浮かぶ島。ドデカネス諸島に属し、パトモス島の東、レロス島の北西に位置する。中心地はリプシ。毎年8月にワイン祭りが催されるほか、伝統的な製法による蜂蜜やチーズの生産が盛ん。

り-ふじん【理不尽】〘名・形動〙道理をつくさないこと。道理に合わないこと。また、そのさま。「―な要求」「―な扱い」(派生)りふじんさ〘名〙(類語)不合理・非合理

り-ふだ【利札】「りさつ(利札)」に同じ。

リブチェフ-ラズ〘Ribčev Laz〙スロベニア北西部、ゴレンスカ地方の村。風光明媚なボーヒニ湖に面し、観光拠点として知られる。湖畔に建つ洗礼者ヨハネ教会は、15世紀建造のゴシック様式の教会で、ロカのイェルネイによるフレスコ画がある。

り-ぶっしょう【理仏性】(ーブッシャウ)仏語。すべての人が本来もっている仏となるべき性質。➡行仏性(ぎょうぶっしょう)

リフティング〘lifting〙❶サッカーで、手以外の体の部分を使って、ボールを地上に落とさず打ち上げ続けること。❷ラグビーで、ラインアウトでボールを取ろうとする味方の体を持ち上げること。以前は一律に反則だったが、ルール改正により、攻撃側のリフティングは認められるようになった。

リフト〘lift〙❶貨物用の小型エレベーター。昇降機。❷スキー場などで、人を高所に運ぶためのいす式の乗り物。❸動力で物を持ち上げる機械・装置。起重機。「フォーク―」

リフト-バス《和 lift＋bus》身体障害者が車いすのままで乗降できるように昇降機を備えたバス。

リフトバック〘liftback〙►ハッチバック

リプライ〘reply〙回答。返事。

リブリエ〘LIBRIé〙ソニーが開発した、電子書籍を閲覧する携帯端末機器。表示部分にイーインク社の電子ペーパーを採用。同社の電子書籍配信サイトから書籍データを一定期間レンタルして閲覧する。平成19年(2007)に生産終了、同21年に配信サービスも終了した。後継機としてソニーリーダーがある。

リプリント〘reprint〙〘名〙(スル)❶写真・資料などを複写すること。「展示用に資料を―する」❷書籍などを、原本どおりに複製すること。復刻。また、再版。重版。

リフレイン〘refrain〙►リフレーン

リプレー〘replay〙〘名〙(スル)❶再び行うこと。再試合。再上演。再演奏。❷録音・録画テープを再生すること。「得点シーンを―する」

リフレーション〘reflation〙景気循環の過程で、デフレーションからは脱したが、インフレーションにはなっていない状態。また、そうした状態になるように財政・金融を調節していくこと。リフレ。➡ディスインフレーション

リプレース〘replace〙〘名〙(スル)❶置き換わること。入れ替わること。後任となること。❷ゴルフで、規則に従って、いったん拾い上げたボールを元の位置に再び置くこと。➡プレース❷

リフレーン〘refrain〙《「リフレイン」とも》詩や楽曲で、各節の終わりなどに同一の詩句・楽句を繰り返すこと。また、その部分。折り返し。畳句。ルフラン。

リフレクソロジー〘reflexology〙足裏をマッサージして、血行をよくしたりストレスを和らげたりする療法。反射法。

リフレクター〘reflector〙►レフレクター

リフレクター-ランプ〘reflector lamps〙内部に反射鏡が取り付けられたランプ。写真撮影用や室内の照明によく使われる。

リフレ-せいさく【リフレ政策】《reflation policy》不況時に生産活動が停滞しているとき、インフレの発生を避けながら金利の引き下げや財政支出の拡大などにより景気を刺激し、景気回復を図ること。代表的なものは1933年以降、米国で採用されたニューディール政策である。

リフレックス〘reflex〙►レフレックス

リプレッサー〘repressor〙《「レプレッサー」とも》調節遺伝子によって作られ、特定の遺伝子群の形質発現を抑制するたんぱく質。オペレーター部分に結合して、それに連なるオペロンの転写を阻止することにより抑制する。抑制因子。

リフレッシュ〘refresh〙〘名〙(スル)元気を回復すること。また、生き生きとよみがえらせること。「スポーツで―する」「からだを―する」「―休暇」

リフレッシュ-きゅうか【リフレッシュ休暇】企業が社員に心身ともにリフレッシュしてもらうという意味で、年齢や勤続年数に応じて特別に与える長期休暇。

リフレッシュメント〘refreshment〙元気を回復させること。

リフレッシュ-レート〘refresh rate〙コンピューターなどのディスプレーが1秒間あたりに画面を更新する回数。垂直同期周波数。垂直走査周波数。垂直スキャンレート。スキャン周波数。

リブ-ロース〘rib roast〙肋骨背部の霜降り牛肉。

リプロダクション〘reproduction〙❶再生産。❷複写。複製。模写。❸生殖。繁殖。

リプロダクティブ-ヘルス-ライツ〘Reproductive Health/Rights〙性と生殖に関する健康と権利。妊娠・出産・避妊などについて女性自らが決定権をもつとの考え。1994年の国連人口開発会議で確立された。

り-ぶん【利分】❶利益となる部分。❷利子。利息。「公債株券の一も入る」〈魯庵・社会百面相〉

リペア〘repair〙〔名〕スル 修理。修繕。手直し。復旧作業。

り-へい【利兵】鋭い武器。鋭利な刃物。「堅甲一」

り-へい【利弊】利益と弊害。

リベート〘rebate〙❶支払い代金の一部を謝礼金・報奨金などとして支払人に戻すこと。また、その金。割り戻し。❷手数料。世話料。また、賄賂。
(類語)裏金・賄賂・まいない・袖の下・鼻薬・コミッション

リベート-カード〘rebate card〙クレジットカードの一種で、キャッシュバックを売り物にした提携カード。

り-べつ【離別】〔名〕スル ❶人と別れること。別離。「幼時に父親と一した」❷夫婦の関係を断って別れること。離婚。(類語)(❶)別れ・別離・決別・一別・生き別れ・泣き別れ・生別・離れる/(❷)離婚・破婚

リペツク〘Lipetsk〙ロシア連邦西部、リペツク州の工業都市。同州の州都。ボロネジ川沿いに位置する。18世紀初頭、ピョートル1世が砲弾を作るための工場を建設。以来、旧ソ連時代にいたるまで冶金工業、金属工業、機械工業が発展。19世紀初頭より温泉地としても知られる。

リベッター〘riveter〙鋲打ち機。

リベット〘rivet〙重ね合わせた鋼材を締結するのに用いる金属製の機械部品。丸形・平形・皿形などの頭部をもち、軸部を接合する穴に下から差し込んで、余りの軸端をつぶして締結する。締め釘。鋲。
(類語)鋲・鋲・釘・楔

リベット-つぎて【リベット継(ぎ)手】リベットを用いて鋼材を締結する継ぎ方。また、その部分。鋲継ぎ手。

リベット-ハンマー〘rivet hammer〙リベットの頭のない側を打って新たに頭を作り、リベット締めを行う機械。

リベラ〘Diego Rivera〙[1886～1957]メキシコの画家。力強い色彩と造形感覚で、メキシコの神話や歴史、民衆の生活をテーマに多くの壁画を制作。

リベラ〘José de Ribera〙[1591～1652]スペインの画家。主にイタリアで活躍。劇的な明暗法と徹底した写実を特色とし、宗教画を多く描いた。

リベラシオン〘フランス Libération〙フランスの日刊紙の一つ。1973年にサルトルらがパリで創刊。中道左派寄りの論調で知られる。発行部数は約11万部(2009年平均)。

リベラリスト〘liberalist〙自由主義者。

リベラリズム〘liberalism〙▶自由主義

リベラル〘liberal〙〔形動〕❶政治的に穏健な革新をめざす立場をとるさま。本来は個人の自由を重んじる思想全般の意だが、主に1980年代のアメリカ、レーガン政権以降は、保守主義の立場から、逆に個人の財産権などを軽視して福祉を過度に重視する考えとして、革新派を批判的にいう場合が多い。自由主義的。「一な思想」❷因習などにとらわれないさま。「一な校風」

リベラル-アーツ〘liberal arts〙❶▶七自由科 ❷大学における一般教養。教養課程。

リベリア〘Liberia〙㊀《自由の国の意》アフリカ西部、大西洋に面する共和国。首都モンロビア。1822年米国から移住した解放奴隷が建設、1847年に独立。ゴム・鉄鉱石を産出。便宜置籍船が多いため、世界的な船舶保有国となっている。人口369万(2010)。㊁コスタリカ北西部の都市。グアナカステ県の県都。リンコン-デ-ラ-ビエハ国立公園、サンタロサ国立公園、パロベルデ国立公園への観光拠点となっている。

リベル〘Liber〙古代ローマの神。生産と豊穣と酒の神で、ギリシャ神話のディオニュソスと同一視された。リベル＝パテル。

リベルダーデ-どおり【リベルダーデ通り】《Avenida da Liberdade》ポルトガルの首都リスボンの中央部にある通り。1755年の大地震で壊滅的な被害を受けた後、パリのシャンゼリゼ通りを手本に建設された。ポンバル侯爵広場とレスタウラドーレス広場まで約1.5キロメートルを結ぶ。リスボンきっての目抜き通りとして知られる。

リベルタ-ひろば【リベルタ広場】《Piazza della Libertà》イタリア半島北東部の独立国家サンマリノ共和国にある広場。ティターノ山の頂上部、城壁に囲まれた旧市街の中心に位置する。14世紀建造、19世紀に再建されたネオゴシック様式の政庁がある。同国の創立記念日に伝統的な儀式が行われることで知られる。

リベルテ〘フランス liberté〙自由。

リベロ〘イタリア libero〙《自由な、の意》❶サッカーで、ポジションにとらわれず行動範囲の広い、攻撃的な守備プレーヤーのこと。❷バレーボールで、守備専門のポジションおよびプレーヤー。審判の許可を得ず、後衛選手と自由に何度でも交代できるが、ネットより高い位置のボールをアタックするなど、攻撃的なプレーは禁止されている。(補説)1998年より国際ルールとして採用されている。

り-べん【利便】〔名・形動〕都合のよいこと。また、そのさま。便利。「使う人の一を図る」「一な方式」(派生)りべんさ〔名〕(類語)便利

り-べん【離弁｜離×瓣】花びらが離れていること。㊀合弁。

りべん-か【離弁花】すべての花びらが分離している花。桜・アブラナ・エンドウなど。㊀合弁花。

りべんか-るい【離弁花類】双子葉植物の一群。離弁花および花びらを欠く花をもつもの。バラ科・アブラナ科・マメ科・ヤナギ科に分類されるものなど。㊀合弁花類。

リベンジ〘revenge〙〔名〕スル 復讐すること。報復。仇討ち。また、競技で、一度敗れたことのある相手を打ち負かすこと。借りを返すこと。

りべん-せい【利便性】便利であること。また、便利さの程度。「一の向上」「一を提供する」「一に優れる」「一が高い」

リポイ〘Ripoll〙スペイン北東部、カタルーニャ州の町。ピレネー山脈の麓、タル川とフレサル川の合流地点に位置する。9世紀にバルセロナ伯ギフレ1世(多毛伯)がイスラム教徒支配下から奪還。イスラム文化との接点として中世における学問の一大中心地となったサンタマリア-デ-リポイ修道院がある。リポール。

リポイド〘lipoid〙類脂質。また、複合脂質のこと。

り-ほう【吏▽部｜×李▽部】式部省の唐名。

り-ほう【理法】道理にかなった法則。「自然の一に従う」(類語)論理・理・理合・道理・事理・条理・理路・論法・理論・セオリー・原理・公理・定理

リポウィッツ-ごうきん【リポウィッツ合金】融点が低い易融合金の一つ。ビスマス、鉛、錫、カドミウムをそれぞれ、50、27、13、10パーセント含有し、融点はセ氏70度。リポビッツ合金。

り-ぼうよう【李夢陽】[1472～1529]中国、明代の詩人。慶陽(甘粛省)の人。字は献吉。号、空同子。復古説を提唱し、秦漢の文と盛唐の詩を範とすべしと主張。古詩に優れた作が多い。前七子の一人。著「空同集」。りむよう。

リボー〘Théodule Armand Ribot〙[1839～1916]フランス現代心理学の祖。実証的理論家として、異常心理の研究をもとに人間の精神の諸作用を研究。著「感情の心理学」など。

リボーク〘revoke〙〔名〕スル ❶無効にすること。廃棄すること。「ユーザーパスワードを忘れて一された」❷トランプで、わざと場の札とは別の札を出す反則。

リボース〘ribose〙単糖類の一。RNA(リボ核酸)の糖成分、各種ヌクレオチド・補酵素の構成成分として生体中に広く存在。分子式$C_5H_{10}O_5$

リポーター〘reporter〙▶レポーター

リポート〘report〙〔名〕スル ▶レポート

リポート-トーク〘report-talk〙▶レポートトーク

リボービレ〘Ribeauvillé〙フランス北東部、アルザス地方、オー-ラン県の町。ボージュ山脈の麓に位置する。ワイン産地として有名。ゴシック様式の教会をはじめとする歴史的建造物や、同地方の典型的な木組み造りの家並みが残っている。コウノトリがすむ町としても知られる。

リポーマ〘lipoma〙▶脂肪腫

リポール〘Ripoll〙▶リポイ

リボ-かくさん【リボ核酸】《ribonucleic acid》リボースを糖成分とする核酸。リボヌクレオチドが多数重合したもので、一本鎖をなし、アデニン・グアニン・シトシン・ウラシルの四種の塩基を含む。一般にDNA(デオキシリボ核酸)を鋳型として合成され、その遺伝情報の伝達やたんぱく質の合成を行う。機能により、伝令RNA・運搬RNA・リボゾームRNAなどに分けられる。すべての動植物の細胞および一部のウイルスに分布。RNA。

リポジショニング〘repositioning〙ポジショニング戦略の一つ。市場にすでに存在する自社商品を、その特長が生かせるように市場空間内で位置づけ直すこと。➡ポジショニング

リボゾーム〘ribosome〙《「リボソーム」とも》生物体の全細胞の細胞質中にあり、たんぱく質合成の場となる小粒子。RNA(リボ核酸)とたんぱく質からなる。伝令RNAのもつ遺伝暗号を翻訳し、運搬RNAの運んでくるアミノ酸を結合させる。

リボゾーム-アールエヌエー【リボゾームRNA】《ribosomal RNA》リボゾームを構成するリボ核酸。伝令RNA・運搬RNAの結合に関与し、翻訳開始に重要な役を果たすとされる。rRNA。

リポ-たんぱくしつ【リポ×蛋白質】《lipoprotein》脂質と結合した複合たんぱく質。生物体に広く存在し、生体膜を構成するものは不溶性。血液中のものは水溶性で、コレステロールなどの脂質の運搬を行い、分子密度から低比重リポたんぱく質(LDL)・高比重リポたんぱく質(HDL)などに分けられる。

リポトロピン〘lipotropin〙脳下垂体で生成されるホルモンの一。脂肪組織に作用して脂肪酸や中性脂肪を放出させる。脂肪動員ホルモン。LPH。

リボヌクレアーゼ〘ribonuclease〙RNA(リボ核酸)のヌクレオチド部分のエステル結合を加水分解する酵素。生物界に広く分布。RNアーゼ。

リボ-ばらい【リボ払い】▶リボルビング方式

リボフ〘L'vov〙ウクライナ西部の工業都市。ガリチア地方の商業の中心として発達。機械・食品工業が盛ん。旧市街にはゴシック様式やバロック様式の聖堂などが多く見られ、1998年「リボフ歴史地区」の名で世界遺産(文化遺産)に登録された。リビウ。

リボフラビン〘riboflavin〙ビタミンB_2の化学名。

リボルバー〘revolver〙弾倉が回転式になった連発拳銃。

リボルビング-ばらい【リボルビング払い】▶リボルビング方式

リボルビング-ほうしき【リボルビング方式】《revolving system》クレジット販売の一方式。クレジットカードなどについて、利用者ごとの限度額をあらかじめ決めておき、利用者は、その限度内でカードを

使用する。返済回数は決めず、月々一定額、または残額に対する一定割合額などの形で返済する。リボルビング払い。リボ払い。
リボン〘ribbon〙❶幅の細いひも状の織物。帽子・頭髪・衣服や贈答品などの装飾のほか、手芸の材料として用いる。❷新体操で用いる手具の一。帯状布。➡新体操 ❸タイプライター・プリンターなどの、インクをしみこませた印字用のテープ。インクリボン。
リボン-グラス〘ribbon grass〙イネ科の多年草。根茎は数珠状。葉は線形で長さ15～30センチ、白い筋がある。夏に円錐状の穂を出す。地中海地方の原産。花壇の縁どりとして植えられる。リボンがや。
リボン-ししゅう【リボン刺×繍】‐シシウ 刺繍糸の代わりに細いリボンを用いた刺繍の総称。
リボン-ベルト〘ribbon belt〙リボンのように結んで使う、布や革の女性用ベルト。
リマ〘Lima〙ペルー共和国の首都。同国中西部、太平洋岸近くに位置し、外港カヤオをもつ。農産物の集散地。1535年スペイン人ピサロが建設し、南アメリカにおけるスペイン領の中心地として発展した。人口、行政区845万、都市圏847万(2007)。
リマーク〘remark〙批評。意見。
り-まい【利米】借米の利子として払う米。
リマインダー〘reminder〙❶《❷が原義》インターネットを使って、あらかじめ設定した時刻に電子メールなどで予定を通知する機能やサービス。また、パスワードを忘れてしまった場合に、あらかじめ設定しておいた質問と答えによってパスワードの代わりに本人確認をする機能のこともいう。❷思い出させてくれること。思い出させてくれるもの。思い出の品、記念品、形見など。
リマインド〘remind〙思い出させること。思い起こさせること。➡リマインダー
リマスター〘remaster〙原盤❷を新しく作り直すこと。➡デジタルリマスター
リマソル〘Limassol〙レメソスの英語名。
リマソル-じょう【リマソル城】‐ジヤウ《Limassol Castle》▶レメソス城
り-まとう【利瑪竇】▶マテオ＝リッチ
り-まわり【利回り】‐まはり (利率が額面金額に対する利子であるのに対して)投資元本に対する、利子も含めた収益の割合。「―が悪い」「高―」➡利率 (補説)表面利率が5パーセント、額面金額100万円の債券を97万円で購入し、3年保有して償還した場合、最終利回りは、{100万×0.05＋(100万－97万)÷3年}÷97万×100≒6.19パーセント　となり、同じ条件のもと103万で購入した場合は、{100万×0.05＋(100万－103万)÷3年}　÷103万×100≒3.88パーセント　となる。
リマン-かいりゅう【リマン海流】‐カイリウ《limanはロシア語で河口の意》日本海をシベリア大陸沿いに南下する寒流。対馬暖流が反転し、冷却されたものと考えられる。
リミックス〘remix〙レコード制作で、完成された曲を、さらにミキシングし直して、別のバージョンにする作業。また、別バージョンとなった曲をさす。
リミッター〘limiter〙❶電気信号の振幅を、ある限界内に制限する回路。オーディオの録音・再生に用いる。振幅制限器。❷自動車の走行速度がある値にまで達すると、それ以上に加速しないようにエンジン出力を制御する装置。「―が働くまで加速する」
リミット〘limit〙❶限度。限界。「賭け金の―を設ける」「タイム―」❷範囲。区域。「オフ―」(類語)極限・限度
リミット-ゲージ〘limit gage〙▶限界ゲージ
リミテッド〘limited〙多く複合語の形で用い、限定された、特別の、などの意を表す。「―エディション(＝限定出版)」「―エクスプレス」
リミテッド-ライアビリティー-カンパニー〘limited liability company〙▶エル-エル-シー(LLC)
リミテッド-ライアビリティー-パートナーシップ〘limited liability partnership〙▶エル-エル-ピー(LLP)
り-む【吏務】役人としての職務。
リム〘LIM〙《linear induction motor》リニアモーターの一つ。直線運動をする。JR東海が開発を進めている次世代高速鉄道のリニアモーターカーはこれを動力源とする。
リム〘rim〙❶車輪・はずみ車・ベルト車などの、外周の環状部分。❷縁。へり。わく。「―なしの眼鏡(めがね)」
リムーバー〘remover〙取り除くためのもの。ペンキ・エナメルなどの剝離(はくり)剤。
リムーバブル-きおくそうち【リムーバブル記憶装置】‐キオクサウチ《removable storage device》▶リムーバブルメディア
リムーバブル-ハードディスク〘removable hard disk〙磁気ディスク部分だけを着脱することができるハードディスク。R-HDD。➡磁気ディスク記憶装置
リムーバブル-メディア〘removable media〙取り外しが可能な外部記録媒体の総称。メモリーカード、光ディスク、USBフラッシュメモリー、リムーバブルハードディスクなどがある。
リムジン〘limousine〙❶乗用車で、運転席と客席との間に仕切りのある型式。大型高級車にみられる。❷空港の旅客を送迎するバス。リムジンバス。
リムジン-バス《和 limousine＋bus》「リムジン❷」に同じ。
リムスキー-コルサコフ〘Nikolay Andreevich Rimskiy-Korsakov〙[1844～1908]ロシアの作曲家。ロシア国民楽派五人組の一人。色彩豊かな管弦楽法で知られる。作品にオペラ「サドコ」、交響組曲「シェエラザード」など。
リムノス-とう【リムノス島】‐タウ《Limnos》ギリシャ、エーゲ海北東部の島。火山島で温泉があり、ギリシャ神話における火と鍛冶の神ヘファイストスの信仰の地として知られた。主な町はミリナとムドロス。レムノス島。
リムパック〘RIMPAC〙《Rim of the Pacific Exercise》環太平洋諸国海軍合同演習。米国・カナダ・オーストラリア・日本・韓国など環太平洋諸国の海軍によって、2年に1回実施される。
リム-フィヨルド〘Limski Fjord〙クロアチア西部、イストラ半島西岸にある狭湾。ロビニの北方約5キロメートルに位置する。実際には氷食によってできたフィヨルド地形ではなく、パジンチツァ川の刻んだ谷が約10キロメートルにおよぶ狭湾になったもの。リム湾。
り-むよう【李夢陽】‐ムヤウ ▶りぼうよう(李夢陽)
リムリック〘Limerick〙アイルランド南西部、リムリック州の港湾都市。同州の州都。シャノン川の河口に位置する。9世紀にバイキングが築き、12世紀末に自治都市になった。12世紀創建のセントメアリー大聖堂、13世紀創建のリムリック城などの歴史的建造物が残っている。
リムリック-じょう【リムリック城】‐ジヤウ《Limerick Castle》アイルランド南西部、リムリック州の港湾都市リムリックにあるアングロノルマン様式の城。13世紀初頭、ジョン王によりシャノン川のほとりに建造。現在は町と城の歴史を紹介する展示施設として公開されている。キングジョン城。ジョン王の城。
リム-わん【リム湾】《Limski zaljev》▶リムフィヨルド
リメーク〘remake〙〔名〕スル《「リメイク」とも》❶つくりなおすこと。もう一度つくること。「―商品」❷再び映画化すること。また、その作品。「往年の名作を現代版に―する」
リメーク-けん【リメーク権】《「リメイク権」とも》▶フォーマット権
リ-メーリング〘remailing〙国際郵便料金の安い国を経由して、自国あるいは第三国に郵便物を送ること。万国郵便条約で規制されている。
リメディアル-きょういく【リメディアル教育】‐ケウイク《remedialは、改善の、補習の、の意》大学教育を受けるために必要な基礎学力を補うために行われる補習教育。学力が著しく不足している学生を支援するために、大学が実施する。
り-めん【裏面|×裡面】❶物の裏側の面。「―に住所氏名を記す」⇔表面。❷物事の外部に現れない部分。世間に知られていない部分。内幕。「政界の―に通じる」⇔表面。(類語)裏・背後・裏側・内情
りめん-こうさく【裏面工作】表に出ないところで、ある目的がかなうよう働きかけをすること。裏工作。
りめん-し【裏面史】物事の隠れた面や世間に知られていない事情に重点を置いて記述する歴史。
リモージュ〘Limoges〙フランス中西部の都市。18世紀以来、陶磁器の産地として知られ、機械・製靴・繊維工業なども行われる。
リモート〘remote〙❶多く他の語の上に付いて複合語をつくり、遠く隔たった、の意を表す。「―ターミナル」❷インターネットなどのコンピューターネットワーク上や、遠隔地にあるコンピューター、端末装置で構成された利用環境。⇔ローカル。
リモート-アクセス〘remote access〙公衆回線を使って遠隔地のコンピューターに接続すること。
リモートアクセス-サーバー〘remote access server〙▶ラスサーバー
リモート-キーレスエントリー〘remote keyless entry〙自動車で、赤外線などによりかなり離れた所からドアやトランクをロックしたり、ロックを解除したりできるもの。
リモート-コントロール〘remote control〙遠隔操作。遠隔制御。リモコン。RC。(類語)制御・加減・統御
リモートコンピューティング-システム〘remote computing system〙ネットワークを介して、遠隔地の端末装置からコンピューターを利用するシステム。
リモートジョブ-エントリー〘remote job entry〙遠隔地にある分散した端末装置から、通信回線を介してコンピューターに入力されたデータやプログラムをまとめて処理し、結果を各端末装置に送る方式。リモートバッチ処理。
リモート-ストレージ〘remote storage〙インターネットなどのコンピューターネットワークを介して遠隔地から利用する記憶装置(ストレージ)。⇔ローカルストレージ。
リモート-センシング〘remote sensing〙人工衛星などにより地表から反射・放射される種々の波長の電磁波を測定し、コンピューターで処理して地表の状態を映像としてとらえること。遠隔測定。
リモート-ターミナル〘remote terminal〙コンピューターネットワークに接続されている、遠隔地にある端末装置。
リモート-てつづきよびだし【リモート手続(き)呼(び)出し】《remote procedure call》▶リモートプロシージャコール
リモート-ドライブ〘remote drive〙LANなどのコンピューターネットワーク上にある別のコンピューターの共有フォルダーやハードディスクにアクセスし、自分のコンピューターのドライブと同様に扱う機能。ネットワークドライブ。
リモート-プリンター〘remote printer〙▶ネットワークプリンター
リモート-プロシージャコール〘remote procedure call〙複数のコンピューターで処理を分担する分散処理システムを構築する際、プログラムの一部の処理を、ネットワーク上の別のコンピューターに受け渡し、その処理結果を元のコンピューターに戻す仕組み。遠隔手続き呼び出し。リモート手続き呼び出し。RPC。
リモート-ルーター〘remote router〙電話回線や専用線を介して遠隔地にあるLANを接続するためのルーター。➡ローカルルーター
リモート-ログイン〘remote login〙インターネットや公衆電話回線を通してサーバーやパソコンなどに接続すること。
リモ-コン「リモートコントロール」の略。「―装置」
り-もつ【利物】❶《「物」は一切衆生の意》仏語。衆生に利益(りやく)を与えること。人々を救うこと。❷利益。もうけ。〈日葡〉

りもつ-の-すいじゃく【利物の垂×迹】仏語。仏・菩薩が衆生を救うために種々の姿をとって現れること。

リモデル〖remodel〗〔名〕スル 作り直すこと。改造すること。リフォーム。(類語)リフォーム・改装

リモネン〖limonene〗レモンに似た香りのある液体。テルペンに属する炭化水素。レモン油・シソ・はっか油などに含まれる。

リモンチェッロ〖イタリア limoncello〗レモンの皮からつくるイタリアのリキュール。カンパニア州などの名産。アルコール度数は30パーセント前後で、食後酒に用いられる。

リヤ〖rear〗►リア

リヤール〖riyal〗►リヤル

リヤ-おう【リヤ王】►リア王

リヤ-カー《和 rear＋car》車体が鉄パイプでできた二輪の荷車。人が引いたり、自転車の後ろにつないだりして荷物運搬に用いる。リアカー。

りゃく【略】❶はぶくこと。省略。「以下―」「一部―」❷おおよそ。あらまし。❸はかりごと。計略。「―をめぐらす」➡漢「りゃく(略)」

り-やく【利益】❶仏・菩薩が人々に恵みを与えること。仏の教えに従うことによって幸福・恩恵が得られること。また、神仏から授かる恵み。利生。➡御利益 ❷益を得ること。ためになること。また、その利得。りえき。「出家のことで御ざればーにも成りませう程に」〈虎寛狂・薩摩守〉

りゃく-い【略意】だいたいの意味。大意。

りゃく-おう【略押】花押の代わりに用いられた簡単な符号。文字も花押も書けない者が代わりに書いた○や△などの符号。

りゃくおう【暦応】南北朝時代、北朝の光明天皇の時の年号。1338年8月28日～1342年4月27日。れきおう。

りゃく-おん【略音】語中で連続する二つの音節が結合して1音節が省略される現象。また、その語形。「みづつく(水漬)」が「みづく」、「あみしろ(網代)」が「あじろ」となる類。

りゃく-が【略画】省略して簡単に描いた絵。

りゃく-かい【略解】►りゃっかい(略解)

りゃく-き【略記】►りゃっき(略記)

りゃく-ぎ【略儀】「略式」に同じ。「―ながら書面にて御礼のみ申し上げます」

りゃく-げ【略解】「りゃっかい(略解)」に同じ。

りゃく-げん【略言】〔名〕スル ❶簡略に要点だけを言うこと。また、その言葉。「―すれば」❷「略音」に同じ。

りゃく-ご【略語】語形の一部を省いて簡略にした語。「高等学校」を「高校」、「ストライキ」を「スト」などとする類。また、ローマ字の頭文字だけを並べたもの。「WHO」「CPU」などの類。

りゃく-ごう【略号】ある事物を簡単に表すために定めた記号。鉄道車両の用途を表すのに、寝台車を「ネ」、食堂車を「シ」などとする類。(類語)記号・印・符号・目印・マーク・標識・指標・丸・ばつ・ペケ・目盛り

りゃく-ごう【▽歴×劫】►りゃっこう(歴劫)

りゃく-し【略史】歴史の概略を簡単に述べたもの。

りゃく-じ【略字】字画の複雑な漢字について、その点画の一部を省いて簡略にしたもの。「醫」を「医」、「學」を「学」などと書く類。略体。

りゃく-しき【略式】正式の手続きを一部省略して、簡単にしたやり方。略儀。「―の服装」(類語)単式・定式

りゃくしき-きそ【略式起訴】►略式命令請求

りゃくしき-てつづき【略式手続(き)】簡易裁判所が、軽微な事件に限って、公判を開かずに書面審理で罰金・科料を言い渡す簡易な裁判手続き。

りゃくしき-めいれい【略式命令】略式手続きによって発せられる簡易裁判所の命令。これが確定すると、確定判決と同一の効果を生ずる。

りゃくしきめいれい-せいきゅう【略式命令請求】検察官が公判請求をせず、簡易裁判所に略式命令を請求すること。一定の軽微な犯罪について適用される起訴手続きで、書面審理により100万円以下の罰金または科料が科される。略式起訴。➡即決裁判 ➡略式手続

りゃく-しゅ【略取】〔名〕スル ❶力ずくで奪い取ること。「敵塁を―する」❷法律で、暴力・脅迫などにより、人をかどわかし連れ去ること。➡略取誘拐罪
(類語)奪う・取る・取り上げる・分捕る・掠め取る・もぎ取る・引ったくる・ぶったくる・ふんだくる・攫う・掻っ攫う・横取りする・強奪する・奪取する・略奪する

りゃく-じゅ【略×綬】勲章や褒章の代わりに用いる略式の綬。勲章の綬と同色で作られている。男子は左襟の孔に、女子は左胸に付け、勲章と併佩しない。円形略綬(一般服用)、布製略綬(軍服用)があり、円形略綬は勲章とともに授与される。

りゃくしゅ-ざい【略取罪】►略取誘拐罪

りゃく-じゅつ【略述】〔名〕スル あらましだけを簡略に述べること。また、その述べたもの。略叙。「事件の経過を―する」

りゃくしゅゆうかい-ざい【略取誘拐罪】人を、それまでの生活環境から不法に離して、自己または第三者の支配内に置く罪。刑法224条などが規定している。(補説)略取は、暴行や脅迫によって連れ去ること、誘拐は、だましたり誘惑したりして連れ出すことをいう。

りゃく-じょ【略叙】〔名〕スル「略述」に同じ。

りゃく-しょう【略称】〔名〕スル 正式な名称を省略して呼ぶこと。また、その呼び名。略名。「日本教職員組合」を「日教組」、「北大西洋条約機構」を「NATO(ナトー)」と呼ぶ類。

りゃく-しょう【略章】略式の勲章。勲章と同形同色で、径1.5センチくらいの小形に作られている。連佩または小綬につり下げ、左胸に付ける。
(類語)記章・バッジ

りゃく-す【略す】㊀〔動サ五〕「りゃく(略)する」(サ変)の五段化。「同文なので以下を―・す」㊁〔動サ変〕「りゃくする」の文語形。

りゃく-ず【略図】要所だけを簡単にかいた図。

りゃく-する【略する】〔動サ変〕文りゃく・す〔サ変〕❶全体のうち一部分をはぶく。また、一部をはぶいて簡単にする。省略する。「いちいちの説明は―・する」「敬称を―・する」❷かすめとる。うばう。攻略する。「財物を―・する」「隣国の地を―・する」
(類語)省略・省く・間引く・略・はしょる

りゃく-せつ【略説】〔名〕スル 要点を簡単に説くこと。また、そのもの。「現代文学の諸傾向を―する」
(類語)概説・汎論・総論・概論・通論・総説・各論

りゃく-そう【略装】略式の服装。正式でない服装。

りゃく-たい【略体】❶本来の形を簡略にしたもの。「―の礼式」❷略した字体。略字。

りゃく-だつ【略奪|×掠奪】〔名〕スル 暴力的にうばい取って自分のものにすること。「現金輸送車を―する」「―者」
(類語)強奪・奪略・略取・奪取・争奪・奪う・取る・取り上げる・分捕る・掠め取る・もぎ取る・引ったくる・ぶったくる・ふんだくる・攫う・掻っ攫う・横取り

りゃくだつ-こん【略奪婚】❶結婚の相手としての女性を他部族から略奪してくる結婚形態。原始社会や未開民族で行われた。❷俗に、夫または妻のいる人に求婚して成立した結婚のこと。

りゃくだつ-のうぎょう【略奪農業】肥料を施さないで作物を栽培・収穫する原始的農業。地力が消耗すると他に移る。

りゃく-でん【略伝】主要な経歴だけを記した伝記。簡略な伝記。「ゲーテの―」㊟詳伝。

りゃく-どく【略読】〔名〕スル おおまかに読むこと。また、省略して読むこと。「要旨のみ―する」

りゃくにん【暦仁】鎌倉時代、四条天皇の時の年号。1238年11月23日～1239年2月7日。

りゃく-ねんぴょう【略年表】主な事柄だけを簡略にまとめた年表。

りゃく-ひつ【略筆】〔名〕スル ❶要点以外を省略して書くこと。また、その文章。省筆。略文。❷文字の点画を略して書くこと。また、その文字。略字。

りゃく-ひょう【略表】概略だけを示した簡単な表。

りゃく-ふ【略譜】❶概略だけを記した簡単な系譜。「徳川家の―」❷五線譜に対し、数字などで表した簡単な楽譜。㊟本譜。

りゃく-ふく【略服】略式の衣服。略装。
(類語)平服・ふだん着

りゃく-ぶん【略文】主要な事柄以外を省略して書いた文章。略筆。

りゃく-ぼう【略帽】❶略式の帽子。❷軍隊で、戦闘・訓練の場合などに用いた帽子。戦闘帽。戦帽。

りゃく-ほん【略本】❶内容に省略のある本。抄本。❷同一作品の伝本のなかで、省略や欠落があって他本より内容の少ないもの。㊟広本。

りゃく-ほんれき【略本暦】本暦から日常生活に必要な事項だけを抜き出して作った簡略な暦。略暦。

りゃく-めい【略名】正式の名前の一部をはぶいて短くした名前。略称。

りゃく-もく【略目】略式の目録。「寄贈品の―」

りゃく-れいそう【略礼装】正式の礼装に対して、簡略にした礼装。モーニングに対する黒の背広、留袖に対する色無地など。略式礼装。

りゃく-れいふく【略礼服】ダークスーツやカクテルドレスなど、略式の礼装として用いる服。

りゃく-れき【略暦】「略本暦」に同じ。

りゃく-れき【略歴】おおまかな経歴。また、それを記したもの。「著者―」(類語)履歴・経歴・前歴・過去

りゃく-ろん【略論】〔名〕スル 簡略に要点だけを論じること。また、その論。「現代文明の病弊を―し」〈木下尚江・良人の自白〉

リャザニ〖Ryazan'〗ロシア連邦西部、リャザニ州の都市。同州の州都。オカ川中流部に位置し、河港を有す。15世紀にリャザン公国の首都が置かれ、16世紀にモスクワ大公国に併合。旧ソ連時代に工業都市として発展。クレムリン(城塞)、ウスペンスキー聖堂をはじめとする歴史的建造物が残っている。生理学者パブロフ、ロケット工学の先駆者ツィオルコフスキーの生地。リャザン。

りゃっ-かい【略解】〔名〕スル 要点だけを解き明かすこと。また、その書。りゃくげ。「万葉集―」

りゃっ-き【略記】〔名〕スル ❶あらましや要点だけを簡略に記すこと。また、その記したもの。「会社の沿革を―する」❷略して短く表記すること。「書名は―せずに示す」

りゃっ-くん【略訓】万葉仮名の用字法の一。漢字を、訓の一部を省略して表音的に用いるもの。「足」を「あ」、「市」を「い」として用いる類。

りゃっ-こう【▽歴×劫】仏語。多くの劫を経過すること。また、長い間の修行。

リヤド〖Riyadh〗サウジアラビア王国の首都。同国中央部、ネジド台地のオアシスに位置する。数多くのモスクがあり、イスラム教ワッハーブ派の本拠地。人口、行政区409万(2004)。

リャノス〖Llanos〗南アメリカ北部、ベネズエラからコロンビアにまたがるオリノコ川流域の草原。サバンナ気候下にあり、放牧が行われる。リャノ。

リャマ〖llama〗►ラマ

リヤル〖riyal〗《「リヤール」「リアル」とも》サウジアラビアなどの通貨単位。1リヤルは20クルシュおよび100ハララー。

りゃん【▽両】《唐音》❶数の2。ふたつ。特に、拳などでいう。❷「りゃんこ❷」に同じ。「どこの侍か知らねえが、しかつべらしい―が腰をかけてゐるし」〈滑・八笑人・五〉

リャンガン-ド【両江道】朝鮮民主主義人民共和国北部の道。道庁所在地は恵山。標高1000メートル以上の高原にあり、白頭山・豆満江・鴨緑江を挟んで中国と接する。りょうこうどう。

りゃん-こ【▽両個】《「りゃん(両)」は唐音》❶2個。二つ。りゃん。❷《両刀を腰に差しているところから》武士をあざけっていう語。りゃん。「彼の女の亭主は―

さんで」〈円朝・怪談牡丹灯籠〉

りゅう【六】《唐音》数の6。むっつ。拳などでいう。

りゅう【柳】二十八宿の一。南方の第三宿。海蛇座の頭部にあたる。ぬりこぼし。柳宿。➡漢「りゅう(柳)」

りゅう【流】❶水などの流れ。「杯を浮かめては―に牽かるる曲水の」〈謡・安宅〉❷流儀。流派。また、系統。「柳生―」「かたのごとくその―をこそ学び候へ」〈謡・関寺小町〉❸仲間。手合い。連中。軽蔑の意を込めて用いた。「皆あの―が、心中か女郎の衣裳を盗むか、ろくなことはでかさず」〈浄・冥途の飛脚〉❹他の語の下に付いて、それ特有のやり方、それに似せたやり方であることを表す。「自己―」「西洋―」「彼―のやり方」❺数詞、または上・中・下などの語の下に付いて、質や程度・段階などを表す。「一―の店」「中―」➡漢「りゅう(流)」

りゅう【留】惑星が、順行から逆行へ、または逆行から順行へ変わるときに、一時停止して見えること。また、その時刻・位置。➡漢「りゅう(留)」

りゅう【竜】❶想像上の動物。体は大きな蛇に似て、4本の足、2本の角、耳、ひげをもち、全身鱗に覆われている。多く水中にすみ、天に昇り雲を起こして雨を降らすという。中国では、鳳・亀・麟とともに四瑞として尊ばれる。竜神や竜王はこれを神格化したもの。たつ。❷「ドラゴン」に同じ。❸将棋で、飛車が成ったもの。成り飛車。竜王。❹紋所の名。❶を図案化したもの。❺名詞の上に付いて、複合語をつくる。㋐天子、または天子に関する物事の上に付けていう。「一顔」「一車」㋑特に、すぐれている、りっぱであるなどの意を表す。「一馬」「一姿」➡漢「りゅう(竜)」

竜の雲を得る如し　竜が雲を得て天に昇るように、英雄豪傑などが機を得て盛んに活躍するさまをたとえていう。竜に雲。

竜の鬚を蟻が狙う　弱者が身の程を考えずに強者に立ち向かうことのたとえ。蟷螂の斧。

竜の鬚を撫で虎の尾を踏む　きわめて危険なことをすることのたとえ。

竜は一寸にして昇天の気あり　大成する人は幼いころから非凡なところがあるというたとえ。栴檀は二葉より芳し。

竜を描きて狗に類す　大きな事をしようとしてやりそこなうことのたとえ。また、分不相応のまねをして軽薄になることのたとえ。虎を描きて狗に類す。

りゅう【粒】〔接尾〕助数詞。穀物・丸薬など、小さいつぶ状のものを数えるのに用いる。「丸薬二―」➡漢「りゅう(粒)」

りゅう【旒/流】〔接尾〕助数詞。旗・幟などを数えるのに用いる。「一―の国旗」

り-ゆう【理由】❶物事がそうなった、また物事をそのように判断した根拠。わけ。子細。事情。「健康上の―で辞職する」❷いいわけ。口実。「風邪を―に休む」❸哲学で、論理的関係においては結論に対する前提、実在的関係においては結果に対する原因。根拠。㊀帰結。

(類語)(❶)事由・所由・根拠・訳・故・意味・原因・由・謂れ・所以・故由・事訳・訳合い・訳柄・事情・子細・曰く・もと・種・起こり・きっかけ・因・因由・素因・真因・要因・一因

りゅう-あん【硫安】硫酸アンモニウムの通称。

りゅう-あん【劉安】[前179〜前122]中国、前漢の学者。漢の高祖の孫。淮南王。学者数千人を招いて「淮南子」を編纂。のち、謀反が発覚して自殺。

りゅう-あん【劉晏】[715〜780]中国、唐の政治家。曹州南華(河北省)の人。代宗に仕え、塩の専売制の確立や江南から華北への物資の運輸法で利益を上げ、安史の乱後の財政再建に尽力。

りゅうあん-かめい【柳暗花明】❶《陸游「遊山西村」の句から》柳は葉が茂って暗く、花は咲きにおって明るいこと。春の景色の美しいことをいう。「―の好時節」❷花柳界。遊里。色町。「―の巷」

(類語)(❶)景色・山色・水色・白砂青松・野色・野景・春景・煙景・夕景・夕景

りゅうあん-じ【竜安寺】➤りょうあんじ(竜安寺)

りゅうあん-じ【滝安寺】大阪府箕面市にある単立宗教法人の寺。白雉元年(650)役小角の開創と伝えられる。修験道の霊場であった。竹生島・江の島・厳島とともに四弁財天の一。箕面寺。ろうあんじ。

りゅう-い【留意】〔名〕スル　ある物事に心をとどめて、気をつけること。「健康に―する」「一点」(類語)注意・用心・警戒・戒心・配慮・心掛け・気配り・気遣い

リュー-イーソー【緑一色】《中国語》マージャンの役満貫の一。緑発と赤色のはいっていない索子だけで上がったもの。

りゅう-いき【流域】河川の流れに沿う地域。また、河川に流れ込む降水の降り集まる地域。集水地域。その河川の分水界に囲まれた地域。「一面積」

りゅう-いん【溜飲】飲食物が胃にとどこおって、酸性の胃液がのどに上がってくること。

溜飲が下がる　不平・不満・恨みなど、胸のつかえがおりて、気が晴れる。「試合に勝って―・った」(補説)「溜飲が晴れる」は誤り。➡溜飲を下げる(補説)

溜飲を下げる　胸をすっきりさせる。不平・不満・恨みなどを解消して、気を晴らす。「相手を論破して―・げる」(補説)文化庁が発表した平成19年度「国語に関する世論調査」では、本来の言い方である「溜飲を下げる」を使う人が39.8パーセント、間違った言い方「溜飲を晴らす」を使う人が26.1パーセントという結果が出ている。

りゅう-うしゃく【劉禹錫】[772〜842]中国、中唐期の詩人。中山(河北省)の人という。字は夢得。柳宗元・白居易と親しく詩を応酬し、「劉柳」「劉白」と称された。民間で歌われていた「竹枝詞」などを文学作品に高めたことで知られる。また、「天論」を著し、天命論を批判。

りゅう-うん【隆運】勢い盛んな運命。盛運。「会社の―を祈願する」

りゅう-えい【立纓】冠の纓が上を向いて立っているもの。江戸時代以降、天皇が用いた。

りゅう-えい【柳営】《匈奴征討のために細柳という地に陣営を置いた漢の将軍周亜夫が、軍規を徹底させ厳重な戦闘態勢をとって文帝から称賛されたという、「漢書」周勃伝の故事による》❶将軍の軍営。幕府。❷将軍。将軍家。「越前侯乱行の噂は、江戸の―にさえ達した」〈菊池寛・忠直卿行状記〉

りゅう-えん【劉淵】[?〜310]中国、五胡十六国の漢(前趙)の創始者。在位304〜310。字は元海。諡は光文皇帝。廟号は高祖。匈奴の出身で、西晋末の内乱に乗じて漢王を称し、308年帝位につき、平陽に遷都。

りゅうえん-こう【竜涎香】➤りゅうぜんこう(竜涎香)

りゅう-おう【竜王】❶竜族の王。また、仏教で、竜神。❷将棋で、飛車の成ったもの。成り飛車。竜。❸将棋のタイトルの一。竜王戦の勝者がタイトルの保持者となる。

りゅうおう-きょう【竜王峡】栃木県北西部、鬼怒川上流にある渓谷。川の流れによって浸食され、長さ約2キロメートルにわたって虹見の滝・白竜峡・青竜峡などの景勝地が続く。日光国立公園に属する。

りゅうおう-ざん【竜王山】徳島県美馬市と香川県仲多度郡まんのう町の境にある山。讃岐山脈の最高峰で、香川県の最高峰でもある。尾根上に東竜王(讃岐竜王)・西竜王(阿波竜王)の二つの峰がある。綾川・土器川の源流部にあたる。名の由来は、麓にある竜神をまつった神社がかつては山頂にあったことから。鷹ケ山。

りゅうおう-せん【竜王戦】将棋の七大タイトル戦の一。七番勝負で行われる。勝者には竜王の称号が与えられ、通算で7期または連続で5期以上にわたりタイトルを手にした棋士には永世竜王を名乗る資格が与えられる。

漢字項目　りゃく

掠（人）　音リャク(呉)(漢)　リョウ(リヤウ)(漢)　訓かする、かすめる‖㊀〈リャク〉奪い取る。かすめる。「掠取・掠奪/寇掠・侵掠」㊁〈リョウ〉むちでたたく。「掠笞」(補説)㊀は「略」と通用する。(難読)掠り傷

略　(学)5　音リャク(呉)(漢)　訓ほぼ‖①領土を経営する。「経略」②筋道を立てた計画。「英略・機略・計略・才略・策略・商略・政略・戦略・知略・武略・謀略」③他の領分に踏み込み、奪い取る。「略奪/攻略・劫略・殺略・侵略」④はぶく。「下略・省略・前略・中略」⑤細部をはぶいて簡単にしてあること。また、大体のところ。あらまし。「略字・略式・略称・略図・略歴/概略・簡略・粗略・大略」(補説)「畧」は異体字。(名付)のり・もと

りゅう-おん【流音】舌先を上顎に近づけ、その中間または両側から気息を通して発する有声の子音。[l][r]など。

りゅうおん-じ【竜穏寺】埼玉県入間郡越生町にある曹洞宗の寺。山号は、長昌山。開創は永享2年(1430)。開山は無極慧徹。開基は足利義教。江戸時代、曹洞宗大僧録司に任ぜられて末寺を統括。

りゅう-か【流下】〔名〕スル　流れくだること。「汚染物質が河川を―する」「一物」

りゅう-か【琉歌】沖縄の短詩形の歌謡。主に八・八・八・六形式で、叙情的な内容のものが多い。一般に三線を伴奏に歌われる。

りゅう-か【硫化】〔名〕スル　❶硫黄と化合すること。また、硫黄との化合物であること。❷➤加硫

りゅう-が【竜駕】➤りょうが(竜駕)

りゅうか-あえん【硫化亜鉛】亜鉛の硫化物。白色の固体。天然には閃亜鉛鉱として産する。白色顔料・蛍光体などに使用。化学式ZnS

りゅう-かい【流会】〔名〕スル　会合が成立しないで取りやめになること。「定数不足で―する」

りゅう-かい【粒界】多結晶を構成する個々の結晶粒どうしの境界。結晶粒界。

りゅうがい-じ【竜蓋寺】➤岡寺

りゅうかえん【柳花苑】雅楽。唐楽。双調で新楽の中曲。四人の女舞であったが、平安期に舞は絶えた。桓武天皇の時代に唐から伝えられたもの。

りゅうか-カドミウム【硫化カドミウム】淡黄色ないし濃橙色の結晶性固体。天然には硫化カドミウム鉱として産する。水に不溶。黄色顔料カドミウムイエローとして用いられ、また光電導性があるため写真用露出計などに用いられる。化学式CdS

りゅうか-ぎん【硫化銀】銀の硫化物。黒色の粉末。天然には輝銀鉱として産出。銀器の表面が黒変するのは、これが生ずることによる。化学式Ag_2S

りゅう-かく【竜角】和琴・箏の部分の名。本体上面の端にあって弦を支える駒。和琴では頭部だけ、箏では両端にあるが、特に頭部のものだけをさす場合がある。➡雲角

りゅう-がく【立楽】➤たちがく(立楽)

りゅう-がく【留学】〔名〕スル　他の土地、特に外国に在留して学ぶこと。「イギリスへ―する」「内地―」

りゅう-がく【劉鶚】[1857〜1909]中国、清末の実業家・作家。丹徒(江蘇省)の人。名は夢鵬、字は鉄雲。華北の鉄道敷設や山西の鉱山開発などを建議したが、のち新疆に流されて死亡。小説「老残遊記」の作者として知られる。

りゅうがく-せい【留学生】外国に滞在して学術・技術などを学ぶ学生。「国費―」➡就学生

りゅうがく-ビザ【留学ビザ】日本の大学・短期大学・高等専門学校・高等学校・各種学校などで教育を受ける外国人に認められる在留資格。➡就学ビザ

りゅうか-けい【柳下恵】中国、周代の魯の賢者。本名、展禽。字は季。柳下に住み、恵と諡されたことによる名。魯の大夫・裁判官となり、直道を

守って君に仕えたことで知られる。生没年未詳。

りゅうがさき【竜ケ崎|龍ケ崎】茨城県中南部の市。もと仙台藩伊達氏領地。竜ケ崎木綿の集散地として発展。近年は住宅地化が進む。人口8.0万(2010)。

りゅうがさき-し【龍ケ崎市】►龍ケ崎

りゅうか-すいぎん【硫化水銀】リウクワ 水銀の硫化物。❶硫化水銀(Ⅰ)。不安定で、常温の水溶液中でただちに分解し、硫化水銀(Ⅱ)と水銀とになる。化学式Hg_2S ❷硫化水銀(Ⅱ)。黒色または赤色の固体。天然には辰砂しんしゃとして産出し、黒色のものは昇華により安定な赤色の粉末に変わる。赤色のものは顔料に用い、朱しゅとよぶ。化学式HgS

りゅうか-すいそ【硫化水素】リウクワ 水素の硫化物。腐卵臭のある無色の有毒気体。硫黄を含むたんぱく質が腐敗したときに生じ、また火山ガスや鉱泉中に含まれる。実験室では硫化鉄を塩酸で分解して得る。水に溶けて弱酸性を示す。各種金属塩の水溶液に通ずると特有の色をもつ硫化物を沈殿させるので、分析試薬として利用。化学式H_2S

りゅうか-せんりょう【硫化染料】リウクワセンレウ 合成染料の一。水に不溶の色素を硫化ナトリウムで還元して水溶性にし、酸化させてもとの色を再現する染料。木綿などに用いる。

りゅうか-てつ【硫化鉄】リウクワ 鉄の硫化物。❶硫化鉄(Ⅱ)。灰黒色または淡褐色の結晶。希酸に溶けて硫化水素を発生する。天然には磁硫鉄鉱として産する。化学式FeS ❷硫化鉄(Ⅲ)。黒色の粉末。天然には銅との複塩をなす黄銅鉱として産する。化学式Fe_2S_3 ❸二硫化鉄。黄金色の結晶。天然には黄鉄鉱として産する。化学式FeS_2

りゅうか-どう【硫化銅】リウクワ 銅の硫化物。❶硫化銅(Ⅰ)。金属光沢のある暗灰色の結晶。天然には輝銅鉱として産する。化学式Cu_2S ❷硫化銅(Ⅱ)。黒色の粉末または結晶。天然には藍銅鉱らんどうこうとして産する。化学式CuS

りゅうが-どう【竜河洞】高知県中部、香美かみ市にある三宝山の鍾乳洞。洞内に弥生時代の穴居遺跡がある。天然記念物および史跡。

りゅうか-ぶつ【硫化物】リウクワ 硫黄と、それよりも陽性の元素との化合物。天然に鉱物として広く存在し、硫黄あるいは重金属の原料。多くは酸により分解して硫化水素を発生する。

りゅう-かん【流汗】リウ 汗を流すこと。また、流れ出る汗。「一淋漓りんり」(類語)汗ばむ・発汗・汗する

りゅう-かん【流感】リウ「流行性感冒」の略。

りゅうかん【隆寛】リユウクワン[1148～1227]平安末期・鎌倉前期の浄土宗の僧。京都の人。法然に師事。東山の長楽寺に住み、多念義を主張。著「一念多念分別事」など。

りゅう-がん【立願】リフグワン〔名〕スル「りつがん(立願)」に同じ。「母上は、御一の事、人にも語らせ給はねば」〈平家・一〉

りゅう-がん【柳眼】リウ 柳の若芽。

りゅう-がん【流丸】リウグワン ながれだま。流弾。

りゅう-がん【竜眼】❶ムクロジ科の常緑小高木。葉は羽状複葉で、互生。春、黄白色の芳香のある小花を円錐状につけ、夏に淡褐色の球形の実を結ぶ。中の白色多肉の仮種皮は甘く、生食し、また漢方で用いる。中国南部の原産。❷天子の目。りょうがん。「一より御涙を流させ給ひ」〈盛衰記・七〉

りゅう-がん【竜顔】天子の顔。天顔。りょうがん。

りゅうがんしゅかん【竜龕手鑑】中国の字書。4巻。遼(契丹)の行均編。997年成立。仏典を中心に、「説文解字」「玉篇」などからも収集した漢字を部首によって分類し、部首の字を平・上・去・入の四声の順に配列したもの。もとの名は、「竜龕手鏡」。

りゅうがん-にく【竜眼肉】竜眼の仮種皮の乾燥したもの。漢方で滋養強壮・鎮静薬などに用いる。福肉。

りゅう-き【流期】リウ 質物の流れる期限。

りゅう-き【竜旗】天子の旗。りょうき。

りゅう-き【隆起】〔名〕スル ❶ある部分が高く盛り上がること。「豊かな胸の一」❷陸地が周囲、特に海水面に対して相対的に上昇すること。「海底が一してできた島」❸物事の勢いの高まること。また、勢いを高めること。「我が鉱山は未だ較著の事業を一すに足れりというを得ず」〈雪嶺・真善美日本人〉

りゅう-き【劉徽】リウ 中国、三国時代の魏の数学者。263年、中国最古の数学書「九章算術」の注釈を作り、その中で円周率の算定や立体の体積計算法に極限の考えを示した。生没年未詳。

りゅう-き【×瘤起】リウ〔名〕スル こぶのように盛り上がること。「肉が一している」

りゅう-ぎ【流儀】リウ ❶物事のやり方。「結婚式は田舎の一でやる」❷技術・芸能などで、その人や流派に伝わっている手法・様式。「一を守り伝える」
(類語)スタイル・様式・仕方・遣やり方・仕振り・仕様しよう・遣やり様よう・方法・方式・遣やり口・伝て・致し方・手段・手口・メソッド・方途・機軸・定石・てだて・術・方便・術計

りゅう-ぎ【×竪義|立義】リフ 法会に際し、学僧を試験するために行われた問答論議の儀式。探題たんだいが問題を出し、問者もんじゃが難詰し、試験を受ける竪者りっしゃがこれに答え、全体の事務を会行事えぎょうじが行う。

りゅうき-かいがん【隆起海岸】地盤の隆起により海底が陸化して生じた海岸。

りゅうき-がん【×榴輝岩】リウキ ►エクロジャイト

りゅう-ぎけい【劉義慶】リウ[403～444]中国、南朝宋の文人。彭城(江蘇省)の人。宋の武帝の甥で、鮑照ほうしょうなど多くの文人をそのサロンに招いた。逸話集「世説新語」の作者とされる。

りゅうき-こう【硫気孔】リウ 水蒸気・硫化水素・二酸化硫黄を多量に噴出する穴。活火山に多い。

りゅうき-さんごしょう【隆起×珊×瑚礁】―サンゴセウ 陸地の相対的隆起によって現れた珊瑚礁。琉球諸島などにある。

りゅうき-へい【竜騎兵】16、7世紀以降のヨーロッパで、鎧よろいに身を固め銃を持った騎兵。

りゅうきゅう【琉球】リウキウ ㊀沖縄のこと。中国側からの呼称。14世紀に沖縄島に北山・中山・南山の三つの小国家ができ、のち、中山が統一王朝を樹立。慶長14年(1609)薩摩さつま藩に征服されたが、清との関係も維持。明治政府は明治5年(1872)琉球藩を設置、さらに明治12年(1879)王国体制を解体して沖縄県を設置した。(補説)平成12年(2000)「琉球王国のグスク及び関連遺産群」の名で、今帰仁城跡、座喜味城跡、勝連城跡、中城城跡、首里城跡、園比屋武御嶽石門、玉陵、識名園、斎場御嶽が世界遺産(文化遺産)に登録された。㊁❶「琉球表おもて」の略。❷「琉球紬つむぎ」の略。

りゅうきゅう-あい【×琉球藍】リウキウあゐ キツネノマゴ科の低木。高さ50～80センチ。葉は卵形で先がとがり、対生。夏、淡紅紫色の唇形の花を穂状につける。夏から秋に茎・葉を刈り取り、藍の染料をとる。台湾・東南アジアの原産で、日本では鹿児島や沖縄で栽培。

りゅうきゅう-い【×琉球×藺】リウキウゐ シチトウの別名。沖縄地方でよく栽培された。

りゅうきゅう-いも【×琉球芋】リウキウ ❶サツマイモの別名。❷ジャガイモの別名。

りゅうきゅう-おもて【×琉球表】リウキウ 麻糸を縦とし、シチトウの茎を横として織った畳表。じょうぶで耐久性がある。

りゅうきゅう-おんかい【×琉球音階】リウキウ 主に沖縄の音楽で用いられる五音音階。洋楽階名のド・ミ・ファ・ソ・シの五つの音からなる。

りゅうきゅう-かいこう【琉球海溝】リウキウ ►南西諸島海溝

りゅうきゅう-かざんたい【琉球火山帯】リウキウクワザンタイ ►霧島きりしま火山帯

りゅうきゅう-がすり【×琉球×絣】リウキウ 沖縄で産する絣織物、およびその特徴のある絣柄。流水・井桁いげた・つばめ柄などがあり、宮古島の紺絣、八重山の白絣などが知られる。

りゅうきゅう-ぐみ【琉球組】リウキウ 三味線組歌の最古の曲。本手組に属する。石村検校の作曲という。

りゅうきゅう-こ【×琉球弧】リウキウ 九州の南から台湾へ弧状に連なる島列。南西諸島弧。

りゅうきゅう-ご【×琉球語】リウキウ 奄美群島・沖縄諸島・宮古諸島・八重山諸島で話されている諸方言の総称。本土の日本語と方言関係にある。琉球方言。

りゅうきゅう-しょとう【琉球諸島】リウキウシヨタウ 南西諸島の南半部。沖縄諸島・宮古諸島・八重山諸島からなり、沖縄県に属す。

りゅうきゅう-しょぶん【×琉球処分】リウキウ 明治政府が琉球に対し、清への冊封関係の廃止を求め、武力を背景に強制的に日本へ統合した過程をいう。明治12年(1879)琉球藩を廃し、沖縄県が置かれることとなった。

りゅうきゅうしんとうき【琉球神道記】リウキウシンタウキ 島津氏が統治する以前の琉球の宗教について記した書。浄土宗の僧袋中たいちゅう[1552～1639]著。多数の神話・説話を収録。

りゅうきゅう-だいがく【琉球大学】リウキウ 沖縄県中頭なかがみ郡西原町にある国立大学法人。昭和25年(1950)米国施政権下に発足。同47年沖縄の本土復帰に伴い、国立大学へ移管。平成16年(2004)国立大学法人となる。

りゅうきゅう-たたみ【×琉球畳】リウキウ ►琉球表おもて

りゅうきゅう-つつじ【×琉球躑=躅】リウキウ ツツジ科の常緑小低木。葉はやや細長く、先がとがる。4、5月ごろ、漏斗状の白い花が咲き、花びらの上部内面に緑色の斑点がある。庭園に植えられ、白琉球ともいう。花が紅紫色や八重咲きの品種もある。

りゅうきゅう-つむぎ【×琉球×紬】リウキウ 沖縄産の紬。平織りで紺地に茶色の縞のものが多い。質は柔軟・堅牢けんろう。久米島で産する久米島紬が有名。

りゅうきゅう-まつ【×琉球松】リウキウ マツ科の常緑高木。琉球諸島に分布し、葉は長さが20センチもあり、2本ずつ束になって出る。

りゅうきゅうれっとう-べいこくぐんせいふ【琉球列島米国軍政府】リウキウレツタウ 昭和20年(1945)に沖縄本島を占領した米軍が設置した軍政機関。同25年、民政府(琉球列島米国民政府)に改組された。米国軍政府。

りゅうきゅうれっとう-べいこくみんせいふ【琉球列島米国民政府】リウキウレツタウ 第二次世界大戦後、米国軍が沖縄に設置した統治機関。極東軍司令官マッカーサーの司令により、昭和25年(1950)に設立。同20年の沖縄占領時に樹立した米国軍政府の職務を引き継いだ。沖縄返還協定により同47年5月12日に解散。米国民政府。USCAR(United States Civil Administration of the Ryukyu Islands)。

りゅう-きょう【劉向】リウキヤウ[前77ころ～前6]中国、前漢の経学者。本名、更生。字あざなは子政。宮中の書物の校訂・整理に当たり、書籍解題「別録」を作り、目録学の祖と称される。著「説苑ぜいえん」「洪範五行伝」「新序」「列女伝」など。りゅうこう。

りゅう-きょう【劉勰】リウケフ[466?～532]中国、南朝梁の文学評論家。東莞莒とうかんきょ(山東省)の人。字あざなは彦和げんわ。仏法を修めるかたわら、「文心雕竜ぶんしんちょうりょう」を著した。

りゅうきょうしんし【柳橋新誌】リウケウシンシ 成島柳北の随筆。3編。明治7年(1874)初・2編刊。初編は幕末の江戸柳橋やなぎばしの花街風俗を描き、2編は明治維新後の柳橋を舞台に文明開化を風刺したもの。3編は発行禁止となり、序文だけが残る。

りゅう-ぎょうは【劉暁波】リウゲウハ ►リュウシャオボー(劉暁波)

りゅう-きん【×琉金】リウ 金魚の一品種。体は短くて丸く、尾びれが大きく、赤色か赤白の斑。中国の原産。江戸時代に琉球を経て渡来。おなが。

りゅう-きん【劉歆】リウ[?～23ころ]中国、前漢の学者。字あざなは子駿しじゅん。父劉向りゅうきょうの業を継いで、書籍目録の「七略」を完成。「春秋左氏伝」「周礼しゅらい」などを研究し、古文経学派の祖と称される。

りゅう-ぎん【竜吟】竜笛りゅうてきの異称。西域の羌人が、

竜の鳴き声に似せて作ったという。りょうぎん。

りゅうきん-か【立金花】キンポウゲ科の多年草。沼地や湿地に生え、高さ約60センチ。根元から長い柄のある腎臓形の葉が出る。4〜7月、直立する茎の先に、黄色い花びら状の萼をもつ花を開く。

りゅう-ぐう【流×寓】〘名〙スル 放浪して異郷に住むこと。「他郷に―して」〈東海散士・佳人之奇遇〉

りゅう-ぐう【竜宮】深海の底にあって竜神や乙姫などが住むという、想像上の宮殿。竜宮城。

りゅうぐう-じょう【竜宮城】「竜宮」に同じ。

りゅうぐう-づくり【竜宮造(り)】楼門の形式の一。下部は漆喰塗りで、その中央にアーチ形の通路を開き、上部は木造の軒と入母屋の屋根とするもの。日光大猷院皇嘉門や長崎の崇福寺の山門など。

りゅうぐうのおとひめのもとゆい-の-きりはずし【竜宮の▽乙姫の元結の切(り)外し】アマモの別名。植物で最も長い和名として知られる。

りゅうぐう-の-つかい【竜宮の使い】アカマンボウ目リュウグウノツカイ科の深海魚。全長はふつう約6メートル。体は細長くて著しく側扁し、銀色。全長にわたって赤い背びれがあり、頭の上方の軟条は長く伸びる。腹びれは糸状。

りゅうぐう-まつり【竜宮祭(り)】▶磯祭り❷

りゅう-げ【竜華】❶「竜華三会」の略。❷「竜華樹」の略。

りゅう-けい【流刑】❶刑罰の一。罪人を辺地・離れ島に送ること。流罪。るけい。➡流 ❷旧刑法で、国事犯を島地の獄に幽閉して定役には服させなかった刑。有期と無期があった。

りゅう-けいいちろう【隆慶一郎】[1923〜1989]小説家・脚本家。東京の生まれ。本名、池田一朗。はじめ本名で脚本家として活躍。今村昌平監督の映画「にあんちゃん」、テレビドラマ「鬼平犯科帳」などを手がける。のち隆慶一郎名義で小説家に転じ「一夢庵風流記」で柴田錬三郎賞受賞。他に「吉原御免状」「影武者徳川家康」「柳生非情剣」など。

りゅうげ-え【竜華会】❶滋賀県大津の園城寺で、弥勒菩薩を本尊として修する法会。❷灌仏会の異称。❸「竜華三会」に同じ。

りゅうげ-さんえ【竜華三会】《連声で「りゅうげさんね」とも》釈迦の入滅後56億7000万年ののち、弥勒菩薩がこの世に出て、竜華樹の下で悟りを開き、人々を救済するために説法するという3回にわたる法座。竜華会。弥勒三会。

りゅうげ-じ【竜華寺】静岡県静岡市にある日蓮宗の寺。山号は観富山。寛文10年(1670)日近が創建。境内に高山樗牛の墓がある。

りゅうげ-じゅ【竜華樹】弥勒菩薩がその下で竜華三会を開くとされる木。枝は竜が百宝を吐くように百宝の花を開くという。

りゅう-けつ【流血】血を流すこと。また、流れ出る血。「―の惨事」 類語 血しぶき・返り血・血糊

りゅう-けつ【竜×闕】宮城の門。転じて、宮城。皇居。りょうけつ。

りゅうけつ-じゅ【竜血樹】ドラセナの別名。また、その一種。常緑高木で、高さ約20メートルになる。上部で分枝し、大形の剣状の葉を密生。樹齢が長い。カナリア諸島の原産。

りゅう-げん【流言】根も葉もないうわさを言いふらすこと。また、そのうわさ。デマ。流説。るげん。
類語 噂・風聞・風説・風評・風声・世評・取り沙汰・下馬評・巷説・浮説・流説・飛語・ゴシップ

リューゲン-とう【リューゲン島】《Rügen》ドイツ北東部、バルト海にある同国最大の島。メクレンブルク-フォアポンメルン州に属する。シュトラルズント海峡をはさんだ本土のシュトラルズントと築堤で結ばれる。海岸保養地として知られ、ザスニッツ、ゼーリン、ビンツなどの町にホテルやレストランが集まっている。

りゅうげん-ひご【流言飛語┆流言×蜚語】口づてに伝わる、根拠のない情報。「―が飛び交う」
類語 空言・流説・風説・デマ・取り沙汰・噂・風聞・風評・風声・風の便り・評判・世評・下馬評・巷説

漢字項目 りゅう

【立】▶りつ

柳 音 **リュウ**(リウ)漢　訓 **やなぎ** ‖ ㊀〈リュウ〉①木の名。ヤナギ。特に、シダレヤナギ。「柳絮・柳緑花紅/垂柳・翠柳・楊柳・花柳界」②柳の枝のように細いこと。「柳眉・柳腰/蒲柳」㊁〈やなぎ〉「柳腰/糸柳・川柳」 難読 青柳・柳葉魚・柳川

流 学3　音 **リュウ**(リウ)漢　**ル**呉　訓 **ながれる、ながす** ‖ ㊀〈リュウ〉①水がながれる。水のながれ。また、水のようにながれるもの。「流域・流血・流水・流体・流動・流入/溢流・下流・海流・貫流・寒流・気流・逆流・急流・渓流・源流・合流・細流・支流・水流・清流・濁流・長流・潮流・底流・泥流・電流・奔流」②水とともにながれる。「流失・流氷・流木/漂流・浮流」③川などにながす。「流灯/放流」④伝わり広がる。「流言・流行・流説・流俗・流弊」⑤あてどなくさすらう。「流亡・流民・流離」⑥罰として遠隔地に追いやる。「流刑・流竄」⑦とどこおりがない。「流暢・流麗」⑧わきへそれる。「流弾・流用」⑨形をなさなくなる。「流会・流産」⑩一派をなすもの。血筋。系統。特有のやり方。「流儀・流派/亜流・我流・嫡流・風流・傍流・末流・門流」⑪仲間。たぐい。また、階層。等級。「一流・女流・俗流・名流・上流階級・操觚者流」㊁〈ル〉①伝わり広がる。「流布」②さすらう。「流転・流浪」③罰として遠隔地に追いやる。「流刑・流罪・流人/遠流・配流」 名付 とも・はる 難読 流石・流離・流行る・流鏑馬

留 学5　音 **リュウ**(リウ)漢　**ル**呉　訓 **とめる、とまる**、とどめる、とどまる、ルーブル ‖ ㊀〈リュウ〉①その場所にとめておく。その位置から動かない。とどまる。「留置・留任/遺留・慰留・寄留・拘留・在留・残留・滞留・駐留・停留・逗留・保留・抑留」②(「溜」の代用字)蒸発分を冷却して成分を分離・精製する。「乾留・蒸留・分留」㊁〈ル〉とどまる。「留守」 名付 たね・と・とめ・ひさ 難読 歌留多

竜〔龍〕 音 **リュウ**呉　リョウ漢　訓 **たつ** ‖ ㊀〈リュウ〉①想像上の動物。たつ。「竜王・竜宮・竜頭蛇尾/天竜・登竜門」②すぐれた人物。英雄。「竜象・竜攘虎搏/独眼竜」③天子に関する物事に冠する語。「竜顔」④恐竜のこと。「剣竜・翼竜・雷竜」㊁〈リョウ〉①㊀の①②に同じ。「竜頭鷁首/臥竜・亢竜・潜竜・屠竜・白竜・飛竜・画竜点睛」②㊀の③に同じ。「竜駕」 補説「リュウ」と「リョウ」の音は特定の語を除いて多く互用する。㊂〈たつ〉「竜巻」 名付 かみ・きみ・しげみ・とおる・めぐむ 難読 石竜子・土竜・竜胆

人**笠** 音 リュウ(リフ)呉漢　訓 かさ ‖ ㊀〈リュウ〉頭にかぶるかさ。「蓑笠」㊁〈かさ(がさ)〉「衣笠・陣笠・菅笠・花笠・三度笠」

粒 音 **リュウ**(リフ)呉漢　訓 **つぶ** ‖ ㊀〈リュウ〉穀物のつぶ。広く、つぶ状のもの。「粒子・粒食・粒粒辛苦/顆粒・穀粒・根粒」㊁〈つぶ〉「雨粒・小粒・豆粒」

隆〔隆〕 音 **リュウ**漢 ‖ ①高く盛り上がる。高くする。「隆起・隆鼻術」②勢いが盛んになる。「隆運・隆盛・隆替/興隆」 名付 お・おき・しげ・たか・たかし・とき・なが・もり・ゆたか

硫 音 **リュウ**(リウ)漢 ‖ ①鉱物の一。いおう。「硫酸・硫化水素」②「硫酸」の略。「硫安」 難読 硫黄

人**溜** 音 リュウ(リウ)漢　訓 たまる、ためる ‖ ①したたる。「溜滴」②水などがたまる。「溜飲/瀦溜」③蒸発分を冷却して成分を分離・精製する。「乾溜・蒸溜・分溜」 補説「留」を代用字とすることがある。

×**瘤** 音 リュウ(リウ)漢　訓 こぶ ‖ 筋肉などに生じる塊状の突起。こぶ。「根瘤・腫瘤・動脈瘤」

りゅう-こ【竜虎】竜と虎。転じて、力量に優劣をつけがたい二人の英雄や豪傑。りょうこ。

竜虎相搏・つ 力の伯仲した二人の強豪が勝負する。「―・つ見ごたえのある試合」

りゅう-ご【立鼓】▶輪鼓

りゅう-ご【▽輪鼓┆▽輪子】❶鼓のように、胴の中ほどがくびれた形。❷平安時代の散楽の曲芸で、❶のような形をしたもののくびれた部分に緒を巻きつけ、回しながら投げ上げたり、受け取ったりするもの。❸紡績具で、紡錘に取り付け、調べ糸をかけて回転させるもの。❹紋所の名。❶を図案化したもの。❺武具で、❶の形をした指物。❻馬術で、馬を❶の形⌧のように歩ませるもの。りゅうごのり。

りゅう-こう【流光】❶年月がたつこと。光陰の移り行くこと。「五年の―に転輪の疾き趣を解し得たる婆さんは」〈漱石・草枕〉❷流れ出る光。また、光の流れること。❸水の流れにうつる月光。

りゅう-こう【流行】〘名〙スル ❶世間に広く行われ、用いられること。服装・言葉・思想など、ある様式や風俗が一時的にもてはやされ、世間に広まること。はやり。「ミニスカートが―する」「―を追う」「―遅れ」❷病気などが、急速な勢いで世の中に広がること。「はしかが―する」❸蕉風俳諧で、句の姿が、その時々を反映して変化していくもの。➡不易流行
類語 (❶)はやり・時好・好尚・時流・風潮・トレンド・モード・ファッション・ブーム/(❷)蔓延・猖獗

りゅうこう【隆光】[1649〜1724]江戸中期の新義真言宗の僧。大和の人。字は栄春。将軍徳川綱吉の信を得て筑波山の知足院主となり、のちこれを江戸に移して護持院と改称。生類憐みの令を提言したという。通称は護持院大僧正。

りゅう-こう【隆興】〘名〙スル 物事の盛んになること。興隆。「事業が―する」

りゅう-こう【劉向】▶りゅうきょう(劉向)

りゅう-ごう【▽林×檎】《「りんごん」の「ん」を「う」と表記したもの》「りんご」に同じ。〈和名抄〉

りゅうこう-おくれ【流行遅れ】〘名・形動〙世間で流行した時期から遅れていること。「―の服」
類語 古い・時代遅れ・古風・昔風・旧式・陳腐・旧弊・前近代的・旧態依然・中古・オールドファッション

りゅうこう-か【流行歌】ある一時期広く世間に流布し、多くの人に好まれ歌われる歌。特に昭和以降、歌謡曲をさしていう。はやりうた。
類語 俗謡・俗曲・歌謡曲

りゅうこう-ご【流行語】ある時期、多くの人々の間で盛んに使われる語や言い回し。はやりことば。

りゅうごう-ざつおん【流合雑音】《streamed noise》CATVの双方向通信網において、各家庭から発生する微細なノイズが上り回線をたどり累積する現象。CATV通信サービスの障害となる。ストリームノイズ。

りゅうこう-じ【流行児】ある一時期に世間で広くもてはやされる人。うれっこ。はやりっこ。「文壇の―」

りゅうこう-じ【竜口寺】神奈川県藤沢市にある日蓮宗の寺。山号は、寂光山。文永8年(1271)の日蓮法難の地に、日法が一堂を建てたのに始まる。

りゅうこうせい-かくけつまくえん【流行性角結膜炎】アデノウイルスの感染による伝染性の結膜および角膜の炎症。学校感染症の一。感染症予防法の五類感染症の一。流行目。

りゅうこうせい-かんえん【流行性肝炎】食物や水を介して感染し、集団発生を起こすウイルス性肝炎。A型・E型肝炎がこれにあたる。伝染性肝炎。➡血清肝炎

りゅうこうせい-かんぼう【流行性感冒】リウカウセイー ▶インフルエンザ

りゅうこうせい-じかせんえん【流行性耳下腺炎】リウカウセイー ムンプスウイルスの感染による伝染性の耳下腺の炎症。学童期に多く、学校感染症の一。感染症予防法の五類感染症の一。2、3週間の潜伏期ののち高熱が出て、片側あるいは両側の耳の下の部分がはれて痛む。成人が発病した場合は睾丸炎こうがん・卵巣炎を起こすこともある。おたふくかぜ。ムンプス。➡ムンプス難聴

りゅうこうせい-ずいまくえん【流行性髄膜炎】リウカウセイー 髄膜炎菌の感染による急性の化膿かのう性の髄膜炎。高熱・嘔吐おうと・痙攣けいれんなどがみられる。小児に多い。感染症予防法の五類感染症の一。法的には髄膜炎菌性髄膜炎とよぶ。菌性髄膜炎。

りゅうこうせい-のうえん【流行性脳炎】リウカウセイナウエン ウイルスによる急性脳炎。嗜眠しみん性脳炎・日本脳炎など。

りゅうこうせい-のうせきずいまくえん【流行性脳脊髄膜炎】リウカウセイナウセキズイマクエン ▶流行性髄膜炎

りゅうこう-びょう【流行病】リウカウビヤウ 伝染して流行する病気。急性感染症(伝染病)。疫病。はやりやまい。

りゅうこく-だいがく【竜谷大学】京都市伏見区に本部がある私立大学。寛永16年(1639)西本願寺境内に設立された学寮を起源とし、大教校、竜谷大学林、仏教大学を経て、大正11年(1922)旧制の竜谷大学となり、昭和24年(1949)新制大学へ移行。

りゅうこ-し【竜▽骨▽車】❶「りゅうこつしゃ(竜骨車)」の音変化。❷「竜吐水りゅうどすい❶」に同じ。「筒先強い—の水をくらはぬ其内に」〈伎・加賀鳶〉

りゅうこ-しゃ【竜▽骨車】《「りゅうごしゃ」とも》「りゅうこつしゃ(竜骨車)」の音変化。

りゅう-こつ【竜骨】❶船底の中心を、船首から船尾へ貫く主要部材。船の背骨となるもの。キール。間切り瓦。❷古代哺乳動物の骨の化石。漢方で収斂しゅうれん・鎮静薬などに用いる。

りゅうこつ-ざ【竜骨座】南天の星座の一。3月下旬の午後8時ごろ、南の地平線上に一部が現れる。アルゴ座を4分割した一。αアルファ星のカノープスは光度マイナス0.7等で、シリウスに次ぎ全天第2の輝星。学名ラテCarina

りゅうこつ-しゃ【竜骨車】《形が竜骨❶に似るところからいう》揚水機の一種。長い樋といの中にベルト状の軌道を設け、そこに取り付けた多数の板を循環させて水を高所に上げる装置。中国から伝わり、江戸前期、近畿地方の農村で広く使われた。りゅうこしゃ。りゅうこし。

りゅうこつ-とっき【竜骨突起】鳥類の胸骨の下面中央に、船の竜骨のように突き出ている突起。翼を動かす胸筋が付着する。胸峰。

りゅうこつ-べん【竜骨弁】蝶形花ちょうけいかで、翼弁の下位につく左右一対の花びら。舟弁。

りゅう-さ【流砂｜流沙】リウー ❶水に押し流されて運ばれた砂。りゅうしゃ。❷水を含んで流動しやすい砂。りゅうしゃ。❸砂漠。特に、中国西北方の砂漠をさしていう。りゅうしゃ。

りゅう-ざ【竜座】北天の大星座。小熊こぐま座を取り巻くように位置し、中心部は8月上旬の午後8時ごろ南中。黄道の極はこの星座のδデルタ星の近くにある。学名ラテDraco

りゅうさ-げんしょう【流砂現象】リウサゲンシヤウ ❶河川などの水流によって土砂が運ばれること。❷▶クイックサンド

りゅう-さん【硫酸】リウー 無機酸の一。純粋なものは無色で粘りけのある油状の液体。一般には水溶液をさし、濃度により希硫酸・濃硫酸という。濃硫酸は水と混合すると多量の熱を発生し、また脱水作用が強く、化合物中から水素と酸素を2対1の割合で奪う。工業的には、二酸化硫黄を接触法により酸化して三酸化硫黄とし、水に溶かして作る。化学工業の重要な基礎原料の一で、金属精錬・紡織・製紙・食品・染料・肥料・石油・合成樹脂などの分野で広く用いられる。化学式H_2SO_4

りゅう-ざん【流産】リウー〔名〕スル ❶妊娠22週未満で妊娠が中絶すること。妊娠12週以降22週未満で流産した場合は、死産届・埋葬許可証が必要となる。❷計画・事業などが実現に至らず中途でだめになること。「新企画は予算がつかず—した」

りゅう-ざん【流×竄】リウー〔名〕スル ❶罪によって遠隔の地に追いやること。流罪るざい。るざん。「—の身」❷遠隔の地を流れさすらうこと。流浪るろう。

りゅうさん-あえん【硫酸亜鉛】リウサンー 亜鉛を希硫酸に溶かして得られる無色の結晶。七水和物は皓礬こうばんともいう。水溶液は弱酸性。顔料・防腐剤・点眼薬などに使用。化学式$ZnSO_4$

りゅうさん-アルミニウム【硫酸アルミニウム】リウサンー アルミニウムの硫酸塩。一八水和物が普通で、無色の針状結晶。熱すると、水を失い、無水塩となる。水に溶ける。皮なめし剤・媒染剤や、水の浄化の沈殿剤、製紙用サイジング剤などに使用する。化学式$Al_2(SO_4)_3$

りゅうさん-アンモニウム【硫酸アンモニウム】リウサンー アンモニアを硫酸に吸収させて作る無色の結晶。窒素肥料として用いられ、硫安ともいわれる。化学式$(NH_4)_2SO_4$

りゅうさん-えん【硫酸塩】リウサンー 硫酸の水素原子が金属によって置換された化合物。

りゅうさんえん-せん【硫酸塩泉】リウサンエンー 泉質の一。硫酸イオンを主成分とする温泉。共存するイオンの種類によりナトリウム硫酸塩泉・カルシウム硫酸塩泉などに分けられる。動脈硬化に効くとされる。

りゅうさん-カリウム【硫酸カリウム】リウサンー カリウムの硫酸塩。無色の結晶。カリ肥料・ガラス・明礬みょうばんの原料。化学式K_2SO_4

りゅうさん-カルシウム【硫酸カルシウム】リウサンー カルシウムの硫酸塩。無色の結晶。天然には二水和物が石膏せっこう、無水和物が硬石膏として産出。化学式$CaSO_4$

りゅうさん-し【硫酸紙】リウサンー 木綿繊維や化学パルプから作った原紙を、グリセリンを混ぜた希硫酸に短時間浸し、セルロースの外部をアミロイド化した半透明の紙。じょうぶで耐水性・耐油性があり、バター・チーズの包装などに使用。パーチメント紙。擬羊皮紙。

りゅうさん-だん【×榴散弾】リウサンー 中に多数の散弾を詰め、破裂するとそれが飛び散る仕掛けの砲弾。

りゅうさん-てつ【硫酸鉄】リウサンー 鉄の硫酸塩。❶硫酸鉄(Ⅱ)。鉄を希硫酸に溶かして作る。七水和物は緑礬りょくばんともいい、緑色の結晶。黒インク・顔料などに利用。化学式$FeSO_4$　❷硫酸鉄(Ⅲ)。鉄を濃硫酸に溶かすか、硫酸鉄(Ⅱ)の水溶液を酸化・濃縮して得られる白色の粉末。媒染剤・顔料などに利用。化学式$Fe_2(SO_4)_3$

りゅうさん-どう【硫酸銅】リウサンー 銅の硫酸塩。❶硫酸銅(Ⅱ)。無水和物は白色の粉末。水を吸収して五水和物になりやすい。五水和物は青色の結晶で、胆礬たんばんともいい、酸化銅を希硫酸に溶かして作る。ボルドー液・青色顔料・防腐剤など用途が広い。化学式$CuSO_4$　❷硫酸銅(Ⅰ)。白色の粉末。分解して硫酸銅(Ⅱ)になりやすい。化学式Cu_2SO_4

りゅうさん-ナトリウム【硫酸ナトリウム】リウサンー ナトリウムの硫酸塩。無色の結晶。無水和物は硫酸ソーダともいい、ガラス・パルプの製造などに用いる。一〇水和物を芒硝ぼうしょうともいい、下剤などに利用。化学式Na_2SO_4

りゅうさん-バリウム【硫酸バリウム】リウサンー バリウムの硫酸塩。白色の結晶。水にきわめて溶けにくい。天然には重晶石として産出。白色顔料やX線造影剤などに利用。化学式$BaSO_4$

りゅうさん-ピッチ【硫酸ピッチ】リウサンー 不正軽油を密造する際に、重油と灯油を混ぜ、濃硫酸で処理した後に残る黒いタール状の物質。ドラム缶を腐食するほどの強酸性で、亜硫酸ガスも発生する有害廃棄物。平成16年(2004)廃棄物処理法の指定有害廃棄物に指定された。

りゅうざん-ぶんか【竜山文化】ロンシャンー 中国、黄河中・下流域に栄えた新石器時代晩期の文化。仰韶ぎょうしょう文化・大汶口だいぶんこう文化に次いで興ったもので、黒陶の使用を特徴とする。最初に発見された城子崖遺跡がある山東省竜山鎮にちなむ命名。ロンシャン文化。

りゅうさん-マグネシウム【硫酸マグネシウム】リウサンー マグネシウムの硫酸塩。無水和物は白色の粉末。ふつう七水和物をさし、白色結晶で、瀉利塩しゃりえんともいい、古くから下剤として利用。水によく溶ける。海水中に含まれ、苦汁にがりの主成分。媒染剤などに利用。化学式$MgSO_4$　硫酸苦土くど。

りゅう-し【柳糸】リウー 柳の枝を糸にたとえた語。

りゅう-し【流矢】リウー ❶的を外れた矢。ながれ矢。それ矢。❷飛んでくる矢。

りゅう-し【粒子】リフー ❶物質を構成している微細なつぶ。素粒子・原子・分子など。❷ある物質の一部としての細かい粒。「砂の—」❸写真などの画面の精密さ。「—が粗い」(類語)粒

りゅうし-かそくき【粒子加速器】リフー ▶加速器

りゅう-じく【流軸】リウヂク 海流の中で、最も流れが速い部分。

りゅうししんろん【柳子新論】リウシシンロン 江戸中期の思想書。1巻。山県大弐著。宝暦9年(1759)成立。柳子という架空の人物に託し、朱子学的大義名分論の立場から幕府を批判し、勤王思想を主張した書。

りゅうし-せん【粒子線】リフー 同一方向に進行する多数の粒子の流れ。電子線・分子線・原子線・中性子線など。

りゅう-しち【流質】リウー ❶質流れ。ながれじち。❷債務不履行の場合に、質権者に質物の所有権を取得させ、または質物を売却してその代金を優先弁済にあてさせること。民法は流質契約を無効とするが、営業質屋・公益質屋については例外として認める。

りゅう-しつ【流失】リウー〔名〕スル 水などに押し流されてなくなること。「洪水で橋が—する」「—家屋」

りゅうし-ビーム【粒子ビーム】リフー ▶粒子線

りゅう-しゃ【流砂｜流▽沙】リウー ▶りゅうさ(流砂)

りゅう-しゃ【竜車】天子の車。竜駕りょうが。りょうしゃ。

りゅう-しゃ【竜舎｜竜車】相輪の、水煙すいえんの上、宝珠の下にある球形部分。

りゅう-しゃ【×竪者｜立者】リフー ▶りっしゃ(竪者)

リュウ-シャオボー【劉暁波】［1955～ ］中国の作家・詩人・人権活動家。吉林省長春生まれ。コロンビア大学の客員研究員として米国滞在中に天安門事件㊁が起こり、帰国して参加。反革命罪で投獄された。1991年に釈放された後も民主化を訴え続け、共産党による独裁を批判し三権分立を求める「08憲章」を起草し、国家政権転覆扇動罪で投獄。服役中の2010年にノーベル平和賞を受賞した。

りゅう-しゃく【留×錫】リウー《錫杖しゃくじょうを留める意から》僧が行脚あんぎゃ中に一時、他の寺院に滞在すること。また、その僧。挂錫かしゃく。

りゅうしゃく-じ【立石寺】リフシヤクー ▶りっしゃくじ(立石寺)

りゅうじゅ【竜樹】《梵 Nāgārjunaの訳》2世紀中ごろから3世紀中ごろのインド大乗仏教中観ちゅうがん派の祖。南インドのバラモンの出身。一切因縁和合・一切皆空を唱え、大乗経典の注釈書を多数著して宣揚した。著「中論頌ちゅうろんじゅ」「大智度論」「十住毘婆沙論」など。ナーガールジュナ。

リュージュ〖フランス luge〗小形の木製のそり。滑走面にスチールが取り付けてあり、ハンドル・ブレーキがなく、手綱で操作する。また、これを使って氷で固められたコースを滑り降りて、所要時間を競う競技。冬季オリンピック種目の一。トボガン。

りゅうしゅう【柳州】リウシウ 中国、広西チワン族自治区中部の商工業都市。柳江南岸に位置し、水陸交通の要地。木材の産地。鉄鋼・機械・繊維などの工業が行われる。人口、行政区122万(2000)。リウチョウ。

りゅう-しゅう【竜集】ーシフ《「竜」は星の名、「集」は宿る意。この星は1年をかけて周回しもとの宿に戻るところから》1年。多く年号の下に記す。歳次。「慶応三年—丁卯」

りゅう-しゅう【劉秀】リウシウ［前6～後57］中国、後漢の初

代皇帝。在位25〜57。字は文叔。諡は光武帝。廟号は世祖。前漢の高祖9世の孫。23年、王莽の大軍を昆陽で破り、河北・山東一帯を平定し、25年、帝位について漢を再興。洛陽に都した。赤眉の乱を平定して天下を統一、善政をしき儒学を奨励して後漢王朝の基礎を築いた。

りゅうしゅう-しゅうたく【竜湫周沢】［1308〜1388］室町初期の臨済宗の僧。甲斐の人。妙沢とも。夢窓疎石に師事。臨川寺・建仁寺・南禅寺・天竜寺に歴住。画才・文才に富み、水墨画の不動尊は妙沢不動と称された。著「随得集」など。

りゅう-しゅつ【流出】〔名〕スル ❶流れて外へ出ること。「事故で廃液が―する」⇔流入。❷内部のものが、外部に出て行ってしまうこと。「人口の―が著しい山村」「優秀な頭脳が海外へ―する」
(類語)流れる・流動・貫流・流通・捌ける・通う

りゅう-しゅつ【留出|×溜出】〔名〕スル 蒸留操作で、ある成分が液体となって取り出されること。

りゅうしゅつ-せつ【流出説】哲学で、最高存在たる神から万物が段階的に流出し、しだいに低いもの、不完全なものに至るとする形而上学説。新プラトン学派やグノーシス派の宇宙論などにみられる。発出論。エマナチオ。

りゅう-じゅん【隆準】「りゅうせつ(隆準)」の誤読。

りゅう-じょ【柳×絮】白い綿毛のついた柳の種子。また、それが春に飛び漂うこと。(季 春)「ひとすぢの―の流れ町を行く/普羅」

りゅう-しょう【隆×昌】勢いの盛んなこと。栄えること。隆盛。「家運の―を願う」

りゅう-じょう【柳条】柳の枝。柳枝。

りゅう-じょう【粒状】つぶになっている状態。つぶじょう。「―の薬」

りゅう-しょうき【劉少奇】［1898〜1969］中国の政治家。湖南省寧郷県の人。モスクワ留学後、1921年に中国共産党に入党。以後、労働運動を主に革命運動を指導。中華人民共和国成立後、国家副主席、1959年には国家主席。文化大革命で批判されて党籍を剥奪されたが、1980年に名誉回復。著「国際主義と民族主義」など。リウ=シャオチー。

りゅうしょう-きょくすい【流×觴曲水】昔、中国で、陰暦3月3日に行われた宴。折れ曲がった水の流れに杯を流し、その杯が自分の前に来るまでに詩を作り、杯の酒を飲んだ遊び。のちに日本でも行われた。➡曲水の宴

りゅうじょうこ【柳条湖】中国、東北地方の遼寧省東部にある瀋陽の北郊の地名。

りゅうじょうこう-じけん【柳条溝事件】▶柳条湖事件

りゅうじょう-こし【竜×驤虎視】《「蜀志」諸葛亮伝から。竜が天にのぼり、虎がにらみ視る意》威勢が盛んで天下を睥睨するさまをいう。

りゅうじょうこ-じけん【柳条湖事件】昭和6年(1931)9月18日、柳条湖で日本の関東軍が南満州鉄道の線路を爆破した事件。関東軍はこれを中国軍の行為として出兵し、満州事変の口火を切った。従来、事件発生地は「柳条溝」とされてきたが、「柳条湖」の誤り。

りゅうじょう-こはく【竜×攘虎×搏】《「攘」ははらう、「搏」は打つ意》竜と虎とが戦うように、二人の英雄・勇者が激しく争うさまをいう。

りゅうじょう-せい【粒状性】《grainness》写真などのフィルムの粒子のきめ細かさを表す言葉。粒子が細かく、むらがないものを「粒状性が良い」という。

りゅうじょう-ど【粒状度】《granularity》▶RMS粒状度

りゅうじょう-はん【粒状斑】太陽の光球面を撮影したとき、一面に見られる白い粒状の斑点模様。対流によって上昇したガス塊の頭部と考えられ、平均寿命は数分。

りゅう-しょく【柳色】青々とした柳の色。

りゅう-しょく【粒食】❶穀類を食べること。特に、米を食べること。❷穀物を粉にひかず、つぶのまま調理して食べること。粉食に対していう。

りゅう-しん【留心】〔名〕スル 心をとどめること。留意。「綿密に―し」〈津田真道訳・泰西国法論〉

りゅう-じん【流人】❶他国をさすらう人。流浪の人。❷流刑に処せられた人。るにん。

りゅう-じん【竜神】❶竜を神格化した呼び方。雨・水などをつかさどるとされ、漁師は海神として信仰することが多い。竜王。❷仏法を守護する天竜八部衆の一。

りゅうじん-おおつりばし【竜神大吊橋】茨城県北部、竜神川下流山田川にある竜神ダム(竜神湖)をまたぐように架けられた吊り橋。湖面からの高さは100メートルあり、長さ375メートルは日本有数の歩行者専用橋。

りゅうじん-おんせん【龍神温泉】和歌山県田辺市龍神村龍神にある温泉。日高川上流に位置し、泉質は単純温泉。

りゅうじん-きょう【竜神峡】茨城県北部にある峡谷。久慈川の支流竜神川の岩層を浸食して形成された。原生林が多く残る。

りゅうじん-さい【竜神祭】雨ごいや豊漁・海難除災などを願って竜神を祭る祭礼。竜神は本来、インド民間信仰では仏法の守護神でもあったが、のちに水をつかさどる神として中国・日本などで信仰されるようになった。

りゅうじん-はちぶ【竜神八部】「天竜八部衆」に同じ。

りゅうじん-ばやし【竜神×囃子】長唄囃子の一。太鼓・チャッパ(小形のシンバル)・小鼓・大太鼓に篠笛を吹き合わせるもので、海に関する曲に用いる。歌舞伎下座音楽では、見世物の場などに使う。

リユース【reuse】〔名〕スル 再使用すること。そのままの形体でもう一度使うこと。再利用。➡循環型社会形成推進基本法 ➡3R (補説)例えば、ビール瓶・牛乳瓶などを洗浄・消毒して何度も使うことをいう。これに対しリサイクルは、製品を粉砕・溶解・分解するなどして原材料化したり、部分や部品を用いて再資源化・再生利用することを指す。

りゅう-ず【竜頭】❶竜の頭。また、それをかたどったもの。❷釣鐘を梁につるすためのつり手。❸仏具の幡のさおの先につけるつり手。❹兜の前立につける飾り。たつがしら。❺腕時計・懐中時計のぜんまいを巻き、針を動かすためのつまみ。

りゅう-すい【流水】流れる水。水の流れ。地学では河川を流れる水をいう。「行雲―」「―量」⇔死水。

りゅうすい-もん【流水文】流水をかたどった文様。数条の平行線をS字状に組んだ幾何学的なものと、絵画的に水の流れを表したものとがある。

りゅうず-まき【竜頭巻(き)】竜頭でぜんまいを巻く方式。また、その方式の時計。

りゅう-せい【流星】❶宇宙塵が地球の大気中に高速で突入し、発光する現象。高度100キロ付近で衝突・発熱して輝き、多くは大気中で消滅する。特に明るいものを火球という。大きなものは地上に落下し、隕石という。流れ星。(季 秋)❷花火などで、流星のように光が尾をひいて流れ落ちてくるもの。流星火。

りゅう-せい【隆盛】〔名・形動〕勢いが盛んなこと。また、そのさま。隆昌。「―を極める」「―な社運」
(類語)盛ん・盛大・殷盛・殷賑・全盛・発展・発達・伸展・伸張・成長・興隆・躍進・飛躍・展開・進展・拡大

りゅうせい-う【流星雨】流星群の特に著しく多いもの。1時間に数千から数万個もの流星が現れることがある。

りゅうせい-か【流星火】「流星❷」に同じ。

りゅうせい-ぐん【流星群】毎年ほぼ決まった時期に、多数の流星が天球上のある一点から四方に飛び出すように現れる現象。彗星が崩壊して生じた流星物質が太陽の周りを公転しており、地球がその軌道を横切るときに見られると考えられる。

りゅうせい-こん【流星痕】流星が通った後、大気中に残る光の筋。明るい流星でしばしば見られ、数秒程度で消滅するが、まれに数十分も残る場合がある。

りゅうせい-じん【流星×塵】宇宙空間から地上に降ってくる微粒子。流星の燃え殻と考えられ、雨水や深海底の堆積物、南極の氷の中などから採集できる。

りゅうせい-は【竜生派】生け花の流派の一。明治19年(1886)吉村華芸が池坊から独立して創流、池坊竜生派と称した。昭和32年(1957)竜生派に改称。立花と自由な現代花に特色がある。

りゅう-せつ【流説】言いふらされている根拠のないうわさ。流言。るせつ。「―に踊らされる」
(類語)流言飛語・空言・風説・デマ・取り沙汰・噂・風聞・風評・風声・世評・下馬評・巷説・浮説

りゅう-せつ【隆▽準】《「準」は鼻梁の意》鼻柱の高いこと。また、高い鼻。(補説)「りゅうじゅん」と読むのは誤り。

りゅうぜつ-さい【竜舌菜】キク科の一年草。アキノノゲシに似て、葉は長楕円形で切れ込みがある。秋、大きな穂を出して黄色い頭状花が密につく。日本には昭和初期に台湾から鶏の飼料として導入。

りゅうぜつ-らん【竜舌×蘭】❶リュウゼツラン科の常緑多年草。葉は根元から叢生し、長さ1〜2メートル、剣状で肉が厚く、縁にとげがある。開花は約60年に一度という。高さ7〜8メートルの花茎を伸ばし、黄緑色の花を円錐状につけて咲き、結実後枯れる。メキシコの原産。アオノリュウゼツランともいい、狭義には葉に白または黄色の縁どりのあるものをさす。観賞用。(季 夏)「一朝焼雲は洋に立つ/草田男」❷リュウゼツラン科アガベ属の植物の総称。南北アメリカに分布。メキシコでは茎などの汁からテキーラ・プルケなどの酒を造り、熱帯地方では葉の繊維を利用して織物や綱を作る。

りゅうせん【流泉】琵琶の曲名。平安初期の仁明天皇の代に、藤原貞敏が唐の廉承武から「啄木」「楊真操」の曲とともに学び伝えたという三秘曲の一。現在は3曲とも廃絶。菩提楽。

りゅう-せん【流線】流体中の各点の接線が、一定時刻における流れの方向に一致するように描かれた曲線。

りゅう-ぜん【流×涎】《「りゅうせん」とも》食欲を催して、よだれを流すこと。また、うらやましがって物を欲しがること。垂涎。

りゅう-ぜん【隆然】〔ト・タル〕図〔形動タリ〕高く隆起しているさま。「其平地が…十七里向うへ行って又一と起き上って」〈漱石・草枕〉

りゅうせん-けい【流線形|流線型】流れの中に置かれたとき、周りに渦を発生せず、流れから受ける抵抗が最も小さくなる曲線で構成される形。一般に細長くて先端が丸く、後端がとがる。魚の体形がこの例で、航空機・自動車・列車などの形に応用される。

りゅうぜん-こう【竜×涎香】香料の一。マッコウクジラの腸内からとった松脂状の物質。麝香に似た芳香がある。りゅうえんこう。アンバーグリス。

りゅうせん-じ【竜泉寺】東京都目黒区にある天台宗の寺。山号は、泰叡山。通称、目黒不動。開創は大同3年(808)、開山は円仁と伝える。寛永元年(1624)徳川家光が諸堂を造営してのち隆盛。

りゅうせん-どう【竜泉洞】岩手県中東部、下閉伊郡岩泉町にある鍾乳洞。地底湖は透明度が高く、名水として知られる。

りゅうせん-よう【竜泉窯】中国浙江省竜泉県およびその付近にあった窯。宋〜明代に青磁を産出し、日本では、ほぼ時代順に砧青磁(南宋)、天竜寺青磁(元〜明代中期)、七官青磁(明代後期)とよばれて珍重された。➡砧青磁

りゅう-そ【流祖】その流派をはじめた人。

りゅう-ぞう【立像】▶りつぞう(立像)

りゅう-ぞう【竜象】徳の高い僧を竜と象にたとえた語。また、僧を敬っていう語。

りゅう-そうげん【柳宗元】［773〜819］中国、中唐期の文人。河東(山西省)の人。字は子厚。唐宋八家の一人。礼部員外郎となったが失脚、柳州に

左遷されたまま死亡。韓愈とともに古文復興を唱え、田園詩に優れて、王維・孟浩然・韋応物と並称された。

りゅうぞうじ-たかのぶ【竜造寺隆信】[1529～1584]戦国時代の武将。肥前の人。幼時に出家し、のち還俗。佐賀城に拠り、少弐・大友・有馬各氏らと戦って勢力を拡大したが、島津氏に敗れて自刃。

りゅうそう-せい【留巣性】鳥のひなが孵化後、巣内にとどまり、親からの給餌・保護を必要とする性質。樹上などに営巣する鳥にみられる。就巣性。⇔離巣性。

りゅう-そうろ【竜草廬】[1714～1792]江戸中期の漢詩人。山城の人。本姓は武田、名は公美。宇野明霞に学び、彦根藩の儒官として仕える。官職を退いた後、京都で漢詩結社「幽蘭社」を開く。著作に「草廬集」「名詮典詮」など。

りゅう-そく【流速】気体や液体の流れの速さ。

りゅう-ぞく【流俗】❶世間の風俗、習慣。「是れも世の中の一として遠方から眺めて居れば」〈福沢・福翁自伝〉❷世俗の人。俗人。また、俗世間。「一の嗜欲を遠ざけているかの様に」〈漱石・三四郎〉(類語)(❶)風俗

りゅう-ぞく【流賊】所を定めず諸地方で悪事をなす盗賊。

りゅうそく-けい【流速計】流体の速度を測定する計器・装置の総称。

りゅう-たい【流体】気体と液体との総称。外力に対して容易に形を変える性質をもつもの。流動体。

りゅう-たい【留滞】〔名〕スル 同じ所にとどまること。また、同じ状態のままで進展しないこと。停滞。滞留。「唯毎戸に一して」〈福沢・文明論之概略〉

りゅう-たい【隆替】盛んになることと衰えること。栄えたり衰えたりすること。盛衰。

りゅう-だい【竜戴｜竜台】《「りゅうたい」とも》能のかぶり物の一。冠に、皮を竜の形に切り抜いて彩色した立物を立てたもの。竜神の役に用いる。

りゅうたい-じくうけ【流体軸受(け)】《fluid dynamic bearing》軸受けに油などの流体を用いた軸受け。コンピューターのハードディスクなどの精密機器に使われる。流体動圧軸受け。FDB。油を使用したものはオイルベアリングともいう。

りゅうたい-せいりきがく【流体静力学】容器内あるいは外力・表面張力などにより平衡状態にある気体や液体のつり合いを論ずる流体力学。ハイドロスタティックス。

りゅうたい-つぎて【流体継(ぎ)手】水・油などの流体を介して動力を伝達する装置。駆動軸に直結するポンプ羽根車を回すと、流体が循環運動をして向かい合う従動軸のタービン羽根車を回転させる。自動車・土木機械などに利用。

りゅうたいどうあつ-じくうけ【流体動圧軸受(け)】《fluid dynamic bearing》▶流体軸受け

りゅうたい-どうりきがく【流体動力学】流体の運動および流体中にある物体にはたらく力などを論ずる流体力学。ハイドロダイナミックス。

りゅうたい-りきがく【流体力学】流体の静止状態や運動状態での性質、また流体中での物体の運動などを研究する力学の一分野。航空力学・電磁流体力学なども含まれる。ハイドロメカニクス。

りゅう-たく【流×謫】▶るたく(流謫)

りゅうたつ【隆達】▶高三隆達

りゅうたつ-ぶし【隆達節】近世初期の歌謡。文禄・慶長(1592～1615)ごろ、堺の高三隆達が創始、扇拍子や一節切などの伴奏で流行。近世小歌の祖という。隆達小歌。

りゅう-たん【竜胆】❶リンドウの根および根茎。漢方で健胃薬などに用いる。❷「りんどう(竜胆)」に同じ。「山吹の打ちたる黄なる表著、一の唐衣なり」〈栄花・布引の滝〉

りゅう-だん【流弾】ながれだま。それだま。

りゅう-だん【×榴弾】比較的薄肉の外殻の中に大量の炸薬を充塡した破壊力の強い砲弾。

りゅうだん-ほう【×榴弾砲】曲射砲の一。カノン砲に比べて初速が遅く、榴弾を湾曲した弾道で発射して遮蔽物を越えた目標を砲撃できる。

りゅう-ち【留置】〔名〕スル 人や物を一定の支配のもとにとどめておくこと。特に、刑事手続きで、人を一定の場所に拘束すること。「容疑者を一する」(類語)拘置・勾留・検束・抑留・拘禁

りゅうち【竜智】《梵 Nāgabodhiの訳》インドの伝説上の僧。密教を伝えた第四祖とされ、竜樹より法を受けて数百年生き、金剛智に伝えたといわれる。

りゅう-ちき【劉知幾】[661～721]中国、唐の歴史学者。彭城(江蘇省)の人。字は子玄。「史通」を著して史学批評・史学理論を考求した。

りゅうち-けん【留置権】他人の物を占有している者が、その物に関して生じた債権の弁済を受けるまで、その物を留置することのできる権利。例えば、時計の修繕人が修繕代金を受け取るまで、その時計を預かっておくなど。

りゅうち-しせつ【留置施設】都道府県警察本部や警察署に設置され、刑事事件の被疑者・被告人を収容するために使用される施設。➡代用刑事施設 (補説)旧監獄法では「留置場」と呼ばれ、現行の刑事収容施設法で「留置施設」の呼称に改められた。➡拘置所 ➡刑務所

りゅう-ちしゅう【笠智衆】[1904～1993]俳優。熊本の生まれ。小津安二郎監督に見出され、昭和3年(1928)に同監督の「若人の夢」に出演。以後、「晩春」「麦秋」「東京物語」など、小津作品に欠かせない俳優として活躍した。他に「二十四の瞳」「男はつらいよ」など。

りゅうち-ぶつ【留置物】留置権の目的物。

りゅう-ちゅう【流注】〔名〕スル ❶流れ込むこと。また、流し込むこと。「数国の彊内を経て一する者は」〈西周訳・万国公法〉❷▶るちゅう(流注)

りゅう-ちょう【流×暢】〔名・形動〕言葉が滑らかに出てよどみないこと。また、そのさま。「一な英語で話す」(派生)りゅうちょうさ〔名〕(類語)快弁・達弁・能弁

りゅう-ちょう【留鳥】季節による移動をせず、一年じゅう同一地域にすむ鳥。日本ではスズメ・カラス・キジバト・カワセミなど。

りゅう-つう【流通】〔名〕スル ❶空気や水などが、滞らずに流れかようこと。「空気の一が悪い」「水路の一を妨げる」❷広く通用すること。また、広く行われること。「世間に一している話」❸貨幣・商品などが経済界や市場で移転されること。特に、商品が生産者から消費者に渡ること。「日銀券は法律の強制通用力によって一する」「一センター」
(類語)(❶)流れる・流動・貫流・流出・捌ける・通う/(❸)経済・商業・産業

りゅうつうかがく-だいがく【流通科学大学】神戸市にある私立大学。昭和63年(1988)の開設。

りゅうつう-かくめい【流通革命】大量生産・大量消費の進行に対応した流通機構の急激な変革。スーパーマーケットの発展、物的流通部門における機械化と技術の向上、情報システムによる統御など。

りゅうつう-がし【流通菓子】工場で大量生産し、卸売業者からコンビニエンスストア・スーパーなどの小売店に流れる菓子。チョコレート・キャンデー・ビスケットなどの類。卸売り菓子。

りゅうつう-かへい【流通貨幣】▶現金通貨

りゅうつう-きこう【流通機構】生産者から消費者まで商品が流通する社会的な仕組み。(類語)商業

りゅうつうぎょうむ-ちく【流通業務地区】「流通業務市街地の整備に関する法律」(流通業務市街地整備法)により規定される、都市計画法上の地域地区の一つ。流通機能の向上及び道路交通の円滑化を図るために都市区域内に定められる地区。

りゅうつうけいざい-だいがく【流通経済大学】茨城県龍ケ崎市にある私立大学。昭和40年(1965)の開設。

りゅうつう-ざいこ【流通在庫】卸売業者・小売業者など、商品の流通過程にある業者によって保有される在庫。

りゅうつう-さんぎょう【流通産業】商品の生産者と消費者の中間にあって、仲介的役割を果たす産業。卸売業・小売業のほか、運輸業・倉庫業なども含む。(類語)商業

りゅうつう-しじょう【流通市場】すでに発行されている株式や公社債などの有価証券が売買取引される市場。証券取引所(金融商品取引所)のほかに店頭市場なども含まれる。➡発行市場

りゅうつう-しほん【流通資本】資本の循環における貨幣資本と商品資本。これら二つの資本形態は流通過程にあるところからいわれる。➡生産資本

りゅうつう-しゅだん【流通手段】貨幣の諸機能のうち、商品流通を媒介する機能。

りゅうつう-しょうけん【流通証券】流通を目的とする有価証券。記名証券以外の有価証券がこれに属する。

りゅうつう-ぜい【流通税】財産や権利の取得・移転などに対して課される租税。登録免許税・印紙税・有価証券取引税など。交通税。

りゅうつう-りまわり【流通利回り】市場に流通している債券を時価で購入し、満期まで保有した場合の年利回り。➡応募者利回り ➡表面利率

りゅう-つぼ【立坪】尺貫法の体積の単位。1立坪は6尺立方で、約1.8立方メートル。土木・建築で土・砂利などを測るのに用いる。たてつぼ。

りゅう-てい【流×涕】〔名〕スル 涙を流すこと。また、激しく泣くこと。「一して泣くという動作には」〈寛彦・自由画稿〉(類語)泣く・涙する・啜り上げる・噦り上げる・咳き上げる・哭する・涕泣する・嗚咽する・慟哭する・号泣する・号哭する・涙に暮れる

りゅう-てい【竜×蹄】すぐれた馬。駿馬。竜馬。りょうてい。「宣旨をかうぶり一をさしむけらる」〈浄・用明天王〉

りゅうてい-たねひこ【柳亭種彦】[1783～1842]江戸後期の戯作者。江戸の人。本名、高屋知久。通称、彦四郎。食禄二百俵の旗本。初め読本を発表。のち合巻に転じ、「偐紫田舎源氏」で好評を博したが、天保の改革によって絶版処分を受ける。他に草双紙「邯鄲諸国物語」、洒落本「山嵐」、考証随筆「還魂紙料」「用捨箱」など。

りゅう-ていとう【流抵当】▶抵当直流れ

りゅうてい-りじょう【滝亭鯉丈】[?～1841]江戸後期の滑稽本作者。江戸の人。本名、池田八右衛門。江戸町人の退廃的な遊戯生活を写実的に描いた。作「花暦八笑人」「滑稽和合人」など。

りゅう-てき【竜笛】雅楽用の竹製の横笛。長さ約40センチ、内径約1.3センチ、指孔7個で、大きさ・音色とも神楽笛と高麗笛との中間。唐楽・催馬楽などに用いる。横笛。りょうてき。

リューデスハイム〖Rüdesheim am Rhein〗ドイツ西部、ヘッセン州の町。ライン川に面する。正式名称はリューデスハイム-アム-ライン。ワインの産地として知られ、街中につぐみ横丁と呼ばれるワイン酒場が集まる一角があり、観光客に人気が高い。10世紀に建造されたロマネスク様式のブレムザー城があり、現在はワイン博物館として公開されている。

りゅう-てん【流転】▶るてん(流転)

りゅう-でん【流伝】〔名〕スル 「るでん(流伝)」に同じ。「風説はたちまち長安人士の間に一せられて」〈鷗外・魚玄機〉

りゅう-でん【流電】❶いなずま。いなびかり。電光。❷電気の流れ。電流。

リュート〖lute〗撥弦楽器の一。卵を縦に割ったような形の胴に幅広の棹が付き、糸巻はほぼ直角に後方に折れ曲がる。弦の数や調弦法は一定しない。ペルシアのウードが起源とみられ、中世から16、7世紀のヨーロッパで広く用いられた。

りゅう-と【隆と】〔副〕スル (多く「隆とした」「隆として」の形で)❶身なりや態度などが非常に立派で目立つさま。「話す姿が一きまっている」「一した服装」❷富裕で羽振りのよいさま。「此のごろ富裕なる人をいふに、

—してと云ふことはやれり〈嬉遊笑覧・六〉

りゅう-ど【粒度】リフ 粉・土・石・骨材などの大小の粒の分布状態。また、その粒子の大きさ。

りゅう-とう【流灯】リウ 盂蘭盆(うらぼん)の16日の夜、灯火をともした灯籠(とうろう)を川などに浮かべて流すこと。また、その灯籠。灯籠流し。(季 秋)

りゅう-とう【竜灯】❶夜、海上に光が連なって見える現象。竜神が神仏にささげる灯火と言い伝えられるところからの名。不知火(しらぬい)。(季 秋) ❷神社に奉納する灯火。

りゅう-とう【竜頭】「りょうとう(竜頭)」に同じ。

りゅう-どう【流動】リウ〔名〕スル 流れ動くこと。また、移り変わること。「海水の—」「—する政局」

りゅう-どう【竜▽胆】ダウ「りんどう(竜胆)❶」に同じ。「—の露いみじう置きたるに」〈丹鶴本御堂関白集・詞書〉

りゅうとう-え【流灯会】リウトウヱ 盂蘭盆の灯籠流しの行事。(季 秋)

りゅうとう-き【竜灯鬼】奈良興福寺所蔵の、天灯鬼と一対をなす彫像。寄せ木造り。着色。建保3年(1215)康弁作。胴体に竜がからみ、頭上に灯籠をのせる。

りゅうとう-げきしゅ【竜頭×鷁首】▶りょうとうげきしゅ(竜頭鷁首)

りゅうどう-しさん【流動資産】リウドウ 企業の所有する資産のうち、現金・預金のほかに、貸借対照表日の翌日から起算して1年以内に現金化または費用化するか、あるいは正常な営業循環過程にある資産。受取手形・売掛金・有価証券・棚卸資産・前払費用など。⇒固定資産 ⇒流動負債

りゅうどう-しほん【流動資本】リウドウ 生産資本のうち、1回の生産過程においてその価値全体が生産物に移転するもの。原材料・労働力など。⇒固定資本

りゅうどう-しょく【流動食】リウドウ 牛乳・果汁・くず湯・重湯(おもゆ)・スープなどの流動状の食物。消化しやすいので、病人食や離乳食に用いる。

りゅうどう-せい【流動性】リウドウ ❶固定しないで流れ動く性質。不定形に変化する性質。❷ある資産について、損失を被ることなく、しかも直ちに貨幣にかえることができる可能性の度合い。

りゅうどう-たい【流動体】リウドウ ❶「流体」に同じ。❷流動性のあるもの。流動しやすいもの。

りゅうとう-だび【竜頭蛇尾】《「碧巌録」一〇則から。頭は竜、尾は蛇のようである意》初めは勢いがよいが、終わりは振るわないこと。「鳴り物入りの公演も—に終わった」

りゅうどう-てき【流動的】リウドウ〔形動〕その時々の条件によって動きが変わるさま。「決定前で—な情勢」

りゅうどう-パラフィン【流動パラフィン】リウドウ 石油の比較的軽質の潤滑油留分から精製した無色・無味・無臭の油状液体。化粧品の原料や精密機械の潤滑油、軟膏の基剤などに用いる。白油。ホワイトオイル。

りゅうどう-ひりつ【流動比率】リウドウ 企業の、流動負債に対する流動資産の割合。パーセントで表す。会社の短期の返済能力を示す指標で、200パーセント以上が望ましいとされる。流動比率=流動資産÷流動負債×100で求める。

りゅうどう-ふさい【流動負債】リウドウ 企業の所有する負債のうち、貸借対照表日の翌日から起算して1年以内に支払い期限が来るか、あるいは正常な営業循環過程にある負債。買掛金・支払手形・短期借入金・前受金など。短期負債。⇒流動資産 ⇒固定負債

りゅうどう-ぶつ【流動物】リウドウ ❶流動する物。流動性のある物。❷流動食。(類語)液・液体・流動体・液汁

りゅうどうモザイク-モデル【流動モザイクモデル】リウドウ 生体膜の基本構造についての模型の一。脂質分子の二重層からなり、疎水性の部分を外側に、親水性部分を内側に向けて並び、たんぱく質分子がモザイク状にはさまっており、ともに流動性をもつというもの。1972年にシンガー(S.J.Singer)とニコルソン(G.L.Nicolson)が提唱。

りゅうど-すい【竜吐水】❶消火用具の一。水を入れた大きな箱の上に押し上げポンプを備えたもので、横木を上下させて水を噴き出させる。オランダからもたらされ、名は竜が水を吐くのに見立てたことによる。江戸時代に町火消しに支給され、明治末ごろまで使用。❷水鉄砲。

リュードベリ-ていすう【リュードベリ定数】《Rydberg constant》原子スペクトルの波長を与える式の中に現れる定数。デンマークの理論物理学者ボーアの原子構造論より理論的に導かれ、その計算値が実験値と一致したことによって量子論が発展した。スウェーデンの物理学者リュードベリの名にちなむ。

りゅう-にゅう【流入】リウニフ〔名〕スル ❶流体が流れ込むこと。「琵琶湖への—地点」「汚水が—する」⇔流出。❷多くの人や金などが外部から入り込んでくること。「外国資本の—」「周辺から人口が—する」

りゅう-にょ【竜女】竜宮にいる竜王の娘。特に、沙羯羅(しゃから)竜王の娘。8歳で悟りを開き、男子に生まれ変わって成仏したという。

りゅう-にん【留任】リウ〔名〕スル 転任・退任などをせず、今までの役職にそのままとどまること。「—してもう一期会長を務める」

リューネブルガー-ハイデ〖Lüneburger Heide〗ドイツ北部、ニーダーザクセン州北東部、エルベ川、ウェーザー川、アラー川に囲まれた荒地。氷河堆積物、砂地、湿地、エリカの群生地が広がり、一部で牧羊や農業が行われている。1921年に自然保護地域に指定された。

リューネブルク〖Lüneburg〗ドイツ北部、ニーダーザクセン州の都市。中世より17世紀まで製塩業で発展。港湾をもつリューベックを結ぶ「塩の道」の起点にあたる。旧市街にある市庁舎、聖ヨハニス教会、赤煉瓦(がわら)造りの民家など、北ドイツのゴシック様式やルネサンス様式の歴史的建造物が数多く残っている。

りゅう-ねん【立年】リフ《「論語」為政の「三十にして立つ」から》30歳。また、壮年。男盛り。「内に—と見ゆる男の」〈浮・近代艶隠者〉

りゅう-ねん【流年】リウ ❶流れ去っていく年月。「もはら—に感じて心最も苦しぶ」〈菅家文草〉❷年齢。とし。「いまだ—盛んなれば」〈浮・武家義理・六〉

りゅう-ねん【留年】リウ〔名〕スル 学生が進級・卒業するのに必要な単位を取得しないで、原級にとどまること。「就職が決まらず—する」

りゅう-のう【竜脳】ナウ ❶樟脳(しょうのう)に似た芳香をもつ無色の昇華性の結晶。リュウノウジュの材を蒸留して得られ、人工的には樟脳・テレビン油から合成。香料などに用いられる。ボルネオ樟脳。ボルネオール。❷「竜脳樹」の略。

りゅうのう-ぎく【竜脳菊】リュウナウ キク科の多年草。山地の日当たりのよい所に生え、高さ30〜60センチ。全体に白い毛があり、茎や葉に竜脳のような香りがする。葉は広卵形で三〜五つに裂けている。秋、周囲が白、中心が黄色の頭状花が咲く。

りゅうのう-じゅ【竜脳樹】リュウナウ フタバガキ科の常緑大高木。高さ50メートルに達する。葉は厚く、楕円形。花は白色で芳香があり、球形で翼がある実を結ぶ。材に竜脳を含み、濃赤色で堅く、マホガニーの代用にする。ボルネオ・スマトラなどに分布。

りゆう-の-げんり【理由の原理】リイウ ▶充足理由の原理

りゅう-の-たま【竜の玉】ジャノヒゲの実。丸く、青紫色で、冬にできる。(季 冬)

りゅう-の-はし【竜の橋】《Zmajski most》スロベニアの首都リュブリャーナを流れるリュブリャニツァ川に架かる、フランツ=ヨーゼフ1世橋の通称。ボードニコフ広場の北東に位置する。通称は、欄干に市の象徴である四つの竜の像があることにちなむ。20世紀初頭に開通。

りゅう-の-ひげ【竜の×鬚】ジャノヒゲの別名。(季 花=夏 実=冬)「—の花いとほしめ庭男/梓月」

りゅう-は【立破】リフ 仏語。因明(いんみょう)で、論議の際の主張と、それに対する反論のこと。また、自分の主張を立てて、他人の非説を破ること。りっぱ。

りゅう-は【流派】リウ 技芸・芸術などで、方法・様式・主義などの違いから区別される、それぞれの系統。

りゅう-はい【流輩】リウ 同じ仲間。同輩。

りゅう-はくしょう【劉伯承】リウ［1892〜1986］中国の軍人。四川省開県の人。1926年中国共産党に入党。モスクワ軍官学校留学後、紅軍総参謀長として長征を指揮。中国軍屈指の戦術家として知られる。人民共和国成立後、要職を歴任。リウ=ポーチョン。

りゅう-はつ【柳髪】リウ 女性の髪の美しさを柳の枝にたとえた語。「—風にたをやかに」〈謡・昭君〉

りゅうばん-こきょ【竜×蟠虎×踞】《竜がわだかまり、虎がうずくまる意》❶ある地所を根拠地にして威勢を振るうこと。「海宇に—するも」〈吉岡徳明・開化本論〉❷地勢が要害堅固なこと。

りゅうばん-るい【竜盤類】竜盤目の恐竜の総称。腰帯の恥骨が前下方に、座骨が後下方に伸びて、トカゲ類のように開いた形をしているもの。ティラノサウルス・アパトサウルスなど。⇒鳥盤類

りゅう-び【柳眉】リウ 柳の葉のように細く美しいまゆ。美人のまゆのたとえ。やなぎのまゆ。

柳眉を逆立(さかだ)てる 美人がまゆをつり上げて怒るようすをいう語。「—・て一気にまくしたてた」

りゅう-び【竜尾】㊀「竜尾壇」の略。㊁「竜尾道㊀」の略。

りゅう-び【隆鼻】鼻筋の通った高い鼻。

りゅう-び【劉備】リウ［161〜223］中国、三国時代の蜀漢(しょくかん)の初代皇帝。在位221〜223。字(あざな)は玄徳。諡(おくりな)は昭烈皇帝。前漢景帝の後裔という。関羽・張飛らの豪傑と、軍師諸葛亮を従え、魏の曹操、呉の孫権と覇権を争った。孫権と結んで曹操を破った赤壁の戦いは有名。221年、成都でみずから帝位に就き、国号を漢と称したが勢威振るわず、陣没した。

りゅうび-じゅつ【隆鼻術】美容外科で、合成樹脂などを入れて鼻を高くする手術。

りゅうび-だん【竜尾壇】平安京大極殿南庭の壇。この前方(南)は一段低くなっている。

りゅうひ-てっこう【硫×砒鉄鉱】リウヒテツクワウ 鉄・砒素・硫黄からなる鉱物。斜方晶系。銀白色で金属光沢がある。菱形の断面をもつ柱状や塊状・粒状で産出。砒素の原料鉱石。毒砂。

りゅうび-どう【竜尾道】ダウ ㊀平安京大極殿の竜尾壇に上る東西2本の通路。たつのおのみち。㊁中国、唐の含元殿の前庭にあった石畳の歩道。竜の尾のごとく曲がりくねっていたことからいう。

りゅう-ひょう【流氷】リウ 寒帯地方で氷結した海水が風や波のために砕かれて氷塊となり、凍っていない海へ漂流してくるもの。北海道のオホーツク海沿岸では1月中旬〜4月中旬ごろ見られる。(季 春)「—や宗谷の門波(となみ)荒れやまず/誓子」⇒定着氷
(類語)氷・氷塊・氷片・氷柱(ひょうちゅう)・氷柱(つらら)・氷層・堅氷(けんぴょう)・薄氷(はくひょう)・薄ら氷(ひ)・氷雪・氷霜(ひょうそう)・アイス・薄氷

りゅう-びん【竜×鬢】「竜鬢筵(りゅうびんむしろ)」の略。

りゅう-ひんがん【劉賓雁】リウ［1925〜2005］中国の小説家・ジャーナリスト。吉林省長春の人。新聞記者としての取材に基づき、1956年、官僚主義批判の「本報内部消息」などを発表。58年から78年まで農村などへ追われて執筆停止、79年にルポ「人妖之間」で復活。89年の天安門事件後に米国へ亡命、中国の民主化運動を言論活動で支援した。リウ=ピンイエン。

りゅうびん-たい リュウビンタイ科の常緑シダ。暖地の山林中に生える。太い根茎に厚い托葉がうろこ状につく。葉は長さ1〜2メートルの羽状複葉。羽片は披針形で厚くてつやがあり、平行に走る脈が目立つ。裏面の縁近くに胞子嚢(ほうしのう)群をつける。うろこしだ。りゅうりんたい。

りゅうびん-むしろ【竜×鬢×筵】藺(い)に色染めの藺をまぜて、文様を織り出したむしろ。花ござの類。

リュー-ファー【緑発】《中国語》マージャンの牌(パイ)で、表に「発」と彫ってあるもの。三元牌の一。あお。

りゅう-ふう【流風】リウ ❶後世に伝わり残る先人の教化。先人の残した美風。❷風潮の広まること。流行の風潮。「凡俗の—に雷同して」〈福沢・福翁百話〉❸そ

の流派の風ふう。また、その流儀の趣。

りゅう-ぶん【留分|×溜分】リウブン 混合液体を分別蒸留したときに得られる各成分。原油の分留によるナフサ留分・灯油留分・軽油留分など。

りゅう-へい【流弊】リウヘイ 以前からの悪い習慣。「日本国にも古来専制の—ありて」〈福沢・学問のすゝめ〉

りゅう-べい【立米】リフベイ《メートルを「米」と書くところから》立方メートルのこと。

りゅう-べつ【留別】リウベツ 旅立つ人が、あとに残る人に別れを告げること。「—の宴」

リューベック〖Lübeck〗ドイツ北部の河港都市。バルト海に注ぐトラーベ川の河口近くにあり、北海と結ぶ要地に位置するところから、中世はハンザ同盟の盟主として繁栄。

りゅう-べん【流×眄】リウベン 流し目で見ること。また、流し目。りゅうめん。

リューベンス〖Peter Paul Rubens〗▶ルーベンス

りゅうほ【立圃】リフホ ▶野々口立圃ののぐちりゅうほ

りゅう-ほ【留保】リウホ〔名〕スル ❶すぐその場で行わないで、一時差し控えること。保留。「決定を—する」❷法律で、権利や義務を残留・保持すること。国際法上は、多数国間の条約で、ある当事国が特定の条項を自国には適用しないと意思表示すること。類語 保留

りゅう-ほう【流芳】リウハウ 名を後世に残すこと。また、後世に伝わる名声。

りゅう-ほう【劉邦】リウハウ［前247〜前195］中国、前漢の初代皇帝。在位、前206〜前195。字あざなは季。廟号びょうごうは高祖。沛はい県(江蘇省)の人。始皇帝没後の前209年、陳勝・呉広の乱を機に挙兵。項梁・項羽と連合して軍を進め、項羽に先立って咸陽を陥れ、漢王に封ぜられた。さらに前202年、項羽を垓下がいかの戦いに破って天下を統一、長安を都として漢朝を創始。

りゅう-ぼう【流亡】リウバウ〔名〕スル 定住の地がなくさすらい歩くこと。流浪。「国を追われて—する」

りゅう-ぼう【流×氓】リウバウ「流民りゅうみん」に同じ。

りゅう-ぼく【立木】リフボク 土地に生育する樹木、また、その集団。登記することによって、土地から独立した不動産として扱われる。

りゅう-ぼく【流木】リウボク ❶海や川に漂い流れる木。ながれ木。❷山から切り出し、川を流し下す木材。ながし木。

りゅうほ-りえき【留保利益】リウホ— 内部留保により自己資本として企業に蓄積される利益。

りゅう-ま【竜馬】「りゅうめ(竜馬)❷」に同じ。

リューマチ〖rheumatism〗▶リウマチ

リュウマチ〖rheumatism〗▶リウマチ

りゅう-まつ【流×沫】リウマツ 水が泡立って流れること。また、その泡。「—渓渓として船中に入る」〈東海散士・佳人之奇遇〉

りゅう-みん【流民】リウミン 居所を失って他郷をさすらう民。流浪の民。流氓りゅうぼう。るみん。類語 難民・避難民

りゅう-め【竜▽馬】❶非常にすぐれた馬。駿馬しゅんめ。りょうめ。りょうば。たつのうま。❷将棋で、角かくの成ったもの。成り角。俗に「りゅうま」とも読む。

竜馬の躓つまずき どんなすぐれた人にも失敗のあることのたとえ。猿も木から落ちる。

りゅうもん【竜門】㊀中国、河南省洛陽の南の地。伊河を挟んで東西に対峙する山が門を思わせる。竜門石窟せっくつがある。伊闕いけつ。㊁中国、黄河中流の急流。山西省河津と陝西せんせい省韓城との境付近にある。魚が登りきると竜になるという。➡登竜門とうりゅうもん

竜門原上げんじょうの土に骨を埋うずむとも名を埋うずめず 《白居易「題故元少尹集」から。元宗簡の遺文の序として述べた句で、肉体は竜門に葬られたが、書き残した遺文30巻は立派なものなので、その名声は後世に残るという意》死後に立派な名を残すこと。

りゅう-もん【竜紋|竜文|竜門】リュウ—・【流紋】リウ— ❶想像上の動物である竜をかたどった文様。❷太い糸で平織りにした絹織物。織り目は斜めで地は厚い。江戸時代には袴はかまや帯地などに用いた。

りゅうもん-がん【流紋岩】リウモン— 火山岩の一。細粒斑状ないしガラス質の白または灰色の岩石。斑晶として石英・カリ長石や少量の斜長石・黒雲母くろうんもなどを含む。流理構造を示すこともある。石英粗面岩。

りゅうもん-さんち【竜門山地】奈良県中部、奈良盆地と吉野川流域の間に広がる山地。最高峰は竜門岳(標高904メートル)で、ほかに御破裂ごはれつ山(標高618メートル)・高取山(標高583メートル)などの山々がある。南は中央構造線による断層で北側にゆるやかに傾斜している。北東は初瀬川によって大和高原に区切られ、東は宇陀うだ山地に、南西は金剛山地に続く。

りゅうもん-じ【竜門寺】秋田県由利本荘市にある曹洞宗の寺。山号は、禅勝山。開創は元中9=明徳3年(1392)。開山は青岑珠鷹。開基は岩城朝義。亀田藩岩城氏の菩提寺。

りゅうもん-せっくつ【竜門石窟】—セキクツ 竜門㊀にある石窟寺院。洞窟1350余、仏像9万7000余を数え、北魏の洛陽遷都(494年)から唐代中期に至る仏教美術の宝庫。敦煌とんこうや雲崗うんこうの石窟とともに中国の代表的仏教石窟。2000年、世界遺産(文化遺産)に登録された。

りゅうもん-の-たきのぼり【竜門の滝登り】立身出世することのたとえ。➡登竜門

りゅう-ゆう【劉裕】リウ—［363〜422］中国、南朝宋の初代皇帝。在位420〜422。字あざなは徳輿。諡おくりなは武帝。東晋の武将として、桓玄を破って実権を握り、南燕・後秦を滅ぼし、恭帝の禅譲を受けて帝位についた。

りゅう-よう【柳腰】リウエウ 柳の枝のように細くしなやかな腰。美人の腰をたとえていう語。やなぎごし。

りゅう-よう【流用】リウ—〔名〕スル ❶定まっている使途をはずれて別のことに用いること。「接待費に—する」「旧版のイラストを—する」❷予算執行上の必要から、歳出予算または継続費に定められた経費を財務大臣の承認を経て同一の項に属する各目の間で融通し、融通を受けた目の経費とすること。➡移用

類語 使用・利用・運用・活用・所用・盗用・悪用・転用・借用・横流し・横領・誤用・乱用

りゅう-らく【流落】リウ—〔名〕スル 落ちぶれてあちこちをさすらうこと。「奔走艱難して、諸国に—し」〈竜渓・経国美談〉

りゅう-らん【流覧】リウ—〔名〕スル あちらこちら見てまわること。ずっと目を通すこと。「毎室を—せられんことを」〈織田訳・花柳春話〉

りゅう-らん【×劉覧|×瀏覧】リウ—〔名〕スル ❶くまなく目を通すこと。通覧。「資料を—する」❷他人を敬って、その閲覧するのをいう語。「—を請う」

りゅう-り【流離】リウ—〔名〕スル 故郷を離れてあちこちをさまよい歩くこと。流浪。「—の旅」「異郷に—する」

類語 放浪・流浪・漂泊・漂流・浮浪・うろつく・さすらう・さまよう・出歩く・ほっつく・ほっつき歩く・ほっつき回る

リューリク〖Ryurik〗［?〜879］ロシアの建国者。スカンジナビアのノルマン人の族長。「ロシア年代記」によると、862年ごろ、兄弟とともに招かれ、一族を率いてロシアに入りノブゴロド王国を建設してロシアの基礎を築いたという。ルーリック。

りゅうり-こうぞう【流理構造】リウリコウザウ マグマが固結するときに流動し、晶出した結晶がほぼ平行に配列して縞模様をなす岩石の構造。流紋岩によくみられる。流状構造。流理。

りゅう-りゅう【流流】リウリウ ❶それぞれの流派・流儀。❷それぞれの仕方、それぞれの方法があること。「細工さいくは—」

りゅう-りゅう【粒粒】リフリフ ひとつぶひとつぶ。すべてのつぶ。

りゅう-りゅう【隆隆】〔ト・タル〕図〔形動タリ〕❶力強く盛り上がっているさま。「—とした筋肉」❷勢いの盛んなさま。「—たる名声」類語 もりもり・盛ん

りゅう-りゅう〔副〕刀・槍・矢などが勢いよく風を切る音を表す語。「槍を—としごく」

りゅうりゅう-しんく【粒粒辛苦】リフリフ—〔名〕スル 穀物の一粒一粒は農民の辛苦の結晶であるということ。米を作る農民の苦労をいう。転じて、物事を成し遂げるために、こつこつと苦労を重ね、努力を積むこと。「—したすえに学者となる」

りゅう-りょう【流量】リウリヤウ 水などの流体の流れる量。単位時間に断面を流れる流体の体積または質量で表す。「河川の—」

りゅう-りょう【×嚠×喨|×瀏×亮】リウリヤウ〔ト・タル〕図〔形動タリ〕楽器・音声がさえてよく響くさま。「—たる楽の音何所いずこより来るぞ」〈独歩・愛弟通信〉

りゅうりょう-けい【流量計】リウリヤウ— 管や溝を流れる液体・気体の流量を測定する計器の総称。

りゅうりょく-かこう【柳緑花紅】リウリヨククワコウ ▶柳やなぎは緑みどり花は紅くれない

りゅうるい-しょう【流涙症】リウルイシヤウ 涙腺や涙道が詰まるなどして鼻内へ流出されないため、涙が出つづける状態。

りゅう-れい【立礼】リフレイ 茶の湯で、点茶盤と称するテーブルに風炉釜ふろがま・水指みずさしを置き、椅子いすに腰掛けて行う点前てまえ。明治初め、裏千家が外国人客のために創案した。

りゅう-れい【流例】リウレイ 古くからのしきたり。慣例。るれい。「代々の—として」〈太平記・二七〉

りゅう-れい【劉伶】リウレイ 中国、晋代の文人。沛はい(安徽あんき省)の人。字あざなは伯倫。酒を好み、礼法を蔑視する生活を送った。竹林の七賢の一人。著「酒徳頌」など。生没年未詳。

りゅう-れい【流麗】リウレイ〔形動〕図〔ナリ〕よどみがなく美しいさま。詩文・音楽などがなだらかでうるわしいさま。「—な文字」「—な文体」

類語 綺麗・麗しい・美しい・秀麗・端麗・美麗・壮麗・見目好い・見目麗しい・端整・佳麗・艶美・艶麗・あでやか・妖艶・豊麗・妖美

りゅう-れん【流連|留連】リウレン〔名〕スル 遊興にふけって家に帰るのを忘れること。また、夢中になること。「大二郎は待合千鳥ちどりに—して居たのである」〈木下尚江・良人の自白〉

りゅうれん-こうぼう【流連荒亡】リウレンクワウバウ《「孟子」梁恵王下から》遊興や酒色にふけり放蕩をきわめること。

りゅう-ろ【流路】リウロ ❶水などが流れる道すじ。「黒潮の—」「一変更工事」❷物事が変化する経緯。「連歌から俳諧への—には幾多の複雑な曲折があったやうである」〈寅彦・俳諧の本質的概論〉

りゅう-ろ【流露】リウロ〔名〕スル 気持ちなどが外にあらわれ出ること。「切々たる思いの—した書簡」

リュクサンブール-こうえん【リュクサンブール公園】—コウヱン《Jardin du Luxembourg》フランス、パリ中央部、セーヌ川の左岸にある公園。17世紀初めにアンリ4世の妃、マリ=ド=メディシスによりリュクサンブール宮殿と庭園が建造され、フランス革命の後、公園として市民に開放された。宮殿は現在上院議事堂になっている。

リュクス〖luxe〗贅沢ぜいたく。豪華。優雅。高価で上品なこと。

リュクルゴス〖Lykūrgos〗古代ギリシャ、スパルタの立法者とされる人物。国制や生活規定を定め、スパルタ発展の基礎をつくったといわれ、伝説上の人物とする説もある。リクルゴス。

リュシッポス〖Lysippos〗古代ギリシャの彫刻家。前4世紀に活躍。アレクサンドロス大王の宮廷彫刻家で、肖像・神像・競技勝利者像を制作。生没年未詳。

リュステムパシャ-ジャーミー〖Rüstem Paşa Camii〗▶リュステムパシャモスク

リュステムパシャ-モスク〖Rüstem Paşa Mosque〗トルコ北西部の都市イスタンブールの旧市街にあるイスラム寺院。16世紀半ば、オスマン帝国のスルターン、スレイマン1世の娘婿の宰相リュステム=パシャにより、宮廷建築家ミマール=スィナンの設計で建造。内部はイズニク陶器の青を基調としたタイルで装飾され、一部に16世紀後半の一時期だけ作られたという貴重な赤いイズニクタイルが使われている。リュステムパシャジャーミー。

リュック「リュックサック」の略。

リュックサック〖ドイ Rucksack〗登山やハイキングなどで、食料や装備を入れて運ぶ背負い袋。ザック。ルックザック。類語 ランドセル・背嚢はいのう

リュトブフ〘Rutebeuf〙フランスの詩人。13世紀半ばごろ活躍。叙情詩・風刺詩や時局に関する詩、狂言劇など多彩な作品を発表。詩「リュトブフの愁訴」、宗教劇「テオフィルの奇跡」など。生没年未詳。

リュビツァひ-の-ていたく【リュビツァ妃の邸宅】《Konak kneginje Ljubice》セルビアの首都ベオグラードにある邸宅。オスマン帝国に対する蜂起でセルビア公国を成立させたミロシュ＝オブレノビッチ1世により、1832年に建造。妻リュビツァの名を冠する。西洋建築の中にトルコ風の要素を採り入れた、セルビア-バルカン様式と呼ばれる建築様式の先駆けとされる。

リュブリャーナ〘Ljubljana〙スロベニア共和国の首都。製薬業が盛ん。長くオーストリアの支配を受けた。バロック様式の建物の町並みが残る。人口、行政区27万(2008)。ドイツ語名ライバッハ。イタリア語名リビアナ。

リュブリャーナ-じょう【リュブリャーナ城】ﾆｸﾞﾔﾗ《Ljubljanski grad》スロベニアの首都リュブリャーナにある城。12世紀半ば以前の創建。14世紀以降、ハプスブルク家の所有となった。15世紀末に造られたゴシック様式の礼拝堂を除き、16世紀の大地震によって被害を受け、後世改築されている。

リュブリャーナ-だいせいどう【リュブリャーナ大聖堂】ﾆｸﾞﾀｲｾｲﾄﾞｳ《Ljubljanska stolnica Sv. Nikolaja》スロベニアの首都リュブリャーナにある大聖堂。もともとゴシック様式の教会があったが火災で焼失し、その跡に18世紀初頭にイエズス会のアンドレア＝ポッツォの設計でバロック様式の大聖堂が建造されたもの。内部にはイタリアの画家ジュリオ＝クァリオの手がけたフレスコ画がある。正式名称は聖ニコラス大聖堂。

リュブリュキ〘Rubruquis〙▶ルブルック

リュミエール〘Louis Jean Lumiére〙[1864〜1948]フランスの映画機械の発明者・映画製作者。映画の父と呼ばれる。エジソンのキネトスコープに刺激され、兄のオーギュストと協力して、1895年に撮影機・映写機「シネマトグラフ」を発明した。「工場の出口」が映画の最初の作品とされる。他に「列車の到着」など。

リュリ〘Jean-Baptiste Lully〙[1632〜1687]フランスの作曲家。イタリア生まれ。ルイ14世の宮廷楽団総監督。台本作家キノーとともにバレエやオペラを多数上演し、フランスバロック歌劇を確立した。作「町人貴族」「テセウス」など。

りょ【▽呂】❶日本音楽で、声または楽器の低い音域のこと。甲(かん)に対していう。乙(おつ)。❷十二律のうち、陰(偶数律)に属する六音。㊀律。❸催馬楽(さいばら)で、双調(そうじょう)の音を主音とする曲。㊀律。❹「呂旋法」の略。㊀律。❺「呂調」の略。㊀律。➡漢「ろ(呂)」

りょ【旅】❶中国、周代の軍制で、兵500人を一団とした軍隊。五旅で一師、五師で一軍を編制した。❷軍隊。「東西に陣を張り、南北に―を屯(たむろ)す」〈太平記・一五〉➡漢「りょ(旅)」

りょ【虜】❶とりこ。捕虜。虜囚。❷野蛮人。また、奴隷。「前は燕然(えんぜん)の―に対し」〈太平記・一七〉➡漢「りょ(虜)」

りょ【×閭】❶村里の入り口にある門。また、門。❷《中国、周代の制度で、25戸を1区として閭と称したところから》村。また、都市で、町の一区画。

り-よ【里余】1里あまり。「進むこと―にして至る」

りょう【▽令】ﾘﾔｳ古代、中国を中心とする東アジア諸国の法典。律とともに国家の基本法典で、のちの行政法・訴訟法・民法などにあたるすべての規定を含む。日本では飛鳥浄御原(あすかきよみはら)令・大宝令・養老令などが順次に制定された。実際に全国的に実施されたのは大宝令。➡律令 ➡漢「れい(令)」

りょう【両】ﾘﾔｳ㊀〔名〕❶二つで一組みとなるものの双方。両方。「―の手」「―の目」❷近世まで用いられた重さの単位。1両は1銖(しゅ)の24倍、1斤(きん)の16分の1で、約41〜42グラム。❸江戸時代の通貨単位。金1両は慶長小判1枚(4.75匁、約17.8グラム)とし、その4分の1を分、分の4分の1を朱とする。また、金1両に対し銀50匁(のち60匁)、銭4貫を公定相場としたが、実際は変動が激しかった。❹薬の重さの単位。1両は4匁。❺布帛2反。❻明治時代、俗に、円のこと。㊁〔接尾〕助数詞。❶車の台数を数えるのに用いる。「前の三―が脱線」❷二つで一組みになっている物を数えるのに用いる。「錦御襪(にしきのおんしとうず)八―」〈皇太神宮儀式帳〉❸装束・鎧などを数えるのに用いる。「鎧の二三―をもかさねて、たやすう射通し候ふなり」〈平家・五〉(補説)㊁❶は、「輛」とも書く。また、㊁❸は「領」の当て字。➡漢「りょう(両)」

りょう【良】ﾘﾔｳ❶状態・質などがよいこと。「馬場状態は―」❷学校の成績評価で、優の下位、可の上位。三段階評価の中位。➡漢「りょう(良)」

りょう【料】ﾚｳ❶ある事に支払う金銭。代金。「入場―」「原稿―」❷ある事に使用するもの。材料。しろ。「御笏(おんしゃく)の―とした一位の木(＝アララギ)を産するのでも名高い」〈藤村・夜明け前〉❸目的。理由。ため。「燕(つばくらめ)のもたる子安の貝を取らむ―なり」〈竹取〉➡漢「りょう(料)」(類語)材料・素材・材(ざい)・資材・原料・マテリアル

りょう【▽竜】▶りゅう(竜)

りょう【梁】ﾘﾔｳ中国の国名。㊀戦国時代、魏(ぎ)の恵王が都を大梁(開封)に移してからのちの称。㊁南北朝時代の南朝の一。502年、斉の蕭衍(しょうえん)(武帝)が斉の禅譲を受けて建国。建康(南京)を都とし、南朝の最盛期を現出したが、548年、侯景の乱以後衰退し、557年、陳に滅ぼされた。㊂▶後梁(こうりょう) ➡漢「りょう(梁)」

りょう【涼】ﾘﾔｳ涼しさ。また、涼しい風。「高原に―を求める」(季 夏)➡漢「りょう(涼)」

涼を取・る 涼しい風に当たるなどして、暑さをしのぐ。すずむ。涼を納(い)れる。「縁先で―・る」

りょう【涼】ﾘﾔｳ中国の国名。五胡十六国のうち、前涼・後涼・南涼・北涼・西涼の5国の総称。五涼。

りょう【猟】ﾚﾌ山野で鳥獣を捕らえること。狩猟。かり。また、その獲物。「―に行く」「―が少ない」(季 冬)➡漢「りょう(猟)」

りょう【陵】❶大きな丘。❷天子の墓。日本では、天皇および三后の墓をいう。山陵。みささぎ。➡陵墓 ➡漢「りょう(陵)」(類語)陵墓・御陵・山陵

りょう【量】ﾘﾔｳ❶測定の対象となり、大小の比較が可能なもの。質量・長さ・時間・個数など。また、測定して得られる数値や限度。「―が多い」「―より質」❷論理学で、判断が全称判断か特称判断かということ。❸インド哲学漢訳術語で、知識一般のこと。直接知覚による認識を現量、それを超える対象の論証を比量という。➡漢「りょう(量)」(類語)数(かず)・数(すう)・数量・分量

りょう【×稜】❶かど。すみ。「氷は、あっちこっちの滑かな―を見せて」〈里見弴・大道無門〉❷多面体の、隣り合う二つの面が交わってできる線分。➡漢「りょう(稜)」

りょう【漁】ﾚﾌ《「猟」との混同による慣用読み》魚介などの水産物をとること。すなどり。いさり。また、その獲物。「―に出る」「ニシン―」「昆布―」➡漢「ぎょ(漁)」

りょう【領】ﾘﾔｳ㊀〔名〕❶領有すること。また、領有する土地。領分。領地。「他国の―となる」「オランダ―」❷律令制で、郡司の官職。長官が大領、次官が少領。㊁〔接尾〕助数詞。衣類・鎧(よろい)など、一そろいの物を数えるのに用いる。「両」とも当てて書く。「鎧一―」「式服三―」➡漢「りょう(領)」

りょう【寮】ﾚｳ❶学生・従業員などのための共同宿舎。「会社の―」❷茶室としてつくった小さな建物。数寄屋。また、その名目でつくった江戸の富裕町人の別宅。下屋敷。❸律令制で、多く省に属し、職(しき)より下位、司(し)より上位に位置する官司。内蔵(くら)寮・図書(ずしょ)寮など。❹僧の住む寺内の建物。また、僧が寄宿して修学する道場。➡漢「りょう(寮)」(類語)宿舎・社宅

りょう【×諒】ﾘﾔｳ真実。まこと。もっともであること。➡漢「りょう(諒)」

諒と・する まことだとする。よしとする。もっともだとして承知する。「その申し入れを―・する」

りょう【遼】ﾚｳ契丹(きったん)(キタイ)族が建てた国。916年、耶律阿保機(やりつあぼき)が建国。都は上京臨潢府(じょうけいりんこうふ)。渤海を滅ぼし、燕雲十六州を奪って版図をモンゴリア・中国東北地方・華北に拡大。宋と抗争したが、1004年、澶淵(せんえん)の盟を結んで和睦。1125年、金に滅ぼされたが、一族の耶律大石が中央アジアに逃れて、西遼を建てた。➡カラキタイ

りょう【霊】ﾘﾔｳたたりをなす生き霊や死霊。怨霊(おんりょう)。「このごろかくわづらふを、もの問はせつれば、女の―となむ言ひつる」〈宇津保・あて宮〉➡漢「れい(霊)」

りょう【糧】【×粮】ﾘﾔｳ旅行や行軍などに携帯する食料。糧食。かて。➡漢「りょう(糧)」

り-よう【利用】〔名〕ｽﾙ❶(物の機能・性能を十分に生かして)役立つようにうまく使うこと。また、使って役に立たせること。「遊休地を―する」「いつも地下鉄を―する」「廃物―」「無線LANが―できる喫茶店」「年間500万人が―するサイト」❷(ある目的を達するために)便宜的な手段として使うこと。方便にすること。「特権を―する」「立場を―した卑劣な行為」「親愛の情を―した詐欺事件」

(類語)(❶)使用・活用・善用・応用・充用・転用・流用・盗用・運用・所用・悪用・通用・試用・引用・援用・適用・逆用・誤用・乱用・愛用・常用・供用(―する)使う・用いる・活(い)かす・役立てる・用立てる・利する

り-よう【利養】ﾔｳ仏語。実質的な利得。また、利をむさぼり、私腹を肥やすこと。「名聞(みょうもん)―」

り-よう【里謡】【×俚謡】ｴｳ民間でうたわれている歌。民謡。

り-よう【理容】❶理髪と美容。❷整髪や顔そりなど頭部・顔面の手入れをすること。

りょう-あえんこう【×菱亜鉛鉱】ﾘﾔｳｱｴﾝｸﾜｳ炭酸亜鉛を主成分とする鉱物。結晶は菱面体をなし、三方晶系。灰白色ないし暗灰色、半透明でガラス光沢がある。ふつう、ぶどう状・鍾乳(しょうにゅう)状や腎臓形の塊で産出。亜鉛の原料鉱石。

りょう-あし【両足】ﾘﾔｳ左右両方の足。もろあし。両脚(りょうきゃく)。

りょう-あん【良案】ﾘﾔｳよい考え。名案。

りょう-あん【×諒▽闇】【×諒▽陰】【×亮▽陰】ﾘﾔｳ《「諒」はまこと、「闇」は謹慎の意、「陰」はもだすと訓じ、沈黙を守る意》天皇が、その父母の死にあたり喪に服する期間。また、天皇・太皇太后・皇太后の死にあたり喪に服する期間。ろうあん。

りょうあん-じ【竜安寺】京都市右京区にある臨済宗妙心寺派の寺。山号は、大雲山。藤原実能の別荘近くにあった徳大寺の地に細川勝元が寺を建て、宝徳2年(1450)義天玄承を招き、その師日峰宗舜を開山としたのが始まり。応仁の乱で焼失、徳芳禅傑が再興。現在の方丈は塔頭(たっちゅう)西源院の建物を移築したもの。方丈庭園は相阿弥作と伝えられ、石と砂だけで構成された枯れ山水で虎の子渡しの庭とよばれて有名。平成6年(1994)「古都京都の文化財」の一つとして世界遺産(文化遺産)に登録された。りゅうあんじ。

りょう-い【良医】ﾘﾔｳ医術にすぐれた医者。名医。

りょう-い【×稜威】ﾘﾔｳ天子の威光。みいつ。➡御厳(みいつ)

りょう-いき【領域】ﾘﾔｳｲｷ❶ある力・作用・規定などが及ぶ範囲。また、その物事・人がかかわりをもつ範囲。「人間の無意識の―」「新しい―を開拓する」「理論物理学の―」❷国際法上、国家の主権の及ぶ区域。領土・領海・領空からなる。「他国の―を侵す」❸コンピューターで、プログラム上のある操作が及ぶ範囲。また、ハードディスクなどの記憶装置上で操作が可能な範囲。「―指定」「―確保」

(類語)領分・縄張り・島・テリトリー・範囲・枠・世界・地域・区域・地区・地方・方面・一円・一帯・地帯・界隈(かいわい)・土地・地(ち)・境域・境(さかい)・エリア・ゾーン・境・区画

りょういき【霊異記】ﾘﾔｳｲｷ「日本霊異記」の略。

りょう-いく【療育】ﾚｳ障害をもつ子供が社会的に自立することを目的として行われる医療と保育。

りょう-いん【両院】ﾘﾔｳｲﾝ二院制における二つの議院。衆議院と参議院、明治憲法下では貴族院と衆議院。上院と下院。両議院。

りょう-いん【料飲】ﾚｳ料理と飲食。

りょう-いん【涼陰|涼×蔭】涼しい木かげ。
りょういんぎいん-そうかい【両院議員総会】二院制を採用する国で、各政党が所属の両院議員(日本では衆議院議員・参議院議員)を集めて開催する会議。党大会に次ぐ決定機関とされる。
りょういん-きょうぎかい【両院協議会】ある議案について、衆参両議院の意見が一致しないとき、その調整をするために設けられる機関。各議院から選挙された各10名の委員で組織される。
りょういん-せい【両院制】▶二院制
りょう-う【涼雨】夏に、涼しさをもたらす雨。(季 夏)「雷が残して行きし―かな/月斗」
りょう-うで【両腕】左右両方の腕。もろうで。
りょう-うん【×凌雲|陵雲】雲をしのぐほどに高いこと。俗世を超越していることにいう。「飄々たる―の気」
凌雲の志 ❶《「漢書」揚雄伝から》超然として俗世間の外にあろうとする志。❷《「後漢書」馮衍伝から》高い地位にのぼろうとする志。青雲の志。
りょううん-かく【凌雲閣】東京都台東区浅草公園にあった煉瓦造り12階建ての建物。明治23年(1890)建設。東京名所となったが、大正12年(1923)の関東大震災で半壊、撤去された。通称、十二階。
りょううんしゅう【凌雲集】平安初期の最初の勅撰漢詩集。1巻。嵯峨天皇の命により、小野岑守・菅原清公らが撰。弘仁5年(814)成立。延暦元年(782)から弘仁5年までの作者24人の詩91首を収める。凌雲新集。
りょううん-だい【凌雲台】中国、魏の文帝が洛陽に築かせた楼閣。額に凌雲観と書かせるため書家を楼上に登らせたが、恐怖のため下りてきたときには頭髪が雪のように白くなっていたという。凌雲観。
りょう-えん【良縁】❶似合わしい縁組。よい縁談。「―を得て結婚する」❷極楽往生ができるよい因縁。(類語)(❶)縁組み・縁結び・縁談
りょう-えん【×梁園|×梁×苑】㊀中国の梁の孝王の築いた竹園。㊁❶宮室の庭園。❷皇室の血統。皇族。「仙洞、―を蔑ろにし」〈盛衰記・四六〉➡竹の園
りょう-えん【×遼遠】〔名・形動〕はるかに遠いこと。また、そのさま。「前途―」「震旦身毒より―なる域土を知らざる」〈雪嶺・真善美日本人〉(類語)悠遠・絶遠
りょうおう【陵王】▶蘭陵王
りょうおう-レンズ【両凹レンズ】両面とも凹面であるレンズ。
りょう-おち【両落ち】預金または貸し出しの利息計算で、預け入れ日・貸し出し日、または払い戻し日・返済日のいずれにも利息をつけないこと。両端落とし。
りょう-おもい【両思い】《「片思い」からできた語とされる》お互いに思いが通じ合っていること。相思相愛。
りょう-か【良化】〔名〕スル 状態・質などがよくなること。「病状が―する」
りょう-か【良家】「りょうけ(良家)」に同じ。「富家―の子弟多し」〈逍遥・当世書生気質〉
りょう-か【良貨】品質のよい貨幣。実際価格と法定価格との差が少ない貨幣。「悪貨は―を駆逐する」⇔悪貨。
りょう-か【×菱花】❶ヒシの花。❷《裏面に多くヒシの花を鋳るところから》金属製の鏡。菱花鏡。
りょう-か【寮歌】寄宿寮で生活する学生・生徒がともに歌うために作られた歌。一高の「嗚呼玉杯に花うけて」など。
りょう-か【×燎火】かがり火。庭火。
りょう-が【×凌×駕|陵×駕】〔名〕スル 他をしのいでその上に出ること。「前作を―する売れ行き」
(類語)勝る・立ち勝る・凌ぐ・長ける・上回る・超える・超す・追い越す・追い抜く・秀でる・抜きん出る
りょう-が【▽竜×駕】天子の乗用する車。りゅうが。「翌日―をめぐらして六波羅へなしまゐらせんとしけるを」〈太平記・三〉
りょう-が【遼河】中国、遼寧省を流れる川。大興安嶺に源を発するシャルモン川とラオハ川とが合流して西遼河となり、吉林省の丘陵を源とする東遼河を合わせて南流し、営口付近で渤海に注ぐ。長さ1430キロ。リアオホー。
りょう-かい【了解】・【×諒解】〔名〕スル ❶物事の内容や事情を理解して承認すること。了承。「―が成り立つ」「来信の内容を―する」❷《(ドイ) Verstehen》ディルタイ哲学で、文化的、歴史的なものを生の表現とみなし、その生を追体験によって把握すること。理解。
(用法)了解・理解――「彼は友の言う意味をすぐに了解(理解)した」「その辺の事情は了解(理解)している」など、意味がわかる、のみ込むの意では、相通じて用いられる。◆「了解」には、相手の考えや事情をわかった上で、それを認める意がある。「暗黙の了解を得る」「お申し越しの件を了解しました」◆「理解」は、意味や意図を正しくわかる意が中心となる。「文章を理解する」「何を言っているのか理解できない」◆「了解できない」は、意味はわかるが承認できないの意になり、「理解できない」は単に意味がわからないの意になる。◆類似の語「了承」は「了解」とほぼ同じに使うが、「了解」よりも承認する意が強い。「上司の了承を得る」「双方とも大筋で了承した」
(類語)了承・承知・承諾・承認・承引・承服・納得・同意・受諾・応諾・許諾・オーケー・受け入れる・聞き入れる・うべなう・うけがう・がえんずる・諾する・応ずる・引き受ける・首を縦に振る・承る
りょう-かい【両界】《「りょうがい」とも》密教の、金剛界と胎蔵界。両部。
りょう-かい【梁楷】中国、南宋の画家。東平(山東省)の人。号、梁風子。嘉泰年間(1201〜1204)画院の待詔となる。精妙な山水画・道釈画のほかに減筆体の人物画にもすぐれ、日本の室町時代の水墨画に大きな影響を与えた。生没年未詳。
りょう-かい【領会】〔名〕スル「了解❶」に同じ。
りょう-かい【領海】国家の領域の一部で、海岸に沿って一定の幅をもつ帯状の海域。現在は原則として12海里(約22キロ)とされている。「―侵犯」⇔公海。➡排他的経済水域 (類語)海・海洋・大洋・大海
りょう-かい【領解】〔名〕スル ❶「了解❶」に同じ。「奥さんはよく私のいう意味を―して帰って行った」〈漱石・硝子戸の中〉❷中国、唐の制度で、郷試の試験に合格すること。
りょう-がい【領外】領地・領土の外。⇔領内。
りょうかい-おぼえがき【了解覚(え)書(き)】▶覚え書き❷
りょうかい-しんりがく【了解心理学】自然科学的心理学に対して、心的行為を精神全体の分節としてとらえようとする心理学。W=ディルタイやE=シュプランガーが主唱。
りょうかい-まんだら【両界×曼×荼羅】金剛界曼荼羅と胎蔵界曼荼羅の併称。真言密教における根本理念を表したもので、ともに大日如来を中心に諸尊を配する。両部曼荼羅。
りょう-がえ【両替】〔名〕スル ❶ある種の貨幣をそれと等しい額の他の種類の貨幣と交換すること。「千円札を―する」「円をドルに―する」❷有価証券や物品などを現金と交換すること。「当たり馬券を―する」
りょうがえ-しょう【両替商】「両替屋」に同じ。
りょうがえ-ちん【両替賃】両替の手数料。切り賃。
りょうがえ-や【両替屋】江戸時代、手数料を取って貨幣の両替を行った商人。貸付・預金・手形発行なども扱った。両替商。
りょうがきょう【楞伽経】大乗経典。漢訳は求那跋陀羅・菩提流支・実叉難陀による三種が現存。如来蔵思想と阿頼耶識思想とが交流したインド後期の大乗仏教思想を表す。禅宗で重んじる。
りょう-かく【×稜角】❶とがったかど。かど。❷多面体の稜が作る二面角。(類語)角・一隅・片隅・すみ
りょう-かく【×寥×廓】㊀〔形動〕〔文〕〔ナリ〕㊁に同じ。「一なる天の下、蕭瑟なる林の裏」〈漱石・幻影の盾〉㊁〔ト・タル〕〔文〕〔形動タリ〕広々として大きいさま。空虚で広いさま。「この女の眼に映じた世界は何んなに空漠な、―としたものであろう」〈森田草平・煤煙〉
りょう-がけ【両掛(け)】❶荷物をひもで結んで前と後ろに振り分け、肩に担ぐこと。❷江戸時代の旅行用の行李の一。挟箱や小形のつづらを棒の両端に掛け肩に担いだもの。
りょう-かち【利用価値】利用するに足る価値。「―に乏しい作物」
りょうかひ-か【両花被花】萼と花びらの両方の花被をもつ花。両方の区別ができる異花被花と、できない同花被花がある。両被花。➡単花被花
りょうかみ-さん【両神山】埼玉県西部、秩父市大滝地区と秩父郡小鹿野町の境界にある山。標高1723メートル。秩父古生層のチャートからなり山稜は険しい。江戸時代、修験者の道場として、また、信仰の山としてにぎわった。山麓に両神神社があり、伊弉諾尊・伊弉冉尊の二神をまつる。山名もここに由来する。
りょう-がわ【両側】《「りょうかわ」とも》相対する二つの側。両方の側。特に、川や道などの左右の側。「道路の―」
りょうかん【良寛】[1758〜1831]江戸後期の曹洞宗の僧・歌人。越後の人。号、大愚。俗名、山本栄蔵。備中円通寺の国仙和尚に師事。のち、諸国を行脚し、生涯寺を持たず、故郷の国上山の五合庵に隠棲して独自の枯淡な境地を和歌・書・漢詩に表現した。弟子の貞心尼編による歌集「蓮の露」がある。
りょうかん【良観】▶忍性
りょう-かん【涼感】涼しそうな感じ。「滝の音が―を誘う」(類語)涼しさ・涼気・涼しい・爽涼・涼・清涼
りょう-かん【猟官】官職を得ようとして、多くの者が争うこと。「―運動」
りょう-かん【量感】分量・重さがある感じ。彫刻・絵画などでは、表現された対象物の実在感・立体感などをいう。ボリューム。「―あふれる作品」
りょう-かん【僚艦】同じ任務に就いている、味方の軍艦。同じ艦隊に所属する軍艦。
りょう-がん【両岸】川などの左右両方の岸。りょうぎし。(類語)岸・岸辺・右岸・左岸・岸壁
りょう-がん【両眼】左右両方の目。双眼。
りょう-がん【▽竜×頷】《「荘子」列禦寇から》竜のあご。美しい珠のあるところ、また、それを得るために非常な危険を冒すたとえ。りゅうがん。
りょう-がん【▽竜顔】▶りゅうがん
りょうかん-うんどう【猟官運動】大臣や高級官僚などの地位を得ようとして、力のある人物に働きかけること。「内閣改造を前に―が始まる」
りょうがん-きょう【両眼鏡】双眼鏡。「―を以て望む」〈独歩・愛弟通信〉
りょうがんけいざいきょうりょくわくぐみ-きょうてい【両岸経済協力枠組(み)協定】中国と台湾の間で締結された、自由貿易協定に相当する包括的な経済協定。中台協議を経て2010年9月発効。関税の引き下げ・市場開放・投資促進などにより国際競争力の強化を目指す。ECFA(Economic Cooperation Framework Agreement)。両岸経済協力枠組み協議。海峡両岸経済協力枠組み協定。中台経済協力枠組み協定。
りょうかん-せい【猟官制】▶スポイルズシステム
りょう-き【良器】❶よい器物。よいうつわ。❷よい器量。すぐれた才能。また、その持ち主。
りょう-き【良×驥】非常に優秀な馬。駿馬。「少女が―をもって自ら比するのは」〈鷗外・魚玄機〉
りょう-き【涼気】涼しい空気。涼しい気配。(季 夏)「息の如―通へる大藁屋/たかし」(類語)涼しさ・涼感・涼しい・爽涼・涼・清涼・冷涼・秋冷・新涼・涼む
りょう-き【猟奇】奇怪・異常なものに強く興味を

漢字項目 りょ

【▽呂】►ろ

侶 音リョ漢 訓とも‖いっしょに連れ立つ仲間。連れ。「住侶・僧侶・伴侶」

旅 学3 音リョ漢 訓たび‖㊀〈リョ〉①隊を組んでよその土地へ行くこと。広く、たび。たびびと。「旅館・旅客・旅行・旅情・旅装・旅費/羈旅きりょ・逆旅げきりょ・行旅」②隊を組んだ兵士。軍隊。「旅団/軍旅・師旅」㊁〈たび〉「旅路・旅人/船旅」名付 たか・もろ 難読 旅籠はたご

虜〔虜〕 音リョ慣 訓とりこ‖①生け捕りにした者。とりこ。「虜囚/囚虜・俘虜ふりょ・捕虜」②敵、特に敵対する異民族の称。「胡虜こりょ・醜虜」

×**膂** 音リョ漢‖背骨。「膂力」

慮 音リョ呉漢 訓おもんぱかる‖あれこれと思いめぐらす。思い。考え。「慮外/叡慮えいりょ・遠慮・苦慮・顧慮・考慮・思慮・熟慮・焦慮・心慮・深慮・短慮・知慮・配慮・不慮・無慮・憂慮」名付 のぶ

漢字項目 りょう

【▽令┊霊】►れい
【▽竜】►りゅう
【×掠】►りゃく
【漁】►ぎょ

了 音リョウ(レウ)呉漢 訓おわる、おえる、さとる‖①終わりになる。けりがつく。…してしまう。「完了・議了・校了・修了・終了・投了・読了・満了・未了・魅了」②はっきりとさとる。「了悟・了得」③明らか。「了然・了了/明了」④(「諒」の代用字)もっともだと思う。「了解・了察・了承」名付 あき・あきら・お・さだ・さと・すみ・のり 難読 和了ホーラ・完了ワンラ

両〔兩〕 学3 音リョウ(リャウ)呉漢‖①二つで一組みとなるものの双方。二つ。「両院・両者・両親・両性・両刀・両面・両輪/一両日」②二つとも。ふたつながら。「両全・両立・両両・両成敗/一挙両得」③昔の重さの単位。「斤両」④江戸時代の貨幣の単位。「両替りょうがえ/千両箱」⑤車。車を数える語。「車両」名付 もろ 難読 両肌もろはだ・両班ヤンバン・両個りゃんこ

良 学4 音リョウ(リャウ)漢 ロウ(ラウ)呉 訓よい‖①質がよい。不純なところがない。すぐれている。「良好・良策・良識・良質・良心・良品・良風・良導体/温良・佳良・改良・最良・純良・精良・善良・忠良・不良・優良」②愛情がある。やさしい。「良人りょうじん」名付 あきら・お・かず・かた・さね・すけ・たか・つかさ・つぎ・なおし・なが・ながし・はる・ひこ・ひさ・ふみ・まこと・み・よし・ら・ろ 難読 良人おっと・野良のら・倍良べら

人**亮** 音リョウ(リャウ)漢 訓すけ‖明るくはっきりしている。「亮然/明亮」名付 あき・あきら・かつ・きよし・たすく・とおる・ふさ・まこと・よし・より・ろ

人**凌** 音リョウ呉漢 訓しのぐ‖①上に出る。こえる。しのぐ。「凌雲・凌駕りょうが」②相手を踏みつけにする。「凌辱」補説「陵」と通用する。難読 凌霄花のうぜんかずら

料 学4 音リョウ(レウ)呉漢 訓はかる‖①見当をつけてはかる。おしはかる。「料簡りょうけん・料理/思料・予料」②あることのために使うもの。「料紙/衣料・飲料・原料・香料・材料・資料・飼料・食料・染料・塗料・燃料・肥料」③代金。「料金/過料・給料・見料・稿料・席料・送料・損料・無料」④「料理」の略。「料亭」名付 かず

人**崚** 音リョウ呉漢‖高い山が幾重にも重なっているさま。「崚嶒りょうそう」

人**梁** 音リョウ(リャウ)漢 訓はり、うつばり、やな‖①屋根を支えるため両側の支柱に架け渡す横木。はり。また、はりに似たもの。「梁材・梁塵りょうじん・梁木/虹梁こうりょう・脊梁せきりょう・柱梁・棟梁・鼻梁」②橋脚を立てて川の両岸に架け渡した木の橋。「橋梁・石梁」③川をせき止めて魚を捕る装置。やな。「魚梁」④はねまわる。「跳梁」⑤中国の王朝名。「後梁」

涼 音リョウ(リャウ)漢 ロウ(ラウ)呉 訓すずしい、すずむ‖①すずしい。「涼気・涼風・涼味/秋涼・新涼・清涼・爽涼そうりょう・納涼・冷涼」②冷え冷えとして寂しい。「荒涼・凄涼せいりょう」補説「凉」は俗字。人名用漢字。名付 すけ

猟〔獵〕 音リョウ(レフ)呉漢 訓かる、かり‖①狩りをする。狩り。「猟犬・猟師・猟銃/漁猟・禁猟・狩猟・不猟・密猟」②さがし求める。あさる。「猟官・猟奇/渉猟」難読 猟人かりゅうど・猟男さつお・猟矢さつや・猟虎らっこ

×**聊** 音リョウ(レウ)呉漢 訓いささか‖①かりそめ。とりあえず。「聊爾りょうじ」②楽しむ。安らぐ。「無聊ぶりょう」

陵 音リョウ呉漢 訓みささぎ、おか‖①尾根の長い大きな丘。「丘陵」②丘の形をした大きな墓。みささぎ。「陵墓/古陵・御陵・山陵」③(「凌りょう」と通用)しのぐ。相手を踏みにじる。「陵駕りょうが・陵辱」名付 たか

人**菱** 音リョウ呉漢 訓ひし‖水草の名。ヒシ。「菱花・菱形」

量 学4 音リョウ(リャウ)漢 訓はかる、かさ、ます、はか‖①かさをはかる器具。ます。「度量衡」②軽重・大小などをはかる。「量器/計量・測量・斗量・無量」③はかって得られる軽重・大小などの程度。「量産/雨量・軽量・減量・質量・酒量・重量・少量・数量・声量・総量・多量・大量・適量・熱量・微量・物量・分量・容量・肺活量」④思いはかる。「裁量・思量・酌量・商量・推量」⑤人の心や能力の程度。「雅量・器量・狭量・度量・力量」⑥(「倆りょう」の代用字)腕まえ。わざ。「技量」名付 かず・さと・とも・はかり

人**稜** 音リョウ慣 訓かど‖①物のかど。「稜角・稜線/岩稜・山稜・側稜」②かどだっている。「稜威・稜稜」名付 いず・すみ・たか・たる 難読 御稜威みいつ

×**粱** 音リョウ(リャウ)漢‖穀物。特に、大粒のアワ。オオアワ。「粱肉/黄粱」難読 高粱コーリャン

僚 音リョウ(レウ)呉漢‖①同じ仕事や役目を持つ仲間。「僚艦・僚友/同僚」②役人。つかさ。「下僚・官僚・属僚・幕僚ばくりょう・百僚」名付 あきら・とも

×**寥** 音リョウ(レウ)呉漢‖①空虚でもの寂しい。「寥寥/荒寥・寂寥」②がらんとして広い。「寥廓」

人**綾** 音リョウ呉漢 リン唐 訓あや‖㊀〈リョウ〉模様のある絹織物。あやぎぬ。あや。「綾羅」㊁〈あや〉「綾絹・綾錦あやにしき」難読 綾子りんず

領 学5 音リョウ(リャウ)呉 レイ漢 訓えり、くび、うなじ‖①首筋。うなじ。「領巾ひれ・りょうきん」②着物のえり。「領袖りょうしゅう」③重要なところ。「綱領・要領」④中心になって取り仕切る。また、その者。「領事/管領かんりょう・かんれい・宰領・首領・総領・頭領・大統領」⑤先頭に立って率いる。「領導」⑥自分のものとして所有し、支配する。また、その場所。「領域・領海・領主・領土・領有/英領・横領・寺領・所領・占領・属領・自治領」⑦受け取る。「領収/受領・拝領」⑧心に受け入れる。承知する。「領解・領承」名付 おさ・むね 難読 少領すけ・領巾ひれ

寮 音リョウ(レウ)呉漢 訓つかさ‖①役人のいる建物。また、同僚の役人。「寮属/図書寮ずしょりょう」②寄宿舎。「寮生・寮母/学寮・入寮・独身寮」③数寄屋。茶室。「茶寮」名付 いえ・とも・まつ 難読 主税寮ちからのつかさ

人**諒** 音リョウ(リャウ)漢 訓まこと‖①明白なこと。真実。まこと。「諒闇りょうあん」②もっともだとして承知する。「諒解・諒察・諒恕りょうじょ・諒承」補説「了」を代用字とすることがある。名付 あき・まさ

×**輛** 音リョウ(リャウ)呉漢‖車。また、車を数える語。「車輛・二輛編成」

人**遼** 音リョウ(レウ)呉漢‖①はるか。遠い。「遼遠」②契丹きったん族が建てた国。「西遼」名付 とお・はるか

人**燎** 音リョウ(レウ)呉漢‖①かがり火。「燎火/庭燎ていりょう」②山野を焼く。「燎原」難読 庭燎にわび

療 音リョウ(レウ)呉漢‖病気を治す。「療治・療法・療養/医療・加療・救療・診療・施療・治療・物療」

瞭 音リョウ(レウ)呉漢‖はっきりしているさま。あきらか。「瞭然/明瞭」名付 あきら

糧 音リョウ(リャウ)漢 ロウ(ラウ)呉 訓かて‖㊀〈リョウ〉旅行や行軍の際に携行する食物。主食となる食料。かて。「糧食・糧道・糧米・糧秣りょうまつ/衣糧・口糧・食糧」㊁〈ロウ〉かて。「兵糧ひょうろう」補説「粮」は俗字。

ひかれ、それを捜し求めること。「一趣味」

りょう-き【猟期】レフ ❶狩猟に適した時期。❷「狩猟期」に同じ。《季 冬》

りょう-き【量器】リャウ ❶物の量をはかる器具。ます。❷有用の才能。器量。

りょう-き【僚機】レウ 味方の飛行機。所属を同じくする飛行機。

りょう-き【漁期】レフ ►ぎょき(漁期)

りょう-ぎ【両義】リャウ 両方の意味。二つの意味。

りょう-ぎ【両儀】リャウ ❶陰と陽。また、天と地。「太極一を生じ、一陰陽を生じ、陰陽夫婦を生なす」〈読・弓張月・後〉❷二つの事柄。〈日葡〉

りょう-ぎいん【両議院】リャウ 「両院りょういん」に同じ。

りょうぎ-せい【両義性】リャウ 一つの事柄が相反する二つの意味を持っていること。対立する二つの解釈が、その事柄についてともに成り立つこと。

りょうき-てき【猟奇的】レフ〘形動〙奇怪・異常なものを捜し求めるさま。また、そういう気持ちを満足させるようなさま。「一な犯罪」

りょうき-でん【綾綺殿】㊀平安京内裏十七殿の一。仁寿殿じじゅうでんの東、宜陽殿の北にあり、内宴が行われた。㊁皇居内、宮中三殿の後方にある殿舎。天皇が三殿の神事を行うに当たり、斎戒・更衣をする所。

りょう-きゃく【両脚】リャウ 左右両方のあし。双脚。両足。

りょう-ぎゃく【×凌虐┊陵虐】〘名〙スル はずかしめ、いためつけること。

りょうきゃく-き【両脚規】リャウキャク コンパス。ぶんまわし。

りょう-きゅう【陵丘】キウ 小高い山。おか。丘陵。

りょう-きょく【両極】リャウ ❶「両極端」に同じ。「善と悪との一」「左右一」❷北極と南極。❸陽極と陰極。

りょうきょく-せい【両極性】リャウキョク 両極として対立し合いつつも、他を自己のあり方の条件とし合っている性質。

りょう-きょくたん【両極端】リャウ 両方のはし。また、二つのものがそれぞれ極端で、ひどくかけ離れていること。「意見が一に分かれる」

りょう-ぎり【両切り】リャウ 「両切りタバコ」の略。

りょうぎり-タバコ【両切りタバコ】リャウ 両端を切ったままで、吸い口やフィルターのついていない紙巻きタバコ。

りょう-きん【良×禽】リャウ よい鳥。賢い鳥。

良禽は木を択えらんで棲すむ 賢い鳥は木を選んで巣をつくる。賢い臣下は君主を選んで仕える。

りょう-きん【料金】レウ 何かを使用または利用したことに対して支払う金銭。運輸機関では、運賃とは別に支払われる、グリーン車・寝台などの使用代金をい

う。「電話―」「特急―」[類語]代金・代価・手数料・代

りょう-ぎん【両吟】リャウギン ❶連歌・連句を二人で付け合って詠むこと。また、その作品。➡三吟 ➡独吟 ❷歌舞伎下座音楽で、下座唄を立唄たてうたと二枚目が二人でうたうこと。⇔独吟。

りょうきん-こうのう【料金後納】レウキンコウナフ 郵便物や荷物を毎月一定数以上出す場合、郵便事業株式会社の取扱支店の承認を受けて、毎月分の料金を一括して翌月指定の口座への振込により納付する扱い。

りょうきんさきばらいほうしき-カード【料金先払(い)方式カード】レウキンさきばらひハウシキ ►プリペイドカード

りょうきん-べつのう【料金別納】レウキンベツナフ 一定数以上の同一料金の郵便物や荷物を同時に出す場合、個々の郵便物に切手を貼る代わりに所定の表示をし、料金相当額の切手または現金を添えて集配所などに差し出す扱い。

りょう-く【良×狗】リャウ 役に立つよい犬。

りょう-く【猟区】レフ 狩猟ができる区域。地方公共団体が都道府県知事の認可を得て設定する。

りょう-ぐ【猟具】レフ 狩猟に必要な道具。

りょう-ぐ【霊供】リャウ 死者の霊に供える食物。また、霊前への供物。

りょう-くう【領空】リャウ 領土と領海の上空の空間からなる国家の領域。国家は領空に対して完全かつ排他的な主権を有する。高度については特に制限はないが、宇宙は特定の国家の主権に服さない自由の国際的空間とされる。

りょうくう-けん【領空権】リャウクウ 国家がその領空を排他的に支配する権利。他国の航空機は無許可で領空内に入ることはできないが、国際民間航空条約によって条約締結国の民間航空機は領空の無害通航を認められる。

りょうくう-しんぱん【領空侵犯】リャウクウ 一国の領空に、他国の航空機が所定の手続きを経ないで侵入すること。国際法上の違法行為とされる。

りょう-ぐち【両口】リャウ《「りょうくち」とも》❶両方の口。二つの出入り口。❷馬の両脇に一人ずつついて手綱をとること。「馬子も―をとるぞかし」〈浮・一代男・五〉

りょうくど-せき【×菱苦土石】炭酸マグネシウムからなる鉱物。多く結晶は菱面体。三方晶系。無色・灰白色・黄色・褐色などでガラス光沢があり、ふつう塊状・粒状・繊維状などで産する。耐火材料・マグネシウム塩の原料。マグネサイト。

りょう-ぐん【両軍】リャウ 両方の軍隊。または、両方のチーム。

りょう-け【両家】リャウ 両方の家・家庭。

りょう-け【良家】リャウ 身分のある家。現代では、教養があり暮らし向きが水準以上の家庭をいう。りょうか。「―の子女」

りょう-け【領家】リャウ 古代末から中世にかけての荘園領主の称。平安中期以後、在地の領主が有力者の保護を得るために名目的に土地を権門勢家に寄進した場合、その寄進を受けたものを本所といい、寄進者を領家という。

りょう-げ【▽令外】リャウ 令に規定されていないこと。

りょう-げ【領解】リャウ 仏の教えを聞いて悟ること。

りょう-げ【霊気】リャウ もののけ。つきもの。「―などいひて、物参らずなむありつるを」〈宇津保・国譲中〉

りょう-けい【両敬】リャウ「諸敬もろけい」に同じ。

りょう-けい【良計】リャウ よい計画。良策。

りょう-けい【×菱形】「ひしがた」に同じ。

りょう-けい【量刑】リャウ 裁判所が、処断刑の範囲内で、個々の罪に対して言い渡すべき刑の種類や程度を決めること。刑の量定。「―不当」

りょう-けいちょう【梁啓超】リャウケイテウ［1873〜1929］中国、清末・民国の政治家・学者。広東省新会県の人。字あざなは卓如。号、任公。康有為に師事し、戊戌ぼじゅつの改革に参加したが、失敗して日本に亡命。辛亥しんがい革命後、帰国して立憲党を基盤に進歩党を組織。司法総長などを歴任。著「清代学術概論」など。リアン=チーチャオ。

りょうげ-さく【両毛作】リャウゲ 同じ耕地に作物を1年に二度栽培すること。稲作のあと、麦などの裏作をすること。りょうもうさく。

りょうげ-ちがい【領解違ひ】リャウゲちがひ 考え違い。誤解。「ちっとした―で物思はせた」〈浄・宵庚申〉

りょう-げつ【良月】リャウ ❶陰暦10月の異称。❷澄み渡った美しい月。

りょう-げつ【涼月】リャウ ❶陰暦7月の異称。❷涼しく感じさせる月の光。

りょうげ-の-かん【▽令外の官】リャウゲ―クヮン 令に定められた以外の官職・官庁。大宝令または養老令の制定後に設置された官で、内大臣・中納言・参議・蔵人所くろうどどころ・検非違使けびいし・按察使あぜち・征夷大将軍など。

りょうけ-へんせいたい【領家変成帯】リャウケ 長野県南部から九州にかけて中央構造線の北側に分布する、高温・低圧で形成された変成岩からなる地帯。片麻岩と花崗かこう岩類からなり、変成時期は中生代白亜紀。[補説]領家変成岩の出土する静岡県天竜川の支流水窪みさくぼ川沿いの地名、奥領家による。

りょう-けん【料▽簡・了見・了▽簡】レウ〔名〕スル ❶考え。思慮。分別。「悪い―を起こす」❷考えをめぐらすこと。「好く―して前後を考えて見たら」〈紅葉・金色夜叉〉❸こらえること。堪忍。「熊胆が出るや否や帰って仕舞ったと云う事がちゃんと分ったから、書生さん中々―しない」〈福沢・福翁自伝〉❹とりはからい。処置。「このことを語りなばいかなる―もありやせんと思ひ」〈伽・猿源氏〉[類語]考え

りょう-けん【猟犬】レフ 狩猟に使役する犬。獲物の場所指示・狩り出し・格闘・回収などに用いる。ポインター・セッター・スパニエル・テリア・レトリバーなど。[季 冬]

りょうげん【良源】リャウゲン［912〜985］平安中期の天台宗の僧。近江おうみの人。勅諡ちょくし号、慈慧大師。通称、元三がんざん大師・角つの大師・御廟大師。比叡山に入って顕密を学び、内供奉ないぐぶ十禅師・天台座主・大僧正と進み、比叡山を復興し、天台宗中興の祖とされる。

りょう-げん【×燎原】レウ 野原を焼くこと。また、火の燃えひろがった野原。

りょうけん-ざ【猟犬座】レフケン 北天の小星座。6月上旬の午後8時ごろ、北斗七星の南に見える。渦巻き銀河M・球状星団がある。学名ラテ Canes Venatici

りょうけん-ずく【料▽簡▽尽く】レウケンづく ❶腹を立てず、互いに納得して事を運ぶこと。「声こわ高に言はずとも―がよいわいの」〈浄・丹波与作〉❷考えに任せて事を運ぶこと。「針を持たうと持つめえとこっちの―だ」〈滑・浮世風呂・三〉

りょうけん-ちがい【料▽簡違い】レウケンちがひ 見当違い。考え違い。「自分だけがつらいと思うとは―もはなはだしい」

りょうげん-の-ひ【×燎原の火】レウゲン 燃えひろがって野原を焼く火。勢いが盛んで防ぎ止められないもののたとえにいう。

りょうけん-もの【料▽簡物】レウケン よくよく考えてみなければならない事柄。

りょう-こ【両虎】リャウ 2匹の虎。互いに優劣をつけがたい二人の勇者や英雄のたとえにいう。

両虎相闘えば勢い倶ともに生きず 《「史記」藺相如伝から》強い者どうしが戦えば、必ず一方が倒れる、または両者ともに倒れるということ。

りょう-こ【良×賈】リャウ よい商人。すぐれた商人。

良賈は深く蔵ぞうして虚むなしきが如ごとし 《「史記」老子伝から》すぐれた商人は品物を奥深くしまっておき、一見すると手持ちがないように見える。賢者は学徳をみだりに外に現さないため、愚者のように見えるということのたとえ。

りょう-こ【▽竜虎】►りゅうこ(竜虎)

りょう-こ【陵戸】律令制下の賤民せんみんの一。天皇・皇族の陵墓を守ることを世襲的な任とした。

りょう-ご【了悟】レウ 真理を明らかに悟ること。「知識―に至りては」〈中村訳・西国立志編〉

りょう-こう【良工】リャウ ❶腕のよい職人。「―材を選ばず」❷すぐれた画家や彫刻家。「絶世の佳人有名の山水など当時誉れを挙し大家現今の―の筆跡なれば」〈総生寛・西洋道中膝栗毛〉

りょう-こう【良好】リャウカウ〔名・形動〕よいこと。好ましい状態であること。また、そのさま。「受信状態は―だ」「―な成績」[派生]りょうこうさ〔名〕[類語]優良・良い・良質・上質・上等・佳良・純良・見事・立派・上上

りょう-こう【良港】リャウカウ よい港。船を接岸したり停泊させたりするのにぐあいのよい港。「天然の―」

りよう-こうい【利用行為】リヨウカウヰ 管理行為の一。財産の性質を変えない範囲内で、利用・収益する行為。例えば、家屋を賃貸するなど。

りよう-こうせい【利用厚生】《「書経」大禹謨から》物を役立たせて用い、人民の生活を豊かにすること。

りょうこう-どう【両江道】リャウカウダウ ►リャンガンド

りょう-こく【両国】リャウ《「りょうごく」とも》両方の国。ある物事にかかわる二つの国。「―の首脳」

りょうごく【両国】リャウ 東京都墨田区南西部、隅田川東岸の地名。かつては両国橋の東西両岸の地域をいい、名は隅田川が武蔵・下総しもうさ両国の境をなしたことによる。回向院がある。

りょう-ごく【料国】レウ 内裏・寺社の造営など特定の必要資金に充てるための租税を課する国。

りょう-ごく【領国】リャウ 領有している国。

りょうごく-ばし【両国橋】リャウゴク 隅田川下流に架かる橋。墨田区両国と中央区東日本橋とを結ぶ。明暦の大火後の万治2年(1659)の架橋といわれる。江戸時代から川開きの花火の名所。

りょう-ごし【両腰】リャウ 刀と脇差わきざし。大小。「―そっと道端の雪かき集めおしかくす」〈浄・伊賀越〉

りょう-さい【良才】リャウ すぐれた才能。また、それをもつ人。

りょう-さい【良妻】リャウ よい妻。賢い妻。⇔悪妻。

りょう-ざい【良材】リャウ ❶質のよい木材。また、よい材料。❷すぐれた人材。「天下に―を求める」

りょう-ざい【良剤】リャウ よい薬。良薬。

りょうさい-けんぼ【良妻賢母】リャウサイ 夫に対してはよい妻であり、子に対しては賢い母であること。

りょうさいしい【聊斎志異】レウサイ 中国、清代の怪異小説集。16巻、445編。蒲松齢ほしょうれい著。1679年ごろ成立。1766年刊。聊斎は作者の書斎名。神仙・狐鬼・妖怪などと人間との情感豊かな交錯が簡潔な文語体で書かれ、怪奇文学の傑作とされる。

りょう-さく【良策】リャウ よい策。よい方法。

りょう-さつ【了察】レウ・【×諒察】リャウ〔名〕スル 相手の事情や立場などを思いやること。「苦衷を―する」

りょう-さん【両三】リャウ 二つ三つ。2、3。多く漢語の名詞または助数詞の上に付いて用いられる。「―人」「―度」

りょう-さん【量産】リャウ〔名〕スル 同一規格の製品を大量につくること。大量生産。マスプロダクション。マスプロ。「小型車を―する」「―態勢」「―品」

りょうさん-にち【両三日】リャウサン 2、3日。2日か3日。りょうさんじつ。「―のうちに完成する」

りょうざん-ぱく【梁山泊】リャウザン 中国、山東省兗えん州の南東、梁山の麓にあった沼沢。天険の地で、宋代、宋江・林冲らがここにたてこもったという故事が「水滸伝」に記されてから、豪傑や野心家の集まる場所をいうようになった。

りょう-し【両氏】リャウ 両方の人。「山田、高木―」➡氏

りょう-し【良士】リャウ《「りょうじ」とも》すぐれた兵士。また、すぐれた人物。「古来賢主が日傭取りの中うちより―を挙げ」〈露伴・辻浄瑠璃〉

りょう-し【良師】リャウ よい師匠。すぐれた先生。

りょう-し【料紙】レウ ❶物を書くのに用いる紙。用紙。「写経の―」❷「料紙箱」の略。「両ざしをぬいて、―のふたへ入れて」〈洒・通言総籬〉[類語]用紙・用箋ようせん・便箋

りょう-し【猟師】レフ 狩猟を職業とする人。かりゅうど。

りょう-し【量子】リャウ《quantum》一定の最小単位の整数倍という不連続な値をとる物理量の、その最小単位量。プランクの量子仮説で提唱され、エネルギー量子とよばれたが、のちアインシュタインらにより普遍的に適用できることがわかった。クォンタム。

りょう-し【漁師】レフ 漁をして暮らしている人。

(類語)漁民・漁夫・海人・海女

りょう-し【寮試】平安時代、大学寮で行った学生の試験。合格後は擬文章生に進級。

りょうし【遼史】中国の二十四史の一。遼代の歴史を記した書。元の順帝の勅命で、脱脱・欧陽玄らが撰。1345年成立。本紀30巻・志33巻・表8巻・列伝45巻の全116巻。

りよう-し【理容師】理容❷を職業とする人。

りょう-じ【令旨】皇太子・三后の命令を書き記した文書。のち、親王・法親王・女院などのものもいう。れいし。

りょう-じ【両次】二回。二度。「一の世界大戦」

りょう-じ【領事】外国において、自国の通商促進や自国民の保護、その他の証明事務などの業務を行う国家機関。専任領事と名誉領事とがあり、階級としては、総領事・領事・副領事の区別がある。領事官。

りょう-じ【療治】〔名〕スル　病気やけがを治すこと。治療。「鍼で一する」「荒一」(類語)治療・診療・加療・手当て・手術・施療・直す・癒やす・医する・根治する

りょう-じ【聊爾】〔名・形動ナリ〕❶いいかげんであること。考えのないこと。また、そのさま。「国の安危、政の要須これより先なるはなし。これより誰か一に処せん」〈太平記・二四〉❷ぶしつけで失礼なこと。また、そのさま。「さて只今の山伏たちに一を申して」〈謡・安宅〉

りょうし-あんごう【量子暗号】《quantum cryptography》量子力学の原理を応用した暗号技術。通信経路上で盗聴されると量子状態が乱れ、通信内容が読み出せなくなる。また盗聴行為そのものも感知できる仕組みになっている。原理的に盗聴や第三者による解読が不可能な暗号であると考えられている。

りょうしいろ-りきがく【量子色力学】素粒子物理学における、強い相互作用を説明する基本理論。陽子や中性子などのハドロンは、クオークと反クオーク、およびクオーク同士を結びつけるグルオンにより構成される。クオークは直接観測にかからない「色(カラー)」と呼ばれる自由度をもち、グルオンが媒介する力である強い相互作用はこれらの色の間にはたらく。量子色力学は色の自由度についての対称性から導かれるゲージ理論として構築された。日本出身の物理学者、南部陽一郎は同理論に関する先駆的研究を行った一人として知られる。QCD。

りょうし-エレクトロニクス【量子エレクトロニクス】量子力学を基礎に、原子や分子と電磁波との相互作用の応用を研究する電子工学の一分野。電磁波を発振・増幅するメーザーやレーザー技術が中心。

りょうしえんざん-そし【量子演算素子】量子コンピューターで量子力学的に論理演算を行う基本素子。情報の最小単位として、従来のビットに代わり、0と1だけでなく、0と1とを重ね合わせた状態も表す量子ビットを制御する。量子ゲート。

りょうし-エンタングルメント【量子エンタングルメント】►量子もつれ

りょうし-か【量子化】❶素粒子の運動を扱うときに、古典力学的な物理量である位置座標・運動量およびこれらからなる関数を、量子力学的な演算子に置き換えること。これらの演算子をもとに作られた方程式から、素粒子がもつエネルギー・角運動量などの物理量がとびとびの値をとることが示される。❷《quantization》連続的な量を離散的なとびとびの数値で表すこと。また、アナログ信号をデジタル信号に変換して近似値として表すこと。信号の振幅の大きさを量子化ビット数といい、この値が大きいほどアナログ信号との誤差は小さくなる。

りょうし-かがく【量子化学】量子力学の理論を用いて化学現象を解明しようとする理論化学の一分野。化学結合・分子構造・化学反応などの理論が解明されている。

りょうしかきのう-そし【量子化機能素子】►量子素子

りょうし-かせつ【量子仮説】1900年にプランクが放射公式を導く際に仮定した考え。放射のエネルギーは最小単位量(エネルギー量子)の整数倍に限られるというもの。従来の連続的な値をとるとする古典論に対して新しい考えを与え、量子論の発端となった。プランクの量子仮説。

りょうしか-ビットすう【量子化ビット数】《quantization bit rate》アナログ信号をデジタル信号に変換する際、信号の振幅の大きさを何段階で表すかを示した値。8ビットで256段階、16ビットで65536段階の表現が可能となる。数値が大きいほど、元のアナログ信号を忠実に再現する。サンプリングビット数。

りょうし-からみあい【量子絡み合い】►量子もつれ

りょうじ-かん【領事館】領事が駐在国でその職務を行う役所。

りょう-しき【両式】❶二つの方式・様式。「和洋一」❷両方の数式。

りょう-しき【良識】《フランス bon sens の訳語か》物事の健全な考え方。健全な判断力。「一ある行動」(類語)知識・常識・通念・思慮・分別・教養・心得

りょうしき-の-ふ【良識の府】《良識に基づき、中立で公正な審議をする場の意から》参議院の異称。

りょうし-ゲート【量子ゲート】《quantum gate》►量子演算素子

りょうし-コンピューター【量子コンピューター】《quantum computer》量子力学の原理を応用したコンピューター。基礎的な実証実験の段階にあり、まだ実用化には至っていない。量子力学的な重ね合わせの状態にある量子ビットを演算の基本単位とすることにより、従来のコンピューターとは比較にならないほど高速な並列計算が実現できると期待されている。

りょうじ-さいばん【領事裁判】領事が、本国法に基づいて、その駐在国にいる自国民の裁判を行う制度。19世紀にヨーロッパ諸国が、司法制度の確立していないアジア諸国などで行ったが、今日では廃止された。

りょうし-すう【量子数】量子力学におけるある系の状態が何組もあるとき、これらの状態を区別するための数の組。ふつう、整数または半整数を用いて表す。これにより、素粒子の電荷・エネルギー・角運動量やスピンなどの状態が特徴づけられる。

りょうし-そうかん【量子相関】►量子もつれ

りょうし-そし【量子素子】量子力学的な現象を効果的に利用する素子。半導体などを超微細化した際に顕在する電子の波動性やトンネル効果といった現象を、素子の動作原理として積極的に取り入れたもの。量子コンピューターの量子ビットを制御する量子演算素子を意味することもある。量子化機能素子。

りょうシチリア-おうこく【両シチリア王国】ノルマン人のルッジェーロ2世が、1130年、シチリア島とイタリア半島南部を征服して建てた王国。13世紀以来、王位はドイツ・フランス・スペインの王家を転々とし、1861年、イタリア王国に併合され消滅した。

りょう-しつ【良質】〔名・形動〕質がすぐれていること。また、そのさま。「一な(の)素材」(対)悪質。(類語)上等・上質・良い・優良・佳良・純良・良好・見事・立派

りょう-じつ【両日】両方の日。ふつか。

りょう-じつ【良日】事を行うのによい日。吉日。

りょうしつ-ペーシング【両室ペーシング】►心臓再同期療法

りょう-じて【両仕手】能または狂言で、ツレまたはアドがシテと同じくらい重要な役である場合に、両者を同格に扱うこと。能「蝉丸」の蝉丸と逆髪など。

りょうし-テレポーテーション【量子テレポーテーション】原子や光子の量子力学的状態を、空間的に離れた場所にある他の原子や光子で再現すること。元の原子や光子を異なる場所に移すのではなく、その量子状態のみの転送を指し、量子力学的に相関をもつ二つの粒子(量子もつれの関係にある粒子対)と古典物理学的な情報伝達(光速を越えない通常の通信)を組み合わせて行う。その際、元の原子や光子の量子状態は失われ、また光速を越えて転送することはできない。

りょうし-てん【量子点】►量子ドット

りょうし-でんきりきがく【量子電気力学】►量子電磁力学

りょうし-でんじりきがく【量子電磁力学】荷電粒子と電磁場からなる力学系を、原子や素粒子を量子として扱い、電磁場の量子との相互作用として相対論的に記述する理論。朝永振一郎らの繰り込み理論によって完成。量子電気力学。QED(quantum electrodynamics)。

りょうし-とうけいりきがく【量子統計力学】量子として振る舞う同種粒子の集団を統計的に扱う理論。

りょうし-ドット【量子ドット】電子を微小な空間に閉じ込めるために形成した直径数〜数十ナノメートルの半導体結晶。量子点。量子箱。(補説)電子をその波長とほぼ同じ大きさの空間に注入すると、三次元のどの方向にも自由に移動できないため、特定のエネルギー状態をとる。このエネルギー状態は、量子ドットの大きさを変えることで、ある程度自由に変化させることができるため、新しい機能を発現する素材をつくることができる。量子ドットレーザー・単電子トランジスタ・量子コンピューターなどへの応用が進められている。

りょうしドットがた-たいようでんち【量子ドット型太陽電池】電子を直径数〜数十ナノメートルという微小な空間に閉じ込めた量子ドット構造の半導体結晶を用いる太陽電池。太陽光に含まれるさまざまな波長を利用でき、理論上60パーセント以上のエネルギー変換効率が得られるとされる。次世代の太陽電池として期待され、実用化に向けた研究開発が進んでいる。量子ドット太陽電池。

りょうしドット-たいようでんち【量子ドット太陽電池】►量子ドット型太陽電池

りょうし-トンネルこうか【量子トンネル効果】►トンネル効果

りょうし-ばこ【料紙箱】料紙や書簡、また、草紙類などを入れておく箱。草紙箱。

りょうし-ばこ【量子箱】►量子ドット

りょうし-ビット【量子ビット】《quantum bit, qubit》量子コンピューターで扱われる情報の最小単位。従来のコンピューターで扱われるビットは、情報の最小単位を0か1だけで表したが、量子ビットでは、0と1のほか、0と1とを重ね合わせた状態も表すことができる。たとえば4ビットの場合、一度に表せる状態は二進数で1101のように1通りだけなのに対し、4量子ビットの場合、0000から1111までの16通りを量子力学的に重ね合わせの状態にあるものとして同時に表すことができる。そのため一つの値を逐一計算するのではなく、すべての値を同時に(並列的に)計算することが可能になり、従来のコンピューターとは比較にならないほど高速な並列計算が実現できる。量子ビットのふるまいを物理的に具体化するものとして、電子のスピンや光の偏光が有力視されている。キュービット。キュビット。クビット。

りょうし-ぶつりがく【量子物理学】量子力学を基礎として物理現象を研究する学問分野の総称。

りょうし-もつれ【量子縺れ】二つ以上の粒子や系が、量子力学的に相関をもっていること。また、そのような性質。それらの粒子や系は互いの空間的な隔たりに依存しない非局所性といわれる相関をもち、古典物理学では扱うことができない振る舞いを示す。この量子もつれを利用した量子コンピューターや量子テレポーテーションの研究が進められている。量子相関。量子絡み合い。量子エンタングルメント。エンタングルメント。

りょう-しゃ【両者】両方の者。双方。「一の言い

分を聞く」(類語)両人・両方・双方
りょう-しゃ【寮舎】寮の建物。
りょう-しゅ【良主】よい主人。りっぱな君主。
りょう-しゅ【良酒】よい酒。うまい酒。美酒。
りょう-しゅ【良種】よい品種。また、よい種子。
りょう-しゅ【領主】《古くは「りょうじゅ」》❶領国を支配している人。領土の持ち主。❷平安時代以後、特定の土地を所有し、かつその土地と在住民を直接的あるいは代官などによって間接的に支配し収益する者。❸江戸時代、土地を所有し人民を支配する権力を持つ大小名や旗本などの称。
りょう-しゅ【領取】〔名〕スル 受け取って自分のものとすること。「悞なりなく—せしやを問い」〈中村訳・西国立志編〉
りょう-しゅう【竜集】➡りゅうしゅう(竜集)
りょうしゅう【涼州】中国甘粛省の都市武威の旧称。
りょう-しゅう【涼秋】❶涼しい秋。「一の候」❷陰暦9月の異称。
りょう-しゅう【領収】〔名〕スル 金品を受け取っておさめること。「代金を—する」(類語)受け取る・受領
りょう-しゅう【領袖】❶えりと、そで。❷《「晋書」魏舒伝による。えりとそでとは人目に立つところから》人を率いてその長となる人物。ある集団の中の主となる人物。「各派の—が会合を開く」
りょう-じゅう【猟銃】狩猟に用いる銃。(季 冬)
りょうしゅう-しょ【領収書】金銭を受け取ったしるしに書いて渡す書き付け。受取。受領証。領収証。レシート。(類語)受け取り・レシート・受領証
りょうしゅう-しょう【領収証】「領収書」に同じ。
りょうしゅ-けん【領主権】中世ヨーロッパの封建社会において、領主が有した土地所有権・人身支配権・領主裁判権。
りょうじゅ-せん【霊鷲山】《梵 Gṛdhrakūṭa-parvataの訳》古代インドのマガダ国の首都、王舎城の北東にあり、釈迦が法華経などを説いた山。山頂の形が鷲に似るので、また山中に鷲がいたのでこの名があるという。現在のインドのビハール州中部のラジギールにある。鷲の山。耆闍崛山。鷲峰山。霊山。
りょう-しょ【両所】❶両方の場所。二つの場所。2か所。「東京と大阪の—で同時に開催する」❷(多く「御両所」の形で)二人の人を敬っていう語。お二人。お二方。
りょう-しょ【良書】読んでためになる書物。
りょう-しょ【料所】領地。特定の所用の料にあてるための領地。「不断如法経の—にぞ擬せられける」〈太平記・一一〉
りょうしょ【梁書】中国の二十四史の一。南朝、梁4代の歴史を記した書。唐の太宗の勅命により姚思廉・魏徴らが撰。629年成立。本紀6巻・列伝50巻の全56巻から成り、志・表を欠く。
りょう-しょ【猟書】書物、特に珍しい書物を探しまわって、買いあさること。「一家」
りょう-しょ【領所】領有する場所。領地。「西南海の—を願ひて、東北の庄園を好まず」〈方丈記〉
りょう-じょ【両序】禅寺で、東序と西序のこと。両班。
りょう-じょ【˟諒˟恕】〔名〕スル 相手の立場や事情を思いやってゆるすこと。「御—賜りたい」
りょう-しょう【了承】・【˟諒承｜領承】〔名〕スル 事情をくんで納得すること。承知すること。承諾。「—を得る」「申し入れを—する」「一済み」(類語)了解・承知・承諾・承認・承引・承服・納得・同意・受諾・応諾・許諾・オーケー・受け入れる・聞き入れる・うべなう・うけがう・がえんずる・諾する・応ずる・引き受ける
りょう-しょう【良匠】❶すぐれた工匠。名工。「厚值を受け、—の名を得るに至れり」〈中村訳・西国立志編〉❷すぐれた学者。
りょう-しょう【良宵】よい晩。晴れて気持ちのよい夜。(季 秋)
りょう-しょう【良将】すぐれた武将。りっぱな将軍。「—の下に弱卒なし」
りょう-しょう【領掌】《「りょうじょう」とも》❶受け取ること。領収。「金額ヲ—スル」〈和英語林集成〉❷領地として支配すること。領知。❸承諾すること。了承。「仙洞へまゐるべきよし—申したりけるが」〈保元・上〉
りょう-しょう【料˟峭】〔ト・タル〕図〔形動タリ〕春風が肌にうすら寒く感じられるさま。「—たる春風」「—の候」(季 春)
りょう-じょう【˟梁上】梁のうえ。
梁上の君子　《「後漢書」陳寔伝から。陳寔が梁の上に忍び込んでいる盗賊を見つけて、悪い習慣が身につくとあの梁の上の君子のようになるのだと子供たちを戒めたという故事による》❶盗賊。どろぼう。❷ネズミの異称。
りょうしょう-か【˟凌˟霄花】ノウゼンカズラの漢名。
りょうじょう-こし【竜˟驤虎視】➡りゅうじょうこし(竜驤虎視)
りょうじょう-こはく【竜˟攘虎˟搏】➡りゅうじょうこはく(竜攘虎搏)
りょう-しょうし【廖承志】[1908～1983]中国の政治家。東京生まれ。父は国民党左派の指導者、廖仲愷。長征、抗日戦に参加。人民共和国成立後は日中国交回復に尽力。中日友好協会発足以来、その会長を務めた。リアオ＝チョンチー。
りょう-しょく【猟色】次々と女あさりをすること。漁色。
りょう-しょく【糧食】食糧。特に、備蓄・携行した食糧。「—が尽きる」
りょう-じょく【˟凌辱｜陵辱】〔名〕スル ❶相手を傷つけるような言動をして、恥をかかせること。「武力による—を受ける」❷暴力で女性を犯すこと。(類語)(❶)恥辱・屈辱・汚辱・侮辱・辱め・恥/(❷)暴行・強姦
りょうしょく-とう【両色灯】小型船が舷灯に代用できる船灯。一つの灯具で一面には緑色の灯、他面には紅色の灯を装置したもの。
りょうしょ-ごんげん【両所権現】「二所の権現」に同じ。
りょうし-りきがく【量子力学】素粒子・原子・分子などの微視的な世界の物理現象を扱う理論体系。物質のもつ波動性と粒子性、観測による測定値の不確定性などを基本とする。アインシュタインの光量子論、ボーアの原子構造論などを経て、ハイゼンベルクの行列力学とシュレディンガーの波動力学とが統一されて、1925年ごろ確立。
りょうし-ろん【量子論】量子力学、およびそれにより体系化される理論の総称。プランクの量子仮説から量子力学の確立までを前期量子論・古典量子論という。物理学のほか化学・工学・生物学でも展開。
りょう-しん【両心】ふたごころ。二心。
両心は以て一人を得べからず一心は以て百人を得べし　《「淮南子」繆称訓から》二心を抱く者はうまく立ち回っても結局は一人の支持者をも得られないが、他念のない心を守りつづける者はたくさんの味方ができる。
りょう-しん【両親】父親と母親。ふたおや。(類語)親・二親・父母・父母
りょう-しん【良心】善悪・正邪を判断し、正しく行動しようとする心の働き。「—がとがめる」「—の呵責」(類語)精神
りょう-しん【良˟辰】よい日。吉日。吉辰。
りょう-じん【良人】❶よい人。賢い人。❷夫。❸「良民❷」に同じ。
りょう-じん【˟梁˟塵】❶梁の上に積もっているちり。梁上のちり。❷《「梁塵を動かす」の故事から》すぐれた歌声。また、歌謡。音楽。
梁塵を動かす　歌声がすぐれていることのたとえ。昔、中国で、魯の虞公という声のよい人が歌をうたうと、梁の上のちりまでが動いたという故事による。
りょう-じん【猟人】狩猟をする人。狩人。猟師。(季 冬)
りょうしん-おん【両唇音】上下の唇を接触、または接近させることにより、呼気の通路を変化させて発する音。[p][b][m][w]の類。
りょうじんぐあんしょう【梁塵愚案抄】室町中期の歌謡注釈書。2巻。一条兼良著。康正元年(1455)以前成立。神楽歌と催馬楽の注釈書。
りょうしん-てき【良心的】〔形動〕良心に従って誠実に事を行うさま。「—な応対」
りょうしんてき-へいえききょひ【良心的兵役拒否】《conscientious objection》古くは信仰上の理由から、現在では広く思想的・政治的な信条から、兵役につくことや、兵役に応じても戦闘業務につくことを拒否すること。
りょうじんにっき【猟人日記】《原題、露 Zapiski Okhotnika》ツルゲーネフの短編集。1852年に22編で刊行、80年に3編が追加され、全25編からなる。ハンターの見聞録のかたちで農奴の悲惨な生活と高貴な魂とを描き、農奴解放に大きな影響を及ぼした。
りょうしん-の-じゆう【良心の自由】人がその良心に従って行動する自由。憲法の保障する基本的人権の一。
りょうじんひしょう【梁塵秘抄】平安末期の歌謡集。もとは歌詞集10巻と口伝集10巻とからなっていたといわれるが、巻1の抄出と巻2および口伝集巻1の一部と巻10のみが現存する。後白河法皇撰。12世紀後半の成立。今様などの雑芸の歌謡を分類・集成したもの。
りょう・ず【˟凌ず｜陵ず】〔動サ変〕ひどい目にあわせる。責めさいなむ。「恐ろしげなる鬼どもの、我身をとりどりに打ち—・じつるに」〈宇治拾遺・一五〉
りょう-すい【量水】河川・湖沼などの水位や水量をはかること。「一計」
りょう-すい【領水】国家の領域に属する水域。領海と河川・湖沼などの内水とに分けられるが、領海と同義に用いられることもある。
りょうすい-き【量水器】➡水量計
りょうすい-ひょう【量水標】水位を測るために設置される、目盛りのついた標識柱。
りょう-すう【両数】➡双数
りょう・する【了する】〔動サ変〕図れう・す〔サ変〕❶終わる。また、終える。終了する。「すべての手続きを—・する」❷悟る。了解する。「真意を—・する」
りょう・する【領する】〔動サ変〕図りやう・す〔サ変〕《「りょうずる」とも》❶領地として所有する。「広大な土地を—・する」「心を—・していた悲しみ」❷受け取る。また、承知する。了承する。「陳情の趣旨を—・する」❸魔物などがとりつく。「鬼神も、あが君をばえ—・じたてまつらじ」〈源・蜻蛉〉(類語)(❶)支配・統治・君臨・制覇・制圧・征服・圧伏・管理・管轄・統轄・統御・統率・宰領・監督・統制・取り締まり・独裁・専制・治世・統べる・制する・握る・牛耳る
りょう・する【˟諒する】〔動サ変〕図りやう・す〔サ変〕やむを得ないとして認める。事情を思いやって納得する。諒とする。「その点は—・せられたい」
りょう・する【療する】〔動サ変〕図れう・す〔サ変〕《「りょうずる」とも》病気を治療する。また、欠点などをなおす。「人の罪悪を—・し」〈中村訳・西国立志編〉
りょう-せい【令制】➡律令制
りょう-せい【両生｜両˟棲】陸上と水中との両方にすむことができること。
りょう-せい【両性】❶雄性と雌性。男性と女性。❷二つの異なった性質。(類語)(❶)男女・性・雌雄
りょう-せい【良性】性質のよいこと。㊥悪性。
りょう-せい【良政】よい政治。善政。
りょう-せい【寮生】寄宿寮に住む学生・生徒。
りょうせい-か【両性花】一つの花に雄しべと雌しべをもつ花。桜・アブラナなど被子植物に普通にみられる。両全花。雌雄同花。㊥単性花。
りょうせい-かごうぶつ【両性化合物】酸に対しては塩基、塩基に対しては酸として働く性質をもつ化合物。アミノ酸・たんぱく質など。

りょうせい-ざっしゅ【両性雑種】リャウセイ ▶二遺伝子雑種

りょうせい-さんかぶつ【両性酸化物】リャウセイサンクヮブツ 塩基に対しては酸性、酸に対しては塩基性を示す酸化物。酸化アルミニウムなど。

りょうせい-しゅよう【良性腫瘍】リャウセイシュヤウ 腫瘍のうち、発生した場所でのみ緩慢に増殖し、浸潤・転移・再発しないもの。比較的生命に危険はない。

りょうせい-すいさんかぶつ【両性水酸化物】リャウセイスイサンクヮブツ 酸に対しては塩基性、塩基に対しては酸性を示す水酸化物。水酸化アルミニウムなど。

りょうせい-せいしょく【両性生殖】リャウセイ 有性生殖のうち、卵と精子など雌雄の配偶子の受精によって、新固体の発生が始まる生殖様式。

りょうせい-せん【両性腺】リャウセイ 1個の生殖腺で卵子・精子の両方を作るもの。巻き貝や一部の二枚貝で雌雄同体のものにみられ、精巣として機能したのちに卵巣になる場合が多い。卵精巣。

りょうせい-でんかいしつ【両性電解質】リャウセイ 酸性溶液中では塩基、塩基性溶液中では酸として作用する電解質。水酸化アルミニウム・水酸化亜鉛やアミノ酸・たんぱく質など。

りょう-せいばい【両成敗】リャウ 事情のいかんを問わず、事を起こした両方を罰すること。「喧嘩(けんか)—」

りょうぜい-ほう【両税法】リャウゼイハフ 中国で、唐代から明代にかけて行われた税法。均田制の崩壊に対し、780年、宰相楊炎の建議により、従来の租庸調に代わるものとして制定・施行された。現住地に戸籍を定め、資産の多少に応じて等級を定め、夏と秋の2回に分けて徴収するものとした。

りょうせい-るい【両生類】リャウセイ 両生綱の脊椎動物の総称。魚類と爬虫(はちゅう)類との間に位置し、幼時は水中でえら呼吸をし、変態後は肺呼吸をする。心臓は二心房一心室。体表にうろこ・毛・羽がなく、変温動物で、卵生または卵胎生。海および極地を除き世界に広く分布し、無尾類のカエル、有尾類のイモリ・サンショウウオ、無足類のアシナシイモリなどのほか、イクチオステガなどの化石種がある。

りょう-せつ【両説】リャウ 二つの説。対立する二つの論説。「新旧—」

りょう-ぜつ【両舌】リャウ 仏語。十悪の一。二枚舌を使うこと。

りょう-せん【良×賤】リャウ 律令制で、良民と賤民。また、身分のよいものといやしいもの。

りょう-せん【▽竜潜】《竜が水中にひそんでいる意から》英雄・賢人が世に出ないで隠れていること。また、天子がいまだ位に就かないでいること。また、その時期や、その人。りゅうせん。

りょう-せん【猟船】レフ 魚をとる船。漁船(ぎょせん)。

りょう-せん【×稜線】山の峰から峰へ続く線。尾根。(類語)尾根・山稜・分水嶺(ぶんすいれい)

りょう-せん【僚船】レウ 仲間の船。同時におなじ仕事をしている別の船。

りょう-ぜん【▽令前】リャウ 大宝令または飛鳥浄御原令(あすかきよみはらりょう)施行以前の時代。

りょう-ぜん【両全】リャウ 両方とも完全であること。また、二つとも完全にすること。「忠孝—」「一挙—」
(類語)完全・完璧(かんぺき)・万全・十全・満点・金甌(きんおう)無欠・完全無欠・百パーセント・パーフェクト・全く・全(まった)い・文句なし・間然(かんぜん)する所がない

りょうぜん【良暹】リャウゼン 平安中期の歌人。比叡山の僧で、祇園(ぎおん)の別当を務めた。その歌は後拾遺集以下の勅撰集に約30首入集。生没年未詳。

りょう-ぜん【霊山】リャウ ㊀福島県北東部、伊達(だて)市と相馬市との境にある山。標高825メートル。奇岩が連なる。慈覚大師建立の霊山寺跡や霊山城跡がある。㊁京都市東山区霊山町にある山。東山三十六峰の一。中腹に正法寺がある。㊂霊鷲山(りょうじゅせん)の異称。

りょう-ぜん【×亮然】リャウ〔形動タリ〕明らかなさま。はっきりしているさま。「—たる徳沢に浴すと雖ども」〈岡部啓五郎・開化評林〉
(類語)はっきり・くっきり・ありあり・まざまざ・確(しか)と・明らか・際(きわ)やか・定か・さやか・鮮やか・明瞭(めいりょう)・鮮明・分明・顕著・顕然・歴然・歴歴・瞭然(りょうぜん)・判然・画然(かくぜん)・截然(せつぜん)

りょう-ぜん【了然】レウ〔ト・タル〕図〔形動タリ〕はっきりとよくわかるさま。判然。「人間日常の情偽をして読者の心胸に—として」〈逍遥・小説神髄〉

りょう-ぜん【瞭然】レウ〔ト・タル〕図〔形動タリ〕はっきりしていて疑いのないさま。明白であるさま。「—たる事実」「一目—」(類語)はっきり・くっきり・ありあり・まざまざ・確(しか)と・明らか・際(きわ)やか・定か・さやか・鮮やか・明瞭(めいりょう)・鮮明・分明・顕著・顕然・歴然・歴歴・亮然(りょうぜん)・判然・画然(かくぜん)・截然(せつぜん)

りょうぜん-か【両全花】リャウゼンクヮ 「両性花」に同じ。

りょうぜん-じ【霊山寺】リャウゼン ㊀奈良市にある霊山寺真言宗(単立)の寺。山号は、鼻高山。天平年間(729〜749)聖武天皇の勅願により建立。開山は行基。鎌倉時代に再建の本堂(国宝)のほか三重の塔・鐘楼などの古建築が残る。れいざんじ。㊁徳島県鳴門市にある高野山真言宗の寺。山号は、笠和山。開創は天平年間、開山は行基と伝える。四国八十八箇所第1番札所。

りょうぜん-じんじゃ【霊山神社】リャウゼン 福島県伊達市にある神社。祭神は北畠親房・顕家・顕信・守親。明治14年(1881)創建。

りょうぜん-は【霊▽山派】リャウゼン 時宗十二派の一。京都の霊山正法寺を本寺とし、国阿を派祖とする。現在は派名を立てない。

りょう-そう【両総】リャウ 上総(かずさ)・下総(しもうさ)2国の併称。

りょうそう-し【領送使】リャウソウ 古代、流罪人を配所まで護送した役人。衛府の官人、検非違使などが任ぜられた。

りょう-そうめい【梁漱溟】リャウ［1893〜1988］中国の思想家。広西省の人。「東西文化および哲学」を著し、中国の伝統思想を称揚、次いで、理想的農村建設運動を実践。民主同盟創立に参加。新中国成立後、中国人民政治協商会議全国委員。リアン=シューミン。

りょうそう-ようすい【両総用水】リャウソウ 千葉県九十九里浜平野南部の灌漑(かんがい)と低湿地の排水のために作られた国営の用水路。延長約80キロ。香取市で利根川から取水し、横芝光町、茂原市に至る。昭和42年(1967)完成。

りょう-そく【両足】リャウ ❶両方の足。2本の足。両脚。❷「両足尊」の略。「紫磨金(しまごん)を瑩(みが)いて—を礼し奉る」〈和漢朗詠・下〉

りょう-そく【料足】レウ あることにかかる費用。代価。「供具(くぐ)の—一万疋副(そ)へて」〈太平記・三六〉

りょう-そく【寮則】レウ 寮生活をするときの規則。

りょう-ぞく【良俗】リャウ 健全な風俗。よい慣習。「—を乱す」「公序—」(類語)美俗・美風・良風

りょうそく-そん【両足尊】リャウソク《両足を具えている人間の中で最も尊い者の意。「りょうぞくそん」とも》仏の尊称。

りょう-そで【両袖】リャウ ❶左右両方の袖。❷建造物・舞台・机などの左右両方のわきの部分。

りょう-そん【両存】リャウ 両方ともに存在すること。また、両方とも存在させておくこと。

りょう-ぞん【両損】リャウ〔名〕スル《「りょうそん」とも》❶同時に二つの損をすること。⇔両得。❷両者ともに損をすること。⇔両得。

りょうた【蓼太】レウ ▶大島蓼太(おおしまりょうた)

りょう-だく【領諾】リャウ 承知して引き受けること。承諾。「一議に及ばず—して」〈読・近世説美少年録・三〉

りょう-たつ【了達】レウ《「りょうだつ」とも》心によく悟ること。「即心是仏のむねを—しぬるがごときは」〈正法眼蔵・弁道話〉

りょう-だて【両建(て)】リャウ 取引で、同一人が、同一銘柄の売り建てと買い建ての両方をたてておくこと。

りょうだて-よきん【両建て預金】リャウダテ 拘束性預金の一。銀行などの金融機関が貸付の条件として預け入れさせた預金。➡歩積(ぶづ)み預金

りょう-だめ【両▽為】リャウ 両方のためや利益になること。「お前さんも人に憎まれず私の方でも大助かり、ほんに—で御座んす」〈一葉・わかれ道〉

りょう-たん【両端】リャウ ❶両方のはし。りょうはし。「橋の—」❷物事の始めと終わり。本末。首尾。❸どっちつかずの態度。ふたごころ。(類語)端

両端を持(じ)・する 《「史記」信陵君伝から》どちらにつくか決めないで、あいまいな態度をとる。「派閥争いの外にいて—する」

両端を叩(たた)・く 《「論語」子罕から》物事の首尾・両極をきわめつくす。「—いて黒白の変化を同一物の上に起こす所が人間の融通のきく所である」〈漱石・吾輩は猫である〉

りょう-だん【両断】リャウ〔名〕スル 二つにたち切ること。たち切って二つにすること。「一刀—」

りょうだん-さいはい【両段再拝】リャウダン 拝礼の一。再拝を二度行う作法。神社・山陵などの拝礼で最もていねいなもの。

りょうたん-ぞろえ【両端×揃え】リャウタンゾロヘ ▶均等割り付け

りょう-ち【了知】レウ〔名〕スル はっきりと知ること。よく理解すること。「事の是非を—する」(類語)承知・認識

りょう-ち【良知】リャウ ❶《「孟子」の説から》人が生まれながらにもっている、是非・善悪を誤らない正しい知恵。「—良能」➡致良知(ちりょうち) ❷よい友。知友。

りょう-ち【料地】レウ ある目的のために使用する土地。用地。(類語)用地・宅地・敷地・土地・地所・地面

りょう-ち【陵遅】❶丘陵がしだいに低くなること。❷物事がしだいに衰えること。「仏法—し行くこと眼前に近し」〈正法眼蔵随聞記・四〉

りょう-ち【量地】リャウ 土地を測量すること。

りょう-ち【領地】リャウ 領有している土地。所有し支配する土地。また、国家の主権の及ぶ土地。領土。
(類語)領土・植民地・租界

りょう-ち【領知】リャウ〔名〕スル 土地を領有して支配すること。「二国を—しけり」〈今昔・二・二六〉

りょう-ち【領置】リャウ〔名〕スル 刑事訴訟法上、強制方法によらず、被告人・被疑者などが遺留した物または所有者・所持者などが任意に提出した物の占有を裁判所や捜査機関が取得すること。➡押収

りょうち-しゅぎ【了知主義】レウ 意思表示の効力が発生する時期を、相手方がその内容を了知したときとする主義。例えば、手紙を読みおえたときなど。

りょうちゅう【良忠】リャウチュウ［1199〜1287］鎌倉中期の浄土宗の僧。石見(いわみ)の人。然阿と称す。天台・倶舎(くしゃ)・法相(ほっそう)・禅などの各宗、のち浄土教を学び、関東に広く布教して鎌倉に蓮華寺(光明寺)を創建。浄土宗第三祖。門下は六流をなした。

りょう-ちょう【両朝】リャウテウ 二つの朝廷。また、2代の朝廷。「南北—」

りょう-ちょう【猟鳥】レフテウ 法律で、捕獲することが認められている鳥。狩猟鳥。

りょう-ちょう【寮長】レウチャウ 寮生の取り締まりなどをする寮の責任者、また、代表者。

りょうつ【両津】リャウツ 新潟県、佐渡島東部にあった市。両津湾に面し、佐渡島の玄関口として発展。平成16年(2004)佐渡郡9町村と合併し、佐渡島全島で佐渡市となった。➡佐渡

りょうつ-し【両津市】リャウツ ▶両津

りょうつ-じんく【両津甚句】リャウツ 新潟県の民謡で、佐渡島(さどがしま)の盆踊り歌。

りょう-て【両手】リャウ ❶左右両方の手。もろて。「—利き」❷《その指の数から》10の数。
(類語)(❶)もろ手・両腕

両手に花 二つのよいものを同時に手に入れることのたとえ。また、一人の男性が同時に二人の女性を連れていることのたとえ。

りょう-てい【料亭】レウ 主として日本料理を出す高級な料理屋。(類語)料理屋・食堂・レストラン

りょう-てい【▽竜×蹄】「りゅうてい(竜蹄)」に同じ。「春宮は—にめされ」〈太平記・一七〉

りょう-てい【涼亭】リャウ 涼むために庭などに設けたあずまや。「—ふうに庭にさし出たひろい窓の下で」〈野

上・迷路〉

りょう-てい【量定】〔名〕スル 軽重をはかって決定すること。「刑の―」「先密に通知探索して以て是を―す」〈西周訳・万国公法〉

りょう-てき【量的】〔形動〕量に関するさま。また、量の見地から見るさま。「―な比較をする」「―には不足がない」⇔質的。

りょうてき-かんわ【量的緩和】中央銀行が、市場に供給する資金量を目標として金融緩和を行うこと。非伝統的金融政策の一つ。中央銀行は通常、短期金利を誘導目標として金融市場調節を行うが、すでに超低金利政策を実施し、政策金利を引き下げる余地がない状況の中で市場への資金供給を増やす必要がある場合に導入される。量的金融緩和政策。QE(quantitative easing)。➡信用緩和 〘補説〙日本銀行はデフレ克服を目的として、平成13年(2001)3月から同18年3月まで量的緩和政策を実施。民間金融機関の日銀当座預金残高目標を引き上げ、長期国債や資産担保証券、銀行保有株式の買い入れを行った。市場に潤沢な資金が供給されたことから、短期金利は0.001パーセントまで低下し、実質的なゼロ金利政策となった。また、量的緩和の導入に際して、日銀が、消費者物価指数(生鮮食品を除く)の前年比上昇率が安定的に0パーセント以上になるまで緩和策を継続すると約束したことから、時間軸効果が一定の効果を上げたとされる。➡準備預金制度 ➡公開市場操作

りょうてききんゆうかんわ-せいさく【量的金融緩和政策】►量的緩和

りょう-てっこう【菱鉄鉱】炭酸鉄を主成分とする鉱物。多く菱面体の結晶をなし、三方晶系。淡黄色・褐色などでガラス光沢がある。鉄の原料鉱石。炭酸鉄鉱。

りょうて-なべ【両手鍋】両側に取っ手のついた鍋。

りょう-てん【両天】❶晴天と雨天。❷晴雨兼用の傘。両天傘。❸「両天秤」の略。❹かんざしの両端に対の紋や花形などのあるもの。

りょう-てん【両点】❶漢文に返り点と送り仮名の両方をつけること。➡片点 ❷漢文の訓読で、一語を音と訓との両方に読むこと。「浩汗」を「浩汗とおぎろなり」、「関関雎鳩」を「関関とやわらぎなける雎鳩のみさご」と読む類。文選読み。

りょう-でん【良田】地味の肥えた田地。美田。

りょう-てんびん【両天秤】❶「天秤❶」に同じ。❷どちらになっても自分は損のないように、両方に関係をつけておくこと。両天。

両天秤を掛・ける 「天秤に掛ける❷」に同じ。

りょう-と【良図】よいはかりごと。良計。

りょう-ど【両度】二度。再度。「―にわたって米国を視察する」

りょう-ど【領土】❶領有している土地。領地。❷国家の統治権の及ぶ区域。土地からなる国家の領域であるが、広義には領海・領空を含めて用いられる。〘類語〙領地・領域・領分・縄張り・テリトリー・植民地

りょう-とう【両刀】刀と脇差。大小。「―を帯びる」

りょう-とう【両統】❶二つの血統。❷二つの皇統。

りょう-とう【両頭】❶一つのからだに頭が二つあること。また、その頭。双頭。「―の蛇」❷二人の頭領・支配者。「―会談」❸両方。また、両方の端。両端。「こんなに―の雪隠にしておくからわるい」〈滑・膝栗毛・八〉

りょう-とう【良刀】よい刀。鋭利な刀。

りょう-とう【竜頭】《「りょうどう」とも》竜のあたま。特に、船首に取りつけた竜のあたまの装飾。また、それを取りつけた船。りゅうとう。

りょう-とう【裲襠】►打ち掛け❷㋐

りょうとう【遼東】中国、遼寧省南東部の地域。遼河の東をいう。

りょう-どう【両道】❶二つの街道、また地方。「山陰・山陽の―」❷二つの方面。二道。「文武―」〘類語〙二道・二途・二股

りょう-どう【糧道】食糧を運ぶ道筋。また、食糧を手に入れる方法。「―を断たれる」

りょうとう-げきしゅ【竜頭鷁首】船首にそれぞれ竜の頭と鷁の首とを彫刻した二隻一対の船。平安時代、貴族が池や泉水などに浮かべ、管弦の遊びなどをするのに用いた。りゅうとうげきしゅ。りょうとうげきす。

りょうとう-げきす【竜頭鷁首】►りょうとうげきしゅ(竜頭鷁首)

りょうとう-せいじ【両頭政治】二人の支配者が両立して行う政治。二頭政治。

りょうとう-せきふ【両頭石斧】身の両端に刃のある石斧。

りょうどう-たい【良導体】熱や電気の伝導率が高い物質。銅・銀・アルミニウム・鉄など。導体。

りょうとう-づかい【両刀遣い】《「りょうとうつかい」とも》❶両手に大小の刀を持って戦う剣法。また、その剣士。二刀流。二刀遣い。「―の剣客」❷二つの対照的な物事を同時にうまくできること。また、その人。❸酒と甘い物との両方を好むこと。また、その人。〘類語〙(③)二刀流・雨風

りょうとう-てつりつ【両統迭立】鎌倉後期、後嵯峨天皇ののち持明院統(後深草天皇の血統)と大覚寺統(亀山天皇の血統)との二つの皇統から交互に皇位に就いたこと。

りょうとう-の-いのこ【遼東の豕】《遼東で珍しいとされた白頭の豚が河東では珍しくなかったという「後漢書」朱浮伝の故事から》世間知らずのために、つまらないことを誇りに思ってうぬぼれること。また、そのような人のたとえ。

りょうとう-はんとう【遼東半島】中国、遼寧省南東部、渤海と黄海との間に突出する半島。中心都市は大連。1895年に下関条約で日本に割譲されたが、三国干渉で清国に還付。1905～45年南端部が日本の租借地とされ、関東州とよばれた。リアオトン半島。

りょうとう-ろんぽう【両刀論法】►ジレンマ❷

りょう-とく【了得】〔名〕スル 十分に理解し納得すること。悟ること。領得。「理法を―する」

りょう-とく【両得】〔名〕スル《「りょうどく」とも》❶一度に二つの利を得ること。「一挙―」⇔両損。❷両者がともに利益を得ること。⇔両損。

りょう-とく【領得】〔名〕スル ❶「了得」に同じ。「趣旨を―する」❷自己または第三者のものとする目的で、他人の財物を不法に取得すること。

りょうとくじ-だいがく【了徳寺大学】千葉県浦安市にある私立大学。平成18年(2006)の開設。

りょうど-けん【領土権】❶「領土主権」に同じ。❷国家が領土に関して有する権利。領土を占有・使用・処分できる権利。

りょうど-しゅけん【領土主権】国家が、領土内のすべての人と物に対して排他的に統治を行う権能。領土権。

りょうとつ-レンズ【両凸レンズ】両面とも凸面であるレンズ。

りょう-どなり【両隣】左右両方の隣。右隣と左隣。「向こう三軒―」

りょう-どり【両取(り)】将棋やチェスで、二つの駒が同時に取れる状態になっていること。転じて、二つの利益を同時に取れる状態にあること。

りょう-ない【領内】領地の中。⇔領外。

りょうながれ-づくり【両流れ造(り)】流れ造りの一。母屋の前後に庇があり、破風板が合掌形にひとつづきに作ってあるもの。厳島神社本殿など。

りょう-にせんせき【良二千石】《中国漢代、郡の長官の年俸が二千石であったところから》よい政治を行う地方長官。すぐれた知事。

りょう-にん【両人】両方の人。両名。ふたり。〘類語〙両者・両名・両方・双方

りょうにん【良忍】[1072～1132]平安後期の僧。融通念仏宗の開祖。尾張の人。勅諡号、聖応大師。比叡山の常行三昧堂に入り不断念仏を修め、のち大原に引退。融通念仏宗を開き、諸国を勧進し、摂津に大念仏寺を創建して根本道場とした。また、声明に秀で、天台声明中興の祖とされる。

りょうねい【遼寧】中国、東北地方南部の省。省都は瀋陽。遼河が貫流し、黄海と渤海に面する。東は鴨緑江を隔てて朝鮮半島と接する。鉄・石炭など地下資源に富み、工業が盛ん。人口、4221万(2005)。リアオニン。

りょうねい-しょう【遼寧省】►遼寧

りょう-のう【良能】生まれながらに持っているすぐれた能力。また、その持ち主。「良知―」

りょう-のう【良農】すぐれた農民。

りょう-のう【菱脳】脳の発生の過程でできる脳胞の最も後方のふくらみ。内腔に第四脳室があり、やがて前部が後脳に、後部が髄脳に分化する。

りょう-のう【領納】❶金品を受け取り納めること。領収。受領。❷意見などを受け入れること。「中将の君の―したる躰なり」〈花鳥余情・二〉

りょう-のう【糧嚢】食糧を入れて背負ったり腰につけたりする袋。糧袋。

りょうのぎげ【令義解】養老令の官撰の注釈書。10巻30編、うち2編欠。清原夏野・小野篁らの撰。天長10年(833)成立。翌年から施行。令の解釈の公的規準を示し、本文に準ずる規制力をもった。

りょうのしゅうげ【令集解】養老令の私撰の注釈書。50巻(現存35巻)。惟宗直本の撰。貞観年間(859～877)ごろ成立。先行の諸注釈を集成し、撰者の説を加えたもの。

りょう-ば【両刃】❶刃物で、刃先の断面の左右両側に刃がついていること。また、その刃物。「―の包丁」⇔片刃。❷刀剣などで、鎬を境に両方に刃がついていること。また、その刃物。もろは。「―のかみそり」⇔片刃。

りょう-ば【良馬】よい馬。駿馬。

りょう-ば【料馬】ある目的に使用する馬。

りょう-ば【竜馬】►りゅうめ(竜馬)

りょう-ば【猟場】狩猟をする場所。かりば。

りょう-ば【漁場】漁をするのに適した場所。ぎょば。ぎょじょう。

りょう-はい【僚輩】同僚の人々。僚友。

りょう-ばい【良媒】よい仲人。りっぱな媒酌人。「此回―ありて…目出度合卺の式を挙げしは」〈蘆花・不如帰〉

りょうはく-さんち【両白山地】石川・富山・福井・岐阜の4県にまたがる山地。白山から能郷白山(標高1617メートル)までの、ほぼ南北に続く山地。北の白山を主峰とする加越山地と、南の能郷白山を主峰とする越美山地の併称。水資源が豊かで、手取川ダム(手取湖)・九頭竜ダム(九頭竜湖)などダム・人造湖が多い。わが国有数の豪雪地帯。白山国立公園に属する。名の由来は二つの「白山」にちなむ。

りょう-はし【両端】《「りょうはじ」とも》両方の端。りょうたん。

りょう-はだ【両肌】「諸肌」に同じ。

両肌を脱・ぐ 「諸肌を脱ぐ❶」に同じ。「ひょっとこは、秩父銘仙の―いで」〈芥川・ひょっとこ〉

りょうばつ-きてい【両罰規定】法人などの事業主体の代表者や従業者などが、業務に関して違反行為をした場合に、直接の違反者を罰するほか、その事業主体をも罰することを認めている規定。

りょうば-の-つるぎ【両刃の剣】「諸刃の剣」に同じ。

りょう-ばば【良馬場】競馬で、降雨などがなく水けを含まない状態の馬場。➡重馬場

りょう-はん【両班】❶「両序」に同じ。❷►ヤンバン(両班)

りょう-はん【量販】同一規格の商品を、安くして大量に売ること。マスセールス。「―店」〘類語〙多売・薄利多売・マスセールス・ホールセールス

りょう-ばん【両番】江戸幕府の大番と書院番、の

ちには書院番と小姓組番の称。

りょうばん-こきょ【竜蟠虎踞】▶りゅうばんこきょ(竜蟠虎踞)

りょうはん-てん【量販店】家電や衣料など同一規格の商品を、大量に仕入れて安く売る店。

りょう-ひ【良否】よいことと、よくないこと。よしあし。「品質の―を調べる」「―を判定する」

類語是非・正否・当否・可否・可不可・適否・理非・正邪・善悪・曲直・優劣・よしあし

りょう-ひ【寮費】寮生活者が寮に納める費用。

りょう-ひつ【良弼】よい補佐の臣。良佐。良輔。

りょう-ひつ【良筆】❶よい筆。また、美しい筆跡。❷すぐれた文章。

りょう-びらき【両開き】扉が中央から左右に分かれて開くこと。また、そのもの。⇔片開き。

りょう-ひん【良品】品質のよい品。

りょう-ふ【両夫】二人のおっと。二夫。「貞女は―に見まえず」

りょう-ふ【猟夫】かりゅうど。猟師。

りょう-ぶ【令法】リョウブ科の落葉高木。山野に生え、樹皮はまだらにはげ、滑らか。葉は長楕円形で縁にぎざぎざがある。6～8月、白色の小花を総状につけ、実は褐色。若葉は古くから食用とされ、ゆでて飯にまぜ令法飯を作る。材は床柱・器具や薪炭用。はたつもり。(季 春)

りょう-ぶ【両部】❶二つの部分。両方の部分。❷密教における二大法門。金剛界と胎蔵界。両界。❸「両部神道」の略。

りょう-ぶ【凌侮｜陵侮】〔名〕スル 他人をばかにしてはずかしめること。「外邦―の弊未だ息まず」〈西周・明六雑誌一二〉

りょう-ふう【良風】よい風俗や習慣。「―美俗」

類語美風・良俗・美俗

りょう-ふう【涼風】涼しい風。すずかぜ。(季 夏)「―の面を衝って渇癒ゆる/草田男」

りょうぶ-しんとう【両部神道】真言系の仏教家によって説かれた神道。密教の金剛界・胎蔵界両部の中に神道を組み入れ解釈しようとする神仏習合の思想。その思想的萌芽は行基・最澄・空海にみられ、神祇に菩薩・権現の名称を付すに至ったが、明治以降禁止され衰退。両部習合神道。➡本地垂迹説

りょう-ぶた【両蓋】蓋が両方に付いていること。特に、懐中時計の表と裏との両面に金属性の蓋があるもの。

りょうぶ-とりい【両部鳥居】鳥居の形式の一。2本の本柱の前後にそれぞれ低い控え柱を設け、貫で連結したもの。神仏習合の神社に多い。厳島神社の大鳥居がその好例。権現鳥居。四脚鳥居。稚児柱鳥居。

りょうぶ-まんだら【両部曼荼羅】▶両界曼荼羅

りょう-ぶん【両分】〔名〕スル 二つに分けること。二分。「もうけを―する」

類語二分・等分・分割

りょう-ぶん【領分】❶領有している土地。領地。「他国の―を侵す」❷権限・能力などの及ぶ範囲。勢力下にある領域。「営業部の―に立ち入る」

類語領域・縄張り・島・テリトリー

りょう-へい【良平】中国、漢の高祖の謀臣、張良と陳平。転じて、知略にすぐれた人。

りょう-へい【良兵】すぐれた兵士。精兵。また、すぐれた兵器。

りょう-べつ【凌蔑｜陵蔑】〔名〕スル「凌侮」に同じ。「常に一せられたる農商も」〈田口・日本開化小史〉

りょう-へん【両辺】❶図形などの、二つの辺。❷等号または不等号の左にある数式と右にある数式。右辺と左辺。

りょう-べん【両便】大便と小便。大小便。

りょうべん【良弁】▶ろうべん(良弁)

りょう-ほ【稜堡】城壁や要塞の、外に向かって突き出した角の部分。また、そのような形式で造られた堡塁。大砲による攻撃の死角をなくすために考案されたもので、堡塁全体は星形となる。ヨーロッパで発達。日本では五稜郭などに取り入れられている。りょうほう。

りょう-ぼ【陵墓】みささぎと、はか。天子や天皇・皇后・太皇太后・皇太后を葬る所である陵と、その他の皇族を葬る所である墓。類語御陵・陵・山陵

りょう-ぼ【寮母】寮にいて、寮生の食事などの世話をする女性。

りょう-ぼ【霊簿】過去帳のこと。

りょう-ほう【両方】《古くは「りょうぼう」とも》❶二つの方向・方面。「右と左の―を見てから進む」❷二つあるものの二つとも。双方。両者。「労使の―から歩み寄る」❸「両方綱」の略。類語双方・両者・両面

りょう-ほう【良法】よい方法。うまいやり方。

りょう-ほう【涼棚】暑さを避け涼むために腰を下ろす台。涼み台。

りょう-ほう【稜堡】▶りょうほ(稜堡)

りょう-ほう【療法】治療のしかた。治療の方法。「食餌―」「転地―」

りょう-ぼう【良謀】よいはかりごと。良計。

りょうほう-こっか【領邦国家】中世末期から近世にかけて、神聖ローマ帝国を構成した小国家群。皇帝権の弱体化に伴って諸侯が事実上独立して形成し、その数は300余に及んだ。領邦。

りょうほう-づな【両方綱】和船で、帆の左右両端に取り付けて、帆の向きを風向きに合わせて変える綱。

りょう-ぼく【良木】よい木。よい木材。良材。

りょう-ぼく【料木】材料として用いる木材。「神社造営の―」

りょう-ぼく【梁木】体操器具の一。高さ約4メートルの柱を2本立て、その頂に横木を渡して、つり棒・つり輪・つり縄などを取り付けたもの。

りょうぼ-せい【両墓制】遺体を葬る墓(埋め墓)と供養を営む墓(参り墓)を別に設ける風習。

りょうほんい-せいど【両本位制度】▶複本位制度

りょう-まい【糧米】食糧にする米。「―が底をつく」

りょう-まえ【両前】洋服の上着やコートの打ち合わせを深くして、ボタンを2列につけたもの。ダブルブレスト。ダブル。

りょう-まつ【糧秣】兵士の食糧と軍馬のまぐさ。

りょう-み【涼味】涼しい感じ。涼しそうな趣。「―満点の料理」(季 夏)

りょう-みん【良民】❶善良な人民。まじめな国民。❷律令制で、賤民以外の者。口分田の班給を受け、租庸調を負担した。公民。良人。

りょう-む【寮務】寮の事務。

りょう-むかい【両向(か)い】互いに面と向かっていること。また、向かい合っている二つのもの。「―の店」

りょう-め【両目】両方の目。両眼。

両目が開く 相撲で、白星が二つになること。他の勝負事にも使う。

りょう-め【竜馬】「りゅうめ(竜馬)❶」に同じ。「異国の―に等しく、千里の外に轟きたれば」〈滑・膝栗毛・発端〉

りょう-め【量目】はかりにかけてはかった物の重さ。はかりめ。りょうもく。「―が不足する」

りょう-めい【両名】「両人」に同じ。

りょう-めん【両面】❶表と裏の二つの面。両方の面。「紙の―」「―印刷」⇔片面。❷二つの方向・方面。両方。「―作戦」「物心―の援助」❸布の織りや染めの柄が表裏とも同じもの。また、表と裏とを同じ布で仕立てた着物。「肌にりんずの白無垢、中に紫鹿の子の―」〈浮・一代女・四〉類語両方・両側・二手

りょうめん-かち【両面価値】▶アンビバレンス

りょうめん-しだ【両面羊歯】オシダ科の常緑シダ。林下に群生する。葉は長さ60センチ～1.5メートルの羽状複葉で細かく羽片が分かれ、表・裏面とも鮮緑色。胞子嚢群は裏面の下部につく。こがねしだ。こがねわらび。ぜんまいしのぶ。かぐま。

りょうめん-たい【菱面体】菱形の平面で囲まれる六面体。対称軸が3本あり、120度回転するごとに同一の形が現れる。

りょうめん-テープ【両面テープ】裏表の両面とも接着可能な粘着テープ。

りょう-もう【両毛】上毛野と下毛野の併称。上野国と下野国。

りょう-もん【寮門】大学寮など、寮の入り口に設けた門。「―に上達部の御車ども数知らず集ひたり」〈源・少女〉

りょう-や【良夜】月の明るい夜。特に、中秋名月の夜。(季 秋)「筆硯に多少のちりも―かな/蛇笏」

りょう-や【涼夜】涼しい夜。

りょう-やく【良薬】よく効く薬。良剤。

類語特効薬・妙薬・秘薬

良薬は口に苦し 《「孔子家語」六本から》よく効く薬は苦くて飲みにくい。よい忠告の言葉は聞くのがつらいが、身のためになるというたとえ。

りょう-ゆう【両雄】二人の英雄。二人のすぐれた人物。

類語双璧・竜虎・ライバル

両雄並び立たず 《「史記」酈生伝の「両雄俱には立たず」から》同時に現れた二人の英雄は、必ず勢力を争ってどちらかが倒れるものである。

りょう-ゆう【良友】ためになるよい友人。益友。⇔悪友。

りょう-ゆう【猟友】よく一緒に猟をする友人。

りょう-ゆう【僚友】同じ職場の友。仕事仲間。

りょう-ゆう【領有】〔名〕スル 自分のものとしてもつこと。領地としてもつこと。「自国の―する島」

りょう-ゆう【領邑】所領である土地。領地。

りょう-ゆう【療友】病院などで一緒に療養している仲間。

りょう-よう【両用】❶一つの物が二通りに役立つこと。兼用で使えること。「水陸―」「晴雨―の傘」❷大便と小便。類語(❶)併用・兼用

りょう-よう【両様】ふたとおり。二様。「硬軟―の対応策」

りょう-よう【両曜】太陽と月。日月。

りょうよう【遼陽】中国、遼寧省中東部の工業都市。紡績・機械工業や醸造業が盛ん。戦国時代から漢民族進出の拠点となり、遼・金時代は東京と称した。日露戦争の激戦地。人口、行政区186万(2010)。リアオヤン。

りょう-よう【療養】〔名〕スル 病気やけがの手当てをし、からだを休めて健康の回復をはかること。治療と養生。「自宅で―する」

類語静養・保養・養生・休養・湯治

りょうよう-きゅうふ【療養給付】通勤災害に対して給付される労災保険の一つ。通勤途中の負傷・疾病により療養する場合に支給される。労災病院・労災指定病院等では一部負担金を除いて無料で治療を受けられる(現物支給)。労災病院・労災指定病院以外で治療を受けた場合は、労働者が病院で療養費を支払った後、労働基準監督署に請求して現金の給付を受ける(現金支給)。業務災害の場合は療養補償給付という。

りょう-ようし【両養子】夫婦で養子になること。夫婦養子。

りょうよう-じょ【療養所】長期間の療養が必要な人のための施設。類語サナトリウム・病院・医院・診療所・クリニック・ホスピス

りょうよう-の-きゅうふ【療養の給付】公的医療保険の被保険者やその家族が病気やけがをした際に、保険医療機関において必要な医療(診療、処置・手術などの治療、薬剤等の支給、入院、看護など)が提供されること。医療サービスが直接給付されることから、傷病手当金や出産育児一時金などの現金給付に対して、現物給付ともいう。

りょうよう-びょうしょう【療養病床】症状は安定しているが長期の療養が必要とされる、主に高

齢者など慢性疾患の患者のために、病院内に設けられた長期入院用のベッド。医療保険が適用される医療型病床(医療療養病床)と、介護保険が適用される介護型病床(介護療養病床)とがある。➡一般病床 ➡社会的入院 ➡介護療養型老人保健施設 (補説)介護療養病床は2017年度末までに廃止される予定。高齢者の社会的入院を解消し、療養環境の改善や医療費の適正化を図ることが目的。

りょうよう-ほしょう【療養補償】レウヤウホシヤウ 災害補償の一。労働者が業務上負傷し、または病気にかかった場合、使用者から必要な療養の費用として受ける補償。

りょうようほしょう-きゅうふ【療養補償給付】レウヤウホシヤウキフ 業務災害に対して給付される労災保険の一つ。業務上の負傷・疾病により療養する場合に支給される。労災病院・労災指定病院等では無料で治療を受けられる(現物支給)。労災病院・労災指定病院以外で治療を受けた場合は、労働者が病院で療養費を支払った後、労働基準監督署に請求して現金の給付を受ける(現金支給)。通勤災害の場合は療養給付という。

りょう-よく【両翼】リヤウ ❶鳥や飛行機などの、左右のつばさ。❷左右に張り出して位置するもの。軍隊の布陣の左右の部分など。「一から攻める」❸野球で、左翼と右翼。「一の深い球場」

りょう-ら【×綾羅】あやぎぬとうすぎぬ。また、美しい衣服。羅綾。「一の袂(たもと)」〈樗牛・滝口入道〉

りょう-らい【×聊頼】レウ〔名〕スル 頼みにすること。たよること。「百姓一して後」〈服部誠一・東京新繁昌記〉

りょうら-きんしゅう【×綾羅錦×繍】キンシウ あやぎぬとうすぎぬと錦(にしき)と刺繍(ししゅう)をした布。美しい衣服。

りょう-らく【良楽】リヤウ 馬の良否を見分ける名人の王良と伯楽。転じて、馬を見分け、御することにすぐれた人。

りょう-らく【×寥落】レウ 荒れ果ててすさまじいこと。荒廃すること。「凡て戦争は一を持来たす」〈独歩・愛弟通信〉

りょう-らん【×繚乱¦×撩乱】レウ ㊀〔名〕スル 入り乱れること。「心を沢風の裏(うら)に一せしむる事もあろうが」〈漱石・草枕〉㊁〔ト・タル〕図〔形動タリ〕入り乱れるさま。花の咲き乱れるさま。「百花一」(類語)咲きこぼれる・咲き誇る・咲き揃(そろ)う・咲き乱れる・満開・百花繚乱

りょう-り【良吏】リヤウ すぐれた役人。よい役人。(類語)能吏

りょう-り【料理】レウ〔名〕スル ❶材料に手を加えて食べ物をこしらえること。また、その食べ物。調理。「野菜を一する」「郷土一」❷物事をうまく処理すること。「自から国政を一す」〈織田訳・花柳春話〉
(類語)(❶)調理・割烹(かっぽう)・煮炊き・炊事・クッキング・菜(さい)・おかず・膳(ぜん)・膳部・食膳・ご馳走(ちそう)・佳肴(かこう)・酒肴(しゅこう)・ディッシュ/(❷)片付ける・済ます・終える・上げる・仕上げる・こなす・やっつける・処理・解決・始末・方(かた)を付ける・けりを付ける・畳む

りょう-り【×鯪×鯉】センザンコウの別名。

りょうりいんしょくとう-しょうひぜい【料理飲食等消費税】レウリインシヨクトウセウヒゼイ 料理店・飲食店・旅館などでの遊興・飲食・宿泊などに対し、料金を課税標準として都道府県が課する消費税。平成元年(1989)消費税の創設に伴って改められ、特別地方消費税となり、同12年廃止された。

りょうり-かた【料理方】レウリ 料理を担当する人。料理人。板前。

りょうり-ぎく【料理菊】レウリ「食用菊」に同じ。

りょうり-ぢゃや【料理茶屋】レウリ「料理屋」に同じ。「松の樹(き)の間の一で」〈近松秋江・青草〉

りょう-りつ【両立】リヤウ〔名〕スル 二つの物事が同時に支障なく成り立つこと。「仕事と家庭とを一させる」(類語)共存・併存・同居

りょう-りつ【料率】レウ 保険料・リース料・著作権料などの基準となる割合。➡保険料率

りょうりつ-クラス【料率クラス】レウリツ ➤車両料率クラス

りょうり-てん【料理店】レウリ「料理屋」に同じ。

りょうり-にん【料理人】レウリ 料理をする人。料理を作るのを業とする人。

りょうり-ばん【料理番】レウリ 調理場で料理の仕事をする人。

りょうり-や【料理屋】レウリ 客の注文により料理を作って供する店。(類語)料亭・食堂・レストラン

りょう-りゃく【領略】リヤウ〔名〕スル その物事の意味を理解すること。さとること。「忠義も孝行も、我の一し得た人生の価値に過ぎない」〈鴎外・青年〉(類語)認識

りょう-りゅう【両流】リヤウリウ 二つの流れ。二つの流派・流儀。

りょう-りょう【両両】リヤウリヤウ 二つある、その両方とも。あれとこれと両方。「一相並びて福岡というに着けり」〈鏡花・義血侠血〉
両両相俟(あいま)って 二つのものが互いに助け合って。「デザインと機能とが一すばらしい家具」

りょう-りょう【了了】レウレウ〔形動タリ〕物事が明らかなさま。また、理解が速いさま。「時に隣室に声あり。低うして一聞べからず」〈織田訳・花柳春話〉

りょう-りょう【×喨×喨】リヤウリヤウ〔ト・タル〕図〔形動タリ〕音の明るく澄んで鳴り響くさま。「一たるトランペットの響き」

りょう-りょう【×稜×稜】〔ト・タル〕図〔形動タリ〕❶かどだっているさま。また、気性などが厳しいさま。「一たる山々」「気骨の一たる人」❷寒さが厳しいさま。「一たる寒気」

りょう-りょう【×寥×寥】レウレウ〔ト・タル〕図〔形動タリ〕❶ひっそりとしてもの寂しいさま。また、空虚なさま。「一たる荒れ野」❷数の非常に少ないさま。「国中には有志者の員数、日に一として」〈竜渓・経国美談〉
(類語)寂寞(せきばく)・寂寥(せきりょう)・索漠(さくばく)・落莫(らくばく)・蕭然(しょうぜん)・蕭蕭(しょうしょう)・蕭条(しょうじょう)・蕭殺(しょうさつ)・寂しい

りょうりょう-じ 〔形シク〕❶「ろうろうじ❶」に同じ。「愛敬づきたる人の、髪たけにていと一・じき」〈宇津保・国譲上〉❷「ろうろうじ❸」に同じ。「さやうのことに一・じかりけるが」〈枕・一四三〉

りょう-りん【両輪】リヤウ ❶二つの輪。二つある、両方の車輪。「車の一」❷両者が一組になって用をなすもののたとえ。「会長と社長は社運営の一だ」

りょう・る【料る】レウ〔動ラ五(四)〕《「料理」の動詞化》料理する。物事をうまく処理する。「山鳥を一・る時、青年は…台所へ立って」〈漱石・永日小品〉

りょう-れき【×凌×轢¦陵×轢】〔名〕スル 侮り踏みにじること。りょうりゃく。「郷侶を一し民人を虐待し」〈東海散士・佳人之奇遇〉

りょう-ろう【▽竜楼】❶宮殿の楼門。りゅうろう。「一鳳闕(ほうけつ)」❷皇太子の異称。

りょう-ろくはら【両六波羅】リヤウ 京都の南と北に置かれた六波羅探題。

りょう-ろん【両論】リヤウ 相対する二つの論。両方の議論。「賛否一」「一併記」

りょう-わ【両輪】リヤウ 江戸中期から明治にかけ、主として京坂地方で流行した女性の髪の結い方の一。髷(まげ)を二つ作って笄(こうがい)を挿し、余りの毛を巻き上げたもの。

りょう-わき【両脇】リヤウ 両方の脇、また、両方の脇の下。「一に買い物袋を抱える」

りょ-かい【旅懐】リヨクワイ 旅人としての思い。旅情。

りょ-がい【慮外】リヨグワイ〔名・形動〕❶思いがけないこと。また、そのさま。「一な(の)ことを言う」❷無礼であること。また、そのさま。ぶしつけ。「一ながら一言申し述べます」「一千万」
(類語)(❶)案外・意外・存外・望外・予想外・意表・思いのほか・思いがけない

りょがい-もの【慮外者】リヨグワイ 無礼者。ぶしつけもの。

りょ-かく【旅客】❶旅をする人。旅行者。りょきゃく。❷運賃を払って交通機関に乗る人。乗客。りょきゃく。「一運賃」(類語)乗客・船客・パッセンジャー

りょ-かく【虜獲】リヨクワク〔名〕スル 敵をいけどりにしたり、その首をとったりすること。「日に其一する所の者を収めて以て己が用とす」〈西周・明六雑誌一四〉

りょかく-うんそうけいやく【旅客運送契約】旅客の運送を目的とする契約。通常は乗車券の売買によって成立するが、乗車後にこれを買う場合は乗車時に成立する。

りょかく-き【旅客機】➤りょかっき(旅客機)

りょかっ-き【旅客機】リヨカク 旅客を輸送するための飛行機。りょかくき。(類語)飛行機・航空機

りょ-かん【旅館】リヨクワン 人を宿泊させることを業とする家。やどや。ふつう、ホテルなどに対して和風の宿をいい、また、民宿などに対して専業的に経営されているものをいう。
(類語)宿・宿屋・ホテル・民宿・ペンション・木賃宿・旅籠(はたご)・モーテル・ラブホテル・連れ込み・連れ込み宿

りょ-がん【旅×雁】遠くへ飛んで行く雁。

りょかんぎょう-ほう【旅館業法】リヨクワンゲフハフ ホテル・旅館・簡易宿所・下宿などを営業する旅館業の業務の適正な運営を確保するために制定された法律。昭和23年(1948)に公布・施行。同法では、正当な理由なく宿泊を拒むことを禁じているほか、安全・衛生水準の維持・向上、多様化する利用者の需要に対応した施設・サービスの提供に努めるよう定めている。

りょ-きゃく【旅客】「りょかく(旅客)」に同じ。

りょ-ぎん【旅銀】旅をするのに必要な金銭。旅費。路銀。「二人は一の乏しさに」〈鏡花・眉かくしの霊〉

り-よく【利欲¦利×慾】利をむさぼる心。利益を得ようとする欲望。「一にとらわれる」
(類語)私欲・我欲・欲

りょく-い【緑衣】❶緑色の衣服。❷六位の官人が着た緑色の袍(ほう)。緑衫(ろうそう)。みどりのころも。

りょく-いん【緑陰¦緑×蔭】青葉の茂った木立のかげ。(季 夏)「一にして乞はれたる煙草の火/敦」
(類語)葉陰・木陰・樹陰

りょく-う【緑雨】新緑の季節に降る雨。(季 夏)

りょ-ぐう【旅×寓】〔名〕スル 旅先で宿泊すること。また、その宿泊所。「原告人の一せる客舎前を」〈中村訳・西国立志編〉

りょく-えい【緑営】中国、清代の兵制で、漢人によって編成された常備軍の一。旧明軍を改編して組織したもので、軍旗に緑色を用いたところからの名。騎兵と歩兵に分かれ、主として治安維持などに当たった。緑旗。➡八旗(はっき)

りょく-えき【力役】「りきえき(力役)❶」に同じ。「兵制一般の法を設くるは其一を尽さしむるにあり」〈新聞雑誌二〉

りょくえん-こう【緑鉛鉱】ークワウ 鉛の塩化物・燐酸塩を主成分とする鉱物。柱状の結晶をなし、六方晶系。緑・黄褐色で樹脂光沢がある。鉛鉱床の酸化帯に二次的に生じる。

りょくおう-しょく【緑黄色】リヨクワウ 緑色を帯びた黄色。

りょくおうしょく-やさい【緑黄色野菜】リヨクワウシヨク ➤有色野菜

りょく-か【緑化】ークワ〔名〕スル ➤りょっか(緑化)

りょく-がん【緑眼】緑色がかった目。碧眼(へきがん)。

りょく-ぎょく【緑玉】❶緑色の玉。❷緑色の宝玉。エメラルド。

りょく-さく【力作】〔名〕スル ❶つとめ働くこと。労働。「人の毎日一して衣食すべきは」〈中村訳・西国立志編〉❷➤りきさく(力作)

りょく-じ【緑児】大宝令で、3歳以下の男児の称。みどりご。➡緑女

りょく-しゅ【緑酒】緑色の酒。美酒。

りょく-じゅ【緑樹】青葉の茂った樹木。

りょく-じゅうじ【緑十字】ージフジ 緑色で十字を描いたしるし。国土緑化運動のシンボルマーク。

りょくじゅ-ほうしょう【緑×綬褒章】ーハウシヤウ 徳行の優れた者に授与される褒章。綬(リボン)は緑色。明治14年(1881)制定。

りょく-じょ【緑女】ーヂヨ 大宝令で、3歳以下の女児の称。➡緑児

りょく-しょく【緑色】みどりいろ。グリーン。
(類語)緑・翠緑(すいりょく)・深緑(しんりょく)・草色(くさいろ)・萌葱(もえぎ)色・柳色・松葉色・利休色・オリーブ色・グリーン・エメラルド・エメラルドグリーン

りょくしょく-ぎょうかいがん【緑色凝灰岩】ーギヨウクワイガン ➤グリーンタフ

りょくしょくけいこう-たんぱくしつ【緑色蛍光蛋白質】▶ジー-エフ-ピー(GFP)

りょくしょく-へんがん【緑色片岩】低温で変成作用を受けてできる緑色の結晶片岩。緑泥石・白雲母・緑簾石・斜長石・石英などからなる。

りょく-すい【緑水】緑色の水。青い色をした水。

りょく-せん【力戦】▶りきせん(力戦)

りょくせん-せき【緑×閃石】角閃石類の一。カルシウム・マグネシウム・鉄を含む珪酸塩鉱物。緑色、半透明でガラス光沢がある。単斜晶系。低い変成度の緑色片岩中に産する。陽起石。アクチノ閃石。

りょく-そう【力争】❶力ずくで争うこと。❷激しくいさめること。

りょく-そう【緑草】緑色の草。青々とした草。

りょく-そう【緑藻】「緑藻植物」の略。

りょくそう-しょくぶつ【緑藻植物】植物の一門。葉緑素をもち、維管束はなく、生殖細胞は2本の同じ長さの鞭毛をもつ。アオノリ・アオサ・ミルなどの海藻と、ホシミドロ・アオミドロなどの淡水藻がある。緑藻類。

りょく-たい【緑×苔】緑色のこけ。青苔。

りょく-ち【緑地】草木のおい茂っている土地。
(類語)緑土・草地

りょく-ちく【緑竹】緑色の竹。青々とした竹。

りょくち-たい【緑地帯】▶グリーンベルト

りょくちほぜん-ちいき【緑地保全地域】都市緑地法により規定される、都市計画法上の地域地区の一つ。緑地が不足している市街地において、建築物の敷地内で緑化を推進する必要がある地域。一定規模以上の建築物を新築・増築する場合、敷地面積の一定割合以上の緑化施設(植栽・花壇など)を設置することが義務付けられる。

りょく-ちゃ【緑茶】茶の若葉を摘んで蒸し、焙炉の上でもみながら、葉の緑色を損なわないように乾燥させた茶。玉露・煎茶・抹茶など。

りょくちゅう-せき【緑柱石】ベリリウムとアルミニウムとの珪酸塩鉱物。六方晶系に属し、六角柱状の結晶をなす。無色や緑色・青色などでガラス光沢をもつ。緑色透明のものはエメラルド、青色透明のものはアクアマリンとよばれ、宝石にされる。ベリル。

りょく-でい【緑泥】主に大陸棚斜面上に分布する、多量の海緑石を含む緑色の泥質の堆積物。

りょくでい-せき【緑泥石】黒雲母に似た組成をもつ複雑な層状の結晶構造の珪酸塩鉱物。単斜晶系。緑色ないし黒緑色で、ガラス光沢または真珠光沢があり、うろこ状・葉片状をなす。低温でできた変成岩、続成作用を受けた堆積岩、熱水変質を受けた火成岩中に存在する。クロライト。

りょくでい-へんがん【緑泥片岩】緑泥石を主成分とする結晶片岩。暗緑色でつやがあり、片理が発達している。庭石などに利用。緑泥石片岩。

りょく-ど【緑土】❶草木の茂った土地。緑豊かな国土。❷海緑石に近い化学成分の物質。凝灰岩などの火山ガラスが海底などで変質してできる。
(類語)緑地・草地

りょく-とう【緑豆】マメ科の一年草。葉は3枚の小葉からなる複葉。緑黄色の蝶形の花をつけ、長さ5〜10センチのさやができ、中に緑色か灰黒色の豆が10粒ほどある。豆をあん・もやしなどを作るのに用い、粉ははるさめの原料にする。インドの原産。粒の大きさがそろっているので秤の分銅に用いたという。やえなり。ぶんどう。

りょく-ないしょう【緑内障】眼圧が異常に高くなり、視神経が障害されて視力が低下する病気。急性では眼痛・頭痛・嘔吐などの症状があり、進行すると鼻の側からしだいに視野が狭くなり、失明する。瞳孔が散大して青緑色にみえるので、青そこひともいう。グラウコーマ。

りょくのう-きん【緑×膿菌】シュードモナス科の細菌。グラム陰性の桿菌で、化膿性炎症を起こし、産生する色素により膿汁が緑色を呈する。自然界に広く分布し、病原性は弱いが、菌交代症・院内感染・日和見感染の原因となる。

りょく-は【緑波】緑色に見える波。青波。「一、岸を打て」〈織田訳・花柳春話〉

りょく-はつ【緑髪】黒くつやのある髪。みどりのくろかみ。みどりのかみ。

りょく-ばん【緑×礬】硫酸鉄(Ⅱ)の七水和物の俗称。

りょく-ひ【緑肥】緑色の生きている植物を田畑の土中にすき込んで肥料とすること。また、その植物。空中窒素固定を行うマメ科のレンゲソウ・ウマゴヤシ・シロツメクサや青刈りダイズなどが用いられる。草肥。

りょくひ-さくもつ【緑肥作物】緑肥として用いるために栽培する作物。

りょく-ふう【緑風】青葉を吹く、初夏の風。薫風。

りょくふう-かい【緑風会】昭和22年(1947)参議院保守系無所属議員により結成された院内交渉団体。参議院の使命を重んじ、政党の力によらない議会運営を目標とした。同40年解散。

りょく-べん【緑便】乳児が消化不良などのときにする緑色の大便。

りょく-ほう【緑×袍】六位・七位の官人が着用する朝服の上着。緑色の袍で、緑衫・緑の衣とも。

りょく-マンガンこう【緑マンガン鉱】最高品位のマンガン鉱石鉱物。等軸晶系。黄緑・濃緑色であるが、空気中で容易に黒変する。

りょく-もん【緑門】祝賀の際などに建てる、常緑樹の葉で包んだ弓形の門。グリーンアーチ。

りょく-や【緑野】草木の青々と茂った野原。みどりの野原。

りょく-ゆう【緑×釉】陶磁器の釉の一。鉛釉の一種で発色剤の銅の酸化により、鮮やかな緑色を呈する。西洋・東洋で紀元前後から使用される。

りょく-よう【緑葉】緑の木の葉。青葉。

りょく-ら【緑×蘿】青々とした、つたかずら。みどりの、つた。

りょく-りん【緑林】❶青々とした林。❷《前漢の末期、王莽の即位後、王匡・王鳳らが窮民を集め、湖北省の緑林山にこもって盗賊となり、征討軍に反抗したという、「漢書」王莽伝下にある故事から》盗賊のたてこもる地。また、盗賊。

りょくれん-せき【緑×簾石】カルシウム・アルミニウム・鉄などを含む複雑な含水珪酸塩鉱物。黄緑色のガラス光沢のある柱状結晶。単斜晶系。低温でできた変成岩中に広く存在する。

りょ-けん【旅券】外国に旅行したり滞在したりするときに、その本国が本人の国籍や身分を証明し、相手国に便宜や保護を依頼する文書。国内では外務大臣、国外では領事が発行する。パスポート。➡ビザ

りょ-こう【呂后】[?〜前180]中国、前漢の高祖劉邦の后。姓は呂、名は雉。字は娥姁。高祖の子恵帝の死後、政権を掌握し、自分の一族を諸侯に封じたため、死後、呂氏の乱を招いた。

りょ-こう【旅行】〔名〕(スル)家を離れて他の土地へ行くこと。旅をすること。たび。「マイカーで一する」「観光一」「海外一」
(類語)旅・遠出・行旅・客旅・羇旅・旅路・道中・旅歩き・トラベル・ツアー・トリップ・周遊・回遊・巡遊・遊歴・歴遊・漫遊・巡行・巡歴・遍歴・行脚

りょ-こう【×閭×巷】村里。また、民間。「凡て一猥瑣の事には能く通暁していて」〈二葉亭・浮雲〉

りょこう-か【旅行家】よく旅行をする人。旅行好きな人。

りょこう-き【旅行記】旅行中の見聞や感想を書き記した文章。また、その書物。紀行。

りょこうぎょうしゃ-ばいしょうせきにんほけん【旅行業者賠償責任保険】旅行業者が業務の遂行上、職務上相当な注意を行使しなかったために旅行者に損害を与え、法律上の損害賠償責任を負うことになった場合の旅行業者の損害を填補する目的の保険の総称。

りょこう-こぎって【旅行小切手】▶トラベラーズチェック

りょこうじこたいさくひよう-ほけん【旅行事故対策費用保険】旅行業者が企画した海外旅行または国内旅行の行程中に旅行者が事故に遭遇し、旅行業者が見舞費用・救援者費用・社員派遣費用など各種費用の支出を負担することになった場合にその費用損害を填補する目的の保険。

りょこう-しゃ【旅行者】旅行をする人。旅行中の人。(類語)旅人・旅客・観光客・トラベラー・ツーリスト

りょこうしゃ-けっせんしょう【旅行者血栓症】▶エコノミークラス症候群

りょこうしゃ-げりしょう【旅行者下痢症】旅行者が滞在先などで発症する下痢。疲労・ストレス・慣れない食事などで起こるほか、病原性大腸菌やサルモネラ菌などによる食中毒の場合がある。

りょこうとくべつほしょう-ほけん【旅行特別補償保険】主催旅行または企画手配旅行を実施する旅行業者を被保険者とし、その旅行に参加中の旅行者が傷害を被ったことにより、旅行業者が補償金または見舞金を支払うことになった場合の損害を填補する保険。

りょこう-ばと【旅行×鳩】ハト科の鳥。尾が長く、全長43センチくらい。上面は紫色、下面は赤褐色。いつも大群で移動し、北アメリカに広く分布していたが、食用のため乱獲され、1914年絶滅。

りょ-じ【旅次】旅の宿り。旅宿。また、道中。

り-よしえ【李良枝】▶イヤンジ(李良枝)

りょししゅんじゅう【呂氏春秋】中国、秦の宰相呂不韋が門下に集まった食客の著作を編集した書。26巻。道家・儒家思想を主とし、先秦の諸家の学説を網羅したもので、12紀・8覧・6論からなる。呂覧。

りょし-の-らん【呂氏の乱】前180年、漢の高祖劉邦の皇后呂后の死後、政治を独占していた呂氏一族を、劉氏一族と陳平・周勃らが協力して滅ぼした事件。

りょ-しゃ【旅舎】旅館。宿屋。「いま軽井沢の一に避難しておりますが」〈堀辰雄・七つの手紙〉

りょ-しゅう【旅愁】旅先で感じるわびしい思い。たびのうれい。客愁。(類語)旅情・客愁

りょしゅう【旅愁】横光利一の小説。昭和12〜21年(1937〜46)発表。未完。パリを主要舞台として矢代と千鶴子との恋愛を軸に、東洋と西洋、伝統と科学などの問題を主題にした作品。

りょ-しゅう【虜囚】とらわれた人。捕虜。
(類語)捕虜・俘虜・とりこ・人質

りょ-しゅく【旅宿】旅先で泊まること。旅泊。また、その宿。旅舎。
(類語)宿泊・投宿・止宿・旅寝・仮寝・旅枕・草枕

りょじゅん【旅順】中国遼寧省の大連市の西部地区。黄海に面する軍港。日清戦争後ロシアが租借して要塞を築き、日露戦争の激戦の舞台となる。

漢字項目　りょく

力　(学)1　(音)リョク(漢)　リキ(呉)　(訓)ちから‖㊀〈リョク〉①肉体的、精神的なちから。「握力・学力・気力・脚力・筋力・実力・視力・精力・体力・胆力・知力・独力・能力・微力・腕力」②その物に備わる働きや勢い。「圧力・引力・火力・強力・権力・効力・国力・資力・磁力・重力・出力・水力・勢力・総力・速力・弾力・張力・電力・動力・入力・風力・浮力・武力・有力」③力を尽くす。つとめる。「助力・努力」㊁〈リキ〉①肉体的、精神的なちから。「力士・力量/怪力・眼力・強力・自力・地力・念力・非力」②物の働きや勢い。「力学/馬力」③つとめる。「力行・力作・力説・力戦・力走」㊂〈ちから(ぢから)〉「小力・底力・馬鹿力」(名付)いさお・いさむ・お・か・ちか・つとむ・よし　(難読)苦力・角力

緑〔綠〕　(学)3　(音)リョク(漢)　ロク(呉)　(訓)みどり‖㊀〈リョク〉みどり色。「緑陰・緑草・緑地・緑茶/新緑・翠緑・万緑・葉緑素」㊁〈ロク〉みどり色。「緑青」㊂〈みどり〉「緑色/青緑・深緑」(名付)つか・つな・のり

戦後は日本の租借地となり、第二次大戦後ソ連の管理を経て、1955年中国に返還。リュイシュン。

りょ-しょう【呂尚】ﾘｮｼｮｳ ►太公望

りょ-しょう【旅商】ﾘｮｼｮｳ 各地を旅しながら商売をすること。また、その人。行商。

りょ-じょう【旅情】ﾘｮｼﾞｮｳ 旅に出て感じるしみじみとした思い。旅の情趣。たびごころ。「一をそそる」(類語)旅愁

りょ-じん【旅人】旅をする人。旅行者。たびびと。

りょじん-ぼく【旅人木】オウギバショウの別名。

りょじん-やど【旅人宿】❶旅館。宿屋。はたごや。❷江戸時代の公事宿の一。馬喰町小伝馬町組に属するもの。⇒公事宿

りょ-すい【旅帥】中国、周代の軍制で、旅すなわち兵士500人の軍団を統率する指揮官。

りょ-せん【呂旋】「呂旋法」の略。⇔律旋。

りょせん-ぽう【呂旋法】ﾊﾟｳ 中国および日本音楽の理論上の音階の一。宮・商・角・徴・羽の五声に変徴・変宮の2音を加えた呂の七声のこと。相対的音程関係はソ・ラ・シ・ド・レ・ミ・ファの形になる。雅楽の基本的音階とされてきたが、現在の雅楽の奏法にはほとんど用いられない。呂旋。呂。⇔律旋法。

りょ-そう【旅装】ｻｳ 旅行をするときの服装。旅じたく。「一を解く」(類語)出で立ち・身支度・旅支度

りょ-そけん【呂祖謙】[1137〜1181]中国、南宋の学者。婺州(浙江省)の人。字は伯恭。号、東莱。朱熹の友人で、史学に通じ、空論を排した。著に朱熹と共編の「近思録」のほか「東莱左氏博議」など。

りょだい【旅大】中国、大連の旧称。1950年旅順と旧大連が合併してから81年までの称。

りょ-だん【旅団】陸軍の部隊編制単位の一。一般に、師団と連隊との中間に位置する。

りょ-ちゅう【旅中】旅をしている間。旅行中。

りょ-ちょう【呂調】ﾃｳ 雅楽で、呂旋法に基づく調子。六調子のうちの壱越調・双調・太食調。呂。⇔律調。

りょ-ちょう【旅鳥】ﾃｳ ►たびどり

りょっ-か【緑化】ﾘﾖｸｸﾜ〔名〕ｽﾙ 木を植えて緑をふやすこと。「都市を一する」「一運動」

りょっ-こう【力行】ﾘﾖｸｶｳ〔名〕ｽﾙ 「りっこう(力行)」に同じ。

りょ-てい【旅亭】旅館。宿屋。

りょ-てい【旅程】❶旅行の道程。❷旅行の日程。(類語)道のり・道・道程・行程・距離・ルート・コース

りょていほしょう-せきにんほけん【旅程保証責任保険】旅行業者が旅行の目的地や日程などに関する計画を立てた場合において、旅行予定に変更が生じるなど重要な契約内容の変更が発生した際に、旅行業者が旅行業約款に定める旅程保証責任に基づいて旅行者に変更補償金を支払うことにより被る損害を填補する目的の保険。

りょ-てん【旅店】宿屋。はたごや。旅館。

リヨナ-ソーセージ〖Lyonnais sausage〗《Lyonnaisはフランス語で、リヨンの、の意》グリンピースなど野菜を加えたフランスのリヨン風ソーセージ。オードブル・サンドイッチなどに用いる。リオナソーセージ。

りょ-のう【旅囊】ﾅｳ 旅行のとき必要な物を入れて持っていく袋。

りょ-はく【旅泊】〔名〕ｽﾙ 旅先で泊まること。旅の宿り。旅宿。「鄙びた温泉に一する」

りょ-はん【侶伴】なかま。つれ。伴侶。

りょ-ひ【旅費】旅の費用。路用。旅用。(類語)路用・路銀

りょ-ふい【呂不韋】ﾌｲ [?〜前235]中国、秦の宰相。もと、陽翟(河南省)出身の大商人。荘襄王に仕えて丞相となり、始皇帝に仲父と尊称されたが、密通事件に連座して自殺。編著「呂氏春秋」。

りょ-ほんちゅう【呂本中】[1084?〜1145]中国、宋代の思想家。字は居仁。東莱先生と称された。程顥・程頤の学問を学び、また、博学で、詩文にも長じた。著「春秋解」「童蒙訓」「師友淵源録」など。

りょ-もん【閭門】村里の入り口にある門。里閭。

りょ-よう【旅用】旅の費用。旅費。「お前に貰った一の残り」〈円朝・怪談牡丹灯籠〉

りょらん【呂覧】►呂氏春秋

りょ-り【閭里】村里。村落。里閭。「無頼の暴民等は、益々時を得て、一を横行し」〈竜渓・経国美談〉

りょ-りつ【呂律】「律呂」に同じ。

りょ-りゃく【虜掠】人を生け捕りにして、財物や土地を掠奪すること。

りょ-りょく【膂力】筋肉の力。また、腕力。「一衆にまさる」

リヨン〖Lyon〗フランス中東部の商工業都市。ローヌ川と支流ソーヌ川との合流点にあり、交通の要地。前43年ローマの植民市として建設。伝統的な絹織物業に加え、機械・金属・電子工業や金融業が発達。人口、行政区48万(2008)。

リラ〖ﾌﾗﾝｽ lilas〗ライラックの別名。(季 花=春)「蝶来ると見ればいつしか一咲けり/秋桜子」

リラ〖ｲﾀﾘｱ lira〗❶イタリアの旧通貨単位。1リラは100センテシミに相当した。2002年1月(銀行間取引は1999年1月)、EU(欧州連合)の単一通貨ユーロ導入以降は廃止。❷トルコの通貨単位。1新トルコ-リラは100新クルシュ。

リラ〖ｷﾞﾘｼｬ lyra〗古代メソポタミア・エジプト・ギリシャなどで用いられた竪琴。共鳴胴に2本の支柱を立て、これに横木を渡して数本の弦を張ったもの。

リライアビリティー〖reliability〗信頼してよい程度。信頼度。特に、コンピューターなど電子機器が、一定期間、故障することなく使用される確率。

リライト〖rewrite〗〔名〕ｽﾙ 他人の原稿を書きなおすこと。また、ある文章を目的に合わせて書きなおすこと。「記事を放送用に一する」(類語)改稿・添削・推敲

り-らく【里落】村里。村落。

り-らく【籬落】竹や柴などで編んだ垣。まがき。

リラクゼーション〖relaxation〗息抜き。くつろぎ。緊張を解くこと。

リラクタンス〖reluctance〗磁気回路における磁束に対する抵抗力。磁気抵抗。

リラ-しゅうどういん【リラ修道院】ｼﾕｳﾀﾞｳｲﾝ《Rilski manastir》ブルガリア西部、リラ山中にあるブルガリア正教会の修道院。10世紀、修道士イバン=リルスキにより創設。12世紀から14世紀にかけて、第二次ブルガリア帝国の皇帝の支援を受け、同国における精神的・文化的中心地となった。オスマン帝国支配下では、キリスト教信仰を制限されつつも、修道院としての活動が続けられた。19世紀に大火に見舞われ、直後に再建された聖母誕生教会や礼拝堂には、当時描かれた華麗なフレスコ画があることで知られる。1983年に世界遺産(文化遺産)に登録された。リラの聖ヨハネ修道院。リラの僧院。

リラダン〖Philippe Auguste de Villiers de L'Isle-Adam〗[1838〜1889]フランスの小説家・劇作家・詩人。精神主義に立って物質万能の社会を風刺。短編集「残酷物語」、長編「未来のイブ」「トリビュラ=ボノメ」、戯曲「アクセル」など。ビリエ=ド=リラダン。

リラックス〖relax〗〔名〕ｽﾙ くつろぐこと。ゆったりした気分になること。「部屋着に着がえて一する」(類語)くつろぐ・憩う・休む・落ち着く・休らう・休息する・休憩する・一休みする・小休止する・少憩する・一服する・一息入れる・骨休めする・休養する・息をつく

リラ-の-そういん【リラの僧院】ｿｳｲﾝ《Rilski manastir》►リラ修道院

リラ-びえ【リラ冷え】北海道でリラの花が咲く5月下旬の一時的な寒さ。

リラフレド〖Lillafüred〗ハンガリー北東部の都市ミシュコルツの郊外にある町。ミシュコルツ市街の西約12キロメートルに位置、ビュック山地に位置する。19世紀末より、ハーモリ湖を中心に避暑地として発展。また、アンナ鍾乳洞、聖イシュトバーン鍾乳洞などの洞窟がある。

り-り【離離】〔ト・タル〕文〔形動タリ〕❶よくみのって穂や枝が垂れ下がるさま。❷草木が生い茂っているさま。「秋草一たる野原を」〈嶺雲・明治叛臣伝〉❸ばらばらに散らばっているさま。「通篇脈絡一として」〈逍遥・小説神髄〉

リリ-アン〖lily yarn〗►リリヤン

リリー〖lily〗百合。

リリーサー〖releaser〗動物で、特に同種の他の個体に特定の行動を起こさせる要因。形態や婚姻色などの色彩、鳴き声や匂い、動作など。解発因。

リリース〖release〗〔名〕ｽﾙ ❶束縛を解いて放つこと。解放すること。「釣った魚を一する」❷レコードアルバムやビデオソフトなどを発売すること。「公演のライブ盤が一される」❸コンピューターのマウスの操作で、押したままの状態にあるマウスボタンから指を放すこと。プレス・ドラッグと組み合わせた操作により、アイコンの移動、文字列や画像の範囲指定を行う。

リリース-アップ〖release up〗►マイナーバージョンアップ

リリーフ〖relief〗〔名〕ｽﾙ ❶救助。交替。特に野球で、投手を救援すること。また、その投手。「九回裏から一する」「好一」❷►レリーフ

リリーフ-エース《和 relief＋ace》野球で、チーム内で最も信頼が置ける救援投手。

リリーフ-ピッチャー〖relief pitcher〗野球で、打ち込まれたり、疲れたりした投手を救援するために交替する投手。救援投手。ファイアマン。

リリエンタール〖Otto Lilienthal〗[1848〜1896]ドイツの機械製作者。ハンググライダーを開発して曲面翼の有効性を発見。グライダーで飛行実験中、突風のため墜落死。著「飛行術基礎としての鳥の飛行」。

リリカル〖lyrical〗〔形動〕叙情的なさま。叙情詩的。リリック。「一な詩」「一に歌う」

り-りく【離陸】〔名〕ｽﾙ 航空機などが陸地を離れて飛び立つこと。「定刻どおりに一する」⇔着陸。

りりし-い【凛凛しい｜律律しい】〔形〕文りり・し〔シク〕きりっとひきしまっている。「一い若者」(派生)りりしげ〔形動〕りりしさ〔名〕(類語)勇ましい・雄雄しい・勇敢・果敢・勇壮・精悍・勇猛・剛勇・忠勇・壮・壮烈・英雄的・ヒロイック・敢然・決然・凛然・凛凛・凛乎・颯爽

リリシズム〖lyricism〗叙情詩的な趣や味わい。「一にあふれた作品」

り-りつ【利率】元金に対する利息の割合。年利・日歩などで表す。利子率。⇒表面利率 ⇒利回り

リリック〖lyric〗《ギリシャの竪琴リラに合わせて歌う詩として発達したところから》㊀〔名〕❶叙情詩。⇔エピック。❷(流行歌の)歌詞。㊁〔形動〕叙情的なさま。リリカル。「一な歌詞」

り-りっさん【李立三】[1899〜1967]中国の政治家。湖南省醴陵県の人。五・三十事件のとき、上海総工会委員長。1928〜30年、中国共産党の指導者として極左路線を実行。批判を受けて失脚しモスクワに赴く。人民共和国成立後、労働部長・党中央委員などを歴任。リー=リーサン。

リリ-ヤン〖lily yarn〗《「リリアン」とも》人造絹糸をメリヤス編みで細いひもに編んだ手芸用の組糸。

り-りゅうおう【李笠翁】ﾘﾌｵｳ ►李漁

り-りょ【里閭】❶村里。村落。閭里。「髪を削って尼となり、教を一に布く」〈露伴・運命〉❷村の入り口の門。里門。閭門。

り-りょう【吏僚】ﾚｳ 官吏。役人。

り-りょう【李陵】[?〜前72]中国、前漢の武将。隴西(甘粛省)の人。字は少卿。武帝の時、騎都尉として匈奴と戦い、敗れて降る。単于に認められて右校王に封ぜられ、二十余年後に病没。

り-りょう【驪竜】黒色の竜。りりゅう。

驪竜頷下の珠 《「荘子」列禦寇から》黒色の竜のあごの下にある珠。危険を冒さなくては手に入れることのできない貴重なもののたとえ。

り-るい【離塁】〔名〕ｽﾙ 野球で、走者が塁から離れること。リード。

リルケ〖Rainer Maria Rilke〗[1875〜1926]ドイツの詩人。プラハ生まれ。欧州諸国を遍歴し、生の本質、人間実存の究極を追求し続けた。詩集「時禱

詩集」「ドゥイノの悲歌」「オルフォイスに捧げるソネット」、小説「マルテの手記」など。

リル-シュル-ラ-ソルグ〖L'Isle-sur-la-Sorgue〗フランス南部、ボークリューズ県の都市アビニョン近郊にある町。ソルグ川に沿い、街中を縦横に運河が流れる。かつては繊維業で栄えた。現在は骨董品の町として知られ、日曜日に骨董市が開かれる。

リレー〖relay〗〔名〕スル ❶順繰りに受け継いで次へと送り伝えて行くこと。中継。「バケツを—して消火にあたる」❷►リレーレース ❸継電器。

リレーショナル-データベース〖relational database〗データベースの方式の一。また、その方式で設計されたデータベース。データを複数の項目で構成された表で表す。固有の管理番号や項目名により、データを容易に抽出したり、結合したりできる。コンピューターを利用したデータベースの中では、最も一般的に利用されている。リレーショナル型データベース。関係データデース。RDB。

リレーション〖relation〗関係。つながり。「ヒューマン—」

リレーションシップ〖relationship〗関係。関連。親族関係。

リレーションシップ-バンキング〖relationship banking〗顧客と長期継続的な関係(リレーションシップ)を築き、顧客の経営情報を蓄積し、それに基づいた金融サービスを提供する地域密着型の銀行モデル。リレバン。

リレーションシップ-マーケティング〖relationship marketing〗顧客との良好な関係を、長期に渡り継続することを目的とするマーケティング手法。顧客の個別の要求や趣向に基づくワンツーワンマーケティングなどがある。

リレー-レース〖relay race〗陸上競技・競泳・スキー・スケートなどで、数人の選手が一組となり、それぞれ一定の距離を受け持って次の選手に受け継ぎながら速さを競う競技。リレー継走。

リレー-レンズ〖relay lens〗ズームレンズなどにおいて、いくつか並んでいるレンズのうち最も後部にあり、前のレンズから伝わった実像をフィルム面(デジタルカメラではイメージセンサー)に結像させるためのレンズ。

り-れき【履歴】その人が経てきた学業・職業など。経歴。〔類語〕経歴・前歴・略歴・学歴・職歴

りれき-しょ【履歴書】履歴を書いた書類。

リレ-バン「リレーションシップバンキング」の略。

リレハンメル〖Lillehammer〗ノルウェー南東部の都市。ミョーサ湖北端に位置し、観光保養地としても知られる。林業、製紙産業が盛ん。1994年冬季オリンピックの開催地。

リレンザ〖Relenza〗吸入タイプのインフルエンザ治療薬「ザナミビル」の商品名。

り-ろ【理路】物事の道理。考えや話などの筋道。「—をたどる」〔類語〕理り・理こと・道理・条理・論理・理屈・筋・筋道・道筋・辻褄つじつま・ロジック

り-ろう【離婁】離朱りしゅの異称。

リロード〖reload〗〔名〕スル ❶弾やフィルムを、再装填すること。❷ブラウザーに表示したウェブページを、サーバーからもう一度ダウンロードしなおすこと。再読み込み。

リロケーション〖relocation〗《移転・再配置の意》転勤により生じた留守宅を管理したり、短期の賃貸を斡旋あっせんしたりするサービス。

リロケータブル〖relocatable〗コンピューターの記憶領域内の任意の位置で動作可能なプログラム。

りろ-せいぜん【理路整然】〔ト・タル〕図〔形動タリ〕物事が道理にきちんとあてはまっているさま。話などの筋道が整っているさま。「—たる弁明」

り-ろん【理論】個々の現象を法則的、統一的に説明できるように筋道を立てて組み立てられた知識の体系。また、実践に対応する純粋な論理的知識。「—を組み立てる」「—どおりにはいかない」
〔類語〕論理・セオリー・説・理屈

りろん-か【理論家】理論にすぐれた人。また、理論を好む人。セオリスト。

りろん-かがく【理論化学】リロンクヮガク 化学現象を物理学的理論を用いて解明しようとする化学の一分野。物理化学とほぼ同義。

りろん-せいけいひ【理論生計費】標準的な世帯が正常な生活を営むために必要な生計費を理論的に算定したもの。

りろん-てき【理論的】〔形動〕理論に基づくさま。「—な説明」「—には納得できる」

りろん-てつがく【理論哲学】正しい思考の形式や法則を研究する論理学や、知識の起源・構造・妥当性などを問う認識論など、理論的諸問題を対象とする哲学の一部門。➡実践哲学

りろん-とうそう【理論闘争】リロントウサウ 政治・経済・社会思想などの領域で行われる理論上の闘争。

りろん-ぶそう【理論武装】リロンブサウ 自分の立場や主張を他人の批判から守るために、さまざまな理論を準備しておくこと。反論されないよう、理論で対抗すること。

りろん-ぶつりがく【理論物理学】物理現象を理論的に研究する物理学の分野。実験的事実・経験的法則をもとに普遍的理論・基本的原則を導き、さらに未知の事象を推論する。

りろん-りせい【理論理性】《ドイ theoretische Vernunft》カント哲学で、認識をなしうる能力としての理性。⇔実践理性。➡純粋理性

リワード〖reward〗報酬。ほうび。

りん【厘】❶数の単位。1の100分の1。または、1割の100分の1。❷尺貫法の単位。長さでは、1寸の100分の1。重さでは、1匁の100分の1。❸貨幣の単位。1円の1000分の1、1銭せんの10分の1。➡表「位くらい」➡漢「りん(厘)」

りん【鈴】❶すず。れい。❷ベル。電鈴でんれい。❸小さい鉢形をした仏具。響銅さはりで作る。読経の際に小さい棒でたたいて鳴らす。➡漢「れい(鈴)」
〔類語〕呼び鈴・ベル・チャイム・ブザー

りん【輪】㊀〔名〕❶大きく円形に開いた花冠。「あれだけ—の大いのは世間に珍しい」〈鉄腸・花間鶯〉❷「覆輪ふくりん」の略。㊁〔接尾〕助数詞。❶咲いている花を数えるのに用いる。「一—の菊」❷車輪を数えるのに用いる。「二—車」「四—の馬車」➡漢「りん(輪)」

りん【×燐】窒素族元素の一。黄燐(白燐)・紫燐しりん・黒燐・赤燐などの同素体がある。黄燐は蝋ろう状の固体で毒性が強く、空気中に置くと自然発火し、燐光を発する。天然には単体として存在せず、燐酸塩などとして鉱物・動植物界に広く存在する。主要鉱石は燐灰石。元素記号P　原子番号15。原子量30.97。➡漢「りん(燐)」

りん【×凜】〔ト・タル〕図〔形動タリ〕❶態度・容姿・声などが、きびしくひきしまっているさま。「—とした声がひびく」❷寒さのきびしいさま。「—とした朝の寒気」❸数量がきわめて正確であるさま。「八匁五分—と取りて」〈浮・胸算用・三〉➡漢「りん(凜)」

りん【×鱗】〔接尾〕助数詞。魚のうろこ、また、魚の数を数えるのに用いる。「鯉一—」➡漢「りん(鱗)」

りん-あん【×燐安】燐酸アンモニウムの俗称。

りんあん【臨安】中国、南宋の首都。現在の浙江せっこう省杭州市にあたる。1129年、金の圧迫で南方に移った宋が、臨時の都の意味で名づけたもの。

りん-いん【×廩院】リンヰン 平安時代、民部省に属し、諸国からの税米を収蔵した倉庫。

りん-う【×霖雨】何日も降りつづく雨。ながあめ。

りんうち-どけい【鈴打ち時-計】鈴りんが鳴って時を知らせる仕掛けの時計。

りん-うん【×鱗雲】うろこぐも。巻積雲けんせきうん。

りん-えん【林園】リンヱン 樹木の茂った庭園。

りん-えん【林縁】森林の、草地や裸地に接する部分。微気候条件の変化があり、林内と異なる多様な動植物がみられる。

りん-おう【輪王】リンワウ ►転輪王てんりんおう

りん-か【輪禍】リンクヮ 自動車や電車などにひかれたり、はねられたりする災難。「—に遭う」

りん-か【隣家】となりの家。となり。

漢字項目　りん

【×稟】►ひん
【鈴】►れい
【×綾】►りょう

×吝 音リン㊇㊈　訓やぶさか、しわい ‖ 物惜しみをする。けち。「吝嗇りんしょく/倹吝・慳吝けんりん」

林 学1　音リン㊇㊈　訓はやし ‖ ㊀〈リン〉①樹木の集まり生えた所。はやし。「林間・林業・林道・林野/山林・樹林・純林・植林・森林・造林・疎林・竹林・梅林・密林・原生林」②多くの人や物の集まり。「学林・芸林・辞林・書林・僧林・翰林院かんりんいん」③立ち並ぶさま。「林立」㊁〈はやし(ばやし)〉「竹林・松林」〔名付〕き・きみ・しげ・しげる・とき・ふさ・もと・もり・よし〔難読〕林檎りんご

厘 音リン㊉ ‖ 極小の数量を表す単位。「厘毛/一分一厘・九分九厘」〔補説〕もと「釐り」の略字。

倫 音リン㊇㊈ ‖ ①人の守るべき筋道。「倫理/五倫・人倫・破倫・不倫」②同列に並ぶ仲間。「絶倫・比倫」〔名付〕おさむ・しな・つぐ・つね・とし・とも・のり・ひと・ひとし・みち・もと〔難読〕倫敦ロンドン

×悋 音リン㊇㊈ ‖ ①物惜しみをする。「悋嗇りんしょく」②やきもちを焼く。「悋気」

×淪 音リン㊇㊈ ‖ ①さざなみ。「淪漪りんい」②沈む。落ちぶれる。「淪没・淪滅・淪落/沈淪」

人淋 音リン㊇㊈　訓さびしい ‖ ①水が絶え間なくしたたる。「淋雨・淋漓りんり」②性病の一。「淋菌・淋疾・淋病」〔難読〕淋巴リンパ

人琳 音リン㊇㊈ ‖ 美しい玉。また、玉が触れ合って鳴る、澄んだ音の形容。「琳琅りんろう」

人綸 音リン㊇㊈ ‖ ①絹糸をより合わせたひも。「綸綬りんじゅ」②釣り糸。「垂綸」③おさめ整える。「経綸」④天子の言葉。「綸言・綸旨りんじ」〔難読〕綸子りんず

人凜 音リン㊇㊈ ‖ ①身がひきしまるように寒い。「凜冽りんれつ」②きりっとしている。りりしい。「凜乎りんこ・凜然・凜凜」〔補説〕「凛」は異体字。人名用漢字。〔難読〕凜凜りりしい

輪 学4　音リン㊇㊈　訓わ ‖ ㊀〈リン〉①車のわ。また、自転車や自動車のこと。「輪禍/銀輪・競輪けいりん・後輪・車輪・前輪・動輪・両輪・三輪車」②車のわのように円形のもの。「輪舞/火輪・月輪・光輪・大輪・日輪・年輪・半輪・外輪山・五輪旗」③まわり。「輪郭/覆輪」④順番が回ってくる。「輪読・輪廻りんね・輪番」⑤仏教で、大地をささえているわ。「金輪際こんりんざい」⑥仏教で、五大(地水火風空)のこと。「五輪塔」㊁〈わ〉「面輪おもわ・金輪かなわ・首輪・喉輪のどわ・花輪・指輪」

隣 音リン㊇㊈　訓となる、となり ‖ ㊀〈リン〉となり。となりあう。「隣家・隣国・隣室・隣人・隣接/近隣・四隣・善隣」㊁〈となり(どなり)〉「隣近所/両隣」〔補説〕「鄰」は異体字。〔名付〕さと・ただ・ちか・ちかし・なが

×霖 音リン㊇㊈ ‖ 長々と降り続く雨。ながあめ。「霖雨/秋霖・春霖・梅霖」

×燐 音リン㊇㊈ ‖ ①おに火。「燐火」②元素の一。リン。「燐酸/黄燐・赤燐」〔難読〕燐寸マッチ

臨 学6　音リン㊇㊈　訓のぞむ ‖ ①高い所から見おろす。「君臨・照臨」②その場、その時に直面する。「臨海・臨界・臨機・臨月・臨検・臨港・臨時・臨終・臨床・臨戦・臨場感」③高位の人の来訪を敬っていう語。「臨御りんぎょ・臨幸/光臨・降臨・親臨・台臨・来臨」④手本・原本をそばに置いて見る。「臨画・臨写・臨書・臨摸りんも」⑤「臨時」の略。「臨休」〔名付〕み

人鱗 音リン㊇㊈　訓うろこ、こけら ‖ ①魚のうろこ。「鱗介・鱗族/魚鱗・銀鱗・逆鱗げきりん・細鱗・片鱗」②うろこ状のもの。「鱗雲・鱗粉・鱗毛」

人麟 音リン㊇㊈ ‖ 想像上の動物の名。「麟鳳りんぽう/獲麟・麒麟きりん」

りん-か【×燐火】リンクワ 墓地や湿地で発生する青白い火。人魂ひとだま。鬼火。狐火きつねび。

りんが【林歌｜臨河】㊀雅楽。高麗楽こまがく。高麗平調こまひょうぢょうの小曲。舞は四人舞。高麗平調の唯一の曲。㊁雅楽。唐楽。平調で新楽の小曲。㊀の移調曲で、舞はない。

りん-が【臨画】リングワ 手本の絵を忠実に模写すること。また、その絵。

りん-が【×鱗芽】腋芽えきがで、養分を蓄えて多肉質の球状となったもの。オニユリのむかごなど。

リンガ〘梵 liṅga〙男根。また、それをかたどった像。陽石。ヒンズー教で、シバ神の象徴として尊崇される。

リンガー-えき【リンガー液】1882年に英国の生理学者リンガー(Sydney Ringer)が、カエルの心臓の灌流かんりゅう実験のために考案した、体液と同様のイオン組成・浸透圧をもつ最初の生理的塩類溶液。薬局方ではリンゲル液とよび、輸液として用いる。

リンカーン〘Abraham Lincoln〙[1809〜1865]米国の政治家。第16代大統領。在任1861〜1865。共和党。1860年大統領に当選。南部が連邦からの分離を宣言し、南北戦争となったが北軍を指導して勝利を収め、連邦の維持に成功。63年、奴隷解放宣言を発し、同年のゲティスバーグの演説で「人民の、人民による、人民のための政治」という民主主義の原理を示す言葉を残した。戦勝直後に暗殺された。➡ジョンソン

リンカーン-きねんどう【リンカーン記念堂】キネンダウ《Lincoln Memorial》米国の首都ワシントンの中心部、ナショナルモールにある記念堂。第16代大統領リンカーンの功績を記念して建造。ドリス式のギリシャ神殿を思わせる建物の中に、大理石で作られたリンカーンの座像が置かれている。1963年にキング牧師が「私には夢がある」という有名な演説を行った場所としても知られる。

りん-かい【臨海】海にのぞんでいること。「一鉄道」

りん-かい【臨界】❶さかい。境界。❷物質が臨界温度・臨界圧力に達すること。臨界状態になること。➡臨界点 ➡超臨界水 ❸核分裂連鎖反応で、中性子の生成と消失とが均衡状態になること。原子炉では、核分裂連鎖反応が一定の割合で継続するようになること。

(類語)境・境界きょうかい・境界線・区画・仕切り・境目さかいめ・際きわ・分かれ目・分界・閾しきい・ボーダーライン

りん-かい【×鱗介】魚類と貝類。また、海産動物の総称。魚介。

りんかい-あつりょく【臨界圧力】臨界温度のもとで気体を液化するのに要する圧力。臨界圧。

りんかい-ウランせき【×燐灰ウラン石】リンクワイ 二次的に生成された、ウランを含む燐酸塩鉱物。正方晶系。薄い板状結晶で、黄色ないし黄緑色でガラス光沢がある。紫外線を受けると蛍光を発する。

りんかい-おんど【臨界温度】ヲンド 気体がそれ以上の温度ではいくら圧縮しても液化しなくなるときの限界の温度。

りんかい-かく【臨界角】光がそれ以上の入射角では全反射するようになるときの最小の入射角。屈折角が90度のときの入射角。

りんかい-がっこう【臨海学校】ガクカウ 夏休みなどに、海浜で児童・生徒を合宿させ、水泳訓練・野外活動などを通して心身の鍛練、集団生活の指導などを行うこと。また、そのための施設。(季 夏)

りんかい-けいろ【臨界経路】➡クリティカルパス

りんかい-げんしょう【臨界現象】ゲンシヤウ 物質が臨界点の近傍で、比熱・磁化率などに異常性を示すようになる現象。

りんかい-こうぎょうちたい【臨海工業地帯】コウゲフチタイ 海に面して発達した工業地域。日本では海運による原材料の搬入の便利さと埋め立てによる敷地取得の容易さから、大工場を擁する重化学工業が立地する。

りんかい-じこ【臨界事故】核燃料物質が制御不能のまま臨界となって核分裂連鎖反応を起こし、大量の熱や放射線が発生する事故。

りんかい-じっけん【臨界実験】原子炉で、本格的運転に入る前に、実際に核燃料を装填して炉心の特性などを調べる実験。

りんかい-じっけんしょ【臨海実験所】海洋および海洋生物の研究のために沿岸に設置される実験所。日本では国立大学法人に所属するものがほとんど。

りんかい-しつりょう【臨界質量】シツリヤウ 核燃料の、核分裂連鎖反応を維持するために必要な最小限度の質量。臨界量。

りんかい-じょうたい【臨界状態】ジヤウタイ ❶臨界温度・臨界圧力に達したときの物質の状態。液体が液体としてその蒸気と共存しうる限界の状態。❷原子炉で、原子核分裂の連鎖反応が一定の割合で継続している状態。

りんかい-せき【×燐灰石】リンクワイ 弗素ふっそ・塩素を含むカルシウムの燐酸塩鉱物。ふつう無色透明であるが、ときに白色・淡青色・淡緑色・黄色などを呈し、ガラス光沢がある。柱状・板状の結晶または粒状。六方晶系。燐の原料鉱石。肥料・医薬などに利用。アパタイト。

りんかい-たんぱくこう【臨界×蛋白光】タンパククワウ 液体と気体の臨界点近傍にある物質で見られる蛋白光。密度のゆらぎが異常に大きいため、外部から光を当てたときに幅広い波長域で散乱され、強い白色光を発する。1908年、ポーランドの物理学者M＝スモルコフスキーが理論的に解明した。臨界乳光。

りんかい-てん【臨界点】物質の相転移における臨界状態を示す変曲点。液体と蒸気との共存状態がなくなって連続的に変化するようになる点。

りんかい-にゅうこう【臨界乳光】ニユウクワウ ➡臨界蛋白光りんかいたんぱくこう

りんかい-りょう【臨界量】リヤウ ➡臨界質量

りん-かく【輪郭｜輪×廓】クワク ❶物の外形を形づくっている線。「顔の一」「一を描く」❷物事の大体のありさま。概要。アウトライン。「新構想の一」

(類語)形・線・ライン・シルエット・アウトライン

りん-がく【林学】森林と林業に関する技術や経営・経済などについて研究する学問。

リンガ-フランカ〘lingua franca〙異なる言語を使う人達の間で意思伝達手段として使われる言語。リングアフランカ。リングワフランカ。(補説)中世以降の地中海沿岸で使われた、イタリア語にフランス語・ギリシャ語・アラビア語などの混じった混成語の名から。

リンガラ-ミュージック《和 Lingala＋music Lingalaは、コンゴ民主共和国で使われる共通語》1950〜60年代に成立し、ラテン・リズムアンドブルース・ロックなどさまざまな音楽の要素を随時取り込みながら独自の発展を遂げてきたコンゴ民主共和国のダンス音楽。アフリカでは広く聴かれ、影響力も大きい。スークース。

りん-かん【林冠】クワン 森林で、樹冠どうしが接して横に連なる部分。

りん-かん【林間】林の中。

林間に酒を煖あたためて紅葉こうようを焼たく《白居易「送王十八帰山寄題仙遊寺」から》林の中で紅葉を燃やして酒をあたため、秋の風情を楽しむ。

りん-かん【輪×奐】クワン《「輪」は高大、「奐」は大きく盛んな意》建築物が広大でりっぱなこと。「われは大統領の館の一の美を訪ねて」〈鷗外訳・即興詩人〉

りん-かん【輪×姦】〔名〕スル 複数の男が一人の女性を次々に強姦すること。

(類語)暴行・強姦・凌辱りょうじょく・レイプ

りん-かん【輪換】クワン 同一耕地に3種またはそれ以上の作物を代わる代わる耕作したり、放牧地をいくつかに区切って順に放牧したりする農業方式。

りん-かん【臨監】その場に行って監督や監視をすること。特に、第二次大戦前、警官が演説会場や興行の現場に立ち会って、監視・取り締まりを行ったこと。「一の警官」

りんかん-がっこう【林間学校】ガクカウ 夏休みなどに、高原など涼しい土地で児童・生徒を合宿させ、野外活動などを通して心身の鍛練、集団生活の指導などを行うこと。また、そのための施設。(季 夏)「日蔭蝶追うて一へ／虚子」

りんかん-めん【輪環面】リンクワン ➡円環面

りん-き【×悋気】〔名〕スル 男女間のことなどでやきもちをやくこと。嫉妬しっと。「男友達と話す妻に一する」

(類語)嫉妬・焼き餅・ジェラシー・おか焼き・法界悋気

りん-き【臨機】その時その場に応じて適切な手段をとること。

りん-ぎ【×稟議】《「ひんぎ」の慣用読み》会社・官庁などで、会議を開催する手数を省くため、係の者が案を作成して関係者に回し、承認を求めること。「一書」

りんき-おうへん【臨機応変】〔名・形動〕その時その場に応じて、適切な手段をとること。また、そのさま。「一な(の)処置」「一に行動する」

りんき-こう【×悋気講】江戸時代、庶民の女房たちが集まってひらく無尽講。集まると夫の浮気話などを言い合い、うさをはらしたところからいう。

りん-きゅう【臨休】キウ「臨時休業」「臨時休暇」などの略。

りんきゅう-じ【林丘寺】リンキウ 京都市左京区にある単立宗教法人(もと臨済宗天竜寺派)の尼寺。山号は、聖明山。修学院離宮の正殿楽只軒らくしけんを寺とし、後水尾天皇の皇女光子内親王が出家して入寺したのが始まり。歴代の宸翰しんかん、高僧の墨跡が多く残っている。音羽御所。

りん-ぎょ【臨御】❶天子の位について国を治めること。❷天子がその場においでになること。臨幸。

りん-ぎょう【林業】ゲフ 森林を育成し保護して、主に木材を生産する産業。山菜の採取や木炭製造なども含む。

りん-ぎょう【輪業】ゲフ 自転車の販売や修理を行う職業。

りんぎょう-きほんほう【林業基本法】リンゲフキホンハフ 林業に関する政策目標を明らかにし、それを達成するための基本的な施策を示した法律。昭和39年(1964)施行。平成13年(2001)改正され、名称も「森林・林業基本法」に改められた。

りんぎょう-しけんじょう【林業試験場】リンゲフシケンヂヤウ ❶林業に関する試験・分析・鑑定・調査、種苗標本の配布や講習などを行った林野庁所属の機関。昭和63年(1988)森林総合研究所に改組を経て、平成13年(2001)独立行政法人に移行。❷❶と同じ目的で作られた、道府県所属の機関。

りん-きん【×淋菌｜×痳菌】ナイセリア科の細菌。グラム陰性の双球菌。淋病の病原菌で、人間にのみ感染し、免疫はできない。1879年、ドイツの医師・細菌学者A＝ナイセルが発見。ゴノコッケン。

リンク〘link〙〔名〕スル ❶つなぐこと。連結すること。「円高と不景気とを一して考える」❷鎖の輪。連鎖。❸クランクなどの運動装置の棒。ふつう4本の長さの異なるリンクをピンで環状につなぎ、1本を固定する。❹コンピューターの用語。複数のプログラムやファイルを連結して一本化すること。❺ヤード・ポンド法の長さの単位。1リンクは100分の1チェーンで、20.12センチ。米国・英国で測量に用いる。❻「ハイパーリンク」の略。❼UNIXユニックスおよびUNIX系OSで使用される、特定のファイルやフォルダーの分身のように機能するアイコン。デスクトップなどに配置しておき、これをダブルクリックすると、関連付けられたファイルやフォルダーが開く。米国マイクロソフト社のショートカット、Macマック OSのエイリアスも、ほぼ同様の役割をもつ。

リンク〘rink〙アイススケート場。ローラースケート場。アイスホッケーなどでは競技場のこと。スケートリンク。

リング〘Pehr Henrik Ling〙[1776〜1839]スウェーデンの体育家。スウェーデン体操の父といわれる。

リング〘ring〙❶輪。また、輪のような形をしたもの。「イカの一フライ」❷指輪。「エンゲージ一」❸ボクシングやプロレスの試合場。正方形のマットの周囲にロープを張り、高くしつらえた台。(類語)輪・輪っか・環

リンク-アグリゲーション〘link aggregation〙コンピューターネットワークにおける通信技術の一。複

数の回線を単一の回線とみなす技術のこと。通信速度が向上し、ある回線に不具合が生じても残りの回線を使って通信を続けることができるため、信頼性も向上する。
リングア-フランカ〘lingua franca〙▶リンガフランカ
リングイスティックス〘linguistics〙「言語学」に同じ。
リングイネ〘イタリア linguine〙パスタの一種で、細く平たい麺。リングイーネ。
リング-オブ-ケリー〘Ring of Kerry〙▶ケリー周遊路
リング-オブ-ブロッガー〘Ring of Brodgar〙英国スコットランド北岸、オークニー諸島、メーンランド島にある環状列石。紀元前2500年から紀元前2000年頃のものとされる。直径104メートル、60基の石から成り、そのうち27基の石が現在も立っている。スカラブラエの集落跡、円墳メイズホウ、環状列石ストーンズオブステネスなど、近隣の遺跡とともに、1999年に「オークニー諸島の新石器時代遺跡中心地」として世界遺産(文化遺産)に登録された。
リングがた-ネットワーク【リング型ネットワーク】コンピューターネットワークの接続形態の一つ。1本の環状のケーブルに複数の端末や周辺機器を接続する。リング型。リング型接続。環状接続。
リング-カッター〘ring cutter〙指から抜けなくなった指輪を切断する道具。丸い切断歯をハンドレバーで回転させて指輪を切る。
リングサイド〘ringside〙ボクシングやプロレスなどの競技場で、リングに面した最前列の席。
リンクス〘links〙海岸・河岸に造られた比較的平坦なゴルフ場。
リンクス〘lynx〙オオヤマネコのこと。
リンク-せいど【リンク制度】製品の輸出と連係させてその原材料の輸入を許可する貿易制度。輸出入リンク制度。
リング-ネーム《和 ring＋name》プロレスラーやプロボクサーがつけるリング上での名前。
リング-ブック《和 ring＋book》開閉式の輪でとじ、用紙を自由に差しかえることができるノートブックやスケッチブック。リングノート。(補説)英語ではring binder。
リング-フラッシュ〘ring flash〙輪(リング)のような形をした撮影用の発光装置。接写の際、影が出ない撮影が可能。
リング-プル〘ring-pull〙「プルタブ」に同じ。また、環を引くとふた全体が取れるものもいう。
リング-ぼけ【リング×暈け】レフレックスレンズを用いた写真で、ぼやけた輪のような光が写ること。
リンクマン〘linkman〙❶ラジオ・テレビの座談会などの司会者。❷間に立つ人。仲介者。世界の外国為替ブローカーのつなぎ役を果たす人。❸サッカーで、ディフェンダーとフォワードのつなぎ役を果たす選手。
リング-メンバー〘ring member〙ロンドン金属取引所(LME)の会員。
リング-ワンダリング〘ring wandering〙▶リングワンデルンク
リングワンデルンク〘ドイツ Ringwanderung〙登山やスキーで、暗夜・濃霧・吹雪などによって視界の悪い高原や雪原を歩くうちに方向を見失い、輪を描いて同じ所を繰り返し歩くこと。遭難につながる恐れがある。輪形彷徨。環状彷徨。リングワンダリング。(補説)人が歩く時、左右の脚への力の掛かり方が偏ることから生じる現象。
りん-け【林家】林羅山以来、朱子学をもって代々徳川幕府に仕えた林家。3代林鳳岡より大学頭を世襲した。
りん-けい【輪形】輪のような丸い形。わがた。
(類語)丸い・まろい・丸っこい・真ん丸・円やか・円か・円ら・円形・球形・球状・円盤状
りん-けい【×鱗形】鱗のような形。うろこがた。
りん-けい【×鱗茎】地下茎の一。節間の短縮した茎に、養分を蓄えた肉厚の鱗片葉が多数重なって、球形や卵形をしているもの。タマネギ・ユリ・チューリップなど。園芸では球根という。
りんけい-さいるい【×鱗茎菜類】鱗茎を食用とする野菜。タマネギ・ラッキョウ・オニユリなど。
りんけい-じん【輪形陣】海軍の艦隊陣形の一。航空母艦や戦艦を中心にして、周囲に巡洋艦や駆逐艦を配置した陣形。
りんけい-どうぶつ【輪形動物】袋形動物のうち、ワムシ類・腹毛類などの総称。もと動物界の一門として分類された。
りんけい-ほうこう【輪形×彷×徨】▶リングワンデルンク
リンケージ〘linkage〙連鎖。
りん-げつ【臨月】出産の予定の月。うみづき。
リンゲル《Ringerのドイツ語読み》「リンゲル液」の略。
リンゲル-えき【リンゲル液】「リンガー液」に同じ。
りん-けん【臨検】〘名〙スル ❶その場に臨んで検査すること。「火災の起こる毎に…足軽数十人を随えて―した」〈鴎外・渋江抽斎〉❷行政機関の職員が、行政法規の実施を監視するため、営業所・倉庫・工場などに立ち入ること。立ち入り。❸租税の犯則事件の調査のため、収税官吏が現場に立ち入ること。❹国際法上、船舶を拿捕する際、その理由の有無を確かめるために船舶の書類を検査すること。
(類語)調べる・検する・閲する・閲する・改める・検査・点検・検分・吟味・実検・検閲・査閲・監査・チェック
りん-げん【×綸言】《「礼記」緇衣から。「綸」は組み糸。天子の口から出るときは糸のように細い言葉が、下に達するときは組み糸のように太くなる意》天子の言葉。天皇の仰せごと。みことのり。
綸言汗の如し 《「漢書」劉向伝から》天子の言葉は、出た汗が体内に戻らないように、一度口から出れば取り消すことができない。
りん-こ【×凜×乎】〘ト・タル〙図〘形動タリ〙りりしく勇ましいさま。毅然としているさま。凜然。「―とした態度をとる」「然れども其一生を通じて―たる操守あり」〈秋水・兆民先生〉(類語)勇ましい・雄雄しい・凜凜しい・勇壮・勇猛・勇敢・剛勇・忠勇・果敢・精悍・壮・壮烈・英雄的・ヒロイック(「―と」「―たる」の形で)敢然・決然・凜然・凜凜・颯爽
りん-ご【林×檎】バラ科の落葉高木。また、その果実。葉は卵円形。4、5月ごろ、葉とともに白または淡紅色の5弁花を開き、のち球状の赤色などの実を結ぶ。甘酸っぱく白い食用部は、花托の発達したもの。ヨーロッパ中部から南東部の原産。日本には明治時代に欧米から紅玉・デリシャスなどの品種が導入され、青森・長野などで栽培。古くは、在来の和林檎などをさした。りゅうごう。(季 実＝秋 花＝春)「―嚙む歯に青春をかがやかす/麦南」
りんご-あめ【林×檎×飴】生のリンゴの実に飴をからめた菓子。
りん-こう【輪光】輪のように見える光。
りん-こう【輪行】遠方でサイクリングを楽しむために、自転車を分解して専用の袋に入れ、鉄道やバスなどの公共機関に持ち込んで目的地まで移動すること。
りん-こう【輪講】〘名〙スル 一つの書物を何人かで順番に講義すること。「論語を―する」
りん-こう【隣交】隣家や隣国との交わり。
りん-こう【隣好】隣家や隣国と仲よくすること。となりとのよしみ。
りん-こう【×燐光】❶黄燐が空気中で酸化して発する青白い光。また、生体物質が腐敗・酸化するときに生じる光。❷ルミネセンスの一種。ある物質に光を与えると、その光の補給を停止してもしばらく残光が見られる現象。また、その光。
りん-こう【×燐鉱】▶燐鉱石
りん-こう【臨行】〘名〙スル 身分の高い人が出かけて行ってその場に臨むこと。
りん-こう【臨幸】〘名〙スル 天皇が行幸してその場に臨むこと。臨御。「式典に―される」
りん-こう【臨港】港に面していること。港のすぐそばにあること。
りん-ごう【隣郷】となりむら。隣村。
りんこう-せき【×燐鉱石】燐酸カルシウムを多量に含む鉱物の総称。燐灰石・グアノなど。燐酸肥料の原料。燐鉱。
りんこう-せん【臨港線】海上から陸上輸送への連絡をよくするため、本線から埠頭内に引き込まれた鉄道線路。臨港鉄道。
りんこう-たい【×燐光体】燐光を発する物質。
りんこう-ちく【臨港地区】都市計画法で定められた地域地区の一つ。港湾を管理運営するために定められる地区。
りんこう-バッグ【輪行バッグ】▶輪行袋
りんこう-ぶくろ【輪行袋】輪行の際に、分解した自転車を収納する専用の袋。
りん-こく【×稟告】〘名〙スル《「ひんこく」の慣用読み》申し出ること。申し上げること。「愛蘭の副王なりし甘伯伝に―し」〈中村訳・西国立志編〉
りん-ごく【隣国】《「りんこく」とも》となりの国。隣邦。
(類語)隣邦・四隣・近国
りんご-さん【林×檎酸】有機酸の一。リンゴ・ブドウなどの果実中に多く存在。無色の針状の結晶で潮解性がある。生体内ではトリカルボン酸回路の一員で、フマル酸から生成しオキサロ酢酸となる。清涼飲料水の酸味に使用。分子式$C_4H_6O_5$
りんご-しゅ【林×檎酒】リンゴの果汁を発酵させて造ったアルコール飲料。シードル。
リンコシン〘lincosin〙抗生物質リンコマイシンの商標名。
りん-ごどう【林語堂】[1895～1976]中国の作家・言語学者。福建省竜渓の人。本名は和楽、のち玉堂さらに語堂と改名。欧米に留学後、北京大学などの教授。雑誌「人間世」「論語」などを主宰。ユーモア小品文を提唱。著「わが国土・わが国民」「北京好日」「剪払集」など。リン＝ユイタン。
りんごのうた【リンゴの唄】流行歌。サトウハチロー作詞、万城目正作曲、並木路子歌。昭和20年(1945)の映画「そよかぜ」の主題歌で、第二次大戦後初の大ヒット曲。
りんご-の-きょうかい【林檎の教会】《Elmalı Kilise》トルコ中央部、カッパドキア地方の町ギョレメにある岩窟教会。イスラム教徒による迫害を逃れてキリスト教徒が造ったもので、ギョレメ野外博物館の教会の一つ。11世紀半ばから12世紀初め頃の建造。名称の由来は、入口にリンゴの木があったためとされる。キリストの生涯を描いた色鮮やかなフレスコ画が残っている。エルマル教会。エルマルキリセ。
りんご-びょう【林×檎病】伝染性紅斑の俗称。
リンコマイシン〘lincomycin〙抗菌性抗生物質の一。グラム陽性菌、特に嫌気性菌によく効く。
りんご-わたむし【林×檎綿虫】ワタアブラムシ科の昆虫。リンゴの葉から汁を吸う害虫。体長2～3ミリ。有翅型のものは白い綿状の蠟で覆われ、晩秋に飛ぶ。わたむし。ゆきむし。
りん-ざ【輪座】転輪王の座。また、仏の座。
りん-さい【輪栽】〘名〙スル「輪作」に同じ。「麦と豆を―する」
りんざい【臨済】[?～867]中国、唐代の禅僧。名は義玄。臨済宗の開祖。曹州南華(山東省)の人。黄檗希運に師事し、3年の坐禅によって得道。みずから臨済と名のる。言行を弟子が集録して「臨済録」を編纂した。勅諡号、慧照禅師。
臨済の喝徳山の棒 《「伝灯録」から》臨済禅師はよく大喝を与え、徳山和尚はよく痛棒を加えたことから、禅宗の修行のきびしさのたとえ。
りんざい-ぎげん【臨済義玄】▶臨済
りんざい-さい【臨財債】「臨時財政対策債」の略称。
りんざい-じ【臨済寺】静岡市にある臨済宗妙心寺派の寺。山号は、大竜山。今川義元建立の善得院を天文5年(1536)改称、太原崇孚が大休宗休を招いて開山とした。徳川家康が幼時人質として居住し、のち、家康が再興。庭園は太原作と伝えられる。

りんさい-しき【輪栽式】穀物と根菜類、クローバーなどの飼料作物とを一定順序で輪作する作付け方式。地力を維持することができる。19世紀以降英国ノーフォーク地方で発展。

りんざい-しゅう【臨済宗】禅宗の一派。唐の臨済義玄を開祖とし、のち黄竜派と楊岐派が立ち隆盛に導いた。日本には栄西が黄竜派の法を受けて建久2年(1191)に帰国、初めて伝えた。参禅問答による自己究明を宗風とする。現在は、天竜寺派・相国寺派・建仁寺派・南禅寺派・妙心寺派・建長寺派・東福寺派・大徳寺派・円覚寺派・永源寺派・方広寺派・国泰寺派・仏通寺派・向嶽寺派の14寺派、および相国寺派から分かれた興聖寺派がある。

りんざい-ぜん【臨済禅】臨済宗で行う禅。臨済の宗風を伝えた禅。

りんざいろく【臨済録】中国、唐代の法語集。1巻。臨済義玄の法語を慧然が編集。1120年、宗覚重刊。臨済宗で最も重要な語録。鎮州臨済慧照禅師語録。

りん-さく【輪作】〘名〙スル　同一耕地に一定年限をおいて異なる種類の作物を交代に繰り返し栽培すること。地力の低下や病虫害の発生を防ぐ効果がある。輪栽。⇔連作。

りん-さん【林産】山林から産出すること。また、その産物。

りん-さん【×燐酸】五酸化燐を水で処理して得られる一連の酸の総称。一般にはオルト(正)燐酸をさす。無色の粒状の結晶で、水によく溶け、ふつうは水溶液をいう。強い三塩基酸。加熱によりピロ燐酸、さらにメタ燐酸になる。生体に広く分布し、骨に多い。肥料・洗剤の製造や清涼飲料・歯科用セメントなど広く利用。化学式H_3PO_4

りんさん-アンモニウム【×燐酸アンモニウム】燐酸のアンモニウム塩。正塩は化学式$(NH_4)_3PO_4$で、水に溶ける無色の結晶。ふつう三水和物。工業上は水素塩も含めていい、燐酸一水素アンモニウム$(NH_4)_2HPO_4$は広く肥料として用いられ、燐安ともいう。燐酸二水素アンモニウム$(NH_4)H_2PO_4$の単結晶は圧電率・誘電率が高く、圧電振動子として用いられる。

りんさん-えん【×燐酸塩】燐酸の水素を金属あるいは塩基と置換してできる塩。正塩のほか、燐酸水素塩・燐酸二水素塩がある。一般に無色の結晶。(補説)肥料のほか、食品添加物や合成洗剤などに利用される。

りんさん-カリウム【×燐酸カリウム】燐酸のカリウム塩。無色の結晶。水に溶け、水溶液は強アルカリ性。合成洗剤の製造に用いる。化学式K_3PO_4　工業上は水素酸を含めていい、燐酸二水素カリウムKH_2PO_4の単結晶は強誘電体で、圧電素子・電気工学素子やレーザーの光高調波発生に用いられる。

りんさん-カルシウム【×燐酸カルシウム】燐酸のカルシウム塩。白色の無定形の物質。天然には燐灰石として産出し、土壌中に分布して植物の肥料となり、動物では骨・歯の主成分をなす。化学式$Ca_3(PO_4)_2$　広くは水素塩も含み、過燐酸石灰の成分で、肥料として重要。燐酸石灰。

りんさん-コデイン【×燐酸コデイン】コデインの燐酸塩。鎮痛・鎮咳薬に用いる。

りんさん-ひりょう【×燐酸肥料】燐酸塩の形で燐を多く含む肥料。過燐酸石灰・燐酸アンモニウム・骨粉・しめかすなど。燐肥。

りんさん-ぶつ【林産物】山林からの産物。

りん-し【×淋糸|×痳糸】淋菌性尿道炎の患者の尿中にみられる、短く白い糸状の浮遊物。

りん-し【臨死】死に瀕して、生と死の境をさまようこと。また、いったん死んだとみなされたのちに再び生き返ること。「―体験」

りんし【臨淄】中国、山東省中部の北寄りにある小都市。現在、淄博市の一部。春秋戦国時代に斉の都があった。

りん-じ【×綸旨】《綸言の旨の意。「りんし」とも》❶天子などの命令。また、その内容。綸命。❷蔵人が天皇の命を奉じて出す奉書形式の文書。平安中期以後に多く出され、料紙は多く薄墨色の宿紙を用いた。

りん-じ【臨時】❶あらかじめ定めた時でなく、その時々の事情に応じて行うこと。「―に総会を開く」「―番組」「―休業」❷一時的であること。その期間だけであること。「―に作業員を雇う」(類語)随時

りん-じ【×鱗次】〘名・形動タリ〙うろこのように並びつづくこと。また、そのさま。「商家―として百物備はらざることなし」〈北越雪譜〉

リンシード-オイル〖linseed oil〗亜麻仁油。絵の具・ペンキ・リノリウムなどに用いる。

りんじうんてんしゃ-とくやく【臨時運転者特約】自動車保険における特約の一つ。友人・知人など記名被保険者またはその家族以外の者が被保険自動車を運転していて起こした事故の場合も保険金が支払われる。

りんじ-きごう【臨時記号】楽曲の途中で、ある音の高さを一時的に変化させるための記号。符頭の左側につけられた変化記号・本位記号をさす。

りんじ-きゃく【臨時客】❶不意に来た客。❷《大饗のように公式の行事ではないところからいう》平安時代、年頭に摂政・関白・大臣家で大臣以下の貴族を招いて催した宴会。臨時の客。

りんじ-きょういくかいぎ【臨時教育会議】第一次大戦後の教育改革について調査・審議するため、大正6年(1917)から同8年まで設けられた内閣直属の諮問機関。その答申は、昭和初期までの教育政策の展開に重要な役割を果たした。

りん-じく【輪軸】大小二つの円筒状の滑車を一つの軸に重ねるように固定した装置。同時に回転し、大滑車にかけた綱を引いて、小滑車につるした重量物を持ち上げる。てこの原理を応用したもの。

りんじ-こう【臨時工】臨時に雇用される工業労働者。

りんじ-こくごちょうさかい【臨時国語調査会】国語に関する事項を調査するため、大正10年(1921)設置された機関。文部大臣の監督に属し、常用漢字表・仮名遣改定案・字体整理案などを発表。昭和9年(1934)国語審議会に改組された。

りんじ-こっかい【臨時国会】通常国会に対して、必要に応じて臨時に召集される国会。憲法上では臨時会という。

りんじ-ざいせいたいさく-さい【臨時財政対策債】地方一般財源の不足を補うために特例として発行される地方債。必要に応じて地方自治体が発行し、償還費用は全額国が負担する。臨財債。(補説)地方交付税の財源(所得税・酒税・法人税・たばこ税・消費税の一定割合)が不足した場合、従来は国が国債を発行して不足分を補填していたが、平成13年度(2001)から、国から地方への交付額を減らす方式に改められたのに伴い、臨時措置として導入された。

りん-ししつ【×燐脂質】《phospholipid》複合脂質の一。分子内に燐酸基をもち、脂肪酸・グリセリンまたはアミノアルコールなどを含む。細胞膜・核膜などを構成する基本物質。ホスファチド。

りんじ-しゃいん【臨時社員】雇用期間・労働時間・給与などの条件を企業と個別に契約して、比較的短い期間で就業する社員。パートタイマー・契約社員・嘱託などの呼び方もあるが、厳密な区別はない。

りんじ-せいけん【臨時政権】▶臨時政府

りんじ-せいふ【臨時政府】戦争・革命・クーデターなどによって既存の政府が廃止され、正式政府が樹立されるまでの間、臨時的に組織される政府。臨時政権。暫定政府。暫定政権。

りん-しつ【×淋疾|×痳疾】「淋病」に同じ。

りん-しつ【隣室】となりの部屋。「―に引っ込む」

りんじ-の-じもく【臨時の除目】春秋の恒例の除目のほかに、臨時に行われる小規模の除目。

りんじ-の-まつり【臨時の祭(り)】例祭のほかに行われる祭礼。特に、陰暦11月の下の酉の日に行われた賀茂神社の祭り、陰暦3月の中の午の日に行われた石清水八幡宮の祭り、陰暦6月15日に行われた祇園八坂神社の祭りをいう。

りんじ-ひ【臨時費】臨時に支出する費用。⇔経常費。

りんじひよう-ほけんきん【臨時費用保険金】火災保険などで、事故によって保険対象物が損害を受けたとき、それにより臨時に生じる費用を一定の範囲内で補償する保険金。

りんじ-ほう【臨時法】一時的な事態のために制定され、有効期間が定められていない法令。➡限時法

りん-しゃ【臨写】〘名〙スル　原本や手本を見て字や絵などをかき写すこと。「名筆を―する」
(類語)写す・書き写す・書き取る・転記する・謄写する・筆写する・手写する・書写する・臨書する・透写する・転写する・なぞる・トレースする

りん-しゃく【×悋▽惜】《「りんじゃく」とも》物惜しみすること。りんせき。「それがし望み申せども、御用の場所とて―あり」〈浄・百人上臈〉

りんじ-やとい【臨時雇い】臨時にある期間だけ雇い入れること。また、その人。

リンシャン-カイホー【嶺上開花】《中国語》マージャンで、槓をしたとき、場に積んである最後の牌を引いてきてその牌で上がること。

りん-じゅう【臨終】人が死のうとするまぎわ。死にぎわ。末期。また、死ぬこと。「―を迎える」
(類語)いまわ・往生際・死に目・断末魔・終焉

りんじゅう-しょうねん【臨終正念】臨終に際して、一心に仏を念ずること。特に阿弥陀仏を念じて極楽往生を願うこと。

りん-しょ【臨書】〘名〙スル　書道で、手本を見ながら字を書くこと。また、そのようにして書いた書。「千字文を―する」⇔自運。

りん-じょ【林紓】[1852～1924]中国、清末・民国の翻訳家。福建省閩侯県の人。字は琴南。号、畏廬・冷紅生など。「椿姫」その他、欧米・日本の小説を文語で翻訳。白話運動に反対した。リン＝シュー。

りん-しょう【林床】森林の地表面。光が林冠により遮られるため、耐陰性の強い植物や菌類などが生育。

りん-しょう【林鐘】❶中国音楽の十二律の一。基音の黄鐘より七律高い音。日本の十二律の黄鐘にあたる。❷陰暦6月の異称。

りん-しょう【輪唱】〘名〙スル　合唱で、同一の旋律を二つ以上の声部が一定の間隔をおいて追いかけるように歌うこと。「歌曲を―する」

りん-しょう【臨床】病床に臨んで診療すること。患者に接して診察・治療を行うこと。

りん-じょう【倫常】常に守るべき人倫の道。「風紀―の乱れたるを救わんとて」〈魯庵・破垣〉

りん-じょう【輪状】輪のような形。環状。

りん-じょう【臨場】〘名〙スル　その場所にのぞむこと。また特に、会場や式場などに行くこと。「式典に―する」(類語)出席・列席・臨席・参列・参会・出場・出頭・顔出し・親臨・出御

りん-じょう【×鱗状】うろこのような形状。

りんしょう-い【臨床医】患者に接して診察・治療をする医師。

りんしょう-いがく【臨床医学】患者に接して診断・治療を行う医学分野。内科・外科・産婦人科・小児科・耳鼻咽喉科・眼科・精神科などの領域に分かれる。基礎医学・社会医学に対していう。

りんしょう-いん【麟祥院】東京都文京区にある臨済宗妙心寺派の寺。山号は、天沢山。通称、枳殻寺。寛永元年(1624)春日局(法号、麟祥院)の建立。開山は渭川周瀏。報恩山天沢寺と称したが、局の没後、現寺号に改称。春日局の墓がある。

りんじょう-かん【臨場感】実際その場に身を置いているかのような感じ。「―あふれる画面」

りんしょう-けんさ【臨床検査】病気の診断、治療方針の選択、予後の判定などの資料とするために、患者の血液・尿・便などを採取したり、脳波・心電図などを測定したりして行う検査。

りんしょうけんさ-ぎし【臨床検査技師】臨床検査を行う技術者。厚生労働大臣の免許を受け、医師の指導監督のもとに、血液学的・微生物学

的・生化学的検査のほか、心電図・心音図・脳波・筋電図・基礎代謝・呼吸機能・脈波・超音波の生理学的検査も行う。

りんしょうけんしゅう-せいど【臨床研修制度】リンシヤウケンシウ ►医師臨床研修制度

りんしょう-こうがく【臨床工学】リンシヤウ 人工呼吸装置・人工心肺装置・人工透析装置などの生命維持管理機器、その他の医療用機器の操作、保守点検に必要な技術と機器利用に伴う臨床上の問題とを併せて研究する医学の一分野。

りんしょうこうがく-ぎし【臨床工学技士】リンシヤウコウガク 医師の監督・指導のもとで、人の呼吸・循環・代謝機能を代替、補助する生命維持管理装置などの医療機器の操作、保守点検を担当する技術者。国家資格。昭和63年(1988)臨床工学技士法に基づいて新設。

りんしょう-しけん【臨床試験】リンシヤウ 新薬の効果を確かめたり、既存の薬剤の追跡調査をしたりするため、患者や健康な人に服用させて試すこと。国に新薬としての承認申請をする場合には、特に治験(治療試験)という。

りんしょうしゅうれん-せいど【臨床修練制度】リンシヤウシウレン 日本の医師・歯科医師免許を持たない外国人医師・歯科医師が、研修のため日本国内で診療を行うことを許可する制度。厚生労働大臣が指定する病院で、指導医の実地指導監督のもとでのみ、診療を伴う研修が認められる。アジア地域を中心とする発展途上国の医療水準の向上に寄与する目的で設けられた制度であり、修練を終了しても日本の医師・歯科医師免許は与えられない。

りん-しょうじょ【藺相如】リンシヤウジヨ 中国、戦国時代の趙の政治家。恵文王に仕え、和氏の璧を城15と交換するために秦に使したが、秦の昭王の策謀を見抜き、璧を全うして持ち帰ったという「完璧」の故事、および将軍廉頗との「刎頸の交わり」で名高い。生没年未詳。

りんしょう-じんもん【臨床尋問】リンシヤウ 出頭できない病床中の証人に対して、裁判所がその病床におもむいて尋問すること。

りんしょう-しんりがく【臨床心理学】リンシヤウ 個人や集団の適応上の問題を、心理学的知識や技術を背景に示唆・助言などを通して解決を図ることを目的とした心理学の一分野。

りんしょうしんり-し【臨床心理士】リンシヤウシンリ カウンセリングや諸種の心理療法などを担当する専門職。日本臨床心理士資格認定協会が試験の上で認める。

りんしょう-ちけん【臨床治験】リンシヤウ ►治験❷

りんしょうてき-のうししんだん【臨床的脳死診断】リンシヤウテキナウシシンダン 主治医等が治療方針を決定するために、患者が脳死となっている可能性が高いかどうか臨床的に診断すること。診断基準は法的脳死判定とほぼ同じだが、患者の脳に致命的な損傷を与える可能性がある無呼吸テストは行わない。臨床的脳死と判断し、臓器提供を行う場合は、さらに法的脳死判定を行う。(補説)自発呼吸がない状態と認められることを前提とし、深昏睡、瞳孔の散大・固定、脳幹反射の喪失、平坦脳波を確認する。深昏睡とは、痛み刺激に対し全く反応しない状態、または痛み刺激に対して開眼・発語・運動しない状態。法的脳死判定の場合、これらの4項目を確認した後、最後に人工呼吸器を外して、自発呼吸が消失していることを確認する。

りんしょう-どうけし【臨床道化師】リンシヤウダウケ ►クリニクラウン

りん-しょく【吝嗇】〔名・形動〕ひどく物惜しみをすること。また、そのさま。けち。「一な人」
(類語)しみったれ・しわい・渋い・しょっぱい・細かい・みみっちい（けちな人）けちん坊・しわん坊・握り屋・締まり屋・吝嗇漢・守銭奴・倹約家・始末屋

りんじ-よさん【臨時予算】事情に応じて臨時に組まれる予算。

りんし-るい【鱗翅類】鱗翅目の昆虫の総称。チョウ・ガの類。全身に毛が密生し、複眼は大きく、らせん状の口器を伸ばし花蜜を吸う。体と二対の大形の翅は鱗粉に覆われ、華美な色彩をもつものがある。完全変態。幼虫は芋虫や毛虫で、かむ口をもつ。

りんじ-れっしゃ【臨時列車】季節や行事などに応じて、臨時に運行する列車。

りん-しん【林森】[1868〜1943]中国の政治家。福建省閩侯県の人。字は子超。孫文の革命運動に参加。のち、蒋介石の南京政府に入り、1931年以降国民政府主席。リン＝セン。

りん-しん【稟申】〔名〕スル《「ひんしん」の慣用読み》申し上げること。上申。「渠等が内務大臣に一するまでは」〈魯庵・破垣に就て〉

りん-じん【隣人】となりに住む人。となり近所の人。また、自分のまわりにいる人。「一愛」

リンス〖rinse〗〔名〕スル ❶ゆすぐこと。すすぐこと。❷洗剤のアルカリ分を中和したり、洗ったものを柔軟にしたりするために薬剤を加えた水などですすぐこと。また、その薬剤。「髪を一する」「オイル一」

りん-ず【綸子・綾子】《「りん(綾)」「ず(子)」は唐音》滑らかで光沢がある絹織物。後練りの繻子織りの一種で、紋織りと無地とがある。染め生地として使用。

りんず-がみ【綸子紙】主に白粉の包み紙に用いた和紙。

りん-せい【林政】林業に関する行政。

りん-せい【稟請】〔名〕スル《「ひんせい」の慣用読み》上役や上部機関などに申し出て請求すること。申請。「部下の昇進を一する」

りん-せい【輪生】〔名〕スル 茎の一節に葉が3枚以上つくこと。クルマユリ・アカネなど。

りんせい-どう【燐青銅】青銅に少量の燐を添加した合金。青銅よりも鋳造がたやすく、強度や耐食性がよい。船舶のプロペラや軸受け・ばね・通信機器などに使用。

りんせい-ぶし【林清節】歌念仏の一派。寛文〜元禄(1661〜1704)ごろに京都で活躍した日暮林清が創始。浄瑠璃各派の曲節にも取り入れられた。

りん-せき【悋惜】「りんしゃく(悋惜)」に同じ。

りん-せき【隣席】となりの席。

りん-せき【臨席】〔名〕スル その席に臨むこと。会や式典などに出席すること。「祝賀会に大臣が一する」
(類語)出席・列席・顔出し・参列・参会・出場・出頭・臨場・親臨・出御

りん-せつ【隣接】〔名〕スル となり合っていること。「一する町村」「一地」(類語)隣り合わせ・並ぶ

りん-せつ【鱗屑】表皮の角質が肥厚し、剥離したもの。皮膚病にみられる。

りんぜつ【輪舌|倫説|林雪|林説】俗箏・筑紫箏などで、特に細かい手法を用いる純器楽曲の曲名。のちの「乱(乱輪舌)」の原形とされるもので、三味線・一節切などにも移されている。

りん-ぜつ【輪説|臨説】❶雅楽の箏の演奏法の一。残楽に用いられる特殊な奏法。閑掻と早掻を併用する。❷正統でない見解。「一を好み珍しき所を求むるは」〈連理秘抄〉

りんせつ-こうかんほう【隣接交換法】リンセツカウクワンハフ ►バブルソート

りんせつてき-しゆうどうたい【隣接的雌雄同体】►異時的雌雄同体

りん-せん【林泉】❶林や泉水を配して造った庭園。❷世を逃れて隠れ住む地。

りんせん【臨川】中国、江西省中部の県。撫河の中流域に位置する。宋の王安石の生地。

りん-せん【臨戦】戦いに臨むこと。戦闘に対応すること。「一態勢がととのう」

りん-ぜん【凜然】〔ト・タル〕図〔形動タリ〕❶寒気のきびしいさま。「霜の朝の寒さは如何にも一と身にしみて」〈蘆花・思出の記〉❷勇ましくりりしいさま。凜乎。「一と言い放つ」「直ぐ思い返して一歩一と引き退った」〈木下尚江・良人の自白〉
(類語)(❷)勇ましい・雄雄しい・凜凜しい・勇壮・勇猛・勇敢・剛勇・忠勇・果敢・精悍・壮っ・壮烈・英雄的・ヒロイック（「一と」「一たる」の形で）敢然・決然・凜凜・凜乎・颯爽

りんせん-じ【臨川寺】京都市右京区にある臨済宗天竜寺派の寺。山号は、霊亀山。建武2年(1335)後醍醐天皇が皇子世良親王の追善のため、亀山天皇の離宮川端御所の跡地に建立。開山は夢窓疎石。現在は天竜寺の塔頭。

りんせんじ-ばん【臨川寺版】五山版の一。室町時代、臨川寺で夢窓疎石・春屋妙葩らが出版した書物。主として宋・元版の覆刻。

りんせん-しゅう【臨川集】リンセンシフ 中国、北宋の文人王安石の詩文集。全100巻。1140年刊。臨川先生文集。

りん-そう【林相】リンサウ 木の種類や生え方などによる、森林の様相。「門のように迫った両側の丘の一も」〈大岡・野火〉

りん-そう【林葬】リンサウ 四葬の一。死骸を林野に捨て鳥獣に施す葬法。野葬。

りん-そう【林藪】❶草木の茂ったところ。❷草深い田舎。❸物事の多く集まるところ。

りん-そう【輪相】リンサウ 塔の頂上にある九輪の尖塔。相輪。

りん-ぞう【輪蔵】リンザウ「転輪蔵」の略。

りんぞう【輪蔵】リンザウ 謡曲。四番目物。観世・喜多流。観世弥次郎長俊作。旅僧が北野天神で輪蔵を拝むと、経巻の守護神火天と輪蔵を考案した傅大士の霊が現れ、一夜にしてすべての経巻を拝ませる。

りんそう-るい【輪藻類】リンサウ ►車軸藻植物

りん-ぞく【鱗族】うろこのある動物。魚類。

りん-そくじょ【林則徐】[1785〜1850]中国、清末の政治家。福建省侯官の人。字は少穆。諡は文忠。欽差大臣となり阿片流入の根絶を期したが、阿片戦争の敗北によって失脚。著「林文忠公政書」など。リン＝ツォーシュイ。

りん-そん【隣村】となりの村。となりむら。

リンダーホフ-じょう【リンダーホフ城】《Schloß Linderhof》ドイツ南部、バイエルン州の村、オーバーアマーガウの近郊にある城館。バイエルン王ルートウィヒ2世により、1874年から78年にかけて建造。ベルサイユ宮殿内のトリアノン宮殿を模倣し、城館内にはルイ14世やマリー＝アントワネットの像が置かれている。リヒャルト＝ワグナーのオペラ「タンホイザー」の場面を再現して、黄金の貝の舟を浮かべた「ビーナスの洞窟」がある。リンダーホーフ城。

りん-だい【輪台】園芸で、大輪の花を咲かせるために、針金を曲げて作った菊花の台。

りんだい【輪台】雅楽の曲名。唐楽、盤渉調で新楽の中曲。舞は四人の平舞で、常に青海波の序として舞う。もとは中国西域地方の民俗楽舞といわれる。番舞は敷手。

リンダウ〖Lindau〗ドイツ南部、バイエルン州、ボーデン湖に臨む都市。中世には水運、交通の要衝として栄えた。旧市街は湖に浮かぶ島にあり、橋で結ばれている。旧市庁舎、聖シュテファン教会をはじめ、歴史的建造物が数多く残り、観光保養地として知られる。

りん-タク【輪タク】《タクは「タクシー」の略》自転車の後部または側面に客席を取り付けた営業用の三輪車。日本では、第二次大戦後数年間流行した。

りん-だめ【厘揉|釐揉】厘や毛などのきわめて少量をはかるはかり。釐等具の小さいもの。厘秤。

りん-たんぱく【燐蛋白】燐酸を含有する複合たんぱく質。牛乳のカゼインや鶏の卵黄のビテリン・ホスビチンなど。

りん-ち【林地】林業の対象とする土地。

りん-ち【隣地】隣接している土地。となりの土地。

りん-ち【臨地】現地に出かけること。「一調査」

りん-ち【臨池】《王羲之「与人書」にある、後漢の張芝が池のそばで習字のけいこを続けたという故事から》習字。手習い。

リンチ〖lynch〗〔名〕スル《米国バージニア州の治安判事の名から》法的手続きを経ないで暴力的制裁を

加えること。私刑。「仲間に―される」
(類語)私刑・制裁・内ゲバ

リンチ-じょう【リンチ城】《Lynch's Castle》アイルランド西部、ゴールウエー州の港湾都市ゴールウエーの中心部にあるアイルランドゴシック様式の邸宅。中世にゴールウエーを寡頭政治で支配した14部族の一つ、リンチ家により14世紀に建造。19世紀初期に改修され、現在は銀行の支店として使われている。

りん-ちゅう【林中】林のなか。林間。
林中に薪を売らず湖上に魚を鬻がず　《「淮南子」斉俗訓から》林の中で薪を売り、湖の上で魚を売っても買い求める人はいない。物が豊富にある所では人は欲しがらないので、争いも起こらないというたとえ。

りん-ちゅう【×鱗虫】うろこのある動物。蛇など。

りんちゅう-るい【輪虫類】ワムシのこと。

りん-ちょく【輪直】輪番制で行う当直。

リンツ〖Linz〗オーストリア北部の工業都市。ドナウ川沿岸にあり、交通の要衝。鉄鋼・化学肥料・機械などの重化学工業が発達。

りん-づけ【厘付け】江戸時代、年貢取米高の決定に際し、石高に租率を乗じて算出する方法。厘割。
⇨厘取り

りん-てい【輪×蹄】車輪と馬蹄。転じて、車馬。

りん-てん【輪転】〔名〕スル ❶輪が回ること。また、輪を描いて回ること。❷《「りんでん」とも》「輪廻」に同じ。「一切の衆生は五道を―し」〈康成・抒情歌〉

りんてん-き【輪転機】印刷機械の一。版を巻きつけた円筒と、これを圧しながら回転する円筒との間に、ふつう巻き取り印刷紙を通して連続的に印刷するもの。短時間に大量印刷ができ、新聞・書籍などの印刷に使用。活版用やオフセット・グラビア用、小型の孔版印刷用などがある。

リンデンバウム〖ドイツ Lindenbaum〗シナノキ科の落葉高木。高さ約30メートル。葉は円形で先がとがり、互生。夏、淡黄色の小花を集散状につけ、芳香を放つ。ヨーロッパに分布し、並木に多用。西洋菩提樹。洋種菩提樹。西洋しなのき。

リント〖lint〗起毛加工したリンネルや綿布など。包帯・湿布などに用いる。リント布。

りん-とう【輪灯】仏前に灯を献ずるための、天井からつるして油皿をのせる器具。

りん-とう【輪塔】「五輪塔」に同じ。「左に火焔の―あり」〈謡・老松〉

りん-どう【林道】林の中の道。特に、林産物を運ぶために山林中に通した道。
(類語)山道・山道・山路

りん-どう【倫道】人の踏み行うべき道。人倫。

りん-どう【▽竜▽胆】❶リンドウ科の多年草。山野に生え、高さ20～60センチ。葉は先のとがった楕円形で3本の脈が目立ち、対生する。秋、青紫色の鐘状の花を数個上向きに開く。根・根茎に苦味成分を含み、漢方では干したものを竜胆といい薬用。同科にはハルリンドウ・ミヤマリンドウやセンブリなども含まれる。えやみぐさ。にがな。ささりんどう。りゅうたん。りゅうどう。(季 秋)「―の日を失ひし濃紫/誓子」❷襲の色目の名。表は蘇芳、裏は青。秋に用いる。❸紋所の名。❶の花や葉を図案化したもの。

りんどう-いろ【▽竜▽胆色】竜胆❶の花の色。薄い青紫色。

りん-どく【×淋毒】【×痳毒】淋菌の毒。また、淋病。

りん-どく【輪読】〔名〕スル 数人が一つの本を順番に読んで解釈をし、問題点について論じ合ったりすること。「徒然草を―する」「―会」

リンドグレーン〖Astrid Lindgren〗[1907～2002]スウェーデンの児童文学作家。ファンタジーや少年探偵ものなど幅広いジャンルの作品を手がけ、中でも、力持ちで自由奔放な少女を描いた「長くつ下のピッピ」は世界的なベストセラーとなる。他に「やかまし村の子どもたち」「ちいさいロッタちゃん」など。

リンドス〖Lindos〗ギリシャ東部、エーゲ海にあるロードス島の東部にある村。白い家々が並ぶ丘の上に、ドリス人によって築かれたアクロポリスがあり、同島における古代三大ポリスの一つとして知られる。紀元前4世紀頃のアテナ神殿が残っている。

リンドバーグ〖Charles Augustus Lindbergh〗[1902～1974]米国の飛行家。1927年、ニューヨーク・パリ間の大西洋横断無着陸飛行に成功。また、31年には北太平洋横断飛行にも成功。

りん-どり【厘取り】【×釐取り】江戸時代の年貢徴収方法の一。石高に租率を掛けて算定する方法。関西で多く行われた。厘付け取り。⇨反取り

りん-ね【輪×廻】〔名〕スル《「りんえ」の連声》❶《梵 saṃsāraの訳。流れる意》仏語。生ある者が迷妄に満ちた生死を絶え間なく繰り返すこと。三界・六道に生まれ変わり、死に変わりすること。インドにおいて業の思想と一体となって発達した考え。流転。転生。輪転。「六道に―する」❷連歌・連句で、一巻のうちに同意・同想の言葉や意味が繰り返されること。また、付句に打ち越しと似た語句・趣向を用いること。禁制とされる。❸地学現象が一定の順序で生起し、循環的に繰り返すこと。浸食輪廻など。❹執着の気持ちの強いこと。愛着。「親の慈悲心、子故の闇、―の紲にしめつけられ」〈浄・太功記〉
(類語)流転・輪転・転生・多生

リンネ〖Carl von Linné〗[1707～1778]スウェーデンの博物学者。雌雄蕊に基づく植物の分類法を提唱。のち、動植物を属名と種名で表す二命名法を確立。著「自然の体系」「植物の種」など。

リンネ-しゅ【リンネ種】《Linnean species》生物学で、古典的ないしオーソドックスな分類において基準とされる種。生物分類学の体系を確立したリンネの名にちなむ。

リンネ-そう【リンネ草】スイカズラ科の小低木。針金状の茎が地をはい、やや円形の葉を対生。7月ごろ、高さ5～10センチの花茎を伸ばし、淡紅色の花を2個ずつ下向きにつける。北半球の北部に分布し、名はリンネにちなむ。えぞありどおし。

リンネル〖フランス linière〗亜麻の繊維を用いた織物。強くて光沢がある。夏の衣料のほか、ハンカチーフ・テーブルクロスなどに使用。リネン。

りんのうじ【輪王寺】栃木県日光市にある天台宗の門跡寺院。山号は、日光山。天平神護2年(766)勝道が開創。四本竜寺(のちの満願寺)と称した。慶長18年(1613)天海が入寺、徳川家康の墓所として東照宮を造営。のち、後水尾天皇の皇子守澄法親王が初代門跡となり輪王寺と改称。明治4年(1871)神仏分離令により東照宮と分かれた。本殿・相の間・拝殿は国宝。平成11年(1999)「日光の社寺」の一つとして世界遺産(文化遺産)に登録された。日光門跡。

りんのうじ-の-みや【輪王寺宮】輪王寺の門跡であった法親王の称号。

りん-ぱ【×琳派】江戸時代の絵画の一流派。俵屋宗達・本阿弥光悦を祖として尾形光琳が大成し、酒井抱一などに受け継がれた。鮮麗な色彩や金泥・銀泥を巧みに用いた装飾的な画風を特色とする。宗達光琳派。光琳派。

リンパ〖オランダ lympha〗リンパ管の中にある透明な淡黄色の弱アルカリ性の液体。組織液が毛細リンパ管から入ったもので、成分は血漿に類似し、リンパ球を多く含む。リンパ液。(補説)「淋巴」とも書く。

リンパ-えき【リンパ液】►リンパ

りん-ばかり【厘×秤】【×釐×秤】►厘秤

リンパ-かん【リンパ管】リンパが流れる管。毛細リンパ管が集合してから、しだいに合流して太くなり、胸管と右リンパ本幹の2本となって静脈に注ぐ。構造は静脈に似る。

リンパ-きゅう【リンパ球】白血球の一。骨髄で生成され、リンパ節・胸腺などで分化・成熟・増殖し、免疫を担当する。B細胞(Bリンパ球)・T細胞(Tリンパ球)がある。

リンパ-けい【リンパ系】リンパ管およびリンパ節・脾臓・胸腺などの器官の総称。

リンパ-せつ【リンパ節】リンパ管の所々にある粟粒大や大豆大の小器官。網状に結束した構造をもち、リンパ球やマクロファージなどが充満しており、リンパ中の異物・病原菌・毒素などの捕食や免疫応答を行い生体を防御する。哺乳類にみられ、頸部・鼠蹊部・腋窩をはじめ全身に分布。リンパ腺。

リンパせつ-えん【リンパ節炎】細菌などによるリンパ節の炎症。腫れ・熱感・痛みなどがある。

リンパせつ-しゅ【リンパ節腫】リンパ節が異常にはれ、固くなっている症状。慢性のリンパ節炎や癌などでみられる。

リンパ-せん【リンパ腺】►リンパ節

りん-ばつ【輪伐】〔名〕スル 森林を区切って、一区画ずつ順に伐採すること。

リンパ-ドレナージ〖lymph drainage〗《「リンパドレナージュ」とも》癌の手術後などに起こるリンパ浮腫を改善するために行うマッサージの手技。腕や脚に貯留した浮腫液を深部リンパ管へ送り込み、頸部で静脈に合流させる。

リンパ-ふしゅ【リンパ浮腫】リンパの流れが滞り、皮下にリンパ液が貯留してむくみが生じる状態。癌の手術でリンパ節を切除した後や、放射線治療の後遺症として発症することがある。

りん-ばん【輪番】❶大勢の人が順をきめて交替で事に当たること。まわりもち。まわり番。「―で夜警に当たる」「―制」❷寺役を順番に交替して務めること。また、その役僧。浄土真宗では、別院を統轄する役職をいう。(類語)順番・回り番・代わり番・隔番・交番・持ち回り・交替・入れ代わり・入れ代え

りんばん-ていでん【輪番停電】計画停電のうち、事前に地域を区分して、順番に電力の供給を一時停止するもの。⇨計画停電

りん-ぴ【×燐肥】「燐酸肥料」の略。

りん-ぴ【×鱗被】イネ類の花の一部分。雌しべと雄しべとの間にある鱗片状のもの。花被に相当する。

りん-びょう【×淋病】【×痳病】淋菌の感染による性病。性行為のほか菌の付着した手やタオルからも感染する。2～7日の潜伏期ののち、男性では尿道炎、女性では膣炎として発症し、激しい排尿痛や灼熱感があり、膿が出たりする。前立腺炎・卵管炎などを併発することもある。淋疾。トリッペル。

りん-ぴょう【林彪】[1909～1971]中国の軍人・政治家。湖北省黄安県の人。1925年中国共産党に入党。北伐・南昌暴動に参加後、毛沢東・朱徳らと紅軍を建設、以後軍の要職を歴任した。文化大革命で運動の先頭に立ち、毛沢東の後継者に指名されたが、クーデターを計画して失敗、ソ連へ亡命を企て飛行機事故で死亡。リン＝ピアオ。

りん-ぶ【輪舞】〔名〕スル 大勢の人が輪になって回りながら踊ること。また、その踊り。

リンフォルツァンド〖イタリア rinforzando〗音楽で、表想標語の一つ。一つの音または和音を急激に強める、の意。記号*rf*, *rfz*, *rinf*

リンブルガー〖ドイツ Limburger〗ベルギー東部リンブルフ地方原産のチーズ。現在は、ドイツでの生産量が多い。

リンブルク〖Limburg an der Lahn〗ドイツ中西部の都市。正式名称はリンブルク-アン-デア-ラーン。ライン川の支流、ラーン川が市中を流れる。旧市街には、13世紀から15世紀初頭にかけて建造された後期ロマネスク様式のザンクトゲオルグ大聖堂や、木組み造りの民家など、歴史的建造物が数多く残る。

りん-ぷん【×鱗粉】チョウ・ガなどの体や翅を覆う微小な細片。剛毛の変化したもので、水をはじき、光を反射する。

りん-ぺん【×鱗片】うろこの一片。また、うろこ状のものの細片。

りんぺん-よう【×鱗片葉】うろこ状に重なる厚い葉。芽を保護する芽鱗やタマネギの鱗茎などにみられる。鱗葉。

りん-ぼ【臨×摹】【臨模】【臨×摸】〔名〕スル ►りんも(臨摹)

りん-ぽ【隣保】となり近所の家々や人々。また、となり近所どうしで助け合うこと。
りん-ぽう【輪宝】《「りんぼう」とも》転輪聖王の所有する七宝の一。金・銀・銅・鉄の4種がある。もとは車輪の形をした古代インドの武器。仏教に取り入れられ、王の行くところ先行して四方を制するとされる。転じて、聖王をいう。
りん-ぽう【隣邦】となりの国。隣国。
(類語)隣国・四隣・近国
りんぽう-がい【輪宝貝】リュウテンサザエ科の巻き貝。房総半島以南の海底にすむ。貝殻は殻径約4.5センチの低い円錐形で、周縁にとげ状の突起が8、9本ある。殻表は赤褐色。貝細工に用いる。
リンボー-ダンス〖limbo dance〗中央アメリカの曲芸的なダンス。低く渡した棒の下を踊りながら反り身になってくぐり抜ける。
リンホカイン〖lymphokine〗抗原を認識したT細胞で生成・放出され、免疫反応を調節する物質の総称。マクロファージ遊走阻止・活性化因子、T細胞増殖因子(インターロイキン2)、B細胞増殖因子、インターフェロンなどがある。
りん-ぼく【林木】森林の樹木。「一を伐採する」
りん-ぼく【×橉木】バラ科の常緑小高木。暖地の林内に自生。樹皮は桜に似る。葉は長楕円形で主脈が太く、縁が波打つが、若木では鋭いぎざぎざがある。秋、白い小花を穂状につけ、長い雄しべが目立つ。翌年5月ごろに黒い実を結ぶ。かたざくら。
りん-ぼく【×鱗木】ヒカゲノカズラに近縁の化石シダ類。古生代石炭紀に繁栄し、二畳紀に絶滅。高さ約30メートルの巨木で、頂部で分枝し、幹に葉の落ちたあとが鱗状に配列。炭化して良質の石炭となった。レピドデンドロン。うろこぎ。
りんぽ-じぎょう【隣保事業】►セツルメント
りんぽ-どうめい【隣保同盟】《ギリシャ Amphiktyonia》古代ギリシャで、神殿の維持や祭礼の挙行のため、近隣のポリス(都市国家)や部族が結んだ同盟。アンフィクティオニア。
リンホルム-いせき【リンホルム遺跡】《Lindholm Høje》デンマーク、ユトランド半島北部の都市、オールボーの近郊にある北欧最大級のバイキングの墳墓遺跡。三角形、楕円のほか、船の形に石を配列した700近い墓が残っている。装飾品などの出土品を展示する博物館もある。リンホルムホイエ。
りん-ぽん【臨本】書画を臨写するための手本。
りん-まい【×稟米¦×廩米】❶倉庫に蓄えてある米。特に江戸時代、幕府や諸侯の蔵に蓄えた米。くらまい。❷扶持米の異称。
りん-む【林務】森林に関する業務。「一に携わる」
りん-めい【×綸命】天子や天皇の命令。綸旨。「唐の太宗皇帝の一を受け」〈中島敦・悟浄出世〉
りん-も【臨×摹¦臨模¦臨×摸】〔名〕スル 書画で、手本を見て書くことと透き写しにすること。りんぽ。
りん-もう【厘毛】厘と毛。転じて、きわめてわずかなこと。ほんの少しの金額。「一の狂いもない」
りん-もう【×鱗毛】葉などの表面に生える、多細胞からなる盾状やうろこ状の毛。グミなどにみられる。
りん-や【林野】森林と原野。森林と野原。
りんや-ちょう【林野庁】農林水産省の外局の一。国有林野および公有林野の管理・経営、民有林野の指導監督、林業の発達改善などに関する事務を行う。地方部局として森林管理局、同分局、森林管理署がある。
りんゆう【林邑】2〜8世紀に、インドシナ半島東南部にあったチャム人の王国チャンパの、中国からの呼び名。唐代以後は、環・占城と呼ばれた。
りん-ゆう【隣×佑】隣家に住む人。隣人。
りん-ゆう【隣×邑】となりの村里。隣村。隣里。
りんゆう-がく【林×邑楽】雅楽で、奈良時代に林邑の僧仏哲らがもたらしたというインド系の楽舞。平安初期、唐楽に編入。「抜頭」「蘭陵王」など。
りん-よう【×鱗葉】「鱗片葉」に同じ。
りんようるいじんしゅう【林葉累塵集】江戸前期の私撰集。20巻。下河辺長流編。寛文10年(1670)刊。当時の民間の和歌1360余首を集め、春・夏・秋・冬・雑などに分類したもの。
りん-らく【×淪落】〔名〕スル 落ちぶれること。落ちぶれて身をもちくずすこと。「一の淵に沈む」
りん-り【倫理】❶人として守り行うべき道。善悪・正邪の判断において普遍的な規準となるもの。道徳。モラル。「一にもとる行為」「一観」「政治一」❷「倫理学」の略。
(類語)道徳・モラル・道義・徳義・人倫・倫道・人道・世道・公道・公徳・正義・大義・仁義・徳・道
りん-り【隣里】となりのさと。隣村。隣邑。
りん-り【×淋×漓】〔ト・タル〕図〔形動タリ〕❶水・汗・血などが、したたり流れるさま。「鮮血一」「雨一として玻璃に滴たり」〈蘆花・不如帰〉❷勢いなどが表面にあふれ出るさま。「墨痕一」「慷慨一たる郷人の漢文もあらん」〈独歩・愛弟通信〉
りんり-がく【倫理学】《ethicsの井上哲次郎による訳語》共同体における人と人との関係を律する規範・原理・規則など倫理・道徳を研究する哲学の一部門。
りんり-しんがく【倫理神学】人間の霊魂を救って永遠の生命にあずかるという宗教目的に照らしてみた、人間行為のあり方を研究する神学の一部門。キリスト教における道徳と生活を研究する学問。
リンリスゴー〖Linlithgow〗英国スコットランド中部の町。リンリスゴー湖に面し、歴代スコットランド王家ゆかりのリンリスゴー宮殿や13世紀創建のセントマイケル教会など、歴史的建造物が残っている。
リンリスゴー-きゅうでん【リンリスゴー宮殿】《Linlithgow Palace》英国スコットランド中部の町リンリスゴーにある宮殿。風光明媚なリンリスゴー湖に面する。15世紀にスコットランド王ジェームズ1世が建造し、歴代王により増改築がなされた。18世紀の火災で大きな被害を受け、以降、廃墟となった。現在、宮殿周辺は英国王室所有の公園になっている。
りん-りつ【林立】〔名〕スル 林のように、たくさんのものが並び立つこと。「テレビアンテナが一する」
(類語)森立・乱立・列立・櫛比・密集
りんり-てき【倫理的】〔形動〕倫理にかかわるさま。また、倫理にかなうさま。「一な生き方」「一責任を問う」
りんりてき-しゅうきょう【倫理的宗教】国民的、世界的規模の倫理性を有する宗教。仏教・キリスト教など。
りん-りん【×凜×凜】〔ト・タル〕図〔形動タリ〕❶寒気がきびしく身にしみるさま。「一たる霜夜の気」❷勇ましいさま。りりしいさま。また、心のひきしまるさま。「勇気が一とわいてくる」「一とした声」
(類語)(❶)凜然・凜冽・凜と・深深・寒寒/(❷)凜然・凜乎・凜と・毅然・敢然・決然・颯爽・凜凜しい・勇ましい・雄雄しい・きりり
りん-りん【×轔×轔】〔ト・タル〕図〔形動タリ〕車が走って、きしんだ音をたてたり地面を轟かしたりするさま。「車声一として政庁に赴きしかば」〈竜渓・経国美談〉
りん-りん〔副〕❶鈴やベルなどの鳴る音を表す語。「電話が一鳴り続ける」❷スズムシなどの鳴く声を表す語。❸物音や声がかん高くよく通るさま。「そのおこえがひろまのすみずみへ一とひびきわたりましたので」〈谷崎・盲目物語〉❹湯が煮えたぎって釜や鍋が鳴る音を表す語。「奥の間に湯が一とたぎりすまいてある」〈続狂言記・鱸庖丁〉
りん-れつ【×凜×冽¦×凜烈】〔ト・タル〕図〔形動タリ〕寒気のきびしいさま。「雪は路を没し一たる風膚を裂く」〈村井弦斎・近江聖人〉
(類語)凜然・凜凜・深深
りん-ろう【×琳×瑯¦×琳×琅】❶〔名〕美しい玉の名。また、美しい詩文をたとえていう語。「芸術家は無数の一を見、無上の宝璐を知る」〈漱石・草枕〉❷〔ト・タル〕図〔形動タリ〕玉などが触れ合って美しく鳴り響くさま。「一璆鏘として鳴るじゃないか」〈漱石・吾輩は猫である〉

る ❶五十音図ラ行の第3音。歯茎弾き音の有声子音[r]と母音[u]とから成る音節。[ru] ❷平仮名「る」は「留」の草体から。片仮名「ル」は「流」の末2画から。
る【流】律の五刑の一。罪人を遠隔の地に送り、他に移ることを禁じた刑。死より軽く、徒より重い。遠流(安房・常陸・佐渡・隠岐・土佐など)、中流(信濃・伊予など)、近流(越前・安芸など)の区別があった。流刑。流罪。➡漢「りゅう(流)」
る【×縷】細い糸。糸すじ。「青煙一の如く立ち昇るを見る」〈独歩・入郷記〉➡漢「る(縷)」
る〔助動〕《完了の助動詞「り」の連体形》►り〔助動〕
る〔助動〕[れ|れ|る|るる|るれ|(れよ)]四段・ナ変・ラ変動詞の未然形に付く。❶受け身の意を表す。…れる。「あたの風吹きて、三つある舟、二つは損はれぬ」〈宇津保・俊蔭〉❷可能の意を表す。…することができる。「酔ひのすすみては、忍ぶることもつつまれず」〈源・竹河〉❸自発の意を表す。自然と…られる。つい…られてくる。「秋来ぬと目にはさやかに見えねども風の音にぞおどろかれぬる」〈古今・秋上〉❹軽い尊敬の意を表す。…れる。…なさる。「かの大納言、いづれの船にか乗らるべき」〈大鏡・頼忠〉➡ゆ〔助動〕➡らる (補説)中古になって発達した語で、近世まで広く用いられた。❶の用法のときはラ変動詞には付かず、無生物が受け身の主語になることはきわめて少ない。❷は、鎌倉時代ごろまでは、多く打消しや打消しとなる反語を伴って不可能の意を表す。なお、❷❸の用法には命令形がなく、❹は平安時代以降、盛んに用いられた。口語形「れる」。
ルアー〖lure〗《おとり・擬似餌の意》プラスチック・金属・木などで作った擬餌針。回転翼をもつスピナー、小魚や小動物に似せたプラグ、ミミズ状のワームなどがあり、水面や水中で引いて魚を誘う。
ルアー-フィッシング〖lure fishing〗ルアーを用いてする釣り。
ル-アーブル〖Le Havre〗フランス北西部、セーヌ川河口の北岸にある工業都市。大貿易港をもち、大西洋航路の発着地。石油化学工業が盛ん。2006年、市街の一部が「ル-アーブル、オーギュスト=ペレによる再建都市」として世界遺産(文化遺産)に登録された。
ルアンダ〖Luanda〗アフリカ南西部、アンゴラ共和国の首都。大西洋に臨む港湾都市。コーヒー・ダイヤモンドなどを輸出。人口、都市圏182万(2006)。
るい【累】他から受ける災い。巻き添え。迷惑。「一族に一が及ぶ」「将来に一を及ぼす」➡漢「るい(累)」
(類語)巻き添え・迷惑・とばっちり・そばづえ・皺寄せ・影響・余波
るい【塁】❶土を積み重ねてつくった構築物。とりで。「一を守る」❷野球で、走者が得点するために順に通過し、触れなければならない地点。一塁・二塁・三塁・本塁の四つがある。ベース。「一に出る」「一を盗む」➡漢「るい(塁)」
(類語)砦・防塁・堡塁・土塁・防塞・要塞
塁を摩・する 《「春秋左伝」宣公一二年から》❶敵陣の間近にまで迫る。❷技量や地位がほとんど同等になる。「師の一・する」
るい【×誄】死者の生前の功徳をたたえて、その死を悲しむこと。また、その文章。しのびごと。誄詞。➡漢「るい(誄)」
るい【類】❶互いに似ていること。同じ種類のものであること。また、そのもの。「ビタミンの一が欠乏する」

る

「—を異にする」「古今に—を見ない出来事」❷生物の分類上の綱・目などに相当するひとまとまり。「哺乳—」「霊長—」❸「類概念」の略。❹一族。一門。親類。「厳めしく—ひろく、むすめがちにて」〈源・須磨〉➡漢「るい(類)」

(類語)類い・種・種類・部類・同類・類例・例

類がな・い　他に比べるものがない。比類がない。「世界にも—・い貴重な遺物」「—・い美しさ」

類に触・る　縁故をたどる。「都のやむごとなき所どころより、—・れて、尋ねとりて」〈源・若紫〉

類は友を呼ぶ　気の合った者や似通った者は自然に寄り集まる。類を以て集まる。

類を知らず　《「孟子」告子上から》物事の大小軽重の正しい判断ができない。

類を以て集まる　《「易経」繋辞上から》「類は友を呼ぶ」に同じ。

ルイ〖Louis〗フランス国王の名。㊀(9世)[1214～1270]在位1226～1270。諸侯の反乱を抑えて王権を拡大。ソルボンヌ神学校を創設。第7回・第8回十字軍に参加し、チュニスで病没。聖ルイ。聖王。㊁(11世)[1423～1483]在位1461～1483。シャルル7世の子。諸侯の力を抑えるとともに王領を拡大し、絶対王政の基礎を確立した。駅逓を創設。㊂(13世)[1601～1643]在位1610～1643。アンリ4世の子。1624年、宰相リシュリューを登用、貴族・プロテスタント勢力を抑圧し、ブルボン王朝の基礎を固めた。正義王。㊃(14世)[1638～1715]在位1643～1715。㊂の子。宰相マザランの死後、親政。コルベールを登用して財政を再建し、重商主義政策を推進、しばしば対外戦争を起こして植民地を拡大する一方、文化面でも学芸の奨励、ベルサイユ宮殿の建設などを行い、ブルボン王朝の最盛期を現出した。「朕は国家なり」という言葉を残した典型的な絶対主義君主。太陽王。㊄(15世)[1710～1774]在位1715～1774。㊃の曽孫。七年戦争で敗れ、インド・カナダの植民地を失い財政の窮乏を招いた。㊅(16世)[1754～1793]在位1774～1792。㊄の孫。チュルゴー・ネッケルらを登用、財政再建に努めたが成功せず、三部会の召集を強要され、それを機にフランス革命が勃発。国外逃亡に失敗して王権を停止され、国民公会から「国民への敵対行為」の罪に問われ処刑された。㊆(18世)[1755～1824]在位1814～1824。㊅の弟。フランス革命で亡命し、ナポレオン失脚後の王政復古で即位。王党派の行きすぎた反動を抑え、貴族と市民階級の対立の緩和を図った。

ルイーズ-こ【ルイーズ湖】《Lake Louise》カナダ、アルバータ州南西部、ブリティッシュコロンビア州との州境近くにある湖。カナディアンロッキーのバンフ国立公園内に位置する。ビクトリア山を臨む湖畔の景観は同公園随一の観光名所として知られる。レークルイーズ。

ルイーズ-ひろば【ルイーズ広場】《Place Louise》ベルギーの首都、ブリュッセルの中心部にある広場。高級ショッピング街で知られるルイーズ通りとトワゾンドール通りに面する。

るい-えき【涙液】絶えず涙腺から分泌され、眼球の表面をうるおしている液。なみだ。

るい-えん【類×苑】同じ種類の事柄を集めた書物。「古事—」

るい-えん【類縁】❶親類縁者。一族。「—の者だけで法事を営む」❷互いに近い関係にあること。「—関係にある植物」

(類語)近縁・同族・同種・同類

るいおん-ご【類音語】発音のしかた、または聞こえが似ている二つ以上の語。「おばさん」と「おばあさん」、「あし(足)」と「はし(嘴)」などの類。

るい-か【累加】〔名〕スル ❶重なり加わること。また、重ね加えること。「利益が—する」❷数学で、同一の数を順次に加えていくこと。「—法」⇔累減。

るい-か【累家】何代も続いてきた古い家柄。るいけ。「—の佳名を失はんこと口惜しかるべし」〈古活字本平治・上〉

るい-か【×誄歌】❶死者の生前の徳をたたえ、その死を悼む歌。❷雅楽で、日本固有の歌の一。大葬などに用いる。

るい-か【類火】他から燃え移った火事。もらい火。類焼。「—の難を逃れる」「—を被る」

るい-か【類歌】発想や表現がよく似ている歌。

るい-がいねん【類概念】論理学で、ある概念の外延のうちに別の概念の外延が含まれる場合、後の下位概念に対して前の上位概念をいう。例えば、「動物」に対する「生物」の類。➡種概念

るいか-きろく【累加記録】個々の児童・生徒の、学力・出欠・性格・健康などに関する継続的な記録。

るい-かん【塁間】野球で、塁と塁との間。

るい-き【涙器】涙腺と涙道との総称。

るい-き【類規】同じ種類の法律や規則。

るいぎ-ご【類義語】語形は異なっているが、意味の似かよっている二つ以上の語。「家」と「住宅」、「言う」と「話す」などの類。類語。

(類語)類語・同義語・シノニム・類句

るいきんぞく-げんそ【類金属元素】►半金属

るい-く【類句】❶似かよった語句。また、俳句・川柳などで、表現内容の似かよった句。❷和歌・俳句の各句、または和歌の上の句あるいは下の句を、いろは順や五十音順に配列したもの。「万葉集—」

るい-けい【累計】〔名〕スル 部分ごとの小計を順次に加えて合計を出すこと。また、その合計。累算。「各支店の売り上げを—する」

るい-けい【類型】❶似ている型。「—の多い説話」❷幾つかのものに共通する基本的な性質や特徴。「犯罪を—によって分類する」「—化」

(類語)型・形式・種類・様式・タイプ・パターン

るいけい-がく【類型学】個々の存在や現象の間の類似点を抽出してそれらの本質を理解しようとする学問の方法。生物学・心理学・言語学・文化人類学・芸術学などにみられる。類型論。

るいけい-てき【類型的】〔形動〕型にはまっていて、個性や特色が見られないさま。「登場人物が—でつまらない」「—な表現」

るい-げつ【累月】月を重ねること。幾月も続くこと。連月。

るい-げん【累減】〔名〕スル ❶しだいに減ること。また、しだいに減らすこと。「生産額が—する」⇔累増。❷数学で、ある数から同一の数を順次に減らしていくこと。「—法」⇔累加。

るいげん-ぜい【累減税】►逆進税

るい-ご【類語】❶「類義語」に同じ。❷和歌や文章の中の同じ種類の語を、いろは順または五十音順に配列したもの。「源氏—」

るいこうじ【類柑子】江戸中期の俳諧・俳文集。3巻。宝井其角の遺稿を貴志沾州らが編集したもの。宝永4年(1707)刊。

るい-こん【涙痕】涙の流れたあと。「知るべし—の未だ乾かざるを」〈織田訳・花柳春話〉

るい-さ【累差】測定の際に生じた誤差の累積。

るい-ざ【累×坐】〔名〕スル 他人の犯罪のかかわり合いになり、その人とともに罰せられること。連坐。「贈収賄事件に—する」

るい-ざ【×擂茶｜×磂茶｜×檑茶】茶入れの一種。頸の部分に丸形の鋲状文様が点在するもの。

るい-さい【累歳】「累年」に同じ。

るい-さい【塁×砦｜塁塞】とりで。城砦。

ルイサイト〖lewisite〗砒素を含む、糜爛性毒ガスの一種。無色ないし淡黄色の液体。1918年ごろ米国の化学者W＝L＝ルイスによって発明。化学式 $ClCH{=}CHAsCl_2$

るい-さん【累算】〔名〕スル「累計」に同じ。「減点を—する」

るい-さん【類×纂】〔名〕スル 同じ種類のものを集めて書物を作ること。また、その書物。「文芸—」

るいさん-き【累算機｜累算器】►アキュムレーター❷

るい-し【×誄詞】「誄」に同じ。

るい-し【×誄詩】死者の生前の功徳をたたえ、その死を弔う詩。

るい-じ【累次】重なり続くこと。たびたびあること。「—の災害」

るい-じ【類字】形の似ている文字。「鳥」と「烏」、「縁」と「緑」など。

るい-じ【類似】〔名〕スル 互いに共通点があること。似かようこと。「筆法が—している」「—品」

(類語)共通・相似・酷似・肖似・近似・類同・似る・似寄る・似つく・似通う・通う・相通ずる・類する

ルイジアナ〖Louisiana〗米国南部の州。メキシコ湾に面し、ミシシッピ川河口部を占める。州都バトンルージュ。フランスの植民地として出発し、1682年にルイ14世にちなみ命名。➡表「アメリカ合衆国」

るいじ-けんさく【類似検索】《similar search》►曖昧検索

るいし-しつ【類脂質】脂肪に類似する物質。一般に複合脂質をさし、ステロイド・カロテノイドなどの脂溶性物質も含めていう。リポイド。

るいじ-しょうひょう【類似商標】有名な商標の一部を変えただけで、外観・称呼・観念がほとんどそっくりの商標。同一商品(サービス)、類似商品(サービス)では商標権の侵害となる。類似しない商品(サービス)の場合は使用可能。

るい-しち【累七】人の死後49日まで、7日ごとに追善供養すること。また、その法会。

るい-しつ【類質】似かよっている性質。

るい-じつ【累日】日を重ねること。いく日も続くこと。積日。連日。「激闘—に及ぶ」

るいしつ-どうぞう【類質同像】►同形❷

るい-じゃく【×羸弱】〔名・形動〕衰え弱ること。からだが弱いこと。また、そのさま。「子供は癇持ちらしい鋭く—な子でした」〈岡本かの子・生々流転〉

(類語)虚弱・尩弱・病弱・繊弱・脆弱・柔弱・腺病質・弱い・ひよわ

るい-じゅ【類×聚】〔名〕スル 同じ種類の事柄を集めること。また、その集めたもの。類集。るいじゅう。

るい-しゅう【累囚】捕らわれている人。囚人。

るい-しゅう【類集】〔名〕スル「類聚」に同じ。

るい-じゅう【類従】〔名〕スル 種類ごとに集めること。また、その集めたもの。「群書—」

るい-じゅう【類×聚】〔名〕スル ►るいじゅ(類聚)

るいじゅかりん【類聚歌林】奈良時代の歌集。山上憶良編。成立年未詳。万葉集編纂の資料として用いられたが、現存しない。

るいじゅこくし【類聚国史】平安前期の歴史書。200巻、目録2巻、帝王系図3巻。現存は61巻。菅原道真編。寛平4年(892)成立。六国史の記事を神祇・帝王・歳時・音楽などに分類し、年代順に編集したもの。「三代実録」の部分は後人の加筆。

るいじゅさんだいきゃく【類聚三代格】平安中期の法令集。30巻。現存は15巻。編者・成立年未詳。弘仁・貞観・延喜の3代の格を、神社・国分寺などに分類・整理したもの。

るいじゅふせんしょう【類聚符宣抄】平安時代の法令集。10巻。源経頼編という。天平9年(737)から寛治7年(1093)までの官符や宣旨などを部類別に編集したもの。左丞抄。

るいじゅみょうぎしょう【類聚名義抄】平安末期の漢和辞書。編者未詳。仏・法・僧の3部からなり、120の部首によって漢字を分類し、字音・字義・和訓などを注記し、和訓には声点によってアクセントが示される。名義抄。

るいじゅめいぶつこう【類聚名物考】江戸中期の百科事典。342巻、標題18巻、目録1巻。山岡浚明(明阿)著。成立年未詳。明治36～38年(1903～05)7冊の活版本として刊行。

るい-しょ【類書】❶内容などが似ている書物。同種類の書物。類本。「—が多い」❷多くの書物から類似の事項を集めて分類し、まとめた百科事典形式の書物。特に、漢籍についていう。

るい-しょう【類焼】〔名〕スル 他所で起こった火災

が燃え移って焼けること。類火。もらいび。「—を免れる」「強風のため多くの家が—する」
(類語)類火・もらい火・飛び火・延焼

るい-じょう【累乗】〔名〕スル 同じ数または文字を何回か掛け合わせること。また、その積。aをn回掛け合わせたものをa^nと表し、aのn乗と読み、右肩の小さい数字を指数とよぶ。乗羃。羃。

るい-じょう【塁上】❶とりでの上。❷野球で、ベースの上のこと。「—のランナーを一掃する」

るい-しょうかん【涙小管】涙道の一部。涙点から続き、涙嚢に開く細い管。

るいじょう-こん【累乗根】累乗してaとなる数をaの累乗根という。乗根。羃根。

るい-しん【累進】〔名〕スル ❶地位などが次々に進み、上位にのぼること。累遷。「若くして局長に—する」❷数量・価格などが増加するにつれて、それに対する比率が次第に増すこと。「—課税」
(類語)栄進・昇進・昇格・特進・出世・立身

るい-しん【塁審】野球で、一塁・二塁・三塁のそばにいて、打球のフェアとファウル、走者のアウトとセーフの判定などを行う審判員。球審の補佐も行う。ベースアンパイア。➡球審 ➡線審

るい-しん【類親】血縁や婚姻の関係でつながっている人々。親類。縁類。「姉の后ならびに—皆来たりて相ひ見る」〈今昔・六・二六〉

るいじん-えん【類人猿】霊長目ショウジョウ科の哺乳類の総称。ヒトに最も近いサル類で、ゴリラ・チンパンジー・オランウータンなどがある。大形で発達した脳をもち、尾はなく、上半身を半ば起こして歩く。広くはテナガザルも含める。ひとにざる。

るいしん-かぜい【累進課税】累進税率によって税金を課すること。所得が高ければ高いほど税率が引き上げられる。➡累進税率

るいしん-ぜい【累進税】課税標準の増加に伴って、高い税率が適用される税。所得税・相続税・贈与税など。➡逆進税 ➡比例税

るいしん-ぜいりつ【累進税率】累進税を課する際の税率。課税標準の額に従って単純に適用する方式を単純累進税率、段階的な区分を設け、段階ごとに異なる税率を適用する方式を超過累進課税という。➡累進課税

ルイス〖Gilbert Newton Lewis〗[1875～1946]米国の物理化学者。活動度の概念を導入して、実在溶液を熱力学的に論じる基礎を確立。また、立方体の八つのすみに電子が入る原子模型を提唱し、電子対による化学結合論を展開した。

ルイス〖Harry Sinclair Lewis〗[1885～1951]米国の小説家。米国社会の偽善性・俗物性などを風刺した作品を書いた。1930年ノーベル文学賞受賞。作「本町通り」「バビット」「アロースミス」など。

ルイス〖John Llewellyn Lewis〗[1880～1969]米国の労働運動指導者。炭坑夫出身。合同炭鉱労働組合を指導。保守的なAFL(米国労働総同盟)を脱退し、1938年、CIO(産業別労働組合会議)を結成した。

ルイス〖Pierre Louÿs〗[1870～1925]フランスの詩人・小説家。ベルギー生まれ。高踏派の流れをくむ象徴派詩人で、幻想的・官能的世界をうたった。散文叙情詩「ビリチスの歌」、小説「アフロディット」など。

るい-すい【類推】〔名〕スル ❶類似の点をもとにして、他を推しはかること。「過去の事例から—する」❷論理学で、二つの事物の間に本質的な類似点があることを根拠にして、一方の事物がある性質をもつ場合に他方の事物もそれと同じ性質をもつであろうと推理すること。結論は蓋然的。類比推理。類比。比論。アナロジー。❸ある語形または文法形式との関連から、本来の語形または文法形式とは別の新しい語形または文法形式を作ろうとする心理的な作用。この種の働きによって、多くの不規則な語形が規則化されていくことがある。
(類語)推理・推測・推量・推論・推し量る

るいすい-かいしゃく【類推解釈】ある事項について法律が規定していることを、規定のない類似の事項にあてはめて解釈すること。刑法では原則として禁止されている。⇔反対解釈。

ルイス-とう【ルイス島】《Isle of Lewis》英国スコットランド北西岸、アウターヘブリディーズ諸島の島。島の南部はハリス島と呼ばれるが地続きであり、一島とみなされる。同諸島最大の島で最も北に位置する。中心となる町はストーノウェイ。漁業、牧羊が盛ん。ルーイス島。

るい-する【類する】〔動サ変〕文るい・す〔サ変〕❶似る。共通点をもつ。同じ仲間に属する。「児戯に—・する」「これに—・する事例は多い」❷行動を共にする。伴う。「異上達部など、—・して参り給ひて」〈大和・二九〉(類語)似る・似通う・似つく・似寄る・通う・相通ずる・紛う・類似する・相似する・近似する・酷似する・肖似する

るい-せい【累世】世を重ねること。累代。るいせ。

るい-せき【累積】〔名〕スル 物事が次から次へ重なり積もること。また、重ね積むこと。「疲労が—する」「—赤字」(類語)蓄積・山積・集積・堆積・溜まる・重なる・積み重なる

るいせき-とうひょう【累積投票】❶株式会社で二人以上の取締役を同時に選任する場合、各株主に一株について選任すべき取締役の数と同数の議決権を与える制度。議決権を一人に集中しても、数人に分散してもよい。❷大選挙区連記投票で、選挙人に同一の候補者名を連記することを認める制度。日本では採用していない。

るいせき-どすう【累積度数】階級ごとの度数を示した度数分布表の、最初の階級からある階級までの度数を加え合わせた値。

るい-せつ【×縲×絏・×縲×紲】《「縲」は罪人を縛る黒なわ。「絏」「紲」はなわ、または、つなぐ意》罪人として捕らわれること。「—の辱を受けんより、寧ろ只今潔く自殺せん」〈竜渓・経国美談〉

るい-せん【涙腺】上まぶたの、眼球の上外方の位置にあって、涙液を分泌する腺。

るい-せん【累遷】〔名〕スル「累進❶」に同じ。「英軍と戦い奇功を建て、—して一面の将となる」〈東海散士・佳人之奇遇〉

ルイセンコ〖Trofim Denisovich Lïsenko〗[1898～1976]ロシアの生物学者・農学者。植物の発育段階説を唱え、春化処理法を研究。旧ソ連時代に環境条件によって獲得した形質は遺伝するという学説を発表し、スターリンの支持を得て、メンデル遺伝学者を追放する論争を巻き起こした。のち学説は否定され、失脚した。

ルイセンコ-がくせつ【ルイセンコ学説】ルイセンコが唱えた、獲得形質が遺伝するという学説。

るい-そ【累祖】累代の先祖。代々の先祖。

るい-そう【累層】地層を岩相によって区分するときの基本になる単位層。同一の環境またはある環境の一定の繰り返しのもとで堆積した一連の地層で、上下の層とはっきり区別できるもの。層。

るい-そう【×羸×痩】〔名〕スル 疲れてやせること。やせ衰えること。「長い闘病生活で—する」

るい-ぞう【累増】〔名〕スル 次第にふえること。また、次第にふやすこと。「人口が—する」⇔累減。

るい-ぞく【類族】❶同類。たぐい。「多少不平の—あるにもせよ、国人概して、死守の志あり」〈竜渓・経国美談〉❷親族。一族。類親。❸江戸時代、キリシタン宗を信奉した者の一族7世までをいう語。女系の場合は4世まで。

るい-だい【累代】《古くは「るいたい」とも》代を重ねること。代々。累世。「—の家宝」「—の墓」
(類語)代代・歴代・歴世・累世

るい-だい【類題】❶類似の問題。同じ種類の問題。「過去の入試の—を集めたテキスト」❷和歌・連歌・俳句などを、同じ種類の題や季題によって分類したもの。また、その歌集や句集。

るいだいわかしゅう【類題和歌集】江戸中期の歌集。31巻。後水尾天皇の勅撰。元禄16年(1703)刊。二十一代集以下の家集・歌合などから集めた1万二千余首を、四季・恋・雑などの類題に分けて編集したもの。

漢字項目 る

【流・留】▶りゅう

×**屢** 音ル(呉)(漢) 訓しばしば ‖ 度重なるさま。しばしば。「屢次・屢述」

瑠 音ル(呉) ‖ 宝石の一。「瑠璃」

×**縷** 音ル(呉)(漢) ‖ ①細々と連なる糸筋。「一縷」②細く、途切れずに続くさま。こまごまとしたさま。「縷言・縷述・縷説・縷陳・縷縷」③ぼろ。「襤縷」

漢字項目 るい

涙〔淚〕 音ルイ(呉)(漢) 訓なみだ ‖ ㊀〈ルイ〉なみだ。「涙腺/暗涙・感涙・血涙・催涙・声涙・熱涙・落涙」㊁〈なみだ〉「涙雨・涙声/空涙」(補説)「泪」は異体字。

累 音ルイ(呉)(漢) ‖ ①次々とつながり重なる。つみ重ねる。「累加・累計・累日・累積・累代・累卵・累累」②回を重ねて。しきりに。「累次・累進」③かかわり合いになる。足手まとい。「係累・俗累・煩累・連累」(名付)たか

塁〔壘〕 音ルイ(呉)(漢) 訓とりで ‖ ①土などを積み重ねて防御とした陣地。とりで。「塁壁/堅塁・孤塁・城塁・土塁・堡塁」②野球で、ベース。「塁審/一塁・残塁・出塁・走塁・盗塁・満塁」(名付)かさ・たか

×**誄** 音ルイ(呉)(漢) 訓しのびごと ‖ 死者を弔い、生前の業績などをたたえる言葉。「誄歌・誄詩・誄文」

類〔類〕 (学)4 音ルイ(呉)(漢) 訓たぐい ‖ ①互いに似た性質でまとめられるものの集まり。たぐい。「類別/衣類・魚類・穀類・種類・書類・生類・親類・人類・鳥類・党類・糖類・同類・部類・分類」②似ている。似たもの。「類義・類型・類似・類書・類例・類人猿/比類・無類」③同じ目にあう。まきぞえを食う。「類火・類焼」(名付)とも・なし・よし

るいだ-すう【塁打数】野球で、打った安打のうち、単打を1、二塁打を2、三塁打を3、本塁打を4として集計した数。トータルベース。

るい-てん【涙点】上下まぶたの鼻側の内縁にある涙液の流出口。涙小管に開く。

るい-どう【涙堂】目の下のふくらみ。涙袋。

るい-どう【涙道】涙液を目から鼻へ導く道。目がしらにある上下の涙点から涙小管を経て涙嚢にたまり、鼻涙管を経て鼻腔へ排出される。

るい-どう【類同】〔名・形動〕似かよっていること。同じ種類であること。また、そのさま。同類。「—性」「是等の—なる諸点あるが故に」〈透谷・厭世詩家と女性〉

ルイ-ナポレオン〖Louis-Napoléon〗▶ナポレオン㊂

るい-ねん【累年】年を重ねること。年々。また、何年にもわたること。長年。累歳。「—高齢化が進む社会」(類語)年年・毎年・連年・歴年・長年・多年・積年

るい-のう【涙×嚢】涙道の一部。鼻の付け根あたりにあり、涙小管から流れてきた涙液が集まる袋状の部分。下方は鼻涙管に続く。

るい-はん【累犯】何度も罪を犯すこと。刑法上、懲役に処せられた者が、刑の終了または免除の日から5年以内にさらに有期懲役に処すべき罪を犯したとき、刑が加重されるもの。再犯および三犯以上を含めていう。(類語)再犯・重犯

るい-はん【類伴】同類のもの。仲間。一味。「親しき—と隙無く合戦しけり」〈今昔・二五・一〉

るい-ひ【類比】〔名〕スル ❶比べ合わせること。比較。「日米の住宅事情を—する」❷「類推❷」に同じ。
(類語)比較・対比・比べる

るい-びかん【涙鼻管】▶鼻涙管

るいひ-すいり【類比推理】「類推❷」に同じ。

ルイ-ビトン〖Louis Vuitton〗▶ビトン
るい-びょう【×羸病】病み疲れること。病羸。「その一殊に甚だしく」〈中村訳・西国立志編〉
ルイビル〖Louisville〗米国ケンタッキー州中北部の都市。同州最大の都市で、商工業、金融業の中心地。バーボンウイスキーとタバコの製造が盛ん。世界的に有名なケンタッキーダービーが開催されるチャーチル-ダウンズ競馬場がある。
ルイビンスク〖Rïbinsk〗▶リビンスク
ルイ-フィリップ〖Louis-Philippe〗[1773～1850]フランス国王。在位1830～1848。ブルボン家の支流オルレアン家の出身。フランス革命初期より自由主義者として活躍したが、のち亡命。1830年の七月革命で迎えられ即位。「市民王」と称したがしだいに反動化し、二月革命で追放され、ロンドンで客死。
るい-ぶん【×誄文】死者を弔い、その生前の功徳をほめたたえる文。誄。
ルイベ《アイヌ語。凍った魚の意》サケやコマイを凍らせたまま薄切りにしたもの。
るい-へい【×羸兵】疲れ弱った兵士。
るい-へき【塁壁】とりでの壁。また、とりで。
るい-べつ【類別】〔名〕(スル) ❶種類ごとに区別すること。分類。「標本を一する」❷ある集合を、いくつかの互いに同値なものどうしの集合に分けること。
(類語)分類・分別・区別・区分
るい-ほう【塁×堡】とりで。堡塁。
るい-ほん【類本】同種類の本。類似の本。類書。
るい-や【累夜】夜を重ねること。幾夜も続くこと。連夜。
るい-やく【類薬】処方や効能が似かよった薬。
るい-よう【累葉】❶「累世」に同じ。❷子孫。一族。「まさしき源氏の一として」〈浄・盛衰記〉
るい-よう【類葉】❶同じ種類の葉。似たような葉。❷同じ一族からわかれた者。
るいよう-しょうま【類葉升麻】キンポウゲ科の多年草。山地の林下に生え、高さ約60センチ。葉は長い柄のある複葉で、サラシナショウマに似る。6月ごろ、白い小花を総状につけ、丸く黒い実ができる。
るいよう-ぼたん【類葉×牡丹】メギ科の多年草。深山に生え、高さ約50センチ。葉は複葉でボタンに似て、互生する。4～6月、緑黄色の小さい6弁花を集散状につけ、丸い青黒色の実を結ぶ。
るい-らん【累卵】卵を積み重ねること。不安定で危険な状態のたとえ。「我がセーベを、一の危きに、置きたるを如何せん」〈竜渓・経国美談〉
累卵の危うき《「史記」范雎伝から》積み上げた卵のように、非常に不安定で危険な状態。「今まさに一にあると言える」
るい-りん【類林】❶同類のものを集めたもの。❷同じ種類の記事・語句などを集めた書物。
るい-るい【累類】親類。一族。一家。
るい-るい【累累】〔ト・タル〕〔文〕〔形動タリ〕積み重なっているさま。また、連なり続くさま。「一と横たわる死屍」「彼は一たる紅球灯の光を浴びて」〈芥川・開化の殺人〉
るい-れい【類例】似かよった例。同じ種類の例。「古今に一をみない」
るい-れき【×瘰×癧】頸部のリンパ節が数珠状に腫れる、結核症の特異型。感染巣から結核菌が運ばれて起こる。頸腺結核。結核性頸部リンパ節炎。頸部リンパ節結核。
ルイン〖ruin〗廃墟。廃趾。
ルー〖フランス roux〗小麦粉をバターで炒めたもの。焦がさないように炒めるホワイトルー、色づくまで炒めるブラウンルーなどがあり、ソースやスープのとろみを出すのに用いる。ルウ。
ルーアン〖Rouen〗フランス北部、セーヌ川下流の河港都市。パリの外港。繊維などの工業が発達。古くはノルマンディー公国の首都。1431年ジャンヌ＝ダルクが処刑された地。歴史的建造物が多い。
ルーアン-だいせいどう【ルーアン大聖堂】《Cathédrale Notre-Dame de Rouen》フランス北西部、ノルマンディー地方、セーヌ-マリチーム県の都市、ルーアンにあるゴシック様式の大聖堂。11世紀に建設が始まり、何世紀にもわたって増改築された。19世紀に完成した尖塔は高さ151メートルあり、同国で最も高い。画家クロード＝モネの連作「ルーアン大聖堂」で広く知られる。ノートルダム大聖堂。
ルーイス-とう【ルーイス島】《Isle of Lewis》▶ルイス島
ルウェンゾリ〖Ruwenzori〗アフリカ中部、コンゴ民主共和国とウガンダとの国境にある山地。最高峰はマルゲリータ山で標高5110メートル。赤道直下にあるが、万年雪をいただき、氷河が発達。1889年、H＝M＝スタンリーが到達。
ルウェンゾリさんち-こくりつこうえん【ルウェンゾリ山地国立公園】《Rwenzori》ウガンダの国立公園。コンゴ民主共和国との国境付近に広がり、マルゲリータ山・アルバート湖などを擁する山岳地帯。赤道直下にかかわらず、山頂一帯は雪と氷河で覆われる。1994年、世界遺産(自然遺産)に登録。99年には内戦の影響による管理の不備などを理由に危機遺産リストに登録されたが、2004年に解除された。➡ルウェンゾリ
ルウォフ〖André Lwoff〗[1902～1994]フランスの微生物学者。パスツール研究所で微生物遺伝学を研究。酵素・ウイルスの合成の遺伝的制御機構の研究により1965年、モノーとジャコブとともにノーベル生理学医学賞を受賞。
ルーキー〖rookie〗《新兵の意》❶野球などで、新人選手。❷新入社員。新前。
ルーク〖rook〗チェスで、城の形をした駒。縦・横にいくつでも動ける。
ルーゴ〖Lugo〗スペイン北西部、ルーゴ県の県都。旧市街には3世紀から4世紀にかけて建設されたローマ帝国時代の市壁が残っており、2000年に「ルーゴのローマの城壁群」として世界遺産(文化遺産)に登録された。
ルーコラ〖イタリア rucola〗▶ルコラ
ルーザー〖loser〗競技の敗者。仕事や人間関係で失敗した人。「グッドー(＝負けっぷりのいい人。潔く負けを認める人)」
ルーサン〖lucerne〗アルファルファの別名。
ルージ〖Łódź〗▶ウッジ
ルージュ〖フランス rouge〗赤。また、口紅。頬紅。
ルース〖Babe Ruth〗[1895～1948]米国のプロ野球選手。本名、ジョージ＝ハーマン＝ルース(George Herman Ruth)。1935年に引退するまでの22年間に714本の本塁打を記録。27年には、1シーズン60本塁打の記録を樹立した。背番号3はニューヨークヤンキースの永久欠番。ベーブ＝ルース。
ルーズ〖loose〗〔形動〕❶締まりのないさま。だらしのないさま。「時間に一な人」❷ゆったりしていて、ゆとりのあるさま。「一に着こなす」(補説)英語の発音では、ルース。(類語)だらしない・いいかげん・ずぼら
ルース-アーロン-ペア〖Ruth=Aaron pair〗二つの連続した自然数で、それぞれの素因子の和が等しくなる組み合わせのこと。例えば「714」と「715」は、
714＝2×3×7×17　　2＋3＋7＋17＝29
715＝5×11×13　　5＋11＋13＝29
で、素因子の和は等しい。この二つの組み合わせ以外に、「5」「6」、「8」「9」、「15」「16」、「77」「78」、「125」「126」、「948」「949」、「1330」「1331」などがある。また、「714」「715」の組み合わせにおいては、二つの積が最初の七つの素数「2」「3」「5」「7」「11」「13」「17」の積に等しくなる。
714×715＝2×3×5×7×11×13×17＝510510
(補説)ベーブ＝ルースが記録した通算ホームラン714本を、1974年4月8日にハンク＝アーロンが通算715本目のホームランを打って破った。この数字の組み合わせにちなんで二人のホームランバッターの名がつけられた。
ルース-インペディメント〖loose impediment〗ゴルフのコース内に散在する自然物。落葉や石、動物のふんなどで、地面に固定されてないもの。
ルースキー-とう【ルースキー島】《Ostrov Russkiy》ロシア連邦東部、沿海地方の島。大陸部のウラジオストクと隔てる東ボスポラス海峡には連絡橋がかけられている。2012年のAPEC(エーペック)首脳会議の開催地。
ルース-スクラム〖loose scrum〗▶ラック(ruck)
ルーズ-ソースルーティング〖loose source routing〗ソースルーティングの一で、パケットの通過点のいくつかを送信者が指定するもの。
ルーズ-ソックス《和 loose＋socks》ソックスの留め口にゴムを用いず、のりで素足に貼りつけたり、何もしないでだらしなく履くタイプの靴下。女子高校生を中心にして大流行した。
ルーズ-タイ〖loose tie〗首をきちんと締めつけないでゆったりとした感じにつけたネクタイのこと。
ルーズ-パーマ《和 loose＋permanent wave から》髪全体ではなく、髪の中間から毛先にかけてだけパーマをかける方法。
ルーズ-フィット〖loose fit〗衣服がゆったりして、しかもからだに合っている状態。ルーズフィッティング。
ルーズベルト〖Roosevelt〗㊀(Theodore ～)[1858～1919]米国の政治家。第26代大統領。在任1901～1909。共和党。トラストの摘発、自然保護などの革新政策を行い、外交では、パナマ運河建設、ラテンアメリカ諸国への干渉など、積極策を推進。日露戦争の講和を斡旋。1906年ノーベル平和賞受賞。➡タフト ㊁(Franklin Delano ～)[1882～1945]米国の政治家。第32代大統領。在任1933～1945。㊀の縁戚。民主党㊄。ニューディール政策を実施して大恐慌に対処。また、ラテンアメリカ諸国との善隣外交を推進。第二次大戦中は連合国の戦争指導に当たるとともに、戦後の国際連合の設立にも努力。終戦を間近にして急死。➡トルーマン
ルーズ-ボール〖loose ball〗《「こぼれ球」と訳す》サッカー・ラグビー・バスケットボールなどの球技で、両チームの誰もが保持していないボール。
ルーズ-リーフ〖loose-leaf〗ノートなどで、1枚ごとに取り外しできるようにとじられているもの。
ルーター〖router〗❶彫刻機。彫刻工具。❷異なるコンピューターネットワーク間を接続する通信機器。パケット転送の経路選択、選別と破棄、経路情報の管理などの役割を担う。
るうたか【留多加】ロシア連邦の町アニワの、日本領時代の名称。
ルーダ-そう【ルーダ草】《ポルトガル arruda》アカザ科のアリタソウの別名。
ルーチン〖routine〗《「ルーティン」とも》❶きまりきった手続きや手順。また、日常の仕事。日課。「一ワーク」❷コンピューターで、プログラム中のひとまとまりの機能をもつ命令群。最初に実行されるメインルーチンと、メインルーチンから呼び出されるサブルーチンがある。
ルーチン-きょうぎ【ルーチン競技】シンクロナイズドスイミングで、音楽に合わせて演技を行い、完遂度・同調性・構成などを競い合うもの。テクニカルルーチンとフリールーチンに分かれる。
ルーチン-ぎょうむ【ルーチン業務】「ルーチンワーク」に同じ。
ルーチン-ワーク〖routine work〗きまりきった日常の仕事。日常業務。ルーチン業務。
ルーツ〖roots〗❶物事の根元・起源。❷祖先。始祖。「一をたどる」
(類語)起源・根元・源流・源・始まり・起こり・オリジン
ルーティン〖routine〗▶ルーチン
ルーデサック〖オランダ roedezak〗コンドーム。
ルーテル〖Luther〗▶ルター
ルーテルがくいん-だいがく【ルーテル学院大学】東京都三鷹市にある私立大学。明治42年(1909)に熊本市で創立された路帖神学校に始まり、昭和39年(1964)に日本ルーテル神学大学の名称で開設。平成8年(1996)に現校名に改称した。
ルーテル-は【ルーテル派】プロテスタント最大の教派。1517年ルターの宗教改革によってドイツに成立。

55年公認。人は信仰のみによって義とされること、すべての教理は聖書に基づくこと、万人祭司説を主張する。ドイツを中心に北欧に多い。日本には1893年(明治26)から伝道。ルター派教会。

ルーデンドルフ〖Erich Ludendorff〗[1865～1937]ドイツの軍人。第一次大戦ではヒンデンブルクのもとで参謀次長に就任、事実上の戦争指導者となった。大戦後はナチスのミュンヘン一揆に参画。

ルート〖root〗《根の意》❶累乗根。特に、平方根。また、その記号√をいう語。❷言語学で、語根。❸階層構造の根本。「―ディレクトリー」

ルート〖route〗❶道。道路。また、きまった道筋。路線。「観光―」❷経路。手づる。「販売―」
(類語)道・道路・道筋・道順・順路・路線・経路・コース

ルートウィヒ〖Otto Ludwig〗[1813～1865]ドイツの劇作家・小説家。悲劇的な人間の運命を写実的に描いた。悲劇「世襲山林監督」、小説「天と地の間」、演劇論「シェークスピア研究」など。

ルートウィヒスブルク-じょう【ルートウィヒスブルク城】《ドイツ Schloß Ludwigsburg》ドイツ南西部の都市、シュトゥットガルト近郊にある城。1704年から33年にかけて、ビュルテンブルク大公家により、フランスのベルサイユ宮殿を模して建造された。同国有数のバロック様式の宮殿として知られる。

ルート-サーバー〖root server〗インターネット上のドメイン名とIPアドレスを対応させる役割をもつドメインネームシステム(DNS)の最上位に位置づけられる、基幹情報を提供するサーバー。

ルート-シーエー【ルートCA】《root certificate authority》▶ルート認証局

ルート-セールス〖route sales〗巡回販売。一定の顧客を決まった道順で回り、販売する方法。配送のむだがなく、顧客の意見、市場の動向が早く、的確につかめる。

ルート-にんしょうきょく【ルート認証局】《root certificate authority》電子証明書を発行する認証局の一。中間認証局など他の認証局の上位にあり、正当性を保証する。自分の正当性は自らが保証するため、運用実績や厳正な監査などが必要となる。RCA。

ルート-ファインディング〖route finding〗登山で、登頂・登攀などの道筋をさぐること。

ルーバー〖louver〗壁や天井の開口部に、羽板を縦または横に組んで取り付けたもの。羽板の向きを変えて直射日光や通風を加減する。

ルーバン〖Louvain〗▶ルーフェン

ルーピー〖loopy〗(形動)頭がおかしいさま。酒に酔って正体がないさま。ふらふらしているさま。

ルービック〖Ernő Rubik〗[1944～　]ハンガリーの発明家、建築家、彫刻家。1974年に立体パズルのルービック-キューブを考案。77年に製品化した。➡ルービック-リベンジ ➡プロフェッサー-キューブ

ルービック-キューブ〖Rubik's Cube〗立方体の六つの面がそれぞれ9個の正方形に分割された立体パズル。正方形には白・青・赤・橙・緑・黄などのシールが貼られている。立方体を三つの軸で回転させることで、正方形の位置を動かし、全ての面を同色にそろえて遊ぶ。キューブ。(補説)ハンガリーのエルノー=ルービックが考案。日本でも昭和55年(1980)に発売され大流行。各面の正方形が16個に分割されたルービック-リベンジ、25個に分割されたプロフェッサー-キューブなどもある。

ルービック-リベンジ〖Rubik's Revenge〗ルービック-キューブの姉妹品の立体パズル。遊び方はルービック-キューブと同じだが、6つの面がそれぞれ16個の正方形に分割されている。エルノー=ルービックが1982年に商品化。

ルーフ〖roof〗❶屋根。また、屋上。「サン―」❷オーバーハングのこと。「―下をトラバースする」

ループ〖loop〗❶輪。輪形のもの。❷服飾で、糸・ひも・布などで作った輪。ボタン掛け・ベルト通しなどに用いる。❸コンピューターのプログラムで、繰り返し実行される命令群。❹飛行機の宙返り。❺「ループジャンプ」の略。❻「ループ線」の略。❼「ループアンテナ」の略。

ループ-アンテナ〖loop antenna〗導線を環状にしたアンテナ。用途により円形・方形などがあり、その描く面と直角の方向に電波を送受信する。枠形アンテナ。フレームアンテナ。

ルーフィング〖roofing〗フェルトにアスファルトをしみこませた防水材料。屋根葺き下地などに用いる。アスファルトルーフィング。

ルーフェン〖Leuven〗ベルギー中部、フラームスブラバント州の都市。同州の州都。中世に毛織物産業で発展。1425年創立のルーフェンカトリック大学、「石のレース」と称される15世紀フランボワイヤンゴシック様式の市庁舎、世界遺産に登録された聖ペテロ教会、大ベギン修道院などがある。フランス語名、ルーバン。

ルーフ-ガーデン〖roof garden〗ビルディングなどの屋上に設けた庭。屋上庭園。

ルーフ-キャリア《和 roof＋carrier》自動車の屋根に付ける荷台。

ループ-ジャンプ〖loop jump〗フィギュアスケートのジャンプの一。後ろ向きに滑りながら踏み切って、空中で回転し、踏み切った方の足で着氷する。ループ。

ループ-シュート《和 loop＋shoot》サッカー・ハンドボール・水球などで、ゴールキーパーの頭越しに放つ山なりのシュート。

ループス〖lupus〗▶全身性エリテマトーデス

ループ-せん【ループ線】鉄道で、急勾配の所の線路を螺旋状に敷いて迂回するようにし、勾配を少なくした線。

ループ-タイ《和 loop＋tie》❶装飾的な留め金つきの紐ネクタイの通称。❷結ぶ必要のない付けネクタイの商標名。(補説)❶は、英語では、bolo tie という。

ルーフ-テラス《和 roof＋terrace》屋上の表面をれんが・敷石・コンクリートなどで舗装し、戸外の床面として用いるもの。

ループバック-アドレス〖loopback address〗TCP/IPなどのコンピューターネットワークにおいて自分自身のコンピューターに割り当てられたIPアドレス。IPv4の場合、慣習的に「127.0.0.1」が使われる。

ルーフ-バルコニー《和 roof＋balcony》屋根を利用して設けられたバルコニー。

ループホール〖loophole〗《銃眼・はざまの意》抜け穴。逃げ道。特に、法の抜け穴や税制上の優遇措置。

ループ-メール〖loop mail〗複数のアドレスの間で、同一の電子メールがループ状に転送され続けること。自動転送や自動返信の設定を誤った場合に生じる。

ループ-ヤーン〖loop yarn〗糸の表面に不規則なループを出した変わり糸。輪奈糸。

ルーフ-ラック〖roof rack〗乗用車の屋根やトランクリッド上に備える棚状の荷台。

ルーブリ〖ロシア rubl'〗▶ルーブル

ルーブル〖ロシア rubl'〗ロシア連邦などの通貨単位。1ルーブルは100カペイカ。

ルーブル-きゅうでん【ルーブル宮殿】《フランス palais du Louvre》フランス、パリのセーヌ川右岸にある旧王宮。13世紀にフィリップ2世が城塞として建造。以後、改修・増築を重ね、19世紀のナポレオン3世時代に現在の形となった。現在は大部分がルーブル美術館となっている。

ルーブル-びじゅつかん【ルーブル美術館】《フランス musée du Louvre》ルーブル宮殿内にあるフランスの国立美術館。1793年「諸芸術中央美術館」として開館。「ミロのビーナス」「モナリザ」をはじめとする数々の名作を所蔵する。

ルーペ〖ドイツ Lupe〗拡大鏡。虫めがね。
(類語)虫眼鏡・拡大鏡・天眼鏡

ルーベンス〖Peter Paul Rubens〗[1577～1640]フランドルの画家。壮大華麗な画風でバロック絵画の代表画家。外交官としても活躍。リューベンス。

ルーベン-でんち【ルーベン電池】▶水銀電池

ルーマニア〖Rumania〗《ローマ人の国の意》バルカン半島の北東部にある国。黒海に臨み、南をドナウ川が流れる。首都ブカレスト。古代ローマの属州ダキアにあたり、14世紀にワラキア・モルダビアの2公国が成立。のちオスマン帝国の支配下にあったが、1878年独立して王国となり、1947年人民共和国。65年社会主義共和国に移行したが、89年社会主義体制が崩壊、国名をルーマニアと改称。2007年、EU(欧州連合)に加盟。石油・天然ガスを産する。人口2196万(2010)。ロミーニア。(補説)「羅馬尼亜」とも書く。

ルーマニア-ご【ルーマニア語】ロマンス諸語の一。ルーマニアのほか、モルドバ共和国・バルカン諸国でも話される。

ルーマニア-じしん【ルーマニア地震】ルーマニア周辺で多発する地震。ルーマニアはアフリカ大陸とユーラシア大陸の衝突の場であり、100年間に2、3回の確率で大地震が発生する。1977年3月4日にはマグニチュード7.2の地震が起こり、首都ブカレストなどに大きな被害をもたらした。

ルーマン〖Niklas Luhmann〗[1927～1998]ドイツの社会学者。社会システム理論によって、第二次大戦後の理論社会学をリードした。また、政治学や心理学・文学研究などへの影響も大きい。著「法社会学」「社会システム論」など。

ルーミー〖Rūmī〗[1207～1273]イランの神秘主義詩人。セマー(旋舞)で知られるトルコのメウレウィー教団の創始者。名作「精神的マスナビー」は神秘主義の聖典とも評される。

ルーミー-キュロット〖roomy culottes〗《roomyは、余裕のある、広い、の意》ゆとりのたっぷりあるシルエットの半ズボンのこと。

ルーミス-しじみ【ルーミス小=灰=蝶】シジミチョウ科のチョウ。小形で、翅は黒色の地に青色紋があり、前翅の前端は角ばる。幼虫はイチイガシ・アラカシなどの葉を食べ、照葉樹林に局所的に分布する。日本では米国の宣教師ルーミス(H.Loomis)が千葉県で発見。

ルーミング《和 room＋-ingから》自分が手にした生活空間(ルーム)を生活様式に合わせて改造すること。

ルーム〖room〗❶部屋。室。「ダイニング―」「ティー―」「ショー―」❷学級。クラス。「ホーム―」

ルーム-クーラー《和 room＋cooler》室内冷房装置。クーラー。

ルーム-サービス〖room service〗ホテルで、泊まり客の求めに応じて、客室まで飲食物を運ぶこと。

ルーム-シェア〖room share〗家族や恋人ではない人と、同じ住居の中で生活をすること。個室を専有し、台所・食堂・浴室・便所などは共用とする。マンション・アパートの場合はフラットシェア、一戸建てではハウスシェアともいう。

ルーム-シューズ〖room shoes〗室内用の上履き。スリッパのようにつっかけて履くものや、防寒用のブーツ型のものなど、さまざまな形がある。

ルーム-フレグランス《和 room＋fragrance》部屋を良い香りで満たす香水・オーデコロンなどの類。

ルームメート〖roommate〗下宿・寮などで同室の仲間。

ルーム-ライト〖room light〗室内灯。特に、自動車の室内灯。ルームランプ。

ルーム-ランプ〖room lamp〗「ルームライト」に同じ。

ルーメン〖lumen〗国際単位系(SI)の光束の単位。1ルーメンは1カンデラの点光源から立体角1ステラジアン内に放射される光束。記号lm

ルーラー〖ruler〗❶統治者。支配者。❷定規。

ルーラル〖rural〗多く複合語の形で用い、田舎の、田舎らしい、の意を表す。(対)アーバン。

ルール〖Ruhr〗ドイツ北西部、ライン川と、その支流リッペ川・ルール川とに囲まれた地域。ヨーロッパ最大の工業地帯で、19世紀からルール炭田を背景に発達し、ドルトムント・エッセン・デュッセルドルフなどの都

市が連なる。第一次大戦後の1923〜25年は、ドイツの賠償支払の遅延を理由にフランスが占領して国際危機を招いた。

ルール〘rule〙規則。規定。きまり。「―に従う」「―を無視する」「―違反」
(類語)規則・規定・規約・規程・条規・おきて・きまり・定め・約束・コード

ルール-オブ-ロー〘rule of law〙❶法規範。法規。❷(英米法における)法の支配。つまり、国民は民意を反映した適正・公平・合理的な法によってのみ支配されるという考え方。

ルールド〘Lourdes〙フランス南西部、ピレネー山脈北麓の町。1858年に聖マリアが出現した奇跡の地として、霊泉のある洞窟を多くの巡礼者が訪れる。ルルド。

ルールブック〘rulebook〙競技の規則をまとめて本にしたもの。

ルールマラン〘Lourmarin〙フランス南東部、プロバンス地方の村。15世紀から16世紀にかけて建造されたルネサンス様式の城があり、石造りの古い家並みが残っている。作家アルベール=カミュが晩年を過ごしたことで知られ、村はずれに墓地がある。

ルーレイ-どうくつ【ルーレイ洞窟】《Luray Caverns》米国バージニア州北部、シェナンドア国立公園の近くにある洞窟。観光用に整備され、巨大な鍾乳石や石筍、地底湖などの洞窟景観を手軽に楽しめる。

ルーレット〘フランス roulette〙❶賭け事の一。また、その用具。0から36までの目に等分したすり鉢形の円盤にさいころを投じて回し、それが停止したときの目数に金銭などをかけ勝負を争うもの。❷▶ルレット

ルーン-もじ【ルーン文字】《rune》古代ゲルマン人、特にスカンジナビア人とアングロサクソン族の間で用いられた表音文字。主として3世紀以後の刻文にみられ、北欧の一部では17世紀ごろまで用いられた。フサルク。

ルオー〘Georges Rouault〙[1871〜1958]フランスの画家。黒く太い輪郭線、単純な形態、深く輝くような色彩を特色とする。

ルカ〘Lucas〙新約聖書に登場する人物。パウロの協力者で、教養ある医者であったといわれる。「ルカによる福音書」の著者。

ルカーチ〘Lukács György〙[1885〜1971]ハンガリーの哲学者・文学史家。ドイツで哲学・美学を学んだのち帰国。1918〜19年のハンガリー革命に参加し、革命失敗後、亡命。第二次大戦後再帰国。マルクス主義の立場からの文芸評論が多い。著「歴史と階級意識」「若きヘーゲル」「理性の破壊」など。

ルカーチ-おんせん【ルカーチ温泉】《Lukács gyógyfürdő》ハンガリーの首都ブダペストにある温泉。ドナウ川西岸、マルギット橋の近くに位置する。古代ローマ時代以来の歴史をもつ。1980年代に建てられた温泉施設には病院が併設されている。

ル-カジノ-ド-モンテカルロ〘Le Casino de Monte-Carlo〙南ヨーロッパの地中海に臨むモナコ公国の北部地区、モンテカルロにあるカジノ。パリのオペラ座を手がけた建築家シャルル=ガルニエによる設計。オペラハウスが併設する。通称グランカジノ。

ルカでん【ルカ伝】▶ルカによる福音書

ルカによるふくいんしょ【ルカによる福音書】新約聖書、四福音書の第3書。紀元80年代に書かれ、著者ルカは使徒パウロの協力者。新約聖書中最も文学的にすぐれた歴史的叙述とされる。ルカ福音書。ルカ伝。➡福音書

ルカヌス〘Marcus Annaeus Lucanus〙[39〜65]ローマの詩人。スペイン生まれ。ストア派哲学者セネカの甥。皇帝ネロに愛されたが、のち背いて暗殺に加担し、死を命ぜられた。未完の叙事詩「内乱(パルサリア)」10巻がある。

ル-カネ〘Le Cannet〙フランス南東部、アルプ-マリチーム県の観光保養都市、カンヌの北郊の町。画家ピエール=ボナールが晩年を過ごし、この地で没した。漫画家、イラストレーターのレイモン=ペイネが壁画を描いた民家もある。

ルガノ〘Lugano〙スイス南部、ティチーノ州の都市。ルガノ湖北西岸に位置する観光保養地。サンロレンツォ教会やサンタマリアデッリアンジオーリ教会をはじめ、イタリアの影響を受けた歴史的建造物が多い。ルガーノ。

ルガノ-こ【ルガノ湖】《Lugano》スイスとイタリアとの国境の湖。コモ湖とマッジョーレ湖との間にある、氷河によるせき止め湖。北岸に観光保養都市ルガノがある。ルガーノ湖。

ルカ-ふくいんしょ【ルカ福音書】▶ルカによる福音書

ルカヤン-こくりつこうえん【ルカヤン国立公園】《Lucayan National Park》西インド諸島北部、バハマ諸島北端のグランドバハマ島にある国立公園。同島の中心地区ルカヤの東約40キロメートルに位置する。先住民ルカヤン族が住んでいた洞窟やマングローブの湿地帯がある。

る-き【流記】寺院の道具・宝物・所領などの資材を記録したもの。

ルキアノス〘Lūkianos〙[120ころ〜180ころ]ギリシャの作家。シリア生まれ。対話形式により、当時の世相・哲学・宗教など、あらゆるものを批判・風刺した。作「神々の対話」「死者の対話」「本当の話」など。

る-きん【×鏤金】金属に彫刻すること。また、金をちりばめること。また、それらの細工。

ル-グウィン〘Ursula Le Guin〙[1929〜]米国の女性SF・ファンタジー作家。両性具有の異星人と地球人の遭遇を描いた「闇の左手」や、ファンタジー「ゲド戦記」などがある。

ルクス〘フランス lux〙《「ルックス」とも》国際単位系(SI)の照度の単位。1ルクスは1平方メートルの面積に1ルーメンの光束が一様に分布しているときの照度。記号lx

ルクセンブルク〘Luxembourg〙ヨーロッパ西部、フランス・ドイツ・ベルギーに囲まれた大公国。立憲君主制。首都は同国中南部にあるルクセンブルク。住民はドイツ系。1815年大公国となり、67年永世中立が認められた。1949年NATO(北大西洋条約機構)に加盟。面積2586平方キロメートル。人口50万(2010)。

ルクセンブルク〘Rosa Luxemburg〙[1870〜1919]ドイツの女性社会主義者・経済学者。ポーランド生まれ。ドイツ社会民主党左派、ポーランドの革命運動の指導者。第一次大戦中、スパルタクス団を組織。ドイツ革命勃発後ドイツ共産党を結成、リープクネヒトらと一月蜂起に参加し、政府軍によって虐殺された。著「資本蓄積論」「社会改良か革命か」など。

ルクソール〘Luxor〙エジプト南東部、ナイル川東岸にある観光都市。古代テーベの東部にあたり、ルクソール神殿やカルナック神殿がある。

ルクランシェ-でんち【ルクランシェ電池】炭素棒を陽極、亜鉛棒を陰極、塩化アンモニウムを電解液とし、消極剤に二酸化マンガンを用いた電池。起電力は1.5ボルト。1868年にフランスのルクランシェ(G.Leclanché)が発明。乾電池はこれを改良したもの。

ル-グラン-トリアノン〘le Grand Trianon〙▶大トリアノン宮殿

ル-クレジオ〘Jean-Marie Gustave Le Clézio〙[1940〜]フランスの小説家。1963年「調書」でデビュー。断片的な文章の挿入や反復など、実験的な手法を用いた文体で注目される。2008年ノーベル文学賞受賞。作「大洪水」「砂漠」「海を見たことがなかった少年」など。

ルクレティウス〘Titus Lucretius Carus〙[前94ころ〜前55ころ]ローマの哲学詩人。エピクロスの原子論に基づく哲学詩「物の本質について」により、唯物論的世界観を叙述した。

ル-クロ-リュセ〘Le Clos Lucé〙▶クロリュセ城

る-けい【流刑】罪人を辺境または島に送る刑。流罪。りゅうけい。➡流る

ルケッタ〘イタリア ruchetta〙「ロケットサラダ」に同じ。

る-げん【流言】▶りゅうげん(流言)

る-げん【×縷言】〔名〕スル こまごまと詳しく述べること。また、その言葉。縷述。縷説。縷陳。「―を要しない」

る-こう【×縷紅｜留紅】「縷紅草」の略。

るこう-そう【×縷紅草】ヒルガオ科の蔓性の一年草。葉は深く切れ込んで羽状をなし、互生。夏に、漏斗状で先が星形の赤い花を開く。熱帯アメリカの原産で、観賞用。(季 夏)「看護婦と茶飲咄や―/波郷」

ルゴール-えき【ルゴール液】沃素に沃化カリウムを加えて製する水溶液。甲状腺腫や歯科治療に用いる。改良してグリセリン・薄荷水などを加えたものは、複方ヨードグリセリンともよび、扁桃炎や咽頭炎などの殺菌消毒に用いる。フランスの内科医ルゴール(J.G.A.Lugol[1786〜1851])が創製。

る-こく【×鏤刻】〔名〕スル ▶ろうこく(鏤刻)

る-こつ【×鏤骨】❶骨に刻んで忘れないこと。「師が曩日の言は銘肝一未だ之れを忘れざるなり」〈菊亭香水・世路日記〉❷骨を刻むような苦労・苦心をすること。ろうこつ。「彫心―」

ル-コック〘Albert von Le Coq〙[1860〜1930]ドイツの東洋学者・探検家。トルファン・クチャなどを調査・発掘し、多数の古代文化遺産を持ち帰った。著「マニハイカ」「高昌」など。

ルコラ〘イタリア rucola〙《「ルーコラ」「ルッコラ」とも》「ロケットサラダ」に同じ。

ル-コルビュジェ〘Le Corbusier〙[1887〜1965]スイス生まれのフランスの建築家。本名、シャルル=エドワール=ジャヌレ=グリ(Charles-Édouard Jeanneret-Gris)。機能的合理主義に基づく近代建築理論の代表的指導者にして実践者。➡ピュリスム

ルコント-ド-リール〘Leconte de Lisle〙[1818〜1894]フランスの詩人。本名、シャルル=マリー=ルコント(Charles Marie Leconte)。高踏派の中心的存在。感情・主観を排し、厳格な形式によって荘重な美の世界を追求した。詩集「古代詩集」「夷狄詩集」「悲劇詩集」など。

ルコンポゼ〘フランス recomposer〙解体されたものを再構成すること。美術史では、立体派の手法の一つで、描く対象をまず面に分解して、これを再び画面上で構成することをいう。

ルサージュ〘Alain-René Lesage〙[1668〜1747]フランスの小説家・劇作家。スペイン悪漢小説の流れをくみ、社会風俗を写実的に描いた。小説「ジル=ブラス物語」、喜劇「チュルカレ」など。

る-ざい【流罪】「流刑」に同じ。

ルサカ〘Lusaka〙アフリカ南部のザンビア共和国の首都。同国中南部の高原上にある。交通の要衝で、農畜産物の集散地。人口、行政区106万(2000)。

ルサヌー-しゅうどういん【ルサヌー修道院】《Iera Moni Roussanou》ギリシャ中部、テッサリア地方のメテオラにある尼僧院。13世紀末の創設。16世紀半ばに現在の修道院が建造された。付属のメタモルフォシス教会の内部には、クレタ派の画家テオファネスが描いたフレスコ画がある。

る-ざん【流×竄】▶りゅうざん(流竄)

ルサンチマン〘フランス ressentiment〙強者に対する弱者の憎悪や復讐衝動などの感情が内攻的に屈折している状態。ニーチェやシェーラーによって用いられた語。怨恨。遺恨。

る-し【×僂指】〔名〕スル 指を折って数えること。「畢に は配偶の欠けたものまで―された」〈長塚・土〉

る-じ【×屢次】たび重なること。たびたび。しばしば。「―に及ぶ災禍」

ルシェノフ-ようさい【ルシェノフ要塞】《Cetatea Râşnov》ルーマニア中央部の町ルシュノフにある要塞。ブラショフの南西約15キロメートルに位置する。13世紀初め、ドイツ騎士団により標高650メートルの小高い山の上に建造された。

ルジェフ〘Rzhev〙ロシア連邦西部、トベリ州の都

市。ボルガ川上流に位置する。18世紀より紡績業が盛んになり、19世紀後半の鉄道開通後、交通の要地として発展。第二次大戦中、赤軍とドイツ軍の激戦地となった。

ルジチカ〖Leopold Ruzicka〗[1887〜1976]スイスの有機化学者。クロアチア生まれ。男性ホルモンのアンドロステロンおよびテストステロンの合成で知られる。1939年、ブーテナントとともにノーベル化学賞受賞。ルジーチカ。

ル-シッド〖フランス Le Cid〗コルネイユの韻文悲劇。5幕。1637年初演。父の仇ゴスマスを殺したロドリーグと、彼の婚約者でゴスマスの娘シメーヌとの愛と義務の相克を描く。

ルシフェラーゼ〖luciferase〗生物発光の触媒をする酵素の総称。分子状の酸素を用いてルシフェリンを酸化する働きをもつ。発光酵素。

ルシフェリン〖luciferin〗生物発光で、ルシフェラーゼの触媒作用により酸化されて発光する低分子物質の総称。発光細菌・ウミボタル・蛍などに存在し、分子構造は種類により異なる。発光素。

ルシフェル〖ポルトガル Lúcifer〗❶金星。明けの明星。❷魔王。悪魔。❸キリスト教で、堕天使だてん。

ル-シャトリエ〖Henry Louis Le Chatelier〗[1850〜1936]フランスの化学者。高温計や熱電対を改良製作し、高温での化学反応を研究。

ルシャトリエ-の-げんり【ルシャトリエの原理】可逆反応が平衡状態にあるとき、濃度・圧力・温度などの条件を変えると、その条件を打ち消す方向に反応が進行し、新しい平衡に達するという法則。1884年にル=シャトリエが、87年にK=F=ブラウンが提唱。平衡移動の法則。ル=シャトリエ-ブラウンの法則。

るしゃな-ぶつ【盧遮那仏】「毘盧遮那仏びるしゃなぶつ」の略。

ルジャ-ひろば【ルジャ広場】《Trg Luža》クロアチア最南端、アドリア海に面した都市ドゥブロブニクの旧市街にある広場。周囲をスポンザ宮殿、聖ブラホ教会などの歴史的建造物に囲まれ、中央には中世の騎士文学に登場するオルランド(ローラン)の彫像が立っている。

ルジャンドル〖Adrien-Marie Legendre〗[1752〜1833]フランスの数学者。整数論・楕円関数などの研究で業績があり、また最小二乗法を創出した。

ルシュカ-しゅうどういん【ルシュカ修道院】シウダウイン《Mănăstirea Râşca》ルーマニア北東部の村ルシュカにある修道院。16世紀半ば、モルドバ公ペトゥル=ラレシュにより建造、17世紀初めに改築された。南側の壁面に赤を基調としたフレスコ画が残っている。

る-じゅつ【×屢述】〔名〕スル　繰り返し述べること。

る-じゅつ【×縷述】〔名〕スル　事細かに述べること。縷言。縷陳。縷説。「以上、一し来たりたる生の経歴と性質とは」〈藤村・春〉

る-しょ【流所】流罪に処せられた人が送られる場所。配所。「聖人、一にして嘆き悲しんで」〈今昔・一〇・三四〉

ルシヨン〖Roussillon〗フランス南東部、プロバンス地方、ボークリューズ県の村。黄色顔料オークルの原料となる黄土の丘の上にあり、集落全体が黄や赤、褐色を帯びていることで知られる。19世紀から20世紀にかけて黄土採掘で発展。現在採掘は行われず、観光が主産業になっている。

る-す【留守｜留主】〔名〕スル ❶主人や家人が外出している間、その家を守ること。また、その人。留守番。留守居。「一を頼む」「玄関をはいると雇い人だけが一していた」〈有島・小さき者へ〉❷外出して家にいないこと。「三日ほど一にする」「一していまして失礼しました」「居一」❸他のことに心を奪われ、その方に気が回らないこと。「お留守」の形でも用いる。「手元が一になる」「仕事が忙しくて家事がお一になる」

(類語)不在・無人・外出・家を空ける

留守を預か・る　主人や家族が不在の間、留守番の責任を負う。「実家の一・る」

留守を使・う　不在であるように見せかける。居留守いるすを使う。「借金取りに一・う」

る-ず【流▽徒】ルヅ 流罪るざいと徒罪ずざい。流刑と徒刑。流人と徒人。

るす-い【留守居】ヰ〔名〕スル ❶「留守❶」に同じ。「頼まれて一する」❷江戸幕府の職名。老中の支配下にあって、大奥の取り締まり、奥向き女中の諸門の出入り、諸国関所の女手形などの事務、また、将軍不在のときは江戸城中の警衛などをつかさどった。留守居年寄。奥年寄。❸江戸時代、諸大名が、その江戸屋敷に置いた職名。幕府との公務の連絡や他藩の留守居役との交際・連絡を担当。聞番役。留守居役。❹江戸時代、諸大名が、その大坂蔵屋敷に置いた職名。藩の産米・特産物などの町人への売り渡しや会計事務などを担当。留守居役。

るすい-ばん【留守居番】ルスヰ 留守居❷に当たった役。

る-ずう【流通】ルヅウ〔名・形動〕《「るつう」とも》❶教えを伝え広めること。また、教えが広く行き渡ること。「二仏の法を一して」〈浄・京今宮本地〉❷物事によく通じていること。また、そのさま。りゅうつう。「一で居ててふり袖のしうちなり」〈柳多留・一五〉

るずう-ぶん【流通分】ルヅウ 仏語。一つの経典を三つに分けて解釈するときの最後の部分。法の流布や伝持について記された結びの部分。

るす-がち【留守勝ち】〔名・形動〕不在の場合が多いこと。また、そのさま。「出張が多くて一な(の)父親」

るす-がみ【留守神】神無月かんなづきに出雲に参集せず、その土地にとどまるという神。恵比須神が多いが、地方によって違いがある。

るす-せいふ【留守政府】岩倉使節団派遣中、明治4年(1871)から同6年にかけての明治政府。太政大臣三条実美を筆頭に西郷隆盛・井上馨・大隈重信らが主導したが、内部での対立や帰国した使節団との対立が起こった。➡征韓論

るす-たく【留守宅】留守の家。また、主人などが不在の家。「一を守る」

るす-でん【留守電】「留守番電話」の略。

ルスト〖Rust〗オーストリア東部、ブルゲンラント州の町。2001年に世界遺産(文化遺産)に登録されたノイジードラー湖の西岸に位置する。

るす-どころ【留守所】平安・鎌倉時代、遥任などで国司が在京する場合、目代・在庁官人が国務を執るための現地の政庁。

るす-ばん【留守番】〔名〕スル ❶「留守❶」に同じ。「子供に一させる」❷江戸時代、大坂城あるいは二条城の番士の称。城番。

るすばん-でんわ【留守番電話】留守中に電話がかかると自動的に作動し、録音してあるテープで応答したり、着信用テープで相手の用件を録音したりする電話機。

るす-ろく【留守録】❶テレビ・ラジオの番組を、外出中や就寝中に各種レコーダー機器のタイマー予約を使って録画・録音すること。留守録画。❷留守番電話の録音機能。または録音された用件。「一を聞く」

ルセ〖Ruse〗ブルガリア北部の都市。ドナウ川を挟んでルーマニアと国境を接し、対岸の都市ジュルジュと橋で結ばれる。1世紀に古代ローマ帝国の要塞が築かれ、第二次ブルガリア帝国時代に交易の拠点となった。オスマン帝国の支配の下では、商工業で栄えた。19世紀半ばに鉄道が開通し、独立時には北ブルガリア一帯における文化・経済・行政の中心地になった。白ワインの産地として有名。ノーベル賞作家エリアス=カネッティの生地。ルーセ。

る-せつ【流説】❶世間に言い広められている説。❷根拠のないうわさ。風説。流言。

る-せつ【×屢説】〔名〕スル　繰り返し説明すること。「これまでに一したごとく」

る-せつ【×縷説】〔名〕スル　こまごまと説明すること。また、その説明。縷言。縷述。「事の始終を一する」

ルセンティス〖Lucentis〗加齢黄斑変性症の治療薬「ラニビズマブ」の商品名。

ルソー〖Henri Rousseau〗[1844〜1910]フランスの画家。もと、税関吏として知られる。独特の幻想世界を色彩豊かに描いた。

ルソー〖Jean-Jacques Rousseau〗[1712〜1778]フランスの啓蒙思想家・小説家。スイス生まれ。「学問芸術論」で人為的文明社会を批判して自然にかえれと主張、「エミール」では知性偏重の教育を批判した。また、「社会契約論」では人民主権論を展開し、フランス革命に大きな影響を与えた。著書はほかに「人間不平等起源論」「告白録」など。

ルソー〖Théodore Rousseau〗[1812〜1867]フランスの画家。バルビゾン派の中心人物。風景画における大気の効果を追求、印象派の先駆者とされる。

るそん-すけざえもん【呂宋助左衛門】スケザヱモン ➡納屋助左衛門なやすけざえもん

ルソン-つぼ【ルソン×壺】桃山時代を中心に、ルソン島を経て船載された陶製の壺。中国南部の産と推定される。茶壺として珍重された。

ルソン-とう【ルソン島】タウ《Luzon》フィリピンの北部を占める、フィリピン諸島中最大の島。首都マニラがある。1571年からスペインの植民地となり、鎖国前の日本人の往来もあった。面積約10万5000平方キロメートル。(補説)「呂宋島」とも書く。

ルター〖Martin Luther〗[1483〜1546]ドイツの宗教改革者。1517年、教皇庁による免罪符発行を批判する「九五か条の意見書」によって教皇から破門されたが、これが宗教改革運動の発端となった。ザクセン選帝侯の保護下に完成したドイツ語訳聖書は、ドイツ語史上重要とされる。聖書に基づく信仰のみを説く福音主義に立ち、すべての信仰者は等しく祭司であるとする万人祭司思想を主張した。著「キリスト者の自由」など。ルッター。ルーテル。

ルター-は【ルター派】➡ルーテル派

る-たく【流×謫】〔名〕スル　罪によって遠方へ流されること。遠流。りゅうたく。「一の身」

ルダシュ-おんせん【ルダシュ温泉】ヲンセン《Rudas gyógyfürdő》ハンガリーの首都ブダペストにある温泉。ドナウ川西岸、ゲッレールトの丘の北東に位置する。16世紀、オスマン帝国時代にパシャ=ムスタファによって建てられ、ドーム型の屋根をもつ八角形をしたトルコ風の浴場がある。

ルダンゴト〖フランス redingote〗《「ルダンゴット」とも》❶女性用の、広い肩幅で、ウエストのくびれたシルエットのコートの一種。❷男性用の長いオーバーコート。(補説)英語のriding coatがフランス語になまったもので、もとは17〜18世紀の男性用乗馬コートをさした。

る-ちゅう【流注】結核の病巣に生じた膿うみが、組織の間を流れ下り、離れた場所にたまること。流注膿瘍のうよう。りゅうちゅう。

ルチル〖rutile〗➡金紅石

る-ちん【×縷陳】〔名〕スル「縷述」に同じ。「徒らに無益の痴情を一して」〈菊亭香水・世路日記〉

ルチン〖rutin〗フラボノイドの配糖体。淡黄色の粉末。ソバ・エンジュなど広く植物中に存在。毛細血管の透過性を軽減する作用があり、血管補強薬として用いる。ビタミンP。

ルツェルン〖Luzern〗スイス中部の観光・保養都市。フィーアワルトシュテッター湖北西岸のロイス川流出点にある。

ルッカ〖Lucca〗イタリア中部、トスカーナ州の都市。セルキオ川左岸に位置する。中世、ルネサンス期に毛織物、絹織物の生産で栄えた。旧市街は16世紀から17世紀にかけて建てられた周囲4キロメートルの城壁に囲まれており、ロマネスク様式のルッカ大聖堂、サンミケーレインフォロ教会、サンフレディアーノ教会などの歴史的建造物が数多く残っている。作曲家ジャコモ=プッチーニの生地。

ルッカ-だいせいどう【ルッカ大聖堂】ダイセイダウ《Duomo di Lucca》イタリア中部、トスカーナ州の都市ルッカにあるロマネスク様式の大聖堂。正式名称はサンマルティーノ大聖堂。11世紀から13世紀にかけて建造。ファサードは三つのアーチと3層の列柱が並ぶ回廊をもつ。内部は14世紀にゴシック様式に改修さ

れ、ティントレット作「最後の晩餐」、フラ＝バルトロメオ作「聖母子」などの絵画のほか、初期ルネサンス彫刻の傑作とされるヤコポ＝デッラ＝クエルチャによる墓碑がある。

ルック〖look〗見ること。見たようす。特に、服装にいい、多く複合語の形で用いて、…風の、…のような、の意を表す。「ニュー―」「ネービー―」

ルックアウト〖lookout〗用心。警戒。また、見張り。監視人。

ルック-アンド-フィール〖look and feel〗コンピューターのユーザーインターフェースにおける、画面のデザインや操作感のこと。

ルック-イースト〖Look East〗1981年、マレーシアのマハティール首相が提唱した政策で、西欧に代わって、アジアの先進国、日本と韓国に学べというもの。

ルックザック〖ドイツ Rucksack〗►リュックサック

ルックス〖looks〗容姿。容貌。見た目。「―がよい」「―で人を判断する」

ルックス〖フランス lux〗►ルクス

ルッコラ〖イタリア rucola〗►ルコラ

ルッジェーリ〖Michele Ruggieri〗［1543～1607］イタリアのイエズス会士。中国名、羅明堅。インド・中国で伝道活動を行った。著「天主聖教実録」。

ルッター〖Luther〗►ルター

ルッツェルン〖Luzern〗►ルツェルン

ルッツ-ジャンプ〖Lutz jump〗フィギュアスケートのジャンプの一。スケートのアウトサイドエッジで後ろ向きに滑り、踏み切る方とは逆の足のつま先で氷面を突いて踏み切る。空中で回転した後は、つま先を突いた方の足で着氷する。助走と逆の方向に回転するため、難易度が高い。

る-つぼ【坩＝堝】❶《「鋳る壺」あるいは「炉壺」の意からか》中に物質を入れて加熱し、溶解・焙焼・高温処理などを行う耐熱製の容器。金属製・黒鉛製・粘土製などがある。❷熱狂的な興奮に沸いている状態。「会場が興奮の―と化す」❸種々のものが混じり合っている状態や場所。「人種の―」

るつぼ-こう【坩＝堝鋼】カウ 黒鉛製や耐火粘土製の坩堝を用いて小規模に溶解・精錬して作る特殊鋼。

るつぼ-ろ【坩＝堝炉】地金を入れた坩堝ごと炉内に入れて加熱する炉。燃料からの不純物の混入が防げる。特殊合金・ガラスの融解などに用いる。

ルテイン〖lutein〗葉の葉緑体や動物の卵黄・黄体などに含まれる黄色の色素。

ルテチウム〖lutetium〗希土類元素のランタノイドの一。単体は銀白色の金属。イットリウムを含む鉱物中に共存。名はパリの古名ルテシア（Lutecia）にちなんだもの。元素記号Lu　原子番号71。原子量175.0。

ルテニウム〖ruthenium〗白金族元素の一。単体は光沢のある銀白色のもろくて硬い金属。酸にはきわめて安定で、王水にも溶けにくい。ウラル産の白金砂から発見され、小ロシアの古名ルテニア（Ruthenia）にちなみ命名。元素記号Ru　原子番号44。原子量101.1。

る-てん【流転】〔名〕スル ❶移り変わってやむことがないこと。「万物は―する」❷仏語。六道・四生の迷いの生死を繰り返すこと。生まれ変わり死に変わって迷いの世界をさすらうこと。「―三界中」

〘類語〙変転・転変・変遷・変移・推移・移り変わり

る-でん【流伝】世に広まり伝わること。広く言い伝えられること。りゅうでん。

るてん-りんね【流転輪×廻】仏語。衆生が無明の迷いのため生死を繰り返して、その境界から離れられないこと。

ルドゥー〖Claude-Nicolas Ledoux〗［1736～1806］フランスの建築家。多数の貴族邸宅を建て、1773年に王室建築家となる。純粋幾何学的形態を用いた革命的建築のスケッチを残した。

ルドビコ-イル-モーロ-きゅうでん【ルドビコイルモーロ宮殿】《Palazzo di Ludovico il Moro》イタリア北東部、エミリアロマーニャ州の都市フェラーラにある宮殿の通称。正式名称はコスタビリ宮殿。15世紀末、色が黒いために「イルモーロ（黒い人）」と呼ばれたミラノ公ルドビコ＝スフォルツァの別荘として建設が始まったが、16世紀初頭、エステ家の外交官アントニオ＝コスタビリの所有となった後に完成。現在はギリシャ、エトルリア時代の出土品を展示する国立考古学博物館になっている。コスタビリ宮殿。

ルドルフィヌム〖Rudolfinum〗チェコ共和国の首都プラハの中心部、旧市街にある19世紀後半に建造されたネオルネサンス様式の建物。ドボルザークホールやスークホールなどのコンサートホールやギャラリーがあり、チェコフィルハーモニー管弦楽団の本拠地になっている。名称は開館式にオーストリア皇太子ルドルフが出席したことにちなむ。芸術家の家。

ルドルフ-こ【ルドルフ湖】《Rudolf》トゥルカナ湖の旧称。

ルトロネ-しゅうどういん【ルトロネ修道院】シウダウヰン《Abbaye du Thoronet》フランス南東部、プロバンス地方、バール県の町ルトロネにある、ロマネスク様式のシトー会修道院。12世紀から13世紀にかけて建造された。セナンク修道院、シルバカーヌ修道院と共に、「プロバンスの三姉妹」と称される。

ルドン〖Odilon Redon〗［1840～1916］フランスの画家・版画家。象徴派の文学者たちと親交をもち、暗示性に富む神秘的な画風を確立した。

ルドンド〖Redondo〗ポルトガル中南部の町。エボラの東方約30キロメートルに位置する。素朴な絵柄の陶器とワインの生産地として知られる。14世紀、ポルトガル王ディニス1世の治下に築かれた城壁が残っている。

ルナ〖イタリア・スペイン luna〗㊀月。㊁ローマ神話で、月の女神。ギリシャ神話のセレネにあたる。

ルナール〖Jules Renard〗［1864～1910］フランスの小説家・劇作家。鋭い観察眼と独自のユーモア・詩情を特色とする。小説「にんじん」、戯曲「別れも愉し」のほか、「博物誌」「日記」など。

ルナチャルスキー〖Anatoliy Vasil'evich Lunacharskiy〗［1875～1933］ソ連の芸術学者・批評家・政治家。早くから革命運動に参加し、十月革命後は教育人民委員。また、芸術理論家として文学・芸術運動の指導にあたった。著「実証美学の基礎」「オリバー＝クロムウェル」など。

ルナティック〖lunatic〗〘形動〙精神に異常をきたしているさま。常軌を逸しているさま。

ルナリア〖ラテン Lunaria〗アブラナ科の二年草。ヨーロッパから西アジアにかけて分布。花は4弁で穂状につく。乾燥した円盤状の果実を観賞する。

ルナン〖Joseph Ernest Renan〗［1823～1892］フランスの思想家・宗教家。実証主義に立って聖書を文献学的に研究し、キリスト教の歴史科学的研究を行った。著「キリスト教起源史」など。

ル-ナン〖Le Nain〗フランスの画家の兄弟。アントワーヌ（Antoine［1588ころ～1648］）・ルイ（Louis［1593ころ～1648］）・マチュー（Mathieu［1607～1677］）の3人。農民や民衆を題材とした写実的な画風で知られる。

る-にん【流人】流罪の刑に処せられた人。

ルネサンス〖フランス Renaissance〗《再生の意》14世紀イタリアに興り、16世紀までに全欧州に展開した学問上・芸術上の革新運動。ギリシャ・ローマの古典文化を復興し、教会中心の中世的世界観を離れ、現世の肯定、人間性の解放、個性の尊重を主張。その影響は政治・社会・宗教など多方面に及び、欧州近代文化の基礎となった。文芸復興。ルネッサンス。

ルネッサンス〖フランス Renaissance〗►ルネサンス

ルノアール〖Renoir〗►ルノワール

ル-ノートル〖André Le Nôtre〗［1613～1700］フランスの造園家。フランス式庭園の大成者で、ベルサイユ宮殿の庭園を設計。

ルノルマン〖Henri-René Lenormand〗［1882～1951］フランスの劇作家。フロイトの精神分析理論を応用した新しい心理劇を開拓した。作「時は夢なり」「落伍者の群れ」など。

ルノワール〖Renoir〗《「ルノアール」とも》㊀（Pierre-Auguste ～）［1841～1919］フランスの画家。印象派の運動に参加。豊麗な色彩で裸婦・花・子供などを描いた。晩年は彫刻も制作。㊁（Jean ～）［1894～1979］フランスの映画監督。㊀の次男。絵画的な画面構成と重厚なヒューマニズムで、芸術としての映画を確立した。作「どん底」「大いなる幻影」など。

ルバート〖イタリア rubato〗►テンポルバート

ルバーブ〖rhubarb〗タデ科の多年草。高さ1～2メートル。ダイオウに似て、葉は心臓形。初夏、花茎を伸ばして緑白色の小花を多数つける。葉柄は紅色を帯び、酸味と芳香があり、煮てジャム・ゼリー・ソースなどを作る。シベリアの原産。食用大黄。

ルバイヤート〖ペルシア Rubā'iyāt〗《四行詩集の意》ペルシアの詩人ウマル＝ハイヤームの詩集。12世紀に成立。19世紀半ばに英国の詩人エドワード＝フィッツジェラルドによって英訳されて以降、その哲学的刹那主義は世界的に反響をよんだ。

ルバシカ〖ロシア rubashka〗ロシアの男子の民族衣装。ゆったりしたブラウス風の上衣で、腰をひもで締めて着る。立ち襟で左寄りに前あきがあり、襟や袖口などをロシア風の刺繡で飾る。ルパシカ。

ルハン〖Luján〗アルゼンチン、ブエノスアイレスの北西約65キロにある町。守護聖母サンタマリア-デ-ルハンを祭った大聖堂があり、巡礼地として知られる。

ルパン〖Arsène Lupin〗モーリス＝ルブランの一連の推理小説の主人公である怪盗の名。リュパン。

ルビ〖ruby〗振り仮名用の活字。また、振り仮名。英国でルビーとよばれた5.5ポイントの欧文活字の大きさが、和文で5号活字の振り仮名として用いた7号活字とほぼ等しかったところからいう。「―を振る」

▷ **ルビの分類**

1：文章中のどの部分にルビを振るかからみた分類＝総ルビ、ばらルビ

2：文字のどの位置にルビを振るかからみた分類＝グループルビ（対語ルビ）、モノルビ（対字ルビ）、肩付きルビ、中付きルビ、割ルビ

ルピア〖インドネシア rupiah〗インドネシアの通貨単位。1ルピアは100セン。

ルビー〖ruby〗コランダムの一。微量に含まれるクロムのために赤色をし、宝石として珍重される。ミャンマーなどから産出。紅玉。

ルビー〖Ruby〗オブジェクト指向プログラミングが可能なスクリプト言語の一。日本のまつもとゆきひろが開発したフリーソフトウエア。平成24年（2012）に日本のプログラミング言語として初めて、国際標準化機構（ISO）および国際電気標準会議（IEC）の国際規格として承認された。

ルピー〖rupee〗インド・パキスタン・ネパール・スリランカなどの通貨単位。

ルビー-レーザー〖ruby laser〗ルビーを使用する固体レーザー。1960年、米国のT＝H＝メイマンがルビー結晶を用いて世界初のレーザー発振に成功した。主として波長694.3ナノメートルの光が発生する。

ルビー-ろうむし【ルビー×蠟虫】カタカイガラムシ科の昆虫。雌は無翅で、3、4ミリほどの半球状をし、分泌した紅色のろう物質で覆われている。雄は有翅。ミカン・カキ・茶など多くの樹木の害虫で、天敵はルビーアカヤドリコバチ。ルビーろうかいがらむし。

ルビコン-がわ【ルビコン川】《Rubicon》古代ローマ共和政時代に、属州ガリアとイタリアとの境をなした川。ラベンナ付近でアドリア海に注ぐフィウミチーノ川に比定される。前49年、ポンペイウスとの対決を決意したカエサルが「賽は投げられた」と叫び、元老院令を無視して渡河したという故事で知られ、重大な行動に出るたとえとして「ルビコンを渡る」と用いられる。

ルビジウム〖rubidium〗アルカリ金属元素の一。単体は銀白色の軟らかい金属。化学的性質はカリウムに似る。炎色反応は紅紫色。元素記号Rb　原子番号37。原子量85.47。

ルビッチ〖Ernst Lubitsch〗[1892〜1947]米国の映画監督。ドイツ生まれ。洗練された喜劇作品を得意とし、後進に多大な影響を与えた。作「結婚哲学」「ニノチカ」「生きるべきか死ぬべきか」など。

ルピテ〖Rupite〗ブルガリア南西部の村。ギリシャとの国境に近く、ストルマ川沿いに位置する。温泉があるほか、20世紀に聖人に列せられた盲目の女性ババ=バンガの村として知られる。

ルピナス〖ラテ Lupinus〗マメ科ルピナス属(ハウチワマメ属)の植物の総称。一年草または多年草。葉は手のひら状の複葉で、長い柄がある。春から夏、花穂を直立し蝶形の花を密につける。花色は黄・赤・桃・紫・青など。南北アメリカとヨーロッパに約300種が分布。花壇などに植える。《季 夏》

ル-ピュイ〖Le Puy-en-Velay〗フランス中南部、オート-ロアール県の都市。同県の県都。正式名称はルピュイアンブレー。マッシフサントラル(中央高地)のピュイ盆地に位置する。「黒い聖母像」があるノートルダム-デュ-ピュイ大聖堂はサンティアゴ-デ-コンポステラへの巡礼路の出発地の一として知られ、10世紀以来多くの巡礼者が訪れる。

ル-ピュイ-アン-ブレー〖Le Puy-en-Velay〗►ルピュイ

ルビンシュタイン〖Anton Grigor'evich Rubinshteyn〗[1829〜1894]ロシアのピアノ奏者・作曲家。ペテルブルグ音楽院を創設し、ロシア音楽の水準を高めるのに尽力。作品に、ピアノ曲「ヘ調のメロディ」など。ルビンシュテイン。

ルビンシュタイン〖Arthur Rubinstein〗[1887〜1982]ポーランド生まれの米国のピアノ奏者。高貴・華麗な演奏で、特にショパンを得意とした。

る-ふ【流布】〔名〕スル 世に広まること。広く世間に行き渡ること。「妙なうわさが―している」《類語》流伝・伝播・膾炙・浸透・流れる・広まる・広がる

ルフェーブル〖Georges Lefebvre〗[1874〜1959]フランスの歴史学者。フランス革命の社会経済史的側面を実証的に研究し、多くの業績を残した。著「フランス革命」「革命的群衆」など。

ル-プチ-トリアノン〖le Petit Trianon〗►小トリアノン宮殿

ルブツォフスク〖Rubtsovsk〗ロシア連邦中南部、アルタイ地方の都市。カザフスタンとの国境近く、オビ川の支流アレイ川沿いに位置する。20世紀半ばより農業機械製造が盛ん。

ルフヌ-とう【ルフヌ島】タウ《Ruhnu》エストニア西部、バルト海のリガ湾にある島。18世紀初頭までスウェーデン領。その後、帝政ロシア、ドイツの支配を経て、第二次大戦後にソ連が再占領し、エストニア人の移住が進められた。17世紀半ばに建てられた同国最古の木造教会やギュスタブ=エッフェル設計の灯台がある。

るふ-ぼん【流布本】同一の原本から出た諸本のうちで、最も広く一般に普及している本。通行本。

ルフラン〖フランス refrain〗「リフレーン」に同じ。

ルブラン〖Maurice Leblanc〗[1864〜1941]フランスの推理小説家。怪盗ルパンを主人公とする一連の作品で知られる。作「水晶の栓」「奇巌城」「813」など。

ルブラン〖Nicolas Leblanc〗[1742〜1806]フランスの化学者。ルブラン法を発明して、ソーダ工業を創始した。

ル-ブラン〖Charles Le Brun〗[1619〜1690]フランスの画家・装飾家。ルイ14世の首席宮廷画家。美術行政全般を支配し、ベルサイユ宮殿の装飾などを主宰、絵画・装飾において華麗な様式を創出した。

ルブラン-ほう【ルブラン法】ハフ 1790年にN=ルブランが発明したソーダ(炭酸ナトリウム)の工業的製法。食塩と硫酸から硫酸ナトリウムを作り、石灰石・コークスとともに加熱して炭酸ナトリウムを得るもの。ソルベー法が現れるまで盛んに用いられた。

ルブリン〖Lublin〗ポーランド東部の都市。中世よりバルト海と黒海を結ぶ交易路の中継地として発展。第二次大戦でナチス-ドイツの猛攻撃を受け、いち早く占領された。対ドイツのレジスタンス運動を率い、戦後に同国政府の母体となるポーランド国民解放委員会の拠点になった。旧市街には市庁舎、ルブリン城、クラクフ門をはじめ、14世紀から17世紀頃の歴史的建造物が数多く残る。また南東部郊外にナチス-ドイツが建設したマイダネク強制収容所がある。

ルブリン-きょうせいしゅうようじょ【ルブリン強制収容所】キャウセイシウヨウジョ《Obóz koncentracyjny w Lublinie》►マイダネク強制収容所

ルブリン-じょう【ルブリン城】ジャウ《Zamek w Lublinie》ポーランド東部の都市ルブリンの旧市街にある城。14世紀、ポーランド王カジミェシュ3世の時代にゴシック様式で建造。1569年にポーランドとリトアニアの間で成立した同君連合(ルブリン合同)の調印が行われた。第二次大戦中、ナチス-ドイツにより政治犯を収容する牢獄として使われた。現在、城内は17世紀から19世紀にかけてのポーランド絵画、家具、調度品を展示する博物館になっている。

ルブルック〖Guillaume de Rubruquis〗[1220ころ〜1293ころ]フランスのフランチェスコ会修道士。1253年、フランス国王ルイ9世の命を受けてモンゴル皇帝のもとに派遣され、カラコルムでモンケ-ハンに謁見して帰国。中央アジア各地の地理・風俗・宗教・言語を伝える報告書を著した。リュブリュキ。

ルプレヒト-きょうかい【ルプレヒト教会】ケウクワイ《Ruprechtskirche》オーストリア、ウィーンの旧市街中心部にある教会。ウィーン最古の教会として知られる。740年頃の創建。塔の基部と聖堂中央が現存する最古の部分で、1130年頃に建てられたとされる。

ルブンバシ〖Lubumbashi〗コンゴ民主共和国南部、カタンガ州の州都。鉱業都市として発展。旧称エリザベートビル。

ルベーグ-せきぶん【ルベーグ積分】通常の積分での面積や体積の代わりに、ルベーグ測度とよぶ面積や体積を拡張した概念を用いて定義した積分。通常の積分よりも適用範囲が広い。フランスの数学者ルベーグ(H.Lebesgue)が創始。

ルポ〔名〕スル「ルポルタージュ」の略。「現地から―する」

る-ほう【×屢報】〔名〕スル しばしば報道すること。また、その報道。

ルポ-ライター《和 reportage(フランス)+writerから》社会的な事件・事象などを現地に取材して記事にまとめる人。《補説》英語ではreporter; legman.

ルポルタージュ〖フランス reportage〗❶新聞・雑誌・放送などで、現地からの報告。ルポ。❷第一次大戦後に生まれた文学の一ジャンルで、社会的な事件などを作為を加えずに客観的に叙述するもの。報告文学。⇒記録文学
《類語》ドキュメント・ドキュメンタリー・ノンフィクション・実録・実記・記録文学・報告文学・紀行

る-また【ル又｜×殳】《「殳」の字形が「ル」「又」と2字に分けて読めるところから》殳旁の俗称。

ル-マン〖Le Mans〗フランス中西部の工業都市。サルト県の県都。自動車工業が盛ん。ルマン24時間耐久レースの開催地。中世はメーヌ伯領の都。

ルミナール〖Luminal〗催眠薬フェノバルビタールの商標名。鎮静・抗痙攣作用もある。

ルミナリエ〖イタリア luminarie〗《luminariaの複数形》❶イルミネーション。電飾。❷►神戸ルミナリエ

ルミネセンス〖luminescence〗物質が外部から光・熱・紫外線・X線などのエネルギーを吸収して励起され、基底状態に戻るときに、熱を伴わずに発光する現象。また、その光。光の減衰時間が短い蛍光と長い燐光に分けられる。冷光。ルミネッセンス。

ルミネッセンス〖luminescence〗►ルミネセンス

ルミノール〖luminol〗化学反応に伴ってルミネセンスを示す代表的な化合物。白色の固体。このアルカリ性水溶液を過酸化水素などで酸化すると、青白く発光する。⇒ルミネセンス

ルミノール-テスト〖luminol test〗ルミノール反応を用いた血痕検査法。

ルミノール-はんのう【ルミノール反応】ハンオウ ルミノールと炭酸ナトリウムとの水溶液に過酸化水素を加えた試薬を、血痕に噴霧すると、暗所で青白く発光する反応。血痕の鑑識に利用。

る-みん【流民】►りゅうみん(流民)

ルムンバ〖Patrice Emery Lumunba〗[1925〜1961]コンゴ民主共和国の政治家。民族主義運動の指導者となり、1960年ベルギーからの独立後初代首相となったが、その後の動乱のなかで殺害された。

ルメートル〖Jules Lemaître〗[1853〜1914]フランスの批評家。フランスにおける印象批評の代表者。著「現代作家論」「演劇印象集」など。

ルメリ-ヒサル〖Rumeli Hisarı〗トルコ北西部の都市イスタンブールにある要塞。ボスポラス海峡の最狭部のヨーロッパ側に位置し、対岸のアナドルヒサルと対を成す。15世紀半ば、オスマン帝国のメフメット2世がわずか4か月ほどで建造し、東ローマ帝国の首都コンスタンチノープルの陥落の足がかりとした。ルメリ要塞。

ルメリ-ようさい【ルメリ要塞】エウサイ《Rumeli Hisarı》►ルメリヒサル

るもい【留萌】㊀北海道北西部、天塩山地の西を占める振興局。局所在地は留萌市。㊁北海道北西部、日本海に面する市。留萌振興局所在地。ニシン漁や石炭・木材の積み出しで発展した。水産加工業が盛ん。人口2.4万(2010)。《補説》留萌川をさすアイヌ語「ルル-モ-オッ-ペ」(潮の静かなもの)、あるいは「ルル-パ-モイ」(海のかみてにある湾)からといわれる。

るもい-がわ【留萌川】ガハ 北海道北西部を流れる川。天塩山地南端のポロシリ山(標高731メートル)に源を発し、留萌市を流れ日本海に注ぐ。長さ44キロ。

るもい-し【留萌市】►留萌㊁

るもい-しちょう【留萌支庁】シチャウ 留萌振興局の旧称。

るもい-しんこうきょく【留萌振興局】►留萌㊀

るもい-ほんせん【留萌本線】函館本線深川から留萌を経て増毛に至るJR線。全長66.8キロ。大正10年(1921)全通。

ル-モンド〖フランス Le Monde〗《世界の意》フランスの代表的な夕刊紙。1944年創刊。論調はやや進歩的とされ、解説・論評が充実している。部数は約29万部(2009年平均)。

るり【瑠璃｜×琉璃】❶《梵 vaiḍūryaの音写「吠瑠璃」の略》七宝の一。青色の美しい宝石。赤・緑・紺・紫色などもあるという。❷ラピスラズリのこと。❸「瑠璃色」の略。❹青い羽色のオオルリ・コルリ・ルリビタキのこと。《季 夏》「一啼いて青嶺を閃らく雨の中/不死男」❺ガラスの古称。玻璃。「一、さんごじゅの餝り銀の鉛、金の輪」〈浮・織留・一〉

瑠璃の光も磨きがら 瑠璃が美しいのも磨くからである。素質があっても修練を積まなければ大成しないことのたとえ。

瑠璃も玻璃も照らせば光る すぐれた素質や才能をもつものは、どこにいても目立つというたとえ。瑠璃も玻璃も照らせば分かる。

ルリア〖Salvador Edward Luria〗[1912〜1991]米国の分子生物学者。イタリア生まれ。細菌ウイルス(ファージ)の遺伝学を研究し、細菌ウイルスの変異や多重感染による活性化などの現象を明らかにした。1969年、ノーベル生理学医学賞を受賞。

るり-いろ【瑠璃色】❶紫色を帯びた濃い青色。❷襲の色目の名。濃い浅葱色。
《類語》青・真っ青・青色・藍・青藍・紺青・紺碧・群青・紺・縹・花色・露草色・納戸色・浅葱・水色・空色・ブルー・インジゴ・コバルト・シアン・ウルトラマリン・マリンブルー・スカイブルー

るり-がい【瑠璃貝】ガヒ アサガオガイ科の巻き貝。貝殻は紫色で球状、殻口が広く、殻高約2センチ。海面を浮遊しながらクラゲ類を食う。

るり-かけす【瑠璃懸巣】カラス科の鳥。全長38センチくらい。頭・翼・尾が瑠璃色のほかは栗色。奄美大島と徳之島にのみ分布し、天然記念物。

る

るり-がわら【瑠璃瓦】瑠璃色の釉(うわぐすり)を施した瓦。

るり-かんのん【瑠璃観音】三十三観音の一。水上に浮かぶ蓮華(れんげ)に乗り、手に香炉を持つ姿をとる。

るり-けい【琉璃渓】京都府中西部、南丹(なんたん)市園部町にある渓谷。大堰(おおい)川支流の園部(そのべ)川上流部の景勝地。約4キロメートルにわたって奇岩・怪岩、深い淵が続く。渓谷の最上部は標高が500メートルを超え、避暑地・キャンプ村として利用されている。国指定名勝。

るりこう-にょらい【瑠璃光如来】《「薬師瑠璃光如来」の略》「薬師如来」に同じ。

るり-こん【瑠璃紺】光沢のある紫がかった紺色の瑠璃。また、その色。紺瑠璃。

るり-しじみ【瑠璃小=灰=蝶】シジミチョウ科のチョウ。翅(はね)の開張3センチくらい。翅は青藍色で、前翅は雄では外縁がやや黒っぽく、雌では側縁に黒帯がある。裏面は灰白色に黒点が散在。幼虫はフジ・クズなどのつぼみを食う。

ルリスタン〖Luristan〗イラン南西部、ザグロス山中の地方名。すべて盗掘によるが、斧(おの)・剣・馬具・壺・装身具など多様な青銅器を出土。大部分は前8〜前7世紀のものと推定され、その動物意匠から、この文化は騎馬民族のものと考えられている。

るり-そう【瑠璃草】❶ムラサキ科の多年草。山地の林内に生え、高さ約30センチ。全体に細かい毛があり、長卵円形の葉を互生。4、5月ごろ、茎の先が二またに分かれ、淡青色の花を総状につける。《季 春》❷ホタルカズラの別名。

るり-たては【瑠璃蛺=蝶】タテハチョウ科のチョウ。翅(はね)の開張6センチくらい。翅の表面は黒色で、外縁近くに淡青色の太い縦帯がある。裏面は褐色。幼虫はサルトリイバラ・シオデなどの葉を食う。

るり-たまあざみ【瑠璃玉×薊】キク科の多年草。高さ約1メートル。葉はアザミに似る。夏、淡青色または白色の頭状花を球形につける。南ヨーロッパ・西南アジアの原産で、観賞用。エキノプス。

るり-ちょう【瑠璃鳥】❶ヒタキ科ツグミ亜科の鳥。全体に紫青色で、白っぽい斑点がある。南アジアに分布。❷オオルリのこと。《季 夏》「一の色のこしとぶ水の上/かな女」

るり-とう【瑠璃灯】❶黄檗宗(おうばくしゅう)で、仏殿内につるす六角形の灯籠。周囲を絹で張り、中に瑠璃製の灯器を置いたもの。❷歌舞伎・文楽の照明具。四角い小板や丸缶にろうそくを立てたもの。大道具に打ちつけたり、並べて上からつり下げたりする。

るり-とらのお【瑠璃虎の尾】ゴマノハグサ科の多年草。山地などに生え、高さ約1メートル。卵形の葉が対生する。夏、青紫色の花を多数穂状につける。観賞用に栽培。

るり-はこべ【瑠璃繁=縷】サクラソウ科の一年草。暖地の海岸付近に自生。茎は枝分かれして地をはい、卵形の葉が対生する。春、青紫色の花を開く。

るり-びたき【瑠璃×鶲】ヒタキ科ツグミ亜科の鳥。全長約15センチ。雄は頭から尾まで上面が青色、雌は緑褐色で尾だけ青色をし、ともに腹は白く、脇が橙黄色。日本では亜高山帯で繁殖。《季 夏》

る-る【×縷×縷】〘ト・タル〙図〘形動タリ〙❶細く長くとぎれることなく続くさま。「次から次へ一として続いた」〈里見弴・多情仏心〉❷こまごまと詳しく述べるさま。副詞的にも用いる。「一として語る」「一説明する」
〘類語〙綿綿・連綿・延延・脈脈

ルルド〖Lourdes〗▶ルールド

ルルフォ〖Juan Rulfo〗[1918〜1986]メキシコの小説家。ラテンアメリカの重要な作家の一人で、長編「ペドロ=パラモ」、短編集「燃える平原」などがある。

ルレット〖(フランス) roulette〗洋裁用具の一。柄の先に小さい歯車のついたもの。紙や布に点線状の印をつけるのに用いる。ルーレット。

る-ろう【流浪】〘名〙(スル)住むところを定めず、さまよい歩くこと。「一の民」「諸国を一する」
〘類語〙放浪・漂泊・流離・漂流・彷徨(ほうこう)・浮浪・徘徊(はいかい)・さすらう・さまよう

ルワンダ〖Rwanda〗アフリカ中部の内陸高原にある共和国。首都キガリ。コーヒー・茶や錫を産出。もと王国であったが、19世紀末からドイツ領東アフリカ、ベルギー委任および信託統治領を経て、1962年共和国として独立。90年代にフツ族・ツチ族間の内戦が起こった。人口1106万(2010)。

ルワンダ-ぎゃくさつ【ルワンダ虐殺】1994年にルワンダで発生した集団殺戮(さつりく)。フツ族出身のルワンダ大統領ハビャリマナの暗殺を契機に、フツ族の過激派・民兵集団が、約3か月間に80万〜100万人のツチ族や穏健派のフツ族を殺害した。➡ルワンダ国際刑事法廷

ルワンダ-こくさいけいじほうてい【ルワンダ国際刑事法廷】1994年に起きたルワンダ虐殺の首謀者を裁くために設けられた特別法廷。国連安全保障理事会の決議に基づき、95年にタンザニア共和国のアルーシャに設置された。97年から審理を開始。虐殺に関与した当時の首相・大臣・県知事・市長などが有罪判決を受けた。ルワンダ国際戦犯法廷。ICTR(International Criminal Tribunal for Rwanda)。〘補説〙旧ユーゴスラビアで行われた大量虐殺等の責任者を裁く旧ユーゴスラビア国際戦犯法廷(1993年設置)などとともに、常設の国際刑事裁判所を設立する機運が高まった。

ルワンダ-こくさいせんぱんほうてい【ルワンダ国際戦犯法廷】▶ルワンダ国際刑事法廷

ルンカニ〖Luncani〗ルーマニア中西部、トランシルバニアアルプスのオラシュチエ山脈にある村。紀元前1世紀頃にダキア人が古代ローマの侵入に備えて、標高832メートルのピアトラロシエ山(「赤い岩」の意)の頂上部に要塞を建造。1999年に「オラシュチエ山脈のダキア人の要塞群」の一つとして世界遺産(文化遺産)に登録された。

ルンギー〖(ヒンディー) lungi〗▶ロンジー

ルンゲ〖(ドイツ) Lunge〗肺。また俗に、肺結核をさす。

ルンゲ〖Philipp Otto Runge〗[1777〜1810]ドイツの画家。フリードリヒとともにドイツ-ロマン主義絵画を代表。「朝」などの神秘的・象徴的作品のほか、肖像画にもすぐれた。

ルンゼ〖(ドイツ) Runse〗▶ガリー

ルンダーレ-きゅうでん【ルンダーレ宮殿】《Rundāles pils》ラトビア南部、ゼムガレ地方の町バウスカの西方約12キロメートルにある宮殿。18世紀にクールラント大公の夏の離宮として建造。設計はサンクトペテルブルクの冬宮を手掛けたイタリアの建築家ラストレッリによる。バロック様式の豪華な宮殿と美しいフランス式庭園で知られ「バルトのベルサイユ」と称される。毎年夏にバロック音楽祭が催される。

ルンド〖Lund〗スウェーデン南部、スコーネ地方の都市。11世紀半ばにローマカトリック教会直属の司教座が置かれ、北欧のキリスト教の中心地になった。ロマネスク様式のルンド大聖堂や17世紀に創設されたルンド大学がある。

ルンド-だいせいどう【ルンド大聖堂】《Lunds domkyrka》スウェーデン南部、スコーネ地方の都市、ルンドにあるロマネスク様式の大聖堂。1145年に建造。教会内部に、15世紀から動き続けているという仕掛けをもつ天文時計がある。

ルンバ〖(スペイン) rumba〗19世紀初め、キューバのアフリカ系住民の間から生まれたリズム。また、そのダンス。4分の2拍子で活気のあるリズムが特色。

ルンビニ-えん【ルンビニ園】《(梵) Lumbinī》「藍毘尼園(らんびにおん)」に同じ。

ルンペン〖(ドイツ) Lumpen〗《ぼろ切れの意》浮浪者。

ルンペン-ストーブ《(和) Lumpen(ドイツ)+stove》石炭・薪(まき)などを燃料とする、円筒形の簡易ストーブ。

ルンペンプロレタリアート〖(ドイツ) Lumpenproletariat〗資本主義社会の最底辺に位置する浮浪的な貧民層。

れ ❶五十音図ラ行の第4音。歯茎弾き音の有声子音[r]と母音[e]とから成る音節。[re] ❷平仮名「れ」は「礼」の草体から。片仮名「レ」は「礼」の終画から。

レ〖(イタリア) re〗❶洋楽の階名の一。長音階の第2音、短音階の第4音。❷日本音名ニ音のイタリア音名。

レア〖rare〗〘名・形動〙❶ビーフステーキの焼き方で、表面だけを強火で軽く焼くもの。生焼き。➡ウエルダン ➡ミディアム ❷まれなこと。珍しいこと。また、そのさま。「一なケース」

レア〖rhea〗ダチョウ目レア科の鳥。ダチョウに似るが、頭高約1.3メートルと小形。首は細長く、くちばしは扁平で幅広い。翼は退化して小さく、足指は3本ある。全体に灰褐色。南アメリカの草原に分布。アメリカだちょう。

レア〖Rheā〗㊀ギリシャ神話で、大地の女神。ウラノスとガイアの子。弟クロノスと結婚してゼウス・ヘラ・ポセイドンらを産んだ。レアー。㊁(Rhea)土星の第5衛星。1672年にカッシーニが発見。名は㊀に由来。土星の衛星のうちで2番目に大きい。主に氷で形成される。直径は約1530キロ(地球の約0.12倍)。

レア-アース〖rare earth〗「希土類元素」に同じ。

レアアース-じしゃく【レアアース磁石】▶希土類磁石

レ-アール〖Les Halles〗フランス、パリの中央部の地区名。パリ第1区に属する。12世紀から続く市場があったが1971年に郊外に移転し、現代的な商業地域になった。

レア-ケース〖rare case〗まれな事例。珍しい事例。

レア-チーズ「レアチーズケーキ」の略。

レア-チーズケーキ《(和) rare+cheesecake》焼かずにゼラチンで固めたチーズケーキ。〘補説〙英語では、gelatin cheesecake。

レア-メタル〖rare metal〗産出量が少ない金属。インジウム・ガリウム・クロム・ゲルマニウム・コバルト・ジルコニウム・ストロンチウム・セシウム・セリウム・タングステン・タンタル・チタン・ニオブ・ニッケル・バナジウム・パラジウム・プラチナ(白金)・マンガン・ロジウムなど。希少金属。希有金属。希金属。➡ベースメタル 〘補説〙経済産業省では、現在工業用需要があり、今後も需要があるものと、今後の技術革新に伴い新たな工業用需要が予測されるものとして31種類の金属を指定。

レア-もの【レア物】めったに手に入らない珍しいもののこと。ビンテージものや有名人が使ったものなどを総称する。

レアリザシオン〖(フランス) réalisation〗実現。成就。

レアリスム〖(フランス) réalisme〗▶リアリズム

レアリテ〖(フランス) réalité〗▶リアリティー

レアル〖(ポルトガル) real〗ブラジルの通貨単位。1レアルは100センターボ。➡クルゼイロ

れい【令】❶命令。布告。また、法令。「一を下す」「解放一」❷古代中国の官制で、地方長官。特に、郡県制における県の長官。❸明治初期、府・県の長官。知事の旧称。❹鎌倉時代、政所(まんどころ)の次官。❺律令制で、京の四坊ごとに置かれた責任者。坊令。❻▶りょう(令) ➡漢「れい(令)」
〘類語〙命令・言い付け・命(めい)・指令・下命・指示・指図(さしず)・号令・発令・沙汰(さた)・主命・君命・上意・達し・威令・厳令・厳命

れい【礼】❶社会秩序を保ち、人間関係を円滑に維持するために守るべき、社会生活上の規範。礼儀作

法・制度など。「—にかなったやり方」「—を失する」「—を尽くす」❷敬意を表すために頭を下げること。おじぎ。「先生に—をする」❸謝意を表すこと。また、その言葉。また、謝礼のために贈る金品。「本を借りた—を言う」「世話になった人に—をする」❹儀式。「即位の—」 ⚠❶❷❹はレイ、❸はレイ。➔漢「れい(礼)」

(類語)(⑴)礼儀・儀礼・礼式・礼法・作法さほう・風儀・マナー・エチケット/(⑵)お辞儀・一礼・敬礼・最敬礼・黙礼・拝礼・低頭/(⑶)謝礼・返礼・報礼・謝儀・志こころざし・礼物・礼金・謝金・報謝・報酬・薄謝・薄志・謝辞

礼は未然の前まえに禁じ法は已然いぜんの後のちに施す 《史記」太史公自序から》礼は事が起こる前にそれを防ぐものであり、法は事が起こってからその始末のために施行されるものである。

礼煩わしければ則すなわち乱る 《「書経」説命中から》礼も度が過ぎてあまり繁雑になると、かえって乱れてくる。

礼を失しっ・する 失礼な態度を示す。「顔もあげないとは、—・するというべきだ」

れい【例】㊀〔名〕❶以前からのやり方。しきたり。ならわし。慣習。「長年の—にならう」❷過去または現在の事実で、典拠・標準とするに足る事柄。「古今に—を見ない」❸他を説明するために、同類の中から引いて示す事柄。「—を挙げて説明する」「その—に漏れない」❹いつものとおりであること。「—によって話が大きい」㊁〔副〕いつも。つねづね。「—ある所にはなくて」〈枕・二八〉➔漢「れい(例)」

(類語)(⑴)習い・習わし・仕来しきたり・慣行・慣例・常例・定例・通例/(⑵)例ためし・先例・前例・先蹤せんしょう・事例・類例・類たぐい/(⑶)実例・一例・具体例・例証・たとえ・引き合い

例なら◦ず ❶いつもと違っている。「—◦ず御格子おろしまゐりて」〈枕・二九九〉❷からだがいつもの調子でない。病気である。また、妊娠している。「—◦ぬさまに悩ましくし給ふ事もありけり」〈源・宿木〉

例に洩もれず 一般の例と同じく。例外ではなく。

例によって例の如ごとし いつものとおりである。相変わらずのありさまである。「来賓のあいさつは—だ」

例の ❶話し手・聞き手の双方が知っている人や事柄を指す。㋐いつもの。ふだんの。「—顔ぶれ」「—調子」㋑この前の。あの。「—客」「—話」❷(副詞的に用いて)いつものように。例によって。「日暮るるほど、—集まりぬ」〈竹取〉

れい【鈴】❶すず。りん。ベル。❷法具の一。金属製の小さな鐘の中に舌があり、上部の柄を持って振り鳴らす。金剛鈴など。➔漢「れい(鈴)」

れい【零】❶ある数からそれと等しい数を引いたときの数。整数に含まれる。ゼロ。❷位取りで、空位であること。➔漢「れい(零)」

れい【霊】❶肉体と独立して存在すると考えられる心の本体。また、死者の魂。霊魂。たま。「祖先の—を祭る」❷目に見えず、人知でははかりしれない不思議な働きのあるもの。神霊・山霊など。➔漢「れい(霊)」(類語)魂・霊魂・御霊みたま・祖霊・尊霊・精霊・魂魄こんぱく・亡魂・ソウル・スピリット

れい【隷】「隷書」の略。➔漢「れい(隷)」

レイ〔ハワイ lei〕ハワイのカナカ人が首に掛ける花輪。ハワイを訪れる人の首に掛けて、歓迎の意を表すのに用いたりする。

レイアール-ひろば【レイアール広場】《Plaça Reial》スペイン北東部、カタルーニャ州の都市バルセロナの旧市街にある広場。ランブラス通りの東側、ゴシック地区に位置する。回廊式の建造物に囲まれ、建築家ガウディが若い頃に手掛けたガス灯がある。

レイアウト〔layout〕〔名〕スル ❶配置。配列。❷印刷で、紙面の仕上がりの形を考えて、文字・図・写真などを所定の範囲内に効果的に配置すること。割り付け。「ページ—」❸洋裁で、布地の上に型紙を配列して裁断を見積もること。❹建築で、建物の配置、あるいは内部の部屋などの配置を決めること。

レイアップ-シュート《和 lay up＋shoot》バスケットボールで、ボールをゴールのリングの上に置くように放つシュート。レイアップ。

漢字項目 れい

令 (学)4 (音)レイ(漢) リョウ(リャウ)(呉) (訓)しむ、せしむ ‖ ㊀〈レイ〉①言いつける。命ずる。言いつけ。お達し。「令状/禁令・訓令・号令・司令・指令・辞令・勅令・伝令・発令・布令ふれ・命令」②おきて。のり。「条令・法令」③長官。「県令」④よい。りっぱな。「令色・令名」⑤相手の親族に対する敬称。「令兄・令嬢・令息・令夫人」㊁〈リョウ〉①言いつけ。「令旨りょうじ」②おきて。「令外りょうげ/律令」(名付)おさ・なり・のり・はる・よし (難読)御布令おふれ・令史さかん・仮令たとい・たとえ・縦令たとい・たとえ

礼〔禮〕 (学)3 (音)レイ(漢) ライ(呉) (訓)いや、うや ‖ ㊀〈レイ〉①社会生活上守るべき行動の形式。規範となる作法。また、儀式・制度など。「礼楽・礼儀・礼節・礼服・礼法/儀礼・虚礼・婚礼・祭礼・失礼・葬礼・朝礼・典礼・非礼・無礼」②敬って拝すること。おじぎ。「礼拝/敬礼・巡礼・答礼・拝礼・目礼・黙礼・立礼」③感謝の意の表明。おれい。「礼金・礼状/謝礼・返礼」㊁〈ライ〉①敬って拝すること。「礼賛・礼拝/頂礼」②礼に関する中国の書物の名。「礼記/儀礼・三礼」(名付)あき・あきら・あや・かた・なり・のり・ひろ・ひろし・まさ・まさし・みち・ゆき・よし

人 伶 (音)レイ(漢) ‖ ①賢い。利口な。「伶俐れいり」②わざおぎ。楽人。「伶楽・伶官・伶人」

冷 (学)4 (音)レイ(漢) (訓)つめたい、ひえる、ひや、ひやす、ひやかす、さめる、さます ‖ ①温度が低い。つめたい。つめたくする。「冷雨・冷害・冷却・冷酒・冷水・冷蔵・冷凍・冷房・冷涼/寒冷・空冷・秋冷・水冷・清冷」②情が薄い。温かみがない。「冷遇・冷酷・冷淡・冷血漢」③感情をたかぶらせない。「冷静・冷徹」(名付)すずし

励〔勵〕 (音)レイ(漢) (訓)はげむ、はげます ‖ ①力をこめて行う。はげむ。「励行/精励・奮励・勉励」②相手を力づけてやらせるようにする。はげます。「激励・奨励・督励」(名付)つとむ

戻〔戾〕 (音)レイ(漢) (訓)もどす、もどる、もとる ‖ ①道理にそむく。もとる。「戻道/違戻・乖戻かいれい・悖戻はいれい・暴戻」②元にもどす。「返戻」(名付)のぶ・ふさ

例 (学)4 (音)レイ(漢) (訓)たとえる、ためし ‖ ①同類の事柄。引き比べて参照すべき事柄。「例外/事例・前例・典例・判例・範例・類例」②きまり。規定。「条例・凡例はんれい・法例」③以前から行われている事柄。ならわし。いつもどおり。「例会・例祭・例年/慣例・吉例・月例・古例・恒例・通例・定例・不例」④説明のため引き合いに出す事柄。「例示・例証・例題・例文/一例・引例・挙例・実例・適例・文例」(名付)ただ・つね・とも・みち

人 怜 (音)レイ(漢) リョウ(リャウ)(呉) ‖ 賢い。利口な。「怜悧れいり」(名付)さと・さとし・とき

人 玲 (音)レイ(漢) リョウ(リャウ)(呉) ‖ 玉の涼しげに鳴る音の形容。また、玉のように美しいさま。「玲玲・玲瓏れいろう」(名付)あきら・たま

鈴 (音)レイ(漢) リン(唐) (訓)すず ‖ ㊀〈レイ〉すず。ベル。「駅鈴・金鈴・振鈴・電鈴・予鈴」㊁〈リン〉すず。「風鈴」

零 (音)レイ(漢) (訓)こぼれる、こぼす ‖ ①水滴がおちる。「零雨・零露」②枯れおちる。おちぶれる。「零落/飄零ひょうれい」③わずか。はした。「零細・零墨・零本」④ゼロ。「零下・零点・零敗」(難読)零落おちぶれる・零余子むかご

霊〔靈〕 (音)レイ(漢) リョウ(リャウ)(呉) (訓)たま、たましい ‖ ㊀〈レイ〉①不思議な力や働きをもつ存在。万物に宿る精気。「山霊・神霊・精霊せいれい」②肉体に宿ってその活動をつかさどる精神的実体。たましい。「霊肉・霊魂不滅/心霊・全身全霊」③死者のたましい。「霊園・霊前・霊安室/慰霊・英霊・祖霊・亡霊・幽霊」④不思議な力をもつ。人知で測り知れない。「霊感・霊気・霊験れいげん・霊獣・霊峰・霊妙・霊薬・霊長類」㊁〈リョウ〉たましい。死者のたましい。「悪霊・生霊いきりょう・怨霊おんりょう・死霊・精霊しょうりょう」㊂〈たま(だま)〉「霊屋たまや/言霊ことだま」(名付)よし (難読)産霊むすび

人 黎 (音)レイ(漢) ‖ ①青黒い色。暗い。「黎明」②もろもろの人。「黎元・黎首・黎庶・黎民」(名付)たみ

人 澪 (音)レイ(漢) (訓)みお ‖ 船の航行に適した水路。みお。「澪標れいひょう」(難読)澪標みおつくし

隷 (音)レイ(漢) ‖ ①下級の召使い。「隷農/奴隷」②所属する。従う。「隷従・隷属」③漢字の書体の一。「隷書/漢隷・草隷・篆隷てんれい」

人 嶺 (音)レイ(漢) (訓)みね ‖ 高いみね。山の頂。「嶺雲/銀嶺・高嶺こうれい・山嶺・峻嶺しゅんれい・分水嶺」(難読)高嶺たかね

齢〔齡〕 (音)レイ(漢) (訓)よわい ‖ 生まれてからの年数。よわい。「延齢・学齢・月齢・高齢・弱齢・寿齢・樹齢・適齢・年齢・馬齢・妙齢・老齢」(名付)とし・なか・よ

麗 (音)レイ(漢) (訓)うるわしい、うららか ‖ ①形が整って美しい。うるわしい。「麗句・麗質・麗人・麗筆・麗容/艶麗えんれい・佳麗・華麗・奇麗・妍麗けんれい・秀麗・鮮麗・壮麗・端麗・美麗・流麗」②うららか。「麗日」(名付)あきら・かず・つぐ・つら・よし・より

れい-あん【冷暗】冷たくて暗いこと。「—所」

れい-あんこくぶっしつ【冷暗黒物質】►冷たい暗黒物質

れいあん-しつ【霊安室】病院などで、一時遺体を安置しておく部屋。

れい-あんぽう【冷×罨法】レイアンパフ 氷嚢ひょうのうや冷湿布などで患部を冷やし、炎症や痛みをとる治療法。⇔温罨法。

れい-い【礼意】❶礼を尽くそうとする気持ち。敬意。「—を表す」❷礼の精神。

れい-い【霊位】ヰ 死者の霊につける名。また、位牌いはい。(類語)戒名・法名・諡号しごう・諱いみな・贈り名・追号

れい-い【霊威】ヰ 霊妙な威光。不思議な威力。「仏の—にうたれる」

れい-い【霊異】〔名・形動〕人知でははかりしれない不思議なこと。また、そのさま。霊妙。りょうい。「—な出来事」

(類語)霊妙・妙なり・神妙・玄妙・神秘的・不思議・不可思議・奇妙・面妖めんよう・妙ちきりん・ミステリアス

れい-いき【霊域】ヰキ 神社・仏寺などのある神聖な地域。霊地。(類語)霊境・霊地・霊場・神域・斎場

れいいき【霊異記】►日本霊異記にほんりょういき

れい-いんきょく【冷陰極】電子管で、強力な電界により電子を放出する陰極。➔熱陰極

れいいんきょく-かん【冷陰極管】クワン ►シー-シー-エフ-エル(CCFL)

れいいんきょく-けいこうかん【冷陰極蛍光管】クワウクワン ►シー-シー-エフ-エル(CCFL)

れいいんきょく-けいこうランプ【冷陰極蛍光ランプ】クワウ ►シー-シー-エフ-エル(CCFL)

れいいんきょく-ほうしゅつ【冷陰極放出】ハウシュツ 冷陰極に高い電圧をかけ、熱電子が発生しない程度の温度で、表面付近の電子を放出させること。➔熱陰極放出

れい-う【冷雨】冷たい雨。

れい-う【零雨】静かに降る雨。こさめ。「—寒雲忽ち放擲ほうてきせられて」〈雪嶺・偽悪醜日本人〉

れい-う【霊雨】人々の望むときに降る恵みの雨。慈雨。

れい-うん【霊雲】尊く不思議な雲。めでたいしるし

れ

の雲。瑞雲。祥雲。

れい-えき【霊液】不思議な力をもった液。

れい-えん【冷艶】冷ややかな美しさ。「白襟の一物の類うべき無く」〈紅葉・金色夜叉〉

れい-えん【霊園】広い土地に公園風につくられた共同墓地。「多磨一」(類語)墓場・墓所・墓地

れい-えん【麗艶】〘名・形動〙うるわしくなまめかしいこと。また、そのさま。艶麗。「一な芸妓」

れい-おう【霊応】神仏のあらわす不可思議なしるし。霊験。また、霊感。インスピレーション。

れい-おうぎ【礼扇】年始その他の祝儀に配る安物の扇子。「出家は一あつらへ」〈浮・一代女・五〉

れい-おく【霊屋】死者の霊を祭ってある建物。霊廟。

レイオフ〘layoff〙不況による操業短縮などに際し、余剰となった従業員を景気回復後に再雇用する条件で一時解雇する制度。日本では、一時帰休の意に用いることもある。

れい-おん【冷温】①冷たいことと温かいこと。冷暖。②低い温度。低温。「一貯蔵」

れい-おんたい【冷温帯】温帯のうち、亜寒帯に近い地帯。夏緑樹林がみられる。

れいおん-ていし【冷温停止】原子炉を安定的に停止し、炉水の温度を継続的にセ氏100度以下の状態に保つこと。➡低温停止 ➡冷温停止状態

れいおんていし-じょうたい【冷温停止状態】原子炉が冷温停止を維持していること。平成23年(2011)3月に発生した福島第一原発事故の収束に向けた取り組みにおいて、冷温停止状態の要件は、(1)圧力容器底部の温度がおおむねセ氏100度以下になっていること、(2)格納容器からの放射性物質の放出を管理し、追加的な放射線放出による公衆被曝線量を大幅に抑制していること、(3)これらの条件を維持するため、循環注水冷却システムの中期的安全が確保されていること、と定義され、同年12月16日、原子力災害対策本部は、炉心溶融を起こした1～3号機がすべて冷温停止状態に達したことを発表した。

れい-か【冷夏】例年に比べて気温の低い夏。(季 夏)

れい-か【冷菓】凍らせたり冷やしたりしてつくった菓子。シャーベット・アイスクリームなど。

れい-か【零下】温度がセ氏零度以下であること。氷点下。

れい-か【霊化】〘名〙スル 霊的なものに化すること。「其小宇宙は彼を一し」〈内村・基督信徒の慰〉

れい-か【霊歌】「スピリチュアル㊀」に同じ。

れい-か【隷下】従属している人。手下。配下。

れい-かい【冷灰】火の気がなくなり、冷たくなった灰。

れい-かい【例会】日を決めて定期的に開く会。定例の会。「クラブの一に出席する」(類語)常会

れい-かい【例解】〘名〙スル 例を挙げて説明・解釈すること。「熟語の用法を一する」

れい-かい【霊界】①霊魂の世界。死後の世界。②精神の世界。「肉界」に対していう。「一とか精神的とかいう幽玄界に」〈花袋・野の花〉(類語)冥土・冥府・冥界・幽冥・幽界・黄泉・黄泉・あの世

れい-がい【冷害】夏季の異常低温や日照不足のために、稲などの農作物が実らない被害。特に、北日本に多い。(季 夏)

れい-がい【例外】通例にあてはまらないこと。一般原則の適用を受けないこと。また、そのもの。「一として扱う」「一を設ける」「一的に参加を認める」
(類語)特例・特別・異例・エクセプション

れいがい-しょり【例外処理】《exception handling》コンピューターのプログラムを実行している時、想定外のエラーや割り込みがあった場合に実行される処理のこと。

れいがい-ほう【例外法】例外の事項についてのみ適用される法規。例外規定。⇔原則法。

れい-がえし【礼返し】他から受けた礼に対してお返しをすること。また、その行為や金品。返礼。

れい-かく【冷覚】皮膚感覚の一。体温より低い温度に対して生じる感覚。皮膚に分布する冷点が刺激されたときに起こる。⇔温覚。

れい-かく【×藜×藿】アカザの葉と豆の葉。転じて、粗末な食物。

れい-がく【礼楽】礼節と音楽。社会秩序を定める礼と、人心を感化する楽。中国で、古くから儒家によって尊重された。転じて、文化。

礼楽刑政其の極は一なり《「礼記」楽記から》礼節も音楽も刑罰も政治も、その目的とするところは秩序ある社会を作るという一事である。

れい-がく【×伶楽】伶人の奏する音楽。

れい-かん【礼冠】▶らいかん(礼冠)

れい-かん【×伶官】音楽をつかさどる官。伶人。

れい-かん【冷汗】「ひやあせ」に同じ。

れい-かん【冷感】ひんやりとして冷たい感じ。「一スプレー」

れい-かん【冷寒】〘名・形動〙冷たく寒いこと。また、そのさま。寒冷。「一な(の)地」

れい-かん【戻換】《inversion》論理学で、定言的判断の変形による直接推理の一。ある判断から主語の矛盾概念を主語に、述語を同じくする、新しい判断を導き出す推理。例えば、「すべてのsはpである」から「ある非sはpでない」を導出する類。逆換。

れい-かん【霊感】①神仏が示す霊妙な感応。また、神仏が乗り移ったようになる人間の超自然的な感覚。霊的なものを感じとる心の働き。「失せ物を一で当てる」「一が現れる」「一商法」②突然ひらめく、すばらしい着想・考え。インスピレーション。「一が働く」(類語)霊応・感応・天啓・インスピレーション

れい-がん【冷眼】①人をさげすんで見る冷ややかな目つき。「衆人の一を浴びる」「一視する」②冷静な目つき。「感動せずに、一に視ている処に医者の強みがある」〈鴎外・カズイスチカ〉

れいがん【霊巌】[1554～1641]安土桃山時代から江戸初期の浄土宗の僧。駿河の人。諸国を遊行して多くの寺院を造り、江戸霊岸島に霊巌寺を創建。また、徳川家光の寄進を得て知恩院を再興した。

れいかん-かこう【冷間加工】金属を常温で圧延などの加工をする方法。再結晶温度以下で行い、硬化するので硬度・引っ張り強さなどが増す。仕上げの段階で用いられる。常温加工。⇔熱間加工。

れいかん-さんと【冷汗三斗】恥ずかしさや恐ろしさのためにひどく冷や汗をかくこと。「一の思い」

れいがん-じ【霊巌寺】東京都江東区にある浄土宗の寺。山号は、道本山。開創は寛永元年(1624)。開山は霊巌。もと霊岸島にあったが、明暦の大火で現在地に移転。関東十八檀林の一つ。

れいがん-じま【霊岸島】東京都の隅田川河口の西岸の旧地名。現在の中央区新川にあたる。江戸初期に霊巌寺が建立され、門前町として発展。

れいかん-しょう【冷感症】▶不感症①

れいかん-しょうほう【霊感商法】悪霊がついている、この品を買えば運が開けるなどと信じ込ませて高額の品を売りつけるやり方。霊視商法。開運商法。

れい-き【冷気】ひんやりと冷たく感じる空気。「山の一」

れい-き【励起】〘名〙スル 量子力学で、原子や分子が外からエネルギーを与えられ、もとのエネルギーの低い安定した状態からエネルギーの高い状態へと移ること。

れい-き【例規】慣例と規則。また、慣例となっているきまり。「一により処理する」

れい-き【霊気】神秘的な気配・雰囲気。「神域の一にふれる」

れい-き【霊鬼】死者の霊。特に、その悪鬼と化したもの。悪霊。りょうき。「その悪しき奴の一なることを」〈霊異記・上〉

れいき【霊亀】奈良時代、元正天皇の時の年号。715年9月2日～717年11月17日。

れい-き【×癘鬼】流行病などを起こさせる悪神。疫病神。「一となりて祟をなす」〈十善法語・一〇〉

れい-ぎ【礼義】礼と義。また、人のふみ行うべき礼の道。

れい-ぎ【礼儀】①人間関係や社会生活の秩序を維持するために人が守るべき行動様式。特に、敬意を表す作法。「一にかなう」「一正しい人」「親しき中にも一あり」「一作法」②謝礼。報謝。「それは一いかほど入り候はんや」〈咄・醒睡笑・三〉

(用法)**礼儀・作法**――「物を食べながら人に会うのは礼儀(作法)に反する」のように、人と接する時の態度の意では相通じて用いられる。◇「礼儀」は対人関係での気配りや敬意、慎しみの気持ちにもとづく行動の規範である。「作法」は対人関係に限らず、礼儀にかなった一定の行動のしかたを言う。◇「年賀状をもらったら返事を出すのが礼儀だ」は「作法」では言えないし、「お茶の作法を覚える」を「礼儀」とは言えない。◇「作法を知らない」と言えば単にその知識がないだけである場合も多いが、「礼儀を知らない」では、敬意や慎しみの気持ちがなく、常識に欠けることを非難する意が含まれてくる。◇類似の語に「行儀」がある。「行儀の悪い子」「行儀よくすわっている」のように、礼儀にかなった立ち居のしかたの意で使う。
(類語)礼・礼節・儀礼・礼式・作法・礼法・行儀・風儀・エチケット・マナー

れいき-こう【励起光】蛍光体などの物質に励起を引き起こす光の総称。紫外線のほか、可視光、X線が利用され、外部からの励起光のエネルギーを吸収して基底状態に戻るときに蛍光や燐光を発する。励起光と放射される光(蛍光・燐光)はそれぞれ波長が異なり、一般に放射される光の波長の方が長い(ストークスの法則)。

れい-きごう【零記号】①零を表す記号。アラビア数字での0や、漢数字で用いる〇など。②時枝誠記の文法用語で、一般に表現内容が言語形式に表れていないものをいう。ゼロ記号。

れいき-じょうたい【励起状態】量子力学的な系の原子・分子などのとりうる状態のうち、最もエネルギーの低い基底状態よりもエネルギーが高い状態。この状態にある原子や分子は、ふつう光を放出してより低いエネルギー状態へ移行する。

れいぎ-ただし・い【礼儀正しい】〘形〙文れいぎただ・し〘シク〙礼儀をわきまえており、態度がきちんとしているさま。「店員が一・く応対する」

れい-きゃく【冷却】〘名〙スル ①温度を下げること。また、温度が下がること。「機関を一する」「一水」②熱した感情・気分などをさますこと。また、さめること。「此父子の間に纏綿する暖かい情味を次第に一せしめた丈である」〈漱石・それから〉
(類語)冷やす・冷ます・冷める・冷える

れいきゃく-き【冷却器】物体の熱を吸収して温度を下げる装置。水冷冷却器・熱交換器・放熱器などがある。

れいきゃく-きかん【冷却期間】物事や感情の激したのが落ち着くまでの期間。「一を置いてもう一度話し合おう」

れいきゃく-ざい【冷却材】原子炉内で発生する熱を炉外に取り出し、炉心を冷却するために用いる物質。軽水炉では水、ガス炉では炭酸ガスやヘリウム、高速増殖炉では金属ナトリウムなどを使用する。

れいきゃく-ざい【冷却剤】▶冷媒

れいきゃく-ひれ【冷却×鰭】表面積を大きくして大気中への放熱量を増し、冷却効果を大にするひれ状の突起物。熱伝導率の高い材料を用い、空冷式エンジンの冷却、ラジエーターなどに使用する。

レイキャビク〘Reykjavík〙アイスランド共和国の首都。アイスランド島南西部の港湾都市で、首都としては世界最北の北緯64度9分に位置する。水産加工業などが盛ん。人口、行政区12万、都市圏20万(2008)。レイキャビーク。

れい-きゅう【霊×柩】遺体を納めたひつぎ。
(類語)棺・柩・棺桶・座棺・寝棺

れいきゅう-しゃ【霊×柩車】遺体を納めたひつぎを運ぶための車。柩車。霊車。〘補説〙高級乗用車、ステーションワゴンなどを改造したものが多い。車の形から宮型、バン型、バス型などがある。

れい-ぎょ【×囹×圄┆×囹×圉】囚人を捕らえて閉じこめておく所。牢屋。獄舎。れいご。

れい-きょう【鈴鏡】周縁に4個から10個の小鈴をつけた銅鏡。5～6世紀の日本独自のもので、巫女の埴輪に、これを腰につけたものがある。

れい-きょう【霊香】「れいこう(霊香)」に同じ。

れい-きょう【霊境】「霊地」に同じ。

れいきょり-しゃげき【零距離射撃】近距離に迫った敵に対して、ほとんど水平の仰角で、砲弾が発射されるとすぐ炸裂するようにして行う射撃。

れいぎるいてん【礼儀類典】江戸中期の有職故実書。510巻、首巻1巻、目録1巻、図絵3巻。宝永7年(1710)完成。徳川光圀が水戸藩の修史事業の一環として編纂させた、朝廷での儀式に関する諸史料を収録したもの。

れい-きん【礼金】❶謝礼として支払う金銭。謝礼金。❷部屋や家を借りるとき、謝礼金という名目で家主に支払う一時金。「―と敷金」〘類語〙謝礼・謝金・礼物

れい-きん【×玲琴】胡弓の一種。大正11年(1922)ごろ、田辺尚雄が考案。木製台形の胴に棹をつけ、3本の金属弦を張り、チェロの弓でこすって奏する。大胡弓。

れい-きん【霊菌】細菌の一種。グラム陰性の小形の桿菌で、鞭毛をもつ。食品などに生え、真紅の色素を産生する。

れい-く【霊供】《「れいぐ」とも》霊前に供える供物。

れい-く【麗句】美しい文句。また、美しく飾った詩的な文句。「美辞―」

レイク〖lake〗▶レーク

れいくう【霊空】[1652～1739]江戸中期の天台宗の僧。筑前の人。比叡山で妙立に律を学び、のち横川の安楽律院に住した。天台教観を中興し、律を唱道。

れい-ぐう【礼遇】〔名〕スル ❶礼を尽くして厚くもてなすこと。「国賓として―する」❷旧制で、国家・皇室などから受ける特別の厚い待遇。

れい-ぐう【冷遇】〔名〕スル 冷淡な待遇をすること。また、不当に低い待遇。「実力はあるのに―されている」⇔厚遇。〘類語〙薄遇・不遇・冷や飯食い

れい-くつ【霊窟】神仏を祭った岩屋。また、神仏の宿る岩穴。

レイクホルト〖Reykholt〗アイスランド西部の村。首都レイキャビクの北約100キロメートルに位置する。13世紀にサガやエッダを著した詩人・歴史家スノッリ=ストゥルトソンゆかりの地として知られ、彼が造ったという温泉や業績を紹介する博物館がある。

れい-くん【冷×燻】食肉類をセ氏20～30度の比較的低い温度で数日ないし数週間燻煙する方法。肉質が締まり、水分が少なくなるので貯蔵性が高い。

れい-けい【令兄】他人を敬って、その兄をいう語。〘類語〙賢兄・尊兄・兄上・兄君・御兄さん

れい-けい【令×閨】他人を敬って、その妻をいう語。令室。令夫人。

れいけい-でん【麗景殿】平安京内裏十七殿の一。宣耀殿の南にあり、西方の弘徽殿と対する。皇后・中宮・女御などの居所。

れい-けつ【冷血】〔名・形動〕❶冷たい血。⇔温血。❷(爬虫類など)体温調節機能がなく外気温の影響で、通常、人間よりも体温が低いこと。「―動物」❸人間らしい温情に欠けていること。また、そのさま。冷酷。「―な人間」
〘類語〙(❸)冷酷・酷薄・非情・無情・薄情・不人情・非人情・無慈悲・冷淡・冷たい・心無い・血も涙も無い

れい-げつ【令月】❶何事をするにもよい月。めでたい月。「嘉辰―」❷陰暦2月の異称。

れい-げつ【例月】いつもの月。また、毎月。「―どおり送金する」

れいけつ-かん【冷血漢】温情に欠けた心の冷たい男。薄情な男。

れいけつ-どうぶつ【冷血動物】❶変温動物のこと。❷冷酷・薄情な人をののしっていう語。

れい-けん【霊剣】不思議な威力をもった剣。

れい-げん【令厳】《「厳」は厳父の意》他人を敬って、その父をいう語。

れい-げん【例言】〔名〕スル ❶例を挙げて説明すること。「―するならば…」❷書物の凡例として述べる言葉。「巻頭の―」

れい-げん【霊験】《「れいけん」とも》人の祈請に応じて神仏などが示す霊妙不可思議な力の現れ。利益。「―あらたか」
〘類語〙御利益・験・利生・奇特・功徳・効験

れい-げん【×黎元】《「黎」は黒色、「元」は首の意で、冠をつけない黒髪の頭の者の意。また一説に、「黎」はもろもろ、「元」は善で、人は善良であるという考えから》人民。庶民。たみ。黎民。黎首。

れい-げん【冷厳】〔形動〕〔文〕〔ナリ〕❶冷静でおごそかなさま。「―な態度で臨む」❷ひややかできびしく、人間の感情がはいる余地のないさま。「死という―な事実」〘類語〙厳格・厳正・厳酷・峻厳・峻烈・苛酷・酷・厳しい・きつい

れいげん-き【霊験記】神仏などの示す霊妙な感応や利益を記した書。「長谷寺―」

れいげんこう【黎元洪】[1866～1928]中国の軍人・政治家。湖北省黄陂県の人。1916年袁世凱の死により中華民国第2代大総統となるが、翌年辞職。22年、大総統に再選されたが、翌年、軍閥に追われて政界を引退。リー=ユアンホン。

れいげん-てんのう【霊元天皇】[1654～1732]第112代天皇。在位1663～1687。後水尾天皇の皇子。名は識仁。

れい-ご【冷語】冷淡な言葉。また、あざける言葉。

れい-ご【×囹×圄┆×囹×圉】「れいぎょ(囹圄)」に同じ。「且老奴、久しく―の中に呻吟し」〈東海散士・佳人之奇遇〉

れい-こう【冷光】ルミネセンスによって生じる、熱を伴わない光。

れい-こう【励行┆×厲行】〔名〕スル 決めたこと、決められたことをその通りに実行すること。「早寝早起きを―する」
〘類語〙実行・実践・実施・遂行・躬行・決行・敢行・断行・行う・励む

れい-こう【霊光】霊妙な光。神秘的な光。

れい-こう【霊香】不思議なよいかおり。れいきょう。

れい-こう【×藜×羹】アカザのあつもの。転じて、粗食。
藜羹を食らう者は大牢の滋味を知らず 《「大牢」は、すばらしいごちそうの意》粗食に慣れた者にはごちそうの味がわからない。つまらない人間には高尚なことや重大なことは理解できないことのたとえ。

れい-こく【冷酷】〔名・形動〕思いやりがなくむごいこと。また、そのさま。「―な仕打ち」「―な男」〘派生〙れいこくさ〔名〕
〘類語〙冷血・酷薄・非情・無情・薄情・非人情・不人情・無慈悲・冷淡・冷たい・心無い・血も涙もない

れい-こく【例刻】❶いつものきまった時刻。「―に待ち合わせる」❷金銭や性のことなど、はっきり口に出して言いにくい物事をさしていう語。あのこと。例のもの。「いいにや、今まで咄しご恣がしたっけ。大かた―だらう」〈洒・軽井茶話〉

レイコック〖Lacock〗英国イングランド南西部、ウィルトシャー州の村。コッツウォルズ地方の観光地の一。白壁と切妻屋根の木造の民家が多い。13世紀に建てられたレイコック修道院には、写真術の基本原理を確立したことで知られるウィリアム=ヘンリー=フォックス=タルボットの博物館がある。

れい-こん【霊魂】❶肉体と別に、それだけで一つの実体をもち、肉体から遊離したり、死後も存続することが可能と考えられている非物質的な存在。魂。魂魄。❷人間の身体内に宿り、精神的活動の根源・原動力として考えられる存在。
〘類語〙魂・霊・魂魄・御霊・精霊・神霊・祖霊・尊霊・亡魂・ソウル・スピリット

れいこん-しんこう【霊魂信仰】霊魂の存在を信じ、肉体的死ののちも存続して人間や事物に影響を及ぼすものとしてこれを崇拝したり、おそれたりすること。

れいこん-ふめつ【霊魂不滅】肉体は滅びても、霊魂は肉体を離れて存続するという考え方。

れい-さい【冷菜】中国料理で、前菜として出る冷たい料理。

れい-さい【例祭】毎年きまった月日に行われる祭り。〘類語〙大祭・本祭り

れい-さい【零砕】〔名・形動〕きわめてわずかなこと。非常に細かいこと。また、そのさま。「―なる個人を団結して」〈漱石・三四郎〉

れい-さい【霊祭】❶死者の魂を祭るまつり。たままつり。❷神道で、霊前祭と墓前祭との総称。

れい-さい【霊×犀】《心と心が一筋通いあうのを、霊力があるとされる通天犀の角の、根元から先端まで通う白い筋にたとえた唐の李商隠の「無題詩」から》互いの意志が通じあうこと。

れい-さい【零細】〔形動〕〔文〕〔ナリ〕きわめて細かいさま。数量や規模のきわめて小さいさま。「―な経営」「―な資金」〘派生〙れいさいさ〔名〕

れいさい-きぎょう【零細企業】わずかな資本・設備で経営する、ごく規模の小さい企業。

れいさい-のう【零細農】農地が少なく、賃労働などを兼ねて生計を立てる農家。

れい-さつ【霊刹】霊験のあらたかな仏を祭った寺。霊寺。

れい-ざま【例様】いつものようす。普通の状態。「ことにしつらひたれば、―ならぬもをかし」〈枕・九九〉

れい-ざん【霊山】神仏を祭った神聖な山。霊域である山。〘類語〙霊峰

れいざん-じ【霊山寺】▶りょうぜんじ(霊山寺)

れい-し【令史】律令制で、司・監・署の第四等官である主典。

れい-し【令旨】▶りょうじ(令旨)

れい-し【令姉】他人を敬って、その姉をいう語。

れい-し【令嗣】他人の家の跡継ぎを敬っていう語。

れい-し【冷視】〔名〕スル 冷たい目で見ること。ひややかな態度をとること。「高みから衆人を―する」

れい-し【×茘枝】❶ムクロジ科の常緑小高木。葉は羽状複葉。枝先に、花びらのない黄色の小花を円錐状につける。果実は直径3センチほどの卵球形で、うろこ状の赤い皮に覆われる。果肉は白いゼリー状で芳香があり、生食する。中国南部の原産。ライチー。❷ツルレイシの別名。〘季 秋〙「一熟れ萩咲き時は過ぎゆくも/楸邨」❸レイシガイの別名。

れい-し【霊▽芝】マンネンタケの別名。

れい-し【霊×祀】神霊または死者の霊を祭ること。

れい-し【霊×祠】霊験のあらたかなほこら。神祠。

れい-し【麗姿】うるわしい姿。麗容。

れい-じ【令慈】《「慈」は慈母の意》他人を敬って、その母をいう語。
〘類語〙尊母・母堂・令堂・令母・母君・母上・御母様

れい-じ【励磁】磁化していない強磁性体を磁化すること。また、電磁石のコイルに電流を通じて磁束を発生させること。

れい-じ【例示】〔名〕スル 例として示すこと。例をあげて示すこと。「記入の仕方を―する」

れい-じ【例時】❶いつものきまりの時間。例刻。「―に会議が始まる」❷㋐寺院で、いつもきまった時刻に行う勤行。㋑「例時作法」の略。

れい-じ【零時】午前または午後の12時。

れい-じ【霊璽】❶天子の印章。御璽。❷神や死者の霊の代わりとして祭るもの。御霊代。

れい-じ【隷字】隷書体の文字。

れい-じ【麗辞】美しい言葉。美しく飾った文章。

レイジー〖lazy〗〔形動〕怠惰なさま。無精なさま。「家ではただの―な夫になってしまう」

れ

れいし-がい【×茘枝貝】アッキガイ科の巻き貝。貝殻は紡錘形で、殻高約5センチ。殻表にいぼ状の突起が並ぶ。東北地方から南の潮間帯の岩礁にすみ、カキなどを食害する。れいし。

れい-しき【礼式】❶礼儀を行う決まった作法。礼儀作法。「一にかなった動作」「一どおりに執り行う」❷礼意を表すための贈り物。

(類語)礼法・作法・儀礼・風儀・礼・礼儀・マナー・エチケット

れい-しき【例式】きまりの儀式。きまったやり方。「外題をはしに一のやうに押すなり」〈東野州聞書〉

れいじ-き【励磁機】電磁石を磁化させる電流を得るための直流発電機。

れいしき-かんじょうせんとうき【零式艦上戦闘機】第二次大戦中の旧日本海軍の主力戦闘機。最大時速518キロ、航続距離2220キロ。1万余機が生産された。通称、零戦。ゼロ戦。

れいじ-さほう【例時作法】天台宗で、毎夕定時に引声で阿弥陀経を読誦する勤行。例時懺法。

レイシス〖RASIS〗《reliability, availability, serviceability, integrity, security》コンピューターシステムが満たすべき五つの要件。信頼性(reliability)、可用性(availability)、保守性(serviceability)、完全性(integrity)、機密性(security)の頭文字を並べた語。

レイシスト〖racist〗人種差別主義者。➡人種差別

レイシズム〖racism〗「人種主義」に同じ。

れいじ-せんぼう【例時×懺法】天台宗で、例時作法の異称。また、夕方の例時作法と朝の法華懺法の1日2回の勤行。

れい-しつ【令室】他人を敬って、その妻をいう語。令閨。令夫人。

れい-しつ【霊室】神仏を安置した、また、位牌を収めた部屋。

れい-しつ【麗質】髪の毛、皮膚、顔だちなどの美しい生まれつき。「天成の一」「一をそなえる」

れい-じつ【例日】❶いつもの日。いつものきまった日。「一どおり家を出た」❷暦注の六曜の赤口をいう。

れい-じつ【麗日】うららかな日。(季 春)

れい-しっぷ【冷湿布】冷たい水や薬液に浸した布などを当てて患部を冷やす治療法。

れいじ-でんりゅう【励磁電流】発電機・電動機・変圧器などで、鉄心に巻いたコイルに流して必要な磁束を発生させるための電流。

れい-しゃ【礼者】年賀に歩く人。(季 新年)

れい-しゃ【礼謝】礼を言うこと。謝意を述べること。謝礼。

れい-しゃ【霊社】❶霊験のあらたかな神社。❷先祖の霊を祭る社。霊廟。❸神道のト部家で、生前に授ける諡の下に添える語。

れい-しゃ【霊車】霊柩車。

れい-しゃ【霊舎】死者の霊を祭るところ。おたまや。みたまや。

レイシャル-ハラスメント〖racial harassment〗人種的偏見に基づく嫌がらせ。

れい-しゅ【冷酒】❶燗をしない酒。ひやざけ。ひや。(季 夏)❷燗をしないで飲むようにつくった酒。冷用酒。

れい-しゅ【×黎首】「黎元」に同じ。

れい-しゅ【×醴酒】甘酒。ひとよざけ。こさけ。

れい-じゅう【霊獣】霊妙なけだもの。めでたいしるしとされるけもの。麒麟など。

れい-じゅう【隷従】〘名〙スル 付き従い言うなりになること。隷属。「強者に一する」

れい-しょ【令書】行政上の命令を記してある文書。

れい-しょ【鈴×杵】密教の法具の、金剛鈴と金剛杵との併称。また、柄を金剛杵の形にした鈴。

れい-しょ【×黎庶】「黎元」に同じ。

れい-しょ【隷書】漢字の書体の一。秦の程邈が小篆を簡略化して作ったものといわれる。漢代に装飾的になり、後世、これを八分または漢隷、それ以前のものを古隷といって区別した。現在は一般に八分をさす。➡八分

れい-しょう【冷床】ビニールなどでおおい、太陽熱を利用して保温するだけで、人工的には熱を加えない苗床。(季 春)⇔温床。

れい-しょう【冷笑】〘名〙スル さげすみ笑うこと。あざ笑うこと。「一を浮かべる」「他人を一する」

(類語)嘲笑・冷嘲・嗤笑・物笑い・せせら笑い・嘲笑

れい-しょう【例証】〘名〙スル 例をあげて証明すること。また、証拠となる例。「一をあげる」「文献によって一する」(類語)例示・例説・引例・引き合い・事例・実例・具体例

れい-じょう【令状】❶命令を記した書状。「召集一」❷強制処分の命令または許可を記載した、裁判所または裁判官が発する書面。逮捕状・差し押さえ状・召喚状・捜索状・勾引状・勾留状などの総称。

れい-じょう【令嬢】貴人の娘、また、他人の娘を敬っていう語。

(類語)息女・お嬢様・お嬢さん・いとはん

れい-じょう【礼状】礼を述べた書状。

れい-じょう【礼譲】礼儀正しくへりくだった態度をとること。「娘を通して、暗に一の気持を聞かせたりしていたが」〈里見弴・今年竹〉

れい-じょう【霊場】「霊地」に同じ。

れい-じょう【×藜×杖】アカザの茎で作ったつえ。軽くじょうぶなので老人が用いる。

れいしょう-しゅぎ【冷笑主義】▶シニシズム

れいじょう-しゅぎ【令状主義】強制処分を行う場合には、令状を必要とするという原則。人権侵害の防止を目的とするもの。

れいじょうジュリー【令嬢ジュリー】《原題、Fröken Julie》ストリンドベリの戯曲。一幕。1888年作。伯爵令嬢ジュリーと召使いジャンとの関係を描き、男女の相克、階級的対立などの問題を浮き彫りにした自然主義演劇の代表作。

れい-しょく【令色】相手に気に入られようとして顔色をつくろうこと。「巧言一」

れい-しょく【冷色】「寒色」に同じ。⇔温色。

れい-しょく【冷食】❶食物を煮炊きしないで食べること。❷「寒食」に同じ。❸「冷凍食品」の略。

れい-しょく【×厲色】血相を変えること。

れい-しょく【麗色】❶美しくのどかな景色。❷あでやかな顔色。

れい-しん【令×辰】めでたい日。物事を行うのによい日。吉辰。良辰。

れい-しん【励振】振動を起こさせたり、振動を大きくしたりすること。増幅用真空管の電極に入力電圧を加えて電気信号の振幅を増幅させるなど。

れい-じん【×伶人】❶音楽を奏する人。特に、雅楽を奏する人。楽人。❷明治3年(1870)太政官に設けられた雅楽局の楽人の呼称。

れい-じん【霊神】《「れいしん」とも》霊験あらたかな神。

れい-じん【麗人】容姿の美しい女性。美人。佳人。「男装の一」

(類語)美人・美女・佳人・別嬪・シャン・名花・小町・色女・大和撫子・マドンナ

れいじん-そう【×伶人草】キンポウゲ科トリカブト属の多年草。山地に生え、高さ40〜60センチ。茎が紫色がかり、葉は手のひら状に切れ込んでいる。夏、淡紫色の花を総状につけ、花の形が伶人の冠に似る。

れい-すい【冷水】冷たい水。ひやみず。⇔温水。

(類語)冷や水・冷や

れい-すい【霊水】不思議な効能のある水。霊験あらたかな水。

れい-ずい【霊×瑞】不思議なめでたいしるし。霊妙なしるし。祥瑞。

れいすい-いき【冷水域】冷水塊が長期間滞留する海域。

れいすい-かい【冷水塊】周囲よりも冷たい海水の塊。日本では黒潮が南に迂回したときに房総・紀伊半島沖などに規模の大きいものがみられる。

れいすい-びょう【冷水病】淡水魚のかかる細菌感染症の一種。水温がセ氏20度以下の低水温期の発症例が多く、特にアユの被害が大きい。症状は体表に穴があく、尾びれが欠けるなど。元来は北米のマスの病気。日本では昭和62年(1987)徳島県の養殖場で初めて確認され、その後自然河川にも広がった。

れいすい-まさつ【冷水摩擦】冷水に浸して絞ったタオルなどで皮膚を強く摩擦すること。血液の循環および代謝がよくなる。

れいすい-よく【冷水浴】冷水を浴びるなどして、刺激により皮膚や末梢血管を鍛錬すること。

れい-する【令する】〘動サ変〙文れい・す〘サ変〙命令する。言いつける。「天下に一・する」

れい-する【礼する】〘動サ変〙文れい・す〘サ変〙敬意を表す。敬意を表して手厚くもてなす。「老いたる教師ハッバス…我等を一・したるは、おもわずなる心地せらる」〈鴎外訳・即興詩人〉

れい-する【例する】〘動サ変〙文れい・す〘サ変〙例をあげる。例として示す。「立憲自由党の今日ある所以を一・せしめば」〈利光鶴松・政党評判記〉

れい-する【隷する】〘動サ変〙文れい・す〘サ変〙❶付き従う。配下となる。隷属する。「大国に一・する」❷従わせる。支配する。「隣国を一・する」

れい-せい【令婿】他人を敬って、そのむこをいう語。

れい-せい【冷製】作ってから冷たくして供する西洋料理。コールドビーフ・ゼリー寄せなど。

れい-せい【冷静】〘名・形動〙感情に左右されず、落ち着いていること。また、そのさま。「一な判断」「一に処理する」(派生)れいせいさ〘名〙

(類語)沈着・平静・事も無げ・平然・冷然・冷徹・クール

れい-せい【励声】¦【×厲声】声を張り上げること。大声を出すこと。「一激越して群集の中に鞘を擲り出した」〈魯庵・社会百面相〉

れい-せい【励精】¦【×厲精】〘名・形動〙スル 精を出して励むこと。また、そのさま。精励。「自分は尤も順良な又尤も一な人間であったなと」〈漱石・坑夫〉

れいぜい【冷泉】平安京の小路の一。二条大路の北側を東西に通じていた。

れいぜい【冷泉】藤原氏の一族、御子左家から分かれた歌道師範家の一。藤原為家の子為相を祖とする。その比較的自由な歌風は京極家に近く、保守的な二条家と対立した。のちに上冷泉・下冷泉の両家に分かれ、現在に至る。

れいぜい-いん【冷泉院】㊀嵯峨天皇が弘仁年間(810〜824)に後院として京都の堀川西に造営した御殿。のち、里内裏ともなった。れいぜんいん。㊁源氏物語中の人物。桐壺帝の第10皇子。実は藤壺と光源氏との間の不義の子で、11歳で即位。

れいぜい-ためすけ【冷泉為相】[1263〜1328]鎌倉後期の歌人。藤原為家の子。母は阿仏尼。冷泉家の祖。鎌倉連歌の発展に尽力。家集に「権中納言為相卿集(藤谷集)」がある。藤原為相。

れいぜい-ためむら【冷泉為村】[1712〜1774]江戸中期の歌人。冷泉家中興の祖。霊元法皇から古今伝授を受けた。著「樵夫問答」など。

れいぜい-てんのう【冷泉天皇】[950〜1011]第63代天皇。在位967〜969。村上天皇の第2皇子。名は憲平。病弱のため藤原実頼を関白に任じ、藤原氏の政権独占の時代となった。

れいぜいとみのこうじ-どの【冷泉富小路殿】▶富小路殿

れいぜい-は【冷▽泉派】中世の歌道師範家、冷泉家系統の和歌の流派。今川了俊・正徹らを出した。

れい-せき【霊跡】¦【霊×迹】神仏に関する神聖な事跡のあった地。

れい-せつ【礼節】礼儀と節度。また、礼儀。「衣食足りて一を知る」「一を重んじる」

(類語)礼・礼儀・節度・マナー

れい-せつ【例説】〘名〙スル 例をあげて説明すること。また、その説明。

れい-せん【礼銭】❶謝礼として渡す金銭。❷室町時代、特定の祝儀の際、幕府に献上した金銭。
れい-せん【冷泉】❶冷たい水の湧き出る所。❷セ氏25度以下の鉱泉。➡温泉 ➡鉱泉
れい-せん【冷戦】《cold war》武力は用いないが、激しく対立・抗争する国際的な緊張状態。第二次大戦後の米・ソ二大陣営の厳しい対立を表した語。人間関係などに用いる場合もある。冷たい戦争。（補説）顕在化したのは1947年のトルーマン-ドクトリンからとされる。49年のドイツ分裂とNATO成立、62年のキューバ危機など幾度かの国際緊張をもたらしたが、89年、マルタ島において米国のG＝H＝W＝ブッシュ・ソ連のゴルバチョフ両首脳が冷戦終結を共同宣言した。
れい-せん【霊泉】霊験あらたかな泉。また、不思議な効能がある温泉。霊湯。
れい-せん【×醴泉】甘い味の泉。中国で、太平の世にわき出たといわれる。
れい-ぜん【霊前】死者の霊を祭った場所の前。
れい-ぜん【冷然】〔ト・タル〕〔文〕〔形動タリ〕少しも心を動かさずひややかな態度でいるさま。「惨状を―と眺める」（類語）冷淡・冷ややか・平然・冷静・平静・平気・事も無げ
れいせん-せんりょう【冷染染料】▶アイス染料
れい-そう【礼装】〔名〕スル 礼服を着用すること。また、その服装。「式典に―して出席する」
れい-そう【霊草】尊く不思議なはたらきのある草。また、めでたい草。瑞草。
れい-ぞう【冷蔵】〔名〕スル 飲食物などの腐敗を防ぐため、セ氏零度に近い低温で貯蔵すること。「食料を―する」「要―」
れい-ぞう【霊像】神仏の像。
れいぞう-こ【冷蔵庫】内部を冷却し、飲食物を低温で保存する箱形の容器や室。「電気―」（季 夏）「―しきりにひらき事たのし／波郷」
れい-そく【令息】他人を敬って、その子息をいう語。（類語）子息・息男・御曹司・坊ちゃん・御坊ちゃん
れい-ぞく【隷属】〔名〕スル ❶他の支配を受けて、その言いなりになること。隷従。「本国に―する植民地」❷てした。配下。部下。「天下の武士皆其―にあらざるはなし」〈福沢・文明論之概略〉（類語）隷従・服従・屈従・従属・従う
レイソル ▶柏レイソル
れい-そん【令孫】他人を敬って、その孫をいう語。
れい-そん【令尊】他人を敬って、その父をいう語。（類語）父御・御親父・尊父・厳父・父君・厳君・父上・御父様
れい-そん【例損】❶平安時代、病虫害などによる田地の収穫の減少が10分の3以下のもの。➡異損 ❷平安時代、重病・死亡などにより、本人の調庸を減免したこと。
れい-たい【冷帯】▶亜寒帯
れい-だい【例題】理解を助けるため、また練習のために、例として示す問題。
れい-だい【霊台】❶《中国、周の文王が建てた物見台の称から》天文台。❷魂のある所。精神。霊府。「無絃の琴を―に聴く」〈漱石・草枕〉
れい-たいさい【例大祭】1年に1回または2回、その神社で定められた日に行われる大祭。
れいだい-ろう【霊台郎】天文博士の唐名。
れい-たく【麗沢】《「易経」兌卦から。「麗」は連なる意》二つの沢が水脈を通じてうるおし合うこと。友人どうし助け合って勉学に努めること。
れいたく-だいがく【麗沢大学】千葉県柏市にある私立大学。昭和34年(1959)の開設。
れい-たつ【令達】〔名〕スル 命令を伝えること。また、その命令。「各部署に―する」（類語）通達・通知・通告・通牒・下達・連絡・伝達・口達・伝令・伝える・知らせる・報ずる・告げる・言い送る・申し送る
れい-たん【冷淡】〔名・形動〕❶物事に熱心でないこと。関心や興味を示さないこと。また、そのさま。淡白。「近所づきあいに―な人」「時局に―だ」❷思いやりがないこと。同情や親切心を示さないこと。また、そのさま。「他人の不幸に―な人」「―にあしらう」（派生）れいたんさ〔名〕（類語）冷ややか・冷然・冷たい・薄情・不人情・非人情・無情・無慈悲・心無い・クール
れい-だん【冷暖】冷たいことと暖かいこと。
れいだん-じち【冷暖自知】仏語。真の悟りは自分で感得するものであるということを、水の冷暖を自分で手を入れてみて知ることにたとえていう語。
れいだん-ぼう【冷暖房】冷房と暖房。「―完備」
れい-ち【霊地】神仏などの霊験のあらたかな土地。霊場。（類語）霊境・霊域・霊場・聖地・神域
れい-ち【霊知｜霊×智】霊妙な知恵。はかりしれないほどすぐれた不思議な知恵。
れい-ちょう【冷嘲】〔名〕スル 冷ややかにあざけり笑うこと。「半ば慷慨し半ば―したいような沈痛な心持になる」〈荷風・つゆのあとさき〉
れい-ちょう【霊長】霊妙な力を備えていて、他の中で最もすぐれているもの。「万物の―」
れい-ちょう【霊鳥】尊く不思議な力をもつ鳥。めでたいしるしとされる鳥。鳳凰など。
れい-ちょう【霊×寵】神仏などの尊い恵み。
れい-ちょう【黎朝】ベトナムの王朝の一。前黎朝と後黎朝とがあるが、一般に後者をさす。1428年、黎利が明の支配を脱して建てた王朝で、ハノイを首都とし、国号を大越とした。1527年、臣の莫登庸によって王位を奪われ、33年復興したが、以後ハノイの鄭氏とユエの阮氏との抗争を経て、1789年西山党の阮氏によって滅ぼされた。レ朝。
れいちょう-るい【霊長類】霊長目の哺乳類の総称。サル類で、ヒトも含まれる。手足にふつう5本の指をもち、第1指は他の4本と向かい合って物をつかむことができ、多くは平爪をもつ。足はかかとまで地面につけて歩く。目は両方が並んで前を向き、立体視ができる。樹上生活に適応して進化したとされ、大脳が発達している。11ないし14科約180種に分類される。
れい-てい【令弟】他人を敬って、その弟をいう語。
れい-てい【零丁｜×伶丁】〔名・形動〕落ちぶれて孤独なこと。また、そのさま。「吾は異郷に―の身となれり」〈蘆花・自然と人生〉
れい-てき【霊的】〔形動〕霊・精神に関するさま。また、神聖で清らかなさま。「―な現象」⇔肉的。
れいてき-こうかん【霊的交感】遠く隔たった所の人との間で意思が通じ合うこと。➡テレパシー
れい-てつ【冷徹】〔名・形動〕感情に左右されることなく、冷静に物事を見通すこと。また、そのさま。「―なものの見方」（派生）れいてつさ〔名〕
レイテ-とう【レイテ島】《Leyte》フィリピン中東部、ビサヤ諸島中の島。東にあるレイテ湾は第二次大戦末期の日米海軍の激戦地。
れい-てん【礼典】❶礼儀に関するきまり。礼法。また、それを記した書物。❷サクラメントのこと。
れい-てん【礼×奠】神仏や死者の霊に供物をささげて祭ること。また、その供物。
れい-てん【冷点】皮膚上の冷たいと感じる点。顔面の分布密度が高い。寒点。⇔温点。
れい-てん【例典】しきたりの法式。典例。
れい-てん【零点】❶得点が全くないこと。「試験で―をとる」「恋人としては―だ」❷寒暖計の零度。氷点。
れい-でん【霊殿】先祖などの霊を祭った建物。霊廟。
レイデン【Leiden】▶ライデン
れいてん-ぐ【×釐▽等具】《「てん(等)」は唐音》金銀などの重さを釐(厘)などのわずかな量まで精密に量るさおばかり。明治初年まで用いられ、さおは象牙・黒檀・紫檀などで作った。りんばかり。りんだめ。れいてん。れてぐ。
レイテンシー【latency】CPUなどがデータの要求をしてから、実際にデータが転送されるまでの時間。遅延時間。コンピューターシステムの性能指標の一。
レイト【late】多く複合語の形で用い、遅い、遅れてきた、また季節外れの、などの意を表す。「―サマー」
れい-ど【零度】❶度数を計る起点となる点。度数のゼロ。❷セ氏寒暖計で、溶けつつある純粋の水と氷とが共存するときの温度の称。
レイド【RAID】《redundant array of inexpensive disks》複数台のハードディスクを並列接続し、全体を一つのディスク装置として制御する技術。データの読み書きの高速化と、障害に対する耐久性の向上を図っている。
れい-とう【冷凍】〔名〕スル 食料品などを、腐敗を防ぎ、長期保存するために、人工的に凍結させること。「魚を―する」（類語）凍結・フリーズ
れい-とう【霊湯】不思議な効能がある温泉。霊泉。
れい-どう【令堂】❶他人を敬って、その家をいう語。❷他人を敬って、その母をいう語。（類語）令慈・令母・母堂・尊母・母君・母上・御母様
れい-どう【戻道】〔名・形動ナリ〕道理に外れること。また、そのさま。「自ら持てまうで来ぬ下部は、いと―なり」〈能因本枕・一三六〉
れい-どう【霊堂】❶霊験のあらたかな神仏を祭った堂。❷貴人の霊を祭る堂。（類語）堂・殿堂・御堂・御霊屋・聖廟・宗廟・霊廟・廟堂
れいとう-き【冷凍機】冷凍のための機械装置。冷媒を循環させ、それが周囲から気化熱を奪うことを利用するなどして冷却する。
れいとう-ぎょ【冷凍魚】鮮度保持のために凍結させた魚類。
れいとう-こ【冷凍庫】食品の冷凍や冷凍食品の長期保存をするための容器や室。内部温度はふつう氷点下18度以下に保たれる。フリーザー。
れいとう-しょくひん【冷凍食品】長期間の保存ができるように冷凍した食品。特に、調理や前処理をして急速冷凍し、解凍・加熱すればすぐに食べられる状態に加工された食品をいう。冷食。
れいとう-ますい【冷凍麻酔】皮膚の温度をセ氏20度以下に冷やすと、神経の働きが鈍くなることを利用して、局部麻酔を行う方法。
れいとう-やけ【冷凍焼け】冷凍肉などの表面から水分が蒸発し、脂肪が酸化すること。変色したり味が落ちたりする。
レイトカマー【latecomer】遅れて来た人。遅刻者。または、新参者。
れい-とく【令徳】徳。美徳。「弱国を侵さず、小国を憐むは、大国の―なるを知る」〈竜渓・経国美談〉
れい-とく【霊徳】霊妙な徳。非常に尊い徳。
レイト-ショー【late show】映画の深夜興行。
レイト-タックル【late tackle】ラグビーで、パスまたはキックし終えた選手にタックルする反則プレー。反則があった地点、またはボールが落ちた地点でのペナルティーキックが相手側に与えられる。
レイドバック【laid-back】〔形動〕のんびりしたさま。のんきなさま。特に、ロック調の音楽が、ゆったりしているさま。
レイ-トレーシング【ray tracing】コンピューターグラフィックスで、光線の反射・屈折などをシミュレートして立体像を作る手法。光線追跡法。
れい-にく【冷肉】焼いたあとで冷やして食べる肉。コールドミート。「―料理」
れい-にく【霊肉】霊魂と肉体。「―一致」
れい-にゅう【戻入】〔名〕スル 元に戻し入れること。特に、一度支出された歳出が、過払いなどの理由によって元の歳出予算に戻されること。もどしいれ。
れい-ねつ【冷熱】冷たいことと熱いこと。感情などがさめることと熱くなること。
れい-ねん【例年】いつもの年。毎年。「―になく雪が少ない」「―この時期に行う祭」
れい-のう【隷農】封建時代に、農奴的束縛から解放され、賦役を徴収されず、生産物地代または貨幣地代を課せられた農民。➡農奴

れいのう-しゃ【霊能者】霊的存在や霊的世界と接触・交流する能力を持つとされる人。

レイノー-げんしょう【レイノー現象】▶レイノー病

レイノー-びょう【レイノー病】寒冷などにより手足の小動脈が発作的に収縮し、蒼白・チアノーゼ・発赤・冷感・痛み・蟻走感などの現象が起こる病気。1862年にフランスの医師レイノー(M.Raynaud)が報告。

レイノルズ〖Joshua Reynolds〗[1723〜1792]英国の肖像画家。ロイヤルアカデミー初代会長で、画風は壮麗。レノルズ。

レイノルズ-げんしょう【レイノルズ現象】ぬれた砂などに力を加えると、粒子間に水が吸い込まれて固くなる現象。英国の物理学者・工学者レイノルズ(O.Reynolds[1842〜1912])が発見。ダイラタンシー。

レイノルズ-すう【レイノルズ数】流体力学において、粘性をもつ流体の振舞いを特徴づける値。典型的な流速U、流体中の物体の大きさL、粘性率η、密度ρを用いると、無次元量の数 R=ρUL/η が導かれる。このRをレイノルズ数といい、Rを同じくする流体は物体周囲で同じような(相似関係にある)流れとなる。これをレイノルズの相似則、または流れの相似則といい、飛行機や自動車の小さな模型を用いた風洞実験などに利用される。英国の物理学者・工学者レイノルズにより定義された。

れい-ば【礼場】葬儀の場所。葬儀場。「—より、すぐに悪所落ちの内談」〈浮・一代女・三〉

れい-ば【冷罵】〔名〕スル あざけりののしること。「口を極めて—する」
(類語)罵倒・痛罵・面罵・嘲罵・漫罵・悪罵・面詰・ののしる・毒突く

れい-はい【礼拝】〔名〕スル ❶神仏などを拝むこと。❷キリスト教で、神の賛美と祈祷。教会での礼拝はこれとともに聖餐・説教が中心となる。(補説)仏教では「らいはい」という。➡らいはい(礼拝)
(類語)祈り・祈祷・跪拝・奉拝・遥拝・再拝・拝礼

れい-はい【零敗】❶試合で、1点もとれずに負けること。スコンク。ゼロ敗。「—を喫する」❷試合で、負けたことがないこと。無敗。「一〇勝—」

れい-はい【霊×牌】死者の戒名などを書き、霊代として祭る木札。位牌。

れい-ばい【冷媒】冷凍機・冷房機内を循環して、圧縮による液化・放熱、気化・吸熱を繰り返し、冷却する媒体として用いられる物質。アンモニア・フロンなど。冷却剤。

れい-ばい【霊媒】神霊や死者の霊と人間との間の意思伝達の仲介をするとされる人。市子・巫女・口寄せなどや心霊術の術者の類。
(類語)巫女・口寄せ・市子・いたこ

れいばい-じゅつ【霊媒術】霊媒をなかだちとして、神霊や死者の霊を呼び出す術。

れいはいじょ-ふけいざい【礼拝所不敬罪】神祠・仏堂・墓所・その他の礼拝所に対し、公然と不敬な行為をする罪。刑法第188条が禁じ、6か月以下の懲役もしくは禁錮または10万円以下の罰金に処せられる。

れいはい-どう【礼拝堂】キリスト教で、礼拝を行う建物。チャペル。

レイピスト〖rapist〗強姦者。婦女暴行者。

れい-ひつ【麗筆】美しい筆跡。また、美しい文章。
(類語)良筆・達筆・美文・雅文・名文

れい-びと【例人】普通の人。ただの人。「—よりはこよなう年老い」〈大鏡・序〉

れい-ひょう【冷評】〔名〕スル 冷淡な態度で批評すること。また、その批評。「凡作と—する」
(類語)酷評・痛論

れい-ひょう【×澪標】▶みおつくし

れい-びょう【霊猫】❶ジャコウネコの別名。❷霊妙で不思議な猫。

れい-びょう【霊×廟】❶先祖や偉人などの霊を祭った宮。おたまや。みたまや。❷卒塔婆。
(類語)廟・霊屋・御霊屋・廟堂・宗廟・聖廟

れい-ふ【霊府】肉体の中で、魂の宿る所。霊台。

れい-ふ【霊符】霊験あらたかなおふだ。お守り。護符。

れい-ぶ【礼部】❶六部の一。礼楽・祭祀・貢挙などをつかさどった役所。隋・唐代に設置され、清末に廃止。❷治部省の唐名。

レイプ〖rape〗〔名〕スル「強姦」に同じ。

れい-ふう【冷風】冷たい風。ひんやりとした風。

れい-ふう【零封】〔名〕スル 野球などで、相手を零点に抑えること。シャットアウト。完封。

れい-ふく【礼服】冠婚葬祭その他、儀式のときに着る衣服。⇔平服。(類語)式服・フォーマルウエア

れいぶ-しょう【礼部省】藤原仲麻呂執政時代の天平宝字2年(758)治部省を唐風に改称したもの。同8年、仲麻呂の死とともに旧に復した。

れい-ふじん【令夫人】貴人や他人を敬って、その妻をいう語。令閨。令室。

れい-ぶつ【礼物】❶典礼と文物。❷祭祀の儀式に用いる品物。❸▶れいもつ(礼物)

れい-ぶつ【霊仏】霊験あらたかな仏。

れい-ぶつ【霊物】▶れいもつ(霊物)

れい-ふん【霊×氛】「霊気」に同じ。「是迄の四大が、今頃は目に見えぬ—となって」〈漱石・草枕〉

れい-ぶん【令聞】よい評判。令名。「自分の—を小耳に挟んでは」〈宮本・貧しき人々の群〉

れい-ぶん【例文】❶事柄を説明する典拠として掲げる文章。用例文。❷書式を示すために例としてあげる文・文章。❸契約書などに決まり文句として印刷してある文。

れい-へい【礼×聘】礼儀を尽くして人を招くこと。

れい-へい【例幣】奈良・平安時代、朝廷から毎年の例として神にささげる幣帛。特に伊勢神宮の神嘗祭に際して、毎年9月11日に祭使を派遣して幣帛を奉納したこと。江戸時代には日光東照宮へも行われた。

れいへい-し【例幣使】朝廷から、例幣のために派遣される勅使。

れい-ぼ【令母】他人を敬って、その母をいう語。

れいぼ【鈴慕】尺八の古典本曲の曲名。中国、唐の高僧普化禅師が振りながら昇天した鐸(大きな鈴)の音を慕って作られた曲という。普化宗の各寺・各派に独自のものが伝えられた。恋慕。

れい-ほう【礼法】礼儀作法。礼式。
(類語)礼・礼儀・作法・礼式・儀礼・風儀・マナー・エチケット

れい-ほう【礼砲】軍隊の礼式の一つで、敬意・祝意を表すしるしとして撃つ空砲。(類語)祝砲・弔砲

れい-ほう【霊宝】霊妙な宝。社寺などの秘宝。

れい-ほう【霊峰】霊妙な山。神仏などが祭ってある山。信仰の対象として、神聖視されている山。霊山。「—恐山」「—富士」

れい-ぼう【令望】❶よい評判。名声。❷他人を敬って、その人望をいう語。

れい-ぼう【礼帽】礼装用の帽子。

れい-ぼう【冷房】〔名〕スル 暑さをしのぐために、室内の温度を外気より低くすること。また、その装置。「—のきいた室内」「エアコンで—する」(季 夏)「—に紫褪せし造花立ち／かな女」⇔暖房。

れい-ぼうこう【礼奉公】「御礼奉公」に同じ。

れいぼう-そうち【冷房装置】室内の温度を外気よりも低くする装置。クーラー。

れいぼう-びょう【冷房病】冷房した室内に長時間いてからだが冷えたり、外気との温度差に適応できなくなったりして体調をくずすこと。

れい-ぼく【零墨】書いたもののきれはし。断片として残っている墨跡。「断簡—」

れい-ぼく【霊木】神霊が宿るとされる神聖な木。神樹。神木。

れい-ぼく【隷僕】❶中国、周代の官名。宮中の清掃をつかさどった。❷召使いの男。下男。しもべ。

れいぼ-ながし【鈴慕流し】虚無僧が尺八曲「鈴慕」を吹きながら托鉢して歩くこと。また、その虚無僧や曲。恋慕流し。

れい-ほん【零本】ひとそろいの本の、大半が欠けているもの。端本。

れい-まい【令妹】他人を敬って、その妹をいう語。

れい-まいり【礼参り】「御礼参り」に同じ。

れい-まわり【礼回り｜礼×廻り】礼を述べるために世話になった人の所を回って歩くこと。回礼。

レイマン〖layman〗素人。門外漢。専門知識のない人。➡レイマンコントロール

レイマン-コントロール〖layman control〗《laymanは、素人の意》政治や行政の一部を一般市民に委ねる方法。

れい-みょう【霊妙】〔名・形動〕人知でははかり知れないほどに、奥深くすぐれていること。神秘的な尊さをそなえていること。また、そのさま。「—な楽の音」「—不可思議」
(類語)霊異・妙なる・神妙・玄妙・神秘的

れい-みん【×黎民】「黎元」に同じ。

れい-む【霊夢】神仏のお告げがある不思議な夢。

レイム-ダック〖lame duck〗《足の不自由なアヒルの意。「レームダック」とも》再選に失敗したが、少し任期が残っている国会議員や大統領など。政治的な影響力を失った政治家。

れい-めい【令名】よい評判。名声。令聞。「—が高い」「閨秀作家として—をはせる」
(類語)名声・名聞・令聞・美名・盛名・英名・声名・名

れい-めい【×黎明】❶夜明け。明け方。❷新しい事柄が始まろうとすること。また、その時。「民主主義の—」(類語)明け方・夜明け・明け・曙・未明・朝まだき・暁・払暁・暁更・暁天

れいめい-かい【黎明会】大正7年(1918)吉野作造・福田徳三らの提唱で発足した啓蒙団体。講演会などを通して民本主義の発展普及につとめた。同9年解散。

れいめい-き【×黎明期】夜明けにあたる時期。新しい文化・時代などが始まろうとする時期。「バイオテクノロジーの—」

れい-めん【冷麺】❶朝鮮半島の麺料理。そば粉とでんぷんを練った腰の強い麺をゆでて冷やし、冷たいスープを加え、肉・野菜・キムチなどをのせたもの。❷(関西で)冷やし中華のこと。

れいもう-が【×翎毛画】《「翎」は鳥の翼、「毛」は獣の毛の意》中国画の画題の一。小鳥や小動物を描くもの。

レイモスン〖Leymosun〗レメソスのトルコ語名。

れい-もつ【礼物】❶謝礼として贈る金品。❷▶れいぶつ(礼物) (類語)礼・謝礼・礼金・謝金・薄謝・寸志

れい-もつ【霊物】霊妙なもの。神秘的な力のあるもの。れいぶつ。「昔より—にて」〈十訓抄・一〇〉

レイモント〖Władysław Stanisław Reymont〗[1867〜1925]ポーランドの小説家。ある農村の自然・歴史と農民の暮らしを描いた大作「農民」のほか、新興工業都市の状況を印象主義的手法で描いた「約束の土地」など。1924年ノーベル文学賞受賞。

レイヤー〖layer〗❶層。階層。「—ケーキ」➡レイヤードルック ❷グラフィックソフトやCADソフトにおける、絵や設計図の仮想的なシート。複数のシートを重ねたり、別々に編集したりできる。

レイヤー-ケーキ〖layer cake〗《「レヤーケーキ」とも》カステラを台に、クリームやジャムをはさんだ洋菓子。スポンジケーキ。

レイヤード〖layered〗《重なった、段になった、の意》ファッションで、重ね着のこと。

レイヤード-カット〖layered cut〗上の毛が短く、下にいくにつれ少しずつ長くカットしていくカット技法。俗にいう段カットのこと。

レイヤード-ルック〖layered look〗重ね着をしたスタイルのこと。

れい-やく【霊薬】不思議な効き目がある薬。神薬。

れいやしゅう【怜野集】江戸後期の歌集。12巻。清原雄風編。文化3年(1806)刊。万葉集および

勅撰集などから集めた秀歌約1万5000首を、四季・恋・雑に類題して収録したもの。初学者に広く活用された。類題怜野集。

れいゆう-かい【霊友会】ﾚｲｲｳｸﾜｲ 日蓮宗系教団の一。大正8年(1919)久保角太郎を中心に発足、同14年小谷喜美と日本霊友会を設立、昭和24年(1949)宗教法人となった。孝道教団・立正佼成会などが独立。

れい-よ【零余】わずかなあまり。はした。

れい-よう【礼容】礼儀正しい態度。「言語を丁寧にし—を慎しみ」〈福沢・福翁百話〉

れい-よう【×羚羊】ﾔｳ 偶蹄目ウシ科の哺乳類のうち、ウシ亜科・ヤギ亜科を除いたものの総称。一般に、乾燥した草原にすみ、脚は細長くて走るのが速い。角の形状はさまざまで、雄だけ、または雌雄ともにある。アフリカからインド・モンゴルにかけて分布。インパラ・エランド・ヌー・オリックス・ガゼルなど。日本ではカモシカと混称されてきた。アンテロープ。

れい-よう【麗容】うるわしく整った姿・形。麗姿。「富士の—を仰ぐ」

れいよう-かく【×羚羊角】ﾚｲﾔｳｶｸ カモシカの角。漢方で解熱・鎮静剤に用いる。

れいよう-しゅ【冷用酒】燗をせずに、または冷やして飲むように造った清酒。冷酒。

れいよ-し【零余子】►むかご

レイヨニズム〘rayonism┊rayonnism〙1913年、ロシアの美術家ミハエル=ラリオーノフによって唱えられた絵画思想。物体に反射する光の表現を追求した。光線主義。

レイヨン〘フランス rayonne┊英 rayon〙►レーヨン

れい-らく【零落】〘名〙ｽﾙ ❶落ちぶれること。「—した華族の末裔」❷草木の枯れ落ちること。

(類語)没落・凋落・落魄・淪落・沈淪・転落・落ちぶれる・うらぶれる

れい-り【×怜×悧┊×伶×俐】〘名・形動〙賢いこと。利口なこと。また、そのさま。利発。「—な若者」(派生)れいりさ〘名〙

(類語)聡明・利発・利口・英明・英邁・慧敏・明敏・鋭敏・穎敏・穎悟・犀利・賢い・聡い

レイリア〘Leiria〙ポルトガル中西部の都市。エストレマドゥーラ地方、リース川沿いに位置する。元はイスラム教徒の城塞で、一時期ポルトガル王の居城にもなったレイリア城や16世紀に建てられたレイリア大聖堂など、歴史的建造物が残っている。

レイリア-じょう【レイリア城】ﾎﾟﾙﾄｶﾞﾙ《Castelo de Leiria》ポルトガル中西部の都市レイリアにある城。元はイスラム教徒により建てられたが、12世紀にポルトガル王アフォンソ1世が奪取。14世紀にディニス1世と王妃イザベルが修復し王宮を建造。16世紀の増改築により、現在見られる姿になった。

レイリア-だいせいどう【レイリア大聖堂】ﾎﾟﾙﾄｶﾞﾙ《Sé Catedral de Leiria》ポルトガル中西部の都市レイリアにある大聖堂。16世紀にポルトガル王マヌエル1世により建造。ルネサンス様式とマヌエル様式が混在する。シマオン=ロドリゲスが描いた祭壇画がある。

レイリー〘John William Strutt Rayleigh〙[1842〜1919]英国の物理学者。古典物理学の全分野にわたり理論・実験の両面で研究。音響学・弾性波に業績を残し、熱放射に関するレイリージーンズの放射法則を導いた。同じ英国の化学者W=ラムゼーとともにアルゴンを発見。1904年ノーベル物理学賞受賞。

レイリー-さんらん【レイリー散乱】光の波長より十分小さな微粒子による光の散乱をさす。散乱過程で、ほとんど波長は変化しない。英国の物理学者レイリーの名にちなむ。

レイリージーンズ-の-ほうしゃほうそく【レイリージーンズの放射法則】ﾊﾌﾊﾞｼﾔ 黒体からの熱放射(黒体放射)に関する法則。または振動数分布を表す公式を指す。古典物理学的な仮定から導かれたもので、長波長(低振動数)側では実験データを精度よく再現できるが、短波長(高振動数)側では大きなずれが生じる。1900年に英国のレイリーが発表し、05年に同じく英国のJ=ジーンズが修正した。黒体放射のスペクトルは後にプランクが導いたプランクの放射法則により説明できるようになった。

レイリー-は【レイリー波】地震で発生する振動波のうち、地表付近の一点が波の進行方向を含む垂直面内で楕円軌道を描く波。理論的に証明したレイリーの名による。

れい-りょう【冷涼】ﾘﾔｳ〘名・形動〙ひんやりとして涼しいこと。また、そのさま。「—な気候」

(類語)清涼・爽涼・涼しい・冷たい

れい-りょく【霊力】霊の力。また、不可思議な力。「—を信じる」(類語)霊感・魔力・神通力

れい-れい【×玲×玲】〘形動タリ〙音が美しく鳴り響くさま。「—たる鈴の声は」〈太平記・二五〉

れい-れい【冷冷】〘ト・タル〙文〘形動タリ〙❶ひえびえとしているさま。清らかで冷たいさま。「—たる頑鉄塊、炎々たる大猛火」〈露伴・寝耳鉄砲〉❷心・態度のひややかなさま。「—黙過する訳に行かん事だと」〈漱石・吾輩は猫である〉❸清らかな音の響き渡るさま。「管弦ノ声—タリ」〈日葡〉

れい-れい【麗麗】〘ト・タル〙文〘形動タリ〙派手で人目に立つさま。「新聞に—と名が出る」

れいれい-し・い【麗麗しい】〘形〙文れいれい・し〘シク〙ことさらに人目に立つようにするさま。「—・く飾る」(派生)れいれいしさ〘名〙

れい-ろう【令郎】ﾗｳ 他人を敬って、その子息をいう語。令息。

れい-ろう【×玲×瓏】㊀〘形動〙文〘ナリ〙㊁❶に同じ。「玉のように—な詩人らしく見え」〈漱石・行人〉㊁〘ト・タル〙文〘形動タリ〙❶玉などが透き通るように美しいさま。また、玉のように輝くさま。「—たる山月」「八面—」❷玉などの触れ合って美しく鳴るさま。また、音声の澄んで響くさま。「—たる笛の音」

れい-わ【例話】実例として示す話。

れい-わん【霊腕】不思議なほどにすぐれた腕前。

レイン〘rain〙►レーン

レインウエア〘rainwear〙►レーンウエア

レインコート〘raincoat〙►レーンコート

レインジャー〘ranger〙►レンジャー

レイン-シューズ ►レーンシューズ

レイン-ハット〘rain hat〙►レーンハット

レインボー〘rainbow〙►レーンボー

レインボー-トラウト〘rainbow trout〙►レーンボートラウト

レインボー-フィッシュ〘rainbow fish〙►レーンボーフィッシュ

レインボー-ブリッジ〘Rainbow Bridge〙東京都心と臨海副都心を結ぶ吊り橋の通称。正式名は「首都高速11号台場線・東京港連絡橋(臨港道路)」。上下2層構造で、上段に首都高速道が、下段にゆりかもめの軌道と一般道の車道と歩道がある。全長798メートル。平成5年(1993)開通。

レウ〘ルーマニア leu〙ルーマニアの通貨単位。1レウは100バーニ。複数形はレイ(lei)。

レウカス〘Levkas〙►レフカダ

レウカス-とう【レウカス島】ﾀｳ《Levkas》ギリシャ西部にあるレフカダ島の古代名。

レウキッポス〘Leukippos〙古代ギリシャの哲学者。前5世紀ごろの人。原子論の創始者。その原子論はデモクリトスに引き継がれた。生没年未詳。

レーウィン〘rawin〙《radioとwindの合成語》高層大気中の風向・風速を観測する装置。気球に断続式気圧計と発信機をつるして上空に放ち、発する電波を追跡して風速の鉛直分布を計算する。

レーウィンゾンデ〘rawinsonde〙ラジオゾンデとレーウィンを組み合わせた高層大気の気象観測装置。

レーウェンフック〘Antony van Leeuwenhoek〙[1632〜1723]オランダの博物学者。単レンズの光学顕微鏡を自作、筋内の横紋や昆虫の複眼などを観察し、赤血球・細菌・原生動物や動物の精子などを発見した。

レーウェンブルク-じょう【レーウェンブルク城】ﾄﾞｲﾂ《Löwenburg》ドイツ中部、ヘッセン州の都市、カッセルのウィルヘルムスヘーエ丘陵公園にある城。18世紀末に中世スコットランドの城を模倣し、ネオゴシック様式で建造された。意図的に廃墟風に造られた部分も見られる。レーベンブルク城。

レーガニズム〘Reaganism〙レーガノミックスといわれる経済政策を基に、小さな政府、強いアメリカを目ざした米国大統領レーガンの保守政策。

レーガノミクス〘Reaganomics〙►レーガノミックス

レーガノミックス〘Reaganomics〙《「レーガノミクス」とも》米国のレーガン政権のとった経済政策。サプライサイド(供給力)重視の立場から、減税・財政支出削減・規制撤廃などを進めた。当初は巨額の財政赤字と貿易赤字を生んだが、1990年代の米国経済繁栄の基礎になったとも評価されている。

レーガン〘Ronald Reagan〙[1911〜2004]米国の政治家、俳優。第40代大統領。在任1981〜1989。映画俳優から政界に入り、カリフォルニア州知事を経て共和党から大統領に当選。強硬な保守派として「強いアメリカ」の再生を唱え、財政支出削減・大幅減税・軍備増強などの政策を推進した。➡ブッシュ㊀

レーキ〘lake〙水溶性の色素を、金属塩などの沈殿剤を加えてキレート化合物とし、不溶性にした有機顔料。印刷インク・絵の具などに用いる。レーキ顔料。

レーキ〘rake〙短い鉄の歯を櫛状に並べて柄を付けた農具。馬鍬・熊手の類。

レーキ-ドーザー〘rake dozer〙レーキ状の排土板を取り付けたブルドーザー。抜根や岩石掘り起こし作業に用いる。

レーク〘lake〙《「レイク」とも》湖。湖水。

レークサイド〘lakeside〙湖畔。「—パーク」

レーク-スクール〘Lake School〙19世紀初頭、イングランド北西部の湖水地方に住んだ詩人の一派。また、その詩風。湖畔詩人派。➡湖畔詩人

レーク-パウエル〘Lake Powell〙►パウエル湖

レーク-プラシッド〘Lake Placid〙米国ニューヨーク州北東部の地名。プラシッド湖の南岸にある保養地。1932年と80年に冬季オリンピックが開催された。

レーク-ルイーズ〘Lake Louise〙►ルイーズ湖

レーゲンスブルク〘Regensburg〙ドイツ南東部、バイエルン州の都市。ドナウ川と支流レーゲン川の合流地点に位置し、古代ローマ時代から水運の要衝となり、特に12世紀から13世紀にかけて、交通と交易の中心地として栄えた。ドナウ南岸の旧市街にあるゴシック様式のレーゲンスブルク大聖堂、ドナウ川にかかる12世紀に建造されたドイツ最古の石橋、および対岸のシュタットアムホーフにある旧聖カタリナ慈善病院など、中世の面影を色濃く残す歴史的建造物が多く、2006年に「レーゲンスブルクの旧市街とシュタットアムホーフ」の名称で世界遺産(文化遺産)に登録された。

レーゲンスブルク-だいせいどう【レーゲンスブルク大聖堂】ﾀﾞｲｾｲﾀﾞｳ《Regensburger Dom》ドイツ南東部の都市、レーゲンスブルクの旧市街にあるゴシック様式の大聖堂。1275年に着工。1869年に尖塔も含めて全てが完成。中世の面影を色濃く残す他の歴史的建造物とともに、2006年に「レーゲンスブルクの旧市街とシュタットアムホーフ」の名称で世界遺産(文化遺産)に登録された。「大聖堂のすずめ達」と称される少年合唱団が有名。聖ペテロ大聖堂。

レーコン〘RACON〙《radar beaconから》►レーダービーコン

レーサー〘racer〙競走用の自動車・自転車・オートバイ・ヨットなど。また、それに乗る競技者。

レーザー〘laser〙《light amplification by stimulated emission of radiationから》メーザーと同じ原理を用い、誘導放出によって光を増幅・発振する装置。また、その増幅された光。ほとんど散乱しないためエネルギーが高く、単色光で位相のそろった指向性の鋭い平行光線が得られる。光ディスクや通信・精密工作・医療・物性研究などに広く利用。➡メーザー

れ

レーザー〔razor〕▶レザー
レーザー-かくゆうごうろ【レーザー核融合炉】重水素と三重水素とからなる燃料に、レーザー光線を照射して爆発的に圧縮し、超高密度のプラズマを発生させることによって核融合を起こさせようという核融合炉。現在研究が進められている。
レーザー-かこう【レーザー加工】《laser processing》炭酸ガス・アルゴンガスなどの強力レーザー光を用いた加工。レーザー光を細く絞って被加工物の穿孔・切断・溶接などの加工を熱的に行う場合と、レーザー光の光化学反応を利用して被加工物のエッチングや堆積を行う場合がある。
レーザー-カッター〔laser cutter〕レーザー光線の強力な破壊力を使った紙や布の裁断機。
レーザー-しきそ【レーザー色素】色素レーザーに用いる色素。アクリジン染料、キノリン染料をはじめとする蛍光性の有機色素などがある。
レーザー-ダイオード〔laser diode〕半導体ダイオードで構成されたレーザー。
レーザー-つうしん【レーザー通信】《laser communication》レーザー光を利用して行う通信方式。大量・高速の通信が可能。光通信に利用される。
レーザー-ディスク〔laser disc〕レーザー光線をディスク面の微小な凸部に当て、その反射光を電気信号に変換して、音声・画像を再生するビデオディスク。平成12年(2000)ごろからDVDや通信カラオケの普及に伴い、ソフト・再生装置ともに衰退した。商標名。LD。〘補説〙レーザーディスクを国内で初めて製品化し、メーカーとして最後まで生産を続けたパイオニアも、平成21年(2009)に撤退。
レーザー-ないしきょう【レーザー内視鏡】《laser endoscope》内視鏡にレーザーを組み合わせたもの。心筋梗塞の原因となる冠状動脈狭窄部位の拡張治療などに用いられる。
レーザー-のうしゅくほう【レーザー濃縮法】レーザーを用いて濃縮ウランを製造する方法。天然ウランの蒸気に可視光線レーザーを当ててイオン化したウラン235をマイナス電極に集める原子法と、天然ウランを六弗化ウランに変え、赤外線レーザーを当てて化学反応しやすくなったウラン235を分離する分子法がある。
レーザー-ビーム〔laser beam〕レーザー発振器により作られる光線束の流れをさす。研究・工業用だけでなく、兵器への応用も考えられている。
レーザービーム-プリンター〔laser beam printer〕レーザープリンター。LBP。
レーザー-フォト〔laser photo〕レーザー光線を使った印画法。
レーザー-ふくごうき【レーザー複合機】レーザープリンターを搭載したプリンター複合機。➡プリンター複合機
レーザー-プリンター〔laser printer〕電子写真式のプリンターの一種。レーザー光線を印字パターンに合わせ変調して感光ドラム上に像を作り、そこに付着したトナーから熱と圧力で紙に転写する。
レーザー-へいき【レーザー兵器】《laser weapon》レーザー光線を破壊エネルギーとした兵器。エネルギー指向型兵器(DEW)の主役で、戦略防衛構想(SDI)での主要破壊手段。
レーザー-ポインター〔laser pointer〕レーザーを利用し、離れた場所のある一点を光で指し示すための装置。小型で携帯性に優れ、教育やプレゼンテーションの現場でよく用いられる。プレゼンテーションソフトと連動し、アプリケーションの実行・終了、ページの送り・戻しなどができるものもある。
レーザー-マウス〔laser mouse〕光学式マウスの一。レーザー光を使いマウスの位置検出をするため、従来のものに比べてより正確な動きを検出できる。
レーザー-メス《和 laser＋mes(オランダ)》レーザー光線のエネルギーを利用して、切除手術を行う装置。血液を凝固させる止血効果もある。
レーザー-りょうほう【レーザー療法】《laser therapy》レーザー光を癌組織に当て、光エネルギーで癌細胞を死滅させる治療法。光感受性のヘマトポルフィリンを利用することもある。早期癌でよい成績があげられている。
レーザー-れいきゃく【レーザー冷却】《laser cooling》レーザー光を用いて、気体原子またはイオンの温度を絶対零度に極めて近い温度に冷却する手法。光のドップラー効果を利用して、原子またはイオンの運動量を低く抑えることにより、ルビジウム、ナトリウム、リチウムなどで、数ミリケルビンから数マイクロケルビンまでの冷却が実現している。
レーザー-レーダー〔laser radar〕レーザー光を用いるレーダー。パルス状のレーザーを発光し、対象物からの反射光や散乱光によって距離を測ったり、エーロゾルや雲の粒子を検出したりする。LIDAR(light detection and ranging)。
レーシー〔lacy〕〘形動〙《レースのようなの意》ファッション用語で、レースのように下地や肌が透けて見える感じのことをいう。
レーシック〔LASIK〕《laser in situ keratomileusis》屈折矯正手術の一。レーザーで角膜の表面をめくり、内部を削って屈折率を調整し、表面を元に戻す。近視、遠視、乱視の矯正に効果がある。レーシック手術。
レーシック-しゅじゅつ【レーシック手術】▶レーシック
レーション〔ration〕❶《「コンバットレーション」の略》軍隊や自衛隊で配給される携帯用の食料。ミリ飯。戦闘糧食。野戦食。❷▶行動食
レーシング-カー〔racing car〕競走用自動車。レーサー。
レース〔lace〕糸で網目状の透かし模様を編み、布状にしたもの。また、布地に刺繍などで透かし模様を施したもの。〘季 夏〙
レース〔lathe〕旋盤。
レース〔race〕❶陸上・水上などでゴールをめざして争うこと。競走・競泳・競漕などの競技。「中距離―」「オートー」❷一般に、競争。「ペナントー」「頭取―」
レース-アップ〔lace-up〕《ひも靴・編み上げ靴の意》靴ひものようにひもを交互にして編み上げげにしてしばること。また、そのような靴。
レース-あみ【レース編み】レース糸と鉤針・ボビンなどの用具を用いてレースを編むこと。また、その技法。
レース-クイーン《和 race＋queen》自動車レースで、スポンサーの広報活動をしたり、優勝者に花束や賞品を渡したりする女性。
レーズド-ネックライン〔raised neckline〕《raised は、高くしたの意》身頃から続いて首にそって立ったネックライン。ハイネック。
レースラー〔Rösler〕▶ロエスレル
レーズン〔raisin〕干しぶどう。
レーゼドラマ〔ドイツ Lesedrama〕上演を目的としないで、読むために書かれた戯曲。上演に適さない戯曲をいうこともある。⇔ビューネンドラマ。
レーゾン-デートル〔フランス raison d'être〕存在理由。存在価値。
レーダー〔radar〕《radio detecting and ranging の略》電波、特にマイクロ波を発射して目標物に当て、その反射波を受信して方向や位置を測定する装置。船舶・航空機の航法や気象観測などに用いる。電波探知機。
レーダー〔RAD-AR〕《Risk/Benefit Assessment of Drugs-Analysis and Response》薬の利益(有効性)と危険性評価の活動。レーダー運動。平成元年(1989)製薬会社によって設立された、くすりの適正使用協議会(前身は日本RAD-AR協議会)により行われている事業。
レーダー-ガン〔radar gun〕レーダーにより、投球されたボールや走行中の自動車の速度を測る、銃の形態をした器具。
レーダー-サイト〔radar site〕対空警戒用のレーダー基地。
レーダー-ビーコン〔radar beacon〕電波探知機からの発信電波に対する自動応答装置。
レーティング〔rating〕❶段階や等級による格付け。❷定まった数式にあてはめて算出した、競技者の実力の評定。「ヨットレースの―」❸テレビ・ラジオなどの視聴率。❹証券会社や格付け機関などが行う、株式や債券などの騰落予想、信用格付け。「大手証券会社がA社の―を上げた」「日本国債の―格下げを受けて円安となった」
レート〔rate〕❶割合。率。歩合。❷相場。交換比率。「―が低い」「為替―」
〘類語〙割合・比率・率・比・割・歩合・パーセンテージ
レー-とう【レー島】《Île de Ré》フランス西部、シャラント-マリチーム県、大西洋沿岸にある島。同国有数の海岸保養地。本土のラ-ロシェルと約3キロメートルの橋で結ばれる。イル-ド-レー。
レートビーク〔Rättvik〕スウェーデン中部、ダーラナ地方の観光保養地。シリアン湖東岸に面する。1521年、スウェーデン王グスタフ1世がデンマークとの戦いを呼びかけた地として知られる。夏至祭にはヨーロッパ諸国から数多くの観光客が訪れる。
レードル〔ladle〕料理をよそったり取り分けたりするための杓子。
レーナウ〔Nikolaus Lenau〕[1802～1850]オーストリアの詩人。ハンガリー生まれ。憂愁をたたえた叙情詩で知られる。作「葦の歌」「ポーランドの歌」など。
レーニア-さん【レーニア山】《Rainier》米国北西部、ワシントン州タコマ市の南東にある円錐火山。カスケード山脈の最高峰で、標高4392メートル。タコマ富士。
レーニアさん-こくりつこうえん【レーニア山国立公園】《Mount Rainier National Park》米国ワシントン州南西部にある国立公園。カスケード山脈北部に位置する火山、レーニア山を中心に、周囲の森林や山地を含む。日系移民が「タコマ富士」と呼んだ美しい山容と山岳氷河で知られる。マウントレーニア国立公園。
レーニン〔Vladimir Il'ich Lenin〕[1870～1924]ロシアの革命家・政治家。学生時代から革命運動に参加、流刑・亡命生活を経て、1917年、二月革命後帰国。ボリシェビキを率いて十月革命を成功させ、史上初の社会主義政権を樹立。人民委員会議長としてソビエト連邦の建設を指導した。また、マルクス主義を理論的に発展させ、その後の国際的革命運動に大きな影響を与えた。著「帝国主義論」「国家と革命」など。
レーニン-きゅう【レーニン丘】《Leninskie gorï》モスクワにある雀が丘の旧称。
レーニン-しゅぎ【レーニン主義】レーニンの思想および理論。マルクス主義を、マルクス死後の新しい歴史的条件に適用し発展させたもの。資本主義の帝国主義段階でのプロレタリア独裁への道を理論化し、国際的革命運動に大きな影響を与えた。
レーニンスク-クズネツキー〔Leninsk-Kuznetskiy〕ロシア連邦中部、ケメロボ州の都市。オビ川の支流イニヤ川沿いに位置する。シベリア鉄道の支線が通る。クズバス炭田の主要な採炭地の一つ。1925年までの旧称コリチューギノ。
レーニン-びょう【レーニン廟】《Mavzolei Lenina》ロシア連邦の首都モスクワの中心部、赤の広場にある革命家ウラジミル＝レーニンの霊廟。レーニンが死去した1924年に木造の遺体安置所が設置され、30年に現在見られる赤い花崗岩を用いた石造の廟が造られた。旧ソ連時代には、赤の広場で毎年催されたメーデーと革命記念日のパレードの際、書記長をはじめとする共産党指導者や政府首脳が廟の上に立って観覧し、演説を行ったことで知られる。
レーバー〔labor〕❶労働。❷労働者。
レーバー-デー〔Labor Day〕米国での労働者の日。9月の第1月曜日で法定休日となっている。ヨーロッパや日本などでのメーデーにあたる。

レーバー-ユニオン〖labor union〗労働組合。
レーバリズム〖laborism〗労働者階級による政治支配をめざす思想。
レーピン〖Il'ya Efimovich Repin〗[1844～1930]ロシアの画家。大胆なリアリズムで社会の矛盾を描き、民衆の啓蒙(けいもう)のために各地で展覧会を開いた移動派の中心的人物となった。
レーベル〖label〗❶レコードの中央部に曲名・演奏者などを記してはる円形の紙。転じて、レコードの制作・販売にあたる会社やブランド名。「マイナー―」❷▶ラベル
レーベン〖(ドイツ) Leben〗生命。生活。人生。ライフ。
レーベンブルク-じょう【レーベンブルク城】《Löwenburg》▶レーヴェンブルク城
レーマー-ひろば【レーマー広場】《Römerberg》ドイツ中西部、ヘッセン州の商工業都市、フランクフルト中心部の旧市街にある広場。広場に面して並ぶ、切妻(きりづま)屋根のゴシック様式木造建造物三つのうち、中央にある旧市庁舎がレーマーと呼ばれることから、その名が付いた。レーマーベルク。
レーマーベルク〖Römerberg〗▶レーマー広場
レーミゾフ〖Aleksey Mikhaylovich Remizov〗[1877～1957]ロシアの作家。ロシア革命後パリに亡命。民間伝承などをモチーフに、写実と幻想の融合を目指した。小説「お日様を追って」「十字架の姉妹」「第五の悪」など。
レーム-ダック〖lame duck〗▶レイムダック
レーヨン〖(フランス) rayonne ¦ 英 rayon〗《「レイヨン」とも》再生セルロースからつくる光沢のある人造繊維。人造絹糸。溶解方法によりビスコースレーヨン・銅アンモニアレーヨン・アセテートがある。
レール〖rail〗❶列車の車輪を支え、一定方向に円滑に走らせるために敷く細長い鋼材。標準長は25メートル。軌条。❷引き戸の戸車やカーテンを走らせるための、金属製などの棒状の部材。「カーテン―」❸物事を進行させるための段取り。軌道。「交渉の―を敷く」(類語)線路・軌道・軌条
　レールが敷か◦れる　物事を円滑にすすめるための下準備がなされる。「話し合いの―◦れる」
レールウエー〖railway〗鉄道。
レール-ガン〖rail gun〗SDI(戦略防衛構想)でのKEW(運動エネルギー利用兵器)の一つ。特殊な弾丸を電磁力を使って猛スピードで発射、敵ミサイルに激突させ破壊する。
レール-バス〖rail bus〗レール上を鉄輪で走る気動車。主にディーゼル車。
レールモントフ〖Mikhail Yur'evich Lermontov〗[1814～1841]ロシアの詩人・小説家。プーシキンの死を悼む詩「詩人の死」で名声を博す。以後、自由・行動への渇望、深い倦怠(けんたい)などをうたった。決闘により死亡。叙事詩「悪魔」、小説「現代の英雄」など。
レールロード〖railroad〗鉄道。
レーワルデン〖Leeuwarden〗オランダ北部、フリースラント州の都市。同州の州都。干拓で造成された土地にあり、同国の代表的な酪農地帯の中心地。1598年建造のルネサンス様式の重量検定所、1724年建造の市庁舎をはじめ、歴史的建造物が数多く残っている。
レーン〖lane〗❶車線。また、交通路。「バス専用―」❷競走・競泳のコース。❸ボーリングで、球をころがす床。
レーン〖rain〗《「レイン」とも》雨。
レーンウエア〖rainwear〗雨の日に着る服。レーンコートなど。
レーンコート〖raincoat〗雨で衣服がぬれるのを防ぐために着るコート。防水布などで作る。
レーンジャー〖ranger〗▶レンジャー
レーン-シューズ《和 rain＋shoes》雨靴。(補説)英語ではrain boots。
レーン-ハット〖rain hat〗雨を防ぐためかぶる帽子。
レーンボー〖rainbow〗《「レインボー」とも》虹(にじ)。「―カラー」
レーンボー-トラウト〖rainbow trout〗ニジマスのこと。
レーンボー-フィッシュ〖rainbow fish〗❶熱帯魚グッピーの雄。体のきれいな色彩から付いた名。❷熱帯魚の一種。オーストラリア・ニューギニアの淡水に分布する。
レオ〖Leo〗ローマ教皇の名。㊀(1世)[?～461]第45代教皇。在位440～461。ペラギウスらの異端と争い、キリスト単性説を排し、正統教義を確立。フン族・バンダル族の侵入からローマを守った。㊁(3世)[?～816]第96代教皇。在位795～816。フランク王カール大帝にローマ皇帝の冠を加えた。㊂(10世)[1475～1521]第217代教皇。在位1513～1521。メディチ家の出身で、学問・芸術を奨励。サンピエトロ大聖堂再建のための免罪符の販売はルターの批判を招き、宗教改革の原因となった。
レオーノフ〖Leonid Maksimovich Leonov〗[1899～1984]ソ連の小説家。ドストエフスキーの影響を強く受け、深い哲学性、鋭い現実批判などを特色とした。作「泥棒」「ロシアの森」など。
レオスタット〖rheostat〗連続的または断続的に抵抗値が変えられる抵抗器。可変抵抗器。
レオタード〖leotard〗体操・ダンス・バレエなどの練習や演技をする際に着る、上下続きの、伸縮性のあるぴったりした衣服。フランスの曲芸師ジュール＝レオタール(Jules Léotard)が着用したところからの名。
レオナルド-ダ-ビンチ〖Leonardo da Vinci〗[1452～1519]イタリアの芸術家・科学者。ルネサンス期の芸術・自然科学の万能的な先覚者で、解剖学・土木工学など広い分野にわたる膨大な数の手稿・スケッチ・素描があり、特に絵画・建築・彫刻においてすぐれた作品を多数残した。絵画に「モナ＝リザ」「最後の晩餐(ばんさん)」など。ダ＝ビンチ。
レオニズ〖Leonids〗▶獅子座流星群
レオニダイオン〖Leonidaion〗▶レオニデオン
レオニダス〖Leonidas〗[?～前480]古代スパルタの王。テルモピレーの戦いで、ペルシアの大軍に対し少数の軍勢で戦って戦死。武人の鑑(かがみ)とされる。
レオニデオン〖Leonidaion〗《「レオニダイオン」とも》ギリシャ、ペロポネソス半島北西部、ゼウスの神域として知られるオリンピアにある遺跡。紀元前4世紀、ナクソス島出身の建築家レオニダスにより、宿泊施設として建造されたオリンピア最大級の建物。中央部に古代ローマ時代に作られた円形の水盤がある。
レオニド〖Leonid〗▶獅子座流星群
レオパルディ〖Giacomo Leopardi〗[1798～1837]イタリアの詩人。厭世的詩作で知られる。詩集「カンティ」、散文集「道徳的小品集」など。
レオポルド-にせい【レオポルド二世】《Leopold Ⅱ》[1835～1909]ベルギー王。アフリカ進出を企て、スタンリーの探検を援助し、コンゴ自由国を建国。のち、ベルギー植民地とした。
レオポン〖leopon〗ヒョウの雄とライオンの雌との交配による雑種で、斑紋(はんもん)がある。繁殖能力はない。
レオロジー〖rheology〗《流れの意のギリシャ語から》物質の流動と変形に関する学問。プラスチック・ゴム・粘土・たんぱく質などの化学的に複雑な物質について、粘性・弾性・可塑性・接着・摩擦現象などを研究する。流動学。
レオン〖León〗中米ニカラグア西部、同国第2の都市。レオン県の県都。1851年まで首都が置かれた。植民地時代の1610年に地震と火山噴火により壊滅した廃墟「レオン-ビエホ遺跡群」が郊外にあり、2000年に世界遺産(文化遺産)に登録。市内には18～19世紀に建造された「レオン大聖堂」があり、2011年に同じく世界遺産に登録された。
レオン〖León〗スペイン北西部、カスティーリャ-イ-レオン州の都市。カンタブリア山脈南麓、ベルネスガ川沿いに位置する。10世紀から13世紀にかけてレオン王国の首都が置かれ、サンティアゴ-デ-コンポステラへの巡礼路の要所として栄えた。13世紀から14世紀にかけて建てられたレオン大聖堂、レオン国王の霊廟があるサンイシドロ教会をはじめとする歴史的建造物のほか、ガウディ設計のカサ-デ-ロス-ボティネスがある。
レオン-だいせいどう【レオン大聖堂】《Catedral de León》スペイン北西部、カスティーリャ-イ-レオン州の都市レオンにある、フランス風ゴシック様式の大聖堂。正式名称はサンタマリア-デ-レグラ大聖堂。13世紀から14世紀にかけて建造された。ステンドグラスは同国屈指の美しさで知られる。
レオンチェフ〖Wassily Leontief〗[1906～1999]ロシア生まれの米国の経済学者。産業連関分析の創始者。1919年・29年・39年の米国経済についてその産業連関表を作成し、それらを用いて米国経済の構造分析と予測に大きな業績をあげた。1973年ノーベル経済学賞受賞。著「アメリカ経済の構造」「産業連関分析」など。
レオン-ビエホ〖León Viejo〗中央アメリカ、ニカラグア西部の都市レオンの郊外、南東約30キロメートルにあるスペイン植民地時代の廃墟。1610年に起きた地震とモモトンボ火山の噴火により壊滅。入植初期の聖堂、修道院、総督邸などが確認されている。2000年、「レオン-ビエホ遺跡群」の名で世界遺産(文化遺産)に登録された。
レガーズ〖leg guards〗スポーツ用具の一種。ホッケー・アイスホッケーの選手や、野球の捕手などがつける防護用のすね当て。
レガート〖(イタリア) legato〗音と音との間に切れ目を感じさせないように、なめらかに演奏すること。(対)スタッカート。➡スラー
レガシー〖legacy〗❶遺産。先人の遺物。❷時代遅れのもの。「―システム」
レガシー-インターフェース〖legacy interface〗コンピューターで、時代遅れになってしまった旧来のインターフェースのこと。
レガシー-コスト〖legacy cost〗企業などで、負の遺産。過去の取り決めや事件などによって現在に生じている負担。特に、年功序列型の賃金制度や年金の支払いなどによる金銭的負担をいう。
レガシー-システム〖legacy system〗時代遅れになってしまった古いコンピューターシステムのこと。
レガシー-フリー〖legacy free〗旧来のインターフェースやデバイスを搭載せず、最新の規格のものを搭載したコンピューターのこと。
レガッタ〖regatta〗ボート・ヨット・カヌーなどの競技会。ボートレース。
レガレイラ-きゅうでん【レガレイラ宮殿】《Palácio e Quinta da Regaleira》ポルトガル中西部の都市シントラにある宮殿。19世紀に富豪アントニオ＝モンテイロがポルト出身のレガレイラ男爵から館と荘園を買い取り、20世紀初頭にイタリアの建築家ルイジ＝マニーニが改築。ゴシック風、ルネサンス風、マヌエル風などさまざまな建築様式が混在し、庭園には錬金術やフリーメーソンの象徴する意匠が随所に見られる。1995年、シントラ宮殿やペーナ宮殿とともに「シントラの文化的景観」の名称で世界遺産(文化遺産)に登録。
れき【×鬲】古代中国で用いられた三足の器。足は中空で、煮炊きに用いた。土器のほか青銅製のものもある。
れき【暦】こよみ。「グレゴリオ―」「ユダヤ―」➡漢「れき(暦)」
れき【×礫】❶小さい石。こいし。❷粒径2ミリ以上の岩石の破片。➡漢「れき(礫)」
(類語)石・小石・石ころ・石くれ・砂利・つぶて・石礫(せきれき)・礫石(れきせき)・石塊(せっかい)・砕石
れき-うん【暦運】暦を作る基準となる太陽・月・星の運行。
れきおう【暦応】▶りゃくおう(暦応)
れき-か【暦家】暦法に通じ、こよみの編纂(へんさん)に携わる人。また、そうした家柄。
れき-か【×轢過】〔名〕(スル)車両が人をひくこと。「自動車が歩行者を―する」「―事故」

れき-かい【歴階】階段の一段ごとに片足ずつかけて上ること。また、急いで上ること。

れき-かい【×礫塊】❶小石と土くれ。❷値打ちのないもの。がらくた。

れき-がく【暦学】天体の運行の観測や暦を作ることに関する学問。

れき-がん【×礫岩】堆積岩の一。礫が粘土・砂などによりくっつき、固結した岩石。

れきこう-さいばい【×礫耕栽培】容器に礫を入れ、水や養分を管理して行う植物の栽培方法。

れき-さい【歴歳】「歴年」に同じ。

れき-さつ【×轢殺】〔名〕スル 電車・自動車などの車輪でひき殺すこと。

れき-ざん【歴山】中国、山東省済南の南方にある山。舜が、ここで耕作したと伝える。隋代に建てられた千仏寺がある。千仏山。

れき-し【歴仕】歴代の主君に仕えること。歴事。

れき-し【歴史】❶人間社会が経てきた変遷・発展の経過。また、その記録。「日本の―」「―上の事件」「―に残る」「―をひもとく」❷ある事物・物事の現在まで進展・変化してきた過程。「菓子の―」「―のある店」❸「歴史学」の略。

〔類語〕(❶)史実・史・青史・通史・編年史・年代記・ヒストリー・クロニクル/(❷)来歴・由来・由緒・縁起・沿革・変遷・道程・歴程・足跡・歩み・年輪

歴史は繰り返す ローマの歴史家クルチュウス＝ルーフスの言葉。過去に起こったことは、同じようにして、その後の時代にも繰り返し起こる。

れきし【歴史】《ギリシャ Historiai》ギリシャ・ローマ時代に書かれた歴史書の書名。㊀ヘロドトス著。全9巻。前425年以前に成立。ペルシア戦争を中心にした物語的歴史記述の典型。ペルシア戦争史。㊁ツキディデス著。8巻。成立年未詳。未完に終わったが、科学的な史料批判などにより最初の完全な歴史書とされる。ペロポネソス戦争史。⇨ペロポネソス戦争 ㊂ポリビオス著。全40巻。成立年未詳。ローマの発展を中心に記述した世界史。

れき-し【×轢死】〔名〕スル 電車・自動車などにひかれて死ぬこと。「―体」

れき-じ【歴事】「歴仕」に同じ。

れきし-か【歴史家】歴史を専門に研究する学者。また、歴史に通じている人。史家。

れきし-が【歴史画】歴史上の出来事を題材とした絵画。広義には伝説上・神話上の事件を描いたものも含む。

れきし-かがく【歴史科学】❶歴史的な性格をもつ事柄や現象を研究する諸科学の総称。❷一般的な法則を定立する自然科学に対し、事象の一回的・個性的なものの記述を方法とする科学。ウィンデルバントの用語。

れきし-がく【歴史学】歴史を研究の対象とする学問。

れきし-がくは【歴史学派】経済学で、19世紀の40年代から20世紀の10年代にかけてドイツに起こり、その主流となった一学派。古典学派の普遍妥当的な抽象性に反対し、経済現象の歴史性や国民的特殊性を重視して歴史的研究の必要性を主張。経済政策においても後進国ドイツを擁護するために保護貿易主義を唱えた。リスト・ロッシャー・クニース・ヒルデブラント・シュモラー・ブレンターノ・ワグナーなどが代表者。歴史派経済学派。

れきし-かん【歴史観】歴史を全体的にどう見るかという根本的なものの見方。マルクス主義の史的唯物論はその一例。史観。

れきし-げき【歴史劇】►史劇

れきし-こうこがく【歴史考古学】歴史時代の遺物・遺跡を研究対象とする考古学。日本では6世紀後半以降を対象とし、最近では中世考古学・近世考古学も盛んである。

レキシコグラファー〖lexicographer〗辞書編集者。

レキシコグラフィー〖lexicography〗辞書編集。辞書編集法。辞書学。

レキシコン〖lexicon〗❶辞典。特にギリシャ語・ラテン語・ヘブライ語などの古典語辞典。❷ある特定の個人・領域などにおける語彙・用語集。

〔類語〕辞書・辞典・字書・字典・字引・ディクショナリー

れきし-じだい【歴史時代】文献や記録によって過去の人びとの社会や文化を知ることのできる時代。日本では6世紀後半以降をいう。⇨原史時代 ⇨先史時代

れきし-しゅぎ【歴史主義】すべての事象は歴史的生成過程にあり、価値・真理なども歴史の発展過程に現れるとする立場。

れきし-しょうせつ【歴史小説】歴史上の事件や人物を素材として構成された小説。

れきし-ちりがく【歴史地理学】過去のある時代の人文現象を地理学の立場から研究する人文地理学の一分野。

れき-じつ【暦日┊歴日】❶こよみで定められた1日。また、その1日1日の月日の経過。月日。「山中一なし」❷こよみ。〔類語〕日付・日にち・月日

れき-じつ【歴日】日数を経ること。

れきし-てき【歴史的】〔形動〕❶過去にその事実が存在するさま。歴史に関するさま。史的。「―な考証を加える」「―な観点から見る」❷遠い過去から続いているさま。また、すでに過去のものであるさま。「もはや―な存在でしかない」「―建造物」❸歴史上、特記されるべき重要な意味のあるさま。「―な出来事」「―瞬間」

れきしてき-かなづかい【歴史的仮名遣い】語を仮名で表記する際の方式の一つ。典拠を過去の文献に求める仮名遣い。ふつう、主に平安中期以前の万葉仮名の文献に基準をおいた契沖の「和字正濫鈔」の方式によるものをいう。明治以降、「現代かなづかい(昭和21年内閣告示)」が公布されるまでは、これが公的なものとなっていた。旧仮名遣い。⇨現代仮名遣い

れきしてきけいかん-けん【歴史的景観権】国民が歴史的・文化的価値があり観賞価値の高い景観を享受できる権利。環境権の一つとして主張されている。〔補説〕平成6年(1994)に結審した和歌浦景観保全訴訟では法律上の具体的権利として認められなかったが、同21年の鞆の浦埋め立て差し止め訴訟では広島地裁が同地の景観の歴史的・文化的価値を認め、景観利益保護のため工事の差し止めを命じた。

れきしてきふうど-とくべつほぞんちく【歴史的風土特別保存地区】古都保存法により規定される、都市計画法上の地域地区の一つ。歴史的風土保存区域の中でも特に重要な地区として定められる。⇨歴史的風土保存地区

れきしてきふうど-ほぞんくいき【歴史的風土保存区域】古都保存法に基づいて指定された「古都」の歴史的風土を保存するために定められた区域。歴史上意義を有する建造物・遺跡などが周囲の自然的環境と一体をなして古都の伝統と文化を具現または形成している区域の状況が保存されている。「鎌倉市および逗子市」「京都市」「奈良市」「奈良県生駒郡斑鳩町」「天理市・橿原市および桜井市」「大津市」の6区域32地区が指定されている(平成24年7月現在)。⇨歴史的風土特別保存地区 ⇨歴史的風土保存地区 〔補説〕明日香村(奈良県高市郡)については、明日香村法に基づいて「飛鳥宮跡」「石舞台」「岡寺」「高松塚」の4地区が「歴史的風土保存地区」に指定されている。

れきしてきふうど-ほぞんちく【歴史的風土保存地区】明日香村法により規定される、都市計画法上の地域地区の一つ。大官大寺跡・飛鳥寺跡・岡寺・橘寺・高松塚古墳・石舞台古墳など歴史的風土の保存上、特に重要な区域は「第一種歴史的風土保存地区」として現状の変更が厳しく規制されている。第一種地区以外の区域は、集落や農地を含めて全域が「第二種歴史的風土保存地区」に指定され、著しい現状の変更が抑制されている。第一種および第二種歴史的風土保存地区は、いずれも古都保存法で規定される歴史的風土特別保存地区に相当する。⇨歴史的風土保存区域

れきし-てつがく【歴史哲学】歴史または歴史学を対象とする哲学の一部門。歴史の本質・目的・意味などについての哲学的反省、および歴史学の認識論的・方法論的研究。

れきしはけいざいがく-は【歴史派経済学派】►歴史学派

れきし-ぶんぽう【歴史文法】文法の時代的な変遷のあとづけ、または史的一時期の実態を研究・記述する説明文法の一分野。

れきし-ほうがく【歴史法学】法の生成と発展を、歴史的観点から研究する立場を強調するもの。19世紀初めにドイツに興った理論。

れきし-ほうそく【歴史法則】人間社会の歴史的生成発展を貫流する客観的法則が存在するという考えに基づいて想定される法則。

れきし-ものがたり【歴史物語】❶歴史的事実を題材にした小説的作品。❷平安中期以後、歴史的事実に取材し、仮名文で物語ふうに書かれた歴史書の総称。「栄花物語」「大鏡」「今鏡」「水鏡」「増鏡」など。

れき-じゅつ【暦術】太陽・月・星の運行を測定して暦を作る方法。

れき-じゅん【歴巡】〔名〕スル 順々にまわって歩くこと。「札所を―する」

れき-しょ【暦書】暦学に関する本。また、こよみ。

れき-じょ【歴女】俗に、歴史好きの女性のこと。特に、戦国時代の武将などに関心をもち、時代小説や史跡めぐりを好む女性。

れき-しょう【暦象】❶暦によって天体の運行を推測すること。❷天体。

レキシントン〖Lexington〗㊀米国マサチューセッツ州北東部の地名。ボストンの北西に位置する。1775年独立革命の火ぶたが切られた地。㊁米国ケンタッキー州中央部の都市。競走馬の飼育、バーボンウイスキーの産地として知られる。多くの日系企業が進出。

れき-すう【暦数】❶太陽や月の運行を測って暦を作る技術。また、こよみ。❷自然にめぐってくる運命。めぐりあわせ。命数。「―に従う」❸年代の数。年数。「―已に千年に及ぶ」

〔類語〕命数・運命・運・命運・天運・天命・巡り合わせ・回り合わせ・星回り・宿命・宿運・定め

れき-せい【歴世】歴代。代々。「―の君主」

〔類語〕代代・歴代・累代

れき-せい【×瀝青】天然のアスファルト・タール・ピッチなど、黒色の粘着性のある物質の総称。また、石炭を加圧下でベンゼンを用いて抽出したときの抽出物。チャン。ビチューメン。

れきせい-ウランこう【×瀝青ウラン鉱】►ピッチブレンド

れきせい-たん【×瀝青炭】光沢のある黒色をし、煙の多い炎を上げて燃える石炭。炭化度は褐炭と無煙炭との中間。一般燃料用。

れき-せき【×礫石】小石。つぶて。

〔類語〕石・石くれ・小石・石ころ・礫・砂利・つぶて・石礫・石塊・砕石

れき-せん【歴戦】何度もの戦争を経験したこと。「―の勇士」

れき-ぜん【歴然】〔ト・タル〕図〔形動タリ〕まぎれもなくはっきりしているさま。「―たる事実」「格の違いは―としている」

〔類語〕判然・明白・一目瞭然・顕然・歴歴・瞭然・亮然・画然・截然・自明・明瞭・鮮明・分明・顕著・明らか

れき-だい【歴代】何代も経てきていること。また、それぞれの代。歴世。「―の首相」

〔類語〕代代・歴世・累代

れき-だん【×轢断】〔名〕スル 列車などが、からだをひいて切断すること。

れき-ちゅう【暦注】暦本に記載される諸種の注記。

天象・七曜・干支・朔望・潮汐・二十四節気・雑節・二十八宿・九星・六曜をはじめ、中段の十二直、下段の吉凶の選日など。

れき-ちょう【歴朝】ーテウ 代々の朝廷。また、代々の天子。

れきちょうしょうしかい【歴朝詔詞解】レキテウセウシカイ 江戸後期の注釈書。6巻。本居宣長著。享和3年(1803)刊。「続日本紀」の宣命62編を取り出し、注釈を施したもの。続紀歴朝詔詞解。

れき-てい【歴程】経てきた道筋。「民族運動の―をたどる」

(類語)歴史・来歴・由来・由緒(ゆいしょ)・縁起・沿革・変遷・道程・歩み

れき-でん【歴伝】代々に伝えること。また、代々伝わること。「―の秘法」

れき-と【歴と】〘副〙「れっきと」に同じ。「譬(たと)えば―した証拠があっても」〈逍遥・内地雑居未来之夢〉

れき-ど【×礫土】小石まじりの土。(類語)土砂・土石

れき-どう【暦道】ーダウ ❶暦術・暦数に関する学問。また、その専門家。❷陰陽寮(おんようりょう)の学科の一。暦法と漏刻の学を教授した。

れき-にん【歴任】〘名〙スル 次々に各種の官職に任命されて勤めてきたこと。「重要ポストを―する」

れき-ねん【暦年】❶暦の上での1年。太陽暦では、平年365日、閏年366日。❷年月。歳月。

れき-ねん【歴年】❶年月を経ること。「―の功」❷年々。毎年。連年。

れき-ねんれい【暦年齢】生まれてからの、暦の上での年齢。満年齢と数え年の二つの数え方がある。生活年齢。

れき-はい【歴拝】〘名〙スル 各地の社寺を参拝して回ること。巡拝。「関東の古刹を―する」

れき-はかせ【暦博士】▶こよみのはかせ

れき-はく【歴博】「国立歴史民俗博物館」の略称。

れきひょう-じ【暦表時】レキヘウ 地球の自転角速度に変動があるため、地球の公転に基づいて定めた、厳密に一様に進む時系。1956年から67年まで、これによる秒が時間の単位として採用された。

れき-ほう【暦法】ーハフ こよみに関する学問。また、暦を作る基準。法則。

れき-ほう【歴訪】ーハウ〘名〙スル いろいろな土地・人を次々に訪ねること。「欧州各国を―する」

(類語)歴遊・歴巡・遊歴・巡歴・巡遊・周遊・遍歴

れき-ほん【暦本】こよみに関する書物。また、こよみ。

れきめい-ぼ【歴名簿】姓名を書き並べた帳簿。歴名帳。

れき-ゆう【歴遊】ーイウ〘名〙スル 方々をめぐりあるくこと。遊歴。「日本各地を―する」

(類語)歴訪・歴巡・巡歴・歴遊・遊歴・巡遊・周遊・巡行・遍歴・行脚(あんぎゃ)

レギュラー〖regular〗❶通例・通常のものであること。また、正式・正規のものであること。また、そのもの。「―サイズ」「―コーヒー」❷「レギュラーメンバー」の略。「―から外される」「―解説者」⇔ゲスト。❸「レギュラーガソリン」の略。

(類語)普通・一般・一般的・尋常・通常・平常・通例・標準・標準的・平均的・並み・常並み・ノーマル・スタンダード

レギュラー-アーミー〖regular army〗正規軍。

(類語)スタンディングアーミー・常備軍・正規軍

レギュラー-ガソリン〖regular gasoline〗低オクタン価の一般用ガソリン。オクタン価89以上96未満。

レギュラー-コーヒー《和 regular＋coffee》挽いたコーヒー豆で滝(い)れる、いわゆる普通のコーヒー。インスタントコーヒーに対していう。

レギュラー-シーズン〖regular season〗野球・サッカー・アイスホッケーなどのリーグ戦の公式戦。➡ポストシーズン

レギュラー-バッティング〖regular batting〗野球で、試合同様の形式で攻撃を繰り返し行う、最も実戦的な練習方法。➡フリーバッティング

レギュラー-ポジション〖regular position〗❶競技で、守備や攻撃における各選手の正規の位置。❷正選手としての資格・地位。

レギュラー-メンバー〖regular member〗❶正規の成員。正会員。また、通常の顔ぶれ。❷スポーツ競技などで、正選手。❸放送番組で、常時出演する人。また、その顔ぶれ。

レギュラシオン-りろん【レギュラシオン理論】《フランス théorie de la régulation》経済理論の一つ。マルクス経済学的な「歴史」の観点とケインズ経済学的な「市場の不均衡」の二つの観点から、資本主義経済を分析するもの。

レギュレーション〖regulation〗規制。規則。

レギュレーション-キュー〖Regulation Q〗米連邦準備理事会(FRB)が連邦準備法19条に基づいて決める銀行預金利率の最高限度。1980年制定の金融制度改革法に基づき、預金金利の上限規制は段階的に撤廃されており、現在はほぼ完全に自由化されている。Qは、同法で決められているAからZまでの各種規定のQ項という意味。Q規制。

レギュレーター〖regulator〗調整装置。調整器。

れき-よう【歴葉】ーエフ《「葉」は世・代の意》歴代。歴世。「―の天子」

れき-らん【歴覧】〘名〙スル ❶順に見て回ること。「鎌倉五山を―する」❷一つ一つ目を通すこと。「関連資料を―する」

れき-らん【歴乱】〘ト・タル〙図〘形動タリ〙入り乱れるさま。特に、花が咲き乱れるさま。「草花のみは…―として四辺に充ちた」〈二葉亭訳・あひゞき〉

れき-れき【歴歴】㊀〘名〙地位・身分などの高い人々。その方面の一流の人々。「日本中から―を集めて」〈鉄腸・花間鶯〉➡御歴々(おれきれき) ㊁〘ト・タル〙図〘形動タリ〙❶物事が一目で見え、明らかにわかるさま。「―たる証拠」❷身分や家柄の高いさま。「皆―としてよき人たちのわたるは」〈史記抄・孝文本紀〉

(類語)歴然・明白・瞭然・一目瞭然・亮然(りょうぜん)・判然・画然(かくぜん)・截然(せつぜん)・顕然・顕著・明瞭・明らか

れき-れき【×瀝×瀝】〘形動タリ〙風や波が音を立てるさま。「岸打つ浪―たり」〈盛衰記・三九〉

れき-ろく【×轣×轆】㊀〘名〙車のわだち。また、車のとどろき。㊁〘ト・タル〙図〘形動タリ〙馬車などが音をたてて走るさま。轆轆(ろくろく)。「早や門の外を―として車が行く」〈鏡花・婦系図〉

レギンス〖leggings〗❶乳幼児用の、脚にぴったりした細いズボン。毛糸で編み、裾のゴム輪を足にかけてはかせるものが多い。❷足首までの婦人用のタイツ。伸縮性のある編み地で作られるものが多い。スパッツ。❸すねあて。脚絆(きゃはん)。

レク　❶「レクリエーション」の略。「バス―」❷「レクチャー」の略。

レグア〖Régua〗ポルトガル北部の町。正式名称はペゾ-ダ-レグア。ドウロ川沿いに位置する。ポートワインの産地として知られるアルトドウロ地域の中心地であり、ワインの集散地として発展。

レクイエム〖ラテン requiem〗❶カトリック教会で、死者のためのミサ。典礼文の冒頭語がRequiem(安息を)であるところからいう。❷❶のために作られた楽曲。鎮魂ミサ曲。

レグール〖regur〗インドのデカン高原に見られる玄武岩の風化土壌。熱帯黒色草原土の一種。綿花栽培に適することから黒色綿花土ともいわれる。

レクエム〖ラテン requiem〗▶レクイエム

レグザ〖REGZA〗東芝が販売する液晶テレビのブランド名。平成18年(2006)より使用。同21年に画像処理用CPUとしてセルを初めて搭載したセルレグザを発売した。(補説)名称はreal expression guaranteed by amazing architectureの略から。

レクサンド〖Leksand〗スウェーデン中部、ダーラナ地方の観光保養地。シリアン湖南岸に面する。伝統文化が色濃く残っていることで知られる。国内最大規模の夏至祭が有名。

レクタングル〖rectangle〗矩形(くけい)。長四角形。

レクチャー〖lecture〗〘名〙スル《「レクチュア」とも》講義。講演。また、説明。それを行うこともいう。「英文学の―を受ける」「機器の扱い方を―する」

(類語)授業・講義・レッスン

レクチュア〖lecture〗▶レクチャー

レクチン〖lectin〗細胞膜の糖鎖と結合して細胞凝集反応などを起こす物質。

レグホーン〖Leghorn〗▶レグホン

レグホン〖Leghorn〗《「レグホーン」とも》鶏の一品種。羽色は白色のほか褐色や黒色もあり、代表的な卵用種。イタリアのリボルノ(英語名レグホーン)原産。

レグミン〖ドイツ Legumin〗エンドウマメに存在するたんぱく質。グロブリンに属する。

レクラム〖Reclam〗ドイツの出版社。1828年、アントン=レクラムがライプチヒに設立。67年から「レクラム世界文庫」を刊行。日本の文庫本の手本となった。

レクリエーショナル-ビークル〖recreational vehicle〗家族や仲間などで保養のための旅行に使うキャンピングカー。RV。日本では、アウトドア用の車を総称していうこともある。

レクリエーション〖recreation〗《「リクリエーション」とも》仕事・勉学などの肉体的・精神的疲労をいやし、元気を回復するために休養をとったり娯楽を行ったりすること。また、その休養や娯楽。

(類語)娯楽・気晴らし・遊び・楽しみ・息抜き・レジャー・遊山・命の洗濯

レグルス〖ラテン Regulus〗《小さな王様の意》獅子(しし)座のα(アルファ)星。黄道上にあり、明るさは1.3等の実視連星。距離は77.5光年。

レグレッション-テスト〖regression test〗▶リグレッションテスト

レゲエ〖reggae〗ジャマイカのポピュラー音楽。独特のアクセントをもつオフビートと、メッセージ性の強い歌詞に特徴がある。1970年代に世界のポピュラーミュージックに大きな影響を与えた。➡スカ

れこ〘代〙《「これ」を逆にした語》三人称(中称)の人(指示)代名詞。愛人・金銭などをあからさまにいうのを避けるときに用いる。「彼女はボスの―らしい」➡れそ

レコーダー〖recorder〗❶記録や録音をするための装置。記録器。「タイム―」「テープ―」❷▶リコーダー

レコーディング〖recording〗〘名〙スル レコード・テープなどに音や声を吹き込むこと。録音。「新曲を―する」

レコーディング-フィルム〖recording film〗科学測定や実験などに用いられる特殊撮影用の超高感度フィルム。

レコード〖record〗❶記録。特に、陸上や水泳などの競技の最高記録。「自己のもつ―を更新する」「コー

漢字項目 **れき**

暦〔曆〕 (音)レキ(漢)　リャク(呉)　(訓)こよみ ‖ ㊀〈レキ〉①巡ってくる日・月・季節をしるしたもの。こよみ。カレンダー。「暦日・暦年・暦法/陰暦・改暦・還暦・新暦・西暦・太陽暦」②天体の運行を計算すること。また、天の巡り合わせ。「暦象・暦数」㊁〈こよみ(ごよみ)〉「絵暦・花暦」(名付)とし

歴〔歷〕 (学)4　(音)レキ(漢)　リャク(呉)　(訓)へる ‖ ①ある地点・時点・立場などを順次に通っていく。へる。「歴戦・歴程・歴任・歴年・歴訪・歴遊/巡歴・遍歴」②代々にわたる。「歴仕・歴世・歴代・歴朝」③経てきた跡。「歴史/閲歴・学歴・経歴・職歴・戦歴・前歴・病歴・来歴・履歴・略歴」④はっきりと区別されるさま。「歴然・歴歴」(名付)つね・ふる・ゆき (難読)歴(れっき)とした

×**瀝** (音)レキ(漢) ‖ ①しずくが点々と垂れる。そそぐ。「瀝血」②汁をこしてしぼり出す。「披瀝」③しずく。「余瀝」(難読)瀝青(チャン)

×**礫** (音)レキ(漢) ‖ 石ころ。「礫岩・礫土/瓦礫(がれき)・砂礫・石礫」(難読)飛礫(つぶて)

×**轢** (音)レキ(漢)　(訓)ひく ‖ ①車が踏み通る。ひく。「轢殺・轢死・轢断」②車輪がすれ合う。「軋轢(あつれき)」

スー」❷音楽などを録音した円盤。盤面に外から内側へと螺旋状に音の信号を刻んだもの。プレーヤーで再生する。「―をかける」❸コンピューターで、ファイルを構成する単位。フィールドが集まって1レコードをつくり、そのまとまったものがファイルになる。

レコード-コンサート〘record concert〙レコードで音楽を鑑賞する会。

レコード-タイム《和 record＋time》陸上や水泳・競馬などの競技での最高タイム。最優秀記録。補説英語では単にrecord。

レコード-プレーヤー〘record player〙レコードに録音された音を再生する装置。ターンテーブル・モーター・ピックアップなどからなる。プレーヤー。

レコードホルダー〘recordholder〙競技などで、最高記録を出した人。記録保持者。

レコード-ライブラリー〘record library〙各種のレコードを集め、揃えてある資料館。

レコメンデーション〘recommendation〙❶推薦。推薦状。❷▶レコメンド❷

レコメンド〘recommend〙〔名〕スル《「リコメンド」とも》❶勧めること。推薦すること。「CDを―する」❷オンラインショップなどで、利用者の好みにあった物品やサービスを推薦する手法。利用者の購入履歴やアンケート、好みが似た他の利用者の情報を分析して、適切な物品やサービスを絞り込んで推薦することにより、売り上げを高めるのがねらい。レコメンデーション。

レゴランド-カリフォルニア〘LEGOLAND California〙米国カリフォルニア州南西端の港湾都市、サンディエゴの郊外にあるテーマパーク。ブロック玩具で知られるレゴ社が運営する。米国の有名な観光地をブロックで再現したアトラクションなどがある。

レゴランド-ビルン〘LEGOLAND Billund〙デンマークの玩具メーカーであるレゴ社が開設したテーマパーク。所在地は本社と工場があるユトランド半島中央部の都市、ビルン。ヨーロッパをはじめ世界各地の街並みをブロック玩具で再現したアトラクションなどがある。

レゴリス〘regolith〙固結していない堆積物の総称。陸上の地表面における土壌、火山灰、岩砕物、氷河・風化・沖積による堆積物、黄土などを指す。また、惑星科学の分野では、月、惑星、小惑星などの天体の表面を覆っている堆積物に対して用いられる。

レコンキスタ〘スペイン Reconquista〙キリスト教徒による、イベリア半島のイスラム教徒からの解放運動。711年のイスラム軍の侵攻後始まり、1492年のグラナダ陥落で完了した。国土回復運動。国土回復戦争。

レザー〘leather〙❶なめし革。皮革。❷「レザークロス」の略。類語皮革・皮・革・なめし革

レザー〘razor〙《「レーザー」とも》西洋かみそり。

レザー-カット〘razor cut〙かみそりを用いて調髪すること。

レザークラフト〘leathercraft〙皮革工芸。革細工。

レザークロス〘leathercloth〙布の表面に塗料を塗り、皺を型押しして、本物の皮に似せたもの。本の表紙などに使う。

レザー-コート〘leather coat〙天然あるいは合成の皮革を素材とした上衣の総称。

レザー-シャー〘Reḍā Shāh Pahlavī〙[1878～1944]イランの国王。1921年、クーデターによって実権を掌握、25年パフラビー朝を創始し、即位。35年国号をイランと改称。41年、イギリス・ソ連の圧力で退位。

レザー-トップ〘leather top〙乗用車の屋根に革(現在はビニール)を張ったもの。

レザーワーク〘leatherwork〙「レザークラフト」に同じ。

レザノフ〘Nikolay Petrovich Rezanov〙[1764～1807]ロシアの実業家。1804年、遣日使節として漂流民津太夫らを伴って長崎に来航。貿易要求を拒否されたため、報復として、1806年および07年に樺太・択捉を武力攻撃した。

レザンドリー〘Les Andelys〙フランス北西部、ノルマンディー地方、ウール県の町。セーヌ川を見下ろす町の高台に、12世紀にイングランド王リチャード1世(獅子心王)が築き、フランス王フィリップ2世に陥落されたガイヤール城の廃墟がある。

レジ　❶「レジスター❶」に同じ。「―を打つ」❷「レジスター❷」に同じ。「―に並ぶ」「―を通る」

レシート〘receipt〙受取証。領収書。特に、レジスターで領収金額などが印字された紙片。
類語受け取り・領収書・受領証

レジーナエレナ-ていえん【レジーナエレナ庭園】《Giardini Regina Elena》イタリア北西部、リグリア州の保養都市サンレモにある庭園。旧市街を見下ろす丘の上に位置し、園内には多数のヤシが植えられている。名称はイタリア国王ビットリオ＝エマヌエレ3世の王妃だったレジーナ＝エレナが、サンレモで最初にヤシを植えた人物であることに由来する。

レシーバー〘receiver〙❶無線受信機。受信装置。❷直接耳に当てて使う、電気信号を音声信号に変換する装置。❸テニス・卓球などで、相手のサーブを受ける人。また、バレーボールで、相手のサーブやスパイクを受ける人。レシーブする人。❹アメリカンフットボールで、前パスまたはキックされたボールを受ける資格のあるプレーヤー。

レシービング-チーム〘receiving team〙アメリカンフットボールで、攻守交代のときにパントを受ける側のチームのこと。

レシーブ〘receive〙〔名〕スル❶テニス・卓球などで、相手のサーブしたボールを打ち返すこと。「強烈なサーブを―する」「―エース」❷バレーボールで、相手のサーブやアタックを受けること。❸アメリカンフットボールで、レシーバーがボールを捕球すること。

レジーム〘regime｜フランス régime〙体制。制度。政治形態。政体。管理体制。政権。⇒アンシャンレジーム ⇒レジームチェンジ

レジーム-チェンジ〘regime change〙武力を行使したり、非軍事的手段によって、他国の指導者や政権を交代させること。体制転換。政権交代。

レジェ〘Fernand Léger〙[1881～1955]フランスの画家。キュビスムから出発。のち、明快な構図の装飾的画風により、現代社会における機械と人間との調和をダイナミックに描いた。ステンドグラス・舞台装飾・映画製作なども行った。

レジェンド〘legend〙伝説。言い伝え。

レシオ〘ratio〙❶比率。割合。❷株価収益率。一株当たりの税引き利益に対する株価の倍率。補説❷は英語ではprice-earnings ratio。

レジオネラ〘ラテン Legionella〙グラム陰性の桿菌。鞭毛をもち、水中・土壌中に存在。在郷軍人病の原因となる。

レジオネラ-きん【レジオネラ菌】▶レジオネラ

レジオネラ-しょう【レジオネラ症】《legionnaires' disease レジオネラは、在郷軍人会会員の意》「在郷軍人病」に同じ。

レジオン-ドヌール〘フランス Légion d'honneur〙フランス最高の勲章。軍功のあった人、文化に功績のあった人に大統領が直接授与する。1802年ナポレオン1世が制定。グランクロワ・グランオフィシエ・コマンドール・オフィシエ・シュバリエの5階級がある。レジョンドヌール。補説日本人では山田耕筰、藤田嗣治、大岡信、池田理代子、北野武などが受章している。

レジオンドヌール-くんしょう【レジオンドヌール勲章】▶レジオンドヌール

レジスター〘register〙❶金銭登録器。レジ。❷スーパーマーケット・デパート・飲食店などで、金銭登録器を備えて客からの支払いを受ける場所。また、その係。レジ。❸コンピューターで、中央処理装置内部に置かれ、データ処理の際に演算結果などを一時的に記憶しておく装置。アキュムレーター、アドレスレジスター、プログラムカウンターなど用途に応じた専用のレジスターや、複数の用途に使われる汎用レジスターがある。置数器。

レジスタンス〘フランス résistance〙《抵抗の意》権力や侵略者などに対する抵抗運動。特に第二次大戦中、ナチスドイツ占領下のフランスやヨーロッパ各地における対独抵抗地下運動。

レジスタンス-トレーニング〘resistance training〙筋肉に一定の負荷をかけて筋力を鍛えるトレーニング。ダンベル、トレーニング用のゴムチューブ、専用のマシンなどを使う。

レジストラー〘registrar〙ドメイン名の登録申請を取り次ぐ業者や組織のこと。

レジストリー〘registry〙米国マイクロソフト社のオペレーティングシステム、ウインドウズにおける、システム・アプリケーションソフト・デバイスドライバーなどの各種設定情報を記録したデータベース。

レジストレーション〘registration〙❶登録。記録。登記。❷パイプオルガンの音栓の選択・調整。

レシタチーブ〘recitative〙▶レチタティーボ

レシタティーブ〘recitative〙▶レチタティーボ

レシチン〘lecithin〙代表的な燐脂質の一。界面活性をもつ。生体膜などの構成成分として動植物に広く分布し、特に脳・神経・卵黄や大豆・酵母などに多い。ホスファチジルコリン。

レシテーション〘recitation〙暗唱。吟唱。朗唱。

レジデンシャル〘residential〙〔形動〕居住用の。特にホテルなどで、長期間にわたって滞在する利用客を対象とすること。「―タイプの部屋」

レジデンス〘residence〙住居。住宅。高級アパート・マンションなどの名に用いられることが多い。

レジデンツ-ひろば【レジデンツ広場】《Residenzplatz》オーストリア中部の都市、ザルツブルクの旧市街の中心部にある広場。周囲を大司教の宮殿(レジデンツ)、ザルツブルク大聖堂、鐘楼に囲まれる。旧市街を中心とする他の歴史的建造物も含め、1996年に「ザルツブルク市街の歴史地区」として世界遺産(文化遺産)に登録された。

レジデント〘resident〙研修医のこと。米国では1年目の研修医をインターンともいう。日本では初期臨床研修(通常2年間)を終えた後、専門領域の研修を行う後期臨床研修医(通常3年目以降)をレジデントと呼ぶことが多い。また、初期臨床研修医をジュニアレジデント、後期臨床研修医をシニアレジデントなどと区別して呼ぶこともある。専修医。専門研修医。

レジナルド-の-とう【レジナルドの塔】《Reginald's Tower》アイルランド南部、ウオーターフォード州の町、ウオーターフォードにある塔。シェア川に臨む。11世紀初頭、デーン人のレジナルド＝マッキーバーが建てた木造の要塞に起源する。現在の石造りの塔は12世紀にノルマン人により建造された。町の歴史を紹介する博物館を併設する。

レシピ〘recipe〙❶料理などの調理法。「―ブック」❷秘訣。秘伝。

レシピエント〘recipient〙《受取人・受領者の意》臓器移植手術や骨髄移植手術で臓器の移植を受ける患者。ドナーから臓器を提供される人。

レシフェ〘Recife〙ブラジル東端部、ペルナンブコ州の州都。大西洋に面する港湾都市。砂州や島上に建設されたため水路が多く、「ブラジルのベネチア」とよばれる。人口、行政区155万(2008)。

レジ-ぶくろ【レジ袋】《「レジ」はレジスターの略》スーパーやコンビニで、買い物をすると勘定後にレジで渡される、商品を入れるためのポリエチレンの袋。⇒マイバッグ

レシプロ「レシプロエンジン」の略。

レシプロ-エンジン《reciprocating engineから》ピストンの往復運動を、連結棒とクランクによって回転運動に変える方式のエンジン。レシプロ。

レシプロシティー〘reciprocity〙❶相互主義。互恵主義。相互利益。❷複数の保険会社間で相互に再保険を引き受けあうこと。損害保険会社のリスクを分散させるために行われる。再交換保険。

レシムノン〘Rethymno〙ギリシャ南部、クレタ島の港湾都市。イラクリオン、ハニアに次ぐ同島第三の規模で、2都市のほぼ中間に位置する。旧市街にはベ

ネチア共和国時代に築かれた城塞や港、街並みが残っている。レシムノ。レティムノン。レティムノ。
レジメ〘フランス résumé〙▶レジュメ
レジメン〘regimen〙《養生法の意》がん治療で、投与する薬剤の種類や量、期間、手順などを時系列で示した計画書。
レジメン「レジメンタルストライプ」「レジメンタルタイ」の略。
レジメンタル-ストライプ〘regimental stripe〙英国の連隊旗の配色をもった縞柄。紺地にえんじや緑の斜め縞など。ネクタイによく用いる。
レジメンタル-タイ〘regimental tie〙英国の連隊旗に似た斜めの縞柄のネクタイ。➡レジメンタルストライプ
レジャー〘leisure〙仕事などから解放された自由な時間。余暇。また、それを利用してする娯楽や行楽。「一産業」「一人口」
(類語)余暇・娯楽・気晴らし・息抜き・遊び・楽しみ・レクリエーション
レジャー-シート《和 leisure＋sheet》屋外で、地面に座るときなどに敷くプラスチック製のシート。
レジャー-センター〘leisure center〙さまざまな娯楽・スポーツ施設に加え、レストランなども備えた場所。
レジャー-はくしょ【レジャー白書】財団法人日本生産性本部が昭和52年(1977)以来、年1回発行する、日本人の余暇の過ごし方についての統計調査報告。15歳以上の男女を対象とするアンケート調査をまとめ、分析や事例の紹介などを加えたもの。
レジャー-ランド《和 leisure＋land》娯楽施設がある場所。遊園地。また、学生が遊んで過ごす大学を揶揄していうこともある。
レジューム〘resume〙再開すること。特にパソコンなどで、電源を切る直前の作業形態を記憶しておいて、作業を再開しやすくする機能をいう。
レジューム-きのう【レジューム機能】《resume function》▶レジューム
レシュティ-の-みぞ【レシュティの溝】《レシュティ(Rösti)はスイスの、ドイツ語圏の家庭料理の名》多言語国家のスイスで多数を占めるドイツ語圏と少数派のフランス語圏の住民の考え方の相違を表す語。国民投票の結果に際だって表れることがある。(補説)レシュティはじゃがいもの細切りをフライパンで炒めてパンケーキのような形にした、スイスのドイツ語圏を代表する料理。フランス語圏では食べられていないところから、両言語圏の境界線をレシュティの溝という。1980年代から使われ始めたという。
レジュメ〘フランス résumé〙《「レジメ」とも》要約。摘要。研究報告・講演・演説などで、その内容を手みじかにまとめて記したもの。
(類語)サマリー・ダイジェスト・要約・概要・概略・大要・大略・要略・摘要・梗概
レジン〘resin〙樹脂。「一加工」「一コンクリート」
レス〘loess〙▶黄土❶
レス《語源未詳。「レスポンス(response)」の略ともいわれるが英語圏などでは通用しない》インターネット上で、メールや掲示板(BBS)の書き込みなどに対する返信や返答のこと。
レズ「レズビアン」の略。
レ-スカ「レモンスカッシュ」の略。多く喫茶店などで用いる。
レスキュー〘rescue〙救助。救出。救援。「一活動」
レスキュー-たい【レスキュー隊】消防署で、火災や事故の際に人命救助活動を行うために出動する、特別な訓練を受けたチーム。
レスコフ〘Nikolay Semyonovich Leskov〙[1831〜1895]ロシアの小説家。国内各地を遍歴し、民衆のことばを生かした独特の説話体を確立した。作「僧院の人々」「魅せられた旅人」など。
レスタウラドーレス-ひろば【レスタウラドーレス広場】《Praça dos Restauradores》ポルトガルの首都リスボンの中央部にある広場。リスボンきっての目抜き通りであるリベルダーデ通りの南東端に位置する。スペインからの再独立を記念するオベリスクが建ち、フォス宮をはじめ19世紀から20世紀初期の建造物に囲まれる。
レスト〘rest〙❶休むこと。休憩。休息。❷音楽で、休止。休止符。
レストア〘restore〙❶元の状態に戻すこと。復元すること。特に、古くなって傷んだ自動車や家具などを修復すること。「古い家具の一」❷▶リストア
レストアじん-いしょく【レストア腎移植】▶病気腎移植
レスト-ハウス〘rest house〙行楽地などの休憩所。または宿泊所。
レストラン〘フランス restaurant〙洋風の料理店。中華料理の店にもいうことがある。「フレンチ一」
(類語)グリル・カフェテリア・料理屋・食堂・飯店
レスト-ルーム〘rest room〙劇場・デパートなどの便所。化粧室。また、便所・洗面所の付いた休憩室。
レスパイト〘respite〙一時中断。小休止。猶予。延期。一時預かり。
レズビアン〘Lesbian〙《「レスビアン」とも》女性の同性愛。また、女性の同性愛者。エーゲ海のレスボス島では、古代、女性の同性愛が盛んであったと伝えられたところからいう。レズ。
レスピーギ〘Ottorino Respighi〙[1879〜1936]イタリアの作曲家。華麗な管弦楽法により、近代イタリア音楽の方向づけに寄与した。代表作は交響詩三部作「ローマの泉」「ローマの松」「ローマの祭」など。
レスピレーター〘respirator〙全身麻酔や呼吸不全の際に、気管に挿入したチューブからポンプで空気を送り込み、人為的に呼吸を行わせる装置。人工呼吸器。ベンチレーター。
レスボス-とう【レスボス島】《Lesbos》ギリシャ、エーゲ海東部にある島。トルコ西岸近くに位置し、中心都市ミティリーニ。オリーブ・タバコを産する。女流詩人サッフォーの生地。ミティリーニ島。
レスポンシビリティー〘responsibility〙責任。責務。
レスポンシブ〘responsive〙(形動)反応が良いさま。感じやすいさま。「一な走り」
レスポンス〘response〙❶応答。反応。対応。返事。「問い合わせにすぐ一があった」❷自動車で、制動などの操作に対する反応。「一のいい車」
レスポンス-タイム〘response time〙❶コンピューターの端末装置から動作命令を入力して、結果が戻されるまでの時間。❷一般に、応答時間。
レスラー〘wrestler〙レスリングの競技者。特に、プロレスの選手をいう。
レスリング〘wrestling〙二人の競技者が直径9メートルのマット上で取り組み、相手の両肩を同時にマットにつけることで勝敗を決める格闘技。腰から下を攻めてはならないグレコローマンスタイルとフリースタイルの2種があり、競技者の体重により階級を分ける。
レゼジー-ド-タヤック〘Les Eyzies-de-Tayac〙フランス南西部、ドルドーニュ県の村。正式名称はレゼジー-ド-タヤック-シルイユ。単にレゼジーと略されることもある。クロマニョン人の骨が発見された地として知られる。16世紀建造のベナック領主の居城が現在国立先史博物館になっている。ドルドーニュ川の支流ベゼール川沿いに位置し、名称の由来となったクロマニョン洞をはじめ、ルムスティエ、ラ-マドレーヌ、フォン-ド-ゴーム、コンバレル、ルフィニャックなどの化石人骨が見つかった石灰岩洞窟が点在する。有名なラスコーの洞窟も含め、1979年に「ベゼール渓谷の先史的景観と装飾洞窟」の名称で世界遺産(文化遺産)に登録された。
レセップス〘Ferdinand Marie de Lesseps〙[1805〜1894]フランスの外交官。外交官引退後エジプトに招かれ、スエズ地峡に運河を建設。のち、パナマ運河建設にも着手したが、失敗に終わった。
レセプショニスト〘receptionist〙ホテル・会社・病院などの受付係。フロント係。
レセプション〘reception〙❶応接。応対。❷客を公式に歓迎するために催す宴会。歓迎会。
レセプター〘receptor〙受容器。受容体。
レセプト〘ドイツ Rezept〙《処方箋の意。ドイツ語での発音は「レツェプト」》診療報酬請求明細書の通称。病院や診療所が医療費の保険負担分の支払いを公的機関に請求するために発行する。診療報酬明細書。
レセルピン〘reserpine〙南アジア産の常緑低木インド蛇木の根に含まれるアルカロイドの一種。抗高血圧薬として用いる。
れそ〘代〙《「それ」を逆にした語》三人称(中称)の人(指示)代名詞。あいつ。あのこと。直接にその名を言いにくいときに使う。「や、一が言伝うしたぞや」〈浄・冥途の飛脚〉➡れこ
レソト〘Lesotho〙アフリカ南部の王国。立憲君主制。首都マセル。南アフリカ共和国に囲まれて高地にあり、牧畜・農業が行われる。ダイヤモンドを産出。1884年英国の保護領バストランドとなり1966年独立。英連邦の一員。面積約3万平方キロメートル。人口192万(2010)。
レゾナンス〘resonance〙共振。共鳴。また、共鳴状態をさすこともある。物理系がその固有振動数と同じあるいは非常に近い振動数を持つ力により振動させられたとき、振動の振幅が著しく大きくなる現象。
レゾリューション〘resolution〙▶解像度
レゾルシン〘ドイツ Resorcin〙フェノール類の一。無色の結晶。光や空気に触れると淡紅色になり、塩化鉄により紫色に着色する。水・エーテルに溶け、強い還元作用をもつ。防腐剤・染料の原料。レソルシノール。
レゾン-テートル〘フランス raison d'être〙▶レーゾンデートル
レゾン-デートル〘フランス raison d'être〙▶レーゾンデートル
レダ〘Lēdā〙㊀ギリシャ神話で、スパルタ王テュンダレオスの妻。白鳥に身を変えたゼウスと交わって卵を産み、それからヘレネ・ポリュデウケス・カストル・クリュタイムネストラの四子が生まれたという。㊁(Leda)木星の第13衛星で、すべての衛星のうち10番目に木星に近い軌道を回る。1974年に発見。名は㊀に由来。非球形で平均直径は約20キロ。
レター〘letter〙❶手紙。「ラブー」❷ローマ字の、文字。「キャピタルー」
(類語)(❶)手紙・書簡・書信・書状・信書・私信・私書・書状・一書・手書・便り・文・封書・はがき・絵はがき・郵便/(❷)文字・字・ローマ字・アルファベット・キャラクター
レター-オブ-インテント〘letter of intent〙発注内示書。プラント商談などで双方が完全合意に達するにはかなり時間を要し、その間、資材価格の高騰などのリスクにさらされるため、大筋の合意の段階で「内定」という意味で出すもの。LOI。
レタード〘lettered〙(形動)❶博学であるさま。教育のある。❷文字入りの、文字デザインの、装飾文字の、の意を表す。「一ネックレス」
レター-ペーパー〘letter paper〙便箋。書簡用紙。
レターヘッド〘letterhead〙便箋の上部に印刷した個人・団体の名前・住所やマークなど。
レター-ボックス〘letter box〙❶ハイビジョンやワイドスクリーンのように、縦横比が9対16である横長の映像の上下に黒枠を付与し、縦横比が4対3である従来のテレビ画面の比率に変換したもの。レターボックスであることを示す識別情報が付された映像は、横長のテレビ画面で視聴する際、縦横方向に拡大して全画面表示ができる。❷郵便受け。郵便ポスト。
レタケニー〘Letterkenny〙アイルランド北西部、ドニゴール州の町。スウィリー川沿いに位置する。20世紀初頭に建造されたセントエナン大聖堂があるほか、グレンベー国立公園やスウィリー湖への観光拠点として知られる。

れ

レタス〘lettuce〙キク科のチシャの別名。野菜としてヨーロッパで古くから栽培、日本には江戸時代末期に渡来した。日本では、ふつう葉が重なり合って結球するタマヂシャをさしていう。サラダなどに用いる。〔季 春〕

レタックス《letter(手紙)＋fax(ファックス)からの造語》日本郵便株式会社が扱う郵便サービスの一。文書を、受け付けた郵便局から宛先郵便局にファクシミリで送り、受取人に速達扱いで配達する。電子郵便。エレクトロニックメール。

レタッチ〘retouch〙▶リタッチ

レタッチャー〘retoucher〙《修整者の意》印刷用写真製版の原版を仕上げる人。

レダマ〘スペイン retama〙マメ科の落葉低木。エニシダに似て、枝は細長く、灰緑色。夏から秋にかけ、黄色の蝶形の花を開く。地中海沿岸地方に産し、日本には江戸時代に渡来。観賞用。(補説)「連玉」とも書く。

レタリング〘lettering〙広告などで、視覚的効果を考えて文字を図案化すること。また、その文字を書くこと。

れち【▽列】「れつ(列)」に同じ。「博士、文人、一引きて着き並みぬ」〈宇津保・祭の使〉

レチキュレーション〘reticulation〙写真の印画紙表面に塗布した感光材料にできる網状のしわ。縮緬(ちりめん)じわ。

レチクル-ざ【レチクル座】南天の小星座。旗魚(かじき)座の西にあり、日本からは見えない。レティクル座。名称は「網線・十字線」の意。学名 ラテン Reticulum

レチタティーボ〘イタリア recitativo〙オペラやオラトリオで、叙述や会話の部分に用いられる朗読調の歌唱。叙唱。レシタティーブ。

レチノール〘retinol〙ビタミンAの異称。

れつ【列】㊀〔名〕❶順に長く並ぶこと。連なること。また、そのもの。ならび。行列。「一になる」「一を作る」「一を離れる」❷仲間。「大臣の一に連なる」「大国の一にはいる」❸数学で、行列または行列式での縦の並び。❹表計算ソフトなどのリレーショナルデータベースにおける、縦一列のデータの領域。それぞれの列は、データの種類や属性により他の列と区分される。カラム。コラム。⇔行(ぎょう)。㊁〔接尾〕助数詞。つらなっているものを数えるのに用いる。「二一に並ぶ」➡漢「れつ(列)」
(類語)並び・つらなり・行列・列伍(れつご)・隊列

れつ【劣】〔名・形動ナリ〕劣ること。また、そのさま。「その浄土こそ寂光の浄土より一なるべし」〈仮・夫婦宗論〉➡漢「れつ(劣)」

れつ-あく【劣悪】〔名・形動〕性質・状態などがひどく劣っていて悪いこと。また、そのさま。「一な環境」「一な労働条件」⇔優良。(派生)**れつあくさ**〔名〕
(類語)最悪・粗悪・粗末・酷(ひど)い・悪い

れつ-い【列位】ーヰ 並ぶ位置。並ぶ順序。位列。

れつ-い【劣位】ーヰ 他より劣っている位置・地位。⇔優位。

れっ-か【列火】ークヮ 漢字の脚(あし)の一。「烈」「焦」などの「灬」の称。「火偏(ひへん)」とともに「火」の部に属する。連火(れんが)。

れっ-か【劣化】ークヮ〔名〕スル 性能・品質などが低下して以前より劣ってくること。「画質が一する」
(類語)低下・悪化・下がる・落ちる

れっ-か【烈火】ークヮ 激しい勢いで燃える火。「一のごとく怒る」(類語)猛火・猛炎・業火

れっ-か【裂果】ークヮ ▶裂開果(れつかいか)

れっ-か【裂×罅】裂けてできたすきま。裂け目。割れ目。「紅海は大陸の一だとしいて思ってみても」〈寅彦・旅日記から〉

れつ-が【裂芽】地衣類の無性生殖器官。地衣体の表面にできる小突起で、分離すると発生を始め、新しい地衣体となる。

レッカー〘wrecker〙▶レッカー車

レッカー-しゃ【レッカー車】《wrecker》事故や故障で動けない自動車、あるいは違反駐車の自動車を牽引する自動車。ふつう、トラックの後部にクレーンを装備したもの。

れっ-かい【裂開】〔名〕スル ❶さけてひらくこと。また、さいてひらくこと。❷鉱物が外力を受けたときに、劈開(へきかい)面以外で、ある結晶面に平行に割れること。

れっかい-か【裂開果】ークヮ 熟すと乾燥して、果皮の一部が裂けて開き、中の種子を放出する果実。裂開の型により袋果・豆果・蒴果(さくか)・蓋果(がいか)などがある。裂果。⇔閉果。

れっか-ウラン【劣化ウラン】レックヮー 天然ウランよりもウラン235の含有率の低いウラン。ウラン濃縮工場でウラン235を取り出した残りのものや、使用済み核燃料など。減損ウラン。DU(depleted uranium)。

れっか-ウランだん【劣化ウラン弾】レックヮー 劣化ウランを利用した弾丸。劣化ウランは鉄や鉛よりも比重が大きいため、高い貫通力をもつ。DU弾。(補説)使用することで放射性物質が拡散し、人体や環境に悪影響を及ぼすものとして懸念されている。

れっ-かく【劣角】頂点と2辺を共有する角のうち、小さいほうの角。180度より小さい。⇔優角。

れっか-じゅうてん【裂×罅充填】岩石・鉱床中の割れ目を他の種類の岩石や鉱物が埋めていること。

れっ-かん【烈寒】はげしい寒さ。酷寒。

れっ-き【列記】〔名〕スル 並べて書きしるすこと。「要点を一する」
(類語)列挙・羅列・箇条書き・併記・書き並べる

れっ-き【×礫器】レキ 打製石器の一種。表面がなめらかな川原石の周囲あるいは一部を打ち欠いて刃としたもの。

れっき-と【▽歴と】〔副〕《「れきと」の音変化。多く「れっきとした」の形で用いる》❶確かなものとして世間から認められているさま。「一した私の妻だ」「一したプロだ」❷すきがなく整っているさま。「奥には一刀剣を飾ってある」〈蘆花・思出の記〉

れっ-きょ【列居】並んでいること。列をなして座っていること。「帯刀の役人は皆中門の外に…一す」〈太平記・四〇〉

れっ-きょ【列挙】〔名〕スル 並べあげること。一つ一つ数えあげること。「問題点を一する」
(類語)枚挙・羅列・リストアップ・列記・並べる・挙げる・並べ立てる・数える・数え上げる・数えたてる

れっ-きょう【列強】ーキヤウ 強い力を持つ国々。
(類語)強国・大国

れっきょ-せきにんしゅぎ【列挙責任主義】保険会社が、保険約款に列挙された危険を起因とした損害についてのみ責任を負うという危険負担原則。限定責任主義。➡包括責任主義

レッグ〘James Legge〙[1815〜1897]英国の宣教師・中国研究家。宣教師として30年間中国に滞在。帰国後、オックスフォード大学で中国学初代教授。四書五経や「法顕伝」などを英訳。

レッグ〘leg〙脚。

レッグ-ウエア〘leg wear〙脚の部分を装うための衣服。タイツやストッキング、レッグウオーマーなど。

レッグ-ウオーマー〘leg warmers〙膝から足首のあたりまでを覆う、毛糸などで筒状に編んだ防寒具。

レックス-ベゴニア〘rex begonia〙シュウカイドウ科ベゴニア属の観葉植物。インドのアッサム地方原産。他種との交配で、多様な品種が生まれた。

レックとうきょうリーガルマインド-だいがく【LEC東京リーガルマインド大学】ートウキヤウー 東京都千代田区にある私立大学。平成16年(2004)の開学。総合キャリア学部の単科大学。

レックハンプトン〘Leckhampton〙英国イングランド南西部、グロスターシャー州、チェルトナム南部の村。「悪魔の煙突」と呼ばれる石灰岩が風化した奇岩があることで知られる。

レックリングハウゼン-びょう【レックリングハウゼン病】ービヤウ《von Recklinghausen's disease》母斑(ぼはん)症の一種で、外胚葉系の発生異常。全身の皮膚および末梢(まっしょう)神経に多発する神経線維腫(しゅ)と、淡褐色の母斑(カフェオレ斑)を特徴とする。ドイツの病理学者F＝レックリングハウゼンの名にちなむ。神経線維腫症Ⅰ型。

れっ-けん【列見】主に平安時代の朝廷における年中行事の一。2月11日に、式部省・兵部省が選んだ六位以下の器量ある官人を昇叙するため、それらの人を太政官に列立させ、大臣もしくは上卿(しょうけい)が引見する式。

れっ-こ【劣弧】円周上の二点によって円周を分けたときの、半円より小さいほうの弧。⇔優弧。

れつ-ご【列×伍】列を組んで並ぶこと。また、その列。隊伍。「夫より段々に一を整え」〈条野有人・近世紀聞〉

れつ-ご【劣後】他におとっておくれをとること。

れっ-こう【列侯】多くの大名。諸侯。

れっ-こう【烈公】徳川斉昭(とくがわなりあき)の諡号(しごう)。

れっ-こう【裂×肛】ーカウ ▶切れ痔(じ)

れつご-かぶ【劣後株】▶後配株(こうはいかぶ)

れっ-こく【列国】多くの国々。諸国。
(類語)諸国・各国・国国

れっこくぎかい-どうめい【列国議会同盟】レツコクギクワイー《Inter-Parliamentary Union》各国の国会議員による国際的な交流組織。国際平和と国際協力を推進し、国連の諸活動を支持することなどを目的とする。1889年創立。本部はジュネーブ。万国議員同盟。IPU。

れつご-さい【劣後債】破産または解散したときに、元利金の返済順位が最後になることを条件に企業が発行する債券。自己資本に近い性格をもち、資本増強に有用とされる。

れつご-ローン【劣後ローン】《subordinated loan》借り手の企業などが倒産した際に、貸し手への返済順位が低い無担保の貸出債権。リスクの大きい反面、金利は高めに設定してある。銀行の自己資本比率を上げる手段として活用されている。

れつ-ざ【列座】〔名〕スル 座につらなること。その場所に並びすわること。列席。「社長の代理として式典に一する」

レッサー-パンダ〘lesser panda〙▶パンダ❷

れっ-さん【列参】つれだって参上すること。参上し列席すること。「一シテ申ス」〈日葡〉

れっし【列子】㊀中国、戦国時代の道家の思想家。名は禦寇(ぎょこう)。鄭(てい)(河南省)の人。「荘子」中に説話がみえ、「呂氏春秋」によれば虚を尊んだといわれる。唐代に沖虚真人(ちゅうきょしんじん)と追号された。生没年未詳。㊁中国の道家思想書。8編。㊀の撰と伝えられるが、現行本は前漢末から晋代にかけて成立したといわれる。故事・寓言・神話を多くのせ、唐代に道教教典として尊ばれ、「沖虚真経(ちゅうきょしんけい)」と称された。

れっ-し【列氏】《「列」はフランスの物理学者レオミュール(R.A.F.Réaumur)の中国語表記から》「列氏温度」の略。

れっ-し【烈士】信念を貫きとおす男子。「国家に殉じた一」

れつ-じ【列次】順序。順番。次第。

レッジェーロ〘イタリア leggiero〙音楽の発想標語の一つ。「軽快優美に」の意。

れっし-おんど【列氏温度】ーヲンド 1気圧のもとで、水の氷点を零度、水の沸点を80度とする温度目盛り。1730年にレオミュールが考案。記号°R

れつ-じつ【烈日】激しく照りつける夏の太陽。また、その光。「一の意気」「秋霜一」
(類語)太陽・日(ひ)・天日(てんじつ)・日輪(にちりん)・火輪(かりん)・金烏(きんう)・日天子(にってんし)・白日(はくじつ)・赤日(せきじつ)・陽光・日光・日色(にっしょく)・日差し・日影・天日(てんぴ)

れっ-しゃ【列車】旅客や貨物を運ぶために線路上を走る連結した車両。「長距離一」
(類語)電車・汽車・機関車

れっしゃ-うんこうずひょう【列車運行図表】ーウンカウヅヘウ ▶列車ダイヤ

れつ-じゃく【劣弱】〔名・形動〕能力・勢力などが劣っていて弱いこと。また、そのさま。「一な組織」(派生)**れつじゃくさ**〔名〕(類語)貧弱・脆弱(ぜいじゃく)・軟弱・弱い

れっしゃ-しゅうちゅうせいぎょ【列車集中制御】ーシフチユウセイギヨ ▶シー-ティー-シー(CTC)

れっしゃ-ダイヤ【列車ダイヤ】特定区間の各列車

の運行状況を1枚の図に表したもの。縦軸に距離、横軸に時間をとって線で示す。列車運行図表。

れっ-しゅく【列宿】天空に連なる星座。

れつ-じょ【列叙】〔名〕スル 並べて書くこと。列記。

れつ-じょ【烈女｜列女】節操をかたく守る女子。また、信念を貫きとおす激しい気性の女子。

れっ-しょう【裂傷】皮膚などが裂けてできる傷。「―を負う」

れつ-じょう【劣情】いやしい心情。また、性的な欲望や好奇心をいやしんでいう語。「―を催す」
類語 欲情・痴情・色情・情欲・色欲・肉欲

れつ-じょうふ【烈丈夫】節義が固くて勇気のある立派な男性。烈士。

レッジョ-ディ-カラブリア〖Reggio di Calabria〗イタリア南部、カラブリア州の都市。イタリア半島の南端に位置し、メッシーナ海峡に臨む。対岸のシチリア島と航路で結ばれる。紀元前8世紀に古代ギリシャの植民都市として建設され、レギオンと呼ばれた。東ローマ帝国支配の下においても、南イタリアの交易の要地として栄えた。マーニャグレーチャ国立博物館には「リアーチェのブロンズ像」と呼ばれる古代ギリシャの男性像があるほか、古代ローマ時代の温泉の遺跡、15世紀建造のアラゴン家の城、17世紀建造(20世紀初頭の地震後に再建)の大聖堂などがある。海岸通りは詩人・作家ダヌンツィオが「イタリアで最も美しい1キロメートル」と評したことで知られる。

れつじょでん【列女伝】中国の伝記。前漢の劉向撰。全7巻。尭・舜の時代から戦国末に至る賢女・烈婦などの伝記を、母儀・賢明・仁智・貞順・節義・弁通・孼嬖の七目に分けて記す。古列女伝。

れっ-しん【烈震】地震の強さの旧階級。家屋の倒壊が30パーセント以下で、山崩れ・がけ崩れが起こり、地割れを生じるものとされ、震度6にあたった。⇒震度

レッシング〖Gotthold Ephraim Lessing〗[1729～1781]ドイツの劇作家・批評家。ドイツ啓蒙思想の代表者で、ドイツ古典劇の基礎を築いた。美学論文「ラオコーン」、演劇論「ハンブルク演劇論」、喜劇「ミンナ＝フォン＝バルンヘルム」、悲劇「エミーリア＝ガロッティ」、劇詩「賢者ナータン」など。

レッズ ▶浦和レッドダイヤモンズ

れっ-する【列する】〔動サ変〕図れっ・す〔サ変〕❶会合などに出席する。また、仲間に加わる。「式典に―・する」「大国に―・する」❷並べる。つらねる。「大臣として名を―・する」
類語 連なる・並ぶ・居並ぶ・参列する・参加する・伍する・加わる・名を連ねる

レッスン〖lesson〗❶授業。また、練習。けいこ。「英会話の―を受ける」❷学習すべき事項のひとまとまり。課程。「―ワン」
類語 授業・練習・稽古・指導・レクチャー

レッスン-プロ《和 lesson＋pro》ゴルフ・テニスを練習場で愛好者に教える職業選手。補説 英語では teaching pro.

れっ-せい【列世】代々。歴代。歴世。「―の天子」

れっ-せい【列聖】❶歴代の天子。❷カトリック教会で、死後、福者に列せられた信徒が、さらに教皇の宣言により聖人として公式に認められること。

れっ-せい【劣性】対立形質において、雑種第一代では発現を抑えられるほうの形質。潜在して子孫に現れる。潜性。⇔優性。

れっ-せい【劣勢】〔名・形動〕勢力が劣っていること。形勢が不利であること。また、そのさま。「弱点をつかれて―になる」「―な(の)試合」⇔優勢。
類語 敗勢・守勢・不利・苦戦

れっ-せい【劣生】〔代〕一人称の人代名詞。男性が自分をへりくだっていう語。「―は深く貴銀行の内幕を熟知致し候故」〈魯庵・社会百面相〉

れっせい-いでん【劣性遺伝】対立形質をもつ両親の交配による雑種第一代目にはその形質が現れず、雑種間の交配による雑種第二代目において、ホモ接合体となって初めて現れる遺伝様式。⇒優性遺伝

れっせい-いでんし【劣性遺伝子】対立する優性遺伝子がない場合のみ形質を発現する遺伝子。⇒優性遺伝子

れっ-せき【列席】〔名〕スル その席につらなること。出席すること。列座。「結婚式に―する」類語 出席・列座・参列・参会・臨席・顔出し・連なる・列する

レッセ-フェール〖仏 laisser-faire〗《為すに任せよ」の意》フランスの重農主義者が主張した経済における自由放任主義。レッセ-フェール-レッセ-パッセ。

れっ-そ【列祖】代々の祖先。歴代の祖先。

れっ-そ【烈祖】大きな功績のある先祖。

れっ-そう【裂創】「裂傷」に同じ。

れつ-だい【列代】代々。歴代。列世。

レッチェ〖Lecce〗イタリア南部、プーリア州の都市。サレント半島の中心都市。古代ギリシャ時代の以前に先住民のメッサピ人の町があったとされる。古代ローマ時代に商業都市として栄え、11世紀のノルマン人征服以降、交易の要地となった。レッチェ大聖堂、サンタクローチェ聖堂をはじめ、16世紀から17世紀にかけて建造または再建したバロック建築が数多く残り、別名「バロックのフィレンツェ」「南イタリアのフィレンツェ」と称される。

レッチェ-だいせいどう【レッチェ大聖堂】《Duomo di Lecce》イタリア南部、プーリア州の都市レッチェにあるバロック様式の大聖堂。12世紀の創建。17世紀後半、ジュゼッペ＝ジンバロ(通称ジンガレッロ)により再建され、現在の姿になった。ファサードはバロック様式のレリーフが施されている。両脇に司教館、神学校があり大聖堂広場の三方を囲む。

れっ-ちゅう【列柱】何本も立ち並んだ柱。

れっちょう-そう【列×帖装】「綴葉装」に同じ。

レッツノート〖Let'snote〗パナソニックが販売するノートパソコンのシリーズ名。

レッテル〖蘭 letter〗❶文字。❷商品名・発売元・内容などを表示して商品にはりつける紙の札。商標。❸ある人物や物事についての断定的な評価。「不名誉な―」類語 烙印・極印
　レッテルを貼・る ある人物などに対して一方的・断定的に評価をつける。「卑怯者の―・られる」

れつ-でん【列伝】❶多くの人々の伝記を書き並べたもの。「名将―」❷紀伝体の歴史で、著名な人臣の伝記を書き連ねたもの。⇒本紀

れつでん-たい【列伝体】歴史記述法の一。列伝❶の形式によって歴史書を構成するもの。司馬遷の「史記」に始まる。⇒紀伝体

レット〖let〗テニスや卓球で、相手側が受ける用意ができていないときにサーブを打ち出したり、サーブしたボールがネットに触れてから相手コートに入ったりした場合に、サーブをノーカウントとしてやりなおさせること。

レッド〖red〗❶赤。赤色。また特に、危険信号としての赤色。「―ゾーン」❷共産主義者、また、その思想や運動などをいう語。
類語 赤・紅・紅色・真紅・真っ赤・緋色・赤色・紅色・鮮紅・緋・朱・朱色・丹・茜色・薔薇色・小豆色・臙脂・暗紅・唐紅・スカーレット・バーミリオン・マゼンタ・ローズ・ワインレッド

レット-イット-ビー〖let it be〗あるがままに。構わないでおいて。補説 ビートルズの曲名として有名。

れっ-とう【列島】細長く列をなすようにつらなっている島々。「日本―」
類語 島島・諸島・群島・島嶼

れっ-とう【劣等】〔名・形動〕等級・程度などが水準より劣っていること。また、そのさま。「―な品種」「―生」⇔優等。類語 下等・三流・低級・下級・低劣・不良

れっとう-かん【劣等感】自分が他人より劣っているという感情。インフェリオリティーコンプレックス。「―を抱く」⇔優越感。
類語 引け目・コンプレックス

漢字項目 れつ

列 学3 音レツ漢 訓つらなる、つらねる ‖ ①つらなり並ぶ。つらねる。「列記・列挙・列車／直列・陳列・配列・並列・羅列」②その場に加わる。「列席／参列」③一つらなりに並んだもの。「行列・系列・歯列・縦列・戦列・前列・葬列・隊列」④並んだ順序。「序列・同列」⑤ずらりと並んでいるさま。「列強・列国・列伝・列島」⑥気性が強い。「列女」
名付 つら・とく・のぶ

劣 音レツ漢 訓おとる ‖ 能力や質・品性が他より落ちる。おとる。「劣悪・劣化・劣弱・劣勢・劣等／愚劣・下劣・拙劣・低劣・卑劣・優劣・陋劣」

烈 音レツ漢 訓はげしい ‖ ①勢いがはげしい。「烈火・烈日・烈震・烈風・烈烈／苛烈・強烈・激烈・熾烈・峻烈・鮮烈・壮烈・痛烈・熱烈・猛烈」②気性が強く、徳義心にあつい。「烈士・烈女・烈婦／義烈・忠烈」③すぐれた功績。「烈祖／遺烈・功烈・武烈」
名付 あきら・いさお・たけ・たけし・つよ・つら・やす・よし

裂 音レツ漢 訓さく、さける、きれ ‖ ①二つに引きさく。さける。はじけ割れる。「裂開・裂傷・裂帛／乾裂・亀裂・炸裂・寸裂・破裂・爆裂」②物事がばらばらになる。「決裂・分裂・四分五裂・支離滅裂」

れっとう-じょうちゅう【裂頭条虫】裂頭条虫科に分類される条虫の総称。体は細長くひも状で、多数の片節からなり、頭節に一対の吸溝をもち、脊椎動物の腸に寄生する。二つの中間宿主を必要とするものが多い。広節裂頭条虫や、主にネコ科動物に寄生するマンソン裂頭条虫がある。

レッドウッド〖redwood〗「セコイア」に同じ。

レッドウッド-こくりつしゅうりつこうえん【レッドウッド国立州立公園】《Redwood National and State Parks》米国カリフォルニア州北部の太平洋岸にある国立および州立公園。海岸山脈の西斜面に位置し雨や霧が多く、樹齢2000年以上、樹高100メートル以上のレッドウッド(セコイアメスギ)の原生林がある。1980年に世界遺産(自然遺産)に登録された。

レッド-カード〖red card〗サッカーなどで、選手に退場を命じるときに審判が示す赤いカード。非常に悪質な反則や乱暴な行為がなされたときや、イエローカードが重なったときに示す。

レッド-カラント〖red currant〗ユキノシタ科スグリ属の落葉低木。西ヨーロッパ原産。果実は赤く熟し、ジャムやゼリーにする。アカミノフサスグリ。

レッド-キャベツ〖red cabbage〗キャベツの一品種。葉は赤紫色をし、結球性。サラダなどに用いる。紫キャベツ。

レッド-シダー〖red cedar〗▶鉛筆の木

レッド-シフト〖red shift〗▶赤方偏移

レット-しょうこうぐん【レット症候群】広汎性発達障害の一種。女児に発症する進行性の神経疾患で、生後6か月を過ぎてから発症し、目的をもった手の動き、歩行、会話などが困難となる。手をもみ合わせる、手をたたく、手を口に入れるなどの動作を繰り返すのが特徴。知的障害を伴い、周囲への反応が乏しくなる。1966年ウィーンの小児科医A＝レットがこの症例を報告。

レッド-ゾーン〖red zone〗《赤で表示されていることから》計器類で能力の限界を表す領域。また、比喩的に、危険度の高い状態を示す範囲。「エンジンの回転数が―に入る」「資金繰りが―に突入する」

レッド-データ-ブック〖Red Data Book〗絶滅するおそれのある野生生物としてレッドリストに掲載された生物種について、その形態・分布・生息状況・保護対策などを取りまとめた資料。自然保護の施策などに反映される。IUCN(国際自然保護連合)が1966年から世界規模のレッドデータブックを刊行してい

[レッドリスト] レッドリストのカテゴリー

カテゴリー	記号
IUCN 2001年版	
絶滅	(EX)
野生絶滅	(EW)
絶滅危惧ⅠA類	(CR)
絶滅危惧ⅠB類	(EN)
絶滅危惧Ⅱ類	(VU)
準絶滅危惧	(NT)
軽度懸念	(LC)
情報不足	(DD)
環境省 平成19年(2007)版	
絶滅(旧・絶滅種)	(EX)
野生絶滅	(EW)
絶滅危惧Ⅰ類(旧・絶滅危惧種)	(CR+EN)
絶滅危惧ⅠA類	(CR)
絶滅危惧ⅠB類	(EN)
絶滅危惧Ⅱ類(旧・危急種)	(VU)
準絶滅危惧(旧・希少種)	(NT)
情報不足	(DD)
絶滅のおそれのある地域個体群(旧・地域個体群)	(LP)

るほか、世界各国・地域および団体などが独自のレッドデータブックを作成・公表している。RDB。

レッド-パージ〖red purge〗共産主義の思想・運動・政党に関係している者を公職や企業から追放すること。日本では昭和25年(1950)GHQの指令により1万数千人が追放された。赤狩り。

レッド-パイン〖red pine〗マツ科マツ属の高木。カナダからアメリカ北東部に分布する。高さ70〜80メートルに達する。材は建築材用。

レッド-バナナ〖red banana〗バナナの一品種。果皮は暗赤色または紫色。フィリピン原産。

レッド-ペッパー〖red pepper〗唐辛子(とうがらし)。

レット-ミー-ディサイド〖let me decide〗「わたしに決めさせて」という意味。認知症や意識障害などで自分の意思を伝えられなくなる事態に備え、終末医療のやり方を自分で決め、医師や家族に伝えておくこと。

レッド-ミシュラン〖Red Michelin〗▶ギドルージュ

レッドライン-オフサイド〖red line offside〗アイスホッケーで、ディフェンディングゾーンから自軍選手が行ったパスをセンターラインを越して受けること。反則となる。

レッド-リスト〖Red List〗絶滅するおそれのある野生生物の種の一覧。生物学的観点から絶滅の危険度を評価し、すでに絶滅したと考えられる種や絶滅の危機にある種を「絶滅」「野生絶滅」「絶滅危惧」「準絶滅危惧」などのカテゴリーに分類して記載している。また、レッドリストに掲載された種について、生態・分布・生息状況などの詳細な情報を掲載したレッドデータブックも作成される。(補説)IUCN(国際自然保護連合)が作成する世界規模のレッドリスト(正式名称は「IUCN絶滅のおそれのある生物種のレッドリスト：IUCN Red List of Threatened Species」)をもとに、世界各国・地域で独自のリストが作成・公表されている。日本では環境省や各都道府県および日本哺乳類学会などの学術団体がそれぞれ独自のレッドリストを作成している。➔表

レッド-リボン〖red ribbon〗エイズ患者への偏見と差別をなくし、支援をするための世界的なキャンペーンの名称。または、そのシンボルとなる赤いリボン。WHOが定めた12月1日の「世界エイズデー」などで使用される。

れっ-ぱい【劣敗】劣っているものがすぐれているものに負けること。「優勝―」

れっ-ぱく【裂×帛】❶帛(きぬ)を引き裂く音。また、そのように鋭い声。「―の気合」❷ホトトギスの鳴き声。

れっ-ぱん【列藩】並び立っている多くの藩。諸藩。

レッヒ〖Lech〗オーストリア、フォアアールベルク州東部の町。町の中央をレッヒ川が流れる。ヨーロッパ各国の王室が訪れる高級スキーリゾートとして知られる。

れっ-ぷ【烈夫】「烈士」に同じ。

れっ-ぷ【烈婦】「烈女」に同じ。

レップ〖LEP〗《large electron-positron collider》ヨーロッパ合同原子核研究所(CERN)の素粒子研究用の円形加速器。スイス・フランス国境の地下を通り、全周27キロで、1989年完成。2000年に運用終了。跡地にLHCが建造された。

れっ-ぷう【烈風】きわめて激しい風。
(類語)強風・大風・暴風・狂風・疾風・突風

れっ-ぷく【列福】カトリック教会で、信者が死後に教皇に認められて福者の地位に並ぶこと。

れっぷく-ちょうさ【列福調査】ーテウサ バチカンの教皇庁に福者の申請をするために、その国のカトリック教会が行う人物調査。

レッペ-はんのう【レッペ反応】ーハンオウ アセチレンを特殊装置や触媒などを使って高圧下で反応させ、種々の有用な化合物を合成する一連の反応。合成樹脂・合成ゴム・合成繊維などの原料製造に重要。1930年代にドイツの化学者レッペ(Walter Julius Reppe[1892〜1969])らが開発。

れつ-りつ【列立】〔名〕スル 大勢が並んで立つこと。「百余の精兵…門外に―せり」〈竜渓・経国美談〉
(類語)行列・堵列(とれつ)・櫛比(しっぴ)・林立

れつ-れつ【烈烈】〔ト・タル〕図〔形動タリ〕勢いの激しいさま。「―と燃え上がる火」「―たる士気」

レディー〖lady〗貴婦人。淑女。また一般に、女性。
(対)ジェントルマン。(類語)淑女・貴婦人・婦人・女性

レディー〖ready〗㊀〔名〕多く複合語の形で用い、準備や用意ができている、前もってそうなっている、の意を表す。「―ミックス」㊁〔感〕スポーツ競技などで、スタートに際して、位置についての意でかける号令。

レディー-キラー〖lady-killer〗女性を夢中にさせる魅力的な男性。女殺し。

レディース〖ladies〗女性用。女性向きであること。「―の腕時計」「―コミック」

レディース-コミック《和 ladies+comic》少女漫画で育った成人女性を読者対象においた漫画雑誌。オフィスラブ・不倫などを内容としたストーリーが多く、性描写を一つの売り物にしている。

レディース-ティー〖ladies tee〗ゴルフで、次のホールまでの距離を比較的短くしてある女性用のティーグラウンド。

レディー-ツー-ウエア〖ready-to-wear〗すぐに着られるように用意された服という意味で、あらかじめ各種のデザイン・サイズが用意されているということ。いわゆる既製服。レディーメード-クロージング。

レディーバード〖ladybird〗テントウムシのこと。ヨーロッパでは幸運のシンボルとされる。

レディー-ファースト〖ladies first〗女性を優先させる欧米の習慣・礼儀。

レディー-ボーイ〖lady boy〗男性から女性に性転換した人。タイ国で使われる語。

レディー-メード〖ready-made〗できあいの品。特に、既製服。(対)オーダーメード。
(類語)既製・出来合い・既製品・既製服

レティーロ-こうえん【レティーロ公園】ーコウエン《Parque del Retiro》スペインの首都、マドリードの中心部にある公園。スペイン王フェリペ2世の離宮があったが、18世紀初めのスペイン独立戦争で一部の建物を残して消失。19世紀に市民のための公園になった。アルフォンソ12世の騎馬像、万国博覧会会場となった水晶宮殿、2004年に起きたマドリード列車爆破事件の犠牲者を追悼する「故人の森」などがある。

レディネス〖readiness〗子供の心身が発達し、学習する際の基礎条件となる一定の知識・経験・身体などができあがっている状態。

レティムノン〖Rethymno〗▶レシムノン

れて-ぐ【×釐▽等具】▶れいてんぐ(釐等具)

れ-てん【レ点】漢文訓読に用いる返り点の一。1字返って読むことを表す「レ」の符号。かりがね点。

レデントーレ-きょうかい【レデントーレ教会】ーケウクワイ《Chiesa del Redentore》イタリア北東部、ベネチアのジュデッカ島にある教会。ペスト流行の終焉を神に感謝するため、アンドレア=パラディオの設計で建設が始まり、アントニオ=ダ=ポンテが引き継いで16世紀末に完成した。毎年夏に多数の花火を打ち上げるレデントーレ祭が催されることで知られる。

レト〖Lētō〗ギリシャ神話の女神。ゼウスに愛されてアポロンとアルテミスを生んだ。ローマ神話ではラトナ。

レ-とう【レ島】ータウ《Île de Ré》▶レー島

レトーン〖Letoon〗小アジアにあった古代の聖域。現在のトルコ南西部の都市アンタリヤの南西約110キロメートルに位置する。名称は古代ギリシャの女神レトに由来する。ヘレニズム時代に築かれたレト、アポロン、アルテミスを祭った神殿や円形劇場の遺跡がある。1988年、近郊にあるクサントスとともに、世界遺産(文化遺産)に登録された。レトゥーン。

レドニツェ〖Lednice〗チェコ東部、モラバ地方にある町。13世紀、近隣のバルティツェとともにリヒテンシュタイン公爵家の領地となり、のち、夏の離宮としてレドニツェ城が建てられた。その周辺の庭園や建築物とバルティツェ城に至る風景は、1996年に「レドニツェとバルティツェの文化的景観」として世界遺産(文化遺産)に登録された。

レドラ-どおり【レドラ通り】ーどほり《Ledra Street》▶リドラス通り

レトリケー〖ギリシャ rhētorikē〗《「レトリケ」とも》❶「レトリック❶」に同じ。❷アリストテレスが著作「弁論術」で論じた、弁論・陳述のための技術。

レトリック〖rhetoric〗❶修辞法。また、修辞学。レトリケー。❷美辞麗句。巧言。「彼一流の―にやられた」(類語)修辞・言い回し・文(あや)・美辞麗句・巧言

レトリバー〖retriever〗《「レトリーバー」とも》狩猟犬で、獲物の回収が巧みな品種。英国で改良され、セッターに似て体つきは頑丈。ラブラドルレトリバー、ゴールデンレトリバーなどがある。

レトルト〖retort〗❶蒸留や乾留に用いる実験器具。ガラス製または金属製で、加熱する物質を入れる球状の容器と、生成物の出ていくための側面に斜めに付いた管からなる。❷袋詰めなどにした食品を加圧・加熱・殺菌する装置。

レトルト-しょくひん【レトルト食品】調理済みの食品をアルミ箔・ポリエステルなどの耐熱・耐圧性の袋に密封し、高圧高温で殺菌したもの。常温で1年以上保存できる。

レトロ〔名・形動〕《retrospectiveから》懐古的であること。古いものを好むこと。また、そのさま。「―なファッション」「―ブーム」「―趣味」

レトロウイルス〖retrovirus〗核酸としてRNAをもち、生体細胞に感染すると逆転写酵素が働いてDNAに転写され、宿主の染色体に組み込まれるウイルスの総称。乳腺腫ウイルス・エイズウイルスなどがある。

レトロ-エンジン〖retro-engine〗逆推進ロケットエンジン。切り離し後のロケットが前方部分と衝突しないために使う。また大気圏に戻ったときの減速に用いる。

レトロスペクティブ〖retrospective〗〔形動〕過去を懐かしむさま。回顧的。「―な町並み」➔レトロ

レトロ-チック〔形動〕《和 retro+-tic》懐古的であるさま。昔のものを懐かしむさま。「―なネックレス」

レトロ-ファッション〖retro fashion〗過去に流行したファッションのスタイル・アイテム・素材・色彩などをアイデアにしたファッション。

レトロ-フィット〖retrofit〗旧型式の機械を改装・改造して新型式にすること。

レトロフォーカス-レンズ〖retrofocus lens〗前側に凹レンズ、後ろ側に凸レンズを配し、レンズの最終面と像面の距離を長く設計したレンズ。一眼レフカメラの広角レンズに使用。逆望遠レンズ。

レトロ-フューチャー〖retro future〗過去のSF作品などに描かれた未来。また、それらに登場する文化・ファッション・デザインなどを取り入れた現代の芸術作品や工業製品。(補説)20世紀前半から中盤にかけて描かれた科学文明の飛躍的発展を想定した未来像が、21世紀に近づくにつれ、その実現の困難さ

が明確になった。そういった中で、過去の楽天的な想像力を懐かしむ風潮として生まれた。

レナ-がわ【レナ川】《Lena》ロシア連邦東部を流れる川。バイカル湖の西の山地に源を発して北東に流れ、ヤクーツク付近から北流して北極海に注ぐ。長さ4270キロ。冬季は結氷。

レニウム〘rhenium〙マンガン族元素の一。単体は銀白色の金属。融点は金属中タングステンに次いで高く、セ氏3180度。粉末は黒色または暗灰色で、発火性がある。硝酸に溶ける。電子管・合金などに利用。名はライン川にちなむ。元素記号Re　原子番号75。原子量186.2。

レニエ〘Henri de Régnier〙[1864～1936]フランスの詩人・小説家。高踏派から象徴派に進み、典雅な詩風を確立。のち、新古典主義へ移行した。詩集「夢の如く」「水の都」、小説「生きている過去」など。

レニン〘renin〙腎臓の傍糸球体細胞から血中へ分泌されるたんぱく質分解酵素の一。アンジオテンシノーゲンを加水分解してアンジオテンシンとする働きがあり、血圧を上昇させる。

レニングラード〘Leningrad〙サンクトペテルブルグの旧称。1924年に革命家レーニンにちなんで改称され、91年まで用いられた。

レネ〘Alain Resnais〙[1922～　]フランスの映画監督。記録映画「夜と霧」で注目される。後に劇映画に転じ、デュラス原作の「二十四時間の情事」や、ロブ＝グリエの脚本による「去年マリエンバートで」などを監督した。

レノックス〘Lenox〙米国マサチューセッツ州西部の町。「アメリカのスイス」とも称される避暑地。毎年夏に開催されるタングルウッド音楽祭で知られる。

レノボ〘Lenovo〙中国のコンピューターメーカー。1984年、中国科学院計算機研究所の所員により設立。2003年にブランド名を、04年に英語社名をLegendからLenovoに改めた。05年に米国IBM社のパソコン部門を買収し、ThinkPadやIdeaPadなどの製造・販売を行っている。聯想集団。

レノン〘John Lennon〙[1940～1980]英国のロックシンガー。もとビートルズのリーダー的存在で、数多くのヒット曲の作詞・作曲を手がけた。1970年のビートルズ解散後は米国に渡り、ソロ活動や妻オノ・ヨーコとの共作などを行っていたが、80年、暴漢によって射殺された。➡ビートルズ

レバー〘lever〙❶てこ。❷機器を操作するときの取っ手の棒。航空機の操縦桿や、自動車のギア転換装置の棒など。

レバー〘liver〙食用にする、牛・豚・鶏などの肝臓。きも。

レパード〘Leopard〙米国アップル社が開発したオペレーティングシステム、Mac OS Xのバージョン名の一。2007年10月販売。正式名称は「Mac OS X v10.5 Leopard」。

レパートリー〘repertory〙❶劇団・演奏家などが、いつでも上演・演奏できるように準備してある演目や曲目。上演目録。レペルトワール。「バッハを主な―とする」❷技量を発揮できる領域や種目。「料理の―が広い」

レパートリー-システム〘repertory system〙劇団や劇場が、シーズン中に手持ちの演目を毎日または数日ごとに変えながら上演する方法。

レバー-ペースト〘liver paste〙❶牛・豚・鶏などのレバーをゆでて裏ごしし、調味したもの。パンに塗ったりカナッペに用いたりする。❷ソーセージの一。豚・鶏・ウサギなどの肝臓をすりつぶし、調味して腸などに詰めたもの。

レハール〘Franz Lehár〙[1870～1948]オーストリアの作曲家。各地で軍楽隊の指揮者をつとめ、のち、ウィーンオペレッタの作曲家として名声を得た。作品に「メリーウィドー」「金と銀」など。

レバ-にら【レバ×韮】「レバにら炒め」の略。にらレバ。

レバにら-いため【レバ×韮×炒め】中国料理の一。レバー(肝臓)とニラ、ショウガなどを炒め、塩や醤油などで味をつけたもの。にらレバ炒め。レバにら。

レバノン〘Lebanon〙西アジア、地中海に面する共和国。首都ベイルート。古代フェニキアの地。16世紀以来トルコ領。第一次大戦後フランスの委任統治領となり、1944年に独立。住民は大部分がアラブ人で、キリスト教徒とイスラム教徒が多い。海岸地帯は保養地。人口413万(2010)。ルブナーン。

レバノン-すぎ【レバノン杉】《Lebanon cedar; cedar of Lebanon》レバノンを中心とした小アジアに分布する大形の針葉樹。ヒマラヤスギに近縁で、公園などに植栽される。現在は分布範囲が限られているが、かつてはガレーの建造などに用いられ、多量に伐採された。

レバレッジ〘leverage〙❶てこの作用。❷「レバレッジ効果」「レバレッジ率」の略。

レバレッジ-こうか【レバレッジ効果】《leverage effect》金融におけるてこの原理。少額の投資で多額の利益を上げることなど。

レバレッジド-バイアウト〘leveraged buyout〙《leverageはてこ、buyoutは買収の意》買収しようとする企業が、買収対象会社の資産や営業力などを担保として買収資金を調達する企業買収(M&A)の一方法。少額の手持ち資金で大きな買収資金が得られるため、てこの原理になぞらえていわれる。LBO。

レバレッジド-リース〘leveraged lease〙賃貸人がリース物件購入代金の相当部分を長期借入で調達してリースする取引。リース期間をリース物件の法定耐用年数より長くすることにより、賃貸人は課税上のメリットが得られる。

レバレッジ-りつ【レバレッジ率】❶自己資本に対する負債の比率。❷株式の信用取引や商品先物取引、外国為替証拠金取引などで、自己資本・証拠金に対する取引額の大きさ。

レパント-の-かいせん【レパントの海戦】1571年、ギリシャ中部コリント湾のレパント(Lepanto)沖で行われた、イスパニア・教皇・ベネチアなどの連合艦隊とオスマン帝国艦隊との海戦。トルコ側が大敗した。

レビアタン〘ポルトガル leviatão〙「旧約聖書」の「イザヤ書」「ヨブ記」「詩篇」などに出てくる海の大怪物。

レビーしょうたいがた-にんちしょう【レビー小体型認知症】認知症のうち、大脳皮質の神経細胞にレビー小体と呼ばれる構造物ができることで起こるもの。物忘れのほかに幻覚症状がある。また、手足がこわばり、運動障害が生じるパーキンソン病に似た症状を伴う。びまん性レビー小体病。

レピート〘repeat〙➤リピート

レビ-ストロース〘Claude Lévi-Strauss〙[1908～2009]フランスの文化人類学者。親族構造、分類の論理を研究、神話の構造分析を行い、構造主義人類学を確立した。著「悲しき熱帯」「構造人類学」「野生の思考」など。

レピドゥス〘Marcus Aemilius Lepidus〙[?～前13]古代ローマの政治家。アントニウス・オクタビアヌスと第二次三頭政治を行ったが、前36年オクタビアヌスと対立、引退させられた。

レビ-ブリュール〘Lucien Lévy-Bruhl〙[1857～1939]フランスの哲学者・社会学者。デュルケームの影響を受け、道徳の実証的研究を提唱。のち、未開民族の心性や思考を研究した。著「道徳と習俗学」「未開社会の思惟」など。

レビュー〘review〙❶再調査。再検討。❷批評記事。文芸・芸能などに関する評論。論評。また、評論雑誌。「ブック―」(類語)コメント・寸評・批評・論評

レビュー〘フランス・英 revue〙歌・踊り・寸劇などを組み合わせた舞台芸能。華麗な装置・衣装や群舞、スピーディーな場面転換などを特色とする娯楽的な要素の強いショー形式のもの。19世紀末から20世紀にかけて各国に流行し、日本では昭和初期に少女歌劇団が演じて発展した。

レビューアー〘reviewer〙評論家。批評家。批評記事を書く人。レビューワー。

レピュテーション〘reputation〙世評。評判。評価。

レビレート-こん【レビレート婚】《レビレートは、levirate。ラテン語のlevir(夫の兄弟)から》夫の死後、未亡人が、夫の兄弟の一人と再婚する婚姻形態。日本でも弟直しとか、つぎ縁と称して各地で行われていた。兄弟逆縁婚。(対)ソロレート婚。

レビン〘Kurt Lewin〙[1890～1947]ドイツの心理学者。ゲシュタルト心理学派の一人として情緒や動機について研究後、1935年渡米。場の理論を主張して実験的社会心理学に進み、グループダイナミックスなどの研究を行った。著「パーソナリティの力学説」「トポロギー心理学の原理」など。

レフ　❶「レフレックスカメラ」の略。「一眼―」❷「レフレクター」の略。「一板」

レファレル〘referral〙紹介。委託。

レファレンス〘reference〙➤リファレンス

レファレンダム〘referendum〙政治に関する重要事項の可否を、議会の決定にゆだねるのではなく、直接国民の投票によって決める制度。直接民主制の一形態。日本では、憲法改正の場合の国民投票や地方自治特別法の制定についての住民投票がこれに当たる。国民表決。国民投票。住民投票。

レフィル〘refill〙➤リフィル

レフェリー〘referee〙《「レフリー」とも》ボクシング・レスリング・サッカー・バレーボール・バスケットボールなどで、審判員または主審。

(類語)ジャッジ・アンパイア・審判・審判員

レフェリー-ストップ〘referee stop〙ボクシングで、選手の負傷などのため試合続行不可能とレフェリーが判断して、試合を中止させること。➡テクニカルノックアウト

レフェリー-タイム〘referee-time〙バスケットボール・ハンドボールなどで、ゲーム中にレフェリーが必要に応じて命じる休止時間。

レフェリング〘refereeing〙審判を務めること。ジャッジを下すこと。

レフカス〘Levkas〙➤レフカダ

レフカス-とう【レフカス島】《Levkas》➤レフカダ島

レフカダ〘Lefkada〙ギリシャ西部、イオニア諸島のレフカダ島の町。同島北東部に位置する行政上の中心地。14世紀から17世紀まで防衛拠点として使われたサンタマウラ要塞やベネチア共和国時代に建てられた教会が残る。また、小泉八雲の名で知られる文学者ラフカディオ＝ハーンの生家や記念碑がある。レウカス。レフカス。イタリア語名サンタマウラ。

レフカダ-とう【レフカダ島】《Lefkada》ギリシャ西部、イオニア海にある島。古代名レフカス島またはレウカス島。イタリア語名サンタマウラ島。イオニア諸島の島。本土とは狭い水道を隔てて橋で結ばれる。ワイン、オリーブ、蜂蜜の生産が盛ん。中心地は北東部のレフカダ。東岸にはニドリ、バシリキなどの有名な海岸保養地がある。また周辺には海運王アリストテレス＝オナシスが所有していたスコルピオス島をはじめとする小島が点在する。小泉八雲の名で知られる文学者ラフカディオ＝ハーンの生地。

レフカラ〘Lefkara〙キプロス中南部の村。トロードス山脈の南麓に位置する。名産のレースと銀細工で知られる。15世紀にレオナルド＝ダ＝ビンチが訪れてレースを持ちかえり、ミラノ大聖堂に飾ったという伝承がある。

レフケ-もん【レフケ門】《Lefke Kapısı》トルコ北西部の町イズニクの旧市街を囲む城壁に設けられた門の一つ。東側に位置する。古代ローマ時代の1世紀に造られ、三重構造になっている。

レフコシア〘Levkosia〙ニコシアのギリシャ語名。

レフコシャ〘Lefkoşa〙ニコシアのトルコ語名。

レフ-コンバーター〘ref converter〙➤アングルファインダー

レプタイル〘reptile〙爬虫類。

レプタイル-バッグ〘reptile bag〙蛇・トカゲ・ワニなどの皮革で作られたバッグの総称。

レプタイル-レザー〘reptile leather〙爬虫類

動物の革。

レフティー〘lefty〙左手(足)が利き手(足)である人。左利きの人。特に、スポーツ選手にいう。また、左派の人。

レプティス-マグナ〘Leptis Magna〙リビアの北西部、地中海沿岸にある古代ローマの都市遺跡。この地出身のセプティミウス=セウェルスがローマ皇帝に在位した193年から211年に全盛期を迎え、凱旋門・円形劇場・列柱回廊などが整備された。7世紀以降、都市は衰退し砂に埋没したが、そのため遺跡の保存状態はよい。1982年「レプティス-マグナの古代遺跡」の名で世界遺産(文化遺産)に登録された。

レフト〘left〙❶左。左側。㊦ライト。❷野球で、左翼。また、左翼手。㊦ライト。❸急進的、社会主義的な立場。また、その人。左派。「ニュー—」㊦ライト。
(類語)左・左手・左側・左方・左・左翼・左派

レフト-ウイング〘left wing〙❶(政治的に)左翼。左派。㊦ライトウイング。❷ラグビーで、スリークオーターバックの左端の位置。また、その位置の選手。左ウイング。㊦ライトウイング。❸サッカーで、フォワードの左端の位置。また、その位置の選手。LW。㊦ライトウイング。

レプトスピラ〘ラテン Leptospira〙スピロヘータ科レプトスピラ属の細菌。螺旋状をし、動物に寄生するものと、水・土壌中に存在する非病原性のものの二種ある。

レプトスピラ-びょう【レプトスピラ病】ービヤウ 病原性をもつレプトスピラが感染して起こる病気。ネズミなどの保菌動物の尿で汚染された水や土壌から経皮的・経口的に感染する。動物由来感染症の一つ。菌の血清型の違いによりいくつかの種類がある。軽症の場合はかぜのような症状のみで治癒するが、重症になると黄疸・出血・腎障害を伴う場合もある(ワイル病)。

レプトセファルス〘leptocephalus〙ウナギ・ウミヘビ・カライワシなどの幼体で、柳の葉形で半透明のもの。変態して稚魚になる。葉形幼生。

レフト-フィールド〘left field〙野球の、左翼。レフト。

レプトン〘lepton〙強い相互作用をもたず、スピンが半整数(1/2)の素粒子。電荷をもつμ粒子・τ粒子・電子と、それらに伴う電荷をもたない3種のニュートリノがある。軽粒子。

レフ-ばん【レフ板】▶レフレクター

レププリチ-どおり【レププリチ通り】ーどほり《Strada Republicii》ルーマニア中央部の都市ブラショフにある通り。旧市街中心部のスファトゥルイ広場から北東方向に延び、カフェやレストランが並ぶ歩行者天国になっている。共和国通り。

レフュジア〘refugia〙《refugiumの複数形》氷河期など、広範囲にわたって生物種が絶滅する環境下で、局所的に種が生き残った場所。待避地。

レフュジー〘refugee〙難民。避難者。亡命者。

レプラ〘ラテン lepra〙▶ハンセン病

レフリー〘referee〙▶レフェリー

レプリカ〘replica〙❶美術品などの模写・複製。「名画の—」❷スポーツ競技などで、優勝杯を返還したあと、優勝の記念として与えられる複製の杯。

レプリケーション〘replication〙❶複製。特に、DNA分子の複製、の意で用いられる。❷コンピューターネットワーク上に同じ機能や内容をもつサーバーやデータベースの複製を用意し、負荷を分散して軽減させる仕組み。保存するデータを常に同一のものにするよう、自動的にデータの更新情報をやり取りする。

レフレクター〘reflector〙❶撮影時に使う採光用の反射板。レフ版。❷自転車・自動車の後部に取り付ける危険防止用の反射板。

レフレクター-ランプ〘reflector lamp〙写真撮影に用いる照明電球。電球の内面に反射鏡を有する。

レフレックス〘reflex〙《「リフレックス」とも》光などが障害物にあたって反射すること。

レフレックス-カメラ〘reflex camera〙レンズに入る光を鏡で反射してピントグラス上に像を結ばせ、それを見てピントを合わせる方式のカメラ。レンズの数により一眼レフと二眼レフとがある。レフ。

レフレックス-レンズ〘reflex lens〙反射望遠レンズのこと。凹面鏡を使用して、鏡筒の全長を短く、かつ色収差の補正を良好にした望遠レンズ。ミラーレンズ。

レプレッサー〘repressor〙▶リプレッサー

れぶん-とう【礼文島】ータウ 北海道北部の日本海にある島。利尻島の北西に位置する。面積82平方キロメートル。(補説)アイヌ語で「レプン-シリ」(沖の島)から。

レブンワース〘Leavenworth〙米国ワシントン州中部の町。1960年代、町の復興対策としてドイツのバイエルン地方を模した街並みが造られた。カスケード山脈を一周する観光向けドライブルート、カスケードループの沿道にあり、同州有数の観光地として知られる。

レベック〘rebec〙中世からルネサンスにかけてヨーロッパで用いられた洋梨形の擦弦楽器。

レベニュー〘revenue〙❶定期的な収入。定期所得。❷税収入。歳入。

レベニュー-シェア〘revenue share〙支払い枠が固定されている委託契約ではなく、パートナーとして提携し、リスクを共有しながら、相互の協力で生み出した利益をあらかじめ決めておいた配分率で分け合うこと。レベニューシェアリング。

レベニュー-ニュートラル〘revenue neutral〙増税による税収の増加と減税による税収の減少が同額で、全体としての税収が変化しないこと。増減税同額。

レベル〘level〙❶水準。質的あるいは数値的に全体としてどの程度の高さにあるかとみたときの、その高低の度合い。「—が高い」❷段階。「事務—での折衝」❸水平。また、水平面。水平線。「シー—」❹水準器。また、水準儀。「—測量」
(類語)水準・基準・程度・度合い・次元・グレード

レベル-アップ〔名〕スル《和 level＋up》水準が上がること。また、上げること。「エンジン性能が—する」「学力の—を図る」㊦レベルダウン。

レベル-スイング《和 level＋swing》野球で、バットを地面と平行に振る打ち方。

レベル-ダウン〔名〕スル《和 level＋down》水準が下がること。また、下げること。「前回よりも—した出展作品」㊦レベルアップ。

レペルトワール〘フランス répertoire〙「レパートリー」に同じ。

レベル-メーター〘level meter〙信号や音の大きさを監視・表示するメーター。

レポ《「レポート」「レポーター」の略》報告。連絡。また、連絡員。特に、非合法の政治活動でいう。

レポーター〘reporter〙《「リポーター」とも》❶報告者。❷連絡員。レポ。❸新聞・放送などで、現地に取材して報告をする人。
(類語)記者・通信員・特派員・事件記者・ジャーナリスト

レポート〘report〙〔名〕スル《「リポート」とも》❶調査・研究などの報告書。レポ。❷新聞・放送などで、現地に取材して、状況や実情を報告すること。また、その報告。取材報告。「年末の町の表情を—する」
(類語)報告・ルポルタージュ・報告書・論文・小論

レポート-トーク〘report-talk〙《「リポートトーク」とも》事実や情報を客観的に正確に伝えようとする話し方。➡ラポールトーク (補説)米国の言語学者デボラ=タネンが著書「わかりあえる理由 わかりあえない理由」の中で、男性に典型的に見られる話し方として提示した会話の類型。

レ-ボー-ド-プロバンス〘Les Baux-de-Provence〙フランス南部、プロバンス地方、ブーシュ-デュ-ローヌ県の町。中世にはボー家の所領として栄えた。当時の栄華を偲ばせる城跡が残っている。酸化アルミニウムを含む鉱石、ボーキサイトはこの町の名に由来。

レポ-せん【レポ船】《レポは、reportから》北方領土周辺海域で旧ソ連警備船に日本の防衛・公安などに関する情報や、エレクトロニクス機器などを渡し、禁漁区での操業を黙認されていた日本の漁船。

レボチャ〘Levoča〙スロバキア北東部の町。レボチャ山地の南麓に位置する。ハンガリー王国の支配下にあった13世紀半ばにモンゴル軍の侵略を受け、防備を目的として城壁に囲まれた町が建設された。旧市街には聖ヤコブ教会や市庁舎をはじめとする歴史的建造物がある。

レボノルゲストレル〘levonorgestrel〙黄体ホルモン剤の一つで、経口避妊薬・IUD(子宮内避妊具)・緊急避妊薬などの有効成分として用いられる。黄体ホルモンは本来、排卵後に分泌され子宮内膜を着床しやすい状態にするが、避妊薬では子宮内膜の増殖を抑制し、着床を阻害する。

レボリューション〘revolution〙革命。大変革。

レボルビング-バック〘revolving back〙大型カメラのフィルム装着部が回転できる機構を指す。横位置と縦位置の構図を簡単に切り替えられる。

レマルク〘Erich Maria Remarque〙[1898〜1970]ドイツ生まれの小説家。反戦小説「西部戦線異状なし」で名声を博すが、ナチスに迫害され、スイスを経て米国に亡命、のち帰化。ほかに「凱旋門」など。

レマン-こ【レマン湖】《Léman》スイスとフランスとの国境にある湖。アルプス地方最大の湖で、東西に長く、ローヌ川が貫流する。湖尻にジュネーブがある。面積584平方キロメートル。ジュネーブ湖。

レ-ミゼラブル〘フランス Les Misérables〙ユゴーの長編小説。1862年刊。大革命から王政復古へと激動するフランス社会を背景に、一切れのパンを盗んだために投獄されたジャン=バルジャンの波乱に満ちた生涯を描く。黒岩涙香翻案「噫無情」がある。

レミング〘lemming〙ネズミ科の哺乳類。体長14センチくらいで、尾はごく短い。夜行性。北欧に分布。数年ごとに大繁殖し、群れをなして大移動をする。たびねずみ。

レミントン-スパ〘Leamington Spa〙英国イングランド中央部、ウォーリックシャー州の町。正式名称はロイヤルレミントンスパ。19世紀より温泉保養地として発展。ロイヤルパンプルームをはじめとする、ジョージ朝やビクトリア朝時代の保養施設が残っている。

レム〘rem〙放射線の線量当量の単位。現在はシーベルトを標準単位とする。1レムは、1シーベルトの100分の1で、1ラドのX線が吸収されたときに生体に及ぼす効果と等しい効果を示す放射線量。記号rem

レム〘REM〙《rapid eyes movement》「レム睡眠」の略。「ノン—」「—期」

レムス〘Remus〙伝説上のローマ建国者ロムルスの双子の弟。➡ロムルス

レム-すいみん【REM睡眠】《REMはrapid eyes movementの略》最も深い睡眠状態で、覚醒には強い刺激が必要であるが、脳波は覚醒時と同様の振幅を示し、開眼時のような速い眼球運動がみられる時期。睡眠中に繰り返し現れ、夢を見ていることが多い。逆説睡眠。レム。

レムノス-とう【レムノス島】ータウ《Lemnos》▶リムノス島

レメソス〘Lemesos〙キプロス南部の港湾都市。アクロティリ湾に面する同国第2の都市。12世紀にイングランド王リチャード1世とナバラ王国の王女ベレンガリアが結婚式を挙げた地。レメソス城があり、ワイン産地としても知られる。英語名リマソル、トルコ語名レイモスン。

レメソス-じょう【レメソス城】ージヤウ《Kastro tis Lemesou》キプロス南部の都市レメソスにある中世の城。12世紀にイングランド王リチャード1世とナバラ王国の王女ベレンガリアが結婚式を挙げたとされる。オスマン帝国時代には牢獄として使われた。現在は中世博物館になっている。リマソル城。

レモネード〘lemonade〙レモンの果汁を冷水で薄め、甘味を加えた清涼飲料。レモン水。

レモン〘lemon〙❶ミカン科の常緑低木。また、その実。茎・枝にとげが多く、葉は長卵形で、翼はない。

7、8月ごろ、内面が白く外面が紫色の花を開く。実は長卵形で両端がとがり、黄色に熟す。酸味が強く、ビタミンCに富み、ジュースや料理に用いる。インドの原産で、現在はカリフォルニア南部・シチリア島が主産地。日本には明治初期に渡来。《季 秋》❷(米語で)欠陥品。欠陥車。《補説》㊀は「檸檬」とも書く。

レモン-イエロー〖lemon yellow〗クロム酸バリウムまたはクロム酸ストロンチウムから作られる淡黄色の顔料。また、それから作られる絵の具やその色。

レモン-グラス〖lemon grass〗イネ科の多年草。レモンに似た香りがあり、茎や葉からとる精油を石鹸せっけんの香料にする。インドの原産で、マレーシア・マダガスカル島・ブラジルでも栽培。レモン草。

レモン-すい【レモン水】❶レモン油ゆ、あるいは合成香料やクエン酸を水に溶かした清涼飲料。❷レモネードのこと。

レモン-スカッシュ〖lemon squash〗レモンの果汁に甘味をつけ、冷たいソーダ水で割った清涼飲料。

レモン-ティー〖lemon tea〗レモンの薄い輪切りやレモン汁を入れた紅茶。

レモン-の-げんり【レモンの原理】ミクロ経済学の理論。中古車市場で外見からは分からない欠陥車(レモン)と優良車(ピーチ)が混在していると、買い手が高い金額で欠陥車を買うことを恐れ、欠陥車に相当する金額しか払わなくなるため、市場に優良車を出す売り手がいなくなる。売り手・買い手の情報格差が原因で、質の悪い商品しか市場に出回らなくなる「逆選択」が起きるという理論。

レモン-バーム〖lemon balm〗シソ科ハッカ属の芳香性植物。レモンの香りがある。葉をハーブティーや、サラダ・肉料理・ゼリーなどの風味づけに用いる。

レモン-ゆ【レモン油】レモンの果皮から採った精油。食品・化粧品などの香料に使われる。

レヤー-ケーキ〖layer cake〗►レイヤーケーキ

レユニオン-とう【レユニオン島】ﾀｳ《Réunion》インド洋、マダガスカル島の東にある島。フランスの海外県。県庁所在地はサンドニ。サトウキビ・ラム酒・コーヒー豆を産する。人口79万(2006)。

レランス-しょとう【レランス諸島】ｼｮﾀｳ《Îles de Lérins》フランス南東部、アルプ-マリチーム県、地中海のコートダジュールに面する観光保養都市、カンヌの沖合にある島々。サントマルグリット島、サントノラ島、および二つの無人島で構成される。

レリーズ〖release〗カメラのシャッターの開閉を遠隔で操作する器具。ぶれを防ぐのに用いるケーブルレリーズやセルフタイマー用のものなどがある。

レリーズ-タイムラグ〖release time-lag〗カメラのピントが合った状態でシャッターボタンを押してから、実際に撮影されるまでの時間。この時間が短いほど、動きの速い被写体を撮影者の意図通り撮影することに向く。➡シャッタータイムラグ

レリーフ〖relief〗《「リリーフ」とも》浮き彫り。(対)インタリヨ。

レリーフ-しゃしん【レリーフ写真】浮き彫りのような効果を出す写真。ネガフィルムとポジフィルムを少しずらして印画紙に重ね焼きして作る。

レリック〖relic〗►残存種ざんぞんしゅ

レリッシュ〖relish〗ピクルスの一種。キュウリ・キャベツなどの野菜を刻んで甘酢漬けにしたもの。ハンバーガーやホットドッグ、肉料理の薬味などに用いる。

レリバンス〖relevance〗関連性。妥当性。

れる〔助動〕［れ|れ|れる|れる|れれ|れろ・れよ］五段動詞の未然形・サ変動詞の未然形「さ」に付く。❶受け身の意を表す。「満員電車で足を踏まれた」「彼はみんなに好かれている」❷可能の意を表す。…することができる。「わかりやすい道だから子供でも行かれるだろう」❸自発の意を表す。自然と…られる。つい…られてくる。「故郷に残した両親のことが思い出される」❹軽い尊敬の意を表す。「先生も山に行かれたそうですね」➡られる ➡らる ➡る《補説》❷❸の用法には命令形はない。❶のうち、「犬にほえられて困った」のように、他からの動作により不本意とか迷惑の感情が加わるものを「迷惑の受け身」、無生物が受け身の主語となるものを「非情の受け身」とよぶことがある。後者は明治以降、翻訳文の影響などによって急速に増加した。また、現代語では、可能動詞や「することができる」という表現などがあるため、❷の表現はあまり用いられない。

レルヒ〖Theodor Edler von Lerch〗［1869～1945］オーストリアの軍人。明治43年(1910)大使館付武官として来日。新潟県の高田や北海道の旭川でスキーの紹介・指導を行った。大正元年(1912)帰国。

レロス-とう【レロス島】ﾀｳ《Leros》ギリシャ東部、エーゲ海に浮かぶ島。イタリア語名レロ島。ドデカネス諸島に属し、リプシ島とカリムノス島の間に位置する。中心地はアギアマリナ。古代ギリシャ時代には女神アルテミスの神域があった。また、東ローマ帝国時代の砦の上に聖ヨハネ騎士団が建てた城が残っている。

レロ-とう【レロ島】ﾀｳ《Lero》►レロス島

れろ-れろ ㊀〔副〕❶舌がもつれ発音がはっきりできないさま。「泥酔して一言う」❷幼児をあやすのに、舌で上あごをはじいて出す音や、そのさまを表す語。「一ばあ」㊁〔形動〕㊀に同じ。「寒さに麻痺まひして舌が一になる」《アクセント》㊀はレロレロ、㊁はレロレロ。

れん【連】㊀〔名〕❶「連勝式」の略。❷仲間。つれ。また、ひいき筋。「広場へ出して押しあはしたら、駄菓子をくれる一もできめえ」〈人・梅児誉美・後〉❸《reamの音訳。「嗹」とも書く》用紙を数える単位。1000枚を一連とする。❹他の語の下に付いて、つれ、仲間、連中、の意を表す。やや軽侮の念を含んでいうことが多い。「奥様一」「学生一」❺植物分類学上の階級の一。➡族ぞく❸ ㊁〔接尾〕(「聯」とも書く)助数詞。❶ひとまとめにくくった物や、連ねた物を数えるのに用いる。「数珠一一」❷鷹を数えるのに用いる。➡漢「れん(連)」《類語》(㊀❹)連中・輩はい・輩ばら・達たち・ども・等ら

れん【廉】〔名・形動〕❶値が安いこと。また、そのさま。安価。廉価。「治療代の案外一なのを喜んだ」〈漱石・門〉❷心が清らかで欲が少ないこと。また、そのさま。「これを避けて用ゐざる事は、実に一なりとやいはん」〈国歌八論〉➡漢「れん(廉)」

れん【×輦】「輦輿れんよ」に同じ。➡漢「れん(輦)」

れん【×聯】㊀〔名〕❶書や絵を書き、または彫刻して、柱や壁などの左右に相対して掛けて飾りとする細長い板。対聯。❷漢詩で、律詩の中の対句の称。聯句。❸詩のいくつかの行をまとめてくぎったもの。「第三一」㊁〔接尾〕►れん(連)㊁ ➡漢「れん(聯)」

れん【×簾】すだれ。「酒を買い、一を巻き、月を邀むかえて酔い」〈紅葉・金色夜叉〉➡漢「れん(簾)」

れん-あい【恋愛】〔名〕ｽﾙ 特定の異性に特別の愛情を感じて恋い慕うこと。また、男女が互いにそのような感情をもつこと。「熱烈に一する」「社内一」
《類語》恋・愛恋あいれん・愛・恋情れんじょう・恋慕れんぼ・思慕しぼ・眷恋けんれん・色恋いろこい・慕情ぼじょう・ラブ・アムール・ロマンス・初恋

れんあい-けっこん【恋愛結婚】恋愛から出発して結婚すること。見合い結婚に対していう。

れんあいしじょう-しゅぎ【恋愛至上主義】ﾚﾝｱｲｼｼﾞｬｳ- 恋愛を人生で最もすばらしいものであるとする考え方。

れんあい-もうそう【恋愛妄想】ﾏｳｻｳ 事実に反して、自分が特定の相手に愛されていると強く確信する妄想。ストーカー行為の原因となることがある。被愛妄想。➡エロトマニア ➡クレランボー症候群《補説》性欲が異常に亢進こうしんする色情症とは異なる。

れん-い【×漣×漪・×漣×猗】さざなみ。小波。

れん-いん【連印】〔名〕ｽﾙ 1枚の文書に二人以上の者が名前を記して印を押すこと。連判。「今夜要求条件を作こしらえて、それに全部で一して」〈葉山・海に生くる人々〉

れん-う【連雨】連日降りつづく雨。霖雨りんう。

れん-えん【×瀲×灔・×瀲×灎】〔ト・タル〕図〔形動タリ〕水の満ちあふれるさま。また、さざなみが光りきらめくさま。「池水一として白し」〈秋水・兆民先生〉

れん-おん【連音】❶単音の連結からなる音。❷舌の先を上歯の裏の歯槽しそうに当てて舌の先を震わせて発する音。[r]の類。

れん-おん【×漣音】►モルデント

れん-おんぷ【連音符】ある音符の音価を、本来の分割法によらずに等分割した一連の音符。二等分すべきところを三等分した三連音符など。連符。

れん-か【恋歌】恋の心を詠んだ歌。こいうた。

れん-か【連×枷】「殻竿からさお」に同じ。

れん-か【廉価】〔名・形動〕値段が安いこと。安い値段。また、安いさま。安価。「一な商品」「一版」(対)高価。《類語》安価・安値・安い・安め・割安・格安・低廉・安直・安上がり・徳用

れん-か【×輦下】天子のひざもと。輦轂れんこくの下。「一の騒擾そうじょうをしずめ」〈藤村・夜明け前〉

れん-が【連火】ｸﾜ「列火れっか」に同じ。

れん-が【連歌】短歌の上の句(五・七・五)と下の句(七・七)との唱和、あるいは上の句と下の句とを一人または数人から十数人で交互に詠み連ねる詩歌の形態の一。万葉集巻8にみえる尼と大伴家持との唱和の歌に始まるとされ、平安時代にはこの短歌合作の形の短連歌が盛行したが、院政期ごろから長・短句を交互に連ねる長連歌(鎖連歌)が発達、鎌倉時代以後は百韻を定型とするようになり、ほかに歌仙・五十韻・世吉よよしなどの形式も行われた。さらに各種の式目しきもくも制定され、室町時代に最盛期を迎えたが、江戸時代に入って衰えた。室町末期には俳諧の連歌が興り、江戸時代の俳諧のもとをなした。つづけうた。つらねうた。

連歌と盗人ぬすびとは夜がよい 連歌を詠むのは静かで落ち着いた夜がよいことを、盗人を引き合いに出していったもの。

れん-が【×煉瓦】ｸﾞﾜ 粘土に砂・石灰などを混ぜて練り、長方体などに成型し、乾燥して窯かまで焼いたもの。ふつうは酸化鉄を含む粘土を用いた赤煉瓦をいう。建築・道路舗装・炉などの材料。

れんが-あわせ【連歌合(わ)せ】ｱﾊｾ 連歌師を左右に分け、その詠んだ句を判者が批評し、優劣・勝負を決める遊び。

れん-がい【×簾外】ｸﾞﾜｲ すだれの外。みすの外。「一山青く、白衣の人往来す」〈蘆花・自然と人生〉

れんが-いろ【×煉瓦色】ﾚﾝｸﾞﾜ- 煉瓦のような色。赤みの強い茶色。

れん-かく【×蓮角】チドリ目レンカク科の鳥。体形はクイナに似るが、繁殖期に尾が著しく長く伸び、全長約50センチになる。顔からのどと翼が白色、首の後ろが橙黄色のほかは黒色。指と爪が特に長く、スイレンの葉の上を歩いて餌を探す。南アジアに分布。

れんが-し【連歌師】❶連歌を専門に詠む人。連歌の宗匠。❷江戸幕府の職名。寺社奉行の配下で、連歌のことをつかさどった。

れんがしんしき【連歌新式】「応安新式おうあんしんしき」の異称。

れんが-づくり【×煉瓦造り】ﾚﾝｸﾞﾜ- 煉瓦を積んで造ること。また、その建造物。「一の洋館」

れんがぬすびと【連歌盗人】狂言。連歌会の当番にあたった貧乏な二人の男が連歌仲間の金持ちの家へ盗みに入り、床の懐紙を見て連歌を始めて主人に見つかるが、主人の句にうまく付けて許される。盗人連歌。

れんが-はじめ【連歌始め】年中行事の一。室町・江戸両幕府が新年に催した連歌の会。室町幕府は正月19日、江戸幕府は初め正月20日、承応年間(1652～1655)以後は同11日に行った。

れん-かん【連×桿】►連接棒れんせつぼう

れん-かん【連管】ｸﾜﾝ 尺八または能管の演奏で、二人以上で合奏すること。

れん-かん【連関・×聯関】ｸﾜﾝ〔名〕ｽﾙ ❶互いにかかわり合っていること。関連。「形式と内容とは相互に一している」❷►連鎖れんさ❷
《類語》関連・関係・相関・連係・連鎖・連絡・繋つながり・係かかわり・結び付き・掛かり合い・引っ掛かり・絡み・リンク・リンケージ・リレーション・関する・係かかわる・係わり

合う・係わる・まつわる・絡む

れん-かん【連環】〔名〕スル 輪をつらねること。輪をつらねたようにつなぎ合わせること。また、そのもの。くさり。「仮令海外―して来寇することありとも」〈吉岡徳明・開化本論〉

れんかん-ば【連環馬】いっせいに敵陣に突入するときなどに、騎兵の乗馬を鎖などで横につなぎあわせたもの。

れん-き【連記】〔名〕スル 二つ以上のものを並べて書き記すこと。「誓約書に氏名を―する」⇔単記。

れん-ぎ【連木】西日本で、すりこぎをいう語。

連木で腹を切る 「擂り粉木で腹を切る」に同じ。

れんき-とうひょう【連記投票】選挙人が、2名以上の候補者を連記してする投票。⇔単記投票。

れん-きゅう【連丘】いくつも続いている丘。

れん-きゅう【連休】休みの日が続くこと。また、その休日。「飛び石―」

れん-ぎょ【×鰱魚】コイ科の淡水魚、ハクレン(白鰱)とコクレン(黒鰱)の総称。原産地は中国で、大河にすみ、全長約2メートル。食用とされる。日本には明治初年に移入されて帰化。利根川のものは約1メートル。体は紡錘形で側扁し、目は下方にある。体色はハクレンが銀白色、コクレンが暗緑色。レンヒー。

れん-ぎょう【連×翹】モクセイ科の落葉小低木。枝は叢生し、長く伸びて垂れる。葉は卵形。早春、葉の出る前に、黄色い花を多数開き、花びらは四つに深く裂けている。果実は楕円形で、漢方で抗炎症・解毒・利尿薬として用いる。中国の原産。庭木にする。いたちぐさ。(季 春)「―や真間の里びと垣を結はず/秋桜子」

れん-ぎん【連吟】〔名〕スル 謡曲の一部分を、二人以上で声をそろえて謡うこと。⇔独吟。

れん-ぎん【連銀】《「連邦準備銀行」の略称》▶エフ-アール-ビー(FRB)

れんきん-じゅつ【錬金術】紀元1世紀ごろ以前にエジプトに始まり、アラビアを経てヨーロッパに広がった、卑金属を貴金属の金に変えようとする化学技術。さらに不老不死の仙薬を得ることができるとされ、呪術的性格をもった。科学としては誤りであったが、多くの化学的知識が蓄積され、近代化学成立の基礎資料となった。アルケミー。

れん-く【連句|×聯句】❶俳諧の連歌のこと。俳諧の発句(第1句)が独立して俳句とよばれるようになった明治以後、俳句または連歌と区別するために用いられるようになった名称で、特に江戸時代のものをさした。五・七・五の長句と七・七の短句を一定の規則に従って交互に付け連ねるもの。百韻・五十韻・世吉・歌仙などの形式がある。❷(聯句)㋐漢詩で、二人以上の人が1句ないし数句ずつ作り、それを集めて1編の詩とするもの。聯詩。➡漢和聯句 ➡和漢聯句 ㋑律詩の中の対句。聯。

レングス〔length〕長さ。特に、洋裁で縦の長さ、丈のこと。「コート―」「ニー―」「ショート―」

レンクフルー〔Längfluh〕▶レングフルー

レングフルー〔Längfluh〕スイス南西部、バレー州、ワリスアルプス山中の展望地。標高2870メートル。ミシャベル連峰、フェー氷河を望む。山麓にあるサース谷の町、サースフェーからゴンドラリフトとロープウエーで結ばれる。レンクフルー。

れん-げ【×蓮華|×蓮▽花】❶ハスの花。(季 夏)「一蝶を放ちて一浄土かな/風生」❷「蓮華草」の略。❸「散り蓮華」の略。

れん-けい【連係|連×繋|×聯×繫】〔名〕スル 互いの間につながりのあること。他と密接な関連をもつこと。「経営陣の交替に―して行われた人事」

(類語)関連・連関・連鎖・関係・連絡・相関・係わり・繋がり・結び付き・掛かり合い・引っ掛かり・絡み・リンク・リンケージ・関する・係わる・係わり合う・係る・まつわる・絡む

れん-けい【連携】〔名〕スル 互いに連絡をとり協力して物事を行うこと。「他団体と―して運動を進める」

(類語)協力・協同・共同・合同・提携・連名・協賛・催合い・タイアップ・ジョイント・チームワーク・手を携える

れんげ-いん【蓮華院】▶上品蓮台寺

れんげ-え【×蓮華会】❶奈良の当麻寺で7月22日の夕に修する法会。❷山伏が修行を終えて山を出る際の行事。吉野の金峰山寺のものや鞍馬寺の竹伐りが知られる。(季 夏)

れんげ-え【×蓮華▽衣】袈裟の異称。

れんげおう-いん【蓮華王院】三十三間堂の寺号。

れんげ-おうじょう【×蓮華往生】❶死後、極楽浄土の蓮華座上に生まれること。❷寛政(1789〜1801)のころ、上総国で、日蓮宗の悪僧が説いたという邪教。寺の本尊の前に大きな蓮華座を設け、極楽往生を願う者に大金を納めさせてこの蓮華座に上らせ、蓮華を閉じて刺殺し、極楽往生したように見せかけたといわれる。

れんげ-ざ【×蓮華座|×蓮華×坐】❶密教で、結跏趺坐のこと。❷仏像を安置する台座。蓮華台。蓮台。蓮座。

れんげ-しょうま【×蓮華升麻】キンポウゲ科の多年草。日本特産。山地の林内に生え、高さ約60センチ。葉はサラシナショウマに似た大形の複葉で、互生。7〜9月、淡紫色の花を数個下向きに開き、花びら状の萼があってハスの花に似る。

れんげ-そう【×蓮華草】マメ科の越年草。茎は地をはってよく分枝し、葉は9〜11枚の小葉からなる羽状複葉。4、5月ごろ、長い柄の先に紅紫色の蝶形の花を輪状につけ、仏像の蓮華座を思わせる。中国の原産。江戸後期から緑肥にするため水田に栽培され、田植え前の花盛りのころに土にすき込む。漢名、紫雲英。げんげ。れんげ。(季 春)「手にとるなやはり野に置け―/瓢水」

れんげぞう-せかい【×蓮華蔵世界】仏語。❶華厳経に説く、一大蓮華の中に含蔵されている世界。毘盧遮那仏の願行によって現出した一種の浄土。蓮華蔵荘厳世界海。華蔵世界。❷梵網経に説く、千葉の大蓮華からなる世界。盧舎那仏はその本源として蓮華座に座し、自身を変化させた千の釈迦が各世界で説法しているとする。蓮華胎蔵世界。蓮華海蔵世界。❸浄土教で、阿弥陀仏の浄土。極楽世界。

れん-けつ【連結|×聯結】〔名〕スル ひと続きになるようにつなぎ合わせること。「機関車に貨車を―する」

(類語)繋ぐ

れん-けつ【廉潔】〔名・形動〕私欲がなく、心や行いが正しいこと。また、そのさま。清廉潔白。「―な(の)政治家」(類語)清廉・高潔・潔白・廉直

れんけつ-き【連結器】鉄道で、車両と車両を連結する装置。

れんけつ-けっさん【連結決算】親会社・子会社のような支配従属関係にある企業集団を単一組織体とみなした連結財務諸表を作成するために行う決算。金融商品取引法により、一定の企業集団に対して要求される。(補説)対象となる子会社を連結子会社という。それ以外の子会社や関連会社には持分法が適用される。

れんけつ-こがいしゃ【連結子会社】連結決算の対象となる子会社。(補説)原則として、子会社はすべて連結子会社となるが、親会社による支配が一時的であったり、その社の損益が企業グループにとって重要でないと判断される場合は、除外されることがある。

れんけつ-ざいむしょひょう【連結財務諸表】支配従属関係にある複数の会社からなる企業集団を単一の組織体とみなして、親会社がその企業集団の財政状態や経営成績を総合的に報告するために作成する財務諸表。連結子会社のほか企業集団の業績に影響を与える関連会社や非連結子会社も対象に含まれる。連結貸借対照表・連結損益計算書・連結剰余金計算書・連結キャッシュフロー計算書・連結付属明細表で構成される。金融商品取引法に基づくディスクロージャー制度で企業集団の親会社に作成が義務付けられている。➡連結決算

れんげ-つつじ【×蓮華躑×躅】ツツジ科の落葉低木。高原に群生。葉は倒披針形。4、5月ごろ葉とともに、朱色の漏斗状の花が咲く。花びらは先が五つに裂ける。花がかば色や黄色のものもあり、庭木にする。(季 春)

れんげつ-に【蓮月尼】▶大田垣蓮月

れんけつ-のうぜい【連結納税】親会社と完全な子会社および孫会社などの企業グループを一つの納税単位として、まとめて法人税を課する制度。平成15年(2003)3月期より適用。

れんげ-もん【×蓮華文】ハスの花の形を基本とした文様。

れん-こ【連子】「連子鯛」の略。

れん-こ【連呼】〔名〕スル 同じ言葉を何度も繰り返して大声で言うこと。「スローガンを―する」

れん-ご【連碁|×聯碁】数人の者が二組みに分かれ、1局の碁を1石ずつ代わる代わる打つこと。

れん-ご【連語】❶二つ以上の単語が連結して、一つの単語と似たような働きをもつもの。二つ以上の単語が結合して一つの単語と同じ働きをもつようになった複合語とは区別される。❷▶繋辞

れん-こう【連×亘|×聯×亙】〔名〕スル 長くつながりつづくこと。「四五百尺より六七百尺に至る山、之れを沿岸に―する高峯とす」〈独歩・愛弟通信〉

れん-こう【連行】〔名〕スル 本人の意思にかかわらず、連れて行くこと。特に、警察官が犯人・容疑者などを警察署へ連れて行くこと。「犯人を―する」

(類語)拘引・引致・任意同行・しょっぴく・引っ張る

れん-こう【連衡】〔名〕スル《「衡」は横で、東西の意》中国、戦国時代に秦の張儀が、蘇秦の合従策に対抗して唱えた外交政策。韓・魏・趙・燕・斉・楚の6国を、それぞれ個別に秦と同盟させようとしたもの。連衡策。転じて、連合すること。同盟を結ぶこと。「東洋列国を―し、以て西洋諸邦と頡頏せんと」〈東海散士・佳人之奇遇〉➡合従

れん-ごう【連合|×聯合】■〔名〕スル ❶二つ以上のものが共通の目的のために結び合うこと。「―して共同の敵に当たる」❷心理学で、観念と観念、観念と感情など心的要素の結合、また刺激と反応との結合をいう。■《「日本労働組合総連合会」の略称》平成元年(1989)に発足した労働組合の統一組織。昭和62年(1987)に結成された全日本民間労働組合連合会に総評や官公労組が参加し、官民統一の組織が実現した。(類語)合同・合併・合体・同盟・連盟

れんごう-かんたい【連合艦隊】2個以上の艦隊をもって編制した艦隊。特に、旧日本海軍の主力艦隊をいう。

れんごう-ぐん【連合軍】❶2国以上の軍隊を共通目的のために編制した軍隊。❷連合国❷、または連合国❸の軍隊。❸運動競技で、二つ以上のチームから選抜された選手によって構成される混成チーム。

れんごう-こく【連合国】❶共通の目的のために連合関係を結んでいる二つ以上の独立国。❷第一次大戦で、三国協商(イギリス・フランス・ロシア)側に立って参戦した国々。➡同盟国❷ ❸第二次大戦で、日本・ドイツ・イタリアなどの枢軸国に対し、米・英・仏・ソビエト連邦・中華民国を中心に連合して戦った国々。➡枢軸国 ❹国際連合に加盟している国々。(類語)同盟国・盟邦・与国・友邦

れんごうこくぐん-さいこうしれいかんそうしれいぶ【連合国軍最高司令官総司令部】▶ジー-エッチ-キュー(GHQ)

れんごうこく-こくさいつうかきんゆうかいぎ【連合国国際通貨金融会議】1944年7月に米国ニューハンプシャー州ブレトンウッズで開催された国際会議。44か国が参加し、第二次世界大戦後の国際通貨体制のあり方について協議し、IMF(国際通貨基金)、IBRD(国際復興開発銀行)、GATTの創設を決定した。ブレトンウッズ会議。➡ブレトンウッズ協定

れんごう‐こっか【連合国家】レンガフコクカ ▶連邦れんぽう

れんごう‐しんりがく【連合心理学】レンガフ― 心的活動の要素の連合によって精神現象を説明しようとする心理学。英国のハートリー・ミル・ベインなどに代表される。

れんごう‐や【連合野】レンガフ― 大脳皮質のうち、感覚野や運動野を除いた領域。人間では広い部分を占め、認知・判断・記憶・言語や緻密な運動など高度な機能を統合するとされる。前頭連合野・頭頂連合野・側頭連合野などに分けられる。連合領。

れんごう‐りょう【連合領】レンガフリヤウ「連合野」に同じ。

れん‐こく【×輦×轂】❶輦てぐるまの轂こしき。❷天子の乗り物。

れん‐ごく【×煉獄】カトリックの教理で、小罪を犯した死者の霊魂が天国に入る前に火によって罪の浄化を受けるとされる場所、およびその状態。天国と地獄の間にあるという。ダンテが「神曲」中で描写。
(類語)地獄・奈落・冥府・黄泉よみ

れんこく‐の‐もと【×輦×轂の下】天子のおひざもと。皇居のある地。首都。輦下れんか。

れんこ‐だい【連子×鯛】―ダヒ（関西・北九州地方で）キダイの別名。

れん‐こん【×蓮根】❶ハスの地下茎。食用とする。はい。はす。はすね。❷警察・暴力団などの隠語で、拳銃のこと。回転式拳銃の弾倉の形が❶と似ることからいう。弾き。ちゃか。

れん‐さ【連鎖‖×聯鎖】〔名〕スル ❶物事が互いにつながっていること。また、そのつながり。「放火事件が―して起こる」❷同一の染色体上にある二つ以上の遺伝子が一緒に次代に受け継がれる、メンデルの独立の法則に従わない現象。リンケージ。連関。

れん‐ざ【連座‖連×坐】〔名〕スル ❶他人の犯罪に関して連帯責任を問われて罰せられること。累座。「贈収賄事件に―する」❷同じ席に連なって座ること。「―の輩ともがら、声をも一同に合はせ」〈申楽談儀〉

れん‐ざ【×蓮座】▶蓮華座れんげざ

れん‐さい【連載】〔名〕スル 小説・随筆・記事などを新聞・雑誌などに続き物として続けて掲載すること。「小説を週刊誌に―する」(類語)掲載・登載・所載・満載

れんさ‐きゅうきん【連鎖球菌】―キウキン 数珠状につながる性質をもつグラム陽性の球菌。ふつう運動性はない。病原性のものでは、化膿かのう・丹毒たんどく・扁桃炎へんとうえん・猩紅熱しょうこうねつ・気管支肺炎・産褥熱さんじょくねつなどの原因菌がある。

れん‐さく【連作】〔名〕スル ❶同じ耕地に同じ種類の作物を毎年続けて作付けすること。ナス・トマトなどでは生育が悪くなる。「サトイモを―する」「―障害」⇔輪作。❷文芸・美術などで、同じテーマやモチーフに基づいて一連の作品を作ること。また、短歌・俳句などで、一人の作者が同じ題材でいくつかの作品を作り、全体として一つの味わいを出そうとするもの。また、その作品。❸数人の作家が一部分ずつを分担し、全体として一つにまとまった小説を作ること。また、その作品。(類語)(❷)シリーズ・オムニバス/(❸)合作・競作

れんさく‐しょうがい【連作障害】―シャウガイ ▶忌地いやち

れんさ‐げき【連鎖劇】舞台劇と映画を組み合わせて見せる演劇。明治末年から大正中期にかけて流行した。キノドラマ。

れんさ‐しき【連鎖式】《sorites》論理学で、多数の三段論法を連結するが、最後の三段論法の結論以外の結論を省略し、前提だけを連結して進めていく推論。外延の狭い概念から広い概念へと進むアリストテレスの連鎖式（順進的連鎖式）と、外延の広い概念から狭い概念へと進むゴクレニウスの連鎖式（逆退的連鎖式）とがある。

れんざ‐せい【連座制】公職選挙法で、選挙運動の総括主宰者や出納責任者・秘書などが、買収などの選挙犯罪を犯し刑に処せられたとき、その当選人の当選を無効とし、5年間は立候補を禁止する制度。

れん‐さつ【×憐察】〔名〕スル 思いやってあわれむこと。「事情、ご―ください」

れんさ‐てん【連鎖店】▶チェーンストア

れんさ‐はんのう【連鎖反応】―ハンオウ ❶一つの反応が他の反応を誘起し、さらにそれが次の反応の原因となって、同じ反応が繰り返して進行する現象。重合・爆発・核分裂など。❷一つの出来事がきっかけとなり、同種のことが次々に起こること。「爆弾テロの―が起こる」

れんさはんばい‐とりひき【連鎖販売取引】▶マルチ商法

れん‐ざん【連山】❶並び連なっている山々。連峰。❷中国の夏かの時代に行われた易。⇒三易
(類語)連峰・山脈・山地・山並み・山系・山塊

れんざん‐の‐まゆ【連山の眉】横に長く引いた眉。

れん‐し【恋矢】カタツムリ・ナメクジなどの有肺類の一部が生殖器に持つ、炭酸カルシウムを含む槍状の器官。交尾の際に相手を刺激するために使われ、交尾が終わると捨てられる。種ごとに形状が異なり、種分類の際の指標にもなる。

れん‐し【連枝】❶連なっている枝。❷《❶が本を同じくするところから》貴人の兄弟姉妹。
(類語)兄弟・姉妹しまい・同胞どうほう・はらから

れん‐し【連詩‖×聯詩】▶連句れんく❷㋐

れん‐し【廉士】無欲で正直な人。廉潔な人。

廉士は人を恥じしめず 《「説苑」立節から》無欲で正直な人は、自分に手柄を立てさせた相手を恥ずかしめないよう、手柄を誇ったりしないものである。

れん‐し【×蓮子】ハスの実。数珠玉じゅずだまなどに用いる。

れん‐し【錬士】全日本剣道連盟が授与する称号の一。教士の下位。六段以上の者を対象に、審査会の議決を得て授与される。⇒教士 ⇒範士

れん‐じ【連子‖×櫺子】木・竹などの細い材を、縦または横に一定の間隔を置いて、窓や欄間らんまに取り付けたもの。

れん‐じ【連字】活版印刷で、植字の便宜上、頻繁に使われる一つづりを一つの活字面として鋳造した活字。例えば、「東京」「である」「ing」など。合字。連結活字。

れん‐じ【連辞】▶繋辞けいじ

レンジ【range】❶こんろと天火を備えた加熱調理器具。ガスレンジなど。「―フード」❷数値・分野などの範囲。広がり。「趣味の―が広い人」「―の長い計画」

れんじし【連獅子】歌舞伎舞踊。長唄。河竹黙阿弥作詞。能「石橋しゃっきょう」の小書こがきにある白頭と赤頭の親子の獅子の舞を歌舞伎に移したもの。2世杵屋勝三郎作曲の通称「馬場連」と3世杵屋正次郎作曲の通称「瀬戸連」の2種があり、後者の改訂版が主流。

レンジ‐そうば【レンジ相場】―サウバ ▶ボックス圏相場

れん‐じつ【連日】幾日も続くこと。引き続いて毎日。「―の猛練習」「―連夜」
(類語)毎日・日日ひび・日日にちにち・日ごと

レンジ‐ファインダー【range finder】距離計ファインダー。カメラなどの距離測定器。

レンジファインダー‐カメラ【range finder camera】レンジファインダーを組み込んだカメラの総称。距離計連動カメラ。

れんじ‐まど【連子窓】連子を取り付けた窓。

れん‐しゃ【連射】〔名〕スル 弾丸・矢などを連続して発射すること。「軽機関銃を―する」

れん‐しゃ【×蓮社】《「れんじゃ」とも》❶浄土宗の信者で作る念仏結社。中国、東晋の慧遠えおんの白蓮社びゃくれんしゃに始まる。❷浄土宗で用いる法号の一。宗脈・戒脈を相伝した人に許される称号。蓮社号れんじゃごう。

れん‐しゃ【×輦車】《「れんじゃ」とも》轅ながえを腰の辺に当て、人の手で引く車。東宮・皇族、また勅許を得た重臣の乗り物。てぐるま。こしぐるま。

レンジャー【ranger】《「レーンジャー」「レインジャー」とも》❶偵察や奇襲攻撃のための特別訓練を受けた遊撃隊員。また、その部隊。❷日本の国立公園の管理員。⇒アクティブレンジャー ⇒パークレンジャー ❸米国の森林監視員。

れん‐しゃく【連借】連帯責任で金品を借りること。

漢字項目 れん

恋〔戀〕 音レン(呉)(漢)　訓こう、こい、こいしい ‖ ㊀〈レン〉①対象に強く引かれる。思いこがれる。「恋着・恋慕・恋恋/愛恋」②男女の愛。「恋愛・恋歌・恋情/失恋・邪恋・悲恋」㊁〈こい（ごい）〉「恋心・恋人・恋文/色恋・片恋・妻恋・初恋」

連 学4　音レン(呉)(漢)　訓つらなる、つらねる、つれる、むらじ ‖ ①つながり続く。結びつなぐ。「連歌・連関・連繋れんけい・連結・連合・連鎖・連山・連想・連続・連隊・連帯・連濁・連邦・連盟・連絡/一連・関連」②引き続いて。続けざま。「連休・連呼・連載・連日・連勝・連打・連覇・連敗・連泊・連夜・連用/流連」③引きつれる。「連行・連弾・連立」④つれ。仲間。「連中/常連」⑤「連合」「連盟」などの略。「国連・労連・経団連」(名付)つぎ・つら・まさ・やす (難読)連枷からさお・注連しめ

人 **煉** 音レン(呉)(漢)　訓ねる ‖ ①鉱物を熱して不純物を除き、良質のものにする。「試煉・精煉・洗煉・鍛煉」②まぜ合わせてこねる。ねり固める。「煉瓦れんが・煉丹・煉炭・煉乳」(補説)「練」を代用字とすることがある。人名用漢字表（戸籍法）の字体は「煉」。

廉 音レン(呉)(漢)　訓かど ‖ ①私欲がなく、けじめがついている。いさぎよい。「廉潔・廉直/孝廉・清廉・破廉恥」②安い。「廉価・廉売/低廉」(名付)おさ・きよ・きよし・すが・すなお・ただし・やす・ゆき

人 **漣** 音レン(呉)(漢)　訓さざなみ ‖ ①さざなみ。「清漣」②涙が連なって流れるさま。「漣漣」(補説)人名用漢字表（戸籍法）の字体は「漣」。

練〔練〕 学3　音レン(呉)(漢)　訓ねる ‖ ①生糸や生絹をねる。ねりぎぬ。「練糸/素練」②手を加えて質をよくする。心身や技を鍛える。「練習・練兵・練磨/教練・訓練・試練・修練・水練・精練・洗練・鍛練」③なれてうまくなる。ねれる。「練達/熟練・老練」④（「煉」の代用字）こねる。ねり固める。「練炭・練乳」

人 **蓮** 音レン(呉)(漢)　訓はす、はちす ‖ ①水草の名。ハス。「蓮華れんげ・蓮根・蓮台/紅蓮ぐれん・白蓮びゃくれん」②草木の名に用いる。「睡蓮・木蓮」

× **輦** 音レン(呉)(漢)　訓てぐるま ‖ ①人が引く車。てぐるま。「輦轂れんこく・輦車・輦輿れんよ」②天子の乗る車。「輦道/玉輦・発輦・鳳輦ほうれん」

人 **憐** 音レン(呉)(漢)　訓あわれむ ‖ ①気の毒に思う。あわれむ。「憐察・憐情・憐惜・憐憫れんびん/哀憐」②かわいく思う。いとおしむ。「愛憐・可憐」

錬〔鍊〕 音レン(呉)(漢)　訓ねる ‖ ①金属を良質のものにきたえ上げる。「錬鉄・錬金術/精錬・製錬」②心身や技をきたえ上げる。「錬成・錬磨/修錬・鍛錬」

× **斂** 音レン(呉)(漢) ‖ ①引きしめ集める。取り入れる。「苛斂かれん・聚斂しゅうれん」②引きしまる。「収斂」③死体を棺に収める。「斂葬」

× **聯** 音レン(呉)(漢)　訓つらなる、つらねる ‖ ①一つながりになる。つらなる。「聯関・聯合・聯想・聯隊・聯盟・聯絡/関聯」②対等に並ぶ二つの詩句。対句。「聯句/頷聯がんれん・頸聯けいれん・尾聯」③書画を分けて書き、左右一対で柱などに掛けるもの。「柱聯」(補説)①は「連」と通用する。

人 **簾** 音レン(呉)(漢)　訓すだれ、す ‖ ㊀〈レン〉①すだれ。「簾中/御簾ぎょれん・玉簾・如簾・鋤簾じょれん・水簾・垂簾・疎簾・竹簾」②たれているもの。「馬簾」㊁〈すだれ〉「玉簾・縄簾」(補説)人名用漢字表（戸籍法）の字体は「簾」。(難読)暖簾のれん・御簾みす

× **攣** 音レン(呉)(漢)　訓ひく ‖ ひきつる。「攣縮/痙攣けいれん」

連帯借。
れん-じゃく【連尺｜連索】❶物を背負うのに用いる道具。肩に当たる部分を麻縄などで幅広く編んだ荷縄や、それを木の枠に取り付けた背負い子など。❷❶で物を背負って売り歩く商人。また、行商人。❸両肩から脇にひもをかけて物を背負う負い方。「姉を一に負ひ、水子を抱く」〈伎・幼稚子敵討〉
れん-じゃく【連雀】スズメ目レンジャク科の鳥の総称。日本ではキレンジャク・ヒレンジャクが越冬し、群れで木の実を食べ、混群をなすこともある。(季 秋)
れん-じゃく【連着】「連着の靴」の略。
れんじゃく-あきない【連尺商い】連尺を用いて商品を背負い、売り歩く商売。行商。
れんじゃく-の-しりがい【連着の靴】総を間隔を置かずに連ねつけた靴。れんじゃくしりがい。
れん-しゅ【連取】〔名〕スル スポーツ競技で、得点やセットなどを連続して取ること。「二セット一する」
れん-じゅ【連珠｜聯珠】❶玉をつらねること。また、つらねた玉。❷碁盤の上に黒白の石を交互に打って、縦・横・斜めのいずれでも、先に1列に5個の石を並べた者を勝ちとする遊戯。五目並べ。
れん-じゅ【連衆】《「れんじゅう」とも》❶連歌・連句の会席に出て詠み合う人々。❷江戸幕府で、連歌始めのとき、連歌師とともに出席した役。多くは神官・僧侶が任ぜられ、寺社奉行の支配下にあった。
れん-しゅう【練修】〔名〕スル 学問・技術などを繰り返し学ぶこと。「笑う術を何処かで一して来たように旨く笑った」〈漱石・行人〉
れん-しゅう【練習】〔名〕スル 技能・学問などが上達するように繰り返して習うこと。「英文タイプを一する」「バッティング一」「一問題」➡訓練 用法
類語 習練・訓練・特訓・稽古・温習・おさらい・演習・下稽古・下馴らし・トレーニング・エクササイズ・リハーサル
れん-しゅう【蓮宗】「蓮門」に同じ。
れん-じゅう【連中】❶「れんちゅう(連中)❶」に同じ。❷音曲などの一座の人々。「長唄一」
れんしゅう-かんたい【練習艦隊】旧日本海軍や海上自衛隊で、訓練のための遠洋航海を目的として編制された艦隊。
れんしゅう-き【練習機】操縦・爆撃などの練習に使われる飛行機。
れんしゅう-きょく【練習曲】▶エチュード
れんしゅう-せん【練習船】商船大学・水産大学・海上保安大学などで、操船技術や海上勤務の実習訓練のために用いる船。
れん-しゅく【攣縮】1回の刺激により筋肉が1回だけ収縮してもとに戻ること。単収縮。
れん-じゅく【練熟｜錬熟】〔名〕スル 慣れて巧みになること。熟練。「一した技」
れん-しょ【連署】〔名〕スル ❶同一の書面に二人以上の者が署名すること。また、その署名。「正副委員長が一する」❷鎌倉幕府の職名。執権を補佐し、幕府の公文書に執権とともに署判する重職。
れん-しょう【連唱】「重唱」に同じ。
れん-しょう【連勝】・【連捷】〔名〕スル ❶続けて勝つこと。「ダブルヘッダーで一する」「連戦一」「三一」㊀連敗。❷「連勝式」の略。類語 連覇・土つかず
れん-じょう【恋情】異性を恋い慕う気持ち。こいごころ。類語 恋・恋愛・愛恋・愛・恋慕・思慕・眷恋・色恋・慕情・ラブ・アムール・ロマンス
れん-じょう【連声】《梵 sandhi(saṃdhi) の訳》二つの語が連接するときに生じる音変化の一。前の音節の末尾の子音が、あとの音節の頭母音(または半母音＋母音)と合して別の音節を形成すること。「三位(さんい)」を「さんみ」、「因縁(いんえん)」を「いんねん」、「今日(こんにち)は」を「こんにった」という類。
れん-じょう【連乗】三つ以上の数または式を順次に掛け合わせていくこと。
れん-じょう【連城】多くの城をつらねること。また、つらなる城。
連城の璧 《「史記」藺相如伝から》中国の戦国時代、秦の昭王が15の城と交換しようと申し入れた趙の恵王秘蔵の宝玉。転じて、無上の宝。連城の宝。➡和氏の璧
れん-じょう【廉譲】清廉で、よく人に譲ること。
れん-じょう【憐情】人をあわれむ気持ち。
れんしょう-しき【連勝式】競馬・競輪などの投票法(かけ方)で、1着と2着を一組みにして当てる方式。1、2着を着順どおりに当てる連勝単式と、着順にはかかわりない連勝複式とがある。連勝。➡単勝式 ➡複勝式
れんじょう-せき【連乗積】三つ以上の数を順に掛け合わせた積。1からある数までの自然数の連乗積は階乗という。
れんじょう-みきひこ【連城三紀彦】[1948～]小説家。愛知の生まれ。本名、加藤甚吾。ミステリーで作家生活をスタートするが、濃密な文体で男女関係の危うさを描いた恋愛小説でも人気を呼ぶ。「恋文」で直木賞受賞。他に「戻り川心中」「宵待草夜情」「隠れ菊」など。
レンズ〘オランダ lens〙《形が扁球状のレンズ豆から》❶二つの球面、または球面と平面とで囲まれる透明体。外部との屈折率の差によって光を収束または発散させる。凸レンズと凹レンズとがあり、眼鏡や光学器械に使用される。❷眼球の水晶体のこと。
類語 凸レンズ・凹レンズ・広角レンズ・魚眼レンズ
れん・ず【練ず】〔動サ変〕なれて巧みである。熟練する。「宮などの一・じ給へる人にて」〈源・藤袴〉
レンスク〘Lensk〙ロシア連邦東部、サハ共和国の都市。首都ヤクーツクの南西約800キロメートル、レナ川上流に位置し、河港を有す。川沿いに数キロメートルにわたって続く、高さ約150メートル以上の断崖があることで知られ、自然保護区域に指定されている。
レンズ-ぐも【レンズ雲】凸レンズを横から見たような形の雲。巻積雲・高積雲・層積雲に多く、強風の所に現れる。
レンズシフトしき-てぶれほせい【レンズシフト式手ぶれ補正】▶光学式手ぶれ補正
レンズ-シャッター〘lens shutter〙カメラの、レンズのすぐ近くについているシャッター。ふつうレンズ部に組み込まれ、金属板のシャッター羽根を開閉して露光する。➡フォーカルプレーン-シャッター
レンスター-ハウス〘Leinster House〙アイルランドの首都ダブリン中心部にある建物。18世紀にレンスター公爵の邸宅として、建築家リチャード=キャッスルの設計により建造された。現在は同国上院・下院議会の議事堂になっている。
レンズつき-フィルム【レンズ付(き)フィルム】レンズやシャッターなど、最低限の撮影機能を備えた箱にフィルムを収めてある簡易カメラ。フィルムの詰め替えはできず、撮影後はそのまま現像に出す。使い捨てカメラ。使い切りカメラ。
レンズ-フード〘lens hood〙レンズに入射する光のうち、画角外の有害光線を遮るレンズ覆い。
レンズ-フレア〘lens flare〙▶フレア❹
レンズほご-フィルター【レンズ保護フィルター】▶MCプロテクター
レンズ-まめ【レンズ豆】マメ科の一年草。莢の中に平たい凸レンズ状の種子が1、2個できる。熟した種子は食用。西アジア原産。ひらまめ。
れん-せい【連星】二つの恒星が互いに引力を及ぼし合い、共通の重心の周囲を公転運動しているもの。明るいほうを主星、暗いほうを伴星とよぶ。見え方によって、実視連星・分光連星・食連星(食変光星)などに分類。
れん-せい【廉正】〔名・形動〕心が清く正しいこと。また、そのさま。「一な生活を営む」
れん-せい【練成｜錬成】〔名〕スル 心身・技術などを鍛えて立派なものにすること。「軍隊を一する」
れん-せい【簾政】幼帝に代わって、皇太后・太皇太后などが政治を行うこと。➡垂簾
れん-せき【憐惜】〔名〕スル あわれみ惜しむこと。「友人の死を一する」
れん-せつ【連接】〔名〕スル つながり続くこと。また、つらね続けること。「家々が一する」
れん-せつ【廉節】清く正しい節操。潔白な信念。「一の士」
れんせつ-ぼう【連接棒】蒸気機関や内燃機関で、ピストンとクランクとを連結して、動力を伝える棒。コネクティング-ロッド。連桿。
れん-せん【連戦】〔名〕スル 続けて戦うこと。「決勝まで一することになる」「三一」類語 百戦・転戦
れん-ぜん【連銭】《「れんせん」とも》銭を並べた形の文様や紋所。
れんぜん-あしげ【連銭葦毛】馬の毛色の名。葦毛に灰色の丸い斑点のまじっているもの。虎葦毛。星葦毛。
れんせん-れんしょう【連戦連勝】〔名〕スル 何度も戦って、そのたびに勝つこと。「一して優勝する」
れん-そう【連奏】〔名〕スル 二人以上で同種の楽器を同時に演奏すること。「ギターを一する」
れん-そう【連装】一つの砲塔・砲架などに、2門以上の砲を装備すること。
れん-そう【連想｜聯想】〔名〕スル ❶ある事柄から、それと関連のある事柄を思い浮かべること。また、その想念。「雲を見て綿菓子を一する」❷心理学で、ある観念の意味内容・発音・外形の類似などにつれて、他の観念が起きてくること。観念連合。➡連合❶❷ 類語 想像・想念・類推・イマジネーション
れん-そう【斂葬】死者を墓穴などにおさめ葬ること。
れんそう-けんさ【連想検査】言葉(刺激語)を提示して連想語(反応語)を言わせ、それによって精神状態や人格特性を知ろうとする検査。答える語に制限のない自由連想と制限のある制限連想とがある。
れんそう-しゅうだん【聯想集団】▶レノボ
れんそう-まど【連双窓】二つを横に並べて作った窓。
れん-ぞく【連続】〔名〕スル ❶切れ目なく続くこと。また、続けること。「不祥事が一する」「三日一」❷数学で、関数 $f(x)$ で定義域内の点 a に x が近づくときの極限値が存在し、$f(a)$ に等しいとき、$f(x)$ は $x=a$ で連続であるという。
類語 ぶっ続け・継続・断続・続発・続出
れんぞく-エックスせん【連続X線】制動放射、シンクロトロン放射などによって発生する連続スペクトルを示すX線。各原子固有の特性X線を除いた部分を指す。白色X線。非特性X線。
れんぞく-かんすう【連続関数】定義域のすべての点で連続している関数。
れんぞく-スペクトル【連続スペクトル】ある波長範囲にわたって連続的に現れるスペクトル。太陽・電灯の光や、固体・液体の熱放射のスペクトルにみられる。
れんぞく-ドラマ【連続ドラマ】テレビやラジオなどで、連続して放送されるドラマ。連ドラ。➡帯ドラマ
れんぞく-はん【連続犯】数個の連続した行為で、同一の罪名に触れるもの。一罪として処罰されたが、昭和22年(1947)廃止。
れんぞく-ようし【連続用紙】帯状の長いプリンター用紙。多くは、両端に紙送りのための小穴を並べて開け、ページごとにミシン目を入れる。連続紙。
レンタ〘rent-a〙他の外来語の上に付いて複合語をつくり、賃貸しされるものである意を表す。レンタル。「一サイクル」
れん-だ【連打】〔名〕スル ❶続けて打つこと。「銅鑼を一する」❷野球で、各打者が続けて安打を打つこと。「一されて降板する」「三一」
れん-たい【連体】❶体言に続くこと。❷「連体形」の略。
れん-たい【連帯】〔名〕スル ❶二つ以上のものが結びついていること。「一感」「奥山の話は榛野という男の事に一して出るのが」〈鴎外・ヰタ-セクスアリス〉❷二人以上の者が共同である行為または結果に対して責任を負うこと。「一して事に当たる」

れん‐たい【連隊|×聯隊】軍隊の部隊編制単位の一。一般に、旅団の下、大隊の上に位置する。

れん‐だい【×蓮台】蓮華の形に作った仏像の台座。蓮華座。転じて、阿弥陀仏の浄土に往生する者が身を托するもの。蓮華台れんげだい。

れん‐だい【×輦台|×蓮台】江戸時代、川を渡る客を乗せた台。ふつう、板に2本の担い棒をつけたもので、4人でかついだ。また、大名・貴人を駕籠かごのまま乗せるものは大高欄といい、2、30人でかついだ。

れん‐だい【×簾台】❶前方に御簾みすを垂らした一段高い座敷。❷貴人の他行のとき、または婚礼の際に床飾りに用いた衝立ついたて。

れんたい‐き【連隊旗】旧日本陸軍で、軍旗❷の俗称。

れんたい‐けい【連体形】国文法で活用形の一。活用する語の語形変化のうち、体言に連なるときの形。一般に連体修飾語として用いられるが、文語では、そのほかに、係助詞「ぞ・なむ・や・か」を受けて文を終止したり、助詞「か・ぞ」などを伴ったりする。六活用形の第四に置かれる。

れんたい‐げん【連体言】国文法でいう連体形の古い言い方。東条義門の用語。

れんたい‐さいむ【連帯債務】複数の債務者が、同一内容の給付について各自独立に債権者に対して全部の給付をする義務を負い、その中の一人が弁済すれば、他の債務者も債務を免れる債務。

れんたい‐し【連体詞】日本語の品詞の一。活用のない自立語で、主語となることがなく、体言を修飾する以外には用いられない品詞。口語では「あの人」「あらゆる要素」「たいした人出」の「あの」「あらゆる」「たいした」など、文語では「ある法師」「さしたる事」「去る五日」の「ある」「さしたる」「去る」などの類。副体詞。

れんだいじ‐おんせん【蓮台寺温泉】レンダイジヲンセン 静岡県下田市にある温泉。稲生沢いのうざわ川の支流沿いに位置する。泉質は単純温泉。

れんたいしみん‐きょうやく【連帯市民協約】レンタイシミンケフヤク ⇨パックス(PACS)

れんたい‐しゃく【連帯借】⇨連借れんしゃく

れんたい‐しゅうしょくご【連体修飾語】レンタイシウショクゴ 体言を修飾する修飾語。⇔連用修飾語。

れんたい‐せきにん【連帯責任】❶複数の者が連帯で負担する責任。❷内閣が一体として国会に対して負う政治的な責任。

れんたい‐ちょう【連隊長】…チャウ 連隊の長。旧日本陸軍では陸軍大佐・中佐があてられた。

れんだい‐の【×蓮台野】墓地。火葬場。地名となっている所が多い。特に、京都市北区船岡山の西麓の地が有名で、後冷泉天皇、近衛天皇の火葬塚がある。

れんたい‐ほしょう【連帯保証】保証人が主たる債務者と連帯して債務を負担することを約束すること。

れんたいほしょう‐にん【連帯保証人】主たる債務者と連帯して債務を負担することを約束した保証人。(補説)通常の保証人が有する催告の抗弁権(民法452条)、検索の抗弁権(同453条)、分別の利益(同456条)がなく、主たる債務者とまったく同じ立場となる。

れんだい‐わたし【×輦台渡し】旅客を輦台に乗せて川を渡すこと。江戸時代、大井川などで行われた。

レンタ‐カー〖rent-a-car〗賃貸しの自動車。

れん‐だく【連濁】国語で、合成語の語頭の清音が濁音に変わる現象。「はな」が「さくら」に下接して「さくらばな(桜花)」となる類。

レンタ‐サイクル《和 rent-a-cycleは、rent-a-carにならった造語》賃貸自転車。貸し自転車。(補説)英語では、rental cycle.

れん‐たつ【練達】〔名・形動〕スル 熟練して深く通じていること。また、そのさま。熟達。「一の士」「古武道に一する」

レンダリング〖rendering〗コンピューターグラフィックスで、物体の見え方を計算しながらその画像を作成していくこと。

レンタル〖rental〗賃貸し。「一料」「一ルーム」「一ビデオ」(補説)レンタルは不特定多数を対象とした短期のものをいうのに対し、リースは特定の顧客との長期のものをいうことが多い。(類語)賃貸・賃貸し・リース

レンタル‐いせき【レンタル移籍】プロスポーツで、選手が現在所属するチームとの契約はそのままに、期限付きで他のチームに移籍する制度。期限満了後は元のチームに復帰するか、または完全移籍するかを選ぶ。リース移籍。期限付き移籍。(補説)日本ではサッカーとアイスホッケーで導入されている。

レンタル‐オフィス〖rental office〗机・椅子・電話などを備える小スペースの貸し出しから、部屋貸しまで、いろいろな型がある手軽な貸し事務所。通常、不動産物件として賃貸契約を結ばずに月極や時間で借りる形式のものをいう。電話代行サービスなどもある。

レンタル‐サーバー〖rental server〗⇨ホスティングサービス

レンタル‐ビデオ《和 rental＋video》貸しビデオ。また、その店。

レンタル‐ブティック《和 rental＋boutique(フランス)》時代に合ったおしゃれなドレスをいろいろ揃えて、有料で貸し出す洋装店。

レンタル‐ルーム〖rental room〗時間単位で貸す部屋。特に、デートの場所として使われる個室。

れん‐たん【連単】「連勝単式」の略。⇨連勝式

れん‐たん【練丹|×煉丹】❶昔、中国の道士の術で、辰砂しんしゃを練って不老不死の薬を作ること。また、その薬。❷心気を丹田に集中して心身を練る術。❸練り薬。練薬ねりやく。

れん‐たん【練炭|×煉炭】石炭・木炭・コークスなどの粉末に粘結剤を加えて固めた燃料。ふつう円筒形で、燃焼をよくするために縦に穴をいくつも通してある。「一火鉢」(季 冬)「一や暮しの幅に煮炊にたきして/友二」

れん‐だん【連弾|×聯弾】〔名〕スル 1台のピアノを、二人で演奏すること。「師弟で一する」

れん‐ち【廉恥】心が清らかで、恥を知る心が強いこと。「破一」「一身の一既に地を払て尽きたり〈福沢・学問のすゝめ〉」

れん‐ち【×蓮池】ハスを植えてある池。

レンチ〖wrench〗ボルト・ナット・鉄管などをねじって回すための工具。

レンチキュラー〖lenticular〗細長いかまぼこ型の凸レンズを並べてシート状にしたもの。見る角度によって異なる図柄が見えたり、左右両眼に別々の画像を見せることで立体感が得られたりする。加工が簡単なため、ポスターなどの印刷物として利用されるほか、立体テレビやコンピューターのディスプレーに応用される例もある。

れんち‐しん【廉恥心】清らかで恥を知る心。

れん‐ちゃく【恋着】〔名〕スル 深く恋い慕うこと。また、物事に深く執着すること。「金銭に一する」

レンチャン【連荘】《中国語》マージャンで、親が上がるなどして、同じ親が続くこと。また転じて、同じ物事が続くこと。

れん‐ちゅう【連中】❶《「れんぢゅう」とも》仲間である者たち。また、同じようなことをする者たちをひとまとめにしていう語。親しみ、あるいは軽蔑けいべつを込めていう。「クラスの一を誘ってみる」「こういう一は度し難い」❷⇨れんじゅう(連中) (類語)族やから・一行・一味・手合い

れん‐ちゅう【×簾中】❶すだれで仕切られた内側。簾内。❷常に❶にいるような高貴な女性。貴婦人。また、公卿・大名などの正妻を敬っていう語。「一堂上目をあやにして〈盛衰記・一二〉」

れんちゅう‐いりたち【×簾中入り立ち】⇨入り立ち❷

れん‐ちょく【廉直】〔名・形動〕❶心が清らかで私欲がなく、正直なこと。また、そのさま。「一な心の持ち主」❷安価なこと。また、安易なこと。また、そのさま。「一な方法を取る」(類語)潔白・高潔・清廉・廉潔・貞潔

レンツ〖Heinrich Friedrich Emil Lenz〗[1804〜1865]ロシアの物理学者。電磁気を研究し、レンツの法則を発見。

レンツ〖Jakob Michael Reinhold Lenz〗[1751〜1792]ドイツの劇作家・詩人。シュトゥルム‐ウント‐ドラングの代表者の一人。戯曲「家庭教師」「軍人たち」など。

レンツ〖Max Lenz〗[1850〜1932]ドイツの歴史家。ランケの著作に影響を受ける。著「マルチン＝ルター」「ビスマルク伝」「ナポレオン」など。

れんつう‐かん【連通管】…クワン 二つまたはそれ以上の容器の底を管で連結し、液体などが自由に流通できるようにしたもの。U字管など。

レンツ‐の‐ほうそく【レンツの法則】…ハフソク 電磁誘導によって生じる誘導電流は、回路内の磁束の変化を妨げる向きに流れるという法則。1834年にロシアの物理学者レンツが提唱。

レンティル〖lentil〗南西アジア原産の、直径6〜8ミリの丸く扁平へんぺいな豆。色は品種により橙赤色とうせきしょく、緑色などがある。煮込み・スープ・サラダなどに使う。レンズ豆。ひら豆。

れん‐てつ【錬鉄|練鉄】❶よく鍛えた鉄。❷炭素の含有量が0.2〜0.02パーセント程度の軟鉄。鍛接性がよい。鉄線・釘などに用いる。鍛鉄。

レンテンマルク〖ドイツ Rentenmark〗第一次大戦後のドイツで、インフレーション収拾のために発行された銀行券。また、その貨幣単位。1923年に設立されたレンテン銀行が発行したもの。

レント〖Lent〗四旬節しじゅんせつ。

レント〖イタリア lento〗音楽で、速度標語の一。遅く、ゆっくりと、の意。

レント〖rent〗❶(土地の)賃貸料。地代。小作料。(機械などの)使用料。❷平均的な利潤を超えた利潤。超過利益。

れん‐とう【連投】〔名〕スル 野球で、一人の投手が2試合以上に続けて登板すること。「準決勝、決勝を一する」

れん‐どう【連動|×聯動】〔名〕スル 一部分を動かすと、それとひと続きの装置が、いっしょに作動すること。「門灯はポーチライトと一している」「税額は収入に一する」

れん‐どう【×輦道】…ダウ 天子の車の通路。輦路。

れんどう‐き【連動機】鉄道で、転轍機てんてつき・信号機などの操作棒を1か所に集めて連結し、連動して動くようにした装置。

れん‐どく【連読】続けて読むこと。「読経すでにはじまり…、一少しも違はざりしが〈咄・醒睡笑・一〉」

レントゲニウム〖roentgenium〗11族に属する人工放射性元素。ドイツにあるダルムシュタットの重イオン研究所(GSI)のグループが、1994年、ビスマス209にニッケル64を衝突させて生成した。名称はドイツの物理学者W＝K＝レントゲンがX線を発見しておよそ100年目であることにちなむ。元素記号Rg　原子番号111。

レントゲン〖roentgen〗❶X線・γガンマ線の照射線量の単位。1レントゲンは、1気圧でのセ氏零度の空気1立方センチ内において1CGS静電単位の正負イオン対を生じさせるときの照射線量。電気量でいえば、2.58×10^{-4}クーロン毎キログラムに相当。名称はW＝K＝レントゲンにちなむ。記号R ❷「レントゲン写真」「レントゲン線」の略。

レントゲン〖Wilhelm Konrad Röntgen〗[1845〜1923]ドイツの物理学者。1895年、真空放電の研究中に不透明体を通過する未知の放射線を発見し、X線と名づけた。1901年第1回ノーベル物理学賞受賞。

レントゲン‐しゃしん【レントゲン写真】⇨X線写真

レントゲン‐せん【レントゲン線】⇨X線

レント‐シーキング〖rent seeking〗企業が政府官庁に働きかけて法制度や政策を変更させ、利益を得ようとする活動。自らに都合がよくなるよう、規制を設定、または解除させることで、超過利潤(レント)を得ようという活動のこと。

れん-とび【連飛び】❶軽業の一種。輪を飛びくぐるなどするもの。江戸初期に流行。❷宿場などの私娼。「品川の一」〈浮・一代男・二〉
れん-ドラ【連ドラ】「連続ドラマ」の略。
レントラー〘ドイツ Ländler〙オーストリア・ドイツの舞踊および舞曲。ゆるやかな3拍子で、ワルツの前身とされる。
れん-ない【×簾内】すだれのうち。みすの中。簾中。
れんにゃ【練▽若】《梵 araṇyaの音写「阿練若」の略》「阿蘭若」に同じ。
れん-にゅう【練乳¦×煉乳】牛乳を煮詰めて濃縮したもの。無糖練乳(エバミルク)と加糖練乳(コンデンスミルク)とがある。
れんにょ【蓮如】[1415〜1499]室町中期の浄土真宗の僧。本願寺第8世。京都の人。諱は兼寿。号、信証院。諡号は慧灯大師。宗旨を平易な文で説く「御文」(御文章)を送って布教し、門徒派の組織化に尽力。比叡山衆徒により本願寺が破却されて越前吉崎に住し、のち畿内に戻り、山科に本願寺を再興。晩年は大坂に石山別院を建立した。著「正信偈大意」。
レンニン〘rennin〙▶キモシン
レンヌ〘Rennes〙フランス西部、ブルターニュ地方、イル-エ-ビレーヌ県の都市。同県の県都。ブルターニュ半島の東部、レンヌ盆地のイル川とビレーヌ川の合流点に位置する。紀元前よりケルト系民族の定住地があり、1世紀頃から古代ローマの属州として栄えた。中世にはブルターニュ公国の首都になった。19世紀に建造された新古典主義様式のサンピエール大聖堂があるほか、巡礼地モンサンミッシェルへの観光拠点としても知られる。
レンネット〘rennet〙チーズ製造時に牛乳を固めるのに用いる酵素剤。キモシンが主成分。
れん-ねん【連年】何年も続くこと。引き続いて毎年。「一の不作」
れん-ぱ【連破】〔名〕スル 続けて相手を負かすこと。「強豪を一する」
れん-ぱ【連覇】〔名〕スル 競技などで、続けて優勝すること。「苦しみながらも一する」「三一」類語 連破・連勝
れん-ぱ【廉頗】中国、戦国時代の趙の武将。恵文王・孝成王に仕え、秦・燕・斉を破って功があり信平君に封じられた。藺相如と「刎頸の交わり」を結んだ話で有名。生没年未詳。
れん-ばい【廉売】〔名〕スル 商品を安い値段で売ること。安売り。「傷物を一する」「特価大一」
類語 売り出し・安売り・特売・投げ売り・捨て売り・叩き売り・乱売・ダンピング・蔵浚え・見切り売り・セール・バーゲンセール
れん-ぱい【連俳】❶連歌と俳諧。❷俳諧の連句。
れん-ぱい【連敗】〔名〕スル 続けて負けること。「同一チームに一する」⇔連勝。
れん-ぱつ【連発】〔名〕スル ❶事件などが続けざまに発生すること。「事故が一する」❷続けざまに発射すること。「拳銃を一する」❸同じような内容の言葉を続けざまに言うこと。「ギャグを一する」類語 続発・続出・継起・続く・相次ぐ・度重なる・重なる
れんぱつ-じゅう【連発銃】弾倉に数発の弾丸をこめ、続けて発射できるように装置した小銃。➡単発銃
れん-ばん【連番】宝くじや座席券などで、複数のチケットの番号が連続していること。また、その番号。➡続き番号
れん-ぱん【連判】〔名〕スル《「れんばん」とも》1通の文書に複数の人が並べて自署し、判を押すこと。連印。「一して誓う」
類語 連印・連署・連名・合判・合い判・合い印
れんぱん-がね【連判▽銀】何人かが連判して連帯責任で金を借りること。また、その金。「あるひは家質又は一にて紋日をつとめ」〈浮・元禄大平記〉
れんぱん-じょう【連判状】志を同じくする人々が誓約のしるしとして自署し、判を押した書状。
れん-ぴ【連比】三つ以上の数、または同種類の量の比。a：b：c のように表す。
れん-びん【×憐×憫¦×憐×愍】かわいそうに思うこと。あわれむこと。あわれみ。れんみん。「一の情」
類語 哀憐・愛憐・不憫・哀れみ・同情・恩情・慈悲
れん-ぶ【練武】武術のわざを鍛えること。
れん-ぷ【×蓮府】《「南史」庾杲之伝から》中国の晋の大臣王倹が家に蓮を植えて愛したところから、大臣、また、その邸宅をいう。
れん-ぷ【×臉譜】《「臉」は顔の意》京劇など中国古典劇の化粧法で、俳優の顔に施す隈取り。仮面から脱化して、清朝末期に現在の様式が完成。異なった彩色により、その人物の性格を示す。けんぷ。
れん-ぷく【連複】「連勝複式」の略。➡連勝式
れんぷく-そう【連福草】レンプクソウ科の多年草。山地に自生し、高さ8〜15センチ。細長い地下茎が走り、地上部は柔軟。葉は長い柄があり、主に3枚の小葉からなる複葉。4月ごろ、茎の先に、黄緑色の小花が5個集まってつく。一科一属一種とされ、北半球温帯に分布。ごりんばな。
レンブラント〘Rembrandt Harmensz. van Rijn〙[1606〜1669]オランダの画家。独特の明暗法によって人間の内面性・精神性を表現した。エッチング・素描にもすぐれた。作「トゥルプ博士の解剖学講義」「自画像」「夜警」など。
レンブラント-ライティング〘Rembrandt lighting〙ポートレート撮影におけるライティング技法の一。17世紀オランダの画家、レンブラントの独特な明暗法を写真撮影に応用したもの。モデルの斜め後ろから半逆光の照明を当てることにより、立体感を印象深く強調できる。
れん-ぶんせつ【連文節】二つ以上の文節が結合して、あるまとまった意味をなすもの。
れんぶんせつ-へんかん【連文節変換】コンピューターで漢字を入力する際の、かな漢字変換の代表的な方式の一。キーボードで入力した文字列を、自動的に適当な文節を区切り、漢字に変換する。複文節変換。
れん-べい【連×袂¦×聯×袂】たもとをつらねること。行動をともにすること。「一辞職」
れん-ぺい【練兵】平時に、兵士に対して戦闘に必要な訓練をすること。
れんぺい-じょう【練兵場】練兵のための場所。れんぺいば。
れん-ぼ【恋慕】㊀〔名〕スル 特定の異性を恋い慕うこと。「一の情」「人妻に一する」「横一」㊁尺八曲「鈴慕」の異称。
類語 恋・恋愛・愛恋・恋情・思慕・眷恋・横恋慕・色恋・慕情・ラブ・アムール・ロマンス
れん-ぽ【練歩】節会のときの作法。内弁などが、かかとをひとところに踏み定めながら歩く歩き方。
れん-ぽ【×蓮歩】《中国で、斉の東昏侯が潘妃に金製のハスの花の上を歩かせたという「南史」斉東昏侯紀の故事から》美人のあでやかな歩み。金蓮歩。
れん-ぽう【連邦¦×聯邦】州や共和国などの複数の支分国が、単一の主権の下に結合して形成する国家。各支分国は独自の自治的存在で、その権能は連邦の憲法で規定される。アメリカ・スイス・ドイツなど。連合国家。➡複合国家
類語 合衆国・共和国・君主国・帝国・王国
れん-ぽう【連峰】連なり続いている峰々。連山。「立山一」類語 連山・山脈・山地・山並み・山系・山塊
れんぽう-かんきょうほごちょう【連邦環境保護庁】▶エパ(EPA)
れんぽう-きんきゅうじたいかんりちょう【連邦緊急事態管理庁】▶フィーマ(FEMA)
れんぽう-こうかいしじょういいんかい【連邦公開市場委員会】▶エフ-オー-エム-シー(FOMC)
れんぽう-じゅんびぎんこう【連邦準備銀行】▶エフ-アール-ビー(FRB)
れんぽう-じゅんびせいど【連邦準備制度】《Federal Reserve System》1913年の連邦準備法によって設立された米国独特の中央銀行制度。中枢機関として連邦準備制度理事会(FRB)がある。FRS。
れんぽう-じゅんびせいどりじかい【連邦準備制度理事会】▶エフ-アール-ビー(FRB)
れんぽう-つうしんいいんかい【連邦通信委員会】▶エフ-シー-シー(FCC)
れんぽう-はさんほう【連邦破産法】企業・個人の倒産・破産処理について規定した、米国連邦法の一つ。経営破綻した企業が再建を目指す場合は日本の民事再生法や会社更生法に近いチャプターイレブン(連邦破産法第11章)、事業の存続が難しい場合は日本の破産法に相当するチャプターセブン(連邦破産法第7章)が適用され、破産手続きが開始される。
れんぽう-よきんほけんこうしゃ【連邦預金保険公社】▶エフ-ディー-アイ-シー(FDIC)
れんぼ-ながし【恋慕流し】「鈴慕流し」に同じ。
れん-ま【練磨¦錬磨】〔名〕スル 技芸・学問などを鍛えみがくこと。「心身を一する」「百戦一」類語 琢磨
レンマ〘lemma〙▶補助定理
れん-みょう【連名】▶れんめい(連名)
れん-みん【×憐×憫】▶れんびん(憐憫)
れん-めい【連名】二人以上の人が姓名を並べて書くこと。れんみょう。「一で声明を出す」
類語 共同・合同・協同・連携・提携・協力・協賛・参与・共催・催合い・タイアップ
れん-めい【連盟¦×聯盟】共同の目的のために行動をともにする誓いを結ぶこと。また、その組織。「国際一」
類語 連合・連帯・同盟・団体・組合・組織・結社・法人・協会・ユニオン・ソサエティー・アソシエーション
れん-めん【連綿¦×聯綿】〔ト・タル〕〔文〕〔形動タリ〕長く続いて絶えないさま。「江戸時代から一と続く老舗」
類語 ずっと・絶えず・延延・綿綿・脈脈・代代
れんめん-たい【連綿体】書道で、草書・行書やかなの各字が切れずに連続して書かれている書体。
れん-もん【×蓮門】浄土門、浄土宗のこと。蓮宗。
れんもん-きょう【×蓮門教】明治初期に成立した新宗教。教祖は島村みつ。法華神道系で、「事の妙法様」を信仰。御神水を用いた病気治療で、一時多くの信者を得たが、布教法が新聞で批判を受けたりして明治末には急激に衰退し、やがて消滅した。
れん-や【連夜】いく夜も続くこと。引き続いて毎夜。「一に及ぶ残業」「一協議する」
類語 毎晩・毎夜・夜毎・夜な夜な
れん-やく【練薬¦×煉薬】種々の薬を調合して練ること。また、その薬。ねりぐすり。
れん-よ【×輦×輿】轅を肩に当てて移動する輿。
れん-よう【連用】〔名〕スル ❶同じものを続けて使うこと。「薬を一する」❷用言に続くこと。❸「連用形」の略。
れんよう-けい【連用形】国文法で活用形の一。活用する語の語形変化のうち、文中で文を中止するときの形。また、文語では助動詞「き・けり・たり」など、口語では助動詞「た」などを伴って用いられ、形容詞の場合には連用修飾語にもなる。六活用形の第二に置かれる。
れんよう-げん【連用言】国文法でいう連用形の古い言い方。東条義門の用語。
れんよう-しゅうしょくご【連用修飾語】用言を修飾する修飾語。⇔連体修飾語。
れんよう-にっき【連用日記】毎年同じ日の記録を同じページに書き込めるようにした日記。3年、5年、10年用などがある。
れん-らく【連絡¦×聯絡】〔名〕スル ❶関連があること。「一見何の一もない二つの事件」❷気持ちや考えなどを知らせること。情報などを互いに知らせること。また、その通知。「一をとる」「本部に一する」❸二つの地点が互いに通じていること。また、異なる交通

機関が一地点で接続していること。「私鉄と一する駅」「一橋」
(類語)(①)繋がり・結び付き・連係・接続/(②)通知・通告・通達・伝達・告知・案内・知らせ・一報・音信・音信・消息・通信・コンタクト

れんらくかんびん-の-がく【×濂×洛関×閩の学】周敦頤・程顥・程頤・張載・朱熹が主唱した学、すなわち宋学をいう。周敦頤が濂渓、程顥・程頤が洛陽、張載が関中、朱熹が閩の出身であったところからいう。

れんらく-せん【連絡船】海峡・湖などの両岸を連絡し、乗客や貨物を運ぶ船。

れんらく-もう【連絡網】情報の伝達のために、個人同士や団体同士で準備しておく電話・ファックス・電子メールなどを用いたつながり。

れん-り【連理】❶1本の木の枝が他の木の枝と連なって木目が通じ合っていること。❷《「連理の契り」から》夫婦・男女の間の深い契りをたとえていう語。「比翼一」

れん-り【廉吏】心の清く正しい役人。

れんり-そう【連理草】マメ科の多年草。草原に生え、高さ30～60センチ。葉は線形の小葉からなる複葉で、葉軸の先は巻きひげになる。5、6月ごろ、紅紫色の蝶形の花を開く。かまきりそう。(季 夏)

れん-りつ【連立┆聯立】〔名〕スル 二つ以上のものが並び立つこと。「立候補者が一する」「一政権」

れんりつ-せいけん【連立政権】▶連立内閣

れんりつ-ないかく【連立内閣】二つ以上の政党を基礎として閣員が構成される内閣。連立政権。⇔単独内閣。

れんりつ-ほうていしき【連立方程式】❶二つ以上の未知数を含む二つ以上の方程式からなり、これらの方程式が未知数の同じ値によって成り立つもの。未知数の最高次数により、連立二次方程式・連立三次方程式のようによぶ。❷(比喩的に)問題が複雑に絡み合っている物事のたとえ。「財政再建、福祉充実、景気対策の一を解くための政策を立案する」

れんり-の-えだ【連理の枝】《白居易「長恨歌」から》連理となった枝。夫婦・男女の仲むつまじいことのたとえ。

れんり-の-ちぎり【連理の契り】男女の間の、永遠に睦まじく変わることのない契り。

れんり-びき【連理引き】歌舞伎の演出・演技の一種。怨霊などが手をのばして人間を後ろから引っぱる形をすると、人間は襟首などをつかまれた体で後退しながら戻るもの。

れんりひしょう【連理秘抄】南北朝時代の連歌論書。1巻。二条良基著。正平4＝貞和5年(1349)ごろの成立。「僻連抄」を改訂したもの。前半は連歌の沿革、作句の心得などを述べ、後半は式目で、「応安新式」のもととなるものと考えられる。

れん-るい【連累】〔名〕スル 他人の罪や事件に関係して罪や災難をこうむること。まきぞえ。「我輩同志までが一を陥らって」〈魯庵・社会百面相〉

れん-るい【連類】仲間。同類。

れん-れん【恋恋】㊀〔名〕スル 思いきれずに執着すること。「徒に永く政柄を握るに一し」〈東海散士・佳人之奇遇〉㊁〔ト・タル〕図〔形動タリ〕❶恋い慕って思いきれないさま。「大丈夫は区々たる一婦人に一たるべからず」〈魯庵・社会百面相〉❷執着して未練がましいさま。「役職に一とする」

れん-れん【連連】㊀〔ト・タル〕図〔形動タリ〕続いていて絶えることのないさま。「家並みが一と続く」㊁〔形動ナリ〕㊀に同じ。「常に酒を送り茶を進めて、一にむつび近づきて後」〈太平記・一八〉㊂〔副〕しだいしだいに。「一悪き所除きて、よき劫ばかりになれば」〈花鏡〉

れん-れん【×漣×漣】〔ト・タル〕図〔形動タリ〕涙などがとめどなく流れ落ちるさま。「一たる涙を止めもあえず」〈露伴・連環記〉

れん-ろ【×輦路】「輦道」に同じ。

ろ ❶五十音図ラ行の第5音。歯茎弾き音の有声子音[r]と母音[o]とから成る音節。[ro] ❷平仮名「ろ」は「呂」の草体から。片仮名「ロ」は「呂」の初3画から。

ろ【ロ】洋楽の音名の一で、日本音名の第7音。

ろ【炉】❶床や土間の一部を四角に切り、火を燃やして暖をとったり、煮炊きしたりする所。囲炉裏。「一を切る」(季 冬) ❷暖炉。ストーブ。「僕は自ずから一を擁して眠らんのみ」〈織田訳・花柳春話〉❸金属などを加熱・溶解・反応させるための装置。溶鉱炉・原子炉など。❹ボイラーなどで、燃料を燃焼する部分。➡漢「ろ(炉)」(類語)いろり

ろ【×絽】からみ織りの一種。縦糸と横糸をからませて織った透き目のある絹織物。夏の単衣・羽織・袴地などに用いる。絽織り。(季 夏)

ろ【▽漏】仏語。流れて漏れ出てくるけがれ。煩悩のこと。

ろ【魯】中国、春秋時代の列国の一。周の武王の弟、周公旦が曲阜(山東省)に封ぜられたのに始まる。春秋時代、大国の間にあって国勢は振るわなかったが、周の文化を最もよく伝えた。前249年、楚に滅ぼされた。孔子の生国。➡漢「ろ(魯)」

ろ【×廬】小さく粗末な家。いおり。草庵。

ろ【×櫓┆×艪】和船をこぎ進める用具の一。ふつう水をかく脚部と手で握る腕部とを、への字形に継いである。脚部にあけた入れ子の穴を、船尾に取り付けた櫓杭にはめて支点とし、腕部につけた櫓杆とよぶ突起と船床とを早緒で結び、押し引きして水をかき、推進させる。「一をこぐ」➡漢「ろ(櫓)」

ろ【×艫】❶船の後部。船尾。とも。❷船の前部。船首。へさき。

ろ【×驢】ろば。

ろ〔助動〕▶ろう〔助動〕

ろ〔間助〕上接の語句を強調し、感動の意を添える。❶(文中用法)連用修飾語に付く。「児ろが上に言をを一延へていまだ寝なふも」〈万・三五二五〉❷(文末用法)活用語の終止形・命令形に付く。「白雲の絶えにし妹をあぜせ一と心に乗りてここばかなしけ」〈万・三五一七〉(補説)❶❷とも上代東国方言。❷は現代語の「見ろ」「受けろ」「しろ」などの命令形語尾「ろ」となるものといわれる。

ろ〔接尾〕上代東国方言。名詞、または形容詞の連体形に付いて、親愛の意を表し、また、語調をととのえるのに用いる。「我が家ろに一行かも人もが草枕旅は苦しと告げやらまくも」〈万・四四〇六〉「常なりし笑まひ振舞いや日異けに変はらふ見れば悲しき一かも」〈万・四七八〉

ロアール-がわ【ロアール川】《Loire》フランス中部を流れる同国最長の川。中央高地南部に源を発し、ほぼ北流して、オルレアン地方で向きを西に転じ、ビスケー湾に注ぐ。長さ1020キロ。ロワール川。

ロアール-けいこく【ロアール渓谷】《Val de Loire》フランス中部を流れるロアール川流域の渓谷。中流域にはシャンボール城、ブロア城、アンボアーズ城、シュノンソー城、ビランドリー城、アゼールリドー城など、16世紀頃に王侯貴族が建造したフランスルネサンス建築を代表する城館や庭園が多いことで知られる。2000年、「シュリーシュルロアールとシャロンヌ間のロアール渓谷」の名称で世界遺産(文化遺産)に登録された。ロワール渓谷。

ろ-あく【露悪】欠点や悪いところをわざとさらけ出すこと。「一趣味」

ろ-あし【×櫓脚┆×艪脚】❶櫓をこぐとき、櫓の水の中につかる部分。❷櫓をこいで船を進めるとき、あとに残る波の動き。

ロアタン-とう【ロアタン島】《Isla de Roatán》中央アメリカ、ホンジュラス、カリブ海にあるバイア諸島最大の島。イスラス-デ-ラ-バイア県に属し、県都が置かれる。周囲をサンゴ礁に囲まれ、ダイビングやシュノーケリングなどのマリンスポーツが盛ん。北米からの観光客が多い。

ロアッソ-くまもと【ロアッソ熊本】日本プロサッカーリーグのクラブチームの一。ホームタウンは熊本市。昭和44年(1969)発足の電電公社(NTT)熊本サッカー部が前身。平成20年(2008)からJリーグに参加。(補説)「ロアッソ」はイタリア語の赤(ロッソ)と、エース・唯一の(アッソ)をあわせた造語。

ロアン-きゅう【ロアン宮】《Palais Rohan》フランス北東部、アルザス地方、バ-ラン県の都市ストラスブールの旧市街にある宮殿。18世紀にストラスブール司教だったロベール＝ド＝コットにより建造。市内を流れるライン川の支流イル川の中州、グランディル地区に位置する。現在は内部に美術館、装飾博物館、考古学博物館がある。ゴシック様式のストラスブール大聖堂、16世紀に建てられたルネサンス様式のカメルゼル邸などとともに、1988年、「ストラスブールのグランディル」の名称で世界遺産(文化遺産)に登録された。

ロイオス-きょうかい【ロイオス教会】《Igreja dos Lóios》ポルトガル中南部の都市エボラの旧市街にある教会。15世紀、ディアナ神殿の隣に建造。18世紀の大地震の後、正面入口の一部を除いて改築。内壁はアズレージョというタイルで飾られている。エボラ大聖堂、ディアナ神殿、サンフランシスコ教会などとともに、城壁に囲まれた旧市街全体が1986年に「エボラ歴史地区」の名称で世界遺産(文化遺産)に登録された。

ロイカーバート〖Leukerbad〗スイス中西部、バレー州にある温泉保養地。標高1411メートル。ローマ時代に源泉が発見された、アルプス最大級の温泉地。スポーツ選手の高地トレーニングの拠点としても知られる。

ロイコトリエン〖leukotriene〗アラキドン酸から動物組織で合成される一群の生理活性物質。白血球遊走促進作用や気管支収縮作用がある。気管支喘息の原因物質。

ロイコマイシン〖leucomycin〗扁桃炎・肺炎などの感染症の治療に用いるマクロライド系抗生物質。キタサマイシン。

ロイシン〖ドイツ Leucin〗必須アミノ酸の一。弱い苦味のある白色の結晶。ほとんどのたんぱく質に含まれ、特にヘモグロビン・カゼインなどに多い。

ロイズ〖Lloyd's〗英国のロンドンの個人保険業者の集団。17世紀末、海上保険引受人たちのたまり場であったコーヒー店の名に由来する。世界の損害保険の中心市場となっている。

ロイスダール〖Jacob van Ruisdael〗[1628ころ～1682]オランダの画家。17世紀オランダ風景画の代表者。重厚な描写のうちに不安と憂愁に満ちた詩情を示し、のちのロマン主義絵画に影響を与えた。

ロイター〖Reuters〗英国にあった通信社。1851年ドイツ人ポール＝ロイターが創立。全世界に通信網をもつ。2008年にカナダの情報企業トムソンに買収され、トムソン-ロイターの一部門となる。

ロイター-しすう【ロイター指数】《Reuters Index of Commodity Pricesから》英国の通信社ロイターが発表する国際的第一次産品の相場指数。1931年9月18日を100としている。

ロイター-ばん【ロイター板】《「ロイター」は開発者の名》体操競技の跳馬などで使う、ばね入りの踏み切り板。

ロイッテ〖Reutte〗オーストリア、チロル州北西部、ドイツ国境近くの町。古くから宿場町として栄え、16世紀から18世紀頃の建物の壁を彩るフレスコ画が有名。

ろ

ロイド〖Harold Lloyd〗[1893～1971]米国の喜劇映画俳優。主にサイレント映画期、丸眼鏡をトレードマークにスラップスティックコメディーで活躍。キートン・チャップリンと並ぶ三大喜劇王の一人。出演作「要心無用」「ロイドの牛乳屋」など。

ロイド-ジョージ〖David Lloyd George〗[1863～1945]英国の政治家。自由党急進派に属し、蔵相となり、老齢年金法・国民保険法を実現させた。1916年、自由党・保守党の連立内閣の首相となり、第一次大戦を指導。戦後はパリ講和会議の英国代表。

ロイド-めがね【ロイド眼-鏡】《ロイドが用いていたところから》セルロイド製の円形で縁の太い眼鏡。➡ロイド

ロイヒリン〖Johannes Reuchlin〗[1455～1522]ドイツの古典学者・人文主義者。ギリシャ語・ヘブライ語研究に貢献。

ロイブ〖Jacques Loeb〗[1859～1924]米国の実験生物学者・生理学者。ドイツ生まれ。動物の走性や再生現象などの研究を行った。1894年にウニの卵で人工的な無受精生殖に成功した。著「生命の機構」「有機体全体論」など。

ロイマチス〖ドイ Rheumatismus〗►リウマチ

ロイヤリティー〖loyalty〗《「ロイヤルティー」とも》忠誠心。また、誠実さ。

ロイヤリティー〖royalty〗《「ロイヤルティー」とも》特許権・著作権などの使用料。

ロイヤル〖royal〗《「ローヤル」とも》多く複合語の形で用い、王の、王室の、また高貴な、などの意を表す。

ロイヤル-アカデミー《Royal Academy of Arts》英国の王立美術院。1768年、諸美術の育成・向上を目的として設立。毎年展覧会を開催し、美術学校も経営。

ロイヤル-ウエディング〖royal wedding〗王子(皇子)・王女(皇女)が結婚すること。王室・皇室の行う結婚式。

ロイヤル-クレセント〖Royal Crescent〗英国イングランド南西部の都市バースにある三日月型に湾曲した形状をもつ建物。18世紀に建築家ジョン＝ウッド(息子)によりパラディオ様式の集合住宅として建造。ローマ浴場、バース修道院とともに、1987年に「バース市街」の名称で世界遺産(文化遺産)に登録された。

ロイヤル-コペンハーゲン〖Royal Copenhagen〗デンマークの陶磁器会社。1775年創立。当初はデンマーク王室に製品を納入する唯一の会社であった。食器類のほか、人形などの置物類も販売している。

ロイヤル-ゼリー〖royal jelly〗ミツバチで、女王バチとなる幼虫を育てるため、働きバチの咽喉腺から分泌される特殊な栄養物質。淡黄色のゼリー状で、たんぱく質・ビタミンが多く含まれる。王乳。

ロイヤル-ソサエティー〖Royal Society〗英国最古の自然科学の学会。1660年に私的機関として発足、62年、チャールズ2世の特許状によって王立となった。王立協会。

ロイヤルティー〖loyalty〗►ロイヤリティー

ロイヤルティー〖royalty〗►ロイヤリティー

ロイヤル-ディーサイド〖Royal Deeside〗英国スコットランド北東部、アバディーンシャー州、ディー川沿いの通称。クラシズ城、バルモラル城、ドラム城、ブレーマー城をはじめ、王室ゆかりの城が多いことから名付けられた。

ロイヤル-パビリオン〖Royal Pavilion〗英国イングランド南東部の海岸保養都市ブライトンにある離宮。ジョージ4世が摂政時代から約40年かけて建造。中国風の内装とインド風の外観をもつ。

ロイヤル-ボックス〖royal box〗劇場・競技場などの、貴賓席。特別席。

ロイヤル-マイル〖Royal Mile〗英国スコットランドの首都エジンバラの旧市街にある通り。西端のエジンバラ城と東端のホリールードハウス宮殿までを指す。

ロイヤル-レミントンスパ〖Royal Leamington Spa〗►レミントンスパ

ロイヤル-ワラント〖royal warrant〗王室から与えられた証明書。王室御用達。

ろ-いろ【×蝋色｜呂色】蝋色塗り。また、その色。ろういろ。

ろいろ-うるし【×蝋色漆】生漆に油類を加えずに精製した黒漆。蝋色塗りに用いる。

ろいろ-ざや【×蝋色×鞘】蝋色塗りの刀の鞘。

ろいろ-ぬり【×蝋色塗(り)】漆器の塗りの技法の一。蝋色漆で上塗りして乾かし、研磨して光沢を出すもの。

ロイン〖loin〗「ロース」に同じ。

ろう【老】[一]〔名〕❶年をとっていること。また、その人。老人。「一先生」「一を負い幼を扶けて火を避くる者」〈樗牛・滝口入道〉❷律令制で、61歳から65歳(のち、60歳から64歳)までの者の称。❸老人が自分のことをへりくだっていう語。「稚き女子の矢武におはするぞ、一が物見たる中のあはれなりし」〈読・雨月・浅茅が宿〉[二]〔接尾〕自分より年長の人の名に付けて軽い敬意を表す。「山本一」➡漢「ろう(老)」

ろう【労】❶心やからだを使ってそのことに努めること。また、そのための苦労・努力。ほねおり。「一をねぎらう」❷長年勤め上げて功労のあること。年功。「勘解由判官の一六年」〈源順集・詞書〉❸経験を積んでそのことに巧みであること。熟練。「おもむけ給へる気色いと一あり」〈源・藤袴〉❹「労咳」の略。➡漢「ろう(労)」〔類語〕骨折り・辛労・労力・ひとほね・小骨・苦労・労苦・苦心・腐心・辛苦・心労・煩労

労多くして功少なし　苦労した割には効果が少ない。

労を多とする　相手の労苦を評価し、それをねぎらい感謝する。「長年、研究を続けたその一を一する」

労を取る　(多くは「…の労を取る」「…する労を取る」の形で用いられ)あることのために骨を折る。あることをしてやる。「媒酌の一を一る」

ろう【×牢】罪人などを閉じ込めておく所。牢屋。牢獄。獄。➡牢として　➡漢「ろう(牢)」〔類語〕刑務所・監獄・牢獄・牢屋・拘置所・留置場・豚箱

ろう【郎】[一]〔名〕❶男子。特に、年若い男子。若者。❷女性から夫、または情夫をさしていう語。郎君。「妾は時々に呼吸器となって、一が浮気なる口元を塞がん」〈逍遥・当世書生気質〉❸中国の官名。侍郎・尚書郎などの総称。[二]〔接尾〕数を表す語、またはそれに準じる語に付く。❶一族あるいは一家の中で、男の子の生まれた順序に従い、男子の名前をつくる。「一一」「次一」❷男女の別なく、子供の生まれた順序を示す語として用いる。「男子二人、女子一人をもてり。太一は質朴にてよく生産を治む、二一の女子は大和の人の妻問ひに迎へられて」〈読・雨月・蛇性の婬〉➡漢「ろう(郎)」

ろう【×陋】場所が狭いこと。また、心・見識が狭いこと。「改名主の図書検閲が一を極めている例として」〈芥川・戯作三昧〉➡漢「ろう(陋)」

ろう【×婁】二十八宿の一。西方の第二宿。牡羊座の頭部分の三星。たたらぼし。婁宿。

ろう【廊】❶廊下。回廊。「一を巡らす」❷寝殿造りなどで、建物と建物とをつなぐ、屋根のついた通路。渡殿。細殿。➡漢「ろう(廊)」

ろう【楼】[一]〔名〕❶高く構えた建物。たかどの。❷遠くを見るためにつくった高い建物。ものみやぐら。望楼。「門上の一に、おぼつかない灯がともって」〈芥川・偸盗〉❸遊女と遊興することのできる店。揚げ屋・遊女屋など。「色専一に目的として、一に登る」〈逍遥・当世書生気質〉[二]〔接尾〕高い建物、料理屋・旅館、また遊女屋などの名の下に付けて用いる。「観潮一」「山水一」➡漢「ろう(楼)」

ろう【×蝋】高級脂肪酸と一価または二価の高級アルコールとのエステル。固体または液体で油脂に似るが、酸化や加水分解に対して安定。動物性の蜜蝋・鯨蝋などと、植物性の綿蝋などがある。また、俗に、油脂である木蝋や炭化水素のパラフィンも含めていう。ワックス。➡漢「ろう(蝋)」

ろう【×臈】❶仏語。僧が受戒後に安居を行い終えること。出家後の年数はこの臈の数でいう。法臈。臈。「一を積む」❷年功を積むこと。また、その順位による身分の高下。「上一は五貫、中一は三貫、下一は一貫づつ給ふ」〈宇津保・あて宮〉

ろう【×臘】❶冬至ののち、第3の戌の日に行う祭り。猟の獲物を祖先や神々に供える。❷陰暦12月の異称。臘月。❸「臈❶」に同じ。❹「臈❷」に同じ。➡漢「ろう(臘)」

ろう【隴】中国甘粛省南東部の地。

隴を得て蜀を望む　《隴の地方を手に入れ、さらに蜀を攻めようとしたとき、曹操が司馬懿に答えた言葉から》一つの望みを遂げると、次の望みが起こってきて、欲望には限度がないたとえ。望蜀。

ろう【×聾】耳が聞こえないこと。

ろう【×鑞】金属を接合するときに用いる溶融しやすい合金。硬鑞と軟鑞がある。

ろう〔助動〕[○|○|ろう|ろう|○|○]《推量の助動詞「らむ」の音変化》活用語の終止形・連体形に付く。推量の意を表す。…だろう。「さぞはねこそをれるらうとおもうて」〈虎清狂・鏡男〉〔補説〕主に室町時代に用いられた。「ろ」となることもある。

ろう-あ【×聾×唖】耳の聞こえないことと、言葉を話せないこと。

ろうあ-がっこう【×聾×唖学校】聾学校の旧称。

ろう-あらため【×牢改め】江戸時代、役人が牢内を点検して回ること。また、その役人。牢内改め。

ろうあん-じ【滝安寺】►りゅうあんじ(滝安寺)

ろう-い【老医】老年の医師。また、老練な医者。

ろう-いつ【労逸】骨折りと楽しみ。労苦と安逸。

ろう-いろ【×蝋色】「ろいろ(蝋色)」に同じ。

ろう-いん【×狼咽】口蓋裂のこと。

ろう-う【老×嫗】年とった女。老媼。「一の指さす方に」〈漱石・草枕〉

ろう-えい【朗詠】〔名〕スル ❶詩歌などを、節をつけて声高くうたうこと。吟詠。「人麿の歌を一する」❷平安中期から流行した歌謡で、漢詩文の一節を朗吟するもの。中世以降、雅楽化された。詞章となる詩歌を収めたものに「和漢朗詠集」などがある。〔類語〕吟詠・朗吟・朗唱

ろう-えい【漏×洩｜漏×泄】〔名〕スル《「ろうせつ」の慣用読み》❶水・光などが、もれること。また、もらすこと。「ガスが一する」❷秘密などが、もれること。また、もらすこと。「企業機密が一する」〔類語〕漏れる・漏洩・流出・筒抜け・リーク

ろうえい-じそく【漏×洩磁束】磁気回路の外にはみ出た磁束。また、コイルや強磁性体などによってつくられた磁束の一部分が磁気回路からはみ出る現象を磁気漏洩という。

ろうえい-ほけん【漏×洩保険｜漏×泄保険】企業の保有する顧客や従業員の個人情報が外部に漏れた場合に企業が負担するさまざまな費用を補償する保険。個人情報漏洩保険。

ろう-えき【労役】身体を動かして課せられた役務をすること。「一して自分の無能力を体験した」〈有島・小さき者へ〉〔類語〕作業・労働・仕事・労作・労務・役務・業務

ろうえき-じょう【労役場】罰金または科料を完納できない者を収容して労役に従事させる場所。刑務所に付設される。

ろう-えん【×狼煙｜×狼×烟】《昔、中国で狼の糞を入れて焼いたところから》のろし。狼火。

ろう-おう【老王】年老いた国王。

ろう-おう【老翁】年をとった男性。おきな。

ろう-おう【老×媼】年をとった女性。おうな。老嫗。〔類語〕媼・嫗・老女・老婦・老婆・ばば・おばば・おばあさん・ばあさん・ばばあ

ろう-おう【老×鶯】春が過ぎても鳴いているウグイス。夏うぐいす。残鶯。〔季 夏〕

ろう-おく【×陋屋】狭くてみすぼらしい家。また、自分の家をへりくだっていう語。陋居。

(類語)家・うち・家屋・屋舎おくしゃ・住宅・住家じゅうか・住居・家宅・私宅・居宅・自宅・居宅きょたく・宅・住まい・住みか・ねぐら・宿やど・ハウス（尊敬）お宅・尊宅・尊堂・高堂・貴宅（謙譲）拙宅・弊宅・陋宅ろうたく・陋居・寓居ぐうきょ

ろう-おく【漏屋】ロウヲク 雨がもるようなぼろ家。

ろう-おん【労音】ラウ《「勤労者音楽協議会」の略称》勤労者のための音楽鑑賞組織。昭和24年(1949)大阪で発足、以後、各地に広がり、同30年には全国労音連絡会議が結成された。

ろう-か【老化】ラウクワ〔名〕スル ❶年をとるに従って、肉体的、精神的機能が衰えること。「血管が一する」❷ゴムや膠質こうしつ溶液などが、時間の経過につれて変質・劣化すること。(類語)老朽・老廃

ろう-か【弄火】ロウクワ 火をもてあそぶこと。火遊び。

ろう-か【弄花】ロウクワ ❶花をもてあそぶこと。❷花札でかけ事などをすること。

ろう-か【浪華】ラウクワ 波が砕け散って花のように見えるもの。浪の花。

ろう-か【×狼火】ラウクワ「狼煙ろうえん」に同じ。

ろう-か【廊下】ラウ ❶建物の中の部屋と部屋をつなぐ細長い通路。「渡り一」❷ ▶ゴルジュ (類語)回廊・渡り廊下・コンコース・アプローチ・アーケード

ろう-が【弄瓦】ロウグワ《「瓦」は土製の糸巻きで、昔、中国で、女子が生まれるとそれを与えて玩具にしたという「詩経」小雅・斯干の故事から》女子が生まれること。⇔弄璋ろうしょう。

ろう-が【×蝋画】ラフグワ ▶エンカウスティック

ろう-かい【老×獪】ラウクワイ〔名・形動〕いろいろ経験を積んでいて、悪賢いこと。また、そのさま。老猾ろうかつ。「一なやり口」(派生)ろうかいさ〔名〕

(類語)老練・老巧・熟練・海千山千・古狸ふるだぬき

ろう-かい【浪界】ラウ 浪花節なにわぶしを語るのを職業とする人たちの社会。浪曲界。

ろう-がい【老害】ラウ 企業や政党などで、中心人物が高齢化しても実権を握りつづけ、若返りが行われていない状態。

ろう-がい【労×咳｜×癆×痎】ラウ 漢方で、肺結核のこと。癆。

ろうかい-さぎょう【×撈海作業】ラウカイサゲフ 海中の浮遊物や海底の沈積物などをすくいとる作業。

ろうがき-ぞめ【×蝋描(き)染(め)】ラフガキ 生地に木蝋・パラフィンなどで模様を描いて防染し、染めたのち、木蝋などを取り除いて模様を出す染色法。

ろう-かきょう【老華×僑】ラウクワケウ 中国で1978年から行われた改革開放政策の実施以前に渡航した華僑と、その子孫。新華僑に対していう。➡華僑

ろう-かく【浪客】ラウ 定まった住所・職業を持たない者。浮浪者。

ろう-かく【楼閣】高層のりっぱな建物。楼台。たかどの。「砂上の一」「空中一」

ろうか-げんしょう【老化現象】ラウクワゲンシヤウ 老化に伴って起こる心身の一連の退行的な変化。記憶力・記銘力や視力・聴力・体温調節などの生理機能の低下、足腰の弱ることなど。

ろう-がた【×蝋型】ラフ 鋳金技法の一。中子なかごの表面を蜜蝋みつろうと松脂まつやにを混ぜたもので覆って原型を作り、粘土汁を混ぜた泥を塗って乾燥させ、加熱して蝋を溶かして空洞を作り、鋳型とする。これに溶かした金属を注入して鋳物を作る。古くは青銅器・金銅仏の製作に用いられ、現代では精密鋳物で行われる。

ろう-かつ【老×猾】ラウクワツ〔名・形動〕「老獪ろうかい」に同じ。「金富は一な微笑を泛うかべつつ」〈魯庵・社会百面相〉

ろう-がっこう【×聾学校】ガクカウ 聴力に障害をもつ児童・生徒に対して、幼稚園・小学校・中学校・高等学校に準じる教育を施し、併せて障害による困難を補うために必要な知識・技能を授ける学校。平成19年(2007)学校教育法の改正により、法律上の区分は「特別支援学校」となった。

ろうか-づたい【廊下伝い】ラウカヅタヒ 廊下を伝わっていくこと。

ろうか-つづき【廊下続き】ラウカ 部屋や建物が廊下で続いていること。

漢字項目 ろ

呂　(音)ロ(呉)　リョ(漢)‖㊀〈リョ〉雅楽などで、陰の調子。「大呂・南呂・律呂」㊁〈ロ〉当て字。「語呂・風呂ふろ」(名付)おと・とも・なが・ふえ (難読)呂宋ルソン・呂律ろれつ

炉〔爐〕　(音)ロ(漢)‖①火や香などをたく設備・器具。「炉辺/火炉・懐炉・香炉・焜炉こんろ・地炉・暖炉・風炉ふろ」②金属を加熱する装置。「炉心/高炉・原子炉・反射炉・溶鉱炉」(難読)焙炉ほいろ

×**鹵**　(音)ロ(漢)‖①岩塩。「鹵石ろせき」②奪い取る。「鹵獲」③大型のたて。「鹵簿」

賂　(音)ロ(漢)　(訓)まいなう、まいない‖手づるを通して人に贈る金品。まいない。「貨賂・賄賂」

路　(学)3　(音)ロ(漢)　(訓)じ、みち‖㊀〈ロ〉①通り道。道筋。「路地・路上・路線・路傍・路面/隘路あいろ・悪路・往路・回路・街路・岐路・空路・経路・行路・航路・進路・水路・線路・通路・道路・漏路・迷路・陸路」②旅行。「路銀・路程・路用」③筋道。「活路・語路・世路・販路・末路・理路」④重要な地位。「当路・要路」㊁〈じ〉「東路あずまじ・家路・小路こうじ・旅路・夢路」(名付)のり・ゆく

人**魯**　(音)ロ(漢)‖①間が抜けている。「魯鈍」②古代中国の列国の一。「魯論」(難読)普魯西プロシア・魯西亜ロシア

×**濾**　(音)ロ(呉)‖布などで液をこす。「濾過・濾紙」

人**櫓**　(音)ロ(漢)　(訓)やぐら‖①船を操る太い棒。ろ。「櫓拍子」②物見やぐら。「櫓上」

×**蘆**　(音)ロ(漢)　(訓)あし‖草の名。アシ。「蘆角・蘆荻ろてき/葫蘆ころ」(補説)「芦」は俗字。人名用漢字。

露　(音)ロ(漢)　ロウ(慣)　(訓)つゆ、あらわす、あらわれる‖㊀〈ロ〉①つゆ。水滴。「雨露・甘露・玉露・結露・草露・霜露・白露」②はかないもの。「露命」③むきだしにあらわす。あらわれる。「露顕・露骨・露出・露呈/吐露・暴露ばくろ・発露・流露」④屋根がなく雨ざらしになる。「露営・露地・露天・露店・露仏」⑤ロシア。「露語/日露」㊁〈ロウ〉あらわし見せる。「披露」㊂〈つゆ〉「朝露・下露」(名付)あきら (難読)露西亜ロシア

人**鷺**　(音)ロ(漢)　(訓)さぎ‖鳥の名。サギ。「烏鷺うろ・朱鷺しゅろ・白鷺」(難読)朱鷺とき

漢字項目 ろう

【ˇ良｜糧】▶りょう

【露】▶ろ

老　(学)4　(音)ロウ(ラウ)(呉)(漢)　(訓)おいる、ふける‖①年をとってふける。おいる。古くなる。「老化・老朽・老境・老後・老人・老衰・老年・老木・老廃物/早老・不老」②年寄り。「老若ろうにゃく/棄老・敬老・孤老・野老やろう・養老」③物事に通じている年長者。「家老・元老・宿老・大老・長老」④長い経験を積んでいる。「老猾ろうかつ・老巧・老練」⑤年長者に対する敬称。「老兄・老台」⑥老人の自称。「老生/愚老・拙老」⑦老子のこと。「老荘」(名付)おい・おみ・おゆ・とし (難読)海老えび・老舗しにせ・野老ところ・老麺ラーメン・老酒ラオチュウ・老頭児ロートル

労〔勞〕　(学)4　(音)ロウ(ラウ)(呉)(漢)　(訓)つかれる、いたわる、ねぎらう‖①精を尽くして働く。骨折り。「労作・労賃・労働・労務・労力/勤労・功労・就労・徒労・不労・報労」②精が尽きて疲れる。「労苦/過労・苦労・心労・辛労・足労・煩労・疲労」③ねぎらう。「慰労」④「労働者」「労働組合」の略。「労使・労農・労連」⑤(「撈」の代用字)すなどる。「漁労」(名付)つとむ

弄　(音)ロウ(漢)　(訓)もてあそぶ‖①もてあそび楽しむ。「玩弄がんろう・嘯風弄月しょうふうろうげつ」②なぶりものにする。「愚弄・嘲弄ちょうろう」③思うままに操る。「弄舌/翻弄」

×**牢**　(音)ロウ(ラウ)(呉)(漢)‖①罪人を閉じ込める所。ひとや。「牢獄・牢死・牢番/脱牢・入牢・破牢」②いけにえ。「大牢」③がっちりと固い。「牢記・牢固/堅牢」(補説)原義は、牛馬を閉じ込めておく小屋。

郎〔郞〕　(音)ロウ(ラウ)(呉)(漢)　(訓)おとこ、おのこ‖①中国の官名。「侍郎・尚書郎」②妻や恋人が夫や男を呼ぶ称。また、広く男子。「郎君/新郎・太郎・野郎・白面郎・遊冶郎ゆうやろう」③家来。召使い。「郎従・郎党・郎等ろうどう・ろうとう/下郎」(名付)お (難読)郎子いらつこ・郎女いらつめ・女郎花おみなえし

×**陋**　(音)ロウ(漢)‖①場所が狭苦しい。「陋屋・陋居・陋巷ろうこう」②心が狭く卑しい。「陋習・陋劣/頑陋・愚陋・固陋・孤陋・卑陋」

朗〔朗〕　(学)6　(音)ロウ(ラウ)(呉)(漢)　(訓)ほがらか‖①曇りなく澄んで、明るい。「朗月/清朗・晴朗」②気持ちが明るく、わだかまりがない。「朗色・朗報/明朗」③声がはっきりとしていて、よく通る。「朗詠・朗吟・朗笑・朗唱・朗読・朗朗」(名付)あき・あきら・お・さえ・とき・ほがら

浪　(音)ロウ(ラウ)(呉)(漢)　(訓)なみ‖①なみ。「逆浪・激浪・蒼浪そうろう・波浪・風浪」②波のように移ろい定まらない。「浪士・浪人・浪浪/浮浪・放浪・流浪」③とりとめがない。みだりに。「浪費」④浪花節なにわぶしのこと。「浪曲」⑤外国語の音訳字。「浪漫」(難読)浪花なにわ・浪速なにわ

人**狼**　(音)ロウ(ラウ)(呉)(漢)　(訓)おおかみ‖①動物の名。オオカミ。「狼藉ろうぜき・狼狽ろうばい/餓狼・豺狼さいろう」②星の名。シリウス。「天狼星」(難読)狼狽うろたえる・狼煙のろし

廊〔廊〕　(音)ロウ(ラウ)(呉)(漢)‖部屋と部屋とをつなぐ通路。「廊下/画廊・回廊・柱廊・歩廊」

楼〔樓〕　(音)ロウ(漢)　(訓)たかどの‖①高層の建物。「楼閣・楼上/高楼・鐘楼・蜃気楼しんきろう・白玉楼・摩天楼」②物見やぐら。「望楼」③歓楽や飲食のための店。「楼主/妓楼ぎろう・酒楼・登楼」(名付)いえ・たか・つぎ

漏　(音)ロウ(漢)　ロ(慣)　(訓)もる、もれる、もらす‖㊀〈ロウ〉①液体などがすきまからもれる。「漏洩ろうえい・漏出・漏水・漏電・漏斗ろうと/歯槽膿漏しそうのうろう」②必要な物事が抜け落ちる。手落ち。「遺漏・欠漏・杜漏ずろう・疎漏・脱漏」③水時計。「漏壺ろうこ・漏刻/砂漏・夜漏」㊁〈ロ〉煩悩ぼんのう。「有漏うろ・無漏」(難読)漏斗じょうご

人**蝋**　(音)ロウ(ラフ)(呉)‖みつろう。ろう。ワックス。「蝋燭ろうそく/鯨蝋・屍蝋しろう・封蝋・蜜蝋みつろう・木蝋」(補説)人名用漢字表(戸籍法)の字体は「蠟」。

×**壟**　(音)ロウ(慣)　(訓)うね‖①畑のうね。「壟畝ろうほ」②小高い丘。「壟断」(補説)「壠」は異体字。

×**臘**　(音)ロウ(ラフ)(呉)(漢)‖①冬至の後、第三の戌いぬの日に行う祭り。「臘祭」②年の暮れ。一二月。「臘月/客臘かくろう・旧臘」③僧の修行の年数。「戒臘・夏臘げろう・法臘」④年功による地位や身分。「下臘げろう・上臘・中臘」(補説)「﨟」「臈」は俗字で、特に④に用いる。

×**朧**　(音)ロウ(漢)　(訓)おぼろ‖月の光がぼんやりとかすんでいるさま。おぼろ。「朧月・朧朧/朦朧もうろう」

籠　(音)ロウ(漢)　(訓)かご、こもる、こ、こめる、こむ‖㊀〈ロウ〉①竹で編んだ入れ物。かご。「籠球・籠鳥/印籠・蒸籠せいろう・灯籠・薬籠」②中にこめる。とりこむ。「籠絡」③中に閉じこもる。「籠居・籠城/参籠」㊁〈かご〉「屑籠くずかご・竹籠・鳥籠」(補説)「篭」は俗字。(難読)尾籠びろう・駕籠かご・籠手こて・葛籠つづら・旅籠はたご・魚籠びく・破籠わりご

ろうか-とんび【廊下×鳶】❶遊女屋で、相方の遊女を待ちわびた客が廊下をうろうろと歩き回ること。また、その人。「さいづちたばねのし、━も羽をのして」〈魯文・安愚楽鍋〉❷用もないのに廊下をうろつき回ること。また、その人。

ろうが-の-よろこび【弄瓦の喜び】瓦(糸巻き)を玩具として与える喜び、すなわち、女子が生まれた喜び。⇔弄璋の喜び。

ろうか-ばし【廊下橋】❶険しい道などに、廊下のように架けた屋根付きの橋。❷城内で廊下のように架け渡した橋。左右の側面に壁を作って横矢を防ぎ、狭間を設ける。横部屋。

ろう-がみ【×蝋紙】蝋などをしみこませた紙。防湿・防銹・装飾用。ろうし。

ろう-がわ・し【▽乱がはし】〔形シク〕《「らう」は「乱」の字音「らん」の「ん」を「う」と表記してできたもの》❶乱雑である。むさくるしい。「前栽を━・しく焼きためるかな」〈かげろふ・下〉❷騒がしい。騒々しい。「いと、━・しく泣きとよむ声いかづちにも劣らず」〈源・明石〉❸無作法である。「食ひかなぐりなどし給へば、あな━・しや」〈源・横笛〉

ろう-かん【老漢】年をとった男。また、男子が自己をへりくだっていう。

ろう-かん【×琅×玕】❶暗緑色または青碧色の半透明の硬玉。また、美しいもののたとえ。「楼に上ればー の柱、珊瑚の釘隠し」〈露伴・新浦島〉❷《色が❶に似るところから》青々とした美しい竹。「三畝の━種えて筠ありく」〈菅家文草・三〉

ろう-かん【楼観】物見のたかどの。物見。

ろう-かん【×蝋管】初期の蓄音機で、録音・再生用の蝋を塗った円筒。蝋に音溝を刻んで録音した。

ろう-かん【×瘻管】「瘻孔」に同じ。

ろう-がん【老眼】❶年齢とともに目の水晶体の調節力が低下し、近くの物が見えにくくなること。また、その目。老視。❷老人の目。「━をしばたたきながら」〈菊池寛・忠直卿行状記〉

ろう-がん【老顔】年老いて生気の衰えた顔。

ろう-がん【弄丸】玉を空中に投げ上げては受けとめる芸。玉取り。品玉。

ろうがん-きょう【老眼鏡】老眼に用いられる凸レンズのめがね。

ろう-き【老×耆】律令制で、老❶❷の者と耆(66歳以上、のち65歳以上)の者。転じて、老人。

ろう-き【老×驥¦老×驥】《「驥」「驥」ともに千里を行く馬の意》❶年老いた駿馬。❷年老いた英傑。

老驥千里を思う　《杜甫「贈韋左丞丈済」から》英雄が年老いても覇気が衰えず、遠大な志を持つたとえ。

老驥櫪に伏すも志は千里にあり　《曹操「碣石篇」から。「櫪」は、馬小屋。駿馬は年老いて馬屋につながれていても、なお千里を走ろうという気持ちを失わない、の意》英雄は、年老いてもなお高い志を持ち続けているたとえ。老驥千里を思う。

ろう-き【×牢記】〔名〕スル しっかり心にとどめて忘れないこと。銘記。「父のために憂え、某のために惜んで、心にこれを━していた」〈鴎外・渋江抽斎〉

類語 銘ずる・銘記・銘肝・拳拳服膺

ろう-き【×癆気】労咳のこと。

ろう-ぎ【老×妓】年をとった芸妓。

ろう-ぎ【×螻×蟻】ケラとアリ。また、虫けら。小さくて取るに足りないもののたとえ。「大日輪は━の穴にも光を惜まず」〈露伴・二日物語〉

ろう-ぎく【老菊】盛りを過ぎ、色あせた菊の花。

ろうき-しょ【労基署】「労働基準監督署」の略。

ろうき-ほう【労基法】「労働基準法」の略。

ろう-きゃく【老脚】老人の足。年寄りの歩み。

ろう-きゅう【老朽】〔名・形動〕スル ❶古くなって役に立たないこと。また、そのもの。「━した校舎」❷年老いて役に立たないこと。また、そのさま。「━な小学教員の一人」〈藤村・破戒〉類語 老廃・老化・劣化

ろう-きゅう【籠球】▶バスケットボール

ろうきゅう-か【老朽化】〔名〕スル 古くなり、役に立たなくなること。「━した建物」

ろう-きょ【×陋居】「陋屋」に同じ。

ろう-きょ【籠居】〔名〕スル 家に閉じこもって外に出ないこと。閉居。また、謹慎して自宅に閉じこもること。「終日一室に━して」〈谷崎・春琴抄〉

ろう-ぎょ【×撈魚】魚をとること。漁撈。

ろう-きょう【老境】老人の境遇・境地。また、老年。「━に入っても気が若い」

ろう-きょう【×陋狭】〔名・形動〕見苦しくて狭いこと。また、そのさま。「━な庵」

ろう-きょく【浪曲】▶浪花節

ろう-きん【労金】「労働金庫」の略。

ろう-ぎん【労銀】労働の賃銀。労賃。

ろう-ぎん【朗吟】〔名〕スル 声高く詩歌を吟詠すること。「━して、飛過ぐ洞庭湖」〈芥川・杜子春〉

類語 吟詠・朗詠・朗唱

ろう-く【老×躯】年老いて衰えたからだ。老体。

類語 老骨

ろう-く【労苦】〔名〕スル 心身が疲れ苦しい思いをすること。苦労すること。「━に報いる」「隣の下駄職の━する光景まも見える」〈藤村・家〉

類語 苦労・ひと苦労・辛酸・辛苦・骨折り・労・苦心・腐心・辛労・心労・煩労・艱難・艱苦・苦難

ろう-く【×僂×佝】背が曲がって前かがみになっている人。

ろう-くつ【老屈】年老いて腰が曲がること。また、年老いて体力の衰えること。〈日葡〉

ろうくつ-しょう【×蝋屈症】▶カタレプシー

ろう-くみ【労組】「労働組合」の略。ろうそ。

ろう-くん【老君】❶家督を譲って隠居した主人や主君を使用人や家臣がよぶ称。❷老人を敬っていう語。

ろう-くん【郎君】❶年若く身分の高い男子や主家の息子などを敬っていう語。わかとの。「━の御後見を致すべき、御委托を蒙り」〈竜渓・経国美談〉❷妻や情婦から夫や情夫をさしていう語。

ろう-げ【労気】病気。やまい。「母の尼の━にはかにおこりて」〈源・夢浮橋〉

ろう-けい【老兄】❶年をとった兄。❷手紙などで、年上の友人を敬っていう語。

ろう-けい【朗景】明るく心楽しい眺め。

ろう-けち【×﨟×纈¦蝋×纈】文様染めの一。布帛に蝋で文様を描き、染液中に浸したあとで蝋を取り除くもの。型で蝋を押して文様を表したものが多い。日本には中国を経て伝わり、奈良時代に盛行した。蝋染め。ろうけつ。

ろう-けつ【×﨟×纈¦蝋×纈】▶ろうけち(﨟纈)

ろう-げつ【朗月】明るく澄み渡った月。「常は━を望み、浦風に嘯き」〈平家・三〉

ろう-げつ【×臘月】陰暦12月の異称。季冬

ろう-げつ【×朧月】おぼろづき。

ろうけつ-ぞめ【×﨟×纈染(め)】防染材料に蝋を使った染め物。また、その方法。蝋染め。➡﨟纈

ろうげ-ぼう【×狼牙棒】▶袖搦み

ろう-けん【老犬】老いた犬。

ろう-けん【老健】㊀〔名・形動〕老いてなおからだが健康なこと。また、そのさま。「況んやまた阿母━にして」〈蘆花・不如帰〉㊁〔名〕「介護老人保健施設」の略称。

ろう-けん【×陋見】❶狭い見解。あさはかな考え。「因襲の━に囚われている年寄の」〈二葉亭・平凡〉❷自分の考えをへりくだっていう語。卑見。

ろう-げん【弄言】言葉をもてあそぶこと。やたらにしゃべること。弄舌。

ろう-こ【×狼虎】オオカミとトラ。残忍なもの、欲深いもののたとえ。

ろう-こ【楼鼓】やぐらの上でたたく太鼓。やぐらだいこ。

ろう-こ【漏×壺】水時計の主要部をなす容器状の器具。下部に穴があり、漏れていく水量で時刻を計る。

ろう-こ【漏鼓】時刻を知らせる太鼓。また、その音。

ろう-こ【×螻×蛄】ケラのこと。

ろう-こ【×牢×乎】〔ト・タル〕文〔形動タリ〕しっかりしているさま。ゆるぎないさま。「━たる個性を鍛え上げて」〈漱石・吾輩は猫である〉

ろう-こ【×牢固】〔ト・タル〕文〔形動タリ〕がっしりしていて崩れないさま。「━たる建築」

類語 強固・堅固・堅牢・磐石・金城鉄壁・堅い・揺るぎない

ろう-ご【老後】年をとってからのち。「━の設計を考える」

ろう-こう【老公】年老いた貴人を敬っていう語。「水戸の━」

ろう-こう【老功】〔名・形動〕老人の年功。また、経験を積んで物事に熟達していること。また、そのさま。「━な山稼人は避けて小屋を掛けなかった」〈柳田・山の人生〉

ろう-こう【老巧】〔名・形動〕経験を積んで物事をするのに巧みで抜け目のないこと。また、そのさま。「━な(の)やり口」

類語 老練・老獪・老猾・円熟・熟達・手練

ろう-こう【×陋×巷】狭くむさくるしい町。

ろう-こう【×瘻孔】皮膚・粘膜や臓器の組織に、炎症などによって生じた管状の穴。体内で連絡するものと、体表に開口するものとがある。胃瘻・腸瘻・痔瘻など。胃・腸・膀胱などに、栄養補給や排出のため人工的につくることもある。瘻管。

ろう-こく【漏告】秘密を他人にもらすこと。

ろう-こく【漏刻¦漏×剋】❶昔の水時計の一。いくつかの木箱を階段状に置き、管によって水を順に下の箱に送り込み、最下方の箱に矢を立ててその浮沈により時刻を計った。また、その矢に刻んである目盛り。❷時間。時刻。

ろう-こく【×鏤刻】〔名〕スル ❶金属や木などに文字や絵を彫り刻むこと。るこく。「記念碑に詩句を━する」❷文章や詩句を推敲すること。るこく。

ろう-ごく【×牢獄】罪人を入れておく所。牢屋。

類語 監獄・牢・牢屋・刑務所・拘置所・留置場・豚箱

ろうこく-はかせ【漏刻博士】律令制で、陰陽寮に属した職員の一。時守(守辰丁)を指揮して漏刻の目盛りを見、時刻を知らせることをつかさどった。ときづかさ。ときもりのはかせ。

ろう-こつ【老骨】年老いたからだ。老体。老躯。また、老人がみずからをへりくだっていう語。「━にむち打つ」類語 老躯・老体・老身

ろう-こつ【×鏤骨】▶るこつ(鏤骨)

ろう-さ【老×者】老人。年寄り。ろうしゃ。「いで、いと興あることいふ━たちかな」〈大鏡・序〉

ろう-さい【老妻】年老いた妻。

ろう-さい【労災】❶労働者が業務に起因して被る災害。❷「労働者災害補償保険」の略。

ろう-さい【労×瘵¦×癆×瘵】漢方で、肺浸潤・肺結核のこと。「陰性気鬱となりて━がかりの独り言」〈露伴・新浦島〉

ろうさい-かたぎ【労×瘵気=質】労瘵の気味。無気力な症状。「この御坊に昼夜おびやかされて、━になりけるが」〈浮・一代女・六〉

ろう-ざいく【×蝋細工】蝋を使って細工をすること。また、その細工物。「━の人形」

ろうさい-ぶし【弄斎節】《弄斎という僧侶が隆達節を変化させて始めたところからという》江戸初期の流行歌謡。京都の遊里で発生し、のち江戸でも流行。はやり歌の三味線伴奏と七七七五の詞形の確立を促し、地歌・箏曲にも影響を与えた。弄斎。

ろうさい-ほけん【労災保険】「労働者災害補償保険」の略。

ろうさいほしょう-ほけん【労災補償保険】「労働者災害補償保険」の略。

ろう-さく【労作】〔名〕スル ❶骨を折って働くこと。労働。「職事を学習し、━し」〈中村訳・西国立志編〉❷苦心して作り上げた作品。「一〇年を費やした━」

類語 (❶)労働・仕事・労務・役務・労役・労苦・辛苦・骨折り/(❷)力作・大作・汗の結晶・ライフワーク

ろう-さく【×陋策】見識の狭い政策。「其天稟の醜を蔽うの━に本づく」〈漱石・吾輩は猫である〉

ろう-さく【籠作】平安時代、荘園領域内の他の所有者の土地や荘外の出作り地を荘園の一部として取り込むこと。

ろうさく-うた【労作歌】ラウサク 民謡の分類の一。広く労働に伴ってうたわれる歌。仕事歌。労働歌。

ろうさく-きょういく【労作教育】ラウサクケウイク 自発的、能動的な労作すなわち作業を中心原理として、児童・生徒の人間形成をめざす教育。19世紀末、ドイツを中心におこった労作学校運動に始まる。作業教育。

ろう-さん【老×杉】ラウ 長い年月を経た杉の木。

ろう-ざん【老残】ラウ 老いぼれて生きながらえていること。「一の身」

ろう-ざん【隴山】中国、陝西省と甘粛省との境にある山脈。古くは長安と西域との交通路の関門で、隴関などの関が置かれた。ロンシャン。

ろうざんゆうき【老残遊記】ラウザンイウキ 中国、清末の小説。20回。劉鶚作。1906年刊。作者とおぼしき老残と名のる医師が見聞したことを述べ、特に、清廉と自任する官僚の横暴を批判している。

ろうし【老子】ラウ ㊀中国、春秋戦国時代の楚の思想家。姓は李、名は耳。字は伯陽。諡号は聃。儒教の人為的な道徳・学問を否定し、無為自然の道を説いた。現存の「老子」の著者といわれ、周の衰徴をみて西方へ去ったとされるが、疑問も多い。後世、道教で尊崇され、太上老君として神格化された。生没年未詳。老聃。㊁中国、戦国時代の思想書。2巻。㊀の著といわれるが、一人の手になったものではない。道を宇宙の本体とし、道に則った無為自然・謙遜柔弱の処世哲学を説く。道徳経。老子道徳経。

ろう-し【老死】ラウ〔名〕スル 年老いて死ぬこと。老衰で死ぬこと。

ろう-し【老師】ラウ ❶年をとった師匠・先生。❷年老いた僧。また、学徳のある僧を敬っていう語。禅宗では師家を敬っていう語。（類語）老僧

ろう-し【老視】ラウ「老眼」に同じ。

ろう-し【労使】ラウ 労働者と使用者。「一関係」

ろう-し【労資】ラウ 労働者と資本家。

ろう-し【×牢死】ラウ〔名〕スル 牢内で死ぬこと。獄死。（類語）獄死・刑死

ろう-し【浪士】ラウ 主家を離れ、禄を失った武士。また、仕える主君を失った武士。浪人。

ろう-し【浪死】ラウ むだに死ぬこと。犬死に。徒死。

ろう-し【×僂指】速やかに指折り数えること。また、速やかに指し示すこと。るし。

ろう-し【×蝋紙】ラフ「ろうがみ」に同じ。

ろう-じ【漏示】〔名〕スル 秘密を漏らすこと。漏洩。漏泄。「個人情報を一する」

ろう-じ【×臈次｜×臘次】ラフ 仏語。出家受戒後の年数による僧の位。臈を積んだ年次。らっし。➡臈

ろう-じ【×聾児】聴力に障害のある子供。

ろうし-きょうちょうしゅぎ【労資協調主義】ラウシケフテウシユギ 労働者と資本家が相互に協力して企業の業績を高めれば、資本家の利潤も労働者の賃金も増大し、国民の生活水準が上昇するという思想的立場。

ろうし-きょうてい【労使協定】ラウシケフテイ 労働者と使用者が結ぶ協定。労働基準法により、使用者は事業所ごとに労働者の過半数を代表する者と書面による協定を結ぶことが義務づけられている。労使協定の締結・労働基準監督署への届け出を行うことで、時間外・休日労働など、同法で禁止される事柄が許容される。使用者と労働組合が自由な形式で取り決めを行う労働協約とは異なる。

ろうし-ぐん【▽娘子軍】ラウ ▶じょうしぐん（娘子軍）

ろう-しつ【老疾】ラウ 年老いることと病気になること。また、年老いて病気になることや、その病気。

ろう-じつ【老実】ラウ〔名・形動〕物事に慣れていて誠実であること。また、そのさま。「あの一な禅客の丈艸は」〈芥川・枯野抄〉

ろう-じつ【×臘日】ラフ 1年の最後の日。大みそか。大つごもり。（季冬）

ろうしゃ【老舎】ラウシャ［1899〜1966］中国の小説家・劇作家。本名、舒慶春。字は舎予。1938年の中華全国文芸界抗敵協会成立時に主任となり、第二次大戦後は北京市文連主席となったが、文化大革命中に自殺。軽妙で風刺をこめた筆致で、革命期の混乱を描いた。小説「駱駝祥子」「四世同堂」、戯曲「茶館」など。ラオ＝ショー。

ろう-しゃ【老者】ラウ 老人。年寄り。「暫く一の固陋を捨て」〈服部誠一・東京新繁昌記〉

ろう-しゃ【×牢舎】ラウ・【籠舎】ロウ 牢屋。また、牢屋に入れられること。「盗人に極まり一させ」〈浮・御前義経記・三〉

ろう-しゃ【×牢者】ラウ・【籠者】ロウ 牢に入れられている人。囚人。「唐糸の一のよし、信濃の国へ風の便りに聞こえければ」〈伽・唐糸さうし〉

ろう-しゃ【×聾者】聴力に障害のある人。

ろう-じゃく【老若】ラウ ▶ろうにゃく（老若）

ろう-じゃく【老弱】ラウ〔名・形動〕❶年老いていることと若いこと。老人と子供。❷年老いてからだが弱っていること。また、そのさま。「一な身」
（類語）老若・老幼・長幼

ろう-じゃく【×狼×藉】ラウ ❶「狼藉日」の略。❷ ▶ろうぜき（狼藉）

ろうじゃく-にち【×狼×藉日】ラウジャク 暦注の一。万事に凶であるという悪日。

ろうし-やしん【×狼子野心】ラウ《「春秋左伝」宣公四年から。狼の子は飼われていても、生来の野性のために飼い主になかなかなれない意から》人になれ従わず、ともすれば危害を加えようとする心。

ろう-しゅ【老手】ラウ 経験を積んだ巧みな技術・腕前。また、その人。「当流第一の一」〈鏡花・歌行灯〉

ろう-しゅ【老酒】ラウ ❶古い酒。❷ ▶ラオチュー（老酒）

ろう-しゅ【楼主】楼とよばれる家の主人。特に、妓楼の主人。

ろう-じゅ【老寿】ラウ 長く生きること。長寿。長命。

ろう-じゅ【老儒】ラウ 年をとっていて学識の高い儒者。また、儒者が自分をへりくだっていう語。

ろう-じゅ【老樹】ラウ 長い年月を経た樹木。老木。古木。（類語）老木・古木・古樹

ろう-しゅう【老醜】ラウシウ 年をとって姿などが醜いこと。「一をさらす」

ろう-しゅう【×陋習】シフ いやしい習慣。悪い習慣。「旧来の一を打破する」
（類語）悪風・悪習・悪弊・弊風・弊習・因習

ろう-じゅう【老中】ラウヂュウ 江戸幕府の最高の職名。将軍に直属して政務一般を総理した。ふつう、2万5000石以上の譜代大名の中から4、5名が選ばれ、月番制で政務の責任者となり実務を行った。宿老。執政。

ろう-じゅう【郎従】ラウ「郎等❷」に同じ。

ろうじゅう-かく【老中格】ラウヂュウ 江戸幕府の職名。老中の定員外にあって、老中の資格で政務に携わった者。老中並。

ろうじゅう-なみ【老中並】ラウヂュウ ▶老中格

ろう-じゅく【老熟】ラウ〔名・形動〕スル 長く経験を積んで、物事に熟練すること。また、そのさま。「一した筆致」「一な革命党の医伯の精神に触れて」〈木下尚江・良人の自白〉

ろう-しゅつ【漏出】〔名〕スル 内部のものが漏れて出ること。また、漏らし出すこと。「ガスが一する」
（類語）漏れる・漏洩・漏水

ろう-じょ【老女】ラウヂョ ❶年をとった女性。老婦人。❷武家の奥向きに仕えた侍女の長である女性。❸能などに用いる年をとった女性の面。
（類語）老婦・老婆・ばば・おばば・おばあさん・ばあさん・ばばあ・媼・媼・老媼

ろう-しょう【老少】ラウセウ 老いていることと若いこと。また、老人と若者。老若。

ろう-しょう【老松】ラウ 長い年月を経た松。古松。

ろう-しょう【老将】ラウシャウ ❶年をとった将軍。老将軍。❷経験を積んで軍事に通じた将軍。

ろう-しょう【労相】ラウシャウ 労働大臣のこと。

ろう-しょう【労症｜×癆症】ラウシャウ 肺結核。労咳。

ろう-しょう【弄×璋】ロウシャウ《「璋」は玉器の一種で、昔、中国で男子が生まれるとそれを与えて玩具にしたという「詩経」小雅・斯干の故事から》男子が生まれること。㊥弄瓦。

ろう-しょう【朗笑】ラウセウ〔名〕スル ほがらかに笑うこと。また、その笑い。「晴れ晴れした気分で一する」
（類語）笑い・笑み・微笑み・微笑・一笑・破顔一笑・スマイル

ろう-しょう【朗唱】ラウシャウ〔名〕スル 声高く歌ったり、詩歌をよみ上げたりすること。「詩を一する」

ろう-じょう【老嬢】ラウヂャウ 独身のまま婚期を過ぎた女性。年とった未婚の女性。

ろう-じょう【楼上】ジャウ 高い建物の上。また、階上。

ろう-じょう【籠城】ジャウ〔名〕スル ❶城などの中にたてこもって敵を防ぐこと。「一作戦」❷家などにこもって外に出ないこと。「一して受験勉強に励む」
（類語）蟄居・籠居・缶詰・立て籠る・引き籠る

ろうしょう-の-よろこび【弄×璋の喜び】ロウシャウ 璋を玩具して与える喜び、すなわち、男子が生まれた喜び。㊥弄瓦の喜び。

ろうしょう-ふじょう【老少不定】ラウセウフヂャウ 人の寿命に老若の定めのないこと。「一人の命ほどわからないものはありません」〈荷風・腕くらべ〉

ろう-しょく【老職】ラウ ❶幕府の大老や老中などの職。❷諸大名の家老や中老などの職。

ろう-しょく【朗色】ラウ ほがらかな顔色やようす。
（類語）笑顔・笑い顔・恵比須顔・にこにこ顔・地蔵顔・破顔・喜色・生色

ろうじょ-もの【老女物】ラウヂョ 老女をシテとする能。「関寺小町」「檜垣」「姨捨」「鸚鵡小町」「卒都婆小町」の5曲をさす。特に「関寺小町」「檜垣」「姨捨」を三老女といい、最高の秘曲とする。

ろう-しん【老臣】ラウ ❶年老いた家臣。❷身分の高い家臣。重臣。

ろう-しん【老身】ラウ 年老いたからだ。老体。

ろう-しん【老親】ラウ 年老いた親。

ろう-じん【老人】ラウ 年をとった人。年寄り。老人福祉法では、老人の定義はないが、具体的な施策対象は65歳以上を原則としている。「一医療」
（用法）老人・としより——「老人」は、文章やあらたまった話の中では最も一般的に使われる語。特に「老人福祉」「老人ホーム」のように複合語を作る場合、「年寄り」は使わないのが普通。◆「年寄り」は「老人」よりややくだけた親しみのある感じで使われる。前後関係によって軽蔑の感じが強く出ることもある。「お年寄りを大切にしよう」「年寄りの冷や水」など。◆類似の語に「老体」がある。「老体」は「御老体を煩わせてすみません」というような形で尊敬をこめて言う場合にも用いる。◆年齢が高いことを示す「高齢者」が広く使われるようになっている。◆「老人」が個人を指す場合は男であることが多い。女性については「老婦人」「老女」「老婆」などを用いることが多い。「年寄り」「老体」にはこのような使い分けはない。
（類語）年寄り・老体・高齢者・翁・隠居・ロートル

ろうじん-がく【老人学】ラウジン ▶ジェロントロジー

ろうじん-せい【老人星】ラウジン 竜骨座のα星カノープスのこと。古くは天の南極にあって人の寿命をつかさどるとされた。南極星。南極老人。寿星。

ろうじんせい-かくかしょう【老人性角化症】ラウジンセイカククワシヤウ ▶日光角化症

ろうじんせい-ちほう【老人性痴×呆】ラウジンセイチハウ ▶老人性認知症

ろうじんせい-なんちょう【老人性難聴】ラウジンセイナンチヤウ 加齢によって感覚細胞が変性することで起こる難聴。気づかないうちに両耳の聴力が少しずつ低下していくことが多い。音としては聞こえるが話している内容が聞き取れない、周囲がうるさいと聞き取れないといった症状がみられる。補聴器によって聴力を補えることが多く、公的な費用補助などの制度もある。

ろうじんせい-にんちしょう【老人性認知症】ラウジンセイニンチシヤウ 認知症のうち、加齢による障害が原因で起こる

ものの通称。老年期になって脳が変性・萎縮するために、判断・理解・記憶・計算などの知的機能の低下や性格の変化がみられ、普通の日常生活や社会関係が保てなくなるもの。アルツハイマー型や動脈硬化性の認知症などがある。老人性痴呆。

ろうじんせい-はいえん【老人性肺炎】抵抗力の弱い老人に起こる細菌性肺炎。必ずしも高熱が出るとは限らず、呼吸困難がそれほどでなくても重症の場合がある。

ろうじん-デイサービス【老人デイサービス】▶高齢者デイサービス

ろうじんとうみ【老人と海】《原題 The Old Man and the Sea》ヘミングウェイの小説。1952年刊。大魚との死闘を繰り広げるキューバの老漁夫を通して、苛酷な自然に立ち向かう人間の孤独と尊厳を描く。

ろうじん-の-ひ【老人の日】敬老の日の旧称。(季 秋)

ろうじん-びょう【老人病】老人に多くみられる病気。癌・心臓病・高血圧・糖尿病・白内障・リウマチ・骨粗鬆症・老人性認知症など。老年病。

ろうじんふくし-しせつ【老人福祉施設】老人福祉法に基づいて設置される、高齢者への福祉サービスを提供する施設の総称。老人デイサービスセンター、老人短期入所施設、養護老人ホーム、特別養護老人ホーム、軽費老人ホーム、老人福祉センター、老人介護支援センターなどがある。

ろうじんふくし-センター【老人福祉センター】老人福祉法に基づく老人福祉施設の一。地域の高齢者に対して、無料または低額料金で各種の相談に応じたり、健康の増進、教養の向上やレクリエーションのための便宜などを提供したりする。

ろうじんふくし-ほう【老人福祉法】老人の福祉を図ることを目的とし、その心身の健康保持や生活の安定のために必要な措置について定める法律。昭和38年(1963)施行。

ろうじん-ふようしんぞく【老人扶養親族】扶養親族のうち、その年の12月31日の時点で年齢が70歳以上の人。

ろうじん-ホーム【老人ホーム】居宅での生活が困難な高齢者を収容して必要なサービスを提供する施設。地方公共団体や社会福祉法人が運営する養護老人ホーム・特別養護老人ホーム・軽費老人ホームのほかに民間の有料老人ホームがある。グループホームなどを含めていうこともある。➡養老院

ろうじん-ほけんしせつ【老人保健施設】病状は安定しているが、看護・介護・リハビリテーションなどを必要としている高齢者に、在宅復帰を念頭に置いて医療と福祉サービスを提供する施設。老人保健法の改正で設置が決まり、平成12年(2000)介護保険法施行後は、同法で定める介護老人保健施設と位置づけられる。➡介護療養型老人保健施設

ろうじんほけん-ほう【老人保健法】高齢者の健康の保持や医療の確保を図るために、疾病の予防、治療、機能訓練などの保健事業を総合的に実施し、国民保健の向上、老人福祉の増進を図ることを目的として制定された法律。昭和58年(1983)施行。この趣旨を踏襲しつつ発展させることを目的として、平成18年(2006)の医療制度改革のなかで全面的な改正が行われ、同20年改正法の施行により法律名も老人保健法から「高齢者の医療の確保に関する法律」に改称。➡後期高齢者医療制度

ろうず《「ろず(蘆頭)」の音変化か》できそこないや、傷・よごれのため、売り物にならないもの。転じて、役に立たない人。「品物の一も出るから儲かるほどに金は残らんがね」〈魯庵・社会百面相〉

ろう-ず【領ず】〔動サ変〕❶「りょう(領)する❶」に同じ。「入道の一・じ占めたる所どころ」〈源・明石〉❷「りょう(領)する❸」に同じ。「この一・じたりける物の身に離れぬ心地なむする」〈源・夢浮橋〉

ろう-すい【老衰】〔名〕スル 年をとって心身が衰えること。

ろう-すい【老悴】年老いてやつれること。「一衰へ形もなく、露命窮まって」〈謡・檜垣〉

ろう-すい【狼燧】のろし。狼煙。狼火。

ろう-すい【漏水】〔名〕スル 水が漏れること。また、漏れた水。水漏り。「天井から一する」

(類語)雨漏り・水漏れ

ろう-スキピオ【老スキピオ】▶スキピオ㊀

ろう・する【老する】〔動サ変〕図らう・す〔サ変〕《「ろうずる」とも》年をとる。老いる。「いよいよ一・していよいよ其尊きを知る」〈福沢・福翁百話〉

ろう・する【労する】〔動サ変〕図らう・す〔サ変〕❶苦労して働く。骨を折る。「一・せずして手に入れる」❷骨を折らせる。働かせる。「心を一・する」❸ねぎらう。なぐさめる。「骨折りを一・する」

(類語)苦労・骨折り・労・労苦・苦心・腐心・辛苦・辛労・心労・煩労・艱苦・艱難・苦難・辛酸・ひと苦労・難儀する・骨折る・てこずる・心を砕く・働く

労して功無し 《「荘子」天運から》苦労ばかり多くて、効果が上がらない。

ろう・する【弄する】〔動サ変〕図ろう・す〔サ変〕《古くは「ろうず」とも》❶もてあそぶ。思うままに操る。「策を一・する」「諧謔を一・する」❷あざける。からかう。なぶりものにする。「一・じて(歌ヲ)よみて遣れりける」〈伊勢・九四〉

ろう・する【聾する】〔動サ変〕図ろう・す〔サ変〕耳が聞こえなくなる。また、聞こえなくする。「耳を一・する騒音」

ろう-せい【老生】㊀〔名〕❶年寄り。老人。❷年をとった書生。㊁〔代〕一人称の人代名詞。年をとった男性が自分をへりくだっていう語。多く手紙文に用いる。「一も元気でおります」

ろう-せい【老成】〔名・形動〕スル ❶年をとり経験を積んで、熟達していること。また、そのさま。「大家の一した文章」「此一なる代言人は、生来冷淡で」〈若松訳・小公子〉❷年齢のわりにおとなびていること。「若いのに一した口をきく」

ろう-せい【労政】労働に関する行政。

ろう-せい【漏精】〔名〕スル 精液をもらすこと。

ろうせい【隴西】中国、甘粛省蘭州の南東にある県。秦代に郡が置かれた。ロンシー。

ろう-せい-しん【労政審】「労働政策審議会」の略称。

ろうせい-じん【老成人】老熟した人。おとなびた人。「私が其時一であるか又は仏者であったら」〈福沢・福翁自伝〉

ろう-せいねい【郎世寧】カスティリオーネの中国名。

ろう-せき【蝋石】❶緻密な塊状で、蝋のような光沢と触感のある鉱物や岩石。耐火物の原料や紙の平滑剤などに用いる。多く葉蝋石を主成分とする鉱石を指すが、滑石やカオリンなど似た外見をもつものも含めていうことがある。❷石筆のこと。

ろう-ぜき【狼藉】《「史記」滑稽伝による。狼は寝るとき下草を藉み荒らすところから》㊀〔名〕無法な荒々しい振る舞い。乱暴な行い。「一を働く」「乱暴一」㊁〔ト・タル〕図〔形動タリ〕物が乱雑に取り散らかっているさま。「落花一たる公園」「杯やお膳や三味線などの一としたなかにすわって」〈倉田・出家とその弟子〉

(類語)暴行・愚行・愚挙・非行・乱行・醜行・暴力・蛮行・極道・乱暴・無法・暴状・暴挙・腕力沙汰・荒くれ・粗暴・凶暴・狂暴・猛悪・野蛮

ろうぜき-もの【狼藉者】乱暴を働く者。狼藉人。

ろう-せつ【陋拙】〔名・形動〕いやしくつたないこと。下品で劣っていること。また、そのさま。拙陋。

ろう-せつ【漏洩|漏泄】〔名〕スル「ろうえい(漏洩)」に同じ。〈和英語林集成〉

ろう-せつ【臘雪】陰暦12月に降る雪。

ろう-ぜつ【弄舌】むやみにしゃべり散らすこと。多言。饒舌。

ろうぜつ-へき【弄舌癖】▶舌癖

ろう-せん【楼船】屋形船のこと。

ろう-せん【漏箭】水時計に用いる漏壺の中に立てる、時刻を示す矢。また、時刻。

ろう-せんせい【老先生】年をとった先生。経験の豊かな年とった先生。老師。

ろう-そ【労組】「ろうくみ(労組)」を音読みした語。

ろう-そう【老壮】老人と壮年。

ろう-そう【老叟】年とった男性。老翁。

ろう-そう【老荘】老子と荘子。

ろう-そう【老僧】年とった僧。また、年とった僧が自身をさしていう語。(類語)老師

ろう-そう【狼瘡】❶結核菌が血行により運ばれ、全身の皮膚、特に顔面の組織が破壊されて結節・潰瘍・瘢痕などができる病気。尋常性狼瘡。❷「紅斑性狼瘡」の略。➡エリテマトーデス

ろう-そう【緑衫】《「ろくさん」の音変化》六位の官人が着用した緑色の袍。

ろう-そう【踉蹌】〔ト・タル〕図〔形動タリ〕ふらふらとよろめくさま。蹌踉。「石を踏み、巌を廻り…一として近づき見れば」〈紅葉・金色夜叉〉

ろうそう-がく【老荘学】老子と荘子の唱えた学説。「無」を宇宙の根源とし、無為自然を唱導するもの。

ろう-そく【蝋燭】縒り糸や紙を縒り合わせたものを芯にし、蝋やパラフィンを円柱状に成型して灯火に用いるもの。「一をともす」

ろうそく-あし【蝋燭足】《「ローソク足」とも書く》株式などの一定期間ごとの値動きを示すチャートの一つ。四角形の上下に直線の伸びた形が蝋燭に似るところからの名。直線の上端が最高値、直線の下端が最安値を表す。その間に始め値と終わり値を上下の辺とする四角形を描き、値上がりのときは白地(陽線)で、値下がりのときは黒地(陰線)で表す。陰陽線。➡日足 ➡週足 ➡月足 ➡年足

(補説)始め値か終わり値が最高値の場合は上に伸びる線がなくなり、最安値の場合は下に伸びる線がなくなる。また、始め値と終わり値が同じ場合は、四角形がつぶれ、短い横線で表される。

ろう-そだい【老措大】年とった書生。老書生。

ろう-ぞめ【蝋染(め)】蝋で防染して模様を染め出す染色法。臈纈など。

ろう-たい【老体】❶年とったからだ。老身。老躯。また、老人。年寄り。「一をいたわる」❷(「御一」「ご老体」の形で)老人を敬っていう語。「ご一においでを願う」❸能の三体の一。老人の風姿。

(類語)年寄り・老人・隠居・ロートル

ろう-たい【陋態|陋体】見苦しい態度やようす。醜態。「醜状一を極めたり」〈独歩・愛弟通信〉

ろう-だい【老大】〔名・形動〕年をとっていること。また、その人や、そのさま。「縦令君、一なるも」〈織田訳・花柳春話〉

ろう-だい【楼台】《古くは「ろうたい」とも》高い建物。また、あずまやなど、屋根のある建物。

ろう-だい【老台】〔代〕二人称の人代名詞。老人や年長の人を敬っていう語。多く手紙文で用いる。

ろう-たいか【老大家】年功や経験を積んで、その道にすぐれた老人。「日本画の一」

(類語)古老・長老

ろうだいこ【籠太鼓|弄太鼓】謡曲。四番目物。脱獄した夫の身代わりに牢に入れられた妻が、狂乱して牢に掛けてある鼓を打って舞うと、同情した領主が夫婦を許す。

ろう-たいこく【老大国】昔は繁栄していたが、現在は衰えている国。

ろう-たいじん【老大人】❶老人や年長者を敬っていう語。❷他人の老父を敬っていう語。

ろう-たく【陋宅】❶狭くむさくるしい家。❷自分の家をへりくだっていう語。拙宅。

(類語)家・うち・家屋・屋舎・住宅・住家・住居・家宅・私宅・居宅・自宅・居・宅・住まい・住みか・ねぐら・宿・ハウス・家 (尊敬)お宅・尊宅・尊堂・高堂・貴宅 (謙譲)拙宅・弊宅・陋居・陋屋・寓居

ろう-た・ける【×臈▽長ける｜×臈×闌ける】ラフ〔動カ下一〕図らふた・く〔カ下二〕❶洗練された美しさと気品がある。特に、女性にいう。「二度とああ云う—・けた人に出遇えるかどうか」〈谷崎・少将滋幹の母〉❷経験を積んでりっぱである。「いかほども—・けて功に入りたるやうにみえて」〈花伝・七〉
ろうた・し ラウタシ〔形ク〕❶《「ろう」を「ろうたける」の「臈」と意識したものか》上品で美しい。洗練されている。「朝のめざめも美しや夕べ睡らんとする時も—・しや」〈犀星・杏姫〉❷《「らう(労)いたし」の音変化》いとおしい。かわいらしい。「少し、うちとけ行く気色、いと—・し」〈源・夕顔〉
ろう-だつ【漏脱】〔名〕スル もれ落ちること。また、もらし落とすこと。脱漏。
ろう-だん【×壟断】〔名〕スル ❶高い丘の切り立っている所。❷《いやしい男が高い所から市場を見下ろして商売に都合のよい場所を見定め、利益を独占したという、「孟子」公孫丑下の故事から》利益や権利を独り占めにすること。「大資本家が小資本家を吸収して利益を—すると云って」〈魯庵・社会百面相〉
ろう-ちょう【籠鳥】ラウ かごの中に飼われている鳥。かごのとり。
籠鳥雲を恋こ・う 《かごの中の鳥が大空の雲を恋い慕うの意から》拘束されているものが、自由な境遇をあこがれるたとえ。また、遠い故郷を恋しく思うたとえ。籠鳥雲を望む。
ろう-ちん【労賃】ラウ 労働に対する報酬としての賃金。労働賃金。労銀。
ろう-づけ【×鑞付け】ラフ 金属材料を、鑞を用いて接合すること。鑞接ろうせつ。
ろう-てい【老丁】ラウ 律令制で、61歳から65歳まで(のち60歳から64歳まで)の男子。調・庸は正丁せいていの2分の1を負担した。
ろう-てがた【×牢手形】ラウ 江戸時代、出牢の許可証。
ろう-てつ【朗徹】ラウ 清く透きとおること。
ろう-でん【漏電】〔名〕スル 配電の不備や電線の絶縁不良により、電流が回路以外にもれて流れること。
ろう-と【漏斗】液体を口の狭い容器に移したり、濾過ろかしたりするときに使う器具。一般に注ぎ口の広い円錐形で下端は細長い。じょうご。
ろう-どい【×牢問い】ラウドヒ「ろうもん(牢問)」に同じ。「数度—に掛けられて」〈伎・島衛月白浪〉
ろう-とう【郎等】ラウ・【郎党】ラウ ▶ろうどう(郎等)
ろう-どう【労働】ラウ〔名〕スル ❶からだを使って働くこと。特に、収入を得る目的で、からだや知能を使って働くこと。「工場で—する」「時間外—」「頭脳—」❷経済学で、生産に向けられる人間の努力ないし活動。自然に働きかけてこれを変化させ、生産手段や生活手段をつくりだす人間の活動。労働力の使用・消費。
類語 (❶)仕事・勤労・作業・労作・労務・労役・実働・稼働・働き・勤務・勤続・勤め (—する)働く・勤める・仕える・立ち働く・勤まる・稼ぐ
ろう-どう【郎等】ラウ・【郎党】ラウ ❶《「ろうとう」とも》身分的に主人に付き従う従僕。従者。❷中世、武家の家臣で、主家と血縁関係がない者。郎従。➡家の子
ろうどうあんぜんえいせい-ほう【労働安全衛生法】ラウドウアンゼンエイセイハフ 労働者の安全と健康を確保し、快適な職場環境の形成を促進することを目的として定められた法律。労働災害を防止するため、危害防止基準を確立するとともに、安全管理者・衛生管理者などの設置や資格の取得や技能講習の実施などの総合的な対策を計画的に推進することを事業者に求めている。昭和47年(1972)制定。安衛法。
ろうどう-いいんかい【労働委員会】ラウドウヰヰンクワイ 労働争議の調整や不当労働行為の審査などを行う行政委員会。労働者・使用者・公益を代表する委員からなり、中央労働委員会と都道府県労働委員会がある。
補説 かつては船員のための船員労働委員会が存在したが平成20年(2008)廃止。業務は中央労働委員会・都道府県労働委員会に移管された。
ろうどう-いどう【労働移動】ラウドウ 産業間、地域間、職業間における労働者の移動。
ろうどういどう-しゃ【労働移動者】ラウドウイドウ— ある一定の期間に就職・転職・退職など労働移動を行った者。入職者と離職者のこと。雇用形態(一般労働者かパートタイム労働者か)・性別・職歴(未就業入職か転職入職か)などの観点から労働移動者数を算出して雇用動向の分析に利用する。
ろうどう-うんどう【労働運動】ラウドウ 労働者が団結して労働条件の改善や社会的地位の向上を目ざして行う運動。
ろうどう-か【労働歌】ラウドウ ❶「労作歌ろうさくか」に同じ。❷労働運動の中で、団結・士気高揚などのためにうたわれる歌。
ろうどう-かがく【労働科学】ラウドウクワガク 労働を、生理学・心理学・衛生学・病理学など自然科学的方法によって研究する学問。労働の質の向上や労働者の生活の福祉に寄与することを目的とする。
ろうどうかち-せつ【労働価値説】ラウドウカチ— 商品の価値は、その商品を生産するための社会的必要労働時間によって決定されるとする価値理論。英国のペティに始まり、スミス・リカードを経て、マルクスによって完成された。
ろうどう-がっこう【労働学校】ラウドウガクカウ 労働者の自覚や知識の向上のために、労働組合などが設立した学校。日本では大正9年(1920)に設立されたのが最初。
ろうどうかんけいちょうせい-ほう【労働関係調整法】ラウドウクワンケイテウセイハフ 労働関係の公正な調整を図り、労働争議の予防または解決を目的とする法律。労働争議について自主的解決を原則としながら、斡旋あっせん・調停・仲裁・緊急調整の四つの調整方法を定め、また争議行為の制限・禁止などを規定。昭和21年(1946)施行。
ろうどうきじゅん-かんとくかん【労働基準監督官】ラウドウキジユンカントククワン 労働基準法およびその関連する法律の実施を監督する国家公務員。➡労働基準監督署
ろうどうきじゅん-かんとくしょ【労働基準監督署】ラウドウキジユン— 労働基準法および労働安全衛生法・最低賃金法などの法律に基づいて、労働条件確保・改善の指導、安全衛生の指導、労災保険の給付などの業務を行う、労働基準行政の出先機関。各都道府県労働局管内に数か所設置されている。労基署。
ろうどうきじゅん-きょく【労働基準局】ラウドウキジユン— 厚生労働省の内局の一。労働基準法およびその関連する法令の施行に関する事項を担当する中央機関。地方に都道府県労働局、その管内に労働基準監督署を置く。
ろうどうきじゅん-ほう【労働基準法】ラウドウキジユンハフ 労働者の生存権を保障するために、労働契約・賃金・労働時間・休日および年次有給休暇・災害補償・就業規則など、労働条件の基準を定める法律。昭和22年(1947)施行。労基法。
ろうどう-きぞく【労働貴族】ラウドウ 一般の労働者よりも特別に高い賃金や社会的地位を得ている特権的な労働者層。また、大企業の労使協調的な労働組合幹部をさすこともある。
ろうどう-きほんけん【労働基本権】ラウドウ 労働者の生存の確保のために認められる基本的権利。憲法の保障する労働権・団結権・団体交渉権・争議権の総称。
ろうどう-きょうやく【労働協約】ラウドウケフヤク 労働組合または労働者団体と、使用者またはその団体との間で、労働条件などについて締結する協定。労働基準法に基づいて労働者と使用者が結ぶ労使協定とは異なる。
ろうどう-きんこ【労働金庫】ラウドウ 昭和28年(1953)制定の労働金庫法に基づき、労働組合・消費生活協同組合その他の労働者団体が協同して組織・運営する労働者のための金融機関。営利を目的とせず、会員全体に奉仕することを原則とする。労金。
ろうどう-くみあい【労働組合】ラウドウくみあひ 労働者が労働条件の維持・改善や社会的地位の向上などを目ざして、自主的に組織する団体。企業別・職業別・産業別・一般組合などの形態がある。労組。
ろうどうくみあい-きせいかい【労働組合期成会】ラウドウくみあひキセイクワイ 明治30年(1897)片山潜・高野房太郎らを中心に、職工義友会を母体として労働組合結成の促進を目的として結成された労働団体。同34年、自然消滅。
ろうどうくみあい-ほう【労働組合法】ラウドウくみあひハフ 労働者が使用者との交渉で対等の立場に立つことを促進することによって、労働者の地位を向上させることを目的とする法律。労働三権を具体的に保障し、労働組合・不当労働行為・労働協約・労働委員会などについて規定。昭和20年(1945)制定、同24年全面改正。労組法。
ろうどう-けいやく【労働契約】ラウドウ 労働者が使用者に労務を提供することを約し、これに対して使用者が報酬を支払うことを約する契約。契約の内容は労働契約法・労働基準法、および労働協約・就業規則によって規制される。
ろうどうけいやく-ほう【労働契約法】ラウドウケイヤクハフ 労働者と使用者の間で結ばれる労働契約の基本原則を定めた法律。平成20年(2008)3月施行。就業形態の多様化や個別労働関係紛争の増加などに対応するために設置された。労働契約の締結・変更・継続・終了、および有期労働契約などについて規定している。労働契約は労働者と使用者が対等な立場で合意・締結・変更するものとし、懲戒権や解雇権の濫用は無効であること、また有期労働契約については、やむを得ない事由がない限り期間中に解雇できないことなどが明記されている。➡個別労働紛争解決制度
ろうどう-けん【労働権】ラウドウ 労働の能力と意思とがありながら就業できない者が、国に対して労働の機会の提供を請求しうる権利。勤労権。
ろうどう-けんしょう【労働憲章】ラウドウケンシヤウ ▶国際労働憲章
ろうどう-さい【労働祭】ラウドウ メーデー。(季 春)
ろうどう-さいがい【労働災害】ラウドウ 労働者の就業にかかわる建設物・設備・原材料・粉塵ふんじんなどにより、または作業行動その他業務に起因して、労働者が負傷し、疾病にかかり、または死亡すること。
ろうどうさいがい-そうごうほけん【労働災害総合保険】ラウドウサイガイソウガフホケン 従業員が政府の労働者災害補償保険の災害補償の対象となる身体障害を被った場合において、事業主が労働者災害補償保険の上乗せ補償を行うことによって被る損害、および使用者として法律上の損害賠償責任を負担することによって被る損害を填補する保険。
ろうどう-さんけん【労働三権】ラウドウ 日本国憲法の保障する労働者の基本的権利である、団結権・団体交渉権・争議権の三つをいう。
ろうどう-さんぽう【労働三法】ラウドウサンパフ 労働組合法・労働基準法・労働関係調整法の三つの法。
ろうどう-じかん【労働時間】ラウドウ ❶労働する時間。❷労働者が労働に従事する時間。休憩時間を除き、1日8時間、1週40時間を超えないことを原則とする。
ろうどう-しじょう【労働市場】ラウドウシヂヤウ 資本主義社会で、労働力が商品として取引される抽象的な市場。
ろうどう-しゃ【労働者】ラウドウ ❶自己の労働力を提供し、その対価としての賃金や給料によって生活する者。❷主に肉体労働によって賃金を得て生活をする者。肉体労働者。
類語 サラリーマン・勤め人・勤労者・会社員・ビジネスマン・ホワイトカラー・グレーカラー・ブルーカラー
ろうどうしゃ-かいきゅう【労働者階級】ラウドウシヤカイキフ 資本主義社会において、資本家に自己の労働力を提供して賃金を得るほかに生活の方法のない賃金労働者によって構成される社会階級。プロレタリアート。➡資本家階級
ろうどうしゃきょうきゅう-じぎょう【労働者供給

ろ

事業】ラウドウシヤキヨウキフジゲフ 労働者を他人の指揮命令下で就労させることを事業として行うこと。戦前の人貸し業がこれにあたり、中間搾取や強制労働の温床となった。就労環境が悪化し、雇用責任が不明確になることから、現在は、労働者派遣法に基づく派遣労働を除いて法律で禁止されている。

ろうどうしゃさいがいほしょう-ほけん【労働者災害補償保険】ラウドウシヤサイガイホシヤウー 労働者の業務上の事由または通勤による負傷・疾病・障害・死亡について災害補償を行う保険。昭和22年(1947)制定の労働者災害補償保険法に基づくもので、政府が管掌し、事業主が保険料を負担する社会保険。労災補償保険。労災保険。労災。

ろうどうしゃ-はけんほう【労働者派遣法】ラウドウシヤハケンハフ《「労働者派遣事業の適正な運営の確保及び派遣労働者の就業条件の整備等に関する法律」の通称》人材派遣業を法的に認め、かつ規制するための法律。業務の範囲、派遣期間・就業条件の明示、派遣先・派遣元の各責任者の選任などについて規定。特定の企業だけに労働者を派遣する「専もっぱら派遣」を禁止している。昭和61年(1986)施行。(補説)平成24年(2012)の改正により、日雇派遣が原則として禁止された。

ろうどうしゅうやくてき-さんぎょう【労働集約的産業】ラウドウシフヤクテキサンゲフ 生産要素のうちの労働と資本の組み合わせにおいて、労働者一人当たりの設備など固定資産額の小さい産業。⇒資本集約的産業

ろうどう-しゅだん【労働手段】ラウドウー 生産手段のうち、労働過程において人が労働対象に働きかけるために両者の間に介在させて使用するもの。道具・機械・建物・道路など。

ろうどう-しょう【労働省】ラウドウシヤウ 労働者の福祉と職業の確保など、労働問題に関する行政事務を担当した国の行政機関。昭和22年(1947)厚生省から分離して設置。平成13年(2001)厚生省と再び統合され、厚生労働省となった。

ろうどう-じょうけん【労働条件】ラウドウデウケン 労働者と使用者との間に結ばれる、雇用に関する条件。賃金・労働時間など。労働基準法でその最低基準が定められている。

ろうどうしんぱん-せいど【労働審判制度】ラウドウシンパンー 平成18年(2006)4月に施行された労働審判法に基づき、事業主と労働者個人の間の労働紛争を迅速に解決するための制度。労働審判官(地方裁判所の裁判官)1名と、労働関係に関する専門的な知識と経験をもつ労働審判員2名とで組織される労働審判委員会が、原則として3回以内の審理を行い労働審判を出す。第1回の審理は申し立てから40日以内に開かれる。審判は「和解」と同じ効力を持つ。審判に異議があれば訴訟に移行する。

ろうどうせいさく-しんぎかい【労働政策審議会】ラウドウセイサクシンギクワイ 厚生労働省に設置されている審議会の一つ。厚生労働省設置法に基づいて、厚生労働大臣等の諮問に応じて労働政策に関する重要事項の調査・審議を行う。委員は、厚生労働大臣が任命した有識者・労働者代表・使用者代表の各10名が務める。同審議会には、扱う事象ごとに7つの分科会と、その下に計10の部会が存在する。労政審。

ろうどう-せいさんせい【労働生産性】ラウドウー 生産物の産出量を、投入された労働量で割った比率。

ろうどうせかい【労働世界】ラウドウセカイ 日本最初の労働組合機関紙。明治30年(1897)労働組合期成会・鉄工組合の共同機関紙として創刊。のち、諸々の変遷を経て「社会主義」と改題。同37年廃刊。

ろうどう-そうぎ【労働争議】ラウドウサウギ 労働者と使用者との間で労働条件などをめぐって起こる争い。労働関係調整法では、労使間において労働関係に関する主張が一致しないで、争議行為が発生または発生するおそれがある状態をいう。

(類語)争議・闘争・春闘

ろうどうそうぎ-ちょうていほう【労働争議調停法】ラウドウサウギテウテイハフ 労働争議の調停手続きなどについて定めた法律。大正15年(1926)公布。昭和21年(1946)労働関係調整法の施行により廃止。

ろうどう-たいしょう【労働対象】ラウドウタイシヤウ 生産手段のうち、労働過程において人が働きかけて変化を与える対象。原材料・土地・樹木・鉱石など。

ろうどう-だいじん【労働大臣】ラウドウー 労働省の長。労相。

ろうどう-たんか【労働単価】ラウドウー 労働者に支払われる単位時間当たりの賃金。支払われた賃金を働いた時間や日数で割って算出する。

ろうどう-だんたい【労働団体】ラウドウー 労働者が組織している団体。労働組合など。

ろうどう-とう【労働党】ラウドウタウ ❶労働者階級の利害を代表する政党。❷㊀英国の政党。1900年に結成された労働代表委員会が始まりで、1906年に労働党と改称。24年以降、保守党と並ぶ二大政党の一となり、重要産業の国有化、社会保障などの政策を実施した。㊁イスラエルの政党。1968年結党で初代党首はベングリオン。右派リクードに対する二大政党としてパレスチナと融和的な政策をとるが、ラビンやペレスなど軍出身者が多い。中道のカディマ発足後は衰退傾向。

ろうどうのうみん-とう【労働農民党】ラウドウノウミンタウ 大正15年(1926)創立の無産政党。当初は左派を除外して結成、同年末に左派中心で再建。昭和3年(1928)第1回普通選挙で2名の当選者を出したが、三・一五事件で弾圧を受け、解散させられた。労農党。

ろうどう-び【労働日】ラウドウー ❶労働者が労働契約上、労働の義務を負う日。❷1日の労働時間を1単位としていう称。

ろうどうぶんぱい-りつ【労働分配率】ラウドウブンパイー 企業が生み出した付加価値のうち、人件費として労働者に支払われた割合。企業が生み出した付加価値は労働者・資本・租税に分配されるが、このうち労働者の取り分を示す。

ろうどう-ほう【労働法】ラウドウハフ 資本主義社会において、労働者が労働によって生存を確保しうることを目的とする法規の総称。労働組合法・労働関係調整法・労働基準法・最低賃金法・職業安定法・労働者災害補償保険法など。

ろうどう-もんだい【労働問題】ラウドウー 資本主義社会における労使の対立から生じる諸種の社会問題。

ろうどう-りょく【労働力】ラウドウー 物を生産するために費やされる人間の精神的、肉体的な能力。

(類語)働き手・人手・戦力

ろうどうりょく-じんこう【労働力人口】ラウドウリヨクー 15歳以上の人口のうち、就業者と完全失業者の合計。

ろうどうりょく-ちょうさ【労働力調査】ラウドウリヨクテウサ 総務省統計局が毎月行う、就業・不就業の実態調査。全国約4万世帯の15歳以上の世帯員約10万人を対象とする。調査方法は調査員が調査票を配布、回収する。調査結果の就業者数・完全失業者数・完全失業率は翌月末に公表する。平成14年(2002)からは「詳細結果」として、正規・非正規の雇用者数、年齢階級別雇用者数、離職理由別完全失業者数などを四半期ごとに発表している。

ろうどうりょく-りつ【労働力率】ラウドウリヨクー 就業者数と完全失業者数とを合わせた労働力人口が15歳以上の人口に占める割合。労働力人口÷15歳以上の人口(生産年齢人口)×100の数値で示す。

ろうと-うん【漏斗雲】積乱雲や積雲などの底から垂れ下がるようにできる、漏斗ろうと状の雲。竜巻が発生するときに見られる。

ろうと-きょう【漏斗胸】胸骨下部の剣状突起のあたりが内側へへこんでいる状態の胸。

ろう-どく【朗読】ラウー〘名〙スル 声に出して読み上げること。特に、詩歌や文章などをその内容をくみとり、感情をこめて読み上げること。「詩を―する」

(類語)音読・黙読・棒読み

ろうと-して【×牢として】ラウトー〘副〙固くしっかりしていて、動かしたり、変えたりすることができないさま。「此頑固は本人にとって―抜くべからざる病気に相違ない」〈漱石・吾輩は猫である〉

ろう-なぬし【×牢名主】ラウー 江戸時代、囚人の中から選ばれ、長として牢内の取り締まりなどに当たった者。牢内名主。

ろう-に【老尼】ラウー 年とった尼僧。

ろう-にゃく【老若】ラウー 老人と若者。ろうじゃく。

(類語)老弱・老幼・長幼

ろうにゃく-なんにょ【老若男女】ラウニヤクー 老人も若者も、男も女も含む、あらゆる人々。「―が一堂に会する」(補説)この語の場合には「ろうじゃくだんじょ」とは読まない。

ろう-にん【浪人】ラウー〘名〙スル ❶古代、本籍地を離れ、他国を流浪している者。浮浪人。❷(「牢人」とも書く)中世・近世、主家を自ら去ったり、あるいは失ったりした武士。江戸時代には幕府の大名取りつぶし政策などにより著しく増加し、政治・社会問題となった。浪士。❸入学試験や入社試験に不合格となり、入学や就職ができないでいる人。また、職を失って、きまった職のない人。「一年―して志望校を目ざす」

ろうにん-あらため【浪人改】ラウニンー 江戸時代、浪人の身上を取り調べること。また、取り調べにあたる役人。

ろう-にんぎょう【×蝋人形】ラフニンギヤウ 蝋で作った人形。「―館」

ろうにん-ぶん【浪人分】ラウニンー 浪人の身分。「―子は磯貝藤介いそがひとうすけといひて、これも―なり」〈浮・武家義理・二〉

ろう-ぬけ【×牢抜け】ラウー 囚人が牢から抜け出して逃げること。牢破り。脱獄。(類語)破獄・脱牢・破牢

ろう-ねん【老年】ラウー 年をとって、心身の衰えがめだつ年ごろ。また、その年ごろの人。

(類語)老齢・高年・高齢・年配

ろうねん-いがく【老年医学】ラウネンー 老化現象を対象に、老年期にみられる疾患および症状や治療方法などを研究する学問。老人病学。

ろうねん-がく【老年学】ラウネンー《gerontology》医学・生物学・心理学・社会学などの面から老年期における諸問題を総合的に研究する学問。老人学。ジェロントロジー。

ろうねん-き【老年期】ラウネンー 年をとって、精神的、身体的に環境の変化に対する適応能力が減退する時期。

ろうねんき-ちけい【老年期地形】ラウネンキー 浸食輪廻りんねの晩期にみられる地形。山は丸みを帯びて起伏が小さくなり、谷幅は広がって川は蛇行して流れる。

ろう-のう【老×衲】ラウナフ 年老いた僧。老僧。また、老僧が自身をさしていう語。

ろう-のう【老農】ラウー 年とった農民。

ろう-のう【労農】ラウー 労働者と農民。

ろうのう-せいふ【労農政府】ラウノウー 労働者と農民の支持を基礎とする政府。特に、1917年のロシア革命によって成立したソビエト連邦政府をさす。

ろうのう-とう【労農党】ラウノウタウ「労働農民党」の略。

ろうのう-どうめい【労農同盟】ラウノウー 社会主義革命の達成のために、労働者階級が農民層と協同して権力に対して闘争すること。また、その組織。

ろうのう-は【労農派】ラウノウー 昭和2年(1927)創刊の雑誌「労農」を中心に集まったマルクス主義経済学者・社会運動家・文学者のグループ。講座派との間で日本資本主義論争を展開。明治維新をブルジョア革命と主張した。

ろうのう-ロシア【労農ロシア】ラウノウー ソビエト連邦のロシア革命当時の日本での称。

ろう-の-き【×蝋の木】ラフー ハゼノキの別名。

ろう-ば【老馬】ラウー 年とった馬。

ろう-ば【老婆】ラウー 年とった女性。老女。老媼ろうおう。

(類語)おばあさん・ばあさん・ばばあ・老女・老婦・ばば・おばば・媼おう・媼おうな・老媼ろうおう

ろう-はい【老廃┊老×癈】ラウー〘名〙スル 年とったり古くなったりして役に立たなくなること。老朽。「―した船」

(類語)老朽・老化

ろう-はい【老輩】ラウー 年をとった人々。老人たち。ま

た、老人がみずからをへりくだっていう語。
ろう-ばい【老梅】ラウ 年数を経た梅の木。(季 春)
ろう-ばい【狼狽】ラウ〔名〕スル《「狼」も「狽」もオオカミの一種。「狼」は前足が長くて後ろ足が短く、「狽」はその逆。「狼」と「狽」は常にともに行き、離れると倒れるのであわてるというところから》不意の出来事などにあわててうろたえること。「株価の急落に―する」「周章―」(類語)騒ぐ・うろたえる・まごつく・面食らう・周章・慌てる
ろう-ばい【蝋梅|臘梅】ラフ ロウバイ科の落葉低木。高さ2〜4メートル。葉は卵形で、対生する。1、2月ごろ葉より先に、香りのある花を開く。花被は外層が黄色で光沢があり、内層が紫褐色。中国の原産で、観賞用。からうめ。(季 冬)「―や枝まばらなる時雨ぞら/竜之介」
ろうばい-うり【狼狽売り】ラウバイ 相場が急に下がったのに驚いて、慌てて持ち株を売ること。
ろうはい-ぶつ【老廃物】ラウハイ 体内の物質代謝によって生じる代謝産物、あるいは飲食物が利用されたあと、体内に不要となった物。
ろうば-しん【老婆心】ラウバ 年とった女性が、度を越してあれこれと気を遣うこと。転じて、必要以上に世話をやこうとする自分の気持ちを、へりくだっていう語。「―から言わせてもらえば」
(類語)善意・厚意・好意・好感・親切
ろうば-しんせつ【老婆心切】ラウバ「老婆心ろうばしん」に同じ。「―にいでたる事にて」〈逍遥・小説神髄〉
ろう-はち【臘八】ラフ《「臘月八日」の略》陰暦12月8日の、釈迦しゃかの成道じょうどうの日。ろうはつ。(季 冬)
ろうはち-え【臘八会】ラフハチ 釈迦の成道じょうどうの日を記念して陰暦12月8日に行われる法会。成道会。(季 冬)「襷たすきして走る典座てんぞや―/青畝」
ろうはち-がゆ【臘八粥】ラフハチ 温糟粥うんぞうがゆのこと。臘八の日に禅家で食するところからいう。(季 冬)
ろうはち-せっしん【臘八接心】ラフハチ 仏語。釈迦の成道じょうどうを記念して、陰暦12月1日から8日の朝まで昼夜寝ずに座禅すること。禅宗の主要行事。(季 冬)
ろう-ばらい【牢払い】ラウバラヒ 江戸時代、牢内の囚人を一時的に解放したこと。将軍家の法事の際に諸国の軽罪囚の赦免や、江戸小伝馬町の大牢で出火・近火のときに期限付きで行われた。
ろう-ばん【牢番】ラウ 牢屋の見張りをすること。また、牢屋の番人。
ろう-ひ【老婢】ラウ 年とった下女。
ろう-ひ【浪費】ラウ〔名〕スル 金銭・時間・精力などをむだに使うこと。むだづかい。「資源を―する」「―家」
(類語)無駄遣い・濫費・散財・空費・徒費・冗費・使い込む・不経済
ろう-び【臘尾】ラフ 年末。歳末。
ろう-びき【蝋引き】ラフ 防水などのために、蝋を表面に引くこと。また、そのもの。
ろう-ひつ【弄筆】❶文を必要以上に飾って書くこと。❷事実を曲げて書くこと。曲筆。
ろう-ひつ【牢櫃】ラウ・【籠櫃】ロウ《「ろうびつ」とも》牢屋。獄舎。「詮議せんぎにあうて、一の縄かかるのといふ恥と」〈浄・冥途の飛脚〉
ろうひ-へき【浪費癖】ラウヒ 金銭をむだに使うくせ。
ろう-びょう【老病】ラウビャウ 年をとってからだが衰えたために起こる病気。老衰病。
ろう-びょう【廊廟】ラウベウ《表御殿の意》政務を執る殿舎。廟堂。
ろうびょう-の-うつわ【廊廟の器】ラウベウ《「蜀志」許靖伝評から》朝廷の大政に参画しうる器量。宰相たる器量。
ろう-ふ【老夫】ラウ 年とった男性。(類語)おじいさん・じいさん・じじい・老爺ろうや・翁おう・翁おきな・老翁
ろう-ふ【老父】ラウ 年とった父。
ろう-ふ【老婦】ラウ 年とった女性。
(類語)おばあさん・ばあさん・ばばあ・老女・老婆・ばば・おばば・媼おう・媼おうな・老媼ろうおう
ろう-ふう【陋風】いやしい風習。下品な風俗。
ろう-ぶん【漏聞】もれ聞くこと。また、もれ聞こえること。
ろう-へい【老兵】ラウ ❶年とった兵士。❷軍事に老熟した兵士。
ろう-へい【労兵】ラウ ❶労働者と兵士。❷疲れた兵士。「雌雄を一の弊つひえに決すべし」〈太平記・三四〉
ろう-へい【弄兵】みだりに兵を使うこと。やたらに戦争を起こすこと。
ろう-へい【陋弊】悪い風習。悪弊。陋習。「終に此―を免かるるを得ず」〈福沢・文明論之概略〉
ろうへい-かい【労兵会】ラウヘイクワイ 労働者と兵士の代表による評議会。20世紀初頭、ロシアとドイツで組織され、前者はロシア革命を成功させる原動力となった。
ろうべん【良弁|朗弁】ラウベン［689〜773］奈良時代の華厳宗の僧。日本華厳宗の第二祖。近江おうみまたは相模の人。通称、金鐘こんしゅ行者。義淵に法相ほっそうを、新羅しらぎ僧審祥しんじょうに華厳を学び、金鐘寺を建立。東大寺建立に尽力し、初代別当、のち僧正となった。りょうべん。
ろう-ほ【老舗|老鋪】ラウ 何代も続いている古くからある店。しにせ。
ろう-ほ【壟畝|隴畝】❶うねとあぜ。田畑。❷田舎。また、民間。
ろう-ぼ【老母】ラウ 年とった母。
ろう-ほう【朗報】ラウ 喜ばしい知らせ。「―に沸く」
(類語)吉報・快報・吉左右きっそう・福音
ろう-ぼく【老木】ラウ 年数を経た木。古木。老樹。
ろう-ぼく【老僕】ラウ 年とった下男。
ろう-まい【粮米】ラウ 食糧としての米。糧米。
ろうまん【浪漫】ラウマン「ロマン」に同じ。「―主義」
ろう-む【労務】ラウ ❶報酬を受ける目的で行う労働勤務。「―に服する」❷企業で、労働力の使用・管理に関する事務。「―を担当する」
(類語)公務・国務・政務・法務・税務・軍務・商務・庶務・財務・外務・教務・学務・社務・会務・宗務・作業・労働・仕事・労作・役務えきむ・労役ろうえき・操業・業務・働く
ろうむ-かんり【労務管理】ラウムクワンリ 企業において、経営者などがその従業員に対して行う管理。労働条件一般・福利厚生・労使関係などを含む。
ろうむ-しゃ【労務者】ラウム 一定の雇用契約を結んで主に肉体労働に従事する人。労働者。
ろうむ-しゅっし【労務出資】ラウム 労務を提供するという方法による出資。民法上の組合の組合員と合名会社・合資会社の無限責任社員とに認められる。
ろう-もう【老耄】ラウ〔名〕スル おいぼれること。また、その人。耄碌もうろく。「―し、血のめぐりが悪くなっているからと」〈谷崎・少将滋幹の母〉
ろう-もつ【粮物】ラウ 食糧。糧食。かて。「国の土産、道の一にも所望し給へかし」〈盛衰記・一八〉
ろう-もん【牢問】ラウ 江戸時代の拷問のうち、笞むち打ち・石抱き・海老責めの3種の総称。牢問い。
ろう-もん【楼門】2階造りの門。下層に屋根のないものをさし、下層にも屋根があるものを二重門とよんで区別する。
ろう-や【老爺】ラウ 年をとった男性。老翁。(類語)おじいさん・じいさん・じじい・老夫・翁おう・翁おきな・老翁
ろう-や【牢屋】ラウ 罪人などを捕らえて閉じ込めておく所。牢獄。牢。
(類語)刑務所・監獄・牢獄・牢・拘置所・留置場・豚箱
ろう-や【朧夜】月のおぼろな夜。おぼろよ。
ろう-やくにん【牢役人】ラウ 牢屋で囚人を監視する役人。獄吏。
ろう-やしき【牢屋敷】ラウ 牢獄を構えた一区域の土地。
ろうや-ぶぎょう【牢屋奉行】ラウヤブギャウ 江戸幕府の職名。町奉行の支配下にあって、牢屋・入牢者に関することを取り扱った。代々、石出帯刀いしでたてわきが世襲。牢奉行。囚獄。
ろう-やぶり【牢破り】ラウ 囚人が牢を破って逃げ出すこと。また、その囚人。牢ぬけ。脱獄。破牢。
(類語)脱獄・破獄・脱牢・破牢・牢抜け
ろう-ゆう【老友】ラウイウ 年とった友人。
ろう-ゆう【老雄】ラウ 年とった英雄。
(類語)英雄・ヒーロー・群雄・奸雄・両雄・風雲児・雄・巨星・巨人・英傑・傑物・傑士・傑人・人傑・俊傑・怪傑・大人物・逸材・大物・女傑・大器
ろう-ゆう【老優】ラウイウ 年とった俳優。また、経験を積んで、芸のすぐれた俳優。
ろう-よう【老幼】ラウエウ 老人と幼児。「士族の名ある者は―を問わず」〈福沢・文明論之概略〉
(類語)老弱・老若・長幼
ろう-らい【老来】ラウ ㊀〔名〕年をとること。老年。「しきりに―の嘆をなしたのも」〈荷風・雨瀟瀟〉㊁〔副〕老年になって以来。年をとってからこのかた。「一量を節してはいても」〈谷崎・少将滋幹の母〉
ろうらいし【老莱子】ラウライシ 中国、春秋時代の楚の思想家。世を避けて隠棲し、楚王の招きにも応じなかった。「老莱子」15編を著したという。生没年未詳。
ろう-らく【籠絡】〔名〕スル 巧みに手なずけて、自分の思いどおりに操ること。「甘い言葉で―する」(類語)懐柔
ろうらん【楼蘭】中国、漢・魏時代の西域諸国の一。また、その中心となったオアシス都市。タリム盆地東部、ロプノール西北岸にあり、シルクロードの要衝として繁栄。前77年、漢の属国とされ、鄯善ぜんぜんと改称。ロプノールの移動によって衰退、7世紀には廃墟と化した。20世紀に入って遺跡が発見された。
ろう-り【老吏】ラウ 老年の役人。また、老練な役人。
ろう-りょう【粮料】ラウレウ 食料。糧米。「―背負うて奥州へ落ちまどひし」〈平家・一一〉
ろう-りょく【労力】ラウ ❶何かをするために心身を働かせること。骨折り。「―を惜しむ」❷労働力。人手。「安い―」(類語)労・骨折り・辛労・ひとほね・小骨
ろう-るい【老羸】ラウ 年とってからだが弱ること。老衰。老弱。
ろう-るい【蝋涙】ラフ ともした蝋燭ろうそくから溶けて流れた蝋を涙にたとえていう語。「きたならしく―のこびりついた燭台と」〈谷崎・細雪〉
ろう-れい【老齢】ラウ 年とっていること。老年。高齢。「―人口」(類語)老年・高年・高齢・年配
ろう-れい【狼戻】ラウ ❶欲深く道理にもとること。「常に一の心を懐いだきて」〈将門記〉❷乱れていること。散らかっていること。狼藉ろうぜき。「公家は日を逐って―せしかば」〈太平記・二四〉
ろうれい-きそねんきん【老齢基礎年金】ラウレイ 国民年金に加入し、一定期間保険料を納付した被保険者が一定年齢に達したとき給付される年金。支給を受けるには、原則として保険料納付期間と保険料免除期間の合計が25年以上必要となり、支給開始はおおむね65歳。➡公的年金 ➡老齢厚生年金
(補説)同じ国民年金の障害基礎年金(障害年金)・遺族基礎年金(遺族年金)と併称するときなどに、単に「老齢年金」ということもある。
ろうれい-こうせいねんきん【老齢厚生年金】ラウレイ 厚生年金保険に加入して保険料を納付し、老齢基礎年金の受給資格のある被保険者が退職して一定年齢(一般に65歳)に達したときに、老齢基礎年金に上乗せして支給される年金(経過措置で65歳以前に支払われる場合もある)。賃金報酬に比例した額が給付される。➡公的年金 ➡障害厚生年金 ➡遺族厚生年金
ろうれい-ねんきん【老齢年金】ラウレイ ❶国民年金・厚生年金保険で、被保険者が一定年齢に達したときや一定年齢で退職したときに支給される年金。公的年金は2階建て方式といわれ、受給資格のある全国民に給付される老齢基礎年金(1階部分)と、賃金報酬に比例して給付される老齢厚生年金(共済組合の場合は退職共済年金という)(2階部分)とがある。老後の生活保障を目的とする。❷特に、国民年金の「老齢基礎年金」のこと。同じ国民年金の障害年金(障害基礎年金)・遺族年金(遺族基礎年金)と併称するときに用いる語。
ろう-れつ【陋劣】〔名・形動〕いやしく軽蔑すべきであること。また、そのさま。卑劣。「―なる愚蠢ぐしゅんの人物」〈逍遥・小説神髄〉
(類語)けち・みみっちい・いじましい・せせこましい・狡辛

こすからい・さもしい・卑しい・せこい・低劣・卑怯ひきょう・姑息こそく・狭量・小量・けつの穴が小さい

ろう-れん【老練】〘名・形動〙多く経験を積んで、物事に慣れ、巧みであること。また、そのさま。老巧。「―な(の)かけひき」「―な(の)船乗り」
(類語)上達・熟練・熟達・習熟・円熟

ろう-れん【労連】「労働組合連合会」「労働組合連盟」などの略称。「世界―」「鉄鋼―」

ろう-ろう【×牢×籠】❶引きこもること。勤務につかないこと。「上卿皆以て辞退し―の間、自ら懈怠を致すなり」〈中右記・寛治七年一〇月〉❷苦しみこまること。困窮すること。「神主―の事ありて」〈著聞集・一〉❸衰えること。落ちぶれること。「仏法の衰微、王報の―、まさにこの時にあたれり」〈平家・四〉❹自分の手中に入れ、自由に操ること。籠絡ろうらくすること。「三界を―し、四生を綿絡して」〈性霊集・六〉

ろう-ろう【浪浪】㊀〘名〙さまよい歩くこと。また、仕える主人のないこと。浪人であること。「―の身」㊁〘形動タリ〙水や涙の流れるさま。「青海―として白雲沈々たり」〈海道記〉

ろう-ろう【老老】〘形動タリ〙非常に年老いたさま。よぼよぼ。「景家が母、―として」〈盛衰記・三一〉

ろう-ろう【朗朗】〘ト・タル〙図〘形動タリ〙音声が澄んでよく通るさま。「―と答辞を読み上げる」「音吐―」

ろう-ろう【×琅×琅】〘ト・タル〙図〘形動タリ〙玉や金属が触れ合って鳴るさま。また、音の美しいさま。琅然。「―たる風鈴の音」

ろう-ろう【×朧×朧】〘ト・タル〙図〘形動タリ〙おぼろにかすんださま。うすあかるいさま。「―たる月」

ろうろう-かいご【老老介護】介護の必要な老人を(若い人ではなく)老人が看病し世話をすること。

ろうろう・じ【労労じ】〘形シク〙《「ろうろうし」とも》❶物慣れている。物事に巧みである。「何事にも―・じくおはせし御心ばへなりしかば」〈源・幻〉❷才たけて情感が豊かである。「心の―・しきこと世に聞こえ高くて」〈宇津保・俊蔭〉❸上品で美しい。「かたち清らに―・しく、年わかきを見給ひて」〈宇津保・忠こそ〉

ろう-わ【朗話】人の心を明るくするような話。

ろう-わ【漏話】電話で通話中、他の回線の通話が漏れること。

ろ-えい【露営】〘名〙スル ❶野外に陣営を設けること。また、その陣営。❷野外にテントなどを張り、寝ること。野営。「山中で―する」

ロエスレル〘Karl Friedrich Hermann Rösler〙[1834～1894]ドイツの法学者・経済学者。1878年(明治11)外務省に招かれて来日、のち内閣顧問。明治憲法の制定のほか民法・商法の制定にも貢献。93年帰国。レースラー。

ロー〘law〙法律。法。法則。「アウト―」
(類語)法律・法規・法制・法令・法例

ロー〘low〙❶自動車などの変速機で、低速用のギア。発進や登坂に用いる。ローギア。「―に入れて発進する」❷他の外来語の上に付いて複合語をつくる。㋐高さ・位置などが低い意を表す。「―ヒール」「―アングル」㋑数量・程度などが少ない、低い意を表す。「―ティーン」「―カロリー」「―コスト」

ロー〘RAW〙デジタルカメラのデータ形式の一。CCDなどの撮像素子で得られた信号を直接デジタルデータにしたもの。生(raw)の、未加工のデータを意味する。JPEGなどの画像形式に変換せずデータ圧縮もしていないため、ファイルサイズが大きいが、二重加工による画質劣化が生じない。デジタルカメラ固有のデータ形式のため、画像データの加工には専用のソフトウエアを必要とする。CCD-RAW。

ロー〘P｜ρ｜rho〙❶〈P・ρ〉ギリシャ語アルファベットの第17字。❷〈ρ〉物理で、密度または電気抵抗率を表す記号。

ロー-アングル〘low angle〙被写体を低い位置から見上げる角度。仰角。またはその位置から撮影すること。被写体の高さを強調する際などに使われる。

ロー-ウエスト〘low waist〙低い位置で切り替えたウエストライン。ウエストを低くした服の仕立て。⇔ハイウエスト。

ローエングリン〘ドイツ Lohengrin〙ワグナー作曲のオペラ。3幕。作曲者自身の台本により、1850年初演。中世の叙事詩や白鳥の騎士の伝説をもとにしたもので、幻想的・神秘的な場面が人気を得た。

ロー-エンド〘low-end〙パソコンや家電製品などの一連のシリーズの中で最も性能の低い、低価格な製品。⇔ハイエンド。

ローカライズ〘localize〙ある言語に対応して開発されたソフトウエアを、他の言語に対応させること。ローカライゼーション。ローカリゼーション。➡国際化❷

ローカライゼーション〘localization〙►ローカライズ

ローカリズム〘localism〙地方主義。郷土偏愛主義。

ローカリゼーション〘localization〙►ローカライズ

ローカル〘local〙〘名・形動〙❶その地方に限定される特有なこと。また、そのさま。風俗・自然・情緒などにいう。「番組に―な(の)色彩を盛る」❷他の語と複合して用い、地方の、地方特有の、また、局地的・局所的な、の意を表す。「―鉄道」「―新聞」❸コンピューターの入出力チャンネルに直結され、コンピューターのごく近くに設置されている端末装置などで構成された利用環境。コンピューターネットワーク上や遠隔地ではないことを意味する。「―のプリンターで印刷する」
(類語)田舎・郷・在・在所・在郷・在地・在方・鄙・地方

ローカル-アイピーアドレス【ローカルIPアドレス】《local IP address》►ローカルアドレス

ローカル-アド〘local ad〙ある業者の商圏やサービスエリアなど、特定の地域を対象とする広告。地域広告。⇔ナショナルアド。

ローカル-アドレス〘local address〙企業や組織などのLANに接続された各コンピューターに一意的に割り振られるIPアドレス。プライベートアドレス。プライベートIPアドレス。ローカルIPアドレス。

ローカル-エネルギー〘local energy〙太陽熱・風力・水力など、各地方で自然から得られるエネルギー。

ローカルエリア-ネットワーク〘local area network〙►ラン(LAN)

ローカルオフィス-システム〘local office system〙ローカルエリアネットワーク(LAN)内の独立したオフィスシステム。➡ラン(LAN)

ローカル-カラー〘local color〙その地方に限定される特有な風俗・自然・情緒など。地方色。郷土色。

ローカル-きょく【ローカル局】地方のテレビ・ラジオ局。また、キー局のネットワークに加盟している地方系列局。

ローカル-コンテント〘local content〙自国で生産・販売を行う外国企業に対して、一定比率以上の自国産部品の使用を義務づけること。国産化率義務づけ。

ローカルズ〘locals〙先物取引所で、自己の勘定によって値ざやを求めて売買を行う投機家のグループ。フロアトレーダー。

ローカル-ストレージ〘local storage〙利用者の手元にあるコンピューターに搭載または直接接続されている記憶装置(ストレージ)。⇔リモートストレージ。

ローカル-スポンサー〘local sponsor〙特定の地域だけを対象に広告活動を行う広告主。⇔ナショナルスポンサー。

ローカル-せん【ローカル線】鉄道など交通機関の、幹線から分かれた地方支線。特定の地域を走る路線。

ローカル-ターミナル〘local terminal〙コンピューターの入出力チャンネルに直結され、コンピューターのごく近くに設置されている端末装置。

ローカル-ニュース〘local news〙一地方あるいは地元のニュース。

ローカル-パーティー〘local party〙►地域政党

ローカル-バス〘local bus〙パソコンと周辺機器の間でデータをやり取りするためのインターフェース規格の総称。

ローカル-ばん【ローカル版】新聞で、特定の地域の記事を扱う紙面。地方版。

ローカル-ブランド〘local brand〙一定の地域のみで販売されている銘柄。➡ナショナルブランド

ローカル-プリンター〘local printer〙利用者の手元にあるコンピューターに直接接続されているプリンター。ネットワークを介して接続するネットワークプリンターと区別して用いられる。

ローカル-へんすう【ローカル変数】《local variable》コンピューターのプログラムにおける変数の一。プログラムの一部分(ブロック)のみで定義され、そのブロック内だけで有効となるもの。局所変数。⇔グローバル変数。

ローカル-ほうそう【ローカル放送】特定の地域のニュース・話題を扱う放送。

ローカル-ルーター〘local router〙LAN同士を相互に接続するための装置。オフィスビルのフロア間のLANなどに用いられ、遠隔地のLANを結ぶリモートルーターと区別される。

ローカル-ルール〘local rule〙ゴルフで、そのコースだけに特別に定められた規則。➡ゼネラルルール

ロー-ギア〘low gear〙自動車の変速機の中で、変速比の最も低い(数字は大きい)組み合わせ。速度は遅いが、トルク(回転力)が増大されるので、登坂力・牽引力は大きい。ロー。

ロー-キー〘low-key〙〘名・形動〙❶控えめなさま。抑制されたさま。❷写真・映画・テレビで、画面の調子が暗くコントラストの低い画像。⇔ハイキー。

ローグ〘rogue〙不正を働く者。悪党。ごろつき。ならず者。

ロー-ゲージ《和 low＋gauge》ゲージは編み目の疎密を表す単位で、ニット製品の編み目の粗いもの。⇔ハイゲージ。

ロー-コスト〘low-cost〙費用・経費が多くかからないこと。安価なこと。「海外で生産すると―で済む」

ローコスト-オペレーション〘low-cost operation〙むだな費用の発生を極力抑えた業務活動。

ローコスト-キャリア〘low-cost carrier〙►格安航空会社

ローサルファ-げんゆ【ローサルファ原油】《low sulphur crude oil》低硫黄原油。硫黄分が重量比で1パーセント以下の原油。LS原油。➡ハイサルファ原油

ローザンヌ〘Lausanne〙スイス西部、レマン湖北岸にある観光・保養都市。13世紀建造の大聖堂、スイス最高裁判所や国際オリンピック委員会本部がある。

ローザンヌ-かいぎ【ローザンヌ会議】ローザンヌで開かれた国際会議。㊀1922年、第一次大戦の講和条約として、トルコと連合国との間に結ばれたセーブル条約改定のための会議。トルコは領土の一部を回復し、列国の保護国的地位から脱却した。㊁1932年、ドイツの賠償問題を協議した会議。賠償金額の引き下げと支払延期を決定した。

ローザンヌ-がくは【ローザンヌ学派】ローザンヌ大学教授ワルラスによって1870年代に創始され、パレートによって継承され発展した経済学の学派。一般均衡理論を確立し、のちの理論経済学に多大な影響を及ぼした。

ロージェン-しゅうどういん【ロージェン修道院】《ブルガリア Rozhenski manastir》ブルガリア南西部の町メルニックの東約10キロメートルにあるブルガリア正教の修道院。12世紀頃の創設。火災などに見舞われた後、オスマン帝国支配の下で復興した。16世紀から17世紀にかけて描かれたフレスコ画や修道士が過ごした部屋や食堂などが残っている。ロジェン修道院。

ロー-じょう【ロー城】《オランダ Het Loo》►ヘットロー宮殿

ローション〘lotion〙アルコールを含んだ化粧水の総称。洗顔・ひげそり後や頭髪に用いる。

ロージン-バッグ〘rosin bag〙►ロジンバッグ

ロース《roastから》ローストに適する、牛や豚の肩・背の柔らかい上等な肉。「―カツ」
ローズ〘rose〙❶ばら。また、ばら色。❷ダイヤモンドのカットの一。半円の球面を通常24面体に切る。
(類語)赤・真っ赤・赤色せきしょく・紅色こうしょく・紅くれない・紅べに・真紅しんく・鮮紅せんこう・緋ひ・緋色・朱しゅ・朱赤しゅせき・丹に・茜あかね色・薔薇ばら色・小豆あずき色・臙脂えんじ・暗紅あんこう・唐紅からくれない・レッド・スカーレット・バーミリオン・マゼンタ・ワインレッド
ローズウッド〘rosewood〙紫檀したんの別名。
ローズ-グラス〘Rhodes grass〙イネ科の多年草。高さ60～150センチ。夏、メヒシバに似た穂をつける。アフリカの原産で、温帯では牧草として栽培。
ローズ-ごうきん【ローズ合金】ゴウキン ▶ローゼ合金
ローズ-しれい【ローズ指令】《RoHS》EU(欧州連合)が圏内で生産、販売される電気・電子製品について、鉛・水銀・カドミウム・六価クロム・PBB(ポリ臭化ビフェニル)・PBDE(ポリ臭化ジフェニルエーテル)の使用を制限する指令。2006年7月1日より実施。(補説)RoHSは、Restriction of the use of certain Hazardous Substances in electrical and electronic equipment(電気電子製品への有害物質削減指令)の略。
ローズ-ゼラニウム〘rose geranium〙フウロソウ科の多年草。南アメリカ原産。においゼラニウムの一種で、茎葉けいようにバラの香りをもつ。生または乾燥してケーキや飲み物の香りづけ、ポプリなどに利用する。
ロースター〘roaster〙❶肉や魚のあぶり焼きに用いる器具。❷丸焼き用の若鶏わかどり。
ロースト〘roast〙〔名〕スル ❶食肉などをあぶり焼きや蒸し焼きにすること。また、その料理。「―チキン」❷豆類をいること。「―されたナッツ」
ロースト-チキン〘roast chicken〙天火で丸焼きにした鶏料理。
ロースト-ビーフ〘roast beef〙牛肉を天火で焼いた料理。牛肉の蒸し焼き。
ロース-ハム《和 roast＋hamから》ロース肉でつくったハム。➡ハム
ローズ-ヒップ〘rose hip〙野バラの実。赤い果実で、ヨーロッパで古くからジャム・ゼリー・ローズティーなどに利用されている。ビタミンCが多い。
ローズベルト〘Roosevelt〙▶ルーズベルト
ローズ-ボウル〘Rose Bowl〙米国のカレッジフットボールのボウルゲームの一つ。毎年1月1日にカリフォルニア州パサディナで行われる。太平洋岸の有力リーグ、パシフィック12カンファレンスと中西部のビッグテンカンファレンスの優勝校が戦う最古のボウルゲーム。州の特産品バラにちなんだ名前。➡ボウルゲーム
ローズ-マッダー〘rose madder〙深紅色。深紅色の絵の具。
ローズマリー〘rosemary〙シソ科の小低木。高さ約1メートル。全体に芳香がある。葉は線形で裏面に綿毛があり、対生する。初夏、淡紫色の唇形の花をつける。葉から香油をとり、香水や石鹸せっけんなどに、また香草として肉料理などに用いる。地中海沿岸地方の原産。迷迭香まんねんろう。
ローズマリー-オイル〘rosemary oil〙ローズマリーの花や枝葉を水蒸気蒸留してつくる香油。リキュール・オーデコロンなどに用いる。
ローゼ-ごうきん【ローゼ合金】ゴウキン 融点が低い易融合金の一つ。ビスマス、鉛、錫をそれぞれ、51、28、22パーセントを含有し、融点はセ氏100度。ローズ合金。
ローゼット〘rosette〙▶ロゼット
ローゼル〘roselle〙アオイ科の一年草。高さ2、3メートル。葉は手のひら状に裂け、初夏、黄色の5弁花を開く。原産地は西アフリカといわれ、アジアの熱帯や北アメリカ南部で栽培される。萼がくと苞ほうは肉質で赤く、酸味があり、食用。また茎から繊維をとる。
ローゼンストック〘Joseph Rosenstock〙[1895～1985]米国の指揮者。ポーランド生まれ。1936年(昭和11)来日して、NHK交響楽団の前身である新交響楽団を育成し、日本の音楽界の発展に貢献した。ローゼンシュトック。
ローゼンベルク〘Alfred Rosenberg〙[1893～1946]ドイツの政治家。ナチス党機関紙の主筆となり、アーリア人族の優越性を唱える人種理論を展開。ニュルンベルク裁判で絞首刑。著「二〇世紀の神話」。
ローゼンボー-じょう【ローゼンボー城】ジャウ《Rosenborg Slot》デンマークの首都、コペンハーゲンにあるオランダルネサンス様式の宮殿。1624年、クリスチャン4世により離宮として建造された。現在、王室の宝物を展示する博物館として公開されている。
ローソン-じょうけん【ローソン条件】デウケン《Lawson criterion》重水素と三重水素によるレーザー核融合に必要なプラズマに対する三つの条件。1億度の超高温を、1立方センチあたり100兆個の超高密度で、1秒間維持すること。
ローター〘rotor〙機械の、回転する部品。電動機・発電機の回転子、ヘリコプターの回転翼など。
ローダー〘loader〙プログラムを外部記憶装置からコンピューターの記憶領域に読み込むために使用される、記憶領域内に常駐するプログラム。
ロータークラフト〘rotorcraft〙回転翼航空機。ヘリコプター・ジャイロプレーンなど。
ロータス〘lotus〙❶ギリシャ神話で、その果実を食べると、楽しく、忘我におちいり、故郷に帰ることも忘れるという植物。ロトス。❷蓮はす。また、水蓮すいれん。
ローダミン〘rhodamine〙独特の鮮紅色の塩基性染料。アミノフェノールと無水フタル酸から得られる。木綿・レーヨン・皮革などの染色に用いる。
ロータリー〘rotary〙《回転する意》❶大通りなどの交差点の中央に設けた円形地帯。車がこれに沿って回り、方向を変えるようにしたもの。❷輪転機。❸「ロータリーエンジン」の略。
ロータリー-エンジン〘rotary engine〙内燃機関の一。ピストンが往復運動をするのではなく、丸みのある三角形の回転子が回転運動をすることにより、直接に吸入・圧縮・爆発・排気を行って動力を発生するエンジン。回転式発動機。RE。
ロータリー-クラブ〘Rotary Club〙国際親善と社会奉仕とを目的とする国際的な社交団体。1905年、米国で発足し、日本では20年(大正9)東京に最初の支部が設立された。1都市1支部、会員は1業種一人を原則とする。各支部が輪番で会合の場所を提供するところからの名称。
ロータリー-クローゼット〘rotary closet〙▶ロータリークロゼット
ロータリー-クロゼット〘rotary closet〙《「ロータリークローゼット」とも》衣類用の回転する戸棚。ハンガーにつるした洋服が楕円だえん形の金属にかけられ、回すと次から次へと出てくる洋服収納棚。
ロータリー-しゃ【ロータリー車】前頭部に羽根車を備え、回転させて雪を左右にはね飛ばす形式の除雪車。ロータリー除雪車。
ロータリー-シャッター〘rotary shutter〙カメラのシャッター機構の一。羽根を回転させることにより、シャッターの開閉を行う。ロータリーディスクシャッター。
ロータリー-じょせつしゃ【ロータリー除雪車】ヂョセツシャ ▶ロータリー車
ロータリーディスク-シャッター〘rotary disk shutter〙▶ロータリーシャッター
ロー-ちゅうかんし【ロー中間子｜ρ中間子】中間子の一。質量は電子の約1520倍で、電荷は正・負・中性の3種あり、スピンは1。共鳴状態とよばれる一時的にゆるく結合した不安定粒子として観測され、崩壊して2個のパイ中間子になる。
ローティ〘Richard Rorty〙[1931～2007]米国の哲学者。プラグマティズムを徹底化するネオプラグマティズムの立場に立ち、認識論中心の西欧哲学の伝統を批判した。著「哲学と自然の鏡」「プラグマティズムの帰結」「偶然性、アイロニー、連帯」。
ローディ〘Lodi〙イタリア北部、ロンバルディア州の都市。アッダ川沿いに位置し、中世より水路を整備し、同地域における農業の中心地になった。チーズの産地として有名。14世紀以降、ミラノのビスコンティ家、スフォルツァ家の支配を受けた。15世紀半ばにイタリアの五大勢力が結んだ和平協定ローディの和や、18世紀末にナポレオン率いるフランス軍がオーストリア軍を破った、ローディの戦いの舞台となった。12世紀創建のローディ大聖堂、ロンバルディア‐ルネサンス建築の傑作とされるインコロナータ教会がある。
ローディー〘roadie〙ロック歌手などの地方巡業に随行して、公演の準備・進行に携わる者。
ロー-ティーン《和 low＋teen》十代前半(13歳～15歳ぐらい)の年齢層。また、その年ごろの少年・少女。➡ティーンエージャー
ローディング〘loading〙フィルムをカメラのスプール(巻き枠)に装塡そうてんすること。「オート―」
ローテーション〘rotation〙《回転の意》❶交替すること。循環すること。「―を組む」❷野球で、チームの投手を起用する順序。❸六人制バレーボールで、サーブ権を得たとき、各選手が時計回りにそのポジションを移動すること。
ロー-テク〘low-tech〙「ローテクノロジー」の略。
ロー-テクノロジー〘low-technology〙コンピューターなどを駆使した高度先端技術とは無関係な低レベルの工業技術。日用品の生産などに利用される工業技術。➡ハイテクノロジー
ローデシア〘Rhodesia〙アフリカ南部にあった旧英国植民地。のち自治領となり、ザンベジ川を境に分割統治。1953～63年のローデシア‐ニアサランド連邦を経て、北ローデシアは64年ザンビアとして独立。南ローデシアは、65年少数白人政権が出て独立を宣言しローデシアと称したが、80年総選挙の結果ジンバブエとして独立。地名は、植民地の建設者セシル＝ローズにちなむ。
ローデン-グリーン《和 loden＋green　lodenは、元来ドイツ語で、厚地毛織物の意》チロリアンハットによく使われるような、くすんだ濃い緑。
ローテンブルク〘Rothenburg ob der Tauber〙ドイツ南部、バイエルン州、タウバー川沿いの都市。ドイツの彫刻家、ティルマン＝リーメンシュナイダーによる祭壇がある聖ヤコブ教会をはじめ、城壁に囲まれた旧市街には中世の面影を残す歴史的建造物が多い。ロマンチック街道沿いにある同国有数の観光地として知られる。
ロード〘load〙〔名〕スル ❶積み荷。荷重。積載量。❷負荷。❸コンピューターで、入力装置や補助記憶装置にあるデータを主記憶装置に移し入れること。⇔セーブ。
ロード〘Lord〙❶キリスト教で、神またはキリスト。主。❷イギリスで、侯爵・伯爵・子爵・男爵などの称号。卿きょう。
ロード〘road〙❶道。道路。街道。「シルク―」「サイクリング―」❷「ロードゲーム」の略。「―に出る」
(類語)道・通り・往来・道路・車道・街路・舗道ほどう・街道・往還・通路・路上・ルート
ロート-アイアン〘wrought iron〙「錬鉄」に同じ。
ロード-アイランド〘Rhode Island〙米国北東部の州。大西洋に面する同国最小の州で、独立13州の一。州都プロビデンス。繊維・食品工業が発達。➡表アメリカ合衆国
ロート-エキス　ロート根に希アルコールを加え浸出させて製したエキス。褐色で味は苦く、ヒヨスチアミン・アトロピンなどを含む。消化液分泌抑制・鎮痛・鎮痙ちんけい薬として用いる。
ロード-クリアランス〘road clearance〙自動車の最低地上高。その自動車の(車輪を除く)最も低い部分と、路面との間隔。
ロード-クリーナー〘road cleaner〙道路清掃車。
ロード-ゲーム〘road game〙遠征試合。特に、プロ野球のチームが、本拠地を離れて行う試合。
ロード-コーン〘road cone〙▶カラーコーン
ロート-こん【ロート根】《「ロート」は中国産のナス科植物シナヒヨスの漢名莨菪ろうとうから》ナス科のハシリドコロおよび同属植物の根茎。ロートエキスの原料。
ロード-サービス《和 road＋service》自動車運転時

に発生した故障やパンクなどの現場に行き、応急処置をすること。走行が不能の場合は、修理工場まで牽引する。

ロードサイド〖roadside〗通りに面していること。「―店」

ロードサイド-ショップ〖roadside shop〗❶ファッション用語で、通りに面した単独の店のこと。品揃えは主に一つのブランド、または一つのファッションメーカーのブランドのみで構成されている。路面店。❷幹線道路沿いに、自家用車での来店を前提として立地する店舗。かつては、自動車関連用品店・飲食店が主であったが、現在はあらゆる業種が見られる。

ロード-ショー〖road show〗❶映画で、一般公開に先だって、独占的に特定の映画館でのみ上映すること。先行上映。❷映画の初公開のこと。封切り。(補説)❷は日本での用法。❶はもと、ブロードウエーでの演劇の興行に際して、宣伝のために路上で一部分を演じたところからいう。

ロートシルト〖Rothschild〗►ロスチャイルド家

ロードス〖Rodos┊英 Rhodes〗ギリシャ東部、エーゲ海に浮かぶロードス島の北東端に位置する都市。同島の中心地。古くから海上交通の要衝。また、ヘレニズム時代に世界七不思議の一として知られるコロッサス(太陽神ヘリオスの巨大な青銅像)が港口に建っていたと伝えられる。堅固な城壁で囲まれた旧市街は、14世紀に聖ヨハネ騎士団が築いた城塞都市であり、騎士団長の宮殿や騎士団の施療院(現在は考古学博物館)が残っている。1988年に「ロードス島の中世都市」の名で世界遺産(文化遺産)に登録された。ロドス。

ロード-スイーパー〖road sweeper〗清掃自動車。走行しながら回転ブラシで道路を清掃する。

ロードスター〖roadster〗自動車の型式の一。1列の座席と折り畳みの幌式の屋根をもつツードアの乗用車。後方に荷物室を設けることが多い。

ロードス-とう【ロードス島】《Rodos/英 Rhodes》ギリシャ東部、地中海のドデカネス諸島東南の島。小アジア半島の南西に位置する。前10世紀ごろドリス人が移住し、ホメロスの詩にも登場する同島における古代三大ポリス、リンドス、イアリソス、カメイロスなどの都市国家を形成。中心地ロードスは、1988年に「ロードス島の中世都市」の名で世界遺産(文化遺産)に登録された。ロドス島。

ロード-テスト〖road test〗❶車の性能を路上で実地に試験すること。❷(免許取得のための)路上実地試験。

ロードデンドロン〖rhododendron〗「石楠花」の学名。

ロードナイト〖rhodonite〗►薔薇輝石

ロード-ノイズ〖road noise〗自動車が走行中、路面とタイヤの摩擦・衝突によって起こる騒音。

ロード-バランシング〖load balancing〗並列に運用している機器や通信回線にかかる負荷を均等に割り当てること。負荷分散。

ロード-プライシング〖road pricing〗都心部へ流入する車に料金を課す制度。大都市の交通渋滞解消対策の一つ。混雑税。通行課金。

ロード-ホールディング〖road holding〗自動車で、走行中の接地性。自動車の安定性を表す。

ロートホルン〖Rothorn〗スイス中部、ベルン州、ベルナーオーバーラントにある山。標高2350メートル。ブリエンツ湖畔の町、ブリエンツより山頂直下の駅まで専用の蒸気機関車を用いたアプト式登山鉄道で結ばれる。

ロード-マップ〖road map〗❶自動車を運転する者のための道路地図。ドライブマップ。❷ある作業をするときの手順表。行程表。「紛争解決の―を示す」❸企業が将来発表する予定の製品を時間順に並べた図表。

ロード-マネージメント〖load management〗電力供給の調整。季節別時間帯別料金制度(ピークロードプライシング)の導入などによって、ピーク時の電力需要とそれ以外の電力需要との差を是正し、設備の稼働効率を上げること。

ロード-ミラー〖road mirror〗道路の交差点やカーブに取り付けられた事故防止のための凸面鏡。

ロード-ムービー〖road movie〗主人公が旅を続けるなかで変貌し、自分を発見するという筋立ての映画。

ロートリンゲン〖Lothringen〗フランスのロレーヌのドイツ語名。

ロートル【老頭児】《中国語》老人。年寄り。
(類語)老人・年寄り・老体・隠居

ロートレアモン〖Comte de Lautréamont〗[1846～1870]フランスの詩人。本名、イジドール=デュカス(Isidore Ducasse)。悪と反抗をテーマに豊かな感受性で苦悩と幻想の世界をうたった散文詩集「マルドロールの歌」により、シュールレアリスムの先駆者とされる。

ロード-レーサー〖road racer〗ロードレース用の自転車。軽量で剛性が高い。

ロード-レース〖road race〗❶競技場以外の道路上で行う走行競技。マラソンや駅伝競走など。❷一般道路で行う自転車や自動車などの競走。

ロートレック〖Henri Marie Raymond de Toulouse-Lautrec〗[1864～1901]フランスの画家。貴族出身で、のちモンマルトルに住む。ドガや浮世絵の影響を受けつつ、卓抜した観察眼とデッサン力で娼婦や歓楽街などのパリ風俗を描いた。石版画でも活躍。

ロード-ローラー〖road roller〗車輪の代わりに鉄・石などの円筒状のローラーを装備し、路面の締め固めを行う車両。

ロードワーク〖roadwork〗運動選手が路上や山野などを走り、基礎体力、特に脚力を養成する練習。

ローヌ-がわ【ローヌ川】《Rhône》スイスのアルプス山中に源を発して西流、レマン湖を経て、フランス南東部を南流して地中海に注ぐ川。長さ812キロ。

ローノイズ-テープ〖low noise tape〗特に雑音が少ない磁性材料を使用した録音テープ。

ローバー-スカウト〖rover scout〗18歳以上のボーイスカウト。

ロー-ハードル〖low hurdles〗►低障害

ローパス-フィルター〖low pass filter〗❶電気回路で、ある周波数より高い帯域の信号を通さず、低周波をよく通すフィルター回路。低域通過フィルター。LPF。➡ハイパスフィルター ➡バンドパスフィルター ❷デジタルカメラやビデオカメラなどのイメージセンサーに取り付けられる、ある程度以上の細かなパターンを故意にぼかす光学フィルター。モアレや偽色の発生を抑制する効果がある。LPF。

ロー-ヒール〖low heels〗靴で、3センチ前後の低いヒールの総称。⇔ハイヒール。
(類語)靴・シューズ・短靴・長靴・雨靴・編み上げ靴・ブーツ・軍靴・スパイク・パンプス・ハイヒール

ロービング-バグ〖roving bug〗他人の携帯電話を遠隔操作し、マイクを作動させて盗聴器として機能させる技術。(補説)米国FBIが犯罪捜査の手段として利用したとされる。ただし、悪用のおそれがあるため、日本の外務省などでは執務室への携帯電話の持ち込みを禁止するなどの対策を取っている。

ローブ〖フランス robe〗❶ワンピース仕立てになった裾の長いゆるやかな婦人服。❷裁判官や欧米の僧侶が用いる長い上着。法衣。

ロープ〖rope〗❶縄。綱。繊維または鋼線をより合わせた、じょうぶな綱。索。「ワイヤー―」❷ボクシング・プロレスリングなどで、リングを囲む綱。「―にもたれる」

ローファー〖loafer〗スリップオンの一種で、甲の部分のストラップに硬貨がはさめる切り込みがあるもの。

ロー-ファーム〖law firm〗法律事務所。特に多数の弁護士をかかえ、専門別に組織化された大規模法律事務所をいう。

ロー-ファイ〖lo-fi〗《ハイファイをもじった語。low fidelityの略》録音環境や再生音質が悪いこと。また、意図的に質の悪い音響機器を使ったり、雑音や不明瞭なリズムなどを取り入れたりしたポピュラー音楽。➡ハイファイ

ロー-ファット〖low fat〗低脂肪。また、その食品。LF。「―ミルク」

ローファット-ミルク〖low-fat milk〗乳脂肪分が脱脂乳より多いが、普通の牛乳(日本では3パーセント以上)より少ない牛乳。低脂肪乳。

ロープウエー〖ropeway〗谷や山の急斜面などに支柱を立てて、空中に鋼製ロープなどを張り、これに運搬器をつるして旅客・貨物を輸送する装置。ふつう山上でロープを巻き上げて上下させる。空中ケーブル。空中索道。架空索道。高架索道。索道。

ロープ-ぐるま【ロープ車】円筒にロープをかける溝をつけた車。動力を伝えたりロープを導いたりするのに用いる。綱車。ローププーリー。

ロープシン〖Ropshin〗►サビンコフ

ロープ-ダウン《和 rope＋down》ボクシングで、攻撃も防御もできなくなった選手が戦意を失ってロープにもたれかかってしまうこと。ダウンと判定される。

ローブ-デコルテ〖フランス robe décolletée〗襟ぐりを大きくあけ、首筋から背・胸の上部をあらわにした、裾の長い袖なしのドレス。男子の燕尾服に相当する婦人用の礼服。ロブデコルテ。

ローブ-モンタント〖フランス robe montante〗女性用礼服の一種。襟が身頃から高くせりあがっていて、袖は手首まであり、肩や胸は覆われて、裾は床まである。昼の正装とされる。

ローブラウ〖lowbrow〗►ローブロー

ロー-プレ「ロールプレーイングゲーム」の略。

ロー-ブロー〖low blow〗ボクシングで、ベルトラインより下を攻撃するパンチ。反則となる。

ローブロー〖lowbrow〗〔名・形動〕《「ローブラウ」とも》教養の低いこと。また、その人。⇔ハイブロー。

ロープロファイル-タイヤ〖low profile tire〗自動車用の扁平タイヤ。高さに対して幅の広いタイヤ。従来のタイヤは幅と高さがほぼ等しい扁平率約100パーセントであったが、現在では最高30パーセントまで実用化されている。幅が広くなるのでグリップ力が高くなり、運動性能が上がるが、路面の凹凸が伝わりやすくなり、快適性が損なわれる傾向がある。

ローホー〖ROHO〗《remote office ; home office》「リモートオフィスホームオフィス」の略。SOHOとほぼ同義語。遠隔地勤務と在宅勤務をもじって略語としたもの。

ロー-ポリティックス〖low politics〗軍事や政治問題以外の、通商・経済問題を主要なテーマとする外交。➡ハイポリティックス

ロー-ボルト《low voltageから》低電圧。日本では通常の電圧(100ボルト)より低い電圧を意味する。例えば、車のヘッドライトは低電圧である。

ローマ〖Roma〗㊀イタリア共和国の首都。同国中部、テベレ川下流域に位置し、市内には七つの丘や世界最小のバチカン市国がある。古代ローマ帝国の首都。ローマ教皇庁所在地として長くヨーロッパの政治・文化・宗教の中心。パンテオン・コロセウム・カラカラ浴場跡など古代ローマ遺跡が多い。1980年「ローマ歴史地区、教皇領とサンパオロ-フォーリ-レ-ムーラ大聖堂」の名で世界遺産(文化遺産)に登録された。人口、行政区271万(2008)。(補説)「羅馬」とも書く。㊁「ローマ帝国」の略。

ローマは一日にして成らず《Rome was not built in a day.》大事業は、長い間の努力なしには完成されないというたとえ。

ローマ-カトリックきょうかい【ローマカトリック教会】《Roman Catholic Church》キリスト教最大の教会。ローマ教皇を最高首長とし、「聖なる公同の使徒的ローマ教会」と公称する。1054年、東方正教会と分裂後の西方教会をいい、特に16世紀の宗教改革以後、プロテスタント教会に対して、こうよばれる。日本には1549年渡来。カトリック。カトリック教会。ローマ教会。公教会。天主公教会。

ローマ-きょうかい【ローマ教会】►ローマカトリック教会

ローマ-きょうこう【ローマ教皇】▶教皇
ローマ-きょうこうちょう【ローマ教皇庁】▶教皇庁
ローマ-クラブ《The Club of Rome》1968年、ローマで初会合を開いて発足した国際的民間組織。各国の知識人や財界人によって構成され、天然資源の枯渇化・環境汚染・人口増加などの諸問題を研究・提言。研究報告書「成長の限界」「国際秩序の再編成」などを発表している。
ローマ-じ【ローマ字】古代ローマ人がラテン語を表記するのに用いた表音文字。その後もヨーロッパを中心に多くの国語を表記するのに用いられている。ラテン文字。(類語)字・文字・レター
ローマじ-つづり【ローマ字×綴り】ローマ字を用いて語を書き表すこと。また、その書き表し方。日本語では、訓令式・標準式(改正ヘボン式)・ヘボン式・日本式のつづり方がある。
ローマじ-にゅうりょく【ローマ字入力】《Roman letter input》キーボードによる日本語入力の際、文字の子音と母音を組み合わせたローマ字で入力すること。キーボードに記されたかな文字で入力するかな入力に比べ、打鍵数は多いが、使用するキーの種類が少ない。
ローマ-じょうやく【ローマ条約】1957年3月にローマで調印された、欧州経済共同体(EEC)条約と欧州原子力共同体(EURATOM)条約のこと。ベルギー・ドイツ・フランス・イタリア・ルクセンブルク・オランダの6か国が調印し、1958年1月に発効。現在もEU(欧州連合)の基本条約としての効力をもつ。
ローマ-しんわ【ローマ神話】古代ローマ人がみずからの神々を、その性格に基づいてギリシャの神々と同一視して構成した神話。ゼウスとユピテル、ポセイドンとネプトゥーヌスなどの同一化がみられる。➡ギリシャ神話
ローマ-すうじ【ローマ数字】古代ローマで発達した数字。番号・年号の表示や時計の文字盤に用いられる。Ⅰ、Ⅱ、Ⅲ、Ⅳ、Ⅴ、Ⅹなど。時計数字。(類語)アラビア数字・漢数字・算用数字
ローマ-せんげん【ローマ宣言】《Rome Declaration on Peace and Cooperation》1991年7月7、8日に開催された北大西洋条約機構(NATO)の首脳会議で採択された宣言で、NATO諸国と旧ワルシャワ条約機構諸国が協力して欧州安全保障を維持することをうたっている。
ローマ-だいがく【ローマ大学】ローマにあるイタリア最大の国立大学。1303年、ボニファチウス8世により創立。ローマ-ラ-サピエンツァ大学。
ローマ-ていこく【ローマ帝国】西洋古代最大の帝国。前8世紀ごろ、ラテン人がテベレ川下流域に建てた都市国家に始まり、王政、のち共和政(前509～前27)を経て、前27年、内乱を収拾したオクタビアヌスの即位により帝政に移行。最盛期の五賢帝時代(96～180)その版図は最大となり、東は小アジア、西はイベリア半島、南はアフリカの地中海沿岸、北はブリテン島に及ぶ大帝国となった。2世紀末から衰退し、395年東西に分裂。東ローマ帝国は1453年まで続くが、西ローマ帝国は476年、オドアケルに滅ぼされた。学術・芸術ではギリシャの模倣の域を出なかったが、法制・軍事・土木面にすぐれ、後世に大きな影響を与えた。(補説)帝政開始から西ローマ帝国の滅亡までを古代ローマ帝国、それ以降を中世ローマ帝国とも称する。
ローマナイズ〘romanize〙〔名〕スル ローマ字で書き表すこと。ローマ字化。「ロシア文字を—する」
ローマ-の-しちきゅう【ローマの七丘】イタリアの首都ローマの市街地から、テベレ川東にかけて点在する七つの丘。古代ローマ時代に都市が築かれたことで知られる。アベンティーノ・エスクイリーノ・カンピドリオ・クイリナーレ・チェーリオ・パラティーノ・ビミナーレ。
ローマ-びじゅつ【ローマ美術】前8世紀から後4世紀ごろまで、ローマ人が支配した地域において行われた美術。ギリシャ美術の影響を強く受けながら、実用的な公共建築、歴史的事績を表した装飾浮き彫り、肖像彫刻などに特色を示した。
ローマびとへのてがみ【ローマ人への手紙】新約聖書第6の書。使徒パウロによるローマ教会の信徒あての書簡。55年ごろ書かれ、パウロの神学思想が体系的に詳述されている。ロマ書。
ローマ-ぶろ【ローマ風呂】古代ローマの大浴場。また、それを模した、温泉場などの大浴場。
ローマ-ほう【ローマ法】古代ローマ時代に制定された法律の総称。ローマ市民だけに適用される市民法として制定された12表法に始まり、領土の拡大とともに万民法を形成、6世紀ユスティニアヌス帝によって集大成された。ゲルマン法とともに近代ヨーロッパ諸国法の源流となった。
ローマ-ほうおう【ローマ法王】教皇の俗称。
ローマほうたいぜん【ローマ法大全】《原題、ラテン Corpus Iuris Civilis》東ローマ皇帝ユスティニアヌスの勅命によって、トリボニアヌスらが編纂したローマ法の集大成で、「勅法集」「学説集」「法学提要」と534年以降ユスティニアヌス帝が公布した「新勅法」の総称。
ローマン〘roman〙❶多く複合語の形で用い、ローマの、ローマ人の、ローマ帝国の、の意を表す。「—グラス」❷欧文活字書体の一。縦線が太く、横線が細い立体で、起筆部と終筆部にセリフとよぶひげのような飾りが付く。ローマン体。
ローマン〘フランス roman〙▶ロマン
ローマン-シェード〘roman shade〙上下に巻き上げ巻き下ろす、蛇腹状のカーテン。
ローマンス▶ロマンス
ローマン-たい【ローマン体】▶ローマン
ローマン-ノーズ〘Roman nose〙ローマ人に顕著な鼻梁の高い鼻。わし鼻。
ローマン-ブリテン〘Roman Britain〙西暦紀元ごろから5世紀にかけて、古代ローマ帝国がブリテン島(グレートブリテン)を支配したころをいう。
ローミング〘roaming〙携帯電話やインターネット接続サービスなどを、その通信事業者のサービス範囲外の場所においても、他の事業者の設備を通じて利用できるようにすること。海外で利用できるものを国際ローミング、またはグローバルローミングという。
ローム〘loam〙❶土性の区分の一。砂・シルト・粘土がほぼ等分の土壌。❷火山噴出物が風化してできた赤褐色の土。関東ロームが代表。土性区分上はクレー(粘土)のことが多い。(補説)「壚坶」とも書く。
ローモンド-こ【ローモンド湖】《Loch Lomond》英国スコットランド西部の湖。グラスゴーの北郊にあり、グレートブリテン島最大の面積をもつ。南北に長く、長さ39キロメートル、幅8キロメートル。ハイランド地方南西部の観光地の一つとして知られる。
ローヤル〘royal〙▶ロイヤル
ローラー〘roller〙❶回転させて使う円筒形のもの。ロール。❷転。❸印刷機の版面にインクを塗る回転棒。❹地ならし用の転圧機。❺「ローラー作戦」の略。
ローラー-カナリア《和 roller＋canary》カナリアの一品種。鈴を転がすような美しい声で鳴く。
ローラー-ゲーム〘roller game〙ローラースケートをはいて行うスポーツ。2チームがリンクを同じ方向に回って、相手を追い抜き、ポイントを競うもの。
ローラー-コースター〘roller coaster〙▶ジェットコースター
ローラー-さくせん【ローラー作戦】調査などの際に、ローラーをかけるようにしらみつぶしに当たるやり方。「—でアジトをつきとめる」
ローラー-スケート〘roller skate〙底に4個の小輪の付いた靴で、床板の上を滑るスポーツ。また、その靴。
ローラーブラインド-シャッター〘roller blind shutter〙スタジオ撮影などに用いる大型カメラのレンズ前面に装着された幕状のシャッター。ソルントンシャッター。ソルントンタイプ。
ローラーブレード〘Rollerblade〙インラインスケートの商標名。
ローラー-ベアリング〘roller bearing〙転軸受。
ローラー-ホッケー〘roller hockey〙ローラースケートを履いて行うホッケー。1チーム五人、試合時間20分ハーフで得点を争う。アイスホッケーと違い、ボディーチェックなどの荒っぽいプレーは禁止。1992年バルセロナオリンピックで公開競技として行われた。
ローラー-ミル〘roller mill〙ローラー製粉機。回転するローラーとリング内面との間で原料を押しつぶす。
ローライズ〘low-rise〙股上の浅いズボン。ローライズパンツ。➡ヒップハンガー
ローライズ-パンツ〘low-rise pants〙▶ローライズ
ローラシア-たいりく【ローラシア大陸】《Laurasia》古生代から中生代にかけ、北半球にあったと考えられる大陸。現在の北アメリカ・ユーラシアになったとされる。
ローランギャロス-トーナメント〘フランス Le Tournoi de Roland Garros〙▶全仏オープン
ローランサン〘Marie Laurencin〙[1885～1956]フランスの女流画家。甘美で繊細な少女像を描いた。
ローランド-こうか【ローランド効果】帯電または誘電分極した物体を回転させた時に磁界が生じる現象。1878年、米国のヘンリー＝ローランドが発見。
ローランド-ゴリラ〘lowland gorilla〙ゴリラの一亜種。アフリカのカメルーン・コンゴ・ガボンなどの低地多雨林に生息。体は暗褐色。低地ゴリラ。
ろ-おり【×絽織(り)】▶絽
ローリー〘Walter Raleigh〙[1552ころ～1618]英国の軍人。エリザベス1世の寵愛を受け、北アメリカに植民地の建設を試み、その地をバージニアと命名したが失敗。のち、獄中で「世界史」を著した。
ローリー-しゃ【ローリー車】▶タンクローリー
ローリーポップ〘lollipop〙▶ロリーポップ
ローリエ〘フランス laurier〙月桂樹。
ローリング〘Joanne Kathleen Rowling〙[1965～]英国の児童文学者。ポルトガルで英語教師を務めたのち、帰国して執筆活動を開始。児童小説「ハリーポッター」シリーズが世界的ベストセラーとなる。
ローリング〘rolling〙〔名〕スル ❶転がること。回転すること。また、左右に揺れること。❷船舶・航空機などが進行方向に対して横に揺れること。横揺れ。ロール。「船が大きく—する」⇔ピッチング。
ローリング-スタート〘rolling start〙自動車レースで、走りながらスタートする方法。予選順位で隊列を組み、ペースカーに先導されて1ラップし、スタートラインに達するとペースカーがエスケープゾーンに逃げ、レースがスタートする。
ローリング-ストーンズ〘The Rolling Stones〙英国のロックバンド。1960年に結成。ボーカルのミック＝ジャガーや、キース＝リチャード・チャーリー＝ワッツなどからなり、ビートルズと人気を二分しつつ、パワフルな演奏スタイルで60年代のロック界をリードし、世界的名声を得た。ヒット曲「サティスファクション」など。
ローリング-ミル〘rolling mill〙圧延機。回転するロールの間に金属素材を通して圧延する。
ローリンソン〘Henry Creswicke Rawlinson〙[1810～1895]英国の軍人・外交官・歴史学者。古代オリエントの楔形文字を解読、「アッシリア学の父」とよばれる。著「西アジア楔形文字刻文」など。
ロール〘role〙役割。役目。任務。「—プレーイングゲーム」
ロール〘roll〙〔名〕スル ❶巻いて作ったもの。巻いてあるもの。「—カステラ」「バター—」❷「ローラー❶」に同じ。❸「ローリング❷」に同じ。「船全体を軋ませ、ぐうっと右に—した」〈宮本・伸子〉❹「ロールフィルム」の略。
ロールアップ-タイトル〘roll-up title〙映画やテレビで画面の下から現れ、移動しながら上方へ消えていく字幕。
ロールオーバー〘rollover〙❶陸上競技の走り高跳びの跳び方の一種。体を横に寝かせて回転しながらバーを越える。❷自動車の横転。
ロール-カラー〘roll collar〙襟腰が高く、首の周囲を巻くように折り返した襟。

ロール-キャップ《roller capから》ブリム(へり)全体が上に巻き上がった小さい女性用帽子。

ロール-キャベツ〖rolled cabbage〗ゆでたキャベツの葉でひき肉などを巻いて包み煮た料理。キャベツ巻き。

ロール-クライシス〖role crisis〗女と男の伝統的な役割が、妻が仕事を持ち外に出ることによって危機に瀕(ひん)している状態をいう。役割危機。

ロール-クラッシャー〖roll crusher〗砕石機の一種。2個のロールを互いにかみ合うように回転させ、その間で鉱石などを圧縮粉砕するもの。

ロール-ケーキ《和roll＋cake》薄く焼いたスポンジケーキに、ジャムやクリームなどを塗って巻いた洋菓子。切り口は渦巻き状になる。(補説)英語ではjelly rollまたはSwiss roll

ロール-コール〖roll call〗《点呼の意》国際連合における票決方式。抽選で決まった国からアルファベット順に国名を読み上げ、それに応じて賛否・棄権を明らかにしていく。

ロール-し【ロール紙】片面だけに光沢のある洋紙。包装紙などに用いる。

ロールシャッハ-テスト〖Rorschach test〗投影法による人格検査の代表的なもの。左右対称なインクのしみが何に見えるかという反応をもとに被験者の人格を理解しようとする検査。20世紀初め、スイスの精神科医ロールシャッハ[1884〜1922]の考案。

ロールズ〖John Rawls〗[1921〜2002]米国の政治哲学者。「公正としての正義」の説を唱えて功利主義を批判、自由と平等が実現される正義の社会を構想した。著「正義論」など。

ロール-スクリーン〖roll screen〗巻き上げ式スクリーン。窓につるして風や光を遮るすだれ・間仕切り。

ロール-チキン《和roll＋chicken》▶チキンロール

ロール-テロップ〖roll telop〗文字などを書いた紙片を、左右あるいは上下に移動させながら順次巻き取り、画面に重ねて放送する字幕送出装置。

ロール-バー〖roll bar〗自動車レースで、レーシングカーが転覆した際にドライバーを守るために、コックピットのすぐ後ろに付ける逆U字形の保護棒。

ロールバック〖rollback〗関税と貿易に関する一般協定(GATT(ガット))およびWTOの規定に反する貿易制限的措置を減少または廃止すること。

ロール-パン《和roll＋pão(ポルト)》パン生地を薄くのばし、巻いて焼いたパン。

ロール-フィルム〖roll film〗写真撮影用のフィルムの一。長い帯状で、巻いて容器に入れ、適当な長さずつ繰り出して露光するもの。

ロール-プレイ〖role-play〗▶ロールプレーイング

ロール-プレイイング〖role-playing〗▶ロールプレーイング

ロールプレイング-ゲーム〖role-playing game〗▶ロールプレーイングゲーム

ロール-プレー〖role-play〗▶ロールプレーイング

ロール-プレーイング〖role-playing〗実際の場面を想定し、さまざまな役割を演じさせて、問題の解決法を会得させる学習法。社員訓練や外国語会話の修得に応用されている。役割演技法。ロールプレー。

ロールプレーイング-ゲーム〖role-playing game〗コンピューターゲームの一種。プレーヤーがゲームの主人公となって活躍したり、謎解きをしたりするもの。RPG。ロープレ。

ロール-モデル〖role model〗役割を担うモデル。模範。手本。「革命家の一にゲバラを挙げる」

ロー-レグ《low leg cutから》水着やレオタードなどのボトムで、股の部分の切り込みが浅いこと。⇔ハイレグ。

ローレット-ビス　指でつまめるように円柱状の頭部を付け、その側面に筋状の滑り止めを刻みつけたねじ。ローレットねじ。

ローレベル-フォーマット〖low level format〗ハードディスクの全領域にわたって最初に行われるフォーマットのこと。物理フォーマット。低レベルフォーマット。

ローレライ〖Lorelei〗㊀ドイツ西部、ライン川中流の峡谷の東岸に垂直にそびえる奇岩。高さ132メートル。また、その岩上にいて、美しい歌で舟人を誘惑し破滅させるという伝説の魔女。㊁㊀をうたったハイネの詩にドイツのF＝ジルヒャーが1837年に作曲した歌曲。日本では近藤朔風の訳詩で知られる。

ローレル〖laurel〗月桂樹(げっけいじゅ)。

ローレル-しすう【ローレル指数】《Rohrer index》標準体重を求める方法の一つ。体重(キロ)を身長(センチ)の3乗で割り、10の7乗を掛けたもの。肥満度の目安に用いられる。

ローレンシウム〖lawrencium〗アクチノイドに属する超ウラン元素の一。名は、サイクロトロンの発明者E＝O＝ローレンスにちなむ。元素記号Lr　原子番号103。

ローレンシャン-こうげん【ローレンシャン高原】《Laurentians》カナダ、ケベック州南部の高原地帯。特にモントリオール北部地域は、古くから観光・保養地として知られ、紅葉やスキーを目的とする観光客が数多く訪れる。観光拠点の町として、サンサバール-デ-モン、モントランブラン、サンタガットゥ-デ-モンなどがある。

ローレンス〖David Herbert Lawrence〗[1885〜1930]英国の小説家・詩人・批評家。現代社会における性と恋愛をテーマに、男女関係の新しい倫理を追求した。小説「息子と恋人」「虹」「チャタレイ夫人の恋人」など。

ローレンス〖Ernest Orland Lawrence〗[1901〜1958]米国の実験物理学者。サイクロトロンを製作。第二次大戦中は原子爆弾製造を推進した。1939年ノーベル物理学賞受賞。

ローレンス〖Thomas Edward Lawrence〗[1888〜1935]英国の考古学者・軍人。アイルランド生まれ。イラクの遺跡発掘などに参加。第一次大戦中、トルコ領内のアラビア人の独立運動を指導し、「アラビアのローレンス」とよばれた。著「知恵の七柱」。

ローレンツ〖Hendrik Antoon Lorentz〗[1853〜1928]オランダの理論物理学者。マクスウェルの電磁理論を支持し、ローレンツ力を導入、ゼーマン効果の理論を立てて物質内の電子の存在を確認し、ローレンツ短縮を提唱。1902年に同じオランダの物理学者P＝ゼーマンとともにノーベル物理学賞受賞。

ローレンツ〖Konrad Zacharias Lorenz〗[1903〜1989]オーストリアの動物学者。刷り込み現象、生得的な行動の解発などについて記述。動物行動学を確立した。1973年ノーベル生理学医学賞受賞。著「ソロモンの指輪」「攻撃」など。

ローレンツ-しゅうしゅく【ローレンツ収縮】▶ローレンツ短縮

ローレンツ-たんしゅく【ローレンツ短縮】等速運動している物体の長さが、静止しているときの長さに比べて、運動方向に短縮して観測される現象。1893年ローレンツがマイケルソン-モーリーの実験の結果を説明するために提出、のちに特殊相対性理論によって論証された。ローレンツ収縮。

ローレンツ-へんかん【ローレンツ変換】光速に近い速さで動く物体の運動を二つの慣性系から記述するとき、二つの慣性系間の座標変換。相対運動の速さが光速よりもきわめて小さければ、ガリレイ変換に一致する。1904年ローレンツが見出し、特殊相対性理論においても確認された。

ローレンツ-りょく【ローレンツ力】磁場の中を運動する荷電粒子に作用する力。速度ベクトルに垂直に作用し、粒子の電荷・速度・磁束密度の積で表される。1895年ローレンツが導入した。

ローロー-せん【ローロー船】《「ローロー」はroll-on-roll-offから》船にランプウエーを備え、岸壁から車両が直接船内に走り込んで荷を積み込む方式の貨物船。

ローン〖lawn〗薄地の平織りの高級綿布。麻に似た風合いをもつ。夏の婦人服、ハンカチなどに用いる。もと、フランスのラン(Laon)で産した亜麻織物のこと。

ローン〖lawn〗芝生。芝地。「一テニス」

ローン〖loan〗❶貸付。貸付金。多く消費者金融について用いる。❷借款。

ローン-がいしゃ【ローン会社】個人・法人向けに資金の貸し出しを主な業務とする会社。住宅ローン会社・カードローン会社・商工ローン会社など。⇒信販会社

ローン-けいやく【ローン契約】▶金銭消費貸借契約

ローン-コート〖lawn court〗《ローンは芝生の意》「グラスコート」に同じ。

ローン-スキー〖lawn ski〗芝生の斜面を滑るスキー。グラススキー。

ローンチ〖launch〗〔名〕(スル)❶立ち上げること。参入すること。始めること。特に、新しい商品などを売り出すこと。「10月に新製品を一する」❷▶ランチ

ローン-テニス〖lawn tennis〗テニスの正式名。英国では芝生のコートが多いところからの名。

ローン-ボウルス〖lawn bowls〗芝生の上で標的目がけて球を転がすゲーム。これに用いる球をボウル(bowl)という。40ヤード四方のグリーン内で、まず標的になる白い球(ジャック)を投げ、以後はこれに向かって交互にボウル(黒または茶色)を投げ、ジャックに近いボウルが得点となる。

ローンほしょう-ぎょうむ【ローン保証業務】住宅ローンなどの利用者と金融機関が融資契約を締結する際、保証会社が融資債務を保証すること。保証会社は保証料を受け取り、ローン契約者が返済不能となった場合は、保証会社が債務を肩代わりする。保証会社が借り手の信用を補完することで、金融機関による融資が促進される。

ろ-か【炉火】いろりの火。ろび。

ろ-か【×濾過】〔名〕(スル)液体や気体を多孔質の物質に通して固体粒を取り除くこと。「雨水を一する」

ろ-か【×蘆花】アシの花穂。

ロカール〖locale〗▶ロケール

ろ-かい【×櫓×櫂｜×艪×櫂】❶櫓と櫂。❷船の両側にあって櫓と櫂を扱うところ。

櫓櫂な・し　《船を漕ぐための櫓も櫂もないというところから》頼みとするものがないたとえ。

ろかい【×蘆×薈】アロエのこと。(補説)アロエの音訳「蘆薈」を音で呼んだもの。

ロカイユ〖(フランス) rocaille〗《小石・砂利の意》❶ルネサンス期を中心に、庭園に造られた人工の洞窟(どうくつ)。❷岩・貝などをかたどった曲線状の装飾文様。ロココ美術の基本的要素の一。

ろか-き【×濾過器】濾紙(ろし)や木綿などを用いて濾過する装置。

ろ-かく【×鹵獲】〔名〕(スル)敵の軍用品・兵器などを奪い取ること。「多数の銃・弾薬を一する」「一物」

ろか-し【×濾過紙】「濾紙」に同じ。

ろ-かじ【×櫓×舵｜×艪×舵】船の櫓と舵。また、広く船具をいう。

ロガシュカ-スラティナ〖Rogaška Slatina〗スロベニア東部、シュタイエルスカ地方の町。クロアチアとの国境沿いに位置する。11世紀より温泉地として知られた。同国随一の保養地として観光客が数多く訪れる。

ろかせい-びょうげんたい【×濾過性病原体】ウイルスのこと。微細なため細菌濾過器を通り抜けてしまうのでいう。

ろ-かた【路肩】道路の有効幅員の外側の路面。ろけん。「一注意」

ろかた-ばくだん【路肩爆弾】即製爆発装置(IED)の一つ。道端に仕掛けて、近づいた敵の車両を破壊する。起爆には携帯電話や家電用のリモコンなどが使用される。

ろか-ち【×濾過池】水道施設で、河川などから取り入れた水を濾過する装置をつけた貯水池。

ロカビリー〖rockabilly〗ロックンロールと米国南東部の民謡ヒルビリーとが融合して生まれたポピュラー

音楽。1950年代後半に流行。

ロカマドゥール〖Rocamadour〗フランス中南部、ミディ-ピレネー地方、ロート県、アルズー川の渓谷の急峻な斜面にある村。聖アマドゥールが隠遁した地とされ、サンソブール教会と聖アマドゥールの遺骸を納めた地下礼拝堂が、サンティアゴ-デ-コンポステラへの巡礼路の一部として世界遺産(文化遺産)に登録されている。教会付属のノートルダム礼拝堂には、中世より奇跡を起こすと伝えられる「黒い聖母像」がある。ロカマドール。

ロカマドール〖Rocamadour〗▶ロカマドゥール

ロカ-みさき【ロカ岬】《Cabo da Roca》ポルトガル中西部、大西洋に面する岬。ヨーロッパ大陸の最西端。リスボンの西方約20キロメートルに位置する。ポルトガルの国民的詩人ルイス=デ=カモンイスによる叙事詩の一節「ここに地終わり海始まる」を刻んだ詩碑がある。

ロガリズム〖logarithm〗対数(たいすう)。

ロカルノ〖Locarno〗スイス南部、ティチーノ州の都市。マッジョーレ湖北岸に位置する観光保養地。10世紀創建のビスコンティ城、15世紀創建のマドンナデルサッソ巡礼教会などの歴史的建造物がある。毎年8月にロカルノ国際映画祭が開催される。

ロカルノ-じょうやく【ロカルノ条約】1925年スイスのロカルノで、イギリス・フランス・ドイツ・イタリア・ベルギー・ポーランド・チェコスロバキアの7か国が締結した一連の欧州相互安全保障条約。ドイツとベルギー・フランスとの国境の現状維持、相互不可侵、ラインラントの非武装化などが決定されたが、1936年ヒトラーによって破棄された。

ろ-がん【露岩】地表から露出している岩石。

ろ-きつ【×盧×橘】❶ナツミカンの別名。❷キンカンの別名。❸薫物(たきもの)の一。沈香(じんこう)・丁字香(ちょうじこう)・甲香(こうこう)、その他数種の香を練り合わせたもの。

ろ-ぎょ【×魯魚】《「魯」と「魚」の字は字体が似ていて誤りやすいところから》まちがいやすい文字。また、文字の誤り。焉馬(えんば)。

ろ-ぎょ【×鱸魚】スズキのこと。➡山の神❸

ろ-ぎん【路銀】旅に必要な金銭。旅費。
(類語)旅費・路用

ろきん-びょう【露菌病】▶べとびょう

ろく【六】❶数の名。5の次、7の前の数。むつ。むっつ。❷6番目。第6。(補説)金銭証書などで、間違いを防ぐため「陸」を用いることがある。➡漢「ろく(六)」

ろく【▽陸┊×碌】〔名・形動〕❶(あとに打消しの語を伴って用いる)正常なこと。まともなこと。満足できる状態であること。また、そのさま。まとも。「―な品物がない」「―に休みもとれない」❷(陸)土地や物の面の平らなこと。また、そのさま。平坦。「―屋根」「とてものことに地を―にならしたきものかな」〈咄・露がはなし・五〉❸気分の平らかなこと。安らかなこと。また、そのさま。「―に休ませ給へと帯の結び目とくとくといふに」〈浮・御前義経記・二〉(補説)「碌」は当て字。➡漢「りく(陸)」(類語)めったに・ろくろく

陸に居る あぐらをかく。安座する。らくに居る。「とてもの事にゆるさせられい。―居ませう」〈虎寛狂・布施無経〉

ろく【×勒】❶くつわ。❷永字八法の一。第2画の横画。

ろく【×禄】❶官に仕える者に下付される給与。律令制では絁(あしぎぬ)・綿・布・鍬(くわ)・穀物などが身分に応じて与えられたが、後世は知行地・扶持米(ふちまい)・給金などに変わった。給与。給金。扶持。❷当座の褒美・贈り物などとして与えられるもの。祝儀。引き出物。➡漢「ろく(禄)」

禄を盗(ぬす)・む それにふさわしい功績や才能もないのに高給を受ける。

禄を食(は)・む 給料を受けて生活する。仕官して俸禄をもらう。「孔家の―・む身」〈中島敦・弟子〉

ログ〖log〗❶丸太。「―キャビン」❷船の速力や航程を測定する航海用計器。電磁センサーやドップラー効果を利用するものが用いられる。測程儀。❸航海日誌。航空日誌。❹コンピューターの操作記録。また、パソコン通信のメッセージなどの記録。

ログ 「ロガリズム」の略。また、その記号logを読むときの語。

ログ-アウト〖log out〗コンピューターの利用を終了したり、コンピューターネットワークとの接続を切ったりすること。複数ユーザー用のシステムに対し、端末から使用を終了することも指す。ログオフ。⇔ログイン。

ろく-あみだ【六×阿▽弥×陀】6か所の阿弥陀仏。春秋の彼岸に参詣すれば利益があるとされ、江戸の町中や近郊にあったものが有名。〔季 春〕

ろ-ぐい【×櫓×杭┊×艪×杭】和船で、船尾の櫓床(ろどこ)につける小突起。櫓の入れ子をはめて、櫓をこぐときの支点とする。櫓臍(ろべそ)。

ろくいち-ぎんこう【六一銀行】▶一六銀行

ろくい-の-くろうど【六位の▽蔵▽人】位階が六位で特に蔵人に任ぜられた者。毎日交代で天皇の膳の給仕や宮中の雑事に奉仕した。六位としては例外的に昇殿を許された。

ログ-イン〖log in〗コンピューターを利用可能な状態にしたり、コンピューターネットワークに接続したりすること。複数ユーザー用のコンピューターシステムに対し、端末から使用を開始することも指す。利用の際にアカウントとパスワードを要求される。ログオン。⇔ログアウト。

ろくいん-かん【六員環】化合物中、環状に結合している原子が六つあるもの。ベンゼン環など。

ログウッド〖logwood〗クロウメモドキ科の小高木。米国テキサスからメキシコにかけての乾燥草原に分布。材からログウッドブルーと呼ばれる染料をとる。

ろく-えふ【六▽衛府】左右の近衛(このえ)府・衛門(えもん)府・兵衛(ひょうえ)府の総称。いずれも、宮中や行幸啓の警護の任などに当たった。諸衛(しょえ)。六府。りくえふ。

ろくおう-いん【鹿王院】京都市右京区にある臨済宗天竜寺派の寺。山号は、覚雄山。天授6=康暦2年(1380)足利義満が春屋妙葩(しゅんおくみょうは)を開山として創建。初めは宝幢(ほうどう)寺と称し、京都十刹(じっせつ)の一。鹿王院は開山堂の名。のち本寺は廃絶、本院のみ残存。

ログオフ〖log off〗▶ログアウト

ろくおん【鹿苑】▶鹿野苑(ろくやおん)

ろく-おん【録音】〔名〕スル 再生を目的として音声・音楽・音響などをテープ・レコードなどに記録すること。また、その音。「座談会を―する」
(類語)吹き込み・収録・音入れ・レコーディング・テーク・アフレコ・ダビング・エアチェック

ログオン〖log on〗▶ログイン

ろくおん-いん【鹿苑院】相国寺(しょうこくじ)内の塔頭(たっちゅう)。足利義満の修禅道場として開創。院主が歴代僧録に任じられた。

ろくおん-じ【鹿苑寺】金閣寺の正称。

ろくおん-テープ【録音テープ】音声を記録する磁気テープ。プラスチックのベースに酸化鉄などの磁性粉を塗布したもの。

ろくおんにちろく【鹿苑日録】京都鹿苑院の歴代僧録の日記。長享元年(1487)から慶安4年(1651)までの日記や詩文などを収め、当時の社会を知るうえで貴重な資料。

ろくおん-ほうそう【録音放送】録音したものを再生してラジオやテレビで放送すること。

ろく-が【録画】〔名〕スル 再生を目的として画像をテープ・ディスク・フィルムなどに記録すること。また、その画像。
(類語)収録・撮影・ダビング・エアチェック・VTR・ビデオ

ろく-がい【六骸】首・胴・両手・両足の称。

ろく-がつ【六月】1年の6番目の月。水無月(みなづき)。〔季 夏〕

六月三十日(みそか)は年(とし)の臍(へそ) 6月30日は、一年のちょうど真ん中に当たるということ。正月から半年が経ったということ。

ろくがつ-ぶれい【六月無礼】陰暦6月は暑さが厳しいので、服装を略式にする無礼は許されること。「―とて紐解かせ給ひ」〈長門本平家・二〉

漢字項目 ろく

【×烙】▶らく
【▽陸】▶りく
【緑】▶りょく

六 (学)1 (音)**ロク**(呉) リク(漢) (訓)**む、むつ、むっつ、むい**‖㊀〈ロク〉①数の名。むっつ。「六回・六尺・六腑(ろっぷ)・六法/丈六・蔵六・四六時中」②六番目。「六月/第六感」㊁〈リク〉むっつ。「六義・六芸・六書・六朝・六韜(りくとう)」㊂〈む〉「六指(むさし)」㊃〈むい〉「六日(むいか)」(難読)十六夜(いざよい)・双六(すごろく)・六十(むそ)・六十(むそじ)

人**肋** (音)ロク(呉)(漢) (訓)あばら‖あばら骨。「肋骨・肋木・肋膜/鶏肋」

▽**鹿** (音)ロク(呉)(漢) (訓)**しか、か**、かのしし、しし‖㊀〈ロク〉①動物の名。シカ。「鹿砦(ろくさい)・鹿鳴/神鹿」②帝位。「逐鹿」㊁〈しか(じか)〉「牡鹿(おじか)・大鹿・河鹿(かじか)」㊂〈か〉「鹿毛(かげ)」(難読)氈鹿(かもしか)・馴鹿(トナカイ)・鹿尾菜(ひじき)

人**禄〔祿〕** (音)ロク(呉)(漢)‖①神の恵みによる幸運。「天禄・福禄」②扶持(ふち)。俸給。「禄米/加禄・高禄・爵禄・秩禄・微禄・封禄・俸禄・無禄・余禄」③身に備わった重々しさ。「貫禄」(補説)「禄」「祿」ともに人名用漢字。(名付)さち・とし・とみ・よし

録〔錄〕 (学)4 (音)**ロク**(呉) (訓)さかん、とる‖①書きしるす。しるす。「記録・載録・採録・収録・詳録・追録・筆録」②書きしるしたもの。「語録・実録・図録・登録・秘録・付録・目録・議事録・備忘録」③うつしとって保存する。「録音・録画」(名付)とし・ふみ (難読)型録(カタログ)

麓 (音)**ロク**(漢) (訓)**ふもと**‖山のすそ。ふもと。「岳麓・山麓」

ろく-かんのん【六観音】六道それぞれの衆生を救う6体の観音。密教では、地獄道に聖(しょう)観音、餓鬼道に千手観音、畜生道に馬頭観音、修羅道に十一面観音、人間道に准胝(じゅんでい)または不空羂索(ふくうけんじゃく)観音、天道に如意輪観音を配する。ろっかんのん。

ろく-ぎ【六義】▶りくぎ(六義)

ログ-キャビン〖log cabin〗丸太小屋。

ろく-きゅう【六宮】▶りっきゅう(六宮)

ろく-ぐ【六具】6種でひとそろいの武具。鎧(よろい)の六具は胴・籠手(こて)・袖・脇楯(わいだて)・脛楯(はいだて)・脛当(すねあて)の6種というが、異説が多い。ほかに大将の六具、騎兵の六具などがある。りくぐ。

ろく-ぐん【六軍】▶りくぐん(六軍)

ろく-げい【六芸】▶りくげい(六芸)

ろくげ-の-びゃくぞう【六牙の白象】❶六つの牙(きば)をもつ白い象。摩耶夫人(まやぶにん)がこの象を夢に見て釈迦を懐妊したところから、釈迦の入胎を象徴する。❷普賢菩薩(ふげんぼさつ)が乗る六つの牙の白い象。

ろくげん-きん【六弦琴┊六×絃琴】和琴(わごん)の異称。

ろく-ごう【六号】❶「六号活字」の略。❷「六号記事」の略。❸「六号欄」の略。

ろく-ごう【六合】▶りくごう(六合)

ろくごう-かつじ【六号活字】活字を号数で表すときの6番目の大きさの活字。縦横約3ミリで、8ポイント活字よりやや小さい。

ろくごう-がわ【六郷川】多摩川の下流部の称。東京都大田区と神奈川県川崎市川崎区との間に架かる六郷橋付近から河口までをいう。

ろくごう-きじ【六号記事】雑誌などで、六号活字で組まれた記事。雑報・埋めくさなどが多かった。

ろくごう-らん【六号欄】雑誌などで、六号活字で組まれた雑報や消息などの欄。

ろく-ざ【六座】律令制で、左右の大・中・少弁の異称。六弁。

ろく-さい【六斎】❶「六斎日」の略。❷「六斎念仏」の略。〔季 秋〕❸1か月のうち、日を6回定めておき、定期的に事を行うこと。また、その日。「一月(いちげつ)に―づつ、是より外はと誓文のうへ、魚鳥も食ひ」〈浮・一代

女・二〉

ろく-さい【▽鹿×砦・▽鹿×柴・▽鹿×寨】敵の侵入を防ぐため、先のとがった竹や枝のある木などを鹿の角の形に立て並べた垣。さかもぎ。

ろく-ざい【×肋材】船の竜骨と組み合わせて船底と両舷を形づくる、湾曲した肋骨状の骨組み材。肋骨。

ろくさい-いち【六斎市】中世から近世にかけて、1か月に6回開かれた定期市。月に3回の三斎市が発展したもの。

ろくさい-にち【六斎日】仏語。特に身を慎み持戒清浄であるべき日とされた6日。毎月の8日・14日・15日・23日・29日・30日をいう。在家では、この日に八斎戒を守る。六施日。

ろくさい-ねんぶつ【六斎念仏】念仏踊りの一種。太鼓・鉦を打って念仏を唱えるもの。もと、六斎日に修した踊り念仏に由来するという。現在は京都を中心に、多く盆または地蔵盆に行われる。**(季 秋)**

ろく-さがり【六下り】三味線の調弦法の一。本調子の第3弦を三下りよりさらに短3度下げた特殊な調弦。三メリ。三三下り。

ろく-さん【緑×衫】▶ろうそう(緑衫)

ろくさん-せい【六三制】学校教育法に基づく第二次大戦後日本の学校制度の、特に義務教育段階に着目しての通称。小学校6年・中学校3年をさす。高校3年・大学4年を加えて六・三・三・四制ともいう。

ろく-じ【六字】「六字の名号」に同じ。

ろく-じ【六時】❶午前または午後の零時から数えた6時間後の時刻。❷仏教で、一昼夜を晨朝・日中・日没・初夜・中夜・後夜の六つに分けたもの。この時刻ごとに念仏や読経などの勤行をした。

ろく-じ【▽陸地】平らな土地。また、りくち。「海は傾きて—をひたせり」〈方丈記〉

ろく-じ【録事】❶記録・文書をつかさどる官職。書記。❷公式の宴会の際に、酒などの世話をする役人。❸律令制で、軍中で書記関係の仕事をつかさどる役。❹旧日本陸海軍文官の一で、軍法会議構成の一員。調書の作成や記録などをつかさどった。

ろく-しき【六識】仏語。六根をよりどころとし、六境を対象とする、六つの認識の働き。眼識・耳識・鼻識・舌識・身識・意識の総称。

ろくし-げどう【六師外道】釈迦在世時の中インドの代表的な六人の思想家。仏教側からの称。道徳否定の富蘭那迦葉(プーラナ＝カッサパ)、決定論の末伽梨拘舎梨(マッカリ＝ゴーサーラ)、懐疑論の刪闍耶毘羅胝子(サンジャヤ＝ベーラッティプッタ)、快楽主義的唯物論の阿耆多翅舎欽婆羅(アジタ＝ケーサカンバラ)、因果否定論の迦羅鳩駄迦旃延(パクダ＝カッチャーヤナ)、ジャイナ教開祖の尼乾陀若提子(ニガンタ＝ナータプッタまたはマハービーラ)をいう。

ろくじ-ざんまい【六時三昧】仏語。六時❷に、念仏・懺法などを一心に勤めること。

ろくじ-ぞう【六地蔵】仏語。六道のそれぞれにあって衆生の苦しみを救う6体の地蔵菩薩。地獄道の檀陀、餓鬼道の宝珠、畜生道の宝印、修羅道の持地、人間道の除蓋障、天道の日光の各地蔵菩薩とするが、異説もある。

ろくじぞう【六地蔵】狂言。詐欺師が六地蔵を求める田舎者をだまそうと偽仏師となり、三人の仲間を地蔵に仕立て、居所を変えて六体に見せかけるが見破られる。

ろくじ-だらに【六字×陀羅尼】仏語。文殊菩薩の6字の真言。「闇婆計陀那摩」または「唵縛鶏淡納莫」。

ろくじっしん-ほう【六十進法】数の表記法の一。60ごとに上の位に上げていく表し方。古代バビロニアで用いられた。時間・角度に用いる。

ろくじ-どう【六時堂】六時の勤めをする堂。

ろくじ-の-つとめ【六時の勤め】六時に念仏・誦経をすること。六時の勤行。

ろくじ-の-みょうごう【六字の名号】仏語。「南無阿弥陀仏」の6字のこと。

ろくじ-ほう【六字法】密教で、六観音を本尊として調伏・息災などのために行う修法。

ろく-しゃ【録写】文書を書き写すこと。

ろくしゃ-かいごう【六者会合】▶六者協議

ろくしゃ-きょうぎ【六者協議】朝鮮半島の非核化を実現し、北東アジア地域の平和と安定を維持するために、日本・米国・韓国・中国・ロシア・北朝鮮の関係6か国が行う会合。北朝鮮の核開発問題を対話により平和的に解決することが主な目的。2003年4月の米中朝三者協議の後、同年8月に日本・韓国・ロシアが加わって六者協議となり、以後、断続的に開催されている。六者会合。六か国協議。

ろく-しゃく【六尺】❶1尺の6倍。一間。曲尺で約1.8メートル。❷「六尺褌」の略。❸「六尺棒」の略。

ろく-しゃく【六尺・▽陸尺】❶輿や駕籠を担ぐ人足。駕籠舁。「一十二人すぐりて、小さき家のありくがごとし」〈浮・一代男・五〉❷下僕。下男。「あとなる—目に角を立てて」〈浮・永代蔵・一〉❸(「漉酌」とも書く)造り酒屋の下男。「池田、伊丹の—たちは、昼は縄おび縄だすき」〈松の葉・三〉❹賄い・掃除などをする雑役人の総称。「御近習の人の召しつかふ坊主、—などいふものの」〈折たく柴の記・中〉

ろくしゃく-おび【六尺帯】丈が鯨尺で6尺(約2.3メートル)ほどの兵児帯。

ろく-じゃくしん【六▽著心】仏語。6種の執著心。貪著・愛著・瞋著・痴著・欲著・慢著。

ろくしゃく-ふんどし【六尺×褌】晒し木綿6尺をそのまま用いる男性の下帯。

ろくしゃく-ぼう【六尺棒】❶樫などで作った長さ6尺の棒。防犯・警備・護身用などに用いた。❷天秤棒。

ろくしゃく-ま【六尺間】家屋の面積や部屋の広さで、六尺を一間とするもの。京間と田舎間の中間の大きさ。あいのま。

ろく-しゅ【六種】六つの種類。特に、仏教では、仏が説法するときに現れる六つの瑞相や、法会のとき、仏前に供える六つの供物をいう。

ろく-しゅ【六趣】「六道」に同じ。

ろく-しゅう【六宗】「南都六宗」に同じ。

ろく-じゅう【六十】❶10の6倍の数。❷60歳。むそじ。

六十にして耳順う 《「論語」為政から》60歳で他人の意見に反発を感じず、素直に耳を傾けられるようになる。➡耳順

六十の手習い 60歳で習字を始めること。年をとってから物事を習うたとえ。

ろくじゅうし-け【六十四×卦】易で、八卦を二つずつ組み合わせてできる64の卦。「易経」は、この六十四卦の占いの語や解釈を記している。

ろくじゅうにち-ルール【六十日ルール】衆議院で可決され参議院に送付された法案が60日以内に議決されない場合、衆議院は参議院が法案を否決したものとみなす、憲法59条4項の規定。衆議院は再議決により法案を成立させることができる。みなし否決。

ろくじゅうはち-ケー〖68K〗▶ろくまんはっせん(68000)

ろくじゅうよ-しゅう【六十余州】60余りの国。畿内・七道の66国と壱岐・対馬の2国を合わせた、日本全国の称。

ろくじゅうろく-ぶ【六十六部】法華経を66回書写して、一部ずつを66か所の霊場に納めて歩いた巡礼者。室町時代に始まるという。また、江戸時代に、仏像を入れた厨子を背負って鉦や鈴を鳴らして米銭を請い歩いた者。六部。

ろくしゅ-くぐ【六種供具】密教で、仏前に供える6種の供物。閼伽・塗香・華鬘・焼香・飯食・灯明。

ろくしゅ-しんどう【六種震動】仏語。仏が説法するときの瑞相として、大地が六とおりに震動すること。動・起・涌・覚(または撃)・震・吼。六震。

ろくしゅ-りき【六種力】仏語。小児は啼、女人は瞋、国王は憍、羅漢は精進、比丘は忍耐、仏は慈悲を、おのおの力としてもつこと。

ろく-しょ【六書】▶りくしょ(六書)

ろく-しょう【六省】▶りくしょう(六省)

ろく-しょう【×禄賞】封禄と賞賜。

ろく-しょう【緑青】銅または銅合金の表面に生じる緑色のさび。空気中の水分と二酸化炭素の作用により生じるものは塩基性炭酸銅$CuCO_3 \cdot Cu(OH)_2$で、古くから緑色顔料として利用。硫黄化合物を含む環境下では、その酸化物がさらに酸化された塩基性硫酸銅$CuSO_4 \cdot 3Cu(OH)_2$を生じる。石緑。あおさび。銅青。

ろくじょう【六条】平安京の条坊の一。また、東西に通じる大路の名。六条大路。

ろく-じょう【六情】喜・怒・哀・楽・愛・悪の六つの感情。

ろく-じょう【▽鹿×茸】鹿の袋角を乾燥したもの。漢方で増血・強精剤などに用いる。

ろくしょう-いろ【緑青色】緑青の色。くすんだ青緑色。

ろくじょうえいそう【六帖詠草】江戸後期の歌集。7巻7冊。小沢蘆庵作。門人の小川萍流・前波黙軒らの編。文化8年(1811)刊。約1950首を収め、蘆庵の唱えた「ただごと歌」の実践を示す。書名は「古今和歌六帖」にちなむ。

ろくじょう-がわら【六条河原】京都市の五条と六条との間の鴨川べり一帯。中世ごろまで罪人などの処刑地。

ろくじょう-け【六条家】平安末期から鎌倉初期にかけて栄えた和歌の家系。京都六条烏丸に住んだ藤原顕季を祖とし、顕輔・清輔・顕昭らすぐれた歌人・歌学者を出した。趣向を重んじる歌風で、藤原俊成・定家の御子左家と対立したが、南北朝時代に断絶。源経信・俊頼の六条源家と区別するため、六条藤家ともいう。

ろくしょう-じ【六勝寺】平安末期、京都市左京区岡崎付近に建てられた御願寺の総称。いずれも寺号に「勝」の字を含む法勝寺・尊勝寺・最勝寺・円勝寺・成勝寺・延勝寺の6寺で、中世に兵乱などにより廃絶。

ろくじょう-てんのう【六条天皇】[1164～1176]第79代天皇。在位1165～1168。二条天皇の皇子。名は順仁。後白河上皇の院政がしかれていたが、退位して元服以前に太上天皇となった。

ろくじょう-どうふ【六条豆腐】豆腐を薄く切り、塩をまぶして陰干しにしたもの。酒に浸して、または吸い物に入れて食べる。京都六条の人が初めて製したという。

ろくじょう-どおり【六条通り】京都市下京区を東西に通じる道路。東の西木屋町から西の佐井西通りに至る。平安京の六条大路にあたる。

ろくじょう-の-みやすどころ【六条御息所】源氏物語中の人物。ある大臣の娘。東宮に仕えて秋好中宮を産むが、東宮に死別。のち光源氏の愛人となるが、生霊となり葵の上をとり殺す。

ろくじょう-まいり【六条参り】京都六条通りにある東西両本願寺に参詣すること。「おかか殿は—をさせましょ」〈浮・五人女・二〉

ろくじょう-みどう【六条御堂】▶万寿寺

ろくしょ-おんる【六所遠流】江戸時代、罪人を島流しにした六つの島。伊豆七島・薩摩五島・天草・隠岐・壱岐・佐渡をいう。

ろくしょ-の-みや【六所の宮】六所の祭神を国府あるいはその近辺に合祀した神社。東京都府中市の大国魂神社はその例。六所宮。六社。

ろくじ-らいさん【六時礼×讃】仏語。一昼夜の六時に仏を礼拝・賛嘆する勤行。また、そのときに唱える文。善導の「往生礼讃」を用いる。

ろく-しん【六震】「六種震動」の略。

ろく-しん【六親】最も身近な六種の親族。父・母・兄・弟・妻・子。また、父・子・兄・弟・夫・婦などや、広く

親族全体をさしても用いる。りくしん。
六親不和にして三宝の加護無し　《「仁王経」下から》一族の者どうしが仲が悪いようでは、どんなに信心しても神仏の助けは得られない。
ろく-じん【六×塵】仏語。色・声・香・味・触・法の六境のこと。心を汚し煩悩を起こさせるのでいう。
ろくしん-がん【六神丸】漢方で、麝香・牛黄・熊胆・蟾酥・薬用人参・沈香などを調合した丸薬。心臓病・高血圧などに用いる。
ろくしん-けんぞく【六親×眷族】すべての親族縁者。
ろくしん-ごぎょう【六信五行】イスラム教徒が信ずべき六つの信条と、実行すべき五つの義務。六信とはアッラー・天使・啓典・預言者・来世・予定、五行とは信仰告白・礼拝(サラート)・喜捨(ザカート)・断食(サウム)・巡礼(ハッジ)をいう。五行六信。
ろく-じんずう【六神通】仏語。仏・菩薩に備わる六種の超人的な能力。神足通・天眼通・天耳通・他心通・宿命通・漏尽通。六通。
ろく-しんとう【六親等】親等の一。本人またはその配偶者から数えて6世を隔てた人との関係。又従兄弟などとの関係がこれにあたる。
ろく-すっぽ【▽陸すっぽ｜×碌すっぽ】〔副〕《「ろくずっぽ」とも》あとに打消しの語を伴って、物事を満足になしとげていないさまを表す。ろくに。ろくすっぽう。「一聞きもしない」(補説)「碌」は当て字。
ろく・する【×勒する】〔動サ変〕図ろく・す〔サ変〕❶ととのえる。統御する。「部下の兵を一・するとすぐに」〈中島敦・李陵〉❷彫る。刻む。また、書きとどめる。「大石に労績を一・せらるるの人」〈中村訳・西国立志編〉
ろく・する【録する】〔動サ変〕図ろく・す〔サ変〕書きとどめる。記録する。「先達の業績を一・する」
(類語)書き留める・控える・書き付ける・書き留める・記録する。
ろく-せいけい【六正刑】武家時代に行われた六種の刑。禁獄・追放・流罪・斬罪・梟首・磔。
ろく-せにち【六施日】►六斎日
ろく-そ【六祖】㊀中国禅宗の第6番目の祖、慧能のこと。六祖大師。㊁中国天台宗の第六祖、湛然のこと。㊂日本天台宗の円珍のこと。
ろく-そう【六窓】仏語。六根を六つの窓にたとえていう語。
ろく-そく【六即】天台宗で、究極の悟りに至る六段階。理即・名字即・観行即・相似即・分真即・究竟即。
ろく-ぞく【六賊】仏語。煩悩を起こさせるもとになる六根のこと。六盗。
ろく-そっぽう【▽陸そっぽう｜×碌そっぽう】《近世江戸語》㊁〔形動〕あとに打消しの語を伴って、満足な状態でないさまを表す。ろくな。「どうで一な事はねえはずだ」〈滑・浮世風呂・二〉㊁〔副〕「ろくすっぽ」に同じ。「一おとぎも知らねえで」〈魯文・西洋道中膝栗毛〉(補説)「碌」は当て字。
ろくそん-のう【六孫王】《父貞純親王が清和天皇の第6皇子であったところから》源経基の異称。
ろく-たい【六体】❶和歌の六種の形式。長歌・短歌・旋頭歌・混本歌・折句・沓冠の称。❷►りくたい(六体)
ろく-だい【六大】仏語。万物の構成要素とされる、地・水・火・風・空・識の六種。真言密教ではこれを万有の本体とし、大日如来の象徴とする。六界。
ろくだい【六代】[?~1199?]平安末・鎌倉初期の人。平維盛の長男。平家滅亡後、北条時政に捕らえられ、斬られようとしたところを文覚によって救われ、出家して妙覚と号した。
ろく-だいし【六大師】弘法・伝教・慈覚・智証・慈慧・円光の六人の大師。
ろく-だいしゅう【六大州｜六大×洲】地球上の六つの大きな州。アジア・アフリカ・北アメリカ・南アメリカ・ヨーロッパ・オセアニア。転じて、全世界のこと。六大陸。➡五大州 ➡七大州

ログ-タイム〖log time〗ダイビング終了後、潜水時間・潜水地点・水中で見た物など(ログデータ)を、ログボードに記録する時間。
ろく-たいりく【六大陸】「六大州」に同じ。
ろく-だか【×禄高】与えられる俸禄の額。
ろく-だま【▽陸だま｜×碌だま】〔副〕《「ろくたま」とも》「ろくすっぽ」に同じ。「笠付さへ一に出来ぬやつが」〈洒・列仙伝〉(補説)「碌」は当て字。
ろくだん【六段】箏曲。八橋検校作曲。52小節からなる段を六段集めた純器楽曲。のちに替手のほか、三味線や尺八の曲にも編曲され、それらと合奏することもある。六段の調。➡段物
ろくたん-とう【六炭糖】►ヘキソース
ろくだん-め【六段目】❶浄瑠璃の六段目。特に「仮名手本忠臣蔵」の六段目の「勘平切腹」の段。❷《古浄瑠璃は六段で完結したところから》おしまいであること。最後。終末。終結。「それ知られたら一だ」〈伎・一寸徳兵衛〉
ろく-ちく【六畜】六種の家畜。馬・牛・羊・犬・豕・鶏。りくちく。「三宝の奴婢と一を打つこと得じ」〈霊異記・下〉
ろく-ちじ【六知事】禅宗寺院で、雑事や庶務をつかさどる六つの役職。都寺・監寺・副寺・維那・典座・直歳の総称。
ろく-ちつ【×禄秩】武士などの、俸禄。扶持。
ろく-ちょう【六朝】►りくちょう(六朝)
ろく-ちょうし【六調子】雅楽の唐楽に用いる六つの旋法名。太食調・壱越調・平調・双調・黄鐘調・盤渉調。
ろく-つう【六通】►六神通
ろく-で-なし【▽陸でなし｜×碌でなし】のらくらしていて役に立たない者。(補説)「碌」は当て字。
ろく-でも-な・い【▽陸でもない｜×碌でもない】〔形〕図ろくでもな・し〔ク〕無意味でなんの値うちもない。くだらない。「一・い仕事を引き受ける」(補説)「碌」は当て字。
ろく-てん【六天】►六欲天
ろく-ど【六度】「六波羅蜜」に同じ。
ろく-とう【六盗】►六賊
ろく-どう【六道】仏語。衆生がその業によっておもむく六種の世界。生死を繰り返す迷いの世界。地獄道・餓鬼道・畜生道・修羅道・人間道・天道。六趣。六界。
ろくどう-え【六道絵】六道のありさまを描いた浄土教の絵画。地獄草紙・餓鬼草紙などもその一種。
ろくどう-ししょう【六道四生】仏語。六道における、胎生・卵生・湿生・化生の四種の生まれ方。
ろくどう-せん【六道銭】死者を葬るとき、棺の中に入れる6文の銭。三途の川の渡し銭、または冥界の旅費にするといわれる。
ろくどう-のうげ【六道能化】仏語。六道の巷に現れて、衆生を教化し救う地蔵菩薩のこと。
ろくどう-の-ちまた【六道の×巷】六道へ通じる道の分岐点。また、六道の迷いの世界。六道の辻。
ろくどう-の-つじ【六道の×辻】六道へ通じる道の分かれ道。六道の巷。◆地名別項。
ろくどう-の-つじ【六道の辻】京都市東山区、八坂通りの南にある六道珍皇寺の本堂前付近の称。
ろくどう-まいり【六道参り】8月8~10日(もと陰暦7月9~10日)に、京都市東山区にある六道珍皇寺に参詣すること。参詣者は、迎え鐘と称する鐘をついて精霊を迎える。
ろくどう-りんね【六道輪×廻】仏語。衆生が六道に迷いの生死を繰り返して、車輪の巡るように停止することのないこと。輪廻。流転。
ろく-な【▽陸な｜×碌な】►ろく(陸)
ろく-に【▽陸に｜×碌に】►ろく(陸)
ろくにん-ぐみ【六人組】《フランス Les Six》第一次大戦後のフランス楽壇に新風を吹き込んだ、ミヨー・オネゲル・オーリック・プーランク・デュレ・タイユフェールの六人の音楽家のグループ。
ろくにん-しゅう【六人衆】江戸幕府初期の職名。寛永10年(1633)から同15年まで設置。定員は六人で、若年寄の前身といわれる。
ろく-ぬすびと【×禄盗人】才能や働きもなく、いたずらに俸禄を受けている人をののしっていう語。
ログ-ハウス《和 log+house》丸太を井桁状に組み上げてつくった建物。
ろく-はく【六博】《一から六までの数があるところから》さいころ。また、さいの目。
ろくはち-ぐぜい【六八×弘誓】仏語。阿弥陀仏の四十八願のこと。68の誓願。
ろくはら【六波羅】㊀京都市東山区五条から七条の間の地名。平家一門の邸宅や鎌倉幕府の六波羅探題があった。㊁「六波羅探題」の略。
ろくはら-たんだい【六波羅探題】鎌倉幕府の職名。承久の乱後、六波羅の地に設置。南方・北方の2名からなり、京都の警護、朝廷の監視および尾張(のち三河)・加賀以西の政治・軍事を管掌した。執権に次ぐ重職で、北条氏の一族から選任した。六波羅守護。六波羅殿。
ろくはら-どの【六波羅殿】㊀㊀京都六波羅にあった平家の邸宅。㊁平清盛の異称。㊁六波羅探題の異称。
ろく-はらみつ【六波羅蜜】《「ろっぱらみつ」とも》大乗仏教における六種の修行。菩薩が涅槃に至るための六つの徳目。布施・持戒・忍辱・精進・禅定・智慧。六度。
ろくはらみつ-じ【六波羅蜜寺】京都市東山区にある真言宗智山派の寺。山号は、普陀落山。西国三十三所第17番札所。応和3年(963)空也が十一面観音を祭り開創、西光寺と称した。第2世中信が六波羅蜜寺と改称。のち、真言宗になった。本堂は室町初期の再建で、平安・鎌倉時代の木像が多く残る。
ろく-ばり【▽陸×梁】洋風小屋組みの最下部に置かれる梁。
ろく-ばん【×肋板】船体の湾曲部を形作る、肋材の間に差し込んである鋼鉄板。
ろく-ばん【緑×礬】►りょくばん(緑礬)
ろく-びょうし【六拍子】❶音楽で、六つの拍を一つの単位とする拍子。ふつう、第1拍に強声部があり、第4拍が中強のアクセントとなる。❷長唄の囃子の一。大鼓・小鼓による軽快でにぎやかな鳴り物で、舞踊曲の手踊りの部分などに用いる。
ろく-ふ【六府】「六衛府」の略。
ろく-ぶ【六部】「六十六部」の略。
ろく-ぶぎょう【六奉行】武家時代の、武者奉行・旗奉行・長持奉行の総称。それぞれ2人ずついた。
ログブック〖logbook〗航空日誌。また、航海日誌。
ロクブリュヌ-カップ-マルタン〖Roquebrune-Cap-Martin〗フランス南東部、アルプ-マリチーム県、モナコとマントンの中間のリビエラ海岸を見下ろす高台に位置する町。中世、異教徒からの攻撃を防ぐために、急峻な岩山や丘の上に城壁をめぐらして築いた「鷲の巣村」の一。15世紀にキリストの受難劇を演じることで当時大流行したペストの被害を免れたという伝承があり、毎年夏に受難劇が催される。
ろくぶん-ぎ【六分儀】天体の高度を測るための携帯用の器械。望遠鏡、2枚の反射鏡、円周の6分の1(60度)の目盛りをつけた弧などからなる。船の位置を求める天文航法に使用。セクスタント。
ろくぶんぎ-ざ【六分儀座】南天の小星座。獅子座と海蛇座との間にあり、4月下旬の午後8時ごろ南中する。学名 Sextans
ろく-へい【六蔽】仏語。清浄心をおおう六種の悪心。慳貪・破戒・瞋恚・懈怠・散乱・愚痴。
ろくべえ《江戸時代、飢饉のときに六兵衛という人が考案したという》サツマイモを原料とする麺。長崎県の郷土料理。作り方は対馬・島原など地域によって異なる。
ろく-ぼ【六母】六種の母。嫡母・継母・慈母・養母・庶母・乳母の称。〈書言字考節用集〉

ろくぼう-せい【六×芒星】正六角形の辺を延長してできる、六つの突起をもつ星形。➡五芒星

ろく-ぼく【×肋木】柱の間に多数の丸い横木を通した体操の固定用具。懸垂・足掛けなどをする。

ろく-まい【×禄米】武士が主家から禄として与えられる米。扶持米。

ろく-まく【×肋膜】「胸膜」に同じ。

ろくまく-えん【×肋膜炎】「胸膜炎」に同じ。

ろくまんはっせん〖68000〗米国モトローラ社が1979年に発表した16ビットマイクロプロセッサーの製品名。正式名称はMC68000。68Kとも略記する。

ろく-み【六味】❶六種の味。苦・酸・甘・辛・鹹・淡。❷「六味丸」の略。

ろくみ-がん【六味丸】漢方で、地黄・山茱萸・山薬などを調合した丸薬。強壮などに用いる。

ろく-みゃく【六脈】漢方で、脈拍の六種の状態。浮・沈・数・遅・滑・渋の総称。

ろくむさい【六無斎】林子平の号。自作の和歌「親も無し妻無し子無し板木無し金も無けれど死にたくも無し」による。

ろく-めい【▽鹿鳴】《「詩経」小雅の「鹿鳴」は、群臣や賓客をもてなす宴会で詠じる歌であるところから》宴会で客をもてなす音楽。また、宴会のこと。

ろくめい-かん【鹿鳴館】東京の日比谷にあった明治時代の官設社交場。英国人コンドルの設計で明治16年(1883)完成。外務卿井上馨が、条約改正交渉のために企図し、内外上流階級の舞踏会などが開かれて欧化主義の象徴となった。のち華族会館などになり、昭和16年(1941)取り壊された。

ろくめい-の-えん【▽鹿鳴の宴】❶群臣や賓客をもてなす酒宴。❷中国で唐代、州県の官吏登用試験に合格して都に上る人を送るための宴。

ろくめん-たい【六面体】六つの平面で囲まれた立体。立方体・直方体など。

ろく-もつ【六物】僧尼が常に所持すべき六種の物。大衣・上衣・内衣の三衣と鉢・尼師壇(座具)・漉水嚢。比丘六物。

ろくもん-せん【六文銭】紋所の名。一文銭を3個ずつ横2列に並べた形のもの。信州上田の真田氏の紋として有名。六連銭。

ろくや-おん【鹿野苑｜鹿野園】《梵 Mṛgadāva の訳》中インドの波羅奈国にあった林園。釈迦が悟りを開いてのち初めて説法し、五人の比丘を導いた所。現在のバラナシ北郊のサールナートにあたる。鹿苑。鹿の苑。

ろくやた【六弥太】《豆腐を女房詞で「おかべ」ということから、源義経の臣、岡部六弥太にかけていう》豆腐の異称。

ろく-やね【▽陸屋根】傾斜がほとんどなく、平らな屋根。平屋根。りくやね。

ろくや-まち【六夜待ち】「二十六夜待ち」の略。「車座へ紺の手の出る—」〈柳多留・初〉

ろく-ゆ【六喩】仏語。いっさいが無常であることを説く六つのたとえ。金剛経では、夢・幻・泡・影・露・電。維摩経では、幻・電・夢・炎・水中月・鏡中像。

ろく-よう【六葉】6枚の葉を六角形に模様化した飾り金具。長押・懸魚・扉の釘隠しなどに用いる。

ろく-よう【六曜】暦注のうち、先勝・友引・先負・仏滅・大安・赤口の六種。古く中国で時刻の吉凶占いとされたが、日本に伝わり、明治6年(1873)の太陽暦採用後に新たに日の吉凶占いとして取り入れられ、現在も広く行われている。六輝。

ろく-よく【六欲｜六×慾】仏語。六根によって生じる欲望。異性に対してもつ欲。色欲・形貌欲・威儀姿態欲・語言音声欲・細滑(肌のなめらかさ)欲・人相欲。

ろくよく-てん【六欲天】仏語。三界のうちの欲界に属する六つの天。四王天・忉利天・夜摩天・兜率天・楽変化天・他化自在天。六天。

ロクルム-とう【ロクルム島】《Lokrum》クロアチア南部、ドゥブロブニク旧市街の約700メートル沖合に浮かぶ島。十字軍に参加したイングランド王リチャード1世(獅子心王)が、帰路に遭難しかかるも助かったため、神への感謝のしるしに教会を建てたという伝説が残っている。ナポレオン軍の築いた要塞やベネディクト派修道院、植物園などがある。

ろく-れき【六暦】日本で使われた六種の陰暦。元嘉暦・儀鳳暦・大衍暦・五紀暦・宣明暦・貞享暦。

ろくれん-せん【六連銭】「六文銭」に同じ。

ろく-ろ【×轆×轤】❶円形の陶磁器を成形するときに用いる台。上部の円盤に陶土をのせて、回転させながら種々の形を作り出す。轆轤台。❷「轆轤鉋」の略。❸重い物の上げ下ろしに用いる滑車。❹車井戸の釣瓶を上下するための滑車。❺傘の上端で骨の先を集めて、傘の開閉に用いる仕掛け。

ろく-ろうそう【六老僧】㊀浄土真宗で、親鸞の六人の高弟。明光・明空・源海・源誓・了海・了源。㊁日蓮宗で、日蓮の六人の高弟。日昭・日朗・日興・日向・日頂・日持。

ログローニョ〖Logroño〗スペイン北東部、ラ-リオハ州の州都。エブロ川沿いに位置する。周辺一帯はラ-リオハとよばれる同国きってのワインの名産地。サンティアゴ-デ-コンポステラの巡礼路にあり、旧市街の大聖堂には数多くの巡礼者が訪れる。

ろくろ-がんな【×轆×轤×鉋】回転軸の端に取り付けた木地を、回転させながら刃物を当て、丸く削ったり、えぐったりする工具。回し錐。ろくろがな。

ろくろ-ぎり【×轆×轤×錐】►舞錐

ろく-ろく【×碌×碌】〔ト・タル〕図〔形動タリ〕❶平凡で役に立たないさま。たいした事もできないさま。「最近の一二年は…—と送った事だが」〈宇野浩二・苦の世界〉❷小石が多くあるさま。「錫鉄等の鉱石の如きは—山を作し」〈服部誠一・東京新繁昌記〉
(類語)めったに・ろくに

ろく-ろく【×轆×轆】〔ト・タル〕図〔形動タリ〕❶車が走って音を立てるさま。「車馬の声が—として聞える」〈二葉亭・浮雲〉❷馬のいななくさま。「嘶ふる声は—として」〈浄・大磯虎〉

ろく-ろく【▽陸▽陸｜×碌×碌】〔副〕「ろくすっぽ」に同じ。「忙しくて—寝ていない」(補説)「碌碌」は当て字。

ろくろく-ばん【六六判】写真で、画面の大きさが縦横とも6センチのもの。シックス判。

ろくろ-くび【×轆×轤首】首が非常に長くて伸び縮みが自由にできる化け物。また、その見世物。抜け首。ろくろっくび。

ろくろく-りん【六六×鱗】《一条にうろこが36枚並んでいるところから》鯉の別名。六六魚。

ろくろ-ざいく【×轆×轤細工】轆轤鉋を用いて器具を製作すること。また、その細工物。

ろくろ-し【×轆×轤師】轆轤細工をする職人。挽物師。

ろくろ-だい【×轆×轤台】►轆轤❶

ロクロナン〖Locronan〗フランス西部、ブルターニュ地方、フィニステール県の中心都市カンペールの近郊にある村。中世の面影を色濃く残す石造の家並みで知られる。村の名前は6世紀頃にブルターニュ地方でキリスト教の伝道に務めたアイルランドの聖人ロナンにちなみ、村の中心部に彼を祭るサンロナン教会がある。自分が犯した罪を懺悔する伝統的なキリスト教の祭、パルドン祭が毎年行われる。

ろくろ-ひき【×轆×轤×挽き】《「ろくろびき」とも》轆轤細工。また、その職人。

ロケ「ロケーション」の略。「海外—」「現地—」

ロゲ〖Loge〗土星の第46衛星。2006年にすばる望遠鏡でアメリカなどの研究者が発見。名の由来は北欧神話の海神エイギルや巨人カリの兄弟。非球形で平均直径は約6キロ。

ロケア〖ラテ Rochea〗ベンケイソウ科の多肉植物。南アフリカ原産。植物体は小さな柱状になる。

ロケーション〖location〗❶映画・テレビなどで、撮影所または放送局の外へ出て自然の景色や町並みを背景に撮影すること。野外撮影。ロケ。❷場所。位置。「この店は—がよくない」

ロケーション-ハンティング《和 location＋hunting》►ロケハン

ロケール〖locale〗コンピューターのソフトウエアなどで使われる、言語、日付、単位、通貨をはじめとする言語や地域ごとに異なる基本設定の集合。ロカール。

ロケット〖locket〗写真などを入れて身につける小型の容器。鎖に通して首から下げることが多い。

ロケット〖rocket〗❶推進剤を燃焼させ、噴出するガスの反動によって前進する装置。また、それで推進される飛行体。❷「ロケットサラダ」の略。

ロケット-サラダ〖rocket salad〗アブラナ科の一年草。地中海沿岸原産。地中海沿岸地方ではサラダ用ハーブとして愛用されている。和名キバナスズシロ。ロケット。ルケッタ。ルコラ。

ロケット-だん【ロケット弾】ロケットで推進する爆弾。

ロケット-ねんりょう【ロケット燃料】ロケットを推進させるのに用いる化学物質。液体燃料にはケロシン・液体水素などがあり、酸化剤として液体酸素・硝酸・過酸化水素などを組み合わせる。固体燃料には過塩素酸アンモニウムを酸化剤とするポリウレタン・ポリブタジエンなどや、ニトロセルロースとニトログリセリンを混合したものがある。

ロケット-ほう【ロケット砲】ロケット弾を発射する火器。

ロケ-バス《「ロケ」は「ロケーション」の略》テレビや映画など、映像関係の野外撮影に使うバス。

ロケ-ハン《和 location＋huntingの略》ロケーションに適した場所を探して歩くこと。

ロケ-べん【ロケ弁】映画やテレビの野外撮影(＝ロケ)の時に出る弁当。

ろ-けん【路肩】「ろかた(路肩)」に同じ。

ろ-けん【露見｜露顕】〔名〕スル❶秘密や悪事など隠していたことが表に現れること。ばれること。「旧悪が—する」❷結婚してから3日目に他人に披露すること。ところあらわし。「女御なる入内の事あり。十三日、今日女御—の事あり」〈百錬抄〉
(類語)ばれる・発覚・露呈・表立つ・現れる

ろげん-ぼう【廬元坊】[1688～1747]江戸中期の俳人。美濃の人。本名、仙石与兵衛。別号、里紅。各務支考の後継者として美濃派の基礎を築いた。

ろ-ご【露語】ロシア語。

ロゴ〖logo〗「ロゴタイプ❷」の略。

ロゴ〖LOGO〗「ロゴ言語」の略。

ろこう【路考】歌舞伎俳優瀬川菊之丞の代々の俳名。

ろ-こう【露光】〔名〕スル❶写真撮影や焼き付け・引き伸ばしのとき、フィルム・乾板・CCDなどのイメージセンサー・印画紙などに光を当てて感光させること。露出。❷つゆの光。「甲板の鉄欄に—凝り」〈独歩・愛弟通信〉

ろこう-き【×濾光器】►フィルター

ろこうきょう-じけん【盧溝橋事件】1937年(昭和12)7月7日、中国北京郊外の盧溝橋付近で日本と中国の軍隊が衝突した事件。日中戦争のきっかけとなった。中国では七七事変という。

ろこう-ちゃ【路考茶】染め色の名。暗い黄みを帯びた茶色。江戸中期、歌舞伎俳優2世瀬川菊之丞(俳名路考)が好んだところから流行したという。

ろこう-ばん【×濾光板】►フィルター❷

ろ-こく【露国｜魯国】ロシア(露西亜)のこと。

ロゴ-げんご【ロゴ言語】《LOGO language》図形描画に適したプログラミング言語の一種。人工知能システム用に開発されたが、現在は児童のためのCAI用言語として注目されている。

ロココ〖フランス rococo〗18世紀、ルイ15世時代のフランスを中心に欧州で流行した美術様式。バロックに次ぎ新古典主義に先立つもので、室内装飾から建築・絵画・工芸・彫刻に及ぶ。S字状曲線や、異国趣味による優美さ・軽快さ・繊細さが特徴。ロココ式。ロココ

文化。➡ロカイユ 類語ロマネスク・ゴシック・バロック

ロココ-しき【ロココ式】▶ロココ

ロココ-ぶんか【ロココ文化】▶ロココ

ロゴス〘ギリシャ logos〙❶ギリシャ語で、言葉・理性の意。❷古代ギリシャ哲学・スコラ学で、世界万物を支配する理法・宇宙理性。❸言葉を通じて表される理性的活動。言語・思想・教説など。❹キリスト教で、神の言葉の人格化としての神の子イエス＝キリスト。

ロゴス〘Rogoz〙ルーマニア北部、マラムレシュ地方の村。17世紀に建造された聖大天使聖堂があり、1999年に「マラムレシュ地方の木造教会群」の一つとして世界遺産（文化遺産）に登録された。

ロゴタイプ〘logotype〙❶いくつかの文字または綴りを1本の活字に鋳込んだ連字のこと。❷会社名・商品名・タイトル名など、文字を組み合わせて個性的な書体に図案化したもの。ロゴ。

ろ-こつ【露骨】〘名・形動〙《骨をさらす意》感情などを隠さずに、ありのまま外に表すこと。また、そのさま。むきだし。あらわ。「不機嫌を一に顔に出す」「一な干渉」「一な描写」派生ろこつさ〘名〙
類語あらわ・あからさま・むきだし

ロゴ-デザイン〘logo design〙ロゴタイプのデザイン法。

ロゴ-マーク《和 logo＋mark》企業や商品などのイメージを印象づけるため、ロゴタイプと標章などを合わせて図案化したもの。

ロコモ「ロコモティブシンドローム」の略。

ロコモーション〘locomotion〙移動。移動力。

ロコモティブ-シンドローム〘Locomotive Syndrome〙骨・関節・筋肉など体を支えたり動かしたりする運動器の機能が低下し、要介護や寝たきりになる危険が高い状態。国の介護予防・健康対策などの方針を受けて日本整形外科学会が平成19年（2007）に提唱。自己診断法のロコチェックや、予防運動のロコモーショントレーニング（ロコトレ）の実践を呼びかけている。運動器症候群。ロコモ。

ろ-こん【露根】木の根が地上に現れ出ていること。また、その根。ねあがり。

ろ-ざ【炉座】南天の小星座。鯨座の南東にあり、12月下旬の午後8時ごろ、南天低く南中する。学名 Fornax

ろ-ざ【露座｜露×坐】〘名〙スル 屋根のない所に座ること。野天に座ること。「一の大仏」

ろ-さい【×囉斎｜×邏斎】❶仏教で、僧が托鉢して米などを請うこと。❷他人に食物や物品をもらうこと。〈日葡〉❸こじき。「よばねども参るや一太郎月／是友」〈玉海集〉

ろ-ざし【×絽刺（し）】日本刺繡で、絽織りの透き目に色糸を刺して布目を埋め込み、模様を作るもの。袋物・帯・草履の表などに用いる。絽刺し縫い。

ロサリオ〘Rosario〙アルゼンチン中東部、パラナ川下流の西岸にある河港都市。パンパ北部の小麦・皮革・羊毛などの集散地。食品などの工業も盛ん。

ロザリオ〘ポルトガル rosário〙❶カトリック教徒が祈りのときに用いる数珠様の輪。大珠6個、小珠53個を鎖でつないで輪状とし、十字架をつないだもの。コンタツ。❷❶の珠を繰りながら唱える祈り。ロザリオの祈り。

ロザリンド〘Rosalind〙天王星の第13衛星。1986年にボイジャー2号の接近によって発見された。名の由来はシェークスピアの「お気に召すまま」の登場人物。天王星に8番目に近い軌道を公転する。非球形で平均直径は約70キロ。平均表面温度はセ氏マイナス209度以下。

ろ-ざん【廬山】中国、江西省北部にある山。鄱陽湖の北西岸にあり、北を揚子江が流れる。標高1543メートル。景勝地。晋の慧遠が白蓮社を結成した仏教の霊山。陶淵明の靖節書院、白楽天の詩で知られる香炉峰がある。1996年、世界遺産（文化遺産）に登録された。匡山。匡廬。ルーシャン。
廬山の真面目《蘇軾「題西林壁」から》廬山には多くの峰がそびえており、見る方向によって形が変わり、その全景をとらえがたいように、大きく複雑で測り知れないことのたとえ。

ろざん-じ【廬山寺】京都市上京区にある円浄宗（もと天台宗）の本山。天慶元年（938）良源が北山に創建、与願金剛院と称した。のち、船岡山の南に再興し、廬山天台講寺と改称。その後度々火災にあい、天正元年（1573）現在地に移転。

ロサンゼルス〘Los Angeles〙米国カリフォルニア州南部の太平洋に面する港湾・商工業都市。石油精製・航空機製造・コンピューターなどの工業が盛ん。避暑・避寒地、観光地としても知られる。近郊にハリウッドがある。人口、行政区383万（2008）。ロスアンジェルス。ロス。羅府。LA.

ロサンゼルス-タイムズ〘Los Angeles Times〙米国の日刊紙の一つ。1881年にロサンゼルスで創刊。カリフォルニア州と近隣の州で多く読まれる。発行部数は60万5243部（2010年10月～2011年3月期平均）。

ろ-し【×濾紙】液体に含まれる固体粒などをこし分けるのに用いる、多孔質の紙。こしがみ。濾過紙。

ろ-じ【路次】《「ろし」とも》行く道の途中。途次。道筋。「一の心配は、御無用じゃ」〈芥川・芋粥〉

ろ-じ【露地｜路地】・【露路】❶（露地）屋根などがなく雨露がじかに当たる土地。「一栽培」❷（路地・露路）建物と建物との間の狭い道。❸（路地・露路）門内や庭内の通路。❹（露地・路地）草庵式茶室に付属した庭。腰掛け・石灯籠・飛び石・蹲踞などを配し、多くは外露地と内露地とに分けられる。茶庭。類語小道・細道・小径・小路

ロシア〘Rossiya〙㊀ヨーロッパ東部からシベリアに及ぶ地域に、スラブ民族が建てた国。862年北海北方におけるルスのノブゴロド公国建国に始まり、諸公国の分立時代を経て、13世紀にモンゴルに征服されたが、1480年ごろモスクワ大公国が成立。17世紀以降はロマノフ家による中央集権国家として発展。ピョートル1世のとき絶対主義体制を確立し、皇帝（ツァーリ）による専制支配が続いたが、1917年のロシア革命によって帝政は崩壊、ソビエト社会主義共和国連邦（ソ連）が成立。その構成する一共和国となる。91年ソ連の解体により、ロシア連邦となる。補説「露西亜」とも書く。㊁「ロシア連邦」の略。

ロシア-えんせい【ロシア遠征】1812年、ナポレオン1世が大陸封鎖令に違反したロシアに対して行った遠征。モスクワを攻略したが、ロシア軍の焦土戦術に遭って退却、寒さとロシア軍・農民ゲリラの追撃により惨敗に終わった。モスクワ遠征。

ロシア-かくめい【ロシア革命】20世紀初頭のロシアに起こった一連の革命。第一次革命は、ロマノフ朝の専制支配に対する不満を背景に、1905年1月の血の日曜日事件を機として起こり、全国ゼネスト、戦艦ポチョムキンの反乱などで頂点に達したが、国会開設勅令の発布やモスクワでの武装蜂起の失敗により鎮静化した。第二次革命は、第一次大戦での敗北や社会不安から、17年3月（ロシア暦2月）に労働者や兵士が蜂起、帝政を打倒してケレンスキーの臨時政府が成立。さらに、11月（ロシア暦10月）、レーニンの指導するボリシェビキがプロレタリア独裁を目ざして武装蜂起し、史上初の社会主義政権を樹立した。➡十月革命

ロシア-ご【ロシア語】インド-ヨーロッパ語族のスラブ語派に属する言語。スラブ語派中最大の勢力を有し、ロシア連邦を中心として周辺諸国に多くの話し手をもつ。

ロシア-しゃかいみんしゅろうどうとう【ロシア社会民主労働党】ロシアのマルクス主義政党。1898年プレハーノフらが結成したが、1903年ボリシェビキとメンシェビキの二派に分裂。レーニンの率いるボリシェビキがロシア革命を成功させ、18年ロシア共産党と改称。

ロシア-せいきょうかい【ロシア正教会】東方正教会の中心的教会。10世紀、コンスタンチノープルからキエフに入って発展。14世紀にはその中心をモスクワに移し、東ローマ帝国がイスラムの支配下に入った16世紀以降は正教会の中心となった。ハリストス正教会。

ロシアせんねん-きねんひ【ロシア一〇〇〇年記念碑】《Pamyatnik Tïsyacheletie Rossii》ロシア連邦北西部、ノブゴロド州の都市ノブゴロドのクレムリンにある青銅製の記念碑。ロシアの建国者リューリクの即位から1000年を記念し、1862年に造られた。リューリクのほか、ロシアの歴史に名を残したウラジーミル1世、ミハイル＝ロマノフ、ピョートル1世、イワン3世、ドミトリー＝ドンスコイの彫像が並んでいる。

ロシアトルコ-せんそう【ロシアトルコ戦争】1877～78年、バルカン半島進出を目ざすロシアが、トルコ領内のキリスト教徒保護を名目に開戦し、トルコを破った戦争。露土戦争。➡サンステファノ条約

ロシア-びじゅつかん【ロシア美術館】《ロシア Gosudarstvenniy Russkiy muzey》ロシアのサンクトペテルブルグにある美術館。1898年開館。絵画、彫刻、工芸品など幅広いロシア美術を多数収蔵する。本館としてミハイロフ宮殿、別館にはストロガノフ宮殿、大理石宮殿、ミハイロフ城が使用されている。

ロシア-フォルマリズム〘ロシア Russkiy formalizm〙1910年代から20年代末にかけて、ロシアの文学研究者や言語研究者によって推進された文学・芸術運動。文学作品の自律性を強調し、言語表現の方法と構造の面から文学作品を解明することを目指した。構造主義・文化記号論の先駆と目さる。

ロシア-もじ【ロシア文字】キリル文字をもとに、ラテン文字に近い形に単純化・合理化されて作られた文字。音素文字で、字母数33。➡キリル文字

ロシア-れんぽう【ロシア連邦】中央ロシア丘陵あたりからシベリアにかけてユーラシア北部を占める連邦国。首都モスクワ。住民はスラブ系ロシア人を主とするが多くの少数民族を含み、共和国、自治管区などさまざまな構成主体からなる連邦形式をとる。1917年ソ連邦を構成する共和国の一として成立、ロシア-ソビエト社会主義連邦共和国と称した。91年ソ連邦の解体により独立し、改称。人口1億3939万（2010）。大ロシア。

ロシアン-セーブル〘Russian sable〙クロテンの毛皮名。陸産のものでは最高の毛皮である。

ろじ-あんどん【露地行×灯】茶の湯で、夜咄や暁の茶事のとき、露地の腰掛けに置き、明かりとする角形の低い行灯。

ロシアン-ブルー〘Russian Blue〙家猫の一品種。毛は短く、下毛も密生し明るい青色。目は緑色。性格は温厚であまり鳴かない。北ヨーロッパの原産。

ロシアン-ルーレット〘Russian roulette〙拳銃の回転式の弾倉に1個だけ弾丸を装塡し、弾倉を回してから自分の頭に向けて引き金を引くゲーム。

ロジウム〘rhodium〙白金族元素の一。単体は銀白色の金属。展延性に富む。白金との合金は耐食・耐熱性にすぐれ、熱電対・るつぼなどに使用。名は、塩の多くがバラ色をしていることにちなむ。元素記号Rh　原子番号45。原子量102.9。

ロジウムてつ-おんどけい【ロジウム鉄温度計】鉄にロジウムを加えた抵抗線を用いた温度計。温度が上がると抵抗線の電気抵抗が一定の割合で増加する性質を利用した抵抗温度計の一。測定範囲は0.65ケルビンから500ケルビン程度。超伝導をはじめとする極低温域の測定に使われることが多い。

ろじ-うら【路地裏】路地をはいり込んだ、表通りに面していない所。

ロジェストベンスキー〘Zinoviy Petrovich Rozhdestvenskiy〙［1848～1909］ロシアの海軍軍人。日露戦争に際し、第二太平洋艦隊司令長官に就任。1905年、日本海海戦に大敗し捕虜となった。

ロシェデドン-こうえん【ロシェデドン公園】《Rocher des Doms》フランス南部、ボークリューズ県の都市アビニョンにある公園。14世紀に建造された教皇宮殿北側の岩壁上部にある。1995年、「アビニ

ョン歴史地区:法王庁宮殿、司教関連建造物群、およびアビニョン橋」の名称で世界遺産(文化遺産)に登録された。

ロシオ-ひろば【ロシオ広場】《Praça de Rossio》ポルトガルの首都リスボンの中央部にある広場。正式名称はペドロ4世広場。バイシャポンバリーナ地区にあり、リスボン市民の憩いの場。中央にはポルトガル王ペドロ4世(初代ブラジル皇帝)の像が立つ。

ろじ-がさ【露地×笠】茶の湯で、雨天のとき、露地を通る際に使う、竹の皮でつくった大きい笠。

ロジカル〖logical〗〘形動〙論理的であるさま。「―な推理」

ロジカル-オペレーション〖logical operation〗真または偽の値をとる論理データに対する論理積・論理和・排他的論理和・否定などの演算。論理演算。

ロジカル-シンキング〖logical thinking〗論理的な考え方と、その技法。「管理者向けの―セミナー」

ロジカル-チャート〖logical chart〗論理演算を表現する図。

ろし-クロマトグラフィー【×濾紙クロマトグラフィー】▶ペーパー-クロマトグラフィー

ろじ-げた【露地下×駄】茶の湯で、雨天の際、露地の出入りに履く下駄。杉材で作り、竹の皮の鼻緒をつける。数寄屋下駄。

ろじ-さいばい【露地栽培】温室やフレームを用いず、露天の畑で野菜や草花を栽培すること。

ロジスティシャン〖logistician〗❶ロジスティックスの専門家。物流担当者。❷国境なき医師団(MSF)で、援助活動に必要な物資や機材等の調達・管理をはじめ、施設の建設・修繕、チームの安全管理などの業務を行う非医療スタッフ。物資調達管理調整員。

ロジスティックス〖logistics〗《軍事用語で兵站の意》企業の物流合理化の手段。原料の手当てから販売まで、物流を効率的に管理するシステムをいう。

ろじ-ぞうり【露地草履】茶の湯で、雨天のとき以外、露地の出入りに履く草履。竹皮を二重に編んで作る。

ロジ-たん【ロジ担】《「ロジ」は「ロジスティックス」の略。「後方支援担当」の意》日本の外務省で、国際会議などの舞台裏の庶務担当者をいう。政府首脳の外国訪問の際の宿舎、乗り物の手配なども担当する。

ロジック〖logic〗❶論法。論理。「妙な―を振り回す」❷論理学。(類語)理・理話・道理・事理・条理・論理・理屈・筋・筋道・道筋・辻褄・理路・論法

ロジック-アイシー〖logic IC〗論理集積回路。AND・OR・NOR・NANDといったゲート回路を集積した半導体回路。ゲート数は現状では1チップ当たり、多くて数万である。

ろじ-てがた【路次手形】▶宿継ぎ手形

ロシナンテ〖Rocinante〗セルバンテスの長編小説の主人公、ドン=キホーテが乗っている痩せ馬の名。

ろじ-もの【露地物】露天の畑(=露地)で栽培された野菜や花。温室やビニールハウスで栽培されたものに対していう。

ろじ-もん【露地門】茶室に続く露地の出入り口にある門。

ろ-しゃ【×硇砂】▶塩化アンモニウム

ろ-しゃ【×廬舎】小さな家。小屋。

ロジャース〖Richard Rodgers〗[1902～1979]米国のミュージカル作曲家。作詞家オスカー=ハマースタイン2世と共同で、多くの名作を発表。作「南太平洋」「王様と私」「サウンド-オブ-ミュージック」など。

ロジャーズ〖Carl Ransom Rogers〗[1902～1987]米国の臨床心理学者。患者本位の来談者中心療法を開発した。著「カウンセリングと心理療法」。

ロシュ〖Loches〗フランス中西部、アンドル-エ-ロアール県の町。ロアール川の支流、アンドル川に臨む。旧市街にはロシュ城、サンルール教会をはじめ、歴史的建造物が数多く残っている。ロッシュ。

ろ-しゅう【呂州】・【呂衆】《「呂」は風呂屋の意》「湯女」に同じ。「傾城、白人、茶屋、―」〈浮・禁短気・一〉

ろ-しゅう【×蘆州|×蘆×洲】蘆の生えた州。

ろ-じゅう【×滷汁】アルカリ性溶液のこと。

ろ-しゅく【露宿】〘名〙スル 屋外に宿ること。野宿。「広場の隅に、…―の支度が出来ていた」〈里見弴・安城家の兄弟〉

ロジュジェストベンスキー-せいどう【ロジュジェストベンスキー聖堂】《Rozhdestvenskiy sobor》ロシア連邦西部、ウラジーミル州の都市スーズダリのクレムリンにある聖堂。13世紀に建てられたスーズダリ最古の建造物として知られる。教会上部は16世紀に改修されたが、下部の白い外壁には建造当初の浮き彫りが残っている。1992年に「ウラジーミルとスーズダリの白亜の建造物群」の名称で世界遺産(文化遺産)に登録された。

ロシュ-じょう【ロシュ城】《Château de Loches》フランス中西部、アンドル-エ-ロアール県、ロアール川の支流アンドル川に臨む町ロシュの旧市街にある城。11世紀から15世紀にかけて建造。フランス王シャルル7世の寵妾アニエス=ソレルが暮らしたほか、ジャンヌ=ダルクがシャルル7世にランスでの戴冠を薦めた広間がある。ロアール川流域の古城の一として知られ、2000年、「シュリーシュルロアールとシャロンヌ間のロアール渓谷」の名称で世界遺産(文化遺産)に登録された。ロッシュ城。

ろ-しゅつ【露出】〘名〙スル ❶あらわれでること。また、あらわしだすこと。「岩が―した山道」「肌を―する」❷マスメディア、特にテレビに取り上げられること。「各党ともテレビへの―に気を使う」❸カメラで、レンズのシャッターを開閉して、乾板・フィルムの感光膜や、CCDなどのイメージセンサーに光を当てること。露光。(類語)裸出・丸出し・露呈・暴露

ろしゅつ-えき【×濾出液】血液中の液体成分の一部が、血管壁から組織間隙や体腔内ににじみ出たもの。漏出液。

ろしゅつ-けい【露出計】写真を撮影するとき、適正な露出を決めるために被写体の明るさを測定する計器。ふつう電気露出計をいう。

ろしゅつ-しょう【露出症】自己の性器などを異性に見せることによって性的快感を得る性的倒錯。

ろしゅつ-ど【露出度】❶むき出しになっている程度。「―の高いファッション」❷マスメディア、特にテレビに出る回数。「メディアへの―が高い」

ろしゅつ-ほせい【露出補正】AEカメラが算出した絞りとシャッタースピードの組み合わせが適正でないと思われる場合に、撮影する明るさを調整すること。または、そのための機能。一般に、標準反射率と大きく異なる被写体の撮影や、逆光のもとで人物を撮影する場合などに行う。

ロシュミット〖Joseph Loschmidt〗[1821～1895]オーストリアの物理学者・化学者。気体の分子運動を研究し、初めてロシュミット数を測定した。

ロシュミット-すう【ロシュミット数】セ氏零度、1気圧の気体1立方センチメートル中に含まれる分子数が2.6869×10^{19}であること。1865年にロシュミットが測定。

ろ-しょう【呂尚】▶太公望

ろ-しょう【路床】舗装道路を造る際に地面を掘り下げて地ならしをし、堅くした地盤。➡路盤

ろ-しょう【×濾床】濾過池の、砂や砂利を層状に敷いてある所。上層ほど細かい砂とする。濾過床。

ろ-しょう【×蘆×笙】蘆の茎を管として用いた笙。中国南方に多い楽器。

ろ-しょう【露礁】水面にあらわれている海中の岩石。

ろ-じょう【路上】❶道の上。道ばた。「―駐車」❷どこかへ行く途中。「通学の―で知人に会う」(類語)街頭・道ばた・路頭・沿道・路傍・途上

ろ-じょう【露場】気象観測をするために整備した屋外の場所。周りに障害物のない平らな場所に、雨が跳ね返らないよう芝を植え、百葉箱や雨量計などを設置する。

ろじょうきつえん-きんしじょうれい【路上喫煙禁止条例】道路・公園・広場など屋外の公共の場所で喫煙する行為を禁止する条項を含む条例の総称。東京都千代田区の「安全で快適な千代田区の生活環境の整備に関する条例」など。路上禁煙条例。➡受動喫煙防止条例 (補説)平成14年(2002)に東京都千代田区が全国に先がけて罰則付きの路上喫煙禁止条例を制定。同様の条例を制定する動きが全国に広がった。

ろじょうせいかつ-しゃ【路上生活者】特定の住居を持たず野宿生活をしているホームレスのうち、特に公園や道路などを起居の場所として日常生活を営んでいる人。段ボールなどを用いた簡易な小屋を作って生活している人もいる。

ロション-プリズム〖Rochon prism〗複屈折を利用した偏光プリズム。二つの方解石を結晶軸が直交するように貼り合わせたもの。入射光を直交する二つの偏光に分離し、異常光線は直進し、常光線はある角度をもって射出する。紫外線領域まで使用可能で、各種分析器や偏光子として利用される。ローションプリズム。ロコンプリズム。

ろ-しん【炉心】原子炉の、核分裂連鎖反応が起きてエネルギーを発生する部分。燃料・制御棒・冷却材などのある所。

ろ-じん【路人】道を往来する人。転じて、利害関係のない人。

ろじん【魯迅】[1881～1936]中国の文学者・思想家。浙江省紹興の人。姓は周、名は樹人。字は予才。周作人の兄。日本に留学、帰国後、革命運動に参加したが、のち学問に没頭。1918年、魯迅の筆名で「狂人日記」を発表。以後、「阿Q正伝」など多数の小説・雑感を発表。30年に中国左翼作家連盟に加盟。翻訳、文学史研究などにも大きな功績を残した。散文詩集「野草」、短編小説集「故事新編」など。ルー=シュン。

ろ-じん【露人|×魯人】ロシア人。

ロジン〖rosin〗天然樹脂の一。松やにの主成分。松やにを水蒸気蒸留してテレビン油を除いて得られる。また松材から溶剤を用いて抽出する。淡黄色ないし褐色のガラスのような光沢のあるもろい塊。製紙用サイズ・ワニス・印刷インキなどに使用。ロージン。

ロジン-バッグ〖rosin bag〗ロジンの粉を入れた袋。特に野球で、選手が手のすべり止めに使う。

ろしん-ひみつきょうてい【露清秘密協定】ロシアと清との間に結ばれた対日秘密協定。1896年、モスクワで清の李鴻章とロシア外相ロバノフによって調印された。日本が侵略した場合の相互武力援助を約し、ロシアは東清鉄道の敷設権などを得た。露清密約。李-ロバノフ条約。

ろしん-ようゆう【炉心溶融】原子炉の炉心の冷却が不十分な状態が続く、または炉心の出力が異常に上昇することによって、炉心の温度が上昇し、燃料溶融に至る状態。

ロス〖James Clark Ross〗[1800～1862]英国の軍人・探検家。北極探検隊に参加し、北磁極を確定。南極探検ではエレブス山・テラー山・ロス海などを発見。

ロス〖loss〗〘名〙スル むだに費やすこと。損失。「―を減らす」「時間を―する」

ロス「ロサンゼルス」の略。

ロス-アンジェルス〖Los Angeles〗▶ロサンゼルス

ろ-すい【×濾水】水を濾すこと。また、濾した水。

ロス-かい【ロス海】《Ross》南極大陸の太平洋側の湾入部。南部はロス棚氷に覆われる。1841年、英国のロスが発見。

ロス-カット〖loss cut〗〘名〙スル「損切り」に同じ。

ロスカティオス-こくりつこうえん【ロスカティオス国立公園】《Parque Nacional Los Katios》コロンビア北西部、チョコ県、パナマとの国境地

帯にある国立公園。アトラト川流域の熱帯雨林、湿原、丘陵などからなり、多様な野生動植物が生息する。1994年、世界遺産(自然遺産)に登録されたが、森林伐採による環境の悪化などから、2009年、危機遺産に登録。

ロスキレ〘Roskilde〙デンマーク東部、シェラン島のロスキレフィヨルド最奥部に位置する都市。リーベと並ぶ同国最古の都市の一。世界遺産のロスキレ大聖堂がある。

ロスキレ-だいせいどう【ロスキレ大聖堂】ダイセイドウ《Roskilde》デンマーク東部、シェラン島北部のロスキレにある大聖堂。1170年頃に建設が始まり、ほぼ1世紀後に完成した。デンマーク王家の霊廟れいびょう。1995年、世界遺産(文化遺産)に登録された。

ロスグラシアレス-こくりつこうえん【ロスグラシアレス国立公園】コクリツコウエン《Parque Nacional Los Glaciares》アルゼンチン南部、パタゴニア地方の国立公園。ペリトモレノ氷河、ウプサラ氷河をはじめ、40以上の氷河群がある。総面積4459平方キロメートル。1981年に「ロス-グラシアレス」の名で世界遺産(自然遺産)に登録された。

ロスコ〘Mark Rothko〙[1903～1970]米国の画家。ロシア生まれ。シュールレアリスムなどを経て、カンバスの内側を四角形や矩形くけいで区切る独自の作風を確立し、抽象絵画の代表的画家となった。

ロス-ジェネ「ロストジェネレーション」の略。

ロス-じょう【ロス城】ジョウ《Ross Castle》アイルランド南西部、ケリー州の都市キラーニーにある城。ロウアーレイクの湖畔に位置。15世紀に建造されたノルマン様式の堅固な城で、17世紀半ばのクロムウェル侵攻の際にアイルランド軍が最後まで抵抗して戦った。

ロス-タイム《loss of timeから》❶空費した時間。むだにした時間。❷サッカーやラグビーの試合で、負傷者の手当ての時間など、競技時間に勘定しない時間。主審の判断で、その時間の分だけ試合を延長する。➡インジャリータイム (補説)サッカーでは、「追加時間」という意味の「アディショナルタイム」も使われる。

ロスタン〘Edmond Rostand〙[1868～1918]フランスの詩人・劇作家。軽快で叙情的な韻文劇で知られる。戯曲「シラノ=ド=ベルジュラック」「鷲の子」など。

ロスチャイルド-け【ロスチャイルド家】《Rothschild》ユダヤ系の国際的金融資本家の一族。18世紀にフランクフルトで両替商を営んでいたマイヤー=アムシェル[1744～1812]が宮廷銀行家となって巨富の基礎を築き、五人の息子がヨーロッパ各地に商会を開いて事業を拡大。19世紀には各国の財政に関与して金融市場を独占、政治的にも影響力をもった。ロートシルト。

ロスト〘lost〙多く複合語として用い、失われた、なくした、の意を表す。「―ラブ」「―ワールド」

ロスト-アンド-ファウンド〘lost and found〙遺失物取扱所。

ロスト-ジェネレーション〘Lost Generation〙❶第一次大戦への従軍体験から、戦後、社会のあらゆる既成概念に疑念を示し、虚無的傾向のうちに新たな生き方を追求した米国の作家の一群。ヘミングウェイ、ドス=パソス、フィッツジェラルドら。女流小説家G=スタインの命名。失われた世代。❷日本経済のバブル崩壊後の超就職難の時代に学校を卒業し、就職活動をした世代。昭和40年代後半から50年代前半の生まれ。確かな就職先がなく、アルバイトや派遣社員などで職を転々とする人が多く出た。(補説)安定した収入がなく、生活の基盤を確立できないため将来への希望を失う人も多い。この世代を「ロストジェネレーション」と呼んだのは朝日新聞。

ロストック〘Rostock〙ドイツ北東部、メクレンブルク-フォアポンメルン州の港湾都市。1949年から1990年まで旧東ドイツに属した。バルト海に注ぐワルノウ川沿いに位置する。14世紀にハンザ同盟に加盟し、中心的都市として発展。ゴシック様式の聖マリエン教会、聖ニコライ教会、バロック様式の市庁舎など、歴史的建造物が数多く残っている。バルト海沿岸地域では最も古い1419年創立のロストック大学がある。

ロスト-ディケード〘lost decade〙▶失われた十年

ロストフ〘Rostov〙㊀ロシア連邦南西部、ロストフ州の都市。同州の州都。アゾフ海に注ぐドン川下流域に位置し、港湾を擁す。18世紀半ば、ロシア帝国が港と要塞を築いたことに起源する。水陸交通の要地であり、農業機械・食品工業などが発達。人口、行政区105万(2008)。ロストフナドヌー。㊁ロシア連邦西部、ヤロスラブリ州の都市。首都モスクワの北東約200キロに位置する。「黄金の環」と呼ばれるモスクワ北東近郊の観光都市の一つ。歴史は古く、9世紀にはすでに文献上に登場しており、中世にロストフ公国の首都として栄えた。13世紀にモンゴル帝国の侵略を受け、15世紀にモスクワ公国に併合された。16世紀から17世紀にかけて建造されたクレムリンにはウスペンスキー聖堂、バスクレセーニエ教会、スパサナセニャフ教会をはじめ、歴史的建造物が数多く残っている。ロストフベリーキー。ロストフヤロスラフスキー。

ロストフ-ナ-ドヌー〘Rostov-na-Donu〙▶ロストフ㊀

ロストフ-ベリーキー〘Rostov Velikiy〙▶ロストフ㊁

ロストフ-ヤロスラフスキー〘Rostov-Yaroslavskiy〙▶ロストフ㊁

ロスト-ボーイ〘lost boy〙迷子。

ロスト-ボール〘lost ball〙ゴルフで、プレー中にラフなどに打ち込み、見当たらなくなったボール。紛失球。

ロストラ-の-とうだいちゅう【ロストラの灯台柱】《Rostral'naya kolonna》ロシア連邦北西部、レニングラード州の都市サンクトペテルブルグにある灯台。市街北西部、ワシリエフスキー島の東側、通称ストレルカと呼ばれる岬に位置。ネバ川の航路の安全のために19世紀初頭に設置された。高さ約32メートル。

ロスト-ラブ〘lost love〙「失恋」に同じ。

ロストル〘オランダ rooster〙火格子ひごうし。

ロス-ハウス〘Rothe House〙アイルランド南東部、キルケニー州の都市キルケニーにあるチューダー朝様式の館。裕福な商人で大地主だったジョン=ロスにより16世紀末から17世紀初頭にかけて建造。キルケニー考古学協会の本部が置かれている。

ロス-リーダー〘loss leader〙客寄せのために損を覚悟で安く販売する目玉商品。

ロスリン-れいはいどう【ロスリン礼拝堂】レイハイドウ《Rosslyn Chapel》英国スコットランドの首都エジンバラ南郊、ロスリンにある礼拝堂。15世紀にテンプル騎士団に属していた貴族ウィリアム=セント=クレアにより建造された。ケルトやテンプル騎士団をはじめ、さまざまなモチーフの彫刻が施されている。

ロスレス-あっしゅく【ロスレス圧縮】《lossless compression》▶可逆圧縮

ロゼ〘フランス rosé〙《ばら色の、の意》淡紅色の葡萄酒ぶどうしゅ。赤葡萄酒と同様に仕込んでから、白葡萄酒のように果汁のみを発酵させて造る。ロゼワイン。バンロゼ。➡赤葡萄酒 ➡白葡萄酒

ろ-せい【路生】道行く人。路人。行人こうじん。「片岡山の製を―に広め給ふ」〈謡・草子洗小町〉

ろ-せい【×櫓声┊×艪声】舟の櫓をこぐ音。

ろせい-の-ゆめ【×盧生の夢】▶邯鄲かんたんの枕まくら

ろせ-うるし【×蝋瀬漆】水分を蒸発させた瀬〆せしめ漆に蝋色ろいろ漆をまぜたもの。研ぎ出し蒔絵まきえ用。

ろ-せき【×鹵石】塩素・臭素・沃素ようそなどの塩からなる鉱物。岩塩・蛍石など。

ろせつ【蘆雪】▶長沢蘆雪ながさわろせつ

ロゼッタ〘Rosetta〙㊀エジプト北部、ナイル川河口のデルタ地帯にある都市。エジプト名ラシード。アレクサンドリアの東約65キロメートルに位置する。16世紀から19世紀にかけてエジプト最大の港として栄えた。18世紀末にロゼッタ石が発見され、古代エジプトのヒエログリフが解読できるようになった。オスマン帝国時代の商人の邸宅が多く残っている。㊁2004年3月にESA(欧州宇宙機関)が打ち上げた彗星探査機。本体と、彗星への着陸機フィラエで構成される。2014年にチュリュモフゲラシメンコ彗星の表面に着陸を予定。これに成功すれば世界初の彗星着陸となる。

ロゼッタ-いし【ロゼッタ石】1799年ナポレオンのエジプト遠征の際、ナイル河口のロゼッタで発見された石碑。前196年建立のプトレマイオス5世の頌徳碑で、ヒエログリフ(聖刻文字)・デモティック(民衆文字)・ギリシャ文字の3種が刻まれており、シャンポリオンによるエジプト文字解読の鍵となった。大英博物館所蔵。ロゼッタストーン。

ロゼッタ-ストーン〘Rosetta stone〙▶ロゼッタ石

ロセッティ〘Dante Gabriel Rossetti〙[1828～1882]英国の画家・詩人。ラファエル前派の結成に参加。伝説や神話、聖書などに題材をとった作品を多く残した。詩集「歌謡とソネット」など。

ロゼット〘rosette〙《「ローゼット」とも》❶根出葉が地面に放射状に広がり、バラの花の形を呈するもの。多年草・越年草の冬越しの状態。タンポポ・ヒメジョオン・ナズナなどの葉にみられる。❷リボン・布などで作ったバラの花形の飾り。記章・胸飾りなどにする。❸建築で、バラの花形の装飾。❹つり電灯などのコードが電気配線に接続する部分に用いる装飾器具。

ろ-せん【路銭】旅の費用。旅費。路銀。

ろ-せん【路線】❶交通機関の、ある地点から他地点に至る道筋。「航空機の―を開く」❷団体や組織などの運動の基本方針。「協調―に変更する」
(類語)(❶)ルート・道筋・経路・線・線路・航路/(❷)方針・方向・指針・主義・ポリシー

ろ-ぜん【炉前】高熱で加工、燃焼する装置の前。「―作業用の耐熱服」「―で読経する」

ろせん-か【路線価】宅地の評価額の基準となる価格。道路に面する標準的な宅地の1平方メートル当たりの価格。国税庁が公表し相続税・贈与税の算定基準となる財産評価基準書の路線価(相続税路線価)と、市町村(東京都23区は東京都)が公表し固定資産税・不動産取得税などの課税に使用される固定資産税路線価がある。相続税路線価は国土交通省の土地鑑定委員会が公示する地価公示価格の8割程度、固定資産税路線価は7割程度に評価される。➡基準地価 ➡公示地価 ➡地価LOOKレポート

ろせん-ていけい【路線提携】▶コードシェア

ろせん-バス【路線バス】一定の道筋を、定められた時刻表に従って運行する乗合自動車。乗客は停留所で乗降する。定期バス。

ろ-そう【×魯桑】ロソウ 桑の一品種。葉の時期が夏蚕なつご・秋蚕に適する。中国の原産。ろぐわ。

ろ-だい【露台】❶建物の外に張り出した、屋根のない床縁。バルコニー。テラス。ベランダ。(季 夏)「花房の吹かれころべる―かな/久女」❷紫宸殿ししんでんと仁寿殿じじゅうでんとの間の屋根のない板敷きの場所。乱舞などが行われた。

ロタウイルス〘rotavirus〙胃腸炎の原因となるウイルス。小児の多くの下痢症(仮性小児コレラ)の原因ウイルス。川崎病患者にも多い。

ろ-だたみ【炉畳】茶室で、炉を切った畳。

ろ-だん【炉壇】「護摩壇ごまだん」に同じ。

ロダン〘François Auguste René Rodin〙[1840～1917]フランスの彫刻家。形式的なアカデミズムに反抗し、人間の内的生命を表現。近代彫刻に多大の影響を与えた。作「考える人」「地獄の門」「カレーの市民」など。

ロダンバック〘Georges Rodenbach〙[1855～1898]ベルギーの詩人。パリに出て象徴派の影響を受ける。故郷フランドル地方の風物に託して、沈鬱ちんうつな夢想的世界をうたった。詩集「白い青春」「沈黙の支配」、小説「死の都ブリュージュ」など。ローデンバック。

ロチ〘Pierre Loti〙[1850～1923]フランスの小説家。海軍士官として各国を歴訪、そのときの印象をもとに独自の異国趣味文学を創出。日本にも来航した。作「アフリカ騎兵」「氷島の漁夫」「お菊さん」など。ロティ。

ろ-ちゅう【路駐】《「路上駐車」また「路上駐輪」の略》

ろ

公道上に自動車や自転車を停めておくこと。

ろ-ちゅうれん【魯仲連】中国、戦国時代の斉の雄弁家。高節を守って誰にも仕えず、諸国を遊歴した。生没年未詳。魯連。

ろ-ちょう【×顱頂】頭のいただき。頭頂。

ろちょう-こつ【×顱頂骨】►頭頂骨

ろ-ちりめん【×絽▽縮×緬】絽のように織り目にすきまのある縮緬。

ろつう【路通】►八十村路通

ろっ-か【六花】►りっか(六花)

ロッカー〖locker〗鍵付きの戸棚・箱。主として個人用で、衣服・持ち物などを入れる。「―ルーム」

ロッカー〖rocker〗ロック歌手。また、ロックを演奏する人。

ロッカー-ルーム〖locker room〗ロッカーを備えつけた部屋。ロッカー室。

ろっ-かい【六界】❶「六道」に同じ。❷「六大」に同じ。

ろっ-かく【六角】㊀❶6個の角。❷「六角形」の略。㊁京都市中京区の東西の通りの一。北に六角堂がある。ほぼ平安京の六角小路にあたる。六角通。

ろっ-かく【▽鹿角】❶鹿のつの。漢方で強壮薬に用いる。❷昔の武具の一。鹿のつのに似た鉄製のくま手。引っかけて物を引き寄せるのに使った。

ロッカ-グアイタ〖Rocca Guaita〗►グアイタの塔

ろっかく-がわ【六角川】佐賀県南部を流れ有明海に注ぐ川。長崎県との県境にある神六山(標高447メートル)南斜面に源を発して北東流し、武雄盆地で支流を集め、白石平野でさらに東流して河口近くで牛津川を合流する。長さ約45キロ。河口に広大な干潟を形成している。河口付近の大潮時の干満差は約6メートルにもなる。

ろっかく-けい【六角形】6本の線分で囲まれた多角形。六辺形。

ろっかく-さい【▽鹿角×砦】►逆茂木

ろっかく-さい【▽鹿角菜】フノリの別名。

ろっかくし-しきもく【六角氏式目】戦国時代の六角氏の分国法。六七条。永禄10年(1567)成立。重臣が起草したものを、六角義治と父義賢が承認する形をとり、農民支配や民事関係の規定に詳しい。義治式目。

ろっかく-しすい【六角紫水】[1867～1950]漆芸家。広島の生まれ。本名、注多良。古来の漆工技術を研究するとともに、白漆・色漆の改良に努めた。

ろっかく-ちゅう【六角柱】底面が六角形の角柱。

ろっかく-どう【六角堂】㊀六角形の仏堂。㊁㊀《本堂が六角形であるところから》京都市中京区にある頂法寺の通称。㊁茨城県北茨城市の五浦海岸にある堂。岡倉天心が明治38年(1905)に設計したもの。平成23年(2011)の東日本大震災で津波に流され消失。翌年再建。

ろっかく-よしかた【六角義賢】[1521～1598]戦国時代の武将。近江観音寺城主。法名、承禎。足利義輝を擁立したため、義昭と結んだ織田信長に攻められて城を追われた。のち、三好・浅井氏と結んで信長と戦ったが敗れて降伏。

ろっか-クロム【六価クロム】酸化数6のクロム化合物の通称。クロム酸カリウムなど。酸化剤などとして広く用いられるが、触れると皮膚や鼻中に潰瘍を生じ、体内に蓄積すると肝臓障害や肺癌などを引き起こす。

ろっかこく-きょうぎ【六箇国協議】►六者協議

ろっ-かしゅう【六家集】平安末期から鎌倉初期の代表的な歌人六人の私家集の総称。藤原俊成の「長秋詠藻」、西行の「山家集」、藤原定家の「拾遺愚草」、藤原良経の「秋篠月清集」、藤原家隆の「壬二集」、慈円の「拾玉集」。りっかしゅう。

ろっ-かせん【六歌仙】㊀古今集の序にみえる、平安初期のすぐれた六人の歌人。在原業平・僧正遍昭・喜撰法師・大友黒主・文屋康秀・小野小町。㊁歌舞伎舞踊「六歌仙容彩」の通称。

ろっかせんすがたのいろどり【六歌仙容彩】歌舞伎舞踊。義太夫・長唄・清元。松本幸二作詞、10世杵屋六左衛門・初世清元斎兵衛作曲。天保2年(1831)江戸中村座初演。平安時代の六歌仙を扱ったもので、小野小町に思いを寄せる五人の男性歌人を踊り分ける五変化舞踊。

ロッカ-モンターレ〖Rocca Montale〗►モンターレの塔

ろっ-かん【六官】►りっかん(六官)

ろっ-かん【六感】「第六感」に同じ。「―にぴんと来るものがあり〈秋声・縮図〉」

ろっ-かん【×肋間】あばらぼねの間。肋骨と肋骨との間。

ろっかん-きん【×肋間筋】肋骨と肋骨とを連絡する筋肉。内外の2層があり、内方は肋骨を引き下げて呼気を、外方は引き上げて吸気を行わせる。

ろっかん-しんけい【×肋間神経】12ある胸椎の椎骨の間から出て、各肋間を通る運動および知覚性神経。

ろっかん-しんけいつう【×肋間神経痛】肋間神経の分布領域に生じる神経痛。侵された神経の高さに沿って帯状に痛む。肋骨や脊椎の病気が原因となるが、原因不明の場合も多い。

ろっ-かんのん【六観音】►ろくかんのん(六観音)

ろっ-き【六気】►りっき(六気)

ろっ-き【六器】密教の法具の一。閼伽・塗香・華鬘を盛る金銅製の器。火舎の左右に3個ずつ置き、6個で一具となる。

ろっ-き【六輝】►六曜

ロッキー-さんみゃく【ロッキー山脈】《Rocky》北アメリカ大陸西部を、アラスカからカナダを経てニューメキシコ州まで南北に走る大褶曲山脈。最高峰はコロラド州にあるエルバート山で、標高4399メートル。氷食地形が発達し、国立公園が多い。

ロッキーさんみゃく-こくりつこうえん【ロッキー山脈国立公園】《Rocky Mountain National Park》►ロッキーマウンテン国立公園

ロッキード-じけん【ロッキード事件】米国ロッキード(Lockheed)社の大型旅客機の日本売り込みに際し、多額の賄賂が政界に渡された疑獄事件。1976年の米国上院外交委員会で発覚し、事件当時の首相であった田中角栄をはじめ政府高官や商社・航空会社幹部らの逮捕・起訴に至り、大政治問題となった。平成7年(1995)2月、最高裁判決で有罪が確定。

ロッキーマウンテン-こくりつこうえん【ロッキーマウンテン国立公園】《Rocky Mountain National Park》米国コロラド州北部、ロッキー山脈内にある国立公園。最高峰ロングズピークをはじめ、3000メートル級の高山が連なる。山岳氷河や氷河湖が見られ、多様な動植物の宝庫でもある。ロッキー山脈国立公園。

ろっ-きょう【六境】仏語。六識の対象としての六つの境界。色境・声境・香境・味境・触境・法境。六塵。

ろっ-きん【六禁】荒忌みの際の六つの禁制事項。祭祀の神事にかかわる者が、喪を弔い、病者を見舞い、肉食することを禁じ、また死刑・裁判・音楽を行わないこと。6色の禁忌。

ロッキング-チェア〖rocking chair〗脚の下部を弓形につなぎ、前後に揺り動かせるようにしたいす。揺りいす。

ロッキング-モーション〖rocking motion〗野球で、投手がワインドアップに入る前、上体や腕を前後に揺り動かす動作。

ろっ-く【六区】東京都台東区、浅草観音堂の南西の映画館・演芸場などがある娯楽街。もと浅草公園六区画中の第六区であった。

ろっ-く【六×垢】仏語。煩悩から生じ、心をけがす六種の働き。悩(なやみ)・害(そこない)・恨(うらみ)・諂(へつらい)・誑(たぶらかし)・憍(おごり)。

ロック〖John Locke〗[1632～1704]英国の哲学者・政治思想家。イギリス経験論の代表者で、その著「人間悟性論」は近代認識論の基礎となった。政治思想では人民主権を説き、名誉革命を代弁し、アメリカの独立やフランス革命に大きな影響を及ぼした。

ロック〖lock〗〔名〕スル❶鍵をかけること。錠を下ろすこと。また、錠。「ドアを内側から―する」❷ラグビーで、フォワードの第2列の二人。セカンドローともよばれ、スクラムの押しの中心となる。❸自動車・オートバイなどで、走行中ブレーキを踏んだときに、車輪が停止したまま滑走すること。「急ブレーキでタイヤが―する」❹►排他制御

ロック〖rock〗❶岩。岩壁。暗礁。❷「オンザロック」の略。「バーボンを―で飲む」

ロック〖rock〗《原義は「揺り動かす、揺さぶる」の意》❶ロックンロールのこと。❷ロックンロールをはじめ、その流れをくむ強いビートを特徴とするポピュラー音楽。電気的に増幅した大音量のサウンドを特色とし、1960年代にビートルズが出現して以来、急速に世界に広まった。「グラム―」

ロックアウト〖lockout〗労働争議において、使用者が労働者の争議行為に対抗して、工場などを一時閉鎖し、労働者の就業を拒否すること。工場閉鎖。作業所閉鎖。

ロックアップ-じょうこう【ロックアップ条項】《lock upは、施錠する、固定するの意》新しく株式を上場した会社の大株主に対して、持ち株の売却を一定期間制限する契約のこと。大株主との契約は主幹事証券会社が行う。期間は普通6か月。

ロック-ウール〖rock wool〗岩綿。

ロックウェル-かたさ【ロックウェル硬さ】工業材料をはじめとする物質の硬さ(硬度)の示し方の一。押し込み硬さの一種で、ダイヤモンドの円錐(頂角120度)、または鋼球を圧子として用いる。初めに基準荷重で押し付け、更に一定の試験荷重を加え、再び元の基準荷重に戻し、前後2回の基準荷重の深さの差を測定して、硬さを算出する。ビッカース硬さ、ブリネル硬さなどのように煩雑な面積測定を必要とせず簡便なため、工業分野で広く普及している。1919年、米国のS=P=ロックウェルが考案。ロックウェル硬度。

ロックウェル-こうど【ロックウェル硬度】►ロックウェル硬さ

ロッグウッド〖logwood〗マメ科の常緑高木。葉は羽状複葉。花は黄色。心材からヘマトキシリンという染料がとれ、繊維や顕微鏡標本の染色剤にする。メキシコの原産。ロッグウッドの木。

ロック-オブ-キャッシェル〖Rock of Cashel〗アイルランド中南部、ティペラリー州の町キャッシェルにある、高さ90メートルの石灰岩の丘の上に残る教会遺跡。中世に歴代のマンスター王の居城が置かれ、17世紀半ばのクロムウェル侵攻まで政治的・宗教的中心地として栄えた。同国最初のロマネスク様式の教会建築とされるコーマック礼拝堂、ゴシック様式の大聖堂、聖パトリックの十字架などがある。

ロック-オン〖lock on〗射撃統制装置やミサイルに内蔵する目標追尾機構が目標をセットし、射距離・方位角・高低角を自動的に追跡する状態にすること。

ロック-ガーデン〖rock garden〗高山植物や苔などを岩組みの間に配した観賞庭園。また、石庭。

ロック-クライミング〖rock climbing〗岩壁をよじ登ること。また、その技術。ハーケン・あぶみなどの道具を積極的に用いるエイド-クライミング(人工登攀)と確保以外には道具をいっさい用いないフリー-クライミングとがある。岩登り。クライミング。

ロックナット〖locknut〗普通のナットよりも厚みの少ないナット。普通のナットと合わせて使い、両ナット間の突っ張り力でゆるみを防止する。

ロック-ハンマー〖rock hammer〗登山用具の一。岩壁にハーケンなどを打ち込むのに用いる金槌。

ロックフィッシュ〖rockfish〗海水魚のカサゴやメヌ

ケ類の総称。

ロックフィル-ダム〖rock-fill dam〗岩塊を台形に積み上げ、上流面または堤体内部に不透水性の遮水壁を設けたダム。

ロックフェラー〖John Davison Rockefeller〗[1839～1937]米国の実業家。スタンダード石油会社を設立、トラストを形成して独占的に石油業界を支配。鉱山・山林・輸送などにも事業を広げ、一大財閥を築いた。のち、ロックフェラー財団を設立し、教育・慈善事業などを行った。

ロックフェラー-センター〖Rockefeller Center〗米国ニューヨーク市マンハッタン中央部にある70階建てのGEビルディングを中心に、娯楽施設、商業施設などで構成される集合体。石油で財を成した実業家J=D=ロックフェラーにより1939年に創設。12月に飾られる巨大なクリスマスツリーが有名。

ロックフォール〖フランス roquefort〗フランス産のブルーチーズ。羊乳から作り、独特のにおいをもつ。原産地の村の名前から。

ロックンローラー〖rock'n'roller〗ロックンロールを演奏したり踊ったりする人。

ロックン-ロール〖rock'n'roll〗《rock and rollの短縮形》1950年代に米国で流行しはじめた、カントリー音楽にリズム-アンド-ブルースなどを取り入れた強烈なリズムのポピュラー音楽。また、それに合わせて踊るダンス。ロック。R&R。

ろっ-けい【六経】ロク ►りっけい(六経)

ろっ-けつ【六穴】ロク 人体にある六つの穴。目・口・耳・鼻、および両便(肛門・陰部)をさす。

ろっ-けん【×禄券】ロク 明治維新後、それまでの俸禄の代償として、政府が士族などに支給した公債証書。

ろっ-こう【鹿行】ロクコウ 茨城県南東部の地方を指していう。旧鹿島郡・旧行方なめ郡の地域で、両方の頭文字をとって付けられた。鹿嶋・潮来いた・神栖かみ・行方・鉾田ほこの5市で形成される。

ろっこう-おろし【六甲×颪】ロクカウ 冬、神戸市北部の六甲山から吹き下ろす冷たい強風。

ろっこう-さん【六甲山】ロクカウ 兵庫県神戸市の北部にある、六甲山地の主峰。標高931メートル。観光・保養地として知られる。もと武庫むこの山で、のちに六甲むこの字を当てて音読したもの。

ろっこう-さんち【六甲山地】ロクカウ 兵庫県南東部、神戸市市街地の背後に東西に広がる山地。西の須磨・塩屋海岸から東の武庫むこ川西岸の宝塚にかけて東西30キロ、南北8キロにわたる。最高峰は六甲山で、ほかに摩耶山・再度ふたたび山(標高470メートル)などの山々がある。南北両斜面に数本の断層があり、神戸丸山衝上しょうじょう断層は国の天然記念物。

ろっ-こく【六国】ロク ►りっこく(六国)

ろっ-こく【六穀】ロク 6種の穀類。稲・粱おおあわ・菽まめ・麦・黍もちきび・稷たかきび。りくこく。

ろっ-こつ【×肋骨】ロク ❶脊柱の胸椎と結合し、腹方に湾曲して、胸部の内臓を保護する弓形の骨。人間では左右12対あり、上方の7対は前端が胸骨に連絡する。あばらぼね。❷《❶に似ているところから》㋐船の、肋材ろくざい。㋑旧日本陸軍の将校などの制服の胸につける飾りひもの俗称。

ろっ-こん【六根】ロク 仏語。感覚や意識を生じ、またそれによって迷いを起こさせる原因となる六つの器官。眼げん・耳に・鼻・舌・身・意をいう。

ろっこん-ざいしょう【六根罪障】ロクコンザイシャウ 仏語。六根によって生じた、解脱の妨げになる罪業。

ろっこん-じざい【六根自在】ロクコン 仏語。六根による罪障から解放されて、自在であること。

ろっこん-しょうじょう【六根清浄】ロクコンシャウジャウ 仏語。六根から生じる迷いを断って、清らかな身になること。また、霊山に登るときや寒参りなどの際に、六根の不浄を清めるために唱える語。六根浄。

ロッジ〖lodge〗山小屋。また、山小屋風のホテル・旅館。山荘。ヒュッテ。

ロッジア-きゅうでん【ロッジア宮殿】《Palazzo della Loggia》イタリア北部、ロンバルディア州の都市ブレシアにあるルネサンス様式の建物。アンドレア=パラディオ、ヤーコポ=サンソビーニョら3人の建築家の設計で、15世紀末から16世紀にかけて建造された。現在は市庁舎として使われている。

ロッジア-デル-カピタニアート〖Loggia del Capitaniato〗イタリア北東部、ベネト州の都市ビチェンツァにあるルネサンス様式の建物。シニョーリ広場に面し、バシリカパラディアーナの向かいに位置する。かつてベネチア共和国総督の館として使われた。16世紀後半、アンドレア=パラディオの設計で建設が始まったが未完に終わった。正面は4本の柱に挟まれた三つのアーチが並び、外壁上部にスタッコ装飾が施されている。市街とベネト地方のパラディオが設計した邸宅は、1994年、世界遺産(文化遺産)として登録された。

ロッシー-あっしゅく【ロッシー圧縮】《lossy compression》►非可逆圧縮

ロッシーニ〖Gioacchino Antonio Rossini〗[1792～1868]イタリアの作曲家。流麗な旋律と巧みな劇的展開により、イタリアオペラの伝統を発展させた。作品に「セビリアの理髪師」「ウィリアム=テル」など。

ロッシェル-えん【ロッシェル塩】酒石酸カリウムナトリウムの無色の結晶。強誘電体で、ピックアップなどの圧電素子として用い、また下剤・利尿剤に使用する。1672年、フランス西部の町ラ-ロッシェル(La Rochelle)の薬剤師P=セニエットが薬用として合成。化学式$KNaC_4H_4O_6$

ロッシュ〖Léon Roche〗[1809～1901]フランスの外交官。1864年(元治元)駐日公使として来日。幕府を支持して積極的な対日政策を推進し、イギリス公使パークスと対立。軍制改革などに尽力したが、本国の対日政策変更のため、1868年(明治元)帰国。

ロッシュ〖Loches〗►ロシュ

ロッシュ-じょう【ロッシュ城】ジャウ《Château de Loches》►ロシュ城

ロッジング〖lodging〗宿泊。下宿。また、貸し間。

ロッセリーニ〖Roberto Rossellini〗[1906～1977]イタリアの映画監督。第二次大戦直後のイタリアのネオレアリズモ映画運動を世界的なものとした。作「無防備都市」「戦火のかなた」など。

ロッソ〖イタリア rosso〗赤い。赤色。また、赤ワイン。➡ビアンコ

ロッソ-きゅうでん【ロッソ宮殿】《Palazzo Rosso》►赤の宮殿

ロッテ-マリーンズ〖Lotte Marines〗►千葉ロッテマリーンズ

ロッテルダム〖Rotterdam〗オランダ南西部、ライン川分流の新マース川に臨む商工業都市。世界有数の貿易港を有し、河口にもユーロポートがある。石油を主要輸入品とし、石油化学工業のほか造船・食品工業も発達。人口、行政区58万、都市圏98万(2008)。

ロット〖lot〗❶同一仕様の製品や部品を生産単位としてまとめた数量。「一単位で取引する」❷「ロト❶」に同じ。

ロッド〖rod〗❶棒。❷釣りざお。「カーボン―」

ロッド-アンテナ〖rod antenna〗棒状で入れ子式にして伸縮が可能なアンテナ。トランジスタラジオ・自動車ラジオなどに使用。

ろっ-ぱく【六白】ロク 九星の一。五行ごぎょうでは金に属し、北西とする。

ろっぱ-てつがく【六派哲学】ロクパ インドのバラモン(婆羅門)哲学の主要な六学派。ミーマーンサー(弥曼薩)学派・ベーダーンタ(吠檀多)学派・サーンキヤ(僧佉)学派・ヨーガ(瑜伽)学派・ニヤーヤ(正理)学派・バイシエーシカ(衛世師)学派。成立は紀元前450年から後250年の間。

ろっ-ぱらみつ【六波羅蜜】ロク ►ろくはらみつ(六波羅蜜)

ロッビア〖Luca della Robbia〗[1400ころ～1482]イタリアの彫刻家・陶芸家。大理石や青銅による彫刻を制作する一方、釉薬ゆうやくを用いたテラコッタ技法を開発。

ろっぴゃくばんうたあわせ【六百番歌合】ロクピヤクバンうたあはせ 鎌倉初期の歌合。建久4年(1193)藤原良経邸で催された。判者は藤原俊成。作者は藤原定家・顕昭けんしょう・慈円・寂蓮ら12人。各人100題100首で、計1200首600番。

ろっぴゃくばんちんじょう【六百番陳状】ロクピヤクバンチンジャウ 鎌倉初期の歌論書。1巻。顕昭けんしょう著。六百番歌合における藤原俊成の判詞に異見を述べたもの。御子左みこひだり家(俊成)と六条家(顕昭)との対立を背景として、歌論史上、重要な資料。顕昭陳状。

ろっぴゃくろく-ごう【六百六号】ロクピヤクロクガウ 梅毒薬のサルバルサンの符号名。エールリヒと秦佐八郎はたさはちろうが606番目に合成した化合物なのでいう。

ろっ-ぷ【六×腑│六府】ロク 漢方で、内部が腔となっている六つの内臓。大腸・小腸・胃・胆・膀胱ぼうこう・三焦さんしょうをいう。「五臓―」

ろっぺん-ちょう【ろっぺん鳥】テウ ウミガラスの別名。

ろっ-ぽう【六方】ロクパウ ❶東西南北と上下との六つの方向。❷六つの平面で囲まれた立体。六面体。❸(「六法」とも書く)歌舞伎の特殊演技の一。先行芸能・祭礼行事などの歩き方を様式的に誇張・美化したもの。主に荒事の引っ込みの芸として演じられ、飛び六方・丹前六方・狐六方・傾城けいせい六方など種類は多い。「―を踏む」「―を振る」❹(「六法」とも書く)江戸時代、万治・寛文(1658～1673)のころの江戸の侠客きょうかく。また、その風俗・挙動。「我が物顔の―は、よしや男の丹前姿」〈伎・浮世柄比翼稲妻〉

ろっ-ぽう【六法】ロクパフ ❶現行成文法中の、憲法・刑法・民法・商法・刑事訴訟法・民事訴訟法の六大法典。❷「六法全書」の略。❸►りくほう(六法)❹►六方ろっぽう❸❹

ろっぽう-かいめん【六放海綿】ロクパウ 六放海綿綱の海綿動物の総称。体は管状などで、骨片は珪酸質からなり、三軸性の六放射状が基本。深海に産し、ホッスガイ・カイロウドウケツなどがある。

ろっぽう-ぐみ【六方組】ロクパウ 江戸時代、万治・寛文(1658～1673)の頃、大小を差し、異様の風体で江戸市中を徘徊はいかいした侠客団。鉄砲組・笊籬ざる組・鶺鴒せきれい組・吉屋組・大小神祇組・唐犬組の6団体があった。

ろっぽう-ことば【六方×詞】ロクパウ 江戸時代、六方組などが好んで用いた、荒っぽい特殊な言葉遣い。関東方言に基づく粗野な武家言葉の一種。「なだ(涙)」「こんだ(事だ)」「ぶっかける(打ちかける)」などの類。

ろっぽう-さいみつじゅうてん【六方最密充填】ロクパウ 最密充塡構造の一。同じ大きさの球の列を重ねるとき、1層目のすきまの上にはまるように2層目を置き、3層目が初層の真上にくるもの。各球の中心を格子点とすると六方晶系の格子となる。

ろっぽう-さんご【六放×珊×瑚】ロクパウ 花虫綱六放サンゴ亜綱の腔腸こうちょう動物の総称。ポリプの胃腔の隔壁と触手とが6またはその倍数となるもの。イソギンチャク・イシサンゴなど。

ろっぽう-しゅう【六方衆】ロクパウ 中世、奈良興福寺の僧兵。

ろっぽう-しょうけい【六方晶系】ロクパウシヤウケイ 結晶系の一。長さの等しい3本の結晶軸が同一平面上で互いに120度の角で交わり、さらにこの三軸と直交する結晶軸をもつもの。形は六角柱が基本で、水晶・方解石などにみられる。

ろっぽう-せき【六方石】ロクパウ《六角柱状であるところから》水晶の異称。

ろっぽう-ぜんしょ【六法全書】ロクパフ 六法❶を中心に、基本的な法令を収録している書。

ろっぽうらいきょう【六方礼経】ロクパウライキヤウ 原始経典。1巻。中国後漢の安世高訳。バラモンの子尸迦羅越しからおつが父の遺命により六方を礼拝していたところ、その姿を見た釈迦が、六方に父母・妻子・師匠・朋友・沙門・奴僕傭人を配して礼拝するよう説き、在家者の

道徳を示したもの。尸迦羅越六方礼経。
ロッホ-ギル〖Lough Gill〗▶ギル湖
ろっぽんぎ【六本木】東京都港区北部の地名。外国の公館・企業が多く、繁華街。
ロティ〖フランス rôti〗ロースト(蒸し焼き)した料理のこと。ロースト用の肉のこともいう。
ろ-てい【路程】ある地点から目的地までの距離。行程。みちのり。(類語)距離
ろ-てい【露呈】〖名〗スル 隠れていた事柄が表面に現れ出ること。また、さらけ出すこと。「矛盾が一する」「本性を一する」(類語)ばれる・露見・発覚・表立つ
ロディー-ちょう【ロディー朝】《Lodī》インド、デリー・スルターン朝最後の王朝。1451年、パンジャブのアフガン人の一部族ロディー族が建国。1526年ムガル帝国に滅ぼされた。
ろてい-けい【路程計】自動車などにとりつけた走行距離計。
ロデオ〖rodeo〗カウボーイが、荒牛や荒馬を乗り回したり、投げ縄で牛を捕らえたりして見せる公開競技会。
ロデオ-ドライブ〖Rodeo Drive〗米国カリフォルニア州、ロサンゼルス西部のビバリーヒルズにある高級ショッピング街。
ろ-てき【×蘆笛】蘆の葉を巻いて作った笛。あしぶえ。
ろ-てき【×蘆×荻】アシとオギ。
ロテッレ〖イタリア rotelle〗《rotellaの複数形》車輪。また、車輪の形をしたビーズやパスタなど。
ろ-てん【露天】屋根がなく、あらわになっている所。野天。(類語)屋外・場外・野外・戸外・野天・外
ろ-てん【露店】道ばたや寺社の境内などで、ござや台の上に並べた商品を売る店。大道店。ほしみせ。(類語)屋台・屋台店・大道店・夜店・スタンド
ろ-てん【露点】空気中の水蒸気が凝結して露になりはじめるときの温度。空気中にさらした金属板を冷却していくとき、表面に結露するときの温度。露点温度。
ろてん-けい【露点計】大気の露点を測る温度計。露点と気温から湿度が求められるので、露点湿度計ともいう。
ろてん-しょう【露天商】一戸を構えず、露天で行う商売。また、その商人。露店商人。(類語)街商・大道商人・的屋
ろてん-ぶろ【露天風呂】野外にあって、屋根や囲いを設けない風呂。野天風呂。
ろてん-ぼり【露天掘り】石炭や鉱石などを、坑道を作らずに地表から直接に掘り進んで採掘すること。鉱床が浅くて広い場合に行われる。陸掘り。
ロト〖lot〗《「ロット」とも》❶くじ。抽選。また、宝くじで、数十個の数字の中からいくつかの数字を選び、抽選された数個の当たり数字との合致数に応じて当選金を配分する方法。❷一般的に、分け前。➡ロット
ろ-とう【炉頭】囲炉裏のほとり。いろりばた。炉辺。
ろ-とう【路頭】道のほとり。みちばた。路傍。(類語)道端・辻・路傍
路頭に迷・う　生活の道をなくし、住む家もなく、ひどく困る。「会社が倒産して一・う」
ろ-とう【露頭】❶かぶりものをつけず、頭をむき出しにしていること。また、その頭。❷岩石・地層・鉱床などが地表に露出している部分。
ロドス〖Rodos〗▶ロードス
ロドス-とう【ロドス島】《Rodos》▶ロードス島
ろと-せんそう【露土戦争】▶ロシア-トルコ戦争
ロドプシン〖rhodopsin〗▶視紅
ロドリゲス〖João Rodríguez〗[1561〜1634]ポルトガルのイエズス会宣教師。1577年(天正5)来日。96年司祭。日本語をよくし通訳をつとめ、ツウズ(通事)ロドリゲスとよばれた。豊臣秀吉・徳川家康の知遇を得たが、1610年(慶長15)追放された。マカオで没。著「日本大文典」「日本教会史」など。
ロトルシュチャク-とう【ロトルシュチャク塔】《Kula Lotrščak》クロアチアの首都ザグレブの中心部、旧市街にある塔。13世紀に町の城壁の南門を防備するために、見張り塔として建造された。19世紀に最上階部分が増築され、毎正午に鳴らされる大砲が置かれている。
ろ-どん【×魯鈍】〖名・形動〗❶愚かで頭の働きが鈍いこと。また、そのさま。愚鈍。「一なたち」❷「軽愚」に同じ。(類語)愚鈍・遅鈍・鈍重・鈍感・のろま・薄のろ・愚か・頑愚
ろ-なわ【×櫓縄・×艪縄】船の床から、櫓の上端のにぎりの部分にかける縄。
ロネアート〖カンボジア roneat〗カンボジアの旋律打楽器。タイのラナートに相当する。➡ラナート
ろ-は《「只」の字が片仮名のロとハを続けた形であるところから》代金や料金などが要らないこと。ただ。無料。「一で映画を見る」
ろ-ば【×驢馬】ウマ科の哺乳類。肩高約1.2メートル。体形は馬に似るが、たてがみは立っていて耳が長く、尾の先に房毛をもつ。乾燥地に生息。野生種アフリカノロバが古代エジプト時代から家畜化され、改良の途中でアジアノロバも関与したと考えられる。体は頑丈で粗食・労役に耐える。ドンキー。うさぎうま。
ろ-はい【×驢背】驢馬の背。
ロハス〖LOHAS〗《lifestyles of health and sustainability から。健康で持続可能な社会を志向するライフスタイルの意》環境や健康への意識が高い人々による、環境と共存しながら健康的で無理のない生活を追求するライフスタイル、またはその市場をさす。例えば、環境への意識の高い企業の商品を購入したり、ガソリンエンジン車ではなくハイブリッド車を選択したりするなど。ローハス。
ロハス〖Manuel Roxas〗[1892〜1948]フィリピンの政治家。1938年独立準備政府財務長官となる。第二次大戦中は抗日運動を援助し、日本軍に捕らえられたが、46年独立とともに初代大統領に就任。
ろ-ばた【炉端・炉▽辺】囲炉裏のそば。いろりばた。ろべ。ろへん。
ろは-だい【ロハ台】公園などにあるベンチ。茶店などの茶代や席料を必要とするものに対する語。「傍の一に長い身を横えた」〈花袋・蒲団〉
ろばた-やき【炉端焼(き)】魚・肉・野菜などを、客の目の前で焼いて食べさせる料理。また、その料理店。
ロバチェフスキー〖Nikolay Ivanovich Lobachevskiy〗[1793〜1856]ロシアの数学者。ユークリッド幾何学の平行線の公理を否定し、非ユークリッド幾何学を創始した。著「幾何学の新原理」「平行線理論に関する幾何学的研究」など。
ロバニエミ〖Rovaniemi〗フィンランド北部の都市。ラップランドの中心地。第二次大戦で市街地の大部分がドイツ軍により破壊された。戦後の復興期に、同国の建築家アルバー＝アールトが設計した数多くの建造物がある。北極圏観光の拠点として知られる。
ろ-はん【魯般】中国、春秋時代の魯の工匠。公輸般ともいい、機械の製作にすぐれ、城攻めに用いるはしごの雲梯を考案したという。後世、工匠の祭神とされた。生没年未詳。
ろはん【露伴】▶幸田露伴
ろ-ばん【路盤】❶舗装道路で、舗装表面と路床との間の、砕石や砂を敷き詰めた部分。❷鉄道路線で、軌道を支える、盛り土などをして地ならしした地盤。「一が沈下する」「一がゆるむ」
ろ-ばん【露盤】仏塔の相輪のいちばん下にある四角い盤。
ろ-ひ【路費】旅行の費用。路銀。路用。
ロビー〖lobby〗❶劇場・ホテルなど人の出入りの多い建物で、玄関に付属した廊下・控え室・応接間などを兼ねる広間。❷議院内の控え室。
ロビーイング〖lobbying〗▶ロビー活動
ロビー-かつどう【ロビー活動】政治家に対して行われる各種団体や陳情団などの働きかけ。ロビー活動を行う人をロビイストという。ロビイング。ロビーイング。
ロビイスト〖lobbyist〗圧力団体の利益を政治に反映させるために、政党・議員・官僚などに働きかけることを専門とする人々。その活動をロビイングという。米国議会のロビーなどで議員と話し合うという慣行からできた語。
ロビーニョ〖Rovigno〗ロビニのイタリア語名。
ロビイング〖lobbying〗▶ロビー活動
ロビニ〖Rovinj〗クロアチア西部の都市。イストラ半島の西岸に位置する。公用語としてクロアチア語のほかにイタリア語が使われる。古代ローマ時代に植民都市が置かれ、13世紀から18世紀までベネチア共和国の主要都市の一として栄えた。城壁に囲まれた旧市街は聖エウフェミヤ教会を中心に古い街並みが残っている。観光地として有名であり、リムフィヨルドや聖アンデレ島への拠点になっている。イタリア語名ロビーニョ。
ろ-ひょう【路標】みちしるべ。道標。
ろ-びょうし【×櫓拍子・×艪拍子】舟の櫓をこぐ拍子。櫓をこぐときの掛け声の調子。
ろ-びらき【炉開き】冬になって初めて囲炉裏または茶事の炉を開いて用いること。茶の湯では、10月の終わりから11月初めにかけて行う。また、その行事。(季 冬)「一や仏間に隣る四畳半／漱石」↔炉塞ぎ。
ロビン〖robin〗ヒタキ科ツグミ亜科の鳥。コマドリと同じ大きさで、羽色も似て、上面が緑褐色、顔から胸が赤く、腹は白い。ヨーロッパの森林に分布し、ヨーロッパコマドリともいう。英国では人家付近にもみられ、国鳥。北アメリカでは同科別種のコマツグミをいい、ツグミ大で上面が褐色、胸から腹が赤い。
ロビング〖lobbing〗サッカー・テニスなどで、高く緩い弧を描くような打球のこと。テニス・バドミントンではロブともいう。➡ロブ
ロビンソン〖Joan Violet Robinson〗[1903〜1983]英国の女性経済学者。第二次大戦前にスラッファの影響を受けて不完全競争の理論を樹立。その後、マルクス経済学を研究し、戦後はケインズ理論の発展に努力。著「不完全競争の経済学」「資本蓄積論」など。
ロビンソン-クルーソー《原題The Life and Strange Surprising Adventures of Robinson Crusoe》デフォーの長編小説。1719年刊。難破して無人島に漂着したロビンソン＝クルーソーが、信仰心と合理的な創意工夫で自給自足の生活を築いていく物語。写実的な描写のうちに当時の社会の理想的人間像を描いた、イギリス小説の先駆的作品。
ロビンソン-ふうそくけい【ロビンソン風速計】《Robinson anemometer》自由に回転する直立軸の腕に3個または4個の半球(風杯)を取りつけ、直立軸の回転数から風速を求める器械。アイルランドの物理学者トーマス＝ロビンソンが1846年に考案。
ロビン-フッド〖Robin Hood〗英国12、3世紀ごろの伝説上の義賊。シャーウッドの森に隠れ、貪欲な僧侶や富裕な貴族らを襲い、略奪品を貧しい者に施したと伝える。多くの物語・詩・劇に登場する。
ロブ〖lob〗テニスなどで、相手コートの後方へ落ちるように、高く緩いボールを返すこと。ロビング。
ロフォーテン-しょとう【ロフォーテン諸島】《Lofoten》ノルウェー北西部沿岸、ノルウェー海に浮かぶ島々。本土とはベストフィヨルドで隔てられ、アウストボーゲ島、ベストボーゲ島、フラックスタッド島、モスケネゼヤ島などで構成される。ハンザ同盟の時代からタラ漁が盛ん。氷河の浸食による急峻な山や断崖が多く、風光明媚な地として知られる。
ロブ-グリエ〖Alain Robbe-Grillet〗[1922〜2008]フランスの小説家・映画監督。ヌーボーロマンを代表する一人。脚本を担当した映画「去年マリエンバートで」はベネチア国際映画祭の金獅子賞を受賞。その他、小説「消しゴム」「覗く人」「嫉妬」など。
ろ-ふさぎ【炉塞ぎ】冬の間使ってきた囲炉裏を春になってふさぐこと。茶の湯では、炉をふさいで風炉を

にすること。〔季 春〕「一や床は維摩会に掛け替る／蕪村」⇔炉開き。

ロブスター〘lobster〙アカザエビ科の甲殻類。体長約65センチ。体形はイセエビに似て、青色の地に白い斑があり、はさみは巨大で力が強い。ヨーロッパ大西洋岸および地中海に分布。食用。オマール。うみざりがに。

ロブソンさん-しゅうりつこうえん【ロブソン山州立公園】《Mount Robson Provincial Park》カナダ、ブリティッシュコロンビア州東部にある州立公園。カナディアンロッキーの最高峰ロブソン山（3954メートル）やバーグ湖、キニー湖がある。1984年、周辺の国立公園、州立公園とともに「カナディアンロッキー山脈自然公園群」の名で世界遺産（自然遺産）に登録された。マウントロブソン州立公園。

ろ-ぶち【炉縁】炉のふちに取り付けてある枠。また、炉のそば。炉ばた。炉辺。

ろ-ぶつ【露仏】仏殿などに安置せず、野外に置かれている仏像。ぬれぼとけ。

ろふつ-どうめい【露仏同盟】1891年から94年にかけてロシアとフランスとの間に結ばれた政治・軍事同盟。秘密条約で、初めの対ドイツ防衛同盟の性格から発展し、94年軍事協約となり、イギリスが加わって三国協商をなし、三国同盟と対立した。

ロフト〘loft〙❶屋根裏部屋。工場・倉庫などの上階。また、倉庫などを改装したアトリエやスタジオなど。❷ゴルフで、クラブフェースの傾斜角度。また、ボールを高く打ち上げること。

ロフト〘LOFT〙《low frequency radio telescope》低周波無線望遠鏡。

ロフト〘LOFT〙《loss of fluid test》原子炉の流体喪失試験。

ロフト-アティック《和 loft＋attic》屋根の軒先を隠すための壁でつくられた中二階。一般的には、最上階の屋根裏部屋。〔補説〕英語では単にloftまたはatticという。

ロブノエ-メスト〘Lobnoye mesto〙ロシア連邦の首都モスクワの中心部、赤の広場にある円形の台。聖ワシリー大聖堂の前に位置する。16世紀に建造。かつてロシア皇帝が布令を発する場所として、また重罪人の処刑の場として用いられた。17世紀の農民反乱の指導者ステンカ＝ラージンがここで処刑されたことで知られる。

ロプ-ノール〘Lob-nor〙中国新疆ウイグル自治区、タリム盆地東部の塩湖。タリム川などの流路や砂丘の変化で位置や形が変わり、ヘディンによって「さまよえる湖」とよばれた。現在は水がない。北東に楼蘭の遺跡がある。ロプ湖。ロプノール。

ロブラン〘Lovran〙クロアチア北西部、イストラ半島の町。アドリア海のクバルネル湾に面する。中世初期には北アドリア海における主要な港町の一だった。旧市街には聖ユーリ教会をはじめとする歴史的建造物が残っている。19世紀より近隣のオパティヤとともに温暖な海岸保養地として知られるようになった。

ろ-ぶん【露文】❶ロシア語で書かれた文章。❷「ロシア文学」「ロシア文学科」の略。

ロベスピエール〘Maximilien François Marie Isidore Robespierre〙［1758〜1794］フランスの政治家。大革命期の1792年、国民公会の議員となり、ジャコバン派の中心人物としてジロンド派を追放。革命の防衛の名のもとに恐怖政治を強行。封建制の全廃などの諸改革を行ったが、94年テルミドールのクーデターによって処刑された。

ろ-べそ【˟櫓˟臍｜˟艪˟臍】「櫓杭」に同じ。

ロベリア〘ラテ Lobelia〙キキョウ科ロベリア属（ミゾカクシ属）の植物の総称。普通は観賞用のルリミゾカクシをいい、一年草で葉はへら状。5、6月ごろ、紫・青・白色などの小花を総状につける。花びらは五つに裂けていて、上の2枚が細い。南アフリカの原産。〔季 春〕

ろ-へん【炉辺】囲炉裏のそば。ろばた。

ろ-へん【路辺】道のほとり。みちばた。路傍。

ろへん-だんわ【炉辺談話】❶ろばたでくつろいでするよもやま話。❷米国のフランクリン＝ルーズベルト大統領が、❶の形で政見などを国民に直接訴えたラジオ放送。

ロベン-とう【ロベン島】《Robben》南アフリカ南西部、ケープタウンの沖合に浮かぶ小島。周囲の海流が強く脱出が困難なことから、17世紀から流刑地として使われた。20世紀後半にはアパルトヘイトに抵抗した有色人種の収容所として使用。アパルトヘイト廃止後は監獄などの施設を自由獲得の象徴として保存・公開している。1999年、世界遺産（文化遺産）に登録された。

ろ-ぼ【˟鹵簿】儀仗を備えた行幸・行啓の行列。

ろ-ほう【˟濾胞】❶体組織、特に内分泌腺の組織で、多数の細胞からなる完全に閉じた袋状の構造物。中に分泌物がたまる。卵巣や甲状腺・脳下垂体中葉にみられる。❷「卵胞」に同じ。

ろ-ほう【露˟鋒】書道の用筆法の一。筆の穂先が筆画の外にあらわれるように書くこと。➡蔵鋒

ろ-ぼう【路傍】道のほとり。みちばた。路辺。
〔類語〕道端・辻・路頭

ろぼうのいし【路傍の石】山本有三の小説。昭和12〜15年（1937〜1940）発表。官憲の干渉により中絶、未完。逆境にある少年愛川吾一が、誠実に生きていく姿を描く。

ろぼう-の-ひと【路傍の人】道を歩いていく人。道ですれ違う人。また、自分とは無関係な人。

ろほう-ホルモン【˟濾胞ホルモン】発情ホルモンの異称。卵胞ホルモン。

ろ-ぼく【˟蘆木】古生代石炭紀後期から二畳紀にかけて繁茂した木生シダ。高さ15メートル以上、形状はトクサに似る。炭化して石炭となった。カラミテス。

ロボ-コン「ロボットコンテスト」の略。

ロボット〘robot〙❶電気・磁気などを動力源とし、精巧な機械装置によって人間に似た動作をする人形。人造人間。❷目的の作業・操作をコンピューターの制御で自動的に行う機械や装置。人間の姿に似るものに限らない。自動機械。「産業一」❸自分の意志でなく、他人に操られて動く人間。傀儡。「軍部の一である大統領」〔補説〕チェコの作家チャペックが作品中でチェコ語の働くの意のrobotaから作った造語。

ロボット-アーム〘robot arm〙人間の手の代わりに、つかむ・はなす・運ぶなどの作業をする機械の腕。制御はコンピューターを組み込んだ自動制御、離れた所から人間が制御するなどの方法がある。産業用、医療用、研究・教育用、宇宙船の船外作業用などに実用化されている。マニピュレーター。

ロボットがた-けんさくエンジン【ロボット型検索エンジン】《robot type search engine》▶ロボット型サーチエンジン

ロボットがた-サーチエンジン【ロボット型サーチエンジン】《robot type search engine》インターネット上で、目的とするウェブサイトや情報などを検索するためのサーチエンジンの一。サーチボットを使用して、膨大な数のウェブサイトを自動的に巡回してデータ収集を行う。ロボット型検索エンジン。➡ディレクトリー型サーチエンジン

ロボット-かんそく【ロボット観測】気象観測で、山岳や海洋に測器を設置し、観測データを無線で自動的に送信する観測法。

ロボット-コンテスト《和 robot＋contest》箱の積み上げやボール運びなどの課題に応じたロボットを製作し、それを操作して優劣を競うコンテスト。ロボコン。

ロボット-しゅじゅつ【ロボット手術】微細な縫合手術や、放射線下での手術などを自動機械を使って行う治療。患者・医師の負担軽減、ミスの防止などの利点がある。

ロボット-ハンド〘robot hand〙ロボットの手の先端部となっている部品。つかんだり、はさんだりするのに適した形状と運動様式をもつ。

ロボティクス〘robotics〙工学の一分野。制御工学を中心に、センサー技術・機械機構学などを総合して、ロボットの設計・製作および運転に関する研究を行う。ロボット工学。

ロボトミー〘lobotomy〙統合失調症などの治療を目的に、前頭葉の白質の一部に切開を加えて神経線維を切断する外科療法。人格変化・知能低下を起こしやすく、日本では現在行われない。

ロマ〘Roma〙ヨーロッパを中心に、南・北アメリカなど世界各地で生活する少数民族。9世紀頃インド北西部から発したといわれ、長く移動生活を続け、世界中に分布。言語はインド-アーリア語系のロマニ語。音楽や踊りを好み、楽士・かご作り・鋳掛け・占いが伝統的な職業。ジプシーと呼ばれてきたが、ロマが自称。

ロマ-しょ【ロマ書】▶ローマ人への手紙

ロマニー〘Romany〙「ロマ」に同じ。

ロマネ-コンティ〘フラ Romanée-Conti〙フランスのブルゴーニュ地方コートドニュイ地区ヴォーヌロマネ村にある畑の名で、AOCワインの特定区域。高い名声と希少価値のある高級ワインのブランド名。➡アー-オー-セー（AOC）

ロマネスク〘Romanesque〙㊀〔名〕10世紀末から12世紀にかけて西欧に広まったキリスト教美術様式。古代ローマ・ゲルマン民族などの様式に東方の影響も加わったもので、ゴシックに先立つ。特に重厚な教会堂建築に代表され、石造穹窿をはじめ、半円形アーチの多用が特色。ロマネスク式。㊁〔形動〕（romanesque）小説のように、数奇であったり情熱的であったりするさま。「一な半生」
〔類語〕ゴシック・バロック・ロココ

ロマネスク-しき【ロマネスク式】▶ロマネスク㊀

ロマノフ〘Mihail Fyodorovich Romanov〙［1596〜1645］ロシア、ロマノフ朝の初代皇帝。イワン4世の甥の子。1613年ゼムスキーソボール（全国会議）によりツァーリ（皇帝）に選出され即位。農奴制を強化。

ロマノフ-ちょう【ロマノフ朝】《Romanov》ロシアの王朝。14世紀ごろモスクワ大公に仕えたコビラを祖とし、1613年ミハイル＝ロマノフがツァーリ（皇帝）に即位して創始。1917年のロシア革命でニコライ2世が退位して崩壊した。

ロマノフ-ナ-ムールマネ〘Romanov-na-Murmane〙ロシア連邦の都市ムルマンスクの旧称。

ロマン〘フラ roman〙《「ローマン」とも》❶「ロマンス❶」に同じ。❷小説。特に、長編小説。❸感情的、理想的に物事をとらえること。夢や冒険などへの強いあこがれをもつこと。「一を追う」「一を駆り立てられる」〔補説〕「浪漫」とも書く。〔類語〕（❷）長編小説・小説・ノベル・物語／（❸）夢・夢想・憧憬・憧れ・ファンタジー

ロマン-しゅぎ【ロマン主義】《romanticism》18世紀末から19世紀にかけて、ヨーロッパに興った芸術上の思潮。古典主義・合理主義に反抗し、感情・個性・自由などを尊重、自然との一体感、神秘的な体験や無限なものへのあこがれを表現した。文学ではシュレーゲル兄弟・ホフマン・ワーズワース・バイロン・ラマルティーヌ・ユゴーら、絵画ではジェリコー・ドラクロワら、音楽ではシューベルト・シューマン・ショパンらがその代表。日本では、明治中期の「文学界」「明星」などを中心に展開した文学運動をさす。浪漫主義。ロマンチシズム。ロマンチスム。

ロマンス〘romance〙❶空想的、冒険的、伝奇的な要素の強い物語。特に中世ヨーロッパの、恋愛・武勇などを扱った物語をいう。ロマン。❷恋物語。恋愛小説。❸叙情的な内容の歌曲あるいは小規模な器楽曲。❹男女の恋愛に関する事柄。恋愛事件。〔補説〕元来は、ラテン語の俗化したロマンス語で書かれた物語の意。〔類語〕（❹）恋・恋愛・恋路・恋の闇・色恋・艶事・情事・色恋沙汰・アバンチュール・ラブストーリー

ロマンス-カー《和 romance＋car》ロマンスシートを設けた電車やバス。

ロマンス-グレー《和 romance＋gray》魅力のある初老の男性を、白髪交じりの頭髪に象徴させてよぶ

ろ

語。また、その頭髪。

ロマンス-シート《和 romance＋seat》劇場・乗り物などで、二人掛けのソファー式の座席。(補説)英語ではlove seat。

ロマンス-しょご【ロマンス諸語】ローマ帝国の各地に根づいた民衆の話し言葉としてのラテン語が、中世期における地域的分化を遂げた結果、成立した言語・方言の総称。イタリア語・フランス語・スペイン語・ポルトガル語・ルーマニア語など。ロマン諸語。

ロマンチシスト〖romanticist〗「ロマンチスト」に同じ。

ロマンチシズム〖romanticism〗❶「ロマン主義」に同じ。❷現実を離れて夢や空想にひたる傾向。

ロマンチスト《romanticistから》❶ロマン主義を信奉する人。ロマン主義者。❷現実を離れた、甘美な空想などを好む人。夢想家。空想家。

ロマンチスム〖(フランス) romantisme〗「ロマンチシズム」に同じ。

ロマンチック〖romantic〗〘形動〙現実を離れ、情緒的で甘美なさま。また、そのような事柄を好むさま。空想的。「―な夢にひたる」

ロマンチック-かいどう【ロマンチック街道】《Romantische Straße》ドイツ中部の都市ビュルツブルクから南下し、アルプス北麓の町フュッセンに至る道路の通称。全長約300キロ。中世の町並みの残るローテンブルク・ドナウベルト・アウグスブルクなどの都市が連なる観光路。

ロマンチック-バレエ〖romantic ballet〗19世紀初めに起こった、ロマン主義の影響を受けたバレエ。丈の長いチュチュやトーシューズを用い、軽やかな動作で幻想的な世界を表現する。「ジゼル」「ラ-シルフィード」などに代表される。

ロマンチック-ミニ〖romantic mini〗ロマンチックなイメージを特徴とするミニスカート。従来の腰ではくミニと違って、ハイウエストにしたり、極端なショート丈で幅広のサッシュを腰に巻きつけて結んだり、裾(すそ)に造花や毛皮、レースを付けたりと細部に凝ったものが多い。

ロマンティシズム〖romanticism〗►ロマンチシズム

ロマン-は【ロマン派】ロマン主義の立場に立つ芸術上の一派。

ロマン-ロラン〖Romain Rolland〗►ロラン

ロミオとジュリエット《原題、Romeo and Juliet》シェークスピアの悲劇。5幕。1594年または翌年成立。イタリアのベローナの仇敵(きゅうてき)どうしの二名門の子、モンタギュー家の息子ロミオとキャピュレット家の娘ジュリエットとの悲恋物語。

ロム〖ROM〗《read-only memory》コンピューターで、データの読み出し専用の半導体記憶装置。一度記憶させた情報は電源を切っても消えないので、書き換えをしない固定プログラムなどに用いる。⇔ラム(RAM)。

ロム〖ROM〗《read-only member》読み出し専用メモリー(ROM)になぞらえて、ネット上で自分からは発言せずに他人の発言や掲示を読むだけに徹すること。また、その人。

ロムリアーナ〖Romuliana〗セルビア東部の都市ザイェチャルの近郊にある古代ローマ時代の遺跡。現在ガムジグラードと呼ばれる地に、ローマ皇帝ガレリウスが城塞を中心とする町を建設。名称はガレリウスの母ロムラにちなむ。城壁、公衆浴場、美しいモザイクで飾られた床がある宮殿のほか、ガレリウスと母の墓が残っている。2007年、「ガムジグラードとガレリウスの宮殿ロムリアーナ」の名称で世界遺産(文化遺産)に登録された。フェリクスロムリアーナ。

ロムルス〖Romulus〗伝説上のローマの建国者。軍神マルスの子で双生児の兄。弟のレムスとともに狼(おおかみ)に育てられ、協力してローマを建設したが、のちに争ってレムスを殺した。

ロメ〖Lomé〗西アフリカのトーゴ共和国の首都。ギニア湾に面する港湾都市。内陸への鉄道基地として発展。燐鉱(りんこう)石・カカオ・椰子油などを輸出。

ろ-めい【露命】露のようにはかない命。
(類語)命・生命・人命・一命・身命(しんめい)・命脈・生(せい)・生(しょう)・息の根・息の緒(お)・玉の緒

露命を繋(つな)ぐ ほそぼそと命を保つ。かろうじて生活していく。「小商いをして―・ぐ」

ロメール〖Éric Rohmer〗[1920～2010]フランスの映画監督。教師・映画誌編集を経て、1959年に長編第1作「獅子座」を監督。トリュフォーやゴダールらとともに、ヌーベルバーグの中心人物の一人となる。他に「海辺のポーリーヌ」「緑の光線」「友だちの恋人」など。

ろ-めん【路面】道路の表面。「―が凍結する」
(類語)道・路上

ろめん-てん【路面店】大都市の繁華街の大通りに面した店舗。多くは有名銘柄の直営店や専門店。「有名ブランドの―」

ろめん-でんしゃ【路面電車】一般道路上に敷設されたレール上を走行する電車。19世紀後期に市街地の鉄道馬車に代わって発達。

ロモノーソフ〖Lomonosov〗ロシア連邦北西部、レニングラード州の都市。旧称オラニエンバウム。サンクトペテルブルグの西約40キロメートル、フィンランド湾南岸に位置し、沖合にコトリン島が浮かぶ。18世紀初めにピョートル1世から土地を与えられた重臣アレクサンドル＝メンシコフが植物園が付属する宮殿を建築。その後、皇太子ピョートル(後のピョートル3世)やエカチェリーナ2世の離宮となった。1948年に科学者ミハイル＝ロモノーソフにちなみ、現名称に改称。作曲家イーゴリ＝ストラビンスキーの生地。ロモノソフ。

ロモノーソフ〖Mikhail Vasil'evich Lomonosov〗[1711～1765]ロシアの科学者・文学者。質量不滅の法則を発見するなど、広い分野で多くの業績がある。また、ロシア文語の先駆者で、作詩理論を発展させ、頌詩(しょうし)・詩劇などの作品も残した。

ろ-やく【露訳】〘名〙(スル) ロシア語に翻訳すること。また、その翻訳したもの。「手紙を―する」

ろ-よう【路用】旅行の費用。旅費。路銀。

ロヨラ〖Loyola〗►イグナティウス＝デ＝ロヨラ

ロライマ〖Roraima〗ブラジル最北端の州。大半がセルバス(アマゾン熱帯雨林地帯)に占められ、人口は同国最少。州都はボア-ビスタ。ホライマ。

ロラン〖Claude Lorrain〗[1600～1682]フランスの画家。生涯の大半をローマで送る。宗教的主題をもつ風景画を制作、外光と大気の微妙な変化を巧みに表現し、のちの風景画家に大きな影響を与えた。

ロラン〖LORAN〗《long range navigation》船舶や航空機で、二つの送信局から送られる電波を受信し、その到達時間の差の計測により、現在位置を求める装置。また、それを使う航法。

ロラン〖Romain Rolland〗[1866～1944]フランスの小説家・劇作家・批評家。人道主義・理想主義の立場に立った作品を書くとともに、反戦平和運動を推進。1915年ノーベル文学賞受賞。小説「ジャン＝クリストフ」「魅せられた魂」、戯曲「愛と死との戯れ」、伝記「ベートーベンの生涯」、評論「戦いを超えて」など。

ロランのうた【ロランの歌】《原題、(フランス) La Chanson de Roland》フランス最古の武勲詩。作者未詳。1050年ごろの成立と推定される。フランク王シャルル(カール)大帝のスペイン遠征の帰途、味方の裏切りによる敵軍の奇襲で全滅する後衛部隊の指揮官で大帝の甥(おい)ロランの武勲をうたう。

ろ-り【露里】ロシアの里程の単位。1露里は約1067メートル。

ロリータ〖Lolita〗ナボコフの長編小説。1955年刊。中年の大学教授ハンバートが12歳の少女ドロレス(愛称ロリータ)に理想の女性像を見いだし、倒錯的な愛を注ぐ。「ロリータコンプレックス」などの語を生んだ。

ロリータ-コンプレックス《和 Lolita＋complex》幼女・少女にのみ性欲を感じる異常心理。少女ロリータを愛する男を描いた、ナボコフの小説「ロリータ」による語。ロリコン。

ロリータ-ファッション《和 Lolita＋fashion》少女趣味的ファッションのこと。肩パッドなしで肩を小さくまとめ、袖(そで)ぐりや身頃(みごろ)はほっそりと長く、胸の下で切り替えてゆるやかに広がるロマンチックなスタイルのこと。ナボコフの小説「ロリータ」に由来する語。

ロリーポップ〖lollipop〗棒つきキャンデー。幼児を象徴するものとして用いられることもある。

ロリエ〖(フランス) Laurier〗►ローリエ

ロリ-コン「ロリータコンプレックス」の略。

ロリシフェラ〖Loricifera〗無脊椎(むせきつい)動物の新動物門。デンマークのR＝M＝クリステンセンが1983年に発表。フランスのロスコフ、アゾレス群島、フロリダなどの海底20～30メートルの砂中にすむ体長約230ミクロン、体幅約90ミクロンの微小動物で、体の腹部に大きな6枚の被甲をもっている。

ロリス〖loris〗霊長目ロリス科の一群の哺乳類。子猫大の原猿で、尾はなく、目が大きい。樹上で暮らし、夜行性。動作はふだんは緩慢。昆虫や葉・実などを食べる。東南アジア産のスローロリス、スリランカ産のスレンダーロリスなど。道化猿。のろまざる。けっかい。

ロリポップ〖lollipop〗►ロリーポップ

ろ-りゃく【×鹵×掠】かすめ取ること。

ロルカ〖Lorca〗►ガルシア＝ロルカ

ロルシュ〖Lorsch〗ドイツ南西部、ヘッセン州の都市。世界遺産(文化遺産)に登録されたロルシュ修道院があることで知られる。

ロルシュ-しゅうどういん【ロルシュ修道院】《Reichsabtei Lorsch》ドイツ南西部、ヘッセン州の都市、ロルシュにある修道院の遺構。764年、カロリング朝フランク王国の時代に建造。現在は「王の門」のみが残る。ロマネスク以前のカロリング朝の建築様式を伝える建造物として知られ、1991年に「ロルシュの王立修道院とアルテンミュンスター」の名で世界遺産(文化遺産)に登録された。

ロルトゥン-しょうにゅうどう【ロルトゥン鍾乳洞】《Grutas de Loltun》メキシコ、ユカタン半島最大級の鍾乳洞。メリダの南約80キロメートルに位置する。紀元前9000～6000年頃の石器や、絶滅した大型哺乳類の骨などが発見された。

ロレーヌ〖Lorraine〗フランス北東部の地方。鉄の産地で、工業が発達。ドイツ語名ロートリンゲン。➡アルザス-ロレーヌ

ロレーヌ-じゅうじ【ロレーヌ十字】►複十字

ろ-れつ【呂▽律】《「りょりつ」の音変化》物を言うときの調子。言葉の調子。「酔って―が怪しい」
(類語)語調・口調・歯切れ・発音・舌(した)・滑舌(かつぜつ)

呂律が回(まわ)らない 酒に酔った人や小児などの、舌がよく動かず言葉がはっきりしない。「泥酔して―・なくなる」

ろ-れつ【×臚列】〘名〙(スル) 連ね並べること。また、連なり並ぶこと。羅列(られつ)。「半滴の気韻だに帯びざる野卑の言語を―するとき」〈漱石・虞美人草〉

ろれん【呂蓮】狂言。僧に出家を勧められて髪を剃(そ)り、呂蓮と名づけてもらった亭主が、女房にしかられて気が変わり、二人で僧を追い出す。

ロレンス〖David Herbert Lawrence〗►ローレンス

ロレンス〖Ernest Orland Lawrence〗►ローレンス

ロレンス〖Thomas Edward Lawrence〗►ローレンス

ロレンソ〖Lourenço〗[1526～1592]日本人で最初のイエズス会士。日本名未詳。肥前の人。もと、琵琶法師。天文20年(1551)ザビエルより洗礼を受け、宣教活動に従事。高山右近らを改宗させた。

ロレンツェッティ〖Lorenzetti〗イタリア、シエナ派の画家の兄弟。兄ピエトロ(Pietro[1280ころ～1348ころ])・弟アンブロージオ(Ambrogio[1285ころ～1348ころ])。兄は劇的な画風、弟はおおらかで人間味豊かな画風を特色とするが、ともに自然主義的な描写と遠近法表現を追求。

ロロ〘Rollo〙[860ころ〜933]ノルウェーのバイキングの首領。北フランス沿岸に侵攻し、911年、西フランク王シャルル3世から初代ノルマンディー公に封じられた。以後キリスト教に帰依して定着した。

ろ-ろん【魯論】魯国に伝わっていた論語。20編。現在の論語の系統は、これと古論・斉論をあわせたもの。➡古論 ➡斉論

ろ-わ【露和】ロシアと日本。また、ロシア語と日本語。

ロワール-がわ【ロワール川】ｶﾞﾊ《Loire》▶ロアール川

ロワール-けいこく【ロワール渓谷】《Val de Loire》▶ロアール渓谷

ロワイヤル〘ﾌﾗﾝｽ royale〙卵とブイヨンを合わせて蒸し、卵豆腐のように固めたもの。トマトやグリンピースなどで色づけしたものもある。スープの浮き実に用いる。

ろわ-じてん【露和辞典】ロシア語の単語・熟語・句などに、日本語で訳や説明をつけた辞典。

ろん【論】❶物事の筋道を述べること。また、その述べたもの。意見。「―の立て方がおかしい」「―が分かれる」「人生―」❷意見をたたかわすこと。議論。論議。「―の外ほかだ」「水掛け―」❸インドの仏教学者が著した教義の綱要書。論書。また、教義の注釈などをした文献。論蔵。❹漢文の文体の一。自分の意見を述べる文。➡漢「ろん(論)」

(類語)意見・説・所論・所説・持論・持説・言説・談義・議論・論議・主張・見解 (尊敬)高論・高説・高見 (謙譲)愚論・愚説・卑見・愚見・私見

論より証拠 あれこれ論じるよりも証拠を示すことで物事は明らかになるということ。

論を俟またない 自明であって、論じるまでもない。当然である。「彼の主張が正しいことは―・ない」

ロン「ロンホー」の略。

ろん-い【論意】論じていることの主意。論旨。

ろん-か【論過】ｸﾜ ❶▶偽推理ぎすいり ❷ひととおり論じること。

ろん-がい【論外】ｸﾞﾜｲ〔名・形動〕❶当面の議論に関係のないこと。議論の範囲外。「他の事情は―に置く」❷論じる価値もないこと。もってのほかで話にならないこと。また、そのさま。「金を返さないなんて―な奴やつだ」「―な(の)発言」(類語)問題外・問題にならない・ナンセンス・コンマ以下

ろん-かく【論客】「ろんきゃく(論客)」に同じ。

ロンガン〘longan〙ムクロジ科の常緑小高木。果肉は白色、多汁で美味。竜眼。

ろん-ぎ【論議|論義】〔名〕ｽﾙ ❶互いに意見を述べて理非を論じ合うこと。「―を尽くす」「―を呼ぶ」「健康法について―する」❷仏語。㋐教義を明らかにするために問答すること。また、それが形式化された儀式。法会のほか、法楽などのためにも行われる。㋑十二分経の一。教義の解説や注釈をした書。優婆提舎うばだいしゃ。❸声明しょうみょうの一種。❷が形式化され、一定の唱え方が定められたもの。❹(ふつう「ロンギ」と書く)能で、地謡じうたいもしくはワキやツレとシテが問答形式で交互に謡い合う部分。また、その謡。

(類語)議論・論・論争・論戦・討論・討議・詮議・評議・対論・ディスカッション・ディベート・ポレミック

ろん-きつ【論詰】〔名〕ｽﾙ 問い詰めること。論じなじること。「舌鋒鋭く―する」

ろん-きゃく【論客】好んで議論をする人。また、何事に関してもひとかどの意見をもち、それを堂々と述べたてる人。議論家。ろんかく。

(類語)一言居士・うるさ型・論者・理論家・理屈屋

ろん-きゅう【論及】ｷﾌ〔名〕ｽﾙ 論じてそのことにまで言い及ぶこと。「細部にまで―する」

(類語)言及・触れる・論ずる

ろん-きゅう【論究】ｷｳ〔名〕ｽﾙ ある物事を論じきわめること。深く十分に論じること。「ロマン主義の本質を―する」(類語)研究・考究・討究・探究・講究・攻究・分析 (―する)究める

ろん-きょ【論拠】議論のよりどころ。議論・論証の根拠。「―を示す」「―に乏しい」

ロング〘long〙❶物の長さ・距離・時間・期間などが長いこと。「―シート」「―ドライブ」「―タイム」⇔ショート。❷卓球で、コートから離れて距離の長い打球を送る打法。❸「ロングスカート」「ロングヘア」「ロングショット」などの略。(類語)長い・長大

ロング-アイアン〘long iron〙ゴルフのクラブで、1番から3番までのアイアンの総称。➡ショートアイアン ➡ミドルアイアン

ロング-アイランド〘Long Island〙米国ニューヨーク州の大西洋岸にある東西に長い島。西端部はニューヨーク市に属し、住宅地。海浜保養地コニーアイランドやJ=F=ケネディ国際空港などがある。

ロング-アイレリーフ〘long eye relief〙▶ハイアイポイント

ロング-シート〘long seat〙バスや鉄道車両で、進行方向に対して平行に細長く設備された座席。⇔クロスシート。

ロング-シュート〘long shoot〙サッカー・バスケットボールなどで、ゴールから遠距離の地点で放つシュート。

ロング-ショート〘long short〙テニスの打法の一。バウンドしたボールが落下する前に、ラケットでボールを押さえるように直角にあてて打つこと。

ロング-ショット〘long shot〙❶写真・映画などで、被写体を遠くから撮影すること。また、その画面。遠写し。❷ゴルフで、ボールを遠距離へ打つこと。長打。

ロング-スカート〘long skirt〙丈たけの長いスカート。ロンスカ。

ロング-ステイ《和 long＋stayから》海外滞在型余暇。商標名。(補説)英語の「long-stay」は「長期入院の」の意味。

ロング-スリーパー〘long sleeper〙1日の睡眠時間が9時間以上の人のこと。➡ショートスリーパー

ロング-セラー《和 long＋seller》人気があり長期にわたってよく売れる商品。(類語)ベストセラー

ロング-ターム-エボリューション〘long term evolution〙▶エル-ティー-イー(LTE)

ロング-ティーシャツ〘long T-shirt〙長袖のTシャツ。ロングスリーブTシャツ。

ロングテール-げんしょう【ロングテール現象】ｹﾞﾝｼﾔｳ《ロングテールは長い尻尾の意。商品を売上高の多い順に並べたグラフの形から》インターネットを使った商品販売で、単独では多くの販売量を期待できない商品であっても多品種を少量ずつ販売することで収益を上げられるという現象。人気のある少数の主力商品だけでなく、これまで切り捨てられてきた商品にも注目が集まるようになった。

ロング-トーン〘long tone〙金管楽器や歌唱のトレーニング方法の一。一定の高さの音や声を、できるだけ長くのばして発すること。

ロング-ドライブ〘long drive〙19世紀後半、米国の西部で、カウボーイが牛の群れを放牧地から遠隔の鉄道沿線の町まで誘導した輸送作業。

ロング-ドリンクス〘long drinks〙時間をかけてゆっくり飲む、洋風の混合した飲料の総称。パンチ・エッグノッグなど。⇔ショートドリンクス。

ロングトルソー-ルック〘long torso look〙《long torsoは、長い胴の意》ローウエストにして胴を長くみせ、そこに美しさを出そうとするスタイルのこと。

ロング-トン〘long ton〙▶トン❶㋑

ロング-パスタ《和 long＋pasta(ｲﾀﾘｱ)》細長い形のパスタ。スパゲッティ、タリアテッレ、リングイネ、カッペリーニなどがある。➡ショートパスタ

ロング-ビーチ〘Long Beach〙米国カリフォルニア州南部、太平洋に面する港湾都市。ロサンゼルスの南にあり、石油・造船・航空機などの工業が発達。観光・海浜保養地としても知られる。

ロング-ヒット〘long hit〙▶長打ちょうだ

ロングフェロー〘Henry Wadsworth Longfellow〙[1807〜1882]米国の詩人。健全な人生観を平明な表現でうたいあげた。ダンテの「神曲」の英訳でも知られる。作「人生の讃歌」「エバンジェリン」など。

漢字項目 ろん

【▽乱】▶らん

論 (学)6 (音)ロン(呉)(漢) (訓)あげつらう ‖ ①筋道を立てて述べる。事の理非を述べたてる。「論議・論及・論拠・論証・論争・論点・論評・論文・論理／議論・激論・口論・水論・争論・談論・討論・駁論ばくろん・反論・弁論・無論・勿論もちろん」②筋を通した意見。見解。「異論・各論・空論・結論・言論・国論・持論・時論・世論・正論・総論・卓論・謬論びゅうろん・評論・暴論・本論・理論」③学説。理論。「観念論・認識論」④漢文の文体の一。主張を述べる文。「論賛」⑤論語のこと。「論孟ろんもう／魯論ろろん」⑥仏教で、三蔵の一。「論師ろんじ／三論」⑦「論文」の略。「修論・卒論」(名付)とき・のり (難読)梵論ぼろ・目論見もくろみ・目論むもくろむ

ロングフライト-けっせんしょう【ロングフライト血栓症】ｹｯｾﾝｼﾔｳ ▶エコノミークラス症候群

ロング-ヘア〘long hair〙長い髪の毛。また、長く伸ばした髪形の総称。⇔ショートヘア。

ロング-ホール〘long hole〙ゴルフで、ホールの距離に応じて定められた基準打数が5または6のホール。➡ショートホール ➡ミドルホール

ロング-ポジション〘long position〙金融資産を保有している状態。先物で買付の予約を行っている状態。買い持ち。➡ショートポジション

ロングライフ-ミルク〘long-life milk〙▶LL牛乳

ロング-ラン〘long run〙演劇・映画などの長期間の興行。

ロングラン-システム〘long-run system〙演劇・映画などで、一つの作品を長期にわたって興行する形態。

ロング-レール〘long rail〙1本が200メートル以上のレール。

ろん-けつ【論決】〔名〕ｽﾙ 論じ合って決めること。

(類語)評決・議決・裁決・決議・決定・議定

ろん-けつ【論結】〔名〕ｽﾙ 議論の結末をつけること。論じ合って結論を出すこと。

ロンゲット-ファッション《和 longuette(ﾌﾗﾝｽ)＋fashion longuetteは、ほっそりした、細長い、の意》ふくらはぎ丈や、くるぶし丈までの長い丈の細身のシルエットを特徴とするファッションのこと。

ろんご【論語】中国の思想書。20編。孔子没後、門人による孔子の言行記録を、儒家の一派が編集したもの。四書の一。処世の道理、国家・社会的倫理に関する教訓、政治論、門人の孔子観など多方面にわたる。日本には応神天皇の時代に百済くだらを経由して伝来したといわれる。

論語読みの論語知らず 書物に書いてあることを知識として理解するだけで、それを生かして実行できない人をあざけっていう。

ろん-こう【論功】功績の有無・程度を論じて決めること。

ろん-こう【論考|論×攷】ｶｳ〔名〕ｽﾙ 論じ考察すること。また、その書かれた文章。「近代文学を―する」

ろん-こう【論稿】ｶｳ 論文の原稿。また、論文。

ろんこう【論衡】ﾛﾝｶｳ 中国、漢代の思想書。30巻85編。1編を欠く。後漢の王充著。迷信の打破、天人相関説をとる漢代儒教の不合理性の批判、実用的な創造性のある文学の要求などを論じたもの。

ろんこう-こうしょう【論功行賞】ｶｳｼﾔｳ 功績を論じ、その程度に応じて賞を与えること。

ろん-こく【論告】〔名〕ｽﾙ 刑事裁判において、証拠調べが終わったのち、検察官が事実および法律の適用について意見を陳述すること。「―求刑」

ろんごしっかい【論語集解】中国、三国時代の「論語」の注釈書。10巻。魏ぎの何晏かあん編。「論語」の注釈書として完全に残る最古のもので、漢・魏の諸家の説を集成している。

ろんご-よみ【論語読み】論語を読むこと。また、その人。

ロンコロ-じょう【ロンコロ城】ｼﾞﾔｳ《Castel Roncolo》

イタリア北東部、トレンティーノアルトアディジェ自治州の都市ボルツァーノ北郊にある城。サレンティーナ渓谷を望む高台に位置する。13世紀に建造。「トリスタンとイゾルデ」「アーサー王と円卓の騎士」など、騎士物語を描いたフレスコ画が多数残っている。

ロンサール〘Pierre de Ronsard〙［1524～1585］フランスの詩人。プレイヤードの指導者としてフランス詩の改革に貢献した。叙情詩集「オード四部集」、叙事詩「ラ＝フランシアード」など。

ろん-さく【論策】時の政治や時事問題などについて方策を述べた文章。

ろん-さん【論賛】〔名〕スル ❶人の徳行や業績などを論じたたえること。❷史伝の終わりに著者が書き記した史実に対する論評。

ろん-さん【論×纂】議論して編纂すること。また、論文を集めた書物。

ろん-し【論旨】論文・議論の主旨。議論の筋道。
(類語)主旨・趣旨・要旨・大意・要約・摘要・レジュメ・ダイジェスト

ろん-じ【論師】論蔵を学び、これに精通した人。

ロンジー〘ビルマ lungi〙《「ルンギー」とも》インド・パキスタン・ミャンマーで、ターバン・スカーフ・腰布として用いる布。

ろん-しき【論式】論理学で、三段論法を構成する三つの判断のそれぞれの量（全称・特称）と質（肯定・否定）の違いによって決まる三段論法の形式。式。

ろん-しゃ【論者】《「ろんじゃ」とも》論ずる人。議論を好む人。

ロンシャン-きゅう【ロンシャン宮】《Palais Longchamp》フランス南部、ブーシュ-デュ-ローヌ県、地中海に面する港湾都市マルセイユの、旧市街東部高台にある宮殿。元は19世紀建造の給水施設だったが宮殿が増築され、現在は美術館と自然博物館になっている。設計はノートルダム-ド-ラ-ガルド大聖堂と同じくニーム出身の建築家アンリ＝エスペランデュー。

ロンシャン-きょうかい【ロンシャン教会】《La Chapelle de Ronchamp》➤ノートルダム-デュ-オー礼拝堂

ろん-しゅう【論宗】特定の論書をよりどころとして開いた宗派。三論宗・法相宗・成実宗・倶舎宗などの諸宗。➡経宗

ろん-しゅう【論集】論文を集めてまとめた書物。論文集。

ろん-じゅつ【論述】〔名〕スル 論じ述べること。また、その述べたもの。「国際情勢を―する」

ろん-しょう【論証】〔名〕スル ある与えられた判断が真であることを妥当な論拠を挙げて推論すること。その論拠が公理・公準などか、または経験的事実かによって演繹的・帰納的の別があり、また帰謬法によるか否かによって間接的・直接的の別がある。証明。立証。(類語)立証・証明・弁証・明証・例証・挙証・証する・証す・裏付ける・証拠立てる

ろんしょう-てき【論証的】〔形動〕論理的に判断・推理を重ねて結論などを導くさま。比量的。論弁的。「―な思考方法」

ろん-じる【論じる】〔動ザ上一〕「ろん（論）ずる」（サ変）の上一段化。「事の是非を―・じる」

ろん-じん【論陣】議論や弁論をするときの論の組み立て。「―を張る」(補説)「論戦を張る」は誤り。➡論陣を張る(補説)

論陣を張・る　論理を組み立てて議論を展開する。「教授陣を相手に堂々と―・る」(補説)文化庁が発表した平成19年度「国語に関する世論調査」では、本来の言い方である「**論陣を張る**」を使う人が25.3パーセント、間違った言い方「**論戦を張る**」を使う人が35.0パーセントという逆転した結果が出ている。

ロン-スカ「ロングスカート」の略。

ろん・ずる【論ずる】〔動サ変〕文ろん・ず〔サ変〕❶筋道を立てて述べる。「現代文学について―・ずる」「環境問題を―・ずる」❷互いに意見をたたかわす。論争する。また、言い争う。「夜を徹して―・ずる」❸（多く打消しの語を伴う）取りたてて問題にする。問う。「―・ずるに足りない」「貴賤を―・ぜず」
(類語)議論する・論議する・論及する・討議する・議する・あげつらう・述べる

論ずる物は中から取れ　相争っているときは、第三者がそれを取ってしまえ。または、二人の間を調停せよ。「昔より―といふ。是は身共が取ってのくぞ」〈虎寛狂・茶壺〉

ろん-せつ【論説】物事の是非を論じたり解説したりすること。また、その文章。特に、新聞の社説など、時事的な問題について論じ述べたものにいうことが多い。(類語)評論・論評・解説・批評・コメント

ろんせつ-いいん【論説委員】報道機関で、論説を担当する人。

ろん-せん【論戦】〔名〕スル 互いに議論をたたかわせること。「激しい―を繰り広げる」(補説)「論陣を張る」との混同で、「論戦を張る」とするのは誤り。
(類語)論争・争論・論判

ろん-そう【論争】〔名〕スル 互いに言い争うこと。「人類の起源について―する」
(類語)論戦・議論・論議・争論・ポレミック

ろん-そう【論×叢】論文を集めたもの。論集。

ろん-ぞう【論蔵】《梵 abhidharmaの訳。阿毘達磨などと音写》仏語。三蔵の一。仏法の教義についての聖賢の議論や所説を集録した聖典類。

ロンダ〘Ronda〙スペイン南部、アンダルシア州の町。標高750メートルの山中、グアダレビン川が深く刻む渓谷の台地の上にある。新市街と旧市街は高さ150メートルもの断崖で隔てられ、18世紀の石造橋ヌエボ橋が架かる。近代闘牛を創始したフランシスコ＝ロメロの生地で、スペイン最古の闘牛場の一がある。

ろん-だい【論題】論ずる主題。議論や論文の題目。(類語)話題・トピック・題目・主題・本題・テーマ・題材・問題・案件・件・一件・懸案・課題・論点・争点・プロブレム

ロンダリング〘laundering〙（不正な金の）洗浄。➡マネーローンダリング

ろん-だん【論断】〔名〕スル 論じて判断・結論を下すこと。「謬見であると―する」(類語)判断

ろん-だん【論談】〔名〕スル 物事の是非・善悪を論じ述べること。また、論じ談話すること。

ろん-だん【論壇】❶意見を述べるための壇。議論をたたかわせる場所。❷批評家や評論家などの社会。言論界。(類語)ジャーナリズム・学界

ろんだん-し【論壇誌】時事問題に関する評論・論文を中心に掲載する雑誌。

ろん-ちょ【論著】〔名〕スル 論文を書き著すこと。また、その著述。「学術論文を―する」

ろん-ちょう【論調】議論の調子。議論の立て方・傾向。「鋭い―で批難する」「新聞の―」
(類語)口調・語調・語気・語り口・歯切れ・呂律

ろん-てい【論定】〔名〕スル 論じて決めること。論じて決定・規定すること。「事の是非を―する」

ろん-てき【論敵】論争・議論の相手。

ろん-てん【論点】議論の中心となる問題点。「―から外れる」(類語)問題・争点・ポイント・論題・テーマ

ろんてんせんしゅ-の-きょぎ【論点先取の虚偽】論理学で、論証においてそれ自身証明を必要とする命題を前提として採用するところから生じる虚偽。循環論証の虚偽、先決問題要求の虚偽、不当仮定の虚偽など。

ろんてんそうい-の-きょぎ【論点相違の虚偽】論理学で、論証すべき事柄と多少とも類似しているか関係ある事柄を論証することで、真の証明ができたとする虚偽。対人論証など。論点無視の虚偽。

ロンド〘イタ rondo〙主題が、異なった楽想の挿入部を挟んで何度か繰り返される形式の楽曲。ソナタや協奏曲の終楽章などに用いられる。回旋曲。

ロンドー〘フラ rondeau〙❶フランスの詩の形式の一。13世紀から15世紀に流行。循環句法。❷フランスの歌曲の形式の一。中世からルネサンス時代に流行し、歌詞・メロディーに同一のものが規則的に繰り返されるもの。

ロンドニア〘Rondônia〙ブラジル北西部の州。大半がセルバス（アマゾン熱帯雨林地帯）に占められる。州都はポルト-ベリョ。ホンドニア。

ロンドン〘Jack London〙［1876～1916］米国の小説家。野性をテーマに動物を主人公とした作品や、社会小説を書いた。作「荒野の呼び声」「白い牙」など。

ロンドン〘London〙グレートブリテンおよび北部アイルランド連合王国（英国）の首都。イングランド南東部に位置し、テムズ川下流の両岸にまたがる。中心部のシティーには銀行・取引所などがあり、世界経済の一大中心。これを取り巻いて繁華街のウエストエンド、政治の中心のウエストミンスターなどからなるインナー-ロンドンが都心部をなし、さらにアウター-ロンドン地域まで含めて大ロンドンとよぶ。11世紀の征服王ウィリアム1世以来の首都。セントポール寺院・バッキンガム宮殿・ウエストミンスター寺院・国会議事堂・ロンドン塔など歴史的建造物が多い。人口、行政区828万（2001）。(補説)「倫敦」とも書く。

ロンドン-アイ〘London Eye〙英国の首都ロンドン、テムズ川南岸のサウスバンクにある直径135メートルの大観覧車。1999年末開業。建設当時は世界一の大きさを誇った。BAロンドンアイ。

ロンドン-かいぎ【ロンドン会議】ロンドンで開かれた国際会議。㊀1829年、ギリシャの独立を認めた会議。㊁1831年、ベルギーの独立を認めた会議。㊂1867年、ルクセンブルクの独立を認めた会議。㊃➤ロンドン軍縮会議

ロンドンぎんこうかんとりひき-きんり【ロンドン銀行間取引金利】➤ライボー（LIBOR）

ロンドン-ぐんしゅくかいぎ【ロンドン軍縮会議】1930年、ロンドンで開かれた日本・イギリス・アメリカ・フランス・イタリア5か国（フランス・イタリアは途中脱退）による海軍軍備制限のための会議。ロンドン海軍条約が締結され、主力艦以外の補助艦を一定の比率で制限することを決定。日本はイギリスやアメリカの約7割の補助艦を保有することになったが、国内では軍部が激しく反対し、統帥権干犯問題を引き起こした。

ロンドン-げんゆさきものしじょう【ロンドン原油先物市場】➤ロンドン国際石油取引所

ロンドン-こくさいきんゆうさきものとりひきじょ【ロンドン国際金融先物取引所】➤ライフ（LIFFE）

ロンドン-こくさいせきゆとりひきじょ【ロンドン国際石油取引所】原油・天然ガスなどエネルギー関連の先物・オプション取引市場。1970年代に中東地域の政情が不安定化し原油価格が高騰したことから、需要が急増した非OPEC産原油を扱う先物取引市場として1981年に開設。原油価格の国際的な指標の一つであるブレント原油先物が上場されている。2001年、インターコンチネンタル取引所（ICE）に買収され、ICEフューチャーズヨーロッパに名称を変更。ロンドン原油先物市場。IPE（International Petroleum Exchange）。

ロンドン-じょうやく【ロンドン条約】《「1972年の廃棄物その他の物の投棄による海洋汚染の防止に関する条約」の略称》廃棄物その他の海洋投棄の規制を目的とする国際条約。1972年採択、75年発効。日本は80年に批准。海洋投棄規制条約。LDC（London Dumping Convention）。(補説)1972年の条約では、水銀・カドミウム・放射性廃棄物など特定の物質についてのみ投棄を禁止したが、96年に規制を強化する議定書が採択され、産業廃棄物の海洋投棄を原則禁止とし、浚渫物・下水汚泥・魚類加工かすなど一部の品目に限って厳格な条件下で投棄が許可される。➡海洋投棄

ロンドン-ストライプ〘London stripe〙シャツなどに使われる生地の縞柄の一種。地と縞の幅が等間隔に並んでストライプを形成したもの。

ロンドンたいか-きねんとう【ロンドン大火記念塔】《Monument to the Great Fire of London》英国のロンドン、シティーにある高さ約62メ

ートルの塔。1666年のロンドン大火とその後の復興を記念し、建築家クリストファー＝レンの設計により1677年完成。上部の展望台からは市街を一望できる。
ロンドン-だいがく【ロンドン大学】《University Of London》ロンドン市にある大学。1836年、ユニバーシティーカレッジとキングズカレッジが合併して開校。当初は学生の試験と学位授与の機関であったが、1900年に一般の教育機能をもつ大学となった。
ロンドン-タイムズ〖London Times〗英国の代表的な新聞、「タイムズ」の通称。➡タイムズ
ロンドンデリー〖Londonderry〗英国、北アイルランド北西部の港湾都市。フォイル川の河口近くにあり、綿織物・造船などの工業が発達。デリー。
ロンドン-とう【ロンドン塔】ロンドンのテムズ川北岸にある城砦。11世紀後半にウィリアム1世が造営。歴代のイングランド王が王宮としたが、のち国事犯の牢獄・処刑場とされた。現在は博物館。1988年、世界遺産(文化遺産)に登録された。
ロンドン-ドックランズ〖London Docklands〗►ドックランズ
ロンドン-パープル〖London purple〗アニリン色素を製造する過程で生じる紫色粉末。農薬などに用いられる。
ロンドン-ばし【ロンドン橋】ロンドン市内、テムズ川に架かる橋。交通の要衝。「ロンドン橋落ちた」の童謡で知られるように、かつて何度か倒壊していたことがある。ロンドンブリッジ。
ロンドン-ブーツ《和 London＋boots》ヒールの高いロングブーツのこと。ロンドンの若者から流行したことから、この名前がある。
ろん-な-し【論無し】〘形ク〙言うまでもない。論じるまでもない。多く、「ろんなく」「ろんなう」の形で、連用修飾に用いる。「―・うさやうにぞあらむと」〈かげろふ・上〉
ろん-なん【論難】〘名〙スル 相手の誤り・欠点などを論じて非難すること。「認識不足を―する」
(類語)非難・論詰・批判・攻撃・難ずる・あげつらう・槍玉に挙げる
ろん-にん【論人】中世、訴訟の被告。➡訴人
ろん-ぱ【論破】〘名〙スル 議論をして相手の説を破ること。「対立する意見を―する」
(類語)遣り込める・言い負かす
ロンパース〖rompers〗上下が一続きになった子ども用の遊び着。ブルーマーにつりひもをつけた形や上着と続けた形がある。ロンパス。
ロンバード-がい【ロンバード街】《Lombard》ロンドンの中心地シティーにある、銀行・証券会社などの並ぶ金融街。転じて、ロンドンの金融市場。ニューヨークのウォール街と並び称される。
ロンバード-レート〖Lombard rate〗有価証券担保貸付金利。ドイツ連銀の金融政策の柱の一つ。政策金利の上限で、基準割引率および基準貸付利率(公定歩合)より1、2パーセント高く設定される。同様の金融政策として平成13年(2001)に日銀が導入したロンバード型貸出制度がある。
ロンパー-ルーム〖romper room〗子どもの遊び部屋。
ろん-ばく【論×駁】〘名〙スル 相手の論や説の誤りを論じて攻撃すること。「反証をあげて―する」
ロン-パリ《一方の目はロンドンを、他方の目はパリを見ている、の意から》斜視を俗にいう。
ロンバルディア〖Lombardia〗イタリア北部の州。国内最大の人口を擁し、州都ミラノを中心に鉄鋼・化学・製紙工業などが盛ん。6世紀にはランゴバルド王国が栄えた。クレモナ県・コモ県・ソンドリオ県・パビア県・バレーゼ県・ブレシア県・ベルガモ県・マントバ県・ミラノ県・モンツァ-エ-ブリアンツァ県・レッコ県・ローディ県がある。
ロンバルディア-じょう【ロンバルディア城】《Castello di Lombardia》イタリア南部、シチリア島、シチリア自治州の都市エンナにある城。13世紀に神聖ローマ皇帝フリードリヒ2世(シチリア王フェデリコ1世)がアラブ人の要塞跡に建造。続いてシチリア王フェデリコ2世が改築した。同島における最も重要な軍事建築の一として知られる。一時期は20もの塔が建っていたが、現在はそのうち六つが残っている。最も保存状態がよいピサの塔は展望台になっており、エンナの旧市街を一望できる。
ロンバルディア-へいげん【ロンバルディア平原】《Pianura Lombarda》イタリア北西部にある平原。日本では、北イタリアに広がるポー川、アディジェ川流域のパダノベネタ平原を指すこともあるが、狭義にはポー川中流部の北岸地域、ロンバルディア州内の平野部を指す。肥沃な平地で小麦などの栽培が盛ん。ミラノを中心に同国最大の工業地帯を形成する。
ロンバルト〖Lombard〗►ランゴバルド
ろん-ぱん【論判】〘名〙スル《「ろんばん」とも》❶論じて是非を判じること。「―を下す」❷是非を論じ争うこと。論争。議論。「激しく―する」
ろん-ぴょう【論評】〘名〙スル ある物事の内容・結果などを論じ、批評すること。また、その文章。「―を加える」「―を避ける」「事件を公式に―する」
(類語)批評・評論・論説・評・講評・コメント・レビュー
ロンブローゾ〖Cesare Lombroso〗[1836～1906]イタリアの精神医学者。犯罪者は生来的素質によると主張。犯罪人類学を創始した。著「犯罪人論」など。
ろん-ぶん【論文】❶論議する文。筋道を立てて述べた文。❷学術的な研究の結果などを述べた文章。「博士―」(類語)レポート
ろんぶん-しけん【論文試験】論題を与えて論文を書かせ、それを評価する試験。
ろん-べん【論弁】〘名〙スル ❶(「論辨」とも書く)論じて物事の理非や区別を明らかにすること。「時代小説と歴史との区別を少しく―する所あるべし」〈逍遥・小説神髄〉❷(「論辯」とも書く)意見・主張を述べること。また、その意見。弁論。
ろん-ぽう【論法】議論を進めていく筋道の立て方。論理の運び方。「強引な―で押す」「三段―」
(類語)論理・理路・理屈・議論・弁証・ロジック
ろん-ぽう【論×鋒】議論のほこ先。また、議論の勢い。「鋭い―で切り込む」
ロンホー【栄和】《中国語》マージャンで、他家の捨てた牌で上がること。ロン。
ロンメル〖Erwin Rommel〗[1891～1944]ドイツの軍人。第二次大戦中、北アフリカ戦線で活躍、「砂漠の狐」と呼ばれた。のちヒトラー暗殺計画に連座して自殺。
ろん-もう【論孟】「論語」と「孟子」の2書を合わせていう語。
ろん-り【論理】❶考えや議論などを進めていく筋道。思考や論証の組み立て。思考の妥当性が保証される法則や形式。「―に飛躍がある」❷事物の間にある法則的な連関。❸「論理学」の略。
(類語)(❶❷)理・理合い・道理・事理・条理・理屈・筋・筋道・道筋・辻褄・理路・論法・推理・純理・理法・ロジック・理論・原理・公理・プリンシプル
ロンリー〖lonely〗〘形動〙ひとりぼっちであるさま。さびしいさま。「―な夜」
ろんり-えんざん【論理演算】《logical operation; logical connection》記号論理学の定義に従って論理式を演算し、推論・判断などの真偽を求めること。四則演算以外の、論理積・論理和・否定などを求める演算。論理計算。ブール代数の基本演算なのでブール演算ともいう。
ろんりえんざん-そし【論理演算素子】►論理素子
ろんり-かいろ【論理回路】《logic circuit》論理演算を行う、コンピューターなどの電気回路。電流が流れれば真、流れなければ偽などと対応させる。論理和(オア)回路・論理積(アンド)回路・否定(ノット)回路・排他的論理和(エックスオア)回路・否定論理和(ノア)回路・否定論理積(ナンド)回路などのほか、それらを組み合わせたものもある。
ろんり-がく【論理学】正しい思考過程を経て真の認識に達するために、思考の法則・形式を明らかにする学問。伝統的なものはアリストテレスによって体系化され、スコラ学に受け継がれた形式論理学。現代においては記号と数学的演算を使用して思考をより厳密化しようとする記号論理学が成立。一方、対象を客観的に認識する能力としての思考を取り扱うものにカントの先験的論理学がある。ヘーゲルはこれを弁証法的論理学に発展させた。
ろんり-がた【論理型】►ブール型
ろんり-きごう【論理記号】記号論理学で、論理式を構成するのに用いる記号。論理積の「∧」、論理和の「∨」、否定の「～」など。存在記号の「∃」、全称記号の「∀」を含めることもある。論理演算子。
ろんり-けいさん【論理計算】►論理演算
ろんり-ゲート【論理ゲート】《logic gate》►ゲート❺
ろんり-ご【論理語】論理学で、言語の要素のうち、語られる時・所によって変化する実質的な内容に対し、変化しない基本的かつ普遍的な形式的要素。「でない」「かつ」「または」「ならば」および述語論理における「すべて」「ある」など。論理定項。
ろんり-しき【論理式】論理記号を用いていくつかの命題を結び合わせた式。
ろんり-じっしょうしゅぎ【論理実証主義】ウィーン学団に始まった実証主義哲学。マッハの実証主義を受け継ぎ、前期ウィトゲンシュタインの決定的影響のもとに成立した。知識の基礎を経験に求め、形而上学を否定し、哲学の任務は科学において用いられる言語の論理的分析であるとした。➡ウィーン学団
ろんり-しゅぎ【論理主義】哲学で、論理を基にして物事を説明したり主張したりする傾向・立場。❶世界は理または理法をもって成立するとし、この理に基づいて世界を説明しようとする形而上学的立場。❷認識論で、認識や価値・妥当性などの概念の成立を心理的過程としてではなく、論理的根拠を求めて解明しようとする立場。↔心理主義。
ろんり-せき【論理積】《logical conjunction》論理演算の一。二つの命題pとqがどちらも「真」(または「1」)であるときだけ「真」(または「1」)になる、「pかつq」という命題、または演算のこと。合接。連言。AND(アンド)。コンピューターでこのような演算を行う論理回路においては、電流が流れる場合を「真」、流れない場合を「偽」と対応させ、AND回路などと呼ぶ。
ろんりせき-かいろ【論理積回路】《AND circuit》►AND回路
ろんり-そし【論理素子】論理演算を行う論理回路の最小構成要素。IC(集積回路)などの電子素子。基本論理演算素子。論理演算素子。
ろんり-てき【論理的】〘形動〙❶論理に関するさま。「―な問題について書かれた本」❷論理にかなっているさま。きちんと筋道を立てて考えるさま。「―に説明する」「―な頭脳の持ち主」
ろんりてき-とうごろん【論理的統語論】《logical syntax》カルナップの用語。ある言語において用いられている語や文の意味と指示対象を無視し、記号間に成立する関係を考察することによってその言語の構造を明らかにしようとする理論。論理的統辞論。論理的構文論。
ろんりひてい-かいろ【論理否定回路】《NOT circuit》►NOT回路
ろんり-わ【論理和】《logical disjunction》論理演算の一。二つの命題pとqのどちらか一方が「真」(または「1」)であれば「真」(または「1」)となる、「pまたはq」という命題、または演算のこと。両方の命題が「真」であっても成り立ち、包含的論理和ともいう。どちらか一方の命題が「真」であるときだけ成り立つ場合は排他的論理和になる。選言。離接(りせつ)。OR(オア)。コンピューターでこのような演算を行う論理回路においては、電流が流れる場合を「真」、流れない場合を「偽」と対応させ、OR回路などと呼ぶ。
ろんりわ-かいろ【論理和回路】《OR circuit》►OR回路

わ ❶五十音図ワ行の第1音。両唇の間を狭めて発する半母音[w]と母音[a]とから成る音節。[wa] ❷平仮名「わ」は「和」の草体から。片仮名「ワ」は「和」の旁(つくり)「口」の草体から。(補説)片仮名「ワ」の字源は、一説に、「輪」を示す記号「○」を二筆で書いたものからともいわれる。

わ【▽回┆▽曲】 山裾・川・海岸などの曲がりくねった所。「かわわ(川曲)」「うらわ(浦回)」など、多く複合語として用いられる。「あはれしや野焼にもれし峰の一のむら草がくれ雉(きぎす)鳴くなり」〈永久百首〉

わ【和】 ❶仲よくすること。互いに相手を大切にし、協力し合う関係にあること。「人の一」「家族の一」 ❷仲直りすること。争いをやめること。「一を結ぶ」「一を講じる」 ❸調和のとれていること。「大いに身体の一を傷(やぶ)り」〈中村訳・西国立志編〉 ❹ある数や式に他の数や式を加えて得られた結果の数や式。⇔差。➔漢「わ(和)」 (類語)親和・宥和(ゆうわ)・親睦(しんぼく)・懇親(こんしん)・友誼(ゆうぎ)・友愛・連帯・協調・互譲・折り合い

和を講(こう)・ずる 戦争を終結して、和解の協定を結ぶ。講和する。「両国が一・ずる」

わ【×倭┆和】 日本人の住む国。日本のもの。古代、中国から日本を呼んだ名。➔漢「わ(倭・和)」

わ【輪┆▽環】 ❶曲げて円形にしたもの。また、円い輪郭。環(かん)。「鳥が一を描いて飛ぶ」「指一」「花一」 ❷軸について回転し、車を進めるための円形の具。車輪。「荷車の一が外れる」 ❸桶(おけ)などのたが。「桶の一がゆるむ」 ❹人のつながりを❶に見立てていう語。「友情の一を広げる」 ❺紋所の名。円形を図案化したもの。(類語)リング・鐶(かん)・輪っぱ・輪っか
(…語)浮き輪・渦輪・内輪・腕輪・襟輪・面(おも)輪・貝輪・金(かな)輪・唐(から)輪・口輪・首輪・曲(くる)輪・ゴム輪・後(しず)輪・外輪・台輪・知恵の輪・竹(ちく)輪・稚児(ちご)輪・茅(ち)の輪・月の輪・吊(つ)り輪・弦(つる)輪・泣き輪・喉(のど)輪・花輪・鼻輪・埴(はに)輪・吹き輪・前輪・三つ輪・耳輪・指輪・両輪

輪にも葛(かずら)にも掛からぬ 《「葛(かずら)」も桶(おけ)の輪の意》ひどすぎてどうしようもない。手に負えない。箸(はし)にも棒にもかからない。

輪に輪を掛・ける 「輪を掛ける」を強めた言い方。「騒ぎが一・けて大きくなる」

輪を掛・ける 程度をさらにはなはだしくする。「母親に一・けた見えっ張り」

わ【我┆×吾┆和】 ㊀〔代〕一人称の人代名詞。われ。わたくし。「大野山霧立ち渡る一が嘆くおきその風に霧立ち渡る」〈万・七九九〉 ㊁〔接頭〕名詞・代名詞に付く。❶親愛の情を表す。「一おとこ」「一ぎみ」「保つべき様を知らねば、一主の為には益(かひ)あらじ」〈今昔・二七・四〇〉 ❷軽んじあなどる気持ちを表す。「一法師めが、人あなづりして」〈著聞集・一〇〉

わ〔感〕 ❶驚いたときに発する声。わあ。わっ。「一、すてき」 ❷大声で泣いたり笑ったりするときに発する声。「小児の泣く声の一と聞こゆ」〈名語記〉

わ〔終助〕 活用語の終止形に付く。❶主に女性が用いて、軽い決意や主張を表す。「もう忘れてしまった一」「わたしも出席する一」 ❷驚き・感動・詠嘆の意を表す。「まあ、きれいだ一」「水は出ない一、電気は止まる一で、さんざんな目にあった」「散る一散る一、まるで木の葉の乱舞だ」「年がよると物事が苦労になる一」〈滑・浮世床・初〉 (補説)係助詞「は」から生まれたもので、中世後期以降、終助詞として固定した。「わ」の表記は、中世末期ごろから。

わ〔間助〕《上代語》副詞・助詞に付く。念を押したり、相手へ呼びかけたりする意を表す。「うるはしき十羽(とは)の松原童(わらは)どもいざ一出で見む」〈万・三三四六〉

わ【羽】(は)〔接尾〕助数詞。鳥やウサギを数えるのに用いる。「一一」「二一」 (補説)上に来る数詞の末音によって、「ば(三羽)」または「ぱ(六羽・八羽)」ともなる。

わ【把】(ハ)〔接尾〕助数詞。❶束ねたものを数えるのに用いる。「まき五一」「ホウレンソウ一一」 ❷射芸で、矢を数えるのに用いる。矢51筋を1把とする。(補説)上に来る数詞の末音によって、「ば(三把)」または「ぱ(六把・八把)」ともなる。

わあ〔感〕 ❶驚いたり感動したりしたときなどに発する声。わ。わっ。「一、きれいだ」 ❷急に泣くときの声。わっ。「一と泣きだす」 ❸多くの人がいっせいにあげる大声。「一と喊声(かんせい)をあげる」

わあい〔感〕 ❶人をひやかしたり、はやし立てたりするときに発する声。「一、赤くなったよ」 ❷驚いたり喜んだり、気持ちが高まったりしたときなどに発する声。「一、蛇だぞ」「一、やった、やった」

ワーカー〘worker〙 ❶働く人。労働者。❷「ケースワーカー」の略。

ワーカーズ-コレクティブ〘worker's collective〙 消費者運動や市民運動の参加者、生協の組合員などが、共同出資し、自らも労働者となって働く自主管理の事業体。リサイクルショップや、自然食レストラン、無農薬野菜の販売など多くの職種で行われている。生産協同組合。

ワーカホリック〘workaholic〙《work(仕事)とalcoholic(アルコール中毒)との合成語》家庭や自分の健康をなおざりにしてまで、仕事をやりすぎる状態。また、その人。働きすぎの人。仕事中毒。1970年代にアメリカの作家オーツによって作られた語。

ワーキング〘working〙 複合語の形で用い、働く、仕事上の、などの意を表す。「一ビザ(=就労ビザ)」

ワーキング-ウーマン〘working woman〙 女子労働者。働く女性。

ワーキング-ガール〘working girl〙 ❶働く女性。独身のOL。❷売春婦。

ワーキング-グループ〘working group〙 作業部会。特定の問題の調査や計画の推進のため設けられた部会。作業班。ワーキングチーム。WG。

ワーキング-セット〘working set〙 ある実行中のソフトウエアが必要とする物理メモリー領域の総量。

ワーキング-チーム〘working team〙「ワーキンググループ」に同じ。

ワーキング-ディスタンス〘working distance〙 カメラのレンズの先端から被写体までの距離。また、顕微鏡の対物レンズから試料までの距離。作動距離。作業距離。

ワーキング-ディナー〘working dinner〙 仕事の話をしながらとる夕食。

ワーキング-ビザ〘working visa〙 就労ビザ。通常の観光ビザに対し、その国に滞在して働くことを許可されるビザ。

ワーキング-プアー〘working poor〙 フルタイムで働いているが、生活保護水準以下の収入しか得られない人々のこと。賃金が安く生活の維持が困難な就労者層のこと。統計を取るための正式な定義はまだない。働く貧困層。➔ハウジングプアー

ワーキング-ホリデー〘working holiday〙 特に青少年に対し、他国で働きながら休暇を楽しむのを認める制度。通常、観光ビザでの労働は許されないが、青少年が他国の理解を深めることを目的として特別に許可するもの。英連邦諸国の間で始まった制度だが、日本でも取り入れられ、2012年7月現在、オーストラリア(1980年～)・ニュージーランド(1985年～)・カナダ(1986年～)・韓国・フランス(1999年～)・ドイツ(2000年～)・英国(2001年～)・アイルランド・デンマーク(2007年～)・台湾(2009年～)・香港(2010年～)との間で実施されている。ワーホリ。

ワーキング-マザー〘working mother〙 家事・育児と仕事を両立させている母親。

ワーキング-ランチ〘working lunch〙 用談を伴う昼食会。主に政治家・企業重役などが仕事の話をしながら取る昼食。

ワーク〘WARC〙《World Administrative Radio Conference》世界無線通信主管庁会議。国際連合の専門機関ITU(国際電気通信連合)の常設機関。1993年以降は世界無線通信会議(WRC ; World Radiocommunication Conferences)に引き継がれた。

ワーク〘work〙 仕事。作業。また、勉強。研究。「チーム一」「ライフ一」

ワークアウト〘workout〙 練習。また、練習試合。

ワークウエア〘workwear〙 作業服。また作業服の機能的・実用的な感覚を取り入れたカジュアルウエアのこと。

ワーク-キャンプ〘work camp〙 自ら労働を体験しながら現地の人々と交流する国際交流やボランティアの形態。

ワーク-シート〘work sheet〙 ❶学習用の問題プリント。❷表計算ソフトで、作業対象とする画面上の表。行と列とで作られた表。❸作業の予定表。作業計画や作業上の指示などを記入する用紙。また、セミナーなどで、講義の内容を書き込めるように準備された用紙。

ワーク-シェア 《和 work + share》❶仕事の分担。❷「ワークシェアリング」の略。

ワーク-シェアリング〘work-sharing〙《「ワークシュアリング」とも》労働時間の短縮などにより、より多くの人で仕事の総量を分け合うこと。主に、雇用の維持・創出を目的として行われる。➔ジョブシェアリング (補説)目的によって以下のように分類される。

▷ **ワークシェアリングの分類**
雇用創出型:失業者を減らすために労働時間を短縮し、多くの労働者のために雇用機会を作る。
雇用維持型:従業員一人あたりの労働時間を短縮し、社内で仕事を分け合って、一時的な景気悪化や中高年層の雇用確保に対応する。
多様就業対応型:正社員の勤務時間や勤務形態を多様化し、女性や高齢者など、さまざまな就労条件に対応した雇用機会を作る。

ワーク-シュアリング〘work-sharing〙 ▶ワークシェアリング

ワークショップ〘workshop〙 ❶仕事場。作業場。❷参加者が専門家の助言を得ながら問題解決のために行う研究集会。❸参加者が自主的活動方式で行う講習会。

ワークス-チーム〘works team〙 自動車のレースやラリーに参加するチームのうち、製造会社自身が所有・運営するもの。

ワーク-ステーション〘work station〙 高度な処理能力をもつ小型コンピューター。1980年代から90年代前半にかけてUNIX系のオペレーティングシステムを搭載した機種が普及し、科学技術計算、設計、デザイン、大規模な事務処理の分野で利用された。90年代後半から一般的なパソコンの高性能化が進み、明確な区別がなくなりはじめた。

ワークデスク〘workdesk〙 仕事机。

ワーグナー〘Adolf Heinrich Gotthilf Wagner〙 ▶ワグナー

ワーグナー〘Robert Ferdinand Wagner〙 ▶ワグナー

ワーグナー〘Wilhelm Richard Wagner〙 ▶ワグナー

ワーク-パーミット〘work permit〙《「ワークパミット」とも》外国人労働者に与えられる労働許可。

ワーク-ハウス〘work house〙 17～19世紀の英国に設けられた貧困者収容施設。救貧作業場などと訳される。救貧行政の一環として設置された施設で、当初は、収容者に対して仕事と報酬を提供するものであったが、19世紀になると、貧困者救援抑制を目的とした懲罰的な労役を科す施設に変容した。(補説)現在日本では、就労を希望する障害者に対して

働く場を提供し、就労のための知識・能力向上の訓練を行う障害福祉サービス事業所をワークハウスとよぶことが多い。ただしこれは行政が定めた名称ではなく、事業所任意のものである。

ワーク-パミット〘work permit〙▶ワークパーミット

ワーク-ブーツ《working bootsから》作業用の丈夫にできたブーツの一種。鳩目が8〜9個と多く、丈夫なひもで留める形式のもの。くるぶしの上までの深さからふくらはぎの真ん中くらいまでの深さのものまである。現在ではアウトドアからタウンまで広く履かれている。

ワークフェア〘workfare〙勤労を条件として公的扶助を行うべきであるとする考え方。

ワークブック〘workbook〙小・中学校の生徒のために編集された自習用の練習問題集。

ワークフロー〘workflow〙企業における業務の一連の流れ。または、ビジネス上の手続きや処理手順をフローチャートにまとめたもの。

ワーグマン〘Charles Wirgman〙［1832〜1891］英国の画家・ジャーナリスト。1861年(文久元)ごろ、挿画入り新聞の特派員として来日し、横浜に定住。62年、時局風刺の漫画雑誌「ジャパン-パンチ」を創刊。また、高橋由一らに油絵を指導した。

ワーク-ライフ-バランス〘work-life balance〙やりがいのある仕事と充実した私生活を両立させるという考え方。仕事と生活の調和。1990年代のアメリカで生まれたもの。企業はこの実現のために、フレックスタイム、育児・介護のための時短、在宅勤務、テレワークなどを導入している。WLB。

ワーク-ルック《和 work＋look》作業服や事務服などのデザインを一般の服に取り入れたスタイル。

ワーゲマン〘Ernst Wagemann〙［1884〜1956］ドイツの経済学者。1925年ベルリン景気研究所所長となり、資本主義経済機構における景気変動の必然性を説き、統計学的にその予測を行おうとした。著「貨幣理論」「景気変動論」など。

ワースト〘worst〙最低。最悪。また、そのもの。「一記録」「一番組」「一ワン」

ワーズワース〘William Wordsworth〙［1770〜1850］英国の詩人。自然と人間との霊交をうたい、ともに湖畔詩人とよばれたコールリッジとの共著「叙情民謡集」はロマン主義運動に一時期を画した。ほかに自伝的長詩「序曲」など。

ワーディング〘wording〙言葉で表現すること。言葉遣い。言い回し。

ワーテルロー〘Waterloo〙ベルギー中部、ブリュッセルの南東にある都市。1815年、イギリス・プロイセン連合軍がナポレオン1世のフランス軍を撃破した古戦場として知られる。ウォータールー。

ワード〘word〙❶言葉。単語。多く他の語と複合して用いる。「キーー」「クロスー」❷コンピューターで、処理するデータの最小量。いくつかのビットまたはバイトの集まり。語。❸《Word》▶マイクロソフトオフィスワード

ワード-プロセッサー〘word processor〙文書の作成のための、入力・表示・編集・記憶・印字などの機能を備えるコンピューターシステム。1990年代後半以降、ワープロ専用機に代わり、同様の機能をもつパソコン向けのアプリケーションソフト(ワープロソフト)が普及した。ワープロ。

ワード-プロセッシング〘word processing〙コンピューターで、文書の作成・編集を行うこと。

ワード-ラップ〘word wrap〙英欧文の文書作成における、行末処理の方法の一。行末に収まらない長い単語が途中で途切れないよう、次の行に送ることをいう。単語を前後に分割し、ハイフンを挿入することをハイフォネーションという。

ワードローブ〘wardrobe〙衣装戸棚。洋服だんす。また、個人の持ち衣装。

ワーニャおじさん【ワーニャ伯父さん】《原題、ロシア Dyadya Vanya》チェーホフの戯曲。4幕。1897年初演。ロシアの田園で、領地の経営に献身して裏切られた伯父ワーニャと、失恋に傷つきながらも伯父を慰める姪ソーニャの生活を描く。

ワープ〘warp〙〘名〙スル ❶ひずみ。ゆがみ。ねじれ。「スペースー」❷SFで、宇宙空間のひずみを利用して瞬時に目的地に達すること。

ワーファリン　経口抗凝固剤「ワルファリン」の商品名。

ワー-プロ「ワードプロセッサー」の略。

ワープロ-ソフト《word processing softwareから》文書の作成や編集を行うアプリケーションソフトウエア。書体の大きさや種類、行間を調整できるほか、表や図を文書中に埋め込むことができる。

ワー-ホリ「ワーキングホリデー」の略。

ワーム〘worm〙❶ミミズなどの足のない細長い虫。また釣りで、それに似せてつくった軟質プラスチック製のルアー。❷インターネットなどのコンピューターネットワークを通じて自己増殖し、システムにさまざまな不具合をおこす不正プログラム。コンピューターウイルスの一種とも見なされる。コンピューターワーム。

ワーラーナシ〘Varanasi〙▶バラナシ

ワールシュタット-の-たたかい【ワールシュタットの戦い】▶リーグニッツの戦い

ワールド〘world〙世界。「ニューー」

ワールド-カップ〘World Cup〙スポーツ競技の国別対抗の世界選手権大会。サッカー・ラグビー・バレーボールなどで行われる。W杯。

ワールド-クラス〘world-class〙〘形動〙世界一流であるさま。「一の選手」

ワールド-ざひょうけい【ワールド座標系】《world coordinate system》三次元コンピューターグラフィックスの分野で用いられる座標系の一。三次元空間内における物体の位置や移動を表すために、空間全体をXYZ軸で座標系を定義する。世界座標系。グローバル座標系。

ワールド-シリーズ〘World Series〙米国のメジャーリーグで、ナショナルリーグとアメリカンリーグの各優勝チームが7回戦制で行う選手権試合。

ワールド-スケール〘world scale〙石油タンカーの用船契約の基準となる運賃指数。1万9500重量トンタンカー1航海のトン当たりのドル建て採算運賃を算出して、これを100とする。WS。

ワールド-トレードセンター〘World Trade Center〙米国ニューヨーク市にあった高層ビル。7棟のビルのうち2棟は建設当時で世界一の高さを誇り、ツインタワーと呼ばれた。2001年9月11日のテロによって崩壊。世界貿易センター。WTC。➡アメリカ同時多発テロ事件 ➡グラウンドゼロ❷

ワールド-プレミア〘world premiere〙《premiereは、演劇・映画・楽曲の初演の意》映画界で、世界で最初に作品を披露する試写会。

ワールド-ベースボール-クラシック〘World Baseball Classic〙米国のメジャーリーグ機構と選手会が中心となって開催される、野球の国際大会。WBC。(補説)第1回大会は、16の国と地域が参加して2006年に開催。09年に第2回大会が行われた。以降は4年に一度の開催となる。

ワールド-ミュージック〘world music〙世界各地の、特に都市における脱ジャンル的なポピュラー音楽のこと。地域や民族に根ざした音楽性を基盤としつつ他の音楽様式との異種交配も図るなど、外に向かって開かれた方向性をもつ。現代のテクノロジーやメディアの発達とも不可分の関係にある。

ワールド-ロペット〘World Lopet〙《Lopetは、元来スウェーデン語で、ゆっくり走るの意》クロスカントリースキーの国際組織。

ワールドワイド〘worldwide〙〘形動〙世界中に及んでいるさま。世界的。世界中の。「一に活躍するビジネスパーソン」

ワールドワイド-ウェブ〘world wide web〙インターネットで標準的に用いられる情報提供システムの一つ。データ転送プロトコルのHTTP、情報資源の所在を指定するURL、マークアップ言語のHTMLなどの基本技術で構成される。WWW。ウェブ。(補説)webの原義はクモの巣。世界中に情報網が張り巡らされている様子を表したもの。

漢字項目　わ

和　(学)3　(音)ワ(呉)　カ(クヮ)(漢)　オ(ヲ)(唐)　(訓)**やわらぐ、やわらげる、なごむ、なごやか**、あえる、なぐ、なぎ ‖ ㊀〈ワ〉①争いごとがなく穏やかにまとまる。「和解・和合・和平/協和・講和・親和・不和・平和・宥和(ゆうわ)・融和」②やわらいださま。ゆったりとして角立たない。「和気・和光同塵(わこうどうじん)/温和・穏和・緩和・清和・柔和」③性質の違うものがいっしょにとけ合う。「混和・中和・調和・飽和」④声や調子を一つに合わせる。「和韻・和音・和声/唱和」⑤二つ以上の数を合わせたもの。「総和」⑥日本。日本語。「和歌・和裁・和室・和食・和風・和服/英和・漢和」⑦大和(やまと)国。「和州」㊁〈オ〉梵語の音訳字。「和尚(おしょう)」(補説)「和尚」は宗派によって「かしょう」「わじょう」とも読む。(名付)あい・あつし・かず・かた・かつ・かのう・たか・ちか・とし・とも・のどか・ひとし・まさ・ます・むつぶ・やす・やすし・やまと・やわら・よし・より・わたる (難読)和泉(いずみ)・和蘭(オランダ)・和栲(にきたえ)・和毛(にこげ)・和布刈(めかり)・大和(やまと)・和布(わかめ)

(人)**倭**　(音)ワ(呉)(漢)　(訓)やまと ‖ 中国側から日本を呼んだ称。「倭寇(わこう)・倭国・倭人」(難読)倭文(しず)

話　(学)2　(音)**ワ**(慣)　(訓)**はなす、はなし** ‖ ㊀〈ワ〉①はなす。しゃべる。「話術・話法/会話・懇話・手話・対話・談話・電話・独話」②はなし。筋立てて語られたもの。「話題/逸話・佳話・寓話(ぐうわ)・訓話・実話・笑話・神話・説話・挿話・童話・秘話・民話・夜話」③ことば。「官話・白話」㊁〈はなし(ばなし)〉「裏話・小話・昔話・無駄話」

漢字項目　わい

×**歪**　(音)ワイ(漢)　(訓)ゆがむ、ひずむ、いびつ ‖ 曲がって正しくない。ゆがむ。「歪曲・歪力」

×**猥**　(音)ワイ(漢)　(訓)みだら、みだり ‖ ①ごたごたと乱れる。「猥雑」②性に関して節度なく下品なこと。みだら。「猥画・猥褻(わいせつ)・猥談・猥本/淫猥(いんわい)・卑猥」

(人)**隈**　(音)ワイ(漢)　(訓)すみ、くま ‖ ㊀〈ワイ〉奥まった所。すみ。「界隈」㊁〈すみ(ずみ)〉「隈隈/四隈」

賄　(音)**ワイ**(慣)　(訓)**まかなう**、まいなう、まいない ‖ 便宜を得るため不正に贈る金品。「賄賂(わいろ)/収賄・贈賄」

×**穢**　(音)ワイ(漢)　エ(ヱ)(呉)　アイ(慣)　(訓)けがれる、けがす、けがらわしい ‖ ㊀〈ワイ・アイ〉①雑草で荒れる。「蕪穢(ぶあい・ぶわい)」②きたない。けがれる。「汚穢(おわい・おあい)・醜穢(しゅうわい)」㊁〈エ〉けがらわしい。けがれ。「穢土」

ワールブルク〘Otto Heinrich Warburg〙［1883〜1970］ドイツの生化学者。呼吸・酵素反応などに伴うガスの圧力を測定する検圧計を発明し、呼吸作用・光合成・糖代謝などについて多くの業績をあげた。1931年ノーベル生理学医学賞受賞。

ワーレット〘wallet〙▶ウォレット

わあ-わあ〘副〙《「わあ」を重ねた語》❶大声をあげて泣くさま。また、その声を表す語。わんわん。「一(と)泣く」❷やかましく騒ぎたてる声や、そのさまを表す語。わいわい。「一(と)はやしたてる」

ワイ〘Y｜y〙❶英語のアルファベットの第25字。❷〈Y〉《yen》日本の貨幣単位。円。記号は¥。❸〈Y〉《yttrium》イットリウムの元素記号。❹〈y〉数学で、xに次ぐ第2の未知数や、変数・座標などを表す記号。

わい【▽私】〘代〙❶一人称の人代名詞。わし。おれ。「一が話したる」❷二人称の人代名詞。おまえ。われ。「一はあほやな」(補説)京阪地方で用いる。

わい〘終助〙《終助詞「わ」＋終助詞「い」から》活用語の

わ

終止形に付く。感動・詠嘆の意を表す。「ちと飲みすぎた―」「見てはおられん―」「おのれに印可を譲る事ならぬ―」〈伎・幼稚子敵討〉➡い〔終助〕補説「わい」は近世以降男女にかかわらず用いられたが、現在では主に高齢の男性に用いられる。

ワイアシュトラース〘Karl Theodor Weierstrass〙［1815～1897］ドイツの数学者。冪級数を用いて複素数が変数の場合の関数論を基礎づけ、また微分できない連続関数を発見。ワイエルシュトラス。

わいえ【我家】「わぎえ(我家)」の音変化。「―は帷帳をも垂れたるを」〈催馬楽・我家〉

ワイ-エー〘YA〙成人男子用の衣料品のサイズで、胸囲と胴囲の寸法差が14センチの体型を示す。

ワイ-エー〘YA〙《young adult》▶ヤングアダルト

ワイ-エー-エム〘YAM〙《young adult mean》20歳から44歳までの骨密度の平均値。原則として腰椎の骨密度で表す。骨粗鬆症などの判断指標に利用される。若年成人平均値。

ワイ-エー-シー〘YAC〙《Young Astronauts Club》日本宇宙少年団。宇宙科学に興味を持つ子供たちを育てるため、つくば科学万博記念財団が全国から団員を募集し、1986年発足。本部は神奈川県相模原市。

ワイエス〘Andrew Wyeth〙［1917～2009］米国の画家。古典的技法を駆使して、地方の自然や人々を、詩情豊かに郷愁あふれる表現で描いた。作「クリスティーナの世界」など。

ワイ-エッチ〘YH〙《youth hostel》▶ユースホステル

ワイ-エム-シー-エー〘YMCA〙《Young Men's Christian Association》キリスト教青年会。1844年、ロンドンにおいて創立。19世紀末までに世界的組織に拡大。日本では1880年(明治13)東京に創立。キリスト教信仰に基づく青年の社会教育・社会奉仕運動を行う。

ワイエルシュトラス〘Weierstrass〙▶ワイアシュトラース

ワイオミング〘Wyoming〙米国西部の州。州都シャイアン。東部は大平原、西部はロッキー山脈地帯で、牧畜や鉱業が盛ん。ララミー砦の史跡やイエローストーン国立公園などがある。➡表「アメリカ合衆国」

わい-か【×猥歌】卑猥な歌。みだらな歌。艶歌。春歌。

わい-か【×矮化】動植物を、成長抑制剤などで人為的に矮性にすること。また、矮性になること。

わい-が【淮河】中国東部を東流する川。河南・湖北両省の境にある桐柏山地に源を発し、安徽省を貫流、江蘇省の洪沢湖を経て大運河に入り、分流して黄海と揚子江に注ぐ。全長約1000キロ。古くから黄河の流路変化の影響を受け、中下流で洪水が多かったが、治水工事が行われた。淮水。ホワイホー。

わい-が【×猥画】卑猥な絵。春画。

ワイカースハイム〘Weikersheim〙ドイツ中南部、バーデン-ビュルテンベルク州の町。同地方を領有していたホーエンローエ家の城館、ワイカースハイム城がある。ロマンチック街道沿いの町の一。バイカースハイム。

わい-が-ける【▽脇掛ける】〔動カ下一〕《「わきがける」の音変化》ふろしき包みなどを、一方の肩から他方の脇の下にかけて斜めに背負う。「風呂敷―・け旅の僧」〈浄・千本桜〉

わい-かじ【▽脇×舵｜▽脇×楫】《「わきかじ」の音変化》❶和船の左右のふなべりに付ける舵。横風の強いときに補助として用いる。❷▶脇艪

ワイキキ-ビーチ〘Waikiki Beach〙米国ハワイ州、オアフ島南東部のホノルルの海岸。観光・保養地。付近に火山のダイヤモンドヘッドがある。

わい-きょく【×歪曲】〔名〕スル ❶物をゆがめまげること。また、ゆがみまがること。「―した線路」❷事実をわざとゆがめて伝えること。「この報告は事実を―している」類語歪める・改竄

わいきょく-しゅうさ【×歪曲収差】レンズの収差の一。画像が被写体と相似にならず、ゆがんでしまうこと。レンズ周辺部の直線が外側に曲がる樽型歪曲と、内側に曲がる糸巻き型歪曲がある。ディストーション。

わい-く【×矮×軀】背丈の低いからだ。短身。短軀。

わい-ぐん【淮軍】中国、清末の1861年、曽国藩の命を受けた李鴻章が、郷里の安徽省合肥県の団練を組織した郷勇。太平天国軍・捻軍の討伐に功をあげたが、のち清仏戦争・日清戦争に敗れて弱体化した。淮勇。

わい-げん【×猥言】みだらな言葉。猥語。

わい-ご【×猥語】「猥言」に同じ。

ワイ-コン「ワイドコンバーター」の略。

わい-さ【×猥×瑣】〔名・形動〕雑多なくだらないこと。また、そのさま。「日常生活の―な雑事」

わい-ざつ【×猥雑】〔名・形動〕❶ごたごたと入り乱れていること。また、そのさま。「―な裏町」❷みだらで下品なこと。また、そのさま。「大衆雑誌の―な記事」派生わいざつさ〔名〕

ワイ-ざひょう【y座標】直交するx軸・y軸を座標軸とする平面上の点Pからy軸に下ろした垂線の足の原点からの距離。空間の点についても同様のことがいえる。

ワイ-じく【y軸】xとyで表す直交座標の座標軸の縦軸。

ワイじ-バランス【Y字バランス】片足で立ち、もう一方の足を持ち上げたまま両腕を上方に伸ばすポーズ。体全体がYの字の形になる。

ワイ-シャツ《「ホワイトシャツ(white shirt)」から》男子が背広の下に着る台襟・カフス付きのシャツ。

わい-じゅ【×矮樹】丈の低い木。「―林」

わい-しょ【×猥書】「猥本」に同じ。

わい-しょう【×矮小】〔名・形動〕丈が低く形の小さいこと。転じて、こぢんまりしていること。また、そのさま。「―なからだ」「―な考え方」派生わいしょうさ〔名〕類語低い・小さい・小さな・ちっちゃい・ちっぽけ・細かい・低い・寸足らず・ちんちくりん・小作り・小兵・小粒・小柄・小形・小ぶり・卑小

わいしょう-わくせい【×矮小惑星】▶準惑星

ワイじ-ろ【Y字路】《Yの字のように見えることから》「三叉路」に同じ。

わい-じん【×矮人】背丈が低く、からだの小さい人。

矮人の観場《「唐音癸籤」六から。丈の低い人が丈の高い人の後ろで芝居を見物し、舞台が見えないまま、前の人の批評を聞いてそれに同調する意》自分自身の意見を持たず、無定見に人の意見に従うことのたとえ。矮子の看戯。

ワイス〘Peter Weiss〙［1916～1982］スウェーデン国籍のユダヤ系ドイツ語小説家・劇作家。ドイツに生まれ、ナチス時代に亡命。「マラー／サド劇」で成功をおさめた。小説に「御者のからだの影」「両親との別れ」。

ワイズ〘wise〙〔形動〕賢明であるさま。

わい-すい【淮水】淮河の異称。

ワイズ-スペンディング〘wise spending〙「賢い支出」という意味の英語。経済学者のケインズの言葉。不況対策として財政支出を行う際は、将来的に利益・利便性を生み出すことが見込まれる事業・分野に対して選択的に行うことが望ましい、という意味で用いられる。

ワイスマニズム〘Weismannism〙《ドイツの生物学者A＝ワイスマンが唱えたところから》▶ネオダーウィニズム

ワイスマン〘August Weismann〙［1834～1914］ドイツの動物学者。動物の発生・遺伝・進化の理論研究を行い、生殖質は親から子への連続性をもつが体質の変異は遺伝しないと主張し、ネオダーウィニズムを提唱。著「進化論講義」など。

ワイズ-ユース〘wise use〙《「賢明な利用」の意》ラムサール条約で提唱された考え方。湿地の生態系を維持しつつ、人類の利益のために湿地を持続的に利用すること。

わい-せい【×矮性】動植物が固有の大きさに成長せず、小形のまま成熟する性質。遺伝子の突然変異やホルモン異常・環境条件によるが、人為的に観賞用植物や愛玩動物として作出されることもある。

わい-せい【×矮星】半径と光度の小さい恒星。ふつう、ヘルツシュプルング-ラッセル図での主系列星をいう。➡巨星

ワイ-せだい【Y世代】《Generation Y の訳語》米国で、1975年以降に生まれた世代。日本ではポスト団塊ジュニア世代が相当する。自我が強く、既成の枠にとらわれず、お洒落で、価値観は保守的といわれる。これより前、1960～1974年生まれの世代をX世代という。ジェネレーションY。

わい-せつ【×猥×褻】〔名・形動〕❶みだらなこと。いやらしいこと。また、そのさま。「―な話」「―な記事」❷法律で、いたずらに人の性欲を刺激し、正常な羞恥心を害して、善良な性的道徳観念に反すること。「公然―」「―物」派生わいせつさ〔名〕類語卑猥・淫猥・いやらしい・淫靡・エロ・エッチ

わいせつ-ざい【×猥×褻罪】猥褻な行為をする罪の総称。公然猥褻罪、猥褻物頒布等罪、強制猥褻罪など。

わいせつとがはんばいもくてき-しょじ【×猥×褻図画販売目的所持】わいせつな文書・図画などを販売する目的で所持すること。刑法175条により2年以下の懲役か250万円以下の罰金もしくは科料、または懲役と罰金の両方に処される。わいせつ図画を収録・保存した雑誌・DVD・ハードディスク等のほか、インターネットを介して閲覧される画像データもわいせつ図画と認められる場合がある。

わいせつぶつはんぷとう-ざい【×猥×褻物頒布等罪】わいせつな文書、図画その他の物を頒布・販売・販売目的所持・陳列などをする罪。刑法第175条が禁じ、2年以下の懲役か250万円以下の罰金もしくは科料、または懲役と罰金の両方に処せられる。猥褻物頒布罪。

ワイ-せんしょくたい【Y染色体】性染色体の一。雌では同型、雄では異型であるときの、雄にだけある性染色体。雄性の決定や精子形成に関与する。➡X染色体

ワイセンベルグ-カメラ〘Weissenberg camera〙単結晶のX線回折像の測定に用いられるカメラ。単結晶を等速回転させながらX線を入射させ、結晶の回転に合わせて結晶を取り囲む円筒状フィルムを上下させて回折写真を撮る。

ワイセンベルク-こうか【ワイセンベルク効果】粘弾性を示す液体に見られる現象の一。コロイド溶液や高分子溶液の液面に棒を立てて回転させた時に、液体が棒にまとわりついて、はい上がろうとする現象を指す。1947年にオーストリアの物理学者K＝ワイセンベルクが発見。

わいた　東北方から急に吹く暴風。漁師の間で恐れられる。伊豆より西の太平洋岸、瀬戸内・山陰などで言われるが、方位は地方によって少しずつ異なる。

ワイダ〘Andrzoj Wajda〙［1926～　］ポーランドの映画監督・舞台演出家。第二次大戦後のポーランドの民主化に影響を与えた。作「地下水道」「灰とダイヤモンド」「鉄の男」など。

ワイダー〘WIDER〙《World Institute for Development Economics Research》世界開発経済研究所。国連大学直轄の研究機関。開発途上国の経済について研究する研究機関。1985年開設。本部はヘルシンキ。

わい-だて【▽脇盾｜▽脇×楯】《「わきだて」の音変化》鎧の付属具。右脇の引合をふさぐために用いる。壺板と草摺からなる。脇当。

ワイ-ダブリュー-シー-エー〘YWCA〙《Young Women's Christian Association》キリスト教女子青年会。1855年、ロンドンにおいて創立。94年世界組織となる。日本では1905年(明治38)創立。キリスト教信仰に基づく女性の社会教育・社会奉仕運動を

行う。
わい-だ・む【弁=別む┊辨=別む】〔動マ下二〕《「わきだむ」の音変化。古くは「わいたむ」とも》区別する。弁別する。「など是ほどの事―・めぬぞ」〈読・雨月・蛇性の婬〉
わい-だめ【弁=別┊辨=別┊分=別】《「わきだめ」の音変化。古くは「わいため」とも》区別。差別。けじめ。「貴賤の言語に―なく」〈逍遥・小説神髄〉
わい-だん【×猥談】性に関するみだらな話。
〔類語〕痴話・情話
ワイ-ツー-ケー〘Y2K〙《Year 2000 problem》▶2000年問題
ワイツゼッカー〘Richard von Weizsäcker〙［1920〜 ］ドイツの政治家。連邦議会副議長・西ベルリン市長を経て、1984年西ドイツ大統領に就任した。90年から94年にかけて統一ドイツ初代大統領。ドイツ敗戦40周年記念演説で「歴史における責任」を説き、高い評価を受けた。バイツゼッカー。
わい-て【▽別いて】〔副〕《「わきて」の音変化》とりわけ。格別。「―も里人をほむるぞそら目なる」〈宇津保・蔵開上〉
ワイド〘wide〙〔名・形動〕幅が広いこと。大型であること。また、そのさま。「―な画面」「―にキャンペーンを張る」「―ドラマ」〔類語〕広い・幅広
ワイドアングル-レンズ〘wide-angle lens〙広角レンズ。標準レンズに比べて画角の広いレンズ。被写界深度が深く、遠近感が誇張される。
ワイド-インターネット【WIDEインターネット】《Widely Integrated Distributed Environments》WIDEプロジェクトが実験基盤として構築したインターネットのバックホーンネットワーク。WIDEプロジェクトは、1988年に慶応大学、東京大学、東京工業大学が中心となりスタートしたインターネット利用のための研究プロジェクト。当初、学術ネットワークを接続する目的で発足したが、現在では商用のネットワークも多く接続されている。
ワイド-エスエックスジーエー【ワイドSXGA】《Wide Super XGA》▶ダブリュー-エス-エックス-ジー-エー(WSXGA)
ワイドエスエックスジーエー-プラス【ワイドSXGA＋】《Wide Super XGA plus》▶ダブリュー-エス-エックス-ジー-エー-プラス(WSXGA＋)
ワイド-エックスジーエー【ワイドXGA】《wide extended graphics array》▶ダブリュー-エックス-ジー-エー(WXGA)
ワイド-がめん【ワイド画面】ｸﾞﾜﾒﾝ テレビやパソコンのディスプレーなどの横幅が、従来のものに比べて広いこと。HDTV、WXGAなど。
ワイド-キューブイジーエー【ワイドQVGA】《wide quarter video graphics array》▶ダブリュー-キュー-ブイ-ジー-エー(WQVGA)
ワイド-ゲージ〘wide gauge〙「広軌ｺｳｷ」に同じ。ブロードゲージ。⇔ナローゲージ。
ワイド-コンバーター〘wide converter〙コンバージョンレンズの一。マスターレンズの前部に装着して焦点距離を短くすることにより、撮影画角を広角にできる。ワイコン。
ワイド-サイズ〘wide size〙従来のものや一般のものに比べて、幅広であったり大型であったりすること。「―の毛布」
ワイド-ショー《和 wide＋show》芸能ニュースのほかいろいろな内容を盛り込み、司会者が進行をつとめる形式のテレビ番組。
ワイド-スクリーン〘wide-screen〙標準よりも横幅の広い大型のスクリーン。また、それに映写する方式の映画。シネラマ・シネマスコープ・ビスタビジョン・70ミリ映画など。大型映画。
ワイドスター〘WIDESTAR〙NTTドコモが提供する衛星電話サービス。平成8年(1996)より運用開始。東経132度・136度に位置する二つの静止衛星を利用し、日本全土と沿岸約200海里を通信サービスエリアとする。
ワイド-テレビ《和 wide＋TV》画面の縦横の比が9対16と、従来のテレビ(3対4)より横長のテレビ受像機。
ワイト-とう【ワイト島】ﾀｳ《Isle of Wight》英国イングランド南部、サウサンプトンの南方に浮かぶイギリス海峡の島。行政の中心地はニューポート。19世紀に建てられ、ビクトリア女王が好んで滞在した夏の離宮オズボーンハウスをはじめ、カウズ、ライド、ベントナーなどの海岸保養地がある。島の西端部にある白亜紀のチョーク(石炭岩)の尖塔が並び立つ景勝地ニードルズも有名。
ワイド-ばんぐみ【ワイド番組】ラジオ・テレビの長時間番組。
ワイド-マクロ〘wide macro〙カメラの広角レンズやズームレンズの広角端で接写をすること。またはそのような撮影を可能とするレンズの機能そのものを指す。広角接写。⇔テレマクロ。
ワイド-ユーエックスジーエー【ワイドUXGA】《Wide Ultra XGA》▶ダブリュー-ユー-エックス-ジー-エー(WUXGA)
ワイド-ユース〘wide use〙用途の広いこと。広範囲利用。「新機種は適用範囲が広く―が可能」
ワイド-レシーバー〘wide receiver〙アメリカンフットボールのポジションの一。また、そのポジションを守る選手。クオーターバックの投げるパスを専門に受ける。WR。
ワイド-レシオ〘wide ratio〙自動車の変速機の前進段の歯車比が広く分散していること。変速段数が少なく、変速の回数も少なくてすむので運転は楽だが、エンジンの力を十分に生かし切れないので、性能は低めである。実用車向き。
ワイドレッグ-パンツ〘wide-legged pants〙裾ｽｿまでまっすぐな幅広のパンツ。
ワイド-レンズ《wide-angle lensから》広角ｺｳｶｸレンズ。
わいな〔終助〕《終助詞「わい」＋終助詞「な」から。中世末ごろ以降の語》「わいの」に同じ。「忘るるひまはない―」〈浄・曽根崎〉
わいない-さだゆき【和井内貞行】ﾜｲﾅｲ［1858〜1922］水産増殖研究家。秋田の生まれ。魚類の生息しない十和田湖で、支笏ｼｺﾂ湖産のヒメマスの養殖に成功。
ワイナリー〘winery〙ワイン醸造所。
わい-なん【淮南】㊀中国の、淮河以南、揚子江以北の地方。㊁中国安徽ｱﾝｷ省の工業都市。淮河中流の南岸にあり、機械工業が盛ん。人口、行政区136万(2000)。ホワイナン。
わいの〔終助〕《終助詞「わい」＋終助詞「の」から》活用語の終止形・連体形に付く。感動を込めて念を押す意を表す。…(だ)よねえ。…(だ)よな。「ほんに目もとが似た―」〈浄・冥途の飛脚〉〔補説〕中世末ごろ以降の語。長音化した「わいのう」の形もある。
ワイパー〘wiper〙自動車・電車などのフロントガラス・リア窓ガラス・ヘッドライトなどに取り付けて雨滴をふき取る、ラバー付きの棒状の装置。
わいばく【×濊×貊】古代、中国東北部から朝鮮半島北東部にかけて居住したツングース系の民族。この中から扶余・高句麗などが国家を形成。かいはく。
わいはん-ないかく【隈板内閣】日本最初の政党内閣である第一次大隈内閣の通称。明治31年(1898)自由党・進歩党が合同して成立した憲政党が中心となって組閣、大隈重信が首相兼外相、板垣退助が内相に就任したため、この名がある。まもなく党が内分裂して瓦解。
ワイピング-クロス〘wiping cloth〙水や汚れなどをぬぐい取る布。
ワイフ〘wife〙妻。家内。女房。
〔類語〕妻ｻｲ・家内・女房・細君・かみさん・かかあ・山の神・妻ｻｲ・ベターハーフ
ワイプ〘wipe〙❶映画・テレビで、一つの画面を片隅からふき取るように消していき、そのあとに次の画面を現していく場面転換の方法。❷録音・録画テープ、またコンピューターの記憶装置などからデータ類を消去すること。
ワイファイ〘Wi-Fi〙《Wireless Fidelity》無線LANアダプターのブランド名。米国の業界団体、Wi-Fiアライアンスが機器間の相互接続性を認定したことを示す。⇒無線LANﾗﾝ
ワイファイ-アクセスポイント【Wi-Fiアクセスポイント】《Wi-Fi access point》▶無線LANﾗﾝアクセスポイント
ワイファイ-アダプター【Wi-Fiアダプター】《Wi-Fi adapter》▶無線LANﾗﾝアダプター
ワイファイ-カード【Wi-Fiカード】《Wi-Fi card》▶無線LANﾗﾝアダプター
ワイファイ-コネクター【Wi-Fiコネクター】《Wi-Fi connector》▶無線LANﾗﾝアダプター
ワイファイ-ブリッジ【Wi-Fiブリッジ】《Wi-Fi bridge》▶無線LANﾗﾝアクセスポイント
ワイファイ-ホットスポット【Wi-Fiホットスポット】《Wi-Fi hotspot》▶ホットスポット❺
ワイ-フィッシング【Wiフィッシング】《Wi phishing》フィッシング詐欺の一。無線LANのアクセスポイントの偽物を設置し、利用者の通信内容などを盗聴する。APフィッシング。偽物の見た目が正規のアクセスポイントにそっくりなことから、エビルツイン(悪魔の双子)ともいう。
ワイポ〘WIPO〙《World Intellectual Property Organization》世界知的所有権機関。国際連合の専門機関の一。産業財産権や著作権などの知的財産権の保護を目的とする。1970年設立、74年から国連専門機関。本部はスイスのジュネーブ。
わい-ほん【×猥本】性に関する事柄を興味本位に扱った本。淫本ｲﾝﾎﾟﾝ。猥書。春本。エロ本。
ワイマール〘Weimar〙ドイツ中部、チューリンゲン州の都市。18、9世紀にヘルダー・ゲーテ・シラーらの文化人が集まり、ドイツ精神文化の中心をなした。1918年まではザクセン公の宮殿都市。
ワイマール-きょうわこく【ワイマール共和国】第一次大戦後成立したドイツ共和国の通称。十一月革命を指導した社会民主主義勢力が、1919年にワイマールで国民議会を開き、ワイマール憲法を制定して、18の連邦からなる共和国として成立。33年、ナチス政権の樹立によって消滅。
ワイマール-けんぽう【ワイマール憲法】ｹﾝﾊﾟﾌ 1919年、ワイマールで開かれた国民議会で制定されたドイツ共和国憲法。国民主権、男女平等の普通選挙の承認に加えて、新たに所有権の義務性、生存権の保障などを規定し、20世紀の民主主義憲法の典型とされる。33年のナチスの政権掌握によって事実上消滅。
ワイ-マックス〘WiMAX〙《worldwide interoperability for microwave access》高速無線通信ネットワークの規格の一。IEEE(米国電気電子学会)で承認された標準規格、IEEE 802.16-2004の通称。使用周波数帯は2〜11ギガヘルツ、最大伝送速度は約75Mbps、基地局より最大50キロメートル以内での無線通信が可能。⇒モバイルWiMAX
ワイマックス-ツー〘WiMAX2〙《worldwide interoperability for microwave access 2》高速無線通信ネットワークの規格の一つ。従来のWiMAXをより高速化し、また高速移動中でも通信できるよう拡張したもの。最大伝送速度は下り約330Mbps、上り約112Mbps。時速350キロメートル程度の移動速度でもインターネット接続が可能。国際電気通信連合(ITU)により、第四世代携帯電話(4G)の規格の一つとして位置づけられている。
ワイ-モデム〘YMODEM〙パソコン通信で使われていたバイナリーファイルを転送する規格の一つ。XMODEMの拡張版。
ワイヤ〘wire〙《「ワイヤー」とも》❶針金。❷電線。❸「ワイヤロープ」の略。
〔類語〕針金・鉄条・鉄線・銅線・鉄条網
ワイヤー〘wire〙▶ワイヤ
ワイヤード〘wired〙他の語の上に付いて、有線の、

配線された、結びついた、の意を表す。「—ラジオ(=有線ラジオ放送)」
わい-やい〔連語〕《終助詞「わい」＋終助詞「やい」。近世初めごろの語》活用語の終止形・連体形に付く。感動・強調を表す。…(の)だよ。…(の)だぞ。同輩・目下の者に対して用いられた。「おのれはな、三が日の内に餅がのどにつまって、鳥部野へ葬礼する—」〈浮・胸算用・四〉
ワイヤ-グラス〔wire glass〕「網入りガラス」に同じ。
ワイヤ-ゲージ〔wire gauge〕針金の直径を測る器具。鋼製の円盤の周囲に、0.1〜12ミリの各標準寸法に相当する刻み目をつけたもの。針金ゲージ。
ワイヤ-サービス〔wire service〕通信社が加盟の新聞社などに有線でニュースその他を提供するサービス業務。
ワイヤ-スピード〔wire speed〕通信回線や接続ケーブルにおける理論的な最大通信速度。
ワイヤ-ハーネス〔wire harness〕自動車・航空機などの内部配線の総称。
ワイヤ-ブラシ〔wire brush〕針金ブラシ。
ワイヤフレーム-モデル〔wire frame model〕輪郭の線だけを用いて立体を表現する作画法。コンピューターグラフィックスの三次元画像でよく用いられる。取り扱う情報量が少ないため、高速描画が可能という利点がある。➡サーフィスモデル ➡ソリッドモデル
ワイヤリング〔wiring〕電気配線。
ワイヤレス〔wireless〕《無線の意》❶無線通信。無線電話。❷「ワイヤレスマイクロホン」の略。
ワイヤレス-アクセスポイント〔wireless access point〕►無線LANアクセスポイント
ワイヤレス-アドホックネットワーク〔wireless ad hoc network〕►アドホックネットワーク
ワイヤレス-キーボード〔wireless keyboard〕コンピューターのキーボードの一。赤外線や電波を使ってコンピューター本体と通信するため、接続ケーブルを必要としない。コードレスキーボード。
ワイヤレス-でんりょくきょうきゅう【ワイヤレス電力供給】《wireless power supply》►無線電力伝送
ワイヤレス-でんりょくでんそう【ワイヤレス電力伝送】《wireless energy transfer》►無線電力伝送
ワイヤレス-マイク〔wireless mike〕「ワイヤレスマイクロホン」に同じ。
ワイヤレス-マイクロホン〔wireless microphone〕電線で増幅器と結ばず、小出力の送信機を組み込んで増幅器へ発信するマイクロホン。ワイヤレスマイク。
ワイヤレス-マウス〔wireless mouse〕コンピューターのマウスの一。赤外線や電波を使ってコンピューター本体と通信するため、接続ケーブルを必要としない。コードレスマウス。無線マウス。
ワイヤレス-ユーエスビー【ワイヤレスUSB】《wireless universal serial bus》►ダブリュー-ユー-エス-ビー(WUSB)
ワイヤレス-ラン【ワイヤレスLAN】《wireless local area network》►無線LAN
ワイヤレスラン-アクセスポイント【ワイヤレスLANアクセスポイント】《wireless LAN bridge》►無線LANアクセスポイント
ワイヤレスラン-アダプター【ワイヤレスLANアダプター】《wireless LAN adapter》►無線LANアダプター
ワイヤレスラン-カード【ワイヤレスLANカード】《wireless LAN card》►無線LANアダプター
ワイヤレス-ワン【ワイヤレスWAN】► 無線WAN
ワイヤ-ロープ〔wire rope〕硬鋼線をより合わせて作ったロープ。ふつう数本をよった小綱を芯のまわりに6本配してより合わせる。鋼索。鋼条。
ワイ-ユー-ブイ〔YUV〕コンピューターなどによる色の表現形式の一。輝度信号(Y)、輝度と青色成分との差(U)、輝度と赤色成分との差(V)の情報で表現する。YUVカラースペース。YUVカラーモデル。
ワイユーブイ-いろくうかん【YUV色空間】《YUV color space》►ワイ-ユー-ブイ(YUV)
ワイユーブイ-カラースペース【YUVカラースペース】《YUV color space》►ワイ-ユー-ブイ(YUV)
ワイユーブイ-カラーモデル【YUVカラーモデル】《YUV color model》►ワイ-ユー-ブイ(YUV)
わい-ら【汝等】〔代〕❶二人称の人代名詞。相手を卑しめて、ぞんざいに言う。おまえら。「—が居ればやかましい。とっとと行けと」〈浄・博多小女郎〉❷一人称の人代名詞。「わい」の複数にも単数にも用いる。「—同士色事の噂も」〈洒・浪花色八卦〉
ワイラー〔William Wyler〕[1902〜1981]米国の映画監督。フランス生まれ。作「嵐が丘」「ローマの休日」「ベン=ハー」など。
わい-りょく【歪力】「応力」に同じ。
わい-りん【矮林】丈の低い木の林。
ワイル〔Kurt Weill〕[1900〜1950]ドイツ生まれの米国の作曲家。オペラにジャズやポピュラー音楽の要素を取り入れた劇場用音楽を作曲。作品に「三文オペラ」など。
ワイル〔Hermann Weyl〕[1885〜1955]ドイツの数学者。数学基礎論から理論物理学にわたる幅広い研究を行い、微分幾何学や群論を応用して相対性理論・量子力学の研究に貢献した。
ワイルダー〔Billy Wilder〕[1906〜2002]米国の映画監督。オーストリア生まれ。作「サンセット大通り」「昼下りの情事」「アパートの鍵貸します」など。
ワイルダー〔Thornton Niven Wilder〕[1897〜1975]米国の小説家・劇作家。小説「サン-ルイ-レイの橋」、戯曲「わが町」「危機をのがれて(ミスター人類)」など。
ワイルド〔Oscar Wilde〕[1854〜1900]英国の詩人・劇作家・小説家。世紀末唯美主義文学の代表的作家で、芸術至上主義を唱えた。小説「ドリアン=グレイの肖像」、戯曲「サロメ」、童話集「幸福な王子」、回想録「獄中記」など。
ワイルド〔wild〕〔形動〕❶野生であるさま。自然のままであるさま。❷荒々しく力強いさま。「—なイメージ」
ワイルド-カード〔wild card〕❶トランプなどで、他のどのカードの代用にもなる特別なカード。❷スポーツ競技で、主催者の意向などでチーム・選手に与えられた、特別出場枠。❸不特定の文字や文字列であることを示す記号。コンピューターで、検索などに用いる。
ワイルドキャット〔wildcat〕❶山猫。短気な人物のたとえにいう。❷無謀・非合法であること。「—ストライキ(=山猫スト)」
ワイルド-ピッチ〔wild pitch〕野球で、投手の暴投。
ワイルドフラワー〔wildflower〕野生植物のこと。草だけでなく、樹木も含まれる。花のないシダ植物も含んで用いることもある。
ワイルド-ライス〔wild rice〕イネ科マコモ属の植物。北アメリカ北東部の湿地に自生していて、濃褐色の種子をインディアンが食料にしていた。現在は、料理の付け合わせ用に栽培されている。
ワイル-びょう【ワイル病】黄疸出血性レプトスピラ病の別名。1886年にドイツの内科医師ワイル(Adolf Weil)が報告した。
わい-ろ【賄賂】❶自分の利益になるようとりはからってもらうなど、不正な目的で贈る金品。袖の下。まいない。「—を受け取る」❷公務員または仲裁人の職務に関して授受される不法な報酬。金品に限らず、遊興飲食の供応、名誉・地位の供与なども含む。
(類語)まいない・袖の下・裏金・鼻薬・リベート・コミッション・贈賄・収賄
わいろ-ざい【賄賂罪】収賄罪と贈賄罪の総称。
わい-わい〔副〕❶「わあわあ❶」に同じ。「大声を上げて—と泣いたりするのが」〈谷崎・蓼喰ふ虫〉❷「わあわあ❷」に同じ。「—騒がしい」❸うるさく言いたてるさま。また、その声を表す語。やいやい。「—言って催促する」
わいわい-し【分分し】〔形シク〕「わきわきし」の音変化。「其の国の神宝を検校しむと雖も、—しく申す者無し」〈垂仁紀〉
わいわい-てんのう【わいわい天王】江戸時代、羽織・袴に粗末な両刀をさし、天狗の面をつけ、「わいわい天王騒ぐがおすき」などと言って、牛頭天王のお札を扇であおいでまき散らし、家々を回って金銭を乞うた者。
わいわい-れん【わいわい連】わいわい騒ぎたてる連中。「—に騒がれちゃ困る」〈蘆花・黒潮〉
わい-わくせい【矮惑星】《dwarf planet》►準惑星
わ-いん【和韻】漢詩で、他人の詩に和し、同一の韻を用いて詩を作ること。原作と同一の字を同一の順に用いる次韻、順にこだわらずに用いる用韻、同一の韻に属する他の字を用いる依韻の3体がある。
ワイン〔wine〕❶「葡萄酒」に同じ。❷酒。酒類。「ピーチ—」
わ-いん【和院】〔代〕二人称の人代名詞。僧侶に向かって親愛の気持ちをこめてよぶ語。和僧。「その程は—はやすみて居たれ」〈今昔・二九・一七〉
ワイン-カラー〔wine color〕「ワインレッド」に同じ。
ワインガルトナー〔Felix Weingartner〕[1863〜1942]オーストリアの指揮者・作曲家。リストに師事。ウィーンフィルハーモニー管弦楽団の指揮者などを歴任。
ワイン-クーラー〔wine cooler〕❶ワインを瓶のまま冷やすための容器。バケツ形で主として金属製だが木製もある。中に氷と水を入れ、瓶を沈めて冷やす。❷ワインに果汁と炭酸を混ぜたカクテル。
ワイングラス〔wineglass〕ぶどう酒を飲むのに用いる、脚の長いグラス。
ワイン-セラー〔wine cellar〕ワインの貯蔵室。
ワインダー〔winder〕巻き取り機。巻き上げ機。ウインチ。また、糸巻き・リールなどのこと。
ワインディング-ロード〔winding road〕曲がりくねった道。
ワインドアップ〔windup〕野球で、投手が投球モーションを起こすとき、腕を後ろに引き、次に頭上に振りかぶる一連の動作。
ワインドアップ-ポジション〔windup-position〕野球で、投手が投球するとき、軸足を投手板に触れさせて置き、逆の足を投手板の上かその後方にずらせて置く姿勢。➡セットポジション
ワイン-バー〔wine bar〕ワインを各種取り揃えて飲ませるレストラン内などのバー。
ワインバーグサラム-りろん【ワインバーグサラム理論】《Weinberg-Salam theory》電磁相互作用と弱い相互作用を一つのゲージ理論で統一的に記述する理論。中性カレント、ウイークボゾンの予言など、実験で確かめられている。米国の物理学者ワインバーグとパキスタンの物理学者サラムにより提唱された。電弱統一理論。
ワイン-バスケット〔wine basket〕卓上でワインを寝かせて置くかご。
ワイン-ビネガー〔wine vinegar〕酢として使うブドウの果汁。また、ワインからつくった食酢。
ワイン-プローベ〔ドイ Weinprobe〕《Wein(ワイン)＋Probe(テスト)から。ドイツ語の発音は「ヴァインプローベ」》ワインの試飲。
ワイン-むし【ワイン蒸(し)】魚介類などにワインを振りかけて蒸した料理。
ワイン-ラック〔wine rack〕瓶詰のワインを保存するための専用の棚。瓶を横に寝かせて置く。
ワイン-リスト〔wine list〕レストランなどのワイン銘柄一覧表。
ワイン-レッド〔wine red〕赤ワインのような濃い赤紫色。ワインカラー。「—のセーター」
(類語)赤・真っ赤・赤色・紅色・紅・紅・真紅

く・鮮紅せんこう・緋ひ・緋色・朱しゅ・朱あけ・丹に・茜あかね色・薔薇ばら色・小豆あずき色・臙脂えんじ・暗紅あんこう・唐紅からくれない・レッド・スカーレット・バーミリオン・マゼンタ・ローズ

ワウ〖wow〗録音・再生時のレコードやテープの回転むら。フラッターに対し、周期の遅いものをいう。

わ・う〔接尾〕《動詞五(四)段・下二段型活用。動詞「はう(延う)」から出た語という》名詞またはそれに準じる語に付いて、その状態が進展する、または、その状態を進展させる意を表す。「あじ―・う」「にぎ―・う」「さき―・う」

ワウ-フラッター〖wow flutter〗レコードの回転むら、テープの走行むらのこと。ワウは周期の遅い場合、フラッターは速い場合のむらをいう。

ワウワウ〖WOWOW〗株式会社WOWOW。日本の衛星放送局。昭和59年(1984)、日本衛星放送(JSB)として設立。WOWOWは愛称であったが、後に商号に変更。平成2年(1990)放送開始。

わ-えい【和英】❶日本語と英語。❷「和英辞典」の略。

わえいごりんしゅうせい【和英語林集成】ワエイゴリンシュウセイ 日本最初の和英辞典。1冊。ヘボン著。初版は慶応3年(1867)刊。再版は明治5年(1872)刊。明治19年(1886)の第3版に用いたつづり方がヘボン式ローマ字綴り方。「日葡にっぽ辞書」などの影響もみられるが、幕末から明治初期にかけての日本語をよくとらえた記述がみられる。

わえい-じてん【和英辞典】日本語を見出し語とし、それに相当する英語をつけた辞典。

わお-きつねざる【輪尾×狐猿】わおキツネザル科の哺乳類。体長約45センチで、尾はそれより長く、白と黒の交互する輪模様がある。背面は灰色、腹面は白色。マダガスカル島に分布。

わ-おとこ【我男｜×吾男｜和男】わおとこ〔代〕二人称の人代名詞。対等以下の男性に向かって、親愛または軽んじる気持ちをこめてよぶ語。きさま。おまえ。「―、かしこにありしときは言はで」〈宇治拾遺・七〉

わ-おもと【我▽御▽許｜×吾▽御▽許｜和▽御▽許】〔代〕二人称の人代名詞。女性に向かって、親愛の気持ちで、また、多少の敬意をこめて呼ぶ語。そなた。おまえ。「―は物に狂ふか」〈今昔・二八・一〉

わ-おん【和音｜×倭音】❶日本流の漢字音。平安時代までは、正音とされた漢音に対して呉音系の音をいう。また、漢音・呉音以外の慣用音をいうこともある。❷(和音)二つ以上の高さの異なる音が同時に鳴るときの合成音の響き。和弦。コード。かおん。

ワオン〖WAON〗非接触型ICカードまたは携帯電話(おサイフケータイ)を用いた電子マネーサービス。イオンが平成19年(2007)よりサービスを開始。同社の系列のスーパーマーケットやコンビニエンスストアなどで利用できる。支払い金額に応じて、電子マネーに交換可能なポイントが付与される。商標名。〘補説〙名称は、いろいろな場面で利用できるサービスを「和音」に例えたもの。

わ-おんな【我女｜×吾女｜和女】わおんな〔代〕二人称の人代名詞。女性に向かって、親愛または軽んじる気持ちをこめていう語。おまえ。「なぞ―め、佐多がと言ふべきことか」〈宇治拾遺・七〉

わおん-りょうほう【和温療法】ワオンリョウホウ 心不全・閉塞性動脈硬化症などに効果があるとされる、温熱療法の一種。セ氏60度の低温サウナで全身を均等に保温し、深部体温を約1.0〜1.2度上昇させた後、30分間安静にしながら保温する。鹿児島大学大学院の研究グループが提唱。

わか【若】《形容詞「若い」の語幹から》❶少年。「―に似合ひたる職なり」〈申楽談儀〉❷若君。若子。主に身分の高い家の幼い男児をいう。「今ははや二人の―をぞ儲まうけける」〈浄・出世景清〉❸(他の語の上に付いて)㋐若いの意を表す語。「―夫婦」「―しらが」「―竹」「―武者」㋑新しいほうの世代の意を表す語。「―奥様」「―旦那」「―女将おかみ」❹(他の語のあとに付いて)幼少の男子の名を表す語。「牛―」

わ-か【和歌｜×倭歌】❶漢詩に対して、上代から行われた日本固有の詩歌。五音と七音を基調とする長歌・短歌・旋頭歌せどうか・片歌かたうたなどの総称。平安時代以降は主に短歌をさすようになった。やまとうた。❷《万葉集の題詞にみえる「和こたふる歌」から》答えの歌。返し歌。❸(ふつう「ワカ」と書く)能で、舞の直後または直前にある謡い物。詞章は短歌形式を基本とする。〘類語〙大和歌・歌

わ-が【我が｜×吾が】〔連体〕《代名詞「わ」に格助詞「が」の付いた語から》❶話し手のものであること、また、関係あるものであることを表す。わたしの。われわれの。「―子」「―国」「―母校」❷(多くは固有名詞の上に付けて)話し手と関係が深く、親しみや誇りを感じているさまを表す。「この美談の主こそ―田中君なのです」

我が意を◦得る　自分の考えにぴったり合う。自分の思い通りだ。我が意を得たり。

我が心石に匪あらず転ころばす可べからず　《「詩経」邶風・柏舟から》石は転がすことができるけれども、自分の心は動かすことはできないの意で、心が確固不動なことのたとえ。

我が田へ水を引く　自分に都合のよいように取り計らうことのたとえ。我田引水がでんいんすい。

我が百年の命いのちを棄すてて公きみが一日いちじつの恩に報ず　自分の一命を捨てて主君から受けた1日の恩に報いる。

わか-あゆ【若×鮎】若く、元気のいいアユ。こあゆ。〘季 春〙「―の二手になりて上りけり/子規」

わ-かい【和解】〔名〕スル ❶争っていたもの、反発しあっていたものが仲直りすること。「対立する二派が―する」❷民事上の紛争で、当事者が互いに譲歩して争いをやめること。契約によるものと、裁判所においてなされるものとがある。❸ ▶わげ(和解)
〘類語〙仲直り・和睦・和平・講和

わ-かい【和諧】〔名〕スル ❶やわらぎととのうこと。調和すること。「厳密なる節奏を弃て―せる言語に一任し」〈菊池大麓訳・修辞及華文〉❷離婚訴訟で、当事者が婚姻の維持または円満な協議離婚のために仲直りし、訴訟を終了させる合意をすること。

わか・い【若い】〔形〕文わか・し〔ク〕❶生まれてから多くの年数を経ていない。年齢が少ない。「―・いころ」「―・い女性」❷草木などが生え出てからあまりたっていない。「―・い樹木」「―・い芽」❸できてからの時間が短い。まだ十分に発達していない。「―・い国」「―・い産業」❹他の人にくらべて、年齢が下である。「私より三つ―・い」❺衰えていない。生気に満ちている。若々しい。「気持ちが―・い」「年の割にからだが―・い」❻世慣れていない。経験が少なく、未熟である。「考え方が―・い」「すぐ顔色に出るようではまだ―・い」❼数字や番号が他とくらべてゼロに近い。数が少ない。「―・い番号」〘派生〙わかげ〔形動〕わかさ〔名〕
〘類語〙(❶❹)うら若い・年若・年弱としよわ・年少・弱小・年下・弱年・弱齢・妙齢・若盛り・血気盛り・少壮・ヤング/(❺)若若しい・若やか・うら若い・若やぐ・若気・ういういしい・みずみずしい・溌剌はつらつ/(❻)子供っぽい・青い・青臭い・乳臭い・幼い・いとけない・未熟・幼稚・嘴くちばしが黄色い

若い時ときの苦労くろうは買かってもせよ　若い時の苦労はその体験が将来役に立つから、自分から買って出ても苦労せよということ。

わかい-しゅ【若い衆】❶年の若い男。若者。若い者。「町内の―」❷若い使用人。商家では小僧・丁稚でっちより年上の若い使用人。若い者。❸歌舞伎で、最下級の役者。若い者。❹歌舞伎の楽屋、芝居茶屋、遊郭などで働く若い男。男衆。若い者。
〘類語〙青年・若者・若い者・若手

わかい-つばめ【若い×燕】年上の女性の愛人になっている若い男。〘補説〙奥村博史が平塚らいてうに送った手紙の中で、年下の自分自身を「若い燕」と書いたところからという。

わがいのち-を【我が命を】〔枕〕わが命長かれの意から、「長し」と同音を含む地名「長門ながと」にかかる。「―長門の島の小松原」〈万・三六二一〉

ワカイバスプリングス-しゅうりつこうえん【ワカイバスプリングス州立公園】シュウリツコウエン《Wekiwa Springs State Park》米国フロリダ州、オーランド北郊にある州立公園。湧水が流れるワカイバ川をはじめ緑豊かな自然が残されている。

わかい-もの【若い者】「若い衆しゅ」に同じ。「近ごろの―は礼儀を知らない」

わかいもの-がしら【若い者頭】若い者の中の主だった者。若衆頭わかしゅがしら。

わか-いんきょ【若隠居】老年にならないうちに家業を譲って隠居すること。また、その人。

わか-うど【若▽人】▶わこうど

わか-えびす【若恵比須｜若×夷】江戸時代、京坂地方で、元日の早朝に売り歩いた恵比須像を刷った札。門口にはったり、歳徳棚としとくだなに供えて福を祈った。〘季 新年〙「年や人にとられていつも―/芭蕉」

わが-おおきみ【我が大君】わがおおきみ その時代の天皇を敬っていう語。今上きんじょう天皇。わごおおきみ。「高光る日の御子やすみしし―」〈記・中・歌謡〉

わか-おとこ【若男】わかおとこ ❶能面の一。若い男を表す。「女郎花おみなめし」「歌占」などに用いる。❷文楽人形の首かしらの一。前髪のある若衆を表す。眉目秀麗で、「本朝廿四孝ほんちょうにじゅうしこう」の勝頼などに用いる。❸年の若い男。「まだ―なりける時に」〈大和・一一一〉

わか-おもと【若▽御▽許】年若い女房。「―たちのもの笑ひし給ふ、はづかし」〈栄花・本の雫〉

わか-おんな【若女】わかおんな ❶能面の一。品位の高い若い女を表す。「熊野ゆや」「松風」などに用いる。❷年の若い女。「室内に―ありとて」〈名語記〉

わかかえ【若かへ】わかかえ《「若きうえ」の音変化か》若い時。若いころ。「射ゆ鹿しし をつなぐ川辺のにこ草の身の―にさ寝し児らはも」〈万・三八七四〉

わか-かえで【若×楓】わかかえで ❶カエデの若木。また、若葉の萌え出ているカエデ。わかかえるで。〘季 夏〙「三井寺や日は午にせまる―/蕪村」❷襲かさねの色目の名。表は薄萌葱うすもえぎ、裏は薄紅梅、または表は薄青、裏は薄紅。

わか-がえり【若返り】わかがえり 若返ること。「―の秘訣」「議員の―をはかる」

わか-がえ・る【若返る】わかがえる〔動ラ五(四)〕❶若さを取りもどす。心身が若々しい状態・気分になる。「若い人たちに囲まれて気持ちが―・る」❷メンバーが以前より平均的に若くなる。また、古びたものが新しくなる。「新人の加入でチームが―・る」

わか-かえるで【若×蛙手｜若鶏=冠=木】わかかえるで「わかかえで❶」に同じ。「子持山―のもみつまで寝もと我は思もふ汝なはあどか思ふ」〈万・三四九四〉

わか-がき【若書(き)｜若描(き)】画家・文筆家などが若いころにかいた作品。

わか-がしら【若頭】暴力団で、組長に次ぐ地位。親分に対する子分らの筆頭の意。若者頭。若衆頭。

わか-ぎ【若木】❶生えてからまだ年数のたっていない木。❷正月の飾りにする割り木。

わか-ぎ【若気】「わかげ(若気)」に同じ。「私ゃあ―だ」〈鏡花・歌行灯〉

わ-かぎ【輪鍵】輪状のかけがね。わかけがね。

わかきウェルテルのなやみ【若きウェルテルの悩み】《原題、ドイツ Die Leiden des jungen Werthers》ゲーテの書簡体小説。1774年刊。友人の婚約者ロッテに恋した純情多感な青年ウェルテルが、結ばれない恋に苦悩した末に自殺する。

わか-ぎみ【若君】❶年の若い主君。幼君。❷貴人の子弟を敬っていう語。「知りと知りたる人、法師に至るまで、―の御喜び聞こえに聞こえにこと」〈かげろふ・中〉❸貴人の姉妹のうち、妹を敬っていう語。「姫君に琵琶、―に箏そうの御琴を」〈源・橋姫〉

わが-きみ【我が君】〔連語〕❶私の主君。あがきみ。「一判官殿は、頼朝のおん代官として」〈謡・舟弁慶〉❷相手を親しみ敬っていう語。あなたさま。あがきみ。「―は千代に八千代にさざれ石のいはほとなりて苔のむすまで」〈古今・賀〉

わかぎ-むかえ【若木迎え】正月または小正月の薪や新木に用いる木を山から切って来る行事。正月2日から11日までに初山入りを兼ねて行う所が多い。

わか-きんだち【若▽公▽達┊若▽君▽達】年の若い公達。「殿上人、一、狩装束、直衣などもいとをかしうて」〈枕・三五〉

わ-がく【和学┊×倭学】日本古来の文学・歴史・有職故実などを研究する学問。国学。皇学。➡漢学 ➡洋学

わ-がく【和楽】日本古来の伝統的な音楽。邦楽。

わがく-こうだんしょ【和学講談所】寛政5年(1793)塙保己一が幕府の公許を得て江戸に設立した学舎。国史・律令を講じ、「群書類従」「武家名目抄」などを編纂。慶応4年(1868)廃止。和学所。

わか-くさ【若草】❶春になって新しく生えてきた草。(季 春)「一や水の滴る蜆籠/漱石」❷年の若い女性をたとえていう語。「うら若み寝よげに見ゆる一をひとの結ばむことをしぞ思ふ」〈伊勢・四九〉❸襲の色目の名。表は薄青、裏は濃い青。

わかくさ-いろ【若草色】若草のような明るい緑色。

わかくさ-がらん【若草伽藍】法隆寺の創建当時のものとされる伽藍。日本書紀に天智天皇9年(670)法隆寺焼失の記事があり、昭和14年(1939)現在の西院伽藍南東部から四天王寺式配置の伽藍跡が発掘された。

わかくさ-の【若草の】〔枕〕❶若草が柔らかくみずみずしいところから、「つま(妻・夫)」「新」にかかる。「一妻がりといはば足飾りせむ」〈万・二三六一〉「一新手枕をまきそめて」〈万・二五四二〉❷心がひかれる、愛情をよせる意の「思ひつく」にかかる。「一思ひ付きにし君が目に」〈万・三二四八〉

わかくさ-やま【若草山┊嫩草山】奈良市の春日山の北にある山。標高342メートル。全山芝に覆われて3層の斜面をなし、毎年1月15日に山焼きが行われる。三笠山ともいうが、古歌の三笠山とは別。

わがく-しゃ【和学者】和学の学者。国学者。「世間の儒者一などの」〈福沢・学問のすゝめ〉

わがく-しょ【和学所】「和学講談所」の略称。

わが-くに【我が国】われわれの国。私たちの国。

わかくほん【和歌九品】平安中期の歌論書。1巻。藤原公任著。寛弘6年(1009)以後の成立とされる。和歌を九つの品等に分け、それぞれ2首の例歌をあげて優劣を論じたもの。余情を最高としている。

わかくるす-ばら【若×栗×栖原】クリの若木が多く生えている原。「引田の一若くへに率寝てましもの老いにけるかも」〈記・下・歌謡〉

わか-げ【若気】若者の、血気にはやる気持ち。わかぎ。(類語)血気・客気・血気盛り・未熟

わかげ-の-あやまち【若気の過ち】年が若くて血気にはやったための失敗。

わかげ-の-いたり【若気の至り】年が若くて血気にはやったために無分別な行いをしてしまうこと。「一で無茶をしでかす」

わか-ご【若子┊若▽児】幼い子。おさなご。みどりご。「陰に一星川の皇子に」〈清寧紀〉

わが-こ【我が子】自分の子ども。

わか-ごけ【若後家】年が若くて夫に死別した女性。

わか-ごま【若駒】若い馬。春駒。(季 春)「一の親にすがれる大き眼よ/石鼎」

わか-ごも【若×菰】新芽を出したばかりのマコモ。(季 春)

わかごも-を【若×菰を】〔枕〕若菰を刈る意で、「刈る」と同音を含む地名「猟路」にかかる。「一猟路の小野に鹿こそば」〈万・二三九〉

わかさ【若狭】旧国名の一。北陸道に属し、現在の福井県南西部にあたる。若州。

わ-がさ【和傘】和式の傘。主に、割り竹の骨に油紙を張った傘。➡洋傘

わか-ざかり【若盛り】年が若くて血気の盛んなこと。若くて容姿の美しいこと。また、その年ごろ。(類語)若い・血気盛り・少壮

わか-さぎ【公=魚┊若×鷺┊×鰙】キュウリウオ科の淡水魚。全長約15センチ。体は細長くてやや側扁し、脂びれがある。背面は淡青色、腹面は銀白色。本来は汽水性であるが陸封されやすく、湖沼に移殖され、冬の氷上の穴釣りの対象。食用。あまさぎ。(季 春)「一にほのめく梅の匂かな/万太郎」

わかさ-ぬり【若▽狭塗】福井県小浜地方から産する漆器。下塗りした上に卵殻の粉末やもみがらで模様をつけて色漆を塗り、金銀箔を施したのち透き漆を塗って研ぎ出したもの。慶長年間(1596〜1615)に創案され、万治年間(1658〜1661)に大成。

わかさひこ-じんじゃ【若狭彦神社】福井県小浜市にある神社。祭神は上宮に彦火火出見尊、下宮(若狭姫神社)に豊玉姫命。奈良東大寺二月堂の若狭井へ通じているという鵜の瀬で、送り水神事が行われる。上下宮。若狭国一の宮。

わか-さま【若様】主人筋の家や身分の高い家の年若い子弟を敬っていう語。

わか-ざむらい【若侍】❶年若い武士。❷公家・武家に仕える侍。青侍。

わ-かざり【輪飾り】わらを輪の形に編み、その下に数本のわらを垂れさげた正月の飾り物。ウラジロやユズリハなどを添えて、門口や室内に飾る。輪注連。(季 新年)「一やすでに三日の隙間風/万太郎」

わかさ-わん【若狭湾】福井県の越前岬から京都府の丹後半島北端の経ヶ岬に至る、日本海の陥没湾。リアス式海岸が連なる。ブリなどの好漁場。

わかさわん-こくていこうえん【若狭湾国定公園】福井県と京都府にまたがる若狭湾の海岸からなる国定公園。若狭蘇洞門・三方五湖・気比の松原などがあり、海水浴場も多い。平成19年(2007)に天橋立を含む丹後半島海岸部を、丹後天橋立大江山国定公園として分離した。

わか-さんじん【和歌三神】和歌を守護する3柱の神。普通には、住吉明神・玉津島明神・柿本人麻呂。その他、衣通姫・柿本人麻呂・山部赤人とするなど諸説がある。

わかし ブリの幼魚。

わ-がし【和菓子】日本風の菓子。製法により、生菓子・干菓子・半生菓子などに大別される。羊羹・最中・煎餅など。⇔洋菓子。
(類語)菓子・茶請け・和のスイーツ・和生

わか-しお【若潮】❶小潮から大潮に向かって、干満の差がしだいに大きくなる時期の潮。陰暦の11日と26日ごろにあたる。❷西日本で、元旦に年男が海から潮水をくんできて神に供える行事。また、その潮水。(季 新年)

わか-ししき【和歌四式】四つの歌学書。奈良時代の「歌経標式」と平安時代の「喜撰式」「孫姫式」「石見女式」の総称。四家式。

わかし-つぎ【沸(か)し接ぎ】金属の接合部を溶融点近くまで加熱してのり状にし、圧力を加えて密着させる接合方法。

わか-してんのう【和歌四天王】和歌にすぐれた四人の称。鎌倉末期から南北朝時代に活躍した二条派の頓阿・慶運・浄弁・兼好。また、江戸時代に京都に住んだ澄月・慈延・小沢蘆庵・伴蒿蹊。

わか-じに【若死に】〔名〕スル 若くて死ぬこと。早死に。夭折。早世。「交通事故で一する」
(類語)早死に・夭折・夭逝・早世

わかしま-ごんしろう【若島権四郎】[1876〜1943]力士。第21代横綱。千葉県出身。本名、高橋大五郎。大阪相撲で初めて吉田司家から横綱を免許された。➡梅ヶ谷藤太郎㊁(第20代横綱) ➡太刀山峰右衛門(第22代横綱)

わか-しゅ【若衆】❶年若い者。若者。若い衆。❷美少年。特に、男色の対象となる少年。ちご。「ほれた一と参会の夜」〈仮・犬枕〉❸江戸時代、元服前の前髪姿の少年。「さもいつくしき女房たち、又は一も打ち交じり」〈仮・恨の介・上〉❹男色を売る男。また、歌舞伎役者で、舞台をつとめるかたわら男色を売った者。歌舞伎若衆。歌舞伎子。陰子。色子。「堺町の若女形、瀬川菊之丞といへる一の色に染められて」〈根無草〉

わかし-ゆ【沸(か)し湯】天然の温泉に対し、鉱泉や水を沸かした風呂の湯。

わかしゅ-がた【若衆方】歌舞伎で、美少年に扮する俳優。また、その役柄。

わかしゅ-かぶき【若衆歌舞伎】初期歌舞伎の形態の一。寛永6年(1629)女歌舞伎禁止のあとに台頭したもので、前髪のある美少年の舞踊を中心とした。承応元年(1652)男色による弊害から禁止され、以後は野郎歌舞伎となる。

わかしゅ-がみ【若衆髪】「若衆髷」に同じ。「一に中剃りして」〈浮・一代女・二〉

わかしゅ-ぐみ【若衆組】「若者組」に同じ。

わかしゅ-ぐるい【若衆狂ひ】若衆の色におぼれること。男色に夢中になること。また、その人。「その人の好きこのむ事の品々、傾城狂ひか一か」〈仮・可笑記・五〉

わかしゅ-じょろう【若衆女郎】江戸時代、若衆の姿で客を引いた女郎。「近年傾城の端女に一といふあり」〈色道大鏡・三〉

わかしゅ-どう【若衆道】男色の道。衆道。若道。美道。「いにしへも今も一にはあるまいといふ儀にや」〈咄・醒睡笑・六〉

わかしゅ-まげ【若衆×髷】江戸時代、元服前の男子が結った髪形。前髪を残し、中剃りをして、元結で髷を締めて二つ折りにしたもの。女性もまねて結うことがあった。若衆髪。わかしゅわげ。

わかしゅ-やど【若衆宿】「若者宿」に同じ。「一の奈良茶、一杯八分づつに当たるといへり」〈浮・胸算用・二〉

わかしゅ-わげ【若衆×髷】「わかしゅまげ」に同じ。「野郎鬢なる一」〈人・梅児誉美・後〉

わか-しらが【若白髪】《「わかじらが」とも》年が若いのに生える白髪。

わか・す【沸(か)す】〔動サ五(四)〕《「湧かす」と同語源》❶熱を加えて水などを熱くする。また、煮えたたせる。「風呂を一・す」「湯を一・す」❷熱狂させる。夢中にさせる。「タイムリーヒットが場内を一・す」「絶唱が観客を一・す」❸(「鎔かす」とも書く)金属を熱して溶かす。「カネヲ一・ス」〈和英語林集成〉❹発酵させる。「又説、大御酒一・せまゆとじめ」〈催馬楽・眉刀自女〉(可能)わかせる
(類語)沸く・滾る・沸騰

わか・す【▽湧かす┊×涌かす】〔動サ五(四)〕❶涙や汗を出す。「額から油汗をじりじり一・した」〈漱石・行人〉❷心ならずも、虫などを発生させる。わかせる。「うじを一・す」

わが-せ【我が背┊我が▽夫】女性が自分の夫・恋人・兄弟などを親しんでよぶ語。わがせこ。わがせな。「馬買へ一」〈万・三三一四〉

わが-せこ【我が背子】「我が背」に同じ。「一は仮廬作らす草なくは小松が下の草を刈らさね」〈万・一一〉

わがせこ-を【我が背子を】〔枕〕我が夫を我が待つの意から、「我が待つ」と同音を含む地名「あが松原」にかかる。一説に「我が背子を我が」までを、松を導く序詞とする。「一我が松原よ見渡せば」〈万・三八九〇〉

わか・せる【沸かせる】〔動サ下一〕わくようにする。熱狂させる。わかす。「バンドの熱演がファンを一・せる」

わか-ぞう【若造┊若蔵】・【若僧】若者や未熟者をあざけっていう語。「一に何ができる」
(類語)若輩・青二才・小僧・小僧っ子・小童・餓鬼・洟垂れ・洟垂らし・坊や・ぺいぺい・ちんぴら・未成年

わか-だいしょう【若大将】❶年若い一軍の大将。❷当主のあとつぎ。若主人。

わか-たか【若×鷹】生後1年のタカ。

わか-たけ【若竹】その年に生えた竹。今年竹。(季 夏)「一や夕日の嵯峨となりにけり/蕪村」

わかたけ-いろ【若竹色】若竹のような色。鮮やかな薄緑。
わかたけ-じる【若竹汁】春の新ワカメとタケノコのすまし汁。木の芽を添える。
わかたけ-に【若竹煮】春の新ワカメとタケノコを炊き合わせた煮物。
わが-たたみ【我が畳】〔枕〕幾重も重ねて敷く意から、地名「三重(みえ)」にかかる。「—三重の川原の磯の裏に」〈万・一七三五〉
わか-だち【若立ち】春、草木の切り株や根株から若芽の出ること。また、その若芽。わかばえ。ひこばえ。「年ははや月なみかけて越えにけりむべ摘みはへししばの—」〈山家集・下〉
わか-だ・つ【若立つ】〔動タ四〕若芽や若枝が出る。「桃の木の—・ちて」〈枕・一四四〉
わがたつ-そま【我が立つ×杣】〔連語〕❶自分が住む山。「阿耨多羅三藐三菩提(あのくたらさんみゃくさんぼだい)の仏たち—に冥加(みょうが)あらせ給へ」〈新古今・釈教〉❷《❶の伝教大師の歌が、比叡山(ひえいざん)建立のときの歌と伝えられるところから》比叡山の異称。「おほけなく憂き世の民におほふかな—に墨染の袖」〈千載・雑中〉
わか-だんな【若旦那】❶商家などで、主人のあとを継ぐ息子を敬っていう語。小旦那。❷大家(たいけ)や主人筋の家の子弟を敬っていう語。
(類語)御曹司・坊ちゃん・令息・ぼんぼん・若大将
わかち【分(か)ち┊▽別ち】❶物事の区別。けじめ。「昼夜の—なく歩きつづける」❷わきまえること。分別。「姫は—もなき中に」〈浄・用明天王〉❸事情。顛末(てんまつ)。「天皇は始終の—を聞こし召し」〈浄・千本桜〉
(類語)別・区別・差別・違い・けじめ・区分・区分け
わかち-あ・う【分(か)ち合う】(―あふ)〔動ワ五(ハ四)〕互いに分ける。分け合う。「喜びも悲しみも—・う」
わかち-がき【分(か)ち書(き)】❶文や文章をわかりやすくするため、語と語、あるいは文節と文節の間をあけて書くこと。また、その書き方。分別(ぶんべつ)書き方。放ち書き。❷2行に分けて書くこと。本文の間に注などを書き入れるときに行う。割り書き。
わかち-がた・い【分(か)ち難い】〔形〕図わかちがた・し〔ク〕分けるのがむずかしい。非常に密接な関係にある。「—・い絆(きずな)」(派生)**わかちがたさ**〔名〕
わか・つ【分(か)つ┊▽別つ】〔動タ五(四)〕❶一つのものを離して二つ以上にする。別々にする。分ける。「軍勢を二手に—・つ」❷(「頒つ」とも書く)それぞれに分けて配る。分配する。「希望者には実費で—・つ」❸見分けて決める。判断する。「理非を—・つ」「黒白を—・つ」❹仕切る。区別する。「昼夜を—・たぬ突貫工事」❺同じ感情をお互いに持ち合う。「悲しみを—・つ」❻(「袂(たもと)をわかつ」の形で)人と別れる。また、同じ行動をしてきた仲間と縁を切る。「僚友と袂を—・つ」
(類語)(❶)分ける・割る・離す・分離する・分割する/(❷)分ける・配る・配分する・分配する・分与する・案分する・折半する・山分けする
わ-がっき【和楽器】(―ガクキ)日本で伝統的に使われてきた楽器。和琴(わごん)・三味線・尺八・小鼓などのこと。
わかつき-れいじろう【若槻礼次郎】(―レイジラウ)[1866～1949]政治家。島根の生まれ。蔵相・内相を歴任。大正15年(1926)首相となるが金融恐慌の対策を誤り、枢密院の画策もあって総辞職。のち、第二次内閣を組閣したが、満州事変が勃発し、退陣。
わか-づくり【若作り】〔名・形動〕年齢よりも若く見えるような化粧や服装をすること。また、そのさま。「年に以合わず—な(の)人」
(類語)四十振袖・四十島田・御粧(おめか)し・若ぶる
わか-づま【若妻】年の若い妻。
わがつま-さかえ【我妻栄】[1897～1973]民法学者。山形の生まれ。東大教授。民法の体系的な解釈を行い、学界や実務に大きな影響を与えた。文化勲章受章。著「民法講義」「近代法における債権の優越的地位」。
わかつ・る【▽機る┊▽誘る】〔動ラ四〕あやつり動かす。また、うまく人を誘い欺く。「年ごとに貢職(みつき)の船を—・り致し」〈継体紀〉
わか-て【若手】若くて元気のいい人。また、集団の中で年齢の若いほうの人。「—を起用する」
(類語)若い衆・若年者(じゃくねんもの)・若輩・新人・ヤンガーゼネレーション
わ-が-でに【我がでに】〔副〕《「でに」はそれ自身での意》自分自身で。みずから。「真実から—もよく合点して」〈難波物語〉
わか-とう【若党】(―タウ)❶若い侍。❷若い従者。❸江戸時代、武家で足軽より上位の小身の従者。
わが-とう【我が党】(―タウ)㊀〔名〕❶自分が所属する党。「—の総裁」❷自分の仲間。同志。「—の士」㊁〔代〕❶一人称の人代名詞。私。自分。「—は常陸(ひたち)からつん出た順礼さでおんぢゃり申す」〈浄・碁盤太平記〉❷二人称の人代名詞。おまえ。「—も家業の事ぢゃ、そんがいだけは許す」〈滑・続膝栗毛・二〉
ワガドゥーグー〘Ouagadougou〙西アフリカのブルキナファソの首都。ラッカセイなど農産物の集散地。人口148万(2006)。ワガドゥグー。
わがとうそう【我が闘争】(わがトウサウ)《原題、(ドイツ)Mein Kampf》ヒトラーの著書。上巻は1925年、下巻は26年末刊。みずからの世界観・政策などを説くが、全編がゲルマン民族至上主義・反ユダヤ主義・反共産主義で貫かれ、ナチスの聖典となった。
わかどうもうしょう【和歌童蒙抄】(ワカドウモウセウ)平安後期の歌学書。10巻。藤原範兼著。久安元年(1145)ごろの成立か。万葉集以下の諸歌集の歌を、日・月など22項の部類に分けて語釈・出典を記し、さらに雑体・歌の病・歌合判について述べたもの。
わかと-おおはし【若戸大橋】(―おほはし)福岡県北九州市の洞海湾(どうかいわん)の湾口に架かる大つり橋。若松区と戸畑区とを結ぶ。全長2068メートル、つり橋部分の長さ680メートル。昭和37年(1962)開通。
わか-どころ【和歌所】勅撰和歌集の編纂(へんさん)のために宮中に設けられた臨時の役所。天暦5年(951)村上天皇が梨壺(なしつぼ)に設置したのに始まる。別当・開闔(かいこう)・寄人(よりゅうど)などが置かれた。➡御歌所(おうたどころ)
わか-とし【若年】❶小正月のこと。❷新年。
わか-どしより【若年寄】❶江戸幕府の職名。老中に次ぐ重職で、旗本および老中支配以外の諸役人を統轄。小禄の譜代大名の中から通常数名が任ぜられた。少老。❷若いのに言動が年寄りじみた人。
わか-との【若殿】❶貴人の跡取り息子の敬称。⇔大殿(おおとの)。❷幼い主君の敬称。わかぎみ。
わか-とのばら【若殿原】若い武士たち。また、若い人たち。「—に争ひて先を駆けんもおとなげなし」〈平家・七〉
わが-ともがら【我が▽輩】自分たちの仲間。また、わたしたち。われわれ。一人称の人代名詞のようにも用いられる。「これらは愚俗の言葉にて—はとらず」〈読・雨月・菊花の約〉
わか-どり【若鳥┊若▽鶏】❶(若鳥)生まれて間もない鳥。ひな鳥。❷生後80日前後の若い鶏。また、その肉。肉が柔らかい。
わか-な【若名】若い時の名。幼名。「われわれ年も半ばふけ、—にてもいかがに候」〈咄・醒睡笑・二〉
わか-な【若菜】❶春に芽ばえたばかりの食用になる草。「—を摘む」❷年頭の祝儀に用いる七種の新菜。古く宮中で、正月の初の子(ね)の日(のち7日)に、万病を除くとしてこれを羹(あつもの)にして食べる習わしがあった。❸正月7日に七種の新菜を入れて作る餅粥(もちがゆ)。❷の風習が民間行事化したもの。若菜粥。七草粥。(季 新年)(類語)若草・青菜
わかな【若菜】㊀源氏物語第34・35巻の巻名。上・下に分ける。光源氏39歳から47歳。女三の宮の光源氏への降嫁、明石女御の皇子出産、柏木と女三の宮との事件などを描く。㊁狂言。和泉流。果報者が仲間と野遊びに出かけ、若菜摘みに来た大原女(おはらめ)たちと出会って酒盛りとなる。
わか-なえ【若苗】(―なへ)❶生えたばかりの草木の苗。❷稲の若い苗。早苗。❸「若苗色」の略。
わかなえ-いろ【若苗色】(わかなへ―)❶染め色の名。早苗のような薄い青色。❷襲(かさね)の色目の名。表裏ともに薄青色。
わかな-ご【若▽魚子】ブリの幼魚。
わかなしゅう【若菜集】(わかなシフ)島崎藤村の第1詩集。明治30年(1897)刊。浪漫的詩情に満ちた文語定型詩51編を収め、日本の近代詩壇に新生面を開く。
わかな-つみ【若菜摘み】春の野に出て若菜を摘むこと。また、その人。(季 新年)「草の戸に住むうれしさよ—/久女」
わかな-むかえ【若菜迎え】(―むかへ)正月6日のこと。また、その日に若菜を採ってくること。その夜七草たたきをし、翌7日朝の七草粥(ななくさがゆ)に入れる。
わか-ぬし【若主】若い人を敬っていう語。「この—たちの」〈宇治拾遺・二〉
わか-ね【若根】生えたばかりの根。若い根。
わが・ねる【×綰ねる】〔動ナ下一〕図わが・ぬ〔ナ下二〕細長いものを曲げて輪にする。「針金を—・ねる」「枝に魚を貫(ぬ)いて—・ねて」〈露伴・新浦島〉
わか-の-うら【和歌浦】和歌山市南部の海岸。和歌川の河口の、片男波(かたおなみ)と称する砂嘴(さし)に囲まれる入り江。玉津島神社・不老橋・観海閣などがあり、西に新和歌浦が連なる。[歌枕]「—に潮満ち来れば潟をなみ葦辺をさして鶴(たづ)鳴き渡る」〈万・九一九〉
わかのはな-かんじ【若乃花幹士】力士。㊀(初代)[1928～2010]第45代横綱。青森県出身。本名、花田勝治。呼び戻しを得意とし、好敵手栃錦(とちにしき)と「栃若時代」を築いた。優勝10回。引退後、年寄二子山。日本相撲協会理事長、相撲博物館館長も務めた。➡栃錦清隆(第44代横綱) ➡朝潮太郎(第46代横綱) ㊁(2代)[1953～]第56代横綱。青森県出身。本名、下山勝則。昭和53年(1978)横綱昇進を機に若三杉から2代目若乃花幹士にしこ名を改めた。優勝4回。引退後、年寄間垣。➡北の湖清隆(第55代横綱) ➡三重ノ海剛司(第57代横綱)
わかのはな-まさる【若乃花勝】[1971～]力士。第66代横綱。東京都出身。本名、花田勝。平成10年(1998)横綱に昇進。弟の貴乃花とともに史上初の兄弟横綱となり、「若貴ブーム」を起こした。優勝5回。引退後、年寄藤島を襲名したが、のちに退職。➡貴乃花光司(第65代横綱) ➡武蔵丸(むさしまる)光洋(第67代横綱)
わか-ば【若葉】生え出て間のない草木の葉。(季 夏)「不二ひとつうづみ残して—かな/蕪村」
(類語)青葉・二葉・新緑・若芽・新芽
わかば【若葉】千葉市東部の区名。住宅地。加曽利(かそり)貝塚がある。
わが-はい【我が輩┊×吾が輩】〔代〕一人称の人代名詞。男性が用いる。❶おれさま。わし。余。尊大の気持ちを含めていう。「—にまかせておけ」「今—も此国に生れて日本人の名あり」〈福沢・学問のすゝめ〉❷われわれ。われら。「—常に阿蘭陀(オランダ)人に朝夕してすら、容易に納得しがたし」〈蘭学事始〉
(類語)我・吾人・余・それがし・自分・私(わたくし)・私(わたし)・僕・俺(おれ)・わし・手前・不肖(ふしょう)・小生・愚生・迂生(うせい)
わがはいはねこである【吾輩は猫である】夏目漱石の小説。明治38～39年(1905～06)発表。中学教師苦沙弥(くしゃみ)先生の飼い猫の目を通して、近代文明の中の人間を批判・風刺した作品。
わかば-いろ【若葉色】新緑のような、明るい黄緑色。
わか-ばえ【若生え】新しく出た芽。若芽。ひこばえ。幼児のたとえにもいう。「年を経て待ちつる松の—に嬉しくあへる春のみどり子」〈栄花・わかばえ〉
わかば-く【若葉区】▶若葉
わか-はげ【若×禿】若いのに頭がはげていること。
わかば-マーク【若葉マーク】《若葉がデザインしてあるところから》「初心運転者標識」の通称。
わかばやし【若林】仙台市南東部の区名。遠見塚古墳がある。
わか-ばやし【若×囃子┊和歌×囃子】祭り囃子の一。享保(1716～1736)ごろに武蔵国葛西金町(東京都葛飾区金町)の香取明神の神主能勢環(のせたまき)が

村の若者を集めて創始したという。馬鹿囃子。葛西囃子。
わかばやし-きょうさい【若林強斎】わかばやしきやうさい［1679～1732］江戸中期の儒学者・神道家。京都の人。名は進居。浅見絅斎(けいさい)に学び、崎門(きもん)学派を継ぎ、実践躬行を強調した。著「若林子語録」など。
わかばやし-く【若林区】▶若林
わかばやし-ただし【若林忠志】［1908～1965］プロ野球選手・監督。米国ハワイ州の生まれ。日系2世。昭和11年(1936)大阪タイガース(現阪神)に入団。多彩な変化球を投げ、「七色の魔球」と評された。のち、監督も兼任。同25年に毎日(現千葉ロッテ)に移籍。45歳まで現役として活躍した。
わか-びと【若人】▶わこうど(若人)
わか-ぶ【若ぶ】〘動バ上二〙若々しく見える。若々しく振る舞う。「いといたく―・びて」〈源・若菜下〉
わが-ほう【我が方】がハウ 自分たちの方。自分の側。
わがまち【わが町】《原題 Our Town》T=N=ワイルダーの戯曲。3幕。1938年刊。小さな町を舞台に、人生や、生と死などの問題を斬新な手法で描く。
わか-まつ【若松】❶松の若木。❷正月の飾りに使う小松。❸松の若葉。松の新芽。(季 春) ❹襲(かさね)の色目の名。表は萌葱(もえぎ)、裏は紫。まつがさね。若緑。
わかまつ【若松】北九州市北西部の区名。響灘と洞海湾に面し、工業地。もと若松市。筑豊炭田の石炭積み出し港として栄えた。
わかまつ【若松】福島県会津若松市の旧称。⇒会津若松
わかまつ-く【若松区】▶若松
わかまつ-こうじ【若松孝二】わかまつかうじ［1936～ ］映画監督。宮城の生まれ。本名、伊藤孝。ピンク映画の巨匠として名をはせたのち、一般映画に進出。代表作「天使の恍惚(こうこつ)」「水のないプール」「われに撃つ用意あり」など。大島渚監督「愛のコリーダ」や神代辰巳(くましろたつみ)監督「赤い帽子の女」のプロデュースでも知られる。
わかまつ-し【若松市】▶若松
わかまつ-しずこ【若松賤子】しづこ［1864～1896］翻訳家。福島の生まれ。本名、松川甲子(かし)。巌本善治の妻。バーネットの「小公子」の翻訳で知られる。
わかまつ-つとむ【若松勉】［1947～ ］プロ野球選手・監督・野球解説者。北海道の生まれ。社会人野球を経て昭和46年(1971)ヤクルトに入団。同47年、52年に首位打者となるなど高打率を保ち続け、「小さな大打者」と呼ばれた。選手引退後も同球団のコーチ・監督を務め、平成13年(2001)にはチームを日本一に導いた。
わが-まま【我が×儘】㊀〘名・形動〙自分の思いどおりに振る舞うこと。また、そのさま。気まま。ほしいまま。自分勝手。「―を通す」「―な人」㊁〘連語〙《代名詞「わ」＋助詞「が」＋名詞「まま」》自分の思いのまま。「―に誇りならひたる乳母の」〈源・常夏〉
(類語)勝手・気まま・好き・自分勝手・手前勝手・身勝手・得手勝手・好き勝手・好き放題・気随・気任せ・ほしいまま・奔放・放恣・利己的・エゴイスチック
わ-が-み【我が身】㊀〘連語〙自分のからだ。また、自分の身の上。自分。「あすは―」「―を省みる」㊁〘代〙❶一人称の人代名詞。わたし。自分。「―は女なりとも」〈平家・一一〉❷二人称の人代名詞。親しみの気持ちで、目下の者にいう。なんじ。そなた。おまえ。「なんぼ―が強うても」〈伎・壬生大念仏〉
我が身につまさ・れる 自分の境遇にひきくらべて気の毒になる。身につまされる。「被災地の窮状を聞くにつけ―・れる」
我が身を抓(つね)って人の痛さを知れ 自分の苦痛にひきくらべて、他人の苦痛を思いやれ。
わか-みず【若水】みづ ❶元旦に初めてくむ水。1年の邪気を除くとされ、この水で年神への供え物や家族の食べ物を調える。(季 新年)「―のよしなき人に汲まれけり／一茶」❷昔、宮中で、立春の日に主水司(しゅすいし)から天皇に奉った水。
わか-みどり【若緑】❶松の枝から伸び出した新芽。松の芯。(季 春)「浜道や砂から松の―／蝶夢」❷新鮮な緑色。❸「若松❹」に同じ。
わか-みや【若宮】❶幼少の皇子。また、皇族の子。❷将軍の子の僭称(せんしょう)。❸本宮の祭神の子を祭った神社。❹本宮の祭神の分霊を新たに勧請(かんじょう)した神社。新宮(いまみや)。
わか-むき【若向き】若い人に似合うこと。また、そのもの。「―の柄(がら)」
わか-むし【若虫】トンボ・バッタ・カメムシなど不完全変態をする昆虫の幼虫。ニンフ。
わか-むしゃ【若武者】年若い武者。
わか-むらさき【若紫】㊀❶薄い紫色。薄紫。❷植物ムラサキの別名。(季 春)「恋草の―も萌えにけり／麦人」㊁源氏物語第5巻の巻名。光源氏18歳。源氏が北山で藤壺に似た少女紫の上を見いだし、自邸二条院に引き取ることなどを描く。
わか-め【若▽布|和=布|▽稚海=藻】コンブ科の褐藻。外海の浅い所に生える。長さ約1メートルになり、暗褐色。外見は根・茎・葉に分かれ、葉は羽状に切れ込む。成熟すると茎の両側にひだ状の胞子葉ができ、めかぶ・みみとよばれる。古くから食用とし、養殖もされる。にぎめ。めのは。(季 春)「みちのくの淋代(さびしろ)の浜―寄す／青邨」
わか-め【若芽】生え出て間もない草木の芽。新芽。
(類語)芽・木の芽・新芽・冬芽・ひこばえ
わかめ-いろ【若芽色】植物の若い芽のような淡い緑色。
わか-もち【若餅】正月三が日の間につく餅。また、小正月のための餅。(季 新年)「―やざぶと搗(つ)きこむ梅の花／一茶」
わか-もの【若者】年の若い者。わこうど。青年。
(類語)青年・若人・青少年・若手・ヤング・ヤンガージェネレーション・ユース
わがもの【我がもの】端唄・うた沢節。一中節の都伝内の作曲といわれる。「我がものと思へば軽し笠の雪」という句を冒頭に、雪の夜、女のもとに通う心をうたったもの。幕末ごろ、京坂地方で流行、江戸にも広まった。
わが-もの【我が物】自分の所有物。「―にする」
我が物と思えば軽し笠(かさ)の雪 《其角の句「我が雪と思へば軽し笠の上」から》自分のためとあれば苦労も負担に感じないことのたとえ。
わがもの-がお【我が物顔】がほ〘名・形動〙それが自分のためにあるかのような態度や顔つきをすること。また、そのさま。「雑草が―にはびこる」
わかもの-ぐみ【若者組】村落ごとに組織されていた青年男子の集団。多くは、15、6歳ごろに加入し、結婚とともに脱退する。若者宿を本拠とし、村落の警備・消防・祭礼・労働奉仕などに当たった。若衆組。若者仲間。⇒娘組(むすめぐみ)
わかもの-やど【若者宿】若者組に属する青年が集まったり寝泊まりしたりする家。若衆宿。泊り宿。泊り屋。⇒娘宿
わが-や【我が家】自分の家。また、自分の家庭。
(類語)家(いえ)・家(うち)・宅・自家・自宅・家庭・家族・家内・所帯・世帯・一家・おうち・ホーム・マイホーム・スイートホーム・ファミリー
わかやえがき【和歌八重垣】わかやへがき 江戸中期の歌学書。7巻。有賀長伯著。元禄13年(1700)刊。和歌の心得・作法・用語などを解説した入門書。
わか-やか【若やか】〘形動〙図〘ナリ〙若くて生気に満ちているさま。また、若い人のようなさま。「―な人」「いと―なる心地もするかな」〈源・若菜上〉
(類語)若い・うら若い・若若しい・ういういしい・みずみずしい・清新・溌剌(はつらつ)・フレッシュ
わかやぎ-だ・つ【若やぎ立つ】〘動タ四〙若く見えるように装う。「みな―・ちて」〈枕・三五〉
わかやぎ-りゅう【若▽柳流】リウ 日本舞踊の流派の一。明治26年(1893)初世花柳寿輔(はなやぎじゅすけ)門下の芳松が、若柳吉松(のち寿童)を名のって創始。現在は多くの派に分裂している。
わか-やく【若役】❶年の若い人が勤める役目。「お前(まへ)一つ―に皆の総代に」〈木下尚江・良人の自白〉❷演劇で、若い人に扮(ふん)する役。
わか-や・ぐ【若やぐ】〘動ガ五(四)〙若々しくなる。また、若く見える。「―・いだ声」「気持ちが―・ぐ」
(類語)若返る・若い・うら若い・若若しい・ういういしい・若やか・若気
わかやま【和歌山】㊀近畿地方南部の県。紀伊半島の南西部を占め、奈良・三重県境の間に飛び地をもつ。もとの紀伊国の大部分にあたる。人口100.1万(2010)。㊁和歌山県北西部の市。県庁所在地。紀ノ川河口部にある。もと徳川氏の城下町。古くから吉野杉の集散地で、製材・木工業や化学工業が盛ん。紀三井寺(きみいでら)・和歌浦などがある。人口36.9万(2010)。
わかやま-けん【和歌山県】▶和歌山㊀
わかやまけんりつ-いかだいがく【和歌山県立医科大学】イクワダイガク 和歌山市にある公立大学。昭和20年(1945)設立の和歌山県立医学専門学校が前身。同27年、新制大学となる。平成18年(2006)公立大学法人となる。
わかやま-し【和歌山市】▶和歌山㊁
わかやま-だいがく【和歌山大学】和歌山市にある国立大学法人。和歌山師範学校・和歌山青年師範学校・和歌山経済専門学校を統合し、昭和24年(1949)新制大学として発足。平成16年(2004)国立大学法人となる。
わかやま-ぶし【若山節】浄瑠璃の一。貞享・元禄(1684～1704)のころ、3世杵屋喜三郎の門弟若山五郎兵衛が、江戸で語り出して流行した。
わかやま-へいや【和歌山平野】和歌山県北西部、紀ノ川河口の沖積平野。県内最大の平野で、面積約100平方キロメートル。河口から約15キロメートルさかのぼった部分から下流域をいう。米作地帯。中心は和歌山市。上流域を含めて紀ノ川平野と呼ぶこともある。
わかやま-ぼくすい【若山牧水】［1885～1928］歌人。宮崎の生まれ。本名、繁。尾上柴舟(おのえさいしゅう)に師事。前田夕暮とともに自然主義歌人として一時代を画した。旅と酒の歌が多い。歌誌「創作」を主宰。歌集「海の声」「別離」「路上」「死か芸術か」「山桜の歌」。
わかや・る【若やる】〘動ラ四〙《「わか(若)ゆ」からの派生》若々しく見える。「沫雪(あわゆき)の―・る胸を」〈記・上・歌謡〉
わか-ゆ【若湯】正月に初めて沸かす風呂。(季 新年)「皆旅の顔して―使ひけり／圭岳」
わかゆ【若×鮎】《「わかあゆ」の音変化》若いアユ。「松浦川玉島の浦に―釣る妹(いも)らを見らむ人のともしさ」〈万・八六三〉
わか・ゆ【若ゆ】〘動ヤ下二〙若くなる。若やぐ。「老いず死なずの薬もが君が八千代を―・えつつ見む」〈古今・雑体〉
わがよ-の-はる【我が世の春】何事も自分の思いどおりになる、最も得意な時期。「―を謳歌(おうか)する」
わから-か【若らか】〘形動ナリ〙若々しいさま。わかやか。「―に愛敬づき」〈大鏡・道長下〉
わ-がらし【和芥=子】和食で使用されるからし。洋がらし(マスタード)に対していう。
わからず-や【分(か)らず屋】物事の道理がわからないこと。わかろうとしないこと。また、その人。「―に手をやく」(補説)「没分暁漢」とも当てて書く。
(類語)唐変木・朴念仁・でくの坊
わかり【分(か)り|▽解り|▽判り】わかること。理解すること。のみこみ。会得(えとく)。「―が早い」
(類語)のみ込み・通じ・もの分かり・理解・把握・納得・会得
わかり-き・る【分(か)り切る】〘動ラ五(四)〙すっかりわかる。十分明らかになる。「―・ったことだ」
わかり-にく・い【分かり▽難い】〘形〙図わかりにく・し〘ク〙難しくて、たやすく理解できない。「―文章」
(類語)難しい・難解・詰屈(きっくつ)・晦渋(かいじゅう)・複雑・深遠・高度・ハイブロー・歯が立たない
わか・る【分(か)る|▽解る|▽判る】㊀〘動ラ五(四)〙❶意味や区別などがはっきりする。理解する。了解

する。「物のよしあしが—・る」「言わんとすることはよく—・る」「訳が—・らない」❷事実などがはっきりする。判明する。「身元が—・る」「答えが—・る」「持ち主の—・らない荷物」❸物わかりがよく、人情・世情に通じる。「話の—・る人」❹一つのものが別々になる。わかれる。「五色の水玉数散りて、浪二つに—・りて」〈浮・伝来記・二〉㊁〔動ラ下二〕「わ(分)かれる」の文語形。〔類語〕解する・理解する・解釈する・判明する・把握する・納得する・了解する・得心する・会得する・のみ込む・わきまえる

わか・る【別る】〔動ラ下二〕「わか(別)れる」の文語形。

わかれ【分(か)れ】同じもとから分かれ出たもの。分派。分家。傍系。「源氏の—」
〔類語〕分流・分派・分家・傍流・傍系・支流・末流

わかれ【別れ】❶別れること。互いに離れて別々になること。別離。「友との—を惜しむ」「—の日を迎える」「—の杯」❷別離のあいさつ。いとまごい。「故郷に—を告げる」「—の言葉」❸死に別れ。死別。「永の—」「世の中にさらぬ—のなくもがな千世もと祈る人の子のため」〈伊勢・八四〉❹立ち去るにあたって、心付けとして与える金銭。「—に七百くだんせ」〈滑・膝栗毛・五〉
〔…語〕暁の別れ・生き別れ・扇の別れ・更衣の別れ・食い別れ・喧嘩別れ・子別れ・逆さ別れ・四鳥の別れ・死に別れ・終の別れ・永の別れ・泣き別れ・夫婦別れ・物別れ・行き別れ・別れ別れ
〔類語〕別離・離別・決別・一別・生き別れ・泣き別れ・生別・離れる

わかれ-ぎわ【別れ際】別れようとする、ちょうどその時。別れしな。「—に耳にはさんだ話」

わかれ-じ【別れ路】❶人と別れてこれからたどっていく道。また、人との別れ。「糸による物ならなくに—の心細くも思ほゆるかな」〈古今・羇旅〉❷冥土への道。よみじ。また、死別。「—は遂のことぞと思へども後れ先だつ程ぞ悲しき」〈栄花・本の雫〉

わかれ-じも【別れ霜】晩春のころ、最後に降りる霜。八十八夜のころに多い。忘れ霜。〔季 春〕「花過ぎてよし野出る日や—／几董」

わかれ-の-くし【別れの櫛】❶平安時代、斎宮となった皇女もしくは女王が、伊勢への出発を前に参内して別れを告げるとき、天皇がみずから斎宮の髪に挿して与えた櫛。❷別離や不吉なことの前兆としての櫛。投げ捨てられたり人に与えられたりする櫛。嫁入りに際しては、二度と実家へ戻らないようにと与えられた。

わかれ-の-そで【別れの袖】別れを惜しんで涙をぬぐう袖。「いとどしく思ひけぬべし七夕の—に置ける白露」〈新古今・秋上〉

わかれ-ばなし【別れ話】夫婦・恋人などが、別れるためにする話し合い。また、別れる話題。「—が出る」

わかれ-みち【分(か)れ道】❶本道から分かれる道。また、道の分かれている所。「—を左へ行く」❷成り行きの分かれるところ。わかれめ。「生死の—」
〔類語〕岐路・二筋道・二股道・三叉路・分かれ目・分岐点

わかれ-め【分(か)れ目】物が分かれるところ。また、どちらになるかという境目。分岐点。「街道の—」「勝敗の—」
〔類語〕分岐点・岐路・曲がり角・境目・変わり目・転機・ターニングポイント

わか・れる【分(か)れる】〔動ラ下一〕〔文〕わか・る〔ラ下二〕❶一つのものが二つ以上になる。べつべつになる。「道が四方に—・れる」「二手に—・れて敵を追う」❷一つのものがいくつかに区分される。「三章節に—・れる」❸区別がつく。差異を生じる。「意見が—・れる」
〔類語〕割れる・さける・離れる・分離・分裂・分割

わか・れる【別れる】〔動ラ下一〕〔文〕わか・る〔ラ下二〕《「分かれる」と同語源》❶一緒にいたものが離れ離れになる。互いに離れて去る。「駅で人と—・れる」「両親と—・れて暮らす」❷夫婦・恋人などが、それまでの関係を解消する。「夫と—・れる」「女と—・れる」❸死別する。「幼くして母と—・れる」〔類語〕離れる

わかれ-わかれ【別れ別れ】〔名・形動〕互いに離れ離れになること。また、そのさま。べつべつ。「親子が—に暮らす」〔類語〕離れ離れ・別別・ばらばら・散り散り・てんでんばらばら・思い思い

わかわか・し・い【若若しい】〔形〕〔文〕わかわか・し〔シク〕❶いかにも若く見える。「—・い声」❷未熟である。子供じみている。「私は—・いと云われても、馬鹿気ていると笑われても」〈漱石・こゝろ〉〔派生〕わかわかしげ〔形動〕わかわかしさ〔名〕
〔類語〕若い・うら若い・ういういしい・みずみずしい・若やか・清新・溌剌・フレッシュ

わ-かん【和姦】相方合意の上での姦通。⇔強姦。

わ-かん【和漢】❶日本と中国。「—の歴史」❷和文と漢文。❸和学と漢学。❹「和漢聯句」の略。

わ-かん【倭館｜和館】15世紀、李氏朝鮮が日本使節の接待および貿易管理のため、漢城(ソウル)・乃而浦・釜山浦・塩浦に設けた建物。三浦の乱により閉鎖されたが、1609年釜山浦に再設。

わかん-こんこうぶん【和漢混交文｜和漢混淆文】和文の要素と漢文訓読語の要素を合わせもつ文体。特に、鎌倉時代以降の軍記物語などにみられる漢語を多くまじえた文語文。

わかんさんさいずえ【和漢三才図会】江戸時代の百科事典。105巻。寺島良安著。正徳2年(1712)成立。中国の「三才図会」にならい、和漢古今の万物を掲げ、漢文で解説を施し、図解したもの。

わ-かんじき【輪樏】木・竹・蔓などを輪にしてつくったかんじき。わかん。〔季 冬〕

わかん-しょ【和漢書】❶和書と漢籍。❷図書館の分類で、ローマ字書きの洋書に対して、漢字・仮名書きの本。

わかんどおり《「わか」は「若」、「んどおり」は系統・血統の意の「とおり」に接頭語「み」の付いた「みとおり(御裔)」の変化したものか。一説に、「わか」は「王家」の変化とも》皇室の血統。皇族。わこうどおり。「離れたてまつらぬ—などにて」〈源・澪標〉

わかんどおり-ばら【わかんどほり腹】皇族の女子からの出生であること。また、その人。「—にて、あてなる筋は劣るまじけれど」〈源・少女〉

わ-かんむり【ワ冠】漢字の冠の一。「冗」「冠」などの「冖」の称。片仮名の「ワ」に似ているのでいう。ひらかんむり。

わかん-やく【和漢薬】和薬と漢薬の総称。生薬のこと。

わ-かん-よう【和漢洋】日本と中国と西洋。また、和学と漢学と洋学。

わかん-れんく【和漢聯句】連歌・聯句の形式の一。発句を和語の句で始め、以下五言の漢詩句と交互に詠み進めるもの。五山文学において盛行。➡漢和聯句

わかんろうえいしゅう【和漢朗詠集｜倭漢朗詠集】平安中期の詩歌集。2巻。藤原公任撰。長和2年(1013)ごろの成立か。朗詠に適した白居易などの漢詩文の秀句約590首と紀貫之・凡河内躬恒などの和歌約220首を、四季・雑に分類して収めたもの。

わき【分き｜別き】❶わけること。区別。けじめ。「夜昼といふ—知らず我が恋ふる心はけだし夢に見えきや」〈万・七一六〉❷思慮。分別。わきまえ。「我は子うむ—も知らざりしに」〈大鏡・序〉

わ-き【和気】❶のどかな陽気。穏やかな気候。「—山野に漂う」❷なごやかな気分。「—を帯びた口調」「—靄然」

わき【沸き】沸くこと。煮え立つこと。「この風呂釜は—が早い」

わき【脇｜腋｜掖】❶両腕の付け根のすぐ下の所。また、体側とひじとの間。わきのした。「本を—に抱える」❷衣服で、❶にあたる部分。「洋服の—を詰める」❸(「傍」「側」とも書く)すぐそば。かたわら。「門の—に車をとめる」❹目ざすものからずれた方向。よそ。横。「話題が—にそれる」「—を見る」❺「脇句」の略。「—をつける」❻平安時代、相撲人のうちで最手に次ぐ地位の者。今の関脇にあたる。ほてわき。❼(ふつう「ワキ」と書く)能で、シテの相手役。また、その演者。原則として現実の男性の役で、面はつけない。❽邦楽で、首席奏者(タテ)に次ぐ奏者。また、その地位。演奏するものによって、脇唄・脇三味線・脇鼓などという。➡側〔用法〕
〔類語〕わきの下・小脇・そば・横・傍ら・近く・近辺・付近・はた・許・足元・手元

脇が甘・い　相撲で、脇をかためる力が弱いために、相手に有利な組み手やはず押しを許してしまうさま。転じて、守りが弱いさま。「警備体制の—・い」

脇を掻・く　わきの下あたりをさする。得意なさま、気負ったさまにいう。「いみじくしたり顔に—・きて言ひけるをぞ」〈今昔・二五・五〉

脇を詰・める　幼少の折はあけておいた、着物の袖の脇下を縫ってふさぐ。成人する。脇を塞ぐ。

脇を塞・ぐ　《近世、元服時に着物の八つ口を縫ってふさいだことから》成人する。脇を詰める。

わき【湧き｜涌き】❶現れ出ること。「今年はハゼの—がいい」❷魚群が押し寄せて、海面が泡立ち白くなること。

わ-ぎ【和議】❶和睦のための協議。「—を結ぶ」❷旧法で、破産を予防するために債務者と債権者との間でなされる合意のこと。債務者は破産を免れ、債権者は破産の場合に比べて有利な弁済を受けることを目的としていた。平成12年(2000)の民事再生法施行に伴い和議法が廃止され、同法による和議(強制和議)は廃止された。

わき-あいあい【和気靄靄｜和気藹藹】〔ト・タル〕〔文〕〔形動タリ〕なごやかで楽しい気分が満ちているさま。「—とした集い」
〔類語〕親しい・睦まじい・近しい・心安い・気安い・親密・懇意・昵懇・懇親・別懇・懇ろ・親愛・仲良し・仲が良い・気が置けない

わき-あが・る【沸き上(が)る】〔動ラ五(四)〕❶盛んに煮え立つ。沸騰する。「湯が—・る」❷興奮した雰囲気が高まる。ある感情が激しく起こる。「歓声が—・る」「憤りが—・る」❸水面などが激しく波立つ。「南は満海、波—・りて」〈海道記〉
〔類語〕沸き立つ・沸き返る

わき-あが・る【湧き上(が)る｜涌き上(が)る】〔動ラ五(四)〕下の方から現れて上の方へ行く。「入道雲が—・る」「煙突から蒸気が—・る」

わき-あけ【脇明け】❶女性・子供の洋服の、着脱を楽にするために脇部に作る明き。留め具には多くファスナーが使われる。わきあき。❷子供や女性の和服の脇の下を縫わずにおくこと。また、その衣服。八つ口。わきあき。❸「闕腋の袍」に同じ。

わき-あて【脇当】▶脇楯

わきあと-ぞなえ【脇後備え】本陣の両脇を守る脇備えと後方を守る後備え。

わき-い・ず【湧き出づ｜涌き出づ】〔動ダ下二〕❶「わきでる❶」に同じ。「土裂けて水—・で」〈方丈記〉❷「わきでる❷」に同じ。「—・づる涙の川はたぎりつつ」〈宇津保・嵯峨院〉❸「わきでる❸」に同じ。「優なる女房うち使ひ、見えざりし調度、装束の—・づる」〈能因本枕・一八三〉

わき-いた【脇板】鎧・胴丸・腹巻きなどの側面にある板。

わき-うり【脇売り】中世の座や近世の株仲間の営業区域内で、座外・仲間外の者が同じ商売をすること。また、その人。

わき-え【脇絵】三幅対の掛け物で、両脇の絵。

わぎえ【我家】《「わがいえ」の音変化》自分の家。わがや。「愛しけやし—の方よ雲居立ち来も」〈記・中・歌謡〉

わき-おうかん【脇往還】▶脇街道

わき-おこ・る【沸き起(こ)る】〔動ラ五(四)〕❶感情などがこみ上げてくる。「—・る悲しみ」❷歓声などが盛んに起こる。「万雷の拍手が—・る」

わき‐おこ・る【湧き起(こ)る|×涌き起(こ)る】〔動ラ五(四)〕下の方から盛んに出てくる。「泉が―・る」「にわかに雷雲が―・る」
わき‐が【×腋▽臭|狐=臭|胡=臭】わきの下から不快臭を発する状態。アポクリン腺からの分泌物が細菌により脂肪酸に分解され、汗のアンモニアなどが加わって生じる。臭汗症。腋臭症えきしゅうしょう。
わき‐かいどう【脇街道】ーカイダウ 江戸時代、本街道以外の支街道。その主なものに水戸街道・美濃路・中国路・日光御成街道・例幣使街道などがある。脇往還。
わき‐かえ・る【沸き返る】ーかへる〔動ラ五(四)〕❶激しくにえたぎる。沸騰する。「湯が―・る」❷大勢の人が熱狂して大騒ぎする。「優勝の報に町中が―・る」❸怒りなどが爆発しそうになる。がまんできないほど感情が高ぶる。にえくりかえる。「はげしい怒りで胸の中が―・る」[類語]沸き立つ・沸き上がる
わき‐かえ・る【湧き返る|×涌き返る】ーかへる〔動ラ五(四)〕勢いよくわき出る。「地下水が―・る」「水は石がちなる中より―・りゆく」〈かげろふ・上〉
わき‐がお【脇顔】ーがほ 横顔。「―うつくしく」〈浮・一代男・六〉
わき‐がかり【脇懸かり】他人のことに関係すること。また、他人に関係を及ぼすこと。「我が子の戯気たはけは思はず、―の恨みが出る」〈浄・寿の門松〉
わき‐がき【脇書(き)】❶そばに書き添えること。また、そのように書いたもの。❷「脇付わきづけ」に同じ。
わき‐がけ【脇掛(け)】浄土真宗で、仏壇の本尊の左右に下げる如来の名号みょうごうまたは絵像の掛け軸。
わき‐かじ【脇×舵|脇×楫】ーかぢ ▶わいかじ(脇舵)
わき‐かた【脇方】能楽師のうち、ワキ・ワキヅレを専門に務める者。また、その家柄。進藤・春藤・福王・高安・宝生の五流があったが、進藤・春藤は廃絶した。⇒シテ方 [補説]ふつう「ワキ方」と書く。
わき‐がたな【脇刀】腰に差す小刀。腰刀。〈日葡〉
わき‐がたり【脇語り】「脇太夫わきだゆう」に同じ。
わき‐かべ【脇壁】幅の狭く小さい壁。
わき‐がま【脇窯】楽焼きの一派。京都の楽本家以外のもの。⇒本窯
わき‐がまえ【脇構え】ーがまへ 剣道で、右足を引いてからだを右斜めに向け、頭を正面に保ち、刀を右脇にとり切っ先を後ろに下げた構え。陽の構え。
わき‐がんな【脇×鉋】敷居の溝や小穴の側面を削るのに用いる溝鉋。
わき‐きょうげん【脇狂言】ーキャウゲン ❶正式な五番立ての演能で、脇能の次に上演される狂言。めでたい内容の曲が多い。❷江戸時代の歌舞伎で、1日の興行の最初に行う三番叟さんばそうに次いで演じられた狂言。祝言性の濃い儀礼的なもの。前狂言。
わき‐く【脇句】連歌・連句で、発句ほっくの次に七・七と付ける第2句。ふつう、発句と同季。脇。
わき‐くさ【×腋臭】▶わきが(腋臭)
わき‐くそ【×腋▽臭】「わきが」に同じ。〈和名抄〉
わき‐げ【×腋毛|脇毛】わきの下に生える毛。
わき‐ごころ【脇心】他に心を動かすこと。また、その心。浮気心。あだし心。「こちゃこれが好きにて、身に替へての―」〈浮・五人女・三〉
わき‐ごし【脇×輿】輿の脇。また、輿の脇に従うこと。こしわき。「仲光は遥かの―に参り」〈謡・満仲〉
わき‐ざ【脇座】能舞台で、客席正面から向かって右側、脇柱の右手の地謡じうたい座の手前にあたる所。ワキが座る定位置。
わき‐ざいごう【脇在郷】ーザイガウ 都会に近接した村。
わきさか‐やすはる【脇坂安治】[1554～1626]安土桃山・江戸初期の武将。近江おうみの人。通称、甚内。賤ヶ岳の七本槍の一人。豊臣秀吉に仕えたが、関ヶ原の戦いで徳川方に通じ、伊予大洲5万3千石に封ぜられた。
わき‐ざし【脇差|脇指】❶武士が腰に差す大小2刀のうち、小刀の称。❷腰刀。❸近世、町民などが道中のときに護身用に腰に差した刀。武士の大刀と小刀の中間の長さ。道中差し。❹▶腰挿し❷
[類語]小刀・小太刀
わき‐し【脇師】能で、ワキを務める役者。
わき‐じ【脇士|脇侍】▶きょうじ(脇士)
わき‐じゃみせん【脇三味線】長唄・浄瑠璃などで、2挺ちょう以上の三味線で演奏する場合、立たて三味線(首席演奏者)の脇に座って補佐する演奏者。また、その三味線弾きとしての格式。
わき‐しょうじ【脇障子】ーシャウジ 神社・書院の側面の縁の、行き止まりの所に設ける衝立ついたて状の仕切り。
わき‐じょうめん【脇正面】ージャウメン《「わきしょうめん」とも》能舞台で、シテ柱と目付めつけ柱との間の所、およびその外縁の観客席。舞台に向かって左側面にあたる席。脇正わきしょう。
わき‐ぜん【脇膳】会席料理で、一の膳のわきに置かれる膳。一の膳に置ききれない料理を載せるもので、二の膳・三の膳とは別。
わき‐ぞなえ【脇備え】ーぞなへ 陣立てで、本陣の左右につく部隊。
わき‐たけ【脇丈】洋裁で、ズボン・スカートではウエストラインから裾すそまで、ワンピースでは袖ぐりの下から裾までの寸法。
わき‐だ・す【湧き出す|×涌き出す】〔動サ五(四)〕中から外へわいて出てくる。わきでる。「地下水が―・す」
わき‐だち【脇立】▶脇士わきじ
わき‐た・つ【沸き立つ】〔動タ五(四)〕❶盛んに沸く。煮えたつ。「湯が―・つ」「鍋なべが―・つ」❷興奮して騒然とした状態になる。「勝利に―・つ」❸感情が高ぶる。「血が―・つ」[類語]沸き上がる・沸き返る
わき‐た・つ【湧き立つ|×涌き立つ】〔動タ五(四)〕下の方から勢いよく現れる。「雲が―・つ」
わき‐だて【脇立】兜かぶとの立物たてものの一。兜の鉢の左右に立てて装飾とするもの。
わき‐だて【脇盾|脇×楯】▶わいだて(脇盾)
わき‐たゆう【脇太▽夫】ータイフ 浄瑠璃の一座で、首席の太夫に次ぎ、第二位に位置する太夫。脇語り。
わき‐づき【脇×几】ひじをもたせかけ、からだを楽にさせる道具。脇息きょうそくの類。「い倚より立たす―が下の板にもが」〈記・下・歌謡〉
わき‐づくえ【脇机】机のわきに置いて、机の補助的な役目をさせるもの。袖机そでづくえ。
わき‐づけ【脇付】手紙の宛名の左下に書き添えて敬意を表す語。「侍史」「玉案下」「机下」など。
[類語]脇書き
わき‐つづみ【脇鼓】能および長唄の囃子はやしで、小鼓の補助演奏者。
わき‐つぼ【脇×壺|腋×壺】❶わきの下のくぼみ。わきの下。「―射られて失せにけり」〈義経記・五〉❷あばら骨。〈増補下学集〉
わき‐つめ【脇詰め】着物の八つ口を縫ってふさぐこと。また、その衣服。近世、成人に達した証とされた。わきふさぎ。
わき‐づれ【脇連】《「わきつれ」とも》能で、ワキに従属し、その演技を助ける役。また、その演者。[補説]ふつう「ワキヅレ」と書く。
わき‐て【脇手|×腋手】❶わきのあたり。横の方。「家の―」❷相撲で、関脇のこと。
わき‐て【分きて|▽別きて】〔副〕《四段活用動詞「わ(分)く」の連用形＋接続助詞「て」から》「わけて」に同じ。「―この暮こそ袖は露けけれ」〈源・葵〉
わき‐でら【脇寺】本寺に付属する寺。
わき‐・でる【湧き出る|×涌き出る】〔動ダ下一〕図わき・づ〔ダ下二〕❶水が地中からわいて出る。「岩間から清水が―・でる」❷涙などが流れ出る。「涙がとめどなく―・でる」❸物がわいたように次々と現れ出る。「雲がむくむくと―・でる」❹虫などが自然に発生する。「うじが―・でる」❺考え、感情などが、あふれるように生れ出る。「愛情が―・でる」「アイデアが―・でる」[類語]浮き出る・浮き出す・吹き出る・吹き出す・あふれ出る・あふれ出す
わき‐ど【脇戸|×腋戸】正門の横に設けた小さな入り口。また、その戸。
ワギナ〖ラテン vagina〗膣ちつ。バギナ。
わき‐のう【脇能】《本来「翁おきな」の次に演じられ、「翁」の脇の意からという》能の分類の一。正式の五番立ての演能で、最初に上演される曲。神などをシテとする。神能かみのう。脇能物。初番目物。
わきのう‐もの【脇能物】▶脇能
わき‐の‐した【脇の下|×腋の下】両腕の付け根の下側のくぼんだところ。腋窩えきか。わき。
[類語]わき・小脇
わき‐ばさ・む【脇挟む】〔動マ五(四)〕❶わきの下にはさみ抱える。また、しっかりと抱える。「かばんを―・んで家を出る」❷しっかりと身につける。また、心にいだく。「社稷くにをうかがふ権はかりごとを―・み憤いきどほむ」〈皇極紀〉[類語]手挟たばさむ・挟む
わき‐ばしら【脇柱】能舞台正面の、向かって右手前の柱。すぐ右側がワキ座。大臣柱。
わき‐ばら【脇腹】❶腹の側面。横腹。「―を押さえる」❷正妻以外の女から生まれること。また、その子。妾腹しょうふく。めかけばら。⇔本腹。[類語]横腹・脾腹ひばら
わき‐びき【脇引|×腋引】❶鎧よろいの脇の下に当てる小具足。革または鉄で作り、両肩からそれぞれ反対側の脇下につりさげる。わきあて。❷(脇引)日本料理で、一の膳ぜんを下げて、そのあとに出される膳。
わき‐びゃくしょう【脇百姓】ービャクシャウ 中世の名主みょうしゅ、近世の本百姓より身分の一段低い農民。
わき‐ひら【側=辺】わき。かたわら。「これ親父様、お泊りなら―見まい」〈浄・盛衰記〉
わき‐ふさぎ【脇塞ぎ】「脇詰め」に同じ。
わぎ‐ほう【和議法】ーハフ 破産を予防するための和議について定めている法律。大正12年(1923)施行。平成12年(2000)の民事再生法施行に伴って和議法は廃止された。
わき‐ほんじん【脇本陣】ーホンヂン 江戸時代の宿駅で、本陣の予備にあてた宿舎。
わきま・う【▽弁ふ|×辨ふ】わきまふ〔動ハ下二〕「わきまえる」の文語形。
わきまえ【▽弁え|×辨え】わきまへ ❶物事の違いを見分けること。弁別。「前後の―もなく酔いつぶれる」❷道理をよく知っていること。心得。「―のない人」❸つぐない。弁償。「おのれが金千両を負ひ給へり。その―してこそ出で給はめ」〈宇治拾遺・一〉
わきま・える【▽弁える|×辨える】わきまへる〔動ア下一〕図わきま・ふ〔ハ下二〕❶物事の違いを見分ける。弁別する。区別する。「事の善悪を―・える」「公私の別を―・えない」❷物事の道理をよく知っている。心得ている。「礼儀を―・える」「場所柄を―・えない振る舞い」❸つぐなう。弁償する。「盗みし物だに―・へなば、助けてとらせ」〈読・春雨・樊噲下〉
[類語]心得る・知る・分かる・弁別する
わき‐み【脇見】〔名〕スル わきに目を向けること。他のことに気をとられること。よそみ。脇目。「―して運転を誤る」[類語]よそ見・わき目
わ‐ぎみ【我君|和君|×吾君】〔代〕二人称の人代名詞。親しみの気持ちを込めて呼びかける語。お前様。あなた。「―は何者ぞ、名のれ聞かう」〈平家・七〉
わきみ‐うんてん【脇見運転】他のことに気を取られた状態で車両などを運転すること。特に、前方から視線を外して車を運転すること。
わき‐みず【湧き水|×涌き水】ーみづ 地中からわき出る水。ゆうすい。[類語]湧水ゆうすい・泉・清水
わき‐みち【脇道】❶本道からわきに入った道。横道。枝道えだみち。「―をとる」❷本筋から外れた方向。「話が―にそれる」[類語]岐路・分かれ道・二筋道・枝道・横道・間道・抜け道・裏道・裏街道・裏通り・近道
わき‐め【脇目】❶「脇見」に同じ。❷わきから見ること。よそ目。「―にはよく見える」[類語]よそ見・わき見
脇目も振らず　その方ばかりを見て。心を散らさず一心に。「―に歩く」「―働く」[補説]「脇見も振らず」とするのは誤り。
わき‐め【×腋芽】▶えきが(腋芽)
わきめ‐づかい【脇目遣い】ーづかひ 横目をつかって見ること。「機械からくり人形の立働くように律義真正直、―

もなさず」〈露伴・いさなとり〉

わぎも【×吾▽妹】《「わがいも」の音変化》男性が妻や恋人を、また一般に、女性を親しみの気持ちを込めて呼ぶ語。わぎもこ。「山川を中に隔なりて遠くとも心を近く思ほせ—」〈万・三七六四〉

わぎも-こ【×吾▽妹子】《「わきもこ」とも》「わぎも」に同じ。「梯立はしたての嶮さかしき山も—と二人越ゆれば安席やすむしろかも」〈仁徳紀・歌謡〉

わぎもこ-に【×吾▽妹子に】〔枕〕吾妹子に会う意から、「あふ」と同音を含む「逢坂山」「近江」「楝あふち」の花」「淡路」にかかる。「—あふちの花は散り過ぎず」〈万・一九七三〉

わぎもこ-を【×吾▽妹子を】〔枕〕「吾妹子をいざ見む」「吾妹子を早見む」の意から、同音を含む地名「いざみの山」「早み浜風」にかかる。「—いざみの山を高みかも」〈万・四四〉「—早み浜風大和なる」〈万・七三〉

わき-もん【脇門】大門の横にある小さい門。

わき-もんぜき【脇門跡】「准門跡」に同じ。

わき-やく【脇役／▽傍役】❶映画・演劇などで、主役を助け、引き立たせる演技をする役。また、その人。わき。「名—」❷中心となる人を補佐し、守り立てる役。また、その人。「—に回る」「—に徹する」
(類語)(❶)バイプレーヤー・わき・端役・ちょい役・エキストラ／(❷)女房役・引き立て役

わきや-よしすけ【脇屋義助】[1306〜1342]南北朝時代の武将。上野こうずけの人。新田義貞の弟。義貞の鎌倉攻めに参加。建武政権に背いた足利尊氏あしかがたかうじの軍と各地で戦ったが、敗れて伊予に逃れた。

わき-やり【脇×槍】横合いから槍で突きかかること。よこやり。

わ-ぎゅう【和牛】家畜の牛で、日本在来の品種。小形で、黒毛のものが多く、かつては使役用・肉用。原型を最もとどめているのは山口県萩市の見島牛で、天然記念物。明治・大正時代から欧米の品種を導入して改良された肉用種として、黒毛和種・褐毛和種・無角和種・日本短角種がある。

わ-きょう【和協】〔名〕スル ❶仲よくして力を合わせること。和衷協同。「—一致」❷音の調子を合わせること。また、音の調子が合うこと。

わ-きょう【和鏡】日本独自の様式で作られた金属製の鏡。平安後期以後、盛んに製作された。仿製鏡とは区別される。

わ-ぎょう【わ行／ワ行】五十音図の第10行。わ・ゐ・う・ゑ・を。

わ-ぎり【輪切り】円筒形の物を、切り口の断面が輪の形になるように切ること。また、その切ったもの。
(類語)胴切り・筒切り・ずん切り・寸胴切り・小口切り・厚切り・薄切り・スライス

わき-ろ【脇×艪】和船で、艫艪ともろの補助として船べりに取り付ける艪。わいかじ。

わきわき・し【分き分きし】〔形シク〕あきらかである。分明である。「物ごとに—・しく見がほしく」〈東大寺諷誦文平安初期点〉

わ-きん【和金】金魚の一品種。体形はフナに似て赤や白色で、尾びれは小さく、フナ尾・三つ尾・四つ尾などがある。

わ-く【和×煦】春の日ざしの暖かく穏やかなこと。「自分の活動は食うか食わぬかの活動である。—の作用ではない粛殺の運行である」〈漱石・野分〉

わく【枠／×框】❶木や竹などの細い材で、器具・建具などの縁ふちにしたもの。かまち。「眼鏡の—」「窓—」❷物の周囲をふちどる線。また、境などを示すため、四方を取り囲むもの。「答えを—で囲む」「黒い—の死亡記事」❸コンクリートなどを流し込んで形を作る箱形の板。パネル。❹ある制限の範囲。限界。「予算の—を超える」「採用の—を広げる」「—にはまった生き方」❺(ふつう「籰」「篗」と書く)糸を巻く道具。同じ長さの2本または4本の木を対にして並べ、横木で支えて固定し、中心部に軸をつけて回転するようにしたもの。(補説)「枠」は国字。
(類語)縁ふち・側・埒らち・圏・枠組み・範囲・領域

枠にはま・る　きまりきったやり方で新味がない。型にはまる。「彼の芸風は天衣無縫で、—・ったところがない」

枠を嵌は・める　範囲をきめて制限する。「規則で—・められた生活」

わく【惑】仏語。迷いのもととなるもの。煩悩のこと。➡漢「わく(惑)」

わ・く【分く／▽別く】㊀〔動カ四〕❶区別する。わける。「高き立山冬夏と—・くこともなく白たへに雪は降り置きて」〈万・四〇〇三〉❷判別する。識別する。「事の心—・きがたかりけらし」〈古今・仮名序〉㊁〔動カ下二〕「わける」の文語形。

わ・く【沸く】〔動カ五(四)〕《「湧わく」と同語源》❶水などが熱せられて沸騰する。また、適当な熱さになる。「湯が—・く」「風呂が—・く」❷感情が高ぶる。熱狂して騒ぎたてる。「ファインプレーに場内が—・く」「勝利に—・く」❸発酵する。「ぬかみそが—・く」❹水が激しくたぎり流れる。さかまく。「川の—・きたる、滝の落ちたる」〈宇津保・祭の使〉❺金属が熱せられて溶ける。「(大仏ノ)御身は—・きあひて山の如し」〈平家・五〉
(類語)沸騰する・たぎる

わ・く【湧く／×涌く】〔動カ五(四)〕❶水などが地中から噴き出る。「温泉が—・く」「石油が—・く」❷涙や汗が出る。「くやし涙が—・く」❸虫などが、一時に発生する。「しらみが—・く」❹ある考えや感情が生じる。「疑問が—・く」「興味の—・かない話」「勇気が—・いてくる」❺物事が次々と起こる。ある現象が急に多く現れる。「雲が—・く」「人々の間から拍手が—・く」
(類語)生じる・起きる・起こる・生ずる・兆きざす・発する・生起する・発生する・出来る

わ・ぐ【×綰ぐ】〔動ガ下二〕たわめ曲げる。わがねる。わげる。「髪の筋、裾つきいみじう美しきを、—・げ入れて」〈堤・このついで〉

わく-がい【枠外】わくのそと。一定の範囲・限度を越えること。「予算の—」⇔枠内。
(類語)圏外・埒外らちがい・別枠・外・外側そとがわ・外方・外部・外界・域外

わくがた-アンテナ【枠形アンテナ】▶ループアンテナ

わく-ぐみ【枠組(み)】❶枠を組むこと。また、組んだ枠。「木の—」❷物事の大体の仕組み。アウトライン。「計画の—」
(類語)(❶)枠・輪郭・外郭・フレーム／(❷)あらまし・大要・大枠・大筋・骨格・骨組み・大局・大綱・目安・アウトライン・フレーム

わくげ【和句解】江戸前期の語学書。6巻。松永貞徳著。寛文2年(1662)刊。約1500語をいろは順に配列し、語源を説明したもの。

わく-ご【▽若子／▽若▽児】年少の男子。また、若い男子を敬っていう語。「稲搗つけばかかる我あが手を今夜こよひもか殿の—が取りて嘆かむ」〈万・三四五九〉

わく-ごう【惑業】仏語。煩悩から生ずる行為。

わぐされ-びょう【輪腐れ病】ジャガイモに細菌の一種が感染し、芋の内部が輪状に黒茶色となり、腐敗する病害。リングロット。

ワクシニア-ウイルス〖vaccinia virus〗ウイルスの一種で、種痘に使われた。この遺伝子に肝炎やヘルペスウイルスの遺伝子の一部を組み込んで万能ワクチンを作る試みがある。

わく-しゅんぞう【和久峻三】[1930〜　]推理作家・弁護士。大阪の生まれ。本姓、滝井。弁護士をする一方で作家活動に入り、「仮面法廷」で江戸川乱歩賞を受賞。法律知識を生かした作品が多く、「赤かぶ検事」シリーズ、「京都殺人案内」シリーズなどで知られる。他に「多国籍企業殺人事件」「雨月荘殺人事件」など。

ワクスマン〖Selman Abraham Waksman〗▶ワックスマン

わく-せい【惑星】❶恒星の周囲を公転する、比較的大きな天体。国際天文学連合はこのほか、自己重力のため球形であることと、公転軌道近くに衛星以外の天体がないことを惑星の要件としている。太陽系では太陽に近い順に、水星・金星・地球・火星・木星・土星・天王星・海王星の八つがある。海王星の外側を回る冥王星も長く惑星とされていたが、2006年に同連合によって新たに準惑星に分類された。遊星。❷実力・手腕が未知であるが、有望とみられる人。ダークホース。「財界の—」

> **漢字項目　わく**
>
> **或**（人）　音ワク(呉)　訓あるいは、ある、あるは‖ある人。ある。「或体・或問」(難読)或者あるいは・もしくは
>
> **惑**　音ワク(呉)　訓まどう‖①心が何かにとらわれて正しい判断ができなくなる。まどう。まどわす。「惑乱／疑惑・幻惑・眩惑げんわく・蠱惑こわく・困惑・当惑・不惑・魅惑・迷惑・誘惑」②一定の区域を囲み動く。「惑星」(名付)まどい　(難読)思惑おもわく

▷**惑星の分類**(太陽系)
地球型惑星:水星・金星・地球・火星、**木星型惑星**:木星・土星、**天王星型惑星**:天王星・海王星、**内惑星**:水星・金星、**外惑星**:火星・木星・土星・天王星・海王星
惑星以外の天体の分類
準惑星、太陽系小天体、衛星

わくせい-きしょうがく【惑星気象学】惑星や衛星を対象とする気象学。大気の状態、組成、構造、その中で起こる諸現象を物理的・科学的に研究する学問。近年は探査機や望遠鏡などの観測技術の向上に伴い研究範囲が広がったため、惑星大気科学、惑星大気物理学とも呼ばれる。

わくせい-けい【惑星系】恒星、およびその引力によって運行している天体の集団。太陽系以外の恒星にも惑星が存在することが明らかになり、太陽系は太陽を中心とする惑星系の一つと見なされている。中心天体が恒星ではなく、中性子星や白色矮星わいせいという例も知られる。

わくせいじょう-せいうん【惑星状星雲】銀河系内にある星雲の一種。小望遠鏡では楕円形や環状などに見え、惑星に似るが、中心に高温の星があって、その放射により特有の輝線スペクトルを出して輝いているガス星雲。

わくせい-たいきかがく【惑星大気科学】▶惑星気象学

わくせい-たいきぶつりがく【惑星大気物理学】▶惑星気象学

わくせい-たんさき【惑星探査機】太陽系の惑星を探査する無人の観測機。米国のマリナー・パイオニア・ボイジャー、ロシアのフォボス・ベネラ・ベガなどがある。(補説)NASAの金星探査機マゼランは1989年5月、木星探査機ガリレオは同年10月に、スペースシャトルアトランティスによってそれぞれ宇宙空間に送り出された。

わく-せき〔副〕心がせいて落ち着かないさま。せかせか。「傍にて女房が気も—」〈露伴・五重塔〉

ワクチン〖vaccine〗❶《牝牛の意のラテン語に由来し、牛痘の意》生体に免疫をつくらせて感染症を予防するために用いられる抗原。病原体あるいは細菌毒素の毒性を弱めるか失わせるかし、抗原性だけ残したもの。不活化または死菌ワクチン・生ワクチン・トキソイドなどがある。ジェンナーが痘瘡とうそうの予防に牛痘を用いたことに始まる。❷「ワクチンプログラム」「ワクチンソフト」の略。

ワクチン-ソフト《vaccine softwareから》▶ウイルス対策ソフト

ワクチンとよぼうせっしゅのための-せかいどうめい【ワクチンと予防接種のための世界同盟】「GAVIアライアンス」の旧称。

ワクチン-プログラム〖vaccine program〗▶ウイルス対策ソフト

わく-でき【惑溺】〔名〕スル ある事に夢中になり、本心を奪われること。「酒色に—する」
(類語)ふける・溺れる・凝る・耽溺する・いかれる

ワグナー〖Adolf Heinrich Gotthilf Wagner〗[1835〜1917]ドイツの経済学者。新歴史学派の代表者で、自由放任主義と社会主義革命とに反対し

わ

て、国家社会主義を唱えた。著「財政学」。

ワグナー〘Robert Ferdinand Wagner〙[1877〜1953]米国の政治家。全国産業復興法などの社会立法を提案し、ニューディール政策に参画、ワグナー法を立案。

ワグナー〘Wilhelm Richard Wagner〙[1813〜1883]ドイツの作曲家。従来のアリア偏重のオペラに対し、音楽・演劇・詩の統一的な融合による総合芸術をめざして楽劇を創始。晩年、バイロイトに祝祭劇場を設立。作品に「タンホイザー」「ローエングリン」「トリスタンとイゾルデ」「ニーベルングの指環」など。ワーグナー。ワグネル。

ワグナー-ほう【ワグナー法】ハフ 1935年にニューディール政策の一環として制定された、米国の全国労働関係法の通称。立案者R＝F＝ワグナーの名にちなむ。労働者の団結権・団体交渉権を確立。1947年のタフト-ハートレー法の制定によって修正された。

わく-ない【枠内】わくのなか。一定の制限・範囲を越えないこと。「予算の―で賄う」㊀枠外。
(類語)圏内・埒内らちない・限り

ワグネリアン〘Wagnerian〙ドイツの作曲家リヒャルト＝ワグナーの音楽を愛好する人。ワグナー崇拝者。

ワグネル〘Adolf Heinrich Gotthilf Wagner〙▶ワグナー

ワグネル〘Robert Ferdinand Wagner〙▶ワグナー

ワグネル〘Wilhelm Richard Wagner〙▶ワグナー

わぐ-む【×綰む】〘動マ四〙たわめて曲げる。わがねる。わぐ。「緑衫ろうさうはしも、あとのかたにかい―・みて」〈枕・二〇一〉

わくも【鶏＝蜱】ワクモ科のダニ。体長約1ミリ。吸血すると赤色、やがて黒色になる。鶏やハトなどに外部寄生する。温帯に広く分布。にわとりだに。

わく-もん【×或問】文章の形式の一。仮にある質問を設け、それに答える形で自分の意見を述べるもの。

わ-ぐら【和×鞍｜倭×鞍】▶大和鞍やまとぐら

わくら-おんせん【和倉温泉】ヲンセン 石川県、能登半島の七尾市にある温泉。七尾湾に臨む。泉質は塩化物泉。江戸時代には源泉が海中にあり、涌浦わくうらと称した。

ワクラスプリングス-しゅうりつこうえん【ワクラスプリングス州立公園】シウリツコウヱン《Wakulla Springs State Park》米国フロリダ州の都市タラハシーの近郊にある州立公園。地下に水中洞窟どうくつが張りめぐらされたカルスト地形が広がり、透明度が高い湧水池がある。

わくら-ば【▽病葉】病気や虫のために変色した葉。特に、夏の青葉の中にまじって、赤や黄色に色づいている葉。(季 夏)「―や大地に何の病ある／虚子」
(類語)朽ち葉・枯れ葉

わくらば【邂＝逅】〘形動ナリ〙《後世は「わくらは」とも》まれに。偶然に。「人となることは難かたきを―になれる我あが身は」〈万・一七八五〉

わく-らん【惑乱】〘名〙スル 冷静な判断ができないほど心が乱れること。また、人の心などをまどわし乱すこと。「お政は心中―して殆ど昏倒せん許りに悲しい」〈左千夫・告げびと〉

わく-わく〘副〙スル 期待または心配などで、心が落ち着かず胸が騒ぐさま。どきどき。「胸を―(と)させて包みを解く」
(類語)興奮・熱狂・熱中・高揚・感奮・激発・激昂げっこう・逆上・上気・エキサイト・フィーバー (―する)高ぶる・逸はやり立つ・ぞくぞくする・どきどきする・浮き浮きする・いそいそする

わ-くん【和訓｜×倭訓】漢字・漢語に和語を当てて読むこと。また、その読み方。国訓。訓。

わくんのしおり【和訓栞】ワクンのしをり 江戸後期の国語辞書。93巻。谷川士清ことすが編。安永6〜明治20年(1777〜1887)刊。3編からなり、前編には古語・雅語、中編には雅語、後編には方言・俗語を収録。第2音節までを五十音順に配列し、語釈を施して出典・用例を示す。明治31年に井上頼圀らが増補改正した「増補語林倭訓栞」は前編・中編を増補したもの。

わくんるいりん【倭訓類林】江戸中期の辞書。7巻。海北若沖かいほうじゃくちゅう著。宝永2年(1705)成立。記紀以下の国書や漢籍の古訓本から約2万5000の和訓を集めていろは順に配列し、出典などを示す。

わけ【分け｜▽別け】❶分けること。また、分けたもの。分配。「形見―」❷勝負が決まらないこと。引き分け。「痛み―」❸芸娼妓などが、稼ぎ高を主人と折半にすること。また、その芸娼妓。「寿々廼家の―の芸者であった竹寿々の」〈秋声・縮図〉❹食べ余りの食物。「なんぼ我にくひさいたる桃の―をくれた」〈史記抄・申韓伝〉❺支払い。勘定。「年明けて、二、三度も―の立つ客に会うた」〈浮・置土産・一〉

わけ【▽別】古代の姓かばねの一。皇族の子孫で地方に封ぜられたという氏族の姓。

わけ【訳】《「分け」と同語源》❶物事の道理。すじみち。「―のわからない人」「―を説明する」❷言葉などの表す内容、意味。「言うことの―がわからない」❸理由。事情。いきさつ。「これには深い―がある」「どうした―かきげんが悪い」❹男女間のいきさつ。また、情事。「―のありそうな二人」❺(「わけにはいかない」の形で)そうすることはできない。筋道ではない。「やらない―にはいかない」❻(「わけではない」の形で)否定・断定をやわらげた言い方。「だからといって君が憎い―ではない」「別に反対する―ではない」❼結果として、それが当然であること。「やっと今度、その宿望がかなった―です」〈堀辰雄・美しい村〉❽遊里のしきたりや作法。「色道の―を会得せねば」〈伎・韓人漢文〉
(…語)言い訳・入り訳・内訳・事訳・諸もろ訳・申し訳
(類語)理由・いわれ・ゆえん・由・故・曰く・意味・原因・事由・所由・訳合い・訳柄・もと・種たね・起こり・きっかけ・因いん・因由・素因・真因・要因・一因・導因・誘因・近因・遠因・所為せい

訳が違ちがう 同等に見ることはできない。比べられない。「それとこれとでは―・う」

訳が無・い 《「訳もない」「訳はない」とも》❶はずがない。道理がない。「書留がそんな中に入ってる―・いよ」〈漱石・明暗〉❷簡単である。手数がかからない。「もう跡は―・いから弁当にしようということにして」〈左千夫・野菊の墓〉❸正気を失っている。正体がない。訳がわからない。「皆川を始め女郎泣き出して、わけもなうなりける」〈浮・五人女・一〉

訳は無・い ▶訳が無い

訳も無・い ▶訳が無い

訳も無い事 たわいもなく、つまらないこと。

訳を立・てる ❶物事の筋道を明らかにする。話をつける。また、支払い勘定をする。❷情を通じる。男女の交わりをする。

わけ【戯＝奴】〘代〙❶一人称の人代名詞。自分を謙遜していう語。わたくしめ。「我あが君は―をば死ねと思へかも逢ふ夜逢はぬ夜二走るらむ」〈万・五五二〉❷二人称の人代名詞。目下の相手を親しみを込めて、半ばののしるようにいう語。おまえ。そち。「―がため我あが手もすまに春の野に抜ける茅花つばなそ召して肥えませ」〈万・一四六〇〉

わ-げ【和解】❶「わかい(和解)❶」に同じ。「君の―を勧むるや誠に謝すべしと雖も」〈織田訳・花柳春話〉❷外国文を日本語で解釈すること。また、その解釈。「阿蘭陀オランダの書をも―なしたらば」〈蘭学事始〉

わげ【×髷】(上方で)髷まげをいう語。

わけ-あい【訳合(い)】ワケあひ 筋道。また、理由や事情。子細。訳柄。「如何いかなる―にや」〈荷風・雨瀟瀟〉
(類語)理由・訳わけ・事由・所由しょゆう・根拠・故ゆえ・意味・原因・由よし・謂いわれ・所以ゆえん・故由ゆえよし・事訳ことわけ・訳柄わけがら・事情・子細

わけ-あ・う【分け合う】ワけあふ〘動ワ五(ハ四)〙互いに分ける。「収穫をみんなで―・う」「苦しみを―・う」

わけ-あた・える【分け与える】ワけあたへる〘動ア下一〙図わけあた・ふ〘ハ下二〙分けてそれぞれに与える。

わけ-あり【訳有り】〘名・形動〙特別な事情・関係などがあること。また、そのさま。「―なようす」
(類語)曰いわく因縁いんねん・曰いわく付き・子細ありげ・子細らしい

わけあり-しょうひん【訳有り商品】シャウヒン 品質・性能には問題がないが、見た目の悪さや型式の古さなどのために安く売られる商品。大きさが不ぞろいのため出荷できない果物や魚介類、包装に印刷ミスのある雑貨類、型落ちの家電製品など。

わ-けい【和敬】心をおだやかにして慎み、相手を敬うこと。茶道で重んじる精神の一つ。

わ-げい【話芸】話術によって楽しませる芸。落語・漫談・講談などをいう。

わけい-せいじゃく【和敬清寂】茶道の精神を表現するのに用いられた語。和敬は茶事における主客相互の心得、清寂は茶庭・茶室・茶道具などに関連する心得。

わけ-い・る【分け入る】〘動ラ五(四)〙かき分けて中へはいる。「山深く―・る」(類語)入り込む・潜り込む・忍び込む・割り込む・進入する

わけ-がら【訳柄】「訳合わけあい」に同じ。「行かざるをえない―がある」

わけ-ぎ【分×葱】ネギの変種。小形で葉も細い。シベリアの原産。栽培され、鱗茎を株分けして植え付ける。ぬたなどにする。ふゆねぎ。(季 春)

わ-げき【話劇】中国の新劇。20世紀初めごろ、日本の新派劇の影響を受けて起こった。京劇など歌舞を主とする古典劇に対して、話し言葉を重視する。

わ-げさ【輪×袈×裟】幅6センチくらいの綾布を輪に作った略式の袈裟。首にかけて前に垂らす。天台宗・真言宗・浄土真宗などで用いる。

わけ-ざと【分け里｜訳里】《「わけ有る里」の意》遊里。遊郭。色里。「―の遊女」〈浮・禁短気・五〉

わけ-しらず【訳知らず】人情の機微や色恋のことに通じないこと。また、その人。やぼ。無粋ぶすい。「さてもさても系道の―め」〈浮・五人女・五〉

わけ-しり【訳知り｜分け知り】❶遊里の事情によく通じていること。また、その人。粋人。通人。❷物事の事情を心得ていること。また、その人。「―顔にものを言う」(類語)大人・粋人・通人

わけ-て【分けて｜▽別けて】〘副〙とりわけ。特に。格別。わきて。「どの季節も好きだが、中でも―秋がいい」

わけて-も【分けても】〘副〙「わけて」を強めた言い方。「兄弟でよく遊ぶが、―弟と気が合う」

わけ-どり【分け取り】〘名〙スル 分け合って取ること。「大皿から料理を―する」

わけ-な・い【訳無い】〘形〙図わけな・し〘ク〙❶簡単である。めんどうなことがない。「問題を―・く解いてみせる」❷たわいない。「所体しょたいつくるも町風に、―・き夜半の松の風、裾吹き返し」〈浄・寿の門松〉
(類語)簡単・容易・楽・容易い・造作ない・与くみし易やすい・楽楽・易易いい・易易やすやす・軽く・悠悠・難無く・苦も無く・安易・平易・軽易・手軽てがる・手っ取り早い・易やさしい・易やすい・平たい・朝飯前・お茶の子さいさい・屁への河童かっぱ

わけ-なし【訳無し】〘名・形動〙❶簡単であること。たやすいこと。また、そのさま。「さかだちくらい僕には―だ」❷道理がわかっていないこと。筋が通っていないこと。また、そのさま。「なんでわらうのかまるで―なり」〈逍遥・当世書生気質〉

わけ-の-きよまろ【和気清麻呂】[733〜799]奈良末期・平安初期の公卿。備前の人。道鏡が皇位に就こうと企てたとき、宇佐八幡の神託によりこれを阻止して怒りを買い、大隅おおすみに配流。道鏡の失脚後、光仁・桓武天皇に仕え、平安遷都に尽力した。

わけ-の-ひろむし【和気広虫】[730〜799]奈良末期・平安初期の女官。備前の人。清麻呂の姉。法名、法均尼。清麻呂とともに称徳天皇に仕え、宇佐八幡神託事件に連座し、備後びんごに配流。のち、許されて桓武天皇に仕えた。

わけ-へだて【分け隔て｜▽別け隔て】〘名〙スル 相手によって扱い方に差別をつけること。「どの子も―

しないで育てる」

わけ-まえ【分け前】ワケ マエ 各自に分けて与えられる分。割り前。取り前。「―にあずかる」

(類語)取り分・割り前・取り高・得分・分

わけ-め【分け目】❶物を分けた境の所。「髪の―」❷物事がどちらに決定するかの境目。わかれめ。「成否の―にさしかかる」「天下―の合戦」

(類語)(❶)切れ目・裂け目・小口・切れ口・割れ目・継ぎ目・節目・ひび割れ・ひび・亀裂・ミシン目/(❷)変わり目・境目

わげ-もの【×綰げ物｜▽曲げ物】「まげもの❶」に同じ。

わけ-よし【訳良し】「訳知わけしり」に同じ。「女子おなご亭主の―が…人に情を掛け鯛の」〈浄・氷の朔日〉

わけ-ら・し【訳らし】〔形シク〕❶わけがあるらしい。子細があるらしい。「この五木ごもくの中に―・しき文反古ありしに」〈浮・一代女・三〉❷色めいている。粋らしい。「―・しき小袖の仕立」〈浮・五人女・四〉

わ・ける【分ける｜▽別ける】〔動カ下一〕因わ・く〔カ下二〕❶一つにまとまっているものをいくつかの部分にする。分割する。「ドラマを前半と後半に―・ける」「五回に―・けて支払う」「髪を七三しちさんに―・ける」❷種類によって区分する。分類する。「子供と大人に―・ける」「大きさによって―・ける」❸幾つかに割って与える。分配する。また、一部分を人に与える。「財産を三人の息子に―・ける」「いただき物をお隣に―・ける」❹「売る」を婉曲にいう語。「この絵を―・けて下さいませんか」❺物を左右に押し開く。「人波を―・けて前に出る」「草の根―・けて捜し出す」❻勝負事で、勝負がつかないとして、やめさせる。引き分けにする。「勝負を―・ける」「星を―・ける」❼仲裁して、やめさせる。「けんかを―・ける」

(…句)馬の背を分ける・事を分ける・血を分ける・暖簾のれんを分ける・夕立は馬の背を分ける・理を分ける

(類語)(❶)分かつ・仕切る・区切る・区分する・区分する・分節する・分割する・等分する・均分する・画する・離す/(❷)分類する・類別する・区別する・峻別しゅんべつする・区分する・分別する・仕分けする・色分けする・組分けする・品分けする/(❸)分かつ・配分する・分配する・分与する・案分する・折半する・山分けする・配る

わ-けん【和犬】日本特産の犬。日本犬。

わ-げん【和弦】▶和音わおん❷

わ-こ【和子｜▽若子】❶身分の高い人の男の子供。坊っちゃん。また、男の子供を親しみを込めていう語。「その侍の―、鷹いと好き揣にて」〈仮・仁勢物語・上〉❷貴人の男の子供に対して、呼びかける語。二人称の代名詞のように用いる。「―たちも歓よろこび給へ、父上帰り給ふとよ」〈読・弓張月・後〉

わ-ご【和語｜×倭語】❶日本のことば。日本語。「洋人―を習うに大に苦み」〈村田文夫・西洋聞見録〉❷漢語およびその他の外来語に対して、日本固有の語。やまとことば。➡外来語 ➡漢語

わ-こう【和光】ワクヮウ ❶「和光同塵どうじん」の略。❷光をやわらげること、また、やわらかな光。「わが朝の天神地祇感応の―を添へ」〈浄・用明天王〉

わこう【和光】ワクヮウ 埼玉県南部の市。もと川越街道の宿場町。東京都に北接し、住宅地・工業地化が進む。自動車工業などが盛ん。人口8.0万(2010)。

わ-こう【×倭×寇｜和×寇】13世紀から16世紀にかけて、朝鮮および中国大陸沿岸に出没し、略奪行為や密貿易を行った海賊集団に対する朝鮮・中国側の呼称。15世紀までの前期倭寇は瀬戸内海・北九州を本拠とした日本人が多かったが、16世紀の後期倭寇は中国人を主体とした。八幡ばはん。

わ-ごう【和合】ワガフ〔名〕スル ❶仲よくなること。親しみ合うこと。「夫婦―の道」「家族が―する」❷男女が結ばれること。結婚すること。❸まぜ合わせること。調合。また、まじり合うこと。「かかる因縁は―するなり」〈愚管抄・三〉

わこう-し【和光市】ワクヮウ シ ▶和光

わごうじん【和合人】ワガフ ジン ▶滑稽和合人こっけいわごうじん

わごう-じん【和合神】ワガフ ジン 中国で、婚礼のときに祭る神。寒山・拾得の二仙(二聖)で、ともに蓬頭ほうとうで笑顔、緑衣を着け、一人は棒と鼓を持つ。

わこう-すいじゃく【和光垂×迹】ワクヮウ 和光同塵どうじん❷のこと。本地垂迹の立場からいう。「いづれの所か―の居にあらざる」〈保元・上〉

わごう-そう【和合僧】ワガフ 仲よく親しみ合う僧衆の教団。律では成員五人以上とする。

わこう-だいがく【和光大学】ワクヮウ 東京都町田市にある私立大学。昭和41年(1966)の開設。

わこうど【若人】わかうど《「わかびと」の音変化》若い人。わかもの。青年。「―の祭典」(類語)青年・若者・青少年・若手・ヤング・ヤンガージェネレーション

わこう-どうじん【和光同×塵】ワクヮウ ドウヂン ❶《「老子」4章「和其光、同其塵」から。光をやわらげてちりに交わるの意》自分の学徳・才能を包み隠して俗世間に交わること。❷仏語。仏・菩薩ぼさつが本来の威光をやわらげて、ちりに汚れたこの世に仮の身を現し、衆生を救うこと。

わご-おおきみ【我ご大君】わごおほきみ「わがおおきみ」の音変化。「やすみしし―高照らす日の皇子」〈万・五二〉

わ-こく【和国｜×倭国】日本の国。また、昔、中国から日本を呼んだ名。「―は、単律の国にて、呂の音なし」〈徒然・一九九〉

(類語)日本・大和やまと・日の本・八洲国やしまぐに・大八洲おおやしま・秋津島・敷島・葦原あしはらの中つ国・豊葦原とよあしはら・瑞穂みずほの国・日東・東海・扶桑ふそう・神州・本邦・本朝・ジャパン・ジパング

わごくへん【倭玉篇｜和玉篇】室町中期の漢和字書。3巻。編者・成立年未詳。漢字を部首により分類、片仮名で音訓を示す。わぎょくへん。

わ-ごこう【輪後光】ワゴクヮウ 仏像などの、輪状の後光。

わこ-さま【和子様｜▽若子様】良家の男の子を親しみ敬っていう語。わかさま。「こなたの御大切の―」〈虎寛狂・子盗人〉

わごし-の-まつり【輪越しの祭】《茅ちの輪をくぐったりするところから》夏越なごしの祓はらえの異称。

わ-ごぜ【我御▽前｜和御▽前】〔代〕二人称の人代名詞。女性を親しみを込めて呼ぶ語。あなた。おまえ。「―が常々あの男に」〈浄・用明天王〉

わごせつのりゃくず【和語説略図】ワゴセツノ リャクヅ 江戸後期の文法図表。1枚。東条義門著。天保4年(1833)刊、同13年増補。「友鏡」を整理したもので、文語の活用形式を示し、各活用形の用法・接続関係を一覧できるようにまとめた図表。

わ-ごと【和事】歌舞伎で、柔弱な色男の恋愛描写を中心とした演技。また、その演出様式。元禄期(1688～1704)に発生し、主に上方の芸系に伝わった。➡荒事 ➡実事じつごと

わごと-し【和事師】歌舞伎で、和事を得意とする役者。

わ-ごぼう【我御房｜和御房】ワゴバウ〔代〕二人称の人代名詞。僧を親しみを込めて呼ぶ語。「―は命惜しくはなきか」〈今昔・二三・一九〉

わ-ゴム【輪ゴム】輪状のゴムバンド。ものを束ねたり、包装したりするのに用いる。

わ-ごりょ【我御▽料｜和御▽寮】〔代〕二人称の人代名詞。対等またはそれ以下の相手を親しみを込めて呼ぶ語。男女ともに用いられる。「先づ―は誰なれば」〈浄・博多小女郎〉

わ-ごりょう【我御料｜和御寮】ワゴレウ〔代〕「わごりょ(我御料)」に同じ。「一思へば安濃の津より来たものを」〈閑吟集〉

わ-ごれ〔代〕「わごりょ(我御料)」の音変化。「―たちより吟味して」〈浮・歌三味線・三〉

わ-こん【和魂】日本人固有の精神。やまとだましい。

わ-ごん【和▽琴｜×倭▽琴】日本の弦楽器の一。神楽・東遊あずまあそびなど、雅楽の日本古来の歌舞に用いる6弦の琴。多くは桐きり製で、長さ約190センチ。柱じはカエデの枝をそのまま用いる。右手に持った琴軋ことさき(長さ7センチほどの鼈甲べっこう製の撥ばち)と左手の指で弾く。やまとごと。あずまごと。

ワゴン〖wagon〗❶四輪車。四輪の馬車。❷手押し車。移動式の配膳はいぜん台や商品陳列台。「―サービス」「―セール」❸「ステーションワゴン」の略。

わこん-かんさい【和魂漢才】《「菅家遺誡かんけいかい」から。もとは、学問から得た知識と実生活上の才知の意で、総合的な判断力をさした語》中国の学問を学んで、それを日本固有の精神に即して消化すること。

ワゴン-サービス《和 wagon＋service》❶宴会場などで飲食物などを手押し車にのせ、客席間を回るサービス方式。❷列車内で、手押し車に飲食物・土産品などをのせて客席間を売り歩くこと。

ワゴン-しゃ【ワゴン車】《ワゴンはwagon》「ステーションワゴン」に同じ。

ワゴン-セール《和 wagon＋sale》(百貨店などで)手押し車のような荷台に特売品などをのせて、売り出しをすること。

わこん-ようさい【和魂洋才】ワコンヤウサイ《「和魂漢才」の類推から明治になってできた語》日本人が伝統的な精神を忘れずに西洋の文化を学び、巧みに両者を調和させること。

わさ【早＝稲｜▽早】《「わせ」の交替形》他の名詞の上に付いて複合語をつくり、早熟の稲、または、早熟の意を表す。「―田」「―瓜」「―物」

わ-さ【輪差】ひもを輪の形に結んだもの。また、鳥獣を捕らえるためにそのように作ったもの。わな。

わざ【技】❶ある物事を行うための一定の方法や手段。技術。技芸。「―を磨く」「―を競う」❷相撲・柔道などで、相手を負かすために仕掛ける一定の型に基づいた動作。「―がきまる」「寝―」

(類語)腕・腕前・手並み・手腕・手の内・妙手・手際・手練・凄腕・技術・トリック・テクニック

わざ【業】❶おこない。行為。所業。しわざ。「神のみ―」「人間―」❷職業。仕事。「物書きを―とする」❸こと。ありさま。おもむき。「容易な―ではない」「腹ふくるる―」❹仏事。法要。「安祥寺にてみ―しけり」〈伊勢・七七〉❺たたり。害。「―をするものはだますといふほどに」〈虎明狂・附子〉

わざ-あり【技有り】柔道の試合で、一本ではないが一本に近い有効な技のときに下す判定。押さえ込みでは、25秒以上30秒未満経過した場合。2回取ると合わせて一本となり、勝ちとなる。

わ-さい【和裁】和服の裁縫。(対)洋裁。

わざ-うた【童＝謡｜▽謡歌】上代歌謡の一種。社会的、政治的な風刺や予言を裏に含んだ、作者不明のはやり歌。神が人、特に子供の口を借りて歌わせるものと考えられていた。

わざお【和×竿】ワザヲ 竹で作った日本独特の釣り竿。多くは継ぎ竿で、釣る魚の種類によって作りが異なる。江戸時代に始まる工芸品。

わざ-おぎ【俳＝優】わざをぎ《古くは「わざおき」》❶こっけいな動作をして歌い舞い、神や人を慰め楽しませること。また、それをする人。「吾れ将に汝いましの―の民たらむ」〈神代紀・下〉❷こっけいな事柄。「されどいと興ある―なれば」〈滑・旅眼石〉

わざ-くれ ❶〔名〕❶退屈しのぎの戯れにすること。「高が皆手づまの―小説の下手なのなり」〈露伴・新浦島〉❷やけになること。自暴自棄。「継母がかりの―に、悪性狂ひも出で来るぞと」〈浄・冥途の飛脚〉❷〔感〕自暴自棄になって発する語。ええ、ままよ。どうともなれ。「何の―、死は一つだ。寧むしろ寂然じとしていた方が好い」〈二葉亭訳・四日間〉

わざくれ-ごころ【わざくれ心】すてばちな気持ち。「はかどらぬ算用捨てて、―になりて」〈浮・永代蔵・四〉

わざ-ごと【わざ言】冗談。たわごと。「絵と―とともに天が下に聞こえけり」〈読・雨月・夢応の鯉魚〉

わざ-ごと【業事】特別な技術を必要とする事柄。

わさ-ごめ【早＝稲米】早稲わせの米。「駄賃馬に荷負ひをこせよ―を」〈仮・竹斎・上〉

わさ-さ【▽早▽酒｜×酯】醸造したまま、まだ火入れをしていない新酒。まだ、漉こしてない酒。わさざけ。〈色葉字類抄〉

わざ-し【業師】❶相撲などで、多彩な技に巧みな

人。❷策略・駆け引きに長じた人。策士。「党内きっての―」

わさ‐だ【早＝稲田】早稲わせを作る田。わせだ。「石上いそのかみ布留の―を秀ひでずとも縄だに延はへよ守もりつつ居らむ」〈万・一三五三〉

わざっ‐と【▽態っと】〔副〕《「わざと」の音変化》❶「わざと❶」に同じ。「一年の違ったのを貰ったもんだから」〈鏡花・化銀杏〉❷「わざと❺」に同じ。「これは余り少ないが、―お近付になったしるしの土産だよ」〈人・英対暖語・初〉

わさ‐づの【わさ角】シカの角を頭部につけた杖つえ。念仏僧が持ち歩いた。かせづえ。

わざ‐と【▽態と】〔副〕《名詞「わざ（業）」＋格助詞「と」から》❶意識して、また、意図的に何かをするさま。ことさら。故意に。わざわざ。「―負ける」❷とりわけ目立つさま。格別に。「―深き御敵と聞こゆるもなし」〈源・葵〉❸正式であるさま。本格的に。「―の御学問はさるものにて」〈源・桐壺〉❹事新しく行うさま。「―かう立ち寄り給へること」〈源・若紫〉❺ほんのちょっと。少しばかり。「ではござりませうが、―一口」〈伎・上野初花〉(類語)故意・殊更・わざわざ・あえて

わざと‐がまし・い【▽態とがましい】〔形〕文わざとがま・し〔シク〕「わざとらしい」に同じ。「―・いお世辞」

わざと‐め・く【▽態とめく】〔動カ四〕わざとらしく見える。「―・き由ある火桶に」〈源・初音〉

わざと‐らし・い【▽態とらしい】〔形〕文わざとら・し〔シク〕いかにも意識してしたようで不自然である。「―・く笑ってみせる」

わさび【山＝葵】アブラナ科の多年草。日本特産。渓流の砂礫されき地に生える。根茎は太い円柱形で多数の葉の跡があり、緑色。根際から長い柄をもつ心臓形の葉が出る。春、高さ約30センチの茎を伸ばし、白い4弁花を総状につける。根茎は香辛料とし、すりおろすと酵素が働いて鼻につんとくる香気と辛味を生じ、刺身・そば・握りずしなどに用いる。山間地で栽培もされる。(季 春┊花＝夏)「おもしろう―に咽ぶ泪かな／召波」

山葵が利・く　❶ワサビの味と香りとが非常に強く、舌や鼻を刺激する。❷ワサビのようにぴりっとした鋭いものを含み持っている。「―・いた風刺」

わさび‐いろ【山＝葵色】ワサビのような色。柔らかい黄緑色。

わさび‐おろし【山＝葵卸し】❶ワサビやショウガをすりおろすための、小形のおろし金。また、その道具ですりおろしたワサビ。❷《はいている菖蒲皮の袴はかまの模様が❶に似ていたところから》若党わかとう・中間ちゅうげん・見付の番士などのこと。「見付から―が出てしかり」〈柳多留・初〉

わさび‐じょうゆ【山＝葵×醬油】‐ジャウユ すりおろしたワサビを加えた醬油。刺身などに用いる。

わさび‐すまし【山＝葵澄まし】みりんと醬油の煮出し汁に、すりおろしたワサビを加えた吸い物。

わさび‐だいこん【山＝葵大根】アブラナ科の多年草。根茎は太くて白く、ワサビに似た辛味とダイコンに似た香りがある。春に高さ約50センチの花茎を伸ばし、白い4弁花をつける。ヨーロッパの原産で、根茎をすりおろしてローストビーフなどに用いる。ホースラディッシュ。レホール。西洋わさび。(季 冬)

わさび‐づけ【山＝葵漬(け)】ワサビの葉・茎・根を刻んで、熟成した酒粕さけかすに漬けたもの。(季 春)

わざ‐びと【業人】技術・技芸のすぐれた人。

わさび‐の‐き【山＝葵の木】ワサビノキ科の落葉小高木。全体に辛味がある。樹皮は灰色をし、材は軟らかい。葉は卵形の小葉からなる羽状複葉。花は白く蝶形で香りがあり、円錐状につく。実は細長く、枝からぶら下がる。若葉や根を香辛料に用い、種子から油をとり、時計などの機械油やサラダ油に利用。インド・ビルマの原産。

わさび‐もち【山＝葵餅】ワサビをつきまぜた餅で小豆餡あずきあんをくるんだ餅菓子。

わさ‐ほ【早＝稲穂】《「わさぼ」とも》早稲わせの穂。「我妹子が業なりと作れる秋の田の―のかづら見れど飽かぬかも」〈万・一六二五〉

わざ‐まえ【業前】‐マヘ 腕前。てなみ。技量。「年若といえども―に於ては」〈和田定節・春雨文庫〉

わざ‐もの【業物】名工の作った、切れ味のすぐれた刀。名刀。「正宗の鍛えた―」

わざ‐よし【業良し】切れ味のよい刀剣。業物わざもの。「是は―なれども」〈虎寛狂・二千石〉

わざ‐わい【災い┊▽禍┊×殃】‐はひ ❶人に不幸をもたらす物事。また、その結果である不幸な出来事。災厄。災難。「口は―の元」「―が振りかかる」❷不快であること。多く、感動表現に用いる。「あな―や、かばかりの事をだにしそこなひ給ふよ」〈大鏡・伊尹〉(類語)災害・災難・難・被害・害・禍害・惨害・惨禍・災禍・被災

禍も三年置けば用に立つ　わざわいも時がたてば、幸いの糸口になることがある。禍も3年。

禍を転じて福と為す　《「戦国策」燕策から》わざわいに襲われても、それを逆用して幸せになるように取り計らう。(補説)「禍を変じて福となす」とするのは誤り。

わざわい・する【災いする┊▽禍する】わざはひ‐〔動サ変〕文わざはひ・す〔サ変〕それが原因となって悪い結果を招く。「天候が―・して観客が少なかった」(類語)響く・差し響く・跳ね返る・祟たたる・影響・刺激・煽り・作用・反響・反映・反応・反動・反作用・皺寄せ・とばっちり・巻き添え・そばづえ

わさ‐わさ〔副〕スル ❶ざわざわして落ち着かないさま。「人の出入りが多く、あたりが―している」❷いかにもうれしそうで、生き生きとして見えるさま。「わざとにこにこ―と」〈浄・淀鯉〉(類語)そわそわ・せかせか・せかつく

わざ‐わざ【▽態▽態】〔副〕❶他のことのついでではなく、特にそのためだけに行うさま。特にそのために。「―出掛けなくても電話で済むことだ」❷しなくてもよいことをことさらするさま。故意に。「御親切にも―忠告に来る人がいる」➡折角せっかく(用法)(類語)せっかく・ことさら・あえて・わざと

わざわざ・し【▽態▽態し】〔形シク〕わざとらしい。「―・しくことごとしくきこゆれど」〈大鏡・序〉

わ‐さん【和産┊×倭産】日本で産出すること。また、その物。「是まで―になき産物を」〈風来六部集・放屁論後編〉

わ‐さん【和算】古く中国から伝わり、江戸時代に関孝和せきたかかずらにより独自に発展した日本古来の数学。方程式論や行列式に相当する点竄てんざん術、円周率や円の面積を扱う円理など。明治維新のころまで隆盛。新たに移入された西洋の数学を洋算とよんだのに対していう。

わ‐さん【和×讃】仏教の教義や仏・菩薩ぼさつあるいは高僧の徳などを、梵讃・漢讃にならって、和語でたたえるもの。七五調の4句またはそれ以上を一節とし、曲調をつけて詠じる歌。平安中期から流行した。

わ‐ざん【和×讒】❶一方で親しみ、他方で悪く言うこと。讒言。中傷。悪口。「人の―を構へて申し候ひつらん」〈義経記・六〉❷讒言・中傷のための不和状態をとりもってなごめること。仲介。「予―して云はく」〈明月記・正治二年〉

わさん‐か【和算家】和算の専門家。

わ‐さんぼん【和三盆】日本産の粒子の細かい淡黄色の上等な砂糖。江戸時代からもっぱら高級和菓子に用いられ、香川・徳島の特産。中国から輸入したものを唐三盆とよんだのに対していう。

わ‐し【和市】古代、合意のうえでの売買のこと。のち、単なる売買をさすようになり、中世には売買価格、相場、年貢銭納の場合の換算率をさした。

わ‐し【和紙】ミツマタ・コウゾ・ガンピなどの靭皮じんぴ繊維を原料として、手漉すきで作る日本古来の紙。強靭で変質しにくく、墨書きに適する。美濃紙・鳥の子紙・奉書紙など。俗には、和紙に似せてパルプ・マニラ麻などを機械で漉いた洋紙も含めていうことがある。日本紙。わがみ。⇔洋紙。

わ‐し【和詩┊×倭詩】❶漢詩に対して、和歌。やまとうた。❷日本人の作った漢詩。❸江戸時代、漢詩の形式にならった仮名交じりの詩。各務支考かがみしこうの創意になるもので、俳諧的な趣をもつ。仮名詩。

わし【×鷲】タカ目の鳥のうち、大形のものの総称。翼が大きくて風に乗って飛び、くちばし・つめは先が曲がって鋭く、小獣・鳥・魚などを捕食する。イヌワシ・オオワシ・オジロワシなど。(季 冬)「大いなる古創顔にこれの―／誓子」

わし【▽私┊×儂】〔代〕《「わたし」の音変化》一人称の人代名詞。近世では女性が親しい相手に対して用いたが、現代では男性が、同輩以下の相手に対して用いる。「―がなんとかしよう」「こな様それでも済もぞいの、―は病になるわいの」〈浄・曽根崎〉

(類語)おれ・僕・おいら・おら・あっし・こちとら・自分・私わたくし・私わたし・吾人ごじん・余よ・我が輩はい・手前・不肖ふしょう・小生・愚生・迂生うせい

わし〔感〕歌謡の囃子詞はやしことば。よいしょ。「梯たて立の熊来酒屋にまぬらる奴やつこ―」〈万・三八七九〉

わ‐じ【和字┊×倭字】❶日本に発生・発達した文字。仮名。❷日本で作られた漢字。国字。

ワジ〈アラビア wādī〉アラビア半島やアフリカ北部の、降雨時にだけ水が流れる川。涸かれ谷。涸れ川。

ワジェンキ‐こうえん【ワジェンキ公園】‐コウヱン《Park Łazienkowski》ポーランド共和国の首都ワルシャワの中心部にある公園。18世紀後半、ポーランド王アウグスト2世により造られた。王の夏の離宮として建てられたワジェンキ宮殿がある。現在、宮殿は17世紀から18世紀にかけての美術品を展示する国立美術館の分館になっている。

わしお‐うこう【鷲尾雨工】わしを‐［1892～1951］小説家。新潟の生まれ。本名、浩。直木三十五とともに出版社を設立するが、失敗。その後、実証的な手法で描く歴史小説で高い評価を得る。「吉野朝太平記」で直木賞受賞。他に「明智光秀」「甲越軍記」「若き日の家康」など。

わじが【和爾雅】江戸前期の辞書。8巻。貝原好古著。元禄7年（1694）刊。中国の「爾雅」に倣って日本で用いられる漢語を意義によって24門に分類し、音訓を示し、漢文で注解を施したもの。

わ‐しき【和式】日本風の様式。和風。日本式。「―トイレ」⇔洋式。(類語)和風・和様・日本式・国風

わし‐ぐち【×鷲口】和船で、舵軸を受けるために作った舵床のへこみ。

わし‐ざ【×鷲座】天の赤道上にある星座。天の川の中にあり、α星アルタイルは七夕の牽牛けんぎゅう星として親しまれ、光度0.8等。9月中旬の午後8時ごろ南中する。学名 ラテ Aquila

わじしょうらんしょう【和字正濫鈔】ワジシャウランセウ 江戸前期の語学書。5巻。契沖著。元禄8年（1695）刊。「倭名類聚鈔わみょうるいじゅしょう」以前の文献の仮名遣いを基準とし、仮名の正しい用法を示したもの。

わし・す【▽走す】〔動サ下二〕走らせる。「あしひきの山田を作り山高み下樋したびを―・せ」〈記・下・歌謡〉

わじたいかんしょう【和字大観抄】ワジタイクワンセウ 江戸中期の語学書。2巻。文雄もんのう著。宝暦4年（1754）刊。片仮名・平仮名・五十音図・いろは歌・仮名遣いなど仮名について説明したもの。

わしたか‐もく【×鷲×鷹目】タカ目もくの旧称。➡鷹たか

わ‐しつ【和室】日本風の部屋。日本間。⇔洋室。

わ‐じつ【和実】歌舞伎で、和事わごと実事じつごとの両面の要素をもった役柄。また、その演技。

わし‐づかみ【×鷲×掴み】❶ワシが獲物をつかむように、手のひらを大きく開いて荒々しくつかむこと。「札束を―にして逃げる」❷海底の貝類をとる漁具。長い柄の先にはさみ状の金具をつけたもの。

(類語)手づかみ・大づかみ

わしづ‐きどう【鷲津毅堂】‐キダウ［1825～1882］幕末・明治の漢詩人。尾張の人。名は宣光。字あざなは重光。毅堂は号。永井荷風の外祖父。昌平坂学問所に学び、尾張藩の儒者となる。維新後は明治新政府に出仕。著作に「毅堂丙集」「親灯余影」など。

わし‐の‐みね【鷲の峰】「霊鷲山りょうじゅせん」に同じ。「仏の御弟子のさかしき聖だに、―をばたどたどしからず

頼み聞こえながら」〈源・若菜上〉

わし-の-やま【鷲の山】「霊鷲山りょうじゅせん」に同じ。「いとど―にも思ひ入り給はむ」〈宇津保・国譲中〉

わしば-だけ【鷲羽岳】富山県南東部、長野県大町市との県境にある山。標高2924メートル。飛騨山脈(北アルプス)中央部の高峰の一。南東に火口湖の鷲羽池(湖面標高2750メートル)がある。名の由来はワシが羽をひろげたような山容をしていることから。

わし-ばな【×鷲鼻】ワシのくちばしのように、鼻筋が弓なりに曲がり先端のとがった鼻。鉤鼻かぎばな。

わじま【輪島】石川県、能登半島北部の市。日本海にある舳倉島へぐらじま・七ツ島を含む。奥能登地方の中心で、西廻り航路の寄港地として発展。海運・漁業の要地。輪島塗の産地。平成18年(2006)2月、門前町と合併。人口3.0万(2010)。

わじま-し【輪島市】▶輪島

わじま-ぬり【輪島塗】輪島市から産する漆器。江戸中期以後発達。特有の地の粉じのこを用いた堅牢けんろうなもので、沈金ちんきん・蒔絵まきえ、特に沈金を特色とする。

わじま-ひろし【輪島大士】[1948～　]力士。第54代横綱。石川県出身。本名、輪島博。史上初の学生相撲出身の横綱。得意技は「黄金の左」といわれた左の下手投げ。好敵手北の湖と「輪湖りんこ時代」を築いた。優勝14回。➡琴桜傑将ことざくらまさかつ(第53代横綱) ➡北の湖敏満(第55代横綱)

わし-みみずく【×鷲木=菟】ワシミミズク フクロウ科の鳥。全長66センチくらい。全体に褐色で、腹面に暗褐色の縦斑がある。頭には耳のような羽角をもち、目が赤い。ユーラシア大陸に広く分布。日本では迷鳥。

わ-じめ【輪注=連】「輪飾り」に同じ。

わ-しゃ【話者】話す人。話し手。
(類語)話し手・語り手

わ-しゅ【和酒】日本酒。洋酒に対していう。

わ-しゅう【和州｜倭州】ワシウ 大和やまと国の異称。「眼を上ぐれば―の山遠く夏霞に薄れ」〈蘆花・不如帰〉

わ-しゅう【和臭】ワシウ 日本のものらしい独特の感じ。また、漢詩文などにみられる、いかにも日本人の作品であると感じさせる言葉の用い方。「―が漂う」

わ-しゅう【和習】ワシフ 日本独特の風習。

わ-じゅう【輪中】ワヂュウ 洪水から集落や耕地を守るため、周囲を堤防で囲んだ地域。また、その共同体制をもつ村落組織。江戸時代に発達した。木曽川・長良川・揖斐いび川の下流のものが有名。

わ-しゅうごう【和集合】ワシフガフ 二つ以上の集合のどちらかに属している要素の全体からなる集合。記号「∪」で表す。ジョイン。カップ。結び。合併集合。

わしゅう-ざん【鷲羽山】わしう- 岡山県倉敷市、下津井岬の南東部にある山。標高133メートル。名勝地。付近に瀬戸大橋の起点がある。

わじゅう-てい【輪中堤】わぢゅう- 輪中集落を囲む堤防。➡輪中

わ-じゅく【和熟】〔名〕スル ❶仲よく親しみ合うこと。「一家―して」〈柳浪・河内屋〉 ❷農作物などがよく熟すること。

わ-じゅつ【話術】話をする技術。「―の巧みな人」

わ-じゅん【和順】〔名・形動〕❶気候が順調で穏やかなこと。また、そのさま。「気候―な地」❷気質が穏やかで、おとなしいこと。また、そのさま。「特に正直にして―なるのみ」〈中村訳・西国立志編〉 ❸穏やかに従うこと。「速やかに―して」〈読・近世説美少年録・二〉

わ-しょ【和書】❶日本の書籍。また、日本語で書かれている書物。⇔洋書。❷和とじの本。和本。
(類語)和本・国書・和漢書

わ-じょう【和上｜和尚】ワジャウ 律宗・法相ほっそう宗・真言宗・浄土真宗などで、受戒の師。後代には高僧の尊称。「鑑真がんじん―」➡おしょう(和尚)

わ-じょう【我丈｜和丈】ワヂャウ〔代〕二人称の人代名詞。相手を親しみを込めて呼ぶ語。「げにも―の不審の通り」〈浄・元禄大平記〉

わ-じょうろう【我上×臈｜和上×臈】ワジャウラフ〔代〕二人称の人代名詞。身分のある子女を親しみを込めて呼ぶ語。わじょろう。「さすがに―は常磐腹に三男」〈謡・鞍馬天狗〉

わ-しょく【和食】日本風の食事。日本料理。⇔洋食。

ワシリエフスキー-とう【ワシリエフスキー島】―タウ《Vasil'yevskiy ostrov》ロシア連邦北西部、レニングラード州の都市サンクトペテルブルグにある島。市街北西部に位置し、大ネバ川と小ネバ川により本土と隔てられる。ストレルカと呼ばれる東側の岬はエルミタージュ美術館がある本土と宮殿橋で結ばれ、ロストラの灯台柱、中央海軍博物館、動物学博物館、ピョートル1世が創設したクンストカメラ(人類学・民族学博物館)などがある。バシリエフスキー島。

わしり-で【▽走り出】家の門から走り出た所。門口。はしりで。「隠口こもりくの泊瀬はつせの山は出で立ちのよろしき山―のよろしき山の」〈雄略紀・歌謡〉

わし・る【▽走る】〔動ラ四〕❶「はしる」に同じ。「東西に急ぎ南北に―・る」〈徒然・七四〉 ❷世俗のことにあくせくする。「身を知り、世を知れれば、願はず―・らず」〈方丈記〉 ❸金を貸して金利をかせぐ。「今少しのことを―・りて」〈浮・色三味線・一〉

わ-じるし【わ印】《「わ」は「わらい本」「わらい絵」の頭の文字》春本。また、春画。

ワシレーフスカヤ〖Vanda L'vovna Vasilevskaya〗[1905～1964]ソ連の女流小説家。ポーランド生まれ。第二次大戦中ソ連に亡命。劇作家コルネイチュクの夫人。作「虹」「水の上の歌」など。

わし-わし〔副〕❶大勢がしゃべりたてているさま。また、その声。❷たくさんのものを勢いよく食べるさま。「ごちそうを―(と)平らげる」❸荒っぽく動作をするさま。「タケノコの皮を―(と)剝く」

わじ-わじワヂワヂ〔副〕寒さや恐怖などのために震えるさま。わなわな。ぶるぶる。「―震うて返事もせず」〈浄・用明天王〉

わ-しん【和親】〔名〕スル 仲よくすること。親しみ合うこと。「単身国に臨み以て之と―し」〈田口・日本開化小史〉 (類語)親善・善隣・修好・和・親和・宥和ゆうわ・協和

わ-じん【×倭人｜和人】昔、中国人などが日本人を呼んだ称。

わしん-じょうやく【和親条約】―デウヤク 国家どうしが和親を結ぶために取り交わす条約。

ワシントニアン〖Washingtonian〗ワシントン市の市民。ワシントンっ子。

ワシントン〖George Washington〗[1732～1799]米国の初代大統領。在任1789～1797。大陸軍総司令官としてアメリカ独立革命を勝利に導き、独立後は憲法制定会議議長を経て大統領に就任、連邦政府の基礎の確立に努めた。➡アダムズ

ワシントン〖Washington〗㊀アメリカ合衆国の首都。メリーランド・バージニア両州の境のポトマック川沿いにあり、州に属さず、コロンビア特別区をなす政府直轄地。初代大統領ワシントンが首都に選んだ計画都市。連邦議事堂・ホワイトハウス・ペンタゴン・リンカーン記念堂などがある。人口、行政区59万(2008)。ワシントンD.C.。(補説)「華盛頓」とも書く。㊁アメリカ合衆国北西部、太平洋に面する州。北はカナダに接し、南をコロンビア川が流れる。州都オリンピア。森林が多く、製材・製紙や航空機工業が盛ん。➡表「アメリカ合衆国」

ワシントン-かいぎ【ワシントン会議】―クワイギ 1921年11月から翌年2月にかけて、ワシントンで開かれた国際会議。アメリカ大統領ハーディングの提唱により、アメリカ・イギリス・日本・フランス・イタリア・ポルトガル・ベルギー・オランダ・中国が参加。海軍の主力艦を制限する五か国条約、中国に関する九か国条約、太平洋問題に関する四か国条約が成立し、日英同盟は廃棄された。

ワシントン-きねんとう【ワシントン記念塔】―キネンタフ《Washington Monument》米国の首都ワシントンの中心部、ナショナルモールにあるオベリスク。初代大統領ワシントンの功績を記念して建造された。高さ169.29メートル。石造建造物としては全米一の高さを誇る。

ワシントン-じょうやく【ワシントン条約】―デウヤク 1973年にワシントンで調印された国際条約「絶滅のおそれのある野生動植物の種の国際取引に関する条約」の通称。対象となる種を付属書で示し、剝製はくせい・製品なども含めて輸出入を規制。日本は1980年(昭和55)加盟、1987年(昭和62)に国内法制定。(補説)英語表記Convention on International Trade in Endangered Species of Wild Fauna and Floraの頭文字を取って、CITES(サイテス)ともいう。

ワシントン-ディーシー〖Washington D.C.〗《Washington, District of Columbia》▶コロンビア特別区

ワシントン-ポスト〖The Washington Post〗米国の日刊新聞。1877年、ワシントンで創刊。1972年のウオーターゲート事件のスクープなどで有名。発行部数は55万821部(2010年10月～2011年3月期平均)。

わ・す【▽座す】㊀〔動サ四〕《「おわす」の音変化》「ある」「来る」などの意の尊敬語。いらっしゃる。おいでになる。「ああ猫殿は天性小食にて―・しけるや」〈延慶本平家・四〉 ㊁〔動サ下二〕㊀に同じ。「大名達の―・せう時に」〈蒙求抄・五〉

わずか【僅か｜×纔か】わづか〔形動〕図〔ナリ〕❶数量・程度・価値・時間などがほんのすこしであるさま。副詞的にも用いる。「―な金の事でいがみ合う」「―な食料しかない」「―に制限重量をオーバーする」「ここから―一〇分の距離」❷(多く「わずかに」の形で用いて)そうするのがやっとであるさま。かろうじて。「―に記憶している」「―に難を逃れた」❸ささやかで粗末なさま。「―なる腰折文つくることなど習ひ侍りしかば」〈源・帚木〉

(用法)**わずか・かすか**――「わずかな(かすかな)痛み」「わずかに(かすかに)息をしている」など、程度が少ない意では相通じて用いられる。◇「わずか」は数量・価値・時間など具体的な事柄について多く使う。「わずかなすき間」「わずかなことが原因で対立する」「乗り換え時間はわずか五分しかない」 ◇「かすか」は色・音・匂いなど感覚的な事柄について使うことが多い。「かすかに助けを呼ぶ声がする」「ほおにかすかな赤みがさす」「かすかに香水が匂う」 ◇「わずかな記憶」は断片的に残る記憶であり、「かすかな記憶」は、あいまいなはっきりしない記憶である。

(類語)少し・少ない・たった・ただ・たかだか・僅僅

ワスプ〖WASP〗《White Anglo-Saxon Protestant》アングロ-サクソン系の白人でプロテスタント教徒であるアメリカ人。初期移民の子孫たちで、かつてはアメリカ社会の主流をなした。

わ-ずみ【輪炭】輪切りにした炭。主に茶事に用いる。車炭くるまずみ。

わずらい【煩い｜患い】わづらひ ❶(煩い)悩むこと。また、そのもととなるもの。苦労。心配。「―の種」❷(患い)病気。やまい。「長の―」

(類語)(❶)心配・気がかり・心がかり・不安・懸念・危惧きぐ・憂慮・憂患・心痛・心労・気苦労・屈託くったく・思案・憂えい・虞おそれ・気遣い/(❷)病気・病・疾病・疾患・障り・病魔・持病

わずらい-つ・く【患い付く】わづらひ-〔動カ五(四)〕病気になる。病みつく。「その少年は太いたく―・いたという」〈鏡花・草迷宮〉

わずら・う【煩う｜患う】わづらふ〔動ワ五(ハ四)〕❶(煩う)あれこれと心をいためる。思い悩む。「両方の何れだろうかと―・って待っていた」〈漱石・それから〉 ❷(患う)病気で苦しむ。古くは「…にわずらう」の形で用いることが多い。「目を―・う」「わらはやみに―・ひ給ひて」〈源・若紫〉 ❸(煩う)うまくいかないで苦労する。難渋する。「さこそ世を―・ふと言ひながら」〈平家・一〉 ❹(煩う)動詞の連用形に付いて、…しかねる、なかなか…できないの意を表す。「行き―・う」「言い―・う」

(類語)(❶)悩む・思い煩う・思い詰める・苦しむ・悶もだえる・思い迷う・思い乱れる・苦悩する・懊悩おうのうする・煩悶はんもんする・憂悶ゆうもんする・苦悶くもんする・苦慮する・頭を痛める・頭を悩ます/(❷)病む・罹かかる・寝つく

わずらわし・い【煩わしい】わづらはし〔形〕図わづらは・し

〔シク〕《動詞「煩う」の形容詞化》❶心を悩ましてうるさい。面倒で、できれば避けたい気持ちである。「近所付き合いが━・い」「雨の日は出掛けるのが━・い」❷こみ入っていて複雑である。「━・い事務手続き」❸気がおかれる。気をつかわせられる。「やむごとなく━・しきものに覚え給へりし大殿の君」〈源・賢木〉❹からだのぐあいが悪い。病気である。「年久しくありて、なほ━・しくなりて死にけり」〈徒然・四二〉(派生)**わずらわしがる**〔動ラ五〕 **わずらわしげ**〔形動〕 **わずらわしさ**〔名〕
(類語)面倒臭い・ややこしい・うるさい・やかましい・くだくだしい・うっとうしい・こうるさい・難しい・気詰まり・煩雑・煩瑣・厄介・しち面倒・しち面倒臭い・億劫・手間

わずらわ・す【煩わす】㊀〔動サ五(四)〕❶心配させる。悩ます。「子供のことでいろいろ心を━・す」❷ほねをおらせる。面倒をかける。「雑用に━・される」「お手を━・しまして」㊁〔動サ下二〕「わずらわせる」の文語形。

わずらわ・せる【煩わせる】〔動サ下一〕図わづらは・す〔サ下二〕「煩わす」に同じ。「人手を━・せる」

わす・る【忘る】㊀〔動ラ四〕❶意識して忘れようとする。思いきる。「━・らむて野行き山行き我来れど我が父母は忘れせぬかも」〈万・四三四四〉❷記憶をなくしてしまう。「天ざかる鄙に五年住まひつつ都のてぶり━・らえにけり」〈万・八八〇〉㊁〔動ラ下二〕「わすれる」の文語形。

わ・する【和する】〔動サ変〕図わ・す〔サ変〕❶親しむ。仲よくする。「夫婦相━・する」❷他の人に調子を合わせる。「応援団長の声に━・して声援を送る」❸他の詩歌にこたえて、それにふさわしい詩歌を作る。
和して同ぜず 《「論語」子路から》君子は人と協調するが、安易に同調したり雷同したりすることはない。主体的に人とつき合うべきであるということ。
和して流せず 《「礼記」中庸から》人と協調はするけれども、信念を失って流されることがない。

わするる-くさ【忘るる草】「忘れ草」に同じ。「今はとて━の種をだに人の心にまかせずもがな」〈伊勢・二一〉

わすれ【忘れ】忘れること。「度━」「年━」

わすれ-い【忘れ井】忘れ捨てられた井。「暑き日影も━の慰めぐさとなり侍れ」〈仮・伊曽保・上〉

わすれ-お【忘れ緒】半臂の腰に結ぶ小紐にかけて垂らす飾り紐。半臂の緒。

わすれ-おうぎ【忘れ扇】涼しくなって使わなくなり、忘れられてしまった扇。(季 秋)

わすれ-がい【忘貝】マルスダレガイ科の二枚貝。浅海の砂泥底にすむ。貝殻は円形で膨らみは弱く、殻長6センチくらい。殻表は滑らかで薄紫色。食用。ささらがい。こいわすれがい。

わすれ-がた・い【忘れ難い】〔形〕図わすれがた・し〔ク〕忘れられない。「━・い経験」(派生)**わすれがたさ**〔名〕

わすれ-がたみ【忘れ形見】❶その人を忘れないように残しておく記念の品。「亡父の━のパイプ」❷父が死んだとき、母の胎内にいた子。また、親の死んだあとに残された子。遺児。「兄夫婦の━をひきとる」
(類語)遺児・遺品・形見

わすれ-がち【忘れ勝ち】〔形動〕図〔ナリ〕忘れる傾向にあるさま。よく物忘れをするさま。「忙しくて庭の手入れが━になる」

わすれ-ぐさ【忘れ草】カンゾウ、特にヤブカンゾウの別名。

わすれ-ぐさ【忘れ▽種】心配や心の憂さを忘れさせるもの。「亡き我が夫の種よ形見よ、━」〈浄・盛衰記〉

わすれ-ざき【忘れ咲き】「返り咲き」に同じ。

わすれ-さ・る【忘れ去る】〔動ラ五(四)〕すっかり忘れて、二度と思い出さない。

わすれ-じお【忘れ潮】満潮時にたまった海水が、潮が引いてもそのまま残っているもの。

わすれ-じも【忘れ霜】春の終わりごろになり、急に気温が低下し、霜が降りること。また、その霜。晩霜。別れ霜。「八十八夜の━」(季 春)「鶯も元気を直せ━/一茶」

わすれっ-ぽ・い【忘れっぽい】〔形〕忘れやすい性質である。「年をとると━・くなる」(派生)**わすれっぽさ**〔名〕

わすれな-ぐさ【×勿▽忘草】《forget-me-not》ムラサキ科の多年草。高さ約30センチ。葉は長楕円形。5、6月ごろ、尾状に巻いた花穂を出し青色の5弁花を多数つける。ヨーロッパの原産で、19世紀にパリでは恋人への贈り物にしたという。日本では矮性種を花壇などに植え、一年草として扱う。わするなぐさ。(季 春)「━わかものの墓標ばかりなり/波郷」

わすれなぐさ-いろ【×勿▽忘草色】ワスレナグサの花弁のような色。明るい青色。

わすれ-ね【忘れ音】時節を過ぎて鳴く虫の音。

わすれ-ばな【忘れ花】時節を過ぎて咲く花。返り花。(季 冬)「蒲公の━あり路の霜/蕪村」

わすれ-みず【忘れ水】野中などを人に知られずに細々と流れている水。

わすれ-もの【忘れ物】うっかりして物を置いてくること。また、その物。「電車に━をする」「かさの━が多い」(類語)落とし物・遺失物・遺留品

わす・れる【忘れる】〔動ラ下一〕図わす・る〔ラ下二〕❶覚えていたことが思い出せなくなる。記憶がなくなる。「電話番号を━・れる」「━・れられない出来事」❷何かに熱中してうっかり気がつかずにいる。「美しさに我を━・れる」「時のたつのを━・れる」「寝食を━・れて働く」❸うっかりして物を置いてくる。「車の中に書類を━・れる」❹意識的に思い出さないようにする。「歌をうたって悩みを━・れる」❺すべきことをしないでいる。「戸締まりを━・れる」「銀行に行くのを━・れる」❻対象が記憶から消える。「面形の━・れむ時は」〈万・三五二〇〉
(…句)乞食も三日すれば忘れられぬ・寝食を忘れる・前後を忘れる・喉元過ぎれば熱さを忘れる・我を忘れる・暑さ忘れて陰忘る・雨晴れて笠を忘る・一朝の怒りにその身を忘る・魚は江湖に相忘る・魚を得て筌を忘る・老いたる馬は路を忘れず・治まりて乱るるを忘れず・初心忘るべからず・雀百まで踊りを忘れず・治に居て乱を忘れず・鼠壁を忘る、壁鼠を忘れず
(類語)失念・物忘れ・忘却・忘失・ど忘れ

わすれん-ぼう【忘れん坊】物事をすぐ忘れてしまう人。忘れっぽい人。わすれんぼ。

わせ【早=稲┆早=生】❶(早稲)早くに成熟する品種の稲。8月に穂が出て9月には刈りとられる。(季 秋)「━の香や分け入る右は有磯海/芭蕉」❷(早生)同種の作物の中で早く成熟するもの。「━のミカン」

わ-せい【和声】音楽で、和音の連なり。リズム・旋律とともに音楽の3要素の一。ハーモニー。かせい。
(類語)ハーモニー・諧調

わ-せい【和製】日本でできたもの。日本製。国産。「━プレスリー」

わせい-えいご【和製英語】日本で英語の単語をつなぎ合わせたり変形させたりして、英語らしく作った語。「ゴールイン」「スキンシップ」「バックミラー」など。

わせいてき-たんおんかい【和声的短音階】自然的短音階の第7音を半音上げた短音階。

わせい-ほう【和声法】和声を基とした作曲技法。

わせい-ポップス【和製ポップス】リズムやメロディーに外国のポピュラーミュージックの要素を取り入れて、日本で作った曲。

わせ-おばな【早=生尾花】イネ科の多年草。海岸に生え、高さ約1メートル。8、9月ごろ、ススキに似た花穂をつける。はますすき。

わせ-しゅ【早=生種】▶そうせいしゅ(早生種)

わせ-じょ【早稲女】俗に、早稲田大学に在学する女子学生、または、卒業した女性をいう。

わせ-だ【早=稲田】早稲を作る田。早稲の実っている田。わさだ。(季 秋)

わせだ【早稲田】東京都新宿区中北部の地名。早稲田大学がある。

わせだ-ぐんきょうじけん【早稲田軍教事件】早稲田大学で起きた軍事教育反対事件。大正12年(1923)大学内に陸軍の後援による軍事研究団が結成されたのに対し、文化同盟などを中心に学生・教授が反対運動を展開。軍事研究団は解散となったが、文化同盟も解散させられた。

わせだ-だいがく【早稲田大学】東京都新宿区に本部のある私立大学。明治15年(1882)設立の東京専門学校に始まり、同35年現名に改称。大正9年(1920)大学令による大学となり、昭和24年(1949)新制大学へ移行。

わせだぶんがく【早稲田文学】文芸雑誌。明治24年(1891)早稲田大学の前身東京専門学校文学科の機関誌として創刊。坪内逍遥が主宰し、森鷗外との間に没理想論争を展開。同31年休刊。第二次は同39年に島村抱月が再刊、正宗白鳥らが参加し、自然主義の牙城となった。昭和2年(1927)廃刊。その後も断続的に刊行、数次を重ね現在に至る。➡三田文学

わ-せつ【話説】❶話してきかせること。また、語られた話。説話。「一条の小説的━でもありそうに」〈子規・墨汁一滴〉❷《中国の古い口語から》話に入るときに用いる語。江戸時代の読本などで多く用いられた。さて。「━す。きのふは奇々怪々といふ事が目下にありやした」〈滑・浮世床・二〉

ワセリン〖vaseline〗原油の高沸点留分から得られる白色または帯黄色のゼリー状物質。主成分はメタン系炭化水素で、中性。さび止め剤や軟膏・化粧品の基剤などに使用。本来は商品名。ペトロラタム。

わ-せん【和船】櫓や帆を使って推進する、日本在来の形式の木造船。千石船・高瀬舟など。⇔洋船。

わ-せん【和戦】❶和睦と戦争。「━両様の備え」❷戦いをやめて仲直りすること。「━条約」
(類語)和平・和睦・和解・講和・平和

わ-せんじょう【我先生┆和先生】〔代〕二人称の人代名詞。親しみの気持ちを込めて、または軽んじる気持ちで、相手を呼ぶ語。「━はいかでこの鮭を盗むぞ」〈宇治拾遺・一〉

わ-そう【和装】❶和服を着ていること。和服姿。「━の女性」⇔洋装。❷日本風の装丁。また、その本。和とじ。⇔洋装。

わ-そう【我僧┆和僧】〔代〕二人称の人代名詞。僧を親しみの気持ちを込めて、または軽んじる気持ちで呼ぶ語。「━は何人ぞ」〈宇治拾遺・一三〉

わそうびょうえ【和荘兵衛】談義本。4巻。遊谷子作。安永3年(1774)刊。長崎の商人四海屋荘兵衛が漂流し、不老不死国をはじめ、女護が島や大人国・小人国などを遍歴して日本へ帰るまでを描く。同8年、沢井某作「和荘兵衛後編」4巻刊行。

わそう-ぼん【和装本】日本古来の装丁様式の本。⇔洋装本。

わ-ぞく【和俗】日本に昔から行われている風習や、昔から伝えられている言いならわし。

わた【▽海】《後世は「わだ」とも》うみ。「荘船一艘、━の浦に迎ふ」〈岩崎本推古紀〉

わた【▽腸】内臓。はらわた。「魚の━を抜く」

わた【綿┆×棉┆草=綿】❶アオイ科ワタ属の植物の総称。古くから重要な繊維作物として栽培され、アジア綿・エジプト綿・海島綿・陸地綿などがある。日本では江戸時代から盛んになった。栽培されるのはインドワタの変種で、一年草。高さ約1メートル。葉は手のひら状に三〜五つに裂ける。夏から秋に、黄や紅色の5弁花が咲く。果実は卵形で、褐色に熟すと裂開し、中の多数の種子に生じた白く長い毛が露出する。この実綿を摘み取り、毛(綿花)と種子(綿実)とに分けて利用する。(季 花=夏┆実=秋)「━の実を摘みゐてうたふこともなし/楸邨」❷木綿綿・真綿・絹綿・化学繊維綿などの総称。古くは蚕の繭からとった真綿をさしたが、木綿が普及してからは主に木綿綿をさすようになった。綿織物などの紡績用や布団綿・中入れ綿・脱脂綿などに利用。(季 冬)「━を干

す寂光院を垣間かい見ぬ/虚子」
〔…圏〕厚綿・石綿・入れ綿・薄綿・打ち綿・青梅おう綿・置き綿・菊の被きせ綿・着せ綿・絹綿・木綿・繰り綿・小袖こそで綿・裾すそ綿・種綿・血綿・摘み綿・唐とう綿・中綿・抜き綿・引き綿・含み綿・布団綿・穂綿・丸綿・真綿・木綿もめん綿・結ゆい綿
綿のように疲・れる　非常に疲れることのたとえ。「一日中働きづめで、からだが―・れる」
わだ【▽曲】入り曲がっていること。また、その所。「楽浪ささなみの志賀の大―淀むとも昔の人にまたも逢はめやも」〈万・三一〉
わた-あき【綿秋】秋、綿の実の熟するころ。
わた-あぶら【綿油】綿の種子からとった油。食用または工業用。綿実油めんじつゆ。
わた-あめ【綿×飴】「綿菓子がし」に同じ。
わたい【▽私】〔代〕《「わたし」の音変化》一人称の人代名詞。多く東京下町の女性や女児などが、親しい相手に対して用いる。あたい。「もう―の名を御存じだよ」〈逍遥・当世書生気質〉
わ-だい【話題】話の題目。談話・文章などの中心的な材料。話の種。「―が尽きない」「―にのぼる」
〔類語〕トピック・種・ねた・題目・論題・題材・テーマ
わ-だいおう【和大黄】ワダイ ワウ ❶ギシギシの別名。❷ダイオウの近縁種カラダイオウの根茎を乾燥させたもの。健胃剤などに利用。
わ-だいこ【和太鼓】日本で伝統的に使われる太鼓の総称。大太鼓おおだいこ・楽太鼓・締太鼓などがある。
わた-いた【綿板】扉や羽目などの框かまちや桟の間にはめ込んだ板。入れ子板。
わた-いり【▽腸煎り｜▽腸×熬り】コイの内臓を味噌または塩と酒を加えて煎り煮したもの。
わた-いれ【綿入れ】❶布団などに綿を入れること。❷防寒用に、表布と裏布との間に綿を入れて仕立てた衣服。ちゃんちゃんこ・羽織・ねんねこ・どてらなど。わたぎぬ。〔季冬〕〔類語〕丹前・どてら・半纏はんてん
わた-うち【綿打ち】❶繰くり綿を綿弓ではじき打って、打ち綿に仕上げること。また、その職人。〔季秋〕「―や案山子かかしは弓を捨る頃/乙二」❷「綿打ち弓」の略。
わたうち-ゆみ【綿打ち弓】「綿弓わたゆみ」に同じ。
わだ-えいさく【和田英作】[1874～1959]洋画家。鹿児島の生まれ。白馬会の結成に参加。外光派的写実の画風により、官展で活躍。文化勲章受章。
わた-か【黄=鯝=魚｜▽腸香】コイ科の淡水魚。全長約30センチ。体は側扁し、背部が淡黒褐色のほかは銀白色。琵琶湖特産であるが、移殖されて関東以南にみられる。食用。うまうお。わたこ。〔季春〕
わた-がし【綿菓子】グワ シ 白ざらめを加熱して溶かし、遠心分離機で噴き出させ、糸状になったものを棒に巻き付けた綿状の砂糖菓子。電気飴でんきあめ。綿飴。
わだかまり【×蟠り】❶心の中にこだわりとなっている重苦しくいやな気分。特に、不満・不信・疑惑などの感情。「―を捨てる」「互いに何の―もなく話し合う」❷心に悪い考えのあること。「其の心ざし―もなく清く流るる水にひとしく」〈浮・栄花一代男〉
わだかま・る【×蟠る】〔動ラ五(四)〕❶輪状に曲がって巻いている。とぐろを巻く。「―・っている蛇」❷入り組んで複雑に絡み合っている。「老松の根が―・っている」❸心に不平・不満・不安などがあって晴れ晴れしない。「不吉な予感が胸に―・る」❹盗んで自分のものとする。横領する。「主人の金子きんすを―・り」〈浄・歌念仏〉
わた-がみ【▽肩上｜綿上｜綿×噛】❶鎧よろいや具足の胴の両肩に懸ける部分の名称。背面の押付おしつけの板から両肩に続けて前の胸板の高紐たかひもに懸け合わせる装置。❷頭の後ろの方。後ろ髪。「菊王が―つかんで」〈謡・摂待〉
わた-がみ【▽海神】「わたつみ❶」に同じ。
わた-ぎぬ【綿▽衣】「綿入れ❷」に同じ。「夏とほしたる―のかかりたるを」〈枕・一九八〉
わたくし【私】㊀〔名〕❶自分一人に関係のあること。個人的なこと。「―の用事で欠勤する」㊥公おおやけ。❷公平さを欠いて、自分の都合や利益を優先すること。また、公共のための事物を私物化すること。「―をはかる」「造物主は天地万象を造りて―なし」〈逍遥・小説神髄〉❸公然でないこと。秘密であること。「―に処する」㊁〔代〕一人称の人代名詞。多く、目上の人に対する時や、やや改まった場合に用いる。男女ともに使う。〔類語〕わたし・あたくし・あたし・自分・手前・うち・わて・わちき・妾わらわ・妾しょう・わたい・あたい・あっし・わし・俺・僕・我が輩・余輩・余よ・吾人ごじん・朕ちん・乃公だいこう・拙者・某それがし・小生・愚生・迂生うせい・不肖ふしょう
わたくし-あきない【私商ひ】―あきなひ 本業以外にする商い。副業。内職。また、商家の奉公人が、主家の仕事のかたわら、自分の利益のためにする商い。自分商い。「二百目や三百目、―にてまうけたればとて」〈浮・織留・六〉
わたくし-あめ【私雨】ある限られた地域だけに降るにわか雨。特に、下は晴れているのに山の上だけに降る雨。
わたくし-いくさ【私戦｜私▽軍】個人的な恨みから起きた戦い。私闘。「―益なしとて帰り候はん事こそ」〈義経記・五〉
わたくし-がね【私金｜私▽銀】こっそり蓄えている金銭。内証金。へそくり。「人の知らぬ―」〈浮・一代男・七〉
わたくし-ごころ【私心】❶自分の利益ばかりを考える心。また、個人的な感情。ししん。「―のない人」❷ひそかに恋い慕う心。「むつかしき―の添ひたるも苦しかりけり」〈源・東屋〉
わたくし-ごと【私事】❶公的でない、自分だけに関係した個人的な事柄。しじ。「―で早退する」「―で恐縮ですが」❷自分だけのこととして、秘密にしていること。内証事。隠し事。
〔類語〕私事しじ・私用・プライバシー・プライベート
わたくし-ざま【私様】〔名・形動ナリ〕うちうちのことであること。また、そのさま。「―に聞こえさせなんどせむは」〈狭衣・一〉
わたくし-しょうせつ【私小説】―セウ セツ ►ししょうせつ(私小説)
わたくし・する【私する】〔動サ変〕図わたくし・す〔サ変〕❶公のものを自分のもののように扱う。私物化する。また、ひとりじめする。「公金を―・する」「政治を―・する」「ゆめ一人の人になその尊き身を―・せしめ給いそ」〈鷗外訳・即興詩人〉❷身勝手に振る舞う。「御奉公に―・すなと」〈浄・廿四孝〉
わたくし-だ【私田】►しでん(私田)
わたくし-たち【私▽達】〔代〕一人称の人代名詞。「わたくし(私)」の複数形。わたしたち。
〔類語〕私共・手前共・我我・我ら
わたくし-ども【私共】〔代〕一人称の人代名詞。自分、または自分の家族・集団などをへりくだっていう語。手前ども。わたくしたち。「―もみな元気に暮らしております」〔類語〕私達・手前共・我我・我ら
わたくし-もの【私物】❶自分の持ち物。個人の所有物。私有物。しぶつ。❷世間に公表しないで大切にとっておく物。秘蔵の物。「この君をば、―に思ほしかしづき給ふこと限りなし」〈源・桐壺〉
わたくし-りつ【私立】《同音の「市立」と区別していう語》「しりつ(私立)」に同じ。
わた-くず【綿×屑】―くづ 綿のくず。くずわた。
わた-ぐも【綿雲】綿をちぎったような白い雲。多く、積雲のこと。〔類語〕雲
わだくら-もん【和田倉門】江戸城内郭門の一。馬場先門の北、大手門の南にあった。
わた-くり【綿繰り】❶実綿みわたを綿繰り車にかけて、綿花から種子を取り除くこと。また、それをする人。〔季秋〕❷「綿繰り車」の略。
わたくり-き【綿繰り機】実綿をローラーの間に通し、種子と繊維に分離させる機械。
わたくり-ぐるま【綿繰り車】実綿をローラーの間に挟んで手で回し、種子を取り除き繊維だけ巻き送る木製の器具。綿繰り。綿車。
わた-ぐるま【綿車】「綿繰り車」に同じ。
わた-げ【綿毛】❶綿のように柔らかい毛。にこげ。❷紡績の工程を経てない綿繊維。ぱらげ。
わ-だけ【輪竹】桶の、竹製のたが。
わた-こ【綿子】真綿をそのまま縫って作った防寒衣やかぶりもの。また、袖なしの綿入れ。〔季冬〕
わだ-さんぞう【和田三造】―サン ザウ [1883～1967]洋画家。兵庫の生まれ。黒田清輝に師事し、白馬会展・官展で活躍。また、色彩研究にも多くの業績を残した。著「色名大辞典」。
わたし　茶の葉などを入れる容器。「極ごくを一袋、―に入れて貸させられい」〈虎明狂・止動方角〉
わたし【渡し】❶物などを人に渡すこと。「店頭―」「手―」❷人や貨物を舟で向こう岸に渡すこと。また、その舟や、舟の着く場所。❸船から岸や他の船に渡るためにかけた板。わたりいた。あゆみいた。❹直径。差し渡し。「一八寸の丸太」
わたし【私】〔代〕《「わたくし」の音変化》一人称の人代名詞。「わたくし」のくだけた言い方。現代では自分のことをさす最も一般的な語で、男女とも用いる。近世では主に女性が用いた。「―の家はこの近くです」「―としたことが」〔類語〕わたくし・あたし・自分
わたし-おんな【渡し女】―をんな 主人の食膳しょくぜんなどを下級の女中から受け取って奥へ運ぶ役の女。「お末女、―に至るまで」〈浮・一代女・三〉
わたし-がたり【私語り】「私」を語り手として書かれた文章をいう。自分自身の経験を書いたものが多い。日記、自伝、私小説など。〔補説〕ブログ、ツイッターなどもこの範囲に入る。
わたし-がね【渡し金】❶火の上に渡し、食物をあぶるための鉄製の用具。鉄灸てっきゅう。❷耳だらいの上に渡しかけて、おはぐろの道具をのせる真鍮しんちゅうの板。
わたし-こみ【渡し込み】相撲のきまり手の一。相手の太ももの外側を片手で引っ張り込むように抱え、反対側の肩または他の手で相手の上体を押し、もたれかかるようにして倒す技。
わたし-せん【渡し銭】「渡し賃」に同じ。
わたし-ちん【渡し賃】❶渡し船の料金。渡し代。渡し銭。❷有料の橋を渡るときの代金。橋銭。渡し銭。
わたし-ば【渡し場】渡し船の発着する所。渡し。渡船場。
わたし-ばし【渡し箸】小皿・小鉢など器の上に箸を置くこと。嫌い箸の一種で不作法とされる。箸置きを使うか、なければ割り箸の袋を折って箸置きの代わりにするなどし、これを避ける。
わたし-ぶね【渡し船｜渡し舟】川や湖沼などの両岸を往復して客や荷物を運ぶ船。とせん。
わたし-もり【渡し守】渡し船の船頭。
わた・す【渡す】〔動サ五(四)〕❶人や荷物を舟で向こう岸に運ぶ。「船で人を―・す」❷物の上を越えて、一方から他方へ物がとどくようにする。またがらせる。かける。「橋を―・す」「綱を―・す」❸こちらの手から相手の手へ移す。手渡す。「書類を―・す」「バトンを―・す」❹自分の持っているもの、権利などを他の人に与える。「土地を人手に―・す」❺人や物を他の場所に移す。「明け暮れながめ侍る所に―・し奉らむ」〈源・若紫〉❻通りなどを歩かせる。引きまわす。「捕とらわれし人々は、大路を―・してかうべをはねられ」〈平家・灌頂〉❼馬で、川などを渡る。「この御馬で宇治川のまっ先―・し候ふべし」〈平家・九〉❽神仏の力で、迷っている人々を救う。済度する。「人―・すことも侍らぬに」〈源・東屋〉❾(他の動詞の連用形に付いて)その動作が行き渡るようにする。「見―・す」「張り―・す」
〔可能〕わたせる
わた-すげ【綿×菅】カヤツリグサ科の多年草。山間の湿原に群生し、高さ約40センチ。葉は線形。茎は三角柱。5、6月ごろ、茎の先に灰黒色の卵形の花穂をつける。花後、糸状の花被片が伸びて白い毛玉状となる。まゆはきぐさ。すずめのけやり。〔季夏〕
わた-せ【渡瀬】徒歩で渡れるような川の浅瀬。わたりせ。〈新撰字鏡〉

わだ-せい【和田清】[1890〜1963]東洋史学者。神奈川の生まれ。東大教授。満蒙史・中国政治史専攻。著「東亜史研究」「中国史概説」。

わたせ-せん【渡瀬線】動物地理区の境界線の一。屋久島・種子島と奄美(あまみ)大島との間の七島灘に東西に引かれる、日本列島における旧北区・東洋区の境界線。大正元年(1912)動物学者の渡瀬庄三郎が哺乳類などの分布の違いから提唱。

わだ-そう【和田草】ワダ ナデシコ科の多年草。山地の草原に生え、高さ8〜16センチ。葉はへら形で対生し、茎の上部では十字状に並ぶ。4月ごろ、白い5弁花を1個開く。名は、長野県の和田峠に多いことによる。よつばはこべ。

わた-だね【綿種】綿の種子。

わただね-あぶら【綿種油】「綿実油(めんじつゆ)」に同じ。

わた-だる【▽腸×樽】魚店や料理店などで、魚類のはらわたなどを入れておく樽。

わ-だち【×轍】《「輪(わ)立(だ)ち」の意》車の通ったあとに残る車輪の跡。「ぬかるみに―がつく」

わだち-きよお【和達清夫】ワダチキヨオ[1902〜1995]地球物理学者。愛知の生まれ。初代気象庁長官・埼玉大学学長・日本学士院長。地震が300キロメートル以上の深所でも発生することを発見。昭和60年(1985)文化勲章受章。

わだち-の-ふな【×轍の×鮒】「てっぷ(轍鮒)」に同じ。

わた-つ-うみ《「わたつみ」が「渡津海」などと書かれたため、「み(神)」を誤って「海」と解釈してできた語》海。大海。わたつみ。「袖ぬれて海人(あま)の刈りほす―のみるをあふにてやまむとやする」〈伊勢・七五〉

わたつ-じんじゃ【度津神社】新潟県佐渡市にある神社。主祭神は五十猛命(いそたけるのみこと)。俗称、一宮八幡宮。佐渡国一の宮。

わだ-つなしろう【和田維四郎】ワダツナシロウ[1856〜1920]鉱物学者。福井の生まれ。ナウマンと地質調査所を建議してその初代所長となり、のち東大教授・八幡製鉄所長官なども歴任。日本産鉱物の標本を収集し、「日本鉱物誌」を著した。また、書誌学の開拓者としても知られる。

わた-つ-み【海▽神】《「つ」は「の」の意の格助詞。「わだつみ」「わたづみ」とも》❶海を支配する神。海神。わたがみ。わたのかみ。「―の持てる白玉見まく欲り千度そ告(の)りし潜(かづ)きする海人(あま)は」〈万・一三〇二〉❷《❶がいる場所の意から》海。大海。「―の豊旗雲に入日さし今夜(こよひ)の月夜さやけかりこそ」〈万・一五〉
[類語]海・海洋・大洋・大海・海原・領海・公海・大海原・青海原・内海(うちうみ)・内海(ないかい)・外海(そとうみ)・外海(がいかい)

わた-つみ【綿摘み】❶成熟した綿花を摘み取ること。また、その人。綿取り。[季 秋]「―やたばこの花を見て休む/蕪村」❷江戸市中にいて、表向き綿摘みの女工と称し、売春した私娼。

わたつみ-じんじゃ【海神社】神戸市垂水(たるみ)区にある神社。祭神は底津綿津見神(そこつわたつみのかみ)・中津綿津見神・上津綿津見神の3柱の海神。瀬戸内海の舟運守護神として崇敬される。かいじんじゃ。

わたつみ-じんじゃ【海神神社】長崎県対馬(つしま)市にある神社。主祭神は豊玉姫命(とよたまひめのみこと)。通称、一宮さま。対馬(つしま)国一の宮。

わだ-とうげ【和田峠】ワダ 長野県中央部、下諏訪町と長和町との境にある中山道の峠。標高1531メートル。霧ヶ峰の北西に位置し、難所として知られた。付近は黒曜石の産地。

わた-どの【渡殿】寝殿造りの二つの建物をつなぐ屋根付きの廊下。渡り殿。細殿。

わた-なか【▽海中】《「わだなか」とも》海の中。海上。「ありねよし対馬の渡り―に幣(ぬさ)取り向けてはや帰り来(こ)ね」〈万・六二〉

わたなべ-かいきょく【渡辺海旭】[1872〜1933]浄土宗の僧。東京の生まれ。号、壺月。ドイツに留学し、サンスクリット・パーリ・チベット語を研究。帰国後、東洋・大正大学教授。高楠順次郎と「大正新修大蔵経」を監修。学界・教育界・社会事業など多方面に活躍。

わたなべ-かざん【渡辺崋山】ワタナベカザン[1793〜1841]江戸後期の蘭学者・画家。名は定静(さだやす)。通称、登。別号、寓絵堂(ぐうかいどう)。三河田原藩の家老で、海防掛を兼ねた。佐藤一斎に儒学を、谷文晁(たにぶんちょう)に南画を学び、のち西洋画の技法を取り入れて写実的画風を確立。特に肖像画にすぐれた。「慎機論」を著し、幕政を批判したため蛮社の獄に連座して自刃。

わたなべ-かずお【渡辺一夫】ワタナベカズオ[1901〜1975]仏文学者。東京の生まれ。東大教授。ラブレーを中心とするフランス16世紀文学の研究に業績をあげる一方、批評家としても活躍。著「ラブレー研究序説」「フランスユマニスムの成立」。

わたなべ-かてい【渡辺霞亭】[1864〜1926]小説家。名古屋の生まれ。本名、勝。別号、碧瑠璃園(へきるりえん)・黒法師。歴史小説・家庭小説で人気を博した。江戸文学の収集家としても知られる。作「大石内蔵之助」「渦巻」。

わたなべ-きえこ【渡辺喜恵子】ワタナベキエコ[1914〜1997]小説家。秋田の生まれ。本姓、木下。郷土に根ざした作風の歴史小説などを執筆。南部藩の御用商人の家族を描いた大河小説「馬淵川」で直木賞受賞。他に「啄木の妻」「原生花園」など。

わたなべ-じゅんいち【渡辺淳一】[1933〜]小説家。北海道の生まれ。医学部出身という異色の経歴を生かし、医療現場を舞台にした問題作を数多く執筆して人気を得る。その後は濃密な性描写の恋愛小説を手がけ、ブームを起こす。「光と影」で直木賞受賞。他に「遠き落日」「うたかた」「失楽園」など。平成15年(2003)紫綬褒章受章。

わたなべ-じょうたろう【渡辺錠太郎】ワタナベジョウタロウ[1874〜1936]軍人。陸軍大将。愛知の生まれ。軍事参議官・教育総監などを歴任。統制派の頭目として、二・二六事件で青年将校により射殺された。

わたなべ-すいは【渡辺水巴】[1882〜1946]俳人。東京の生まれ。本名、義。内藤鳴雪・高浜虚子に学び、俳句雑誌「曲水」を創刊、主宰。句集「水巴句帖」「隈笹」「白日」。

わたなべ-の-つな【渡辺綱】[953〜1025]平安中期の武士。源頼光の四天王の一人。京の鬼同丸や大江山の酒呑童子(しゅてんどうじ)、羅生門の鬼を退治した伝説がある。

わたなべ-は【渡辺派】自由民主党にあった派閥の一。政策科学研究所の平成2年(1990)から同11年における通称。中曽根派を渡辺美智雄(みちお)が継承。同7年の渡辺の死後も「旧渡辺派」と呼ばれた。➡山崎派 ➡亀井派

わたなべ-まさのすけ【渡辺政之輔】[1899〜1928]労働運動家。千葉の生まれ。日本共産党結成と同時に入党。昭和2年(1927)コミンテルンの招集でモスクワに渡り、「二十七年テーゼ」作成に参加。帰国して翌年、党委員長。台湾で官憲と交戦して自殺。

わた-に【▽腸煮】アワビやイカの肉とともに内臓も使った煮物。

わた-ぬき【▽腸抜き】〔名〕スル 魚の内臓を抜き去ること。また、その魚。「イワシを―して開く」

わた-ぬき【綿抜き】❶綿入れの綿を抜いて袷(あわせ)にすること。また、その袷。[季 夏]❷《「四月朔日」とも書く》綿入れから袷に衣替えをすること。また、それが行われる陰暦4月1日のこと。[季 夏]

わた-の-かみ【▽海の神】海を支配する神。海神。わたつみ。

わた-の-そこ【▽海の底】■海の底。海底。「―沈(しづ)く白玉風吹きて海は荒るとも取らずは止まじ」〈万・一三一七〉■〔枕〕海の極まるところの意から、「沖(おき)」にかかる。「―沖つ玉藻の」〈万・一二九〇〉

わだ-の-とまり【輪田の泊】摂津国和田岬の内側の港。現在の神戸港にあたる。中世まで大輪田の泊として五泊(ごはく)の一。中世以降は兵庫津とよばれた。

わた-の-はら【▽海の原】広い海。うなばら。「―八十島かけて漕ぎ出でぬと人には告げよ海人(あま)の釣り舟」〈古今・羇旅〉

わたのみ-あぶら【綿の実油】➡綿実油(めんじつゆ)

わた-ばね【綿羽】➡めんう(綿羽)

わだ-ひでまつ【和田英松】[1865〜1937]国史学者・国文学者。広島の生まれ。史料編纂官となり、「古事類苑」の編纂に尽力。著「官職要解」「本朝書籍目録考証」「栄花物語詳解」。

わたふき-かいがらむし【綿吹貝殻虫】ワタフキカイガラムシ 半翅(はんし)目ワタフキカイガラムシ科の昆虫。雌は無翅で、約5ミリの楕円形をし、背面が黄白色の蝋(ろう)物質で厚く覆われる。多くの樹木に寄生し、特にミカン類の害虫。オーストラリアの原産で、日本には明治後期に侵入。天敵は同原産のベダリヤテントウ。イセリヤかいがらむし。

わた-ぼうし【綿帽子】❶真綿を広げて作ったかぶりもの。初めは防寒用として主に女性が用いた。のちには婚礼のときに新婦が前頭部をおおうのに用いるようになった。置き綿・被(かず)き綿・額(ひたい)綿。[季 冬]「声もせで暗き夜舟や―/太祇」❷山や木に雪の積もっているようすをいう語。「はやくも富士山が―をかぶってる」[類語]揚げ帽子・角隠し

わた-ぼこり【綿×埃】細かい綿くずのほこり。また、たまって綿のようになったほこり。

わだ-まこと【和田誠】[1936〜]イラストレーター。大阪の生まれ。タバコのパッケージデザインを手がけるなど、グラフィックデザイナーとしても知られる。週刊誌や単行本の表紙、挿絵などのほか、映画に関する造詣の深さを生かしたエッセー、監督も手がける。

わた-まし【移=徙・渡▽座】❶貴人の転居、神輿(しんよ)の渡御を敬っていう語。❷転居。引っ越し。「彼岸の―は悪いと兆(ちょう)を云い」〈滝井・無限抱擁〉

わた-まゆ【綿繭】糸をとるのに適さず、真綿とする不良の繭。

わだ-まんきち【和田万吉】[1865〜1934]国文学者・書誌学者。岐阜の生まれ。東大教授。日本で初めて図書館学を講義した。著「謡曲物語」「古版地誌解題」「図書館史」。

わだ-みさき【和田岬】神戸市兵庫区、大阪湾に突出する岬。神戸港の西にあり、造船などの工業地。江戸幕府が設けた砲台が残る。わだのみさき。

わた-むし【綿虫】半翅(はんし)目ワタアブラムシ科の昆虫のうち、翅(はね)があり、白色の蝋(ろう)物質を分泌するものの総称。体は小さく、綿くずが飛んでいるように見える。リンゴワタムシ・ヌルデノミミフシなど。ゆきむし。[季 冬]「―や安静時間緩やかに/波郷」

わた-もち【▽腸持ち】《腸(はらわた)を持っているものの意》土・石・木などで作ったものに対し、生きもの。生身(なまみ)。「―の如来様と信仰し」〈風流志道軒伝〉

わた-や【綿屋】❶綿を商う家。また、その人。❷綿打ちを業とする家。また、その人。綿打ち。

わたや-りさ【綿矢りさ】[1984〜]小説家。京都の生まれ。本名、山田梨沙。高校時代に書いた「インストール」で注目を集める。新世代の感覚で描いた青春ストーリー「蹴りたい背中」で芥川賞受賞。19歳での受賞は史上最年少。

わだ-ゆうじ【和田雄治】ワダユウジ[1859〜1918]気象学者。福島の生まれ。内務省地理局、のち中央気象台に勤務し、天気予報の創始に尽力。また、河川の出水調査、海流調査などにも業績がある。

わた-ゆき【綿雪】綿をちぎったような大きな雪片の雪。ぼたん雪よりやや小さめのもの。[季 冬]
[類語]牡丹雪・餅雪

わた-ゆみ【綿弓】繰り綿をはじき打って打ち綿にする道具。竹を曲げて弓形にし、弦として古くは牛の筋、のちには鯨の筋を張ったもので、弦をはじいて綿を打つ。唐弓(とうゆみ)。わたうちゆみ。[季 秋]

わだ-よしえ【和田芳恵】ワダヨシエ[1906〜1977]小説家・文芸評論家。北海道の生まれ。出版社勤務を経て樋口一葉の研究に入り、「一葉の日記」などを刊行。小説では、短編の名手として知られた。「塵の中」で直木賞受賞。他に「接木(つぎき)の台」「雪女」など。

わだ-よしもり【和田義盛】[1147〜1213]鎌倉初

期の武将。三浦義明の孫。源頼朝の挙兵以来軍功を重ね、幕府初代の侍所別当となった。のち、北条氏の謀計により挙兵して敗死、和田氏は滅亡した。

わたらい【度会|渡会】三重県中東部の郡名。また、伊勢市を中心とする地域の旧郡名。古くから伊勢神宮の神郡で、慶応4年(1868)度会府が置かれ、明治4年(1871)度会県となり、同9年、三重県に合併。

わたらい【渡らひ】生活のためにする仕事。世渡りのわざ。なりわい。また、暮らし向き。「自ら勢家に託きて—を求む」〈孝徳紀〉

わたらい-いえゆき【度会家行】南北朝時代の神道家。伊勢外宮の禰宜で、伊勢神道の大成者。北畠親房と親交があり、南朝方を支持。著「類聚神祇本源」「神道簡要」。生没年未詳。

わたらい-ごころ【渡らひ心】生活のための心がけ。世渡りの心がけ。「よの—もなく、貧しくて」〈塗籠本伊勢・一七〉

わたらい-ごと【渡らひ事】生活のためにする仕事。生業。「人の田、畑つくり、商ひし、労して貯へ、—すれば」〈宇津保・祭の使〉

わたらい-しんとう【▽度▽会神道】▶伊勢神道

わたらい-のぶよし【度会延佳】[1615〜1690]江戸前期の伊勢外宮の神官。伊勢の人。伊勢神道の中興の祖とされ、伊勢神道から仏教色を排し儒教を導入した。著「陽復記」「神宮秘伝問答」。出口延佳。

わたらい-の-みや【度会宮】▶豊受大神宮

わたらい-ゆきただ【度会行忠】[1236〜1305]鎌倉後期の神道家。伊勢外宮の禰宜。「神道五部書」を祖述、伊勢神道の基礎を築いた。

わたら・う【渡らふ】〔動ハ四〕《連語「わた(渡)らう」が一語化したもの》生計を立てる。「汝に寄ついて—・はむ」〈仁徳紀〉

わたら・う【渡らふ】〔連語〕《動詞「わたる」の未然形＋継続反復の助動詞「ふ」。上代語》移っていく。渡っていく。「雲間より—・ふ月の惜しけども」〈万・一三五〉

わたらせ-がわ【渡良瀬川】利根川の支流の一。栃木県西部の庚申山付近に源を発し、渡良瀬遊水地を経て、茨城県古河市と埼玉県加須市の境を流れ、利根川に合流する。長さ109キロ。明治中期以後、足尾銅山の鉱毒が流入し、鉱毒事件が起こった。平成24年(2012)「渡良瀬遊水地」がラムサール条約に登録された。

わたらせけいこく-てつどう【わたらせ渓谷鐵道】群馬県桐生と栃木県間藤を結ぶ44.1キロの鉄道。旧国鉄足尾線。昭和63年(1988)から第三セクターとして営業。

わたり【▽辺り】❶その付近。その辺一帯。近所。あたり。「ステッチン—の農家に」〈鴎外・舞姫〉❷人や人々を漠然と指していう。「故づきて聞こゆる—はいとらうたげならむ人の」〈源・末摘花〉❸ある人のもとを婉曲に指していう。「かかる—には急ぐ物なりければ、居しづまりなどしたるに」〈源・手習〉

わたり【渡り】㊀〔名〕❶川などの渡る場所。渡し。「宇治の—」❷離れた二つの場所に掛けて渡すもの。渡り板や渡り廊下など。❸外国から渡来すること。また、そのもの。「オランダ—の鉄砲」❹定住しないで渡り歩くこと。また、その人。「—の職人」❺俗に、退職した官僚が退職後の勤め先を次々と移り歩くこと。高額の給料、退職金を取るので批判されている。「天下り官僚の—を禁止する」❻両者が通じ合うように交渉すること。「資本参加についての—があった」❼連続する音韻を発音する際、ある単音から次の単音へ移るための調音の態勢の動き。また、それによって生じる音。一つの単音について、前からの渡りを「入り渡り」、後ろへの渡りを「出渡り」という。❽囲碁で、相手の石を挟んで両方の石が連絡すること。盤面の端で行われる。❾動物、特に鳥が、環境の変化に応じて行う季節的な往復移動。食物の獲得・産卵などのために行う。❿(「径」とも書く)さしわたし。直径。わたし。「丁度—一尺位に見える橙黄色の日輪が」〈鴎外・妄想〉⓫活版印刷の組版で、ページ物を組み付けるとき、見開きの左側の版の左端から右側の版の右端までの寸法。⓬ある所へやって来ること。また、来訪すること。「さてもただ今の御—こそ、情けもすぐれて深う」〈平家・七〉⓭川などを渡ること。「淀の—といふものをせしかば」〈枕・一一四〉㊁〔接尾〕助数詞。物事がひととおりゆきわたる回数を数えるのに用いる。「ひと—注意して見回る」

渡りが付・く 話し合いがつく。交渉が成立する。関係がつく。「技術提携の—・く」

渡りに船 必要な物がそろったり、望ましい状態になったりして好都合なこと。「—の申し出」

渡りを付・ける 話し合いをつける。交渉をする。関係をつける。「訴訟にならないよう—・ける」

わたり-あ・う【渡り合う】〔動ワ五(ハ四)〕❶相手になって戦う。「真剣で—・う」「格上のチームと互角に—・う」❷言葉をやりとりして激しく議論する。論戦する。「議会で与野党が—・う」

(類語)相手取る・戦う・争う・切り結ぶ・交戦する・合戦する・会戦する・衝突する・激突する・戦闘する・一戦を交える・砲火を交える・兵刃を交える・干戈を交える・奮戦する・奮闘する

わたり-あご【渡り×腮】一つの材木を他の材木にのせるときの仕口で、上の木の下端に溝を作り、下の木の上端の中ほどを残した形に作り、それを互いに組み合わせたもの。

わたり-ある・く【渡り歩く】〔動カ五(四)〕1か所に落ち着かず、仕事や居場所を求めて転々と移り住む。「包丁一本で全国を—・く」

わたり-いた【渡り板】渡るための板。船から岸へ、また建物から他の建物へかけ渡して通路とする板など。歩み板。わたし。

わたり-かせぎ【渡り稼ぎ】あちこちと渡り歩いて稼ぐこと。また、その人。

わたり-かち【渡り徒=士】江戸時代、渡り奉公をした下級武士。

わたり-がに【渡×蟹】ガザミの別名。夜間に餌を求めて群泳するのでいう。

わたり-がゆ【渡り×粥】❶新築祝いなどの時にふるまう粥。家移り粥。❷粥をふるまうこと。「—の饗、設けて文つくる」〈源順集・詞書〉

わたり-がらす【渡×鳥】カラス科の鳥。大形で、全長61センチくらい。全身黒く、尾はくさび形。ユーラシア・北アメリカに広く分布。日本には冬鳥として少数が北海道に渡来。

わたり-がわ【渡り川】三途の川のこと。「おりたちて汲みはみねども—人の瀬とはた契らざりしを」〈源・真木柱〉

わたり-こしょう【渡り小姓】江戸時代、大名・旗本などに渡り奉公をした美少年。

わたり-ざむらい【渡り侍】江戸時代、渡り奉公をした侍。

わたり-しょう【渡り▽荘】渡り領としての荘園。「紀伊国田中庄は、殿下の—なりけれども」〈盛衰記・四〉

わたり-ぜ【渡り瀬】徒歩で渡ることのできる浅瀬。わたせ。わたりで。「天の川去年の—荒れにけり君が来まさむ道の知らなく」〈万・二〇八四〉

わたり-ぜりふ【渡り台=詞】歌舞伎で、一連の台詞を数人で分担して順に言い、最後の一句を全員で言う演出。また、その台詞。

わたり-ぞめ【渡り初め】橋の完成を祝って初めてその橋を渡ること。また、その式典。多くは高齢の夫婦、また、3代の夫婦がそろっている一家を先頭にして行う。

わたり-だん【渡り段】船と岸の間にかけ渡した通路の板。渡り板。

わたり-で【渡り手】「渡り瀬」に同じ。「天の川去年の—移ろへば川瀬を踏むに夜そふけにける」〈万・二〇一八〉

わたり-どの【渡り殿】「渡殿」に同じ。

わたり-どり【渡り鳥】❶繁殖する地域と非繁殖期を過ごす地域とが離れていて、毎年決まった季節にその間を往復移動する鳥。ふつう南北方向に移動し、日本では、越冬するカモ・ハクチョウなどの冬鳥、繁殖するツバメ・カッコウなどの夏鳥、春・秋に一時滞在するシギ・チドリなどの旅鳥がある。(季 秋)「木曽川の今こそ光れ—/虚子」❷外国から日本へ連れてきた鳥。クジャク・オウムの類。❸定住せずに方々を渡り歩いて生活する人。渡り者。流れ者。

わたりどり-じょうやく【渡り鳥条約】渡り鳥および絶滅のおそれのある鳥類ならびにその生息環境を保護することを目的とする条約・協定の通称。昭和47年(1972)以降、日本と米国・オーストラリア・中国などとの間で締結された。

わたり-なみ【渡り並み】世間なみ。なみひととおり。また、世間一般。「ナンヂラワ…、—ノ人々デワナイ」〈天草本平家・三〉

わたり-ば【渡り場】❶渡るべき場所。❷渡し場。渡船場。

わたり-ばし【渡り箸】「移り箸」に同じ。

わたり-びょうし【渡り拍子】❶神輿の渡御、山車の運行などの際に奏する囃子。❷能・狂言の囃子事の下がり端のこと。また、それに続いて謡われる平ノリの謡。❸歌舞伎下座音楽の一。能管・太鼓・大太鼓・当たり鉦による鳴り物で、唄や三味線を伴う。郭・祭礼などの場面の人物・行列の出入りに用いる。

わたり-ぶね【渡り船|渡り舟】「わたしぶね」に同じ。

わたり-ぼうこう【渡り奉公】あちこちを渡り歩き、主人を替えて奉公すること。「女ながら—程をかしきはなし」〈浮・一代女・四〉

わたり-ま【渡り間|▽径間】アーチ状の迫持または持放の両端にある支点の間の距離。径間。

わたり-もの【渡り物】❶外国から渡ってきた品物。舶来品。「南蛮からの—」❷祭礼などの際、練って歩く行列・山車など。ねりもの。「その日—ありとて、にぎはひけり」〈咄・あられ酒・五〉❸先祖から代々伝わるもの。「されば代々の—にて、朱雀院の同じ事に侍るべきにこそ」〈大鏡・三条院〉

わたり-もの【渡り者】❶あちこちと渡り歩き、主人を替えて奉公をする者。❷1か所に落ち着かず旅をして回る者。❸他の土地から来て住んでいる者。よそ者。

わたり-もり【渡り守】「わたしもり」に同じ。「かぢを取りて、ひそかに—に接りて」〈前田本仁徳紀〉

わたり-やぐら【渡り×櫓】❶城郭の枡形などに設けたやぐらで、石垣の上に渡して下に門を開けたもの。❷城の石垣の上に長く続くやぐら。多聞。

わたり-りょう【渡り領】家または職に付属して世襲する所領。天皇・上皇の後院領や、藤原氏の氏の長者に付属した所領などの類。

わたり-ろうか【渡り廊下】建物と建物とを結ぶ廊下。渡り廊。

(類語)廊下・回廊・コンコース・アプローチ・アーケード

わた・る【渡る|▽渉る】〔動ラ五(四)〕❶間を隔てているものの一方から他方へ越えていく。「浅瀬を歩いて—・る」「橋を—・る」「廊下を—・る」❷船や飛行機で海外へ行く。また、海外から来る。鳥が繁殖地と越冬地の間をいきすることもいう。「アメリカに—・る」「ツバメの—・ってくる季節」❸通り過ぎていく。「木々を—・る風」「時雨が—・る」❹あちらこちらと動いていく。わたりあるく。「方々の店を—・ってくる」❺(「亘る」とも書く)ある範囲にまで及ぶ。また、広く通じる。「関東一円に—・って被害がでた」「彼の知識は古今東西に—・っている」❻ある事柄にかかわりをもつ。関係する。「私事に—・って恐縮です」❼ある時間・期間とぎれずに引き続く。「長時間に—・って論議する」「十年に—・る大工事」❽世の中を生きていく。暮らす。「世の中を巧みに—・る」❾他の人の所有物となる。「家屋敷が人手に—・る」❿配られて、ある範囲全

体に届く。ゆきわたる。「資料が出席者全員に―・る」⑪相撲で、双方互角に組む。「四つに―・る」⑫一方から他方へ移動する。行く、または、来る。「御みづからも―・り給へり」〈源・澪標〉⑬(中世以降、「せ給ふ」「せおはします」などと共に用いて)「ある」「居る」の尊敬語。おありになる。いらっしゃる。補助動詞としても用いる。「法皇、都の内にも―・らせ給はず」〈平家・七〉「御ゆづりは此の宮にてこそ―・らせおはしましさぶらはめ」〈平家・八〉⑭(動詞の連用形に付いて)一面に、また、広く…する。また、…しつづける。「晴れ―・る」「鳴り―・る」「行き―・る」「さえ―・る」 可能 わたれる

〔…句〕危ない橋を渡る・石橋を叩(たた)いて渡る・負うた子に教えられて浅瀬を渡る・剃刀(かみそり)の刃を渡る・人手に渡る・世を渡る

〔類語〕越える・越す・過ぎる・通り越す・またぐ・越境する・踏み越える・超す・追い越す・追い抜く・行き過ぎる

渡る世間に鬼はない 世の中には無情な人ばかりがいるのではなく、困ったときには助けてくれる情け深い人もいるものだということ。

わだん キク科の越年草。関東・東海地方の海岸に自生。高さ約30センチ。切ると白い乳液が出る。葉は楕円形で密に互生。秋、黄色い頭状花が密生して咲く。名は「わた(海)のな(菜)」の音変化ともいう。

わ-だん【和談】❶「和与(わよ)❶」に同じ。❷争い事を解決するために話し合うこと。また、その話し合い。和議。「両方談合して、或ひは―し」〈太平記・三五〉

わ-ちがい【輪違い】(わちがひ) 二つ以上の輪が交差して半ば重なっている形。また、その形を図案化した紋所・文様。

わちがい-そう【輪違草】(わちがひさう) ナデシコ科の多年草。山地の林下に生え、高さ約10センチ。葉は楕円形で、対生。5月ごろ、白色の5弁花が咲く。

わちき【▽私】〔代〕一人称の人代名詞。江戸の遊女が用いた語。町家の娘が用いることもある。「―の口から失礼ざますけれど」〈魯文・安愚楽鍋〉

わ-ちゅう【和衷】心の底からなごむこと。

わちゅう-きょうどう【和衷協同】(ケフドウ)〔名〕(スル) 心を合わせ、互いに協力して事をすること。和協。「―して見物を喜ばせるから」〈魯庵・社会百面相〉

わちゅう-さん【和中散】江戸時代の家庭用漢方薬。枇杷葉(びわよう)・桂枝(けいし)・辰砂(しんしゃ)・木香・甘草(かんぞう)などを調合した粉薬。暑気あたり・めまい・風邪などに服用。

わちょ 人をののしる語。やつ。わろ。「謀叛人のこの―を」〈浄・手習鑑〉

わ-ちょう【和朝│×倭朝】(テウ) ❶日本の朝廷。❷わが国。日本。本朝。和国。「唐国、―の絹布をたたみこみ」〈浮・永代蔵・一〉

わ-ちょう【和調】(テウ)《「和」も「調」もやわらぐ意》やわらぐこと。また、やわらげること。「反復応酬に依て―し以て争を息む」〈西周訳・万国公法〉

わっか【輪っか】「輪(わ)」の俗な言い方。

〔類語〕輪・輪っぱ・鐶(かん)・リング

わっかない【稚内】北海道北端部の市。宗谷総合振興局所在地。宗谷海峡に臨み、日本最北の地の碑の立つ宗谷岬と野寒布(のしゃっぷ)岬がある。カニ・ホタテ・コンブ漁の基地。人口4.0万(2010)。〔補説〕アイヌ語「ヤム-ワッカ-ナイ」(冷たい飲み水の川の意)から。

わっかない-くうこう【稚内空港】(クウカウ) 北海道稚内市にある空港。国管理空港の一。昭和35年(1960)開港。宗谷湾岸に位置する。➡拠点空港

わっかない-し【稚内市】▶稚内

わっかないほくせいがくえん-だいがく【稚内北星学園大学】(ワッカナイホクセイガクヱンダイガク) 北海道稚内(わっかない)市にある私立大学。平成12年(2000)に開学した情報メディア学部の単科大学。

ワック〖WAC〗《Women's Army Corps》陸上自衛隊の女性自衛官。また、米陸軍で1942年から78年にかけて組織された婦人部隊のこと。

ワックス〖wax〗蝋(ろう)。特に、床・家具・自動車のつや出しや、スキーの滑走面に塗るものなどをいう。また、一部の整髪料もワックスと呼ばれる。

ワックス-ペーパー〖wax paper〗蝋(ろう)やパラフィンなどをしみ込ませ、耐水性・耐湿性をもたせた紙。食品などの包装に用いる。蝋引(ろうび)き紙。

ワックスマン〖Selman Abraham Waksman〗[1888～1973]米国の微生物学者。ウクライナ生まれ。土壌微生物を研究し、ストレプトマイシンを産生する菌を発見。産生物質を抗生物質と名づけた。1952年ノーベル生理学医学賞受賞。

ワッグル〖waggle〗ゴルフで、打つ前にボールのそばでクラブヘッドを軽く前後に振る予備動作。

わ-づく・る【輪作る】〔動ラ五(四)〕輪のように丸く作る。「その二筋の細き髯を上下に―・りて」〈鏡花・竜潭譚〉

わっさり〔副〕❶気軽に事をするさま。こだわりのないさま。さっぱり。あっさり。「何(ど)うか汝(きさま)と―飲んで互いの胸を和熟させ」〈露伴・五重塔〉❷明るく陽気なさま。にぎやかなさま。「あのいつもの田楽で、―とやりませうか」〈伎・絵本合法衢〉

わっさ-わっさ〔副〕大勢の人が騒々しく事をするさま。また、その声や音を表す語。「みんなして―(と)町へ繰り出す」「―と御輿(みこし)をかつぐ」

わっし【▽私】〔代〕《「わたし」の音変化》一人称の人代名詞。わっち。「実あ―もあの隠居さんを頼って来たんですよ」〈漱石・草枕〉

わつじ-てつろう【和辻哲郎】(テツラウ)[1889～1960]哲学者・倫理学者・文化史家。兵庫の生まれ。京大・東大教授。倫理学の体系化と文化史研究に貢献した。文化勲章受章。著「ニイチェ研究」「古寺巡礼」「風土」「鎖国」「日本倫理思想史」など。

ワッシャー〖washer〗❶「座金(ざがね)」に同じ。❷洗濯機。また、洗う人。➡ウオッシュ

ワッシャー-かこう【ワッシャー加工】初めから洗いっぱなしのようなしわを出す加工のこと。麻の自然なしわを綿やレーヨンなどで表現するためや、しわを強調した効果を出すために用いる。

ワッシャー-クロス〖washer cloth〗ワッシャー加工された素材一般のこと。綿・レーヨンなどが中心だったが、最近ではウールにも施されるようになった。

わっしょい〔感〕❶みこしなど重いものを大勢で担ぐときに発するかけ声。❷大勢の人が集まって気勢をあげるときに発する声。

ワッセナー-きょうやく【ワッセナー協約】(ケフヤク)《Wassenaar Arrangement》ココム(COCOM)に代わり1996年に設立された通常兵器や軍事転用可能技術の輸出を規制するための国際組織。➡ココム

ワッセルマン〖August von Wassermann〗[1866～1925]ドイツの細菌学者。ベルリンのコッホ伝染病研究所などで研究。

ワッセルマン-はんのう【ワッセルマン反応】(ハンオウ) 梅毒の血清診断法。病原体トレポネマの代用の抗原と血清との補体結合反応を利用するもので、溶血が起これば陰性とする。1906年にワッセルマンとナイセルが発見。

ワッチ〖watch〗▶ウオッチ

わっち【▽私】〔代〕《「わたし」の音変化》一人称の人代名詞。職人や遊女などが用いた語。「―には頭(て)から解りませぬ」〈露伴・五重塔〉

ワッチ-キャップ〖watch cap〗▶ウオッチキャップ

ワッツ〖George Frederic Watts〗[1817～1904]英国の画家・彫刻家。愛と生、死をテーマに寓意画を描き、多くの肖像画も残した。作「希望」など。ウォッツ。

ワット〖watt〗国際単位系(SI)の仕事率と電力の単位。1ワットは1秒間に1ジュールの仕事をする仕事率。1ボルトの電位差のある二点間を1アンペアの電流が流れて1秒間に消費される電力。名称はJ＝ワットにちなむ。記号W

ワット〖James Watt〗[1736～1819]英国の機械技術者。ニューコメンの大気圧機関の改良から蒸気機関を発明、産業革命の発展に貢献した。複動機関・回転機関・遠心調速器・圧力計なども発明。

わっ-と〔副〕❶急に声をあげて泣くさま。「―泣き伏す」❷大勢の人が一斉に騒ぎたてて声や音を出すさま。「―笑い声が起こる」❸多数が一斉にある事をするさま。「―野次馬が集まる」

ワット-じ【ワット時】エネルギーと電力量の単位。1ワット時は1ワットの仕事率で1時間になされる仕事の量をいい、3600ジュールに等しい。記号Wh

ワットじ-けい【ワット時計】▶積算電力計

ワットタイラー-のらん【ワットタイラーの乱】1381年、英国で起こった農民一揆(いっき)。人頭税徴収に対する不満を契機として起こり、ワット＝タイラー(Wat Tyler)を指導者として一時はロンドンを占領、国王リチャード2世に農奴制廃止などを認めさせたが、タイラーが殺され、鎮圧された。

ワットマン-し【ワットマン紙】純白の厚地の水彩画用紙。1760年に英国のワットマン(J.Whatman)が麻のぼろ布から漉(す)き始めたもの。

ワットメーター〖wattmeter〗電力計。

わっぱ【▽童】《「わらわ」の音変化》❶子供をののしっていう語。また、子供。「道具捜しにまごつく―」〈露伴・五重塔〉❷年少の奉公人。小僧。「傘を車の輪のように地上に廻して来る―もあれば」〈花袋・田舎教師〉❸男子が自分のことを卑下していう語。「―に仰せ付けられば」〈浄・用明天王〉❹横暴な人。あばれ者。乱暴者。「彼奴(きゃつ)、音に聞く不敵の―よな」〈浄・関八州繋馬〉

〔類語〕子供・わらわ・わらべ・子(こ)・小児(しょうに)・児童・学童・小人(しょうにん)・童子(どうじ)・幼子(おさなご)・幼童・ちびっこ・こわっぱ・じゃり・小僧・小僧っ子・餓鬼(がき)・少年

わっぱ【輪っぱ】❶輪の形をしたもの。俗に車輪や手錠などをいう。❷曲げ物の食物入れの容器。めんぱ。めんつう。「―めし」

〔類語〕輪・輪っか・鐶(かん)・リング

わっぱ〔副〕やかましくわめきたてるさま。「めでたい市のはじめに何事を―と言ふぞ」〈虎明狂・鍋八撥〉

ワッハーブ-は【ワッハーブ派】《Wahhāb》18世紀半ばアラビア半島で、ムハンマド＝イブン＝アブドル＝ワッハーブが起こしたイスラム教の一派。コーランとスンナの厳格な適用を主張し、後代の付加物をすべて異端として否定。サウジアラビア王国はこの派を国是としている。

ワッハウ-けいこく【ワッハウ渓谷】《Wachau》▶バッハウ渓谷

わっぱ-さっぱ ㊀〔副〕あれこれとわめきちらすさま。「肴屋を捕へて何を―と言ふのだ」〈伎・五大力〉㊁〔名〕大声で言い争うこと。「此揚屋で佐々木様と―のある時は」〈浄・義仲勲功記〉

わっぱ-そうどう【わっぱ騒動】(サウドウ) 明治7年(1874)酒田県(現在の山形県庄内地方)に起こった農民運動。わっぱ(弁当箱)で配分できるほど過納租税があったとしてその返還を求める運動が起こり、それを認める判決も出たが、県令の圧政などで農民の成果は少なかった。

わっ-ぷ【割符】「わりふ」の音変化。「糸(いと)―」

わっ-ぷ【割賦│割符】《「わりふ」の音変化》❶負債・代金などを月賦・年賦などで何回かに分割して支払うこと。かっぷ。❷何回かに割り当てて配ること。配分。「夫々に高にあはせて―いたすつもり」〈地獄楽日記〉

わっぷ-きん【割賦金】❶何回かに分割して支払う金。❷割り当てて配る金。配当金。

ワッフル〖waffle〗卵黄・砂糖・牛乳をかきまぜて小麦粉・膨らし粉を加え、型に入れて焼いた洋菓子。バター・ジャムなどを挟んで二つ折りにしたりする。

ワッペン〖(ドイ) Wappen〗《紋章の意》❶ブレザーやジャンパーの腕・胸や帽子などにつける、主に盾形の紋章風の模様を縫い取りした飾り。エンブレム。❷❶に模して紙・ビニールに印刷した絵やマーク。

わづみ-ほう【輪積み法】(ハフ) ひも状の粘土の輪を積み上げて土器や陶器を作る方法。➡巻き上げ法

わて【▽私】〔代〕《「わたい」の音変化》一人称の人代名詞。わたし。あて。初め女性語であったが、後には男性も用いた。主に関西地方で使われる。

ワディ-エル-ヒータン〖Wadi Al-Hitan〗エジプト北部の砂漠地帯、ワディエルラヤン保護区にあるクジラの化石地域。体長20メートルを超えるクジラの祖先の化石のほか、さまざまな海洋生物の化石が発掘されている。通称クジラの谷。2005年、世界遺産(自然遺産)に登録された。ワディアルヒタン。

わ-ど【×倭奴】古代、中国人が日本人を呼んだ称。

わ-とう【和陶】ﾀｳ 日本式の陶器。

わ-とう【話頭】❶話をするきっかけ。話のいとぐち。また、話の内容。話題。「―にのぼる」❷禅宗で、古則・公案のこと。

話頭を転・じる 話を、今までとはすっかり違った別の話題に移す。話題を変える。「弁士は忽ち―・じて」〈魯庵・社会百面相〉

わ-とう【我党|和党】ﾀｳ〔代〕二人称の人代名詞。複数の相手に向かって親愛の気持ち、または軽んじる気持ちをこめて用いる語。おまえたち。「やや、―連歌だにつかぬとつきたるぞかし」〈宇治拾遺・一四〉

わ-どう【和同】〔名〕ｽﾙ 調和して一つになること。「天地―」「万物―」

わどう【和銅】奈良時代、元明天皇の時の年号。708年1月11日〜715年9月2日。

わどう-かいちん【和同開×珎】《「珎」は「珍」の異体字》日本で鋳造された銭貨の一。皇朝十二銭のうちで最も古い。和銅元年(708)に発行。銀銭と銅銭があり、銀銭は翌年廃止。全国数か所で鋳造され、主に畿内およびその周辺で流通した。➡富本銭

補説 奈良文化財研究所の調査では、平城京で和同開珎の元になる種銭を作成し、それを銅の産出地に送って大量生産した可能性があるとされる。

わどう-かいほう【和同開×珎】「和同開珎」の「珎」を「寶(=宝)」の略字と解して読んだもの。

わ-とうし【和唐紙】ﾀｳ 中国の唐紙に似せて作った大判の和紙。江戸後期、中川儀右衛門の創製という。

わとうない【和藤内】浄瑠璃「国性爺合戦」の主人公。明国の遺臣鄭成功をモデルとする。

ワトー〖Jean Antoine Watteau〗[1684〜1721]フランスの画家。豊かな色彩と優雅な詩情をもって淑女の社交風景を描き、ロココ美術の代表的画家の一人。

わ-どく【和独】❶日本語とドイツ語。❷「和独辞典」の略。

わ-どく【和読|×倭読】漢文を日本語の語法に従って読むこと。訓読。

わどく-じてん【和独辞典】日本語を見出し語とし、それに相当するドイツ語をつけた辞典。

わ-どけい【和時-計】江戸時代、西洋伝来の機械時計を模倣して日本で製作された時計。夜明け・日暮れを基準として一昼夜を分割する不定時法を指示するように作られた。櫓時計・尺時計・枕時計などがある。

わど-こく【×倭奴国】倭の奴国。また、古代、中国人が日本をさしていった語。

わ-とじ【和×綴じ】ﾄﾁﾞ 印刷した和紙を二つ折りにし、1冊にまとめて右側を糸でとじる製本様式。また、その書物。大和綴じ・四つ目綴じ・麻の葉綴じなどがある。

ワトソニア〖ラテ Watsonia〗アヤメ科ワトソニア属の植物の総称。南アフリカ原産で、グラジオラスに似ている。

ワトソン〖John Broadus Watson〗[1878〜1958]米国の心理学者。行動主義を提唱し、従来までの内観法に対して、客観的に観察できる刺激と反応の関係を研究すべきことを主張。著「行動主義」など。

わ-どの【我殿|和殿】〔代〕《「わとの」とも》二人称の人代名詞。対等以下の相手に向かって親愛の気持ちをこめて用いる語。そなた。「我は千鳥といふ女、―に請けたる恩はなし」〈浄・女護島〉

わ-どめ【輪留め】坂などで、止めてある車の車輪が回らないように車輪の下にかうもの。

わ-どり【我鳥】自分のものである鳥。自分の思うままになる鳥。「今こそは―にあらめ後は汝鳥にあらむを」〈記・上・歌謡〉

わ-ど・る【輪取る】〔動ラ五(四)〕輪のように丸くなる。また、輪状に囲む。「鬢髪を―・るように、月が葉越に窓を覗く」〈鏡花・白鷺〉

ワドローペン〖オラ wadlopen〗《wad(浅瀬)+lopen(歩く)から》干潮時の海を、何時間も歩き回る遊び・スポーツ。国土の4分の1が海面下にあるオランダで生まれ、現在では国民的スポーツといわれるほどに親しまれている。

わな【×罠|×羂|輪奈】❶縄や竹などを輪の形にして、その中に入った鳥や獣を締めて生けどりにする仕掛け。転じて、網や落とし穴など、広く鳥獣を捕らえる仕掛けをいう。❷人をだまして陥れるための計略。「うまい話には―がある」❸(輪奈)ひもなどを輪状にしたもの。「一糸」「―織物」「―の頭を横さまに引き出す事は常の事なり」〈徒然・二〇八〉

類語 陥穽・トラップ・策略・計略・作戦・謀略・陰謀・謀計・奸策・詭計・はかりごと・企み・悪だくみ・画策・策動・術策・権謀・深謀・遠謀・深慮・機略

罠に落・ちる 「罠に掛かる」に同じ。

罠に掛か・る ❶動物や鳥などがわなにひっかかる。❷他人の計略にはまってだまされる。「まんまと敵の―・る」

罠に掛・ける ❶鳥獣を捕らえるためにわなを仕掛ける。わなで鳥獣をとらえる。❷他人を計略でおとしいれる。「儲け話で―・ける」

わ-な〔連語〕▶はな〔連語〕

わな-いと【輪奈糸】輪奈のある糸。よりの異なる2種の糸をより合わせて作る。ループヤーン。

わな-おりもの【輪奈織物】表面が輪奈で覆われている織物の総称。輪奈天・タオルなど。

わな・く【▽絞く|▽縊く】〔動カ四〕首をくくる。また、首をしめる。「―・きて死ぬるらくのみ」〈垂仁紀〉

わ-なげ【輪投げ】棒を立て、一定の距離から輪を投げて棒に通した数の多いほうを勝ちとする遊び。

わな-てん【輪奈天】《「天」は天鵞絨の略》輪奈を切らずに残したビロード。輪奈ビロード。

わななか・す【戦=慄かす】〔動サ五(四)〕わななくようにする。恐怖・緊張・寒さなどのために、からだや声をふるえさせる。「全身を―・して出番を待つ」

わななき【戦=慄き】恐怖・緊張・寒さなどのためにふるえること。「あまりの恐ろしさに―がとまらない」

わななき-ごえ【戦=慄き声】ゴヱ わななきふるえる声。「あさましき―にて」〈源・手習〉

わなな・く【戦=慄く】〔動カ五(四)〕❶恐怖・緊張・寒さなどのためにからだがふるえる。「怒りのあまり―・く」❷声や楽器の音などがふるえる。「ただ泣きに泣きて御声の―・くもをこがましけれど」〈源・行幸〉❸ちぢれる。そそける。「髪なども…所々―・きちりぼひて」〈枕・八三〉❹動揺する。ざわざわと動く。「下臈の物見むと、―・き騒ぎ」〈落窪・二〉

類語 おののく・震え上がる・戦慄する

わ-なま【和生】日本風の生菓子。

わ-なみ【我×儕|×吾×儕】〔代〕一人称の人代名詞。対等の者に対して、自身をいう語。「―六十に及ぶけふまで」〈読・弓張月・続〉

わな-むすび【輪奈結び】ひもの一端を輪にして、引けば締まるように結ぶこと。「妻ゆゑ我も首しめくくる―」〈浄・天の網島〉

わ-なり【輪▽形】輪のような形。輪状。

わな-わな〔副〕ｽﾙ 激しい怒り・恐れ・寒さなどでからだが小刻みにふるえるさま。ぶるぶる。「―(と)身をふるわせる」「怒りに唇を―させる」

類語 がたがた・がくがく・ぶるぶる

わ-なん【和南】《梵 vandanaの音写》目上の人に敬意を表してその安否を尋ねる語で、口に唱えながら、深く首をたれて礼をすること。礼拝。敬礼。稽首。「―して退けば」〈浮・近代艶隠者〉

わに【王仁】古代、百済から渡来した学者。応神天皇のときに「論語」「千字文」を伝えたとされ、西文氏の祖といわれる。生没年未詳。

わに【×鰐】❶ワニ目の爬虫類の総称。大形のものは全長7メートルに達し、胴がやや平たく、尾が強大。体表は硬い鱗板で覆われ、吻は長く伸び、大きく鋭い歯が並ぶ。瞳孔は縦長。水中生活にも適応し、鼻孔・目・耳だけを水面上に出して獲物を待ち伏せる。肉食性。アリゲーター・クロコダイル・ガビアルなど。皮を皮革製品に用いる。❷サメの古名。「海の―を欺きて言ひしく」〈記・上〉

わに-あし【×鰐足】歩くときに、つま先またはかかとが、普通以上に外側に向くこと。つま先が外側に向くのを「外鰐」、その反対を「内鰐」という。

わに-がわ【×鰐皮】ガハ ワニの皮。黒茶色で光沢があり、じょうぶで軽い。かばん・ベルトなどの材料。

わに-ぐち【×鰐口】❶神社仏閣の堂前に、布を編んだ太い綱とともにつるしてある円形の大きな鈴。中空で下方に横長の裂け目がある。参詣者が綱を振って打ち鳴らす。❷人の横に広い口をあざけっていう語。「頭の禿げ上がった―の五十男に」〈荷風・つゆのあとさき〉❸がまぐち。「芳太郎も―から金を出して」〈秋声・足迹〉❹きわめて危険な場所・場合。虎口。「―の死を遁れしも」〈太平記・二〉❺恐ろしい世間の口。「世の―に乗るばかり」〈浄・天の網島〉❻馬具の鞍橋の部分名。前輪・後輪の内部下縁の刳り形のところ。州浜。

わに-ざめ【×鰐×鮫】❶性質の荒々しいサメ。❷「鰐②」に同じ。「鯱をはじめ―そのほか追っかけ来たり」〈咄・無事志有意〉

ワニス〖varnish〗樹脂を溶剤に溶かした塗料。顔料は含まず、光沢のある透明な薄膜を形成するもの。ニス。仮漆。

わにつか-さんち【鰐塚山地】宮崎県南部にある山地。最高峰の鰐塚山(標高1118メートル)を中心とした、日南海岸・都井岬を含む南北に長い山地。西部は1000メートル前後、東部は700メートル前後。東部のみ鵜戸山地と呼ぶこともある。また、鵜戸山地・日南山地を合わせ南那珂山地ともいう。海岸部は日南海岸国定公園に属する。

わ-にゅうどう【我入道|和入道】ニフダウ〔代〕二人称の人代名詞。出家した人に向かって、親愛の気持ち、または軽んじる気持ちをこめて用いる語。「―殿も忠盛の嫡子といひしかども」〈長門本平家・二〉

わ-にょうぼう【我女房|和女房】ニョウバウ〔代〕二人称の人代名詞。女性に向かって親愛の気持ちをこめて用いる語。「まことにや、―の歎きをとぶらはぬと恨み給ふなるは」〈沙石集・三〉

ワニラ〖vanilla〗▶バニラ

ワニリン〖ドイ Vanillin〗▶バニリン

わ・にる〔動ナ上一〕恥ずかしがって尻ごみをする。はにかむ。「閻魔王惚れたといへば―・にられて」〈新増犬筑波集・上〉

わぬ【▽我|×吾】〔代〕一人称の人代名詞。「われ」の上代東国方言。「うべ児なは―に恋ふなも立と月のぬがなへ行けば恋ふしかるなも」〈万・三四七六〉

わ-ぬけ【輪抜け】身をおどらせて、宙につった輪をくぐり抜けること。また、そのわざ。輪くぐり。

わ-ぬし【我主|和主】〔代〕二人称の人代名詞。対等以下の者に、親愛の気持ちをこめて用いる。おぬし。おまえ。「兄君を見よといふ事あんなれば、―にや似たる」〈夜の寝覚・一〉

ワノ〖WANO〗《World Association of Nuclear Operators》世界原子力発電事業者協会。チェルノブイリ原発事故の教訓を生かし、事業者同士が情報を交換し合い原子力発電所の安全性・信頼性を高めることを目的に、1989年に設立された民間の国際機関。事務局はロンドン。

わ-の-ごおう【×倭の五王】ゴワウ 中国南北朝時代の「宋書」などの史書に記載される讃・珍・済・興・武の五人の倭国王。讃は応神あるいは仁徳か履中、珍は反正あるいは仁徳、済は允恭、興は安康、武は雄略の各天皇に比定されている。

わ-の-スイーツ【和のスイーツ】《スイーツは、菓子の意》日本風の菓子。和菓子。まんじゅう、カステラ、

羊羹、汁粉、あんみつなど種類は多い。
わのな-こく【倭奴国】▶奴国
わのなのこくおう-の-いん【倭奴国王印】
▶漢倭奴国王印
わ-の-ほうそく【和の法則】▶確率の加法定理
わ-のり【輪乗り】馬術で、輪を描くように馬を乗り回すこと。
わ-ばさみ【和×鋏】「握り鋏」に同じ。
わはは〔感〕大きく口をあけて笑う声。あはは。「―と笑う」
わ-ばり【和針】日本で古くから使われてきた和裁用の針の総称。めど(糸通しのあな)が丸く、針先がしだいに細くなって運針がしやすい。太さ・長さなどはJIS規格で規定されている。
わ-はん【和版】日本で木版をおこして刷った本。和本。
ワハン-かいろう【ワハン回廊】《「ワハーン回廊」とも》アフガニスタン東部の、タジキスタンと、パキスタンやカシミールに挟まれた東西に細長い地域。東端で中国に接する。
わばん-こうしゅ【和×蕃公主】中国の前漢・唐代に、西域などに住む異民族の君主を懐柔するために嫁がせられた王族または皇族の女性。匈奴に嫁した王昭君が有名。
わび【×侘び】《動詞「わ(侘)びる」の連用形から》❶茶道・俳諧などにおける美的理念の一。簡素の中に見いだされる清澄・閑寂な趣。中世以降に形成された美意識で、特に茶の湯で重視された。➡寂び ❷閑寂な生活を楽しむこと。❸思いわずらうこと。悲嘆にくれること。「今は我は―そしにける息の緒に思ひし君をゆるさく思へば」〈万・六四四〉
わび【×詫び】あやまること。謝罪すること。また、その言葉。わびごと。「―を言う」➡御詫び
(類語)わびる・謝する・謝る・わび言・平謝り・陳謝・謝罪・多謝・恐縮
詫びを入・れる 謝罪を申し入れる。あやまる。
ワビ〖Wabi〗《Windows application binary interface》ウインドウズ用のアプリケーションソフトをUNIX上で動作させる技術のこと。
わび-あ・う【×侘び合ふ】〔動ハ四〕嘆き合う。口々に嘆く。「かぎりなく遠くも来にけるかなと―・へるに」〈伊勢・九〉
わび-い・る【×詫び入る】〔動ラ五(四)〕ひたすらあやまる。丁寧にわびる。「あやまちを―・る」
わび-いんじゃ【×侘び隠者】わび住まいの隠者。
わび-うた【×侘び歌】わびしい思いを詠んだ歌。「―など書きておこすれども、かひなし」〈竹取〉
わび-ごえ【×侘び声】わびしげな声。「暁は鳴く木綿付けの―に劣らぬ音をぞ鳴きて帰りし」〈大和・一一九〉
わび-こと【×侘び言】《「わびごと」とも》❶わびしい気持ちから出る言葉。かこちごと。ぐち。「いられがましき―どもを書き集め給へる御文を御覧じつけて」〈源・胡蝶〉❷断りの言葉。辞退の言葉。「迷惑に思ひ、色々―を申しけるは」〈咄・露がはなし・五〉
わび-こと【×侘び事】❶思いわずらう事柄。「あやしとや人は見るらむ―をたてぬきにして織る身と思へば」〈散木集・九〉❷嘆願すること。「両方の―入り乱れて、親方駆け付け」〈浮・一代男・七〉
わび-こと【×詫び事】わびること。わび。謝罪。「やれ子供よ、母が誤りたればこそかくも―いたせども」〈浄・出世景清〉
わび-ごと【×詫び言】《古くは「わびこと」》謝罪の言葉。わび。「―を述べる」
(類語)わびる・謝する・わび・謝る・平謝り・陳謝・謝罪・多謝・恐縮
わび-ざれ【×侘び▽戯れ】困ったあげくのたわむれ。「―に、青き紙を柳の枝に結びつけたり」〈かげろふ・中〉
わびし・い【×侘しい】〔形〕図わび・し〔シク〕❶ひどくもの静かでさびしい。「人里離れた―・い田舎」❷心が慰められないさま。心細い。「ひとり―・く夕食をとる」「―・い下宿生活」❸貧しくてあわれなさま。みすぼらしい。「―・い住居」❹つらく悲しい。やるせない。「苦しく心もとなければ、…いと―・し」〈土佐〉❺当惑するさま。やりきれない。「あな―・し。人の有りける所をと思ふに」〈今昔・二七・一五〉❻興ざめである。おもしろくない。「前栽の草木まで心のままならず作りなせるは、見る目も苦しく、いと―・し」〈徒然・一〇〉(派生)わびしがる〔動ラ五〕わびしげ〔形動〕わびしさ〔名〕
(類語)(❶)寂しい・さみしい・物寂しい・心寂しい・心寂しい
わびし・む【×侘しむ】〔動マ下二〕❶わびしがらせる。さみしがらせる。「寝覚めする人の心を―・めてしぐるる音はかなしかりけり」〈山家集・上〉❷困惑させる。「よく―・めて後に、置きたる算を、さらさらとおしこぼちたりければ」〈宇治拾遺・一四〉
わび-じょう【×詫び状】謝罪の意を記した書状。わびの手紙。
わびし-ら【×侘しら】〔形動ナリ〕《「ら」は接尾語》気を落としているさま。「―に猿な鳴きそあしひきの山のかひある今日にやはあらぬ」〈古今・雑体〉
わび-すき【×侘び数奇|×侘好】《「わびずき」とも》茶の湯の侘びを愛好すること。また、その人。
わびすけ【×侘助】ツバキの一品種。花は一重で小さく、半開状に咲き、白・桃・紅色などのものがある。茶人に好まれ、茶花や庭木とされる。(季 冬)「―や障子の内の話し声/虚子」
わび-ずまい【×侘び住(ま)い】❶世間から離れてひっそりと暮らしていること。また、その住居。「山奥の―」❷貧しくみすぼらしい暮らし。また、その住居。「裏町の―」(類語)隠遁・閑居
ワピチ〖wapiti〗シカ科の哺乳類。大形で肩高約1.4メートルに達し、角も大きく、5本以上の枝角がある。夏毛は黄褐色、冬毛は灰褐色になるが、顔・首と四肢は暗褐色。北アメリカ北部とアジア北東部に分布。おおじか。エルク。ウォピチ。
わび-ちゃ【×侘び茶】茶の湯の一。道具や調度の豪奢を排して、簡素静寂な境地を重んじたもの。村田珠光が始め、武野紹鴎を経て千利休が大成。
わ-ひと【我人|和人】〔代〕二人称の人代名詞。相手に向かって親愛の気持ち、または軽んじる気持ちをこめて用いる。「わひとども」の形で複数の相手に向かっていうことが多いが、単数の相手にもいう。そなた。おまえ。「さて―どもは、砥浪山のいくさに追ひ落とされ」〈平家・一一〉
わび-なき【×侘び鳴き】さびしく悲しそうに鳴くこと。「秋萩の散り過ぎ行かばさ雄鹿は―せむな見ずはともしみ」〈万・二一五二〉
わび-な・す【×詫びなす】〔動サ四〕わびを言う。「さまざまに―・しけれども」〈雲萍雑志〉
わび-ね【×侘び寝】わびしい思いで寝ること。
わび-は・つ【×侘び果つ】〔動タ下二〕すっかりふさぎこんでしまう。「―・つる時さへものの悲しきはいづこをしのぶ涙なるらむ」〈古今・恋五〉
わび-びと【×侘び人】❶世をはかなんでさびしく暮らす人。「―のわきて立ち寄る木のもとは頼むかげなく紅葉散りけり」〈古今・秋下〉❷世に用いられずわびしく暮らす人。「―はうき世の中にいけらじと思ふ事さへ叶はざりけり」〈拾遺・雑下〉❸落ちぶれて貧しく暮らす人。「―に侍り。寒さのたへがたく侍るに」〈宇治拾遺・一四〉
わ・びる【×侘びる】〔動バ上一〕図わ・ぶ〔バ上二〕❶さびしく思う。心細がる。「独り暮らしを―・びる」「人―・びて淋しき宵を」〈漱石・虞美人草〉「つれづれ―・ぶる人はいかなる心ならん」〈徒然・七五〉❷落ちぶれてみすぼらしいさまになる。「―・びた荒壁の塀の屋根の」〈谷崎・蓼喰ふ虫〉「古へは奢れりしかど―・びぬれば舎人が衣も今は着つべし」〈拾遺・物名〉❸さびしく落ち着いた趣がある。「―・びた鄙歌」「北野の大茶会では、同じように―・びた構えが」〈野上・秀吉と利休〉❹(動詞の連用形に付いて)なかなかある動作・行為をしきれなくて困る。そうする気力が失せる。…しかねる。「待ち―・びる」「恋い―・びる」❺あれこれと思いわずらう。悲観して嘆く。思い悩む。「山高み人もすさめぬ桜花いたくな―・びそ我見はやさむ」〈古今・春上〉❻困ったようすをする。迷惑に思う。「にはかにと、―・ぶれど、人も聞き入れず」〈源・帚木〉❼閑寂な境地を楽しむ。「―・びてすめ月侘斎がなら茶歌」〈芭蕉〉
わ・びる【×詫びる】〔動バ上一〕図わ・ぶ〔バ上二〕《「侘びる」と同語源》自分の非を認めて、相手の許しを請う。あやまる。「非礼を―・びる」➡謝る(用法)
(類語)謝る・謝する・わび・わび言・平謝り・陳謝・謝罪・多謝・恐縮
わ-ふ【和布】柔らかく肌ざわりのよい布。にきたえ。
わ・ぶ【×侘ぶ】〔動バ上二〕「わ(侘)びる」の文語形。
わ・ぶ【×詫ぶ】〔動バ上二〕「わ(詫)びる」の文語形。
わ-ふう【和風】❶日本古来の風俗・様式。日本風。日本式。和式。「―建築」「―ハンバーグ」(対)洋風。❷穏やかな風。ふつう、春の風をいう。❸風速毎秒5.5〜7.9メートルで、風力階級4の風。
(類語)和式・和様・日本風・日本式・国風
わ-ふく【和服】日本に古くからある様式の衣服。着物。(対)洋服。(類語)着物
わ-ぶし【輪節】生糸にみられる小さな輪形の節。
ワフタンゴフ〖Evgeniy Bagrationovich Vakhtangov〗[1883〜1922]ロシア・ソ連の演出家。モスクワ芸術座に参加。革命後、スタニスラフスキーシステムの理論を守り、新時代の演劇創造に尽くした。
わ-ふつ【和▽仏】❶日本語とフランス語。❷「和仏辞典」の略。
わふつ-じてん【和▽仏辞典】日本語を見出し語とし、それに相当するフランス語をつけた辞典。
わ・ぶる【×侘ぶる】〔動ラ下二〕わびしく思う。「立ち反り泣けども我は験なみ思ひ―・れて寝る夜しそ多き」〈万・三七五九〉
わ-ぶん【和文】❶日本語で書かれた文章。日本語の文。国文。邦文。❷和語を主とし、特に平仮名を用いて書かれた文章。平安時代の和歌・物語・日記などにみられる文章。(類語)(❶)邦文・国文
わぶん-えいやく【和文英訳】日本文を英語の文章に翻訳すること。
わぶん-たい【和文体】平安時代、主に女性が平仮名を用いて書いた物語・日記などの文体。また、それにならった文体。➡漢文体
わぶん-タイプライター【和文タイプライター】日本語用のタイプライター。大正4年(1915)、杉本京太が考案。邦文タイプライター。
わ-へい【和平】〔名・形動〕❶人や国が争いをやめて仲直りし、平和になること。「―の道をさぐる」「―交渉」❷世の中や気候などが穏やかであること。また、そのさま。「湿気と炎熱の為に、気候最も良好―ならざるなり」〈日本風俗備考〉
(類語)講和・和戦・和睦・和解・平和
わ-へい【話柄】話の種。話題。「活動写真は…日常の―にしているものであるから」〈荷風・濹東綺譚〉
わ-ほう【和方】日本で古くから発達した医術。漢方に対していう。「―家」
わ-ほう【話法】❶話し方。❷書き手または話し手が、自分の話の中に他人の言葉を引用するときの表現方法。直接話法と間接話法がある。
わ-ほうし【我法師|和法師】〔代〕二人称の人代名詞。僧侶に対して親愛の気持ち、または軽んじる気持ちをこめて用いる語。「―ぞせんなき事する な」〈著聞集・一七〉
わ-ぼうず【我坊主|和坊主】〔代〕二人称の人代名詞。僧侶に対して軽んじる気持ちをこめて用いる語。「やい―」〈虎明狂・呂蓮〉
わ-ぼうちょう【和包丁】主に日本料理で使われる包丁。出刃包丁や刺身包丁など。➡洋包丁
わ-ぼく【和睦】〔名〕スル ❶争いをやめて仲直りすること。和解。「―を結ぶ」「両国が―する」❷親しみ合って仲よくすること。「君は国を憂へ、臣は家を忘る。君

臣合体、上下一する者なり」〈著聞集・三〉
類語 仲直り・和解

わ-ほん【和本】❶和紙を和とじで製本した本。⇔洋本。❷主に日本語で書かれてある本。和書。
類語 和書・和版・国書・和漢書

わ-ほん【話本】中国の宋代から元のころまで行われた、口語体で書かれた語り物の台本。講史の台本を平話というのに対して、物語の台本をいう。

わ-まわし【輪回し】❶竹や鉄で作った輪に先が二またに分かれた棒を当てて、輪を倒さないように転がして進む遊び。❷連歌・俳諧の付合いで、前々句へ句意が返るようにする付け方。輪廻。

わ-みこと【我▽尊・和▽尊】〔代〕二人称の人代名詞。相手に向かって、親愛の気持ち、また軽い敬意をこめて用いる語。わぎみ。「此の立てる榲の木は、一の目には見ゆやと」〈今昔・二七・三七〉

わ-みょう【和名・×倭名】わが国で古くから用いられている事物の呼称。日本名。わめい。

わみょうしょう【和名抄・倭名鈔】▶和名類聚抄

わみょうるいじゅしょう【和名類聚抄・倭名類聚鈔】平安中期の漢和辞書。10巻本と20巻本とがある。源順の著。承平4年(934)ごろ成立。漢語を意義分類し、出典を記して意味と解説を付し、字音と和訓を示す。和名抄。倭名鈔。わみょうるいじゅうしょう。

わ-むし【輪虫】ワムシ綱の袋形動物の総称。淡水中に多いが、コケや湿った土中にもすむ。体長は2ミリ以下と微小。体の上端は冠状で繊毛があり、後端は細く尾状になるものが多い。繊毛で回転するように遊泳する。くるまむし。

わ-むすび【輪結び】ひもの結び方の一。左右、または左右と上方へ輪ができるように結ぶもの。

わ-め【輪目】昔、薬の計量に用いた量目の一。230匁(約863グラム)を1斤としたもの。白目。

わ-めい【和名】❶「わみょう(和名)」に同じ。❷動植物のラテン語による学名に対して、日本での呼び名。片仮名で表記する。日本名。

わめき-ごえ【▽喚き声】大声で叫び騒ぐ声。

わめき-た・てる【▽喚き立てる・▽叫き立てる】〔動タ下一〕文わめきた・つ〔タ下二〕激しくわめく。大声で騒ぐ。「早口で一・てる」

わ-め・く【▽喚く・▽叫く】〔動カ五(四)〕《「わ」は擬声語、「めく」は接尾語》大声で叫ぶ。大声をあげて騒ぐ。「酔漢が一・く」「泣こうが一・こうが構わない」
可能 わめける 類語 叫ぶ・怒鳴る・張り上げる・騒ぐ・がなる・吠える

わ-めん【和綿】日本の国内で昔から栽培されていた綿花から作った綿。外国産に比べて繊維が太く短い。弾力があり、ふとんに向くという。

わ-もじ【我文字・和文字】〔代〕《「わがみ」の「わ」に「文字」を添えたもの》二人称の人代名詞。そもじ。おまえ。こなた。「物部の守屋とは一のことか」〈浄・聖徳太子〉

わ-もの【和物】日本で製作された物。日本風の物。

わもん-あざらし【輪紋海=豹】フイリアザラシの別名。

わや〔名・形動〕《「わやく」の音変化》❶「わやく❶」に同じ。「一を言う」「一な話」❷だめなこと。むちゃくちゃなさま。「せっかくの会が一になる」
類語 駄目・おじゃん・台無し・ふい・無駄・くたびれもうけ・おしまい・ぽつ

わやく〔名・形動〕《「おうあく(枉惑)」の音変化》❶無理を言ったりしたりすること。また、そのさま。「随分一も遠慮なしに仰せらるる」〈露伴・寝耳鉄砲〉❷子供などが悪ふざけをすること。また、そのさま。わんぱく。やんちゃ。「そりょう持って一をしちゃあいけんちゅうのに」〈鴎外・ヰタ-セクスアリス〉❸聞きわけのないこと。わがままなこと。また、そのさま。「あれほど一な捨様でも、東京へ出て修業すれば是だ」〈藤村・桜の実の熟する時〉

わ-やく【和約】仲直りの約束。和解のとりきめ。

わ-やく【和訳】〔名〕スル 外国の文章を日本語に翻訳すること。また、その翻訳したもの。「英文一」

わ-やく【和薬】日本で開発された生薬。

わやく-もの【わやく者】無法者。また、いたずらっ子。「近き在所の子供にて…里一番の一」〈浄・柏崎〉

わや-くや〔副〕騒がしいさま。がやがや。「大勢一と混雑の様子なれど」〈滑・続膝栗毛・初〉

わや-わや〔副〕❶多くの人が騒がしく言いたてるさま。わいわい。「小作は一と事務所に集まって」〈有島・カインの末裔〉❷激しい怒りがこみあげるさま。むらむら。「一と腹を立て」〈浄・信田小太郎〉

ワヤン《インドネシア wayang》インドネシアのジャワ島を中心に発達した演劇。板人形芝居、木偶人形芝居、仮面劇など形式は多様。最も盛んなワヤン-クリという影絵芝居では、人形を幕に映しながら、ガムランを伴奏に古代インドの叙事詩などを語る。

わ-よ【和与】❶中世の訴訟解決法の一。幕府の裁決に至る以前に訴訟の当事者間で和解すること。和談。❷中世、相続人または他人に対する無償譲与。❸折り合いをつけること。「一して命は生きたれども」〈盛衰記・三七〉

わ-よう【和洋】日本と西洋。また、日本風と西洋風。「一の料理をそろえる」

わ-よう【和様】❶日本固有の様式。日本式。日本流。和風。❷書道で、日本風の書体。平安中期、小野道風に始まり、藤原行成の世尊寺流によって大成。法性寺流・青蓮院流など、種々の流派がある。❸寺院建築の様式の一。鎌倉時代に導入された大仏様建築と禅宗様建築に対し、奈良時代に大陸から伝えられて平安時代に日本で発展した伝統的な建築様式。現代まで続く。鎌倉・室町時代にかけては折衷様も現れた。興福寺東金堂など。類語 和風・和式・日本風・日本式・国風

わよう-がっそう【和洋合奏】日本音楽の演奏形態の一。和楽器と洋楽器とを混合編成して行う合奏。明治末年ごろから、無声映画の伴奏音楽として多用された。

わよう-けんちく【和様建築】「和様❸」に同じ。

わよう-じょしだいがく【和洋女子大学】千葉県市川市にある私立大学。明治30年(1897)設立の和洋裁縫女学院に始まり、和洋女子専門学校を経て、昭和24年(1949)新制大学として発足。

わよう-せっちゅう【和洋折衷】日本風と西洋風とをほどよく取り合わせて用いること。「一の造り」

わよ-じょう【和与状】中世、訴訟当事者間で和解が成立した場合、その条件などを記して作成した文書。

わら【×蕨】蕨をいう女房詞。

わら【×藁】稲・麦などの茎を干したもの。

藁が出る 隠していた欠点が現れる。ぼろが出る。「しかるをさえぎって言へば言ふほど一出て見苦しし」〈浄・当麻中将姫〉

藁で束ねても男は男 わらで頭髪を束ねるような貧しい男でも、男には男としての値うちがある。

藁にも縋る せっぱつまったときには、頼りにならないものでも頼りにすることのたとえ。溺れる者は藁をもつかむ。「一思い」

藁の上から 《昔、出産の床にわらを敷いたところから》生まれたときから。生まれるとすぐに。「一育て上げる」

藁を焚く ❶そそのかす。たきつける。「うそをまことにとりなして、一・いたる科により」〈浮・元禄大平記〉❷そしる。中傷する。「孔子のやうな人柄さへ、列子、荘子は一・く」〈浮・風流源氏〉

わらい【笑い】❶笑うこと。また、その声。えみ。「儲かりすぎて一がとまらない」❷(「嗤い」とも書く)あざけり笑うこと。嘲笑。「聴衆の一をかう」❸性に関係するもの、春画・淫具などの総称。❹石を積むとき、間にモルタルなどを詰めず、少しあけておくこと。また、そのあけた所。
下接 愛嬌笑い・愛想笑い・薄ら笑い・薄笑い・大笑い・思い出し笑い・豪傑笑い・忍び笑い・せせら笑い・空笑い・高笑い・千葉笑い・追従笑い・作り笑い・泣き笑い・苦笑い・盗み笑い・馬鹿笑い・初笑い・独り笑い・含み笑い・福笑い・物笑い・貰い笑い
類語 笑み・微笑み・哄笑・朗笑・爆笑・微笑・苦笑・微苦笑・嘲笑・嗤笑・一笑・冷笑・失笑・嬌笑・呵呵大笑・破顔一笑・抱腹絶倒・笑壺・噴飯・スマイル

笑いが止まらない うれしくてしかたのないさま。「宝くじをあてて、一ない」

笑い三年泣き三月 義太夫節の稽古では、笑い方のほうが泣き方よりずっと難しいということ。

笑いを噛み殺す 笑い出さないように口を閉じてこらえる。

笑いを取る 笑いを起こさせる。思わず笑ってしまうようにさせる。「興言利口は当座に一・り耳を驚かす事」〈著聞集・一六〉

わらい-い・る【笑ひ入る】〔動ラ四〕ひどく笑う。「人々逃げさわぎて一・れば」〈堤・虫めづる姫君〉

わらい-え【笑い絵】❶人を笑わせるこっけいな絵。❷春画。枕絵。

わらい-がお【笑い顔】笑っている顔。えがお。「一で語る」類語 笑顔・喜色・恵比須顔・にこにこ顔・地蔵顔・破顔・朗色・生色

わらい-かわせみ【笑翡=翠】カワセミ科の鳥。全長46センチくらい。体のわりに頭が大きく、くちばしは太い。頭部と下面が白く、目の横に黒褐色の斑があり、背と翼は黒っぽい。オーストラリア東部の森林にすみ、大形昆虫・蛇などを食べる。鳴き声は大きく、人間のくすくす笑いに似る。

わらい-ぐさ【笑い▽種】笑いを誘う原因。もの笑いのたね。「世間の一になる」
類語 お笑い・笑いごと・笑いもの

わらい-くず・れる【笑い崩れる】〔動ラ下一〕文わらひくづ・る〔ラ下二〕くずれるようにひどく笑う。「観客はどっと一・れた」
類語 笑う・頤を解く・笑い転ける・笑い転げる・腹の皮を捩る・腹の皮を縒る・腹を抱える・御中を抱える・吹き出す・大笑い・高笑い・哄笑・爆笑・呵呵大笑・抱腹絶倒・噴飯

わらい-ごえ【笑い声】笑う声。しょうせい。

わらい-こ・ける【笑い▽転ける】〔動カ下一〕文わらひこ・く〔カ下二〕「笑いころげる」に同じ。「腹の皮がよじれるほど一・ける」

わらい-ごと【笑い事】❶笑うべきこと。こっけいなこと。「ホームに置いてきぼりとは全くの一だ」❷笑ってすませるような軽い事柄。「一では済まされない大問題だ」

わらい-ころ・げる【笑い転げる】〔動ガ下一〕腹を抱え転がるようにして、ひどく笑う。わらいこける。「強烈なコントに一・げる」
類語 笑う・笑い崩れる・笑い転ける・腹の皮を捩る・腹の皮を縒る・腹を抱える・御中を抱える・頤を解く・吹き出す・大笑い・高笑い・哄笑・爆笑・呵呵大笑・抱腹絶倒・噴飯

わらい-さか・ゆ【笑ひ栄ゆ】〔動ヤ下二〕晴れ晴れとうれしそうに笑う。「かぐや姫の、暮るるままに思ひわびつる心地一・えて」〈竹取〉

わらい-さざめ・く【笑いさざめく】〔動カ五(四)〕大勢でにぎやかに笑う。「教室から学生たちの一・く声が聞こえる」

わらい-じょう【笑▽尉】能面の一。笑みをうかべた老人の面。「融」「阿漕」などに用いる。

わらい-じょうご【笑い上戸】❶酒に酔うとやたらに笑う癖があること。また、その人。❷何かにつけてよく笑うこと。また、その人。
類語 機嫌上戸・怒り上戸・泣き上戸

わらい-たけ【笑×茸】ヒトヨタケ科のキノコ。有毒で、食べると興奮状態になり、笑い踊るという。馬糞や堆肥などに生え、高さ約10センチ。傘は灰色か灰褐色の平たい釣鐘状で、柄は白い。(季 秋)「ここ越えし翁のこゑの一/澄雄」

わらい-とば・す【笑い飛ばす】〔動サ五(四)〕問題にしないで笑ってすます。「うわさを一・す」

(類語)笑う・鼻で笑う・一笑に付す

わらい-ののし・る【笑ひ罵る】〔動ラ四〕大声で笑い騒ぐ。「見ることのやうに語りなせば、皆同じく一・る」〈徒然・五六〉

わらい-ばなし【笑い話】❶互いに笑いながら話すこと。また、そのような気軽な話。「今思えば一だ」❷こっけいな内容の短い話。笑話。「気のきいた一」❸昔話の一部門。愚か者やあわて者が失敗するおかしさや、はなはだしい誇張や空想を主題とするものなどがある。

(類語)笑話・お笑い・小話・一口話・落とし話・落語

わらい-ぼとけ【笑い仏】微笑の相を現している仏像。特に、傅大士の像。

わらい-ぼん【笑い本】「春本」に同じ。

わらい-もの【笑い物】もの笑いのたね。わらいぐさ。「町中の一にされる」

わら・う【笑う】〔動ワ五(ハ四)〕❶喜び・うれしさ・おかしさ・照れくささなどの気持ちから、顔の表情をくずす。また、そうした気持ちで声を立てる。「腹を抱えて一・う」「目だけが一・っている」❷(「嗤う」とも書く)あざけりばかにする。嘲笑する。「一円を一・う者は一円に泣く」「間の抜けた失敗をして一・われる」❸(「笑ってしまう」「笑っちゃう」の形で)あまりひどくて、相手にするのもばかばかしいほどである。「何でも知っていますというあの態度は本当に一・っちゃうね」❹花のつぼみが開く。また、果物が熟して裂ける。「栗が一・う」❺春になって、芽が出たり花が咲いたりして、明るいようすになる。俳句など、文学的表現に用いる。「山一・う」❻ゆるんだりほどけたりする。ほころびる。また、足取りがしっかりしなくなる。「歩き疲れて膝が一・う」(可能)わらえる

(一句)今泣いた烏がもう笑う・鬼が笑う・最後に笑う者が最もよく笑う・泣いても笑っても・膝が笑う・目糞鼻糞を笑う・山笑う・来年の事を言えば鬼が笑う

(類語)微笑む・笑む・吹き出す・笑い崩れる・笑い転ける・笑い転げる・笑いさざめく・嘲笑う・薄笑う・せせら笑う・ほくそ笑む・にこつく・にたつく・にやつく・若気る・脂下がる・相好を崩す・腹の皮を捩る・腹の皮を縒る・腹を抱える・御中を抱える・頤を解く・目を細める・笑い飛ばす・一笑に付す

笑う門には福来る 明るくにこにこしている人には、自然と幸福が訪れる。

わらうず【×藁×沓】▶わろうず

わらうだ【×藁▽蓋】▶わろうだ

わら-うち【×藁打ち】わらを槌でたたいて柔らかくすること。

わら・える【笑える】〔動ア下一〕《笑うことができる意から》おかしくて自然に笑ってしまう。軽蔑や自嘲の気持ちが起こることにもいう。「さんざん頑張った結果がこれだとは一・える話だ」

(類語)おかしい・笑わせる・面白い・馬鹿馬鹿しい・笑止・噴飯物・滑稽・ユーモラス・コミカル

わら-かか【×藁×嚊】わらくずにまみれ汚れている女房。農家の主婦。「稲臼をひく一に読んで聞かせ侍るに」〈浮・一代男・跋〉

わら-がこい【×藁囲い】防寒のため、庭木などにわらで囲いをすること。また、その囲い。

わらか・す【笑かす】〔動サ五(四)〕「わらわかす」の音変化。「こんなときに人を一・しちゃいけない」

わら-がみ【×藁紙】稲わらの繊維を原料として作った粗悪な紙。

わ-らく【和楽】〔名〕スル 互いにうちとけて楽しむこと。「どうしておまえがたはいつもそう一していられるのじゃ」〈中勘助・鳥の物語〉

わら-ぐつ【×藁×沓】❶積雪地などで用いる、わらを編んで作ったくつ。(季冬)❷わらで編んだ草履。わらじ。「一、直垂を召して」〈伽・文正〉

わら-こうひん【×藁工品】わらを原料として作った品物。むしろ・縄・帽子・人形など。

わら-ごも【×藁▽薦】わらで編んだ目の粗いむしろ。

わら-こんごう【×藁金剛】わらで編んだ金剛草履。

わらさ【稚=鰤】ブリの成魚になる前のもの。ふつう全長約60センチのものをいう。(季秋)

わら-ざ【×藁座】❶わらで渦巻き状に編んだ円座。わろうだ。❷開き扉の軸を受けるため、地覆や貫に取り付ける金具などの部材。❸鳥居の柱の根元に巻き付ける金属や木。

わらざ-とりい【×藁座鳥居】藁座❸を巻き付けた鳥居。

わら-さん【×藁算】藁に結び目を作って数量などを表す方法。結縄の一種で、沖縄では藺やガジュマルの根などを用いて20世紀初頭まで行われた。

わらし【▽童】(主に東北地方で)子供。わらべ。

わらじ【草=鞋】《「わらんじ」の音変化》わらで編んだ草履状の履物。足形に編み、つま先の2本の緒を左右の乳に通して足に結びつけて履く。

草鞋を脱・ぐ ❶旅を終える。❷旅の途中で宿泊する。旅宿に落ち着く。❸各地を転々とするばくち打ちなどが、ある土地に来て一時身を落ち着ける。

草鞋を穿・く ❶旅に出る。❷罪を犯したばくち打ちなどが、土地を離れる。「長の一・く」❸売買の時などに、値段を偽って上前をはねる。「草履の売人にわらぢはくあり」〈滑・膝栗毛・八〉

わらじ-おや【草=鞋親】他村からの移住者が村入りを承認してもらうために、保証人に頼む家。また、その家の主人。寄り親。

わらじ-がけ【草=鞋掛け】❶わらじをはいていること。わらじをはいたままであること。遠くへ出かけたりするさまを表す。❷わらじをはくときに当てる足の甲掛け。

わらじ-くい【草=鞋食い】「わらじずれ」に同じ。「足に一は出来ぬかや」〈一葉・大つごもり〉

わらじ-ざけ【草=鞋酒】旅立ちの際に、わらじをはいたまま飲む酒。別れに際しての酒盛り。

わらじ-ずれ【草=鞋擦れ】わらじの緒で足の皮がむけて痛むこと。わらじくい。

わらじ-せん【草=鞋銭】わらじを買うぐらいの金。旅費としてのわずかの金銭。

わらじ-だいおう【草=鞋大王】仁王門の仁王のこと。祈願の人がその前にわらじをぶら下げるところからいう。

わらじ-ばき【草=鞋×穿き】「わらじがけ❶」に同じ。

わら-しべ【×藁×稭】稲わらの芯。また、わらのくず。わらすべ。わらみご。

わらしべ-ちょうじゃ【×藁×稭長者】日本の昔話の一。1本のわらしべを、次々に高価なものと交換し、ついに長者になるという話。今昔物語などにみえる。

わらじ-むし【草=鞋虫】等脚目ワラジムシ科の甲殻類の総称。落ち葉などの間などにすむ。体長約1センチ、平たい紡錘形で体節が並び、灰褐色。おめむし。ぞうりむし。

ワラス〖Huaraz〗ペルー中部の高原都市。同国最高峰のワスカラン山をはじめ、アンデス山脈のブランカ山群の山々に囲まれる。世界遺産に登録されたワスカラン国立公園やチャビン-デ-ワンタル遺跡への観光拠点としても知られる。

わら-すさ【×藁×苆】【×藁×寸×莎】わら・古縄などを刻んだ壁土の補強剤。

わら-すじ【×藁筋】わらの細いもの。また、わらしべ。「蛆…とらへて、腰をこの一にてひきくくりて」〈宇治拾遺・七〉

わら-すべ【×藁×稭】「わらしべ」に同じ。

わら-すぼ【×藁素×坊】ハゼ科の海水魚。全長約30センチ。体はウナギ形で暗緑色。日本では有明海にだけみられ、干潟の泥中にトンネルを作ってすみ、目は退化している。食用。

わら-ぞうり【×藁草履】わらで編んだ草履。

わら-づか【×藁塚】脱穀後のわら束を刈田やあぜに円筒形に積み上げたもの。わらにお。(季秋)「日の出待つ霜の一地に充てり/欣一」

わら-づと【×藁×苞】わらを束ね、中へ物を包むようにしたもの。また、その苞で包んだ土産物・贈り物。「一に入った納豆」

わら-なわ【×藁縄】わらをなって作った縄。

わら-にお【×藁にお】稲わらを積み上げたもの。

わら-にんぎょう【×藁人形】わらで作った人形。おもちゃとしてのほかに、実際の人間の代わりに傷つけて相手を呪うのにも用いる。

わら-ばい【×藁灰】わらを焼いてできた灰。

わら-ばんし【×藁半紙】わらまたは木材パルプの繊維にミツマタやコウゾの繊維をまぜて漉いた粗末な半紙。ざら紙。

わらび【×蕨】❶イノモトソウ科の多年生のシダ。草原など日当たりのよい所に生え、高さ約1メートル。葉は3回羽状に裂け、羽片の裏面の縁に胞子嚢群をつけ、冬には枯れる。春のこぶし状に丸まっている若葉は食用に、根茎は砕いてでんぷんとする。(季春)「雪渓のとけてとどろく一かな/楸邨」❷紋所の名。❶の若芽を図案化したもの。

わらび【蕨】埼玉県南東部の市。もと中山道の宿場町。綿織物の双子縞の産地として発展した。面積は約5平方キロメートルで全国最小の市。人口7.1万(2010)。

わら-び【×藁火】わらを燃やしてたく火。

ワラビー〖wallaby〗カンガルー科の哺乳類のうち、小形の一群。ウサギ大から、立ち上がると1メートルを超すものまであり、体形はカンガルーに似て育児嚢をもつ。オーストラリア・ニューギニアの沼沢地や低木地に分布。

わらび-こ【×蕨粉】ワラビの根茎からとったでんぷん。蕨餅・蕨のりの材料。

わらび-し【蕨市】▶蕨

わらび-で【×蕨手】《「わらびて」とも》❶若葉がまだ開かず先がこぶしのように巻いている早蕨。❷早蕨のような先端が巻き込んだ形の意匠。刀の柄や高欄、神輿の屋根などにみられる。

わらびで-の-たち【×蕨手の太‐刀】古代の刀剣の形式の一。柄頭が蕨手状の鉄剣。古墳時代から奈良・平安時代にかけて用いられた。東北地方から多く出土し、正倉院御物中にもある。わらびでとう。

わらび-なわ【×蕨縄】ワラビの根からでんぷんをとったあとの繊維をなって作った縄。色が黒く、じょうぶで水にも強い。

わらび-のし【×蕨熨=斗】贈り物の上書きや引き幕などに、「のし」という字を、蕨手のように書くこと。また、その文字。

わらび-のり【×蕨×糊】蕨粉で作ったのり。粘着力が強いので、柿渋で溶いて傘やちょうちんなどをはるのに用いた。

わらび-ぼうき【×蕨×箒】ワラビの茎や葉を束ねて作った庭ぼうき。

わらび-もち【×蕨餅】蕨粉に水と砂糖を加えて練り、冷やし固めた餅。黄な粉をまぶして食べる。(季春)

わら-ぶき【×藁×葺き】わらで屋根をふくこと。また、その屋根。「一の家」「一屋根」

わら-ふた【×藁蓋】【円=座】▶わろうだ(藁蓋)

わら-ふで【×藁筆】わらしべで作った筆。「機に乗じては一に腕前示す荒事師」〈伎・暫〉

わら-ぶとん【×藁布団】【×藁×蒲団】綿の代わりにわらを中に詰めた布団。

わらべ【童】《「わらんべ」の撥音の無表記から》子供。児童。わらわ。

(類語)子供・子・小児・児童・学童・小人・童・童女・童子・幼子・幼童・ちびっこ・わっぱ・こわっぱ・小僧・餓鬼

わらべ-うた【童歌】昔から子供に歌いつがれてきた歌。また、子供に歌って聞かせる歌。遊びに伴うものが多い。手まり歌や数え歌など。(類語)童謡

わらべ-し・い【童しい】〔形〕文わらべ・し〔シク〕子供っぽい。子供じみている。「それも口まね一・しい」〈浄・薩摩歌〉

わらべ-すかし【童×賺し】子供だまし。「一の猿松の風車をするなど」〈浮・永代蔵・六〉
わらべ-な【童名】「わらわな(童名)」に同じ。「梅がえが幼名と、松山が一を取り違へた」〈浮・名代紙衣〉
わら-ぼうき【×藁×箒】ばうき わらで作ったほうき。
わら-むしろ【×藁×筵】わらで編んだむしろ。
わら-や【×藁屋】わら屋根の家。また、粗末な家。
わら-やき【×藁焼き】❶収穫したあとの田で、稲藁を燃やすこと。❷カツオのたたきをつくる際に、束にした藁に火をつけて身の表面をあぶること。➡叩き❸
わら-やね【×藁屋根】わらでふいた屋根。
わら-らか【笑らか】〔形動ナリ〕明朗なさま。にこやかなさま。「眉目のほどいと一にて、らうたげなる」〈狭衣・三〉
ワラルー〖wallaroo〗カンガルー科の哺乳類。体長80センチ〜1.4メートル。後肢は短い。オーストラリアの内陸の岩場などに分布。
わらわ【▽童】わらは ❶束ねないで、垂らしたままの髪。童形の髪。また、そうした10歳前後の子供。童児。また、童女。わらべ。「清げなる一(=童女)などあまたいで来て」〈源・若紫〉❷使い走りの子供。召使い。「例の御文つかはさむとて、一参りたりやと問はせ給ふほどに」〈和泉式部日記〉❸「五節ごせちの童女わらわ」に同じ。「(天皇ガ五節ノ舞ヲ)御覧の日の一の心地どもは、おろかならざるものを」〈紫式部日記〉❹寺院で召し使う少年。「一の法師にならんとする名残とて」〈徒然・五三〉 類語 子供・子こ・小児しょうに・児童・学童・小人しょうにん・童わらべ・童女どうじょ・童子どうじ・幼子おさなご・幼童・ちびっこ・わっぱ・こわっぱ・小僧・餓鬼がき
わらわ【▽私┊×妾】わらは〔代〕《「わらわ(童)」の意から》一人称の人代名詞。女性がへりくだって自分をいう語。近世では、特に武家の女性が用いた。
わらわ-あそび【▽童遊び】わらは 子供の遊び。子供らしい遊び。「昔の御一の名残りをだに」〈源・横笛〉
わらわ-おい【▽童生ひ】わらはおひ 幼少のときからの成長のさま。「仲忠が一のあやしさを」〈枕・八三〉
わらわ-か・す【笑わかす】わらは〔動サ五(四)〕笑わせる。笑かす。「おどけた芸で人を一・す」
わらわ・ぐ【▽童ぐ】わらは〔動ガ下二〕子供らしく見える。「小さきは一・げてよろこび走るに」〈源・朝顔〉
わらわ-ぐるま【▽童車】わらは 五節ごせちの童女わらわが乗る牛車ぎっしゃ。
わらわ-ごこち【▽童心地】わらは「童心わらわごころ」に同じ。「一に、いとめでたく嬉しと思ふ」〈源・帚木〉
わらわ-ごころ【▽童心】わらは 子供の気持ち。子供心。「なほ一の失せぬにやあらむ」〈源・若菜上〉
わらわ-ごと【▽童言】わらは 子供っぽい言葉。子供らしい言葉。「一にてはなにかはせむ」〈土佐〉
わらわ-ごらん【▽童御覧】わらは 五節ごせちの3日目である陰暦11月中なかの卯うの日に、五節の舞姫の付随の童女と下仕えの女房を清涼殿に召して天皇が観覧した儀式。
わらわ・し【笑はし】わらは〔形シク〕《動詞「わら(笑)う」の形容詞化》おかしい。笑いたくてたまらない。「説法しすましたりと一・しくぞ思はれける」〈盛衰記・一一〉
わらわ-しょうぞく【▽童装束】わらはしやうぞく「わらわそうぞく」に同じ。
わらわ・す【笑わす】わらは ㊀〔動サ五(四)〕「笑わせる」に同じ。「聴衆を一・す」㊁〔動サ下二〕「わらわせる」の文語形。
わらわ-ずいじん【▽童随身】わらは 随身をつとめる子供。「河原の大臣おとどの御例をまねびて一を賜はり給ひける」〈源・澪標〉
わらわ-すがた【▽童姿】わらは 元服前の子供の姿。子供の身なり。わらべすがた。「この君の御一、いと変へまうくおぼせど」〈源・桐壺〉
わらわ・せる【笑わせる】わらはせる〔動サ下一〕文わらは・す〔サ下二〕❶相手が笑うように仕向ける。「冗談で人を一・せる」❷軽蔑・嘲笑ちょうしょうに値することである。人をあざけって使う。「あいつが学者だなんて、全く一・せるよ」 類語 おかしい・笑える・笑止千万・噴飯物・へそで茶を沸かす
わらわ-そうぞく【▽童装束】わらはさうぞく 公家や武家の子供の装束。細長ほそなが・汗衫かざみ・半尻はんじり・水干すいかんなど。わらわしょうぞく。
わらわ-てんじょう【▽童殿上】わらはてんじやう 平安時代、宮中の作法を見習うため、元服前の貴族の子供が、殿上の奉仕を許されたこと。また、その子供。童殿上人。殿上童。上童うえわらわ。
わらわ-ともだち【▽童友達】わらは 子供のときの友だち。おさな友だち。「一なりし人に、年頃経て行きあひたるが」〈紫式部集・詞書〉
わらわ-な【▽童名】わらは 元服以前の名。子供のときの名。幼名。「いまだ一にて候と」〈義経記〉
わらわ-なき【▽童泣き】わらは 子供のように泣くこと。「一に泣く事はいと嗚呼をこなる事にはあらずや」〈今昔・二五・一一〉
わらわ-べ【▽童▽部】わらは ❶子供。子供たち。「一のかしらばかりを洗ひつくろひて」〈枕・五〉❷まだ子供である妻。自分の妻をへりくだっていう語。「これはその後、相添ひて侍る一なり」〈大鏡・序〉❸子供の召使い。「姫宮の御方の一の装束、つかうまつるべきよし」〈枕・八〉❹寺院で召し使う子供。「これは一の供養じて侍る初穂なりとて奉れり」〈源・早蕨〉❺元服もしないで無頼に暮らしている若者。「ここは一、ばくち集り居りて」〈宇津保・藤原の君〉
わらわべ-いさかい【▽童▽部×諍ひ】わらはべいさかひ 子供どうしのけんか。「わが子も人の子も、ともに一なり」〈宇治拾遺・一〇〉
わらわ-まい【▽童舞】わらはまひ 子供の舞。特に、法会などで稚児の舞う舞。ちごまい。
わらわ-め【▽童女】わらは 女の子。少女。めのわらわ。「うばら一人一一人そへて」〈読・春雨・宮木が塚〉
わらわ-やみ【×瘧】わらは《「童わらわ病やみ」の意か》毎日または隔日に、時を定めて発熱する病気。マラリアに似た熱病。おこり。えやみ。
わら-わら〔副〕破れ乱れたさま。ばらばら。「紙衣のきたなきが一と破やれたるが上に」〈延慶本平家・六末〉
わらわれ-もの【笑われ者】わらはれ 人からあざけり笑われる対象となる者。「社内の一になる」
わらんじ【草=鞋】わらんぢ《「わらんず」の音変化》「わらじ」に同じ。「一をはき」〈幸若・山中常盤〉
わらんず【草=鞋】わらんづ《「わらぐつ」の音変化》「わらじ」に同じ。「一などいふ物しばりはき」〈平家・二〉
ワランティー〖warranty〗(製品についての)保証。また、保証書。
ワラント〖warrant〗❶買取権。引受権。❷新株買取権を与える証書。新株予約権証券ともいう。また、発行会社の株式を、定められた期間内に一定の価格で取得できる権利。
ワラント-さい【ワラント債】社債権者に対し、発行会社の新株を定められた価格で買い付ける権利(ワラント)を付与した社債。平成14年(2002)の商法改正以前の新株引受権付社債(ワラント債の非分離型)に当たるもので、現在は、転換社債とともに新株予約権付社債という。WB。
わらん-べ【▽童┊▽童部】《「わらわべ」の音変化》「わらべ」に同じ。「一に還り愚に及ぶ」〈根無草・後〉
わらんべぐさ【わらんべ草】江戸前期の狂言論。大蔵虎明おおくらとらあき著。万治3年(1660)成立。狂言に関する作法や演技の心得、能楽一般の故事などを、子孫のために書き記したもの。
わ-り【和×犂】農具の一。古くから水田耕作に用いられたすき。
わり【割(り)】❶割ること。また、割ったもの。「水一」「お湯一」❷歩合の単位。1割は10分の1。「三一打者」❸比率。割合。「三日に一回の一で通う」❹他と比べたときの損得。「一のいい商売」❺(「…わりに」の形で)ある事から予想・推測される程度。…に応じた程度よりは。「値段の一に品物がよい」「若い一には礼儀正しい」❻割り当て。「部屋一をする」❼《「ことわり(理)」から》理由。事情。また、ぐあい。「芝居で見るような一に行かず」〈緑雨・売花翁〉❽相撲で、取組表のこと。❾仲裁。「大いざこさの中へ、大屋敷一に入り」〈咄・春帒〉
(…一)頭割り・石割り・板割り・内割り・押し割り・貝割り・鏡割り・欠き割り・書き割り・学割・搗かち割り・幹竹からたけ割り・切り割り・木割り・均等割り・胡桃くるみ割り・塊くれ割り・区割り・腰割り・戸数割り・碁盤割り・駒こま割り・小割り・時間割り・宿しゅく割り・地割り・席割り・背割り・外割り・台割り・縦割り・反別割り・月割り・土割り・手合い割り・土瓶割・梨なし割り・軒割り・場所割り・柱割り・引き割り・挽ひき割り・碾ひき割り・日割り・二つ割り・部屋割り・焙烙ほうろく割り・掘り割り・薪まき割り・町割り・水割り・三つ割り・棟割り・面割り・役割・宿割り・横割り・四つ割り
類語 割合・比率・率・比・歩合・レート・パーセンテージ
割が合・う 「割に合う」に同じ。「一・わない取引」
割が利・く 少量でも十分効き目がある。薄めても効力が強い。「一・く醤油」
割が悪・い 他と比べてみて損である。割に合わない。「一・い役を引き受ける」
割に合・う 商売してもうけがある。ほねをおって、それだけのかいがある。間尺ましゃくに合う。「この時給なら一・う」「一・わない役回り」
割を言・う 道理を言う。弁解する。また、理屈をこねて不平を言う。「もてぬやつ舟宿へ来て一・ひ」〈柳多留・三〉
割を入▽れる ❶仲裁者を入れる。❷衣服や帯などで、別の布を間に入れて縫い、幅を広げる。
割を食・う 損をする。自分のほうに不利となる。「正直者が一・う世の中」
わり-あい【割合】わりあひ ㊀〔名〕❶全体に対する部分の、または他の数量に対するある数量の比率。率。割。「男子学生と女子学生の一が逆転する」「空気の主要成分の一を求める」❷(「…のわりあいに」の形で)「割❺」に同じ。「大きさの一に重い」「冬の一には暖かい」❸それぞれに分けて割り当てること。割り前。割り勘。「そりゃけうとい安いもんぢゃ。一にいたさうかいな」〈滑・膝栗毛・七〉㊁〔副〕他の物事や場合に比べてそれらの程度を超えているさま。比較的。割に。「部屋は一にきれいだ」「一(と)やさしい問題」 類語 (㊀❶)比率・率りつ・比ひ・割わり・歩合・レート・パーセンテージ/(㊁)割に・割と・割り方・割りかし・比較的・なかなか・結構・案外・存外・思いのほか
わり-あて【割(り)当て】割り当てること。また、割り当てたもの。割り前。「仕事の一をする」 類語 割り振り・振り分け・分配・配分・配当・割り前
わり-あ・てる【割(り)当てる】〔動タ下一〕文わりあ・つ〔タ下二〕全体をいくつかに分けて、それぞれにあてがう。配分する。わりふる。「費用を等分に一・てる」「一・てられた仕事」 類語 割り振る・振り当てる・振り分ける・あてがう・配る・配分する・賦する
わり-いし【割(り)石】石材を割った、形が不定で鋭い角や縁をもつ石。
わり-い・る【割り入る】〔動ラ四〕❶わりこむ。「まあまあ待て下さんせと二人が中へ一・るに」〈滑・七偏人・二〉❷深く立ち入る。「こちの人とも一・って相談」〈浄・油地獄〉
わり-いん【割(り)印】2枚の書類が相互に関連していることを証明するため、両書類にまたがって1個の印章を押すこと。また、その印影。割り判。 類語 割り判・契印・合印・合い判
わり-かえ【割(り)替え】わりかへ「割地❷」に同じ。
わり-がき【割(り)書(き)】❶本文の間に2行に分けて細字で注などを入れること。また、その注。割り注。❷歌舞伎狂言や浄瑠璃の名題などの上に行を割って書かれた文句。 類語 注・割り注・小書き・脚注
わり-かし【割(り)かし】〔副〕「わりかた」の俗な言い方。「一安く買えた」 類語 割と・割に・割方・割合・比較的・結構・なかなか
わり-かた【割(り)方】〔副〕わりと。わりに。わりあいに。わりかし。「あの店は一信用できるほうだ」 類語 割と・割に・割りかし・割合・比較的・結構・なかなか
わり-かん【割(り)勘】《「割り前勘定」の略》勘定を人

数で割り、各自平等に支払うこと。また、何人かで飲食したとき、自分の費用を自分で支払うこと。「経費は―にしよう」「―で飲む」
(類語)頭割り・折半・ダッチアカウント

わり-かんばん【割看板】❶劇場で、複数の俳優の名または演目を1枚に並べて書いた看板。❷寄席で、つるし行灯に真打とそれに準ずる者一人の名を並べて書いたもの。

わり-き【割(り)木】細かく割ったたきぎ。

わり-き・る【割(り)切る】㊀〔動ラ五(四)〕❶割り算で、余りを出さずに割る。整除する。「ここの勘定は人数で―・ることができない」❷ある原則に立って、物事を単純明快に解釈し結論を出す。また、その結論にしたがって決断する。「―・った物の考え方」㊁〔動ラ下二〕「わりきれる」の文語形。

わり-き・れる【割(り)切れる】〔動ラ下一〕図わりき・る〔ラ下二〕❶割り算をしたとき、端数を出さずに割れる。「九は三で―・れる」❷納得がいって気持ちがすっきりする。多く、打消しの語を伴って用いられる。「―・れない気持ちが残る」「仕事は仕事と簡単には―・れない」

わり-きん【割(り)金】割り当ての金。

わり-く【割句】川柳に似せた言葉遊びの一。単語を二つに割り、五・七・五形式の上の句の頭と下の句の末につけて詠み込むもの。

わり-くさび【割り×楔】枘差しをした材が抜けないように、枘の先端に打ち込む楔。

わり-くどき【割り口説き】筋道を立てて、詳しく説明すること。「かう―を申しますに、聞き分けのないからは」〈浮・禁短気・五〉

わり-ぐり【割り×栗】「割り栗石」の略。

わりぐり-いし【割り×栗石】砂利より大きく玉石より小さい割り石。土木・建築の基礎工事に用い、地盤を固めるために突き込む。割り栗。

わり-げいこ【割(り)稽古】茶の湯で、作法をいくつかの部分に分けて、一部分ずつを稽古すること。

わり-げすい【割(り)下水】㊀地面を掘っただけの下水。㊁江戸時代から関東大震災のころまで、東京都墨田区本所にあった南北二つの掘り割りの称。

わり-こ【割(り)粉】蕎麦を打つときなどに、蕎麦粉のつなぎとして混ぜる小麦粉。例えば、二八蕎麦は小麦粉二割、蕎麦粉八割で打った蕎麦。

わり-ご【▽破り子｜▽破り▽籠｜×樏】❶ヒノキの白木の薄板で折り箱のように作り、中に仕切りを設け、かぶせ蓋にした容器。弁当箱として用いた。❷❶に入れた携帯用の食物。弁当。「奈島の丈六堂のへんにて、ひる―食ふに」〈宇治拾遺・四〉

わり-ごえ【割(り)声】珠算で、割り算をするときに唱える九九の声。「二一天作の五」など。

わり-こざね【割小▽札】鎧の札の一。当世具足の帯状1枚の板札に対して、旧来の1枚ずつ作って横縫いでとじ合わせた札。本小札。

わりご-そば【▽破り子蕎＝麦】皮付きのソバをひいて手打ちにし、塗り物の破り子に盛って何個も重ねて供するそば。その数を競うようにして、つゆや薬味を加えて食べる。出雲地方の名物。

わり-こみ【割(り)込み】❶間に無理に入ること。割り込むこと。また、そのもの。「列に―をする」❷劇場などで、桟敷・土間の一仕切りの中に連れ以外の人と同席して見物すること。また、その場所。❸コンピューターで、処理を一時中断してプログラムを退避させ、別の処理を実行したのちに、中断した時点から再開すること。

わりこみサービス-ルーチン【割(り)込みサービスルーチン】《interrupt service routine》コンピューターのCPUが何らかのプログラムを実行中、優先順位が高い別の処理要求があった場合に呼び出される小規模なプログラム。通常、メモリー上に常駐する。割り込みハンドラー。

わりこみ-ハンドラー【割(り)込みハンドラー】《interrupt handler》►割り込みサービスルーチン

わりこみ-ようきゅう【割(り)込み要求】►アイ-アール-キュー(IRQ)

わり-こ・む【割(り)込む】〔動マ五(四)〕❶無理に押し分けて入り込む。「順番待ちの列に―・む」「人の話に―・む」❷取引相場で、相場がある値段より安くなる。「下限とされた線をあっさりと―・む」
(類語)(❶)入り込む・分け入る・介入する・口を挟む・容喙する／(❷)割る・下回る・切る・底を割る

わり-ごめ【割(り)米】ひき割った米。こごめ。

わり-さま【わり様】〔代〕《「われさま」の音変化》二人称の人代名詞。同等または目下の者に用いる語。おまえ。おまえさん。「―もわしが(髪ヲ)結ふ所で結はんせ」〈滑・膝栗毛・七〉

わり-ざや【割り×鞘】刀の鞘の差表と差裏の色が異なるもの。「三尺五寸ありける―の太刀脇にはさみて」〈長門本平家・一〉

わり-ざん【割(り)算】〔名〕スル　ある数が他の数の何倍であるかを求める計算。除法。⇔掛け算。

わり-した【割(り)下】《「割り下地」の略》だし汁に醤油・みりん・砂糖などの調味料を加えたもの。

わり-じょうゆ【割り×醤油】生醤油をユズなどの果実酢やだし汁で割ったもの。

ワリスフテュナ-しょとう【ワリスフテュナ諸島】《Wallis et Futuna》南太平洋のフィジーの北、サモアの西にあるフランスの海外領土。17世紀にオランダ人がフテュナ諸島を、18世紀にイギリス人がワリス諸島を発見したが、19世紀にフランスが領有。住民投票を経て1961年にフランスの海外領土となった。ウォリスフトゥナ諸島。人口2万(2010)。

わり-ぜりふ【割台＝詞】歌舞伎で、二人の人物が、関連のある長い文句をおのおの別の思いの独白として交互に述べ、最後の一句を唱和する演出。

わり-だか【割高】〔名・形動〕品質や分量に比して高価なこと。また、そのさま。「―な(の)家賃」「ばらで買うと―になる」⇔割安。
(類語)高い・高め・高値・高価

わり-だけ【割(り)竹】割った竹。特に、丸竹の先端を細かく割ったもの。夜番が引きずって歩いたり、罪人をたたくのに用いたりした。われだけ。

わりだけがた-せっかん【割(り)竹形石棺】古墳時代の石棺の一。竹を縦に二つに割ったような形に中をくり抜いて作ったもので、身と蓋とからなる。

わり-だし【割(り)出し】❶割り出すこと。「原価の―を急ぐ」❷結論を出すこと。「犯人の―に全力を注ぐ」❸裁縫で、ある部分の寸法から他の部分の寸法を算出すること。❹相撲のきまり手の一。片手でまわしを引き、他方の手で相手の二の腕をつかんで上に押し上げて土俵外に出す技。

わり-だ・す【割(り)出す】〔動サ五(四)〕❶計算して結果を出す。算出する。「坪単価を―・す」❷ある根拠に基づいて推論し、結論を導き出す。「遺留品から犯人を―・す」

わり-ち【割地】❶区分した土地。❷江戸時代、一村の耕作地を一定期間ごとに分割して村民に割り当て、期間が来ると割り当てなおす習慣。年貢負担の均等化などのために行われた。地割り。割り替え。

わり-ちゅう【割(り)注｜割り×註】本文中に、2行にして組み込んだ注釈や解説。
(類語)注・割り書き・小書き・脚注

わり-づか【割り▽束】下端が二つに割れて人字形をした束。法隆寺金堂などにみられる。

わり-つぎ【割(り)接ぎ】接ぎ木の一。台木に切り込みをつけ、くさび形に削った接ぎ穂を差し込んで固く縛り、活着させる方法。

わり-つけ【割(り)付け】印刷で、仕上がりの体裁を考えて、活字の大きさ・書体や字配り、図版・写真の寸法・配置などを指定すること。レイアウト。

わり-つ・ける【割(り)付ける】〔動カ下一〕図わりつ・く〔カ下二〕❶割り当てる。割り振る。「仕事を―・ける」❷割り付けをする。「カットを体裁よく―・ける」❸勢いよく断ちわる。「ずーんと脳を―・けると」〈円朝・真景累ヶ淵〉

わり-と【割と】〔副〕「割に」に同じ。「病み上がりにしては―元気だ」「―うまい」

わり-どこ【割り床】一室を屏風などで仕切って、二組み以上の寝床をこしらえること。また、その寝床。「そんな手合と―はあやまる」〈滑・膝栗毛・四〉

わり-な・い【▽理無い】〔形〕図わりな・し〔ク〕《「割り無い」で、理性や道理では計り知れない意》❶理屈や分別を超えて親しい。非常に親密である。多く、男女関係についていう。「いつしか―・い仲になる」❷道理に合わない。理屈ではどうにもならない。「心をぞ―・きものと思ひぬる見るものからや恋しかるべき」〈古今・恋四〉❸なすすべを知らない。どうしようもない。「扇をさし出でて制するに、聞きも入れねば、―・きに」〈枕・二二二〉❹どうにもできなくて苦しい。堪えきれない。「この人の思ふらむことさへ、死ぬばかり―・きに」〈源・帚木〉❺やむをえない。しかたない。「―・く夜更けて泊まりたりとも、さらに湯漬けをだに食はせじ」〈枕・一九六〉❻やっとのことである。精一杯である。「―・くして此かく隠れて命を存することは有難し」〈今昔・二九・三七〉❼程度がはなはだしい。ひととおりでない。「―・う古めきたる鏡台の」〈源・末摘花〉❽言いようもないほどすばらしい。何とも殊勝である。「眉目形、心ざま、優に―・き者で候えて」〈平家・一〇〉❾何ともいじらしい。けなげである。「春を忘れぬ遅桜の花の心―・し」〈奥の細道〉(派生)わりなさ〔名〕

わり-に【割に】〔副〕思ったよりも。比較的。わりあい。わりと。「値段が―安い」「―こまめな男だ」(類語)割と・割りかし・割方・割合・比較的・結構・なかなか

ワリニャーニ〘Valignani〙►バリニャーノ

わり-ぬい【割(り)縫い】裁縫で、中表に縫った縫い代を、縫い目から左右に割って折り返すこと。

わり-ばさみ【割(り)挟み】さおの先を割ってY字形に作った棒。物を高い所にかけたり、高い所にある果実をねじりながら取ったりするのに用いる。

わり-ばし【割(り)箸】半分ほどの所まで割れ目が入れてあり、使用するときに割って2本にする箸。杉や竹などで作る。(類語)おてもと・箸・菜箸・太箸

わり-ばな【割(り)花】祝儀を一括して渡し、各人に分配させる風習。また、その祝儀。

わり-はん【割(り)判】「割り印」に同じ。

わり-びき【割引】〔名〕スル　❶割り引くこと。一定の価格から、ある割合の金額を引くこと。「会員には―して売る」「一価格」⇔割増し。❷「手形割引」に同じ。❸内輪に見積もること。いくらか低く評価すること。「話を―して聞く」(類語)値引き・値下げ・お負け・勉強・ディスカウント・サービス

わりびきキャッシュフロー-ほう【割引キャッシュフロー法】►DCF法

わりびき-こくさい【割引国債】額面金額を下回る価格で発行され、途中での利払いはなく、満期時に額面金額で償還される国債。➡割引短期国債　➡利付国債

わりびき-さい【割引債】券面に利札がなく、額面金額から利息相当分を差し引いた価格で発行され、償還日に額面金額が償還される債券。中期割引国債・短期国債・割引金融債など。➡利付債

わりびき-しじょう【割引市場】商業手形・財務省証券・短期国債などが金融機関の間で取引される金融市場。英国ロンドン市場で典型的に発達した。

わりびき-たんきこくさい【割引短期国債】国債の償還を円滑に行うために国債整理基金特別会計が発行していた借換債の一種。償還期間は6か月・1年など。最低額面金額は1000万円。正式名称は割引短期国庫債券。TB(treasury bill)。(補説)平成21年(2009)2月から、国庫短期証券(T-Bill)の名称で、政府短期証券(FB)と統合発行されている。

わりびきたんき-こっこさいけん【割引短期国庫債券】►割引短期国債

わりびき-てがた【割引手形】手形割引のなされた手形。

わりびき-はっこう【割引発行】額面金額を下回る価格で債券を発行すること。

わりびき-ぶあい【割引|歩合】手形割引の際の利率。
わりびき-りつ【割引|率】割引される額の割合。
わりびき-りょう【割引|料】手形割引の際に手形の額面金額から差し引かれる金額。
わり-び・く【割(り)引く】〔動カ五(四)〕❶一定の金額から何割か安くする。「一〇パーセント—・く」❷手形割引をする。「手形を—・く」❸物事を内輪に見積もる。「彼の話は—・いて聞く必要がある」
類語 引く・差し引く・差っ引く
わり-ひざ【割(り)膝】両方の膝がしらをやや開いて正座すること。また、その膝。「—で座る」
わり-びし【割×菱】紋所の名。菱形を斜め十文字で四等分したもの。四割り菱。武田菱。
わり-ピン【割(り)ピン】断面が半円形の針金を、平らな方を内側にして折り曲げたピン。接合部の穴に通してから両端を開き曲げてとめる。ブラッド(brad)。
わり-ふ【割(り)符】❶木片などの中央に証拠となる文字を記し、また証印を押して、二つに割ったもの。当事者どうしが別々に所有し、後日その二つを合わせて証拠とした。符契。符節。割り札。わっぷ。❷後日の証拠となるもの。「握る—は通用しない」〈漱石・虞美人草〉❸ ►さいふ(割符)
わり-ぶしん【割普請】一つの普請をいくつかに分担して行うこと。「屋根も根太もこりゃ一時に—ぢゃ」〈浄・歌祭文〉
わり-ふだ【割(り)札】❶「割り符❶」に同じ。❷割引の札。割引券。
わり-ぶた【割(り)蓋】手桶・風呂・下水などの蓋で、2枚以上を並べ合わせて一つの蓋としたもの。また、茶道具の茶入れ・水指などの蓋で、縦に二つに割った形のもの。
わり-ふり【割(り)振り】わりふること。配分。割り当て。「仕事の—を決める」
類語 割り当て・振り当て・配分・分配
わり-ふ・る【割(り)振る】〔動ラ五(四)〕全体をいくつかに分けて、それぞれにあてがう。配分する。割り当てる。「各人に役目を—・る」類語 割り当てる・振り当てる・振り分ける・あてがう・配る・配分する・賦する
わり-ぼし【割(り)干し】「割り干し大根」の略。
わりぼし-だいこん【割(り)干し大根】大根を縦割りにして干したもの。漬物などにする。
わり-まえ【割(り)前】金銭の徴収・分配などを各自に割り当てること。また、その金額。「利益の—を受ける」「—を支払う」
類語 配当・取り分・分け前・取り高・得分・分
わりまえ-かんじょう【割(り)前勘定】「割り勘」に同じ。
わり-まし【割(り)増し】〔名〕スル 一定の額・量に対し、ある割合を増し加えること。また、その加えた額・量。「料金を—する」⇔割引。類語 嵩上げ・上積み・上乗せ・水増し・加算・追加・プラス
わりまし-ちんぎん【割(り)増(し)賃金】残業・休日労働・深夜労働をしたときに雇用者が従業員に余分に支払わなければならない賃金。労働基準法で定められ、残業(1日8時間超、1週40時間超)は25パーセント以上、休日労働は35パーセント以上、深夜労働(22時から5時)は25パーセント以上。
わり-まつ【割り松】細かに割った松の薪。灯火用にした。「火鉢に—燃やして」〈浮・五人女・三〉
わり-むぎ【割(り)麦】「碾き割り麦」の略。
わり-め【割(り)目】割ったところ。
わり-めし【割(り)飯】ひき割り麦をまぜた飯。
わり-もと【割元|割本】江戸時代の村役人の一。郡代・代官などの指揮下に名主(庄屋)を支配して十数か村から数十か村を統轄し、年貢の割り当てや命令の伝達などを行った。割元総代。割元庄屋。
わり-もどし【割(り)戻し】〔名〕スル 割り戻すこと。また、その金銭。リベートをいうこともある。「税金の—」
わり-もど・す【割(り)戻す】〔動サ五(四)〕いったん受け取った金銭の一部を元へ返す。「売上高に応じて—・す」
わり-もの【割り物】割り算。また、割り算を必要とする計算。「算用はむつかしき—も埒をあけ」〈浮・織留・一〉
わり-やす【割安】〔名・形動〕品質や分量の割合からみると安価であること。また、そのさま。「—な品物」「まとめて買うと—になる」⇔割高。
類語 安い・安め・安値・安価・格安・廉価・低廉・安直・安上がり・徳用
わりやす-かぶ【割安株】企業の株価水準を測る指標からみて、割安と判断される株式のこと。指標にはPER・PBR・PCFRなどを用いる。
わりやすかぶ-ファンド【割安株ファンド】割安株を中心に運営される投資信託のこと。
わ-りゅう【和硫】►加硫
わり-ルビ【割ルビ】ルビの付け方の一種。縦組みの印刷で、文字の下に2行に分けてルビを付けるやり方。行間が狭かったり、親文字(ルビを付ける文字)が小さかったりして、文字の横にルビを振れないときに用いる。
わり-わた・す【割(り)渡す】〔動サ五(四)〕分けて渡す。配分する。配当する。「それぞれ持口を—・して外郭を固めさせつ」〈逍遥・沓手鳥孤城落月〉
わ-りんご【和林×檎】バラ科の落葉高木。高さ約3メートル。春に白色の5弁花が咲き、秋に小形の実を結ぶ。中国の原産で、果樹としても栽培された。
わる【悪】《形容詞「わるし」の語幹から》❶悪いこと。また、いたずら。わるさ。「—をする」「性—」❷悪人。悪党。また、悪いことをする子供。「学校一の—」❸他の語の上に付いて複合語をつくり、悪い、不快である、害になる、度が過ぎるなどの意を表す。「—知恵」「—酔い」「—乗り」「—ふざけ」
類語 悪者・悪人・悪漢・悪党・悪玉・悪
わ・る【割る】㊀〔動ラ五(四)〕❶強い力を加え固体の物をいくつかに分けて離す。「茶碗を—・る」「クルミを—・る」「まきを—・る」❷ある物をいくつかの部分に分ける。「土地を三つに—・る」「部屋を—・って使う」❸まとまっているもの、組織などを分裂させる。「党を—・る」❹押し分けて間を離す。「両者の間に—・ってはいる」❺割り算をする。除する。「六を二で—・る」❻分けて与える。配分する。割り当てる。「それぞれに役を—・る」「頭数で—・る」❼他の液体にまぜて濃度を薄める。「ブランデーを水で—・る」❽心のうちを隠さずにすっかり出す。うちあける。また、白状する。「腹を—・って話す」「口を—・る」❾一定数に達しないで下回る。ある水準以下になる。「志願者が定員を—・る」「仕入れ値を—・る」❿きまった範囲の外に出る。「土俵を—・る」⓫(サッカーなどで)ラインをこえる。「ボールがタッチラインを—・る」⓬突き当たったり切ったりして傷をつける。できた傷の部分を開いた状態にする。「激しい申し合いで額を—・る」⓭(相撲で「腰をわる」の形で)足を開き膝を曲げ、体をまっすぐにした姿勢で腰を低くする。「腰を—・って寄る」⓮追い求めて捜し出す。つきとめる。「ほしを—・る」⓯手形を割り引く。「手形を—・る」⓰わけを細かく説明する。「—・っつ砕いつ叱れども」〈浄・冥途の飛脚〉可能 われる ㊁〔動ラ下二〕「われる」の文語形。
〔一句〕川口で船を破る・口を割る・尻を割る・腰を割る・尻を割る・底を割る・竹を割ったよう・土俵を割る・腹を割る・枕を割る・水を割る
類語 (㊀❶)打ち割る・叩き割る・叩き壊す・壊す・砕く・欠く・打っ欠く・破砕する・破壊する・損壊する・毀損する・破損する・損ずる・損なう・毀つ・破る/(❺)除する・等分する・均分する/(❾)割り込む・下回る・切る・下る
割って入る 人や物の間に入り込む。「喧嘩している両人の間に—・る」
わる-あがき【悪▽足×掻き】〔名〕スル ❶してもしかたのないことをあせってあれこれと試みること。「今さら—してもしかたがない」❷ひどいいたずら。悪ふざけ。「根からが優しい質と見えてついぞ—したことなく」〈緑雨・門三味線〉
わる-あそび【悪遊び】よくない遊び。特に、ばくち・女遊びなど。
わる・い【悪い】〔形〕文わる・し〔ク〕❶人の行動・性質や事物の状態などが水準より劣っているさま。㋐質が低い。下等である。「成績が—・い」「画質の—・いテレビ」⇔よい。㋑能力が劣っている。下手である。「方向感覚が—・い」「やり方が—・い」⇔よい。㋒美的な面で劣っている。醜い。「スタイルが—・い」「眺めが—・い」⇔よい。㋓正常・良好な状態でない。すぐれない。「体調が—・い」「胃が—・い」⇔よい。㋔地位や身分が低い。また、社会的にしっかりしていない。「—・い家庭環境」⇔よい。㋕経済的に衰えている。貧乏である。「景気が—・い」「金回りが—・い」⇔よい。㋖利益の面で劣っている。損である。不利である。「—・い役割」「利率が—・い」⇔よい。㋗好ましくない効果やよくない結果をもたらすさま。逆効果である。「手助けしたのが、かえって—・かった」⇔よい。㋘ふさわしくない。不向きである。不適当である。「—・い所で—・い人に会ってしまった」「間が—・い」⇔よい。❷人の行動・性質や事物の状態が、正邪・当否の判断基準に達していないさま。㋐正しくない。不当である。善でない。「心がけが—・い」「人を—・く言う」⇔よい。㋑不親切である。やさしくない。「客扱いが—・い」「心の配り方が—・い」⇔よい。㋒人と人との間が円満でない。「兄弟仲が—・い」⇔よい。㋓不足している。万全でない。「整理が—・いから、すぐ物をなくす」⇔よい。❸不吉である。縁起がよくない。めでたくない。「結婚式には日が—・い」「占いが—・い」⇔よい。❹(多く「悪くなる」の形で)食べ物が傷んでいる。食べられないほど鮮度が落ちている。「弁当の魚が—・くなっている」❺謝罪・感謝の意を表す語。申し訳ない。すまない。「心配をかけて、—・いね」「—・いけれど先に帰るよ」「—・い—・い。こんど埋め合わせします」❻名詞に付いて、不快な気持ちを表す形容詞をつくる。「気味—・い」「気色—・い」
補説 (1)「わろし」「わるし」は平安時代にほぼ並行して現れるが、「わろし」が優勢。中世から「わるし」が優勢となり、近世初頭から「わるい」となった。(2)「わろし」「わるし」は、元来「よろし」の対義語で「よし」と対をなすものではなく、中世以降「あし」が衰退するのに従って「あし」のもっていた意を「わろし」「わるし」が表すようになり、しだいに「よい」「わるい」という対義語関係が生じていった。派生 わるがる〔動ラ五〕わるげ〔形動〕わるさ〔名〕
〔一句〕風向きが悪い・気色が悪い・極まりが悪い・気味が悪い・口が悪い・卦体が悪い・筋が悪い・手癖が悪い・寝覚めが悪い・ばつが悪い・早かろう悪かろう・腹の虫の居所が悪い・間が悪い・冥利が悪い・虫の居所が悪い・胸糞が悪い・胸が悪い・安かろう悪かろう・割が悪い
類語 いけない・けしからん・ひどい・まずい・駄目・不良・粗悪・劣悪・最悪・極悪・邪悪・バッド
悪い虫 ❶好ましくない交際相手。たちの悪い恋人。「娘に—がつく」❷癇癪。
悪くすると 悪いほうの結果になると。へたをすると。「—もう会えないかも知れない」
わる-いたずら【悪▽戯】たちの悪いいたずら。
わる-えんりょ【悪遠慮】度の過ぎた遠慮。「自己を責めた—を云う」〈露伴・いさなとり〉
わる-おち【悪落ち】演芸で、構成・演出・演技などが悪趣味になったり失敗したりして、観客の失笑を買うこと。また一般に、失笑や罵倒を受けること。
わる-がしこ・い【悪賢い】〔形〕文わるがしこ・し〔ク〕悪いほうによく知恵がまわる。ずるくて抜け目がない。「—・い子供」
類語 ずる賢い・こざかしい・狡猾・腹黒い
わる-がね【悪金】❶不正な手段によって得た金銭。悪銭。❷悪いことに使う金。❸質の悪い貨幣。悪銭。「一代に—つかまして立った事もなし」〈浮・一代女・五〉
わる-が・る【悪がる】〔動ラ五(四)〕❶恐縮・謝罪などの気持ちを態度や言葉に表す。「それではすまないと、ひどく—・る」❷悪者のように振る舞う。悪ぶる。

「無理に—・ってみせる」❸(「きまりを悪がる」「気味を悪がる」の形で)きまりが悪いと思う。気味が悪いと思う。「気味を—・って近づかない」

わる-ぎ【悪気】相手に害を与えようとする気持ち。悪意。「—があって言ったのではない」
類語 悪意・悪感情・悪心・害意・害心
悪気を回まわ・す　意地悪く推量する。邪推する。

ワルキューレ〖Valkyria〗ゲルマン神話で、戦士の神オーディンに仕える武装した乙女たち。馬を駆り、戦場で倒れた勇士たちを、オーディンの宮殿バルハラに導く。ワルキューリ。

わる-ぐせ【悪癖】悪い癖。あくへき。

わる-くち【悪口】《「わるぐち」とも》他人を悪く言うこと。また、その言葉。あっこう。「上司の—を言う」
類語 悪たれ口・悪態・悪口あっこう・雑言ぞうごん・罵詈ばり・罵詈雑言・陰口・誹謗ひぼう・謗そしり・中傷

わるくち-いい【悪口言ひ】いひ 好んで他人の悪口を言う性質。また、その人。「伏見堀の—も、これをよしとぞ申し侍る」〈浮・一代男・六〉

わるくち-まつり【悪口祭(り)】社寺の参詣人が互いに悪口を言い合ったり、ののしりあったりする祭り。勝ったものには好運があるという。悪口あっこう祭り。悪態祭り。

わる-ごう【悪功】❶悪事に年功を積んでいること。「—の入った吏官の如くなぞ」〈玉塵抄・三〉❷悪質ないたずら。わるふざけ。わるてんごう。「—あるほど尽くしてものしける」〈浮・一代男・一〉

わる-ごたち【悪御▽達】口の悪い女房たち。「後の大殿のわたりにありける—の」〈源・竹河〉

わる-さ【悪さ】❶悪いこと。悪い状態。また、その度合い。「歯切れの—」❷いたずら。悪ふざけ。「子供相手に—をする」「—を覚える」❸いたずらっ子。わんぱくな子供。「お師匠様でござりますか。—をお頼み申します」〈浄・手習鑑〉
類語 いたずら・悪ふざけ・やんちゃ

わる-さわぎ【悪騒ぎ】他人の迷惑もかまわずに騒ぐこと。また、その騒ぎ。

わる-じゃれ【悪×洒▽落｜悪▽戯】❶たちの悪いいたずら。悪ふざけ。❷へたなしゃれ。だじゃれ。

ワルシャワ〖Warszawa〗ポーランド共和国の首都。同国中部、ウィスワ川中流に位置し、交通の要地。機械・金属・印刷工業が盛ん。1596年以来の首都。第二次大戦でドイツ軍に破壊されたが復興、旧市街は復元された。人口、行政区170万(2008)。ワルソー。

ワルシャワ-おうきゅう【ワルシャワ王宮】ワウキユウ《Zamek Królewski w Warszawie》ポーランド共和国の首都ワルシャワの旧市街にある宮殿。16世紀末、クラクフからワルシャワに遷都したポーランド王ジグムント3世の居城として建造。以降、増改築が繰り返され、18世紀後半に最後の国王スタニスワフ2世アウグストにより豪華な室内装飾が施された。第二次大戦中、ナチス-ドイツに徹底的に破壊されたが、1988年に復元作業が完了した。現在は18世紀当時の家具や調度品、中世のコインなどを展示する博物館になっている。1980年、「ワルシャワ歴史地区」として世界遺産(文化遺産)に登録された。

ワルシャワじょうやく-きこう【ワルシャワ条約機構】デウヤク 1955年、ソ連とポーランド・東ドイツ・チェコスロバキア・ハンガリー・ブルガリア・ルーマニア・アルバニアなど東欧の社会主義諸国が、ワルシャワで締結した友好・協力・相互援助条約(ワルシャワ条約)に基づいて結成した軍事機構。北大西洋条約機構(NATO)の結成と西ドイツの再軍備に対抗するものだったが、冷戦の終結、東欧の民主化、ドイツの統一とともに、91年に解体した。WTO。

ワルシャワ-ほうききねんひ【ワルシャワ蜂起記念碑】《Pomnik Powstania Warszawskiego》ポーランドの首都ワルシャワ、クラシンスキ公園の東側にある記念碑。第二次大戦末期の1944年に、ワルシャワ市民がドイツ軍に対して一斉蜂起したがドイツ軍の反撃をうけ、ソ連軍の援軍も得られず孤立したまま約20万人もの死者を出したという「ワルシャワ蜂起」を記念し、45周年にあたる89年に造られた。

わる-ずい【悪推】「悪推量」の略。「—ばかりせずと、浜の宿へ寄ってくんなよ」〈人・梅児誉美・三〉

わる-ずいりょう【悪推量】ズイリヤウ 邪推して悪いほうに考えること。

わる-ずれ【悪擦れ】〔名〕スル 世間ずれしてずるがしこくなること。「—した人」

ワルソー〖Warsaw〗ワルシャワの英語名。

ワルター〖Bruno Walter〗[1876～1962]ドイツ生まれの指揮者。マーラーに師事。ウィーン・ライプチヒなど各地で活躍し、のち、ナチスに圧迫されて渡米。モーツァルトの演奏を得意とした。

ワルター-フォン-デア-フォーゲルワイデ〖Walther von der Vogelweide〗[1170ころ～1230ころ]中世ドイツの詩人。清新な宮廷恋愛詩により中世ドイツ最大の叙情詩人といわれ、政治・社会をテーマにした格言詩にもすぐれた。作「菩提樹ぼだいじゅの木かげで」。

わる-だくみ【悪巧み】悪い計画。奸計かんけい。奸策。「—が露見する」
類語 悪事・悪計・奸計かんけい・奸策・詭計きけい・陰謀・謀略・謀計・策略・たくらみ・はかりごと

わる-だっしゃ【悪達者】〔名・形動〕芸能など、巧みではあるが実質・内容が伴わないこと。また、その人や、そのさま。「—な子役」

わる-だる【悪×樽】泥・糞尿ふんにょうなど汚物を入れた樽。若衆仲間の嫁・婿いじめの一種として、熨斗のしをつけて婚家に贈る風習があった。

わる-ち【悪血】悪い血。病毒を含んだ血。あくち。

わる-ぢえ【悪知恵】ぢゑ 悪い方面によく働く知恵。奸知かんち。「若いのに—が働く」「子供に—をつける」
類語 狡知こうち・奸知かんち・邪知・悪才

ワルツ〖waltz〗18世紀末ごろにヨーロッパに起こった4分の3拍子の舞曲および舞踏。舞踏の伴奏を目的としない独立した器楽作品もある。円舞曲。

わる-てんごう【悪てんごう】てんがう 悪質ないたずら。わるふざけ。

わる-どきょう【悪度胸】あきれるほど、ずぶとい度胸。くそ度胸。「自棄やけに近い気強さから、却って—が据わって」〈里見弴・多情仏心〉

ワルトブルク-じょう【ワルトブルク城】ジヤウ《Wartburg》ドイツ中部、チューリンゲン州の都市、アイゼナハにある城。チューリンゲン地方伯ルートウィヒ＝デア＝シュプリンガーが1067年に建造し、以来、度重なる増改築がなされて現在の姿になった。宗教改革者ルターが新約聖書のドイツ語翻訳を行った場。また、ワグナーのオペラ「タンホイザー」の歌合戦の舞台としても知られる。1999年に世界遺産(文化遺産)に登録された。バルトブルク城。

わる-どめ【悪止め】〔名〕スル 無理に引きとめること。「—して客を帰さない」

わる-なすび【悪茄＝子】ナス科の多年草。高さ30～50センチ。根茎は地中を横に伸びて増え、茎や葉の両面にとげと星状の毛がある。葉は卵形でやや切れ込み、互生する。夏、白または淡紫色の花を開き、実は丸く橙黄色。全草が有毒。北米原産で、日本には明治後期ごろ渡来、帰化。おになすび。

ワルネミュンデ〖Warnemünde〗ドイツ北東部、メクレンブルク-フォアポンメルン州の港湾都市、ロストックの近郊にある港町。バルト海に面し、ワルノウ川の河口に位置する。バルト海沿岸屈指の海岸保養地として知られる。バルネミュンデ。

わる-のり【悪乗り】〔名〕スル その場の調子や勢いに乗って、度の過ぎたことを言ったりしたりすること。「酔うとすぐ—する」

わる-ば【悪場】登山で、足場の悪い危険な所。難所。類語 難所・悪所

ワルハラ-しんでん【ワルハラ神殿】《Walhalla》ドイツ南東部、バイエルン州の都市、レーゲンスブルクの郊外、ドナウ川を見下ろす丘の上にある神殿。バイエルン王ルートウィヒ1世の命により1830年から42年にかけて、ドイツの建築家レオ＝フォン＝クレンツェの設計で建造。ドイツの偉人を祭るためにギリシャ神殿のドリス式を模して造られた。バルハラ神殿。

わる-び・れる【悪×怯れる】〔動ラ下一〕文わるび・る〔ラ下二〕気おくれがして、恥ずかしがったり、卑屈な振る舞いをしたりする。「—・れないで答える」
類語 臆する・おじける・おどおどする・気おくれする・恐縮する

ワルファリン〖warfarin〗経口抗凝固剤の一種。血栓症の治療・予防に用いられる。殺鼠さっそ剤としてネズミに与えると失血死が起こる。

わる-ふざけ【悪巫＝山＝戯】〔名〕スル 度を超してふざけること。たちの悪い冗談・いたずら。「—が過ぎる」「—して相手の気分を害する」
類語 いたずら・悪さ・冗談・やんちゃ

わる-めだち【悪目立ち】〔名〕スル 人目に立つが、見る人は良くないと感じること。また、そのような目立ち方。「流行のファッションなのに—すると言われた」「特殊な色を使うと—するおそれがある」補説 若い人が多く使うが、良いか悪いかの受け取り方は人により異なる。

わる-もの【悪者】悪いことをする者。悪人。
類語 悪人・悪漢・悪党・悪玉・悪あく・悪わる

わる-よい【悪酔い】よひ〔名〕スル ❶酒に酔って気分が悪くなること。「—して頭が痛くなる」❷酔って人にからんだり暴れたりすること。また、そのような酔い方。「—してけんかになる」
類語 乱酔・泥酔・酒に飲まれる・虎になる

ワルラス〖Marie Esprit Léon Walras〗[1834～1910]フランスの経済学者。ローザンヌ学派の始祖。限界効用理論を提示し、近代経済学の創始者の一人となった。また、この理論をもとに展開した一般均衡理論の確立により、その後の理論経済学に大きな影響を及ぼした。著「純粋経済学要論」「貨幣理論」など。

われ【割れ｜▽破れ】割れること。また、割れたものや、その破片。「ガラスの—」「コップの—」

われ【我｜×吾】〔代〕❶一人称の人代名詞。わたくし。わたし。「—は海の子」❷反射代名詞。その人自身。自分自身。おのれ。「—を超越する」❸二人称の人代名詞。おまえ。なんじ。「そりゃ—が勝手了簡の聞き損ひ」〈浄・歌祭文〉
類語 (❶)自分・私わたし・私わたくし・僕・俺・わし・余よ・我が輩・それがし/(❷)自分・自身・自己・己おのれ・自みずから
我劣らじと　人に負けまいとして。先を争って。
我思うが故ゆえに我在あり　►我思う故に我在り
我思う故ゆえに我在あり　《ラテ Cogito, ergo sum》フランスの哲学者デカルトの言葉。すべての意識内容は疑いえても、意識そのもの、意識する自分の存在は疑うことができない。
我か　❶自分のことか。「秋の野に人松虫の声すなり—と行きていざとぶらはむ」〈古今・秋上〉❷「我か人か」の略。「いとどなよなよと—のけしきにて臥したれば」〈源・桐壺〉
我か人か　自分なのか他人なのか判然としないさま。自分を失っているさま。「あまびこのおとづれじとぞ今は思ふ—と身をたどる世に」〈古今・雑下〉
我関せず　「我関せず焉えん」に同じ。「周囲で何が起こっても—と見向きもしない」
我関せず焉えん　《「焉」は漢文で断定の意を表す助辞》自分には関係がない。超然としているようすをいう。我関せず。
我こそは　自分こそはと勢い込んでいうときに用いる。「—と進み出る」
我と思・う　自分こそはと自信をもつ。「—・わん人はどんどん応募して下さい」
我と思おもわん者もの　自分こそが優れていると思う者。「—は名乗り出てほしい」
我とはなしに　自分と同じ身の上ではないのに。「ほととぎす—卯の花のうき世の中になきわたるらむ」〈古今・夏〉
我に返・る　❶気を失っていたのが正気づく。「ほおをたたかれて—・る」❷他に気を取られていたのが、

本心に返る。「興奮がさめて━・る」

我にて　自分の経験で。「春はなほ━知りぬ花盛り心のどけき人はあらじな」〈拾遺・春〉

我にもあら◦ず　❶われを忘れて。無我夢中で。「━◦ず言い訳しようとしたのを」〈康成・伊豆の踊子〉❷自分であるという気がしない。人心地がしない。「御子は━◦ぬけしきにて」〈竹取〉❸本心からでなく。しぶしぶ。「いたく乞ひければ、━◦で取らせたりければ」〈宇治拾遺・一四〉

我にもなく　無意識のうちに。我を忘れて。「━涙を流す」

我はと思・う　自分こそはと、気負ったりうぬぼれたりする。「所につけて━・ひたる女房の」〈枕・三〉

我も我も　大勢が先を争うさま。我がちに。我先に。「━と立候補する」

我も我もと　▶我も我も

我を忘・れる　物事に心を奪われてぼんやりする。興奮して理性を失う。「━・れて夢中になる」

我を我と思・う　自分のことを大切に思う。「━・はん者どもは、皆物の具して馳せ参れ」〈平家・二〉

われ-いち【我一】〘名・形動〙《中世・近世語》「我先」に同じ。「山師どもは━と内証より付け込み」〈根無草〉

われ-かえ・る【割れ返る】〘動ラ五(四)〙「割れる」を強めていう語。騒音・喝采などのはなはだしいようすに用いる。「場内が━・るばかりの歓声」

われ-かしこ【我賢】〘形動ナリ〙自分だけがかしこそうにしているさま。「━にうちあざわらひて語るを」〈源・手習〉

われ-がち【我勝ち】〘形動〙図〘ナリ〙他人におくれまいと先を争うさま。「━に出口へ殺到する」

(類語)我先・我も我も

われ-がね【▽破れ鐘┊割れ鐘】ひびの入った釣鐘。また、その音から、濁った太い大声のたとえにもいう。「━のような大声」

われ-から【▽破殻┊割殻】端脚目ワレカラ科の甲殻類の総称。海産で、主に海藻の間にすむ。体長数センチの細長い円筒形で、胸部は7節からなり、第3、4節を除く各節から細長い付属肢が一対ずつ伸びる。第2節のものははさみ状。名は、乾くと体が割れることによる。古くから和歌の題材とされ、多く「我から」に言いかけて詠まれる。(季 秋)「我からの音を鳴く風の浮藻かな/松宇」

われ-から【我から】〘副〙❶自分から。また、自分自身が原因で。和歌では多く「破殻」と掛け詞で用いられた。「━進んで話す」「海人の刈る藻に住む虫の━と音をこそ泣かめ世をば恨みじ」〈古今・恋五〉❷われながら。「━あはれも押さへがたき御袖の上なり」〈延慶本平家・二〉

わ-れき【和暦】日本の暦。また、西暦に対して、日本の年号および紀元のこと。

われ-ごえ【▽破れ声】濁った太い声。がらがら声。

ワレサ〖Lech Wałęsa〗[1943～]ポーランドの労働運動指導者・政治家。1980年、全国的な自主労組「連帯」を組織して議長となり、政府の弾圧に抵抗。共産主義政権崩壊後の90年、大統領に選出。83年ノーベル平和賞受賞。

われ-さか・し【我▽賢し】〘形シク〙利口ぶっている。分別顔である。「━・しう思ひしづめ給ふにはあらねど」〈源・椎本〉

われ-さき【我先】〘名・形動〙自分が先になろうと争うこと。また、そのさま。「━に逃げる」「━と驚きおそれて逃惑うに連れはなし」〈緑雨・門三味線〉

(類語)我勝ち・我も我も

われ-さま【我様】〘代〙二人称の人代名詞。対等または目下の者を呼ぶ語。おまえ。わりさま。〈コリャード日本文典〉

われ・じ【我じ】〘形シク〙自分のことのように感じるさま。「立ち別れ君がいまさば磯城島の人は━・じく斎ひて待たむ」〈万・四二八〇〉

われ-しらず【我知らず】〘副〙自分でそれと意識せずに。思わず知らず。「━涙が出てきた」

われしり-がお【我知り顔】自分だけがよく知っているという顔つき。「━に話す」

われ-ずもう【割れ相撲】勝負のつかない相撲。

われ-ぜに【割れ銭┊▽破れ銭】破損した貨幣。中世、悪銭の一種として撰銭の対象となった。

われ-だけ・し【我▽猛し】〘形ク〙《古くは「われたけし」》得意ぶっている。えらそうにしている。「━・く言ひそし侍るに」〈源・帚木〉

われ-ぢゃわん【▽破れ茶×碗┊割れ茶×碗】ひびのはいった茶碗。また、一部の欠けた茶碗。

ワレット〖wallet〗▶ウォレット

われ-て【割れて┊▽破れて】〘副〙無理に。強いて。「男、━あはむと言ふ」〈伊勢・六九〉

われ-と【我と】〘副〙❶自分から進んで。自分で。みずから。「━我が身を苦しめる」❷ひとりでに。おのずから。自然と。「葦垣の中のにこ草にこよかに━笑まして人に知らゆな」〈万・二七六二〉

われ-どち【我どち】自分たちどうし。「車どものかたなど見おこせて、━いふことも」〈枕・三三〉

われ-ながら【我×乍ら】〘副〙自分のことではあるが。自分ながら。「━よく書けたと思う」

われ-なべ【▽破れ鍋┊割れ鍋】割れた鍋。

破れ鍋に綴じ蓋　破損した鍋にもそれ相応の蓋があること。どんな人にも、それにふさわしい伴侶があることのたとえ。また、両者が似通った者どうしであることのたとえ。(補説)「綴じ蓋」を「閉じ蓋」と書くのは誤り。「綴じる」は縫い合わせるの意で、「綴じ蓋」は修繕した蓋のこと。

われは-がお【我は顔】自分こそはという思い上がった顔つき。また、得意そうなようす。「━にて家のうちを飾り、人に劣らじと思へる」〈源・帚木〉

われ-ひと【我人】自分と他人。また、自分も他人も。「━共にいそがしき十二月二十六日の夜」〈太宰・新釈諸国噺〉

われ-ぼめ【我褒め】自分で自分をほめること。自慢。自賛。「われらは十傑、われらは十二使徒と擅に見たてしての━」〈鷗外・うたかたの記〉

われまど-りろん【割れ窓理論┊▽破れ窓理論】窓ガラスを割れたままにしておくと、その建物は十分に管理されていないと思われ、ごみが捨てられ、やがて地域の環境が悪化し、凶悪な犯罪が多発するようになる、という犯罪理論。軽犯罪を取り締まることで、犯罪全般を抑止できるとする。米国の心理学者ジョージ＝ケリングが提唱した。米国のニューヨーク市ではジュリアーニ市長(在任1994～2001年)がこの理論を応用し、地下鉄の落書きなどを徹底的に取り締まった結果、殺人・強盗などの犯罪が大幅に減少し、治安回復に劇的な成果をあげたとされる。ブロークンウインドーズ理論。

われ-め【割れ目┊▽破れ目】割れたところ。割れてできた裂け目。ひび。「━が入る」「氷の━」

(類語)裂け目・ひび・ひび割れ・亀裂・裂罅・罅隙・クラック

われめ-ふんか【割れ目噴火】地盤に生じた割れ目を通して溶岩が噴出する形式の噴火。流動性に富む玄武岩質溶岩を流出する場合が多い。裂線噴火。⇒中心噴火

われ-もこう【×吾×亦紅】・【×吾▽木香┊我▽毛香】バラ科の多年草。山野に生え、高さ約1メートル。葉は長楕円形の小葉からなる羽状複葉で、互生する。8、9月ごろ、分枝した茎の先に暗紅紫色の短い花穂をつける。花びらはない。根と根茎を漢方で地楡といい、止血・解毒に利用される。のつち。(季 秋)「またしても日和くずれて━/立子」

われ-もの【割れ物┊▽破れ物】❶割れた物。「━を捨てる」❷陶磁器・ガラス製品など、割れやすい物。「━注意」

われ-ら【我▽等】〘代〙❶一人称の人代名詞。「われ」の複数。わたくしたち。われわれ。「━が母校」「━の自由」❷一人称の人代名詞。単数を表す。わたくし。わたし。「この君の御夢━にとらせ給へ」〈宇治拾遺・一三〉❸二人称の人代名詞。同等以下の者にいう語。おまえたち。「はてさて━は役に立たぬ」〈伎・姫蔵大黒柱〉(類語)私達・私共・手前共・我我

われら-しき【我▽等式】《「しき」は接尾語》われわれ程度の者。われらふぜい。「━の貧々僧都が」〈浮・禁短気・五〉

わ・れる【割れる┊▽破れる】〘動ラ下一〙図わ・る〘ラ下二〙❶強い力が加わるなどして、固体がいくつかに分かれ離れる。こわれて細かくなる。「茶碗が━・れる」「卵が━・れる」「氷が━・れる」❷裂け目ができる。また、傷がついて開いた状態になる。「地震で地が━・れる」「ぱっくりと━・れた額」❸まとまっているもの、組織などが二つ以上に分かれる。分かれてまとまりがなくなる。分裂する。「意見が━・れる」「党が━・れる」「票が━・れる」❹隠れていたものなどが現れる。秘密などが明らかになる。「底が━・れる」「身元が━・れる」「犯人(ほし)が━・れる」❺音が濁って聞きとりにくくなる。「音が━・れる」❻(「われるような」「われんばかりの」などの形で、比喩的に用いる)物事の程度がはなはだしいさまをいう。「場内━・れんばかりの拍手」「頭が━・れそうに痛い」❼割り算で、余りのない答えがでる。わりきれる。「九は三で━・れる」❽手形割引で現金化される。「手形が━・れる」❾相場が下落してある値段以下になる。「株価が━・れる」❿あれこれ思って心が乱れる。「聞きしよりものを思へば我が胸は━・れて砕けて利心もなし」〈万・二八九四〉⓫勝負がつかないままで終わる。引き分ける。「━・れたるは半月の夜の相撲かな」〈伊勢踊〉

(…句)御釜が割れる・尻が割れる・底が割れる・種が割れる・ねたが割れる・面が割れる

(類語)壊れる・破損する・毀損する・損傷する・損壊する・損ずる・毀れる・欠ける・傷付く・砕ける・ひび割れる・裂ける・分裂する・分かれる

われる-よう【割れる様┊▽破れる様】〘連語〙「割れる❻」に同じ。「━な拍手を浴びる」

われ-われ【我我】㊀〘代〙❶一人称の人代名詞。「われ」の複数。わたくしたち。われら。「━の出る幕ではない」❷一人称の人代名詞。単数を表す。へりくだる気持ちを含んでいう語。わたくし。「━はことのほか酔ひて」〈伽・藤袋草子〉❸反射指示代名詞。各自。めいめい。「この頃諸国に━の合戦おこり」〈浄・廿四孝〉㊁〘名〙それぞれ一人一人。「御一門の衆も━になりて」〈三河物語・上〉

(類語)私達・私共・手前共・我ら

ワレンシュタイン〖Albrecht Wenzel Eusebius von Wallenstein〗[1583～1634]オーストリアの傭兵隊長。三十年戦争に際し、神聖ローマ皇帝軍総司令官に起用され、デンマーク軍を撃破したが、のち、スウェーデン軍に敗北。皇帝の意に反して和議を進めたため罷免され、暗殺された。シラーの戯曲「ワレンシュタイン」(1799年作)で有名。

われん-ばかり【割れん▽許り┊▽破れん▽許り】〘連語〙「割れる❻」に同じ。「━の拍手」

わろ【我▽郎┊和▽郎】《「わらわ(童)」の音変化かという》㊀〘名〙❶子供。特に、男の子。また、男の召使い。「内方の━衆に、この樽を持たせて」〈浄・女舞衣〉❷人を卑しめ、また親しみをこめていう語。やつ。野郎。「どこやら足らぬ━さうな」〈浄・博多小女郎〉㊁〘代〙二人称の人代名詞。男性を、親しみを込めたりののしったりして呼ぶ語。おまえ。「はてさて気の細い━だ」〈浮・妾気質〉

わ-ろ【和露】❶日本語とロシア語。❷「和露辞典」の略。

わろ【▽我】〘代〙「われ」の上代東国方言。「━旅は旅と思ほど家にして子持ち痩すらむ我が妻みかなしも」〈万・四三四三〉

わろうず【×藁×沓┊草=鞋】《「わらぐつ」の音変化》わらで編んだ履物。わらじ。

わろうだ【×藁×蓋┊円=座】わら・藺・蒲・菅などを縄にない、渦巻き状に編んで作った円い敷物。錦や綾などで包んだものもある。円座。

わ

わろ・し【▽悪し】〔形ク〕《他より劣っている、普通以下である、の意で、一定の水準以下であるさまを表す》❶程度が低い。質が悪い。よくない。「いと—・かりしかども、…この花を折りてまうで来たるなり」〈竹取〉❷下手である。拙い。「この度は—・く舞うたり」〈宇治拾遺・一〉❸見劣りがする。みっともない。醜い。「火桶の火も、白き灰がちになりて—・し」〈枕・一〉❹勢力や財力が衰えている。貧しい。「その主も、もとより勢ひなく、—・き人の、無徳なる司にて」〈宇津保・嵯峨院〉❺ふさわしくない。不相応である。不適切である。「行法も、法の字を清みて言ふ、—・し。濁りて言ふ」〈徒然・一六〇〉❻不吉である。「御宿世の—・くおはしましけるを、世に口惜しきことに申し思へり」〈栄花・玉の村菊〉❼たちがよくない。悪質である。「呪詛しけるほどに、幾程なく—・き病つきて」〈沙石集・一〉❽食べ物が傷んでいる。鮮度が落ちている。「瓜を取り出でたりけるが、—・くなりて」〈著聞集・一八〉➡わる(悪)い

わろ-じてん【和露辞典】日本語を見出し語とし、それに相当するロシア語をつけた辞典。

わろ-び・れる【▽悪×怯れる】〔動ラ下一〕文わろび・る〔ラ下二〕「わるびれる」に同じ。「彼は其の前に先ず—・れず会釈して」〈紅葉・金色夜叉〉

わろ・ぶ【▽悪ぶ】〔動バ上二〕悪く見える。見劣りがする。「そこら大人しき若公達もあまたさまざまにいづれかは—・びたりつる」〈源・竹河〉

わろ-もの【▽悪者】才能も教養もない者。程度の低い者。「—は、わづかに知れる方のことを残りなく見せつくさむと思へるこそ」〈源・帚木〉

わわく【×枉惑】「おうわく(枉惑)」の音変化。「—のやつばらの智者げなれば」〈日蓮遺文・智妙房御返事〉

わわ・く〔動カ下二〕ぼろぼろになる。「綿もなき布肩衣の海松のごと—・けさがれる」〈万・八九二〉

わわ・し〔形シク〕❶騒々しく、落ち着きがない。軽々しい。「この頃の人は、よろづ—・しきやうにのみ連歌の道もなり行くなり」〈筑波問答〉❷騒がしい。やかましい。また、口うるさい。「—・しうは—・しいとなぜにおしゃらぬぞ」〈虎寛狂・靫猿〉

わわ・る〔動ラ四〕やかましく言いたてる。わめく。「大声あげて—・り出せば」〈浮・禁短気・四〉

わん【×椀・×碗・×埦・×盌】㊀〔名〕飯・汁などを盛る木製・陶磁製などの半球形の器。㊁〔接尾〕助数詞。わんに盛った飯や汁などを数えるのに用いる。「一—の吸い物」〔類語〕器・食器・茶碗・皿・鉢・丼

わん【湾】海が陸地に大きく入り込んでいる海面。➡漢「わん(湾)」〔類語〕入り江・浦・入り海

ワン〖one〗数の一。一つ。

ワン〖Van〗➡バン

ワン〖WAN〗《wide area network》コンピューターで、複数のLAN(ラン)を接続した広域ネットワーク。電話回線や専用回線を利用して、一つのLANから必要に応じて他のLANに接続できるもの。広域通信網。〔補説〕ネットワークを通信距離で分類すると、距離が近いものから、PAN、LAN、MAN、WANとなる。

わん〔副〕犬のほえる声を表す語。

ワン-アウト〖one out〗➡ワンナウト

ワン-ウエー〖one-way〗❶一方通行。「この道は—だ」❷メーカーによる回収を必要としない容器や、その使用方式のこと。「—容器」

ワンウエー-コントロール〖one-way control〗入店した客を、店側の意図する動線の通りに店内を隅から隅まで歩かせること。また、そのために行う売り場のレイアウト変更などの方法。

わん-おう【湾奥】湾の奥。⇔湾口。

ワン-オン《和 one＋on》ゴルフで、第1打でグリーン上にボールをのせること。

わん-がけ【×椀掛(け)】椀状の容器に砂鉱や粉砕した鉱石を入れ、水を加えて手で揺り動かし、低比重の不要な岩石粉を水とともに縁から流出させて高比重の鉱物を選別する方法。砂金の選別などに利用。

わんかし-でんせつ【×椀貸し伝説】多数の膳や椀が必要なとき、塚・池・淵・洞穴などの前で頼むと貸してくれるという伝説。こわしたり、数をごまかしたりすると、以後貸してくれなくなるという。東北地方から九州まで広く分布している。

ワン-カット《和 one＋cut》映画・テレビなどの一場面。

ワン-カップ《和 one＋cup》ガラス容器に1合ずつ封入した日本酒の商標名。蓋を開けてそのまま飲める。〔補説〕「カップ酒」などと言い換える。

わん-がん【湾岸】湾の沿岸。「首都高速—線」

わんがん-きょうりょくかいぎ【湾岸協力会議】➡ジー-シー-シー(GCC)

わんがん-せんそう【湾岸戦争】イラクにより侵略・占領されたクウェートの解放をめぐる戦争。イラクは1990年8月、クウェートに侵攻して占領。国際連合による撤兵決議に応じなかったため、国際連合の決議によって編制されたアメリカを中心とする多国籍軍が、91年1月イラクに対して攻撃を開始し、2月末までにクウェート全土を解放した。

わん-きゅう【椀久】椀屋久右衛門の略称。大坂御堂前の豪商で、新町の遊女松山と愛し合い、豪遊の果てに座敷牢へ入れられ、延宝5年(1677)狂死したという。歌舞伎・浄瑠璃・音曲などに登場する。

わんきゅうすえのまつやま【椀久末松山】浄瑠璃。世話物。三段。紀海音作。宝永7年(1710)以前、大坂豊竹座初演と推定。豪商椀屋久右衛門と遊女松山との情話に取材したもの。

わん-きょく【湾曲・×彎曲】〔名〕スル 弓なりに曲がること。「柱が—する」「—した海岸線」
〔類語〕屈曲・曲折・紆曲・蛇行・七曲がり・九十九折り・カーブ

ワン-ぎり【ワン切り】〔名〕スル 電話で一回だけ着信音を鳴らして切ること。事前に示し合わせた知人同士の合図などに利用される。〔補説〕かけた相手の番号が表示されるタイプの電話では「かけ直してほしい」の合図ともなる。悪質な業者がこれを利用して有料ダイヤルに接続させるなどの被害が広がったため、平成14年(2002)有線電気通信法に、この行為に対する罰則が盛り込まれた。

ワン-クール《和 one＋Kur(ドイ)》連続番組の放送期間の単位。通常週1回の約3か月分、13本の放送をひと区切りにしてテレビの番組編成替えが行われることが多い。

ワン-クッション《和 one＋cushion》物事が直接的に関係したり作用したりするのを避けるために間に設ける一段階。「仕事の相手とは一—置いてつきあう」

わんぐり〔副〕大きく口を開くさま。あんぐり。「—と食ったが因果」〈滑・浮世床・二〉

ワンクリ-ウエア➡ワンクリックウエア

ワンクリ-さぎ【ワンクリ詐欺】➡ワンクリック詐欺

ワンクリック-ウエア《和 one click＋-ware(ソフトウエア)》不当な料金請求などを行うマルウエアの一。不正請求の契約解除や不正プログラムの削除をうながす文言を画面に表示し、プログラムをダウンロードさせ、料金を不当に請求したり、利用者の個人情報を不正業者などに送信したりする。ワンクリウエア。➡ワンクリック詐欺

ワンクリック-さぎ【ワンクリック詐欺】インターネットや携帯電話のウェブサイトを利用して、不当な料金請求を行う詐欺の一。出会い系サイトや成人向けなどのウェブサイトなどにアクセスすると、「登録が完了した」「個人情報を取得した」などの文言とともに、料金の支払方法を指示するケースが多い。ワンクリック料金請求。ワンクリ詐欺。➡ワンクリックウエア

ワンクリック-りょうきんせいきゅう【ワンクリック料金請求】➡ワンクリック詐欺

ワンクリ-りょうきんせいきゅう【ワンクリ料金請求】➡ワンクリック詐欺

わん-げつ【湾月・×彎月】❶弓形をしている月。弓張り月。弦月。「一山頂に懸り」〈織田訳・花柳春話〉❷陣立ての名。弦月の形に隊を組んだもの。

ワン-ゲル「ワンダーフォーゲル」の略。

ワン-こ【ワン湖】《Van Gölü》➡バン湖

ワン-コイン〖one coin〗100円、または500円など、一枚の硬貨。「ワンコインショップ」「ワンコインタクシー」のように、他の語と複合して、利用料が硬貨一枚ですむという意味で用いることが多い。

わん-こう【湾口】湾の外海への出入り口。⇔湾奥。

わんこ-そば【×椀子蕎=麦】小ぶりの椀に入れたそばを、客が断るまで客の椀に次々と投げ入れて空にならないようにもてなすもの。盛岡地方の名物。

わん-こつ【腕骨】手首の骨。手根骨。

わんさ〔副〕❶人や物が一度にたくさん集まるさま。「見物人が—と押しかける」❷たくさんあるさま。どっさり。「仕事が—と残っている」
〔類語〕たんと・うんと・ごまんと・たんまり・しこたま・どっさり・たっぷり・なみなみ・たくさん・ふんだん・一杯・十分

ワンサイド-ゲーム〖one-sided game〗競技で、一方が終始他方を圧倒して勝つ試合。一方的試合。

わんさ-ガール《大部屋に大勢いるところから》映画やレビューの下っ端の女優。

わんざ-くれ〔感〕「わざくれ㊁」の音変化。「思ふには忍ぶることも一負ひにこし金はさもあらばあれ」〈仮・仁勢物語・下〉

わんさ-わんさ〔副〕大勢の人が次から次へと集まってくるさま。「客が—とやってくる」

わん-ざん【▽和×讒】「わざん(和讒)」の音変化。「今日の手柄うらやましうての—ならば」〈浄・盛衰記〉

ワン-ジー〖1G〗《1st generation》➡第一世代携帯電話

ワン-シー-シー-ディー〖1CCD〗《1 charge coupled device》デジタルカメラやビデオカメラなどのイメージセンサーで、一つのCCDを搭載する方式。各受光素子に単色のフィルターをかけ、周囲の異なる色のフィルターをかけた素子の信号と相互補完を行うことで、全体として色の再現をする。フィルターには光の三原色(赤・緑・青)またはその補色(青緑・赤紫・黄)が用いられる。三つのCCDを搭載する3CCDに比べて低コストだが、色の再現性は低くなる。単板式。単板方式。

ワン-シーター〖one-seater〗飛行機や自動車などで一人乗りのもの。単座。

わん-しゃ【腕車】人力車の異称。「綱ッ引きの—を塩尻の旧宅に急がせた」〈木下尚江・良人の自白〉

わん-しょう【腕章】儀式や行事のとき、衣服の腕に巻きつけるなどして目印とする布や記章。「—をつける」「—を巻く」

ワン-じょう【ワン城】《Van Kalesi》➡バン城

ワンショット-エーエフ【ワンショットAF】《one shot AF》カメラのオートフォーカス(AF)のうち、シャッターボタンを半押しの状態で焦点が合い、フォーカスロックがかかる機能。撮影者が意図する場所に焦点を合わせた後に撮影範囲を変える場合などに用いられる。シングルAF。⇔コンティニュアスAF。

ワンショット-バー〖one-shot bar〗1杯ごとに金を払って酒を飲むバー。ショットバー。

ワン-ショルダー〖one shoulder〗水着や夏用のドレスなどにみられるデザインで、身頃から続く肩の部分が片側しかないもののこと。

ワンス〖once〗❶一度。1回。❷昔。

ワンズ【万子】《中国語》一から九までの数字の下に「萬」の文字が彫ってあるマージャン牌。マンズ。

ワンス-アポン-ア-タイム〖once upon a time〗《おとぎ話の冒頭に使う言葉》むかしむかし。

ワンススルー-ほうしき【ワンススルー方式】《once-through system》1回通過方式。核燃料を再処理せず、1回で廃棄あるいは保管する方式。

ワン-ステップ〖one-step〗❶一歩。また、一段階。「宇宙開発への—」❷4分の2拍子の社交ダンスで、フォックストロットの変型のステップ。

ワン-ストップ〖one-stop〗1か所で用事が足りること。1か所で何でも揃うこと。「—サービス」

ワンストップ-ショッピング〖one-stop shopping〗

商品購買行動の一形態。一つの店舗内で必要な買い物をすべて済ませてしまうこと。

ワンスピンドル-ノート《1-spindle notebook PCから》外部記憶装置としてハードディスクのみを搭載したノートパソコン。光ディスクを利用する際には、外付けのディスクドライブを接続したり、ネットワーク上で共用したりする。名称は、円盤状の記憶媒体(スピンドル)を1基搭載することから。➡ゼロスピンドルノート ➡ツースピンドルノート ➡スリースピンドルノート

ワンス-モア〘once more〙もう1回。もう一度。

ワン-セグ《one segment(一区切りの意)の略。また「ワンセグメント放送」の略》携帯電話・カーナビ・ノートパソコンなど移動機器向けの地上デジタルテレビ放送のこと。地上デジタル放送の1チャンネル分放送波の帯域幅を13の領域(セグメント)に分割したうちの一つを利用する。平成18年(2006)4月から順次放送開始。ワンセグ放送。正式名称は「携帯電話・移動体端末向けのワンセグメント部分受信サービス」。(補説)他の12のセグメントは固定テレビ用で、ハイビジョン放送やデータ放送、EPGなどに使われている。➡フルセグ

ワンセグ-チューナー《one segment tunerから》ワンセグ放送を受信するための機器、または機能のこと。携帯電話やノートパソコンなどに内蔵されるほか、USB接続で利用する小型の外付け機器がある。

ワンセグ-ほうそう【ワンセグ放送】ハウソウ ▶ワンセグ

ワンセグメント-ほうそう【ワンセグメント放送】ハウソウ ▶ワンセグ

ワン-セット〘one set〙ひとまとまりになっているもの。一式。「ゴルフ道具一を贈る」

わんそく-るい【腕足類】腕足綱の触手動物の総称。海産で、二枚貝のような貝殻をもつが、殻は体の背腹に位置する。殻外へ肉質の柄を伸ばして他の物に付着する。シャミセンガイ・ホオズキガイなど。古生代カンブリア紀に出現し、「生きている化石」といわれる。

ワンダーフォーゲル〘ドイツ Wandervogel〙《渡り鳥の意》グループで、山野を徒歩旅行する活動。青年運動として、20世紀初めドイツで始められた。ワンゲル。

ワンダーランド〘wonderland〙不思議の国。おとぎの国。

ワンタイム-パスワード〘one-time password〙一度しか使えない、使い捨てのパスワード。外部のコンピューターからネットワークを通じてリモートアクセスする際になどに使用される。OTP。

ワン-ダウン〘one down〙野球で、一人アウトになること。一死。ワンナウト。ワンダン。

ワン-タッチ《和 one＋touch》一度手で触れること。また、一度触れるだけで、簡単に始動・操作・着脱などができること。「スパイクのアウトボールに一がある」「一で全自動の洗濯機」

わん-だね【×椀種】吸い物の、主となる実。白身魚・鳥肉・豆腐・ゆばなど。

ワンダフル〘wonderful〙〘形動〙驚嘆すべきさま。すばらしいさま。すてき。「一な景色」

ワンダラー〘ドイツ Wanderer〙ハイカー。徒歩で旅行する人。

ワンダラー-ショップ〘one dollar shop〙米国やカナダなどにある、店内の商品をすべて1点1ドルで販売する店。ワンダラーストア。➡百円ショップ

ワンダラー-ストア〘one dollar store〙▶ワンダラーショップ

ワンタン【餛飩|雲呑】《中国語》中国料理の点心の一。小麦粉をこねてつくった薄皮で、味付けした豚のひき肉・刻みネギなどを包んだもの。ゆでてからスープに入れて食する。

ワンタン-メン【餛飩麺】《中国語》スープにワンタンと中華そばを加えた料理。

ワンチップ-マイクロコンピューター〘one chip microcomputer〙1個のLSI上にマイクロプロセッサー・メモリー・入出力インターフェースなどを構成したもの。家電製品の制御部などに用いる。

ワン-ツー〘one-two〙「ワンツーパンチ」に同じ。「速い一を打つ」

ワンツー-パンチ〘one-two punch〙ボクシングで、左(右)で軽く打ち、続いて右(左)で強打する攻撃法。ワンツー。

ワンツーワン-マーケティング〘one-to-one marketing〙顧客の個別の要求に対応して、商品やサービスを効果的に顧客へ提供すること。顧客の趣向などの情報を記録したデータベースを活用する。

ワンデルング〘ドイツ Wanderung〙山野を歩きまわること。「リングー」

ワンテン-カメラ【110カメラ】《one-ten camera》110ミリフィルムと呼ばれるカートリッジ入りフィルムを使う小型カメラ。画面サイズは13×17ミリ。ポケットカメラ。

ワンテン-フィルム【110フィルム】《one-ten film》110カメラに使われる、カートリッジ入りの16ミリ幅のフィルム。

わん-とう【湾頭】湾の近く。湾のほとり。

ワン-トップ〘one top〙サッカーで、最前線にフォワードを一人配置するフォーメーション。

ワン-ナウト〘one out〙《「ワンアウト」とも》「ワンダウン」に同じ。

わん-にゅう【湾入|×彎入】ニフ〘名〙スル 海などが弓なりに陸地に入り込んで、湾や入り江を形成していること。「深く一している地形」

ワン-ハーフ《和 one＋half》ゴルフで、ワンラウンド(18ホール)を終えてから、さらに9ホールをまわること。

わん-ぱく【腕白】〘名・形動〙《「かんぱく(関白)」の音変化か。「腕白」は当て字》子供、特に男の子が言うことをきかず、暴れまわったり、いたずらをしたりすること。また、そういう子供や、そのさま。「一な子」「一盛り」「一坊主」(派生)わんぱくさ〘名〙(類語)やんちゃ・いたずら小僧・きかん坊・悪たれ・悪童・がき

ワン-パターン〘名・形動〙《和 one＋pattern》同じことの繰り返しで変わりばえのしないこと。また、そのさま。「一な(の)やり方」「一な(の)ギャグ」

ワン-パッケージ《和 one＋package》ひとまとめ。一括。「諸問題を一で扱う」

ワン-ハンド〘one-handed〙片手。「一キャッチ」

わん-ぴ【▽黄×枇|黄=皮=木】ミカン科の常緑小高木。葉は長楕円形の小葉からなる羽状複葉。4月ごろ白い花が咲き、初夏に黄色い小形の実を結ぶ。実は食用。中国南部の原産。

ワン-ピ「ワンピース」の略。

ワン-ピース〘one-piece〙❶上着とスカートとが一続きになった女性・子供服。➡ツーピース ❷全体が一つの部分でできているもの。

ワンピース-ボール〘one-piece ball〙ゴルフボールで、合成ゴムなどの単一の素材でできた一重構造のもの。

わん-びき【×椀×挽き】ろくろを使って椀を作ること。また、その職人。

ワン-フィンガー〘one finger〙ウイスキーなどの酒類を、指1本分の高さだけ、グラスに注ぐこと。

ワンフーチン【王府井】北京中心部にある繁華街。故宮博物院の東側を南北に通っており、デパートや高級店、ホテルなどが建ち並ぶ。ワンフージン。

ワン-プライス〘one price〙一つの商品に一つの値段がつくこと。

ワン-ポイント〘one point〙❶1か所。特に、かなめとなる1か所。要点。「一アドバイス」「一リリーフ」❷得点などの、1点。「一のリード」❸服飾で、1か所だけに刺繍ししゅうや模様を置くこと。「胸の一が利いているデザイン」

ワンポイント-リリーフ《和 one point＋relief》❶野球で、守備チームが攻撃チームの、ある打者のみを打ち取る目的で救援投手を起用する戦法。❷役職・役目として一時的に起用すること。

わん-ぼう【×縕×袍】バウ《「わんぽう」とも》「おんぼう(縕袍)」に同じ。

漢字項目 **わん**

湾〔灣〕 音ワン(漢)‖①海が陸地に入り込んでいる所。「湾口・湾内/峡湾・港湾」②(「彎」の代用字)弓なりに曲がる。「湾曲・湾入」(名付)みずくま

腕 音ワン(呉)(漢) 訓うで、かいな‖㊀〈ワン〉①うで。「腕章・腕力/右腕・前腕・鉄腕・扼腕やくわん」②うでまえ。「才腕・手腕・敏腕・辣腕らつわん」㊁〈うで〉「腕前・腕輪/片腕・細腕・右腕」

×彎 音ワン(漢)‖弓を引き絞ったように曲がる。「彎曲・彎月」(補説)「湾」を代用字とすることがある。

わん-ぽう【腕法】バフ《「わんほう」とも》書道で腕の構え方。懸腕・枕腕ちんわん・提腕など。

ワンポーツ【黄包車】《中国語》人力車。ヤンチョ。

ワン-ボックス「ワンボックスカー」の略。

ワンボックス-カー〘one box car〙エンジン部・運転台を含む客室・荷物入れ(トランク)を1個の箱形の車体に納めた形の自動車。

ワンマイル-ウエア〘one mile wear〙家から1マイル(約1.6キロ)ぐらいの範囲で着る服の意。ホームウエアとタウンウエアとの中間的な服のこと。

ワン-マン〘one-man〙❶他の人の意見や批判に耳を貸さず、自分の思いどおりに支配する人。独裁的な人。「一社長」❷外来語の上に付いて複合語をつくり、ひとりの、ひとりだけの、などの意を表す。「一ショー」「一チーム」(補説)❶は英語ではtyrantなどという。

ワンマン-カー《和 one-man＋car》運転手だけが乗務し、車掌のいないバスや電車。

ワンマン-けいえい【ワンマン経営】社長が、他の社員などの意見を聞かず、独裁的な経営を行うこと。

ワンマン-コントロール〘one-man control〙❶一人の操作によって、機械や設備の全体を動かすこと。❷一人の意志で機構全体を動かすこと。

ワンマン-ショー〘one-man show〙❶舞台・テレビなどで、一人の出演者を中心に行われるショー。❷大勢の中で他の者の存在が薄くなるほど、ある一人が目立った活躍をすること。ひとり舞台。

ワンマン-バス〘one-man bus〙運転手だけが乗務し、車掌がいない路線バス。

わん-もり【×椀盛(り)】実の多い汁物。魚・鳥・野菜を取り合わせて澄まし汁に仕立て、大ぶりの椀に盛る。茶懐石の煮物椀にあたる。

ワンラ【完了】《中国語》終了。終わり。

ワン-ランク〘one rank〙一段階。一等級。「一上の腕前」「一ダウン」

わん-りゅう【湾流】リウ「メキシコ湾流」の略称。

わん-りょく【腕力】うでのちから。また特に、相手を殴ったり、押さえつけたりする肉体的な力。「一が強い」「一に物を言わせる」(類語)腕っ節・実力・膂力りょりょく

腕力に訴・える 暴力を使って意に従わせる。「一・えてでも言うことを聞かせてやる」

ワン-ルーム「ワンルームマンション」の略。

ワンルーム-システム〘one-room system〙一室でリビング・ダイニング・キッチン・ベッドルームを兼ねる間取りの方法。浴室・便所は別にする。

ワンルーム-マンション《和 one-room＋mansion》一室だけで、ほかに台所・浴室・便所の付いた集合住宅。(補説)英語ではone-room apartment。

ワン-レン「ワンレングスカット」の略。

ワンレングス-カット〘one length cut〙女性の髪形の一。全体を同じ長さに切りそろえる長髪。ワンレングス。ワンレン。

ワンワールド〘oneworld〙国際航空連合の一つ。アメリカン航空、ブリティッシュ・エアウェイズ、日本航空などが加盟(2012年9月現在)。➡スターアライアンス ➡スカイチーム

わん-わん㊀〘副〙❶犬の鳴く声を表す語。「一(と)ほえる」❷大声をあげて泣くさま。「大の男が一(と)泣く」❸大きな音や声が響くさま。「歓声が場内に一(と)響く」㊁〘名〙犬をいう幼児語。
(類語)わあわあ・おいおい

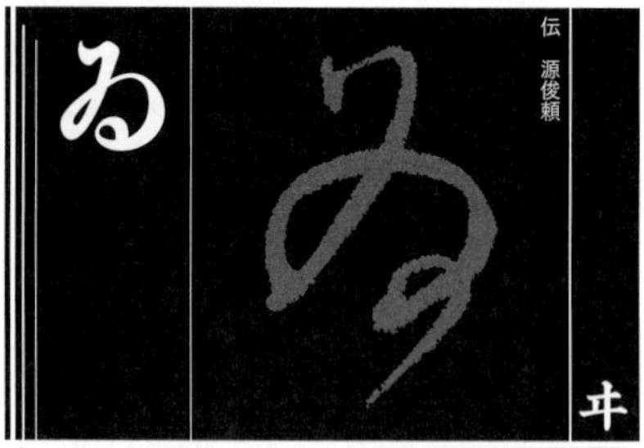

ゐ ❶五十音図ワ行の第2の仮名。現在は、五十音図ア行第2の仮名(ならびに五十音図ヤ行第2の仮名)「い」と発音上の区別がなく、現代仮名遣いではこの仮名は用いられない。しかし、歴史的仮名遣いでは「い」と区別して用いる。❷平仮名「ゐ」は「爲」の草体から。片仮名「ヰ」は「井」の全画の変形したもの。〔補説〕「ゐ」は、古くは[wi]の音で、「い」(発音[i])と区別されていたが、鎌倉時代以降、発音が[i]となり、「い」との区別がなくなった。

ゑ ❶五十音図ワ行の第4の仮名。現在は、五十音図ア行第4の仮名(ならびに五十音図ヤ行第4の仮名)「え」と発音上の区別がなく、現代仮名遣いではこの仮名は用いられない。しかし、歴史的仮名遣いでは「え」と区別して用いる。❷平仮名「ゑ」は「惠」の草体から。片仮名「ヱ」も「惠」の草体から変形したものかという。〔補説〕「ゑ」は、古くは[we]の音で、「え」(発音[e]、あるいは[e]と[je])と発音上も区別があったが、のち、両者は同じ音となり、中世末期には[je]、近世以降は[e]となった。

ゑ〔終助〕▶え〔終助〕

を ❶五十音図ワ行の第5の仮名。現在は、五十音図ア行第5の仮名「お」と発音上の区別がなく、現代仮名遣いでは、助詞「を」以外には、この仮名を用いない。しかし、歴史的仮名遣いでは「お」と区別している。❷平仮名「を」は「遠」の草体から。片仮名「ヲ」は「乎」の初3画から変形したもの。〔補説〕「を」は、古くは[wo]の音で、「お」(発音[o])と発音上も区別があったが、のち、両者は同じ音となり、中世末期には[wo]、近世以降は[o]となった。

を ㊀〔格助〕名詞、名詞に準じる語に付く。❶動作・作用の目標・対象を表す。「家―建てる」「寒いの―がまんする」「水―飲みたい」「ただ月―見てぞ、西東をば知りける」〈土佐〉❷移動の意を表す動詞に応じて、動作の出発点・分離点を示す。…から。「東京―離れる」「席―立つ」「さびしさに宿―立ち出でてながむればいづくも同じ秋の夕暮」〈後拾遺・秋上〉❸移動の意を表す動詞に応じて、動作の経由する場所を示す。…を通って。「山道―行く」「廊下―走る」「山―越す」「また住吉のわたり―こぎゆく」〈土佐〉❹動作・作用の持続する時間を示す。「長い年月―過ごす」「日々―送る」「足引の山鳥の尾のしだり尾のながながし夜―独りかも寝む」〈拾遺・恋三〉❺(「香をにほふ」「寝を寝ぬ」「音を泣く」などの形で)同類の意をもつ名詞と動詞の間に置かれ、慣用句を作る。「夜はも夜のことごと昼はも日のことごと音のみ―泣きつつありてや」〈万・一五五〉❻遭遇や別離の対象を表す。…に。「逢坂にて人―別れける時に詠める」〈古今・離別・詞書〉〔補説〕❶の「水を飲みたい」などは、「を」の代わりに「が」を用いることもある。格助詞「を」は、㊂の間投助詞から生じたといわれる。㊁〔接助〕活用語の連体形、まれに名詞に付く。❶逆接の確定条件を表す。…けれども。…のに。「亡き人の来る夜とて魂まつるわざは、このごろ都にはなき―、東の方には、なほする事にてありしこそあはれなりしか」〈徒然・一九〉❷原因・理由を表す。…ので。…(だ)から。「ししこらかしつる時は、うたて侍る―、とくこそ試みさせ給はめ」〈源・若紫〉㊂〔間助〕名詞、動詞型活用語の連体形・命令形、形容詞・形容動詞型活用語の連用形、助詞などに付く。❶(文中・文末で)感動・詠嘆・強調を表す。…(だ)なあ。…ね。…よ。「我妹子は釧にあらなむ左手の我が奥の手に巻きて去なまし―」〈万・一七六六〉「萩が花散るらむ小野の露霜にぬれて―ゆかむ小夜は更くとも」〈古今・秋上〉❷(文中で名詞に付き、下に形容詞語幹に接尾語「み」の付いたものを伴って)理由・原因を表す句の中で、上の名詞を特に取り立てて強調する意を表す。…が…ので。…の…さに。「若の浦に潮満ち来れば潟―なみ葦辺をさして鶴鳴き渡る」〈万・九一九〉〔補説〕主に上代の用法で、中古でもみられるが、鎌倉時代以後は和歌以外にはほとんどみられなくなる。この用法が格助詞・接続助詞に発達したという。なお、❶の文末用法を終助詞、❷を格助詞とする説もある。

を-おい-て【を▽措いて】〔連語〕《格助詞「を」＋動詞「お(措)く」の連用形「おき」のイ音便「おい」＋接続助詞「て」》(打消しの語を伴って)…のほかに。…を除いて。「あなた―適任者はない」「李朝―陶器を語ることはできない」

をこつ・る【▽誘る】〔動ラ四〕▶おこつる

をこと-てん【×乎古▽止点】古く漢文訓読の際、漢字の読み方を示すために漢字の字面の四隅・上下・中央などに記入した符号。胡粉または朱で記した。平安初期に始まり、室町時代ごろまで行われた。仏家・儒家、またはその流派により種々の相違があった。儒家の代表的な点図の右上の二点が、「を」「こと」にあたるところからの称。

をご・め・く【×蠢く】〔動カ四〕▶おごめく

を-して〔連語〕《格助詞「を」＋格助詞「して」》(使役表現を伴い、格助詞的に用いて)動作の主体を強調する意を表す。…に。…を。「私―言わしむれば」「彼―走らしむ」「運命は空しく我―心なき風に訴えしむ」〈漱石・倫敦塔〉〔補説〕漢文訓読からの用法。

を-ば〔連語〕《格助詞「を」に係助詞「は」が付いたものの音変化》動作・作用の対象を、特に取り立てて強調する意を表す。(特に)…を。「優勝―逸した」「外の女―ことごとく嫌うと見ゆれば」〈鷗外訳・即興詩人〉「其実母も民子―非常に可愛がって居るのだから」〈左千夫・野菊の墓〉「名―、さかきの造となむいひける」〈竹取〉

を-もち-て【を▽以ちて】〔連語〕▶も(以)ちて

を-もっ-て【を▽以て】〔連語〕▶もっ(以)て

を-も-て【を▽以て】〔連語〕▶も(以)て

を-や〔連語〕㊀《格助詞「を」＋係助詞「や」》疑問を表す。…を…(だろう)か。「水の落ち足(=水ガ引キハジメルノ)―待つべき」〈平家・九〉㊁《間投助詞「を」＋間投助詞「や」》❶(活用語の連体形に付いて)強い感動・詠嘆を表す。…(だ)なあ。…ことよ。「もてひがみたること好み給ふ御心なれば、御耳とどまらむ―、と見たてまつる」〈源・若紫〉❷(名詞・助詞に付く。「いわんや…(において)をや」の形で)反語表現の文を強調する意を表す。まして…においてはなおさらである。…はいうまでもないことである。「いかにいはんや、七道諸国―」〈方丈記〉〔補説〕㊁❷は漢文訓読からの用法。

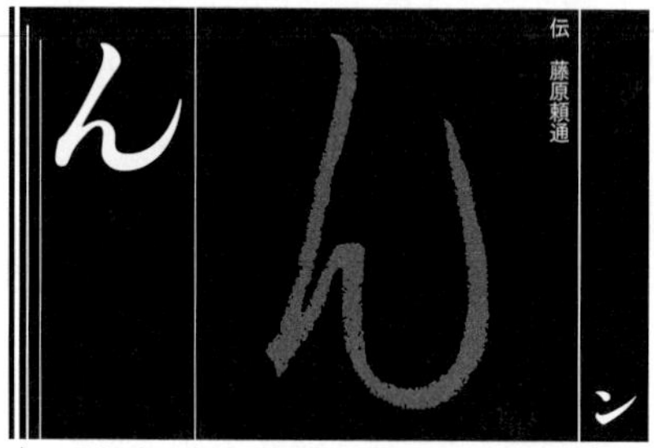

ん ❶撥音の音節。鼻音の有声子音だけで1音節をなす。実際の発音では、後続音の有無や種類により、両唇鼻音[m]、歯茎鼻音[n]、軟口蓋鼻音[ŋ]、奥舌と軟口蓋との閉鎖をゆるくした鼻音[N]などの別がある。❷平仮名「ん」は「无」または「毛」の草体から。片仮名「ン」ははねる音を象徴的に示す記号「レ」から転じたものかといわれている。

ん〔感〕❶相手の意向を了解・承諾したときに用いる語。うん。「―、いいよ」❷疑問を表すときに用いる語。「―、何か変だぞ」

ん〔助動〕《推量の助動詞「む」の音変化》活用語の未然形に付く。❶婉曲的表現を表す。「あらんかぎりの力を出す」❷(「んとする」の形で)意志・推量の意を表す。「言わんとすることはわかった」

ん〔助動〕▶ぬ〔助動〕

ん〔助動〕▶む〔助動〕

ん〔格助〕格助詞「の」の音変化。「それ、僕―だ」「君―ちへ行こう」「あたし―とこに明いてるのがあるから」〈二葉亭・平凡〉

ンゴロンゴロ-ほぜんちいき【ンゴロンゴロ保全地域】《Ngorongoro》タンザニアの自然保護地域。火山のカルデラに広がる草原で、外輪は南北16キロメートル、東西19キロメートル。湖や沼・森林など、多彩な自然環境に恵まれており、多種多様な動物が生息する。1979年、世界遺産(自然遺産)に登録された。

ンジャメナ〖N'djamena〗▶ヌジャメナ

んす〔助動〕[んせ・んしよ|んし|んす|んす・んする|んすれ(んすりや)|んせ(んし)]《尊敬の助動詞「しゃんす」の音変化》助動詞「しゃんす」に同じ。「必ずそれまで短気な心持たんすな」〈浄・卯月の紅葉〉

んす〔助動〕[んせ・んしよ|んし|んす|んす|んすれ(んすりや)|んせ(んし)]《丁寧の助動詞「ます」の音変化》助動詞「ます」に同じ。「一盃つぎんした」〈洒・甲駅新話〉〔補説〕近世の遊里を中心に用いられた。

んず〔助動〕▶むず〔助動〕

ん・だ〔連語〕▶のだ〔連語〕

んで〔接助〕▶ので〔接助〕

ん・です〔連語〕▶のです〔連語〕

ん-と・す〔連語〕▶むとす〔連語〕

ンビラ〖mbira〗▶サンザ

付録

目次

活用表

動詞活用表

文語

種類	四段								ナ変	ラ変	下一段	上一段						上二段					
行	カ	ガ	サ	タ	ハ	バ	マ	ラ			カ	ヤ	ワ	カ	ナ	ハ	マ	ハ	ヤ	カ	ガ	ダ	タ
基本の形	咲く	継ぐ	押す	打つ	思ふ	学ぶ	読む	知る	死ぬ	有り	蹴る	射る	居る	着る	煮る	干る	見る	強ふ	報ゆ	起く	過ぐ	閉づ	落つ
語幹	さ	つ	お	う	おも	まな	よ	し	し	あ	○	○	○	○	○	○	○	し	むく	お	す	と	お
未然形	-か	-が	-さ	-た	-は	-ば	-ま	-ら	-な	-ら	け	い	ゐ	き	に	ひ	み	-ひ	-い	-き	-ぎ	-ぢ	-ち
連用形	-き	-ぎ	-し	-ち	-ひ	-び	-み	-り	-に	-り	け	い	ゐ	き	に	ひ	み	-ひ	-い	-き	-ぎ	-ぢ	-ち
終止形	-く	-ぐ	-す	-つ	-ふ	-ぶ	-む	-る	-ぬ	-り	ける	いる	ゐる	きる	にる	ひる	みる	-ふ	-ゆ	-く	-ぐ	-づ	-つ
連体形	-く	-ぐ	-す	-つ	-ふ	-ぶ	-む	-る	-ぬる	-る	ける	いる	ゐる	きる	にる	ひる	みる	-ふる	-ゆる	-くる	-ぐる	-づる	-つる
已然形	-け	-げ	-せ	-て	-へ	-べ	-め	-れ	-ぬれ	-れ	けれ	いれ	ゐれ	きれ	にれ	ひれ	みれ	-ふれ	-ゆれ	-くれ	-ぐれ	-づれ	-つれ
命令形	-け	-げ	-せ	-て	-へ	-べ	-め	-れ	-ね	-れ	けよ	いよ	ゐよ	きよ	によ	ひよ	みよ	-ひよ	-いよ	-きよ	-ぎよ	-ぢよ	-ちよ

口語

種類	五段											上一段											
行	カ	ガ	サ	タ	ワ	バ	マ	ラ	ナ	ラ	ラ	ア	ア	カ	ナ	ハ	マ	ア	ア	カ	ガ	ザ	タ
基本の形	咲く	継ぐ	押す	打つ	思う	学ぶ	読む	知る	死ぬ	有る	蹴る	射る	居る	着る	煮る	干る	見る	強いる	報いる	起きる	過ぎる	閉じる	落ちる
語幹	さ	つ	お	う	おも	まな	よ	し	し	あ	け	○	○	○	○	○	○	し	むく	お	す	と	お
未然形	-か -こ	-が -ご	-さ -そ	-た -と	-わ -お	-ば -ぼ	-ま -も	-ら -ろ	-な -の	-ら -ろ	-ら -ろ	い	い	き	に	ひ	み	-い	-い	-き	-ぎ	-じ	-ち
連用形	-き -い	-ぎ -い	-し	-ち -っ	-い -っ	-び -ん	-み -ん	-り -っ	-に -ん	-り -っ	-り -っ	い	い	き	に	ひ	み	-い	-い	-き	-ぎ	-じ	-ち
終止形	-く	-ぐ	-す	-つ	-う	-ぶ	-む	-る	-ぬ	-る	-る	いる	いる	きる	にる	ひる	みる	-いる	-いる	-きる	-ぎる	-じる	-ちる
連体形	-く	-ぐ	-す	-つ	-う	-ぶ	-む	-る	-ぬ	-る	-る	いる	いる	きる	にる	ひる	みる	-いる	-いる	-きる	-ぎる	-じる	-ちる
仮定形	-け	-げ	-せ	-て	-え	-べ	-め	-れ	-ね	-れ	-れ	いれ	いれ	きれ	にれ	ひれ	みれ	-いれ	-いれ	-きれ	-ぎれ	-じれ	-ちれ
命令形	-け	-げ	-せ	-て	-え	-べ	-め	-れ	-ね	-れ	-れ (ろ)	いろ (いよ)	いろ (いよ)	きろ (きよ)	にろ (によ)	ひろ (ひよ)	みろ (みよ)	-いろ (いよ)	-いろ (いよ)	-きろ (きよ)	-ぎろ (ぎよ)	-じろ (じよ)	-ちろ (ちよ)

⊙文語の動詞のうち、ナ変活用は「死ぬ」「往ぬ」の二語、ラ変活用は「有り」「居り」「侍り」「いまそ(す)かり」の四語、下一段活用は「蹴る」の一語である。カ変活用も「来」の一語のみで、命令形は平安時代までは「こ」が普通であった。口語でも「来る」の一語である。また、サ変活用は「為」およびその複合動詞、口語でも「する」とその複合動詞のみである。

⊙文語の上一段活用に属する語は数が少なく、しかも語幹と語尾との区別のつかないものか、その複合語である。カ行では「着る」、ナ行では「似る」「煮る」、ハ行では「干る」「簸る」「嚔る」、マ行では「見る(後ろ見る・おもんみる・顧みる・かんがみる・試みる)」、ヤ行では「射る」「鋳る」「沃る」、ワ行では、「居る」「率る(率ゐる・用ゐる)」。

⊙文語の四段・ナ変・ラ変活用の連用形に、助詞「て」「たり」が続くときに音便が生じる。次の四種類がある。

イ音便　カ行・ガ行・サ行四段の動詞。ガ行の場合には「て」「たり」が濁音になる。
　例　書きて→書いて　泳ぎて→泳いで　みなして→みないて

ウ音便　ハ行・バ行・マ行四段の動詞。バ行・マ行の場合には「て」「たり」が濁音になる。
　例　思ひて→思うて　喜びて→喜うで　頼みて→頼うで

撥音便　バ行・マ行四段、ナ変の動詞。この場合は「て」「たり」が濁音になる。
　例　学びて→学んで　飲みて→飲んで　死にて→死んで

促音便　タ行・ハ行・ラ行四段、ラ変の動詞。
　例　立ちて→立って　笑ひて→笑って　散りて→散って　ありて→あって

⊙口語のサ変複合動詞のうち、「愛する」「解する」「属する」「略する」などは、基本の形が「愛す」「解す」「属す」「略す」で五段にも活用し、「信ずる」「応ずる」「命ずる」「疎んずる」「先んずる」「察する」などは、基本の形が「信じる」「応じる」「命じる」「疎んじる」「先んじ

上二段			下二段															カ変	サ変			
バ	マ	ラ	ア	ハ	ヤ	ワ	カ	ガ	サ	ザ	タ	ダ	ナ	ハ	バ	マ	ラ					おもな用法
伸ぶ	染む	降る	得(う)	教ふ	覚ゆ	植う	助く	上ぐ	乗す	混ず	捨つ	撫づ	尋ぬ	経(ふ)	並ぶ	改む	流る	来(く)	為(す)	決す	論ず	
の	し	お	○	おし	おぼ	う	たす	あ	の	ま	す	な	たづ	○	なら	あらた	なが	○	○	けっ	ろん	
−び	−み	−り	え	−へ	−え	−ゑ	−け	−げ	−せ	−ぜ	−て	−で	−ね	へ	−べ	−め	−れ	こ	せ	−せ	−ぜ	ズ・ムに付く バに付く
−び	−み	−り	え	−へ	−え	−ゑ	−け	−げ	−せ	−ぜ	−て	−で	−ね	へ	−べ	−め	−れ	き	し	−し	−じ	中止する 用言に続く キ・ケリに付く
−ぶ	−む	−る	う	−ふ	−ゆ	−う	−く	−ぐ	−す	−ず	−つ	−づ	−ぬ	ふ	−ぶ	−む	−る	く	す	−す	−ず	言い切る ヤ・ベシに付く
−ぶる	−むる	−るる	うる	−ふる	−ゆる	−うる	−くる	−ぐる	−する	−ずる	−つる	−づる	−ぬる	ふる	−ぶる	−むる	−るる	くる	する	−する	−ずる	体言に続く ゾの結び
−ぶれ	−むれ	−るれ	うれ	−ふれ	−ゆれ	−うれ	−くれ	−ぐれ	−すれ	−ずれ	−つれ	−づれ	−ぬれ	ふれ	−ぶれ	−むれ	−るれ	くれ	すれ	−すれ	−ずれ	コソの結び ドモに付く
−びよ	−みよ	−りよ	えよ	−へよ	−えよ	−ゑよ	−けよ	−げよ	−せよ	−ぜよ	−てよ	−でよ	−ねよ	へよ	−べよ	−めよ	−れよ	こ (こよ)	せよ	−せよ	−ぜよ	命令の意を表す

上一段			下一段															カ変	サ変			
バ	マ	ラ	ア	ア	ア	ア	カ	ガ	サ	ザ	タ	ダ	ナ	ハ	バ	マ	ラ					おもな用法
伸びる	染みる	降りる	得る	教える	覚える	植える	助ける	上げる	乗せる	混ぜる	捨てる	撫でる	尋ねる	経る	並べる	改める	流れる	来る	する	決する	論ずる	
の	し	お	○	おし	おぼ	う	たす	あ	の	ま	す	な	たず	○	なら	あらた	なが	○	○	けっ	ろん	
−び	−み	−り	え	−え	−え	−え	−け	−げ	−せ	−ぜ	−て	−で	−ね	へ	−べ	−め	−れ	こ	し せ さ	−し −せ	−じ −ぜ	レル・ラレルに付く ナイに付く ウ・ヨウに付く
−び	−み	−り	え	−え	−え	−え	−け	−げ	−せ	−ぜ	−て	−で	−ね	へ	−べ	−め	−れ	き	し	−し	−じ	中止する 用言に続く タイ・マス・タに付く
−びる	−みる	−りる	える	−える	−える	−える	−ける	−げる	−せる	−ぜる	−てる	−でる	−ねる	へる	−べる	−める	−れる	くる	する	−する	−ずる	言い切る
−びる	−みる	−りる	える	−える	−える	−える	−ける	−げる	−せる	−ぜる	−てる	−でる	−ねる	へる	−べる	−める	−れる	くる	する	−する	−ずる	体言に続く
−びれ	−みれ	−りれ	えれ	−えれ	−えれ	−えれ	−けれ	−げれ	−せれ	−ぜれ	−てれ	−でれ	−ねれ	へれ	−べれ	−めれ	−れれ	くれ	すれ	−すれ	−ずれ	バに付く
−びろ (びよ)	−みろ (みよ)	−りろ (りよ)	えろ (えよ)	−えろ (えよ)	−えろ (えよ)	−えろ (えよ)	−けろ (けよ)	−げろ (げよ)	−せろ (せよ)	−ぜろ (ぜよ)	−てろ (てよ)	−でろ (でよ)	−ねろ (ねよ)	へろ (へよ)	−べろ (べよ)	−めろ (めよ)	−れろ (れよ)	こい	しろ (せよ)	−しろ (せよ)	−じろ (ぜよ)	命令の意を表す

る」「察しる」で上一段にも活用する。

⊙口語の五段活用の未然形には、助動詞「ない」「せる」「れる」などに続く形と、助動詞「う」に続く形とがある。ただし、「ある」の未然形「あら」は助動詞「ない」に続かないので、打消の言い方としては形容詞「ない」が用いられる。

⊙口語の五段活用の連用形には、助動詞「ます」に続くイ段の形(き・ち・び……)と、それが音便になった形の二つの活用形がある。五段活用の連用形は、助詞「て」「たり」、助動詞「た」に続くときには必ず音便形になる。ただし、サ行五段活用の音便はなく、また、ウ音便をとる動詞はない。口語の場合、音便には次の三種類がある。

イ音便　カ行・ガ行の動詞。ガ行の場合には「て」「た」が濁音になる。

例　咲きて→咲いて　急ぎて→急いで

撥音便　ナ行・バ行・マ行の動詞。この場合は「て」「た」が濁音になる。

例　死にて→死んで　呼びて→呼んで　読みて→読んで

促音便　タ行・ラ行・ワ行の動詞。また、カ行五段の「行く」も促音便をとる。

例　勝ちて→勝って　知りて→知って　思いて→思って　行きて→行って

⊙口語の「なさる」「くださる」「おっしゃる」「いらっしゃる」などは、通常ラ行五段活用に入れるが、次の点で他のラ行五段活用と異なる。㋐未然形「ら」は助動詞「せる」「れる」には続かない。㋑連用形に三つの形があり、「り」「っ」のほか、助動詞「ます」に続くときは「い」の形が用いられる。㋒命令形の語尾が「れ」でなく「い」の形である。

⊙口語のサ変活用の未然形には三つの形があり、助動詞「ない」「まい」「よう」に続くときは「し」、助動詞「ぬ(ず)」に続くときは「せ」、助動詞「せる」「れる」に続くときは「さ」が用いられる。サ変複合動詞の場合は、「せ」「ぜ」は助動詞「ぬ」「させる」「られる」に続くときに用いられる。

助動詞活用表

文語

意味	受身／自発 可能／尊敬		使役			打消	過去		完了				推量				
基本の形	る	らる	す	さす	しむ	ず	き	けり	つ	ぬ	たり	り	む 〈ん〉	むず 〈んず〉	まし	けむ 〈けん〉	らむ 〈らん〉
未然形	れ	られ	せ	させ	しめ	(な) (ず) ざら	(け) (せ)	(けら)	て	な	たら	ら	(ま)	○	(ませ) ましか	(けま)	○
連用形	れ	られ	せ	させ	しめ	(に) ず ざり	○	○	て	に	たり	り	○	○	○	○	○
終止形	る	らる	す	さす	しむ	ず	き	けり	つ	ぬ	たり	り	む 〈ん〉	むず 〈んず〉	まし	けむ 〈けん〉	らむ 〈らん〉
連体形	るる	らるる	する	さする	しむる	ぬ ざる	し	ける	つる	ぬる	たる	る	む 〈ん〉	むずる 〈んずる〉	まし	けむ 〈けん〉	らむ 〈らん〉
已然形	るれ	らるれ	すれ	さすれ	しむれ	ね ざれ	しか	けれ	つれ	ぬれ	たれ	れ	め	むずれ 〈んずれ〉	ましか	けめ	らめ
命令形	れよ	られよ	せよ	させよ	しめよ (しめ)	ざれ	○	○	てよ	ね	たれ	れ	○	○	○	○	○
接続	四段・ナ変・ラ変の未然形	左以外の未然形	四段・ナ変・ラ変の未然形	左以外の未然形	未然形	未然形	連用形		連用形			四段の已然形／サ変の未然形	未然形			連用形	
活用の型	下二段		下二段			特殊	特殊	ラ変	下二段	ナ変	ラ変		四段	サ変	特殊	四段	

口語

意味	受身／自発 可能／尊敬		使役		打消		過去／完了	推量	
基本の形	れる	られる	せる	させる	ない	ぬ 〈ん〉	た	う	よう
未然形	れ	られ	せ	させ	なかろ	○	たろ	○	○
連用形	れ	られ	せ	させ	なく なかっ	ず 〈ん〉	○	○	○
終止形	れる	られる	せる	させる	ない	ぬ 〈ん〉	た	う	よう
連体形	れる	られる	せる	させる	ない	ぬ 〈ん〉	た	(う)	(よう)
仮定形	れれ	られれ	せれ	させれ	なけれ	ね	たら	○	○
命令形	れろ (れよ)	られろ (られよ)	せろ(せよ／せい)	させろ(させよ／させい)	○	○	○	○	○
接続	五段・サ変の未然形	左以外の未然形	五段・サ変の未然形	左以外の未然形	未然形		連用形	五段動詞・形容詞・形容動詞の未然形	左以外の未然形
活用の型	下一段		下一段		形容詞	特殊	特殊	無変化	

⊙文語の助動詞の音便には次のようなものがある。

イ音便　推量「べし」、打消の推量「まじ」の連体形「べき」「まじき」がそれぞれ「べい」「まじい」となることがある。

ウ音便　推量「べし」、打消の推量「まじ」、希望「まほし」「たし」の連用形「べく」「まじく」「まほしく」「たく」がそれぞれ「べう」「まじう」「まほしう」「たう」となることがある。

撥音便　打消「ず」、完了「たり」、推量「べし」、打消の推量「まじ」、断定「なり」の連体形「ざる」「たる」「べかる」「まじかる」「なる」に、推量「めり」、伝聞・推定「なり」が付くと、それぞれ「ざん」「たん」「べかん」「まじかん」「なん」となることがある。また、その場合撥音が表記されず、「ざ」「た」「べか」「まじか」「な」となることもある。

⊙受身・自発・可能・尊敬「る」「らる」の命令形は受身・尊敬の意で用いられる場合に限られる。

⊙打消「ず」の未然形「な」、連用形「に」は、上代の用法で、「な」は「なく」、「に」は「知らに」「飽かに」「がてに」などの形で用いられた。

⊙打消「ず」の未然形「ず」は、室町時代以降には「ずんば」、近世では「ずば」の形でも用いられた。

⊙過去「き」の未然形「け」「せ」、「けり」の未然形「けら」は、いずれも上代に用いられた語形で、「け」は「けば」「けく」、「せ」は「せば」、「けら」は「けらず」「けらく」の形で用いられた。

⊙過去「き」の終止形「き」は、カ変動詞には付かない。ただし、連体形「し」・已然形「しか」はカ変動詞の未然形「こ」あるいは連用形「き」に付く。また、サ変動詞には終止形「き」が連用形「し」に付き、連体形「し」・已然形「しか」は未然形「せ」に付く。

⊙完了「り」は、その表記に上代特殊仮名遣いで甲類の仮名が用いられるところから、その接続を命令形とする説もある。

⊙推量「む」「けむ」の未然形「ま」「けま」は上代、「まく」「けまく」の形で用いられた。

⊙推量「まし」の未然形「ませ」は上代に用いられた語形で、中古では和歌にだけ用いられた。

⊙推量「らし」の連体形「らしき」は上代、係助詞「こそ」の結びとして用いられた。また、中古においても、連体形・已然形の「らし」は係助詞の結びとしての用法しか持たない。

⊙推量「らし」が上代において上一段動詞に付く場合、「見らし」のように未然形、あるいは、連用形に付くことがある。また、ラ変型活用語には、「あらし」のように活用語尾「る」を落として付くことがある。

⊙打消の推量「じ」の連体形・已然形の「じ」は係助詞の結びとして用いられるだけである。

⊙希望「たし」の未然形「たく」、比況「ごとし」の未然形「ごとく」は、近世以降「たくば」「ご

推量				打消の推量		希望		伝聞／推定		断定		比況	
らし	めり	べし	べらなり	まじ	じ	たし	まほし	なり		なり	たり	ごとし	ごとくなり
○	○	べから	○	まじから	○	(たく) たから	まほしから	○		なら	たら	○	ごとくなら
○	(めり)	べく べかり	べらに	まじく まじかり	○	たく たかり	まほしく まほしかり	(なり)		なり に	たり と	ごとく	(ごとくなり) ごとくに
らし	めり	べし	べらなり	まじ	じ	たし	まほし	なり		なり	たり	ごとし	ごとくなり
らし (らしき)	める	べき べかる	べらなる	まじき まじかる	(じ)	たき	まほしき まほしかる	なる		なる	たる	ごとき	ごとくなる
らし	めれ	べけれ	べらなれ	まじけれ	(じ)	たけれ	まほしけれ	なれ		なれ	たれ	○	ごとくなれ
○	○	○	○	○	○	○	○	○		なれ	たれ	○	ごとくなれ
終止形(ラ変型には連体形)				終止形(ラ変型には連体形)	未然形	連用形	未然形	終止形(ラ変型には連体形)		体言、連体形、形容動詞の語幹など	体言	連体形、助詞「の」「が」	
無変化	ラ変	形容詞	形容動詞	形容詞	無変化	形容詞		ラ変		形容動詞		形容詞	形容動詞

推量	打消の推量	希望	伝聞		様態		断定		比況				丁寧
らしい	まい	たい	そうだ	そうです	そうだ	そうです	だ	です	ようだ	ようです	みたいだ	みたいです	ます
○	○	たかろ	○	○	そうだろ	そうでしょ	だろ	でしょ	ようだろ	ようでしょ	みたいだろ	みたいでしょ	ませ ましょ
らしく らしかっ	○	たく たかっ	そうで (そうに)	そうでし	そうだっ そうで そうに	そうでし	だっ で	でし	ようだっ ようで ように	ようでし	みたいだっ みたいで みたいに	みたいでし	まし
らしい	まい	たい	そうだ (そうな)	そうです	そうだ (そうな)	そうです	だ	です	ようだ	ようです	みたいだ	みたいです	ます
らしい	(まい)	たい	(そうな)	(そうです)	そうな	(そうです)	(な)	です	ような	○	みたいな	○	ます
○	○	たけれ	○	○	そうなら	○	なら	○	ようなら	○	みたいなら	○	(ますれ)
○	○	○	○	○	○	○	○	○	○	○	○	○	ませ まし
終止形、形容動詞の語幹、体言	五段動詞の終止形、その他の未然形	連用形	終止形		動詞の連用形、形容詞・形容動詞の語幹		体言、助詞「の」など		連体形、助詞「の」など		体言、終止形、形容詞・形容動詞の語幹		連用形
形容詞	無変化	形容詞	形容動詞	特殊	形容動詞	特殊	形容動詞	特殊	形容動詞	特殊	形容動詞	特殊	特殊

とくば」の形で用いられるようになったものである。

⊙口語の助動詞の音便には次のようなものがある。
　ウ音便　推量「らしい」、希望「たい」の連用形「らしく」「たく」に、「ございます」「存じます」などが付くと、それぞれ「らしゅう」「とう」となることがある。

⊙受身・自発・可能・尊敬「れる」「られる」の命令形は受身の意で用いられる場合に限られる。

⊙打消「ない」、過去・完了「た」、希望「たい」、伝聞・様態「そうだ」「そうです」、断定「だ」「です」、比況「ようだ」「ようです」「みたいだ」「みたいです」、丁寧「ます」の未然形「なかろ」「たろ」「たかろ」「そうだろ」「そうでしょ」「だろ」「でしょ」「ようだろ」「ようでしょ」「みたいだろ」「みたいでしょ」「ましょ」は、助動詞「う」を下接して推量・意志の意味を表すのに用いられる。

⊙推量「う」「よう」、打消の推量「まい」の連体形「う」「よう」「まい」は、形式名詞「もの」「こと」などを下接するのに用いられるだけである。また、伝聞「そうだ」「そうです」、様態「そうだ」「そうです」、断定「だ」「です」の連体形「そうな」「そうです」、「そうな」「そうです」、「な」「です」は、助詞「の」「のに」「ので」を下接するのに用いられるだけである。

⊙過去・完了「た」、様態「そうだ」、断定「だ」、比況「ようだ」「みたいだ」の仮定形「たら」「そうなら」「なら」「ようなら」「みたいなら」は、「ば」を付けないでも仮定の意味を表すことができる。

⊙過去・完了「た」がガ行・ナ行・バ行・マ行の五段動詞に付く場合は、連用形の音便の形に付き、「脱いだ」「死んだ」「飛んだ」「澄んだ」のように濁音となる。

⊙推量「らしい」は、近世、古語の「らし」と形容詞を作る接尾語「らし」との類推から生まれたものといわれる。

⊙伝聞・様態「そうだ」の終止形「そうな」は、主に近世に用いられた語形であるが、現代でも古風な言い方として用いられることがある。

⊙伝聞・様態「そうだ」、比況「ようだ」「みたいだ」は、語幹に終助詞を添え「そうよ」「ようね」「みたいよ」のように用いられることがある。

⊙断定「だ」の未然形「だろ」、仮定形「なら」、また断定「です」の未然形「でしょ」は、動詞、形容詞、助動詞にも接続する。

⊙丁寧「ます」の未然形「ませ」は、打消の助動詞「ぬ」を下接するのに用いられるが、その場合、「ぬ」は「ん」となるのが普通である。また、命令形「ませ」「まし」は「いらっしゃる」「なさる」「くださる」などの敬語動詞に付いてしか用いられない。

形容詞活用表

文語 種類	ク活用	シク活用		おもな用法
基本の形	高し	正し	むつまじ	
語幹	たか	ただ	むつま	
未然形	−く −から	−しく −しから	−じく −じから	バに付く ズ・ムに付く
連用形	−く −かり	−しく −しかり	−じく −じかり	中止する 用言に続く キに付く
終止形	−し	−し	−じ	言い切る
連体形	−き −かる	−しき −しかる	−じき −じかる	体言に続く ゾの結び ベシに付く
已然形	−けれ	−しけれ	−じけれ	コソの結び ドモに付く
命令形	−かれ	−しかれ	−じかれ	命令の意を表す

口語 種類				おもな用法
基本の形	高い	正しい	むつまじい	
語幹	たか	ただし	むつまじ	
未然形	−かろ	−かろ	−かろ	ウに付く
連用形	−く −かっ	−く −かっ	−く −かっ	中止する 用言に続く タに付く
終止形	−い	−い	−い	言い切る
連体形	−い	−い	−い	体言に続く
仮定形	−けれ	−けれ	−けれ	バに付く
命令形	○	○	○	

⊙文語形容詞の活用のうち、「−く・−く・−し・−き・−けれ・○」「−しく・−しく・−し・−しき・−しけれ・○」が形容詞本来の活用で、「−から・−かり・○・−かる・○・−かれ」「−しから・−しかり・○・−しかる・○・−しかれ」のほうは、形容詞の連用形に動詞「あり」が付いた言い方から派生した形である(「高くあり→高かり」「正しくあり→正しかり」)。これをカリ活用という。カリ活用は主として助動詞が接続するときに用いられ、形容詞本来の活用を補助するはたらきをするもので、形容詞の補助活用ともいわれる。なお、口語形容詞の活用では、未然形「−かろ」と連用形「−かっ」がカリ活用にもとづくものである。

⊙文語形容詞の未然形のうち、「−く」「−しく」は接続助詞「ば」が接続するときに用いられ、「−から」「−しから」は助動詞「ず」「む」が接続するときに用いられる。

⊙文語形容詞の連用形のうち、「−く」「−しく」は文を中止したり助詞「て」が接続したりするときや連用修飾語として用いられ、「−かり」「−しかり」は助動詞「き」「けり」「つ」「ぬ」などが接続するときに用いられる。

⊙文語形容詞の連体形のうち、「−き」「−しき」は連体修飾語として用いられるときや、係助詞「ぞ」「なむ」などの結びとなるとき、助動詞「なり」などに接続するときに用いられ、「−かる」「−しかる」は助動詞「べし」「らし」「めり」などに接続するときに用いられる。

⊙文語形容詞の連用形「−く」「−しく」にはウ音便の形「−う」「−しう」、連体形「−き」「−しき」にはイ音便の形「−い」「−しい」がある。

⊙口語形容詞の連用形のうち、「−く」は文を中止するときや連用修飾語として用いられるとき、助詞「て」などに接続するときに用いられ、「−かっ」は助動詞「た」に接続するときに用いられる。

⊙口語形容詞の連用形「−く」が「ございます」「存じます」に続くときはウ音便の形になって、「さむく」が「さむうございます」、「たかく」が「たこうございます」、「ただしく」が「ただしゅうございます」、「むつまじく」が「むつまじゅうございます」のようになる。

⊙古く、上代の形容詞には、未然形と已然形に「−け」「−しけ」の形があった。この形は、それぞれ助動詞「む」や接続助詞「ど」などに接続するときに用いられる。

形容動詞活用表

文語 種類	ナリ活用	タリ活用	おもな用法
基本の形	静かなり 同じなり 大きなり	堂々たり	
語幹	しづか おなじ おほき	だうだう	
未然形	−なら	−たら	バに付く ズ・ムに付く
連用形	−なり −に	−たり −と	キに付く 中止する 用言に続く
終止形	−なり	−たり	言い切る
連体形	−なる	−たる	体言に続く ゾの結び ベシに付く
已然形	−なれ	−たれ	コソの結び ドモに付く
命令形	−なれ	−たれ	命令の意を表す

口語 種類	ダ活用			デス活用		おもな用法
基本の形	静かだ	同じだ	(大きな)	静かです		
語幹	しずか	おなじ	おおき	しずか		
未然形	−だろ	−だろ	○	−でしょ		ウに付く
連用形	−だっ −で −に	−だっ −で −に	○	(−でし)		タに付く 中止する 用言に続く
終止形	−だ	−だ	○	−です		言い切る
連体形	−な	− (−な)	−な	(−です)		体言に続く ノニ・ノデに付く
仮定形	−なら	−なら	○	○		バに付く
命令形	○	○	○	○		

⊙文語形容動詞の連用形のうち、「−なり」「−たり」は助動詞「き」「けり」「つ」に接続するときに用いられ、「−に」「−と」は文を中止するときや連用修飾語となるとき、助詞「て」に接続するときに用いられる。

⊙口語形容動詞の連用形のうち、「−だっ」は助動詞「た」などに接続するときに用いられ、「−で」は文を中止したり用言「ある」「ない」に接続したりするときに用いられ、「−に」は連用修飾語として用いられる。

⊙口語形容動詞「同じだ」の連体形のうち、「同じ」は連体修飾語として用いられ、「同じな」は接続助詞「のに」「ので」に接続するときにのみ用いられる。同様の活用をする語に、「こんなだ」「そんなだ」「あんなだ」「どんなだ」がある。

⊙口語の「大きな」は、「大きな」の形でだけ「大きな声」「声の大きな人」のように用いられるので、連体形のみの形容動詞とする。この語には、一方で「大きい」という形容詞もある。同様の語に、「小さな、小さい」「おかしな、おかしい」がある。

⊙口語には、「細かい」と「細かだ」のように、語幹が同じで、形容詞にも形容動詞にも活用するものがある。同様の語に、「暖かい、暖かだ」「柔らかい、柔らかだ」「四角い、四角だ」などがある。

⊙口語のデス活用の「静かです」は、ダ活用の「静かだ」のていねいな言い方である。その活用形のうち、連用形・連体形は用法が限られている。連用形「−でし」は助動詞「た」や助詞「て」に続くとき、連体形「−です」は接続助詞「のに」「ので」に続くときにのみ用いられる。

⊙文語のタリ活用の形容動詞「堂々たり」にあたる口語の語として「堂々と」「堂々たる」がある。本書では、「堂々と」のように「−と」という語尾をもつものは副詞、「堂々たる」のように「−たる」という語尾をもつものは連体詞とする。このような語は、本書では品詞表示として〘ト・タル〙というようにしてある。

助詞の種類

	格助詞	接続助詞	副助詞	係助詞	終助詞	間投助詞	並立助詞	準体助詞
文語	が・から・して・で・と・とて・に・にて・の・へ・より・を	が・がてら・して・つつ・て・で・と・ど・とも・ども・ながら・に・ば・も・ものから・ものの・ものゆゑ・ものを・を	さへ・し・すら・そら・だに・など・のみ・ばかり・まで	か・こそ・ぞ・なむ(なん)・は・も・や	か・が・かし・かな・がな・しがな・そ・てしが・てしがな・な・なむ・にしが・にしがな・ばや・もがな	や・よ・を	と・に・の	の
口語	が・から・して・で・と・に・にて・の・へ・より・を	が・がてら・から・けれども(けれど)・し・つつ・て(で)・ても(でも)・と・ところが・ところで・ところを・とて・ながら・なり・ので・のに・ば・も・ものなら・ものの・ものを・や	か・がてら・きり・くらい(ぐらい)・さえ・ずつ・ぞ・だけ・どころ・どころか・なぞ・など・なり・なりと・なんか・なんて・のみ・ばかり・ほど・まで・やら	こそ・しか・だって・たら(ったら)・でも・は・ほか・も	い・か・が・かい・かしら・こと・さ・ぞ・だって・たら(ったら)・って(て)・とも・な(なあ)・ね(ねえ)・の・のに・もの・ものか・ものを・や・よ・わ	え・さ・な(なあ)・ね(ねえ)・や・よ	か・だの・と・なり・なりと・に・の・や・やら	から・の

常用漢字一覧

◉この表は、常用漢字表(平成22年11月30日内閣告示)の本表に掲げられた常用漢字2,136字を、その音訓とともに示したものである。字種は字音によって五十音順に並べた。
◉字体は、内閣告示(印刷文字における現代の通用字体)によった。(　)内は許容字体である。
◉常用漢字に対する康熙字典体はページの小口寄りに示した。
◉字音はかたかな、字訓はひらがなで示した。字訓のうち、太い部分は送り仮名である。

あ

亜 ア
哀 アイ・あわれ・あわれむ
挨 アイ
愛 アイ
曖 アイ
悪 アク・オ・わるい
握 アク・にぎる
圧 アツ
扱 あつかう
宛 あてる
嵐 あらし
安 アン・やすい
案 アン
暗 アン・くらい

い

以 イ
衣 イ・ころも
位 イ・くらい
囲 イ・かこむ・かこう
医 イ
依 イ・エ
委 イ・ゆだねる
威 イ
為 イ
畏 イ・おそれる
胃 イ
尉 イ
異 イ・こと
移 イ・うつる・うつす
萎 イ・なえる
偉 イ・えらい
椅 イ
彙 イ
意 イ
違 イ・ちがう・ちがえる
維 イ
慰 イ・なぐさめる・なぐさむ
遺 イ・ユイ
緯 イ
域 イキ
育 イク・そだつ・そだてる・はぐくむ
一 イチ・イツ・ひと・ひとつ
壱 イチ
逸 イツ
茨 いばら
芋 いも
引 イン・ひく・ひける
印 イン・しるし
因 イン・よる
咽 イン
姻 イン
員 イン
院 イン
淫 イン・みだら
陰 イン・かげ・かげる
飲 イン・のむ
隠 イン・かくす・かくれる
韻 イン

う

右 ウ・ユウ・みぎ
宇 ウ
羽 ウ・は・はね
雨 ウ・あめ・あま
唄 うた
鬱 ウツ
畝 うね
浦 うら
運 ウン・はこぶ
雲 ウン・くも

え

永 エイ・ながい
泳 エイ・およぐ
英 エイ
映 エイ・うつる・うつす・はえる
栄 エイ・さかえる・はえ・はえる
営 エイ・いとなむ
詠 エイ・よむ
影 エイ・かげ
鋭 エイ・するどい
衛 エイ
易 エキ・イ・やさしい
疫 エキ・ヤク
益 エキ・ヤク
液 エキ
駅 エキ
悦 エツ
越 エツ・こす・こえる
謁 エツ
閲 エツ
円 エン・まるい
延 エン・のびる・のべる・のばす
沿 エン・そう
炎 エン・ほのお
怨 エン・オン
宴 エン
媛 エン
援 エン
園 エン・その
煙 エン・けむる・けむり・けむい
猿 エン・さる
遠 エン・オン・とおい
鉛 エン・なまり
塩 エン・しお
演 エン
縁 エン・ふち
艶 エン・つや

お

汚 オ・けがす・けがれる・けがらわしい・よごす・よごれる・きたない
王 オウ
凹 オウ
央 オウ
応 オウ・こたえる
往 オウ
押 オウ・おす・おさえる
旺 オウ
欧 オウ
殴 オウ・なぐる
桜 オウ・さくら
翁 オウ
奥 オウ・おく
横 オウ・よこ
岡 おか
屋 オク・や
億 オク
憶 オク
臆 オク
虞 おそれ
乙 オツ
俺 おれ
卸 おろす・おろし
音 オン・イン・おと・ね
恩 オン
温 オン・あたたか・あたたかい・あたたまる・あたためる
穏 オン・おだやか

か

下 カ・ゲ・した・しも・もと・さげる・さがる・くだる・くだす・くださる・おろす・おりる
化 カ・ケ・ばける・ばかす
火 カ・ひ・ほ
加 カ・くわえる・くわわる
可 カ
仮 カ・ケ・かり
何 カ・なに・なん
花 カ・はな
佳 カ
価 カ・あたい
果 カ・はたす・はてる・はて
河 カ・かわ
苛 カ
科 カ
架 カ・かける・かかる
夏 カ・ゲ・なつ
家 カ・ケ・いえ・や
荷 カ・に
華 カ・ケ・はな
菓 カ
貨 カ
渦 カ・うず
過 カ・すぎる・すごす・あやまつ・あやまち
嫁 カ・よめ・とつぐ
暇 カ・ひま
禍 カ
靴 カ・くつ
寡 カ
歌 カ・うた・うたう
箇 カ
稼 カ・かせぐ
課 カ
蚊 か
牙 ガ・ゲ・きば
瓦 ガ・かわら
我 ガ・われ・わ
画 ガ・カク
芽 ガ・め
賀 ガ
雅 ガ
餓 ガ
介 カイ
回 カイ・エ・まわる・まわす
灰 カイ・はい
会 カイ・エ・あう
快 カイ・こころよい
戒 カイ・いましめる
改 カイ・あらためる・あらたまる
怪 カイ・あやしい・あやしむ
拐 カイ
悔 カイ・くいる・くやむ・くやしい
海 カイ・うみ
界 カイ
皆 カイ・みな
械 カイ
絵 カイ・エ
開 カイ・ひらく・ひらける・あく・あける
階 カイ
塊 カイ・かたまり
楷 カイ
解 カイ・ゲ・とく・とかす・とける
潰 カイ・つぶす・つぶれる
壊 カイ・こわす・こわれる
懐 カイ・ふところ・なつかしい・なつかしむ・なつく・なつける
諧 カイ
貝 かい
外 ガイ・ゲ・そと・ほか・はずす・はずれる
劾 ガイ
害 ガイ
崖 ガイ・がけ
涯 ガイ
街 ガイ・カイ・まち
慨 ガイ
蓋 ガイ・ふた
該 ガイ
概 ガイ
骸 ガイ
垣 かき
柿 かき
各 カク・おのおの
角 カク・かど・つの
拡 カク
革 カク・かわ
格 カク・コウ
核 カク
殻 カク・から
郭 カク
覚 カク・おぼえる・さます・さめる
較 カク
隔 カク・へだてる・へだたる
閣 カク
確 カク・たしか・たしかめる
獲 カク・える
嚇 カク
穫 カク
学 ガク・まなぶ
岳 ガク・たけ
楽 ガク・ラク・たのしい・たのしむ
額 ガク・ひたい
顎 ガク・あご
掛 かける・かかる・かかり
潟 かた
括 カツ
活 カツ
喝 カツ
渇 カツ・かわく
割 カツ・わる・わり・われる・さく
葛 カツ・くず
滑 カツ・コツ・すべる・なめらか
褐 カツ

亜〔亞〕
悪〔惡〕
圧〔壓〕
囲〔圍〕
医〔醫〕
為〔爲〕
壱〔壹〕
逸〔逸〕
隠〔隱〕
栄〔榮〕
営〔營〕
衛〔衞〕
駅〔驛〕
謁〔謁〕
円〔圓〕
塩〔鹽〕
縁〔緣〕
艶〔艷〕
応〔應〕
欧〔歐〕
殴〔毆〕
桜〔櫻〕
奥〔奧〕
横〔橫〕
温〔溫〕
穏〔穩〕
仮〔假〕
価〔價〕
禍〔禍〕
画〔畫〕
会〔會〕
悔〔悔〕
海〔海〕
絵〔繪〕
壊〔壞〕
懐〔懷〕
慨〔慨〕
概〔槪〕
拡〔擴〕
殻〔殼〕
覚〔覺〕

学〔學〕
岳〔嶽〕
楽〔樂〕
喝〔喝〕
渇〔渴〕
褐〔褐〕
缶〔罐〕
巻〔卷〕
陥〔陷〕
勧〔勸〕
寛〔寬〕
漢〔漢〕
関〔關〕
歓〔歡〕
観〔觀〕
気〔氣〕
祈〔祈〕
既〔既〕
帰〔歸〕
亀〔龜〕
器〔器〕
偽〔僞〕
戯〔戲〕
犠〔犧〕
旧〔舊〕
拠〔據〕
挙〔擧〕
虚〔虛〕
峡〔峽〕
挟〔挾〕
狭〔狹〕
郷〔鄕〕
響〔響〕
暁〔曉〕
勤〔勤〕
謹〔謹〕
区〔區〕
駆〔驅〕
勲〔勳〕
薫〔薰〕
径〔徑〕
茎〔莖〕
恵〔惠〕
掲〔揭〕
渓〔溪〕

轄 カツ
且 かつ
株 かぶ
釜 かま
鎌 かま
刈 かる
干 カン・ほす・ひる
刊 カン
甘 カン・あまい・あまえる・あまやかす
汗 カン・あせ
缶 カン
完 カン
肝 カン・きも
官 カン
冠 カン・かんむり
巻 カン・まく・まき
看 カン
陥 カン・おちいる・おとしいれる
乾 カン・かわく・かわかす
勘 カン
患 カン・わずらう
貫 カン・つらぬく
寒 カン・さむい
喚 カン
堪 カン・たえる
換 カン・かえる・かわる
敢 カン
棺 カン
款 カン
間 カン・ケン・あいだ・ま
閑 カン
勧 カン・すすめる
寛 カン
幹 カン・みき
感 カン

漢 カン
慣 カン・なれる・ならす
管 カン・くだ
関 カン・せき・かかわる
歓 カン
監 カン
緩 カン・ゆるい・ゆるやか・ゆるむ・ゆるめる
憾 カン
還 カン
館 カン・やかた
環 カン
簡 カン
観 カン
韓 カン
艦 カン
鑑 カン・かんがみる
丸 ガン・まる・まるい・まるめる
含 ガン・ふくむ・ふくめる
岸 ガン・きし
岩 ガン・いわ
玩 ガン
眼 ガン・ゲン・まなこ
頑 ガン
顔 ガン・かお
願 ガン・ねがう

き

企 キ・くわだてる
伎 キ
危 キ・あぶない・あやうい・あやぶむ
机 キ・つくえ
気 キ・ケ
岐 キ
希 キ
忌 キ・いむ・いまわしい
汽 キ
奇 キ
祈 キ・いのる
季 キ
紀 キ
軌 キ
既 キ・すでに
記 キ・しるす
起 キ・おきる・おこる・おこす
飢 キ・うえる
鬼 キ・おに
帰 キ・かえる・かえす
基 キ・もと・もとい
寄 キ・よる・よせる
規 キ
亀 キ・かめ
喜 キ・よろこぶ
幾 キ・いく
揮 キ
期 キ・ゴ
棋 キ
貴 キ・たっとい・とうとい・たっとぶ・とうとぶ
棄 キ
毀 キ
旗 キ・はた
器 キ・うつわ
畿 キ
輝 キ・かがやく
機 キ・はた
騎 キ
技 ギ・わざ
宜 ギ
偽 ギ・いつわる・にせ
欺 ギ・あざむく
義 ギ

疑 ギ・うたがう
儀 ギ
戯 ギ・たわむれる
擬 ギ
犠 ギ
議 ギ
菊 キク
吉 キチ・キツ
喫 キツ
詰 キツ・つめる・つまる・つむ
却 キャク
客 キャク・カク
脚 キャク・キャ・あし
逆 ギャク・さか・さからう
虐 ギャク・しいたげる
九 キュウ・ク・ここの・ここのつ
久 キュウ・ク・ひさしい
及 キュウ・およぶ・および・およぼす
弓 キュウ・ゆみ
丘 キュウ・おか
旧 キュウ
休 キュウ・やすむ・やすまる・やすめる
吸 キュウ・すう
朽 キュウ・くちる
臼 キュウ・うす
求 キュウ・もとめる
究 キュウ・きわめる
泣 キュウ・なく
急 キュウ・いそぐ
級 キュウ
糾 キュウ
宮 キュウ・グウ・ク・みや
救 キュウ・すくう
球 キュウ・たま
給 キュウ

嗅 キュウ・かぐ
窮 キュウ・きわめる・きわまる
牛 ギュウ・うし
去 キョ・コ・さる
巨 キョ
居 キョ・いる
拒 キョ・こばむ
拠 キョ・コ
挙 キョ・あげる・あがる
虚 キョ・コ
許 キョ・ゆるす
距 キョ
魚 ギョ・うお・さかな
御 ギョ・ゴ・おん
漁 ギョ・リョウ
凶 キョウ
共 キョウ・とも
叫 キョウ・さけぶ
狂 キョウ・くるう・くるおしい
京 キョウ・ケイ
享 キョウ
供 キョウ・ク・そなえる・とも
協 キョウ
況 キョウ
峡 キョウ
挟 キョウ・はさむ・はさまる
狭 キョウ・せまい・せばめる・せばまる
恐 キョウ・おそれる・おそろしい
恭 キョウ・うやうやしい
胸 キョウ・むね・むな
脅 キョウ・おびやかす・おどす・おどかす

強 キョウ・ゴウ・つよい・つよまる・つよめる・しいる
教 キョウ・おしえる・おそわる
郷 キョウ・ゴウ
境 キョウ・ケイ・さかい
橋 キョウ・はし
矯 キョウ・ためる
鏡 キョウ・かがみ
競 キョウ・ケイ・きそう・せる
響 キョウ・ひびく
驚 キョウ・おどろく・おどろかす
仰 ギョウ・コウ・あおぐ・おおせ
暁 ギョウ・あかつき
業 ギョウ・ゴウ・わざ
凝 ギョウ・こる・こらす
曲 キョク・まがる・まげる
局 キョク
極 キョク・ゴク・きわめる・きわまる・きわみ
玉 ギョク・たま
巾 キン
斤 キン
均 キン
近 キン・ちかい
金 キン・コン・かね・かな
菌 キン
勤 キン・ゴン・つとめる・つとまる
琴 キン・こと
筋 キン・すじ
僅 キン・わずか
禁 キン
緊 キン
錦 キン・にしき
謹 キン・つつしむ

襟 キン・えり
吟 ギン
銀 ギン

く

区 ク
句 ク
苦 ク・くるしい・くるしむ・くるしめる・にがい・にがる
駆 ク・かける・かる
具 グ
惧 グ
愚 グ・おろか
空 クウ・そら・あく・あける・から
偶 グウ
遇 グウ
隅 グウ・すみ
串 くし
屈 クツ
掘 クツ・ほる
窟 クツ
熊 くま
繰 くる
君 クン・きみ
訓 クン
勲 クン
薫 クン・かおる
軍 グン
郡 グン
群 グン・むれる・むれ・むら

け

兄 ケイ・キョウ・あに
刑 ケイ
形 ケイ・ギョウ・かた・かたち
系 ケイ
径 ケイ
茎 ケイ・くき
係 ケイ・かかる・かかり
型 ケイ・かた
契 ケイ・ちぎる
計 ケイ・はかる・はからう
恵 ケイ・エ・めぐむ
啓 ケイ
掲 ケイ・かかげる
渓 ケイ
経 ケイ・キョウ・へる
蛍 ケイ・ほたる
敬 ケイ・うやまう
景 ケイ
軽 ケイ・かるい・かろやか
傾 ケイ・かたむく・かたむける
携 ケイ・たずさえる・たずさわる
継 ケイ・つぐ
詣 ケイ・もうでる
慶 ケイ
憬 ケイ
稽 ケイ
憩 ケイ・いこい・いこう
警 ケイ
鶏 ケイ・にわとり
芸 ゲイ
迎 ゲイ・むかえる
鯨 ゲイ・くじら
隙 ゲキ・すき
劇 ゲキ
撃 ゲキ・うつ
激 ゲキ・はげしい
桁 けた
欠 ケツ・かける・かく
穴 ケツ・あな
血 ケツ・ち

決 ケツ・きめる・きまる
結 ケツ・むすぶ・ゆう・ゆわえる
傑 ケツ
潔 ケツ・いさぎよい
月 ゲツ・ガツ・つき
犬 ケン・いぬ
件 ケン
見 ケン・みる・みえる・みせる
券 ケン
肩 ケン・かた
建 ケン・コン・たてる・たつ
研 ケン・とぐ
県 ケン
倹 ケン
兼 ケン・かねる
剣 ケン・つるぎ
拳 ケン・こぶし
軒 ケン・のき
健 ケン・すこやか
険 ケン・けわしい
圏 ケン
堅 ケン・かたい
検 ケン
嫌 ケン・ゲン・きらう・いや
献 ケン・コン
絹 ケン・きぬ
遣 ケン・つかう・つかわす
権 ケン・ゴン
憲 ケン
賢 ケン・かしこい
謙 ケン
鍵 ケン・かぎ
繭 ケン・まゆ
顕 ケン
験 ケン・ゲン
懸 ケン・ケ・かける・かかる
元 ゲン・ガン・もと
幻 ゲン・まぼろし
玄 ゲン
言 ゲン・ゴン・いう・こと
弦 ゲン・つる
限 ゲン・かぎる
原 ゲン・はら
現 ゲン・あらわれる・あらわす
舷 ゲン
減 ゲン・へる・へらす
源 ゲン・みなもと
厳 ゲン・ゴン・おごそか・きびしい

こ

己 コ・キ・おのれ
戸 コ・と
古 コ・ふるい・ふるす
呼 コ・よぶ
固 コ・かためる・かたまる・かたい
股 コ・また
虎 コ・とら
孤 コ
弧 コ
故 コ・ゆえ
枯 コ・かれる・からす
個 コ
庫 コ・ク
湖 コ・みずうみ
雇 コ・やとう
誇 コ・ほこる
鼓 コ・つづみ
錮 コ
顧 コ・かえりみる
五 ゴ・いつ・いつつ
互 ゴ・たがい
午 ゴ
呉 ゴ
後 ゴ・コウ・のち・うしろ・あと・おくれる
娯 ゴ
悟 ゴ・さとる
碁 ゴ
語 ゴ・かたる・かたらう
誤 ゴ・あやまる
護 ゴ
口 コウ・ク・くち
工 コウ・ク
公 コウ・おおやけ
勾 コウ
孔 コウ
功 コウ・ク
巧 コウ・たくみ
広 コウ・ひろい・ひろまる・ひろめる・ひろがる・ひろげる
甲 コウ・カン
交 コウ・まじわる・まじえる・まじる・まざる・まぜる・かう・かわす
光 コウ・ひかる・ひかり
向 コウ・むく・むける・むかう・むこう
后 コウ
好 コウ・このむ・すく
江 コウ・え
考 コウ・かんがえる
行 コウ・ギョウ・アン・いく・ゆく・おこなう
坑 コウ
孝 コウ
抗 コウ
攻 コウ・せめる
更 コウ・さら・ふける・ふかす
効 コウ・きく
幸 コウ・さいわい・さち・しあわせ
拘 コウ
肯 コウ
侯 コウ
厚 コウ・あつい
恒 コウ
洪 コウ
皇 コウ・オウ
紅 コウ・ク・べに・くれない
荒 コウ・あらい・あれる・あらす
郊 コウ
香 コウ・キョウ・か・かおり・かおる
候 コウ・そうろう
校 コウ
耕 コウ・たがやす
航 コウ
貢 コウ・ク・みつぐ
降 コウ・おりる・おろす・ふる
高 コウ・たかい・たか・たかまる・たかめる
康 コウ
控 コウ・ひかえる
梗 コウ
黄 コウ・オウ・き・こ
喉 コウ・のど
慌 コウ・あわてる・あわただしい
港 コウ・みなと
硬 コウ・かたい
絞 コウ・しぼる・しめる・しまる
項 コウ
溝 コウ・みぞ
鉱 コウ
構 コウ・かまえる・かまう
綱 コウ・つな
酵 コウ
稿 コウ
興 コウ・キョウ・おこる・おこす
衡 コウ
鋼 コウ・はがね
講 コウ
購 コウ
乞 こう
号 ゴウ
合 ゴウ・ガッ・カッ・あう・あわす・あわせる
拷 ゴウ
剛 ゴウ
傲 ゴウ
豪 ゴウ
克 コク
告 コク・つげる
谷 コク・たに
刻 コク・きざむ
国 コク・くに
黒 コク・くろ・くろい
穀 コク
酷 コク
獄 ゴク
骨 コツ・ほね
駒 こま
込 こむ・こめる
頃 ころ
今 コン・キン・いま
困 コン・こまる
昆 コン
恨 コン・うらむ・うらめしい
根 コン・ね
婚 コン
混 コン・まじる・まざる・まぜる・こむ
痕 コン・あと
紺 コン
魂 コン・たましい
墾 コン
懇 コン・ねんごろ

さ

左 サ・ひだり
佐 サ
沙 サ
査 サ
砂 サ・シャ・すな
唆 サ・そそのかす
差 サ・さす
詐 サ
鎖 サ・くさり
座 ザ・すわる
挫 ザ
才 サイ
再 サイ・サ・ふたたび
災 サイ・わざわい
妻 サイ・つま
采 サイ
砕 サイ・くだく・くだける
宰 サイ
栽 サイ
彩 サイ・いろどる
採 サイ・とる
済 サイ・すむ・すます
祭 サイ・まつる・まつり
斎 サイ
細 サイ・ほそい・ほそる・こまか・こまかい
菜 サイ・な
最 サイ・もっとも
裁 サイ・たつ・さばく
債 サイ
催 サイ・もよおす
塞 サイ・ソク・ふさぐ・ふさがる
歳 サイ・セイ
載 サイ・のせる・のる
際 サイ・きわ
埼 さい
在 ザイ・ある
材 ザイ
剤 ザイ
財 ザイ・サイ
罪 ザイ・つみ
崎 さき
作 サク・サ・つくる
削 サク・けずる
昨 サク
柵 サク
索 サク
策 サク
酢 サク・す
搾 サク・しぼる
錯 サク
咲 さく
冊 サツ・サク
札 サツ・ふだ
刷 サツ・する
刹 サツ・セツ
拶 サツ
殺 サツ・サイ・セツ・ころす
察 サツ
撮 サツ・とる
擦 サツ・する・すれる
雑 ザツ・ゾウ
皿 さら
三 サン・み・みつ・みっつ
山 サン・やま
参 サン・まいる
桟 サン
蚕 サン・かいこ
惨 サン・ザン・みじめ
産 サン・うむ・うまれる・うぶ
傘 サン・かさ
散 サン・ちる・ちらす・ちらかす・ちらかる
算 サン
酸 サン・すい
賛 サン
残 ザン・のこる・のこす
斬 ザン・きる
暫 ザン

し

士 シ
子 シ・ス・こ
支 シ・ささえる
止 シ・とまる・とめる
氏 シ・うじ
仕 シ・ジ・つかえる
史 シ
司 シ
四 シ・よ・よつ・よっつ・よん
市 シ・いち
矢 シ・や
旨 シ・むね
死 シ・しぬ
糸 シ・いと
至 シ・いたる
伺 シ・うかがう
志 シ・こころざす・こころざし
私 シ・わたくし・わたし

経〔經〕
蛍〔螢〕
軽〔輕〕
継〔繼〕
鶏〔鷄〕
芸〔藝〕
撃〔擊〕
欠〔缺〕
研〔硏〕
県〔縣〕
倹〔儉〕
剣〔劍〕
険〔險〕
圏〔圈〕
検〔檢〕
献〔獻〕
権〔權〕
顕〔顯〕
験〔驗〕
厳〔嚴〕
広〔廣〕
効〔效〕
恒〔恆〕
黄〔黃〕
鉱〔鑛〕
号〔號〕
国〔國〕
黒〔黑〕
穀〔穀〕
砕〔碎〕
済〔濟〕
斎〔齋〕
剤〔劑〕
殺〔殺〕
雑〔雜〕
参〔參〕
桟〔棧〕
蚕〔蠶〕
惨〔慘〕
賛〔贊〕
残〔殘〕
糸〔絲〕
祉〔祉〕
視〔視〕
歯〔齒〕

児〔兒〕
辞〔辭〕
湿〔濕〕
実〔實〕
写〔寫〕
社〔社〕
者〔者〕
煮〔煮〕
釈〔釋〕
寿〔壽〕
収〔收〕
臭〔臭〕
従〔從〕
渋〔澁〕
獣〔獸〕
縦〔縱〕
祝〔祝〕
粛〔肅〕
処〔處〕
暑〔暑〕
署〔署〕
緒〔緖〕
諸〔諸〕
叙〔敍〕
将〔將〕
祥〔祥〕
称〔稱〕
渉〔涉〕
焼〔燒〕
証〔證〕
奨〔奬〕
条〔條〕
状〔狀〕
乗〔乘〕
浄〔淨〕
剰〔剩〕
畳〔疊〕
縄〔繩〕
壌〔壤〕
嬢〔孃〕
譲〔讓〕
醸〔釀〕
触〔觸〕
嘱〔囑〕
神〔神〕

使 シ・つかう
刺 シ・さす・ささる
始 シ・はじめる・はじまる
姉 シ・あね
枝 シ・えだ
祉 シ
肢 シ
姿 シ・すがた
思 シ・おもう
指 シ・ゆび・さす
施 シ・セ・ほどこす
師 シ
恣 シ
紙 シ・かみ
脂 シ・あぶら
視 シ
紫 シ・むらさき
詞 シ
歯 シ・は
嗣 シ
試 シ・こころみる・ためす
詩 シ
資 シ
飼 シ・かう
誌 シ
雌 シ・め・めす
摯 シ
賜 シ・たまわる
諮 シ・はかる
示 ジ・シ・しめす
字 ジ・あざ
寺 ジ・てら
次 ジ・シ・つぐ・つぎ
耳 ジ・みみ
自 ジ・シ・みずから
似 ジ・にる

児 ジ・ニ
事 ジ・ズ・こと
侍 ジ・さむらい
治 ジ・チ・おさめる・おさまる・なおる・なおす
持 ジ・もつ
時 ジ・とき
滋 ジ
慈 ジ・いつくしむ
辞 ジ・やめる
磁 ジ
餌(餌) ジ・えさ・え
璽 ジ
鹿 しか・か
式 シキ
識 シキ
軸 ジク
七 シチ・なな・ななつ・なの
叱 シツ・しかる
失 シツ・うしなう
室 シツ・むろ
疾 シツ
執 シツ・シュウ・とる
湿 シツ・しめる・しめす
嫉 シツ
漆 シツ・うるし
質 シツ・シチ・チ
実 ジツ・み・みのる
芝 しば
写 シャ・うつす・うつる
社 シャ・やしろ
車 シャ・くるま
舎 シャ
者 シャ・もの
射 シャ・いる
捨 シャ・すてる

赦 シャ
斜 シャ・ななめ
煮 シャ・にる・にえる・にやす
遮 シャ・さえぎる
謝 シャ・あやまる
邪 ジャ
蛇 ジャ・ダ・へび
尺 シャク
借 シャク・かりる
酌 シャク・くむ
釈 シャク
爵 シャク
若 ジャク・ニャク・わかい・もしくは
弱 ジャク・よわい・よわる・よわまる・よわめる
寂 ジャク・セキ・さび・さびしい・さびれる
手 シュ・て・た
主 シュ・ス・ぬし・おも
守 シュ・ス・まもる・もり
朱 シュ
取 シュ・とる
狩 シュ・かる・かり
首 シュ・くび
殊 シュ・こと
珠 シュ
酒 シュ・さけ・さか
腫 シュ・はれる・はらす
種 シュ・たね
趣 シュ・おもむき
寿 ジュ・ことぶき
受 ジュ・うける・うかる
呪 ジュ・のろう
授 ジュ・さずける・さずかる

需 ジュ
儒 ジュ
樹 ジュ
収 シュウ・おさめる・おさまる
囚 シュウ
州 シュウ・す
舟 シュウ・ふね・ふな
秀 シュウ・ひいでる
周 シュウ・まわり
宗 シュウ・ソウ
拾 シュウ・ジュウ・ひろう
秋 シュウ・あき
臭 シュウ・くさい・におう
修 シュウ・シュ・おさめる・おさまる
袖 シュウ・そで
終 シュウ・おわる・おえる
羞 シュウ
習 シュウ・ならう
週 シュウ
就 シュウ・ジュ・つく・つける
衆 シュウ・シュ
集 シュウ・あつまる・あつめる・つどう
愁 シュウ・うれえる・うれい
酬 シュウ
醜 シュウ・みにくい
蹴 シュウ・ける
襲 シュウ・おそう
十 ジュウ・ジッ・とお・と
汁 ジュウ・しる
充 ジュウ・あてる
住 ジュウ・すむ・すまう
柔 ジュウ・ニュウ・やわらか・やわらかい

重 ジュウ・チョウ・え・おもい・かさねる・かさなる
従 ジュウ・ショウ・ジュ・したがう・したがえる
渋 ジュウ・しぶ・しぶい・しぶる
銃 ジュウ
獣 ジュウ・けもの
縦 ジュウ・たて
叔 シュク
祝 シュク・シュウ・いわう
宿 シュク・やど・やどる・やどす
淑 シュク
粛 シュク
縮 シュク・ちぢむ・ちぢまる・ちぢめる・ちぢれる・ちぢらす
塾 ジュク
熟 ジュク・うれる
出 シュツ・スイ・でる・だす
述 ジュツ・のべる
術 ジュツ
俊 シュン
春 シュン・はる
瞬 シュン・またたく
旬 ジュン・シュン
巡 ジュン・めぐる
盾 ジュン・たて
准 ジュン
殉 ジュン
純 ジュン
循 ジュン
順 ジュン
準 ジュン
潤 ジュン・うるおう・うるおす・うるむ
遵 ジュン

処 ショ
初 ショ・はじめ・はじめて・はつ・うい・そめる
所 ショ・ところ
書 ショ・かく
庶 ショ
暑 ショ・あつい
署 ショ
緒 ショ・チョ・お
諸 ショ
女 ジョ・ニョ・ニョウ・おんな・め
如 ジョ・ニョ
助 ジョ・たすける・たすかる・すけ
序 ジョ
叙 ジョ
徐 ジョ
除 ジョ・ジ・のぞく
小 ショウ・ちいさい・こ・お
升 ショウ・ます
少 ショウ・すくない・すこし
召 ショウ・めす
匠 ショウ
床 ショウ・とこ・ゆか
抄 ショウ
肖 ショウ
尚 ショウ
招 ショウ・まねく
承 ショウ・うけたまわる
昇 ショウ・のぼる
松 ショウ・まつ
沼 ショウ・ぬま
昭 ショウ
宵 ショウ・よい
将 ショウ

消 ショウ・きえる・けす
症 ショウ
祥 ショウ
称 ショウ
笑 ショウ・わらう・えむ
唱 ショウ・となえる
商 ショウ・あきなう
渉 ショウ
章 ショウ
紹 ショウ
訟 ショウ
勝 ショウ・かつ・まさる
掌 ショウ
晶 ショウ
焼 ショウ・やく・やける
焦 ショウ・こげる・こがす・こがれる・あせる
硝 ショウ
粧 ショウ
詔 ショウ・みことのり
証 ショウ
象 ショウ・ゾウ
傷 ショウ・きず・いたむ・いためる
奨 ショウ
照 ショウ・てる・てらす・てれる
詳 ショウ・くわしい
彰 ショウ
障 ショウ・さわる
憧 ショウ・あこがれる
衝 ショウ
賞 ショウ
償 ショウ・つぐなう
礁 ショウ
鐘 ショウ・かね

上 ジョウ・ショウ・うえ・うわ・かみ・あげる・あがる・のぼる・のぼせる・のぼす
丈 ジョウ・たけ
冗 ジョウ
条 ジョウ
状 ジョウ
乗 ジョウ・のる・のせる
城 ジョウ・しろ
浄 ジョウ
剰 ジョウ
常 ジョウ・つね・とこ
情 ジョウ・セイ・なさけ
場 ジョウ・ば
畳 ジョウ・たたむ・たたみ
蒸 ジョウ・むす・むれる・むらす
縄 ジョウ・なわ
壌 ジョウ
嬢 ジョウ
錠 ジョウ
譲 ジョウ・ゆずる
醸 ジョウ・かもす
色 ショク・シキ・いろ
拭 ショク・ふく・ぬぐう
食 ショク・ジキ・くう・くらう・たべる
植 ショク・うえる・うわる
殖 ショク・ふえる・ふやす
飾 ショク・かざる
触 ショク・ふれる・さわる
嘱 ショク
織 ショク・シキ・おる
職 ショク
辱 ジョク・はずかしめる

尻 しり
心 シン・こころ
申 シン・もうす
伸 シン・のびる・のばす・のべる
臣 シン・ジン
芯 シン
身 シン・み
辛 シン・からい
侵 シン・おかす
信 シン
津 シン・つ
神 シン・ジン・かみ・かん・こう
唇 シン・くちびる
娠 シン
振 シン・ふる・ふるう・ふれる
浸 シン・ひたす・ひたる
真 シン・ま
針 シン・はり
深 シン・ふかい・ふかまる・ふかめる
紳 シン
進 シン・すすむ・すすめる
森 シン・もり
診 シン・みる
寝 シン・ねる・ねかす
慎 シン・つつしむ
新 シン・あたらしい・あらた・にい
審 シン
震 シン・ふるう・ふるえる
薪 シン・たきぎ
親 シン・おや・したしい・したしむ
人 ジン・ニン・ひと
刃 ジン・は
仁 ジン・ニ
尽 ジン・つくす・つきる・つかす
迅 ジン
甚 ジン・はなはだ・はなはだしい
陣 ジン
尋 ジン・たずねる
腎 ジン

す

須 ス
図 ズ・ト・はかる
水 スイ・みず
吹 スイ・ふく
垂 スイ・たれる・たらす
炊 スイ・たく
帥 スイ
粋 スイ・いき
衰 スイ・おとろえる
推 スイ・おす
酔 スイ・よう
遂 スイ・とげる
睡 スイ
穂 スイ・ほ
随 ズイ
髄 ズイ
枢 スウ
崇 スウ
数 スウ・ス・かず・かぞえる
据 すえる・すわる
杉 すぎ
裾 すそ
寸 スン

せ

瀬 せ
是 ゼ
井 セイ・ショウ・い
世 セイ・セ・よ
正 セイ・ショウ・ただしい・ただす・まさ
生 セイ・ショウ・いきる・いかす・いける・うまれる・うむ・おう・はえる・はやす・き・なま
成 セイ・ジョウ・なる・なす
西 セイ・サイ・にし
声 セイ・ショウ・こえ・こわ
制 セイ
姓 セイ・ショウ
征 セイ
性 セイ・ショウ
青 セイ・ショウ・あお・あおい
斉 セイ
政 セイ・ショウ・まつりごと
星 セイ・ショウ・ほし
牲 セイ
省 セイ・ショウ・かえりみる・はぶく
凄 セイ
逝 セイ・ゆく・いく
清 セイ・ショウ・きよい・きよまる・きよめる
盛 セイ・ジョウ・もる・さかる・さかん
婿 セイ・むこ
晴 セイ・はれる・はらす
勢 セイ・いきおい
聖 セイ
誠 セイ・まこと
精 セイ・ショウ
製 セイ
誓 セイ・ちかう
静 セイ・ジョウ・しず・しずか・しずまる・しずめる
請 セイ・シン・こう・うける
整 セイ・ととのえる・ととのう
醒 セイ
税 ゼイ
夕 セキ・ゆう
斥 セキ
石 セキ・シャク・コク・いし
赤 セキ・シャク・あか・あかい・あからむ・あからめる
昔 セキ・シャク・むかし
析 セキ
席 セキ
脊 セキ
隻 セキ
惜 セキ・おしい・おしむ
戚 セキ
責 セキ・せめる
跡 セキ・あと
積 セキ・つむ・つもる
績 セキ
籍 セキ
切 セツ・サイ・きる・きれる
折 セツ・おる・おり・おれる
拙 セツ・つたない
窃 セツ
接 セツ・つぐ
設 セツ・もうける
雪 セツ・ゆき
摂 セツ
節 セツ・セチ・ふし
説 セツ・ゼイ・とく
舌 ゼツ・した
絶 ゼツ・たえる・たやす・たつ
千 セン・ち
川 セン・かわ
仙 セン
占 セン・しめる・うらなう
先 セン・さき
宣 セン
専 セン・もっぱら
泉 セン・いずみ
浅 セン・あさい
洗 セン・あらう
染 セン・そめる・そまる・しみる・しみ
扇 セン・おうぎ
栓 セン
旋 セン
船 セン・ふね・ふな
戦 セン・いくさ・たたかう
煎 セン・いる
羨 セン・うらやむ・うらやましい
腺 セン
詮 セン
践 セン
箋 セン
銭 セン・ぜに
潜 セン・ひそむ・もぐる
線 セン
遷 セン
選 セン・えらぶ
薦 セン・すすめる
繊 セン
鮮 セン・あざやか
全 ゼン・まったく・すべて
前 ゼン・まえ
善 ゼン・よい
然 ゼン・ネン
禅 ゼン
漸 ゼン
膳 ゼン
繕 ゼン・つくろう

そ

狙 ソ・ねらう
阻 ソ・はばむ
祖 ソ
租 ソ
素 ソ・ス
措 ソ
粗 ソ・あらい
組 ソ・くむ・くみ
疎 ソ・うとい・うとむ
訴 ソ・うったえる
塑 ソ
遡(遡) ソ・さかのぼる
礎 ソ・いしずえ
双 ソウ・ふた
壮 ソウ
早 ソウ・サッ・はやい・はやまる・はやめる
争 ソウ・あらそう
走 ソウ・はしる
奏 ソウ・かなでる
相 ソウ・ショウ・あい
荘 ソウ
草 ソウ・くさ
送 ソウ・おくる
倉 ソウ・くら
捜 ソウ・さがす
挿 ソウ・さす
桑 ソウ・くわ
巣 ソウ・す
掃 ソウ・はく
曹 ソウ
曽 ソウ・ゾ
爽 ソウ・さわやか
窓 ソウ・まど
創 ソウ・つくる
喪 ソウ・も
痩 ソウ・やせる
葬 ソウ・ほうむる
装 ソウ・ショウ・よそおう
僧 ソウ
想 ソウ・ソ
層 ソウ
総 ソウ
遭 ソウ・あう
槽 ソウ
踪 ソウ
操 ソウ・みさお・あやつる
燥 ソウ
霜 ソウ・しも
騒 ソウ・さわぐ
藻 ソウ・も
造 ゾウ・つくる
像 ゾウ
増 ゾウ・ます・ふえる・ふやす
憎 ゾウ・にくむ・にくい・にくらしい・にくしみ
蔵 ゾウ・くら
贈 ゾウ・ソウ・おくる
臓 ゾウ
即 ソク
束 ソク・たば
足 ソク・あし・たりる・たる・たす
促 ソク・うながす
則 ソク
息 ソク・いき
捉 ソク・とらえる
速 ソク・はやい・はやめる・はやまる・すみやか
側 ソク・がわ
測 ソク・はかる
俗 ゾク
族 ゾク
属 ゾク
賊 ゾク
続 ゾク・つづく・つづける
卒 ソツ
率 ソツ・リツ・ひきいる
存 ソン・ゾン
村 ソン・むら
孫 ソン・まご
尊 ソン・たっとい・とうとい・たっとぶ・とうとぶ
損 ソン・そこなう・そこねる
遜(遜) ソン

た

他 タ・ほか
多 タ・おおい
汰 タ
打 ダ・うつ
妥 ダ
唾 ダ・つば
堕 ダ
惰 ダ
駄 ダ
太 タイ・タ・ふとい・ふとる
対 タイ・ツイ
体 タイ・テイ・からだ
耐 タイ・たえる
待 タイ・まつ
怠 タイ・おこたる・なまける
胎 タイ
退 タイ・しりぞく・しりぞける
帯 タイ・おびる・おび
泰 タイ
堆 タイ

真〔眞〕
寝〔寢〕
慎〔愼〕
尽〔盡〕
図〔圖〕
粋〔粹〕
酔〔醉〕
穂〔穗〕
随〔隨〕
髄〔髓〕
枢〔樞〕
数〔數〕
瀬〔瀨〕
声〔聲〕
斉〔齊〕
静〔靜〕
窃〔竊〕
摂〔攝〕
節〔節〕
専〔專〕
浅〔淺〕
戦〔戰〕
践〔踐〕
銭〔錢〕
潜〔潛〕
繊〔纖〕
禅〔禪〕
祖〔祖〕
双〔雙〕
壮〔壯〕
争〔爭〕
荘〔莊〕
捜〔搜〕
挿〔插〕
巣〔巢〕
曽〔曾〕
痩〔瘦〕
装〔裝〕
僧〔僧〕
層〔層〕
総〔總〕
騒〔騷〕
増〔増〕
憎〔憎〕
蔵〔藏〕

贈〔贈〕
臓〔臟〕
即〔卽〕
属〔屬〕
続〔續〕
堕〔墮〕
対〔對〕
体〔體〕
帯〔帶〕
滞〔滯〕
台〔臺〕
滝〔瀧〕
択〔擇〕
沢〔澤〕
担〔擔〕
単〔單〕
胆〔膽〕
嘆〔嘆〕
団〔團〕
断〔斷〕
弾〔彈〕
遅〔遲〕
痴〔癡〕
虫〔蟲〕
昼〔晝〕
鋳〔鑄〕
著〔著〕
庁〔廳〕
徴〔徵〕
聴〔聽〕
懲〔懲〕
勅〔敕〕
鎮〔鎭〕
塚〔塚〕
逓〔遞〕
鉄〔鐵〕
点〔點〕
転〔轉〕
伝〔傳〕
都〔都〕
灯〔燈〕
当〔當〕
党〔黨〕
盗〔盜〕
稲〔稻〕

袋　タイ・ふくろ
逮　タイ
替　タイ・かえる・かわる
貸　タイ・かす
隊　タイ
滞　タイ・とどこおる
態　タイ
戴　タイ
大　ダイ・タイ・おお・おおきい・おおいに
代　ダイ・タイ・かわる・かえる・よ・しろ
台　ダイ・タイ
第　ダイ
題　ダイ
滝　たき
宅　タク
択　タク
沢　タク・さわ
卓　タク
拓　タク
託　タク
濯　タク
諾　ダク
濁　ダク・にごる・にごす
但　ただし
達　タツ
脱　ダツ・ぬぐ・ぬげる
奪　ダツ・うばう
棚　たな
誰　だれ
丹　タン
旦　タン・ダン
担　タン・かつぐ・になう
単　タン
炭　タン・すみ
胆　タン
探　タン・さぐる・さがす
淡　タン・あわい
短　タン・みじかい
嘆　タン・なげく・なげかわしい
端　タン・はし・は・はた
綻　タン・ほころびる
誕　タン
鍛　タン・きたえる
団　ダン・トン
男　ダン・ナン・おとこ
段　ダン
断　ダン・たつ・ことわる
弾　ダン・ひく・はずむ・たま
暖　ダン・あたたか・あたたかい・あたたまる・あたためる
談　ダン
壇　ダン・タン

ち

地　チ・ジ
池　チ・いけ
知　チ・しる
値　チ・ね・あたい
恥　チ・はじる・はじ・はじらう・はずかしい
致　チ・いたす
遅　チ・おくれる・おくらす・おそい
痴　チ
稚　チ
置　チ・おく
緻　チ
竹　チク・たけ
畜　チク
逐　チク
蓄　チク・たくわえる
築　チク・きずく
秩　チツ
窒　チツ
茶　チャ・サ
着　チャク・ジャク・きる・きせる・つく・つける
嫡　チャク
中　チュウ・ジュウ・なか
仲　チュウ・なか
虫　チュウ・むし
沖　チュウ・おき
宙　チュウ
忠　チュウ
抽　チュウ
注　チュウ・そそぐ
昼　チュウ・ひる
柱　チュウ・はしら
衷　チュウ
酎　チュウ
鋳　チュウ・いる
駐　チュウ
著　チョ・あらわす・いちじるしい
貯　チョ
丁　チョウ・テイ
弔　チョウ・とむらう
庁　チョウ
兆　チョウ・きざす・きざし
町　チョウ・まち
長　チョウ・ながい
挑　チョウ・いどむ
帳　チョウ
張　チョウ・はる
彫　チョウ・ほる
眺　チョウ・ながめる
釣　チョウ・つる
頂　チョウ・いただく・いただき
鳥　チョウ・とり
朝　チョウ・あさ
貼　チョウ・はる
超　チョウ・こえる・こす
腸　チョウ
跳　チョウ・はねる・とぶ
徴　チョウ
嘲　チョウ・あざける
潮　チョウ・しお
澄　チョウ・すむ・すます
調　チョウ・しらべる・ととのう・ととのえる
聴　チョウ・きく
懲　チョウ・こりる・こらす・こらしめる
直　チョク・ジキ・ただちに・なおす・なおる
勅　チョク
捗　チョク
沈　チン・しずむ・しずめる
珍　チン・めずらしい
朕　チン
陳　チン
賃　チン
鎮　チン・しずめる・しずまる

つ

追　ツイ・おう
椎　ツイ
墜　ツイ
通　ツウ・ツ・とおる・とおす・かよう
痛　ツウ・いたい・いたむ・いためる
塚　つか
漬　つける・つかる
坪　つぼ
爪　つめ・つま
鶴　つる

て

低　テイ・ひくい・ひくめる・ひくまる
呈　テイ
廷　テイ
弟　テイ・ダイ・デ・おとうと
定　テイ・ジョウ・さだめる・さだまる・さだか
底　テイ・そこ
抵　テイ
邸　テイ
亭　テイ
貞　テイ
帝　テイ
訂　テイ
庭　テイ・にわ
逓　テイ
停　テイ
偵　テイ
堤　テイ・つつみ
提　テイ・さげる
程　テイ・ほど
艇　テイ
締　テイ・しまる・しめる
諦　テイ・あきらめる
泥　デイ・どろ
的　テキ・まと
笛　テキ・ふえ
摘　テキ・つむ
滴　テキ・しずく・したたる
適　テキ
敵　テキ・かたき
溺　デキ・おぼれる
迭　テツ
哲　テツ
鉄　テツ
徹　テツ
撤　テツ
天　テン・あめ・あま
典　テン
店　テン・みせ
点　テン
展　テン
添　テン・そえる・そう
転　テン・ころがる・ころげる・ころがす・ころぶ
塡　テン
田　デン・た
伝　デン・つたわる・つたえる・つたう
殿　デン・テン・との・どの
電　デン

と

斗　ト
吐　ト・はく
妬　ト・ねたむ
徒　ト
途　ト
都　ト・ツ・みやこ
渡　ト・わたる・わたす
塗　ト・ぬる
賭　ト・かける
土　ド・ト・つち
奴　ド
努　ド・つとめる
度　ド・ト・タク・たび
怒　ド・いかる・おこる
刀　トウ・かたな
冬　トウ・ふゆ
灯　トウ・ひ
当　トウ・あたる・あてる
投　トウ・なげる
豆　トウ・ズ・まめ
東　トウ・ひがし
到　トウ
逃　トウ・にげる・にがす・のがす・のがれる
倒　トウ・たおれる・たおす
凍　トウ・こおる・こごえる
唐　トウ・から
島　トウ・しま
桃　トウ・もも
討　トウ・うつ
透　トウ・すく・すかす・すける
党　トウ
悼　トウ・いたむ
盗　トウ・ぬすむ
陶　トウ
塔　トウ
搭　トウ
棟　トウ・むね・むな
湯　トウ・ゆ
痘　トウ
登　トウ・ト・のぼる
答　トウ・こたえる・こたえ
等　トウ・ひとしい
筒　トウ・つつ
統　トウ・すべる
稲　トウ・いね・いな
踏　トウ・ふむ・ふまえる
糖　トウ
頭　トウ・ズ・ト・あたま・かしら
謄　トウ
藤　トウ・ふじ
闘　トウ・たたかう
騰　トウ
同　ドウ・おなじ
洞　ドウ・ほら
胴　ドウ
動　ドウ・うごく・うごかす
堂　ドウ
童　ドウ・わらべ
道　ドウ・トウ・みち
働　ドウ・はたらく
銅　ドウ
導　ドウ・みちびく
瞳　ドウ・ひとみ
峠　とうげ
匿　トク
特　トク
得　トク・える・うる
督　トク
徳　トク
篤　トク
毒　ドク
独　ドク・ひとり
読　ドク・トク・トウ・よむ
栃　とち
凸　トツ
突　トツ・つく
届　とどける・とどく
屯　トン
豚　トン・ぶた
頓　トン
貪　ドン・むさぼる
鈍　ドン・にぶい・にぶる
曇　ドン・くもる
丼　どんぶり・どん

な

那　ナ
奈　ナ
内　ナイ・ダイ・うち

梨 なし
謎（謎） なぞ
鍋 なべ
南 ナン・ナ・みなみ
軟 ナン・やわらか・やわらかい
難 ナン・かたい・むずかしい

に

二 ニ・ふた・ふたつ
尼 ニ・あま
弐 ニ
匂 におう
肉 ニク
虹 にじ
日 ニチ・ジツ・ひ・か
入 ニュウ・いる・いれる・はいる
乳 ニュウ・ちち・ち
尿 ニョウ
任 ニン・まかせる・まかす
妊 ニン
忍 ニン・しのぶ・しのばせる
認 ニン・みとめる

ね

寧 ネイ
熱 ネツ・あつい
年 ネン・とし
念 ネン
捻 ネン
粘 ネン・ねばる
燃 ネン・もえる・もやす・もす

の

悩 ノウ・なやむ・なやます
納 ノウ・ナッ・ナ・ナン・トウ・おさめる・おさまる
能 ノウ
脳 ノウ
農 ノウ
濃 ノウ・こい

は

把 ハ
波 ハ・なみ
派 ハ
破 ハ・やぶる・やぶれる
覇 ハ
馬 バ・うま・ま
婆 バ
罵 バ・ののしる
拝 ハイ・おがむ
杯 ハイ・さかずき
背 ハイ・せ・せい・そむく・そむける
肺 ハイ
俳 ハイ
配 ハイ・くばる
排 ハイ
敗 ハイ・やぶれる
廃 ハイ・すたれる・すたる
輩 ハイ
売 バイ・うる・うれる
倍 バイ
梅 バイ・うめ
培 バイ・つちかう
陪 バイ
媒 バイ
買 バイ・かう
賠 バイ
白 ハク・ビャク・しろ・しら・しろい
伯 ハク
拍 ハク・ヒョウ
泊 ハク・とまる・とめる
迫 ハク・せまる
剝 ハク・はがす・はぐ・はがれる・はげる
舶 ハク
博 ハク・バク
薄 ハク・うすい・うすめる・うすまる・うすらぐ・うすれる
麦 バク・むぎ
漠 バク
縛 バク・しばる
爆 バク
箱 はこ
箸 はし
畑 はた・はたけ
肌 はだ
八 ハチ・や・やつ・やっつ・よう
鉢 ハチ・ハツ
発 ハツ・ホツ
髪 ハツ・かみ
伐 バツ
抜 バツ・ぬく・ぬける・ぬかす・ぬかる
罰 バツ・バチ
閥 バツ
反 ハン・ホン・タン・そる・そらす
半 ハン・なかば
氾 ハン
犯 ハン・おかす
帆 ハン・ほ
汎 ハン
伴 ハン・バン・ともなう
判 ハン・バン
坂 ハン・さか
阪 ハン
板 ハン・バン・いた
版 ハン
班 ハン
畔 ハン
般 ハン
販 ハン
斑 ハン
飯 ハン・めし
搬 ハン
煩 ハン・ボン・わずらう・わずらわす
頒 ハン
範 ハン
繁 ハン
藩 ハン
晩 バン
番 バン
蛮 バン
盤 バン

ひ

比 ヒ・くらべる
皮 ヒ・かわ
妃 ヒ
否 ヒ・いな
批 ヒ
彼 ヒ・かれ・かの
披 ヒ
肥 ヒ・こえる・こえ・こやす・こやし
非 ヒ
卑 ヒ・いやしい・いやしむ・いやしめる
飛 ヒ・とぶ・とばす
疲 ヒ・つかれる
秘 ヒ・ひめる
被 ヒ・こうむる
悲 ヒ・かなしい・かなしむ
扉 ヒ・とびら
費 ヒ・ついやす・ついえる
碑 ヒ
罷 ヒ
避 ヒ・さける
尾 ビ・お
眉 ビ・ミ・まゆ
美 ビ・うつくしい
備 ビ・そなえる・そなわる
微 ビ
鼻 ビ・はな
膝 ひざ
肘 ひじ
匹 ヒツ・ひき
必 ヒツ・かならず
泌 ヒツ・ヒ
筆 ヒツ・ふで
姫 ひめ
百 ヒャク
氷 ヒョウ・こおり・ひ
表 ヒョウ・おもて・あらわす・あらわれる
俵 ヒョウ・たわら
票 ヒョウ
評 ヒョウ
漂 ヒョウ・ただよう
標 ヒョウ
苗 ビョウ・なえ・なわ
秒 ビョウ
病 ビョウ・ヘイ・やむ・やまい
描 ビョウ・えがく・かく
猫 ビョウ・ねこ
品 ヒン・しな
浜 ヒン・はま
貧 ヒン・ビン・まずしい
賓 ヒン
頻 ヒン
敏 ビン
瓶 ビン

ふ

不 フ・ブ
夫 フ・フウ・おっと
父 フ・ちち
付 フ・つける・つく
布 フ・ぬの
扶 フ
府 フ
怖 フ・こわい
阜 フ
附 フ
訃 フ
負 フ・まける・まかす・おう
赴 フ・おもむく
浮 フ・うく・うかれる・うかぶ・うかべる
婦 フ
符 フ
富 フ・フウ・とむ・とみ
普 フ
腐 フ・くさる・くされる・くさらす
敷 フ・しく
膚 フ
賦 フ
譜 フ
侮 ブ・あなどる
武 ブ・ム
部 ブ
舞 ブ・まう・まい
封 フウ・ホウ
風 フウ・フ・かぜ・かざ
伏 フク・ふせる・ふす
服 フク
副 フク
幅 フク・はば
復 フク
福 フク
腹 フク・はら
複 フク
覆 フク・おおう・くつがえす・くつがえる
払 フツ・はらう
沸 フツ・わく・わかす
仏 ブツ・ほとけ
物 ブツ・モツ・もの
粉 フン・こ・こな
紛 フン・まぎれる・まぎらす・まぎらわす・まぎらわしい
雰 フン
噴 フン・ふく
墳 フン
憤 フン・いきどおる
奮 フン・ふるう
分 ブン・フン・ブ・わける・わかれる・わかる・わかつ
文 ブン・モン・ふみ
聞 ブン・モン・きく・きこえる

へ

丙 ヘイ
平 ヘイ・ビョウ・たいら・ひら
兵 ヘイ・ヒョウ
併 ヘイ・あわせる
並 ヘイ・なみ・ならべる・ならぶ・ならびに
柄 ヘイ・がら・え
陛 ヘイ
閉 ヘイ・とじる・とざす・しめる・しまる
塀 ヘイ
幣 ヘイ
弊 ヘイ
蔽 ヘイ
餅（餠） ヘイ・もち
米 ベイ・マイ・こめ
壁 ヘキ・かべ
璧 ヘキ
癖 ヘキ・くせ
別 ベツ・わかれる
蔑 ベツ・さげすむ
片 ヘン・かた
辺 ヘン・あたり・べ
返 ヘン・かえす・かえる
変 ヘン・かわる・かえる
偏 ヘン・かたよる
遍 ヘン
編 ヘン・あむ
弁 ベン
便 ベン・ビン・たより
勉 ベン

ほ

歩 ホ・ブ・フ・あるく・あゆむ
保 ホ・たもつ
哺 ホ
捕 ホ・とらえる・とらわれる・とる・つかまえる・つかまる
補 ホ・おぎなう
舗 ホ
母 ボ・はは
募 ボ・つのる
墓 ボ・はか
慕 ボ・したう
暮 ボ・くれる・くらす
簿 ボ
方 ホウ・かた
包 ホウ・つつむ
芳 ホウ・かんばしい
邦 ホウ
奉 ホウ・ブ・たてまつる
宝 ホウ・たから

闘〔鬭〕
徳〔德〕
独〔獨〕
読〔讀〕
突〔突〕
届〔屆〕
難〔難〕
弐〔貳〕
悩〔惱〕
脳〔腦〕
覇〔霸〕
拝〔拜〕
廃〔廢〕
売〔賣〕
梅〔梅〕
麦〔麥〕
発〔發〕
髪〔髮〕
抜〔拔〕
繁〔繁〕
晩〔晚〕
蛮〔蠻〕
卑〔卑〕
秘〔祕〕
碑〔碑〕
浜〔濱〕
賓〔賓〕
頻〔頻〕
敏〔敏〕
瓶〔甁〕
侮〔侮〕
福〔福〕
払〔拂〕
仏〔佛〕
併〔倂〕
並〔竝〕
塀〔塀〕
餅〔餠〕
辺〔邊〕
変〔變〕
弁〔辨〕
弁〔瓣〕
弁〔辯〕
勉〔勉〕
歩〔步〕

宝〔寶〕
豊〔豐〕
褒〔襃〕
墨〔墨〕
翻〔飜〕
毎〔每〕
万〔萬〕
満〔滿〕
免〔免〕
麺〔麵〕
黙〔默〕
弥〔彌〕
訳〔譯〕
薬〔藥〕
与〔與〕
予〔豫〕
余〔餘〕
誉〔譽〕
揺〔搖〕
様〔樣〕
謡〔謠〕
来〔來〕
頼〔賴〕
乱〔亂〕
覧〔覽〕
欄〔欄〕
竜〔龍〕
隆〔隆〕
虜〔虜〕
両〔兩〕
猟〔獵〕
緑〔綠〕
涙〔淚〕
塁〔壘〕
類〔類〕
礼〔禮〕
励〔勵〕
戻〔戾〕
霊〔靈〕
齢〔齡〕
暦〔曆〕
歴〔歷〕
恋〔戀〕
練〔練〕
錬〔鍊〕

抱 ホウ・だく・いだく・かかえる
放 ホウ・はなす・はなつ・はなれる・ほうる
法 ホウ・ハッ・ホッ
泡 ホウ・あわ
胞 ホウ
俸 ホウ
倣 ホウ・ならう
峰 ホウ・みね
砲 ホウ
崩 ホウ・くずれる・くずす
訪 ホウ・おとずれる・たずねる
報 ホウ・むくいる
蜂 ホウ・はち
豊 ホウ・ゆたか
飽 ホウ・あきる・あかす
褒 ホウ・ほめる
縫 ホウ・ぬう
亡 ボウ・モウ・ない
乏 ボウ・とぼしい
忙 ボウ・いそがしい
坊 ボウ・ボッ
妨 ボウ・さまたげる
忘 ボウ・わすれる
防 ボウ・ふせぐ
房 ボウ・ふさ
肪 ボウ
某 ボウ
冒 ボウ・おかす
剖 ボウ
紡 ボウ・つむぐ
望 ボウ・モウ・のぞむ
傍 ボウ・かたわら
帽 ボウ
棒 ボウ
貿 ボウ
貌 ボウ
暴 ボウ・バク・あばく・あばれる
膨 ボウ・ふくらむ・ふくれる
謀 ボウ・ム・はかる
頬 ほお
北 ホク・きた
木 ボク・モク・き・こ
朴 ボク
牧 ボク・まき
睦 ボク
僕 ボク
墨 ボク・すみ
撲 ボク
没 ボツ
勃 ボツ
堀 ほり
本 ホン・もと
奔 ホン
翻 ホン・ひるがえる・ひるがえす
凡 ボン・ハン
盆 ボン

ま

麻 マ・あさ
摩 マ
磨 マ・みがく
魔 マ
毎 マイ
妹 マイ・いもうと
枚 マイ
昧 マイ
埋 マイ・うめる・うまる・うもれる
幕 マク・バク
膜 マク
枕 まくら
又 また
末 マツ・バツ・すえ
抹 マツ
万 マン・バン
満 マン・みちる・みたす
慢 マン
漫 マン

み

未 ミ
味 ミ・あじ・あじわう
魅 ミ
岬 みさき
密 ミツ
蜜 ミツ
脈 ミャク
妙 ミョウ
民 ミン・たみ
眠 ミン・ねむる・ねむい

む

矛 ム・ほこ
務 ム・つとめる・つとまる
無 ム・ブ・ない
夢 ム・ゆめ
霧 ム・きり
娘 むすめ

め

名 メイ・ミョウ・な
命 メイ・ミョウ・いのち
明 メイ・ミョウ・あかり・あかるい・あかるむ・あからむ・あきらか・あける・あく・あくる・あかす
迷 メイ・まよう
冥 メイ・ミョウ
盟 メイ
銘 メイ
鳴 メイ・なく・なる・ならす
滅 メツ・ほろびる・ほろぼす
免 メン・まぬかれる
面 メン・おも・おもて・つら
綿 メン・わた
麺 メン

も

茂 モ・しげる
模 モ・ボ
毛 モウ・け
妄 モウ・ボウ
盲 モウ
耗 モウ・コウ
猛 モウ
網 モウ・あみ
目 モク・ボク・め・ま
黙 モク・だまる
門 モン・かど
紋 モン
問 モン・とう・とい・とん

や

冶 ヤ
夜 ヤ・よ・よる
野 ヤ・の
弥 や
厄 ヤク
役 ヤク・エキ
約 ヤク
訳 ヤク・わけ
薬 ヤク・くすり
躍 ヤク・おどる
闇 やみ

ゆ

由 ユ・ユウ・ユイ・よし
油 ユ・あぶら
喩 ユ
愉 ユ
諭 ユ・さとす
輸 ユ
癒 ユ・いえる・いやす
唯 ユイ・イ
友 ユウ・とも
有 ユウ・ウ・ある
勇 ユウ・いさむ
幽 ユウ
悠 ユウ
郵 ユウ
湧 ユウ・わく
猶 ユウ
裕 ユウ
遊 ユウ・ユ・あそぶ
雄 ユウ・お・おす
誘 ユウ・さそう
憂 ユウ・うれえる・うれい・うい
融 ユウ
優 ユウ・やさしい・すぐれる

よ

与 ヨ・あたえる
予 ヨ
余 ヨ・あまる・あます
誉 ヨ・ほまれ
預 ヨ・あずける・あずかる
幼 ヨウ・おさない
用 ヨウ・もちいる
羊 ヨウ・ひつじ
妖 ヨウ・あやしい
洋 ヨウ
要 ヨウ・かなめ・いる
容 ヨウ
庸 ヨウ
揚 ヨウ・あげる・あがる
揺 ヨウ・ゆれる・ゆる・ゆらぐ・ゆるぐ・ゆする・ゆさぶる・ゆすぶる
葉 ヨウ・は
陽 ヨウ
溶 ヨウ・とける・とかす・とく
腰 ヨウ・こし
様 ヨウ・さま
瘍 ヨウ
踊 ヨウ・おどる・おどり
窯 ヨウ・かま
養 ヨウ・やしなう
擁 ヨウ
謡 ヨウ・うたい・うたう
曜 ヨウ
抑 ヨク・おさえる
沃 ヨク
浴 ヨク・あびる・あびせる
欲 ヨク・ほっする・ほしい
翌 ヨク
翼 ヨク・つばさ

ら

拉 ラ
裸 ラ・はだか
羅 ラ
来 ライ・くる・きたる・きたす
雷 ライ・かみなり
頼 ライ・たのむ・たのもしい・たよる
絡 ラク・からむ・からまる・からめる
落 ラク・おちる・おとす
酪 ラク
辣 ラツ
乱 ラン・みだれる・みだす
卵 ラン・たまご
覧 ラン
濫 ラン
藍 ラン・あい
欄 ラン

り

吏 リ
利 リ・きく
里 リ・さと
理 リ
痢 リ
裏 リ・うら
履 リ・はく
璃 リ
離 リ・はなれる・はなす
陸 リク
立 リツ・リュウ・たつ・たてる
律 リツ・リチ
慄 リツ
略 リャク
柳 リュウ・やなぎ
流 リュウ・ル・ながれる・ながす
留 リュウ・ル・とめる・とまる
竜 リュウ・たつ
粒 リュウ・つぶ
隆 リュウ
硫 リュウ
侶 リョ
旅 リョ・たび
虜 リョ
慮 リョ
了 リョウ
両 リョウ
良 リョウ・よい
料 リョウ
涼 リョウ・すずしい・すずむ
猟 リョウ
陵 リョウ・みささぎ
量 リョウ・はかる
僚 リョウ
領 リョウ
寮 リョウ
療 リョウ
瞭 リョウ
糧 リョウ・ロウ・かて
力 リョク・リキ・ちから
緑 リョク・ロク・みどり
林 リン・はやし
厘 リン
倫 リン
輪 リン・わ
隣 リン・となる・となり
臨 リン・のぞむ

る

瑠 ル
涙 ルイ・なみだ
累 ルイ
塁 ルイ
類 ルイ・たぐい

れ

令 レイ
礼 レイ・ライ
冷 レイ・つめたい・ひえる・ひや・ひやす・ひやかす・さめる・さます
励 レイ・はげむ・はげます
戻 レイ・もどす・もどる
例 レイ・たとえる

鈴	レイ・リン・すず
零	レイ
霊	レイ・リョウ・たま
隷	レイ
齢	レイ
麗	レイ・うるわしい
暦	レキ・こよみ
歴	レキ
列	レツ
劣	レツ・おとる
烈	レツ
裂	レツ・さく・さける
恋	レン・こう・こい・こいしい
連	レン・つらなる・つらねる・つれる
廉	レン
練	レン・ねる
錬	レン

ろ

呂	ロ
炉	ロ
賂	ロ
路	ロ・じ
露	ロ・ロウ・つゆ
老	ロウ・おいる・ふける
労	ロウ
弄	ロウ・もてあそぶ
郎	ロウ
朗	ロウ・ほがらか
浪	ロウ
廊	ロウ
楼	ロウ
漏	ロウ・もる・もれる・もらす
籠	ロウ・かご・こもる
六	ロク・む・むつ・むっつ・むい
録	ロク
麓	ロク・ふもと
論	ロン

わ

和	ワ・オ・やわらぐ・やわらげる・なごむ・なごやか
話	ワ・はなす・はなし
賄	ワイ・まかなう
脇	わき
惑	ワク・まどう
枠	わく
湾	ワン
腕	ワン・うで

炉〔爐〕
労〔勞〕
郎〔郞〕
朗〔朗〕
廊〔廊〕
楼〔樓〕
録〔錄〕
湾〔灣〕

常用漢字表 付表

◉以下に挙げられている語を構成要素の一部とする熟語に用いてもかまわない。
例：「河岸（かし）」→「魚河岸（うおがし）」「居士（こじ）」→「一言居士（いちげんこじ）」

あす	明日
あずき	小豆
あま	海女
	海士
いおう	硫黄
いくじ	意気地
いなか	田舎
いぶき	息吹
うなばら	海原
うば	乳母
うわき	浮気
うわつく	浮つく
えがお	笑顔
おじ	叔父
	伯父
おとな	大人
おとめ	乙女
おば	叔母
	伯母
おまわりさん	お巡りさん
おみき	お神酒
おもや	母屋
	母家
かあさん	母さん
かぐら	神楽
かし	河岸
かじ	鍛冶
かぜ	風邪
かたず	固唾
かな	仮名
かや	蚊帳
かわせ	為替
かわら	河原
	川原
きのう	昨日
きょう	今日
くだもの	果物
くろうと	玄人
けさ	今朝
けしき	景色
ここち	心地
こじ	居士
ことし	今年
さおとめ	早乙女
ざこ	雑魚
さじき	桟敷
さしつかえる	差し支える
さつき	五月
さなえ	早苗
さみだれ	五月雨
しぐれ	時雨
しっぽ	尻尾
しない	竹刀
しにせ	老舗
しばふ	芝生
しみず	清水
しゃみせん	三味線
じゃり	砂利
じゅず	数珠
じょうず	上手
しらが	白髪
しろうと	素人
しわす	師走
（「しはす」とも言う。）	
すきや	数寄屋
	数奇屋
すもう	相撲
ぞうり	草履
だし	山車
たち	太刀
たちのく	立ち退く
たなばた	七夕
たび	足袋
ちご	稚児
ついたち	一日
つきやま	築山
つゆ	梅雨
でこぼこ	凸凹
てつだう	手伝う
てんません	伝馬船
とあみ	投網
とうさん	父さん
とえはたえ	十重二十重
どきょう	読経
とけい	時計
ともだち	友達
なこうど	仲人
なごり	名残
なだれ	雪崩
にいさん	兄さん
ねえさん	姉さん
のら	野良
のりと	祝詞
はかせ	博士
はたち	二十
	二十歳
はつか	二十日
はとば	波止場
ひとり	一人
ひより	日和
ふたり	二人
ふつか	二日
ふぶき	吹雪
へた	下手
へや	部屋
まいご	迷子
まじめ	真面目
まっか	真っ赤
まっさお	真っ青
みやげ	土産
むすこ	息子
めがね	眼鏡
もさ	猛者
もみじ	紅葉
もめん	木綿
もより	最寄り
やおちょう	八百長
やおや	八百屋
やまと	大和
やよい	弥生
ゆかた	浴衣
ゆくえ	行方
よせ	寄席
わこうど	若人

人名用漢字一覧

人名に用いてよい文字は、戸籍法施行規則第六十条によって次のように定められている。
①常用漢字表に掲げる漢字　②人名用漢字別表に掲げる漢字　③片仮名又は平仮名
なお、①②に関しては当分の間「人名用漢字許容字体表」として附則別表に掲げる漢字を用いることができる。

人名用漢字別表

丑丞乃之乎也云 亘-亙 些亦亥亨亮仔伊伍伽
佃佑伶侃侑俄俠俣俐倭俱倦倖偲傭儲允兎兜
其冴凌 凜-凛 凧凪凰凱函劉劫勁勺勿匁匡廿
卜卯卿厨廐叉叡叢叶只吾吞吻哉哨啄哩喬喧
喰喋嘩嘉嘗噌噂圃圭坐 尭-堯 坦埴堰堺堵塙
壕壬夷奄奎套娃姪姥娩嬉孟宏宋宕宥寅寓寵
尖尤屑峨峻崚嵯嵩嶺 巌-巖 已巳巴巷巽帖幌
幡庄庇庚庵廟廻弘弛彗彦彪彬徠忽怜恢恰恕
悌惟惚悉惇惹惺惣慧憐戊或戟托按挺挽掬捲
捷捺捧掠揃摑摺撒撰撞播撫擢孜敦斐斡斧斯
於旭昂昊昏昌昴晏 晃-晄 晒晋晟晦晨智暉暢
曙曝曳朋朔杏杖杜李杭杵杷枇柑柴柘柊柏柾
柚 桧-檜 栞桔桂栖桐栗梧梓梢梛梯桶梶椛梁
棲椋椀楯楚楕椿楠楓椰楢楊榎樺榊榛 槙-槇
槍槌樫槻樟樋橘樽橙檎檀櫂櫛櫓欣欽歎此殆
毅毘毬汀汝汐汲沌沓沫洸洲洵洛浩浬淵淳
渚-渚 淀淋渥湘湊湛溢滉溜漱漕漣澪濡瀕灘
灸灼烏焰焚煌煤煉熙燕燎燦燭燿爾牒牟牡牽
犀狼 猪-猪 獅玖珂珈珊珀玲 琢-琢 琉瑛琥琶
琵琳瑚瑞瑶瑳瓜瓢甥甫畠畢疋疏皐皓眸瞥矩
砦砥砧硯碓碗碩碧磐磯祇 祢-禰 祐-祐 祷-禱
禄-祿 禎-禎 禽禾秦秤稀稔稟稜 穣-穰 穹穿
窄窪窺竣竪竺竿笈笹笙笠筈筑箕箔篇篠簞簾
籾粥粟糊紘紗紐絃紬絆絢綺綜綴緋綾綸縞徽
繫繡纂纏羚翔翠耀而耶耽聡肇肋肴胤胡脩腔
脹膏臥舜舵芥芹芭芙芦苑茄苔苺茅茉茸茜莞
荻莫莉菅菫菖萄菩 萌-萠 萊菱葦葵萱葺萩董
葡蓑蒔蒐蒼蒲蒙蓉蓮蔭蔣蔦蓬蔓蕎蕨蕉蕃蕪
薙蕾蕗藁薩蘇蘭蝦蝶螺蟬蟹蠟衿袈袴裡裟裳
襖訊訣註詢詫誼諏諄諒謂諺讃豹貰賑赳跨蹄
蹟輔輯輿轟辰辻迂迄辿迪迦這逞逗逢 遥-遙
遁遼邑祁郁鄭酉醇醐醍醬釉釘釧銑鋒鋸錘錐
錆錫鍬鎧閃閏閤阿陀隈隼雀雁雛雫霞靖鞄鞍
鞘鞠鞭頁頌頗顚颯饗馨馴馳駕駿驍魁魯鮎鯉
鯛鰯鱒鱗鳩鳶鳳鴨鴻鵜鵬鷗鷲鷺鷹麒麟麿黎
黛鼎

［注］「-」は、相互の漢字が同一の字種であることを示したものである。

人名用漢字許容字体表

亞(亜)　惡(悪)　爲(為)　逸(逸)　榮(栄)　衞(衛)
謁(謁)　圓(円)　緣(縁)　薗(園)　應(応)　櫻(桜)
奧(奥)　橫(横)　溫(温)　價(価)　禍(禍)　悔(悔)
海(海)　壞(壊)　懷(懐)　樂(楽)　渴(渇)　卷(巻)
陷(陥)　寬(寛)　漢(漢)　氣(気)　祈(祈)　器(器)
僞(偽)　戲(戯)　虛(虚)　峽(峡)　狹(狭)　響(響)
曉(暁)　勤(勤)　謹(謹)　驅(駆)　勳(勲)　薰(薫)
惠(恵)　揭(掲)　鷄(鶏)　藝(芸)　擊(撃)　縣(県)
儉(倹)　劍(剣)　險(険)　圈(圏)　檢(検)　顯(顕)
驗(験)　嚴(厳)　廣(広)　恆(恒)　黃(黄)　國(国)
黑(黒)　穀(穀)　碎(砕)　雜(雑)　祉(祉)　視(視)
兒(児)　濕(湿)　實(実)　社(社)　者(者)　煮(煮)
壽(寿)　收(収)　臭(臭)　從(従)　澁(渋)　獸(獣)
縱(縦)　祝(祝)　暑(暑)　署(署)　緖(緒)　諸(諸)
敍(叙)　將(将)　祥(祥)　涉(渉)　燒(焼)　獎(奨)
條(条)　狀(状)　乘(乗)　淨(浄)　剩(剰)　疊(畳)
孃(嬢)　讓(譲)　釀(醸)　神(神)　眞(真)　寢(寝)
愼(慎)　盡(尽)　粹(粋)　醉(酔)　穗(穂)　瀨(瀬)
齊(斉)　靜(静)　攝(摂)　節(節)　專(専)　戰(戦)
纖(繊)　禪(禅)　祖(祖)　壯(壮)　爭(争)　莊(荘)
搜(捜)　巢(巣)　曾(曽)　裝(装)　僧(僧)　層(層)
瘦(痩)　騷(騒)　增(増)　憎(憎)　藏(蔵)　贈(贈)
臟(臓)　卽(即)　帶(帯)　滯(滞)　瀧(滝)　單(単)
嘆(嘆)　團(団)　彈(弾)　晝(昼)　鑄(鋳)　著(著)
廳(庁)　徵(徴)　聽(聴)　懲(懲)　鎭(鎮)　轉(転)
傳(伝)　都(都)　嶋(島)　燈(灯)　盜(盗)　稻(稲)
德(徳)　突(突)　難(難)　拜(拝)　盃(杯)　賣(売)
梅(梅)　髮(髪)　拔(抜)　繁(繁)　晚(晩)　卑(卑)
祕(秘)　碑(碑)　賓(賓)　敏(敏)　冨(富)　侮(侮)
福(福)　拂(払)　佛(仏)　勉(勉)　步(歩)　峯(峰)
墨(墨)　飜(翻)　每(毎)　萬(万)　默(黙)　埜(野)
彌(弥)　藥(薬)　與(与)　搖(揺)　樣(様)　謠(謡)
來(来)　賴(頼)　覽(覧)　欄(欄)　龍(竜)　虜(虜)
凉(涼)　綠(緑)　淚(涙)　壘(塁)　類(類)　禮(礼)
曆(暦)　歷(歴)　練(練)　鍊(錬)　郞(郎)　朗(朗)
廊(廊)　錄(録)

［注］括弧内の漢字は、戸籍法施行規則第六十条第一号に規定する漢字であり、
当該括弧外の漢字とのつながりを示すため、参考までに掲げたものである。

大 辞 泉

【第二版】

下巻｜せ—ん

1995年12月1日　第一版発行
1998年11月20日　第一版〈増補・新装版〉発行
2012年11月7日　第二版第一刷発行

監修……………………松村 明
編集……………………小学館 大辞泉編集部
発行者…………………森田 康夫
印刷所…………………凸版印刷株式会社

発行所…………………株式会社 小学館
〒101-8001　東京都千代田区一ツ橋2-3-1
電話　編集:03(3230)5170
　　　販売:03(5281)3555

ISBN978-4-09-501213-1

造本には十分注意しておりますが、印刷、製本など製造上の不備がございましたら、
「制作局コールセンター」(フリーダイヤル0120-336-340)にご連絡ください。
(電話受付は土・日・祝日を除く　9:30 ～ 17:30)

小学館国語辞典編集部のホームページ
http://www.web-nihongo.com/

組版……………凸版印刷株式会社

印刷……………凸版印刷株式会社

表紙クロス……………ダイニック株式会社

本文用紙……………王子エフテックス株式会社

製本……………株式会社若林製本工場

製函……………株式会社博進紙器製作所

用法

「用法」のある項目